Steuergesetze
Gebundene Ausgabe

STEUERGESETZE

Einkommen- und Lohnsteuer, Körperschaftsteuer,
Umwandlungssteuer, Bewertung, Erbschaftsteuer, Realsteuern,
Umsatzsteuer, sonstige Verkehrsteuern, Förderungsgesetze,
Abgabenordnung, Finanzverwaltungsvorschriften

Textsammlung
mit Verweisungen und Sachverzeichnis

Gebundene Ausgabe 2021
Stand: April 2021

C.H.BECK

Redaktioneller Hinweis: Paragraphenüberschriften in eckigen Klammern sind nichtamtlich. Sie sind ebenso wie die Fußnoten urheber- und wettbewerbsrechtlich geschützt.

www.beck.de

ISBN 978 3 406 76990 0

Wilhelmstraße 9, 80801 München
Druck und Bindung: Druckerei C. H. Beck Nördlingen
(Adresse wie Verlag)

Gedruckt auf säurefreiem, alterungsbeständigem Papier
(hergestellt aus chlorfrei gebleichtem Zellstoff)

Geleitwort

Zur 205. Ergänzungslieferung April 2021

Von Univ.-Prof. Dr. Frank Hechtner, Nürnberg

Vorbemerkung

Die Corona-Pandemie hält weiterhin an und geht mittlerweile in das zweite Jahr. Infolge der Ausbreitung des Coronavirus SARS-CoV-2 sind weiterhin Gesellschaft, Wirtschaft und das öffentliche Leben insgesamt massiv betroffen und unterliegen diversen Friktionen. Obgleich bereits diverse Anstrengungen im letzten Jahr getroffen wurden, um die Folgewirkungen dieser Pandemie jedenfalls abzumildern, muss wohl konstatiert werden, dass die Erfolge, so wie man sie wohl erhofft hat, bisher nicht in vollem Ausmaß eingetreten sind. Mittlerweile befindet sich Deutschland in einer dritten Corona-Welle. Bund und Länder streiten heftig darüber, mit welchen Kompetenzen letztendlich gegen diese dritte Welle angegangen werden kann.

Vor diesem Hintergrund kann es nicht verwundern, dass Gesetzgeber und Verwaltung auch im Jahreswechsel 2020 zu 2021 mit neuen Regelungswerken den Versuch unternommen haben, die Folgen aus der Corona-Pandemie abzumildern. Im Bereich der steuerlichen Gesetzgebung ist der Gesetzgeber mittlerweile bei dem 3. Corona-Steuerhilfegesetz angekommen. Es zeigt sich aber auch, dass einige der bisher eingesetzten steuerlichen Instrumente infolge der Dauer der Pandemie zeitlich nun zu verlängern sind. Als Beispiel hierzu sei das BMF-Schreiben vom 18.3.2021, Steuerliche Maßnahmen zur Berücksichtigung der Auswirkungen des Coronavirus (COVID-19/SARS-CoV-2), weitere Verlängerung der verfahrensrechtlichen Steuererleichterungen (siehe **Vor 1.10**), genannt. Hier werden verfahrensrechtliche Steuererleichterungen, die originär aus dem Jahr 2020 entstammen, nun in das Jahr 2021 übertragen und erneut verlängert bis zur Mitte des Jahres. Abseits dessen ist 2021 zugleich ein Wahljahr. Insofern haben auch die Aktivitäten zugenommen, bisher begonnene oder beabsichtigte steuerpolitische Projekte final gesetzgeberisch umzusetzen.

Nach alledem reift allerdings auch die Erkenntnis, dass diese Corona-Pandemie sicherlich kein kurzlebiges Ereignis ist, sondern wir alle mit den nicht nur wirtschaftlichen Folgen noch länger zu kämpfen haben. Vor diesem Hintergrund ist es fast schon verständlich, dass in dieser besonderen Situation eine Art „bedingte Normalität" eingetreten ist, jedenfalls, wenn man diese auf die steuerlichen Aktivitäten beziehen darf. Dies betrifft insbesondere die bereits im Jahr 2020 aufgesetzten Hilfsmaßnahmen, die nunmehr verlängert wurden oder in ähnlicher Form in 2021 fortgeführt werden. Neben der Corona-Steuergesetzgebung und dem damit verbundenen Verwaltungshandlungen treten zudem noch diejenigen Projekte hinzu, die als laufendes Geschäft in der Steuerpolitik zu qualifizieren sind. Allerdings verschwimmt auch hier zunehmend stärker die Kontur zwischen Corona-Steuergesetzgebung, allgemeiner Wirtschaftsförderung und Steuerpolitik. Das Jahressteuergesetz 2020 dürfte hierfür ein klassisches Beispiel sein, wie in einem sehr überladenen Projekt sehr unterschiedliche Einzelaspekte mit sehr unterschiedlicher Interessenlange gebündelt wurden.

Mit der vorliegenden **205. Ergänzungslieferung** wird Ihre rote Loseblatt-Textausgabe Steuergesetze für die Texte (gesetzliche und untergesetzliche Regelungen mit Bezug zur Corona-Pandemie) auf den aktuellen Rechtsstand 1.4.2021 gebracht (Stand BGBl. Nr. 17 vom 6. April 2021).

Im Einzelnen ergeben sich aus der vorliegenden 205. und der vorherigen 204. Ergänzungslieferung zahlreiche Änderungen. Die wichtigsten Regelungen, diejenigen, die insbesondere der Bekämpfung der wirtschaftlichen Folgen der Corona-Pandemie dienen, werden nachfolgend aufgegriffen.

1. Jahressteuergesetz 2020

Der Entwurf eines Jahressteuergesetzes 2020 (JStG 2020) wurde am 25.9. 2020 in den Gesetzgebungsprozess des Deutschen Bundestages eingebracht (vgl. BT-Drucks. 19/22850). Die abschließenden parlamentarischen Beratungen fanden am 10.12.2020 und 16.12.2020 statt (Beschlussempfehlung und Bericht des Finanzausschusses des Deutschen Bundestages auf BT-Drucks. 19/25160, zweite und dritte Lesung im Plenum des Deutschen Bundestages). Das Gesetz vom 21.12.2020 (BGBl. I 2020, S. 3096) wurde am 28.12.2020 verkündet und ist nach Artikel 50 Abs. 1 vorbehaltlich weiterer Sonderregelungen am 29.12.2020 in Kraft getreten.

Das Jahressteuergesetzes 2020 wurde als klassisches Omnibusgesetz mit einer Vielzahl von unterschiedlichen Einzelaspekten ausgestaltet. Fast schon bemerkenswert ist es, dass nach längerer Zeit einmal wieder ein JStG existiert, das auch einen solchen, eher themenunspezifischen Namen tragen darf. Mit dem Gesetz entstehen fiskalische Mindereinnehmen von ca. 1,85 Mrd. € pro Jahr (vgl. BT-Drucks. 19/25161). Die ca. dreimonatige parlamentarische Beratung ist dem Umstand geschuldet, dass zwischen den Koalitionsfraktionen in Teilen einige Einzelmaßnahmen strittig waren. Insbesondere sind in das JStG 2020 einige Aspekte der Länderinitiative zur Reform des Gemeinnützigkeitsrecht eingeflossen (vgl. BR-Drs. 503/20), die in die Teilen kontrovers diskutiert wurden.

Der ursprüngliche Gesetzentwurf zum JStG 2020 mit einem Umfang von 203 Seiten und 34 Einzelartikeln wurde im Zuge der parlamentarischen Beratungen noch einmal weiter aufgebläht, so dass die Beschlussfassung dann auf 235 Seiten angewachsen ist und bei 50 Einzelartikeln endete. Vor diesem Hintergrund fällt es schwer, einen roten Faden im dem Gesetz zu erkennen. Vielmehr wurden sehr unterschiedliche Einzelmaßnahmen in dieses Omnibusgesetz „gestopft". Die Neuregelung im Sinne einer Reform des Gemeinnützigkeitsrechts hätte sicherlich auch in ein eigenständiges Gesetzgebungsverfahren gebettet werden können. Der politische Wille war hier aber wohl nicht vorhanden.

Der fiskalisch größte Posten in dem Gesetz ist - mit 980 Mio. € an fiskalischen Mindereinnahmen - die Einführung einer Pauschale für die betriebliche oder berufliche Tätigkeit in der häuslichen Wohnung nach § 4 Abs. 5 Nr. 6b Satz 4 EStG (Homeoffice-Pauschale). Der Steuerpflichtige kann hiernach für jeden Kalendertag, an dem er seine betriebliche oder berufliche Tätigkeit ausschließlich in der häuslichen Wohnung ausübt und keine außerhalb der häuslichen Wohnung belegene Betätigungsstätte aufsucht, für seine gesamte betriebliche und berufliche Betätigung einen Betrag von 5 € Euro abziehen, höchstens jedoch 600 € im Jahr. Ökonomisch soll hierdurch eine Abzugsposition etabliert werden, die in Zeiten von Homeoffice die Pendlerpauschale in Teilen ausgleicht. Die Regelung gilt unecht rückwirkend bereits für 2020.

Mit dem JStG 2020 wurden weitere Regelungen im Zusammenhang mit der Corona-Pandemie verlängert bzw. zeitlich gestreckt. Dies betrifft insbesondere den steuerfreien Corona-Bonus nach § 3 Nr. 11a EStG oder die Steuerbefreiung für bestimmte Zuschüsse des Arbeitgebers zum Kurzarbeitergeld nach § 3 Nr. 28a EStG. Weitere Änderungen ergeben sich aus allgemeinen steuerpolitischen Überlegungen, in Teilen aber auch zur Förderung der Wirtschaft oder Abmilderung der Folgen aus der Corona-Pandemie. So wurde die Regelung nach § 7g EStG, Investitionsabzugsbeträge und Sonderabschreibungen zur Förderung kleiner und mittlerer Betriebe, vereinheitlicht und in der Anwendung ausgeweitet. Die betrifft z.B. den nun geltenden einheitlichen Höchstbetrag von 200.000 € als Gewinngrenze für alle Einkunftsarten als Voraussetzung für die Inanspruchnahme von Investitionsabzugsbeträgen. In § 8 Abs. 4 EStG wurde eine neue Zusätzlichkeitsvoraussetzung eingefügt, die regelt, in welchen Fällen Leistungen des Arbeitgebers zusätzlich zum ohnehin geschuldeten Arbeitslohn erbracht werden. Die Freigrenze von Sachbezügen wurde von 44 € auf 50 € angehoben, allerdings erst mit Wirkung für 2022. Der bisher infolge der Corona-Pandemie erhöhte Entlastungsbetrag für Alleinerziehende nach § 24b EStG wurde über 2021 hinaus verstetigt, so dass der Freibetrag von 4.008 € auch für die Zukunft ab 2022 Gültigkeit besitzt. Die Grenze von 66% in § 21 Abs. 2 Satz 1 EStG wurde auf 50% abgesenkt, so dass nun in deutlich mehr Fällen von einer Entgeltlichkeit der Nutzungsüberlassung auszugehen ist. Auch wurden Korrekturen bei Verlusten aus Termingeschäften und dem Forderungsausfall vorgenommen, so dass die Höchstbeträge zur Verlustverrechnung nach § 20 Abs. 6 Satz 5, 6 EStG von 10.000 € auf 20.000 € verdoppelt wurden.

2. Drittes Gesetz zur Umsetzung steuerlicher Hilfsmaßnahmen zur Bewältigung der Corona-Krise

Der Entwurf eines Dritten Gesetzes zur Umsetzung steuerlicher Hilfsmaßnahmen zur Bewältigung der Corona-Krise (Drittes Corona-Steuerhilfegesetz) wurde am 9.2.2021 in den Gesetzgebungsprozess des Deutschen Bundestages eingebracht (vgl. BT-Drucks. 19/26544). Die abschließenden parlamentarischen Beratungen fanden am 24.2.2021 und 26.2.2021 statt (Beschlussempfehlung und Bericht des Finanzausschusses des Deutschen Bundestages auf BT-Drucks. 19/26970, zweite und dritte Lesung im Plenum des Deutschen Bundestages). Angesicht dieses Tempos muss konstatiert werden, dass eine stärkere inhaltliche Auseinandersetzung mit den Themen sicherlich nicht erfolgte, sondern dieses Gesetzgebungsverfahren eher durch den Bundestag „gepeitscht" wurde. Das Gesetz vom 10.3.2021 (BGBl. I 2021, S. 330) wurde am 17.3.2021 verkündet.

Wesentlicher Aspekt im Bereich der Unternehmensbesteuerung ist die erneute Ausweitung der Höchstgrenzen für den Verlustrücktrag von bisher 5 Mio. € (diese Ausweitung erfolgte bereits durch das Zweite Corona-Steuerhilfegesetz von vormals 1 Mio. €) auf nunmehr 10 Mio. € nach § 10d Abs. 1 EStG. Diese Höchstgrenze gilt für in 2020 bzw. 2021 entstandene Verluste, die zurückgetragen werden können. Hierzu korrespondierend wurde auch die Regelungen nach § 111 EStG auf das Jahr 2021 ausgeweitet (Vorläufiger Verlustrücktrag für 2020 und 2021). Zudem wurde die Absenkung des Umsatzsteuersatzes für erbrachte Restaurant- und Verpflegungsdienstleistungen von 19% auf 7% bis zum 31.12.2022 verlängert. Eigentlich hätte diese befristete Absenkung zur Mitte dieses Jahres auslaufen müssen.

Infolge der andauernden Corona-Pandemie wurde mit dem Gesetz erneut eine finanzielle Unterstützung für Familien über einen Kinderbonus 2021 bewirkt. Von der Systematik her folgt dieser Kinderbonus dem Kinderbonus aus dem Jahr 2020 (damals 300 €). Der neuerliche Kinderbonus 2021 beträgt (einmalig) 150 € pro Kind und tritt zusätzlich zum Kindergeld hinzu. Der Kinderbonus ist erneut über § 66 Abs. 1 Satz 4 EStG in den Familienleistungsausgleich integriert. Der Kinderbonus soll im Monat Mai ausgezahlt werden.

3. Zweites Gesetz zur Änderung des Bundeselterngeld- und Elternzeitgesetzes

Mit dem Zweiten Gesetz zur Änderung des Bundeselterngeld- und Elternzeitgesetzes vom 15.2.2021 (BT-Drucks. 19/24438) sollen ausweislich der Gesetzesbegründung neue, flexiblere Angebote zur Nutzung des Elterngeldes geschaffen werden. So wurden u. a. die Regelungen verändert, wonach Eltern auch in Teilzeit das Elterngeld beanspruchen können (Anhebung der Höchstarbeitszeitgrenzen). Weiterhin erfolgte eine Flexibilisierung des Partnerschaftsbonus, so dass keine feste Bezugsdauer von vier Monaten mehr existiert, sondern hier ein variabler Zeitraum zwischen zwei und vier Monaten gewählt werden kann. Bei Frühgeburten besteht nunmehr die Möglichkeit, einen weiteren Monat mit Elterngeld zu erhalten. Weiterhin wurde die Einkommensgrenze, ab der der Anspruch auf Elterngeld entfällt, für Paare mit gemeinsamen Elterngeldanspruch von bisher 500.000 € auf 300.000 € gesenkt.

Darüber hinaus wurden im Zuge der parlamentarischen Beratungen (vgl. BT-Drucks. 19/26242) auch Änderungen umgesetzt, die sich aus dem Fortbestehen der Corona-Pandemie ergeben. Dies betrifft Regelungen beim Partnerschaftsbonus als auch Fragen, wie (weitere) Lohnersatzleistungen bei der Ermittlung des Elterngeldes berücksichtigt werden. Gerade bei dem letzten Punkt zeigte sich, dass das Elterngeld in der Corona Pandemie häufig auch mit anderen Einkommensersatzleistungen wie dem Kurzarbeitergeld zusammenfällt.

4. Zweites Gesetz zur steuerlichen Entlastung von Familien sowie zur Anpassung weiterer steuerlicher Regelungen

Der Entwurf eines Zweiten Gesetzes zur steuerlichen Entlastung von Familien sowie zur Anpassung weiterer steuerlicher Regelungen (Zweites Familienentlastungsgesetz) wurde am 31.8.2020 in den Gesetzgebungsprozess des Deutschen Bundestages eingebracht (vgl. BT-Drucks. 19/21988). Die abschließenden parlamentarischen Beratungen fanden am 28.10.2020 und 29.10. 2020 statt (Beschlussempfehlung und Bericht des Finanzausschusses des Deutschen Bundestages auf BT-Drucks. 19/23795, zweite und dritte Lesung im Plenum des Deutschen Bundestages). Das Gesetz vom 1.12.2020 (BGBl. I S. 2616) wurde am 7.12.2020 verkündet.

Wesentlicher inhaltlicher Punkt in diesem Gesetz war die Anpassung des Einkommensteuertarifs und des Familienleistungsausgleichs. Der Gesetzgeber ist verfassungsrechtlich verpflichtet, den Einkommensteuertarif periodisch zu überprüfen hinsichtlich der Höhe des sächlichen Existenzminimums. Gleiche Überlegungen gelten für den Kinderfreibetrag und damit im ökonomischen Zusammenhang auch für die Höhe des Kindergeldes. Darüber hinaus existiert eine Selbstbindung des Bundestages, den Einkommensteuertarif periodisch hinsichtlich der Effekte aus der kalten Progression zu analysieren. Mit dem Zweiten Familienentlastungsgesetz wurden im Ergebnis wesentliche Änderungen bei dem Einkommensteuertarif für die Jahre 2021 und 2022 bewirkt. Ferner erfolgten Änderungen für das Kindergeld und die Kinderfreibeträge für die Jahre ab 2021.

Im Einzelnen wurden die Tarifeckwerte des Einkommensteuertarifs nach § 32a EStG für die Jahre 2021 und 2022 linear verschoben, wohingegen sich die Änderung des Grundfreibetrags an den Ergebnissen aus dem 13. Existenzminimumbericht orientiert. Die Erhöhung der Tarifeckwerte für 2021 gegenüber 2020 beträgt 1,52%, in 2022 erfolgt gegenüber 2021 nochmals eine Erhöhung um 1,17%. Damit wird den Vorgaben aus dem 13. Existenzminimumberichts Rechnung getragen, zugleich erfolgt ein Ausgleich der Effekte aus der kalten Progression. Weiterhin steigt das Kindergeld nach § 66 Abs. 1 Satz 1 EStG zum 01.01.2021 gegenüber 2020 um jeweils 15 € pro Monat und Kind. Hierzu korrespondierend steigt der Kinderfreibetrag in 2021 um 144 €, in gleicher Höhe steigt ebenfalls der Freibetrag für den Betreuungs-, Erziehungs- oder Ausbildungsbedarf. Im Ergebnis erhöhen sich damit die Freibeträge in der Summe um 288 €, so dass Ehepaare insgesamt also 576 € zusätzlich von der einkommensteuerlichen Bemessungsgrundlage in 2021 gegenüber 2020 abziehen können.

5. Gesetz zur Verlängerung der Aussetzung der Insolvenzantragspflicht und des Anfechtungsschutzes für pandemiebedingte Stundungen sowie zur Verlängerung der Steuererklärungsfrist in beratenen Fällen und der zinsfreien Karenzzeit für den Veranlagungszeitraum 2019

Mit dem Gesetz zur Verlängerung der Aussetzung der Insolvenzantragspflicht und des Anfechtungsschutzes für pandemiebedingte Stundungen sowie zur Verlängerung der Steuererklärungsfrist in beratenen Fällen und der zinsfreien Karenzzeit für den Veranlagungszeitraum 2019 vom 15.2.2021 (BGBl. I S. 237) wurden zwei wesentliche Dinge umgesetzt, die allerdings erst im parlamentarischen Verfahren so zusammengeführt wurden (vgl. BT-Drucks. 19/26245; ursprünglich als Entwurf eines Gesetzes zur Änderung des Einführungsgesetzes zur Abgabenordnung – Verlängerung der Steuererklärungsfrist in beratenen Fällen und der zinsfreien Karenzzeit für den Veranlagungszeitraum 2019 auf BT-Drucks. 19/25795 in die parlamentarischen Beratungen eingebracht).

Zum einen wurde die Insolvenzantragspflicht abermals zeitlich ausgesetzt. Konkret wurde diese bis zum 30.4.2021 für Unternehmen ausgesetzt, die staatliche Hilfeleistungen aus den zur Abmilderung der wirtschaftlichen Folgen der COVID-19-Pandemie aufgelegten Hilfsprogrammen erwarten können. Zum anderen wurden die Steuererklärungsfristen verlängert in den Fällen, in denen Angehörige der steuerberatenden Berufe entsprechende Steuererklärungen erstellen. Konkret wurde eine sechsmonatige Verschiebung der jeweiligen Fristen nach § 149 Abs. 3 AO über eine Änderung in Art. 97 EGAO mit einem neuen § 36 bewirkt. Somit sind entsprechende Steuererklärungen nach § 149 Abs. 3 AO spätestens bis zum 31.8.2021 abzugeben. Dieses Datum wurde einmalig explizit in das Gesetz mitaufgenommen. Ebenfalls wurde der Beginn des Zinslaufes nach einer bisher 15-monatigen Karenzzeit gem. § 233a Abs. 2 AO um sechs Monate nach hinten verschoben.

6. BMF vom 18.3.2021: Steuerliche Maßnahmen zur Berücksichtigung der Auswirkungen des Coronavirus (COVID-19/SARS-CoV-2); Weitere Verlängerung der verfahrensrechtlichen Steuererleichterungen

Das BMF hatte bereits am 19.3.2020 ein Schreiben veröffentlicht, welches steuerliche Maßnahmen zur Berücksichtigung der Auswirkungen des Coronavirus vorsah. Entsprechende Maßnahmen waren bis Ende des Jahres 2020 befristet. Mit BMF-Schreiben vom 22.12.2020 wurden diese Maßnahmen erneut, hier u.a. bis zum 31.3.2021 verlängert. Regelungsgehalt waren u.a. die Stundung im vereinfachten Verfahren, das Absehen von Vollstreckungsmaßnahmen (Vollstreckungsaufschub) im vereinfachten Verfahren, die Anpassung von Vorauszahlungen im vereinfachten Verfahren und Stundung, Vollstreckungsaufschub und Anpassung von Vorauszahlungen in weiteren Fällen. Mit dem BMF-Schreiben vom 18.3.2021 (siehe **Vor 1.10**) werden diese Maßnahmen erneut aufgriffen und zeitlich verlängert bis zum 30.6.2021 (Antragstellung). Stundung und Vollstreckungsaufschub soll hiernach längstens bis zum 30.9.2021 gewährt werden. Anpassungen der Vorauszahlungen auf die Einkommen- und Körperschaftsteuer 2021 können bis zum 31.12.2021 beantragt werden.

7. Zweite Verordnung zur Änderung der Kurzarbeitergeldverordnung

Die Zweite Verordnung zur Änderung der Kurzarbeitergeldverordnung vom 25.3.2021 verlängert die Regelungen der Kurzarbeitergeldverordnung vom 25.3.2020 in der Fassung vom 21.10.2020 (siehe **Vor 1.3**). Konkret kann hiernach Kurzarbeitergeld bis zum 31.12.2021 für Betriebe, die bis zum 30.6.2021 Kurzarbeit eingeführt haben, nach Maßgabe weiterer Bedingungen in einem erleichterten Verfahren gezahlt werden. Derartige Erleichterungen wurden durch die Erste Verordnung zur Änderung der Kurzarbeitergeldverordnung geschaffen und betrafen Zugangserleichterungen für die Gewährung des Kurzarbeitergeldes (u. a. Absenkung des sog. Mindesterfordernisses). Diese Zugangserleichterungen galten bisher, soweit die Betriebe bis 31.3.2021 Kurzarbeit eingeführt hatten. Mit der Zweiten Verordnung zur Änderung der Kurzarbeitergeldverordnung wird dieser Stichtag verlängert und auf den 30.6. 2021 festgelegt. Damit profitieren nunmehr auch Betriebe von den Zugangserleichterungen, die erst nach dem 31.3.2021 (bis zum 30.6.2021) Kurzarbeit (wieder) eingeführt haben. Diese Zugangserleichterungen sind in der Anwendung befristet bis zum 31.12.2021.

Vorwort

Die vorliegende Sammlung enthält alle für die tägliche Beratung nötigen Steuergesetze und Durchführungsverordnungen zum materiellen und formellen Steuerrecht, die EG-Mehrwertsteuerrichtlinien, die berufsrechtlichen Gesetze für Steuerberater und Wirtschaftsprüfer sowie einen Tabellenanhang mit den Einkommen- und Lohnsteuertabellen.

Mit dieser Textausgabe sowie den Sammlungen „Zölle und Verbrauchsteuern“ und „Doppelbesteuerungsabkommen“ bietet der Verlag eine vollständige Zusammenfassung aller Steuergesetze des Bundes, der wichtigsten zollrechtlichen Bestimmungen, der steuerrechtlich relevanten EG-Richtlinien und -Verordnungen sowie der Doppelbesteuerungsabkommen an.

Die Sammlungen werden durch Ergänzungslieferungen auf dem neuesten Stand gehalten. Für die Aufbewahrung ausgetauschter Vorschriften, die für die zurückliegenden Zeiträume Bedeutung behalten, werden dem Benutzer besondere Ablegeordner mit unterschiedlichen Rückenbreiten empfohlen, die er vom Verlag erwerben kann.

Der Verlag dankt den Beziehern für die vielfältigen Anregungen und Verbesserungsvorschläge, die an ihn herangetragen worden sind; er hofft, dass die Bezieher auch weiterhin durch ihre Kritik den Verlag bei der Gestaltung dieses Werkes unterstützen.

München, Mai 2016 VERLAG C. H. BECK

Inhaltsübersicht

Inhalt

Systematisches Inhaltsverzeichnis[1)]

---

1) Ein nach Stichworten alphabetisch geordnetes Inhaltsverzeichnis siehe S. 9ff.

Bewertung, Vermögen- und Erbschaftsteuer

Realsteuergesetze

Umsatzsteuer

Sonstige Verkehrsteuern

Steuerliche Förderungsgesetze

Abgabenordnung, Finanzverwaltungsvorschriften

Steuerberatungsgesetz, Wirtschaftsprüferordnung

Tabellenanhang

Sachverzeichnis

Alphabetisches Inhaltsverzeichnis

Inhalt alphabetisch

Inhalt alphabetisch

Abkürzungen

ABl.	Amtsblatt
Abs.	Absatz
ÄndG	Änderungsgesetz
aF	alte Fassung
AfA	Absetzung für Abnutzung
Amtl. Anm.	Amtliche Anmerkung
angef.	angefügt
AO	Abgabenordnung
Art.	Artikel
AStG	Außensteuergesetz
aufgeh.	aufgehoben
AuslInvestmG	Gesetz über den Vertrieb ausländischer Investmentanteile und über die Besteuerung der Erträge aus ausländischen Investmentanteilen
AuslInvG	Gesetz über steuerliche Maßnahmen bei Auslandsinvestitionen der deutschen Wirtschaft
BAnz.	Bundesanzeiger
BayRS	Bayerische Rechtssammlung
BdF	Bundesminister der Finanzen
BEEG	Bundeselterngeld- und Elternzeitgesetz
Bek.	Bekanntmachung
ber.	berichtigt
BergPDV	Verordnung zur Durchführung des Gesetzes über Bergmannsprämien
BergPG	Gesetz über Bergmannsprämien
BerlinFG	Gesetz zur Förderung der Berliner Wirtschaft
BErzGG	Bundeserziehungsgeldgesetz
BetrAVG	Gesetz zur Verbesserung der betrieblichen Altersversorgung
BetrKV	Betriebskostenverordnung
BewÄndG	Bewertungsänderungsgesetz
BewDV	Durchführungsverordnung zum Bewertungsgesetz
BewG	Bewertungsgesetz
BFH	Bundesfinanzhof
BGBl.	Bundesgesetzblatt
BGBl. III	Bereinigte Sammlung des Bundesrechts, abgeschlossen am 31. 12. 1968 (in Nachweisform fortgeführt in FNA)
bish.	bisher, bisherig
BKGG	Bundeskindergeldgesetz
BMF	Bundesminister der Finanzen
BodSchätzDB	Durchführungsbestimmungen zum Bodenschätzungsgesetz

Abkürzungen

BodSchätzG	Bodenschätzungsgesetz
BodSchätzOffVO	Verordnung über die Offenlegung der Ergebnisse der Bodenschätzung
BStBl.	Bundessteuerblatt
BV	II. Berechnungsverordnung
BVerfG	Bundesverfassungsgericht
DB	Durchführungs-Bestimmungen
DDR-IG	DDR-Investitionsgesetz
DV/DVO	Durchführungs-Verordnung
DVLStHV	Verordnung zur Durchführung der Vorschriften über Lohnsteuerhilfevereine
DVStB	Verordnung zur Durchführung der Vorschriften über Steuerberater, Steuerbevollmächtigte und Steuerberatungsgesellschaften
ECU	European Currency Unit (Währungseinheit des Europäischen Währungssystems)
EG	Europäische Gemeinschaft
EGAHiG	EG-Amtshilfe-Gesetz
EGAO	Einführungsgesetz zur Abgabenordnung
EigZulG	Eigenheimzulagengesetz
eingef.	eingefügt
EL	Ergänzungslieferung
EntwLStG	Gesetz über steuerliche Maßnahmen zur Förderung von privaten Kapitalanlagen in Entwicklungsländern
ErbStDV	Durchführungsverordnung zum Erbschaftsteuergesetz
ErbStG	Erbschaftsteuergesetz
ErbStRG	Gesetz zur Reform des Erbschaftsteuer- und Schenkungsteuerrechts
Erl.	Erlass
EStDV	Einkommensteuer-Durchführungsverordnung
EStG	Einkommensteuergesetz
EStR	Einkommensteuer-Richtlinien
EU	Europäische Union
EUBeitrG	EU-Beitreibungsgesetz
EuGH	Europäischer Gerichtshof
EUStBV	Einfuhrumsatzsteuer-Befreiungsverordnung
EWS	Europäisches Währungssystem
EZ	Erhebungszeitraum
FA	Finanzamt
FAG	Finanzausgleichsgesetz
FeuerSchStG	Feuerschutzsteuergesetz
FG	Finanzgericht
FGO	Finanzgerichtsordnung
FM	Finanzminister(-ministerium)
FNA	Bundesgesetzblatt Teil I, Fundstellennachweis A (Bundesrecht ohne völkerrechtliche Vereinbarungen)
FördergebietsG	Gesetz über Sonderabschreibungen und Abzugsbeträge im Fördergebiet

FVG	Gesetz über die Finanzverwaltung
FVerlV	Funktionsverlagerungsverordnung
FzgLiefgMeldV	Fahrzeuglieferungs-Meldepflichtverordnung
G	Gesetz
GAufzV	Gewinnabgrenzungsaufzeichnungsverordnung
GBl.	Gesetzblatt
geänd.	geändert
GewStDV	Durchführungsverordnung zum Gewerbesteuergesetz
GewStG	Gewerbesteuergesetz
GrEStG	Grunderwerbsteuergesetz
GrStG	Grundsteuergesetz
GVBl.	Gesetz- und Verordnungsblatt
GV. NW.	Gesetz- und Verordnungsblatt Nordrhein-Westfalen
GVOBl.	Gesetz- und Verordnungsblatt Schleswig-Holstein
HGB	Handelsgesetzbuch
idF	in der Fassung
InvStG	Investmentsteuergesetz
InvZulG	Investitionszulagengesetz
KAGG	Gesetz über Kapitalanlagesellschaften
KBV	Kleinbetragsverordnung
Kj	Kalenderjahr
KraftStDV	Durchführungsverordnung zum Kraftfahrzeugsteuergesetz
KraftStG	Kraftfahrzeugsteuergesetz
KStDV	Verordnung zur Durchführung des Körperschaftsteuergesetzes
KStG	Körperschaftsteuergesetz
LStDV	Lohnsteuer-Durchführungsverordnung
LStR	Lohnsteuerrichtlinien
MaßstG	Maßstäbegesetz
MinBlFin.	Ministerialblatt des Bundesministeriums der Finanzen
MV	Mitteilungsverordnung
MWStSystRL	Mehrwertsteuer-Systemrichtlinie
mWv	mit Wirkung vom
neu gef.	neu gefasst
nF	neue Fassung
Nr., Nrn.	Nummer, Nummern
OFD	Oberfinanzdirektion
Rdvfg.	Rundverfügung
REITG	REIT-Gesetz
RennwLottAB	Ausführungsbestimmungen zum Rennwett- und Lotteriegesetz
RennwLottG	Rennwett- und Lotteriegesetz
RennwLottGZuStV	Verordnung über die örtliche Zuständigkeit des Rennwett- und Lotteriegesetzes
RL	Richtlinie
S.	Seite

Abkürzungen

SachBezV .... Verordnung über den Wert der Sachbezüge in der Sozialversicherung
SaDV .... Sammelantrags-Datenträger-Verordnung
SolzG .... Solidaritätszuschlaggesetz 1995
StADV .... Steueranmeldungs-Datenträger-Verordnung
StAnz .... Staatsanzeiger
StAuskV .... Steuer-Auskunftsverordnung
StBerG .... Steuerberatungsgesetz
StBVV .... Steuerberatervergütungsverordnung
StDAV .... Steuerdaten-Abrufverordnung
StDÜV .... Steuerdaten-Übermittlungsverordnung
SteuerHBekV .... Steuerhinterziehungsbekämpfungsverordnung
StIdV .... Steueridentifikationsnummerverordnung
StuZBl. .... Steuer- und Zollblatt
SvEV .... Sozialversicherungsentgeltverordnung
UmwStG .... Gesetz über steuerliche Maßnahmen bei Änderung der Unternehmensform
UStDV .... Umsatzsteuer-Durchführungsverordnung
UStErstV .... Umsatzsteuererstattungsverordnung
UStG .... Umsatzsteuergesetz
UStZustV .... Umsatzsteuerzuständigkeitsverordnung
v. .... vom
VE .... Vieheinheit
VermBDV .... Verordnung zur Durchführung des Vermögensbildungsgesetzes
VermBG .... Gesetz zur Vermögensbildung der Arbeitnehmer
VersStDV .... Durchführungsverordnung zum Versicherungsteuergesetz
VersStG .... Versicherungsteuergesetz
Vfg. .... Verfügung
V, VO .... Verordnung
VStG .... Vermögensteuergesetz
VStRG .... Gesetz zur Reform des Vermögensteuerrechts und zur Änderung anderer Steuergesetze
VwZG .... Verwaltungszustellungsgesetz
VZ .... Veranlagungszeitraum
WoBauG .... Wohnungsbaugesetz
WoFlV .... Wohnflächenverordnung
WoPDV .... Verordnung zur Durchführung des Wohnungsbau-Prämiengesetzes
WoPG .... Wohnungsbau-Prämiengesetz
WPO .... Wirtschaftsprüferordnung
ZerlG .... Zerlegungsgesetz
ZIV .... Zinsinformationsverordnung
ZMDV .... Datenträger-Verordnung über die Abgabe Zusammenfassender Meldungen
ZPO .... Zivilprozessordnung

Inhaltsverzeichnis

Gesetze und Verordnungen

Schreiben und andere Materialien

Gesetz zur Errichtung eines Finanzmarkt- und eines Wirtschaftsstabilisierungsfonds (Stabilisierungsfondsgesetz – StFG)

Vom 17. Oktober 2008 (BGBl. I S. 1982)

Zuletzt geändert durch Gesetz zur Errichtung eines Wirtschaftsstabilisierungsfonds (Wirtschaftsstabilisierungsfondsgesetz – WStFG) vom 27.3.2020 (BGBl. I S. 543); Gesetz zur Gewährleistungsübernahme im Rahmen eines Europäischen Instruments zur vorübergehenden Unterstützung bei der Minderung von Arbeitslosigkeitsrisiken infolge des COVID-19-Ausbruchs und zur Änderung des Stabilisierungsfondsgesetzes und des Wirtschaftsstabilisierungsbeschleunigungsgesetzes sowie erforderliche Folgeänderungen vom 10.7.2020 (BGBl. I S. 1633), Gesetz zur Umsetzung der Richtlinien (EU) 2019/878 und (EU) 2019/879 zur Reduzierung von Risiken und zur Stärkung der Proportionalität im Bankensektor (Risikoreduzierungsgesetz – RiG) vom 9.12.2020 (BGBl. I S. 2773) und Jahressteuergesetz 2020 (JStG 2020) vom 21.12.2020 (BGBl. I S. 3096)

FNA 660-3

Inhaltsübersicht

Abschnitt 1. Finanzmarktstabilisierung

Teil 1. Finanzmarktstabilisierungsfonds

§ 1 Errichtung des Fonds. Es wird ein Fonds des Bundes unter der Bezeichnung „Finanzmarktstabilisierungsfonds – FMS“ errichtet.

§ 2[1)] Zweck des Fonds. (1) [1]Der Fonds dient der Stabilisierung des Finanzmarktes durch Überwindung von Liquiditätsengpässen und durch Schaffung der Rahmenbedingungen für eine Stärkung der Eigenkapitalbasis von Unternehmen im Sinne des § 2 des Restrukturierungsfondsgesetzes in der bis zum 31. Dezember 2014 geltenden Fassung (Unternehmen des Finanzsektors). [2]Kreditinstitute, die gemäß § 5 Absatz 1 Nummer 2 des Körperschaftsteuergesetzes in der bis zum 31. Dezember 2014 geltenden Fassung von der Körperschaftsteuer befreit sind, und Brückeninstitute im Sinne des § 5 Absatz 1 des Restrukturierungsfondsgesetzes in der bis zum 31. Dezember 2014 geltenden Fassung sind keine Unternehmen des Finanzsektors im Sinne des Satzes 1.

(2) Der Fonds ist ein Sondervermögen im Sinne des Artikels 110 Absatz 1 des Grundgesetzes.

§ 3[2)] Stellung im Rechtsverkehr. [1]Der Fonds ist nicht rechtsfähig. [2]Er kann unter seinem Namen im rechtsgeschäftlichen Verkehr handeln, klagen und verklagt werden. [3]Arrest oder andere Maßnahmen der Zwangsvollstreckung in den Fonds finden nicht statt. [4]§ 394 Satz 1 des Bürgerlichen Gesetzbuchs ist entsprechend anzuwenden. [5]Der allgemeine Gerichtsstand des Fonds ist Frankfurt am Main.

Teil 2. Institutioneller Rahmen

§ 3a[3)] Bundesanstalt für Finanzmarktstabilisierung; Trägerschaft der Finanzagentur; Organisation und Aufgaben; Verordnungsermächtigung. (1) [1]Die mit diesem Gesetz in der Fassung vom 17. Oktober 2008 errichtete Finanzmarktstabilisierungsanstalt wird mit Wirkung zum 23. Juli 2009 eine bundesunmittelbare, rechtsfähige Anstalt des öffentlichen Rechts im Geschäftsbereich des Bundesministeriums der Finanzen. [2]Sie trägt die Bezeichnung „Bundesanstalt für Finanzmarktstabilisierung – FMSA“ (Anstalt).

---

1) § 2 Abs. 1 Satz 1 geänd. mWv 9.4.2009 durch G v. 7.4.2009 (BGBl. I S. 725); Abs. 2 neu gef. mWv 31.12.2010 durch G v. 9.12.2010 (BGBl. I S. 1900); Abs. 1 neu gef. mWv 1.1.2013 durch G v. 20.12.2012 (BGBl. I S. 2777); Abs. 1 Sätze 1 und 2 geänd. mWv 1.1.2015 durch G v. 10.12.2014 (BGBl. I S. 2091).

2) § 3 Sätze 3 und 4 eingef., bish. Satz 3 wird Satz 5 und geänd. mWv 9.4.2009 durch G v. 7.4.2009 (BGBl. I S. 725); Satz 5 geänd. mWv 31.12.2010 durch G v. 9.12.2010 (BGBl. I S. 1900); Satz 5 neu gef. mWv 1.1.2018 durch G v. 23.12.2016 (BGBl. I S. 3171).

3) § 3a Abs. 5 Satz 3 geänd., Sätze 4 und 5 angef., Abs. 6 Satz 3 neu gef. mWv 9.4.2009 durch G v. 7.4.2009 (BGBl. I S. 725); Überschrift geänd., Abs. 1, 2 und 4 neu gef., Abs. 5 Satz 4 geänd., Abs. 6a eingef. mWv 23.7.2009 durch G v. 17.7.2009 (BGBl. I S. 1980); Abs. 1 Satz 4 angef., Abs. 2 Satz 3 aufgeh., Abs. 2a eingef., Abs. 3 Satz 1 geänd. und Satz 2 neu gef., Abs. 5 Satz 3 neu gef., Abs. 6 Sätze 1 und 2 geänd. mWv 31.12.2010 durch G v. 9.12.2010 (BGBl. I S. 1900); Abs. 1 Satz 5 angef., Abs. 3 Satz 1 geänd., Satz 3 angef. mWv 1.3.2012 durch G v. 24.2.2012 (BGBl. I S. 206); Abs. 4 Satz 3 aufgeh., bish. Sätze 4–6 werden Sätze 3–5 mWv 1.1.2013 durch G v. 20.12.2012 (BGBl. I S. 2777); Abs. 2b eingef., Abs. 5 Sätze 3–5 aufgeh., Abs. 6 Satz 3 geänd. mWv 1.1.2015 durch G v. 10.12.2014 (BGBl. I S. 2091); Überschrift neu gef. mWv 6.11.2015 durch G v. 2.11.2015 (BGBl. I S. 1864); Abs. 6 Satz 3 geänd. mWv 29.12.2016, Abs. 2c eingef. mWv 1.9.2017; Überschrift neu gef., Abs. 1 Satz 6 angef., Abs. 2 bis 2b neu gef. und Abs. 2d eingef., Abs. 3 Satz 1 geänd., Abs. 4 neu gef., Abs. 5 Satz 1 geänd., neuer Satz 2 eingef., bish. Satz 2 wird Satz 3 und geänd., Abs. 6a Sätze 1 und 2 geänd. mWv 1.1.2018 durch G v. 23.12.2016 (BGBl. I S. 3171); Abs. 4 Satz 3 neu gef. mWv 17.7.2020 durch G v. 10.7.2020 (BGBl. I S. 1633).

[3] Die Anstalt hat ihren Sitz in Frankfurt am Main. [4] Sie untersteht der Rechts- und Fachaufsicht des Bundesministeriums der Finanzen. [5] Das Bundesministerium der Finanzen ist insbesondere befugt, alle Anordnungen zu treffen, um den Geschäftsbetrieb der Anstalt mit den Gesetzen, der Satzung und den sonstigen Bestimmungen im Einklang zu halten und die zweckmäßige Wahrnehmung der Aufgaben der Anstalt sicherzustellen und zu überprüfen. [6] Die Bundesrepublik Deutschland – Finanzagentur GmbH (Finanzagentur) wird mit der Trägerschaft an der Anstalt beliehen und führt nach Maßgabe dieses Gesetzes Aufgaben und Befugnisse der Anstalt fort.

(2) [1] Die Anstalt nimmt die ihr nach § 8a übertragenen Aufgaben wahr und ist für die Erfüllung dieser Aufgaben verantwortlich. [2] Die Finanzagentur unterstützt die Anstalt bei der Erfüllung dieser Aufgaben.

(2a) [1] Alle übrigen Aufgaben im Zusammenhang mit der Verwaltung des Fonds nimmt die Finanzagentur, auch im Namen des Fonds, als eigene wahr. [2] Die Finanzagentur untersteht hinsichtlich der Wahrnehmung der Aufgaben nach diesem Gesetz der Rechts- und Fachaufsicht des Bundesministeriums der Finanzen. [3] Das Bundesministerium der Finanzen kann Aufgaben und Befugnisse der Finanzagentur nach diesem Gesetz vorübergehend selbst wahrnehmen oder auf eine Behörde in seinem Geschäftsbereich oder einen Dritten übertragen, wenn auf andere Weise die recht- und zweckmäßige Wahrnehmung der Aufgaben nicht sichergestellt werden kann.

(2b) [1] Die Finanzagentur übernimmt alle Rechte und Pflichten, Verträge und sonstigen Rechtsverhältnisse der Anstalt, soweit diese die auf die Finanzagentur nach diesem Gesetz übergegangenen Aufgaben betreffen, und tritt hinsichtlich der übergehenden Rechte und Pflichten in allen Verwaltungs- und Gerichtsverfahren, an denen die Anstalt beteiligt ist, an deren Stelle. [2] Dies gilt nicht für bestehende und künftige Rechte und Pflichten der Anstalt, soweit sie die der Anstalt nach § 8a übertragenen Aufgaben betreffen. [3] Absatz 2c bleibt unberührt.

(2c) [1] Die Finanzagentur tritt zum 1. Januar 2018 in die Rechte und Pflichten aus den Arbeitsverhältnissen mit übergehenden Beschäftigten ein. [2] Als übergehende Beschäftigte im Sinne von Satz 1 gelten die bei der Anstalt beschäftigten Arbeitnehmerinnen und Arbeitnehmer, die nicht übergehende Beschäftigte im Sinne des § 18a Absatz 3 des Finanzdienstleistungsaufsichtsgesetzes sind und nicht zum 31. August 2017 in der Abteilung Abwicklungsanstalten der Anstalt tätig sind. [3] Die vom Übergang betroffenen Beschäftigten werden von der Anstalt bis zum 31. Oktober 2017 schriftlich über die rechtlichen, wirtschaftlichen und sozialen Folgen des Übergangs unterrichtet. [4] Die Beschäftigten können dem Übergang ihrer Arbeitsverhältnisse widersprechen. [5] Der Widerspruch kann gegenüber der Anstalt oder der Finanzagentur innerhalb eines Monats nach Zugang der Unterrichtung schriftlich erklärt werden.

(2d) Für die übergehenden Verbindlichkeiten der Anstalt haftet die Bundesrepublik Deutschland unbeschränkt.

(3) [1] Die Anstalt wird von einem Leitungsausschuss geleitet, der aus einem oder mehreren Mitgliedern bestehen kann. [2] Der Leitungsausschuss ist Vorgesetzter der Mitarbeiterinnen und Mitarbeiter der Anstalt. [3] Für die Ernennung und die Rechtsstellung der Mitglieder des Leitungsausschusses gelten die Bestimmungen des § 3c.

(4) [1]Die Anstalt weist die in ihrem Verwaltungsbereich zu erwartenden Einnahmen und zu leistenden Ausgaben in einem Wirtschaftsplan einschließlich eines Stellenplans aus. [2]Das Haushaltsjahr ist das Kalenderjahr. [3]Auf Zahlungen, die Buchführung und die Rechnungslegung sind die für die bundesunmittelbaren juristischen Personen geltenden Bestimmungen der Bundeshaushaltsordnung mit der Maßgabe anzuwenden, dass die Rechnungslegung aus einer die Einnahmen und Ausgaben nachweisenden Haushaltsrechnung besteht; die Aufstellung einer Vermögensrechnung ist nicht erforderlich. [4]Näheres über Haushaltsführung, Rechnungslegung und Revision wird in der Satzung der Anstalt geregelt.

(5) [1]Die Finanzagentur kann sich nach Maßgabe einer gemäß § 4 Absatz 2 zu erlassenden Rechtsverordnung bei der Erfüllung ihrer Aufgaben nach diesem Gesetz geeigneter Dritter bedienen. [2]Für die Anstalt gelten die Regelungen aus § 1 Absatz 4 der Finanzmarktstabilisierungsfonds-Verordnung in der am 1. Januar 2018 geltenden Fassung entsprechend. [3]Die Finanzagentur und die Anstalt können bei der Abwicklung ihrer Geschäfte die Deutsche Bundesbank im Rahmen von § 20 des Bundesbankgesetzes in Anspruch nehmen.

(6) [1]Das Bundesministerium der Finanzen wird ermächtigt, durch Rechtsverordnung, die nicht der Zustimmung des Bundesrates bedarf, die Satzung der Anstalt zu erlassen. [2]Die Satzung kann vom Bundesministerium der Finanzen durch Rechtsverordnung die nicht der Zustimmung des Bundesrates bedarf geändert werden. [3]In der Satzung sind, soweit erforderlich, insbesondere Bestimmungen über die Organisation der Anstalt, die Rechte und Pflichten der Finanzagentur als Trägerin der Anstalt und die Aufgabenverteilung im Verhältnis zur Finanzagentur, ihre Vertretung sowie über die Haushaltsführung, Wirtschaftsführung und Rechnungslegung des Fonds und der Anstalt aufzunehmen.

(6a) [1]Die Finanzagentur und die Anstalt betreiben keine Geschäfte, die einer Zulassung nach der Richtlinie 2006/48/EG des Europäischen Parlaments und des Rates vom 14. Juni 2006 über die Aufnahme und Ausübung der Tätigkeit der Kreditinstitute (ABl. L 177 vom 30.6.2006, S. 1) oder der Richtlinie 2004/39/EG des Europäischen Parlaments und des Rates vom 21. April 2004 über Märkte für Finanzinstrumente, zur Änderung der Richtlinien 85/611/EWG und 93/6/EWG des Rates und der Richtlinie 2000/12/EG des Europäischen Parlaments und des Rates und zur Aufhebung der Richtlinie 93/22/EWG des Rates (ABl. L 145 vom 30.4.2004, S. 1) in der jeweils geltenden Fassung bedürfen. [2]Die Finanzagentur und die Anstalt gelten bei ihrer Aufgabenwahrnehmung nach diesem Gesetz nicht als Kreditinstitut oder Finanzdienstleistungsinstitut im Sinne des Kreditwesengesetzes, als Wertpapierdienstleistungsunternehmen im Sinne des Wertpapierhandelsgesetzes oder als Versicherungsunternehmen im Sinne des Versicherungsaufsichtsgesetzes.

(7) Der Haushaltsausschuss und der Finanzausschuss des Deutschen Bundestages sind über Erlass und Änderungen der Rechtsverordnungen nach Absatz 6 unverzüglich zu unterrichten.

§ 3b[1)] Verschwiegenheitspflicht; Zusammenarbeit mit der Bundesanstalt für Finanzdienstleistungsaufsicht und der Deutschen Bundesbank. (1) [1]Die Mitglieder des Leitungsausschusses der Anstalt, der Geschäftsführung der Finanzagentur und die Mitarbeiterinnen und Mitarbeiter der Finanzagentur und der Anstalt sowie die von der Anstalt oder der Finanzagentur im Zusammenhang mit Aufgaben nach diesem Gesetz beauftragten Dritten dürfen die ihnen bei ihrer Tätigkeit bekannt gewordenen Tatsachen, deren Geheimhaltung im Interesse des Unternehmens des Finanzsektors oder eines Dritten liegt, insbesondere Betriebs- und Geschäftsgeheimnisse, nicht unbefugt offenbaren oder verwerten, auch wenn ihre Tätigkeit bei der Finanzagentur oder der Anstalt beendet ist. [2]Dies gilt auch für andere Personen, die durch dienstliche Berichterstattung Kenntnis von den in Satz 1 bezeichneten Tatsachen erhalten.

(2) [1]Ein unbefugtes Offenbaren oder Verwerten im Sinne des Absatzes 1 liegt insbesondere dann nicht vor, wenn Tatsachen weitergegeben werden an

1. Strafverfolgungsbehörden oder für Straf- und Bußgeldsachen zuständige Gerichte,
2. kraft Gesetzes oder im öffentlichen Auftrag mit der Überwachung von Unternehmen des Finanzsektors betraute Stellen sowie von diesen beauftragte Personen,
3. die Zentralnotenbanken einschließlich der Europäischen Zentralbank und die Europäische Bankenaufsichtsbehörde im Sinne des Artikels 1 Absatz 1 der Verordnung (EU) Nr. 1093/2010 des Europäischen Parlaments und des Rates vom 24. November 2010 zur Errichtung einer Europäischen Aufsichtsbehörde (Europäische Bankenaufsichtsbehörde), zur Änderung des Beschlusses Nr. 716/2009/EG und zur Aufhebung des Beschlusses 2009/78/EG der Kommission (ABl. L 331 vom 15.12.2010, S. 12, L 101 vom 18.4.2015, S. 62), die zuletzt durch die Verordnung (EU) Nr. 806/2014 (ABl. L 225 vom 30.7.2014, S. 1) geändert worden ist,
4. mit der Liquidation oder Insolvenz eines Unternehmens des Finanzsektors befasste Stellen oder
5. mit der gesetzlichen Prüfung der Rechnungslegung von Unternehmen des Finanzsektors betraute Personen sowie Stellen, die diese Prüfer beaufsichtigen, oder
6. kraft Gesetzes für die Verwertung dieser Tatsachen zuständige Behörden, Gerichte oder andere Stellen,

---

[1)] § 3b eingef. mWv 31.12.2010 durch G v. 9.12.2010 (BGBl. I S. 1900); Abs. 4 Satz 1 geänd. mWv 1.3.2012 durch G v. 24.2.2012 (BGBl. I S. 206); Abs. 4 Satz 2 geänd. mWv 1.1.2013 durch G v. 20.12.2012 (BGBl. I S. 2777); Abs. 2 Satz 1 Nr. 3 geänd. und Abs. 4 Sätze 3 und 4 angef. mWv 19.12.2014 sowie Abs. 4 Satz 1 geänd. mWv 1.1.2015 durch G v. 10.12.2014 (BGBl. I S. 2091); Überschrift neu gef., Abs. 5 angef. mWv 6.11.2015 durch G v. 2.11.2015 (BGBl. I S. 1864); Abs. 1 Satz 1 neu gef., Abs. 2 Satz 1 Nr. 3 geänd., Abs. 4 Satz 1 neu gef., Sätze 2 und 3 geänd., Abs. 5 aufgeh. mWv 1.1.2018 durch G v. 23.12.2016 (BGBl. I S. 3171); Abs. 4 Satz 2 geänd. mWv 3.1.2018 durch G v. 23.6.2017 (BGBl. I S. 1693).

soweit diese die Informationen zur Erfüllung ihrer Aufgaben benötigen. [2] Für die bei diesen Stellen beschäftigten Personen gilt die Verschwiegenheitspflicht nach Absatz 1 entsprechend.

(3) § 10a bleibt unberührt.

(4) [1] Die Finanzagentur im Rahmen ihrer Tätigkeit nach diesem Gesetz, die Anstalt, die Deutsche Bundesbank im Rahmen ihrer Tätigkeit nach dem Kreditwesengesetz und die Bundesanstalt für Finanzdienstleistungsaufsicht haben sich Beobachtungen, Feststellungen und Einschätzungen, einschließlich personenbezogener Daten und Betriebs- und Geschäftsgeheimnissen, mitzuteilen, die zur Erfüllung ihrer jeweiligen Aufgaben erforderlich sind, im Fall der Finanzagentur insbesondere zur Prüfung von Anträgen auf Gewährung von

(Fortsetzung nächstes Blatt)

Stabilisierungsmaßnahmen sowie zur Überwachung der Unternehmen, denen Stabilisierungsmaßnahmen gewährt worden sind, und im Fall der Anstalt insbesondere zur Aufsicht über Abwicklungsanstalten nach § 8a. [2]Die in § 9 Absatz 1 Satz 1 des Kreditwesengesetzes, in § 32 Satz 1 des Gesetzes über die Deutsche Bundesbank, in § 21 des Wertpapierhandelsgesetzes und in § 5 Absatz 1 und 2 des Sanierungs- und Abwicklungsgesetzes sowie die in Absatz 1 genannten Personen sind insoweit von ihren jeweiligen Verschwiegenheitspflichten befreit. [3]Die Finanzagentur und die Anstalt sind berechtigt, Informationen im Sinne von Satz 1 auch bei der Europäischen Zentralbank anzufragen. [4]Im Übrigen richtet sich der Informationsaustausch mit der Europäischen Zentralbank und anderen Behörden der Europäischen Union sowie anderer Mitgliedstaaten nach der Richtlinie 2014/59/EU des Europäischen Parlaments und des Rates vom 15. Mai 2014 zur Festlegung eines Rahmens für die Sanierung und Abwicklung von Kreditinstituten und Wertpapierfirmen und zur Änderung der Richtlinie 82/891/EWG des Rates, der Richtlinien 2001/24/EG, 2002/47/EG, 2004/25/EG, 2005/56/EG, 2007/36/EG, 2011/35/EU, 2012/30/EU und 2013/36/EU sowie der Verordnungen (EU) Nr. 1093/2010 und (EU) Nr. 648/2012 des Europäischen Parlaments und des Rates (ABl. L 173 vom 12.6.2014, S. 190), der Verordnung (EU) Nr. 806/2014, der Verordnung (EU) Nr. 1024/2013 des Rates vom 15. Oktober 2013 zur Übertragung besonderer Aufgaben im Zusammenhang mit der Aufsicht über Kreditinstitute auf die Europäische Zentralbank (ABl. L 287 vom 29.10.2013, S. 63), der Verordnung (EU) Nr. 468/2014 der Europäischen Zentralbank vom 16. April 2014 zur Einrichtung eines Rahmenwerks für die Zusammenarbeit zwischen der Europäischen Zentralbank und den nationalen zuständigen Behörden und den nationalen benannten Behörden innerhalb des einheitlichen Aufsichtsmechanismus (SSM-Rahmenverordnung) (EZB/2014/17) (ABl. L 141 vom 14.5.2014, S. 1) sowie den sonstigen auf Grundlage der vorgenannten Verordnungen und Richtlinien ergangenen Rechtsakte.

§ 3c[1)] Rechtsstellung der Mitglieder des Leitungsausschusses. (1) [1]Die Mitglieder des Leitungsausschusses der Anstalt stehen in einem öffentlich-rechtlichen Amtsverhältnis zum Bund. [2]Sie müssen besondere fachliche Eignung besitzen und werden auf Vorschlag der Bundesregierung durch den Bundespräsidenten ernannt. [3]Eine Ernennung soll grundsätzlich für drei Jahre, darf jedoch höchstens für fünf Jahre erfolgen. [4]Wiederholte Ernennungen sind zulässig.

(2) [1]Das Amtsverhältnis der Mitglieder des Leitungsausschusses beginnt mit der Aushändigung der Ernennungsurkunde, wenn nicht in der Urkunde ein späterer Tag bestimmt ist. [2]Es endet mit Ablauf der Amtszeit oder mit der Entlassung. [3]Der Bundespräsident entlässt ein Mitglied des Leitungsausschusses

1. auf dessen Verlangen oder
2. auf Beschluss der Bundesregierung aus wichtigem Grund.

[4]Vor der Beschlussfassung der Bundesregierung ist dem Mitglied des Leitungsausschusses Gelegenheit zur Stellungnahme zu geben. [5]Im Fall der Beendi-

1) § 3c eingef. mWv 1.3.2012 durch G v. 24.2.2012 (BGBl. I S. 206).

gung des Amtsverhältnisses erhält das Mitglied des Leitungsausschusses eine von dem Bundespräsidenten vollzogene Urkunde. [6]Die Entlassung auf Verlangen wird mit der Aushändigung der Urkunde wirksam, wenn in der Urkunde nicht ausdrücklich ein späterer Tag bestimmt ist. [7]Die Entlassung aus wichtigem Grund wird mit dem Vollzug des Beschlusses der Bundesregierung wirksam, wenn sie nicht ausdrücklich für einen späteren Tag beschlossen wird.

(3) [1]Die Mitglieder des Leitungsausschusses leisten vor dem Bundesminister der Finanzen folgenden Eid: „Ich schwöre, das Grundgesetz für die Bundesrepublik Deutschland und alle in der Bundesrepublik Deutschland geltenden Gesetze zu wahren und meine Amtspflichten gewissenhaft zu erfüllen, so wahr mir Gott helfe." [2]Der Eid kann auch ohne religiöse Beteuerung geleistet werden.

(4) [1]Die Mitglieder des Leitungsausschusses dürfen ohne Zustimmung des Bundesministeriums der Finanzen neben ihrem Amt kein anderes besoldetes Amt, kein Gewerbe und keinen Beruf ausüben und weder der Leitung eines auf Erwerb gerichteten Unternehmens noch einem Aufsichtsrat, Verwaltungsrat, Beirat oder einem anderen Gremium eines öffentlichen oder privaten Unternehmens, noch einer Regierung oder einer gesetzgebenden Körperschaft des Bundes oder eines Landes angehören. [2]Sie dürfen ohne Zustimmung des Bundesministeriums der Finanzen nicht gegen Entgelt außergerichtliche Gutachten erstatten. [3]§ 99 Absatz 2 des Bundesbeamtengesetzes gilt entsprechend.

(5) [1]Die §§ 67 bis 69 und 71 des Bundesbeamtengesetzes gelten entsprechend. [2]An die Stelle der obersten Dienstbehörde tritt das Bundesministerium der Finanzen.

(6) [1]Im Übrigen werden die Rechtsverhältnisse der Mitglieder des Leitungsausschusses durch Verträge geregelt, die das Bundesministerium der Finanzen mit den Mitgliedern des Leitungsausschusses schließt. [2]Die Verträge bedürfen der Zustimmung der Bundesregierung.

(7) [1]Wird ein Bundesbeamter zum Mitglied des Leitungsausschusses ernannt, scheidet er mit Beginn des Amtsverhältnisses aus dem bisherigen Amt aus. [2]Für die Dauer des Amtsverhältnisses ruhen die Rechte und Pflichten aus dem Beamtenverhältnis. [3]Dies gilt nicht für die Pflicht zur Amtsverschwiegenheit und das Verbot der Annahme von Belohnungen oder Geschenken. [4]Satz 2 gilt längstens bis zum Eintritt oder bis zur Versetzung in den Ruhestand.

(8) [1]Endet das Amtsverhältnis nach Absatz 1 Satz 1 und wird der Betroffene nicht anschließend in ein anderes öffentlich-rechtliches Amtsverhältnis zum Bund berufen, treten Beamtinnen und Beamte, wenn ihnen nicht innerhalb von drei Monaten unter den Voraussetzungen des § 28 Absatz 2 des Bundesbeamtengesetzes oder vergleichbarer landesgesetzlicher Regelungen ein anderes Amt übertragen wird, mit Ablauf dieser Frist aus ihrem Dienstverhältnis als Beamte in den einstweiligen Ruhestand, sofern sie zu diesem Zeitpunkt noch nicht die gesetzliche Altersgrenze erreicht haben. [2]Im Übrigen gelten die Vorschriften des Bundesbeamtengesetzes zum einstweiligen Ruhestand. [3]Sie erhalten ein Ruhegehalt, das sie in ihrem früheren Amt unter Hinzurechnung

der Zeit des Amtsverhältnisses nach Absatz 1 Satz 1 erdient hätten. 4Die Zeit des Amtsverhältnisses nach Absatz 1 Satz 1 ist auch ruhegehaltfähig, wenn dem Beamten nach Satz 1 ein anderes Amt in einem Beamtenverhältnis übertragen wird. 5Für die beamteten Mitglieder des Leitungsausschusses gilt § 107b des Beamtenversorgungsgesetzes entsprechend. 6Eine vertragliche Versorgungsregelung nach Absatz 6 bleibt unberührt. 7Die Ruhens- und Anrechnungsvorschriften des Beamtenversorgungsgesetzes sind sinngemäß anzuwenden.

(9) Die Absätze 7 und 8 gelten für Richter und für Berufssoldaten entsprechend.

§ 3d[1)] Deckung der Kosten. 1Die Kosten, die der Finanzagentur und der Anstalt in Ausübung der Aufgaben nach diesem Gesetz entstehen, werden durch den Bund getragen. 2Zu den Kosten der Finanzagentur und der Anstalt nach Satz 1 gehören die Personal- und Sachkosten sowie die Kosten Dritter, derer sich die Finanzagentur oder die Anstalt bei der Erfüllung ihrer Aufgaben nach diesem Gesetz bedient.

§ 3e[2)] Kostenerstattungen. (1) 1Für die Kosten, die der Finanzagentur oder der Anstalt für Maßnahmen in Ausübung ihrer gesetzlichen Ermächtigung nach den §§ 6 bis 8a oder nach § 19 Absatz 2 bis 4 des Wirtschaftsstabilisierungsbeschleunigungsgesetzes[3)] entstehen, können die Finanzagentur und die Anstalt von den jeweiligen Adressaten eine Erstattung an den Bund, auch in Form von Kostenpauschalen, nach Maßgabe der Rechtsverordnung nach § 3f verlangen. 2Dies gilt insbesondere gegenüber

1. Unternehmen des Finanzsektors, welche Stabilisierungsmaßnahmen nach den §§ 6 bis 8a beantragen oder beantragt haben, auch in Bezug auf Kosten im Zusammenhang mit der Beendigung, Umstrukturierung, Refinanzierung, Übertragung, Veräußerung oder Änderung bezüglich einer zum Zwecke der Rekapitalisierung erworbenen Beteiligung des Fonds nach § 19 Absatz 2 bis 4 des Wirtschaftsstabilisierungsbeschleunigungsgesetzes[3)]
2. Abwicklungsanstalten in Bezug auf Koordinations- und Überwachungstätigkeiten.

(2) 1Die Finanzagentur und die Anstalt können die Erstattung von Kosten an den Bund ebenfalls von demjenigen verlangen, der die Pflicht zur Kostenerstattung durch Verpflichtungserklärung oder Vertrag übernommen hat. 2Verpflichtungserklärungen oder Verträge, die vor dem 1. Januar 2018 bestanden, werden mit Wirkung zum 1. Januar 2018 dahingehend abgeändert, dass die Kostenerstattung an den Bund zu leisten ist.

(3) 1Die Höhe der Kostenerstattung nach Absatz 1 wird von Amts wegen schriftlich oder elektronisch durch Verwaltungsakt festgesetzt. 2Die Festsetzung

---

1) § 3d neu gef. mWv 1.1.2018 durch G v. 23.12.2016 (BGBl. I S. 3171).

2) § 3e eingef. mWv 6.11.2015 durch G v. 2.11.2015 (BGBl. I S. 1864); Abs. 1 Satz 1 neu gef., Satz 2 Nr. 2 geänd. und Nr. 3 aufgeh., Abs. 2 Satz 1 geänd., Satz 2 angef. mWv 1.1.2018 durch G v. 23.12.2016 (BGBl. I S. 3171); Verweis in § 3e Abs. 1 Satz 1 und Satz 2 Nr. 1 geänd., Abs. 4 angef. mWv 29.12.2020 durch G v. 9.12.2020 (BGBl. I S. 2773).

3) Abgedruckt unter Nr. **Vor 1.2.**

von Kostenerstattungen kann zusammen mit der Sachentscheidung erfolgen. 3 Soweit die Pflicht zur Kostenerstattung durch Verpflichtungserklärung oder Vertrag übernommen wurde, ist die Kostenerstattung abweichend von Satz 1 nach Maßgabe dieser Verpflichtungserklärung oder dieses Vertrages zu verlangen.

(4) 1 Soweit dies im Zusammenhang mit Kostenerstattungen, die die Finanzagentur und die Anstalt nach Absatz 1 verlangen können, erforderlich ist, kann die Finanzagentur Anordnungen zur Annahme oder Leistung von Zahlungen nach § 70 der Bundeshaushaltsordnung erteilen, die von der Bundeskasse ausgeführt werden. 2 Die Bestimmungen der Bundeshaushaltsordnung und die dazu erlassenen Ausführungsbestimmungen sind entsprechend anzuwenden.

§ 3f[1] Verordnungsermächtigung. (1) Das Bundesministerium der Finanzen wird ermächtigt, durch Rechtsverordnung ohne Zustimmung des Bundesrates nähere Bestimmungen zu erlassen über

1. Kostenerstattung und Kostenerstattungsverfahren sowie die Zahlungspflichtigen nach § 3e;
2. sonstige Regelungen, die zur Sicherstellung des Zwecks dieses Gesetzes nach Maßgabe der §§ 3d und 3e erforderlich sind.

(2) In der nach Absatz 1 erlassenen Rechtsverordnung kann bestimmt werden, dass sie auch auf die bei ihrem Inkrafttreten anhängigen Verwaltungsverfahren anzuwenden ist, soweit zu diesem Zeitpunkt die Kostenerstattung nicht bereits festgesetzt ist.

§§ 3g–3j[2] *(aufgehoben)*

Teil 3. Stabilisierungsmaßnahmen

§ 4[3] Entscheidung über Stabilisierungsmaßnahmen; Verwaltung. (1) 1 Über vom Fonds gemäß den §§ 5a, 6, 7 und 8 vorzunehmende Stabilisierungsmaßnahmen entscheidet das Bundesministerium der Finanzen, in den Fällen der §§ 6, 7 und 8 auf Antrag des Unternehmens des Finanzsektors, nach pflichtgemäßem Ermessen unter Berücksichtigung der Bedeutung des jeweils von der Stabilisierungsmaßnahme erfassten Unternehmens des Finanzsektors für die Finanzmarktstabilität, der Dringlichkeit, der Auswirkungen auf

[1] Ehemaliger § 3k wird § 3f und Abs. 1 Nr. 1 neu gef., Nr. 2 aufgeh., bish. Nr. 2 wird Nr. 3 und geänd., Abs. 2 aufgeh., bish. Abs. 3 wird Abs. 2 mWv 1.1.2018 durch G v. 23.12.2016 (BGBl. I S. 3171).

[2] §§ 3g–3j aufgeh. mWv 1.1.2018 durch G v. 23.12.2016 (BGBl. I S. 3171).

[3] § 4 Abs. 1 Satz 1 und Abs. 2 Satz 1 geänd. mWv 9.4.2009 durch G v. 7.4.2009 (BGBl. I S. 725); Abs. 1 Sätze 1 und 2 sowie Abs. 2 Satz 1 1. Halbs. geänd. mWv 23.7.2009 durch G v. 17.7.2009 (BGBl. I S. 1980); Abs. 1 Satz 1 geänd., Satz 5 2. Halbs. angef. mWv 1.3.2012 durch G v. 24.2.2012 (BGBl. I S. 206); Abs. 1a eingef. mWv 1.1.2013 durch G v. 20.12.2012 (BGBl. I S. 2777); Abs. 3 Satz 1 geänd. mWv 8.9.2015 durch VO v. 31.8.2015 (BGBl. I S. 1474); Abs. 1a Sätze 2–4 aufgeh. mWv 6.11.2015 durch G v. 2.11.2015 (BGBl. I S. 1864); Abs. 1 Satz 2 geänd., Abs. 2 Satz 1 geänd. mWv 1.1.2018 durch G v. 23.12.2016 (BGBl. I S. 3171).

den Wettbewerb und des Grundsatzes des möglichst effektiven und wirtschaftlichen Einsatzes der Mittel des Fonds. [2]Soweit es sich um Grundsatzfragen, Angelegenheiten von besonderer Bedeutung sowie um Entscheidungen über wesentliche Auflagen nach Maßgabe einer zu § 10 dieses Gesetzes erlassenen Rechtsverordnung handelt, entscheidet ein interministerieller Ausschuss (Lenkungsausschuss) in Bezug auf Maßnahmen nach § 8a auf Vorschlag der Anstalt oder in allen übrigen Angelegenheiten auf Vorschlag der Finanzagentur. [3]Ein Rechtsanspruch auf Leistungen des Fonds besteht nicht. [4]Die Verwaltung des Fonds obliegt dem Bundesministerium der Finanzen. [5]Die Leistungen sollen

(Fortsetzung nächstes Blatt)

von Bedingungen und Auflagen abhängig gemacht werden; dabei sind Beschlüsse des Europäischen Rates und des Rates, Empfehlungen der Europäischen Bankenaufsichtsbehörde und Vorgaben der Europäischen Kommission, insbesondere zur Vereinbarkeit mit den Artikeln 107 und 108 des Vertrages über die Arbeitsweise der Europäischen Union, zu berücksichtigen.

(1a) Vor Entscheidungen des Lenkungsausschusses über beantragte Stabilisierungsmaßnahmen ist die Bundesanstalt für Finanzdienstleistungsaufsicht anzuhören.

(2) [1]Die Bundesregierung kann durch Rechtsverordnung, die nicht der Zustimmung des Bundesrates bedarf, der Finanzagentur die Entscheidung über Maßnahmen nach den §§ 6, 7 und 8 und die Verwaltung des Fonds übertragen; Absatz 1 Satz 2 bleibt unberührt. [2]Der Haushaltsausschuss und der Finanzausschuss des Deutschen Bundestages sind über Erlass und Änderungen der Rechtsverordnung unverzüglich zu unterrichten.

(3) [1]Der Lenkungsausschuss ist besetzt mit je einem Vertreter des Bundeskanzleramts, des Bundesministeriums der Finanzen, des Bundesministeriums der Justiz und für Verbraucherschutz, des Bundesministeriums für Wirtschaft und Energie sowie einem Mitglied auf Vorschlag der Länder. [2]Dem Lenkungsausschuss gehört als weiteres Mitglied ein Vertreter der Deutschen Bundesbank beratend an. [3]Dem Lenkungsausschuss können weitere Mitglieder beratend angehören. [4]Das Bundesministerium der Finanzen kann dem Lenkungsausschuss eine Geschäftsordnung geben.

(4) [1]Die Richtlinien für die Verwaltung des Fonds bestimmt die Bundesregierung durch Rechtsverordnung, die nicht der Zustimmung des Bundesrates bedarf. [2]Der Haushaltsausschuss und der Finanzausschuss des Deutschen Bundestages sind über Erlass und Änderungen der Rechtsverordnungen nach Satz 1 und Absatz 2 unverzüglich zu unterrichten.

§ 5 Vermögenstrennung, Bundeshaftung. [1]Der Fonds ist von dem übrigen Vermögen des Bundes, seinen Rechten und Verbindlichkeiten zu trennen. [2]Der Bund haftet unmittelbar für die Verbindlichkeiten des Fonds; dieser haftet nicht für die sonstigen Verbindlichkeiten des Bundes.

§ 5a[1)] Anteilserwerb. [1]Der Fonds ist berechtigt, im Zusammenhang mit der Stabilisierung eines Unternehmens des Finanzsektors Anteile an dem betroffenen Unternehmen oder an einem unmittelbaren oder mittelbaren Tochterunternehmen von diesen Unternehmen oder von Dritten zu erwerben. [2]Ein solcher Anteilserwerb soll nur erfolgen, wenn ein wichtiges Interesse des Bundes vorliegt und der vom Bund erstrebte Zweck sich nicht besser und wirtschaftlicher auf andere Weise erreichen lässt. [3]Die §§ 65 bis 69 der Bundeshaushaltsordnung finden keine Anwendung. [4]§ 5 Absatz 2 und 5 bis 9 der Finanzmarktstabilisierungsfonds-Verordnung in der am 1. Januar 2015 geltenden Fassung gilt für Maßnahmen nach Satz 1 entsprechend.

---

1) § 5a eingef. mWv 9.4.2009 durch G v. 7.4.2009 (BGBl. I S. 725); Satz 1 geänd., Satz 4 angef. mWv 1.3.2012 durch G v. 24.2.2012 (BGBl. I S. 206); Satz 4 geänd. mWv 1.1.2013 durch G v. 20.12.2012 (BGBl. I S. 2777); Satz 4 geänd. mWv 1.1.2015 durch G v. 10.12.2014 (BGBl. I S. 2091).

§ 6[1)] Garantieermächtigung; Verordnungsermächtigung. (1) [1]Der Fonds wird ermächtigt, für den Fonds Garantien bis zur Höhe von 400 Milliarden Euro für ab Inkrafttreten dieses Gesetzes und bis zum 31. Dezember 2015 begebene Schuldtitel und begründete Verbindlichkeiten von Unternehmen des Finanzsektors zu übernehmen, um Liquiditätsengpässe zu beheben und die Refinanzierung am Kapitalmarkt zu unterstützen; die Laufzeit der Garantien und der abzusichernden Verbindlichkeiten darf 84 Monate für gedeckte Schuldverschreibungen im Sinne des Artikels 129 der Verordnung (EU) Nr. 575/2013 des Europäischen Parlaments und des Rates vom 26. Juni 2013 über Aufsichtsanforderungen an Kreditinstitute und Wertpapierfirmen und zur Änderung der Verordnung (EU) Nr. 646/2012 (ABl. L 176 vom 27.6.2013, S. 1) und 60 Monate für andere Verbindlichkeiten nicht übersteigen. [2]Satz 1 gilt entsprechend für die Übernahme von Garantien für Verbindlichkeiten von Zweckgesellschaften, die Risikopositionen eines Unternehmens des Finanzsektors übernommen haben. [3]Für die Übernahme von Garantien ist ein Entgelt in angemessener Höhe zu erheben.

(1a) [1]Soweit Schuldtitel und sonstige Forderungen vom Fonds garantiert sind,

1. ist die vorzeitige Geltendmachung der Forderungen, auch auf Grund einer Kündigung, ausgeschlossen,
2. dürfen die Inhaber ihre Forderungen nicht durch Arrest oder Zwangsvollstreckung gegenüber dem Emittenten geltend machen. [2]§ 394 Satz 1 des Bürgerlichen Gesetzbuchs ist entsprechend anzuwenden,
3. nehmen die Inhaber am Insolvenzverfahren über das Vermögen des Schuldners nicht teil.

[2]In einem Insolvenzverfahren über das Vermögen des Schuldners der Forderungen kann der Fonds seine Rückgriffsforderungen gegen den Schuldner als Insolvenzforderung anmelden. [3]§ 41 Absatz 2 der Insolvenzordnung findet insoweit keine Anwendung.

(2) § 39 Abs. 2 und 3 der Bundeshaushaltsordnung findet keine Anwendung.

(3) [1]Eine Garantie ist auf den Höchstbetrag der entsprechenden Ermächtigung in der Höhe anzurechnen, in der der Fonds daraus in Anspruch genommen werden kann. [2]Zinsen und Kosten sind auf den jeweiligen Ermächtigungsrahmen nur anzurechnen, soweit dies gesetzlich bestimmt ist oder bei der Übernahme ein gemeinsamer Haftungsbetrag für Hauptverpflichtung, Zinsen und Kosten festgelegt wird. [3]Soweit der Fonds in den Fällen der Garantieübernahme nach Absatz 1 ohne Inanspruchnahme von seiner Haftung frei wird oder Ersatz für erbrachte Leistungen erlangt hat, ist eine Garantie auf den Höchstbetrag nicht mehr anzurechnen.

---

1) § 6 Abs. 1 Satz 1 geänd., Abs. 1a eingef. mWv 9.4.2009 durch G v. 7.4.2009 (BGBl. I S. 725); Abs. 1 Satz 1 geänd. mWv 23.7.2009 durch G v. 17.7.2009 (BGBl. I S. 1980); Abs. 1 Satz 1 geänd. mWv 31.12.2010 durch G v. 9.12.2010 (BGBl. I S. 1900); Abs. 1 Satz 1 neu gef. mWv 1.3.2012 durch G v. 24.2.2012 (BGBl. I S. 206); Abs. 1 Satz 1 geänd. mWv 1.1.2013 durch G v. 20.12.2012 (BGBl. I S. 2777); Abs. 1 Satz 1 geänd. mWv 1.1.2014 durch G v. 28.8.2013 (BGBl. I S. 3395); Abs. 1 Satz 1 geänd. mWv 1.1.2015 durch G v. 10.12.2014 (BGBl. I S. 2091); Überschrift geänd. mWv 28.3.2020 durch G v. 27.3.2020 (BGBl. I S. 543).

(4) Die Bundesregierung kann durch Rechtsverordnung, die nicht der Zustimmung des Bundesrates bedarf, nähere Bestimmungen erlassen über

1. die Art der Garantie und der Risiken, die durch sie abgedeckt werden können,
2. die Eigenmittelausstattung, die durch Maßnahmen nach Absatz 1 begünstigte Unternehmen des Finanzsektors mindestens aufweisen müssen,
3. die Berechnung und Anrechnung von Garantiebeträgen,
4. die Gegenleistung und die sonstigen Bedingungen der Garantie,
5. Obergrenzen für die Übernahme von Garantien für Verbindlichkeiten einzelner Unternehmen des Finanzsektors sowie für bestimmte Arten von Garantien und
6. sonstige Bedingungen, die zur Sicherstellung des Zweckes dieses Gesetzes im Rahmen der Garantieübernahme nach Absatz 1 erforderlich sind.

(5) Der Haushaltsausschuss und der Finanzausschuss des Deutschen Bundestages sind über Erlass und Änderungen der Rechtsverordnung nach Absatz 4 unverzüglich zu unterrichten.

§ 6a[1)] Garantien an Zweckgesellschaften. (1) [1]Abweichend von § 6 Absatz 1 Satz 1 und 2 kann der Fonds Garantien nach § 6 Absatz 1 für Schuldtitel übernehmen, welche von Zweckgesellschaften nach dem 1. Januar 2015 nachweislich ausschließlich als Gegenleistung für die Übernahme von Wertpapieren und damit verbundenen Absicherungsgeschäften an Kreditinstitute, Finanzholding-Gesellschaften oder deren in- und ausländische Tochterunternehmen (übertragende Unternehmen) begeben werden; die Laufzeiten der Garantien richten sich nach der Laufzeit der von den Zweckgesellschaften begebenen Schuldtitel. [2]Diese Garantien gelten als nachrangig im Sinne des § 39 Absatz 2 der Insolvenzordnung.

(2) Eine Garantieübernahme nach Absatz 1 setzt voraus, dass

1. das übertragende Unternehmen die Wertpapiere nicht nach dem 31. Mai 2014 erworben hat,
2. die Wertpapiere von dem übertragenden Unternehmen zu 90 Prozent des Buchwertes vom 31. Dezember 2013, zu 90 Prozent des Buchwertes vom 31. Mai 2014 oder zum tatsächlichen wirtschaftlichen Wert, je nachdem welcher dieser Werte der höchste ist, auf die Zweckgesellschaft übertragen werden. [2]Der Übertragungswert darf den Buchwert vom 31. Mai 2014 nicht übersteigen. [3]Die Buchwerte ergeben sich aus dem geprüften Jahresabschluss zum entsprechenden Stichtag; andernfalls gilt der nach den für den Jahresabschluss geltenden Vorschriften ermittelte Buchwert, der von einem Abschlussprüfer zu bestätigen ist. [4]Der Abschlag vom Buchwert gemäß Satz 1 muss nur in der Höhe vorgenommen werden, in der das übertragende Unternehmen eine Kernkapitalquote von mindestens 7 Prozent einhalten kann,

---

[1)] § 6a eingef. mWv 23.7.2009 durch G v. 17.7.2009 (BGBl. I S. 1980); Abs. 1 Satz 1, Abs. 2 Nr. 1–5, Abs. 3 Satz 1, Abs. 5 Nr. 5, Abs. 6 Satz 1 geänd. mWv 1.3.2012 durch G v. 24.2.2012 (BGBl. I S. 206); Abs. 1 Satz 1, Abs. 2 Nr. 1, 2 und 4 sowie Abs. 6 Satz 1 geänd. mWv 1.1.2013 durch G v. 20.12.2012 (BGBl. I S. 2777); Abs. 1 Satz 1, Abs. 2 Nr. 1, 2 und 4 sowie Abs. 6 Satz 1 geänd. mWv 1.1.2015 durch G v. 10.12.2014 (BGBl. I S. 2091).

3. das übertragende Unternehmen den aktuellen beizulegenden Zeitwert als den tatsächlichen wirtschaftlichen Wert der Wertpapiere ermittelt. [2]Die Bewertung ist durch einen vom Fonds benannten sachverständigen Dritten zu prüfen und durch die Bankenaufsicht zu bestätigen,
4. das Kreditinstitut und die Finanzholding-Gesellschaft ihren Sitz bereits zum 31. Mai 2014 im Inland hatten und die Zweckgesellschaft ihren Sitz im Inland hat, ausschließlich für das übertragende Unternehmen gegründet wurde und ausschließlich Wertpapiere des übertragenden Unternehmens verwaltet,
5. die vertragliche Laufzeit des am längsten laufenden Wertpapiers die Laufzeit der Garantie nicht übersteigt und
6. die Schuldtitel nach Absatz 1 nicht handelbar sind.

(3) [1]Der nach Absatz 2 Nummer 3 ermittelte tatsächliche wirtschaftliche Wert ist um einen angemessenen Abschlag für weitere Risiken, die sich bis zum Ende der Laufzeit der Wertpapiere im konkreten Portfolio noch realisieren könnten, zu mindern. [2]Die Höhe des Abschlags bestimmt der Fonds im Einzelfall. [3]Der sich danach ergebende Wert ist der Fundamentalwert.

(4) [1]Über eine Garantieübernahme nach Absatz 1 entscheidet die Anstalt auf Antrag des übertragenden Unternehmens. [2]§ 4 Absatz 1 ist entsprechend anzuwenden. [3]Der Antrag muss auch die Gründungsdokumentation der Zweckgesellschaft enthalten.

(5) Die näheren Bedingungen für eine Garantie nach Absatz 1 legt der Fonds im Einzelfall nach folgenden Maßgaben fest:
1. [1]Die übertragenden Unternehmen müssen vor einer Übertragung auf die Zweckgesellschaft sämtliche Risiken bezüglich der zu übertragenden Wertpapiere gegenüber dem Fonds, dem sachverständigen Dritten und der Bankenaufsicht vollständig offenlegen. [2]Übertragende Unternehmen müssen vor einer Übertragung zur Überprüfung ihrer Verlustanfälligkeit auf Grundlage der Vorgaben des Fonds Stresstests für die jeweils wesentlichen Risiken durchführen. [3]Ziel dieser Stresstests ist die Ermittlung eines etwaigen Handlungsbedarfs bei dem übertragenden Unternehmen, insbesondere im Hinblick auf Risikosteuerung, auf ausreichende Risikovorsorge für konjunkturelle Entwicklungen oder Geschäftspolitik. [4]Die Ergebnisse der Stresstests werden nicht veröffentlicht. [5]Ist das übertragende Unternehmen eine Tochtergesellschaft, trifft die Pflicht zur Durchführung von Stresstests das Mutterunternehmen.
2. [1]Der Fonds muss eine marktgerechte Vergütung für die Garantie erhalten. [2]Die Vergütung besteht grundsätzlich aus einem individuellen Prozentsatz des Höchstbetrags der zur Verfügung gestellten Garantie, der das Ausfallrisiko aus der Inanspruchnahme der Garantie abbildet, und einer Marge. [3]Bei der Berechnung der Vergütung ist auch der Zinsvorteil, der sich für das übertragende Unternehmen aus der Zahlungsstreckung der Differenz zwischen dem gemäß Absatz 2 Nummer 2 ermittelten Übertragungswert und dem Fundamentalwert ergibt, zu berücksichtigen. [4]Die Vergütung kann ganz oder teilweise durch Ausgabe von Kapitalanteilen des übertragenden Unternehmens oder des beliehenen Trägers im Sinne von § 2 Absatz 1 Satz 2 an den Fonds geleistet werden.

3. [1]Die Garantie wird grundsätzlich auf erstes Anfordern in bankküblicher Form gestellt. [2]Sie erstreckt sich sowohl auf den Kapitalbetrag als auch auf die Zinsen und alle sonstigen, den Gläubigern im Zusammenhang mit ihrer Forderung zustehenden Beträge und wird grundsätzlich in Euro ausgestellt. [3]Währungsrisiken aus Garantiegewährungen in anderer Währung hat der Fonds abzusichern. [4]Die Kosten dieser Absicherung hat das übertragende Unternehmen zu tragen.
4. [1]Die Übernahme einer Garantie setzt ein tragfähiges Geschäftsmodell sowie grundsätzlich eine im Einzelfall angemessene Kapitalausstattung des übertragenden Unternehmens voraus.
5. [1]Der Fonds kann verlangen, dass die Verwaltung der ausgelagerten Wertpapiere nicht durch das übertragende Unternehmen, sondern durch Dritte erfolgt. [2]Der Fonds kann Anweisungen geben im Hinblick auf die Verwaltung und Verwertung der übertragenen Wertpapiere. [3]Erfolgt die Verwaltung durch das übertragende Unternehmen, so ist eine funktionelle und organisatorische Trennung vom übrigen Geschäft des übertragenden Unternehmens sicherzustellen.
6. [1]Die Obergrenze für die Garantieübernahme, bezogen auf ein einzelnes übertragendes Unternehmen und seine verbundenen Unternehmen, orientiert sich an der Summe der risikogewichteten Aktiva des übertragenden Unternehmens und dem dem Fonds für Garantien zur Verfügung stehenden freien Ermächtigungsrahmen.

(6)[1)] [1]§ 6 Absatz 2 und 3 dieses Gesetzes, §§ 16 und 20 des Wirtschaftsstabilisierungsbeschleunigungsgesetzes[2)] sowie § 5 Absatz 2 und 5 bis 9 der Finanzmarktstabilisierungsfonds-Verordnung in der am 1. Januar 2015 geltenden Fassung gelten für die Garantiegewährung nach Absatz 1 entsprechend. [2]§ 5 Absatz 2 Nummer 5 der Finanzmarktstabilisierungsfonds-Verordnung findet jedoch vorbehaltlich der Zahlung der Ausgleichsbeträge nach den §§ 6b und 6c auf Dividenden und Gewinnausschüttungen an die Anteilseigner keine Anwendung.

§ 6b[3)] Verpflichtung zur Zahlung eines Ausgleichsbetrags. (1) Übertragende Unternehmen zahlen für die Dauer der Laufzeit der Garantie, maximal jedoch für die Dauer von 20 Jahren, jährlich aus dem an die Anteilseigner auszuschüttenden Betrag einen Ausgleich an die Zweckgesellschaft, der sich wie folgt bemisst:

1. [1]Für jedes Geschäftsjahr entsteht eine Verbindlichkeit in Höhe eines gleichbleibenden Anteils des Unterschiedsbetrages zwischen dem gemäß § 6a Absatz 2 Nummer 2 ermittelten Übertragungswert und dem gemäß § 6a Absatz 3 ermittelten Fundamentalwert, maximal in Höhe des an die Anteilseigner auszuschüttenden Betrages des jeweiligen Geschäftsjahres. [2]Der gleichbleibende Anteil berechnet sich aus dem Unterschiedsbetrag geteilt

---

[1)] § 6a Abs. 6 Verweis geänd. mWv 29.12.2020 durch G v. 9.12.2020 (BGBl. I S. 2773).

[2)] Abgedruckt unter Nr. **Vor 1.2**.

[3)] § 6b eingef. mWv 23.7.2009 durch G v. 17.7.2009 (BGBl. I S. 1980); Abs. 1 Nr. 4, Abs. 2 Satz 1 geänd. mWv 1.3.2012 durch G v. 24.2.2012 (BGBl. I S. 206); Abs. 1 Nr. 4 geänd. mWv 1.1.2013 durch G v. 20.12.2012 (BGBl. I S. 2777); Abs. 1 Nr. 4 geänd. mWv 1.1.2015 durch G v. 10.12.2014 (BGBl. I S. 2091).

durch die Zahl der vollen Jahre der Laufzeit der Garantie; er beträgt mindestens ein Zwanzigstel des Unterschiedsbetrages.

2. [1]Entspricht der für ein Geschäftsjahr anzusetzende Betrag mangels entsprechender Höhe des an die Anteilseigner auszuschüttenden Betrages nicht dem gleichbleibenden Anteil nach Nummer 1, ist der Betrag in den Folgejahren bis zur Höhe des jeweiligen an die Anteilseigner auszuschüttenden Betrages entsprechend zu erhöhen.

3. [1]Ist das übertragende Unternehmen ein Tochterunternehmen, so hat dessen Mutterunternehmen den seiner Beteiligungsquote am übertragenden Unternehmen entsprechenden Anteil an der Ausgleichsverpflichtung aus seinem an die Anteilseigner auszuschüttenden Betrag zu zahlen und gilt insofern als übertragendes Unternehmen. [2]Die Ausgleichspflicht aus dem an die übrigen Anteilseigner des Tochterunternehmens auszuschüttenden Betrag bleibt davon unberührt.

4. [1]Das übertragende Unternehmen kann bis zur Hälfte des am 1. Januar 2015 bestehenden Grundkapitals Vorzugsaktien mit einem der Beteiligungsquote entsprechenden Vorzug vor der Zahlungsverpflichtung nach diesem Absatz aus dem an die Anteilseigner auszuschüttenden Betrag ausgeben; die Vorzugsaktien können auch mit Stimmrecht ausgestattet werden. [2]Um den Betrag des Dividendenvorzugs ist die Ermächtigung zur Einstellung in Gewinnrücklagen nach § 58 Absatz 2 Satz 1 des Aktiengesetzes gemindert.

(2) [1]Ergibt sich nach der vollständigen Verwertung der Wertpapiere ein positiver Saldo zugunsten der Zweckgesellschaft, so ist dieser dem übertragenden Unternehmen zur Auskehrung an seine Anteilseigner zu überlassen. [2]Vorzugsaktionäre nach Absatz 1 Nummer 4 und § 6c Absatz 3 sind hiervon ausgenommen.

(3) Der tatsächliche wirtschaftliche Wert der übertragenen Wertpapiere sowie die sich aus den Absätzen 1 und 2 ergebenden Folgen sind im Lagebericht und Konzernlagebericht des übertragenden Unternehmens anzugeben.

§ 6c[1)] Verpflichtung zum weiteren Verlustausgleich. (1) [1]Ist das übertragende Unternehmen in der Rechtsform einer Aktiengesellschaft verfasst und reichen die über die Laufzeit der Garantie nach § 6b gezahlten Ausgleichsbeträge nicht aus, um Verluste gegenüber dem gemäß § 6a Absatz 2 Nummer 2 ermittelten Übertragungswert zum Übertragungszeitpunkt auszugleichen, sind nicht ausgeglichene Verluste auch über die Laufzeit der Garantie hinaus in voller Höhe einschließlich Verzinsung aus dem an die Anteilseigner auszuschüttenden Betrag gegenüber dem Fonds auszugleichen (Nachhaftung). [2]Der Ausgleich kann im beiderseitigen Einvernehmen auch durch die Ausgabe von Aktien an den Fonds erfolgen.

(2) Während der Dauer der Nachhaftung kann die Satzung gemäß § 58 Absatz 2 Satz 2 des Aktiengesetzes nur zur Einstellung eines kleineren Teils des Jahresüberschusses ermächtigen.

[1)] § 6c eingef. mWv 23.7.2009 durch G v. 17.7.2009 (BGBl. I S. 1980); Abs. 3 Satz 1 geänd. mWv 1.3.2012 durch G v. 24.2.2012 (BGBl. I S. 206); Abs. 3 Satz 1 geänd. mWv 1.1.2013 durch G v. 20.12.2012 (BGBl. I S. 2777); Abs. 3 Satz 1 geänd. mWv 1.1.2015 durch G v. 10.12.2014 (BGBl. I S. 2091).

(3) [1]Das übertragende Unternehmen kann bis zur Hälfte des am 1. Januar 2015 bestehenden Grundkapitals Vorzugsaktien mit einem der Beteiligungsquote entsprechenden Vorzug vor den Ansprüchen des Fonds auf den an die Anteilseigner auszuschüttenden Betrag ausgeben; die Vorzugsaktien können auch mit Stimmrecht ausgestattet werden. [2]Um den Betrag des Dividendenvorzugs ist die Ermächtigung zur Einstellung in Gewinnrücklagen nach § 58 Absatz 2 Satz 1 des Aktiengesetzes gemindert.

(4) Für übertragende Unternehmen, die nicht in der Rechtsform einer Aktiengesellschaft verfasst sind, muss der Fonds eine den Absätzen 1 und 2 entsprechende Pflicht zur Nachhaftung in den Garantiebedingungen festlegen.

(5) Die gesetzlichen und vertraglichen Ansprüche auf Nachhaftung unterliegen nicht der Verjährung.

(6) Die sich aus den Absätzen 1 bis 5 ergebenden Folgen sind im Lagebericht und Konzernlagebericht des übertragenden Unternehmens anzugeben.

§ 6d[1] *(aufgehoben)*

§ 7 Rekapitalisierung. (1) Der Fonds kann sich an der Rekapitalisierung von Unternehmen des Finanzsektors beteiligen, insbesondere gegen Leistung einer Einlage Anteile oder stille Beteiligungen erwerben und sonstige Bestandteile der Eigenmittel dieser Unternehmen, einschließlich solcher, die durch Landesrecht geschaffen werden, übernehmen.

(2) [1]Das Bundesministerium der Finanzen entscheidet über die Übernahme und Veräußerung von Beteiligungen nach Absatz 1. [2]Eine Beteiligung durch den Fonds soll nur dann erfolgen, wenn ein wichtiges Interesse des Bundes vorliegt und der vom Bund angestrebte Zweck sich nicht besser und wirtschaftlicher auf andere Weise erreichen lässt. [3]Die §§ 65 bis 69 der Bundeshaushaltsordnung finden keine Anwendung.

(3) Die Bundesregierung kann durch Rechtsverordnung, die nicht der Zustimmung des Bundesrates bedarf, nähere Bestimmungen erlassen über

1. die Gegenleistung und die sonstigen Bedingungen der Rekapitalisierung,
2. Obergrenzen für die Beteiligung an Eigenmittelbestandteilen von einzelnen Unternehmen des Finanzsektors sowie für bestimmte Arten von Eigenmittelbestandteilen,
3. die Bedingungen, unter denen der Fonds seine Beteiligung an den Eigenmittelbestandteilen wieder veräußern kann, und
4. sonstige Bedingungen, die zur Sicherstellung des Zweckes dieses Gesetzes im Rahmen der Rekapitalisierung nach Absatz 1 erforderlich sind.

(4) Der Haushaltsausschuss und der Finanzausschuss des Deutschen Bundestages sind über Erlass und Änderungen der Rechtsverordnung nach Absatz 3 unverzüglich zu unterrichten.

---

[1] § 6d aufgeh. mWv 1.3.2012 durch G v. 24.2.2012 (BGBl. I S. 206).

§ 8[1] Risikoübernahme; Verordnungsermächtigung. (1) [1]Der Fonds kann von Unternehmen des Finanzsektors vor dem 1. Juni 2014 erworbene Risikopositionen, insbesondere Forderungen, Wertpapiere, derivative Finanzinstrumente, Rechte und Pflichten aus Kreditzusagen oder Gewährleistungen und Beteiligungen, jeweils nebst zugehöriger Sicherheiten, erwerben oder auf andere Weise absichern. [2]Dasselbe gilt gegenüber Zweckgesellschaften, die Risikopositionen eines Unternehmens des Finanzsektors übernommen haben.

(2) Die Bundesregierung kann durch Rechtsverordnung, die nicht der Zustimmung des Bundesrates bedarf, nähere Bestimmungen erlassen über

1. die Art der Risikopositionen, die erworben oder deren Risiken abgesichert werden können,
2. die Art des Erwerbs oder der Absicherung, einschließlich der dafür geltenden Bedingungen, Zusicherungen und Gegenleistungen,
3. Obergrenzen für die Risikoübernahmen bezogen auf einzelne Unternehmen des Finanzsektors und ihre verbundenen Unternehmen sowie für bestimmte Arten von Risikopositionen,
4. Rückkaufrechte zugunsten und Rückkaufverpflichtungen zulasten der begünstigten Unternehmen des Finanzsektors und andere geeignete Formen ihrer Beteiligung an den von dem Fonds übernommenen Risiken und
5. sonstige Bedingungen, die zur Sicherstellung des Zweckes dieses Gesetzes im Rahmen der Risikoübernahme nach Absatz 1 erforderlich sind.

(3) Der Haushaltsausschuss und der Finanzausschuss des Deutschen Bundestages sind über Erlass und Änderungen der Rechtsverordnung nach Absatz 2 unverzüglich zu unterrichten.

§ 8a[2] Bundesrechtliche Abwicklungsanstalten. (1) [1]Die Anstalt kann auf Antrag der übertragenden Gesellschaft teilrechtsfähige Anstalten des öffentlichen Rechts errichten, auf die bis zum 31. Mai 2014 erworbene Risiko-

---

[1] § 8 Abs. 1 Satz 1 geänd. mWv 1.3.2012 durch G v. 24.2.2012 (BGBl. I S. 206); Abs. 1 Satz 1 geänd. mWv 1.1.2013 durch G v. 20.12.2012 (BGBl. I S. 2777); Abs. 1 Satz 1 geänd. mWv 1.1.2015 durch G v. 10.12.2014 (BGBl. I S. 2091); Überschrift geänd. mWv 28.3.2020 durch G v. 27.3.2020 (BGBl. I S. 543).

[2] § 8a eingef. mWv 23.7.2009 durch G v. 17.7.2009 (BGBl. I S. 1980); Abs. 1 Satz 10 neu gef., Abs. 2 Satz 4 geänd., Satz 5 Nr. 2 neu gef. und Nr. 4 geänd., Satz 7 geänd. und Satz 8 angef., Abs. 4 Nr. 1, 1a und 3 geänd., Abs. 5 Satz 2 neu gef., Abs. 8 Nr. 1 und Abs. 10 Satz 5 geänd. mWv 31.12.2010 durch G v. 9.12.2010 (BGBl. I S. 1900); Abs. 2 Sätze 7 und 8 geänd. mWv 1.4.2012 durch G v. 22.12.2011 (BGBl. I S. 3044); Abs. 1 Sätze 1–3, Abs. 10 Satz 1 geänd. mWv 1.3.2012 durch G v. 24.2.2012 (BGBl. I S. 206); Abs. 6 aufgeh. mWv 1.1.2013 durch G v. 28.11.2012 (BGBl. I S. 2369); Abs. 1 Sätze 1–3, Abs. 2 Satz 5 Nr. 4 geänd., Satz 6 aufgeh., bish. Sätze 7 und 8 werden Sätze 6 und 7, Abs. 2a eingef. mWv 1.1.2013 durch G v. 20.12.2012 (BGBl. I S. 2777); Abs. 1 Satz 9 und Abs. 5 Satz 2 geänd., Abs. 4 Satz 1 Nr. 1b eingef. mWv 1.1.2014 durch G v. 28.8.2013 (BGBl. I S. 3395); Abs. 1 Sätze 1–3, Abs. 4 Satz 1 Nr. 8 und Abs. 5 Satz 2 geänd. mWv 1.1.2015 durch G v. 10.12.2014 (BGBl. I S. 2091); Abs. 6 neu gef., Abs. 8 Sätze 2 bis 5 angef. mWv 29.12.2016; Abs. 1 Satz 7 neu gef., Satz 9 geänd., Satz 10 aufgeh., Satz 11 wird Satz 10 und geänd., Abs. 1a, 8a und 8b eingef., Abs 2 Satz 3 geänd. mWv 1.1.2018; Abs. 10 Sätze 1 und 2 neu gef. Sätze 3 und 4 aufgeh., bish. Satz 5 wird Satz 3 mWv 1.1.2019 durch G v. 23.12.2016 (BGBl. I S. 3171); Abs. 5 Satz 2 geänd. mWv 3.1.2018 durch G v. 23.6.2017 (BGBl. I S. 1693); Abs. 5 Satz 2 geänd. mWv 14.7.2018 durch G v. 10.7.2018 (BGBl. I S. 1102); Abs. 5 Satz 5 angef., Abs. 5a eingef., Abs. 9 und Abs. 11 geänd. mWv 29.12.2020 durch G v. 9.12.2020 (BGBl. I S. 2773).

positionen sowie auf die nichtstrategienotwendige Geschäftsbereiche der übertragenden Gesellschaft durch Rechtsgeschäft oder Umwandlung zum Zwecke der Abwicklung übertragen werden können (Abwicklungsanstalten). [2] Übertragende Gesellschaften sind Kreditinstitute und Finanzholding-Gesellschaften, die ihren Sitz bereits zum 31. Mai 2014 im Inland hatten, sowie ihre in- und ausländischen Tochterunternehmen oder Zweckgesellschaften, die Risikopositionen von ihnen übernommen haben. [3] Übertragende Gesellschaften können vor einer Übertragung nach Satz 1 bis zum 31. Mai 2014 erworbene Risikopositionen von in- und ausländischen Tochterunternehmen oder Zweckgesellschaften, die Risikopositionen von ihnen übernommen haben, übernehmen. [4] Die Abwicklungsanstalten können die Risikopositionen oder Geschäftsbereiche auch durch Übernahme von Garantien, Unterbeteiligungen oder auf sonstige Weise ohne Übertragung absichern. [5] Sie können unter ihrem eigenen Namen im rechtsgeschäftlichen Verkehr handeln, klagen und verklagt werden, verfügen über einen eigenen Rechnungs- und Buchungskreis und sind vom Registergericht unverzüglich ins Handelsregister einzutragen. [6] Die Kosten der Abwicklungsanstalten werden aus ihrem Vermögen gedeckt. [7] Die der Anstalt oder der Finanzagentur entstehenden Verwaltungskosten aus Koordinations- und Überwachungstätigkeiten für die Abwicklungsanstalten tragen die Abwicklungsanstalten selbst; § 3e bleibt unberührt. [8] Das Vermögen einer Abwicklungsanstalt ist vom Vermögen anderer Abwicklungsanstalten und von dem übrigen Vermögen der Anstalt, ihren Rechten und Verbindlichkeiten getrennt zu halten. [9] Die Anstalt, die Finanzagentur, der Fonds oder der Bund haften unbeschadet der Regelung nach Absatz 4 Nummer 1 Satz 6 und Nummer 1b nicht für die Verbindlichkeiten der Abwicklungsanstalten; eine Abwicklungsanstalt haftet nicht für die Verbindlichkeiten anderer Abwicklungsanstalten. [10] Sofern Aufgaben der Anstalt, der Finanzagentur nach diesem Gesetz oder der Abwicklungsanstalten von anderen juristischen oder natürlichen Personen wahrgenommen werden, ist vertraglich sicherzustellen, dass der Bundesrechnungshof auch Erhebungsrechte bei diesen Personen hat.

(1a) [1] Die Abwicklungsanstalten stellen innerhalb der ersten vier Monate nach Abschluss des Geschäftsjahres einen Jahresabschluss und einen Lagebericht nach den für große Kapitalgesellschaften geltenden Vorschriften des Handelsgesetzbuchs oder nach den für Kreditinstitute geltenden Vorschriften auf. [2] Der Jahresabschluss und der Lagebericht sind nach den Vorschriften des Handelsgesetzbuchs zu prüfen. [3] Eine Konzernrechnungslegungspflicht besteht nicht. [4] Das Publizitätsgesetz ist nicht anzuwenden. [5] Näheres über Haushaltsführung und Rechnungslegung wird in der jeweiligen Satzung der Abwicklungsanstalten geregelt.

(2) [1] Die Anstalt überwacht die Abwicklungsanstalten. [2] Die Überwachung stellt insbesondere sicher, dass die Abwicklungsanstalten die Vorgaben aus Gesetz und Statut einhalten. [3] Darüber hinaus kann die Anstalt in Abstimmung mit den Abwicklungsanstalten Koordinationsaufgaben für die Abwicklungsanstalten übernehmen, insbesondere zu Grundsätzen der Risikobewertung, zur Refinanzierung und zur marktschonenden Veräußerung übernommener Vermögenswerte; als Trägerin unterstützt die Finanzagentur die Anstalt bei der Wahrnehmung der Aufgaben nach den Sätzen 1 bis 3; im Übrigen obliegt die

Verwaltung der jeweiligen Aktiva der Abwicklungsanstalt. [4]Der Sitz sowie das Nähere über die Aufgaben, Organisation, Vertretung, Erstattung von Kosten, Rechnungslegung und Auflösung der Abwicklungsanstalten, einschließlich ihre Überwachung durch die Anstalt wird durch gesonderte Statute geregelt, die von der Anstalt im Benehmen mit der Abwicklungsanstalt beschlossen werden; § 4 Absatz 1 Satz 1 bis 3 gilt entsprechend. [5]In den Statuten können auch Bestimmungen getroffen werden über

1. die Ausstattung der Abwicklungsanstalten mit Eigenmitteln,
2. die Aufbringung der Eigenmittel durch die unmittelbaren oder mittelbaren Anteilsinhaber des übertragenden Rechtsträgers oder durch Dritte sowie über die Übertragung von Anteilen oder eine sonstige Beteiligung an der Abwicklungsanstalt und die mit einer Beteiligung verbundenen Rechte und Pflichten,
3. die Aufgaben, Befugnisse und Verpflichtungen der an den Eigenmitteln Beteiligten sowie
4. Besetzungs- oder Zustimmungsrechte für die Errichtung von Leitungsgremien und die Bestellung von Leitungspersonen der Abwicklungsanstalten; ein Vorschlagsrecht der an der Abwicklungsanstalt Beteiligten kann vorgesehen werden; Absatz 2a bleibt unberührt.

[6]Die Statuten sind im Bundesanzeiger zu veröffentlichen. [7]Sonstige Veröffentlichungen erfolgen ebenfalls im Bundesanzeiger.

(2a) [1]Die Errichtung von Leitungsgremien und die Bestellung von Leitungspersonen bedürfen der Zustimmung der Anstalt. [2]Leiter von Abwicklungsanstalten werden für höchstens fünf Jahre bestellt. [3]Eine wiederholte Bestellung oder Verlängerung der Amtszeit, jeweils für höchstens fünf Jahre, ist zulässig. [4]Sie bedarf der Zustimmung der Anstalt und kann frühestens ein Jahr vor Ablauf der bisherigen Amtszeit erfolgen.

(3) Über die Errichtung einer Abwicklungsanstalt zur Übernahme von Risikopositionen oder nichtstrategienotwendigen Geschäftsbereichen entscheidet die Anstalt auf Antrag der übertragenden Gesellschaft, im Falle einer Zweckgesellschaft auf den gemeinsamen Antrag der Zweckgesellschaft und des Kreditinstituts, dessen Risikopositionen die Zweckgesellschaft übernommen hat; § 4 Absatz 1 Satz 1 bis 3 gilt entsprechend.

(4) [1]Die näheren Bedingungen für die Errichtung von Abwicklungsanstalten zur Übernahme von Risikopositionen oder nichtstrategienotwendigen Geschäftsbereichen legt die Anstalt nach folgenden Maßgaben fest:

1. [1]Es ist sicherzustellen, dass eine Pflicht zum Ausgleich von Verlusten der Abwicklungsanstalten von den unmittelbaren oder mittelbaren Anteilsinhabern oder Mitgliedern der übertragenden Gesellschaft entsprechend ihrer Beteiligungsquote übernommen und im Außenverhältnis eine gesamtschuldnerische Haftung der zum Verlustausgleich Verpflichteten begründet wird. [2]Ist die übertragende Gesellschaft eine Zweckgesellschaft, ist auf die unmittelbaren oder mittelbaren Anteilsinhaber oder Mitglieder des Kreditinstituts abzustellen, dessen Risikopositionen sie übernommen hat. [3]Die Übernahme einer nicht dem jeweiligen Anteil entsprechenden Verlustausgleichspflicht durch Teile der Anteilsinhaber oder Mitglieder ist zulässig,

wenn die Einhaltung der europarechtlichen Vorgaben gewährleistet ist. [4]Eine Haftung der Anteilsinhaber oder Mitglieder für übertragene Verbindlichkeiten der Abwicklungsanstalten kann begründet werden; die Sätze 2 und 3 gelten entsprechend. [5]Für den Fall, dass die zum Verlustausgleich verpflichteten Anteilsinhaber oder Mitglieder, als Gesamtschuldner und einzeln, nicht oder nicht mehr leistungsfähig sind, ist eine, gegebenenfalls nachrangige Pflicht der Gesellschaft vorzusehen, die Verluste aus dem an die Anteilseigner auszuschüttenden Betrag nach Nummer 2 auszugleichen. [6]Nachrangig hierzu kann auch eine Verlustausgleichspflicht des Fonds gegenüber der Abwicklungsanstalt sowie ein Rückgriffsanspruch des Fonds oder des Bundes gegenüber der übertragenden Gesellschaft und ihren unmittelbaren oder mittelbaren Anteilsinhabern oder Mitgliedern vorgesehen werden.

1a. [1]Gehört zu den unmittelbaren oder mittelbaren Anteilsinhabern oder Mitgliedern der übertragenden Gesellschaft ein Land, ist eine gesamtschuldnerische Haftung nicht zu begründen; die Pflicht zur Übernahme von Verlusten entsprechend der jeweiligen Beteiligungsquote nach Nummer 1 Satz 1 bleibt unberührt. [2]Für einen Verbund von Sparkassen oder eine Beteiligungsgesellschaft, an der Sparkassen mittelbar oder unmittelbar beteiligt sind, (Verbund) als Anteilsinhaber oder Mitglied muss vorgesehen werden, dass von diesem zu tragende Verluste der Abwicklungsanstalt jeweils zunächst aus dem an ihn auszuschüttenden Betrag nach Nummer 2 (Stufe 1), sodann, sofern der Betrag nicht ausreicht, unmittelbar durch den Verbund ausgeglichen werden (Stufe 2). [3]Der kumulierte Gesamtumfang der von dem Verbund zu tragenden Verluste ist auf den von der Anstalt festzusetzenden Betrag begrenzt, den der Verbund am 30. Juni 2008 auf Grund der Gewährträgerhaftung zu tragen hatte. [4]Sofern Leistungen des Verbundes aus den Stufen 1 und 2 nicht ausreichen, um die von ihm entsprechend der Beteiligungsquote zu tragenden Verluste zu decken, wird der Differenzbetrag jeweils durch den Fonds vorfinanziert und in den Folgejahren durch den auf den Verbund auszuschüttenden Betrag nach Nummer 2 refinanziert. [5]Hieraus resultierende finanzielle Lasten tragen der Bund und das betreffende Land im Verhältnis von 65 : 35; Einzelheiten werden in einer Verwaltungsvereinbarung geregelt. [6]Weitergehende landesrechtliche Bestimmungen bleiben unberührt.

1b. [1]Der Fonds haftet für alle Darlehen, Schuldverschreibungen, als Festgeschäfte ausgestaltete Termingeschäfte, Rechte aus Optionen und andere Kredite an die Abwicklungsanstalt sowie für Kredite an Dritte, soweit sie von der Abwicklungsanstalt ausdrücklich gewährleistet werden, sofern diese jeweils in dem Zeitraum von der Abwicklungsanstalt aufgenommen, begeben, abgeschlossen, begründet oder auf die Abwicklungsanstalt übertragen wurden, in dem der Fonds alleiniger Verlustausgleichsverpflichteter ist. [2]Eine angemessene Garantie im Sinne der Vorschriften über die aufsichtsrechtliche Risikogewichtung von Risikopositionen gegenüber einer Abwicklungsanstalt liegt auch vor, wenn ein Land allein oder gemeinsam mit dem Fonds unbegrenzt für den Ausgleich von Verlusten einer Abwicklungsanstalt haftet. [3]Rückgriffsansprüche zwischen Verlustausgleichsverpflichteten und gegenüber der Abwicklungsanstalt bleiben unberührt und können insbesondere im Statut der Abwicklungsanstalt begründet werden.

2. [1] Ist eine Übernahme einer Verlustausgleichspflicht nach Nummer 1 auf Grund der nicht geschlossenen Anteilsinhaberschaft oder Mitgliedschaft der übertragenden Gesellschaft, etwa bei deren Börsennotierung, nicht praktikabel, ist von der übertragenden Gesellschaft die Pflicht zu übernehmen, die Verluste aus dem an die Anteilseigner auszuschüttenden Betrag auszugleichen. [2] Ist die übertragende Gesellschaft eine Zweckgesellschaft, ist auf das Kreditinstitut abzustellen, dessen Risikopositionen sie übernommen hat; Entsprechendes gilt für Tochterunternehmen als übertragende Gesellschaften. [3] Für die Pflicht der übertragenden Gesellschaft, die Verluste aus dem an die Anteilseigner auszuschüttenden Betrag auszugleichen, gelten die §§ 6b und 6c entsprechend.
3. [1] Ergibt sich nach der vollständigen Verwertung der übertragenen Risikopositionen und der nichtstrategienotwendigen Geschäftsbereiche ein positiver Saldo zugunsten der Abwicklungsanstalt, wird dieser gemäß den Regelungen in den Statuten der Abwicklungsanstalt an die Beteiligten der Abwicklungsanstalt oder gegebenenfalls Dritte ausgekehrt; soweit die Statuten über diesen Saldo keine Regelung treffen, ist er den Anteilsinhabern oder Mitgliedern der übertragenden Gesellschaft oder der übertragenden Gesellschaft zur Auskehrung an ihre Anteilsinhaber oder Mitglieder zu überlassen. [2] § 6b Absatz 2 Satz 2 gilt entsprechend.
4. Unbeschadet der Nummern 1 und 2 kann die Anstalt die Gegenleistung bestimmen, die für die Übernahme von Risikopositionen oder nichtstrategienotwendigen Geschäftsbereichen oder deren Absicherung gewährt wird.
5. Die übertragende Gesellschaft muss vor einer Übertragung auf die Abwicklungsanstalt sämtliche Risiken bezüglich der zu übertragenden oder abzusichernden Risikopositionen und nichtstrategienotwendigen Geschäftsbereiche gegenüber der Anstalt offenlegen.
6. Die Übernahme von Risikopositionen oder nichtstrategienotwendigen Geschäftsbereichen setzt voraus, dass die übertragende Gesellschaft, im Falle einer Zweckgesellschaft das Kreditinstitut, dessen Risikopositionen sie übernommen hat, über ein tragfähiges Geschäftsmodell und grundsätzlich eine im Einzelfall angemessene Kapitalausstattung sowie die Abwicklungsanstalt über einen Abwicklungsplan verfügt, der im Einzelnen die vorgesehene Abwicklung der übernommenen Risikopositionen und nichtstrategienotwendigen Geschäftsbereiche bestimmt.
7. Die übertragende Gesellschaft oder deren unmittelbare oder mittelbare Anteilsinhaber oder Mitglieder müssen sicherstellen, dass ihre Verantwortung für Arbeitnehmer und Arbeitnehmerinnen, Pensionsverbindlichkeiten und sonstige im Zusammenhang mit Arbeitsverhältnissen bestehenden Lasten in vollem Umfang auch nach Übertragung von Risikopositionen und nichtstrategienotwendigen Geschäftsbereichen auf Abwicklungsanstalten erhalten bleibt.
8. [1] Für Institute, die Maßnahmen nach § 8a in Anspruch nehmen, gelten die Auflagen aus § 5 Absatz 2 Nummer 1 bis 5, Absatz 5 bis 9 der Finanz-

marktstabilisierungsfonds-Verordnung in der am 1. Januar 2015 geltenden Fassung entsprechend. [2]Die Anstalt kann sonstige Bedingungen festlegen, die auch an Stabilisierungsmaßnahmen nach § 8 geknüpft werden können.

[2]Die Bedingungen können in den Statuten der Abwicklungsanstalten gemäß Absatz 2 und durch vertragliche Regelungen sichergestellt werden. [3]§ 6a Absatz 5 Nummer 1 Satz 2 bis 5 gilt entsprechend.

(5) [1]Die Abwicklungsanstalten gelten nicht als Kreditinstitute oder Finanzdienstleistungsinstitute im Sinne des Kreditwesengesetzes, als Wertpapierdienstleistungsunternehmen im Sinne des Wertpapierhandelsgesetzes oder als Versicherungsunternehmen im Sinne des Versicherungsaufsichtsgesetzes; § 3a Absatz 6a Satz 1 gilt entsprechend. [2]Auf die Abwicklungsanstalten sind die §§ 3 und 6 Absatz 2 und 3, die §§ 6a, 7 bis 8e, 9, 14, 22a bis 22o, 24 Absatz 1 Nummer 6, 8, 11 bis 13 sowie Absatz 1a, 2 und 4, die §§ 25, 25a Absatz 1 Satz 1 und Absatz 2 Satz 2, die §§ 25g bis 25m, 26 Absatz 1 Satz 1 bis 3, § 29 Absatz 2 Satz 1 und Absatz 3, die §§ 37, 39 bis 44a, 44c, 46g, 46h, 49, 54, 55a, 55b, 56, 59, 60 und 60a des Kreditwesengesetzes sowie § 23 des Wertpapierhandelsgesetzes entsprechend anzuwenden; sie gelten als Verpflichtete im Sinne des § 2 Absatz 1 des Geldwäschegesetzes. [3]Insoweit unterliegen sie der Aufsicht der Bundesanstalt für Finanzdienstleistungsaufsicht. [4]§ 15 des Finanzdienstleistungsaufsichtsgesetzes ist entsprechend anzuwenden. [5]Auf Abwicklungsanstalten, deren Statut das Betreiben von Bankgeschäften und das Erbringen von Finanzdienstleistungen im Sinne des Kreditwesengesetzes untersagt, sind die Sätze 2 bis 4 nicht anzuwenden.

(5a) Soweit eine Abwicklungsanstalt wegen der Art und des Umfangs der von ihr betriebenen Geschäfte nicht mehr der Aufsicht bedarf, kann die Bundesanstalt für Finanzdienstleistungsaufsicht auf Antrag der Abwicklungsanstalt, welcher der Genehmigung der Anstalt bedarf, im Einzelfall bestimmen, dass die in Absatz 5 Satz 2 Halbsatz 1 genannten Regelungen ganz oder teilweise nicht anzuwenden sind.

(6) [1]Auf die Abwicklungsanstalten sind die Grundsätze der Wirtschaftlichkeit und Sparsamkeit sowie die §§ 55 und 109 Absatz 1 und 2 der Bundeshaushaltsordnung anzuwenden. [2]Im Übrigen finden die §§ 1 bis 87 und 106 bis 110 der Bundeshaushaltsordnung keine Anwendung; Absatz 8 Satz 3 bleibt unberührt. [3]Der Bundesrechnungshof hat ein Prüfungsrecht gemäß § 111 der Bundeshaushaltsordnung.

(7) Ein Vertrag, durch den eine Verpflichtung der übertragenden Gesellschaft oder ihrer unmittelbaren oder mittelbaren Anteilsinhaber oder Mitglieder begründet wird, Verluste einer Abwicklungsanstalt auszugleichen oder zukünftige an die Anteilsinhaber auszuschüttende Beträge an die betreffende Abwicklungsanstalt abzuführen, ist kein Unternehmensvertrag.

(8) [1]Die Abwicklungsanstalten können als übernehmende Rechtsträger an Ausgliederungen und Abspaltungen, jeweils zur Aufnahme, nach Maßgabe folgender Bestimmungen beteiligt sein:

1. [1]Den unmittelbaren oder mittelbaren Anteilsinhabern des übertragenden Rechtsträgers oder dem übertragenden Rechtsträger selbst kann im Rahmen der Spaltung eine Beteiligung an den Abwicklungsanstalten gewährt

werden. [2]Die Beteiligung kann auf einen Anspruch auf einen nach Beendigung der Abwicklung erzielten Überschuss begrenzt werden. [3]Die an der Abwicklungsanstalt Beteiligten sowie weitere Einzelheiten der Beteiligung werden in den Statuten der Abwicklungsanstalten nach Absatz 2 bestimmt. [4]Soweit den Anteilsinhabern des übertragenden Rechtsträgers eine Verlustausgleichspflicht oder Haftung für Verbindlichkeiten einer Abwicklungsanstalt auferlegt wird, bedarf der Beschluss des übertragenden Rechtsträgers gemäß § 125 in Verbindung mit § 13 des Umwandlungsgesetzes der Zustimmung aller Anteilsinhaber, die nach den zugrunde liegenden Regelungen eine Verlustausgleichspflicht oder Haftung für Verbindlichkeiten trifft; Nummer 4 bleibt unberührt. [5]Werden mittelbaren Anteilsinhabern im Sinne des Absatzes 4 Nummer 1 Satz 2 Beteiligungen eingeräumt, ist zusätzlich ein Beschluss dieser Anteilsinhaber erforderlich; werden ihnen Verlustausgleichspflichten oder eine Haftung für Verbindlichkeiten einer Abwicklungsanstalt auferlegt, bedarf der Beschluss der Zustimmung aller Anteilsinhaber. [6]Die Abwicklungsanstalten können im In- und Ausland Gesellschaften gründen und Beteiligungen an Gesellschaften erwerben.

2. Zwischen den an der Spaltung beteiligten Rechtsträgern können Ausgleichsansprüche begründet werden.
3. [1]Der Spaltungs- und Übernahmevertrag bedarf keiner Prüfung im Sinne des § 125 in Verbindung mit den §§ 9 bis 12 des Umwandlungsgesetzes. [2]Für die Anstalt fasst der Leitungsausschuss den gemäß § 125 in Verbindung mit § 13 des Umwandlungsgesetzes zur Wirksamkeit der Übertragung erforderlichen Beschluss; er ist außerdem für die Verzichtserklärung gemäß § 127 Satz 2 in Verbindung mit § 8 Absatz 3 des Umwandlungsgesetzes zuständig. [3]Der Bericht gemäß § 127 des Umwandlungsgesetzes ist von dem nach dem Statut gemäß Absatz 2 für die Geschäftsführung zuständigen Organ der Abwicklungsanstalt zu erstatten.
4. [1]Der Beschluss des übertragenden Rechtsträgers gemäß § 125 in Verbindung mit § 13 des Umwandlungsgesetzes bedarf vorbehaltlich des Satzes 3 einer Mehrheit, die mindestens zwei Drittel der abgegebenen Stimmen oder des vertretenen gezeichneten Kapitals oder Beteiligungskapitals umfasst; die einfache Mehrheit reicht, wenn die Hälfte des gezeichneten Kapitals oder Beteiligungskapitals vertreten ist. [2]Abweichende Satzungsbestimmungen sind unbeachtlich. [3]Die Sätze 1 und 2 gelten nicht für Rechtsträger in der Rechtsform landesunmittelbarer Anstalten des öffentlichen Rechts.
5. Bei Spaltungen unter Beteiligung einer Abwicklungsanstalt sind die §§ 22, 23, 126 Absatz 2 Satz 1 und 2 sowie die §§ 133 und 141 des Umwandlungsgesetzes nicht anzuwenden.
6. [1]Als Schlussbilanz darf auch eine Aufstellung des zu übertragenden Vermögens (Teilbilanz) verwendet werden, für die die Vorschriften über die Jahresbilanz und deren Prüfung entsprechend gelten, sofern sich aus ihrem beschränkten Umfang nichts anderes ergibt. [2]Das Registergericht darf die Spaltung nur eintragen, wenn die Schlussbilanz auf einen höchstens zwölf Monate vor der Anmeldung liegenden Stichtag aufgestellt worden ist. [3]Im Übrigen bleibt die Vorschrift des § 125 in Verbindung mit § 17 Absatz 2 des Umwandlungsgesetzes unberührt.

7. Als Zwischenbilanz (§ 125 in Verbindung mit § 63 Absatz 1 Nummer 1 des Umwandlungsgesetzes) darf auch eine Teilbilanz verwendet werden. [2]Diese muss nicht geprüft werden.
8. [1]Werden mittelbaren Anteilsinhabern im Sinne des Absatzes 4 Nummer 1 Satz 2 Beteiligungen eingeräumt, sind bei der Anmeldung zum Handelsregister des übertragenden Rechtsträgers auch Erklärungen gemäß den §§ 140, 146 Absatz 1 und § 148 Absatz 1 des Umwandlungsgesetzes der gesetzlichen Vertreter aller unmittelbar oder mittelbar an dem übertragenden Rechtsträger beteiligten Unternehmen einzureichen, denen im Rahmen der Spaltung keine unmittelbare oder mittelbare Beteiligung an der Abwicklungsanstalt eingeräumt wird. [2]§ 313 Absatz 2 des Umwandlungsgesetzes ist auch auf diese Erklärung anzuwenden.
9. [1]Das Nähere über die Spaltung ist in den Statuten der Abwicklungsanstalten gemäß Absatz 2 zu regeln. [2]Spaltungen nach diesem Absatz sind Ausgliederungen und Abspaltungen, jeweils zur Aufnahme, im Sinne des Umwandlungsgesetzes vom 28. Oktober 1994 in der Fassung vom 17. Dezember 2008 (BGBl. I S. 2586) in Verbindung mit Nummer 1 dieses Absatzes, auf die die Vorschriften des Umwandlungsgesetzes entsprechend anzuwenden sind, soweit dieses Gesetz und die Statuten der Abwicklungsanstalten gemäß Absatz 2 nicht etwas anderes bestimmen.

[2]Die Gründung einer Gesellschaft oder ein Beteiligungserwerb soll nur erfolgen, wenn dies unmittelbar der Umsetzung des Abwicklungsplans gemäß Absatz 4 Satz 1 Nummer 6 dient. [3] § 65 Absatz 1 Nummer 3 und 4 der Bundeshaushaltsordnung ist entsprechend anzuwenden. [4]Es ist sicherzustellen, dass der Bundesrechnungshof in Bezug auf Gesellschaften und Beteiligungen im Sinne des Satzes 2 die Unterlagen und Auskünfte erhält, die er für die Erfüllung seiner Aufgaben für erforderlich hält. [5]Die näheren Einzelheiten zur Gründung einer Gesellschaft und zum Beteiligungserwerb werden in den Statuten der Abwicklungsanstalten geregelt.

(8a) [1]Die Abwicklungsanstalten können als übertragende Rechtsträger an Ausgliederungen und Abspaltungen nach Maßgabe der folgenden Bestimmungen beteiligt sein:

1. die Ausgliederung oder Abspaltung bedarf der Zustimmung der Haftungsbeteiligten und der Anstalt;
2. Refinanzierungsverbindlichkeiten dürfen im Rahmen der Ausgliederung oder Abspaltung nicht übertragen werden;
3. zum Zeitpunkt des Wirksamwerdens der Ausgliederung oder Abspaltung bestehende Gewährträgerhaftungen sowie eine für übertragene Verbindlichkeiten bestehende Haftung des Fonds gemäß Absatz 4 Satz 1 Nummer 1b werden durch die Ausgliederung oder Abspaltung nicht berührt;
4. das Nähere über die Ausgliederung oder Abspaltung ist in den Statuten der Abwicklungsanstalten gemäß Absatz 2 zu regeln.

[2]Ausgliederungen und Abspaltungen nach diesem Absatz sind Ausgliederungen und Abspaltungen im Sinne des Umwandlungsgesetzes vom 28. Oktober 1994 (BGBl. I S. 3210; 1995 I S. 428), das zuletzt durch Artikel 22 des Gesetzes vom 24. April 2015 (BGBl. I S. 642) geändert worden ist, auf die die Vor-

schriften des Umwandlungsgesetzes entsprechend anzuwenden sind, soweit dieses Gesetz und die Statuten der Abwicklungsanstalten von Absatz 2 Satz 4 und 5 nicht etwas anderes bestimmen.

(8b) [1]Sollen im Rahmen der Ausgliederung oder Abspaltung nach Absatz 8a Verbindlichkeiten übertragen werden, darf die Anstalt die Zustimmung nach Absatz 8a Satz 1 Nummer 1 nur erteilen, soweit es sich um Verbindlichkeiten handelt, die in unmittelbarem Zusammenhang mit einem zu übertragenden Grundgeschäft stehen oder durch den weiteren Fortgang des Grundgeschäfts bedingt sind. [2]Die Anstalt darf die Zustimmung zu einer Abspaltung nur erteilen, wenn die Abwicklungsanstalt nachweist, dass eine Ausgliederung wirtschaftlich nicht sinnvoll wäre und die Risiken für den Fonds durch die Abspaltung nicht erhöht werden. [3]Solange die Abwicklungsanstalten nach einer Ausgliederung Anteile an einem übernehmenden Rechtsträger halten, gelten für den übernehmenden Rechtsträger die Absätze 2 und 2a entsprechend. [4]Die übernehmenden Rechtsträger sind in diesem Fall auch dazu verpflichtet, einen Abwicklungsplan aufzustellen. [5]Satz 3 und 4 gelten auch, solange die Abwicklungsanstalten nach einer Abspaltung für Verbindlichkeiten des übernehmenden Rechtsträgers haften, es sei denn, die Träger der Abwicklungsanstalten verpflichten sich, die Abwicklungsanstalt von den Nachhaftungsansprüchen freizustellen.

(9) Die §§ 16 bis 18 und 20 des Wirtschaftsstabilisierungsbeschleunigungsgesetzes[1)] sind auf die Übertragung und Absicherung von Risikopositionen und nichtstrategienotwendigen Geschäftsbereichen gemäß den Absätzen 1 bis 8 entsprechend anwendbar.

(10) [1]Der Fonds kann Abwicklungsanstalten Darlehen zur Refinanzierung der von diesen übernommenen Vermögensgegenstände gewähren, sofern der Fonds alleiniger Verlustausgleichsverpflichteter ist. [2]Die näheren Bedingungen der Darlehensgewährung legt der Fonds im Einzelfall fest. [3]Ist der Fonds unmittelbarer oder mittelbarer Anteilsinhaber nach § 8a Absatz 4 Satz 1 Nummer 1 Satz 1, kann er eine Pflicht zum Ausgleich von Verlusten und eine Haftung für übertragene Verbindlichkeiten der Abwicklungsanstalten nach § 8a Absatz 4 Satz 1 Nummer 1 Satz 1, 3 und 4 übernehmen.

(11) Soweit Risikopositionen oder nicht strategienotwendige Geschäftsbereiche durch eine Maßnahme nach dem Umwandlungsgesetz auf eine Abwicklungsanstalt übertragen werden sollen, gilt § 7c des Wirtschaftsstabilisierungsbeschleunigungsgesetzes[1)] entsprechend.

§ 8b[2)] Landesrechtliche Abwicklungsanstalten. (1) Eine landesrechtliche Abwicklungsanstalt ist eine Anstalt des öffentlichen Rechts nach Landesrecht,

---

[1)] Abgedruckt unter Nr. **Vor 1.2**.

[2)] § 8b eingef. mWv 23.7.2009 durch G v. 17.7.2009 (BGBl. I S. 1980); Abs. 1 Nr. 2 geänd. mWv 1.1.2013 durch G v. 20.12.2012 (BGBl. I S. 2777); Abs. 2 Satz 1 geänd. mWv 16.2.2013 durch G v. 13.2.2013 (BGBl. I S. 174); Abs. 3 angef. mWv 1.1.2014 durch G v. 28.8.2013 (BGBl. I S. 3395); Abs. 1 Nr. 2 und Abs. 2 Satz 1 geänd. mWv 1.1.2015 durch G v. 10.12.2014 (BGBl. I S. 2091); Abs. 2 Satz 1 geänd., Sätze 3 bis 6 angef. mWv 29.12.2016 durch G v. 23.12.2016 (BGBl. I S. 3171); Abs. 2 S. 1 geänd. mWv 29.12.2020 durch G v. 9.12.2020 (BGBl. I S. 2773).

der die Aufgabe obliegt, Kreditinstitute, Finanzholding-Gesellschaften, deren in- und ausländische Tochterunternehmen oder Zweckgesellschaften, die Risikopositionen von ihnen übernommen haben, von Risikopositionen und nichtstrategienotwendigen Geschäftsbereichen durch rechtliche oder wirtschaftliche Übertragung zu entlasten und für die Folgendes durch oder auf Grund Landesgesetz vorgesehen ist:

1. Die landesrechtliche Abwicklungsanstalt darf keine Geschäfte betreiben, die einer Zulassung nach der Richtlinie 2006/48/EG des Europäischen Parlaments und des Rates vom 14. Juni 2006 über die Aufnahme und Ausübung der Tätigkeit der Kreditinstitute (ABl. L 177 vom 30.6.2006, S. 1) oder der Richtlinie 2004/39/EG des Europäischen Parlaments und des Rates vom 21. April 2004 über Märkte für Finanzinstrumente, zur Änderung der Richtlinien 85/611/EWG und 93/6/EWG des Rates und der Richtlinie 2000/12/EG des Europäischen Parlaments und des Rates und zur Aufhebung der Richtlinie 93/22/EWG des Rates (ABl. L 145 vom 30.4.2004, S. 1) in der jeweils geltenden Fassung bedürfen.
2. Auf die landesrechtliche Abwicklungsanstalt können Risikopositionen, die bis zum 31. Mai 2014 erworben wurden, sowie nichtstrategienotwendige Geschäftsbereiche einer übertragenden Gesellschaft durch Rechtsgeschäft oder Umwandlung zum Zwecke der Abwicklung übertragen werden. [2] § 8a Absatz 1 Satz 2 bis 4 gilt entsprechend.
3. Für die Übernahme von Risikopositionen und nichtstrategienotwendigen Geschäftsbereichen durch die landesrechtliche Abwicklungsanstalt gelten die Bedingungen nach § 8a Absatz 4 Nummer 5, 6 und 8 Satz 1 entsprechend.

(2) [1] Liegen die Voraussetzungen des Absatzes 1 vor, gelten für landesrechtliche Abwicklungsanstalten die Bestimmungen des § 8a Absatz 5, 5a, 7 und 9 entsprechend. [2] Die Aufsicht nach § 8a Absatz 5 Satz 3 erstreckt sich auch auf die Bedingungen nach Absatz 1 Nummer 1. [3] Die landesrechtlichen Abwicklungsanstalten stellen innerhalb der ersten vier Monate nach Abschluss des Geschäftsjahres einen Jahresabschluss und einen Lagebericht nach den für große Kapitalgesellschaften geltenden Vorschriften des Handelsgesetzbuchs oder nach den für Kreditinstitute geltenden Vorschriften auf. [4] Der Jahresabschluss und der Lagebericht sind nach den Vorschriften des Handelsgesetzbuchs zu prüfen. [5] Eine Konzernrechnungslegungspflicht besteht nicht. [6] Das Publizitätsgesetz ist nicht anzuwenden.

(3) Für Verbindlichkeiten und Zahlungsverpflichtungen einer landesrechtlichen Abwicklungsanstalt im Sinne des Absatzes 1 kann das Land eine § 8a Absatz 4 Satz 1 Nummer 1b Satz 1 entsprechende Haftung vorsehen.

§ 9[1)] Kreditermächtigung. (1) Das Bundesministerium der Finanzen wird ermächtigt, für den Fonds zur Deckung von Aufwendungen und von Maß-

---

[1)] § 9 Abs. 1 geänd. mWv 9.4.2009 durch G v. 7.4.2009 (BGBl. I S. 725); Abs. 1 und Abs. 5 geänd. mWv 23.7.2009 durch G v. 17.7.2009 (BGBl. I S. 1980); Abs. 1 geänd. mWv 31.12.2010 durch G v. 9.12.2010 (BGBl. I S. 1900); Abs. 1 Sätze 2–4 angef., Satz 1 geänd., Abs. 6 angef. mWv 1.3.2012 durch G v. 24.2.2012 (BGBl. I S. 206); Abs. 1 Sätze 3 und 4 neu

(Fortsetzung der Anm. nächste Seite)

nahmen nach den §§ 5a, 7 und 8 und 8a Absatz 4 Satz 1 Nummer 1 und 1a dieses Gesetzes und von Maßnahmen nach den §§ 1 und 4 des Rettungsübernahmegesetzes Kredite bis zur Höhe von 30 Milliarden Euro aufzunehmen.

(2) Dem Kreditrahmen nach Absatz 1 wachsen die Beträge aus getilgten Krediten wieder zu.

(3) Auf die Kreditermächtigung ist bei Diskontpapieren der Nettobetrag anzurechnen.

(4) Unter den Voraussetzungen des § 37 Abs. 1 Satz 2 der Bundeshaushaltsordnung kann der in Absatz 1 festgelegte Ermächtigungsrahmen mit Einwilligung des Haushaltsausschusses des Deutschen Bundestages um bis zu 10 Milliarden Euro überschritten werden.

(5) [1] Das Bundesministerium der Finanzen wird ermächtigt, für den Fonds zum Zwecke der Darlehensgewährung nach § 8a Absatz 10 Satz 1 Kredite in Höhe von bis zu 60 Milliarden Euro aufzunehmen. [2] Die Absätze 2 und 3 finden entsprechende Anwendung.

(6) [1] Werden für Ausgaben, die keine finanziellen Transaktionen im Sinne des § 3 des Artikel 115-Gesetzes vom 10. August 2009 (BGBl. I S. 2702, 2704) sind, Kredite aufgenommen, ist in Verbindung mit der nächsten Beschlussfassung über ein Haushaltsgesetz ein gesonderter Beschluss des Deutschen Bundestages über die Tilgung der in diesem Umfang erhöhten Bundesschuld herbeizuführen, soweit mit dieser Kreditaufnahme die nach der Schuldenregel zulässige Kreditaufnahme überschritten worden ist. [2] Die Tilgung hat binnen eines angemessenen Zeitraums zu erfolgen. [3] Nach Maßgabe dieses Tilgungsplans verringert sich in den jeweiligen Jahren die nach der Schuldenregel zulässige Nettokreditaufnahme des Bundes. [4] Für Kreditaufnahmen zur Finanzierung von Ausgaben auf Grund von bis zum 31. Dezember 2010 ergriffenen Maßnahmen sowie deren Anschlussmaßnahmen gemäß § 13 Absatz 1a und 1b dieses Gesetzes gilt Artikel 143d Absatz 1 Satz 2 zweiter Halbsatz des Grundgesetzes.

§ 10[1]) Bedingungen für Stabilisierungsmaßnahmen; Verordnungsermächtigung. (1) Unternehmen des Finanzsektors, die Stabilisierungsmaßnahmen des Fonds nach den §§ 6, 7 und 8 dieses Gesetzes in Anspruch nehmen, müssen die Gewähr für eine solide und umsichtige Geschäftspolitik bieten.

(Fortsetzung der Anm. von Seite 27)

gef., Sätze 5–7 angef. mWv 19.9.2012 durch G v. 13.9.2012 (BGBl. I S. 1914); Abs. 6 Satz 4 angef. mWv 1.1.2013 durch G v. 20.12.2012 (BGBl. I S. 2777); Abs. 1 Satz 1 geänd., Abs. 5 neu gef. mWv 1.1.2019 durch G v. 23.12.2016 (BGBl. I S. 3171); Abs. 1 Satz 1 geänd., Abs. 1 Sätze 2–7 aufgeh., Abs. 5 S. 1 geänd. mWv 29.12.2020 durch G v. 9.12.2020 (BGBl. I S. 2773).

[1]) § 10 Abs. 1 geänd. mWv 23.7.2009 durch G v. 17.7.2009 (BGBl. I S. 1980); Abs. 2a–2c eingef. mWv 31.12.2010 durch G v. 9.12.2010 (BGBl. I S. 1900); Abs. 2d eingef. mWv 19.12.2014 durch G v. 10.12.2014 (BGBl. I S. 2091); Abs. 2d Sätze 1 und 2 geänd. mWv 1.1.2018 durch G v. 23.12.2016 (BGBl. I S. 3171); Überschrift geänd. mWv 28.3.2020 durch G v. 27.3.2020 (BGBl. I S. 543).

(2) [1]Die Bundesregierung kann durch Rechtsverordnung, die nicht der Zustimmung des Bundesrates bedarf, nähere Bestimmungen erlassen über die von den begünstigten Unternehmen des Finanzsektors zu erfüllenden Anforderungen an

1. die geschäftspolitische Ausrichtung, bei Kreditinstituten insbesondere die Versorgung kleiner und mittlerer Unternehmen mit Krediten, und die Nachhaltigkeit des verfolgten Geschäftsmodells,
2. die Verwendung der aufgenommenen Mittel,
3. die Vergütung ihrer Organe, Angestellten und wesentlichen Erfüllungsgehilfen,
4. die Eigenmittelausstattung,
5. die Ausschüttung von Dividenden,
6. den Zeitraum, innerhalb dessen diese Anforderungen zu erfüllen sind,
7. Maßnahmen zur Vermeidung von Wettbewerbsverzerrungen,
8. die Art und Weise, wie dem Fonds Rechenschaft zu legen ist,
9. eine von dem vertretungsberechtigten Organ mit Zustimmung des Aufsichtsorgans abzugebende und zu veröffentlichende Verpflichtungserklärung zur Einhaltung der in den Nummern 1 bis 8 einzuhaltenden Anforderungen,
10. sonstige Bedingungen, die zur Sicherstellung des Zweckes dieses Gesetzes nach Absatz 1 erforderlich sind.

[2]Die Anforderungen können sich nach Art und Adressaten der Stabilisierungsmaßnahme unterscheiden. [3]Sie werden auf der Grundlage dieses Gesetzes und der hierzu ergangenen Rechtsverordnung durch Vertrag, Selbstverpflichtung oder Verwaltungsakt festgelegt. [4]In der nach Satz 1 zu erlassenden Rechtsverordnung können auch Rechtsfolgen einer Nichtbeachtung der vorgenannten Anforderungen geregelt werden.

(2a) [1]In einem Unternehmen des Finanzsektors, das Stabilisierungsmaßnahmen nach § 7 dieses Gesetzes in Anspruch nimmt und bei dem der Fonds unmittelbar oder mittelbar über ein oder mehrere Tochterunternehmen mindestens 75 Prozent der Anteile hält, darf die monetäre Vergütung der Organmitglieder und Angestellten jeweils 500 000 Euro pro Jahr nicht übersteigen. [2]Variable Vergütungen sind nicht zulässig.

(2b) [1]In einem Unternehmen des Finanzsektors, das Stabilisierungsmaßnahmen nach § 7 dieses Gesetzes in Anspruch nimmt und bei dem der Fonds die in Absatz 2a genannte Beteiligungsschwelle nicht erreicht, darf die monetäre Vergütung der Organmitglieder und Angestellten vorbehaltlich der Regelung in Satz 3 jeweils 500 000 Euro pro Jahr nicht übersteigen. [2]Variable Vergütungen sind nicht zulässig, es sei denn, die Summe aus fixer und variabler Vergütung überschreitet nicht die Obergrenze von 500 000 Euro pro Jahr. [3]Die Obergrenze von 500 000 Euro darf überschritten werden, sofern das Unternehmen mindestens die Hälfte der geleisteten Rekapitalisierungen zurückgezahlt hat oder soweit die geleistete Kapitalzuführung voll verzinst wird.

(2c) [1]Nicht umfasst von den Absätzen 2a und 2b sind Vergütungen, die durch Tarifvertrag oder in seinem Geltungsbereich durch Vereinbarung der Arbeitsvertragsparteien über die Anwendung der tarifvertraglichen Regelungen oder aufgrund eines Tarifvertrages in einer Betriebs- oder Dienstvereinbarung vereinbart sind. [2]Die Vorgaben der Absätze 2a und 2b sind bei Vertragsänderungen und -neuabschlüssen mit Organmitgliedern und Angestellten zu berücksichtigen. [3]Die Verlängerung eines Vertrages gilt als Neuabschluss im Sinne des Satzes 2. [4]Soweit Verträge den Vorgaben der Absätze 2a und 2b nicht entsprechen, können Organmitglieder und Angestellte aus ihnen keine Rechte herleiten. [5]Dies gilt nicht für Ansprüche, die vor dem 1. Januar 2011 entstanden sind.

(2d) [1]Bei einem Unternehmen des Finanzsektors, das Stabilisierungsmaßnahmen gemäß den §§ 6 bis 8a in Anspruch nimmt, sollen Vertreter der Anstalt im Zusammenhang mit den ihr nach § 8a übertragenen Aufgaben oder Vertreter der Finanzagentur im Zusammenhang mit den nach diesem Gesetz auf diese übertragenen Aufgaben als Sachverständige oder Auskunftspersonen im Sinne des § 109 Absatz 1 Satz 2 des Aktiengesetzes zu den Sitzungen des Aufsichtsrats und seiner Ausschüsse hinzugezogen werden, soweit über Gegenstände beraten wird, bei denen eine Beteiligung von Vertretern der Anstalt oder der Finanzagentur als Sachverständige oder als Vertreter der Eigentümerinteressen des Bundes jeweils zweckdienlich erscheint. [2]Die Anstalt und die Finanzagentur können die Teilnahme ihrer Vertreter an solchen Sitzungen verlangen, soweit über Gegenstände beraten wird, die Auswirkungen auf die jeweils in ihrem Aufgabenbereich liegenden Stabilisierungsmaßnahmen haben können.

(3) Der Haushaltsausschuss und der Finanzausschuss des Deutschen Bundestages sind über Erlass und Änderungen der Rechtsverordnung nach Absatz 2 unverzüglich zu unterrichten.

§ 10a[1)] Parlamentarische Kontrolle. (1) *(aufgehoben)*

(2) [1]Das Gremium nach § 3 des Bundesschuldenwesengesetzes (Gremium) wird vom Bundesministerium der Finanzen laufend über alle den Fonds betreffenden Fragen unterrichtet. [2]Es ist befugt, Mitglieder des Lenkungsausschusses und Leitungsausschusses sowie Vertreter der Geschäftsführung der Finanzagentur und der Organe eines von einer Maßnahme des Fonds begünstigten Unternehmens zu laden. [3]Die Vertreter der Geschäftsführung der Finanzagentur und der Organe eines von der Maßnahme des Fonds begünstigten Unternehmens sind zur Auskunft vor dem Gremium berechtigt und verpflichtet. [4]Das Gremium berät ferner über grundsätzliche und strategische Fragen und langfristige Entwicklungen der Finanzmarktpolitik.

(3) [1]Das Gremium tagt geheim. [2]Die Mitglieder des Gremiums sind zur Geheimhaltung aller Angelegenheiten verpflichtet, die ihnen bei ihrer Tätig-

---

[1)] § 10a Abs. 1 Satz 4 aufgeh., Abs. 2 Sätze 1 und 2 geänd. mWv 31.12.2010 durch G v. 9.12.2010 (BGBl. I S. 1900); Abs. 2 Satz 3 eingef., bish. Satz 3 wird Satz 4 mWv 1.3.2012 durch G v. 24.2.2012 (BGBl. I S. 206); Überschrift neu gef., Abs. 1 aufgeh., Abs. 2 Sätze 1 bis 3 geänd., Abs. 3 Satz 4 angef. mWv 1.1.2018 durch G v. 23.12.2016 (BGBl. I S. 3171).

keit bekannt geworden sind. [3]Dies gilt für alle Teilnehmerinnen und Teilnehmer der Sitzungen. [4]§ 3 Absatz 2 Satz 2 und 3 des Bundesschuldenwesengesetzes gilt entsprechend.

§ 11[1)] Jahresrechnung und parlamentarische Unterrichtung. (1) Das Bundesministerium der Finanzen stellt am Schluss eines jeden Rechnungsjahres die Jahresrechnung für den Fonds auf.

(2) Die Jahresrechnung muss in übersichtlicher Weise den Bestand des Fonds einschließlich der Forderungen und Verbindlichkeiten erkennen lassen sowie die Einnahmen und Ausgaben nachweisen.

(3) [1]Ein Haushalts- oder Wirtschaftsplan wird nicht aufgestellt. [2]Der Haushaltsausschuss und der Finanzausschuss des Deutschen Bundestages sind regelmäßig über den aktuellen Sachstand zu unterrichten. [3]Das Gremium nach § 10a dieses Gesetzes ist in allen Fällen von wesentlicher Bedeutung unverzüglich zu unterrichten.

§ 12 Verwaltungskosten. Die Kosten für die Verwaltung des Fonds trägt der Bund.

§ 13[2)] Befristung und Länderbeteiligung. (1) [1]Stabilisierungsmaßnahmen des Fonds einschließlich der Maßnahmen nach den §§ 6a und 8a sind bis zum 31. Dezember 2015 möglich. [2]Anschließend ist der Fonds abzuwickeln und aufzulösen. [3]Für den Fonds ist ein Schlussergebnis zu ermitteln. [4]Dabei sind Ergebnisse für die bis zum 31. Dezember 2012 gewährten Maßnahmen und die nach dem 31. Dezember 2012 gewährten Maßnahmen separat auszuweisen. [5]Dem Ergebnis für bis zum 31. Dezember 2012 gewährte Maßnahmen werden dabei auch die Ergebnisse von Maßnahmen nach den Absätzen 1a und 1b zugerechnet, soweit sie Anschlussmaßnahmen nach den Absätzen 1a und 1b zu bis zum 31. Dezember 2012 ergriffenen Maßnahmen sind.

(1a) Der Fonds kann sich auch nach dem 31. Dezember 2015 an Unternehmen des Finanzsektors gemäß § 2 Absatz 1 Satz 1 dieses Gesetzes in der am 31. Dezember 2014 geltenden Fassung beteiligen, an denen er auf Grund von Maßnahmen nach § 7 bereits beteiligt ist, soweit dies erforderlich ist, um den Anteil seiner Kapitalbeteiligung an dem Unternehmen aufrechtzuerhalten oder gewährte Stabilisierungsmaßnahmen abzusichern.

(1b) [1]Die Gewährung von Darlehen durch den Fonds nach § 8a Absatz 10 Satz 1 ist nach dem in Absatz 1 genannten Datum möglich. [2]Gleiches gilt für

---

[1)] § 11 Abs. 1 Satz 2 aufgeh. mWv 29.12.2020 durch G v. 9.12.2020 (BGBl. I S. 2773).

[2)] § 13 Abs. 1a eingef. mWv 9.4.2009 durch G v. 7.4.2009 (BGBl. I S. 725); Abs. 1 neu gef., Abs. 1a geänd. mWv 23.7.2009 durch G v. 17.7.2009 (BGBl. I S. 1980); Abs. 1b eingef. mWv 31.12.2010 durch G v. 9.12.2010 (BGBl. I S. 1900); Abs. 1 Satz 1, Abs. 1a, Abs. 1b Satz 3 geänd. mWv 1.3.2012 durch G v. 24.2.2012 (BGBl. I S. 206); Abs. 1 Satz 1 geänd., Sätze 3–5 angef., Abs. 1a, Abs. 1b Satz 3, Abs. 2 Satz 1 geänd., Abs. 2a eingef., Abs. 4 geänd. mWv 1.1.2013 durch G v. 20.12.2012 (BGBl. I S. 2777); Abs. 1 Satz 1, Abs. 1a und Abs. 1b Satz 3 geänd. mWv 1.1.2015 durch G v. 10.12.2014 (BGBl. I S. 2091); Abs. 1b Satz 1 geänd. mWv 1.1.2019 durch G v. 23.12.2016 (BGBl. I S. 3171).

eine Übertragung von Risikopositionen sowie nichtstrategienotwendiger Geschäftsbereiche der übertragenden Gesellschaft auf eine bereits errichtete Abwicklungsanstalt durch Rechtsgeschäft oder Umwandlung zum Zwecke der Abwicklung und in diesem Zusammenhang die Übernahme von Verlustausgleichspflichten durch den Fonds nach § 8a Absatz 4 Satz 1 Nummer 1 und 1a. [3]Im Falle einer nachträglichen Übertragung nach Satz 2 können abweichend von § 8a Absatz 1 Satz 1 auch Risikopositionen übertragen werden, die nach dem 31. Mai 2014 erworben wurden. [4]Für die Entscheidung der Anstalt über die nachträgliche Übertragung sowie die näheren Bedingungen gilt § 8a Absatz 3 und 4 entsprechend. [5]Bei der Festlegung von Bedingungen nach § 8a Absatz 4, insbesondere einer Verlustausgleichspflicht oder Haftung nach § 8a Absatz 4 Satz 1 Nummer 1 und 1a, bleiben Anteile, die der Fonds nach Errichtung der Abwicklungsanstalt an der übertragenden Gesellschaft erworben hat, außer Betracht.

(2) [1]Nach Abwicklung des Fonds wird das verbleibende Ergebnis für bis zum 31. Dezember 2012 gewährte Maßnahmen zwischen Bund und Ländern im Verhältnis 65 : 35 aufgeteilt. [2]Die Beteiligung der Länder ist auf einen Höchstbetrag von 7,7 Milliarden Euro begrenzt. [3]Die Aufteilung auf die einzelnen Länder erfolgt zur Hälfte nach Einwohnern (Stand 30. Juni 2008) und zur Hälfte nach dem Bruttoinlandsprodukt 2007 in jeweiligen Preisen.

(2a) [1]Das verbleibende Ergebnis für die nach dem 31. Dezember 2012 gewährten Maßnahmen wird zwischen Bund und Ländern im Verhältnis 65:35 aufgeteilt, soweit es positiv ist. [2]Sofern dieses Ergebnis negativ ist, ist der Restrukturierungsfonds im Sinne des § 1 des Restrukturierungsfondsgesetzes gegenüber dem Fonds zum Ausgleich verpflichtet.

(3) [1]Soweit Landesbanken oder Zweckgesellschaften, die deren Risikopositionen übernommen haben, durch Maßnahmen des Fonds unterstützt werden, tragen hieraus resultierende finanzielle Lasten die Länder entsprechend ihren Anteilen an den Landesbanken oder Zweckgesellschaften zum Zeitpunkt des Inkrafttretens des Gesetzes. [2]Der Bund trägt gemäß seinem Anteil zum Zeitpunkt des Inkrafttretens des Gesetzes die Lasten der Finanzinstitutionen nach § 2, an denen er beteiligt ist.

(4) Die Einzelheiten der Abwicklung und Auflösung des Fonds bestimmt die Bundesregierung jeweils durch Rechtsverordnung, die der Zustimmung des Deutschen Bundestages und des Bundesrates bedarf.

(5) Der Haushaltsausschuss und der Finanzausschuss des Deutschen Bundestages sind über Erlass und Änderungen der Rechtsverordnungen nach Absatz 4 unverzüglich zu unterrichten.

Teil 4. Besteuerung

§ 14[1)] Steuern. (1) [1]Der Fonds unterliegt nicht der Gewerbesteuer oder der Körperschaftsteuer. [2]Er ist kein Unternehmer im Sinne des Umsatzsteuergesetzes.

[1)] § 14 Abs. 3 Satz 1 neu gef., Satz 2 angef., Abs. 3a eingef. mWv 23.7.2009, Abs. 3 Satz 3 angef., Abs. 4 neu gef. mW v. 9.4.2009 durch G v. 16.7.2009 (BGBl. I S. 1959).

(2) [1]Auf Kapitalerträge des Fonds ist ein Steuerabzug nicht vorzunehmen; ist Kapitalertragsteuer einbehalten und abgeführt worden, obwohl eine Verpflichtung hierzu nicht bestand, hat der zum Steuerabzug Verpflichtete die Steueranmeldung insoweit zu ändern. [2]Zahlungen des Fonds unterliegen keinem Kapitalertragsteuerabzug. [3]Für Zwecke der Doppelbesteuerungsabkommen gilt der Fonds als in Deutschland ansässige Person, die der deutschen Besteuerung unterliegt.

(3)[1)] [1]§ 8c des Körperschaftsteuergesetzes und § 10a Satz 10 des Gewerbesteuergesetzes sind bei Erwerb von Stabilisierungselementen durch den Fonds oder deren Rückübertragung durch den Fonds nicht anzuwenden. [2]Satz 1 gilt auch für den Erwerb von Stabilisierungselementen oder deren Rückübertragung durch eine andere inländische Gebietskörperschaft oder einer von dieser errichteten, mit dem Fonds vergleichbaren Einrichtung, wenn die Stabilisierungsmaßnahmen innerhalb der in § 13 Absatz 1 genannten Frist durchgeführt werden. [3]Satz 1 ist auf Maßnahmen im Sinne des Rettungsübernahmegesetzes entsprechend anzuwenden.

(3a) [1]Sofern Abspaltungen im Sinne des § 15 Absatz 1 des Umwandlungssteuergesetzes eine notwendige Vorbereitung von Stabilisierungsmaßnahmen im Sinne der §§ 6 bis 8 dieses Gesetzes darstellen, ist § 15 Absatz 3 des Umwandlungssteuergesetzes in der Fassung des Artikels 5 Nummer 2 des Gesetzes vom 14. August 2007 (BGBl. I S. 1912) nicht anzuwenden. [2]Verrechenbare Verluste, verbleibende Verlustvorträge, nicht ausgeglichene negative Einkünfte und ein Zinsvortrag nach § 4h Absatz 1 Satz 2 des Einkommensteuergesetzes verbleiben bei der übertragenden Körperschaft.

(4) [1]Die zur Wahrnehmung der dem Fonds zugewiesenen Aufgaben als Erwerber vorgenommenen Rechtsakte und dessen Erwerbe als Enteignungsbegünstigter sind von der Grunderwerbsteuer befreit. [2]Bei der Ermittlung des Vomhundertsatzes des § 1 Absatz 2a des Grunderwerbsteuergesetzes bleiben Erwerbe von Anteilen durch den Fonds außer Betracht.

§ 14a[2)] Steuerrechtliche Sonderregelungen im Zusammenhang mit Vermögensübertragungen nach den §§ 6a und 8a. (1) [1]Beim übertragenden Unternehmen sind die Schuldtitel im Sinne des § 6a Absatz 1 abweichend von § 6 Absatz 6 des Einkommensteuergesetzes mit dem Wert anzusetzen, zu dem das übertragende Unternehmen die strukturierten Wertpapiere nach § 6a Absatz 2 Nummer 2 übertragen hat. [2]Bei der Zweckgesellschaft im Sinne des § 6a Absatz 1 sind die erhaltenen strukturierten Wertpapiere mit dem Wert der für die Anschaffung begebenen Schuldtitel im Sinne des § 6a Absatz 1 anzusetzen.

(2) [1]Bei der Abspaltung zur Aufnahme im Sinne des § 8a hat die übertragende Körperschaft die Risikopositionen und nichtstrategienotwendigen Geschäftsbereiche (übertragene Wirtschaftsgüter) im Sinne des § 8a Absatz 1 Satz 1 in ihrer steuerlichen Schlussbilanz mit dem Buchwert anzusetzen. [2]Die an der übernehmenden Abwicklungsanstalt im Sinne des § 8a im Zuge der

---

[1)] § 14 Abs. 3 Satz 1 geänd. durch G v. 21.12.2020 (BGBl. I S. 3096).
[2)] § 14a eingef. mWv 23.7.2009 durch G v. 17.7.2009 (BGBl. I S. 1980).

Abspaltung gewährte Beteiligung gilt als zu Buchwerten angeschafft und tritt steuerlich an die Stelle der übertragenen Wirtschaftsgüter. [3] § 14 Absatz 3a gilt entsprechend. [4] Der übernehmende Rechtsträger tritt in die Rechtsstellung der übertragenden Körperschaft ein, insbesondere bezüglich der Absetzungen für Abnutzung und der den steuerlichen Gewinn mindernden Rücklagen. [5] Ist die Dauer der Zugehörigkeit eines Wirtschaftsguts zum Betriebsvermögen für die Besteuerung bedeutsam, so ist der Zeitraum seiner Zugehörigkeit zum Betriebsvermögen der übertragenden Körperschaft dem übernehmenden Rechtsträger anzurechnen.

(3) [1] Bei der Ausgliederung zur Aufnahme im Sinne des § 8a hat die Abwicklungsanstalt das eingebrachte Betriebsvermögen mit dem Buchwert anzusetzen. [2] Der Buchwert des übergehenden Vermögens, vermehrt um eine Ausgleichsverbindlichkeit und vermindert um eine Ausgleichsforderung des Einbringenden im Sinne des § 8a Absatz 8 Nummer 2, gilt für den Einbringenden als Veräußerungspreis und als Anschaffungskosten der Beteiligung an der Abwicklungsanstalt. [3] Absatz 2 Satz 4 und 5 gilt entsprechend.

(4) Für den steuerlichen Übertragungsstichtag gilt § 8a Absatz 8 Nummer 6.

§ 14b[1)] Steuerrechtliche Sonderregelungen zu Zweckgesellschaften und Abwicklungsanstalten nach den §§ 6a und 8a. (1) Die Zweckgesellschaft im Sinne des § 6a Absatz 1 gilt als Gewerbebetrieb im Sinne des § 35c Absatz 1 Nummer 2 Buchstabe e des Gewerbesteuergesetzes und des § 19 Absatz 3 Nummer 2 der Gewerbesteuer-Durchführungsverordnung, wenn sie nachweislich ausschließlich die in § 6a Absatz 1 genannten Wirtschaftsgüter erwirbt und verwaltet (einschließlich deren Veräußerung und Wiederanlage) und für den Erwerb notwendige Schuldtitel begibt.

(2) Die Anstalt im Sinne des § 3a Absatz 1 begründet mit Ausnahme der errichteten Abwicklungsanstalten keinen Betrieb gewerblicher Art im Sinne des § 4 des Körperschaftsteuergesetzes und keinen Betrieb der öffentlichen Hand im Sinne des § 2 Absatz 1 der Gewerbesteuer-Durchführungsverordnung.

(3) [1] Abweichend von § 1 Absatz 1 Nummer 6 des Körperschaftsteuergesetzes ist die Abwicklungsanstalt unbeschränkt körperschaftsteuerpflichtig und Betrieb gewerblicher Art im Sinne des § 4 des Körperschaftsteuergesetzes; sie ist Steuerschuldner der Körperschaftsteuer. [2] Die Rechtsfolgen einer verdeckten Gewinnausschüttung im Sinne des § 8 Absatz 3 des Körperschaftsteuergesetzes sind nicht bereits deshalb zu ziehen, weil die Abwicklungsanstalt Verluste erzielt.

(4) [1] Die Abwicklungsanstalt ist gewerbesteuerpflichtig, wenn sie als stehender Gewerbebetrieb anzusehen ist; sie ist in diesem Fall Schuldner der Gewerbesteuer. [2] Auf die gewerbesteuerpflichtige Abwicklungsanstalt, auf die nur Risikopositionen im Sinne des § 8a Absatz 1 Satz 1 übertragen worden sind, ist Absatz 1 entsprechend anzuwenden; für übrige Abwicklungsanstalten ist § 19 Absatz 1 und 2 der Gewerbesteuer-Durchführungsverordnung entsprechend anzuwenden.

---

1) § 14b eingef. mWv 23.7.2009 durch G v. 17.7.2009 (BGBl. I S. 1980).

§ 14c[1)] Steuerrechtliche Behandlung von Zahlungen in die Zweckgesellschaft oder die Abwicklungsanstalt und Auskehrungen der Zweckgesellschaft oder der Abwicklungsanstalt. (1) [1]Als negative Einnahmen im Sinne des § 20 Absatz 1 Nummer 1 oder 10 Buchstabe a des Einkommensteuergesetzes gelten

1. Zahlungen im Sinne des § 6b Absatz 1 an die Zweckgesellschaft und
2. Zahlungen im Sinne des § 8a Absatz 4 Satz 1 Nummer 2 an die Abwicklungsanstalt, wenn der Anteilsinhaber oder das Mitglied des übertragenden Unternehmens im Sinne des § 8a Absatz 4 Satz 1 Nummer 2 an der Abwicklungsanstalt nicht beteiligt ist.

[2]Die Zahlungen mindern auch die Bemessungsgrundlage im Sinne des § 43a Absatz 1 Satz 1 Nummer 1 und 2 des Einkommensteuergesetzes für den Kapitalertrag aus der Beteiligung an dem übertragenden Unternehmen; die Zahlungen gelten auch bei der Anwendung des Investmentsteuergesetzes als negative Einnahmen. [3]Ist der Ausgleichsverpflichtete im Sinne des § 8a Absatz 4 Satz 1 Nummer 1 und 2 an der Abwicklungsanstalt beteiligt, sind Zahlungen im Sinne des § 8a Absatz 4 Satz 1 Nummer 1 und 2 an die Abwicklungsanstalt als Einlagen zu behandeln.

(2) § 8b des Körperschaftsteuergesetzes ist nicht anzuwenden auf die Einnahmen

1. im Sinne des § 6b Absatz 1 der Zweckgesellschaft und
2. im Sinne des § 8a Absatz 4 Satz 1 Nummer 2 der Abwicklungsanstalt.

(3) [1]Die Zweckgesellschaft hat die Einnahmen im Sinne des § 6b Absatz 1 als Zugang und die Auskehrungen im Sinne des § 6b Absatz 2 als Abgang in einem besonderen Konto auszuweisen, das durch die Auskehrungen nicht negativ werden darf; § 27 Absatz 2 des Körperschaftsteuergesetzes gilt entsprechend. [2]Auskehrungen im Sinne des § 6b Absatz 2 sind bei der Zweckgesellschaft nur Betriebsausgaben, soweit die Auskehrungen als aus dem nach Satz 1 zu führenden Konto geleistet gelten. [3]Die Sätze 1 und 2 gelten entsprechend für die Abwicklungsanstalt, die Einnahmen im Sinne des § 8a Absatz 4 Satz 1 Nummer 1 und 2 von Ausgleichsverpflichteten erhält, die an der Abwicklungsanstalt nicht beteiligt sind, und Auskehrungen im Sinne des § 8a Absatz 4 Satz 1 Nummer 3 an diese Anteilseigner unmittelbar oder mittelbar leistet.

(4) Auskehrungen der Zweckgesellschaft im Sinne des § 6b Absatz 2 gelten als Einnahmen im Sinne des § 20 Absatz 1 Nummer 1 des Einkommensteuergesetzes.

(5) [1]Leistungen der Abwicklungsanstalt im Sinne des § 8a Absatz 4 Nummer 3, die Anteilseignern im Sinne des § 8a Absatz 4 Satz 1 Nummer 3 aus der Beteiligung an der Abwicklungsanstalt zustehen, gelten

1. als Einnahmen im Sinne des § 20 Absatz 1 Nummer 1 des Einkommensteuergesetzes, wenn der Berechtigte keine juristische Person des öffentlichen Rechts ist,

---

1) § 14c eingef. mWv 23.7.2009 durch G v. 17.7.2009 (BGBl. I S. 1980).

2. als inländische Einnahmen im Sinne des § 20 Absatz 1 Nummer 10 Buchstabe a des Einkommensteuergesetzes, wenn der Berechtigte eine juristische Person des öffentlichen Rechts ist.

2 Für Leistungen der Abwicklungsanstalt im Sinne des § 8a Absatz 4 Satz 1 Nummer 3, die Anteilseignern im Sinne des § 8a Absatz 4 Satz 1 Nummer 3 zustehen, ohne dass sie an der Abwicklungsanstalt beteiligt sind, ist Satz 1 entsprechend anzuwenden, wenn

1. der Begünstigte Zahlungen im Sinne des § 8a Absatz 4 Satz 1 Nummer 1 an die Abwicklungsanstalt geleistet hat, soweit die Leistungen die Summe der Zahlungen (vermindert um Rückflüsse) an die Abwicklungsanstalt übersteigen. 2 Dies ist vom Anteilseigner nachzuweisen; Absatz 3 ist vom Anteilseigner entsprechend anzuwenden,
2. der Begünstigte Zahlungen im Sinne des § 8a Absatz 4 Satz 1 Nummer 2 an die Abwicklungsanstalt geleistet hat;

ist in diesen Fällen das übertragende Unternehmen im Sinne des § 8a Absatz 1 Satz 2 das zur Weiterleitung der Kapitalerträge verpflichtete Unternehmen, ist es für Zwecke von Abschnitt VI Teil 3 des Einkommensteuergesetzes Schuldner dieser Kapitalerträge. 3 Werden Leistungen, die mit Leistungen im Sinne des § 8a Absatz 4 Satz 1 Nummer 3 wirtschaftlich vergleichbar sind, vor dem in § 8a Absatz 4 Satz 1 Nummer 3 genannten Zeitpunkt erbracht, sind die Sätze 1 und 2 im Sinne des § 8b entsprechend anzuwenden. 4 Hat der nicht an der Abwicklungsanstalt beteiligte Begünstigte Zahlungen im Sinne des § 8a Absatz 4 Satz 1 Nummer 1 und 2 geleistet, ist auf Leistungen der Abwicklungsanstalt im Sinne des § 8a Absatz 4 Satz 1 Nummer 3 bis zur Höhe dieser Zahlungen zunächst Satz 2 Nummer 2 anzuwenden. 5 Dies ist vom Anteilseigner nachzuweisen; Absatz 3 ist vom Anteilseigner entsprechend anzuwenden.

§ 14d[1)] Steuerrechtliche Sonderregelungen im Zusammenhang mit landesrechtlichen Abwicklungsanstalten. 1 § 14a Absatz 2 bis 4 gilt im Zusammenhang mit Vermögensübertragungen in die landesrechtliche Abwicklungsanstalten im Sinne des § 8b entsprechend. 2 § 14b Absatz 2 bis 4 ist auf die landesrechtlichen Abwicklungsanstalten im Sinne des § 8b entsprechend anzuwenden.

§ 14e[2)] *(aufgehoben)*

Abschnitt 2. Wirtschaftsstabilisierung[3)]

Teil 1. Wirtschaftsstabilisierungsfonds

§ 15 Errichtung des Fonds. Es wird ein Fonds des Bundes unter der Bezeichnung „Wirtschaftsstabilisierungsfonds – WSF –“ errichtet.

---

1) § 14d eingef. mWv 23.7.2009 durch G v. 17.7.2009 (BGBl. I S. 1980).
2) § 14e aufgeh. mWv 28.3.2020 durch G v. 27.3.2020 (BGBl. I S. 543).
3) Abschnitt 2 (§§ 15–28) eingef. mWv 28.3.2020 durch G v. 27.3.2020 (BGBl. I S. 543).

§ 16 Zweck des Fonds. (1) Der Wirtschaftsstabilisierungsfonds dient der Stabilisierung von Unternehmen der Realwirtschaft durch Überwindung von Liquiditätsengpässen und durch Schaffung der Rahmenbedingungen für eine Stärkung der Kapitalbasis von Unternehmen, deren Bestandsgefährdung erhebliche Auswirkungen auf die Wirtschaft, die technologische Souveränität, Versorgungssicherheit, kritische Infrastrukturen oder den Arbeitsmarkt hätte.

(2) Unternehmen der Realwirtschaft nach Absatz 1 (Unternehmen) sind Wirtschaftsunternehmen, die nicht Unternehmen des Finanzsektors nach § 2 Absatz 1 Satz 1 und keine Kreditinstitute oder Brückeninstitute nach § 2 Absatz 1 Satz 2 sind und die in den letzten beiden bereits bilanziell abgeschlossenen Geschäftsjahren vor dem 1. Januar 2020 mindestens zwei der drei folgenden Kriterien erfüllt haben:

1. eine Bilanzsumme von mehr als 43 Millionen Euro,
2. mehr als 50 Millionen Euro Umsatzerlöse sowie
3. mehr als 249 Arbeitnehmer im Jahresdurchschnitt.

(3) Der Wirtschaftsstabilisierungsfonds ist ein Sondervermögen im Sinne des Artikels 110 Absatz 1 des Grundgesetzes.

(4) Das Bundesministerium für Wirtschaft und Energie ist der zuständige Ansprechpartner für die Unternehmen der Realwirtschaft.

§ 17 Stellung im Rechtsverkehr. [1]Der Wirtschaftsstabilisierungsfonds ist nicht rechtsfähig. [2]Er kann unter seinem Namen im rechtsgeschäftlichen Verkehr handeln, klagen und verklagt werden. [3]Arrest oder andere Maßnahmen der Zwangsvollstreckung in den Wirtschaftsstabilisierungsfonds finden nicht statt. [4]§ 394 Satz 1 des Bürgerlichen Gesetzbuchs ist entsprechend anzuwenden. [5]Der allgemeine Gerichtsstand des Wirtschaftsstabilisierungsfonds ist Frankfurt am Main. [6]Satz 3 und Satz 4 gelten entsprechend für durch andere inländische Gebietskörperschaften errichtete, mit dem Wirtschaftsstabilisierungsfonds vergleichbare Einrichtungen.

§ 18 Institutioneller Rahmen; Verordnungsermächtigung. (1) [1]Die Verwaltung des Wirtschaftsstabilisierungsfonds mit Ausnahme der Entscheidungen über Stabilisierungsmaßnahmen nach § 20 Absatz 1 und der Wahrnehmung der Aufgaben nach § 20 Absatz 3 obliegt der Finanzagentur. [2]Die Finanzagentur nimmt die Aufgaben im Zusammenhang mit der Verwaltung des Wirtschaftsstabilisierungsfonds, auch im Namen des Wirtschaftsstabilisierungsfonds, als eigene wahr. [3]Die Finanzagentur untersteht hinsichtlich der Wahrnehmung der Aufgaben nach den Sätzen 1 und 2 der Rechts- und Fachaufsicht des Bundesministeriums der Finanzen. [4]Die Fachaufsicht in Bezug auf die Entscheidungen über Stabilisierungsmaßnahmen nach § 20 wird vom Bundesministerium der Finanzen im Einvernehmen mit dem Bundesministerium für Wirtschaft und Energie ausgeübt. [5]Das Bundesministerium für Wirtschaft und Energie ist der Ansprechpartner für die Unternehmen.

(2) [1]Das Bundesministerium der Finanzen kann im Einvernehmen mit dem Bundesministerium für Wirtschaft und Energie Aufgaben und Befugnisse der Finanzagentur nach diesem Abschnitt vorübergehend selbst wahrnehmen oder

auf einen geeigneten Dritten übertragen. [2]Absatz 1 Satz 2 und 3 gilt entsprechend.

(3) Die Finanzagentur kann sich nach Maßgabe einer nach § 20 Absatz 6 erlassenen Rechtsverordnung bei der Erfüllung ihrer Aufgaben nach diesem Abschnitt geeigneter Dritter bedienen.

(4) [1]§ 3a Absatz 6a und § 3b Absatz 1 bis 3 gelten entsprechend. [2]Soweit durch andere inländische Gebietskörperschaften errichtete, mit dem Wirtschaftsstabilisierungsfonds vergleichbare Einrichtungen durch eine Finanzagentur nach dem Recht der inländischen Gebietskörperschaft vertreten und deren Aufgaben durch diese Finanzagentur wahrgenommen werden, gelten § 3a Absatz 6a Satz 1 und 2 für die nach dem Recht der inländischen Gebietskörperschaft errichtete Finanzagentur entsprechend.

§ 19[1)] Kostendeckung und Kostenerstattung; Verordnungsermächtigung. (1) [1]Die §§ 3d und 3e gelten hinsichtlich der Kosten der Finanzagentur entsprechend. [2]Die §§ 3d und 3e Absatz 1 bis 3 gelten hinsichtlich der Kosten der Kreditanstalt für Wiederaufbau entsprechend. [3]Für die Kosten, die dem Bundesministerium der Finanzen oder dem Bundesministerium für Wirtschaft und Energie sowie den nach diesem Gesetz vorgesehenen Gremien für Stabilisierungsmaßnahmen nach den §§ 21 und 22 dieses Gesetzes entstehen, können das Bundesministerium der Finanzen oder das Bundesministerium für Wirtschaft und Energie von den jeweiligen Adressaten eine Erstattung, auch in Form von Kostenpauschalen, nach Maßgabe der nach Absatz 2 erlassenen Rechtsverordnung verlangen.

(2)[2)] Das Bundesministerium der Finanzen wird ermächtigt, im Einvernehmen mit dem Bundesministerium für Wirtschaft und Energie durch Rechtsverordnung, die nicht der Zustimmung des Bundesrates bedarf, nähere Bestimmungen zu erlassen

1. zur Kostenerstattung und zu Kostenerstattungsverfahren sowie zu den Zahlungspflichtigen nach § 3e und nach Absatz 1 Satz 2;
2. mit sonstigen Regelungen, die zur Deckung der Kosten entsprechend der Maßgabe der §§ 3d und 3e sowie des Absatzes 1 Satz 2 erforderlich sind, die bei der Erfüllung der Aufgaben im Rahmen der Wirtschaftsstabilisierung anfallen.

(3)[2)] In der nach Absatz 2 erlassenen Rechtsverordnung kann bestimmt werden, dass sie auch auf die bei ihrem Inkrafttreten anhängigen Verwaltungsverfahren anzuwenden ist, soweit zu diesem Zeitpunkt die Kostenerstattung nicht bereits festgesetzt ist.

Teil 2. Stabilisierungsmaßnahmen

§ 20 Entscheidung über Stabilisierungsmaßnahmen; Verordnungsermächtigung. (1) [1]Über vom Wirtschaftsstabilisierungsfonds nach den

---

[1)] § 19 Abs. 1 neu gef., Abs. 2 Nrn. 1 und 2 geänd., Abs. 3 angef. mWv 17.7.2020 durch G v. 10.7.2020 (BGBl. I S. 1633); § 19 Abs. 1 Satz 1 neu gef., bish. Satz 2 wird Satz 3 durch G v. 9.12.2020 (BGBl. I S. 2773).

[2)] Siehe hierzu Wirtschaftsstabilisierungsfonds-Kostenverordnung – WSF-KostV v. 1.10.2020 (BGBl. I S. 2051).

§§ 21 und 22 dieses Gesetzes vorzunehmende Stabilisierungsmaßnahmen entscheidet das Bundesministerium der Finanzen im Einvernehmen mit dem Bundesministerium für Wirtschaft und Energie auf Antrag des Unternehmens nach pflichtgemäßem Ermessen unter Berücksichtigung

1. der Bedeutung des Unternehmens für die Wirtschaft Deutschlands,
2. der Dringlichkeit,
3. der Auswirkungen auf den Arbeitsmarkt und den Wettbewerb und
4. des Grundsatzes des möglichst sparsamen und wirtschaftlichen Einsatzes der Mittel des Wirtschaftsstabilisierungsfonds.

[2]Soweit es sich um Grundsatzfragen, Angelegenheiten von besonderer Bedeutung sowie um Entscheidungen über wesentliche Maßnahmen und Auflagen nach Maßgabe einer nach § 25 Absatz 3 erlassenen Rechtsverordnung handelt, entscheidet einvernehmlich ein interministerieller Ausschuss (Wirtschaftsstabilisierungsfonds-Ausschuss). [3]Der Wirtschaftsstabilisierungsfonds-Ausschuss kann ein Expertengremium berufen. [4]Ein Rechtsanspruch auf Leistungen des Wirtschaftsstabilisierungsfonds besteht nicht.

(2) Die Leistungen sollen von Bedingungen und Auflagen nach § 25 Absatz 2 abhängig gemacht werden; dabei sind Beschlüsse des Europäischen Rates und des Rates der Europäischen Union und Vorgaben der Europäischen Kommission und die Vereinbarkeit mit den Artikeln 107 und 108 des Vertrages über die Arbeitsweise der Europäischen Union zu berücksichtigen.

(3) Die Führung der im Rahmen von Stabilisierungsmaßnahmen erworbenen Beteiligungen und die Verwahrung und Verwaltung der anderen im Rahmen von Rekapitalisierungsmaßnahmen nach § 22 übernommenen Instrumente obliegt dem Bundesministerium der Finanzen.

(4)[1)] [1]Das Bundesministerium für Wirtschaft und Energie ist die fachlich zuständige Behörde für die Verhandlungen über Stabilisierungsmaßnahmen mit den Unternehmen der Realwirtschaft und zuständig für die Vorbereitung der Anträge. [2]Anträge sind über das Bundesministerium für Wirtschaft und Energie einzureichen. [3]Für Anträge erstellt das Bundesministerium für Wirtschaft und Energie die Ausschussvorbereitung einschließlich des Votums. [4]Das Bundesministerium der Finanzen kann im Einvernehmen mit dem Bundesministerium für Wirtschaft und Energie durch Rechtsverordnung[2)], die nicht der Zustimmung des Bundesrates bedarf, der Kreditanstalt für Wiederaufbau in bestimmten Fällen die Entscheidung über Stabilisierungsmaßnahmen nach den §§ 21 und 22, die Wahrnehmung der Aufgaben im Sinne des Absatzes 3, die Entgegennahme und Bearbeitung der Anträge nach Satz 1 sowie die Vorbereitung von Entscheidungen durch den interministeriellen Ausschuss nach Absatz 1 übertragen; Absatz 1 Satz 2 bleibt unberührt. [5]Die Kreditanstalt für Wiederaufbau kann sich nach Maßgabe einer nach Satz 4 erlassenen Rechtsverordnung bei der Erfüllung ihrer Aufgaben nach diesem Abschnitt geeigne-

---

[1)] § 20 Abs. 4 Sätze 6 und 7 eingef., bish. Sätze 6 und 7 werden Sätze 8 und 9 mWv 17.7.2020 durch G v. 10.7.2020 (BGBl. I S. 1633).

[2)] Vgl. hierzu Wirtschaftsstabilisierungsfonds-Übertragungsverordnung – WSF-ÜV v. 1.10. 2020 (BGBl. I S. 2055).

ter Dritter bedienen. 6 Für die Kreditanstalt für Wiederaufbau gilt § 3b Absatz 1 bis 3 entsprechend. 7 Für im Rahmen der Wirtschaftsstabilisierung beauftragte Dritte gelten § 3a Absatz 6a und § 3b Absatz 1 bis 3 entsprechend. 8 Sofern Aufgaben der Finanzagentur oder der Kreditanstalt für Wiederaufbau nach diesem Gesetz von anderen juristischen oder natürlichen Personen wahrgenommen werden, ist vertraglich sicherzustellen, dass der Bundesrechnungshof auch Erhebungsrechte bei diesen Personen hat. 9 Bei Stabilisierungsmaßnahmen nach § 22 sind Erhebungsrechte des Bundesrechnungshofes bei den betroffenen Unternehmen vorzusehen.

(5) 1 Der Wirtschaftsstabilisierungsfonds-Ausschuss ist besetzt mit je einem Vertreter des Bundeskanzleramts, des Bundesministeriums der Finanzen, des Bundesministeriums für Wirtschaft und Energie, des Bundesministeriums für Arbeit und Soziales, des Bundesministeriums für Justiz und Verbraucherschutz und des Bundesministeriums für Verkehr und digitale Infrastruktur. 2 Dem Wirtschaftsstabilisierungsfonds-Ausschuss können weitere Mitglieder beratend angehören. 3 Das Bundesministerium der Finanzen kann im Einvernehmen mit dem Bundesministerium für Wirtschaft und Energie dem Wirtschaftsstabilisierungsfonds-Ausschuss eine Geschäftsordnung geben.

(6) 1 Die Richtlinien für die Verwaltung des Wirtschaftsstabilisierungsfonds bestimmt das Bundesministerium der Finanzen im Einvernehmen mit dem Bundesministerium für Wirtschaft und Energie durch Rechtsverordnung[1)], die nicht der Zustimmung des Bundesrates bedarf. 2 Der Haushaltsausschuss des Deutschen Bundestages ist über Erlass und Änderungen der Rechtsverordnungen nach Satz 1 und Absatz 4 unverzüglich zu unterrichten.

(7) Für den Wirtschaftsstabilisierungsfonds gilt § 5 entsprechend.

§ 21 Gewährleistungsermächtigung; Verordnungsermächtigung.

(1) 1 Der Wirtschaftsstabilisierungsfonds wird ermächtigt, für den Wirtschaftsstabilisierungsfonds Garantien bis zur Höhe von 400 Milliarden Euro für vom 28. März 2020 bis zum 31. Dezember 2021 begebene Schuldtitel und begründete Verbindlichkeiten von Unternehmen zu übernehmen, um Liquiditätsengpässe zu beheben und die Refinanzierung am Kapitalmarkt zu unterstützen; die Laufzeit der Garantien und der abzusichernden Verbindlichkeiten darf 60 Monate nicht übersteigen. 2 Der Wirtschaftsstabilisierungsfonds-Ausschuss kann nach eigenem Ermessen auch über Anträge von Unternehmen entscheiden, die die Merkmale nach § 16 Absatz 2, 2. Halbsatz nicht erfüllen, sofern diese Unternehmen in einem der in § 55 Außenwirtschaftsverordnung genannten Sektoren tätig oder von vergleichbarer Bedeutung für die Sicherheit oder die Wirtschaft sind. 3 Für die Übernahme von Garantien ist eine angemessene Gegenleistung zu erheben.

(2) Das Bundesministerium der Finanzen kann im Einvernehmen mit dem Bundesministerium für Wirtschaft und Energie durch Rechtsverordnung[1)], die nicht der Zustimmung des Bundesrates bedarf, nähere Bestimmungen erlassen über

---

1) Vgl. hierzu Wirtschaftsstabilisierungsfonds-Durchführungsverordnung – WSF-DV vom 1.10.2020 (BGBl. I S. 2058); Nr. **Vor 1.1a**.

1. die Art der Garantie und der Risiken, die durch sie abgedeckt werden können,
2. die Berechnung und die Anrechnung von Garantiebeträgen,
3. die Gegenleistung und die sonstigen Bedingungen der Garantie,
4. Obergrenzen für die Übernahme von Garantien für Verbindlichkeiten einzelner Unternehmen sowie für bestimmte Arten von Garantien und
5. sonstige Bedingungen, die zur Sicherstellung des Zweckes von Abschnitt 2 im Rahmen der Übernahme von Garantien nach Absatz 1 erforderlich sind.

(3) Der Haushaltsausschuss des Deutschen Bundestages ist über den Erlass und Änderungen der Rechtsverordnung nach Absatz 2 unverzüglich zu unterrichten.

(4) [1] § 6 Absatz 1a bis 3 gilt entsprechend. [2] § 6 Absatz 1a gilt auch für von durch andere inländischen Gebietskörperschaften errichtete, dem Wirtschaftsstabilisierungsfonds vergleichbare Einrichtungen übernommene Garantien entsprechend.

§ 22 Rekapitalisierung; Verordnungsermächtigung. (1) [1] Der Wirtschaftsstabilisierungsfonds kann sich an der Rekapitalisierung von Unternehmen beteiligen. [2] Die Rekapitalisierungsmaßnahmen umfassen den Erwerb von nachrangigen Schuldtiteln, Hybridanleihen, Genussrechten, stillen Beteiligungen, Wandelanleihen, den Erwerb von Anteilen an Unternehmen und die Übernahme sonstiger Bestandteile des Eigenkapitals dieser Unternehmen, wenn dies für die Stabilisierung des Unternehmens erforderlich ist. [3] Für die Rekapitalisierung ist eine angemessene Vergütung zu vereinbaren.

(2) [1] Das Bundesministerium der Finanzen entscheidet im Einvernehmen mit dem Bundesministerium für Wirtschaft und Energie über die in Absatz 1 genannten Maßnahmen. [2] Eine Beteiligung durch den Wirtschaftsstabilisierungsfonds soll nur dann erfolgen, wenn ein wichtiges Interesse des Bundes an der Stabilisierung des Unternehmens vorliegt und sich der vom Bund angestrebte Zweck nicht besser und wirtschaftlicher auf andere Weise erreichen lässt. [3] Der Wirtschaftsstabilisierungsfonds-Ausschuss kann nach eigenem Ermessen auch über Anträge von Unternehmen entscheiden, die die Merkmale nach § 16 Absatz 2, 2. Halbsatz nicht erfüllen, sofern diese Unternehmen in einem der in § 55 Außenwirtschaftsverordnung genannten Sektoren tätig oder von vergleichbarer Bedeutung für die Sicherheit oder die Wirtschaft sind oder die seit dem 1. Januar 2017 in mindestens einer abgeschlossenen Finanzierungsrunde von privaten Kapitalgebern mit einem Unternehmenswert von mindestens 50 Millionen Euro einschließlich des durch diese Runde eingeworbenen Kapitals bewertet wurden. [4] Die §§ 65 bis 69 der Bundeshaushaltsordnung finden keine Anwendung.

(3) Das Bundesministerium der Finanzen kann im Einvernehmen mit dem Bundesministerium für Wirtschaft und Energie durch Rechtsverordnung[1]), die nicht der Zustimmung des Bundesrates bedarf, nähere Bestimmungen erlassen über

---

[1]) Vgl. hierzu Wirtschaftsstabilisierungsfonds-Durchführungsverordnung – WSF-DV vom 1.10.2020 (BGBl. I S. 2058); Nr. **Vor 1.1a.**

1. die Gegenleistung und die sonstigen Bedingungen der Rekapitalisierung,
2. Obergrenzen für die Beteiligung an Eigenkapitalbestandteilen von einzelnen Unternehmen sowie für bestimmte Arten von Eigenkapitalbestandteilen,
3. die Bedingungen, unter denen der Wirtschaftsstabilisierungsfonds seine Beteiligung an den Eigenkapitalbestandteilen wieder veräußern kann, und
4. sonstige Bedingungen, die zur Sicherstellung des Zweckes dieses Abschnitts im Rahmen der Rekapitalisierung nach Absatz 1 erforderlich sind.

(4) Der Haushaltsausschuss des Deutschen Bundestages ist über den Erlass und Änderungen der Rechtsverordnung nach Absatz 3 unverzüglich zu unterrichten.

§ 23 Refinanzierung der Sonderprogramme der Kreditanstalt für Wiederaufbau. [1]Der Wirtschaftsstabilisierungsfonds kann der Kreditanstalt für Wiederaufbau Darlehen zur Refinanzierung der ihr von der Bundesregierung als Reaktion auf die so genannte Corona-Krise zugewiesenen Sonderprogramme gewähren. [2]Die näheren Bedingungen der Darlehensgewährung legt der Wirtschaftsstabilisierungsfonds im Einzelfall fest.

§ 24[1)] Kreditermächtigung. (1) [1]Das Bundesministerium der Finanzen wird ermächtigt, für den Wirtschaftsstabilisierungsfonds zur Deckung von Inanspruchnahmen nach § 21 und von Aufwendungen und von Maßnahmen nach § 22 dieses Gesetzes Kredite bis zur Höhe von 100 Milliarden Euro aufzunehmen. [2]Das Ministerium wird darüber hinaus ermächtigt, für den Wirtschaftsstabilisierungsfonds zum Zwecke der Darlehensgewährung nach § 23 Kredite in Höhe von bis zu 100 Milliarden Euro aufzunehmen.

(2) § 9 Absatz 2 und 3 gilt entsprechend.

(3) [1]Werden für Ausgaben, die keine finanziellen Transaktionen im Sinne des § 3 des Artikel 115-Gesetzes vom 10. August 2009 (BGBl. I S. 2702, 2704) sind, Kredite aufgenommen, ist in Verbindung mit der nächsten Beschlussfassung über ein Haushaltsgesetz ein gesonderter Beschluss des Deutschen Bundestages über die Tilgung der in diesem Umfang erhöhten Bundesschuld herbeizuführen, soweit mit dieser Kreditaufnahme die nach der Schuldenregel zulässige Kreditaufnahme überschritten worden ist. [2]Die Tilgung hat binnen eines angemessenen Zeitraums zu erfolgen. [3]Nach Maßgabe dieses Tilgungsplans verringert sich in den jeweiligen Jahren die nach der Schuldenregel zulässige Nettokreditaufnahme des Bundes.

§ 25 Voraussetzungen und Bedingungen für Stabilisierungsmaßnahmen; Verordnungsermächtigung. (1) [1]Den Unternehmen dürfen anderweitige Finanzierungsmöglichkeiten nicht zur Verfügung stehen. [2]Durch die Stabilisierungsmaßnahmen muss eine klare eigenständige Fortführungsperspektive nach Überwindung der Pandemie bestehen. [3]Unternehmen, die eine Maßnahme dieses Gesetzes beantragen, dürfen zum 31. Dezember 2019 nicht die EU-Definition von „Unternehmen in Schwierigkeiten" erfüllt haben.

---

1) § 24 Abs. 1 Satz 1 geänd. mWv 17.7.2020 durch G v. 10.7.2020 (BGBl. I S. 1633).

(2) [1]Unternehmen, die Stabilisierungsmaßnahmen des Wirtschaftsstabilisierungsfonds nach den §§ 21 und 22 dieses Gesetzes in Anspruch nehmen, müssen die Gewähr für eine solide und umsichtige Geschäftspolitik bieten. [2]Sie sollen insbesondere einen Beitrag zur Stabilisierung von Produktionsketten und zur Sicherung von Arbeitsplätzen leisten. [3]Zur Sicherstellung der in den Sätzen 1 und 2 genannten Bedingungen können Auflagen mit den Begünstigten der Stabilisierungsmaßnahme vereinbart werden. [4]Soweit in den Sitzungen des Aufsichtsrats von stabilisierten Unternehmen Vertreter der Finanzagentur oder der Kreditanstalt für Wiederaufbau als Sachverständige hinzugezogen oder als Vertreter benannt werden, sind diese von den Vorgaben der §§ 25c und 25d des Kreditwesengesetzes befreit. [5]Satz 4 gilt entsprechend für Unternehmen, die Gegenstand von durch andere inländische Gebietskörperschaften errichtete, mit dem Wirtschaftsstabilisierungsfonds vergleichbare Einrichtungen gewährten Stabilisierungsmaßnahmen sind, soweit in den Sitzungen dieser stabilisierten Unternehmen Vertreter der entsprechenden Finanzagentur oder einer Landesförderbank oder -anstalt als Sachverständige hinzugezogen oder als Vertreter benannt werden.

(3) [1]Das Bundesministerium der Finanzen kann im Einvernehmen mit dem Bundesministerium für Wirtschaft und Energie durch Rechtsverordnung[1)], die nicht der Zustimmung des Bundesrates bedarf, nähere Bestimmungen erlassen über die von den begünstigten Unternehmen zu erfüllenden Anforderungen an

1. die Verwendung der aufgenommenen Mittel,
2. die Aufnahmen weiterer Kredite,
3. die Vergütung ihrer Organe,
4. die Ausschüttung von Dividenden,
5. den Zeitraum, in dem diese Anforderungen zu erfüllen sind,
6. Maßnahmen zur Vermeidung von Wettbewerbsverzerrungen,
7. branchenspezifische Restrukturierungsauflagen,
8. die Art und Weise, wie der beteiligungsführenden Stelle nach § 20 Absatz 3 und 4 sowie dem Wirtschaftsstabilisierungsfonds Rechenschaft zu legen ist,
9. eine von dem vertretungsberechtigten Organ mit Zustimmung des Aufsichtsorgans abzugebende und zu veröffentlichende Verpflichtungserklärung zur Einhaltung der Anforderungen in den Nummern 1 bis 6,
10. sonstige Bedingungen, die zur Sicherstellung des Zweckes dieses Abschnitts nach Absatz 2 zweckmäßig sind.

[2]Die Anforderungen können sich nach Art und Adressaten der Stabilisierungsmaßnahme unterscheiden. [3]Sie werden auf der Grundlage dieses Abschnitts und der hierzu ergangenen Rechtsverordnung durch Vertrag, Selbstverpflichtung oder Verwaltungsakt festgelegt. [4]In der nach Satz 1 erlassenen Rechtsverordnung können auch Rechtsfolgen einer Nichtbeachtung der vorgenannten Anforderungen geregelt werden.

---

1) Vgl. hierzu Wirtschaftsstabilisierungsfonds-Durchführungsverordnung – WSF-DV vom 1.10.2020 (BGBl. I S. 2058); Nr. **Vor 1.1a**.

(4) Der Haushaltsausschuss des Deutschen Bundestages ist über Erlass und Änderungen der Rechtsverordnung nach Absatz 2 unverzüglich zu unterrichten.

(5) Die §§ 10a, 11 und 12 gelten entsprechend.

§ 26 Befristung; Verordnungsermächtigung. (1) [1]Stabilisierungsmaßnahmen des Wirtschaftsstabilisierungsfonds sind bis zum 31. Dezember 2021 möglich. [2]Wenn der Wirtschaftsstabilisierungsfonds seine Aufgaben erfüllt hat, ist er abzuwickeln und aufzulösen. [3]Für den Wirtschaftsstabilisierungsfonds ist ein Schlussergebnis zu ermitteln.

(2) Der Wirtschaftsstabilisierungsfonds kann sich auch nach dem 31. Dezember 2021 an Unternehmen nach § 16 Absatz 2 beteiligen, an denen er auf Grund von Maßnahmen nach § 22 bereits beteiligt ist, soweit dies erforderlich ist, um den Anteil seiner Kapitalbeteiligung an dem Unternehmen aufrechtzuerhalten oder gewährte Stabilisierungsmaßnahmen abzusichern.

(3) Die Einzelheiten der Abwicklung und Auflösung des Wirtschaftsstabilisierungsfonds bestimmt die Bundesregierung jeweils durch Rechtsverordnung, die nicht der Zustimmung des Bundesrates bedarf, die der Zustimmung des Deutschen Bundestages bedarf.

(4) § 13 Absatz 5 gilt entsprechend.

Teil 3. Besteuerung

§ 27 Steuern. (1) [1]Sofern Abspaltungen nach § 15 Absatz 1 des Umwandlungssteuergesetzes eine notwendige Vorbereitung von Stabilisierungsmaßnahmen nach den §§ 21 und 22 darstellen, ist § 15 Absatz 3 des Umwandlungssteuergesetzes nicht anzuwenden. [2]Verrechenbare Verluste, verbleibende Verlustvorträge, nicht ausgeglichene negative Einkünfte und ein Zinsvortrag nach § 4h Absatz 1 Satz 5 des Einkommensteuergesetzes und ein EBITDA-Vortrag nach § 4h Absatz 1 Satz 3 des Einkommensteuergesetzes verbleiben bei der übertragenden Körperschaft.

(2) § 14 Absatz 1, 2 und 3 Satz 1 und Absatz 4 gilt entsprechend.

(3) Die Absätze 1 und 2 gelten für durch andere inländische Gebietskörperschaften errichtete, mit dem Wirtschaftsstabilisierungsfonds vergleichbare Einrichtungen und deren Stabilisierungsmaßnahmen entsprechend.

§ 28 Anwendungsvorschrift für § 27. § 27 ist erstmals für den Veranlagungszeitraum und Erhebungszeitraum 2020 anzuwenden.

Abschnitt 3. Allgemeine Regelungen[1)]

§ 29 Sofortige Vollziehbarkeit. [1]Ein Widerspruch ist ausgeschlossen. [2]Die Anfechtungsklage gegen Maßnahmen nach diesem Gesetz und den auf diesem Gesetz beruhenden Rechtsverordnungen hat keine aufschiebende Wirkung.

[1)] Überschrift eingef., bish. §§ 15 bis 17 werden §§ 29 bis 31 mWv 28.3.2020 durch G v. 27.3.2020 (BGBl. I S. 543).

§ 30 Rechtsweg. [1]Das Bundesverwaltungsgericht entscheidet im ersten und letzten Rechtszug über öffentlich-rechtliche Streitigkeiten nicht verfassungsrechtlicher Art nach diesem Gesetz. [2]Im Übrigen bleibt die Zuständigkeit der ordentlichen Gerichte unberührt. [3]Dabei entscheidet der Bundesgerichtshof in erster und letzter Instanz.

§ 31[1)] Verkündung von Rechtsverordnungen. Rechtsverordnungen nach diesem Gesetz können abweichend von § 2 Absatz 1 des Verkündungs- und Bekanntmachungsgesetzes im Bundesanzeiger verkündet werden.

---

1) Bish. § 17 Satz 2 aufgeh. und bish. Satz 1 geänd. mWv 1.4.2012 durch G v. 22.12.2011 (BGBl. I S. 3044).

Verordnung zur Gewährung und Durchführung von Maßnahmen aus dem Wirtschaftsstabilisierungsfonds nach dem Stabilisierungsfondsgesetz (Wirtschaftsstabilisierungsfonds-Durchführungsverordnung – WSF-DV)

Vom 1. Oktober 2020 (BGBl. I S. 2058)

Auf Grund des § 20 Absatz 6 Satz 1, des § 21 Absatz 2, des § 22 Absatz 3 und des § 25 Absatz 3 des Stabilisierungsfondsgesetzes, die durch Artikel 1 Nummer 7 des Gesetzes vom 27. März 2020 (BGBl. I S. 543) eingefügt worden sind, verordnet das Bundesministerium der Finanzen im Einvernehmen mit dem Bundesministerium für Wirtschaft und Energie:

Inhaltsübersicht

§ 1 Verwaltung des Wirtschaftsstabilisierungsfonds. (1) 1 Die Verwaltung des Wirtschaftsstabilisierungsfonds obliegt der Bundesrepublik Deutschland – Finanzagentur GmbH (Finanzagentur) nach Maßgabe von § 18 des Stabilisierungsfondsgesetzes. 2 Die Verwaltung umfasst nicht die Entgegennahme von Anträgen auf Leistungen aus dem Wirtschaftsstabilisierungsfonds oder die Entscheidung über diese Anträge.

(2) 1 Die Finanzagentur ist befugt, im Namen des Wirtschaftsstabilisierungsfonds Verträge mit den Unternehmen zur Umsetzung bewilligter Maßnahmen nach den §§ 21 und 22 des Stabilisierungsfondsgesetzes zu schließen, die Garantieleistungen oder Rekapitalisierungsmaßnahmen nach dieser Verordnung in Anspruch nehmen. 2 Die Verträge sind so abzufassen, dass die aus dem Fonds

gewährten Leistungen abgesichert sind und die Einhaltung von mit der Gewährung dieser Leistungen verbundenen Auflagen gewährleistet ist.

(3) [1] Die Finanzagentur stellt ferner innerhalb der ersten sechs Monate nach Abschluss eines Geschäftsjahres für den Wirtschaftsstabilisierungsfonds einen Jahresabschluss und einen Lagebericht nach den für große Kapitalgesellschaften geltenden Vorschriften des Ersten Unterabschnitts des Zweiten Abschnitts des Dritten Buchs des Handelsgesetzbuchs auf. [2] Auskunftspflicht besteht gegenüber dem Bundesministerium der Finanzen, dem Bundesministerium für Wirtschaft und Energie und dem Gremium nach § 10a des Stabilisierungsfondsgesetzes. [3] Die Auskunftsfähigkeit seitens der Finanzagentur ist jederzeit zu gewährleisten. [4] Der Jahresabschluss und der Lagebericht sind vom Abschlussprüfer der Finanzagentur nach den Vorschriften des Handelsgesetzbuchs zu prüfen. [5] Weitergehende Anforderungen zur Darstellung der Vermögenssituation des Wirtschaftsstabilisierungsfonds können durch Weisung des Bundesministeriums der Finanzen erfolgen.

(4) [1] Die Finanzagentur ist bei der Wahrnehmung ihrer Aufgaben an die Grundsätze der ordentlichen Haushaltsführung gebunden. [2] Die Finanzagentur stellt am Ende eines jeden Rechnungsjahres eine Jahresrechnung für den Wirtschaftsstabilisierungsfonds entsprechend den Vorgaben in § 11 des Stabilisierungsfondsgesetzes auf.

(5) [1] Die Finanzagentur ist bei der Wahrnehmung der ihr nach Absatz 1 übertragenen Aufgaben an die Bestimmungen des Stabilisierungsfondsgesetzes und der dazu erlassenen Verordnungen sowie an die Weisungen und Entscheidungen des Bundesministeriums der Finanzen gebunden. [2] Diese Weisungen und Entscheidungen werden entsprechend den gesetzlichen Zuständigkeiten im Benehmen mit dem Bundesministerium für Wirtschaft und Energie getroffen. [3] Die Finanzagentur hat bei der Umsetzung von Maßnahmen aus dem Wirtschaftsstabilisierungsfonds und bei deren vertraglicher Absicherung nach Absatz 2 Beschlüsse des Europäischen Rates und Vorgaben der Europäischen Kommission, insbesondere zur Vereinbarkeit mit den Artikeln 107 und 108 des Vertrages über die Arbeitsweise der Europäischen Union zu berücksichtigen, sowie die Vorgaben

1. der Mitteilung C(2020) 1863 der Kommission vom 19. März 2020 – Befristeter Rahmen für staatliche Beihilfen zur Stützung der Wirtschaft angesichts des derzeitigen Ausbruchs von COVID-19 (ABl. C 91 I vom 20.3.2020, S. 1),
2. der Mitteilung C(2020) 2215 der Kommission vom 3. April 2020 – Änderung des Befristeten Rahmens für staatliche Beihilfen zur Stützung der Wirtschaft angesichts des derzeitigen Ausbruchs von COVID-19 (ABl. C 112 I vom 4.4.2020, S. 1),
3. der Mitteilung C(2020) 3156 der Kommission vom 12. Mai 2020 – Änderung des Befristeten Rahmens für staatliche Beihilfen zur Stützung der Wirtschaft angesichts des derzeitigen Ausbruchs von COVID-19 (ABl. C 164 vom 13.5.2020, S. 3),
4. der Mitteilung C(2020) 4509 der Kommission vom 29. Juni 2020 – Änderung des Befristeten Rahmens für staatliche Beihilfen zur Stützung der

Wirtschaft angesichts des derzeitigen Ausbruchs von COVID-19 (ABl. C 218 vom 2.7.2020, S. 3)

(Befristeter Rahmen für staatliche Beihilfen).

(6) Einzelheiten der Zusammenarbeit zwischen Kreditanstalt für Wiederaufbau und Finanzagentur werden nach § 6 Absatz 1 der Stabilisierungsfondsgesetz-Übertragungsverordnung geregelt.

(7) [1]Die Finanzagentur kann sich bei der Erfüllung ihrer Aufgaben nach den Absätzen 1 und 2 Dritter bedienen. [2]§ 8 der Stabilisierungsfondsgesetz-Übertragungsverordnung gilt entsprechend.

(8) [1]Soweit Maßnahmen nach dieser Verordnung beantragt werden, die nicht vom Befristeten Rahmen für staatliche Beihilfen umfasst sind, oder Maßnahmen beantragt werden, die über die Bestimmungen dieser Verordnung hinausgehen, stehen diese unter dem Vorbehalt der Genehmigung durch die Europäische Kommission. [2]Dies gilt für Rekapitalisierungsinstrumente im Sinne von § 5 insbesondere, wenn eine Einzelbeihilfe den Schwellenwert von 250 Millionen Euro überschreitet. [3]Die Bestimmungen der §§ 2 bis 9 finden grundsätzlich auch dann Anwendung, wenn Stabilisierungsmaßnahmen aufgrund von Vorgaben der Europäischen Kommission zur Vereinbarkeit mit den Artikeln 107 und 108 des Vertrages über die Arbeitsweise der Europäischen Union und des Befristeten Rahmens für staatliche Beihilfen unter Vorbehalt der Genehmigung durch die Europäische Kommission stehen. [4]Eine Abweichung von diesen Vorschriften ist zulässig, soweit dies hinsichtlich der mit der Maßnahme verfolgten Zwecke als geboten erscheint und eine Genehmigung durch die Europäische Kommission vorliegt.

§ 2 Garantieübernahme. (1) [1]Der Wirtschaftsstabilisierungsfonds kann auf Antrag von Unternehmen Garantien oder sonstige Gewährleistungen in jeder geeigneten Form für

1. nicht nachrangige Schuldtitel oder sonstige Verbindlichkeiten wie Bankkredite und Kreditlinien im Sinne des Abschnitts 3.2 des Befristeten Rahmens für staatliche Beihilfen oder
2. sonstige Kreditformen unter Berücksichtigung der jeweils anwendbaren beihilferechtlichen Bestimmungen, einschließlich einer Einzelfallgenehmigung,

übernehmen, um Liquiditätsengpässe des begünstigten Unternehmens in der Krise infolge des COVID-19-Ausbruchs zu beheben oder dessen Refinanzierung am Kapitalmarkt zu unterstützen oder beides. [2]Zu sonstigen Kreditformen nach Nummer 2 zählen zum Beispiel Avale, Akkreditive oder Derivate. [3]Maßnahmen nach Nummer 2 stehen unter dem Vorbehalt der Genehmigung durch die *Europäischen*[1] Kommission.

(2) [1]Es sollen in der Regel nur Garantien für solche Verbindlichkeiten gewährt werden, für die unter anderen Programmen, insbesondere auch den Sonderprogrammen der Kreditanstalt für Wiederaufbau, keine oder keine ausreichende staatliche Absicherung erlangt werden kann. [2]Dies gilt nicht, wenn mit dem Antrag nach Absatz 1 zugleich Rekapitalisierungsinstrumente nach § 22 des Stabilisierungsfondsgesetzes beantragt werden.

[1] Sic.

(3) Die Verbindlichkeiten, für die Garantien nach Absatz 1 übernommen werden, müssen mindestens fünf Millionen Euro betragen.

(4) In Abstimmung mit dem antragstellenden Unternehmen kann die Garantiegewährung auch in anderer als der ursprünglich beantragten Form erfolgen, wenn eine andere Form der Garantie besser geeignet ist, Liquiditätsengpässe zu beheben oder dessen Refinanzierung am Kapitalmarkt zu unterstützen.

§ 3 Bedingungen für die Garantieübernahme. (1) [1]Die Bedingungen, zu denen eine Garantie nach § 21 Absatz 1 des Stabilisierungsfondsgesetzes übernommen wird, legt die für die Entscheidungen über den Antrag nach § 2 der Stabilisierungsfondsgesetz-Übertragungsverordnung zuständige Stelle fest. [2]Die zuständigen Stellen haben die in den Absätzen 2 bis 5 festgelegten Vorgaben zu berücksichtigen.

(2) [1]Die Garantie oder sonstige Gewährleistung umfasst sowohl den Kapitalbetrag als auch die Zinsen. [2]Modifizierte Ausfallbürgschaften werden in banküblicher Form gestellt. [3]Ausfälle der Forderung werden vom Wirtschaftsstabilisierungsfonds und den Gläubigern anteilig und zu gleichen Bedingungen getragen. [4]Die Garantie wird grundsätzlich in Euro ausgestellt. [5]Währungsrisiken aus Garantiegewährungen in anderer Währung hat der Wirtschaftsstabilisierungsfonds ebenfalls mit abzusichern. [6]Die Kosten der Absicherung nach Satz 4 werden dem begünstigten Unternehmen auferlegt.

(3) [1]Für die Übernahme der Garantie ist mit dem antragstellenden Unternehmen vertraglich eine angemessene Gegenleistung (Vergütung) zu vereinbaren. [2]Die Angemessenheit richtet sich nach § 4.

(4) In den Bedingungen ist jeweils festzulegen, dass Ansprüche aus der Garantie erlöschen, wenn der Garantiebegünstigte seine Rechte nicht unverzüglich nach Eintritt des Garantiefalles geltend macht, spätestens jedoch nach Ablauf von sechs Monaten nach Eintritt des Garantiefalles.

(5) Garantien oder sonstige Gewährleistungen dürfen nicht übernommen werden, wenn mit hoher Wahrscheinlichkeit mit der Inanspruchnahme des Bundes gerechnet werden muss.

§ 4 Angemessene Gegenleistung und Obergrenze für Garantien. (1) [1]Der Wirtschaftsstabilisierungsfonds erhält vom begünstigten Unternehmen eine Vergütung für die Übernahme der Garantie. [2]Die Ermittlung der Angemessenheit hat unter Anwendung marktüblicher Kriterien unter Berücksichtigung der Art des Produktes, wie zum Beispiel Schuldtitel, Bankkredit, Kreditlinie, Darlehen oder Aval, dem Rang der Forderung, des Ausfallrisikos und der Höhe der Absicherung durch die Garantie zu erfolgen. [3]Die Verwendung von Instrumenten, die nicht von Abschnitt 3.2 des Befristeten Rahmens für staatliche Beihilfen umfasst sind, steht dabei unter dem Vorbehalt einer Genehmigung durch die Europäische Kommission.

(2) Die Gegenleistung wird fällig mit Inanspruchnahme der Garantie.

(3) [1]Die angemessene Gegenleistung nach Absatz 1 bemisst sich aus dem Produkt, dem Ausfallrisiko, dem garantierten Betrag und der Garantieprämie zuzüglich sonstiger Vergütungsbestandteile. [2]Die Prämie hat folgende Mindest-

prämien einzuhalten, die sich aus den angegebenen Prozentsätzen der Garantiesumme ergeben:

Art des Unternehmens	Prämie für eine Garantie mit einer Laufzeit bis zu einem Jahr (pro Jahr)	Prämie für eine Garantie ab dem 2. Jahr der Laufzeit (pro Jahr)	Prämie für eine Garantie ab dem 4. Jahr der Laufzeit (pro Jahr)
KMU	0,25 Prozent	0,5 Prozent	1,0 Prozent
Großunternehmen	0,5 Prozent	1,0 Prozent	2,0 Prozent

[3]Die Bezeichnung als kleines und mittleres Unternehmen (KMU) bestimmt sich nach Anhang 1 Artikel 2 Nummer 1 der Verordnung (EU) Nr. 651/2014 der Kommission vom 17. Juni 2014 zur Feststellung der Vereinbarkeit bestimmter Gruppen von Beihilfen mit dem Binnenmarkt in Anwendung der Artikel 107 und 108 des Vertrags über die Arbeitsweise der Europäischen Union (ABl. L 187 vom 26.6.2014, S. 1; L 283 vom 27.9.2014, S. 65), die durch die Verordnung (EU) 2017/1084 (ABl. L 156 vom 20.6.2017, S. 1) geändert worden ist.

(4) [1]Die Absicherung mit Mitteln des Wirtschaftsstabilisierungsfonds kann unter dem Vorbehalt der beihilferechtlichen Einzelfallgenehmigung durch die Europäische Kommission im Rahmen der Vereinbarkeit mit den Vorgaben des europäischen Beihilferechts im Einzelfall mehr als 90 Prozent betragen. [2]Dies gilt insbesondere für kurzfristige Kreditlinien und Kreditformen mit einer Laufzeit von unter einem Jahr. [3]Soweit eine Absicherung von mehr als 90 Prozent erfolgt, hat die Vergütung einen besonderen marktgerechten Aufschlag gegenüber den Vorgaben des Befristeten Rahmens für staatliche Beihilfen nach § 1 Absatz 5 Satz 3 zu enthalten.

(5) Sofern der Nominalbetrag des zugrundeliegenden Schuldtitels oder der zugrundeliegenden Verbindlichkeit sich während der Laufzeit der Garantie vermindert, ist die Garantiehöhe entsprechend anzupassen.

(6) [1]Garantien mit einer Laufzeit über den 31. Dezember 2020 hinaus, können nur gewährt werden bis zur Höhe der doppelten jährlichen Lohnsumme beim begünstigten Unternehmen für das Jahr 2019 oder das letzte verfügbare Jahr. [2]In die Lohnsumme sind Sozialversicherungsbeiträge und Kosten für Personal einzurechnen, das am Standort des Unternehmens arbeitet, aber formal auf der Lohn- und Gehaltsliste von Subunternehmen steht. [3]Bei Unternehmen, die am oder nach dem 1. Januar 2019 gegründet wurden, darf der Darlehenshöchstbetrag die voraussichtliche jährliche Lohnsumme für die ersten beiden Betriebsjahre nicht übersteigen. [4]Garantien mit einer Laufzeit über den 31. Dezember 2020 hinaus können unabhängig von der Lohnsumme auch gewährt werden bis zu einer Höhe von 25 Prozent des Gesamtumsatzes des begünstigten Unternehmens im Jahr 2019. [5]In gegenüber der Europäischen Kommission angemessen begründeten Fällen kann der Garantiebetrag auf der Grundlage einer Selbstauskunft des begünstigten Unternehmens, die beispielsweise vom Wirtschaftsprüfer oder Steuerberater zu be-

stätigen ist, erhöht werden, um den Liquiditätsbedarf für die kommenden 18 Monate bei KMU oder für die kommenden 12 Monate bei Großunternehmen, jeweils gerechnet ab dem Zeitpunkt der Gewährung, zu decken.

(7) Bei Garantien mit einer Laufzeit bis zum 31. Dezember 2020 kann der Garantiebetrag in gegenüber der Europäischen Kommission angemessen begründeten Fällen höher sein als nach Absatz 5, sofern die Verhältnismäßigkeit gewahrt bleibt und dies gegenüber der Europäischen Kommission nachgewiesen wird.

§ 5 Rekapitalisierungsinstrumente. (1) 1 Auf Antrag von Unternehmen kann sich der Wirtschaftsstabilisierungsfonds in den unter § 22 Absatz 1 des Stabilisierungsfondsgesetzes genannten Formen an deren Rekapitalisierung beteiligen. 2 In Abstimmung mit dem jeweiligen Antragsteller kann die Rekapitalisierung auch in anderer als der ursprünglich beantragten Form erfolgen.

(2) 1 Die näheren Bedingungen der Rekapitalisierung sind im Einzelfall festzulegen. 2 Dabei ist zu unterscheiden zwischen

1. der Beteiligung in Form von Vorzugsaktien ohne Stimmrecht und sonstigen Vorzugsbeteiligungen ohne Stimmrecht an Unternehmen anderer Rechtsform als Aktiengesellschaften (Vorzugsbeteiligungen),
2. stillen Beteiligungen, Nachrangdarlehen und sonstigen hybriden Finanzinstrumenten (hybride Finanzinstrumente) und
3. Übernahme oder Erwerb von Aktien mit Stimmrecht oder von Beteiligungen mit vollem Stimmrecht an Unternehmen anderer Rechtsform als Aktiengesellschaft (Beteiligung mit Vollstimmrecht).

(3) 1 Rekapitalisierungsinstrumente nach Absatz 2 sind insbesondere dann zu wählen, wenn bei krisenbedingtem Verlust von Eigenkapital die Zufuhr von Nachrangkapital oder Eigenkapital erforderlich ist, um die Kreditfähigkeit wiederherzustellen. 2 Die Notwendigkeit der Wiederherstellung der Kreditfähigkeit durch die Bereitstellung von Eigenkapital oder Nachrangkapital ist insbesondere dann gegeben, wenn das Unternehmen nicht in der Lage ist, die für die Sicherstellung der Liquidität und des Fortbestands des Unternehmens notwendigen Mittel am Markt zu beschaffen. 3 Die Wiederherstellung der Kreditfähigkeit muss im Hinblick auf das Allgemeinwohl geboten sein. 4 Das ist insbesondere der Fall, wenn die Bestandsgefährdung des Unternehmens erhebliche Auswirkungen auf die Wirtschaft, die technologische Souveränität, die Versorgungssicherheit, kritische Infrastrukturen oder den Arbeitsmarkt hätte.

(4) 1 Eine Rekapitalisierungsmaßnahme darf nur gewährt werden, wenn das Unternehmen zum 31. Dezember 2019 nicht die EU-Definition von „Unternehmen in Schwierigkeiten" erfüllt hat und unter Berücksichtigung der Stabilisierungsmaßnahmen eine positive wirtschaftliche Fortführungsprognose für das Unternehmen vorliegt. 2 Die Rekapitalisierung soll eine auf absehbare Zeit angemessene Kapitalausstattung zum Ziel haben. 3 Angemessen ist, was für die nachhaltige Sicherstellung der Kreditwürdigkeit erforderlich ist. 4 Dabei soll vermieden werden, dass die Stabilisierungsmaßnahmen unmittelbar dazu führen, dass die Kapitalausstattung des Unternehmens voraussichtlich nicht nur kurzfristig deutlich besser ist als im Vorfeld der COVID-19-Krise.

(5) [1]Der Wirtschaftsstabilisierungsfonds soll im Einzelfall darauf hinwirken, dass eine Rekapitalisierung gegebenenfalls nur nach möglichen Eigenleistungen von Anteilseignern des begünstigten Unternehmens erfolgt. [2]Diese Eigenleistungen bleiben bei dem Vergleich der Kapitalausstattung vor der COVID-19-Krise und nach der Gewährung der Stabilisierungsmaßnahme nach Absatz 4 Satz 4 außer Betracht.

(6) Rekapitalisierungmaßnahmen nach Absatz 2 können auch zusammen mit Maßnahmen nach § 21 des Stabilisierungsfondsgesetzes angewendet werden.

§ 6 Bedingungen für hybride Finanzinstrumente. (1) [1]Bei Rekapitalisierungsmaßnahmen nach § 5 Absatz 2 Nummer 1 und 2 sind die Anforderungen nach den Absätzen 2 bis 7 zu erfüllen. [2]Die Erfüllung ist gegebenenfalls vertraglich abzusichern.

(2) [1]Der Wirtschaftsstabilisierungsfonds erhält eine angemessene Vergütung durch das begünstigte Unternehmen. [2]Diese Vergütung geht den Gewinnbeteiligungsrechten der übrigen Gesellschafter des begünstigten Unternehmens vor. [3]Die Vergütung kann insbesondere in Form einer bevorzugten Gewinn- oder Zinszuweisung erfolgen.

(3) [1]Die Angemessenheit der Vergütung wird anhand marktüblicher Kriterien ermittelt. [2]Dabei sind die Merkmale des Instrumentes, insbesondere der Rang der Forderung, das Ausfallrisiko sowie alle Zahlungsmodalitäten, die Anreize zur Beendigung der Stützung und ein geeigneter Basiszins zu berücksichtigen. [3]Die Mindestvergütung verzinslicher hybrider Instrumente bestimmt sich im Regelfall aus der Summe von Basiszins und aus der Übersicht ersichtlichen Aufschlägen. [4]Basiszins ist der 1-Jahres-IBOR oder ein von der Europäischen Kommission veröffentlichter gleichwertiger Zinssatz.

Art des Empfängers	1. Jahr	2. und 3. Jahr	4. und 5. Jahr	6. und 7. Jahr	8. Jahr und danach
KMU	2,25 Prozent	3,25 Prozent	4,5 Prozent	6,0 Prozent	8,0 Prozent
Großunternehmen	2,5 Prozent	3,5 Prozent	5,0 Prozent	7,0 Prozent	9,5 Prozent

(4) [1]Bei Nachrangdarlehen mit vom Gewinn unabhängigem Festzins, ohne Verlustbeteiligung und ohne Wandlungsrecht (Nachrangdarlehen) richtet sich die Mindestvergütung abweichend von Absatz 3 nach der Summe aus dem Basiszinssatz nach Nummer 27 Buchstabe a, des Befristeten Rahmens für staatliche Beihilfen, den Mindestbeträgen für die Garantieprämien in § 4 Absatz 3 sowie jeweils einem Zuschlag in Höhe von 2,0 Prozentpunkten für Großunternehmen und von 1,50 Prozentpunkten für KMU. [2]Dies gilt soweit der Betrag des Nachrangdarlehens bei Großunternehmen eine Höhe von zwei Dritteln der jährlichen Lohnsumme beim begünstigten Unternehmen und bei KMU die gesamte jährliche Lohnsumme beim begünstigten Unternehmen und bei Großunternehmen 8,4 Prozentpunkte und bei KMU 12,5 Prozent-

punkte des Gesamtumsatzes des begünstigten Unternehmens im Jahr 2019 nicht übersteigt. [3]In die jährliche Lohnsumme nach Satz 2 sind Sozialversicherungsbeiträge und Kosten für Personal einzurechnen, das am Standort des Unternehmens arbeitet, aber formal auf der Lohn- und Gehaltsliste von Subunternehmen steht.

(5) [1]Vorzugsbeteiligungen nach § 5 Absatz 2 Nummer 1 sollen grundsätzlich ausschließlich an den Wirtschaftsstabilisierungsfonds ausgegeben werden, so dass sie eine eigene Gattung bilden. [2]Der Ausgabebetrag bestimmt sich nach § 7 Absatz 4 und 5. [3]Die Sätze 1 und 2 gelten auch für Rekapitalisierungsinstrumente, die ein Recht zur Wandlung in Unternehmensbeteiligungen mit Stimmrechten vorsehen. [4]Bei Vorzugsbeteiligungen kann abweichend von Absatz 3 auch eine nicht aufsteigende Vergütung oder eine niedrigere Vergütung vereinbart werden, wenn bei der Bestimmung des Ausgabebetrags ein deutlicher Abschlag vom Marktwert vorgenommen wird.

(6) [1]Übernimmt der Fonds stille Beteiligungen, Vorzugsbeteiligungen ohne Stimmrecht oder sonstige Finanzinstrumente mit Wandlungsrecht, kann er nach Festlegung des Inhalts der Stabilisierungsmaßnahme, insbesondere der Auflagen nach § 9, bereits Vorauszahlungen zum Zweck der Erfüllung der Einlageverpflichtung leisten, wenn die gesellschaftsrechtlichen Voraussetzungen für die Entstehung dieser Einlageverpflichtung noch nicht erfüllt sind. [2]Diese Vorauszahlungen befreien den Wirtschaftsstabilisierungsfonds nach § 5 Absatz 5 des Wirtschaftsstabilisierungsbeschleunigungsgesetzes in Höhe des gezahlten Betrags von seiner Einlagepflicht.

(7) [1]Bei Ausübung eines Wandlungsrechts soll von dem nach § 7 Absatz 4, 5 und 6 ermittelten Ausgabebetrag ein Abschlag in Höhe von mindestens 5 Prozent vorgenommen werden. [2]Bei den in Ausübung des Wandlungsrechts gewährten Aktien oder sonstigen Beteiligungen ist die Erfüllung einer der in § 7 Absatz 6 genannten Anforderungen sicherzustellen.

§ 7 Bedingungen für Beteiligungen mit Vollstimmrecht. (1) [1]Beim Erwerb von Beteiligungen mit Vollstimmrecht nach § 5 Absatz 2 Nummer 3 sind die Anforderungen nach den Absätzen 3 bis 6 zu erfüllen. [2]Die Erfüllung ist gegebenenfalls vertraglich abzusichern.

(2) Der Erwerb einer Beteiligung mit Vollstimmrecht soll insbesondere dann erfolgen, wenn das Vertrauen des Marktes in die Fortführung des Unternehmens mit anderen Mitteln nicht hergestellt werden kann.

(3) [1]Eine Beteiligung mit Vollstimmrecht hat grundsätzlich in der Zeichnung neuer Aktien oder neuer Gesellschaftsanteile zu bestehen. [2]Der Erwerb von Beteiligungen von Altgesellschaftern soll nur ausnahmsweise erfolgen, wenn der Zweck der Stabilisierungsmaßnahme in anderer Weise nicht erreicht werden kann.

(4) [1]Bei börsennotierten Gesellschaften soll sich der Basiswert für den Ausgabebetrag eng an dem Börsenkurs des Unternehmens zu dem Zeitpunkt orientieren, zu dem die Rekapitalisierungsmaßnahme bekannt wird. [2] § 31 des Wertpapiererwerbs- und Übernahmegesetzes sowie § 5 der WpÜG-Angebotsverordnung gelten entsprechend mit der Maßgabe, dass der Gegenleistung der

Durchschnittskurs der letzten 15 Tage vor der ersten schriftlichen Anfrage des Unternehmens betreffend die Gewährung von Stabilisierungsmaßnahmen zugrunde zu legen ist. [3]Bei der Festlegung des Ausgabebetrags sind zusätzlich das Risikoprofil des Unternehmens, die Besonderheiten des gewählten Instruments, Sondereffekte bei der Börsenpreisbildung sowie Anreize für die Beendigung der Maßnahme zu berücksichtigen. [4]Dies kann dazu führen, dass beim Ausgabebetrag ein angemessener Abschlag vom Basiswert vorzunehmen ist.

(5) [1]Bei nicht börsennotierten Gesellschaften ist der Basiswert für den *Ausgabetrag*[1)] durch Sachverständigengutachten unter Anwendung von anerkannten Methoden der Unternehmensbewertung zu ermitteln. [2]Ab einer Rekapitalisierung in Höhe von 250 Millionen Euro ist grundsätzlich eine Bewertung nach den Grundsätzen des Wirtschaftsprüferstandards IDW S1 vorzulegen. [3]Bei Rekapitalisierungsmaßnahmen in Höhe von unter 250 Millionen Euro kann eine vereinfachte Bewertungsmethode angewandt werden, wie zum Beispiel eine Bewertung auf der Grundlage von Multiplikatoren. [4]§ 5 Absatz 1 Satz 2 der WpÜG-Angebotsverordnung gilt entsprechend.

(6) [1]Bei Beteiligungen mit Vollstimmrecht müssen die Bedingungen für die Ausgabe der Anteile so gestaltet sein, dass sie dazu beitragen, sicherzustellen, dass die Beteiligung nicht länger aufrechterhalten wird, als im Hinblick auf die Stabilisierung des Unternehmens und das Gebot der Wirtschaftlichkeit geboten. [2]Dies hat zu erfolgen durch

1. die Ausgabe von Aktien mit einem Gewinnvorzug nach Maßgabe von Absatz 7 oder
2. die Vornahme eines umfangreichen Abschlags von dem nach Maßgabe von Absatz 4 oder Absatz 5 ermittelten Basiswerts nach Maßgabe von Absatz 8 oder
3. die Vornahme eines erheblichen Abschlags von dem nach Maßgabe von Absatz 4 oder Absatz 5 ermittelten Basiswert und die Gewährung von Rechten zum Bezug weiterer Aktien durch den Fonds nach Maßgabe von Absatz 9.

(7) [1]Für die vom Fonds gezeichneten Aktien wird eine eigene Aktiengattung ausgegeben, für die ein kumulativer oder im Zeitablauf ansteigender Gewinnvorzug vereinbart werden soll oder eine feste gewinnabhängige Verzinsung, deren Höhe sich an den in der Tabelle in § 6 Absatz 3 vorgesehenen Vorgaben orientiert. [2]§ 6 Absatz 5 gilt entsprechend. [3]Dabei ist ein Entschädigungsanspruch für entgangene Gewinnvorzüge vorzusehen, auf die der Fonds grundsätzlich nicht verzichten darf.

(8) [1]Bei der Festlegung des Ausgabebetrags wird ein umfangreicher Abschlag von dem nach Maßgabe von Absatz 4 oder Absatz 5 ermittelten Basiswert vorgenommen. [2]Der Abschlag ist umfangreich im Sinne dieser Vorschrift, wenn der Ausgabebetrag um mindestens 50 Prozent unter dem Basiswert liegt.

(9) [1]Bei der Festlegung des Ausgabebetrags wird ein Abschlag von dem nach Maßgabe von Absatz 4 oder Absatz 5 ermittelten Basiswert vorgenommen. [2]Der Fonds zahlt einen Aufschlag in entsprechender Höhe auf den Ausgabebetrag als Agio ein. [3]Im Gegenzug werden ihm Bezugsrechte auf weitere Aktien

---

[1)] Sic.

eingeräumt. [4]Ein Bezugsrecht im Volumen von mindestens 10 Prozent des Nennwerts der vom Fonds gezeichneten Aktien wird nach Ablauf von vier Jahren, gerechnet ab der Beteiligung durch den Fonds fällig, wenn bis zu diesem Zeitpunkt der Fonds nicht mindestens 40 Prozent seiner Beteiligung veräußert hat, sowie nach sechs Jahren, wenn die Beteiligung des Fonds nicht vollständig abgebaut wurde. [5]Die Bezugsrechte hat das Unternehmen aus einer bedingten Kapitalerhöhung zu bedienen. [6]Das eingezahlte Agio gilt dabei als auf die Einlageverpflichtung anrechenbare Vorleistung im Sinne von § 5 Absatz 5 und § 7 Absatz 4 des Wirtschaftsstabilisierungsbeschleunigungsgesetzes.

(10) [1]Der Wirtschaftsstabilisierungsfonds kann auch Beteiligungen mit Vollstimmrecht zu marktkonformen Bedingungen erwerben, um eine drohende Übernahme zu verhindern oder zu erschweren, wenn die Übernahme durch einen Investor, der nach Maßgabe von § 2 Absatz 19 des Außenwirtschaftsgesetzes als unionsfremd anzusehen ist, erfolgen soll und das Unternehmen in einem der in § 55 Absatz 1 Satz 2 der Außenwirtschaftsverordnung genannten Geschäftsbereich tätig ist oder eine vergleichbare Bedeutung für die öffentliche Sicherheit und Ordnung der Bundesrepublik Deutschland hat. [2]Bei der sektorübergreifenden Prüfung ist § 55 der Außenwirtschaftsverordnung in Verbindung mit § 2 Absatz 19 des Außenwirtschaftsgesetzes entsprechend anzuwenden. [3]§ 7 Absatz 2 ist auf diesen Erwerb von Beteiligungen von Dritten nicht anzuwenden. [4]Wenn diese Maßnahme nicht mit anderen Maßnahmen nach § 21 oder § 22 des Stabilisierungsfondsgesetzes kombiniert wird, kann zudem von den Vorgaben dieser Verordnung, insbesondere § 7 Absätze 3 bis 5 und den Auflagen nach § 9, 10 und 11 abgesehen werden. [5]Für die Entscheidungen ist der Wirtschaftsstabilisierungsfondsausschuss zuständig. [6]Das vom Wirtschaftsstabilisierungsfondsausschuss nach § 20 Absatz 1 Satz 3 des Stabilisierungsfondsgesetzes berufene Expertengremium kann zuvor angehört werden.

§ 8 Auflagen und Bedingungen für Unternehmen, die Stabilisierungsmaßnahmen in Anspruch nehmen. (1) Auflagen und Bedingungen für Stabilisierungsmaßnahmen nach dem Stabilisierungsfondsgesetz müssen dem Grundsatz der Verhältnismäßigkeit entsprechen und haben sich insbesondere an der Art, der Höhe und der Dauer der in Anspruch genommenen Stabilisierungsmaßnahme sowie an der wirtschaftlichen Situation des Unternehmens auszurichten.

(2) Ferner sollen die Auflagen so gestaltet werden, dass sie Anreize für eine zügige Beendigung der Stabilisierungsmaßnahme setzen.

§ 9 Auflagen und Bedingungen bei Stabilisierungsmaßnahmen nach § 22 des Stabilisierungsfondsgesetzes. (1) [1]Solange das Unternehmen Stabilisierungsmaßnahmen des Fonds in Anspruch nimmt, dürfen Organmitgliedern und Geschäftsleitern unter Einbeziehung von etwaigen Konzernbezügen Boni, andere variable oder vergleichbare Vergütungsbestandteile nicht gewährt werden. [2]Ebenso dürfen Sonderzahlungen in Form von Aktienpaketen, Gratifikationen oder andere gesonderte Vergütungen neben dem Festgehalt, sonstige in das freie Ermessen des Unternehmens gestellte Vergütungsbestandteile und rechtlich nicht gebotene Abfindungen nicht gewährt werden.

(2) [1]Solange nicht mindestens 75 Prozent der Maßnahme zurückgeführt sind, darf kein Mitglied der Geschäftsleitung des Unternehmens eine Vergütung erhalten, die über die Grundvergütung dieses Mitglieds zum 31. Dezember 2019 hinausgeht. [2]Bei Personen, die zum Zeitpunkt der Maßnahme oder danach Mitglied der Geschäftsleitung werden, gilt als Obergrenze die Grundvergütung von Mitgliedern der Geschäftsleitung derselben Verantwortungsstufe zum 31. Dezember 2019.

(3) [1]Um Anreize für eine zügige Beendigung der Stabilisierungsmaßnahme zu setzen, dürfen während der Dauer der Stabilisierungsmaßnahme grundsätzlich keine Dividenden oder sonstige, vertraglich oder gesetzlich nicht geschuldete, Gewinnausschüttungen an andere Gesellschafter als den Wirtschaftsstabilisierungsfonds geleistet werden. [2]Weiterhin darf das Unternehmen keine Aktien oder sonstige Bestandteile der haftenden Eigenmittel des Unternehmens zurückkaufen und keine sonstigen, vertraglich oder gesetzlich nicht geschuldeten Leistungen an andere Gesellschafter oder mit ihnen verbundene Unternehmen leisten. [3]Verbundene Unternehmen sind im Verhältnis zueinander in Mehrheitsbesitz stehende Unternehmen und mit Mehrheit beteiligte Unternehmen nach Maßgabe der §§ 15 und 16 des Aktiengesetzes.

(4) [1]Unternehmen, die Teil einer multinationalen Unternehmensgruppe im Sinne von § 90 Absatz 3 Satz 4 der Abgabenordnung sind, sind verpflichtet, die tatsächlichen Eigentümerverhältnisse sämtlicher Unternehmensteile gegenüber dem Wirtschaftsstabilisierungsfonds offenzulegen. [2]Wenn sie verpflichtet sind, einen länderbezogenen Bericht nach § 138a Absatz 1 der Abgabenordnung zu erstellen, haben sie auch diesen Bericht gegenüber dem Wirtschaftsstabilisierungsfonds offenzulegen. [3]Unternehmen nach Satz 1 haben zu bestätigen, dass Mittel des Wirtschaftsstabilisierungsfonds nicht in nicht kooperative Jurisdiktionen im Sinne der EU-Liste nicht kooperativer Länder und Gebiete für Steuerzwecke, Anhang I[1)], abfließen. [4]Unternehmen mit Sitz in nicht kooperativen Jurisdiktionen können nicht Empfänger von Stabilisierungsmaßnahmen sein.

(5) Unternehmen müssen dem Wirtschaftsstabilisierungsfonds innerhalb von zwölf Monaten nach Vorlage des Rückzahlungsplans und danach regelmäßig alle zwölf Monate über die Fortschritte bei der Umsetzung des Rückzahlungsplans und die Einhaltung der Voraussetzungen nach den Nummern 71 bis 78 des Befristeten Rahmens für staatliche Beihilfen Bericht erstatten.

(6) [1]Während der Dauer der Stabilisierungsmaßnahme haben Großunternehmen innerhalb von zwölf Monaten ab dem Datum der Beihilfegewährung und danach regelmäßig alle zwölf Monate Informationen über die Verwendung erhaltener Beihilfen zu veröffentlichen. [2]Hierzu gehören Informationen darüber, inwieweit die erhaltenen Beihilfen ihre Tätigkeiten im Einklang mit den EU-Zielen und den Verpflichtungen der Mitgliedstaaten hinsichtlich des ökologischen und des digitalen Wandels, etwa dem EU-Ziel der Klimaneutralität bis 2050, unterstützen.

[1)] **[Amtl. Anm.:]** Aktuelle Version jeweils abrufbar unter: https://www.consilium.europa.eu/de/policies/eu-list-of-non-cooperative-jurisdictions/.

(7) Börsennotierte Unternehmen dürfen von den Empfehlungen des Deutschen Corporate Governance Kodex nur mit Genehmigung des Wirtschaftsstabilisierungsfonds und nur bei Vorliegen eines sachlichen Grundes abweichen.

(8) Zudem sollen dem Unternehmen insbesondere folgende Auflagen erteilt werden,

1. eine Überprüfung *ihre*[1)] Geschäftspolitik und deren wirtschaftlicher Nachhaltigkeit, um die Gewähr für eine solide und umsichtige Geschäftspolitik zu bieten;
2. Nachweis eines Beitrags zur wirtschaftlichen Leistungsfähigkeit, zur Stabilisierung von Produktionsketten und zur dauerhaften Sicherung von Arbeitsplätzen;
3. Vergütungsbeschränkungen nach Absatz 1 auch für *Mitarbeitern*[1)] der nachgelagerten Führungsebene. [2] Sofern variable Vergütungen gewährt werden, darf von Erfolgszielen und anderen Parametern für erfolgsabhängige Vergütungen nicht nachträglich zu Lasten des Unternehmens abgewichen werden.

§ 10 Auflagen und Bedingungen für Stabilisierungsmaßnahmen nach § 21 des Stabilisierungsfondsgesetzes. [1] Bei Garantien ab einem Umfang von § 2 Absatz 1 Nummer 1 und Absatz 2 Nummer 1 der Stabilisierungsfondsgesetz-Übertragungsverordnung, gelten die Auflagen nach § 9 Absatz 1, 3 und 4 entsprechend. [2] Die Vorschriften des § 9 Absatz 1, 3 und 4 sollen auch auf garantierte Verbindlichkeiten von geringerem Umfang angewendet werden.

§ 11 Auflagen zur Verhinderung von Wettbewerbsverzerrungen durch Rekapitalisierungsmaßnahmen. (1) Sofern durch die Rekapitalisierungsmaßnahmen Wettbewerbsverzerrungen zu befürchten sind, kann der Fonds dem begünstigten Unternehmen Bedingungen für die Geschäftstätigkeit auferlegen, die geeignet sind, derartige Wettbewerbsverzerrungen zu vermeiden.

(2) Insbesondere dürfen Empfänger von Rekapitalisierungsmaßnahmen mit diesem Umstand nicht zu kommerziellen Zwecken werben.

(3) [1] Solange nicht mindestens 75 Prozent der Rekapitalisierungsmaßnahme zurückgeführt worden sind, dürfen begünstigte Großunternehmen, keine Beteiligung von mehr als 10 Prozent an Wettbewerbern oder anderen Unternehmen in ihrem Geschäftsfeld erwerben. [2] Dazu zählt auch der Erwerb von vor- und nachgelagerten Geschäftstätigkeiten. [3] Großunternehmen dürfen eine Beteiligung von mehr als 10 Prozent an anderen Unternehmen in ihrem Geschäftsfeld nur unter außergewöhnlichen Umständen und unbeschadet der Fusionskontrolle erwerben. [4] Außergewöhnliche Umstände liegen vor, wenn die Übernahme erforderlich ist, um die Rentabilität des begünstigten Unternehmens zu erhalten und kein anderer Käufer zur Verfügung steht. [5] Ein solcher Erwerb steht unter dem Vorbehalt der Genehmigung durch die Europäische Kommission und darf ohne diese Genehmigung nicht durchgeführt werden.

(4) [1] Rekapitalisierungsmaßnahmen dürfen nicht zur Quersubventionierung wirtschaftlicher Tätigkeiten verbundener Unternehmen im Sinne des § 15 des

---

[1)] Sic.

Aktiengesetzes, die sich am 31. Dezember 2019 bereits in wirtschaftlichen Schwierigkeiten befanden, eingesetzt werden. 2 In verbundenen Unternehmen muss eine klar getrennte Buchführung eingeführt werden, um zu gewährleisten, dass die Rekapitalisierungsmaßnahme derartigen Tätigkeiten nicht zugutekommt.

(5) 1 Verfügt das begünstigte Unternehmen auf mindestens einem der relevanten Märkte nach § 18 des Gesetzes gegen Wettbewerbsbeschränkungen über beträchtliche Marktmacht und überstieg die Rekapitalisierungsmaßnahme 250 Millionen Euro, sind weitere Bedingungen zur Wahrung eines wirksamen Wettbewerbs auf diesen Märkten festzulegen. 2 Diese Bedingungen können insbesondere strukturelle oder verhaltensbezogene Verpflichtungen betreffen, die in der Mitteilung der Kommission über nach der Verordnung (EG) Nr. 139/2004 des Rates und der Verordnung (EG) Nr. 802/2004 der Kommission zulässige Abhilfemaßnahmen (2008/C 267/01) (ABl. C 267 vom 22.10.2008, S. 1) vorgesehen sind.

§ 12 Vertraglich abzusichernde Rechte des Wirtschaftsstabilisierungsfonds. (1) Der Wirtschaftsstabilisierungsfonds hat sich im Rahmen von Stabilisierungsmaßnahmen von dem begünstigten Unternehmen folgende vertraglichen Rechte einräumen zu lassen.

(2) Zu den Rechten nach Absatz 1 gehört ein unbeschränktes Erhebungsrecht für den Bundesrechnungshof bei den betroffenen Unternehmen.

(3) Der Wirtschaftsstabilisierungsfonds hat von dem begünstigten Unternehmen zu verlangen, dass die Erfüllung der Anforderungen nach den §§ 9, 10 und 11 durch den Abschlussprüfer überprüft und in den Prüfbericht aufgenommen wird.

(4) Begünstigte Unternehmen haben ihr Einverständnis zur individuellen Veröffentlichung der gewährten Stabilisierungsmaßnahmen nach Randziffer 86 des Befristeten Rahmens für staatliche Beihilfen zu erteilen.

(5) Der Wirtschaftsstabilisierungsfonds hat sich im Rahmen von Stabilisierungsmaßnahmen von dem begünstigten Unternehmen angemessene Informationsrechte durch vertragliche Vereinbarung einräumen zu lassen.

(6) 1 Der Wirtschaftsstabilisierungsfonds kann von dem begünstigten Unternehmen die Abgabe einer Verpflichtungserklärung der geschäftsführungsberechtigten Organe verlangen, in die etwaige nach den §§ 9, 10 und 11 festgelegte Auflagen und Bedingungen aufzunehmen sind. 2 Diese Auflagen und Bedingungen können auch vertraglich vereinbart werden.

(7) 1 Soweit Bedingungen vertraglich vereinbart werden, sind auch die Rechtsfolgen eines Verstoßes durch das begünstigte Unternehmen vertraglich zu regeln. 2 Als vertragliche Rechtsfolgen können insbesondere Kündigungsrechte, Schadensersatzansprüche und Vertragsstrafen vorgesehen werden.

§ 13 Beendigung der Stabilisierungsmaßnahme. (1) Laufzeit, Art und Umfang der konkreten Maßnahmen sollen unter Berücksichtigung der Dauer der Störung im Wirtschaftsleben gestaltet werden.

(2) [1]Bei Rekapitalisierungsmaßnahmen nach § 22 des Stabilisierungsfondsgesetzes soll grundsätzlich eine Beendigung der Stabilisierungsmaßnahme innerhalb von sechs Jahren nach Gewährung der Maßnahme angestrebt werden. [2]Die Beendigung der Stabilisierungsmaßnahme durch Verkauf an einen Drittinvestor oder bisherigen Gesellschafter hat zum Marktpreis und unter Beachtung der Grundsätze der Transparenz und der Diskriminierungsfreiheit zu erfolgen. [3]Soweit es rechtlich zulässig und wirtschaftlich vertretbar ist, ist der Rückkauf durch das Unternehmen selbst als weitere Möglichkeit neben der Veräußerung am Markt zu prüfen.

(3) [1]Das Unternehmen ist verpflichtet, dem Bundesministerium der Finanzen und dem Bundesministerium für Wirtschaft und Energie spätestens zwölf Monate nach der Gewährung der Rekapitalisierungsmaßnahme eine mit der Finanzagentur abgestimmte Strategie für die Beendigung der Stabilisierungsmaßnahme vorzulegen. [2]Diese soll insbesondere Überlegungen zur Fortführung des Unternehmens und einen Plan für die Erbringung der Vergütung der Stabilisierungsmaßnahme und von Rückzahlungen an den Fonds enthalten. [3]Großunternehmen, die eine Stabilisierungsmaßnahme in Höhe von mehr als 25 Prozent ihres Eigenkapitals, bezogen auf den Zeitpunkt der Gewährung, erhalten haben, müssen eine nachvollziehbare Strategie für die Rückführung der Maßnahme aufzeigen, außer wenn die Beteiligung des Fonds innerhalb von zwölf Monaten nach Gewährung der Maßnahme auf weniger als 25 Prozent des Eigenkapitals zurückgeführt wird.

(4) [1]Wenn nach Ablauf von sechs Jahren seit der Gewährung von Rekapitalisierungsmaßnahmen das Gesamtvolumen der Rekapitalisierungsmaßnahmen nicht auf einen Wert unter 15 Prozent des Eigenkapitals des Unternehmens zurückgeführt wurde, muss der Europäischen Kommission nach Randnummer 85 des Befristeten Rahmens für staatliche Beihilfen ein Umstrukturierungsplan in Einklang mit den Leitlinien für staatliche Beihilfen zur Rettung und Umstrukturierung nichtfinanzieller Unternehmen in Schwierigkeiten (2014/C 249/01) (ABl. C 249 vom 31.7.2014, S. 1) zur Genehmigung vorgelegt werden. [2]Bei KMU oder nicht börsennotierten Unternehmen muss der Umstrukturierungsplan erst sieben Jahre nach der Gewährung der Rekapitalisierungsmaßnahme zur Genehmigung vorgelegt werden.

(5) [1]Stabilisierungsmaßnahmen nach § 22 des Stabilisierungsfondsgesetzes sind spätestens *zehn Jahren*[1)] nach ihrer Gewährung zu beenden. [2]Darüber hinaus kann eine Stabilisierungsmaßnahme nur fortgeführt werden, wenn ihre Beendigung unwirtschaftlich wäre, die öffentliche Sicherheit und Ordnung, die technologische Souveränität in High-Tech-Bereichen oder die Fortführung des Unternehmens unmittelbar gefährden würde oder erhebliche negative Auswirkungen auf die Gesamtwirtschaft hätte.

§ 14 Inkrafttreten. Diese Verordnung tritt am Tag nach der Verkündung in Kraft.

---

1) Sic.

Wirtschaftsstabilisierungsbeschleunigungsgesetz (WStBG)[1)]

Vom 17. Oktober 2008 (BGBl. I S. 1982)

In der Fassung des Gesetzes zur Errichtung eines Wirtschaftsstabilisierungsfonds (Wirtschaftsstabilisierungsfondsgesetz – WStFG) vom 27.3.2020 (BGBl. I S. 543); geänd. durch G v. 10.7.2020 (BGBl. I S. 1633) und G v. 9.12.2020 (BGBl. I S. 2773)

FNA 660-4

Inhaltsübersicht

§ 1 Begriffsbestimmungen. Die folgenden Begriffe werden für die Zwecke des Gesetzes wie folgt bestimmt:

---

1) Gesetz zur Beschleunigung und Vereinfachung des Erwerbs von Anteilen an sowie Risikopositionen von Unternehmen des Finanzsektors durch den Fonds „Finanzmarktstabilisierungsfonds – FMS" und der Realwirtschaft durch den Fonds „Wirtschaftsstabilisierungsfonds - WSF" (Wirtschaftsstabilisierungsbeschleunigungsgesetz – WStBG).

1. Finanzmarktstabilisierungsfonds ist der nach Maßgabe von Abschnitt 1 des Stabilisierungsfondsgesetzes errichtete Fonds.
2. Wirtschaftsstabilisierungsfonds ist der nach Maßgabe von Abschnitt 2 des Stabilisierungsfondsgesetzes errichtete Fonds.
3. Der Begriff Fonds bezieht sich in diesem Gesetz sowohl auf den Finanzmarktstabilisierungsfonds als auch auf den Wirtschaftsstabilisierungsfonds.
4. Unternehmen des Finanzsektors im Sinne dieses Gesetzes sind Unternehmen im Sinne des § 2 Absatz 1 des Stabilisierungsfondsgesetzes, denen zum Zwecke der Stabilisierung des Finanzmarktes Stabilisierungsmaßnahmen gewährt werden. [2]Hierzu gehören auch Unternehmen, die zum Zweck der Einhaltung von Eigenmittelanforderungen nach § 10 Absatz 4 des Kreditwesengesetzes Kapitalmaßnahmen durchführen.
5. Unternehmen der Realwirtschaft im Sinne dieses Gesetzes sind Unternehmen im Sinne des § 16 Absatz 2 des Stabilisierungsfondsgesetzes, denen Stabilisierungsmaßnahmen gewährt werden.

§ 2 Anwendungsbereich. (1) Unternehmen im Sinne dieses Gesetzes bezeichnen sowohl „Unternehmen des Finanzsektors" im Sinne von Absatz 1 Nummer 4 als auch „Unternehmen der Realwirtschaft" im Sinne von Absatz 1 Nummer 5 auf die dieses Gesetz Anwendung findet.

(2) [1]Soweit dieses Gesetz Vorgaben für als Aktiengesellschaft und in weiteren Rechtsformen verfasste Unternehmen vorsieht, denen Stabilisierungsmaßnahmen nach den §§ 6 bis 8, 21, 22 des Stabilisierungsfondsgesetzes gewährt werden, gelten diese Vorgaben für durch andere inländische Gebietskörperschaften errichtete, mit dem Wirtschaftsstabilisierungsfonds vergleichbare Einrichtungen und deren Stabilisierungsmaßnahmen entsprechend. [2]Soweit dieses Gesetz auf den oder die Fonds, den Bund, ihre jeweiligen Tochtergesellschaften und die von ihnen errichteten Körperschaften, Anstalten und Sondervermögen sowie die ihnen nahestehenden Personen oder sonstige von ihnen mittelbar oder unmittelbar abhängigen Unternehmen Bezug nimmt, gelten die Bestimmungen entsprechend auch für durch andere inländische Gebietskörperschaften errichtete, mit dem Wirtschaftsstabilisierungsfonds vergleichbare Einrichtungen, die Bundesländer, ihre jeweiligen Tochtergesellschaften und die von ihnen errichteten Körperschaften, Anstalten, Sondervermögen sowie die ihnen nahestehenden Personen oder sonstige von ihnen mittelbar oder unmittelbar abhängigen Unternehmen.

§ 3 Verpflichtungserklärung bei Aktiengesellschaften. (1) [1]Die Vorschriften des Aktiengesetzes über die Verantwortung des Vorstands zur eigenverantwortlichen Leitung der Gesellschaft sowie über die Zuständigkeiten der Organe stehen der Zulässigkeit und Wirksamkeit einer von Unternehmen des Finanzsektors gemäß § 10 Absatz 2 Satz 1 Nummer 9 des Stabilisierungsfondsgesetzes oder von Unternehmen der Realwirtschaft gemäß § 25 Absatz 3 Satz 1 Nummer 9 des Stabilisierungsfondsgesetzes abgegebenen Verpflichtungserklärung nicht entgegen. [2]Die Verpflichtungserklärung wird mit ihrer Abgabe wirksam.

(2) [1]Die vertretungsberechtigten Organe sind auch gegenüber der Gesellschaft und der Gesamtheit ihrer Gesellschafter berechtigt und verpflichtet, der Verpflichtungserklärung zu entsprechen. [2]Beschlüsse, die der Verpflichtungserklärung, insbesondere im Hinblick auf die Dividendenpolitik, zuwiderlaufen, können aus diesem Grunde angefochten werden. [3]§ 254 Absatz 2 des Aktiengesetzes gilt entsprechend.

§ 4 Verpflichtungserklärung bei anderen Rechtsformen. Die vorstehenden Absätze gelten für Unternehmen des Finanzsektors und für Unternehmen der Realwirtschaft, die nicht in der Rechtsform einer Aktiengesellschaft verfasst sind, entsprechend.

§ 5[1)] Ausgestaltung der Aktien. (1) [1]Wenn der Vorstand bei der Ausgabe neuer Aktien gemäß § 203 AktG vom genehmigtem Kapital Gebrauch macht, entscheidet er mit Zustimmung des Aufsichtsrats über den Inhalt der Aktienrechte und die Bedingungen der Aktienausgabe. [2]In diesem Fall hat er der nächsten ordentlichen Hauptversammlung einen schriftlichen Bericht über die Kapitalerhöhung und Ausgabe neuer Aktien vorzulegen, in dem insbesondere der Umfang der Kapitalerhöhung sowie der Ausgabebetrag sowie gegebenenfalls ein Gewinnvorzug und Liquidationsvorrang der Aktien rechtlich und wirtschaftlich erläutert werden.

(2) Ansonsten entscheidet hierüber die Hauptversammlung auf der Grundlage eines Vorschlags von Vorstand und Aufsichtsrat.

(3) [1]Die neuen Aktien können insbesondere mit einem Gewinnvorzug und bei der Verteilung des Gesellschaftsvermögens mit einem Vorrang ausgestattet werden. [2]In der Satzung des Unternehmens kann vereinbart werden, dass, wenn der Vorzug nicht oder nicht vollständig gezahlt wird oder gezahlt werden kann, dieser nachzuzahlen ist. [3]Für diesen Nachzahlungsanspruch gilt § 140 Absatz 3 des Aktiengesetzes entsprechend. [4]Der Vorstand kann auch Vorzugsaktien ohne Stimmrecht ausgeben, bei denen der Vorzug nicht nachzahlbar ist.

(4) [1]Ein Ausgabebetrag, der dem Börsenkurs entspricht, ist in jedem Falle angemessen, es sei denn, er liegt unter dem Nennwert oder im Fall von Stückaktien unter dem rechnerischen Wert. [2]Unbeschadet dessen kann der Vorstand mit Zustimmung des Aufsichtsrates entscheiden, dass der Ausgabebetrag den Börsenpreis der Aktien unterschreitet. [3]Entgegenstehende Regelungen in der Satzung oder in vor dem Inkrafttreten dieses Gesetzes ergangenen Beschlüssen sind unbeachtlich. [4]§ 9 des Aktiengesetzes gilt entsprechend.

(5) Eine Vorauszahlung der Einlage durch den Fonds befreit diesen von seiner Einlagepflicht.

(6) [1]Soweit die an den Fonds ausgegebenen Aktien mit einem Gewinnvorzug oder einem Vorrang bei der Verteilung des Gesellschaftsvermögens ausgestattet sind, verlieren sie diesen bei der Übertragung an einen Dritten. [2]Der Fonds kann bestimmen, dass die an ihn ausgegebenen Vorzugsaktien bei der

[1)] § 5 Abs. 3 Sätze 2 und 3 eingef., bish. Satz 2 wird Satz 4 und geänd., Abs. 4 Satz 3 eingef., bish. Satz 3 wird Satz 4 mWv 17.7.2020 durch G v. 10.7.2020 (BGBl. I S. 1633).

Übertragung an einen Dritten in stimmberechtigte Stammaktien umgewandelt werden.

§ 6 Hauptversammlung. (1) Für Aktiengesellschaften, Kommanditgesellschaften auf Aktien, Europäische Gesellschaften (SE) und Versicherungsvereine auf Gegenseitigkeit gilt für die Durchführung von Hauptversammlungen § 1 des Gesetzes über Maßnahmen im Gesellschafts-, Vereins-, Genossenschafts- und Wohnungseigentumsrecht zur Bekämpfung der Auswirkungen der COVID-19-Pandemie.

(2) Für Mitgliederbeschlüsse bei Genossenschaften gilt § 3 des Gesetzes über Maßnahmen im Gesellschafts-, Vereins-, Genossenschafts- und Wohnungseigentumsrecht zur Bekämpfung der Auswirkungen der COVID-19-Pandemie.

§ 7 Kapitalerhöhung gegen Einlagen und Kapitalherabsetzung. (1) [1]Wird im Zusammenhang mit einer Rekapitalisierung nach § 7 oder § 22 des Stabilisierungsfondsgesetzes eine Hauptversammlung zur Beschlussfassung über eine Kapitalerhöhung gegen Einlagen einberufen, gilt § 16 Absatz 4 des Wertpapiererwerbs- und Übernahmegesetzes entsprechend, mit der Maßgabe, dass Satzungsbeschränkungen für die Erteilung von Stimmrechtsvollmachten nicht gelten. [2]Die vorstehenden Regelungen gelten entsprechend, wenn die Kapitalerhöhung nicht nur von dem Fonds, sondern auch oder ausschließlich von den Aktionären oder Dritten gezeichnet werden kann oder die Tagesordnung der Hauptversammlung neben der Beschlussfassung über die Kapitalerhöhung noch andere Gegenstände enthält.

(2) [1]Der Beschluss über die Erhöhung des Grundkapitals gegen Einlagen im Zusammenhang mit einer Rekapitalisierung nach § 7 oder § 22 des Stabilisierungsfondsgesetzes bedarf der Mehrheit der abgegebenen Stimmen. [2]Abweichende Satzungsbestimmungen sind unbeachtlich.

(3) [1]Wird das Bezugsrecht ganz oder teilweise im Beschluss über die Erhöhung des Grundkapitals im Zusammenhang mit einer Rekapitalisierung nach § 7 oder § 22 des Stabilisierungsfondsgesetzes ausgeschlossen, bedarf der Beschluss einer Mehrheit, die mindestens zwei Drittel der abgegebenen Stimmen oder des vertretenen Grundkapitals umfasst. [2]Die einfache Mehrheit reicht, wenn die Hälfte des Grundkapitals vertreten ist. [3]Absatz 2 Satz 2 gilt entsprechend. [4]Der Ausschluss des Bezugsrechts zur Zulassung des Fonds zur Übernahme der Aktien ist in jedem Fall zulässig und angemessen.

(3a) [1]Die Hauptversammlung kann beschließen, dass der Fonds die neuen Aktien zu einem geringeren Preis als dem Ausgabebetrag beziehen kann, sofern sie den Aktionären zuvor nach § 186 des Aktiengesetzes zum Ausgabebetrag angeboten wurden. [2]Absatz 3 gilt entsprechend. [3]Der Umstand, dass der Fonds die Aktien zu einem geringeren Preis als den Ausgabebetrag beziehen kann, ist kein Schaden.

(4) [1]Eine vorherige Leistung durch den Fonds in das Vermögen der Gesellschaft kann der Einlagepflicht zugeordnet werden und befreit den Fonds von seiner Einlagepflicht. [2]§ 194 Absatz 1 Satz 2 des Aktiengesetzes gilt entsprechend, sofern die Ausgabe neuer Aktien gegen Hingabe von Einlagen aus von

dem Fonds oder von Dritten nach § 10 Absatz 1 eingegangenen stillen Gesellschaften erfolgt.

(5) Die Bestimmungen des § 5 Absatz 1 Satz 2 und 3, Absatz 3 Satz 1 und Absatz 5 gelten sinngemäß; an die Stelle des Vorstandes in § 5 Absatz 1 Satz 2 und 3 tritt die Hauptversammlung.

(6) [1]Eine Herabsetzung des Grundkapitals im Zusammenhang mit einer Rekapitalisierung nach § 7 oder § 22 des Stabilisierungsfondsgesetzes kann mit einer Mehrheit nach Absatz 3 Satz 1 oder 2 beschlossen werden. [2]Absatz 2 Satz 2 gilt entsprechend. [3]Auf die Einberufung zur Hauptversammlung ist Absatz 1 entsprechend anzuwenden. [4]Das Recht, gemäß § 225 des Aktiengesetzes Sicherheitsleistung zu verlangen, steht Gläubigern nicht zu, wenn der Betrag des Grundkapitals der Gesellschaft vor der Kapitalherabsetzung durch eine Kapitalerhöhung mindestens wieder erreicht wird, die zugleich mit der Kapitalherabsetzung beschlossen ist. [5]Gleiches gilt für den Fall, dass keine Kapitalerhöhung beschlossen wird, aber in dem Beschluss über die Kapitalherabsetzung festgelegt wird, dass der Unterschiedsbetrag des Grundkapitals vor der Kapitalherabsetzung abzüglich des Grundkapitals nach der Kapitalherabsetzung in die Kapitalrücklage einzustellen ist. [6]§ 228 Absatz 2 des Aktiengesetzes gilt unbeschadet des § 7c entsprechend. [7]Im Fall des Satzes 5 dürfen Beträge, die aus der Auflösung der Kapitalrücklage und aus der Kapitalherabsetzung gewonnen werden, nicht zu Zahlungen an die Aktionäre und nicht dazu verwandt werden, die Aktionäre von der Verpflichtung zur Leistung von Einlagen zu befreien.

(7) [1]Aktionäre, die eine für den Fortbestand der Gesellschaft erforderliche Rekapitalisierungsmaßnahme, insbesondere durch ihre Stimmrechtsausübung oder die Einlegung unbegründeter Rechtsmittel, verzögern oder vereiteln, um dadurch ungerechtfertigte Vorteile für sich zu erlangen, sind der Gesellschaft gesamtschuldnerisch zum Schadenersatz verpflichtet. [2]Ein Aktionär kann nicht geltend machen, dass seine Stimmrechtsausübung für das Beschlussergebnis deshalb nicht ursächlich war, weil auch andere Aktionäre ihr Stimmrecht in gleicher Weise ausgeübt haben.

§ 7a Bedingtes Kapital. (1) [1]Eine bedingte Kapitalerhöhung im Zusammenhang mit einer Rekapitalisierung nach § 7 oder § 22 des Stabilisierungsfondsgesetzes kann auch zur Gewährung von Umtausch- oder Bezugsrechten an den Fonds als stillen Gesellschafter beschlossen werden. [2]Der Beschluss bedarf einer Mehrheit der abgegebenen Stimmen. [3]§ 192 Absatz 3 Satz 1 des Aktiengesetzes gilt nicht; eine Anrechnung auf sonstige bedingte Kapitalien erfolgt nicht. [4]§ 194 Absatz 1 Satz 2 des Aktiengesetzes gilt entsprechend. [5]Dies gilt auch für die Ausgabe von Wandelschuldverschreibungen durch ein Unternehmen gegen Einbringung von Vermögenseinlagen aus stillen Beteiligungen nach § 10. [6]Es genügt, wenn in dem Beschluss oder dem damit verbundenen Beschluss nach § 10 Absatz 2 der Mindestausgabebetrag oder die Grundlagen für die Festlegung des Ausgabebetrages oder des Mindestausgabebetrages bestimmt werden. [7]Im Übrigen ist § 7 Absatz 1 und 2 Satz 2 entsprechend anzuwenden.

(2) § 5 gilt entsprechend.

(3) Für bedingtes Kapital nach Absatz 1 gilt § 218 des Aktiengesetzes entsprechend.

§ 7b Schaffung eines genehmigten Kapitals durch die Hauptversammlung. (1) [1]Der Beschluss der Hauptversammlung, mit dem der Vorstand ermächtigt wird, im Zusammenhang mit einer Rekapitalisierung nach § 7 oder § 22 des Stabilisierungsfondsgesetzes das Grundkapital bis zu einem bestimmten Nennbetrag durch Ausgabe neuer Aktien gegen Einlagen zu erhöhen (§ 202 Absatz 2 des Aktiengesetzes), bedarf einer Mehrheit der abgegebenen Stimmen. [2]Abweichende Satzungsbestimmungen sind unbeachtlich. [3]§ 202 Absatz 3 Satz 1 des Aktiengesetzes gilt nicht; eine Anrechnung auf sonstige genehmigte Kapitalien erfolgt nicht. [4]Im Übrigen ist § 7 Absatz 1 und 2 Satz 2 sowie Absatz 4 Satz 2 entsprechend anzuwenden.

(2) Wird das Bezugsrecht ganz oder teilweise im Ermächtigungsbeschluss ausgeschlossen oder wird hierin vorgesehen, dass der Vorstand über den Ausschluss des Bezugsrechts entscheidet, gilt § 7 Absatz 3 entsprechend.

(3) Für die Ausgabe der neuen Aktien gilt § 5 entsprechend.

§ 7c Eintragung von Hauptversammlungsbeschlüssen. [1]Ein Beschluss der Hauptversammlung nach den §§ 7, 7a und 7b ist unverzüglich zur Eintragung in das Handelsregister anzumelden und beim Bundesanzeiger einzureichen. [2]Er wird mit Veröffentlichung des zur Eintragung in das Handelsregister angemeldeten Beschlusses auf der Internetseite der Gesellschaft, spätestens aber mit der Veröffentlichung im Bundesanzeiger wirksam, auch Dritten gegenüber. [3]Die Eintragung ins Handelsregister ist nicht Voraussetzung für die Wirksamkeit des Beschlusses und der entsprechenden Kapitalmaßnahmen. [4]Der Beschluss, und sofern erforderlich die Durchführung der entsprechenden Kapitalmaßnahme sind, sofern sie nicht offensichtlich nichtig sind, unverzüglich in das Handelsregister einzutragen. [5]§ 246a Absatz 4 des Aktiengesetzes gilt entsprechend mit der Maßgabe, dass das Überwiegen des Vollzugsinteresses im Sinne von § 246a Absatz 2 Nummer 3 des Aktiengesetzes vermutet wird. [6]Dasselbe gilt für die Beschlussfassungen von Vorstand und Aufsichtsrat auf Grund einer Ermächtigung nach § 5 Absatz 1 und § 7b.

§ 7d[1)] Ausschluss der aktienrechtlichen Vorschriften über verbundene Unternehmen. [1]Die Vorschriften des Aktiengesetzes über herrschende Unternehmen sind auf den Fonds, den Bund und die von ihnen errichteten Körperschaften, Anstalten und Sondervermögen sowie die ihnen nahestehenden Personen oder sonstige von ihnen mittelbar oder unmittelbar abhängigen Unternehmen nicht anzuwenden. [2]Bei Beteiligungen an Unternehmen der Realwirtschaft im Sinne von § 1 Nummer 5 gilt dies nur bis zum Ablauf des 31. Dezember 2021. [3]Die Vorschriften über die Vertretung der Arbeitnehmer im Aufsichtsrat eines vom Fonds beherrschten Unternehmens bleiben von dieser Bestimmung unberührt.

---

1) § 7d Satz 1 geänd., Satz 2 eingef., bish. Satz 2 wird Satz 3 und neu gef. mWv 17.7.2020 durch G v. 10.7.2020 (BGBl. I S. 1633).

§ 7e Kapitalmaßnahmen durch Dritte im Zusammenhang mit einer Stabilisierungsmaßnahme. [1]Die §§ 7 bis 7d gelten entsprechend für Kapitalmaßnahmen, insbesondere die Ausgabe neuer Aktien gegen Hingabe von Einlagen aus von dem Fonds eingegangenen stillen Gesellschaften oder zur Beschaffung von Mitteln zum Zweck der Rückgewähr solcher Einlagen, im Zusammenhang mit einer Stabilisierungsmaßnahme nach den §§ 6 bis 8, 21, 22 des Stabilisierungsfondsgesetzes, wenn die neuen Aktien aus der Kapitalmaßnahme auch oder ausschließlich durch Dritte gezeichnet werden. [2]Dies gilt insbesondere, wenn durch die Kapitalmaßnahmen die Voraussetzung für eine Maßnahme nach § 6 oder § 21 des Stabilisierungsfondsgesetzes geschaffen werden soll.

§ 7f Zusammenhang mit Stabilisierungsmaßnahmen. (1) Ein Zusammenhang mit der Stabilisierung, einer Rekapitalisierung oder einer anderen Stabilisierungsmaßnahme im Sinne der §§ 7 bis 7b und 7e besteht auch dann, wenn Beschlüsse der Hauptversammlung des Unternehmens, insbesondere über Kapitalmaßnahmen oder die Ermächtigung des Vorstands zu deren Vornahme, dem Zweck dienen,

1. eine von dem Fonds im Zuge einer solchen Maßnahme bereits erworbene Beteiligung an dem Unternehmen ganz oder teilweise zu übertragen oder zu veräußern oder zu erhöhen. [2]Für die Erhöhung der Beteiligung gilt dies nur solange, wie nach dem Stabilisierungsfondsgesetz durch den Fonds Stabilisierungsmaßnahmen gewährt werden dürfen,
2. die Bedingungen der Beteiligung des Fonds zu ändern,
3. die Beteiligung des Fonds oder von Dritten nach § 10 Absatz 1 als Einlage in das Unternehmen einzubringen, insbesondere gegen Ausgabe von Aktien oder Wandelschuldverschreibungen,
4. die Beteiligung des Fonds in vergleichbarer Weise umzustrukturieren, insbesondere aufzuteilen oder als Wertpapier auszugestalten,
5. dem Fonds erstmalig oder zusätzliche Umtausch- und Bezugsrechte einzuräumen und bedingtes Kapital für die Erfüllung der dadurc- entstehenden Ansprüche zu schaffen oder
6. Kapitalerhöhungen gegen Einlagen für die Einhaltung von Eigenmittelanforderungen bei Unternehmen des Finanzsektors nach § 2 des Stabilisierungsfondsgesetzes oder für die Einhaltung der finanziellen Bedingungen eines Luftfahrtunternehmens der Gemeinschaft gemäß Artikel 5 der Verordnung (EG) Nr. 1008/2008 des Europäischen Parlaments und des Rates vom 24. September 2008 über gemeinsame Vorschriften für die Durchführung von Luftverkehrsdiensten in der Gemeinschaft (ABl. L 293 vom 31.10.2018, S. 3) durchzuführen.

(2) Dasselbe gilt, wenn der Beschluss der Hauptversammlung eine Vereinbarung mit dem Fonds oder eine Erklärung der Geschäftsführung des Unternehmens vorsieht, die aus einer Kapitalmaßnahme dem Unternehmen zufließenden Mittel überwiegend für eine Rückzahlung von dem Unternehmen durch den Fonds zur Verfügung gestelltem Kapital zu verwenden.

§ 8 Genussrechte und nachrangige Schuldverschreibungen. (1) [1]Der Vorstand eines als Aktiengesellschaft verfassten Unternehmens ist bis zum 31. Dezember 2021 ermächtigt, Genussrechte und Schuldverschreibungen mit einem qualifizierten Nachrang an den Fonds auszugeben. [2]Der Vorstand kann von der Ermächtigung nur mit Zustimmung des Aufsichtsrates Gebrauch machen.

(2) Die Ausgabe der Genussrechte und Schuldverschreibungen bedarf nicht der Zustimmung der Hauptversammlung, es sei denn, die Genussrechte oder Schuldverschreibungen sehen das Recht zur Wandlung in Aktien vor.

(3) Das Bezugsrecht der Aktionäre ist ausgeschlossen, es sei denn, die Genussrechte oder Schuldverschreibungen sehen das Recht zur Wandlung in Aktien vor.

(4) Die Absätze 1 bis 3 gelten entsprechend, wenn ein Unternehmen Schuldverschreibungen ausgibt, für die der Finanzmarktstabilisierungsfonds nach § 6 Absatz 1 des Stabilisierungsfondsgesetzes oder der Wirtschaftsstabilisierungsfonds nach § 21 Absatz 1 des Stabilisierungsfondsgesetzes eine Garantie übernimmt.

§ 9 Sinngemäße Anwendung bei Kommanditgesellschaften auf Aktien, Europäischen Gesellschaften (SE) und Genossenschaften. (1) Für Unternehmen, die in der Rechtsform der Kommanditgesellschaft auf Aktien oder der Europäischen Gesellschaft (SE) verfasst sind, gelten die §§ 5 bis 8 sinngemäß.

(2) [1]Der Fonds kann Mitglied von Unternehmen werden, die in der Rechtsform der Genossenschaft verfasst sind. [2]Satzungsänderungen von Genossenschaften, deren Zweck darin besteht, eine Kapitalverstärkung durch den Fonds herbeizuführen, sind unverzüglich zur Eintragung in das Genossenschaftsregister anzumelden und unverzüglich einzutragen, sofern der zugrundeliegende Beschluss nicht offensichtlich nichtig ist.

§ 9a Vorgaben für Stabilisierungsmaßnahmen bei als GmbH verfassten Unternehmen. (1) [1]Beschlüsse der Gesellschafterversammlung über die in den §§ 7 und 7b bezeichneten Refinanzierungsmaßnahmen bedürfen der einfachen Mehrheit der anwesenden Stimmen. [2]Abweichende Bestimmungen im Gesellschaftsvertrag sind unbeachtlich. [3]Dies gilt auch für den Ausschluss des Bezugsrechts. [4]Für die Eintragung dieser Beschlüsse ins Handelsregister gelten § 7c Satz 1 bis 4 und § 7 Absatz 2 entsprechend.

(2) Entsprechend § 2 des Gesetzes über Maßnahmen im Gesellschafts-, Vereins-, Genossenschafts- und Wohnungseigentumsrecht zur Bekämpfung der Auswirkungen der COVID-19-Pandemie können Beschlüsse nach § 48 Absatz 2 des Gesetzes betreffend die Gesellschaften mit beschränkter Haftung auch durch schriftliche Abgabe der Stimmen gefasst werden.

(3) [1]Mit Gesellschafterbeschluss, der einer Mehrheit von drei Viertel der anwesenden Stimmen bedarf, können Gesellschafter aus der Gesellschaft gegen Abfindung ausgeschlossen werden, wenn dies für den Erfolg der Stabilisierungsmaßnahme notwendig ist. [2]Die Untergrenze der Abfindung bemisst sich

anhand eines durch Sachverständigengutachten ermittelten Unternehmenswertes. [3]Der Ausschluss wird mit Beschlussfassung wirksam.

(4) Die §§ 7e, 7f und 8 gelten entsprechend.

§ 9b GmbH & Co. KG und KG. Für Beschlüsse von Unternehmen der Realwirtschaft, die als GmbH & Co. KG oder KG über die Aufnahme des Wirtschaftsstabilisierungsfonds als Kommanditist entscheiden, genügt die einfache Mehrheit der am Beschluss teilnehmenden Gesellschafter.

§ 10 Stille Gesellschaft. (1) [1]Eine Vereinbarung über die Leistung einer Vermögenseinlage durch den Fonds als stiller Gesellschafter in ein Unternehmen ist kein Unternehmensvertrag nach § 291 oder § 292 des Aktiengesetzes. [2]Sie bedarf insbesondere nicht der Zustimmung der Hauptversammlung oder der Eintragung in das Handelsregister. [3]Die vorstehenden Sätze gelten entsprechend, wenn sich im Rahmen einer Rekapitalisierung nach § 7 oder § 22 des Stabilisierungsfondsgesetzes neben dem Fonds auch Dritte als stille Gesellschafter an dem Unternehmen beteiligen oder die stille Beteiligung nach Gewährung der Einlage ganz oder in Teilen an Dritte übertragen wird.

(Fortsetzung nächstes Blatt)

(2) [1]In der Vereinbarung kann auch ein Umtausch oder Bezugsrecht auf Aktien eingeräumt werden. [2]Das Bezugsrecht der Aktionäre ist im Falle einer Wandlung ausgeschlossen. [3]Ein Umtausch- oder Bezugsrecht bedarf der Zustimmung oder Ermächtigung der Hauptversammlung mit einer Mehrheit, die mindestens zwei Drittel der abgegebenen Stimmen oder des vertretenen Grundkapitals umfasst. [4]Die einfache Mehrheit reicht, wenn die Hälfte des gezeichneten Kapitals vertreten ist.

(3) Die Absätze 1 und 2 gelten auch für nachträgliche Änderungen oder Ergänzungen und die Aufhebung einer Vereinbarung über stille Beteiligungen des Fonds an einem von ihm gestützten Unternehmen des Finanzsektors oder einer Vereinbarung über stille Beteiligungen von Dritten an dem Unternehmen, die nach Absatz 1 abgeschlossen wurde.

(4) Die vorzeitige Rückgewähr einer Vermögenseinlage des Fonds oder einvernehmliche Aufhebung einer stillen Gesellschaft nach Absatz 1 gilt nicht als Rückgewähr von Einlagen im Sinne des § 57 des Aktiengesetzes.

§ 11 Keine Informationspflicht gegenüber dem Wirtschaftsausschuss. § 106 Absatz 2 Satz 2 und Absatz 3 Nummer 9a sowie § 109a des Betriebsverfassungsgesetzes finden keine Anwendung auf den Erwerb von Anteilen durch die Fonds.

§ 12 Keine Mitteilungspflicht für wesentliche Beteiligung. § 43 des Wertpapierhandelsgesetzes findet keine Anwendung auf den Erwerb von Anteilen durch die Fonds.

§ 13 Keine Anzeigepflicht für bedeutende Beteiligung. § 2c des Kreditwesengesetzes findet keine Anwendung auf den Erwerb von bedeutenden Beteiligungen durch die Fonds.

§ 14 Wertpapiererwerbs- und Übernahmeangebote; Ausschluss von Minderheitsaktionären. (1) Wird die Kontrolle im Sinne des § 29 Absatz 2 des Wertpapiererwerbs- und Übernahmegesetzes über eine Zielgesellschaft durch den Bund, den Fonds oder durch ihre jeweiligen Tochtergesellschaften im Zusammenhang mit einer Stabilisierungsmaßnahme nach Stabilisierungsfondsgesetz, einschließlich der nachträglichen Erhöhung einer im Rahmen einer Stabilisierungsmaßnahme erworbenen Beteiligung des Fonds, oder einer Maßnahme nach dem Rettungsübernahmegesetz erlangt, so befreit sie die Bundesanstalt für Finanzdienstleistungsaufsicht von der Pflicht zur Veröffentlichung nach § 35 Absatz 1 Satz 1 des Wertpapiererwerbs- und Übernahmegesetzes und zur Abgabe eines Angebots nach § 35 Absatz 2 Satz 1 des Wertpapiererwerbs- und Übernahmegesetzes.

(2) § 30 Absatz 2 des Wertpapiererwerbs- und Übernahmegesetzes findet keine Anwendung, wenn sich Aktionäre einer Zielgesellschaft oder Personen oder Gesellschaften, denen nach § 30 Absatz 1 oder 2 des Wertpapiererwerbs- und Übernahmegesetzes Stimmrechte aus Aktien dieser Zielgesellschaft zugerechnet werden, ihr Verhalten in Bezug auf diese Zielgesellschaft auf Grund einer Vereinbarung oder in sonstiger Weise mit dem Fonds, dem Bund oder

mit deren jeweiligen Tochterunternehmen im Zusammenhang mit Stabilisierungsmaßnahmen nach § 7, 8 oder 22 des Stabilisierungsfondsgesetzes über die Ausübung von Stimmrechten oder in sonstiger Weise in Bezug auf die Zielgesellschaft abstimmen.

(3) Gibt der Bund oder ein Fonds im Zusammenhang mit einer Stabilisierung ein Angebot im Sinne des § 2 Absatz 1 des Wertpapiererwerbs- und Übernahmegesetzes zum Erwerb von Wertpapieren eines Unternehmens ab, gilt Folgendes:

1. [1]Die Annahmefrist darf unter Abweichung von § 16 Absatz 1 des Wertpapiererwerbs- und Übernahmegesetzes nicht weniger als zwei Wochen betragen. [2]Die weitere Annahmefrist im Sinne des § 16 Absatz 2 Satz 1 des Wertpapiererwerbs- und Übernahmegesetzes entfällt. [3]Die Schwellenwerte in § 39a Absatz 1 Satz 1 und 2 des Wertpapiererwerbs- und Übernahmegesetzes betragen jeweils 90 Prozent. [4]Die §§ 13, 16 Absatz 3 Satz 1 und § 22 Absatz 2 Satz 1 des Wertpapiererwerbs- und Übernahmegesetzes sind nicht anzuwenden.
2. In der Angebotsunterlage bedarf es nicht der Aufnahme der ergänzenden Angaben nach § 11 Absatz 2 Satz 3 Nummer 1 und 4 des Wertpapiererwerbs- und Übernahmegesetzes und der ergänzenden Angaben nach § 2 Nummer 1 der WpÜG-Angebotsverordnung für solche Personen, die lediglich nach Maßgabe des § 2 Absatz 5 Satz 3 des Wertpapiererwerbs- und Übernahmegesetzes als gemeinsam handelnde Personen gelten, aber tatsächlich ihr Verhalten im Hinblick auf ihren Erwerb von Wertpapieren der Zielgesellschaft oder ihre Ausübung von Stimmrechten aus Aktien der Zielgesellschaft nicht mit dem Bund oder dem Fonds abstimmen.
3. [1]Abweichend von § 31 Absatz 1 Satz 2 des Wertpapiererwerbs- und Übernahmegesetzes und den §§ 4 bis 6 der WpÜG-Angebotsverordnung bemisst sich der Mindestwert bei Übernahmeangeboten nach Abschnitt 4 des Wertpapiererwerbs- und Übernahmegesetzes nach dem gewichteten durchschnittlichen inländischen Börsenkurs während der letzten zwei Wochen vor Bekanntgabe oder Bekanntwerden der Absicht eines Übernahmeangebots. [2]Das gilt nicht, wenn dieser Wert über dem gewichteten durchschnittlichen inländischen Börsenkurs während des Zeitraums vom 1. bis 27. März 2020 liegt. [3]In diesem Fall ist der letztgenannte Wert der maßgebliche Mindestwert. [4]§ 31 Absatz 4 und 5 des Wertpapiererwerbs- und Übernahmegesetzes findet keine Anwendung.

(4) [1]Der Fonds kann ein Verlangen nach § 327a Absatz 1 Satz 1 des Aktiengesetzes stellen, wenn ihm Aktien der Gesellschaft in Höhe von 90 Prozent des Grundkapitals gehören. [2]§ 327b Absatz 3 des Aktiengesetzes ist nicht anzuwenden. [3]Anstelle des § 327e Absatz 2 des Aktiengesetzes findet § 7c Satz 2 bis 4 entsprechende Anwendung. [4]Ist eine gegen die Wirksamkeit des Hauptversammlungsbeschlusses gerichtete Klage begründet, hat der Fonds den Aktionären ihre Aktien Zug um Zug gegen Erstattung einer bereits gezahlten Abfindung zurück zu übertragen. [5]Im Übrigen sind die §§ 327a bis 327f des Aktiengesetzes anzuwenden.

§ 15 Keine Börsenzulassung. [1] § 40 Absatz 1 des Börsengesetzes und § 69 der Börsenzulassungs-Verordnung finden auf die Ausgabe von Aktien an den Fonds keine Anwendung. [2] Nach einer Übertragung der Aktien an einen Dritten sind die vorstehenden Vorschriften anzuwenden. [3] Die Frist des § 69 Absatz 2 der Börsenzulassungs-Verordnung beginnt mit der Übertragung an den Dritten zu laufen.

§ 16 Wettbewerbsrecht. Die Vorschriften des Ersten bis Dritten Teils des Gesetzes gegen Wettbewerbsbeschränkungen finden keine Anwendung auf den Fonds.

§ 17 Anfechtung, Gesellschafterdarlehen und wirtschaftlich vergleichbare Forderungen, verdeckte Sacheinlage. (1) Rechtshandlungen, die im Zusammenhang mit Stabilisierungsmaßnahmen stehen, können nicht zu Lasten des Fonds, des Bundes und der von ihnen errichteten Körperschaften, Anstalten und Sondervermögen sowie der ihnen nahestehenden Personen oder sonstigen von ihnen mittelbar oder unmittelbar abhängigen Unternehmen nach den Bestimmungen der Insolvenzordnung und des Anfechtungsgesetzes angefochten werden.

(2) Die Vorschriften über Gesellschafterdarlehen und wirtschaftlich vergleichbare Forderungen, insbesondere § 39 Absatz 1 Nummer 5 der Insolvenzordnung, gelten nicht zu Lasten der in Absatz 1 genannten Personen und Rechtsträger.

(3) Die Absätze 1 und 2 gelten auch zugunsten von Rechtsnachfolgern, die in die Rechte und Pflichten in Bezug auf die privilegierte Forderung oder Sicherheit eintreten.

(4) [1] Die Rechtsgrundsätze der verdeckten Sacheinlage finden auf Rechtsgeschäfte zwischen dem Finanzmarktstabilisierungsfonds und Unternehmen des Finanzsektors sowie zwischen dem Wirtschaftsstabilisierungsfonds und Unternehmen der Realwirtschaft keine Anwendung. [2] Dies gilt insbesondere für die Ausgabe neuer Aktien gegen Hingabe von Einlagen aus von dem Fonds eingegangenen stillen Gesellschaften oder von sonstigen Verbindlichkeiten des Unternehmens gegenüber dem Fonds.

§ 18 Keine Kündigung bei Übernahme einer Beteiligung. [1] Die Übernahme, Umstrukturierung, Veränderung oder Veräußerung einer Beteiligung des Fonds an einem Unternehmen des Finanzsektors stellt keinen wichtigen Grund zur Kündigung eines Schuldverhältnisses dar und führt auch nicht zu einer automatischen Beendigung von Schuldverhältnissen. [2] Entgegenstehende vertragliche Bestimmungen sind unwirksam. [3] Die Vereinbarung von Abfindungs- oder Entschädigungsansprüchen in Anstellungsverträgen von Organmitgliedern oder in sonstigen Dienstverträgen des Unternehmens ist unwirksam, soweit die Vereinbarung Ansprüche auch für den Fall einer Vertragsbeendigung aus Anlass der Übernahme einer Beteiligung des Fonds, aus Anlass einer Veränderung der Höhe dieser Beteiligung oder aus Anlass der Wahrnehmung von Rechten aus dieser Beteiligung gewähren würde.

§ 19 Veränderung und Beendigung von Rekapitalisierungsmaßnahmen. (1) [1]Das Unternehmen ist verpflichtet, auf Verlangen des Fonds zumutbare Maßnahmen vorzunehmen, die für die Rückführung, Veräußerung, Übertragung oder Änderung von im Zusammenhang mit einer Rekapitalisierung erworbenen Beteiligungen des Fonds zweckdienlich sind. [2]Das gilt insbesondere für die Börsenzulassung von Finanzinstrumenten und die Erstellung von Wertpapierprospekten oder sonstigen Angebotsunterlagen, die in Form und Inhalt den anwendbaren gesetzlichen Vorgaben zu entsprechen haben. [3]Auf Verlangen des Fonds sind solche Wertpapierprospekte oder sonstige Angebotsunterlagen auch mehrsprachig und unter Beachtung der Anforderungen an derartige Unterlagen auch für das Angebot an institutionelle Anleger im Ausland zu erstellen.

(2) [1]Kosten von öffentlichen oder nichtöffentlichen Angeboten von Beteiligungen oder Finanzinstrumenten, die im Zusammenhang mit der Beendigung, der Umstrukturierung, der Refinanzierung, der Übertragung, der Veräußerung oder der Änderung von im Zusammenhang mit einer Rekapitalisierung erworbenen Beteiligungen des Fonds stehen, einschließlich der Kosten der Erstellung von Wertpapierprospekten und Unterlagen im Sinne des Absatzes 1 Satz 2, sind von dem Unternehmen zu tragen. [2]Kosten, die dem Fonds in diesem Zusammenhang entstehen, sind dem Fonds zu erstatten.

(3) [1]Das Unternehmen ist verantwortlich für die Gesetzmäßigkeit, Richtigkeit und Vollständigkeit von Wertpapierprospekten oder sonstigen Unterlagen im Sinne des Absatzes 1 Satz 2, die das Unternehmen im Zusammenhang mit Börsenzulassungen oder Angeboten von Finanzinstrumenten erstellt. [2]Der Fonds ist nicht Veranlasser im Sinne des § 9 Absatz 1 des Wertpapierprospektgesetzes. [3]Wird der Fonds auf Grund einer Unrichtigkeit, Unvollständigkeit oder der mangelnden Verständlichkeit derartiger Wertpapierprospekte oder Unterlagen von Dritten in Anspruch genommen, so stellt das Unternehmen den Fonds von sämtlichen daraus entstehenden Schäden, Kosten und Auslagen frei. [4]Dies gilt auch dann, wenn der Fonds an der Erstellung der Wertpapierprospekte oder Unterlagen mitgewirkt hat.

(4) § 57 des Aktiengesetzes findet auf die Maßnahmen des Unternehmens im Sinne des Absatzes 1, auf die Übernahme und Erstattung von Kosten gemäß Absatz 2 und auf die Freistellung gemäß Absatz 3 keine Anwendung.

§ 20[1)] Erwerb von Risikopositionen. (1) [1]Übertragungen von Risikopositionen und Sicherheiten auf den Fonds sind insolvenzrechtlich nicht anfechtbar. [2]Zivilrechtliche Abtretungs- und Übertragungshindernisse, einschließlich des Erfordernisses einer Zustimmung Dritter, stehen der Wirksamkeit der Übertragung an den Fonds nicht entgegen. [3]Die Übertragung einer Forderung oder eines Vertragsverhältnisses an den Fonds stellt keinen wichtigen Grund zur Kündigung im Sinne des § 314 des Bürgerlichen Gesetzbuchs und keine Vertragsverletzung dar. [4]Die Übertragung einer gesellschaftsrechtlichen Beteiligung auf den Fonds stellt keinen Grund für die Einziehung oder Kündigung der Beteiligung und keine Vertragsverletzung dar. [5]Die §§ 307 bis 309

[1)] § 20 eingef. mWv 29.12.2020 durch G v. 9.12.2020 (BGBl. I S. 2773).

des Bürgerlichen Gesetzbuchs und § 354a Absatz 2 des Handelsgesetzbuchs sind auf Übertragungen an den Fonds und die von ihm verwendeten Vertragsbedingungen nicht anwendbar.

(2) [1] Die an einer Übertragung von Risikopositionen an den Fonds Beteiligten dürfen personenbezogene Daten erheben, verarbeiten und nutzen, soweit dies zur Übertragung erforderlich ist. [2] § 203 des Strafgesetzbuchs steht einer Übertragung von Informationen im Rahmen der Übertragung von Risikopositionen an den Fonds nicht entgegen.

(3) Durch Vereinbarungstreuhand auf den Fonds übertragene Vermögensgegenstände fallen nicht in die Insolvenzmasse des Treuhänders.

Verordnung über Erleichterungen der Kurzarbeit (Kurzarbeitergeldverordnung – KugV)

Vom 25. März 2020 (BGBl. I S. 595)

Geändert durch VO vom 21.10.2020 (BGBl. I S. 2259) und durch VO vom 25.3.2021 (BGBl. I S. 381)

FNA 860-3-41

Auf Grund des § 109 Absatz 5 des Dritten Buches Sozialgesetzbuch – Arbeitsförderung –, der durch Artikel 1 des Gesetzes vom 13. März 2020 (BGBl. I S. 493) eingefügt worden ist, und des § 11a des Arbeitnehmerüberlassungsgesetzes, der durch Artikel 2 Nummer 2 des Gesetzes vom 13. März 2020 (BGBl. I S. 493) eingefügt worden ist, verordnet die Bundesregierung:

§ 1[1)] Absenkung der Anforderungen für die Gewährung von Kurzarbeitergeld. Kurzarbeitergeld nach § 95 des Dritten Buches Sozialgesetzbuch und Saison-Kurzarbeitergeld nach § 101 des Dritten Buches Sozialgesetzbuch werden bis zum 31. Dezember 2021 für Betriebe, die bis zum 31. Juni 2021 Kurzarbeit eingeführt haben, mit folgenden Maßgaben geleistet:

1. abweichend von § 96 Absatz 1 Satz 1 Nummer 4 des Dritten Buches Sozialgesetzbuch wird der Anteil der in dem Betrieb beschäftigten Arbeitnehmerinnen und Arbeitnehmer, die im jeweiligen Kalendermonat (Anspruchszeitraum) von einem Entgeltausfall von jeweils mehr als zehn Prozent ihres monatlichen Bruttoentgelts betroffen sind, auf mindestens zehn Prozent festgesetzt,
2. § 96 Absatz 4 Satz 2 Nummer 3 des Dritten Buches Sozialgesetzbuch gilt nicht für den Aufbau negativer Arbeitszeitsalden.

§ 2[1)] Erstattung von Beiträgen zur Sozialversicherung. (1) Dem Arbeitgeber werden die von ihm während des Bezugs von Kurzarbeitergeld nach § 95 oder § 101 des Dritten Buches Sozialgesetzbuch allein zu tragenden Beiträge zur Sozialversicherung auf Antrag von der Bundesagentur für Arbeit für Arbeitsausfälle

1. vom 1. Januar bis zum 30. Juni 2021 in voller Höhe und
2. vom 1. Juli bis zum 31. Dezember 2021 in Höhe von 50 Prozent

in pauschalierter Form erstattet, wenn der Betrieb bis zum 30. Juni 2021 Kurzarbeit eingeführt hat.

(2) Die Erstattung der Beiträge zur Sozialversicherung nach Absatz 1 an Arbeitgeber von Bezieherinnen und Beziehern von Saison-Kurzarbeitergeld nach

---

1) §§ 1 und 2 Abs. 1 geänd. bzw. neu gef. mWv 1.1.2021 durch VO v. 21.10.2020 (BGBl. I S. 2259); § 1 geänd. durch VO v. 25.3.2021 (BGBl. I S. 381).

§ 101 des Dritten Buches Sozialgesetzbuch hat Vorrang vor einer Erstattung der Sozialversicherungsbeiträge aus der Umlage nach § 102 Absatz 1 des Dritten Buches Sozialgesetzbuch.

(3) Für die Pauschalierung wird die Sozialversicherungspauschale nach § 153 Absatz 1 Satz 2 Nummer 1 des Dritten Buches Sozialgesetzbuch abzüglich des Betrags zur Arbeitsförderung zugrunde gelegt.

§ 3[1)] Öffnung von Kurzarbeit für Leiharbeitnehmerinnen und Leiharbeitnehmer. [1]Das in § 11 Absatz 4 Satz 2 des Arbeitnehmerüberlassungsgesetzes geregelte Recht von Leiharbeitnehmerinnen und Leiharbeitnehmern auf Vergütung wird bei Vereinbarung von Kurzarbeit für den Arbeitsausfall und für die Dauer aufgehoben, für die der Leiharbeitnehmerin oder dem Leiharbeitnehmer Kurzarbeitergeld nach dem Dritten Buch Sozialgesetzbuch gezahlt wird. [2]Eine solche Vereinbarung kann das Recht der Leiharbeitnehmerin oder des Leiharbeitnehmers auf Vergütung längstens bis zum 31. Dezember 2021 ausschließen, wenn der Betrieb bis zum 31. Juni 2021 Kurzarbeit eingeführt hat.

§ 4 Inkrafttreten. Diese Verordnung tritt mit Wirkung vom 1. März 2020 in Kraft.

Vor 1.3a–1.4. *(weggefallen)*

[1)] § 3 Satz 2 geänd. durch VO v. 21.10.2020 (BGBl. I S. 2259); geänd. durch VO v. 25.3. 2021 (BGBl. I S. 381).

Gesetz zur Sicherstellung der Funktionsfähigkeit der Kammern im Bereich der Bundesrechtsanwaltsordnung, der Patentanwaltsordnung, der Bundesnotarordnung, der Wirtschaftsprüferordnung und des Steuerberatungsgesetzes während der COVID-19-Pandemie

(COVID-19-Gesetz zur Funktionsfähigkeit der Kammern – COV19FKG)[1]

– Auszug –

Vom 10. Juli 2020 (BGBl. I S. 1643, 1644)

FNA 303-23

Inhaltsübersicht (Auszug)

§ 1 Anwendungsbereich. [1]Dieses Gesetz dient der Sicherstellung der Funktionsfähigkeit der Rechtsanwaltskammern (§ 60 Absatz 1 und 2 der Bundesrechtsanwaltsordnung), der Bundesrechtsanwaltskammer (§ 175 Absatz 1 der Bundesrechtsanwaltsordnung), der Patentanwaltskammer (§ 53 Absatz 1 und 2 der Patentanwaltsordnung), der Notarkammern (§ 65 Absatz 1 der Bundesnotarordnung), der Bundesnotarkammer (§ 76 Absatz 1 der Bundesnotarordnung), der Notarkasse (§ 113 Absatz 1 der Bundesnotarordnung), der Ländernotarkasse (§ 113 Absatz 2 der Bundesnotarordnung), der Wirtschaftsprüferkammer (§ 4 Absatz 1 der Wirtschaftsprüferordnung), der Steuerberaterkammern (§ 73 Absatz 1 und § 75 Absatz 1 des Steuerberatungsgesetzes) und der Bundessteuerberaterkammer (§ 85 Absatz 1 des Steuerberatungsgesetzes) während der COVID-19-Pandemie. [2]Es regelt Verfahren für präsenzlose Beschlussfassungen und Wahlen der Organe der Kammern und Kassen. [3]Im

[1] Verkündet als Art. 2 G v. 10.7.2020 (BGBl. I S. 1643); Inkrafttreten gem. Art. 3 Abs. 1 Satz 3 dieses G am 17.7.2020; **Außerkrafttreten gem. Art. 3 Abs. 2 dieses G mit Ablauf des 31.12.2021.**

Übrigen bleiben die Regelungen der Bundesrechtsanwaltsordnung, der Patentanwaltsordnung, der Bundesnotarordnung, der Wirtschaftsprüferordnung und des Steuerberatungsgesetzes unberührt.

§§ 2–4 […]

§ 5 Notarkammern. (1) Beschlüsse des Vorstands der Notarkammer können in schriftlicher Abstimmung gefasst werden, wenn die Mehrheit der Vorstandsmitglieder damit einverstanden ist.

(2) 1 Die Kammerversammlung kann auf Beschluss des Vorstands auch ohne Versammlung der Mitglieder Beschlüsse im Wege der schriftlichen Abstimmung fassen und Wahlen im Wege der Briefwahl oder als elektronische Wahl durchführen. 2 § 71 Absatz 1 bis 3 der Bundesnotarordnung gilt entsprechend mit der Maßgabe, dass die Einberufung der Kammerversammlung durch die Aufforderung der Mitglieder zur Beschlussfassung oder zur Wahl ersetzt wird. 3 Für die Berechnung der Aufforderungsfrist ist der letzte Tag der Stimmabgabe maßgeblich. 4 Mit der Aufforderung sind den Mitgliedern die Beschluss- und Wahlvorschläge unter Angabe der Rechtsgrundlage und unter Beifügung einer Erläuterung ihres wesentlichen Inhalts sowie weitere für die Befassung mit den Gegenständen der Tagesordnung erforderliche Dokumente zu übersenden. 5 Bei der Berechnung einer für die Beschlussfassung oder die Wahl gemäß Satz 1 erforderlichen Mehrheit kommt es auf die bis zum Ablauf der Frist für die Stimmabgabe abgegebenen Stimmen an.

§ 6 Bundesnotarkammer. (1) Beschlüsse des Präsidiums der Bundesnotarkammer können in schriftlicher Abstimmung gefasst werden, wenn die Mehrheit der Präsidiumsmitglieder damit einverstanden ist.

(2) 1 Die Vertreterversammlung der Bundesnotarkammer kann auch ohne Versammlung der Mitglieder Beschlüsse im Wege der schriftlichen Abstimmung fassen und Wahlen im Wege der Briefwahl oder als elektronische Wahl durchführen, wenn die Mehrheit der Mitglieder der Vertreterversammlung damit einverstanden ist. 2 § 85 der Bundesnotarordnung gilt entsprechend mit der Maßgabe, dass die Einberufung der Vertreterversammlung durch die Aufforderung der Mitglieder zur Beschlussfassung oder zur Wahl ersetzt wird. 3 Für die Berechnung der Aufforderungsfrist ist der letzte Tag der Stimmabgabe maßgeblich. 4 Mit der Aufforderung sind den Mitgliedern die Beschluss- und Wahlvorschläge unter Angabe der Rechtsgrundlage und unter Beifügung einer Erläuterung ihres wesentlichen Inhalts sowie weitere für die Befassung mit den Gegenständen der Tagesordnung erforderliche Dokumente zu übersenden. 5 § 86 Absatz 3 Satz 1 der Bundesnotarordnung gilt mit der Maßgabe, dass die einfache Mehrheit der bis zum Ablauf der Frist für die Stimmabgabe abgegebenen Stimmen erforderlich ist.

§ 7 Kassen. (1) Der Verwaltungsrat der Notarkasse und der Verwaltungsrat der Ländernotarkasse können Beschlüsse im Wege der schriftlichen Abstimmung fassen und Wahlen im Wege der Briefwahl oder als elektronische Wahl durchführen, wenn die Mehrheit der Verwaltungsratsmitglieder damit einverstanden ist.

(2) Für die Wahl des Präsidenten der Notarkasse und die Wahl der Mitglieder des Verwaltungsrats der Kassen gilt § 5 Absatz 2 entsprechend.

§ 8 Wirtschaftsprüferkammer. [1]Der Beirat, der Vorstand und die Kommission für Qualitätskontrolle der Wirtschaftsprüferkammer können Beschlüsse im Wege der schriftlichen Abstimmung fassen und Wahlen im Wege der Briefwahl oder als elektronische Wahl durchführen, wenn die Mehrheit ihrer Mitglieder damit einverstanden ist. [2]Die Einberufung einer Sitzung wird durch die Aufforderung der Mitglieder zur Beschlussfassung oder zur Wahl ersetzt. [3]Für die Berechnung der Aufforderungsfrist ist der letzte Tag der Stimmabgabe maßgeblich. [4]Den Mitgliedern sind mit der Aufforderung die Beschluss- und Wahlvorschläge unter Angabe der Rechtsgrundlage und unter Beifügung einer Erläuterung ihres wesentlichen Inhalts sowie weitere für die Befassung mit den Gegenständen der Tagesordnung erforderliche Dokumente zu übersenden.

§ 9 Steuerberaterkammern. (1) Beschlüsse des Vorstands oder der Abteilungen des Vorstands der Steuerberaterkammer können in schriftlicher Abstimmung gefasst werden, wenn die Mehrheit der Vorstandsmitglieder damit einverstanden ist.

(2) Die Wahl des Vorstands gemäß § 77 Satz 1 des Steuerberatungsgesetzes kann auch durch Briefwahl oder durch elektronische Wahl erfolgen.

(3) [1]Die Kammerversammlung kann auch ohne Versammlung der Mitglieder Beschlüsse im Wege der schriftlichen Abstimmung fassen und Wahlen im Wege der Briefwahl oder als elektronische Wahl durchführen. [2]Die Einberufung der Kammerversammlung wird durch die Aufforderung der Mitglieder zur Beschlussfassung oder zur Wahl ersetzt. [3]Für die Berechnung der Aufforderungsfrist ist der letzte Tag der Stimmabgabe maßgeblich. [4]Mit der Aufforderung sind den Mitgliedern die Beschluss- und Wahlvorschläge unter Angabe der Rechtsgrundlage und unter Beifügung einer Erläuterung ihres wesentlichen Inhalts sowie weitere für die Befassung mit den Gegenständen der Tagesordnung erforderliche Dokumente zu übersenden.

§ 10 Bundessteuerberaterkammer. (1) Beschlüsse des Vorstands der Bundessteuerberaterkammer können in schriftlicher Abstimmung gefasst werden, wenn die Mehrheit der Vorstandsmitglieder damit einverstanden ist.

(2) [1]Die Bundeskammerversammlung kann auch ohne Versammlung der Mitglieder Beschlüsse im Wege der schriftlichen Abstimmung fassen und Wahlen im Wege der Briefwahl oder als elektronische Wahl durchführen. [2]Die Einberufung der Bundeskammerversammlung wird durch die Aufforderung der Mitglieder zur Beschlussfassung oder zur Wahl ersetzt. [3]Für die Berechnung der Aufforderungsfrist ist der letzte Tag der Stimmabgabe maßgeblich. [4]Mit der Aufforderung sind den Mitgliedern die Beschluss- und Wahlvorschläge unter Angabe der Rechtsgrundlage und unter Beifügung einer Erläu-

terung ihres wesentlichen Inhalts sowie weitere für die Befassung mit den Gegenständen der Tagesordnung erforderliche Dokumente zu übersenden.

(3) [1]Die Satzungsversammlung bei der Bundessteuerberaterkammer kann auch ohne Versammlung der Mitglieder Beschlüsse im Wege der schriftlichen Abstimmung fassen und Wahlen im Wege der Briefwahl oder als elektronische Wahl durchführen. [2]§ 86a Absatz 4 des Steuerberatungsgesetzes gilt entsprechend mit der Maßgabe, dass die Einberufung der Satzungsversammlung durch die Aufforderung der Mitglieder zur Beschlussfassung ersetzt wird. [3]Für die Berechnung der Aufforderungsfrist ist der letzte Tag der Stimmabgabe maßgeblich. [4]Mit der Aufforderung sind den Mitgliedern die Beschlussvorschläge unter Angabe der Rechtsgrundlage und unter Beifügung einer Erläuterung ihres wesentlichen Inhalts sowie weitere für die Befassung mit den Gegenständen der Tagesordnung erforderliche Dokumente zu übersenden. [5]Die Satzungsversammlung ist beschlussfähig, wenn bis zum Ablauf der Frist für die Stimmabgabe mindestens zwei Drittel der stimmberechtigten Mitglieder ihre Stimme abgegeben haben. [6]§ 86a Absatz 6 Satz 2 des Steuerberatungsgesetzes gilt mit folgenden Maßgaben:

1. die für Beschlüsse zur Berufsordnung erforderliche Mehrheit bestimmt sich nach den bis zum Ablauf der für die Stimmabgabe gesetzten Frist abgegebenen Stimmen bezogen auf alle stimmberechtigten Mitglieder,
2. für sonstige Beschlüsse ist die Mehrheit der stimmberechtigten Mitglieder erforderlich, die bis zum Ablauf der für die Stimmabgabe gesetzten Frist ihre Stimme abgegeben haben.

§ 11 Geltungszeitraum. Die §§ 2, 4, 5 und 9 sind nur auf Beschlussfassungen, Wahlen und Kammerversammlungen, § 3 ist nur auf Beschlussfassungen, Wahlen sowie Haupt- und Satzungsversammlungen, § 6 ist nur auf Beschlussfassungen und Vertreterversammlungen, die §§ 7 und 8 sind nur auf Beschlussfassungen und Wahlen und § 10 ist nur auf Beschlussfassungen sowie Bundeskammer- und Satzungsversammlungen anzuwenden, die bis einschließlich zum 31. Dezember 2020 stattfinden.

§ 12 Verordnungsermächtigung. Das Bundesministerium der Justiz und für Verbraucherschutz wird ermächtigt, im Einvernehmen mit dem Bundesministerium für Wirtschaft und Energie und dem Bundesministerium der Finanzen, durch Rechtsverordnung ohne Zustimmung des Bundesrates die Geltung der §§ 2 bis 10 gemäß § 11 bis längstens zum 31. Dezember 2021 zu verlängern, wenn dies aufgrund fortbestehender Auswirkungen der COVID-19-Pandemie in der Bundesrepublik Deutschland geboten erscheint.

Steuerliche Maßnahmen zur Berücksichtigung der Auswirkungen des Coronavirus (COVID-19/SARS-CoV-2)

BMF vom 19.3.2020 (BStBl. I S. 262)

In weiten Teilen des Bundesgebietes sind durch das Coronavirus beträchtliche wirtschaftliche Schäden entstanden oder diese werden noch entstehen. Es ist daher angezeigt, den Geschädigten durch steuerliche Maßnahmen zur Vermeidung unbilliger Härten entgegenzukommen.

Im Einvernehmen mit den obersten Finanzbehörden der Länder gilt daher im Hinblick auf Stundungs- und Vollstreckungsmaßnahmen sowie bei der Anpassung von Vorauszahlungen für Steuern, die von den Landesfinanzbehörden im Auftrag des Bundes verwaltet werden, Folgendes:

1. Die nachweislich unmittelbar und nicht unerheblich betroffenen Steuerpflichtigen können bis zum 31. Dezember 2020 unter Darlegung ihrer Verhältnisse Anträge auf Stundung der bis zu diesem Zeitpunkt bereits fälligen oder fällig werdenden Steuern, die von den Landesfinanzbehörden im Auftrag des Bundes verwaltet werden, sowie Anträge auf Anpassung der Vorauszahlungen auf die Einkommen- und Körperschaftsteuer stellen. Diese Anträge sind nicht deshalb abzulehnen, weil die Steuerpflichtigen die entstandenen Schäden wertmäßig nicht im Einzelnen nachweisen können. Bei der Nachprüfung der Voraussetzungen für Stundungen sind keine strengen Anforderungen zu stellen. Auf die Erhebung von Stundungszinsen kann in der Regel verzichtet werden. § 222 Satz 3 und 4 AO bleibt unberührt.
2. Anträge auf Stundung der nach dem 31. Dezember 2020 fälligen Steuern sowie Anträge auf Anpassung der Vorauszahlungen, die nur Zeiträume nach dem 31. Dezember 2020 betreffen, sind besonders zu begründen.
3. Wird dem Finanzamt aufgrund Mitteilung des Vollstreckungsschuldners oder auf andere Weise bekannt, dass der Vollstreckungsschuldner unmittelbar und nicht unerheblich betroffen ist, soll bis zum 31. Dezember 2020 von Vollstreckungsmaßnahmen bei allen rückständigen oder bis zu diesem Zeitpunkt fällig werdenden Steuern im Sinne der Tz. 1 abgesehen werden. In den betreffenden Fällen sind die im Zeitraum ab dem Zeitpunkt der Veröffentlichung dieses Schreibens bis zum 31. Dezember 2020 verwirkten Säumniszuschläge für diese Steuern zum 31. Dezember 2020 zu erlassen. Die Finanzämter können den Erlass durch Allgemeinverfügung (§ 118 Satz 2 AO) regeln.
4. Für die mittelbar Betroffenen gelten die allgemeinen Grundsätze.

Dieses Schreiben wird im Bundessteuerblatt Teil I veröffentlicht.

Steuerliche Maßnahmen zur Berücksichtigung der Auswirkungen des Coronavirus (COVID-19/SARS-CoV-2); Weitere Verlängerung der verfahrensrechtlichen Steuererleichterungen

BMF vom 18.3.2021 (DStR 2021 S. 735)

In weiten Teilen des Bundesgebietes entstehen durch das Coronavirus weiterhin beträchtliche wirtschaftliche Schäden. Es ist daher angezeigt, den Geschädigten durch eine angemessene Verlängerung der steuerlichen Maßnahmen zur Vermeidung unbilliger Härten entgegenzukommen.

Im Einvernehmen mit den obersten Finanzbehörden der Länder gilt daher im Hinblick auf Steuern, die von den Landesfinanzbehörden im Auftrag des Bundes verwaltet werden, ergänzend zum BMF-Schreiben vom 19. März 2020 – IV A 3 – S 0336/19/10007 :002 – (BStBl. I S. 262) Folgendes:

1. Stundung im vereinfachten Verfahren

1.1 Die nachweislich unmittelbar und nicht unerheblich negativ wirtschaftlich betroffenen Steuerpflichtigen können bis zum 30. Juni 2021 unter Darlegung ihrer Verhältnisse Anträge auf Stundung der bis zum 30. Juni 2021 fälligen Steuern stellen. Die Stundungen sind längstens bis zum 30. September 2021 zu gewähren. § 222 Satz 3 und 4 AO bleibt unberührt.

1.2 In den Fällen der Ziffer 1.1 können über den 30. September 2021 hinaus Anschlussstundungen für die bis zum 30. Juni 2021 fälligen Steuern im Zusammenhang mit einer angemessenen, längstens bis zum 31. Dezember 2021 dauernden Ratenzahlungsvereinbarung gewährt werden.

1.3 Bei der Nachprüfung der Voraussetzungen für (Anschluss-)Stundungen nach den Ziffern 1.1 und 1.2 sind keine strengen Anforderungen zu stellen. Die Anträge sind nicht deshalb abzulehnen, weil die Steuerpflichtigen die entstandenen Schäden wertmäßig nicht im Einzelnen nachweisen können.

1.4 Auf die Erhebung von Stundungszinsen kann in den vorgenannten Fällen verzichtet werden.

2. Absehen von Vollstreckungsmaßnahmen (Vollstreckungsaufschub) im vereinfachten Verfahren

2.1 Wird dem Finanzamt bis zum 30. Juni aufgrund einer Mitteilung des Vollstreckungsschuldners bekannt, dass der Vollstreckungsschuldner nachweislich unmittelbar und nicht unerheblich negativ wirtschaftlich betroffen ist, soll bis zum 30. September 2021 von Vollstreckungsmaßnahmen bei bis zum 30. Juni fällig gewordenen Steuern abgesehen werden.

In diesen Fällen sind die im Zeitraum vom 1. Januar 2021 bis zum 30. September 2021 entstandenen Säumniszuschläge grundsätzlich zu erlassen.

2.2 Bei Vereinbarung einer angemessenen Ratenzahlung ist in den Fällen der Ziffer 2.1 eine Verlängerung des Vollstreckungsaufschubs für die bis zum 30. Juni 2021 fälligen Steuern längstens bis zum 31. Dezember 2021 einschließlich des Erlasses der bis dahin insoweit entstandenen Säumniszuschläge möglich.

2.3 Die Finanzämter können den Erlass der Säumniszuschläge durch Allgemeinverfügung (§ 118 Satz 2 AO) regeln.

3. Anpassung von Vorauszahlungen im vereinfachten Verfahren

Die nachweislich unmittelbar und nicht unerheblich negativ wirtschaftlich betroffenen Steuerpflichtigen können bis zum 31. Dezember 2021 unter Darlegung ihrer Verhältnisse Anträge auf Anpassung der Vorauszahlungen auf die Einkommen- und Körperschaftsteuer 2021 stellen. Bei der Nachprüfung der Voraussetzungen sind keine strengen Anforderungen zu stellen. Diese Anträge sind nicht deshalb abzulehnen, weil die Steuerpflichtigen die entstandenen Schäden wertmäßig nicht im Einzelnen nachweisen können.

4. Stundung, Vollstreckungsaufschub und Anpassung von Vorauszahlungen in anderen Fällen

Für Anträge auf (Anschluss-)Stundung oder Vollstreckungsaufschub außerhalb der Ziffern 1.1 und 1.2 bzw. 2.1 und 2.2 sowie auf Anpassung von Vorauszahlungen außerhalb der Ziffer 3 gelten die allgemeinen Grundsätze und Nachweispflichten. Dies gilt auch für Ratenzahlungsvereinbarungen über den 31. Dezember 2021 hinaus.

Dieses Schreiben ergänzt das BMF-Schreiben vom 19. März 2020 – IV A 3 – S 0336/19/10007 :002 (BStBl. I S. 262) und tritt an die Stelle des BMF-Schreibens vom 22. Dezember 2020 – IV A 3 – S 0336/20/10001 :25 – (BStBl. 2021 I S. 45).

Gleich lautende Erlasse der obersten Finanzbehörden der Länder zu gewerbesteuerlichen Maßnahmen zur Berücksichtigung der Auswirkungen des Coronavirus (COVID-19/SARS-CoV-2)

Vom 25. Januar 2021 (BStBl. I S. 151)

Nach dem Ergebnis einer Erörterung der obersten Finanzbehörden der Länder gilt zur Berücksichtigung der Auswirkungen des Coronavirus bei der Festsetzung des Gewerbesteuermessbetrages für Zwecke der Vorauszahlungen (§ 19 Abs. 3 Satz 3 GewStG), Folgendes:

Nach § 19 Abs. 3 Satz 3 GewStG kann auch das Finanzamt bei Kenntnis veränderter Verhältnisse hinsichtlich des Gewerbeertrags für den laufenden Erhebungszeitraum die Anpassung der Gewerbesteuer-Vorauszahlungen veranlassen. Das gilt insbesondere für die Fälle, in denen das Finanzamt Einkommensteuer- und Körperschaftsteuervorauszahlungen anpasst (R 19.2 Abs. 1 Satz 5 GewStR). Vor diesem Hintergrund können nachweislich unmittelbar und nicht unerheblich negativ wirtschaftlich betroffene Steuerpflichtige bis zum 31. Dezember 2021 unter Darlegung ihrer Verhältnisse Anträge auf Herabsetzung des Gewerbesteuermessbetrages für Zwecke der Vorauszahlungen stellen. Bei der Nachprüfung der Voraussetzungen sind keine strengen Anforderungen zu stellen. Diese Anträge sind nicht deshalb abzulehnen, weil die Steuerpflichtigen die entstandenen Schäden wertmäßig nicht im Einzelnen nachweisen können. Nimmt das Finanzamt eine Festsetzung des Gewerbesteuermessbetrages für Zwecke der Vorauszahlungen vor, ist die betreffende Gemeinde hieran bei der Festsetzung ihrer Gewerbesteuer-Vorauszahlungen gebunden (§ 19 Abs. 3 Satz 4 GewStG).

Für etwaige Stundungs- und Erlassanträge gilt auch im Hinblick auf einen möglichen Zusammenhang mit Auswirkungen des Coronavirus, dass diese an die Gemeinden und nur dann an das zuständige Finanzamt zu richten sind, wenn die Festsetzung und Erhebung der Gewerbesteuer nicht den Gemeinden übertragen worden ist (§ 1 GewStG und R 1.6 Abs. 1 GewStR).

Diese Erlasse ergehen im Einvernehmen mit dem Bundesministerium der Finanzen.

Abmilderung der zusätzlichen Belastungen durch die Corona-Krise für Arbeitnehmer, Steuerbefreiung für Beihilfen und Unterstützungen

BMF vom 9.4.2020 (BStBl. I S. 503); neu gef. durch BMF vom 26.10.2020 (BStBl. I S. 1227)

Im Einvernehmen mit den obersten Finanzbehörden der Länder wird das BMF-Schreiben vom 9. April 2020 (BStBl. I S. 503) nach Einfügung des § 3 Nummer 11a in das Einkommensteuergesetz mit dem Corona-Steuerhilfegesetz vom 19. Juni 2020 (BGBl. I S. 1385, BStBl. I S. 550) wie folgt neu gefasst:

Arbeitgeber können ihren Arbeitnehmern in der Zeit vom 1. März bis zum 31. Dezember 2020[1] aufgrund der Corona-Krise Beihilfen und Unterstützungen bis zu einem Betrag von 1500 Euro nach § 3 Nummer 11a EStG steuerfrei in Form von Zuschüssen und Sachbezügen gewähren. Voraussetzung ist, dass die Beihilfen und Unterstützungen zur Abmilderung der zusätzlichen Belastungen durch die Corona-Krise und zusätzlich zum ohnehin geschuldeten Arbeitslohn geleistet werden.

Die steuerfreien Leistungen sind im Lohnkonto aufzuzeichnen.

§ 3 Nummer 11a EStG ist gegenüber § 3 Nummer 11 EStG „lex-specialis" und hat damit Vorrang. Andere Steuerbefreiungen, Bewertungsvergünstigungen oder Pauschalbesteuerungsmöglichkeiten (wie z. B. § 3 Nummer 34a, § 8 Absatz 2 Satz 11, § 8 Absatz 3 Satz 2 EStG) bleiben hiervon unberührt und können neben der hier aufgeführten Steuerfreiheit nach § 3 Nummer 11a EStG in Anspruch genommen werden.

Arbeitgeberseitig geleistete Zuschüsse zum Kurzarbeitergeld sind nach § 3 Nummer 28a EStG in der Fassung des Corona-Steuerhilfegesetzes vom 19. Juni 2020 (BGBl. I S. 1385) unter Berücksichtigung der Beitragsbemessungsgrenze (in der Rentenversicherung – West oder Ost) begünstigt und fallen grundsätzlich nicht unter die Steuerbefreiung nach § 3 Nummer 11a EStG. Zuschüsse, die der Arbeitgeber als Ausgleich zum Kurzarbeitergeld wegen Überschreitens der Beitragsbemessungsgrenze (in der Rentenversicherung – West oder Ost) leistet, fallen weder unter die Steuerbefreiungen des § 3 Nummer 11, Nummer 11a noch unter § 3 Nummer 2 Buchstabe a EStG.

Dieses Schreiben ersetzt das BMF-Schreiben vom 9. April 2020 (BStBl. I S. 503).

---

[1] **[Amtl. Anm.:]** Über eine Verlängerung des Begünstigungszeitraumes bis zum 31. Januar 2021 hat der Gesetzgeber noch nicht abschließend entschieden (siehe insbesondere Jahressteuergesetz 2020), Stellungnahme des Bundesrates zum Regierungsentwurf – BR-Drs. 503/20 (Beschluss)).

Investmentsteuerliche Maßnahmen zur Berücksichtigung der wirtschaftlichen Folgen der COVID-19-Pandemie

BMF vom 9. April 2020

Nach Abstimmung mit den obersten Finanzbehörden der Länder beantworte ich Ihr vor dem Hintergrund der wirtschaftlichen Folgen der COVID-19-Pandemie an mich gerichtetes Schreiben vom 26. März 2020 wie folgt:

Eine passive Grenzverletzung zwischen dem 1. März 2020 und dem 30. April 2020 stellt bei Investmentfonds grundsätzlich keinen wesentlichen Verstoß i. S. d. Rn. 2.18 des BMF-Schreibens vom 21. Mai 2019, BStBl. I. S. 527, dar und wird nicht auf die 20-Geschäftstage-Grenze i. S. d. Rn. 2.19 dieses BMF-Schreibens angerechnet.

Eine passive Grenzverletzung zwischen dem 1. März 2020 und dem 30. April 2020 gilt bei Spezial-Investmentfonds grundsätzlich nicht als wesentlicher Verstoß gegen die Anlagebestimmungen des § 26 InvStG.

Verlängerung der Erklärungsfrist für vierteljährliche und monatliche Lohnsteuer-Anmeldungen während der Corona-Krise

BMF vom 23.4.2020 (BStBl. I S. 474)

In weiten Teilen des Bundesgebietes sind Arbeitgeber durch das Coronavirus unverschuldet daran gehindert, die monatlichen oder vierteljährlichen Lohnsteuer-Anmeldungen fristgerecht abzugeben. Im Einvernehmen mit den obersten Finanzbehörden der Länder wird daher Folgendes bestimmt:

Arbeitgebern können die Fristen zur Abgabe monatlicher oder vierteljährlicher Lohnsteuer-Anmeldungen während der Corona-Krise im Einzelfall auf Antrag nach § 109 Absatz 1 AO verlängert werden, soweit sie selbst oder der mit der Lohnbuchhaltung und Lohnsteuer-Anmeldung Beauftragte nachweislich unverschuldet daran gehindert sind, die Lohnsteuer-Anmeldungen pünktlich zu übermitteln. Die Fristverlängerung darf maximal 2 Monate betragen.

Dieses Schreiben wird im BStBl. I veröffentlicht.

Corona-Sofortmaßnahme: Antrag auf pauschalierte Herabsetzung bereits geleisteter Vorauszahlungen für 2019

BMF vom 24.4.2020 (BStBl. I S. 496)

Aufgrund der Corona-Krise und der damit verbundenen Einschränkungen des öffentlichen Lebens sind viele Steuerpflichtige mit Gewinneinkünften und Einkünften aus Vermietung und Verpachtung dadurch negativ betroffen, dass sich ihre Einkünfte im Vergleich zu den Vorjahren erheblich verringern und sie für den Veranlagungszeitraum (VZ) 2020 einen rücktragsfähigen Verlust (§ 10d Absatz 1 Satz 1 EStG) erwarten müssen.

Im Einvernehmen mit den obersten Finanzbehörden der Länder gilt im Hinblick auf die Herabsetzung von Vorauszahlungen zur Einkommen- und Körperschaftsteuer (inkl. Zuschlagsteuern) – nachfolgend „Vorauszahlungen" – Folgendes:

Von der Corona-Krise unmittelbar und nicht unerheblich negativ betroffene Steuerpflichtige, die noch nicht für den VZ 2019 veranlagt worden sind, können in den zeitlichen Grenzen des § 37 Absatz 3 Satz 3 EStG grundsätzlich eine Herabsetzung der festgesetzten Vorauszahlungen für 2019 beantragen. Eine hinreichende Prognose und Darlegung solcher Verluste im Einzelfall ist gerade in der aktuellen Situation aufgrund der Unsicherheiten der wirtschaftlichen Entwicklung vielfach schwierig.

Daher sollen Anträge auf Herabsetzung der Vorauszahlungen für den VZ 2019 auf der Grundlage eines pauschal ermittelten Verlustrücktrags aus 2020 für alle Beteiligten vereinfacht abgewickelt werden können. Die Möglichkeit, im Einzelfall unter Einreichung detaillierter Unterlagen einen höheren rücktragsfähigen Verlust darzulegen, bleibt hiervon unberührt.

I. Voraussetzungen für die Inanspruchnahme des pauschal ermittelten Verlustrücktrags aus 2020

1. Antrag

Die Inanspruchnahme des pauschal ermittelten Verlustrücktrags aus 2020 zur nachträglichen Herabsetzung der Vorauszahlungen für 2019 erfolgt nur auf Antrag. Der Antrag ist schriftlich oder elektronisch (z. B. mittels ELSTER) bei dem für die Festsetzung der Einkommensteuer bzw. Körperschaftsteuer zuständigen Finanzamt zu stellen. Der Antrag auf Herabsetzung der Vorauszahlungen im pauschalierten Verfahren kann gleichzeitig mit dem Antrag auf Herabsetzung der Vorauszahlungen für 2020 gestellt werden.

2. Antragsberechtigte Steuerpflichtige

Der pauschal ermittelte Verlustrücktrag aus 2020 kann nur von einkommensteuer- oder körperschaftsteuerpflichtigen Personen in Anspruch genommen werden, die im Laufe des VZ 2020 Einkünfte im Sinne des § 2 Absatz 1 Satz 1 Nummer 1, 2, 3 oder 6 EStG (Gewinneinkünfte oder Einkünfte aus Vermietung und Verpachtung) erzielen. Das Erzielen von Einkünften anderer Einkunftsarten neben den vorgenannten Einkünften ist für die Inanspruchnahme des pauschal ermittelten Verlustrücktrags aus 2020 unschädlich.

3. Negative Betroffenheit

Der Antragsteller muss von der Corona-Krise unmittelbar und nicht unerheblich negativ betroffen sein. Es kann regelmäßig von einer Betroffenheit ausgegangen werden, wenn die Vorauszahlungen für 2020 auf null Euro herabgesetzt wurden und der Steuerpflichtige versichert, dass er für den VZ 2020 aufgrund der Corona-Krise eine nicht unerhebliche negative Summe der Einkünfte erwartet.

II. Abwicklung des pauschal ermittelten Verlustrücktrags

1. Höhe des pauschal ermittelten Verlustrücktrags

Der pauschal ermittelte Verlustrücktrag aus 2020 beträgt 15 Prozent des Saldos der maßgeblichen Gewinneinkünfte und/oder der Einkünfte aus Vermietung und Verpachtung, welche der Festsetzung der Vorauszahlungen für 2019 zugrunde gelegt wurden. Er ist bis zu einem Betrag von 1.000.000 Euro bzw. bei Zusammenveranlagung von 2.000.000 Euro (§ 10d Absatz 1 Satz 1 EStG) abzuziehen.

Die Vorauszahlungen für 2019 sind unter Berücksichtigung des pauschal ermittelten Verlustrücktrags aus 2020 neu zu berechnen und festzusetzen. Eine Änderung der Festsetzung der Vorauszahlungen führt zu einem Erstattungsanspruch.

2. Steuerfestsetzung 2019

Ein Verlustrücktrag aus 2020 kann in der Veranlagung des Jahres 2019 erst nach Durchführung der Veranlagung 2020 berücksichtigt werden. In Fällen, in denen die Vorauszahlungen für 2019 aufgrund eines Verlustrücktrags aus 2020 gemindert wurden, führt die Veranlagung für 2019 daher mangels Berücksichtigung eines Verlustrücktrags aus 2020 in der Regel zunächst zu einer Nachzahlung in entsprechender Höhe. Die auf den im Vorauszahlungsverfahren berücksichtigten Verlustrücktrag entfallende Nachzahlung für 2019 ist auf Antrag befristet bis spätestens einen Monat nach Bekanntgabe des Steuerbescheids 2020 unter dem Vorbehalt der Zinsfestsetzung und unter dem Vorbehalt des Widerrufs zinslos zu stunden, wenn der Steuerpflichtige zum Zeitpunkt der Abgabe der Steuererklärung für den VZ 2019 weiterhin von einer nicht unerheblichen negativen Summe der Einkünfte für den VZ 2020 ausgehen kann. Beruht die erste Festsetzung für 2020 auf einer Schätzung der Besteuerungsgrundlagen nach § 162 AO, sind für den Stundungszeitraum nachträglich Stundungszinsen festzusetzen.

In dem Stundungsbescheid ist der Steuerpflichtige darauf hinzuweisen, dass die gestundete Steuer einen Monat nach Bekanntgabe des Einkommen- oder Körperschaftsteuerbescheides für den Veranlagungsraum 2020 fällig wird, soweit sich in 2020 kein (ausreichender) Verlustrücktrag und damit keine entsprechende Herabsetzung der Steuerfestsetzung für 2019 ergibt.

3. Steuerfestsetzung 2020

Ergibt sich im Rahmen der Einkommen- oder Körperschaftsteuerveranlagung für 2020 ein Verlustrücktrag gemäß § 10d Absatz 1 Satz 1 EStG, entfällt insoweit die bisher festgesetzte und gestundete Nachzahlung für 2019.

Ergibt sich bei der Veranlagung für 2020 kein Verlustrücktrag nach 2019, ist die bislang gestundete Nachzahlung für 2019 innerhalb eines Monat nach Bekanntgabe des Steuerbescheides für 2020 zu entrichten. Entsprechendes gilt, wenn auf einen Verlustrücktrag nach 2019 gemäß § 10d Absatz 1 Satz 5 EStG ganz verzichtet wurde.

Ergibt sich bei der Veranlagung für 2020 zwar ein Verlustrücktrag nach 2019, ist die Steuerminderung aufgrund der entsprechenden Änderung der Veranlagung für 2019 aber geringer als der bislang gestundete Betrag, ist die verbleibende Nachzahlung für 2019 innerhalb eines Monat nach Bekanntgabe des berichtigten Steuerbescheides für 2019 zu entrichten.

4. Zusammenfassendes Beispiel (stark vereinfacht)

A erzielt Einkünfte aus Gewerbebetrieb und hat die für das Jahr 2019 festgesetzten Vorauszahlungen zur Einkommensteuer von 24.000 Euro entrichtet. Der Vorauszahlungsfestsetzung für 2019 lag ein erwarteter Gewinn von 80.000 Euro zugrunde. Für das Jahr 2020 wurden Vorauszahlungen von 6.000 Euro je Quartal festgesetzt. Die Zahlung für das erste Quartal 2020 hat A zum gesetzlichen Fälligkeitstermin (10. März 2020) geleistet.

Aufgrund der Corona-Krise bricht der Umsatz des Gewerbebetriebs erheblich ein. Die Fixkosten laufen unverändert weiter. A beantragt unter Darlegung der vorgenannten Umstände beim Finanzamt eine Herabsetzung seiner Vorauszahlungen für 2020 auf null Euro. Das Finanzamt setzt die Vorauszahlungen zur Einkommensteuer 2020 antragsgemäß herab und erstattet die bereits geleistete Vorauszahlung von 6.000 Euro.

Zusätzlich beantragt A auch die nachträgliche Herabsetzung der Vorauszahlungen für 2019. Er versichert, dass er für den VZ 2020 aufgrund der Corona-Krise eine nicht unerhebliche negative Summe der Einkünfte erwartet und beantragt die Herabsetzung im Pauschalverfahren. Das Finanzamt setzt die Vorauszahlungen für 2019 auf der Grundlage eines pauschal ermittelten Verlustrücktrags von 12.000 Euro (15 Prozent von 80.000 Euro) auf 18.000 Euro herab. Die sich dadurch ergebende Überzahlung von 6.000 Euro wird erstattet.

Im Rahmen der erstmaligen Veranlagung für 2019 in 2020 ergibt sich (mangels Berücksichtigung eines Verlustrücktrags aus 2020) eine Nachzahlung von 6.000 Euro, welche das Finanzamt bis einen Monat nach Bekanntgabe des Einkommensteuerbescheides für 2020 unter dem Vorbehalt der Zinsfestsetzung und unter dem Vorbehalt des Widerrufs zinslos stundet.

Im Laufe des Kalenderjahres 2021 gibt A seine Einkommensteuererklärung für 2020 ab.

Variante 1: Für 2020 ergibt sich ein Verlust, der durch den Verlustrücktrag (§ 10d Absatz 1 Satz 1 EStG) zu einer Steuerminderung für 2019 um mindestens 6.000 Euro führt. Die anlässlich der vorherigen Steuerfestsetzung bewilligte Stundung entfällt. Stundungszinsen sind nicht festzusetzen.

Variante 2: Für 2020 ergibt sich entgegen der ursprünglichen Prognose kein rücktragsfähiger Verlust. Die gestundete Nachzahlung für 2019 ist innerhalb eines Monat nach Bekanntgabe des Steuerbescheides für 2020 zu entrichten. Stundungszinsen sind nicht festzusetzen.

Dieses Schreiben wird im BStBl. I veröffentlicht.

Steuerliche Maßnahmen zur Förderung der Hilfe für von der Corona-Krise Betroffene

BMF vom 9.4.2020 (BStBl. I S. 498)

Geändert durch BMF vom 26.5.2020 (BStBl. I S. 543); durch BMF v. 18.12.2020[1)]

Die aufgrund der Corona-Krise verordneten Einschränkungen sind eine gesamtgesellschaftliche Herausforderung. Sowohl Bürgerinnen und Bürger als auch Unternehmen engagieren sich für den gesellschaftlichen Zusammenhalt, für die Eindämmung der Ausbreitung der Pandemie und für diejenigen, für die die Erledigungen des Alltags plötzlich mit zuvor nie dagewesenen Gefährdungen verbunden sind. Zur Förderung und Unterstützung dieses gesamtgesellschaftlichen Engagements bei der Hilfe der von der Corona-Krise Betroffenen werden im Einvernehmen mit den obersten Finanzbehörden der Länder die nachfolgenden Verwaltungsregelungen getroffen.

Sie gelten für die nachfolgenden Unterstützungsmaßnahmen, die vom 1. März 2020 bis längstens zum 31. Dezember 2020 durchgeführt werden.

I. Spenden

Vereinfachter Zuwendungsnachweis

Für alle Sonderkonten, die von inländischen juristischen Personen des öffentlichen Rechts, inländischen öffentlichen Dienststellen oder von einem amtlich anerkannten inländischen Verband der freien Wohlfahrtspflege einschließlich seiner Mitgliedsorganisationen für die in der Präambel dargestellten Zwecke eingerichtet wurden, gilt ohne betragsmäßige Beschränkung der vereinfachte Zuwendungsnachweis. Nach § 50 Absatz 4 Satz 1 Nummer 1 Buchstabe a EStDV genügt in diesen Fällen als Nachweis der Bareinzahlungsbeleg oder die Buchungsbestätigung eines Kreditinstituts (z. B. der Kontoauszug, Lastschrifteinzugsbeleg oder der PC-Ausdruck bei Online-Banking).

Nach § 50 Absatz 4 Satz 1 Nummer 1 Buchstabe b 1. HS EStDV gilt der vereinfachte Zuwendungsnachweis auch, soweit bis zur Errichtung eines Sonderkontos Zuwendungen auf ein anderes Konto der genannten Zuwendungsempfänger geleistet wurden.

Wird die Zuwendung über ein als Treuhandkonto geführtes Konto eines Dritten auf eines der genannten Sonderkonten eingezahlt, genügt als Nachweis der Bareinzahlungsbeleg oder die Buchungsbestätigung des Kreditinstituts des Zuwendenden zusammen mit einer Kopie des Bareinzahlungsbelegs oder der Buchungsbestätigung des Kreditinstituts des Dritten (§ 50 Absatz 4 Satz 1 Nummer 1 EStDV).

Bei Zuwendungen zur Hilfe in der Corona-Krise, die über ein Konto eines Dritten an eine inländische juristische Person des öffentlichen Rechts, an eine inländische öffentliche Dienststelle oder an eine nach § 5 Absatz 1 Nummer 9 des Körperschaftsteuergesetzes steuerbefreite Körperschaft, Personenvereini-

---

1) Der zeitliche Anwendungsbereich des Schreibens wird bis zum 31.12.2021 erweitert.

gung oder Vermögensmasse geleistet werden, genügt als Nachweis eine auf den jeweiligen Zuwendenden ausgestellte Zuwendungsbestätigung des Zuwendungsempfängers, wenn das Konto des Dritten als Treuhandkonto geführt wurde, die Zuwendungen von dort an den Zuwendungsempfänger weitergeleitet wurden und diesem eine Liste mit den einzelnen Zuwendenden und ihrem jeweiligen Anteil an der Zuwendungssumme übergeben wurde (§ 50 Absatz 5 EStDV).

Die für den Nachweis jeweils erforderlichen Unterlagen sind vom Zuwendenden auf Verlangen der Finanzbehörde vorzulegen und im Übrigen bis zum Ablauf eines Jahres nach Bekanntgabe der Steuerfestsetzung aufzubewahren (§ 50 Absatz 8 EStDV).

II. Spendenaktionen von steuerbegünstigten Körperschaften zur Förderung der Hilfe für von der Corona-Krise Betroffene

Einer gemeinnützigen Körperschaft ist es grundsätzlich nicht erlaubt, Mittel für steuerbegünstigte Zwecke zu verwenden, die sie nach ihrer Satzung nicht fördert (§ 55 Absatz 1 Nummer 1 AO). Ruft eine gemeinnützige Körperschaft, die nach ihrer Satzung keine hier in Betracht kommenden Zwecke – wie insbesondere die Förderung des öffentlichen Gesundheitswesens, des Wohlfahrtswesens oder die Förderung mildtätiger Zwecke – verfolgt (z. B. Sportverein, Musikverein, Kleingartenverein oder Brauchtumsverein), zu Spenden zur Hilfe für von der Corona-Krise Betroffene auf und kann sie die Spenden nicht zu Zwecken verwenden, die sie nach ihrer Satzung fördert, gilt Folgendes:

Es ist unschädlich für die Steuerbegünstigung einer Körperschaft, die nach ihrer Satzung keine hier in Betracht kommenden Zwecke verfolgt oder regional gebunden ist, wenn sie Mittel, die sie im Rahmen einer Sonderaktion für die Hilfe für von der Corona-Krise Betroffene erhalten hat, ohne entsprechende Änderung ihrer Satzung für den angegebenen Zweck selbst verwendet. Die Körperschaft hat bei der Förderung mildtätiger Zwecke die Bedürftigkeit der unterstützten Person oder Einrichtung selbst zu prüfen und zu dokumentieren. Bei Maßnahmen, z. B. Einkaufshilfen, für Personen in häuslicher Quarantäne oder für Personen, die aufgrund ihres Alters, Vorerkrankungen o. Ä. zum besonders gefährdeten Personenkreis gehören, ist die körperliche Hilfsbedürftigkeit zu unterstellen. Gleiches gilt hinsichtlich des Vorliegens einer wirtschaftlichen Hilfsbedürftigkeit bei der kostenlosen Zurverfügungstellung von Lebensmitteln oder Einkaufsgutscheinen, die an die Stelle des Angebots der vielfach geschlossenen Tafeln getreten sind, oder Hilfen für Obdachlose. Bei finanziellen Hilfen ist die wirtschaftliche Hilfsbedürftigkeit der unterstützten Person glaubhaft zu machen. Unterstützungsleistungen außerhalb der Verwirklichung gemeinnütziger oder mildtätiger Zwecke, z. B. an von der Corona-Krise besonders betroffene Unternehmen, Selbständige oder an entsprechende Hilfsfonds der Kommunen, sind insoweit nicht begünstigt.

Es reicht aber auch aus, wenn die Spenden entweder an eine steuerbegünstigte Körperschaft, die z. B. mildtätige Zwecke verfolgt, oder an eine inländische juristische Person des öffentlichen Rechts bzw. eine inländische öffentliche Dienststelle zur Hilfe für von der Corona-Krise Betroffene weitergeleitet werden. Die gemeinnützige Einrichtung, die die Spenden gesammelt hat, muss entsprechende Zuwendungsbestätigungen für Spenden, die sie für die Hilfe für von der Corona-Krise Betroffene erhält und verwendet, bescheinigen. Auf die Sonderaktion ist in der Zuwendungsbestätigung hinzuweisen.

III. Maßnahmen steuerbegünstigter Körperschaften zur Förderung der Hilfe für von der Corona-Krise Betroffene

Neben der Verwendung der eingeforderten Spendenmittel (Abschnitt II) ist es ausnahmsweise auch unschädlich für die Steuerbegünstigung der Körperschaft, wenn sie sonstige bei ihr vorhandene Mittel, die keiner anderweitigen Bindungswirkung unterliegen, ohne Änderung der Satzung zur Unterstützung für von der Corona-Krise Betroffene einsetzt. Gleiches gilt für die Überlassung von Personal und von Räumlichkeiten.

Einkaufsdienste oder vergleichbare Dienste für von der Corona-Krise Betroffene sind für die Steuerbegünstigung der Körperschaft unschädlich. Die Erstattung von Kosten für die Einkaufs- oder Botendienste an die Mitglieder der Körperschaft ist ebenfalls unschädlich.

Werden vorhandene Mittel an andere steuerbegünstigte Körperschaften, die z. B. mildtätige Zwecke verfolgen, die im unmittelbaren Zusammenhang mit der Unterstützung für von der Corona-Krise Betroffene stehen, oder an eine inländische juristische Person des öffentlichen Rechts bzw. eine inländische öffentliche Dienststelle zu diesem Zweck weitergeleitet, ist dies nach § 58 Nummer 2 AO unschädlich für die Steuerbegünstigung der Körperschaft.

IV. Steuerliche Behandlung von Zuwendungen aus dem Betriebsvermögen

1. Zuwendung als Sponsoring-Maßnahme

Die Aufwendungen des Steuerpflichtigen für die in der Präambel dargestellten Zwecke sind nach den Maßgaben des BMF-Schreibens vom 18. Februar 1998 (BStBl. I S. 212) zum Betriebsausgabenabzug zuzulassen. Aufwendungen des sponsernden Steuerpflichtigen sind danach Betriebsausgaben, wenn der Sponsor wirtschaftliche Vorteile, die in der Sicherung oder Erhöhung seines unternehmerischen Ansehens liegen können, für sein Unternehmen erstrebt. Diese wirtschaftlichen Vorteile sind u. a. dadurch erreichbar, dass der Sponsor öffentlichkeitswirksam (z. B. durch Berichterstattung in Zeitungen, Rundfunk, Fernsehen usw.) auf seine Leistungen aufmerksam macht.

2. Zuwendungen an Geschäftspartner

Wendet der Steuerpflichtige seinen von der Corona-Krise unmittelbar und nicht unerheblich negativ betroffenen Geschäftspartnern zum Zwecke der Aufrechterhaltung der Geschäftsbeziehungen in angemessenem Umfang unentgeltlich Leistungen aus seinem Betriebsvermögen zu, sind die Aufwendungen in voller Höhe als Betriebsausgaben abziehbar. § 4 Absatz 5 Satz 1 Nummer 1 EStG ist insoweit aus Billigkeitsgründen nicht anzuwenden.

3. Sonstige Zuwendungen

Erfüllt die Zuwendung des Steuerpflichtigen unter diesen Gesichtspunkten nicht die Voraussetzungen für den Betriebsausgabenabzug, so ist aus allgemeinen Billigkeitserwägungen die Zuwendung von Wirtschaftsgütern oder sonstigen betrieblichen Nutzungen und Leistungen (nicht hingegen Geld) des Steuerpflichtigen aus einem inländischen Betriebsvermögen an durch die Corona-Krise unmittelbar und nicht unerheblich geschädigte oder mit der Bewältigung der Corona-Krise befasste Unternehmen und Einrichtungen (z. B. Krankenhäuser) als Betriebsausgabe zu behandeln, die ohne Rücksicht auf § 4 Absatz 5 Satz 1 Nummer 1 EStG abgezogen werden darf.

4. Behandlung der Zuwendungen beim Empfänger

In den Fällen der Nummern 1 bis 3 sind die Zuwendungen beim Empfänger gemäß § 6 Absatz 4 EStG als Betriebseinnahme mit dem gemeinen Wert anzusetzen.

V. Arbeitslohnspende

Aus Billigkeits- und Vereinfachungsgründen gilt Folgendes:

Verzichten Arbeitnehmer auf die Auszahlung von Teilen des Arbeitslohns oder auf Teile eines angesammelten Wertguthabens zugunsten einer Zahlung des Arbeitgebers auf ein Spendenkonto einer spendenempfangsberechtigten Einrichtung im Sinne des § 10b Absatz 1 Satz 2 EStG, bleiben diese Lohnteile bei der Feststellung des steuerpflichtigen Arbeitslohns außer Ansatz, wenn der Arbeitgeber die Verwendungsauflage erfüllt und dies dokumentiert.

Der außer Ansatz bleibende Arbeitslohn ist im Lohnkonto aufzuzeichnen (§ 4 Absatz 2 Nummer 4 Satz 1 LStDV). Auf die Aufzeichnung kann verzichtet werden, wenn stattdessen der Arbeitnehmer seinen Verzicht schriftlich erklärt hat und diese Erklärung zum Lohnkonto genommen worden ist. Der außer Ansatz bleibende Arbeitslohn ist nicht in der Lohnsteuerbescheinigung (§ 41b Absatz 1 Satz 2 Nummer 3 EStG) anzugeben. Die steuerfrei belassenen Lohnteile dürfen in der Einkommensteuerveranlagung nicht als Spende berücksichtigt werden.

VI. Aufsichtsratsvergütungen

Verzichtet ein Aufsichtsratsmitglied vor Fälligkeit oder Auszahlung auf Teile seiner Aufsichtsratsvergütung, gelten die unter Abschnitt V. genannten Grundsätze sinngemäß. Da es sich auf Seiten der Gesellschaft gleichwohl um Aufsichtsratsvergütungen und nicht um Spenden handelt, bleibt die Anwendung des § 10 Nummer 4 KStG davon unberührt.

VII. Hilfsleistungen zur Bewältigung der Corona-Krise

Stellen steuerbegünstigte Körperschaften im Sinne des § 5 Absatz 1 Nummer 9 KStG entgeltlich Personal, Räumlichkeiten, Sachmittel oder andere Leistungen in Bereichen zur Verfügung, die für die Bewältigung von Auswirkungen der Corona-Krise notwendig sind (z.B. an Krankenhäuser, Alten- und Pflegeheime), dann wird es nicht beanstandet, wenn diese Betätigungen sowohl ertragsteuerlich als auch umsatzsteuerlich dem Zweckbetrieb im Sinne des § 65 AO zugeordnet werden. Dies gilt unabhängig davon, welchen steuerbegünstigten Zweck die jeweilige Körperschaft, die Personal, Räumlichkeiten, Sachmittel oder andere Leistungen zur Verfügung stellt, satzungsmäßig befolgt.

Die umsatzsteuerbaren Überlassungen von Sachmitteln und Räumen sowie von Arbeitnehmern sind unter den weiteren Voraussetzungen des § 4 Nummer 14, 16, 18, 23 und 25 UStG als eng verbundene Umsätze der steuerbegünstigten Einrichtungen untereinander umsatzsteuerfrei. Die Steuerbefreiung gilt nur für die Überlassung zwischen Einrichtungen, deren Umsätze nach der gleichen Vorschrift steuerbefreit sind, also z.B. für Überlassungen zwischen den in § 4 Nummer 16 UStG genannten Einrichtungen. Für die Anwendung der genannten Umsatzsteuerbefreiungen ist eine Anerkennung als gemeinnützige Einrichtung nicht erforderlich.

Bei der unentgeltlichen Bereitstellung von medizinischem Bedarf und unentgeltlichen Personalgestellungen für medizinische Zwecke durch Unternehmen an Einrichtungen, die einen unverzichtbaren Einsatz zur Bewältigung der Corona-Krise leisten, wie insbesondere Krankenhäuser, Kliniken, Arztpraxen, Rettungsdienste, Pflege- und Sozialdienste, Alters- und Pflegeheime sowie weitere öffentliche Institutionen wie Polizei und Feuerwehr, wird von der Besteuerung einer unentgeltlichen Wertabgabe im Billigkeitswege abgesehen.

Beabsichtigt ein Unternehmer bereits beim Leistungsbezug, die Leistungen ausschließlich und unmittelbar für die unentgeltliche Bereitstellung von medizinischem Bedarf und unentgeltlichen Personalgestellungen für medizinische Zwecke durch Unternehmen an Einrichtungen, die einen unverzichtbaren Einsatz zur Bewältigung der Corona-Krise leisten, wie insbesondere Krankenhäusern[1)], Kliniken, Arztpraxen, Rettungsdiensten, Pflege- und Sozialdiensten, Alters- und Pflegeheimen sowie weiteren öffentlichen Institutionen wie Polizei und Feuerwehr zu verwenden, sind die entsprechenden Vorsteuerbeträge unter den übrigen Voraussetzungen des § 15 UStG im Billigkeitswege entgegen Abschn. 15.15 Absatz 1 UStAE zu berücksichtigen. Die folgende unentgeltliche Wertabgabe wird nach dem vorangegangenen Absatz im Billigkeitswege nicht besteuert.

VIII. Mittelverwendung

Aus Vereinfachungsgrüden gilt Folgendes:

[1)] Sic.

1. Verluste aus steuerpflichtigen wirtschaftlichen Geschäftsbetrieben im Sinne des § 64 AO und in der Vermögensverwaltung

Der Ausgleich von Verlusten, die steuerbegünstigten Organisationen nachweislich aufgrund der Auswirkungen der Corona-Krise bis zum 31. Dezember 2020 im steuerpflichtigen wirtschaftlichen Geschäftsbetrieb oder in der Vermögensverwaltung entstehen, mit Mitteln des ideellen Bereichs, Gewinnen aus Zweckbetrieben, Erträgen aus der Vermögensverwaltung oder Gewinnen aus wirtschaftlichen Geschäftsbetrieben ist für die Steuerbegünstigung der jeweiligen Körperschaft unschädlich.

2. Aufstockung von Kurzarbeitergeld und Fortsetzung der Zahlung von Übungsleiter- und Ehrenamtspauschale[1)]

Stocken Organisationen, die nach § 5 Absatz 1 Nummer 9 KStG steuerbegünstigt sind, ihren eigenen Beschäftigten, die sich in Kurzarbeit befinden, das Kurzarbeitergeld aus eigenen Mitteln bis zu einer Höhe von insgesamt 80% des bisherigen Entgelts auf, werden weder die Mittelverwendung für satzungsmäßige Zwecke noch die Marktüblichkeit und die Angemessenheit der Aufstockung geprüft, wenn die Aufstockung einheitlich für alle Arbeitnehmer erfolgt. Die Voraussetzungen des § 55 Absatz 1 Nummern 1 und 3 AO gelten als erfüllt. Das „bisherige Entgelt" ist dabei das in den drei Monaten vor Einführung der Kurzarbeit durchschnittlich ausgezahlte Nettomonatsgehalt.

Bei einer Aufstockung auf über 80% des bisherigen Entgelts bedarf es einer entsprechenden Begründung, insbesondere zur Marktüblichkeit und Angemessenheit der Aufstockung. Sehen kollektivrechtliche Vereinbarungen des Arbeitsrechts, wie zum Beispiel Tarifverträge, eine Aufstockung des Kurzarbeitergeldes vor, reicht für den Nachweis der „Marktüblichkeit und Angemessenheit" die Vorlage dieser Vereinbarung. Übernehmen kollektivrechtlich nicht gebundene Unternehmen in individuellen Verträgen mit allen Mitarbeitern einheitlich die kollektivrechtlichen Vereinbarungen der Branche zur Aufstockung des Kurzarbeitergeldes, dient ein Mustervertrag dem Nachweis der Marktüblichkeit und Angemessenheit.

Zudem wird es gemeinnützigkeitsrechtlich nicht beanstandet, wenn die Ehrenamts- oder Übungsleiterpauschalen weiterhin geleistet werden, obwohl eine Ausübung der Tätigkeit aufgrund der Corona-Krise (zumindest zeitweise) nicht mehr möglich ist.

IX. Schenkungsteuer

Handelt es sich bei den Zuwendungen um Schenkungen, können bei Vorliegen der entsprechenden Voraussetzungen Steuerbefreiungen nach § 13 ErbStG gewährt werden. Hierunter fallen u.a. Zuwendungen an gemeinnützige Körperschaften nach § 13 Absatz 1 Nummer 16 ErbStG und Zuwendungen, die ausschließlich kirchlichen, gemeinnützigen oder mildtätigen Zwecken

---

1) Abschn. VIII. 2. neu gef. durch BMF v. 26.5.2020 (BStBl. I S. 543).

gewidmet sind, sofern deren Verwendung zu diesem Zweck gesichert ist (§ 13 Absatz 1 Nummer 17 ErbStG).

X. Weitere steuerliche Erleichterungen für Betroffene

Weitere Erleichterungen für unmittelbar und nicht nur unerheblich von der Corona-Krise Betroffene, wie z. B. zur Stundung von Steuern, im Zusammenhang mit Vollstreckungsmaßnahmen und zur Anpassung der Vorauszahlungen, ergeben sich aus dem BMF-Schreiben v. 19. März 2020 – IV A 3 – S 0336/19/10007 :002 (BStBl. I S. 262) und den gleich lautenden Erlassen der obersten Finanzbehörden der Länder vom 19. März 2020 (BStBl. I S. 281). Weitere aktuelle Informationen sind unter www.bundesfinanzministerium.de/corona zu finden.

Befristete Absenkung des allgemeinen und ermäßigten Umsatzsteuersatzes zum 1. Juli 2020

BMF vom 30. Juni 2020 (DStR 2020, S. 1441)

Inhaltsverzeichnis

1. Umsatzsteuersatzsenkung

1.1. Befristete Absenkung der Umsatzsteuersätze von 19 Prozent auf 16 Prozent und von 7 Prozent auf 5 Prozent sowie des Steuersatzes für land- und forstwirtschaftliche Betriebe nach § 24 Abs. 1 Satz 1 Nr. 2 UStG von 19 Prozent auf 16 Prozent

1 Durch Art. 3 des Zweiten Gesetzes zur Umsetzung steuerlicher Hilfsmaßnahmen zur Bewältigung der Corona-Krise vom 29. Juni 2020 – Zweites Corona-Steuerhilfegesetz – (BGBl. I S. 1512) werden vom 1. Juli 2020 bis 31. Dezember 2020 der allgemeine Umsatzsteuersatz von 19 Prozent auf 16 Prozent (§ 12 Abs. 1 i. V. m. § 28 Abs. 1 UStG) sowie der ermäßigte Umsatzsteuersatz von 7 Prozent auf 5 Prozent (§ 12 Abs. 2 i. V. m. § 28 Abs. 2 UStG) sowie der im Rahmen der Durchschnittssatzbesteuerung nach § 24 UStG für die Lieferungen bestimmter Sägewerkserzeugnisse, von Getränken und alkoholischen Flüssigkeiten geltende Steuersatz (§ 24 Abs. 1 Satz 1 Nr. 2 i. V. m. § 28 Abs. 3 UStG) von 19 Prozent auf 16 Prozent gesenkt. Die Änderungen treten am 1. Juli 2020 in Kraft (vgl. Art. 3 Zweites Corona-Steuerhilfegesetz, a. a. O.).

1.2. Anwendungsregelung für Änderungen des Umsatzsteuergesetzes (§ 27 Abs. 1 UStG)

2 Soweit nichts Anderes bestimmt ist, sind Änderungen des Umsatzsteuergesetzes auf Lieferungen, sonstige Leistungen und innergemeinschaftliche Erwerbe anzuwenden, die ab dem In-Kraft-Treten der jeweiligen Änderungsvorschrift ausgeführt werden (§ 27 Abs. 1 Satz 1 UStG). Werden statt einer Gesamtleistung Teilleistungen (§ 13 Abs. 1 Nr. 1 Buchstabe a Satz 2 und 3 UStG) erbracht, kommt es für die Anwendung einer Änderungsvorschrift (z. B. der Absenkung und Anhebung der Umsatzsteuersätze) nicht auf den

Zeitpunkt der Gesamtleistung, sondern darauf an, wann die einzelnen Teilleistungen ausgeführt werden.

Änderungen des Umsatzsteuergesetzes sind nach § 27 Abs. 1 Satz 2 UStG auf die ab dem In-Kraft-Treten der jeweiligen Änderungsvorschrift ausgeführten Lieferungen und sonstigen Leistungen auch insoweit anzuwenden, als die Umsatzsteuer dafür – z. B. bei Anzahlungen, Abschlagszahlungen, Vorauszahlungen, Vorschüssen – in den Fällen der Istversteuerung nach § 13 Abs. 1 Nr. 1 Buchstabe a Satz 4, Buchstabe b oder § 13b Abs. 4 Satz 2 UStG bereits vor dem In-Kraft-Treten der betreffenden Änderungsvorschrift entstanden ist. Die Steuerberechnung ist in diesen Fällen erst in dem Voranmeldungszeitraum zu berichtigen, in dem die Leistung ausgeführt wird (§ 27 Abs. 1 Satz 3 UStG). 3

2. Auswirkungen der befristeten Absenkung der Umsatzsteuersätze

2.1. Anwendungsbeginn

Die neuen Umsatzsteuersätze von 16 Prozent und 5 Prozent sind auf die Lieferungen, sonstigen Leistungen und innergemeinschaftlichen Erwerbe anzuwenden, die nach dem 30. Juni 2020 und vor dem 1. Januar 2021 bewirkt werden (vgl. Rzn. 2 und 3). Maßgebend für die Anwendung dieser Umsatzsteuersätze ist stets der Zeitpunkt, in dem der jeweilige Umsatz ausgeführt wird. Auf den Zeitpunkt der vertraglichen Vereinbarung kommt es ebenso wenig an wie auf den Zeitpunkt der Entgeltsvereinnahmung oder der Rechnungserteilung (vgl. Abschnitt 12.1 Abs. 3 UStAE). Entsprechendes gilt für Teilleistungen (vgl. Rz. 2), für die die Rzn. 20 bis 26 besondere Übergangsregelungen enthalten. 4

Die Bemessungsgrundlage zu den Umsätzen und innergemeinschaftlichen Erwerben (sowie Lieferungen, für die der letzte Abnehmer die Steuer im Rahmen eines innergemeinschaftlichen Dreiecksgeschäfts schuldet) zu 16 Prozent und 5 Prozent sowie der dazugehörige Steuerbetrag sind in der Umsatzsteuer-Voranmeldung für den Voranmeldungszeitraum der Leistungsausführung im Jahr 2020 (Vordruckmuster USt 1 A) und in der Umsatzsteuererklärung für das Kalenderjahr 2020 (Vordruckmuster USt 2 A) gesammelt in den Kennzahlen für Umsätze zu anderen Steuersätzen einzutragen (Zeilen 28 und 35 der Umsatzsteuer-Voranmeldung bzw. Zeilen 45, 84 und 96 der Umsatzsteuererklärung).[1] Eine Differenzierung zwischen Umsätzen zum allgemeinen Steuersatz und Umsätzen zum ermäßigten Steuersatz ist bei der Eintragung nicht vorzunehmen.

Die Bemessungsgrundlage und die selbst ermittelte Umsatzsteuer für Umsätze, bei denen der Leistungsempfänger die Steuer nach § 13b UStG schuldet, sind unabhängig vom anzuwendenden Steuersatz in den bestehenden

---

[1] Für Umsätze land- und forstwirtschaftlicher Betriebe nach § 24 UStG gelten besondere Bestimmungen; insofern wird auf die neu gefasste Anleitung zur Umsatzsteuer-Voranmeldung 2020 hingewiesen.

Kennzahlen zu erfassen (Zeilen 48 bis 50 der Umsatzsteuer-Voranmeldung bzw. Zeilen 99 bis 101 der Umsatzsteuererklärung).

5 Die Umsatzsteuersätze von 16 Prozent und 5 Prozent sind auch bei der Berechnung der Einfuhrumsatzsteuer (§ 1 Abs. 1 Nr. 4 UStG) anzuwenden, und zwar befristet auf Einfuhren, die nach dem 30. Juni 2020 und vor dem 1. Januar 2021 vorgenommen werden.

2.2. Behandlung bei der Istversteuerung

6 Hat der Unternehmer in den Fällen der Istversteuerung (§ 13 Abs. 1 Nr. 1 Buchstabe a Satz 4, Buchstabe b oder § 13b Abs. 4 Satz 2 UStG) vor dem 1. Juli 2020 Entgelte oder Teilentgelte (Anzahlungen usw.) für Lieferungen und sonstige Leistungen bzw. Teilleistungen vereinnahmt, die nach dem 30. Juni 2020 ausgeführt werden und der Besteuerung unterliegen, sind auch auf diese Beträge nachträglich die ab dem 1. Juli 2020 geltenden Umsatzsteuersätze von 16 Prozent bzw. 5 Prozent anzuwenden (§ 27 Abs. 1 Satz 2 UStG).

7 Werden nach dem 30. Juni 2020 Entgelte oder Teilentgelte für Leistungen bzw. Teilleistungen vereinnahmt, die der Unternehmer vor dem 1. Juli 2020 ausgeführt hat, ist die auf diese Beträge entfallende Umsatzsteuer nach den bis zum 30. Juni 2020 geltenden Umsatzsteuersätzen von 19 Prozent bzw. 7 Prozent zu berechnen.

2.3. Umsatzbesteuerung und Vorsteuerabzug bei der Abrechnung von Teilentgelten, die vor dem 1. Juli 2020 für nach dem 30. Juni 2020 ausgeführte Leistungen vereinnahmt werden

8 Erteilt der Unternehmer über Teilentgelte, die er vor dem 1. Juli 2020 für steuerpflichtige Leistungen oder Teilleistungen vereinnahmt, die nach dem 30. Juni 2020 ausgeführt werden, Rechnungen mit gesondertem Steuerausweis, ist in diesen Rechnungen die nach den bis zum 30. Juni 2020 geltenden Umsatzsteuersätzen von 19 Prozent bzw. 7 Prozent berechnete Umsatzsteuer anzugeben. Der Leistungsempfänger ist, sofern die übrigen Voraussetzungen des § 15 UStG vorliegen, berechtigt, die in der jeweiligen Rechnung ausgewiesene Umsatzsteuer als Vorsteuer abzuziehen, wenn er die Rechnung erhalten und soweit er die verlangte Zahlung geleistet hat. Einer Berichtigung des Steuerausweises in diesen (Anzahlungs-)Rechnungen bedarf es nicht, wenn in einer Endrechnung die Umsatzsteuer für die gesamte Leistung oder Teilleistung mit den ab 1. Juli 2020 geltenden Umsatzsteuersätzen von 16 Prozent bzw. 5 Prozent ausgewiesen wird.

Die Umsätze zu den Steuersätzen 16 Prozent und 5 Prozent sowie der darauf entfallende, selbst berechnete Steuerbetrag sind insgesamt in der Zeile 28 der Umsatzsteuer-Voranmeldung für den Voranmeldungszeitraum der Leistungsausführung im Jahr 2020 bzw. Zeile 45 der Umsatzsteuererklärung für das Kalenderjahr 2020 einzutragen. Dies gilt auch für Umsätze, für die eine Anzahlung vor dem 1. Juli 2020 vereinnahmt wurde. Bereits mit 19 Prozent oder 7 Prozent besteuerte Anzahlungen zu nach dem 30. Juni 2020 und vor dem 1. Januar 2021 ausgeführten Umsätzen sind zu korrigieren, indem in

Zeile 26 bzw. 27 der Umsatzsteuer-Voranmeldung für den Voranmeldungszeitraum der Leistungsausführung im Jahr 2020 bzw. in Zeile 38 bzw. 41 der Umsatzsteuererklärung für das Kalenderjahr 2020 eine negative Bemessungsgrundlage berücksichtigt wird. Eine Eintragung in Zeile 62 der Umsatzsteuer-Voranmeldung für den Voranmeldungszeitraum der Leistungsausführung im Jahr 2020 bzw. Zeile 58 der Umsatzsteuererklärung für das Kalenderjahr 2020 (als negative Nachsteuer) ist insoweit nicht vorzunehmen.

Der vorsteuerabzugsberechtigte Leistungsempfänger kann nach Rechnungserhalt und Zahlung des Teilentgelts die Vorsteuer in Höhe von 19 Prozent bzw. 7 Prozent in der Zeile 52 der Umsatzsteuer-Voranmeldung für den maßgeblichen Voranmeldungszeitraum im Jahr 2020 bzw. Zeile 122 der Umsatzsteuererklärung für das Kalenderjahr 2020 geltend machen. Im Zeitpunkt der Leistungsausführung sind die Vorsteuerbeträge in der Zeile 52 der Umsatzsteuer-Voranmeldung für den maßgeblichen Voranmeldungszeitraum im Jahr 2020 bzw. Zeile 122 der Umsatzsteuererklärung für das Kalenderjahr 2020 durch den Differenzbetrag zwischen dem Steuerausweis laut Schlussrechnung und der bereits geltend gemachten Vorsteuer (ggf. mit Minuszeichen) zu mindern.

Es bestehen keine Bedenken dagegen, dass in Rechnungen, die vor dem 1. Juli 2020 über die vor diesem Zeitpunkt vereinnahmten Teilentgelte für nach dem 30. Juni 2020 erbrachte steuerpflichtige Leistungen oder Teilleistungen ausgestellt werden, die Umsatzsteuer nach den nach dem 30. Juni 2020 und vor dem 1. Januar 2021 geltenden Umsatzsteuersätzen von 16 Prozent bzw. 5 Prozent ausgewiesen wird. Die ausgewiesene Umsatzsteuer wird vom Unternehmer geschuldet. Der Leistungsempfänger kann den angegebenen Umsatzsteuerbetrag unter den übrigen Voraussetzungen des § 15 UStG als Vorsteuer abziehen, nachdem die Rechnung vorliegt und soweit der Rechnungsbetrag gezahlt worden ist. Eine Berichtigung der Berechnung der vor dem 1. Juli 2020 entstandenen Umsatzsteuer (§ 27 Abs. 1 Satz 3 UStG) scheidet in diesen Fällen aus. Ebenso wird es bei Anwendung der Steuerschuldnerschaft des Leistungsempfängers nach § 13b UStG nicht beanstandet, wenn eine vor dem 1. Juli 2020 vereinnahmte Abschlagszahlung für eine nach dem 30. Juni 2020 ausgeführte Leistung den Umsatzsteuersätzen von 16 Prozent bzw. 5 Prozent unterworfen wird. 9

2.4. Umsatzbesteuerung und Vorsteuerabzug bei der Erteilung von Vorausrechnungen für nach dem 30. Juni 2020 ausgeführte Leistungen

2.4.1. Keine Entgeltsvereinnahmung vor dem 1. Juli 2020

Der Unternehmer, der über steuerpflichtige Leistungen oder Teilleistungen, 10
die er nach dem 30. Juni 2020 ausführt, vor dem 1. Juli 2020 Vorausrechnungen erteilt, ist nach § 14 Abs. 2 und 4 UStG berechtigt und ggf. verpflichtet, darin die Umsatzsteuer nach den ab 1. Juli 2020 geltenden Umsatzsteuersätzen von 16 Prozent bzw. 5 Prozent anzugeben. Die ausgewiesene Umsatzsteuer entsteht in diesem Falle bei der Besteuerung nach vereinbarten Entgelten mit Ablauf des Voranmeldungszeitraums, in dem die Leistung oder die Teil-

leistung erbracht wird (vgl. § 13 Abs. 1 Nr. 1 Buchstabe a UStG). Der Leistungsempfänger kann, wenn die übrigen Voraussetzungen des § 15 UStG vorliegen, die ausgewiesene Umsatzsteuer für den Voranmeldungszeitraum als Vorsteuer abziehen, in dem die Leistung oder Teilleistung an ihn ausgeführt wird. Falls bei einer Werklieferung, Werkleistung oder Dauerleistung vor dem 1. Juli 2020 Teilleistungen vereinbart werden, muss eine vorher über die gesamte Leistung erteilte Vorausrechnung entsprechend berichtigt werden (vgl. hierzu Rzn. 20 bis 26).

2.4.2. Entgeltsvereinnahmung vor dem 1. Juli 2020

11 Hat der Unternehmer für eine steuerpflichtige Leistung oder Teilleistung, die er nach dem 30. Juni 2020 ausführt, vor dem 1. Juli 2020 eine Vorausrechnung erteilt, in der die Umsatzsteuer mit den nach dem 30. Juni 2020 und vor dem 1. Januar 2021 geltenden Umsatzsteuersätzen von 16 Prozent bzw. 5 Prozent ausgewiesen ist, und vereinnahmt er vor dem 1. Juli 2020 das gesamte Entgelt oder Teilentgelte, entsteht die Umsatzsteuer für diese Entgelte in Höhe der vor dem 30. Juni 2020 geltenden Umsatzsteuersätze von 19 Prozent bzw. 7 Prozent. Nach § 27 Abs. 1 Satz 3 UStG ist die Steuer für den Voranmeldungszeitraum der Leistungsausführung zu berichtigen. Der Leistungsempfänger ist, sofern die übrigen Voraussetzungen des § 15 UStG vorliegen, zum Vorsteuerabzug in Höhe des ausgewiesenen Betrags berechtigt. Es bestehen keine Bedenken dagegen, wenn der Unternehmer im Voranmeldungszeitraum der Entgeltsvereinnahmung nur die nach den nach dem 30. Juni 2020 und vor dem 1. Januar 2021 geltenden Umsatzsteuersätzen von 16 Prozent bzw. 5 Prozent berechnet und abführt. Eine Berichtigung der Berechnung der vor dem 1. Juli 2020 entstandenen Umsatzsteuer für den Voranmeldungszeitraum der Leistungsausführung scheidet in diesen Fällen aus.

2.5. Abrechnung von Leistungen und Teilleistungen im Rahmen der Istversteuerung von Anzahlungen

12 Nach § 14 Abs. 5 Satz 2 UStG hat der Unternehmer, der im Rahmen der Istversteuerung von Anzahlungen (§ 13 Abs. 1 Nr. 1 Buchstabe a Satz 4 UStG) über eine von ihm erbrachte Leistung oder Teilleistung eine Endrechnung erteilt, darin die vor der Ausführung der Leistung oder Teilleistung vereinnahmten Teilentgelte (Anzahlungen) und die auf sie entfallenden Umsatzsteuerbeträge abzusetzen, wenn über diese Teilentgelte Rechnungen mit gesondertem Steuerausweis erteilt worden sind. Hat der Unternehmer für eine nach dem 30. Juni 2020 ausgeführte Leistung oder Teilleistung vor dem 1. Juli 2020 Teilentgelte vereinnahmt, ist bei der Erteilung der Endrechnung zu berücksichtigen, dass die Besteuerung nach den nach dem 30. Juni 2020 und vor dem 1. Januar 2021 befristet geltenden Umsatzsteuersätzen von 16 Prozent bzw. 5 Prozent vorzunehmen ist. Im Übrigen gilt für die Erteilung von Endrechnungen in diesen Fällen Abschnitt 14.8 Abs. 7 bis 11 UStAE sinngemäß. Bereits mit 19 Prozent oder 7 Prozent besteuerte Anzahlungen zu nach dem 30. Juni 2020 und vor dem 1. Januar 2021 ausgeführten Umsätzen sind zu korrigieren, indem in Zeile 26 bzw. 27 der Umsatzsteuer-Voranmeldung für

den Voranmeldungszeitraum der Leistungsausführung im Jahr 2020 bzw. in Zeile 38 bzw. 41 der Umsatzsteuererklärung für das Kalenderjahr 2020 eine negative Bemessungsgrundlage berücksichtigt wird. Eine Eintragung in Zeile 62 der Umsatzsteuer-Voranmeldung für den Voranmeldungszeitraum der Leistungsausführung im Jahr 2020 bzw. Zeile 58 der Umsatzsteuererklärung für das Kalenderjahr 2020 (als negative Nachsteuer) ist insoweit nicht vorzunehmen.

2.6. Steuerausweis und Berücksichtigung der umsatzsteuerlichen Minderbelastung bei langfristigen Verträgen (Altverträgen)

2.6.1. Grundsätzliches

Der Unternehmer ist nach § 14 Abs. 2 und § 14a UStG berechtigt und ggf. verpflichtet, über Leistungen (Lieferungen, sonstige Leistungen und ggf. Teilleistungen), die nach dem 30. Juni 2020 ausgeführt werden, Rechnungen zu erteilen, in denen die Umsatzsteuer mit den nach dem 30. Juni 2020 und vor dem 1. Januar 2021 befristet geltenden Umsatzsteuersätzen von 16 Prozent bzw. 5 Prozent ausgewiesen ist. Das gilt auch, wenn die Verträge über diese Leistungen vor dem 1. Juli 2020 geschlossen worden sind und dabei von den bis dahin geltenden Umsatzsteuersätzen (19 Prozent bzw. 7 Prozent) ausgegangen worden ist. Aus der Regelung über den Steuerausweis folgt aber nicht, dass die Unternehmer verpflichtet sind, bei der Abrechnung der vor dem 1. Juli 2020 vereinbarten Leistungen die Preise entsprechend der nach dem 30. Juni 2020 und vor dem 1. Januar 2021 befristet eingetretenen umsatzsteuerlichen Minderbelastung zu senken. Es handelt sich dabei vielmehr um eine besondere zivilrechtliche Frage, deren Beantwortung von der jeweiligen Vertrags- und Rechtslage abhängt (vgl. dazu Rzn. 14 und 15). **13**

2.6.2. Berechnung der Umsatzsteuer gegenüber dem Leistungsempfänger bei gesetzlich vorgeschriebenen Entgelten

Für bestimmte Leistungsbereiche sind Entgelte (Vergütungen, Gebühren, Honorare usw.) vorgeschrieben, die entsprechend dem umsatzsteuerrechtlichen Entgeltsbegriff die Umsatzsteuer für die Leistungen nicht einschließen. Derartige Entgeltsregelungen enthalten insbesondere das Rechtsanwaltsvergütungsgesetz (RVG), die Steuerberatervergütungsverordnung (StBVV), das Gerichts- und Notarkostengesetz (GNotKG) und die Honorarordnung für Architekten und Ingenieure (HOAI). Soweit die Unternehmer in diesen Fällen berechtigt sind, die für die jeweilige Leistung geschuldete Umsatzsteuer zusätzlich zu dem vorgeschriebenen Entgelt zu berechnen, haben sie für ihre nach dem 30. Juni 2020 und vor dem 1. Januar 2021 ausgeführten Leistungen ohne Rücksicht auf den Zeitpunkt der vertraglichen Vereinbarung die Umsatzsteuer nach dem nach dem 30. Juni 2020 und vor dem 1. Januar 2021 geltenden Umsatzsteuersatz von 16 Prozent dem Entgelt *hinzurechnen*[1] (vgl. Abschnitt 29.1 Abs. 5 UStAE). **14**

---

[1] Richtig: hinzuzurechnen.

2.6.3. Ansprüche auf Ausgleich der umsatzsteuerlichen Minderbelastung (§ 29 Abs. 2 UStG)

15 Nach § 29 Abs. 2 UStG kann der eine Vertragsteil von dem anderen Vertragsteil einen Ausgleich verlangen, wenn er eine Leistung nach dem 30. Juni 2020 ausführt. Eine der Voraussetzungen für den Ausgleichsanspruch ist, dass die Leistung auf einem Vertrag beruht, der vor dem 1. März 2020 geschlossen worden ist. Die Vertragspartner dürfen außerdem nichts anderes vereinbart haben (z. B. dass Ausgleichsansprüche im Falle einer Anhebung oder Absenkung des Umsatzsteuersatzes ausgeschlossen sind).

2.7. Umsatzsteuerberechnung und Berechnung der Bemessungsgrundlagen und Entgeltminderungen

16 Bei Rechnungen im Sinne der §§ 33 und 34 UStDV (Rechnungen über Kleinbeträge, Fahrausweise und Belege im Reisegepäckverkehr) für Leistungen, die nach dem 30. Juni 2020 und vor dem 1. Januar 2021 ausgeführt werden, kann die Umsatzsteuer mit dem leicht gerundeten Prozentsatz von

13,79 (Regelsteuersatz) bzw.
4,76 (ermäßigter Steuersatz)

von den Rechnungsbeträgen errechnet werden.

17 Für nach dem 30. Juni 2020 und vor dem 1. Januar 2021 erbrachte Umsätze, die der Umsatzsteuer nach dem allgemeinen Umsatzsteuersatz von 16 Prozent unterliegen, sind die Gesamtbeträge der Entgelte und sonstigen Bemessungsgrundlagen sowie der Entgeltminderungen mit dem

Divisor 1,16

von den Summen der aufgezeichneten Bruttobeträge (z. B. Preise und Preisminderungen) zu errechnen. Bei der Anwendung des ermäßigten Umsatzsteuersatzes von 5 Prozent gilt für die Berechnung der Entgelte und Entgeltminderungen von den Bruttobeträgen der

Divisor 1,05.

2.8. Folgen eines überhöhten Steuerausweises

18 Weist der Unternehmer entgegen den o. g. Regelungen in Rechnungen über Leistungen, die nach dem 30. Juni 2020 und vor dem 1. Januar 2021 erbracht werden, eine höhere Umsatzsteuer aus, als sich bei zutreffender Anwendung der Umsatzsteuersätze von 16 Prozent bzw. 5 Prozent ergibt, schuldet er die Differenz aufgrund eines unrichtigen Steuerausweises nach § 13a Abs. 1 Nr. 1 i. V. m. § 14c Abs. 1 UStG. Ein Vorsteuerabzug für den Leistungsempfänger ist insoweit nicht zulässig, da es sich bei dem unrichtigen Steuerbetrag um keine gesetzlich geschuldete Steuer im Sinne des § 15 UStG handelt (vgl. Abschnitt 15.2 Abs. 1 Sätze 1 bis 3 UStAE). Der Unternehmer kann die Rechnung berichtigen (§ 31 Abs. 5 UStDV). Zu den besonderen

Anforderungen an die Berichtigung eines zu hohen Steuerausweises vgl. Abschnitt 14c.1 Abs. 5 UStAE.

3. Übergangsregelungen

3.1. Allgemeines

Um den Übergang zur Anwendung der nach dem 30. Juni 2020 und vor dem 1. Januar 2021 geltenden neuen Umsatzsteuersätze in der Praxis zu erleichtern, werden in den nachfolgenden Textziffern 3.2 bis 3.10 (Rzn. 20 bis 45) besondere Übergangsregelungen getroffen. Die damit zugelassenen Erleichterungen und Verfahren können von allen Unternehmern angewandt werden, für die sie zutreffen. Einer Genehmigung durch das zuständige Finanzamt bedarf es dazu nicht. **19**

3.2. Werklieferungen und Werkleistungen

3.2.1. Grundsätzliches

Werklieferungen oder Werkleistungen unterliegen insgesamt der Besteuerung nach den Umsatzsteuersätzen von 16 Prozent bzw. 5 Prozent, wenn sie nach dem 30. Juni 2020 und vor dem 1. Januar 2021 ausgeführt werden. Eine andere umsatzsteuerrechtliche Behandlung kommt nur in Betracht, soweit Werklieferungen und Werkleistungen wirtschaftlich teilbar sind und in Teilleistungen erbracht werden (vgl. Rzn. 21 und 22). **20**

3.2.2. Ausführung und Abrechnung von Teilleistungen

Teilleistungen sind wirtschaftlich abgrenzbare Teile einheitlicher Leistungen (z. B. Werklieferungen und Werkleistungen), für die das Entgelt gesondert vereinbart wird und die demnach statt der einheitlichen Gesamtleistung geschuldet werden. Für die Anerkennung und Abgrenzung von Teilleistungen vgl. Abschnitt 13.4 UStAE. Auf Teilleistungen, die vor dem 1. Juli 2020 erbracht werden, sind die bis zum 30. Juni 2020 geltenden Umsatzsteuersätze von 19 Prozent bzw. 7 Prozent anzuwenden. Nach dem 30. Juni 2020 und vor dem 1. Januar 2021 ausgeführte Teilleistungen sind den befristet geltenden Umsatzsteuersätzen von 16 Prozent bzw. 5 Prozent zu unterwerfen. **21**

Vor dem 1. Juli 2020 erbrachte Teilleistungen liegen vor, wenn folgende Voraussetzungen erfüllt sind: **22**

1. Es muss sich um einen wirtschaftlich abgrenzbaren Teil einer Werklieferung oder Werkleistung handeln.
2. Der Leistungsteil muss, wenn er Teil einer Werklieferung ist, vor dem 1. Juli 2020 abgenommen worden sein; ist er Teil einer Werkleistung, muss er vor dem 1. Juli 2020 vollendet oder beendet worden sein.
3. Vor dem 1. Juli 2020 muss vereinbart worden sein, dass für Teile einer Werklieferung oder Werkleistung entsprechende Teilentgelte zu zahlen sind. Sind für Teile einer Werklieferung oder Werkleistung zunächst keine

Teilentgelte gesondert vereinbart worden, muss die vertragliche Vereinbarung vor dem 1. Juli 2020 entsprechend geändert werden.

4. Das Teilentgelt muss gesondert abgerechnet werden.

Sind über Dauerleistungen, die nach dem 30. Juni 2020 und vor dem 1. Januar 2021 begonnen haben und nach dem 31. Dezember 2020 enden, schon Rechnungen erteilt worden, in denen das Gesamtentgelt oder der Gesamtpreis und die insgesamt mit den ab dem 1. Juli 2020 und vor dem 1. Januar 2021 anzuwendenden Umsatzsteuersätzen berechnete Umsatzsteuer angegeben worden sind, können sie vor dem 1. Januar 2021 entsprechend berichtigt werden.

3.3. Dauerleistungen

3.3.1. Grundsätzliches

23 Auswirkungen hat die Absenkung der Umsatzsteuersätze insbesondere für Leistungen, die sich über einen längeren Zeitraum erstrecken (Dauerleistungen), sofern der Zeitpunkt des In-Kraft-Tretens der Umsatzsteuersatzänderung in den für die Leistung vereinbarten Zeitraum fällt. Bei den Dauerleistungen kann es sich sowohl um sonstige Leistungen (z. B. Vermietungen, Leasing, Wartungen, Überwachungen, laufende Finanz- und Lohnbuchführung) als auch um die Gesamtheit mehrerer Lieferungen (z. B. von Baumaterial) handeln. Für Dauerleistungen werden unterschiedliche Zeiträume (z. B. $^1/_2$ Jahr, 1 Jahr, 1 Kalenderjahr, 5 Jahre) oder keine zeitliche Begrenzung vereinbart.

24 Dauerleistungen werden ausgeführt:

1. im Falle einer sonstigen Leistung an dem Tag, an dem der vereinbarte Leistungszeitraum endet (Abschnitt 13.1 Abs. 3 UStAE),
2. im Falle wiederkehrender Lieferungen – ausgenommen Lieferungen von elektrischem Strom, Gas, Wasser, Abwasser, Kälte und Wärme (vgl. Rz. 35) – am Tag jeder einzelnen Lieferung (Abschnitt 13.1 Abs. 2 UStAE).

Auf Dauerleistungen, die hiernach vor dem 1. Juli 2020 erbracht werden und die der Umsatzbesteuerung unterliegen, sind die bis zum 30. Juni 2020 geltenden Umsatzsteuersätze von 19 Prozent bzw. 7 Prozent anzuwenden. Nach dem 30. Juni 2020 und vor dem 1. Januar 2021 ausgeführte Dauerleistungen sind der Besteuerung nach den Umsatzsteuersätzen von 16 Prozent bzw. 5 Prozent zu unterwerfen. Bei der Abrechnung von Nebenleistungen, für die ein anderer Abrechnungszeitraum als für die Hauptleistung vereinbart ist, richtet sich die Anwendung des zutreffenden Umsatzsteuersatzes nach dem Zeitpunkt der Ausführung der jeweiligen Hauptleistung (z. B. monatlicher Zins für eine steuerpflichtige Vermietung mit monatlichem Abschlag für die Nebenleistungen und jährlicher Abrechnung der Nebenleistungen).

Verträge über Dauerleistungen, die als Rechnung anzusehen sind (Abschnitt 14.1 Abs. 2 UStAE), sind an die nach dem 30. Juni 2020 und vor dem 1. Januar 2021 geltenden Umsatzsteuersätze anzupassen. Auf die Regelung des § 31 Abs. 1 UStDV wird hingewiesen. Daher reicht es aus, einen Vertrag durch ergänzende Unterlagen anzupassen, die unter Bezug auf den Vertrag alle erforderlichen Informationen zum Entgelt und Steuersatz für den Zeitraum vom 1. Juli 2020 bis zum 31. Dezember 2020 enthalten. Ein in Folge der Absenkung des Umsatzsteuersatzes angepasster Vertrag muss für Zwecke des Vorsteuerabzugs des Leistungsempfängers nach § 15 Abs. 1 Satz 1 Nr. 1 UStG alle nach § 14 Abs. 4 UStG erforderlichen Pflichtangaben enthalten.

3.3.2. Ausführung und Abrechnung von Teilleistungen

Wird eine Dauerleistung nicht insgesamt für den vereinbarten Leistungszeitraum, sondern für kürzere Zeitabschnitte (z. B. Vierteljahr, Kalendermonat) abgerechnet, liegen insoweit Teilleistungen im Sinne des § 13 Abs. 1 Nr. 1 Buchstabe a Satz 3 UStG vor. Dies gilt ebenso für unbefristete Dauerleistungen, soweit diese für bestimmte Zeitabschnitte abgerechnet werden. Teilleistungen sind auch dann anzuerkennen, wenn in einer Rechnung neben dem Gesamtentgelt der auf einen kürzeren Leistungsabschnitt entfallende Teilbetrag angegeben wird und es dem Leistungsempfänger überlassen bleibt, das Gesamtentgelt oder die Teilentgelte zu entrichten. Die Anwendung des zutreffenden Umsatzsteuersatzes richtet sich nach dem Zeitpunkt der Ausführung der jeweiligen Teilleistung, für den die gleichen Grundsätze gelten wie für den Zeitpunkt der Dauerleistung selbst (vgl. Rz. 24). **25**

Wird bei einer Dauerleistung z. B. für die Zeit vom 1. Januar 2020 bis zum 31. Dezember 2020 vor dem 1. Juli 2020 ein kürzerer Abrechnungszeitraum (z. B. Kalendervierteljahr) als früher vereinbart, sind umsatzsteuerrechtlich entsprechende Teilleistungen anzuerkennen. Als Vereinbarung eines kürzeren Abrechnungszeitraums ist es insbesondere auch anzusehen, wenn in einer vor dem 1. Juli 2020 erteilten Rechnung das Entgelt oder der Preis für diesen Abrechnungszeitraum – ggf. neben dem Gesamtentgelt oder -preis – angegeben wird. **26**

3.4. Änderungen der Bemessungsgrundlagen

3.4.1. Entgeltminderungen und -erhöhungen (allgemein)

Tritt nach dem 30. Juni 2020 eine Minderung oder Erhöhung der Bemessungsgrundlage für einen vor dem 1. Juli 2020 ausgeführten steuerpflichtigen Umsatz im Sinne des § 1 Abs. 1 Nr. 1 UStG oder für einen steuerpflichtigen innergemeinschaftlichen Erwerb im Sinne des § 1 Abs. 1 Nr. 5 UStG ein (z. B. durch Skonto, Rabatt oder einen sonstigen Preisnachlass oder durch Nachberechnung), hat der Unternehmer, der diesen Umsatz ausgeführt hat, den dafür geschuldeten Steuerbetrag nach § 17 Abs. 1 Satz 1 UStG zu berichtigen. In Fällen der Anwendung der Steuerschuldnerschaft des Leistungsempfängers nach § 13b UStG hat der Leistungsempfänger die Berichtigung des Steuerbetrages vorzunehmen. Dabei ist sowohl im Falle der Besteuerung nach vereinbarten Entgelten als auch im Falle der Besteuerung nach vereinnahmten Entgelten der bis zum 30. Juni 2020 geltende Umsatzsteuersatz von 19 Prozent bzw. 7 Prozent anzuwenden. Das Gleiche gilt für die Berichtigung des Vorsteuerabzugs. **27**

Eine Steuerberichtigung nach § 17 Abs. 1 UStG scheidet aus, soweit sich die Entgelte für nichtsteuerbare und steuerfreie Umsätze nachträglich ändern. **28**

Führt der Unternehmer Umsätze aus, die verschiedenen Steuersätzen unterliegen, ist bei einer nachträglichen Änderung der Bemessungsgrundlage die Umsatzsteuer nach dem Umsatzsteuersatz zu berichtigen, der auf den jeweils zugrundeliegenden Umsatz anzuwenden war. Dies kann in der Praxis einen unangemessenen Arbeitsaufwand erfordern. Zur Vereinfachung wird deshalb zugelassen, nachträgliche Änderungen der Bemessungsgrundlagen für die vor dem 1. Juli 2020 ausgeführten Umsätze nach dem Verhältnis zwischen einerseits den Umsätzen, die verschiedenen Steuersätzen unterliegen, und andererseits den steuerfreien und nichtsteuerbaren Umsätzen des Voranmeldungszeitraums aufzuteilen, in dem die Änderungen der Bemessungsgrundlagen tatsächlich eingetreten sind (vgl. auch Abschnitt 22.6 Abs. 20 und 21 UStAE). Entsprechendes gilt für die Berichtigung des Vorsteuerabzugs.

3.4.2. Einlösen von Preisnachlass- und Preiserstattungsgutscheinen

29 Vergütet ein Unternehmer von ihm ausgegebene Preisnachlass- und Preiserstattungsgutscheine, die einen Endabnehmer in die Lage versetzen, Leistungen um den Nennwert des Preisnachlass- und Preiserstattungsgutscheins verbilligt zu erwerben, kann dies grundsätzlich zur Minderung der Bemessungsgrundlage beim Unternehmer führen (vgl. Abschnitt 17.2 Abs. 4 UStAE). Sofern eine Entgeltminderung für eine steuerpflichtige Leistung vorliegt, hat der Unternehmer die dafür geschuldete Umsatzsteuer nach § 17 Abs. 1 UStG zu berichtigen. Der Umsatzsteuersatz ergibt sich aus der Lieferung, für die der Preisnachlass- und Preiserstattungsgutschein eingelöst worden ist (Abschnitt 17.2 Abs. 4 UStAE). Die dazu erforderliche Aufteilung der Einlösungsbeträge auf die vor dem 1. Juli 2020 und die nach dem 30. Juni 2020 ausgeführten Umsätze bereitet in der Praxis erfahrungsgemäß Schwierigkeiten. Deshalb wird zugelassen, die Steuerberichtigung nachfolgendem vereinfachten Verfahren vorzunehmen:

Erstattet der Unternehmer die von ihm ausgegebenen Preisnachlass- und Preiserstattungsgutscheine in der Zeit vom 1. Juli 2020 bis zum 31. August 2020, ist die Umsatzsteuer mit den bis zum 30. Juni 2020 geltenden Umsatzsteuersätzen von 19 Prozent zu berichtigen. Bei der Erstattung von Preisnachlass- und Preiserstattungsgutscheinen nach dem 31. August 2020 und vor dem 1. Januar 2021 ist die Umsatzsteuer mit dem ab 1. Juli 2020 geltenden allgemeinen Umsatzsteuersatz von 16 Prozent bzw. 5 Prozent zu berichtigen. Für Umsätze, die dem ermäßigten Steuersatz unterliegen, gilt diese Vereinfachung entsprechend.

Wird in diesen Fällen ein anderer Unternehmer durch die Änderung der Bemessungsgrundlage wirtschaftlich begünstigt, hat dieser Unternehmer seinen Vorsteuerabzug zu berichtigen (§ 17 Abs. 1 Satz 4 UStG). Die vorgenannte Vereinfachungsregel gilt insoweit nicht.

Die zur erleichterten Trennung nachträglicher Entgeltminderungen getroffenen Regelungen in Abschnitt 22.6 Abs. 20 und 21 UStAE (vgl. auch Rz. 28) bleiben hiervon unberührt.

3.4.3. Einzweckgutscheine

30 Die umsatzsteuerrechtliche Würdigung von Gutscheinen wurde mit Wirkung zum 1. Januar 2019 grundlegend neu geregelt. Bei Einzweckgutscheinen

i. S. d. § 3 Abs. 13 und 14 UStG ist der maßgebliche Zeitpunkt für die Besteuerung der Leistungsfiktion und damit die Bestimmung des zutreffenden Umsatzsteuersatzes die Gutscheinausgabe des ausgebenden Unternehmers an den Kunden. Folglich sind die Verhältnisse zum Zeitpunkt der Ausgabe des Gutscheins entscheidend. Ändern sich die Verhältnisse im Nachhinein, ist dies irrelevant. Die spätere Gutscheineinlösung ist für die umsatzsteuerliche Würdigung nicht mehr relevant, da diese nicht als unabhängiger Umsatz gilt. Sollte bei Einlösung des Einzweck-Gutscheins jedoch eine Zuzahlung durch den Gutscheininhaber erfolgen, so ist die bislang noch nicht versteuerte Differenz nach den zum Zeitpunkt der Gutscheineinlösung geltenden Umsatzsteuersätzen zu versteuern.

3.4.4. Erstattung von Pfandbeträgen

Nimmt ein Unternehmer Leergut zurück und erstattet einen dafür gezahlten Pfandbetrag, liegt eine Entgeltminderung vor. Der Unternehmer hat die geschuldete Umsatzsteuer nach § 17 Abs. 1 UStG zu berichtigen. Zur Vermeidung von Schwierigkeiten wird zugelassen, die Steuerberichtigung nach folgendem vereinfachten Verfahren vorzunehmen: **31**

Erstattet der Unternehmer Pfandbeträge in der Zeit vom 1. Juli 2020 bis zum 30. September 2020, ist die Umsatzsteuer, soweit die zugrundeliegenden Umsätze dem allgemeinen Steuersatz unterliegen, nach dem bis zum 30. Juni 2020 geltenden allgemeinen Steuersatz von 19 Prozent zu berichtigen. Bei der Erstattung von Pfandbeträgen nach dem 30. September 2020 ist die Umsatzsteuer nach dem ab 1. Juli 2020 geltenden allgemeinen Steuersatz von 16 Prozent zu berichtigen. Bei dem Dreimonatszeitraum wird davon ausgegangen, dass der Bestand an Warenumschließungen sich viermal jährlich umschlägt. Bei kürzeren oder längeren Umschlagzeiträumen ist der Zeitraum, in dem die Entgeltminderungen noch mit dem Steuersatz von 19 Prozent zu berücksichtigen sind, entsprechend zu kürzen oder zu verlängern, wobei der durchschnittliche Umschlagszeitraum im Benehmen zwischen Unternehmer und Finanzamt zu ermitteln ist. Für Umsätze, die dem ermäßigten Steuersatz unterliegen, gilt diese Vereinfachung entsprechend.

3.4.5. Gewährung von Jahresboni, Jahresrückvergütungen und dergleichen

Die Absenkung der Umsatzsteuersätze zum 1. Juli 2020 ist bei der Berichtigung der Steuer- und Vorsteuerbeträge nach § 17 Abs. 1 UStG ebenfalls zu berücksichtigen, wenn die Entgelte für die in einem Jahreszeitraum ausgeführten Leistungen gemeinsam (z. B. durch Jahresrückvergütungen, Jahresboni, Treuerabatte und dergleichen) gemindert werden und dieser Jahreszeitraum vor dem 1. Juli 2020 begonnen hat und nach dem 30. Juni 2020 endet (z. B. vom 1. Januar 2020 bis 31. Dezember 2020). Soweit die gemeinsamen Entgeltminderungen für die bis zum 30. Juni 2020 ausgeführten Umsätze gewährt werden, sind folglich bei der Anwendung des § 17 Abs. 1 UStG die Umsatzsteuersätze von 19 Prozent bzw. 7 Prozent zugrunde zu legen. Auf den Anteil der gemeinsamen Entgeltminderungen, der auf die Umsätze nach dem 30. Juni 2020 (z. B. vom 1. Juli 2020 bis zum 31. Dezember 2020) entfällt, sind auch für die Steuer- und Vorsteuerberichtigung die Umsatzsteuersätze von 16 Prozent bzw. 5 Prozent anzuwenden. Der Unternehmer hat nach § 17 **32**

Abs. 4 UStG den betreffenden Leistungsempfängern einen Beleg zu erteilen, aus dem hervorgeht, wie sich die gemeinsamen Entgeltminderungen auf die Umsätze in den beiden Zeiträumen entsprechend der anzuwendenden Steuersätze verteilen.

Zur Vereinfachung kann bei der Aufteilung der gemeinsamen Entgeltminderungen wie folgt verfahren werden:

1. Der Unternehmer ermittelt das Verhältnis zwischen seinen steuerpflichtigen Umsätzen der anteiligen Jahreszeiträume vor und nach dem Stichtag 1. Juli 2020. Er teilt nach diesem Verhältnis die gemeinsamen Entgeltminderungen auf, die er den einzelnen Leistungsempfängern für den über den 1. Juli 2020 hinausreichenden Jahreszeitraum gewährt.
2. Unterliegen die Umsätze des Unternehmers teils dem allgemeinen, teils dem ermäßigten Steuersatz, wird das Verhältnis zwischen den nichtbegünstigten und den begünstigten Umsätzen entweder für den über den 30. Juni 2020 hinausreichenden Jahreszeitraum insgesamt oder für die beiden anteiligen Zeiträume gesondert ermittelt. Der Unternehmer verteilt die den einzelnen Leistungsempfängern gewährten gemeinsamen Entgeltminderungen nach diesem Umsatzverhältnis auf die verschiedenen Steuersätze.
3. Eine Jahresrückvergütung für das gesamte Kalenderjahr 2020 kann zu 50 Prozent (Januar bis Juni) mit 7 Prozent bzw. 19 Prozent und zu 50 Prozent (Juli bis Dezember) mit 5 Prozent bzw. 16 Prozent berücksichtigt werden, unabhängig davon, wann die zugrundeliegenden Umsätze ausgeführt wurden.

Der Leistungsempfänger hat bei der Berichtigung des Vorsteuerabzugs von der Aufteilung der gemeinsamen Entgeltminderungen auf die verschiedenen Steuersätze auszugehen, die der Unternehmer vorgenommen und in dem nach § 17 Abs. 4 UStG zu erteilenden Beleg angegeben hat.

33 Es ist außerdem nicht zu beanstanden, wenn ein Unternehmer von einer Aufteilung der gemeinsamen Entgeltminderungen absieht und der Steuerberichtigung nach § 17 Abs. 1 Satz 1 UStG ausnahmslos den allgemeinen Steuersatz von 19 Prozent zugrunde legt. Der Leistungsempfänger muss dann bei der Berichtigung des Vorsteuerabzugs nach § 17 Abs. 1 Satz 2 UStG entsprechend verfahren.

3.5. Besteuerung von Telekommunikationsleistungen

34 Telekommunikationsleistungen (z. B. Telefondienstleistungen) sind den Dauerleistungen zuzurechnen, sofern sie auf Verträgen beruhen, die auf unbestimmte Zeit oder für eine Mindestzeit (meist zwischen sechs und 24 Monaten) abgeschlossen werden und periodische Abrechnungszeiträume vorsehen. Nach Rz. 25 sind in diesen Fällen Teilleistungen anzuerkennen, die am Ende des vereinbarten Abrechnungszeitraums als erbracht gelten. Fällt der 1. Juli 2020 in den vereinbarten Abrechnungszeitraum, ist es auch nicht zu beanstanden, wenn einmalig ein zusätzlicher Abrechnungszeitraum eingerichtet wird, der am 30. Juni 2020 endet.

3.6. Besteuerung von Strom-, Gas-, Wasser-, Kälte- und Wärmelieferungen sowie von Abwasserbeseitigung

Die Lieferungen bzw. sonstigen Leistungen von Strom, Gas, Wasser, Abwasserbeseitigung (soweit nicht hoheitlich organisiert), Kälte und Wärme durch Versorgungsunternehmen an Kunden werden nach Ablesezeiträumen (z. B. vierteljährlich) abgerechnet. Sofern die Ablesezeiträume zu einem Zeitpunkt nach dem 30. Juni 2020 und vor dem 1. Januar 2021 enden, sind grundsätzlich die Lieferungen des gesamten Ablesezeitraums den ab 1. Juli 2020 geltenden Umsatzsteuersätzen von 16 Prozent bzw. 5 Prozent zu unterwerfen. Soweit Ablesezeiträume nach dem 31. Dezember 2020 enden, sind grundsätzlich die Lieferungen des gesamten Ablesezeitraums den Umsatzsteuersätzen von 19 Prozent bzw. 7 Prozent zu unterwerfen. Werden nach dem 30. Juni 2020 und vor dem 1. Januar 2021 ausgeführte Lieferungen gesondert abgerechnet, gelten die Sätze 2 und 3 für die verkürzten Abrechnungszeiträume entsprechend. Umsatzsteuerrechtlich bestehen keine Bedenken dagegen, diese gesonderten Abrechnungen bei Kunden in der Weise vorzunehmen, dass die Ergebnisse der Ablesezeiträume, die regulär nach dem 30. Juni 2020 und/oder vor dem 1. Januar 2021 enden, im Verhältnis der Tage vor und ab dem 1. Juli 2020 aufgeteilt werden. Für Ablesezeiträume, die regulär nach dem 31. Dezember 2020 enden, können die gesonderten Abrechnungen im Verhältnis der Tage vor und ab dem 1. Januar 2021 vorgenommen werden. Ist der Ablesezeitraum länger als drei Monate, hat das Versorgungsunternehmen bei der Aufteilung grundsätzlich eine Gewichtung vorzunehmen, damit die Verbrauchsunterschiede in den Zeiträumen vor und ab dem Stichtag entsprechend berücksichtigt werden. Soweit wesentliche Verbrauchsunterschiede nicht bestehen, kann auf die Gewichtung verzichtet werden. **35**

Zur Vermeidung von Übergangsschwierigkeiten können die Finanzämter auf Antrag ein vereinfachtes Abrechnungsverfahren für solche Versorgungsunternehmen zulassen, die bei ihren Kunden ein manuelles direktes Inkassoverfahren anwenden. Sofern in diesem Inkassoverfahren bei Kunden mit gleichen Ablesezeiträumen zu unterschiedlichen Zeitpunkten abgelesen wird und sich die Ablesezeiträume unterschiedlich um den 1. Juli 2020 verteilen, kann zum Ausgleich der unterschiedlichen Ablesezeitpunkte für die letzte Ablesung vor dem 1. Juli 2020 ein mittlerer Ablesezeitpunkt gebildet werden. **36**

Die Rechnungen an die Kunden sind nach den entsprechend den vorstehenden Grundsätzen ermittelten Ergebnissen auszustellen. Spätere Entgeltberichtigungen sowie Änderungen der nach den vorstehenden Grundsätzen vorgenommenen Aufteilung der Lieferungen sind umsatzsteuerlich entsprechend zu berücksichtigen. **37**

Zur Vermeidung von Übergangsschwierigkeiten wird es nicht beanstandet, wenn Rechnungen über Abschlagszahlungen, die nach dem 30. Juni 2020 und vor dem 1. Januar 2021 fällig werden, nicht berichtigt werden, sofern dementsprechend Umsatzsteuer in Höhe von 19 Prozent bzw. 7 Prozent abgeführt und erst in der Endabrechnung nach den vorstehenden Grundsätzen zutreffend abgerechnet wird. Aus Billigkeitsgründen wird es nicht beanstandet, wenn vorsteuerabzugsberechtigte Kunden aus den Abschlagsrechnungen einen Vorsteuerabzug auf der Grundlage von 19 Prozent bzw. 7 Prozent geltend machen und der Vorsteuerabzug für die gesamte Leistung erst auf der Grundlage der vorstehenden Endabrechnung in analoger Anwendung der Rz. 8 auf den zulässigen Wert korrigiert wird.

3.7. Besteuerung von Personenbeförderungen

3.7.1. Personenbeförderungen im Schienenbahnverkehr, im Linienverkehr mit Kraftfahrzeugen und im Verkehr mit Oberleitungsomnibussen

38 Auf die Einnahmen aus den Verkäufen von Einzelfahrscheinen und Zeitkarten, die bis zum Ablauf des letzten Betriebstags des Monats Juni 2020 gültig sind (der Betriebstag 30. Juni 2020 endet vielfach erst nach 24 Uhr), können noch die bis zum 30. Juni 2020 *geltende*[1)] Umsatzsteuersätze von 19 Prozent bzw. 7 Prozent angewandt werden.

39 Vor dem 1. Juli 2020 erzielte Einnahmen aus Verkäufen von Fahrausweisen für Beförderungsleistungen können, sofern die Gültigkeitsdauer der Fahrausweise über den 30. Juni 2020 hinausreicht, im Schätzungswege auf die vor dem 1. Juli 2020 und die nach dem 30. Juni 2020 erbrachten Leistungen aufgeteilt werden.

40 Die Regelungen des BMF-Schreibens vom 21. Januar 2020 (BStBl. I S. 197) gelten entsprechend.

3.7.2. Personenbeförderungen mit Taxen und im Mietwagenverkehr

41 Taxi- und Mietwagenunternehmer können die Einnahmen für Beförderungen aus der Nachtschicht vom 30. Juni 2020 auf den 1. Juli 2020 den ab dem 1. Juli 2020 geltenden Umsatzsteuersätzen unterwerfen. Dies gilt nicht, soweit Rechnungen ausgestellt werden, in denen die Umsatzsteuer in Höhe der bis zum 30. Juni 2020 geltenden Umsatzsteuersätze ausgewiesen wird.

3.8. Besteuerung der Umsätze von Handelsvertretern

42 Die Leistung des Handelsvertreters unterliegt, sofern sich die Entgeltsvereinbarung nach den §§ 87 ff. HGB richtet, dem ab 1. Juli 2020 geltenden allgemeinen Umsatzsteuersatz von 16 Prozent, wenn der vertretene Unternehmer (Auftraggeber) die Lieferung oder sonstige Leistung an den Kunden nach dem 30. Juni 2020 ausgeführt hat.

3.9. Besteuerung der Umsätze von Handelsmaklern

43 Die Leistung des Handelsmaklers wird im Zeitpunkt der Erteilung der Schlussnote (§ 94 HGB) ausgeführt. Wird die Schlussnote nach dem 30. Juni 2020 erteilt, ist auf die Vermittlungsleistung der ab 1. Juli 2020 geltende allgemeine Umsatzsteuersatz von 16 Prozent anzuwenden.

[1)] Richtig: geltenden.

3.10. Besteuerung der Umsätze im Gastgewerbe beim Übergang zu den abgesenkten Umsatzsteuersätzen

Zur Vermeidung von Übergangsschwierigkeiten wird zugelassen, dass auf Bewirtungsleistungen (z. B. Abgabe von Speisen und Getränken zum Verzehr an Ort und Stelle, Tabakwarenlieferungen usw.) in der Nacht vom 30. Juni 2020 auf den 1. Juli 2020 in Gaststätten, Hotels, Clubhäusern, Würstchenständen und ähnlichen Betrieben die ab dem 1. Juli 2020 *geltende*[1] Umsatzsteuersätze von 5 bzw. 16 Prozent angewandt werden. Dies gilt nicht für die Beherbergungen und die damit zusammenhängenden Leistungen. **44**

3.11. Umtausch von Gegenständen

Beim Umtausch eines Gegenstands wird die ursprüngliche Lieferung rückgängig gemacht. An ihre Stelle tritt eine neue Lieferung. Wird ein vor dem 1. Juli 2020 gelieferter Gegenstand nach diesem Stichtag aber vor dem 1. Januar 2021 umgetauscht, ist auf die Lieferung des Ersatzgegenstands der ab 1. Juli 2020 geltende Umsatzsteuersatz von 16 Prozent bzw. 5 Prozent anzuwenden. **45**

3.12. Zu hoher Umsatzsteuerausweis in der Unternehmerkette

Hat der leistende Unternehmer für eine nach dem 30. Juni 2020 und vor dem 1. August 2020 an einen anderen Unternehmer erbrachte Leistung in der Rechnung den vor dem 1. Juli 2020 geltenden Steuersatz (19 Prozent anstelle von 16 Prozent bzw. 7 Prozent anstelle von 5 Prozent) ausgewiesen und diesen Steuerbetrag abgeführt, wird es aus Vereinfachungsgründen nicht beanstandet, wenn der Unternehmer in den Rechnungen den Umsatzsteuerausweis nicht berichtigt. Einem zum Vorsteuerabzug berechtigten Leistungsempfänger wird aus Gründen der Praktikabilität aus derartigen i. S. von § 14c Abs. 1 UStG unrichtigen Rechnungen auch für die nach dem 30. Juni 2020 und vor dem 1. August 2020 seitens eines Unternehmers erbrachte Leistung ein Vorsteuerabzug auf Grundlage des ausgewiesenen Steuersatzes gewährt. Für Umsätze, für die der Leistungsempfänger die Steuer nach § 13b UStG schuldet, gilt dies entsprechend für die vom Leistungsempfänger berechnete Steuer. **46**

4. Anhebung der Umsatzsteuersätze zum 1. Januar 2021

Die vorgenannten Regelungen gelten entsprechend, sofern im Folgenden keine abweichenden Regelungen getroffen wurden, für die Anhebung der Umsatzsteuersätze von 16 Prozent auf 19 Prozent und von 5 Prozent auf 7 Prozent zum 1. Januar 2021. **47**

Behandlung bei der Istversteuerung

Nach § 27 Abs. 1 Satz 3 UStG ist die für die vor dem 1. Januar 2021 vereinnahmten Entgelte und Teilentgelte geschuldete weitere Umsatzsteuer für **48**

[1] Richtig: geltenden.

den Voranmeldungszeitraum zu berechnen und zu entrichten, in dem die Leistung bzw. Teilleistung ausgeführt wird. Darüber hinaus wird zur Vereinfachung zugelassen, dass die für die vor dem 1. Januar 2021 vereinnahmten Teilentgelte geschuldete weitere Umsatzsteuer für den Voranmeldungszeitraum berechnet und entrichtet wird, in dem das restliche Entgelt vereinnahmt wird. Vereinnahmt der Unternehmer das restliche Entgelt nach dem 31. Dezember 2020 in mehreren Teilbeträgen, kann er die Umsatzsteuer, soweit sie noch auf die vor dem 1. Januar 2021 vereinnahmten Teilentgelte entfällt, für den Voranmeldungszeitraum berechnen und entrichten, in dem der letzte Teilbetrag vereinnahmt wird.

Einlösen von Preisnachlass- und Preiserstattungsgutscheinen

49 Rz. 29 gilt für die Erhöhung der Umsatzsteuersätze zum 1. Januar 2021 entsprechend. Die dazu erforderliche Aufteilung der Einlösungsbeträge auf die vor dem 1. Januar 2021 und die nach dem 31. Dezember 2020 ausgeführten Umsätze bereitet in der Praxis erfahrungsgemäß Schwierigkeiten. Deshalb wird zugelassen, die Steuerberichtigung nach nachfolgendem vereinfachten Verfahren vorzunehmen:

Erstattet der Unternehmer die von ihm ausgegebenen Preisnachlass- und Preiserstattungsgutscheine in der Zeit vom 1. Januar 2021 bis zum 28. Februar 2021, ist die Umsatzsteuer nach dem bis zum 31. Dezember 2020 geltenden Steuersatz von 16 Prozent zu berichtigen. Bei der Erstattung von Gutscheinen nach dem 28. Februar 2021 ist die Umsatzsteuer nach dem ab 1. Januar 2021 geltenden allgemeinen Steuersatz von 19 Prozent zu berichtigen. Für Umsätze, die dem ermäßigten Steuersatz unterliegen, gilt diese Vereinfachung entsprechend.

Erstattung von Pfandbeträgen

50 Rz. 31 gilt für die Erhöhung der Umsatzsteuersätze zum 1. Januar 2021 entsprechend. Zur Vermeidung von Schwierigkeiten wird zugelassen, die Steuerberichtigung nach folgendem vereinfachten Verfahren vorzunehmen:

Erstattet der Unternehmer Pfandbeträge in der Zeit vom 1. Januar 2021 bis zum 31. März 2021, ist die Umsatzsteuer nach dem bis zum 31. Dezember 2020 geltenden allgemeinen Steuersatz von 16 Prozent zu berichtigen. Bei der Erstattung von Pfandbeträgen nach dem 31. März 2021 ist die Umsatzsteuer nach dem ab 1. Januar 2021 geltenden allgemeinen Steuersatz von 19 Prozent zu berichtigen. Bei dem Dreimonatszeitraum wird davon ausgegangen, dass der Bestand an Warenumschließungen sich viermal jährlich umschlägt. Bei kürzeren oder längeren Umschlagzeiträumen ist der Zeitraum, in dem die Entgeltminderungen noch mit dem Steuersatz von 16 Prozent zu berücksichtigen ist, entsprechend zu kürzen oder zu verlängern, wobei der durch schnittliche Umschlagszeitraum im Benehmen zwischen Unternehmer und Finanzamt zu ermitteln ist. Für Umsätze, die dem ermäßigten Steuersatz unterliegen, gilt diese Vereinfachung entsprechend.

Umsatzbesteuerung und Vorsteuerabzug bei der Abrechnung von Teilentgelten, die vor dem 1. Januar 2021 für nach dem 31. Dezember 2020 ausgeführte Leistungen vereinnahmt werden

51 Für steuerpflichtige Leistungen oder Teilleistungen, die nach dem 31. Dezember 2020 ausgeführt werden und für die nach dem 30. Juni 2020 und vor dem 1. Januar 2021 Anzahlungsrechnungen mit gesondertem Steuerausweis

erteilt werden, ist die Umsatzsteuer in der Anzahlungsrechnung über das Teilentgelt mit dem Umsatzsteuersatz von 16 Prozent bzw. 5 Prozent zu berechnen. Einer Berichtigung des Steuerausweises in diesen Rechnungen bedarf es nicht, wenn in einer Schlussrechnung die Umsatzsteuer für die gesamte Leistung oder Teilleistung nach dem ab dem 1. Januar 2021 geltenden Steuersatz von 7 Prozent bzw. 19 Prozent ausgewiesen wird oder in einer Schlussrechnung die für die vor dem 1. Januar 2021 vereinnahmten Teilentgelte geschuldete weitere Umsatzsteuer (zwei Prozentpunkte beim ermäßigten Steuersatz, drei Prozentpunkte beim regulären Steuersatz) zusätzlich angegeben wird (vgl. Rz. 12). Die weitere Umsatzsteuer, die auf die im Voraus vereinnahmten Teilentgelte entfällt, ist grundsätzlich für den Voranmeldungszeitraum anzumelden und zu entrichten, in dem die Leistung oder Teilleistung erbracht wird (vgl. Rz. 6). Der Vorsteuerabzug kann insoweit vom Leistungsempfänger beansprucht werden, sobald die Leistung ausgeführt ist und die Schlussrechnung vorliegt. Wird der Steuerausweis in den Rechnungen, die über die vor dem 1. Januar 2021 vereinnahmten Teilentgelte ausgestellt worden sind, nach dem 31. Dezember 2020 wegen der Anhebung der Umsatzsteuersätze berichtigt, sind die Berichtigungen der für die Teilentgelte geschuldeten Umsatzsteuer und ggf. des Vorsteuerabzugs für den Voranmeldungszeitraum vorzunehmen, in dem der Unternehmer den Steuerausweis berichtigt. Das gilt grundsätzlich auch dann, wenn der Unternehmer zugleich mit der Berichtigung des Steuerausweises einen Ausgleichsanspruch nach § 29 Abs. 2 UStG geltend macht und den Umsatzsteuermehrbetrag nachberechnet. In diesem Falle bedarf es einer weiteren Berichtigung der Umsatzsteuerberechnung und des Vorsteuerabzugs, wenn der nachberechnete Betrag nicht im Voranmeldungszeitraum der Steuerausweisberichtigung, sondern später gezahlt wird.

Die Ausführungen unter Rz. 9 gelten entsprechend.

Umsatzbesteuerung und Vorsteuerabzug bei der Erteilung von Vorausrechnungen für nach dem 31. Dezember 2020 ausgeführte Leistungen

Keine Entgeltsvereinnahmung vor dem 1. Januar 2021

Die Ausführungen unter Rz. 10 gelten entsprechend für Vorausrechnungen, **52**
die vor dem 1. Januar 2021 erteilt werden und bei denen die Leistung nach dem 31. Dezember 2020 erbracht wird, wobei in diesen Fällen die Umsatzsteuer nach den Umsatzsteuersätzen von 19 Prozent bzw. 7 Prozent anzugeben ist.

Umsatzsteuerberechnung und Berechnung der Bemessungsgrundlagen und Entgeltminderungen

Für die Anhebung der Umsatzsteuersätze gelten ab dem 1. Januar 2021 für den Regelsteuersatz von 19 Prozent der

Divisor 1,19

und für den ermäßigten Steuersatz der

Divisor 1,07.

Änderungen der Bemessungsgrundlagen

53 Tritt eine Minderung oder Erhöhung der Bemessungsgrundlage für einen vor dem 1. Januar 2021 ausgeführten steuerpflichtigen Umsatz im Sinne des § 1 Abs. 1 Nr. 1 UStG, für einen steuerpflichtigen innergemeinschaftlichen Erwerb im Sinne des § 1 Abs. 1 Nr. 5 UStG oder für einen steuerpflichtigen Umsatz im Sinne des § 13b UStG ein (z. B. durch Skonto, Rabatt oder einen sonstigen Preisnachlass oder durch Nachberechnung), gelten die Rz. 27 und 28 für die Erhöhung der Umsatzsteuersätze zum 1. Januar 2021 entsprechend.

Dieses Schreiben wird im Bundessteuerblatt Teil I veröffentlicht.

Befristete Absenkung des allgemeinen und ermäßigten Umsatzsteuersatzes zum 1. Juli 2020 und deren Anhebung zum 1. Januar 2021

BMF vom 4.11.2020 (BStBl. I S. 1129)

Ergänzend zum BMF-Schreiben vom 30. Juni 2020, BStBl. I S. 584, gilt für die befristete Absenkung des allgemeinen und ermäßigten Umsatzsteuersatzes zum 1. Juli 2020 und zu deren Anhebung zum 1. Januar 2021 Folgendes:

Inhaltsverzeichnis

1. Voraus- und Anzahlungsrechnungen

In Voraus- und Anzahlungsrechnungen, die nach dem 30. Juni 2020 und vor dem 1. Januar 2021 gestellt werden und für die das Entgelt in diesem Zeitraum vereinnahmt worden ist, ist die Steuer mit dem Umsatzsteuersatz von 16 Prozent bzw. 5 Prozent zu berechnen. Soweit feststeht, dass die jeweilige Leistung erst nach dem 31. Dezember 2020 erbracht wird, wird es aber nicht beanstandet, wenn bereits der dann gültige Steuersatz von 19 Prozent bzw. 7 Prozent angewandt wird. Der Empfänger einer solchen Rechnung kann unter den übrigen Voraussetzungen den ausgewiesenen Steuerbetrag als Vorsteuer geltend machen (vgl. BMF-Schreiben vom 30. Juni 2020, BStBl. I S. 584 Rz. 47, 51 und 52 sowie 9 und 11). 1

2 Wenn in einer Voraus- oder Anzahlungsrechnung vor dem 1. Juli 2020 die Steuer nach dem Steuersatz von 19 Prozent bzw. 7 Prozent berechnet, das Entgelt jedoch erst nach dem 30. Juni 2020 vereinnahmt worden ist, schuldet der Leistende die Mehrsteuer nach § 14c Abs. 1 UStG. Der Leistungsempfänger ist insoweit – vorbehaltlich der Nichtbeanstandungsregelung in Rz. 46 des BMF-Schreibens vom 30. Juni 2020, BStBl. I S. 584 – nicht zum Vorsteuerabzug berechtigt, da es sich um keine gesetzlich geschuldete Steuer handelt (§ 15 Abs. 1 Satz 1 Nr. 1 UStG). Voraus- oder Anzahlungsrechnungen, die vor dem 1. Januar 2021 gestellt werden und für die das Entgelt nach dem 31. Dezember 2020 vereinnahmt wird, sind mit einem Steuersatz von 19 Prozent bzw. 7 Prozent zu versteuern, auch wenn die Rechnung einen geringeren Steuersatz ausweist. Der Vorsteuerabzug steht dem Leistungsempfänger unter den übrigen Voraussetzungen nur in Höhe der ausgewiesenen Steuer zu.

3 Sofern in Fällen von kumulierten Voraus- und Anzahlungsrechnungen in einer bereits gestellten Rechnung die Steuer nach einem zu diesem Zeitpunkt zutreffenden Steuersatz berechnet worden ist, ist die Berechnung dieser Steuer erst in dem Voranmeldungszeitraum zu berichtigen, in dem die Lieferung oder sonstige Leistung ausgeführt wird (§ 27 Abs. 1 Satz 3 UStG). Die Steuer kann nicht in einer beliebigen anderen Voraus- oder Anzahlungsrechnung auf den zu diesem Zeitpunkt gültigen Steuersatz geändert werden.

4 Das Rechtsverhältnis zwischen Rechnungsaussteller und Rechnungsempfänger ist zivilrechtlicher Natur. Soweit zwischen den Beteiligten ein schuldrechtlicher Vertrag besteht, handelt es sich bei einer ggf. bestehenden Verpflichtung zur Erteilung oder Berichtigung einer Rechnung um eine aus § 242 Bürgerliches Gesetzbuch abgeleitete zivilrechtliche Nebenpflicht, die in einem zivilrechtlichen Verfahren durchgesetzt werden kann (vgl. Abschnitt 14.1 Abs. 5 UStAE).

2. Ausgabe eines Gutscheins für einen verbindlich bestellten Gegenstand sowie von Restaurantgutscheinen

5 Die Ausstellung eines als Gutschein bezeichneten Dokuments für einen verbindlich bestellten Gegenstand, bei dem ein späterer Umtausch, eine Barauszahlung oder eine Übertragung des Gutscheins auf einen anderen Verkäufer bzw. Käufer ausgeschlossen ist und dessen Ausstellung mit einer Abnahmeverpflichtung verbunden ist, ist eine Anzahlung, die gem. § 13 Abs. 1 Nr. 1 Buchstabe a Satz 4 UStG mit Ablauf des Voranmeldungszeitraums, in dem das Entgelt vereinnahmt worden ist, zu versteuern ist. Die Umsatzsteuer ist bei Zahlung vor dem 1. Januar 2021 zunächst mit einem Steuersatz von 16 Prozent bzw. 5 Prozent zu berechnen. Bei Lieferung des Gegenstands nach dem 31. Dezember 2020 hat anschließend eine Berichtigung auf 19 Prozent bzw. 7 Prozent im Zeitpunkt der Leistungsausführung zu erfolgen. Steht bereits bei Leistung der Anzahlung fest, dass die Lieferung erst nach dem 31. Dezember 2020 erfolgen wird, kann die Anzahlung aus Vereinfachungsgründen bereits mit 19 Prozent versteuert werden.

Beispiel:
Ein Kfz-Händler bietet an, auf den Erwerb eines Neu- oder Gebrauchtfahrzeuges, welches erst nach dem 31. Dezember 2020 ausgeliefert werden kann, den abgesenkten Umsatzsteuersatz anzuwenden, indem im zweiten Halbjahr 2020 die Ausgabe eines als Gutschein bezeichneten Dokuments („Gutschein") mit einem Steuersatz von 16 Prozent erfolgt. Der „Gutschein" ist auf eine verbindliche Bestellung eines individualisierten Fahrzeugs mit einer Verpflichtung zur Abnahme bezogen. Ein späterer Umtausch, eine Barauszahlung oder eine Übertragung des „Gutscheins" auf einen anderen Verkäufer bzw. Käufer ist ausgeschlossen. Es liegt kein Einzweck-Gutschein i. S. d. § 3 Abs. 14 Satz 1 UStG, sondern eine Anzahlung gem. § 13 Abs. 1 Nr. 1 Buchstabe a Satz 4 UStG vor. Diese berechtigt den Erwerber in Verbindung mit der verbindlichen Bestellung ein genau bestimmtes Fahrzeug von einem genau bezeichneten Unternehmer in Empfang zu nehmen. Der Unterschied zum Einzweck-Gutschein besteht darin, dass der Leistungsgegenstand nicht nur bestimmbar, sondern – wie im Falle einer verbindlichen Bestellung – inhaltlich genau bestimmt ist. Der Erwerber hat keine Möglichkeit, den tatsächlichen Auslieferungszeitpunkt auszuwählen bzw. zu beeinflussen. Die Umsatzsteuer ist bei Zahlung vor dem 1. Januar 2021 zunächst mit einem Steuersatz von 16 Prozent zu berechnen. Bei Lieferung des Fahrzeugs nach dem 31. Dezember 2020 hat anschließend eine Berichtigung auf 19 Prozent im Zeitpunkt der Leistungsausführung zu erfolgen.

Soweit Gutscheine für Restaurationsleistungen vor dem 1. Juli 2020 ausgegeben wurden, bleibt es bei der Versteuerung als Einzweck-Gutschein mit 19 Prozent, auch wenn die Einlösung im Zeitraum vom 1. Juli 2020 bis 30. Juni 2021 erfolgt. Denn für die Behandlung als Einzweck-Gutschein ist ausschließlich auf die Gesetzeslage im Zeitpunkt der Ausgabe abzustellen. 6

Durch das Corona-Steuerhilfegesetz vom 19. Juni 2020, BGBl. I S. 1385 wurde § 12 Abs. 2 Nr. 15 UStG neu angefügt. Dieser beinhaltet die befristete Anwendung des ermäßigten Steuersatzes für Restaurant- und Verpflegungsdienstleistungen vom 1. Juli 2020 bis 30. Juni 2021, mit Ausnahme von Getränken. Da in diesem Zeitraum der anzuwendende Steuersatz wegen der unterschiedlichen Besteuerung von Speisen und Getränken nicht eindeutig bestimmbar ist, handelt es sich bei in diesem Zeitraum ausgegebenen Gutscheinen für Restaurations- und Verpflegungsdienstleistungen grundsätzlich um Mehrzweck-Gutscheine mit der Folge, dass die Versteuerung im Zeitpunkt der tatsächlichen Leistungserbringung zum dann gültigen Steuersatz erfolgt.

In der Zeit vom 1. Juli 2020 bis 30. Juni 2021 ausgegebene Gutscheine für Restaurationsleistungen können nur dann als Einzweck-Gutscheine behandelt werden, wenn die Gutscheine auf den Bezug von Speisen oder den Bezug von Getränken explizit beschränkt werden. Gutscheine für Restaurant- und Verpflegungsdienstleistungen einschließlich Getränke gelten erst wieder als Einzweck-Gutscheine, wenn sie für den Zeitraum ab dem 1. Juli 2021 ausgestellt werden.

3. Erstattung von Pfandbeträgen

Aus Vereinfachungsgründen kann Pfandgeld im Zeitraum nach dem 30. Juni 2020 und vor dem 1. Januar 2021 mit 16 Prozent Umsatzsteuer abgerechnet werden, wenn sowohl der leistende Unternehmer als auch der Leistungsempfänger die Umsatzsteuer bzw. Vorsteuer mit dem Steuersatz von 16 Prozent korrigieren und diese Abrechnungsmethode auch für Pfandgelder ab dem 1. Januar 2021, dann mit dem Steuersatz von 19 Prozent, angewendet wird. Dies sowie auch die Vereinfachungsregelungen in Rz. 31 und 50 des 7

BMF-Schreibens vom 30. Juni 2020, BStBl. I S. 584, gelten nicht nur für Flaschenpfand, sondern auch für Pfandgelder für andere Gegenstände, wie z. B. als Transporthilfsmittel ausgetauschte Paletten.

4. Gewährung von Jahresboni

8 In Fällen, in denen ein Unternehmer sowohl mit dem allgemeinen als auch mit dem ermäßigten Steuersatz zu besteuernde Umsätze ausführt, ist es nicht zu beanstanden, wenn der Unternehmer für die Steuerberichtigung nach § 17 Abs. 1 Satz 1 UStG das Verhältnis der mit dem allgemeinen zu den mit dem ermäßigten Steuersatz zu versteuernden Umsätzen zugrunde legt und hierbei für das gesamte Kalenderjahr von einem Steuersatz von jeweils 19 Prozent bzw. 7 Prozent ausgeht.

9 Rz. 33 des BMF-Schreibens vom 30. Juni 2020, BStBl. I S. 584, findet entsprechende Anwendung für Umsätze, die dem ermäßigten Steuersatz unterlegen haben. In diesem Fall ist nicht zu beanstanden, wenn ein Unternehmer von einer Aufteilung der gemeinsamen Entgeltminderungen absieht und der Steuerberichtigung nach § 17 Abs. 1 Satz 1 UStG ausnahmslos den ermäßigten Steuersatz von 7 Prozent zugrunde legt. Der Leistungsempfänger hat nach § 17 Abs. 1 Satz 2 UStG entsprechend zu verfahren.

5. Herstellerrabatt bei der Abgabe pharmazeutischer Produkte

10 Gewährt ein Pharmazieunternehmen seinem Abnehmer nachträglich einen Herstellerrabatt, führt dies zu einer Entgeltminderung. Die ursprüngliche Bemessungsgrundlage ist entsprechend zu korrigieren. Rz. 32 und 33 des BMF-Schreibens vom 30. Juni 2020, BStBl. I S. 584, finden entsprechende Anwendung. Dies gilt auch für gesetzliche Rabatte gem. § 130a Abs. 1 Satz 1 SGB V bzw. § 1 AMRabG. Hinsichtlich der Vereinfachungsregelungen ist hierbei Voraussetzung, dass die Apotheke das Entgelt von dritter Seite korrespondierend zur Entgeltminderung mit demselben Steuersatz ansetzt.

6. Besteuerung von Strom-, Gas-, Wasser-, Kälte- und Wärmelieferungen sowie von Abwasserbeseitigung

11 Die Vereinfachungsregelungen der Rz. 35 ff. des BMF-Schreibens vom 30. Juni 2020, BStBl. I S. 584, können auch auf Leistungen im Rahmen der EEG-Einspeisung und der Netznutzung angewendet werden. Dies gilt unabhängig davon, ob es sich beim Leistungsempfänger um einen Endverbraucher oder um ein Versorgungsunternehmen handelt. Auf die Entnahme von Strom im Jahr 2020 durch einen Unternehmer aus seinem Unternehmen für Zwecke, die außerhalb seines Unternehmens liegen, kann der zum 31. Dezember 2020 geltende Steuersatz angewendet werden.

7. Besteuerung von Personenbeförderungen im Schienenbahnverkehr, im Linienverkehr mit Kraftfahrzeugen und im Verkehr mit Oberleitungsomnibussen

Auf die Einnahmen aus den Verkäufen von Einzelfahrscheinen und Zeitkarten, die bis zum Ablauf des letzten Betriebstags des Monats Dezember 2020 gültig sind (der Betriebstag 31. Dezember 2020 endet vielfach erst nach 24 Uhr), können noch die bis zum 31. Dezember 2020 geltenden Umsatzsteuersätze von 16 Prozent bzw. 5 Prozent angewandt werden. **12**

Vor dem 1. Januar 2021 erzielte Einnahmen aus Verkäufen von Fahrausweisen für Beförderungsleistungen können, sofern die Gültigkeitsdauer der Fahrausweise über den 31. Dezember 2020 hinausreicht, im Schätzungswege auf die vor dem 1. Januar 2021 und die nach dem 31. Dezember 2020 erbrachten Leistungen aufgeteilt werden. **13**

Die Regelungen des BMF-Schreibens vom 21. Januar 2020, BStBl. I S. 19, gelten entsprechend. **14**

8. Sonder- und Ausgleichszahlungen bei Miet- oder Leasingverträgen

Unabhängig davon, ob Sonder- und Ausgleichszahlungen im Rahmen eines Miet- oder Leasingvertrages der Haupt- oder einer Nebenleistung zuzurechnen sind, richtet sich die Anwendung des zutreffenden Umsatzsteuersatzes nach dem Zeitpunkt der Ausführung der jeweiligen Hauptleistung. Sofern die Hauptleistung in Zeiträumen vor dem 1. Juli 2020 und Zeiträumen nach dem 30. Juni 2020 oder in Zeiträumen nach dem 31. Dezember 2020 und Zeiträumen vor dem 1. Januar 2021 erbracht wird, ist die Sonder- und Ausgleichszahlung grundsätzlich zeitanteilig der jeweiligen Hauptleistung zuzuordnen. Andere sachgerechte Aufteilungsmethoden sind zulässig. **15**

9. Anzuwendender Steuersatz bei Gesamtmargenbildung nach § 25 Abs. 3 Satz 3 UStG

Ermittelt der Unternehmer nach § 25 Abs. 3 Satz 3 UStG in der bis 17. Dezember 2019 geltenden Fassung, die nach § 27 Abs. 26 UStG für Umsätze bis zum 31. Dezember 2021 anzuwenden ist, die Bemessungsgrundlage für die gesamten innerhalb des Besteuerungszeitraums erbrachten Leistungen, kann für diese Umsätze im Jahr 2020 der zum 31. Dezember 2020 geltende Steuersatz von 16 Prozent angewendet werden. **16**

10. Differenzbesteuerung nach § 25a Abs. 4 UStG

Auf die Gesamtmarge nach § 25a Abs. 4 UStG kann für Umsätze im Jahr 2020 der zum 31. Dezember 2020 geltende Steuersatz von 16 Prozent angewendet werden. **17**

11. Zeitungs- und Zeitschriftenabonnements

18 Bei digitalen Zeitungs- und Zeitschriftenabonnements wird die Leistung am letzten Tag des vereinbarten Leistungszeitraums ausgeführt. Bei analogen Zeitungs- und Zeitschriftenabonnements wird die Leistung ebenfalls am letzten Tag des vereinbarten Leistungszeitraums ausgeführt, wenn für die einzelnen Ausgaben kein gesondertes Entgelt vereinbart ist oder abgerechnet wird, sondern nur ein Gesamtkaufpreis existiert.

12. Leistungszeitpunkt bei Leistungen eines Insolvenzverwalters

19 Die Leistung eines Insolvenzverwalters ist dann ausgeführt, wenn der seiner Leistung zugrundeliegende Auftrag (letzte Vollzugshandlung) erledigt ist. Die Leistung eines Insolvenzverwalters ist nach der Rechtsprechung des BFH (Urteil vom 2. Dezember 2015, V R 15/15, BStBl. 2016 II S. 486) erst mit dem Beschluss des Insolvenzgerichts über die Aufhebung des Insolvenzverfahrens nach § 200 Abs. 1 InsO erbracht, soweit keine anderen Beendigungsgründe vorliegen. Aus Vereinfachungsgründen wird es nicht beanstandet, wenn für die Bestimmung des Leistungszeitpunkts auf den Vollzug der Schlussverteilung abgestellt wird.

Im Restschuldbefreiungsverfahren bestimmt sich der Leistungszeitpunkt nach dem Zeitpunkt der rechtskräftigen Erteilung der Restschuldbefreiung nach § 300 InsO.

13. Leistungen des Gerüstbauerhandwerks

20 Der Gerüstbauer erbringt mit der Zurverfügungstellung eines fachmännisch montierten Gerüsts für einen bestimmten Zeitraum eine einheitliche sonstige Leistung. Es handelt sich nicht um eine Werkleistung im umsatzsteuerlichen Sinne, da der Gerüstbauer nicht die Bearbeitung eines Gegenstands übernimmt. Die Leistungselemente „Montage und Demontage" sind Nebenleistungen zu der Hauptleistung, der Grundvorhaltung des Gerüsts für eine bestimmte Zeit, da die Auf- und Abbauleistungen mit der zeitlichen Überlassung des Gerüsts eng zusammenhängen und zwangsläufig in ihrem Gefolge vorkommen. Denn die Auf- und Abbauleistungen haben für den Leistungsempfänger keinen eigenen Zweck, sondern stellen das Mittel dar, um die Nutzung des Gerüsts unter optimalen Bedingungen in Anspruch zu nehmen (vgl. Abschnitt 3.10 Absatz 5 Sätze 3 und 4 UStAE).

Die Gesamtleistung „Gerüstbau" kann mit den Leistungsbestandteilen Montage, Standzeit (Summe aus Grundvorhaltung und Überstandsmiete) und Demontage ggf. auch in Teilleistungen nach Nutzungszeiträumen aufgeteilt werden. Voraussetzung hierfür ist, dass die Leistungsbestandteile einzeln geschuldet und bewirkt werden (vgl. Abschn. 13.4 Satz 1 UStAE). Werden keine Teilleistungen vereinbart, wird die Leistung mit Abschluss der Demontage ausgeführt.

14. Wiederkehrende Leistungen

Von dem Begriff der Dauerleistung im Sinne der Rz. 23 des BMF-Schreibens vom 30. Juni 2020, BStBl. I S. 584, werden wiederkehrende Leistungen nicht erfasst, die zeitpunktbezogen in regelmäßigen Abständen einmal oder mehrfach jährlich erbracht werden. Diese Leistungen werden am Tag jeder einzelnen Leistungserbringung ausgeführt. 21

Beispiel:

Eine als „jährlicher Wartungsvertrag" bezeichnete Vereinbarung hat folgenden Inhalt: Der Anbieter verpflichtet sich, die Anlage einmal jährlich zu überprüfen. Bei der Überprüfung wird die Funktionstüchtigkeit überprüft und ein Überprüfungsprotokoll erstellt; für Leistungen, die über die Kontrollarbeiten hinausgehen, erhält der Kunde ein gesondertes Angebot; der Preis beträgt jährlich … €. Die Zahlung wird zehn Tage nach Erhalt der Rechnung fällig; diese Vereinbarung ist bis drei Monate vor Ablauf des Kalenderjahres kündbar. Es handelt sich nicht um eine Dauerleistung, da keine durchgehende Leistungsbereitschaft bzw. -erbringung geschuldet wird, sondern um eine zeitpunktbezogen zu erbringende Tätigkeit, die lediglich zivilrechtlich in ein Dauerschuldverhältnis gekleidet ist. Der Steuersatz richtet sich nach dem Tag der Leistungserbringung.

15. Besteuerung der Umsätze im Gastgewerbe

Für Beherbergungen und die damit zusammenhängenden Leistungen in der Nacht vom 30. Juni 2020 auf den 1. Juli 2020 sind die ab dem 1. Juli 2020 geltenden Umsatzsteuersätze von 5 bzw. 16 Prozent anzuwenden. Aus Vereinfachungsgründen wird es zugelassen, dass diese Steuersätze auch auf Bewirtungsleistungen (z. B. Abgabe von Speisen und Getränken zum Verzehr an Ort und Stelle, Tabakwarenlieferungen usw.) sowie für Beherbergungen und die damit zusammenhängenden Leistungen in der Nacht vom 31. Dezember 2020 auf den 1. Januar 2021 angewendet werden. 22

Befristete Anwendung des ermäßigten Umsatzsteuersatzes für Restaurations- und Verpflegungsdienstleistungen zum 1. Juli 2020

BMF vom 2.7.2020 (BStBl. I S. 610)

I.

Aus der Praxis sind Fragen zur Anwendung des ermäßigten Umsatzsteuersatzes für Restaurations- und Verpflegungsdienstleistungen mit der Ausnahme der Abgabe von Getränken vom 1. Juli 2020 bis zum 30. Juni 2021 gem. § 12 Abs. 2 Nr. 15 UStG gestellt worden.

II.

Unter Bezugnahme auf das Ergebnis der Erörterung mit den obersten Finanzbehörden der Länder wird der Umsatzsteuer-Anwendungserlass vom 1. Oktober 2010, BStBl. I S. 846, der zuletzt durch das BMF-Schreiben vom 25. Juni 2020 – III C 3 – S 7134/19/10003 :001 (2020/0626512), BStBl. I S. 582, geändert worden ist, wie folgt geändert:

1. In Abschnitt 10.1 wird nach Abs. 11 folgender Abs. 12 angefügt:

   „(12) Für die befristete Anwendung des ermäßigten Umsatzsteuersatzes für Restaurations- und Verpflegungsdienstleistungen mit Ausnahme der Abgabe von Getränken ist es nicht zu beanstanden, wenn zur Aufteilung des Gesamtkaufpreises von sogenannten Kombiangeboten aus Speisen inklusive Getränken (z. B. Buffet, All-Inclusive-Angeboten) der auf die Getränke entfallende Entgeltanteil mit 30 % des Pauschalpreises angesetzt wird."

2. Abschnitt 12.16 Abs. 12 Satz 2 wird wie folgt gefasst:

   „[2] Es wird ebenfalls nicht beanstandet, wenn der auf diese Leistungen entfallende Entgeltanteil mit 15 % des Pauschalpreises angesetzt wird."

III.

Die Regelungen dieses Schreibens sind in allen Fällen ab dem 1. Juli 2020 bis zum 30. Juni 2021 anzuwenden.

1. Einkommensteuergesetz (EStG)[1)]

In der Fassung der Bekanntmachung vom 8. Oktober 2009 (BGBl. I S. 3366, ber. I 2009 S. 3862)

Geändert durch Wachstumsbeschleunigungsgesetz vom 22.12.2009 (BGBl. I S. 3950), Gesetz zur Umsetzung steuerlicher EU-Vorgaben sowie zur Änderung steuerlicher Vorschriften vom 8.4.2010 (BGBl. I S. 386), Jahressteuergesetz 2010 (JStG 2010) vom 8.12.2010 (BGBl. I S. 1768), Restrukturierungsgesetz vom 9.12.2010 (BGBl. I S. 1900), Gesetz zur bestätigenden Regelung verschiedener steuerlicher und verkehrsrechtlicher Vorschriften des Haushaltsbegleitgesetzes 2004 vom 5.4.2011 (BGBl. I S. 554), Gesetz zur Umsetzung der Richtlinie 2009/65/EG zur Koordinierung der Rechts- und Verwaltungsvorschriften betreffend bestimmte Organismen für gemeinsame Anlagen in Wertpapieren (OGAW-IV-UmsG) vom 22.6.2011 (BGBl. I S. 1126), Steuervereinfachungsgesetz 2011 vom 1.11.2011 (BGBl. I S. 2131), Beitreibungsrichtlinie-Umsetzungsgesetz (BeitrRLUmsG) vom 7.12.2011 (BGBl. I S. 2592), Gesetz zur Verbesserung der Eingliederungschancen am Arbeitsmarkt vom 20.12.2011 (BGBl. I S. 2854), Gesetz zur Neuordnung der Organisation der landwirtschaftlichen Sozialversicherung vom 12.4.2012 (BGBl. I S. 579), Gesetz zur Änderung des Gemeindefinanzreformgesetzes und von steuerlichen Vorschriften vom 8.5.2012 (BGBl. I S. 1030), Gesetz zum Abbau der kalten Progression vom 20.2.2013 (BGBl. I S. 283), Gesetz zur Änderung und Vereinfachung der Unternehmensbesteuerung und des steuerlichen Reisekostenrechts vom 20.2.2013 (BGBl. I S. 285), Gesetz zur Stärkung des Ehrenamtes (Ehrenamtsstärkungsgesetz) vom 21.3.2013 (BGBl. I S. 556), Gesetz zur Fortentwicklung des Meldewesens (MeldFortG) vom 3.5.2013 (BGBl. I S. 1084; geänd. BGBl. I 2014 S. 1738), Altersvorsorge-Verbesserungsgesetz (AltvVerbG) vom 24.6.2013 (BGBl. I S. 1667), Amtshilferichtlinie-Umsetzungsgesetz (AmtshilfeRLUmsG) vom 26.6.2013 (BGBl. I S. 1809), Gesetz zur Änderung des Einkommensteuergesetzes in Umsetzung der Entscheidung des Bundesverfassungsgerichts vom 7. Mai 2013 vom 15.7.2013 (BGBl. I 2013 S. 2397), Gesetz zur Anpassung des Investmentsteuergesetzes und anderer Gesetze an das AIFM-Umsetzungsgesetz (AIFM-Steuer-Anpassungsgesetz – AIFM-StAnpG) vom 18.12.2013 (BGBl. I S. 4318), Gesetz zur Anpassung steuerlicher Regelungen an die Rechtsprechung des Bundesverfassungsgerichts vom 18.7.2014 (BGBl. I S. 1042), Gesetz zur Anpassung des nationalen Steuerrechts an den Beitritt Kroatiens zur EU und zur Änderung weiterer steuerlicher Vorschriften vom 25.7.2014 (BGBl. I S. 1266), Gesetz zur Änderung des Freizügigkeitsgesetzes/EU und weiterer Vorschriften vom 2.12.2014 (BGBl. I S. 1922), Gesetz zur Anpassung der Abgabenordnung an den Zollkodex der Union und zur Änderung weiterer steuerlicher Vorschriften vom 22.12.2014 (BGBl. I S. 2417), Gesetz zur Modernisierung der Finanzaufsicht über Versicherungen vom 1.4.2015 (BGBl. I S. 434; ber. BGBl. I S. 1834), Gesetz zur Neuregelung der Unterhaltssicherung sowie zur Änderung soldatenrechtlicher Vorschriften vom 29.6.2015 (BGBl. I S. 1061), Gesetz zur Anhebung des Grundfreibetrags, des Kinderfreibetrags, des Kindergeldes und des Kinderzuschlags vom 16.7.2015 (BGBl. I S. 1202), Gesetz zur Entlastung der mittelständischen Wirtschaft von Bürokratie (Bürokratieentlastungsgesetz) vom 28.7.2015 (BGBl. I S. 1400), Zehnte Zuständigkeitsanpassungsverordnung vom 31.8.2015 (BGBl. I S. 1474), Steueränderungsgesetz 2015 vom 2.11.2015 (BGBl. I S. 1834), Gesetz zur Umsetzung der EU-Mobilitäts-Richtlinie vom 21.12.2015 (BGBl. I S. 2553), Gesetz zur Änderung des Einkommensteuergesetzes zur Erhöhung des Lohnsteuereinbehalts in der Seeschifffahrt vom 24.2.2016 (BGBl. I S. 310)[2)], Zweites Gesetz

---

1) Neubekanntmachung des EStG idF der Bek. v. 19.10.2002 (BGBl. I S. 4210; 2003 I S. 179) auf Grund § 51 Abs. 4 Nr. 2 EStG 1997 in der ab 1.9.2009 geltenden Fassung.

2) Zum Inkrafttreten siehe Art. 2 des Gesetzes: Dieses Gesetz tritt an dem Tag in Kraft, an dem die Europäische Kommission die nach den Leitlinien der Gemeinschaft für staatliche

(Fortsetzung Fußnote nächste Seite)

über die weitere Bereinigung von Bundesrecht vom 8.7.2016 (BGBl. I S. 1594), Gesetz zur Modernisierung des Besteuerungsverfahrens vom 18.7.2016 (BGBl. I S. 1679), Gesetz zur Reform der Investmentbesteuerung (Investmentsteuerreformgesetz – InvStRefG) vom 19.7.2016 (BGBl. I S. 1730), Gesetz zur Neuregelung des Kulturgutschutzrechts vom 31.7.2016 (BGBl. I S. 1914), Gesetz zur steuerlichen Förderung von Elektromobilität im Straßenverkehr vom 7.11.2016 (BGBl. I S. 2498), Gesetz zur Beendigung der Sonderzuständigkeit der Familienkassen des öffentlichen Dienstes im Bereich des Bundes vom 8.12.2016 (BGBl. I S. 2835), Gesetz zur Umsetzung der Änderungen der EU-Amtshilferichtlinie und von weiteren Maßnahmen gegen Gewinnkürzungen und -verlagerungen vom 20.12.2016 (BGBl. I S. 3000), Gesetz zum Erlass und zur Änderung marktordnungsrechtlicher Vorschriften sowie zur Änderung des Einkommensteuergesetzes vom 20.12.2016 (BGBl. I S. 3045), Drittes Gesetz zur Stärkung der pflegerischen Versorgung und zur Änderung weiterer Vorschriften (Drittes Pflegestärkungsgesetz – PSG III) vom 23.12.2016 (BGBl. I S. 3191), Gesetz zur Bekämpfung der Steuerumgehung und zur Änderung weiterer steuerlicher Vorschriften (Steuerumgehungsbekämpfungsgesetz – StUmgBG) vom 23.6.2017 (BGBl. I S. 1682), Gesetz gegen schädliche Steuerpraktiken im Zusammenhang mit Rechteüberlassungen vom 27.6.2017 (BGBl. I S. 2074), Zweites Gesetz zur Entlastung insbesondere der mittelständischen Wirtschaft von Bürokratie (Zweites Bürokratieentlastungsgesetz) vom 30.6.2017 (BGBl. I S. 2143), Gesetz zur strafrechtlichen Rehabilitierung der nach dem 8. Mai 1945 wegen einvernehmlicher homosexueller Handlungen verurteilten Personen und zur Änderung des Einkommensteuergesetzes vom 17.7.2017 (BGBl. I S. 2443), Gesetz zum Ausschluss verfassungsfeindlicher Parteien von der Parteienfinanzierung vom 18.7.2017 (BGBl. I S. 2730), Gesetz zur Stärkung der betrieblichen Altersversorgung und zur Änderung anderer Gesetze (Betriebsrentenstärkungsgesetz) vom 17.8.2017 (BGBl. I S. 3214), Gesetz zur steuerlichen Entlastung der Familien sowie zur Anpassung weiterer steuerlicher Regelungen (Familienentlastungsgesetz – FamEntlastG) vom 29.11.2018 (BGBl. I S. 2210), Gesetz zur Vermeidung von Umsatzsteuerausfällen beim Handel mit Waren im Internet und zur Änderung weiterer steuerlicher Vorschriften vom 11.12.2018 (BGBl. I S. 2338), Gesetz zur Umsetzung der Richtlinie (EU) 2016/2341 des Europäischen Parlaments und des Rates vom 14. Dezember 2016 über die Tätigkeiten und die Beaufsichtigung von Einrichtungen der betrieblichen Altersversorgung (EbAV) (Neufassung) vom 19.12.2018 (BGBl. I S. 2672), Gesetz über steuerliche und weitere Begleitregelungen zum Austritt des Vereinigten Königreichs Großbritannien und Nordirland aus der Europäischen Union (Brexit-Steuerbegleitgesetz – Brexit-StBG) vom 25.3.2019 (BGBl. I S. 357), Gesetz gegen illegale Beschäftigung und Sozialleistungsmissbrauch vom 11.7.2019 (BGBl. I S. 1066), Gesetz zur steuerlichen Förderung des Mietwohnungsneubaus vom 4.8.2019 (BGBl. I S. 1122), Zweites Gesetz zur Anpassung des Datenschutzrechts an die Verordnung (EU) 2016/679 und zur Umsetzung der Richtlinie (EU) 2016/680 (Zweites Datenschutz-Anpassungs- und Umsetzungsgesetz EU – 2. DSAnpUG-EU) vom 20.11.2019 (BGBl. I S. 1626), Drittes Gesetz zur Entlastung insbesondere der mittelständischen Wirtschaft von Bürokratie (Drittes Bürokratieentlastungsgesetz) vom 22.11.2019 (BGBl. I S. 1746), Gesetz zur Reform des Grundsteuer- und Bewertungsrechts (Grundsteuer-Reformgesetz – GrStRefG) vom 26.11.2019 (BGBl. I S. 1794), Gesetz zur weiteren steuerlichen Förderung der Elekromobilität und zur Änderung weiterer steuerlicher Vorschriften vom 12.12.2019 (BGBl. I S. 2451), Gesetz zur Regelung des Sozialen Entschädigungsrechts vom 12.12.2019 (BGBl. I S. 2652), Gesetz zur steuerlichen Förderung von Forschung und Entwicklung vom 14.12.2019 (BGBl. I S. 2763), Gesetz zur Einführung einer Pflicht zur Mitteilung grenzüberschreitender Steuergestaltungen vom 21.12.2019 (BGBl. I S. 2875), Gesetz zur Umsetzung des Klimaschutzprogramms 2030 im Steuerrecht vom 21.12.2019 (BGBl. I S. 2886), Elfte Zuständigkeitsanpassungsverordnung vom 19.6.2020 (BGBl. I S. 1328), Gesetz zur Umsetzung steuerlicher Hilfsmaßnahmen zur Bewältigung der Corona-Krise (Corona-Steuerhilfegesetz) vom 19.6.2020 (BGBl. I S. 1385), Zweites Gesetz zur Umsetzung steuerlicher Hilfsmaßnahmen zur Bewältigung der Corona-Krise (Zweites Corona-Steuerhilfegesetz) vom 29.6.2020 (BGBl. I S. 1512), Gesetz zur Reduzierung und zur Beendigung der Kohleverstromung und zur Änderung weiterer Gesetze (Kohleausstiegsgesetz) vom

(Fortsetzung der Fußnote)

Beihilfen im Seeverkehr (ABl. C 13 vom 17.1.2004, S. 3) erforderliche beihilferechtliche Genehmigung erteilt. Die Genehmigung wurde am 3.5.2016 erteilt (BGBl. I S. 1248).

8.8.2020 (BGBl. I S. 1818), Gesetz zur Einführung der Grundrente für langjährige Versicherung in der gesetzlichen Rentenversicherung mit unterdurchschnittlichem Einkommen und für weitere Maßnahmen zur Erhöhung der Alterseinkommen (Grundrentengesetz) vom 12.8.2020 (BGBl. I S. 1879), Zweites Gesetz zur steuerlichen Entlastung von Familien sowie zur Anpassung weiterer steuerlicher Regelungen (Zweites Familienentlastungsgesetz – 2. FamEntlastG) vom 1.12.2020 (BGBl. I S. 2616), Gesetz zur Digitalisierung von Verwaltungsverfahren bei der Gewährung von Familienleistungen vom 3.12.2020 (BGBl. I S. 2668), Gesetz zur Erhöhung der Behinderten-Pauschbeträge und zur Anpassung weiterer steuerlicher Regelungen vom 9.12.2020 (BGBl. I S. 2770), Jahressteuergesetz 2020 (JStG 2020) vom 21.12.2020 (BGBl. I S. 3096), Gesetz zur Verbesserung der Transparenz in der Alterssicherung und der Rehabilitation sowie zur Modernisierung der Sozialversicherungswahlen und zur Änderung anderer Gesetze (Gesetz Digitale Rentenübersicht) vom 11.2.2021 (BGBl. I S. 154) und Drittes Gesetz zur Umsetzung steuerlicher Hilfsmaßnahmen zur Bewältigung der Corona-Krise (Drittes Corona-Steuerhilfegesetz) vom 10.3.2021 (BGBl. I S. 330)

BGBl. III/FNA 611-1

Inhaltsübersicht[1]

I. Steuerpflicht

§§

II. Einkommen

1. Sachliche Voraussetzungen für die Besteuerung

2. Steuerfreie Einnahmen

3. Gewinn

[1] Zum Teil nicht amtlich.

X. Kindergeld

XI. Altersvorsorgezulage

I. Steuerpflicht

1940 1840

§ 1 Steuerpflicht. (1)[1] [1]Natürliche Personen, die im Inland einen Wohnsitz oder ihren gewöhnlichen Aufenthalt haben, sind unbeschränkt einkommensteuerpflichtig. [2]Zum Inland im Sinne dieses Gesetzes gehört auch der der Bundesrepublik Deutschland zustehende Anteil

1. an der ausschließlichen Wirtschaftszone, soweit dort

[1] § 1 Abs. 1 Satz 2 neu gef. mWv VZ 2016 durch G v. 2.11.2015 (BGBl. I S. 1834).

a) die lebenden und nicht lebenden natürlichen Ressourcen der Gewässer über dem Meeresboden, des Meeresbodens und seines Untergrunds erforscht, ausgebeutet, erhalten oder bewirtschaftet werden,

b) andere Tätigkeiten zur wirtschaftlichen Erforschung oder Ausbeutung der ausschließlichen Wirtschaftszone ausgeübt werden, wie beispielsweise die Energieerzeugung aus Wasser, Strömung und Wind oder

c) künstliche Inseln errichtet oder genutzt werden und Anlagen und Bauwerke für die in den Buchstaben a und b genannten Zwecke errichtet oder genutzt werden, und

2. am Festlandsockel, soweit dort

a) dessen natürliche Ressourcen erforscht oder ausgebeutet werden; natürliche Ressourcen in diesem Sinne sind die mineralischen und sonstigen nicht lebenden Ressourcen des Meeresbodens und seines Untergrunds sowie die zu den sesshaften Arten gehörenden Lebewesen, die im nutzbaren Stadium entweder unbeweglich auf oder unter dem Meeresboden verbleiben oder sich nur in ständigem körperlichen Kontakt mit dem Meeresboden oder seinem Untergrund fortbewegen können; oder

b) künstliche Inseln errichtet oder genutzt werden und Anlagen und Bauwerke für die in Buchstabe a genannten Zwecke errichtet oder genutzt werden.

(2) [1] Unbeschränkt einkommensteuerpflichtig sind auch deutsche Staatsangehörige, die

1. im Inland weder einen Wohnsitz noch ihren gewöhnlichen Aufenthalt haben und

2. zu einer inländischen juristischen Person des öffentlichen Rechts in einem Dienstverhältnis stehen und dafür Arbeitslohn aus einer inländischen öffentlichen Kasse beziehen,

sowie zu ihrem Haushalt gehörende Angehörige, die die deutsche Staatsangehörigkeit besitzen oder keine Einkünfte oder nur Einkünfte beziehen, die ausschließlich im Inland einkommensteuerpflichtig sind. [2] Dies gilt nur für natürliche Personen, die in dem Staat, in dem sie ihren Wohnsitz oder ihren gewöhnlichen Aufenthalt haben, lediglich in einem der beschränkten Einkommensteuerpflicht ähnlichen Umfang zu einer Steuer vom Einkommen herangezogen werden.

(3) [1] Auf Antrag werden auch natürliche Personen als unbeschränkt einkommensteuerpflichtig behandelt, die im Inland weder einen Wohnsitz noch ihren gewöhnlichen Aufenthalt haben, soweit sie inländische Einkünfte im Sinne des § 49 haben. [2] Dies gilt nur, wenn ihre Einkünfte im Kalenderjahr mindestens zu 90 Prozent der deutschen Einkommensteuer unterliegen oder die nicht der deutschen Einkommensteuer unterliegenden Einkünfte den Grundfreibetrag nach § 32a Absatz 1 Satz 2 Nummer 1 nicht übersteigen; dieser Betrag ist zu kürzen, soweit es nach den Verhältnissen im Wohnsitzstaat des Steuerpflichtigen notwendig und angemessen ist. [3] Inländische Einkünfte, die nach einem Abkommen zur Vermeidung der Doppelbesteuerung nur der Höhe nach be-

schränkt besteuert werden dürfen, gelten hierbei als nicht der deutschen Einkommensteuer unterliegend. [4]Unberücksichtigt bleiben bei der Ermittlung der Einkünfte nach Satz 2 nicht der deutschen Einkommensteuer unterliegende Einkünfte, die im Ausland nicht besteuert werden, soweit vergleichbare Einkünfte im Inland steuerfrei sind. [5]Weitere Voraussetzung ist, dass die Höhe der nicht der deutschen Einkommensteuer unterliegenden Einkünfte durch eine Bescheinigung der zuständigen ausländischen Steuerbehörde nachgewiesen wird. [6]Der Steuerabzug nach § 50a ist ungeachtet der Sätze 1 bis 4 vorzunehmen.

(4) Natürliche Personen, die im Inland weder einen Wohnsitz noch ihren gewöhnlichen Aufenthalt haben, sind vorbehaltlich der Absätze 2 und 3 und des § 1a beschränkt einkommensteuerpflichtig, wenn sie inländische Einkünfte im Sinne des § 49 haben.

§ 1a [Fiktive unbeschränkte Steuerpflicht von EU- und EWR-Familienangehörigen] (1) Für Staatsangehörige eines Mitgliedstaates der Europäischen Union oder eines Staates, auf den das Abkommen über den Europäischen Wirtschaftsraum anwendbar ist, die nach § 1 Absatz 1 unbeschränkt einkommensteuerpflichtig sind oder die nach § 1 Absatz 3 als unbeschränkt einkommensteuerpflichtig zu behandeln sind, gilt bei Anwendung von § 10 Absatz 1a[1)] und § 26 Absatz 1 Satz 1 Folgendes:

1.[2)] Aufwendungen im Sinne des § 10 Absatz 1a sind auch dann als Sonderausgaben abziehbar, wenn der Empfänger der Leistung oder Zahlung nicht unbeschränkt einkommensteuerpflichtig ist. [2]Voraussetzung ist, dass
   a) der Empfänger seinen Wohnsitz oder gewöhnlichen Aufenthalt im Hoheitsgebiet eines anderen Mitgliedstaates der Europäischen Union oder eines Staates hat, auf den das Abkommen über den Europäischen Wirtschaftsraum Anwendung findet und
   b) die Besteuerung der nach § 10 Absatz 1a zu berücksichtigenden Leistung oder Zahlung beim Empfänger durch eine Bescheinigung der zuständigen ausländischen Steuerbehörde nachgewiesen wird;

1a., 1b.[3)] *(aufgehoben)*

2.[4)] der nicht dauernd getrennt lebende Ehegatte ohne Wohnsitz oder gewöhnlichen Aufenthalt im Inland wird auf Antrag für die Anwendung des § 26 Absatz 1 Satz 1 als unbeschränkt einkommensteuerpflichtig behandelt. [2]Nummer 1 Satz 2 Buchstabe a gilt entsprechend. [3]Bei Anwendung des § 1 Absatz 3 Satz 2 ist auf die Einkünfte beider Ehegatten abzustellen und der Grundfreibetrag nach § 32a Absatz 1 Satz 2 Nummer 1 zu verdoppeln.

(2) Für unbeschränkt einkommensteuerpflichtige Personen im Sinne des § 1 Absatz 2, die die Voraussetzungen des § 1 Absatz 3 Satz 2 bis 5 erfüllen, und

---

1) Verweis geänd. mWv 1.1.2015 durch G v. 22.12.2014 (BGBl. I S. 2417); zur Anwendung von § 10 Abs. 1a siehe § 52 Abs. 18 Sätze 1 und 2.

2) § 1a Abs. 1 Nr. 1 neu gef. mWv 1.1.2015 durch G v. 22.12.2014 (BGBl. I S. 2417).

3) § 1a Abs. 1 Nrn. 1a und 1b aufgeh. mWv 1.1.2015 durch G v. 22.12.2014 (BGBl. I S. 2417).

4) § 1a Abs. 1 Nr. 2 S. 2 Zitat geänd. durch G v. 12.12.2019 (BGBl. I S. 2451).

für unbeschränkt einkommensteuerpflichtige Personen im Sinne des § 1 Absatz 3, die die Voraussetzungen des § 1 Absatz 2 Satz 1 Nummer 1 und 2 erfüllen und an einem ausländischen Dienstort tätig sind, gilt die Regelung des Absatzes 1 Nummer 2 entsprechend mit der Maßgabe, dass auf Wohnsitz oder gewöhnlichen Aufenthalt im Staat des ausländischen Dienstortes abzustellen ist.

II. Einkommen

1. Sachliche Voraussetzungen für die Besteuerung

§ 2 Umfang der Besteuerung, Begriffsbestimmungen. (1) [1]Der Einkommensteuer unterliegen

1. Einkünfte aus Land- und Forstwirtschaft,
2. Einkünfte aus Gewerbebetrieb,
3. Einkünfte aus selbständiger Arbeit,
4. Einkünfte aus nichtselbständiger Arbeit,
5. Einkünfte aus Kapitalvermögen,
6. Einkünfte aus Vermietung und Verpachtung,
7. sonstige Einkünfte im Sinne des § 22,

die der Steuerpflichtige während seiner unbeschränkten Einkommensteuerpflicht oder als inländische Einkünfte während seiner beschränkten Einkommensteuerpflicht erzielt. [2]Zu welcher Einkunftsart die Einkünfte im einzelnen Fall gehören, bestimmt sich nach den §§ 13 bis 24.

(2) [1]Einkünfte sind

1.[1)] bei Land- und Forstwirtschaft, Gewerbebetrieb und selbständiger Arbeit der Gewinn (§§ 4 bis 7k und 13a),
2. bei den anderen Einkunftsarten der Überschuss der Einnahmen über die Werbungskosten (§§ 8 bis 9a).

[2]Bei Einkünften aus Kapitalvermögen tritt § 20 Absatz 9 vorbehaltlich der Regelung in § 32d Absatz 2 an die Stelle der §§ 9 und 9a.

(3) Die Summe der Einkünfte, vermindert um den Altersentlastungsbetrag, den Entlastungsbetrag für Alleinerziehende und den Abzug nach § 13 Absatz 3, ist der Gesamtbetrag der Einkünfte.

(4) Der Gesamtbetrag der Einkünfte, vermindert um die Sonderausgaben und die außergewöhnlichen Belastungen, ist das Einkommen.

(5) [1]Das Einkommen, vermindert um die Freibeträge nach § 32 Absatz 6 und um die sonstigen vom Einkommen abzuziehenden Beträge, ist das zu versteuernde Einkommen; dieses bildet die Bemessungsgrundlage für die tarifliche Einkommensteuer. [2]Knüpfen andere Gesetze an den Begriff des zu versteuernden Einkommens an, ist für deren Zweck das Einkommen in allen Fällen des § 32 um die Freibeträge nach § 32 Absatz 6 zu vermindern.

---

1) § 2 Abs. 2 Satz 1 Nr. 1 geänd. mWv VZ 2010 durch G v. 8.12.2010 (BGBl. I S. 1786).

(5a)[1] [1]Knüpfen außersteuerliche Rechtsnormen an die in den vorstehenden Absätzen definierten Begriffe (Einkünfte, Summe der Einkünfte, Gesamtbetrag der Einkünfte, Einkommen, zu versteuerndes Einkommen) an, erhöhen sich für deren Zwecke diese Größen um die nach § 32d Absatz 1 und nach § 43 Absatz 5 zu besteuernden Beträge sowie um die nach § 3 Nummer 40 steuerfreien Beträge und mindern sich um die nach § 3c Absatz 2 nicht abziehbaren Beträge. [2]Knüpfen außersteuerliche Rechtsnormen an die in den Absätzen 1 bis 3 genannten Begriffe (Einkünfte, Summe der Einkünfte, Gesamtbetrag der Einkünfte) an, mindern sich für deren Zwecke diese Größen um die nach § 10 Absatz 1 Nummer 5 abziehbaren Kinderbetreuungskosten.

(5b)[2] Soweit Rechtsnormen dieses Gesetzes an die in den vorstehenden Absätzen definierten Begriffe (Einkünfte, Summe der Einkünfte, Gesamtbetrag der Einkünfte, Einkommen, zu versteuerndes Einkommen) anknüpfen, sind Kapitalerträge nach § 32d Absatz 1 und § 43 Absatz 5 nicht einzubeziehen.

(6) [1]Die tarifliche Einkommensteuer, vermindert um [***n. F.:*** den Unterschiedsbetrag nach § 32c Absatz 1 Satz 2,][3] die anzurechnenden ausländischen Steuern und die Steuerermäßigungen, vermehrt um die Steuer nach § 32d Absatz 3 und 4, die Steuer nach § 34c Absatz 5 und den Zuschlag nach § 3 Absatz 4 Satz 2 des Forstschäden-Ausgleichsgesetzes in der Fassung der Bekanntmachung vom 26. August 1985 (BGBl. I S. 1756), das zuletzt durch Artikel 412 der Verordnung vom 31. August 2015 (BGBl. I S. 1474) geändert worden ist, in der jeweils geltenden Fassung, ist die festzusetzende Einkommensteuer. [2]Wurde der Gesamtbetrag der Einkünfte in den Fällen des § 10a Absatz 2 um Sonderausgaben nach § 10a Absatz 1 gemindert, ist für die Ermittlung der festzusetzenden Einkommensteuer der Anspruch auf Zulage nach Abschnitt XI der tariflichen Einkommensteuer hinzuzurechnen; bei der Ermittlung der dem Steuerpflichtigen zustehenden Zulage bleibt die Erhöhung der Grundzulage nach § 84 Satz 2 außer Betracht. [3]Wird das Einkommen in den Fällen des § 31 um die Freibeträge nach § 32 Absatz 6 gemindert, ist der Anspruch auf Kindergeld nach Abschnitt X der tariflichen Einkommensteuer hinzuzurechnen; nicht jedoch für Kalendermonate, in denen durch Bescheid der Familienkasse ein Anspruch auf Kindergeld festgesetzt, aber wegen § 70 Absatz 1 Satz 2 nicht ausgezahlt wurde.[4]

(7) [1]Die Einkommensteuer ist eine Jahressteuer. [2]Die Grundlagen für ihre Festsetzung sind jeweils für ein Kalenderjahr zu ermitteln. [3]Besteht während eines Kalenderjahres sowohl unbeschränkte als auch beschränkte Einkommensteuerpflicht, so sind die während der beschränkten Einkommensteuerpflicht erzielten inländischen Einkünfte in eine Veranlagung zur unbeschränkten Einkommensteuerpflicht einzubeziehen.

---

[1] § 2 Abs. 5a Satz 2 angef. mWv VZ 2012 durch G v. 1.11.2011 (BGBl. I S. 2131).

[2] § 2 Abs. 5b Satz 2 aufgeh. mWv VZ 2012 durch G v. 1.11.2011 (BGBl. I S. 2131).

[3] § 2 Abs. 6 Satz 1 Klammerzusatz eingef. durch G v. 12.12.2019 (BGBl. I S. 2451); zum Inkrafttreten und Anwendung von § 32c siehe Fußnotenhinweise dort.

[4] § 2 Abs. 6 Satz 3 HS 2 angef. mWv 18.7.2019 durch G v. 11.7.2019 (BGBl. I S. 1066).

(8)[1] Die Regelungen dieses Gesetzes zu Ehegatten und Ehen sind auch auf Lebenspartner und Lebenspartnerschaften anzuwenden.

§ 2a[2] Negative Einkünfte mit Bezug zu Drittstaaten. (1) [1]Negative Einkünfte

1. aus einer in einem Drittstaat belegenen land- und forstwirtschaftlichen Betriebsstätte,
2. aus einer in einem Drittstaat belegenen gewerblichen Betriebsstätte,
3. a) aus dem Ansatz des niedrigeren Teilwerts eines zu einem Betriebsvermögen gehörenden Anteils an einer Drittstaaten-Körperschaft oder
   b) aus der Veräußerung oder Entnahme eines zu einem Betriebsvermögen gehörenden Anteils an einer Drittstaaten-Körperschaft oder aus der Auflösung oder Herabsetzung des Kapitals einer Drittstaaten-Körperschaft,
4. in den Fällen des § 17 bei einem Anteil an einer Drittstaaten-Kapitalgesellschaft,
5. aus der Beteiligung an einem Handelsgewerbe als stiller Gesellschafter und aus partiarischen Darlehen, wenn der Schuldner Wohnsitz, Sitz oder Geschäftsleitung in einem Drittstaat hat,
6. a) aus der Vermietung oder der Verpachtung von unbeweglichem Vermögen oder von Sachinbegriffen, wenn diese in einem Drittstaat belegen sind, oder
   b) aus der entgeltlichen Überlassung von Schiffen, sofern der Überlassende nicht nachweist, dass diese ausschließlich oder fast ausschließlich in einem anderen Staat als einem Drittstaat eingesetzt worden sind, es sei denn, es handelt sich um Handelsschiffe, die
      aa) von einem Vercharterer ausgerüstet überlassen oder
      bb) an in einem anderen als in einem Drittstaat ansässige Ausrüster, die die Voraussetzungen des § 510 Absatz 1 des Handelsgesetzbuchs erfüllen, überlassen oder
      cc) insgesamt nur vorübergehend an in einem Drittstaat ansässige Ausrüster, die die Voraussetzungen des § 510 Absatz 1 des Handelsgesetzbuchs erfüllen, überlassen

      worden sind, oder
   c) aus dem Ansatz des niedrigeren Teilwerts oder der Übertragung eines zu einem Betriebsvermögen gehörenden Wirtschaftsguts im Sinne der Buchstaben a und b,
7. a) aus dem Ansatz des niedrigeren Teilwerts, der Veräußerung oder Entnahme eines zu einem Betriebsvermögen gehörenden Anteils an
   b) aus der Auflösung oder Herabsetzung des Kapitals,
   c) in den Fällen des § 17 bei einem Anteil an

---

[1] § 2 Abs. 8 angef. durch G v. 15.7.2013 (BGBl. I S. 2397). Siehe auch BVerfG v. 7.5. 2013, 2 BvR 909/06, DStR 2013 S. 1228.
[2] Zur Anwendung von § 2a siehe § 52 Abs. 2.

einer Körperschaft mit Sitz oder Geschäftsleitung in einem anderen Staat als einem Drittstaat, soweit die negativen Einkünfte auf einen der in den Nummern 1 bis 6 genannten Tatbestände zurückzuführen sind,

dürfen nur mit positiven Einkünften der jeweils selben Art und, mit Ausnahme der Fälle der Nummer 6 Buchstabe b, aus demselben Staat, in den Fällen der Nummer 7 auf Grund von Tatbeständen der jeweils selben Art aus demselben Staat, ausgeglichen werden; sie dürfen auch nicht nach § 10d abgezogen werden. [2]Den negativen Einkünften sind Gewinnminderungen gleichgestellt. [3]Soweit die negativen Einkünfte nicht nach Satz 1 ausgeglichen werden können, mindern sie die positiven Einkünfte der jeweils selben Art, die der Steuerpflichtige in den folgenden Veranlagungszeiträumen aus demselben Staat, in den Fällen der Nummer 7 auf Grund von Tatbeständen der jeweils selben Art aus demselben Staat, erzielt. [4]Die Minderung ist nur insoweit zulässig, als die negativen Einkünfte in den vorangegangenen Veranlagungszeiträumen nicht berücksichtigt werden konnten (verbleibende negative Einkünfte). [5]Die am Schluss eines Veranlagungszeitraums verbleibenden negativen Einkünfte sind gesondert festzustellen; § 10d Absatz 4 gilt sinngemäß.

(2) [1]Absatz 1 Satz 1 Nummer 2 ist nicht anzuwenden, wenn der Steuerpflichtige nachweist, dass die negativen Einkünfte aus einer gewerblichen Betriebsstätte in einem Drittstaat stammen, die ausschließlich oder fast ausschließlich die Herstellung oder Lieferung von Waren, außer Waffen, die Gewinnung von Bodenschätzen sowie die Bewirkung gewerblicher Leistungen zum Gegenstand hat, soweit diese nicht in der Errichtung oder dem Betrieb von Anlagen, die dem Fremdenverkehr dienen, oder in der Vermietung oder der Verpachtung von Wirtschaftsgütern einschließlich der Überlassung von Rechten, Plänen, Mustern, Verfahren, Erfahrungen und Kenntnissen bestehen; das unmittelbare Halten einer Beteiligung von mindestens einem Viertel am Nennkapital einer Kapitalgesellschaft, die ausschließlich oder fast ausschließlich die vorgenannten Tätigkeiten zum Gegenstand hat, sowie die mit dem Halten der Beteiligung in Zusammenhang stehende Finanzierung gilt als Bewirkung gewerblicher Leistungen, wenn die Kapitalgesellschaft weder ihre Geschäftsleitung noch ihren Sitz im Inland hat. [2]Absatz 1 Satz 1 Nummer 3 und 4 ist nicht anzuwenden, wenn der Steuerpflichtige nachweist, dass die in Satz 1 genannten Voraussetzungen bei der Körperschaft entweder seit ihrer Gründung oder während der letzten fünf Jahre vor und in dem Veranlagungszeitraum vorgelegen haben, in dem die negativen Einkünfte bezogen werden.

(2a) [1]Bei der Anwendung der Absätze 1 und 2 sind

1. als Drittstaaten die Staaten anzusehen, die nicht Mitgliedstaaten der Europäischen Union sind;
2. Drittstaaten-Körperschaften und Drittstaaten-Kapitalgesellschaften solche, die weder ihre Geschäftsleitung noch ihren Sitz in einem Mitgliedstaat der Europäischen Union haben.

[2]Bei Anwendung des Satzes 1 sind den Mitgliedstaaten der Europäischen Union die Staaten gleichgestellt, auf die das Abkommen über den Europäischen Wirtschaftsraum anwendbar ist, sofern zwischen der Bundesrepublik Deutschland und dem anderen Staat auf Grund der Amtshilferichtlinie gemäß

§ 2 Absatz 2 des EU-Amtshilfegesetzes[1] oder einer vergleichbaren zwei- oder mehrseitigen Vereinbarung Auskünfte erteilt werden, die erforderlich sind, um die Besteuerung durchzuführen.

(3)[2] [1] *Sind nach einem Abkommen zur Vermeidung der Doppelbesteuerung bei einem unbeschränkt Steuerpflichtigen aus einer in einem ausländischen Staat belegenen Betriebsstätte stammende Einkünfte aus gewerblicher Tätigkeit von der Einkommensteuer zu befreien, so ist auf Antrag des Steuerpflichtigen ein Verlust, der sich nach den Vorschriften des inländischen Steuerrechts bei diesen Einkünften ergibt, bei der Ermittlung des Gesamtbetrags der Einkünfte abzuziehen, soweit er vom Steuerpflichtigen ausgeglichen oder abgezogen werden könnte, wenn die Einkünfte nicht von der Einkommensteuer zu befreien wären, und soweit er nach diesem Abkommen zu befreiende positive Einkünfte aus gewerblicher Tätigkeit aus anderen in diesem ausländischen Staat belegenen Betriebsstätten übersteigt.* [2] *Soweit der Verlust dabei nicht ausgeglichen wird, ist bei Vorliegen der Voraussetzungen des § 10d der Verlustabzug zulässig.* [3] *Der nach den Sätzen 1 und 2 abgezogene Betrag ist, soweit sich in einem der folgenden Veranlagungszeiträume bei den nach diesem Abkommen zu befreienden Einkünften aus gewerblicher Tätigkeit aus in diesem ausländischen Staat belegenen Betriebsstätten insgesamt ein positiver Betrag ergibt, in dem betreffenden Veranlagungszeitraum bei der Ermittlung des Gesamtbetrags der Einkünfte wieder hinzuzurechnen.* [4] *Satz 3 ist nicht anzuwenden, wenn der Steuerpflichtige nachweist, daß nach den für ihn geltenden Vorschriften des ausländischen Staates ein Abzug von Verlusten in anderen Jahren als dem Verlustjahr allgemein nicht beansprucht werden kann.* [5] *Der am Schluß eines Veranlagungszeitraums nach den Sätzen 3 und 4 der Hinzurechnung unterliegende und noch nicht hinzugerechnete (verbleibende) Betrag ist gesondert festzustellen; § 10d Abs. 3*[3] *gilt entsprechend.* [6] *In die gesonderte Feststellung nach Satz 5 einzubeziehen ist der nach § 2 Abs. 1 Satz 3 und 4 des Gesetzes über steuerliche Maßnahmen bei Auslandsinvestitionen der deutschen Wirtschaft vom 18. August 1969 (BGBl. I S. 1214), das zuletzt durch Artikel 8 des Gesetzes vom 25. Juli 1988 (BGBl. I S. 1093) geändert worden ist, der Hinzurechnung unterliegende und noch nicht hinzugerechnete Betrag.*

(4)[4] [1] Wird eine in einem ausländischen Staat belegene Betriebsstätte

1. in eine Kapitalgesellschaft umgewandelt oder
2. entgeltlich oder unentgeltlich übertragen oder
3. aufgegeben, jedoch die ursprünglich von der Betriebsstätte ausgeübte Geschäftstätigkeit ganz oder teilweise von einer Gesellschaft, an der der inländische Steuerpflichtige zu mindestens 10 Prozent unmittelbar oder mittelbar beteiligt ist, oder von einer ihm nahe stehenden Person im Sinne des § 1 Absatz 2 des Außensteuergesetzes fortgeführt,

so ist ein nach Absatz 3 Satz 1 und 2 abgezogener Verlust, soweit er nach Absatz 3 Satz 3 nicht wieder hinzugerechnet worden ist oder nicht noch hinzuzurechnen ist, im Veranlagungszeitraum der Umwandlung, Übertragung oder

---

[1] Zitat geänd. mWv 1.1.2013 durch G v. 26.6.2013 (BGBl. I S. 1809).

[2] § 2a Abs. 3 aufgeh. durch G v. 24.3.1999 (BGBl. I S. 402); zur weiteren Anwendung siehe § 52 Abs. 2 Sätze 3 und 4.

[3] Siehe § 52 Abs. 2 Satz 4 iVm Satz 3.

[4] § 2a Abs. 4 idF des § 52 Abs. 3 Satz 8 a. F. In der Neufassung von § 52 durch G v. 25.7.2014 (BGBl. I S. 1266) nicht mehr enthalten.

Aufgabe in entsprechender Anwendung des Absatzes 3 Satz 3 dem Gesamtbetrag der Einkünfte hinzuzurechnen. [2]Satz 1 gilt entsprechend bei Beendigung der unbeschränkten Einkommensteuerpflicht (§ 1 Absatz 1) durch Aufgabe des Wohnsitzes oder des gewöhnlichen Aufenthalts oder bei Beendigung der unbeschränkten Körperschaftsteuerpflicht (§ 1 Absatz 1 des Körperschaftsteuergesetzes) durch Verlegung des Sitzes oder des Orts der Geschäftsleitung sowie bei unbeschränkter Einkommensteuerpflicht (§ 1 Absatz 1) oder unbeschränkter Körperschaftsteuerpflicht (§ 1 Absatz 1 des Körperschaftsteuergesetzes) bei Beendigung der Ansässigkeit im Inland auf Grund der Bestimmungen eines Abkommens zur Vermeidung der Doppelbesteuerung.

2. Steuerfreie Einnahmen

§ 3 [Steuerfreie Einnahmen] Steuerfrei sind

1. a) Leistungen aus einer Krankenversicherung, aus einer Pflegeversicherung und aus der gesetzlichen Unfallversicherung,

   b) Sachleistungen und Kinderzuschüsse aus den gesetzlichen Rentenversicherungen einschließlich der Sachleistungen nach dem Gesetz über die Alterssicherung der Landwirte,

   c) Übergangsgeld nach dem Sechsten Buch Sozialgesetzbuch und Geldleistungen nach den §§ 10, 36 bis 39 des Gesetzes über die Alterssicherung der Landwirte,

   d) das Mutterschaftsgeld nach dem Mutterschutzgesetz, der Reichsversicherungsordnung und dem Gesetz über die Krankenversicherung der Landwirte, die Sonderunterstützung für im Familienhaushalt beschäftigte Frauen, der Zuschuss zum Mutterschaftsgeld nach dem Mutterschutzgesetz sowie der Zuschuss bei Beschäftigungsverboten für die Zeit vor oder nach einer Entbindung sowie für den Entbindungstag während einer Elternzeit nach beamtenrechtlichen Vorschriften;

2.[1] a) das Arbeitslosengeld, das Teilarbeitslosengeld, das Kurzarbeitergeld, der Zuschuss zum Arbeitsentgelt, das Übergangsgeld, der Gründungszuschuss nach dem Dritten Buch Sozialgesetzbuch sowie die übrigen Leistungen nach dem Dritten Buch Sozialgesetzbuch und den entsprechenden Programmen des Bundes und der Länder, soweit sie Arbeitnehmern oder Arbeitsuchenden oder zur Förderung der Aus- oder Weiterbildung oder Existenzgründung der Empfänger gewährt werden,

   b) das Insolvenzgeld, Leistungen auf Grund der in § 169 und § 175 Absatz 2 des Dritten Buches Sozialgesetzbuch genannten Ansprüche sowie Zahlungen des Arbeitgebers an einen Sozialleistungsträger auf Grund des gesetzlichen Forderungsübergangs nach § 115 Absatz 1 des Zehnten Buches Sozialgesetzbuch, wenn ein Insolvenzereignis nach § 165 Absatz 1 Satz 2 auch in Verbindung mit Satz 3 des Dritten Buches Sozialgesetzbuch vorliegt,

---

[1] § 3 Nr. 2 neu gef. mWv VZ 2015 durch G v. 25.7.2014 (BGBl. I S. 1266); Buchst. e geänd. mWv VZ 2021 durch G v. 21.12.2020 (BGBl. I S. 3096).

c) die Arbeitslosenbeihilfe nach dem Soldatenversorgungsgesetz,

d) Leistungen zur Sicherung des Lebensunterhalts und zur Eingliederung in Arbeit nach dem Zweiten Buch Sozialgesetzbuch,

e) mit den in den Nummern 1 bis 2 Buchstabe d [***ab 1.1.2021:*** und Nummer 67 Buchstabe b] genannten Leistungen vergleichbare Leistungen ausländischer Rechtsträger, die ihren Sitz in einem Mitgliedstaat der Europäischen Union, in einem Staat, auf den das Abkommen über den Europäischen Wirtschaftsraum Anwendung findet oder in der Schweiz haben;

2a., 2b.[1] *(aufgehoben)*

3. a)[2] Rentenabfindungen nach § 107 des Sechsten Buches Sozialgesetzbuch, nach § 21 des Beamtenversorgungsgesetzes, [***ab 1.1.2020:*** nach § 9 Absatz 1 Nummer 3 des Altersgeldgesetzes] oder entsprechendem Landesrecht und nach § 43 des Soldatenversorgungsgesetzes in Verbindung mit § 21 des Beamtenversorgungsgesetzes,

b) Beitragserstattungen an den Versicherten nach den §§ 210 und 286d des Sechsten Buches Sozialgesetzbuch sowie nach den §§ 204, 205 und 207 des Sechsten Buches Sozialgesetzbuch, Beitragserstattungen nach den §§ 75 und 117 des Gesetzes über die Alterssicherung der Landwirte und nach § 26 des Vierten Buches Sozialgesetzbuch,

c) Leistungen aus berufsständischen Versorgungseinrichtungen, die den Leistungen nach den Buchstaben a und b entsprechen,

d) Kapitalabfindungen und Ausgleichszahlungen nach § 48 des Beamtenversorgungsgesetzes oder entsprechendem Landesrecht und nach den §§ 28 bis 35 und 38 des Soldatenversorgungsgesetzes;

4.[3] bei Angehörigen der Bundeswehr, der Bundespolizei, der Zollverwaltung, der Bereitschaftspolizei der Länder, der Vollzugspolizei und der Berufsfeuerwehr der Länder und Gemeinden und bei Vollzugsbeamten der Kriminalpolizei des Bundes, der Länder und Gemeinden

a) der Geldwert der ihnen aus Dienstbeständen überlassenen Dienstkleidung,

b) Einkleidungsbeihilfen und Abnutzungsentschädigungen für die Dienstkleidung der zum Tragen oder Bereithalten von Dienstkleidung Verpflichteten und für dienstlich notwendige Kleidungsstücke der Vollzugsbeamten der Kriminalpolizei sowie der Angehörigen der Zollverwaltung,

c) im Einsatz gewährte Verpflegung oder Verpflegungszuschüsse,

d) der Geldwert der auf Grund gesetzlicher Vorschriften gewährten Heilfürsorge;

---

[1] § 3 Nr. 2a und 2b aufgeh. mWv VZ 2015 durch G v. 25.7.2014 (BGBl. I S. 1266).

[2] § 3 Nr. 3 Buchst. a geänd. mWv VZ 2020 durch G v. 12.12.2019 (BGBl. I S. 2451).

[3] § 3 Nr. 4 Satzteil vor Buchst. a geänd., Buchst. b geänd. mWv VZ 2015 durch G v. 25.7.2014 (BGBl. I S. 1266).

[2]Das Gleiche gilt für andere Bezüge, die als Aufwandsentschädigung aus öffentlichen Kassen an öffentliche Dienste leistende Personen gezahlt werden, soweit nicht festgestellt wird, dass sie für Verdienstausfall oder Zeitverlust gewährt werden oder den Aufwand, der dem Empfänger erwächst, offenbar übersteigen;

13.[1)] die aus öffentlichen Kassen gezahlten Reisekostenvergütungen, Umzugskostenvergütungen und Trennungsgelder. [2]Die als Reisekostenvergütungen gezahlten Vergütungen für Verpflegung sind nur insoweit steuerfrei, als sie die Pauschbeträge nach § 9 Absatz 4a nicht übersteigen; Trennungsgelder sind nur insoweit steuerfrei, als sie die nach § 9 Absatz 1 Satz 3 Nummer 5 und Absatz 4a abziehbaren Aufwendungen nicht übersteigen;

14. Zuschüsse eines Trägers der gesetzlichen Rentenversicherung zu den Aufwendungen eines Rentners für seine Krankenversicherung und von dem gesetzlichen Rentenversicherungsträger getragene Anteile (§ 249a des Fünften Buches Sozialgesetzbuch) an den Beiträgen für die gesetzliche Krankenversicherung;

15.[2)] Zuschüsse des Arbeitgebers, die zusätzlich zum ohnehin geschuldeten Arbeitslohn zu den Aufwendungen des Arbeitnehmers für Fahrten mit öffentlichen Verkehrsmitteln im Linienverkehr (ohne Luftverkehr) zwischen Wohnung und erster Tätigkeitsstätte und nach § 9 Absatz 1 Satz 3 Nummer 4a Satz 3 sowie für Fahrten im öffentlichen Personennahverkehr gezahlt werden. [2]Das Gleiche gilt für die unentgeltliche oder verbilligte Nutzung öffentlicher Verkehrsmittel im Linienverkehr (ohne Luftverkehr) für Fahrten zwischen Wohnung und erster Tätigkeitsstätte und nach § 9 Absatz 1 Satz 3 Nummer 4a Satz 3 sowie für Fahrten im öffentlichen Personennahverkehr, die der Arbeitnehmer auf Grund seines Dienstverhältnisses zusätzlich zum ohnehin geschuldeten Arbeitslohn in Anspruch nehmen kann. [3]Die nach den Sätzen 1 und 2 steuerfreien Leistungen mindern den nach § 9 Absatz 1 Satz 3 Nummer 4 Satz 2 abziehbaren Betrag;

16.[3)] die Vergütungen, die Arbeitnehmer außerhalb des öffentlichen Dienstes von ihrem Arbeitgeber zur Erstattung von Reisekosten, Umzugskosten oder Mehraufwendungen bei doppelter Haushaltsführung erhalten, soweit sie die nach § 9 als Werbungskosten abziehbaren Aufwendungen nicht übersteigen;

17. Zuschüsse zum Beitrag nach § 32 des Gesetzes über die Alterssicherung der Landwirte;

18. das Aufgeld für ein an die Bank für Vertriebene und Geschädigte (Lastenausgleichsbank) zugunsten des Ausgleichsfonds (§ 5 des Lastenausgleichsgesetzes) gegebenes Darlehen, wenn das Darlehen nach § 7f des Gesetzes in der Fassung der Bekanntmachung vom 15. September 1953 (BGBl. I S. 1355) im Jahr der Hingabe als Betriebsausgabe abzugsfähig war;

[1)] § 3 Nr. 13 geänd. mWv VZ 2014 durch G v. 20.2.2013 (BGBl. I S. 285).
[2)] § 3 Nr. 15 eingef. mWv VZ 2019 durch G v. 11.12.2018 (BGBl. I S. 2338).
[3)] § 3 Nr. 16 geänd. mWv VZ 2014 durch G v. 20.2.2013 (BGBl. I S. 285).

[Fassung für VZ 2019:]

19.[1] Weiterbildungsleistungen des Arbeitgebers für Maßnahmen nach § 82 Absatz 1 und 2 des Dritten Buches Sozialgesetzbuch sowie Weiterbildungsleistungen des Arbeitgebers, die der Verbesserung der Beschäftigungsfähigkeit des Arbeitnehmers dienen. [2] Die Weiterbildung darf keinen überwiegenden Belohnungscharakter haben;

[Fassung ab VZ 2020:]

19.[2] Weiterbildungsleistungen des Arbeitgebers oder auf dessen Veranlassung von einem Dritten

a) für Maßnahmen nach § 82 Absatz 1 und 2 des Dritten Buches Sozialgesetzbuch oder

b) die der Verbesserung der Beschäftigungsfähigkeit des Arbeitnehmers dienen.

[2] Steuerfrei sind auch Beratungsleistungen des Arbeitgebers oder auf dessen Veranlassung von einem Dritten zur beruflichen Neuorientierung bei Beendigung des Dienstverhältnisses. [3] Die Leistungen im Sinne der Sätze 1 und 2 dürfen keinen überwiegenden Belohnungscharakter haben;

20. die aus öffentlichen Mitteln des Bundespräsidenten aus sittlichen oder sozialen Gründen gewährten Zuwendungen an besonders verdiente Personen oder ihre Hinterbliebenen;

21., 22.[3] *(aufgehoben)*

23.[4] die Leistungen nach dem Häftlingshilfegesetz, dem Strafrechtlichen Rehabilitierungsgesetz, dem Verwaltungsrechtlichen Rehabilitierungsgesetz, dem Beruflichen Rehabilitierungsgesetz und dem Gesetz zur strafrechtlichen Rehabilitierung der nach dem 8. Mai 1945 wegen einvernehmlicher homosexueller Handlungen verurteilten Personen;

24. Leistungen, die auf Grund des Bundeskindergeldgesetzes gewährt werden;

25. Entschädigungen nach dem Infektionsschutzgesetz vom 20. Juli 2000 (BGBl. I S. 1045);

26.[5] Einnahmen aus nebenberuflichen Tätigkeiten als Übungsleiter, Ausbilder, Erzieher, Betreuer oder vergleichbaren nebenberuflichen Tätigkeiten, aus nebenberuflichen künstlerischen Tätigkeiten oder der nebenberuflichen Pflege alter, kranker Menschen oder Menschen mit Behinderungen im Dienst oder im Auftrag einer juristischen Person des öffentlichen Rechts, die in einem Mitgliedstaat der Europäischen Union, in einem Staat, auf

---

[1] § 3 Nr. 19 eingef. mWv VZ 2019 durch G v. 12.12.2019 (BGBl. I S. 2451).

[2] § 3 Nr. 19 neu gef. mWv VZ 2020 durch G v. 21.12.2020 (BGBl. I S. 3096).

[3] § 3 Nrn. 21 und 22 aufgeh. durch G v. 1.11.2011 (BGBl. I S. 2131).

[4] § 3 Nr. 23 geänd. mWv VZ 2017 durch G v. 17.7.2017 (BGBl. I S. 2443).

[5] § 3 Nr. 26 Satz 2 geänd. durch G v. 8.12.2010 (BGBl. I S. 1768); Satz 1 geänd. durch G v. 11.12.2018 (BGBl. I S. 2338); zur Anwendung siehe § 52 Abs. 4 Satz 5; Satz 1 geänd. durch G v. 9.12.2020 (BGBl. I S. 2770).

den das Abkommen über den Europäischen Wirtschaftsraum Anwendung findet, oder in der Schweiz belegen ist, oder einer unter § 5 Absatz 1 Nummer 9 des Körperschaftsteuergesetzes fallenden Einrichtung zur Förderung gemeinnütziger, mildtätiger und kirchlicher Zwecke (§§ 52 bis 54 der Abgabenordnung) bis zur Höhe von insgesamt *2400* [***ab 1.1.2021:*** 3000] Euro[1] im Jahr. [2]Überschreiten die Einnahmen für die in Satz 1 bezeichneten Tätigkeiten den steuerfreien Betrag, dürfen die mit den nebenberuflichen Tätigkeiten in unmittelbarem wirtschaftlichen Zusammenhang stehenden Ausgaben abweichend von § 3c nur insoweit als Betriebsausgaben oder Werbungskosten abgezogen werden, als sie den Betrag der steuerfreien Einnahmen übersteigen;

26a.[2] Einnahmen aus nebenberuflichen Tätigkeiten im Dienst oder Auftrag einer juristischen Person des öffentlichen Rechts, die in einem Mitgliedstaat der Europäischen Union, in einem Staat, auf den das Abkommen über den Europäischen Wirtschaftsraum Anwendung findet, oder in der Schweiz belegen ist, oder einer unter § 5 Absatz 1 Nummer 9 des Körperschaftsteuergesetzes fallenden Einrichtung zur Förderung gemeinnütziger, mildtätiger und kirchlicher Zwecke (§§ 52 bis 54 der Abgabenordnung) bis zur Höhe von insgesamt *720* [***ab 1.1.2021:*** 840] Euro[3] im Jahr. [2]Die Steuerbefreiung ist ausgeschlossen, wenn für die Einnahmen aus der Tätigkeit – ganz oder teilweise – eine Steuerbefreiung nach § 3 Nummer 12, 26 oder 26b gewährt wird. [3]Überschreiten die Einnahmen für die in Satz 1 bezeichneten Tätigkeiten den steuerfreien Betrag, dürfen die mit den nebenberuflichen Tätigkeiten in unmittelbarem wirtschaftlichen Zusammenhang stehenden Ausgaben abweichend von § 3c nur insoweit als Betriebsausgaben oder Werbungskosten abgezogen werden, als sie den Betrag der steuerfreien Einnahmen übersteigen;

26b.[4] Aufwandsentschädigungen nach § 1835a des Bürgerlichen Gesetzbuchs, soweit sie zusammen mit den steuerfreien Einnahmen im Sinne der Nummer 26 den Freibetrag nach Nummer 26 Satz 1 nicht überschreiten. [2]Nummer 26 Satz 2 gilt entsprechend;

27. der Grundbetrag der Produktionsaufgaberente und das Ausgleichsgeld nach dem Gesetz zur Förderung der Einstellung der landwirtschaftlichen Erwerbstätigkeit bis zum Höchstbetrag von 18407 Euro;

28. die Aufstockungsbeträge im Sinne des § 3 Absatz 1 Nummer 1 Buchstabe a sowie die Beiträge und Aufwendungen im Sinne des § 3 Absatz 1 Nummer 1 Buchstabe b und des § 4 Absatz 2 des Altersteilzeitgesetzes, die Zuschläge, die versicherungsfrei Beschäftigte im Sinne des § 27 Absatz 1 Nummer 1 bis 3 des Dritten Buches Sozialgesetzbuch zur Aufstockung der Bezüge bei Altersteilzeit nach beamtenrechtlichen Vorschriften oder

---

[1] Betrag geänd. durch G v. 21.3.2013 (BGBl. I S. 556); geänd. mWv VZ 2021 durch G v. 21.12.2020 (BGBl. I S. 3096).

[2] § 3 Nr. 26a Satz 1 geänd. durch G v. 11.12.2018 (BGBl. I S. 2338); zur Anwendung siehe § 52 Abs. 4 Satz 5.

[3] Betrag geänd. durch G v. 21.3.2013 (BGBl. I S. 556); geänd. mWv VZ 2021 durch G v. 21.12.2020 (BGBl. I S. 3096).

[4] § 3 Nr. 26b eingef. durch G v. 8.12.2010 (BGBl. I S. 1768).

Grundsätzen erhalten sowie die Zahlungen des Arbeitgebers zur Übernahme der Beiträge im Sinne des § 187a des Sechsten Buches Sozialgesetzbuch, soweit sie 50 Prozent der Beiträge nicht übersteigen;

28a.[1] Zuschüsse des Arbeitgebers zum Kurzarbeitergeld und Saison-Kurzarbeitergeld, soweit sie zusammen mit dem Kurzarbeitergeld 80 Prozent des Unterschiedsbetrags zwischen dem Soll-Entgelt und dem Ist-Entgelt nach § 106 des Dritten Buches Sozialgesetzbuch nicht übersteigen und sie für Lohnzahlungszeiträume, die nach dem 29. Februar 2020 beginnen und vor dem 1. Januar 2022 enden, geleistet werden;

29. das Gehalt und die Bezüge,

    a) die die diplomatischen Vertreter ausländischer Staaten, die ihnen zugewiesenen Beamten und die in ihren Diensten stehenden Personen erhalten. 2 Dies gilt nicht für deutsche Staatsangehörige oder für im Inland ständig ansässige Personen;

    b) der Berufskonsuln, der Konsulatsangehörigen und ihres Personals, soweit sie Angehörige des Entsendestaates sind. 2 Dies gilt nicht für Personen, die im Inland ständig ansässig sind oder außerhalb ihres Amtes oder Dienstes einen Beruf, ein Gewerbe oder eine andere gewinnbringende Tätigkeit ausüben;

30. Entschädigungen für die betriebliche Benutzung von Werkzeugen eines Arbeitnehmers (Werkzeuggeld), soweit sie die entsprechenden Aufwendungen des Arbeitnehmers nicht offensichtlich übersteigen;

31. die typische Berufskleidung, die der Arbeitgeber seinem Arbeitnehmer unentgeltlich oder verbilligt überlässt; dasselbe gilt für eine Barablösung eines nicht nur einzelvertraglichen Anspruchs auf Gestellung von typischer Berufskleidung, wenn die Barablösung betrieblich veranlasst ist und die entsprechenden Aufwendungen des Arbeitnehmers nicht offensichtlich übersteigt;

32.[2] die unentgeltliche oder verbilligte Sammelbeförderung eines Arbeitnehmers zwischen Wohnung und erster Tätigkeitsstätte sowie bei Fahrten nach § 9 Absatz 1 Satz 3 Nummer 4a Satz 3 mit einem vom Arbeitgeber gestellten Beförderungsmittel, soweit die Sammelbeförderung für den betrieblichen Einsatz des Arbeitnehmers notwendig ist;

33. zusätzlich zum ohnehin geschuldeten Arbeitslohn erbrachte Leistungen des Arbeitgebers zur Unterbringung und Betreuung von nicht schulpflichtigen Kindern der Arbeitnehmer in Kindergärten oder vergleichbaren Einrichtungen;

34. zusätzlich zum ohnehin geschuldeten Arbeitslohn erbrachte Leistungen des Arbeitgebers zur *Verbesserung des allgemeinen Gesundheitszustands und der betrieblichen Gesundheitsförderung, die hinsichtlich Qualität, Zweckbindung und Zielgerichtetheit den Anforderungen der §§ 20 und 20a* [***neue Fassung:*** Verhinderung und Verminderung von Krankheitsrisiken und zur Förderung der Gesundheit in Betrieben, die hinsichtlich Qualität, Zweckbindung,

---

[1] § 3 Nr. 28a eingef. durch G v. 19.6.2020 (BGBl. I S. 1385); geänd. mWv VZ 2021 durch G v. 21.12.2020 (BGBl. I S. 3096).

[2] § 3 Nr. 32 geänd. mWv VZ 2014 durch G v. 25.7.2014 (BGBl. I S. 1266).

Zielgerichtetheit und Zertifizierung den Anforderungen der §§ 20 und 20b][1] des Fünften Buches Sozialgesetzbuch genügen, soweit sie *500* [***ab 1.1.2020:*** 600][2] Euro im Kalenderjahr nicht übersteigen;

34a.[3] zusätzlich zum ohnehin geschuldeten Arbeitslohn erbrachte Leistungen des Arbeitgebers

a) an ein Dienstleistungsunternehmen, das den Arbeitnehmer hinsichtlich der Betreuung von Kindern oder pflegebedürftigen Angehörigen berät oder hierfür Betreuungspersonen vermittelt sowie

b) zur kurzfristigen Betreuung von Kindern im Sinne des § 32 Absatz 1, die das 14. Lebensjahr noch nicht vollendet haben oder die wegen einer vor Vollendung des 25. Lebensjahres eingetretenen körperlichen, geistigen oder seelischen Behinderung außerstande sind, sich selbst zu unterhalten oder pflegebedürftigen Angehörigen des Arbeitnehmers, wenn die Betreuung aus zwingenden und beruflich veranlassten Gründen notwendig ist, auch wenn sie im privaten Haushalt des Arbeitnehmers stattfindet, soweit die Leistungen 600 Euro im Kalenderjahr nicht übersteigen;

35. die Einnahmen der bei der Deutsche Post AG, Deutsche Postbank AG oder Deutsche Telekom AG beschäftigten Beamten, soweit die Einnahmen ohne Neuordnung des Postwesens und der Telekommunikation nach den Nummern 11 bis 13 und 64 steuerfrei wären;

36.[4] Einnahmen für Leistungen zu körperbezogenen Pflegemaßnahmen, pflegerischen Betreuungsmaßnahmen oder Hilfen bei der Haushaltsführung bis zur Höhe des Pflegegeldes nach § 37 des Elften Buches Sozialgesetzbuch, mindestens aber bis zur Höhe des Entlastungsbetrages nach § 45b Absatz 1 Satz 1 des Elften Buches Sozialgesetzbuch, wenn diese Leistungen von Angehörigen des Pflegebedürftigen oder von anderen Personen, die damit eine sittliche Pflicht im Sinne des § 33 Absatz 2 gegenüber dem Pflegebedürftigen erfüllen, erbracht werden. [2]Entsprechendes gilt, wenn der Pflegebedürftige vergleichbare Leistungen aus privaten Versicherungsverträgen nach den Vorgaben des Elften Buches Sozialgesetzbuch oder nach den Beihilfevorschriften für häusliche Pflege erhält;

[***1.1.2019–31.12.2030:***

37.[5] zusätzlich zum ohnehin geschuldeten Arbeitslohn vom Arbeitgeber gewährte Vorteile für die Überlassung eines betrieblichen Fahrrads, das kein Kraftfahrzeug im Sinne des § 6 Absatz 1 Nummer 4 Satz 2 ist;]

38.[6] Sachprämien, die der Steuerpflichtige für die persönliche Inanspruchnahme von Dienstleistungen von Unternehmen unentgeltlich erhält, die

---

[1] § 3 Nr. 34 neu gef. durch G v. 11.12.2018 (BGBl. I S. 2338); zur Anwendung siehe § 52 Abs. 4 Satz 6.

[2] Betrag geänd. mWv VZ 2020 durch G v. 22.11.2019 (BGBl. I S. 1746).

[3] § 3 Nr. 34a eingef. mWv VZ 2015 durch G v. 22.12.2014 (BGBl. I S. 2417).

[4] § 3 Nr. 36 Satz 1 geänd. mWv VZ 2017 durch G v. 23.12.2016 (BGBl. I S. 3191); Satz 1 geänd., Satz 2 neu gef. mWv VZ 2018 durch G v. 11.12.2018 (BGBl. I S. 2338).

[5] § 3 Nr. 37 eingef. durch G v. 11.12.2018 (BGBl. I S. 2338); zur Anwendung siehe § 52 Abs. 4 Satz 7.

[6] § 3 Nr. 38 bestätigt durch G v. 5.4.2011 (BGBl. I S. 554).

diese zum Zwecke der Kundenbindung im allgemeinen Geschäftsverkehr in einem jedermann zugänglichen planmäßigen Verfahren gewähren, soweit der Wert der Prämien 1080 Euro im Kalenderjahr nicht übersteigt;

39.[1] der Vorteil des Arbeitnehmers im Rahmen eines gegenwärtigen Dienstverhältnisses aus der unentgeltlichen oder verbilligten Überlassung von Vermögensbeteiligungen im Sinne des § 2 Absatz 1 Nummer 1 Buchstabe a, b und f bis l und Absatz 2 bis 5 des Fünften Vermögensbildungsgesetzes in der Fassung der Bekanntmachung vom 4. März 1994 (BGBl. I S. 406), zuletzt geändert durch Artikel 2 des Gesetzes vom 7. März 2009 (BGBl. I S. 451), in der jeweils geltenden Fassung, am Unternehmen des Arbeitgebers, soweit der Vorteil insgesamt 360 Euro im Kalenderjahr nicht übersteigt. ²Voraussetzung für die Steuerfreiheit ist, dass die Beteiligung mindestens allen Arbeitnehmern offensteht, die im Zeitpunkt der Bekanntgabe des Angebots ein Jahr oder länger ununterbrochen in einem gegenwärtigen Dienstverhältnis zum Unternehmen stehen. ³Als Unternehmen des Arbeitgebers im Sinne des Satzes 1 gilt auch ein Unternehmen im Sinne des § 18 des Aktiengesetzes. ⁴Als Wert der Vermögensbeteiligung ist der gemeine Wert anzusetzen;

40.[2] 40 Prozent

a)[3] der Betriebsvermögensmehrungen oder Einnahmen aus der Veräußerung oder der Entnahme von Anteilen an Körperschaften, Personenvereinigungen und Vermögensmassen, deren Leistungen beim Empfänger zu Einnahmen im Sinne des § 20 Absatz 1 Nummer 1 und 9 gehören, oder an einer Organgesellschaft im Sinne des § 14 oder § 17 des Körperschaftsteuergesetzes oder aus deren Auflösung oder Herabsetzung von deren Nennkapital oder aus dem Ansatz eines solchen Wirtschaftsguts mit dem Wert, der sich nach § 6 Absatz 1 Nummer 2 Satz 3 ergibt, soweit sie zu den Einkünften aus Land- und Forstwirtschaft, aus Gewerbebetrieb oder aus selbständiger Arbeit gehören. ²Dies gilt nicht, soweit der Ansatz des niedrigeren Teilwerts in vollem Umfang zu einer Gewinnminderung geführt hat und soweit diese Gewinnminderung nicht durch Ansatz eines Werts, der sich nach § 6 Absatz 1 Nummer 2 Satz 3 ergibt, ausgeglichen worden ist. ³Satz 1 gilt außer für Betriebsvermögensmehrungen aus dem Ansatz mit dem Wert, der sich nach § 6 Absatz 1 Nummer 2 Satz 3 ergibt, ebenfalls nicht, soweit Abzüge nach § 6b oder ähnliche Abzüge voll steuerwirksam vorgenommen worden sind,

b)[3] des Veräußerungspreises im Sinne des § 16 Absatz 2, soweit er auf die Veräußerung von Anteilen an Körperschaften, Personenvereinigungen und Vermögensmassen entfällt, deren Leistungen beim Empfänger zu Einnahmen im Sinne des § 20 Absatz 1 Nummer 1 und 9 gehören,

---

[1] § 3 Nr. 39 Satz 2 neu gef. (bish. Buchst. b wird neuer Satz) mWv VZ 2009 durch G v. 8.4.2010 (BGBl. I S. 386); Satz 1 Verweis geänd. durch G v. 25.7.2014 (BGBl. I S. 1266).

[2] Zur erstmaligen bzw. zur weiteren Anwendung von § 3 Nr. 40 siehe § 52 Abs. 4 Sätze 8–11.

[3] § 3 Nr. 40 Buchst. a Satz 1 und Buchst. b Satz 1 geänd. mWv VZ 2014 durch G v. 25.7.2014 (BGBl. I S. 1266).

oder an einer Organgesellschaft im Sinne des § 14 oder § 17 des Körperschaftsteuergesetzes. [2]Satz 1 ist in den Fällen des § 16 Absatz 3 entsprechend anzuwenden. [3]Buchstabe a Satz 3 gilt entsprechend,

c) des Veräußerungspreises oder des gemeinen Werts im Sinne des § 17 Absatz 2. [2]Satz 1 ist in den Fällen des § 17 Absatz 4 entsprechend anzuwenden,

d)[1)] der Bezüge im Sinne des § 20 Absatz 1 Nummer 1 und der Einnahmen im Sinne des § 20 Absatz 1 Nummer 9. [2]Dies gilt nur, soweit sie das Einkommen der leistenden Körperschaft nicht gemindert haben. [3]Satz 1 Buchstabe d Satz 2 gilt nicht, soweit eine verdeckte Gewinnausschüttung das Einkommen einer dem Steuerpflichtigen nahe stehenden Person erhöht hat und § 32a des Körperschaftsteuergesetzes auf die Veranlagung dieser nahe stehenden Person keine Anwendung findet,

e) der Bezüge im Sinne des § 20 Absatz 1 Nummer 2,

f) der besonderen Entgelte oder Vorteile im Sinne des § 20 Absatz 3, die neben den in § 20 Absatz 1 Nummer 1 und Absatz 2 Satz 1 Nummer 2 Buchstabe a bezeichneten Einnahmen oder an deren Stelle gewährt werden,

g) des Gewinns aus der Veräußerung von Dividendenscheinen und sonstigen Ansprüchen im Sinne des § 20 Absatz 2 Satz 1 Nummer 2 Buchstabe a,

h) des Gewinns aus der Abtretung von Dividendenansprüchen oder sonstigen Ansprüchen im Sinne des § 20 Absatz 2 Satz 1 Nummer 2 Buchstabe a in Verbindung mit § 20 Absatz 2 Satz 2,

i) der Bezüge im Sinne des § 22 Nummer 1 Satz 2, soweit diese von einer nicht von der Körperschaftsteuer befreiten Körperschaft, Personenvereinigung oder Vermögensmasse stammen.

[2]Dies gilt für Satz 1 Buchstabe d bis h nur in Verbindung mit § 20 Absatz 8. [3]Satz 1 Buchstabe a, b und d bis h ist nicht anzuwenden auf Anteile, die bei Kreditinstituten und Finanzdienstleistungsinstituten dem Handelsbestand im Sinne des § 340e Absatz 3 des Handelsgesetzbuchs zuzuordnen sind; Gleiches gilt für Anteile, die bei Finanzunternehmen im Sinne des Kreditwesengesetzes, an denen Kreditinstitute oder Finanzdienstleistungsinstitute unmittelbar oder mittelbar zu mehr als 50 Prozent beteiligt sind, zum Zeitpunkt des Zugangs zum Betriebsvermögen als Umlaufvermögen auszuweisen sind. [4]Satz 1 ist nicht anzuwenden bei Anteilen an Unterstützungskassen;[2)]

40a.[3)] 40 Prozent[4)] der Vergütungen im Sinne des § 18 Absatz 1 Nummer 4;

---

1) § 3 Nr. 40 Satz 1 Buchst. d Satz 2 neu gef. durch G v. 26.6.2013 (BGBl. I S. 1809); zur Anwendung siehe § 52 Abs. 4 Satz 11.

2) § 3 Nr. 40 Satz 3 neu gef., Satz 4 aufgeh. durch G v. 20.12.2016 (BGBl. I S. 3000); zur Anwendung von Satz 3 1. und 2. HS vgl. § 52 Abs. 4 Satz 10; Satz 4 angef. mWv VZ 2016 durch G v. 2.11.2015 (BGBl. I S. 1834).

3) Zur Anwendung siehe § 52 Abs. 4 Sätze 12 und 13.

4) Zur Anwendung siehe § 52 Abs. 4 Satz 13.

41. a) Gewinnausschüttungen, soweit für das Kalenderjahr oder Wirtschaftsjahr, in dem sie bezogen werden, oder für die vorangegangenen sieben Kalenderjahre oder Wirtschaftsjahre aus einer Beteiligung an derselben ausländischen Gesellschaft Hinzurechnungsbeträge (§ 10 Absatz 2 des Außensteuergesetzes) der Einkommensteuer unterlegen haben, § 11 Absatz 1 und 2 des Außensteuergesetzes in der Fassung des Artikels 12 des Gesetzes vom 21. Dezember 1993 (BGBl. I S. 2310) nicht anzuwenden war und der Steuerpflichtige dies nachweist; § 3c Absatz 2 gilt entsprechend;

    b) Gewinne aus der Veräußerung eines Anteils an einer ausländischen Kapitalgesellschaft sowie aus deren Auflösung oder Herabsetzung ihres Kapitals, soweit für das Kalenderjahr oder Wirtschaftsjahr, in dem sie bezogen werden, oder für die vorangegangenen sieben Kalenderjahre oder Wirtschaftsjahre aus einer Beteiligung an derselben ausländischen Gesellschaft Hinzurechnungsbeträge (§ 10 Absatz 2 des Außensteuergesetzes) der Einkommensteuer unterlegen haben, § 11 Absatz 1 und 2 des Außensteuergesetzes in der Fassung des Artikels 12 des Gesetzes vom 21. Dezember 1993 (BGBl. I S. 2310) nicht anzuwenden war, der Steuerpflichtige dies nachweist und der Hinzurechnungsbetrag ihm nicht als Gewinnanteil zugeflossen ist.

    2 Die Prüfung, ob Hinzurechnungsbeträge der Einkommensteuer unterlegen haben, erfolgt im Rahmen der gesonderten Feststellung nach § 18 des Außensteuergesetzes;

42. die Zuwendungen, die auf Grund des Fulbright-Abkommens gezahlt werden;

43. der Ehrensold für Künstler sowie Zuwendungen aus Mitteln der Deutschen Künstlerhilfe, wenn es sich um Bezüge aus öffentlichen Mitteln handelt, die wegen der Bedürftigkeit des Künstlers gezahlt werden;

44.[1] Stipendien, die aus öffentlichen Mitteln oder von zwischenstaatlichen oder überstaatlichen Einrichtungen, denen die Bundesrepublik Deutschland als Mitglied angehört, zur Förderung der Forschung oder zur Förderung der wissenschaftlichen oder künstlerischen Ausbildung oder Fortbildung gewährt werden. 2 Das Gleiche gilt für Stipendien, die zu den in Satz 1 bezeichneten Zwecken von einer Einrichtung, die von einer Körperschaft des öffentlichen Rechts errichtet ist oder verwaltet wird, oder von einer Körperschaft, Personenvereinigung oder Vermögensmasse im Sinne des § 5 Absatz 1 Nummer 9 des Körperschaftsteuergesetzes gegeben werden. 3 Voraussetzung für die Steuerfreiheit ist, dass

    a) die Stipendien einen für die Erfüllung der Forschungsaufgabe oder für die Bestreitung des Lebensunterhalts und die Deckung des Ausbildungsbedarfs erforderlichen Betrag nicht übersteigen und nach den von dem Geber erlassenen Richtlinien vergeben werden,

    b) der Empfänger im Zusammenhang mit dem Stipendium nicht zu einer bestimmten wissenschaftlichen oder künstlerischen Gegenleistung oder zu einer bestimmten Arbeitnehmertätigkeit verpflichtet ist;

---

[1] § 3 Nr. 44 geänd. mWv VZ 2011 durch G v. 1.11.2011 (BGBl. I S. 2131).

45.[1] die Vorteile des Arbeitnehmers aus der privaten Nutzung von betrieblichen Datenverarbeitungsgeräten und Telekommunikationsgeräten sowie deren Zubehör, aus zur privaten Nutzung überlassenen System- und Anwendungsprogrammen, die der Arbeitgeber auch in seinem Betrieb einsetzt, und aus den im Zusammenhang mit diesen Zuwendungen erbrachten Dienstleistungen. 2 Satz 1 gilt entsprechend für Steuerpflichtige, denen die Vorteile im Rahmen einer Tätigkeit zugewendet werden, für die sie eine Aufwandsentschädigung im Sinne des § 3 Nummer 12 erhalten;

[***vom 1.1.2017 bis 31.12.2030:***[2]

46. zusätzlich zum ohnehin geschuldeten Arbeitslohn vom Arbeitgeber gewährte Vorteile für das elektrische Aufladen eines Elektrofahrzeugs oder Hybridelektrofahrzeugs im Sinne des § 6 Absatz 1 Nummer 4 Satz 2 zweiter Halbsatz an einer ortsfesten betrieblichen Einrichtung des Arbeitgebers oder eines verbundenen Unternehmens (§ 15 des Aktiengesetzes) und für die zur privaten Nutzung überlassene betriebliche Ladevorrichtung;]

47. Leistungen nach § 14a Absatz 4 und § 14b des Arbeitsplatzschutzgesetzes;

48.[3] Leistungen nach dem Unterhaltssicherungsgesetz mit Ausnahme der Leistungen nach § 6 des Unterhaltssicherungsgesetzes;

49.[4] *(aufgehoben)*

50. die Beträge, die der Arbeitnehmer vom Arbeitgeber erhält, um sie für ihn auszugeben (durchlaufende Gelder), und die Beträge, durch die Auslagen des Arbeitnehmers für den Arbeitgeber ersetzt werden (Auslagenersatz);

51. Trinkgelder, die anlässlich einer Arbeitsleistung dem Arbeitnehmer von Dritten freiwillig und ohne dass ein Rechtsanspruch auf sie besteht, zusätzlich zu dem Betrag gegeben werden, der für diese Arbeitsleistung zu zahlen ist;

52. (weggefallen)

53.[5] die Übertragung von Wertguthaben nach § 7f Absatz 1 Satz 1 Nummer 2 des Vierten Buches Sozialgesetzbuch auf die Deutsche Rentenversicherung Bund. 2 Die Leistungen aus dem Wertguthaben durch die Deutsche Rentenversicherung Bund gehören zu den Einkünften aus nichtselbständiger Arbeit im Sinne des § 19. 3 Von ihnen ist Lohnsteuer einzubehalten;

54. Zinsen aus Entschädigungsansprüchen für deutsche Auslandsbonds im Sinne der §§ 52 bis 54 des Bereinigungsgesetzes für deutsche Auslandsbonds in der im Bundesgesetzblatt Teil III, Gliederungsnummer 4139-2, veröffentlichten bereinigten Fassung, soweit sich die Entschädigungsansprüche gegen den Bund oder die Länder richten. 2 Das Gleiche gilt für die Zinsen aus Schuld-

---

[1] § 3 Nr. 45 neu gef. durch G v. 8.5.2012 (BGBl. I S. 1030); Satz 2 angef. mWv VZ 2015 durch G v. 22.12.2014 (BGBl. I S. 2417).

[2] § 3 Nr. 46 eingef. durch G v. 7.11.2016 (BGBl. I S. 2498); zur Anwendung siehe § 52 Abs. 4 Satz 14.

[3] § 3 Nr. 48 geänd. mWv VZ 2015 durch G v. 29.6.2015 (BGBl. I S. 1061); geänd. mWv VZ 2020 durch G v. 12.12.2019 (BGBl. I S. 2451).

[4] § 3 Nr. 49 aufgeh. mWv VZ 2011 durch G v. 1.11.2011 (BGBl. I S. 2131).

[5] § 3 Nr. 53 eingef. mWv VZ 2009 durch G v. 19.12.2008 (BGBl. I S. 2794).

verschreibungen und Schuldbuchforderungen, die nach den §§ 9, 10 und 14 des Gesetzes zur näheren Regelung der Entschädigungsansprüche für Auslandsbonds in der im Bundesgesetzblatt Teil III, Gliederungsnummer 4139-3, veröffentlichten bereinigten Fassung vom Bund oder von den Ländern für Entschädigungsansprüche erteilt oder eingetragen werden;

55.[1] der in den Fällen des § 4 Absatz 2 Nummer 2 und Absatz 3 des Betriebsrentengesetzes vom 19. Dezember 1974 (BGBl. I S. 3610), das zuletzt durch Artikel 8 des Gesetzes vom 5. Juli 2004 (BGBl. I S. 1427) geändert worden ist, in der jeweils geltenden Fassung geleistete Übertragungswert nach § 4 Absatz 5 des Betriebsrentengesetzes, wenn die betriebliche Altersversorgung beim ehemaligen und neuen Arbeitgeber über einen Pensionsfonds, eine Pensionskasse oder ein Unternehmen der Lebensversicherung durchgeführt wird; dies gilt auch, wenn eine Versorgungsanwartschaft aus einer betrieblichen Altersversorgung auf Grund vertraglicher Vereinbarung ohne Fristerfordernis unverfallbar ist. [2] Satz 1 gilt auch, wenn der Übertragungswert vom ehemaligen Arbeitgeber oder von einer Unterstützungskasse an den neuen Arbeitgeber oder eine andere Unterstützungskasse geleistet wird. [3] Die Leistungen des neuen Arbeitgebers, der Unterstützungskasse, des Pensionsfonds, der Pensionskasse oder des Unternehmens der Lebensversicherung auf Grund des Betrags nach Satz 1 und 2 gehören zu den Einkünften, zu denen die Leistungen gehören würden, wenn die Übertragung nach § 4 Absatz 2 Nummer 2 und Absatz 3 des Betriebsrentengesetzes nicht stattgefunden hätte;

55a.[2] · [3] die nach § 10 des Versorgungsausgleichsgesetzes vom 3. April 2009 (BGBl. I S. 700) in der jeweils geltenden Fassung (interne Teilung) durchgeführte Übertragung von Anrechten für die ausgleichsberechtigte Person zu Lasten von Anrechten der ausgleichspflichtigen Person. [2] Die Leistungen aus diesen Anrechten gehören bei der ausgleichsberechtigten Person zu den Einkünften, zu denen die Leistungen bei der ausgleichspflichtigen Person gehören würden, wenn die interne Teilung nicht stattgefunden hätte;

55b.[3] der nach § 14 des Versorgungsausgleichsgesetzes (externe Teilung) geleistete Ausgleichswert zur Begründung von Anrechten für die ausgleichsberechtigte Person zu Lasten von Anrechten der ausgleichspflichtigen Person, soweit Leistungen aus diesen Anrechten zu steuerpflichtigen Einkünften nach den §§ 19, 20 und 22 führen würden. [2] Satz 1 gilt nicht, soweit Leistungen, die auf dem begründeten Anrecht beruhen, bei der ausgleichsberechtigten Person zu Einkünften nach § 20 Absatz 1 Nummer 6 oder § 22 Nummer 1 Satz 3 Buchstabe a Doppelbuchstabe bb führen würden. [3] Der Versorgungsträger der ausgleichspflichtigen Person hat den Versorgungsträger der ausgleichsberechtigten Person über die für die Besteuerung der Leistungen erforderlichen Grundlagen zu informieren. [4] Dies gilt nicht, wenn der Versorgungsträger der ausgleichsberechtigten Person die Grundlagen bereits

---

[1] Siehe § 82 Abs. 4 Nr. 5; § 3 Nr. 55 Satz 1 HS 2 angef. mWv VZ 2018 durch G v. 17.8.2017 (BGBl. I S. 3214).

[2] Siehe § 82 Abs. 4 Nr. 5.

[3] § 3 Nr. 55a und 55b eingef. durch G v. 3.4.2009 (BGBl. I S. 700); siehe § 82 Abs. 4 Nr. 5.

kennt oder aus den bei ihm vorhandenen Daten feststellen kann und dieser Umstand dem Versorgungsträger der ausgleichspflichtigen Person mitgeteilt worden ist;

55c.[1), 2)] Übertragungen von Altersvorsorgevermögen im Sinne des § 92 auf einen anderen auf den Namen des Steuerpflichtigen lautenden Altersvorsorgevertrag (§ 1 Absatz 1 Satz 1 Nummer 10 Buchstabe b des Altersvorsorgeverträge-Zertifizierungsgesetzes), soweit die Leistungen zu steuerpflichtigen Einkünften nach § 22 Nummer 5 führen würden. [2]Dies gilt entsprechend,

a) wenn Anwartschaften aus einer betrieblichen Altersversorgung, die über einen Pensionsfonds, eine Pensionskasse oder ein Unternehmen der Lebensversicherung (Direktversicherung) durchgeführt wird, lediglich auf einen anderen Träger einer betrieblichen Altersversorgung in Form eines Pensionsfonds, einer Pensionskasse oder eines Unternehmens der Lebensversicherung (Direktversicherung) übertragen werden, soweit keine Zahlungen unmittelbar an den Arbeitnehmer erfolgen,

b) wenn Anwartschaften der betrieblichen Altersversorgung abgefunden werden, soweit das Altersvorsorgevermögen zugunsten eines auf den Namen des Steuerpflichtigen lautenden Altersvorsorgevertrages geleistet wird,

c)[3)] wenn im Fall des Todes des Steuerpflichtigen das Altersvorsorgevermögen auf einen auf den Namen des Ehegatten lautenden Altersvorsorgevertrag übertragen wird, wenn die Ehegatten im Zeitpunkt des Todes des Zulageberechtigten nicht dauernd getrennt gelebt haben (§ 26 Absatz 1) und ihren Wohnsitz oder gewöhnlichen Aufenthalt in einem Mitgliedstaat der Europäischen Union oder einen Staat hatten, auf den das Abkommen über den Europäischen Wirtschaftsraum anwendbar ist; dies gilt auch, wenn die Ehegatten ihren vor dem Zeitpunkt, ab dem das Vereinigte Königreich Großbritannien und Nordirland nicht mehr Mitgliedstaat der Europäischen Union ist und auch nicht wie ein solcher zu behandeln ist, begründeten Wohnsitz oder gewöhnlichen Aufenthalt im Vereinigten Königreich Großbritannien und Nordirland hatten und der Vertrag vor dem 23. Juni 2016 abgeschlossen worden ist;

55d.[4)] Übertragungen von Anrechten aus einem nach § 5a Altersvorsorgeverträge-Zertifizierungsgesetz zertifizierten Vertrag auf einen anderen auf den Namen des Steuerpflichtigen lautenden nach § 5a Altersvorsorgeverträge-Zertifizierungsgesetz zertifizierten Vertrag;

55e.[4)] die auf Grund eines Abkommens mit einer zwischen- oder überstaatlichen Einrichtung übertragenen Werte von Anrechten auf Altersversorgung, so-

---

[1)] Siehe § 82 Abs. 4 Nr. 5.

[2)] § 3 Nr. 55c eingef. mWv VZ 2011 durch G v. 7.12.2011 (BGBl. I S. 2592); Satz 2 Buchst. a eingef., bish. Buchst. a und b werden Buchst. b und c mWv 1.1.2018 durch G v. 17.8.2017 (BGBl. I S. 3214).

[3)] § 3 Nr. 55c Satz 2 Buchst. c HS 2 angef. mWv 29.3.2019 durch Brexit-StBG v. 25.3. 2019 (BGBl. I S. 357).

[4)] § 3 Nr. 55d und 55e eingef. mWv VZ 2011 durch G v. 7.12.2011 (BGBl. I S. 2592).

weit diese zur Begründung von Anrechten auf Altersversorgung bei einer zwischen- oder überstaatlichen Einrichtung dienen. [2]Die Leistungen auf Grund des Betrags nach Satz 1 gehören zu den Einkünften, zu denen die Leistungen gehören, die die übernehmende Versorgungseinrichtung im Übrigen erbringt;

56.[1)] Zuwendungen des Arbeitgebers nach § 19 Absatz 1 Satz 1 Nummer 3 Satz 1 aus dem ersten Dienstverhältnis an eine Pensionskasse zum Aufbau einer nicht kapitalgedeckten betrieblichen Altersversorgung, bei der eine Auszahlung der zugesagten Alters-, Invaliditäts- oder Hinterbliebenenversorgung entsprechend § 82 Absatz 2 Satz 2 vorgesehen ist, soweit diese Zuwendungen im Kalenderjahr 2 Prozent der Beitragsbemessungsgrenze in der allgemeinen Rentenversicherung nicht übersteigen. [2]Der in Satz 1 genannte Höchstbetrag erhöht sich ab 1. Januar 2020 auf 3 Prozent und ab 1. Januar 2025 auf 4 Prozent der Beitragsbemessungsgrenze in der allgemeinen Rentenversicherung. [3]Die Beträge nach den Sätzen 1 und 2 sind jeweils um die nach § 3 Nummer 63 Satz 1, 3 oder Satz 4 steuerfreien Beträge zu mindern;

57. die Beträge, die die Künstlersozialkasse zugunsten des nach dem Künstlersozialversicherungsgesetz Versicherten aus dem Aufkommen von Künstlersozialabgabe und Bundeszuschuss an einen Träger der Sozialversicherung oder an den Versicherten zahlt;

58. das Wohngeld nach dem Wohngeldgesetz, die sonstigen Leistungen aus öffentlichen Haushalten oder Zweckvermögen zur Senkung der Miete oder Belastung im Sinne des § 11 Absatz 2 Nummer 4 des Wohngeldgesetzes sowie öffentliche Zuschüsse zur Deckung laufender Aufwendungen und Zinsvorteile bei Darlehen, die aus öffentlichen Haushalten gewährt werden, für eine zu eigenen Wohnzwecken genutzte Wohnung im eigenen Haus oder eine zu eigenen Wohnzwecken genutzte Eigentumswohnung, soweit die Zuschüsse und Zinsvorteile die Vorteile aus einer entsprechenden Förderung mit öffentlichen Mitteln nach dem *Zweiten Wohnungsbaugesetz*[2)], dem Wohnraumförderungsgesetz oder einem Landesgesetz zur Wohnraumförderung nicht überschreiten, der Zuschuss für die Wohneigentumsbildung in innerstädtischen Altbauquartieren nach den Regelungen zum Stadtumbau Ost in den Verwaltungsvereinbarungen über die Gewährung von Finanzhilfen des Bundes an die Länder nach Artikel 104a Absatz 4 des Grundgesetzes zur Förderung städtebaulicher Maßnahmen;

59. die Zusatzförderung nach *§ 88e des Zweiten Wohnungsbaugesetzes*[2)] und nach § 51f des Wohnungsbaugesetzes für das Saarland und Geldleistungen, die ein Mieter zum Zwecke der Wohnkostenentlastung nach dem Wohnraumförderungsgesetz oder einem Landesgesetz zur Wohnraumförderung erhält, soweit die Einkünfte dem Mieter zuzurechnen sind, und die Vortei-

---

[1)] § 3 Nr. 56 Satz 1 und 2 geänd. mWv 1.1.2018 durch G v. 17.8.2017 (BGBl. I S. 3214); geänd. mWv 15.12.2018 durch G v. 11.12.2018 (BGBl. I S. 2338).

[2)] Zweites Wohnungsbaugesetz aufgeh. mWv 1.1.2002 durch WoFG v. 13.9.2001 (BGBl. I S. 2376); zur weiteren Anwendung siehe § 48 WoFG v. 13.9.2001 (BGBl. I S. 2376).

le aus einer mietweisen Wohnungsüberlassung im Zusammenhang mit einem Arbeitsverhältnis, soweit sie die Vorteile aus einer entsprechenden Förderung nach dem *Zweiten Wohnungsbaugesetz*[1], nach dem Wohnraumförderungsgesetz oder einem Landesgesetz zur Wohnraumförderung nicht überschreiten;

[bis 13.8.2020 geltende Fassung:][2]

60. Leistungen aus öffentlichen Mitteln an Arbeitnehmer des Steinkohlen-, Pechkohlen- und Erzbergbaues, des Braunkohlentiefbaues und der Eisen- und Stahlindustrie aus Anlass von Stilllegungs-, Einschränkungs-, Umstellungs- oder Rationalisierungsmaßnahmen;

[ab 14.8.2020 geltende Fassung:][3]

60. das Anpassungsgeld für Arbeitnehmer der Braunkohlekraftwerke und -tagebaue sowie Steinkohlekraftwerke, die aus Anlass einer Stilllegungsmaßnahme ihren Arbeitsplatz verloren haben;

61. Leistungen nach § 4 Absatz 1 Nummer 2, § 7 Absatz 3, §§ 9, 10 Absatz 1, §§ 13, 15 des Entwicklungshelfer-Gesetzes;
62. Ausgaben des Arbeitgebers für die Zukunftssicherung des Arbeitnehmers, soweit der Arbeitgeber dazu nach sozialversicherungsrechtlichen oder anderen gesetzlichen Vorschriften oder nach einer auf gesetzlicher Ermächtigung beruhenden Bestimmung verpflichtet ist, und es sich nicht um Zuwendungen oder Beiträge des Arbeitgebers nach den Nummern 56, 63 und 63a[4] handelt. [2]Den Ausgaben des Arbeitgebers für die Zukunftssicherung, die auf Grund gesetzlicher Verpflichtung geleistet werden, werden gleichgestellt Zuschüsse des Arbeitgebers zu den Aufwendungen des Arbeitnehmers
    a) für eine Lebensversicherung,
    b) für die freiwillige Versicherung in der gesetzlichen Rentenversicherung,
    c) für eine öffentlich-rechtliche Versicherungs- oder Versorgungseinrichtung seiner Berufsgruppe,

    wenn der Arbeitnehmer von der Versicherungspflicht in der gesetzlichen Rentenversicherung befreit worden ist. [3]Die Zuschüsse sind nur insoweit steuerfrei, als sie insgesamt bei Befreiung von der Versicherungspflicht in der allgemeinen Rentenversicherung die Hälfte und bei Befreiung von der Versicherungspflicht in der knappschaftlichen Rentenversicherung zwei Drittel der Gesamtaufwendungen des Arbeitnehmers nicht übersteigen und nicht höher sind als der Betrag, der als Arbeitgeberanteil bei Versicherungspflicht in der allgemeinen Rentenversicherung oder in der knappschaftlichen Rentenversicherung zu zahlen wäre;[5]

---

[1] Zweites Wohnungsbaugesetz aufgeh. mWv 1.1.2002 durch WoFG v. 13.9.2001 (BGBl. I S. 2376); zur weiteren Anwendung siehe § 48 WoFG v. 13.9.2001 (BGBl. I S. 2376).

[2] Vgl. zur weiteren Anwendung § 52 Abs. 4 Satz 15.

[3] § 3 Nr. 60 neu gef. mWv 14.8.2020 durch G v. 8.8.2020 (BGBl. I S. 1818).

[4] Verweis geänd. mWv 1.1.2018 durch G v. 17.8.2017 (BGBl. I S. 3214).

[5] § 3 Nr. 62 Satz 4 aufgeh. mWv 1.1.2018 durch G v. 17.8.2017 (BGBl. I S. 3214).

63.[1] Beiträge des Arbeitgebers aus dem ersten Dienstverhältnis an einen Pensionsfonds, eine Pensionskasse oder für eine Direktversicherung zum Aufbau einer kapitalgedeckten betrieblichen Altersversorgung, bei der eine Auszahlung der zugesagten Alters-, Invaliditäts- oder Hinterbliebenenversorgungsleistungen entsprechend § 82 Absatz 2 Satz 2 vorgesehen ist, soweit die Beiträge im Kalenderjahr 8 Prozent[2] der Beitragsbemessungsgrenze in der allgemeinen Rentenversicherung nicht übersteigen. [2]Dies gilt nicht, soweit der Arbeitnehmer nach § 1a Absatz 3 des Betriebsrentengesetzes verlangt hat, dass die Voraussetzungen für eine Förderung nach § 10a oder Abschnitt XI erfüllt werden. [3]Aus Anlass der Beendigung des Dienstverhätnisses geleistete Beiträge im Sinne des Satzes 1 sind steuerfrei, soweit sie 4 Prozent der Beitragsbemessungsgrenze in der allgemeinen Rentenversicherung, vervielfältigt mit der Anzahl der Kalenderjahre, in denen das Dienstverhältnis des Arbeitnehmers zu dem Arbeitgeber bestanden hat, höchstens jedoch zehn Kalenderjahre, nicht übersteigen. [4]Beiträge im Sinne des Satzes 1, die für Kalenderjahre nachgezahlt werden, in denen das erste Dienstverhältnis ruhte und vom Arbeitgeber im Inland kein steuerpflichtiger Arbeitslohn bezogen wurde, sind steuerfrei, soweit sie 8 Prozent der Beitragsbemessungsgrenze in der allgemeinen Rentenversicherung, vervielfältigt mit der Anzahl dieser Kalenderjahre, höchstens jedoch zehn Kalenderjahre, nicht übersteigen;[3]

63a.[4] Sicherungsbeiträge des Arbeitgebers nach § 23 Absatz 1 des Betriebsrentengesetzes, soweit sie nicht unmittelbar dem einzelnen Arbeitnehmer gutgeschrieben oder zugerechnet werden;

64. bei Arbeitnehmern, die zu einer inländischen juristischen Person des öffentlichen Rechts in einem Dienstverhältnis stehen und dafür Arbeitslohn aus einer inländischen öffentlichen Kasse beziehen, die Bezüge für eine Tätigkeit im Ausland insoweit, als sie den Arbeitslohn übersteigen, der dem Arbeitnehmer bei einer gleichwertigen Tätigkeit am Ort der zahlenden öffentlichen Kasse zustehen würde. [2]Satz 1 gilt auch, wenn das Dienstverhältnis zu einer anderen Person besteht, die den Arbeitslohn entsprechend den im Sinne des Satzes 1 geltenden Vorschriften ermittelt, der Arbeitslohn aus einer öffentlichen Kasse gezahlt wird und ganz oder im Wesentlichen aus öffentlichen Mitteln aufgebracht wird. [3]Bei anderen für einen begrenzten Zeitraum in das Ausland entsandten Arbeitnehmern, die dort einen Wohnsitz oder gewöhnlichen Aufenthalt haben, ist der ihnen von einem inländischen Arbeitgeber gewährte Kaufkraftausgleich steuerfrei, soweit er den für vergleichbare Auslandsdienstbezüge nach § 55 des Bundesbesoldungsgesetzes zulässigen Betrag nicht übersteigt;

---

[1] Zur Anwendung siehe § 52 Abs. 4 Sätze 16 und 17; § 3 Nr. 63 Satz 1 geänd. mWv 15.12.2018 durch G v. 11.12.2018 (BGBl. I S. 2338).

[2] § 3 Nr. 63 Satz 1 geänd. durch G v. 17.8.2017 (BGBl. I S. 3214); zur Anwendung siehe § 52 Abs. 4 Satz 16.

[3] § 3 Nr. 63 Sätze 3 und 4 neu gef. durch G v. 17.8.2017 (BGBl. I S. 3214); zur Anwendung von Satz 3 siehe § 52 Abs. 4 Satz 17.

[4] § 3 Nr. 63a eingef. mWv VZ 2018 durch G v. 17.8.2017 (BGBl. I S. 3214).

65.[1] a) Beiträge des Trägers der Insolvenzsicherung (§ 14 des Betriebsrentengesetzes)[2] zugunsten eines Versorgungsberechtigten und seiner Hinterbliebenen an eine Pensionskasse oder ein Unternehmen der Lebensversicherung zur Ablösung von Verpflichtungen, die der Träger der Insolvenzsicherung im Sicherungsfall gegenüber dem Versorgungsberechtigten und seinen Hinterbliebenen hat,

b) Leistungen zur Übernahme von Versorgungsleistungen oder unverfallbaren Versorgungsanwartschaften durch eine Pensionskasse oder ein Unternehmen der Lebensversicherung in den in § 4 Absatz 4 des Betriebsrentengesetzes[2] bezeichneten Fällen,

c) der Erwerb von Ansprüchen durch den Arbeitnehmer gegenüber einem Dritten im Fall der Eröffnung des Insolvenzverfahrens oder in den Fällen des § 7 Absatz 1 Satz 4 des Betriebsrentengesetzes[2], soweit der Dritte neben dem Arbeitgeber für die Erfüllung von Ansprüchen auf Grund bestehender Versorgungsverpflichtungen oder Versorgungsanwartschaften gegenüber dem Arbeitnehmer und dessen Hinterbliebenen einsteht; dies gilt entsprechend, wenn der Dritte für Wertguthaben aus einer Vereinbarung über die Altersteilzeit nach dem Altersteilzeitgesetz vom 23. Juli 1996 (BGBl. I S. 1078), zuletzt geändert durch Artikel 234 der Verordnung vom 31. Oktober 2006 (BGBl. I S. 2407), in der jeweils geltenden Fassung oder auf Grund von Wertguthaben aus einem Arbeitszeitkonto in den im ersten Halbsatz genannten Fällen für den Arbeitgeber einsteht und

d)[3] der Erwerb von Ansprüchen durch den Arbeitnehmer im Zusammenhang mit dem Eintritt in die Versicherung nach § 8 Absatz 3 des Betriebsrentengesetzes.

2 In den Fällen nach Buchstabe a, b und c gehören die Leistungen der Pensionskasse, des Unternehmens der Lebensversicherung oder des Dritten zu den Einkünften, zu denen jene Leistungen gehören würden, die ohne Eintritt eines Falles nach Buchstabe a, b und c zu erbringen wären. 3 Soweit sie zu den Einkünften aus nichtselbständiger Arbeit im Sinne des § 19 gehören, ist von ihnen Lohnsteuer einzubehalten. 4 Für die Erhebung der Lohnsteuer gelten die Pensionskasse, das Unternehmen der Lebensversicherung oder der Dritte als Arbeitgeber und der Leistungsempfänger als Arbeitnehmer. 5 Im Fall des Buchstaben d gehören die Versorgungsleistungen des Unternehmens der Lebensversicherung oder der Pensionskasse, soweit sie auf Beiträgen beruhen, die bis zum Eintritt des Arbeitnehmers in die Versicherung geleistet wurden, zu den sonstigen Einkünften im Sinne des § 22 Nummer 5 Satz 1; soweit der Arbeitnehmer in den Fällen des § 8 Absatz 3 des Betriebsrentengesetzes[2] die Versicherung mit eigenen Beiträgen fortgesetzt hat, sind die auf diesen Beiträgen beruhenden Versorgungsleistungen sonstige Einkünfte im Sinne des § 22 Nummer 5 Satz 1 oder Satz 2;

---

[1] § 3 Nr. 65 Satz 5 angef. mWv VZ 2018 durch G v. 17.8.2017 (BGBl. I S. 3214).
[2] Nr. **70**.
[3] § 3 Nr. 65 Satz 1 Buchst. d angef. mWv VZ 2018 durch G v. 17.8.2017 (BGBl. I S. 3214).

66. Leistungen eines Arbeitgebers oder einer Unterstützungskasse an einen Pensionsfonds zur Übernahme bestehender Versorgungsverpflichtungen oder Versorgungsanwartschaften durch den Pensionsfonds, wenn ein Antrag nach § 4d Absatz 3 oder § 4e Absatz 3 gestellt worden ist;

67.[1] a) das Erziehungsgeld nach dem Bundeserziehungsgeldgesetz[2] und vergleichbare Leistungen der Länder,

b) das Elterngeld nach dem Bundeselterngeld- und Elternzeitgesetz[3] und vergleichbare Leistungen der Länder,

c) Leistungen für Kindererziehung an Mütter der Geburtsjahrgänge vor 1921 nach den §§ 294 bis 299 des Sechsten Buches Sozialgesetzbuch sowie

d) Zuschläge, die nach den §§ 50a bis 50e des Beamtenversorgungsgesetzes oder nach den §§ 70 bis 74 des Soldatenversorgungsgesetzes oder nach vergleichbaren Regelungen der Länder für ein vor dem 1. Januar 2015 geborenes Kind oder für eine vor dem 1. Januar 2015 begonnene Zeit der Pflege einer pflegebedürftigen Person zu gewähren sind; im Falle des Zusammentreffens von Zeiten für mehrere Kinder nach § 50b des Beamtenversorgungsgesetzes oder § 71 des Soldatenversorgungsgesetzes oder nach vergleichbaren Regelungen der Länder gilt dies, wenn eines der Kinder vor dem 1. Januar 2015 geboren ist;

68. die Hilfen nach dem Gesetz über die Hilfe für durch Anti-D-Immunprophylaxe mit dem Hepatitis-C-Virus infizierte Personen vom 2. August 2000 (BGBl. I S. 1270);

69. die von der Stiftung „Humanitäre Hilfe für durch Blutprodukte HIV-infizierte Personen" nach dem HIV-Hilfegesetz vom 24. Juli 1995 (BGBl. I S. 972) gewährten Leistungen;

70. die Hälfte

a) der Betriebsvermögensmehrungen oder Einnahmen aus der Veräußerung von Grund und Boden und Gebäuden, die am 1. Januar 2007 mindestens fünf Jahre zum Anlagevermögen eines inländischen Betriebsvermögens des Steuerpflichtigen gehören, wenn diese auf Grund eines nach dem 31. Dezember 2006 und vor dem 1. Januar 2010 rechtswirksam abgeschlossenen obligatorischen Vertrages an eine REIT-Aktiengesellschaft oder einen Vor-REIT veräußert werden,

b) der Betriebsvermögensmehrungen, die auf Grund der Eintragung eines Steuerpflichtigen in das Handelsregister als REIT-Aktiengesellschaft im Sinne des REIT-Gesetzes vom 28. Mai 2007 (BGBl. I S. 914) durch Anwendung des § 13 Absatz 1 und 3 Satz 1 des Körperschaftsteuergesetzes auf Grund und Boden und Gebäude entstehen, wenn diese Wirtschaftsgüter vor dem 1. Januar 2005 angeschafft oder hergestellt wurden, und die Schlussbilanz im Sinne des § 13 Absatz 1 und 3 des Körperschaftsteuergesetzes auf einen Zeitpunkt vor dem 1. Januar 2010 aufzustellen ist.

---

[1] § 3 Nr. 67 neu gef. mWv VZ 2015 durch G v. 22.12.2014 (BGBl. I S. 2417).
[2] Nr. **61**.
[3] Nr. **62**.

[2] Satz 1 ist nicht anzuwenden,

a) wenn der Steuerpflichtige den Betrieb veräußert oder aufgibt und der Veräußerungsgewinn nach § 34 besteuert wird,

b) soweit der Steuerpflichtige von den Regelungen der §§ 6b und 6c Gebrauch macht,

c) soweit der Ansatz des niedrigeren Teilwerts in vollem Umfang zu einer Gewinnminderung geführt hat und soweit diese Gewinnminderung nicht durch den Ansatz eines Werts, der sich nach § 6 Absatz 1 Nummer 1 Satz 4 ergibt, ausgeglichen worden ist,

d) wenn im Fall des Satzes 1 Buchstabe a der Buchwert zuzüglich der Veräußerungskosten den Veräußerungserlös oder im Fall des Satzes 1 Buchstabe b der Buchwert den Teilwert übersteigt. [2] Ermittelt der Steuerpflichtige den Gewinn nach § 4 Absatz 3, treten an die Stelle des Buchwerts die Anschaffungs- oder Herstellungskosten verringert um die vorgenommenen Absetzungen für Abnutzung oder Substanzverringerung,

e) soweit vom Steuerpflichtigen in der Vergangenheit Abzüge bei den Anschaffungs- oder Herstellungskosten von Wirtschaftsgütern im Sinne des Satzes 1 nach § 6b oder ähnliche Abzüge voll steuerwirksam vorgenommen worden sind,

f) wenn es sich um eine Übertragung im Zusammenhang mit Rechtsvorgängen handelt, die dem Umwandlungssteuergesetz unterliegen und die Übertragung zu einem Wert unterhalb des gemeinen Werts erfolgt.

[3] Die Steuerbefreiung entfällt rückwirkend, wenn

a) innerhalb eines Zeitraums von vier Jahren seit dem Vertragsschluss im Sinne des Satzes 1 Buchstabe a der Erwerber oder innerhalb eines Zeitraums von vier Jahren nach dem Stichtag der Schlussbilanz im Sinne des Satzes 1 Buchstabe b die REIT-Aktiengesellschaft den Grund und Boden oder das Gebäude veräußert,

b)[1] der Vor-REIT oder ein anderer Vor-REIT als sein Gesamtrechtsnachfolger den Status als Vor-REIT gemäß § 10 Absatz 3 Satz 1 des REIT-Gesetzes verliert,

c) die REIT-Aktiengesellschaft innerhalb eines Zeitraums von vier Jahren seit dem Vertragsschluss im Sinne des Satzes 1 Buchstabe a oder nach dem Stichtag der Schlussbilanz im Sinne des Satzes 1 Buchstabe b in keinem Veranlagungszeitraum die Voraussetzungen für die Steuerbefreiung erfüllt,

d) die Steuerbefreiung der REIT-Aktiengesellschaft innerhalb eines Zeitraums von vier Jahren seit dem Vertragsschluss im Sinne des Satzes 1 Buchstabe a oder nach dem Stichtag der Schlussbilanz im Sinne des Satzes 1 Buchstabe b endet,

e) das Bundeszentralamt für Steuern dem Erwerber im Sinne des Satzes 1 Buchstabe a den Status als Vor-REIT im Sinne des § 2 Satz 4 des REIT-Gesetzes vom 28. Mai 2007 (BGBl. I S. 914) bestandskräftig aberkannt hat.

---

[1] § 3 Nr. 70 Satz 3 Buchst. b neu gef. durch G v. 22.6.2011 (BGBl. I S. 1126).

[4]Die Steuerbefreiung entfällt auch rückwirkend, wenn die Wirtschaftsgüter im Sinne des Satzes 1 Buchstabe a vom Erwerber an den Veräußerer oder eine ihm nahe stehende Person im Sinne des § 1 Absatz 2 des Außensteuergesetzes überlassen werden und der Veräußerer oder eine ihm nahe stehende Person im Sinne des § 1 Absatz 2 des Außensteuergesetzes nach Ablauf einer Frist von zwei Jahren seit Eintragung des Erwerbers als REIT-Aktiengesellschaft in das Handelsregister an dieser mittelbar oder unmittelbar zu mehr als 50 Prozent beteiligt ist. [5]Der Grundstückserwerber haftet für die sich aus dem rückwirkenden Wegfall der Steuerbefreiung ergebenden Steuern;

71.[1)] der aus einer öffentlichen Kasse gezahlte Zuschuss

a) für den Erwerb eines Anteils an einer Kapitalgesellschaft in Höhe von 20 Prozent der Anschaffungskosten, höchstens jedoch 100 000 Euro. [2]Voraussetzung ist, dass

aa) der Anteil an der Kapitalgesellschaft länger als drei Jahre gehalten wird,

bb) die Kapitalgesellschaft, deren Anteil erworben wird,

aaa) nicht älter ist als sieben Jahre, wobei das Datum der Eintragung der Gesellschaft in das Handelsregister maßgeblich ist,

bbb) weniger als 50 Mitarbeiter (Vollzeitäquivalente) hat,

ccc) einen Jahresumsatz oder eine Jahresbilanzsumme von höchstens 10 Millionen Euro hat und

ddd) nicht an einem regulierten Markt notiert ist und keine solche Notierung vorbereitet,

cc) der Zuschussempfänger das 18. Lebensjahr vollendet hat oder eine GmbH oder Unternehmergesellschaft ist, bei der mindestens ein Gesellschafter das 18. Lebensjahr vollendet hat und

dd) für den Erwerb des Anteils kein Fremdkapital eingesetzt wird. [2]Wird der Anteil von einer GmbH oder Unternehmergesellschaft im Sinne von Doppelbuchstabe cc erworben, gehören auch solche Darlehen zum Fremdkapital, die der GmbH oder Unternehmergesellschaft von ihren Anteilseignern gewährt werden und die von der GmbH oder Unternehmergesellschaft zum Erwerb des Anteils eingesetzt werden.

b) anlässlich der Veräußerung eines Anteils an einer Kapitalgesellschaft im Sinne von Buchstabe a in Höhe von 25 Prozent des Veräußerungsgewinns, wenn

aa) der Veräußerer eine natürliche Person ist,

bb) bei Erwerb des veräußerten Anteils bereits ein Zuschuss im Sinne von Buchstabe a gezahlt und nicht zurückgefordert wurde,

cc) der veräußerte Anteil frühestens drei Jahre (Mindesthaltedauer) und spätestens zehn Jahre (Höchsthaltedauer) nach Anteilserwerb veräußert wurde,

dd) der Veräußerungsgewinn nach Satz 2 mindestens 2000 Euro beträgt und

ee) der Zuschuss auf 80 Prozent der Anschaffungskosten begrenzt ist.

[1)] § 3 Nr. 71 neu gef. durch G v. 27.6.2017 (BGBl. I S. 2074); zur Anwendung siehe § 52 Abs. 4 Satz 19.

[2]Veräußerungsgewinn im Sinne von Satz 1 ist der Betrag, um den der Veräußerungspreis die Anschaffungskosten einschließlich eines gezahlten Agios übersteigt. [3]Erwerbsneben- und Veräußerungskosten sind nicht zu berücksichtigen.

§ 3a[1)] Sanierungserträge. (1) [1]Betriebsvermögensmehrungen oder Betriebseinnahmen aus einem Schuldenerlass zum Zwecke einer unternehmensbezogenen Sanierung im Sinne des Absatzes 2 (Sanierungsertrag) sind steuerfrei. [2]Sind Betriebsvermögensmehrungen oder Betriebseinnahmen aus einem Schuldenerlass nach Satz 1 steuerfrei, sind steuerliche Wahlrechte in dem Jahr, in dem ein Sanierungsertrag erzielt wird (Sanierungsjahr) und im Folgejahr im zu sanierenden Unternehmen gewinnmindernd auszuüben. [3]Insbesondere ist der niedrigere Teilwert, der nach § 6 Absatz 1 Nummer 1 Satz 2 und Nummer 2 Satz 2 angesetzt werden kann, im Sanierungsjahr und im Folgejahr anzusetzen.

(2) Eine unternehmensbezogene Sanierung liegt vor, wenn der Steuerpflichtige für den Zeitpunkt des Schuldenerlasses die Sanierungsbedürftigkeit und die Sanierungsfähigkeit des Unternehmens, die Sanierungseignung des betrieblich begründeten Schuldenerlasses und die Sanierungsabsicht der Gläubiger nachweist.

(3) [1]Nicht abziehbare Beträge im Sinne des § 3c Absatz 4, die in Veranlagungszeiträumen vor dem Sanierungsjahr und im Sanierungsjahr anzusetzen sind, mindern den Sanierungsertrag. [2]Dieser Betrag mindert nacheinander

1. den auf Grund einer Verpflichtungsübertragung im Sinne des § 4f Absatz 1 Satz 1 in den dem Wirtschaftsjahr der Übertragung nachfolgenden 14 Jahren verteilt abziehbaren Aufwand des zu sanierenden Unternehmens, es sei denn, der Aufwand ist gemäß § 4f Absatz 1 Satz 7 auf einen Rechtsnachfolger übergegangen, der die Verpflichtung übernommen hat und insoweit der Regelung des § 5 Absatz 7 unterliegt. [2]Entsprechendes gilt in Fällen des § 4f Absatz 2;
2. den nach § 15a ausgleichsfähigen oder verrechenbaren Verlust des Unternehmers (Mitunternehmers) des zu sanierenden Unternehmens des Sanierungsjahrs;
3. den zum Ende des dem Sanierungsjahr vorangegangenen Wirtschaftsjahrs nach § 15a festgestellten verrechenbaren Verlust des Unternehmers (Mitunternehmers) des zu sanierenden Unternehmens;
4. den nach § 15b ausgleichsfähigen oder verrechenbaren Verlust derselben Einkunftsquelle des Unternehmers (Mitunternehmers) des Sanierungsjahrs; bei der Verlustermittlung bleibt der Sanierungsertrag unberücksichtigt;

---

1) § 3a eingef. durch G v. 27.6.2017 (BGBl. I S. 2074); zur Anwendung siehe § 52 Abs. 4a (insbes. Satz 3); zum Inkrafttreten vorbehaltlich der Feststellung der Europäischen Kommission, dass die Regelungen entweder keine Beihilfen oder mit dem Binnenmarkt vereinbare Beihilfen darstellen, siehe Art. 6 Abs. 2 G v. 27.6.2017 (BGBl. I S. 2074). Der Inkrafttretensvorbehalt wurde mWv 5.7.2017 durch G v. 11.12.2018 (BGBl. I S. 2338) aufgehoben.

5. den zum Ende des dem Sanierungsjahr vorangegangenen Jahrs nach § 15b festgestellten verrechenbaren Verlust derselben Einkunftsquelle des Unternehmers (Mitunternehmers);
6. den nach § 15 Absatz 4 ausgleichsfähigen oder nicht abziehbaren Verlust des zu sanierenden Unternehmens des Sanierungsjahrs;
7. den zum Ende des dem Sanierungsjahr vorangegangenen Jahrs nach § 15 Absatz 4 festgestellten in Verbindung mit § 10d Absatz 4 verbleibenden Verlustvortrag, soweit er auf das zu sanierende Unternehmen entfällt;
8. den Verlust des Sanierungsjahrs des zu sanierenden Unternehmens;
9. den ausgleichsfähigen Verlust aus allen Einkunftsarten des Veranlagungszeitraums, in dem das Sanierungsjahr endet;
10. im Sanierungsjahr ungeachtet des § 10d Absatz 2 den nach § 10d Absatz 4 zum Ende des Vorjahrs gesondert festgestellten Verlustvortrag;
11. in der nachfolgenden Reihenfolge den zum Ende des Vorjahrs festgestellten und den im Sanierungsjahr entstehenden verrechenbaren Verlust oder die negativen Einkünfte
    a) nach § 15a,
    b) nach § 15b anderer Einkunftsquellen,
    c) nach § 15 Absatz 4 anderer Betriebe und Mitunternehmeranteile,
    d) nach § 2a,
    e) nach § 2b,
    f) nach § 23 Absatz 3 Satz 7 und 8,
    g) nach sonstigen Vorschriften;
12. ungeachtet der Beträge des § 10d Absatz 1 Satz 1 die negativen Einkünfte nach § 10d Absatz 1 Satz 1 des Folgejahrs. [2]Ein Verlustrücktrag nach § 10d Absatz 1 Satz 1 ist nur möglich, soweit die Beträge nach § 10d Absatz 1 Satz 1 durch den verbleibenden Sanierungsertrag im Sinne des Satzes 4 nicht überschritten werden;
13. den zum Ende des Vorjahrs festgestellten und den im Sanierungsjahr entstehenden
    a) Zinsvortrag nach § 4h Absatz 1 Satz 5,
    b) EBITDA-Vortrag nach § 4h Absatz 1 Satz 3. [2]Die Minderung des EBITDA-Vortrags des Sanierungsjahrs und der EBITDA-Vorträge aus vorangegangenen Wirtschaftsjahren erfolgt in ihrer zeitlichen Reihenfolge.

[3]Übersteigt der geminderte Sanierungsertrag nach Satz 1 die nach Satz 2 mindernden Beträge, mindern sich insoweit nach Maßgabe des Satzes 2 auch der verteilt abziehbare Aufwand, Verluste, negative Einkünfte, Zinsvorträge oder EBITDA-Vorträge einer dem Steuerpflichtigen nahestehenden Person, wenn diese die erlassenen Schulden innerhalb eines Zeitraums von fünf Jahren vor dem Schuldenerlass auf das zu sanierende Unternehmen übertragen hat und soweit der entsprechende verteilt abziehbare Aufwand, die Verluste, negativen Einkünfte, Zinsvorträge oder EBITDA-Vorträge zum Ablauf des Wirtschaftsjahrs der Übertragung bereits entstanden waren. [4]Der sich nach den Sätzen 2

und 3 ergebende Betrag ist der verbleibende Sanierungsertrag. [5] Die nach den Sätzen 2 und 3 mindernden Beträge bleiben endgültig außer Ansatz und nehmen an den entsprechenden Feststellungen der verrechenbaren Verluste, verbleibenden Verlustvorträge und sonstigen Feststellungen nicht teil.

(3a)[1)] Bei Zusammenveranlagung sind auch die laufenden Beträge und Verlustvorträge des anderen Ehegatten einzubeziehen.

(4) [1] Sind Einkünfte aus Land- und Forstwirtschaft, Gewerbebetrieb oder selbständiger Arbeit nach § 180 Absatz 1 Satz 1 Nummer 2 Buchstabe a oder b der Abgabenordnung gesondert festzustellen, ist auch die Höhe des Sanierungsertrags nach Absatz 1 Satz 1 sowie die Höhe der nach Absatz 3 Satz 2 Nummer 1 bis 6 und 13 mindernden Beträge gesondert festzustellen. [2] Zuständig für die gesonderte Feststellung nach Satz 1 ist das Finanzamt, das für die gesonderte Feststellung nach § 180 Absatz 1 Satz 1 Nummer 2 der Abgabenordnung zuständig ist. [3] Wurden verrechenbare Verluste und Verlustvorträge ohne Berücksichtigung des Absatzes 3 Satz 2 bereits festgestellt oder ändern sich die nach Absatz 3 Satz 2 mindernden Beträge, ist der entsprechende Feststellungsbescheid insoweit zu ändern. [4] Das gilt auch dann, wenn der Feststellungsbescheid bereits bestandskräftig geworden ist; die Feststellungsfrist endet insoweit nicht, bevor die Festsetzungsfrist des Einkommensteuerbescheids oder Körperschaftsteuerbescheids für das Sanierungsjahr abgelaufen ist.

(5) [1] Erträge aus einer nach den §§ 286 ff. der Insolvenzordnung erteilten Restschuldbefreiung, einem Schuldenerlass auf Grund eines außergerichtlichen Schuldenbereinigungsplans zur Vermeidung eines Verbraucherinsolvenzverfahrens nach den §§ 304 ff. der Insolvenzordnung oder auf Grund eines Schuldenbereinigungsplans, dem in einem Verbraucherinsolvenzverfahren zugestimmt wurde oder wenn diese Zustimmung durch das Gericht ersetzt wurde, sind, soweit es sich um Betriebsvermögensmehrungen oder Betriebseinnahmen handelt, ebenfalls steuerfrei, auch wenn die Voraussetzungen einer unternehmensbezogenen Sanierung im Sinne des Absatzes 2 nicht vorliegen. [2] Absatz 3 gilt entsprechend.

§ 3b Steuerfreiheit von Zuschlägen für Sonntags-, Feiertags- oder Nachtarbeit. (1) Steuerfrei sind Zuschläge, die für tatsächlich geleistete Sonntags-, Feiertags- oder Nachtarbeit neben dem Grundlohn gezahlt werden, soweit sie

1. für Nachtarbeit 25 Prozent,
2. vorbehaltlich der Nummern 3 und 4 für Sonntagsarbeit 50 Prozent,
3. vorbehaltlich der Nummer 4 für Arbeit am 31. Dezember ab 14 Uhr und an den gesetzlichen Feiertagen 125 Prozent,
4. für Arbeit am 24. Dezember ab 14 Uhr, am 25. und 26. Dezember sowie am 1. Mai 150 Prozent

des Grundlohns nicht übersteigen.

---

1) § 3a Abs. 3a eingef. durch G v. 12.12.2019 (BGBl. I S. 2451); zur Anwendung siehe § 52 Abs. 4a Satz 4 iVm. Satz 1.

(2) [1]Grundlohn ist der laufende Arbeitslohn, der dem Arbeitnehmer bei der für ihn maßgebenden regelmäßigen Arbeitszeit für den jeweiligen Lohnzahlungszeitraum zusteht; er ist in einen Stundenlohn umzurechnen und mit höchstens 50 Euro anzusetzen. [2]Nachtarbeit ist die Arbeit in der Zeit von 20 Uhr bis 6 Uhr. [3]Sonntagsarbeit und Feiertagsarbeit ist die Arbeit in der Zeit von 0 Uhr bis 24 Uhr des jeweiligen Tages. [4]Die gesetzlichen Feiertage werden durch die am Ort der Arbeitsstätte geltenden Vorschriften bestimmt.

(3) Wenn die Nachtarbeit vor 0 Uhr aufgenommen wird, gilt abweichend von den Absätzen 1 und 2 Folgendes:

1. Für Nachtarbeit in der Zeit von 0 Uhr bis 4 Uhr erhöht sich der Zuschlagssatz auf 40 Prozent,
2. als Sonntagsarbeit und Feiertagsarbeit gilt auch die Arbeit in der Zeit von 0 Uhr bis 4 Uhr des auf den Sonntag oder Feiertag folgenden Tages.

§ 3c Anteilige Abzüge. (1) Ausgaben dürfen, soweit sie mit steuerfreien Einnahmen in unmittelbarem wirtschaftlichen Zusammenhang stehen, nicht als Betriebsausgaben oder Werbungskosten abgezogen werden; Absatz 2 bleibt unberührt.

(2)[1)] [1]Betriebsvermögensminderungen, Betriebsausgaben, Veräußerungskosten oder Werbungskosten, die mit den dem § 3 Nummer 40 zugrunde liegenden Betriebsvermögensmehrungen oder Einnahmen oder mit Vergütungen nach § 3 Nummer 40a in wirtschaftlichem Zusammenhang stehen, dürfen unabhängig davon, in welchem Veranlagungszeitraum die Betriebsvermögensmehrungen oder Einnahmen anfallen, bei der Ermittlung der Einkünfte nur zu 60 Prozent abgezogen werden; Entsprechendes gilt, wenn bei der Ermittlung der Einkünfte der Wert des Betriebsvermögens oder des Anteils am Betriebsvermögen oder die Anschaffungs- oder Herstellungskosten oder der an deren Stelle tretende Wert mindernd zu berücksichtigen sind. [2]Satz 1 ist auch für Betriebsvermögensminderungen oder Betriebsausgaben im Zusammenhang mit einer Darlehensforderung oder aus der Inanspruchnahme von Sicherheiten anzuwenden, die für ein Darlehen hingegeben wurden, wenn das Darlehen oder die Sicherheit von einem Steuerpflichtigen gewährt wird, der zu mehr als einem Viertel unmittelbar oder mittelbar am Grund- oder Stammkapital der Körperschaft, der das Darlehen gewährt wurde, beteiligt ist oder war. [3]Satz 2 ist insoweit nicht anzuwenden, als nachgewiesen wird, dass auch ein fremder Dritter das Darlehen bei sonst gleichen Umständen gewährt oder noch nicht zurückgefordert hätte; dabei sind nur die eigenen Sicherungsmittel der Körperschaft zu berücksichtigen. [4]Die Sätze 2 und 3 gelten entsprechend für Forderungen aus Rechtshandlungen, die einer Darlehensgewährung wirtschaftlich vergleichbar sind. [5]Gewinne aus dem Ansatz des nach § 6 Absatz 1 Nummer 2 Satz 3 maßgeblichen Werts bleiben bei der Ermittlung der Einkünfte

---

[1)] § 3c Abs. 2 Satz 1 geänd. durch G v. 14.8.2007 (BGBl. I S. 1912); Abs. 2 Satz 2 eingef., bish. Sätze 2 und 3 werden Sätze 3 und 4 durch G v. 8.12.2010 (BGBl. I S. 1768); Abs. 2 Sätze 2 bis 6 eingef., bish. Sätze 2 bis 4 werden Sätze 7 bis 9 durch G v. 22.12.2014 (BGBl. I S. 2417); zur Anwendung siehe § 52 Abs. 5 Satz 2.

außer Ansatz, soweit auf die vorangegangene Teilwertabschreibung Satz 2 angewendet worden ist. 6 Satz 1 ist außerdem ungeachtet eines wirtschaftlichen Zusammenhangs mit den dem § 3 Nummer 40 zugrunde liegenden Betriebsvermögensmehrungen oder Einnahmen oder mit Vergütungen nach § 3 Nummer 40a auch auf Betriebsvermögensminderungen, Betriebsausgaben oder Veräußerungskosten eines Gesellschafters einer Körperschaft anzuwenden, soweit diese mit einer im Gesellschaftsverhältnis veranlassten unentgeltlichen Überlassung von Wirtschaftsgütern an diese Körperschaft oder bei einer teilentgeltlichen Überlassung von Wirtschaftsgütern mit dem unentgeltlichen Teil in Zusammenhang stehen und der Steuerpflichtige zu mehr als einem Viertel unmittelbar oder mittelbar am Grund- oder Stammkapital dieser Körperschaft beteiligt ist oder war. 7 Für die Anwendung des Satzes 1 ist die Absicht zur Erzielung von Betriebsvermögensmehrungen oder Einnahmen im Sinne des § 3 Nummer 40 oder von Vergütungen im Sinne des § 3 Nummer 40a ausreichend. 8 Satz 1 gilt auch für Wertminderungen des Anteils an einer Organgesellschaft, die nicht auf Gewinnausschüttungen zurückzuführen sind. 9 § 8b Absatz 10 des Körperschaftsteuergesetzes gilt sinngemäß.

(3) Betriebsvermögensminderungen, Betriebsausgaben oder Veräußerungskosten, die mit den Betriebsvermögensmehrungen oder Einnahmen im Sinne des § 3 Nummer 70 in wirtschaftlichem Zusammenhang stehen, dürfen unabhängig davon, in welchem Veranlagungszeitraum die Betriebsvermögensmehrungen oder Einnahmen anfallen, nur zur Hälfte abgezogen werden.

(4)[1] 1 Betriebsvermögensminderungen oder Betriebsausgaben, die mit einem steuerfreien Sanierungsertrag im Sinne des § 3a in unmittelbarem wirtschaftlichem Zusammenhang stehen, dürfen unabhängig davon, in welchem Veranlagungszeitraum der Sanierungsertrag entsteht, nicht abgezogen werden. 2 Satz 1 gilt nicht, soweit Betriebsvermögensminderungen oder Betriebsausgaben zur Erhöhung von Verlustvorträgen geführt haben, die nach Maßgabe der in § 3a Absatz 3 getroffenen Regelungen entfallen. 3 Zu den Betriebsvermögensminderungen oder Betriebsausgaben im Sinne des Satzes 1 gehören auch Aufwendungen im Zusammenhang mit einem Besserungsschein und vergleichbare Aufwendungen. 4 Satz 1 gilt für Betriebsvermögensminderungen oder Betriebsausgaben, die nach dem Sanierungsjahr entstehen, nur insoweit, als noch ein verbleibender Sanierungsertrag im Sinne von § 3a Absatz 3 Satz 4 vorhanden ist. 5 Wurden Betriebsvermögensminderungen oder Betriebsausgaben im Sinne des Satzes 1 bereits bei einer Steuerfestsetzung oder einer gesonderten Feststellung nach § 180 Absatz 1 Satz 1 der Abgabenordnung gewinnmindernd berücksichtigt, ist der entsprechende Steuer- oder Feststellungsbescheid insoweit zu ändern. 6 Das gilt auch dann, wenn der Steuer- oder Feststellungsbescheid bereits bestandskräftig geworden ist; die Festsetzungsfrist endet insoweit nicht, bevor die Festsetzungsfrist für das Sanierungsjahr abgelaufen ist.

---

[1] § 3c Abs. 4 angef. durch G v. 27.6.2017 (BGBl. I S. 2074); zur Anwendung siehe § 52 Abs. 5 Sätze 3 und 4; zum Inkrafttreten vorbehaltlich der Feststellung der Europäischen Kommission, dass die Regelungen entweder keine Beihilfen oder mit dem Binnenmarkt vereinbare Beihilfen darstellen, siehe zu § 3a.

3. Gewinn

§ 4 Gewinnbegriff im Allgemeinen. (1) [1] Gewinn ist der Unterschiedsbetrag zwischen dem Betriebsvermögen am Schluss des Wirtschaftsjahres und dem Betriebsvermögen am Schluss des vorangegangenen Wirtschaftsjahres, vermehrt um den Wert der Entnahmen und vermindert um den Wert der Einlagen. [2] Entnahmen sind alle Wirtschaftsgüter (Barentnahmen, Waren, Erzeugnisse, Nutzungen und Leistungen), die der Steuerpflichtige dem Betrieb für sich, für seinen Haushalt oder für andere betriebsfremde Zwecke im Laufe des Wirtschaftsjahres entnommen hat. [3] Einer Entnahme für betriebsfremde Zwecke steht der Ausschluss oder die Beschränkung des Besteuerungsrechts der Bundesrepublik Deutschland hinsichtlich des Gewinns aus der Veräußerung oder der Nutzung eines Wirtschaftsguts gleich. [4] Ein Ausschluss oder eine Beschränkung des Besteuerungsrechts hinsichtlich des Gewinns aus der Veräußerung eines Wirtschaftsguts liegt insbesondere vor, wenn ein bisher einer inländischen Betriebsstätte des Steuerpflichtigen zuzuordnendes Wirtschaftsgut einer ausländischen Betriebsstätte zuzuordnen ist.[1)] [5] Satz 3 gilt nicht für Anteile an einer Europäischen Gesellschaft oder Europäischen Genossenschaft in den Fällen

1. einer Sitzverlegung der Europäischen Gesellschaft nach Artikel 8 der Verordnung (EG) Nr. 2157/2001 des Rates vom 8. Oktober 2001 über das Statut der Europäischen Gesellschaft (SE) (ABl. EG Nr. L 294 S. 1), zuletzt geändert durch die Verordnung (EG) Nr. 885/2004 des Rates vom 26. April 2004 (ABl. EU Nr. L 168 S. 1), und
2. einer Sitzverlegung der Europäischen Genossenschaft nach Artikel 7 der Verordnung (EG) Nr. 1435/2003 des Rates vom 22. Juli 2003 über das Statut der Europäischen Genossenschaft (SCE) (ABl. EU Nr. L 207 S. 1).

[6] Ein Wirtschaftsgut wird nicht dadurch entnommen, dass der Steuerpflichtige zur Gewinnermittlung nach § 13 a übergeht. [7] Eine Änderung der Nutzung eines Wirtschaftsguts, die bei Gewinnermittlung nach Satz 1 keine Entnahme ist, ist auch bei Gewinnermittlung nach § 13a keine Entnahme. [8] Einlagen sind alle Wirtschaftsgüter (Bareinzahlungen und sonstige Wirtschaftsgüter), die der Steuerpflichtige dem Betrieb im Laufe des Wirtschaftsjahres zugeführt hat; einer Einlage steht die Begründung des Besteuerungsrechts der Bundesrepublik Deutschland hinsichtlich des Gewinns aus der Veräußerung eines Wirtschaftsguts gleich. [9] Bei der Ermittlung des Gewinns sind die Vorschriften über die Betriebsausgaben, über die Bewertung und über die Absetzung für Abnutzung oder Substanzverringerung zu befolgen.

(2) [1] Der Steuerpflichtige darf die Vermögensübersicht (Bilanz) auch nach ihrer Einreichung beim Finanzamt ändern, soweit sie den Grundsätzen ordnungsmäßiger Buchführung unter Befolgung der Vorschriften dieses Gesetzes nicht entspricht; diese Änderung ist nicht zulässig, wenn die Vermögensübersicht (Bilanz) einer Steuerfestsetzung zugrunde liegt, die nicht mehr aufgehoben oder geändert werden kann. [2] Darüber hinaus ist eine Änderung der Ver-

---

1) § 4 Abs. 1 Satz 4 eingef., bish. Sätze 4 bis 8 werden Sätze 5 bis 9 durch G v. 8.12.2010 (BGBl. I S. 1768); zur Anwendung siehe § 52 Abs. 6 Satz 1.

mögensübersicht (Bilanz) nur zulässig, wenn sie in einem engen zeitlichen und sachlichen Zusammenhang mit einer Änderung nach Satz 1 steht und soweit die Auswirkung der Änderung nach Satz 1 auf den Gewinn reicht.

(3)[1] [1]Steuerpflichtige, die nicht auf Grund gesetzlicher Vorschriften verpflichtet sind, Bücher zu führen und regelmäßig Abschlüsse zu machen, und die auch keine Bücher führen und keine Abschlüsse machen, können als Gewinn den Überschuss der Betriebseinnahmen über die Betriebsausgaben ansetzen. [2]Hierbei scheiden Betriebseinnahmen und Betriebsausgaben aus, die im Namen und für Rechnung eines anderen vereinnahmt und verausgabt werden (durchlaufende Posten). [3]Die Vorschriften über die Bewertungsfreiheit für geringwertige Wirtschaftsgüter (§ 6 Absatz 2), die Bildung eines Sammelpostens (§ 6 Absatz 2a) und über die Absetzung für Abnutzung oder Substanzverringerung sind zu befolgen.

[Fassung für vor dem 6.5.2006[2] angeschaffte WG][3]

[4]Die Anschaffungs- oder Herstellungskosten für nicht abnutzbare Wirtschaftsgüter des Anlagevermögens sind erst im Zeitpunkt der Veräußerung oder Entnahme dieser Wirtschaftsgüter als Betriebsausgaben zu berücksichtigen. [5]Die nicht abnutzbaren Wirtschaftsgüter des Anlagevermögens sind unter Angabe des Tages der Anschaffung oder Herstellung und der Anschaffungs- oder Herstellungskosten oder des an deren Stelle getretenen Werts in besondere, laufend zu führende Verzeichnisse aufzunehmen.

[Fassung für nach dem 5.5.2006 angeschaffte WG][3]

[4]Die Anschaffungs- oder Herstellungskosten für nicht abnutzbare Wirtschaftsgüter des Anlagevermögens, für Anteile an Kapitalgesellschaften, für Wertpapiere und vergleichbare nicht verbriefte Forderungen und Rechte, für Grund und Boden sowie Gebäude des Umlaufvermögens sind erst im Zeitpunkt des Zuflusses des Veräußerungserlöses oder bei Entnahme im Zeitpunkt der Entnahme als Betriebsausgaben zu berücksichtigen. [5]Die Wirtschaftsgüter des Anlagevermögens und Wirtschaftsgüter des Umlaufvermögens im Sinne des Satzes 4 sind unter Angabe des Tages der Anschaffung oder Herstellung und der Anschaffungs- oder Herstellungskosten oder des an deren Stelle getretenen Werts in besondere, laufend zu führende Verzeichnisse aufzunehmen.

(4) Betriebsausgaben sind die Aufwendungen, die durch den Betrieb veranlasst sind.

(4a)[4] [1]Schuldzinsen sind nach Maßgabe der Sätze 2 bis 4 nicht abziehbar, wenn Überentnahmen getätigt worden sind. [2]Eine Überentnahme ist der Be-

---

[1] Zur Anwendung von § 4 Abs. 3 Satz 4 siehe § 52 Abs. 6 Satz 2.

[2] Laut BGBl. „5.5.2006" – wohl Redaktionsversehen, da sonst der 5.5.2006 nicht eingeschlossen.

[3] Zur Anwendung siehe § 52 Abs. 6 Sätze 3 und 4.

[4] Zur Anwendung von Abs. 4a siehe § 52 Abs. 6 Sätze 5 bis 7.

trag, um den die Entnahmen die Summe des Gewinns und der Einlagen des Wirtschaftsjahres übersteigen. [3]Die nicht abziehbaren Schuldzinsen werden typisiert mit 6 Prozent der Überentnahme des Wirtschaftsjahres zuzüglich der Überentnahmen vorangegangener Wirtschaftsjahre und abzüglich der Beträge, um die in den vorangegangenen Wirtschaftsjahren der Gewinn und die Einlagen die Entnahmen überstiegen haben (Unterentnahmen), ermittelt; bei der Ermittlung der Überentnahme ist vom Gewinn ohne Berücksichtigung der nach Maßgabe dieses Absatzes nicht abziehbaren Schuldzinsen auszugehen. [4]Der sich dabei ergebende Betrag, höchstens jedoch der um 2050 Euro verminderte Betrag der im Wirtschaftsjahr angefallenen Schuldzinsen, ist dem Gewinn hinzuzurechnen. [5]Der Abzug von Schuldzinsen für Darlehen zur Finanzierung von Anschaffungs- oder Herstellungskosten von Wirtschaftsgütern des Anlagevermögens bleibt unberührt. [6]Die Sätze 1 bis 5 sind bei Gewinnermittlung nach § 4 Absatz 3 sinngemäß anzuwenden; hierzu sind Entnahmen und Einlagen gesondert aufzuzeichnen.

(5) [1]Die folgenden Betriebsausgaben dürfen den Gewinn nicht mindern:

1. Aufwendungen für Geschenke an Personen, die nicht Arbeitnehmer des Steuerpflichtigen sind. [2]Satz 1 gilt nicht, wenn die Anschaffungs- oder Herstellungskosten der dem Empfänger im Wirtschaftsjahr zugewendeten Gegenstände insgesamt 35 Euro nicht übersteigen;
2. Aufwendungen für die Bewirtung von Personen aus geschäftlichem Anlass, soweit sie 70 Prozent der Aufwendungen übersteigen, die nach der allgemeinen Verkehrsauffassung als angemessen anzusehen und deren Höhe und betriebliche Veranlassung nachgewiesen sind. [2]Zum Nachweis der Höhe und der betrieblichen Veranlassung der Aufwendungen hat der Steuerpflichtige schriftlich die folgenden Angaben zu machen: Ort, Tag, Teilnehmer und Anlass der Bewirtung sowie Höhe der Aufwendungen. [3]Hat die Bewirtung in einer Gaststätte stattgefunden, so genügen Angaben zu dem Anlass und den Teilnehmern der Bewirtung; die Rechnung über die Bewirtung ist beizufügen;
3. Aufwendungen für Einrichtungen des Steuerpflichtigen, soweit sie der Bewirtung, Beherbergung oder Unterhaltung von Personen, die nicht Arbeitnehmer des Steuerpflichtigen sind, dienen (Gästehäuser) und sich außerhalb des Orts eines Betriebs des Steuerpflichtigen befinden;
4. Aufwendungen für Jagd oder Fischerei, für Segeljachten oder Motorjachten sowie für ähnliche Zwecke und für die hiermit zusammenhängenden Bewirtungen;
5.[1)] Mehraufwendungen für die Verpflegung des Steuerpflichtigen. [2]Wird der Steuerpflichtige vorübergehend von seiner Wohnung und dem Mittelpunkt seiner dauerhaft angelegten betrieblichen Tätigkeit entfernt betrieblich tätig, sind die Mehraufwendungen für Verpflegung nach Maßgabe des § 9 Absatz 4a abziehbar;

---

1) § 4 Abs. 5 Satz 1 Nr. 5 Satz 1 und 2 geänd., Sätze 3 bis 6 aufgeh. mWv 1.1.2014 (§ 52 Abs. 6 Satz 8) durch G v. 20.2.2013 (BGBl. I S. 285).

6.[1] Aufwendungen für die Wege des Steuerpflichtigen zwischen Wohnung und Betriebsstätte und für Familienheimfahrten, soweit in den folgenden Sätzen nichts anderes bestimmt ist. [2]Zur Abgeltung dieser Aufwendungen ist § 9 Absatz 1 Satz 3 Nummer 4 Satz 2 bis 6 und Nummer 5 Satz 5 bis 7 und Absatz 2 entsprechend anzuwenden. [3]Bei der Nutzung eines Kraftfahrzeugs dürfen die Aufwendungen in Höhe des positiven Unterschiedsbetrags zwischen 0,03 Prozent des inländischen Listenpreises im Sinne des § 6 Absatz 1 Nummer 4 Satz 2 des Kraftfahrzeugs im Zeitpunkt der Erstzulassung je Kalendermonat für jeden Entfernungskilometer und dem sich nach § 9 Absatz 1 Satz 3 Nummer 4 Satz 2 bis 6 oder Absatz 2 ergebenden Betrag sowie Aufwendungen für Familienheimfahrten in Höhe des positiven Unterschiedsbetrags zwischen 0,002 Prozent des inländischen Listenpreises im Sinne des § 6 Absatz 1 Nummer 4 Satz 2 für jeden Entfernungskilometer und dem sich nach § 9 Absatz 1 Satz 3 Nummer 5 Satz 5 bis 7 oder Absatz 2 ergebenden Betrag den Gewinn nicht mindern; ermittelt der Steuerpflichtige die private Nutzung des Kraftfahrzeugs nach § 6 Absatz 1 Nummer 4 Satz 1 oder Satz 3, treten an die Stelle des mit 0,03 oder 0,002 Prozent des inländischen Listenpreises ermittelten Betrags für Fahrten zwischen Wohnung und Betriebsstätte und für Familienheimfahrten die auf diese Fahrten entfallenden tatsächlichen Aufwendungen; § 6 Absatz 1 Nummer 4 Satz 3 zweiter Halbsatz gilt sinngemäß. [***ab 1.1.2021:*** [4]§ 9 Absatz 1 Satz 3 Nummer 4 Satz 8 und Nummer 5 Satz 9 gilt entsprechend;]

6a.[2] die Mehraufwendungen für eine betrieblich veranlasste doppelte Haushaltsführung, soweit sie die nach § 9 Absatz 1 Satz 3 Nummer 5 Satz 1 bis 4 abziehbaren Beträge und die Mehraufwendungen für betrieblich veranlasste Übernachtungen, soweit sie die nach § 9 Absatz 1 Satz 3 Nummer 5a abziehbaren Beträge übersteigen;

6b.[3] Aufwendungen für ein häusliches Arbeitszimmer sowie die Kosten der Ausstattung. [2]Dies gilt nicht, wenn für die betriebliche oder berufliche Tätigkeit kein anderer Arbeitsplatz zur Verfügung steht. [3]In diesem Fall wird die Höhe der abziehbaren Aufwendungen auf 1250 Euro begrenzt; die Beschränkung der Höhe nach gilt nicht, wenn das Arbeitszimmer den Mittelpunkt der gesamten betrieblichen und beruflichen Betätigung bildet. [***1.1.2020–31.12.2021:*** [4]Liegt kein häusliches Arbeitszimmer vor oder wird auf einen Abzug der Aufwendungen für ein häusliches Arbeitszimmer nach den Sätzen 2 und 3 verzichtet, kann der Steuerpflichtige für jeden Kalendertag, an dem er seine betriebliche oder berufliche Tätigkeit ausschließlich in der häuslichen Wohnung ausübt und keine außerhalb der häuslichen Wohnung belegene Betätigungsstätte aufsucht, für seine gesam-

---

[1] § 4 Abs. 5 Satz 1 Nr. 6 Zitate geänd. mWv 1.1.2014 durch G v. 20.2.2013 (BGBl. I S. 285); Satz 3 zweiter Satzteil angef. mWv VZ 2013 durch G v. 26.6.2013 (BGBl. I S. 1809); Satz 4 angef. mWv VZ 2021 durch G v. 21.12.2019 (BGBl. I S. 2886).

[2] § 4 Abs. 5 Satz 1 Nr. 6a eingef. mWv 1.1.2014 (§ 52 Abs. 6 Satz 9) durch G v. 20.2.2013 (BGBl. I S. 285).

[3] § 4 Abs. 5 Satz 1 Nr. 6b Satz 2 ersetzt durch Sätze 2 und 3 durch G v. 8.12.2010 (BGBl. I S. 1768); Satz 4 angef. durch G v. 21.12.2020 (BGBl. I S. 3096), zur zeitlich begrenzten Anwendung siehe § 52 Abs. 6 Satz 13.

te betriebliche und berufliche Betätigung einen Betrag von 5 Euro abziehen, höchstens 600 Euro im Wirtschafts- oder Kalenderjahr;]

7. andere als die in den Nummern 1 bis 6 und 6b bezeichneten Aufwendungen, die die Lebensführung des Steuerpflichtigen oder anderer Personen berühren, soweit sie nach allgemeiner Verkehrsauffassung als unangemessen anzusehen sind;

8.[1] Geldbußen, Ordnungsgelder und Verwarnungsgelder, die von einem Gericht oder einer Behörde im Geltungsbereich dieses Gesetzes oder von einem Mitgliedstaat oder von Organen der Europäischen Union festgesetzt wurden sowie damit zusammenhängende Aufwendungen. [2]Dasselbe gilt für Leistungen zur Erfüllung von Auflagen oder Weisungen, die in einem berufsgerichtlichen Verfahren erteilt werden, soweit die Auflagen oder Weisungen nicht lediglich der Wiedergutmachung des durch die Tat verursachten Schadens dienen. [3]Die Rückzahlung von Ausgaben im Sinne der Sätze 1 und 2 darf den Gewinn nicht erhöhen. [4]Das Abzugsverbot für Geldbußen gilt nicht, soweit der wirtschaftliche Vorteil, der durch den Gesetzesverstoß erlangt wurde, abgeschöpft worden ist, wenn die Steuern vom Einkommen und Ertrag, die auf den wirtschaftlichen Vorteil entfallen, nicht abgezogen worden sind; Satz 3 ist insoweit nicht anzuwenden;

8a.[2] Zinsen auf hinterzogene Steuern nach § 235 der Abgabenordnung und Zinsen nach § 233a der Abgabenordnung, soweit diese nach § 235 Absatz 4 der Abgabenordnung auf die Hinterziehungszinsen angerechnet werden;

9.[3] Ausgleichszahlungen, die in den Fällen der §§ 14 und 17 des Körperschaftsteuergesetzes an außenstehende Anteilseigner geleistet werden;

10. die Zuwendung von Vorteilen sowie damit zusammenhängende Aufwendungen, wenn die Zuwendung der Vorteile eine rechtswidrige Handlung darstellt, die den Tatbestand eines Strafgesetzes oder eines Gesetzes verwirklicht, das die Ahndung mit einer Geldbuße zulässt. [2]Gerichte, Staatsanwaltschaften oder Verwaltungsbehörden haben Tatsachen, die sie dienstlich erfahren und die den Verdacht einer Tat im Sinne des Satzes 1 begründen, der Finanzbehörde für Zwecke des Besteuerungsverfahrens und zur Verfolgung von Steuerstraftaten und Steuerordnungswidrigkeiten mitzuteilen. [3]Die Finanzbehörde teilt Tatsachen, die den Verdacht einer Straftat oder einer Ordnungswidrigkeit im Sinne des Satzes 1 begründen, der Staatsanwaltschaft oder der Verwaltungsbehörde mit. [4]Diese unterrichten die Finanzbehörde von dem Ausgang des Verfahrens und den zugrundeliegenden Tatsachen;

11. Aufwendungen, die mit unmittelbaren oder mittelbaren Zuwendungen von nicht einlagefähigen Vorteilen an natürliche oder juristische Personen oder Personengesellschaften zur Verwendung in Betrieben in tatsächlichem oder wirtschaftlichem Zusammenhang stehen, deren Gewinn nach § 5a Absatz 1 ermittelt wird;

---

[1] § 4 Abs. 5 Satz 1 Nr. 8 neu gef. mWv 1.1.2019 (§ 52 Abs. 6 Satz 10) durch G v. 12.12. 2019 (BGBl. I S. 2451).

[2] § 4 Abs. 5 Satz 1 Nr. 8a geänd. mWv 1.1.2019 (§ 52 Abs. 6 Satz 11) durch G v. 12.12. 2019 (BGBl. I S. 2451).

[3] § 4 Abs. 5 Satz 1 Nr. 9 geänd. mWv VZ 2014 durch G v. 25.7.2014 (BGBl. I S. 1266).

12. Zuschläge nach § 162 Absatz 4 der Abgabenordnung;

13.[1] Jahresbeiträge nach § 12 Absatz 2 des Restrukturierungsfondsgesetzes.

2 Das Abzugsverbot gilt nicht, soweit die in den Nummern 2 bis 4 bezeichneten Zwecke Gegenstand einer mit Gewinnabsicht ausgeübten Betätigung des Steuerpflichtigen sind. 3 § 12 Nummer 1 bleibt unberührt.

(5a) (weggefallen)

(5b) Die Gewerbesteuer und die darauf entfallenden Nebenleistungen sind keine Betriebsausgaben.

(6) Aufwendungen zur Förderung staatspolitischer Zwecke (§ 10b Absatz 2) sind keine Betriebsausgaben.

(7) 1 Aufwendungen im Sinne des Absatzes 5 Satz 1 Nummer 1 bis 4, 6b und 7 sind einzeln und getrennt von den sonstigen Betriebsausgaben aufzuzeichnen. 2 Soweit diese Aufwendungen nicht bereits nach Absatz 5 vom Abzug ausgeschlossen sind, dürfen sie bei der Gewinnermittlung nur berücksichtigt werden, wenn sie nach Satz 1 besonders aufgezeichnet sind.

(8) Für Erhaltungsaufwand bei Gebäuden in Sanierungsgebieten und städtebaulichen Entwicklungsbereichen sowie bei Baudenkmalen gelten die §§ 11a und 11b entsprechend.

(9)[2] 1 Aufwendungen des Steuerpflichtigen für seine Berufsausbildung oder für sein Studium sind nur dann Betriebsausgaben, wenn der Steuerpflichtige zuvor bereits eine Erstausbildung (Berufsausbildung oder Studium) abgeschlossen hat. 2 § 9 Absatz 6 Satz 2 bis 5 gilt entsprechend.

[***ab 1.1.2020:***

(10)[3] § 9 Absatz 1 Satz 3 Nummer 5b ist entsprechend anzuwenden.]

§ 4a Gewinnermittlungszeitraum, Wirtschaftsjahr. (1) 1 Bei Land- und Forstwirten und bei Gewerbetreibenden ist der Gewinn nach dem Wirtschaftsjahr zu ermitteln. 2 Wirtschaftsjahr ist

1. bei Land- und Forstwirten der Zeitraum vom 1. Juli bis zum 30. Juni. 2 Durch Rechtsverordnung[4] kann für einzelne Gruppen von Land- und Forstwirten ein anderer Zeitraum bestimmt werden, wenn das aus wirtschaftlichen Gründen erforderlich ist;
2. bei Gewerbetreibenden, deren Firma im Handelsregister eingetragen ist, der Zeitraum, für den sie regelmäßig Abschlüsse machen. 2 Die Umstellung des Wirtschaftsjahres auf einen vom Kalenderjahr abweichenden Zeitraum ist steuerlich nur wirksam, wenn sie im Einvernehmen mit dem Finanzamt vorgenommen wird;
3. bei anderen Gewerbetreibenden das Kalenderjahr. 2 Sind sie gleichzeitig buchführende Land- und Forstwirte, so können sie mit Zustimmung des

---

[1] § 4 Abs. 5 Satz 1 Nr. 13 angef. durch G v. 9.12.2010 (BGBl. I S. 1900).

[2] § 4 Abs. 9 neu gef. mWv VZ 2015 durch G v. 22.12.2014 (BGBl. I S. 2417).

[3] § 4 Abs. 10 angef. durch G v. 12.12.2019 (BGBl. I S. 2451); zur Anwendung siehe § 52 Abs. 6 Satz 12.

[4] Vgl. hierzu § 8c EStDV (Nr. **10**).

Finanzamts den nach Nummer 1 maßgebenden Zeitraum als Wirtschaftsjahr für den Gewerbebetrieb bestimmen, wenn sie für den Gewerbebetrieb Bücher führen und für diesen Zeitraum regelmäßig Abschlüsse machen.

(2) Bei Land- und Forstwirten und bei Gewerbetreibenden, deren Wirtschaftsjahr vom Kalenderjahr abweicht, ist der Gewinn aus Land- und Forstwirtschaft oder aus Gewerbebetrieb bei der Ermittlung des Einkommens in folgender Weise zu berücksichtigen:

1. [1]Bei Land- und Forstwirten ist der Gewinn des Wirtschaftsjahres auf das Kalenderjahr, in dem das Wirtschaftsjahr beginnt, und auf das Kalenderjahr, in dem das Wirtschaftsjahr endet, entsprechend dem zeitlichen Anteil aufzuteilen. [2]Bei der Aufteilung sind Veräußerungsgewinne im Sinne des § 14 auszuscheiden und dem Gewinn des Kalenderjahres hinzuzurechnen, in dem sie entstanden sind;
2. bei Gewerbetreibenden gilt der Gewinn des Wirtschaftsjahres als in dem Kalenderjahr bezogen, in dem das Wirtschaftsjahr endet.

§ 4b Direktversicherung. [1]Der Versicherungsanspruch aus einer Direktversicherung, die von einem Steuerpflichtigen aus betrieblichem Anlass abgeschlossen wird, ist dem Betriebsvermögen des Steuerpflichtigen nicht zuzurechnen, soweit am Schluss des Wirtschaftsjahres hinsichtlich der Leistungen des Versicherers die Person, auf deren Leben die Lebensversicherung abgeschlossen ist, oder ihre Hinterbliebenen bezugsberechtigt sind. [2]Das gilt auch, wenn der Steuerpflichtige die Ansprüche aus dem Versicherungsvertrag abgetreten oder beliehen hat, sofern er sich der bezugsberechtigten Person gegenüber schriftlich verpflichtet, sie bei Eintritt des Versicherungsfalls so zu stellen, als ob die Abtretung oder Beleihung nicht erfolgt wäre.

§ 4c Zuwendungen an Pensionskassen. (1) [1]Zuwendungen an eine Pensionskasse dürfen von dem Unternehmen, das die Zuwendungen leistet (Trägerunternehmen), als Betriebsausgaben abgezogen werden, soweit sie auf einer in der Satzung oder im Geschäftsplan der Kasse festgelegten Verpflichtung oder auf einer Anordnung der Versicherungsaufsichtsbehörde beruhen oder der Abdeckung von Fehlbeträgen bei der Kasse dienen. [2]Soweit die allgemeinen Versicherungsbedingungen und die fachlichen Geschäftsunterlagen im Sinne des § 219 Absatz 3 Nummer 1 Buchstabe b[1)] des Versicherungsaufsichtsgesetzes nicht zum Geschäftsplan gehören, gelten diese als Teil des Geschäftsplans.

(2) Zuwendungen im Sinne des Absatzes 1 dürfen als Betriebsausgaben nicht abgezogen werden, soweit die Leistungen der Kasse, wenn sie vom Trägerunternehmen unmittelbar erbracht würden, bei diesem nicht betrieblich veranlasst wären.

§ 4d Zuwendungen an Unterstützungskassen. (1) [1]Zuwendungen an eine Unterstützungskasse dürfen von dem Unternehmen, das die Zuwendun-

[1)] Verweis geänd. mWv 1.1.2016 durch G v. 1.4.2015 (BGBl. I S. 434); geänd. mWv 13.1.2019 durch G v. 19.12.2018 (BGBl. I S. 2672).

gen leistet (Trägerunternehmen), als Betriebsausgaben abgezogen werden, soweit die Leistungen der Kasse, wenn sie vom Trägerunternehmen unmittelbar erbracht würden, bei diesem betrieblich veranlasst wären und sie die folgenden Beträge nicht übersteigen:

1. bei Unterstützungskassen, die lebenslänglich laufende Leistungen gewähren:
   a) das Deckungskapital für die laufenden Leistungen nach der dem Gesetz als Anlage 1 beigefügten Tabelle[1]. [2]Leistungsempfänger ist jeder ehemalige Arbeitnehmer des Trägerunternehmens, der von der Unterstützungskasse Leistungen erhält; soweit die Kasse Hinterbliebenenversorgung gewährt, ist Leistungsempfänger der Hinterbliebene eines ehemaligen Arbeitnehmers des Trägerunternehmens, der von der Kasse Leistungen erhält. [3]Dem ehemaligen Arbeitnehmer stehen andere Personen gleich, denen Leistungen der Alters-, Invaliditäts- oder Hinterbliebenenversorgung aus Anlass ihrer ehemaligen Tätigkeit für das Trägerunternehmen zugesagt worden sind;
   b) in jedem Wirtschaftsjahr für jeden Leistungsanwärter,
      aa) wenn die Kasse nur Invaliditätsversorgung oder nur Hinterbliebenenversorgung gewährt, jeweils 6 Prozent,
      bb) wenn die Kasse Altersversorgung mit oder ohne Einschluss von Invaliditätsversorgung oder Hinterbliebenenversorgung gewährt, 25 Prozent

   der jährlichen Versorgungsleistungen, die der Leistungsanwärter oder, wenn nur Hinterbliebenenversorgung gewährt wird, dessen Hinterbliebene nach den Verhältnissen am Schluss des Wirtschaftsjahres der Zuwendung im letzten Zeitpunkt der Anwartschaft, spätestens zum Zeitpunkt des Erreichens der Regelaltersgrenze der gesetzlichen Rentenversicherung erhalten können. [2]Leistungsanwärter ist jeder Arbeitnehmer oder ehemalige Arbeitnehmer des Trägerunternehmens, der von der Unterstützungskasse schriftlich zugesagte Leistungen erhalten kann und am Schluss des Wirtschaftsjahres, in dem die Zuwendung erfolgt,
      aa) bei erstmals nach dem 31. Dezember 2017 zugesagten Leistungen das 23. Lebensjahr vollendet hat,
      bb) bei erstmals nach dem 31. Dezember 2008 und vor dem 1. Januar 2018 zugesagten Leistungen das 27. Lebensjahr vollendet hat oder
      cc) bei erstmals vor dem 1. Januar 2009 zugesagten Leistungen das 28. Lebensjahr vollendet hat;

   soweit die Kasse nur Hinterbliebenenversorgung gewährt, gilt als Leistungsanwärter jeder Arbeitnehmer oder ehemalige Arbeitnehmer des Trägerunternehmens, der am Schluss des Wirtschaftsjahres, in dem die Zuwendung erfolgt, das nach dem ersten Halbsatz maßgebende Lebensjahr vollendet hat und dessen Hinterbliebene die Hinterbliebenenversorgung erhalten können[2]. [3]Das Trägerunternehmen kann bei der Berechnung nach Satz 1 statt des dort maßgebenden Betrags den Durchschnittsbetrag der von der Kasse im Wirtschaftsjahr an Leistungsempfän-

---

[1] Abgedruckt im Anschluss an dieses Gesetz.

[2] § 4d Abs. 1 Satz 1 Nr. 1 Buchst. b Satz 2 neu gef. mWv 1.1.2018 durch G v. 21.12.2015 (BGBl. I S. 2553).

ger im Sinne des Buchstabens a Satz 2 gewährten Leistungen zugrunde legen. [4]In diesem Fall sind Leistungsanwärter im Sinne des Satzes 2 nur die Arbeitnehmer oder ehemaligen Arbeitnehmer des Trägerunternehmens, die am Schluss des Wirtschaftsjahres, in dem die Zuwendung erfolgt, das 50. Lebensjahr vollendet haben. [5]Dem Arbeitnehmer oder ehemaligen Arbeitnehmer als Leistungsanwärter stehen andere Personen gleich, denen schriftlich Leistungen der Alters-, Invaliditäts- oder Hinterbliebenenversorgung aus Anlass ihrer Tätigkeit für das Trägerunternehmen zugesagt worden sind;

c)[1)] den Betrag des Beitrages, den die Kasse an einen Versicherer zahlt, soweit sie sich die Mittel für ihre Versorgungsleistungen, die der Leistungsanwärter oder Leistungsempfänger nach den Verhältnissen am Schluss des Wirtschaftsjahres der Zuwendung erhalten kann, durch Abschluss einer Versicherung verschafft. [2]Bei Versicherungen für einen Leistungsanwärter ist der Abzug des Beitrages nur zulässig, wenn der Leistungsanwärter die in Buchstabe b Satz 2 und 5 genannten Voraussetzungen erfüllt, die Versicherung für die Dauer bis zu dem Zeitpunkt abgeschlossen ist, für den erstmals Leistungen der Altersversorgung vorgesehen sind, mindestens jedoch bis zu dem Zeitpunkt, an dem der Leistungsanwärter das 55. Lebensjahr vollendet hat, und während dieser Zeit jährlich Beiträge gezahlt werden, die der Höhe nach gleich bleiben oder steigen. [3]Das Gleiche gilt für Leistungsanwärter, die das nach Buchstabe b Satz 2 jeweils maßgebende Lebensjahr noch nicht vollendet haben, für Leistungen der Invaliditäts- oder Hinterbliebenenversorgung, für Leistungen der Altersversorgung unter der Voraussetzung, dass die Leistungsanwartschaft bereits unverfallbar ist. [4]Ein Abzug ist ausgeschlossen, wenn die Ansprüche aus der Versicherung der Sicherung eines Darlehens dienen. [5]Liegen die Voraussetzungen der Sätze 1 bis 4 vor, sind die Zuwendungen nach den Buchstaben a und b in dem Verhältnis zu vermindern, in dem die Leistungen der Kasse durch die Versicherung gedeckt sind;

d) den Betrag, den die Kasse einem Leistungsanwärter im Sinne des Buchstabens b Satz 2 und 5 vor Eintritt des Versorgungsfalls als Abfindung für künftige Versorgungsleistungen gewährt, den Übertragungswert nach § 4 Absatz 5 des Betriebsrentengesetzes oder den Betrag, den sie an einen anderen Versorgungsträger zahlt, der eine ihr obliegende Versorgungsverpflichtung übernommen hat.

[2]Zuwendungen dürfen nicht als Betriebsausgaben abgezogen werden, wenn das Vermögen der Kasse ohne Berücksichtigung künftiger Versorgungsleistungen am Schluss des Wirtschaftsjahres das zulässige Kassenvermögen übersteigt. [3]Bei der Ermittlung des Vermögens der Kasse ist am Schluss des Wirtschaftsjahres vorhandener Grundbesitz mit 200 Prozent der Einheitswerte anzusetzen, die zu dem Feststellungszeitpunkt maßgebend sind, der dem Schluss des Wirtschaftsjahres folgt; Ansprüche aus einer Versicherung sind mit dem Wert des geschäftsplanmäßigen Deckungskapitals zuzüglich

---

[1)] § 4d Abs. 1 Satz 1 Nr. 1 Satz 1 Buchst. c Satz 3 geänd. mWv 1.1.2018 durch G v. 21.12.2015 (BGBl. I S. 2553).

der Guthaben aus Beitragsrückerstattung am Schluss des Wirtschaftsjahres anzusetzen, und das übrige Vermögen ist mit dem gemeinen Wert am Schluss des Wirtschaftsjahres zu bewerten. [4]Zulässiges Kassenvermögen ist die Summe aus dem Deckungskapital für alle am Schluss des Wirtschaftsjahres laufenden Leistungen nach der dem Gesetz als Anlage 1 beigefügten Tabelle[1)] für Leistungsempfänger im Sinne des Satzes 1 Buchstabe a und dem Achtfachen der nach Satz 1 Buchstabe b abzugsfähigen Zuwendungen. [5]Soweit sich die Kasse die Mittel für ihre Leistungen durch Abschluss einer Versicherung verschafft, ist, wenn die Voraussetzungen für den Abzug des Beitrages nach Satz 1 Buchstabe c erfüllt sind, zulässiges Kassenvermögen der Wert des geschäftsplanmäßigen Deckungskapitals aus der Versicherung am Schluss des Wirtschaftsjahres; in diesem Fall ist das zulässige Kassenvermögen nach Satz 4 in dem Verhältnis zu vermindern, in dem die Leistungen der Kasse durch die Versicherung gedeckt sind. [6]Soweit die Berechnung des Deckungskapitals nicht zum Geschäftsplan gehört, tritt an die Stelle des geschäftsplanmäßigen Deckungskapitals der nach § 169 Absatz 3 und 4 des Versicherungsvertragsgesetzes berechnete Wert,[2)] beim zulässigen Kassenvermögen ohne Berücksichtigung des Guthabens aus Beitragsrückerstattung. [7]Gewährt eine Unterstützungskasse anstelle von lebenslänglich laufenden Leistungen eine einmalige Kapitalleistung, so gelten 10 Prozent der Kapitalleistung als Jahresbetrag einer lebenslänglich laufenden Leistung;

2. bei Kassen, die keine lebenslänglich laufenden Leistungen gewähren, für jedes Wirtschaftsjahr 0,2 Prozent der Lohn- und Gehaltssumme des Trägerunternehmens, mindestens jedoch den Betrag der von der Kasse in einem Wirtschaftsjahr erbrachten Leistungen, soweit dieser Betrag höher ist als die in den vorangegangenen fünf Wirtschaftsjahren vorgenommenen Zuwendungen abzüglich der in dem gleichen Zeitraum erbrachten Leistungen. [2]Diese Zuwendungen dürfen nicht als Betriebsausgaben abgezogen werden, wenn das Vermögen der Kasse am Schluss des Wirtschaftsjahres das zulässige Kassenvermögen übersteigt. [3]Als zulässiges Kassenvermögen kann 1 Prozent der durchschnittlichen Lohn- und Gehaltssumme der letzten drei Jahre angesetzt werden. [4]Hat die Kasse bereits 10 Wirtschaftsjahre bestanden, darf das zulässige Kassenvermögen zusätzlich die Summe der in den letzten zehn Wirtschaftsjahren gewährten Leistungen nicht übersteigen. [5]Für die Bewertung des Vermögens der Kasse gilt Nummer 1 Satz 3 entsprechend. [6]Bei der Berechnung der Lohn- und Gehaltssumme des Trägerunternehmens sind Löhne und Gehälter von Personen, die von der Kasse keine nicht lebenslänglich laufenden Leistungen erhalten können, auszuscheiden.

[2]Gewährt eine Kasse lebenslänglich laufende und nicht lebenslänglich laufende Leistungen, so gilt Satz 1 Nummer 1 und 2 nebeneinander. [3]Leistet ein Trägerunternehmen Zuwendungen an mehrere Unterstützungskassen, so sind diese Kassen bei der Anwendung der Nummern 1 und 2 als Einheit zu behandeln.

[1)] Abgedruckt im Anschluss an dieses Gesetz.

[2)] § 4d Abs. 1 Satz 1 Nr. 1 Satz 6 geänd. mWv 1.1.2018 durch G v. 21.12.2015 (BGBl. I S. 2553).

(2) [1]Zuwendungen im Sinne des Absatzes 1 sind von dem Trägerunternehmen in dem Wirtschaftsjahr als Betriebsausgaben abzuziehen, in dem sie geleistet werden. [2]Zuwendungen, die bis zum Ablauf eines Monats nach Aufstellung oder Feststellung der Bilanz des Trägerunternehmens für den Schluss eines Wirtschaftsjahres geleistet werden, können von dem Trägerunternehmen noch für das abgelaufene Wirtschaftsjahr durch eine Rückstellung gewinnmindernd berücksichtigt werden. [3]Übersteigen die in einem Wirtschaftsjahr geleisteten Zuwendungen die nach Absatz 1 abzugsfähigen Beträge, so können die übersteigenden Beträge im Wege der Rechnungsabgrenzung auf die folgenden drei Wirtschaftsjahre vorgetragen und im Rahmen der für diese Wirtschaftsjahre abzugsfähigen Beträge als Betriebsausgaben behandelt werden. [4]§ 5 Absatz 1 Satz 2 ist nicht anzuwenden.

(3) [1]Abweichend von Absatz 1 Satz 1 Nummer 1 Satz 1 Buchstabe d und Absatz 2 können auf Antrag die insgesamt erforderlichen Zuwendungen an die Unterstützungskasse für den Betrag, den die Kasse an einen Pensionsfonds zahlt, der eine ihr obliegende Versorgungsverpflichtung ganz oder teilweise übernommen hat, nicht im Wirtschaftsjahr der Zuwendung, sondern erst in den dem Wirtschaftsjahr der Zuwendung folgenden zehn Wirtschaftsjahren gleichmäßig verteilt als Betriebsausgaben abgezogen werden. [2]Der Antrag ist unwiderruflich; der jeweilige Rechtsnachfolger ist an den Antrag gebunden.

§ 4e Beiträge an Pensionsfonds. (1) Beiträge an einen Pensionsfonds im Sinne des § 236[1)] des Versicherungsaufsichtsgesetzes dürfen von dem Unternehmen, das die Beiträge leistet (Trägerunternehmen), als Betriebsausgaben abgezogen werden, soweit sie auf einer festgelegten Verpflichtung beruhen oder der Abdeckung von Fehlbeträgen bei dem Fonds dienen.

(2) Beiträge im Sinne des Absatzes 1 dürfen als Betriebsausgaben nicht abgezogen werden, soweit die Leistungen des Fonds, wenn sie vom Trägerunternehmen unmittelbar erbracht würden, bei diesem nicht betrieblich veranlasst wären.

(3) [1]Der Steuerpflichtige kann auf Antrag die insgesamt erforderlichen Leistungen an einen Pensionsfonds zur teilweisen oder vollständigen Übernahme einer bestehenden Versorgungsverpflichtung oder Versorgungsanwartschaft durch den Pensionsfonds erst in den dem Wirtschaftsjahr der Übertragung folgenden zehn Wirtschaftsjahren gleichmäßig verteilt als Betriebsausgaben abziehen. [2]Der Antrag ist unwiderruflich; der jeweilige Rechtsnachfolger ist an den Antrag gebunden. [3]Ist eine Pensionsrückstellung nach § 6a gewinnerhöhend aufzulösen, ist Satz 1 mit der Maßgabe anzuwenden, dass die Leistungen an den Pensionsfonds im Wirtschaftsjahr der Übertragung in Höhe der aufgelösten Rückstellung als Betriebsausgaben abgezogen werden können; der die aufgelöste Rückstellung übersteigende Betrag ist in den dem Wirtschaftsjahr der Übertragung folgenden zehn Wirtschaftsjahren gleichmäßig verteilt als Betriebsausgaben abzuziehen. [4]Satz 3 gilt entsprechend, wenn es im Zuge der Leistungen des Arbeitgebers an den Pensionsfonds zu Vermögensübertragungen einer Unterstützungskasse an den Arbeitgeber kommt.

---

1) Verweis geänd. mWv 1.1.2016 durch G v. 1.4.2015 (BGBl. I S. 434).

§ 4f[1)] Verpflichtungsübernahmen, Schuldbeitritte und Erfüllungsübernahmen. (1) [1]Werden Verpflichtungen übertragen, die beim ursprünglich Verpflichteten Ansatzverboten, -beschränkungen oder Bewertungsvorbehalten unterlegen haben, ist der sich aus diesem Vorgang ergebende Aufwand im Wirtschaftsjahr der Schuldübernahme und den nachfolgenden 14 Jahren gleichmäßig verteilt als Betriebsausgabe abziehbar. [2]Ist auf Grund der Übertragung einer Verpflichtung ein Passivposten gewinnerhöhend aufzulösen, ist Satz 1 mit der Maßgabe anzuwenden, dass der sich ergebende Aufwand im Wirtschaftsjahr der Schuldübernahme in Höhe des aufgelösten Passivpostens als Betriebsausgabe abzuziehen ist; der den aufgelösten Passivposten übersteigende Betrag ist in dem Wirtschaftsjahr der Schuldübernahme und den nachfolgenden 14 Wirtschaftsjahren gleichmäßig verteilt als Betriebsausgabe abzuziehen. [3]Eine Verteilung des sich ergebenden Aufwands unterbleibt, wenn die Schuldübernahme im Rahmen einer Veräußerung oder Aufgabe des ganzen Betriebes oder des gesamten Mitunternehmeranteils im Sinne der §§ 14, 16 Absatz 1, 3 und 3a sowie des § 18 Absatz 3 erfolgt; dies gilt auch, wenn ein Arbeitnehmer unter Mitnahme seiner erworbenen Pensionsansprüche zu einem neuen Arbeitgeber wechselt oder wenn der Betrieb am Schluss des vorangehenden Wirtschaftsjahres die *Größenmerkmale des § 7g Absatz 1 Satz 2 Nummer 1 Buchstabe a bis c* [***ab 1.1.2020:*** Gewinngrenze des § 7g Absatz 1 Satz 2 Nummer 1][2)] nicht überschreitet. [4]Erfolgt die Schuldübernahme in dem Fall einer Teilbetriebsveräußerung oder -aufgabe im Sinne der §§ 14, 16 Absatz 1, 3 und 3a sowie des § 18 Absatz 3, ist ein Veräußerungs- oder Aufgabeverlust um den Aufwand im Sinne des Satzes 1 zu vermindern, soweit dieser den Verlust begründet oder erhöht hat. [5]Entsprechendes gilt für den einen aufgelösten Passivposten übersteigenden Betrag im Sinne des Satzes 2. [6]Für den hinzugerechneten Aufwand gelten Satz 2 zweiter Halbsatz und Satz 3 entsprechend. [7]Der jeweilige Rechtsnachfolger des ursprünglichen Verpflichteten ist an die Aufwandsverteilung nach den Sätzen 1 bis 6 gebunden.

(2) Wurde für Verpflichtungen im Sinne des Absatzes 1 ein Schuldbeitritt oder eine Erfüllungsübernahme mit ganzer oder teilweiser Schuldfreistellung vereinbart, gilt für die vom Freistellungsberechtigten an den Freistellungsverpflichteten erbrachten Leistungen Absatz 1 Satz 1, 2 und 7 entsprechend.

§ 4g Bildung eines Ausgleichspostens bei Entnahme nach § 4 Absatz 1 Satz 3. (1) [1]Ein unbeschränkt Steuerpflichtiger kann in Höhe des Unterschiedsbetrags zwischen dem Buchwert und dem nach § 6 Absatz 1 Nummer 4 Satz 1 zweiter Halbsatz anzusetzenden Wert eines Wirtschaftsguts des Anlagevermögens auf Antrag einen Ausgleichsposten bilden, soweit das Wirtschaftsgut infolge seiner Zuordnung zu einer Betriebsstätte desselben Steuerpflichtigen in einem anderen Mitgliedstaat der Europäischen Union gemäß § 4 Absatz 1 Satz 3 als entnommen gilt. [2]Der Ausgleichsposten ist für jedes Wirtschaftsgut getrennt auszuweisen. [3]Das Antragsrecht kann für jedes

---

1) § 4f eingef. durch G v. 18.12.2013 (BGBl. I S. 4318); zur Anwendung siehe § 52 Abs. 8 Satz 1.

2) § 4f Abs. 1 Satz 3 geänd. durch G v. 21.12.2020 (BGBl. I S. 3096); zur Anwendung (insb. zu abw. Wj.) siehe § 52 Abs. 8 Satz 2.

Wirtschaftsjahr nur einheitlich für sämtliche Wirtschaftsgüter ausgeübt werden. [4]Der Antrag ist unwiderruflich. [5]Die Vorschriften des Umwandlungssteuergesetzes bleiben unberührt.

(2) [1]Der Ausgleichsposten ist im Wirtschaftjahr der Bildung und in den vier folgenden Wirtschaftsjahren zu jeweils einem Fünftel gewinnerhöhend aufzulösen. [2]Er ist in vollem Umfang gewinnerhöhend aufzulösen,

1. wenn das als entnommen geltende Wirtschaftsgut aus dem Betriebsvermögen des Steuerpflichtigen ausscheidet,
2. wenn das als entnommen geltende Wirtschaftsgut aus der Besteuerungshoheit der Mitgliedstaaten der Europäischen Union ausscheidet oder
3. wenn die stillen Reserven des als entnommen geltenden Wirtschaftsguts im Ausland aufgedeckt werden oder in entsprechender Anwendung der Vorschriften des deutschen Steuerrechts hätten aufgedeckt werden müssen.

(3) [1]Wird die Zuordnung eines Wirtschaftsguts zu einer anderen Betriebsstätte des Steuerpflichtigen in einem anderen Mitgliedstaat der Europäischen Union im Sinne des Absatzes 1 innerhalb der tatsächlichen Nutzungsdauer, spätestens jedoch vor Ablauf von fünf Jahren nach Änderung der Zuordnung, aufgehoben, ist der für dieses Wirtschaftsgut gebildete Ausgleichsposten ohne Auswirkungen auf den Gewinn aufzulösen und das Wirtschaftsgut mit den fortgeführten Anschaffungskosten, erhöht um zwischenzeitlich gewinnerhöhend berücksichtigte Auflösungsbeträge im Sinne der Absätze 2 und 5 Satz 2 und um den Unterschiedsbetrag zwischen dem Rückführungswert und dem Buchwert im Zeitpunkt der Rückführung, höchstens jedoch mit dem gemeinen Wert, anzusetzen. [2]Die Aufhebung der geänderten Zuordnung ist ein Ereignis im Sinne des § 175 Absatz 1 Satz 1 Nummer 2[1)] der Abgabenordnung.

(4) [1]Die Absätze 1 bis 3 finden entsprechende Anwendung bei der Ermittlung des Überschusses der Betriebseinnahmen über die Betriebsausgaben gemäß § 4 Absatz 3. [2]Wirtschaftsgüter, für die ein Ausgleichsposten nach Absatz 1 gebildet worden ist, sind in ein laufend zu führendes Verzeichnis aufzunehmen. [3]Der Steuerpflichtige hat darüber hinaus Aufzeichnungen zu führen, aus denen die Bildung und Auflösung der Ausgleichsposten hervorgeht. [4]Die Aufzeichnungen nach den Sätzen 2 und 3 sind der Steuererklärung beizufügen.

(5) [1]Der Steuerpflichtige ist verpflichtet, der zuständigen Finanzbehörde die Entnahme oder ein Ereignis im Sinne des Absatzes 2 unverzüglich anzuzeigen. [2]Kommt der Steuerpflichtige dieser Anzeigepflicht, seinen Aufzeichnungspflichten nach Absatz 4 oder seinen sonstigen Mitwirkungspflichten im Sinne des § 90 der Abgabenordnung nicht nach, ist der Ausgleichsposten dieses Wirtschaftsguts gewinnerhöhend aufzulösen.

(6)[2)] Absatz 2 Satz 2 Nummer 2 und Absatz 3 sind mit der Maßgabe anzuwenden, dass allein der Austritt des Vereinigten Königreichs Großbritannien und Nordirland aus der Europäischen Union nicht dazu führt, dass ein als entnommen geltendes Wirtschaftsgut als aus der Besteuerungshoheit der Mitgliedstaaten der Europäischen Union ausgeschieden gilt.

[1)] Zitat ber. durch G v. 25.3.2019 (BGBl. I S. 357).

[2)] § 4g Abs. 6 angef. mWv 29.3.2019 durch Brexit-StBG v. 25.3.2019 (BGBl. I S. 357).

§ 4h Betriebsausgabenabzug für Zinsaufwendungen (Zinsschranke).

(1)[1] ¹Zinsaufwendungen eines Betriebs sind abziehbar in Höhe des Zinsertrags, darüber hinaus nur bis zur Höhe des verrechenbaren EBITDA. ²Das verrechenbare EBITDA ist 30 Prozent des um die Zinsaufwendungen und um die nach § 6 Absatz 2 Satz 1 abzuziehenden, nach § 6 Absatz 2a Satz 2 gewinnmindernd aufzulösenden und nach § 7 abgesetzten Beträge erhöhten und um die Zinserträge verminderten maßgeblichen Gewinns. ³Soweit das verrechenbare EBITDA die um die Zinserträge geminderten Zinsaufwendungen des Betriebs übersteigt, ist es in die folgenden fünf Wirtschaftsjahre vorzutragen (EBITDA-Vortrag); ein EBITDA-Vortrag entsteht nicht in Wirtschaftsjahren, in denen Absatz 2 die Anwendung von Absatz 1 Satz 1 ausschließt. ⁴Zinsaufwendungen, die nach Satz 1 nicht abgezogen werden können, sind bis zur Höhe der EBITDA-Vorträge aus vorangegangenen Wirtschaftsjahren abziehbar und mindern die EBITDA-Vorträge in ihrer zeitlichen Reihenfolge. ⁵Danach verbleibende nicht abziehbare Zinsaufwendungen sind in die folgenden Wirtschaftsjahre vorzutragen (Zinsvortrag). ⁶Sie erhöhen die Zinsaufwendungen dieser Wirtschaftsjahre, nicht aber den maßgeblichen Gewinn.

(2) ¹Absatz 1 Satz 1 ist nicht anzuwenden, wenn

a) der Betrag der Zinsaufwendungen, soweit er den Betrag der Zinserträge übersteigt, weniger als drei Millionen Euro beträgt,

b) der Betrieb nicht oder nur anteilmäßig zu einem Konzern gehört, oder

c) der Betrieb zu einem Konzern gehört und seine Eigenkapitalquote am Schluss des vorangegangenen Abschlussstichtages gleich hoch oder höher ist als die des Konzerns (Eigenkapitalvergleich). ²Ein Unterschreiten der Eigenkapitalquote des Konzerns um bis zu zwei Prozentpunkte[2] ist unschädlich. ³Eigenkapitalquote ist das Verhältnis des Eigenkapitals zur Bilanzsumme; sie bemisst sich nach dem Konzernabschluss, der den Betrieb umfasst, und ist für den Betrieb auf der Grundlage des Jahresabschlusses oder Einzelabschlusses zu ermitteln. ⁴Wahlrechte sind im Konzernabschluss und im Jahresabschluss oder Einzelabschluss einheitlich auszuüben; bei gesellschaftsrechtlichen Kündigungsrechten ist insoweit mindestens das Eigenkapital anzusetzen, das sich nach den Vorschriften des Handelsgesetzbuchs ergeben würde. ⁵Bei der Ermittlung der Eigenkapitalquote des Betriebs ist das Eigenkapital um einen im Konzernabschluss enthaltenen Firmenwert, soweit er auf den Betrieb entfällt, und um die Hälfte von Sonderposten mit Rücklagenanteil (§ 273 des Handelsgesetzbuchs) zu erhöhen sowie um das Eigenkapital, das keine Stimmrechte vermittelt – mit Ausnahme von Vorzugsaktien –, die Anteile an anderen Konzerngesellschaften und um Einlagen der letzten sechs Monate vor dem maßgeblichen Abschlussstichtag, soweit ihnen Entnahmen oder Ausschüttungen innerhalb der ersten sechs Monate nach dem maßgeblichen Abschlussstichtag gegenüberstehen, zu kürzen. ⁶Die Bilanzsumme ist um Kapitalforderungen zu kürzen, die nicht im Konzernabschluss ausgewiesen sind und denen Verbindlichkeiten im Sinne

---

[1] § 4h Abs. 1 neu gef. durch G v. 22.12.2009 (BGBl. I S. 3950).

[2] Erweiterung des Toleranzrahmens mW für nach dem 31.12.2009 endende Wj. (§ 52 Abs. 12d Satz 4 a. F.) durch G v. 22.12.2009 (BGBl. I S. 3950).

des Absatzes 3 in mindestens gleicher Höhe gegenüberstehen. [7]Sonderbetriebsvermögen ist dem Betrieb der Mitunternehmerschaft zuzuordnen, soweit es im Konzernvermögen enthalten ist.

[8]Die für den Eigenkapitalvergleich maßgeblichen Abschlüsse sind einheitlich nach den International Financial Reporting Standards (IFRS) zu erstellen. [9]Hiervon abweichend können Abschlüsse nach dem Handelsrecht eines Mitgliedstaats der Europäischen Union verwendet werden, wenn kein Konzernabschluss nach den IFRS zu erstellen und offen zu legen ist und für keines der letzten fünf Wirtschaftsjahre ein Konzernabschluss nach den IFRS erstellt wurde; nach den Generally Accepted Accounting Principles der Vereinigten Staaten von Amerika (US-GAAP) aufzustellende und offen zu legende Abschlüsse sind zu verwenden, wenn kein Konzernabschluss nach den IFRS oder dem Handelsrecht eines Mitgliedstaats der Europäischen Union zu erstellen und offen zu legen ist. [10]Der Konzernabschluss muss den Anforderungen an die handelsrechtliche Konzernrechnungslegung genügen oder die Voraussetzungen erfüllen, unter denen ein Abschluss nach den §§ 291 und 292 des Handelsgesetzbuchs befreiende Wirkung hätte. [11]Wurde der Jahresabschluss oder Einzelabschluss nicht nach denselben Rechnungslegungsstandards wie der Konzernabschluss aufgestellt, ist die Eigenkapitalquote des Betriebs in einer Überleitungsrechnung nach den für den Konzernabschluss geltenden Rechnungslegungsstandards zu ermitteln. [12]Die Überleitungsrechnung ist einer prüferischen Durchsicht zu unterziehen. [13]Auf Verlangen der Finanzbehörde ist der Abschluss oder die Überleitungsrechnung des Betriebs durch einen Abschlussprüfer zu prüfen, der die Voraussetzungen des § 319 des Handelsgesetzbuchs erfüllt.

[14]Ist ein dem Eigenkapitalvergleich zugrunde gelegter Abschluss unrichtig und führt der zutreffende Abschluss zu einer Erhöhung der nach Absatz 1 nicht abziehbaren Zinsaufwendungen, ist ein Zuschlag entsprechend § 162 Absatz 4 Satz 1 und 2 der Abgabenordnung festzusetzen. [15]Bemessungsgrundlage für den Zuschlag sind die nach Absatz 1 nicht abziehbaren Zinsaufwendungen. [16]§ 162 Absatz 4 Satz 4 bis 6 der Abgabenordnung gilt sinngemäß.

[2]Ist eine Gesellschaft, bei der der Gesellschafter als Mitunternehmer anzusehen ist, unmittelbar oder mittelbar einer Körperschaft nachgeordnet, gilt für die Gesellschaft § 8a Absatz 2 und 3 des Körperschaftsteuergesetzes entsprechend.

(3) [1]Maßgeblicher Gewinn ist der nach den Vorschriften dieses Gesetzes mit Ausnahme des Absatzes 1 ermittelte steuerpflichtige Gewinn. [2]Zinsaufwendungen sind Vergütungen für Fremdkapital, die den maßgeblichen Gewinn gemindert haben. [3]Zinserträge sind Erträge aus Kapitalforderungen jeder Art, die den maßgeblichen Gewinn erhöht haben. [4]Die Auf- und Abzinsung unverzinslicher oder niedrig verzinslicher Verbindlichkeiten oder Kapitalforderungen führen ebenfalls zu Zinserträgen oder Zinsaufwendungen. [5]Ein Betrieb gehört zu einem Konzern, wenn er nach dem für die Anwendung des Absatzes 2 Satz 1 Buchstabe c zugrunde gelegten Rechnungslegungsstandard mit einem oder mehreren anderen Betrieben konsolidiert wird oder werden könnte. [6]Ein Betrieb gehört für Zwecke des Absatzes 2 auch zu einem Konzern, wenn seine Finanz- und Geschäftspolitik mit einem oder mehreren anderen Betrieben einheitlich bestimmt werden kann.

(4)[1] [1]Der EBITDA-Vortrag und der Zinsvortrag sind gesondert festzustellen. [2]Zuständig ist das für die gesonderte Feststellung des Gewinns und Verlusts der Gesellschaft zuständige Finanzamt, im Übrigen das für die Besteuerung zuständige Finanzamt. [3]§ 10d Absatz 4 gilt sinngemäß. [4]Feststellungsbescheide sind zu erlassen, aufzuheben oder zu ändern, soweit sich die nach Satz 1 festzustellenden Beträge ändern.

(5)[2] [1]Bei Aufgabe oder Übertragung des Betriebs gehen ein nicht verbrauchter EBITDA-Vortrag und ein nicht verbrauchter Zinsvortrag unter. [2]Scheidet ein Mitunternehmer aus einer Gesellschaft aus, gehen der EBITDA-Vortrag und der Zinsvortrag anteilig mit der Quote unter, mit der der ausgeschiedene Gesellschafter an der Gesellschaft beteiligt war. [3]§ 8c des Körperschaftsteuergesetzes ist auf den Zinsvortrag einer Gesellschaft entsprechend anzuwenden, soweit an dieser unmittelbar oder mittelbar eine Körperschaft als Mitunternehmer beteiligt ist.

§ 4i[3] Sonderbetriebsausgabenabzug bei Vorgängen mit Auslandsbezug. [1]Aufwendungen dürfen nicht als Sonderbetriebsausgaben abgezogen werden, soweit sie auch die Steuerbemessungsgrundlage in einem anderen Staat mindern. [2]Satz 1 gilt nicht, soweit diese Aufwendungen Erträge desselben Steuerpflichtigen mindern, die bei ihm sowohl der inländischen Besteuerung unterliegen als auch nachweislich der tatsächlichen Besteuerung in dem anderen Staat.

§ 4j[4] Aufwendungen für Rechteüberlassungen. (1) [1]Aufwendungen für die Überlassung der Nutzung oder des Rechts auf Nutzung von Rechten, insbesondere von Urheberrechten und gewerblichen Schutzrechten, von gewerblichen, technischen, wissenschaftlichen und ähnlichen Erfahrungen, Kenntnissen und Fertigkeiten, zum Beispiel Plänen, Mustern und Verfahren, sind ungeachtet eines bestehenden Abkommens zur Vermeidung der Doppelbesteuerung nur nach Maßgabe des Absatzes 3 abziehbar, wenn die Einnahmen des Gläubigers einer von der Regelbesteuerung abweichenden, niedrigen Besteuerung nach Absatz 2 unterliegen (Präferenzregelung) und der Gläubiger eine dem Schuldner nahestehende Person im Sinne des § 1 Absatz 2 des Außensteuergesetzes ist. [2]Wenn auch der Gläubiger nach Satz 1 oder eine andere dem Schuldner nach Satz 1 nahestehende Person im Sinne des § 1 Absatz 2 des Außensteuergesetzes wiederum Aufwendungen für Rechte hat, aus denen sich die Rechte nach Satz 1 unmittelbar oder mittelbar ableiten, sind die Aufwendungen nach Satz 1 ungeachtet eines bestehenden Abkommens zur Vermeidung der Doppelbesteuerung auch dann nur nach Maßgabe des Absatzes 3 abziehbar, wenn die weiteren Einnahmen des weiteren Gläubigers einer von der Regelbesteuerung abweichenden, niedrigen Besteuerung nach Absatz 2 unterliegen und der weitere Gläubiger eine dem Schuldner nach Satz 1 nahestehende Person im Sinne des § 1 Absatz 2 des Außensteuergesetzes ist; dies

[1] § 4h Abs. 4 Sätze 1 und 4 geänd. durch G v. 22.12.2009 (BGBl. I S. 3950).
[2] § 4h Abs. 5 Sätze 1 und 2 geänd. durch G v. 22.12.2009 (BGBl. I S. 3950).
[3] § 4i eingef. mWv 1.1.2017 durch G v. 20.12.2016 (BGBl. I S. 3000); Überschr. geänd., Satz 1 kursiver Satzteil aufgeh. und geänd. mWv 25.6.2017 durch G v. 23.6.2017 (BGBl. I S. 1682).
[4] § 4j eingef. durch G v. 27.6.2017 (BGBl. I S. 2074); zur Anwendung siehe § 52 Abs. 8a.

gilt nicht, wenn die Abziehbarkeit der Aufwendungen beim Gläubiger oder der anderen dem Schuldner nahestehenden Person bereits nach dieser Vorschrift beschränkt ist. 3 Als Schuldner und Gläubiger gelten auch Betriebsstätten, die ertragsteuerlich als Nutzungsberechtigter oder Nutzungsverpflichteter der Rechte für die Überlassung der Nutzung oder des Rechts auf Nutzung von Rechten behandelt werden. 4 Die Sätze 1 und 2 sind nicht anzuwenden, soweit sich die niedrige Besteuerung daraus ergibt, dass die Einnahmen des Gläubigers oder des weiteren Gläubigers einer Präferenzregelung unterliegen, die dem Nexus-Ansatz gemäß Kapitel 4 des Abschlussberichts 2015 zu Aktionspunkt 5, OECD (2016) „Wirksamere Bekämpfung schädlicher Steuerpraktiken unter Berücksichtigung von Transparenz und Substanz", OECD/G20 Projekt Gewinnverkürzung und Gewinnverlagerung[1], entspricht. 5 Die Sätze 1 und 2 sind insoweit nicht anzuwenden, als auf Grund der aus den Aufwendungen resultierenden Einnahmen ein Hinzurechnungsbetrag im Sinne des § 10 Absatz 1 Satz 1 des Außensteuergesetzes anzusetzen ist.

(2) 1 Eine niedrige Besteuerung im Sinne des Absatzes 1 liegt vor, wenn die von der Regelbesteuerung abweichende Besteuerung der Einnahmen des Gläubigers oder des weiteren Gläubigers zu einer Belastung durch Ertragsteuern von weniger als 25 Prozent führt; maßgeblich ist bei mehreren Gläubigern die niedrigste Belastung. 2 Bei der Ermittlung, ob eine niedrige Besteuerung vorliegt, sind sämtliche Regelungen zu berücksichtigen, die sich auf die Besteuerung der Einnahmen aus der Rechteüberlassung auswirken, insbesondere steuerliche Kürzungen, Befreiungen, Gutschriften oder Ermäßigungen. 3 Werden die Einnahmen für die Überlassung der Nutzung oder des Rechts auf Nutzung von Rechten einer anderen Person ganz oder teilweise zugerechnet oder erfolgt die Besteuerung aus anderen Gründen ganz oder teilweise bei einer anderen Person als dem Gläubiger oder dem weiteren Gläubiger, ist auf die Summe der Belastungen abzustellen. 4 § 8 Absatz 3 Satz 2 und 3 des Außensteuergesetzes gilt entsprechend.

(3) 1 Aufwendungen nach Absatz 1 sind in den Fällen einer niedrigen Besteuerung nach Absatz 2 nur zum Teil abziehbar. 2 Der nicht abziehbare Teil ist dabei wie folgt zu ermitteln:

$$\frac{25\,\% - \text{Belastung durch Ertragsteuern in }\%}{25\%}$$

§ 5 Gewinn bei Kaufleuten und bei bestimmten anderen Gewerbetreibenden. (1)[2] 1 Bei Gewerbetreibenden, die auf Grund gesetzlicher Vorschriften verpflichtet sind, Bücher zu führen und regelmäßig Abschlüsse zu machen, oder die ohne eine solche Verpflichtung Bücher führen und regelmäßig Abschlüsse machen, ist für den Schluss des Wirtschaftsjahres das Betriebsvermögen anzusetzen (§ 4 Absatz 1 Satz 1), das nach den handelsrechtlichen Grundsätzen ordnungsmäßiger Buchführung auszuweisen ist, es sei denn, im Rahmen der Ausübung eines steuerlichen Wahlrechts wird oder wurde ein

---

[1] **[Amtl. Anm.:]** Zu beziehen unter OECD Publishing, Paris, http://dx.doi.org/10.1787/9789264258037-de.

[2] Vgl. auch Art. 66 Abs. 3 Satz 6 EGHGB.

anderer Ansatz gewählt. [2]Voraussetzung für die Ausübung steuerlicher Wahlrechte ist, dass die Wirtschaftsgüter, die nicht mit dem handelsrechtlich maßgeblichen Wert in der steuerlichen Gewinnermittlung ausgewiesen werden, in besondere, laufend zu führende Verzeichnisse aufgenommen werden. [3]In den Verzeichnissen sind der Tag der Anschaffung oder Herstellung, die Anschaffungs- oder Herstellungskosten, die Vorschrift des ausgeübten steuerlichen Wahlrechts und die vorgenommenen Abschreibungen nachzuweisen.

(1a) [1]Posten der Aktivseite dürfen nicht mit Posten der Passivseite verrechnet werden. [2]Die Ergebnisse der in der handelsrechtlichen Rechnungslegung zur Absicherung finanzwirtschaftlicher Risiken gebildeten Bewertungseinheiten sind auch für die steuerliche Gewinnermittlung maßgeblich.

(2) Für immaterielle Wirtschaftsgüter des Anlagevermögens ist ein Aktivposten nur anzusetzen, wenn sie entgeltlich erworben wurden.

(2a) Für Verpflichtungen, die nur zu erfüllen sind, soweit künftig Einnahmen oder Gewinne anfallen, sind Verbindlichkeiten oder Rückstellungen erst anzusetzen, wenn die Einnahmen oder Gewinne angefallen sind.

(3) [1]Rückstellungen wegen Verletzung fremder Patent-, Urheber- oder ähnlicher Schutzrechte dürfen erst gebildet werden, wenn

1. der Rechtsinhaber Ansprüche wegen der Rechtsverletzung geltend gemacht hat oder
2. mit einer Inanspruchnahme wegen der Rechtsverletzung ernsthaft zu rechnen ist.

[2]Eine nach Satz 1 Nummer 2 gebildete Rückstellung ist spätestens in der Bilanz des dritten auf ihre erstmalige Bildung folgenden Wirtschaftsjahres gewinnerhöhend aufzulösen, wenn Ansprüche nicht geltend gemacht worden sind.

(4) Rückstellungen für die Verpflichtung zu einer Zuwendung anlässlich eines Dienstjubiläums dürfen nur gebildet werden, wenn das Dienstverhältnis mindestens zehn Jahre bestanden hat, das Dienstjubiläum das Bestehen eines Dienstverhältnisses von mindestens 15 Jahren voraussetzt, die Zusage schriftlich erteilt ist und soweit der Zuwendungsberechtigte seine Anwartschaft nach dem 31. Dezember 1992 erwirbt.

(4a) [1]Rückstellungen für drohende Verluste aus schwebenden Geschäften dürfen nicht gebildet werden. [2]Das gilt nicht für Ergebnisse nach Absatz 1a Satz 2.

(4b) [1]Rückstellungen für Aufwendungen, die in künftigen Wirtschaftsjahren als Anschaffungs- oder Herstellungskosten eines Wirtschaftsguts zu aktivieren sind, dürfen nicht gebildet werden. [2]Rückstellungen für die Verpflichtung zur schadlosen Verwertung radioaktiver Reststoffe sowie ausgebauter oder abgebauter radioaktiver Anlagenteile dürfen nicht gebildet werden, soweit Aufwendungen im Zusammenhang mit der Bearbeitung oder Verarbeitung von Kernbrennstoffen stehen, die aus der Aufarbeitung bestrahlter Kernbrennstoffe gewonnen worden sind und keine radioaktiven Abfälle darstellen.

(5) [1]Als Rechnungsabgrenzungsposten sind nur anzusetzen

1. auf der Aktivseite Ausgaben vor dem Abschlussstichtag, soweit sie Aufwand für eine bestimmte Zeit nach diesem Tag darstellen;

2. auf der Passivseite Einnahmen vor dem Abschlussstichtag, soweit sie Ertrag für eine bestimmte Zeit nach diesem Tag darstellen.

[2]Auf der Aktivseite sind ferner anzusetzen

1. als Aufwand berücksichtigte Zölle und Verbrauchsteuern, soweit sie auf am Abschlussstichtag auszuweisende Wirtschaftsgüter des Vorratsvermögens entfallen,
2. als Aufwand berücksichtigte Umsatzsteuer auf am Abschlussstichtag auszuweisende Anzahlungen.

(6) Die Vorschriften über die Entnahmen und die Einlagen, über die Zulässigkeit der Bilanzänderung, über die Betriebsausgaben, über die Bewertung und über die Absetzung für Abnutzung oder Substanzverringerung sind zu befolgen.

(7)[1] [1]Übernommene Verpflichtungen, die beim ursprünglich Verpflichteten Ansatzverboten, -beschränkungen oder Bewertungsvorbehalten unterlegen haben, sind zu den auf die Übernahme folgenden Abschlussstichtagen bei dem Übernehmer und dessen Rechtsnachfolger so zu bilanzieren, wie sie beim ursprünglich Verpflichteten ohne Übernahme zu bilanzieren wären. [2]Dies gilt in Fällen des Schuldbeitritts oder der Erfüllungsübernahme mit vollständiger oder teilweiser Schuldfreistellung für die sich aus diesem Rechtsgeschäft ergebenden Verpflichtungen sinngemäß. [3]Satz 1 ist für den Erwerb eines Mitunternehmeranteils entsprechend anzuwenden. [4]Wird eine Pensionsverpflichtung unter gleichzeitiger Übernahme von Vermögenswerten gegenüber einem Arbeitnehmer übernommen, der bisher in einem anderen Unternehmen tätig war, ist Satz 1 mit der Maßgabe anzuwenden, dass bei der Ermittlung des Teilwertes der Verpflichtung der Jahresbetrag nach § 6a Absatz 3 Satz 2 Nummer 1 so zu bemessen ist, dass zu Beginn des Wirtschaftsjahres der Übernahme der Barwert der Jahresbeträge zusammen mit den übernommenen Vermögenswerten gleich dem Barwert der künftigen Pensionsleistungen ist; dabei darf sich kein negativer Jahresbetrag ergeben. [5]Für einen Gewinn, der sich aus der Anwendung der Sätze 1 bis 3 ergibt, kann jeweils in Höhe von vierzehn Fünfzehntel eine gewinnmindernde Rücklage gebildet werden, die in den folgenden 14 Wirtschaftsjahren jeweils mit mindestens einem Vierzehntel gewinnerhöhend aufzulösen ist (Auflösungszeitraum). [6]Besteht eine Verpflichtung, für die eine Rücklage gebildet wurde, bereits vor Ablauf des maßgebenden Auflösungszeitraums nicht mehr, ist die insoweit verbleibende Rücklage erhöhend aufzulösen.

§ 5a Gewinnermittlung bei Handelsschiffen im internationalen Verkehr. (1) [1]Anstelle der Ermittlung des Gewinns nach § 4 Absatz 1 oder § 5 ist bei einem Gewerbebetrieb mit Geschäftsleitung im Inland der Gewinn, soweit er auf den Betrieb von Handelsschiffen im internationalen Verkehr entfällt, auf unwiderruflichen Antrag des Steuerpflichtigen nach der in seinem Betrieb geführten Tonnage zu ermitteln, wenn die Bereederung dieser Handelsschiffe im Inland durchgeführt wird. [2]Der im Wirtschaftsjahr erzielte Gewinn beträgt pro Tag des Betriebs für jedes im internationalen Verkehr betriebene Handelsschiff für jeweils volle 100 Nettotonnen (Nettoraumzahl)

[1] § 5 Abs. 7 angef. durch G v. 18.12.2013 (BGBl. I S. 4318); zur Anwendung siehe § 52 Abs. 9.

0,92 Euro	bei einer Tonnage bis zu 1000 Nettotonnen,
0,69 Euro	für die 1000 Nettotonnen übersteigende Tonnage bis zu 10 000 Nettotonnen,
0,46 Euro	für die 10 000 Nettotonnen übersteigende Tonnage bis zu 25 000 Nettotonnen,
0,23 Euro	für die 25 000 Nettotonnen übersteigende Tonnage.

(2) [1] Handelsschiffe werden im internationalen Verkehr betrieben, wenn eigene oder gecharterte Seeschiffe, die im Wirtschaftsjahr überwiegend in einem inländischen Seeschiffsregister eingetragen sind, in diesem Wirtschaftsjahr überwiegend zur Beförderung von Personen oder Gütern im Verkehr mit oder zwischen ausländischen Häfen, innerhalb eines ausländischen Hafens oder zwischen einem ausländischen Hafen und der Hohen See eingesetzt werden. [2] Zum Betrieb von Handelsschiffen im internationalen Verkehr gehören auch ihre Vercharterung, wenn sie vom Vercharterer ausgerüstet worden sind, und die unmittelbar mit ihrem Einsatz oder ihrer Vercharterung zusammenhängenden Neben- und Hilfsgeschäfte einschließlich der Veräußerung der Handelsschiffe und der unmittelbar ihrem Betrieb dienenden Wirtschaftsgüter. [3] Der Einsatz und die Vercharterung von gecharterten Handelsschiffen gilt nur dann als Betrieb von Handelsschiffen im internationalen Verkehr, wenn gleichzeitig eigene oder ausgerüstete Handelsschiffe im internationalen Verkehr betrieben werden. [4] Sind gecharterte Handelsschiffe nicht in einem inländischen Seeschiffsregister eingetragen, gilt Satz 3 unter der weiteren Voraussetzung, dass im Wirtschaftsjahr die Nettotonnage der gecharterten Handelsschiffe das Dreifache der nach den Sätzen 1 und 2 im internationalen Verkehr betriebenen Handelsschiffe nicht übersteigt; für die Berechnung der Nettotonnage sind jeweils die Nettotonnen pro Schiff mit der Anzahl der Betriebstage nach Absatz 1 zu vervielfältigen. [5] Dem Betrieb von Handelsschiffen im internationalen Verkehr ist gleichgestellt, wenn Seeschiffe, die im Wirtschaftsjahr überwiegend in einem inländischen Seeschiffsregister eingetragen sind, in diesem Wirtschaftsjahr überwiegend außerhalb der deutschen Hoheitsgewässer zum Schleppen, Bergen oder zur Aufsuchung von Bodenschätzen eingesetzt werden; die Sätze 2 bis 4 sind sinngemäß anzuwenden.

(3)[1)] [1] Der Antrag auf Anwendung der Gewinnermittlung nach Absatz 1 ist im Wirtschaftsjahr der Anschaffung oder Herstellung des Handelsschiffs (Indienststellung) mit Wirkung ab Beginn dieses Wirtschaftsjahres zu stellen. [2] Vor Indienststellung des Handelsschiffs durch den Betrieb von Handelsschiffen im internationalen Verkehr erwirtschaftete Gewinne sind in diesem Fall nicht zu besteuern; Verluste sind weder ausgleichsfähig noch verrechenbar. [3] Bereits erlassene Steuerbescheide sind insoweit zu ändern. [4] Das gilt auch dann, wenn der Steuerbescheid unanfechtbar geworden ist; die Festsetzungsfrist endet insoweit nicht, bevor die Festsetzungsfrist für den Veranlagungszeitraum abgelaufen ist, in dem der Gewinn erstmals nach Absatz 1 ermittelt wird. [5] Wird der Antrag auf Anwendung der Gewinnermittlung nach Absatz 1 nicht nach Satz 1 im Wirtschaftsjahr der Anschaffung oder Herstellung des Handelsschiffs (Indienststel-

---

[1)] § 5a Abs. 3 neu gef. durch G v. 29.12.2003 (BGBl. I S. 3076); zur Anwendung siehe § 52 Abs. 10; Bestätigung durch G v. 5.4.2011 (BGBl. I S. 554).

lung) gestellt, kann er erstmals in dem Wirtschaftsjahr gestellt werden, das jeweils nach Ablauf eines Zeitraumes von zehn Jahren, vom Beginn des Jahres der Indienststellung gerechnet, endet. 6 Die Sätze 2 bis 4 sind insoweit nicht anwendbar. 7 Der Steuerpflichtige ist an die Gewinnermittlung nach Absatz 1 vom Beginn des Wirtschaftsjahres an, in dem er den Antrag stellt, zehn Jahre gebunden. 8 Nach Ablauf dieses Zeitraumes kann er den Antrag mit Wirkung für den Beginn jedes folgenden Wirtschaftsjahres bis zum Ende des Jahres unwiderruflich zurücknehmen. 9 An die Gewinnermittlung nach allgemeinen Vorschriften ist der Steuerpflichtige ab dem Beginn des Wirtschaftsjahres, in dem er den Antrag zurücknimmt, zehn Jahre gebunden.

(4) 1 Zum Schluss des Wirtschaftsjahres, das der erstmaligen Anwendung des Absatzes 1 vorangeht (Übergangsjahr), ist für jedes Wirtschaftsgut, das unmittelbar dem Betrieb von Handelsschiffen im internationalen Verkehr dient, der Unterschiedsbetrag zwischen Buchwert und Teilwert in ein besonderes Verzeichnis aufzunehmen. 2 Der Unterschiedsbetrag ist gesondert und bei Gesellschaften im Sinne des § 15 Absatz 1 Satz 1 Nummer 2 einheitlich festzustellen. 3 Der Unterschiedsbetrag nach Satz 1 ist dem Gewinn hinzuzurechnen:

1. in den dem letzten Jahr der Anwendung des Absatzes 1 folgenden fünf Wirtschaftsjahren jeweils in Höhe von mindestens einem Fünftel,
2. in dem Jahr, in dem das Wirtschaftsgut aus dem Betriebsvermögen ausscheidet oder in dem es nicht mehr unmittelbar dem Betrieb von Handelsschiffen im internationalen Verkehr dient,
3. in dem Jahr des Ausscheidens eines Gesellschafters hinsichtlich des auf ihn entfallenden Anteils.

4 Die Sätze 1 bis 3 sind entsprechend anzuwenden, wenn der Steuerpflichtige Wirtschaftsgüter des Betriebsvermögens dem Betrieb von Handelsschiffen im internationalen Verkehr zuführt.

(4a) 1 Bei Gesellschaften im Sinne des § 15 Absatz 1 Satz 1 Nummer 2 tritt für die Zwecke dieser Vorschrift an die Stelle des Steuerpflichtigen die Gesellschaft. 2 Der nach Absatz 1 ermittelte Gewinn ist den Gesellschaftern entsprechend ihrem Anteil am Gesellschaftsvermögen zuzurechnen. 3 Vergütungen im Sinne des § 15 Absatz 1 Satz 1 Nummer 2 und Satz 2 sind hinzuzurechnen.

(5) 1 Gewinne nach Absatz 1 umfassen auch Einkünfte nach § 16. 2 §§ 34, 34c Absatz 1 bis 3 und § 35 sind nicht anzuwenden. 3 Rücklagen nach den §§ 6b und 6d [*und 7g*][1] sind beim Übergang zur Gewinnermittlung nach Absatz 1 dem Gewinn im Erstjahr hinzuzurechnen [***für nach dem 17.8.2007 endende Wj.:*** ; bis zum Übergang in Anspruch genommene Investitionsabzugsbeträge nach § 7g Absatz 1 sind nach Maßgabe des § 7g Absatz 3 rückgängig zu machen][2]. 4 Für die Anwendung des § 15a ist der nach § 4 Absatz 1 oder § 5 ermittelte Gewinn zugrunde zu legen.

---

[1] § 5a Abs. 5 Satz 3 Verweis auf § 7g aufgeh. durch G v. 14.8.2007 (BGBl. I S. 1912); zur weiteren Anwendung der bish. Fassung siehe § 52 Abs. 10 Satz 4.

[2] § 5a Abs. 5 Satz 3 HS 2 angef. durch G v. 14.8.2007 (BGBl. I S. 1912); zur weiteren Anwendung der bish. Fassung siehe § 52 Abs. 10 Satz 4.

(6)[1] [1]In der Bilanz zum Schluss des Wirtschaftsjahres, in dem Absatz 1 letztmalig angewendet wird, ist für jedes Wirtschaftsgut, das unmittelbar dem Betrieb von Handelsschiffen im internationalen Verkehr dient, der Teilwert anzusetzen. [2]Für Wirtschaftsgüter des abnutzbaren Anlagevermögens sind den weiteren Absetzungen für Abnutzung unverändert die ursprünglichen Anschaffungs- oder Herstellungskosten zugrunde zu legen.

§ 5b[2] Elektronische Übermittlung von Bilanzen sowie Gewinn- und Verlustrechnungen. (1)[3] [1]Wird der Gewinn nach § 4 Absatz 1, § 5 oder § 5a ermittelt, so ist der Inhalt der Bilanz sowie der Gewinn- und Verlustrechnung nach amtlich vorgeschriebenem Datensatz durch Datenfernübertragung zu übermitteln. [2]Enthält die Bilanz Ansätze oder Beträge, die den steuerlichen Vorschriften nicht entsprechen, so sind diese Ansätze oder Beträge durch Zusätze oder Anmerkungen den steuerlichen Vorschriften anzupassen und nach amtlich vorgeschriebenem Datensatz durch Datenfernübertragung zu übermitteln. [3]Der Steuerpflichtige kann auch eine den steuerlichen Vorschriften entsprechende Bilanz nach amtlich vorgeschriebenem Datensatz durch Datenfernübertragung übermitteln. [4]Im Fall der Eröffnung des Betriebs sind die Sätze 1 bis *4*[4] für den Inhalt der Eröffnungsbilanz entsprechend anzuwenden.

(2) [1]Auf Antrag kann die Finanzbehörde zur Vermeidung unbilliger Härten auf eine elektronische Übermittlung verzichten. [2]§ 150 Absatz 8 der Abgabenordnung gilt entsprechend.

§ 6 Bewertung. (1) Für die Bewertung der einzelnen Wirtschaftsgüter, die nach § 4 Absatz 1 oder nach § 5 als Betriebsvermögen anzusetzen sind, gilt das Folgende:

1. [1]Wirtschaftsgüter des Anlagevermögens, die der Abnutzung unterliegen, sind mit den Anschaffungs- oder Herstellungskosten oder dem an deren Stelle tretenden Wert, vermindert um die Absetzungen für Abnutzung, erhöhte Absetzungen, Sonderabschreibungen, Abzüge nach § 6b und ähnliche Abzüge, anzusetzen. [2]Ist der Teilwert auf Grund einer voraussichtlich dauernden Wertminderung niedriger, so kann dieser angesetzt werden. [3]Teilwert ist der Betrag, den ein Erwerber des ganzen Betriebs im Rahmen des Gesamtkaufpreises für das einzelne Wirtschaftsgut ansetzen würde; dabei ist davon auszugehen, dass der Erwerber den Betrieb fortführt. [4]Wirtschaftsgüter, die bereits am Schluss des vorangegangenen Wirtschaftsjahres zum Anlagevermögen des Steuerpflichtigen gehört haben, sind in den folgenden Wirtschaftsjahren gemäß Satz 1 anzusetzen, es sei denn, der Steuerpflichtige weist nach, dass ein niedrigerer Teilwert nach Satz 2 angesetzt werden kann.

---

[1] § 5a Abs. 6 Satz 2 angef., bish. Text wird Satz 1 mWv 1.1.2019 (§ 52 Abs. 10 Satz 5) durch G v. 12.12.2019 (BGBl. I S. 2451).

[2] Zur erstmaligen Anwendung siehe § 52 Abs. 11 iVm **§ 1 Anwendungszeitpunktverschiebungsverordnung (AnwZpvV)** vom 20.12.2010 (BGBl. I S. 2135) – dort abgedr. als Fußnote.

[3] § 5b Abs. 1 Satz 4 aufgeh., bish. Satz 5 wird neuer Satz 4 mWv 1.1.2017 durch G v. 18.7.2016 (BGBl. I S. 1679).

[4] Red. Fehler: Muss wohl Satz *3* lauten.

1a. 1 Zu den Herstellungskosten eines Gebäudes gehören auch Aufwendungen für Instandsetzungs- und Modernisierungsmaßnahmen, die innerhalb von drei Jahren nach der Anschaffung des Gebäudes durchgeführt werden, wenn die Aufwendungen ohne die Umsatzsteuer 15 Prozent der Anschaffungskosten des Gebäudes übersteigen (anschaffungsnahe Herstellungskosten). 2 Zu diesen Aufwendungen gehören nicht die Aufwendungen für Erweiterungen im Sinne des § 255 Absatz 2 Satz 1 des Handelsgesetzbuchs sowie Aufwendungen für Erhaltungsarbeiten, die jährlich üblicherweise anfallen.

1b.[1)] 1 Bei der Berechnung der Herstellungskosten brauchen angemessene Teile der Kosten der allgemeinen Verwaltung sowie angemessene Aufwendungen für soziale Einrichtungen des Betriebs, für freiwillige soziale Leistungen und für die betriebliche Altersversorgung im Sinne des § 255 Absatz 2 Satz 3 des Handelsgesetzbuchs nicht einbezogen zu werden, soweit diese auf den Zeitraum der Herstellung entfallen. 2 Das Wahlrecht ist bei Gewinnermittlung nach § 5 in Übereinstimmung mit der Handelsbilanz auszuüben.

2. 1 Andere als die in Nummer 1 bezeichneten Wirtschaftsgüter des Betriebs (Grund und Boden, Beteiligungen, Umlaufvermögen) sind mit den Anschaffungs- oder Herstellungskosten oder dem an deren Stelle tretenden Wert, vermindert um Abzüge nach § 6b und ähnliche Abzüge, anzusetzen. 2 Ist der Teilwert (Nummer 1 Satz 3) auf Grund einer voraussichtlich dauernden Wertminderung niedriger, so kann dieser angesetzt werden. 3 Nummer 1 Satz 4 gilt entsprechend.

2a. 1 Steuerpflichtige, die den Gewinn nach § 5 ermitteln, können für den Wertansatz gleichartiger Wirtschaftsgüter des Vorratsvermögens unterstellen, dass die zuletzt angeschafften oder hergestellten Wirtschaftsgüter zuerst verbraucht oder veräußert worden sind, soweit dies den handelsrechtlichen Grundsätzen ordnungsmäßiger Buchführung entspricht. 2 Der Vorratsbestand am Schluss des Wirtschaftsjahres, das der erstmaligen Anwendung der Bewertung nach Satz 1 vorangeht, gilt mit seinem Bilanzansatz als erster Zugang des neuen Wirtschaftsjahres. 3 Von der Verbrauchs- oder Veräußerungsfolge nach Satz 1 kann in den folgenden Wirtschaftsjahren nur mit Zustimmung des Finanzamts abgewichen werden.

2b. 1 Steuerpflichtige, die in den Anwendungsbereich des § 340 des Handelsgesetzbuchs fallen, haben die zu Handelszwecken erworbenen Finanzinstrumente, die nicht in einer Bewertungseinheit im Sinne des § 5 Absatz 1a Satz 2 abgebildet werden, mit dem beizulegenden Zeitwert abzüglich eines Risikoabschlages (§ 340e Absatz 3 des Handelsgesetzbuchs[2)]) zu bewerten. 2 Nummer 2 Satz 2 ist nicht anzuwenden.

3. 1 Verbindlichkeiten sind unter sinngemäßer Anwendung der Vorschriften der Nummer 2 anzusetzen und mit einem Zinssatz von 5,5 Prozent abzuzinsen. 2 Ausgenommen von der Abzinsung sind Verbindlichkeiten, deren Laufzeit am Bilanzstichtag weniger als zwölf Monate beträgt, und Verbind-

---

[1)] § 6 Abs. 1 Nr. 1b eingef. durch G v. 18.7.2016 (BGBl. I S. 1679); zur Anwendung siehe § 52 Abs. 12 Satz 1.

[2)] **Schönfelder Nr. 50.**

lichkeiten, die verzinslich sind oder auf einer Anzahlung oder Vorausleistung beruhen.

3a. Rückstellungen sind höchstens insbesondere unter Berücksichtigung folgender Grundsätze anzusetzen:

a) bei Rückstellungen für gleichartige Verpflichtungen ist auf der Grundlage der Erfahrungen in der Vergangenheit aus der Abwicklung solcher Verpflichtungen die Wahrscheinlichkeit zu berücksichtigen, dass der Steuerpflichtige nur zu einem Teil der Summe dieser Verpflichtungen in Anspruch genommen wird;

b) Rückstellungen für Sachleistungsverpflichtungen sind mit den Einzelkosten und den angemessenen Teilen der notwendigen Gemeinkosten zu bewerten;

c) künftige Vorteile, die mit der Erfüllung der Verpflichtung voraussichtlich verbunden sein werden, sind, soweit sie nicht als Forderung zu aktivieren sind, bei ihrer Bewertung wertmindernd zu berücksichtigen;

d) Rückstellungen für Verpflichtungen, für deren Entstehen im wirtschaftlichen Sinne der laufende Betrieb ursächlich ist, sind zeitanteilig in gleichen Raten anzusammeln. [2]Rückstellungen für gesetzliche Verpflichtungen zur Rücknahme und Verwertung von Erzeugnissen, die vor Inkrafttreten entsprechender gesetzlicher Verpflichtungen in Verkehr gebracht worden sind, sind zeitanteilig in gleichen Raten bis zum Beginn der jeweiligen Erfüllung anzusammeln; Buchstabe e ist insoweit nicht anzuwenden. [3]Rückstellungen für die Verpflichtung, ein Kernkraftwerk stillzulegen, sind ab dem Zeitpunkt der erstmaligen Nutzung bis zum Zeitpunkt, in dem mit der Stilllegung begonnen werden muss, zeitanteilig in gleichen Raten anzusammeln; steht der Zeitpunkt der Stilllegung nicht fest, beträgt der Zeitraum für die Ansammlung 25 Jahre;

e) Rückstellungen für Verpflichtungen sind mit einem Zinssatz von 5,5 Prozent abzuzinsen; Nummer 3 Satz 2 ist entsprechend anzuwenden. [2]Für die Abzinsung von Rückstellungen für Sachleistungsverpflichtungen ist der Zeitraum bis zum Beginn der Erfüllung maßgebend. [3]Für die Abzinsung von Rückstellungen für die Verpflichtung, ein Kernkraftwerk stillzulegen, ist der sich aus Buchstabe d Satz 3 ergebende Zeitraum maßgebend; und

f) bei der Bewertung sind die Wertverhältnisse am Bilanzstichtag maßgebend; künftige Preis- und Kostensteigerungen dürfen nicht berücksichtigt werden.

4.[1)] [1]Entnahmen des Steuerpflichtigen für sich, für seinen Haushalt oder für andere betriebsfremde Zwecke sind mit dem Teilwert anzusetzen; in den Fällen des § 4 Absatz 1 Satz 3 ist die Entnahme mit dem gemeinen Wert anzusetzen. [2]Die private Nutzung eines Kraftfahrzeugs, das zu mehr als 50 Prozent betrieblich genutzt wird, ist für jeden Kalendermonat mit

---

[1)] § 6 Abs. 1 Nr. 4 Sätze 2 und 3 neu gef. mWv 15.12.2018 durch G v. 11.12.2018 (BGBl. I S. 2338); Satz 2 Nrn. 1 und 2 geänd., Nrn. 3 bis 5 angef., Satzteil nach Satz 2 Nr. 5 angef., Satz 3 Nrn. 1 und 2 geänd., Nrn. 3 bis 5 angef., Satzteil nach Satz 3 Nr. 5 angef. mWv 1.1.2020 durch G v. 12.12.2019 (BGBl. I S. 2451).

1 Prozent des inländischen Listenpreises im Zeitpunkt der Erstzulassung zuzüglich der Kosten für Sonderausstattung einschließlich Umsatzsteuer anzusetzen; bei der privaten Nutzung von Fahrzeugen mit Antrieb ausschließlich durch Elektromotoren, die ganz oder überwiegend aus mechanischen oder elektrochemischen Energiespeichern oder aus emissionsfrei betriebenen Energiewandlern gespeist werden (Elektrofahrzeuge), oder von extern aufladbaren Hybridelektrofahrzeugen, ist der Listenpreis dieser Kraftfahrzeuge

1. soweit *Nummer 2 keine Anwendung findet* [***ab 1.1.2020:*** die Nummern 2, 3 oder 4 nicht anzuwenden sind] und bei Anschaffung vor dem 1. Januar 2023 um die darin enthaltenen Kosten des Batteriesystems im Zeitpunkt der Erstzulassung des Kraftfahrzeugs wie folgt zu mindern: für bis zum 31. Dezember 2013 angeschaffte Kraftfahrzeuge um 500 Euro pro Kilowattstunde der Batteriekapazität, dieser Betrag mindert sich für in den Folgejahren angeschaffte Kraftfahrzeuge um jährlich 50 Euro pro Kilowattstunde der Batteriekapazität; die Minderung pro Kraftfahrzeug beträgt höchstens 10 000 Euro; dieser Höchstbetrag mindert sich für in den Folgejahren angeschaffte Kraftfahrzeuge um jährlich 500 Euro, oder
2. [***ab 1.1.2020:*** soweit Nummer 3 nicht anzuwenden ist und] bei Anschaffung nach dem 31. Dezember 2018 und vor dem 1. Januar 2022 nur zur Hälfte anzusetzen; bei extern aufladbaren Hybridelektrofahrzeugen muss das Fahrzeug die Voraussetzungen des § 3 Absatz 2 Nummer 1 oder 2 des Elektromobilitätsgesetzes erfüllen, oder]

[***ab 1.1.2020:***[1]

3. bei Anschaffung nach dem 31. Dezember 2018 und vor dem 1. Januar 2031 nur zu einem Viertel anzusetzen, wenn das Kraftfahrzeug keine Kohlendioxidemission je gefahrenen Kilometer hat und der Bruttolistenpreis des Kraftfahrzeugs nicht mehr als 60 000 Euro[2] beträgt, oder
4. soweit Nummer 3 nicht anzuwenden ist und bei Anschaffung nach dem 31. Dezember 2021 und vor dem 1. Januar 2025 nur zur Hälfte anzusetzen, wenn das Kraftfahrzeug
   a) eine Kohlendioxidemission von höchstens 50 Gramm je gefahrenen Kilometer hat oder
   b) die Reichweite des Fahrzeugs unter ausschließlicher Nutzung der elektrischen Antriebsmaschine mindestens 60 Kilometer beträgt, oder
5. soweit Nummer 3 nicht anzuwenden ist und bei Anschaffung nach dem 31. Dezember 2024 und vor dem 1. Januar 2031 nur zur Hälfte anzusetzen, wenn das Kraftfahrzeug
   a) eine Kohlendioxidemission von höchstens 50 Gramm je gefahrenen Kilometer hat oder
   b) die Reichweite des Fahrzeugs unter ausschließlicher Nutzung der elektrischen Antriebsmaschine mindestens 80 Kilometer beträgt,

---

[1] § 6 Abs. 1 Nr. 4 Satz 2 Nrn. 3 bis 5 angef., Text nach Nr. 5 angef. mWv 1.1.2020 durch G v. 12.12.2019 (BGBl. I S. 2451).

[2] Betrag geänd. durch Corona-SteuerhilfeG II v. 29.6.2020 (BGBl. I S. 1512); zur Anwendung siehe § 52 Abs. 12 Satz 2.

die maßgebliche Kohlendioxidemission sowie die Reichweite des Kraftfahrzeugs unter ausschließlicher Nutzung der elektrischen Antriebsmaschine ist der Übereinstimmungsbescheinigung nach Anhang IX der Richtlinie 2007/46/EG oder aus der Übereinstimmungsbescheinigung nach Artikel 38 des Verordnung (EU) Nr. 168/2013 zu entnehmen.] [3] Die private Nutzung kann abweichend von Satz 2 mit den auf die Privatfahrten entfallenden Aufwendungen angesetzt werden, wenn die für das Kraftfahrzeug insgesamt entstehenden Aufwendungen durch Belege und das Verhältnis der privaten zu den übrigen Fahrten durch ein ordnungsgemäßes Fahrtenbuch nachgewiesen werden; bei der privaten Nutzung von Fahrzeugen mit Antrieb ausschließlich durch Elektromotoren, die ganz oder überwiegend aus mechanischen oder elektrochemischen Energiespeichern oder aus emissionsfrei betriebenen Energiewandlern gespeist werden (Elektrofahrzeuge), oder von extern aufladbaren Hybridelektrofahrzeugen, sind

1. soweit *Nummer 2 keine Anwendung findet* [***ab 1.1.2020:*** die Nummern 2, 3 oder 4 nicht anzuwenden sind] und bei Anschaffung vor dem 1. Januar 2023 die der Berechnung der Entnahme zugrunde zu legenden insgesamt entstandenen Aufwendungen um Aufwendungen für das Batteriesystem zu mindern; dabei ist bei zum Betriebsvermögen des Steuerpflichtigen gehörenden Elektro- und Hybridelektrofahrzeugen die der Berechnung der Absetzungen für Abnutzung zugrunde zu legende Bemessungsgrundlage um die nach Satz 2 in pauschaler Höhe festgelegten Aufwendungen zu mindern, wenn darin Kosten für ein Batteriesystem enthalten sind, oder
2. [***ab 1.1.2020:*** soweit Nummer 3 nicht anzuwenden ist und] bei Anschaffung nach dem 31. Dezember 2018 und vor dem 1. Januar 2022 bei der Ermittlung der insgesamt entstandenen Aufwendungen die Anschaffungskosten für das Kraftfahrzeug oder vergleichbare Aufwendungen nur zur Hälfte zu berücksichtigen; bei extern aufladbaren Hybridelektrofahrzeugen muss das Fahrzeug die Voraussetzungen des § 3 Absatz 2 Nummer 1 oder 2 des Elektromobilitätsgesetzes erfüllen, oder

[***ab 1.1.2020:***[1])

3. bei Anschaffung nach dem 31. Dezember 2018 und vor dem 1. Januar 2031 bei der Ermittlung der insgesamt entstandenen Aufwendungen die Anschaffungskosten für das Kraftfahrzeug oder vergleichbare Aufwendungen nur zu einem Viertel zu berücksichtigen, wenn das Kraftfahrzeug keine Kohlendioxidemission je gefahrenen Kilometer hat, und der Bruttolistenpreis des Kraftfahrzeugs nicht mehr als 60 000 Euro[2]) beträgt oder
4. soweit Nummer 3 nicht anzuwenden ist und bei Anschaffung nach dem 31. Dezember 2021 und vor dem 1. Januar 2025 bei der Ermittlung der insgesamt entstandenen Aufwendungen die Anschaffungskosten für das Kraftfahrzeug oder vergleichbare Aufwendungen nur zur Hälfte zu berücksichtigen, wenn das Kraftfahrzeug

---

[1]) § 6 Abs. 1 Nr. 4 Satz 3 Nrn. 3 bis 5 angef., Text nach Nr. 5 angef. mWv 1.1.2020 durch G v. 12.12.2019 (BGBl. I S. 2451).

[2]) Betrag geänd. durch Corona-SteuerhilfeG II v. 29.6.2020 (BGBl. I S. 1512).

a) eine Kohlendioxidemission von höchstens 50 Gramm je gefahrenen Kilometer hat oder

b) die Reichweite des Kraftfahrzeugs unter ausschließlicher Nutzung der elektrischen Antriebsmaschine mindestens 60 Kilometer beträgt, oder

5. soweit Nummer 3 nicht anzuwenden ist und bei Anschaffung nach dem 31. Dezember 2024 und vor dem 1. Januar 2031 bei der Ermittlung der insgesamt entstandenen Aufwendungen die Anschaffungskosten für das Kraftfahrzeug oder vergleichbare Aufwendungen nur zur Hälfte zu berücksichtigen, wenn das Kraftfahrzeug

a) eine Kohlendioxidemission von höchstens 50 Gramm je gefahrenen Kilometer hat oder

b) die Reichweite des Kraftfahrzeugs unter ausschließlicher Nutzung der elektrischen Antriebsmaschine mindestens 80 Kilometer beträgt,

die maßgebliche Kohlendioxidemission sowie die Reichweite des Kraftfahrzeugs unter ausschließlicher Nutzung der elektrischen Antriebsmaschine ist der Übereinstimmungsbescheinigung nach Anhang IX der Richtlinie 2007/46/EG oder aus der Übereinstimmungsbescheinigung nach Artikel 38 des Verordnung (EU) Nr. 168/2013 zu entnehmen.] [4]Wird ein Wirtschaftsgut unmittelbar nach seiner Entnahme einer nach § 5 Absatz 1 Nummer 9 des Körperschaftsteuergesetzes von der Körperschaftsteuer befreiten Körperschaft, Personenvereinigung oder Vermögensmasse oder einer juristischen Person des öffentlichen Rechts zur Verwendung für steuerbegünstigte Zwecke im Sinne des § 10b Absatz 1 Satz 1 unentgeltlich überlassen, so kann die Entnahme mit dem Buchwert angesetzt werden. [5]Satz 4 gilt nicht für die Entnahme von Nutzungen und Leistungen. [***ab 1.1.2019–31.12.2030:*** [6]Die private Nutzung eines betrieblichen Fahrrads, das kein Kraftfahrzeug im Sinne des Satzes 2 ist, bleibt außer Ansatz].[1)]

5.[2)] [1]Einlagen sind mit dem Teilwert für den Zeitpunkt der Zuführung anzusetzen; sie sind jedoch höchstens mit den Anschaffungs- oder Herstellungskosten anzusetzen, wenn das zugeführte Wirtschaftsgut

a) innerhalb der letzten drei Jahre vor dem Zeitpunkt der Zuführung angeschafft oder hergestellt worden ist,

b) ein Anteil an einer Kapitalgesellschaft ist und der Steuerpflichtige an der Gesellschaft im Sinne des § 17 Absatz 1 oder Absatz 6 beteiligt ist; § 17 Absatz 2 Satz 5 gilt entsprechend, oder

c) ein Wirtschaftsgut im Sinne des § 20 Absatz 2 oder im Sinne des § 2 Absatz 4 des Investmentsteuergesetzes ist.

[2]Ist die Einlage ein abnutzbares Wirtschaftsgut, so sind die Anschaffungs- oder Herstellungskosten um Absetzungen für Abnutzung zu kürzen, die auf den Zeitraum zwischen der Anschaffung oder Herstellung des Wirtschaftsguts und der Einlage entfallen. [3]Ist die Einlage ein Wirtschaftsgut, das vor

---

[1)] § 6 Abs. 1 Nr. 4 Satz 6 angef. mWv 1.1.2019 durch G v. 11.12.2018 (BGBl. I S. 2338); zur letztmaligen Anwendung siehe § 52 Abs. 12 Satz 3.

[2)] § 6 Abs. 1 Nr. 5 Satz 1 Buchst. c geänd. durch G v. 11.12.2018 (BGBl. I S. 2338); zur Anwendung siehe § 52 Abs. 12 Satz 4.

der Zuführung aus einem Betriebsvermögen des Steuerpflichtigen entnommen worden ist, so tritt an die Stelle der Anschaffungs- oder Herstellungskosten der Wert, mit dem die Entnahme angesetzt worden ist, und an die Stelle des Zeitpunkts der Anschaffung oder Herstellung der Zeitpunkt der Entnahme.

5a.[1] In den Fällen des § 4 Absatz 1 Satz 8 zweiter Halbsatz ist das Wirtschaftsgut mit dem gemeinen Wert anzusetzen.

6. Bei Eröffnung eines Betriebs ist Nummer 5 entsprechend anzuwenden.

7. Bei entgeltlichem Erwerb eines Betriebs sind die Wirtschaftsgüter mit dem Teilwert, höchstens jedoch mit den Anschaffungs- oder Herstellungskosten anzusetzen.

(2)[2] [1] Die Anschaffungs- oder Herstellungskosten oder der nach Absatz 1 Nummer 5 bis 6 an deren Stelle tretende Wert von abnutzbaren beweglichen Wirtschaftsgütern des Anlagevermögens, die einer selbständigen Nutzung fähig sind, können im Wirtschaftsjahr der Anschaffung, Herstellung oder Einlage des Wirtschaftsguts oder der Eröffnung des Betriebs in voller Höhe als Betriebsausgaben abgezogen werden, wenn die Anschaffungs- oder Herstellungskosten, vermindert um einen darin enthaltenen Vorsteuerbetrag (§ 9b Absatz 1), oder der nach Absatz 1 Nummer 5 bis 6 an deren Stelle tretende Wert für das einzelne Wirtschaftsgut 800[3] Euro nicht übersteigen. [2] Ein Wirtschaftsgut ist einer selbständigen Nutzung nicht fähig, wenn es nach seiner betrieblichen Zweckbestimmung nur zusammen mit anderen Wirtschaftsgütern des Anlagevermögens genutzt werden kann und die in den Nutzungszusammenhang eingefügten Wirtschaftsgüter technisch aufeinander abgestimmt sind. [3] Das gilt auch, wenn das Wirtschaftsgut aus dem betrieblichen Nutzungszusammenhang gelöst und in einen anderen betrieblichen Nutzungszusammenhang eingefügt werden kann. [4] Wirtschaftsgüter im Sinne des Satzes 1, deren Wert 250[4] Euro übersteigt, sind unter Angabe des Tages der Anschaffung, Herstellung oder Einlage des Wirtschaftsguts oder der Eröffnung des Betriebs und der Anschaffungs- oder Herstellungskosten oder des nach Absatz 1 Nummer 5 bis 6 an deren Stelle tretenden Werts in ein besonderes, laufend zu führendes Verzeichnis aufzunehmen. [5] Das Verzeichnis braucht nicht geführt zu werden, wenn diese Angaben aus der Buchführung ersichtlich sind.

(2a)[5] [1] Abweichend von Absatz 2 Satz 1 kann für die abnutzbaren beweglichen Wirtschaftsgüter des Anlagevermögens, die einer selbständigen Nutzung fähig sind, im Wirtschaftsjahr der Anschaffung, Herstellung oder Einlage des

---

[1] § 6 Abs. 1 Nr. 5a geänd. durch G v. 8.12.2010 (BGBl. I S. 1768).

[2] § 6 Abs. 2 und 2a idF des G v. 22.12.2009 (BGBl. I S. 3950) sind erstmals für Wirtschaftsgüter anzuwenden, die nach dem 31.12.2009 angeschafft, hergestellt oder in das BV eingelegt worden sind (§ 52 Abs. 16 Satz 14 a. F.).

[3] Betrag geänd. durch G v. 27.6.2017 (BGBl. I S. 2074); zur Anwendung siehe § 52 Abs. 12 Satz 6.

[4] § 6 Abs. 2 Satz 4 Betrag geänd. mWv 1.1.2018 durch G v. 30.6.2017 (BGBl. I S. 2143); zur Anwendung siehe § 52 Abs. 12 Satz 5.

[5] § 6 Abs. 2 und 2a idF des G v. 22.12.2009 (BGBl. I S. 3950) sind erstmals für Wirtschaftsgüter anzuwenden, die nach dem 31.12.2009 angeschafft, hergestellt oder in das BV eingelegt worden sind (§ 52 Abs. 16 Satz 14 a. F.).

Wirtschaftsguts oder der Eröffnung des Betriebs ein Sammelposten gebildet werden, wenn die Anschaffungs- oder Herstellungskosten, vermindert um einen darin enthaltenen Vorsteuerbetrag (§ 9b Absatz 1), oder der nach Absatz 1 Nummer 5 bis 6 an deren Stelle tretende Wert für das einzelne Wirtschaftsgut 250[1] Euro, aber nicht 1000 Euro übersteigen. [2]Der Sammelposten ist im Wirtschaftsjahr der Bildung und den folgenden vier Wirtschaftsjahren mit jeweils einem Fünftel gewinnmindernd aufzulösen. [3]Scheidet ein Wirtschaftsgut im Sinne des Satzes 1 aus dem Betriebsvermögen aus, wird der Sammelposten nicht vermindert. [4]Die Anschaffungs- oder Herstellungskosten oder der nach Absatz 1 Nummer 5 bis 6 an deren Stelle tretende Wert von abnutzbaren beweglichen Wirtschaftsgütern des Anlagevermögens, die einer selbständigen Nutzung fähig sind, können im Wirtschaftsjahr der Anschaffung, Herstellung oder Einlage des Wirtschaftsguts oder der Eröffnung des Betriebs in voller Höhe als Betriebsausgaben abgezogen werden, wenn die Anschaffungs- oder Herstellungskosten, vermindert um einen darin enthaltenen Vorsteuerbetrag (§ 9b Absatz 1), oder der nach Absatz 1 Nummer 5 bis 6 an deren Stelle tretende Wert für das einzelne Wirtschaftsgut 250[1] Euro nicht übersteigen. [5]Die Sätze 1 bis 3 sind für alle in einem Wirtschaftsjahr angeschafften, hergestellten oder eingelegten Wirtschaftsgüter einheitlich anzuwenden.

(3)[2] [1]Wird ein Betrieb, ein Teilbetrieb oder der Anteil eines Mitunternehmers an einem Betrieb unentgeltlich übertragen, so sind bei der Ermittlung des Gewinns des bisherigen Betriebsinhabers (Mitunternehmers) die Wirtschaftsgüter mit den Werten anzusetzen, die sich nach den Vorschriften über die Gewinnermittlung ergeben, sofern die Besteuerung der stillen Reserven sichergestellt ist; dies gilt auch bei der unentgeltlichen Aufnahme einer natürlichen Person in ein bestehendes Einzelunternehmen sowie bei der unentgeltlichen Übertragung eines Teils eines Mitunternehmeranteils auf eine natürliche Person. [2]Satz 1 ist auch anzuwenden, wenn der bisherige Betriebsinhaber (Mitunternehmer) Wirtschaftsgüter, die weiterhin zum Betriebsvermögen derselben Mitunternehmerschaft gehören, nicht überträgt, sofern der Rechtsnachfolger den übernommenen Mitunternehmeranteil über einen Zeitraum von mindestens fünf Jahren nicht veräußert oder aufgibt. [3]Der Rechtsnachfolger ist an die in Satz 1 genannten Werte gebunden.

(4)[3] Wird ein einzelnes Wirtschaftsgut außer in den Fällen der Einlage (§ 4 Absatz 1 Satz 8) unentgeltlich in das Betriebsvermögen eines anderen Steuerpflichtigen übertragen, gilt sein gemeiner Wert für das aufnehmende Betriebsvermögen als Anschaffungskosten.

(5) [1]Wird ein einzelnes Wirtschaftsgut von einem Betriebsvermögen in ein anderes Betriebsvermögen desselben Steuerpflichtigen überführt, ist bei der Überführung der Wert anzusetzen, der sich nach den Vorschriften über die Gewinnermittlung ergibt, sofern die Besteuerung der stillen Reserven sicher-

[1] Betrag geänd. durch G v. 27.6.2017 (BGBl. I S. 2074); zur Anwendung siehe § 52 Abs. 12 Satz 8.

[2] § 6 Abs. 3 Satz 1 geänd. durch G v. 20.12.2016 (BGBl. I S. 3000).

[3] § 4 geänd. durch G v. 8.12.2010 (BGBl. I S. 1768).

gestellt ist; § 4 Absatz 1 Satz 4 ist entsprechend anzuwenden.[1)] [2]Satz 1 gilt auch für die Überführung aus einem eigenen Betriebsvermögen des Steuerpflichtigen in dessen Sonderbetriebsvermögen bei einer Mitunternehmerschaft und umgekehrt sowie für die Überführung zwischen verschiedenen Sonderbetriebsvermögen desselben Steuerpflichtigen bei verschiedenen Mitunternehmerschaften. [3]Satz 1 gilt entsprechend, soweit ein Wirtschaftsgut

1. unentgeltlich oder gegen Gewährung oder Minderung von Gesellschaftsrechten aus einem Betriebsvermögen des Mitunternehmers in das Gesamthandsvermögen einer Mitunternehmerschaft und umgekehrt,
2. unentgeltlich oder gegen Gewährung oder Minderung von Gesellschaftsrechten aus dem Sonderbetriebsvermögen eines Mitunternehmers in das Gesamthandsvermögen derselben Mitunternehmerschaft oder einer anderen Mitunternehmerschaft, an der er beteiligt ist, und umgekehrt oder
3. unentgeltlich zwischen den jeweiligen Sonderbetriebsvermögen verschiedener Mitunternehmer derselben Mitunternehmerschaft

übertragen wird. [4]Wird das nach Satz 3 übertragene Wirtschaftsgut innerhalb einer Sperrfrist veräußert oder entnommen, ist rückwirkend auf den Zeitpunkt der Übertragung der Teilwert anzusetzen, es sei denn, die bis zur Übertragung entstandenen stillen Reserven sind durch Erstellung einer Ergänzungsbilanz dem übertragenden Gesellschafter zugeordnet worden; diese Sperrfrist endet drei Jahre nach Abgabe der Steuererklärung des Übertragenden für den Veranlagungszeitraum, in dem die in Satz 3 bezeichnete Übertragung erfolgt ist. [5]Der Teilwert ist auch anzusetzen, soweit in den Fällen des Satzes 3 der Anteil einer Körperschaft, Personenvereinigung oder Vermögensmasse an dem Wirtschaftsgut unmittelbar oder mittelbar begründet wird oder dieser sich erhöht. [6]Soweit innerhalb von sieben Jahren nach der Übertragung des Wirtschaftsguts nach Satz 3 der Anteil einer Körperschaft, Personenvereinigung oder Vermögensmasse an dem übertragenen Wirtschaftsgut aus einem anderen Grund unmittelbar oder mittelbar begründet wird oder dieser sich erhöht, ist rückwirkend auf den Zeitpunkt der Übertragung ebenfalls der Teilwert anzusetzen.

(6) [1]Wird ein einzelnes Wirtschaftsgut im Wege des Tausches übertragen, bemessen sich die Anschaffungskosten nach dem gemeinen Wert des hingegebenen Wirtschaftsguts. [2]Erfolgt die Übertragung im Wege der verdeckten Einlage, erhöhen sich die Anschaffungskosten der Beteiligung an der Kapitalgesellschaft um den Teilwert des eingelegten Wirtschaftsguts. [3]In den Fällen des Absatzes 1 Nummer 5 Satz 1 Buchstabe a erhöhen sich die Anschaffungskosten im Sinne des Satzes 2 um den Einlagewert des Wirtschaftsguts. [4]Absatz 5 bleibt unberührt.

(7)[2)] Im Fall des § 4 Absatz 3 sind

1. bei der Bemessung der Absetzungen für Abnutzung oder Substanzverringerung die sich bei der Anwendung der Absätze 3 bis 6 ergebenden Werte als Anschaffungskosten zugrunde zu legen und

---

[1)] § 6 Abs. 5 Satz 1 HS 2 angef. durch G v. 8.12.2010 (BGBl. I S. 1768); zur Anwendung siehe § 52 Abs. 12 Satz 7.

[2)] § 6 Abs. 7 neu gef. mWv VZ 2013 durch G v. 26.6.2013 (BGBl. I S. 1809).

2. die Bewertungsvorschriften des Absatzes 1 Nummer 1a und der Nummern 4 bis 7 entsprechend anzuwenden.

§ 6a Pensionsrückstellung. (1) Für eine Pensionsverpflichtung darf eine Rückstellung (Pensionsrückstellung) nur gebildet werden, wenn und soweit

1. der Pensionsberechtigte einen Rechtsanspruch auf einmalige oder laufende Pensionsleistungen hat,
2. die Pensionszusage keine Pensionsleistungen in Abhängigkeit von künftigen gewinnabhängigen Bezügen vorsieht und keinen Vorbehalt enthält, dass die Pensionsanwartschaft oder die Pensionsleistung gemindert oder entzogen werden kann, oder ein solcher Vorbehalt sich nur auf Tatbestände erstreckt, bei deren Vorliegen nach allgemeinen Rechtsgrundsätzen unter Beachtung billigen Ermessens eine Minderung oder ein Entzug der Pensionsanwartschaft oder der Pensionsleistung zulässig ist, und
3. die Pensionszusage schriftlich erteilt ist; die Pensionszusage muss eindeutige Angaben zu Art, Form, Voraussetzungen und Höhe der in Aussicht gestellten künftigen Leistungen enthalten.

(2)[1] Eine Pensionsrückstellung darf erstmals gebildet werden

1. vor Eintritt des Versorgungsfalls für das Wirtschaftsjahr, in dem die Pensionszusage erteilt wird, frühestens jedoch für das Wirtschaftsjahr, bis zu dessen Mitte der Pensionsberechtigte bei
   a) erstmals nach dem 31. Dezember 2017 zugesagten Pensionsleistungen das 23. Lebensjahr vollendet,
   b) erstmals nach dem 31. Dezember 2008 und vor dem 1. Januar 2018 zugesagten Pensionsleistungen das 27. Lebensjahr vollendet,
   c) erstmals nach dem 31. Dezember 2000 und vor dem 1. Januar 2009 zugesagten Pensionsleistungen das 28. Lebensjahr vollendet,
   d) erstmals vor dem 1. Januar 2001 zugesagten Pensionsleistungen das 30. Lebensjahr vollendet

   oder bei nach dem 31. Dezember 2000 vereinbarten Entgeltumwandlungen im Sinne von § 1 Absatz 2 des Betriebsrentengesetzes für das Wirtschaftsjahr, in dessen Verlauf die Pensionsanwartschaft gemäß den Vorschriften des Betriebsrentengesetzes unverfallbar wird,
2. nach Eintritt des Versorgungsfalls für das Wirtschaftsjahr, in dem der Versorgungsfall eintritt.

(3) [1] Eine Pensionsrückstellung darf höchstens mit dem Teilwert der Pensionsverpflichtung angesetzt werden. [2] Als Teilwert einer Pensionsverpflichtung gilt

1.[2] vor Beendigung des Dienstverhältnisses des Pensionsberechtigten der Barwert der künftigen Pensionsleistungen am Schluss des Wirtschaftsjahres abzüglich des sich auf denselben Zeitpunkt ergebenden Barwerts betragsmäßig gleich bleibender Jahresbeträge, bei einer Entgeltumwandlung im Sinne von

---

[1] § 6a Abs. 2 Nr. 1 neu gef. mWv 1.1.2018 durch G v. 21.12.2015 (BGBl. I S. 2553).

[2] § 6a Abs. 3 Satz 2 Nr. 1 Satz 6 neu gef. mWv 1.1.2018 durch G v. 21.12.2015 (BGBl. I S. 2553).

§ 1 Absatz 2 des Betriebsrentengesetzes mindestens jedoch der Barwert der gemäß den Vorschriften des Betriebsrentengesetzes unverfallbaren künftigen Pensionsleistungen am Schluss des Wirtschaftsjahres. [2]Die Jahresbeträge sind so zu bemessen, dass am Beginn des Wirtschaftsjahres, in dem das Dienstverhältnis begonnen hat, ihr Barwert gleich dem Barwert der künftigen Pensionsleistungen ist; die künftigen Pensionsleistungen sind dabei mit dem Betrag anzusetzen, der sich nach den Verhältnissen am Bilanzstichtag ergibt. [3]Es sind die Jahresbeträge zugrunde zu legen, die vom Beginn des Wirtschaftsjahres, in dem das Dienstverhältnis begonnen hat, bis zu dem in der Pensionszusage vorgesehenen Zeitpunkt des Eintritts des Versorgungsfalls rechnungsmäßig aufzubringen sind. [4]Erhöhungen oder Verminderungen der Pensionsleistungen nach dem Schluss des Wirtschaftsjahres, die hinsichtlich des Zeitpunktes ihres Wirksamwerdens oder ihres Umfangs ungewiss sind, sind bei der Berechnung des Barwerts der künftigen Pensionsleistungen und der Jahresbeträge erst zu berücksichtigen, wenn sie eingetreten sind. [5]Wird die Pensionszusage erst nach dem Beginn des Dienstverhältnisses erteilt, so ist die Zwischenzeit für die Berechnung der Jahresbeträge nur insoweit als Wartezeit zu behandeln, als sie in der Pensionszusage als solche bestimmt ist. [6]Hat das Dienstverhältnis schon vor der Vollendung des nach Absatz 2 Nummer 1 maßgebenden Lebensjahres des Pensionsberechtigten bestanden, gilt es als zu Beginn des Wirtschaftsjahres begonnen, bis zu dessen Mitte der Pensionsberechtigte das nach Absatz 2 Nummer 1 maßgebende Lebensjahr vollendet; bei nach dem 31. Dezember 2000 vereinbarten Entgeltumwandlungen im Sinne von § 1 Absatz 2 des Betriebsrentengesetzes gilt für davor liegende Wirtschaftsjahre als Teilwert der Barwert der gemäß den Vorschriften des Betriebsrentengesetzes unverfallbaren künftigen Pensionsleistungen am Schluss des Wirtschaftsjahres;

2. nach Beendigung des Dienstverhältnisses des Pensionsberechtigten unter Aufrechterhaltung seiner Pensionsanwartschaft oder nach Eintritt des Versorgungsfalls der Barwert der künftigen Pensionsleistungen am Schluss des Wirtschaftsjahres; Nummer 1 Satz 4 gilt sinngemäß.

[3]Bei der Berechnung des Teilwerts der Pensionsverpflichtung sind ein Rechnungszinsfuß von 6 Prozent und die anerkannten Regeln der Versicherungsmathematik anzuwenden.

(4) [1]Eine Pensionsrückstellung darf in einem Wirtschaftsjahr höchstens um den Unterschied zwischen dem Teilwert der Pensionsverpflichtung am Schluss des Wirtschaftsjahres und am Schluss des vorangegangenen Wirtschaftsjahres erhöht werden. [2]Soweit der Unterschiedsbetrag auf der erstmaligen Anwendung neuer oder geänderter biometrischer Rechnungsgrundlagen beruht, kann er nur auf mindestens drei Wirtschaftsjahre gleichmäßig verteilt der Pensionsrückstellung zugeführt werden; Entsprechendes gilt beim Wechsel auf andere biometrische Rechnungsgrundlagen. [3]In dem Wirtschaftsjahr, in dem mit der Bildung einer Pensionsrückstellung frühestens begonnen werden darf (Erstjahr), darf die Rückstellung bis zur Höhe des Teilwerts der Pensionsverpflichtung am Schluss des Wirtschaftsjahres gebildet werden; diese Rückstellung kann auf das Erstjahr und die beiden folgenden Wirtschaftsjahre gleichmäßig verteilt werden. [4]Erhöht sich in einem Wirtschaftsjahr gegenüber dem vorangegangenen Wirtschaftsjahr

der Barwert der künftigen Pensionsleistungen um mehr als 25 Prozent, so kann die für dieses Wirtschaftsjahr zulässige Erhöhung der Pensionsrückstellung auf dieses Wirtschaftsjahr und die beiden folgenden Wirtschaftsjahre gleichmäßig verteilt werden. [5] Am Schluss des Wirtschaftsjahres, in dem das Dienstverhältnis des Pensionsberechtigten unter Aufrechterhaltung seiner Pensionsanwartschaft endet oder der Versorgungsfall eintritt, darf die Pensionsrückstellung stets bis zur Höhe des Teilwerts der Pensionsverpflichtung gebildet werden; die für dieses Wirtschaftsjahr zulässige Erhöhung der Pensionsrückstellung kann auf dieses Wirtschaftsjahr und die beiden folgenden Wirtschaftsjahre gleichmäßig verteilt werden. [6] Satz 2 gilt in den Fällen der Sätze 3 bis 5 entsprechend.

(5) Die Absätze 3 und 4 gelten entsprechend, wenn der Pensionsberechtigte zu dem Pensionsverpflichteten in einem anderen Rechtsverhältnis als einem Dienstverhältnis steht.

§ 6b Übertragung stiller Reserven bei der Veräußerung bestimmter Anlagegüter. (1) [1] Steuerpflichtige, die

Grund und Boden,

Aufwuchs auf Grund und Boden mit dem dazugehörigen Grund und Boden, wenn der Aufwuchs zu einem land- und forstwirtschaftlichen Betriebsvermögen gehört,

Gebäude oder Binnenschiffe

veräußern, können im Wirtschaftsjahr der Veräußerung von den Anschaffungs- oder Herstellungskosten der in Satz 2 bezeichneten Wirtschaftsgüter, die im Wirtschaftsjahr der Veräußerung oder im vorangegangenen Wirtschaftsjahr angeschafft oder hergestellt worden sind, einen Betrag bis zur Höhe des bei der Veräußerung entstandenen Gewinns abziehen. [2] Der Abzug ist zulässig bei den Anschaffungs- oder Herstellungskosten von

1. Grund und Boden,
   soweit der Gewinn bei der Veräußerung von Grund und Boden entstanden ist,
2. Aufwuchs auf Grund und Boden mit dem dazugehörigen Grund und Boden, wenn der Aufwuchs zu einem land- und forstwirtschaftlichen Betriebsvermögen gehört,
   soweit der Gewinn bei der Veräußerung von Grund und Boden oder der Veräußerung von Aufwuchs auf Grund und Boden mit dem dazugehörigen Grund und Boden entstanden ist,
3. Gebäuden,
   soweit der Gewinn bei der Veräußerung von Grund und Boden, von Aufwuchs auf Grund und Boden mit dem dazugehörigen Grund und Boden oder Gebäuden entstanden ist, oder
4. Binnenschiffen,
   soweit der Gewinn bei der Veräußerung von Binnenschiffen entstanden ist.

[3] Der Anschaffung oder Herstellung von Gebäuden steht ihre Erweiterung, ihr Ausbau oder ihr Umbau gleich. [4] Der Abzug ist in diesem Fall nur von dem Aufwand für die Erweiterung, den Ausbau oder den Umbau der Gebäude zulässig.

(2) [1]Gewinn im Sinne des Absatzes 1 Satz 1 ist der Betrag, um den der Veräußerungspreis nach Abzug der Veräußerungskosten den Buchwert übersteigt, mit dem das veräußerte Wirtschaftsgut im Zeitpunkt der Veräußerung anzusetzen gewesen wäre. [2]Buchwert ist der Wert, mit dem ein Wirtschaftsgut nach § 6 anzusetzen ist.

(2a)[1)] [1]Werden im Wirtschaftsjahr der Veräußerung der in Absatz 1 Satz 1 bezeichneten Wirtschaftsgüter oder in den folgenden vier Wirtschaftsjahren in Absatz 1 Satz 2 bezeichnete Wirtschaftsgüter angeschafft oder hergestellt oder sind sie in dem der Veräußerung vorangegangenen Wirtschaftsjahr angeschafft oder hergestellt worden, die einem Betriebsvermögen des Steuerpflichtigen in einem anderen Mitgliedstaat der Europäischen Union oder des Europäischen Wirtschaftsraums zuzuordnen sind, kann auf Antrag des Steuerpflichtigen die festgesetzte Steuer, die auf den Gewinn im Sinne des Absatzes 2 entfällt, in fünf gleichen Jahresraten entrichtet werden; die Frist von vier Jahren verlängert sich bei neu hergestellten Gebäuden auf sechs Jahre, wenn mit ihrer Herstellung vor dem Schluss des vierten auf die Veräußerung folgenden Wirtschaftsjahres begonnen worden ist. [2]Der Antrag kann nur im Wirtschaftsjahr der Veräußerung der in Absatz 1 Satz 1 bezeichneten Wirtschaftsgüter gestellt werden. [3]§ 36 Absatz 5 Satz 2 bis 5 ist sinngemäß anzuwenden. [4]Unterbleibt der Nachweis einer in Satz 1 genannten Anschaffung oder Herstellung durch den Steuerpflichtigen, sind für die Dauer des durch die Ratenzahlung gewährten Zahlungsaufschubs Zinsen in entsprechender Anwendung des § 234 der Abgabenordnung zu erheben. [5]Unterschreiten die Anschaffungs- oder Herstellungskosten der angeschafften oder hergestellten Wirtschaftsgüter den Gewinn im Sinne des Absatzes 2, gilt Satz 4 mit der Maßgabe, dass die Zinsen nur auf den Unterschiedsbetrag erhoben werden. [6]Bei der Zinsberechnung ist davon auszugehen, dass der Unterschiedsbetrag anteilig auf alle Jahresraten entfällt. [7]Zu den nach Satz 1 angeschafften oder hergestellten Wirtschaftsgütern gehören auch die einem Betriebsvermögen des Steuerpflichtigen im Vereinigten Königreich Großbritannien und Nordirland zuzuordnenden Wirtschaftsgüter, soweit der Antrag nach Satz 1 vor dem Zeitpunkt gestellt worden ist, ab dem das Vereinigte Königreich Großbritannien und Nordirland nicht mehr Mitgliedstaat der Europäischen Union ist und auch nicht wie ein solcher zu behandeln ist.

(3) [1]Soweit Steuerpflichtige den Abzug nach Absatz 1 nicht vorgenommen haben, können sie im Wirtschaftsjahr der Veräußerung eine den steuerlichen Gewinn mindernde Rücklage bilden. [2]Bis zur Höhe dieser Rücklage können sie von den Anschaffungs- oder Herstellungskosten der in Absatz 1 Satz 2 bezeichneten Wirtschaftsgüter, die in den folgenden vier Wirtschaftsjahren angeschafft oder hergestellt worden sind, im Wirtschaftsjahr ihrer Anschaffung oder Herstellung einen Betrag unter Berücksichtigung der Einschränkungen des Absatzes 1 Satz 2 bis 4 abziehen. [3]Die Frist von vier Jahren verlängert sich bei neu hergestellten Gebäuden auf sechs Jahre, wenn mit ihrer Herstellung vor dem Schluss des vierten auf die Bildung der Rücklage folgenden Wirt-

---

1) § 6b Abs. 2a eingef. durch G v. 2.11.2015 (BGBl. I S. 1834); zur Anwendung siehe § 52 Abs. 14 Satz 1; Sätze 4 bis 6 angef. durch G v. 11.12.2018 (BGBl. I S. 2338); zur Anwendung siehe § 52 Abs. 14 Satz 3; Satz 7 angef. mWv 29.3.2019 durch G v. 25.3.2019 (BGBl. I S. 357).

schaftsjahres begonnen worden ist. [4]Die Rücklage ist in Höhe des abgezogenen Betrags gewinnerhöhend aufzulösen. [5]Ist eine Rücklage am Schluss des vierten auf ihre Bildung folgenden Wirtschaftsjahres noch vorhanden, so ist sie in diesem Zeitpunkt gewinnerhöhend aufzulösen, soweit nicht ein Abzug von den Herstellungskosten von Gebäuden in Betracht kommt, mit deren Herstellung bis zu diesem Zeitpunkt begonnen worden ist; ist die Rücklage am Schluss des sechsten auf ihre Bildung folgenden Wirtschaftsjahres noch vorhanden, so ist sie in diesem Zeitpunkt gewinnerhöhend aufzulösen.

(4) [1]Voraussetzung für die Anwendung der Absätze 1 und 3 ist, dass

1. der Steuerpflichtige den Gewinn nach § 4 Absatz 1 oder § 5 ermittelt,
2. die veräußerten Wirtschaftsgüter im Zeitpunkt der Veräußerung mindestens sechs Jahre ununterbrochen zum Anlagevermögen einer inländischen Betriebsstätte gehört haben,
3. die angeschafften oder hergestellten Wirtschaftsgüter zum Anlagevermögen einer inländischen Betriebsstätte gehören,
4. der bei der Veräußerung entstandene Gewinn bei der Ermittlung des im Inland steuerpflichtigen Gewinns nicht außer Ansatz bleibt und
5. der Abzug nach Absatz 1 und die Bildung und Auflösung der Rücklage nach Absatz 3 in der Buchführung verfolgt werden können.

[2]Der Abzug nach den Absätzen 1 und 3 ist bei Wirtschaftsgütern, die zu einem land- und forstwirtschaftlichen Betrieb gehören oder der selbständigen Arbeit dienen, nicht zulässig, wenn der Gewinn bei der Veräußerung von Wirtschaftsgütern eines Gewerbebetriebs entstanden ist.

(5) An die Stelle der Anschaffungs- oder Herstellungskosten im Sinne des Absatzes 1 tritt in den Fällen, in denen das Wirtschaftsgut im Wirtschaftsjahr vor der Veräußerung angeschafft oder hergestellt worden ist, der Buchwert am Schluss des Wirtschaftsjahres der Anschaffung oder Herstellung.

(6) [1]Ist ein Betrag nach Absatz 1 oder 3 abgezogen worden, so tritt für die Absetzungen für Abnutzung oder Substanzverringerung oder in den Fällen des § 6 Absatz 2 und Absatz 2a im Wirtschaftsjahr des Abzugs der verbleibende Betrag an die Stelle der Anschaffungs- oder Herstellungskosten. [2]In den Fällen des § 7 Absatz 4 Satz 1 und Absatz 5 sind die um den Abzugsbetrag nach Absatz 1 oder 3 geminderten Anschaffungs- oder Herstellungskosten maßgebend.

(7) Soweit eine nach Absatz 3 Satz 1 gebildete Rücklage gewinnerhöhend aufgelöst wird, ohne dass ein entsprechender Betrag nach Absatz 3 abgezogen wird, ist der Gewinn des Wirtschaftsjahres, in dem die Rücklage aufgelöst wird, für jedes volle Wirtschaftsjahr, in dem die Rücklage bestanden hat, um 6 Prozent des aufgelösten Rücklagenbetrags zu erhöhen.

(8) [1]Werden Wirtschaftsgüter im Sinne des Absatzes 1 zum Zweck der Vorbereitung oder Durchführung von städtebaulichen Sanierungs- oder Entwicklungsmaßnahmen an einen der in Satz 2[1)] bezeichneten Erwerber übertragen, sind die Absätze 1 bis 7 mit der Maßgabe anzuwenden, dass

---

1) Verweis berichtigt durch G v. 26.6.2013 (BGBl. I S. 1809).

1. die Fristen des Absatzes 3 Satz 2, 3 und 5 sich jeweils um drei Jahre verlängern und
2. an die Stelle der in Absatz 4 Nummer 2 bezeichneten Frist von sechs Jahren eine Frist von zwei Jahren tritt.

[2]Erwerber im Sinne des Satzes 1 sind Gebietskörperschaften, Gemeindeverbände, Verbände im Sinne des § 166 Absatz 4 des Baugesetzbuchs, Planungsverbände nach § 205 des Baugesetzbuchs, Sanierungsträger nach § 157 des Baugesetzbuchs, Entwicklungsträger nach § 167 des Baugesetzbuchs sowie Erwerber, die städtebauliche Sanierungsmaßnahmen als Eigentümer selbst durchführen (§ 147 Absatz 2 und § 148 Absatz 1 Baugesetzbuch).

(9) Absatz 8 ist nur anzuwenden, wenn die nach Landesrecht zuständige Behörde bescheinigt, dass die Übertragung der Wirtschaftsgüter zum Zweck der Vorbereitung oder Durchführung von städtebaulichen Sanierungs- oder Entwicklungsmaßnahmen an einen der in Absatz 8 Satz 2 bezeichneten Erwerber erfolgt ist.

(10) [1]Steuerpflichtige, die keine Körperschaften, Personenvereinigungen oder Vermögensmassen sind, können Gewinne aus der Veräußerung von Anteilen an Kapitalgesellschaften bis zu einem Betrag von 500 000 Euro auf die im Wirtschaftsjahr der Veräußerung oder in den folgenden zwei Wirtschaftsjahren angeschafften Anteile an Kapitalgesellschaften oder angeschafften oder hergestellten abnutzbaren beweglichen Wirtschaftsgüter oder auf die im Wirtschaftsjahr der Veräußerung oder in den folgenden vier Wirtschaftsjahren angeschafften oder hergestellten Gebäude nach Maßgabe der Sätze 2 bis 10 übertragen. [2]Wird der Gewinn im Jahr der Veräußerung auf Gebäude oder abnutzbare bewegliche Wirtschaftsgüter übertragen, so kann ein Betrag bis zur Höhe des bei der Veräußerung entstandenen und nicht nach § 3 Nummer 40 Satz 1 Buchstabe a und b in Verbindung mit § 3c Absatz 2 steuerbefreiten Betrags von den Anschaffungs- oder Herstellungskosten für Gebäude oder abnutzbare bewegliche Wirtschaftsgüter abgezogen werden. [3]Wird der Gewinn im Jahr der Veräußerung auf Anteile an Kapitalgesellschaften übertragen, mindern sich die Anschaffungskosten der Anteile an Kapitalgesellschaften in Höhe des Veräußerungsgewinns einschließlich des nach § 3 Nummer 40 Satz 1 Buchstabe a und b in Verbindung mit § 3c Absatz 2 steuerbefreiten Betrags. [4]Absatz 2, Absatz 4 Satz 1 Nummer 1, 2, 3, 5 und Satz 2 sowie Absatz 5 sind sinngemäß anzuwenden. [5]Soweit Steuerpflichtige den Abzug nach den Sätzen 1 bis 4 nicht vorgenommen haben, können sie eine Rücklage nach Maßgabe des Satzes 1 einschließlich des nach § 3 Nummer 40 Satz 1 Buchstabe a und b in Verbindung mit § 3c Absatz 2 steuerbefreiten Betrags bilden. [6]Bei der Auflösung der Rücklage gelten die Sätze 2 und 3 sinngemäß. [7]Im Fall des Satzes 2 ist die Rücklage in gleicher Höhe um den nach § 3 Nummer 40 Satz 1 Buchstabe a und b in Verbindung mit § 3c Absatz 2 steuerbefreiten Betrag aufzulösen. [8]Ist eine Rücklage am Schluss des vierten auf ihre Bildung folgenden Wirtschaftsjahres noch vorhanden, so ist sie in diesem Zeitpunkt gewinnerhöhend aufzulösen. [9]Soweit der Abzug nach Satz 6 nicht vorgenommen wurde, ist der Gewinn des Wirtschaftsjahres, in dem die Rücklage aufgelöst wird, für jedes volle Wirtschaftsjahr, in dem die Rücklage bestanden hat, um 6 Prozent des nicht nach § 3 Nummer 40 Satz 1 Buchstabe a

und b in Verbindung mit § 3c Absatz 2 steuerbefreiten aufgelösten Rücklagenbetrags zu erhöhen. [10] Für die zum Gesamthandsvermögen von Personengesellschaften oder Gemeinschaften gehörenden Anteile an Kapitalgesellschaften gelten die Sätze 1 bis 9 nur, soweit an den Personengesellschaften und Gemeinschaften keine Körperschaften, Personenvereinigungen oder Vermögensmassen beteiligt sind. [11] *Die Sätze 1 bis 10 sind bei der Veräußerung von einbringungsgeborenen Anteilen im Sinne des § 21 des Umwandlungssteuergesetzes nur anzuwenden, wenn die Voraussetzungen des § 3 Nr. 40 Satz 4 erfüllt sind.*[1)]

§ 6c Übertragung stiller Reserven bei der Veräußerung bestimmter Anlagegüter bei der Ermittlung des Gewinns nach § 4 Absatz 3 oder nach Durchschnittssätzen. (1) [1] § 6b mit Ausnahme des § 6b Absatz 4 Nummer 1 ist entsprechend anzuwenden, wenn der Gewinn nach § 4 Absatz 3 oder die Einkünfte aus Land- und Forstwirtschaft nach Durchschnittssätzen ermittelt werden. [2] Soweit nach § 6b Absatz 3 eine Rücklage gebildet werden kann, ist ihre Bildung als Betriebsausgabe (Abzug) und ihre Auflösung als Betriebseinnahme (Zuschlag) zu behandeln; der Zeitraum zwischen Abzug und Zuschlag gilt als Zeitraum, in dem die Rücklage bestanden hat.

(2) [1] Voraussetzung für die Anwendung des Absatzes 1 ist, dass die Wirtschaftsgüter, bei denen ein Abzug von den Anschaffungs- oder Herstellungskosten oder von dem Wert nach § 6b Absatz 5 vorgenommen worden ist, in besondere, laufend zu führende Verzeichnisse aufgenommen werden. [2] In den Verzeichnissen sind der Tag der Anschaffung oder Herstellung, die Anschaffungs- oder Herstellungskosten, der Abzug nach § 6b Absatz 1 und 3 in Verbindung mit Absatz 1, die Absetzungen für Abnutzung, die Abschreibungen sowie die Beträge nachzuweisen, die nach § 6b Absatz 3 in Verbindung mit Absatz 1 als Betriebsausgaben (Abzug) oder Betriebseinnahmen (Zuschlag) behandelt worden sind.

§ 6d Euroumrechnungsrücklage. (1) [1] Ausleihungen, Forderungen und Verbindlichkeiten im Sinne des Artikels 43 des Einführungsgesetzes zum Handelsgesetzbuch, die auf Währungseinheiten der an der europäischen Währungsunion teilnehmenden anderen Mitgliedstaaten oder auf die ECU im Sinne des Artikels 2 der Verordnung (EG) Nr. 1103/97 des Rates vom 17. Juni 1997 (ABl. EG Nr. L 162 S. 1) lauten, sind am Schluss des ersten nach dem 31. Dezember 1998 endenden Wirtschaftsjahres mit dem vom Rat der Europäischen Union gemäß Artikel 109l Absatz 4 Satz 1 des EG-Vertrages unwiderruflich festgelegten Umrechnungskurs umzurechnen und mit dem sich danach ergebenden Wert anzusetzen. [2] Der Gewinn, der sich aus diesem jeweiligen Ansatz für das einzelne Wirtschaftsgut ergibt, kann in eine den steuerlichen Gewinn mindernde Rücklage eingestellt werden. [3] Die Rücklage ist gewinnerhöhend aufzulösen, soweit das Wirtschaftsgut, aus dessen Bewertung sich der in die Rücklage eingestellte Gewinn ergeben hat, aus dem Betriebsvermögen ausscheidet. [4] Die Rücklage ist spätestens am Schluss des fünften nach dem 31. Dezember 1998 endenden Wirtschaftsjahres gewinnerhöhend aufzulösen.

---

1) Satz 11 aufgeh.; zur weiteren Anwendung siehe § 52 Abs. 14 Satz 2.

(2) [1]In die Euroumrechnungsrücklage gemäß Absatz 1 Satz 2 können auch Erträge eingestellt werden, die sich aus der Aktivierung von Wirtschaftsgütern auf Grund der unwiderruflichen Festlegung der Umrechnungskurse ergeben. [2]Absatz 1 Satz 3 gilt entsprechend.

(3) Die Bildung und Auflösung der jeweiligen Rücklage müssen in der Buchführung verfolgt werden können.

§ 6e[1)] Fondsetablierungskosten als Anschaffungskosten. (1) [1]Zu den Anschaffungskosten von Wirtschaftsgütern, die ein Steuerpflichtiger gemeinschaftlich mit weiteren Anlegern gemäß einem von einem Projektanbieter vorformulierten Vertragswerk anschafft, gehören auch die Fondsetablierungskosten im Sinne der Absätze 2 und 3. [2]Haben die Anleger in ihrer gesellschaftsrechtlichen Verbundenheit keine wesentlichen Möglichkeiten zur Einflussnahme auf das Vertragswerk, gelten die Wirtschaftsgüter im Sinne von Satz 1 als angeschafft.

(2) [1]Fondsetablierungskosten sind alle auf Grund des vorformulierten Vertragswerks neben den Anschaffungskosten im Sinne von § 255 des Handelsgesetzbuchs vom Anleger an den Projektanbieter oder an Dritte zu zahlenden Aufwendungen, die auf den Erwerb der Wirtschaftsgüter im Sinne des Absatzes 1 Satz 1 gerichtet sind. [2]Zu den Anschaffungskosten der Anleger im Sinne des Absatzes 1 Satz 2 gehören darüber hinaus alle an den Projektanbieter oder an Dritte geleisteten Aufwendungen in wirtschaftlichem Zusammenhang mit der Abwicklung des Projekts in der Investitionsphase. [3]Zu den Anschaffungskosten zählen auch die Haftungs- und Geschäftsführungsvergütungen für Komplementäre, Geschäftsführungsvergütungen bei schuldrechtlichem Leistungsaustausch und Vergütungen für Treuhandkommanditisten, soweit sie auf die Investitionsphase entfallen.

(3) Absatz 1 Satz 1 und Absatz 2 sind sinngemäß in den Fällen anzuwenden, in denen Fondsetablierungskosten vergleichbare Kosten außerhalb einer gemeinschaftlichen Anschaffung zu zahlen sind.

(4) Im Fall des § 4 Absatz 3 sind die Absätze 1 bis 3 entsprechend anzuwenden.

(5) § 15b bleibt unberührt.

§ 7 Absetzung für Abnutzung oder Substanzverringerung. (1) [1]Bei Wirtschaftsgütern, deren Verwendung oder Nutzung durch den Steuerpflichtigen zur Erzielung von Einkünften sich erfahrungsgemäß auf einen Zeitraum von mehr als einem Jahr erstreckt, ist jeweils für ein Jahr der Teil der Anschaffungs- oder Herstellungskosten abzusetzen, der bei gleichmäßiger Verteilung dieser Kosten auf die Gesamtdauer der Verwendung oder Nutzung auf ein Jahr entfällt (Absetzung für Abnutzung in gleichen Jahresbeträgen). [2]Die Absetzung bemisst sich hierbei nach der betriebsgewöhnlichen Nutzungsdauer des Wirtschaftsguts. [3]Als betriebsgewöhnliche Nutzungsdauer des Geschäfts- oder

---

1) § 6e eingef. durch G v. 12.12.2019 (BGBl. I S. 2451); zur Anwendung siehe § 52 Abs. 14a.

Firmenwerts eines Gewerbebetriebs oder eines Betriebs der Land- und Forstwirtschaft gilt ein Zeitraum von 15 Jahren. [4]Im Jahr der Anschaffung oder Herstellung des Wirtschaftsguts vermindert sich für dieses Jahr der Absetzungsbetrag nach Satz 1 um jeweils ein Zwölftel für jeden vollen Monat, der dem Monat der Anschaffung oder Herstellung vorangeht. [5]Bei Wirtschaftsgütern, die nach einer Verwendung zur Erzielung von Einkünften im Sinne des § 2 Absatz 1 Satz 1 Nummer 4 bis 7 in ein Betriebsvermögen eingelegt worden sind, mindert sich der Einlagewert um die Absetzungen für Abnutzung oder Substanzverringerung, Sonderabschreibungen oder erhöhte Absetzungen, die bis zum Zeitpunkt der Einlage vorgenommen worden sind, höchstens jedoch bis zu den fortgeführten Anschaffungs- oder Herstellungskosten [***ab 1.1.2011:*** ; ist der Einlagewert niedriger als dieser Wert, bemisst sich die weitere Absetzung für Abnutzung vom Einlagewert].[1)] [6]Bei beweglichen Wirtschaftsgütern des Anlagevermögens, bei denen es wirtschaftlich begründet ist, die Absetzung für Abnutzung nach Maßgabe der Leistung des Wirtschaftsguts vorzunehmen, kann der Steuerpflichtige dieses Verfahren statt der Absetzung für Abnutzung in gleichen Jahresbeträgen anwenden, wenn er den auf das einzelne Jahr entfallenden Umfang der Leistung nachweist. [7]Absetzungen für außergewöhnliche technische oder wirtschaftliche Abnutzung sind zulässig; soweit der Grund hierfür in späteren Wirtschaftsjahren entfällt, ist in den Fällen der Gewinnermittlung nach § 4 Absatz 1 oder nach § 5 eine entsprechende Zuschreibung vorzunehmen.

[Fassung ab 1.1.2009:]

(2)[2)] [1]Bei beweglichen Wirtschaftsgütern des Anlagevermögens, die nach dem 31. Dezember 2008 und vor dem 1. Januar 2011 angeschafft oder hergestellt worden sind, kann der Steuerpflichtige statt der Absetzung für Abnutzung in gleichen Jahresbeträgen die Absetzung für Abnutzung in fallenden Jahresbeträgen bemessen. [2]Die Absetzung für Abnutzung in fallenden Jahresbeträgen kann nach einem unveränderlichen Prozentsatz vom jeweiligen Buchwert (Restwert) vorgenommen werden; der dabei anzuwendende Prozentsatz darf höchstens das Zweieinhalbfache des bei der Absetzung für Abnutzung in gleichen Jahresbeträgen in

[Fassung ab 1.1.2020:]

(2)[3)] [1]Bei beweglichen Wirtschaftsgütern des Anlagevermögens, die nach dem 31. Dezember 2019 und vor dem 1. Januar 2022 angeschafft oder hergestellt worden sind, kann der Steuerpflichtige statt der Absetzung für Abnutzung in gleichen Jahresbeträgen die Absetzung für Abnutzung in fallenden Jahresbeträgen bemessen. [2]Die Absetzung für Abnutzung in fallenden Jahresbeträgen kann nach einem unveränderlichen Prozentsatz vom jeweiligen Buchwert (Restwert) vorgenommen werden; der dabei anzuwendende Prozentsatz darf höchstens das Zweieinhalbfache des bei der Absetzung für Abnutzung in gleichen Jahresbeträgen in

---

1) § 7 Abs. 1 Satz 5 geänd. durch G v. 8.12.2010 (BGBl. I S. 1768); siehe auch Übergangsregelung in BMF v. 27.10.2010, IV C 3 – S 2190/09/1007, DStR 2010 S. 2304.

2) § 7 Abs. 2 neu gef. mW für nach dem 31.12.2008 angeschaffte Wirtschaftsgüter durch G v. 21.12.2008 (BGBl. I S. 2896).

3) § 7 Abs. 2 neu gef. durch G v. 29.6.2020 (BGBl. I S. 1512).

[Fassung ab 1.1.2009:]

Betracht kommenden Prozentsatzes betragen und 25 Prozent nicht übersteigen. [3]Absatz 1 Satz 4 und § 7a Absatz 8 gelten entsprechend. [4]Bei Wirtschaftsgütern, bei denen die Absetzung für Abnutzung in fallenden Jahresbeträgen bemessen wird, sind Absetzungen für außergewöhnliche technische oder wirtschaftliche Abnutzung nicht zulässig.

[Fassung ab 1.1.2020:]

Betracht kommenden Prozentsatzes betragen und 25 Prozent nicht übersteigen. [3]Absatz 1 Satz 4 und § 7a Absatz 8 gelten entsprechend. [4]Bei Wirtschaftsgütern, bei denen die Absetzung für Abnutzung in fallenden Jahresbeträgen bemessen wird, sind Absetzungen für außergewöhnliche technische oder wirtschaftliche Abnutzung nicht zulässig.

(3)[1)] [1]Der Übergang von der Absetzung für Abnutzung in fallenden Jahresbeträgen zur Absetzung für Abnutzung in gleichen Jahresbeträgen ist zulässig. [2]In diesem Fall bemisst sich die Absetzung für Abnutzung vom Zeitpunkt des Übergangs an nach dem dann noch vorhandenen Restwert und der Restnutzungsdauer des einzelnen Wirtschaftsguts. [3]Der Übergang von der Absetzung für Abnutzung in gleichen Jahresbeträgen zur Absetzung für Abnutzung in fallenden Jahresbeträgen ist nicht zulässig.

(4) [1]Bei Gebäuden sind abweichend von Absatz 1 als Absetzung für Abnutzung die folgenden Beträge bis zur vollen Absetzung abzuziehen:

1. bei Gebäuden, soweit sie zu einem Betriebsvermögen gehören und nicht Wohnzwecken dienen und für die der Bauantrag nach dem 31. März 1985 gestellt worden ist, jährlich 3 Prozent [***alte Fassung:*** 4 vom Hundert][2)],
2. bei Gebäuden, soweit sie die Voraussetzungen der Nummer 1 nicht erfüllen und die
   a) nach dem 31. Dezember 1924 fertiggestellt worden sind, jährlich 2 Prozent,
   b) vor dem 1. Januar 1925 fertiggestellt worden sind, jährlich 2,5 Prozent

der Anschaffungs- oder Herstellungskosten; Absatz 1 Satz 5 gilt entsprechend. [2]Beträgt die tatsächliche Nutzungsdauer eines Gebäudes in den Fällen des Satzes 1 Nummer 1 weniger als 33 Jahre [***alte Fassung:*** 25 Jahre][2)], in den Fällen des Satzes 1 Nummer 2 Buchstabe a weniger als 50 Jahre, in den Fällen des Satzes 1 Nummer 2 Buchstabe b weniger als 40 Jahre, so können anstelle der Absetzungen nach Satz 1 die der tatsächlichen Nutzungsdauer entsprechenden Absetzungen für Abnutzung vorgenommen werden. [3]Absatz 1 letzter Satz bleibt unberührt. [4]Bei Gebäuden im Sinne der Nummer 2 rechtfertigt die für Gebäude im Sinne der Nummer 1 geltende Regelung weder die Anwendung des Absatzes 1 letzter Satz noch den Ansatz des niedrigeren Teilwerts (§ 6 Absatz 1 Nummer 1 Satz 2).

(5) [1]Bei *im Inland belegenen Gebäuden,* [***neue Fassung:*** Gebäuden, die in einem Mitgliedstaat der Europäischen Union oder einem anderen Staat belegen sind, auf den das Abkommen über den Europäischen Wirtschaftsraum (EWR-

---

[1)] § 7 Abs. 3 neu gef. mW für nach dem 31.12.2008 angeschaffte Wirtschaftsgüter durch G v. 21.12.2008 (BGBl. I S. 2896).

[2)] Zur weiteren Anwendung der a. F. siehe § 52 Abs. 15 Sätze 2 und 3.

Abkommen) angewendet wird, und][1] die vom Steuerpflichtigen hergestellt oder bis zum Ende des Jahres der Fertigstellung angeschafft worden sind, können abweichend von Absatz 4 als Absetzung für Abnutzung die folgenden Beträge abgezogen werden:

1. bei Gebäuden im Sinne des Absatzes 4 Satz 1 Nummer 1, die vom Steuerpflichtigen auf Grund eines vor dem 1. Januar 1994 gestellten Bauantrags hergestellt oder auf Grund eines vor diesem Zeitpunkt rechtswirksam abgeschlossenen obligatorischen Vertrags angeschafft worden sind,
   – im Jahr der Fertigstellung und in den folgenden 3 Jahren jeweils 10 Prozent,
   – in den darauf folgenden 3 Jahren jeweils 5 Prozent,
   – in den darauf folgenden 18 Jahren jeweils 2,5 Prozent,
2. bei Gebäuden im Sinne des Absatzes 4 Satz 1 Nummer 2, die vom Steuerpflichtigen auf Grund eines vor dem 1. Januar 1995 gestellten Bauantrags hergestellt oder auf Grund eines vor diesem Zeitpunkt rechtswirksam abgeschlossenen obligatorischen Vertrags angeschafft worden sind,
   – im Jahr der Fertigstellung und in den folgenden 7 Jahren jeweils 5 Prozent,
   – in den darauf folgenden 6 Jahren jeweils 2,5 Prozent,
   – in den darauf folgenden 36 Jahren jeweils 1,25 Prozent,
3. bei Gebäuden im Sinne des Absatzes 4 Satz 1 Nummer 2, soweit sie Wohnzwecken dienen, die vom Steuerpflichtigen
   a) auf Grund eines nach dem 28. Februar 1989 und vor dem 1. Januar 1996 gestellten Bauantrags hergestellt oder nach dem 28. Februar 1989 auf Grund eines nach dem 28. Februar 1989 und vor dem 1. Januar 1996 rechtswirksam abgeschlossenen obligatorischen Vertrags angeschafft worden sind,
      – im Jahr der Fertigstellung und in den folgenden 3 Jahren jeweils 7 Prozent,
      – in den darauf folgenden 6 Jahren jeweils 5 Prozent,
      – in den darauf folgenden 6 Jahren jeweils 2 Prozent,
      – in den darauf folgenden 24 Jahren jeweils 1,25 Prozent,
   b)[2] auf Grund eines nach dem 31. Dezember 1995 und vor dem 1. Januar 2004 gestellten Bauantrags hergestellt oder auf Grund eines nach dem 31. Dezember 1995 und vor dem 1. Januar 2004 rechtswirksam abgeschlossenen obligatorischen Vertrags angeschafft worden sind,
      – im Jahr der Fertigstellung und in den folgenden 7 Jahren jeweils 5 Prozent,
      – in den darauf folgenden 6 Jahren jeweils 2,5 Prozent,
      – in den darauf folgenden 36 Jahren jeweils 1,25 Prozent,
   c) auf Grund eines nach dem 31. Dezember 2003 und vor dem 1. Januar 2006 gestellten Bauantrags hergestellt oder auf Grund eines nach dem 31. Dezember 2003 und vor dem 1. Januar 2006 rechtswirksam abgeschlossenen obligatorischen Vertrags angeschafft worden sind,

---

[1] § 7 Abs. 5 Satz 1 geänd. mWv VZ 2010 durch G v. 8.4.2010 (BGBl. I S. 386).
[2] § 7 Abs. 5 Satz 1 Nr. 3 Buchst. b bestätigt durch G v. 5.4.2011 (BGBl. I S. 554).

– im Jahr der Fertigstellung und
in den folgenden 9 Jahren jeweils 4 Prozent,
– in den darauf folgenden 8 Jahren jeweils 2,5 Prozent,
– in den darauf folgenden 32 Jahren jeweils 1,25 Prozent,

der Anschaffungs- oder Herstellungskosten. 2 Im Fall der Anschaffung kann Satz 1 nur angewendet werden, wenn der Hersteller für das veräußerte Gebäude weder Absetzungen für Abnutzung nach Satz 1 vorgenommen noch erhöhte Absetzungen oder Sonderabschreibungen in Anspruch genommen hat. 3 Absatz 1 Satz 4 gilt nicht.

(5a) Die Absätze 4 und 5 sind auf Gebäudeteile, die selbständige unbewegliche Wirtschaftsgüter sind, sowie auf Eigentumswohnungen und auf im Teileigentum stehende Räume entsprechend anzuwenden.

(6) Bei Bergbauunternehmen, Steinbrüchen und anderen Betrieben, die einen Verbrauch der Substanz mit sich bringen, ist Absatz 1 entsprechend anzuwenden; dabei sind Absetzungen nach Maßgabe des Substanzverzehrs zulässig (Absetzung für Substanzverringerung).

§ 7a Gemeinsame Vorschriften für erhöhte Absetzungen und Sonderabschreibungen. (1) 1 Werden in dem Zeitraum, in dem bei einem Wirtschaftsgut erhöhte Absetzungen oder Sonderabschreibungen in Anspruch genommen werden können (Begünstigungszeitraum), nachträgliche Herstellungskosten aufgewendet, so bemessen sich vom Jahr der Entstehung der nachträglichen Herstellungskosten an bis zum Ende des Begünstigungszeitraums die Absetzungen für Abnutzung, erhöhten Absetzungen und Sonderabschreibungen nach den um die nachträglichen Herstellungskosten erhöhten Anschaffungs- oder Herstellungskosten. 2 Entsprechendes gilt für nachträgliche Anschaffungskosten. 3 Werden im Begünstigungszeitraum die Anschaffungs- oder Herstellungskosten eines Wirtschaftsguts nachträglich gemindert, so bemessen sich vom Jahr der Minderung an bis zum Ende des Begünstigungszeitraums die Absetzungen für Abnutzung, erhöhten Absetzungen und Sonderabschreibungen nach den geminderten Anschaffungs- oder Herstellungskosten.

(2) 1 Können bei einem Wirtschaftsgut erhöhte Absetzungen oder Sonderabschreibungen bereits für Anzahlungen auf Anschaffungskosten oder für Teilherstellungskosten in Anspruch genommen werden, so sind die Vorschriften über erhöhte Absetzungen und Sonderabschreibungen mit der Maßgabe anzuwenden, dass an die Stelle der Anschaffungs- oder Herstellungskosten die Anzahlungen auf Anschaffungskosten oder die Teilherstellungskosten und an die Stelle des Jahres der Anschaffung oder Herstellung das Jahr der Anzahlung oder Teilherstellung treten. 2 Nach Anschaffung oder Herstellung des Wirtschaftsguts sind erhöhte Absetzungen oder Sonderabschreibungen nur zulässig, soweit sie nicht bereits für Anzahlungen auf Anschaffungskosten oder für Teilherstellungskosten in Anspruch genommen worden sind. 3 Anzahlungen auf Anschaffungskosten sind im Zeitpunkt der tatsächlichen Zahlung aufgewendet. 4 Werden Anzahlungen auf Anschaffungskosten durch Hingabe eines Wechsels geleistet, so sind sie in dem Zeitpunkt aufgewendet, in dem dem Lieferanten durch Diskontierung oder Einlösung des Wechsels das Geld tatsächlich zufließt. 5 Entsprechendes gilt, wenn anstelle von Geld ein Scheck hingegeben wird.

(3) Bei Wirtschaftsgütern, bei denen erhöhte Absetzungen in Anspruch genommen werden, müssen in jedem Jahr des Begünstigungszeitraums mindestens Absetzungen in Höhe der Absetzungen für Abnutzung nach § 7 Absatz 1 oder 4 berücksichtigt werden.

(4) Bei Wirtschaftsgütern, bei denen Sonderabschreibungen in Anspruch genommen werden, sind die Absetzungen für Abnutzung nach § 7 Absatz 1 oder 4 vorzunehmen.

(5) Liegen bei einem Wirtschaftsgut die Voraussetzungen für die Inanspruchnahme von erhöhten Absetzungen oder Sonderabschreibungen auf Grund mehrerer Vorschriften vor, so dürfen erhöhte Absetzungen oder Sonderabschreibungen nur auf Grund einer dieser Vorschriften in Anspruch genommen werden.

(6) Erhöhte Absetzungen oder Sonderabschreibungen sind bei der Prüfung, ob die in § 141 Absatz 1 Nummer 4 und 5 der Abgabenordnung bezeichneten Buchführungsgrenzen überschritten sind, nicht zu berücksichtigen.

(7) [1] Ist ein Wirtschaftsgut mehreren Beteiligten zuzurechnen und sind die Voraussetzungen für erhöhte Absetzungen oder Sonderabschreibungen nur bei einzelnen Beteiligten erfüllt, so dürfen die erhöhten Absetzungen und Sonderabschreibungen nur anteilig für diese Beteiligten vorgenommen werden. [2] Die erhöhten Absetzungen oder Sonderabschreibungen dürfen von den Beteiligten, bei denen die Voraussetzungen dafür erfüllt sind, nur einheitlich vorgenommen werden.

(8) [1] Erhöhte Absetzungen oder Sonderabschreibungen sind bei Wirtschaftsgütern, die zu einem Betriebsvermögen gehören, nur zulässig, wenn sie in ein besonderes, laufend zu führendes Verzeichnis aufgenommen werden, das den Tag der Anschaffung oder Herstellung, die Anschaffungs- oder Herstellungskosten, die betriebsgewöhnliche Nutzungsdauer und die Höhe der jährlichen Absetzungen für Abnutzung, erhöhten Absetzungen und Sonderabschreibungen enthält. [2] Das Verzeichnis braucht nicht geführt zu werden, wenn diese Angaben aus der Buchführung ersichtlich sind.

(9) Sind für ein Wirtschaftsgut Sonderabschreibungen vorgenommen worden, so bemessen sich nach Ablauf des maßgebenden Begünstigungszeitraums die Absetzungen für Abnutzung bei Gebäuden und bei Wirtschaftsgütern im Sinne des § 7 Absatz 5a nach dem Restwert und dem nach § 7 Absatz 4 unter Berücksichtigung der Restnutzungsdauer maßgebenden Prozentsatz, bei anderen Wirtschaftsgütern nach dem Restwert und der Restnutzungsdauer.

[Fassung von VZ 2018 bis VZ 2026:]

§ 7b[1)] Sonderabschreibung für Mietwohnungsneubau. (1) [1] Für die Anschaffung oder Herstellung neuer Wohnungen, die in einem Mitgliedstaat der Europäischen Union belegen sind, können nach Maßgabe der nachfolgenden Absätze im Jahr der Anschaffung oder Herstellung und in den folgenden drei Jahren Sonderabschreibungen bis zu jährlich 5 Prozent der Bemessungsgrundlage neben der Absetzung für Abnutzung nach § 7 Absatz 4 in Anspruch genommen werden. [2] Im Fall der Anschaffung ist eine Wohnung neu, wenn

---

[1)] § 7b eingefügt durch G v. 4.8.2019 (BGBl. I S. 1122); zur Anwendung siehe § 52 Abs. 15a.

sie bis zum Ende des Jahres der Fertigstellung angeschafft wird. [3]In diesem Fall können die Sonderabschreibungen nach Satz 1 nur vom Anschaffenden in Anspruch genommen werden. [4]Bei der Anwendung des Satzes 1 sind den Mitgliedstaaten der Europäischen Union Staaten gleichgestellt, die auf Grund vertraglicher Verpflichtung Amtshilfe entsprechend dem EU-Amtshilfegesetz in einem Umfang leisten, der für die Überprüfung der Voraussetzungen dieser Vorschrift erforderlich ist.

(2) Die Sonderabschreibungen können nur in Anspruch genommen werden, wenn

1. durch Baumaßnahmen auf Grund eines nach dem 31. August 2018 und vor dem 1. Januar 2022 gestellten Bauantrags oder einer in diesem Zeitraum getätigten Bauanzeige neue, bisher nicht vorhandene, Wohnungen geschaffen werden, die die Voraussetzungen des § 181 Absatz 9 des Bewertungsgesetzes erfüllen; hierzu gehören auch die zu einer Wohnung gehörenden Nebenräume,
2. die Anschaffungs- oder Herstellungskosten 3000 Euro je Quadratmeter Wohnfläche nicht übersteigen und
3. die Wohnung im Jahr der Anschaffung oder Herstellung und in den folgenden neun Jahren der entgeltlichen Überlassung zu Wohnzwecken dient; Wohnungen dienen nicht Wohnzwecken, soweit sie zur vorübergehenden Beherbergung von Personen genutzt werden.

(3) Bemessungsgrundlage für die Sonderabschreibungen nach Absatz 1 sind die Anschaffungs- oder Herstellungskosten der nach Absatz 2 begünstigten Wohnung, jedoch maximal 2000 Euro je Quadratmeter Wohnfläche.

(4) [1]Die nach Absatz 1 in Anspruch genommenen Sonderabschreibungen sind rückgängig zu machen, wenn

1. die begünstigte Wohnung im Jahr der Anschaffung oder Herstellung und in den folgenden neun Jahren nicht der entgeltlichen Überlassung zu Wohnzwecken dient,
2. die begünstigte Wohnung oder ein Gebäude mit begünstigten Wohnungen im Jahr der Anschaffung oder der Herstellung oder in den folgenden neun Jahren veräußert wird und der Veräußerungsgewinn nicht der Einkommen- oder Körperschaftsteuer unterliegt oder
3. die Baukostenobergrenze nach Absatz 2 Nummer 2 innerhalb der ersten drei Jahre nach Ablauf des Jahres der Anschaffung oder Herstellung der begünstigten Wohnung durch nachträgliche Anschaffungs- oder Herstellungskosten überschritten wird.

[2]Steuer- oder Feststellungsbescheide, in denen Sonderabschreibungen nach Absatz 1 berücksichtigt wurden, sind insoweit aufzuheben oder zu ändern. [3]Das gilt auch dann, wenn die Steuer- oder Feststellungsbescheide bestandskräftig geworden sind; die Festsetzungsfristen für das Jahr der Anschaffung oder Herstellung und für die folgenden drei Kalenderjahre beginnen insoweit mit Ablauf des Kalenderjahres, in dem das Ereignis im Sinne des Satzes 1 eingetreten ist. [4]§ 233a Absatz 2a der Abgabenordnung ist insoweit nicht anzuwenden.

(5) [1]Die Sonderabschreibungen nach Absatz 1 werden nur gewährt, soweit die Voraussetzungen der Verordnung (EU) Nr. 1407/2013 der Kommission

vom 18. Dezember 2013 über die Anwendung der Artikel 107 und 108 des Vertrags über die Arbeitsweise der Europäischen Union auf De-minimis-Beihilfen (ABl. L 352 vom 24.12.2013, S. 1) (De-minimis-Verordnung) in der jeweils geltenden Fassung eingehalten sind. [2]Unter anderem darf hiernach der Gesamtbetrag der einem einzigen Unternehmen gewährten De-minimis-Beihilfe in einem Zeitraum von drei Veranlagungszeiträumen 200 000 Euro nicht übersteigen. [3]Bei dieser Höchstgrenze sind auch andere in diesem Zeitraum an das Unternehmen gewährte De-minimis-Beihilfen gleich welcher Art und Zielsetzung zu berücksichtigen. [4]Die Sonderabschreibungen werden erst gewährt, wenn der Anspruchsberechtigte in geeigneter Weise den Nachweis erbracht hat, in welcher Höhe ihm in den beiden vorangegangenen sowie im laufenden Veranlagungszeitrum De-minimis-Beihilfen gewährt worden sind, für die die vorliegende oder andere De-minimis-Verordnungen gelten, und nur soweit, wie die Voraussetzungen der De-minimis-Verordnung bei dem Unternehmen im Sinne der De-minimis-Verordnung eingehalten werden.

Unter EU-Vorbehalt

[*ab Genehmigung bis 21.12.2031:*]

§ 7c[1]) Sonderabschreibung für Elektronutzfahrzeuge und elektrisch betriebene Lastenfahrräder. (1) Bei neuen Elektronutzfahrzeugen im Sinne des Absatzes 2 sowie elektrisch betriebenen Lastenfahrrädern im Sinne des Absatzes 3, die zum Anlagevermögen gehören, kann im Jahr der Anschaffung neben der Absetzung für Abnutzung nach § 7 Absatz 1 eine Sonderabschreibung in Höhe von 50 Prozent der Anschaffungskosten in Anspruch genommen werden.

(2) Elektronutzfahrzeuge sind Fahrzeuge der EG-Fahrzeugklassen N1, N2 und N3, die ausschließlich durch Elektromotoren angetrieben werden, die ganz oder überwiegend aus mechanischen oder elektrochemischen Energiespeichern oder aus emissionsfrei betriebenen Energiewandlern gespeist werden.

(3) Elektrisch betriebene Lastenfahrräder sind Schwerlastfahrräder mit einem Mindest-Transportvolumen von einem Kubikmeter und einer Nutzlast von mindestens 150 Kilogramm, die mit einem elektromotorischen Hilfsantrieb angetrieben werden.

(4) [1]Die Sonderabschreibung kann nur in Anspruch genommen werden, wenn der Steuerpflichtige die der Sonderabschreibung zugrundeliegenden Anschaffungskosten sowie Angaben zu den in den Absätzen 1 bis 3 enthaltenen Voraussetzungen nach amtlich vorgeschriebenen Datensätzen durch Datenfernübertragung übermittelt. [2]Auf Antrag kann die Finanzbehörde zur Vermeidung unbilliger Härten auf eine elektronische Übermittlung verzichten; § 150 Absatz 8 der Abgabenordnung gilt entsprechend. [3]In den Fällen des Satzes 2 müssen sich die entsprechenden Angaben aus den beim Finanzamt einzureichenden Unterlagen ergeben.

---

[1]) § 7c eingef. durch G v. 12.12.2019 (BGBl. I S. 2451); zur Anwendung siehe § 52 Abs. 15b; zum Inkrafttreten der Regelung insgesamt siehe Art. 39 Abs. 7 des G v. 12.12.2019: „Die Nummer 5 des Artikels 2 tritt an dem Tag in Kraft, an dem **die Europäische Kommission** durch Beschluss festgestellt hat, dass die Regelungen der Nummer 5 des Artikels 2 entweder **keine Beihilfen** oder mit dem Binnenmarkt vereinbare Beihilfen darstellen. Der Tag des Beschlusses der Europäischen Kommission sowie der Tag des Inkrafttretens werden vom Bundesministerium der Finanzen gesondert im Bundesgesetzblatt bekannt gemacht."

§ 7d[1] (*aufgehoben*)

§ 7e (weggefallen)

§ 7f[1] (*aufgehoben*)

§ 7g[2] **Investitionsabzugsbeträge und Sonderabschreibungen zur Förderung kleiner und mittlerer Betriebe.** (1)[3] [1] Steuerpflichtige können für die künftige Anschaffung oder Herstellung von abnutzbaren beweglichen Wirtschaftsgütern des Anlagevermögens, die mindestens bis zum Ende des dem Wirtschaftsjahr der Anschaffung oder Herstellung folgenden Wirtschaftsjahres [***ab 1.1.2020:*** vermietet oder][4] in einer inländischen Betriebsstätte des Betriebes ausschließlich oder fast ausschließlich betrieblich genutzt werden, bis zu *40* [***ab 1.1.2020:*** 50][4] Prozent der voraussichtlichen Anschaffungs- oder Herstellungskosten gewinnmindernd abziehen (Investitionsabzugsbeträge). [2] Investitionsabzugsbeträge können nur in Anspruch genommen werden, wenn

[alte Fassung:]

1. der Betrieb am Schluss des Wirtschaftsjahres, in dem die Abzüge vorgenommen werden, die folgenden Größenmerkmale nicht überschreitet:
   a) bei Gewerbebetrieben oder der selbständigen Arbeit dienenden Betrieben, die ihren Gewinn nach § 4 Absatz 1 oder § 5 ermitteln, ein Betriebsvermögen von 235 000 Euro;
   b) bei Betrieben der Land- und Forstwirtschaft einen Wirtschaftswert oder einen Ersatzwirtschaftswert von 125 000 Euro oder
   c) bei Betrieben im Sinne der Buchstaben a und b, die ihren Gewinn nach § 4 Absatz 3 ermitteln, ohne Berücksichtigung der Investitionsabzugsbeträge einen Gewinn von 100 000 Euro;

[neue Fassung:]

1.[5] der Gewinn
   a) nach § 4 oder § 5 ermittelt wird;
   b) im Wirtschaftsjahr, in dem die Abzüge vorgenommen werden sollen, ohne Berücksichtigung der Investitionsabzugsbeträge nach Satz 1 und der Hinzurechnungen nach Absatz 2 200 000 Euro nicht überschreitet und

---

[1] §§ 7d und 7f aufgeh. mWv 1.1.2015 durch G v. 22.12.2014 (BGBl. I S. 2417).

[2] § 7g neu gef. durch G v. 14.8.2007 (BGBl. I S. 1912); zur Anwendung der Änderungen durch G v. 21.12.2020 (BGBl. I S. 3096) siehe **§ 52 Abs. 16**.

[3] § 7g Abs. 1 bis 4 neu gef. durch G v. 2.11.2015 (BGBl. I S. 1834).

[4] § 7g Abs. 1 Satz 1 geänd. durch G v. 21.12.2020 (BGBl. I S. 3096); zur Anwendung siehe § 52 Abs. 16 Satz 1 (zu abw. Wj. Satz 1 HS 2).

[5] § 7g Abs. 1 Satz 2 Nr. 1 neu gef. durch G v. 21.12.2020 (BGBl. I S. 3096); zur Anwendung siehe § 52 Abs. 16 Satz 1.

2. der Steuerpflichtige die Summen der Abzugsbeträge und der nach den Absätzen 2 bis 4 hinzuzurechnenden oder rückgängig zu machenden Beträge nach amtlich vorgeschriebenen Datensätzen durch Datenfernübertragung übermittelt. [2]Auf Antrag kann die Finanzbehörde zur Vermeidung unbilliger Härten auf eine elektronische Übermittlung verzichten; § 150 Absatz 8 der Abgabenordnung gilt entsprechend. [3]In den Fällen des Satzes 2 müssen sich die Summen der Abzugsbeträge und der nach den Absätzen 2 bis 4 hinzuzurechnenden oder rückgängig zu machenden Beträge aus den beim Finanzamt einzureichenden Unterlagen ergeben.

[3]Abzugsbeträge können auch dann in Anspruch genommen werden, wenn dadurch ein Verlust entsteht oder sich erhöht. [4]Die Summe der Beträge, die im Wirtschaftsjahr des Abzugs und in den drei vorangegangenen Wirtschaftsjahren nach Satz 1 insgesamt abgezogen und nicht nach Absatz 2 hinzugerechnet oder nach den Absätzen 3 oder 4 rückgängig gemacht wurden, darf je Betrieb 200 000 Euro nicht übersteigen.

(2) [1]Im Wirtschaftsjahr der Anschaffung oder Herstellung eines begünstigten Wirtschaftsguts [***ab 1.1.2020:*** im Sinne von Absatz 1 Satz 1][1)] können bis zu *40* [***ab 1.1.2020:*** 50][1)] Prozent der Anschaffungs- oder Herstellungskosten gewinnerhöhend hinzugerechnet werden; die Hinzurechnung darf die Summe der nach Absatz 1 abgezogenen und noch nicht nach den Absätzen 2 bis 4 hinzugerechneten oder rückgängig gemachten Abzugsbeträge nicht übersteigen. [***ab 1.1.2021:*** [2]Bei nach Eintritt der Unanfechtbarkeit der erstmaligen Steuerfestsetzung oder der erstmaligen gesonderten Feststellung nach Absatz 1 in Anspruch genommenen Investitionsabzugsbeträgen setzt die Hinzurechnung nach Satz 1 voraus, dass das begünstigte Wirtschaftsgut zum Zeitpunkt der Inanspruchnahme der Investitionsabzugsbeträge noch nicht angeschafft oder hergestellt worden ist.][2)] [3]Die Anschaffungs- oder Herstellungskosten des Wirtschaftsguts können in dem in Satz 1 genannten Wirtschaftsjahr um bis zu *40* [***ab 1.1.2020:*** 50][1)] Prozent, höchstens jedoch um die Hinzurechnung nach Satz 1, gewinnmindernd herabgesetzt werden; die Bemessungsgrundlage für die Absetzungen für Abnutzung, erhöhten Absetzungen und Sonderabschreibungen sowie die Anschaffungs- oder Herstellungskosten im Sinne von § 6 Absatz 2 und 2a verringern sich entsprechend.

(3) [1]Soweit in Anspruch genommene Investitionsabzugsbeträge nicht bis zum Ende des dritten[3)] auf das Wirtschaftsjahr des jeweiligen Abzugs folgenden Wirtschaftsjahres nach Absatz 2 Satz 1 hinzugerechnet wurden, sind die Abzüge nach Absatz 1 rückgängig zu machen; die vorzeitige Rückgängigmachung von Investitionsabzugsbeträgen vor Ablauf der Investitionsfrist ist zulässig. [2]Wurde der Gewinn des maßgebenden Wirtschaftsjahres bereits einer Steuerfestsetzung oder einer gesonderten Feststellung zugrunde gelegt, ist der entsprechende Steuer- oder Feststellungsbescheid insoweit zu ändern. [3]Das gilt auch dann, wenn der Steuer- oder Feststellungsbescheid bestandskräftig

---

1) § 7g Abs. 2 Satz 1 und 3 geänd. durch G v. 21.12.2020 (BGBl. I S. 3096); zur Anwendung siehe § 52 Abs. 16 Satz 1 (zu abw. Wj. Satz 1 HS 2).

2) § 7g Abs. 2 Satz 2 eingef., bish. Satz 2 wird Satz 3 durch G v. 21.12.2020 (BGBl. I S. 3096); zur Anwendung siehe § 52 Abs. 16 Satz 2.

3) Siehe hierzu § 52 Abs. 16 **Satz 3**.

geworden ist; die Festsetzungsfrist endet insoweit nicht, bevor die Festsetzungsfrist für den Veranlagungszeitraum abgelaufen ist, in dem das dritte auf das Wirtschaftsjahr des Abzugs folgende Wirtschaftsjahr endet. [4] § 233a Absatz 2a der Abgabenordnung ist nicht anzuwenden.

(4) [1] Wird in den Fällen des Absatzes 2 ein begünstigtes Wirtschaftsgut nicht bis zum Ende des dem Wirtschaftsjahr der Anschaffung oder Herstellung folgenden Wirtschaftsjahres [***ab 1.1.2020:*** vermietet oder][1)] in einer inländischen Betriebsstätte des Betriebes ausschließlich oder fast ausschließlich betrieblich genutzt, sind die Herabsetzung der Anschaffungs- oder Herstellungskosten, die Verringerung der Bemessungsgrundlage und die Hinzurechnung nach Absatz 2 rückgängig zu machen. [2] Wurden die Gewinne der maßgebenden Wirtschaftsjahre bereits Steuerfestsetzungen oder gesonderten Feststellungen zugrunde gelegt, sind die entsprechenden Steuer- oder Feststellungsbescheide insoweit zu ändern. [3] Das gilt auch dann, wenn die Steuer- oder Feststellungsbescheide bestandskräftig geworden sind; die Festsetzungsfristen enden insoweit nicht, bevor die Festsetzungsfrist für den Veranlagungszeitraum abgelaufen ist, in dem die Voraussetzungen des Absatzes 1 Satz 1 erstmals nicht mehr vorliegen. [4] § 233a Absatz 2a der Abgabenordnung ist nicht anzuwenden.

(5) Bei abnutzbaren beweglichen Wirtschaftsgütern des Anlagevermögens können unter den Voraussetzungen des Absatzes 6 im Jahr der Anschaffung oder Herstellung und in den vier folgenden Jahren neben den Absetzungen für Abnutzung nach § 7 Absatz 1 oder Absatz 2 Sonderabschreibungen bis zu insgesamt 20 Prozent der Anschaffungs- oder Herstellungskosten in Anspruch genommen werden.

(6) Die Sonderabschreibungen nach Absatz 5 können nur in Anspruch genommen werden, wenn

1. der Betrieb *zum Schluss des Wirtschaftsjahres* [***ab 1.1.2020:*** im Wirtschaftsjahr],[2)] das der Anschaffung oder Herstellung vorangeht, die *Größenmerkmale* [***ab 1.1.2020:*** Gewinngrenze][2)] des Absatzes 1 Satz 2 Nummer 1 nicht überschreitet, und
2. das Wirtschaftsgut im Jahr der Anschaffung oder Herstellung und im darauf folgenden Wirtschaftsjahr [***ab 1.1.2020:*** vermietet oder][2)] in einer inländischen Betriebsstätte des Betriebs des Steuerpflichtigen ausschließlich oder fast ausschließlich betrieblich genutzt wird; Absatz 4 gilt entsprechend.

(7)[3)] [1] Bei Personengesellschaften und Gemeinschaften sind die Absätze 1 bis 6 mit der Maßgabe anzuwenden, dass an die Stelle des Steuerpflichtigen die Gesellschaft oder die Gemeinschaft tritt. [***ab 1.1.2021:*** [2] Vom Gewinn der Gesamthand oder Gemeinschaft abgezogene Investitionsabzugsbeträge können ausschließlich bei Investitionen der Personengesellschaft oder Gemeinschaft nach Absatz 2 Satz 1 gewinnerhöhend hinzugerechnet werden. [3] Entsprechen-

---

[1)] § 7g Abs. 4 Satz 1 geänd. durch G v. 21.12.2020 (BGBl. I S. 3096); zur Anwendung siehe § 52 Abs. 16 Satz 1 (zu abw. Wj. Satz 1 HS 2).

[2)] § 7g Abs. 6 Nr. 1 und Nr. 2 geänd. durch G v. 21.12.2020 (BGBl. I S. 3096); zur Anwendung siehe § 52 Abs. 16 Satz 1 (zu abw. Wj. Satz 1 HS 2).

[3)] § 7g Abs. 7 Sätze 2 und 3 angef. durch G v. 21.12.2020 (BGBl. I S. 3096); zur Anwendung siehe § 52 Abs. 16 Satz 2.

des gilt für vom Sonderbetriebsgewinn eines Mitunternehmers abgezogene Investitionsabzugsbeträge bei Investitionen dieses Mitunternehmers oder seines Rechtsnachfolgers in seinem Sonderbetriebsvermögen.]

§ 7h Erhöhte Absetzungen bei Gebäuden in Sanierungsgebieten und städtebaulichen Entwicklungsbereichen. (1) [1]Bei einem im Inland belegenen Gebäude in einem förmlich festgelegten Sanierungsgebiet oder städtebaulichen Entwicklungsbereich kann der Steuerpflichtige abweichend von § 7 Absatz 4 und 5 *jeweils bis zu 10 vom Hundert der Herstellungskosten für Modernisierungs- und Instandsetzungsmaßnahmen im Sinne des § 177 des Baugesetzbuchs im Jahr der Herstellung und in den folgenden neun Jahren absetzen* [***ab 1.1.2004:*** im Jahr der Herstellung und in den folgenden sieben Jahren jeweils bis zu 9 Prozent und in den folgenden vier Jahren jeweils bis zu 7 Prozent der Herstellungskosten für Modernisierungs- und Instandsetzungsmaßnahmen im Sinne des § 177 des Baugesetzbuchs absetzen]. [2]Satz 1 ist entsprechend anzuwenden auf Herstellungskosten für Maßnahmen, die der Erhaltung, Erneuerung und funktionsgerechten Verwendung eines Gebäudes im Sinne des Satzes 1 dienen, das wegen seiner geschichtlichen, künstlerischen oder städtebaulichen Bedeutung erhalten bleiben soll, und zu deren Durchführung sich der Eigentümer neben bestimmten Modernisierungsmaßnahmen gegenüber der Gemeinde verpflichtet hat. [3]Der Steuerpflichtige kann die erhöhten Absetzungen im Jahr des Abschlusses der Maßnahme und in den folgenden *neun Jahren* [***ab 1.1.2004:*** elf Jahren] auch für Anschaffungskosten in Anspruch nehmen, die auf Maßnahmen im Sinne der Sätze 1 und 2 entfallen, soweit diese nach dem rechtswirksamen Abschluss eines obligatorischen Erwerbsvertrags oder eines gleichstehenden Rechtsakts durchgeführt worden sind. [4]Die erhöhten Absetzungen können nur in Anspruch genommen werden, soweit die Herstellungs- oder Anschaffungskosten durch Zuschüsse aus Sanierungs- oder Entwicklungsförderungsmitteln nicht gedeckt sind. [5]Nach Ablauf des Begünstigungszeitraums ist ein Restwert den Herstellungs- oder Anschaffungskosten des Gebäudes oder dem an deren Stelle tretenden Wert hinzuzurechnen; die weiteren Absetzungen für Abnutzung sind einheitlich für das gesamte Gebäude nach dem sich hiernach ergebenden Betrag und dem für das Gebäude maßgebenden Prozentsatz zu bemessen.

(1a)[1)] [1]Absatz 1 ist nicht anzuwenden, sofern Maßnahmen zur Herstellung eines neuen Gebäudes führen. [2]Die Prüfung, ob Maßnahmen zur Herstellung eines neuen Gebäudes führen, obliegt der Finanzbehörde.

(2)[2)] [1]Der Steuerpflichtige kann die erhöhten Absetzungen nur in Anspruch nehmen, wenn er durch eine [***ab 1.1.2021:*** nicht offensichtlich rechtswidrige][3)] Bescheinigung der zuständigen Gemeindebehörde die Voraussetzungen des Absatzes 1 für das Gebäude und die Maßnahmen nachweist; die Beschei-

---

[1)] § 7h Abs. 1a eingef. durch G v. 12.12.2019 (BGBl. I S. 2451); zur Anwendung siehe § 52 Abs. 16a Sätze 1 bis 3.

[2)] § 7h Abs. 2 Satz 1 HS 2 angef. durch G v. 12.12.2019 (BGBl. I S. 2451); zur Anwendung siehe § 52 Abs. 16a Satz 5.

[3)] § 7h Abs. 2 Satz 1 geänd. durch G v. 21.12.2020 (BGBl. I S. 3096); zur Anwendung siehe § 52 Abs. 16a Satz 4.

nigung hat die Höhe der Aufwendungen für die Maßnahmen nach Absatz 1 Satz 1 und 2 zu enthalten. 2 Sind ihm Zuschüsse aus Sanierungs- oder Entwicklungsförderungsmitteln gewährt worden, so hat die Bescheinigung auch deren Höhe zu enthalten; werden ihm solche Zuschüsse nach Ausstellung der Bescheinigung gewährt, so ist diese entsprechend zu ändern.

(3) Die Absätze 1 bis[1] 2 sind auf Gebäudeteile, die selbständige unbewegliche Wirtschaftsgüter sind, sowie auf Eigentumswohnungen und auf im Teileigentum stehende Räume entsprechend anzuwenden.

§ 7i Erhöhte Absetzungen bei Baudenkmalen. (1) 1 Bei einem im Inland belegenen Gebäude, das nach den jeweiligen landesrechtlichen Vorschriften ein Baudenkmal ist, kann der Steuerpflichtige abweichend von § 7 Absatz 4 und 5 *jeweils bis zu 10 vom Hundert der Herstellungskosten für Baumaßnahmen, die nach Art und Umfang zur Erhaltung des Gebäudes als Baudenkmal oder zu seiner sinnvollen Nutzung erforderlich sind, im Jahr der Herstellung und in den folgenden neun Jahren absetzen* [***ab 1.1.2004:*** im Jahr der Herstellung und in den folgenden sieben Jahren jeweils bis zu 9 Prozent und in den folgenden vier Jahren jeweils bis zu 7 Prozent der Herstellungskosten für Baumaßnahmen, die nach Art und Umfang zur Erhaltung des Gebäudes als Baudenkmal oder zu seiner sinnvollen Nutzung erforderlich sind, absetzen]. 2 Eine sinnvolle Nutzung ist nur anzunehmen, wenn das Gebäude in der Weise genutzt wird, dass die Erhaltung der schützenswerten Substanz des Gebäudes auf die Dauer gewährleistet ist. 3 Bei einem im Inland belegenen Gebäudeteil, das nach den jeweiligen landesrechtlichen Vorschriften ein Baudenkmal ist, sind die Sätze 1 und 2 entsprechend anzuwenden. 4 Bei einem im Inland belegenen Gebäude oder Gebäudeteil, das für sich allein nicht die Voraussetzungen für ein Baudenkmal erfüllt, aber Teil einer Gebäudegruppe oder Gesamtanlage ist, die nach den jeweiligen landesrechtlichen Vorschriften als Einheit geschützt ist, kann der Steuerpflichtige die erhöhten Absetzungen von den Herstellungskosten für Baumaßnahmen vornehmen, die nach Art und Umfang zur Erhaltung des schützenswerten äußeren Erscheinungsbildes der Gebäudegruppe oder Gesamtanlage erforderlich sind. 5 Der Steuerpflichtige kann die erhöhten Absetzungen im Jahr des Abschlusses der Baumaßnahme und in den folgenden *neun Jahren* [***ab 1.1.2004:*** elf Jahren] auch für Anschaffungskosten in Anspruch nehmen, die auf Baumaßnahmen im Sinne der Sätze 1 bis 4 entfallen, soweit diese nach dem rechtswirksamen Abschluss eines obligatorischen Erwerbsvertrags oder eines gleichstehenden Rechtsakts durchgeführt worden sind. 6 Die Baumaßnahmen müssen in Abstimmung mit der in Absatz 2 bezeichneten Stelle durchgeführt worden sein. 7 Die erhöhten Absetzungen können nur in Anspruch genommen werden, soweit die Herstellungs- oder Anschaffungskosten nicht durch Zuschüsse aus öffentlichen Kassen gedeckt sind. 8 § 7h Absatz 1 Satz 5 ist entsprechend anzuwenden.

(2) 1 Der Steuerpflichtige kann die erhöhten Absetzungen nur in Anspruch nehmen, wenn er durch eine [***ab 1.1.2021:*** nicht offensichtlich rechtswidri-

---

[1] Verweis geänd. mWv 1.1.2019 (§ 52 Abs. 16a Satz 6) durch G v. 12.12.2019 (BGBl. I S. 2451).

ge][1] Bescheinigung der nach Landesrecht zuständigen oder von der Landesregierung bestimmten Stelle die Voraussetzungen des Absatzes 1 für das Gebäude oder Gebäudeteil und für die Erforderlichkeit der Aufwendungen nachweist. 2 Hat eine der für Denkmalschutz oder Denkmalpflege zuständigen Behörden ihm Zuschüsse gewährt, so hat die Bescheinigung auch deren Höhe zu enthalten; werden ihm solche Zuschüsse nach Ausstellung der Bescheinigung gewährt, so ist diese entsprechend zu ändern.

(3) § 7h Absatz 3 ist entsprechend anzuwenden.

§ 7k[2] *(aufgehoben)*

4. Überschuss der Einnahmen über die Werbungskosten

§ 8 Einnahmen. (1)[3] 1 Einnahmen sind alle Güter, die in Geld oder Geldeswert bestehen und dem Steuerpflichtigen im Rahmen einer der Einkunftsarten des § 2 Absatz 1 Satz 1 Nummer 4 bis 7 zufließen. [***ab VZ 2020:*** 2 Zu den Einnahmen in Geld gehören auch zweckgebundene Geldleistungen, nachträgliche Kostenerstattungen, Geldsurrogate und andere Vorteile, die auf einen Geldbetrag lauten. 3 Satz 2 gilt nicht bei Gutscheinen und Geldkarten, die ausschließlich zum Bezug von Waren oder Dienstleistungen berechtigen und die Kriterien des § 2 Absatz 1 Nummer 10 des Zahlungsdiensteaufsichtsgesetzes erfüllen.]

(2)[4, 5] 1 Einnahmen, die nicht in Geld bestehen (Wohnung, Kost, Waren, Dienstleistungen und sonstige Sachbezüge), sind mit den um übliche Preisnachlässe geminderten üblichen Endpreisen am Abgabeort anzusetzen. 2 Für die private Nutzung eines betrieblichen Kraftfahrzeugs zu privaten Fahrten gilt § 6 Absatz 1 Nummer 4 Satz 2 entsprechend. 3 Kann das Kraftfahrzeug auch für Fahrten zwischen Wohnung und erster Tätigkeitsstätte sowie Fahrten nach § 9 Absatz 1 Satz 3 Nummer 4a Satz 3 genutzt werden, erhöht sich der Wert in Satz 2 für jeden Kalendermonat um 0,03 Prozent des Listenpreises im Sinne des § 6 Absatz 1 Nummer 4 Satz 2 für jeden Kilometer der Entfernung zwischen Wohnung und erster Tätigkeitsstätte sowie der Fahrten nach § 9 Absatz 1 Satz 3 Nummer 4a Satz 3. 4 Der Wert nach den Sätzen 2 und 3 kann mit dem auf die private Nutzung und die Nutzung zu Fahrten zwischen Wohnung und erster Tätigkeitsstätte sowie Fahrten nach § 9 Absatz 1 Satz 3 Nummer 4a Satz 3 entfallenden Teil der gesamten Kraftfahrzeugaufwendungen angesetzt werden, wenn die durch das Kraftfahrzeug insgesamt entstehenden Aufwendungen durch Belege und das Verhältnis der privaten Fahrten und der Fahrten zwischen Wohnung und erster Tätigkeitsstätte sowie Fahrten nach § 9 Absatz 1 Satz 3

---

[1] § 7i Abs. 2 Satz 1 geänd. durch G v. 21.12.2020 (BGBl. I S. 3096); zur Anwendung siehe § 52 Abs. 16a Satz 7.

[2] § 7k aufgeh. mWv 1.1.2015 durch G v. 22.12.2014 (BGBl. I S. 2417).

[3] § 8 Abs. 1 Sätze 2 und 3 angef. mWv VZ 2020 durch G v. 12.12.2019 (BGBl. I S. 2451).

[4] Vgl. hierzu SozialversicherungsentgeltVO **(Nr. 21)** und die Zusammenstellung der Bewertung der Sachbezüge **(Steuertabellen Nr. 20/4).**

[5] § 8 Abs. 2 Sätze 3 und 4 geänd., Sätze 8 und 9 eingef., bish. Sätze 8 und 9 werden Sätze 10 und 11 mWv 1.1.2014 durch G v. 20.2.2013 (BGBl. I S. 285); Satz 8 nochmals ergänzt mWv 1.1.2014 durch G v. 25.7.2014 (BGBl. I S. 1266).

Nummer 4a Satz 3 zu den übrigen Fahrten durch ein ordnungsgemäßes Fahrtenbuch nachgewiesen werden; § 6 Absatz 1 Nummer 4 Satz 3 zweiter Halbsatz gilt entsprechend.[1)] [5]Die Nutzung des Kraftfahrzeugs zu einer Familienheimfahrt im Rahmen einer doppelten Haushaltsführung ist mit 0,002 Prozent des Listenpreises im Sinne des § 6 Absatz 1 Nummer 4 Satz 2 für jeden Kilometer der Entfernung zwischen dem Ort des eigenen Hausstands und dem Beschäftigungsort anzusetzen; dies gilt nicht, wenn für diese Fahrt ein Abzug von Werbungskosten nach § 9 Absatz 1 Satz 3 Nummer 5 Satz 5 und 6[2)] in Betracht käme; Satz 4 ist sinngemäß anzuwenden. [6]Bei Arbeitnehmern, für deren Sachbezüge durch Rechtsverordnung[3)] nach § 17 Absatz 1 Satz 1 Nummer 4 des Vierten Buches Sozialgesetzbuch Werte bestimmt worden sind, sind diese Werte maßgebend. [7]Die Werte nach Satz 6 sind auch bei Steuerpflichtigen anzusetzen, die nicht der gesetzlichen Rentenversicherungspflicht unterliegen. [8]Wird dem Arbeitnehmer während einer beruflichen Tätigkeit außerhalb seiner Wohnung und ersten Tätigkeitsstätte oder im Rahmen einer beruflich veranlassten doppelten Haushaltsführung vom Arbeitgeber oder auf dessen Veranlassung von einem Dritten eine Mahlzeit zur Verfügung gestellt, ist diese Mahlzeit mit dem Wert nach Satz 6 (maßgebender amtlicher Sachbezugswert nach der Sozialversicherungsentgeltverordnung) anzusetzen, wenn der Preis für die Mahlzeit 60 Euro nicht übersteigt. [9]Der Ansatz einer nach Satz 8 bewerteten Mahlzeit unterbleibt, wenn beim Arbeitnehmer für ihm entstehende Mehraufwendungen für Verpflegung ein Werbungskostenabzug nach § 9 Absatz 4a Satz 1 bis 7 in Betracht käme. [10]Die oberste Finanzbehörde eines Landes kann mit Zustimmung des Bundesministeriums der Finanzen für weitere Sachbezüge der Arbeitnehmer Durchschnittswerte festsetzen. [11]Sachbezüge, die nach Satz 1 zu bewerten sind, bleiben außer Ansatz, wenn die sich nach Anrechnung der vom Steuerpflichtigen gezahlten Entgelte ergebenden Vorteile insgesamt *44* [***ab VZ 2022:*** 50][4)] Euro im Kalendermonat nicht übersteigen [***ab VZ 2020:*** ; die nach Absatz 1 Satz 3 nicht zu den Einnahmen in Geld gehörenden Gutscheine und Geldkarten bleiben nur dann außer Ansatz, wenn sie zusätzlich zum ohnehin geschuldeten Arbeitslohn gewährt werden. [12]Der Ansatz eines Sachbezugs für eine dem Arbeitnehmer vom Arbeitgeber [***ab VZ 2020:*** , auf dessen Veranlassung von einem verbundenen Unternehmen (§ 15 des Aktiengesetzes) oder bei einer juristischen Person des öffentlichen Rechts als Arbeitgeber auf dessen Veranlassung von einem entsprechend verbundenen Unternehmen][5)] zu eigenen Wohnzwecken überlassene Wohnung unterbleibt, soweit das vom Arbeitnehmer gezahlte Entgelt mindestens zwei Drittel des ortsüblichen Mietwerts und dieser nicht mehr als 25 Euro je Quadratmeter ohne umlagefähige Kosten im Sinne der Verordnung über die Aufstellung von Betriebskosten beträgt].[6)]

---

1) § 8 Abs. 2 Satz 4 HS 2 angef. mWv VZ 2013 durch G v. 26.6.2013 (BGBl. I S. 1809).

2) Verweis geänd. mWv VZ 2014 durch G v. 25.7.2014 (BGBl. I S. 1266).

3) Vgl. Sozialversicherungs-RechengrößenVO 2016 (BGBl. I 2015 S. 2137) und nachfolgende Jahresfassungen.

4) Betrag geänd. mWv VZ 2022 durch G v. 21.12.2020 (BGBl. I S. 3096).

5) § 8 Abs. 2 Satz 12 geänd. mWv VZ 2020 durch G v. 21.12.2020 (BGBl. I S. 3096).

6) § 8 Abs. 2 Satz 11 HS 2 angef., Satz 12 angef. mWv VZ 2020 durch G v. 12.12.2019 (BGBl. I S. 2451).

(3)[1] [1]Erhält ein Arbeitnehmer auf Grund seines Dienstverhältnisses Waren oder Dienstleistungen, die vom Arbeitgeber nicht überwiegend für den Bedarf seiner Arbeitnehmer hergestellt, vertrieben oder erbracht werden und deren Bezug nicht nach § 40 pauschal versteuert wird, so gelten als deren Werte abweichend von Absatz 2 die um 4 Prozent geminderten Endpreise, zu denen der Arbeitgeber oder der dem Abgabeort nächstansässige Abnehmer die Waren oder Dienstleistungen fremden Letztverbrauchern im allgemeinen Geschäftsverkehr anbietet. [2]Die sich nach Abzug der vom Arbeitnehmer gezahlten Entgelte ergebenden Vorteile sind steuerfrei, soweit sie aus dem Dienstverhältnis insgesamt 1080 Euro im Kalenderjahr nicht übersteigen.

[***ab VZ 2020:***

(4)[2] [1]Im Sinne dieses Gesetzes werden Leistungen des Arbeitgebers oder auf seine Veranlassung eines Dritten (Sachbezüge oder Zuschüsse) für eine Beschäftigung nur dann zusätzlich zum ohnehin geschuldeten Arbeitslohn erbracht, wenn

1. die Leistung nicht auf den Anspruch auf Arbeitslohn angerechnet,
2. der Anspruch auf Arbeitslohn nicht zugunsten der Leistung herabgesetzt,
3. die verwendungs- oder zweckgebundene Leistung nicht anstelle einer bereits vereinbarten künftigen Erhöhung des Arbeitslohns gewährt und
4. bei Wegfall der Leistung der Arbeitslohn nicht erhöht

wird. [2]Unter den Voraussetzungen des Satzes 1 ist von einer zusätzlich zum ohnehin geschuldeten Arbeitslohn erbrachten Leistung auch dann auszugehen, wenn der Arbeitnehmer arbeitsvertraglich oder auf Grund einer anderen arbeits- oder dienstrechtlichen Rechtsgrundlage (wie Einzelvertrag, Betriebsvereinbarung, Tarifvertrag, Gesetz) einen Anspruch auf diese hat.]

§ 9 Werbungskosten. (1) [1]Werbungskosten sind Aufwendungen zur Erwerbung, Sicherung und Erhaltung der Einnahmen. [2]Sie sind bei der Einkunftsart abzuziehen, bei der sie erwachsen sind. [3]Werbungskosten sind auch

1. Schuldzinsen und auf besonderen Verpflichtungsgründen beruhende Renten und dauernde Lasten, soweit sie mit einer Einkunftsart in wirtschaftlichem Zusammenhang stehen. [2]Bei Leibrenten kann nur der Anteil abgezogen werden, der sich nach § 22 Nummer 1 Satz 3 Buchstabe a Doppelbuchstabe bb ergibt;
2. Steuern vom Grundbesitz, sonstige öffentliche Abgaben und Versicherungsbeiträge, soweit solche Ausgaben sich auf Gebäude oder auf Gegenstände beziehen, die dem Steuerpflichtigen zur Einnahmeerzielung dienen;
3. Beiträge zu Berufsständen und sonstigen Berufsverbänden, deren Zweck nicht auf einen wirtschaftlichen Geschäftsbetrieb gerichtet ist;

---

[1] § 8 Abs. 3 Satz 2 bestätigt durch G v. 5.4.2011 (BGBl. I S. 554).
[2] § 8 Abs. 4 angef. mWv VZ 2020 durch G v. 21.12.2020 (BGBl. I S. 3096).

4.[1] Aufwendungen des Arbeitnehmers für die Wege zwischen Wohnung und erster Tätigkeitsstätte im Sinne des Absatzes 4. [2]Zur Abgeltung dieser Aufwendungen ist für jeden Arbeitstag, an dem der Arbeitnehmer die erste Tätigkeitsstätte aufsucht, eine Entfernungspauschale für jeden vollen Kilometer der Entfernung zwischen Wohnung und erster Tätigkeitsstätte von 0,30 Euro anzusetzen, höchstens jedoch 4500 Euro im Kalenderjahr; ein höherer Betrag als 4500 Euro ist anzusetzen, soweit der Arbeitnehmer einen eigenen oder ihm zur Nutzung überlassenen Kraftwagen benutzt. [3]Die Entfernungspauschale gilt nicht für Flugstrecken und Strecken mit steuerfreier Sammelbeförderung nach § 3 Nummer 32. [4]Für die Bestimmung der Entfernung ist die kürzeste Straßenverbindung zwischen Wohnung und erster Tätigkeitsstätte maßgebend; eine andere als die kürzeste Straßenverbindung kann zugrunde gelegt werden, wenn diese offensichtlich verkehrsgünstiger ist und vom Arbeitnehmer regelmäßig für die Wege zwischen Wohnung und erster Tätigkeitsstätte benutzt wird. [5]Nach § 8 Absatz 2 Satz 11 oder Absatz 3 steuerfreie Sachbezüge für Fahrten zwischen Wohnung und erster Tätigkeitsstätte mindern den nach Satz 2 abziehbaren Betrag; ist der Arbeitgeber selbst der Verkehrsträger, ist der Preis anzusetzen, den ein dritter Arbeitgeber an den Verkehrsträger zu entrichten hätte. [6]Hat ein Arbeitnehmer mehrere Wohnungen, so sind die Wege von einer Wohnung, die nicht der ersten Tätigkeitsstätte am nächsten liegt, nur zu berücksichtigen, wenn sie den Mittelpunkt der Lebensinteressen des Arbeitnehmers bildet und nicht nur gelegentlich aufgesucht wird. [7]Nach § 3 Nummer 37[2] steuerfreie Sachbezüge mindern den nach Satz 2 abziehbaren Betrag nicht; § 3c Absatz 1 ist nicht anzuwenden. [***ab VZ 2021:*** [8]Zur Abgeltung der Aufwendungen im Sinne des Satzes 1 ist für die Veranlagungszeiträume 2021 bis 2026 abweichend von Satz 2 für jeden Arbeitstag, an dem der Arbeitnehmer die erste Tätigkeitsstätte aufsucht, eine Entfernungspauschale für jeden vollen Kilometer der ersten 20 Kilometer der Entfernung zwischen Wohnung und erster Tätigkeitsstätte von 0,30 Euro und für jeden weiteren vollen Kilometer

a) von 0,35 Euro für 2021 bis 2023,

b) von 0,38 Euro für 2024 bis 2026

anzusetzen, höchstens 4 500 Euro im Kalenderjahr; ein höherer Betrag als 4 500 Euro ist anzusetzen, soweit der Arbeitnehmer einen eigenen oder ihm zur Nutzung überlassenen Kraftwagen benutzt.][3]

4a.[4] Aufwendungen des Arbeitnehmers für beruflich veranlasste Fahrten, die nicht Fahrten zwischen Wohnung und erster Tätigkeitsstätte im Sinne des Absatzes 4 sowie keine Familienheimfahrten sind. [2]Anstelle der tatsächlichen Aufwendungen, die dem Arbeitnehmer durch die persönliche Benut-

---

[1] § 9 Abs. 1 Satz 3 Nr. 4 geänd. mWv 1.1.2014 durch G v. 20.2.2013 (BGBl. I S. 285); Nr. 4 Satz 7 angef. mWv 1.1.2019 durch G v. 11.12.2018 (BGBl. I S. 2338); zur zeitl. Anwendung von § 3 Nr. 37 siehe § 52 Abs. 4 Satz 7.

[2] Siehe hierzu § 52 Abs. 4 Satz 7.

[3] § 9 Abs. 1 Satz 3 Nr. 4 Satz 8 angef. mWv VZ 2021 durch G v. 21.12.2019 (BGBl. I S. 2886).

[4] § 9 Abs. 1 Satz 3 Nr. 4a eingef. mWv 1.1.2014 durch G v. 20.2.2013 (BGBl. I S. 285).

zung eines Beförderungsmittels entstehen, können die Fahrtkosten mit den pauschalen Kilometersätzen angesetzt werden, die für das jeweils benutzte Beförderungsmittel (Fahrzeug) als höchste Wegstreckenentschädigung nach dem Bundesreisekostengesetz festgesetzt sind. [3]Hat ein Arbeitnehmer keine erste Tätigkeitsstätte (§ 9 Absatz 4) und hat er nach den dienst- oder arbeitsrechtlichen Festlegungen sowie den diese ausfüllenden Absprachen und Weisungen zur Aufnahme seiner beruflichen Tätigkeit dauerhaft denselben Ort oder dasselbe weiträumige Tätigkeitsgebiet typischerweise arbeitstäglich aufzusuchen, gilt Absatz 1 Satz 3 Nummer 4 und Absatz 2 für die Fahrten von der Wohnung zu diesem Ort oder dem zur Wohnung nächstgelegenen Zugang zum Tätigkeitsgebiet entsprechend. [4]Für die Fahrten innerhalb des weiträumigen Tätigkeitsgebietes gelten die Sätze 1 und 2 entsprechend.

5.[1)] notwendige Mehraufwendungen, die einem Arbeitnehmer wegen einer beruflich veranlassten doppelten Haushaltsführung entstehen. [2]Eine doppelte Haushaltsführung liegt nur vor, wenn der Arbeitnehmer außerhalb des Ortes seiner ersten Tätigkeitsstätte einen eigenen Hausstand unterhält und auch am Ort der ersten Tätigkeitsstätte wohnt. [3]Das Vorliegen eines eigenen Hausstandes setzt das Innehaben einer Wohnung sowie eine finanzielle Beteiligung an den Kosten der Lebensführung voraus. [4]Als Unterkunftskosten für eine doppelte Haushaltsführung können im Inland die tatsächlichen Aufwendungen für die Nutzung der Unterkunft angesetzt werden, höchstens 1000 Euro im Monat. [5]Aufwendungen für die Wege vom Ort der ersten Tätigkeitsstätte zum Ort des eigenen Hausstandes und zurück (Familienheimfahrt) können jeweils nur für eine Familienheimfahrt wöchentlich abgezogen werden. [6]Zur Abgeltung der Aufwendungen für eine Familienheimfahrt ist eine Entfernungspauschale von 0,30 Euro für jeden vollen Kilometer der Entfernung zwischen dem Ort des eigenen Hausstandes und dem Ort der ersten Tätigkeitsstätte anzusetzen. [7]Nummer 4 Satz 3 bis 5 ist entsprechend anzuwenden. [8]Aufwendungen für Familienheimfahrten mit einem dem Steuerpflichtigen im Rahmen einer Einkunftsart überlassenen Kraftfahrzeug werden nicht berücksichtigt. [***ab VZ 2021:*** [9]Zur Abgeltung der Aufwendungen für eine Familienheimfahrt ist für die Veranlagungszeiträume 2021 bis 2026 abweichend von Satz 6 eine Entfernungspauschale für jeden vollen Kilometer der ersten 20 Kilometer der Entfernung zwischen dem Ort des eigenen Hausstandes und dem Ort der ersten Tätigkeitsstätte von 0,30 Euro und für jeden weiteren vollen Kilometer

a) von 0,35 Euro für 2021 bis 2023,

b) von 0,38 Euro für 2024 bis 2026

anzusetzen.]

5a.[2)] notwendige Mehraufwendungen eines Arbeitnehmers für beruflich veranlasste Übernachtungen an einer Tätigkeitsstätte, die nicht erste Tätigkeitsstätte ist. [2]Übernachtungskosten sind die tatsächlichen Aufwendungen für die persönliche Inanspruchnahme einer Unterkunft zur Übernachtung.

[1)] § 9 Abs. 1 Satz 3 Nr. 5 neu gef. mWv 1.1.2014 durch G v. 20.2.2013 (BGBl. I S. 285); Satz 9 angef. mWv VZ 2021 durch G v. 21.12.2019 (BGBl. I S. 2886).

[2)] § 9 Abs. 1 Satz 3 Nr. 5a eingef. mWv 1.1.2014 durch G v. 20.2.2013 (BGBl. I S. 285).

[3]Soweit höhere Übernachtungskosten anfallen, weil der Arbeitnehmer eine Unterkunft gemeinsam mit Personen nutzt, die in keinem Dienstverhältnis zum selben Arbeitgeber stehen, sind nur diejenigen Aufwendungen anzusetzen, die bei alleiniger Nutzung durch den Arbeitnehmer angefallen wären. [4]Nach Ablauf von 48 Monaten einer längerfristigen beruflichen Tätigkeit an derselben Tätigkeitsstätte, die nicht erste Tätigkeitsstätte ist, können Unterkunftskosten nur noch bis zur Höhe des Betrags nach Nummer 5 angesetzt werden. [5]Eine Unterbrechung dieser beruflichen Tätigkeit an derselben Tätigkeitsstätte führt zu einem Neubeginn, wenn die Unterbrechung mindestens sechs Monate dauert.

[***ab 1.1.2020:***

5b.[1)] notwendige Mehraufwendungen, die einem Arbeitnehmer während seiner auswärtigen beruflichen Tätigkeit auf einem Kraftfahrzeug des Arbeitgebers oder eines vom Arbeitgeber beauftragten Dritten im Zusammenhang mit einer Übernachtung in dem Kraftfahrzeug für Kalendertage entstehen, an denen der Arbeitnehmer eine Verpflegungspauschale nach Absatz 4a Satz 3 Nummer 1 und 2 sowie Satz 5 zur Nummer 1 und 2 beanspruchen könnte. [2]Anstelle der tatsächlichen Aufwendungen, die dem Arbeitnehmer im Zusammenhang mit einer Übernachtung in dem Kraftfahrzeug entstehen, kann im Kalenderjahr einheitlich eine Pauschale von 8 Euro für jeden Kalendertag berücksichtigt werden, an dem der Arbeitnehmer eine Verpflegungspauschale nach Absatz 4a Satz 3 Nummer 1 und 2 sowie Satz 5 zur Nummer 1 und 2 beanspruchen könnte,]

6. Aufwendungen für Arbeitsmittel, zum Beispiel für Werkzeuge und typische Berufskleidung. [2]Nummer 7 bleibt unberührt;

7.[2)] Absetzungen für Abnutzung und für Substanzverringerung, Sonderabschreibungen nach § 7b und erhöhte Absetzungen. [2]§ 6 Absatz 2 Satz 1 bis 3 ist in Fällen der Anschaffung oder Herstellung von Wirtschaftsgütern entsprechend anzuwenden.

(2)[3)] [1]Durch die Entfernungspauschalen sind sämtliche Aufwendungen abgegolten, die durch die Wege zwischen Wohnung und erster Tätigkeitsstätte im Sinne des Absatzes 4 und durch die Familienheimfahrten veranlasst sind. [2]Aufwendungen für die Benutzung öffentlicher Verkehrsmittel können angesetzt werden, soweit sie den im Kalenderjahr insgesamt als Entfernungspauschale abziehbaren Betrag übersteigen.[4)] [3]Menschen mit Behinderungen,

1. deren Grad der Behinderung mindestens 70 beträgt,
2. deren Grad der Behinderung weniger als 70, aber mindestens 50 beträgt und die in ihrer Bewegungsfähigkeit im Straßenverkehr erheblich beeinträchtigt sind,

---

[1)] § 9 Abs. 1 Satz 3 Nr. 5b eingef. mWv 1.1.2020 durch G v. 12.12.2019 (BGBl. I S. 2451).

[2)] § 9 Abs. 1 Satz 3 Nr. 7 Satz 2 geänd. mWv VZ 2010 durch G v. 22.12.2009 (BGBl. I S. 3590); Satz 1 ergänzt mWv VZ 2018 durch G 12.12.2019 (BGBl. I S. 2451); zur Anwendung siehe § 52 Abs. 16b Satz 1 iVm Abs. 15a Satz 1.

[3)] § 9 Abs. 2 Sätze 1 und 3 geänd. mWv 1.1.2014 durch G v. 20.2.2013 (BGBl. I S. 285); Satz 3 geänd. mWv 15.12.2020 durch G v. 9.12.2020 (BGBl. I S. 2770).

[4)] § 9 Abs. 2 Satz 2 geänd. mWv VZ 2012 durch G v. 1.11.2011 (BGBl. I S. 2131).

können anstelle der Entfernungspauschalen die tatsächlichen Aufwendungen für die Wege zwischen Wohnung und erster Tätigkeitsstätte und für Familienheimfahrten ansetzen. 4 Die Voraussetzungen der Nummern 1 und 2 sind durch amtliche Unterlagen nachzuweisen.

(3) Absatz 1 Satz 3 Nummer 4 bis 5a sowie die Absätze 2 und 4a[1] gelten bei den Einkunftsarten im Sinne des § 2 Absatz 1 Satz 1 Nummer 5 bis 7 entsprechend.

(4)[2] 1 Erste Tätigkeitsstätte ist die ortsfeste betriebliche Einrichtung des Arbeitgebers, eines verbundenen Unternehmens (§ 15 des Aktiengesetzes) oder eines vom Arbeitgeber bestimmten Dritten, der der Arbeitnehmer dauerhaft zugeordnet ist. 2 Die Zuordnung im Sinne des Satzes 1 wird durch die dienst- oder arbeitsrechtlichen Festlegungen sowie die diese ausfüllenden Absprachen und Weisungen bestimmt. 3 Von einer dauerhaften Zuordnung ist insbesondere auszugehen, wenn der Arbeitnehmer unbefristet, für die Dauer des Dienstverhältnisses oder über einen Zeitraum von 48 Monaten hinaus an einer solchen Tätigkeitsstätte tätig werden soll. 4 Fehlt eine solche dienst- oder arbeitsrechtliche Festlegung auf eine Tätigkeitsstätte oder ist sie nicht eindeutig, ist erste Tätigkeitsstätte die betriebliche Einrichtung, an der der Arbeitnehmer dauerhaft

1. typischerweise arbeitstäglich tätig werden soll oder
2. je Arbeitswoche zwei volle Arbeitstage oder mindestens ein Drittel seiner vereinbarten regelmäßigen Arbeitszeit tätig werden soll.

5 Je Dienstverhältnis hat der Arbeitnehmer höchstens eine erste Tätigkeitsstätte. 6 Liegen die Voraussetzungen der Sätze 1 bis 4 für mehrere Tätigkeitsstätten vor, ist diejenige Tätigkeitsstätte erste Tätigkeitsstätte, die der Arbeitgeber bestimmt. 7 Fehlt es an dieser Bestimmung oder ist sie nicht eindeutig, ist die der Wohnung örtlich am nächsten liegende Tätigkeitsstätte die erste Tätigkeitsstätte. 8 Als erste Tätigkeitsstätte gilt auch eine Bildungseinrichtung, die außerhalb eines Dienstverhältnisses zum Zwecke eines Vollzeitstudiums oder einer vollzeitigen Bildungsmaßnahme aufgesucht wird; die Regelungen für Arbeitnehmer nach Absatz 1 Satz 3 Nummer 4 und 5 sowie Absatz 4a sind entsprechend anzuwenden.

(4a)[3] 1 Mehraufwendungen des Arbeitnehmers für die Verpflegung sind nur nach Maßgabe der folgenden Sätze als Werbungskosten abziehbar. 2 Wird der Arbeitnehmer außerhalb seiner Wohnung und ersten Tätigkeitsstätte beruflich tätig (auswärtige berufliche Tätigkeit), ist zur Abgeltung der ihm tatsächlich entstandenen, beruflich veranlassten Mehraufwendungen eine Verpflegungspauschale anzusetzen. 3 Diese beträgt

1. *24* [***ab 1.1.2020:*** 28] Euro für jeden Kalendertag, an dem der Arbeitnehmer 24 Stunden von seiner Wohnung und ersten Tätigkeitsstätte abwesend ist,

---

[1] Verweis geänd. mWv 1.1.2014 durch G v. 20.2.2013 (BGBl. I S. 285).

[2] § 9 Abs. 4 eingef. mWv 1.1.2014 durch G v. 20.2.2013 (BGBl. I S. 285); geänd. mWv VZ 2014 durch G v. 25.7.2014 (BGBl. I S. 1266).

[3] § 9 Abs. 4a eingef. mWv 1.1.2014 durch G v. 20.2.2013 (BGBl. I S. 285); geänd. mWv VZ 2014 durch G v. 25.7.2014 (BGBl. I S. 1266); Satz 3 Nrn. 1 bis 3 Beträge geänd. mWv 1.1.2020 durch G v. 12.12.2019 (BGBl. I S. 2451).

2. jeweils *12* [***ab 1.1.2020:*** 14] Euro für den An- und Abreisetag, wenn der Arbeitnehmer an diesem, einem anschließenden oder vorhergehenden Tag außerhalb seiner Wohnung übernachtet,
3. *12* [***ab 1.1.2020:*** 14] Euro für den Kalendertag, an dem der Arbeitnehmer ohne Übernachtung außerhalb seiner Wohnung mehr als 8 Stunden von seiner Wohnung und der ersten Tätigkeitsstätte abwesend ist; beginnt die auswärtige berufliche Tätigkeit an einem Kalendertag und endet am nachfolgenden Kalendertag ohne Übernachtung, werden *12* [***ab 1.1.2020:*** 14] Euro für den Kalendertag gewährt, an dem der Arbeitnehmer den überwiegenden Teil der insgesamt mehr als 8 Stunden von seiner Wohnung und der ersten Tätigkeitsstätte abwesend ist.

[4]Hat der Arbeitnehmer keine erste Tätigkeitsstätte, gelten die Sätze 2 und 3 entsprechend; Wohnung im Sinne der Sätze 2 und 3 ist der Hausstand, der den Mittelpunkt der Lebensinteressen des Arbeitnehmers bildet sowie eine Unterkunft am Ort der ersten Tätigkeitsstätte im Rahmen der doppelten Haushaltsführung. [5]Bei einer Tätigkeit im Ausland treten an die Stelle der Pauschbeträge nach Satz 3 länderweise unterschiedliche Pauschbeträge, die für die Fälle der Nummer 1 mit 120 sowie der Nummern 2 und 3 mit 80 Prozent der Auslandstagegelder nach dem Bundesreisekostengesetz vom Bundesministerium der Finanzen im Einvernehmen mit den obersten Finanzbehörden der Länder aufgerundet auf volle Euro festgesetzt werden; dabei bestimmt sich der Pauschbetrag nach dem Ort, den der Arbeitnehmer vor 24 Uhr Ortszeit zuletzt erreicht, oder, wenn dieser Ort im Inland liegt, nach dem letzten Tätigkeitsort im Ausland. [6]Der Abzug der Verpflegungspauschalen ist auf die ersten drei Monate einer längerfristigen beruflichen Tätigkeit an derselben Tätigkeitsstätte beschränkt. [7]Eine Unterbrechung der beruflichen Tätigkeit an derselben Tätigkeitsstätte führt zu einem Neubeginn, wenn sie mindestens vier Wochen dauert. [8]Wird dem Arbeitnehmer anlässlich oder während einer Tätigkeit außerhalb seiner ersten Tätigkeitsstätte vom Arbeitgeber oder auf dessen Veranlassung von einem Dritten eine Mahlzeit zur Verfügung gestellt, sind die nach den Sätzen 3 und 5 ermittelten Verpflegungspauschalen zu kürzen:
1. für Frühstück um 20 Prozent,
2. für Mittag- und Abendessen um jeweils 40 Prozent,

der nach Satz 3 Nummer 1 gegebenenfalls in Verbindung mit Satz 5 maßgebenden Verpflegungspauschale für einen vollen Kalendertag; die Kürzung darf die ermittelte Verpflegungspauschale nicht übersteigen. [9]Satz 8 gilt auch, wenn Reisekostenvergütungen wegen der zur Verfügung gestellten Mahlzeiten einbehalten oder gekürzt werden oder die Mahlzeiten nach § 40 Absatz 2 Satz 1 Nummer 1a pauschal besteuert werden. [10]Hat der Arbeitnehmer für die Mahlzeit ein Entgelt gezahlt, mindert dieser Betrag den Kürzungsbetrag nach Satz 8. [11]Erhält der Arbeitnehmer steuerfreie Erstattungen für Verpflegung, ist ein Werbungskostenabzug insoweit ausgeschlossen. [12]Die Verpflegungspauschalen nach den Sätzen 3 und 5, die Dreimonatsfrist nach den Sätzen 6 und 7 sowie die Kürzungsregelungen nach den Sätzen 8 bis 10 gelten entsprechend auch für den Abzug von Mehraufwendungen für Verpflegung, die bei einer beruflich veranlassten doppelten Haushaltsführung entstehen, soweit der Arbeitnehmer vom eigenen Hausstand im Sinne des § 9 Absatz 1 Satz 3 Nummer 5 abwesend ist; dabei ist für jeden Kalendertag innerhalb der Dreimonatsfrist, an dem gleichzeitig eine Tätigkeit im Sinne des Satzes 2 oder des Satzes 4 ausgeübt wird, nur der jeweils höchste in Betracht kommende Pauschbetrag abziehbar. [13]Die Dauer einer Tätigkeit im Sinne des Satzes 2 an dem Tätigkeitsort, an dem die doppelte Haushaltsführung begründet wurde, ist auf die Dreimonatsfrist anzurechnen, wenn sie ihr unmittelbar vorausgegangen ist.

(5)[1)] [1]§ 4 Absatz 5 Satz 1 Nummer 1 bis 4, 6b bis 8a, 10, 12 und Absatz 6 gilt sinngemäß. [2]Die §§ 4j, 6 Absatz 1 Nummer 1a und § 6e gelten entsprechend.

(6)[2)] [1]Aufwendungen des Steuerpflichtigen für seine Berufsausbildung oder für sein Studium sind nur dann Werbungskosten, wenn der Steuerpflichtige zuvor bereits eine Erstausbildung (Berufsausbildung oder Studium) abgeschlossen hat oder wenn die Berufsausbildung oder das Studium im Rahmen eines Dienstverhältnisses stattfindet. [2]Eine Berufsausbildung als Erstausbildung nach Satz 1 liegt vor, wenn eine geordnete Ausbildung mit einer Mindestdauer von 12 Monaten bei vollzeitiger Ausbildung und mit einer Abschlussprüfung durchgeführt wird. [3]Eine geordnete Ausbildung liegt vor, wenn sie auf der Grundlage von Rechts- oder Verwaltungsvorschriften oder internen Vorschriften eines Bildungsträgers durchgeführt wird. [4]Ist eine Abschlussprüfung nach dem Ausbildungsplan nicht vorgesehen, gilt die Ausbildung mit der tatsächlichen planmäßigen Beendigung als abgeschlossen. [5]Eine Berufsausbildung als Erstausbildung hat auch abgeschlossen, wer die Abschlussprüfung einer durch Rechts- oder Verwaltungsvorschriften geregelten Berufsausbildung mit einer Mindestdauer von 12 Monaten bestanden hat, ohne dass er zuvor die entsprechende Berufsausbildung durchlaufen hat.

§ 9a Pauschbeträge für Werbungskosten. [1]Für Werbungskosten sind bei der Ermittlung der Einkünfte die folgenden Pauschbeträge abzuziehen, wenn nicht höhere Werbungskosten nachgewiesen werden:

1. a)[3)] von den Einnahmen aus nichtselbständiger Arbeit vorbehaltlich Buchstabe b:
   ein Arbeitnehmer-Pauschbetrag von 1000 Euro;
   b) von den Einnahmen aus nichtselbständiger Arbeit, soweit es sich um Versorgungsbezüge im Sinne des § 19 Absatz 2 handelt:
   ein Pauschbetrag von 102 Euro;
2. (weggefallen)
3.[4)] von den Einnahmen im Sinne des § 22 Nummer 1, 1a und 5:
   ein Pauschbetrag von insgesamt 102 Euro.

[1)] § 9 Abs. 5 Satz 1 geänd. mWv VZ 2012 durch G v. 1.11.2011 (BGBl. I S. 2131); geänd. mWv 1.1.2014 durch G v. 20.2.2013 (BGBl. I S. 285); Satz 2 Verweis geänd. durch G v. 27.6.2017 (BGBl. I S. 2074), zur Anwendung siehe § 52 Abs. 16b Satz 2; Satz 2 neu gef. durch G v. 12.12.2019 (BGBl. I S. 2451); zur Anwendung siehe § 52 Abs. 16b Satz 3.

[2)] § 9 Abs. 6 neu gef. mWv 1.1.2015 durch G v. 22.12.2014 (BGBl. I S. 2417).

[3)] § 9a Satz 1 Nr. 1 Buchst. a Betrag geänd. mWv VZ 2011; 2. Satzteil aufgeh. mWv VZ 2012 (§ 52 Abs. 1 idF des Art. 1 Nr. 33 Buchst. b des G v. 1.11.2011) durch G v. 1.11.2011 (BGBl. I S. 2131).

[4)] § 9a Satz 1 Nr. 3 geänd. mWv VZ 2010 durch G v. 8.12.2010 (BGBl. I S. 1768); geänd. mWv VZ 2015 durch G v. 22.12.2014 (BGBl. I S. 2417).

[2]Der Pauschbetrag nach Satz 1 Nummer 1 Buchstabe b darf nur bis zur Höhe der um den Versorgungsfreibetrag einschließlich des Zuschlags zum Versorgungsfreibetrag (§ 19 Absatz 2) geminderten Einnahmen, die Pauschbeträge nach Satz 1 Nummer 1 Buchstabe a und Nummer 3 dürfen nur bis zur Höhe der Einnahmen abgezogen werden.

4a. Umsatzsteuerrechtlicher Vorsteuerabzug

§ 9b [Umsatzsteuerrechtlicher Vorsteuerabzug] (1) Der Vorsteuerbetrag nach § 15 des Umsatzsteuergesetzes gehört, soweit er bei der Umsatzsteuer abgezogen werden kann, nicht zu den Anschaffungs- oder Herstellungskosten des Wirtschaftsguts, auf dessen Anschaffung oder Herstellung er entfällt.

(2)[1] [1]Wird der Vorsteuerabzug nach § 15a des Umsatzsteuergesetzes berichtigt, so sind die Mehrbeträge als Betriebseinnahmen oder Einnahmen zu behandeln, wenn sie im Rahmen einer der Einkunftsarten des § 2 Absatz 1 Satz 1 bezogen werden; die Minderbeträge sind als Betriebsausgaben oder Werbungskosten zu behandeln, wenn sie durch den Betrieb veranlasst sind oder der Erwerbung, Sicherung und Erhaltung von Einnahmen dienen. [2]Die Anschaffungs- oder Herstellungskosten bleiben in den Fällen des Satzes 1 unberührt.

4b. *(aufgehoben)*[2]

§ 9c.[3] *(aufgehoben)*

5. Sonderausgaben

§ 10 [Sonderausgaben] (1) Sonderausgaben sind die folgenden Aufwendungen, wenn sie weder Betriebsausgaben noch Werbungskosten sind oder wie Betriebsausgaben oder Werbungskosten behandelt werden:

1.–1b.[3] *(aufgehoben)*

2.[4] a) Beiträge zu den gesetzlichen Rentenversicherungen oder zur landwirtschaftlichen Alterskasse[5] sowie zu berufsständischen Versorgungseinrichtungen, die den gesetzlichen Rentenversicherungen vergleichbare Leistungen erbringen;

b)[6] Beiträge des Steuerpflichtigen

aa) zum Aufbau einer eigenen kapitalgedeckten Altersversorgung, wenn der Vertrag nur die Zahlung einer monatlichen, auf das Leben des Steuerpflichtigen bezogenen lebenslangen Leibrente nicht vor Vollendung des 62. Lebensjahres oder zusätzlich die ergänzende Ab-

---

[1] § 9b Abs. 2 neu gef. durch G v. 18.12.2013 (BGBl. I S. 4318); zur Anwendung siehe § 52 Abs. 17.

[2] Abschnitt II Unterabschnitt 4b. und § 9c aufgeh. mWv VZ 2012 (§ 52 Abs. 1 idF des Art. 1 Nr. 33 Buchst. b des G v. 1.11.2011) durch G v. 1.11.2011 (BGBl. I S. 2131).

[3] § 10 Abs. 1 Nrn. 1, 1a und 1b aufgeh. mWv VZ 2015 durch G v. 22.12.2014 (BGBl. I S. 2417).

[4] § 10 Abs. 1 Nr. 2 Sätze 2 und 3 eingef., bish. Sätze 2 und 3 werden Sätze 4 und 5 mWv VZ 2014 durch G v 24.6.2013 (BGBl. I S. 1667); Sätze 3 und 4 eingef., bish. Sätze 3 bis 5 werden Sätze 5 bis 7 mWv VZ 2015 durch G v. 22.12.2014 (BGBl. I S. 2417).

[5] § 10 Abs. 1 Nr. 2 Buchst. a geänd. mWv 1.1.2013 durch G v. 12.4.2012 (BGBl. I S. 579).

[6] § 10 Abs. 1 Nr. 2 Buchst. b neu gef. mWv VZ 2014 durch G v. 24.6.2013 (BGBl. I S. 1667).

sicherung des Eintritts der Berufsunfähigkeit (Berufsunfähigkeitsrente), der verminderten Erwerbsfähigkeit (Erwerbsminderungsrente) oder von Hinterbliebenen (Hinterbliebenenrente) vorsieht. [2]Hinterbliebene in diesem Sinne sind der Ehegatte des Steuerpflichtigen und die Kinder, für die er Anspruch auf Kindergeld oder auf einen Freibetrag nach § 32 Absatz 6 hat. [3]Der Anspruch auf Waisenrente darf längstens für den Zeitraum bestehen, in dem der Rentenberechtigte die Voraussetzungen für die Berücksichtigung als Kind im Sinne des § 32 erfüllt;

bb) für seine Absicherung gegen den Eintritt der Berufsunfähigkeit oder der verminderten Erwerbsfähigkeit (Versicherungsfall), wenn der Vertrag nur die Zahlung einer monatlichen, auf das Leben des Steuerpflichtigen bezogenen lebenslangen Leibrente für einen Versicherungsfall vorsieht, der bis zur Vollendung des 67. Lebensjahres eingetreten ist. [2]Der Vertrag kann die Beendigung der Rentenzahlung wegen eines medizinisch begründeten Wegfalls der Berufsunfähigkeit oder der verminderten Erwerbsfähigkeit vorsehen. [3]Die Höhe der zugesagten Rente kann vom Alter des Steuerpflichtigen bei Eintritt des Versicherungsfalls abhängig gemacht werden, wenn der Steuerpflichtige das 55. Lebensjahr vollendet hat.

[2]Die Ansprüche nach Buchstabe b dürfen nicht vererblich, nicht übertragbar, nicht beleihbar, nicht veräußerbar und nicht kapitalisierbar sein. [3]Anbieter und Steuerpflichtiger können vereinbaren, dass bis zu zwölf Monatsleistungen in einer Auszahlung zusammengefasst werden oder eine Kleinbetragsrente im Sinne von § 93 Absatz 3 Satz 2 abgefunden wird. [4]Bei der Berechnung der Kleinbetragsrente sind alle bei einem Anbieter bestehenden Verträge des Steuerpflichtigen jeweils nach Buchstabe b Doppelbuchstabe aa oder Doppelbuchstabe bb zusammenzurechnen. [5]Neben den genannten Auszahlungsformen darf kein weiterer Anspruch auf Auszahlungen bestehen. [6]Zu den Beiträgen nach den Buchstaben a und b ist der nach § 3 Nummer 62 steuerfreie Arbeitgeberanteil zur gesetzlichen Rentenversicherung und ein diesem gleichgestellter steuerfreier Zuschuss des Arbeitgebers hinzuzurechnen. [7]Beiträge nach § 168 Absatz 1 Nummer 1b oder 1c oder nach § 172 Absatz 3 oder 3a des Sechsten Buches Sozialgesetzbuch werden abweichend von Satz 6[1)] nur auf Antrag des Steuerpflichtigen hinzugerechnet;

3. Beiträge zu

a)[2)] Krankenversicherungen, soweit diese zur Erlangung eines durch das Zwölfte Buch Sozialgesetzbuch bestimmten sozialhilfegleichen Versorgungsniveaus erforderlich sind und sofern auf die Leistungen ein Anspruch besteht. [2]Für Beiträge zur gesetzlichen Krankenversicherung sind dies die nach dem Dritten Titel des Ersten Abschnitts des Achten Kapitels des Fünften Buches Sozialgesetzbuch oder die nach dem Sechsten

---

[1)] Verweis berichtigt durch G v. 17.8.2017 (BGBl. I S. 3214).

[2)] § 10 Abs. 1 Nr. 3 Buchst. a Satz 1 geänd. mWv VZ 2013 durch G v. 26.6.2013 (BGBl. I S. 1809).

Abschnitt des Zweiten Gesetzes über die Krankenversicherung der Landwirte festgesetzten Beiträge. [3] Für Beiträge zu einer privaten Krankenversicherung sind dies die Beitragsanteile, die auf Vertragsleistungen entfallen, die, mit Ausnahme der auf das Krankengeld entfallenden Beitragsanteile, in Art, Umfang und Höhe den Leistungen nach dem Dritten Kapitel des Fünften Buches Sozialgesetzbuch vergleichbar sind; § 158 Absatz 2 des Versicherungsaufsichtsgesetzes[1)] gilt entsprechend. [4] Wenn sich aus den Krankenversicherungsbeiträgen nach Satz 2 ein Anspruch auf Krankengeld oder ein Anspruch auf eine Leistung, die anstelle von Krankengeld gewährt wird, ergeben kann, ist der jeweilige Beitrag um 4 Prozent zu vermindern;

b) gesetzlichen Pflegeversicherungen (soziale Pflegeversicherung und private Pflege-Pflichtversicherung).

[2] Als eigene Beiträge des Steuerpflichtigen können auch eigene Beiträge im Sinne der Buchstaben a oder b eines Kindes behandelt werden, wenn der Steuerpflichtige die Beiträge des Kindes, für das ein Anspruch auf einen Freibetrag nach § 32 Absatz 6 oder auf Kindergeld besteht, durch Leistungen in Form von Bar- oder Sachunterhalt wirtschaftlich getragen hat, unabhängig von Einkünften oder Bezügen des Kindes.[2)] [3] Satz 2 gilt entsprechend, wenn der Steuerpflichtige die Beiträge für ein unterhaltsberechtigtes Kind trägt, welches nicht selbst Versicherungsnehmer ist, sondern der andere Elternteil.[2)] [4] Hat der Steuerpflichtige in den Fällen des Absatzes 1a[3)] Nummer 1 eigene Beiträge im Sinne des Buchstaben a oder des Buchstaben b zum Erwerb einer Krankenversicherung oder gesetzlichen Pflegeversicherung für einen geschiedenen oder dauernd getrennt lebenden unbeschränkt einkommensteuerpflichtigen Ehegatten geleistet, dann werden diese abweichend von Satz 1 als eigene Beiträge des geschiedenen oder dauernd getrennt lebenden unbeschränkt einkommensteuerpflichtigen Ehegatten behandelt. [5] Beiträge, die für nach Ablauf des Veranlagungszeitraums beginnende Beitragsjahre geleistet werden und in der Summe das *Zweieinhalbfache* [***ab 1.1.2020:*** Dreifache] der auf den Veranlagungszeitraum entfallenden Beiträge überschreiten, sind in dem Veranlagungszeitraum anzusetzen, für den sie geleistet wurden; [***bis 31.12.2019:*** *dies gilt nicht für Beiträge, soweit sie der unbefristeten Beitragsminderung nach Vollendung des 62. Lebensjahrs dienen;*]

3a. Beiträge zu Kranken- und Pflegeversicherungen, soweit diese nicht nach Nummer 3 zu berücksichtigen sind; Beiträge zu Versicherungen gegen Arbeitslosigkeit, zu Erwerbs- und Berufsunfähigkeitsversicherungen, die nicht unter Nummer 2 Satz 1 Buchstabe b fallen, zu Unfall- und Haftpflichtversicherungen sowie zu Risikoversicherungen, die nur für den Todesfall eine Leistung vorsehen; Beiträge zu Versicherungen im Sinne des § 10 Absatz 1 Nummer 2 Buchstabe b Doppelbuchstabe bb bis dd in der am 31. Dezem-

---

1) Verweis geänd. mWv 1.1.2016 durch G v. 1.4.2015 (BGBl. I S. 434).

2) § 10 Abs. 1 Nr. 3 Satz 2 ersetzt durch Sätze 2 und 3, bish. Sätze 3 und 4 werden Sätze 4 und 5 mWv 18.12.2019 durch Art. 1 des G v. 12.12.2019 (BGBl. I S. 2451); neuer Satz 5 geänd. mWv 1.1.2020 durch Art. 2 des G v. 12.12.2019 (BGBl. I S. 2451).

3) Verweis geänd. mWv VZ 2015 durch G v. 22.12.2014 (BGBl. I S. 2417).

ber 2004 geltenden Fassung,[1] wenn die Laufzeit dieser Versicherungen vor dem 1. Januar 2005 begonnen hat und ein Versicherungsbeitrag bis zum 31. Dezember 2004 entrichtet wurde; § 10 Absatz 1 Nummer 2 Satz 2 bis 6 und Absatz 2 Satz 2 in der am 31. Dezember 2004 geltenden Fassung ist in diesen Fällen weiter anzuwenden;

4.[2] gezahlte Kirchensteuer; dies gilt nicht, soweit die Kirchensteuer als Zuschlag zur Kapitalertragsteuer oder als Zuschlag auf die nach dem gesonderten Tarif des § 32d Absatz 1 ermittelte Einkommensteuer gezahlt wurde;

5.[3] zwei Drittel der Aufwendungen, höchstens 4000 Euro je Kind, für Dienstleistungen zur Betreuung eines zum Haushalt des Steuerpflichtigen gehörenden Kindes im Sinne des § 32 Absatz 1, welches das 14. Lebensjahr noch nicht vollendet hat oder wegen einer vor Vollendung des 25. Lebensjahres eingetretenen körperlichen, geistigen oder seelischen Behinderung außerstande ist, sich selbst zu unterhalten. [2] Dies gilt nicht für Aufwendungen für Unterricht, die Vermittlung besonderer Fähigkeiten sowie für sportliche und andere Freizeitbetätigungen. [3] Ist das zu betreuende Kind nicht nach § 1 Absatz 1 oder Absatz 2 unbeschränkt einkommensteuerpflichtig, ist der in Satz 1 genannte Betrag zu kürzen, soweit es nach den Verhältnissen im Wohnsitzstaat des Kindes notwendig und angemessen ist. [4] Voraussetzung

---

[1] **Die am 31.12.2004 geltende Fassung hat folgenden Wortlaut:**

„2. a) Beiträge zu Kranken-, Pflege-, Unfall- und Haftpflichtversicherungen, zu den gesetzlichen Rentenversicherungen und an die Bundesagentur für Arbeit;

b) Beiträge zu den folgenden Versicherungen auf den Erlebens- oder Todesfall:

aa) Risikoversicherungen, die nur für den Todesfall eine Leistung vorsehen,

bb) Rentenversicherungen ohne Kapitalwahlrecht,

cc) Rentenversicherungen mit Kapitalwahlrecht gegen laufende Beitragsleistung, wenn das Kapitalwahlrecht nicht vor Ablauf von zwölf Jahren seit Vertragsabschluss ausgeübt werden kann,

dd) Kapitalversicherungen gegen laufende Beitragsleistung mit Sparanteil, wenn der Vertrag für die Dauer von mindestens zwölf Jahren abgeschlossen worden ist.

[2] Beiträge zu Versicherungen im Sinne der Doppelbuchstaben cc und dd sind ab dem Kalenderjahr 2004 in Höhe von 88 vom Hundert als Vorsorgeaufwendungen zu berücksichtigen. [3] Bei Steuerpflichtigen, die am 31. Dezember 1990 einen Wohnsitz oder ihren gewöhnlichen Aufenthalt in dem in Artikel 3 des Einigungsvertrages genannten Gebiet und vor dem 1. Januar 1991 keinen Wohnsitz oder gewöhnlichen Aufenthalt im bisherigen Geltungsbereich dieses Gesetzes hatten, gilt bis 31. Dezember 1996 Folgendes:

[4] Hat der Steuerpflichtige zurzeit des Vertragsabschlusses das 47. Lebensjahr vollendet, verkürzt sich bei laufender Beitragsleistung die Mindestvertragsdauer von zwölf Jahren um die Zahl der angefangenen Lebensjahre, um die er älter als 47 Jahre ist, höchstens jedoch auf sechs Jahre. [5] Fondsgebundene Lebensversicherungen sind ausgeschlossen. [6] Ausgeschlossen sind auch Versicherungen auf den Erlebens- oder Todesfall, bei denen der Steuerpflichtige Ansprüche aus einem von einer anderen Person abgeschlossenen Vertrag entgeltlich erworben hat, es sei denn, es werden aus anderen Rechtsverhältnissen entstandene Abfindungs- und Ausgleichsansprüche arbeitsrechtlicher, erbrechtlicher oder familienrechtlicher Art durch Übertragung von Ansprüchen aus Lebensversicherungsverträgen erfüllt;

c) Beiträge zu einer zusätzlichen freiwilligen Pflegeversicherung;"

[2] § 10 Abs. 1 Nr. 4 neu gef. durch G v. 8.12.2010 (BGBl. I S. 1768).

[3] § 10 Abs. 1 Nr. 5 eingef. durch G v. 1.11.2011 (BGBl. I S. 2131); zur Anwendung siehe § 52 Abs. 18 Satz 3.

für den Abzug der Aufwendungen nach Satz 1 ist, dass der Steuerpflichtige für die Aufwendungen eine Rechnung erhalten hat und die Zahlung auf das Konto des Erbringers der Leistung erfolgt ist;

6. (weggefallen)

7.[1] Aufwendungen für die eigene Berufsausbildung bis zu 6000 Euro im Kalenderjahr. 2 Bei Ehegatten, die die Voraussetzungen des § 26 Absatz 1 Satz 1 erfüllen, gilt Satz 1 für jeden Ehegatten. 3 Zu den Aufwendungen im Sinne des Satzes 1 gehören auch Aufwendungen für eine auswärtige Unterbringung. 4 § 4 Absatz 5 Satz 1 Nummer 6b sowie § 9 Absatz 1 Satz 3 Nummer 4 und 5, Absatz 2, 4 Satz 8 und Absatz 4a sind bei der Ermittlung der Aufwendungen anzuwenden;

8.[2] (weggefallen)

9. 30 Prozent des Entgelts, höchstens 5000 Euro, das der Steuerpflichtige für ein Kind, für das er Anspruch auf einen Freibetrag nach § 32 Absatz 6 oder auf Kindergeld hat, für dessen Besuch einer Schule in freier Trägerschaft oder einer überwiegend privat finanzierten Schule entrichtet, mit Ausnahme des Entgelts für Beherbergung, Betreuung und Verpflegung. 2 Voraussetzung ist, dass die Schule in einem Mitgliedstaat der Europäischen Union oder in einem Staat belegen ist, auf den das Abkommen über den Europäischen Wirtschaftsraum Anwendung findet, und die Schule zu einem von dem zuständigen inländischen Ministerium eines Landes, von der Kultusministerkonferenz der Länder oder von einer inländischen Zeugnisanerkennungsstelle anerkannten oder einem inländischen Abschluss an einer öffentlichen Schule als gleichwertig anerkannten allgemein bildenden oder berufsbildenden Schul-, Jahrgangs- oder Berufsabschluss führt. 3 Der Besuch einer anderen Einrichtung, die auf einen Schul-, Jahrgangs- oder Berufsabschluss im Sinne des Satzes 2 ordnungsgemäß vorbereitet, steht einem Schulbesuch im Sinne des Satzes 1 gleich. 4 Der Besuch einer Deutschen Schule im Ausland steht dem Besuch einer solchen Schule gleich, unabhängig von ihrer Belegenheit. 5 Der Höchstbetrag nach Satz 1 wird für jedes Kind, bei dem die Voraussetzungen vorliegen, je Elternpaar nur einmal gewährt.

(1a)[3] Sonderausgaben sind auch die folgenden Aufwendungen:

1.[4] Unterhaltsleistungen an den geschiedenen oder dauernd getrennt lebenden unbeschränkt einkommensteuerpflichtigen Ehegatten, wenn der Geber dies mit Zustimmung des Empfängers beantragt, bis zu 13 805 Euro im Kalenderjahr. 2 Der Höchstbetrag nach Satz 1 erhöht sich um den Betrag der im jeweiligen Veranlagungszeitraum nach Absatz 1 Nummer 3 für die Absicherung des geschiedenen oder dauernd getrennt lebenden unbeschränkt

---

[1] § 10 Abs. 1 Nr. 7 Satz 1 geänd. durch G v. 7.12.2011 (BGBl. I S. 2592); Satz 4 geänd. mWv 1.1.2014 durch G v. 20.2.2013 (BGBl. I S. 285); Satz 4 geänd. mWv 1.1.2014 durch G v. 25.7.2014 (BGBl. I S. 1266).

[2] Nr. 8 aufgeh. mWv VZ 2009; siehe nunmehr § 9c Abs. 2 und 3.

[3] § 10 Abs. 1a eingef. durch G v. 22.12.2014 (BGBl. I S. 2417); zur Anwendung siehe § 52 Abs. 18 Sätze 1 und 2.

[4] § 10 Abs. 1a Nr. 1 Sätze 7 bis 9 angef. mWv VZ 2016 durch G v. 2.11.2015 (BGBl. I S. 1834).

einkommensteuerpflichtigen Ehegatten aufgewandten Beiträge. 3 Der Antrag kann jeweils nur für ein Kalenderjahr gestellt und nicht zurückgenommen werden. 4 Die Zustimmung ist mit Ausnahme der nach § 894 der Zivilprozessordnung als erteilt geltenden bis auf Widerruf wirksam. 5 Der Widerruf ist vor Beginn des Kalenderjahres, für das die Zustimmung erstmals nicht gelten soll, gegenüber dem Finanzamt zu erklären. 6 Die Sätze 1 bis 5 gelten für Fälle der Nichtigkeit oder der Aufhebung der Ehe entsprechend. 7 Voraussetzung für den Abzug der Aufwendungen ist die Angabe der erteilten Identifikationsnummer (§ 139b der Abgabenordnung) der unterhaltenen Person in der Steuererklärung des Unterhaltsleistenden, wenn die unterhaltene Person der unbeschränkten oder beschränkten Steuerpflicht unterliegt. 8 Die unterhaltene Person ist für diese Zwecke verpflichtet, dem Unterhaltsleistenden ihre erteilte Identifikationsnummer (§ 139b der Abgabenordnung) mitzuteilen. 9 Kommt die unterhaltene Person dieser Verpflichtung nicht nach, ist der Unterhaltsleistende berechtigt, bei der für ihn zuständigen Finanzbehörde die Identifikationsnummer der unterhaltenen Person zu erfragen;

2.[1] auf besonderen Verpflichtungsgründen beruhende, lebenslange und wiederkehrende Versorgungsleistungen, die nicht mit Einkünften in wirtschaftlichem Zusammenhang stehen, die bei der Veranlagung außer Betracht bleiben, wenn der Empfänger unbeschränkt einkommensteuerpflichtig ist. 2 Dies gilt nur für

a) Versorgungsleistungen im Zusammenhang mit der Übertragung eines Mitunternehmeranteils an einer Personengesellschaft, die eine Tätigkeit im Sinne der §§ 13, 15 Absatz 1 Satz 1 Nummer 1 oder des § 18 Absatz 1 ausübt,

b) Versorgungsleistungen im Zusammenhang mit der Übertragung eines Betriebs oder Teilbetriebs, sowie

c) Versorgungsleistungen im Zusammenhang mit der Übertragung eines mindestens 50 Prozent betragenden Anteils an einer Gesellschaft mit beschränkter Haftung, wenn der Übergeber als Geschäftsführer tätig war und der Übernehmer diese Tätigkeit nach der Übertragung übernimmt.

3 Satz 2 gilt auch für den Teil der Versorgungsleistungen, der auf den Wohnteil eines Betriebs der Land- und Forstwirtschaft entfällt. [***ab VZ 2021:*** 4 Voraussetzung für den Abzug der Aufwendungen ist die Angabe der erteilten Identifikationsnummer (§ 139b der Abgabenordnung) des Empfängers in der Steuererklärung des Leistenden; Nummer 1 Satz 8 und 9 gilt entsprechend;]

3.[2] Ausgleichsleistungen zur Vermeidung eines Versorgungsausgleichs nach § 6 Absatz 1 Satz 2 Nummer 2 und § 23 des Versorgungsausgleichsgesetzes sowie § 1408 Absatz 2 und § 1587 des Bürgerlichen Gesetzbuchs, soweit der Verpflichtete dies mit Zustimmung des Berechtigten beantragt und der

---

[1] Zur Anwendung siehe § 52 Abs. 18 Sätze 1 und 2; § 10 Abs. 1a Nr. 2 Satz 4 angef. mWv VZ 2021 durch G v. 21.12.2020 (BGBl. I S. 3096).

[2] § 10 Abs. 1a Nr. 3 Satz 1 geänd. mWv 1.1.2017 durch G v. 20.12.2016 (BGBl. I S. 3000); Nr. 3 Satz 3 angef. mWv VZ 2020 durch G v. 12.12.2019 (BGBl. I S. 2451).

Berechtigte unbeschränkt einkommensteuerpflichtig ist. [2]Nummer 1 Satz 3 bis 5 gilt entsprechend. [***ab 1.1.2020:*** [3]Voraussetzung für den Abzug der Aufwendungen ist die Angabe der erteilten Identifikationsnummer (§ 139b der Abgabenordnung) des Berechtigten in der Steuererklärung des Verpflichteten; Nummer 1 Satz 8 und 9 gilt entsprechend;]

4.[1)] Ausgleichszahlungen im Rahmen des Versorgungsausgleichs nach den §§ 20 bis 22 und 26 des Versorgungsausgleichsgesetzes und nach den §§ 1587f, 1587g und 1587i des Bürgerlichen Gesetzbuchs in der bis zum 31. August 2009 geltenden Fassung sowie nach § 3a des Gesetzes zur Regelung von Härten im Versorgungsausgleich, soweit die ihnen zu Grunde liegenden Einnahmen bei der ausgleichspflichtigen Person der Besteuerung unterliegen, wenn die ausgleichsberechtigte Person unbeschränkt einkommensteuerpflichtig ist. [***ab 1.1.2020:*** [2]Nummer 3 Satz 3 gilt entsprechend.]

(2) [1]Voraussetzung für den Abzug der in Absatz 1 Nummer 2, 3 und 3a bezeichneten Beträge (Vorsorgeaufwendungen) ist, dass sie

1.[2)] nicht in unmittelbarem wirtschaftlichen Zusammenhang mit steuerfreien Einnahmen stehen; ungeachtet dessen sind Vorsorgeaufwendungen im Sinne des Absatzes 1 Nummer 2, 3 und 3a zu berücksichtigen, soweit

a)[3)] sie in unmittelbarem wirtschaftlichen Zusammenhang mit in einem Mitgliedstaat der Europäischen Union oder einem Vertragsstaat des Abkommens über den Europäischen Wirtschaftsraum oder in der Schweizerischen Eidgenossenschaft erzielten Einnahmen aus nichtselbständiger Tätigkeit stehen,

b) diese Einnahmen nach einem Abkommen zur Vermeidung der Doppelbesteuerung im Inland steuerfrei sind und

c) der Beschäftigungsstaat keinerlei steuerliche Berücksichtigung von Vorsorgeaufwendungen im Rahmen der Besteuerung dieser Einnahmen zulässt;

steuerfreie Zuschüsse zu einer Kranken- oder Pflegeversicherung stehen insgesamt in unmittelbarem wirtschaftlichen Zusammenhang mit den Vorsorgeaufwendungen im Sinne des Absatzes 1 Nummer 3,

2.[4)] geleistet werden an

a) Versicherungsunternehmen,

aa) die ihren Sitz oder ihre Geschäftsleitung in einem Mitgliedstaat der Europäischen Union oder einem Vertragsstaat des Abkommens über den Europäischen Wirtschaftsraum haben und das Versicherungsgeschäft im Inland betreiben dürfen, oder

bb) denen die Erlaubnis zum Geschäftsbetrieb im Inland erteilt ist.

[1)] § 10 Abs. 1a Nr. 4 Satz 2 angef. mWv VZ 2020 durch G v. 12.12.2019 (BGBl. I S. 2451).

[2)] § 10 Abs. 2 Satz 1 Nr. 1 HS 2 angef. durch G v. 11.12.2018 (BGBl. I S. 2338).

[3)] § 10 Abs. 2 Satz 1 Nr. 1 Buchst. a geänd. durch G v. 21.12.2020 (BGBl. I S. 3096); zur Anwendung siehe § 52 Abs. 18 Satz 4.

[4)] § 10 Abs. 2 Satz 1 Nr. 2 neu gef. mWv VZ 2013 durch G v. 26.6.2013 (BGBl. I S. 1809).

[2]Darüber hinaus werden Beiträge nur berücksichtigt, wenn es sich um Beträge im Sinne des Absatzes 1 Nummer 3 Satz 1 Buchstabe a an eine Einrichtung handelt, die eine anderweitige Absicherung im Krankheitsfall im Sinne des § 5 Absatz 1 Nummer 13 des Fünften Buches Sozialgesetzbuch oder eine der Beihilfe oder freien Heilfürsorge vergleichbare Absicherung im Sinne des § 193 Absatz 3 Satz 2 Nummer 2 des Versicherungsvertragsgesetzes gewährt. [3]Dies gilt entsprechend, wenn ein Steuerpflichtiger, der weder seinen Wohnsitz noch seinen gewöhnlichen Aufenthalt im Inland hat, mit den Beiträgen einen Versicherungsschutz im Sinne des Absatzes 1 Nummer 3 Satz 1 erwirbt,

b) berufsständische Versorgungseinrichtungen,

c) einen Sozialversicherungsträger oder

d) einen Anbieter im Sinne des § 80.

[2]Vorsorgeaufwendungen nach Absatz 1 Nummer 2 Buchstabe b werden nur berücksichtigt, wenn die Beiträge zugunsten eines Vertrags geleistet wurden, der nach § 5a des Altersvorsorgeverträge-Zertifizierungsgesetzes zertifiziert ist, wobei die Zertifizierung Grundlagenbescheid im Sinne des § 171 Absatz 10 der Abgabenordnung ist.[1)]

(2a)[1)] [1]Bei Vorsorgeaufwendungen nach Absatz 1 Nummer 2 Buchstabe b hat der Anbieter als mitteilungspflichtige Stelle nach Maßgabe des § 93c der Abgabenordnung und unter Angabe der Vertrags- oder der Versicherungsdaten die Höhe der im jeweiligen Beitragsjahr geleisteten Beiträge und die Zertifizierungsnummer an die zentrale Stelle (§ 81) zu übermitteln. [2]§ 22a Absatz 2 gilt entsprechend. [3]§ 72a Absatz 4 und § 93c Absatz 4 der Abgabenordnung finden keine Anwendung.

(2b)[1)] [1]Bei Vorsorgeaufwendungen nach Absatz 1 Nummer 3 hat das Versicherungsunternehmen, der Träger der gesetzlichen Kranken- und Pflegeversicherung, die Künstlersozialkasse oder eine Einrichtung im Sinne des Absatzes 2 Satz 1 Nummer 2 Buchstabe a Satz 2 als mitteilungspflichtige Stelle nach Maßgabe des § 93c der Abgabenordnung und unter Angabe der Vertrags- oder der Versicherungsdaten die Höhe der im jeweiligen Beitragsjahr geleisteten und erstatteten Beiträge sowie die in § 93c Absatz 1 Nummer 2 Buchstabe c der Abgabenordnung genannten Daten mit der Maßgabe, dass insoweit als Steuerpflichtiger die versicherte Person gilt, an die zentrale Stelle (§ 81) zu übermitteln; sind Versicherungsnehmer und versicherte Person nicht identisch, sind zusätzlich die Identifikationsnummer und der Tag der Geburt des Versicherungsnehmers anzugeben. [2]Satz 1 gilt nicht, soweit diese Daten mit der elektronischen Lohnsteuerbescheinigung (§ 41b Absatz 1 Satz 2) oder der Rentenbezugsmitteilung (§ 22a Absatz 1 Satz 1 Nummer 4) zu übermitteln sind. [3]§ 22a Absatz 2 gilt entsprechend. [4]Zuständige Finanzbehörde im Sinne des § 72a Absatz 4 und des § 93c Absatz 4 der Abgabenordnung ist das Bundeszentralamt für Steuern. [5]Wird in den Fällen des § 72a Absatz 4 der Abgabenordnung eine unzutreffende Höhe der Beiträge übermit-

[1)] § 10 Abs. 2 Satz 2 neu gef., Satz 3 aufgeh., Abs. 2a neu gef., Abs. 2b eingef. mWv VZ 2019 durch G v. 20.11.2019 (BGBl. I S. 1626).

telt, ist die entgangene Steuer mit 30 Prozent des zu hoch ausgewiesenen Betrags anzusetzen.

(3)[1)] [1]Vorsorgeaufwendungen nach Absatz 1 Nummer 2 sind bis zu dem Höchstbeitrag zur knappschaftlichen Rentenversicherung, aufgerundet auf einen vollen Betrag in Euro, zu berücksichtigen. [2]Bei zusammenveranlagten Ehegatten verdoppelt sich der Höchstbetrag. [3]Der Höchstbetrag nach Satz 1 oder 2 ist bei Steuerpflichtigen, die

1. Arbeitnehmer sind und die während des ganzen oder eines Teils des Kalenderjahres
   a) in der gesetzlichen Rentenversicherung versicherungsfrei oder auf Antrag des Arbeitgebers von der Versicherungspflicht befreit waren und denen für den Fall ihres Ausscheidens aus der Beschäftigung auf Grund des Beschäftigungsverhältnisses eine lebenslängliche Versorgung oder an deren Stelle eine Abfindung zusteht oder die in der gesetzlichen Rentenversicherung nachzuversichern sind oder
   b) nicht der gesetzlichen Rentenversicherungspflicht unterliegen, eine Berufstätigkeit ausgeübt und im Zusammenhang damit auf Grund vertraglicher Vereinbarungen Anwartschaftsrechte auf eine Altersversorgung erworben haben, oder
2. Einkünfte im Sinne des § 22 Nummer 4 erzielen und die ganz oder teilweise ohne eigene Beitragsleistung einen Anspruch auf Altersversorgung erwerben,

um den Betrag zu kürzen, der, bezogen auf die Einnahmen aus der Tätigkeit, die die Zugehörigkeit zum genannten Personenkreis begründen, dem Gesamtbeitrag (Arbeitgeber- und Arbeitnehmeranteil) zur allgemeinen Rentenversicherung entspricht. [4]Im Kalenderjahr 2013 sind 76 Prozent[2)] der nach den Sätzen 1 bis 3 ermittelten Vorsorgeaufwendungen anzusetzen. [5]Der sich danach ergebende Betrag, vermindert um den nach § 3 Nummer 62 steuerfreien Arbeitgeberanteil zur gesetzlichen Rentenversicherung und einen diesem gleichgestellten steuerfreien Zuschuss des Arbeitgebers, ist als Sonderausgabe abziehbar. [6]Der Prozentsatz in Satz 4 erhöht sich in den folgenden Kalenderjahren bis zum Kalenderjahr 2025 um je 2 Prozentpunkte je Kalenderjahr. [7]Beiträge nach § 168 Absatz 1 Nummer 1b oder 1c oder nach § 172 Absatz 3 oder 3a des Sechsten Buches Sozialgesetzbuch vermindern den abziehbaren Betrag nach Satz 5 nur, wenn der Steuerpflichtige die Hinzurechnung dieser Beiträge zu den Vorsorgeaufwendungen nach Absatz 1 Nummer 2 Satz 7[3)] beantragt hat.

(4) [1]Vorsorgeaufwendungen im Sinne des Absatzes 1 Nummer 3 und 3a können je Kalenderjahr insgesamt bis 2800 Euro abgezogen werden. [2]Der Höchstbetrag beträgt 1900 Euro bei Steuerpflichtigen, die ganz oder teilweise ohne eigene Aufwendungen einen Anspruch auf vollständige oder teilweise Erstattung oder Übernahme von Krankheitskosten haben oder für deren

[1)] § 10 Abs. 3 Satz 1 und Satz 7 geänd. mWv VZ 2015 durch G v. 22.12.2014 (BGBl. I S. 2417).

[2)] Geänd. mWv VZ 2013 durch G v. 24.6.2013 (BGBl. I S. 1667).

[3)] Verweis geänd. durch G v. 24.6.2013 (BGBl. I S. 1667).

Krankenversicherung Leistungen im Sinne des § 3 Nummer 9, 14, 57 oder 62 erbracht werden. [3]Bei zusammen veranlagten Ehegatten bestimmt sich der gemeinsame Höchstbetrag aus der Summe der jedem Ehegatten unter den Voraussetzungen von Satz 1 und 2 zustehenden Höchstbeträge. [4]Übersteigen die Vorsorgeaufwendungen im Sinne des Absatzes 1 Nummer 3 die nach den Sätzen 1 bis 3 zu berücksichtigenden Vorsorgeaufwendungen, sind diese abzuziehen und ein Abzug von Vorsorgeaufwendungen im Sinne des Absatzes 1 Nummer 3a scheidet aus.

(4a)[1)] [1]Ist in den Kalenderjahren 2013 bis 2019 der Abzug der Vorsorgeaufwendungen nach Absatz 1 Nummer 2 Buchstabe a, Absatz 1 Nummer 3 und Nummer 3a in der für das Kalenderjahr 2004 geltenden Fassung des § 10 Absatz 3[2)] mit folgenden Höchstbeträgen für den Vorwegabzug

Kalenderjahr	Vorwegabzug für den Steuerpflichtigen	Vorwegabzug im Fall der Zusammenveranlagung von Ehegatten
2013	2100	4200
2014	1800	3600
2015	1500	3000
2016	1200	2400
2017	900	1800
2018	600	1200
2019	300	600

zuzüglich des Erhöhungsbetrags nach Satz 3 günstiger, ist der sich danach ergebende Betrag anstelle des Abzugs nach Absatz 3 und 4 anzusetzen. [2]Mindestens ist bei Anwendung des Satzes 1 der Betrag anzusetzen, der sich ergeben würde, wenn zusätzlich noch die Vorsorgeaufwendungen nach Absatz 1 Nummer 2 Buchstabe b in die Günstigerprüfung einbezogen werden würden; der Erhöhungsbetrag nach Satz 3 ist nicht hinzuzurechnen. [3]Erhö-

---

1) § 10 Abs. 4a geänd., Tabelle Zeilen der Kalenderjahre 2005 bis 2012 aufgeh. mWv VZ 2013 durch G v. 24.6.2013 (BGBl. I S. 1667).

2) **§ 10 Abs. 3 in der für das Kj. 2004 geltenden Fassung hat folgenden Wortlaut:**

„(3) Für Vorsorgeaufwendungen gelten je Kalenderjahr folgende Höchstbeträge:

1. ein Grundhöchstbetrag von 1334 Euro,
   im Fall der Zusammenveranlagung von Ehegatten von 2668 Euro;
2. ein Vorwegabzug von 3068 Euro,
   im Fall der Zusammenveranlagung von Ehegatten von 6136 Euro.
   [2]Diese Beträge sind zu kürzen um 16 vom Hundert der Summe der Einnahmen
   a) aus nichtselbständiger Arbeit im Sinne des § 19 ohne Versorgungsbezüge im Sinne des § 19 Abs. 2, wenn für die Zukunftssicherung des Steuerpflichtigen Leistungen im Sinne des § 3 Nr. 62 erbracht werden oder der Steuerpflichtige zum Personenkreis des § 10c Abs. 3 Nr. 1 oder 2 gehört, und
   b) aus der Ausübung eines Mandats im Sinne des § 22 Nr. 4;
3. für Beiträge nach Abs. 1 Nr. 2 Buchstabe c ein zusätzlicher Höchstbetrag von 184 Euro für Steuerpflichtige, die nach dem 31. Dezember 1957 geboren sind;
4. Vorsorgeaufwendungen, die die nach den Nummern 1 bis 3 abziehbaren Beträge übersteigen, können zur Hälfte, höchstens bis zu 50 vom Hundert des Grundhöchstbetrags abgezogen werden (hälftiger Höchstbetrag).“

hungsbetrag sind die Beiträge nach Absatz 1 Nummer 2 Buchstabe b, soweit sie nicht den um die Beiträge nach Absatz 1 Nummer 2 Buchstabe a und den nach § 3 Nummer 62 steuerfreien Arbeitgeberanteil zur gesetzlichen Rentenversicherung und einen diesem gleichgestellten steuerfreien Zuschuss verminderten Höchstbetrag nach Absatz 3 Satz 1 bis 3 überschreiten; Absatz 3 Satz 4 und 6 gilt entsprechend.

(4b)[1] [1]Erhält der Steuerpflichtige für die von ihm für einen anderen Veranlagungszeitraum geleisteten Aufwendungen im Sinne des Satzes 2 einen steuerfreien Zuschuss, ist dieser den erstatteten Aufwendungen gleichzustellen. [2]Übersteigen bei den Sonderausgaben nach Absatz 1 Nummer 2 bis 3a die im Veranlagungszeitraum erstatteten Aufwendungen die geleisteten Aufwendungen (Erstattungsüberhang), ist der Erstattungsüberhang mit anderen im Rahmen der jeweiligen Nummer anzusetzenden Aufwendungen zu verrechnen. [3]Ein verbleibender Betrag des sich bei den Aufwendungen nach Absatz 1 Nummer 3 und 4 ergebenden Erstattungsüberhangs ist dem Gesamtbetrag der Einkünfte hinzuzurechnen. [4]Nach Maßgabe des § 93c der Abgabenordnung[2] haben Behörden im Sinne des § 6 Absatz 1 der Abgabenordnung[2] und andere öffentliche Stellen, die einem Steuerpflichtigen für die von ihm geleisteten Beiträge im Sinne des Absatzes 1 Nummer 2, 3 und 3a steuerfreie Zuschüsse gewähren oder Vorsorgeaufwendungen im Sinne dieser Vorschrift erstatten, als mitteilungspflichtige Stellen, neben den nach § 93c Absatz 1 der Abgabenordnung erforderlichen Angaben, die zur Gewährung und Prüfung des Sonderausgabenabzugs nach § 10 erforderlichen Daten an die zentrale Stelle zu übermitteln. [5]§ 22a Absatz 2 gilt entsprechend. [6]§ 72a Absatz 4 und § 93c Absatz 4 der Abgabenordnung finden keine Anwendung.

[Fassung bis VZ 2009:][3]

(5) Nach Maßgabe einer Rechtsverordnung ist eine Nachversteuerung durchzuführen bei Versicherungen im Sinne des Absatzes 1 Nummer 3 Buchstabe b, wenn die Voraussetzungen für den Sonderausgabenabzug nach Absatz 2 Satz 2 in der am 31. Dezember 2004 geltenden Fassung nicht erfüllt sind.

[Fassung ab VZ 2010:]

(5) Durch Rechtsverordnung[4] wird bezogen auf den Versicherungstarif bestimmt, wie der nicht abziehbare Teil der Beiträge zum Erwerb eines Krankenversicherungsschutzes im Sinne des Absatzes 1 Nummer 3 Buchstabe a Satz 3 durch einheitliche prozentuale Abschläge auf die zugunsten des jeweiligen Tarifs gezahlte Prämie zu ermitteln ist, soweit der nicht abziehbare Beitragsteil nicht bereits als gesonderter Tarif oder Tarifbaustein ausgewiesen wird.

---

[1] § 10 Abs. 4b eingef. mWv VZ 2012 durch G v. 1.11.2011 (BGBl. I S. 2131); Sätze 4 bis 6 angef. mWv VZ 2016 (§ 52 Abs. 18 Satz 5) durch G v. 26.6.2013 (BGBl. I S. 1809); Sätze 4 bis 6 geänd. mWv 1.1.2017 durch G v. 18.7.2016 (BGBl. I S. 1679).

[2] Nr. **800**.

[3] Zur Weitergeltung siehe § 52 Abs. 18 Satz 6.

[4] Vgl. Krankenversicherungsbeitragsanteil-Ermittlungsverordnung (KVBEVO) vom 11.8. 2009 (BGBl. I S. 2730) in der jeweils geltenden Fassung.

(6)[1] Absatz 1 Nummer 2 Buchstabe b Doppelbuchstabe aa ist für Vertragsabschlüsse vor dem 1. Januar 2012 mit der Maßgabe anzuwenden, dass der Vertrag die Zahlung der Leibrente nicht vor der Vollendung des 60. Lebensjahres vorsehen darf.

§ 10a[2] **Zusätzliche Altersvorsorge.** (1)[3] [1] In der inländischen gesetzlichen Rentenversicherung Pflichtversicherte können Altersvorsorgebeiträge (§ 82) zuzüglich der dafür nach Abschnitt XI zustehenden Zulage jährlich bis zu 2100 Euro als Sonderausgaben abziehen; das Gleiche gilt für

1. Empfänger von inländischer Besoldung nach dem Bundesbesoldungsgesetz oder einem Landesbesoldungsgesetz,
2. Empfänger von Amtsbezügen aus einem inländischen Amtsverhältnis, deren Versorgungsrecht die entsprechende Anwendung des § 69e Absatz 3 und 4 des Beamtenversorgungsgesetzes vorsieht,
3. die nach § 5 Absatz 1 Satz 1 Nummer 2 und 3 des Sechsten Buches Sozialgesetzbuch versicherungsfrei Beschäftigten, die nach § 6 Absatz 1 Satz 1 Nummer 2 oder nach § 230 Absatz 2 Satz 2 des Sechsten Buches Sozialgesetzbuch von der Versicherungspflicht befreiten Beschäftigten, deren Versorgungsrecht die entsprechende Anwendung des § 69e Absatz 3 und 4 des Beamtenversorgungsgesetzes vorsieht,
4. Beamte, Richter, Berufssoldaten und Soldaten auf Zeit, die ohne Besoldung beurlaubt sind, für die Zeit einer Beschäftigung, wenn während der Beurlaubung die Gewährleistung einer Versorgungsanwartschaft unter den Voraussetzungen des § 5 Absatz 1 Satz 1 des Sechsten Buches Sozialgesetzbuch auf diese Beschäftigung erstreckt wird, und
5. Steuerpflichtige im Sinne der Nummern 1 bis 4, die beurlaubt sind und deshalb keine Besoldung, Amtsbezüge oder Entgelt erhalten, sofern sie eine Anrechnung von Kindererziehungszeiten nach § 56 des Sechsten Buches Sozialgesetzbuch in Anspruch nehmen könnten, wenn die Versicherungsfreiheit in der inländischen gesetzlichen Rentenversicherung nicht bestehen würde,

wenn sie spätestens bis zum Ablauf des Beitragsjahres (§ 88) gegenüber der zuständigen Stelle (§ 81a) schriftlich eingewilligt haben, dass diese der zentralen Stelle (§ 81) jährlich mitteilt, dass der Steuerpflichtige zum begünstigten Personenkreis gehört, dass die zuständige Stelle der zentralen Stelle die für die Ermittlung des Mindesteigenbeitrags (§ 86) und die Gewährung der Kinderzulage (§ 85) erforderlichen Daten übermittelt und die zentrale Stelle diese Daten für das Zulageverfahren verarbeiten darf. [2] Bei der Erteilung der Einwilligung ist der Steuerpflichtige darauf hinzuweisen, dass er die Einwilligung vor Beginn des Kalenderjahres, für das sie erstmals nicht mehr gelten soll, gegenüber der zuständigen Stelle widerrufen kann.

---

[1] § 10 Abs. 6 angef. mWv VZ 2014 durch G v. 25.7.2014 (BGBl. I S. 1266); Satz 2 aufgeh. mWv 1.1.2019 durch G v. 20.11.2019 (BGBl. I S. 1626).

[2] Zur Anwendung siehe Abs. 6.

[3] § 10a Abs. 1 Satz 1 geänd. durch G v. 8.4.2010 (BGBl. I S. 386); Satz 1 geänd. mWv VZ 2019 durch G v. 17.8.2017 (BGBl. I S. 3214); Satz 1 geänd. mWv VZ 2019 durch G v. 20.11.2019 (BGBl. I S. 1626).

[bis VZ 2012:][1)]

[3]Versicherungspflichtige nach dem Gesetz über die Alterssicherung der Landwirte stehen Pflichtversicherten gleich; dies gilt auch für Personen, die eine Anrechnungszeit nach § 58 Absatz 1 Nummer 3 oder Nummer 6 des Sechsten Buches Sozialgesetzbuch in der gesetzlichen Rentenversicherung erhalten und unmittelbar vor der Arbeitslosigkeit einer der in Satz 1 oder der im ersten Halbsatz genannten begünstigten Personengruppen angehörten.

[ab VZ 2013:][2)]

[3]Versicherungspflichtige nach dem Gesetz über die Alterssicherung der Landwirte stehen Pflichtversicherten gleich; dies gilt auch für Personen, die

1. eine Anrechnungszeit nach § 58 Absatz 1 Nummer 3 oder Nummer 6 des Sechsten Buches Sozialgesetzbuch in der gesetzlichen Rentenversicherung erhalten und
2. unmittelbar vor einer Anrechnungszeit nach § 58 Absatz 1 Nummer 3 oder Nummer 6 des Sechsten Buches Sozialgesetzbuch einer der im ersten Halbsatz, in Satz 1 oder in Satz 4 genannten begünstigten Personengruppen angehörten.

[4]Die Sätze 1 und 2 gelten entsprechend für Steuerpflichtige, die nicht zum begünstigten Personenkreis nach Satz 1 oder 3 gehören und eine Rente wegen voller Erwerbsminderung oder Erwerbsunfähigkeit oder eine Versorgung wegen Dienstunfähigkeit aus einem der in Satz 1 oder 3 genannten Alterssicherungssysteme beziehen, wenn unmittelbar vor dem Bezug der entsprechenden Leistungen der Leistungsbezieher einer der in Satz 1 oder 3 genannten begünstigten Personengruppen angehörte; dies gilt nicht, wenn der Steuerpflichtige das 67. Lebensjahr vollendet hat. [5]Bei der Ermittlung der dem Steuerpflichtigen zustehenden Zulage nach Satz 1 bleibt die Erhöhung der Grundzulage nach § 84 Satz 2 außer Betracht.

(1a) [1]Sofern eine Zulagenummer (§ 90 Absatz 1 Satz 2) durch die zentrale Stelle oder eine Versicherungsnummer nach § 147 des Sechsten Buches Sozialgesetzbuch noch nicht vergeben ist, haben die in Absatz 1 Satz 1 Nummer 1 bis 5 genannten Steuerpflichtigen über die zuständige Stelle eine Zulagenummer bei der zentralen Stelle zu beantragen. [2]Für Empfänger einer Versorgung im Sinne des Absatzes 1 Satz 4 gilt Satz 1 entsprechend.

(2) [1]Ist der Sonderausgabenabzug nach Absatz 1 für den Steuerpflichtigen günstiger als der Anspruch auf die Zulage nach Abschnitt XI, erhöht sich die unter Berücksichtigung des Sonderausgabenabzugs ermittelte tarifliche Einkommensteuer um den Anspruch auf Zulage. [2]In den anderen Fällen scheidet der Sonderausgabenabzug aus. [3]Die Günstigerprüfung wird von Amts wegen vorgenommen.

(2a)[3)] *(aufgehoben)*

[1)] § 10a Abs. 1 Satz 3 neu gef. mWv VZ 2011 (Art. 32 Abs. 5 des JStG 2010) durch G v. 8.12.2010 (BGBl. I S. 1768).

[2)] § 10a Abs. 1 Satz 3 neu gef. mWv VZ 2013 durch G v. 24.6.2013 (BGBl. I S. 1667).

[3)] § 10a Abs. 2a aufgeh. mWv VZ 2019 durch G v. 20.11.2019 (BGBl. I S. 1626).

(3)[1] [1]Der Abzugsbetrag nach Absatz 1 steht im Fall der Veranlagung von Ehegatten nach § 26 Absatz 1 jedem Ehegatten unter den Voraussetzungen des Absatzes 1 gesondert zu. [2]Gehört nur ein Ehegatte zu dem nach Absatz 1 begünstigten Personenkreis und ist der andere Ehegatte nach § 79 Satz 2 zulageberechtigt, sind bei dem nach Absatz 1 abzugsberechtigten Ehegatten die von beiden Ehegatten geleisteten Altersvorsorgebeiträge und die dafür zustehenden Zulagen bei der Anwendung der Absätze 1 und 2 zu berücksichtigen. [3]Der Höchstbetrag nach Absatz 1 Satz 1 erhöht sich in den Fällen des Satzes 2 um 60 Euro. [4]Dabei sind die von dem Ehegatten, der zu dem nach Absatz 1 begünstigten Personenkreis gehört, geleisteten Altersvorsorgebeiträge vorrangig zu berücksichtigen, jedoch mindestens 60 Euro der von dem anderen Ehegatten geleisteten Altersvorsorgebeiträge. [5]Gehören beide Ehegatten zu dem nach Absatz 1 begünstigten Personenkreis und liegt ein Fall der Veranlagung nach § 26 Absatz 1 vor, ist bei der Günstigerprüfung nach Absatz 2 der Anspruch auf Zulage beider Ehegatten anzusetzen.

(4) [1]Im Fall des Absatzes 2 Satz 1 stellt das Finanzamt die über den Zulageanspruch nach Abschnitt XI hinausgehende Steuerermäßigung gesondert fest und teilt diese der zentralen Stelle (§ 81) mit; § 10d Absatz 4 Satz 3 bis 5 gilt entsprechend. [2]Sind Altersvorsorgebeiträge zugunsten von mehreren Verträgen geleistet worden, erfolgt die Zurechnung im Verhältnis der nach Absatz 1 berücksichtigten Altersvorsorgebeiträge. [3]Ehegatten ist der nach Satz 1 festzustellende Betrag auch im Fall der Zusammenveranlagung jeweils getrennt zuzurechnen; die Zurechnung erfolgt im Verhältnis der nach Absatz 1 berücksichtigten Altersvorsorgebeiträge. [4]Werden Altersvorsorgebeiträge nach Absatz 3 Satz 2 berücksichtigt, die der nach § 79 Satz 2 zulageberechtigte Ehegatte zugunsten eines auf seinen Namen lautenden Vertrages geleistet hat, ist die hierauf entfallende Steuerermäßigung dem Vertrag zuzurechnen, zu dessen Gunsten die Altersvorsorgebeiträge geleistet wurden. [5]Die Übermittlung an die zentrale Stelle erfolgt unter Angabe der Vertragsnummer und der Identifikationsnummer (§ 139b der Abgabenordnung) sowie der Zulage- oder Versicherungsnummer nach § 147 des Sechsten Buches Sozialgesetzbuch.

(5)[2] [1]Nach Maßgabe des § 93c der Abgabenordnung hat der Anbieter als mitteilungspflichtige Stelle auch unter Angabe der Vertragsdaten die Höhe der im jeweiligen Beitragsjahr zu berücksichtigenden Altersvorsorgebeiträge sowie die Zulage- oder die Versicherungsnummer nach § 147 des Sechsten Buches Sozialgesetzbuch an die zentrale Stelle zu übermitteln. [2]§ 22a Absatz 2 gilt entsprechend. [3]Die Übermittlung muss auch dann erfolgen, wenn im Fall der mittelbaren Zulageberechtigung keine Altersvorsorgebeiträge geleistet worden sind. [4]§ 72a Absatz 4 der Abgabenordnung findet keine Anwendung. [5]Die übrigen Voraussetzungen für den Sonderausgabenabzug nach den Absätzen 1 bis 3 werden im Wege der Datenerhebung und des automatisierten Datenabgleichs nach § 91 überprüft. [6]Erfolgt eine Datenüber-

---

[1] § 10a Abs. 3 Sätze 3 und 4 eingef., bish. Satz 3 wird Satz 5 mWv VZ 2012 durch G v. 7.12.2011 (BGBl. I S. 2592).

[2] § 10a Abs. 5 Sätze 1 und 2 neu gef. mWv VZ 2019 durch G v. 20.11.2019 (BGBl. I S. 1626).

mittlung nach Satz 1 und wurde noch keine Zulagenummer (§ 90 Absatz 1 Satz 2) durch die zentrale Stelle oder keine Versicherungsnummer nach § 147 des Sechsten Buches Sozialgesetzbuch vergeben, gilt § 90 Absatz 1 Satz 2 und 3 entsprechend.

(6)[1] 1 Für die Anwendung der Absätze 1 bis 5 stehen den in der inländischen gesetzlichen Rentenversicherung Pflichtversicherten nach Absatz 1 Satz 1 die Pflichtmitglieder in einem ausländischen gesetzlichen Alterssicherungssystem gleich, wenn diese Pflichtmitgliedschaft

1. mit einer Pflichtmitgliedschaft in einem inländischen Alterssicherungssystem nach Absatz 1 Satz 1 oder 3 vergleichbar ist und
2. vor dem 1. Januar 2010 begründet wurde.

2 Für die Anwendung der Absätze 1 bis 5 stehen den Steuerpflichtigen nach Absatz 1 Satz 4 die Personen gleich,

1. die aus einem ausländischen gesetzlichen Alterssicherungssystem eine Leistung erhalten, die den in Absatz 1 Satz 4 genannten Leistungen vergleichbar ist,
2. die unmittelbar vor dem Bezug der entsprechenden Leistung nach Satz 1 oder Absatz 1 Satz 1 oder 3 begünstigt waren und
3. die noch nicht das 67. Lebensjahr vollendet haben.

3 Als Altersvorsorgebeiträge (§ 82) sind bei den in Satz 1 oder 2 genannten Personen nur diejenigen Beiträge zu berücksichtigen, die vom Abzugsberechtigten zugunsten seines vor dem 1. Januar 2010 abgeschlossenen Vertrags geleistet wurden. 4 Endet die unbeschränkte Steuerpflicht eines Zulageberechtigten im Sinne des Satzes 1 oder 2 durch Aufgabe des inländischen Wohnsitzes oder gewöhnlichen Aufenthalts und wird die Person nicht nach § 1 Absatz 3 als unbeschränkt einkommensteuerpflichtig behandelt, so gelten die §§ 93 und 94 entsprechend; § 95 Absatz 2 und 3 und § 99 Absatz 1 in der am 31. Dezember 2008 geltenden Fassung sind anzuwenden.

(7)[2] Soweit nichts anderes bestimmt ist, sind die Regelungen des § 10a und des Abschnitts XI in der für das jeweilige Beitragsjahr geltenden Fassung anzuwenden.

§ 10b[3] Steuerbegünstigte Zwecke. (1) 1 Zuwendungen (Spenden und Mitgliedsbeiträge) zur Förderung steuerbegünstigter Zwecke im Sinne der §§ 52 bis 54 der Abgabenordnung können insgesamt bis zu

1. 20 Prozent des Gesamtbetrags der Einkünfte oder
2. 4 Promille der Summe der gesamten Umsätze und der im Kalenderjahr aufgewendeten Löhne und Gehälter

als Sonderausgaben abgezogen werden. 2 Voraussetzung für den Abzug ist, dass diese Zuwendungen

---

[1] § 10a Abs. 6 angef. mWv VZ 2014 durch G v. 25.7.2014 (BGBl. I S. 1266).
[2] § 10a Abs. 7 angef. mWv 1.1.2018 durch G v. 17.8.2017 (BGBl. I S. 3214).
[3] § 10b Abs. 1 Sätze 1 und 2 ersetzt durch Sätze 1 bis 7; bish. Sätze 3 bis 5 werden Sätze 8 bis 10 durch G v. 8.4.2010 (BGBl. I S. 386).

1. an eine juristische Person des öffentlichen Rechts oder an eine öffentliche Dienststelle, die in einem Mitgliedstaat der Europäischen Union oder in einem Staat belegen ist, auf den das Abkommen über den Europäischen Wirtschaftsraum (EWR-Abkommen) Anwendung findet, oder
2. an eine nach § 5 Absatz 1 Nummer 9 des Körperschaftsteuergesetzes steuerbefreite Körperschaft, Personenvereinigung oder Vermögensmasse oder
3. an eine Körperschaft, Personenvereinigung oder Vermögensmasse, die in einem Mitgliedstaat der Europäischen Union oder in einem Staat belegen ist, auf den das Abkommen über den Europäischen Wirtschaftsraum (EWR-Abkommen) Anwendung findet, und die nach § 5 Absatz 1 Nummer 9 des Körperschaftsteuergesetzes in Verbindung mit § 5 Absatz 2 Nummer 2 zweiter Halbsatz des Körperschaftsteuergesetzes steuerbefreit wäre, wenn sie inländische Einkünfte erzielen würde,

geleistet werden. [3] Für nicht im Inland ansässige Zuwendungsempfänger nach Satz 2 ist weitere Voraussetzung, dass durch diese Staaten Amtshilfe und Unterstützung bei der Beitreibung geleistet werden. [4] Amtshilfe ist der Auskunftsaustausch im Sinne oder entsprechend der Amtshilferichtlinie gemäß § 2 Absatz 2 des EU-Amtshilfegesetzes.[1)] [5] Beitreibung ist die gegenseitige Unterstützung bei der Beitreibung von Forderungen im Sinne oder entsprechend der Beitreibungsrichtlinie[2)] einschließlich der in diesem Zusammenhang anzuwendenden Durchführungsbestimmungen in den für den jeweiligen Veranlagungszeitraum geltenden Fassungen oder eines entsprechenden Nachfolgerechtsaktes. [6] Werden die steuerbegünstigten Zwecke des Zuwendungsempfängers im Sinne von Satz 2 Nummer 1 nur im Ausland verwirklicht, ist für den Sonderausgabenabzug Voraussetzung, dass natürliche Personen, die ihren Wohnsitz oder ihren gewöhnlichen Aufenthalt im Geltungsbereich dieses Gesetzes haben, gefördert werden oder dass die Tätigkeit dieses Zuwendungsempfängers neben der Verwirklichung der steuerbegünstigten Zwecke auch zum Ansehen der Bundesrepublik Deutschland beitragen kann. [7] Abziehbar sind auch Mitgliedsbeiträge an Körperschaften, die Kunst und Kultur gemäß § 52 Absatz 2 Satz 1[3)] Nummer 5 der Abgabenordnung fördern, soweit es sich nicht um Mitgliedsbeiträge nach Satz 8 Nummer 2 handelt, auch wenn den Mitgliedern Vergünstigungen gewährt werden. [8] Nicht abziehbar sind Mitgliedsbeiträge an Körperschaften,

1. die den Sport (§ 52 Absatz 2 Satz 1[3)] Nummer 21 der Abgabenordnung),
2. die kulturelle Betätigungen, die in erster Linie der Freizeitgestaltung dienen,
3. die Heimatpflege und Heimatkunde (§ 52 Absatz 2 Satz 1[3)] Nummer 22 der Abgabenordnung),
4. die Zwecke im Sinne des § 52 Absatz 2 Satz 1[3)] Nummer 23 der Abgabenordnung

fördern oder

---

1) § 10b Abs. 1 Satz 4 geänd. mWv 1.1.2013 durch G v. 26.6.2013 (BGBl. I S. 1809).
2) § 10b Abs. 1 Satz 5 geänd. durch G v. 7.12.2011 (BGBl. I S. 2592).
3) Verweis geänd. durch G v. 8.12.2010 (BGBl. I S. 1768).

[*ab 1.1.2020:*

5.[1] deren Zweck nach § 52 Absatz 2 Satz 2 der Abgabenordnung für gemeinnützig erklärt worden ist, weil deren Zweck die Allgemeinheit auf materiellem, geistigem oder sittlichem Gebiet entsprechend einem Zweck nach den Nummern 1 bis 4 fördert.]

[9] Abziehbare Zuwendungen, die die Höchstbeträge nach Satz 1 überschreiten oder die den um die Beträge nach § 10 Absatz 3 und 4, § 10c und § 10d verminderten Gesamtbetrag der Einkünfte übersteigen, sind im Rahmen der Höchstbeträge in den folgenden Veranlagungszeiträumen als Sonderausgaben abzuziehen. [10] § 10d Absatz 4 gilt entsprechend.

(1a)[2] [1] Spenden zur Förderung steuerbegünstigter Zwecke im Sinne der §§ 52 bis 54 der Abgabenordnung in das zu erhaltende Vermögen (Vermögensstock) einer Stiftung, welche die Voraussetzungen des Absatzes 1 Satz 2 bis 6 erfüllt, können auf Antrag des Steuerpflichtigen im Veranlagungszeitraum der Zuwendung und in den folgenden neun Veranlagungszeiträumen bis zu einem Gesamtbetrag von 1 Million Euro, bei Ehegatten, die nach den §§ 26, 26b zusammen veranlagt werden, bis zu einem Gesamtbetrag von 2 Millionen Euro, zusätzlich zu den Höchstbeträgen nach Absatz 1 Satz 1 abgezogen werden. [2] Nicht abzugsfähig nach Satz 1 sind Spenden in das verbrauchbare Vermögen einer Stiftung. [3] Der besondere Abzugsbetrag nach Satz 1 bezieht sich auf den gesamten Zehnjahreszeitraum und kann der Höhe nach innerhalb dieses Zeitraums nur einmal in Anspruch genommen werden. [4] § 10d Absatz 4 gilt entsprechend.

(2)[3] [1] Zuwendungen an politische Parteien im Sinne des § 2 des Parteiengesetzes sind, sofern die jeweilige Partei nicht gemäß § 18 Absatz 7 des Parteiengesetzes von der staatlichen Teilfinanzierung ausgeschlossen ist, bis zur Höhe von insgesamt 1650 Euro und im Fall der Zusammenveranlagung von Ehegatten bis zur Höhe von insgesamt 3300 Euro im Kalenderjahr abzugsfähig. [2] Sie können nur insoweit als Sonderausgaben abgezogen werden, als für sie nicht eine Steuerermäßigung nach § 34g gewährt worden ist.

(3)[4] [1] Als Zuwendung im Sinne dieser Vorschrift gilt auch die Zuwendung von Wirtschaftsgütern mit Ausnahme von Nutzungen und Leistungen. [2] Ist das Wirtschaftsgut unmittelbar vor seiner Zuwendung einem Betriebsvermögen entnommen worden, so bemisst sich die Zuwendungshöhe nach dem Wert, der bei der Entnahme angesetzt wurde und nach der Umsatzsteuer, die auf die Entnahme entfällt. [3] Ansonsten bestimmt sich die Höhe der Zuwendung nach dem gemeinen Wert des zugewendeten Wirtschaftsguts, wenn dessen Veräußerung im Zeitpunkt der Zuwendung keinen Besteuerungstatbestand erfüllen würde. [4] In allen übrigen Fällen dürfen bei der Ermittlung der Zuwendungs-

---

[1] § 10b Abs. 1 Satz 8 Nr. 5 angef. durch G v. 12.12.2019 (BGBl. I S. 2451); zur Anwendung siehe § 52 Abs. 18a.

[2] § 10b Abs. 1a Satz 1 geänd., Satz 2 eingef., bish. Sätze 2 und 3 werden Sätze 3 und 4 mWv VZ 2013 (siehe PM Nr. 19 des BMF v. 1.3.2013) durch G v. 21.3.2013 (BGBl. I S. 556).

[3] § 10b Abs. 2 Satz 1 geänd. mWv 29.7.2017 durch G v. 18.7.2017 (BGBl. I S. 2730).

[4] § 10b Abs. 3 Satz 2 geänd. mWv VZ 2013 (siehe PM Nr. 19 des BMF v. 1.3.2013) durch G v. 21.3.2013 (BGBl. I S. 556).

höhe die fortgeführten Anschaffungs- oder Herstellungskosten nur überschritten werden, soweit eine Gewinnrealisierung stattgefunden hat. [5]Aufwendungen zugunsten einer Körperschaft, die zum Empfang steuerlich abziehbarer Zuwendungen berechtigt ist, können nur abgezogen werden, wenn ein Anspruch auf die Erstattung der Aufwendungen durch Vertrag oder Satzung eingeräumt und auf die Erstattung verzichtet worden ist. [6]Der Anspruch darf nicht unter der Bedingung des Verzichts eingeräumt worden sein.

(4) [1]Der Steuerpflichtige darf auf die Richtigkeit der Bestätigung über Spenden und Mitgliedsbeiträge vertrauen, es sei denn, dass er die Bestätigung durch unlautere Mittel oder falsche Angaben erwirkt hat oder dass ihm die Unrichtigkeit der Bestätigung bekannt oder infolge grober Fahrlässigkeit nicht bekannt war. [2]Wer vorsätzlich oder grob fahrlässig eine unrichtige Bestätigung ausstellt oder veranlasst, dass Zuwendungen nicht zu den in der Bestätigung angegebenen steuerbegünstigten Zwecken verwendet werden, haftet für die entgangene Steuer. [3]Diese ist mit 30 Prozent des zugewendeten Betrags anzusetzen. [4]In den Fällen des Satzes 2 zweite Alternative (Veranlasserhaftung) ist vorrangig der Zuwendungsempfänger in Anspruch zu nehmen; die in diesen Fällen für den Zuwendungsempfänger handelnden natürlichen Personen sind nur in Anspruch zu nehmen, wenn die entgangene Steuer nicht nach § 47 der Abgabenordnung erloschen ist und Vollstreckungsmaßnahmen gegen den Zuwendungsempfänger nicht erfolgreich sind.[1)] [5]Die Festsetzungsfrist für Haftungsansprüche nach Satz 2 läuft nicht ab, solange die Festsetzungsfrist für von dem Empfänger der Zuwendung geschuldete Körperschaftsteuer für den Veranlagungszeitraum nicht abgelaufen ist, in dem die unrichtige Bestätigung ausgestellt worden ist oder veranlasst wurde, dass die Zuwendung nicht zu den in der Bestätigung angegebenen steuerbegünstigten Zwecken verwendet worden ist; § 191 Absatz 5 der Abgabenordnung ist nicht anzuwenden.

§ 10c[2)] Sonderausgaben-Pauschbetrag. [1]Für Sonderausgaben nach § 10 Absatz 1 Nummer 4, 5, 7 und 9 sowie Absatz 1a[3)] und nach § 10b wird ein Pauschbetrag von 36 Euro abgezogen (Sonderausgaben-Pauschbetrag), wenn der Steuerpflichtige nicht höhere Aufwendungen nachweist. [2]Im Fall der Zusammenveranlagung von Ehegatten verdoppelt sich der Sonderausgaben-Pauschbetrag.

§ 10d Verlustabzug. (1) [1]Negative Einkünfte, die bei der Ermittlung des Gesamtbetrags der Einkünfte nicht ausgeglichen werden, sind bis zu einem Betrag von *1 000 000 Euro* [***für VZ 2020 und 2021:*** 10 000 000 Euro; ***ab VZ 2022:*** 1 000 000 Euro],[4)] bei Ehegatten, die nach den §§ 26, 26b zusammenveranlagt werden, bis zu einem Betrag von *2 000 000 Euro* [***für VZ 2020 und 2021:*** 20 000 000 Euro; ***ab VZ 2022:*** 2 000 000 Euro][4)] vom Gesamtbetrag

---

[1)] § 10b Abs. 4 Satz 4 geänd. durch G v. 8.4.2010 (BGBl. I S. 386).

[2)] § 10c neu gef. mWv VZ 2010 durch G v. 16.7.2009 (BGBl. I S. 1959).

[3)] Verweis geänd. mWv VZ 2012 durch G v. 1.11.2011 (BGBl. I S. 2131); geänd. mWv VZ 2014 durch G v. 25.7.2014 (BGBl. I S. 1266); geänd. mWv VZ 2015 durch G v. 22.12.2014 (BGBl. I S. 2417).

[4)] § 10d Abs. 1 Satz 1 Beträge geänd. durch G v. 29.6.2020 (BGBl. I S. 1512); geänd. durch G v. 10.3.2021 (BGBl. I S. 330); zur Anwendung für VZ 2020 und 2021 vgl. § 52 Abs. 18b Satz 1 und ab VZ 2022 § 52 Abs. 18b Satz 2.

der Einkünfte des unmittelbar vorangegangenen Veranlagungszeitraums vorrangig vor Sonderausgaben, außergewöhnlichen Belastungen und sonstigen Abzugsbeträgen abzuziehen (Verlustrücktrag). [2]Dabei wird der Gesamtbetrag der Einkünfte des unmittelbar vorangegangenen Veranlagungszeitraums um die Begünstigungsbeträge nach § 34a Absatz 3 Satz 1 gemindert. [3]Ist für den unmittelbar vorangegangenen Veranlagungszeitraum bereits ein Steuerbescheid erlassen worden, so ist er insoweit zu ändern, als der Verlustrücktrag zu gewähren oder zu berichtigen ist. [4]Das gilt auch dann, wenn der Steuerbescheid unanfechtbar geworden ist; die Festsetzungsfrist endet insoweit nicht, bevor die Festsetzungsfrist für den Veranlagungszeitraum abgelaufen ist, in dem die negativen Einkünfte nicht ausgeglichen werden. [5]Auf Antrag des Steuerpflichtigen ist ganz oder teilweise von der Anwendung des Satzes 1 abzusehen. [6]Im Antrag ist die Höhe des Verlustrücktrags anzugeben.

(2) [1]Nicht ausgeglichene negative Einkünfte, die nicht nach Absatz 1 abgezogen worden sind, sind in den folgenden Veranlagungszeiträumen bis zu einem Gesamtbetrag der Einkünfte von 1 Million Euro unbeschränkt, darüber hinaus bis zu 60 Prozent des 1 Million Euro übersteigenden Gesamtbetrags der Einkünfte vorrangig vor Sonderausgaben, außergewöhnlichen Belastungen und sonstigen Abzugsbeträgen abzuziehen (Verlustvortrag). [2]Bei Ehegatten, die nach den §§ 26, 26b zusammenveranlagt werden, tritt an die Stelle des Betrags von 1 Million Euro ein Betrag von 2 Millionen Euro. [3]Der Abzug ist nur insoweit zulässig, als die Verluste nicht nach Absatz 1 abgezogen worden sind und in den vorangegangenen Veranlagungszeiträumen nicht nach Satz 1 und 2 abgezogen werden konnten.

(3) (weggefallen)

(4)[1)] [1]Der am Schluss eines Veranlagungszeitraums verbleibende Verlustvortrag ist gesondert festzustellen. [2]Verbleibender Verlustvortrag sind die bei der Ermittlung des Gesamtbetrags der Einkünfte nicht ausgeglichenen negativen Einkünfte, vermindert um die nach Absatz 1 abgezogenen und die nach Absatz 2 abziehbaren Beträge und vermehrt um den auf den Schluss des vorangegangenen Veranlagungszeitraums festgestellten verbleibenden Verlustvortrag. [3]Zuständig für die Feststellung ist das für die Besteuerung zuständige Finanzamt. [4]Bei der Feststellung des verbleibenden Verlustvortrags sind die Besteuerungsgrundlagen so zu berücksichtigen, wie sie den Steuerfestsetzungen des Veranlagungszeitraums, auf dessen Schluss der verbleibende Verlustvortrag festgestellt wird, und des Veranlagungszeitraums, in dem ein Verlustrücktrag vorgenommen werden kann, zu Grunde gelegt worden sind; § 171 Absatz 10, § 175 Absatz 1 Satz 1 Nummer 1 und § 351 Absatz 2 der Abgabenordnung sowie § 42 der Finanzgerichtsordnung gelten entsprechend. [5]Die Besteuerungsgrundlagen dürfen bei der Feststellung nur insoweit abweichend von Satz 4 berücksichtigt werden, wie die Aufhebung, Änderung oder Berichtigung der Steuerbescheide ausschließlich mangels Auswirkung auf die Höhe der festzusetzenden Steuer unterbleibt. [6]Die Feststellungsfrist endet nicht, bevor die Festsetzungsfrist für den Veranlagungszeitraum abgelaufen ist, auf dessen Schluss der verbleibende Verlustvortrag gesondert festzustellen ist; § 181 Ab-

---

1) § 10d Abs. 4 Sätze 4 und 5 neu gef. durch G v. 8. 12. 2010 (BGBl. I S. 1768).

satz 5 der Abgabenordnung ist nur anzuwenden, wenn die zuständige Finanzbehörde die Feststellung des Verlustvortrags pflichtwidrig unterlassen hat.

§ 10e[1)] Steuerbegünstigung der zu eigenen Wohnzwecken genutzten Wohnung im eigenen Haus. (1) [1]Der Steuerpflichtige kann von den Herstellungskosten einer Wohnung in einem im Inland belegenen eigenen Haus oder einer im Inland belegenen eigenen Eigentumswohnung zuzüglich der Hälfte der Anschaffungskosten für den dazugehörenden Grund und Boden (Bemessungsgrundlage) im Jahr der Fertigstellung und in den drei folgenden Jahren jeweils bis zu 6 Prozent, höchstens jeweils 10 124 Euro, und in den vier darauffolgenden Jahren jeweils bis zu 5 Prozent, höchstens jeweils 8437 Euro, wie Sonderausgaben abziehen. [2]Voraussetzung ist, dass der Steuerpflichtige die Wohnung hergestellt und in dem jeweiligen Jahr des Zeitraums nach Satz 1 (Abzugszeitraum) zu eigenen Wohnzwecken genutzt hat und die Wohnung keine Ferienwohnung oder Wochenendwohnung ist. [3]Eine Nutzung zu eigenen Wohnzwecken liegt auch vor, wenn Teile einer zu eigenen Wohnzwecken genutzten Wohnung unentgeltlich zu Wohnzwecken überlassen werden. [4]Hat der Steuerpflichtige die Wohnung angeschafft, so sind die Sätze 1 bis 3 mit der Maßgabe anzuwenden, dass an die Stelle des Jahres der Fertigstellung das Jahr der Anschaffung und an die Stelle der Herstellungskosten die Anschaffungskosten treten; hat der Steuerpflichtige die Wohnung nicht bis zum Ende des zweiten auf das Jahr der Fertigstellung folgenden Jahres angeschafft, kann er von der Bemessungsgrundlage im Jahr der Anschaffung und in den drei folgenden Jahren höchstens jeweils 4602 Euro und in den vier darauffolgenden Jahren höchstens jeweils 3835 Euro abziehen. [5]§ 6b Absatz 6 gilt sinngemäß. [6]Bei einem Anteil an der zu eigenen Wohnzwecken genutzten Wohnung kann der Steuerpflichtige den entsprechenden Teil der Abzugsbeträge nach Satz 1 wie Sonderausgaben abziehen. [7]Werden Teile der Wohnung nicht zu eigenen Wohnzwecken genutzt, ist die Bemessungsgrundlage um den auf den nicht zu eigenen Wohnzwecken entfallenden Teil zu kürzen. [8]Satz 4 ist nicht anzuwenden, wenn der Steuerpflichtige die Wohnung oder einen Anteil daran von seinem Ehegatten anschafft und bei den Ehegatten die Voraussetzungen des § 26 Absatz 1 vorliegen.

(2) Absatz 1 gilt entsprechend für Herstellungskosten zu eigenen Wohnzwecken genutzter Ausbauten und Erweiterungen an einer im Inland belegenen, zu eigenen Wohnzwecken genutzten Wohnung.

(3) [1]Der Steuerpflichtige kann die Abzugsbeträge nach den Absätzen 1 und 2, die er in einem Jahr des Abzugszeitraums nicht ausgenutzt hat, bis zum Ende des Abzugszeitraums abziehen. [2]Nachträgliche Herstellungskosten oder Anschaffungskosten, die bis zum Ende des Abzugszeitraums entstehen, können vom Jahr ihrer Entstehung an für die Veranlagungszeiträume, in denen der Steuerpflichtige Abzugsbeträge nach den Absätzen 1 und 2 hätte abziehen können, so behandelt werden, als wären sie zu Beginn des Abzugszeitraums entstanden.

---

1) Zur erstmaligen und letztmaligen Anwendung von § 10 e siehe **§ 52 Abs. 19** Sätze 6 und 7. Zur Anwendung im Beitrittsgebiet siehe § 57 Abs. 1.

(4) [1]Die Abzugsbeträge nach den Absätzen 1 und 2 kann der Steuerpflichtige nur für eine Wohnung oder für einen Ausbau oder eine Erweiterung abziehen. [2]Ehegatten, bei denen die Voraussetzungen des § 26 Absatz 1 vorliegen, können die Abzugsbeträge nach den Absätzen 1 und 2 für insgesamt zwei der in Satz 1 bezeichneten Objekte abziehen, jedoch nicht gleichzeitig für zwei in räumlichem Zusammenhang belegene Objekte, wenn bei den Ehegatten im Zeitpunkt der Herstellung oder Anschaffung der Objekte die Voraussetzungen des § 26 Absatz 1 vorliegen. [3]Den Abzugsbeträgen stehen die erhöhten Absetzungen nach § 7b in der jeweiligen Fassung ab Inkrafttreten des Gesetzes vom 16. Juni 1964 (BGBl. I S. 353) und nach § 15 Absatz 1 bis 4 des Berlinförderungsgesetzes in der jeweiligen Fassung ab Inkrafttreten des Gesetzes vom 11. Juli 1977 (BGBl. I S. 1213) gleich. [4]Nutzt der Steuerpflichtige die Wohnung im eigenen Haus oder die Eigentumswohnung (Erstobjekt) nicht bis zum Ablauf des Abzugszeitraums zu eigenen Wohnzwecken und kann er deshalb die Abzugsbeträge nach den Absätzen 1 und 2 nicht mehr in Anspruch nehmen, so kann er die Abzugsbeträge nach Absatz 1 bei einer weiteren Wohnung im Sinne des Absatzes 1 Satz 1 (Folgeobjekt) in Anspruch nehmen, wenn er das Folgeobjekt innerhalb von zwei Jahren vor und drei Jahren nach Ablauf des Veranlagungszeitraums, in dem er das Erstobjekt letztmals zu eigenen Wohnzwecken genutzt hat, anschafft oder herstellt; Entsprechendes gilt bei einem Ausbau oder einer Erweiterung einer Wohnung. [5]Im Fall des Satzes 4 ist der Abzugszeitraum für das Folgeobjekt um die Anzahl der Veranlagungszeiträume zu kürzen, in denen der Steuerpflichtige für das Erstobjekt die Abzugsbeträge nach den Absätzen 1 und 2 hätte abziehen können; hat der Steuerpflichtige das Folgeobjekt in einem Veranlagungszeitraum, in dem er das Erstobjekt noch zu eigenen Wohnzwecken genutzt hat, hergestellt oder angeschafft oder ausgebaut oder erweitert, so beginnt der Abzugszeitraum für das Folgeobjekt mit Ablauf des Veranlagungszeitraums, in dem der Steuerpflichtige das Erstobjekt letztmals zu eigenen Wohnzwecken genutzt hat. [6]Für das Folgeobjekt sind die Prozentsätze der vom Erstobjekt verbliebenen Jahre maßgebend. [7]Dem Erstobjekt im Sinne des Satzes 4 steht ein Erstobjekt im Sinne des § 7b Absatz 5 Satz 4 sowie des § 15 Absatz 1 und des § 15b Absatz 1 des Berlinförderungsgesetzes gleich. [8]Ist für den Steuerpflichtigen Objektverbrauch nach den Sätzen 1 bis 3 eingetreten, kann er die Abzugsbeträge nach den Absätzen 1 und 2 für ein weiteres, in dem in Artikel 3 des Einigungsvertrages genannten Gebiet belegenes Objekt abziehen, wenn der Steuerpflichtige oder dessen Ehegatte, bei denen die Voraussetzungen des § 26 Absatz 1 vorliegen, in dem in Artikel 3 des Einigungsvertrages genannten Gebiet zugezogen ist und

1. seinen ausschließlichen Wohnsitz in diesem Gebiet zu Beginn des Veranlagungszeitraums hat oder ihn im Laufe des Veranlagungszeitraums begründet oder
2. bei mehrfachem Wohnsitz einen Wohnsitz in diesem Gebiet hat und sich dort überwiegend aufhält.

[9]Voraussetzung für die Anwendung des Satzes 8 ist, dass die Wohnung im eigenen Haus oder die Eigentumswohnung vor dem 1. Januar 1995 hergestellt oder angeschafft oder der Ausbau oder die Erweiterung vor diesem Zeitpunkt

fertig gestellt worden ist. [10]Die Sätze 2 und 4 bis 6 sind für im Satz 8 bezeichnete Objekte sinngemäß anzuwenden.

(5) [1]Sind mehrere Steuerpflichtige Eigentümer einer zu eigenen Wohnzwecken genutzten Wohnung, so ist Absatz 4 mit der Maßgabe anzuwenden, dass der Anteil des Steuerpflichtigen an der Wohnung einer Wohnung gleichsteht; Entsprechendes gilt bei dem Ausbau oder bei der Erweiterung einer zu eigenen Wohnzwecken genutzten Wohnung. [2]Satz 1 ist nicht anzuwenden, wenn Eigentümer der Wohnung der Steuerpflichtige und sein Ehegatte sind und bei den Ehegatten die Voraussetzungen des § 26 Absatz 1 vorliegen. [3]Erwirbt im Fall des Satzes 2 ein Ehegatte infolge Erbfalls einen Miteigentumsanteil an der Wohnung hinzu, so kann er die auf diesen Anteil entfallenden Abzugsbeträge nach den Absätzen 1 und 2 weiter in der bisherigen Höhe abziehen; Entsprechendes gilt, wenn im Fall des Satzes 2 während des Abzugszeitraums die Voraussetzungen des § 26 Absatz 1 wegfallen und ein Ehegatte den Anteil des anderen Ehegatten an der Wohnung erwirbt.

(5a) [1]Die Abzugsbeträge nach den Absätzen 1 und 2 können nur für die Veranlagungszeiträume in Anspruch genommen werden, in denen der Gesamtbetrag der Einkünfte 61 355 Euro, bei nach § 26b zusammenveranlagten Ehegatten 122 710 Euro nicht übersteigt. [2]Eine Nachholung von Abzugsbeträgen nach Absatz 3 Satz 1 ist nur für Veranlagungszeiträume möglich, in denen die in Satz 1 genannten Voraussetzungen vorgelegen haben; Entsprechendes gilt für nachträgliche Herstellungskosten oder Anschaffungskosten im Sinne des Absatzes 3 Satz 2.

(6) [1]Aufwendungen des Steuerpflichtigen, die bis zum Beginn der erstmaligen Nutzung einer Wohnung im Sinne des Absatzes 1 zu eigenen Wohnzwecken entstehen, unmittelbar mit der Herstellung oder Anschaffung des Gebäudes oder der Eigentumswohnung oder der Anschaffung des dazugehörenden Grund und Bodens zusammenhängen, nicht zu den Herstellungskosten oder Anschaffungskosten der Wohnung oder zu den Anschaffungskosten des Grund und Bodens gehören und die im Fall der Vermietung oder Verpachtung der Wohnung als Werbungskosten abgezogen werden könnten, können wie Sonderausgaben abgezogen werden. [2]Wird eine Wohnung bis zum Beginn der erstmaligen Nutzung zu eigenen Wohnzwecken vermietet oder zu eigenen beruflichen oder eigenen betrieblichen Zwecken genutzt und sind die Aufwendungen Werbungskosten oder Betriebsausgaben, können sie nicht wie Sonderausgaben abgezogen werden. [3]Aufwendungen nach Satz 1, die Erhaltungsaufwand sind und im Zusammenhang mit der Anschaffung des Gebäudes oder der Eigentumswohnung stehen, können insgesamt nur bis zu 15 Prozent der Anschaffungskosten des Gebäudes oder der Eigentumswohnung, höchstens bis zu 15 Prozent von 76 694 Euro, abgezogen werden. [4]Die Sätze 1 und 2 gelten entsprechend bei Ausbauten und Erweiterungen an einer zu Wohnzwecken genutzten Wohnung.

(6a) [1]Nimmt der Steuerpflichtige Abzugsbeträge für ein Objekt nach den Absätzen 1 oder 2 in Anspruch oder ist er auf Grund des Absatzes 5a zur Inanspruchnahme von Abzugsbeträgen für ein solches Objekt nicht berechtigt, so kann er die mit diesem Objekt in wirtschaftlichem Zusammenhang stehenden Schuldzinsen, die für die Zeit der Nutzung zu eigenen Wohnzwecken entstehen, im Jahr der Herstellung oder Anschaffung und in den beiden folgenden Kalenderjahren bis zur Höhe von jeweils 12000 Deutsche Mark wie Sonderausgaben abziehen, wenn er das Objekt vor dem 1. Januar 1995 fertiggestellt oder vor diesem Zeitpunkt bis zum Ende des Jahres der Fertigstellung angeschafft hat. [2]Soweit der Schuldzinsenabzug nach Satz 1 nicht in vollem Umfang im Jahr der Herstellung oder Anschaffung in Anspruch genommen werden kann, kann er in dem dritten auf das Jahr der Herstellung oder Anschaffung folgenden Kalenderjahr nachgeholt werden. [3]Absatz 1 Satz 6 gilt sinngemäß.

(7) [1]Sind mehrere Steuerpflichtige Eigentümer einer zu eigenen Wohnzwecken genutzten Wohnung, so können die Abzugsbeträge nach den Absätzen 1 und 2 und die Aufwendungen nach den Absätzen 6 und 6a gesondert und einheitlich festgestellt werden. [2]Die für die gesonderte Feststellung von Einkünften nach § 180 Absatz 1 Nummer 2 Buchstabe a der Abgabenordnung geltenden Vorschriften sind entsprechend anzuwenden.

§ 10f Steuerbegünstigung für zu eigenen Wohnzwecken genutzte Baudenkmale und Gebäude in Sanierungsgebieten und städtebaulichen Entwicklungsbereichen. (1) [1]Der Steuerpflichtige kann Aufwendungen an einem eigenen Gebäude im Kalenderjahr des Abschlusses der Baumaßnahme und in den neun folgenden Kalenderjahren jeweils bis zu 9 Prozent wie Sonderausgaben abziehen, wenn die Voraussetzungen des § 7h oder des § 7i vorliegen. [2]Dies gilt nur, soweit er das Gebäude in dem jeweiligen Kalenderjahr zu eigenen Wohnzwecken nutzt und die Aufwendungen nicht in die Bemessungsgrundlage nach § 10e oder dem Eigenheimzulagengesetz einbezogen hat. [3]Für Zeiträume, für die der Steuerpflichtige erhöhte Absetzungen von Aufwendungen nach § 7h oder § 7i abgezogen hat, kann er für diese Aufwendungen keine Abzugsbeträge nach Satz 1 in Anspruch nehmen. [4]Eine Nutzung zu eigenen Wohnzwecken liegt auch vor, wenn Teile einer zu eigenen Wohnzwecken genutzten Wohnung unentgeltlich zu Wohnzwecken überlassen werden.

(2) [1]Der Steuerpflichtige kann Erhaltungsaufwand, der an einem eigenen Gebäude entsteht und nicht zu den Betriebsausgaben oder Werbungskosten gehört, im Kalenderjahr des Abschlusses der Maßnahme und in den neun folgenden Kalenderjahren jeweils bis zu 9 Prozent wie Sonderausgaben abziehen, wenn die Voraussetzungen des § 11a Absatz 1 in Verbindung mit § 7h Absatz 2 oder des § 11b Satz 1 oder 2 in Verbindung mit § 7i Absatz 1 Satz 2 und Absatz 2 vorliegen. [2]Dies gilt nur, soweit der Steuerpflichtige das Gebäude in dem jeweiligen Kalenderjahr zu eigenen Wohnzwecken nutzt und diese Aufwendungen nicht nach § 10e Absatz 6 oder § 10i abgezogen hat. [3]Soweit der Steuerpflichtige das Gebäude während des Verteilungszeitraums zur Einkunftserzielung nutzt, ist der noch nicht berücksichtigte Teil des Erhaltungsaufwands im Jahr des Übergangs zur Einkunftserzielung wie Sonderausgaben abzuziehen. [4]Absatz 1 Satz 4 ist entsprechend anzuwenden.

(3) [1]Die Abzugsbeträge nach den Absätzen 1 und 2 kann der Steuerpflichtige nur bei einem Gebäude in Anspruch nehmen. [2]Ehegatten, bei denen die Voraussetzungen des § 26 Absatz 1 vorliegen, können die Abzugsbeträge nach den Absätzen 1 und 2 bei insgesamt zwei Gebäuden abziehen. [3]Gebäuden im Sinne

der Absätze 1 und 2 stehen Gebäude gleich, für die Abzugsbeträge nach § 52 Absatz 21 Satz 6 in Verbindung mit § 51 Absatz 1 Nummer 2 Buchstabe x oder Buchstabe y des Einkommensteuergesetzes 1987 in der Fassung der Bekanntmachung vom 27. Februar 1987 (BGBl. I S. 657) in Anspruch genommen worden sind; Entsprechendes gilt für Abzugsbeträge nach § 52 Absatz 21 Satz 7.

(4) [1] Sind mehrere Steuerpflichtige Eigentümer eines Gebäudes, so ist Absatz 3 mit der Maßgabe anzuwenden, dass der Anteil des Steuerpflichtigen an einem solchen Gebäude dem Gebäude gleichsteht. [2] Erwirbt ein Miteigentümer, der für seinen Anteil bereits Abzugsbeträge nach Absatz 1 oder Absatz 2 abgezogen hat, einen Anteil an demselben Gebäude hinzu, kann er für danach von ihm durchgeführte Maßnahmen im Sinne der Absätze 1 oder 2 auch die Abzugsbeträge nach den Absätzen 1 und 2 in Anspruch nehmen, die auf den hinzuerworbenen Anteil entfallen. [3] § 10 e Absatz 5 Satz 2 und 3 sowie Absatz 7 ist sinngemäß anzuwenden.

(5) Die Absätze 1 bis 4 sind auf Gebäudeteile, die selbständige unbewegliche Wirtschaftsgüter sind, und auf Eigentumswohnungen entsprechend anzuwenden.

§ 10g Steuerbegünstigung für schutzwürdige Kulturgüter, die weder zur Einkunftserzielung noch zu eigenen Wohnzwecken genutzt werden. (1) [1] Der Steuerpflichtige kann Aufwendungen für Herstellungs- und Erhaltungsmaßnahmen an eigenen schutzwürdigen Kulturgütern im Inland, soweit sie öffentliche oder private Zuwendungen oder etwaige aus diesen Kulturgütern erzielte Einnahmen übersteigen, im Kalenderjahr des Abschlusses der Maßnahme und in den neun folgenden Kalenderjahren jeweils bis zu 9 Prozent wie Sonderausgaben abziehen. [2] Kulturgüter im Sinne des Satzes 1 sind

1. Gebäude oder Gebäudeteile, die nach den jeweiligen landesrechtlichen Vorschriften ein Baudenkmal sind,
2. Gebäude oder Gebäudeteile, die für sich allein nicht die Voraussetzungen für ein Baudenkmal erfüllen, aber Teil einer nach den jeweiligen landesrechtlichen Vorschriften als Einheit geschützten Gebäudegruppe oder Gesamtanlage sind,
3. gärtnerische, bauliche und sonstige Anlagen, die keine Gebäude oder Gebäudeteile und nach den jeweiligen landesrechtlichen Vorschriften unter Schutz gestellt sind,
4.[1)] Mobiliar, Kunstgegenstände, Kunstsammlungen, wissenschaftliche Sammlungen, Bibliotheken oder Archive, die sich seit mindestens 20 Jahren im Besitz der Familie des Steuerpflichtigen befinden oder als nationales Kulturgut in ein Verzeichnis national wertvollen Kulturgutes nach § 7 Absatz 1 des Kulturgutschutzgesetzes vom 31. Juli 2016 (BGBl. I S. 1914) eingetragen ist und deren Erhaltung wegen ihrer Bedeutung für Kunst, Geschichte oder Wissenschaft im öffentlichen Interesse liegt,

wenn sie in einem den Verhältnissen entsprechenden Umfang der wissenschaftlichen Forschung oder der Öffentlichkeit zugänglich gemacht werden, es

[1)] § 10g Abs. 1 Satz 2 Nr. 4 geänd. mWv 6.8.2016 durch G v. 31.7.2016 (BGBl. I S. 1914).

sei denn, dem Zugang stehen zwingende Gründe des Denkmal- oder Archivschutzes entgegen. [3]Die Maßnahmen müssen nach Maßgabe der geltenden Bestimmungen der Denkmal- und Archivpflege erforderlich und in Abstimmung mit der in Absatz 3 genannten Stelle durchgeführt worden sein; bei Aufwendungen für Herstellungs- und Erhaltungsmaßnahmen an Kulturgütern im Sinne des Satzes 2 Nummer 1 und 2 ist § 7i Absatz 1 Satz 1 bis 4 sinngemäß anzuwenden.

(2)[1)] [1]Die Abzugsbeträge nach Absatz 1 Satz 1 kann der Steuerpflichtige nur in Anspruch nehmen, soweit er die schutzwürdigen Kulturgüter im jeweiligen Kalenderjahr weder zur Erzielung von Einkünften im Sinne des § 2 noch Gebäude oder Gebäudeteile zu eigenen Wohnzwecken nutzt und die Aufwendungen nicht nach § 10e Absatz 6, § 10h Satz 3 oder § 10i abgezogen hat. [2]Für Zeiträume, für die der Steuerpflichtige von Aufwendungen Absetzungen für Abnutzung, erhöhte Absetzungen, Sonderabschreibungen oder Beträge nach § 10e Absatz 1 bis 5, den §§ 10f, 10h, 15b des Berlinförderungsgesetzes abgezogen hat, kann er für diese Aufwendungen keine Abzugsbeträge nach Absatz 1 Satz 1 in Anspruch nehmen; Entsprechendes gilt, wenn der Steuerpflichtige für Aufwendungen die Eigenheimzulage nach dem Eigenheimzulagengesetz in Anspruch genommen hat. [3]Soweit die Kulturgüter während des Zeitraums nach Absatz 1 Satz 1 zur Einkunftserzielung genutzt werden, ist der noch nicht berücksichtigte Teil der Aufwendungen, die auf Erhaltungsarbeiten entfallen, im Jahr des Übergangs zur Einkunftserzielung wie Sonderausgaben abzuziehen.

(3) [1]Der Steuerpflichtige kann den Abzug vornehmen, wenn er durch eine Bescheinigung der nach Landesrecht zuständigen oder von der Landesregierung bestimmten Stelle die Voraussetzungen des Absatzes 1 für das Kulturgut und für die Erforderlichkeit der Aufwendungen nachweist. [2]Hat eine der für Denkmal- oder Archivpflege zuständigen *Behörde*[2)] ihm Zuschüsse gewährt, so hat die Bescheinigung auch deren Höhe zu enthalten; werden ihm solche Zuschüsse nach Ausstellung der Bescheinigung gewährt, so ist diese entsprechend zu ändern.

(4) [1]Die Absätze 1 bis 3 sind auf Gebäudeteile, die selbständige unbewegliche Wirtschaftsgüter sind, sowie auf Eigentumswohnungen und im Teileigentum stehende Räume entsprechend anzuwenden. [2]§ 10e Absatz 7 gilt sinngemäß.

§ 10h, § 10i[3)] *(aufgehoben)*

6. Vereinnahmung und Verausgabung

§ 11 [Vereinnahmung und Verausgabung] (1) [1]Einnahmen sind innerhalb des Kalenderjahres bezogen, in dem sie dem Steuerpflichtigen zugeflossen sind. [2]Regelmäßig wiederkehrende Einnahmen, die dem Steuerpflichtigen kurze Zeit vor Beginn oder kurze Zeit nach Beendigung des Kalenderjahres, zu dem sie wirtschaftlich gehören, zugeflossen sind, gelten als in diesem Ka-

---

[1)] § 10g Abs. 2 Satz 2 geänd. mWv 15.7.2016 durch G v. 8.7.2016 (BGBl. I S. 1594).
[2)] Muss wohl lauten „Behörden".
[3)] §§ 10h, 10i aufgeh. mWv 23.7.2016 durch G v. 18.7.2016 (BGBl. I S. 1679).

lenderjahr bezogen. [3]Der Steuerpflichtige kann Einnahmen, die auf einer Nutzungsüberlassung im Sinne des Absatzes 2 Satz 3 beruhen, insgesamt auf den Zeitraum gleichmäßig verteilen, für den die Vorauszahlung geleistet wird. [4]Für Einnahmen aus nichtselbständiger Arbeit gilt § 38a Absatz 1 Satz 2 und 3 und § 40 Absatz 3 Satz 2. [5]Die Vorschriften über die Gewinnermittlung (§ 4 Absatz 1, § 5) bleiben unberührt.

(2) [1]Ausgaben sind für das Kalenderjahr abzusetzen, in dem sie geleistet worden sind. [2]Für regelmäßig wiederkehrende Ausgaben gilt Absatz 1 Satz 2 entsprechend. [3]Werden Ausgaben für eine Nutzungsüberlassung von mehr als fünf Jahren im Voraus geleistet, sind sie insgesamt auf den Zeitraum gleichmäßig zu verteilen, für den die Vorauszahlung geleistet wird. [4]Satz 3 ist auf ein Damnum oder Disagio nicht anzuwenden, soweit dieses marktüblich ist. [5]§ 42 der Abgabenordnung bleibt unberührt. [6]Die Vorschriften über die Gewinnermittlung (§ 4 Absatz 1, § 5) bleiben unberührt.

§ 11a Sonderbehandlung von Erhaltungsaufwand bei Gebäuden in Sanierungsgebieten und städtebaulichen Entwicklungsbereichen.

(1) [1]Der Steuerpflichtige kann durch Zuschüsse aus Sanierungs- oder Entwicklungsförderungsmitteln nicht gedeckten Erhaltungsaufwand für Maßnahmen im Sinne des § 177 des Baugesetzbuchs an einem im Inland belegenen Gebäude in einem förmlich festgelegten Sanierungsgebiet oder städtebaulichen Entwicklungsbereich auf zwei bis fünf Jahre gleichmäßig verteilen. [2]Satz 1 ist entsprechend anzuwenden auf durch Zuschüsse aus Sanierungs- oder Entwicklungsförderungsmitteln nicht gedeckten Erhaltungsaufwand für Maßnahmen, die der Erhaltung, Erneuerung und funktionsgerechten Verwendung eines Gebäudes im Sinne des Satzes 1 dienen, das wegen seiner geschichtlichen, künstlerischen oder städtebaulichen Bedeutung erhalten bleiben soll, und zu deren Durchführung sich der Eigentümer neben bestimmten Modernisierungsmaßnahmen gegenüber der Gemeinde verpflichtet hat.

(2) [1]Wird das Gebäude während des Verteilungszeitraums veräußert, ist der noch nicht berücksichtigte Teil des Erhaltungsaufwands im Jahr der Veräußerung als Betriebsausgaben oder Werbungskosten abzusetzen. [2]Das Gleiche gilt, wenn ein nicht zu einem Betriebsvermögen gehörendes Gebäude in ein Betriebsvermögen eingebracht oder wenn ein Gebäude aus dem Betriebsvermögen entnommen oder wenn ein Gebäude nicht mehr zur Einkunftserzielung genutzt wird.

(3) Steht das Gebäude im Eigentum mehrerer Personen, ist der in Absatz 1 bezeichnete Erhaltungsaufwand von allen Eigentümern auf den gleichen Zeitraum zu verteilen.

(4)[1)] § 7h Absatz 1a bis 3 ist entsprechend anzuwenden.

§ 11b Sonderbehandlung von Erhaltungsaufwand bei Baudenkmalen. [1]Der Steuerpflichtige kann durch Zuschüsse aus öffentlichen Kassen nicht gedeckten Erhaltungsaufwand für ein im Inland belegenes Gebäude oder

---

1) § 11a Abs. 4 Verweis geänd. durch G v. 12.12.2019 (BGBl. I S. 2451); zur Anwendung von § 7h Abs. 1a siehe § 52 Abs. 16a Satz 1 bis 3.

Gebäudeteil, das nach den jeweiligen landesrechtlichen Vorschriften ein Baudenkmal ist, auf zwei bis fünf Jahre gleichmäßig verteilen, soweit die Aufwendungen nach Art und Umfang zur Erhaltung des Gebäudes oder Gebäudeteils als Baudenkmal oder zu seiner sinnvollen Nutzung erforderlich und die Maßnahmen in Abstimmung mit der in § 7i Absatz 2 bezeichneten Stelle vorgenommen worden sind. [2]Durch Zuschüsse aus öffentlichen Kassen nicht gedeckten Erhaltungsaufwand für ein im Inland belegenes Gebäude oder Gebäudeteil, das für sich allein nicht die Voraussetzungen für ein Baudenkmal erfüllt, aber Teil einer Gebäudegruppe oder Gesamtanlage ist, die nach den jeweiligen landesrechtlichen Vorschriften als Einheit geschützt ist, kann der Steuerpflichtige auf zwei bis fünf Jahre gleichmäßig verteilen, soweit die Aufwendungen nach Art und Umfang zur Erhaltung des schützenswerten äußeren Erscheinungsbildes der Gebäudegruppe oder Gesamtanlage erforderlich und die Maßnahmen in Abstimmung mit der in § 7i Absatz 2 bezeichneten Stelle vorgenommen worden sind. [3]§ 7h Absatz 3 und § 7i Absatz 1 Satz 2 und Absatz 2 sowie § 11a Absatz 2 und 3 sind entsprechend anzuwenden.

7. Nicht abzugsfähige Ausgaben

§ 12[1)] [Nicht abzugsfähige Ausgaben] Soweit in § 10 Absatz 1 Nummer 2 bis 5, 7 und 9 sowie Absatz 1a Nummer 1, den §§ 10a, 10b und den §§ 33 bis 33b nichts anderes bestimmt ist, dürfen weder bei den einzelnen Einkunftsarten noch vom Gesamtbetrag der Einkünfte abgezogen werden

1. die für den Haushalt des Steuerpflichtigen und für den Unterhalt seiner Familienangehörigen aufgewendeten Beträge. [2]Dazu gehören auch die Aufwendungen für die Lebensführung, die die wirtschaftliche oder gesellschaftliche Stellung des Steuerpflichtigen mit sich bringt, auch wenn sie zur Förderung des Berufs oder der Tätigkeit des Steuerpflichtigen erfolgen;
2. freiwillige Zuwendungen, Zuwendungen auf Grund einer freiwillig begründeten Rechtspflicht und Zuwendungen an eine gegenüber dem Steuerpflichtigen oder seinem Ehegatten gesetzlich unterhaltsberechtigte Person oder deren Ehegatten, auch wenn diese Zuwendungen auf einer besonderen Vereinbarung beruhen;
3. die Steuern vom Einkommen und sonstige Personensteuern sowie die Umsatzsteuer für Umsätze, die Entnahmen sind, und die Vorsteuerbeträge auf Aufwendungen, für die das Abzugsverbot der Nummer 1 oder des § 4 Absatz 5 Satz 1 Nummer 1 bis 5, 7 oder Absatz 7 gilt; das gilt auch für die auf diese Steuern entfallenden Nebenleistungen;
4. [2)] in einem Strafverfahren festgesetzte Geldstrafen, sonstige Rechtsfolgen vermögensrechtlicher Art, bei denen der Strafcharakter überwiegt, und Leistungen zur Erfüllung von Auflagen oder Weisungen, soweit die Auflagen oder Weisungen nicht lediglich der Wiedergutmachung des durch die

---

[1)] § 12 geänd. mWv VZ 2012 durch G v. 1.11.2011 (BGBl. I S. 2131); geänd. mWv VZ 2015 durch G v. 22.12.2014 (BGBl. I S. 2417).

[2)] § 12 Nr. 4 geänd. durch G v. 12.12.2019 (BGBl. I S. 2451); zur Anwendung siehe § 52 Abs. 20.

Tat verursachten Schadens dienen sowie damit zusammenhängende Aufwendungen;

5.[1] *(aufgehoben)*

8. Die einzelnen Einkunftsarten

a) Land- und Forstwirtschaft (§ 2 Absatz 1 Satz 1 Nummer 1)

§ 13 Einkünfte aus Land- und Forstwirtschaft. (1)[2] Einkünfte aus Land- und Forstwirtschaft sind

1. Einkünfte aus dem Betrieb von Landwirtschaft, Forstwirtschaft, Weinbau, Gartenbau und aus allen Betrieben, die Pflanzen und Pflanzenteile mit Hilfe der Naturkräfte gewinnen. [2]Zu diesen Einkünften gehören auch die Einkünfte aus der Tierzucht und Tierhaltung, wenn im Wirtschaftsjahr

für die ersten 20 Hektar	nicht mehr als 10 Vieheinheiten,
für die nächsten 10 Hektar	nicht mehr als 7 Vieheinheiten,
für die nächsten 20 Hektar	nicht mehr als 6 Vieheinheiten,
für die nächsten 50 Hektar	nicht mehr als 3 Vieheinheiten,
und für die weitere Fläche	nicht mehr als 1,5 Vieheinheiten

je Hektar der vom Inhaber des Betriebs regelmäßig landwirtschaftlich genutzten Fläche erzeugt oder gehalten werden. [3]Die Tierbestände sind nach dem Futterbedarf in Vieheinheiten umzurechnen. [4]*§ 51* [***ab 1.1.2025:*** § 241] Absatz 2 bis 5 des Bewertungsgesetzes ist anzuwenden. [5]Die Einkünfte aus Tierzucht und Tierhaltung einer Gesellschaft, bei der die Gesellschafter als Unternehmer (Mitunternehmer) anzusehen sind, gehören zu den Einkünften im Sinne des Satzes 1, wenn die Voraussetzungen des *§ 51a des Bewertungsgesetzes* [***n. F.:*** § 13b][3] erfüllt sind und andere Einkünfte der Gesellschafter aus dieser Gesellschaft zu den Einkünften aus Land- und Forstwirtschaft gehören;
2. Einkünfte aus sonstiger land- und forstwirtschaftlicher Nutzung *(§ 62 Bewertungsgesetz)* [***ab 1.1.2025:*** (§ 242 des Bewertungsgesetzes)];
3. Einkünfte aus Jagd, wenn diese mit dem Betrieb einer Landwirtschaft oder einer Forstwirtschaft im Zusammenhang steht;
4. Einkünfte von Hauberg-, Wald-, Forst- und Laubgenossenschaften und ähnlichen Realgemeinden im Sinne des § 3 Absatz 2 des Körperschaftsteuergesetzes.

(2) Zu den Einkünften im Sinne des Absatzes 1 gehören auch

1. Einkünfte aus einem land- und forstwirtschaftlichen Nebenbetrieb. [2]Als Nebenbetrieb gilt ein Betrieb, der dem land- und forstwirtschaftlichen Hauptbetrieb zu dienen bestimmt ist;

---

[1] § 12 Nr. 5 aufgeh. mWv VZ 2015 durch G v. 22.12.2014 (BGBl. I S. 2417).

[2] § 13 Abs. 1 Nr. 1 Satz 4 und Nr. 2 geänd. mWv 1.1.2025 durch G v. 26.11.2019 *(BGBl. I S. 1794).*

[3] Verweis geänd. durch G v. 12.12.2019 (BGBl. I S. 2451); zur Anwendung siehe § 52 Abs. 22b Satz 2.

2. der Nutzungswert der Wohnung des Steuerpflichtigen, wenn die Wohnung die bei Betrieben gleicher Art übliche Größe nicht überschreitet und das Gebäude oder der Gebäudeteil nach den jeweiligen landesrechtlichen Vorschriften ein Baudenkmal ist;
3. die Produktionsaufgaberente nach dem Gesetz zur Förderung der Einstellung der landwirtschaftlichen Erwerbstätigkeit.

(3) [1]Die Einkünfte aus Land- und Forstwirtschaft werden bei der Ermittlung des Gesamtbetrags der Einkünfte nur berücksichtigt, soweit sie den Betrag von 900 Euro[1)] übersteigen. [2]Satz 1 ist nur anzuwenden, wenn die Summe der Einkünfte 30 700 Euro nicht übersteigt. [3]Im Fall der Zusammenveranlagung von Ehegatten verdoppeln sich die Beträge der Sätze 1 und 2.

(4) [1]Absatz 2 Nummer 2 findet nur Anwendung, sofern im Veranlagungszeitraum 1986 bei einem Steuerpflichtigen für die von ihm zu eigenen Wohnzwecken oder zu Wohnzwecken des Altenteilers genutzte Wohnung die Voraussetzungen für die Anwendung des § 13 Absatz 2 Nummer 2 des Einkommensteuergesetzes in der Fassung der Bekanntmachung vom 16. April 1997 (BGBl. I S. 821) vorlagen. [2]Der Steuerpflichtige kann für einen Veranlagungszeitraum nach dem Veranlagungszeitraum 1998 unwiderruflich beantragen, dass Absatz 2 Nummer 2 ab diesem Veranlagungszeitraum nicht mehr angewendet wird. [3]§ 52 Absatz 21 Satz 4 und 6 des Einkommensteuergesetzes in der Fassung der Bekanntmachung vom 16. April 1997 (BGBl. I S. 821) ist entsprechend anzuwenden. [4]Im Fall des Satzes 2 gelten die Wohnung des Steuerpflichtigen und die Altenteilerwohnung sowie der dazugehörende Grund und Boden zu dem Zeitpunkt als entnommen, bis zu dem Absatz 2 Nummer 2 letztmals angewendet wird. [5]Der Entnahmegewinn bleibt außer Ansatz. [6]Werden

1. die Wohnung und der dazugehörende Grund und Boden entnommen oder veräußert, bevor sie nach Satz 4 als entnommen gelten, oder
2. eine vor dem 1. Januar 1987 einem Dritten entgeltlich zur Nutzung überlassene Wohnung und der dazugehörende Grund und Boden für eigene Wohnzwecke oder für Wohnzwecke eines Altenteilers entnommen,

bleibt der Entnahme- oder Veräußerungsgewinn ebenfalls außer Ansatz; Nummer 2 ist nur anzuwenden, soweit nicht Wohnungen vorhanden sind, die Wohnzwecken des Eigentümers des Betriebs oder Wohnzwecken eines Altenteilers dienen und die unter Satz 4 oder unter Nummer 1 fallen.

(5) Wird Grund und Boden dadurch entnommen, dass auf diesem Grund und Boden die Wohnung des Steuerpflichtigen oder eine Altenteilerwohnung errichtet wird, bleibt der Entnahmegewinn außer Ansatz; der Steuerpflichtige kann die Regelung nur für eine zu eigenen Wohnzwecken genutzte Wohnung und für eine Altenteilerwohnung in Anspruch nehmen.

(6) [1]Werden einzelne Wirtschaftsgüter eines land- und forstwirtschaftlichen Betriebs auf einen der gemeinschaftlichen Tierhaltung dienenden Betrieb im Sinne des § 34 Absatz 6a des Bewertungsgesetzes einer Erwerbs- und Wirtschaftsgenossenschaft oder eines Vereins gegen Gewährung von Mitgliedsrech-

---

[1)] Betrag geänd. mWv VZ 2015 durch G v. 22.12.2014 (BGBl. I S. 2417).

ten übertragen, so ist die auf den dabei entstehenden Gewinn entfallende Einkommensteuer auf Antrag in jährlichen Teilbeträgen zu entrichten. [2]Der einzelne Teilbetrag muss mindestens ein Fünftel dieser Steuer betragen.

(7)[1)] § 15 Absatz 1 Satz 1 Nummer 2, Absatz 1a, Absatz 2 Satz 2 und 3, §§ 15a und 15b sind entsprechend anzuwenden.

§ 13a[2)] Ermittlung des Gewinns aus Land- und Forstwirtschaft nach Durchschnittssätzen. (1) [1]Der Gewinn eines Betriebs der Land- und Forstwirtschaft ist nach den Absätzen 3 bis 7 zu ermitteln, wenn

1. der Steuerpflichtige nicht auf Grund gesetzlicher Vorschriften verpflichtet ist, für den Betrieb Bücher zu führen und regelmäßig Abschlüsse zu machen und
2. in diesem Betrieb am 15. Mai innerhalb des Wirtschaftsjahres Flächen der landwirtschaftlichen Nutzung (§ 160 Absatz 2 Satz 1 Nummer 1 Buchstabe a des Bewertungsgesetzes) selbst bewirtschaftet werden und diese Flächen 20 Hektar ohne Sondernutzungen nicht überschreiten und
3. die Tierbestände insgesamt 50 Vieheinheiten (§ 13 Absatz 1 Nummer 1) nicht übersteigen und
4. die selbst bewirtschafteten Flächen der forstwirtschaftlichen Nutzung (§ 160 Absatz 2 Satz 1 Nummer 1 Buchstabe b des Bewertungsgesetzes) 50 Hektar nicht überschreiten und
5. die selbst bewirtschafteten Flächen der Sondernutzungen (Absatz 6) die in Anlage 1a Nummer 2 Spalte 2 genannten Grenzen nicht überschreiten.

[2]Satz 1 ist auch anzuwenden, wenn nur Sondernutzungen bewirtschaftet werden und die in Anlage 1a Nummer 2 Spalte 2 genannten Grenzen nicht überschritten werden. [3]Die Sätze 1 und 2 gelten nicht, wenn der Betrieb im laufenden Wirtschaftsjahr im Ganzen zur Bewirtschaftung als Eigentümer, Miteigentümer, Nutzungsberechtigter oder durch Umwandlung übergegangen ist und der Gewinn bisher nach § 4 Absatz 1 oder 3 ermittelt wurde. [4]Der Gewinn ist letztmalig für das Wirtschaftsjahr nach Durchschnittssätzen zu ermitteln, das nach Bekanntgabe der Mitteilung endet, durch die die Finanzbehörde auf den Beginn der Buchführungspflicht (§ 141 Absatz 2 der Abgabenordnung) oder auf den Wegfall einer anderen Voraussetzung des Satzes 1 hingewiesen hat. [5]Der Gewinn ist erneut nach Durchschnittssätzen zu ermitteln, wenn die Voraussetzungen des Satzes 1 wieder vorliegen und ein Antrag nach Absatz 2 nicht gestellt wird.

(2) [1]Auf Antrag des Steuerpflichtigen ist für einen Betrieb im Sinne des Absatzes 1 der Gewinn für vier aufeinander folgende Wirtschaftsjahre nicht nach den Absätzen 3 bis 7 zu ermitteln. [2]Wird der Gewinn eines dieser Wirtschaftsjahre durch den Steuerpflichtigen nicht nach § 4 Absatz 1 oder 3 ermittelt, ist der Gewinn für den gesamten Zeitraum von vier Wirtschaftsjahren nach den Absätzen 3 bis 7 zu ermitteln. [3]Der Antrag ist bis zur Abgabe der

---

[1)] *Zur Anwendung siehe* § 52 Abs. 22 iVm Abs. 25.

[2)] § 13a neu gef. durch G v. 22.12.2014 (BGBl. I S. 2417); zur Anwendung siehe § 52 Abs. 22a Satz 2.

Steuererklärung, jedoch spätestens zwölf Monate nach Ablauf des ersten Wirtschaftsjahres, auf das er sich bezieht, schriftlich zu stellen. [4]Er kann innerhalb dieser Frist zurückgenommen werden.

(3) [1]Durchschnittssatzgewinn ist die Summe aus

1. dem Gewinn der landwirtschaftlichen Nutzung,
2. dem Gewinn der forstwirtschaftlichen Nutzung,
3. dem Gewinn der Sondernutzungen,
4. den Sondergewinnen,
5. den Einnahmen aus Vermietung und Verpachtung von Wirtschaftsgütern des land- und forstwirtschaftlichen Betriebsvermögens,
6. den Einnahmen aus Kapitalvermögen, soweit sie zu den Einkünften aus Land- und Forstwirtschaft gehören (§ 20 Absatz 8).

[2]Die Vorschriften von § 4 Absatz 4a, § 6 Absatz 2 und 2a sowie zum Investitionsabzugsbetrag und zu Sonderabschreibungen finden keine Anwendung. [3]Bei abnutzbaren Wirtschaftsgütern des Anlagevermögens gilt die Absetzung für Abnutzung in gleichen Jahresbeträgen nach § 7 Absatz 1 Satz 1 bis 5 als in Anspruch genommen. [4]Die Gewinnermittlung ist nach amtlich vorgeschriebenem Datensatz durch Datenfernübertragung spätestens mit der Steuererklärung zu übermitteln. [5]Auf Antrag kann die Finanzbehörde zur Vermeidung unbilliger Härten auf eine elektronische Übermittlung verzichten; in diesem Fall ist der Steuererklärung eine Gewinnermittlung nach amtlich vorgeschriebenem Vordruck beizufügen. [6]§ 150 Absatz 8[1)] der Abgabenordnung gilt entsprechend.

(4) [1]Der Gewinn aus der landwirtschaftlichen Nutzung ist die nach den Grundsätzen des § 4 Absatz 1 ermittelte Summe aus dem Grundbetrag für die selbst bewirtschafteten Flächen und den Zuschlägen für Tierzucht und Tierhaltung. [2]Als Grundbetrag je Hektar der landwirtschaftlichen Nutzung (§ 160 Absatz 2 Satz 1 Nummer 1 Buchstabe a des Bewertungsgesetzes) ist der sich aus Anlage 1a ergebende Betrag vervielfältigt mit der selbst bewirtschafteten Fläche anzusetzen. [3]Als Zuschlag für Tierzucht und Tierhaltung ist im Wirtschaftsjahr je Vieheinheit der sich aus Anlage 1a jeweils ergebende Betrag vervielfältigt mit den Vieheinheiten anzusetzen.

(5) Der Gewinn aus der forstwirtschaftlichen Nutzung (§ 160 Absatz 2 Satz 1 Nummer 1 Buchstabe b des Bewertungsgesetzes) ist nach § 51 der Einkommensteuer-Durchführungsverordnung zu ermitteln.

(6) [1]Als Sondernutzungen gelten die in § 160 Absatz 2 Satz 1 Nummer 1 Buchstabe c bis e des Bewertungsgesetzes in Verbindung mit Anlage 1a Nummer 2 genannten Nutzungen. [2]Bei Sondernutzungen, die die in Anlage 1a Nummer 2 Spalte 3 genannten Grenzen überschreiten, ist ein Gewinn von 1000 Euro je Sondernutzung anzusetzen. [3]Für die in Anlage 1a Nummer 2 nicht genannten Sondernutzungen ist der Gewinn nach § 4 Absatz 3 zu ermitteln.

(7) [1]Nach § 4 Absatz 3 zu ermittelnde Sondergewinne sind

1. Gewinne

[1)] Verweis geänd. mWv 1.1.2017 durch G v. 18.7.2016 (BGBl. I S. 1679).

a) aus der Veräußerung oder Entnahme von Grund und Boden und dem dazugehörigen Aufwuchs, den Gebäuden, den immateriellen Wirtschaftsgütern und den Beteiligungen; § 55 ist anzuwenden;

b) aus der Veräußerung oder Entnahme der übrigen Wirtschaftsgüter des Anlagevermögens und von Tieren, wenn der Veräußerungspreis oder der an dessen Stelle tretende Wert für das jeweilige Wirtschaftsgut mehr als 15 000 Euro betragen hat;

c) aus Entschädigungen, die gewährt worden sind für den Verlust, den Untergang oder die Wertminderung der in den Buchstaben a und b genannten Wirtschaftsgüter;

d) aus der Auflösung von Rücklagen;

2. Betriebseinnahmen oder Betriebsausgaben nach § 9b Absatz 2;
3. Einnahmen aus dem Grunde nach gewerblichen Tätigkeiten, die dem Bereich der Land- und Forstwirtschaft zugerechnet werden, abzüglich der pauschalen Betriebsausgaben nach Anlage 1a Nummer 3;
4. Rückvergütungen nach § 22 des Körperschaftsteuergesetzes aus Hilfs- und Nebengeschäften.

[2] Die Anschaffungs- oder Herstellungskosten bei Wirtschaftsgütern des abnutzbaren Anlagevermögens mindern sich für die Dauer der Durchschnittssatzgewinnermittlung mit dem Ansatz der Gewinne nach den Absätzen 4 bis 6 um die Absetzung für Abnutzung in gleichen Jahresbeträgen. [3] Die Wirtschaftsgüter im Sinne des Satzes 1 Nummer 1 Buchstabe a sind unter Angabe des Tages der Anschaffung oder Herstellung und der Anschaffungs- oder Herstellungskosten oder des an deren Stelle getretenen Werts in besondere, laufend zu führende Verzeichnisse aufzunehmen. [4] Absatz 3 Satz 4 bis 6 gilt entsprechend.

(8) Das Bundesministerium der Finanzen wird ermächtigt, durch Rechtsverordnung mit Zustimmung des Bundesrates die Anlage 1a dadurch zu ändern, dass es die darin aufgeführten Werte turnusmäßig an die Ergebnisse der Erhebungen nach § 2 des Landwirtschaftsgesetzes und im Übrigen an Erhebungen der Finanzverwaltung anpassen kann.

[ab 1.1.2025:]

§ 13b[1)] Gemeinschaftliche Tierhaltung. (1) [1] Zu den Einkünften aus Land- und Forstwirtschaft gehören auch die Einkünfte aus landwirtschaftlicher Tierzucht und Tierhaltung von Genossenschaften (§ 1 Absatz 1 Nummer 2 des Körperschaftsteuergesetzes), von Gesellschaften, bei denen die Gesellschafter als Mitunternehmer (§ 15 Absatz 1 Satz 1 Nummer 2) anzusehen sind, oder von Vereinen (§ 1 Absatz 1 Nummer 5 des Körperschaftsteuergesetzes), wenn

1. alle Gesellschafter oder Mitglieder

a) Inhaber eines Betriebs der Land- und Forstwirtschaft mit selbst bewirtschafteten regelmäßig landwirtschaftlich genutzten Flächen sind,

---

[1)] § 13b eingef. durch G v. 12.12.2019 (BGBl. I S. 2451); zur Anwendung siehe § 52 Abs. 22b Satz 1.

b) nach dem Gesamtbild der Verhältnisse hauptberuflich Land- und Forstwirte sind,

c) Landwirte im Sinne des § 1 Absatz 2 des Gesetzes über die Alterssicherung der Landwirte sind und dies durch eine Bescheinigung der jeweiligen Sozialversicherungsträger nachgewiesen wird und

d) die sich nach § 13 Absatz 1 Nummer 1 Satz 2 für sie ergebende Möglichkeit zur landwirtschaftlichen Tiererzeugung oder Tierhaltung in Vieheinheiten ganz oder teilweise auf die Genossenschaft, die Gesellschaft oder den Verein übertragen haben;

2. die Anzahl der von der Genossenschaft, der Gesellschaft oder dem Verein im Wirtschaftsjahr erzeugten oder gehaltenen Vieheinheiten keine der nachfolgenden Grenzen nachhaltig überschreitet:

a) die Summe der sich nach Nummer 1 Buchstabe d ergebenden Vieheinheiten und

b) die Summe der Vieheinheiten, die sich nach § 13 Absatz 1 Nummer 1 Satz 2 auf der Grundlage der Summe der von den Gesellschaftern oder Mitgliedern regelmäßig landwirtschaftlich genutzten Flächen ergibt;

3. die Betriebe der Gesellschafter oder Mitglieder nicht mehr als 40 Kilometer von der Produktionsstätte der Genossenschaft, der Gesellschaft oder des Vereins entfernt liegen.

[2]Die Voraussetzungen des Satzes 1 Nummer 1 Buchstabe c gelten als erfüllt, wenn hauptberufliche Landwirte (Nummer 1 Buchstabe b) nicht die Voraussetzungen des § 1 Absatz 2 des Gesetzes über die Alterssicherung der Landwirte erfüllen, weil sie im Inland in der gesetzlichen Rentenversicherung versicherungspflichtig sind oder auf sie das Recht der sozialen Sicherheit eines anderen Mitgliedstaats der Europäischen Union anzuwenden ist und dies durch eine Bescheinigung des zuständigen Sozialversicherungsträgers nachgewiesen wird; entsprechendes gilt für die Schweiz oder einen Staat, auf den das Abkommen über den Europäischen Wirtschaftsraum anzuwenden ist. [3]Die Voraussetzungen des Satzes 1 Nummer 1 Buchstabe d und des Satzes 1 Nummer 2 sind durch besondere, laufend und zeitnah zu führende Verzeichnisse nachzuweisen.

(2) Der Anwendung des Absatzes 1 steht es nicht entgegen, wenn die dort bezeichneten Genossenschaften, Gesellschaften oder Vereine die Tiererzeugung oder Tierhaltung ohne regelmäßig landwirtschaftlich genutzte Flächen betreiben.

(3) Von den in Absatz 1 bezeichneten Genossenschaften, Gesellschaften oder Vereinen regelmäßig landwirtschaftlich genutzte Flächen sind bei der Ermittlung der nach Absatz 1 Satz 1 Nummer 2 maßgebenden Grenzen wie Flächen von Gesellschaftern oder Mitgliedern zu behandeln, die ihre Möglichkeit zur landwirtschaftlichen Tiererzeugung oder Tierhaltung im Sinne des Absatzes 1 Satz 1 Nummer 1 Buchstabe d auf die Genossenschaft, die Gesellschaft oder den Verein übertragen haben.

(4) Bei dem einzelnen Gesellschafter oder Mitglied der in Absatz 1 bezeichneten Genossenschaften, Gesellschaften oder Vereine ist § 13 Absatz 1 Num-

mer 1 Satz 2 mit der Maßgabe anzuwenden, dass die in seinem Betrieb erzeugten oder gehaltenen Vieheinheiten mit den Vieheinheiten zusammenzurechnen sind, die im Rahmen der nach Absatz 1 Satz 1 Nummer 1 Buchstabe d übertragenen Möglichkeiten erzeugt oder gehalten werden.

(5) Die Vorschriften des § 241 Absatz 2 bis 5 des Bewertungsgesetzes sind entsprechend anzuwenden.

§ 14 Veräußerung des Betriebs. (1)[1] [1]Zu den Einkünften aus Land- und Forstwirtschaft gehören auch Gewinne, die bei der Veräußerung eines land- oder forstwirtschaftlichen Betriebs oder Teilbetriebs oder eines Anteils an einem land- und forstwirtschaftlichen Betriebsvermögen erzielt werden. [2]§ 16 gilt entsprechend mit der Maßgabe, dass der Freibetrag nach § 16 Absatz 4 nicht zu gewähren ist, wenn der Freibetrag nach § 14a Absatz 1 gewährt wird.

[***ab VZ 2020:***

(2)[2] [1]Wird ein land- und forstwirtschaftlicher Betrieb durch die Entnahme, Überführung oder Übertragung von Flächen verkleinert und verbleibt mindestens eine Fläche, die der Erzeugung von Pflanzen oder Tieren im Sinne des § 13 Absatz 1 zu dienen bestimmt ist, liegt unabhängig von der Größe dieser Fläche keine Betriebsaufgabe vor. [2]§ 16 Absatz 3b bleibt unberührt.]

[***ab 17.12.2020:***

(3)[3] [1]Werden im Rahmen der Aufgabe des Betriebs einer land- und forstwirtschaftlichen Mitunternehmerschaft Grundstücke an den einzelnen Mitunternehmer übertragen oder scheidet ein Mitunternehmer unter Mitnahme einzelner Grundstücke aus einer Mitunternehmerschaft aus, gelten diese unabhängig von ihrer Größe auch bei fortgeführter oder erstmaliger Verpachtung bis zu einer Veräußerung oder Entnahme bei diesem weiterhin als Betriebsvermögen. [2]Dies gilt entsprechend für Grundstücke des bisherigen Sonderbetriebsvermögens des einzelnen Mitunternehmers. [3]Die Sätze 1 und 2 sind nur anzuwenden, wenn mindestens eine übertragene oder aus dem Sonderbetriebsvermögen überführte Fläche der Erzeugung von Pflanzen oder Tieren im Sinne des § 13 Absatz 1 zu dienen bestimmt ist. [4]Für den übernehmenden Mitunternehmer gilt § 16 Absatz 3b entsprechend.]

§ 14a Vergünstigungen bei der Veräußerung bestimmter land- und forstwirtschaftlicher Betriebe. (1) [1]Veräußert ein Steuerpflichtiger nach dem 30. Juni 1970 und vor dem 1. Januar 2001 seinen land- und forstwirtschaftlichen Betrieb im Ganzen, so wird auf Antrag der Veräußerungsgewinn (§ 16 Absatz 2) nur insoweit zur Einkommensteuer herangezogen, als er den Betrag von 150 000 Deutsche Mark übersteigt, wenn

---

[1] § 14 bish. Wortlaut wird Abs. 1 mWv VZ 2020 durch G v. 21.12.2020 (BGBl. I S. 3096).

[2] § 14 Abs. 2 angef. mWv VZ 2020 durch G v. 21.12.2020 (BGBl. I S. 3096).

[3] § 14 Abs. 3 angef. durch G v. 21.12.2020 (BGBl. I S. 3096); zur Anwendung siehe § 52 Abs. 22c.

1. der für den Zeitpunkt der Veräußerung maßgebende Wirtschaftswert (§ 46 des Bewertungsgesetzes) des Betriebs 40 000 Deutsche Mark nicht übersteigt,
2. die Einkünfte des Steuerpflichtigen im Sinne des § 2 Absatz 1 Satz 1 Nummer 2 bis 7 in den dem Veranlagungszeitraum der Veräußerung vorangegangenen beiden Veranlagungszeiträumen jeweils den Betrag von 35 000 Deutsche Mark nicht überstiegen haben. [2]Bei Ehegatten, die nicht dauernd getrennt leben, gilt Satz 1 mit der Maßgabe, dass die Einkünfte beider Ehegatten zusammen jeweils 70 000 Deutsche Mark nicht überstiegen haben.

[2]Ist im Zeitpunkt der Veräußerung ein nach Nummer 1 maßgebender Wirtschaftswert nicht festgestellt oder sind bis zu diesem Zeitpunkt die Voraussetzungen für eine Wertfortschreibung erfüllt, so ist der Wert maßgebend, der sich für den Zeitpunkt der Veräußerung als Wirtschaftswert ergeben würde.

(2) [1]Der Anwendung des Absatzes 1 und des § 34 Absatz 1 steht nicht entgegen, wenn die zum land- und forstwirtschaftlichen Vermögen gehörenden Gebäude mit dem dazugehörigen Grund und Boden nicht mitveräußert werden. [2]In diesem Fall gelten die Gebäude mit dem dazugehörigen Grund und Boden als entnommen. [3]Der Freibetrag kommt auch dann in Betracht, wenn zum Betrieb ein forstwirtschaftlicher Teilbetrieb gehört und dieser nicht mitveräußert, sondern als eigenständiger Betrieb vom Steuerpflichtigen fortgeführt wird. [4]In diesem Fall ermäßigt sich der Freibetrag auf den Teil, der dem Verhältnis des tatsächlich entstandenen Veräußerungsgewinns zu dem bei einer Veräußerung des ganzen land- und forstwirtschaftlichen Betriebs erzielbaren Veräußerungsgewinn entspricht.

(3) [1]Als Veräußerung gilt auch die Aufgabe des Betriebs, wenn

1. die Voraussetzungen des Absatzes 1 erfüllt sind und
2. der Steuerpflichtige seinen land- und forstwirtschaftlichen Betrieb zum Zweck der Strukturverbesserung abgegeben hat und dies durch eine Bescheinigung der nach Landesrecht zuständigen Stelle nachweist.

[2]§ 16 Absatz 3 Satz 4 und 5 gilt entsprechend.

(4) [1]Veräußert oder entnimmt ein Steuerpflichtiger nach dem 31. Dezember 1979 und vor dem 1. Januar 2006 Teile des zu einem land- und forstwirtschaftlichen Betrieb gehörenden Grund und Bodens, so wird der bei der Veräußerung oder der Entnahme entstehende Gewinn auf Antrag nur insoweit zur Einkommensteuer herangezogen, als er den Betrag von 61 800 Euro übersteigt. [2]Satz 1 ist nur anzuwenden, wenn

1. der Veräußerungspreis nach Abzug der Veräußerungskosten oder der Grund und Boden innerhalb von zwölf Monaten nach der Veräußerung oder Entnahme in sachlichem Zusammenhang mit der Hoferbfolge oder Hofübernahme zur Abfindung weichender Erben verwendet wird und
2. das Einkommen des Steuerpflichtigen ohne Berücksichtigung des Gewinns aus der Veräußerung oder Entnahme und des Freibetrags in dem dem Veranlagungszeitraum der Veräußerung oder Entnahme vorangegangenen Veranlagungszeitraum den Betrag von 18 000 Euro nicht überstiegen hat; bei

Ehegatten, die nach den §§ 26, 26b zusammen veranlagt werden, erhöht sich der Betrag von 18 000 Euro auf 36 000 Euro.

[3] Übersteigt das Einkommen den Betrag von 18 000 Euro, so vermindert sich der Betrag von 61 800 Euro nach Satz 1 je angefangene 250 Euro des übersteigenden Einkommens um 10 300 Euro; bei Ehegatten, die nach den §§ 26, 26b zusammen veranlagt werden und deren Einkommen den Betrag von 36 000 Euro übersteigt, vermindert sich der Betrag von 61 800 Euro nach Satz 1 je angefangene 500 Euro des übersteigenden Einkommens um 10 300 Euro. [4] Werden mehrere weichende Erben abgefunden, so kann der Freibetrag mehrmals, jedoch insgesamt nur einmal je weichender Erbe geltend gemacht werden, auch wenn die Abfindung in mehreren Schritten oder durch mehrere Inhaber des Betriebs vorgenommen wird. [5] Weichender Erbe ist, wer gesetzlicher Erbe eines Inhabers eines land- und forstwirtschaftlichen Betriebs ist oder bei gesetzlicher Erbfolge wäre, aber nicht zur Übernahme des Betriebs berufen ist; eine Stellung als Mitunternehmer des Betriebs bis zur Auseinandersetzung steht einer Behandlung als weichender Erbe nicht entgegen, wenn sich die Erben innerhalb von zwei Jahren nach dem Erbfall auseinandersetzen. [6] Ist ein zur Übernahme des Betriebs berufener Miterbe noch minderjährig, beginnt die Frist von zwei Jahren mit Eintritt der Volljährigkeit.

(5) [1] Veräußert ein Steuerpflichtiger nach dem 31. Dezember 1985 und vor dem 1. Januar 2001 Teile des zu einem land- und forstwirtschaftlichen Betrieb gehörenden Grund und Bodens, so wird der bei der Veräußerung entstehende Gewinn auf Antrag nur insoweit zur Einkommensteuer herangezogen, als er den Betrag von 90 000 Deutsche Mark übersteigt, wenn

1. der Steuerpflichtige den Veräußerungspreis nach Abzug der Veräußerungskosten zur Tilgung von Schulden verwendet, die zu dem land- und forstwirtschaftlichen Betrieb gehören und vor dem 1. Juli 1985 bestanden haben, und
2. die Voraussetzungen des Absatzes 4 Satz 2 Nummer 2 erfüllt sind.

[2] Übersteigt das Einkommen den Betrag von 35 000 Deutsche Mark, so vermindert sich der Betrag von 90 000 Deutsche Mark nach Satz 1 für jede angefangenen 500 Deutsche Mark des übersteigenden Einkommens um 15 000 Deutsche Mark; bei Ehegatten, die nach den §§ 26, 26b zusammen veranlagt werden und bei denen das Einkommen den Betrag von 70 000 Deutsche Mark übersteigt, vermindert sich der Betrag von 90 000 Deutsche Mark nach Satz 1 für jede angefangenen 1000 Deutsche Mark des übersteigenden Einkommens um 15 000 Deutsche Mark. [3] Der Freibetrag von höchstens 90 000 Deutsche Mark wird für alle Veräußerungen im Sinne des Satzes 1 insgesamt nur einmal gewährt.

(6) Verwendet der Steuerpflichtige den Veräußerungspreis oder entnimmt er den Grund und Boden nur zum Teil zu den in den Absätzen 4 und 5 angegebenen Zwecken, so ist nur der entsprechende Teil des Gewinns aus der Veräußerung oder Entnahme steuerfrei.

(7) Auf die Freibeträge nach Absatz 4 in dieser Fassung sind die Freibeträge, die nach Absatz 4 in den vor dem 1. Januar 1986 geltenden Fassungen gewährt worden sind, anzurechnen.

b) Gewerbebetrieb (§ 2 Absatz 1 Satz 1 Nummer 2)

§ 15 Einkünfte aus Gewerbebetrieb. (1) [1]Einkünfte aus Gewerbebetrieb sind

1. Einkünfte aus gewerblichen Unternehmen. [2]Dazu gehören auch Einkünfte aus gewerblicher Bodenbewirtschaftung, z. B. aus Bergbauunternehmen und aus Betrieben zur Gewinnung von Torf, Steinen und Erden, soweit sie nicht land- oder forstwirtschaftliche Nebenbetriebe sind;
2. die Gewinnanteile der Gesellschafter einer Offenen Handelsgesellschaft, einer Kommanditgesellschaft und einer anderen Gesellschaft, bei der der Gesellschafter als Unternehmer (Mitunternehmer) des Betriebs anzusehen ist, und die Vergütungen, die der Gesellschafter von der Gesellschaft für seine Tätigkeit im Dienst der Gesellschaft oder für die Hingabe von Darlehen oder für die Überlassung von Wirtschaftsgütern bezogen hat. [2]Der mittelbar über eine oder mehrere Personengesellschaften beteiligte Gesellschafter steht dem unmittelbar beteiligten Gesellschafter gleich; er ist als Mitunternehmer des Betriebs der Gesellschaft anzusehen, an der er mittelbar beteiligt ist, wenn er und die Personengesellschaften, die seine Beteiligung vermitteln, jeweils als Mitunternehmer der Betriebe der Personengesellschaften anzusehen sind, an denen sie unmittelbar beteiligt sind;
3. die Gewinnanteile der persönlich haftenden Gesellschafter einer Kommanditgesellschaft auf Aktien, soweit sie nicht auf Anteile am Grundkapital entfallen, und die Vergütungen, die der persönlich haftende Gesellschafter von der Gesellschaft für seine Tätigkeit im Dienst der Gesellschaft oder für die Hingabe von Darlehen oder für die Überlassung von Wirtschaftsgütern bezogen hat.

[2]Satz 1 Nummer 2 und 3 gilt auch für Vergütungen, die als nachträgliche Einkünfte (§ 24 Nummer 2) bezogen werden. [3]§ 13 Absatz 5 gilt entsprechend, sofern das Grundstück im Veranlagungszeitraum 1986 zu einem gewerblichen Betriebsvermögen gehört hat.

(1a)[1)] [1]In den Fällen des § 4 Absatz 1 Satz 5 ist der Gewinn aus einer späteren Veräußerung der Anteile ungeachtet der Bestimmungen eines Abkommens zur Vermeidung der Doppelbesteuerung in der gleichen Art und Weise zu besteuern, wie die Veräußerung dieser Anteile an der Europäischen Gesellschaft oder Europäischen Genossenschaft zu besteuern gewesen wäre, wenn keine Sitzverlegung stattgefunden hätte. [2]Dies gilt auch, wenn später die Anteile verdeckt in eine Kapitalgesellschaft eingelegt werden, die Europäische Gesellschaft oder Europäische Genossenschaft aufgelöst wird oder wenn ihr Kapital herabgesetzt und zurückgezahlt wird oder wenn Beträge aus dem steuerlichen Einlagenkonto im Sinne des § 27 des Körperschaftsteuergesetzes ausgeschüttet oder zurückgezahlt werden.

(2) [1]Eine selbständige nachhaltige Betätigung, die mit der Absicht, Gewinn zu erzielen, unternommen wird und sich als Beteiligung am allgemeinen wirtschaftlichen Verkehr darstellt, ist Gewerbebetrieb, wenn die Betätigung weder als Ausübung von Land- und Forstwirtschaft noch als Ausübung eines freien

---

[1)] § 15 Abs. 1a Satz 1 geänd. durch G v. 8.12.2010 (BGBl. I S. 1768).

Berufs noch als eine andere selbständige Arbeit anzusehen ist. 2 Eine durch die Betätigung verursachte Minderung der Steuern vom Einkommen ist kein Gewinn im Sinne des Satzes 1. 3 Ein Gewerbebetrieb liegt, wenn seine Voraussetzungen im Übrigen gegeben sind, auch dann vor, wenn die Gewinnerzielungsabsicht nur ein Nebenzweck ist.

(3) Als Gewerbebetrieb gilt in vollem Umfang die mit Einkünfteerzielungsabsicht unternommene Tätigkeit

1.[1] einer offenen Handelsgesellschaft, einer Kommanditgesellschaft oder einer anderen Personengesellschaft, wenn die Gesellschaft auch eine Tätigkeit im Sinne des Absatzes 1 Satz 1 Nummer 1 ausübt oder gewerbliche Einkünfte im Sinne des Absatzes 1 Satz 1 Nummer 2 bezieht. 2 Dies gilt unabhängig davon, ob aus der Tätigkeit im Sinne des Absatzes 1 Satz 1 Nummer 1 ein Gewinn oder Verlust erzielt wird oder ob die gewerblichen Einkünfte im Sinne des Absatzes 1 Satz 1 Nummer 2 positiv oder negativ sind;

2. einer Personengesellschaft, die keine Tätigkeit im Sinne des Absatzes 1 Satz 1 Nummer 1 ausübt und bei der ausschließlich eine oder mehrere Kapitalgesellschaften persönlich haftende Gesellschafter sind und nur diese oder Personen, die nicht Gesellschafter sind, zur Geschäftsführung befugt sind (gewerblich geprägte Personengesellschaft). 2 Ist eine gewerblich geprägte Personengesellschaft als persönlich haftender Gesellschafter an einer anderen Personengesellschaft beteiligt, so steht für die Beurteilung, ob die Tätigkeit dieser Personengesellschaft als Gewerbebetrieb gilt, die gewerblich geprägte Personengesellschaft einer Kapitalgesellschaft gleich.

(4)[2] 1 Verluste aus gewerblicher Tierzucht oder gewerblicher Tierhaltung dürfen weder mit anderen Einkünften aus Gewerbebetrieb noch mit Einkünften aus anderen Einkunftsarten ausgeglichen werden; sie dürfen auch nicht nach § 10d abgezogen werden. 2 Die Verluste mindern jedoch nach Maßgabe des § 10d die Gewinne, die der Steuerpflichtige in dem unmittelbar vorangegangenen und in den folgenden Wirtschaftsjahren aus gewerblicher Tierzucht oder gewerblicher Tierhaltung erzielt hat oder erzielt; § 10d Absatz 4 gilt entsprechend. 3 Die Sätze 1 und 2 gelten entsprechend für Verluste aus Termingeschäften, durch die der Steuerpflichtige einen Differenzausgleich oder einen durch den Wert einer veränderlichen Bezugsgröße bestimmten Geldbetrag oder Vorteil erlangt. 4 Satz 3 gilt nicht für die Geschäfte, die zum gewöhnlichen Geschäftsbetrieb bei Kreditinstituten, Finanzdienstleistungsinstituten und Finanzunternehmen im Sinne des Gesetzes über das Kreditwesen gehören oder die der Absicherung von Geschäften des gewöhnlichen Geschäftsbetriebs dienen. 5 Satz 4 gilt nicht, wenn es sich um Geschäfte handelt, die der Absicherung von Aktiengeschäften dienen, bei denen der Veräußerungsgewinn nach § 3 Nummer 40 Satz 1 Buchstabe a und b in Verbindung mit § 3c Absatz 2 teilweise steuerfrei ist, oder die nach § 8b Absatz 2 des Körperschaftsteuergesetzes bei der Ermittlung des Einkommens außer Ansatz bleiben. 6 Verluste aus stillen Ge-

---

[1] § 15 Abs. 3 Nr. 1 Satz 2 angef. durch G v. 12.12.2019 (BGBl. I S. 2451); zur Anwendung siehe § 52 Abs. 23 Satz 1.

[2] § 15 Abs. 4 Satz 2 und 7 ergänzt durch G v. 26.6.2013; zur Anwendung siehe § 52 Abs. 23 Satz 2.

sellschaften, Unterbeteiligungen oder sonstigen Innengesellschaften an Kapitalgesellschaften, bei denen der Gesellschafter oder Beteiligte als Mitunternehmer anzusehen ist, dürfen weder mit Einkünften aus Gewerbebetrieb noch aus anderen Einkunftsarten ausgeglichen werden; sie dürfen auch nicht nach § 10d abgezogen werden. [7] Die Verluste mindern jedoch nach Maßgabe des § 10d die Gewinne, die der Gesellschafter oder Beteiligte in dem unmittelbar vorangegangenen Wirtschaftsjahr oder in den folgenden Wirtschaftsjahren aus derselben stillen Gesellschaft, Unterbeteiligung oder sonstigen Innengesellschaft bezieht; § 10d Absatz 4 gilt entsprechend. [8] Die Sätze 6 und 7 gelten nicht, soweit der Verlust auf eine natürliche Person als unmittelbar oder mittelbar beteiligter Mitunternehmer entfällt.

§ 15a[1] **Verluste bei beschränkter Haftung.** (1) [1] Der einem Kommanditisten zuzurechnende Anteil am Verlust der Kommanditgesellschaft darf weder mit anderen Einkünften aus Gewerbebetrieb noch mit Einkünften aus anderen Einkunftsarten ausgeglichen werden, soweit ein negatives Kapitalkonto des Kommanditisten entsteht oder sich erhöht; er darf insoweit auch nicht nach § 10d abgezogen werden. [2] Haftet der Kommanditist am Bilanzstichtag den Gläubigern der Gesellschaft auf Grund des § 171 Absatz 1 des Handelsgesetzbuchs, so können abweichend von Satz 1 Verluste des Kommanditisten bis zur Höhe des Betrags, um den die im Handelsregister eingetragene Einlage des Kommanditisten seine geleistete Einlage übersteigt, auch ausgeglichen oder abgezogen werden, soweit durch den Verlust ein negatives Kapitalkonto entsteht oder sich erhöht. [3] Satz 2 ist nur anzuwenden, wenn derjenige, dem der Anteil zuzurechnen ist, im Handelsregister eingetragen ist, das Bestehen der Haftung nachgewiesen wird und eine Vermögensminderung auf Grund der Haftung nicht durch Vertrag ausgeschlossen oder nach Art und Weise des Geschäftsbetriebs unwahrscheinlich ist.

(1a) [1] Nachträgliche Einlagen führen weder zu einer nachträglichen Ausgleichs- oder Abzugsfähigkeit eines vorhandenen verrechenbaren Verlustes noch zu einer Ausgleichs- oder Abzugsfähigkeit des dem Kommanditisten zuzurechnenden Anteils am Verlust eines zukünftigen Wirtschaftsjahres, soweit durch den Verlust ein negatives Kapitalkonto des Kommanditisten entsteht oder sich erhöht. [2] Nachträgliche Einlagen im Sinne des Satzes 1 sind Einlagen, die nach Ablauf eines Wirtschaftsjahres geleistet werden, in dem ein nicht ausgleichs- oder abzugsfähiger Verlust im Sinne des Absatzes 1 entstanden oder ein Gewinn im Sinne des Absatzes 3 Satz 1 zugerechnet worden ist.

(2) [1] Soweit der Verlust nach den Absätzen 1 und 1a nicht ausgeglichen oder abgezogen werden darf, mindert er die Gewinne, die dem Kommanditisten in späteren Wirtschaftsjahren aus seiner Beteiligung an der Kommanditgesellschaft zuzurechnen sind. [2] Der verrechenbare Verlust, der nach Abzug von einem Veräußerungs- oder Aufgabegewinn verbleibt, ist im Zeitpunkt der Veräußerung oder Aufgabe des gesamten Mitunternehmeranteils oder der Betriebsveräußerung oder -aufgabe bis zur Höhe der nachträglichen Einlagen im Sinne des Absatzes 1a ausgleichs- oder abzugsfähig.

---

[1] Zum Anwendungsbereich siehe **§ 52 Abs. 24.**

(3) [1]Soweit ein negatives Kapitalkonto des Kommanditisten durch Entnahmen entsteht oder sich erhöht (Einlageminderung) und soweit nicht auf Grund der Entnahmen eine nach Absatz 1 Satz 2 zu berücksichtigende Haftung besteht oder entsteht, ist dem Kommanditisten der Betrag der Einlageminderung als Gewinn zuzurechnen. [2]Der nach Satz 1 zuzurechnende Betrag darf den Betrag der Anteile am Verlust der Kommanditgesellschaft nicht übersteigen, der im Wirtschaftsjahr der Einlageminderung und in den zehn vorangegangenen Wirtschaftsjahren ausgleichs- oder abzugsfähig gewesen ist. [3]Wird der Haftungsbetrag im Sinne des Absatzes 1 Satz 2 gemindert (Haftungsminderung) und sind im Wirtschaftsjahr der Haftungsminderung und den zehn vorangegangenen Wirtschaftsjahren Verluste nach Absatz 1 Satz 2 ausgleichs- oder abzugsfähig gewesen, so ist dem Kommanditisten der Betrag der Haftungsminderung, vermindert um auf Grund der Haftung tatsächlich geleistete Beträge, als Gewinn zuzurechnen; Satz 2 gilt sinngemäß. [4]Die nach den Sätzen 1 bis 3 zuzurechnenden Beträge mindern die Gewinne, die dem Kommanditisten im Wirtschaftsjahr der Zurechnung oder in späteren Wirtschaftsjahren aus seiner Beteiligung an der Kommanditgesellschaft zuzurechnen sind.

(4) [1]Der nach Absatz 1 nicht ausgleichs- oder abzugsfähige Verlust eines Kommanditisten, vermindert um die nach Absatz 2 abzuziehenden und vermehrt um die nach Absatz 3 hinzuzurechnenden Beträge (verrechenbarer Verlust), ist jährlich gesondert festzustellen. [2]Dabei ist von dem verrechenbaren Verlust des vorangegangenen Wirtschaftsjahres auszugehen. [3]Zuständig für den Erlass des Feststellungsbescheids ist das für die gesonderte Feststellung des Gewinns und Verlustes der Gesellschaft zuständige Finanzamt. [4]Der Feststellungsbescheid kann nur insoweit angegriffen werden, als der verrechenbare Verlust gegenüber dem verrechenbaren Verlust des vorangegangenen Wirtschaftsjahres sich verändert hat. [5]Die gesonderten Feststellungen nach Satz 1 können mit der gesonderten und einheitlichen Feststellung der einkommensteuerpflichtigen und körperschaftsteuerpflichtigen Einkünfte verbunden werden. [6]In diesen Fällen sind die gesonderten Feststellungen des verrechenbaren Verlustes einheitlich durchzuführen.

(5) Absatz 1 Satz 1, Absatz 1a, 2 und 3 Satz 1, 2 und 4 sowie Absatz 4 gelten sinngemäß für andere Unternehmer, soweit deren Haftung der eines Kommanditisten vergleichbar ist, insbesondere für

1. stille Gesellschafter einer stillen Gesellschaft im Sinne des § 230 des Handelsgesetzbuchs, bei der der stille Gesellschafter als Unternehmer (Mitunternehmer) anzusehen ist,
2. Gesellschafter einer Gesellschaft im Sinne des Bürgerlichen Gesetzbuchs, bei der der Gesellschafter als Unternehmer (Mitunternehmer) anzusehen ist, soweit die Inanspruchnahme des Gesellschafters für Schulden in Zusammenhang mit dem Betrieb durch Vertrag ausgeschlossen oder nach Art und Weise des Geschäftsbetriebs unwahrscheinlich ist,
3. Gesellschafter einer ausländischen Personengesellschaft, bei der der Gesellschafter als Unternehmer (Mitunternehmer) anzusehen ist, soweit die Haftung des Gesellschafters für Schulden in Zusammenhang mit dem Betrieb der eines Kommanditisten oder eines stillen Gesellschafters entspricht oder

soweit die Inanspruchnahme des Gesellschafters für Schulden in Zusammenhang mit dem Betrieb durch Vertrag ausgeschlossen oder nach Art und Weise des Geschäftsbetriebs unwahrscheinlich ist,

4. Unternehmer, soweit Verbindlichkeiten nur in Abhängigkeit von Erlösen oder Gewinnen aus der Nutzung, Veräußerung oder sonstigen Verwertung von Wirtschaftsgütern zu tilgen sind,
5. Mitreeder einer Reederei im Sinne des § 489 des Handelsgesetzbuchs, bei der der Mitreeder als Unternehmer (Mitunternehmer) anzusehen ist, wenn die persönliche Haftung des Mitreeders für die Verbindlichkeiten der Reederei ganz oder teilweise ausgeschlossen oder soweit die Inanspruchnahme des Mitreeders für Verbindlichkeiten der Reederei nach Art und Weise des Geschäftsbetriebs unwahrscheinlich ist.

§ 15b[1)] Verluste im Zusammenhang mit Steuerstundungsmodellen.

(1) [1]Verluste im Zusammenhang mit einem Steuerstundungsmodell dürfen weder mit Einkünften aus Gewerbebetrieb noch mit Einkünften aus anderen Einkunftsarten ausgeglichen werden; sie dürfen auch nicht nach § 10d abgezogen werden. [2]Die Verluste mindern jedoch die Einkünfte, die der Steuerpflichtige in den folgenden Wirtschaftsjahren aus derselben Einkunftsquelle erzielt. [3]§ 15a ist insoweit nicht anzuwenden.

(2) [1]Ein Steuerstundungsmodell im Sinne des Absatzes 1 liegt vor, wenn auf Grund einer modellhaften Gestaltung steuerliche Vorteile in Form negativer Einkünfte erzielt werden sollen. [2]Dies ist der Fall, wenn dem Steuerpflichtigen auf Grund eines vorgefertigten Konzepts die Möglichkeit geboten werden soll, zumindest in der Anfangsphase der Investition Verluste mit übrigen Einkünften zu verrechnen. [3]Dabei ist es ohne Belang, auf welchen Vorschriften die negativen Einkünfte beruhen.

(3) Absatz 1 ist nur anzuwenden, wenn innerhalb der Anfangsphase das Verhältnis der Summe der prognostizierten Verluste zur Höhe des gezeichneten und nach dem Konzept auch aufzubringenden Kapitals oder bei Einzelinvestoren des eingesetzten Eigenkapitals 10 Prozent übersteigt.

(3a)[2)] Unabhängig von den Voraussetzungen nach den Absätzen 2 und 3 liegt ein Steuerstundungsmodell im Sinne des Absatzes 1 insbesondere vor, wenn ein Verlust aus Gewerbebetrieb entsteht oder sich erhöht, indem ein Steuerpflichtiger, der nicht auf Grund gesetzlicher Vorschriften verpflichtet ist, Bücher zu führen und regelmäßig Abschlüsse zu machen, auf Grund des Erwerbs von Wirtschaftsgütern des Umlaufvermögens sofort abziehbare Betriebsausgaben tätigt, wenn deren Übereignung ohne körperliche Übergabe durch Besitzkonstitut nach § 930 des Bürgerlichen Gesetzbuchs oder durch Abtretung des Herausgabeanspruchs nach § 931 des Bürgerlichen Gesetzbuchs erfolgt.

(4) [1]Der nach Absatz 1 nicht ausgleichsfähige Verlust ist jährlich gesondert festzustellen. [2]Dabei ist von dem verrechenbaren Verlust des Vorjahres auszu-

---

1) Zur Anwendung von § 15b siehe § 52 Abs. 25.

2) § 15b Abs. § 3a eingef. durch G v. 18.12.2013 (BGBl. I S. 4318); zur Anwendung siehe § 52 Abs. 25 Satz 5.

gehen. [3]Der Feststellungsbescheid kann nur insoweit angegriffen werden, als der verrechenbare Verlust gegenüber dem verrechenbaren Verlust des Vorjahres sich verändert hat. [4]Handelt es sich bei dem Steuerstundungsmodell um eine Gesellschaft oder Gemeinschaft im Sinne des § 180 Absatz 1 Satz 1[1)] Nummer 2 Buchstabe a der Abgabenordnung, ist das für die gesonderte und einheitliche Feststellung der einkommensteuerpflichtigen und körperschaftsteuerpflichtigen Einkünfte aus dem Steuerstundungsmodell zuständige Finanzamt für den Erlass des Feststellungsbescheids nach Satz 1 zuständig; anderenfalls ist das Betriebsfinanzamt (§ 18 Absatz 1 Nummer 2 der Abgabenordnung) zuständig. [5]Handelt es sich bei dem Steuerstundungsmodell um eine Gesellschaft oder Gemeinschaft im Sinne des § 180 Absatz 1 Satz 1[1)] Nummer 2 Buchstabe a der Abgabenordnung, können die gesonderten Feststellungen nach Satz 1 mit der gesonderten und einheitlichen Feststellung der einkommensteuerpflichtigen und körperschaftsteuerpflichtigen Einkünfte aus dem Steuerstundungsmodell verbunden werden; in diesen Fällen sind die gesonderten Feststellungen nach Satz 1 einheitlich durchzuführen.

§ 16 Veräußerung des Betriebs. (1) [1]Zu den Einkünften aus Gewerbebetrieb gehören auch Gewinne, die erzielt werden bei der Veräußerung

1. des ganzen Gewerbebetriebs oder eines Teilbetriebs. [2]Als Teilbetrieb gilt auch die das gesamte Nennkapital umfassende Beteiligung an einer Kapitalgesellschaft; im Fall der Auflösung der Kapitalgesellschaft ist § 17 Absatz 4 Satz 3 sinngemäß anzuwenden;
2. des gesamten Anteils eines Gesellschafters, der als Unternehmer (Mitunternehmer) des Betriebs anzusehen ist (§ 15 Absatz 1 Satz 1 Nummer 2);
3. des gesamten Anteils eines persönlich haftenden Gesellschafters einer Kommanditgesellschaft auf Aktien (§ 15 Absatz 1 Satz 1 Nummer 3).

[2]Gewinne, die bei der Veräußerung eines Teils eines Anteils im Sinne von Satz 1 Nummer 2 oder 3 erzielt werden, sind laufende Gewinne.

(2) [1]Veräußerungsgewinn im Sinne des Absatzes 1 ist der Betrag, um den der Veräußerungspreis nach Abzug der Veräußerungskosten den Wert des Betriebsvermögens (Absatz 1 Satz 1 Nummer 1) oder den Wert des Anteils am Betriebsvermögen (Absatz 1 Satz 1 Nummer 2 und 3) übersteigt. [2]Der Wert des Betriebsvermögens oder des Anteils ist für den Zeitpunkt der Veräußerung nach § 4 Absatz 1 oder nach § 5 zu ermitteln. [3]Soweit auf der Seite des Veräußerers und auf der Seite des Erwerbers dieselben Personen Unternehmer oder Mitunternehmer sind, gilt der Gewinn insoweit jedoch als laufender Gewinn.

(3) [1]Als Veräußerung gilt auch die Aufgabe des Gewerbebetriebs sowie eines Anteils im Sinne des Absatzes 1 Satz 1 Nummer 2 oder Nummer 3. [2]Werden im Zuge der Realteilung einer Mitunternehmerschaft Teilbetriebe, Mitunternehmeranteile oder einzelne Wirtschaftsgüter in das jeweilige Betriebsvermögen der einzelnen Mitunternehmer übertragen, so sind bei der Ermittlung des Gewinns der Mitunternehmerschaft die Wirtschaftsgüter mit

---

1) Verweis geänd. mWv 1.1.2017 durch G v. 18.7.2016 (BGBl. I S. 1679).

den Werten anzusetzen, die sich nach den Vorschriften über die Gewinnermittlung ergeben, sofern die Besteuerung der stillen Reserven sichergestellt ist; der übernehmende Mitunternehmer ist an diese Werte gebunden; § 4 Absatz 1 Satz 4 ist entsprechend anzuwenden.[1] [3]Dagegen ist für den jeweiligen Übertragungsvorgang rückwirkend der gemeine Wert anzusetzen, soweit bei einer Realteilung, bei der einzelne Wirtschaftsgüter übertragen worden sind, zum Buchwert übertragener Grund und Boden, übertragene Gebäude oder andere übertragene wesentliche Betriebsgrundlagen innerhalb einer Sperrfrist nach der Übertragung veräußert oder entnommen werden; diese Sperrfrist endet drei Jahre nach Abgabe der Steuererklärung der Mitunternehmerschaft für den Veranlagungszeitraum der Realteilung. [4]Satz 2 ist bei einer Realteilung, bei der einzelne Wirtschaftsgüter übertragen werden, nicht anzuwenden, soweit die Wirtschaftsgüter unmittelbar oder mittelbar auf eine Körperschaft, Personenvereinigung oder Vermögensmasse übertragen werden; in diesem Fall ist bei der Übertragung der gemeine Wert anzusetzen. [5]Soweit einzelne dem Betrieb gewidmete Wirtschaftsgüter im Rahmen der Aufgabe des Betriebs veräußert werden und soweit auf der Seite des Veräußerers und auf der Seite des Erwerbers dieselben Personen Unternehmer oder Mitunternehmer sind, gilt der Gewinn aus der Aufgabe des Gewerbebetriebs als laufender Gewinn. [6]Werden die einzelnen dem Betrieb gewidmeten Wirtschaftsgüter im Rahmen der Aufgabe des Betriebs veräußert, so sind die Veräußerungspreise anzusetzen. [7]Werden die Wirtschaftsgüter nicht veräußert, so ist der gemeine Wert im Zeitpunkt der Aufgabe anzusetzen. [8]Bei Aufgabe eines Gewerbebetriebs, an dem mehrere Personen beteiligt waren, ist für jeden einzelnen Beteiligten der gemeine Wert der Wirtschaftsgüter anzusetzen, die er bei der Auseinandersetzung erhalten hat.

(3a)[2] Einer Aufgabe des Gewerbebetriebs steht der Ausschluss oder die Beschränkung des Besteuerungsrechts der Bundesrepublik Deutschland hinsichtlich des Gewinns aus der Veräußerung sämtlicher Wirtschaftsgüter des Betriebs oder eines Teilbetriebs gleich; § 4 Absatz 1 Satz 4 gilt entsprechend.

(3b)[3] [1]In den Fällen der Betriebsunterbrechung und der Betriebsverpachtung im Ganzen gilt ein Gewerbebetrieb sowie ein Anteil im Sinne des Absatzes 1 Satz 1 Nummer 2 oder Nummer 3 nicht als aufgegeben, bis

1. der Steuerpflichtige die Aufgabe im Sinne des Absatzes 3 Satz 1 ausdrücklich gegenüber dem Finanzamt erklärt oder
2. dem Finanzamt Tatsachen bekannt werden, aus denen sich ergibt, dass die Voraussetzungen für eine Aufgabe im Sinne des Absatzes 3 Satz 1 erfüllt sind.

[2]Die Aufgabe des Gewerbebetriebs oder Anteils im Sinne des Absatzes 1 Satz 1 Nummer 2 oder Nummer 3 ist in den Fällen des Satzes 1 Nummer 1 rückwirkend für den vom Steuerpflichtigen gewählten Zeitpunkt anzuerkennen, wenn die Aufgabeerklärung spätestens drei Monate nach diesem Zeit-

---

[1] § 16 Abs. 3 Satz 2 HS 2 angef. durch G v. 8.12.2010 (BGBl. I S. 1768); zur Anwendung von § 4 Abs. 1 Satz 4 siehe § 52 Abs. 6 Satz 1.
[2] § 16 Abs. 3a eingef. durch G v. 8.12.2010 (BGBl. I S. 1768).
[3] § 16 Abs. 3b eingef. durch G v. 1.11.2011 (BGBl. I S. 2131).

punkt abgegeben wird. [3]Wird die Aufgabeerklärung nicht spätestens drei Monate nach dem vom Steuerpflichtigen gewählten Zeitpunkt abgegeben, gilt der Gewerbebetrieb oder Anteil im Sinne des Absatzes 1 Satz 1 Nummer 2 oder Nummer 3 erst in dem Zeitpunkt als aufgegeben, in dem die Aufgabeerklärung beim Finanzamt eingeht.

(4) [1]Hat der Steuerpflichtige das 55. Lebensjahr vollendet oder ist er im sozialversicherungsrechtlichen Sinne dauernd berufsunfähig, so wird der Veräußerungsgewinn auf Antrag zur Einkommensteuer nur herangezogen, soweit er 45 000 Euro übersteigt. [2]Der Freibetrag ist dem Steuerpflichtigen nur einmal zu gewähren. [3]Er ermäßigt sich um den Betrag, um den der Veräußerungsgewinn 136 000 Euro übersteigt.

(5) Werden bei einer Realteilung, bei der Teilbetriebe auf einzelne Mitunternehmer übertragen werden, Anteile an einer Körperschaft, Personenvereinigung oder Vermögensmasse unmittelbar oder mittelbar von einem nicht von § 8b Absatz 2 des Körperschaftsteuergesetzes begünstigten Steuerpflichtigen auf einen von § 8b Absatz 2 des Körperschaftsteuergesetzes begünstigten Mitunternehmer übertragen, ist abweichend von Absatz 3 Satz 2 rückwirkend auf den Zeitpunkt der Realteilung der gemeine Wert anzusetzen, wenn der übernehmende Mitunternehmer die Anteile innerhalb eines Zeitraums von sieben Jahren nach der Realteilung unmittelbar oder mittelbar veräußert oder durch einen Vorgang nach § 22 Absatz 1 Satz 6 Nummer 1 bis 5 des Umwandlungssteuergesetzes weiter überträgt; § 22 Absatz 2 Satz 3 des Umwandlungssteuergesetzes gilt entsprechend.

§ 17 Veräußerung von Anteilen an Kapitalgesellschaften. (1) [1]Zu den Einkünften aus Gewerbebetrieb gehört auch der Gewinn aus der Veräußerung von Anteilen an einer Kapitalgesellschaft, wenn der Veräußerer innerhalb der letzten fünf Jahre am Kapital der Gesellschaft unmittelbar oder mittelbar zu mindestens 1 Prozent beteiligt war. [2]Die verdeckte Einlage von Anteilen an einer Kapitalgesellschaft in eine Kapitalgesellschaft steht der Veräußerung der Anteile gleich. [3]Anteile an einer Kapitalgesellschaft sind Aktien, Anteile an einer Gesellschaft mit beschränkter Haftung, Genussscheine oder ähnliche Beteiligungen und Anwartschaften auf solche Beteiligungen. [4]Hat der Veräußerer den veräußerten Anteil innerhalb der letzten fünf Jahre vor der Veräußerung unentgeltlich erworben, so gilt Satz 1 entsprechend, wenn der Veräußerer zwar nicht selbst, aber der Rechtsvorgänger oder, sofern der Anteil nacheinander unentgeltlich übertragen worden ist, einer der Rechtsvorgänger innerhalb der letzten fünf Jahre im Sinne von Satz 1 beteiligt war.

(2) [1]Veräußerungsgewinn im Sinne des Absatzes 1 ist der Betrag, um den der Veräußerungspreis nach Abzug der Veräußerungskosten die Anschaffungskosten übersteigt. [2]In den Fällen des Absatzes 1 Satz 2 tritt an die Stelle des Veräußerungspreises der Anteile ihr gemeiner Wert. [3]Weist der Veräußerer nach, dass ihm die Anteile bereits im Zeitpunkt der Begründung der unbeschränkten Steuerpflicht nach § 1 Absatz 1 zuzurechnen waren und dass der bis zu diesem Zeitpunkt entstandene Vermögenszuwachs auf Grund gesetzlicher Bestimmungen des Wegzugsstaats im Wegzugsstaat einer der Steuer nach § 6 des Außensteuergesetzes vergleichbaren Steuer unterlegen hat, tritt an die

Stelle der Anschaffungskosten der Wert, den der Wegzugsstaat bei der Berechnung der der Steuer nach § 6 des Außensteuergesetzes vergleichbaren Steuer angesetzt hat, höchstens jedoch der gemeine Wert. [4]Satz 3 ist in den Fällen des § 6 Absatz 3 des Außensteuergesetzes nicht anzuwenden. [5]Hat der Veräußerer den veräußerten Anteil unentgeltlich erworben, so sind als Anschaffungskosten des Anteils die Anschaffungskosten des Rechtsvorgängers maßgebend, der den Anteil zuletzt entgeltlich erworben hat. [6]Ein Veräußerungsverlust ist nicht zu berücksichtigen, soweit er auf Anteile entfällt,

a) die der Steuerpflichtige innerhalb der letzten fünf Jahre unentgeltlich erworben hatte. [2]Dies gilt nicht, soweit der Rechtsvorgänger anstelle des Steuerpflichtigen den Veräußerungsverlust hätte geltend machen können;

b) die entgeltlich erworben worden sind und nicht innerhalb der gesamten letzten fünf Jahre zu einer Beteiligung des Steuerpflichtigen im Sinne von Absatz 1 Satz 1 gehört haben. [2]Dies gilt nicht für innerhalb der letzten fünf Jahre erworbene Anteile, deren Erwerb zur Begründung einer Beteiligung des Steuerpflichtigen im Sinne von Absatz 1 Satz 1 geführt hat oder die nach Begründung der Beteiligung im Sinne von Absatz 1 Satz 1 erworben worden sind.

(2a)[1)] [1]Anschaffungskosten sind die Aufwendungen, die geleistet werden, um die Anteile im Sinne des Absatzes 1 zu erwerben. [2]Zu den Anschaffungskosten gehören auch die Nebenkosten sowie die nachträglichen Anschaffungskosten. [3]Zu den nachträglichen Anschaffungskosten im Sinne des Satzes 2 gehören insbesondere

1. offene oder verdeckte Einlagen,
2. Darlehensverluste, soweit die Gewährung des Darlehens oder das Stehenlassen des Darlehens in der Krise der Gesellschaft gesellschaftsrechtlich veranlasst war, und
3. Ausfälle von Bürgschaftsregressforderungen und vergleichbaren Forderungen, soweit die Hingabe oder das Stehenlassen der betreffenden Sicherheit gesellschaftsrechtlich veranlasst war.

[4]Eine gesellschaftsrechtliche Veranlassung liegt regelmäßig vor, wenn ein fremder Dritter das Darlehen oder Sicherungsmittel im Sinne der Nummern 2 oder 3 bei sonst gleichen Umständen zurückgefordert oder nicht gewährt hätte. [5]Leistet der Steuerpflichtige über den Nennbetrag seiner Anteile hinaus Einzahlungen in das Kapital der Gesellschaft, sind die Einzahlungen bei der Ermittlung der Anschaffungskosten gleichmäßig auf seine gesamten Anteile einschließlich seiner im Rahmen von Kapitalerhöhungen erhaltenen neuen Anteile aufzuteilen.

(3) [1]Der Veräußerungsgewinn wird zur Einkommensteuer nur herangezogen, soweit er den Teil von 9060 Euro übersteigt, der dem veräußerten Anteil an der Kapitalgesellschaft entspricht. [2]Der Freibetrag ermäßigt sich um den Betrag, um den der Veräußerungsgewinn den Teil von 36 100 Euro übersteigt, der dem veräußerten Anteil an der Kapitalgesellschaft entspricht.

[1)] § 17 Abs. 2a eingef. durch G v. 12.12.2019 (BGBl. I S. 2451); zur Anwendung siehe § 52 Abs. 25a.

(4) [1]Als Veräußerung im Sinne des Absatzes 1 gilt auch die Auflösung einer Kapitalgesellschaft, die Kapitalherabsetzung, wenn das Kapital zurückgezahlt wird, und die Ausschüttung oder Zurückzahlung von Beträgen aus dem steuerlichen Einlagenkonto im Sinne des § 27 des Körperschaftsteuergesetzes. [2]In diesen Fällen ist als Veräußerungspreis der gemeine Wert des dem Steuerpflichtigen zugeteilten oder zurückgezahlten Vermögens der Kapitalgesellschaft anzusehen. [3]Satz 1 gilt nicht, soweit die Bezüge nach § 20 Absatz 1 Nummer 1 oder 2 zu den Einnahmen aus Kapitalvermögen gehören.

(5) [1]Die Beschränkung oder der Ausschluss des Besteuerungsrechts der Bundesrepublik Deutschland hinsichtlich des Gewinns aus der Veräußerung der Anteile an einer Kapitalgesellschaft im Fall der Verlegung des Sitzes oder des Orts der Geschäftsleitung der Kapitalgesellschaft in einen anderen Staat stehen der Veräußerung der Anteile zum gemeinen Wert gleich. [2]Dies gilt nicht in den Fällen der Sitzverlegung einer Europäischen Gesellschaft nach Artikel 8 der Verordnung (EG) Nr. 2157/2001 und der Sitzverlegung einer anderen Kapitalgesellschaft in einen anderen Mitgliedstaat der Europäischen Union. [3]In diesen Fällen ist der Gewinn aus einer späteren Veräußerung der Anteile ungeachtet der Bestimmungen eines Abkommens zur Vermeidung der Doppelbesteuerung in der gleichen Art und Weise zu besteuern, wie die Veräußerung dieser Anteile zu besteuern gewesen wäre, wenn keine Sitzverlegung stattgefunden hätte. [4]§ 15 Absatz 1a Satz 2 ist entsprechend anzuwenden.

(6) Als Anteile im Sinne des Absatzes 1 Satz 1 gelten auch Anteile an Kapitalgesellschaften, an denen der Veräußerer innerhalb der letzten fünf Jahre am Kapital der Gesellschaft nicht unmittelbar oder mittelbar zu mindestens 1 Prozent beteiligt war, wenn

1. die Anteile auf Grund eines Einbringungsvorgangs im Sinne des Umwandlungssteuergesetzes, bei dem nicht der gemeine Wert zum Ansatz kam, erworben wurden und
2. zum Einbringungszeitpunkt für die eingebrachten Anteile die Voraussetzungen von Absatz 1 Satz 1 erfüllt waren oder die Anteile auf einer Sacheinlage im Sinne von § 20 Absatz 1 des Umwandlungssteuergesetzes vom 7. Dezember 2006 (BGBl. I S. 2782, 2791) in der jeweils geltenden Fassung beruhen.

(7) Als Anteile im Sinne des Absatzes 1 Satz 1 gelten auch Anteile an einer Genossenschaft einschließlich der Europäischen Genossenschaft.

c) Selbständige Arbeit (§ 2 Absatz 1 Satz 1 Nummer 3)

§ 18 [Selbständige Arbeit] (1) Einkünfte aus selbständiger Arbeit sind

1. Einkünfte aus freiberuflicher Tätigkeit. [2]Zu der freiberuflichen Tätigkeit gehören die selbständig ausgeübte wissenschaftliche, künstlerische, schriftstellerische, unterrichtende oder erzieherische Tätigkeit, die selbständige Berufstätigkeit der Ärzte, Zahnärzte, Tierärzte, Rechtsanwälte, Notare, Patentanwälte, Vermessungsingenieure, Ingenieure, Architekten, Handelschemiker, Wirtschaftsprüfer, Steuerberater, beratenden Volks- und Betriebswirte, vereidigten Buchprüfer, Steuerbevollmächtigten, Heilpraktiker, Dentisten, Krankengymnasten, Journalisten, Bildberichterstatter, Dolmetscher, Über-

setzer, Lotsen und ähnlicher Berufe. [3] Ein Angehöriger eines freien Berufs im Sinne der Sätze 1 und 2 ist auch dann freiberuflich tätig, wenn er sich der Mithilfe fachlich vorgebildeter Arbeitskräfte bedient; Voraussetzung ist, dass er auf Grund eigener Fachkenntnisse leitend und eigenverantwortlich tätig wird. [4] Eine Vertretung im Fall vorübergehender Verhinderung steht der Annahme einer leitenden und eigenverantwortlichen Tätigkeit nicht entgegen;

2. Einkünfte der Einnehmer einer staatlichen Lotterie, wenn sie nicht Einkünfte aus Gewerbebetrieb sind;
3. Einkünfte aus sonstiger selbständiger Arbeit, z. B. Vergütungen für die Vollstreckung von Testamenten, für Vermögensverwaltung und für die Tätigkeit als Aufsichtsratsmitglied;
4.[1)] Einkünfte, die ein Beteiligter an einer vermögensverwaltenden Gesellschaft oder Gemeinschaft, deren Zweck im Erwerb, Halten und in der Veräußerung von Anteilen an Kapitalgesellschaften besteht, als Vergütung für Leistungen zur Förderung des Gesellschafts- oder Gemeinschaftszwecks erzielt, wenn der Anspruch auf die Vergütung unter der Voraussetzung eingeräumt worden ist, dass die Gesellschafter oder Gemeinschafter ihr eingezahltes Kapital vollständig zurückerhalten haben; § 15 Absatz 3 ist nicht anzuwenden.

(2) Einkünfte nach Absatz 1 sind auch dann steuerpflichtig, wenn es sich nur um eine vorübergehende Tätigkeit handelt.

(3) [1] Zu den Einkünften aus selbständiger Arbeit gehört auch der Gewinn, der bei der Veräußerung des Vermögens oder eines selbständigen Teils des Vermögens oder eines Anteils am Vermögen erzielt wird, das der selbständigen Arbeit dient. [2] § 16 Absatz 1 Satz 1 Nummer 1 und 2 und Absatz 1 Satz 2 sowie Absatz 2 bis 4 gilt entsprechend.

(4)[2)] [1] § 13 Absatz 5 gilt entsprechend, sofern das Grundstück im Veranlagungszeitraum 1986 zu einem der selbständigen Arbeit dienenden Betriebsvermögen gehört hat. [2] § 15 Absatz 1 Satz 1 Nummer 2, Absatz 1a, Absatz 2 Satz 2 und 3, §§ 15a und 15b sind entsprechend anzuwenden.

d) Nichtselbständige Arbeit (§ 2 Absatz 1 Satz 1 Nummer 4)

§ 19 [Nichtselbständige Arbeit] (1) [1] Zu den Einkünften aus nichtselbständiger Arbeit gehören

1. Gehälter, Löhne, Gratifikationen, Tantiemen und andere Bezüge und Vorteile für eine Beschäftigung im öffentlichen oder privaten Dienst;

1a.[3)] Zuwendungen des Arbeitgebers an seinen Arbeitnehmer und dessen Begleitpersonen anlässlich von Veranstaltungen auf betrieblicher Ebene mit gesellschaftlichem Charakter (Betriebsveranstaltung). [2] Zuwendungen im Sinne des Satzes 1 sind alle Aufwendungen des Arbeitgebers einschließlich

---

1) Zu Nr. 4 siehe § 52 Abs. 4 Satz 8.

2) Zur Anwendung siehe § 52 Abs. 26.

3) § 19 Abs. 1 Satz 1 Nr. 1a eingef. mWv VZ 2015 durch G v. 22.12.2014 (BGBl. I S. 2417).

Umsatzsteuer unabhängig davon, ob sie einzelnen Arbeitnehmern individuell zurechenbar sind oder ob es sich um einen rechnerischen Anteil an den Kosten der Betriebsveranstaltung handelt, die der Arbeitgeber gegenüber Dritten für den äußeren Rahmen der Betriebsveranstaltung aufwendet. [3]Soweit solche Zuwendungen den Betrag von 110 Euro je Betriebsveranstaltung und teilnehmenden Arbeitnehmer nicht übersteigen, gehören sie nicht zu den Einkünften aus nichtselbständiger Arbeit, wenn die Teilnahme an der Betriebsveranstaltung allen Angehörigen des Betriebs oder eines Betriebsteils offensteht. [4]Satz 3 gilt für bis zu zwei Betriebsveranstaltungen jährlich. [5]Die Zuwendungen im Sinne des Satzes 1 sind abweichend von § 8 Absatz 2 mit den anteilig auf den Arbeitnehmer und dessen Begleitpersonen entfallenden Aufwendungen des Arbeitgebers im Sinne des Satzes 2 anzusetzen;

2. Wartegelder, Ruhegelder, Witwen- und Waisengelder und andere Bezüge und Vorteile aus früheren Dienstleistungen, auch soweit sie von Arbeitgebern ausgleichspflichtiger Personen an ausgleichsberechtigte Personen infolge einer nach § 10 oder § 14 des Versorgungsausgleichsgesetzes durchgeführten Teilung geleistet werden;

3.[1)] laufende Beiträge und laufende Zuwendungen des Arbeitgebers aus einem bestehenden Dienstverhältnis an einen Pensionsfonds, eine Pensionskasse oder für eine Direktversicherung für eine betriebliche Altersversorgung. [2]Zu den Einkünften aus nichtselbständiger Arbeit gehören auch Sonderzahlungen, die der Arbeitgeber neben den laufenden Beiträgen und Zuwendungen an eine solche Versorgungseinrichtung leistet, mit Ausnahme der Zahlungen des Arbeitgebers

   a)[2)] zur erstmaligen Bereitstellung der Kapitalausstattung zur Erfüllung der Solvabilitätskapitalanforderung nach den §§ 89, 213, 234g oder 238 des Versicherungsaufsichtsgesetzes,

   b) zur Wiederherstellung einer angemessenen Kapitalausstattung nach unvorhersehbaren Verlusten oder zur Finanzierung der Verstärkung der Rechnungsgrundlagen auf Grund einer unvorhersehbaren und nicht nur vorübergehenden Änderung der Verhältnisse, wobei die Sonderzahlungen nicht zu einer Absenkung des laufenden Beitrags führen oder durch die Absenkung des laufenden Beitrags Sonderzahlungen ausgelöst werden dürfen,

   c)[2)] in der Rentenbezugszeit nach § 236 Absatz 2 des Versicherungsaufsichtsgesetzes oder

   d) in Form von Sanierungsgeldern;

   Sonderzahlungen des Arbeitgebers sind insbesondere Zahlungen an eine Pensionskasse anlässlich

---

[1)] § 19 Abs. 1 Satz 1 Nr. 3 Satz 2 neu gef., Satz 3 geänd. durch G v. 22.12.2014 (BGBl. I S. 2417); zur Anwendung siehe § 52 Abs. 26a.

[2)] § 19 Abs. 1 Satz 1 Nr. 3 Satz 2 Buchst. a und c geänd. mWv 1.1.2016 durch G v. 1.4.2015 (BGBl. I S. 434; ber. BGBl. I S. 1834); Buchst. a Verweis geänd. mWv 13.1.2019 durch G v. 19.12.2018 (BGBl. I S. 2672).

a) seines Ausscheidens aus einer nicht im Wege der Kapitaldeckung finanzierten betrieblichen Altersversorgung oder

b) des Wechsels von einer nicht im Wege der Kapitaldeckung zu einer anderen nicht im Wege der Kapitaldeckung finanzierten betrieblichen Altersversorgung.

[3] Von Sonderzahlungen im Sinne des Satzes 2 zweiter Halbsatz Buchstabe b ist bei laufenden und wiederkehrenden Zahlungen entsprechend dem periodischen Bedarf nur auszugehen, soweit die Bemessung der Zahlungsverpflichtungen des Arbeitgebers in das Versorgungssystem nach dem Wechsel die Bemessung der Zahlungsverpflichtung zum Zeitpunkt des Wechsels übersteigt. [4] Sanierungsgelder sind Sonderzahlungen des Arbeitgebers an eine Pensionskasse anlässlich der Systemumstellung einer nicht im Wege der Kapitaldeckung finanzierten betrieblichen Altersversorgung auf der Finanzierungs- oder Leistungsseite, die der Finanzierung der zum Zeitpunkt der Umstellung bestehenden Versorgungsverpflichtungen oder Versorgungsanwartschaften dienen; bei laufenden und wiederkehrenden Zahlungen entsprechend dem periodischen Bedarf ist nur von Sanierungsgeldern auszugehen, soweit die Bemessung der Zahlungsverpflichtungen des Arbeitgebers in das Versorgungssystem nach der Systemumstellung die Bemessung der Zahlungsverpflichtung zum Zeitpunkt der Systemumstellung übersteigt.

[2] Es ist gleichgültig, ob es sich um laufende oder um einmalige Bezüge handelt und ob ein Rechtsanspruch auf sie besteht.

(2) [1] Von Versorgungsbezügen bleiben ein nach einem Prozentsatz ermittelter, auf einen Höchstbetrag begrenzter Betrag (Versorgungsfreibetrag) und ein Zuschlag zum Versorgungsfreibetrag steuerfrei. [2] Versorgungsbezüge sind

1. das Ruhegehalt, Witwen- oder Waisengeld, der Unterhaltsbeitrag oder ein gleichartiger Bezug

   a) auf Grund beamtenrechtlicher oder entsprechender gesetzlicher Vorschriften,

   b) nach beamtenrechtlichen Grundsätzen von Körperschaften, Anstalten oder Stiftungen des öffentlichen Rechts oder öffentlich-rechtlichen Verbänden von Körperschaften

   oder

2. in anderen Fällen Bezüge und Vorteile aus früheren Dienstleistungen wegen Erreichens einer Altersgrenze, verminderter Erwerbsfähigkeit oder Hinterbliebenenbezüge; Bezüge wegen Erreichens einer Altersgrenze gelten erst dann als Versorgungsbezüge, wenn der Steuerpflichtige das 63. Lebensjahr oder, wenn er schwerbehindert ist, das 60. Lebensjahr vollendet hat.

[3] Der maßgebende Prozentsatz, der Höchstbetrag des Versorgungsfreibetrags und der Zuschlag zum Versorgungsfreibetrag sind der nachstehenden Tabelle zu entnehmen:

Jahr des Versorgungs-beginns	Versorgungsfreibetrag		Zuschlag zum Versorgungs-freibetrag in Euro
	in % der Versorgungsbezüge	Höchstbetrag in Euro	
bis 2005	40,0	3000	900
ab 2006	38,4	2880	864
2007	36,8	2760	828
2008	35,2	2640	792
2009	33,6	2520	756
2010	32,0	2400	720
2011	30,4	2280	684
2012	28,8	2160	648
2013	27,2	2040	612
2014	25,6	1920	576
2015	24,0	1800	540
2016	22,4	1680	504
2017	20,8	1560	468
2018	19,2	1440	432
2019	17,6	1320	396
2020	16,0	1200	360
2021	15,2	1140	342
2022	14,4	1080	324
2023	13,6	1020	306
2024	12,8	960	288
2025	12,0	900	270
2026	11,2	840	252
2027	10,4	780	234
2028	9,6	720	216
2029	8,8	660	198
2030	8,0	600	180
2031	7,2	540	162
2032	6,4	480	144
2033	5,6	420	126
2034	4,8	360	108
2035	4,0	300	90
2036	3,2	240	72
2037	2,4	180	54
2038	1,6	120	36
2039	0,8	60	18
2040	0,0	0	0

[4] Bemessungsgrundlage für den Versorgungsfreibetrag ist

a) bei Versorgungsbeginn vor 2005
das Zwölffache des Versorgungsbezugs für Januar 2005,

b) bei Versorgungsbeginn ab 2005
das Zwölffache des Versorgungsbezugs für den ersten vollen Monat,

jeweils zuzüglich voraussichtlicher Sonderzahlungen im Kalenderjahr, auf die zu diesem Zeitpunkt ein Rechtsanspruch besteht. [5] Der Zuschlag zum Versorgungsfreibetrag darf nur bis zur Höhe der um den Versorgungsfreibetrag geminderten Bemessungsgrundlage berücksichtigt werden. [6] Bei mehreren Versorgungsbezügen mit unterschiedlichem Bezugsbeginn bestimmen sich der insgesamt berücksichtigungsfähige Höchstbetrag des Versorgungsfreibetrags und der Zuschlag zum Versorgungsfreibetrag nach dem Jahr des Beginns des ersten Versorgungsbezugs. [7] Folgt ein Hinterbliebenenbezug einem Versorgungsbezug, bestimmen sich der Prozentsatz, der Höchstbetrag des Versorgungsfreibetrags und der Zuschlag zum Versorgungsfreibetrag für den Hinterbliebenenbezug nach dem Jahr des Beginns des Versorgungsbezugs. [8] Der nach den Sätzen 3 bis 7 berechnete Versorgungsfreibetrag und Zuschlag zum Versorgungsfreibetrag gelten für die gesamte Laufzeit des Versorgungsbezugs. [9] Regelmäßige Anpassungen des Versorgungsbezugs führen nicht zu einer Neuberechnung. [10] Abweichend hiervon sind der Versorgungsfreibetrag und der Zuschlag zum Versorgungsfreibetrag neu zu berechnen, wenn sich der Versorgungsbezug wegen Anwendung von Anrechnungs-, Ruhens-, Erhöhungs- oder Kürzungsregelungen erhöht oder vermindert. [11] In diesen Fällen sind die Sätze 3 bis 7 mit dem geänderten Versorgungsbezug als Bemessungsgrundlage im Sinne des Satzes 4 anzuwenden; im Kalenderjahr der Änderung sind der höchste Versorgungsfreibetrag und Zuschlag zum Versorgungsfreibetrag maßgebend. [12] Für jeden vollen Kalendermonat, für den keine Versorgungsbezüge gezahlt werden, ermäßigen sich der Versorgungsfreibetrag und der Zuschlag zum Versorgungsfreibetrag in diesem Kalenderjahr um je ein Zwölftel.

§ 19a[1)] ***Überlassung von Vermögensbeteiligungen an Arbeitnehmer.*** *(1) Erhält ein Arbeitnehmer im Rahmen eines gegenwärtigen Dienstverhältnisses unentgeltlich oder verbilligt Sachbezüge in Form von Vermögensbeteiligungen im Sinne des § 2 Abs. 1 Nr. 1 und Abs. 2 bis 5 des Fünften Vermögensbildungsgesetzes in der Fassung des Gesetzes vom 19. Dezember 2000 (BGBl. I S. 1790), so ist der Vorteil steuerfrei, soweit er nicht höher als der halbe Wert der Vermögensbeteiligung (Absatz 2) ist und insgesamt 135 Euro im Kalenderjahr nicht übersteigt.*

(2) [1] Als Wert der Vermögensbeteiligung ist der gemeine Wert anzusetzen. [2] Werden einem Arbeitnehmer Vermögensbeteiligungen im Sinne des § 2 Abs. 1 Nr. 1 Buchstabe a, b und f des Fünften Vermögensbildungsgesetzes überlassen, die am Tag der Beschlussfassung über die Überlassung an einer deutschen Börse zum regulierten Markt zugelassen sind, so werden diese mit dem niedrigsten an diesem Tag für sie im regulierten Markt notierten Kurs angesetzt, wenn am Tag der Überlassung nicht mehr als neun Monate seit dem Tag der Beschlussfassung über die Überlassung vergangen sind. [3] Liegt am Tag der Beschlussfassung über die Überlassung eine Notierung nicht vor, so werden diese Vermögensbeteiligungen mit dem letzten innerhalb von 30 Tagen vor diesem Tag im regulierten Markt notierten Kurs angesetzt. [4] Die Sätze 2 und 3 gelten entsprechend für Vermögensbeteiligungen im Sinne des § 2 Abs. 1 Nr. 1 Buchstabe a, b und f des Fünften Vermögensbildungsgesetzes, die im Inland in den Freiverkehr einbezogen sind oder in einem anderen Staat des Europäischen Wirtschaftsraums zum Handel an einem

---

1) § 19a aufgeh. mWv Kj. 2009 – siehe nunmehr § 3 Nr. 39; zur weiteren Anwendung von § 19a siehe § 52 Abs. 27.

geregelten Markt im Sinne des Artikels 1 Nr. 13 der Richtlinie 93/22/EWG des Rates vom 10. Mai 1993 über Wertpapierdienstleistungen (ABl. EG Nr. L 141 S. 27) zugelassen sind. 5 Sind am Tag der Überlassung von Vermögensbeteiligungen im Sinne des § 2 Abs. 1 Nr. 1 Buchstabe a, b und f des Fünften Vermögensbildungsgesetzes mehr als neun Monate seit dem Tag der Beschlussfassung über die Überlassung vergangen, so tritt an die Stelle des Tages der Beschlussfassung über die Überlassung im Sinne der Sätze 2 bis 4 der Tag der Überlassung. 6 Der Wert von Vermögensbeteiligungen im Sinne des § 2 Abs. 1 Nr. 1 Buchstabe c des Fünften Vermögensbildungsgesetzes wird mit dem Ausgabepreis am Tag der Überlassung angesetzt. 7 Der Wert von Vermögensbeteiligungen im Sinne des § 2 Abs. 1 Nr. 1 Buchstabe g, i, k und l des Fünften Vermögensbildungsgesetzes wird mit dem Nennbetrag angesetzt, wenn nicht besondere Umstände einen höheren oder niedrigeren Wert begründen.

e) Kapitalvermögen (§ 2 Absatz 1 Satz 1 Nummer 5)

§ 20[1] **[Kapitalvermögen]** (1)[2] Zu den Einkünften aus Kapitalvermögen gehören

1. Gewinnanteile (Dividenden), Ausbeuten und sonstige Bezüge aus Aktien, Genussrechten, mit denen das Recht am Gewinn und Liquidationserlös einer Kapitalgesellschaft verbunden ist, aus Anteilen an Gesellschaften mit beschränkter Haftung, an Erwerbs- und Wirtschaftsgenossenschaften sowie an bergbautreibenden Vereinigungen, die die Rechte einer juristischen Person haben. 2 Zu den sonstigen Bezügen gehören auch verdeckte Gewinnausschüttungen. 3 Die Bezüge gehören nicht zu den Einnahmen, soweit sie aus Ausschüttungen einer Körperschaft stammen, für die Beträge aus dem steuerlichen Einlagekonto im Sinne des § 27 des Körperschaftsteuergesetzes als verwendet gelten. 4 Als sonstige Bezüge gelten auch Einnahmen, die anstelle der Bezüge im Sinne des Satzes 1 von einem anderen als dem Anteilseigner nach Absatz 5 bezogen werden, wenn die Aktien mit Dividendenberechtigung erworben, aber ohne Dividendenanspruch geliefert werden;
2. Bezüge, die nach der Auflösung einer Körperschaft oder Personenvereinigung im Sinne der Nummer 1 anfallen und die nicht in der Rückzahlung von Nennkapital bestehen; Nummer 1 Satz 3 gilt entsprechend. 2 Gleiches gilt für Bezüge, die auf Grund einer Kapitalherabsetzung oder nach der Auflösung einer unbeschränkt steuerpflichtigen Körperschaft oder Personenvereinigung im Sinne der Nummer 1 anfallen und die als Gewinnausschüttung im Sinne des § 28 Absatz 2 Satz 2 und 4 des Körperschaftsteuergesetzes gelten;
3. Investmenterträge nach § 16 des Investmentsteuergesetzes;

3a. Spezial-Investmenterträge nach § 34 des Investmentsteuergesetzes;

4. Einnahmen aus der Beteiligung an einem Handelsgewerbe als stiller Gesellschafter und aus partiarischen Darlehen, es sei denn, dass der Gesellschafter oder Darlehensgeber als Mitunternehmer anzusehen ist. 2 Auf An-

---

[1] Zur Anwendung siehe **§ 52 Abs. 28.**

[2] § 20 Abs. 1 Nrn. 3 und 3a eingef. durch G v. 19.7.2016 (BGBl. I S. 1730); zur Anwendung siehe § 52 Abs. 28 Satz 20.

teile des stillen Gesellschafters am Verlust des Betriebes sind § 15 Absatz 4 Satz 6 bis 8 und § 15a sinngemäß anzuwenden;[1)]

5. Zinsen aus Hypotheken und Grundschulden und Renten aus Rentenschulden. [2]Bei Tilgungshypotheken und Tilgungsgrundschulden ist nur der Teil der Zahlungen anzusetzen, der als Zins auf den jeweiligen Kapitalrest entfällt;

6.[2)] der Unterschiedsbetrag zwischen der Versicherungsleistung und der Summe der auf sie entrichteten Beiträge (Erträge) im Erlebensfall oder bei Rückkauf des Vertrags bei Rentenversicherungen mit Kapitalwahlrecht, soweit nicht die lebenslange Rentenzahlung gewählt und erbracht wird, und bei Kapitalversicherungen mit Sparanteil, wenn der Vertrag nach dem 31. Dezember 2004 abgeschlossen worden ist. [2]Wird die Versicherungsleistung nach Vollendung des 60. Lebensjahres des Steuerpflichtigen und nach Ablauf von zwölf Jahren seit dem Vertragsabschluss ausgezahlt, ist die Hälfte des Unterschiedsbetrags anzusetzen. [3]Bei entgeltlichem Erwerb des Anspruchs auf die Versicherungsleistung treten die Anschaffungskosten an die Stelle der vor dem Erwerb entrichteten Beiträge. [4]Die Sätze 1 bis 3 sind auf Erträge aus fondsgebundenen Lebensversicherungen, auf Erträge im Erlebensfall bei Rentenversicherungen ohne Kapitalwahlrecht, soweit keine lebenslange Rentenzahlung vereinbart und erbracht wird, und auf Erträge bei Rückkauf des Vertrages bei Rentenversicherungen ohne Kapitalwahlrecht entsprechend anzuwenden. [5]Ist in einem Versicherungsvertrag eine gesonderte Verwaltung von speziell für diesen Vertrag zusammengestellten Kapitalanlagen vereinbart, die nicht auf öffentlich vertriebene Investmentfondsanteile oder Anlagen, die die Entwicklung eines veröffentlichten Indexes abbilden, beschränkt ist, und kann der wirtschaftlich Berechtigte unmittelbar oder mittelbar über die Veräußerung der Vermögensgegenstände und die Wiederanlage der Erlöse bestimmen (vermögensverwaltender Versicherungsvertrag), sind die dem Versicherungsunternehmen zufließenden Erträge dem wirtschaftlich Berechtigten aus dem Versicherungsvertrag zuzurechnen; Sätze 1 bis 4 sind nicht anzuwenden. [6]Satz 2 ist nicht anzuwenden, wenn

a) in einem Kapitallebensversicherungsvertrag mit vereinbarter laufender Beitragszahlung in mindestens gleichbleibender Höhe bis zum Zeitpunkt des Erlebensfalls die vereinbarte Leistung bei Eintritt des versicherten Risikos weniger als 50 Prozent der Summe der für die gesamte Vertragsdauer zu zahlenden Beiträge beträgt und

b) bei einem Kapitallebensversicherungsvertrag die vereinbarte Leistung bei Eintritt des versicherten Risikos das Deckungskapital oder den Zeitwert der Versicherung spätestens fünf Jahre nach Vertragsabschluss nicht um mindestens 10 Prozent des Deckungskapitals, des Zeitwerts oder der Summe der gezahlten Beiträge übersteigt. [2]Dieser Prozentsatz darf bis zum Ende der Vertragslaufzeit in jährlich gleichen Schritten auf Null sinken.

[1)] Zur Anwendung von Satz 2 siehe § 52 Abs. 28 Sätze 1 und 2.
[2)] Zur Anwendung von Nr. 6 siehe § 52 Abs. 28 Sätze 3 bis 10.

⁷Hat der Steuerpflichtige Ansprüche aus einem von einer anderen Person abgeschlossenen Vertrag entgeltlich erworben, gehört zu den Einkünften aus Kapitalvermögen auch der Unterschiedsbetrag zwischen der Versicherungsleistung bei Eintritt eines versicherten Risikos und den Aufwendungen für den Erwerb und Erhalt des Versicherungsanspruches; insoweit findet Satz 2 keine Anwendung. ⁸Satz 7 gilt nicht, wenn die versicherte Person den Versicherungsanspruch von einem Dritten erwirbt oder aus anderen Rechtsverhältnissen entstandene Abfindungs- und Ausgleichsansprüche arbeitsrechtlicher, erbrechtlicher oder familienrechtlicher Art durch Übertragung von Ansprüchen aus Versicherungsverträgen erfüllt werden.[1] ⁹Bei fondsgebundenen Lebensversicherungen sind 15 Prozent des Unterschiedsbetrages steuerfrei oder dürfen nicht bei der Ermittlung der Einkünfte abgezogen werden, soweit der Unterschiedsbetrag aus Investmenterträgen[2] stammt;[3]

7.[4] Erträge aus sonstigen Kapitalforderungen jeder Art, wenn die Rückzahlung des Kapitalvermögens oder ein Entgelt für die Überlassung des Kapitalvermögens zur Nutzung zugesagt oder geleistet worden ist, auch wenn die Höhe der Rückzahlung oder des Entgelts von einem ungewissen Ereignis abhängt. ²Dies gilt unabhängig von der Bezeichnung und der zivilrechtlichen Ausgestaltung der Kapitalanlage. ³Erstattungszinsen im Sinne des § 233a der Abgabenordnung sind Erträge im Sinne des Satzes 1;

8. Diskontbeträge von Wechseln und Anweisungen einschließlich der Schatzwechsel;

9. Einnahmen aus Leistungen einer nicht von der Körperschaftsteuer befreiten Körperschaft, Personenvereinigung oder Vermögensmasse im Sinne des § 1 Absatz 1 Nummer 3 bis 5 des Körperschaftsteuergesetzes, die Gewinnausschüttungen im Sinne der Nummer 1 wirtschaftlich vergleichbar sind, soweit sie nicht bereits zu den Einnahmen im Sinne der Nummer 1 gehören; Nummer 1 Satz 2, 3 und Nummer 2 gelten entsprechend. ²Satz 1 ist auf Leistungen von vergleichbaren Körperschaften, Personenvereinigungen oder Vermögensmassen, die weder Sitz noch Geschäftsleitung im Inland haben, entsprechend anzuwenden;[5]

10. a) Leistungen eines nicht von der Körperschaftsteuer befreiten Betriebs gewerblicher Art im Sinne des § 4 des Körperschaftsteuergesetzes mit eigener Rechtspersönlichkeit, die zu mit Gewinnausschüttungen im Sinne der Nummer 1 Satz 1 wirtschaftlich vergleichbaren Einnahmen führen; Nummer 1 Satz 2, 3 und Nummer 2 gelten entsprechend;

b)[6] der nicht den Rücklagen zugeführte Gewinn und verdeckte Gewinnausschüttungen eines nicht von der Körperschaftsteuer befreiten Be-

---

[1] § 20 Abs. 1 Nr. 6 Sätze 7 und 8 angef. durch G v. 25.7.2014 (BGBl. I S. 1266); zur Anwendung siehe § 52 Abs. 28 Satz 10.

[2] Siehe § 52 Abs. 28 Satz 21.

[3] § 20 Abs. 1 Nr. 6 Satz 9 angef. durch G v. 19.7.2016 (BGBl. I S. 1730); zur Anwendung siehe § 52 Abs. 28 Sätze 20, 21 und 22.

[4] § 20 Abs. 1 Nr. 7 Satz 3 angef. durch G v. 8.12.2010 (BGBl. I S. 1768).

[5] § 20 Abs. 1 Nr. 9 Satz 2 angef. durch G v. 8.12.2010 (BGBl. I S. 1768).

[6] § 20 Abs. 1 Nr. 10 Buchst. b Satz 6 angef. durch G v. 25.7.2014 (BGBl. I S. 1266).

triebs gewerblicher Art im Sinne des § 4 des Körperschaftsteuergesetzes ohne eigene Rechtspersönlichkeit, der den Gewinn durch Betriebsvermögensvergleich ermittelt oder Umsätze einschließlich der steuerfreien Umsätze, ausgenommen die Umsätze nach § 4 Nummer 8 bis 10 des Umsatzsteuergesetzes, von mehr als 350 000 Euro im Kalenderjahr oder einen Gewinn von mehr als 30 000 Euro im Wirtschaftsjahr hat, sowie der Gewinn im Sinne des § 22 Absatz 4 des Umwandlungssteuergesetzes. 2 Die Auflösung der Rücklagen zu Zwecken außerhalb des Betriebs gewerblicher Art führt zu einem Gewinn im Sinne des Satzes 1; in Fällen der Einbringung nach dem Sechsten und des Formwechsels nach dem Achten Teil des Umwandlungssteuergesetzes gelten die Rücklagen als aufgelöst. 3 Bei dem Geschäft der Veranstaltung von Werbesendungen der inländischen öffentlich-rechtlichen Rundfunkanstalten gelten drei Viertel des Einkommens im Sinne des § 8 Absatz 1 Satz 3 des Körperschaftsteuergesetzes als Gewinn im Sinne des Satzes 1. 4 Die Sätze 1 und 2 sind bei wirtschaftlichen Geschäftsbetrieben der von der Körperschaftsteuer befreiten Körperschaften, Personenvereinigungen oder Vermögensmassen entsprechend anzuwenden. 5 Nummer 1 Satz 3 gilt entsprechend. 6 Satz 1 in der am 12. Dezember 2006 geltenden Fassung ist für Anteile, die einbringungsgeboren im Sinne des § 21 des Umwandlungssteuergesetzes in der am 12. Dezember 2006 geltenden Fassung sind, weiter anzuwenden;

11. Stillhalterprämien, die für die Einräumung von Optionen vereinnahmt werden; schließt der Stillhalter ein Glattstellungsgeschäft ab, mindern sich die Einnahmen aus den Stillhalterprämien um die im Glattstellungsgeschäft gezahlten Prämien.

(2)[1] 1 Zu den Einkünften aus Kapitalvermögen gehören auch

1. der Gewinn aus der Veräußerung von Anteilen an einer Körperschaft im Sinne des Absatzes 1 Nummer 1. 2 Anteile an einer Körperschaft sind auch Genussrechte im Sinne des Absatzes 1 Nummer 1, den Anteilen im Sinne des Absatzes 1 Nummer 1 ähnliche Beteiligungen und Anwartschaften auf Anteile im Sinne des Absatzes 1 Nummer 1;
2. der Gewinn aus der Veräußerung
   a)[2] von Dividendenscheinen und sonstigen Ansprüchen durch den Inhaber des Stammrechts, wenn die dazugehörigen Aktien oder sonstigen Anteile nicht mitveräußert werden. 2 Soweit eine Besteuerung nach Satz 1 erfolgt ist, tritt diese insoweit an die Stelle der Besteuerung nach Absatz 1;

   b) von Zinsscheinen und Zinsforderungen durch den Inhaber oder ehemaligen Inhaber der Schuldverschreibung, wenn die dazugehörigen Schuldverschreibungen nicht mitveräußert werden. 2 Entsprechendes gilt für die Einlösung von Zinsscheinen und Zinsforderungen durch den ehemaligen Inhaber der Schuldverschreibung.

---

[1] Zur Anwendung von Abs. 2 siehe § 52 Abs. 28 Sätze 11 bis 17.

[2] § 20 Abs. 2 Satz 1 Nummer 2 Buchst. a Satz 2 geänd. mWv VZ 2014 durch G v. 25.7.2014 (BGBl. I S. 1266).

[2]Satz 1 gilt sinngemäß für die Einnahmen aus der Abtretung von Dividenden- oder Zinsansprüchen oder sonstigen Ansprüchen im Sinne des Satzes 1, wenn die dazugehörigen Anteilsrechte oder Schuldverschreibungen nicht in einzelnen Wertpapieren verbrieft sind. [3]Satz 2 gilt auch bei der Abtretung von Zinsansprüchen aus Schuldbuchforderungen, die in ein öffentliches Schuldbuch eingetragen sind;

3. der Gewinn
   a) bei Termingeschäften, durch die der Steuerpflichtige einen Differenzausgleich oder einen durch den Wert einer veränderlichen Bezugsgröße bestimmten Geldbetrag oder Vorteil erlangt;
   b) aus der Veräußerung eines als Termingeschäft ausgestalteten Finanzinstruments;
4. der Gewinn aus der Veräußerung von Wirtschaftsgütern, die Erträge im Sinne des Absatzes 1 Nummer 4 erzielen;
5. der Gewinn aus der Übertragung von Rechten im Sinne des Absatzes 1 Nummer 5;
6. der Gewinn aus der Veräußerung von Ansprüchen auf eine Versicherungsleistung im Sinne des Absatzes 1 Nummer 6. [2]Das Versicherungsunternehmen hat nach Kenntniserlangung von einer Veräußerung unverzüglich Mitteilung an das für den Steuerpflichtigen zuständige Finanzamt zu machen und auf Verlangen des Steuerpflichtigen eine Bescheinigung über die Höhe der entrichteten Beiträge im Zeitpunkt der Veräußerung zu erteilen;
7. der Gewinn aus der Veräußerung von sonstigen Kapitalforderungen jeder Art im Sinne des Absatzes 1 Nummer 7;
8. der Gewinn aus der Übertragung oder Aufgabe einer die Einnahmen im Sinne des Absatzes 1 Nummer 9 vermittelnden Rechtsposition.

[2]Als Veräußerung im Sinne des Satzes 1 gilt auch die Einlösung, Rückzahlung, Abtretung oder verdeckte Einlage in eine Kapitalgesellschaft; in den Fällen von Satz 1 Nummer 4 gilt auch die Vereinnahmung eines Auseinandersetzungsguthabens als Veräußerung. [3]Die Anschaffung oder Veräußerung einer unmittelbaren oder mittelbaren Beteiligung an einer Personengesellschaft gilt als Anschaffung oder Veräußerung der anteiligen Wirtschaftsgüter. [4]Wird ein Zinsschein oder eine Zinsforderung vom Stammrecht abgetrennt, gilt dies als Veräußerung der Schuldverschreibung und als Anschaffung der durch die Trennung entstandenen Wirtschaftsgüter. [5]Eine Trennung gilt als vollzogen, wenn dem Inhaber der Schuldverschreibung die Wertpapierkennnummern für die durch die Trennung entstandenen Wirtschaftsgüter zugehen.[1)]

(3) Zu den Einkünften aus Kapitalvermögen gehören auch besondere Entgelte oder Vorteile, die neben den in den Absätzen 1 und 2 bezeichneten Einnahmen oder an deren Stelle gewährt werden.

(3a)[2)] [1]Korrekturen im Sinne des § 43a Absatz 3 Satz 7 sind erst zu dem dort genannten Zeitpunkt zu berücksichtigen. [2]Weist der Steuerpflichtige

---

[1)] § 20 *Abs. 2 Sätze 4 und 5* angef. durch G v. 19.7.2016 (BGBl. I S. 1730); zur Anwendung siehe § 52 Abs. 28 Satz 19.

[2)] § 20 Abs. 3a eingef. durch G v. 8.12.2010 (BGBl. I S. 1768).

durch eine Bescheinigung der auszahlenden Stelle nach, dass sie die Korrektur nicht vorgenommen hat und auch nicht vornehmen wird, kann der Steuerpflichtige die Korrektur nach § 32d Absatz 4 und 6 geltend machen.

(4) [1] Gewinn im Sinne des Absatzes 2 ist der Unterschied zwischen den Einnahmen aus der Veräußerung nach Abzug der Aufwendungen, die im unmittelbaren sachlichen Zusammenhang mit dem Veräußerungsgeschäft stehen, und den Anschaffungskosten; bei nicht in Euro getätigten Geschäften sind die Einnahmen im Zeitpunkt der Veräußerung und die Anschaffungskosten im Zeitpunkt der Anschaffung in Euro umzurechnen. [2] In den Fällen der verdeckten Einlage tritt an die Stelle der Einnahmen aus der Veräußerung der Wirtschaftsgüter ihr gemeiner Wert; der Gewinn ist für das Kalenderjahr der verdeckten Einlage anzusetzen. [3] Ist ein Wirtschaftsgut im Sinne des Absatzes 2 in das Privatvermögen durch Entnahme oder Betriebsaufgabe überführt worden, tritt an die Stelle der Anschaffungskosten der nach § 6 Absatz 1 Nummer 4 oder § 16 Absatz 3 angesetzte Wert. [4] In den Fällen des Absatzes 2 Satz 1 Nummer 6 gelten die entrichteten Beiträge im Sinne des Absatzes 1 Nummer 6 Satz 1 als Anschaffungskosten; ist ein entgeltlicher Erwerb vorausgegangen, gelten auch die nach dem Erwerb entrichteten Beiträge als Anschaffungskosten. [5] Gewinn bei einem Termingeschäft ist der Differenzausgleich oder der durch den Wert einer veränderlichen Bezugsgröße bestimmte Geldbetrag oder Vorteil abzüglich der Aufwendungen, die im unmittelbaren sachlichen Zusammenhang mit dem Termingeschäft stehen. [6] Bei unentgeltlichem Erwerb sind dem Einzelrechtsnachfolger für Zwecke dieser Vorschrift die Anschaffung, die Überführung des Wirtschaftsguts in das Privatvermögen, der Erwerb eines Rechts aus Termingeschäften oder die Beiträge im Sinne des Absatzes 1 Nummer 6 Satz 1 durch den Rechtsvorgänger zuzurechnen. [7] Bei vertretbaren Wertpapieren, die einem Verwahrer zur Sammelverwahrung im Sinne des § 5 des Depotgesetzes in der Fassung der Bekanntmachung vom 11. Januar 1995 (BGBl. I S. 34), das zuletzt durch Artikel 4 des Gesetzes vom 5. April 2004 (BGBl. I S. 502) geändert worden ist, in der jeweils geltenden Fassung anvertraut worden sind, ist zu unterstellen, dass die zuerst angeschafften Wertpapiere zuerst veräußert wurden. [8] Ist ein Zinsschein oder eine Zinsforderung vom Stammrecht abgetrennt worden, gilt als Veräußerungserlös der Schuldverschreibung deren gemeiner Wert zum Zeitpunkt der Trennung. [9] Für die Ermittlung der Anschaffungskosten ist der Wert nach Satz 8 entsprechend dem gemeinen Wert der neuen Wirtschaftsgüter aufzuteilen.[1)]

(4a)[2)] [1] Werden Anteile an einer Körperschaft, Vermögensmasse oder Personenvereinigung gegen Anteile an einer anderen Körperschaft, Vermögensmasse oder Personenvereinigung getauscht und wird der Tausch auf Grund gesellschaftsrechtlicher Maßnahmen vollzogen, die von den beteiligten Unternehmen ausgehen, treten abweichend von Absatz 2 Satz 1 und den §§ 13

[1)] § 20 Abs. 4 Sätze 8 und 9 angef. durch G v. 19.7.2016 (BGBl. I S. 1730); zur Anwendung siehe § 52 Abs. 28 Satz 21.

[2)] § 20 Abs. 4a Satz 1 geänd. durch G v. 8.12.2010 (BGBl. I S. 1768); geänd. durch G v. 12.12.2019 (BGBl. I S. 2451); Satz 3 neu gef. durch G v. 8.12.2010 (BGBl. I S. 1768), zur Anwendung siehe § 52 Abs. 28 Satz 18; Satz 3 geänd. durch G v. 21.12.2020 (BGBl. I S. 3096), zur Anwendung siehe § 52 Abs. 28 Satz 19.

und 21 des Umwandlungssteuergesetzes die übernommenen Anteile steuerlich an die Stelle der bisherigen Anteile, wenn das Recht der Bundesrepublik Deutschland hinsichtlich der Besteuerung des Gewinns aus der Veräußerung der erhaltenen Anteile nicht ausgeschlossen oder beschränkt ist oder die Mitgliedstaaten der Europäischen Union bei einer Verschmelzung Artikel 8 der Richtlinie 2009/133/EG des Rates vom 19. Oktober 2009 über das gemeinsame Steuersystem für Fusionen, Spaltungen, Abspaltungen, die Einbringung von Unternehmensteilen und den Austausch von Anteilen, die Gesellschaften verschiedener Mitgliedstaaten betreffen, sowie für die Verlegung des Sitzes einer Europäischen Gesellschaft oder einer Europäischen Genossenschaft von einem Mitgliedstaat in einen anderen Mitgliedstaat (ABl. L 310 vom 25.11. 2009, S. 34) in der jeweils geltenden Fassung anzuwenden haben; in diesem Fall ist der Gewinn aus einer späteren Veräußerung der erworbenen Anteile ungeachtet der Bestimmungen eines Abkommens zur Vermeidung der Doppelbesteuerung in der gleichen Art und Weise zu besteuern, wie die Veräußerung der Anteile an der übertragenden Körperschaft zu besteuern wäre, und § 15 Absatz 1a Satz 2 entsprechend anzuwenden. [2] Erhält der Steuerpflichtige in den Fällen des Satzes 1 zusätzlich zu den Anteilen eine Gegenleistung, gilt diese als Ertrag im Sinne des Absatzes 1 Nummer 1. [3] Besitzt bei sonstigen Kapitalforderungen im Sinne des Absatzes 1 Nummer 7 der Inhaber das Recht, bei Fälligkeit anstelle der Zahlung eines Geldbetrags vom Emittenten die Lieferung von Wertpapieren [***ab 1.1.2021:*** im Sinne des Absatzes 1 Nummer 1] zu verlangen oder besitzt der Emittent das Recht, bei Fälligkeit dem Inhaber anstelle der Zahlung eines Geldbetrags [***ab 1.1.2021:*** solche] Wertpapiere anzudienen und macht der Inhaber der Forderung oder der Emittent von diesem Recht Gebrauch, ist abweichend von Absatz 4 Satz 1 das Entgelt für den Erwerb der Forderung als Veräußerungspreis der Forderung und als Anschaffungskosten der erhaltenen Wertpapiere anzusetzen; Satz 2 gilt entsprechend. [4] Werden Bezugsrechte veräußert oder ausgeübt, die nach § 186 des Aktiengesetzes, § 55 des Gesetzes betreffend die Gesellschaften mit beschränkter Haftung oder eines vergleichbaren ausländischen Rechts einen Anspruch auf Abschluss eines Zeichnungsvertrags begründen, wird der Teil der Anschaffungskosten der Altanteile, der auf das Bezugsrecht entfällt, bei der Ermittlung des Gewinns nach Absatz 4 Satz 1 mit 0 Euro angesetzt. [5] Werden einem Steuerpflichtigen *Anteile im Sinne des Absatzes 2 Satz 1 Nummer 1 zugeteilt, ohne dass dieser eine gesonderte Gegenleistung zu entrichten hat, werden der Ertrag und die Anschaffungskosten dieser Anteile mit 0 Euro angesetzt, wenn die Voraussetzungen der Sätze 3 und 4 nicht vorliegen und die Ermittlung der Höhe des Kapitalertrags nicht möglich ist.* [***ab 1.1.2021:*** von einer Körperschaft, Personenvereinigung oder Vermögensmasse, die weder Geschäftsleitung noch Sitz im Inland hat, Anteile zugeteilt, ohne dass der Steuerpflichtige eine Gegenleistung zu erbringen hat, sind sowohl der Ertrag als auch die Anschaffungskosten der erhaltenen Anteile mit 0 Euro anzusetzen, wenn die Voraussetzungen der Sätze 3, 4, und 7 nicht vorliegen; die Anschaffungskosten der die Zuteilung begründenden Anteile bleiben unverändert.][1] [6] So-

[1] § 20 Abs. 4a Satz 5 neu gef. durch G v. 21.12.2020 (BGBl. I S. 3096); zur Anwendung siehe § 52 Abs. 28 Satz 20.

weit es auf die steuerliche Wirksamkeit einer Kapitalmaßnahme im Sinne der vorstehenden Sätze 1 bis 5 ankommt, ist auf den Zeitpunkt der Einbuchung in das Depot des Steuerpflichtigen abzustellen. [7]Geht Vermögen einer Körperschaft durch Abspaltung auf andere Körperschaften über, gelten abweichend von Satz 5 und § 15 des Umwandlungssteuergesetzes die Sätze 1 und 2 entsprechend.[1)]

(5) [1]Einkünfte aus Kapitalvermögen im Sinne des Absatzes 1 Nummer 1 und 2 erzielt der Anteilseigner. [2]Anteilseigner ist derjenige, dem nach § 39 der Abgabenordnung die Anteile an dem Kapitalvermögen im Sinne des Absatzes 1 Nummer 1 im Zeitpunkt des Gewinnverteilungsbeschlusses zuzurechnen sind. [3]Sind einem Nießbraucher oder Pfandgläubiger die Einnahmen im Sinne des Absatzes 1 Nummer 1 oder 2 zuzurechnen, gilt er als Anteilseigner.

(6)[2)] [1]Verluste aus Kapitalvermögen dürfen nicht mit Einkünften aus anderen Einkunftsarten ausgeglichen werden; sie dürfen auch nicht nach § 10d abgezogen werden. [2]Die Verluste mindern jedoch die Einkünfte, die der Steuerpflichtige in den folgenden Veranlagungszeiträumen aus Kapitalvermögen erzielt. [3]§ 10d Absatz 4 ist sinngemäß anzuwenden. [4]Verluste aus Kapitalvermögen im Sinne des Absatzes 2 Satz 1 Nummer 1 Satz 1, die aus der Veräußerung von Aktien entstehen, dürfen nur mit Gewinnen aus Kapitalvermögen im Sinne des Absatzes 2 Satz 1 Nummer 1 Satz 1, die aus der Veräußerung von Aktien entstehen, ausgeglichen werden; die Sätze 2 und 3 gelten sinngemäß. [***ab 1.1.2021:*** [5]Verluste aus Kapitalvermögen im Sinne des Absatzes 2 Satz 1 Nummer 3 dürfen nur in Höhe von 20 000 Euro mit Gewinnen im Sinne des Absatzes 2 Satz 1 Nummer 3 und mit Einkünften im Sinne des § 20 Absatz 1 Nummer 11 ausgeglichen werden; die Sätze 2 und 3 gelten sinngemäß mit der Maßgabe, dass nicht verrechnete Verluste je Folgejahr nur bis zur Höhe von 20 000 Euro mit Gewinnen im Sinne des Absatzes 2 Satz 1 Nummer 3 und mit Einkünften im Sinne des § 20 Absatz 1 Nummer 11 verrechnet werden dürfen.][3)] [***ab 1.1.2020:*** [6]Verluste aus Kapitalvermögen aus der ganzen oder teilweisen Uneinbringlichkeit einer Kapitalforderung, aus der Ausbuchung wertloser Wirtschaftsgüter im Sinne des Absatzes 1, aus der Übertragung wertloser Wirtschaftsgüter im Sinne des Absatzes 1 auf einen Dritten oder aus einem sonstigen Ausfall von Wirtschaftsgütern im Sinne des Absatzes 1 dürfen nur in Höhe von 20 000 Euro mit Einkünften aus Kapitalvermögen ausgeglichen werden; die Sätze 2 und 3 gelten sinngemäß mit der Maßgabe, dass nicht verrechnete Verluste je Folgejahr nur bis zur Höhe von 20 000 Euro mit Einkünften aus Kapitalvermögen verrechnet werden dürfen.][4)] [7]Verluste aus Kapitalvermögen, die der Kapitalertragsteuer unterliegen, dürfen nur verrechnet werden oder mindern die Einkünfte, die der Steuerpflichtige in

---

[1)] § 20 Abs. 4a Satz 7 angef. durch G v. 26.6.2013 (BGBl. I S. 1809).

[2)] § 20 Abs. 6 Satz 1 aufgeh. mWv VZ 2014, Sätze 2 bis 6 werden Sätze 1 bis 5 und Satz 4 Verweis geänd. durch G v. 25.7.2014 (BGBl. I S. 1266).

[3)] § 20 Abs. 6 Satz 5 angef. durch G v. 21.12.2019 (BGBl. I S. 2875); geänd. durch G v. 21.12.2020 (BGBl. I S. 3096), zur Anwendung siehe § 52 Abs. 28 Satz 25.

[4)] § 20 Abs. 6 Satz 6 angef. durch G v. 21.12.2019 (BGBl. I S. 2875); geänd. durch G v. 21.12.2020 (BGBl. I S. 3096), zur Anwendung siehe § 52 Abs. 28 Satz 26.

den folgenden Veranlagungszeiträumen aus Kapitalvermögen erzielt, wenn eine Bescheinigung im Sinne des § 43a Absatz 3 Satz 4 vorliegt.[1)]

(7)[2)] [1] § 15b ist sinngemäß anzuwenden. [2] Ein vorgefertigtes Konzept im Sinne des § 15b Absatz 2 Satz 2 liegt auch vor, wenn die positiven Einkünfte nicht der tariflichen Einkommensteuer unterliegen.

(8) [1] Soweit Einkünfte der in den Absätzen 1, 2 und 3 bezeichneten Art zu den Einkünften aus Land- und Forstwirtschaft, aus Gewerbebetrieb, aus selbständiger Arbeit oder aus Vermietung und Verpachtung gehören, sind sie diesen Einkünften zuzurechnen. [2] Absatz 4a findet insoweit keine Anwendung.

(9) [1] Bei der Ermittlung der Einkünfte aus Kapitalvermögen ist als Werbungskosten ein Betrag von 801 Euro abzuziehen (Sparer-Pauschbetrag); der Abzug der tatsächlichen Werbungskosten ist ausgeschlossen. [2] Ehegatten, die zusammen veranlagt werden, wird ein gemeinsamer Sparer-Pauschbetrag von 1602 Euro gewährt. [3] Der gemeinsame Sparer-Pauschbetrag ist bei der Einkunftsermittlung bei jedem Ehegatten je zur Hälfte abzuziehen; sind die Kapitalerträge eines Ehegatten niedriger als 801 Euro, so ist der anteilige Sparer-Pauschbetrag insoweit, als er die Kapitalerträge dieses Ehegatten übersteigt, bei dem anderen Ehegatten abzuziehen. [4] Der Sparer-Pauschbetrag und der gemeinsame Sparer-Pauschbetrag dürfen nicht höher sein als die nach Maßgabe des Absatzes 6 verrechneten Kapitalerträge.

f) Vermietung und Verpachtung
(§ 2 Absatz 1 Satz 1 Nummer 6)

§ 21 [Vermietung und Verpachtung] (1) [1] Einkünfte aus Vermietung und Verpachtung sind

1. Einkünfte aus Vermietung und Verpachtung von unbeweglichem Vermögen, insbesondere von Grundstücken, Gebäuden, Gebäudeteilen, Schiffen, die in ein Schiffsregister eingetragen sind, und Rechten, die den Vorschriften des bürgerlichen Rechts über Grundstücke unterliegen (z. B. Erbbaurecht, Mineralgewinnungsrecht);
2. Einkünfte aus Vermietung und Verpachtung von Sachinbegriffen, insbesondere von beweglichem Betriebsvermögen;
3. Einkünfte aus zeitlich begrenzter Überlassung von Rechten, insbesondere von schriftstellerischen, künstlerischen und gewerblichen Urheberrechten, von gewerblichen Erfahrungen und von Gerechtigkeiten und Gefällen;
4. Einkünfte aus der Veräußerung von Miet- und Pachtzinsforderungen, auch dann, wenn die Einkünfte im Veräußerungspreis von Grundstücken enthalten sind und die Miet- oder Pachtzinsen sich auf einen Zeitraum beziehen, in dem der Veräußerer noch Besitzer war.

[2] §§ 15 a und 15b sind sinngemäß anzuwenden.[3)]

[1)] § 20 Abs. 6 Satz 5 wird Satz 7 durch G v. 21.12.2019 (BGBl. I S. 2875).
[2)] Zur Anwendung von Abs. 7 (bish. Abs. 2b) siehe § 52 Abs. 28 Satz 2.
[3)] Zur Anwendung von Satz 2 siehe § 52 Abs. 29.

(2)[1] [1]Beträgt das Entgelt für die Überlassung einer Wohnung zu Wohnzwecken weniger als *66* [***ab VZ 2021:*** 50][2] Prozent der ortsüblichen Marktmiete, so ist die Nutzungsüberlassung in einen entgeltlichen und einen unentgeltlichen Teil aufzuteilen. [2]Beträgt das Entgelt bei auf Dauer angelegter Wohnungsvermietung mindestens 66 Prozent der ortsüblichen Miete, gilt die Wohnungsvermietung als entgeltlich.

(3) Einkünfte der in den Absätzen 1 und 2 bezeichneten Art sind Einkünften aus anderen Einkunftsarten zuzurechnen, soweit sie zu diesen gehören.

g) Sonstige Einkünfte (§ 2 Absatz 1 Satz 1 Nummer 7)

§ 22 Arten der sonstigen Einkünfte. Sonstige Einkünfte sind

1.[3] Einkünfte aus wiederkehrenden Bezügen, soweit sie nicht zu den in § 2 Absatz 1 Nummer 1 bis 6 bezeichneten Einkunftsarten gehören; § 15b ist sinngemäß anzuwenden. [2]Werden die Bezüge freiwillig oder auf Grund einer freiwillig begründeten Rechtspflicht oder einer gesetzlich unterhaltsberechtigten Person gewährt, so sind sie nicht dem Empfänger zuzurechnen; dem Empfänger sind dagegen zuzurechnen

a) Bezüge, die von einer Körperschaft, Personenvereinigung oder Vermögensmasse außerhalb der Erfüllung steuerbegünstigter Zwecke im Sinne der §§ 52 bis 54 der Abgabenordnung gewährt werden, und

b) Bezüge im Sinne des § 1 der Verordnung über die Steuerbegünstigung von Stiftungen, die an die Stelle von Familienfideikommissen getreten sind, in der im Bundesgesetzblatt Teil III, Gliederungsnummer 611-4-3, veröffentlichten bereinigten Fassung.

[3]Zu den in Satz 1 bezeichneten Einkünften gehören auch

a) Leibrenten und andere Leistungen,

aa)[4] die aus den gesetzlichen Rentenversicherungen, der landwirtschaftlichen Alterskasse, den berufsständischen Versorgungseinrichtungen und aus Rentenversicherungen im Sinne des § 10 Absatz 1 Nummer 2 Buchstabe b erbracht werden, soweit sie jeweils der Besteuerung unterliegen. [2]Bemessungsgrundlage für den der Besteuerung unterliegenden Anteil ist der Jahresbetrag der Rente. [3]Der der Besteuerung unterliegende Anteil ist nach dem Jahr des Rentenbeginns und dem in diesem Jahr maßgebenden Prozentsatz aus der nachstehenden Tabelle zu entnehmen:

---

[1] § 21 Abs. 2 Satz 1 Prozentsatz geänd., Satz 2 angef. mWv VZ 2012 durch G v. 1.11.2011 (BGBl. I S. 2131).

[2] § 21 Abs. 2 Satz 1 geänd. mWv VZ 2021 durch G v. 21.12.2020 (BGBl. I S. 3096).

[3] Zur Anwendung von Nr. 1 Satz 1 2. HS siehe § 52 Abs. 30.

[4] § 22 Nr. 1 Satz 3 Buchst. a Doppelbuchst. aa geänd. mWv 1.1.2013 durch G v. 12.4.2012 (BGBl. I S. 579); Doppelbuchst. aa Satz 9 angef. mWv VZ 2021 durch G v. 21.12.2020 (BGBl. I S. 3096).

Jahr des Rentenbeginns	Besteuerungsanteil in %
bis 2005	50
ab 2006	52
2007	54
2008	56
2009	58
2010	60
2011	62
2012	64
2013	66
2014	68
2015	70
2016	72
2017	74
2018	76
2019	78
2020	80
2021	81
2022	82
2023	83
2024	84
2025	85
2026	86
2027	87
2028	88
2029	89
2030	90
2031	91
2032	92
2033	93
2034	94
2035	95
2036	96
2037	97
2038	98
2039	99
2040	100

[4]Der Unterschiedsbetrag zwischen dem Jahresbetrag der Rente und dem der Besteuerung unterliegenden Anteil der Rente ist der steuerfreie Teil der Rente. [5]Dieser gilt ab dem Jahr, das dem Jahr des Rentenbeginns folgt, für die gesamte Laufzeit des Rentenbezugs. [6]Abweichend hiervon ist der steuerfreie Teil der Rente bei einer Veränderung des Jahresbetrags der Rente in dem Verhältnis anzupassen, in dem der veränderte Jahresbetrag der Rente zum Jahresbetrag

der Rente steht, der der Ermittlung des steuerfreien Teils der Rente zugrunde liegt. 7 Regelmäßige Anpassungen des Jahresbetrags der Rente führen nicht zu einer Neuberechnung und bleiben bei einer Neuberechnung außer Betracht. 8 Folgen nach dem 31. Dezember 2004 Renten aus derselben Versicherung einander nach, gilt für die spätere Rente Satz 3 mit der Maßgabe, dass sich der Prozentsatz nach dem Jahr richtet, das sich ergibt, wenn die Laufzeit der vorhergehenden Renten von dem Jahr des Beginns der späteren Rente abgezogen wird; der Prozentsatz kann jedoch nicht niedriger bemessen werden als der für das Jahr 2005. [***ab VZ 2021:*** 9 Verstirbt der Rentenempfänger, ist ihm die Rente für den Sterbemonat noch zuzurechnen;]

bb)[1] die nicht solche im Sinne des Doppelbuchstaben aa sind und bei denen in den einzelnen Bezügen Einkünfte aus Erträgen des Rentenrechts enthalten sind. 2 Dies gilt auf Antrag auch für Leibrenten und andere Leistungen, soweit diese auf bis zum 31. Dezember 2004 geleisteten Beiträgen beruhen, welche oberhalb des Betrags des Höchstbeitrags zur gesetzlichen Rentenversicherung gezahlt wurden; der Steuerpflichtige muss nachweisen, dass der Betrag des Höchstbeitrags mindestens zehn Jahre überschritten wurde; soweit hiervon im Versorgungsausgleich übertragene Rentenanwartschaften betroffen sind, gilt § 4 Absatz 1 und 2[2] des Versorgungsausgleichsgesetzes entsprechend. 3 Als Ertrag des Rentenrechts gilt für die gesamte Dauer des Rentenbezugs der Unterschiedsbetrag zwischen dem Jahresbetrag der Rente und dem Betrag, der sich bei gleichmäßiger Verteilung des Kapitalwerts der Rente auf ihre voraussichtliche Laufzeit ergibt; dabei ist der Kapitalwert nach dieser Laufzeit zu berechnen. 4 Der Ertrag des Rentenrechts (Ertragsanteil) ist aus der nachstehenden Tabelle zu entnehmen:

Bei Beginn der Rente vollendetes Lebensjahr des Rentenberechtigten	Ertrags-anteil in %	Bei Beginn der Rente vollendetes Lebensjahr des Rentenberechtigten	Ertrags-anteil in %
0 bis 1	59	19 bis 20	50
2 bis 3	58	21 bis 22	49
4 bis 5	57	23 bis 24	48
6 bis 8	56	25 bis 26	47
9 bis 10	55	27	46
11 bis 12	54	28 bis 29	45
13 bis 14	53	30 bis 31	44
15 bis 16	52	32	43
17 bis 18	51	33 bis 34	42

1) § 22 Nr. 1 Satz 3 Buchst. a Doppelbuchst. bb Satz 6 angef. mWv VZ 2021 durch G v. 21.12.2020 (BGBl. I S. 3096).

2) Verweis geänd. mWv VZ 2010 durch G v. 8.12.2010 (BGBl. I S. 1768).

Bei Beginn der Rente vollendetes Lebensjahr des Rentenberechtigten	Ertrags-anteil in %	Bei Beginn der Rente vollendetes Lebensjahr des Rentenberechtigten	Ertrags-anteil in %
35	41	63	20
36 bis 37	40	64	19
38	39	65 bis 66	18
39 bis 40	38	67	17
41	37	68	16
42	36	69 bis 70	15
43 bis 44	35	71	14
45	34	72 bis 73	13
46 bis 47	33	74	12
48	32	75	11
49	31	76 bis 77	10
50	30	78 bis 79	9
51 bis 52	29	80	8
53	28	81 bis 82	7
54	27	83 bis 84	6
55 bis 56	26	85 bis 87	5
57	25	88 bis 91	4
58	24	92 bis 93	3
59	23	94 bis 96	2
60 bis 61	22	ab 97	1
62	21		

[5] Die Ermittlung des Ertrags aus Leibrenten, die vor dem 1. Januar 1955 zu laufen begonnen haben, und aus Renten, deren Dauer von der Lebenszeit mehrerer Personen oder einer anderen Person als des Rentenberechtigten abhängt, sowie aus Leibrenten, die auf eine bestimmte Zeit beschränkt sind, wird durch eine Rechtsverordnung bestimmt. [***ab VZ 2021:*** [6] Doppelbuchstabe aa Satz 9 gilt entsprechend;]

b) Einkünfte aus Zuschüssen und sonstigen Vorteilen, die als wiederkehrende Bezüge gewährt werden;

1a.[1] Einkünfte aus Leistungen und Zahlungen nach § 10 Absatz 1a, soweit für diese die Voraussetzungen für den Sonderausgabenabzug beim Leistungs- oder Zahlungsverpflichteten nach § 10 Absatz 1a erfüllt sind;

1b., 1c.[2] *(aufgehoben)*

2. Einkünfte aus privaten Veräußerungsgeschäften im Sinne des § 23;

3.[3] Einkünfte aus Leistungen, soweit sie weder zu anderen Einkunftsarten (§ 2 Absatz 1 Satz 1 Nummer 1 bis 6) noch zu den Einkünften im Sinne

---

[1] § 22 Nr. 1a neu gef. mWv VZ 2015 durch G v. 22.12.2014 (BGBl. I S. 2417).
[2] § 22 Nr. 1b und 1c aufgeh. mWv VZ 2015 durch G v. 22.12.2014 (BGBl. I S. 2417).
[3] § 22 Nr. 3 Sätze 5 und 6 aufgeh. mWv VZ 2014 durch G v. 25.7.2014 (BGBl. I S. 1266).

der Nummern 1, 1a, 2 oder 4 gehören, z. B. Einkünfte aus gelegentlichen Vermittlungen und aus der Vermietung beweglicher Gegenstände. [2]Solche Einkünfte sind nicht einkommensteuerpflichtig, wenn sie weniger als 256 Euro im Kalenderjahr betragen haben. [3]Übersteigen die Werbungskosten die Einnahmen, so darf der übersteigende Betrag bei Ermittlung des Einkommens nicht ausgeglichen werden; er darf auch nicht nach § 10d abgezogen werden. [4]Die Verluste mindern jedoch nach Maßgabe des § 10d die Einkünfte, die der Steuerpflichtige in dem unmittelbar vorangegangenen Veranlagungszeitraum oder in den folgenden Veranlagungszeiträumen aus Leistungen im Sinne des Satzes 1 erzielt hat oder erzielt; § 10d Absatz 4 gilt entsprechend;

4.[1)] Entschädigungen, Amtszulagen, Zuschüsse zu Kranken- und Pflegeversicherungsbeiträgen, Übergangsgelder, Überbrückungsgelder, Sterbegelder, Versorgungsabfindungen, Versorgungsbezüge, die auf Grund des Abgeordnetengesetzes oder des Europaabgeordnetengesetzes, sowie vergleichbare Bezüge, die auf Grund der entsprechenden Gesetze der Länder gezahlt werden, und die Entschädigungen, das Übergangsgeld, das Ruhegehalt und die Hinterbliebenenversorgung, die auf Grund des Abgeordnetenstatuts des Europäischen Parlaments von der Europäischen Union gezahlt werden. [2]Werden zur Abgeltung des durch das Mandat veranlassten Aufwandes Aufwandsentschädigungen gezahlt, so dürfen die durch das Mandat veranlassten Aufwendungen nicht als Werbungskosten abgezogen werden. [3]Wahlkampfkosten zur Erlangung eines Mandats im Bundestag, im Europäischen Parlament oder im Parlament eines Landes dürfen nicht als Werbungskosten abgezogen werden. [4]Es gelten entsprechend

a) für Nachversicherungsbeiträge auf Grund gesetzlicher Verpflichtung nach den Abgeordnetengesetzen im Sinne des Satzes 1 und für Zuschüsse zu Kranken- und Pflegeversicherungsbeiträgen § 3 Nummer 62,

b) für Versorgungsbezüge § 19 Absatz 2 nur bezüglich des Versorgungsfreibetrags; beim Zusammentreffen mit Versorgungsbezügen im Sinne des § 19 Absatz 2 Satz 2 bleibt jedoch insgesamt höchstens ein Betrag in Höhe des Versorgungsfreibetrags nach § 19 Absatz 2 Satz 3 im Veranlagungszeitraum steuerfrei,

c) für das Übergangsgeld, das in einer Summe gezahlt wird, und für die Versorgungsabfindung § 34 Absatz 1,

d) für die Gemeinschaftssteuer, die auf die Entschädigungen, das Übergangsgeld, das Ruhegehalt und die Hinterbliebenenversorgung auf Grund des Abgeordnetenstatuts des Europäischen Parlaments von der Europäischen Union erhoben wird, § 34c Absatz 1; dabei sind die im ersten Halbsatz genannten Einkünfte für die entsprechende Anwendung des § 34c Absatz 1 wie ausländische Einkünfte und die Gemeinschaftssteuer wie eine der deutschen Einkommensteuer entsprechende ausländische Steuer zu behandeln;

---

1) Zur Anwendung im Beitrittsgebiet siehe § 57 Abs. 5.

5.[1] Leistungen aus Altersvorsorgeverträgen, Pensionsfonds, Pensionskassen und Direktversicherungen. [2]Soweit die Leistungen nicht auf Beiträgen, auf die § 3 Nummer 63, 63a, § 10a, Abschnitt XI oder Abschnitt XII angewendet wurden, nicht auf Zulagen im Sinne des Abschnitts XI, nicht auf Zahlungen im Sinne des § 92a Absatz 2 Satz 4 Nummer 1 und des § 92a Absatz 3 Satz 9 Nummer 2, nicht auf steuerfreien Leistungen nach § 3 Nummer 66 und nicht auf Ansprüchen beruhen, die durch steuerfreie Zuwendungen nach § 3 Nummer 56 oder die durch die nach § 3 Nummer 55b Satz 1 oder § 3 Nummer 55c[2] steuerfreie Leistung aus einem neu begründeten Anrecht erworben wurden,

a) ist bei lebenslangen Renten sowie bei Berufsunfähigkeits-, Erwerbsminderungs- und Hinterbliebenenrenten Nummer 1 Satz 3 Buchstabe a entsprechend anzuwenden,

b) ist bei Leistungen aus Versicherungsverträgen, Pensionsfonds, Pensionskassen und Direktversicherungen, die nicht solche nach Buchstabe a sind, § 20 Absatz 1 Nummer 6 in der jeweils für den Vertrag geltenden Fassung entsprechend anzuwenden,

c) unterliegt bei anderen Leistungen der Unterschiedsbetrag zwischen der Leistung und der Summe der auf sie entrichteten Beiträge der Besteuerung; § 20 Absatz 1 Nummer 6 Satz 2 gilt entsprechend.

[3]In den Fällen des § 93 Absatz 1 Satz 1 und 2 gilt das ausgezahlte geförderte Altersvorsorgevermögen nach Abzug der Zulagen im Sinne des Abschnitts XI als Leistung im Sinne des Satzes 2. [4]Als Leistung im Sinne des Satzes 1 gilt auch der Verminderungsbetrag nach § 92a Absatz 2 Satz 5 und der Auflösungsbetrag nach § 92a Absatz 3 Satz 5. [5]Der Auflösungsbetrag nach § 92a Absatz 2 Satz 6 wird zu 70 Prozent als Leistung nach Satz 1 erfasst. [6]Tritt nach dem Beginn der Auszahlungsphase zu Lebzeiten des Zulageberechtigten der Fall des § 92a Absatz 3 Satz 1 ein, dann ist

a) innerhalb eines Zeitraums bis zum zehnten Jahr nach dem Beginn der Auszahlungsphase das Eineinhalbfache,

b) innerhalb eines Zeitraums zwischen dem zehnten und 20. Jahr nach dem Beginn der Auszahlungsphase das Einfache

des nach Satz 5 noch nicht erfassten Auflösungsbetrags als Leistung nach Satz 1 zu erfassen; § 92a Absatz 3 Satz 9 gilt entsprechend mit der Maßgabe, dass als noch nicht zurückgeführter Betrag im Wohnförderkonto der noch nicht erfasste Auflösungsbetrag gilt. [7]Bei erstmaligem Bezug von Leistungen, in den Fällen des § 93 Absatz 1 sowie bei Änderung der im Kalenderjahr auszuzahlenden Leistung hat der Anbieter (§ 80) nach Ablauf des Kalenderjahres dem Steuerpflichtigen nach amtlich vorgeschriebenem Muster den Betrag der im abgelaufenen Kalenderjahr zugeflossenen Leistungen im Sinne der Sätze 1 bis 3 je gesondert mitzuteilen [***ab 1.1.2020:*** ; mit Einverständnis des Steuer-

---

[1] § 22 Nr. 5 Satz 6 ergänzt mWv VZ 2010, Satz 10 angef. mWv 1.9.2009 durch G v. 8.12.2010 (*BGBl. I S. 1768*); Satz 2 geänd., Satz 11 angef. mWv VZ 2011 durch G v. 7.12.2011 (BGBl. I S. 2592); Satz 2 geänd. mWv 1.1.2018 durch G v. 17.8.2017 (BGBl. I S. 3214).

[2] Siehe hierzu § 82 Abs. 4 Nr. 5.

pflichtigen kann die Mitteilung elektronisch bereitgestellt werden].[1] [8]Werden dem Steuerpflichtigen Abschluss- und Vertriebskosten eines Altersvorsorgevertrages erstattet, gilt der Erstattungsbetrag als Leistung im Sinne des Satzes 1. [9]In den Fällen des § 3 Nummer 55a richtet sich die Zuordnung zu Satz 1 oder Satz 2 bei der ausgleichsberechtigten Person danach, wie eine nur auf die Ehezeit bezogene Zuordnung der sich aus dem übertragenen Anrecht ergebenden Leistung zu Satz 1 oder Satz 2 bei der ausgleichspflichtigen Person im Zeitpunkt der Übertragung ohne die Teilung vorzunehmen gewesen wäre. [10]Dies gilt sinngemäß in den Fällen des § 3 Nummer 55 und 55e. [11]Wird eine Versorgungsverpflichtung nach § 3 Nummer 66 auf einen Pensionsfonds übertragen und hat der Steuerpflichtige bereits vor dieser Übertragung Leistungen auf Grund dieser Versorgungsverpflichtung erhalten, so sind insoweit auf die Leistungen aus dem Pensionsfonds im Sinne des Satzes 1 die Beträge nach § 9a Satz 1 Nummer 1 und § 19 Absatz 2 entsprechend anzuwenden; § 9a Satz 1 Nummer 3 ist nicht anzuwenden. [12]Wird auf Grund einer internen Teilung nach § 10 des Versorgungsausgleichsgesetzes oder einer externen Teilung nach § 14 des Versorgungsausgleichsgesetzes ein Anrecht zugunsten der ausgleichsberechtigten Person begründet, so gilt dieser Vertrag insoweit zu dem gleichen Zeitpunkt als abgeschlossen wie der Vertrag der ausgleichspflichtigen Person, wenn die aus dem Vertrag der ausgleichspflichtigen Person ausgezahlten Leistungen zu einer Besteuerung nach Satz 2 führen. [13]Für Leistungen aus Altersvorsorgeverträgen nach § 93 Absatz 3 ist § 34 Absatz 1 entsprechend anzuwenden. [14]Soweit Begünstigungen, die mit denen in Satz 2 vergleichbar sind, bei der deutschen Besteuerung gewährt wurden, gelten die darauf beruhenden Leistungen ebenfalls als Leistung nach Satz 1. [15]§ 20 Absatz 1 Nummer 6 Satz 9 in der ab dem 27. Juli 2016 geltenden Fassung *ist anzuwenden, soweit keine Steuerbefreiung nach den §§ 8 bis 12 des Investmentsteuergesetzes erfolgt ist* [***ab VZ 2021:*** findet keine Anwendung. [16]Nummer 1 Satz 3 Buchstabe a Doppelbuchstabe aa Satz 9 gilt entsprechend].[2]

§ 22a Rentenbezugsmitteilungen an die zentrale Stelle. (1)[3] [1]Nach Maßgabe des § 93c der Abgabenordnung haben die Träger der gesetzlichen Rentenversicherung, die landwirtschaftliche Alterskasse, die berufsständischen Versorgungseinrichtungen, die Pensionskassen, die Pensionsfonds, die Versicherungsunternehmen, die Unternehmen, die Verträge im Sinne des § 10 Absatz 1 Nummer 2 Buchstabe b anbieten, und die Anbieter im Sinne des § 80 als mitteilungspflichtige Stellen der zentralen Stelle (§ 81) unter Beachtung der im Bundessteuerblatt veröffentlichten Auslegungsvorschriften der Finanzverwaltung folgende Daten zu übermitteln (Rentenbezugsmitteilung)[4]:

---

[1] § 22 Nr. 5 Satz 7 HS 2 angef. mWv VZ 2020 durch G v. 22.11.2019 (BGBl. I S. 1746).

[2] § 22 Nr. 5 Satz 7 geänd., Satz 8 aufgeh., Sätze 9 und 11 werden Sätze 8 bis 10 mWv VZ 2014 durch G v. 24.6.2013 (BGBl. I S. 1667); Satz 7 geänd., Sätze 11 und 12 angef. mWv VZ 2014 durch G v. 25.7.2014 (BGBl. I S. 1266); Sätze 13 bis 15 angef. mWv 1.1.2018 durch G v. 17.8.2017 (BGBl. I S. 3214); Satz 15 neu gef., Satz 16 angef. mWv VZ 2021 durch G v. 21.12.2020 (BGBl. I S. 3096).

[3] § 22a Abs. 1 neu gef. mWv 1.1.2017 durch G v. 18.7.2016 (BGBl. I S. 1679); zur Anwendung siehe **§ 52 Abs. 30b**.

[4] Jährliche Information zum Rentenbezugsmitteilungsverfahren abrufbar unter www.bzst.de.

1. die in § 93c Absatz 1 Nummer 2 Buchstabe c der Abgabenordnung genannten Daten mit der Maßgabe, dass der Leistungsempfänger als Steuerpflichtiger gilt. [2] Eine inländische Anschrift des Leistungsempfängers ist nicht zu übermitteln. [3] Ist der mitteilungspflichtigen Stelle eine ausländische Anschrift des Leistungsempfängers bekannt, ist diese anzugeben. [4] In diesen Fällen ist auch die Staatsangehörigkeit des Leistungsempfängers, soweit bekannt, mitzuteilen;
2. je gesondert den Betrag der Leibrenten und anderen Leistungen im Sinne des § 22 Nummer 1 Satz 3 Buchstabe a Doppelbuchstabe aa und bb Satz 4 sowie Doppelbuchstabe bb Satz 5 in Verbindung mit § 55 Absatz 2 der Einkommensteuer-Durchführungsverordnung sowie im Sinne des § 22 Nummer 5 Satz 1 bis 3. [2] Der im Betrag der Rente enthaltene Teil, der ausschließlich auf einer Anpassung der Rente beruht, ist gesondert mitzuteilen;
3. Zeitpunkt des Beginns und des Endes des jeweiligen Leistungsbezugs; folgen nach dem 31. Dezember 2004 Renten aus derselben Versicherung einander nach, so ist auch die Laufzeit der vorhergehenden Renten mitzuteilen;
4. die Beiträge im Sinne des § 10 Absatz 1 Nummer 3 Buchstabe a Satz 1 und 2 und Buchstabe b, soweit diese von der mitteilungspflichtigen Stelle an die Träger der gesetzlichen Kranken- und Pflegeversicherung abgeführt werden;
5. die dem Leistungsempfänger zustehenden Beitragszuschüsse nach § 106 des Sechsten Buches Sozialgesetzbuch;
6.[1] ab dem 1. Januar 2017 ein gesondertes Merkmal und ab dem 1. Januar 2019 zwei gesonderte Merkmale für Verträge, auf denen gefördertes Altersvorsorgevermögen gebildet wurde; die zentrale Stelle ist in diesen Fällen berechtigt, die Daten dieser Rentenbezugsmitteilung im Zulagekonto zu speichern und zu verarbeiten;
7.[2] ab dem 1. Januar 2019 die gesonderte Kennzeichnung einer Leistung aus einem Altersvorsorgevertrag nach § 93 Absatz 3;
8.[3] ab dem 1. Januar 2022 die durch Steuerabzug gemäß § 50a Absatz 7 einbehaltenen Beträge.

[2] § 72a Absatz 4 und § 93c Absatz 1 Nummer 3 der Abgabenordnung finden keine Anwendung.

(2)[4] [1] Der Leistungsempfänger hat der mitteilungspflichtigen Stelle seine Identifikationsnummer sowie den Tag seiner Geburt mitzuteilen. [2] Teilt der Leistungsempfänger die Identifikationsnummer der mitteilungspflichtigen

---

[1] § 22a Abs. 1 Satz 1 Nr. 6 geänd. durch G v. 17.8.2017 (BGBl. I S. 3214); geänd. mWv VZ 2019 durch G v. 11.12.2018 (BGBl. I S. 2338).

[2] § 22a Abs. 1 Satz 1 Nr. 7 angef. mWv 1.1.2019 durch G v. 17.8.2017 (BGBl. I S. 3214).

[3] § 22a Abs. 1 Satz 1 Nr. 8 angef. durch G v. 21.12.2020 (BGBl. I S. 3096).

[4] § 22a Abs. 2 neu gef. mWv 1.1.2017 durch G v. 18.7.2016 (BGBl. I S. 1679); Abs. 2 Satz 2 berichtigt durch G v. 11.12.2018 (BGBl. I S. 2338); Abs. 2 Satz 8 geänd. mWv VZ 2019 durch G v. 20.11.2019 (BGBl. I S. 1626).

Stelle trotz Aufforderung nicht mit, übermittelt das Bundeszentralamt für Steuern der mitteilungspflichtigen Stelle auf deren Anfrage die Identifikationsnummer des Leistungsempfängers sowie, falls es sich bei der mitteilungspflichtigen Stelle um einen Träger der gesetzlichen Sozialversicherung handelt, auch den beim Bundeszentralamt für Steuern gespeicherten Tag der Geburt des Leistungsempfängers (§ 139b Absatz 3 Nummer 8 der Abgabenordnung), wenn dieser von dem in der Anfrage übermittelten Tag der Geburt abweicht und für die weitere Datenübermittlung benötigt wird;[1)] weitere Daten dürfen nicht übermittelt werden. [3]In der Anfrage dürfen nur die in § 139b Absatz 3 der Abgabenordnung genannten Daten des Leistungsempfängers angegeben werden, soweit sie der mitteilungspflichtigen Stelle bekannt sind. [4]Die Anfrage der mitteilungspflichtigen Stelle und die Antwort des Bundeszentralamtes für Steuern sind nach amtlich vorgeschriebenem Datensatz durch Datenfernübertragung über die zentrale Stelle zu übermitteln. [5]Die zentrale Stelle führt eine ausschließlich automatisierte Prüfung der ihr übermittelten Daten daraufhin durch, ob sie vollständig und schlüssig sind und ob das vorgeschriebene Datenformat verwendet worden ist. [6]Sie speichert die Daten des Leistungsempfängers nur für Zwecke dieser Prüfung bis zur Übermittlung an das Bundeszentralamt für Steuern oder an die mitteilungspflichtige Stelle. [7]Die Daten sind für die Übermittlung zwischen der zentralen Stelle und dem Bundeszentralamt für Steuern zu verschlüsseln. [8]Die mitteilungspflichtige Stelle darf die Identifikationsnummer sowie einen nach Satz 2 mitgeteilten Tag der Geburt nur verarbeiten, soweit dies für die Erfüllung der Mitteilungspflicht nach Absatz 1 Satz 1 erforderlich ist. [9]§ 93c der Abgabenordnung ist für das Verfahren nach den Sätzen 1 bis 8 nicht anzuwenden. [***ab 1.10.2023:*** [10]Die Sätze 1 bis 9 gelten ab dem Stichtag, der in der Rechtsverordnung nach § 13 Absatz 3 des Rentenübersichtsgesetzes festgelegt wird, für die Träger der gesetzlichen Rentenversicherung, für die landwirtschaftliche Alterskasse und für die berufsständischen Versorgungseinrichtungen mit der Maßgabe, dass diese die Identifikationsnummer ihrer Versicherten zur Durchführung des Rentenübersichtsgesetzes bereits vor dem Leistungsbezug erheben können; in diesen Fällen teilt das Bundeszentralamt für Steuern der mitteilungspflichtigen Stelle auf deren Anfrage die Identifikationsnummer des Versicherten nur mit, wenn die von der anfragenden Stelle übermittelten Daten mit den nach § 139b Absatz 3 der Abgabenordnung beim Bundeszentralamt für Steuern gespeicherten Daten im maschinellen Datenabgleich übereinstimmen. [11]Wird im Rahmen einer Registermodernisierung ein gesondertes Erhebungsverfahren für die Erhebung der Identifikationsnummer eingerichtet, ist abweichend von Satz 10 das neu eingerichtete Erhebungsverfahren zu nutzen.][2)]

(3)[3)] Die mitteilungspflichtige Stelle hat den Leistungsempfänger jeweils darüber zu unterrichten, dass die Leistung der zentralen Stelle mitgeteilt wird.

(4)[3)] *(aufgehoben)*

---

1) Zur Anwendung von Satz 2 siehe § 52 Abs. 30a.

2) § 22a Abs. 2 Sätze 10 und 11 angef. mWv 1.10.2023 durch G v. 11.2.2021 (BGBl. I S. 154).

3) § 22a Abs. 3 geänd., Abs. 4 aufgeh. mWv 1.1.2017 durch G v. 18.7.2016 (BGBl. I S. 1679).

(5)[1] [1]Wird eine Rentenbezugsmitteilung nicht innerhalb der in § 93c Absatz 1 Nummer 1 der Abgabenordnung[2] genannten Frist übermittelt, so ist für jeden angefangenen Monat, in dem die Rentenbezugsmitteilung noch aussteht, ein Betrag in Höhe von 10 Euro für jede ausstehende Rentenbezugsmitteilung an die zentrale Stelle zu entrichten (Verspätungsgeld). [2]Die Erhebung erfolgt durch die zentrale Stelle im Rahmen ihrer Prüfung nach § 93c Absatz 4 der Abgabenordnung. [3]Von der Erhebung ist abzusehen, soweit die Fristüberschreitung auf Gründen beruht, die die mitteilungspflichtige Stelle nicht zu vertreten hat. [4]Das Handeln eines gesetzlichen Vertreters oder eines Erfüllungsgehilfen steht dem eigenen Handeln gleich. [5]Das von einer mitteilungspflichtigen Stelle zu entrichtende Verspätungsgeld darf 50 000 Euro für alle für einen Veranlagungszeitraum zu übermittelnden Rentenbezugsmitteilungen nicht übersteigen.

[*ab 1.1.2021:*

(6)[3] Die zentrale Stelle ist berechtigt, in den in § 151b Absatz 3 Satz 2 des Sechsten Buches Sozialgesetzbuch genannten Fällen die Rentenbezugsmitteilung an die Träger der gesetzlichen Rentenversicherung zu übermitteln.]

§ 23[4] Private Veräußerungsgeschäfte. (1)[5] [1]Private Veräußerungsgeschäfte (§ 22 Nummer 2) sind

1. Veräußerungsgeschäfte bei Grundstücken und Rechten, die den Vorschriften des bürgerlichen Rechts über Grundstücke unterliegen (z. B. Erbbaurecht, Mineralgewinnungsrecht), bei denen der Zeitraum zwischen Anschaffung und Veräußerung nicht mehr als zehn Jahre beträgt. [2]Gebäude und Außenanlagen sind einzubeziehen, soweit sie innerhalb dieses Zeitraums errichtet, ausgebaut oder erweitert werden; dies gilt entsprechend für Gebäudeteile, die selbständige unbewegliche Wirtschaftsgüter sind, sowie für Eigentumswohnungen und im Teileigentum stehende Räume. [3]Ausgenommen sind Wirtschaftsgüter, die im Zeitraum zwischen Anschaffung oder Fertigstellung und Veräußerung ausschließlich zu eigenen Wohnzwecken oder im Jahr der Veräußerung und in den beiden vorangegangenen Jahren zu eigenen Wohnzwecken genutzt wurden;

2.[6] Veräußerungsgeschäfte bei anderen Wirtschaftsgütern, bei denen der Zeitraum zwischen Anschaffung und Veräußerung nicht mehr als ein Jahr beträgt. [2]Ausgenommen sind Veräußerungen von Gegenständen des täglichen Gebrauchs. [3]Bei Anschaffung und Veräußerung mehrerer gleichartiger Fremdwährungsbeträge ist zu unterstellen, dass die zuerst angeschafften Be-

---

[1] § 22a Abs. 5 angef. durch G v. 8.12.2010 (BGBl. I S. 1768); Sätze 3 und 5 geänd. mWv 1.1.2017 durch G v. 18.7.2016 (BGBl. I S. 1679); Sätze 1 und 2 geänd. mWv 1.1.2018 durch G v. 11.12.2018 (BGBl. I S. 2338).

[2] Nr. **800**.

[3] § 22a Abs. 6 angef. mWv 1.1.2021 durch G v. 12.8.2020 (BGBl. I S. 1879).

[4] Zur Anwendung siehe **§ 52 Abs. 31.**

[5] Zur Anwendung von Abs. 1 siehe § 52 Abs. 31 Sätze 1 bis 4.

[6] § 23 Abs. 1 Satz 1 Nr. 2 Satz 2 eingef., bish. Satz 2 wird Satz 3 durch G v. 8.12.2010 (BGBl. I S. 1768); zur Anwendung siehe § 52 Abs. 31 Satz 1 HS 2; Satz 3 eingef., bish. Satz 3 wird Satz 4 mWv VZ 2014 durch G v. 25.7.2014 (BGBl. I S. 1266).

träge zuerst veräußert wurden. [4]Bei Wirtschaftsgütern im Sinne von Satz 1[1]), aus deren Nutzung als Einkunftsquelle zumindest in einem Kalenderjahr Einkünfte erzielt werden, erhöht sich der Zeitraum auf zehn Jahre;

3.[2]) Veräußerungsgeschäfte, bei denen die Veräußerung der Wirtschaftsgüter früher erfolgt als der Erwerb.

[2]Als Anschaffung gilt auch die Überführung eines Wirtschaftsguts in das Privatvermögen des Steuerpflichtigen durch Entnahme oder Betriebsaufgabe. [3]Bei unentgeltlichem Erwerb ist dem Einzelrechtsnachfolger für Zwecke dieser Vorschrift die Anschaffung oder die Überführung des Wirtschaftsguts in das Privatvermögen durch den Rechtsvorgänger zuzurechnen. [4]Die Anschaffung oder Veräußerung einer unmittelbaren oder mittelbaren Beteiligung an einer Personengesellschaft gilt als Anschaffung oder Veräußerung der anteiligen Wirtschaftsgüter. [5]Als Veräußerung im Sinne des Satzes 1 Nummer 1 gilt auch

(Fortsetzung nächstes Blatt)

---

[1]) Verweis geänd. durch G v. 8.12.2010 (BGBl. I S. 1768).

[2]) § 23 Abs. 1 Satz 1 Nr. 3 angef. durch G v. 20.12.2016 (BGBl. I S. 3000); zur Anwendung siehe § 52 Abs. 31 Satz 3.

1. die Einlage eines Wirtschaftsguts in das Betriebsvermögen, wenn die Veräußerung aus dem Betriebsvermögen innerhalb eines Zeitraums von zehn Jahren seit Anschaffung des Wirtschaftsguts erfolgt, und
2. die verdeckte Einlage in eine Kapitalgesellschaft.

(2) Einkünfte aus privaten Veräußerungsgeschäften der in Absatz 1 bezeichneten Art sind den Einkünften aus anderen Einkunftsarten zuzurechnen, soweit sie zu diesen gehören.

(3) [1]Gewinn oder Verlust aus Veräußerungsgeschäften nach Absatz 1 ist der Unterschied zwischen Veräußerungspreis einerseits und den Anschaffungs- oder Herstellungskosten und den Werbungskosten andererseits. [2]In den Fällen des Absatzes 1 Satz 5 Nummer 1 tritt an die Stelle des Veräußerungspreises der für den Zeitpunkt der Einlage nach § 6 Absatz 1 Nummer 5 angesetzte Wert, in den Fällen des Absatzes 1 Satz 5 Nummer 2 der gemeine Wert. [3]In den Fällen des Absatzes 1 Satz 2 tritt an die Stelle der Anschaffungs- oder Herstellungskosten der nach § 6 Absatz 1 Nummer 4 oder § 16 Absatz 3 angesetzte Wert. [4]Die Anschaffungs- oder Herstellungskosten mindern sich um Absetzungen für Abnutzung, erhöhte Absetzungen und Sonderabschreibungen, soweit sie bei der Ermittlung der Einkünfte im Sinne des § 2 Absatz 1 Satz 1 Nummer 4 bis 7 abgezogen worden sind.[1)] [5]Gewinne bleiben steuerfrei, wenn der aus den privaten Veräußerungsgeschäften erzielte Gesamtgewinn im Kalenderjahr weniger als 600 Euro betragen hat. [6]In den Fällen des Absatzes 1 Satz 5 Nummer 1 sind Gewinne oder Verluste für das Kalenderjahr, in dem der Preis für die Veräußerung aus dem Betriebsvermögen zugeflossen ist, in den Fällen des Absatzes 1 Satz 5 Nummer 2 für das Kalenderjahr der verdeckten Einlage anzusetzen. [7]Verluste dürfen nur bis zur Höhe des Gewinns, den der Steuerpflichtige im gleichen Kalenderjahr aus privaten Veräußerungsgeschäften erzielt hat, ausgeglichen werden; sie dürfen nicht nach § 10d abgezogen werden. [8]Die Verluste mindern jedoch nach Maßgabe des § 10d die Einkünfte, die der Steuerpflichtige in dem unmittelbar vorangegangenen Veranlagungszeitraum oder in den folgenden Veranlagungszeiträumen aus privaten Veräußerungsgeschäften nach Absatz 1 erzielt hat oder erzielt; § 10d Absatz 4 gilt entsprechend.[2)]

h) Gemeinsame Vorschriften

§ 24 [Entschädigungen, Nutzungsvergütungen u. ä.] Zu den Einkünften im Sinne des § 2 Absatz 1 gehören auch

1. Entschädigungen, die gewährt worden sind
   a) als Ersatz für entgangene oder entgehende Einnahmen oder
   b) für die Aufgabe oder Nichtausübung einer Tätigkeit, für die Aufgabe einer Gewinnbeteiligung oder einer Anwartschaft auf eine solche;
   c) als Ausgleichszahlungen an Handelsvertreter nach § 89b des Handelsgesetzbuchs;

---

1) Zur Anwendung von Satz 4 siehe § 52 Abs. 31 Satz 5 HS 2.

2) § 23 Abs. 3 Sätze 9 und 10 aufgeh. mWv VZ 2014 durch G v. 25. 7. 2014 (BGBl. I S. 1266).

2. Einkünfte aus einer ehemaligen Tätigkeit im Sinne des § 2 Absatz 1 Satz 1 Nummer 1 bis 4 oder aus einem früheren Rechtsverhältnis im Sinne des § 2 Absatz 1 Satz 1 Nummer 5 bis 7, und zwar auch dann, wenn sie dem Steuerpflichtigen als Rechtsnachfolger zufließen;
3. Nutzungsvergütungen für die Inanspruchnahme von Grundstücken für öffentliche Zwecke sowie Zinsen auf solche Nutzungsvergütungen und auf Entschädigungen, die mit der Inanspruchnahme von Grundstücken für öffentliche Zwecke zusammenhängen.

§ 24 a Altersentlastungsbetrag. [1]Der Altersentlastungsbetrag ist bis zu einem Höchstbetrag im Kalenderjahr ein nach einem Prozentsatz ermittelter Betrag des Arbeitslohns und der positiven Summe der Einkünfte, die nicht solche aus nichtselbständiger Arbeit sind. [2]Bei der Bemessung des Betrags bleiben außer Betracht:

1. Versorgungsbezüge im Sinne des § 19 Absatz 2;
2. Einkünfte aus Leibrenten im Sinne des § 22 Nummer 1 Satz 3 Buchstabe a;
3. Einkünfte im Sinne des § 22 Nummer 4 Satz 4 Buchstabe b;
4. Einkünfte im Sinne des § 22 Nummer 5 Satz 1, soweit § 22 Nummer 5 Satz 11[1)] anzuwenden ist;
5. Einkünfte im Sinne des § 22 Nummer 5 Satz 2 Buchstabe a.

[3]Der Altersentlastungsbetrag wird einem Steuerpflichtigen gewährt, der vor dem Beginn des Kalenderjahres, in dem er sein Einkommen bezogen hat, das 64. Lebensjahr vollendet hatte. [4]Im Fall der Zusammenveranlagung von Ehegatten zur Einkommensteuer sind die Sätze 1 bis 3 für jeden Ehegatten gesondert anzuwenden. [5]Der maßgebende Prozentsatz und der Höchstbetrag des Altersentlastungsbetrags sind der nachstehenden Tabelle zu entnehmen:

Das auf die Vollendung des 64. Lebensjahres folgende Kalenderjahr	Altersentlastungsbetrag		Das auf die Vollendung des 64. Lebensjahres folgende Kalenderjahr	Altersentlastungsbetrag	
	in % der Einkünfte	Höchstbetrag in Euro		in % der Einkünfte	Höchstbetrag in Euro
2005	40,0	1900	2017	20,8	988
2006	38,4	1824	2018	19,2	912
2007	36,8	1748	2019	17,6	836
2008	35,2	1672	2020	16,0	760
2009	33,6	1596	2021	15,2	722
2010	32,0	1520	2022	14,4	684
2011	30,4	1444	2023	13,6	646
2012	28,8	1368	2024	12,8	608
2013	27,2	1292	2025	12,0	570
2014	25,6	1216	2026	11,2	532
2015	24,0	1140	2027	10,4	494
2016	22,4	1064	2028	9,6	456

1) Verweis geänd. durch G v. 25. 7. 2014 (BGBl. I S. 1266).

Das auf die Vollendung des 64. Lebensjahres folgende Kalenderjahr	Altersentlastungsbetrag		Das auf die Vollendung des 64. Lebensjahres folgende Kalenderjahr	Altersentlastungsbetrag	
	in % der Einkünfte	Höchstbetrag in Euro		in % der Einkünfte	Höchstbetrag in Euro
2029	8,8	418	2035	4,0	190
2030	8,0	380	2036	3,2	152
2031	7,2	342	2037	2,4	114
2032	6,4	304	2038	1,6	76
2033	5,6	266	2039	0,8	38
2034	4,8	228	2040	0,0	0

§ 24b[1)] **Entlastungsbetrag für Alleinerziehende.** (1) [1]Allein stehende Steuerpflichtige können einen Entlastungsbetrag von der Summe der Einkünfte abziehen, wenn zu ihrem Haushalt mindestens ein Kind gehört, für das ihnen ein Freibetrag nach § 32 Absatz 6 oder Kindergeld zusteht. [2]Die Zugehörigkeit zum Haushalt ist anzunehmen, wenn das Kind in der Wohnung des allein stehenden Steuerpflichtigen gemeldet ist. [3]Ist das Kind bei mehreren Steuerpflichtigen gemeldet, steht der Entlastungsbetrag nach Satz 1 demjenigen Alleinstehenden zu, der die Voraussetzungen auf Auszahlung des Kindergeldes nach § 64 Absatz 2 Satz 1 erfüllt oder erfüllen würde in Fällen, in denen nur ein Anspruch auf einen Freibetrag nach § 32 Absatz 6 besteht. [4]Voraussetzung für die Berücksichtigung ist die Identifizierung des Kindes durch die an dieses Kind vergebene Identifikationsnummer (§ 139b der Abgabenordnung). [5]Ist das Kind nicht nach einem Steuergesetz steuerpflichtig (§ 139a Absatz 2 der Abgabenordnung), ist es in anderer geeigneter Weise zu identifizieren. [6]Die nachträgliche Vergabe der Identifikationsnummer wirkt auf Monate zurück, in denen die Voraussetzungen der Sätze 1 bis 3 vorliegen.

(2) [1]Gehört zum Haushalt des allein stehenden Steuerpflichtigen ein Kind im Sinne des Absatzes 1, beträgt der Entlastungsbetrag im Kalenderjahr *1908* [***ab VZ 2022:*** 4008][2)] Euro. [2]Für jedes weitere Kind im Sinne des Absatzes 1 erhöht sich der Betrag nach Satz 1 um 240 Euro je weiterem Kind. [3]*Der Betrag nach Satz 1 erhöht sich für die Kalenderjahre 2020 und 2021 jeweils um 2100 Euro.*[3)]

(3) [1]Allein stehend im Sinne des Absatzes 1 sind Steuerpflichtige, die nicht die Voraussetzungen für die Anwendung des Splitting-Verfahrens (§ 26 Absatz 1) erfüllen oder verwitwet sind und keine Haushaltsgemeinschaft mit einer anderen volljährigen Person bilden, es sei denn, für diese steht ihnen ein Freibetrag nach § 32 Absatz 6 oder Kindergeld zu oder es handelt sich um ein Kind im Sinne des § 63 Absatz 1 Satz 1, das einen Dienst nach § 32 Absatz 5 Satz 1 Nummer 1 und 2 leistet oder eine Tätigkeit nach § 32 Absatz 5 Satz 1 Nummer 3 ausübt. [2]Ist die andere Person mit Haupt- oder Nebenwohnsitz in der Wohnung des Steuer-

[1)] § 24b neu gef. mWv VZ 2015 durch G v. 16.7.2015 (BGBl. I S. 1202).
[2)] Betrag geänd. mWv VZ 2022 durch G v. 21.12.2020 (BGBl. I S. 3096).
[3)] § 24b Abs. 2 Satz 3 angef. durch G v. 29.6.2020 (BGBl. I S. 1512) und aufgeh. mWv VZ 2022 durch G v. 21.12.2020 (BGBl. I S. 3096).

pflichtigen gemeldet, wird vermutet, dass sie mit dem Steuerpflichtigen gemeinsam wirtschaftet (Haushaltsgemeinschaft). [3]Diese Vermutung ist widerlegbar, es sei denn, der Steuerpflichtige und die andere Person leben in einer eheähnlichen oder lebenspartnerschaftsähnlichen Gemeinschaft.

(4)[1)] Für jeden vollen Kalendermonat, in dem die Voraussetzungen des Absatzes 1 nicht vorgelegen haben, ermäßigt sich der Entlastungsbetrag nach Absatz 2 um ein Zwölftel.

III. Veranlagung

§ 25 Veranlagungszeitraum, Steuererklärungspflicht. (1) Die Einkommensteuer wird nach Ablauf des Kalenderjahres (Veranlagungszeitraum) nach dem Einkommen veranlagt, das der Steuerpflichtige in diesem Veranlagungszeitraum bezogen hat, soweit nicht nach § 43 Absatz 5 und § 46 eine Veranlagung unterbleibt.

(2) (weggefallen)

(3)[2)] [1]Die steuerpflichtige Person hat für den Veranlagungszeitraum eine eigenhändig unterschriebene Einkommensteuererklärung abzugeben. [2]Wählen Ehegatten die Zusammenveranlagung (§ 26b), haben sie eine gemeinsame Steuererklärung abzugeben, die von beiden eigenhändig zu unterschreiben ist.

(4) [1]Die Erklärung nach Absatz 3 ist nach amtlich vorgeschriebenem Datensatz durch Datenfernübertragung zu übermitteln, wenn Einkünfte nach § 2 Absatz 1 Satz 1 Nummer 1 bis 3 erzielt werden und es sich nicht um einen der Veranlagungsfälle gemäß § 46 Absatz 2 Nummer 2 bis 8 handelt. [2]Auf Antrag kann die Finanzbehörde zur Vermeidung unbilliger Härten auf eine Übermittlung durch Datenfernübertragung verzichten.

§ 26[3)] Veranlagung von Ehegatten. (1) [1]Ehegatten können zwischen der Einzelveranlagung (§ 26a) und der Zusammenveranlagung (§ 26b) wählen, wenn

1. beide unbeschränkt einkommensteuerpflichtig im Sinne des § 1 Absatz 1 oder 2 oder des § 1a sind,
2. sie nicht dauernd getrennt leben und
3. bei ihnen die Voraussetzungen aus den Nummern 1 und 2 zu Beginn des Veranlagungszeitraums vorgelegen haben oder im Laufe des Veranlagungszeitraums eingetreten sind.

[2]Hat ein Ehegatte in dem Veranlagungszeitraum, in dem seine zuvor bestehende Ehe aufgelöst worden ist, eine neue Ehe geschlossen und liegen bei ihm und dem neuen Ehegatten die Voraussetzungen des Satzes 1 vor, bleibt die zuvor bestehende Ehe für die Anwendung des Satzes 1 unberücksichtigt.

(2) [1]Ehegatten werden einzeln veranlagt, wenn einer der Ehegatten die Einzelveranlagung wählt. [2]Ehegatten werden zusammen veranlagt, wenn beide

---

[1)] § 24b bish. Abs. 3 wird Abs. 4 und geänd. durch G v. 16.7.2015 (BGBl. I S. 1202); zur *Anwendung vgl. § 52 Abs. 37b Satz 4.*

[2)] § 25 Abs. 3 neu gef. mWv VZ 2013 durch G v. 1.11.2011 (BGBl. I S. 2131).

[3)] § 26 neu gef. mWv VZ 2013 durch G v. 1.11.2011 (BGBl. I S. 2131).

Ehegatten die Zusammenveranlagung wählen. [3]Die Wahl wird für den betreffenden Veranlagungszeitraum durch Angabe in der Steuererklärung getroffen. [4]Die Wahl der Veranlagungsart innerhalb eines Veranlagungszeitraums kann nach Eintritt der Unanfechtbarkeit des Steuerbescheids nur noch geändert werden, wenn

1. ein Steuerbescheid, der die Ehegatten betrifft, aufgehoben, geändert oder berichtigt wird und
2. die Änderung der Wahl der Veranlagungsart der zuständigen Finanzbehörde bis zum Eintritt der Unanfechtbarkeit des Änderungs- oder Berichtigungsbescheids schriftlich oder elektronisch mitgeteilt oder zur Niederschrift erklärt worden ist und
3. der Unterschiedsbetrag aus der Differenz der festgesetzten Einkommensteuer entsprechend der bisher gewählten Veranlagungsart und der festzusetzenden Einkommensteuer, die sich bei einer geänderten Ausübung der Wahl der Veranlagungsarten ergeben würde, positiv ist. [2]Die Einkommensteuer der einzeln veranlagten Ehegatten ist hierbei zusammenzurechnen.

(3) Wird von dem Wahlrecht nach Absatz 2 nicht oder nicht wirksam Gebrauch gemacht, so ist eine Zusammenveranlagung durchzuführen.

§ 26a[1)] Einzelveranlagung von Ehegatten. (1) [1]Bei der Einzelveranlagung von Ehegatten sind jedem Ehegatten die von ihm bezogenen Einkünfte zuzurechnen. [2]Einkünfte eines Ehegatten sind nicht allein deshalb zum Teil dem anderen Ehegatten zuzurechnen, weil dieser bei der Erzielung der Einkünfte mitgewirkt hat.

(2) [1]Sonderausgaben, außergewöhnliche Belastungen und die *Steuerermäßigung nach § 35a* [***ab 1.1.2020:*** Steuerermäßigungen nach den §§ 35a und 35c] werden demjenigen Ehegatten zugerechnet, der die Aufwendungen wirtschaftlich getragen hat. [2]Auf übereinstimmenden Antrag der Ehegatten werden sie jeweils zur Hälfte abgezogen. [3]Der Antrag des Ehegatten, der die Aufwendungen wirtschaftlich getragen hat, ist in begründeten Einzelfällen ausreichend. [4]§ 26 Absatz 2 Satz 3 gilt entsprechend.

(3) Die Anwendung des § 10d für den Fall des Übergangs von der Einzelveranlagung zur Zusammenveranlagung und von der Zusammenveranlagung zur Einzelveranlagung zwischen zwei Veranlagungszeiträumen, wenn bei beiden Ehegatten nicht ausgeglichene Verluste vorliegen, wird durch Rechtsverordnung[2)] der Bundesregierung mit Zustimmung des Bundesrates geregelt.

§ 26b Zusammenveranlagung von Ehegatten. Bei der Zusammenveranlagung von Ehegatten werden die Einkünfte, die die Ehegatten erzielt haben, zusammengerechnet, den Ehegatten gemeinsam zugerechnet und, soweit nichts anderes vorgeschrieben ist, die Ehegatten sodann gemeinsam als Steuerpflichtiger behandelt.

[1)] § 26a neu gef. mWv VZ 2013 durch G v. 1.11.2011 (BGBl. I S. 2131); Abs. 2 Satz 1 geänd. mWv 1.1.2020 durch G v. 21.12.2019 (BGBl. I S. 2886).

[2)] Vgl. hierzu § 62d EStDV (Nr. **10**).

§ 26c.[1] *(aufgehoben)*

§ 27. (weggefallen)

§ 28 Besteuerung bei fortgesetzter Gütergemeinschaft. Bei fortgesetzter Gütergemeinschaft gelten Einkünfte, die in das Gesamtgut fallen, als Einkünfte des überlebenden Ehegatten, wenn dieser unbeschränkt steuerpflichtig ist.

§§ 29 und 30. (weggefallen)

IV. Tarif

§ 31[2] **Familienleistungsausgleich.** [1]Die steuerliche Freistellung eines Einkommensbetrags in Höhe des Existenzminimums eines Kindes einschließlich der Bedarfe für Betreuung und Erziehung oder Ausbildung wird im gesamten Veranlagungszeitraum entweder durch die Freibeträge nach § 32 Absatz 6 oder durch Kindergeld nach Abschnitt X bewirkt. [2]Soweit das Kindergeld dafür nicht erforderlich ist, dient es der Förderung der Familie. [3]Im laufenden Kalenderjahr wird Kindergeld als Steuervergütung monatlich gezahlt. [4]Bewirkt der Anspruch auf Kindergeld für den gesamten Veranlagungszeitraum die nach Satz 1 gebotene steuerliche Freistellung nicht vollständig und werden deshalb bei der Veranlagung zur Einkommensteuer die Freibeträge nach § 32 Absatz 6 vom Einkommen abgezogen, erhöht sich die unter Abzug dieser Freibeträge ermittelte tarifliche Einkommensteuer um den Anspruch auf Kindergeld für den gesamten Veranlagungszeitraum; bei nicht zusammenveranlagten Eltern wird der Kindergeldanspruch im Umfang des Kinderfreibetrags angesetzt. [5]Bei der Prüfung der Steuerfreistellung und der Hinzurechnung nach Satz 4 bleibt der Anspruch auf Kindergeld für Kalendermonate unberücksichtigt, in denen durch Bescheid der Familienkasse ein Anspruch auf Kindergeld festgesetzt, aber wegen § 70 Absatz 1 Satz 2 nicht ausgezahlt wurde. [6]Satz 4 gilt entsprechend für mit dem Kindergeld vergleichbare Leistungen nach § 65. [7]Besteht nach ausländischem Recht Anspruch auf Leistungen für Kinder, wird dieser insoweit nicht berücksichtigt, als er das inländische Kindergeld übersteigt.

§ 32[3] **Kinder, Freibeträge für Kinder.** (1) Kinder sind

1. im ersten Grad mit dem Steuerpflichtigen verwandte Kinder,
2. Pflegekinder (Personen, mit denen der Steuerpflichtige durch ein familienähnliches, auf längere Dauer berechnetes Band verbunden ist, sofern er sie nicht zu Erwerbszwecken in seinen Haushalt aufgenommen hat und das Obhuts- und Pflegeverhältnis zu den Eltern nicht mehr besteht).

---

[1] § 26c aufgeh. mWv VZ 2013 (§ 52 Abs. 68 Satz 2 a. F.) durch G v. 1.11.2011 (BGBl. I S. 2131).

[2] *§ 31* Satz 5 eingef., bish. Sätze 5 und 6 werden Sätze 6 und 7 mWv 18.7.2019 durch G v. 11.7.2019 (BGBl. I S. 1066).

[3] Zur Anwendung von § 32 siehe § 52 Abs. 32.

(2) [1] Besteht bei einem angenommenen Kind das Kindschaftsverhältnis zu den leiblichen Eltern weiter, ist es vorrangig als angenommenes Kind zu berücksichtigen. [2] Ist ein im ersten Grad mit dem Steuerpflichtigen verwandtes Kind zugleich ein Pflegekind, ist es vorrangig als Pflegekind zu berücksichtigen.

(3) Ein Kind wird in dem Kalendermonat, in dem es lebend geboren wurde, und in jedem folgenden Kalendermonat, zu dessen Beginn es das 18. Lebensjahr noch nicht vollendet hat, berücksichtigt.

(4)[1)] [1] Ein Kind, das das 18. Lebensjahr vollendet hat, wird berücksichtigt, wenn es

1. noch nicht das 21. Lebensjahr vollendet hat, nicht in einem Beschäftigungsverhältnis steht und bei einer Agentur für Arbeit im Inland als Arbeitsuchender gemeldet ist oder
2. noch nicht das 25. Lebensjahr vollendet hat und
   a) für einen Beruf ausgebildet wird oder
   b)[2)] sich in einer Übergangszeit von höchstens vier Monaten befindet, die zwischen zwei Ausbildungsabschnitten oder zwischen einem Ausbildungsabschnitt und der Ableistung des gesetzlichen Wehr- oder Zivildienstes, einer vom Wehr- oder Zivildienst befreienden Tätigkeit als Entwicklungshelfer oder als Dienstleistender im Ausland nach § 14b des Zivildienstgesetzes oder der Ableistung des freiwilligen Wehrdienstes nach § 58b des Soldatengesetzes oder der Ableistung eines freiwilligen Dienstes im Sinne des Buchstaben d liegt, oder
   c) eine Berufsausbildung mangels Ausbildungsplatzes nicht beginnen oder fortsetzen kann oder
   d)[3)] ein freiwilliges soziales Jahr oder ein freiwilliges ökologisches Jahr im Sinne des Jugendfreiwilligendienstegesetzes oder eine Freiwilligenaktivität im Rahmen des Europäischen Solidaritätskorps im Sinne der Verordnung (EU) Nr. 2018/1475 des Europäischen Parlaments und des Rates vom 2. Oktober 2018 zur Festlegung des rechtlichen Rahmens des Europäischen Solidaritätskorps sowie zur Änderung der Verordnung (EU) Nr. 1288/2013 und der Verordnung (EU) Nr. 1293/2013 sowie des Beschlusses Nr. 1313/2013/EU (ABl. L 250 vom 4.10.2018, S. 1)] oder einen anderen Dienst im Ausland im Sinne von § 5 des Bundesfreiwilligendienstgesetzes[4)] oder einen entwicklungspolitischen Freiwilligendienst „weltwärts" im Sinne der Förderleitlinie des Bundesministeriums für wirtschaftliche Zusammenarbeit und Entwicklung vom 1. Januar 2016 oder einen Freiwilligendienst aller Generationen im Sinne von § 2 Absatz 1a des Siebten Buches Sozialgesetzbuch oder einen Internationa-

---

1) § 32 Abs. 4 Sätze 2 bis 10 ersetzt durch Sätze 2 und 3 mWv VZ 2012 durch G v. 1.11.2011 (BGBl. I S. 2131).

2) § 32 Abs. 4 Satz 1 Nr. 2 Buchst. b geänd. mWv 1.1.2015 durch G v. 22.12.2014 (BGBl. I S. 2417).

3) § 32 Abs. 4 Satz 1 Nr. 2 Buchst. d geänd. mWv 1.1.2011 durch G v. 7.12.2011 (BGBl. I S. 2592); geänd. mWv VZ 2014 durch G v. 25.7.2014 (BGBl. I S. 1266); geänd. mWv VZ 2019 durch G v. 29.11.2018 (BGBl. I S. 2210); geänd. mWv 18.7.2019 durch G v. 11.7.2019 (BGBl. I S. 1066).

4) Verweis geänd. mWv 1.1.2012 durch G v. 26.6.2013 (BGBl. I S. 1809).

len Jugendfreiwilligendienst im Sinne der Richtlinie des Bundesministeriums für Familie, Senioren, Frauen und Jugend vom 25. Mai 2018 (GMBl S. 545) oder einen Bundesfreiwilligendienst im Sinne des Bundesfreiwilligendienstgesetzes leistet oder

3. wegen körperlicher, geistiger oder seelischer Behinderung außerstande ist, sich selbst zu unterhalten; Voraussetzung ist, dass die Behinderung vor Vollendung des 25. Lebensjahres eingetreten ist.

2 Nach Abschluss einer erstmaligen Berufsausbildung oder[1] eines Erststudiums wird ein Kind in den Fällen des Satzes 1 Nummer 2 nur berücksichtigt, wenn das Kind keiner Erwerbstätigkeit nachgeht. 3 Eine Erwerbstätigkeit mit bis zu 20 Stunden regelmäßiger wöchentlicher Arbeitszeit, ein Ausbildungsdienstverhältnis oder ein geringfügiges Beschäftigungsverhältnis im Sinne der §§ 8 und 8a des Vierten Buches Sozialgesetzbuch sind unschädlich.

(5) 1 In den Fällen des Absatzes 4 Satz 1 Nummer 1 oder Nummer 2 Buchstabe a und b wird ein Kind, das

1. den gesetzlichen Grundwehrdienst oder Zivildienst geleistet hat oder
2. sich anstelle des gesetzlichen Grundwehrdienstes freiwillig für die Dauer von nicht mehr als drei Jahren zum Wehrdienst verpflichtet hat, oder
3. eine vom gesetzlichen Grundwehrdienst oder Zivildienst befreiende Tätigkeit als Entwicklungshelfer im Sinne des § 1 Absatz 1 des Entwicklungshelfer-Gesetzes ausgeübt hat,

für einen der Dauer dieser Dienste oder der Tätigkeit entsprechenden Zeitraum, höchstens für die Dauer des inländischen gesetzlichen Grundwehrdienstes oder bei anerkannten Kriegsdienstverweigerern für die Dauer des inländischen gesetzlichen Zivildienstes über das 21. oder 25. Lebensjahr hinaus berücksichtigt. 2 Wird der gesetzliche Grundwehrdienst oder Zivildienst in einem Mitgliedstaat der Europäischen Union oder einem Staat, auf den das Abkommen über den Europäischen Wirtschaftsraum Anwendung findet, geleistet, so ist die Dauer dieses Dienstes maßgebend. 3 Absatz 4 Satz 2 und 3[2] gilt entsprechend.

(6)[3] 1 Bei der Veranlagung zur Einkommensteuer wird für jedes zu berücksichtigende Kind des Steuerpflichtigen ein Freibetrag von *2358 Euro* [***für VZ 2019:*** 2490 Euro; ***für VZ 2020:*** 2586 Euro; ***für VZ 2021:*** 2730 Euro][4] für das sächliche Existenzminimum des Kindes (Kinderfreibetrag) sowie ein Freibetrag von *1320 Euro* [***für VZ 2021:*** 1464 Euro][5] für den Betreuungs- und Erziehungs- oder Ausbildungsbedarf des Kindes vom Einkommen abgezogen. 2 Bei Ehegatten, die nach den §§ 26, 26b zusammen zur Einkommensteuer veranlagt werden, verdoppeln sich die Beträge nach Satz 1, wenn das Kind zu

---

[1] § 32 Abs. 4 Satz 2 geänd. mWv 1.1.2012 durch G v. 26.6.2013 (BGBl. I S. 1809).

[2] Verweis geänd. mWv VZ 2012 durch G v. 1.11.2011 (BGBl. I S. 2131).

[3] § 32 Abs. 6 Sätze 6 und 7 ersetzt durch Sätze 6 bis 11 mWv VZ 2012 durch G v. 1.11. 2011 (BGBl. I S. 2131).

[4] Betrag geänd. mWv 1.1.2015/2016 durch G v. 16.7.2015 (BGBl. I S. 1202); geänd. mWv 1.1.2017/2018 durch G v. 20.12.2016 (BGBl. I S. 3000); geänd. mWv 1.1.2019/2020 durch G v. 29.11.2018 (BGBl. I S. 2210); geänd. mWv VZ 2021 durch G v. 1.12.2020 (BGBl. I S. 2616).

[5] Betrag geänd. mWv 1.1.2010 durch G v. 22.12.2009 (BGBl. I S. 3950); geänd. mWv VZ 2021 durch G v. 1.12.2020 (BGBl. I S. 2616).

beiden Ehegatten in einem Kindschaftsverhältnis steht. [3]Die Beträge nach Satz 2 stehen dem Steuerpflichtigen auch dann zu, wenn

1. der andere Elternteil verstorben oder nicht unbeschränkt einkommensteuerpflichtig ist oder
2. der Steuerpflichtige allein das Kind angenommen hat oder das Kind nur zu ihm in einem Pflegekindschaftsverhältnis steht.

[4]Für ein nicht nach § 1 Absatz 1 oder 2 unbeschränkt einkommensteuerpflichtiges Kind können die Beträge nach den Sätzen 1 bis 3 nur abgezogen werden, soweit sie nach den Verhältnissen seines Wohnsitzstaates notwendig und angemessen sind. [5]Für jeden Kalendermonat, in dem die Voraussetzungen für einen Freibetrag nach den Sätzen 1 bis 4 nicht vorliegen, ermäßigen sich die dort genannten Beträge um ein Zwölftel. [6]Abweichend von Satz 1 wird bei einem unbeschränkt einkommensteuerpflichtigen Elternpaar, bei dem die Voraussetzungen des § 26 Absatz 1 Satz 1 nicht vorliegen, auf Antrag eines Elternteils der dem anderen Elternteil zustehende Kinderfreibetrag auf ihn übertragen, wenn er, nicht jedoch der andere Elternteil, seiner Unterhaltspflicht gegenüber dem Kind für das Kalenderjahr im Wesentlichen nachkommt oder der andere Elternteil mangels Leistungsfähigkeit nicht unterhaltspflichtig ist. [7]Eine Übertragung nach Satz 6 scheidet für Zeiträume aus, für die Unterhaltsleistungen nach dem Unterhaltsvorschussgesetz gezahlt werden. [8]Bei minderjährigen Kindern wird der dem Elternteil, in dessen Wohnung das Kind nicht gemeldet ist, zustehende Freibetrag für den Betreuungs- und Erziehungs- oder Ausbildungsbedarf auf Antrag des anderen Elternteils auf diesen übertragen, wenn bei dem Elternpaar die Voraussetzungen des § 26 Absatz 1 Satz 1 nicht vorliegen. [9]Eine Übertragung nach Satz 8 scheidet aus, wenn der Übertragung widersprochen wird, weil der Elternteil, bei dem das Kind nicht gemeldet ist, Kinderbetreuungskosten trägt oder das Kind regelmäßig in einem nicht unwesentlichen Umfang betreut. [10]Die den Eltern nach den Sätzen 1 bis 9 zustehenden Freibeträge können auf Antrag auch auf einen Stiefelternteil oder Großelternteil übertragen werden, wenn dieser das Kind in seinen Haushalt aufgenommen hat oder dieser einer Unterhaltspflicht gegenüber dem Kind unterliegt. [11]Die Übertragung nach Satz 10 kann auch mit Zustimmung des berechtigten Elternteils erfolgen, die nur für künftige Kalenderjahre widerrufen werden kann.

§ 32a[1)] Einkommensteuertarif.

[Fassung von Abs. 1 für VZ 2021:][2)]

(1) [1]Die tarifliche Einkommensteuer bemisst sich nach dem zu versteuernden Einkommen. [2]Sie beträgt

[Fassung von Abs. 1 für VZ 2022:][2)]

(1) [1]Die tarifliche Einkommensteuer bemisst sich nach dem zu versteuernden Einkommen. [2]Sie beträgt

---

[1)] Zur Berechnung der geltenden Einkommensteuer siehe das beiliegende **Berechnungsprogramm auf CD-ROM** sowie die im **Anhang T 1a und T 1b** abgedruckten **Einkommensteuer-Grundtabellen und -Splittingtabellen.**

[2)] § 32a Abs. 1 neu gef. mWv 1.1.2021 bzw. 1.1.2022 durch G v. 1.12.2020 (BGBl. I S. 2616).

[Fassung von Abs. 1 für VZ 2021:]

im Veranlagungszeitraum 2021 vorbehaltlich der §§ 32b, 32d, 34, 34a, 34b und 34c jeweils in Euro für zu versteuernde Einkommen

1. bis 9744 Euro (Grundfreibetrag): 0;
2. von 9745 Euro bis 14 753 Euro: (995,21 · y + 1400) · y;
3. von 14 754 Euro bis 57 918 Euro: (208,85 · z + 2397) · z + 950,96;
4. von 57 919 Euro bis 274 612 Euro: 0,42 · x – 9136,63;
5. von 274 613 Euro an: 0,45 · x – 17 374,99.

[3] Die Größe „y" ist ein Zehntausendstel des den Grundfreibetrag übersteigenden Teils des auf einen vollen Euro-Betrag abgerundeten zu versteuernden Einkommens. [4] Die Größe „z" ist ein Zehntausendstel des 14 753 Euro übersteigenden Teils des auf einen vollen Euro-Betrag abgerundeten zu versteuernden Einkommens. [5] Die Größe „x" ist das auf einen vollen Euro-Betrag abgerundete zu versteuernde Einkommen. [6] Der sich ergebende Steuerbetrag ist auf den nächsten vollen Euro-Betrag abzurunden.

[Fassung von Abs. 1 für VZ 2022:]

ab dem Veranlagungszeitraum 2022 vorbehaltlich der §§ 32b, 32d, 34, 34a, 34b und 34c jeweils in Euro für zu versteuernde Einkommen

1. bis 9984 Euro (Grundfreibetrag): 0;
2. von 9985 Euro bis 14 926 Euro: (1008,70 · y + 1400) · y;
3. von 14 927 Euro bis 58 596 Euro: (206,43 · z + 2397) · z + 938,24;
4. von 58 597 Euro bis 277 825 Euro: 0,42 · x – 9267,53;
5. von 277 826 Euro an: 0,45 · x – 17 602,28.

[3] Die Größe „y" ist ein Zehntausendstel des den Grundfreibetrag übersteigenden Teils des auf einen vollen Euro-Betrag abgerundeten zu versteuernden Einkommens. [4] Die Größe „z" ist ein Zehntausendstel des 14 926 Euro übersteigenden Teils des auf einen vollen Euro-Betrag abgerundeten zu versteuernden Einkommens. [5] Die Größe „x" ist das auf einen vollen Euro-Betrag abgerundete zu versteuernde Einkommen. [6] Der sich ergebende Steuerbetrag ist auf den nächsten vollen Euro-Betrag abzurunden.

[Fassung von Abs. 1 für VZ 2020:][1)]

(1) [1] Die tarifliche Einkommensteuer bemisst sich nach dem zu versteuernden Einkommen. [2] Sie beträgt ab dem Veranlagungszeitraum 2020 vorbehaltlich der §§ 32b, 32d, 34, 34a, 34b und 34c jeweils in Euro für zu versteuernde Einkommen

1. bis 9408 Euro (Grundfreibetrag): 0;
2. von 9409 Euro bis 14 532 Euro: (972,87 · y + 1400) · y;

[Fassung von Abs. 1 für VZ 2019:][1)]

(1) [1] Die tarifliche Einkommensteuer bemisst sich nach dem zu versteuernden Einkommen. [2] Sie beträgt im Veranlagungszeitraum 2019 vorbehaltlich der §§ 32b, 32d, 34, 34a, 34b und 34c jeweils in Euro für zu versteuernde Einkommen

1. bis 9168 Euro (Grundfreibetrag): 0;
2. von 9169 Euro bis 14 254 Euro: (980,14 · y + 1400) · y;

[1)] § 32a Abs. 1 neu gef. mWv 1.1.2019 bzw. 1.1.2020 durch G v. 29.11.2018 (BGBl. I S. 2210).

[Fassung von Abs. 1 für VZ 2020:][1)]

3. von 14 533 Euro bis 57 051 Euro:
   (212,02 · z + 2397) · z + 972,79;
4. von 57 052 Euro bis 270 500 Euro:
   0,42 · x – 8963,74;
5. von 270 501 Euro an:
   0,45 · x – 17 078,74.

[3]Die Größe „y" ist ein Zehntausendstel des den Grundfreibetrag übersteigenden Teils des auf einen vollen Euro-Betrag abgerundeten zu versteuernden Einkommens. [4]Die Größe „z" ist ein Zehntausendstel des 14 532 Euro übersteigenden Teils des auf einen vollen Euro-Betrag abgerundeten zu versteuernden Einkommens. [5]Die Größe „x" ist das auf einen vollen Euro-Betrag abgerundete zu versteuernde Einkommen. [6]Der sich ergebende Steuerbetrag ist auf den nächsten vollen Euro-Betrag abzurunden.

[Fassung von Abs. 1 für VZ 2019:][1)]

3. von 14 255 Euro bis 55 960 Euro:
   (216,16 · z + 2397) · z + 965,58;
4. von 55 961 Euro bis 265 326 Euro:
   0,42 · x – 8780,9;
5. von 265 327 Euro an:
   0,45 · x – 16 740,68.

[3]Die Größe „y" ist ein Zehntausendstel des den Grundfreibetrag übersteigenden Teils des auf einen vollen Euro-Betrag abgerundeten zu versteuernden Einkommens. [4]Die Größe „z" ist ein Zehntausendstel des 14 254 Euro übersteigenden Teils des auf einen vollen Euro-Betrag abgerundeten zu versteuernden Einkommens. [5]Die Größe „x" ist das auf einen vollen Euro-Betrag abgerundete zu versteuernde Einkommen. [6]Der sich ergebende Steuerbetrag ist auf den nächsten vollen Euro-Betrag abzurunden.

(2)–(4) (weggefallen)

(5) Bei Ehegatten, die nach den §§ 26, 26b zusammen zur Einkommensteuer veranlagt werden, beträgt die tarifliche Einkommensteuer vorbehaltlich der §§ 32b, 32d, 34, 34a, 34b und 34c das Zweifache des Steuerbetrags, der sich für die Hälfte ihres gemeinsam zu versteuernden Einkommens nach Absatz 1 ergibt (Splitting-Verfahren).

(6) [1]Das Verfahren nach Absatz 5 ist auch anzuwenden zur Berechnung der tariflichen Einkommensteuer für das zu versteuernde Einkommen

1. bei einem verwitweten Steuerpflichtigen für den Veranlagungszeitraum, der dem Kalenderjahr folgt, in dem der Ehegatte verstorben ist, wenn der Steuerpflichtige und sein verstorbener Ehegatte im Zeitpunkt seines Todes die Voraussetzungen des § 26 Absatz 1 Satz 1 erfüllt haben,
2.[2)] bei einem Steuerpflichtigen, dessen Ehe in dem Kalenderjahr, in dem er sein Einkommen bezogen hat, aufgelöst worden ist, wenn in diesem Kalenderjahr
   a) der Steuerpflichtige und sein bisheriger Ehegatte die Voraussetzungen des § 26 Absatz 1 Satz 1 erfüllt haben,

---

[1)] § 32a Abs. 1 neu gef. mWv 1.1.2019 bzw. 1.1.2020 durch G v. 29.11.2018 (BGBl. I S. 2210).

[2)] § 32a Abs. 6 Satz 1 Nr. 2 Satz 2 aufgeh. mWv VZ 2013 (§ 52 Abs. 68 Satz 1 a. F.) durch G v. 1.11.2011 (BGBl. I S. 2131).

b) der bisherige Ehegatte wieder geheiratet hat und

c) der bisherige Ehegatte und dessen neuer Ehegatte ebenfalls die Voraussetzungen des § 26 Absatz 1 Satz 1 erfüllen.

[2] Voraussetzung für die Anwendung des Satzes 1 ist, dass der Steuerpflichtige nicht nach den §§ 26, 26a einzeln zur Einkommensteuer veranlagt wird.[1)]

§ 32b Progressionsvorbehalt. (1) [1] Hat ein zeitweise oder während des gesamten Veranlagungszeitraums unbeschränkt Steuerpflichtiger oder ein beschränkt Steuerpflichtiger, auf den § 50 Absatz 2 Satz 2 Nummer 4 Anwendung findet,

1. a)[2)] Arbeitslosengeld, Teilarbeitslosengeld, Zuschüsse zum Arbeitsentgelt, Kurzarbeitergeld, Insolvenzgeld, Übergangsgeld nach dem Dritten Buch Sozialgesetzbuch; Insolvenzgeld, das nach § 170 Absatz 1 des Dritten Buches Sozialgesetzbuch einem Dritten zusteht, ist dem Arbeitnehmer zuzurechnen,

b) Krankengeld, Mutterschaftsgeld, Verletztengeld, Übergangsgeld oder vergleichbare Lohnersatzleistungen nach dem Fünften, Sechsten oder Siebten Buch Sozialgesetzbuch, der Reichsversicherungsordnung, dem Gesetz über die Krankenversicherung der Landwirte oder dem Zweiten Gesetz über die Krankenversicherung der Landwirte,

c) Mutterschaftsgeld, Zuschuss zum Mutterschaftsgeld, die Sonderunterstützung nach dem Mutterschutzgesetz sowie den Zuschuss bei Beschäftigungsverboten für die Zeit vor oder nach einer Entbindung sowie für den Entbindungstag während einer Elternzeit nach beamtenrechtlichen Vorschriften,

d)[3)] Arbeitslosenbeihilfe nach dem Soldatenversorgungsgesetz,

e) Entschädigungen für Verdienstausfall nach dem Infektionsschutzgesetz vom 20. Juli 2000 (BGBl. I S. 1045),

[Fassung bis 31.12.2023:]

f) Versorgungskrankengeld oder Übergangsgeld nach dem Bundesversorgungsgesetz,

[Fassung ab 1.1.2024:][4)]

f) Krankengeld der Sozialen Entschädigung oder Übergangsgeld nach dem Vierzehnten Buch Sozialgesetzbuch,

g)[5)] nach § 3 Nummer 28 steuerfreie Aufstockungsbeträge oder Zuschläge sowie nach § 3 Nummer 28a steuerfreie Zuschüsse,

---

[1)] § 32a Abs. 6 Satz 2 geänd. mWv VZ 2013 durch G v. 1.11.2011 (BGBl. I S. 2131).

[2)] § 32b Abs. 1 Satz 1 Nr. 1 Buchst. a neu gef. mWv VZ 2015 durch G v. 25.7.2014 (BGBl. I S. 1266).

[3)] § 32b Abs. 1 Satz 1 Nr. 1 Buchst. d geänd. mWv VZ 2015 durch G v. 25.7.2014 (BGBl. I S. 1266).

[4)] § 32b Abs. 1 Satz 1 Nr. 1 Buchst. f neu gef. mWv VZ 2024 durch G v. 12.12.2019 (BGBl. I S. 2652).

[5)] § 32b Abs. 1 Satz 1 Nr. 1 Buchst. g geänd. durch G v. 19.6.2020 (BGBl. I S. 1385).

h)[1] Leistungen an *Nichtselbständige nach § 6 des Unterhaltssicherungsgesetzes* [***ab 1.1.2020:*** Arbeitnehmerinnen und Arbeitnehmer nach § 5 des Unterhaltssicherungsgesetzes],

i)[2] nach § 3 Nummer 60 steuerfreie Anpassungsgelder,

j) Elterngeld nach dem Bundeselterngeld- und Elternzeitgesetz,[3]

k)[4] nach § 3 Nummer 2 Buchstabe e steuerfreie Leistungen, wenn vergleichbare Leistungen inländischer öffentlicher Kassen nach den Buchstaben a bis j dem Progressionsvorbehalt unterfallen, oder

2. ausländische Einkünfte, die im Veranlagungszeitraum nicht der deutschen Einkommensteuer unterlegen haben; dies gilt nur für Fälle der zeitweisen unbeschränkten Steuerpflicht einschließlich der in § 2 Absatz 7 Satz 3 geregelten Fälle; ausgenommen sind Einkünfte, die nach einem sonstigen zwischenstaatlichen Übereinkommen im Sinne der Nummer 4 steuerfrei sind und die nach diesem Übereinkommen nicht unter dem Vorbehalt der Einbeziehung bei der Berechnung der Einkommensteuer stehen,
3. Einkünfte, die nach einem Abkommen zur Vermeidung der Doppelbesteuerung steuerfrei sind,
4. Einkünfte, die nach einem sonstigen zwischenstaatlichen Übereinkommen unter dem Vorbehalt der Einbeziehung bei der Berechnung der Einkommensteuer steuerfrei sind,
5. Einkünfte, die bei Anwendung von § 1 Absatz 3 oder § 1a oder § 50 Absatz 2 Satz 2 Nummer 4 im Veranlagungszeitraum bei der Ermittlung des zu versteuernden Einkommens unberücksichtigt bleiben, weil sie nicht der deutschen Einkommensteuer oder einem Steuerabzug unterliegen; ausgenommen sind Einkünfte, die nach einem sonstigen zwischenstaatlichen Übereinkommen im Sinne der Nummer 4 steuerfrei sind und die nach diesem Übereinkommen nicht unter dem Vorbehalt der Einbeziehung bei der Berechnung der Einkommensteuer stehen,

bezogen, so ist auf das nach § 32a Absatz 1 zu versteuernde Einkommen ein besonderer Steuersatz anzuwenden. [2]Satz 1 Nummer 3 gilt nicht für Einkünfte

1. aus einer anderen als in einem Drittstaat belegenen land- und forstwirtschaftlichen Betriebsstätte,
2. aus einer anderen als in einem Drittstaat belegenen gewerblichen Betriebsstätte, die nicht die Voraussetzungen des § 2a Absatz 2 Satz 1 erfüllt,
3. aus der Vermietung oder der Verpachtung von unbeweglichem Vermögen oder von Sachinbegriffen, wenn diese in einem anderen Staat als in einem Drittstaat belegen sind, oder

I(1)

---

[1] § 32b Abs. 1 Satz 1 Nr. 1 Buchst. h neu gef. mWv VZ 2020 durch G v. 12.12.2019 (BGBl. I S. 2451).

[2] § 32b Abs. 1 Satz 1 Nr. 1 Buchst. i neu gef. mWv 14.8.2020 durch G v. 8.8.2020 (BGBl. I S. 1818).

[3] Nr. **62**.

[4] § 32b Abs. 1 Satz 1 Nr. 1 Buchst. k angef. mWv VZ 2015 durch G v. 25.7.2014 (BGBl. I S. 1266).

4. aus der entgeltlichen Überlassung von Schiffen, sofern diese ausschließlich oder fast ausschließlich in einem anderen als einem Drittstaat eingesetzt worden sind, es sei denn, es handelt sich um Handelsschiffe, die
   a) von einem Vercharterer ausgerüstet überlassen oder
   b) an in einem anderen als in einem Drittstaat ansässige Ausrüster, die die Voraussetzungen des § 510 Absatz 1 des Handelsgesetzbuchs erfüllen, überlassen oder
   c) insgesamt nur vorübergehend an in einem Drittstaat ansässige Ausrüster, die die Voraussetzungen des § 510 Absatz 1 des Handelsgesetzbuchs erfüllen, überlassen

   worden sind, oder
5. aus dem Ansatz des niedrigeren Teilwerts oder der Übertragung eines zu einem Betriebsvermögen gehörenden Wirtschaftsguts im Sinne der Nummern 3 und 4.

[3] § 2a Absatz 2a und § 15b sind sinngemäß anzuwenden.[1)]

(1a) Als unmittelbar von einem unbeschränkt Steuerpflichtigen bezogene ausländische Einkünfte im Sinne des Absatzes 1 Nummer 3 gelten auch die ausländischen Einkünfte, die eine Organgesellschaft im Sinne des § 14 oder des § 17 des Körperschaftsteuergesetzes bezogen hat und die nach einem Abkommen zur Vermeidung der Doppelbesteuerung steuerfrei sind, in dem Verhältnis, in dem dem unbeschränkt Steuerpflichtigen das Einkommen der Organgesellschaft bezogen auf das gesamte Einkommen der Organgesellschaft im Veranlagungszeitraum zugerechnet wird.

(2)[2)] Der besondere Steuersatz nach Absatz 1 ist der Steuersatz, der sich ergibt, wenn bei der Berechnung der Einkommensteuer das nach § 32a Absatz 1 zu versteuernde Einkommen vermehrt oder vermindert wird um

1. im Fall des Absatzes 1 Nummer 1 die Summe der Leistungen nach Abzug des Arbeitnehmer-Pauschbetrags (§ 9a Satz 1 Nummer 1), soweit er nicht bei der Ermittlung der Einkünfte aus nichtselbständiger Arbeit abziehbar ist;
2. im Fall des Absatzes 1 Nummer 2 bis 5 die dort bezeichneten Einkünfte, wobei die darin enthaltenen außerordentlichen Einkünfte mit einem Fünftel zu berücksichtigen sind. [2] Bei der Ermittlung der Einkünfte im Fall des Absatzes 1 Nummer 2 bis 5
   a) ist der Arbeitnehmer-Pauschbetrag (§ 9a Satz 1 Nummer 1 Buchstabe a) abzuziehen, soweit er nicht bei der Ermittlung der Einkünfte aus nichtselbständiger Arbeit abziehbar ist;
   b) sind Werbungskosten nur insoweit abzuziehen, als sie zusammen mit den bei der Ermittlung der Einkünfte aus nichtselbständiger Arbeit abziehbaren Werbungskosten den Arbeitnehmer-Pauschbetrag (§ 9a Satz 1 Nummer 1 Buchstabe a) übersteigen;

---

1) § 32b Abs. 1 Satz 3 geänd. durch G v. 18.12.2013 (BGBl. I S. 4318); zur Anwendung siehe § 52 Abs. 33 Satz 2.

2) § 32b Abs. 2 Sätze 2 und 3 letztmals anzuwenden für VZ 2007 (§ 52 Abs. 43a Satz 3 a. F.) und daher aufgeh. durch G v. 25.7.2014 (BGBl. I S. 1266).

c)[1] sind bei Gewinnermittlung nach § 4 Absatz 3 die Anschaffungs- oder Herstellungskosten für Wirtschaftsgüter des Umlaufvermögens im Zeitpunkt des Zuflusses des Veräußerungserlöses oder bei Entnahme im Zeitpunkt der Entnahme als Betriebsausgaben zu berücksichtigen. [2] § 4 Absatz 3 Satz 5 gilt entsprechend.

(3)[2] [1] Nach Maßgabe des § 93c der Abgabenordnung haben die Träger der Sozialleistungen im Sinne des Absatzes 1 Satz 1 Nummer 1 für jeden Leistungsempfänger der für seine Besteuerung nach dem Einkommen zuständigen Finanzbehörde neben den nach § 93c Absatz 1 der Abgabenordnung erforderlichen Angaben die Daten über die im Kalenderjahr gewährten Leistungen sowie die Dauer des Leistungszeitraums zu übermitteln, soweit die Leistungen nicht in der Lohnsteuerbescheinigung anzugeben sind (§ 41b Absatz 1 Satz 2 Nummer 5); § 41b Absatz 2 und § 22a Absatz 2 gelten entsprechend. [2] Die mitteilungspflichtige Stelle hat den Empfänger der Leistungen auf die steuerliche Behandlung dieser Leistungen und seine Steuererklärungspflicht hinzuweisen. [3] In den Fällen des § 170 Absatz 1 des Dritten Buches Sozialgesetzbuch gilt als Empfänger des an Dritte ausgezahlten Insolvenzgeldes der Arbeitnehmer, der seinen Arbeitsentgeltanspruch übertragen hat.

(4)[3] [1] In den Fällen des Absatzes 3 ist für die Anwendung des § 72a Absatz 4 und des § 93c Absatz 4 Satz 1 der Abgabenordnung das Betriebsstättenfinanzamt des Trägers der jeweiligen Sozialleistungen zuständig. [2] Sind für ihn mehrere Betriebsstättenfinanzämter zuständig oder hat er keine Betriebsstätte im Sinne des § 41 Absatz 2, so ist das Finanzamt zuständig, in dessen Bezirk sich seine Geschäftsleitung nach § 10 der Abgabenordnung im Inland befindet.

(5)[4] · [5] Die nach Absatz 3 übermittelten Daten können durch das nach Absatz 4 zuständige Finanzamt bei den für die Besteuerung der Leistungsempfänger nach dem Einkommen zuständigen Finanzbehörden abgerufen und zur Anwendung des § 72a Absatz 4 und des § 93c Absatz 4 Satz 1 der Abgabenordnung *verwendet* [***ab 26.11.2019:*** verarbeitet] werden.

[VZ 2016 bis VZ 2022:]

§ 32c[6] Tarifermäßigung bei Einkünften aus Land- und Forstwirtschaft. (1) [1] Auf Antrag des Steuerpflichtigen wird nach Ablauf von drei Veranlagungszeiträumen (Betrachtungszeitraum) unter den Voraussetzungen des

---

[1] § 32b Abs. 2 Nr. 2 Satz 2 Buchst. c) angef. durch G v. 26.6.2013 (BGBl. I S. 1809); zur Anwendung siehe § 52 Abs. 33 Satz 1.

[2] § 32b Abs. 3 ersetzt durch Abs. 3 bis 5 durch G v. 18.7.2016 (BGBl. I S. 1679); zur Anwendung siehe § 52 Abs. 33 Satz 3.

[3] § 32b Abs. 3 ersetzt durch Abs. 3 bis 5 durch G v. 18.7.2016 (BGBl. I S. 1679); zur Anwendung siehe § 52 Abs. 33 Satz 3.

[4] § 32b Abs. 3 ersetzt durch Abs. 3 bis 5 durch G v. 18.7.2016 (BGBl. I S. 1679); zur Anwendung siehe § 52 Abs. 33 Satz 3.

[5] § 32b Abs. 5 geänd. mWv VZ 2019 duch G v. 20.11.2019 (BGBl. I S. 1626).

[6] § 32c eingef. durch G v. 12.12.2019 (BGBl. I S. 2451); zur Anwendung siehe § 52 Abs. 33a. Die Regelung stand gem. Art. 39 Abs. 8 unter dem Vorbehalt der Genehmigung der EU-Kommission; am 30.1.2020 stellte die EU-Kommission fest, dass die Tarifermäßigung eine mit dem Binnenmarkt vereinbare Beihilfe darstellt (BGBl. I 2020 S. 597).

Absatzes 5 für Einkünfte aus Land- und Forstwirtschaft im Sinne des § 13 eine Tarifermäßigung nach Satz 2 gewährt. [2]Ist die Summe der tariflichen Einkommensteuer, die innerhalb des Betrachtungszeitraums auf die steuerpflichtigen Einkünfte aus Land- und Forstwirtschaft im Sinne des § 13 entfällt, höher als die Summe der nach Absatz 2 ermittelten fiktiven tariflichen Einkommensteuer, die innerhalb des Betrachtungszeitraums auf die steuerpflichtigen Einkünfte aus Land- und Forstwirtschaft im Sinne des § 13 entfällt, wird bei der Steuerfestsetzung des letzten Veranlagungszeitraums im Betrachtungszeitraum die tarifliche Einkommensteuer um den Unterschiedsbetrag ermäßigt. [3]Satz 1 gilt nicht, wenn nur in einem Veranlagungszeitraum des Betrachtungszeitraums Einkünfte aus Land- und Forstwirtschaft erzielt werden.

(2) [1]Die fiktive tarifliche Einkommensteuer, die auf die steuerpflichtigen Einkünfte aus Land- und Forstwirtschaft im Sinne des § 13 entfällt, wird für jeden Veranlagungszeitraum des Betrachtungszeitraums gesondert ermittelt. [2]Dabei treten an die Stelle der tatsächlichen Einkünfte aus Land- und Forstwirtschaft im Sinne des § 13 die nach Satz 3 zu ermittelnden durchschnittlichen Einkünfte. [3]Zur Ermittlung der durchschnittlichen Einkünfte aus Land- und Forstwirtschaft wird die Summe der tatsächlichen Einkünfte aus Land- und Forstwirtschaft der Veranlagungszeiträume eines Betrachtungszeitraums gleichmäßig auf die Veranlagungszeiträume des Betrachtungszeitraums verteilt.

(3) [1]Die auf die steuerpflichtigen Einkünfte aus Land- und Forstwirtschaft im Sinne des § 13 entfallende tarifliche Einkommensteuer im Sinne des Absatzes 1 ermittelt sich aus dem Verhältnis der positiven steuerpflichtigen Einkünfte aus Land- und Forstwirtschaft zur Summe der positiven Einkünfte. [2]Entsprechendes gilt bei der Ermittlung der fiktiven tariflichen Einkommensteuer. [3]Bei Ehegatten, die nach den §§ 26, 26b zusammen zur Einkommensteuer veranlagt werden, werden für die Ermittlung der Einkünfte jeder Einkunftsart im Sinne des Satzes 1 die Einkünfte beider Ehegatten zusammengerechnet.

(4) Bei der Ermittlung der tatsächlichen und der durchschnittlichen Einkünfte aus Land- und Forstwirtschaft im Sinne der Absätze 2 und 3 bleiben außer Betracht:

1. außerordentliche Einkünfte nach § 34 Absatz 2,
2. nach § 34a begünstigte nicht entnommene Gewinne sowie
3. Einkünfte aus außerordentlichen Holznutzungen im Sinne des § 34b Absatz 1 und 2.

(5) [1]Die Inanspruchnahme der Tarifermäßigung ist nur zulässig, wenn

1. für negative Einkünfte, die im ersten Veranlagungszeitraum des Betrachtungszeitraums erzielt wurden, kein Verlustrücktrag nach § 10d Absatz 1 in den letzten Veranlagungszeitraum eines vorangegangenen Betrachtungszeitraums vorgenommen wurde,
2. für negative Einkünfte, die im zweiten und dritten Veranlagungszeitraum des Betrachtungszeitraums erzielt wurden, kein Antrag nach § 10d Absatz 1 Satz 5 gestellt wurde,

3. der Steuerpflichtige kein Unternehmer in Schwierigkeiten im Sinne der Rahmenregelung der Europäischen Union für staatliche Beihilfen im Agrar- und Forstsektor und in ländlichen Gebieten 2014–2020 (2014/C 204/01) (ABl. C 204 vom 1.7.2014, S. 1) ist,
4. ein Steuerpflichtiger, der zu einer Rückzahlung von Beihilfen auf Grund eines früheren Beschlusses der Europäischen Kommission zur Feststellung der Unzulässigkeit einer Beihilfe und ihrer Unvereinbarkeit mit dem Binnenmarkt verpflichtet worden ist, dieser Rückforderungsanordnung vollständig nachgekommen ist,
5. der Steuerpflichtige weder einen der in Artikel 10 Absatz 1 der Verordnung (EU) Nr. 508/2014 des Europäischen Parlaments und des Rates vom 15. Mai 2014 über den Europäischen Meeres- und Fischereifonds und zur Aufhebung der Verordnungen (EG) Nr. 2328/2003, (EG) Nr. 861/2006, (EG) Nr. 1198/2006 und (EG) Nr. 791/2007 des Rates und der Verordnung (EU) Nr. 1255/2011 des Europäischen Parlaments und des Rates (ABl. L 149 vom 20.5.2014, S. 1) genannten Verstöße oder Vergehen noch einen Betrug gemäß Artikel 10 Absatz 3 dieser Verordnung in dem Zeitraum begangen hat, der in den delegierten Rechtsakten auf der Grundlage von Artikel 10 Absatz 4 dieser Verordnung festgelegt ist, und
6. ein Steuerpflichtiger mit Einkünften aus Binnenfischerei, Teichwirtschaft oder Fischzucht für Binnenfischerei und Teichwirtschaft versichert, dass er für einen Zeitraum von fünf Jahren nach Bekanntgabe des Einkommensteuerbescheids, mit dem die Tarifermäßigung gewährt wird, die Bestimmungen der Gemeinsamen Fischereipolitik einhalten wird.

[2]Der Steuerpflichtige hat bei der Beantragung der Tarifermäßigung zu erklären, dass die in Satz 1 Nummer 3 bis 6 genannten Voraussetzungen bestehen. [3]Der Steuerpflichtige hat dem zuständigen Finanzamt nach Beantragung der Tarifermäßigung unverzüglich mitzuteilen, wenn eine der in Satz 1 Nummer 3 bis 6 genannten Voraussetzungen nicht mehr vorliegt.

(6)[1)] [1]Ist für einen Veranlagungszeitraum, in dem eine Tarifermäßigung nach Absatz 1 gewährt wurde, bereits ein Einkommensteuerbescheid erlassen worden, ist dieser zu ändern, soweit sich in einem Einkommensteuerbescheid des Betrachtungszeitraums Besteuerungsgrundlagen ändern. [2]Die Festsetzungsfrist endet insoweit nicht, bevor die Festsetzungsfrist für den Veranlagungszeitraum abgelaufen ist, in dem sich die Besteuerungsgrundlagen geändert haben. [3]Die Sätze 1 und 2 gelten in den Fällen des § 36 Absatz 2 Nummer *3* [***ab VZ 2021:*** 4] entsprechend für die Anrechnungsverfügung.

(7) [1]Wird während eines Zeitraums von fünf Jahren nach Bekanntgabe des Einkommensteuerbescheids, mit dem die Tarifermäßigung für den jeweiligen Betrachtungszeitraum gewährt wird, einer der in Artikel 10 Absatz 1 der Verordnung (EU) Nr. 508/2014 genannten Verstöße durch die zuständige Behörde festgestellt, ist eine Tarifermäßigung im Sinne des Absatzes 1 Satz 2 rückgängig zu machen. [2]Ein solcher Verstoß gilt als rückwirkendes Ereignis im Sinne von § 175 Absatz 1 Satz 1 Nummer 2 in Verbindung mit Absatz 2 der

[1)] § 32c Abs. 6 Satz 3 geänd. mWv VZ 2021 durch G v. 21.12.2020 (BGBl. I S. 3096).

Abgabenordnung. [3]Der Steuerpflichtige hat einen Verstoß unverzüglich nach dessen Feststellung dem zuständigen Finanzamt anzuzeigen. [4]Die Festsetzungsfrist für die Steuer endet nicht vor Ablauf von vier Jahren nach Ablauf des Kalenderjahres, in dem die Finanzbehörde von dem Verstoß nach Satz 1 Kenntnis erlangt hat.

§ 32d Gesonderter Steuertarif für Einkünfte aus Kapitalvermögen.

(1) [1]Die Einkommensteuer für Einkünfte aus Kapitalvermögen, die nicht unter § 20 Absatz 8 fallen, beträgt 25 Prozent. [2]Die Steuer nach Satz 1 vermindert sich um die nach Maßgabe des Absatzes 5 anrechenbaren ausländischen Steuern. [3]Im Fall der Kirchensteuerpflicht ermäßigt sich die Steuer nach den Sätzen 1 und 2 um 25 Prozent der auf die Kapitalerträge entfallenden Kirchensteuer. [4]Die Einkommensteuer beträgt damit

$$\frac{e - 4q}{4 + k}.$$

[5]Dabei sind „e" die nach den Vorschriften des § 20 ermittelten Einkünfte, „q" die nach Maßgabe des Absatzes 5 anrechenbare ausländische Steuer und „k" der für die Kirchensteuer erhebende Religionsgesellschaft (Religionsgemeinschaft) geltende Kirchensteuersatz.

(2) Absatz 1 gilt nicht

1. für Kapitalerträge im Sinne des § 20 Absatz 1 Nummer 4 und 7 sowie Absatz 2 Satz 1 Nummer 4 und 7,

   a)[1] wenn Gläubiger und Schuldner einander nahe stehende Personen sind, soweit die den Kapitalerträgen entsprechenden Aufwendungen beim Schuldner Betriebsausgaben oder Werbungskosten im Zusammenhang mit Einkünften sind, die der inländischen Besteuerung unterliegen und § 20 Absatz 9 Satz 1 zweiter Halbsatz keine Anwendung findet,

   b)[2] wenn sie von einer Kapitalgesellschaft oder Genossenschaft an einen Anteilseigner gezahlt werden, der zu mindestens 10 Prozent an der Gesellschaft oder Genossenschaft beteiligt ist [***ab 1.1.2021/VZ 2024:*** , soweit die den Kapitalerträgen entsprechenden Aufwendungen beim Schuldner Betriebsausgaben oder Werbungskosten im Zusammenhang mit Einkünften sind, die der inländischen Besteuerung unterliegen und § 20 Absatz 9 Satz 1 zweiter Halbsatz keine Anwendung findet]. [2]Dies gilt auch, wenn der Gläubiger der Kapitalerträge eine dem Anteilseigner nahe stehende Person ist, oder

   c) soweit ein Dritter die Kapitalerträge schuldet und diese Kapitalanlage im Zusammenhang mit einer Kapitalüberlassung an einen Betrieb des Gläubigers steht. [2]Dies gilt entsprechend, wenn Kapital überlassen wird
      aa) an eine dem Gläubiger der Kapitalerträge nahestehende Person oder

---

[1] § 32d Abs. 2 Nr. 1 Satz 1 Buchst. a geänd. durch G v. 8.12.2010 (BGBl. I S. 1768).

[2] § 32d Abs. 2 Nr. 1 Buchst. b Satz 1 geänd. durch G v. 21.12.2020 (BGBl. I S. 3096); zur Anwendung siehe § 52 Abs. 33b Satz 1 (1.1.2021) und Satz 2 (VZ 2024).

bb) an eine Personengesellschaft, bei der der Gläubiger der Kapitalerträge oder eine diesem nahestehende Person als Mitunternehmer beteiligt ist oder

cc) an eine Kapitalgesellschaft oder Genossenschaft, an der der Gläubiger der Kapitalerträge oder eine diesem nahestehende Person zu mindestens 10 Prozent beteiligt ist,

sofern der Dritte auf den Gläubiger oder eine diesem nahestehende Person zurückgreifen kann. [3] Ein Zusammenhang ist anzunehmen, wenn die Kapitalanlage und die Kapitalüberlassung auf einem einheitlichen Plan beruhen. [4] Hiervon ist insbesondere dann auszugehen, wenn die Kapitalüberlassung in engem zeitlichen Zusammenhang mit einer Kapitalanlage steht oder die jeweiligen Zinsvereinbarungen miteinander verknüpft sind. [5] Von einem Zusammenhang ist jedoch nicht auszugehen, wenn die Zinsvereinbarungen marktüblich sind oder die Anwendung des Absatzes 1 beim Steuerpflichtigen zu keinem Belastungsvorteil führt. [6] Die Sätze 1 bis 5 gelten sinngemäß, wenn das überlassene Kapital vom Gläubiger der Kapitalerträge für die Erzielung von Einkünften im Sinne des § 2 Absatz 1 Satz 1 Nummer 4, 6 und 7 eingesetzt wird.

[2] Insoweit findet § 20 Absatz 6 und 9 keine Anwendung;

2. für Kapitalerträge im Sinne des § 20 Absatz 1 Nummer 6 Satz 2. [2] Insoweit findet § 20 Absatz 6 keine Anwendung;

3.[1)] auf Antrag für Kapitalerträge im Sinne des § 20 Absatz 1 Nummer 1 und 2 aus einer Beteiligung an einer Kapitalgesellschaft, wenn der Steuerpflichtige im Veranlagungszeitraum, für den der Antrag erstmals gestellt wird, unmittelbar oder mittelbar

a) zu mindestens 25 Prozent an der Kapitalgesellschaft beteiligt ist oder

b) zu mindestens 1 Prozent an der Kapitalgesellschaft beteiligt ist und durch eine berufliche Tätigkeit für diese maßgeblichen unternehmerischen Einfluss auf deren wirtschaftliche Tätigkeit nehmen kann.

[2] Insoweit finden § 3 Nummer 40 Satz 2 und § 20 Absatz 6 und 9 keine Anwendung. [3] Der Antrag gilt für die jeweilige Beteiligung erstmals für den Veranlagungszeitraum, für den er gestellt worden ist. [4] Er ist spätestens zusammen mit der Einkommensteuererklärung für den jeweiligen Veranlagungszeitraum zu stellen und gilt, solange er nicht widerrufen wird, auch für die folgenden vier Veranlagungszeiträume, ohne dass die Antragsvoraussetzungen erneut zu belegen sind. [5] Die Widerrufserklärung muss dem Finanzamt spätestens mit der Steuererklärung für den Veranlagungszeitraum zugehen, für den die Sätze 1 bis 4 erstmals nicht mehr angewandt werden sollen. [6] Nach einem Widerruf ist ein erneuter Antrag des Steuerpflichtigen für diese Beteiligung an der Kapitalgesellschaft nicht mehr zulässig;

4.[2)] für Bezüge im Sinne des § 20 Absatz 1 Nummer 1 und für Einnahmen im Sinne des § 20 Absatz 1 Nummer 9, soweit sie das Einkommen der leisten-

---

[1)] § 32d Abs. 2 Nr. 3 Buchst. b geänd. mWv VZ 2017 (§ 52 Abs. 33b Satz 1) durch G v. 20.12.2016 (BGBl. I S. 3000).

[2)] § 32d Abs. 2 Nr. 4 angef. durch G v. 8.12.2010 (BGBl. I S. 1768); geänd. mWv 1.1.2014 durch G v. 26.6.2013 (BGBl. I S. 1809).

den Körperschaft gemindert haben; dies gilt nicht, soweit eine verdeckte Gewinnausschüttung das Einkommen einer dem Steuerpflichtigen nahe stehenden Person erhöht hat und § 32a des Körperschaftsteuergesetzes auf die Veranlagung dieser nahe stehenden Person keine Anwendung findet.

(3)[1] [1]Steuerpflichtige Kapitalerträge, die nicht der Kapitalertragsteuer unterlegen haben, hat der Steuerpflichtige in seiner Einkommensteuererklärung anzugeben. [2]Für diese Kapitalerträge erhöht sich die tarifliche Einkommensteuer um den nach Absatz 1 ermittelten Betrag. [3]Im Fall des Satzes 1 ist eine Veranlagung ungeachtet von § 46 Absatz 2 durchzuführen.

(4) Der Steuerpflichtige kann mit der Einkommensteuererklärung für Kapitalerträge, die der Kapitalertragsteuer unterlegen haben, eine Steuerfestsetzung entsprechend Absatz 3 Satz 2 insbesondere in Fällen eines nicht vollständig ausgeschöpften Sparer-Pauschbetrags, einer Anwendung der Ersatzbemessungsgrundlage nach § 43a Absatz 2 Satz 7, eines noch nicht im Rahmen des § 43a Absatz 3 berücksichtigten Verlusts, eines Verlustvortrags nach § 20 Absatz 6 und noch nicht berücksichtigter ausländischer Steuern, zur Überprüfung des Steuereinbehalts dem Grund oder der Höhe nach oder zur Anwendung von Absatz 1 Satz 3 beantragen.

(5)[2] [1]In den Fällen der Absätze 3 und 4 ist bei unbeschränkt Steuerpflichtigen, die mit ausländischen Kapitalerträgen in dem Staat, aus dem die Kapitalerträge stammen, zu einer der deutschen Einkommensteuer entsprechenden Steuer herangezogen werden, die auf ausländische Kapitalerträge festgesetzte und gezahlte und um einen entstandenen Ermäßigungsanspruch gekürzte ausländische Steuer, jedoch höchstens 25 Prozent ausländische Steuer auf den einzelnen [***ab VZ 2021:*** steuerpflichtigen] Kapitalertrag, auf die deutsche Steuer anzurechnen. [2]Soweit in einem Abkommen zur Vermeidung der Doppelbesteuerung die Anrechnung einer ausländischen Steuer einschließlich einer als gezahlt geltenden Steuer auf die deutsche Steuer vorgesehen ist, gilt Satz 1 entsprechend. [3]Die ausländischen Steuern sind nur bis zur Höhe der auf die im jeweiligen Veranlagungszeitraum bezogenen Kapitalerträge im Sinne des Satzes 1 entfallenden deutschen Steuer anzurechnen.

(6)[3] [1]Auf Antrag des Steuerpflichtigen werden anstelle der Anwendung der Absätze 1, 3 und 4 die nach § 20 ermittelten Kapitaleinkünfte den Einkünften im Sinne des § 2 hinzugerechnet und der tariflichen Einkommensteuer unterworfen, wenn dies zu einer niedrigeren Einkommensteuer einschließlich Zuschlagsteuern führt (Günstigerprüfung). [2]Absatz 5 ist mit der Maßgabe anzuwenden, dass die nach dieser Vorschrift ermittelten ausländischen Steuern auf die zusätzliche tarifliche Einkommensteuer anzurechnen sind, die auf die hinzugerechneten Kapitaleinkünfte entfällt. [3]Der Antrag kann für den jeweiligen Veranlagungszeitraum nur einheitlich für sämtliche Kapitalerträge gestellt werden. [4]Bei zusammenveranlagten Ehegatten kann der Antrag nur für sämtliche Kapitalerträge beider Ehegatten gestellt werden.

---

[1] § 32d Abs. 3 Satz 3 angef. mWv VZ 2019 durch G v. 12.12.2019 (BGBl. I S. 2451).
[2] § 32d Abs. 5 Satz 1 geänd. mWv VZ 2021 durch G v. 21.12.2020 (BGBl. I S. 3096).
[3] § 32d Abs. 6 Satz 1 geänd. durch G v. 8.12.2010 (BGBl. I S. 1768).

§ 33 Außergewöhnliche Belastungen. (1) Erwachsen einem Steuerpflichtigen zwangsläufig größere Aufwendungen als der überwiegenden Mehrzahl der Steuerpflichtigen gleicher Einkommensverhältnisse, gleicher Vermögensverhältnisse und gleichen Familienstands (außergewöhnliche Belastung), so wird auf Antrag die Einkommensteuer dadurch ermäßigt, dass der Teil der Aufwendungen, der die dem Steuerpflichtigen zumutbare Belastung (Absatz 3) übersteigt, vom Gesamtbetrag der Einkünfte abgezogen wird.

(2)[1] [1] Aufwendungen erwachsen dem Steuerpflichtigen zwangsläufig, wenn er sich ihnen aus rechtlichen, tatsächlichen oder sittlichen Gründen nicht entziehen kann und soweit die Aufwendungen den Umständen nach notwendig sind und einen angemessenen Betrag nicht übersteigen. [2] Aufwendungen, die zu den Betriebsausgaben, Werbungskosten oder Sonderausgaben gehören, bleiben dabei außer Betracht; das gilt für Aufwendungen im Sinne des § 10 Absatz 1 Nummer 7 und 9 nur insoweit, als sie als Sonderausgaben abgezogen werden können. [3] Aufwendungen, die durch Diätverpflegung entstehen, können nicht als außergewöhnliche Belastung berücksichtigt werden. [4] Aufwendungen für die Führung eines Rechtsstreits (Prozesskosten) sind vom Abzug ausgeschlossen, es sei denn, es handelt sich um Aufwendungen ohne die der Steuerpflichtige Gefahr liefe, seine Existenzgrundlage zu verlieren und seine lebensnotwendigen Bedürfnisse in dem üblichen Rahmen nicht mehr befriedigen zu können.[2]

[*ab VZ 2021:*

(2a)[3] [1] Abweichend von Absatz 1 wird für Aufwendungen für durch eine Behinderung veranlasste Fahrten nur eine Pauschale gewährt (behinderungsbedingte Fahrtkostenpauschale). [2] Die Pauschale erhalten:

1. Menschen mit einem Grad der Behinderung von mindestens 80 oder mit einem Grad der Behinderung von mindestens 70 und dem Merkzeichen „G",
2. Menschen mit dem Merkzeichen „aG", mit dem Merkzeichen „Bl", mit dem Merkzeichen „TBl" oder mit dem Merkzeichen „H".

[3] Bei Erfüllung der Anspruchsvoraussetzungen nach Satz 2 Nummer 1 beträgt die Pauschale 900 Euro. [4] Bei Erfüllung der Anspruchsvoraussetzungen nach Satz 2 Nummer 2 beträgt die Pauschale 4500 Euro. [5] In diesem Fall kann die Pauschale nach Satz 3 nicht zusätzlich in Anspruch genommen werden. [6] Über die Fahrtkostenpauschale nach Satz 1 hinaus sind keine weiteren behinderungsbedingten Fahrtkosten als außergewöhnliche Belastung nach Absatz 1 berücksichtigungsfähig. [7] Die Pauschale ist bei der Ermittlung des Teils der Aufwendungen im Sinne des Absatzes 1, der die zumutbare Belastung übersteigt, einzubeziehen. [8] Sie kann auch gewährt werden, wenn ein Behinderten-Pauschbetrag nach § 33b Absatz 5 übertragen wurde. [9] § 33b Absatz 5 ist entsprechend anzuwenden.]

(3) [1] Die zumutbare Belastung beträgt

---

[1] § 33 Abs. 2 Satz 2 geänd. mWv VZ 2011 durch G v. 1.11.2011 (BGBl. I S. 2131).

[2] § 33 Abs. 2 Satz 4 angef. mWv VZ 2013 durch G v. 26.6.2013 (BGBl. I S. 1809).

[3] § 33 Abs. 2a eingef. durch G v. 9.12.2020 (BGBl. I S. 2770); zur Anwendung siehe § 52 Abs. 33c.

bei einem Gesamtbetrag der Einkünfte	bis 15 340 EUR	über 15 340 EUR bis 51 130 EUR	über 51 130 EUR
1. bei Steuerpflichtigen, die keine Kinder haben und bei denen die Einkommensteuer			
a) nach § 32 a Absatz 1,	5	6	7
b) nach § 32 a Absatz 5 oder 6 (Splitting-Verfahren)	4	5	6
zu berechnen ist;			
2. bei Steuerpflichtigen mit			
a) einem Kind oder zwei Kindern,	2	3	4
b) drei oder mehr Kindern	1	1	2
	Prozent des Gesamtbetrags der Einkünfte.		

[2]Als Kinder des Steuerpflichtigen zählen die, für die er Anspruch auf einen Freibetrag nach § 32 Absatz 6 oder auf Kindergeld hat.

(4)[1)] Die Bundesregierung wird ermächtigt, durch Rechtsverordnung mit Zustimmung des Bundesrates die Einzelheiten des Nachweises von Aufwendungen nach Absatz 1 [***ab VZ 2021:*** und der Anspruchsvoraussetzungen nach Absatz 2a] zu bestimmen.

§ 33a Außergewöhnliche Belastung in besonderen Fällen. (1) [1]Erwachsen einem Steuerpflichtigen Aufwendungen für den Unterhalt und eine etwaige Berufsausbildung einer dem Steuerpflichtigen oder seinem Ehegatten gegenüber gesetzlich unterhaltsberechtigten Person, so wird auf Antrag die Einkommensteuer dadurch ermäßigt, dass die Aufwendungen bis zu *9000* [***für VZ 2019:*** 9168; ***für VZ 2020:*** 9408; ***für VZ 2021:*** 9744; ***für VZ 2022:*** 9984][2)] Euro im Kalenderjahr vom Gesamtbetrag der Einkünfte abgezogen werden. [2]Der Höchstbetrag nach Satz 1 erhöht sich um den Betrag der im jeweiligen Veranlagungszeitraum nach § 10 Absatz 1 Nummer 3 für die Absicherung der unterhaltsberechtigten Person aufgewandten Beiträge; dies gilt nicht für Kranken- und Pflegeversicherungsbeiträge, die bereits nach § 10 Absatz 1 Nummer 3 Satz 1 anzusetzen sind. [3]Der gesetzlich unterhaltsberechtigten Person gleichgestellt ist eine Person, wenn bei ihr zum Unterhalt bestimmte inländische öffentliche Mittel mit Rücksicht auf die Unterhaltsleistungen des Steuerpflichtigen gekürzt werden. [4]Voraussetzung ist, dass weder der Steuerpflichtige noch eine andere Person Anspruch auf einen Freibetrag

[1)] § 33 Abs. 4 angef. mWv VZ 2011 durch G v. 1.11.2011 (BGBl. I S. 2131); geänd. mWv VZ 2021 (§ 52 Abs. 33c) durch G v. 9.12.2020 (BGBl. I S. 2770); vgl. § 64 EStDV (Nr. **10**).

[2)] Beträge geänd. mWv VZ 2017/2018 durch G v. 20.12.2016 (BGBl. I S. 3000); geänd. mWv VZ 2019/2020 durch G v. 29.11.2018 (BGBl. I S. 2210); geänd. mWv VZ 2021/2022 durch G v. 1.12.2020 (BGBl. I S. 2616).

nach § 32 Absatz 6 oder auf Kindergeld für die unterhaltene Person hat und die unterhaltene Person kein oder nur ein geringes Vermögen besitzt; ein angemessenes Hausgrundstück im Sinne von § 90 Absatz 2 Nummer 8 des Zwölften Buches Sozialgesetzbuch bleibt unberücksichtigt.[1)] [5]Hat die unterhaltene Person andere Einkünfte oder Bezüge, so vermindert sich die Summe der nach Satz 1 und Satz 2 ermittelten Beträge um den Betrag, um den diese Einkünfte und Bezüge den Betrag von 624 Euro im Kalenderjahr übersteigen, sowie um die von der unterhaltenen Person als Ausbildungshilfe aus öffentlichen Mitteln oder von Förderungseinrichtungen, die hierfür öffentliche Mittel erhalten, bezogenen Zuschüsse; zu den Bezügen gehören auch steuerfreie Gewinne nach den §§ 14, 16 Absatz 4, § 17 Absatz 3 und § 18 Absatz 3, die nach § 19 Absatz 2 steuerfrei bleibenden Einkünfte sowie Sonderabschreibungen und erhöhte Absetzungen, soweit sie die höchstmöglichen Absetzungen für Abnutzung nach § 7 übersteigen.[2)] [6]Ist die unterhaltene Person nicht unbeschränkt einkommensteuerpflichtig, so können die Aufwendungen nur abgezogen werden, soweit sie nach den Verhältnissen des Wohnsitzstaates der unterhaltenen Person notwendig und angemessen sind, höchstens jedoch der Betrag, der sich nach den Sätzen 1 bis 5 ergibt; ob der Steuerpflichtige zum Unterhalt gesetzlich verpflichtet ist, ist nach inländischen Maßstäben zu beurteilen. [7]Werden die Aufwendungen für eine unterhaltene Person von mehreren Steuerpflichtigen getragen, so wird bei jedem der Teil des sich hiernach ergebenden Betrags abgezogen, der seinem Anteil am Gesamtbetrag der Leistungen entspricht. [8]Nicht auf Euro lautende Beträge sind entsprechend dem für Ende September des Jahres vor dem Veranlagungszeitraum von der Europäischen Zentralbank bekannt gegebenen Referenzkurs umzurechnen.[3)] [9]Voraussetzung für den Abzug der Aufwendungen ist die Angabe der erteilten Identifikationsnummer (§ 139b der Abgabenordnung) der unterhaltenen Person in der Steuererklärung des Unterhaltsleistenden, wenn die unterhaltene Person der unbeschränkten oder beschränkten Steuerpflicht unterliegt. [10]Die unterhaltene Person ist für diese Zwecke verpflichtet, dem Unterhaltsleistenden ihre erteilte Identifikationsnummer (§ 139b der Abgabenordnung) mitzuteilen. [11]Kommt die unterhaltene Person dieser Verpflichtung nicht nach, ist der Unterhaltsleistende berechtigt, bei der für ihn zuständigen Finanzbehörde die Identifikationsnummer der unterhaltenen Person zu erfragen.[4)]

(2)[5)] [1]Zur Abgeltung des Sonderbedarfs eines sich in Berufsausbildung befindenden, auswärtig untergebrachten, volljährigen Kindes, für das Anspruch auf einen Freibetrag nach § 32 Absatz 6 oder Kindergeld besteht, kann der Steuerpflichtige einen Freibetrag in Höhe von 924 Euro je Kalenderjahr vom Gesamtbetrag der Einkünfte abziehen. [2]Für ein nicht unbeschränkt einkommensteuerpflichtiges Kind mindert sich der vorstehende Betrag nach Maßgabe

---

1) Zweiter Halbsatz angef. durch G v. 26.6.2013 (BGBl. I S. 1809).

2) § 33a Abs. 1 Satz 5 geänd. mWv VZ 2012 durch G v. 1.11.2011 (BGBl. I S. 2131).

3) § 33a Abs. 1 Satz 8 angef. durch G v. 26.6.2013 (BGBl. I S. 1809).

4) § 33a Abs. 1 Sätze 9 bis 11 angef. mWv VZ 2015 durch G v. 25.7.2014 (BGBl. I S. 1266).

5) § 33a Abs. 2 Satz 3 Verweis geänd. durch G v. 8.12.2010 (BGBl. I S. 1768); Satz 2 aufgeh., Sätze 3 bis 6 werden Sätze 2 bis 5, bish. Sätze 3 und 5 geänd. mWv VZ 2012 durch G v. 1.11.2011 (BGBl. I S. 2131).

des Absatzes 1 Satz 6. [3]Erfüllen mehrere Steuerpflichtige für dasselbe Kind die Voraussetzungen nach Satz 1, so kann der Freibetrag insgesamt nur einmal abgezogen werden. [4]Jedem Elternteil steht grundsätzlich die Hälfte des Abzugsbetrags nach den Sätzen 1 und 2 zu. [5]Auf gemeinsamen Antrag der Eltern ist eine andere Aufteilung möglich.

(3)[1)] [1]Für jeden vollen Kalendermonat, in dem die in den Absätzen 1 und 2 bezeichneten Voraussetzungen nicht vorgelegen haben, ermäßigen sich die dort bezeichneten Beträge um je ein Zwölftel. [2]Eigene Einkünfte und Bezüge der nach Absatz 1 unterhaltenen Person, die auf diese Kalendermonate entfallen, vermindern den nach Satz 1 ermäßigten Höchstbetrag nicht. [3]Als Ausbildungshilfe bezogene Zuschüsse der nach Absatz 1 unterhaltenen Person mindern nur den zeitanteiligen Höchstbetrag der Kalendermonate, für die sie bestimmt sind.

(4) In den Fällen der Absätze 1 und 2 kann wegen der in diesen Vorschriften bezeichneten Aufwendungen der Steuerpflichtige eine Steuerermäßigung nach § 33 nicht in Anspruch nehmen.

§ 33b[2)] Pauschbeträge für Menschen mit Behinderungen, Hinterbliebene und Pflegepersonen. (1) [1]Wegen der Aufwendungen für die Hilfe bei den gewöhnlichen und regelmäßig wiederkehrenden Verrichtungen des täglichen Lebens, für die Pflege sowie für einen erhöhten Wäschebedarf können Menschen mit Behinderungen unter den Voraussetzungen des Absatzes 2 anstelle einer Steuerermäßigung nach § 33 einen Pauschbetrag nach Absatz 3 geltend machen (Behinderten-Pauschbetrag). [2]Das Wahlrecht kann für die genannten Aufwendungen im jeweiligen Veranlagungszeitraum nur einheitlich ausgeübt werden.

[Fassung bis VZ 2020:]

(2) Die Pauschbeträge erhalten

1. behinderte Menschen, deren Grad der Behinderung auf mindestens 50 festgestellt ist;
2. behinderte Menschen, deren Grad der Behinderung auf weniger als 50, aber mindestens auf 25 festgestellt ist, wenn
   a) dem behinderten Menschen wegen seiner Behinderung nach gesetzlichen Vorschriften Renten oder andere laufende Bezüge zustehen, und zwar auch dann, wenn das Recht auf die Bezüge ruht oder der Anspruch

[Fassung ab VZ 2021:]

(2) Einen Pauschbetrag erhalten Menschen, deren Grad der Behinderung auf mindestens 20 festgestellt ist, sowie Menschen, die hilflos im Sinne des Absatzes 3 Satz 4 sind.

(3) [1]Die Höhe des Pauschbetrags nach Satz 2 richtet sich nach dem dauernden Grad der Behinderung. [2]Als Pauschbetrag werden gewährt bei einem Grad der Behinderung von mindestens:

20	384 Euro,
30	620 Euro,
40	860 Euro,
50	1140 Euro,

[1)] § 33a Abs. 3 Sätze 2 und 3 neu gef. mWv VZ 2014 durch G v. 25.7.2014 (BGBl. I S. 1266).

[2)] § 33b Überschr. geänd., Abs. 1 Satz 1 geänd., Abs. 2 und 3 neu gef., Abs. 5 Satz 5 angef., Abs. 6 neu gef., Abs. 8 angef. durch G v. 9.12.2020 (BGBl. I S. 2770); zur Anwendung siehe § 52 Abs. 33c.

[Fassung bis VZ 2020:]

auf die Bezüge durch Zahlung eines Kapitals abgefunden worden ist, oder

b) die Behinderung zu einer dauernden Einbuße der körperlichen Beweglichkeit geführt hat oder auf einer typischen Berufskrankheit beruht.

(3) [1]Die Höhe des Pauschbetrags richtet sich nach dem dauernden Grad der Behinderung. [2]Als Pauschbeträge werden gewährt bei einem Grad der Behinderung

von 25 und 30	310 Euro,
von 35 und 40	430 Euro,
von 45 und 50	570 Euro,
von 55 und 60	720 Euro,
von 65 und 70	890 Euro,
von 75 und 80	1060 Euro,
von 85 und 90	1230 Euro,
von 95 und 100	1420 Euro.

[3]Für behinderte Menschen, die hilflos im Sinne des Absatzes 6 sind, und für Blinde erhöht sich der Pauschbetrag auf 3700 Euro.

[Fassung ab VZ 2021:]

60	1440 Euro,
70	1780 Euro,
80	2120 Euro,
90	2460 Euro,
100	2840 Euro.

[3]Menschen, die hilflos im Sinne des Satzes 4 sind, Blinde und Taubblinde erhalten einen Pauschbetrag von 7400 Euro; in diesem Fall kann der Pauschbetrag nach Satz 2 nicht zusätzlich in Anspruch genommen werden. [4]Hilflos ist eine Person, wenn sie für eine Reihe von häufig und regelmäßig wiederkehrenden Verrichtungen zur Sicherung ihrer persönlichen Existenz im Ablauf eines jeden Tages fremder Hilfe dauernd bedarf. [5]Diese Voraussetzungen sind auch erfüllt, wenn die Hilfe in Form einer Überwachung oder einer Anleitung zu den in Satz 4 genannten Verrichtungen erforderlich ist oder wenn die Hilfe zwar nicht dauernd geleistet werden muss, jedoch eine ständige Bereitschaft zur Hilfeleistung erforderlich ist.

(4)[1)] [1]Personen, denen laufende Hinterbliebenenbezüge bewilligt worden sind, erhalten auf Antrag einen Pauschbetrag von 370 Euro (Hinterbliebenen-Pauschbetrag), wenn die Hinterbliebenenbezüge geleistet werden

1. nach dem *Bundesversorgungsgesetz oder einem anderen Gesetz, das die Vorschriften des Bundesversorgungsgesetzes* [***ab 1.1.2024:*** Vierzehnten Buch Sozialgesetzbuch oder einem anderen Gesetz, das die Vorschriften des Vierzehnten Buches Sozialgesetzbuch] über Hinterbliebenenbezüge für entsprechend anwendbar erklärt, oder
2. nach den Vorschriften über die gesetzliche Unfallversicherung oder
3. nach den beamtenrechtlichen Vorschriften an Hinterbliebene eines an den Folgen eines Dienstunfalls verstorbenen Beamten oder
4. nach den Vorschriften des Bundesentschädigungsgesetzes über die Entschädigung für Schäden an Leben, Körper oder Gesundheit.

[2]Der Pauschbetrag wird auch dann gewährt, wenn das Recht auf die Bezüge ruht oder der Anspruch auf die Bezüge durch Zahlung eines Kapitals abgefunden worden ist.

(5)[2)] [1]Steht der Behinderten-Pauschbetrag oder der Hinterbliebenen-Pauschbetrag einem Kind zu, für das der Steuerpflichtige Anspruch auf einen

---

1) § 33b Abs. 4 Satz 1 Nr. 1 geänd. mWv 1.1.2024 durch G v. 12.12.2019 (BGBl. I S. 2652).
2) § 33b Abs. 5 Satz 2 2. Satzteil angef. mWv VZ 2012 durch G v. 1.11.2011 (BGBl. I S. 2131).

Freibetrag nach § 32 Absatz 6 oder auf Kindergeld hat, so wird der Pauschbetrag auf Antrag auf den Steuerpflichtigen übertragen, wenn ihn das Kind nicht in Anspruch nimmt. 2Dabei ist der Pauschbetrag grundsätzlich auf beide Elternteile je zur Hälfte aufzuteilen, es sei denn, der Kinderfreibetrag wurde auf den anderen Elternteil übertragen. 3Auf gemeinsamen Antrag der Eltern ist eine andere Aufteilung möglich. 4In diesen Fällen besteht für Aufwendungen, für die der Behinderten-Pauschbetrag gilt, kein Anspruch auf eine Steuerermäßigung nach § 33. [*ab VZ 2021:* 5Voraussetzung für die Übertragung nach Satz 1 ist die Angabe der erteilten Identifikationsnummer (§ 139b der Abgabenordnung) des Kindes in der Einkommensteuererklärung des Steuerpflichtigen.]

[Fassung bis VZ 2020:]

(6) 1Wegen der außergewöhnlichen Belastungen, die einem Steuerpflichtigen durch die Pflege einer Person erwachsen, die nicht nur vorübergehend hilflos ist, kann er anstelle einer Steuerermäßigung nach § 33 einen Pauschbetrag von 924 Euro im Kalenderjahr geltend machen (Pflege-Pauschbetrag), wenn er dafür keine Einnahmen erhält. 2Zu diesen Einnahmen zählt unabhängig von der Verwendung nicht das von den Eltern eines behinderten Kindes für dieses Kind empfangene Pflegegeld. 3Hilflos im Sinne des Satzes 1 ist eine Person, wenn sie für eine Reihe von häufig und regelmäßig wiederkehrenden Verrichtungen zur Sicherung ihrer persönlichen Existenz im Ablauf eines jeden Tages fremder Hilfe dauernd bedarf. 4Diese Voraussetzungen sind auch erfüllt, wenn die Hilfe in Form einer Überwachung oder einer Anleitung zu den in Satz 3 genannten Verrichtungen erforderlich ist oder wenn die Hilfe zwar nicht dauernd geleistet werden muss, jedoch eine ständige Bereitschaft zur Hilfeleistung erforderlich ist. 5Voraussetzung ist, dass der Steuerpflichtige die Pflege entweder in seiner Wohnung oder in der Wohnung des Pflegebedürftigen persönlich durchführt und diese Wohnung in einem Mitgliedstaat der Europäischen Union oder in einem Staat belegen ist, auf den das Abkommen

[Fassung ab VZ 2021:]

(6) 1Wegen der außergewöhnlichen Belastungen, die einem Steuerpflichtigen durch die Pflege einer Person erwachsen, kann er anstelle einer Steuerermäßigung nach § 33 einen Pauschbetrag geltend machen (Pflege-Pauschbetrag), wenn er dafür keine Einnahmen im Kalenderjahr erhält und der Steuerpflichtige die Pflege entweder in seiner Wohnung oder in der Wohnung des Pflegebedürftigen persönlich durchführt und diese Wohnung in einem Mitgliedstaat der Europäischen Union oder in einem Staat gelegen ist, auf den das Abkommen über den Europäischen Wirtschaftsraum anzuwenden ist. 2Zu den Einnahmen nach Satz 1 zählt unabhängig von der Verwendung nicht das von den Eltern eines Kindes mit Behinderungen für dieses Kind empfangene Pflegegeld. 3Als Pflege-Pauschbetrag wird gewährt:

1. bei Pflegegrad 2 600 Euro,
2. bei Pflegegrad 3 1100 Euro,
3. bei Pflegegrad 4 oder 5 1800 Euro.

4Ein Pflege-Pauschbetrag nach Satz 3 Nummer 3 wird auch gewährt, wenn die gepflegte Person hilflos im Sinne des § 33b Absatz 3 Satz 4 ist. 5Bei erstmaliger Feststellung, Änderung oder Wegfall des Pflegegrads im Laufe des Kalenderjahres ist der Pflege-Pauschbetrag nach dem höchsten Grad zu gewähren, der im Kalenderjahr festgestellt war. 6Gleiches gilt,

[Fassung bis VZ 2020:]

über den Europäischen Wirtschaftsraum anzuwenden ist.[1] 6 Wird ein Pflegebedürftiger von mehreren Steuerpflichtigen im Veranlagungszeitraum gepflegt, wird der Pauschbetrag nach der Zahl der Pflegepersonen, bei denen die Voraussetzungen der Sätze 1 bis 5 vorliegen, geteilt.

[Fassung ab VZ 2021:]

wenn die Person die Voraussetzungen nach Satz 4 erfüllt. 7 Sind die Voraussetzungen nach Satz 4 erfüllt, kann der Pauschbetrag nach Satz 3 Nummer 1 und 2 nicht zusätzlich in Anspruch genommen werden. 8 Voraussetzung für die Gewährung des Pflege-Pauschbetrags ist die Angabe der erteilten Identifikationsnummer (§ 139b der Abgabenordnung) der gepflegten Person in der Einkommensteuererklärung des Steuerpflichtigen. 9 Wird ein Pflegebedürftiger von mehreren Steuerpflichtigen im Veranlagungszeitraum gepflegt, wird der Pflege-Pauschbetrag nach der Zahl der Pflegepersonen, bei denen die Voraussetzungen der Sätze 1 bis 4 vorliegen, geteilt.

(7) Die Bundesregierung wird ermächtigt, durch Rechtsverordnung mit Zustimmung des Bundesrates zu bestimmen, wie nachzuweisen ist, dass die Voraussetzungen für die Inanspruchnahme der Pauschbeträge vorliegen.

(8) Die Vorschrift des § 33b Absatz 6 ist ab Ende des Kalenderjahres 2026 zu evaluieren.

§ 34 Außerordentliche Einkünfte. (1) 1 Sind in dem zu versteuernden Einkommen außerordentliche Einkünfte enthalten, so ist die auf alle im Veranlagungszeitraum bezogenen außerordentlichen Einkünfte entfallende Einkommensteuer nach den Sätzen 2 bis 4 zu berechnen. 2 Die für die außerordentlichen Einkünfte anzusetzende Einkommensteuer beträgt das Fünffache des Unterschiedsbetrags zwischen der Einkommensteuer für das um diese Einkünfte verminderte zu versteuernde Einkommen (verbleibendes zu versteuerndes Einkommen) und der Einkommensteuer für das verbleibende zu versteuernde Einkommen zuzüglich eines Fünftels dieser Einkünfte. 3 Ist das verbleibende zu versteuernde Einkommen negativ und das zu versteuernde Einkommen positiv, so beträgt die Einkommensteuer das Fünffache der auf ein Fünftel des zu versteuernden Einkommens entfallenden Einkommensteuer. 4 Die Sätze 1 bis 3 gelten nicht für außerordentliche Einkünfte im Sinne des Absatzes 2 Nummer 1, wenn der Steuerpflichtige auf diese Einkünfte ganz oder teilweise § 6b oder § 6c anwendet.

(2) Als außerordentliche Einkünfte kommen nur in Betracht:

1. Veräußerungsgewinne im Sinne der §§ 14, 14a Absatz 1, der §§ 16 und 18 Absatz 3 mit Ausnahme des steuerpflichtigen Teils der Veräußerungsgewin-

[1] § 33b Abs. 6 Satz 5 geänd. und ergänzt mWv VZ 2013 durch G v. 26.6.2013 (BGBl. I S. 1809).

ne, die nach § 3 Nummer 40 Buchstabe b in Verbindung mit § 3c Absatz 2 teilweise steuerbefreit sind;

2. Entschädigungen im Sinne des § 24 Nummer 1;
3. Nutzungsvergütungen und Zinsen im Sinne des § 24 Nummer 3, soweit sie für einen Zeitraum von mehr als drei Jahren nachgezahlt werden;
4. Vergütungen für mehrjährige Tätigkeiten; mehrjährig ist eine Tätigkeit, soweit sie sich über mindestens zwei Veranlagungszeiträume erstreckt und einen Zeitraum von mehr als zwölf Monaten umfasst.
5.[1] *(aufgehoben)*

(3) [1] Sind in dem zu versteuernden Einkommen außerordentliche Einkünfte im Sinne des Absatzes 2 Nummer 1 enthalten, so kann auf Antrag abweichend von Absatz 1 die auf den Teil dieser außerordentlichen Einkünfte, der den Betrag von insgesamt 5 Millionen Euro nicht übersteigt, entfallende Einkommensteuer nach einem ermäßigten Steuersatz bemessen werden, wenn der Steuerpflichtige das 55. Lebensjahr vollendet hat oder wenn er im sozialversicherungsrechtlichen Sinne dauernd berufsunfähig ist. [2] Der ermäßigte Steuersatz beträgt 56 Prozent des durchschnittlichen Steuersatzes, der sich ergäbe, wenn die tarifliche Einkommensteuer nach dem gesamten zu versteuernden Einkommen zuzüglich der dem Progressionsvorbehalt unterliegenden Einkünfte zu bemessen wäre, mindestens jedoch 14[2] Prozent. [3] Auf das um die in Satz 1 genannten Einkünfte verminderte zu versteuernde Einkommen (verbleibendes zu versteuerndes Einkommen) sind vorbehaltlich des Absatzes 1 die allgemeinen Tarifvorschriften anzuwenden. [4] Die Ermäßigung nach den Sätzen 1 bis 3 kann der Steuerpflichtige nur einmal im Leben in Anspruch nehmen. [5] Erzielt der Steuerpflichtige in einem Veranlagungszeitraum mehr als einen Veräußerungs- oder Aufgabegewinn im Sinne des Satzes 1, kann er die Ermäßigung nach den Sätzen 1 bis 3 nur für einen Veräußerungs- oder Aufgabegewinn beantragen. [6] Absatz 1 Satz 4 ist entsprechend anzuwenden.

§ 34a Begünstigung der nicht entnommenen Gewinne. (1)[3] [1] Sind in dem zu versteuernden Einkommen nicht entnommene Gewinne aus Land- und Forstwirtschaft, Gewerbebetrieb oder selbständiger Arbeit (§ 2 Absatz 1 Satz 1 Nummer 1 bis 3) im Sinne des Absatzes 2 enthalten, ist die Einkommensteuer für diese Gewinne auf Antrag des Steuerpflichtigen ganz oder teilweise mit einem Steuersatz von 28,25 Prozent zu berechnen; dies gilt nicht, soweit für die Gewinne der Freibetrag nach § 16 Absatz 4 oder die Steuerermäßigung nach § 34 Absatz 3 in Anspruch genommen wird oder es sich um Gewinne im Sinne des § 18 Absatz 1 Nummer 4 handelt. [2] Der Antrag nach Satz 1 ist für jeden Betrieb oder Mitunternehmeranteil für jeden Veranlagungszeitraum gesondert bei dem für die Einkommensbesteuerung zuständigen Finanzamt zu stellen. [3] Bei Mitunternehmeranteilen kann der Steuerpflichtige den Antrag nur stellen, wenn sein Anteil am nach § 4 Absatz 1 Satz 1 oder § 5 ermittelten Gewinn mehr als 10 Prozent beträgt oder 10 000 Euro übersteigt. [4] Der Antrag kann bis zur Unanfechtbarkeit des Einkommensteuerbescheids für den nächsten Veranlagungszeitraum vom Steuer-

---

[1] § 34 Abs. 2 Nr. 5 aufgeh. mWv VZ 2012 durch G v. 1.11.2011 (BGBl. I S. 2131).
[2] Prozentsatz geänd. durch G v. 8.12.2010 (BGBl. I S. 1768).
[3] Zur erstmaligen Anwendung von § 34a siehe § 52 Abs. 34 Satz 1.

pflichtigen ganz oder teilweise zurückgenommen werden; der Einkommensteuerbescheid ist entsprechend zu ändern. [5]Die Festsetzungsfrist endet insoweit nicht, bevor die Festsetzungsfrist für den nächsten Veranlagungszeitraum abgelaufen ist.

(2) Der nicht entnommene Gewinn des Betriebs oder Mitunternehmeranteils ist der nach § 4 Absatz 1 Satz 1 oder § 5 ermittelte Gewinn vermindert um den positiven Saldo der Entnahmen und Einlagen des Wirtschaftsjahres.

(3) [1]Der Begünstigungsbetrag ist der im Veranlagungszeitraum nach Absatz 1 Satz 1 auf Antrag begünstigte Gewinn. [2]Der Begünstigungsbetrag des Veranlagungszeitraums, vermindert um die darauf entfallende Steuerbelastung nach Absatz 1 und den darauf entfallenden Solidaritätszuschlag, vermehrt um den nachversteuerungspflichtigen Betrag des Vorjahres und den auf diesen Betrieb oder Mitunternehmeranteil nach Absatz 5 übertragenen nachversteuerungspflichtigen Betrag, vermindert um den Nachversteuerungsbetrag im Sinne des Absatzes 4 und den auf einen anderen Betrieb oder Mitunternehmeranteil nach Absatz 5 übertragenen nachversteuerungspflichtigen Betrag, ist der nachversteuerungspflichtige Betrag des Betriebs oder Mitunternehmeranteils zum Ende des Veranlagungszeitraums. [3]Dieser ist für jeden Betrieb oder Mitunternehmeranteil jährlich gesondert festzustellen.

(4) [1]Übersteigt der positive Saldo der Entnahmen und Einlagen des Wirtschaftsjahres bei einem Betrieb oder Mitunternehmeranteil den nach § 4 Absatz 1 Satz 1 oder § 5 ermittelten Gewinn (Nachversteuerungsbetrag), ist vorbehaltlich Absatz 5 eine Nachversteuerung durchzuführen, soweit zum Ende des vorangegangenen Veranlagungszeitraums ein nachversteuerungspflichtiger Betrag nach Absatz 3 festgestellt wurde. [2]Die Einkommensteuer auf den Nachversteuerungsbetrag beträgt 25 Prozent. [3]Der Nachversteuerungsbetrag ist um die Beträge, die für die Erbschaftsteuer (Schenkungsteuer) anlässlich der Übertragung des Betriebs oder Mitunternehmeranteils entnommen wurden, zu vermindern.

(5) [1]Die Übertragung oder Überführung eines Wirtschaftsguts nach § 6 Absatz 5 Satz 1 bis 3 führt unter den Voraussetzungen des Absatzes 4 zur Nachversteuerung. [2]Eine Nachversteuerung findet nicht statt, wenn der Steuerpflichtige beantragt, den nachversteuerungspflichtigen Betrag in Höhe des Buchwerts des übertragenen oder überführten Wirtschaftsguts, höchstens jedoch in Höhe des Nachversteuerungsbetrags, den die Übertragung oder Überführung des Wirtschaftsguts ausgelöst hätte, auf den anderen Betrieb oder Mitunternehmeranteil zu übertragen.

(6) [1]Eine Nachversteuerung des nachversteuerungspflichtigen Betrags nach Absatz 4 ist durchzuführen

1. in den Fällen der Betriebsveräußerung oder -aufgabe im Sinne der §§ 14, 16 Absatz 1 und 3 sowie des § 18 Absatz 3,
2. in den Fällen der Einbringung eines Betriebs oder Mitunternehmeranteils in eine Kapitalgesellschaft oder eine Genossenschaft sowie in den Fällen des Formwechsels einer Personengesellschaft in eine Kapitalgesellschaft oder Genossenschaft,

3.[1] in den Fällen der unentgeltlichen Übertragung eines Betriebs oder Mitunternehmeranteils nach § 6 Absatz 3, wenn die Übertragung an eine Körperschaft, Personenvereinigung oder Vermögensmasse im Sinne des § 1 Absatz 1 des Körperschaftsteuergesetzes erfolgt. 2 Dies gilt entsprechend für eine unentgeltliche Übertragung auf eine Mitunternehmerschaft, soweit der Betrieb oder der Mitunternehmeranteil einer Körperschaft, Personenvereinigung oder Vermögensmasse im Sinne des § 1 Absatz 1 des Körperschaftsteuergesetzes als Mitunternehmer zuzurechnen ist,

4. wenn der Gewinn nicht mehr nach § 4 Absatz 1 Satz 1 oder § 5 ermittelt wird oder

5. wenn der Steuerpflichtige dies beantragt.

2 In den Fällen der Nummern 1 bis 3[2] ist die nach Absatz 4 geschuldete Einkommensteuer auf Antrag des Steuerpflichtigen oder seines Rechtsnachfolgers in regelmäßigen Teilbeträgen für einen Zeitraum von höchstens zehn Jahren seit Eintritt der ersten Fälligkeit zinslos zu stunden, wenn ihre alsbaldige Einziehung mit erheblichen Härten für den Steuerpflichtigen verbunden wäre.

(7)[3] 1 In den Fällen der unentgeltlichen Übertragung eines Betriebs oder Mitunternehmeranteils nach § 6 Absatz 3 hat der Rechtsnachfolger den nachversteuerungspflichtigen Betrag fortzuführen; Absatz 6 Satz 1 Nummer 3 bleibt unberührt. 2 In den Fällen der Einbringung eines Betriebs oder Mitunternehmeranteils zu Buchwerten nach § 24 des Umwandlungssteuergesetzes geht der für den eingebrachten Betrieb oder Mitunternehmeranteil festgestellte nachversteuerungspflichtige Betrag auf den neuen Mitunternehmeranteil über.

(8) Negative Einkünfte dürfen nicht mit ermäßigt besteuerten Gewinnen im Sinne von Absatz 1 Satz 1 ausgeglichen werden; sie dürfen insoweit auch nicht nach § 10d abgezogen werden.

(9) 1 Zuständig für den Erlass der Feststellungsbescheide über den nachversteuerungspflichtigen Betrag ist das für die Einkommensbesteuerung zuständige Finanzamt. 2 Die Feststellungsbescheide können nur insoweit angegriffen werden, als sich der nachversteuerungspflichtige Betrag gegenüber dem nachversteuerungspflichtigen Betrag des Vorjahres verändert hat. 3 Die gesonderten Feststellungen nach Satz 1 können mit dem Einkommensteuerbescheid verbunden werden.

(10)[4] 1 Sind Einkünfte aus Land- und Forstwirtschaft, Gewerbebetrieb oder selbständiger Arbeit nach § 180 Absatz 1 Satz 1 Nummer 2 Buchstabe a oder b der Abgabenordnung gesondert festzustellen, können auch die Höhe der Entnahmen und Einlagen sowie weitere für die Tarifermittlung nach den Absätzen 1 bis 7 erforderliche Besteuerungsgrundlagen gesondert festgestellt werden. 2 Zuständig für die gesonderten Feststellungen nach Satz 1 ist das Finanz-

---

[1] § 34a Abs. 6 Satz 1 Nr. 3 eingef., bish. Nrn. 3 und 4 werden Nrn. 4 und 5 durch G v. 27.6.2017 (BGBl. I S. 2074); zur Anwendung siehe § 52 Abs. 34 Satz 2.

[2] Verweis geänd. durch G v. 27.6.2017 (BGBl. I S. 2074); zur Anwendung siehe § 52 Abs. 34 Satz 2.

[3] § 34a Abs. 7 Satz 1 HS 2 angef. durch G v. 27.6.2017 (BGBl. I S. 2074).

[4] § 34a Abs. 10 geänd. mWv 1.1.2017 durch G v. 18.7.2016 (BGBl. I S. 1679).

amt, das für die gesonderte Feststellung nach § 180 Absatz 1 Satz 1 Nummer 2 der Abgabenordnung zuständig ist. [3]Die gesonderten Feststellungen nach Satz 1 können mit der Feststellung nach § 180 Absatz 1 Satz 1 Nummer 2 der Abgabenordnung verbunden werden. [4]Die Feststellungsfrist für die gesonderte Feststellung nach Satz 1 endet nicht vor Ablauf der Feststellungsfrist für die Feststellung nach § 180 Absatz 1 Satz 1 Nummer 2 der Abgabenordnung.

(11)[1)] [1]Der Bescheid über die gesonderte Feststellung des nachversteuerungspflichtigen Betrags ist zu erlassen, aufzuheben oder zu ändern, soweit der Steuerpflichtige einen Antrag nach Absatz 1 stellt oder diesen ganz oder teilweise zurücknimmt und sich die Besteuerungsgrundlagen im Einkommensteuerbescheid ändern. [2]Dies gilt entsprechend, wenn der Erlass, die Aufhebung oder Änderung des Einkommensteuerbescheids mangels steuerlicher Auswirkung unterbleibt. [3]Die Feststellungsfrist endet nicht, bevor die Festsetzungsfrist für den Veranlagungszeitraum abgelaufen ist, auf dessen Schluss der nachversteuerungspflichtige Betrag des Betriebs oder Mitunternehmeranteils gesondert festzustellen ist.

§ 34b[2)] Steuersätze bei Einkünften aus außerordentlichen Holznutzungen. (1) Außerordentliche Holznutzungen sind

1. Holznutzungen, die aus volks- oder staatswirtschaftlichen Gründen erfolgt sind. [2]Sie liegen nur insoweit vor, als sie durch gesetzlichen oder behördlichen Zwang veranlasst sind;
2. Holznutzungen infolge höherer Gewalt (Kalamitätsnutzungen). [2]Sie sind durch Eis-, Schnee-, Windbruch oder Windwurf, Erdbeben, Bergrutsch, Insektenfraß, Brand oder durch Naturereignisse mit vergleichbaren Folgen verursacht. [3]Hierzu gehören nicht die Schäden, die in der Forstwirtschaft regelmäßig entstehen.

(2) [1]Zur Ermittlung der Einkünfte aus außerordentlichen Holznutzungen sind von den Einnahmen sämtlicher Holznutzungen die damit in sachlichem Zusammenhang stehenden Betriebsausgaben abzuziehen. [2]Das nach Satz 1 ermittelte Ergebnis ist auf die ordentlichen und außerordentlichen Holznutzungsarten aufzuteilen, *in dem*[3)] die außerordentlichen Holznutzungen zur gesamten Holznutzung ins Verhältnis gesetzt *wird.*[4)] [3]Bei einer Gewinnermittlung durch Betriebsvermögensvergleich sind die im Wirtschaftsjahr veräußerten Holzmengen maßgebend. [4]Bei einer Gewinnermittlung nach den Grundsätzen des § 4 Absatz 3 ist von den Holzmengen auszugehen, die den im Wirtschaftsjahr zugeflossenen Einnahmen zugrunde liegen. [5]Die Sätze 1 bis 4 gelten für entnommenes Holz entsprechend.

(3) Die Einkommensteuer bemisst sich für die Einkünfte aus außerordentlichen Holznutzungen im Sinne des Absatzes 1

1. nach der Hälfte des durchschnittlichen Steuersatzes, der sich ergäbe, wenn die tarifliche Einkommensteuer nach dem gesamten zu versteuernden Ein-

---

[1)] Zur erstmaligen Anwendung von § 34a Abs. 11 siehe § 52 Abs. 34 Satz 1.

[2)] § 34b neu gef. mWv VZ 2012 durch G v. 1.11.2011 (BGBl. I S. 2131).

[3)] Sic, muss wohl lauten „indem".

[4)] Sic, muss wohl lauten „werden".

kommen zuzüglich der dem Progressionsvorbehalt unterliegenden Einkünfte zu bemessen wäre;

2. nach dem halben Steuersatz der Nummer 1, soweit sie den Nutzungssatz (§ 68 der Einkommensteuer-Durchführungsverordnung) übersteigen.

(4) Einkünfte aus außerordentlichen Holznutzungen sind nur anzuerkennen, wenn

1. das im Wirtschaftsjahr veräußerte oder entnommene Holz mengenmäßig getrennt nach ordentlichen und außerordentlichen Holznutzungen nachgewiesen wird und
2. Schäden infolge höherer Gewalt unverzüglich nach Feststellung des Schadensfalls der zuständigen Finanzbehörde mitgeteilt und nach der Aufarbeitung mengenmäßig nachgewiesen werden.

(5) Die Bundesregierung wird ermächtigt, durch Rechtsverordnung mit Zustimmung des Bundesrates

1. die Steuersätze abweichend von Absatz 3 für ein Wirtschaftsjahr aus sachlichen Billigkeitsgründen zu regeln,
2. die Anwendung des § 4a des Forstschäden-Ausgleichsgesetzes für ein Wirtschaftsjahr aus sachlichen Billigkeitsgründen zu regeln,

wenn besondere Schadensereignisse nach Absatz 1 Nummer 2 vorliegen und eine Einschlagsbeschränkung (§ 1 Absatz 1 des Forstschäden-Ausgleichsgesetzes) nicht angeordnet wurde.

V. Steuerermäßigungen

1. Steuerermäßigung bei ausländischen Einkünften

§ 34c [Steuerermäßigung bei ausländischen Einkünften] (1)[1)] [1]Bei unbeschränkt Steuerpflichtigen, die mit ausländischen Einkünften in dem Staat, aus dem die Einkünfte stammen, zu einer der deutschen Einkommensteuer entsprechenden Steuer herangezogen werden, ist die festgesetzte und gezahlte und um einen entstandenen Ermäßigungsanspruch gekürzte ausländische Steuer auf die deutsche Einkommensteuer anzurechnen, die auf die Einkünfte aus diesem Staat entfällt; das gilt nicht für Einkünfte aus Kapitalvermögen, auf die § 32d Absatz 1 und 3 bis 6 anzuwenden ist. [2]Die auf die ausländischen Einkünfte nach Satz 1 erster Halbsatz entfallende deutsche Einkommensteuer ist in der Weise zu ermitteln, dass der sich bei der Veranlagung des zu versteuernden Einkommens, einschließlich der ausländischen Einkünfte, nach den §§ 32a, 32b, 34, 34a und 34b ergebende durchschnittliche Steuersatz auf die ausländischen Einkünfte anzuwenden ist. [3]Bei der Ermittlung des zu versteuernden Einkommens und der ausländischen Einkünfte sind die Einkünfte nach Satz 1 zweiter Halbsatz nicht zu berücksichtigen; bei der Ermittlung der ausländischen Einkünfte sind die ausländischen Einkünfte nicht zu berücksich-

---

1) § 34c Abs. 1 Sätze 2 und 3 geänd. mWv VZ 2015 (für Satz 2 vgl. § 52 Abs. 34a) durch G v. 22.12.2014 (BGBl. I S. 2417).

tigen, die in dem Staat, aus dem sie stammen, nach dessen Recht nicht besteuert werden. [4]Gehören ausländische Einkünfte der in § 34d Nummer 3, 4, 6, 7 und 8 Buchstabe c genannten Art zum Gewinn eines inländischen Betriebes, sind bei ihrer Ermittlung Betriebsausgaben und Betriebsvermögensminderungen abzuziehen, die mit den diesen Einkünften zugrunde liegenden Einnahmen in wirtschaftlichem Zusammenhang stehen. [5]Die ausländischen Steuern sind nur insoweit anzurechnen, als sie auf die im Veranlagungszeitraum bezogenen Einkünfte entfallen.

(2) Statt der Anrechnung (Absatz 1) ist die ausländische Steuer auf Antrag bei der Ermittlung der Einkünfte abzuziehen, soweit sie auf ausländische Einkünfte entfällt, die nicht steuerfrei sind.

(3) Bei unbeschränkt Steuerpflichtigen, bei denen eine ausländische Steuer vom Einkommen nach Absatz 1 nicht angerechnet werden kann, weil die Steuer nicht der deutschen Einkommensteuer entspricht oder nicht in dem Staat erhoben wird, aus dem die Einkünfte stammen, oder weil keine ausländischen Einkünfte vorliegen, ist die festgesetzte und gezahlte und um einen entstandenen Ermäßigungsanspruch gekürzte ausländische Steuer bei der Ermittlung der Einkünfte abzuziehen, soweit sie auf Einkünfte entfällt, die der deutschen Einkommensteuer unterliegen.

(4) (weggefallen)

(5) Die obersten Finanzbehörden der Länder oder die von ihnen beauftragten Finanzbehörden können mit Zustimmung des Bundesministeriums der Finanzen die auf ausländische Einkünfte entfallende deutsche Einkommensteuer ganz oder zum Teil erlassen oder in einem Pauschbetrag festsetzen, wenn es aus volkswirtschaftlichen Gründen zweckmäßig ist oder die Anwendung des Absatzes 1 besonders schwierig ist.

(6) [1]Die Absätze 1 bis 3 sind vorbehaltlich der Sätze 2 bis 6 nicht anzuwenden, wenn die Einkünfte aus einem ausländischen Staat stammen, mit dem ein Abkommen zur Vermeidung der Doppelbesteuerung besteht. [2]Soweit in einem Abkommen zur Vermeidung der Doppelbesteuerung die Anrechnung einer ausländischen Steuer auf die deutsche Einkommensteuer vorgesehen ist, sind Absatz 1 Satz 2 bis 5 und Absatz 2 entsprechend auf die nach dem Abkommen anzurechnende [***ab 1.1.2020:*** und um einen entstandenen Ermäßigungsanspruch gekürzte][1] ausländische Steuer anzuwenden; das gilt nicht für Einkünfte, auf die § 32d Absatz 1 und 3 bis 6 anzuwenden ist; bei nach dem Abkommen als gezahlt geltenden ausländischen Steuerbeträgen sind Absatz 1 Satz 3 und Absatz 2 nicht anzuwenden. [3]Absatz 1 Satz 3 gilt auch dann entsprechend, wenn die Einkünfte in dem ausländischen Staat nach dem Abkommen zur Vermeidung der Doppelbesteuerung mit diesem Staat nicht besteuert werden können. [4]Bezieht sich ein Abkommen zur Vermeidung der Doppelbesteuerung nicht auf eine Steuer vom Einkommen dieses Staates, so sind die Absätze 1 und 2 entsprechend anzuwenden. [5]In den Fällen des § 50d Absatz 9 sind die Absätze 1 bis 3 und Satz 6 entsprechend anzuwenden. [6]Absatz 3 ist anzuwenden, wenn der Staat, mit dem ein Abkommen zur Ver-

---

[1] § 34c Abs. 6 Satz 2 geänd. mWv VZ 2020 durch G v. 12.12.2019 (BGBl. I S. 2451).

meidung der Doppelbesteuerung besteht, Einkünfte besteuert, die nicht aus diesem Staat stammen, es sei denn, die Besteuerung hat ihre Ursache in einer Gestaltung, für die wirtschaftliche oder sonst beachtliche Gründe fehlen, oder das Abkommen gestattet dem Staat die Besteuerung dieser Einkünfte.

(7) Durch Rechtsverordnung[1] können Vorschriften erlassen werden über

1. die Anrechnung ausländischer Steuern, wenn die ausländischen Einkünfte aus mehreren fremden Staaten stammen,
2. den Nachweis über die Höhe der festgesetzten und gezahlten ausländischen Steuern,
3. die Berücksichtigung ausländischer Steuern, die nachträglich erhoben oder zurückgezahlt werden.

§ 34d Ausländische Einkünfte. Ausländische Einkünfte im Sinne des § 34c Absatz 1 bis 5 sind

1. Einkünfte aus einer in einem ausländischen Staat betriebenen Land- und Forstwirtschaft (§§ 13 und 14) und Einkünfte der in den Nummern 3, 4, 6, 7 und 8 Buchstabe c genannten Art, soweit sie zu den Einkünften aus Land- und Forstwirtschaft gehören;
2. Einkünfte aus Gewerbebetrieb (§§ 15 und 16),
   a) die durch eine in einem ausländischen Staat belegene Betriebsstätte oder durch einen in einem ausländischen Staat tätigen ständigen Vertreter erzielt werden, und Einkünfte der in den Nummern 3, 4, 6, 7 und 8 Buchstabe c genannten Art, soweit sie zu den Einkünften aus Gewerbebetrieb gehören,
   b) die aus Bürgschafts- und Avalprovisionen erzielt werden, wenn der Schuldner Wohnsitz, Geschäftsleitung oder Sitz in einem ausländischen Staat hat, oder
   c) die durch den Betrieb eigener oder gecharterter Seeschiffe oder Luftfahrzeuge aus Beförderungen zwischen ausländischen oder von ausländischen zu inländischen Häfen erzielt werden, einschließlich der Einkünfte aus anderen mit solchen Beförderungen zusammenhängenden, sich auf das Ausland erstreckenden Beförderungsleistungen;
3. Einkünfte aus selbständiger Arbeit (§ 18), die in einem ausländischen Staat ausgeübt oder verwertet wird oder worden ist, und Einkünfte der in den Nummern 4, 6, 7 und 8 Buchstabe c genannten Art, soweit sie zu den Einkünften aus selbständiger Arbeit gehören;
4. Einkünfte aus der Veräußerung von
   a) Wirtschaftsgütern, die zum Anlagevermögen eines Betriebs gehören, wenn die Wirtschaftsgüter in einem ausländischen Staat belegen sind,
   b)[2] Anteilen an Kapitalgesellschaften,
      aa) wenn die Gesellschaft Geschäftsleitung oder Sitz in einem ausländischen Staat hat oder

---

[1] Vgl. hierzu §§ 68a, 68b EStDV (Nr. **10**).
[2] § 34d Nr. 4 Buchst. b neu gef. mWv 1.1.2019 durch G v. 11.12.2018 (BGBl. I S. 2338).

bb)[1)] deren Anteilswert zu irgendeinem Zeitpunkt während der 365 Tage vor der Veräußerung unmittelbar oder mittelbar zu mehr als 50 Prozent auf in einem ausländischen Staat belegenen unbeweglichen Vermögen beruhte und die Anteile dem Veräußerer zu diesem Zeitpunkt zuzurechnen waren; für die Ermittlung dieser Quote sind die aktiven Wirtschaftsgüter des Betriebsvermögens mit den Buchwerten, die zu diesem Zeitpunkt anzusetzen gewesen wären, zugrunde zu legen;

5. Einkünfte aus nichtselbständiger Arbeit (§ 19), die in einem ausländischen Staat ausgeübt oder, ohne im Inland ausgeübt zu werden oder worden zu sein, in einem ausländischen Staat verwertet wird oder worden ist, und Einkünfte, die von ausländischen öffentlichen Kassen mit Rücksicht auf ein gegenwärtiges oder früheres Dienstverhältnis gewährt werden. [2]Einkünfte, die von inländischen öffentlichen Kassen einschließlich der Kassen der Deutschen Bundesbahn und der Deutschen Bundesbank mit Rücksicht auf ein gegenwärtiges oder früheres Dienstverhältnis gewährt werden, gelten auch dann als inländische Einkünfte, wenn die Tätigkeit in einem ausländischen Staat ausgeübt wird oder worden ist;
6. Einkünfte aus Kapitalvermögen (§ 20), wenn der Schuldner Wohnsitz, Geschäftsleitung oder Sitz in einem ausländischen Staat hat oder das Kapitalvermögen durch ausländischen Grundbesitz gesichert ist;
7.[2)] Einkünfte aus Vermietung und Verpachtung (§ 21), soweit das unbewegliche Vermögen oder die Sachinbegriffe in einem ausländischen Staat belegen oder die Rechte zur Nutzung in einem ausländischen Staat überlassen worden sind. [2]Bei unbeweglichem Vermögen, das zum Anlagevermögen eines Betriebs gehört, gelten als Einkünfte im Sinne dieser Nummer auch Wertveränderungen von Wirtschaftsgütern, die mit diesem Vermögen in wirtschaftlichem Zusammenhang stehen;
8. sonstige Einkünfte im Sinne des § 22, wenn
   a) der zur Leistung der wiederkehrenden Bezüge Verpflichtete Wohnsitz, Geschäftsleitung oder Sitz in einem ausländischen Staat hat,
   b) bei privaten Veräußerungsgeschäften die veräußerten Wirtschaftsgüter in einem ausländischen Staat belegen sind,
   c) bei Einkünften aus Leistungen einschließlich der Einkünfte aus Leistungen im Sinne des § 49 Absatz 1 Nummer 9 der zur Vergütung der Leistung Verpflichtete Wohnsitz, Geschäftsleitung oder Sitz in einem ausländischen Staat hat.

2. Steuerermäßigung bei Einkünften aus Land- und Forstwirtschaft

§ 34e.[3)] *(aufgehoben)*

[1)] Zur Anwendung siehe § 52 Abs. 34b Satz 1.

[2)] § 34d Nr. 7 Satz 2 angef. durch G v. 11.12.2018 (BGBl. I S. 2338); zur Anwendung siehe § 52 Abs. 34b Satz 2.

[3)] § 34e aufgeh. durch G v. 25.7.2014 (BGBl. I S. 1266).

2a. Steuerermäßigung für Steuerpflichtige mit Kindern bei Inanspruchnahme erhöhter Absetzungen für Wohngebäude oder der Steuerbegünstigungen für eigengenutztes Wohneigentum

§ 34f [Steuerermäßigung für Steuerpflichtige mit Kindern bei Inanspruchnahme erhöhter Absetzungen für Wohngebäude oder der Steuerbegünstigungen für eigengenutztes Wohneigentum] (1) [1] Bei Steuerpflichtigen, die erhöhte Absetzungen nach § 7b oder nach § 15 des Berlinförderungsgesetzes in Anspruch nehmen, ermäßigt sich die tarifliche Einkommensteuer, vermindert um die sonstigen Steuerermäßigungen mit Ausnahme der §§ 34g und 35, auf Antrag um je 600 Deutsche Mark für das zweite und jedes weitere Kind des Steuerpflichtigen oder seines Ehegatten. [2] Voraussetzung ist,

1. dass der Steuerpflichtige das Objekt, bei einem Zweifamilienhaus mindestens eine Wohnung, zu eigenen Wohnzwecken nutzt oder wegen des Wechsels des Arbeitsortes nicht zu eigenen Wohnzwecken nutzen kann und
2. dass es sich einschließlich des ersten Kindes um Kinder im Sinne des § 32 Absatz 1 bis 5 oder 6 Satz 7 handelt, die zum Haushalt des Steuerpflichtigen gehören oder in dem für die erhöhten Absetzungen maßgebenden Begünstigungszeitraum gehört haben, wenn diese Zugehörigkeit auf Dauer angelegt ist oder war.

(2) [1] Bei Steuerpflichtigen, die die Steuerbegünstigung nach § 10e Absatz 1 bis 5 oder nach § 15b des Berlinförderungsgesetzes in Anspruch nehmen, ermäßigt sich die tarifliche Einkommensteuer, vermindert um die sonstigen Steuerermäßigungen mit Ausnahme des § 34g, auf Antrag um je 512 Euro für jedes Kind des Steuerpflichtigen oder seines Ehegatten im Sinne des § 32 Absatz 1 bis 5 oder 6 Satz 7. [2] Voraussetzung ist, dass das Kind zum Haushalt des Steuerpflichtigen gehört oder in dem für die Steuerbegünstigung maßgebenden Zeitraum gehört hat, wenn diese Zugehörigkeit auf Dauer angelegt ist oder war.

(3)[1)] [1] Bei Steuerpflichtigen, die die Steuerbegünstigung nach § 10e Absatz 1, 2, 4 und 5 in Anspruch nehmen, ermäßigt sich die tarifliche Einkommensteuer, vermindert um die sonstigen Steuerermäßigungen, auf Antrag um je 512 Euro für jedes Kind des Steuerpflichtigen oder seines Ehegatten im Sinne des § 32 Absatz 1 bis 5 oder 6 Satz 7. [2] Voraussetzung ist, dass das Kind zum Haushalt des Steuerpflichtigen gehört oder in dem für die Steuerbegünstigung maßgebenden Zeitraum gehört hat, wenn diese Zugehörigkeit auf Dauer angelegt ist oder war. [3] Soweit sich der Betrag der Steuerermäßigung nach Satz 1 bei der Ermittlung der festzusetzenden Einkommensteuer nicht steuerentlastend auswirkt, ist er von der tariflichen Einkommensteuer der zwei vorangegangenen Veranlagungszeiträume abzuziehen. [4] Steuerermäßigungen, die nach den Sätzen 1 und 3 nicht berücksichtigt werden können, können bis zum Ende des Abzugszeitraums im Sinne des § 10e und in den zwei folgenden Veranlagungszeiträumen abgezogen werden. [5] Ist für einen Veranlagungszeitraum bereits ein Steuerbescheid erlassen worden, so ist er insoweit zu ändern, als die Steuerermäßigung nach den Sätzen 3 und 4 zu gewähren oder zu berichtigen ist; die Verjährungsfristen enden insoweit nicht, bevor die Verjäh-

---

[1)] Zur erstmaligen Anwendung siehe § 52 Abs. 35.

rungsfrist für den Veranlagungszeitraum abgelaufen ist, für den die Steuerermäßigung nach Satz 1 beantragt worden ist.

(4)[1] [1]Die Steuerermäßigungen nach den Absätzen 2 oder 3 kann der Steuerpflichtige insgesamt nur bis zur Höhe der Bemessungsgrundlage der Abzugsbeträge nach § 10e Absatz 1 oder 2 in Anspruch nehmen. [2]Die Steuerermäßigung nach den Absätzen 1, 2 und 3 Satz 1 kann der Steuerpflichtige im Kalenderjahr nur für ein Objekt in Anspruch nehmen.

2b. Steuerermäßigung bei Zuwendungen an politische Parteien und an unabhängige Wählervereinigungen

§ 34g [Steuerermäßigung bei Zuwendungen an politische Parteien und an unabhängige Wählervereinigungen] [1]Die tarifliche Einkommensteuer, vermindert um die sonstigen Steuerermäßigungen mit Ausnahme des § 34f Absatz 3, ermäßigt sich bei Zuwendungen an

1.[2] politische Parteien im Sinne des § 2 des Parteiengesetzes, sofern die jeweilige Partei nicht gemäß § 18 Absatz 7 des Parteiengesetzes von der staatlichen Teilfinanzierung ausgeschlossen ist, und

2. Vereine ohne Parteicharakter, wenn
   a) der Zweck des Vereins ausschließlich darauf gerichtet ist, durch Teilnahme mit eigenen Wahlvorschlägen an Wahlen auf Bundes-, Landes- oder Kommunalebene bei der politischen Willensbildung mitzuwirken, und
   b) der Verein auf Bundes-, Landes- oder Kommunalebene bei der jeweils letzten Wahl wenigstens ein Mandat errungen oder der zuständigen Wahlbehörde oder dem zuständigen Wahlorgan angezeigt hat, dass er mit eigenen Wahlvorschlägen auf Bundes-, Landes- oder Kommunalebene an der jeweils nächsten Wahl teilnehmen will.

   [2]Nimmt der Verein an der jeweils nächsten Wahl nicht teil, wird die Ermäßigung nur für die bis zum Wahltag an ihn geleisteten Beiträge und Spenden gewährt. [3]Die Ermäßigung für Beiträge und Spenden an den Verein wird erst wieder gewährt, wenn er sich mit eigenen Wahlvorschlägen an einer Wahl beteiligt hat. [4]Die Ermäßigung wird in diesem Fall nur für Beiträge und Spenden gewährt, die nach Beginn des Jahres, in dem die Wahl stattfindet, geleistet werden.

[2]Die Ermäßigung beträgt 50 Prozent der Ausgaben, höchstens jeweils 825 Euro für Ausgaben nach den Nummern 1 und 2, im Fall der Zusammenveranlagung von Ehegatten höchstens jeweils 1650 Euro. [3]§ 10b Absatz 3 und 4 gilt entsprechend.

3. Steuerermäßigung bei Einkünften aus Gewerbebetrieb

§ 35 [Steuerermäßigung bei Einkünften aus Gewerbebetrieb]

(1) [1]Die tarifliche Einkommensteuer, vermindert um die sonstigen Steuerermäßigungen mit Ausnahme der §§ 34f, 34g *und 35a,* [***ab 1.1.2020:*** , 35a

---

[1] Zur erstmaligen Anwendung siehe § 52 Abs. 35.
[2] § 34g Satz 1 Nr. 1 geänd. mWv 29.7.2017 durch G v. 18.7.2017 (BGBl. I S. 2730).

und 35c][1] ermäßigt sich, soweit sie anteilig auf im zu versteuernden Einkommen enthaltene gewerbliche Einkünfte entfällt (Ermäßigungshöchstbetrag),

1. bei Einkünften aus gewerblichen Unternehmen im Sinne des § 15 Absatz 1 Satz 1 Nummer 1

   um das *3,8-fache* [***ab VZ 2020:*** Vierfache][2] des jeweils für den dem Veranlagungszeitraum entsprechenden Erhebungszeitraum nach § 14 des Gewerbesteuergesetzes für das Unternehmen festgesetzten Steuermessbetrags (Gewerbesteuer-Messbetrag); Absatz 2 Satz 5 ist entsprechend anzuwenden;

2. bei Einkünften aus Gewerbebetrieb als Mitunternehmer im Sinne des § 15 Absatz 1 Satz 1 Nummer 2 oder als persönlich haftender Gesellschafter einer Kommanditgesellschaft auf Aktien im Sinne des § 15 Absatz 1 Satz 1 Nummer 3

   um das *3,8-fache* [***ab VZ 2020:*** Vierfache][3] des jeweils für den dem Veranlagungszeitraum entsprechenden Erhebungszeitraum festgesetzten anteiligen Gewerbesteuer-Messbetrags.

[2]Der Ermäßigungshöchstbetrag ist wie folgt zu ermitteln:

$$\frac{\text{Summe der positiven gewerblichen Einkünfte}}{\text{Summe aller positiven Einkünfte}} \cdot \text{geminderte tarifliche Steuer.}$$

[3]Gewerbliche Einkünfte im Sinne der Sätze 1 und 2 sind die der Gewerbesteuer unterliegenden Gewinne und Gewinnanteile, soweit sie nicht nach anderen Vorschriften von der Steuerermäßigung nach § 35 ausgenommen sind. [4]Geminderte tarifliche Steuer ist die tarifliche Steuer nach Abzug von Beträgen auf Grund der Anwendung zwischenstaatlicher Abkommen und nach Anrechnung der ausländischen Steuern nach § 32d Absatz 6 Satz 2[4], § 34c Absatz 1 und 6 dieses Gesetzes und § 12 des Außensteuergesetzes. [5]Der Abzug des Steuerermäßigungsbetrags ist auf die tatsächlich zu zahlende Gewerbesteuer beschränkt.

(2) [1]Bei Mitunternehmerschaften im Sinne des § 15 Absatz 1 Satz 1 Nummer 2 oder bei Kommanditgesellschaften auf Aktien im Sinne des § 15 Absatz 1 Satz 1 Nummer 3 ist der Betrag des Gewerbesteuer-Messbetrags, die tatsächlich zu zahlende Gewerbesteuer und der auf die einzelnen Mitunternehmer oder auf die persönlich haftenden Gesellschafter entfallende Anteil gesondert und einheitlich festzustellen. [2]Der Anteil eines Mitunternehmers am Gewerbesteuer-Messbetrag richtet sich nach seinem Anteil am Gewinn der Mitunternehmerschaft nach Maßgabe des allgemeinen Gewinnverteilungsschlüssels; Vorabgewinnanteile sind nicht zu berücksichtigen. [3]Wenn auf Grund der Bestimmungen in einem Abkommen zur Vermeidung der Doppelbesteuerung bei der Festsetzung des Gewerbesteuer-Messbetrags für eine Mitunternehmerschaft nur der auf einen Teil der Mitunternehmer entfallende

---

[1] Verweis auf § 35c ergänzt mWv 1.1.2020 durch G v. 21.12.2019 (BGBl. I S. 2886).

[2] § 35 Abs. 1 Satz 1 Nr. 1 geänd. mWv VZ 2020 (vgl. Fn. zu § 52 Abs. 35a) durch G v. 29.6.2020 (BGBl. I S. 1512).

[3] § 35 Abs. 1 Satz 1 Nr. 2 geänd. mWv VZ 2020 (vgl. Fn. zu § 52 Abs. 35a) durch G v. 29.6.2020 (BGBl. I S. 1512).

[4] Zitat ergänzt durch G v. 26.6.2013 (BGBl. I S. 1809).

anteilige Gewerbeertrag berücksichtigt wird, ist der Gewerbesteuer-Messbetrag nach Maßgabe des allgemeinen Gewinnverteilungsschlüssels in voller Höhe auf diese Mitunternehmer entsprechend ihrer Anteile am Gewerbeertrag der Mitunternehmerschaft aufzuteilen. [4]Der anteilige Gewerbesteuer-Messbetrag ist als Prozentsatz mit zwei Nachkommastellen gerundet zu ermitteln. [5]Bei der Feststellung nach Satz 1 sind anteilige Gewerbesteuer-Messbeträge, die aus einer Beteiligung an einer Mitunternehmerschaft stammen, einzubeziehen.

(3) [1]Zuständig für die gesonderte Feststellung nach Absatz 2 ist das für die gesonderte Feststellung der Einkünfte zuständige Finanzamt. [2]Für die Ermittlung der Steuerermäßigung nach Absatz 1 sind die Festsetzung des Gewerbesteuer-Messbetrags, die Feststellung des Anteils an dem festzusetzenden Gewerbesteuer-Messbetrag nach Absatz 2 Satz 1 und die Festsetzung der Gewerbesteuer Grundlagenbescheide. [3]Für die Ermittlung des anteiligen Gewerbesteuer-Messbetrags nach Absatz 2 sind die Festsetzung des Gewerbesteuer-Messbetrags und die Festsetzung des anteiligen Gewerbesteuer-Messbetrags aus der Beteiligung an einer Mitunternehmerschaft Grundlagenbescheide.

(4) Für die Aufteilung und die Feststellung der tatsächlich zu zahlenden Gewerbesteuer bei Mitunternehmerschaften im Sinne des § 15 Absatz 1 Satz 1 Nummer 2 und bei Kommanditgesellschaften auf Aktien im Sinne des § 15 Absatz 1 Satz 1 Nummer 3 gelten die Absätze 2 und 3 entsprechend.

4. Steuerermäßigung bei Aufwendungen für haushaltsnahe Beschäftigungsverhältnisse und für die Inanspruchnahme haushaltsnaher Dienstleistungen

§ 35a Steuerermäßigung bei Aufwendungen für haushaltsnahe Beschäftigungsverhältnisse, haushaltsnahe Dienstleistungen und Handwerkerleistungen. (1) Für haushaltsnahe Beschäftigungsverhältnisse, bei denen es sich um eine geringfügige Beschäftigung im Sinne des § 8a des Vierten Buches Sozialgesetzbuch handelt, ermäßigt sich die tarifliche Einkommensteuer, vermindert um die sonstigen Steuerermäßigungen, auf Antrag um 20 Prozent, höchstens 510 Euro, der Aufwendungen des Steuerpflichtigen.

(2) [1]Für andere als in Absatz 1 aufgeführte haushaltsnahe Beschäftigungsverhältnisse oder für die Inanspruchnahme von haushaltsnahen Dienstleistungen, die nicht Dienstleistungen nach Absatz 3 sind, ermäßigt sich die tarifliche Einkommensteuer, vermindert um die sonstigen Steuerermäßigungen, auf Antrag um 20 Prozent, höchstens 4000 Euro, der Aufwendungen des Steuerpflichtigen. [2]Die Steuerermäßigung kann auch in Anspruch genommen werden für die Inanspruchnahme von Pflege- und Betreuungsleistungen sowie für Aufwendungen, die einem Steuerpflichtigen wegen der Unterbringung in einem Heim oder zur dauernden Pflege erwachsen, soweit darin Kosten für Dienstleistungen enthalten sind, die mit denen einer Hilfe im Haushalt vergleichbar sind.

(3)[1)] [1]Für die Inanspruchnahme von Handwerkerleistungen für Renovierungs-, Erhaltungs- und Modernisierungsmaßnahmen ermäßigt sich die tarif-

[1)] § 35a Abs. 3 neu gef. mWv VZ 2011 durch G v. 8.12.2010 (BGBl. I S. 1768).

liche Einkommensteuer, vermindert um die sonstigen Steuerermäßigungen, auf Antrag um 20 Prozent der Aufwendungen des Steuerpflichtigen, höchstens jedoch um 1200 Euro. 2 Dies gilt nicht für öffentlich geförderte Maßnahmen, für die zinsverbilligte Darlehen oder steuerfreie Zuschüsse in Anspruch genommen werden.

(4) 1 Die Steuerermäßigung nach den Absätzen 1 bis 3 kann nur in Anspruch genommen werden, wenn das Beschäftigungsverhältnis, die Dienstleistung oder die Handwerkerleistung in einem in der Europäischen Union oder dem Europäischen Wirtschaftsraum liegenden Haushalt des Steuerpflichtigen oder – bei Pflege- und Betreuungsleistungen – der gepflegten oder betreuten Person ausgeübt oder erbracht wird. 2 In den Fällen des Absatzes 2 Satz 2 zweiter Halbsatz ist Voraussetzung, dass das Heim oder der Ort der dauernden Pflege in der Europäischen Union oder dem Europäischen Wirtschaftsraum liegt.

(5)[1] 1 Die Steuerermäßigungen nach den Absätzen 1 bis 3 können nur in Anspruch genommen werden, soweit die Aufwendungen nicht Betriebsausgaben oder Werbungskosten darstellen und soweit sie nicht als Sonderausgaben oder außergewöhnliche Belastungen berücksichtigt worden sind; für Aufwendungen, die dem Grunde nach unter § 10 Absatz 1 Nummer 5 fallen, ist eine Inanspruchnahme ebenfalls ausgeschlossen. 2 Der Abzug von der tariflichen Einkommensteuer nach den Absätzen 2 und 3 gilt nur für Arbeitskosten. 3 Voraussetzung für die Inanspruchnahme der Steuerermäßigung für haushaltsnahe Dienstleistungen nach Absatz 2 oder für Handwerkerleistungen nach Absatz 3 ist, dass der Steuerpflichtige für die Aufwendungen eine Rechnung erhalten hat und die Zahlung auf das Konto des Erbringers der Leistung erfolgt ist. 4 Leben zwei Alleinstehende in einem Haushalt zusammen, können sie die Höchstbeträge nach den Absätzen 1 bis 3 insgesamt jeweils nur einmal in Anspruch nehmen.

5. Steuerermäßigung bei Belastung mit Erbschaftsteuer

§ 35b[2] **Steuerermäßigung bei Belastung mit Erbschaftsteuer.** 1 Sind bei der Ermittlung des Einkommens Einkünfte berücksichtigt worden, die im Veranlagungszeitraum oder in den vorangegangenen vier Veranlagungszeiträumen als Erwerb von Todes wegen der Erbschaftsteuer unterlegen haben, so wird auf Antrag die um sonstige Steuerermäßigungen gekürzte tarifliche Einkommensteuer, die auf diese Einkünfte entfällt, um den in Satz 2 bestimmten Prozentsatz ermäßigt. 2 Der Prozentsatz bestimmt sich nach dem Verhältnis, in dem die festgesetzte Erbschaftsteuer zu dem Betrag steht, der sich ergibt, wenn dem steuerpflichtigen Erwerb (§ 10 Absatz 1 des Erbschaftsteuer- und Schenkungsteuergesetzes) die Freibeträge nach den §§ 16 und 17 und der steuerfreie Betrag nach § 5 des Erbschaftsteuer- und Schenkungsteuergesetzes hinzugerechnet werden.

---

[1] § 35a Abs. 5 Satz 1 neu gef. durch G v. 8.12.2010 (BGBl. I S. 1768); Satz 1 Verweis geänd. mWv VZ 2012 durch G v. 1.11.2011 (BGBl. I S. 2131).

[2] § 35b Satz 3 aufgeh. mWv VZ 2015 durch G v. 22.12.2014 (BGBl. I S. 2417).

6. Steuerermäßigung für energetische Maßnahmen bei zu eigenen Wohnzwecken genutzten Gebäuden[1)]

§ 35c[2)] Steuerermäßigung für energetische Maßnahmen bei zu eigenen Wohnzwecken genutzten Gebäuden. (1) [1]Für energetische Maßnahmen an einem in der Europäischen Union oder dem Europäischen Wirtschaftsraum belegenen zu eigenen Wohnzwecken genutzten eigenen Gebäude (begünstigtes Objekt) ermäßigt sich auf Antrag die tarifliche Einkommensteuer, vermindert um die sonstigen Steuerermäßigungen, im Kalenderjahr des Abschlusses der energetischen Maßnahme und im nächsten Kalenderjahr um je 7 Prozent der Aufwendungen des Steuerpflichtigen, höchstens jedoch um je 14 000 Euro und im übernächsten Kalenderjahr um 6 Prozent der Aufwendungen des Steuerpflichtigen, höchstens jedoch um 12 000 Euro für das begünstigte Objekt. [2]Voraussetzung ist, dass das begünstigte Objekt bei der Durchführung der energetischen Maßnahme älter als zehn Jahre ist; maßgebend hierfür ist der Beginn der Herstellung. [3]Energetische Maßnahmen im Sinne des Satzes 1 sind:

1. Wärmedämmung von Wänden,
2. Wärmedämmung von Dachflächen,
3. Wärmedämmung von Geschossdecken,
4. Erneuerung der Fenster oder Außentüren,
5. Erneuerung oder Einbau einer Lüftungsanlage,
6. Erneuerung der Heizungsanlage,
7. Einbau von digitalen Systemen zur energetischen Betriebs- und Verbrauchsoptimierung und
8. Optimierung bestehender Heizungsanlagen, sofern diese älter als zwei Jahre sind.

[4]Zu den Aufwendungen für energetische Maßnahmen gehören auch die Kosten für die Erteilung der Bescheinigung nach Satz 7 sowie die Kosten für Energieberater, die vom Bundesamt für Wirtschaft und Ausfuhrkontrolle (BAFA) als fachlich qualifiziert zum Förderprogramm „Energieberatung für Wohngebäude (Vor-Ort-Beratung, individueller Sanierungsfahrplan)" zugelassen sind, wenn der Energieberater durch den Steuerpflichtigen mit der planerischen Begleitung oder Beaufsichtigung der energetischen Maßnahmen nach Satz 3 beauftragt worden ist; die tarifliche Einkommensteuer vermindert sich abweichend von Satz 1 um 50 Prozent der Aufwendungen für den Energieberater. [5]Die Förderung kann für mehrere Einzelmaßnahmen an einem begünstigten Objekt in Anspruch genommen werden; je begünstigtes Objekt beträgt der Höchstbetrag der Steuerermäßigung 40 000 Euro. [6]Voraussetzung für die Förderung ist, dass die jeweilige energetische Maßnahme von einem Fachunternehmen ausgeführt wurde und die Anforderungen aus der Rechtsverord-

---

[1)] 6. Unterabschnitt eingef. mWv 1.1.2020 durch G v. 21.12.2019 (BGBl. I S. 2886).

[2)] § 35c eingef. durch G v. 21.12.2019 (BGBl. I S. 2886); zur Anwendung siehe § 52 Abs. 35a.

nung nach Absatz 7 erfüllt sind. [7]Die Steuerermäßigungen können nur in Anspruch genommen werden, wenn durch eine nach amtlich vorgeschriebenem Muster erstellte Bescheinigung des ausführenden Fachunternehmens nachgewiesen wird, dass die Voraussetzungen der Sätze 1 bis 3 und die Anforderungen aus der Rechtsverordnung nach Absatz 7 dem Grunde und der Höhe nach erfüllt sind.

(2) [1]Die Steuerermäßigung nach Absatz 1 kann nur in Anspruch genommen werden, wenn der Steuerpflichtige das Gebäude im jeweiligen Kalenderjahr ausschließlich zu eigenen Wohnzwecken nutzt. [2]Eine Nutzung zu eigenen Wohnzwecken liegt auch vor, wenn Teile einer zu eigenen Wohnzwecken genutzten Wohnung anderen Personen unentgeltlich zu Wohnzwecken überlassen werden.

(3) [1]Der Steuerpflichtige kann die Steuerermäßigung nach Absatz 1 nicht in Anspruch nehmen, soweit die Aufwendungen als Betriebsausgaben, Werbungskosten, Sonderausgaben oder außergewöhnliche Belastungen berücksichtigt worden sind. [2]Die Steuerermäßigung nach Absatz 1 ist ebenfalls nicht zu gewähren, wenn für die energetischen Maßnahmen eine Steuerbegünstigung nach § 10f oder eine Steuerermäßigung nach § 35a in Anspruch genommen wird oder es sich um eine öffentlich geförderte Maßnahme handelt, für die zinsverbilligte Darlehen oder steuerfreie Zuschüsse in Anspruch genommen werden.

(4) Voraussetzung für die Inanspruchnahme der Steuermäßigung für energetische Maßnahmen ist, dass

1. der Steuerpflichtige für die Aufwendungen eine Rechnung erhalten hat, die die förderungsfähigen energetischen Maßnahmen, die Arbeitsleistung des Fachunternehmens und die Adresse des begünstigten Objekts ausweisen, und die in deutscher Sprache ausgefertigt ist und
2. die Zahlung auf das Konto des Erbringers der Leistung erfolgt ist.

(5) Die Absätze 1 bis 4 sind auf Gebäudeteile, die selbständige unbewegliche Wirtschaftsgüter sind, und auf Eigentumswohnungen entsprechend anzuwenden.

(6) [1]Steht das Eigentum am begünstigten Objekt mehreren Personen zu, können die Steuerermäßigungen nach Absatz 1 für das begünstigte Objekt insgesamt nur einmal in Anspruch genommen werden. [2]Die der Steuerermäßigung nach Absatz 1 zugrunde liegenden Aufwendungen können einheitlich und gesondert festgestellt werden. [3]Die für die gesonderte Feststellung von Einkünften nach § 180 Absatz 1 Nummer 2a der Abgabenordnung geltenden Vorschriften sind entsprechend anzuwenden.

(7) Die Bundesregierung wird ermächtigt, durch Rechtsverordnung mit Zustimmung des Bundestages und des Bundesrates die Mindestanforderungen für die energetischen Maßnahmen nach Absatz 1 Satz 3 sowie die Anforderungen an ein Fachunternehmen nach Absatz 1 Satz 6 festzulegen.

VI. Steuererhebung

1. Erhebung der Einkommensteuer

§ 36 Entstehung und Tilgung der Einkommensteuer. (1) Die Einkommensteuer entsteht, soweit in diesem Gesetz nichts anderes bestimmt ist, mit Ablauf des Veranlagungszeitraums.

(2) Auf die Einkommensteuer werden angerechnet:

1. die für den Veranlagungszeitraum entrichteten Einkommensteuer-Vorauszahlungen (§ 37);

2.[1] die durch Steuerabzug erhobene Einkommensteuer, soweit sie entfällt auf

   a) die bei der Veranlagung erfassten Einkünfte oder

   b) die nach § 3 Nummer 40 dieses Gesetzes oder nach § 8b Absatz 1, 2 und 6 Satz 2 des Körperschaftsteuergesetzes bei der Ermittlung des Einkommens außer Ansatz bleibenden Bezüge

   und keine Erstattung beantragt oder durchgeführt worden ist. [2]Die durch Steuerabzug erhobene Einkommensteuer wird nicht angerechnet, wenn die in § 45a Absatz 2 oder Absatz 3 bezeichnete Bescheinigung nicht vorgelegt worden ist. [3]Soweit der Steuerpflichtige einen Antrag nach § 32d Absatz 4 oder Absatz 6 stellt, ist es für die Anrechnung ausreichend, wenn die Bescheinigung auf Verlangen des Finanzamts vorgelegt wird. [4]In den Fällen des § 8b Absatz 6 Satz 2 des Körperschaftsteuergesetzes ist es für die Anrechnung ausreichend, wenn die Bescheinigung nach § 45a Absatz 2 und 3 vorgelegt wird, die dem Gläubiger der Kapitalerträge ausgestellt worden ist. [***ab 1.1.2021:*** [5]In den Fällen des § 2 Absatz 7 Satz 3 ist auch die durch Steuerabzug im Kalenderjahr des Wechsels von der unbeschränkten zur beschränkten Einkommensteuerpflicht erhobene Einkommensteuer anzurechnen, die auf Einkünfte entfällt, die weder der unbeschränkten noch der beschränkten Steuerpflicht unterliegen; § 37 Absatz 2 der Abgabenordnung findet insoweit keine Anwendung;]

[***ab 1.1.2020:***

3.[2] die nach § 10 des Forschungszulagengesetzes festgesetzte Forschungszulage. [2]Das gilt auch für die gesondert und einheitlich festgestellte Forschungszulage;]

[***Für VZ 2016–2022:***

4. in den Fällen des § 32c Absatz 1 Satz 2 der nicht zum Abzug gebrachte Unterschiedsbetrag, wenn dieser höher ist als die tarifliche Einkommensteuer des letzten Veranlagungszeitraums im Betrachtungszeitraum.][3]

---

[1] § 36 Abs. 2 Nr. 2 neu gef. mWv 1.1.2017 durch G v. 18.7.2016 (BGBl. I S. 1679); Nr. 2 Satz 5 angef. durch G v. 21.12.2020 (BGBl. I S. 3096), zur Anwendung siehe § 52 Abs. 35b Satz 1.

[2] § 36 Abs. 2 Nr. 3 angef. mWv 1.1.2020 durch G v. 14.12.2019 (BGBl. I S. 2763).

[3] § 36 Abs. 2 Nr. 3 angef. durch G v. 12.12.2019 (BGBl. I S. 2451); red. Versehen ber. durch G v. 21.12.2020 (BGBl. I S. 3096); zur Anwendung siehe § 52 Abs. 35b Satz 2.

(3) [1]Die Steuerbeträge nach Absatz 2 Nummer 2 sind auf volle Euro aufzurunden. [2]Bei den durch Steuerabzug erhobenen Steuern ist jeweils die Summe der Beträge einer einzelnen Abzugsteuer aufzurunden.

(4) [1]Wenn sich nach der Abrechnung ein Überschuss zuungunsten des Steuerpflichtigen ergibt, hat der Steuerpflichtige (Steuerschuldner) diesen Betrag, soweit er den fällig gewordenen, aber nicht entrichteten Einkommensteuer-Vorauszahlungen entspricht, sofort, im Übrigen innerhalb eines Monats nach Bekanntgabe des Steuerbescheids zu entrichten (Abschlusszahlung). [2]Wenn sich nach der Abrechnung ein Überschuss zugunsten des Steuerpflichtigen ergibt, wird dieser dem Steuerpflichtigen nach Bekanntgabe des Steuerbescheids ausgezahlt. [3]Bei Ehegatten, die nach den §§ 26, 26b zusammen zur Einkommensteuer veranlagt worden sind, wirkt die Auszahlung an einen Ehegatten auch für und gegen den anderen Ehegatten.

(5)[1)] [1]In den Fällen des § 16 Absatz 3a kann auf Antrag des Steuerpflichtigen die festgesetzte Steuer, die auf den Aufgabegewinn und den durch den Wechsel der Gewinnermittlungsart erzielten Gewinn entfällt, in fünf gleichen Jahresraten entrichtet werden, wenn die Wirtschaftsgüter einem Betriebsvermögen des Steuerpflichtigen in einem anderen Mitgliedstaat der Europäischen Union oder des Europäischen Wirtschaftsraums zuzuordnen sind, sofern durch diese Staaten Amtshilfe entsprechend oder im Sinne der Amtshilferichtlinie gemäß § 2 Absatz 2 des EU-Amtshilfegesetzes und gegenseitige Unterstützung bei der Beitreibung im Sinne der Beitreibungsrichtlinie einschließlich der in diesem Zusammenhang anzuwendenden Durchführungsbestimmungen in den für den jeweiligen Veranlagungszeitraum geltenden Fassungen oder eines entsprechenden Nachfolgerechtsakts geleistet werden. [2]Die erste Jahresrate ist innerhalb eines Monats nach Bekanntgabe des Steuerbescheids zu entrichten; die übrigen Jahresraten sind jeweils am 31. Mai der Folgejahre fällig. [3]Die Jahresraten sind nicht zu verzinsen. [4]Wird der Betrieb oder Teilbetrieb während dieses Zeitraums eingestellt, veräußert oder in andere als die in Satz 1 genannten Staaten verlegt, wird die noch nicht entrichtete Steuer innerhalb eines Monats nach diesem Zeitpunkt fällig; Satz 2 bleibt unberührt. [5]Ändert sich die festgesetzte Steuer, sind die Jahresraten entsprechend anzupassen.

§ 36a[2)] Beschränkung der Anrechenbarkeit der Kapitalertragsteuer.

(1) [1]Bei Kapitalerträgen im Sinne des § 43 Absatz 1 Satz 1 Nummer 1a setzt die volle Anrechnung der durch Steuerabzug erhobenen Einkommensteuer ferner voraus, dass der Steuerpflichtige hinsichtlich der diesen Kapitalerträgen zugrunde liegenden Anteile oder Genussscheine

1. während der Mindesthaltedauer nach Absatz 2 ununterbrochen wirtschaftlicher Eigentümer ist,
2. während der Mindesthaltedauer nach Absatz 2 ununterbrochen das Mindestwertänderungsrisiko nach Absatz 3 trägt und

---

1) § 36 Abs. 5 angef. durch G v. 8.12.2010 (BGBl. I S. 1768); Satz 1 geänd. mWv VZ 2012 durch G v. 7.12.2011 (BGBl. I S. 2592); Satz 1 geänd. mWv 1.1.2013 durch G v. 26.6.2013 (BGBl. I S. 1809).

2) § 36a eingef. durch G v. 19.7.2016 (BGBl. I S. 1730); zur Anwendung siehe § 52 Abs. 35c.

3. nicht verpflichtet ist, die Kapitalerträge ganz oder überwiegend, unmittelbar oder mittelbar anderen Personen zu vergüten.

[2]Fehlen die Voraussetzungen des Satzes 1, so sind drei Fünftel der Kapitalertragsteuer nicht anzurechnen. [3]Die nach den Sätzen 1 und 2 nicht angerechnete Kapitalertragsteuer ist auf Antrag bei der Ermittlung der Einkünfte abzuziehen. [4]Die Sätze 1 bis 3 gelten entsprechend für Anteile oder Genussscheine, die zu inländischen Kapitalerträgen im Sinne des § 43 Absatz 3 Satz 1 führen und einer Wertpapiersammelbank im Ausland zur Verwahrung anvertraut sind.

(2) [1]Die Mindesthaltedauer umfasst 45 Tage und muss innerhalb eines Zeitraums von 45 Tagen vor und 45 Tagen nach der Fälligkeit der Kapitalerträge erreicht werden. [2]Bei Anschaffungen und Veräußerungen ist zu unterstellen, dass die zuerst angeschafften Anteile oder Genussscheine zuerst veräußert wurden.

(3) [1]Der Steuerpflichtige muss unter Berücksichtigung von gegenläufigen Ansprüchen und Ansprüchen nahe stehender Personen das Risiko aus einem sinkenden Wert der Anteile oder Genussscheine im Umfang von mindestens 70 Prozent tragen (Mindestwertänderungsrisiko). [2]Kein hinreichendes Mindestwertänderungsrisiko liegt insbesondere dann vor, wenn der Steuerpflichtige oder eine ihm nahe stehende Person Kurssicherungsgeschäfte abgeschlossen hat, die das Wertänderungsrisiko der Anteile oder Genussscheine unmittelbar oder mittelbar um mehr als 30 Prozent mindern.

(4)[1)] [1]Einkommen- oder körperschaftsteuerpflichtige Personen, bei denen insbesondere auf Grund einer Steuerbefreiung kein Steuerabzug vorgenommen oder denen ein Steuerabzug erstattet wurde und die die Voraussetzungen für eine Anrechenbarkeit der Kapitalertragsteuer nach den Absätzen 1 bis 3 nicht erfüllen, haben

1. dies gegenüber ihrem zuständigen Finanzamt anzuzeigen,
2. Kapitalertragsteuer in Höhe von 15 Prozent der Kapitalerträge im Sinne des § 43 Absatz 1 Satz 1 Nummer 1a und des Absatzes 1 Satz 4 nach amtlich vorgeschriebenem Vordruck auf elektronischem Weg anzumelden und
3. die angemeldete Steuer zu entrichten.

[2]Die Anzeige, Anmeldung und Entrichtung hat bei Steuerpflichtigen, die ihren Gewinn durch Betriebsvermögensvergleich ermitteln, bis zum 10. Tag des auf den Ablauf des Wirtschaftsjahres folgenden Monats und bei anderen Steuerpflichtigen bis zum 10. Tag des auf den Ablauf des Kalenderjahres folgenden Monats zu erfolgen.

(5) Die Absätze 1 bis 4 sind nicht anzuwenden, wenn

1. die Kapitalerträge im Sinne des § 43 Absatz 1 Satz 1 Nummer 1a und des Absatzes 1 Satz 4 im Veranlagungszeitraum nicht mehr als 20 000 Euro betragen oder
2. der Steuerpflichtige bei Zufluss der Kapitalerträge im Sinne des § 43 Absatz 1 Satz 1 Nummer 1a und des Absatzes 1 Satz 4 seit mindestens einem

---

1) § 36a Abs. 4 neu gef. durch G v. 12.12.2019 (BGBl. I S. 2451); zur Anwendung siehe § 52 Abs. 35c Satz 2.

Jahr ununterbrochen wirtschaftlicher Eigentümer der Aktien oder Genussscheine ist; Absatz 2 Satz 2 gilt entsprechend.

(6) [1]Der Treuhänder und der Treugeber gelten für die Zwecke der vorstehenden Absätze als eine Person, wenn Kapitalerträge im Sinne des § 43 Absatz 1 Satz 1 Nummer 1a und des Absatzes 1 Satz 4 einem Treuhandvermögen zuzurechnen sind, welches ausschließlich der Erfüllung von Altersvorsorgeverpflichtungen dient und dem Zugriff übriger Gläubiger entzogen ist. [2]Entsprechendes gilt für Versicherungsunternehmen und Versicherungsnehmer im Rahmen von fondsgebundenen Lebensversicherungen, wenn die Leistungen aus dem Vertrag an den Wert eines internen Fonds im Sinne des § 124 Absatz 2 Satz 2 Nummer 1 des Versicherungsaufsichtsgesetzes gebunden sind.

(7) § 42 der Abgabenordnung bleibt unberührt.

§ 37 Einkommensteuer-Vorauszahlung. (1) [1]Der Steuerpflichtige hat am 10. März, 10. Juni, 10. September und 10. Dezember Vorauszahlungen auf die Einkommensteuer zu entrichten, die er für den laufenden Veranlagungszeitraum voraussichtlich schulden wird. [2]Die Einkommensteuer-Vorauszahlung entsteht jeweils mit Beginn des Kalendervierteljahres, in dem die Vorauszahlungen zu entrichten sind, oder, wenn die Steuerpflicht erst im Laufe des Kalendervierteljahres begründet wird, mit Begründung der Steuerpflicht.

(2) (weggefallen)

(3)[1)] [1]Das Finanzamt setzt die Vorauszahlungen durch Vorauszahlungsbescheid fest. [2]Die Vorauszahlungen bemessen sich grundsätzlich nach der Einkommensteuer, die sich nach Anrechnung der Steuerabzugsbeträge (§ 36 Absatz 2 Nummer 2) bei der letzten Veranlagung ergeben hat. [3]Das Finanzamt kann bis zum Ablauf des auf den Veranlagungszeitraum folgenden 15. Kalendermonats die Vorauszahlungen an die Einkommensteuer anpassen, die sich für den Veranlagungszeitraum voraussichtlich ergeben wird; dieser Zeitraum verlängert sich auf 23 Monate[2)], wenn die Einkünfte aus Land- und Forstwirtschaft bei der erstmaligen Steuerfestsetzung die anderen Einkünfte voraussichtlich überwiegen werden. [4]Bei der Anwendung der Sätze 2 und 3 bleiben Aufwendungen im Sinne des § 10 Absatz 1 Nummer 4, 5, 7 und 9 sowie Absatz 1a,[3)] der §§ 10b und 33 sowie die abziehbaren Beträge nach § 33a, wenn die Aufwendungen und abziehbaren Beträge insgesamt 600 Euro nicht übersteigen, außer Ansatz. [5]Die Steuerermäßigung nach § 34a bleibt außer Ansatz. [6]Bei der Anwendung der Sätze 2 und 3 bleibt der Sonderausgabenabzug nach § 10a Absatz 1 außer Ansatz. [7]Außer Ansatz bleiben bis zur Anschaffung oder Fertigstellung der Objekte im Sinne des § 10e Absatz 1 und 2 und § 10h auch die Aufwendungen, die nach § 10e Absatz 6 und § 10h Satz 3 wie Sonderausgaben abgezogen werden; Entsprechendes gilt auch für Aufwendungen, die nach § 10i für nach dem Eigenheimzulagengesetz[4)] begünstigte Objekte wie

---

1) Zur Anwendung von § 37 Abs. 3 siehe Abs. 6.

2) Zeitraum verlängert durch G v. 1.11.2011 (BGBl. I S. 2131).

3) § 37 Abs. 3 Satz 4 Verweis geänd. mWv VZ 2012 durch G v. 1.11.2011 (BGBl. I S. 2131); geänd. mWv VZ 2015 durch G v. 22.12.2014 (BGBl. I S. 2417).

4) Nr. **5**.

Sonderausgaben abgezogen werden. [8]Negative Einkünfte aus der Vermietung oder Verpachtung eines Gebäudes im Sinne des § 21 Absatz 1 Satz 1 Nummer 1 werden bei der Festsetzung der Vorauszahlungen nur für Kalenderjahre berücksichtigt, die nach der Anschaffung oder Fertigstellung dieses Gebäudes beginnen. [9]Wird ein Gebäude vor dem Kalenderjahr seiner Fertigstellung angeschafft, tritt an die Stelle der Anschaffung die Fertigstellung. [10]Satz 8 gilt nicht für negative Einkünfte aus der Vermietung oder Verpachtung eines Gebäudes, für das [***ab 9.8.2019:*** Sonderabschreibungen nach § 7b dieses Gesetzes oder] erhöhte Absetzungen nach den §§ 14a, 14c oder 14d des Berlinförderungsgesetzes in Anspruch genommen werden.[1)] [11]Satz 8 gilt für negative Einkünfte aus der Vermietung oder Verpachtung eines anderen Vermögensgegenstands im Sinne des § 21 Absatz 1 Satz 1 Nummer 1 bis 3 entsprechend mit der Maßgabe, dass an die Stelle der Anschaffung oder Fertigstellung die Aufnahme der Nutzung durch den Steuerpflichtigen tritt. [12]In den Fällen des § 31, in denen die gebotene steuerliche Freistellung eines Einkommensbetrags in Höhe des Existenzminimums eines Kindes durch das Kindergeld nicht in vollem Umfang bewirkt wird, bleiben bei der Anwendung der Sätze 2 und 3 Freibeträge nach § 32 Absatz 6 und zu verrechnendes Kindergeld außer Ansatz.

(4) [1]Bei einer nachträglichen Erhöhung der Vorauszahlungen ist die letzte Vorauszahlung für den Veranlagungszeitraum anzupassen. [2]Der Erhöhungsbetrag ist innerhalb eines Monats nach Bekanntgabe des Vorauszahlungsbescheids zu entrichten.

(5) [1]Vorauszahlungen sind nur festzusetzen, wenn sie mindestens 400 Euro im Kalenderjahr und mindestens 100 Euro für einen Vorauszahlungszeitpunkt betragen. [2]Festgesetzte Vorauszahlungen sind nur zu erhöhen, wenn sich der Erhöhungsbetrag im Fall des Absatzes 3 Satz 2 bis 5 für einen Vorauszahlungszeitpunkt auf mindestens 100 Euro, im Fall des Absatzes 4 auf mindestens 5000 Euro beläuft.

(6)[2)] *[1]Absatz 3 ist, soweit die erforderlichen Daten nach § 10 Absatz 2 Satz 3 noch nicht nach § 10 Absatz 2a übermittelt wurden, mit der Maßgabe anzuwenden, dass*

1. als Beiträge im Sinne des § 10 Absatz 1 Nummer 3 Buchstabe a die für den letzten Veranlagungszeitraum geleisteten

   a) Beiträge zugunsten einer privaten Krankenversicherung vermindert um 20 Prozent oder

   b) Beiträge zur gesetzlichen Krankenversicherung vermindert um 4 Prozent,

2. als Beiträge im Sinne des § 10 Absatz 1 Nummer 3 Buchstabe b die bei der letzten Veranlagung berücksichtigten Beiträge zugunsten einer gesetzlichen Pflegeversicherung

anzusetzen sind; mindestens jedoch 1500 Euro. [2]Bei zusammen veranlagten Ehegatten ist der in Satz 1 genannte Betrag von 1500 Euro zu verdoppeln.

---

1) § 37 Abs. 3 Satz 10 geänd. mWv 15.7.2016 durch G v. 8.7.2016 (BGBl. I S. 1594); geänd. durch G v. 4.8.2019 (BGBl. I S. 1122); zur **Anwendung von § 7b** für VZ 2018 bis 2026 siehe § 52 Abs. 15a.

2) § 37 Abs. 6 angef. mWv VZ 2014 durch G v. 25.7.2014 (BGBl. I S. 1266) und aufgeh. mWv VZ 2020 durch G v. 21.12.2020 (BGBl. I S. 3096).

§ 37a Pauschalierung der Einkommensteuer durch Dritte. (1) [1]Das Finanzamt kann auf Antrag zulassen, dass das Unternehmen, das Sachprämien im Sinne des § 3 Nummer 38 gewährt, die Einkommensteuer für den Teil der Prämien, der nicht steuerfrei ist, pauschal erhebt. [2]Bemessungsgrundlage der pauschalen Einkommensteuer ist der gesamte Wert der Prämien, die den im Inland ansässigen Steuerpflichtigen zufließen. [3]Der Pauschsteuersatz beträgt 2,25 Prozent.[1)]

(2) [1]Auf die pauschale Einkommensteuer ist § 40 Absatz 3 sinngemäß anzuwenden. [2]Das Unternehmen hat die Prämienempfänger von der Steuerübernahme zu unterrichten.

(3) [1]Über den Antrag entscheidet das Betriebsstättenfinanzamt des Unternehmens (§ 41a Absatz 1 Satz 1 Nummer 1). [2]Hat das Unternehmen mehrere Betriebsstättenfinanzämter, so ist das Finanzamt der Betriebsstätte zuständig, in der die für die pauschale Besteuerung maßgebenden Prämien ermittelt werden. [3]Die Genehmigung zur Pauschalierung wird mit Wirkung für die Zukunft erteilt und kann zeitlich befristet werden; sie erstreckt sich auf alle im Geltungszeitraum ausgeschütteten Prämien.

(4) Die pauschale Einkommensteuer gilt als Lohnsteuer und ist von dem Unternehmen in der Lohnsteuer-Anmeldung der Betriebsstätte im Sinne des Absatzes 3 anzumelden und spätestens am zehnten Tag nach Ablauf des für die Betriebsstätte maßgebenden Lohnsteuer-Anmeldungszeitraums an das Betriebsstättenfinanzamt abzuführen.

§ 37b Pauschalierung der Einkommensteuer bei Sachzuwendungen. (1) [1]Steuerpflichtige können die Einkommensteuer einheitlich für alle innerhalb eines Wirtschaftsjahres gewährten

1. betrieblich veranlassten Zuwendungen, die zusätzlich zur ohnehin vereinbarten Leistung oder Gegenleistung erbracht werden, und
2. Geschenke im Sinne des § 4 Absatz 5 Satz 1 Nummer 1,

die nicht in Geld bestehen, mit einem Pauschsteuersatz von 30 Prozent erheben. [2]Bemessungsgrundlage der pauschalen Einkommensteuer sind die Aufwendungen des Steuerpflichtigen einschließlich Umsatzsteuer; bei Zuwendungen an Arbeitnehmer verbundener Unternehmen ist Bemessungsgrundlage mindestens der sich nach § 8 Absatz 3 Satz 1 ergebende Wert. [3]Die Pauschalierung ist ausgeschlossen,

1. soweit die Aufwendungen je Empfänger und Wirtschaftsjahr oder
2. wenn die Aufwendungen für die einzelne Zuwendung

den Betrag von 10 000 Euro übersteigen.

(2) [1]Absatz 1 gilt auch für betrieblich veranlasste Zuwendungen an Arbeitnehmer des Steuerpflichtigen, soweit sie nicht in Geld bestehen und zusätzlich zum ohnehin geschuldeten Arbeitslohn erbracht werden. [2]In den Fällen des § 8 Absatz 2 Satz 2 bis 10[2)], Absatz 3, *§ 19a*[3)], § 40 Absatz 2 sowie in Fällen, in

---

[1)] § 37a Abs. 1 Satz 3 bestätigt durch G v. 5.4.2011 (BGBl. I S. 554).
[2)] Verweis geänd. durch G v. 20.2.2013 (BGBl. I S. 285).
[3)] § 19a aufgeh. mWv Kj. 2009, zur weiteren Anwendung von § 19a siehe § 52 Abs. 27.

denen Vermögensbeteiligungen überlassen werden, ist Absatz 1 nicht anzuwenden; Entsprechendes gilt, soweit die Zuwendungen nach § 40 Absatz 1 pauschaliert worden sind. [3] § 37a Absatz 1 bleibt unberührt.

(3) [1] Die pauschal besteuerten Sachzuwendungen bleiben bei der Ermittlung der Einkünfte des Empfängers außer Ansatz. [2] Auf die pauschale Einkommensteuer ist § 40 Absatz 3 sinngemäß anzuwenden. [3] Der Steuerpflichtige hat den Empfänger von der Steuerübernahme zu unterrichten.

(4) [1] Die pauschale Einkommensteuer gilt als Lohnsteuer und ist von dem die Sachzuwendung gewährenden Steuerpflichtigen in der Lohnsteuer-Anmeldung der Betriebsstätte nach § 41 Absatz 2 anzumelden und spätestens am zehnten Tag nach Ablauf des für die Betriebsstätte maßgebenden Lohnsteuer-Anmeldungszeitraums an das Betriebsstättenfinanzamt abzuführen. [2] Hat der Steuerpflichtige mehrere Betriebsstätten im Sinne des Satzes 1, so ist das Finanzamt der Betriebsstätte zuständig, in der die für die pauschale Besteuerung maßgebenden Sachbezüge ermittelt werden.

2. Steuerabzug vom Arbeitslohn (Lohnsteuer)

§ 38 Erhebung der Lohnsteuer. (1)[1)] [1] Bei Einkünften aus nichtselbständiger Arbeit wird die Einkommensteuer durch Abzug vom Arbeitslohn erhoben (Lohnsteuer), soweit der Arbeitslohn von einem Arbeitgeber gezahlt wird, der

1. im Inland einen Wohnsitz, seinen gewöhnlichen Aufenthalt, seine Geschäftsleitung, seinen Sitz, eine Betriebsstätte oder einen ständigen Vertreter im Sinne der §§ 8 bis 13 der Abgabenordnung hat (inländischer Arbeitgeber) oder
2. einem Dritten (Entleiher) Arbeitnehmer gewerbsmäßig zur Arbeitsleistung im Inland überlässt, ohne inländischer Arbeitgeber zu sein (ausländischer Verleiher).

[2] *Inländischer Arbeitgeber im Sinne des Satzes 1 ist in den Fällen der Arbeitnehmerentsendung auch das in Deutschland ansässige aufnehmende Unternehmen, das den Arbeitslohn für die ihm geleistete Arbeit wirtschaftlich trägt* [***ab 1.1.2020:*** [2] In den Fällen der internationalen Arbeitnehmerentsendung ist das nach Satz 1 Nummer 1 in Deutschland ansässige aufnehmende Unternehmen inländischer Arbeitgeber, wenn es den Arbeitslohn für die ihm geleistete Arbeit wirtschaftlich trägt oder nach dem Fremdvergleichsgrundsatz hätte tragen müssen]; Voraussetzung hierfür ist nicht, dass das Unternehmen dem Arbeitnehmer den Arbeitslohn im eigenen Namen und für eigene Rechnung auszahlt. [3] Der Lohnsteuer unterliegt auch der im Rahmen des Dienstverhältnisses von einem Dritten gewährte Arbeitslohn, wenn der Arbeitgeber weiß oder erkennen kann, dass derartige Vergütungen erbracht werden; dies ist insbesondere anzunehmen, wenn Arbeitgeber und Dritter verbundene Unternehmen im Sinne von § 15 des Aktiengesetzes sind.

(2) [1] Der Arbeitnehmer ist Schuldner der Lohnsteuer. [2] Die Lohnsteuer entsteht in dem Zeitpunkt, in dem der Arbeitslohn dem Arbeitnehmer zufließt.

---

1) § 38 Abs. 1 Satz 2 HS 1 neu gef. mWv VZ 2020 durch G v. 12.12.2019 (BGBl. I S. 2451).

(3) [1]Der Arbeitgeber hat die Lohnsteuer für Rechnung des Arbeitnehmers bei jeder Lohnzahlung vom Arbeitslohn einzubehalten. [2]Bei juristischen Personen des öffentlichen Rechts hat die öffentliche Kasse, die den Arbeitslohn zahlt, die Pflichten des Arbeitgebers. [3]In den Fällen der nach § 7f Absatz 1 Satz 1 Nummer 2 des Vierten Buches Sozialgesetzbuch an die Deutsche Rentenversicherung Bund übertragenen Wertguthaben hat die Deutsche Rentenversicherung Bund bei Inanspruchnahme des Wertguthabens die Pflichten des Arbeitgebers.

(3a) [1]Soweit sich aus einem Dienstverhältnis oder einem früheren Dienstverhältnis tarifvertragliche Ansprüche des Arbeitnehmers auf Arbeitslohn unmittelbar gegen einen Dritten mit Wohnsitz, Geschäftsleitung oder Sitz im Inland richten und von diesem durch die Zahlung von Geld erfüllt werden, hat der Dritte die Pflichten des Arbeitgebers. [2]In anderen Fällen kann das Finanzamt zulassen, dass ein Dritter mit Wohnsitz, Geschäftsleitung oder Sitz im Inland die Pflichten des Arbeitgebers im eigenen Namen erfüllt. [3]Voraussetzung ist, dass der Dritte

1. sich hierzu gegenüber dem Arbeitgeber verpflichtet hat,
2. den Lohn auszahlt oder er nur Arbeitgeberpflichten für von ihm vermittelte Arbeitnehmer übernimmt und
3. die Steuererhebung nicht beeinträchtigt wird.

[4]Die Zustimmung erteilt das Betriebsstättenfinanzamt des Dritten auf dessen Antrag im Einvernehmen mit dem Betriebsstättenfinanzamt des Arbeitgebers; sie darf mit Nebenbestimmungen versehen werden, die die ordnungsgemäße Steuererhebung sicherstellen und die Überprüfung des Lohnsteuerabzugs nach § 42f erleichtern sollen. [5]Die Zustimmung kann mit Wirkung für die Zukunft widerrufen werden. [6]In den Fällen der Sätze 1 und 2 sind die das Lohnsteuerverfahren betreffenden Vorschriften mit der Maßgabe anzuwenden, dass an die Stelle des Arbeitgebers der Dritte tritt; der Arbeitgeber ist von seinen Pflichten befreit, soweit der Dritte diese Pflichten erfüllt hat. [7]Erfüllt der Dritte die Pflichten des Arbeitgebers, kann er den Arbeitslohn, der einem Arbeitnehmer in demselben Lohnabrechnungszeitraum aus mehreren Dienstverhältnissen zufließt, für die Lohnsteuerermittlung und in der Lohnsteuerbescheinigung zusammenrechnen.

(4) [1]Wenn der vom Arbeitgeber geschuldete Barlohn zur Deckung der Lohnsteuer nicht ausreicht, hat der Arbeitnehmer dem Arbeitgeber den Fehlbetrag zur Verfügung zu stellen oder der Arbeitgeber einen entsprechenden Teil der anderen Bezüge des Arbeitnehmers zurückzubehalten. [2]Soweit der Arbeitnehmer seiner Verpflichtung nicht nachkommt und der Arbeitgeber den Fehlbetrag nicht durch Zurückbehaltung von anderen Bezügen des Arbeitnehmers aufbringen kann, hat der Arbeitgeber dies dem Betriebsstättenfinanzamt (§ 41a Absatz 1 Satz 1 Nummer 1) anzuzeigen. [3]Der Arbeitnehmer hat dem Arbeitgeber die von einem Dritten gewährten Bezüge (Absatz 1 Satz 3) am Ende des jeweiligen Lohnzahlungszeitraums anzugeben; wenn der Arbeitnehmer keine Angabe oder eine erkennbar unrichtige Angabe macht, hat der Arbeitgeber dies dem Betriebsstättenfinanzamt anzuzeigen. [4]Das Finanzamt hat die zu wenig erhobene Lohnsteuer vom Arbeitnehmer nachzufordern.

§ 38a Höhe der Lohnsteuer. (1) [1]Die Jahreslohnsteuer bemisst sich nach dem Arbeitslohn, den der Arbeitnehmer im Kalenderjahr bezieht (Jahresarbeitslohn). [2]Laufender Arbeitslohn gilt in dem Kalenderjahr als bezogen, in dem der Lohnzahlungszeitraum endet; in den Fällen des § 39b Absatz 5 Satz 1 tritt der Lohnabrechnungszeitraum an die Stelle des Lohnzahlungszeitraums. [3]Arbeitslohn, der nicht als laufender Arbeitslohn gezahlt wird (sonstige Bezüge), wird in dem Kalenderjahr bezogen, in dem er dem Arbeitnehmer zufließt.

(2) Die Jahreslohnsteuer wird nach dem Jahresarbeitslohn so bemessen, dass sie der Einkommensteuer entspricht, die der Arbeitnehmer schuldet, wenn er ausschließlich Einkünfte aus nichtselbständiger Arbeit erzielt.

(3) [1]Vom laufenden Arbeitslohn wird die Lohnsteuer jeweils mit dem auf den Lohnzahlungszeitraum fallenden Teilbetrag der Jahreslohnsteuer erhoben, die sich bei Umrechnung des laufenden Arbeitslohns auf einen Jahresarbeitslohn ergibt. [2]Von sonstigen Bezügen wird die Lohnsteuer mit dem Betrag erhoben, der zusammen mit der Lohnsteuer für den laufenden Arbeitslohn des Kalenderjahres und für etwa im Kalenderjahr bereits gezahlte sonstige Bezüge die voraussichtliche Jahreslohnsteuer ergibt.

(4)[1)] Bei der Ermittlung der Lohnsteuer werden die Besteuerungsgrundlagen des Einzelfalls durch die Einreihung der Arbeitnehmer in Steuerklassen (§ 38b), Feststellung von Freibeträgen und Hinzurechnungsbeträgen (§ 39a) sowie Bereitstellung von elektronischen Lohnsteuerabzugsmerkmalen (§ 39e) oder Ausstellung von entsprechenden Bescheinigungen für den Lohnsteuerabzug (§ 39 Absatz 3 und § 39e Absatz 7 und 8) berücksichtigt.

§ 38b[2)] Lohnsteuerklassen, Zahl der Kinderfreibeträge. (1) [1]Für die Durchführung des Lohnsteuerabzugs werden Arbeitnehmer in Steuerklassen eingereiht. [2]Dabei gilt Folgendes:

1. In die Steuerklasse I gehören Arbeitnehmer, die
   a) unbeschränkt einkommensteuerpflichtig und
      aa) ledig sind,
      bb) verheiratet, verwitwet oder geschieden sind und bei denen die Voraussetzungen für die Steuerklasse III oder IV nicht erfüllt sind;

   oder
   b) beschränkt einkommensteuerpflichtig sind;
2. in die Steuerklasse II gehören die unter Nummer 1 Buchstabe a bezeichneten Arbeitnehmer, wenn bei ihnen der Entlastungsbetrag für Alleinerziehende (§ 24b) zu berücksichtigen ist;
3. in die Steuerklasse III gehören Arbeitnehmer,
   a)[3)] die verheiratet sind, wenn beide Ehegatten unbeschränkt einkommensteuerpflichtig sind und nicht dauernd getrennt leben und der Ehegatte des

---

[1)] § 38a Abs. 4 geänd. mWv VZ 2012 durch G v. 7.12.2011 (BGBl. I S. 2592).

[2)] § 38b Überschr. neu gef., bish. Wortlaut wird Abs. 1 und Satz 1 geänd., Satz 2 Nr. 1 neu gef., Nr. 2, 6 geänd., Abs. 2 und 3 angef. mWv 1.1.2012 durch G v. 7.12.2011 (BGBl. I S. 2592).

[3)] § 38b Abs. 1 Satz 2 Nr. 3 Buchst. a neu gef. mWv 1.1.2018 durch G v. 23.6.2017 (BGBl. I S. 1682).

Arbeitnehmers auf Antrag beider Ehegatten in die Steuerklasse V eingereiht wird,

b) die verwitwet sind, wenn sie und ihr verstorbener Ehegatte im Zeitpunkt seines Todes unbeschränkt einkommensteuerpflichtig waren und in diesem Zeitpunkt nicht dauernd getrennt gelebt haben, für das Kalenderjahr, das dem Kalenderjahr folgt, in dem der Ehegatte verstorben ist,

c) deren Ehe aufgelöst worden ist, wenn

aa) im Kalenderjahr der Auflösung der Ehe beide Ehegatten unbeschränkt einkommensteuerpflichtig waren und nicht dauernd getrennt gelebt haben und

bb) der andere Ehegatte wieder geheiratet hat, von seinem neuen Ehegatten nicht dauernd getrennt lebt und er und sein neuer Ehegatte unbeschränkt einkommensteuerpflichtig sind,

für das Kalenderjahr, in dem die Ehe aufgelöst worden ist;

4.[1] in die Steuerklasse IV gehören Arbeitnehmer, die verheiratet sind, wenn beide Ehegatten unbeschränkt einkommensteuerpflichtig sind und nicht dauernd getrennt leben; dies gilt auch, wenn einer der Ehegatten keinen Arbeitslohn bezieht und kein Antrag nach Nummer 3 Buchstabe a gestellt worden ist;

5. in die Steuerklasse V gehören die unter Nummer 4 bezeichneten Arbeitnehmer, wenn der Ehegatte des Arbeitnehmers auf Antrag beider Ehegatten in die Steuerklasse III eingereiht wird;

6. die Steuerklasse VI gilt bei Arbeitnehmern, die nebeneinander von mehreren Arbeitgebern Arbeitslohn beziehen, für die Einbehaltung der Lohnsteuer vom Arbeitslohn aus dem zweiten und einem weiteren Dienstverhältnis sowie in den Fällen des § 39c.

[3] Als unbeschränkt einkommensteuerpflichtig im Sinne der Nummern 3 und 4 gelten nur Personen, die die Voraussetzungen des § 1 Absatz 1 oder 2 oder des § 1a erfüllen.

(2) [1] Für ein minderjähriges und nach § 1 Absatz 1 unbeschränkt einkommensteuerpflichtiges Kind im Sinne des § 32 Absatz 1 Nummer 1 und Absatz 3 werden bei der Anwendung der Steuerklassen I bis IV die Kinderfreibeträge als Lohnsteuerabzugsmerkmal nach § 39 Absatz 1 wie folgt berücksichtigt:

1. mit Zähler 0,5, wenn dem Arbeitnehmer der Kinderfreibetrag nach § 32 Absatz 6 Satz 1 zusteht, oder

2. mit Zähler 1, wenn dem Arbeitnehmer der Kinderfreibetrag zusteht, weil

a) die Voraussetzungen des § 32 Absatz 6 Satz 2 vorliegen oder

b) der andere Elternteil vor dem Beginn des Kalenderjahres verstorben ist oder

c) der Arbeitnehmer allein das Kind angenommen hat.

[2] Soweit dem Arbeitnehmer Kinderfreibeträge nach § 32 Absatz 1 bis 6 zustehen, die nicht nach Satz 1 berücksichtigt werden, ist die Zahl der Kinderfrei-

---

[1] § 38b Abs. 1 Satz 2 Nr. 4 geänd. mWv 1.1.2018 durch G v. 23.6.2017 (BGBl. I S. 1682).

beträge auf Antrag vorbehaltlich des § 39a Absatz 1 Nummer 6 zu Grunde zu legen. [3]In den Fällen des Satzes 2 können die Kinderfreibeträge für mehrere Jahre gelten, wenn nach den tatsächlichen Verhältnissen zu erwarten ist, dass die Voraussetzungen bestehen bleiben. [4]Bei Anwendung der Steuerklassen III und IV sind auch Kinder des Ehegatten bei der Zahl der Kinderfreibeträge zu berücksichtigen. [5]Der Antrag kann nur nach amtlich vorgeschriebenem Vordruck gestellt werden.

(3)[1)] [1]Auf Antrag des Arbeitnehmers kann abweichend von Absatz 1 oder 2 eine für ihn ungünstigere Steuerklasse oder geringere Zahl der Kinderfreibeträge als Lohnsteuerabzugsmerkmal gebildet werden. [2]Der Wechsel von der Steuerklasse III oder V in die Steuerklasse IV ist auch auf Antrag nur eines Ehegatten möglich mit der Folge, dass beide Ehegatten in die Steuerklasse IV eingereiht werden. [3]Diese Anträge sind nach amtlich vorgeschriebenem Vordruck zu stellen und vom Antragsteller eigenhändig zu unterschreiben.

§ 39[2)] Lohnsteuerabzugsmerkmale. (1) [1]Für die Durchführung des Lohnsteuerabzugs werden auf Veranlassung des Arbeitnehmers Lohnsteuerabzugsmerkmale gebildet (§ 39a Absatz 1 und 4, § 39e Absatz 1 in Verbindung mit § 39e Absatz 4 Satz 1 und nach § 39e Absatz 8). [2]Soweit Lohnsteuerabzugsmerkmale nicht nach § 39e Absatz 1 Satz 1 automatisiert gebildet werden oder davon abweichend zu bilden sind, ist das Finanzamt für die Bildung der Lohnsteuerabzugsmerkmale nach den §§ 38b und 39a und die Bestimmung ihrer Geltungsdauer zuständig. [3]Für die Bildung der Lohnsteuerabzugsmerkmale sind die von den Meldebehörden nach § 39e Absatz 2 Satz 2 mitgeteilten Daten vorbehaltlich einer nach Satz 2 abweichenden Bildung durch das Finanzamt bindend. [4]Die Bildung der Lohnsteuerabzugsmerkmale ist eine gesonderte Feststellung von Besteuerungsgrundlagen im Sinne des § 179 Absatz 1 der Abgabenordnung, die unter dem Vorbehalt der Nachprüfung steht. [5]Die Bildung und die Änderung der Lohnsteuerabzugsmerkmale sind dem Arbeitnehmer bekannt zu geben. [6]Die Bekanntgabe richtet sich nach § 119 Absatz 2 der Abgabenordnung und § 39e Absatz 6. [7]Der Bekanntgabe braucht keine Belehrung über den zulässigen Rechtsbehelf beigefügt zu werden. [8]Ein schriftlicher Bescheid mit einer Belehrung über den zulässigen Rechtsbehelf ist jedoch zu erteilen, wenn einem Antrag des Arbeitnehmers auf Bildung oder Änderung der Lohnsteuerabzugsmerkmale nicht oder nicht in vollem Umfang entsprochen wird oder der Arbeitnehmer die Erteilung eines Bescheids beantragt. [9]Vorbehaltlich des Absatzes 5 ist § 153 Absatz 2 der Abgabenordnung nicht anzuwenden.

(2) [1]Für die Bildung und die Änderung der Lohnsteuerabzugsmerkmale nach Absatz 1 Satz 2 des nach § 1 Absatz 1 unbeschränkt einkommensteuerpflichtigen Arbeitnehmers ist das Wohnsitzfinanzamt im Sinne des § 19 Absatz 1 Satz 1 und 2 der Abgabenordnung und in den Fällen des Absatzes 4

[1)] § 38b Abs. 3 Satz 2 ersetzt durch Sätze 2 und 3 mWv 1.1.2018 durch G v. 23.6.2017 (BGBl. I S. 1682).

[2)] § 39 neu gef. mWv 1.1.2012 durch G v. 7.12.2011 (BGBl. I S. 2592).

Nummer 5 das Betriebsstättenfinanzamt nach § 41a Absatz 1 Satz 1 Nummer 1 zuständig. [2]Ist der Arbeitnehmer nach § 1 Absatz 2 unbeschränkt einkommensteuerpflichtig, nach § 1 Absatz 3 als unbeschränkt einkommensteuerpflichtig zu behandeln oder beschränkt einkommensteuerpflichtig, ist das Betriebsstättenfinanzamt für die Bildung und die Änderung der Lohnsteuerabzugsmerkmale zuständig. [3]Ist der nach § 1 Absatz 3 als unbeschränkt einkommensteuerpflichtig zu behandelnde Arbeitnehmer gleichzeitig bei mehreren inländischen Arbeitgebern tätig, ist für die Bildung der weiteren Lohnsteuerabzugsmerkmale das Betriebsstättenfinanzamt zuständig, das erstmals Lohnsteuerabzugsmerkmale gebildet hat. [4]Bei Ehegatten, die beide Arbeitslohn von inländischen Arbeitgebern beziehen, ist das Betriebsstättenfinanzamt des älteren Ehegatten zuständig.

[Fassung bis 31.12.2019:]

(3) [1]Wurde einem Arbeitnehmer in den Fällen des Absatzes 2 Satz 2 keine Identifikationsnummer zugeteilt, hat ihm das Betriebsstättenfinanzamt auf seinen Antrag hin eine Bescheinigung für den Lohnsteuerabzug auszustellen. [2]In diesem Fall tritt an die Stelle der Identifikationsnummer das vom Finanzamt gebildete lohnsteuerliche Ordnungsmerkmal nach § 41b Absatz 2 Satz 1 und 2. [3]Die Bescheinigung der Steuerklasse I kann auch der Arbeitgeber beantragen, wenn dieser den Antrag nach Satz 1 im Namen des Arbeitnehmers stellt. [4]Diese Bescheinigung ist als Beleg zum Lohnkonto zu nehmen und während des Dienstverhältnisses, längstens bis zum Ablauf des jeweiligen Kalenderjahres, aufzubewahren.

[Fassung ab 1.1.2020:]

(3)[1)] [1]In den Fällen des Absatzes 2 Satz 1 hat der Arbeitnehmer den Antrag für die erstmalige Zuteilung einer Identifikationsnummer (§ 139b der Abgabenordnung[2)]) beim Wohnsitzfinanzamt und in den Fällen des Absatzes 2 Satz 2 beim Betriebsstättenfinanzamt zu stellen. [2]Die Zuteilung einer Identifikationsnummer kann auch der Arbeitgeber beantragen, wenn ihn der Arbeitnehmer dazu nach § 80 Absatz 1 der Abgabenordnung bevollmächtigt hat. [3]Ist dem Arbeitnehmer in den Fällen des Absatzes 2 Satz 1 und 2 bereits eine Identifikationsnummer zugeteilt worden, teilt das zuständige Finanzamt diese auf Anfrage des Arbeitnehmers mit. [4]Eine Anfrage nach Satz 3 kann auch der Arbeitgeber im Namen des Arbeitnehmers stellen. [5]Wird einem Arbeitnehmer in den Fällen des Satzes 1 keine Identifikationsnummer zugeteilt, gilt § 39e Absatz 8 sinngemäß.

(4) Lohnsteuerabzugsmerkmale sind

1. Steuerklasse (§ 38b Absatz 1) und Faktor (§ 39f),
2. Zahl der Kinderfreibeträge bei den Steuerklassen I bis IV (§ 38b Absatz 2),
3. Freibetrag und Hinzurechnungsbetrag (§ 39a),

[1)] § 39 Abs. 3 neu gef. mWv VZ 2020 durch G v. 12.12.2019 (BGBl. I S. 2451); Satz 1 und 3 geänd. durch G v. 21.12.2020 (BGBl. I S. 3096).

[2)] Nr. **800**.

[alte Fassung:]	*[Fassung ab 1.1.2023/2024:]*
4. Höhe der Beiträge für eine private Krankenversicherung und für eine private Pflege-Pflichtversicherung (§ 39b Absatz 2 Satz 5 Nummer 3 Buchstabe d) für die Dauer von zwölf Monaten, wenn der Arbeitnehmer dies beantragt,	4.[1] Höhe der monatlichen Beiträge a) für eine private Krankenversicherung und für eine private Pflege-Pflichtversicherung, wenn die Voraussetzungen für die Gewährung eines nach § 3 Nummer 62 steuerfreien Zuschusses für diese Beiträge vorliegen, b) für eine private Krankenversicherung und für eine private Pflege-Pflichtversicherung im Sinne des § 10 Absatz 1 Nummer 3,

5.[2] Mitteilung, dass der von einem Arbeitgeber gezahlte Arbeitslohn nach einem Abkommen zur Vermeidung der Doppelbesteuerung von der Lohnsteuer freizustellen ist, wenn der Arbeitnehmer oder der Arbeitgeber dies beantragt.

[*ab VZ 2023/2024:*

(4a)[3] ¹Das Versicherungsunternehmen als mitteilungspflichtige Stelle hat dem Bundeszentralamt für Steuern nach Maßgabe des § 93c der Abgabenordnung die in Absatz 4 Nummer 4 genannten Beiträge unter Angabe der Vertrags- oder Versicherungsdaten zu übermitteln, soweit der Versicherungsnehmer dieser Übermittlung nicht gegenüber dem Versicherungsunternehmen widerspricht. ²Abweichend von § 93c Absatz 1 Nummer 1 der Abgabenordnung sind die Daten bis zum 20. November des Vorjahres, für das die Beiträge maßgeblich sind, zu übermitteln. ³Bei unterjährigen Beitragsänderungen sind die Daten dem Bundeszentralamt für Steuern zeitgleich mit der Mitteilung der Beitragsänderung an den Versicherungsnehmer zu übermitteln. ⁴Ändern sich die nach Satz 2 übermittelten Daten infolge von Beitragsvorausleistungen, sind die geänderten Daten bis zum letzten Tag des Monats Februar des laufenden Jahres dem Bundeszentralamt für Steuern zu übermitteln.]

(5) ¹Treten bei einem Arbeitnehmer die Voraussetzungen für eine für ihn ungünstigere Steuerklasse oder geringere Zahl der Kinderfreibeträge ein, ist der Arbeitnehmer verpflichtet, dem Finanzamt dies mitzuteilen und die Steuerklasse und die Zahl der Kinderfreibeträge umgehend ändern zu lassen. ²Dies gilt insbesondere, wenn die Voraussetzungen für die Berücksichtigung des Entlastungsbetrags für Alleinerziehende, für die die Steuerklasse II zur Anwendung kommt, entfallen. ³Eine Mitteilung ist nicht erforderlich, wenn die Abweichung einen Sachverhalt betrifft, der zu einer Änderung der Daten

---

[1] § 39 Abs. 4 Nr. 4 neu gef. durch G v. 21.12.2020 (BGBl. I S. 3096); zur Anwendung siehe § 52 Abs. 36 Satz 3.

[2] Zur Anwendung siehe § 52 Abs. 36 Satz 1.

[3] § 39 Abs. 4a eingef. durch G v. 21.12.2020 (BGBl. I S. 3096); zur Anwendung siehe § 52 Abs. 36 Satz 3.

führt, die nach § 39e Absatz 2 Satz 2 von den Meldebehörden zu übermitteln sind. [4]Kommt der Arbeitnehmer seiner Verpflichtung nicht nach, ändert das Finanzamt die Steuerklasse und die Zahl der Kinderfreibeträge von Amts wegen. [5]Unterbleibt die Änderung der Lohnsteuerabzugsmerkmale, hat das Finanzamt zu wenig erhobene Lohnsteuer vom Arbeitnehmer nachzufordern, wenn diese 10 Euro übersteigt.

(6) [1]Ändern sich die Voraussetzungen für die Steuerklasse oder für die Zahl der Kinderfreibeträge zu Gunsten des Arbeitnehmers, kann dieser beim Finanzamt die Änderung der Lohnsteuerabzugsmerkmale beantragen. [2]Die Änderung ist mit Wirkung von dem ersten Tag des Monats an vorzunehmen, in dem erstmals die Voraussetzungen für die Änderung vorlagen. [3]Ehegatten können *einmalig* im Laufe des Kalenderjahres beim Finanzamt die Änderung der Steuerklassen beantragen.[1)] [4]Dies gilt unabhängig von der automatisierten Bildung der Steuerklassen nach § 39e Absatz 3 Satz 3 sowie einer von den Ehegatten gewünschten Änderung dieser automatisierten Bildung. [5]Das Finanzamt hat eine Änderung nach Satz 3 mit Wirkung vom Beginn des Kalendermonats vorzunehmen, der auf die Antragstellung folgt. [6]Für eine Berücksichtigung der Änderung im laufenden Kalenderjahr ist der Antrag nach Satz 1 oder 3 spätestens bis zum 30. November zu stellen.

(7) [1]Wird ein unbeschränkt einkommensteuerpflichtiger Arbeitnehmer beschränkt einkommensteuerpflichtig, hat er dies dem Finanzamt unverzüglich mitzuteilen. [2]Das Finanzamt hat die Lohnsteuerabzugsmerkmale vom Zeitpunkt des Eintritts der beschränkten Einkommensteuerpflicht an zu ändern. [3]Absatz 1 Satz 5 bis 8 gilt entsprechend. [4]Unterbleibt die Mitteilung, hat das Finanzamt zu wenig erhobene Lohnsteuer vom Arbeitnehmer nachzufordern, wenn diese 10 Euro übersteigt.

[Fassung bis 25.11.2019:]

(8) [1]Der Arbeitgeber darf die Lohnsteuerabzugsmerkmale nur für die Einbehaltung der Lohn- und Kirchensteuer verwenden. [2]Er darf sie ohne Zustimmung des Arbeitnehmers nur offenbaren, soweit dies gesetzlich zugelassen ist.

(9) [1]Ordnungswidrig handelt, wer vorsätzlich oder leichtfertig entgegen Absatz 8 ein Lohnsteuerabzugsmerkmal[3)] verwendet. [2]Die Ordnungswidrigkeit kann mit einer Geldbuße bis zu zehntausend Euro geahndet werden.

[Fassung ab 26.11.2019:][2)]

(8) Ohne Einwilligung des Arbeitnehmers und soweit gesetzlich nichts anderes zugelassen ist, darf der Arbeitgeber die Lohnsteuerabzugsmerkmale nur für die Einbehaltung der Lohn- und Kirchensteuer verarbeiten.

(9) *(aufgehoben)*

[1)] § 39 Abs. 6 Satz 3 geänd. mWv 1.1.2018 durch G v. 23.6.2017 (BGBl. I S. 1682); kursiver Satzteil aufgeh. mWv 1.1.2020 durch G v. 22.11.2019 (BGBl. I S. 1746).

[2)] § 39 Abs. 8 neu gef., Abs. 9 aufgeh. mWv VZ 2019 durch G v. 20.11.2019 (BGBl. I S. 1626).

[3)] Geänd. mWv VZ 2013 durch G v. 26.6.2013 (BGBl. I S. 1809).

§ 39a[1] Freibetrag und Hinzurechnungsbetrag. (1) [1]Auf Antrag des unbeschränkt einkommensteuerpflichtigen Arbeitnehmers ermittelt das Finanzamt die Höhe eines vom Arbeitslohn insgesamt abzuziehenden Freibetrags aus der Summe der folgenden Beträge:

1. Werbungskosten, die bei den Einkünften aus nichtselbständiger Arbeit anfallen, soweit sie den Arbeitnehmer-Pauschbetrag (§ 9a Satz 1 Nummer 1 Buchstabe a) oder bei Versorgungsbezügen den Pauschbetrag (§ 9a Satz 1 Nummer 1 Buchstabe b) übersteigen,

[***ab VZ 2024:***

1a.[2] Sonderausgaben im Sinne des § 10 Absatz 1 Nummer 3 unter den Voraussetzungen des § 10 Absatz 2, wenn die Beiträge an Versicherungsunternehmen oder Sozialversicherungsträger geleistet werden, die ihren Sitz oder ihre Geschäftsleitung nicht im Inland haben,]

2. Sonderausgaben im Sinne des § 10 Absatz 1 Nummer 4, 5, 7 und 9 sowie Absatz 1a[3] und des § 10b, soweit sie den Sonderausgaben-Pauschbetrag von 36 Euro übersteigen,
3. der Betrag, der nach den §§ 33, 33a und 33b Absatz 6 wegen außergewöhnlicher Belastungen zu gewähren ist,
4. die Pauschbeträge für Menschen mit Behinderungen und Hinterbliebene (§ 33b Absatz 1 bis 5),

4a.[4] der Erhöhungsbetrag nach § 24b Absatz 2 Satz 2 *sowie in den Kalenderjahren 2020 und 2021 der Erhöhungsbetrag nach § 24b Absatz 2 Satz 3; für den Erhöhungsbetrag nach § 24b Absatz 2 Satz 3 kann auch ohne Antrag des Arbeitnehmers ein Freibetrag ermittelt werden*,

5. die folgenden Beträge, wie sie nach § 37 Absatz 3 bei der Festsetzung von Einkommensteuer-Vorauszahlungen zu berücksichtigen sind:
   a)[5] die Beträge, die nach § 10d Absatz 2, §§ 10e, 10f, 10g, 10h, 10i, nach § 15b des Berlinförderungsgesetzes abgezogen werden können,
   b) die negative Summe der Einkünfte im Sinne des § 2 Absatz 1 Satz 1 Nummer 1 bis 3, 6 und 7 und der negativen Einkünfte im Sinne des § 2 Absatz 1 Satz 1 Nummer 5,
   c)[6] das Vierfache der Steuerermäßigung nach den §§ 34f *und 35a* [***ab 1.1. 2020:*** , 35a und 35c],

---

[1] § 39a Abs. 1 Satzteil vor Nr. 1 neu gef., Nr. 6 Satz 2 neu gef., Satz 3 angef., Nr. 7 neu gef., Abs. 1 Satz 2 angef., Abs. 2 bis 5 neu gef. mWv VZ 2012 durch G v. 7.12.2011 (BGBl. I S. 2592); Abs. 1 Satz 1 Nr. 4 geänd. mWv 15.12.2020 durch G v. 9.12.2020 (BGBl. I S. 2770).

[2] § 39a Abs. 1 Satz 1 Nr. 1a eingef. mWv VZ 2024 durch G v. 21.12.2020 (BGBl. I S. 3096).

[3] Verweis geänd. mWv VZ 2015 durch G v. 22.12.2014 (BGBl. I S. 2417).

[4] § 39a Abs. 1 Satz 1 Nr. 4a eingef. mWv VZ 2015 durch G v. 16.7.2015 (BGBl. I S. 1202); 2. HS angef. durch G v. 29.6.2020 (BGBl. I S. 1512); kursiver Satzteil gestrichen mWv VZ 2022 durch G v. 21.12.2020 (BGBl. I S. 3096).

[5] § 39a Abs. 1 Satz 1 Nr. 5 Buchst. a geänd. mWv 15.7.2016 durch G v. 8.7.2016 (BGBl. I S. 1594).

[6] § 39a Abs. 1 Satz 1 Nr. 5 Buchst. c geänd. mWv 1.1.2020 durch G v. 21.12.2019 (BGBl. I S. 2886).

6. die Freibeträge nach § 32 Absatz 6 für jedes Kind im Sinne des § 32 Absatz 1 bis 4, für das kein Anspruch auf Kindergeld besteht. [2]Soweit für diese Kinder Kinderfreibeträge nach § 38b Absatz 2 berücksichtigt worden sind, ist die Zahl der Kinderfreibeträge entsprechend zu vermindern. [3]Der Arbeitnehmer ist verpflichtet, den nach Satz 1 ermittelten Freibetrag ändern zu lassen, wenn für das Kind ein Kinderfreibetrag nach § 38b Absatz 2 berücksichtigt wird,
7. ein Betrag für ein zweites oder ein weiteres Dienstverhältnis insgesamt bis zur Höhe des auf volle Euro abgerundeten zu versteuernden Jahresbetrags nach § 39b Absatz 2 Satz 5, bis zu dem nach der Steuerklasse des Arbeitnehmers, die für den Lohnsteuerabzug vom Arbeitslohn aus dem ersten Dienstverhältnis anzuwenden ist, Lohnsteuer nicht zu erheben ist. [2]Voraussetzung ist, dass
   a) der Jahresarbeitslohn aus dem ersten Dienstverhältnis geringer ist als der nach Satz 1 maßgebende Eingangsbetrag und
   b) in Höhe des Betrags für ein zweites oder ein weiteres Dienstverhältnis zugleich für das erste Dienstverhältnis ein Betrag ermittelt wird, der dem Arbeitslohn hinzuzurechnen ist (Hinzurechnungsbetrag).

   [3]Soll für das erste Dienstverhältnis auch ein Freibetrag nach den Nummern 1 bis 6 und 8 ermittelt werden, ist nur der diesen Freibetrag übersteigende Betrag als Hinzurechnungsbetrag zu berücksichtigen. [4]Ist der Freibetrag höher als der Hinzurechnungsbetrag, ist nur der den Hinzurechnungsbetrag übersteigende Freibetrag zu berücksichtigen,
8. der Entlastungsbetrag für Alleinerziehende (§ 24b) bei Verwitweten, die nicht in Steuerklasse II gehören.

[2]Der insgesamt abzuziehende Freibetrag und der Hinzurechnungsbetrag gelten mit Ausnahme von Satz 1 Nummer 4 und vorbehaltlich der Sätze 3 bis 5 für die gesamte Dauer eines Kalenderjahres. [3]Die Summe der nach Satz 1 Nummer 1 bis 3 sowie 4a bis 8 ermittelten Beträge wird längstens für einen Zeitraum von zwei Kalenderjahren ab Beginn des Kalenderjahres, für das der Freibetrag erstmals gilt oder geändert wird, berücksichtigt. [4]Der Arbeitnehmer kann eine Änderung des Freibetrags innerhalb dieses Zeitraums beantragen, wenn sich die Verhältnisse zu seinen Gunsten ändern. [5]Ändern sich die Verhältnisse zu seinen Ungunsten, ist er verpflichtet, dies dem Finanzamt umgehend anzuzeigen.[1)]

(2) [1]Der Antrag nach Absatz 1 ist nach amtlich vorgeschriebenem Vordruck zu stellen und vom Arbeitnehmer eigenhändig zu unterschreiben. [2]Die Frist für die Antragstellung beginnt am 1. Oktober des Vorjahres, für das der Freibetrag gelten soll. [3]Sie endet am 30. November des Kalenderjahres, in dem der Freibetrag gilt. [4]Der Antrag ist hinsichtlich eines Freibetrags aus der Summe der nach Absatz 1 Satz 1 Nummer 1 bis 3 und 8 in Betracht kommenden Aufwendungen und Beträge unzulässig, wenn die Aufwendungen im

---

[1)] § 39a Abs. 1 Satz 2 ersetzt durch Sätze 2 bis 5 durch G v. 26.6.2013 (BGBl. I S. 1809); zur Anwendung siehe § 52 Abs. 37 iVm BMF v. 21.5.2015 (BStBl. I S. 488); Satz 3 geänd. durch G v. 16.7.2015 (BGBl. I S. 1202); Satz 3 geänd. durch G v. 28.7.2015 (BGBl. I S. 1400).

Sinne des § 9, soweit sie den Arbeitnehmer-Pauschbetrag übersteigen, die Aufwendungen im Sinne des § 10 Absatz 1 Nummer *4, 5, 7 und 9* [***ab VZ 2024:*** 3, 4, 5, 7 und 9][1] sowie Absatz 1a,[2] der §§ 10b und 33 sowie die abziehbaren Beträge nach den §§ 24b, 33a und 33b Absatz 6 insgesamt 600 Euro nicht übersteigen. [5]Das Finanzamt kann auf nähere Angaben des Arbeitnehmers verzichten, wenn er

1. höchstens den Freibetrag beantragt, der für das vorangegangene Kalenderjahr ermittelt wurde, und
2. versichert, dass sich die maßgebenden Verhältnisse nicht wesentlich geändert haben.

[6]Das Finanzamt hat den Freibetrag durch Aufteilung in Monatsfreibeträge, falls erforderlich in Wochen- und Tagesfreibeträge, jeweils auf die der Antragstellung folgenden Monate des Kalenderjahres gleichmäßig zu verteilen. [7]Abweichend hiervon darf ein Freibetrag, der im Monat Januar eines Kalenderjahres beantragt wird, mit Wirkung vom 1. Januar dieses Kalenderjahres an berücksichtigt werden. [8]Ist der Arbeitnehmer beschränkt einkommensteuerpflichtig, hat das Finanzamt den nach Absatz 4 ermittelten Freibetrag durch Aufteilung in Monatsbeträge, falls erforderlich in Wochen- und Tagesbeträge, jeweils auf die voraussichtliche Dauer des Dienstverhältnisses im Kalenderjahr gleichmäßig zu verteilen. [9]Die Sätze 5 bis 8 gelten für den Hinzurechnungsbetrag nach Absatz 1 Satz 1 Nummer 7 entsprechend.

(3) [1]Für Ehegatten, die beide unbeschränkt einkommensteuerpflichtig sind und nicht dauernd getrennt leben, ist jeweils die Summe der nach Absatz 1 Satz 1 Nummer 2 bis 4 und 5[3] in Betracht kommenden Beträge gemeinsam zu ermitteln; der in Absatz 1 Satz 1 Nummer 2 genannte Betrag ist zu verdoppeln. [2]Für die Anwendung des Absatzes 2 Satz 4 ist die Summe der für beide Ehegatten in Betracht kommenden Aufwendungen im Sinne des § 9, soweit sie jeweils den Arbeitnehmer-Pauschbetrag übersteigen, und der Aufwendungen im Sinne des § 10 Absatz 1 Nummer *4, 5, 7 und 9* [***ab VZ 2024:*** 3, 4, 5, 7 und 9][1] sowie Absatz 1a,[2] der §§ 10b und 33 sowie der abziehbaren Beträge nach den §§ 24b, 33a und 33b Absatz 6 maßgebend. [3]Die nach Satz 1 ermittelte Summe ist je zur Hälfte auf die Ehegatten aufzuteilen, wenn für jeden Ehegatten Lohnsteuerabzugsmerkmale gebildet werden und die Ehegatten keine andere Aufteilung beantragen. [4]Für eine andere Aufteilung gilt Absatz 1 Satz 2 entsprechend. [5]Für einen Arbeitnehmer, dessen Ehe in dem Kalenderjahr, für das der Freibetrag gilt, aufgelöst worden ist und dessen bisheriger Ehegatte in demselben Kalenderjahr wieder geheiratet hat, sind die nach Absatz 1 in Betracht kommenden Beträge ausschließlich auf Grund der in seiner Person erfüllten Voraussetzungen zu ermitteln. [6]Satz 1 zweiter Halbsatz ist auch anzuwenden, wenn die tarifliche Einkommensteuer nach § 32a Absatz 6 zu ermitteln ist.

(4)[4] [1]Für einen beschränkt einkommensteuerpflichtigen Arbeitnehmer, für den § 50 Absatz 1 Satz 5 anzuwenden ist, ermittelt das Finanzamt auf Antrag

---

[1] Verweis geänd. mWv VZ 2024 durch G v. 21.12.2020 (BGBl. I S. 3096).

[2] Verweis geänd. mWv VZ 2015 durch G v. 22.12.2014 (BGBl. I S. 2417).

[3] Verweis geänd. mWv VZ 2015 durch G v. 16.7.2015 (BGBl. I S. 1202).

[4] § 39a Abs. 4 Satz 1 geänd. durch G v. 21.12.2020 (BGBl. I S. 3096); zur Anwendung siehe § 52 Abs. 46 Satz 1 (neue Satzzählung von § 50 Abs. 1).

einen Freibetrag, der vom Arbeitslohn insgesamt abzuziehen ist, aus der Summe der folgenden Beträge:

1. Werbungskosten, die bei den Einkünften aus nichtselbständiger Arbeit anfallen, soweit sie den Arbeitnehmer-Pauschbetrag (§ 9a Satz 1 Nummer 1 Buchstabe a) oder bei Versorgungsbezügen den Pauschbetrag (§ 9a Satz 1 Nummer 1 Buchstabe b) übersteigen,

[*ab VZ 2024:*

1a.[1] Sonderausgaben im Sinne des § 10 Absatz 1 Nummer 3 unter den Voraussetzungen des § 10 Absatz 2, wenn die Beiträge an Versicherungsunternehmen oder Sozialversicherungsträger geleistet werden, die ihren Sitz oder ihre Geschäftsleitung nicht im Inland haben,]

2. Sonderausgaben im Sinne des § 10b, soweit sie den Sonderausgaben-Pauschbetrag (§ 10c) übersteigen, und die wie Sonderausgaben abziehbaren Beträge nach § 10e oder § 10i, jedoch erst nach Fertigstellung oder Anschaffung des begünstigten Objekts oder nach Fertigstellung der begünstigten Maßnahme,
3. den Freibetrag oder den Hinzurechnungsbetrag nach Absatz 1 Satz 1 Nummer 7.

2 Der Antrag kann nur nach amtlich vorgeschriebenem Vordruck bis zum Ablauf des Kalenderjahres gestellt werden, für das die Lohnsteuerabzugsmerkmale gelten.

(5) Ist zu wenig Lohnsteuer erhoben worden, weil ein Freibetrag unzutreffend als Lohnsteuerabzugsmerkmal ermittelt worden ist, hat das Finanzamt den Fehlbetrag vom Arbeitnehmer nachzufordern, wenn er 10 Euro übersteigt.

§ 39b[2) · 3)] **Einbehaltung der Lohnsteuer.** (1) Bei unbeschränkt und beschränkt einkommensteuerpflichtigen Arbeitnehmern hat der Arbeitgeber den Lohnsteuerabzug nach Maßgabe der Absätze 2 bis 6 durchzuführen.

(2)[4] 1 Für die Einbehaltung der Lohnsteuer vom laufenden Arbeitslohn hat der Arbeitgeber die Höhe des laufenden Arbeitslohns im Lohnzahlungszeitraum festzustellen und auf einen Jahresarbeitslohn hochzurechnen. 2 Der Arbeitslohn eines monatlichen Lohnzahlungszeitraums ist mit zwölf, der Arbeitslohn eines wöchentlichen Lohnzahlungszeitraums mit $^{360}/_{7}$ und der Arbeitslohn eines täglichen Lohnzahlungszeitraums mit 360 zu vervielfältigen. 3 Von dem hochgerechneten Jahresarbeitslohn sind ein etwaiger Versorgungsfreibetrag (§ 19 Absatz 2) und Altersentlastungsbetrag (§ 24a) abzuziehen. 4 Außerdem ist der hochgerechnete Jahresarbeitslohn um einen etwaigen als Lohnsteuerabzugsmerkmal für den Lohnzahlungszeitraum mitgeteilten Freibetrag (§ 39a Absatz 1) oder Hinzurechnungsbetrag (§ 39a Absatz 1 Satz 1 Nummer 7), vervielfältigt unter sinngemäßer

---

[1] § 39a Abs. 4 Satz 1 Nr. 1a eingef. mWv VZ 2024 durch G v. 21.12.2020 (BGBl. I S. 3096).

[2] Zur Berechnung der geltenden Lohnsteuer siehe das beiliegende **Berechnungsprogramm auf CD-ROM** sowie die im **Anhang aT2 und aT3** abgedruckten **Jahreslohnsteuer- und Monatslohnsteuertabellen.**

[3] § 39b Überschr. und Abs. 1 neu gef. mWv VZ 2012 durch G v. 7.12.2011 (BGBl. I S. 2592).

[4] § 39b Abs. 2 Satz 4 und 8 geänd. mWv VZ 2012 durch G v. 7.12.2011 (BGBl. I S. 2592).

Anwendung von Satz 2, zu vermindern oder zu erhöhen. [5]Der so verminderte oder erhöhte hochgerechnete Jahresarbeitslohn, vermindert um

1. den Arbeitnehmer-Pauschbetrag (§ 9a Satz 1 Nummer 1 Buchstabe a) oder bei Versorgungsbezügen den Pauschbetrag (§ 9a Satz 1 Nummer 1 Buchstabe b) und den Zuschlag zum Versorgungsfreibetrag (§ 19 Absatz 2) in den Steuerklassen I bis V,
2. den Sonderausgaben-Pauschbetrag (§ 10c Satz 1) in den Steuerklassen I bis V,
3. eine Vorsorgepauschale aus den Teilbeträgen
   a)[1] für die Rentenversicherung bei Arbeitnehmern, die in der gesetzlichen Rentenversicherung pflichtversichert oder von der gesetzlichen Rentenversicherung nach § 6 Absatz 1 Nummer 1 des Sechsten Buches Sozialgesetzbuch befreit sind, in den Steuerklassen I bis VI in Höhe des Betrags, der bezogen auf den Arbeitslohn 50 Prozent des Beitrags in der allgemeinen Rentenversicherung unter Berücksichtigung der jeweiligen Beitragsbemessungsgrenzen entspricht,
   b)[2] für die Krankenversicherung bei Arbeitnehmern, die in der gesetzlichen Krankenversicherung versichert sind, in den Steuerklassen I bis VI in Höhe des Betrags, der bezogen auf den Arbeitslohn unter Berücksichtigung der Beitragsbemessungsgrenze, den ermäßigten Beitragssatz (§ 243 des Fünften Buches Sozialgesetzbuch) und den Zusatzbeitragssatz der Krankenkasse (§ 242 des Fünften Buches Sozialgesetzbuch) dem Arbeitnehmeranteil eines pflichtversicherten Arbeitnehmers entspricht,
   c) für die Pflegeversicherung bei Arbeitnehmern, die in der sozialen Pflegeversicherung versichert sind, in den Steuerklassen I bis VI in Höhe des Betrags, der bezogen auf den Arbeitslohn unter Berücksichtigung der Beitragsbemessungsgenze und den bundeseinheitlichen Beitragssatz dem Arbeitnehmeranteil eines pflichtversicherten Arbeitnehmers entspricht, erhöht um den Beitragszuschlag des Arbeitnehmers nach § 55 Absatz 3 des Elften Buches Sozialgesetzbuch, wenn die Voraussetzungen dafür vorliegen,

[Fassung bis VZ 2023:]

d)[4] für die Krankenversicherung und für die private Pflege-Pflichtversicherung bei Arbeitnehmern, die nicht unter Buchstabe b und c fallen, in den Steuerklassen I bis V in Höhe der dem Arbeitgeber mitgeteilten Beiträge im Sinne

[Fassung ab VZ 2024:][3]

d) für die Krankenversicherung und für die private Pflege-Pflichtversicherung bei Arbeitnehmern, die nicht unter die Buchstaben b und c fallen, in den Steuerklassen I bis V in Höhe der dem Arbeitgeber als Lohnsteuerabzugsmerkmal be-

---

[1] Von 2010 bis 2024 siehe Maßgabe in Abs. 4.

[2] § 39b Abs. 2 Satz 5 Nr. 3 Buchst. b geänd. mWv VZ 2015 durch G v. 25.7.2014 (BGBl. I S. 1266).

[3] § 39b Abs. 2 Satz 5 Nr. 3 Buchst. d neu gef., Buchst. e angef. mWv VZ 2024 durch G v. 21.12.2020 (BGBl. I S. 3096).

[4] § 39b Abs. 2 Satz 5 Nr. 3 Buchst. d geänd. mWv VZ 2019 durch G v. 12.12.2019 (BGBl. I S. 2451).

[Fassung bis VZ 2023:]

des § 10 Absatz 1 Nummer 3, etwaig vervielfältigt unter sinngemäßer Anwendung von Satz 2 auf einen Jahresbetrag, vermindert um den Betrag, der bezogen auf den Arbeitslohn unter Berücksichtigung der Beitragsbemessungsgrenze, den ermäßigten Beitragssatz und den durchschnittlichen Zusatzbeitragssatz in der gesetzlichen Krankenversicherung sowie den bundeseinheitlichen Beitragssatz in der sozialen Pflegeversicherung dem Arbeitgeberanteil für einen pflichtversicherten Arbeitnehmer entspricht, wenn der Arbeitgeber gesetzlich verpflichtet ist, Zuschüsse zu den Kranken- und Pflegeversicherungsbeiträgen des Arbeitnehmers zu leisten;

[Fassung ab VZ 2024:]

reitgestellten Beiträge nach § 39 Absatz 4 Nummer 4 Buchstabe b, etwaig vervielfältigt unter sinngemäßer Anwendung von Satz 2 auf einen Jahresbetrag, vermindert um die als Lohnsteuerabzugsmerkmal bereitgestellten Beiträge nach § 39 Absatz 4 Nummer 4 Buchstabe a,

e) für die Versicherung gegen Arbeitslosigkeit bei Arbeitnehmern, die in der Arbeitslosenversicherung (Drittes Buch Sozialgesetzbuch) versichert sind, in den Steuerklassen I bis V in Höhe des Betrags, der bezogen auf den Arbeitslohn unter Berücksichtigung der jeweiligen Beitragsbemessungsgrenze und den bundeseinheitlichen Beitragssatz, dem Arbeitnehmeranteil eines pflichtversicherten Arbeitnehmers entspricht; der Teilbetrag ist jedoch nur anzusetzen, soweit er zusammen mit den Teilbeträgen nach den Buchstaben b bis d einen Betrag in Höhe von 1900 Euro nicht übersteigt;

Entschädigungen im Sinne des § 24 Nummer 1 sind bei Anwendung der Buchstaben a bis c *nicht zu berücksichtigen; mindestens ist für die Summe der Teilbeträge nach den Buchstaben b und c oder für den Teilbetrag nach Buchstabe d ein Betrag in Höhe von 12 Prozent des Arbeitslohns, höchstens 1900 Euro in den Steuerklassen I, II, IV, V, VI und höchstens 3000 Euro in der Steuerklasse III anzusetzen* [***ab VZ 2024:*** und e nicht zu berücksichtigen][1],

4.[2] den Entlastungsbetrag für Alleinerziehende für ein Kind (§ 24b Absatz 2 Satz 1) in der Steuerklasse II,

ergibt den zu versteuernden Jahresbetrag. 6 Für den zu versteuernden Jahresbetrag ist die Jahreslohnsteuer in den Steuerklassen I, II und IV nach § 32a

[1] § 39b Abs. 2 Nr. 3 abschl. Satzteil geänd. mWv VZ 2024 durch G v. 21.12.2020 (BGBl. I S. 3096).

[2] § 39b Abs. 2 Satz 5 Nr. 4 geänd. durch G v. 16.7.2015 (BGBl. I S. 1202); zur Anwendung siehe § 52 Abs. 37b.

Absatz 1 sowie in der Steuerklasse III nach § 32a Absatz 5 zu berechnen. [7] In den Steuerklassen V und VI ist die Jahreslohnsteuer zu berechnen, die sich aus dem Zweifachen des Unterschiedsbetrags zwischen dem Steuerbetrag für das Eineinviertelfache und dem Steuerbetrag für das Dreiviertelfache des zu versteuernden Jahresbetrags nach § 32a Absatz 1 ergibt; die Jahreslohnsteuer beträgt jedoch mindestens 14 Prozent des zu versteuernden Jahresbetrags, für den *10 440* [***für VZ 2019:*** 10 635; ***für VZ 2020:*** 10 898; ***für VZ 2021:*** 11 237; ***für VZ 2022:*** 11 480] Euro[1)] übersteigenden Teil des zu versteuernden Jahresbetrags höchstens 42 Prozent, für den *27 475* [***für VZ 2019:*** 27 980; ***für VZ 2020:*** 28 526; ***für VZ 2021:*** 28 959; ***für VZ 2022:*** 29 298] Euro[1)] übersteigenden Teil des zu versteuernden Jahresbetrags 42 Prozent und für den *208 426* [***für VZ 2019:*** 212 261; ***für VZ 2020:*** 216 400; ***für VZ 2021:*** 219 690; ***für VZ 2022:*** 222 260] Euro[1)] übersteigenden Teil des zu versteuernden Jahresbetrags 45 Prozent.[2)] [8] Für die Lohnsteuerberechnung ist die als Lohnsteuerabzugsmerkmal mitgeteilte oder die nach § 39c Absatz 1 oder Absatz 2 oder nach § 39e Absatz 5a oder Absatz 6 Satz 8 anzuwendende[3)] Steuerklasse maßgebend. [9] Die monatliche Lohnsteuer ist $^1/_{12}$, die wöchentliche Lohnsteuer sind $^7/_{360}$ und die tägliche Lohnsteuer ist $^1/_{360}$ der Jahreslohnsteuer. [10] Bruchteile eines Cents, die sich bei der Berechnung nach den Sätzen 2 und 9 ergeben, bleiben jeweils außer Ansatz. [11] Die auf den Lohnzahlungszeitraum entfallende Lohnsteuer ist vom Arbeitslohn einzubehalten. [12] Das Betriebsstättenfinanzamt kann allgemein oder auf Antrag zulassen, dass die Lohnsteuer unter den Voraussetzungen des § 42b Absatz 1 nach dem voraussichtlichen Jahresarbeitslohn ermittelt wird, wenn gewährleistet ist, dass die zutreffende Jahreslohnsteuer (§ 38a Absatz 2) nicht unterschritten wird. [13] Darüber hinaus kann das Betriebsstättenfinanzamt auf Antrag zulassen, dass bei nach § 1 Absatz 1 unbeschränkt einkommensteuerpflichtigen Arbeitnehmern mit Steuerklasse VI und ohne Freibetrag nach § 39a, die bei dem Arbeitgeber gelegentlich, nicht regelmäßig wiederkehrend beschäftigt werden und deren Dauer der Beschäftigung 24 zusammenhängende Arbeitstage nicht übersteigt, der während der Beschäftigung erzielte Arbeitslohn auf einen Jahresbetrag hochgerechnet und die sich ergebende Lohnsteuer auf den Lohnabrechnungszeitraum zurückgerechnet wird, wobei als Lohnabrechnungszeitraum der Zeitraum vom Beginn des Kalenderjahres bis zum Ende der Beschäftigung gilt. [14] Bei Anwendung des Satzes 13 sind auch der im Kalenderjahr in etwaigen vorangegangenen und beendeten weiteren Dienstverhältnissen in der Steuerklasse VI bezogene Arbeitslohn und die darauf erhobene Lohnsteuer einzubeziehen, soweit dort bereits Satz 13 angewandt wurde. [15] Voraussetzung für die Anwendung des Verfahrens nach Satz 13 ist zudem, dass der Arbeitnehmer vor Aufnahme der Beschäftigung

---

[1)] Beträge geänd. mWv VZ 2015/2016 durch G v. 16.7.2015 (BGBl. I S. 1202); geänd. mWv VZ 2017/2018 durch G v. 20.12.2016 (BGBl. I S. 3000); geänd. mWv VZ 2019/2020 durch G v. 29.11.2018 (BGBl. I S. 2210); geänd. mWv VZ 2021/2022 durch G v. 1.12.2020 (BGBl. I S. 2616).

[2)] § 39b Abs. 2 Satz 7 HS 2 neu gef. mWv VZ 2016 durch G v. 16.7.2015 (BGBl. I S. 1202).

[3)] § 39b Abs. 2 Satz 8 geänd. mWv 1.1.2017 durch G v. 18.7.2016 (BGBl. I S. 1679).

1. unter Angabe seiner Identifikationsnummer gegenüber dem Arbeitgeber schriftlich zustimmt,
2. mit der Zustimmung den nach Satz 14 einzubeziehenden Arbeitslohn und die darauf erhobene Lohnsteuer erklärt und
3. mit der Zustimmung versichert, dass ihm der Pflichtveranlagungstatbestand nach § 46 Absatz 2 Nummer 2 und 3a bekannt ist.

16 Die Zustimmungserklärung des Arbeitnehmers ist zum Lohnkonto zu nehmen.[1)]

(3)[2)] 1 Für die Einbehaltung der Lohnsteuer von einem sonstigen Bezug hat der Arbeitgeber den voraussichtlichen Jahresarbeitslohn ohne den sonstigen Bezug festzustellen. 2 Hat der Arbeitnehmer Lohnsteuerbescheinigungen aus früheren Dienstverhältnissen des Kalenderjahres nicht vorgelegt, so ist bei der Ermittlung des voraussichtlichen Jahresarbeitslohns der Arbeitslohn für Beschäftigungszeiten bei früheren Arbeitgebern mit dem Betrag anzusetzen, der sich ergibt, wenn der laufende Arbeitslohn im Monat der Zahlung des sonstigen Bezugs entsprechend der Beschäftigungsdauer bei früheren Arbeitgebern hochgerechnet wird. 3 Der voraussichtliche Jahresarbeitslohn ist um den Versorgungsfreibetrag (§ 19 Absatz 2) und den Altersentlastungsbetrag (§ 24a), wenn die Voraussetzungen für den Abzug dieser Beträge jeweils erfüllt sind, sowie um einen etwaigen als Lohnsteuerabzugsmerkmal mitgeteilten Jahresfreibetrag zu vermindern und um einen etwaigen Jahreshinzurechnungsbetrag zu erhöhen. 4 Für den so ermittelten Jahresarbeitslohn (maßgebender Jahresarbeitslohn) ist die Lohnsteuer nach Maßgabe des Absatzes 2 Satz 5 bis 7 zu ermitteln. 5 Außerdem ist die Jahreslohnsteuer für den maßgebenden Jahresarbeitslohn unter Einbeziehung des sonstigen Bezugs zu ermitteln. 6 Dabei ist der sonstige Bezug um den Versorgungsfreibetrag und den Altersentlastungsbetrag zu vermindern, wenn die Voraussetzungen für den Abzug dieser Beträge jeweils erfüllt sind und soweit sie nicht bei der Steuerberechnung für den maßgebenden Jahresarbeitslohn berücksichtigt worden sind. 7 Für die Lohnsteuerberechnung ist die als Lohnsteuerabzugsmerkmal mitgeteilte oder die nach § 39c Absatz 1 oder Absatz 2 oder nach § 39e Absatz 5a oder Absatz 6 Satz 8 anzuwendende[3)] Steuerklasse maßgebend. 8 Der Unterschiedsbetrag zwischen den ermittelten Jahreslohnsteuerbeträgen ist die Lohnsteuer, die vom sonstigen Bezug einzubehalten ist. 9 Die Lohnsteuer ist bei einem sonstigen Bezug im Sinne des § 34 Absatz 1 und 2 Nummer 2 und 4 in der Weise zu ermäßigen, dass der sonstige Bezug bei der Anwendung des Satzes 5 mit einem Fünftel anzusetzen und der Unterschiedsbetrag im Sinne des Satzes 8 zu verfünffachen ist; § 34 Absatz 1 Satz 3 ist sinngemäß anzuwenden. 10 Ein sonstiger Bezug im Sinne des § 34 Absatz 1 und 2 Nummer 4 ist bei der Anwendung des Satzes 4 in die Bemessungsgrundlage für die Vorsorgepauschale nach Absatz 2 Satz 5 Nummer 3 einzubeziehen.

---

1) § 39b Abs. 2 Sätze 13 bis 16 angef. mWv 1.1.2018 durch G v. 23.6.2017 (BGBl. I S. 1682).

2) § 39b Abs. 3 Sätze 3 und 7 geänd. mWv VZ 2012 durch G v. 7.12.2011 (BGBl. I S. 2592); Satz 6 geänd. mWv VZ 2014 durch G v. 25.7.2014 (BGBl. I S. 1266).

3) § 39b Abs. 3 Satz 7 geänd. mWv 1.1.2017 durch G v. 18.7.2016 (BGBl. I S. 1679).

(4) In den Kalenderjahren 2010 bis 2024 ist Absatz 2 Satz 5 Nummer 3 Buchstabe a mit der Maßgabe anzuwenden, dass im Kalenderjahr 2010 der ermittelte Betrag auf 40 Prozent begrenzt und dieser Prozentsatz in jedem folgenden Kalenderjahr um je 4 Prozentpunkte erhöht wird.

(5) [1]Wenn der Arbeitgeber für den Lohnzahlungszeitraum lediglich Abschlagszahlungen leistet und eine Lohnabrechnung für einen längeren Zeitraum (Lohnabrechnungszeitraum) vornimmt, kann er den Lohnabrechnungszeitraum als Lohnzahlungszeitraum behandeln und die Lohnsteuer abweichend von § 38 Absatz 3 bei der Lohnabrechnung einbehalten. [2]Satz 1 gilt nicht, wenn der Lohnabrechnungszeitraum fünf Wochen übersteigt oder die Lohnabrechnung nicht innerhalb von drei Wochen nach dessen Ablauf erfolgt. [3]Das Betriebsstättenfinanzamt kann anordnen, dass die Lohnsteuer von den Abschlagszahlungen einzubehalten ist, wenn die Erhebung der Lohnsteuer sonst nicht gesichert erscheint. [4]Wenn wegen einer besonderen Entlohnungsart weder ein Lohnzahlungszeitraum noch ein Lohnabrechnungszeitraum festgestellt werden kann, gilt als Lohnzahlungszeitraum die Summe der tatsächlichen Arbeitstage oder Arbeitswochen.

(6)[1)] [1]Das Bundesministerium der Finanzen hat im Einvernehmen mit den obersten Finanzbehörden der Länder auf der Grundlage der Absätze 2 und 3 einen Programmablaufplan für die maschinelle Berechnung der Lohnsteuer aufzustellen und bekannt zu machen. [2]Im Programmablaufplan kann von den Regelungen in den Absätzen 2 und 3 abgewichen werden, wenn sich das Ergebnis der maschinellen Berechnung der Lohnsteuer an das Ergebnis einer Veranlagung zur Einkommensteuer anlehnt.

(7) (weggefallen)

§ 39c[2)] Einbehaltung der Lohnsteuer ohne Lohnsteuerabzugsmerkmale. (1) [1]Solange der Arbeitnehmer dem Arbeitgeber zum Zweck des Abrufs der elektronischen Lohnsteuerabzugsmerkmale (§ 39e Absatz 4 Satz 1) die ihm zugeteilte Identifikationsnummer sowie den Tag der Geburt schuldhaft nicht mitteilt oder das Bundeszentralamt für Steuern die Mitteilung elektronischer Lohnsteuerabzugsmerkmale ablehnt, hat der Arbeitgeber die Lohnsteuer nach Steuerklasse VI zu ermitteln. [2]Kann der Arbeitgeber die elektronischen Lohnsteuerabzugsmerkmale wegen technischer Störungen nicht abrufen oder hat der Arbeitnehmer die fehlende Mitteilung der ihm zuzuteilenden Identifikationsnummer nicht zu vertreten, hat der Arbeitgeber für die Lohnsteuerberechnung die voraussichtlichen Lohnsteuerabzugsmerkmale im Sinne des § 38b längstens für die Dauer von drei Kalendermonaten zu Grunde zu legen. [3]Hat nach Ablauf der drei Kalendermonate der Arbeitnehmer die Identifikationsnummer sowie den Tag der Geburt nicht mitgeteilt, ist rückwirkend Satz 1 anzuwenden. [4]Sobald dem Arbeitgeber in den Fällen des Satzes 2 die elektronischen Lohnsteuerabzugsmerkmale vorliegen, sind die Lohnsteuerermittlungen für die vorangegangenen Monate zu überprüfen und, falls erforderlich, zu än-

---

1) § 39b Abs. 6 Satz 2 angef. durch G v. 25.7.2014 (BGBl. I S. 1266).

2) § 39c neu gef. mWv VZ 2012 durch G v. 7.12.2011 (BGBl. I S. 2592).

dern. [5]Die zu wenig oder zu viel einbehaltene Lohnsteuer ist jeweils bei der nächsten Lohnabrechnung auszugleichen.

(2) [1]Ist ein Antrag nach § 39 Absatz 3 Satz 1 oder § 39e Absatz 8 nicht gestellt, hat der Arbeitgeber die Lohnsteuer nach Steuerklasse VI zu ermitteln. [2]Legt der Arbeitnehmer binnen sechs Wochen nach Eintritt in das Dienstverhältnis oder nach Beginn des Kalenderjahres eine Bescheinigung für den Lohnsteuerabzug vor, ist Absatz 1 Satz 4 und 5 sinngemäß anzuwenden.

(3) [1]In den Fällen des § 38 Absatz 3a Satz 1 kann der Dritte die Lohnsteuer für einen sonstigen Bezug mit 20 Prozent unabhängig von den Lohnsteuerabzugsmerkmalen des Arbeitnehmers ermitteln, wenn der maßgebende Jahresarbeitslohn nach § 39b Absatz 3 zuzüglich des sonstigen Bezugs 10 000 Euro nicht übersteigt. [2]Bei der Feststellung des maßgebenden Jahresarbeitslohns sind nur die Lohnzahlungen des Dritten zu berücksichtigen.

§ 39d.[1] *(aufgehoben)*

§ 39e[2], [3] **Verfahren zur Bildung und Anwendung der elektronischen Lohnsteuerabzugsmerkmale.** (1) [1]Das Bundeszentralamt für Steuern bildet für jeden Arbeitnehmer grundsätzlich automatisiert die Steuerklasse und für die bei den Steuerklassen I bis IV zu berücksichtigenden Kinder die Zahl der Kinderfreibeträge nach § 38b Absatz 2 Satz 1 als Lohnsteuerabzugsmerkmale (§ 39 Absatz 4 Satz 1 Nummer 1 und 2); für Änderungen gilt § 39 Absatz 2 entsprechend. [2]Soweit das Finanzamt Lohnsteuerabzugsmerkmale nach § 39 bildet, teilt es sie dem Bundeszentralamt für Steuern zum Zweck der Bereitstellung für den automatisierten Abruf durch den Arbeitgeber mit. [3]Lohnsteuerabzugsmerkmale sind frühestens bereitzustellen mit Wirkung von Beginn des Kalenderjahres an, für das sie anzuwenden sind, jedoch nicht für einen Zeitpunkt vor Beginn des Dienstverhältnisses.

(2) [1]Das Bundeszentralamt für Steuern speichert zum Zweck der Bereitstellung automatisiert abrufbarer Lohnsteuerabzugsmerkmale für den Arbeitgeber die Lohnsteuerabzugsmerkmale unter Angabe der Identifikationsnummer sowie für jeden Steuerpflichtigen folgende Daten zu den in § 139b Absatz 3 der Abgabenordnung genannten Daten hinzu:

1. rechtliche Zugehörigkeit zu einer steuererhebenden Religionsgemeinschaft sowie Datum des Eintritts und Austritts,
2. melderechtlichen Familienstand sowie den Tag der Begründung oder Auflösung des Familienstands und bei Verheirateten die Identifikationsnummer des Ehegatten,
3. Kinder mit ihrer Identifikationsnummer.

[2]Die nach Landesrecht für das Meldewesen zuständigen Behörden (Meldebehörden) haben dem Bundeszentralamt für Steuern unter Angabe der Identifikationsnummer und des Tages der Geburt die in Satz 1 Nummer 1 bis 3 be-

[1] § 39d aufgeh. mWv VZ 2012 durch G v. 7.12.2011 (BGBl. I S. 2592); siehe nunmehr § 39 Abs. 2 und 3 n. F., § 39a Abs. 4 n. F.

[2] § 39e neu gef. mWv VZ 2012 durch G v. 7.12.2011 (BGBl. I S. 2592).

[3] Vgl. hierzu die Übergangsregelung in **§ 52b**.

zeichneten Daten und deren Änderungen im Melderegister mitzuteilen. [3] In den Fällen des Satzes 1 Nummer 3 besteht die Mitteilungspflicht nur, wenn das Kind mit Hauptwohnsitz oder alleinigem Wohnsitz im Zuständigkeitsbereich der Meldebehörde gemeldet ist und solange das Kind das 18. Lebensjahr noch nicht vollendet hat. [4] Sofern die Identifikationsnummer noch nicht zugeteilt wurde, teilt die Meldebehörde die Daten unter Angabe des Vorläufigen Bearbeitungsmerkmals nach § 139b Absatz 6 Satz 2 der Abgabenordnung mit. [5] Für die Datenübermittlung gelten die §§ 2 und 3 der Zweiten Bundesmeldedatenübermittlungsverordnung vom 1. Dezember 2014 (BGBl. I S. 1950) in der jeweils geltenden Fassung entsprechend.[1)]

(3) [1] Das Bundeszentralamt für Steuern hält die Identifikationsnummer, den Tag der Geburt, Merkmale für den Kirchensteuerabzug und die Lohnsteuerabzugsmerkmale des Arbeitnehmers nach § 39 Absatz 4 zum unentgeltlichen automatisierten Abruf durch den Arbeitgeber nach amtlich vorgeschriebenem Datensatz bereit (elektronische Lohnsteuerabzugsmerkmale). [2] Bezieht ein Arbeitnehmer nebeneinander von mehreren Arbeitgebern Arbeitslohn, sind für jedes weitere Dienstverhältnis elektronische Lohnsteuerabzugsmerkmale zu bilden. [3] Bei Eheschließung wird für jeden Ehegatten automatisiert die Steuerklasse IV gebildet, wenn zum Zeitpunkt der Eheschließung die Voraussetzungen des § 38b Absatz 1 Satz 2 Nummer 4 vorliegen.[2)] [4] Das Bundeszentralamt für Steuern führt die elektronischen Lohnsteuerabzugsmerkmale des Arbeitnehmers zum Zweck ihrer Bereitstellung nach Satz 1 mit der Wirtschafts-Identifikationsnummer (§ 139c der Abgabenordnung) des Arbeitgebers zusammen.

(4)[3)] [1] Der Arbeitnehmer hat jedem seiner Arbeitgeber bei Eintritt in das Dienstverhältnis zum Zweck des Abrufs der Lohnsteuerabzugsmerkmale mitzuteilen,

1. wie die Identifikationsnummer sowie der Tag der Geburt lauten,
2. ob es sich um das erste oder ein weiteres Dienstverhältnis handelt (§ 38b Absatz 1 Satz 2 Nummer 6) und
3. ob und in welcher Höhe ein nach § 39a Absatz 1 Satz 1 Nummer 7 festgestellter Freibetrag abgerufen werden soll.

[2] Der Arbeitgeber hat bei Beginn des Dienstverhältnisses die elektronischen Lohnsteuerabzugsmerkmale für den Arbeitnehmer beim Bundeszentralamt für Steuern durch Datenfernübertragung abzurufen und sie in das Lohnkonto für den Arbeitnehmer zu übernehmen. [3] Für den Abruf der elektronischen Lohnsteuerabzugsmerkmale hat sich der Arbeitgeber zu authentifizieren und seine Wirtschafts-Identifikationsnummer, die Daten des Arbeitnehmers nach Satz 1 Nummer 1 und 2, den Tag des Beginns des Dienstverhältnisses und etwaige Angaben nach Satz 1 Nummer 3 mitzuteilen. [4] Zur Plausibilitätsprüfung der Identifikationsnummer hält das Bundeszentralamt für Steuern für den Arbeitgeber entsprechende Regeln bereit. [5] Der Arbeitgeber hat den Tag der Beendigung des Dienstverhältnisses unverzüglich dem Bundeszentralamt für Steuern durch Datenfernübertragung mitzuteilen. [6] Beauftragt der Arbeitgeber

---

[1)] § 39e Abs. 2 Satz 5 geänd. mWv VZ 2015 durch G v. 2.11.2015 (BGBl. I S. 1834).
[2)] § 39e Abs. 3 Satz 3 neu gef. mWv VZ 2018 durch G v. 23.6.2017 (BGBl. I S. 1682).
[3)] § 39e Abs. 4 Satz 7 neu gef. mWv VZ 2019 durch G v. 20.11.2019 (BGBl. I S. 1626).

einen Dritten mit der Durchführung des Lohnsteuerabzugs, hat sich der Dritte für den Datenabruf zu authentifizieren und zusätzlich seine Wirtschafts-Identifikationsnummer mitzuteilen. 7 Für die Verarbeitung der elektronischen Lohnsteuerabzugsmerkmale gilt § 39 Absatz 8 entsprechend.

(5) 1 Die abgerufenen elektronischen Lohnsteuerabzugsmerkmale sind vom Arbeitgeber für die Durchführung des Lohnsteuerabzugs des Arbeitnehmers anzuwenden, bis

1. ihm das Bundeszentralamt für Steuern geänderte elektronische Lohnsteuerabzugsmerkmale zum Abruf bereitstellt oder
2. der Arbeitgeber dem Bundeszentralamt für Steuern die Beendigung des Dienstverhältnisses mitteilt.

2 Sie sind in der üblichen Lohnabrechnung anzugeben. 3 Der Arbeitgeber ist verpflichtet, die vom Bundeszentralamt für Steuern bereitgestellten Mitteilungen und elektronischen Lohnsteuerabzugsmerkmale monatlich anzufragen und abzurufen. 4 Kommt der Arbeitgeber seinen Verpflichtungen nach den Sätzen 1 und 3 sowie nach Absatz 4 Satz 2, 3 und 5 nicht nach, ist das Betriebsstättenfinanzamt für die Aufforderung zum Abruf und zur Anwendung der Lohnsteuerabzugsmerkmale sowie zur Mitteilung der Beendigung des Dienstverhältnisses und für die Androhung und Festsetzung von Zwangsmitteln zuständig.[1)]

(5a)[2)] 1 Zahlt der Arbeitgeber, ein von diesem beauftragter Dritter in dessen Namen oder ein Dritter im Sinne des § 38 Absatz 3a verschiedenartige Bezüge als Arbeitslohn, kann der Arbeitgeber oder der Dritte die Lohnsteuer für den zweiten und jeden weiteren Bezug abweichend von Absatz 5 ohne Abruf weiterer elektronischer Lohnsteuerabzugsmerkmale nach der Steuerklasse VI einbehalten. 2 Verschiedenartige Bezüge liegen vor, wenn der Arbeitnehmer vom Arbeitgeber folgenden Arbeitslohn bezieht:

1. neben dem Arbeitslohn für ein aktives Dienstverhältnis auch Versorgungsbezüge,
2. neben Versorgungsbezügen, Bezügen und Vorteilen aus seinem früheren Dienstverhältnis auch andere Versorgungsbezüge oder
3. neben Bezügen und Vorteilen während der Elternzeit oder vergleichbaren Unterbrechungszeiten des aktiven Dienstverhältnisses auch Arbeitslohn für ein weiteres befristetes aktives Dienstverhältnis.

3 § 46 Absatz 2 Nummer 2 ist entsprechend anzuwenden.

(6)[3)] 1 Gegenüber dem Arbeitgeber gelten die Lohnsteuerabzugsmerkmale (§ 39 Absatz 4) mit dem Abruf der elektronischen Lohnsteuerabzugsmerkmale als bekannt gegeben. 2 Einer Rechtsbehelfsbelehrung bedarf es nicht. 3 Die Lohnsteuerabzugsmerkmale gelten gegenüber dem Arbeitnehmer als bekannt gegeben, sobald der Arbeitgeber dem Arbeitnehmer den Ausdruck der Lohnabrechnung mit den nach Absatz 5 Satz 2 darin ausgewiesenen elektronischen Lohnsteuerabzugsmerkmalen ausgehändigt oder elektronisch bereitgestellt hat.

---

1) § 39e Abs. 5 Satz 4 angef. mWv VZ 2017 durch G v. 18.7.2016 (BGBl. I S. 1679).

2) § 39e Abs. 5a eingef. mWv VZ 2017 durch G v. 18.7.2016 (BGBl. I S. 1679).

3) § 39e Abs. 6 Satz 6 Nr. 1 Satz 3 geänd. mWv VZ 2019 durch G v. 20.11.2019 (BGBl. I S. 1626).

[4]Die elektronischen Lohnsteuerabzugsmerkmale sind dem Steuerpflichtigen auf Antrag vom zuständigen Finanzamt mitzuteilen oder elektronisch bereitzustellen. [5]Wird dem Arbeitnehmer bekannt, dass die elektronischen Lohnsteuerabzugsmerkmale zu seinen Gunsten von den nach § 39 zu bildenden Lohnsteuerabzugsmerkmalen abweichen, ist er verpflichtet, dies dem Finanzamt unverzüglich mitzuteilen. [6]Der Steuerpflichtige kann beim zuständigen Finanzamt

1. den Arbeitgeber benennen, der zum Abruf von elektronischen Lohnsteuerabzugsmerkmalen berechtig ist (Positivliste) oder nicht berechtigt ist (Negativliste). [2]Hierfür hat der Arbeitgeber dem Arbeitnehmer seine Wirtschafts-Identifikationsnummer mitzuteilen. [3]Für die Verarbeitung der Wirtschafts-Identifikationsnummer gilt § 39 Absatz 8 entsprechend;

oder

2. die Bildung oder die Bereitstellung der elektronischen Lohnsteuerabzugsmerkmale allgemein sperren oder allgemein freischalten lassen.

[7]Macht der Steuerpflichtige von seinem Recht nach Satz 6 Gebrauch, hat er die Positivliste, die Negativliste, die allgemeine Sperrung oder die allgemeine Freischaltung in einem bereitgestellten elektronischen Verfahren oder nach amtlich vorgeschriebenem Vordruck dem Finanzamt zu übermitteln. [8]Werden wegen einer Sperrung nach Satz 6 einem Arbeitgeber, der Daten abrufen möchte, keine elektronischen Lohnsteuerabzugmerkmale bereitgestellt, wird dem Arbeitgeber die Sperrung mitgeteilt und dieser hat die Lohnsteuer nach Steuerklasse VI zu ermitteln.

(7) [1]Auf Antrag des Arbeitgebers kann das Betriebsstättenfinanzamt zur Vermeidung unbilliger Härten zulassen, dass er nicht am Abrufverfahren teilnimmt. [2]Dem Antrag eines Arbeitgebers ohne maschinelle Lohnabrechnung, der ausschließlich Arbeitnehmer im Rahmen einer geringfügigen Beschäftigung in seinem Privathaushalt im Sinne des § 8a des Vierten Buches Sozialgesetzbuch beschäftigt, ist stattzugeben. [3]Der Arbeitgeber hat dem Antrag unter Angabe seiner Wirtschafts-Identifikationsnummer ein Verzeichnis der beschäftigten Arbeitnehmer mit Angabe der jeweiligen Identifikationsnummer und des Tages der Geburt des Arbeitnehmers beizufügen. [4]Der Antrag ist nach amtlich vorgeschriebenem Vordruck jährlich zu stellen und vom Arbeitgeber zu unterschreiben. [5]Das Betriebsstättenfinanzamt übermittelt dem Arbeitgeber für die Durchführung des Lohnsteuerabzugs für ein Kalenderjahr eine arbeitgeberbezogene Bescheinigung mit den Lohnsteuerabzugsmerkmalen des Arbeitnehmers (Bescheinigung für den Lohnsteuerabzug) sowie etwaige Änderungen. [6]Diese Bescheinigung sowie die Änderungsmitteilungen sind als Belege zum Lohnkonto zu nehmen und bis zum Ablauf des Kalenderjahres aufzubewahren. [7]Absatz 5 Satz 1 und 2 sowie Absatz 6 Satz 3 gelten entsprechend. [8]Der Arbeitgeber hat den Tag der Beendigung des Dienstverhältnisses unverzüglich dem Betriebsstättenfinanzamt mitzuteilen.

(8)[1)] [1]Ist einem nach § 1 Absatz 1 unbeschränkt einkommensteuerpflichtigen Arbeitnehmer keine Identifikationsnummer zugeteilt, hat das Wohnsitzfi-

[1)] § 39e Abs. 8 Satz 2 eingef., bish. Sätze 2 bis 6 werden Sätze 3 bis 7 mWv VZ 2021 durch G v. 21.12.2020 (BGBl. I S. 3096).

nanzamt auf Antrag eine Bescheinigung für den Lohnsteuerabzug für die Dauer eines Kalenderjahres auszustellen. [***ab VZ 2021:*** 2 Die Bescheinigung kann auch der Arbeitgeber beantragen, wenn ihn der Arbeitnehmer dazu nach § 80 Absatz 1 der Abgabenordnung[1] bevollmächtigt hat.] 3 Diese Bescheinigung ersetzt die Verpflichtung und Berechtigung des Arbeitgebers zum Abruf der elektronischen Lohnsteuerabzugsmerkmale (Absätze 4 und 6). 4 In diesem Fall tritt an die Stelle der Identifikationsnummer das lohnsteuerliche Ordnungsmerkmal nach § 41b Absatz 2 Satz 1 und 2. 5 Für die Durchführung des Lohnsteuerabzugs hat der Arbeitnehmer seinem Arbeitgeber vor Beginn des Kalenderjahres oder bei Eintritt in das Dienstverhältnis die nach Satz 1 ausgestellte Bescheinigung für den Lohnsteuerabzug vorzulegen. 6 § 39c Absatz 1 Satz 2 bis 5 ist sinngemäß anzuwenden. 7 Der Arbeitgeber hat die Bescheinigung für den Lohnsteuerabzug entgegenzunehmen und während des Dienstverhältnisses, längstens bis zum Ablauf des jeweiligen Kalenderjahres, aufzubewahren.

(9) Ist die Wirtschafts-Identifikationsnummer noch nicht oder nicht vollständig eingeführt, tritt an ihre Stelle die Steuernummer der Betriebsstätte oder des Teils des Betriebs des Arbeitgebers, in dem der für den Lohnsteuerabzug maßgebende Arbeitslohn des Arbeitnehmers ermittelt wird (§ 41 Absatz 2).

(10)[2] Die beim Bundeszentralamt für Steuern nach Absatz 2 Satz 1 gespeicherten Daten können auch zur Prüfung und Durchführung der Einkommensbesteuerung (§ 2) des Steuerpflichtigen für Veranlagungszeiträume ab 2005 [***ab 1.1.2021:*** und zur Ermittlung des Einkommens nach § 97a des Sechsten Buches Sozialgesetzbuch] verarbeitet werden.

§ 39f Faktorverfahren anstelle Steuerklassenkombination III/V.

(1)[3] 1 Bei Ehegatten, die in die Steuerklasse IV gehören (§ 38b Absatz 1 Satz 2 Nummer 4 erster Halbsatz), hat das Finanzamt auf Antrag beider Ehegatten nach § 39a anstelle der Steuerklassenkombination III/V (§ 38b Absatz 1 Satz 2 Nummer 5) als Lohnsteuerabzugsmerkmal jeweils die Steuerklasse IV in Verbindung mit einem Faktor zur Ermittlung der Lohnsteuer zu bilden, wenn der Faktor kleiner als 1 ist. 2 Der Faktor ist Y : X und vom Finanzamt mit drei Nachkommastellen ohne Rundung zu berechnen. 3 „Y" ist die voraussichtliche Einkommensteuer für beide Ehegatten nach dem Splittingverfahren (§ 32a Absatz 5) unter Berücksichtigung der in § 39b Absatz 2 genannten Abzugsbeträge. 4 „X" ist die Summe der voraussichtlichen Lohnsteuer bei Anwendung der Steuerklasse IV für jeden Ehegatten. 5 Maßgeblich sind die Steuerbeträge des Kalenderjahres, für das der Faktor erstmals gelten soll. 6 In die Bemessungsgrundlage für Y werden jeweils neben den Jahresarbeitslöhnen der ersten Dienstverhältnisse zusätzlich nur Beträge einbezogen, die nach § 39a Absatz 1

---

[1] Nr. **800**.

[2] § 39e Abs. 10 geänd. mWv 26.11.2019 durch G v. 20.11.2019 (BGBl. I S. 1626); geänd. mWv 1.1.2021 durch G v. 12.8.2020 (BGBl. I S. 1879).

[3] § 39f Abs. 1 Sätze 1, 5 und 6 geänd. mWv VZ 2012 durch G v. 7.12.2011 (BGBl. I S. 2592); Satz 5 eingef., bish. Sätze 5 bis 7 werden Sätze 6 bis 8 mWv 1.8.2015, Sätze 9 bis 11 angef. durch G v. 28.7.2015 (BGBl. I S. 1400); zur Anwendung letzterer siehe § 52 Abs. 37a; Abs. 1 Satz 1 geänd. mWv VZ 2019 durch G v. 12.12.2019 (BGBl. I S. 2451).

Satz 1 Nummer 1 bis 6 als Freibetrag ermittelt und als Lohnsteuerabzugsmerkmal gebildet werden könnten; Freibeträge werden neben dem Faktor nicht als Lohnsteuerabzugsmerkmal gebildet. [7] In den Fällen des § 39a Absatz 1 Satz 1 Nummer 7 sind bei der Ermittlung von Y und X die Hinzurechnungsbeträge zu berücksichtigen; die Hinzurechnungsbeträge sind zusätzlich als Lohnsteuerabzugsmerkmal für das erste Dienstverhältnis zu bilden. [8] Arbeitslöhne aus zweiten und weiteren Dienstverhältnissen (Steuerklasse VI) sind im Faktorverfahren nicht zu berücksichtigen. [9] Der nach Satz 1 gebildete Faktor gilt bis zum Ablauf des Kalenderjahres, das auf das Kalenderjahr folgt, in dem der Faktor erstmals gilt oder zuletzt geändert worden ist. [10] Die Ehegatten können eine Änderung des Faktors beantragen, wenn sich die für die Ermittlung des Faktors maßgeblichen Jahresarbeitslöhne im Sinne des Satzes 6 ändern. [11] Besteht eine Anzeigepflicht nach § 39a Absatz 1 Satz 5 oder wird eine Änderung des Freibetrags nach § 39a Absatz 1 Satz 4 beantragt, gilt die Anzeige oder der Antrag auf Änderung des Freibetrags zugleich als Antrag auf Anpassung des Faktors.[1)]

(2) Für die Einbehaltung der Lohnsteuer vom Arbeitslohn hat der Arbeitgeber Steuerklasse IV und den Faktor anzuwenden.

(3)[2)] [1] § 39 Absatz 6 Satz 3 und 5 gilt mit der Maßgabe, dass die Änderungen nach Absatz 1 Satz 10 und 11 keine Änderungen im Sinne des § 39 Absatz 6 Satz 3 sind.[3)] [2] § 39a ist anzuwenden mit der Maßgabe, dass ein Antrag nach amtlich vorgeschriebenem Vordruck (§ 39a Absatz 2) nur erforderlich ist, wenn bei der Faktorermittlung zugleich Beträge nach § 39a Absatz 1 Satz 1 Nummer 1 bis 6 berücksichtigt werden sollen.

(4)[4)] Das Faktorverfahren ist im Programmablaufplan für die maschinelle Berechnung der Lohnsteuer (§ 39b Absatz 6) zu berücksichtigen.

§ 40 Pauschalierung der Lohnsteuer in besonderen Fällen. (1) [1] Das Betriebsstättenfinanzamt (§ 41a Absatz 1 Satz 1 Nummer 1) kann auf Antrag des Arbeitgebers zulassen, dass die Lohnsteuer mit einem unter Berücksichtigung der Vorschriften des § 38a zu ermittelnden Pauschsteuersatz erhoben wird, soweit

1. von dem Arbeitgeber sonstige Bezüge in einer größeren Zahl von Fällen gewährt werden oder
2. in einer größeren Zahl von Fällen Lohnsteuer nachzuerheben ist, weil der Arbeitgeber die Lohnsteuer nicht vorschriftsmäßig einbehalten hat.

[2] Bei der Ermittlung des Pauschsteuersatzes ist zu berücksichtigen, dass die in Absatz 3 vorgeschriebene Übernahme der pauschalen Lohnsteuer durch den Arbeitgeber für den Arbeitnehmer eine in Geldeswert bestehende Einnahme im Sinne des § 8 Absatz 1 darstellt (Nettosteuersatz). [3] Die Pauschalierung ist in den Fällen des Satzes 1 Nummer 1 ausgeschlossen, soweit der Arbeitgeber

---

1) Zur Anwendung der Sätze 9 bis 11 vgl. § 52 Abs. 37a.

2) § 39f Abs. 3 Sätze 1 und 2 geänd. mWv VZ 2012 durch G v. 7.12.2011 (BGBl. I S. 2592).

3) § 39f Abs. 3 Satz 1 neu gef. durch G v. 28.7.2015 (BGBl. I S. 1400); zur Anwendung siehe § 52 Abs. 37a.

4) § 39f Abs. 4 geänd. mWv VZ 2012 durch G v. 7.12.2011 (BGBl. I S. 2592).

einem Arbeitnehmer sonstige Bezüge von mehr als 1000 Euro im Kalenderjahr gewährt. 4 Der Arbeitgeber hat dem Antrag eine Berechnung beizufügen, aus der sich der durchschnittliche Steuersatz unter Zugrundelegung der durchschnittlichen Jahresarbeitslöhne und der durchschnittlichen Jahreslohnsteuer in jeder Steuerklasse für diejenigen Arbeitnehmer ergibt, denen die Bezüge gewährt werden sollen oder gewährt worden sind.

(2) 1 Abweichend von Absatz 1 kann der Arbeitgeber die Lohnsteuer mit einem Pauschsteuersatz von 25 Prozent erheben, soweit er

1. arbeitstäglich Mahlzeiten im Betrieb an die Arbeitnehmer unentgeltlich oder verbilligt abgibt oder Barzuschüsse an ein anderes Unternehmen leistet, das arbeitstäglich Mahlzeiten an die Arbeitnehmer unentgeltlich oder verbilligt abgibt. 2 Voraussetzung ist, dass die Mahlzeiten nicht als Lohnbestandteile vereinbart sind,

1a.[1] oder auf seine Veranlassung ein Dritter den Arbeitnehmern anlässlich einer beruflichen Tätigkeit außerhalb seiner Wohnung und ersten Tätigkeitsstätte Mahlzeiten zur Verfügung stellt, die nach § 8 Absatz 2 Satz 8 und 9 mit dem Sachbezugswert anzusetzen sind,

2. Arbeitslohn aus Anlass von Betriebsveranstaltungen zahlt,

3. Erholungsbeihilfen gewährt, wenn diese zusammen mit Erholungsbeihilfen, die in demselben Kalenderjahr früher gewährt worden sind, 156 Euro für den Arbeitnehmer, 104 Euro für dessen Ehegatten und 52 Euro für jedes Kind nicht übersteigen und der Arbeitgeber sicherstellt, dass die Beihilfen zu Erholungszwecken verwendet werden,

4.[2] Vergütungen für Verpflegungsmehraufwendungen anlässlich einer Tätigkeit im Sinne des § 9 Absatz 4a Satz 2 oder Satz 4 zahlt, soweit die Vergütungen die nach § 9 Absatz 4a Satz 3, 5 und 6 zustehenden Pauschalen um nicht mehr als 100 Prozent übersteigen,

5.[3] den Arbeitnehmern zusätzlich zum ohnehin geschuldeten Arbeitslohn unentgeltlich oder verbilligt Datenverarbeitungsgeräte übereignet; das gilt auch für Zubehör und Internetzugang. 2 Das Gleiche gilt für Zuschüsse des Arbeitgebers, die zusätzlich zum ohnehin geschuldeten Arbeitslohn zu den Aufwendungen des Arbeitnehmers für die Internetnutzung gezahlt werden,

[***vom 1.1.2017 bis 31.12.2030:***[4]

6. den Arbeitnehmern zusätzlich zum ohnehin geschuldeten Arbeitslohn unentgeltlich oder verbilligt die Ladevorrichtung für Elektrofahrzeuge oder Hybridelektrofahrzeuge im Sinne des § 6 Absatz 1 Nummer 4 Satz 2 zweiter Halbsatz übereignet. 2 Das Gleiche gilt für Zuschüsse des Arbeitgebers, die zusätzlich zum ohnehin geschuldeten Arbeitslohn zu den Aufwendungen des Arbeitnehmers für den Erwerb und die Nutzung dieser Ladevorrichtung gezahlt werden,]

---

[1] § 40 Abs. 2 Satz 1 Nr. 1a eingef. mWv 1.1.2014 durch G v. 20.2.2013 (BGBl. I S. 285).

[2] § 40 Abs. 2 Satz 1 Nr. 4 geänd. mWv 1.1.2014 durch G v. 25.7.2014 (BGBl. I S. 1266), berichtigt mWv 1.1.2015 durch G v. 22.12.2014 (BGBl. I S. 2417).

[3] § 40 Abs. 2 Satz 1 Nr. 5 geänd. mWv 1.1.2013 durch G v. 26.6.2013 (BGBl. I S. 1809).

[4] § 40 Abs. 2 Satz 1 Nr. 6 angef. durch G v. 7.11.2016 (BGBl. I S. 2498); zur Anwendung siehe § 52 Abs. 37c Satz 1.

[*ab 1.1.2020:*

7.[1] den Arbeitnehmern zusätzlich zum ohnehin geschuldeten Arbeitslohn unentgeltlich oder verbilligt ein betriebliches Fahrrad, das kein Kraftfahrzeug im Sinne des § 6 Absatz 1 Nummer 4 Satz 2 ist, übereignet.]

[Fassung bis 17.12.2019:]

[2]Der Arbeitgeber kann die Lohnsteuer mit einem Pauschsteuersatz von 15 Prozent für Sachbezüge in Form der unentgeltlichen oder verbilligten Beförderung eines Arbeitnehmers zwischen Wohnung und erster Tätigkeitsstätte sowie Fahrten nach § 9 Absatz 1 Satz 3 Nummer 4a Satz 3[3] und für zusätzlich zum ohnehin geschuldeten Arbeitslohn geleistete Zuschüsse zu den Aufwendungen des Arbeitnehmers für Fahrten zwischen Wohnung und erster Tätigkeitsstätte sowie Fahrten nach § 9 Absatz 1 Satz 3 Nummer 4a Satz 3[3] erheben, soweit diese Bezüge den Betrag nicht übersteigen, den der Arbeitnehmer nach § 9 Absatz 1 Satz 3 Nummer 4 und Absatz 2 als Werbungskosten geltend machen könnte, wenn die Bezüge nicht pauschal besteuert würden. [3]Die nach Satz 2 pauschal besteuerten Bezüge mindern die nach § 9 Absatz 1 Satz 3 Nummer 4 und Absatz 2 abziehbaren Werbungskosten; sie bleiben bei der Anwendung des § 40a Absatz 1 bis 4 außer Ansatz.

[Fassung ab 18.12.2019:][2]

[2]Der Arbeitgeber kann die Lohnsteuer mit folgenden Pauschsteuersätzen erheben:

1. mit einem Pauschsteuersatz von 15 Prozent für die nicht nach § 3 Nummer 15 steuerfreien
   a) Sachbezüge in Form einer unentgeltlichen oder verbilligten Beförderung eines Arbeitnehmers zwischen Wohnung und erster Tätigkeitsstätte sowie Fahrten nach § 9 Absatz 1 Satz 3 Nummer 4a Satz 3 oder
   b) Zuschüsse zu den Aufwendungen des Arbeitnehmers für Fahrten zwischen Wohnung und erster Tätigkeitsstätte oder Fahrten nach § 9 Absatz 1 Satz 3 Nummer 4a Satz 3, die zusätzlich zum ohnehin geschuldeten Arbeitslohn geleistet werden,

   soweit die Bezüge den Betrag nicht übersteigen, den der Arbeitnehmer nach § 9 Absatz 1 Satz 3 Nummer 4 und Absatz 2 als Werbungskosten geltend machen könnte, wenn die Bezüge nicht pauschal besteuert würden; diese pauschal besteuerten Bezüge mindern die nach § 9 Absatz 1 Satz 3 Nummer 4 Satz 2 und Absatz 2 abziehbaren Werbungskosten oder
2. mit einem Pauschsteuersatz von 25 Prozent anstelle der Steuerfrei-

---

[1] § 40 Abs. 2 Satz 1 Nr. 7 angef. mWv VZ 2020 durch G v. 12.12.2019 (BGBl. I S. 2451).

[2] § 40 Abs. 2 Sätze 2 und 3 neu gef., Satz 4 angef. mWv VZ 2019 durch G v. 12.12.2019 (BGBl. I S. 2451).

[3] § 40 Abs. 2 Satz 2 geänd. mWv VZ 2014 durch G v. 20.2.2013 (BGBl. I S. 285); geänd. mWv VZ 2014 durch G v. 25.7.2014 (BGBl. I S. 1266).

[Fassung ab 18.12.2019:]

heit nach § 3 Nummer 15 einheitlich für alle dort genannten Bezüge eines Kalenderjahres, auch wenn die Bezüge dem Arbeitnehmer nicht zusätzlich zum ohnehin geschuldeten Arbeitslohn gewährt werden; für diese pauschal besteuerten Bezüge unterbleibt eine Minderung der nach § 9 Absatz 1 Satz 3 Nummer 4 Satz 2 und Absatz 2 abziehbaren Werbungskosten oder

[***ab 1.1.2021:***

3.[1] mit einem Pauschsteuersatz von 25 Prozent für die Freifahrtberechtigungen, die Soldaten nach § 30 Absatz 6 des Soldatengesetzes erhalten; für diese pauschal besteuerten Bezüge unterbleibt eine Minderung der nach § 9 Absatz 1 Satz 3 Nummer 4 Satz 2 sowie Nummer 5 Satz 6 abziehbaren Werbungskosten.]

[3]Die nach Satz 2 pauschalbesteuerten Bezüge bleiben bei der Anwendung des § 40a Absatz 1 bis 4 außer Ansatz. [4]Bemessungsgrundlage der pauschalen Lohnsteuer sind in den Fällen des Satzes 2 Nummer 2 [***ab 1.1.2021:*** und 3][1] die Aufwendungen des Arbeitgebers einschließlich Umsatzsteuer.

(3) [1]Der Arbeitgeber hat die pauschale Lohnsteuer zu übernehmen. [2]Er ist Schuldner der pauschalen Lohnsteuer; auf den Arbeitnehmer abgewälzte pauschale Lohnsteuer gilt als zugeflossener Arbeitslohn und mindert nicht die Bemessungsgrundlage. [3]Der pauschal besteuerte Arbeitslohn und die pauschale Lohnsteuer bleiben bei einer Veranlagung zur Einkommensteuer und beim Lohnsteuer-Jahresausgleich außer Ansatz. [4]Die pauschale Lohnsteuer ist weder auf die Einkommensteuer noch auf die Jahreslohnsteuer anzurechnen.

§ 40a[2] Pauschalierung der Lohnsteuer für Teilzeitbeschäftigte und geringfügig Beschäftigte. (1) [1]Der Arbeitgeber kann unter Verzicht auf den Abruf von elektronischen Lohnsteuerabzugsmerkmalen (§ 39e Absatz 4

[1] § 40 Abs. 2 Satz 2 Nr. 3 angef., Satz 4 geänd. durch G v. 21.12.2020 (BGBl. I S. 3096); zur Anwendung siehe § 52 Abs. 37c Satz 2.

[2] § 40a Abs. 1 bis 4 geänd. mWv VZ 2012 durch G v. 7.12.2011 (BGBl. I S. 2592).

Satz 2) oder die Vorlage einer Bescheinigung für den Lohnsteuerabzug (§ 39 Absatz 3 oder § 39e Absatz 7 oder Absatz 8) bei Arbeitnehmern, die nur kurzfristig beschäftigt werden, die Lohnsteuer mit einem Pauschsteuersatz von 25 Prozent des Arbeitslohns erheben. [2]Eine kurzfristige Beschäftigung liegt vor, wenn der Arbeitnehmer bei dem Arbeitgeber gelegentlich, nicht regelmäßig wiederkehrend beschäftigt wird, die Dauer der Beschäftigung 18 zusammenhängende Arbeitstage nicht übersteigt und

1. der Arbeitslohn während der Beschäftigungsdauer 72 [***ab 1.1.2020:*** 120] Euro[1] durchschnittlich je Arbeitstag nicht übersteigt oder
2. die Beschäftigung zu einem unvorhersehbaren Zeitpunkt sofort erforderlich wird.

(2)[2] Der Arbeitgeber kann unter Verzicht auf den Abruf von elektronischen Lohnsteuerabzugsmerkmalen (§ 39e Absatz 4 Satz 2) oder die Vorlage einer Bescheinigung für den Lohnsteuerabzug (§ 39 Absatz 3 oder § 39e Absatz 7 oder Absatz 8) die Lohnsteuer einschließlich Solidaritätszuschlag und Kirchensteuern (einheitliche Pauschsteuer) für das Arbeitsentgelt aus geringfügigen Beschäftigungen im Sinne des § 8 Absatz 1 Nummer 1 oder des § 8a des Vierten Buches Sozialgesetzbuch, für das er Beiträge nach § 168 Absatz 1 Nummer 1b oder 1c (geringfügig versicherungspflichtig Beschäftigte) oder nach § 172 Absatz 3 oder 3a (versicherungsfrei oder von der Versicherungspflicht befreite geringfügig Beschäftigte) oder nach § 276a Absatz 1 (versicherungsfrei geringfügig Beschäftigte) des Sechsten Buches Sozialgesetzbuch zu entrichten hat, mit einem einheitlichen Pauschsteuersatz in Höhe von insgesamt 2 Prozent des Arbeitsentgelts erheben.

(2a)[3] Hat der Arbeitgeber in den Fällen des Absatzes 2 keine Beiträge nach § 168 Absatz 1 Nummer 1b oder 1c oder nach § 172 Absatz 3 oder 3a oder nach § 276a Absatz 1 des Sechsten Buches Sozialgesetzbuch zu entrichten, kann er unter Verzicht auf den Abruf von elektronischen Lohnsteuerabzugsmerkmalen (§ 39e Absatz 4 Satz 2) oder die Vorlage einer Bescheinigung für den Lohnsteuerabzug (§ 39 Absatz 3 oder § 39e Absatz 7 oder Absatz 8) die Lohnsteuer mit einem Pauschsteuersatz in Höhe von 20 Prozent des Arbeitsentgelts erheben.

(3) [1]Abweichend von den Absätzen 1 und 2a kann der Arbeitgeber unter Verzicht auf den Abruf von elektronischen Lohnsteuerabzugsmerkmalen (§ 39e Absatz 4 Satz 2) oder die Vorlage einer Bescheinigung für den Lohnsteuerabzug (§ 39 Absatz 3 oder § 39e Absatz 7 oder Absatz 8) bei Aushilfskräften, die in Betrieben der Land- und Forstwirtschaft im Sinne des § 13 Absatz 1 Nummer 1 bis 4 ausschließlich mit typisch land- oder forstwirtschaftlichen Arbeiten beschäftigt werden, die Lohnsteuer mit einem Pauschsteuersatz von 5 Prozent des Arbeitslohns erheben. [2]Aushilfskräfte im Sinne dieser Vorschrift sind Personen, die für die Ausführung und für die Dauer von Ar-

---

[1] Betrag geänd. mWv VZ 2015 durch G v. 28.7.2015 (BGBl. I S. 1400); geänd. mWv VZ 2017 durch G v. 30.6.2017 (BGBl. I S. 2143); geänd. mWv 1.1.2020 durch G v. 22.11.2019 (BGBl. I S. 1746).

[2] § 40a Abs. 2 geänd. durch G v. 25.7.2014 (BGBl. I S. 1266); zur Anwendung siehe § 52 Abs. 38.

[3] § 40a Abs. 2a geänd. durch G v. 25.7.2014 (BGBl. I S. 1266); zur Anwendung siehe § 52 Abs. 38.

beiten, die nicht ganzjährig anfallen, beschäftigt werden; eine Beschäftigung mit anderen land- und forstwirtschaftlichen Arbeiten ist unschädlich, wenn deren Dauer 25 Prozent der Gesamtbeschäftigungsdauer nicht überschreitet. 3 Aushilfskräfte sind nicht Arbeitnehmer, die zu den land- und forstwirtschaftlichen Fachkräften gehören oder die der Arbeitgeber mehr als 180 Tage im Kalenderjahr beschäftigt.

(4) Die Pauschalierungen nach den Absätzen 1 und 3 sind unzulässig

1. bei Arbeitnehmern, deren Arbeitslohn während der Beschäftigungsdauer durchschnittlich je Arbeitsstunde *12* [***ab 1.1.2020:*** 15] Euro[1] übersteigt,
2. bei Arbeitnehmern, die für eine andere Beschäftigung von demselben Arbeitgeber Arbeitslohn beziehen, der nach § 39b oder § 39c dem Lohnsteuerabzug unterworfen wird.

(5) Auf die Pauschalierungen nach den Absätzen 1 bis 3 [***ab 1.1.2020:*** und 7][2] ist § 40 Absatz 3 anzuwenden.

(6)[3] 1 Für die Erhebung der einheitlichen Pauschsteuer nach Absatz 2 ist die Deutsche Rentenversicherung Knappschaft-Bahn-See zuständig. 2 Die Regelungen zum Steuerabzug vom Arbeitslohn sind entsprechend anzuwenden. 3 Für die Anmeldung, Abführung und Vollstreckung der einheitlichen Pauschsteuer sowie die Erhebung eines Säumniszuschlags und das Mahnverfahren für die einheitliche Pauschsteuer gelten dabei die Regelungen für die Beiträge nach § 168 Absatz 1 Nummer 1b oder 1c oder nach § 172 Absatz 3 oder 3a oder nach § 276a Absatz 1 des Sechsten Buches Sozialgesetzbuch. 4 Die Deutsche Rentenversicherung Knappschaft-Bahn-See hat die einheitliche Pauschsteuer auf die erhebungsberechtigten Körperschaften aufzuteilen; dabei entfallen aus Vereinfachungsgründen 90 Prozent der einheitlichen Pauschsteuer auf die Lohnsteuer, 5 Prozent auf den Solidaritätszuschlag und 5 Prozent auf die Kirchensteuern. 5 Die erhebungsberechtigten Kirchen haben sich auf eine Aufteilung des Kirchensteueranteils zu verständigen und diesen der Deutschen Rentenversicherung Knappschaft-Bahn-See mitzuteilen. 6 Die Deutsche Rentenversicherung Knappschaft-Bahn-See ist berechtigt, die einheitliche Pauschsteuer nach Absatz 2 zusammen mit den Sozialversicherungsbeiträgen beim Arbeitgeber einzuziehen.

[***ab 1.1.2020:***

(7)[4] 1 Der Arbeitgeber kann unter Verzicht auf den Abruf von elektronischen Lohnsteuerabzugsmerkmalen (§ 39e Absatz 4 Satz 2) die Lohnsteuer für Bezüge von kurzfristigen, im Inland ausgeübten Tätigkeiten beschränkt steuerpflichtiger Arbeitnehmer, die einer ausländischen Betriebsstätte dieses Arbeitgebers zugeordnet sind, mit einem Pauschsteuersatz von 30 Prozent des Arbeitslohns erheben. 2 Eine kurzfristige Tätigkeit im Sinne des Satzes 1 liegt nur vor, wenn die im Inland ausgeübte Tätigkeit 18 zusammenhängende Arbeitstage nicht übersteigt.]

---

[1] Betrag geänd. mWv 1.1.2020 durch G v. 22.11.2019 (BGBl. I S. 1746).

[2] § 40a Abs. 5 red. korr. durch G v. 21.12.2020 (BGBl. I S. 3096).

[3] § 40a Abs. 6 Sätze 1, 3, 4, 5 und 6 geänd. mWv VZ 2013 durch G v. 26.6.2013 (BGBl. I S. 1809); Satz 3 geänd. durch G v. 25.7.2014 (BGBl. I S. 1266); zur Anwendung siehe § 52 Abs. 38.

[4] § 40a Abs. 7 angef. mWv 1.1.2020 durch G v. 22.11.2019 (BGBl. I S. 1746).

§ 40b Pauschalierung der Lohnsteuer bei bestimmten Zukunftssicherungsleistungen

[Fassung bis 31.12.2004:][1)]

(1) [1]Der Arbeitgeber kann die Lohnsteuer von den Beiträgen für eine Direktversicherung des Arbeitnehmers und von den Zuwendungen an eine Pensionskasse mit einem Pauschsteuersatz von 20 vom Hundert der Beiträge und Zuwendungen erheben. [2]Die pauschale Erhebung der Lohnsteuer von Beiträgen für eine Direktversicherung ist nur zulässig, wenn die Versicherung nicht auf den Erlebensfall eines früheren als des 60. Lebensjahres abgeschlossen und eine vorzeitige Kündigung des Versicherungsvertrags durch den Arbeitnehmer ausgeschlossen worden ist.

(2) [1]Absatz 1 gilt nicht, soweit die zu besteuernden Beiträge und Zuwendungen des Arbeitgebers für den Arbeitnehmer 1752 Euro im Kalenderjahr übersteigen oder nicht aus seinem ersten Dienstverhältnis bezogen werden. [2]Sind mehrere Arbeitnehmer gemeinsam in einem Direktversicherungsvertrag oder in einer Pensionskasse versichert, so gilt als Beitrag oder Zuwendung für den einzelnen Arbeitnehmer der Teilbetrag, der sich bei einer Aufteilung der gesamten Beiträge oder der gesamten Zuwendungen durch die Zahl der begünstigten Arbeitnehmer ergibt, wenn dieser Teilbetrag 1752 Euro nicht übersteigt; hierbei sind Arbeitnehmer, für die Beiträge und Zuwendungen von mehr als 2148 Euro im Kalenderjahr geleistet werden, nicht einzubeziehen. [3]Für Beiträge und Zuwendungen, die der Arbeitgeber für den Arbeitnehmer aus Anlass der Beendigung des Dienstverhältnisses erbracht hat, vervielfältigt sich der

[Fassung ab 1.1.2005:]

(1) Der Arbeitgeber kann die Lohnsteuer von den Zuwendungen zum Aufbau einer nicht kapitalgedeckten betrieblichen Altersversorgung an eine Pensionskasse mit einem Pauschsteuersatz von 20 Prozent der Zuwendungen erheben.

(2) [1]Absatz 1 gilt nicht, soweit die zu besteuernden Zuwendungen des Arbeitgebers für den Arbeitnehmer 1752 Euro im Kalenderjahr übersteigen oder nicht aus seinem ersten Dienstverhältnis bezogen werden. [2]Sind mehrere Arbeitnehmer gemeinsam in der Pensionskasse versichert, so gilt als Zuwendung für den einzelnen Arbeitnehmer der Teilbetrag, der sich bei einer Aufteilung der gesamten Zuwendungen durch die Zahl der begünstigten Arbeitnehmer ergibt, wenn dieser Teilbetrag 1752 Euro nicht übersteigt; hierbei sind Arbeitnehmer, für die Zuwendungen von mehr als 2148 Euro im Kalenderjahr geleistet werden, nicht einzubeziehen. [3]Für Zuwendungen, die der Arbeitgeber für den Arbeitnehmer aus Anlass der Beendigung des Dienstverhältnisses erbracht hat, vervielfältigt sich der Betrag von 1752 Euro mit der Anzahl der Kalenderjahre, in denen das Dienstverhältnis des Arbeitnehmers

[1)] Zur weiteren Anwendung siehe § 52 Abs. 40.

[Fassung bis 31.12.2004:]

Betrag von 1752 Euro mit der Anzahl der Kalenderjahre, in denen das Dienstverhältnis des Arbeitnehmers zu dem Arbeitgeber bestanden hat; in diesem Fall ist Satz 2 nicht anzuwenden. 4 Der vervielfältigte Betrag vermindert sich um die nach Absatz 1 pauschal besteuerten Beiträge und Zuwendungen, die der Arbeitgeber in dem Kalenderjahr, in dem das Dienstverhältnis beendet wird, und in den sechs vorangegangenen Kalenderjahren erbracht hat.

[Fassung ab 1.1.2005:]

zu dem Arbeitgeber bestanden hat; in diesem Fall ist Satz 2 nicht anzuwenden. 4 Der vervielfältigte Betrag vermindert sich um die nach Absatz 1 pauschal besteuerten Zuwendungen, die der Arbeitgeber in dem Kalenderjahr, in dem das Dienstverhältnis beendet wird, und in den sechs vorangegangenen Kalenderjahren erbracht hat.

(3) Von den Beiträgen für eine Unfallversicherung des Arbeitnehmers kann der Arbeitgeber die Lohnsteuer mit einem Pauschsteuersatz von 20 Prozent der Beiträge erheben, wenn mehrere Arbeitnehmer gemeinsam in einem Unfallversicherungsvertrag versichert sind und der Teilbetrag, der sich bei einer Aufteilung der gesamten Beiträge nach Abzug der Versicherungsteuer durch die Zahl der begünstigten Arbeitnehmer ergibt, *62* [***ab 1.1.2020:*** 100] Euro[1] im Kalenderjahr nicht übersteigt.

(4) In den Fällen des § 19 Absatz 1 Satz 1 Nummer 3 Satz 2 hat der Arbeitgeber die Lohnsteuer mit einem Pauschsteuersatz in Höhe von 15 Prozent der Sonderzahlungen zu erheben.

(5) 1 § 40 Absatz 3 ist anzuwenden. 2 Die Anwendung des § 40 Absatz 1 Satz 1 Nummer 1 auf Bezüge im Sinne des Absatzes 1, des Absatzes 3 und des Absatzes 4 ist ausgeschlossen.

§ 41[2] Aufzeichnungspflichten beim Lohnsteuerabzug. (1)[3] 1 Der Arbeitgeber hat am Ort der Betriebsstätte (Absatz 2) für jeden Arbeitnehmer und jedes Kalenderjahr ein Lohnkonto zu führen. 2 In das Lohnkonto sind die nach § 39e Absatz 4 Satz 2 und Absatz 5 Satz 3 abgerufenen elektronischen Lohnsteuerabzugsmerkmale sowie die für den Lohnsteuerabzug erforderlichen Merkmale aus der vom Finanzamt ausgestellten Bescheinigung für den Lohnsteuerabzug (§ 39 Absatz 3 oder § 39e Absatz 7 oder Absatz 8) zu übernehmen. 3 Bei jeder Lohnzahlung für das Kalenderjahr, für das das Lohnkonto gilt, sind im Lohnkonto die Art und Höhe des gezahlten Arbeitslohns einschließlich der steuerfreien Bezüge sowie die einbehaltene oder übernommene Lohnsteuer einzutragen; an die Stelle der Lohnzahlung tritt in den Fällen des § 39b Absatz 5 Satz 1 die Lohnabrechnung. 4 Ferner sind das Kurzarbeitergeld, *das Schlechtwettergeld, das Winterausfallgeld,*[4] der Zuschuss zum Mutterschaftsgeld

---

[1] Betrag geänd. mWv 1.1.2020 durch G v. 22.11.2019 (BGBl. I S. 1746).

[2] Vgl. hierzu §§ 4, 5 LStDV (Nr. **20**).

[3] § 41 Abs. 1 Satz 4 aufgeh. mWv 1.1.2010; nachfolgende Satzzählung demzufolge neu; Satz 2 geänd. mWv VZ 2012 durch G v. 7.12.2011 (BGBl. I S. 2592); Satz 7 ergänzt, Satz 10 angef. mWv 1.1.2017 durch G v. 18.7.2016 (BGBl. I S. 1679).

[4] § 41 Abs. 1 Satz 4 kursiver Satzteil aufgeh. durch G v. 19.6.2020 (BGBl. I S. 1385).

nach dem Mutterschutzgesetz, der Zuschuss bei Beschäftigungsverboten für die Zeit vor oder nach einer Entbindung sowie für den Entbindungstag während einer Elternzeit nach beamtenrechtlichen Vorschriften, die Entschädigungen für Verdienstausfall nach dem Infektionsschutzgesetz vom 20. Juli 2000 (BGBl. I S. 1045), die nach § 3 Nummer 28 steuerfreien Aufstockungsbeträge oder Zuschläge [***idF des Corona-SteuerhilfeG:*** und die nach § 3 Nummer 28a steuerfreien Zuschüsse][1] einzutragen. [5] Ist während der Dauer des Dienstverhältnisses in anderen Fällen als in denen des Satzes 4 der Anspruch auf Arbeitslohn für mindestens fünf aufeinander folgende Arbeitstage im Wesentlichen weggefallen, so ist dies jeweils durch Eintragung des Großbuchstabens U zu vermerken. [6] Hat der Arbeitgeber die Lohnsteuer von einem sonstigen Bezug im ersten Dienstverhältnis berechnet und ist dabei der Arbeitslohn aus früheren Dienstverhältnissen des Kalenderjahres außer Betracht geblieben, so ist dies durch Eintragung des Großbuchstabens S zu vermerken. [7] Die Bundesregierung wird ermächtigt, durch Rechtsverordnung mit Zustimmung des Bundesrates vorzuschreiben, welche Einzelangaben im Lohnkonto aufzuzeichnen sind und Einzelheiten für eine elektronische Bereitstellung dieser Daten im Rahmen einer Lohnsteuer-Außenprüfung oder einer Lohnsteuer-Nachschau durch die Einrichtung einer einheitlichen digitalen Schnittstelle zu regeln.[2] [8] Dabei können für Arbeitnehmer mit geringem Arbeitslohn und für die Fälle der §§ 40 bis 40b Aufzeichnungserleichterungen sowie für steuerfreie Bezüge Aufzeichnungen außerhalb des Lohnkontos zugelassen werden. [9] Die Lohnkonten sind bis zum Ablauf des sechsten Kalenderjahres, das auf die zuletzt eingetragene Lohnzahlung folgt, aufzubewahren. [10] Die Aufbewahrungsfrist nach Satz 9 gilt abweichend von § 93c Absatz 1 Nummer 4 der Abgabenordnung auch für die dort genannten Aufzeichnungen und Unterlagen.

(2) [1] Betriebsstätte ist der Betrieb oder Teil des Betriebs des Arbeitgebers, in dem der für die Durchführung des Lohnsteuerabzugs maßgebende Arbeitslohn ermittelt wird. [2] Wird der maßgebende Arbeitslohn nicht in dem Betrieb oder einem Teil des Betriebs des Arbeitgebers oder nicht im Inland ermittelt, so gilt als Betriebsstätte der Mittelpunkt der geschäftlichen Leitung des Arbeitgebers im Inland; im Fall des § 38 Absatz 1 Satz 1 Nummer 2 gilt als Betriebsstätte der Ort im Inland, an dem die Arbeitsleistung ganz oder vorwiegend stattfindet. [3] Als Betriebsstätte gilt auch der inländische Heimathafen deutscher Handelsschiffe, wenn die Reederei im Inland keine Niederlassung hat.

§ 41a Anmeldung und Abführung der Lohnsteuer. (1)[3] [1] Der Arbeitgeber hat spätestens am zehnten Tag nach Ablauf eines jeden Lohnsteuer-Anmeldungszeitraums

1. dem Finanzamt, in dessen Bezirk sich die Betriebsstätte (§ 41 Absatz 2) befindet (Betriebsstättenfinanzamt), eine Steuererklärung einzureichen, in der er die Summen der im Lohnsteueranmeldungszeitraum einzubehaltenden

---

[1] § 41 Abs. 1 Satz 4 geänd. durch G v. 19.6.2020 (BGBl. I S. 1385).

[2] Vgl. hierzu § 4 Abs. 2a LStDV (Nr. **20**).

[3] § 41a Abs. 1 Satz 2 geänd. mWv 1.1.2017 durch G v. 18.7.2016 (BGBl. I S. 1679); Abs. 1 Satz 1 Nr. 1 geänd. durch G v. 12.12.2019 (BGBl. I S. 2451); zur Anwendung siehe § 52 Abs. 40a Satz 1.

und zu übernehmenden Lohnsteuer [***ab 1.1.2021:*** , getrennt nach den Kalenderjahren in denen der Arbeitslohn bezogen wird oder als bezogen gilt,] angibt (Lohnsteuer-Anmeldung),

2. die im Lohnsteuer-Anmeldungszeitraum insgesamt einbehaltene und übernommene Lohnsteuer an das Betriebsstättenfinanzamt abzuführen.

2 Die Lohnsteuer-Anmeldung ist nach amtlich vorgeschriebenem Datensatz durch Datenfernübertragung zu übermitteln. 3 Auf Antrag kann das Finanzamt zur Vermeidung unbilliger Härten auf eine elektronische Übermittlung verzichten; in diesem Fall ist die Lohnsteuer-Anmeldung nach amtlich vorgeschriebenem Vordruck abzugeben und vom Arbeitgeber oder von einer zu seiner Vertretung berechtigten Person zu unterschreiben. 4 Der Arbeitgeber wird von der Verpflichtung zur Abgabe weiterer Lohnsteuer-Anmeldungen befreit, wenn er Arbeitnehmer, für die er Lohnsteuer einzubehalten oder zu übernehmen hat, nicht mehr beschäftigt und das dem Finanzamt mitteilt.

(2)[1] 1 Lohnsteuer-Anmeldungszeitraum ist grundsätzlich der Kalendermonat. 2 Lohnsteuer-Anmeldungszeitraum ist das Kalendervierteljahr, wenn die abzuführende Lohnsteuer für das vorangegangene Kalenderjahr mehr als 1080 Euro[2], aber nicht mehr als 5000 Euro[3] betragen hat; Lohnsteuer-Anmeldungszeitraum ist das Kalenderjahr, wenn die abzuführende Lohnsteuer für das vorangegangene Kalenderjahr nicht mehr als 1080 Euro[2] betragen hat. 3 Hat die Betriebsstätte nicht während des ganzen vorangegangenen Kalenderjahres bestanden, so ist die für das vorangegangene Kalenderjahr abzuführende Lohnsteuer für die Feststellung des Lohnsteuer-Anmeldungszeitraums auf einen Jahresbetrag umzurechnen. 4 Wenn die Betriebsstätte im vorangegangenen Kalenderjahr noch nicht bestanden hat, ist die auf einen Jahresbetrag umgerechnete für den ersten vollen Kalendermonat nach der Eröffnung der Betriebsstätte abzuführende Lohnsteuer maßgebend.

(3) 1 Die oberste Finanzbehörde des Landes kann bestimmen, dass die Lohnsteuer nicht dem Betriebsstättenfinanzamt, sondern einer anderen öffentlichen Kasse anzumelden und an diese abzuführen ist; die Kasse erhält insoweit die Stellung einer Landesfinanzbehörde. 2 Das Betriebsstättenfinanzamt oder die zuständige andere öffentliche Kasse können anordnen, dass die Lohnsteuer abweichend von dem nach Absatz 1 maßgebenden Zeitpunkt anzumelden und abzuführen ist, wenn die Abführung der Lohnsteuer nicht gesichert erscheint.

(4) 1 Arbeitgeber, die eigene oder gecharterte Handelsschiffe betreiben, dürfen

[reguläre Fassung:][4]

vom Gesamtbetrag der anzumeldenden und abzuführenden Lohnsteuer

[ab 1.6.2016 bis 31.5.2021:][5]

die gesamte anzumeldende und abzuführende Lohnsteuer, die auf den

---

[1] Vgl. hierzu BMF v. 23.4.2020 (abgedruckt unter Nr. **Vor 1.14**).

[2] Betrag geänd. mWv VZ 2015 durch G v. 25.7.2014 (BGBl. I S. 1266).

[3] Betrag geänd. mWv VZ 2017 durch G v. 30.6.2017 (BGBl. I S. 2143).

[4] Gilt wieder für Lohnzahlungszeitraum ab 1.6.2021 (§ 52 Abs. 40a Satz 2 bis 4).

[5] § 41a Abs. 4 Satz 1 neu gef. durch G v. 24.2.2016 (BGBl. I S. 310); zur Anwendung siehe § 52 Abs. 40a Satz 2 bis 4 iVm Bek. über das Inkrafttreten des G zur Änderung des EStG zur Erhöhung des Lohnsteuereinbehalts in der Seeschifffahrt vom 18.5.2016 (BGBl. I S. 1248).

[reguläre Fassung:]

einen Betrag von 40 Prozent der Lohnsteuer der auf solchen Schiffen in einem zusammenhängenden Arbeitsverhältnis von mehr als 183 Tagen beschäftigten Besatzungsmitglieder abziehen und einbehalten.

[ab 1.6.2016 bis 31.5.2021:]

Arbeitslohn entfällt, der an die Besatzungsmitglieder für die Beschäftigungszeiten auf diesen Schiffen gezahlt wird, abziehen und einbehalten.

[2]Die Handelsschiffe müssen in einem inländischen Seeschiffsregister eingetragen sein, die deutsche Flagge führen und zur Beförderung von Personen oder Gütern im Verkehr mit oder zwischen ausländischen Häfen, innerhalb eines ausländischen Hafens oder zwischen einem ausländischen Hafen und der Hohen See betrieben werden. [3]Die Sätze 1 und 2 sind entsprechend anzuwenden, wenn Seeschiffe im Wirtschaftsjahr überwiegend außerhalb der deutschen Hoheitsgewässer zum Schleppen, Bergen oder zur Aufsuchung von Bodenschätzen oder zur Vermessung von Energielagerstätten unter dem Meeresboden eingesetzt werden. [4]Ist für den Lohnsteuerabzug die Lohnsteuer nach der Steuerklasse V oder VI zu ermitteln, so bemisst sich der Betrag nach Satz 1 nach der Lohnsteuer der Steuerklasse I.

§ 41b Abschluss des Lohnsteuerabzugs. (1)[1)] [1]Bei Beendigung eines Dienstverhältnisses oder am Ende des Kalenderjahres hat der Arbeitgeber das Lohnkonto des Arbeitnehmers abzuschließen. [2]Auf Grund der Aufzeichnungen im Lohnkonto hat der Arbeitgeber nach Abschluss des Lohnkontos für jeden Arbeitnehmer der für dessen Besteuerung nach dem Einkommen zuständigen Finanzbehörde nach Maßgabe des § 93c der Abgabenordnung neben den in § 93c Absatz 1 der Abgabenordnung genannten Daten insbesondere folgende Angaben zu übermitteln (elektronische Lohnsteuerbescheinigung):

1.[2)] die abgerufenen elektronischen Lohnsteuerabzugsmerkmale oder die auf der entsprechenden Bescheinigung für den Lohnsteuerabzug eingetragenen Lohnsteuerabzugsmerkmale sowie die Bezeichnung und die Nummer des Finanzamts, an das die Lohnsteuer abgeführt worden ist,
2. die Dauer des Dienstverhältnisses während des Kalenderjahres sowie die Anzahl der nach § 41 Absatz 1 Satz 5[3)] vermerkten Großbuchstaben U,
3. die Art und Höhe des gezahlten Arbeitslohns sowie den nach § 41 Absatz 1 Satz 6 vermerkten Großbuchstaben S,
4. die einbehaltene Lohnsteuer, den Solidaritätszuschlag und die Kirchensteuer,

---

[1)] § 41b Abs. 1 Satz 2 Satzteil vor Nr. 1 geänd. mWv 1.1.2017 durch G v. 18.7.2016 (BGBl. I S. 1679).

[2)] § 41b Abs. 1 Satz 2 Nr. 1 neu gef. mWv 1.1.2017 durch G v. 18.7.2016 (BGBl. I S. 1679).

[3)] Verweis korrigiert durch G v. 18.7.2016 (BGBl. I S. 1679).

5.[1] das Kurzarbeitergeld, den Zuschuss zum Mutterschaftsgeld nach dem Mutterschutzgesetz, die Entschädigungen für Verdienstausfall nach dem Infektionsschutzgesetz vom 20. Juli 2000 (BGBl. I S. 1045), zuletzt geändert durch Artikel 11 § 3 des Gesetzes vom 6. August 2002 (BGBl. I S. 3082), in der jeweils geltenden Fassung, die nach § 3 Nummer 28 steuerfreien Aufstockungsbeträge oder Zuschläge [***idF Corona-SteuerhilfeG:*** sowie die nach § 3 Nummer 28a steuerfreien Zuschüsse][2],

6.[3] die auf die Entfernungspauschale nach § 3 Nummer 15 Satz 3 und § 9 Absatz 1 Satz 3 Nummer 4 Satz 5 anzurechnenden steuerfreien Arbeitgeberleistungen,

7.[3] die auf die Entfernungspauschale nach § 40 Absatz 2 Satz 2 Nummer 1 2. Halbsatz anzurechnenden pauschal besteuerten Arbeitgeberleistungen,

8.[4] für die dem Arbeitnehmer zur Verfügung gestellten Mahlzeiten nach § 8 Absatz 2 Satz 8 den Großbuchstaben M,

9. für die steuerfreie Sammelbeförderung nach § 3 Nummer 32 den Großbuchstaben F,

10. die nach § 3 Nummer 13 und 16 steuerfrei gezahlten Verpflegungszuschüsse und Vergütungen bei doppelter Haushaltsführung,

11. Beiträge zu den gesetzlichen Rentenversicherungen und an berufsständische Versorgungseinrichtungen, getrennt nach Arbeitgeber- und Arbeitnehmeranteil,

12. die nach § 3 Nummer 62 gezahlten Zuschüsse zur Kranken- und Pflegeversicherung,

13. die Beiträge des Arbeitnehmers zur gesetzlichen Krankenversicherung und zur sozialen Pflegeversicherung,

14. die Beiträge des Arbeitnehmers zur Arbeitslosenversicherung,

15.[5] *den nach § 39b Absatz 2 Satz 5 Nummer 3 Buchstabe d berücksichtigten Teilbetrag der Vorsorgepauschale.*

[3]Der Arbeitgeber hat dem Arbeitnehmer die elektronische Lohnsteuerbescheinigung nach amtlich vorgeschriebenem Muster binnen angemessener Frist als Ausdruck auszuhändigen oder elektronisch bereitzustellen. [4]Soweit der Arbeitgeber nicht zur elektronischen Übermittlung nach Absatz 1 Satz 2 verpflichtet ist, hat er nach Ablauf des Kalenderjahres oder wenn das Dienstverhältnis vor Ablauf des Kalenderjahres beendet wird, eine Lohnsteuerbescheinigung nach amtlich vorgeschriebenem Muster auszustellen [***ab 1.1.2020:*** und an das Betriebsstättenfinanzamt bis zum letzten Tag des Monats Februar

---

[1] § 41b Abs. 1 Satz 2 Nr. 5 geänd. mWv 1.1.2017 durch G v. 18.7.2016 (BGBl. I S. 1679).

[2] § 41b Abs. 1 Satz 2 Nr. 5 geänd. durch G v. 19.6.2020 (BGBl. I S. 1385).

[3] § 41b Abs. 1 Satz 2 Nrn. 6 und 7 neu gef. mWv VZ 2019 durch G v. 12.12.2019 (BGBl. I S. 2451).

[4] § 41b Abs. 1 Satz 2 Nr. 8 neu gef. mWv VZ 2014 durch G v. 20.2.2012 (BGBl. I S. 285).

[5] § 41b Abs. 1 Satz 2 Nr. 15 aufgeh. mWv VZ 2024 durch G v. 21.12.2020 (BGBl. I S. 3096).

des auf den Abschluss des Lohnkontos folgenden Kalenderjahres zu übersenden].[1] [5]Er hat dem Arbeitnehmer *diese* [***ab 1.1.2020:*** eine Zweitausfertigung dieser][1] Bescheinigung auszuhändigen. [6]Nicht ausgehändigte Lohnsteuerbescheinigungen hat der Arbeitgeber dem Betriebsstättenfinanzamt einzureichen.[2]

(2)[3] [1]Ist dem Arbeitgeber die Identifikationsnummer (§ 139b der Abgabenordnung) des Arbeitnehmers nicht bekannt, hat er [***ab 1.1.2020:*** bis zum Veranlagungszeitraum 2022] für die Datenübermittlung nach Absatz 1 Satz 2 aus dem Namen, Vornamen und Geburtsdatum des Arbeitnehmers ein Ordnungsmerkmal nach amtlich festgelegter Regel für den Arbeitnehmer zu bilden und das Ordnungsmerkmal zu verwenden. [2]Er darf das lohnsteuerliche Ordnungsmerkmal nur für die Zuordnung der elektronischen Lohnsteuerbescheinigung oder sonstiger für das Besteuerungsverfahren erforderlicher Daten zu einem bestimmten Steuerpflichtigen und für Zwecke des Besteuerungsverfahrens verarbeiten oder bilden.

(2a)[4] *(aufgehoben)*

(3)[5] [1]Ein Arbeitgeber ohne maschinelle Lohnabrechnung, der ausschließlich Arbeitnehmer im Rahmen einer geringfügigen Beschäftigung in seinem Privathaushalt im Sinne des § 8a des Vierten Buches Sozialgesetzbuch beschäftigt und keine elektronische Lohnsteuerbescheinigung erteilt, hat anstelle der elektronischen Lohnsteuerbescheinigung eine entsprechende Lohnsteuerbescheinigung nach amtlich vorgeschriebenem Muster auszustellen [***ab 1.1.2020:*** und an das Betriebsstättenfinanzamt bis zum letzten Tag des Monats Februar des auf den Abschluss des Lohnkontos folgenden Kalenderjahres zu übersenden]. [2]Der Arbeitgeber hat dem Arbeitnehmer nach Ablauf des Kalenderjahres oder nach Beendigung des Dienstverhältnisses, wenn es vor Ablauf des Kalenderjahres beendet wird, *die* [***ab 1.1.2020:*** eine Zweitausfertigung der] Lohnsteuerbescheinigung auszuhändigen. [3]Nicht ausgehändigte Lohnsteuerbescheinigungen hat der Arbeitgeber dem Betriebsstättenfinanzamt einzureichen.

(4)[6] [1]In den Fällen des Absatzes 1 ist für die Anwendung des § 72a Absatz 4 und des § 93c Absatz 4 Satz 1 der Abgabenordnung sowie für die Anwendung des Absatzes 2a das Betriebsstättenfinanzamt des Arbeitgebers zuständig. [2]Sind für einen Arbeitgeber mehrere Betriebsstättenfinanzämter zuständig, so ist das Finanzamt zuständig, in dessen Bezirk sich die Geschäfts-

---

[1] § 41b Abs. 1 Satz 4 und 5 geänd. mWv VZ 2020 durch G v. 12.12.2019 (BGBl. I S. 2451).

[2] § 41b Abs. 1 Sätze 4 bis 6 geänd. mWv VZ 2012 durch G v. 7.12.2011 (BGBl. I S. 2592); Sätze 3 und 4 geänd. mWv VZ 2014 durch G v. 25.7.2014 (BGBl. I S. 1266); Satz 3 geänd. mWv VZ 2017 durch G v. 18.7.2016 (BGBl. I S. 1679).

[3] § 41b Abs. 2 neu gef. mWv VZ 2014 durch G v. 25.7.2014 (BGBl. I S. 1266); Satz 2 geänd. mWv VZ 2019 durch G v. 20.11.2019 (BGBl. I S. 1626); Satz 1 geänd. mWv VZ 2020 durch G v. 12.12.2019 (BGBl. I S. 2451).

[4] § 41b Abs. 2a aufgeh. mWv VZ 2019 durch G v. 20.11.2019 (BGBl. I S. 1626).

[5] § 41b Abs. 3 Satz 1 geänd., Sätze 2 und 3 ersetzt durch Satz 2, bish. Satz 4 wird Satz 3 mWv VZ 2012 durch G v. 7.12.2011 (BGBl. I S. 2592); Sätze 2 und 3 geänd. mWv VZ 2017 durch G v. 18.7.2016 (BGBl. I S. 1679); Sätze 1 und 2 geänd. mWv VZ 2020 durch G v. 12.12.2019 (BGBl. I S. 2451).

[6] § 41b Abs. 4 ersetzt durch Abs. 4 bis 6 mWv VZ 2017 durch G v. 18.7.2016 (BGBl. I S. 1679).

leitung des Arbeitgebers im Inland befindet. [3]Ist dieses Finanzamt kein Betriebsstättenfinanzamt, so ist das Finanzamt zuständig, in dessen Bezirk sich die Betriebsstätte mit den meisten Arbeitnehmern befindet.

(5)[1)] [1]Die nach Absatz 1 übermittelten Daten können durch das nach Absatz 4 zuständige Finanzamt zum Zweck der Anwendung des § 72a Absatz 4 und des § 93c Absatz 4 Satz 1 der Abgabenordnung verarbeitet werden. [2]Zur Überprüfung der Ordnungsmäßigkeit der Einbehaltung und Abführung der Lohnsteuer können diese Daten auch von den hierfür zuständigen Finanzbehörden bei den für die Besteuerung der Arbeitnehmer nach dem Einkommen zuständigen Finanzbehörden verarbeitet werden.

(6) Die Absätze 1 bis 5 gelten nicht für Arbeitnehmer, soweit sie Arbeitslohn bezogen haben, der nach den §§ 40 bis 40b pauschal besteuert worden ist.

§ 41c Änderung des Lohnsteuerabzugs. (1) [1]Der Arbeitgeber ist berechtigt, bei der jeweils nächstfolgenden Lohnzahlung bisher erhobene Lohnsteuer zu erstatten oder noch nicht erhobene Lohnsteuer nachträglich einzubehalten,

1.[2)] wenn ihm elektronische Lohnsteuerabzugsmerkmale zum Abruf zur Verfügung gestellt werden oder ihm der Arbeitnehmer eine Bescheinigung für den Lohnsteuerabzug mit Eintragungen vorlegt, die auf einen Zeitpunkt vor Abruf der Lohnsteuerabzugsmerkmale oder vor Vorlage der Bescheinigung für den Lohnsteuerabzug zurückwirken, oder
2. wenn er erkennt, dass er die Lohnsteuer bisher nicht vorschriftsmäßig einbehalten hat; dies gilt auch bei rückwirkender Gesetzesänderung.

[2]In den Fällen [*ab 1.1.2024:* des Satzes 1 Nummer 1, wenn es sich um Lohnsteuerabzugsmerkmale nach § 39 Absatz 4 Nummer 4 handelt, und in den Fällen][3)] des Satzes 1 Nummer 2 ist der Arbeitgeber jedoch verpflichtet, wenn ihm dies wirtschaftlich zumutbar ist.

(2) [1]Die zu erstattende Lohnsteuer ist dem Betrag zu entnehmen, den der Arbeitgeber für seine Arbeitnehmer insgesamt an Lohnsteuer einbehalten oder übernommen hat. [2]Wenn die zu erstattende Lohnsteuer aus dem Betrag nicht gedeckt werden kann, der insgesamt an Lohnsteuer einzubehalten oder zu übernehmen ist, wird der Fehlbetrag dem Arbeitgeber auf Antrag vom Betriebsstättenfinanzamt ersetzt.

(3)[4)] [1]Nach Ablauf des Kalenderjahres oder, wenn das Dienstverhältnis vor Ablauf des Kalenderjahres endet, nach Beendigung des Dienstverhältnisses, ist die Änderung des Lohnsteuerabzugs nur bis zur Übermittlung oder Ausschreibung der Lohnsteuerbescheinigung zulässig. [2]Bei Änderung des Lohnsteuerabzugs nach Ablauf des Kalenderjahres ist die nachträglich einzubehaltende Lohnsteuer nach dem Jahresarbeitslohn zu ermitteln. [3]Eine Erstattung von Lohnsteuer ist nach Ablauf des Kalenderjahres nur im Wege des Lohnsteuer-Jahresausgleichs nach § 42b zulässig. [4]Eine Minderung der einzubehal-

---

[1)] § 41b Abs. 5 Sätze 1 und 2 geänd. mWv VZ 2019 durch G v. 20.11.2019 (BGBl. I S. 1626).
[2)] § 41c Abs. 1 Satz 1 Nr. 1 neu gef. mWv VZ 2012 durch G v. 7.12.2011 (BGBl. I S. 2592).
[3)] § 41c Abs. 1 Satz 2 geänd. mWv 1.1.2024 durch G v. 21.12.2020 (BGBl. I S. 3096).
[4)] § 41c Abs. 3 Sätze 4 bis 6 angef. mWv VZ 2014 durch G v. 25.7.2014 (BGBl. I S. 1266).

tenden und zu übernehmenden Lohnsteuer (§ 41a Absatz 1 Satz 1 Nummer 1) nach § 164 Absatz 2 Satz 1 der Abgabenordnung ist nach der Übermittlung oder Ausschreibung der Lohnsteuerbescheinigung nur dann zulässig, wenn sich der Arbeitnehmer ohne vertraglichen Anspruch und gegen den Willen des Arbeitgebers Beträge verschafft hat, für die Lohnsteuer einbehalten wurde. [5]In diesem Fall hat der Arbeitgeber die bereits übermittelte oder ausgestellte Lohnsteuerbescheinigung zu berichtigen und sie als geändert gekennzeichnet an die Finanzverwaltung zu übermitteln; § 41b Absatz 1 gilt entsprechend. [6]Der Arbeitgeber hat seinen Antrag zu begründen und die Lohnsteuer-Anmeldung (§ 41a Absatz 1 Satz 1) zu berichtigen.

(4)[1)] [1]Der Arbeitgeber hat die Fälle, in denen er die Lohnsteuer nach Absatz 1 nicht nachträglich einbehält oder die Lohnsteuer nicht nachträglich einbehalten kann, weil

1. der Arbeitnehmer vom Arbeitgeber Arbeitslohn nicht mehr bezieht oder
2. der Arbeitgeber nach Ablauf des Kalenderjahres bereits die Lohnsteuerbescheinigung übermittelt oder ausgeschrieben hat,

dem Betriebsstättenfinanzamt unverzüglich anzuzeigen. [2]Das Finanzamt hat die zu wenig erhobene Lohnsteuer vom Arbeitnehmer nachzufordern, wenn der nachzufordernde Betrag 10 Euro übersteigt. [3]§ 42 d bleibt unberührt.

§§ 42 und 42a. (weggefallen)

§ 42b Lohnsteuer-Jahresausgleich durch den Arbeitgeber. (1)[2)] [1]Der Arbeitgeber ist berechtigt, seinen *unbeschränkt einkommensteuerpflichtigen*[3)] Arbeitnehmern, die während des abgelaufenen Kalenderjahres (Ausgleichsjahr) ständig in einem zu ihm bestehenden Dienstverhältnis gestanden haben, die für das Ausgleichsjahr einbehaltene Lohnsteuer insoweit zu erstatten, als sie die auf den Jahresarbeitslohn entfallende Jahreslohnsteuer übersteigt (Lohnsteuer-Jahresausgleich). [2]Er ist zur Durchführung des Lohnsteuer-Jahresausgleichs verpflichtet, wenn er am 31. Dezember des Ausgleichsjahres mindestens zehn Arbeitnehmer beschäftigt. [3]Der Arbeitgeber darf den Lohnsteuer-Jahresausgleich nicht durchführen, wenn

1. der Arbeitnehmer es beantragt oder
2. der Arbeitnehmer für das Ausgleichsjahr oder für einen Teil des Ausgleichsjahres nach den Steuerklassen V oder VI zu besteuern war oder
3. der Arbeitnehmer für einen Teil des Ausgleichsjahres nach den Steuerklassen II, III oder IV zu besteuern war oder

3a. bei der Lohnsteuerberechnung ein Freibetrag oder Hinzurechnungsbetrag zu berücksichtigen war oder

3b. das Faktorverfahren angewandt wurde oder

[1)] § 41c Abs. 4 Satz 1 Nr. 1 aufgeh., bish. Nrn. 2 und 3 werden Nrn. 1 und 2 mWv VZ 2012 durch G v. 7.12.2011 (BGBl. I S. 2592).

[2)] § 42b Abs. 1 Satz 1 geänd., Satz 3 aufgeh., bish. Satz 4 wird Satz 3 mWv VZ 2012 durch G v. 7.12.2011 (BGBl. I S. 2592).

[3)] § 42b Abs. 1 Satz 1 kursiver Satzteil aufgeh. mWv VZ 2020 durch G v. 12.12.2019 (BGBl. I S. 2451).

4. der Arbeitnehmer im Ausgleichsjahr Kurzarbeitergeld, *Schlechtwettergeld, Winterausfallgeld,*[1] Zuschuss zum Mutterschaftsgeld nach dem Mutterschutzgesetz, Zuschuss bei Beschäftigungsverboten für die Zeit vor oder nach einer Entbindung sowie für den Entbindungstag während einer Elternzeit nach beamtenrechtlichen Vorschriften, Entschädigungen für Verdienstausfall nach dem Infektionsschutzgesetz vom 20. Juli 2000 (BGBl. I S. 1045), nach § 3 Nummer 28 steuerfreie Aufstockungsbeträge oder Zuschläge [***idF des Corona-SteuerhilfeG:*** oder nach § 3 Nummer 28a steuerfreie Zuschüsse][2] bezogen hat oder

4a. die Anzahl der im Lohnkonto oder in der Lohnsteuerbescheinigung eingetragenen Großbuchstaben U mindestens eins beträgt oder

5.[3] für den Arbeitnehmer im Ausgleichsjahr im Rahmen der Vorsorgepauschale jeweils nur zeitweise Beträge nach § 39b Absatz 2 Satz 5 Nummer 3 Buchstabe a bis *d* [***ab VZ 2024:*** e] oder der Beitragszuschlag nach § 39b Absatz 2 Satz 5 Nummer 3 Buchstabe c berücksichtigt wurden oder sich im Ausgleichsjahr der Zusatzbeitragssatz (§ 39b Absatz 2 Satz 5 Nummer 3 Buchstabe b) geändert hat oder

6. der Arbeitnehmer im Ausgleichsjahr ausländische Einkünfte aus nichtselbständiger Arbeit bezogen hat, die nach einem Abkommen zur Vermeidung der Doppelbesteuerung oder unter Progressionsvorbehalt nach § 34c Absatz 5 von der Lohnsteuer freigestellt waren.

(2)[4] [1] Für den Lohnsteuer-Jahresausgleich hat der Arbeitgeber den Jahresarbeitslohn aus dem zu ihm bestehenden Dienstverhältnis festzustellen. [2] Dabei bleiben Bezüge im Sinne des § 34 Absatz 1 und 2 Nummer 2 und 4 außer Ansatz, wenn der Arbeitnehmer nicht jeweils die Einbeziehung in den Lohnsteuer-Jahresausgleich beantragt. [3] Vom Jahresarbeitslohn sind der etwa in Betracht kommende Versorgungsfreibetrag und Zuschlag zum Versorgungsfreibetrag und der etwa in Betracht kommende Altersentlastungsbetrag abzuziehen. [4] Für den so geminderten Jahresarbeitslohn ist die Jahreslohnsteuer nach § 39b Absatz 2 Satz 6 und 7 zu ermitteln nach Maßgabe der Steuerklasse, die für den letzten Lohnzahlungszeitraum des Ausgleichsjahres als elektronisches Lohnsteuerabzugsmerkmal abgerufen oder auf der Bescheinigung für den Lohnsteuerabzug oder etwaigen Mitteilungen über Änderungen zuletzt eingetragen wurde. [5] Den Betrag, um den die sich hiernach ergebende Jahreslohnsteuer die Lohnsteuer unterschreitet, die von dem zugrunde gelegten Jahresarbeitslohn insgesamt erhoben worden ist, hat der Arbeitgeber dem Arbeitnehmer zu erstatten. [6] Bei der Ermittlung der insgesamt erhobenen Lohnsteuer ist die Lohnsteuer auszuscheiden, die von den nach Satz 2 außer Ansatz gebliebenen Bezügen einbehalten worden ist.

---

[1] § 42b Abs. 1 Satz 3 Nr. 4 kursiver Satzteil aufgeh. durch G v. 19.6.2020 (BGBl. S. 1385).

[2] § 42b Abs. 1 Satz 3 Nr. 4 geänd. durch G v. 19.6.2020 (BGBl. I S. 1385).

[3] § 42b Abs. 1 Satz 3 Nr. 5 letzter Satzteil angef. mWv VZ 2015 durch G v. 25.7.2014 (BGBl. I S. 1266); Nr. 5 Verweis geänd. mWv VZ 2024 durch G v. 21.12.2020 (BGBl. I S. 3096).

[4] § 42b Abs. 2 Satz 1 geänd, Satz 4 neu gef. mWv VZ 2012 durch G v. 7.12.2011 (BGBl. I S. 2592); Satz 4 geänd. durch G v. 21.12.2020 (BGBl. I S. 3096).

(3) [1]Der Arbeitgeber darf den Lohnsteuer-Jahresausgleich frühestens bei der Lohnabrechnung für den letzten im Ausgleichsjahr endenden Lohnzahlungszeitraum, spätestens bei der Lohnabrechnung für den letzten Lohnzahlungszeitraum, der im Monat Februar[1)] des dem Ausgleichsjahr folgenden Kalenderjahres endet, durchführen. [2]Die zu erstattende Lohnsteuer ist dem Betrag zu entnehmen, den der Arbeitgeber für seine Arbeitnehmer für den Lohnzahlungszeitraum insgesamt an Lohnsteuer erhoben hat. [3]§ 41c Absatz 2 Satz 2 ist anzuwenden.

(4)[2)] [1]Im Lohnkonto für das Ausgleichsjahr ist die im Lohnsteuer-Jahresausgleich erstattete Lohnsteuer gesondert einzutragen. [2]In der Lohnsteuerbescheinigung für das Ausgleichsjahr ist der sich nach Verrechnung der erhobenen Lohnsteuer mit der erstatteten Lohnsteuer ergebende Betrag als erhobene Lohnsteuer einzutragen.

§ 42c. (weggefallen)

§ 42d Haftung des Arbeitgebers und Haftung bei Arbeitnehmerüberlassung. (1) Der Arbeitgeber haftet

1. für die Lohnsteuer, die er einzubehalten und abzuführen hat,
2. für die Lohnsteuer, die er beim Lohnsteuer-Jahresausgleich zu Unrecht erstattet hat,
3. für die Einkommensteuer (Lohnsteuer), die auf Grund fehlerhafter Angaben im Lohnkonto oder in der Lohnsteuerbescheinigung verkürzt wird,
4. für die Lohnsteuer, die in den Fällen des § 38 Absatz 3a der Dritte zu übernehmen hat.

(2)[3)] Der Arbeitgeber haftet nicht, soweit Lohnsteuer nach § 39 Absatz 5 oder § 39a Absatz 5 nachzufordern ist und in den vom Arbeitgeber angezeigten Fällen des § 38 Absatz 4 Satz 2 und 3 und des § 41c Absatz 4.

(3) [1]Soweit die Haftung des Arbeitgebers reicht, sind der Arbeitgeber und der Arbeitnehmer Gesamtschuldner. [2]Das Betriebsstättenfinanzamt kann die Steuerschuld oder Haftungsschuld nach pflichtgemäßem Ermessen gegenüber jedem Gesamtschuldner geltend machen. [3]Der Arbeitgeber kann auch dann in Anspruch genommen werden, wenn der Arbeitnehmer zur Einkommensteuer veranlagt wird. [4]Der Arbeitnehmer kann im Rahmen der Gesamtschuldnerschaft nur in Anspruch genommen werden,

1. wenn der Arbeitgeber die Lohnsteuer nicht vorschriftsmäßig vom Arbeitslohn einbehalten hat,
2. wenn der Arbeitnehmer weiß, dass der Arbeitgeber die einbehaltene Lohnsteuer nicht vorschriftsmäßig angemeldet hat. [2]Dies gilt nicht, wenn der Arbeitnehmer den Sachverhalt dem Finanzamt unverzüglich mitgeteilt hat.

[1)] Zeitraum geänd. mWv VZ 2017 durch G v. 18.7.2016 (BGBl. I S. 1679).

[2)] § 42b Abs. 4 Satz 1 aufgeh., bish. Sätze 2 und 3 werden Sätze 1 und 2 mWv VZ 2012 durch G v. 7.12.2011 (BGBl. I S. 2592).

[3)] § 42d Abs. 2 Verweis geänd. mWv VZ 2012 durch G v. 7.12.2011 (BGBl. I S. 2592).

(4) [1]Für die Inanspruchnahme des Arbeitgebers bedarf es keines Haftungsbescheids und keines Leistungsgebots, soweit der Arbeitgeber

1. die einzubehaltende Lohnsteuer angemeldet hat oder
2. nach Abschluss einer Lohnsteuer-Außenprüfung seine Zahlungsverpflichtung schriftlich anerkennt.

[2]Satz 1 gilt entsprechend für die Nachforderung zu übernehmender pauschaler Lohnsteuer.

(5) Von der Geltendmachung der Steuernachforderung oder Haftungsforderung ist abzusehen, wenn diese insgesamt 10 Euro nicht übersteigt.

(6)[1)] [1]Soweit einem Dritten (Entleiher) Arbeitnehmer im Sinne des § 1 Absatz 1 Satz 1 des Arbeitnehmerüberlassungsgesetzes in der Fassung der Bekanntmachung vom 3. Februar 1995 (BGBl. I S. 158), das zuletzt durch Artikel 26 des Gesetzes vom 20. Dezember 2011 (BGBl. I S. 2854) geändert worden ist, zur Arbeitsleistung überlassen werden, haftet er mit Ausnahme der Fälle, in denen eine Arbeitnehmerüberlassung nach § 1 Absatz 3 des Arbeitnehmerüberlassungsgesetzes vorliegt, neben dem Arbeitgeber. [2]Der Entleiher haftet nicht, wenn der Überlassung eine Erlaubnis nach § 1 des Arbeitnehmerüberlassungsgesetzes in der jeweils geltenden Fassung zugrunde liegt und soweit er nachweist, dass er den nach § 51 Absatz 1 Nummer 2 Buchstabe d vorgesehenen Mitwirkungspflichten nachgekommen ist. [3]Der Entleiher haftet ferner nicht, wenn er über das Vorliegen einer Arbeitnehmerüberlassung ohne Verschulden irrte. [4]Die Haftung beschränkt sich auf die Lohnsteuer für die Zeit, für die ihm der Arbeitnehmer überlassen worden ist. [5]Soweit die Haftung des Entleihers reicht, sind der Arbeitgeber, der Entleiher und der Arbeitnehmer Gesamtschuldner. [6]Der Entleiher darf auf Zahlung nur in Anspruch genommen werden, soweit die Vollstreckung in das inländische bewegliche Vermögen des Arbeitgebers fehlgeschlagen ist oder keinen Erfolg verspricht; § 219 Satz 2 der Abgabenordnung ist entsprechend anzuwenden. [7]Ist durch die Umstände der Arbeitnehmerüberlassung die Lohnsteuer schwer zu ermitteln, so ist die Haftungsschuld mit 15 Prozent des zwischen Verleiher und Entleiher vereinbarten Entgelts ohne Umsatzsteuer anzunehmen, solange der Entleiher nicht glaubhaft macht, dass die Lohnsteuer, für die er haftet, niedriger ist. [8]Die Absätze 1 bis 5 sind entsprechend anzuwenden. [9]Die Zuständigkeit des Finanzamts richtet sich nach dem Ort der Betriebsstätte des Verleihers.

(7) Soweit der Entleiher Arbeitgeber ist, haftet der Verleiher wie ein Entleiher nach Absatz 6.

(8) [1]Das Finanzamt kann hinsichtlich der Lohnsteuer der Leiharbeitnehmer anordnen, dass der Entleiher einen bestimmten Teil des mit dem Verleiher vereinbarten Entgelts einzubehalten und abzuführen hat, wenn dies zur Sicherung des Steueranspruchs notwendig ist; Absatz 6 Satz 4 ist anzuwenden. [2]Der Verwaltungsakt kann auch mündlich erlassen werden. [3]Die Höhe des einzubehaltenden und abzuführenden Teils des Entgelts bedarf keiner Begrün-

---

1) § 42d Abs. 6 Satz 1 und 2 geänd. mWv VZ 2013 durch G v. 26.6.2013 (BGBl. I S. 1809).

dung, wenn der in Absatz 6 Satz 7 genannte Prozentsatz nicht überschritten wird.

(9) [1]Der Arbeitgeber haftet auch dann, wenn ein Dritter nach § 38 Absatz 3a dessen Pflichten trägt. [2]In diesen Fällen haftet der Dritte neben dem Arbeitgeber. [3]Soweit die Haftung des Dritten reicht, sind der Arbeitgeber, der Dritte und der Arbeitnehmer Gesamtschuldner. [4]Absatz 3 Satz 2 bis 4 ist anzuwenden; Absatz 4 gilt auch für die Inanspruchnahme des Dritten. [5]Im Fall des § 38 Absatz 3a Satz 2 beschränkt sich die Haftung des Dritten auf die Lohnsteuer, die für die Zeit zu erheben ist, für die er sich gegenüber dem Arbeitgeber zur Vornahme des Lohnsteuerabzugs verpflichtet hat; der maßgebende Zeitraum endet nicht, bevor der Dritte seinem Betriebsstättenfinanzamt die Beendigung seiner Verpflichtung gegenüber dem Arbeitgeber angezeigt hat. [6]In den Fällen des § 38 Absatz 3a Satz 7 ist als Haftungsschuld der Betrag zu ermitteln, um den die Lohnsteuer, die für den gesamten Arbeitslohn des Lohnzahlungszeitraums zu berechnen und einzubehalten ist, die insgesamt tatsächlich einbehaltene Lohnsteuer übersteigt. [7]Betrifft die Haftungsschuld mehrere Arbeitgeber, so ist sie bei fehlerhafter Lohnsteuerberechnung nach dem Verhältnis der Arbeitslöhne und für nachträglich zu erfassende Arbeitslohnbeträge nach dem Verhältnis dieser Beträge auf die Arbeitgeber aufzuteilen. [8]In den Fällen des § 38 Absatz 3a ist das Betriebsstättenfinanzamt des Dritten für die Geltendmachung der Steuer- oder Haftungsschuld zuständig.

§ 42e Anrufungsauskunft. [1]Das Betriebsstättenfinanzamt hat auf Anfrage eines Beteiligten darüber Auskunft zu geben, ob und inwieweit im einzelnen Fall die Vorschriften über die Lohnsteuer anzuwenden sind. [2]Sind für einen Arbeitgeber mehrere Betriebsstättenfinanzämter zuständig, so erteilt das Finanzamt die Auskunft, in dessen Bezirk sich die Geschäftsleitung (§ 10 der Abgabenordnung) des Arbeitgebers im Inland befindet. [3]Ist dieses Finanzamt kein Betriebsstättenfinanzamt, so ist das Finanzamt zuständig, in dessen Bezirk sich die Betriebsstätte mit den meisten Arbeitnehmern befindet. [4]In den Fällen der Sätze 2 und 3 hat der Arbeitgeber sämtliche Betriebsstättenfinanzämter, das Finanzamt der Geschäftsleitung und erforderlichenfalls die Betriebsstätte mit den meisten Arbeitnehmern anzugeben sowie zu erklären, für welche Betriebsstätten die Auskunft von Bedeutung ist.

§ 42f Lohnsteuer-Außenprüfung. (1) Für die Außenprüfung der Einbehaltung oder Übernahme und Abführung der Lohnsteuer ist das Betriebsstättenfinanzamt zuständig.

(2) [1]Für die Mitwirkungspflicht des Arbeitgebers bei der Außenprüfung gilt § 200 der Abgabenordnung. [2]Darüber hinaus haben die Arbeitnehmer des Arbeitgebers dem mit der Prüfung Beauftragten jede gewünschte Auskunft über Art und Höhe ihrer Einnahmen zu geben und auf Verlangen die etwa in ihrem Besitz befindlichen Bescheinigungen für den Lohnsteuerabzug[1)] sowie die Belege über bereits entrichtete Lohnsteuer vorzulegen. [3]Dies gilt auch für Personen, bei denen es streitig ist, ob sie Arbeitnehmer des Arbeitgebers sind oder waren.

---

1) § 42 f Abs. 2 Satz 2 geänd. mWv VZ 2012 durch G v. 7.12.2011 (BGBl. I S. 2592).

(3) [1] In den Fällen des § 38 Absatz 3a ist für die Außenprüfung das Betriebsstättenfinanzamt des Dritten zuständig; § 195 Satz 2 der Abgabenordnung bleibt unberührt. [2] Die Außenprüfung ist auch beim Arbeitgeber zulässig; dessen Mitwirkungspflichten bleiben neben den Pflichten des Dritten bestehen.

(4)[1)] Auf Verlangen des Arbeitgebers können die Außenprüfung und die Prüfungen durch die Träger der Rentenversicherung (§ 28p des Vierten Buches Sozialgesetzbuch) zur gleichen Zeit durchgeführt werden.

§ 42g[2)] Lohnsteuer-Nachschau. (1) [1] Die Lohnsteuer-Nachschau dient der Sicherstellung einer ordnungsgemäßen Einbehaltung und Abführung der Lohnsteuer. [2] Sie ist ein besonderes Verfahren zur zeitnahen Aufklärung steuererheblicher Sachverhalte.

(2) [1] Eine Lohnsteuer-Nachschau findet während der üblichen Geschäfts- und Arbeitszeiten statt. [2] Dazu können die mit der Nachschau Beauftragten ohne vorherige Ankündigung und außerhalb einer Lohnsteuer-Außenprüfung Grundstücke und Räume von Personen, die eine gewerbliche oder berufliche Tätigkeit ausüben, betreten. [3] Wohnräume dürfen gegen den Willen des Inhabers nur zur Verhütung dringender Gefahren für die öffentliche Sicherheit und Ordnung betreten werden.

(3) [1] Die von der Lohnsteuer-Nachschau betroffenen Personen haben dem mit der Nachschau Beauftragten auf Verlangen Lohn- und Gehaltsunterlagen, Aufzeichnungen, Bücher, Geschäftspapiere und andere Urkunden über die der Lohnsteuer-Nachschau unterliegenden Sachverhalte vorzulegen und Auskünfte zu erteilen, soweit dies zur Feststellung einer steuerlichen Erheblichkeit zweckdienlich ist. [2] § 42f Absatz 2 Satz 2 und 3 gilt sinngemäß.

(4) [1] Wenn die bei der Lohnsteuer-Nachschau getroffenen Feststellungen hierzu Anlass geben, kann ohne vorherige Prüfungsanordnung (§ 196 der Abgabenordnung) zu einer Lohnsteuer-Außenprüfung nach § 42f übergegangen werden. [2] Auf den Übergang zur Außenprüfung wird schriftlich hingewiesen.

(5) Werden anlässlich einer Lohnsteuer-Nachschau Verhältnisse festgestellt, die für die Festsetzung und Erhebung anderer Steuern erheblich sein können, so ist die Auswertung der Feststellungen insoweit zulässig, als ihre Kenntnis für die Besteuerung der in Absatz 2 genannten Personen oder anderer Personen von Bedeutung sein kann.

3. Steuerabzug vom Kapitalertrag (Kapitalertragsteuer)

§ 43 Kapitalerträge mit Steuerabzug. (1) [1] Bei den folgenden inländischen und in den Fällen der Nummern 5 bis 7[3)] Buchstabe a und Nummern 8 bis 12 sowie Satz 2 auch ausländischen Kapitalerträgen wird die Einkommensteuer durch Abzug vom Kapitalertrag (Kapitalertragsteuer) erhoben:

---

1) § 42f Abs. 4 angef. mWv 1.1.2010 durch G v. 20.12.2008 (BGBl. I S. 2850).

2) § 42g eingef. mWv VZ 2013 durch G v. 26.6.2013 (BGBl. I S. 1809).

3) § 43 Abs. 1 Satz 1 Verweis geänd. durch G v. 19.7.2016 (BGBl. I S. 1730); zur Anwendung siehe § 52 Abs. 42 Satz 4.

1.[1] Kapitalerträgen im Sinne des § 20 Absatz 1 Nummer 1, soweit diese nicht nachfolgend in Nummer 1a gesondert genannt sind, und Kapitalerträgen im Sinne des § 20 Absatz 1 Nummer 2. [2]Entsprechendes gilt für Kapitalerträge im Sinne des § 20 Absatz 2 Satz 1 Nummer 2 Buchstabe a und Nummer 2 Satz 2;

1a.[2] Kapitalerträgen im Sinne des § 20 Absatz 1 Nummer 1 aus Aktien und Genussscheinen, die entweder gemäß § 5 des Depotgesetzes zur Sammelverwahrung durch eine Wertpapiersammelbank zugelassen sind und dieser zur Sammelverwahrung im Inland anvertraut wurden, bei denen eine Sonderverwahrung gemäß § 2 Satz 1 des Depotgesetzes erfolgt oder bei denen die Erträge gegen Aushändigung der Dividendenscheine oder sonstigen Erträgnisscheine ausgezahlt oder gutgeschrieben werden;

2.[3] Zinsen aus Teilschuldverschreibungen, bei denen neben der festen Verzinsung ein Recht auf Umtausch in Gesellschaftsanteile (Wandelanleihen) oder eine Zusatzverzinsung, die sich nach der Höhe der Gewinnausschüttungen des Schuldners richtet (Gewinnobligationen), eingeräumt ist, und Zinsen aus Genussrechten, die nicht in § 20 Absatz 1 Nummer 1 genannt sind. [2]Zu den Gewinnobligationen gehören nicht solche Teilschuldverschreibungen, bei denen der Zinsfuß nur vorübergehend herabgesetzt und gleichzeitig eine von dem jeweiligen Gewinnergebnis des Unternehmens abhängige Zusatzverzinsung bis zur Höhe des ursprünglichen Zinsfußes festgelegt worden ist. [3]Zu den Kapitalerträgen im Sinne des Satzes 1 gehören nicht die Bundesbankgenussrechte im Sinne des § 3 Absatz 1 des Gesetzes über die Liquidation der Deutschen Reichsbank und der Deutschen Golddiskontbank in der im Bundesgesetzblatt Teil III, Gliederungsnummer 7620-6, veröffentlichten bereinigten Fassung, das zuletzt durch das Gesetz vom 17. Dezember 1975 (BGBl. I S. 3123) geändert worden ist. [4]Beim Steuerabzug auf Kapitalerträge sind die für den Steuerabzug nach Nummer 1a geltenden Vorschriften entsprechend anzuwenden, wenn

a) die Teilschuldverschreibungen und Genussrechte gemäß § 5 des Depotgesetzes zur Sammelverwahrung durch eine Wertpapiersammelbank zugelassen sind und dieser zur Sammelverwahrung im Inland anvertraut wurden,

b) die Teilschuldverschreibungen und Genussrechte gemäß § 2 Satz 1 des Depotgesetzes gesondert aufbewahrt werden oder

c) die Erträge der Teilschuldverschreibungen und Genussrechte gegen Aushändigung der Erträgnisscheine ausgezahlt oder gutgeschrieben werden;

3. Kapitalerträgen im Sinne des § 20 Absatz 1 Nummer 4;

4.[4] Kapitalerträgen im Sinne des § 20 Absatz 1 Nummer 6 Satz 1 bis 6; § 20 Absatz 1 Nummer 6 Satz 2 und 3 in der am 1. Januar 2008 anzuwendenden Fassung bleiben für Zwecke der Kapitalertragsteuer unberücksichtigt.

---

[1] § 43 Abs. 1 Satz 1 geänd. durch G v. 22.6.2011 (BGBl. I S. 1126).

[2] § 43 Abs. 1 Satz 1 Nr. 1a eingef. durch G v. 22.6.2011 (BGBl. I S. 1126); geänd. mWv 1.1.2013 durch G v. 26.6.2013 (BGBl. I S. 1809).

[3] § 43 Abs. 1 Satz 1 Nr. 2 Satz 4 angef. durch G v. 26.6.2013 (BGBl. I S. 1809).

[4] § 43 Abs. 1 Satz 1 Nr. 4 1. HS Verweis geänd. durch G v. 25.7.2014 (BGBl. I S. 1266).

[2]Der Steuerabzug vom Kapitalertrag ist in den Fällen des § 20 Absatz 1 Nummer 6 Satz 4 in der am 31. Dezember 2004 geltenden Fassung nur vorzunehmen, wenn das Versicherungsunternehmen auf Grund einer Mitteilung des Finanzamts weiß oder infolge der Verletzung eigener Anzeigeverpflichtungen nicht weiß, dass die Kapitalerträge nach dieser Vorschrift zu den Einkünften aus Kapitalvermögen gehören;

5.[1)] Kapitalerträgen im Sinne des § 20 Absatz 1 Nummer 3 mit Ausnahme der Gewinne aus der Veräußerung von Anteilen an Investmentfonds im Sinne des § 16 Absatz 1 Nummer 3 in Verbindung mit § 2 Absatz 13 des Investmentsteuergesetzes;

6.[2)] ausländischen Kapitalerträgen im Sinne der Nummern 1 und 1a;

7. Kapitalerträgen im Sinne des § 20 Absatz 1 Nummer 7, außer bei Kapitalerträgen im Sinne der Nummer 2, wenn

a) es sich um Zinsen aus Anleihen und Forderungen handelt, die in ein öffentliches Schuldbuch oder in ein ausländisches Register eingetragen oder über die Sammelurkunden im Sinne des § 9a des Depotgesetzes oder Teilschuldverschreibungen ausgegeben sind;

b)[3)] der Schuldner der nicht in Buchstabe a genannten Kapitalerträge ein inländisches Kreditinstitut oder ein inländisches Finanzdienstleistungsinstitut im Sinne des Gesetzes über das Kreditwesen ist. [2]Kreditinstitut in diesem Sinne ist auch die Kreditanstalt für Wiederaufbau, eine Bausparkasse, ein Versicherungsunternehmen für Erträge aus Kapitalanlagen, die mit Einlagegeschäften bei Kreditinstituten vergleichbar sind, die Deutsche Bundesbank bei Geschäften mit jedermann einschließlich ihrer Betriebsangehörigen im Sinne der §§ 22 und 25 des Gesetzes über die Deutsche Bundesbank und eine inländische Zweigstelle oder Zweigniederlassung eines ausländischen Unternehmens im Sinne der §§ 53 und 53b des Gesetzes über das Kreditwesen, nicht aber eine ausländische Zweigstelle eines inländischen Kreditinstituts oder eines inländischen Finanzdienstleistungsinstituts. [3]Die inländische Zweigstelle oder Zweigniederlassung gilt anstelle des ausländischen Unternehmens als Schuldner der Kapitalerträge;

[*ab 1.1.2021:*

c)[4)] es sich um Zinsen aus Forderungen handelt, die über eine Internet-Dienstleistungsplattform erworben wurden. [2]Eine Internet-Dienstleistungsplattform in diesem Sinne ist ein webbasiertes Medium, das Kauf- und Verkaufsaufträge in Aktien und anderen Finanzinstrumenten sowie Darlehensnehmer und Darlehensgeber zusammenführt und so einen Vertragsabschluss vermittelt;]

[1)] § 43 Abs. 1 Satz 1 Nr. 5 eingef. durch G v. 19.7.2016 (BGBl. I S. 1730); zur Anwendung siehe § 52 Abs. 42 Satz 4.

[2)] § 43 Abs. 1 Satz 1 Nr. 6 geänd. durch G v. 22.6.2011 (BGBl. I S. 1126).

[3)] Zur erstmaligen Anwendung von Nr. 7 Buchst. b Satz 2 siehe § 52 Abs. 42 Satz 1; Buchst. b Sätze 2 und 3 geänd. mWv 1.1.2014 durch G v. 25.7.2014 (BGBl. I S. 1266); Buchst. b Satz 2 geänd. mWv VZ 2019 durch G v. 12.12.2019 (BGBl. I S. 2451).

[4)] § 43 Abs. 1 Satz 1 Nr. 7 Buchst. c angef. durch G v. 12.12.2019 (BGBl. I S. 2451); zur Anwendung siehe § 52 Abs. 42 Satz 2.

7a. Kapitalerträgen im Sinne des § 20 Absatz 1 Nummer 9;

7b. Kapitalerträgen im Sinne des § 20 Absatz 1 Nummer 10 Buchstabe a;

7c. Kapitalerträgen im Sinne des § 20 Absatz 1 Nummer 10 Buchstabe b;

8. Kapitalerträgen im Sinne des § 20 Absatz 1 Nummer 11;

9.[1] Kapitalerträgen im Sinne des § 20 Absatz 2 Satz 1 Nummer 1 und Gewinnen aus der Veräußerung von Anteilen an Investmentfonds im Sinne des § 16 Absatz 1 Nummer 3 in Verbindung mit § 2 Absatz 13 des Investmentsteuergesetzes;

10. Kapitalerträgen im Sinne des § 20 Absatz 2 Satz 1 Nummer 2 Buchstabe b und Nummer 7;

11. Kapitalerträgen im Sinne des § 20 Absatz 2 Satz 1 Nummer 3;

12. Kapitalerträgen im Sinne des § 20 Absatz 2 Satz 1 Nummer 8.

²Dem Steuerabzug unterliegen auch Kapitalerträge im Sinne des § 20 Absatz 3, die neben den in den Nummern 1 bis 12 bezeichneten Kapitalerträgen oder an deren Stelle gewährt werden. ³Der Steuerabzug ist ungeachtet des § 3 Nummer 40 und des § 8b des Körperschaftsteuergesetzes vorzunehmen. ⁴Für Zwecke des Kapitalertragsteuerabzugs gilt die Übertragung eines von einer auszahlenden Stelle verwahrten oder verwalteten Wirtschaftsguts im Sinne des § 20 Absatz 2 auf einen anderen Gläubiger als Veräußerung des Wirtschaftsguts. ⁵Satz 4 gilt nicht, wenn der Steuerpflichtige der auszahlenden Stelle unter Benennung der in Satz 6 Nummer 4 bis 6 bezeichneten Daten mitteilt, dass es sich um eine unentgeltliche Übertragung handelt.[2] ⁶Die auszahlende Stelle hat in den Fällen des Satzes 5 folgende Daten dem für sie zuständigen Betriebsstättenfinanzamt bis zum 31. Mai des jeweiligen Folgejahres nach Maßgabe des § 93c der Abgabenordnung mitzuteilen:

1. Bezeichnung der auszahlenden Stelle,
2. das zuständige Betriebsstättenfinanzamt,
3. das übertragene Wirtschaftsgut, den Übertragungszeitpunkt, den Wert zum Übertragungszeitpunkt und die Anschaffungskosten des Wirtschaftsguts,
4. Name, Geburtsdatum, Anschrift und Identifikationsnummer des Übertragenden,
5. Name, Geburtsdatum, Anschrift und Identifikationsnummer des Empfängers sowie die Bezeichnung des Kreditinstituts, der Nummer des Depots, des Kontos oder des Schuldbuchkontos,
6. soweit bekannt, das persönliche Verhältnis (Verwandtschaftsverhältnis, Ehe, Lebenspartnerschaft) zwischen Übertragendem und Empfänger.[3]

⁷§ 72a Absatz 4, § 93c Absatz 4 und § 203a der Abgabenordnung finden keine Anwendung.[4]

---

[1] § 43 Abs. 1 Satz 1 Nr. 9 neu gef. durch G v. 19.7.2016 (BGBl. I S. 1730); zur Anwendung siehe § 52 Abs. 42 Satz 4.

[2] § 43 Abs. 1 Satz 5 neu gef. durch G v. 8.12.2010 (BGBl. I S. 1768).

[3] § 43 Abs. 1 Sätze 5 und 6 neu gef. durch G v. 8.12.2010 (BGBl. I S. 1768); Satz 6 geänd. durch G v. 18.7.2016 (BGBl. I S. 1679); zur Anwendung siehe § 52 Abs. 42 Satz 3.

[4] § 43 Abs. 1 Satz 7 angef. mWv 1.1.2017 durch G v. 18.7.2016 (BGBl. I S. 1679).

(1a)[1] *(aufgehoben)*

(2)[2] 1Der Steuerabzug ist außer in den Fällen des Absatzes 1 Satz 1 Nummer 1a und 7c nicht vorzunehmen, wenn Gläubiger und Schuldner der Kapitalerträge (Schuldner) oder die auszahlende Stelle im Zeitpunkt des Zufließens dieselbe Person sind. 2Der Steuerabzug ist außerdem nicht vorzunehmen, wenn in den Fällen des Absatzes 1 Satz 1 Nummer 5 bis 7 und 8 bis 12 Gläubiger der Kapitalerträge ein inländisches Kreditinstitut oder inländisches Finanzdienstleistungsinstitut nach Absatz 1 Satz 1 Nummer 7 Buchstabe b oder eine inländische Kapitalverwaltungsgesellschaft[3] ist. 3Bei Kapitalerträgen im Sinne des Absatzes 1 Satz 1 Nummer 6 und 8 bis 12 ist ebenfalls kein Steuerabzug vorzunehmen, wenn

1. eine unbeschränkt steuerpflichtige Körperschaft, Personenvereinigung oder Vermögensmasse, die nicht unter Satz 2 oder § 44a Absatz 4 Satz 1 fällt, Gläubigerin der Kapitalerträge ist, oder
2. die Kapitalerträge Betriebseinnahmen eines inländischen Betriebs sind und der Gläubiger der Kapitalerträge dies gegenüber der auszahlenden Stelle nach amtlich vorgeschriebenem Muster erklärt; dies gilt entsprechend für Kapitalerträge aus Options- und Termingeschäften im Sinne des Absatzes 1 Satz 1 Nummer 8 und 11, wenn sie zu den Einkünften aus Vermietung und Verpachtung gehören.

4Im Fall des § 1 Absatz 1 Nummer 4 und 5 des Körperschaftsteuergesetzes ist Satz 3 Nummer 1 nur anzuwenden, wenn die Körperschaft, Personenvereinigung oder Vermögensmasse durch eine Bescheinigung des für sie zuständigen Finanzamts ihre Zugehörigkeit zu dieser Gruppe von Steuerpflichtigen nachweist. 5Die Bescheinigung ist unter dem Vorbehalt des Widerrufs auszustellen. 6Die Fälle des Satzes 3 Nummer 2 hat die auszahlende Stelle gesondert aufzuzeichnen und die Erklärung der Zugehörigkeit der Kapitalerträge zu den Betriebseinnahmen oder zu den Einnahmen aus Vermietung und Verpachtung sechs Jahre aufzubewahren; die Frist beginnt mit dem Schluss des Kalenderjahres, in dem die Freistellung letztmalig berücksichtigt wird. 7Die auszahlende Stelle hat in den Fällen des Satzes 3 Nummer 2 der Finanzbehörde, die für die Besteuerung des Einkommens des Gläubigers der Kapitalerträge zuständig ist, nach Maßgabe des § 93c der Abgabenordnung neben den in § 93c Absatz 1 der Abgabenordnung genannten Angaben auch die Konto- und Depotbezeichnung oder die sonstige Kennzeichnung des Geschäftsvorgangs zu übermitteln. 8§ 72a Absatz 4, § 93c Absatz 1 Nummer 3 und Absatz 4 sowie § 203a der Abgabenordnung finden keine Anwendung.

(3) 1Kapitalerträge im Sinne des Absatzes 1 Satz 1 Nummer 1 Satz 1 sowie Nummer 1a bis 4[4] sind inländische, wenn der Schuldner Wohnsitz, Geschäfts-

---

[1] § 43 Abs. 1a aufgeh. mWv 1.1.2009 durch G v. 8.12.2010 (BGBl. I S. 1768).

[2] § 43 Abs. 2 Satz 3 Nr. 2, Satz 6 geänd. mWv 1.1.2009 durch G v. 8.12.2010 (BGBl. I S. 1768); Satz 1 geänd. mWv. 1.1.2012 durch G v. 22.6.2011 (BGBl. I S. 1126); Sätze 7 und 8 neu gef. (zur Anwendung siehe § 52 Abs. 42 Satz 3) durch G v. 18.7.2016 (BGBl. I S. 1679); Satz 2 Verweis geänd. durch G v. 19.7.2016 (BGBl. I S. 1730); zur Anwendung siehe § 52 Abs. 42 Satz 4.

[3] Bezeichnung geänd. durch G v. 18.12.2013 (BGBl. I S. 4318).

[4] Verweis geänd. durch G v. 22.6.2011 (BGBl. I S. 1126).

leitung oder Sitz im Inland hat; Kapitalerträge im Sinne des Absatzes 1 Satz 1 Nummer 4 sind auch dann inländische, wenn der Schuldner eine Niederlassung im Sinne der §§ 61, 65 oder des § 68[1] des Versicherungsaufsichtsgesetzes im Inland hat. [2]Kapitalerträge im Sinne des Absatzes 1 Satz 1 Nummer 1 Satz 2 sind inländische, wenn der Schuldner der veräußerten Ansprüche die Voraussetzungen des Satzes 1 erfüllt. [3]Kapitalerträge im Sinne des § 20 Absatz 1 Nummer 1 Satz 4 sind inländische, wenn der Emittent der Aktien Geschäftsleitung oder Sitz im Inland hat. [4]Kapitalerträge im Sinne des Absatzes 1 Satz 1 Nummer 6 sind ausländische, wenn weder die Voraussetzungen nach Satz 1 noch nach Satz 2 vorliegen.

(4) Der Steuerabzug ist auch dann vorzunehmen, wenn die Kapitalerträge beim Gläubiger zu den Einkünften aus Land- und Forstwirtschaft, aus Gewerbebetrieb, aus selbständiger Arbeit oder aus Vermietung und Verpachtung gehören.

(5)[2] [1]Für Kapitalerträge im Sinne des § 20, soweit sie der Kapitalertragsteuer unterlegen haben, ist die Einkommensteuer mit dem Steuerabzug abgegolten; die Abgeltungswirkung des Steuerabzugs tritt nicht ein, wenn der Gläubiger nach § 44 Absatz 1 Satz 10 und 11 und Absatz 5 in Anspruch genommen werden kann. [2]Dies gilt nicht in Fällen des § 32d Absatz 2 und für Kapitalerträge, die zu den Einkünften aus Land- und Forstwirtschaft, aus Gewerbebetrieb, aus selbständiger Arbeit oder aus Vermietung und Verpachtung gehören. [3]Auf Antrag des Gläubigers werden Kapitalerträge im Sinne des Satzes 1 in die besondere Besteuerung von Kapitalerträgen nach § 32d einbezogen. [4]Eine vorläufige Festsetzung der Einkommensteuer im Sinne des § 165 Absatz 1 Satz 2 Nummer 2 bis 4 der Abgabenordnung umfasst auch Einkünfte im Sinne des Satzes 1, für die der Antrag nach Satz 3 nicht gestellt worden ist.

§ 43a Bemessung der Kapitalertragsteuer. (1) [1]Die Kapitalertragsteuer beträgt

1. in den Fällen des § 43 Absatz 1 Satz 1 Nummer 1 bis 7a[3] und 8 bis 12 sowie Satz 2:
   25 Prozent des Kapitalertrags;
2. in den Fällen des § 43 Absatz 1 Satz 1 Nummer 7b und 7c:
   15 Prozent des Kapitalertrags.

[2]Im Fall einer Kirchensteuerpflicht ermäßigt sich die Kapitalertragsteuer um 25 Prozent der auf die Kapitalerträge entfallenden Kirchensteuer. [3]§ 32d Absatz 1 Satz 4 und 5 gilt entsprechend.

(2)[4] [1]Dem Steuerabzug unterliegen die vollen Kapitalerträge ohne Abzug; dies gilt nicht für Erträge aus Investmentfonds nach § 16 Absatz 1 des Invest-

---

[1] Verweis geänd. mWv 1.1.2016 durch G v. 1.4.2015 (BGBl. I S. 434).

[2] § 43 Abs. 5 Satz 1 geänd., Satz 4 angef. mWv 1.1.2009 durch G v. 8.12.2010 (BGBl. I S. 1768); Satz 1 Verweis geänd. durch G v. 19.7.2016 (BGBl. I S. 1730), zur Anwendung siehe § 52 Abs. 42 Satz 4.

[3] § 43a Abs. 1 Satz 1 Nr. 1 Verweis geänd. mWv 1.1.2018 (§ 52 Abs. 42a) durch G v. 19.7.2016 (BGBl. I S. 1730).

[4] § 43a Abs. 2 Sätze 1 und 2 neu gef. durch G v. 19.7.2016 (BGBl. I S. 1730); zur Anwendung siehe § 52 Abs. 42a.

mentsteuergesetzes, auf die nach § 20 des Investmentsteuergesetzes eine Teilfreistellung anzuwenden ist; § 20 Absatz 1 Satz 2 bis 4 des Investmentsteuergesetzes sind beim Steuerabzug nicht anzuwenden. [2] In den Fällen des § 43 Absatz 1 Satz 1 Nummer 9 bis 12 bemisst sich der Steuerabzug

1. bei Gewinnen aus der Veräußerung von Anteilen an Investmentfonds im Sinne des § 16 Absatz 1 Nummer 3 in Verbindung mit § 2 Absatz 13 des Investmentsteuergesetzes nach § 19 des Investmentsteuergesetzes und
2. in allen übrigen Fällen nach § 20 Absatz 4 und 4a,

wenn die Wirtschaftsgüter von der die Kapitalerträge auszahlenden Stelle erworben oder veräußert und seitdem verwahrt oder verwaltet worden sind. [3] Überträgt der Steuerpflichtige die Wirtschaftsgüter auf ein anderes Depot, hat die abgebende inländische auszahlende Stelle der übernehmenden inländischen auszahlenden Stelle die Anschaffungsdaten mitzuteilen. [4] Satz 3 gilt in den Fällen des § 43 Absatz 1 Satz 5 entsprechend. [5] Handelt es sich bei der abgebenden auszahlenden Stelle um ein Kreditinstitut oder Finanzdienstleistungsinstitut mit Sitz in einem anderen Mitgliedstaat der Europäischen Union, in einem anderen Vertragsstaat des EWR-Abkommens vom 3. Januar 1994 (ABl. EG Nr. L 1 S. 3) in der jeweils geltenden Fassung oder in einem anderen Vertragsstaat nach Artikel 17 Absatz 2 Ziffer i der Richtlinie 2003/48/EG vom 3. Juni 2003 im Bereich der Besteuerung von Zinserträgen (ABl. EU Nr. L 157 S. 38), kann der Steuerpflichtige den Nachweis nur durch eine Bescheinigung des ausländischen Instituts führen; dies gilt entsprechend für eine in diesem Gebiet belegene Zweigstelle eines inländischen Kreditinstituts oder Finanzdienstleistungsinstituts.[1)] [6] In allen anderen Fällen ist ein Nachweis der Anschaffungsdaten nicht zulässig. [7] Sind die Anschaffungsdaten nicht nachgewiesen, bemisst sich der Steuerabzug nach 30 Prozent der Einnahmen aus der Veräußerung oder Einlösung der Wirtschaftsgüter. [8] In den Fällen des § 43 Absatz 1 Satz 4 gelten der Börsenpreis zum Zeitpunkt der Übertragung zuzüglich Stückzinsen als Einnahmen aus der Veräußerung und die mit dem Depotübertrag verbundenen Kosten als Veräußerungskosten im Sinne des § 20 Absatz 4 Satz 1. [9] Zur Ermittlung des Börsenpreises ist der niedrigste am Vortag der Übertragung im regulierten Markt notierte Kurs anzusetzen; liegt am Vortag eine Notierung nicht vor, so werden die Wirtschaftsgüter mit dem letzten innerhalb von 30 Tagen vor dem Übertragungstag im regulierten Markt notierten Kurs angesetzt; Entsprechendes gilt für Wertpapiere, die im Inland in den Freiverkehr einbezogen sind oder in einem anderen Staat des Europäischen Wirtschaftsraums zum Handel an einem geregelten Markt im Sinne des Artikels 1 Nummer 13 der Richtlinie 93/22/EWG des Rates vom 10. Mai 1993 über Wertpapierdienstleistungen (ABl. EG Nr. L 141 S. 27) zugelassen sind. [10] Liegt ein Börsenpreis nicht vor, bemisst sich die Steuer nach 30 Prozent der Anschaffungskosten. [11] Die übernehmende auszahlende Stelle hat als Anschaffungskosten den von der abgebenden Stelle angesetzten Börsenpreis anzusetzen und die bei der Übertragung als Einnahmen aus der Veräußerung angesetzten Stückzinsen nach Absatz 3 zu berücksichtigen. [12] Satz 9 gilt entsprechend. [13] Liegt ein Börsenpreis nicht vor, bemisst sich der Steuerab-

---

1) § 43a Satz 5 geänd. mWv VZ 2013 durch G v. 26.6.2013 (BGBl. I S. 1809).

zug nach 30 Prozent der Einnahmen aus der Veräußerung oder Einlösung der Wirtschaftsgüter. [14]Hat die auszahlende Stelle die Wirtschafsgüter vor dem 1. Januar 1994 erworben oder veräußert und seitdem verwahrt oder verwaltet, kann sie den Steuerabzug nach 30 Prozent der Einnahmen aus der Veräußerung oder Einlösung der Wertpapiere und Kapitalforderungen bemessen. [15]Abweichend von den Sätzen 2 bis 14 bemisst sich der Steuerabzug bei Kapitalerträgen aus nicht für einen marktmäßigen Handel bestimmten schuldbuchfähigen Wertpapieren des Bundes und der Länder oder bei Kapitalerträgen im Sinne des § 43 Absatz 1 Satz 1 Nummer 7 Buchstabe b aus nicht in Inhaber- oder Orderschuldverschreibungen verbrieften Kapitalforderungen nach dem vollen Kapitalertrag ohne jeden Abzug.

(3)[1)] [1]Die auszahlende Stelle hat ausländische Steuern auf Kapitalerträge nach Maßgabe des § 32d Absatz 5 zu berücksichtigen. [2]Sie hat unter Berücksichtigung des § 20 Absatz 6 Satz 4 im Kalenderjahr negative Kapitalerträge einschließlich gezahlter Stückzinsen bis zur Höhe der positiven Kapitalerträge auszugleichen; liegt ein gemeinsamer Freistellungsauftrag im Sinne des § 44a Absatz 2 Satz 1 Nummer 1 in Verbindung mit § 20 Absatz 9 Satz 2 vor, erfolgt ein gemeinsamer Ausgleich. [3]Der nicht ausgeglichene Verlust ist auf das nächste Kalenderjahr zu übertragen. [4]Auf Verlangen des Gläubigers der Kapitalerträge hat sie über die Höhe eines nicht ausgeglichenen Verlusts eine Bescheinigung nach amtlich vorgeschriebenem Muster zu erteilen; der Verlustübertrag entfällt in diesem Fall. [5]Der unwiderrufliche Antrag auf Erteilung der Bescheinigung muss bis zum 15. Dezember des laufenden Jahres der auszahlenden Stelle zugehen. [6]Überträgt der Gläubiger der Kapitalerträge seine im Depot befindlichen Wirtschaftsgüter vollständig auf ein anderes Depot, hat die abgebende auszahlende Stelle der übernehmenden auszahlenden Stelle auf Verlangen des Gläubigers der Kapitalerträge die Höhe des nicht ausgeglichenen Verlusts mitzuteilen; eine Bescheinigung nach Satz 4 darf in diesem Fall nicht erteilt werden. [7]Erfährt die auszahlende Stelle nach Ablauf des Kalenderjahres von der Veränderung einer Bemessungsgrundlage oder einer zu erhebenden Kapitalertragsteuer, hat sie die entsprechende Korrektur erst zum Zeitpunkt ihrer Kenntnisnahme vorzunehmen; § 44 Absatz 5 bleibt unberührt. [8]Die vorstehenden Sätze gelten nicht in den Fällen des § 20 Absatz 8 und des § 44 Absatz 1 Satz 4 Nummer 1 Buchstabe a Doppelbuchstabe bb sowie bei Körperschaften, Personenvereinigungen oder Vermögensmassen.

(4) [1]Die Absätze 2 und 3 gelten entsprechend für die das Bundesschuldbuch führende Stelle oder eine Landesschuldenverwaltung als auszahlende Stelle. [2]Werden die Wertpapiere oder Forderungen von einem Kreditinstitut oder einem Finanzdienstleistungsinstitut mit der Maßgabe der Verwahrung und Verwaltung durch die das Bundesschuldbuch führende Stelle oder eine Landesschuldenverwaltung erworben, hat das Kreditinstitut oder das Finanzdienstleistungsinstitut der das Bundesschuldbuch führenden Stelle oder einer Landesschuldenverwaltung zusammen mit den im Schuldbuch einzutragenden Wertpapieren und Forderungen den Erwerbszeitpunkt und die Anschaffungsdaten

[1)] § 43a Abs. 3 Satz 7 eingef., bish. Satz 7 wird Satz 8 mWv 1.1.2009 durch G v. 8.12.2010 (BGBl. I S. 1768); Satz 2 geänd. durch G v. 25.7.2014 (BGBl. I S. 1266).

sowie in Fällen des Absatzes 2 den Erwerbspreis der für einen marktmäßigen Handel bestimmten schuldbuchfähigen Wertpapiere des Bundes oder der Länder und außerdem mitzuteilen, dass es diese Wertpapiere und Forderungen erworben oder veräußert und seitdem verwahrt oder verwaltet hat.

§ 43b Bemessung der Kapitalertragsteuer bei bestimmten Gesellschaften. (1) [1]Auf Antrag wird die Kapitalertragsteuer für Kapitalerträge im Sinne des § 20 Absatz 1 Nummer 1, die einer Muttergesellschaft, die weder ihren Sitz noch ihre Geschäftsleitung im Inland hat, oder einer in einem anderen Mitgliedstaat der Europäischen Union gelegenen Betriebsstätte dieser Muttergesellschaft, aus Ausschüttungen einer Tochtergesellschaft zufließen, nicht erhoben. [2]Satz 1 gilt auch für Ausschüttungen einer Tochtergesellschaft, die einer in einem anderen Mitgliedstaat der Europäischen Union gelegenen Betriebsstätte einer unbeschränkt steuerpflichtigen Muttergesellschaft zufließen. [3]Ein Zufluss an die Betriebsstätte liegt nur vor, wenn die Beteiligung an der Tochtergesellschaft tatsächlich zu dem Betriebsvermögen der Betriebsstätte gehört. [4]Die Sätze 1 bis 3 gelten nicht für Kapitalerträge im Sinne des § 20 Absatz 1 Nummer 1, die anlässlich der Liquidation oder Umwandlung einer Tochtergesellschaft zufließen.

(2)[1)] [1]Muttergesellschaft im Sinne des Absatzes 1 ist jede Gesellschaft, die

1. die in der Anlage 2[2)] zu diesem Gesetz bezeichneten Voraussetzungen erfüllt und
2. nach Artikel 3 Absatz 1 Buchstabe a der Richtlinie 2011/96/EU des Rates vom 30. November 2011 über das gemeinsame Steuersystem der Mutter- und Tochtergesellschaften verschiedener Mitgliedstaaten (ABl. L 345 vom 29.12.2011, S. 8), die zuletzt durch die Richtlinie 2014/86/EU (ABl. L 219 vom 25.7.2014, S. 40) geändert worden ist, zum Zeitpunkt der Entstehung der Kapitalertragsteuer gemäß § 44 Absatz 1 Satz 2 nachweislich mindestens zu 10 Prozent unmittelbar am Kapital der Tochtergesellschaft beteiligt ist (Mindestbeteiligung).

[2]Ist die Mindestbeteiligung zu diesem Zeitpunkt nicht erfüllt, ist der Zeitpunkt des Gewinnverteilungsbeschlusses maßgeblich. [3]Tochtergesellschaft im Sinne des Absatzes 1 sowie des Satzes 1 ist jede unbeschränkt steuerpflichtige Gesellschaft, die die in der Anlage 2[2)] zu diesem Gesetz und in Artikel 3 Absatz 1 Buchstabe b der Richtlinie 2011/96/EU bezeichneten Voraussetzungen erfüllt. [4]Weitere Voraussetzung ist, dass die Beteiligung nachweislich ununterbrochen zwölf Monate besteht. [5]Wird dieser Beteiligungszeitraum nach dem Zeitpunkt der Entstehung der Kapitalertragsteuer gemäß § 44 Absatz 1 Satz 2 vollendet, ist die einbehaltene und abgeführte Kapitalertragsteuer nach § 50d Absatz 1 zu erstatten; das Freistellungsverfahren nach § 50d Absatz 2 ist ausgeschlossen.

(2a) Betriebsstätte im Sinne der Absätze 1 und 2 ist eine feste Geschäftseinrichtung in einem anderen Mitgliedstaat der Europäischen Union, durch die die Tätigkeit der Muttergesellschaft ganz oder teilweise ausgeübt wird, wenn

---

[1)] § 43b Abs. 2 Satz 1 neu gef. durch G v. 2.11.2015 (BGBl. I S. 1834); zur Anwendung siehe § 52 Abs. 42b.

[2)] Abgedruckt im Anschluss an dieses Gesetz.

das Besteuerungsrecht für die Gewinne dieser Geschäftseinrichtung nach dem jeweils geltenden Abkommen zur Vermeidung der Doppelbesteuerung dem Staat, in dem sie gelegen ist, zugewiesen wird und diese Gewinne in diesem Staat der Besteuerung unterliegen.

(3)[1] *(aufgehoben)*

§ 44 Entrichtung der Kapitalertragsteuer. (1)[2] [1]Schuldner der Kapitalertragsteuer ist in den Fällen des § 43 Absatz 1 Satz 1 Nummer 1 bis 7b und 8 bis 12 sowie Satz 2 der Gläubiger der Kapitalerträge. [2]Die Kapitalertragsteuer entsteht in dem Zeitpunkt, in dem die Kapitalerträge dem Gläubiger zufließen. [3]In diesem Zeitpunkt haben in den Fällen des § 43 Absatz 1 Satz 1 Nummer 1, 2 bis 4 sowie 7a und 7b der Schuldner der Kapitalerträge, jedoch in den Fällen des § 43 Absatz 1 Satz 1 Nummer 1 Satz 2 die für den Verkäufer der Wertpapiere den Verkaufsauftrag ausführende Stelle im Sinne des Satzes 4 Nummer 1, und in den Fällen des § 43 Absatz 1 Satz 1 Nummer 1a, 5 bis 7 und 8 bis 12 sowie Satz 2 die die Kapitalerträge auszahlende Stelle den Steuerabzug unter Beachtung der im Bundessteuerblatt veröffentlichten Auslegungsvorschriften der Finanzverwaltung für Rechnung des Gläubigers der Kapitalerträge vorzunehmen. [4]Die die Kapitalerträge auszahlende Stelle ist

1.[3] in den Fällen des § 43 Absatz 1 Satz 1 Nummer 5 bis 7 Buchstabe a und Nummer 8 bis 12 sowie Satz 2

a) das inländische Kreditinstitut oder das inländische Finanzdienstleistungsinstitut im Sinne des § 43 Absatz 1 Satz 1 Nummer 7 Buchstabe b, das inländische Wertpapierhandelsunternehmen oder die inländische Wertpapierhandelsbank,

aa) das die Teilschuldverschreibungen, die Anteile an einer Sammelschuldbuchforderung, die Wertrechte, die Zinsscheine, die Anteile an Investmentfonds im Sinne des Investmentsteuergesetzes oder sonstigen Wirtschaftsgüter verwahrt oder verwaltet oder deren Veräußerung durchführt und die Kapitalerträge auszahlt oder gutschreibt oder in den Fällen des § 43 Absatz 1 Satz 1 Nummer 8 und 11[4] die Kapitalerträge auszahlt oder gutschreibt,

bb) das die Kapitalerträge gegen Aushändigung der Zinsscheine oder der Teilschuldverschreibungen einem anderen als einem ausländischen Kreditinstitut oder einem ausländischen Finanzdienstleistungsinstitut auszahlt oder gutschreibt;

b) der Schuldner der Kapitalerträge in den Fällen des § 43 Absatz 1 Satz 1 Nummer 7 Buchstabe a und Nummer 10 unter den Voraussetzungen des Buchstabens a, wenn kein inländisches Kreditinstitut oder kein inländi-

---

[1] § 43b Abs. 3 ist letztmals auf Ausschüttungen anzuwenden, die vor dem 1.1.2009 zugeflossen sind, daher aufgeh. durch G v. 26.6.2013 (BGBl. I S. 1809).

[2] § 44 Abs. 1 Satz 3 und Satz 5 geänd. durch G v. 22.6.2011 (BGBl. I S. 1126); Satz 3 ergänzt mWv 1.1.2016 durch G v. 2.11.2015 (BGBl. I S. 1834); Satz 3 Verweis geänd. mWv 1.1.2018 (§ 52 Abs. 44 Satz 3) durch G v. 19.7.2016 (BGBl. I S. 1730).

[3] § 44 Abs. 1 Satz 4 Nr. 1 Satzteil vor Buchst. a Verweis geänd., Buchst. a Doppelbuchst. aa ergänzt mWv 1.1.2018 (§ 52 Abs. 44 Satz 3) durch G v. 19.7.2016 (BGBl. I S. 1730).

[4] Verweis geänd. durch G v. 8.12.2010 (BGBl. I S. 1768).

sches Finanzdienstleistungsinstitut die die Kapitalerträge auszahlende Stelle ist;

2. in den Fällen des § 43 Absatz 1 Satz 1 Nummer 7 Buchstabe b das inländische Kreditinstitut oder das inländische Finanzdienstleistungsinstitut, das die Kapitalerträge als Schuldner auszahlt oder gutschreibt;

[***ab 1.1.2021:***

2a.[1] in den Fällen des § 43 Absatz 1 Satz 1 Nummer 7 Buchstabe c

a) der inländische Betreiber oder die inländische Zweigniederlassung eines ausländischen Betreibers einer Internet-Dienstleistungsplattform im Sinne des § 43 Absatz 1 Satz 1 Nummer 7 Buchstabe c Satz 2, der die Kapitalerträge an den Gläubiger auszahlt oder gutschreibt,

b) das inländische Kreditinstitut oder das inländische Finanzdienstleistungsinstitut im Sinne des § 43 Absatz 1 Satz 1 Nummer 7 Buchstabe b, das die Kapitalerträge im Auftrag des inländischen oder ausländischen Betreibers einer Internet-Dienstleistungsplattform im Sinne des § 43 Absatz 1 Satz 1 Nummer 7 Buchstabe c Satz 2 an den Gläubiger auszahlt oder gutschreibt,

sofern sich für diese Kapitalerträge kein zum Steuerabzug Verpflichteter nach der Nummer 1 ergibt.]

3.[2] in den Fällen des § 43 Absatz 1 Satz 1 Nummer 1a

a) das inländische Kredit- oder Finanzdienstleistungsinstitut im Sinne des § 43 Absatz 1 Satz 1 Nummer 7 Buchstabe b, das inländische Wertpapierhandelsunternehmen oder die inländische Wertpapierhandelsbank, welche die Anteile verwahrt oder verwaltet und die Kapitalerträge auszahlt oder gutschreibt oder die Kapitalerträge gegen Aushändigung der Dividendenscheine auszahlt oder gutschreibt oder die Kapitalerträge an eine ausländische Stelle auszahlt,

b) die Wertpapiersammelbank, der die Anteile zur Sammelverwahrung anvertraut wurden, wenn sie die Kapitalerträge an eine ausländische Stelle auszahlt,

c)[3] der Schuldner der Kapitalerträge, soweit die Wertpapiersammelbank, der die Anteile zur Sammelverwahrung anvertraut wurden, keine Dividendenregulierung vornimmt; die Wertpapiersammelbank hat dem Schuldner der Kapitalerträge den Umfang der Bestände ohne Dividendenregulierung mitzuteilen,

4.[4] in den Fällen des § 43 Absatz 1 Satz 1 Nummer 5, soweit es sich um die Vorabpauschale nach § 16 Absatz 1 Nummer 2 des Investmentsteuergesetzes handelt, das inländische Kredit- oder Finanzdienstleistungsinstitut im

---

[1] § 44 Abs. 1 Satz 4 Nr. 2a eingef. durch G v. 12.12.2019 (BGBl. I S. 2451); zur Anwendung siehe § 52 Abs. 44 Satz 1.

[2] § 44 Abs. 1 Satz 4 Nr. 3 eingef. durch G v. 22.6.2011 (BGBl. I S. 1126).

[3] § 44 Abs. 1 Satz 4 Nr. 3 Buchst. c angef. mWv 1.1.2015 durch G v. 22.12.2014 (BGBl. I S. 2417).

[4] § 44 Abs. 1 Satz 4 Nr. 4 angef. mWv 1.1.2018 (§ 52 Abs. 44 Satz 3) durch G v. 19.7. 2016 (BGBl. I S. 1730).

Sinne des § 43 Absatz 1 Satz 1 Nummer 7 Buchstabe b, das inländische Wertpapierhandelsunternehmen oder die inländische Wertpapierhandelsbank, welches oder welche die Anteile an dem Investmentfonds im Sinne des Investmentsteuergesetzes verwahrt oder verwaltet;

[*ab 30.12.2020:*

5.[1] in den Fällen des § 43 Absatz 1 Satz 1 Nummer 5 der Investmentfonds, wenn es sich um Kapitalerträge aus Anteilen an inländischen Investmentfonds handelt, die nicht von einem inländischen oder ausländischen Kredit- oder Finanzdienstleistungsinstitut im Sinne des § 43 Absatz 1 Satz 1 Nummer 7 Buchstabe b, einem inländischen oder ausländischen Wertpapierhandelsunternehmen oder einer inländischen oder ausländischen Wertpapierhandelsbank verwahrt oder verwaltet werden.]

[5] Die innerhalb eines Kalendermonats einbehaltene Steuer ist jeweils bis zum zehnten des folgenden Monats an das Finanzamt abzuführen, das für die Besteuerung

1. des Schuldners der Kapitalerträge,
2. der den Verkaufsauftrag ausführenden Stelle oder
3. der die Kapitalerträge auszahlenden Stelle

nach dem Einkommen zuständig ist; bei Kapitalerträgen im Sinne des § 43 Absatz 1 Satz 1 Nummer 1 ist die einbehaltene Steuer in dem Zeitpunkt abzuführen, in dem die Kapitalerträge dem Gläubiger zufließen. [6] Dabei ist die Kapitalertragsteuer, die zu demselben Zeitpunkt abzuführen ist, jeweils auf den nächsten vollen Eurobetrag abzurunden. [7] Wenn Kapitalerträge ganz oder teilweise nicht in Geld bestehen (§ 8 Absatz 2) und der in Geld geleistete Kapitalertrag nicht zur Deckung der Kapitalertragsteuer ausreicht, hat der Gläubiger der Kapitalerträge dem zum Steuerabzug Verpflichteten den Fehlbetrag zur Verfügung zu stellen. [8] Zu diesem Zweck kann der zum Steuerabzug Verpflichtete den Fehlbetrag von einem bei ihm unterhaltenen und auf den Namen des Gläubigers der Kapitalerträge lautenden Konto, ohne Einwilligung des Gläubigers, einziehen. [9] Soweit der Gläubiger nicht vor Zufluss der Kapitalerträge widerspricht, darf der zum Steuerabzug Verpflichtete auch insoweit die Geldbeträge von einem auf den Namen des Gläubigers der Kapitalerträge lautenden Konto einziehen, wie ein mit dem Gläubiger vereinbarter Kontokorrentkredit für dieses Konto nicht in Anspruch genommen wurde.[2] [10] Soweit der Gläubiger seiner Verpflichtung nicht nachkommt, hat der zum Steuerabzug Verpflichtete dies dem für ihn zuständigen Betriebsstättenfinanzamt anzuzeigen. [11] Das Finanzamt hat die zu wenig erhobene Kapitalertragsteuer vom Gläubiger der Kapitalerträge nachzufordern.

(1a)[3] [1] Werden inländische Aktien über eine ausländische Stelle mit Dividendenberechtigung erworben, aber ohne Dividendenanspruch geliefert und leitet

---

[1] § 44 Abs. 1 Satz 4 Nr. 5 angef. durch G v. 21.12.2020 (BGBl. I S. 3096); zur Anwendung siehe § 52 Abs. 44 Satz 4.

[2] § 44 Abs. 1 Sätze 8 und 9 eingef., bish. Sätze 8 und 9 werden Sätze 10 und 11 mWv 1.1.2018 (§ 52 Abs. 44 Satz 3) durch G v. 19.7.2016 (BGBl. I S. 1730).

[3] § 44 Abs. 1a eingef. durch G v. 26.6.2013 (BGBl. I S. 1809).

die ausländische Stelle auf die Erträge im Sinne des § 20 Absatz 1 Nummer 1 Satz 4 einen einbehaltenen Steuerbetrag im Sinne des § 43a Absatz 1 Satz 1 Nummer 1 an eine inländische Wertpapiersammelbank weiter, ist diese zur Abführung der einbehaltenen Steuer verpflichtet. 2 Bei Kapitalerträgen im Sinne des § 43 Absatz 1 Satz 1 Nummer 1 und 2 gilt Satz 1 entsprechend.

(1b)[1] Bei inländischen und ausländischen Investmentfonds ist für die Vorabpauschale nach § 16 Absatz 1 Nummer 2 des Investmentsteuergesetzes Absatz 1 Satz 7 bis 11 entsprechend anzuwenden.

(2)[2] 1 Gewinnanteile (Dividenden) und andere Kapitalerträge im Sinne des § 43 Absatz 1 Satz 1 Nummer 1, deren Ausschüttung von einer Körperschaft beschlossen wird, fließen dem Gläubiger der Kapitalerträge an dem Tag zu (Absatz 1), der im Beschluss als Tag der Auszahlung bestimmt worden ist. 2 Ist die Ausschüttung nur festgesetzt, ohne dass über den Zeitpunkt der Auszahlung ein Beschluss gefasst worden ist, so gilt als Zeitpunkt des Zufließens der Tag nach der Beschlussfassung; ist durch Gesetz eine abweichende Fälligkeit des Auszahlungsanspruchs bestimmt oder lässt das Gesetz eine abweichende Bestimmung der Fälligkeit durch Satzungsregelung zu, gilt als Zeitpunkt des Zufließens der Tag der Fälligkeit. 3 Für Kapitalerträge im Sinne des § 20 Absatz 1 Nummer 1 Satz 4 gelten diese Zuflusszeitpunkte entsprechend.

(3) 1 Ist bei Einnahmen aus der Beteiligung an einem Handelsgewerbe als stiller Gesellschafter in dem Beteiligungsvertrag über den Zeitpunkt der Ausschüttung keine Vereinbarung getroffen, so gilt der Kapitalertrag am Tag nach der Aufstellung der Bilanz oder einer sonstigen Feststellung des Gewinnanteils des stillen Gesellschafters, spätestens jedoch sechs Monate nach Ablauf des Wirtschaftsjahres, für das der Kapitalertrag ausgeschüttet oder gutgeschrieben werden soll, als zugeflossen. 2 Bei Zinsen aus partiarischen Darlehen gilt Satz 1 entsprechend.

(4) Haben Gläubiger und Schuldner der Kapitalerträge vor dem Zufließen ausdrücklich Stundung des Kapitalertrags vereinbart, weil der Schuldner vorübergehend zur Zahlung nicht in der Lage ist, so ist der Steuerabzug erst mit Ablauf der Stundungsfrist vorzunehmen.

(5) 1 Die Schuldner der Kapitalerträge, die den Verkaufsauftrag ausführenden Stellen oder die die Kapitalerträge auszahlenden Stellen haften für die Kapitalertragsteuer, die sie einzubehalten und abzuführen haben, es sei denn, sie weisen nach, dass sie die ihnen auferlegten Pflichten weder vorsätzlich noch grob fahrlässig verletzt haben. 2 Der Gläubiger der Kapitalerträge wird nur in Anspruch genommen, wenn

1. der Schuldner, die den Verkaufsauftrag ausführende Stelle oder die die Kapitalerträge auszahlende Stelle die Kapitalerträge nicht vorschriftsmäßig gekürzt hat,
2. der Gläubiger weiß, dass der Schuldner, die den Verkaufsauftrag ausführende Stelle oder die die Kapitalerträge auszahlende Stelle die einbehaltene

---

[1] § 44 Abs. 1b eingef. mWv 1.1.2018 (§ 52 Abs. 44 Satz 3) durch G v. 19.7.2016 (BGBl. I S. 1730).

[2] § 44 Abs. 2 Satz 2 2. HS angefügt mWv 1.1.2016 durch G v. 2.11.2015 (BGBl. I S. 1834).

Kapitalertragsteuer nicht vorschriftsmäßig abgeführt hat, und dies dem Finanzamt nicht unverzüglich mitteilt oder

3. das die Kapitalerträge auszahlende inländische Kreditinstitut oder das inländische Finanzdienstleistungsinstitut die Kapitalerträge zu Unrecht ohne Abzug der Kapitalertragsteuer ausgezahlt hat.

3 Für die Inanspruchnahme des Schuldners der Kapitalerträge, der den Verkaufsauftrag ausführenden Stelle und der die Kapitalerträge auszahlenden Stelle bedarf es keines Haftungsbescheids, soweit der Schuldner, die den Verkaufsauftrag ausführende Stelle oder die die Kapitalerträge auszahlende Stelle die einbehaltene Kapitalertragsteuer richtig angemeldet hat oder soweit sie ihre Zahlungsverpflichtungen gegenüber dem Finanzamt oder dem Prüfungsbeamten des Finanzamts schriftlich anerkennen.

(6)[1] 1 In den Fällen des § 43 Absatz 1 Satz 1 Nummer 7c gilt die juristische Person des öffentlichen Rechts und die von der Körperschaftsteuer befreite Körperschaft, Personenvereinigung oder Vermögensmasse als Gläubiger und der Betrieb gewerblicher Art und der wirtschaftliche Geschäftsbetrieb als Schuldner der Kapitalerträge. 2 Die Kapitalertragsteuer entsteht, auch soweit sie auf verdeckte Gewinnausschüttungen entfällt, die im abgelaufenen Wirtschaftsjahr vorgenommen worden sind, im Zeitpunkt der Bilanzerstellung; sie entsteht spätestens acht Monate nach Ablauf des Wirtschaftsjahres; in den Fällen des § 20 Absatz 1 Nummer 10 Buchstabe b Satz 2 am Tag nach der Beschlussfassung über die Verwendung und in den Fällen des § 22 Absatz 4 des Umwandlungssteuergesetzes am Tag nach der Veräußerung. 3 Die Kapitalertragsteuer entsteht in den Fällen des § 20 Absatz 1 Nummer 10 Buchstabe b Satz 3 zum Ende des Wirtschaftsjahres. 4 Die Absätze 1 bis 4 und 5 Satz 2 sind entsprechend anzuwenden. 5 Der Schuldner der Kapitalerträge haftet für die Kapitalertragsteuer, soweit sie auf verdeckte Gewinnausschüttungen und auf Veräußerungen im Sinne des § 22 Absatz 4 des Umwandlungssteuergesetzes entfällt.

(7) 1 In den Fällen des § 14 Absatz 3 des Körperschaftsteuergesetzes entsteht die Kapitalertragsteuer in dem Zeitpunkt der Feststellung der Handelsbilanz der Organgesellschaft; sie entsteht spätestens acht Monate nach Ablauf des Wirtschaftsjahres der Organgesellschaft. 2 Die entstandene Kapitalertragsteuer ist an dem auf den Entstehungszeitpunkt nachfolgenden Werktag an das Finanzamt abzuführen, das für die Besteuerung der Organgesellschaft nach dem Einkommen zuständig ist. 3 Im Übrigen sind die Absätze 1 bis 4 entsprechend anzuwenden.

§ 44a[2] Abstandnahme vom Steuerabzug. (1)[3] 1 Soweit die Kapitalerträge, die einem unbeschränkt einkommensteuerpflichtigen Gläubiger zufließen, zusammen mit den Kapitalerträgen, für die die Kapitalertragsteuer nach § 44b zu erstatten ist oder nach Absatz 10 kein Steuerabzug vorzunehmen ist, den

---

[1] Vgl. § 52 Abs. 44 Satz 2.

[2] Vgl. § 52 Abs. 43.

[3] § 44a Abs. 1 neu gef. durch G v. 26.6.2013 (BGBl. I S. 1809); Satz 1 Nr. 2 geänd. mWv 1.1.2014 durch G v. 25.7.2014 (BGBl. I S. 1266); Satz 1 und Satz 1 Nr. 3 geänd. mWv 1.1.2016 durch G v. 2.11.2015 (BGBl. I S. 1834).

Sparer-Pauschbetrag nach § 20 Absatz 9 nicht übersteigen, ist ein Steuerabzug nicht vorzunehmen bei Kapitalerträgen im Sinne des

1. § 43 Absatz 1 Satz 1 Nummer 1 und 2 aus Genussrechten oder
2. § 43 Absatz 1 Satz 1 Nummer 1 und 2 aus Anteilen, die von einer Kapitalgesellschaft ihren Arbeitnehmern überlassen worden sind und von ihr, einem von der Kapitalgesellschaft bestellten Treuhänder, einem inländischen Kreditinstitut oder einer inländischen Zweigniederlassung einer der in § 53b Absatz 1 oder 7 des Kreditwesengesetzes genannten Unternehmen verwahrt werden, und
3. § 43 Absatz 1 Satz 1 Nummer 3 bis 7 und 8 bis 12 sowie Satz 2.

[2] Den Arbeitnehmern im Sinne des Satzes 1 stehen Arbeitnehmer eines mit der Kapitalgesellschaft verbundenen Unternehmens nach § 15 des Aktiengesetzes sowie frühere Arbeitnehmer der Kapitalgesellschaft oder eines mit ihr verbundenen Unternehmens gleich. [3] Den von der Kapitalgesellschaft überlassenen Anteilen stehen Aktien gleich, die den Arbeitnehmern bei einer Kapitalerhöhung auf Grund ihres Bezugsrechts aus den von der Kapitalgesellschaft überlassenen Aktien zugeteilt worden sind oder die den Arbeitnehmern auf Grund einer Kapitalerhöhung aus Gesellschaftsmitteln gehören. [4] Bei Kapitalerträgen im Sinne des § 43 Absatz 1 Satz 1 Nummer 1, 2 bis 7 und 8 bis 12 sowie Satz 2, die einem unbeschränkt einkommensteuerpflichtigen Gläubiger zufließen, ist der Steuerabzug nicht vorzunehmen, wenn anzunehmen ist, dass auch für Fälle der Günstigerprüfung nach § 32d Absatz 6 keine Steuer entsteht.

(2) [1] Voraussetzung für die Abstandnahme vom Steuerabzug nach Absatz 1 ist, dass dem nach § 44 Absatz 1 zum Steuerabzug Verpflichteten in den Fällen

1.[1)] des Absatzes 1 Satz 1 ein Freistellungsauftrag des Gläubigers der Kapitalerträge nach amtlich vorgeschriebenem Muster oder
2. des Absatzes 1 Satz 4 eine Nichtveranlagungs-Bescheinigung des für den Gläubiger zuständigen Wohnsitzfinanzamts

vorliegt. [2] In den Fällen des Satzes 1 Nummer 2 ist die Bescheinigung unter dem Vorbehalt des Widerrufs auszustellen. [3] Ihre Geltungsdauer darf höchstens drei Jahre betragen und muss am Schluss eines Kalenderjahres enden. [4] Fordert das Finanzamt die Bescheinigung zurück oder erkennt der Gläubiger, dass die Voraussetzungen für ihre Erteilung weggefallen sind, so hat er dem Finanzamt die Bescheinigung zurückzugeben.

(2a)[2)] [1] Ein Freistellungsauftrag kann nur erteilt werden, wenn der Gläubiger der Kapitalerträge seine Identifikationsnummer (§ 139b der Abgabenordnung) und bei gemeinsamen Freistellungsaufträgen auch die Identifikationsnummer des Ehegatten mitteilt. [2] Ein Freistellungsauftrag ist ab dem 1. Januar 2016 unwirksam, wenn der Meldestelle im Sinne des § 45d Absatz 1 Satz 1 keine

---

1) § 44a Abs. 2 Satz 1 Nr. 1 geänd. mWv 1.1.2009 durch G v. 8.12.2010 (BGBl. I S. 1768); Satz 1 Nrn. 1 und 2 Zitat geänd. durch G v. 26.6.2013 (BGBl. I S. 1809).

2) § 44a Abs. 2a eingef. durch G v. 8.12.2010 (BGBl. I S. 1768); Satz 3 neu gef. mWv 1.1.2014 durch G v. 25.7.2014 (BGBl. I S. 1266); Satz 6 aufgeh., bish. Sätze 7 und 8 werden Sätze 6 und 7 mWv 1.1.2017 durch G v. 18.7.2016 (BGBl. I S. 1679); Satz 7 geänd. mWv VZ 2019 durch G v. 20.11.2019 (BGBl. I S. 1626).

Identifikationsnummer des Gläubigers der Kapitalerträge und bei gemeinsamen Freistellungsaufträgen auch keine des Ehegatten vorliegen. [3]Sofern der Meldestelle im Sinne des § 45d Absatz 1 Satz 1 die Identifikationsnummer nicht bereits bekannt ist, kann sie diese beim Bundeszentralamt für Steuern abfragen. [4]In der Anfrage dürfen nur die in § 139b Absatz 3 der Abgabenordnung genannten Daten des Gläubigers der Kapitalerträge und bei gemeinsamen Freistellungsaufträgen die des Ehegatten angegeben werden, soweit sie der Meldestelle bekannt sind. [5]Die Anfrage hat nach amtlich vorgeschriebenem Datensatz durch Datenfernübertragung zu erfolgen. [6]Das Bundeszentralamt für Steuern teilt der Meldestelle die Identifikationsnummer mit, sofern die übermittelten Daten mit den nach § 139b Absatz 3 der Abgabenordnung beim Bundeszentralamt für Steuern gespeicherten Daten übereinstimmen. [7]Die Meldestelle darf die Identifikationsnummer nur verarbeiten, soweit dies zur Erfüllung von steuerlichen Pflichten erforderlich ist.

(3) Der nach § 44 Absatz 1 zum Steuerabzug Verpflichtete hat in seinen Unterlagen das Finanzamt, das die Bescheinigung erteilt hat, den Tag der Ausstellung der Bescheinigung und die in der Bescheinigung angegebene Steuer- und Listennummer zu vermerken sowie die Freistellungsaufträge aufzubewahren.

(4)[1)] [1]Ist der Gläubiger

1. eine von der Körperschaftsteuer befreite inländische Körperschaft, Personenvereinigung oder Vermögensmasse oder
2. eine inländische juristische Person des öffentlichen Rechts,

so ist der Steuerabzug bei Kapitalerträgen im Sinne des § 43 Absatz 1 Satz 1 Nummer 4 bis 7 und 8 bis 12 sowie Satz 2 nicht vorzunehmen. [2]Dies gilt auch, wenn es sich bei den Kapitalerträgen um Bezüge im Sinne des § 20 Absatz 1 Nummer 1 und 2 handelt, die der Gläubiger von einer von der Körperschaftsteuer befreiten Körperschaft bezieht. [3]Voraussetzung ist, dass der Gläubiger dem Schuldner oder dem die Kapitalerträge auszahlenden inländischen Kreditinstitut oder inländischen Finanzdienstleistungsinstitut durch eine Bescheinigung des für seine Geschäftsleitung oder seinen Sitz zuständigen Finanzamts nachweist, dass er eine Körperschaft, Personenvereinigung oder Vermögensmasse im Sinne des Satzes 1 Nummer 1 oder 2 ist. [4]Absatz 2 Satz 2 bis 4 und Absatz 3 gelten entsprechend. [5]Die in Satz 3 bezeichnete Bescheinigung wird nicht erteilt, wenn die Kapitalerträge in den Fällen des Satzes 1 Nummer 1 in einem wirtschaftlichen Geschäftsbetrieb anfallen, für den die Befreiung von der Körperschaftsteuer ausgeschlossen ist, oder wenn sie in den Fällen des Satzes 1 Nummer 2 in einem nicht von der Körperschaftsteuer befreiten Betrieb gewerblicher Art anfallen. [6]Ein Steuerabzug ist auch nicht vorzunehmen bei Kapitalerträgen im Sinne des § 49 Absatz 1 Nummer 5 Buchstabe c und d, die einem Anleger zufließen, der eine nach den Rechtsvorschriften eines Mitgliedstaates der Europäischen Union oder des Europäischen Wirtschaftsraums gegründete Gesellschaft im Sinne des

---

[1)] § 44a Abs. 4 Satz 6 angef. mWv VZ 2009 durch G v. 8.12.2010 (BGBl. I S. 1768); Satz 1 Verweis geänd. durch G v. 19.7.2016 (BGBl. I S. 1730) – zur Anwendung von § 43 Abs. 1 Satz 1 Nr. 4 bis 7 siehe § 52 Abs. 42 Satz 3.

Artikels 54 des Vertrags über die Arbeitsweise der Europäischen Union oder des Artikels 34 des Abkommens über den Europäischen Wirtschaftsraum mit Sitz und Ort der Geschäftsleitung innerhalb des Hoheitsgebietes eines dieser Staaten ist, und der einer Körperschaft im Sinne des § 5 Absatz 1 Nummer 3 des Körperschaftsteuergesetzes vergleichbar ist; soweit es sich um eine nach den Rechtsvorschriften eines Mitgliedstaates des Europäischen Wirtschaftsraums gegründete Gesellschaft oder eine Gesellschaft mit Ort und Geschäftsleitung in diesem Staat handelt, ist zusätzlich Voraussetzung, dass mit diesem Staat ein Amtshilfeabkommen besteht.

(4a)[1] [1]Absatz 4 ist entsprechend auf Personengesellschaften im Sinne des § 212 Absatz 1 des Fünften Buches Sozialgesetzbuch anzuwenden. [2]Dabei tritt die Personengesellschaft an die Stelle des Gläubigers der Kapitalerträge.

(4b)[2] [1]Werden Kapitalerträge im Sinne des § 43 Absatz 1 Satz 1 Nummer 1 von einer Genossenschaft an ihre Mitglieder gezahlt, hat sie den Steuerabzug nicht vorzunehmen, wenn ihr für das jeweilige Mitglied

1. eine Nichtveranlagungs-Bescheinigung nach Absatz 2 Satz 1 Nummer 2,
2. eine Bescheinigung nach Absatz 5 Satz 4,
3. eine Bescheinigung nach Absatz 7 Satz 2 oder
4. eine Bescheinigung nach Absatz 8 Satz 2 vorliegt; in diesen Fällen ist ein Steuereinbehalt in Höhe von drei Fünfteln vorzunehmen.

[2]Eine Genossenschaft hat keinen Steuerabzug vorzunehmen, wenn ihr ein Freistellungsauftrag erteilt wurde, der auch Kapitalerträge im Sinne des Satzes 1 erfasst, soweit die Kapitalerträge zusammen mit den Kapitalerträgen, für die nach Absatz 1 kein Steuerabzug vorzunehmen ist oder für die die Kapitalertragsteuer nach § 44b zu erstatten ist, den mit dem Freistellungsauftrag beantragten Freibetrag nicht übersteigen. [3]Dies gilt auch, wenn die Genossenschaft einen Verlustausgleich nach § 43a Absatz 3 Satz 2 unter Einbeziehung von Kapitalerträgen im Sinne des Satzes 1 durchgeführt hat.

(5) [1]Bei Kapitalerträgen im Sinne des § 43 Absatz 1 Satz 1 Nummer 1, 2, 5 bis 7[3] und 8 bis 12 sowie Satz 2, die einem unbeschränkt oder beschränkt einkommensteuerpflichtigen Gläubiger zufließen, ist der Steuerabzug nicht vorzunehmen, wenn die Kapitalerträge Betriebseinnahmen des Gläubigers sind und die Kapitalertragsteuer bei ihm auf Grund der Art seiner Geschäfte auf Dauer höher wäre als die gesamte festzusetzende Einkommensteuer oder Körperschaftsteuer. [2]Ist der Gläubiger ein Lebens- oder Krankenversicherungsunternehmen als Organgesellschaft, ist für die Anwendung des Satzes 1 eine bestehende Organschaft im Sinne des § 14 des Körperschaftsteuergesetzes nicht zu berücksichtigen, wenn die beim Organträger anzurechnende Kapitalertragsteuer, einschließlich der Kapitalertragsteuer des Lebens- oder Krankenversicherungsunternehmens, die auf Grund von § 19 Absatz 5 des

[1] § 44a Abs. 4a eingef. mWv VZ 2009 durch G v. 8.12.2010 (BGBl. I S. 1768).

[2] § 44a Abs. 4b eingef. durch G v. 1.11.2011 (BGBl. I S. 2131); Satz 1 Nr. 3 und 4 geänd. mWv 18.12.2019 durch G v. 12.12.2019 (BGBl. I S. 2451).

[3] § 44a Abs. 5 Satz 1 geänd. durch G v. 26.6.2013 (BGBl. I S. 1809); geänd. durch G v. 19.7.2016 (BGBl. I S. 1730).

Körperschaftsteuergesetzes anzurechnen wäre, höher wäre, als die gesamte festzusetzende Körperschaftsteuer. [3]Für die Prüfung der Voraussetzung des Satzes 2 ist auf die Verhältnisse der dem Antrag auf Erteilung einer Bescheinigung im Sinne des Satzes 4 vorangehenden drei Veranlagungszeiträume abzustellen. [4]Die Voraussetzung des Satzes 1 ist durch eine Bescheinigung des für den Gläubiger zuständigen Finanzamts nachzuweisen. [5]Die Bescheinigung ist unter dem Vorbehalt des Widerrufs auszustellen. [6]Die Voraussetzung des Satzes 2 ist gegenüber dem für den Gläubiger zuständigen Finanzamt durch eine Bescheinigung des für den Organträger zuständigen Finanzamts nachzuweisen.

(6) [1]Voraussetzung für die Abstandnahme vom Steuerabzug nach den Absätzen 1, 4 und 5 bei Kapitalerträgen im Sinne des § 43 Absatz 1 Satz 1 Nummer 6, 7 und 8 bis 12 sowie Satz 2 ist, dass die Teilschuldverschreibungen, die Anteile an der Sammelschuldbuchforderung, die Wertrechte, die Einlagen und Guthaben oder sonstigen Wirtschaftsgüter im Zeitpunkt des Zufließens der Einnahmen unter dem Namen des Gläubigers der Kapitalerträge bei der die Kapitalerträge auszahlenden Stelle verwahrt oder verwaltet werden. [2]Ist dies nicht der Fall, ist die Bescheinigung nach § 45a Absatz 2 durch einen entsprechenden Hinweis zu kennzeichnen. [3]Wird bei einem inländischen Kredit- oder Finanzdienstleistungsinstitut im Sinne des § 43 Absatz 1 Satz 1 Nummer 7 Buchstabe b ein Konto oder Depot für eine gemäß § 5 Absatz 1 Nummer 9 des Körperschaftsteuergesetzes befreite Stiftung im Sinne des § 1 Absatz 1 Nummer 5 des Körperschaftsteuergesetzes auf den Namen eines anderen Berechtigten geführt und ist das Konto oder Depot durch einen Zusatz zur Bezeichnung eindeutig sowohl vom übrigen Vermögen des anderen Berechtigten zu unterscheiden als auch steuerlich der Stiftung zuzuordnen, so gilt es für die Anwendung des Absatzes 4, des Absatzes 7, des Absatzes 10 Satz 1 Nummer 3 und des § 44b Absatz 6 in Verbindung mit Absatz 7 als im Namen der Stiftung geführt.[1)]

(7)[2)] [1]Ist der Gläubiger eine inländische

1. Körperschaft, Personenvereinigung oder Vermögensmasse im Sinne des § 5 Absatz 1 Nummer 9 des Körperschaftsteuergesetzes oder
2. Stiftung des öffentlichen Rechts, die ausschließlich und unmittelbar gemeinnützigen oder mildtätigen Zwecken dient, oder
3. juristische Person des öffentlichen Rechts, die ausschließlich und unmittelbar kirchlichen Zwecken dient,

so ist der Steuerabzug bei Kapitalerträgen im Sinne des § 43 Absatz 1 Satz 1 Nummer 1, 2, 3 und 7a bis 7c nicht vorzunehmen. [2]Voraussetzung für die Anwendung des Satzes 1 ist, dass der Gläubiger durch eine Bescheinigung des für seine Geschäftsleitung oder seinen Sitz zuständigen Finanzamts nachweist, dass er eine Körperschaft, Personenvereinigung oder Vermögensmasse nach Satz 1 ist. [3]Absatz 4 gilt entsprechend.

[1)] § 44a Abs. 6 Satz 3 angef. durch G v. 1.11.2011 (BGBl. I S. 2131).

[2)] § 44a Abs. 7 Satz 1 geänd., Sätze 2 und 3 aufgeh., bish. Sätze 4 und 5 werden Sätze 2 und 3, neuer Satz 2 geänd. durch G v. 26.6.2013 (BGBl. I S. 1809).

(8)[1] [1]Ist der Gläubiger

1. eine nach § 5 Absatz 1 mit Ausnahme der Nummer 9 des Körperschaftsteuergesetzes oder nach anderen Gesetzen von der Körperschaftsteuer befreite Körperschaft, Personenvereinigung oder Vermögensmasse oder
2. eine inländische juristische Person des öffentlichen Rechts, die nicht in Absatz 7 bezeichnet ist,

so ist der Steuerabzug bei Kapitalerträgen im Sinne des § 43 Absatz 1 Satz 1 Nummer 1, 2, 3 und 7a nur in Höhe von drei Fünfteln vorzunehmen. [2]Voraussetzung für die Anwendung des Satzes 1 ist, dass der Gläubiger durch eine Bescheinigung des für seine Geschäftsleitung oder seinen Sitz zuständigen Finanzamts nachweist, dass er eine Körperschaft, Personenvereinigung oder Vermögensmasse im Sinne des Satzes 1 ist. [3]Absatz 4 gilt entsprechend.

(8a)[2] [1]Absatz 8 ist entsprechend auf Personengesellschaften im Sinne des § 212 Absatz 1 des Fünften Buches Sozialgesetzbuch anzuwenden. [2]Dabei tritt die Personengesellschaft an die Stelle des Gläubigers der Kapitalerträge.

(9)[3] [1]Ist der Gläubiger der Kapitalerträge im Sinne des § 43 Absatz 1 eine beschränkt steuerpflichtige Körperschaft im Sinne des § 2 Nummer 1 des Körperschaftsteuergesetzes, so werden zwei Fünftel der einbehaltenen und abgeführten Kapitalertragsteuer erstattet. [2]§ 50d Absatz 1 Satz 3 bis 12[4], Absatz 3 und 4 ist entsprechend anzuwenden. [3]Der Anspruch auf eine weitergehende Freistellung und Erstattung nach § 50d Absatz 1 in Verbindung mit § 43b oder § 50g oder nach einem Abkommen zur Vermeidung der Doppelbesteuerung bleibt unberührt. [4]Verfahren nach den vorstehenden Sätzen und nach § 50d Absatz 1 soll das Bundeszentralamt für Steuern verbinden.

(10)[5] [1]Werden Kapitalerträge im Sinne des § 43 Absatz 1 Satz 1 Nummer 1a gezahlt, hat die auszahlende Stelle keinen Steuerabzug vorzunehmen, wenn

1. der auszahlenden Stelle eine Nichtveranlagungs-Bescheinigung nach Absatz 2 Satz 1 Nummer 2 für den Gläubiger vorgelegt wird,
2. der auszahlenden Stelle eine Bescheinigung nach Absatz 5 für den Gläubiger vorgelegt wird,
3.[6] der auszahlenden Stelle eine Bescheinigung nach Absatz 7 Satz 2 für den Gläubiger vorgelegt wird; soweit die Kapitalerträge einen Betrag von 20 000 Euro übersteigen, ist bei Gläubigern nach Absatz 7 Satz 1 Nummer 1 abweichend vom ersten Halbsatz ein Steuerabzug in Höhe von drei Fünfteln vorzunehmen, wenn der Gläubiger bei Zufluss der Kapitalerträge

---

[1] § 44a Abs. 8 Satz 1 geänd. durch G v. 1.11.2011 (BGBl. I S. 2131); Satz 1 geänd., Satz 2 aufgeh., bish. Sätze 3 und 4 werden Sätze 2 und 3 durch G v. 26.6.2013 (BGBl. I S. 1809).

[2] § 44a Abs. 8a eingef. mWv VZ 2012 durch G v. 7.12.2011 (BGBl. I S. 2592).

[3] § 44a Abs. 9 Sätze 1 und 3 geänd. mWv 1.1.2009 durch G v. 8.12.2010 (BGBl. I S. 1768); Satz 2 geänd. mWv 1.1.2012 durch G v. 22.6.2011 (BGBl. I S. 1126).

[4] Verweis geänd. durch G v. 26.6.2013 (BGBl. I S. 1809).

[5] § 44a Abs. 10 eingef. durch G v. 22.6.2011 (BGBl. I S. 1126); Sätze 4 bis 7 angef. durch G v. 7.12.2011 (BGBl. I S. 2592); Nrn. 3 und 4 Zitate angepasst durch G v. 26.6.2013 (BGBl. I S. 1809).

[6] § 44a Abs. 10 Satz 1 Nr. 3 HS 2 angef. mWv 1.1.2019 durch G v. 11.12.2018 (BGBl. I S. 2338).

nicht seit mindestens einem Jahr ununterbrochen wirtschaftlicher Eigentümer der Aktien oder Genussscheine ist oder

4. der auszahlenden Stelle eine Bescheinigung nach Absatz 8 Satz 2 für den Gläubiger vorgelegt wird; in diesen Fällen ist ein Steuereinbehalt in Höhe von drei Fünfteln vorzunehmen.

2 Wird der auszahlenden Stelle ein Freistellungsauftrag erteilt, der auch Kapitalerträge im Sinne des Satzes 1 erfasst, oder führt diese einen Verlustausgleich nach § 43a Absatz 3 Satz 2 unter Einbeziehung von Kapitalerträgen im Sinne des Satzes 1 durch, so hat sie den Steuerabzug nicht vorzunehmen, soweit die Kapitalerträge zusammen mit den Kapitalerträgen, für die nach Absatz 1 kein Steuerabzug vorzunehmen ist oder die Kapitalertragsteuer nach § 44b zu erstatten ist, den mit dem Freistellungsauftrag beantragten Freistellungsbetrag nicht übersteigen. 3 Absatz 6 ist entsprechend anzuwenden. 4 Werden Kapitalerträge im Sinne des § 43 Absatz 1 Satz 1 Nummer 1a von einer auszahlenden Stelle im Sinne des § 44 Absatz 1 Satz 4 Nummer 3 an eine ausländische Stelle ausgezahlt, hat diese auszahlende Stelle über den von ihr vor der Zahlung in das Ausland von diesen Kapitalerträgen vorgenommenen Steuerabzug der letzten inländischen auszahlenden Stelle in der Wertpapierverwahrkette, welche die Kapitalerträge auszahlt oder gutschreibt, auf deren Antrag eine Sammel-Steuerbescheinigung für die Summe der eigenen und der für Kunden verwahrten Aktien nach amtlich vorgeschriebenem Muster auszustellen. 5 Der Antrag darf nur für Aktien gestellt werden, die mit Dividendenberechtigung erworben und mit Dividendenanspruch geliefert wurden. 6 Wird eine solche Sammel-Steuerbescheinigung beantragt, ist die Ausstellung von Einzel-Steuerbescheinigungen oder die Weiterleitung eines Antrags auf Ausstellung einer Einzel-Steuerbescheinigung über den Steuerabzug von denselben Kapitalerträgen ausgeschlossen; die Sammel-Steuerbescheinigung ist als solche zu kennzeichnen. 7 Auf die ihr ausgestellte Sammel-Steuerbescheinigung wendet die letzte inländische auszahlende Stelle § 44b Absatz 6 mit der Maßgabe an, dass sie von den ihr nach dieser Vorschrift eingeräumten Möglichkeiten Gebrauch zu machen hat.

§ 44b Erstattung der Kapitalertragsteuer. (1)[1] Nach Ablauf eines Kalenderjahres hat der zum Steuerabzug Verpflichtete die im vorangegangenen Kalenderjahr abgeführte Steuer auf Ausschüttungen eines Investmentfonds zu erstatten, soweit die Ausschüttungen nach § 17 des Investmentsteuergesetzes nicht als Ertrag gelten.

(2)[2] Ist bei Gläubigern nach § 44a Absatz 7 Satz 1 Nummer 1 gemäß § 44a Absatz 10 Satz 1 Nummer 3 Kapitalertragsteuer einbehalten und abgeführt worden, wird auf Antrag durch das Finanzamt, in dessen Bezirk sich die Geschäftsleitung oder der Sitz des Gläubigers befindet, die Kapitalertragsteuer erstattet, wenn der Gläubiger die Voraussetzungen nach § 36a Absatz 1 bis 3 erfüllt.

(3), (4)[2] (*aufgehoben*)

---

[1] § 44b Abs. 1 eingef. mWv 1.1.2018 durch G v. 19.7.2016 (BGBl. I S. 1730).

[2] § 44b Abs. 2 bis 4 aufgeh. mWv 1.1.2013 durch G v. 26.6.2013 (BGBl. I S. 1809); neuer Abs. 2 eingef. mWv 1.1.2019 durch G v. 11.12.2018 (BGBl. I S. 2338).

(5)[1] [1] Ist Kapitalertragsteuer einbehalten oder abgeführt worden, obwohl eine Verpflichtung hierzu nicht bestand, oder hat der Gläubiger dem nach § 44 Absatz 1 zum Steuerabzug Verpflichteten die Bescheinigung nach § 43 Absatz 2 Satz 4, den Freistellungsauftrag, die Nichtveranlagungs-Bescheinigung oder die Bescheinigungen nach § 44a Absatz 4 oder Absatz 5 erst zu einem Zeitpunkt vorgelegt, zu dem die Kapitalertragsteuer bereits abgeführt war, oder nach diesem Zeitpunkt erst die Erklärung nach § 43 Absatz 2 Satz 3 Nummer 2 abgegeben, ist auf Antrag des nach § 44 Absatz 1 zum Steuerabzug Verpflichteten die Steueranmeldung (§ 45a Absatz 1) insoweit zu ändern; stattdessen kann der zum Steuerabzug Verpflichtete bei der folgenden Steueranmeldung die abzuführende Kapitalertragsteuer entsprechend kürzen. [2] Erstattungsberechtigt ist der Antragsteller. [3] Solange noch keine Steuerbescheinigung nach § 45a erteilt ist, hat der zum Steuerabzug Verpflichtete das Verfahren nach Satz 1 zu betreiben. [4] Die vorstehenden Sätze sind in den Fällen des Absatzes 6 nicht anzuwenden.

(6) [1] Werden Kapitalerträge im Sinne des § 43 Absatz 1 Satz 1 Nummer 1 und 2 durch ein inländisches Kredit- oder Finanzdienstleistungsinstitut im Sinne des § 43 Absatz 1 Satz 1 Nummer 7 Buchstabe b, das die Wertpapiere, Wertrechte oder sonstigen Wirtschaftsgüter unter dem Namen des Gläubigers verwahrt oder verwaltet, als Schuldner der Kapitalerträge oder für Rechnung des Schuldners gezahlt, kann das Kredit- oder Finanzdienstleistungsinstitut die einbehaltene und abgeführte Kapitalertragsteuer dem Gläubiger der Kapitalerträge bis zur Ausstellung einer Steuerbescheinigung, längstens bis zum 31. März des auf den Zufluss der Kapitalerträge folgenden Kalenderjahres, unter den folgenden Voraussetzungen erstatten:

1. dem Kredit- oder Finanzdienstleistungsinstitut wird eine Nichtveranlagungs-Bescheinigung nach § 44a Absatz 2 Satz 1 Nummer 2 für den Gläubiger vorgelegt,
2. dem Kredit- oder Finanzdienstleistungsinstitut wird eine Bescheinigung nach § 44a Absatz 5 für den Gläubiger vorgelegt,
3. dem Kredit- oder Finanzdienstleistungsinstitut wird eine Bescheinigung nach § 44a Absatz 7 Satz 2[2] für den Gläubiger vorgelegt und eine Abstandnahme war nicht möglich oder
4. dem Kredit- oder Finanzdienstleistungsinstitut wird eine Bescheinigung nach § 44a Absatz 8 Satz 2[2] für den Gläubiger vorgelegt und die teilweise Abstandnahme war nicht möglich; in diesen Fällen darf die Kapitalertragsteuer nur in Höhe von zwei Fünfteln erstattet werden.

[2] Das erstattende Kredit- oder Finanzdienstleistungsinstitut haftet in sinngemäßer Anwendung des § 44 Absatz 5 für zu Unrecht vorgenommene Erstattungen; für die Zahlungsaufforderung gilt § 219 Satz 2 der Abgabenordnung entsprechend. [3] Das Kredit- oder Finanzdienstleistungsinstitut hat die Summe der Erstattungsbeträge in der Steueranmeldung gesondert anzugeben und von der von ihm abzuführenden Kapitalertragsteuer abzusetzen. [4] Wird dem Kredit- oder Finanzdienstleistungsinstitut ein Freistellungsauftrag erteilt, der auch Kapi-

---

[1] § 44b Abs. 5 Satz 3 eingef., bish. Satz 3 wird Satz 4 mWv 1.1.2015 durch G v. 22.12.2014 (BGBl. I S. 2417).

[2] Zitat geänd. durch G v. 26.6.2013 (BGBl. I S. 1809).

talerträge im Sinne des Satzes 1 erfasst, oder führt das Institut einen Verlustausgleich nach § 43a Absatz 3 Satz 2 unter Einbeziehung von Kapitalerträgen im Sinne des Satzes 1 aus, so hat es bis zur Ausstellung der Steuerbescheinigung, längstens bis zum 31. März des auf den Zufluss der Kapitalerträge folgenden Kalenderjahres, die einbehaltene und abgeführte Kapitalertragsteuer auf diese Kapitalerträge zu erstatten; Satz 2 ist entsprechend anzuwenden.

(7)[1] [1]Eine Gesamthandsgemeinschaft kann für ihre Mitglieder im Sinne des § 44a Absatz 7 oder Absatz 8 eine Erstattung der Kapitalertragsteuer bei dem für die gesonderte Feststellung ihrer Einkünfte zuständigen Finanzamt beantragen. [2]Die Erstattung ist unter den Voraussetzungen des § 44a Absatz 4, 7 oder Absatz 8 und in dem dort bestimmten Umfang zu gewähren.

§ 45[2] **Ausschluss der Erstattung von Kapitalertragsteuer.** [1]In den Fällen, in denen die Dividende an einen anderen als an den Anteilseigner ausgezahlt wird, ist die Erstattung oder Anrechnung von Kapitalertragsteuer für den Zahlungsempfänger ausgeschlossen. [2]Satz 1 gilt nicht für den Erwerber eines Dividendenscheines oder sonstigen Anspruches in den Fällen des § 20 Absatz 2 Satz 1 Nummer 2 Buchstabe a Satz 2; beim Erwerber sind drei Fünftel der Kapitalertragsteuer nicht anzurechnen oder zu erstatten. [3]In den Fällen des § 20 Absatz 2 Satz 1 Nummer 2 Buchstabe b ist die Erstattung von Kapitalertragsteuer an den Erwerber von Zinsscheinen nach § 37 Absatz 2 der Abgabenordnung ausgeschlossen.

§ 45a Anmeldung und Bescheinigung der Kapitalertragsteuer.

(1)[3] [1]Die Anmeldung der einbehaltenen Kapitalertragsteuer ist dem Finanzamt innerhalb der in § 44 Absatz 1 oder Absatz 7 bestimmten Frist nach amtlich vorgeschriebenem Vordruck auf elektronischem Weg zu übermitteln; die auszahlende Stelle hat die Kapitalertragsteuer auf die Erträge im Sinne des § 43 Absatz 1 Satz 1 Nummer 1a jeweils gesondert für das Land, in dem sich der Ort der Geschäftsleitung des Schuldners der Kapitalerträge befindet, anzugeben. [2]Satz 1 gilt entsprechend, wenn ein Steuerabzug nicht oder nicht in voller Höhe vorzunehmen ist. [3]Der Grund für die Nichtabführung ist anzugeben. [4]Auf Antrag kann das Finanzamt zur Vermeidung unbilliger Härten auf eine elektronische Übermittlung verzichten; in diesem Fall ist die Kapitalertragsteuer-Anmeldung von dem Schuldner, der den Verkaufsauftrag ausführenden Stelle, der auszahlenden Stelle oder einer vertretungsberechtigten Person zu unterschreiben.

(2)[4] [1]Folgende Stellen sind verpflichtet, dem Gläubiger der Kapitalerträge auf Verlangen eine Bescheinigung nach amtlich vorgeschriebenem Muster

---

[1] § 44b Abs. 7 angef. mWv 1.1.2013 durch G v. 26.6.2013 (BGBl. I S. 1809).

[2] § 45 Satz 2 neu gef. mWv 1.1.2014 durch G v. 25.7.2014 (BGBl. I S. 1266); Satz 1 geänd., Satz 2 HS 2 angef. mWv 15.12.2018 durch G v. 11.12.2018 (BGBl. I S. 2338).

[3] § 45a Abs. 1 Satz 1 HS 2 angef. durch G v. 22.6.2011 (BGBl. I S. 1126); Satz 1 HS 1 geänd. mWv 1.1.2017 durch G v. 18.7.2016 (BGBl. I S. 1679); Abs. 2 Satz 1 Nr. 2 geänd. mWv 18.12.2019 durch G v. 12.12.2019 (BGBl. I S. 2451).

[4] § 45a Abs. 2 Satz 1 neu gef. durch G v. 26.6.2013 (BGBl. I S. 1809); Satz 2 eingef., bish. Sätze 2 bis 4 werden Sätze 3 bis 5 mWv 23.7.2016 durch G v. 18.7.2016 (BGBl. I S. 1679); Satz 1 Nr. 2 geänd. durch G v. 12.12.2019 (BGBl. I S. 2451).

auszustellen, die die nach § 32d erforderlichen Angaben enthält; bei Vorliegen der Voraussetzungen des

1. § 43 Absatz 1 Satz 1 Nummer 1, 2 bis 4, 7a und 7b der Schuldner der Kapitalerträge,
2. § 43 Absatz 1 Satz 1 Nummer 1a, 5 bis 7 und 8 bis 12 sowie Satz 2 die die Kapitalerträge auszahlende Stelle vorbehaltlich des Absatzes 3,
3. § 44 Absatz 1a die zur Abführung der Steuer verpflichtete Stelle und

[*ab 30.12.2020:*

4.[1] § 44 Absatz 1 Satz 4 Nummer 5 der Investmentfonds.]

2 Die Bescheinigung kann elektronisch übermittelt werden; auf Anforderung des Gläubigers der Kapitalerträge ist sie auf Papier zu übersenden. 3 Die Bescheinigung braucht nicht unterschrieben zu werden, wenn sie in einem maschinellen Verfahren ausgedruckt worden ist und den Aussteller erkennen lässt. 4 § 44a Absatz 6 gilt sinngemäß; über die zu kennzeichnenden Bescheinigungen haben die genannten Institute und Unternehmen Aufzeichnungen zu führen. 5 Diese müssen einen Hinweis auf den Buchungsbeleg über die Auszahlung an den Empfänger der Bescheinigung enthalten.

(3)[2] 1 Werden Kapitalerträge für Rechnung des Schuldners durch ein inländisches Kreditinstitut oder ein inländisches Finanzdienstleistungsinstitut gezahlt, so hat anstelle des Schuldners das Kreditinstitut oder das Finanzdienstleistungsinstitut die Bescheinigung zu erteilen, sofern nicht die Voraussetzungen des Absatzes 2 Satz 1 erfüllt sind. 2 Satz 1 gilt in den Fällen des § 20 Absatz 1 Nummer 1 Satz 4 entsprechend; der Emittent der Aktien gilt insoweit als Schuldner der Kapitalerträge.

(4) 1 Eine Bescheinigung nach Absatz 2 oder Absatz 3 ist auch zu erteilen, wenn in Vertretung des Gläubigers ein Antrag auf Erstattung der Kapitalertragsteuer nach § 44b gestellt worden ist oder gestellt wird. 2 Satz 1 gilt entsprechend, wenn nach § 44a Absatz 8 Satz 1 der Steuerabzug nur nicht in voller Höhe vorgenommen worden ist.

(5)[3] 1 Eine Ersatzbescheinigung darf nur ausgestellt werden, wenn die Urschrift oder die elektronisch übermittelten Daten nach den Angaben des Gläubigers abhandengekommen oder vernichtet sind. 2 Die Ersatzbescheinigung muss als solche gekennzeichnet sein. 3 Über die Ausstellung von Ersatzbescheinigungen hat der Aussteller Aufzeichnungen zu führen.

[Fassung bis 31.12.2022:]

(6)[4] 1 Eine Bescheinigung, die den Absätzen 2 bis 5 nicht entspricht, hat der Aussteller durch eine berichtigte

[Fassung ab 1.1.2023:]

(6)[5] 1 Eine Bescheinigung, die den Absätzen 2 bis 5 nicht entspricht, hat der Aussteller unverzüglich durch

---

[1] § 45a Abs. 2 Satz 1 Nr. 4 angef. durch G v. 21.12.2020 (BGBl. I S. 3096); zur Anwendung siehe § 52 Abs. 44a Satz 1.

[2] § 45a Abs. 3 Satz 1 geänd. durch G v. 22.6.2011 (BGBl. I S. 1126).

[3] § 45a Abs. 5 Satz 1 geänd. mWv 23.7.2016 durch G v. 18.7.2016 (BGBl. I S. 1679).

[4] § 45a Abs. 6 Satz 1 neu gef. mWv 23.7.2016 durch G v. 18.7.2016 (BGBl. I S. 1679).

[5] § 45a Abs. 6 neu gef. durch G v. 21.12.2020 (BGBl. I S. 3096); zur Anwendung siehe § 52 Abs. 44a Satz 2.

[Fassung bis 31.12.2022:]

Bescheinigung zu ersetzen und im Fall der Übermittlung in Papierform zurückzufordern. [2]Die berichtigte Bescheinigung ist als solche zu kennzeichnen. [3]Wird die zurückgeforderte Bescheinigung nicht innerhalb eines Monats nach Zusendung der berichtigten Bescheinigung an den Aussteller zurückgegeben, hat der Aussteller das nach seinen Unterlagen für den Empfänger zuständige Finanzamt schriftlich zu benachrichtigen.

[Fassung ab 1.1.2023:]

eine berichtigte Bescheinigung zu ersetzen. [2]Die berichtigte Bescheinigung ist als solche zu kennzeichnen. [3]Der Aussteller hat dem für ihn zuständigen Betriebsstättenfinanzamt unverzüglich nach Maßgabe des § 93c der Abgabenordnung neben den in § 93c Absatz 1 der Abgabenordnung genannten Angaben folgende Daten zu übermitteln:

1. den Anlass für die Ausstellung der berichtigten Bescheinigung und deren Ausstellungsdatum,
2. die ursprünglichen und die berichtigten Angaben in der Bescheinigung sowie
3. in den Fällen des Gläubigerwechsels die Identifikationsnummer, den Namen und die Anschrift des bisherigen Gläubigers der Kapitalerträge.

[4]Bei Steuerpflichtigen, die nicht unbeschränkt steuerpflichtig sind, findet Satz 3 mit der Maßgabe Anwendung, dass der Aussteller die Daten an das Bundeszentralamt für Steuern zu übermitteln hat.

(7) [1]Der Aussteller einer Bescheinigung, die den Absätzen 2 bis 5 nicht entspricht, haftet für die auf Grund der Bescheinigung verkürzten Steuern oder zu Unrecht gewährten Steuervorteile. [2]Ist die Bescheinigung nach Absatz 3 durch ein inländisches Kreditinstitut oder ein inländisches Finanzdienstleistungsinstitut auszustellen, so haftet der Schuldner auch, wenn er zum Zweck der Bescheinigung unrichtige Angaben macht. [3]Der Aussteller haftet nicht

1. in den Fällen des Satzes 2,
2. wenn er die ihm nach Absatz 6 obliegenden Verpflichtungen erfüllt hat.

§ 45b.[1] *(aufgehoben)*

§ 45c. (weggefallen)

[1] § 45b aufgeh. durch G v. 26.6.2013 (BGBl. I S. 1809).

§ 45d Mitteilungen an das Bundeszentralamt für Steuern. (1)[1] [1] Wer nach § 44 Absatz 1 dieses Gesetzes und nach § 7 des Investmentsteuergesetzes[2] zum Steuerabzug verpflichtet ist, hat dem Bundeszentralamt für Steuern nach Maßgabe des § 93c der Abgabenordnung neben den in § 93c Absatz 1 der Abgabenordnung genannten Angaben folgende Daten zu übermitteln:

1. bei den Kapitalerträgen, für die ein Freistellungsauftrag erteilt worden ist,
   a) die Kapitalerträge, bei denen vom Steuerabzug Abstand genommen worden ist oder bei denen Kapitalertragsteuer auf Grund des Freistellungsauftrags gemäß § 44b Absatz 6 Satz 4 dieses Gesetzes oder gemäß § 7 Absatz 5 Satz 1 des Investmentsteuergesetzes erstattet wurde,
   b) die Kapitalerträge, bei denen die Erstattung von Kapitalertragsteuer beim Bundeszentralamt für Steuern beantragt worden ist,
2. die Kapitalerträge, bei denen auf Grund einer Nichtveranlagungs-Bescheinigung einer natürlichen Person nach § 44a Absatz 2 Satz 1 Nummer 2 vom Steuerabzug Abstand genommen oder eine Erstattung vorgenommen wurde.

[2] Bei einem gemeinsamen Freistellungsauftrag sind die Daten beider Ehegatten zu übermitteln. [3] § 72a Absatz 4, § 93c Absatz 1 Nummer 3 und § 203a der Abgabenordnung finden keine Anwendung.

(2)[3] [1] Das Bundeszentralamt für Steuern darf den Sozialleistungsträgern die Daten nach Absatz 1 mitteilen, soweit dies zur Überprüfung des bei der Sozialleistung zu berücksichtigenden Einkommens oder Vermögens erforderlich ist oder die betroffene Person zustimmt. [2] Für Zwecke des Satzes 1 ist das Bundeszentralamt für Steuern berechtigt, die ihm von den Sozialleistungsträgern übermittelten Daten mit den vorhandenen Daten nach Absatz 1 im Wege des automatisierten Datenabgleichs zu überprüfen und das Ergebnis den Sozialleistungsträgern mitzuteilen.

(3)[4] [1] Ein inländischer Versicherungsvermittler im Sinne des § 59 Absatz 1 des Versicherungsvertragsgesetzes hat das Zustandekommen eines Vertrages im Sinne des § 20 Absatz 1 Nummer 6 zwischen einer im Inland ansässigen Person und einem Versicherungsunternehmen mit Sitz und Geschäftsleitung im Ausland nach Maßgabe des § 93c der Abgabenordnung dem Bundeszentralamt für Steuern mitzuteilen. [2] Dies gilt nicht, wenn das Versicherungsunternehmen eine Niederlassung im Inland hat oder das Versicherungsunternehmen dem Bundeszentralamt für Steuern bis zu diesem Zeitpunkt das Zustandekommen eines Vertrages angezeigt und den Versicherungsvermittler hierüber in Kenntnis gesetzt hat. [3] Neben den in § 93c Absatz 1 der Abgabenordnung genannten Daten sind folgende Daten zu übermitteln:

1. Name und Anschrift des Versicherungsunternehmens sowie Vertragsnummer oder sonstige Kennzeichnung des Vertrages,

---

[1] § 45d Abs. 1 neu gef. durch G v. 18.7.2016 (BGBl. I S. 1679); zur Anwendung siehe § 52 Abs. 45 Satz 2.

[2] Nr. **120**.

[3] § 45d Abs. 2 Satz 1 geänd. mWv VZ 2019 durch G v. 20.11.2019 (BGBl. I S. 1626).

[4] § 45d Abs. 3 neu gef. durch G v. 18.7.2016 (BGBl. I S. 1679); zur Anwendung siehe § 52 Abs. 45 Satz 3.

2. Laufzeit und garantierte Versicherungssumme oder Beitragssumme für die gesamte Laufzeit,
3. Angabe, ob es sich um einen konventionellen, einen fondsgebundenen oder einen vermögensverwaltenden Versicherungsvertrag handelt.

[4] Ist mitteilungspflichtige Stelle nach Satz 1 das ausländische Versicherungsunternehmen und verfügt dieses weder über ein Identifikationsmerkmal nach den §§ 139a bis 139c der Abgabenordnung noch über eine Steuernummer oder ein sonstiges Ordnungsmerkmal, so kann abweichend von § 93c Absatz 1 Nummer 2 Buchstabe a der Abgabenordnung auf diese Angaben verzichtet werden. [5] Der Versicherungsnehmer gilt als Steuerpflichtiger im Sinne des § 93c Absatz 1 Nummer 2 Buchstabe c der Abgabenordnung. [6] § 72a Absatz 4 und § 203a der Abgabenordnung finden keine Anwendung.

§ 45e[1] Ermächtigung für Zinsinformationsverordnung. [1] Die Bundesregierung wird ermächtigt, durch Rechtsverordnung[2] mit Zustimmung des Bundesrates die Richtlinie 2003/48/EG des Rates vom 3. Juni 2003 (ABl. EU Nr. L 157 S. 38) in der jeweils geltenden Fassung im Bereich der Besteuerung von Zinserträgen umzusetzen. [2] § 45d Absatz 1 Satz 2 und Absatz 2 ist entsprechend anzuwenden.

4. Veranlagung von Steuerpflichtigen mit steuerabzugspflichtigen Einkünften

§ 46 Veranlagung bei Bezug von Einkünften aus nichtselbständiger Arbeit. (1) (weggefallen)

(2) Besteht das Einkommen ganz oder teilweise aus Einkünften aus nichtselbständiger Arbeit, von denen ein Steuerabzug vorgenommen worden ist, so wird eine Veranlagung nur durchgeführt,

1. wenn die positive Summe der einkommensteuerpflichtigen Einkünfte, die nicht dem Steuerabzug vom Arbeitslohn zu unterwerfen waren, vermindert um die darauf entfallenden Beträge nach § 13 Absatz 3 und § 24 a, oder die positive Summe der Einkünfte und Leistungen, die dem Progressionsvorbehalt unterliegen, jeweils mehr als 410 Euro beträgt;
2. wenn der Steuerpflichtige nebeneinander von mehreren Arbeitgebern Arbeitslohn bezogen hat; das gilt nicht, soweit nach § 38 Absatz 3a Satz 7 Arbeitslohn von mehreren Arbeitgebern für den Lohnsteuerabzug zusammengerechnet worden ist;

[Fassung bis VZ 2023:]

3.[3] wenn bei einem Steuerpflichtigen die Summe der beim Steuerabzug vom Arbeitslohn nach § 39b

[Fassung ab VZ 2024:]

3.[4] wenn Beiträge zur Krankenversicherungen und gesetzlichen Pflegeversicherungen im Sinne des

---

[1] § 45e Satz 2 geänd. durch G v. 25.7.2014 (BGBl. I S. 1266).
[2] ZinsinformationsVO v. 26.1.2004 (Nr. **11**) in der jeweils geltenden Fassung.
[3] § 46 Abs. 2 Nr. 3 HS 2 angef. mWv VZ 2010 durch G v. 1.11.2011 (BGBl. I S. 2131).
[4] § 46 Abs. 2 Nr. 3 neu gef. mWv VZ 2024 durch G v. 21.12.2020 (BGBl. I S. 3096).

[Fassung bis VZ 2023:]

Absatz 2 Satz 5 Nummer 3 Buchstabe b bis d berücksichtigten Teilbeträge der Vorsorgepauschale größer ist als die abziehbaren Vorsorgeaufwendungen nach § 10 Absatz 1 Nummer 3 und Nummer 3a in Verbindung mit Absatz 4 und der im Kalenderjahr insgesamt erzielte Arbeitslohn *11400* [***für VZ 2019:*** 11600; ***für VZ 2020:*** 11900; ***für VZ 2021:*** 12250; ***für VZ 2022:*** 12550][1)] Euro übersteigt, oder bei Ehegatten, die die Voraussetzungen des § 26 Absatz 1 erfüllen, der im Kalenderjahr von den Ehegatten insgesamt erzielte Arbeitslohn *21650* [***für VZ 2019:*** 22050; ***für VZ 2020:*** 22600; ***für VZ 2021:*** 23350; ***für VZ 2022:*** 23900][1)] Euro übersteigt;

[Fassung ab VZ 2024:]

§ 10 Absatz 1 Nummer 3 erstattet wurden, die Erstattung mehr als 410 Euro betrug und der im Kalenderjahr erzielte Arbeitslohn 12550 Euro übersteigt, oder bei Ehegatten, die die Voraussetzungen des § 26 Absatz 1 erfüllen, der im Kalenderjahr von den Ehegatten insgesamt erzielte Arbeitslohn 23900 Euro übersteigt;

3a. wenn von Ehegatten, die nach den §§ 26, 26b zusammen zur Einkommensteuer zu veranlagen sind, beide Arbeitslohn bezogen haben und einer für den Veranlagungszeitraum oder einen Teil davon nach der Steuerklasse V oder VI besteuert oder bei Steuerklasse IV der Faktor (§ 39f) eingetragen worden ist;

4.[2)] wenn für einen Steuerpflichtigen ein Freibetrag im Sinne des § 39a Absatz 1 Satz 1 Nummer 1 bis 3, 5 oder Nummer 6 ermittelt worden ist und der im Kalenderjahr insgesamt erzielte Arbeitslohn *11400* [***für VZ 2019:*** 11600; ***für VZ 2020:*** 11900; ***für VZ 2021:*** 12250; ***für VZ 2022:*** 12550][1)] Euro übersteigt oder bei Ehegatten, die die Voraussetzungen des § 26 Absatz 1 erfüllen, der im Kalenderjahr von den Ehegatten insgesamt erzielte Arbeitslohn *21650* [***für VZ 2019:*** 22050; ***für VZ 2020:*** 22600; ***für VZ 2021:*** 23350; ***für VZ 2022:*** 23900][1)] Euro übersteigt; dasselbe gilt für einen Steuerpflichtigen, der zum Personenkreis des § 1 Absatz 2 gehört [***bis 31.12.2019:*** *oder für einen beschränkt einkommensteuerpflichtigen Arbeitnehmer, wenn diese Eintragungen auf einer Bescheinigung für den Lohnsteuerabzug (§ 39 Absatz 3 Satz 1) erfolgt sind*];

4a. wenn bei einem Elternpaar, bei dem die Voraussetzungen des § 26 Absatz 1 Satz 1 nicht vorliegen,

a) bis c) (weggefallen)

---

1) Beträge geänd. mWv VZ 2015/2016 durch G v. 16.7.2015 (BGBl. I S. 1202); geänd. mWv VZ 2017/2018 durch G v. 20.12.2016 (BGBl. I S. 3000); geänd. mWv VZ 2019/2020 durch G v. 29.11.2018 (BGBl. I S. 2210); geänd. mWv VZ 2021/2022 durch G v. 1.12.2020 (BGBl. I S. 2616).

2) § 46 Abs. 2 Nr. 4 neu gef. mWv VZ 2009 durch G v. 8.12.2010 (BGBl. I S. 1768); geänd. mWv VZ 2012 durch G v. 7.12.2011 (BGBl. I S. 2592); kursiver Satzteil aufgeh. mWv 1.1.2020 durch G v. 12.12.2019 (BGBl. I S. 2451).

d) im Fall des § 33a Absatz 2 Satz 5[1] das Elternpaar gemeinsam eine Aufteilung des Abzugsbetrags in einem anderen Verhältnis als je zur Hälfte beantragt oder

e)[2] im Fall des § 33b Absatz 5 Satz 3 das Elternpaar gemeinsam eine Aufteilung des Pauschbetrags für Menschen mit Behinderungen oder des Pauschbetrags für Hinterbliebene in einem anderen Verhältnis als je zur Hälfte beantragt.

[2] Die Veranlagungspflicht besteht für jeden Elternteil, der Einkünfte aus nichtselbständiger Arbeit bezogen hat;

5. wenn bei einem Steuerpflichtigen die Lohnsteuer für einen sonstigen Bezug im Sinne des § 34 Absatz 1 und 2 Nummer 2 und 4 nach § 39b Absatz 3 Satz 9 oder für einen sonstigen Bezug nach § 39c Absatz 3[3] ermittelt wurde;

5a. wenn der Arbeitgeber die Lohnsteuer von einem sonstigen Bezug berechnet hat und dabei der Arbeitslohn aus früheren Dienstverhältnissen des Kalenderjahres außer Betracht geblieben ist (§ 39b Absatz 3 Satz 2, § 41 Absatz 1 Satz 6[4], Großbuchstabe S);

6. wenn die Ehe des Arbeitnehmers im Veranlagungszeitraum durch Tod, Scheidung oder Aufhebung aufgelöst worden ist und er oder sein Ehegatte der aufgelösten Ehe im Veranlagungszeitraum wieder geheiratet hat;

7.[5] wenn

a) für einen unbeschränkt Steuerpflichtigen im Sinne des § 1 Absatz 1 bei der Bildung der Lohnsteuerabzugsmerkmale (§ 39) ein Ehegatte im Sinne des § 1a Absatz 1 Nummer 2 berücksichtigt worden ist oder

b) für einen Steuerpflichtigen, der zum Personenkreis des § 1 Absatz 3 oder des § 1a gehört, Lohnsteuerabzugsmerkmale nach § 39 Absatz 2 gebildet worden sind; das nach § 39 Absatz 2 Satz 2 bis 4 zuständige Betriebsstättenfinanzamt ist dann auch für die Veranlagung zuständig;

8. wenn die Veranlagung beantragt wird, insbesondere zur Anrechnung von Lohnsteuer auf die Einkommensteuer. [2] Der Antrag ist durch Abgabe einer Einkommensteuererklärung zu stellen;

[***ab 1.1.2020:***

9.[6] wenn ein Antrag im Sinne der Nummer 8 gestellt wird und daneben beantragt wird, als unbeschränkt Steuerpflichtiger im Sinne des § 1 Absatz 3 behandelt zu werden; die Zuständigkeit liegt beim lohnsteuerlichen Betriebsstättenfinanzamt des Arbeitgebers.]

(3)[7] [1] In den Fällen des Absatzes 2 ist ein Betrag in Höhe der einkommensteuerpflichtigen Einkünfte, von denen der Steuerabzug vom Arbeitslohn

---

[1] Verweis geänd. mWv VZ 2012 durch G v. 1.11.2011 (BGBl. I S. 2131).

[2] § 46 Abs. 2 Nr. 4a Buchst. e geänd. mWv 15.12.2020 durch G v. 9.12.2020 (BGBl. I S. 2770).

[3] Verweis geänd. mWv VZ 2012 durch G v. 7.12.2011 (BGBl. I S. 2592).

[4] Verweis angepasst durch G v. 25.7.2014 (BGBl. I S. 1266).

[5] § 46 Abs. 2 Nr. 7 geänd. mWv VZ 2012 durch G v. 7.12.2011 (BGBl. I S. 2592).

[6] § 46 Abs. 2 Nr. 9 angef. mWv VZ 2020 durch G v. 12.12.2019 (BGBl. I S. 2451).

[7] § 46 Abs. 3 Satz 1 geänd. mWv VZ 2014 durch G v. 25.7.2014 (BGBl. I S. 1266).

nicht vorgenommen worden ist und die nicht nach § 32d Absatz 6 der tariflichen Einkommensteuer unterworfen wurden, vom Einkommen abzuziehen, wenn diese Einkünfte insgesamt nicht mehr als 410 Euro betragen. 2 Der Betrag nach Satz 1 vermindert sich um den Altersentlastungsbetrag, soweit dieser den unter Verwendung des nach § 24a Satz 5 maßgebenden Prozentsatzes zu ermittelnden Anteil des Arbeitslohns mit Ausnahme der Versorgungsbezüge im Sinne des § 19 Absatz 2 übersteigt, und um den nach § 13 Absatz 3 zu berücksichtigenden Betrag.

(4) 1 Kommt nach Absatz 2 eine Veranlagung zur Einkommensteuer nicht in Betracht, so gilt die Einkommensteuer, die auf die Einkünfte aus nichtselbständiger Arbeit entfällt, für den Steuerpflichtigen durch den Lohnsteuerabzug als abgegolten, soweit er nicht für zuwenig erhobene Lohnsteuer in Anspruch genommen werden kann. 2 § 42b bleibt unberührt.

(5)[1)] Durch Rechtsverordnung[2)] kann in den Fällen des Absatzes 2 Nummer 1, in denen die einkommensteuerpflichtigen Einkünfte, von denen der Steuerabzug vom Arbeitslohn nicht vorgenommen worden ist und die nicht nach § 32d Absatz 6 der tariflichen Einkommensteuer unterworfen wurden, den Betrag von 410 Euro übersteigen, die Besteuerung so gemildert werden, dass auf die volle Besteuerung dieser Einkünfte stufenweise übergeleitet wird.

§ 47. (weggefallen)

VII. Steuerabzug bei Bauleistungen

§ 48 Steuerabzug. (1) 1 Erbringt jemand im Inland eine Bauleistung (Leistender) an einen Unternehmer im Sinne des § 2 des Umsatzsteuergesetzes oder an eine juristische Person des öffentlichen Rechts (Leistungsempfänger), ist der Leistungsempfänger verpflichtet, von der Gegenleistung einen Steuerabzug in Höhe von 15 Prozent für Rechnung des Leistenden vorzunehmen. 2 Vermietet der Leistungsempfänger Wohnungen, so ist Satz 1 nicht auf Bauleistungen für diese Wohnungen anzuwenden, wenn er nicht mehr als zwei Wohnungen vermietet. 3 Bauleistungen sind alle Leistungen, die der Herstellung, Instandsetzung, Instandhaltung, Änderung oder Beseitigung von Bauwerken dienen. 4 Als Leistender gilt auch derjenige, der über eine Leistung abrechnet, ohne sie erbracht zu haben.

(2) 1 Der Steuerabzug muss nicht vorgenommen werden, wenn der Leistende dem Leistungsempfänger eine im Zeitpunkt der Gegenleistung gültige Freistellungsbescheinigung nach § 48b Absatz 1 Satz 1 vorlegt oder die Gegenleistung im laufenden Kalenderjahr den folgenden Betrag voraussichtlich nicht übersteigen wird:

1. 15 000 Euro, wenn der Leistungsempfänger ausschließlich steuerfreie Umsätze nach § 4 Nummer 12 Satz 1 des Umsatzsteuergesetzes ausführt,
2. 5000 Euro in den übrigen Fällen.

---

1) § 46 Abs. 5 geänd. mWv VZ 2014 durch G v. 25.7.2014 (BGBl. I S. 1266).
2) Vgl. hierzu § 70 EStDV (Nr. **10**).

[2]Für die Ermittlung des Betrags sind die für denselben Leistungsempfänger erbrachten und voraussichtlich zu erbringenden Bauleistungen zusammenzurechnen.

(3) Gegenleistung im Sinne des Absatzes 1 ist das Entgelt zuzüglich Umsatzsteuer.

(4) Wenn der Leistungsempfänger den Steuerabzugsbetrag angemeldet und abgeführt hat,

1. ist § 160 Absatz 1 Satz 1 der Abgabenordnung nicht anzuwenden,
2. sind § 42d Absatz 6 und 8 und § 50a Absatz 7 nicht anzuwenden.

§ 48a Verfahren. (1) [1]Der Leistungsempfänger hat bis zum zehnten Tag nach Ablauf des Monats, in dem die Gegenleistung im Sinne des § 48 erbracht wird, eine Anmeldung nach amtlich vorgeschriebenem Vordruck abzugeben, in der er den Steuerabzug für den Anmeldungszeitraum selbst zu berechnen hat. [2]Der Abzugsbetrag ist am zehnten Tag nach Ablauf des Anmeldungszeitraums fällig und an das für den Leistenden zuständige Finanzamt für Rechnung des Leistenden abzuführen. [3]Die Anmeldung des Abzugsbetrags steht einer Steueranmeldung gleich.

(2) Der Leistungsempfänger hat mit dem Leistenden unter Angabe

1. des Namens und der Anschrift des Leistenden,
2. des Rechnungsbetrags, des Rechnungsdatums und des Zahlungstags,
3. der Höhe des Steuerabzugs und
4. des Finanzamts, bei dem der Abzugsbetrag angemeldet worden ist,

über den Steuerabzug abzurechnen.

(3) [1]Der Leistungsempfänger haftet für einen nicht oder zu niedrig abgeführten Abzugsbetrag. [2]Der Leistungsempfänger haftet nicht, wenn ihm im Zeitpunkt der Gegenleistung eine Freistellungsbescheinigung (§ 48b) vorgelegen hat, auf deren Rechtmäßigkeit er vertrauen konnte. [3]Er darf insbesondere dann nicht auf eine Freistellungsbescheinigung vertrauen, wenn diese durch unlautere Mittel oder durch falsche Angaben erwirkt wurde und ihm dies bekannt oder infolge grober Fahrlässigkeit nicht bekannt war. [4]Den Haftungsbescheid erlässt das für den Leistenden zuständige Finanzamt.

(4) § 50b gilt entsprechend.

§ 48b Freistellungsbescheinigung. (1) [1]Auf Antrag des Leistenden hat das für ihn zuständige Finanzamt, wenn der zu sichernde Steueranspruch nicht gefährdet erscheint und ein inländischer Empfangsbevollmächtigter bestellt ist, eine Bescheinigung nach amtlich vorgeschriebenem Vordruck zu erteilen, die den Leistungsempfänger von der Pflicht zum Steuerabzug befreit. [2]Eine Gefährdung kommt insbesondere dann in Betracht, wenn der Leistende

1. Anzeigepflichten nach § 138 der Abgabenordnung nicht erfüllt,
2. seiner Auskunfts- und Mitwirkungspflicht nach § 90 der Abgabenordnung nicht nachkommt,

3. den Nachweis der steuerlichen Ansässigkeit durch Bescheinigung der zuständigen ausländischen Steuerbehörde nicht erbringt.

(2) Eine Bescheinigung soll erteilt werden, wenn der Leistende glaubhaft macht, dass keine zu sichernden Steueransprüche bestehen.

(3)[1] [1] In der Bescheinigung sind anzugeben:

1. Name, Anschrift und Steuernummer des Leistenden,
2. Geltungsdauer der Bescheinigung,
3. Umfang der Freistellung sowie der Leistungsempfänger, wenn sie nur für bestimmte Bauleistungen gilt,
4. das ausstellende Finanzamt.

[2] Der Antragsteller ist über die Verarbeitung der in Satz 1 genannten Daten durch das Bundeszentralamt für Steuern gemäß Absatz 6 zu informieren.

(4) Wird eine Freistellungsbescheinigung aufgehoben, die nur für bestimmte Bauleistungen gilt, ist dies den betroffenen Leistungsempfängern mitzuteilen.

(5) Wenn eine Freistellungsbescheinigung vorliegt, gilt § 48 Absatz 4 entsprechend.

(6)[2] [1] Das Bundeszentralamt für Steuern speichert die Daten nach Absatz 3 Satz 1. [2] Es erteilt dem Leistungsempfänger im Sinne des § 48 Absatz 1 Satz 1 im Wege einer elektronischen Abfrage Auskunft über die beim Bundeszentralamt für Steuern gespeicherten Freistellungsbescheinigungen.

§ 48c Anrechnung. (1) [1] Soweit der Abzugsbetrag einbehalten und angemeldet worden ist, wird er auf vom Leistenden zu entrichtende Steuern nacheinander wie folgt angerechnet:

1. die nach § 41a Absatz 1 einbehaltene und angemeldete Lohnsteuer,
2. die Vorauszahlungen auf die Einkommen- oder Körperschaftsteuer,
3. die Einkommen- oder Körperschaftsteuer des Besteuerungs- oder Veranlagungszeitraums, in dem die Leistung erbracht worden ist, und
4. die vom Leistenden im Sinne der §§ 48, 48a anzumeldenden und abzuführenden Abzugsbeträge.

[2] Die Anrechnung nach Satz 1 Nummer 2 kann nur für Vorauszahlungszeiträume innerhalb des Besteuerungs- oder Veranlagungszeitraums erfolgen, in dem die Leistung erbracht worden ist. [3] Die Anrechnung nach Satz 1 Nummer 2 darf nicht zu einer Erstattung führen.

(2) [1] Auf Antrag des Leistenden erstattet das nach § 20a Absatz 1 der Abgabenordnung zuständige Finanzamt den Abzugsbetrag. [2] Die Erstattung setzt voraus, dass der Leistende nicht zur Abgabe von Lohnsteueranmeldungen verpflichtet ist und eine Veranlagung zur Einkommen- oder Körperschaftsteu-

---

[1] § 48b Abs. 3 Satz 2 angef., bish. Text wird Satz 1 mWv VZ 2019 durch G v. 20.11.2019 (BGBl. I S. 1626).

[2] § 48b Abs. 6 Satz 1 eingef., neuer Satz 2 geänd., neuer Satz 3 aufgeh. mWv VZ 2019 durch G v. 20.11.2019 (BGBl. I S. 1626).

er nicht in Betracht kommt oder der Leistende glaubhaft macht, dass im Veranlagungszeitraum keine zu sichernden Steueransprüche entstehen werden. [3]Der Antrag ist nach amtlich vorgeschriebenem Muster bis zum Ablauf des zweiten Kalenderjahres zu stellen, das auf das Jahr folgt, in dem der Abzugsbetrag angemeldet worden ist; weitergehende Fristen nach einem Abkommen zur Vermeidung der Doppelbesteuerung bleiben unberührt.

(3) Das Finanzamt kann die Anrechnung ablehnen, soweit der angemeldete Abzugsbetrag nicht abgeführt worden ist und Anlass zu der Annahme besteht, dass ein Missbrauch vorliegt.

§ 48d Besonderheiten im Fall von Doppelbesteuerungsabkommen.
(1) [1]Können Einkünfte, die dem Steuerabzug nach § 48 unterliegen, nach einem Abkommen zur Vermeidung der Doppelbesteuerung nicht besteuert werden, so sind die Vorschriften über die Einbehaltung, Abführung und Anmeldung der Steuer durch den Schuldner der Gegenleistung ungeachtet des Abkommens anzuwenden. [2]Unberührt bleibt der Anspruch des Gläubigers der Gegenleistung auf Erstattung der einbehaltenen und abgeführten Steuer. [3]Der Anspruch ist durch Antrag nach § 48c Absatz 2 geltend zu machen. [4]Der Gläubiger der Gegenleistung hat durch eine Bestätigung der für ihn zuständigen Steuerbehörde des anderen Staates nachzuweisen, dass er dort ansässig ist. [5]§ 48b gilt entsprechend. [6]Der Leistungsempfänger kann sich im Haftungsverfahren nicht auf die Rechte des Gläubigers aus dem Abkommen berufen.

(2) Unbeschadet des § 5 Absatz 1 Nummer 2 des Finanzverwaltungsgesetzes liegt die Zuständigkeit für Entlastungsmaßnahmen nach Absatz 1 bei dem nach § 20a der Abgabenordnung zuständigen Finanzamt.

VIII. Besteuerung beschränkt Steuerpflichtiger

§ 49 Beschränkt steuerpflichtige Einkünfte. (1) Inländische Einkünfte im Sinne der beschränkten Einkommensteuerpflicht (§ 1 Absatz 4) sind

1. Einkünfte aus einer im Inland betriebenen Land- und Forstwirtschaft (§§ 13, 14);
2. Einkünfte aus Gewerbebetrieb (§§ 15 bis 17),
   a) für den im Inland eine Betriebsstätte unterhalten wird oder ein ständiger Vertreter bestellt ist,
   b) die durch den Betrieb eigener oder gecharterter Seeschiffe oder Luftfahrzeuge aus Beförderungen zwischen inländischen und von inländischen zu ausländischen Häfen erzielt werden, einschließlich der Einkünfte aus anderen mit solchen Beförderungen zusammenhängenden, sich auf das Inland erstreckenden Beförderungsleistungen,
   c) die von einem Unternehmen im Rahmen einer internationalen Betriebsgemeinschaft oder eines Pool-Abkommens, bei denen ein Unternehmen mit Sitz oder Geschäftsleitung im Inland die Beförderung durchführt, aus Beförderungen und Beförderungsleistungen nach Buchstabe b erzielt werden,

d) die, soweit sie nicht zu den Einkünften im Sinne der Nummern 3 und 4 gehören, durch im Inland ausgeübte oder verwertete künstlerische, sportliche, artistische, unterhaltende oder ähnliche Darbietungen erzielt werden, einschließlich der Einkünfte aus anderen mit diesen Leistungen zusammenhängenden Leistungen, unabhängig davon, wem die Einnahmen zufließen,

e)[1] die unter den Voraussetzungen des § 17 erzielt werden, wenn es sich um Anteile an einer Kapitalgesellschaft handelt,

aa) die ihren Sitz oder ihre Geschäftsleitung im Inland hat,

bb) bei deren Erwerb auf Grund eines Antrags nach § 13 Absatz 2 oder § 21 Absatz 2 Satz 3 Nummer 2 des Umwandlungssteuergesetzes nicht der gemeine Wert der eingebrachten Anteile angesetzt worden ist oder auf die § 17 Absatz 5 Satz 2 anzuwenden war oder

cc) deren Anteilswert zu irgendeinem Zeitpunkt während der 365 Tage vor der Veräußerung unmittelbar oder mittelbar zu mehr als 50 Prozent auf inländischem unbeweglichem Vermögen beruhte und die Anteile dem Veräußerer zu diesem Zeitpunkt zuzurechnen waren; für die Ermittlung dieser Quote sind die aktiven Wirtschaftsgüter des Betriebsvermögens mit den Buchwerten, die zu diesem Zeitpunkt anzusetzen gewesen wären, zugrunde zu legen,

f)[2] die, soweit sie nicht zu den Einkünften im Sinne des Buchstaben a gehören, durch

aa) Vermietung und Verpachtung oder

bb) Veräußerung

von inländischem unbeweglichem Vermögen, von Sachinbegriffen oder Rechten, die im Inland belegen oder in ein inländisches öffentliches Buch oder Register eingetragen sind oder deren Verwertung in einer inländischen Betriebsstätte oder anderen Einrichtung erfolgt, erzielt werden. [2] § 23 Absatz 1 Satz 4 gilt entsprechend. [3] Als Einkünfte aus Gewerbebetrieb gelten auch die Einkünfte aus Tätigkeiten im Sinne dieses Buchstabens, die von einer Körperschaft im Sinne des § 2 Nummer 1 des Körperschaftsteuergesetzes erzielt werden, die mit einer Kapitalgesellschaft oder sonstigen juristischen Person im Sinne des § 1 Absatz 1 Nummer 1 bis 3 des Körperschaftsteuergesetzes vergleichbar ist. [4] Zu den Einkünften aus der Veräußerung von inländischem unbeweglichem Vermögen im Sinne dieses Buchstabens gehören auch Wertveränderungen von Wirtschaftsgütern, die mit diesem Vermögen in wirtschaftlichem Zusammenhang stehen, oder

g)[3] die aus der Verschaffung der Gelegenheit erzielt werden, einen Berufssportler als solchen im Inland vertraglich zu verpflichten; dies gilt nur, wenn die Gesamteinnahmen 10 000 Euro übersteigen;

---

[1] § 49 Abs. 1 Nr. 2 Buchst. e Doppelbuchst. cc eingef. durch G v. 11.12.2018 (BGBl. I S. 2338); zur Anwendung siehe § 52 Abs. 45a Satz 1.

[2] § 49 Abs. 1 Nr. 2 Buchst. f Satz 2 eingef., bish. Satz 2 wird Satz 3 mWv 1.1.2017 durch G v. 19.7.2016 (BGBl. I S. 1730); Satz 4 angef. durch G v. 11.12.2018 (BGBl. I S. 2338); zur Anwendung siehe § 52 Abs. 45a Satz 2.

[3] § 49 Abs. 1 Nr. 2 Buchst. g angef. mWv VZ 2010 durch G v. 8.12.2010 (BGBl. I S. 1768).

3. Einkünfte aus selbständiger Arbeit (§ 18), die im Inland ausgeübt oder verwertet wird oder worden ist, oder für die im Inland eine feste Einrichtung oder eine Betriebsstätte unterhalten wird;
4. Einkünfte aus nichtselbständiger Arbeit (§ 19), die
   a) im Inland ausgeübt oder verwertet wird oder worden ist,
   b)[1] aus inländischen öffentlichen Kassen einschließlich der Kassen des Bundeseisenbahnvermögens und der Deutschen Bundesbank mit Rücksicht auf ein gegenwärtiges oder früheres Dienstverhältnis gewährt werden, ohne dass ein Zahlungsanspruch gegenüber der inländischen öffentlichen Kasse bestehen muss [***ab 1.1.2020:*** ; dies gilt nicht, wenn das Dienstverhältnis im Tätigkeitsstaat oder einem anderen ausländischen Staat begründet wurde, der Arbeitnehmer keinen inländischen Wohnsitz oder gewöhnlichen Aufenthalt auf Grund des Dienstverhältnisses oder eines vorangegangenen vergleichbaren Dienstverhältnisses aufgegeben hat und mit dem Tätigkeitsstaat kein Abkommen zur Vermeidung der Doppelbesteuerung besteht,]
   c) als Vergütung für eine Tätigkeit als Geschäftsführer, Prokurist oder Vorstandsmitglied einer Gesellschaft mit Geschäftsleitung im Inland bezogen werden,
   d) als Entschädigung im Sinne des § 24 Nummer 1 für die Auflösung eines Dienstverhältnisses gezahlt werden, soweit die für die zuvor ausgeübte Tätigkeit bezogenen Einkünfte der inländischen Besteuerung unterlegen haben,
   e) an Bord eines im internationalen Luftverkehr eingesetzten Luftfahrzeugs ausgeübt wird, das von einem Unternehmen mit Geschäftsleitung im Inland betrieben wird;
5.[2] Einkünfte aus Kapitalvermögen im Sinne des

[Fassung bis 31.12.2019:]

a) § 20 Absatz 1 Nummer 1, 2, 4, 6 und 9, wenn der Schuldner Wohnsitz, Geschäftsleitung oder Sitz im Inland hat oder wenn es sich um Fälle des § 44 Absatz 1 Satz 4 Nummer 1 Buchstabe a Doppelbuchstabe bb handelt; dies gilt auch für Erträge aus Wandelanleihen und Gewinnobligationen,

[Fassung ab 1.1.2020:]

a) § 20 Absatz 1 Nummer 1, 2, 4, 6 und 9, wenn
   aa) der Schuldner Wohnsitz, Geschäftsleitung oder Sitz im Inland hat,
   bb) in den Fällen des § 20 Absatz 1 Nummer 1 Satz 4 der Emittent der Aktien Geschäftsleitung oder Sitz im Inland hat oder
   cc) es sich um Fälle des § 44 Absatz 1 Satz 4 Nummer 1

---

[1] § 49 Abs. 1 Nr. 4 Buchst. b HS 2 angef. mWv VZ 2020 durch G v. 12.12.2019 (BGBl. I S. 2451).

[2] § 49 Abs. 1 Nr. 5 Satz 1 Buchst. a geänd., Buchst. b aufgeh. durch G v. 19.7.2016 (BGBl. I S. 1730); zur Anwendung siehe § 52 Abs. 45a Satz 3 und 4; Nr. 5 Satz 1 Buchst. a neu gef., Buchst. c Doppelbuchst. aa Satz 2 geänd. mWv VZ 2020 durch G v. 12.12.2019 (BGBl. I S. 2451).

[Fassung ab 1.1.2020:]

Buchstabe a Doppelbuchstabe bb handelt;

dies gilt auch für Erträge aus Wandelanleihen und Gewinnobligationen,

b) *(aufgehoben)*

c) § 20 Absatz 1 Nummer 5 und 7, wenn

aa) das Kapitalvermögen durch inländischen Grundbesitz, durch inländische Rechte, die den Vorschriften des bürgerlichen Rechts über Grundstücke unterliegen, oder durch Schiffe, die in ein inländisches Schiffsregister eingetragen sind, unmittelbar oder mittelbar gesichert ist. [2] Ausgenommen sind Zinsen aus Anleihen und Forderungen, die in ein öffentliches Schuldbuch eingetragen oder über die Sammelurkunden im Sinne des § 9a des Depotgesetzes oder Teilschuldverschreibungen [***ab 1.1.2020:*** , soweit es sich nicht um Wandelanleihen oder Gewinnobligationen handelt,] ausgegeben sind, oder

bb) das Kapitalvermögen aus Genussrechten besteht, die nicht in § 20 Absatz 1 Nummer 1 genannt sind,

d) § 43 Absatz 1 Satz 1 Nummer 7 Buchstabe a, Nummer 9 und 10 sowie Satz 2, wenn sie von einem Schuldner oder von einem inländischen Kreditinstitut oder einem inländischen Finanzdienstleistungsinstitut im Sinne des § 43 Absatz 1 Satz 1 Nummer 7 Buchstabe b einem anderen als einem ausländischen Kreditinstitut oder einem ausländischen Finanzdienstleistungsinstitut

aa) gegen Aushändigung der Zinsscheine ausgezahlt oder gutgeschrieben werden und die Teilschuldverschreibungen nicht von dem Schuldner, dem inländischen Kreditinstitut oder dem inländischen Finanzdienstleistungsinstitut verwahrt werden oder

bb) gegen Übergabe der Wertpapiere ausgezahlt oder gutgeschrieben werden und diese vom Kreditinstitut weder verwahrt noch verwaltet werden.

[2] § 20 Absatz 3 gilt entsprechend;

6. Einkünfte aus Vermietung und Verpachtung (§ 21), soweit sie nicht zu den Einkünften im Sinne der Nummern 1 bis 5 gehören, wenn das unbewegliche Vermögen, die Sachinbegriffe oder Rechte im Inland belegen oder in ein inländisches öffentliches Buch oder Register eingetragen sind oder in einer inländischen Betriebsstätte oder in einer anderen Einrichtung verwertet werden;

7.[1)] sonstige Einkünfte im Sinne des § 22 Nummer 1 Satz 3 Buchstabe a, die von den inländischen gesetzlichen Rentenversicherungsträgern, der inländischen landwirtschaftlichen Alterskasse, den inländischen berufsständi-

[1)] § 49 Abs. 1 Nr. 7 2. HS angef. mWv VZ 2010 durch G v. 8.4.2010 (BGBl. I S. 386); 1. HS geänd. mWv VZ 2013 durch G v. 12.4.2012 (BGBl. I S. 579).

schen Versorgungseinrichtungen, den inländischen Versicherungsunternehmen oder sonstigen inländischen Zahlstellen gewährt werden; dies gilt entsprechend für Leibrenten und andere Leistungen ausländischer Zahlstellen, wenn die Beiträge, die den Leistungen zugrunde liegen, nach § 10 Absatz 1 Nummer 2 ganz oder teilweise bei der Ermittlung der Sonderausgaben berücksichtigt wurden;

8. sonstige Einkünfte im Sinne des § 22 Nummer 2, soweit es sich um private Veräußerungsgeschäfte handelt, mit
   a) inländischen Grundstücken oder
   b) inländischen Rechten, die den Vorschriften des bürgerlichen Rechts über Grundstücke unterliegen;

8a. sonstige Einkünfte im Sinne des § 22 Nummer 4;

9. sonstige Einkünfte im Sinne des § 22 Nummer 3, auch wenn sie bei Anwendung dieser Vorschrift einer anderen Einkunftsart zuzurechnen wären, soweit es sich um Einkünfte aus inländischen unterhaltenden Darbietungen, aus der Nutzung beweglicher Sachen im Inland oder aus der Überlassung der Nutzung oder des Rechts auf Nutzung von gewerblichen, technischen, wissenschaftlichen und ähnlichen Erfahrungen, Kenntnissen und Fertigkeiten, zum Beispiel Plänen, Mustern und Verfahren, handelt, die im Inland genutzt werden oder worden sind; dies gilt nicht, soweit es sich um steuerpflichtige Einkünfte im Sinne der Nummern 1 bis 8 handelt;

10.[1] sonstige Einkünfte im Sinne des § 22 Nummer 5; dies gilt auch für Leistungen ausländischer Zahlstellen, soweit die Leistungen bei einem unbeschränkt Steuerpflichtigen zu Einkünften nach § 22 Nummer 5 Satz 1 führen würden oder wenn die Beiträge, die den Leistungen zugrunde liegen, nach § 10 Absatz 1 Nummer 2 ganz oder teilweise bei der Ermittlung der Sonderausgaben berücksichtigt wurden.

(2) Im Ausland gegebene Besteuerungsmerkmale bleiben außer Betracht, soweit bei ihrer Berücksichtigung inländische Einkünfte im Sinne des Absatzes 1 nicht angenommen werden könnten.

(3) [1] Bei Schifffahrt- und Luftfahrtunternehmen sind die Einkünfte im Sinne des Absatzes 1 Nummer 2 Buchstabe b mit 5 Prozent der für diese Beförderungsleistungen vereinbarten Entgelte anzusetzen. [2] Das gilt auch, wenn solche Einkünfte durch eine inländische Betriebsstätte oder einen inländischen ständigen Vertreter erzielt werden (Absatz 1 Nummer 2 Buchstabe a). [3] Das gilt nicht in den Fällen des Absatzes 1 Nummer 2 Buchstabe c oder soweit das deutsche Besteuerungsrecht nach einem Abkommen zur Vermeidung der Doppelbesteuerung ohne Begrenzung des Steuersatzes aufrechterhalten bleibt.

(4) [1] Abweichend von Absatz 1 Nummer 2 sind Einkünfte steuerfrei, die ein beschränkt Steuerpflichtiger mit Wohnsitz oder gewöhnlichem Aufenthalt in einem ausländischen Staat durch den Betrieb eigener oder gecharterter Schiffe oder Luftfahrzeuge aus einem Unternehmen bezieht, dessen Geschäftsleitung sich in dem ausländischen Staat befindet. [2] Voraussetzung für die Steuerbefrei-

[1] § 49 Abs. 1 Nr. 10 neu gef. mWv VZ 2010 durch G v. 8.4.2010 (BGBl. I S. 386).

ung ist, dass dieser ausländische Staat Steuerpflichtigen mit Wohnsitz oder gewöhnlichem Aufenthalt im Geltungsbereich dieses Gesetzes eine entsprechende Steuerbefreiung für derartige Einkünfte gewährt und dass das Bundesministerium für Verkehr und digitale Infrastruktur[1)] die Steuerbefreiung nach Satz 1 für verkehrspolitisch unbedenklich erklärt hat.

§ 50 Sondervorschriften für beschränkt Steuerpflichtige. (1)[2)] [1]Beschränkt Steuerpflichtige dürfen Betriebsausgaben (§ 4 Absatz 4 bis 8) oder Werbungskosten (§ 9) nur insoweit abziehen, als sie mit inländischen Einkünften in wirtschaftlichem Zusammenhang stehen. [2]§ 32a Absatz 1 ist mit der Maßgabe anzuwenden, dass das zu versteuernde Einkommen um den Grundfreibetrag des § 32a Absatz 1 Satz 2 Nummer 1 erhöht wird; dies gilt bei Einkünften nach § 49 Absatz 1 Nummer 4 nur in Höhe des diese Einkünfte abzüglich der nach Satz 4 abzuziehenden Aufwendungen übersteigenden Teils des Grundfreibetrags. [3]Wenn für das um den Grundfreibetrag erhöhte zu versteuernde Einkommen ein besonderer Steuersatz nach § 32b Absatz 2 oder nach § 2 Absatz 5 des Außensteuergesetzes gilt, ist dieser auf das zu versteuernde Einkommen anzuwenden. [4]§ 10 Absatz 1, 1a Nummer 1, 3 und 4, Absatz 2 bis 6, die §§ 10a, 10c, 16 Absatz 4, die §§ 24b, 32, 32a Absatz 6, die §§ 33, 33a, 33b *und 35a* [***ab 1.1.2020:*** , 35a und 35c] sind nicht anzuwenden. [5]Hiervon abweichend sind bei Arbeitnehmern, die Einkünfte aus nichtselbständiger Arbeit im Sinne des § 49 Absatz 1 Nummer 4 beziehen, § 10 Absatz 1 Nummer 2 Buchstabe a, Nummer 3 und Absatz 3[3)] sowie § 10c anzuwenden, soweit die Aufwendungen auf die Zeit entfallen, in der Einkünfte im Sinne des § 49 Absatz 1 Nummer 4 erzielt wurden und die Einkünfte nach § 49 Absatz 1 Nummer 4 nicht übersteigen. [6]Die Jahres- und Monatsbeträge der Pauschalen nach § 9a Satz 1 Nummer 1 und § 10c ermäßigen sich zeitanteilig, wenn Einkünfte im Sinne des § 49 Absatz 1 Nummer 4 nicht während eines vollen Kalenderjahres oder Kalendermonats zugeflossen sind.

[***ab 1.1.2021:***

(1a)[4)] [1]Abweichend von Absatz 1 Satz 4 ist § 10 Absatz 1 Nummer 2 Buchstabe a sowie Absatz 2 und 3 auf Beiträge an berufsständische Versorgungseinrichtungen anzuwenden, wenn eine gesetzliche Pflichtmitgliedschaft in der Versorgungseinrichtung besteht, die auf einer für die inländische Berufsausübung erforderlichen Zulassung beruht. [2]Dies gilt nur für Staatsangehörige

1. eines Mitgliedstaates der Europäischen Union oder eines Staates, auf den das Abkommen über den Europäischen Wirtschaftsraum Anwendung fin-

---

[1)] Bezeichnung geänd. durch VO v. 31.8.2015 (BGBl. I S. 1474).

[2)] § 50 Abs. 1 Satz 2 geänd., Satz 4 ergänzt mWv VZ 2011 durch G v. 7.12.2011 (BGBl. I S. 2592); Sätze 3 und 4 geänd. mWv VZ 2012 durch G v. 1.11.2011 (BGBl. I S. 2131); Satz 3 geänd. mWv 1.1.2017 (§ 52 Abs. 46 Satz 1) durch G v. 20.12.2016 (BGBl. I S. 3000); Satz 3 Verweis geänd. mWv 1.1.2020 durch G v. 21.12.2019 (BGBl. I S. 2886); Satz 3 eingef., bish. Sätze 3 bis 5 werden Sätze 4 bis 6 durch G v. 21.12.2020 (BGBl. I S. 3096), zur Anwendung siehe § 52 Abs. 46 Satz 1.

[3)] Verweis geänd. durch G v. 8.12.2010 (BGBl. I S. 1768).

[4)] § 50 Abs. 1a eingef. durch G v. 21.12.2020 (BGBl. I S. 3096); zur Anwendung siehe § 52 Abs. 46 Satz 2.

det, und die im Hoheitsgebiet eines dieser Staaten oder der Schweiz ihren Wohnsitz oder gewöhnlichen Aufenthalt haben, sowie

2. der Schweizerischen Eidgenossenschaft, die ihren Wohnsitz oder gewöhnlichen Aufenthalt im Hoheitsgebiet eines Mitgliedstaates der Europäischen Union oder der Schweiz haben.

3 Die Beiträge können nur als Sonderausgaben abgezogen werden, soweit sie in unmittelbarem wirtschaftlichem Zusammenhang mit inländischen Einkünften nach § 49 Absatz 1 Nummer 2 oder 3 stehen, die aus der durch die Zulassung ermöglichten Berufsausübung erzielt werden. 4 Der Abzug der Beiträge erfolgt entsprechend dem Anteil der inländischen Einkünfte im Sinne des Satzes 3 an dem Gesamtbetrag der positiven in- und ausländischen Einkünfte aus der durch die Zulassung ermöglichten Berufsausübung. 5 Der Abzug der Beiträge ist ausgeschlossen, soweit sie im Rahmen der Einkommensbesteuerung des Steuerpflichtigen in einem Staat, in dem er seinen Wohnsitz oder gewöhnlichen Aufenthalt hat, abgezogen worden sind oder sie die Einkünfte nach Satz 3 übersteigen.]

(2)[1] 1 Die Einkommensteuer für Einkünfte, die dem Steuerabzug vom Arbeitslohn oder vom Kapitalertrag oder dem Steuerabzug auf Grund des § 50a unterliegen, gilt bei beschränkt Steuerpflichtigen durch den Steuerabzug als abgegolten. 2 Satz 1 gilt nicht

1. für Einkünfte eines inländischen Betriebs;
2. wenn nachträglich festgestellt wird, dass die Voraussetzungen der unbeschränkten Einkommensteuerpflicht im Sinne des § 1 Absatz 2 oder Absatz 3 oder des § 1a nicht vorgelegen haben; § 39 Absatz 7 ist sinngemäß anzuwenden;
3. in Fällen des § 2 Absatz 7 Satz 3;
4. für Einkünfte aus nichtselbständiger Arbeit im Sinne des § 49 Absatz 1 Nummer 4,
   a) wenn als Lohnsteuerabzugsmerkmal ein Freibetrag nach § 39a Absatz 4 gebildet worden ist *oder* [***ab 1.1.2020:*** und der im Kalenderjahr insgesamt erzielte Arbeitslohn *11 900* {***ab 1.1.2021:*** 12 250; ***ab 1.1.2022:*** 12 550}[2] Euro übersteigt,]
   b) wenn die Veranlagung zur Einkommensteuer beantragt wird (§ 46 Absatz 2 Nummer 8) oder

[***ab 1.1.2020:***

   c) in den Fällen des § 46 Absatz 2 Nummer 2, 5 und 5a;]

5. für Einkünfte im Sinne des § 50a Absatz 1 Nummer 1, 2 und 4, wenn die Veranlagung zur Einkommensteuer beantragt wird;

---

[1] § 50 Abs. 2 Satz 2 Nr. 2 geänd., Nr. 4 Buchst. a neu gef., Sätze 3 und 6 geänd. mWv VZ 2012 durch G v. 7.12.2011 (BGBl. I S. 2592); Abs. 2 Satz 2 Nr. 6 angef. durch Art. 1 des G v. 12.12.2019 (BGBl. I S. 2451); zur Anwendung siehe § 52 Abs. 46 Satz 3; Abs. 2 Satz 2 Nr. 4 Buchst. a geänd., Buchst. c angef., Satz 6 geänd. mWv 1.1.2020 durch Art. 2 des G v. 12.12. 2019 (BGBl. I S. 2451); Abs. 2 Sätze 9 und 10 angef. mWv 1.1.2021 durch G v. 21.12.2020 (BGBl. I S. 3096).

[2] Beträge geänd. mWv 1.1.2021/2022 durch G v. 1.12.2020 (BGBl. I S. 2616).

6.[1] für Einkünfte aus Kapitalvermögen im Sinne des § 49 Absatz 1 Nummer 5 Satz 1 Buchstabe a, auf die § 20 Absatz 1 Nummer 6 Satz 2 anzuwenden ist, wenn die Veranlagung zur Einkommensteuer beantragt wird.

3 In den Fällen des Satzes 2 Nummer 4 erfolgt die Veranlagung durch das Betriebsstättenfinanzamt, das nach § 39 Absatz 2 Satz 2 oder Satz 4 für die Bildung und die Änderung der Lohnsteuerabzugsmerkmale zuständig ist. 4 Bei mehreren Betriebsstättenfinanzämtern ist das Betriebsstättenfinanzamt zuständig, in dessen Bezirk der Arbeitnehmer zuletzt beschäftigt war. 5 Bei Arbeitnehmern mit Steuerklasse VI ist das Betriebsstättenfinanzamt zuständig, in dessen Bezirk der Arbeitnehmer zuletzt unter Anwendung der Steuerklasse I beschäftigt war. 6 Hat der Arbeitgeber für den Arbeitnehmer keine elektronischen Lohnsteuerabzugsmerkmale (§ 39e Absatz 4 Satz 2) abgerufen und wurde keine Bescheinigung für den Lohnsteuerabzug nach § 39 Absatz 3 oder § 39e Absatz 7 Satz 5 ausgestellt, ist das Betriebsstättenfinanzamt zuständig, in dessen Bezirk der Arbeitnehmer zuletzt beschäftigt war. 7 Satz 2 Nummer 4 Buchstabe b und Nummer 5 gilt nur für Staatsangehörige eines Mitgliedstaats der Europäischen Union oder eines anderen Staates, auf den das Abkommen über den Europäischen Wirtschaftsraum Anwendung findet, die im Hoheitsgebiet eines dieser Staaten ihren Wohnsitz oder gewöhnlichen Aufenthalt haben. 8 In den Fällen des Satzes 2 Nummer 5 erfolgt die Veranlagung durch das Bundeszentralamt für Steuern.[2] [***ab 1.1.2021:*** 9 In den Fällen des Satzes 2 Nummer 6 ist für die Besteuerung des Gläubigers nach dem Einkommen das Finanzamt zuständig, das auch für die Besteuerung des Schuldners nach dem Einkommen zuständig ist; bei mehreren Schuldnern ist das Finanzamt zuständig, das für den Schuldner, dessen Leistung dem Gläubiger im Veranlagungszeitraum zuerst zufloss, zuständig ist. 10 Werden im Rahmen einer Veranlagung Einkünfte aus nichtselbständiger Arbeit im Sinne des § 49 Absatz 1 Nummer 4 bei der Ermittlung des zu versteuernden Einkommens berücksichtigt, gilt § 46 Absatz 3 und 5 entsprechend.]

(3) § 34c Absatz 1 bis 3 ist bei Einkünften aus Land- und Forstwirtschaft, Gewerbebetrieb oder selbständiger Arbeit, für die im Inland ein Betrieb unterhalten wird, entsprechend anzuwenden, soweit darin nicht Einkünfte aus einem ausländischen Staat enthalten sind, mit denen der beschränkt Steuerpflichtige dort in einem der unbeschränkten Steuerpflicht ähnlichen Umfang zu einer Steuer vom Einkommen herangezogen wird.

(4) Die obersten Finanzbehörden der Länder oder die von ihnen beauftragten Finanzbehörden können mit Zustimmung des Bundesministeriums der Finanzen die Einkommensteuer bei beschränkt Steuerpflichtigen ganz oder zum Teil erlassen oder in einem Pauschbetrag festsetzen, wenn dies im besonderen öffentlichen Interesse liegt; ein besonderes öffentliches Interesse besteht *insbesondere*[3]

---

[1] Siehe hierzu § 52 Abs. 46 Satz 3; red. Ber. durch G v. 21.12.2020 (BGBl. I S. 3096).

[2] Zur erstmaligen Anwendung von Satz 8 siehe § 52 Abs. 46 Satz 2 iVm § 2 Abs. 1 der VO v. 24.6.2013 (BGBl. I S. 1679): 1.1.2014.

[3] Kursives Wort gestrichen mWv 1.1.2016 durch G v. 2.11.2015 (BGBl. I S. 1834); zur weiteren Anwendung siehe § 52 Abs. 46 Satz 4.

1.[1] an der inländischen Veranstaltung international bedeutsamer kultureller und sportlicher Ereignisse, um deren Ausrichtung ein internationaler Wettbewerb stattfindet, oder

2.[2] am inländischen Auftritt einer ausländischen Kulturvereinigung, wenn ihr Auftritt wesentlich aus öffentlichen Mitteln gefördert wird.

§ 50a Steuerabzug bei beschränkt Steuerpflichtigen. (1) Die Einkommensteuer wird bei beschränkt Steuerpflichtigen im Wege des Steuerabzugs erhoben

1. bei Einkünften, die durch im Inland ausgeübte künstlerische, sportliche, artistische, unterhaltende oder ähnliche Darbietungen erzielt werden, einschließlich der Einkünfte aus anderen mit diesen Leistungen zusammenhängenden Leistungen, unabhängig davon, wem die Einkünfte zufließen (§ 49 Absatz 1 Nummer 2 bis 4 und 9), es sei denn, es handelt sich um Einkünfte aus nichtselbständiger Arbeit, die bereits dem Steuerabzug vom Arbeitslohn nach § 38 Absatz 1 Satz 1 Nummer 1 unterliegen,

2. bei Einkünften aus der inländischen Verwertung von Darbietungen im Sinne der Nummer 1 (§ 49 Absatz 1 Nummer 2 bis 4 und 6),

3.[3] bei Einkünften, die aus Vergütungen für die Überlassung der Nutzung oder des Rechts auf Nutzung von Rechten, insbesondere von Urheberrechten und gewerblichen Schutzrechten, von gewerblichen, technischen, wissenschaftlichen und ähnlichen Erfahrungen, Kenntnissen und Fertigkeiten, zum Beispiel Plänen, Mustern und Verfahren, herrühren, sowie bei Einkünften, die aus der Verschaffung der Gelegenheit erzielt werden, einen Berufssportler über einen begrenzten Zeitraum vertraglich zu verpflichten (§ 49 Absatz 1 Nummer 2, 3, 6 und 9),

4.[4] bei Einkünften, die Mitgliedern des Aufsichtsrats, Verwaltungsrats oder anderen mit der Überwachung der Geschäftsführung von Körperschaften, Personenvereinigungen und Vermögensmassen im Sinne des § 1 des Körperschaftsteuergesetzes beauftragten Personen sowie von anderen inländischen Personenvereinigungen des privaten und öffentlichen Rechts, bei denen die Gesellschafter nicht als Unternehmer (Mitunternehmer) anzusehen sind, für die Überwachung der Geschäftsführung gewährt werden (§ 49 Absatz 1 Nummer 3).

(2) [1]Der Steuerabzug beträgt 15 Prozent, in den Fällen des Absatzes 1 Nummer 4 beträgt er 30 Prozent der gesamten Einnahmen. [2]Vom Schuldner der Vergütung ersetzte oder übernommene Reisekosten gehören nur insoweit zu den Einnahmen, als die Fahrt- und Übernachtungsauslagen die tatsächlichen Kosten und die Vergütungen für Verpflegungsmehraufwand die Pauschbeträge nach § 4 Absatz 5 Satz 1 Nummer 5 übersteigen. [3]Bei Einkünften im

---

[1] § 50 Abs. 4 Nrn. 1 und 2 geänd. mWv VZ 2010 durch G v. 8.12.2010 (BGBl. I S. 1768).

[2] § 50 Abs. 4 Nrn. 1 und 2 geänd. mWv VZ 2010 durch G v. 8.12.2010 (BGBl. I S. 1768).

[3] § 50a Abs. 1 Nr. 3 geänd. mWv VZ 2010 durch G v. 8.12.2010 (BGBl. I S. 1768).

[4] § 50a Abs. 1 Nr. 4 geänd. durch G v. 12.12.2019 (BGBl. I S. 2451).

Sinne des Absatzes 1 Nummer 1 wird ein Steuerabzug nicht erhoben, wenn die Einnahmen je Darbietung 250 Euro nicht übersteigen.

(3) [1]Der Schuldner der Vergütung kann von den Einnahmen in den Fällen des Absatzes 1 Nummer 1, 2 und 4 mit ihnen in unmittelbarem wirtschaftlichem Zusammenhang stehende Betriebsausgaben oder Werbungskosten abziehen, die ihm ein beschränkt Steuerpflichtiger in einer für das Bundeszentralamt für Steuern[1)] nachprüfbaren Form nachgewiesen hat oder die vom Schuldner der Vergütung übernommen worden sind. [2]Das gilt nur, wenn der beschränkt Steuerpflichtige Staatsangehöriger eines Mitgliedstaats der Europäischen Union oder eines anderen Staates ist, auf den das Abkommen über den Europäischen Wirtschaftsraum Anwendung findet, und im Hoheitsgebiet eines dieser Staaten seinen Wohnsitz oder gewöhnlichen Aufenthalt hat. [3]Es gilt entsprechend bei einer beschränkt steuerpflichtigen Körperschaft, Personenvereinigung oder Vermögensmasse im Sinne des § 32 Absatz 4 des Körperschaftsteuergesetzes. [4]In diesen Fällen beträgt der Steuerabzug von den nach Abzug der Betriebsausgaben oder Werbungskosten verbleibenden Einnahmen (Nettoeinnahmen), wenn

1. Gläubiger der Vergütung eine natürliche Person ist, 30 Prozent,
2. Gläubiger der Vergütung eine Körperschaft, Personenvereinigung oder Vermögensmasse ist, 15 Prozent.

(4) [1]Hat der Gläubiger einer Vergütung seinerseits Steuern für Rechnung eines anderen beschränkt steuerpflichtigen Gläubigers einzubehalten (zweite Stufe), kann er vom Steuerabzug absehen, wenn seine Einnahmen bereits dem Steuerabzug nach Absatz 2 unterlegen haben. [2]Wenn der Schuldner der Vergütung auf zweiter Stufe Betriebsausgaben oder Werbungskosten nach Absatz 3 geltend macht, die Veranlagung nach § 50 Absatz 2 Satz 2 Nummer 5 beantragt oder die Erstattung der Abzugsteuer nach § 50d Absatz 1 oder einer anderen Vorschrift beantragt, hat er die sich nach Absatz 2 oder Absatz 3 ergebende Steuer zu diesem Zeitpunkt zu entrichten; Absatz 5 gilt entsprechend.

(5) [1]Die Steuer entsteht in dem Zeitpunkt, in dem die Vergütung dem Gläubiger zufließt. [2]In diesem Zeitpunkt hat der Schuldner der Vergütung den Steuerabzug für Rechnung des Gläubigers (Steuerschuldner) vorzunehmen. [3]Er hat die innerhalb eines Kalendervierteljahres einbehaltene Steuer jeweils bis zum zehnten des dem Kalendervierteljahr folgenden Monats an das Bundeszentralamt für Steuern[2)] abzuführen. [4]Der Schuldner der Vergütung haftet für die Einbehaltung und Abführung der Steuer. [5]Der Steuerschuldner kann in Anspruch genommen werden, wenn der Schuldner der Vergütung den Steuerabzug nicht vorschriftsmäßig vorgenommen hat. [6]Der Schuldner der Vergütung ist verpflichtet, dem Gläubiger auf Verlangen die folgenden Angaben nach amtlich vorgeschriebenem Muster zu bescheinigen:

[1)] Zur erstmaligen Anwendung § 52 Abs. 47 Satz 1 iVm § 2 Abs. 2 der VO vom 24.6.2013 (BGBl. I S. 1679): 1.1.2014.

[2)] Zur erstmaligen Anwendung siehe § 52 Abs. 47 Satz 1 iVm § 2 Abs. 2 der VO vom 24.6.2013 (BGBl. I S. 1679): 1.1.2014.

1. den Namen und die Anschrift des Gläubigers,
2. die Art der Tätigkeit und Höhe der Vergütung in Euro,
3. den Zahlungstag,
4. den Betrag der einbehaltenen und abgeführten Steuer nach Absatz 2 oder Absatz 3.
5.[1] (*aufgehoben*)

(6) Die Bundesregierung kann durch Rechtsverordnung[2] mit Zustimmung des Bundesrates bestimmen, dass bei Vergütungen für die Nutzung oder das Recht auf Nutzung von Urheberrechten (Absatz 1 Nummer 3), die nicht unmittelbar an den Gläubiger, sondern an einen Beauftragten geleistet werden, anstelle des Schuldners der Vergütung der Beauftragte die Steuer einzubehalten und abzuführen hat und für die Einbehaltung und Abführung haftet.

(7)[3] [1]Das Finanzamt des Vergütungsgläubigers kann anordnen, dass der Schuldner der Vergütung für Rechnung des Gläubigers (Steuerschuldner) die Einkommensteuer von beschränkt steuerpflichtigen Einkünften, soweit diese nicht bereits dem Steuerabzug unterliegen, im Wege des Steuerabzugs einzubehalten und abzuführen hat, wenn dies zur Sicherung des Steueranspruchs zweckmäßig ist. [2]Der Steuerabzug beträgt 25 Prozent der gesamten Einnahmen, bei Körperschaften, Personenvereinigungen oder Vermögensmassen 15 Prozent der gesamten Einnahmen; das Finanzamt kann die Höhe des Steuerabzugs hiervon abweichend an die voraussichtlich geschuldete Steuer anpassen. [3]Absatz 5 gilt entsprechend mit der Maßgabe, dass die Steuer bei dem Finanzamt anzumelden und abzuführen ist, das den Steuerabzug angeordnet hat; das Finanzamt kann anordnen, dass die innerhalb eines Monats einbehaltene Steuer jeweils bis zum zehnten des Folgemonats anzumelden und abzuführen ist. [4]§ 50 Absatz 2 Satz 1 ist nicht anzuwenden. [***ab VZ 2021:*** [5]Ist für Einkünfte im Sinne des § 49 Absatz 1 Nummer 7 und 10 der Steuerabzug einbehalten und abgeführt worden, obwohl eine Verpflichtung hierzu nicht bestand, ist auf Antrag des Schuldners der Vergütung die Anmeldung über den Steuerabzug insoweit zu ändern; stattdessen kann der Schuldner der Vergütung, sobald er erkennt, dass er den Steuerabzug ohne Verpflichtung einbehalten und abgeführt hat, bei der folgenden Steueranmeldung den abzuführenden Steuerabzug entsprechend kürzen; erstattungsberechtigt ist der Schuldner der Vergütung; die nach Absatz 5 Satz 6 erteilte Bescheinigung ist durch eine berichtigte Bescheinigung zu ersetzen und im Fall der Übermittlung in Papierform zurückzufordern. [6]Die Anrechnung der durch Steuerabzug erhobenen Einkommensteuer nach § 36 Absatz 2 Nummer 2 Buchstabe a richtet sich nach der Höhe der in der Rentenbezugsmitteilung nach § 22a ausgewiesenen einbehaltenen Steuerabzugsbeträge. [7]Wird eine Rentenbezugsmitteilung wegen einbehaltener Steuerabzugsbeträge korrigiert, ist die Anrechnung insoweit nachzuholen oder zu ändern.]

---

[1] § 50a Abs. 5 Satz 6 Nr. 5 aufgeh.; zur erstmaligen Anwendung siehe § 52 Abs. 47 Satz 1.

[2] Vgl. hierzu § 73 EStDV (Nr. **10**).

[3] § 50a Abs. 7 Sätze 2 und 3 geänd. durch G v. 25.7.2014 (BGBl. I S. 1266); zur Anwendung siehe § 52 Abs. 47 Satz 2; Abs. 7 Sätze 5 bis 7 angef. mWv VZ 2021 durch G v. 21.12.2020 (BGBl. I S. 3096).

IX. Sonstige Vorschriften, Bußgeld-, Ermächtigungs- und Schlussvorschriften

§ 50b Prüfungsrecht. [1]Die Finanzbehörden sind berechtigt, Verhältnisse, die für die Anrechnung oder Vergütung von Körperschaftsteuer, für die Anrechnung oder Erstattung von Kapitalertragsteuer, für die Nichtvornahme des Steuerabzugs, für die Ausstellung der Jahresbescheinigung nach § 24c oder für die Mitteilungen an das Bundeszentralamt für Steuern nach § 45e von Bedeutung sind oder der Aufklärung bedürfen, bei den am Verfahren Beteiligten zu prüfen. [2]Die §§ 193 bis 203 der Abgabenordnung gelten sinngemäß.

§ 50c. (weggefallen)

§ 50d Besonderheiten im Fall von Doppelbesteuerungsabkommen und der §§ 43b und 50g. (1)[1)] [1]Können Einkünfte, die dem Steuerabzug vom Kapitalertrag oder dem Steuerabzug auf Grund des § 50a unterliegen, nach den §§ 43b, 50g oder nach einem Abkommen zur Vermeidung der Doppelbesteuerung nicht oder nur nach einem niedrigeren Steuersatz besteuert werden, so sind die Vorschriften über die Einbehaltung, Abführung und Anmeldung der Steuer ungeachtet der §§ 43b und 50g sowie des Abkommens anzuwenden. [2]Unberührt bleibt der Anspruch des Gläubigers der Kapitalerträge oder Vergütungen auf völlige oder teilweise Erstattung der einbehaltenen und abgeführten oder der auf Grund Haftungsbescheid oder Nachforderungsbescheid entrichteten Steuer. [3]Die Erstattung erfolgt auf Antrag des Gläubigers der Kapitalerträge oder Vergütungen auf der Grundlage eines Freistellungsbescheids; der Antrag ist nach amtlich vorgeschriebenem Vordruck bei dem Bundeszentralamt für Steuern zu stellen. [4]Dem Vordruck ist in den Fällen des § 43 Absatz 1 Satz 1 Nummer 1a eine Bescheinigung nach § 45a Absatz 2 beizufügen. [5]Der zu erstattende Betrag wird nach Bekanntgabe des Freistellungsbescheids ausgezahlt. [6]Hat der Gläubiger der Vergütungen im Sinne des § 50a nach § 50a Absatz 5 Steuern für Rechnung beschränkt steuerpflichtiger Gläubiger einzubehalten, kann die Auszahlung des Erstattungsanspruchs davon abhängig gemacht werden, dass er die Zahlung der von ihm einzubehaltenden Steuer nachweist, hierfür Sicherheit leistet oder unwiderruflich die Zustimmung zur Verrechnung seines Erstattungsanspruchs mit seiner Steuerzahlungsschuld erklärt. [7]Das Bundeszentralamt für Steuern kann zulassen, dass Anträge auf maschinell verwertbaren Datenträgern gestellt werden. [8]Der Antragsteller hat in den Fällen des § 43 Absatz 1 Satz 1 Nummer 1a zu versichern, dass ihm eine Bescheinigung im Sinne des § 45a Absatz 2 vorliegt oder, soweit er selbst die Kapitalerträge als auszahlende Stelle dem Steuerabzug unterworfen hat, nicht ausgestellt wurde; er hat die Bescheinigung zehn Jahre nach Antragstellung aufzubewahren. [9]Die Frist für den Antrag auf Erstattung beträgt vier Jahre nach Ablauf des Kalenderjah-

---

[1)] § 50d Abs. 1 Satz 4 eingef., bish. Sätze 4 bis 6 werden Sätze 5 bis 7, Satz 8 eingef., bish. Sätze 7 bis 10 werden Sätze 9 bis 12 durch G v. 22.6.2011 (BGBl. I S. 1126); Satz 11 eingef., bish. Sätze 11 und 12 werden Sätze 12 und 13 durch G v. 26.6.2013 (BGBl. I S. 1809).

res, in dem die Kapitalerträge oder Vergütungen bezogen worden sind. [10]Die Frist nach Satz 9 endet nicht vor Ablauf von sechs Monaten nach dem Zeitpunkt der Entrichtung der Steuer. [11]Ist der Gläubiger der Kapitalerträge oder Vergütungen eine Person, der die Kapitalerträge oder Vergütungen nach diesem Gesetz oder nach dem Steuerrecht des anderen Vertragsstaats nicht zugerechnet werden, steht der Anspruch auf völlige oder teilweise Erstattung des Steuerabzugs vom Kapitalertrag oder nach § 50a auf Grund eines Abkommens zur Vermeidung der Doppelbesteuerung nur der Person zu, der die Kapitalerträge oder Vergütungen nach den Steuergesetzen des anderen Vertragsstaats als Einkünfte oder Gewinne einer ansässigen Person zugerechnet werden. [12]Für die Erstattung der Kapitalertragsteuer gilt § 45 entsprechend. [13]Der Schuldner der Kapitalerträge oder Vergütungen kann sich vorbehaltlich des Absatzes 2 nicht auf die Rechte des Gläubigers aus dem Abkommen berufen.

(1a) [1]Der nach Absatz 1 in Verbindung mit § 50g zu erstattende Betrag ist zu verzinsen. [2]Der Zinslauf beginnt zwölf Monate nach Ablauf des Monats, in dem der Antrag auf Erstattung und alle für die Entscheidung erforderlichen Nachweise vorliegen, frühestens am Tag der Entrichtung der Steuer durch den Schuldner der Kapitalerträge oder Vergütungen. [3]Er endet mit Ablauf des Tages, an dem der Freistellungsbescheid wirksam wird. [4]Wird der Freistellungsbescheid aufgehoben, geändert oder nach § 129 der Abgabenordnung berichtigt, ist eine bisherige Zinsfestsetzung zu ändern. [5]§ 233a Absatz 5 der Abgabenordnung gilt sinngemäß. [6]Für die Höhe und Berechnung der Zinsen gilt § 238 der Abgabenordnung. [7]Auf die Festsetzung der Zinsen ist § 239 der Abgabenordnung sinngemäß anzuwenden. [8]Die Vorschriften dieses Absatzes sind nicht anzuwenden, wenn der Steuerabzug keine abgeltende Wirkung hat (§ 50 Absatz 2).

(2) [1]In den Fällen der §§ 43b, 50a Absatz 1, § 50g kann der Schuldner der Kapitalerträge oder Vergütungen den Steuerabzug nach Maßgabe von § 43b oder § 50g oder des Abkommens unterlassen oder nach einem niedrigeren Steuersatz vornehmen, wenn das Bundeszentralamt für Steuern dem Gläubiger auf Grund eines von ihm nach amtlich vorgeschriebenem Vordruck gestellten Antrags bescheinigt, dass die Voraussetzungen dafür vorliegen (Freistellung im Steuerabzugsverfahren); dies gilt auch bei Kapitalerträgen, die einer nach einem Abkommen zur Vermeidung der Doppelbesteuerung im anderen Vertragsstaat ansässigen Kapitalgesellschaft, die am Nennkapital einer unbeschränkt steuerpflichtigen Kapitalgesellschaft im Sinne des § 1 Absatz 1 Nummer 1 des Körperschaftsteuergesetzes zu mindestens einem Zehntel unmittelbar beteiligt ist und im Staat ihrer Ansässigkeit den Steuern vom Einkommen oder Gewinn unterliegt, ohne davon befreit zu sein, von der unbeschränkt steuerpflichtigen Kapitalgesellschaft zufließen. [2]Die Freistellung kann unter dem Vorbehalt des Widerrufs erteilt und von Auflagen oder Bedingungen abhängig gemacht werden. [3]Sie kann in den Fällen des § 50a Absatz 1 von der Bedingung abhängig gemacht werden, dass die Erfüllung der Verpflichtungen nach § 50a Absatz 5 nachgewiesen werden, soweit die Vergütungen an andere beschränkt Steuerpflichtige weitergeleitet werden. [4]Die Geltungsdauer der Bescheinigung nach Satz 1 beginnt frühestens an dem

Tag, an dem der Antrag beim Bundeszentralamt für Steuern eingeht; sie beträgt mindestens ein Jahr und darf drei Jahre nicht überschreiten; der Gläubiger der Kapitalerträge oder der Vergütungen ist verpflichtet, den Wegfall der Voraussetzungen für die Freistellung unverzüglich dem Bundeszentralamt für Steuern mitzuteilen. 5 Voraussetzung für die Abstandnahme vom Steuerabzug ist, dass dem Schuldner der Kapitalerträge oder Vergütungen die Bescheinigung nach Satz 1 vorliegt. 6 Über den Antrag ist innerhalb von drei Monaten zu entscheiden. 7 Die Frist beginnt mit der Vorlage aller für die Entscheidung erforderlichen Nachweise. 8 Bestehende Anmeldeverpflichtungen bleiben unberührt.

(3)[1] 1 Eine ausländische Gesellschaft hat keinen Anspruch auf völlige oder teilweise Entlastung nach Absatz 1 oder Absatz 2, soweit Personen an ihr beteiligt sind, denen die Erstattung oder Freistellung nicht zustände, wenn sie die Einkünfte unmittelbar erzielten, und die von der ausländischen Gesellschaft im betreffenden Wirtschaftsjahr erzielten Bruttoerträge nicht aus eigener Wirtschaftstätigkeit stammen, sowie

1. in Bezug auf diese Erträge für die Einschaltung der ausländischen Gesellschaft wirtschaftliche oder sonst beachtliche Gründe fehlen oder
2. die ausländische Gesellschaft nicht mit einem für ihren Geschäftszweck angemessen eingerichteten Geschäftsbetrieb am allgemeinen wirtschaftlichen Verkehr teilnimmt.

2 Maßgebend sind ausschließlich die Verhältnisse der ausländischen Gesellschaft; organisatorische, wirtschaftliche oder sonst beachtliche Merkmale der Unternehmen, die der ausländischen Gesellschaft nahe stehen (§ 1 Absatz 2 des Außensteuergesetzes), bleiben außer Betracht. 3 An einer eigenen Wirtschaftstätigkeit fehlt es, soweit die ausländische Gesellschaft ihre Bruttoerträge aus der Verwaltung von Wirtschaftsgütern erzielt oder ihre wesentlichen Geschäftstätigkeiten auf Dritte überträgt. 4 Die Feststellungslast für das Vorliegen wirtschaftlicher oder sonst beachtlicher Gründe im Sinne von Satz 1 Nummer 1 sowie des Geschäftsbetriebs im Sinne von Satz 1 Nummer 2 obliegt der ausländischen Gesellschaft. 5 Die Sätze 1 bis 3 sind nicht anzuwenden, wenn mit der Hauptgattung der Aktien der ausländischen Gesellschaft ein wesentlicher und regelmäßiger Handel an einer anerkannten Börse stattfindet oder für die ausländische Gesellschaft die Vorschriften des Investmentsteuergesetzes gelten.

(4) 1 Der Gläubiger der Kapitalerträge oder Vergütungen im Sinne des § 50a hat nach amtlich vorgeschriebenem Vordruck durch eine Bestätigung der für ihn zuständigen Steuerbehörde des anderen Staates nachzuweisen, dass er dort ansässig ist oder die Voraussetzungen des § 50g Absatz 3 Nummer 5 Buchstabe c erfüllt sind. 2 Das Bundesministerium der Finanzen kann im Einvernehmen mit den obersten Finanzbehörden der Länder erleichterte Verfahren oder vereinfachte Nachweise zulassen.

(5) 1 Abweichend von Absatz 2 kann das Bundeszentralamt für Steuern in den Fällen des § 50a Absatz 1 Nummer 3 den Schuldner der Vergütung auf

[1] § 50d Abs. 3 Satz 1 neu gef., Satz 4 eingef., bish. Satz 4 wird Satz 5 mWv VZ 2012 durch G v. 7.12.2011 (BGBl. I S. 2592).

Antrag allgemein ermächtigen, den Steuerabzug zu unterlassen oder nach einem niedrigeren Steuersatz vorzunehmen (Kontrollmeldeverfahren). [2] Die Ermächtigung kann in Fällen geringer steuerlicher Bedeutung erteilt und mit Auflagen verbunden werden. [3] Einer Bestätigung nach Absatz 4 Satz 1 bedarf es im Kontrollmeldeverfahren nicht. [4] Inhalt der Auflage kann die Angabe des Namens, des Wohnortes oder des Ortes des Sitzes oder der Geschäftsleitung des Schuldners und des Gläubigers, der Art der Vergütung, des Bruttobetrags und des Zeitpunkts der Zahlungen sowie des einbehaltenen Steuerbetrags sein. [5] Mit dem Antrag auf Teilnahme am Kontrollmeldeverfahren gilt die Zustimmung des Gläubigers und des Schuldners zur Weiterleitung der Angaben des Schuldners an den Wohnsitz- oder Sitzstaat des Gläubigers als erteilt. [6] Die Ermächtigung ist als Beleg aufzubewahren. [7] Absatz 2 Satz 8 gilt entsprechend.

(6) Soweit Absatz 2 nicht anwendbar ist, gilt Absatz 5 auch für Kapitalerträge im Sinne des § 43 Absatz 1 Satz 1 Nummer 1 und 4, wenn sich im Zeitpunkt der Zahlung des Kapitalertrags der Anspruch auf Besteuerung nach einem niedrigeren Steuersatz ohne nähere Ermittlung feststellen lässt.

(7) Werden Einkünfte im Sinne des § 49 Absatz 1 Nummer 4 aus einer Kasse einer juristischen Person des öffentlichen Rechts im Sinne der Vorschrift eines Abkommens zur Vermeidung der Doppelbesteuerung über den öffentlichen Dienst gewährt, so ist diese Vorschrift bei Bestehen eines Dienstverhältnisses mit einer anderen Person in der Weise auszulegen, dass die Vergütungen für der erstgenannten Person geleistete Dienste gezahlt werden, wenn sie ganz oder im Wesentlichen aus öffentlichen Mitteln aufgebracht werden.

(8) [1] Sind Einkünfte eines unbeschränkt Steuerpflichtigen aus nichtselbständiger Arbeit (§ 19) nach einem Abkommen zur Vermeidung der Doppelbesteuerung von der Bemessungsgrundlage der deutschen Steuer auszunehmen, wird die Freistellung bei der Veranlagung ungeachtet des Abkommens nur gewährt, soweit der Steuerpflichtige nachweist, dass der Staat, dem nach dem Abkommen das Besteuerungsrecht zusteht, auf dieses Besteuerungsrecht verzichtet hat oder dass die in diesem Staat auf die Einkünfte festgesetzten Steuern entrichtet wurden. [2] Wird ein solcher Nachweis erst geführt, nachdem die Einkünfte in eine Veranlagung zur Einkommensteuer einbezogen wurden, ist der Steuerbescheid insoweit zu ändern. [3] § 175 Absatz 1 Satz 2 der Abgabenordnung ist entsprechend anzuwenden.

(9)[1)] [1] Sind Einkünfte eines unbeschränkt Steuerpflichtigen nach einem Abkommen zur Vermeidung der Doppelbesteuerung von der Bemessungsgrundlage der deutschen Steuer auszunehmen, so wird die Freistellung der Einkünfte ungeachtet des Abkommens nicht gewährt, soweit

1. der andere Staat die Bestimmungen des Abkommens so anwendet, dass die Einkünfte in diesem Staat von der Besteuerung auszunehmen sind oder nur zu einem durch das Abkommen begrenzten Steuersatz besteuert werden können, oder
2. die Einkünfte in dem anderen Staat nur deshalb nicht steuerpflichtig sind, weil sie von einer Person bezogen werden, die in diesem Staat nicht auf

---

[1)] § 50d Abs. 9 Satz 3 geänd. durch G v. 26.6.2013 (BGBl. I S. 1809); Satz 1 geänd., Satz 4 angef. mWv 1.1.2017 durch G v. 20.12.2016 (BGBl. I S. 3000).

Grund ihres Wohnsitzes, ständigen Aufenthalts, des Ortes ihrer Geschäftsleitung, des Sitzes oder eines ähnlichen Merkmals unbeschränkt steuerpflichtig ist.

[2]Nummer 2 gilt nicht für Dividenden, die nach einem Abkommen zur Vermeidung der Doppelbesteuerung von der Bemessungsgrundlage der deutschen Steuer auszunehmen sind, es sei denn, die Dividenden sind bei der Ermittlung des Gewinns der ausschüttenden Gesellschaft abgezogen worden. [3]Bestimmungen eines Abkommens zur Vermeidung der Doppelbesteuerung sowie Absatz 8 und § 20 Absatz 2 des Außensteuergesetzes bleiben unberührt, soweit sie jeweils die Freistellung von Einkünften in einem weitergehenden Umfang einschränken. [4]Bestimmungen eines Abkommens zur Vermeidung der Doppelbesteuerung, nach denen Einkünfte aufgrund ihrer Behandlung im anderen Vertragsstaat nicht von der Bemessungsgrundlage der deutschen Steuer ausgenommen werden, sind auch auf Teile von Einkünften anzuwenden, soweit die Voraussetzungen der jeweiligen Bestimmung des Abkommens hinsichtlich dieser Einkunftsteile erfüllt sind.

(10)[1)] [1]Sind auf eine Vergütung im Sinne des § 15 Absatz 1 Satz 1 Nummer 2 Satz 1 zweiter Halbsatz und Nummer 3 zweiter Halbsatz die Vorschriften eines Abkommens zur Vermeidung der Doppelbesteuerung anzuwenden und enthält das Abkommen keine solche Vergütungen betreffende ausdrückliche Regelung, gilt die Vergütung für Zwecke der Anwendung des Abkommens zur Vermeidung der Doppelbesteuerung ausschließlich als Teil des Unternehmensgewinns des vergütungsberechtigten Gesellschafters. [2]Satz 1 gilt auch für die durch das Sonderbetriebsvermögen veranlassten Erträge und Aufwendungen. [3]Die Vergütung des Gesellschafters ist ungeachtet der Vorschriften eines Abkommens zur Vermeidung der Doppelbesteuerung über die Zuordnung von Vermögenswerten zu einer Betriebsstätte derjenigen Betriebsstätte der Gesellschaft zuzurechnen, der der Aufwand für die der Vergütung zugrunde liegende Leistung zuzuordnen ist; die in Satz 2 genannten Erträge und Aufwendungen sind der Betriebsstätte zuzurechnen, der die Vergütung zuzuordnen ist. [4]Die Sätze 1 bis 3 gelten auch in den Fällen des § 15 Absatz 1 Satz 1 Nummer 2 Satz 2 sowie in den Fällen des § 15 Absatz 1 Satz 2 entsprechend. [5]Sind Einkünfte im Sinne der Sätze 1 bis 4 einer Person zuzurechnen, die nach einem Abkommen zur Vermeidung der Doppelbesteuerung als im anderen Staat ansässig gilt, und weist der Steuerpflichtige nach, dass der andere Staat die Einkünfte besteuert, ohne die darauf entfallende deutsche Steuer anzurechnen, ist die in diesem Staat nachweislich auf diese Einkünfte festgesetzte und gezahlte und um einen entstandenen Ermäßigungsanspruch gekürzte, der deutschen Einkommensteuer entsprechende, anteilige ausländische Steuer bis zur Höhe der anteilig auf diese Einkünfte entfallenden deutschen Einkommensteuer anzurechnen. [6]Satz 5 gilt nicht, wenn das Abkommen zur Vermeidung der Doppelbesteuerung eine ausdrückliche Regelung für solche Einkünfte enthält. [7]Die Sätze 1 bis 6

1. sind nicht auf Gesellschaften im Sinne des § 15 Absatz 3 Nummer 2 anzuwenden;

---

1) § 50d Abs. 10 neu gef. durch G v. 26.6.2013 (BGBl. I S. 1809).

2. gelten entsprechend, wenn die Einkünfte zu den Einkünften aus selbständiger Arbeit im Sinne des § 18 gehören; dabei tritt der Artikel über die selbständige Arbeit an die Stelle des Artikels über die Unternehmenseinkünfte, wenn das Abkommen zur Vermeidung der Doppelbesteuerung einen solchen Artikel enthält.

[8]Absatz 9 Satz 1 Nummer 1 bleibt unberührt.

(11)[1)] [1]Sind Dividenden beim Zahlungsempfänger nach einem Abkommen zur Vermeidung der Doppelbesteuerung von der Bemessungsgrundlage der deutschen Steuer auszunehmen, wird die Freistellung ungeachtet des Abkommens nur insoweit gewährt, als die Dividenden nach deutschem Steuerrecht nicht einer anderen Person zuzurechnen sind. [2]Soweit die Dividenden nach deutschem Steuerrecht einer anderen Person zuzurechnen sind, werden sie bei dieser Person freigestellt, wenn sie bei ihr als Zahlungsempfänger nach Maßgabe des Abkommens freigestellt würden.

(12)[2)] [1]Abfindungen, die anlässlich der Beendigung eines Dienstverhältnisses gezahlt werden, gelten für Zwecke der Anwendung eines Abkommens zur Vermeidung der Doppelbesteuerung als für frühere Tätigkeit geleistetes zusätzliches Entgelt. [2]Dies gilt nicht, soweit das Abkommen in einer gesonderten, ausdrücklich solche Abfindungen betreffenden Vorschrift eine abweichende Regelung trifft. [3]§ 50d Absatz 9 Satz 1 Nummer 1 sowie Rechtsverordnungen gemäß § 2 Absatz 2 Satz 1 der Abgabenordnung bleiben unberührt.

[*ab 1.1.2020:*

(13)[3)] Werden Aktien einer Gesellschaft mit Sitz oder Geschäftsleitung im Inland mit Dividendenberechtigung erworben, aber ohne Dividendenanspruch geliefert, sind vom Erwerber an Stelle von Dividenden erhaltene sonstige Bezüge für Zwecke der Anwendung eines Abkommens zur Vermeidung der Doppelbesteuerung den Dividenden, die von dieser Gesellschaft gezahlt werden, gleichgestellt.]

§ 50e Bußgeldvorschriften; Nichtverfolgung von Steuerstraftaten bei geringfügiger Beschäftigung in Privathaushalten. (1) [1]Ordnungswidrig handelt, wer vorsätzlich oder leichtfertig entgegen § 45d Absatz 1 Satz 1, § 45d Absatz 3 Satz 1, der nach § 45e erlassenen Rechtsverordnung[4)] oder den unmittelbar geltenden Verträgen mit den in Artikel 17 der Richtlinie 2003/48/EG genannten Staaten und Gebieten eine Mitteilung nicht, nicht richtig, nicht vollständig oder nicht rechtzeitig abgibt. [2]Die Ordnungswidrigkeit kann mit einer Geldbuße bis zu fünftausend Euro geahndet werden.

(1a)[5)] Verwaltungsbehörde im Sinne des § 36 Absatz 1 Nummer 1 des Gesetzes über Ordnungswidrigkeiten ist in den Fällen des Absatzes 1 Satz 1 das Bundeszentralamt für Steuern.

---

1) § 50d Abs. 11 angef. durch G v. 8.5.2012 (BGBl. I S. 1030).
2) § 50d Abs. 12 angef. mWv 1.1.2017 durch G v. 20.12.2016 (BGBl. I S. 3000).
3) § 50d Abs. 13 angef. mWv 1.1.2020 durch G v. 12.12.2019 (BGBl. I S. 2451).
4) Vgl. ZinsinformationsVO (Nr. **11**) in der jeweils geltenden Fassung.
5) § 50e Abs. 1a eingef. mWv 1.1.2014 durch G v. 25.7.2014 (BGBl. I S. 1266).

(2) [1]Liegen die Voraussetzungen des § 40a Absatz 2 vor, werden Steuerstraftaten (§§ 369 bis 376 der Abgabenordnung) als solche nicht verfolgt, wenn der Arbeitgeber in den Fällen des § 8a des Vierten Buches Sozialgesetzbuch entgegen § 41a Absatz 1 Nummer 1, auch in Verbindung mit Absatz 2 und 3 und § 51a, und § 40a Absatz 6 Satz 3 dieses Gesetzes in Verbindung mit § 28a Absatz 7 Satz 1 des Vierten Buches Sozialgesetzbuch für das Arbeitsentgelt die Lohnsteuer-Anmeldung und die Anmeldung der einheitlichen Pauschsteuer nicht oder nicht rechtzeitig durchführt und dadurch Steuern verkürzt oder für sich oder einen anderen nicht gerechtfertigte Steuervorteile erlangt. [2]Die Freistellung von der Verfolgung nach Satz 1 gilt auch für den Arbeitnehmer einer in Satz 1 genannten Beschäftigung, der die Finanzbehörde pflichtwidrig über steuerlich erhebliche Tatsachen aus dieser Beschäftigung in Unkenntnis lässt. [3]Die Bußgeldvorschriften der §§ 377 bis 384 der Abgabenordnung bleiben mit der Maßgabe anwendbar, dass § 378 der Abgabenordnung auch bei vorsätzlichem Handeln anwendbar ist.

§ 50f[1)] Bußgeldvorschriften. (1) Ordnungswidrig handelt, wer vorsätzlich oder leichtfertig entgegen § 22a Absatz 1 Satz 1 dort genannte Daten nicht, nicht vollständig oder nicht rechtzeitig übermittelt oder eine dort genannte Mitteilung nicht, nicht vollständig oder nicht rechtzeitig macht.

(2) Die Ordnungswidrigkeit kann mit einer Geldbuße bis zu fünfzigtausend Euro geahndet werden.

(3) Verwaltungsbehörde im Sinne des § 36 Absatz 1 Nummer 1 des Gesetzes über Ordnungswidrigkeiten ist die zentrale Stelle nach § 81.

§ 50g Entlastung vom Steuerabzug bei Zahlungen von Zinsen und Lizenzgebühren zwischen verbundenen Unternehmen verschiedener Mitgliedstaaten der Europäischen Union. (1) [1]Auf Antrag werden die Kapitalertragsteuer für Zinsen und die Steuer auf Grund des § 50a für Lizenzgebühren, die von einem Unternehmen der Bundesrepublik Deutschland oder einer dort gelegenen Betriebsstätte eines Unternehmens eines anderen Mitgliedstaates der Europäischen Union als Schuldner an ein Unternehmen eines anderen Mitgliedstaates der Europäischen Union oder an eine in einem anderen Mitgliedstaat der Europäischen Union gelegene Betriebsstätte eines Unternehmens eines Mitgliedstaates der Europäischen Union als Gläubiger gezahlt werden, nicht erhoben. [2]Erfolgt die Besteuerung durch Veranlagung, werden die Zinsen und Lizenzgebühren bei der Ermittlung der Einkünfte nicht erfasst. [3]Voraussetzung für die Anwendung der Sätze 1 und 2 ist, dass der Gläubiger der Zinsen oder Lizenzgebühren ein mit dem Schuldner verbundenes Unternehmen oder dessen Betriebsstätte ist. [4]Die Sätze 1 bis 3 sind nicht anzuwenden, wenn die Zinsen oder Lizenzgebühren an eine Betriebsstätte eines Unternehmens eines Mitgliedstaates der Europäischen Union als Gläubiger gezahlt werden, die in einem Staat außerhalb der Europäischen Union

1) § 50f Abs. 1 und 2 neu gef. mWv VZ 2019 durch G v. 20.11.2019 (BGBl. I S. 1626).

oder im Inland gelegen ist und in der die Tätigkeit des Unternehmens ganz oder teilweise ausgeübt wird.

(2) Absatz 1 ist nicht anzuwenden auf die Zahlung von

1. Zinsen,

   a) die nach deutschem Recht als Gewinnausschüttung behandelt werden (§ 20 Absatz 1 Nummer 1 Satz 2) oder

   b) die auf Forderungen beruhen, die einen Anspruch auf Beteiligung am Gewinn des Schuldners begründen;

2. Zinsen oder Lizenzgebühren, die den Betrag übersteigen, den der Schuldner und der Gläubiger ohne besondere Beziehungen, die zwischen den beiden oder einem von ihnen und einem Dritten auf Grund von Absatz 3 Nummer 5 Buchstabe b bestehen, vereinbart hätten.

(3) Für die Anwendung der Absätze 1 und 2 gelten die folgenden Begriffsbestimmungen und Beschränkungen:

1. [1] Der Gläubiger muss der Nutzungsberechtigte sein. [2] Nutzungsberechtigter ist

   a) ein Unternehmen, wenn es die Einkünfte im Sinne von § 2 Absatz 1 erzielt;

   b) eine Betriebsstätte, wenn

      aa) die Forderung, das Recht oder der Gebrauch von Informationen, auf Grund derer/dessen Zahlungen von Zinsen oder Lizenzgebühren geleistet werden, tatsächlich zu der Betriebsstätte gehört und

      bb)[1)] die Zahlungen der Zinsen oder Lizenzgebühren Einkünfte darstellen, auf Grund derer die Gewinne der Betriebsstätte in dem Mitgliedstaat der Europäischen Union, in dem sie gelegen ist, zu einer der in Nummer 5 Satz 1 Buchstabe a Doppelbuchstabe cc genannten Steuern beziehungsweise im Fall Belgiens dem „impôt des non-résidents/belasting der nietverblijfhouders“ beziehungsweise im Fall Spaniens dem „Impuesto sobre la Renta de no Residentes“ oder zu einer mit diesen Steuern identischen oder weitgehend ähnlichen Steuer herangezogen werden, die nach dem jeweiligen Zeitpunkt des Inkrafttretens der Richtlinie 2003/49/EG des Rates vom 3. Juni 2003 über eine gemeinsame Steuerregelung für Zahlungen von Zinsen und Lizenzgebühren zwischen verbundenen Unternehmen verschiedener Mitgliedstaaten (ABl. L 157 vom 26.6.2003, S. 49), die zuletzt durch die Richtlinie 2013/13/EU (ABl. L 141 vom 28.5.2013, S. 30) geändert worden ist, anstelle der bestehenden Steuern oder ergänzend zu ihnen eingeführt wird.

2. Eine Betriebsstätte gilt nur dann als Schuldner der Zinsen oder Lizenzgebühren, wenn die Zahlung bei der Ermittlung des Gewinns der Betriebsstätte eine steuerlich abzugsfähige Betriebsausgabe ist.

[1)] § 50g Abs. 3 Nr. 1 Buchst. b Doppelbuchst. bb geänd. durch G v. 25.7.2014 (BGBl. I S. 1266); zur Anwendung siehe § 52 Abs. 59c Satz 2 a. F.: „§ 50g und die Anlage 3 (zu § 50g) in der am 1. Juli 2013 geltenden Fassung sind erstmals auf Zahlungen anzuwenden, die nach dem 30. Juni 2013 erfolgen.“

3. Gilt eine Betriebsstätte eines Unternehmens eines Mitgliedstaates der Europäischen Union als Schuldner oder Gläubiger von Zinsen oder Lizenzgebühren, so wird kein anderer Teil des Unternehmens als Schuldner oder Gläubiger der Zinsen oder Lizenzgebühren angesehen.

4. Im Sinne des Absatzes 1 sind
   a) „Zinsen“ Einkünfte aus Forderungen jeder Art, auch wenn die Forderungen durch Pfandrechte an Grundstücken gesichert sind, insbesondere Einkünfte aus öffentlichen Anleihen und aus Obligationen einschließlich der damit verbundenen Aufgelder und der Gewinne aus Losanleihen; Zuschläge für verspätete Zahlung und die Rückzahlung von Kapital gelten nicht als Zinsen;
   b) „Lizenzgebühren“ Vergütungen jeder Art, die für die Nutzung oder für das Recht auf Nutzung von Urheberrechten an literarischen, künstlerischen oder wissenschaftlichen Werken, einschließlich kinematografischer Filme und Software, von Patenten, Marken, Mustern oder Modellen, Plänen, geheimen Formeln oder Verfahren oder für die Mitteilung gewerblicher, kaufmännischer oder wissenschaftlicher Erfahrungen gezahlt werden; Zahlungen für die Nutzung oder das Recht auf Nutzung gewerblicher, kaufmännischer oder wissenschaftlicher Ausrüstungen gelten als Lizenzgebühren.

5. Die Ausdrücke „Unternehmen eines Mitgliedstaates der Europäischen Union“, „verbundenes Unternehmen“ und „Betriebsstätte“ bedeuten:
   a) „Unternehmen eines Mitgliedstaates der Europäischen Union“ jedes Unternehmen, das
      aa) eine der in Anlage 3 Nummer 1 zu diesem Gesetz aufgeführten Rechtsformen aufweist und
      bb) nach dem Steuerrecht eines Mitgliedstaates in diesem Mitgliedstaat ansässig ist und nicht nach einem zwischen dem betreffenden Staat und einem Staat außerhalb der Europäischen Union geschlossenen Abkommen zur Vermeidung der Doppelbesteuerung von Einkünften für steuerliche Zwecke als außerhalb der Gemeinschaft ansässig gilt und
      cc)[1] einer der in Anlage 3 Nummer 2 zu diesem Gesetz aufgeführten Steuern unterliegt und nicht von ihr befreit ist. [2]Entsprechendes gilt für eine mit diesen Steuern identische oder weitgehend ähnliche Steuer, die nach dem jeweiligen Zeitpunkt des Inkrafttretens der Richtlinie 2003/49/EG des Rates vom 3. Juni 2003 (ABl. L 157 vom 26.6. 2003, S. 49), zuletzt geändert durch die Richtlinie 2013/13/EU des Rates (ABl. L 141 vom 28.5.2013, S. 30) anstelle der bestehenden Steuern oder ergänzend zu ihnen eingeführt wird.

   [2]Ein Unternehmen ist im Sinne von Doppelbuchstabe bb in einem Mitgliedstaat der Europäischen Union ansässig, wenn es der unbeschränkten Steuerpflicht im Inland oder einer vergleichbaren Besteuerung in einem

---

[1]) § 50g Abs. 3 Nr. 5 Buchst. a Satz 1 Doppelbuchst. cc geänd. durch G v. 25.7.2014 (BGBl. I S. 1266); zur Anwendung siehe § 52 Abs. 59c Satz 2 a. F.: „§ 50g und die Anlage 3 (zu § 50g) in der am 1. Juli 2013 geltenden Fassung sind erstmals auf Zahlungen anzuwenden, die nach dem 30. Juni 2013 erfolgen.“

anderen Mitgliedstaat der Europäischen Union nach dessen Rechtsvorschriften unterliegt.

b) „Verbundenes Unternehmen" jedes Unternehmen, das dadurch mit einem zweiten Unternehmen verbunden ist, dass
  aa) das erste Unternehmen unmittelbar mindestens zu 25 Prozent an dem Kapital des zweiten Unternehmens beteiligt ist oder
  bb) das zweite Unternehmen unmittelbar mindestens zu 25 Prozent an dem Kapital des ersten Unternehmens beteiligt ist oder
  cc) ein drittes Unternehmen unmittelbar mindestens zu 25 Prozent an dem Kapital des ersten Unternehmens und dem Kapital des zweiten Unternehmens beteiligt ist.

  [2] Die Beteiligungen dürfen nur zwischen Unternehmen bestehen, die in einem Mitgliedstaat der Europäischen Union ansässig sind.

c) „Betriebsstätte" eine feste Geschäftseinrichtung in einem Mitgliedstaat der Europäischen Union, in der die Tätigkeit eines Unternehmens eines anderen Mitgliedstaates der Europäischen Union ganz oder teilweise ausgeübt wird.

(4) [1] Die Entlastung nach Absatz 1 ist zu versagen oder zu entziehen, wenn der hauptsächliche Beweggrund oder einer der hauptsächlichen Beweggründe für Geschäftsvorfälle die Steuervermeidung oder der Missbrauch sind. [2] § 50d Absatz 3 bleibt unberührt.

(5) Entlastungen von der Kapitalertragsteuer für Zinsen und der Steuer auf Grund des § 50a nach einem Abkommen zur Vermeidung der Doppelbesteuerung, die weiter gehen als die nach Absatz 1 gewährten, werden durch Absatz 1 nicht eingeschränkt.

(6) [1] Ist im Fall des Absatzes 1 Satz 1 eines der Unternehmen ein Unternehmen der Schweizerischen Eidgenossenschaft oder ist eine in der Schweizerischen Eidgenossenschaft gelegene Betriebsstätte eines Unternehmens eines anderen Mitgliedstaats der Europäischen Union Gläubiger der Zinsen oder Lizenzgebühren, gelten die Absätze 1 bis 5 entsprechend mit der Maßgabe, dass die Schweizerische Eidgenossenschaft insoweit einem Mitgliedstaat der Europäischen Union gleichgestellt ist. [2] Absatz 3 Nummer 5 Buchstabe a gilt entsprechend mit der Maßgabe, dass ein Unternehmen der Schweizerischen Eidgenossenschaft jedes Unternehmen ist, das

1. eine der folgenden Rechtsformen aufweist:
   – Aktiengesellschaft/société anonyme/società anonima;
   – Gesellschaft mit beschränkter Haftung/société à responsabilité limitée/società a responsabilità limitata;
   – Kommanditaktiengesellschaft/société en commandite par actions/società in accomandita per azioni, und
2. nach dem Steuerrecht der Schweizerischen Eidgenossenschaft dort ansässig ist und nicht nach einem zwischen der Schweizerischen Eidgenossenschaft und einem Staat außerhalb der Europäischen Union geschlossenen Abkommen zur Vermeidung der Doppelbesteuerung von Einkünften für steuerliche Zwecke als außerhalb der Gemeinschaft oder der Schweizerischen Eidgenossenschaft ansässig gilt, und

3. unbeschränkt der schweizerischen Körperschaftsteuer unterliegt, ohne von ihr befreit zu sein.

§ 50h Bestätigung für Zwecke der Entlastung von Quellensteuern in einem anderen Mitgliedstaat der Europäischen Union oder der Schweizerischen Eidgenossenschaft. Auf Antrag hat das Finanzamt, das für die Besteuerung eines Unternehmens der Bundesrepublik Deutschland oder einer dort gelegenen Betriebsstätte eines Unternehmens eines anderen Mitgliedstaats der Europäischen Union im Sinne des § 50g Absatz 3 Nummer 5 oder eines Unternehmens der Schweizerischen Eidgenossenschaft im Sinne des § 50g Absatz 6 Satz 2 zuständig ist, für die Entlastung von der Quellensteuer dieses Staats auf Zinsen oder Lizenzgebühren im Sinne des § 50g zu bescheinigen, dass das empfangende Unternehmen steuerlich im Inland ansässig ist oder die Betriebsstätte im Inland gelegen ist.

§ 50i[1] Besteuerung bestimmter Einkünfte und Anwendung von Doppelbesteuerungsabkommen. (1)[2] [1] Sind Wirtschaftsgüter des Betriebsvermögens oder sind Anteile im Sinne des § 17

1. vor dem 29. Juni 2013 in das Betriebsvermögen einer Personengesellschaft im Sinne des § 15 Absatz 3 übertragen oder überführt worden,
2. ist eine Besteuerung der stillen Reserven im Zeitpunkt der Übertragung oder Überführung unterblieben, und
3. ist das Recht der Bundesrepublik Deutschland hinsichtlich der Besteuerung des Gewinns aus der Veräußerung oder Entnahme dieser Wirtschaftsgüter oder Anteile ungeachtet der Anwendung dieses Absatzes vor dem 1. Januar 2017 ausgeschlossen oder beschränkt worden,

so ist der Gewinn, den ein Steuerpflichtiger, der im Sinne eines Abkommens zur Vermeidung der Doppelbesteuerung im anderen Vertragsstaat ansässig ist, aus der späteren Veräußerung oder Entnahme dieser Wirtschaftsgüter oder Anteile erzielt, ungeachtet entgegenstehender Bestimmungen des Abkommens zur Vermeidung der Doppelbesteuerung zu versteuern. [2] Als Übertragung oder Überführung von Anteilen im Sinne des § 17 in das Betriebsvermögen einer Personengesellschaft gilt auch die Gewährung neuer Anteile an eine Personengesellschaft, die bisher auch eine Tätigkeit im Sinne des § 15 Absatz 1 Satz 1 Nummer 1 ausgeübt hat oder gewerbliche Einkünfte im Sinne des § 15 Absatz 1 Satz 1 Nummer 2 bezogen hat, im Rahmen der Einbringung eines Betriebs oder Teilbetriebs oder eines Mitunternehmeranteils dieser Personengesellschaft in eine Körperschaft nach § 20 des Umwandlungssteuergesetzes, wenn

1. der Einbringungszeitpunkt vor dem 29. Juni 2013 liegt,
2. die Personengesellschaft nach der Einbringung als Personengesellschaft im Sinne des § 15 Absatz 3 fortbesteht und

---

[1] § 50i eingef. durch G v. 26.6.2013 (BGBl. I S. 1809); neu gef. durch G v. 25.7.2014 (BGBl. I S. 1266); zur Anwendung siehe § 52 Abs. 48.

[2] § 50i Abs. 1 Satz 1 und 2 neu gef. durch G v. 20.12.2016 (BGBl. I S. 3000).

3. das Recht der Bundesrepublik Deutschland hinsichtlich der Besteuerung des Gewinns aus der Veräußerung oder Entnahme der neuen Anteile ungeachtet der Anwendung dieses Absatzes bereits im Einbringungszeitpunkt ausgeschlossen oder beschränkt ist oder vor dem 1. Januar 2017 ausgeschlossen oder beschränkt worden ist.

3 Auch die laufenden Einkünfte aus der Beteiligung an der Personengesellschaft, auf die die in Satz 1 genannten Wirtschaftsgüter oder Anteile übertragen oder überführt oder der im Sinne des Satzes 2 neue Anteile gewährt wurden, sind ungeachtet entgegenstehender Bestimmungen des Abkommens zur Vermeidung der Doppelbesteuerung zu versteuern. 4 Die Sätze 1 und 3 gelten sinngemäß, wenn Wirtschaftsgüter vor dem 29. Juni 2013 Betriebsvermögen eines Einzelunternehmens oder einer Personengesellschaft geworden sind, die deswegen Einkünfte aus Gewerbebetrieb erzielen, weil der Steuerpflichtige sowohl im überlassenden Betrieb als auch im nutzenden Betrieb allein oder zusammen mit anderen Gesellschaftern einen einheitlichen geschäftlichen Betätigungswillen durchsetzen kann und dem nutzenden Betrieb eine wesentliche Betriebsgrundlage zur Nutzung überlässt.[1)]

(2)[2)] Bei Einbringung nach § 20 des Umwandlungssteuergesetzes sind die Wirtschaftsgüter und Anteile im Sinne des Absatzes 1 abweichend von § 20 Absatz 2 Satz 2 des Umwandlungssteuergesetzes stets mit dem gemeinen Wert anzusetzen, soweit das Recht der Bundesrepublik Deutschland hinsichtlich der Besteuerung des Gewinns aus der Veräußerung der erhaltenen Anteile oder hinsichtlich der mit diesen im Zusammenhang stehenden Anteile im Sinne des § 22 Absatz 7 des Umwandlungssteuergesetzes ausgeschlossen oder beschränkt ist.

§ 50j[3)] **Versagung der Entlastung von Kapitalertragsteuern in bestimmten Fällen.** (1) 1 Ein Gläubiger von Kapitalerträgen im Sinne des § 43 Absatz 1 Satz 1 Nummer la, die nach einem Abkommen zur Vermeidung der Doppelbesteuerung nicht oder nur nach einem Steuersatz unterhalb des Steuersatzes des § 43a Absatz 1 Satz 1 Nummer 1 besteuert werden, hat ungeachtet dieses Abkommens nur dann Anspruch auf völlige oder teilweise Entlastung nach § 50d Absatz 1, wenn er

1. während der Mindesthaltedauer nach Absatz 2 hinsichtlich der diesen Kapitalerträgen zugrunde liegenden Anteile oder Genussscheine ununterbrochen wirtschaftlicher Eigentümer ist,
2. während der Mindesthaltedauer nach Absatz 2 ununterbrochen das Mindestwertänderungsrisiko nach Absatz 3 trägt und
3. nicht verpflichtet ist, die Kapitalerträge im Sinne des § 43 Absatz 1 Satz 1 Nummer la ganz oder überwiegend, unmittelbar oder mittelbar anderen Personen zu vergüten.

---

1) Zur Anwendung von Satz 4 siehe § 52 Abs. 48 Satz 3.

2) § 50i Abs. 2 neu gef. durch G v. 20.12.2016 (BGBl. I S. 3000); zur Anwendung siehe § 52 Abs. 48 Satz 4. Siehe auch BMF v. 5.1.2017 – IV B 5 – S 1300/14/10007, DStR 2017, 157.

3) § 50j eingef. mWv 1.1.2017 durch G v. 20.12.2016 (BGBl. 1 S. 3000).

[2]Satz 1 gilt entsprechend für Anteile oder Genussscheine, die zu inländischen Kapitalerträgen im Sinne des § 43 Absatz 3 Satz 1 führen und einer Wertpapiersammelbank im Ausland zur Verwahrung anvertraut sind.

(2) [1]Die Mindesthaltedauer umfasst 45 Tage und muss innerhalb eines Zeitraums von 45 Tagen vor und 45 Tagen nach der Fälligkeit der Kapitalerträge erreicht werden. [2]Bei Anschaffungen und Veräußerungen ist zu unterstellen, dass die zuerst angeschafften Anteile oder Genussscheine zuerst veräußert wurden.

(3) [1]Der Gläubiger der Kapitalerträge muss unter Berücksichtigung von gegenläufigen Ansprüchen und Ansprüchen nahe stehender Personen das Risiko aus einem sinkenden Wert der Anteile oder Genussscheine im Umfang von mindestens 70 Prozent tragen (Mindestwertänderungsrisiko). [2]Kein hinreichendes Mindestwertänderungsrisiko liegt insbesondere dann vor, wenn der Gläubiger der Kapitalerträge oder eine ihm nahe stehende Person Kurssicherungsgeschäfte abgeschlossen hat, die das Wertänderungsrisiko der Anteile oder Genussscheine unmittelbar oder mittelbar um mehr als 30 Prozent mindern.

(4) [1]Die Absätze 1 bis 3 sind nur anzuwenden, wenn

1. die Steuer auf die dem Antrag zu Grunde liegenden Kapitalerträge nach einem Abkommen zur Vermeidung der Doppelbesteuerung 15 Prozent des Bruttobetrags der Kapitalerträge im Sinne des § 43 Absatz 1 Satz 1 Nummer la und des Absatzes 1 Satz 2 unterschreitet und
2. es sich nicht um Kapitalerträge handelt, die einer beschränkt steuerpflichtigen Kapitalgesellschaft, die am Nennkapital einer unbeschränkt steuerpflichtigen Kapitalgesellschaft im Sinne des § 1 Absatz 1 Nummer 1 des Körperschaftsteuergesetzes zu mindestens einem Zehntel unmittelbar beteiligt ist und im Staat ihrer Ansässigkeit den Steuern vom Einkommen oder Gewinn unterliegt, ohne davon befreit zu sein, von der unbeschränkt steuerpflichtigen Kapitalgesellschaft zufließen.

[2]Die Absätze 1 bis 3 sind nicht anzuwenden, wenn der Gläubiger der Kapitalerträge im Sinne des § 43 Absatz 1 Satz 1 Nummer 1a und des Absatzes 1 Satz 4 bei Zufluss seit mindestens einem Jahr ununterbrochen wirtschaftlicher Eigentümer der Aktien oder Genussscheine ist; Absatz 2 Satz 2 gilt entsprechend.

(5) Bestimmungen eines Abkommens zur Vermeidung der Doppelbesteuerung, § 42 der Abgabenordnung und andere steuerliche Vorschriften bleiben unberührt, soweit sie jeweils die Entlastung in einem weitergehenden Umfang einschränken.

§ 51 Ermächtigungen. (1) Die Bundesregierung wird ermächtigt, mit Zustimmung des Bundesrates

1. zur Durchführung dieses Gesetzes Rechtsverordnungen zu erlassen, soweit dies zur Wahrung der Gleichmäßigkeit bei der Besteuerung, zur Beseitigung von Unbilligkeiten in Härtefällen, zur Steuerfreistellung des Existenzminimums oder zur Vereinfachung des Besteuerungsverfahrens erforderlich ist, und zwar:
   a) über die Abgrenzung der Steuerpflicht, die Beschränkung der Steuererklärungspflicht auf die Fälle, in denen eine Veranlagung in Betracht

kommt, über die den Einkommensteuererklärungen beizufügenden Unterlagen und über die Beistandspflichten Dritter;

b) über die Ermittlung der Einkünfte und die Feststellung des Einkommens einschließlich der abzugsfähigen Beträge;

c) über die Höhe von besonderen Betriebsausgaben-Pauschbeträgen für Gruppen von Betrieben, bei denen hinsichtlich der Besteuerungsgrundlagen annähernd gleiche Verhältnisse vorliegen, wenn der Steuerpflichtige Einkünfte aus Gewerbebetrieb (§ 15) oder selbständiger Arbeit (§ 18) erzielt, in Höhe eines Prozentsatzes der Umsätze im Sinne des § 1 Absatz 1 Nummer 1 des Umsatzsteuergesetzes; Umsätze aus der Veräußerung von Wirtschaftsgütern des Anlagevermögens sind nicht zu berücksichtigen. [2]Einen besonderen Betriebsausgaben-Pauschbetrag dürfen nur Steuerpflichtige in Anspruch nehmen, die ihren Gewinn durch Einnahme-Überschussrechnung nach § 4 Absatz 3 ermitteln. [3]Bei der Festlegung der Höhe des besonderen Betriebsausgaben-Pauschbetrags ist der Zuordnung der Betriebe entsprechend der Klassifikation der Wirtschaftszweige, Fassung für Steuerstatistiken, Rechnung zu tragen. [4]Bei der Ermittlung der besonderen Betriebsausgaben-Pauschbeträge sind alle Betriebsausgaben mit Ausnahme der an das Finanzamt gezahlten Umsatzsteuer zu berücksichtigen. [5]Bei der Veräußerung oder Entnahme von Wirtschaftsgütern des Anlagevermögens sind die Anschaffungs- oder Herstellungskosten, vermindert um die Absetzungen für Abnutzung nach § 7 Absatz 1 oder 4 sowie die Veräußerungskosten neben dem besonderen Betriebsausgaben-Pauschbetrag abzugsfähig. [6]Der Steuerpflichtige kann im folgenden Veranlagungszeitraum zur Ermittlung der tatsächlichen Betriebsausgaben übergehen. [7]Wechselt der Steuerpflichtige zur Ermittlung der tatsächlichen Betriebsausgaben, sind die abnutzbaren Wirtschaftsgüter des Anlagevermögens mit ihren Anschaffungs- oder Herstellungskosten, vermindert um die Absetzungen für Abnutzung nach § 7 Absatz 1 oder 4, in ein laufend zu führendes Verzeichnis aufzunehmen. [8]§ 4 Absatz 3 Satz 5 bleibt unberührt. [9]Nach dem Wechsel zur Ermittlung der tatsächlichen Betriebsausgaben ist eine erneute Inanspruchnahme des besonderen Betriebsausgaben-Pauschbetrags erst nach Ablauf der folgenden vier Veranlagungszeiträume zulässig; die §§ 140 und 141 der Abgabenordnung bleiben unberührt;

d) über die Veranlagung, die Anwendung der Tarifvorschriften und die Regelung der Steuerentrichtung einschließlich der Steuerabzüge;

e) über die Besteuerung der beschränkt Steuerpflichtigen einschließlich eines Steuerabzugs;

f)[1] in Fällen, in denen ein Sachverhalt zu ermitteln und steuerrechtlich zu beurteilen ist, der sich auf Vorgänge außerhalb des Geltungsbereichs dieses Gesetzes bezieht, und außerhalb des Geltungsbereichs dieses Gesetzes ansässige Beteiligte oder andere Personen nicht wie bei Vorgängen inner-

---

[1] Zu § 51 Abs. 1 Nr. 1 Buchst. f siehe SteuerhinterziehungsbekämpfungsVO v. 18.9.2009 (Nr. **12**).

halb des Geltungsbereichs dieses Gesetzes zur Mitwirkung bei der Ermittlung des Sachverhalts herangezogen werden können, zu bestimmen,

aa) in welchem Umfang Aufwendungen im Sinne des § 4 Absatz 4 oder des § 9 den Gewinn oder den Überschuss der Einnahmen über die Werbungskosten nur unter Erfüllung besonderer Mitwirkungs- und Nachweispflichten mindern dürfen. [2]Die besonderen Mitwirkungs- und Nachweispflichten können sich erstrecken auf

aaa) die Angemessenheit der zwischen nahestehenden Personen im Sinne des § 1 Absatz 2 des Außensteuergesetzes in ihren Geschäftsbeziehungen vereinbarten Bedingungen,

bbb) die Angemessenheit der Gewinnabgrenzung zwischen unselbständigen Unternehmensteilen,

ccc) die Pflicht zur Einhaltung von für nahestehende Personen geltenden Dokumentations- und Nachweispflichten auch bei Geschäftsbeziehungen zwischen nicht nahestehenden Personen,

ddd) die Bevollmächtigung der Finanzbehörde durch den Steuerpflichtigen, in seinem Namen mögliche Auskunftsansprüche gegenüber den von der Finanzbehörde benannten Kreditinstituten außergerichtlich und gerichtlich geltend zu machen;

bb) dass eine ausländische Gesellschaft ungeachtet des § 50d Absatz 3 nur dann einen Anspruch auf völlige oder teilweise Entlastung vom Steuerabzug nach § 50d Absatz 1 und 2 oder § 44a Absatz 9 hat, soweit sie die Ansässigkeit der an ihr unmittelbar oder mittelbar beteiligten natürlichen Personen, deren Anteil unmittelbar oder mittelbar 10 Prozent übersteigt, darlegt und nachweisen kann;

cc) dass § 2 Absatz 5b Satz 1, § 32d Absatz 1 und § 43 Absatz 5 in Bezug auf Einkünfte im Sinne des § 20 Absatz 1 Nummer 1 und die steuerfreien Einnahmen nach § 3 Nummer 40 Satz 1 und 2 nur dann anzuwenden sind, wenn die Finanzbehörde bevollmächtigt wird, im Namen des Steuerpflichtigen mögliche Auskunftsansprüche gegenüber den von der Finanzbehörde benannten Kreditinstituten außergerichtlich und gerichtlich geltend zu machen.

[2]Die besonderen Nachweis- und Mitwirkungspflichten auf Grund dieses Buchstabens gelten nicht, wenn die außerhalb des Geltungsbereichs dieses Gesetzes ansässigen Beteiligten oder andere Personen in einem Staat oder Gebiet ansässig sind, mit dem ein Abkommen besteht, das die Erteilung von Auskünften entsprechend Artikel 26 des Musterabkommens der OECD zur Vermeidung der Doppelbesteuerung auf dem Gebiet der Steuern vom Einkommen und vom Vermögen in der Fassung von 2005 vorsieht oder der Staat oder das Gebiet Auskünfte in einem vergleichbaren Umfang erteilt oder die Bereitschaft zu einer entsprechenden Auskunftserteilung besteht;

2. Vorschriften durch Rechtsverordnung zu erlassen

a) über die sich aus der Aufhebung oder Änderung von Vorschriften dieses Gesetzes ergebenden Rechtsfolgen, soweit dies zur Wahrung der Gleichmäßigkeit bei der Besteuerung oder zur Beseitigung von Unbilligkeiten in Härtefällen erforderlich ist;

b) (weggefallen)

c)[1] über den Nachweis von Zuwendungen im Sinne des § 10b einschließlich erleichterter Nachweisanforderungen;

d) über Verfahren, die in den Fällen des § 38 Absatz 1 *Satz 1*[2] Nummer 2 den Steueranspruch der Bundesrepublik Deutschland sichern oder die sicherstellen, dass bei Befreiungen im Ausland ansässiger Leiharbeitnehmer von der Steuer der Bundesrepublik Deutschland auf Grund von Abkommen zur Vermeidung der Doppelbesteuerung die ordnungsgemäße Besteuerung im Ausland gewährleistet ist. [2]Hierzu kann nach Maßgabe zwischenstaatlicher Regelungen bestimmt werden, dass

aa) der Entleiher in dem hierzu notwendigen Umfang an derartigen Verfahren mitwirkt,

bb) er sich im Haftungsverfahren nicht auf die Freistellungsbestimmungen des Abkommens berufen kann, wenn er seine Mitwirkungspflichten verletzt;

e) bis m) (weggefallen)

n) über Sonderabschreibungen

aa) im Tiefbaubetrieb des Steinkohlen-, Pechkohlen-, Braunkohlen- und Erzbergbaues bei Wirtschaftsgütern des Anlagevermögens unter Tage und bei bestimmten mit dem Grubenbetrieb unter Tage in unmittelbarem Zusammenhang stehenden, der Förderung, Seilfahrt, Wasserhaltung und Wetterführung sowie der Aufbereitung des Minerals dienenden Wirtschaftsgütern des Anlagevermögens über Tage, soweit die Wirtschaftsgüter für die Errichtung von neuen Förderschachtanlagen, auch in Form von Anschlussschachtanlagen,
für die Errichtung neuer Schächte sowie die Erweiterung des Grubengebäudes und den durch Wasserzuflüsse aus stillliegenden Anlagen bedingten Ausbau der Wasserhaltung bestehender Schachtanlagen,
für Rationalisierungsmaßnahmen in der Hauptschacht-, Blindschacht-, Strecken- und Abbauförderung, im Streckenvortrieb, in der Gewinnung, Versatzwirtschaft, Seilfahrt, Wetterführung und Wasserhaltung sowie in der Aufbereitung,
für die Zusammenfassung von mehreren Förderschachtanlagen zu einer einheitlichen Förderschachtanlage und
für den Wiederaufschluss stillliegender Grubenfelder und Feldesteile,

bb) im Tagebaubetrieb des Braunkohlen- und Erzbergbaues bei bestimmten Wirtschaftsgütern des beweglichen Anlagevermögens (Grubenaufschluss, Entwässerungsanlagen, Großgeräte sowie Einrichtungen des Grubenrettungswesens und der ersten Hilfe und im Erzbergbau auch Aufbereitungsanlagen), die
für die Erschließung neuer Tagebaue, auch in Form von Anschlusstagebauen, für Rationalisierungsmaßnahmen bei laufenden Tagebauen,

---

[1] § 51 Abs. 1 Nr. 2 Buchst. c geänd. durch G v. 1.11.2011 (BGBl. I S. 2131).
[2] Red. Anm.: „Satz 1" müsste zur Vollständigkeit des Verweises eingefügt werden.

beim Übergang zum Tieftagebau für die Freilegung und Gewinnung der Lagerstätte und
für die Wiederinbetriebnahme stillgelegter Tagebaue

von Steuerpflichtigen, die den Gewinn nach § 5 ermitteln, vor dem 1. Januar 1990 angeschafft oder hergestellt werden. [2]Die Sonderabschreibungen können bereits für Anzahlungen auf Anschaffungskosten und für Teilherstellungskosten zugelassen werden. [3]Hat der Steuerpflichtige vor dem 1. Januar 1990 die Wirtschaftsgüter bestellt oder mit ihrer Herstellung begonnen, so können die Sonderabschreibungen auch für nach dem 31. Dezember 1989 und vor dem 1. Januar 1991 angeschaffte oder hergestellte Wirtschaftsgüter sowie für vor dem 1. Januar 1991 geleistete Anzahlungen auf Anschaffungskosten und entstandene Teilherstellungskosten in Anspruch genommen werden. [4]Voraussetzung für die Inanspruchnahme der Sonderabschreibungen ist, dass die Förderungswürdigkeit der bezeichneten Vorhaben von der obersten Landesbehörde für Wirtschaft im Einvernehmen mit dem Bundesministerium für Wirtschaft und Energie[1)] bescheinigt worden ist. [5]Die Sonderabschreibungen können im Wirtschaftsjahr der Anschaffung oder Herstellung und in den vier folgenden Wirtschaftsjahren in Anspruch genommen werden, und zwar bei beweglichen Wirtschaftsgütern des Anlagevermögens bis zu insgesamt 50 Prozent, bei unbeweglichen Wirtschaftsgütern des Anlagevermögens bis zu insgesamt 30 Prozent der Anschaffungs- oder Herstellungskosten. [6]Bei den begünstigten Vorhaben im Tagebaubetrieb des Braunkohlen- und Erzbergbaues kann außerdem zugelassen werden, dass die vor dem 1. Januar 1991 aufgewendeten Kosten für den Vorabraum bis zu 50 Prozent als sofort abzugsfähige Betriebsausgaben behandelt werden;

o) (weggefallen)

p) über die Bemessung der Absetzungen für Abnutzung oder Substanzverringerung bei nicht zu einem Betriebsvermögen gehörenden Wirtschaftsgütern, die vor dem 21. Juni 1948 angeschafft oder hergestellt oder die unentgeltlich erworben sind. [2]Hierbei kann bestimmt werden, dass die Absetzungen für Abnutzung oder Substanzverringerung nicht nach den Anschaffungs- oder Herstellungskosten, sondern nach Hilfswerten (am 21. Juni 1948 maßgebender Einheitswert, Anschaffungs- oder Herstellungskosten des Rechtsvorgängers abzüglich der von ihm vorgenommenen Absetzungen, fiktive Anschaffungskosten an einem noch zu bestimmenden Stichtag) zu bemessen sind. [3]Zur Vermeidung von Härten kann zugelassen werden, dass anstelle der Absetzungen für Abnutzung, die nach dem am 21. Juni 1948 maßgebenden Einheitswert zu bemessen sind, der Betrag abgezogen wird, der für das Wirtschaftsgut in dem Veranlagungszeitraum 1947 als Absetzung für Abnutzung geltend gemacht werden konnte. [4]Für das Land Berlin tritt in den Sätzen 1 bis 3 an die Stelle des 21. Juni 1948 jeweils der 1. April 1949;

---

1) Bezeichnung geänd. durch VO v. 31.8.2015 (BGBl. I S. 1474).

q) über erhöhte Absetzungen bei Herstellungskosten
   aa) für Maßnahmen, die für den Anschluss eines im Inland belegenen Gebäudes an eine Fernwärmeversorgung einschließlich der Anbindung an das Heizsystem erforderlich sind, wenn die Fernwärmeversorgung überwiegend aus Anlagen der Kraft-Wärme-Kopplung, zur Verbrennung von Müll oder zur Verwertung von Abwärme gespeist wird,
   bb) für den Einbau von Wärmepumpenanlagen, Solaranlagen und Anlagen zur Wärmerückgewinnung in einem im Inland belegenen Gebäude einschließlich der Anbindung an das Heizsystem,
   cc) für die Errichtung von Windkraftanlagen, wenn die mit diesen Anlagen erzeugte Energie überwiegend entweder unmittelbar oder durch Verrechnung mit Elektrizitätsbezügen des Steuerpflichtigen von einem Elektrizitätsversorgungsunternehmen zur Versorgung eines im Inland belegenen Gebäudes des Steuerpflichtigen verwendet wird, einschließlich der Anbindung an das Versorgungssystem des Gebäudes,
   dd) für die Errichtung von Anlagen zur Gewinnung von Gas, das aus pflanzlichen oder tierischen Abfallstoffen durch Gärung unter Sauerstoffabschluss entsteht, wenn dieses Gas zur Beheizung eines im Inland belegenen Gebäudes des Steuerpflichtigen oder zur Warmwasserbereitung in einem solchen Gebäude des Steuerpflichtigen verwendet wird, einschließlich der Anbindung an das Versorgungssystem des Gebäudes,
   ee) für den Einbau einer Warmwasseranlage zur Versorgung von mehr als einer Zapfstelle und einer zentralen Heizungsanlage oder bei einer zentralen Heizungs- und Warmwasseranlage für den Einbau eines Heizkessels, eines Brenners, einer zentralen Steuerungseinrichtung, einer Wärmeabgabeeinrichtung und eine Änderung der Abgasanlage in einem im Inland belegenen Gebäude oder in einer im Inland belegenen Eigentumswohnung, wenn mit dem Einbau nicht vor Ablauf von zehn Jahren seit Fertigstellung dieses Gebäudes begonnen worden ist und der Einbau nach dem 30. Juni 1985 fertiggestellt worden ist; Entsprechendes gilt bei Anschaffungskosten für neue Einzelöfen, wenn keine Zentralheizung vorhanden ist.

[2] Voraussetzung für die Gewährung der erhöhten Absetzungen ist, dass die Maßnahmen vor dem 1. Januar 1992 fertiggestellt worden sind; in den Fällen des Satzes 1 Doppelbuchstabe aa müssen die Gebäude vor dem 1. Juli 1983 fertiggestellt worden sein, es sei denn, dass der Anschluss nicht schon im Zusammenhang mit der Errichtung des Gebäudes möglich war. [3] Die erhöhten Absetzungen dürfen jährlich 10 Prozent der Aufwendungen nicht übersteigen. [4] Sie dürfen nicht gewährt werden, wenn für dieselbe Maßnahme eine Investitionszulage in Anspruch genommen wird. [5] Sind die Aufwendungen Erhaltungsaufwand und entstehen sie bei einer zu eigenen Wohnzwecken genutzten Wohnung im eigenen Haus, für die der Nutzungswert nicht mehr besteuert wird, und liegen in den Fällen des Satzes 1 Doppelbuchstabe aa die Voraussetzungen des Satzes 2 zweiter Halbsatz vor, so kann der Abzug dieser Aufwen-

dungen wie Sonderausgaben mit gleichmäßiger Verteilung auf das Kalenderjahr, in dem die Arbeiten abgeschlossen worden sind, und die neun folgenden Kalenderjahre zugelassen werden, wenn die Maßnahme vor dem 1. Januar 1992 abgeschlossen worden ist;

r) nach denen Steuerpflichtige größere Aufwendungen
   aa) für die Erhaltung von nicht zu einem Betriebsvermögen gehörenden Gebäuden, die überwiegend Wohnzwecken dienen,
   bb) zur Erhaltung eines Gebäudes in einem förmlich festgelegten Sanierungsgebiet oder städtebaulichen Entwicklungsbereich, die für Maßnahmen im Sinne des § 177 des Baugesetzbuchs sowie für bestimmte Maßnahmen, die der Erhaltung, Erneuerung und funktionsgerechten Verwendung eines Gebäudes dienen, das wegen seiner geschichtlichen, künstlerischen oder städtebaulichen Bedeutung erhalten bleiben soll, und zu deren Durchführung sich der Eigentümer neben bestimmten Modernisierungsmaßnahmen gegenüber der Gemeinde verpflichtet hat, aufgewendet worden sind,
   cc) zur Erhaltung von Gebäuden, die nach den jeweiligen landesrechtlichen Vorschriften Baudenkmale sind, soweit die Aufwendungen nach Art und Umfang zur Erhaltung des Gebäudes als Baudenkmal und zu seiner sinnvollen Nutzung erforderlich sind,

   auf zwei bis fünf Jahre gleichmäßig verteilen können. [2] In den Fällen der Doppelbuchstaben bb und cc ist Voraussetzung, dass der Erhaltungsaufwand vor dem 1. Januar 1990 entstanden ist. [3] In den Fällen von Doppelbuchstabe cc sind die Denkmaleigenschaft des Gebäudes und die Voraussetzung, dass die Aufwendungen nach Art und Umfang zur Erhaltung des Gebäudes als Baudenkmal und zu seiner sinnvollen Nutzung erforderlich sind, durch eine Bescheinigung der nach Landesrecht zuständigen oder von der Landesregierung bestimmten Stelle nachzuweisen;

s) nach denen bei Anschaffung oder Herstellung von abnutzbaren beweglichen und bei Herstellung von abnutzbaren unbeweglichen Wirtschaftsgütern des Anlagevermögens auf Antrag ein Abzug von der Einkommensteuer für den Veranlagungszeitraum der Anschaffung oder Herstellung bis zur Höhe von 7,5 Prozent der Anschaffungs- oder Herstellungskosten dieser Wirtschaftsgüter vorgenommen werden kann, wenn eine Störung des gesamtwirtschaftlichen Gleichgewichts eingetreten ist oder sich abzeichnet, die eine nachhaltige Verringerung der Umsätze oder der Beschäftigung zur Folge hatte oder erwarten lässt, insbesondere bei einem erheblichen Rückgang der Nachfrage nach Investitionsgütern oder Bauleistungen. [2] Bei der Bemessung des von der Einkommensteuer abzugsfähigen Betrags dürfen nur berücksichtigt werden
   aa) die Anschaffungs- oder Herstellungskosten von beweglichen Wirtschaftsgütern, die innerhalb eines jeweils festzusetzenden Zeitraums, der ein Jahr nicht übersteigen darf (Begünstigungszeitraum), angeschafft oder hergestellt werden,
   bb) die Anschaffungs- oder Herstellungskosten von beweglichen Wirtschaftsgütern, die innerhalb des Begünstigungszeitraums bestellt und angezahlt werden oder mit deren Herstellung innerhalb des Begüns-

tigungszeitraums begonnen wird, wenn sie innerhalb eines Jahres, bei Schiffen innerhalb zweier Jahre nach Ablauf des Begünstigungszeitraums geliefert oder fertiggestellt werden. [2]Soweit bewegliche Wirtschaftsgüter im Sinne des Satzes 1 mit Ausnahme von Schiffen nach Ablauf eines Jahres, aber vor Ablauf zweier Jahre nach dem Ende des Begünstigungszeitraums geliefert oder fertiggestellt werden, dürfen bei Bemessung des Abzugs von der Einkommensteuer die bis zum Ablauf eines Jahres nach dem Ende des Begünstigungszeitraums aufgewendeten Anzahlungen und Teilherstellungskosten berücksichtigt werden,

cc) die Herstellungskosten von Gebäuden, bei denen innerhalb des Begünstigungszeitraums der Antrag auf Baugenehmigung gestellt wird, wenn sie bis zum Ablauf von zwei Jahren nach dem Ende des Begünstigungszeitraums fertiggestellt werden;

dabei scheiden geringwertige Wirtschaftsgüter im Sinne des § 6 Absatz 2 und Wirtschaftsgüter, die in gebrauchtem Zustand erworben werden, aus. [3]Von der Begünstigung können außerdem Wirtschaftsgüter ausgeschlossen werden, für die Sonderabschreibungen, erhöhte Absetzungen oder die Investitionszulage nach § 19 des Berlinförderungsgesetzes in Anspruch genommen werden. [4]In den Fällen des Satzes 2 Doppelbuchstabe bb und cc können bei Bemessung des von der Einkommensteuer abzugsfähigen Betrags bereits die im Begünstigungszeitraum, im Fall des Satzes 2 Doppelbuchstabe bb Satz 2 auch die bis zum Ablauf eines Jahres nach dem Ende des Begünstigungszeitraums aufgewendeten Anzahlungen und Teilherstellungskosten berücksichtigt werden; der Abzug von der Einkommensteuer kann insoweit schon für den Veranlagungszeitraum vorgenommen werden, in dem die Anzahlungen oder Teilherstellungskosten aufgewendet worden sind. [5]Übersteigt der von der Einkommensteuer abzugsfähige Betrag die für den Veranlagungszeitraum der Anschaffung oder Herstellung geschuldete Einkommensteuer, so kann der übersteigende Betrag von der Einkommensteuer für den darauf folgenden Veranlagungszeitraum abgezogen werden. [6]Entsprechendes gilt, wenn in den Fällen des Satzes 2 Doppelbuchstabe bb und cc der Abzug von der Einkommensteuer bereits für Anzahlungen oder Teilherstellungskosten geltend gemacht wird. [7]Der Abzug von der Einkommensteuer darf jedoch die für den Veranlagungszeitraum der Anschaffung oder Herstellung und den folgenden Veranlagungszeitraum insgesamt zu entrichtende Einkommensteuer nicht übersteigen. [8]In den Fällen des Satzes 2 Doppelbuchstabe bb Satz 2 gilt dies mit der Maßgabe, dass an die Stelle des Veranlagungszeitraums der Anschaffung oder Herstellung der Veranlagungszeitraum tritt, in dem zuletzt Anzahlungen oder Teilherstellungskosten aufgewendet worden sind. [9]Werden begünstigte Wirtschaftsgüter von Gesellschaften im Sinne des § 15 Absatz 1 Satz 1 Nummer 2 und 3 angeschafft oder hergestellt, so ist der abzugsfähige Betrag nach dem Verhältnis der Gewinnanteile einschließlich der Vergütungen aufzuteilen. [10]Die Anschaffungs- oder Herstellungskosten der Wirtschaftsgüter, die bei Bemessung des von der Einkommensteuer abzugsfähigen Betrags berücksichtigt worden sind, werden durch den Abzug von der Einkommensteuer nicht gemindert. [11]Rechtsverordnungen auf Grund dieser Ermächtigung bedürfen der Zustimmung des Bundestages. [12]Die Zustimmung gilt als erteilt, wenn der Bundestag nicht binnen vier Wochen nach Eingang der Vorlage der Bundesregierung die Zustimmung verweigert hat;

t) (weggefallen)

u) über Sonderabschreibungen bei abnutzbaren Wirtschaftsgütern des Anlagevermögens, die der Forschung oder Entwicklung dienen und nach dem 18. Mai 1983 und vor dem 1. Januar 1990 angeschafft oder hergestellt werden. [2]Voraussetzung für die Inanspruchnahme der Sonderabschreibungen ist, dass die beweglichen Wirtschaftsgüter ausschließlich und die unbeweglichen Wirtschaftsgüter zu mehr als 33¹/₃ Prozent der Forschung oder Entwicklung dienen. [3]Die Sonderabschreibungen können auch für Ausbauten und Erweiterungen an bestehenden Gebäuden, Gebäudeteilen, Eigentumswohnungen oder im Teileigentum stehenden Räumen zugelassen werden, wenn die ausgebauten oder neu hergestellten Gebäudeteile zu mehr als 33¹/₃ Prozent der Forschung oder Entwicklung dienen. [4]Die Wirtschaftsgüter dienen der Forschung oder Entwicklung, wenn sie verwendet werden

aa) zur Gewinnung von neuen wissenschaftlichen oder technischen Erkenntnissen und Erfahrungen allgemeiner Art (Grundlagenforschung) oder

bb) zur Neuentwicklung von Erzeugnissen oder Herstellungsverfahren oder

cc) zur Weiterentwicklung von Erzeugnissen oder Herstellungsverfahren, soweit wesentliche Änderungen dieser Erzeugnisse oder Verfahren entwickelt werden.

[5]Die Sonderabschreibungen können im Wirtschaftsjahr der Anschaffung oder Herstellung und in den vier folgenden Wirtschaftsjahren in Anspruch genommen werden, und zwar

aa) bei beweglichen Wirtschaftsgütern des Anlagevermögens bis zu insgesamt 40 Prozent,

bb) bei unbeweglichen Wirtschaftsgütern des Anlagevermögens, die zu mehr als 66²/₃ Prozent der Forschung oder Entwicklung dienen, bis zu insgesamt 15 Prozent, die nicht zu mehr als 66²/₃ Prozent, aber zu mehr als 33¹/₃ Prozent der Forschung oder Entwicklung dienen, bis zu insgesamt 10 Prozent,

cc) bei Ausbauten und Erweiterungen an bestehenden Gebäuden, Gebäudeteilen, Eigentumswohnungen oder im Teileigentum stehenden Räumen, wenn die ausgebauten oder neu hergestellten Gebäudeteile zu mehr als 66²/₃ Prozent der Forschung oder Entwicklung dienen, bis zu insgesamt 15 Prozent, zu nicht mehr als 66²/₃ Prozent, aber zu mehr als 33¹/₃ Prozent der Forschung oder Entwicklung dienen, bis zu insgesamt 10 Prozent

der Anschaffungs- oder Herstellungskosten. [6]Sie können bereits für Anzahlungen auf Anschaffungskosten und für Teilherstellungskosten zugelassen werden. [7]Die Sonderabschreibungen sind nur unter der Bedingung zuzulassen, dass die Wirtschaftsgüter und die ausgebauten oder neu hergestellten Gebäudeteile mindestens drei Jahre nach ihrer Anschaffung oder Herstellung in dem erforderlichen Umfang der Forschung oder Entwicklung in einer inländischen Betriebsstätte des Steuerpflichtigen dienen;

v) (weggefallen)

w) über Sonderabschreibungen bei Handelsschiffen, die auf Grund eines vor dem 25. April 1996 abgeschlossenen Schiffbauvertrags hergestellt, in einem inländischen Seeschiffsregister eingetragen und vor dem 1. Januar 1999 von Steuerpflichtigen angeschafft oder hergestellt worden sind, die den Gewinn nach § 5 ermitteln. [2] Im Fall der Anschaffung eines Handelsschiffes ist weitere Voraussetzung, dass das Schiff vor dem 1. Januar 1996 in ungebrauchtem Zustand vom Hersteller oder nach dem 31. Dezember 1995 auf Grund eines vor dem 25. April 1996 abgeschlossenen Kaufvertrags bis zum Ablauf des vierten auf das Jahr der Fertigstellung folgenden Jahres erworben worden ist. [3] Bei Steuerpflichtigen, die in eine Gesellschaft im Sinne des § 15 Absatz 1 Satz 1 Nummer 2 und Absatz 3 nach Abschluss des Schiffbauvertrags (Unterzeichnung des Hauptvertrags) eingetreten sind, dürfen Sonderabschreibungen nur zugelassen werden, wenn sie der Gesellschaft vor dem 1. Januar 1999 beitreten. [4] Die Sonderabschreibungen können im Wirtschaftsjahr der Anschaffung oder Herstellung und in den vier folgenden Wirtschaftsjahren bis zu insgesamt 40 Prozent der Anschaffungs- oder Herstellungskosten in Anspruch genommen werden. [5] Sie können bereits für Anzahlungen auf Anschaffungskosten und für Teilherstellungskosten zugelassen werden. [6] Die Sonderabschreibungen sind nur unter der Bedingung zuzulassen, dass die Handelsschiffe innerhalb eines Zeitraums von acht Jahren nach ihrer Anschaffung oder Herstellung nicht veräußert werden; für Anteile an einem Handelsschiff gilt dies entsprechend. [7] Die Sätze 1 bis 6 gelten für Schiffe, die der Seefischerei dienen, entsprechend. [8] Für Luftfahrzeuge, die vom Steuerpflichtigen hergestellt oder in ungebrauchtem Zustand vom Hersteller erworben worden sind und die zur gewerbsmäßigen Beförderung von Personen oder Sachen im internationalen Luftverkehr oder zur Verwendung zu sonstigen gewerblichen Zwecken im Ausland bestimmt sind, gelten die Sätze 1 bis 4 und 6 mit der Maßgabe entsprechend, dass an die Stelle der Eintragung in ein inländisches Seeschiffsregister die Eintragung in die deutsche Luftfahrzeugrolle, an die Stelle des Höchstsatzes von 40 Prozent ein Höchstsatz von 30 Prozent und bei der Vorschrift des Satzes 6 an die Stelle des Zeitraums von acht Jahren ein Zeitraum von sechs Jahren treten;

x) über erhöhte Absetzungen bei Herstellungskosten für Modernisierungs- und Instandsetzungsmaßnahmen im Sinne des § 177 des Baugesetzbuchs sowie für bestimmte Maßnahmen, die der Erhaltung, Erneuerung und funktionsgerechten Verwendung eines Gebäudes dienen, das wegen seiner geschichtlichen, künstlerischen oder städtebaulichen Bedeutung erhalten bleiben soll, und zu deren Durchführung sich der Eigentümer neben bestimmten Modernisierungsmaßnahmen gegenüber der Gemeinde verpflichtet hat, die für Gebäude in einem förmlich festgelegten Sanierungsgebiet oder städtebaulichen Entwicklungsbereich aufgewendet worden sind; Voraussetzung ist, dass die Maßnahmen vor dem 1. Januar 1991 abgeschlossen worden sind. [2]Die erhöhten Absetzungen dürfen jährlich 10 Prozent der Aufwendungen nicht übersteigen;

y) über erhöhte Absetzungen für Herstellungskosten an Gebäuden, die nach den jeweiligen landesrechtlichen Vorschriften Baudenkmale sind, soweit die Aufwendungen nach Art und Umfang zur Erhaltung des Gebäudes als Baudenkmal und zu seiner sinnvollen Nutzung erforderlich sind; Voraussetzung ist, dass die Maßnahmen vor dem 1. Januar 1991 abgeschlossen worden sind. [2]Die Denkmaleigenschaft des Gebäudes und die Voraussetzung, dass die Aufwendungen nach Art und Umfang zur Erhaltung des Gebäudes als Baudenkmal und zu seiner sinnvollen Nutzung erforderlich sind, sind durch eine Bescheinigung der nach Landesrecht zuständigen oder von der Landesregierung bestimmten Stelle nachzuweisen. [3]Die erhöhten Absetzungen dürfen jährlich 10 Prozent der Aufwendungen nicht übersteigen;

3. die in § 4a Absatz 1 Satz 2 Nummer 1, § 10 Absatz 5, § 22 Nummer 1 Satz 3 Buchstabe a, § 26a Absatz 3, § 34c Absatz 7, § 46 Absatz 5 und § 50a Absatz 6 vorgesehenen Rechtsverordnungen zu erlassen.

(2) [1]Die Bundesregierung wird ermächtigt, durch Rechtsverordnung Vorschriften zu erlassen, nach denen die Inanspruchnahme von Sonderabschreibungen und erhöhten Absetzungen sowie die Bemessung der Absetzung für Abnutzung in fallenden Jahresbeträgen ganz oder teilweise ausgeschlossen werden können, wenn eine Störung des gesamtwirtschaftlichen Gleichgewichts eingetreten ist oder sich abzeichnet, die erhebliche Preissteigerungen mit sich gebracht hat oder erwarten lässt, insbesondere, wenn die Inlandsnachfrage nach Investitionsgütern oder Bauleistungen das Angebot wesentlich übersteigt. [2]Die Inanspruchnahme von Sonderabschreibungen und erhöhten Absetzungen sowie die Bemessung der Absetzung für Abnutzung in fallenden Jahresbeträgen darf nur ausgeschlossen werden

1. für bewegliche Wirtschaftsgüter, die innerhalb eines jeweils festzusetzenden Zeitraums, der frühestens mit dem Tage beginnt, an dem die Bundesregierung ihren Beschluss über die Verordnung bekannt gibt, und der ein Jahr nicht übersteigen darf, angeschafft oder hergestellt werden. [2]Für bewegliche Wirtschaftsgüter, die vor Beginn dieses Zeitraums bestellt und angezahlt worden sind oder mit deren Herstellung vor Beginn dieses Zeitraums angefangen worden ist, darf jedoch die Inanspruchnahme von Sonderabschreibungen und erhöhten Absetzungen sowie die Bemessung der Absetzung für Abnutzung in fallenden Jahresbeträgen nicht ausgeschlossen werden;
2. für bewegliche Wirtschaftsgüter und für Gebäude, die in dem in Nummer 1 bezeichneten Zeitraum bestellt werden oder mit deren Herstellung in diesem Zeitraum begonnen wird. [2]Als Beginn der Herstellung gilt bei Gebäuden der Zeitpunkt, in dem der Antrag auf Baugenehmigung gestellt wird.

[3]Rechtsverordnungen auf Grund dieser Ermächtigung bedürfen der Zustimmung des Bundestages und des Bundesrates. [4]Die Zustimmung gilt als erteilt, wenn der Bundesrat nicht binnen drei Wochen, der Bundestag nicht binnen vier Wochen nach Eingang der Vorlage der Bundesregierung die Zustimmung verweigert hat.

(3) [1]Die Bundesregierung wird ermächtigt, durch Rechtsverordnung mit Zustimmung des Bundesrates Vorschriften zu erlassen, nach denen die Einkommensteuer einschließlich des Steuerabzugs vom Arbeitslohn, des Steuerabzugs vom Kapitalertrag und des Steuerabzugs bei beschränkt Steuerpflichtigen

1. um höchstens 10 Prozent herabgesetzt werden kann. [2]Der Zeitraum, für den die Herabsetzung gilt, darf ein Jahr nicht übersteigen; er soll sich mit dem Kalenderjahr decken. [3]Voraussetzung ist, dass eine Störung des gesamtwirtschaftlichen Gleichgewichts eingetreten ist oder sich abzeichnet, die eine nachhaltige Verringerung der Umsätze oder der Beschäftigung zur Folge hatte oder erwarten lässt, insbesondere bei einem erheblichen Rückgang der Nachfrage nach Investitionsgütern und Bauleistungen oder Verbrauchsgütern;
2. um höchstens 10 Prozent erhöht werden kann. [2]Der Zeitraum, für den die Erhöhung gilt, darf ein Jahr nicht übersteigen; er soll sich mit dem Kalenderjahr decken. [3]Voraussetzung ist, dass eine Störung des gesamtwirtschaftlichen Gleichgewichts eingetreten ist oder sich abzeichnet, die erhebliche Preissteigerungen mit sich gebracht hat oder erwarten lässt, insbesondere, wenn die Nachfrage nach Investitionsgütern und Bauleistungen oder Verbrauchsgütern das Angebot wesentlich übersteigt.

[2]Rechtsverordnungen auf Grund dieser Ermächtigung bedürfen der Zustimmung des Bundestages.

(4)[1)] Das Bundesministerium der Finanzen wird ermächtigt,

1. im Einvernehmen mit den obersten Finanzbehörden der Länder die Vordrucke für
   a) (weggefallen)
   b) die Erklärungen zur Einkommensbesteuerung,
   c) die Anträge nach § 38b Absatz 2, nach § 39a Absatz 2, in dessen Vordrucke der Antrag nach § 39f einzubeziehen ist, die Anträge nach § 39a Absatz 4 sowie die Anträge zu den elektronischen Lohnsteuerabzugsmerkmalen (§ 38b Absatz 3 und § 39e Absatz 6 Satz 7),
   d) die Lohnsteuer-Anmeldung (§ 41a Absatz 1),
   e) die Anmeldung der Kapitalertragsteuer (§ 45a Absatz 1) und den Freistellungsauftrag nach § 44a Absatz 2 Satz 1 Nummer 1,
   f) die Anmeldung des Abzugsbetrags (§ 48a),
   g) die Erteilung der Freistellungsbescheinigung (§ 48b),
   h) die Anmeldung der Abzugsteuer (§ 50a Absatz 7),
   i) die Entlastung von der Kapitalertragsteuer und vom Steuerabzug nach § 50a auf Grund von Abkommen zur Vermeidung der Doppelbesteuerung

   und die Muster der Bescheinigungen für den Lohnsteuerabzug nach § 39 Absatz 3 und § 39e Absatz 7 Satz 5, des Ausdrucks der elektronischen Lohnsteuerbescheinigung (§ 41b Absatz 1), das Muster der Lohnsteuerbe-

[1)] § 51 Abs. 4 Nr. 1 Buchst. c neu gef., Satzteil nach Buchst. i neu gef. durch G v. 7.12.2011 (BGBl. I S. 2592); Nr. 1 Verweise geänd. durch G v. 12.12.2019 (BGBl. I S. 2451).

scheinigung nach § 41b Absatz 3 Satz 1, der Anträge auf Erteilung einer Bescheinigung für den Lohnsteuerabzug nach § 39 Absatz 3 und § 39e Absatz 7 Satz 1 sowie der in § 45a Absatz 2 und 3 und § 50a Absatz 5 Satz 6 vorgesehenen Bescheinigungen zu bestimmen;

1a. im Einvernehmen mit den obersten Finanzbehörden der Länder auf der Basis der §§ 32a und 39b einen Programmablaufplan für die Herstellung von Lohnsteuertabellen zur manuellen Berechnung der Lohnsteuer aufzustellen und bekannt zu machen. [2]Der Lohnstufenabstand beträgt bei den Jahrestabellen 36. [3]Die in den Tabellenstufen auszuweisende Lohnsteuer ist aus der Obergrenze der Tabellenstufen zu berechnen und muss an der Obergrenze mit der maschinell berechneten Lohnsteuer übereinstimmen. [4]Die Monats-, Wochen- und Tagestabellen sind aus den Jahrestabellen abzuleiten;

1b. im Einvernehmen mit den obersten Finanzbehörden der Länder den Mindestumfang der nach § 5b elektronisch zu übermittelnden Bilanz und Gewinn- und Verlustrechnung zu bestimmen;

1c. durch Rechtsverordnung zur Durchführung dieses Gesetzes mit Zustimmung des Bundesrates Vorschriften über einen von dem vorgesehenen erstmaligen Anwendungszeitpunkt gemäß § 52 *Absatz 15a*[1] in der Fassung des Artikels 1 des Gesetzes vom 20. Dezember 2008 (BGBl. I S. 2850) abweichenden späteren Anwendungszeitpunkt[2] zu erlassen, wenn bis zum 31. Dezember 2010 erkennbar ist, dass die technischen oder organisatorischen Voraussetzungen für eine Umsetzung der in § 5b Absatz 1 in der Fassung des Artikels 1 des Gesetzes vom 20. Dezember 2008 (BGBl. I S. 2850) vorgesehenen Verpflichtung nicht ausreichen;

1d.[3] die Vordrucke für die Anmeldung des Steuerabzugs von Vergütungen im Sinne des § 50a Absatz 1 zu bestimmen;

2. den Wortlaut dieses Gesetzes und der zu diesem Gesetz erlassenen Rechtsverordnungen in der jeweils geltenden Fassung satzweise nummeriert mit neuem Datum und in neuer Paragraphenfolge bekannt zu machen und dabei Unstimmigkeiten im Wortlaut zu beseitigen.

§ 51a Festsetzung und Erhebung von Zuschlagsteuern. (1)[4] [1]Auf die Festsetzung und Erhebung von Steuern, die nach der Einkommensteuer bemessen werden (Zuschlagsteuern), sind die Vorschriften dieses Gesetzes [***ab 1.1.2021:*** mit Ausnahme des § 36a] entsprechend anzuwenden. [2]Wird Einkommensteuer im Wege des Steuerabzugs erhoben, dürfen die zu diesem Zweck verarbeiteten personenbezogenen Daten auch für die Erhebung einer Zuschlagsteuer im Wege des Steuerabzugs verarbeitet werden.

---

[1] Jetzt § 52 Abs. 11.

[2] Siehe hierzu Anwendungszeitpunktverschiebungsverordnung **(AnwZpvV)** vom 20.12. 2010 (BGBl. I S. 2135); abgedruckt zu § 52 Abs. 11.

[3] § 51 Abs. 4 Nr. 1d eingef. mWv 18.12.2019 durch G v. 12.12.2019 (BGBl. I S. 2451).

[4] § 51a Abs. 1 Satz 2 angef., bish. Wortlaut wird Satz 1 mWv VZ 2019 durch G v. 20.11.2019 (BGBl. I S. 1626); § 51 Abs. 1 Satz 1 geänd. mWv 1.1.2021 durch G v. 1.12.2020 (BGBl. I S. 2616).

(2) 1 Bemessungsgrundlage ist die Einkommensteuer, die abweichend von § 2 Absatz 6 unter Berücksichtigung von Freibeträgen nach § 32 Absatz 6 in allen Fällen des § 32 festzusetzen wäre. 2 Zur Ermittlung der Einkommensteuer im Sinne des Satzes 1 ist das zu versteuernde Einkommen um die nach § 3 Nummer 40 steuerfreien Beträge zu erhöhen und um die nach § 3c Absatz 2 nicht abziehbaren Beträge zu mindern. 3 § 35 ist bei der Ermittlung der festzusetzenden Einkommensteuer nach Satz 1 nicht anzuwenden.

(2a)[1] 1 Vorbehaltlich des § 40a Absatz 2 ist beim Steuerabzug vom Arbeitslohn Bemessungsgrundlage die Lohnsteuer; beim Steuerabzug vom laufenden Arbeitslohn und beim Jahresausgleich ist die Lohnsteuer maßgebend, die sich ergibt, wenn der nach § 39b Absatz 2 Satz 5 zu versteuernde Jahresbetrag für die Steuerklassen I, II und III um den *Kinderfreibetrag von 4788 [**für VZ 2019:** 4980; **für VZ 2020:** 5172][2] Euro sowie den Freibetrag für den Betreuungs- und Erziehungs- oder Ausbildungsbedarf von 2640[3] Euro und für die Steuerklasse IV um den Kinderfreibetrag von 2394 [**für VZ 2019:** 2490; **für VZ 2020:** 2586][2] Euro sowie den Freibetrag für den Betreuungs- und Erziehungs- oder Ausbildungsbedarf von 1320[3] Euro* [***Fassung ab 1.1.2021:*** doppelten Kinderfreibetrag sowie den doppelten Freibetrag für den Betreuungs- und Erziehungs- oder Ausbildungsbedarf und für die Steuerklasse IV um den Kinderfreibetrag sowie den Freibetrag für den Betreuungs- und Erziehungs- oder Ausbildungsbedarf (§ 32 Absatz 6 Satz 1)] für jedes Kind vermindert wird, für das eine Kürzung der Freibeträge für Kinder nach § 32 Absatz 6 Satz 4 nicht in Betracht kommt. 2 Bei der Anwendung des § 39b für die Ermittlung der Zuschlagsteuern ist die als Lohnsteuerabzugsmerkmal gebildete Zahl der Kinderfreibeträge maßgebend. 3 Bei Anwendung des § 39f ist beim Steuerabzug vom laufenden Arbeitslohn die Lohnsteuer maßgebend, die sich bei Anwendung des nach § 39f Absatz 1 ermittelten Faktors auf den nach den Sätzen 1 und 2 ermittelten Betrag ergibt.

(2b)[4] 1 Wird die Einkommensteuer nach § 43 Absatz 1 durch Abzug vom Kapitalertrag (Kapitalertragsteuer) erhoben, wird die darauf entfallende Kirchensteuer nach dem Kirchensteuersatz der Religionsgemeinschaft, der der Kirchensteuerpflichtige angehört, als Zuschlag zur Kapitalertragsteuer erhoben. [***ab 1.1.2023:*** 2 Satz 1 ist nicht anzuwenden, wenn die Kapitalerträge zu den Einkünften aus Land- und Forstwirtschaft, aus Gewerbebetrieb, aus selbständiger Arbeit oder aus Vermietung und Verpachtung gehören.]

(2c)[5] 1 Der zur Vornahme des Steuerabzugs vom Kapitalertrag Verpflichtete (Kirchensteuerabzugsverpflichteter) hat die auf die Kapitalertragsteuer nach Absatz 2b entfallende Kirchensteuer nach folgenden Maßgaben einzubehalten:

---

[1] § 51a Abs. 2a Satz 2 geänd. mWv VZ 2012 durch G v. 7.12.2011 (BGBl. I S. 2592); Satz 1 neu gef. mWv 1.1.2021 durch G v. 1.12.2020 (BGBl. I S. 2616).

[2] § 51a Abs. 2a Satz 1 geänd., Beträge geänd. mWv VZ 2015/2016 durch G v. 16.7.2015 (BGBl. I S. 1202); Beträge geänd. mWv VZ 2017/2018 durch G v. 20.12.2016 (BGBl. I S. 3000); geänd. mWv VZ 2019/2020 durch G v. 29.11.2018 (BGBl. I S. 2210).

[3] Beträge geänd. mWv VZ 2010 durch G v. 22.12.2009 (BGBl. I S. 3950).

[4] § 51a Abs. 2b Satz 2 angef., bish. Text wird Satz 1 mWv 1.1.2023 durch G v. 1.12.2020 (BGBl. I S. 2616).

[5] § 51a Abs. 2c neu gef. mWv VZ 2015 (§ 52a Abs. 49) durch G v. 7.12.2011 (BGBl. I S. 2592); geänd. durch G v. 26.6.2013 (BGBl. I S. 1809).

1. [1]Das Bundeszentralamt für Steuern speichert unabhängig von und zusätzlich zu den in § 139b Absatz 3 der Abgabenordnung genannten und nach § 39e gespeicherten Daten des Steuerpflichtigen den Kirchensteuersatz der steuererhebenden Religionsgemeinschaft des Kirchensteuerpflichtigen sowie die ortsbezogenen Daten, mit deren Hilfe der Kirchensteuerpflichtige seiner Religionsgemeinschaft zugeordnet werden kann. [2]Die Daten werden als automatisiert abrufbares Merkmal für den Kirchensteuerabzug bereitgestellt;

2.[1)] sofern dem Kirchensteuerabzugsverpflichteten die Identifikationsnummer des Schuldners der Kapitalertragsteuer nicht bereits bekannt ist, kann er sie beim Bundeszentralamt für Steuern anfragen. [2]In der Anfrage dürfen nur die in § 139b Absatz 3 der Abgabenordnung genannten Daten des Schuldners der Kapitalertragsteuer angegeben werden, soweit sie dem Kirchensteuerabzugsverpflichteten bekannt sind. [3]Die Anfrage hat nach amtlich vorgeschriebenem Datensatz durch Datenfernübertragung zu erfolgen. [4]Das Bundeszentralamt für Steuern teilt dem Kirchensteuerabzugsverpflichteten die Identifikationsnummer mit, sofern die übermittelten Daten mit den nach § 139b Absatz 3 der Abgabenordnung beim Bundeszentralamt für Steuern gespeicherten Daten übereinstimmen;

[Fassung bis 31.12.2021:]

3. der Kirchensteuerabzugsverpflichtete hat unter Angabe der Identifikationsnummer und des Geburtsdatums des Schuldners der Kapitalertragsteuer einmal jährlich im Zeitraum vom 1. September bis 31. Oktober beim Bundeszentralamt für Steuern anzufragen, ob der Schuldner der Kapitalertragsteuer am 31. August des betreffenden Jahres (Stichtag) kirchensteuerpflichtig ist (Regelabfrage). [2]Für Kapitalerträge im Sinne des § 43 Absatz 1 Nummer 4 aus Versicherungsverträgen hat der Kirchensteuerabzugsverpflichtete eine auf den Zuflusszeitpunkt der Kapitalerträge bezogene Abfrage (Anlassabfrage) an das Bundeszentralamt für Steuern zu richten. [3]Im Übrigen kann der Kirchensteuerabzugsverpflichtete eine Anlassabfrage bei Begründung einer Ge-

[Fassung ab 1.1.2022:][2)]

3. der Kirchensteuerabzugsverpflichtete hat unter Angabe der Identifikationsnummer und des Geburtsdatums des Schuldners der Kapitalertragsteuer bei Begründung einer rechtlichen Verbindung beim Bundeszentralamt für Steuern anzufragen, ob der Schuldner der Kapitalertragsteuer kirchensteuerpflichtig ist (Anlassabfrage), und einmal jährlich im Zeitraum vom 1. September bis 31. Oktober beim Bundeszentralamt für Steuern anzufragen, ob der Schuldner der Kapitalertragsteuer am 31. August des betreffenden Jahres (Stichtag) kirchensteuerpflichtig ist (Regelabfrage). [2]Für Kapitalerträge im Sinne des § 43 Absatz 1 Nummer 4 aus Versicherungsverträgen hat der Kirchensteuerabzugsverpflichtete eine auf den Zuflusszeitpunkt der Kapi-

---

[1)] § 51a Abs. 2c Nr. 2 Satz 4 aufgeh., bish. Satz 5 wird Satz 4 mWv 1.1.2017 durch G v. 18.7.2016 (BGBl. I S. 1679).

[2)] § 51a Abs. 2c Satz 1 Nr. 3 Sätze 1, 3, 5 neu gef., Satz 9 aufgeh., bish. Sätze 10 und 11 werden Sätze 9 und 10 mWv 1.1.2022 durch G v. 1.12.2020 (BGBl. I S. 2616).

[Fassung bis 31.12.2021:]

schäftsbeziehung oder auf Veranlassung des Kunden an das Bundeszentralamt für Steuern richten. [4] Auf die Anfrage hin teilt das Bundeszentralamt für Steuern dem Kirchensteuerabzugsverpflichteten die rechtliche Zugehörigkeit zu einer steuererhebenden Religionsgemeinschaft und den für die Religionsgemeinschaft geltenden Kirchensteuersatz zum Zeitpunkt der Anfrage als automatisiert abrufbares Merkmal nach Nummer 1 mit. [5] Während der Dauer der rechtlichen Verbindung ist der Schuldner der Kapitalertragssteuer zumindest einmal vom Kirchensteuerabzugsverpflichteten auf die Datenabfrage sowie das gegenüber dem Bundeszentralamt für Steuern bestehende Widerspruchsrecht, das sich auf die Übermittlung von Daten zur Religionszugehörigkeit bezieht (Absatz 2e Satz 1), schriftlich oder in geeigneter Form hinzuweisen.[1)] [6] Anträge auf das Setzen der Sperrvermerke, die im aktuellen Kalenderjahr für eine Regelabfrage berücksichtigt werden sollen, müssen bis zum 30. Juni beim Bundeszentralamt für Steuern eingegangen sein. [7] Alle übrigen Sperrvermerke können nur berücksichtigt werden, wenn sie spätestens zwei Monate vor der Abfrage des Kirchensteuerabzugsverpflichteten eingegangen sind. [8] Dies gilt für den Widerruf entsprechend. [9] Der Hinweis nach Satz 5 hat rechtzeitig vor der Regel- oder Anlassabfrage zu erfolgen.[2)] [10] Gehört der Schuldner der

[Fassung ab 1.1.2022:]

talerträge bezogene Abfrage (Anlassabfrage) an das Bundeszentralamt für Steuern zu richten. [3] Im Übrigen kann der Kirchensteuerabzugsverpflichtete eine Anlassabfrage auf Veranlassung des Schuldners der Kapitalertragsteuer an das Bundeszentralamt für Steuern richten. [4] Auf die Anfrage hin teilt das Bundeszentralamt für Steuern dem Kirchensteuerabzugsverpflichteten die rechtliche Zugehörigkeit zu einer steuererhebenden Religionsgemeinschaft und den für die Religionsgemeinschaft geltenden Kirchensteuersatz zum Zeitpunkt der Anfrage als automatisiert abrufbares Merkmal nach Nummer 1 mit. [5] Bei Begründung einer recthlichen Verbindung ist der Schuldner der Kapitalertragsteuer vom Kirchensteuerabzugsverpflichteten auf die Datenabfarge sowie das Antragsrecht nach Absatz 2e Satz 1 in geeigneter Form hinzuweisen. [6] Anträge auf das Setzen der Sperrvermerke, die im aktuellen Kalenderjahr für eine Regelabfrage berücksichtigt werden sollen, müssen bis zum 30. Juni beim Bundeszentralamt für Steuern eingegangen sein. [7] Alle übrigen Sperrvermerke können nur berücksichtigt werden, wenn sie spätestens zwei Monate vor der Abfrage des Kirchensteuerabzugsverpflichteten eingegangen sind. [8] Dies gilt für den Widerruf entsprechend. [9] Gehört der Schuldner der Kapitalertragsteuer keiner steuererhebenden Religionsgemeinschaft an oder hat er dem Ab-

---

1) § 51a Abs. 2c Satz 1 Nr. 3 Satz 5 geänd. mWv 1.8.2015 durch G v. 28.7.2015 (BGBl. I S. 1400).

2) § 51a Abs. 2c Satz 1 Nr. 3 Satz 9 geänd. mWv 1.8.2015 durch G v. 28.7.2015 (BGBl. I S. 1400).

[Fassung bis 31.12.2021:]

Kapitalertragsteuer keiner steuererhebenden Religionsgemeinschaft an oder hat er dem Abruf von Daten zur Religionszugehörigkeit widersprochen (Sperrvermerk), so teilt das Bundeszentralamt für Steuern dem Kirchensteuerabzugsverpflichteten zur Religionszugehörigkeit einen neutralen Wert (Nullwert) mit. [11] Der Kirchensteuerabzugsverpflichtete hat die vorhandenen Daten zur Religionszugehörigkeit unverzüglich zu löschen, wenn ein Nullwert übermittelt wurde;

[Fassung ab 1.1.2022:]

ruf von Daten zur Religionszugehörigkeit widersprochen (Sperrvermerk), so teilt das Bundeszentralamt für Steuern dem Kirchensteuerabzugsverpflichteten zur Religionszugehörigkeit einen neutralen Wert (Nullwert) mit. [10] Der Kirchensteuerabzugsverpflichtete hat die vorhandenen Daten zur Religionszugehörigkeit unverzüglich zu löschen, wenn ein Nullwert übermittelt wurde;

4. im Falle einer am Stichtag oder im Zuflusszeitpunkt bestehenden Kirchensteuerpflicht hat der Kirchensteuerabzugsverpflichtete den Kirchensteuerabzug für die steuererhebende Religionsgemeinschaft durchzuführen und den Kirchensteuerbetrag an das für ihn zuständige Finanzamt abzuführen. [2] § 45a Absatz 1 gilt entsprechend; in der Steueranmeldung sind die nach Satz 1 einbehaltenen Kirchensteuerbeträge für jede steuererhebende Religionsgemeinschaft jeweils als Summe anzumelden. [3] Die auf Grund der Regelabfrage vom Bundeszentralamt für Steuern bestätigte Kirchensteuerpflicht hat der Kirchensteuerabzugsverpflichtete dem Kirchensteuerabzug des auf den Stichtag folgenden Kalenderjahres zu Grunde zu legen. [4] Das Ergebnis einer Anlassabfrage wirkt anlassbezogen.

[2] Die Daten gemäß Nummer 3 sind nach amtlich vorgeschriebenem Datensatz durch Datenfernübertragung zu übermitteln. [3] Die Verbindung der Anfrage nach Nummer 2 mit der Anfrage nach Nummer 3 zu einer Anfrage ist zulässig. [4] Auf Antrag kann das Bundeszentralamt für Steuern zur Vermeidung unbilliger Härten auf eine elektronische Übermittlung verzichten. [5] § 44 Absatz 5 ist mit der Maßgabe anzuwenden, dass der Haftungsbescheid von dem für den Kirchensteuerabzugsverpflichteten zuständigen Finanzamt erlassen wird. [6] § 45a Absatz 2 ist mit der Maßgabe anzuwenden, dass die steuererhebende Religionsgemeinschaft angegeben wird. [7] Sind an den Kapitalerträgen ausschließlich Ehegatten beteiligt, wird der Anteil an der Kapitalertragsteuer hälftig ermittelt. [8] Der Kirchensteuerabzugsverpflichtete darf die von ihm für die Durchführung des Kirchensteuerabzugs erhobenen Daten ausschließlich für diesen Zweck verarbeiten.[1)] [9] Er hat organisatorisch dafür Sorge zu tragen, dass ein Zugriff auf diese Daten für andere Zwecke gesperrt ist. [10] Ohne Einwilligung der oder des Kirchensteuerpflichtigen und soweit gesetzlich nichts anderes zugelassen ist, dürfen der Kirchensteuerabzugsverpflichtete und die beteiligte Finanzbehörde die Daten nach Satz 8 nicht für andere Zwecke verarbeiten.[2)]

---

1) § 51a Abs. 2c Satz 8 geänd. mWv VZ 2019 durch G v. 20.11.2019 (BGBl. I S. 1626).

2) § 51a Abs. 2c Satz 10 neu gef. mWv VZ 2019 durch G v. 20.11.2019 (BGBl. I S. 1626).

(2d) [1]Wird die nach Absatz 2b zu erhebende Kirchensteuer nicht nach Absatz 2c als Kirchensteuerabzug vom Kirchensteuerabzugsverpflichteten einbehalten, wird sie nach Ablauf des Kalenderjahres nach dem Kapitalertragsteuerbetrag veranlagt, der sich ergibt, wenn die Steuer auf Kapitalerträge nach § 32d Absatz 1 Satz 4 und 5 errechnet wird; wenn Kirchensteuer als Kirchensteuerabzug nach Absatz 2c erhoben wurde, wird eine Veranlagung auf Antrag des Steuerpflichtigen durchgeführt. [2]Der Abzugsverpflichtete hat dem Kirchensteuerpflichtigen auf dessen Verlangen hin eine Bescheinigung über die einbehaltene Kapitalertragsteuer zu erteilen. [3]Der Kirchensteuerpflichtige hat die erhobene Kapitalertragsteuer zu erklären und die Bescheinigung nach Satz 2 oder nach § 45a Absatz 2 oder 3 vorzulegen.

(2e)[1)] [1]Der Schuldner der Kapitalertragsteuer kann unter Angabe seiner Identifikationsnummer nach amtlich vorgeschriebenem Vordruck schriftlich beim Bundeszentralamt für Steuern beantragen, dass der automatisierte Datenabruf seiner rechtlichen Zugehörigkeit zu einer steuererhebenden Religionsgemeinschaft bis auf schriftlichen Widerruf unterbleibt (Sperrvermerk). [2]Das Bundeszentralamt für Steuern kann für die Abgabe der Erklärungen nach Satz 1 ein anderes sicheres Verfahren zur Verfügung stellen. [3]Der Sperrvermerk verpflichtet den Kirchensteuerpflichtigen für jeden Veranlagungszeitraum, in dem Kapitalertragsteuer einbehalten worden ist, zur Abgabe einer Steuererklärung zum Zwecke der Veranlagung nach Absatz 2d Satz 1. [4]Das Bundeszentralamt für Steuern übermittelt für jeden Veranlagungszeitraum, *in dem der Sperrvermerk abgerufen worden ist, an das Wohnsitzfinanzamt Name und Anschrift des Kirchensteuerabzugsverpflichteten, an den im Fall des Absatzes 2c Nummer 3 auf Grund des Sperrvermerks ein Nullwert im Sinne des Absatzes 2c Satz 1 Nummer 3 Satz 6* [***Fassung ab 1.1.2021:*** für den ein Sperrvermerk abgerufen worden ist, an das Wohnsitzfinanzamt des Schuldners der Kapitalertragsteuer Name und Anschrift des Kirchensteuerabzugsverpflichteten, dem im Fall des Absatzes 2c Satz 1 Nummer 3 auf Grund des Sperrvermerks ein Nullwert im Sinne des Absatzes 2c Satz 1 Nummer 3 Satz *10* {***ab 1.1.2022:*** 9}] mitgeteilt worden ist. [5]Das Wohnsitzfinanzamt fordert den Kirchensteuerpflichtigen zur Abgabe einer Steuererklärung nach § 149 Absatz 1 Satz 1 und 2 der Abgabenordnung auf.

(3) Ist die Einkommensteuer für Einkünfte, die dem Steuerabzug unterliegen, durch den Steuerabzug abgegolten oder werden solche Einkünfte bei der Veranlagung zur Einkommensteuer oder beim Lohnsteuer-Jahresausgleich nicht erfasst, gilt dies für die Zuschlagsteuer entsprechend.

(4) [1]Die Vorauszahlungen auf Zuschlagsteuern sind gleichzeitig mit den festgesetzten Vorauszahlungen auf die Einkommensteuer zu entrichten; § 37 Absatz 5 ist nicht anzuwenden. [2]Solange ein Bescheid über die Vorauszahlungen auf Zuschlagsteuern nicht erteilt worden ist, sind die Vorauszahlungen ohne besondere Aufforderung nach Maßgabe der für die Zuschlagsteuern geltenden Vorschriften zu entrichten. [3]§ 240 Absatz 1 Satz 3 der Abgabenord-

---

1) § 51a Abs. 2e neu gef. mWv VZ 2015 (§ 52 Abs. 49) durch G v. 7.12.2011 (BGBl. I S. 2592); geänd. durch G v. 26.6.2013 (BGBl. I S. 1809); Satz 4 geänd. mWv 1.1.2021 bzw. 1.1.2022 durch G v. 1.12.2020 (BGBl. I S. 2616).

nung ist insoweit nicht anzuwenden; § 254 Absatz 2 der Abgabenordnung gilt insoweit sinngemäß.

(5) 1 Mit einem Rechtsbehelf gegen die Zuschlagsteuer kann weder die Bemessungsgrundlage noch die Höhe des zu versteuernden Einkommens angegriffen werden. 2 Wird die Bemessungsgrundlage geändert, ändert sich die Zuschlagsteuer entsprechend.

(6) Die Absätze 1 bis 5 gelten für die Kirchensteuern nach Maßgabe landesrechtlicher Vorschriften.

§ 52[1)] **Anwendungsvorschriften.** (1)[2)] 1 Diese Fassung des Gesetzes ist, soweit in den folgenden Absätzen nichts anderes bestimmt ist, erstmals für den Veranlagungszeitraum *2021* [***ab VZ 2022:*** 2022] anzuwenden. 2 Beim Steuerabzug vom Arbeitslohn gilt Satz 1 mit der Maßgabe, dass diese Fassung erstmals auf den laufenden Arbeitslohn anzuwenden ist, der für einen nach dem 31. Dezember *2020* [***ab VZ 2022:*** 2021] endenden Lohnzahlungszeitraum gezahlt wird, und auf sonstige Bezüge, die nach dem 31. Dezember *2020* [***ab VZ 2022:*** 2021] zufließen. 3 Beim Steuerabzug vom Kapitalertrag gilt Satz 1 mit der Maßgabe, dass diese Fassung des Gesetzes erstmals auf Kapitalerträge anzuwenden ist, die dem Gläubiger nach dem 31. Dezember *2020* [***ab VZ 2022:*** 2021] zufließen.

[***ab VZ 2024:***[3)]

(1) 1 Diese Fassung des Gesetzes ist, soweit in den folgenden Absätzen nichts anderes bestimmt ist, erstmals für den Veranlagungszeitraum 2024 anzuwenden. 2 Beim Steuerabzug vom Arbeitslohn gilt Satz 1 mit der Maßgabe, dass diese Fassung erstmals auf den laufenden Arbeitslohn anzuwenden ist, der für einen nach dem 31. Dezember 2023 endenden Lohnzahlungszeitraum gezahlt wird, und auf sonstige Bezüge, die nach dem 31. Dezember 2023 zufließen. 3 Beim Steuerabzug vom Kapitalertrag gilt Satz 1 mit der Maßgabe, dass diese Fassung des Gesetzes erstmals auf Kapitalerträge anzuwenden ist, die dem Gläubiger nach dem 31. Dezember 2023 zufließen.]

(2) 1 § 2a Absatz 1 Satz 1 Nummer 6 Buchstabe b in der am 1. Januar 2000 geltenden Fassung ist erstmals auf negative Einkünfte eines Steuerpflichtigen anzuwenden, die er aus einer entgeltlichen Überlassung von Schiffen auf Grund eines nach dem 31. Dezember 1999 rechtswirksam abgeschlossenen obligatorischen Vertrags oder gleichstehenden Rechtsakts erzielt. 2 Für negative Einkünfte im Sinne des § 2a Absatz 1 und 2 in der am 24. Dezember 2008 geltenden Fassung, die vor dem 25. Dezember 2008 nach § 2a Absatz 1 Satz 5 bestandskräftig gesondert festgestellt wurden, ist § 2a Absatz 1 Satz 3 bis 5 in der am 24. Dezember 2008 geltenden Fassung weiter anzuwenden. 3 § 2a Absatz 3 Satz 3, 5 und 6 in der am 29. April 1997 geltenden Fassung ist für Veranlagungszeiträume ab 1999 weiter anzuwenden, soweit sich ein positiver Betrag im Sinne des § 2a Absatz 3 Satz 3 in der am 29. April 1997 geltenden

---

1) § 52 neu gef. durch G v. 25.7.2014 (BGBl. I S. 1266).

2) § 52 Abs. 1 neu gef. durch Art. 1 des G v. 1.12.2020 (BGBl. I S. 2616); neu gef. durch Art. 2 des G v. 1.12.2020 (BGBl. I S. 2616); neu gef. durch G v. 21.12.2020 (BGBl. I S. 3096).

3) § 52 Abs. 1 neu gef. durch G v. 21.12.2020 (BGBl. I S. 3096).

Fassung ergibt oder soweit eine in einem ausländischen Staat belegene Betriebsstätte im Sinne des § 2a Absatz 4 in der Fassung des § 52 Absatz 3 Satz 8 in der am 30. Juli 2014[1)] geltenden Fassung in eine Kapitalgesellschaft umgewandelt, übertragen oder aufgegeben wird. [4]Insoweit ist in § 2a Absatz 3 Satz 5 letzter Halbsatz in der am 29. April 1997 geltenden Fassung die Angabe „§ 10d Absatz 3" durch die Angabe „§ 10d Absatz 4" zu ersetzen.

(3) § 2b in der Fassung der Bekanntmachung vom 19. Oktober 2002 (BGBl. I S. 4210; 2003 I S. 179) ist weiterhin für Einkünfte aus einer Einkunftsquelle im Sinne des § 2b anzuwenden, die der Steuerpflichtige nach dem 4. März 1999 und vor dem 11. November 2005 rechtswirksam erworben oder begründet hat.

(4)[2)] [1]§ 3 Nummer 5 in der am 30. Juni 2013 geltenden Fassung ist vorbehaltlich des Satzes 2 erstmals für den Veranlagungszeitraum 2013 anzuwenden. [2]§ 3 Nummer 5 in der am 29. Juni 2013 geltenden Fassung ist weiterhin anzuwenden für freiwillig Wehrdienst Leistende, die das Dienstverhältnis vor dem 1. Januar 2014 begonnen haben. [3]§ 3 Nummer 10 in der am 31. Dezember 2005 geltenden Fassung ist weiter anzuwenden für ausgezahlte Übergangsbeihilfen an Soldatinnen auf Zeit und Soldaten auf Zeit, wenn das Dienstverhältnis vor dem 1. Januar 2006 begründet worden ist. [4]Auf fortlaufende Leistungen nach dem Gesetz über die Heimkehrerstiftung vom 21. Dezember 1992 (BGBl. I S. 2094, 2101), das zuletzt durch Artikel 1 des Gesetzes vom 10. Dezember 2007 (BGBl. I S. 2830) geändert worden ist, in der jeweils geltenden Fassung ist § 3 Nummer 19 in der am 31. Dezember 2010 geltenden Fassung weiter anzuwenden. [5]§ 3 Nummer 26 und 26a in der Fassung des Artikels 2 des Gesetzes vom 11. Dezember 2018 (BGBl. I S. 2338) ist in allen offenen Fällen anzuwenden. [6]Für die Anwendung des § 3 Nummer 34 in der Fassung des Artikels 3 des Gesetzes vom 11. Dezember 2018 (BGBl. I S. 2338) ist das Zertifizierungserfordernis nach § 20 Absatz 2 Satz 2 in Verbindung mit § 20 Absatz 5 des Fünften Buches Sozialgesetzbuch für bereits vor dem 1. Januar 2019 begonnene unzertifizierte Gesundheitsmaßnahmen erstmals maßgeblich für Sachbezüge, die nach dem 31. Dezember 2019 gewährt werden. [7]§ 3 Nummer 37 in der Fassung des Artikels 3 des Gesetzes vom 11. Dezember 2018 (BGBl. I S. 2338) ist letztmals für den Veranlagungszeitraum 2030 anzuwenden, sowie beim Steuerabzug vom Arbeitslohn auf Vorteile, die in einem vor dem 1. Januar 2031 endenden Lohnzahlungszeitraum oder als sonstige Bezüge vor dem 1. Januar 2031 zugewendet werden. [8]§ 3 Nummer 40 ist erstmals anzuwenden für

1. Gewinnausschüttungen, auf die bei der ausschüttenden Körperschaft der nach Artikel 3 des Gesetzes vom 23. Oktober 2000 (BGBl. I S. 1433) auf-

---

1) Datum des Tags der Verkündung des G v. 25.7.2014 (BGBl. I S. 1266).

2) § 52 Abs. 4 Satz 13 angef. durch G v. 22.12.2014 (BGBl. I S. 2417); Satz 10 eingef., bish. Sätze 10 bis 13 werden Sätze 11 bis 14 durch G v. 7.11.2016 (BGBl. I S. 2498); Satz 7 eingef., bish. Sätze 7 bis 14 werden Sätze 8 bis 15 durch G v. 20.12.2016 (BGBl. I S. 3000); Satz 16 angef. durch G v. 27.6.2017 (BGBl. I S. 2074); Sätze 12 und 13 geänd., Satz 14 neu gef., Satz 15 eingef., Sätze 15 und 16 werden Sätze 16 und 17 mWv 1.1.2018 durch G v. 17.8.2017 (BGBl. I S. 3214); Sätze 5 bis 7 eingef., bish. Sätze 5 bis 11 werden Sätze 8 bis 14, bish. Sätze 12 und 13 aufgeh., bish. Sätze 14 bis 17 werden Sätze 15 bis 18 durch G v. 11.12.2018 (BGBl. I S. 2338); Sätze 7 und 14 geänd. durch G v. 12.12.2019 (BGBl. I S. 2451); Satz 15 eingef., bish. Sätze 15 bis 18 werden Sätze 16 bis 19 durch G v. 8.8.2020 (BGBl. I S. 1818).

gehobene Vierte Teil des Körperschaftsteuergesetzes nicht mehr anzuwenden ist; für die übrigen in § 3 Nummer 40 genannten Erträge im Sinne des § 20 gilt Entsprechendes;

2. Erträge im Sinne des § 3 Nummer 40 Satz 1 Buchstabe a, b, c und j nach Ablauf des ersten Wirtschaftsjahres der Gesellschaft, an der die Anteile bestehen, für das das Körperschaftsteuergesetz in der Fassung des Artikels 3 des Gesetzes vom 23. Oktober 2000 (BGBl. I S. 1433) erstmals anzuwenden ist.

[9] § 3 Nummer 40 Satz 3 und 4 in der am 12. Dezember 2006 geltenden Fassung ist für Anteile, die einbringungsgeboren im Sinne des § 21 des Umwandlungssteuergesetzes in der am 12. Dezember 2006 geltenden Fassung sind, weiter anzuwenden. [10] § 3 Nummer 40 Satz 3 erster Halbsatz in der am 1. Januar 2017 geltenden Fassung ist erstmals für den Veranlagungszeitraum 2017 anzuwenden; der zweite Halbsatz ist anzuwenden auf Anteile, die nach dem 31. Dezember 2016 dem Betriebsvermögen zugehen. [11] Bei vom Kalenderjahr abweichenden Wirtschaftsjahren ist § 3 Nummer 40 Buchstabe d Satz 2 in der am 30. Juni 2013 geltenden Fassung erstmals für den Veranlagungszeitraum anzuwenden, in dem das Wirtschaftsjahr endet, das nach dem 31. Dezember 2013 begonnen hat. [12] § 3 Nummer 40a in der am 6. August 2004 geltenden Fassung ist auf Vergütungen im Sinne des § 18 Absatz 1 Nummer 4 anzuwenden, wenn die vermögensverwaltende Gesellschaft oder Gemeinschaft nach dem 31. März 2002 und vor dem 1. Januar 2009 gegründet worden ist oder soweit die Vergütungen in Zusammenhang mit der Veräußerung von Anteilen an Kapitalgesellschaften stehen, die nach dem 7. November 2003 und vor dem 1. Januar 2009 erworben worden sind. [13] § 3 Nummer 40a in der am 19. August 2008 geltenden Fassung ist erstmals auf Vergütungen im Sinne des § 18 Absatz 1 Nummer 4 anzuwenden, wenn die vermögensverwaltende Gesellschaft oder Gemeinschaft nach dem 31. Dezember 2008 gegründet worden ist. [14] § 3 Nummer 46 in der am 17. November 2016 geltenden Fassung ist erstmals anzuwenden auf Vorteile, die in einem nach dem 31. Dezember 2016 endenden Lohnzahlungszeitraum oder als sonstige Bezüge nach dem 31. Dezember 2016 zugewendet werden, und letztmals anzuwenden auf Vorteile, die in einem vor dem 1. Januar 2031 endenden Lohnzahlungszeitraum oder als sonstige Bezüge vor dem 1. Januar 2031 zugewendet werden. [15] § 3 Nummer 60 in der am 13. August 2020 geltenden Fassung ist weiterhin anzuwenden für Anpassungsgelder an Arbeitnehmer im Steinkohlenbergbau bis zum Auslaufen dieser öffentlichen Mittel im Jahr 2027. [16] Der Höchstbetrag nach § 3 Nummer 63 Satz 1 verringert sich um Zuwendungen, auf die § 40b Absatz 1 und 2 Satz 1 und 2 in der am 31. Dezember 2004 geltenden Fassung angewendet wird. [17] § 3 Nummer 63 Satz 3 in der ab dem 1. Januar 2018 geltenden Fassung ist nicht anzuwenden, soweit § 40b Absatz 1 und 2 Satz 3 und 4 in der am 31. Dezember 2004 geltenden Fassung angewendet wird. [18] § 3 Nummer 71 in der am 31. Dezember 2014 geltenden Fassung ist erstmals für den Veranlagungszeitraum 2013 anzuwenden. [19] § 3 Nummer 71 in der Fassung des Artikels 1 des Gesetzes vom 27. Juni 2017 (BGBl. I S. 2074) ist erstmals für den Veranlagungszeitraum 2017 anzuwenden.

(4a)[1] [1] § 3a in der Fassung des Artikels 2 des Gesetzes vom 27. Juni 2017 (BGBl. I S. 2074) ist erstmals in den Fällen anzuwenden, in denen die Schulden ganz oder teilweise nach dem 8. Februar 2017 erlassen wurden. [2] Satz 1 gilt bei einem Schuldenerlass nach dem 8. Februar 2017 nicht, wenn dem Steuerpflichtigen auf Antrag Billigkeitsmaßnahmen aus Gründen des Vertrauensschutzes für einen Sanierungsertrag auf Grundlage von § 163 Absatz 1 Satz 2 und den §§ 222, 227 der Abgabenordnung zu gewähren sind. [3] Auf Antrag des Steuerpflichtigen ist § 3a auch in den Fällen anzuwenden, in denen die Schulden vor dem 9. Februar 2017 erlassen wurden. [4] Satz 1 gilt auch für § 3a Absatz 3a in der Fassung des Artikels 1 des Gesetzes vom 12. Dezember 2019 (BGBl. I S. 2451).

(5)[2] [1] § 3c Absatz 2 *Satz 3 und 4*[3] in der am 12. Dezember 2006 geltenden Fassung ist für Anteile, die einbringungsgeboren im Sinne des § 21 des Umwandlungssteuergesetzes in der am 12. Dezember 2006 geltenden Fassung sind, weiter anzuwenden. [2] § 3c Absatz 2 in der am 31. Dezember 2014 geltenden Fassung ist erstmals für Wirtschaftsjahre anzuwenden, die nach dem 31. Dezember 2014 beginnen. [3] § 3c Absatz 4 in der Fassung des Artikels 2 des Gesetzes vom 27. Juni 2017 (BGBl. I S. 2074) ist für Betriebsvermögensminderungen oder Betriebsausgaben in unmittelbarem wirtschaftlichem Zusammenhang mit einem Schuldenerlass nach dem 8. Februar 2017 anzuwenden, für den § 3a angewendet wird. [4] § 3c Absatz 4 ist auch in den Fällen anzuwenden, in denen dem Steuerpflichtigen die Steuerbefreiung des § 3a auf Grund eines Antrags nach Absatz 4a Satz 3 gewährt wird.

(6)[4] [1] § 4 Absatz 1 Satz 4 in der Fassung des Artikels 1 des Gesetzes vom 8. Dezember 2010 (BGBl. I S. 1768) gilt in allen Fällen, in denen § 4 Absatz 1 Satz 3 anzuwenden ist. [2] § 4 Absatz 3 Satz 4 ist nicht anzuwenden, soweit die Anschaffungs- oder Herstellungskosten vor dem 1. Januar 1971 als Betriebsausgaben abgesetzt worden sind. [3] § 4 Absatz 3 Satz 4 und 5 in der Fassung des Artikels 1 des Gesetzes vom 28. April 2006 (BGBl. I S. 1095) ist erstmals für Wirtschaftsgüter anzuwenden, die nach dem 5. Mai 2006 angeschafft, hergestellt oder in das Betriebsvermögen eingelegt werden. [4] Die Anschaffungs- oder Herstellungskosten für nicht abnutzbare Wirtschaftsgüter des Anlagevermögens, die vor dem 5. Mai 2006 angeschafft, hergestellt oder in das Betriebsvermögen eingelegt wurden, sind erst im Zeitpunkt des Zuflusses des Veräußerungserlöses oder im Zeitpunkt der Entnahme als Betriebsausgaben zu berücksichtigen. [5] § 4 Absatz 4a in der Fassung des Gesetzes vom 22. Dezember 1999 (BGBl. I S. 2601) ist erstmals für das Wirtschaftsjahr anzuwenden, das nach dem 31. Dezember 1998 endet. [6] Über- und Unterentnahmen vorangegangener Wirtschaftsjahre bleiben unberücksichtigt. [7] Bei vor dem 1. Januar 1999 eröffneten Betrieben sind im Fall der Betriebsaufgabe bei der Überfüh-

---

[1] § 52 Abs. 4a eingef. durch G v. 27.6.2017 (BGBl. I S. 2074); Satz 3 angef. durch G v. 11.12.2018 (BGBl. I S. 2338); Satz 4 angef. durch G v. 12.12.2019 (BGBl. I S. 2451).

[2] § 52 Abs. 5 Satz 2 angef. durch G v. 22.12.2014 (BGBl. I S. 2417); Satz 3 angef. durch G v. 27.6.2017 (BGBl. I S. 2074); Satz 4 angef. durch G v. 11.12.2018 (BGBl. I S. 2338).

[3] Jetzt: Satz 8 und 9.

[4] § 52 Abs. 6 Sätze 10 bis 12 angef. durch G v. 12.12.2019 (BGBl. I S. 2451); Satz 13 angef. durch G v. 21.12.2020 (BGBl. I S. 3096).

rung von Wirtschaftsgütern aus dem Betriebsvermögen in das Privatvermögen die Buchwerte nicht als Entnahme anzusetzen; im Fall der Betriebsveräußerung ist nur der Veräußerungsgewinn als Entnahme anzusetzen. [8] § 4 Absatz 5 Satz 1 Nummer 5 in der Fassung des Artikels 1 des Gesetzes vom 20. Februar 2013 (BGBl. I S. 285) ist erstmals ab dem 1. Januar 2014 anzuwenden. [9] § 4 Absatz 5 Satz 1 Nummer 6a in der Fassung des Artikels 1 des Gesetzes vom 20. Februar 2013 (BGBl. I S. 285) ist erstmals ab dem 1. Januar 2014 anzuwenden. [10] § 4 Absatz 5 Satz 1 Nummer 8 in der Fassung des Artikels 1 des Gesetzes vom 12. Dezember 2019 (BGBl. I S. 2451) ist erstmals anzuwenden auf nach dem 31. Dezember 2018 festgesetzte Geldbußen, Ordnungsgelder und Verwarnungsgelder sowie auf nach dem 31. Dezember 2018 entstandene mit der Geldbuße, dem Ordnungsgeld oder dem Verwarnungsgeld zusammenhängende Aufwendungen. [11] § 4 Absatz 5 Satz 1 Nummer 8a in der Fassung des Artikels 1 des Gesetzes vom 12. Dezember 2019 (BGBl. I S. 2451) ist erstmals anzuwenden auf nach dem 31. Dezember 2018 festgesetzte Zinsen im Sinne der Vorschrift. [12] § 4 Absatz 10 in der Fassung des Artikels 2 des Gesetzes vom 12. Dezember 2019 (BGBl. I S. 2451) ist erstmals anzuwenden auf nach dem 31. Dezember 2019 durchgeführte Übernachtungen im Sinne der Vorschrift. [13] § 4 Absatz 5 Satz 1 Nummer 6b Satz 4 in der Fassung des Artikels 1 des Gesetzes vom 21. Dezember 2020 (BGBl. I S. 3096) ist für nach dem 31. Dezember 2019 und vor dem 1. Januar 2022 in der häuslichen Wohnung ausgeübte Tätigkeiten anzuwenden.

(7)[1)] *(aufgehoben)*

(8)[2)] [1] § 4f in der Fassung des Gesetzes vom 18. Dezember 2013 (BGBl. I S. 4318) ist erstmals für Wirtschaftsjahre anzuwenden, die nach dem 28. November 2013 enden. [2] § 4f Absatz 1 Satz 3 in der Fassung des Artikels 1 des Gesetzes vom 21. Dezember 2020 (BGBl. I S. 3096) ist erstmals für Wirtschaftsjahre anzuwenden, die nach dem 31. Dezember 2019 enden; bei nach § 4a vom Kalenderjahr abweichenden Wirtschaftsjahren ist § 4f Absatz 1 Satz 3 spätestens für Wirtschaftsjahre anzuwenden, die nach dem 17. Juli 2020 enden.

(8a)[3)] § 4j in der Fassung des Artikels 1 des Gesetzes vom 27. Juni 2017 (BGBl. I S. 2074) ist erstmals für Aufwendungen anzuwenden, die nach dem 31. Dezember 2017 entstehen.

(9) [1] § 5 Absatz 7 in der Fassung des Gesetzes vom 18. Dezember 2013 (BGBl. I S. 4318) ist erstmals für Wirtschaftsjahre anzuwenden, die nach dem 28. November 2013 enden. [2] Auf Antrag kann § 5 Absatz 7 auch für frühere Wirtschaftsjahre angewendet werden. [3] Bei Schuldübertragungen, Schuldbeitritten und Erfüllungsübernahmen, die vor dem 14. Dezember 2011 vereinbart wurden, ist § 5 Absatz 7 Satz 5 mit der Maßgabe anzuwenden, dass für einen Gewinn, der sich aus der Anwendung von § 5 Absatz 7 Satz 1 bis 3 ergibt, jeweils in Höhe von 19 Zwanzigsteln eine gewinnmindernde Rücklage gebildet werden kann, die in den folgenden 19 Wirtschaftsjahren jeweils mit mindestens einem Neunzehntel gewinnerhöhend aufzulösen ist.

[1)] § 52 Abs. 7 aufgeh. mWv 1.1.2018 durch G v. 21.12.2015 (BGBl. I S. 2553).
[2)] § 8 Satz 2 angef. durch G v. 21.12.2020 (BGBl. I S. 3096).
[3)] § 52 Abs. 8a eingef. durch G v. 27.6.2017 (BGBl. I S. 2074).

(10)[1] 1 § 5a Absatz 3 in der Fassung des Artikels 9 des Gesetzes vom 29. Dezember 2003 (BGBl. I S. 3076) ist erstmals für das Wirtschaftsjahr anzuwenden, das nach dem 31. Dezember 2005 endet. 2 § 5a Absatz 3 Satz 1 in der am 31. Dezember 2003 geltenden Fassung ist weiterhin anzuwenden, wenn der Steuerpflichtige im Fall der Anschaffung das Handelsschiff auf Grund eines vor dem 1. Januar 2006 rechtswirksam abgeschlossenen schuldrechtlichen Vertrags oder gleichgestellten Rechtsakts angeschafft oder im Fall der Herstellung mit der Herstellung des Handelsschiffs vor dem 1. Januar 2006 begonnen hat. 3 In Fällen des Satzes 2 muss der Antrag auf Anwendung des § 5a Absatz 1 spätestens bis zum Ablauf des Wirtschaftsjahres gestellt werden, das vor dem 1. Januar 2008 endet. 4 Soweit Ansparabschreibungen im Sinne des § 7g Absatz 3 in der am 17. August 2007 geltenden Fassung zum Zeitpunkt des Übergangs zur Gewinnermittlung nach § 5a Absatz 1 noch nicht gewinnerhöhend aufgelöst worden sind, ist § 5a Absatz 5 Satz 3 in der am 17. August 2007 geltenden Fassung weiter anzuwenden. 5 § 5a Absatz 6 in der durch Artikel 1 des Gesetzes vom 12. Dezember 2019 (BGBl. I S. 2451) geänderten Fassung ist erstmals für Wirtschaftsjahre anzuwenden, die nach dem 31. Dezember 2018 beginnen.

(11)[2] § 5b in der Fassung des Artikels 1 des Gesetzes vom 20. Dezember 2008 (BGBl. I S. 2850) ist erstmals für Wirtschaftsjahre anzuwenden, die nach dem 31. Dezember 2010 beginnen.

(12)[3] 1 § 6 Absatz 1 Nummer 1b kann auch für Wirtschaftsjahre angewendet werden, die vor dem 23. Juli 2016[4] enden. 2 § 6 Absatz 1 Nummer 4 Satz 2 Nummer 3 und Satz 3 Nummer 3 in der Fassung des Artikels 1 des Gesetzes vom 29. Juni 2020 (BGBl. I S. 1512) ist bereits ab dem 1. Januar 2020 anzuwenden. 3 § 6 Absatz 1 Nummer 4 Satz 6 ist bis zum 31. Dezember 2030 anzuwenden. 4 § 6 Absatz 1 Nummer 5 Satz 1 Buchstabe c in der Fassung des Artikels 2 des Gesetzes vom 11. Dezember 2018 (BGBl. I S. 2338) ist erstmals bei Wirtschaftsgütern anzuwenden, die nach dem 31. Dezember 2017 in ein Betriebsvermögen eingelegt werden. 5 § 6 Absatz 2 Satz 4 in der Fassung des Artikels 4 des Gesetzes vom 30. Juni 2017 (BGBl. I S. 2143) ist erstmals bei Wirtschaftsgütern anzuwenden, die nach dem 31. Dezember 2017 angeschafft, hergestellt oder in das Betriebsvermögen eingelegt werden. 6 § 6 Absatz 2 Satz 1 in der Fas-

---

[1] § 52 Abs. 10 Satz 5 angef. durch G v. 12.12.2019 (BGBl. I S. 2451).

[2] Siehe hierzu jedoch Verordnung zur Festlegung eines späteren Anwendungszeitpunkts der Verpflichtungen nach § 5b des Einkommensteuergesetzes **(Anwendungszeitpunktverschiebungsverordnung – AnwZpvV)** vom 20.12.2010 (BGBl. I S. 2135): „**§ 1 Verschiebung des erstmaligen Anwendungszeitpunktes der Verpflichtungen nach § 5b des Einkommensteuergesetzes.** Abweichend von § 52 Absatz 15a des Einkommensteuergesetzes sind die Bilanz und die Gewinn- und Verlustrechnung erstmals für Wirtschaftsjahre, die nach dem 31. Dezember 2011 beginnen, elektronisch zu übermitteln."

[3] § 52 Abs. 12 Satz 1 geänd. durch G v. 2.11.2015 (BGBl. I S. 1834); Satz 1 eingef., bish. Sätze 1 und 2 werden Sätze 2 und 3 durch G v. 18.7.2016 (BGBl. I S. 1679); Satz 3 eingef., bish. Satz 3 wird Satz 4, Satz 5 angef. durch G v. 27.6.2017 (BGBl. I S. 2074); Satz 3 eingef., bish. Sätze 3 bis 5 werden Sätze 4 bis 6 durch G v. 30.6.2017 (BGBl. I S. 2143); Satz 2 eingef., bish. Satz 2 wird Satz 3 und neu gef., bish. Sätze 3 bis 6 werden Sätze 4 bis 7 durch G v. 11.12.2018 (BGBl. I S. 2338); Satz 2 geänd. durch G v. 12.12.2019 (BGBl. I S. 2451); Satz 2 eingef., bish. Sätze 2 bis 7 werden Sätze 3 bis 8 durch G v. 29.6.2020 (BGBl. I S. 1512).

[4] Tag nach der Verkündung des G v. 18.7.2016 (BGBl. I S. 1679).

sung des Artikels 1 des Gesetzes vom 27. Juni 2017 (BGBl. I S. 2074) ist erstmals bei Wirtschaftsgütern anzuwenden, die nach dem 31. Dezember 2017 angeschafft, hergestellt oder in das Betriebsvermögen eingelegt werden. 7 § 6 Absatz 5 Satz 1 zweiter Halbsatz in der am 14. Dezember 2010 geltenden Fassung gilt in allen Fällen, in denen § 4 Absatz 1 Satz 3 anzuwenden ist. 8 § 6 Absatz 2a in der Fassung des Artikels 1 des Gesetzes vom 27. Juni 2017 (BGBl. I S. 2074) ist erstmals bei Wirtschaftsgütern anzuwenden, die nach dem 31. Dezember 2017 angeschafft, hergestellt oder in das Betriebsvermögen eingelegt werden.

(13)[1] *(aufgehoben)*

(14)[2] 1 § 6b Absatz 2a in der am 6. November 2015 geltenden Fassung ist auch auf Gewinne im Sinne des § 6b Absatz 2 anzuwenden, die vor dem 6. November 2015 entstanden sind. 2 § 6b Absatz 10 Satz 11 in der am 12. Dezember 2006 geltenden Fassung ist für Anteile, die einbringungsgeboren im Sinne des § 21 des Umwandlungssteuergesetzes in der am 12. Dezember 2006 geltenden Fassung sind, weiter anzuwenden. 3 § 6b Absatz 2a in der Fassung des Artikels 1 des Gesetzes vom 11. Dezember 2018 (BGBl. I S. 2338) ist erstmals auf Gewinne im Sinne des § 6b Absatz 2 anzuwenden, die in nach dem 31. Dezember 2017 beginnenden Wirtschaftsjahren entstanden sind. 4 Die Fristen des § 6b Absatz 3 Satz 2, 3 und 5, Absatz 8 Satz 1 Nummer 1 sowie Absatz 10 Satz 1 und 8 verlängern sich jeweils um ein Jahr, wenn die Rücklage wegen § 6b Absatz 3 Satz 5, Absatz 8 Satz 1 Nummer 1 in Verbindung mit Absatz 3 Satz 5 oder Absatz 10 Satz 8 am Schluss des nach dem 29. Februar 2020 und vor dem 1. Januar 2021 endenden Wirtschaftsjahres aufzulösen wäre. 5 Das Bundesministerium der Finanzen wird ermächtigt, durch Rechtsverordnung mit Zustimmung des Bundesrates in den Fällen, in denen die Rücklage wegen § 6b Absatz 3 Satz 5, Absatz 8 Satz 1 Nummer 1 in Verbindung mit Absatz 3 Satz 5 oder Absatz 10 Satz 8 am Schluss des nach dem 29. Februar 2020 und vor dem 1. Januar 2021 endenden Wirtschaftsjahres aufzulösen wäre, die Fristen um ein weiteres Jahr zu verlängern, wenn dies auf Grund fortbestehender Auswirkungen der COVID-19-Pandemie in der Bundesrepublik Deutschland geboten erscheint. 6 Das Bundesministerium der Finanzen wird ermächtigt, durch Rechtsverordnung mit Zustimmung des Bundesrates die in Satz 5 genannten Fristen für das nach dem 31. Dezember 2020 und längstens vor dem 1. Januar 2022 endende Wirtschaftsjahr um ein Jahr zu verlängern, wenn die Rücklage wegen § 6b Absatz 3 Satz 5, Absatz 8 Satz 1 Nummer 1 in Verbindung mit Absatz 3 Satz 5 oder Absatz 10 Satz 8 am Schluss dieses Wirtschaftsjahres aufzulösen wäre, wenn dies auf Grund fortbestehender Auswirkungen der COVID-19-Pandemie in der Bundesrepublik Deutschland geboten erscheint.

(14a)[3] § 6e in der Fassung des Artikels 1 des Gesetzes vom 12. Dezember 2019 (BGBl. I S. 2451) ist auch in Wirtschaftsjahren anzuwenden, die vor dem 18. Dezember 2019 enden.

---

[1] § 52 Abs. 13 aufgeh. mWv 1.1.2018 durch G v. 21.12.2015 (BGBl. I S. 2553).

[2] § 52 Abs. 14 Satz 1 eingef., bish. Wortlaut wird Satz 2 durch G v. 2.11.2015 (BGBl. I S. 1834); Satz 3 angef. durch G v. 11.12.2018 (BGBl. I S. 2338); Sätze 4 bis 6 angef. durch G v. 29.6.2020 (BGBl. I S. 1512).

[3] § 52 Abs. 14a eingef. durch G v. 12.12.2019 (BGBl. I S. 2451).

(15) [1]Bei Wirtschaftsgütern, die vor dem 1. Januar 2001 angeschafft oder hergestellt worden sind, ist § 7 Absatz 2 Satz 2 in der Fassung des Gesetzes vom 22. Dezember 1999 (BGBl. I S. 2601) weiter anzuwenden. [2]Bei Gebäuden, soweit sie zu einem Betriebsvermögen gehören und nicht Wohnzwecken dienen, ist § 7 Absatz 4 Satz 1 und 2 in der am 31. Dezember 2000 geltenden Fassung weiter anzuwenden, wenn der Steuerpflichtige im Fall der Herstellung vor dem 1. Januar 2001 mit der Herstellung des Gebäudes begonnen hat oder im Fall der Anschaffung das Objekt auf Grund eines vor dem 1. Januar 2001 rechtswirksam abgeschlossenen obligatorischen Vertrags oder gleichstehenden Rechtsakts angeschafft hat. [3]Als Beginn der Herstellung gilt bei Gebäuden, für die eine Baugenehmigung erforderlich ist, der Zeitpunkt, in dem der Bauantrag gestellt wird; bei baugenehmigungsfreien Gebäuden, für die Bauunterlagen einzureichen sind, der Zeitpunkt, in dem die Bauunterlagen eingereicht werden.

(15a)[1)] [1]Die Inanspruchnahme der Sonderabschreibungen nach § 7b in der Fassung des Artikels 1 des Gesetzes vom 4. August 2019 (BGBl. I S. 1122) kann erstmalig für den Veranlagungszeitraum 2018 und letztmalig für den Veranlagungszeitraum 2026, in den Fällen des § 4a letztmalig für Wirtschaftsjahre, die vor dem 1. Januar 2027 enden, geltend gemacht werden. [2]Das gilt auch dann, wenn der Abschreibungszeitraum nach § 7b Absatz 1 noch nicht abgelaufen ist.

(15b)[2)] § 7c in der Fassung des Artikels 2 des Gesetzes vom 12. Dezember 2019 (BGBl. I S. 2451) ist für nach dem 31. Dezember 2019 und vor dem 1. Januar 2031 angeschaffte neue Elektrolieferfahrzeuge anzuwenden.

(16)[3)] [1]§ 7g Absatz 1 Satz 1, 2 Nummer 1, Absatz 2 Satz 1 und 3, Absatz 4 Satz 1 sowie Absatz 6 in der Fassung des Artikels 1 des Gesetzes vom 21. Dezember 2020 (BGBl. I S. 3096) ist erstmals für Investitionsabzugsbeträge und Sonderabschreibungen anzuwenden, die in nach dem 31. Dezember 2019 endenden Wirtschaftsjahren in Anspruch genommen werden; bei nach § 4a vom Kalenderjahr abweichenden Wirtschaftsjahren ist § 7g Absatz 1 Satz 2 Nummer 1 und Absatz 6 Nummer 1 spätestens für Investitionsabzugsbeträge und Sonderabschreibungen anzuwenden, die in nach dem 17. Juli 2020 endenden Wirtschaftsjahren in Anspruch genommen werden. [2]§ 7g Absatz 2 Satz 2 und Absatz 7 in der Fassung des Artikels 1 des Gesetzes vom 21. Dezember 2020 (BGBl. I S. 3096) ist erstmals für Investitionsabzugsbeträge anzuwenden, die in nach dem 31. Dezember 2020 endenden Wirtschaftsjahren in Anspruch genommen werden. [3]Bei in nach dem 31. Dezember 2016 und vor dem 1. Januar 2018 endenden Wirtschaftsjahren beanspruchten Investitionsabzugsbeträgen endet die Investitionsfrist abweichend von § 7g Absatz 3 Satz 1 erst zum Ende des vierten auf das Wirtschaftsjahr des Abzugs folgenden Wirtschaftsjahres.

---

1) § 52 Abs. 15a eingef. durch G v. 4.8.2019 (BGBl. I S. 1122); Satz 1 geänd. durch G v. 12.12.2019 (BGBl. I S. 2451).

2) § 52 Abs. 15b eingef. durch G v. 12.12.2019 (BGBl. I S. 2451).

3) § 52 Abs. 16 neu gef. durch G v. 21.12.2020 (BGBl. I S. 3096).

(16a)[1] [1] § 7h Absatz 1a in der Fassung des Artikels 1 des Gesetzes vom 12. Dezember 2019 (BGBl. I S. 2451) ist erstmals auf Baumaßnahmen anzuwenden, mit denen nach dem 31. Dezember 2018 begonnen wurde. [2] Als Beginn der Baumaßnahmen am Gebäude, für die eine Baugenehmigung erforderlich ist, gilt der Zeitpunkt, in dem der Bauantrag gestellt wurde. [3] Bei baugenehmigungsfreien Baumaßnahmen, für die Bauunterlagen einzureichen sind, gilt als Beginn der Baumaßnahmen der Zeitpunkt, in dem die Bauunterlagen eingereicht werden. [4] § 7h Absatz 2 Satz 1 in der Fassung des Artikels 1 des Gesetzes vom 21. Dezember 2020 (BGBl. I S. 3096) ist erstmals anzuwenden auf Bescheinigungen der zuständigen Gemeindebehörde, die nach dem 31. Dezember 2020 erteilt werden. [5] § 7h Absatz 2 Satz 1 letzter Halbsatz in der Fassung des Artikels 1 des Gesetzes vom 12. Dezember 2019 (BGBl. I S. 2451) ist erstmals anzuwenden auf Bescheinigungen der zuständigen Gemeindebehörde, die nach dem 31. Dezember 2018 erteilt werden. [6] § 7h Absatz 3 in der Fassung des Artikels 1 des Gesetzes vom 12. Dezember 2019 (BGBl. I S. 2451) ist erstmals anzuwenden auf Baumaßnahmen, mit denen nach dem 31. Dezember 2018 begonnen wurde sowie auf Bescheinigungen, die nach dem 31. Dezember 2018 erteilt werden. [7] § 7i Absatz 2 Satz 1 in der Fassung des Artikels 1 des Gesetzes vom 21. Dezember 2020 (BGBl. I S. 3096) ist erstmals anzuwenden auf Bescheinigungen der nach Landesrecht zuständigen oder von der Landesregierung bestimmten Stelle, die nach dem 31. Dezember 2020 erteilt werden.

(16b)[2] [1] § 9 Absatz 1 Satz 3 Nummer 7 Satz 1 in der Fassung des Artikels 1 des Gesetzes vom 12. Dezember 2019 (BGBl. I S. 2451) ist erstmals anzuwenden auf Sonderabschreibungen nach § 7b in der Fassung des Artikels 1 des Gesetzes vom 4. August 2019 (BGBl. I S. 1122). [2] § 9 Absatz 5 Satz 2 in der Fassung des Artikels 1 des Gesetzes vom 27. Juni 2017 (BGBl. I S. 2074) ist erstmals für Aufwendungen im Sinne des § 4j in der Fassung des Artikels 1 des Gesetzes vom 27. Juni 2017 (BGBl. I S. 2074) anzuwenden, die nach dem 31. Dezember 2017 entstehen. [3] § 9 Absatz 5 Satz 2 in der Fassung des Artikels 1 des Gesetzes vom 12. Dezember 2019 (BGBl. I S. 2451) ist auch für Veranlagungszeiträume vor 2019 anzuwenden.

(17) § 9b Absatz 2 in der Fassung des Artikels 11 des Gesetzes vom 18. Dezember 2013 (BGBl. I S. 4318) ist auf Mehr- und Minderbeträge infolge von Änderungen der Verhältnisse im Sinne von § 15a des Umsatzsteuergesetzes anzuwenden, die nach dem 28. November 2013 eingetreten sind.

(18)[3] [1] § 10 Absatz 1a Nummer 2 in der am 1. Januar 2015 geltenden Fassung ist auf alle Versorgungsleistungen anzuwenden, die auf Vermögensübertragungen beruhen, die nach dem 31. Dezember 2007 vereinbart worden sind.

---

[1] § 52 Abs. 16a eingef. durch G v. 12.12.2019 (BGBl. I S. 2451); Satz 4 eingef., bish. Sätze 4 und 5 werden Sätze 5 und 6, Satz 7 angef. durch G v. 21.12.2020 (BGBl. I S. 3096).

[2] § 52 Abs. 16a eingef. durch G v. 27.6.2017 (BGBl. I S. 2074); Abs. 16a wird Abs. 16b, Satz 1 eingef., bish. Wortlaut wird Satz 2 und Satz 3 angef. durch G v. 12.12.2019 (BGBl. I S. 2451).

[3] § 52 Abs. 18 Satz 1 geänd. durch G v. 22.12.2014 (BGBl. I S. 2417); Satz 4 eingef., bish. Sätze 4 und 5 werden Sätze 5 und 6 durch G v. 11.12.2018 (BGBl. I S. 2338); Satz 4 geänd. durch G v. 21.12.2020 (BGBl. I S. 3096).

[2] Für Versorgungsleistungen, die auf Vermögensübertragungen beruhen, die vor dem 1. Januar 2008 vereinbart worden sind, gilt dies nur, wenn das übertragene Vermögen nur deshalb einen ausreichenden Ertrag bringt, weil ersparte Aufwendungen, mit Ausnahme des Nutzungsvorteils eines vom Vermögensübernehmer zu eigenen Zwecken genutzten Grundstücks, zu den Erträgen des Vermögens gerechnet werden. [3] § 10 Absatz 1 Nummer 5 in der am 1. Januar 2012 geltenden Fassung gilt auch für Kinder, die wegen einer vor dem 1. Januar 2007 in der Zeit ab Vollendung des 25. Lebensjahres und vor Vollendung des 27. Lebensjahres eingetretenen körperlichen, geistigen oder seelischen Behinderung außerstande sind, sich selbst zu unterhalten. [4] § 10 Absatz 2 Satz 1 Nummer 1 in der Fassung des Artikels 1 des Gesetzes vom 21. Dezember 2020 (BGBl. I S. 3096) ist in allen offenen Fällen anzuwenden. [5] § 10 Absatz 4b Satz 4 bis 6 in der am 30. Juni 2013 geltenden Fassung ist erstmals für die Übermittlung der Daten des Veranlagungszeitraums 2016 anzuwenden. [6] § 10 Absatz 5 in der am 31. Dezember 2009 geltenden Fassung ist auf Beiträge zu Versicherungen im Sinne des § 10 Absatz 1 Nummer 2 Buchstabe b Doppelbuchstabe bb bis dd in der am 31. Dezember 2004 geltenden Fassung weiterhin anzuwenden, wenn die Laufzeit dieser Versicherungen vor dem 1. Januar 2005 begonnen hat und ein Versicherungsbeitrag bis zum 31. Dezember 2004 entrichtet wurde.

(18a)[1)] § 10b Absatz 1 Satz 8 in der Fassung des Artikels 2 des Gesetzes vom 12. Dezember 2019 (BGBl. I S. 2451) ist erstmals auf Mitgliedsbeiträge anzuwenden, die nach dem 31. Dezember 2019 gezahlt werden.

(18b)[2)] [1] § 10d Absatz 1 Satz 1 in der Fassung des Artikels 1 des Gesetzes vom 10. März 2021 (BGBl. I S. 330) ist für die Veranlagungszeiträume 2020 und 2021 anzuwenden. [2] § 10d Absatz 1 Satz 1 in der Fassung des Artikels 2 des Gesetzes vom 10. März 2021 (BGBl. I S. 330) ist erstmals für den Veranlagungszeitraum 2022 anzuwenden.

(19) [1] Für nach dem 31. Dezember 1986 und vor dem 1. Januar 1991 hergestellte oder angeschaffte Wohnungen im eigenen Haus oder Eigentumswohnungen sowie in diesem Zeitraum fertiggestellte Ausbauten oder Erweiterungen ist § 10e in der am 30. Dezember 1989 geltenden Fassung weiter anzuwenden. [2] Für nach dem 31. Dezember 1990 hergestellte oder angeschaffte Wohnungen im eigenen Haus oder Eigentumswohnungen sowie in diesem Zeitraum fertiggestellte Ausbauten oder Erweiterungen ist § 10e in der am 28. Juni 1991 geltenden Fassung weiter anzuwenden. [3] Abweichend von Satz 2 ist § 10e Absatz 1 bis 5 und 6 bis 7 in der am 28. Juni 1991 geltenden Fassung erstmals für den Veranlagungszeitraum 1991 bei Objekten im Sinne des § 10e Absatz 1 und 2 anzuwenden, wenn im Fall der Herstellung der Steuerpflichtige nach dem 30. September 1991 den Bauantrag gestellt oder mit der Herstellung des Objekts begonnen hat oder im Fall der Anschaffung der Steuerpflichtige das Objekt nach dem 30. September 1991 auf Grund eines nach diesem Zeitpunkt rechtswirksam abgeschlossenen obligatorischen Vertrags

---

1) § 52 Abs. 18a eingef. durch G v. 12.12.2019 (BGBl. I S. 2451).

2) § 52 Abs. 18b eingef. duch G v. 29.6.2020 (BGBl. I S. 1512); geänd. durch G v. 10.3.2021 (BGBl. I S. 330).

oder gleichstehenden Rechtsakts angeschafft hat oder mit der Herstellung des Objekts nach dem 30. September 1991 begonnen worden ist. [4] § 10e Absatz 5a ist erstmals bei den in § 10e Absatz 1 und 2 bezeichneten Objekten anzuwenden, wenn im Fall der Herstellung der Steuerpflichtige den Bauantrag nach dem 31. Dezember 1991 gestellt oder, falls ein solcher nicht erforderlich ist, mit der Herstellung nach diesem Zeitpunkt begonnen hat, oder im Fall der Anschaffung der Steuerpflichtige das Objekt auf Grund eines nach dem 31. Dezember 1991 rechtswirksam abgeschlossenen obligatorischen Vertrags oder gleichstehenden Rechtsakts angeschafft hat. [5] § 10e Absatz 1 Satz 4 in der am 27. Juni 1993 geltenden Fassung und § 10e Absatz 6 Satz 3 in der am 30. Dezember 1993 geltenden Fassung sind erstmals anzuwenden, wenn der Steuerpflichtige das Objekt auf Grund eines nach dem 31. Dezember 1993 rechtswirksam abgeschlossenen obligatorischen Vertrags oder gleichstehenden Rechtsakts angeschafft hat. [6] § 10e ist letztmals anzuwenden, wenn der Steuerpflichtige im Fall der Herstellung vor dem 1. Januar 1996 mit der Herstellung des Objekts begonnen hat oder im Fall der Anschaffung das Objekt auf Grund eines vor dem 1. Januar 1996 rechtswirksam abgeschlossenen obligatorischen Vertrags oder gleichstehenden Rechtsakts angeschafft hat. [7] Als Beginn der Herstellung gilt bei Objekten, für die eine Baugenehmigung erforderlich ist, der Zeitpunkt, in dem der Bauantrag gestellt wird; bei baugenehmigungsfreien Objekten, für die Bauunterlagen einzureichen sind, gilt als Beginn der Herstellung der Zeitpunkt, in dem die Bauunterlagen eingereicht werden.

(20)[1)] § 12 Nummer 4 in der Fassung des Artikels 1 des Gesetzes vom 12. Dezember 2019 (BGBl. I S. 2451) ist erstmals anzuwenden auf nach dem 31. Dezember 2018 festgesetzte Geldstrafen, sonstige Rechtsfolgen vermögensrechtlicher Art, bei denen der Strafcharakter überwiegt, und Leistungen zur Erfüllung von Auflagen oder Weisungen, soweit die Auflagen oder Weisungen nicht lediglich der Wiedergutmachung des durch die Tat verursachten Schadens dienen, sowie auf nach dem 31. Dezember 2018 entstandene damit zusammenhängende Aufwendungen.

(21)[2)] *(aufgehoben)*

(22) Für die Anwendung des § 13 Absatz 7 in der am 31. Dezember 2005 geltenden Fassung gilt Absatz 25 entsprechend.

(22a)[3)] [1] § 13a in der am 31. Dezember 2014 geltenden Fassung ist letztmals für das Wirtschaftsjahr anzuwenden, das vor dem 31. Dezember 2015 endet. [2] § 13a in der am 1. Januar 2015 geltenden Fassung ist erstmals für das Wirtschaftsjahr anzuwenden, das nach dem 30. Dezember 2015 endet. [3] Die Bindungsfrist auf Grund des § 13a Absatz 2 Satz 1 in der am 31. Dezember 2014 geltenden Fassung bleibt bestehen.

(22b)[4)] [1] § 13b in der Fassung des Artikels 5 des Gesetzes vom 12. Dezember 2019 (BGBl. I S. 2451) ist erstmals für das Wirtschaftsjahr anzuwenden, das nach dem 31. Dezember 2024 beginnt. [2] Für gemeinschaftliche Tierhal-

---

[1)] § 52 Abs. 20 eingef. durch G v. 12.12.2019 (BGBl. I S. 2451).

[2)] § 52 Abs. 21 aufgeh. durch G v. 18.7.2016 (BGBl. I S. 1679).

[3)] § 52 Abs. 22a eingef. durch G v. 22.12.2014 (BGBl. I S. 2417).

[4)] § 52 Abs. 22b eingef. durch G v. 12.12.2019 (BGBl. I S. 2451); ber. durch G v. 21.12.2020 (BGBl. I S. 3096).

tungen gemäß § 51a des Bewertungsgesetzes gelten für einkommensteuerrechtliche Zwecke die zu Beginn des Wirtschaftsjahres 2024/2025 noch gültigen Vorschriften der §§ 51, 51a des Bewertungsgesetzes bis zum Ablauf des Wirtschaftsjahres 2024/2025 fort.

(22c)[1] [1] § 14 Absatz 3 ist erstmals auf Fälle anzuwenden, in denen die Übertragung oder Überführung der Grundstücke nach dem 16. Dezember 2020 stattgefunden hat. [2] Auf unwiderruflichen Antrag des jeweiligen Mitunternehmers ist § 14 Absatz 3 auch für Übertragungen oder Überführungen vor dem 17. Dezember 2020 anzuwenden. [3] Der Antrag ist bei dem Finanzamt zu stellen, das für die einheitliche und gesonderte Feststellung der Einkünfte der Mitunternehmerschaft zuständig ist.

(23)[2] [1] § 15 Absatz 3 Nummer 1 Satz 2 ist auch für Veranlagungszeiträume vor 2019 anzuwenden. [2] § 15 Absatz 4 Satz 2 und 7 in der am 30. Juni 2013 geltenden Fassung ist in allen Fällen anzuwenden, in denen am 30. Juni 2013 die Feststellungsfrist noch nicht abgelaufen ist.

(24) [1] § 15a ist nicht auf Verluste anzuwenden, soweit sie

1. durch Sonderabschreibungen nach § 82f der Einkommensteuer-Durchführungsverordnung,
2. durch Absetzungen für Abnutzung in fallenden Jahresbeträgen nach § 7 Absatz 2 von den Herstellungskosten oder von den Anschaffungskosten von in ungebrauchtem Zustand vom Hersteller erworbenen Seeschiffen, die in einem inländischen Seeschiffsregister eingetragen sind,

entstehen; Nummer 1 gilt nur bei Schiffen, deren Anschaffungs- oder Herstellungskosten zu mindestens 30 Prozent durch Mittel finanziert werden, die weder unmittelbar noch mittelbar in wirtschaftlichem Zusammenhang mit der Aufnahme von Krediten durch den Gewerbebetrieb stehen, zu dessen Betriebsvermögen das Schiff gehört. [2] § 15a ist in diesen Fällen erstmals anzuwenden auf Verluste, die in nach dem 31. Dezember 1999 beginnenden Wirtschaftsjahren entstehen, wenn der Schiffbauvertrag vor dem 25. April 1996 abgeschlossen worden ist und der Gesellschafter der Gesellschaft vor dem 1. Januar 1999 beigetreten ist; soweit Verluste, die in dem Betrieb der Gesellschaft entstehen und nach Satz 1 oder nach § 15a Absatz 1 Satz 1 ausgleichsfähig oder abzugsfähig sind, zusammen das Eineinviertelfache der insgesamt geleisteten Einlage übersteigen, ist § 15a auf Verluste anzuwenden, die in nach dem 31. Dezember 1994 beginnenden Wirtschaftsjahren entstehen. [3] Scheidet ein Kommanditist oder ein anderer Mitunternehmer, dessen Haftung der eines Kommanditisten vergleichbar ist und dessen Kapitalkonto in der Steuerbilanz der Gesellschaft auf Grund von ausgleichs- oder abzugsfähigen Verlusten negativ geworden ist, aus der Gesellschaft aus oder wird in einem solchen Fall die Gesellschaft aufgelöst, so gilt der Betrag, den der Mitunternehmer nicht ausgleichen muss, als Veräußerungsgewinn im Sinne des § 16. [4] In Höhe der nach Satz 3 als Gewinn zuzurechnenden Beträge sind bei den anderen Mitunternehmern unter Berücksichtigung der für die Zurech-

---

[1] § 52 Abs. 22c eingef. durch G v. 21.12.2020 (BGBl. I S. 3096).

[2] § 52 Abs. 23 Satz 1 eingef., bish. Wortlaut wird Satz 2 durch G v. 12.12.2019 (BGBl. I S. 2451).

nung von Verlusten geltenden Grundsätze Verlustanteile anzusetzen. [5]Bei der Anwendung des § 15a Absatz 3 sind nur Verluste zu berücksichtigen, auf die § 15a Absatz 1 anzuwenden ist.

(25) [1]§ 15b in der Fassung des Artikels 1 des Gesetzes vom 22. Dezember 2005 (BGBl. I S. 3683) ist nur auf Verluste der dort bezeichneten Steuerstundungsmodelle anzuwenden, denen der Steuerpflichtige nach dem 10. November 2005 beigetreten ist oder für die nach dem 10. November 2005 mit dem Außenvertrieb begonnen wurde. [2]Der Außenvertrieb beginnt in dem Zeitpunkt, in dem die Voraussetzungen für die Veräußerung der konkret bestimmbaren Fondsanteile erfüllt sind und die Gesellschaft selbst oder über ein Vertriebsunternehmen mit Außenwirkung an den Markt herangetreten ist. [3]Dem Beginn des Außenvertriebs stehen der Beschluss von Kapitalerhöhungen und die Reinvestition von Erlösen in neue Projekte gleich. [4]Besteht das Steuerstundungsmodell nicht im Erwerb eines Anteils an einem geschlossenen Fonds, ist § 15b in der Fassung des Artikels 1 des Gesetzes vom 22. Dezember 2005 (BGBl. I S. 3683) anzuwenden, wenn die Investition nach dem 10. November 2005 rechtsverbindlich getätigt wurde. [5]§ 15b Absatz 3a ist erstmals auf Verluste der dort bezeichneten Steuerstundungsmodelle anzuwenden, bei denen Wirtschaftsgüter des Umlaufvermögens nach dem 28. November 2013 angeschafft, hergestellt oder in das Betriebsvermögen eingelegt werden.

(25a)[1)] [1]§ 17 Absatz 2a in der Fassung des Artikels 2 des Gesetzes vom 12. Dezember 2019 (BGBl. I S. 2451) ist erstmals für Veräußerungen im Sinne von § 17 Absatz 1, 4 oder 5 nach dem 31. Juli 2019[2)] anzuwenden. [2]Auf Antrag des Steuerpflichtigen ist § 17 Absatz 2a Satz 1 bis 4 auch für Veräußerungen im Sinne von § 17 Absatz 1, 4 oder 5 vor dem 31. Juli 2019[2)] anzuwenden.

(26) Für die Anwendung des § 18 Absatz 4 Satz 2 in der Fassung des Artikels 1 des Gesetzes vom 22. Dezember 2005 (BGBl. I S. 3683) gilt Absatz 25 entsprechend.

(26a)[3)] § 19 Absatz 1 Satz 1 Nummer 3 Satz 2 und 3 in der am 31. Dezember 2014 geltenden Fassung gilt für alle Zahlungen des Arbeitgebers nach dem 30. Dezember 2014.

(27) § 19a in der am 31. Dezember 2008 geltenden Fassung ist weiter anzuwenden, wenn

1. die Vermögensbeteiligung vor dem 1. April 2009 überlassen wird oder
2. auf Grund einer am 31. März 2009 bestehenden Vereinbarung ein Anspruch auf die unentgeltliche oder verbilligte Überlassung einer Vermögensbeteiligung besteht sowie die Vermögensbeteiligung vor dem 1. Januar 2016 überlassen wird

und der Arbeitgeber bei demselben Arbeitnehmer im Kalenderjahr nicht § 3 Nummer 39 anzuwenden hat.

---

1) § 52 Abs. 25a eingef. durch G v. 12.12.2019 (BGBl. I S. 2451).
2) Datum des Kabinettbeschlusses zur Einbringung des Regierungsentwurfs.
3) § 52 Abs. 26a eingef. durch G v. 22.12.2014 (BGBl. I S. 2417).

(28)[1] [1]Für die Anwendung des § 20 Absatz 1 Nummer 4 Satz 2 in der am 31. Dezember 2005 geltenden Fassung gilt Absatz 25 entsprechend. [2]Für die Anwendung von § 20 Absatz 1 Nummer 4 Satz 2 und Absatz 2b in der am 1. Januar 2007 geltenden Fassung gilt Absatz 25 entsprechend. [3]§ 20 Absatz 1 Nummer 6 in der Fassung des Gesetzes vom 7. September 1990 (BGBl. I S. 1898) ist erstmals auf nach dem 31. Dezember 1974 zugeflossene Zinsen aus Versicherungsverträgen anzuwenden, die nach dem 31. Dezember 1973 abgeschlossen worden sind. [4]§ 20 Absatz 1 Nummer 6 in der Fassung des Gesetzes vom 20. Dezember 1996 (BGBl. I S. 2049) ist erstmals auf Zinsen aus Versicherungsverträgen anzuwenden, bei denen die Ansprüche nach dem 31. Dezember 1996 entgeltlich erworben worden sind. [5]Für Kapitalerträge aus Versicherungsverträgen, die vor dem 1. Januar 2005 abgeschlossen worden sind, ist § 20 Absatz 1 Nummer 6 in der am 31. Dezember 2004 geltenden Fassung mit der Maßgabe weiterhin anzuwenden, dass in Satz 3 die Wörter „§ 10 Absatz 1 Nummer 2 Buchstabe b Satz 5“ durch die Wörter „§ 10 Absatz 1 Nummer 2 Buchstabe b Satz 6“ ersetzt werden. [6]§ 20 Absatz 1 Nummer 6 Satz 3 in der Fassung des Artikels 1 des Gesetzes vom 13. Dezember 2006 (BGBl. I S. 2878) ist erstmals anzuwenden auf Versicherungsleistungen im Erlebensfall bei Versicherungsverträgen, die nach dem 31. Dezember 2006 abgeschlossen werden, und auf Versicherungsleistungen bei Rückkauf eines Vertrages nach dem 31. Dezember 2006. [7]§ 20 Absatz 1 Nummer 6 Satz 2 ist für Vertragsabschlüsse nach dem 31. Dezember 2011 mit der Maßgabe anzuwenden, dass die Versicherungsleistung nach Vollendung des 62. Lebensjahres des Steuerpflichtigen ausgezahlt wird. [8]§ 20 Absatz 1 Nummer 6 Satz 6 in der Fassung des Artikels 1 des Gesetzes vom 19. Dezember 2008 (BGBl. I S. 2794) ist für alle Versicherungsverträge anzuwenden, die nach dem 31. März 2009 abgeschlossen werden oder bei denen die erstmalige Beitragsleistung nach dem 31. März 2009 erfolgt. [9]Wird auf Grund einer internen Teilung nach § 10 des Versorgungsausgleichsgesetzes oder einer externen Teilung nach § 14 des Versorgungsausgleichsgesetzes ein Anrecht in Form eines Versicherungsvertrags zugunsten der ausgleichsberechtigten Person begründet, so gilt dieser Vertrag insoweit zu dem gleichen Zeitpunkt als abgeschlossen wie derjenige der ausgleichspflichtigen Person. [10]§ 20 Absatz 1 Nummer 6 Satz 7 und 8 ist auf Versicherungsleistungen anzuwenden, die auf Grund eines nach dem 31. Dezember 2014 eingetretenen Versicherungsfalles ausgezahlt werden. [11]§ 20 Absatz 2 Satz 1 Nummer 1 in der am 18. August 2007 geltenden Fassung ist erstmals auf Gewinne aus der Veräußerung von Anteilen anzuwenden, die nach dem 31. Dezember 2008 erworben wurden. [12]§ 20 Absatz 2 Satz 1 Nummer 3 in der am 18. August 2007 geltenden Fassung ist erstmals auf Gewinne aus Termingeschäften anzuwenden, bei denen der Rechtserwerb nach dem 31. Dezember 2008 stattgefunden hat. [13]§ 20 Absatz 2 Satz 1 Nummer 4, 5 und 8 in der am 18. August 2007 geltenden Fassung ist erstmals auf Gewinne anzuwenden, bei denen die zugrunde liegenden Wirtschaftsgüter, Rechte oder Rechtspositionen nach dem 31. Dezember 2008 erworben oder

[1] § 52 Abs. 28 Sätze 19 bis 22 angef. durch G v. 19.7.2016 (BGBl. I S. 1730); Sätze 23 und 24 angef. durch G v. 21.12.2019 (BGBl. I S. 2875); Sätze 19 und 20 eingef., bish. Sätze 19 bis 24 werden Sätze 21 bis 26 und Sätze 25 und 26 geänd. durch G v. 21.12.2020 (BGBl. I S. 3096).

geschaffen wurden. [14]§ 20 Absatz 2 Satz 1 Nummer 6 in der am 18. August 2007 geltenden Fassung ist erstmals auf die Veräußerung von Ansprüchen nach dem 31. Dezember 2008 anzuwenden, bei denen der Versicherungsvertrag nach dem 31. Dezember 2004 abgeschlossen wurde; dies gilt auch für Versicherungsverträge, die vor dem 1. Januar 2005 abgeschlossen wurden, sofern bei einem Rückkauf zum Veräußerungszeitpunkt die Erträge nach § 20 Absatz 1 Nummer 6 in der am 31. Dezember 2004 geltenden Fassung steuerpflichtig wären. [15]§ 20 Absatz 2 Satz 1 Nummer 7 in der Fassung des Artikels 1 des Gesetzes vom 14. August 2007 (BGBl. I S. 1912) ist erstmals auf nach dem 31. Dezember 2008 zufließende Kapitalerträge aus der Veräußerung sonstiger Kapitalforderungen anzuwenden. [16]Für Kapitalerträge aus Kapitalforderungen, die zum Zeitpunkt des vor dem 1. Januar 2009 erfolgten Erwerbs zwar Kapitalforderungen im Sinne des § 20 Absatz 1 Nummer 7 in der am 31. Dezember 2008 anzuwendenden Fassung, aber nicht Kapitalforderungen im Sinne des § 20 Absatz 2 Satz 1 Nummer 4 in der am 31. Dezember 2008 anzuwendenden Fassung sind, ist § 20 Absatz 2 Satz 1 Nummer 7 nicht anzuwenden; für die bei der Veräußerung in Rechnung gestellten Stückzinsen ist Satz 15 anzuwenden; Kapitalforderungen im Sinne des § 20 Absatz 2 Satz 1 Nummer 4 in der am 31. Dezember 2008 anzuwendenden Fassung liegen auch vor, wenn die Rückzahlung nur teilweise garantiert ist oder wenn eine Trennung zwischen Ertrags- und Vermögensebene möglich erscheint. [17]Bei Kapitalforderungen, die zwar nicht die Voraussetzungen von § 20 Absatz 1 Nummer 7 in der am 31. Dezember 2008 geltenden Fassung, aber die Voraussetzungen von § 20 Absatz 1 Nummer 7 in der am 18. August 2007 geltenden Fassung erfüllen, ist § 20 Absatz 2 Satz 1 Nummer 7 in Verbindung mit § 20 Absatz 1 Nummer 7 vorbehaltlich der Regelung in Absatz 31 Satz 2 und 3 auf alle nach dem 30. Juni 2009 zufließenden Kapitalerträge anzuwenden, es sei denn, die Kapitalforderung wurde vor dem 15. März 2007 angeschafft. [18]§ 20 Absatz 4a Satz 3 in der Fassung des Artikels 1 des Gesetzes vom 8. Dezember 2010 (BGBl. I S. 1768) ist erstmals für Wertpapiere anzuwenden, die nach dem 31. Dezember 2009 geliefert wurden, sofern für die Lieferung § 20 Absatz 4 anzuwenden ist. [19]§ 20 Absatz 4a Satz 3 in der Fassung des Artikels 1 des Gesetzes vom 21. Dezember 2020 (BGBl. I S. 3096) ist für die Andienung von Wertpapieren anzuwenden, wenn diese nach dem 31. Dezember 2020 erfolgt. [20]§ 20 Absatz 4a Satz 5 in der Fassung des Artikels 1 des Gesetzes vom 21. Dezember 2020 (BGBl. I S. 3096) ist für die Zuteilung von Anteilen anzuwenden, wenn diese nach dem 31. Dezember 2020 erfolgt und die die Zuteilung begründenden Anteile nach dem 31. Dezember 2008 angeschafft worden sind. [21]§ 20 Absatz 2 und 4 in der am 27. Juli 2016 geltenden Fassung ist erstmals ab dem 1. Januar 2017 anzuwenden. [22]§ 20 Absatz 1 in der am 27. Juli 2016 geltenden Fassung ist erstmals ab dem 1. Januar 2018 anzuwenden. [23]Investmenterträge nach § 20 Absatz 1 Nummer 6 Satz 9 sind

1. die nach dem 31. Dezember 2017 zugeflossenen Ausschüttungen nach § 2 Absatz 11 des Investmentsteuergesetzes,

2. die realisierten oder unrealisierten Wertveränderungen aus Investmentanteilen nach § 2 Absatz 4 Satz 1 des Investmentsteuergesetzes, die das Versicherungsunternehmen nach dem 31. Dezember 2017 dem Sicherungsvermögen zur Sicherung der Ansprüche des Steuerpflichtigen zugeführt hat, und

3. die realisierten oder unrealisierten Wertveränderungen aus Investmentanteilen nach § 2 Absatz 4 Satz 1 des Investmentsteuergesetzes, die das Versicherungsunternehmen vor dem 1. Januar 2018 dem Sicherungsvermögen zur Sicherung der Ansprüche des Steuerpflichtigen zugeführt hat, soweit Wertveränderungen gegenüber dem letzten im Kalenderjahr 2017 festgesetzten Rücknahmepreis des Investmentanteils eingetreten sind.

[24] Wird kein Rücknahmepreis festgesetzt, tritt der Börsen- oder Marktpreis an die Stelle des Rücknahmepreises. [25] § 20 Absatz 6 Satz 5 in der Fassung des Artikels 1 des Gesetzes vom 21. Dezember 2020 (BGBl. I S. 3096) ist auf Verluste anzuwenden, die nach dem 31. Dezember 2020 entstehen. [26] § 20 Absatz 6 Satz 6 in der Fassung des Artikels 1 des Gesetzes vom 21. Dezember 2020 (BGBl. I S. 3096) ist auf Verluste anzuwenden, die nach dem 31. Dezember 2019 entstehen.

(29) Für die Anwendung des § 21 Absatz 1 Satz 2 in der am 31. Dezember 2005 geltenden Fassung gilt Absatz 25 entsprechend.

(30) Für die Anwendung des § 22 Nummer 1 Satz 1 zweiter Halbsatz in der am 31. Dezember 2005 geltenden Fassung gilt Absatz 25 entsprechend.

(30a)[1] § 22a Absatz 2 Satz 2 in der am 1. Januar 2017 geltenden Fassung ist erstmals für die Übermittlung von Daten ab dem 1. Januar 2019 anzuwenden.

(30b)[2] [1] Die mitteilungspflichtige Stelle nach § 22a Absatz 1 kann die Identifikationsnummer im Sinne des § 139b der Abgabenordnung ihrer Kunden, bei denen das Versicherungs- oder Vertragsverhältnis vor dem Stichtag bestand, der in der Rechtsverordnung nach § 13 Absatz 3 des Rentenübersichtsgesetzes festgelegt wird, abweichend von § 22a Absatz 2 Satz 1 und 2 zur Durchführung des Rentenübersichtsgesetzes beim Bundeszentralamt für Steuern bereits vor dem Leistungsbezug erheben. [2] Das Bundeszentralamt für Steuern teilt der mitteilungspflichtigen Stelle die Identifikationsnummer des Versicherten nur mit, wenn die von der mitteilungspflichtigen Stelle übermittelten Daten mit den nach § 139b Absatz 3 der Abgabenordnung beim Bundeszentralamt für Steuern gespeicherten Daten im maschinellen Datenabgleich übereinstimmen.

(31)[3] [1] § 23 Absatz 1 Satz 1 Nummer 2 in der am 18. August 2007 geltenden Fassung ist erstmals auf Veräußerungsgeschäfte anzuwenden, bei denen die Wirtschaftsgüter nach dem 31. Dezember 2008 auf Grund eines nach diesem Zeitpunkt rechtswirksam abgeschlossenen obligatorischen Vertrags oder gleichstehenden Rechtsakts angeschafft wurden; § 23 Absatz 1 Satz 1 Nummer 2 Satz 2 in der am 14. Dezember 2010 geltenden Fassung ist erstmals auf Veräußerungsgeschäfte anzuwenden, bei denen die Gegenstände des täglichen Gebrauchs auf Grund eines nach dem 13. Dezember 2010 rechtskräftig abgeschlossenen Vertrags oder gleichstehenden Rechtsakts angeschafft wurden. [2] § 23 Absatz 1 Satz 1 Nummer 2 in der am 1. Januar 1999 geltenden Fassung ist letztmals auf Veräußerungsgeschäfte anzuwenden, bei denen die Wirt-

[1] § 52 Abs. 30a eingef. durch G v. 18.7.2016 (BGBl. I S. 1679).

[2] § 52 Abs. 30b eingef. durch G v. 11.2.2021 (BGBl. I S. 154).

[3] § 52 Abs. 31 Satz 3 eingef., bish. Sätze 3 bis 5 werden Sätze 4 bis 6 durch G v. 20.12.2016 (BGBl. I S. 3000).

schaftsgüter vor dem 1. Januar 2009 erworben wurden. [3]§ 23 Absatz 1 Satz 1 Nummer 3 in der Fassung des Artikels 7 des Gesetzes vom 20. Dezember 2016 (BGBl. I S. 3000) ist erstmals auf Veräußerungsgeschäfte anzuwenden, bei denen die Veräußerung auf einem nach dem 23. Dezember 2016 rechtswirksam abgeschlossenen obligatorischen Vertrag oder gleichstehenden Rechtsakt beruht. [4]§ 23 Absatz 1 Satz 1 Nummer 4 ist auf Termingeschäfte anzuwenden, bei denen der Erwerb des Rechts auf einen Differenzausgleich, Geldbetrag oder Vorteil nach dem 31. Dezember 1998 und vor dem 1. Januar 2009 erfolgt. [5]§ 23 Absatz 3 Satz 4 in der am 1. Januar 2000 geltenden Fassung ist auf Veräußerungsgeschäfte anzuwenden, bei denen der Steuerpflichtige das Wirtschaftsgut nach dem 31. Juli 1995 und vor dem 1. Januar 2009 angeschafft oder nach dem 31. Dezember 1998 und vor dem 1. Januar 2009 fertiggestellt hat; § 23 Absatz 3 Satz 4 in der am 1. Januar 2009 geltenden Fassung ist auf Veräußerungsgeschäfte anzuwenden, bei denen der Steuerpflichtige das Wirtschaftsgut nach dem 31. Dezember 2008 angeschafft oder fertiggestellt hat. [6]§ 23 Absatz 1 Satz 2 und 3 sowie Absatz 3 Satz 3 in der am 12. Dezember 2006 geltenden Fassung sind für Anteile, die einbringungsgeboren im Sinne des § 21 des Umwandlungssteuergesetzes in der am 12. Dezember 2006 geltenden Fassung sind, weiter anzuwenden.

(32) [1]§ 32 Absatz 4 Satz 1 Nummer 3 in der Fassung des Artikels 1 des Gesetzes vom 19. Juli 2006 (BGBl. I S. 1652) ist erstmals für Kinder anzuwenden, die im Veranlagungszeitraum 2007 wegen einer vor Vollendung des 25. Lebensjahres eingetretenen körperlichen, geistigen oder seelischen Behinderung außerstande sind, sich selbst zu unterhalten; für Kinder, die wegen einer vor dem 1. Januar 2007 in der Zeit ab der Vollendung des 25. Lebensjahres und vor Vollendung des 27. Lebensjahres eingetretenen körperlichen, geistigen oder seelischen Behinderung außerstande sind, sich selbst zu unterhalten, ist § 32 Absatz 4 Satz 1 Nummer 3 weiterhin in der bis zum 31. Dezember 2006 geltenden Fassung anzuwenden. [2]§ 32 Absatz 5 ist nur noch anzuwenden, wenn das Kind den Dienst oder die Tätigkeit vor dem 1. Juli 2011 angetreten hat. [3]Für die nach § 10 Absatz 1 Nummer 2 Buchstabe b und den §§ 10a, 82 begünstigten Verträge, die vor dem 1. Januar 2007 abgeschlossen wurden, gelten für das Vorliegen einer begünstigten Hinterbliebenenversorgung die Altersgrenzen des § 32 in der am 31. Dezember 2006 geltenden Fassung. [4]Dies gilt entsprechend für die Anwendung des § 93 Absatz 1 Satz 3 Buchstabe b.

(32a)[1)] [1]§ 32a Absatz 1 und § 51a Absatz 2a Satz 1 in der am 23. Juli 2015 geltenden Fassung sind beim Steuerabzug vom Arbeitslohn erstmals anzuwenden auf laufenden Arbeitslohn, der für einen nach dem 30. November 2015 endenden Lohnzahlungszeitraum gezahlt wird, und auf sonstige Bezüge, die nach dem 30. November 2015 zufließen. [2]Bei der Lohnsteuerberechnung auf laufenden Arbeitslohn, der für einen nach dem 30. November 2015, aber vor dem 1. Januar 2016 endenden täglichen, wöchentlichen und monatlichen Lohnzahlungszeitraum gezahlt wird, ist zu berücksichtigen, dass § 32a Absatz 1 und § 51a Absatz 2a Satz 1 in der am 23. Juli 2015 geltenden Fassung

---

1) § 52 Abs. 32a eingef. durch G v. 16.7.2015 (BGBl. I S. 1202).

bis zum 30. November 2015 nicht angewandt wurden (Nachholung). [3]Das Bundesministerium der Finanzen hat im Einvernehmen mit den obersten Finanzbehörden der Länder entsprechende Programmablaufpläne aufzustellen und bekannt zu machen (§ 39b Absatz 6 und § 51 Absatz 4 Nummer 1a).

(33)[1)] [1]§ 32b Absatz 2 Satz 1 Nummer 2 Satz 2 Buchstabe c ist erstmals auf Wirtschaftsgüter des Umlaufvermögens anzuwenden, die nach dem 28. Februar 2013 angeschafft, hergestellt oder in das Betriebsvermögen eingelegt werden. [2]§ 32b Absatz 1 Satz 3 in der Fassung des Artikels 11 des Gesetzes vom 18. Dezember 2013 (BGBl. I S. 4318) ist in allen offenen Fällen anzuwenden. [3]§ 32b Absatz 3 bis 5 in der am 1. Januar 2017 geltenden Fassung ist erstmals für ab dem 1. Januar 2018 gewährte Leistungen anzuwenden.

(Fortsetzung nächstes Blatt)

[1)] § 52 Abs. 33 Satz 3 angef. durch G v. 18.7.2016 (BGBl. I S. 1679).

(33a)[1] [1]§ 32c in der Fassung des Artikels 4 des Gesetzes vom 12. Dezember 2019 (BGBl. I S. 2451) ist erstmals für den Veranlagungszeitraum 2016 anzuwenden. [2]§ 32c ist im Veranlagungszeitraum 2016 mit der Maßgabe anzuwenden, dass der erste Betrachtungszeitraum die Veranlagungszeiträume 2014 bis 2016 umfasst. [3]Die weiteren Betrachtungszeiträume umfassen die Veranlagungszeiträume 2017 bis 2019 und 2020 bis 2022. [4]§ 32c ist letztmalig für den Veranlagungszeitraum 2022 anzuwenden.

(33b)[2] [1]§ 32d Absatz 2 Nummer 1 Buchstabe b in der Fassung des Artikels 1 des Gesetzes vom 21. Dezember 2020 (BGBl. I S. 3096) ist auf Kapitalerträge anzuwenden, die nach dem 31. Dezember 2020 erzielt werden. [2]Auf Kapitalerträge aus Darlehen an die Kapitalgesellschaft oder Genossenschaft, deren rechtliche Grundlage vor dem 1. Januar 2021 begründet wurde, ist § 32d Absatz 2 Nummer 1 Buchstabe b in der Fassung des Artikels 1 des Gesetzes vom 21. Dezember 2020 (BGBl. I S. 3096) ab dem Veranlagungszeitraum 2024 anzuwenden. [3]§ 32d Absatz 2 Nummer 3 Buchstabe b in der Fassung des Artikels 7 des Gesetzes vom 20. Dezember 2016 (BGBl. I S. 3000) ist erstmals auf Anträge für den Veranlagungszeitraum 2017 anzuwenden.

(33c)[3] Die §§ 33 und 33b in der Fassung des Artikels 1 des Gesetzes vom 9. Dezember 2020 (BGBl. I S. 2770) sind erstmals für den Veranlagungszeitraum 2021 anzuwenden.

(34)[4] [1]§ 34a in der Fassung des Artikels 1 des Gesetzes vom 19. Dezember 2008 (BGBl. I S. 2794) ist erstmals für den Veranlagungszeitraum 2008 anzuwenden. [2]§ 34a Absatz 6 Satz 1 Nummer 3 und Satz 2 in der Fassung des Artikels 1 des Gesetzes vom 27. Juni 2017 (BGBl. I S. 2074) ist erstmals für unentgeltliche Übertragungen nach dem 5. Juli 2017 anzuwenden.

(34a)[5] Für Veranlagungszeiträume bis einschließlich 2014 ist § 34c Absatz 1 Satz 2 in der bis zum 31. Dezember 2014 geltenden Fassung in allen Fällen, in denen die Einkommensteuer noch nicht bestandskräftig festgesetzt ist, mit der Maßgabe anzuwenden, dass an die Stelle der Wörter „Summe der Einkünfte" die Wörter „Summe der Einkünfte abzüglich des Altersentlastungsbetrages (§ 24a), des Entlastungsbetrages für Alleinerziehende (§ 24b), der Sonderausgaben (§§ 10, 10a, 10b, 10c), der außergewöhnlichen Belastungen (§§ 33 bis 33b), der berücksichtigten Freibeträge für Kinder (§§ 31, 32 Absatz 6) und des Grundfreibetrages (§ 32a Absatz 1 Satz 2 Nummer 1)" treten.

(34b)[6] [1]§ 34d Nummer 4 Buchstabe b Doppelbuchstabe bb in der Fassung des Artikels 3 des Gesetzes vom 11. Dezember 2018 (BGBl. I S. 2338) ist erstmals auf Gewinne aus der Veräußerung von Anteilen anzuwenden, bei denen die Veräußerung nach dem 31. Dezember 2018 erfolgt, und nur soweit den Gewinnen nach dem 31. Dezember 2018 eingetretene Wertveränderungen

---

[1] § 52 Abs. 33a eingef. durch G v. 12.12.2019 (BGBl. I S. 2451).

[2] § 52 Abs. 33a eingef. durch G v. 20.12.2016 (BGBl. I S. 3000); wird Abs. 33b und geänd. durch G v. 12.12.2019 (BGBl. I S. 2451); Sätze 1 und 2 eingef., bish. Wortlaut wird Satz 3 durch G v. 21.12.2020 (BGBl. I S. 3096).

[3] § 52 Abs. 33c eingef. durch G v. 9.12.2020 (BGBl. I S. 2770).

[4] § 52 Abs. 34 Satz 2 angef., bish. Text wird Satz 1 durch G v. 27.6.2017 (BGBl. I S. 2074).

[5] § 52 Abs. 34a eingef. durch G v. 22.12.2014 (BGBl. I S. 2417).

[6] § 52 Abs. 34b eingef. durch G v. 11.12.2018 (BGBl. I S. 2338).

zugrunde liegen. [2]§ 34d Nummer 7 in der Fassung des Artikels 3 des Gesetzes vom 11. Dezember 2018 (BGBl. I S. 2338) ist erstmals auf Wertveränderungen anzuwenden, die nach dem 31. Dezember 2018 eintreten.

(35) [1]§ 34f Absatz 3 und 4 Satz 2 in der Fassung des Gesetzes vom 25. Februar 1992 (BGBl. I S. 297) ist erstmals anzuwenden bei Inanspruchnahme der Steuerbegünstigung nach § 10e Absatz 1 bis 5 in der Fassung des Gesetzes vom 25. Februar 1992 (BGBl. I S. 297). [2]§ 34f Absatz 4 Satz 1 ist erstmals anzuwenden bei Inanspruchnahme der Steuerbegünstigung nach § 10e Absatz 1 bis 5 oder nach § 15b des Berlinförderungsgesetzes für nach dem 31. Dezember 1991 hergestellte oder angeschaffte Objekte.

(35a)[1)] [1]§ 35c ist erstmals auf energetische Maßnahmen anzuwenden, mit deren Durchführung nach dem 31. Dezember 2019 begonnen wurde und die vor dem 1. Januar 2030 abgeschlossen sind. [2]Als Beginn gilt bei energetischen Maßnahmen, für die eine Baugenehmigung erforderlich ist, der Zeitpunkt, in dem der Bauantrag gestellt wird. [3]Bei nicht genehmigungsbedürftigen Vorhaben für solche Vorhaben, die nach Maßgabe des Bauordnungsrechts der zuständigen Behörde zur Kenntnis zu geben sind, gilt als Beginn der Zeitpunkt des Eingangs der Kenntnisgabe bei der zuständigen Behörde und für sonstige nicht genehmigungsbedürftige, insbesondere genehmigungs-, anzeige- und verfahrensfreie Vorhaben, der Zeitpunkt des Beginns der Bauausführung.

(35b)[2)] [1]§ 36 Absatz 2 Nummer 2 Satz 5 in der Fassung des Artikels 2 des Gesetzes vom 21. Dezember 2020 (BGBl. I S. 3096) ist erstmals auf Kapitalerträge anzuwenden, die nach dem 31. Dezember 2020 zufließen. [2]§ 36 Absatz 2 Nummer 4 in der Fassung des Artikels 2 des Gesetzes vom 21. Dezember 2020 (BGBl. I S. 3096) ist erstmals für den Veranlagungszeitraum 2016 und letztmalig für den Veranlagungszeitraum 2022 anzuwenden.

(35c)[3)] [1]§ 36a in der am 27. Juli 2016 geltenden Fassung ist erstmals auf Kapitalerträge anzuwenden, die ab dem 1. Januar 2016 zufließen. [2]§ 36a in der Fassung des Artikels 1 des Gesetzes vom 12. Dezember 2019 (BGBl. I S. 2451) ist erstmals auf Kapitalerträge anzuwenden, die ab dem 1. Januar 2019 zufließen.

(36)[4)] [1]Das Bundesministerium der Finanzen kann im Einvernehmen mit den obersten Finanzbehörden der Länder in einem Schreiben mitteilen, wann das in § 39 Absatz 4 Nummer 5 genannten Lohnsteuerabzugsmerkmal erstmals abgerufen werden kann (§ 39e Absatz 3 Satz 1). [2]Dieses Schreiben ist im

---

[1)] § 52 Abs. 35a eingef. durch G v. 29.6.2020 (BGBl. I S. 1512); neu gef. durch G v. 21.12.2020 (BGBl. I S. 3096).

Durch die Neufassung von § 52 Abs. 35a wird der vorherige Abs. 35a überschrieben; dieser lautete:

„§(35a) § 35 Absatz 1 in der Fassung des Artikels 1 des Gesetzes von 29. Juni 2020 (BGBl. I S. 1512) ist erstmals für den Veranlagungszeitraum 2020 anzuwenden."

[2)] § 52 Abs. 35a eingef. durch G v. 12.12.2019 (BGBl. I S. 2451); Sätze 1 bis 3 eingef.; bish. Wortlaut wird Satz 4 durch G v. 21.12.2019 (BGBl. I S. 2886); Abs. 35a wird Abs. 35b durch G v. 29.6.2020 (BGBl. I S. 1512); neu gef. durch G v. 21.12.2020 (BGBl. I S. 3096).

[3)] § 52 Abs. 35a eingef. durch G v. 20.12.2016 (BGBl. I S. 3045); Satz 2 angef., bish. Wortlaut wird Satz 1 durch G v. 12.12.2019 (BGBl. I S. 2451); Abs. 35a wird Abs. 35b durch G v. 12.12.2019 (BGBl. I S. 2451); Abs. 35b wird Abs. 35c durch G v. 29.6.2020 (BGBl. I S. 1512).

[4)] § 52 Abs. 36 Satz 1 geänd., Satz 3 angef. durch G v. 21.12.2020 (BGBl. I S. 3096).

Bundessteuerblatt zu veröffentlichen. [3]§ 39 in der Fassung des Artikels 4 des Gesetzes vom 21. Dezember 2020 (BGBl. I S. 3096) ist erstmals ab dem 1. Januar 2024 anzuwenden; er kann im Rahmen eines Pilotprojekts mit Echtdaten bereits ab dem 1. Januar 2023 angewendet werden.

(37) [1]Das Bundesministerium der Finanzen kann im Einvernehmen mit den obersten Finanzbehörden der Länder in einem Schreiben mitteilen, ab wann die Regelungen in § 39a Absatz 1 Satz 3 bis 5 erstmals anzuwenden sind. [2]Dieses Schreiben ist im Bundessteuerblatt zu veröffentlichen.[1)]

(37a)[2)] § 39f Absatz 1 Satz 9 bis 11 und Absatz 3 Satz 1 ist erstmals für den Veranlagungszeitraum 2019 anzuwenden.

(37b)[3)] [1]§ 39b Absatz 2 Satz 5 Nummer 4 in der am 23. Juli 2015 geltenden Fassung ist erstmals anzuwenden auf laufenden Arbeitslohn, der für einen nach dem 30. November 2015 endenden Lohnzahlungszeitraum gezahlt wird, und auf sonstige Bezüge, die nach dem 30. November 2015 zufließen. [2]Bei der Lohnsteuerberechnung auf laufenden Arbeitslohn, der für einen nach dem 30. November 2015, aber vor dem 1. Januar 2016 endenden täglichen, wöchentlichen und monatlichen Lohnzahlungszeitraum gezahlt wird, ist zu berücksichtigen, dass § 39b Absatz 2 Satz 5 Nummer 4 in der am 23. Juli 2015 geltenden Fassung bis zum 30. November 2015 nicht angewandt wurde (Nachholung). [3]Das Bundesministerium der Finanzen hat dies im Einvernehmen mit den obersten Finanzbehörden der Länder bei der Aufstellung und Bekanntmachung der geänderten Programmablaufpläne für 2015 zu berücksichtigen (§ 39b Absatz 6 und § 51 Absatz 4 Nummer 1a). [4]In den Fällen des § 24b Absatz 4 ist für das Kalenderjahr 2015 eine Veranlagung durchzuführen, wenn die Nachholung nach Satz 2 durchgeführt wurde.

(37c)[4)] [1]§ 40 Absatz 2 Satz 1 Nummer 6 in der am 17. November 2016 gelten den Fassung ist erstmals anzuwenden auf Vorteile, die in einem nach dem 31. Dezember 2016 endenden Lohnzahlungszeitraum oder als sonstige Bezüge nach dem 31. Dezember 2016 zugewendet werden, und letztmals anzuwenden auf Vorteile, die in einem vor dem 1. Januar 2031 endenden Lohnzahlungszeitraum oder als sonstige Bezüge vor dem 1. Januar 2031 zugewendet werden. [2]§ 40 Absatz 2 Satz 2 Nummer 3 und Satz 4 in der Fassung des Artikels 2 des Gesetzes vom 21. Dezember 2020 (BGBl. I S. 3096) ist erstmals auf Freifahrtberechtigungen anzuwenden, die nach dem 31. Dezember 2020 gewährt werden.

(38) § 40a Absatz 2, 2a und 6 in der am 31. Juli 2014[5)] geltenden Fassung ist erstmals ab dem Kalenderjahr 2013 anzuwenden.

(39)[6)] *(aufgehoben)*

[1)] BMF v. 21.5.2015 (BStBl. I S. 488).

[2)] § 52 Abs. 37a eingef. durch G v. 28.7.2015 (BGBl. I S. 1400) und neu gef. durch G v. 23.6.2017 (BGBl. I S. 1682).

[3)] § 52 Abs. 37b eingef. durch G v. 16.7.2015 (BGBl. I S. 1202).

[4)] § 52 Abs. 37c eingef. durch G v. 7.11.2016 (BGBl. I S. 2498); geänd. durch G v. 12.12. 2019 (BGBl. I S. 2451); Satz 2 angef. durch G v. 21.12.2020 (BGBl. I S. 3096).

[5)] Tag nach der Verkündung des G v. 25.7.2014 (BGBl. I S. 1266).

[6)] § 52 Abs. 39 aufgeh. durch G v. 23.6.2017 (BGBl. I S. 1682).

(40)[1] § 40b Absatz 1 und 2 in der am 31. Dezember 2004 geltenden Fassung ist weiter anzuwenden auf Beiträge für eine Direktversicherung des Arbeitnehmers und Zuwendungen an eine Pensionskasse, wenn vor dem 1. Januar 2018 mindestens ein Beitrag nach § 40b Absatz 1 und 2 in einer vor dem 1. Januar 2005 geltenden Fassung pauschal besteuert wurde.

(40a)[2] [1] § 41a Absatz 1 Satz 1 Nummer 1 in der Fassung des Artikels 2 des Gesetzes vom 12. Dezember 2019 (BGBl. I S. 2451) ist erstmals für Lohnzahlungszeiträume anzuwenden, die nach dem 31. Dezember 2020 enden. [2] § 41a Absatz 4 Satz 1 in der Fassung des Artikels 1 des Gesetzes vom 24. Februar 2016 (BGBl. I S. 310) gilt für eine Dauer von 60 Monaten und ist erstmals für laufenden Arbeitslohn anzuwenden, der für den Lohnzahlungszeitraum gezahlt wird, der nach dem Kalendermonat folgt, in dem die Europäische Kommission die Genehmigung zu diesem Änderungsgesetz erteilt hat; die Regelung ist erstmals für sonstige Bezüge anzuwenden, die nach dem Monat zufließen, in dem die Europäische Kommission die Genehmigung zu diesem Änderungsgesetz erteilt hat. [3] Das Bundesministerium der Finanzen gibt den Tag der erstmaligen Anwendung im Bundesgesetzblatt bekannt.[3] [4] Nach Ablauf der 60 Monate ist wieder § 41a Absatz 4 Satz 1 in der Fassung der Bekanntmachung des Einkommensteuergesetzes vom 8. Oktober 2009 (BGBl. I S. 3366, 3862) anzuwenden.

(41) Bei der Veräußerung oder Einlösung von Wertpapieren und Kapitalforderungen, die von der das Bundesschuldbuch führenden Stelle oder einer Landesschuldenverwaltung verwahrt oder verwaltet werden können, bemisst sich der Steuerabzug nach den bis zum 31. Dezember 1993 geltenden Vorschriften, wenn die Wertpapier- und Kapitalforderungen vor dem 1. Januar 1994 emittiert worden sind; dies gilt nicht für besonders in Rechnung gestellte Stückzinsen.

(42)[4] [1] § 43 Absatz 1 Satz 1 Nummer 7 Buchstabe b Satz 2 in der Fassung des Artikels 1 des Gesetzes vom 13. Dezember 2006 (BGBl. I S. 2878) ist erstmals auf Verträge anzuwenden, die nach dem 31. Dezember 2006 abgeschlossen werden. [2] § 43 Absatz 1 Satz 1 Nummer 7 Buchstabe c in der Fassung des Artikels 2 des Gesetzes vom 12. Dezember 2019 (BGBl. I S. 2451) ist erstmals auf Kapitalerträge anzuwenden, die dem Gläubiger nach dem 31. Dezember 2020 zufließen. [3] § 43 Absatz 1 Satz 6 und Absatz 2 Satz 7 und 8 in der am 1. Januar 2017 geltenden Fassung ist erstmals anzuwenden auf Kapitalerträge, die dem Gläubiger nach dem 31. Dezember 2016 zufließen. [4] § 43 in der Fassung des Artikels 3 des Gesetzes vom 19. Juli 2016 (BGBl. I S. 1730) ist erstmals ab dem 1. Januar 2018 anzuwenden.

---

[1] § 52 Abs. 40 Satz 1 geänd. durch G v. 17.8.2017 (BGBl. I S. 3214); siehe auch Seite 1 Fn. 2: Genehmigung am 3.5.2016 erteilt; Satz 1 geänd., Satz 2 aufgeh. durch G v. 11.12.2018 (BGBl. I S. 2338).

[2] § 52 Abs. 40a eingef. durch G v. 24.2.2016 (BGBl. I S. 310); Satz 1 eingef., bish. Sätze 1 bis 3 werden Sätze 2 bis 4 durch G v. 12.12.2019 (BGBl. I S. 2451).

[3] BGBl. I 2016 S. 1248: Ab Lohnzahlungszeitraum Juni 2016 bis Lohnzahlungszeitraum Mai 2021.

[4] § 52 Abs. 42 Satz 2 angef. durch G v. 18.7.2016 (BGBl. I S. 1679); Satz 3 angef. durch G v. 19.7.2016 (BGBl. I S. 1730); Satz 2 eingef., bish. Sätze 2 und 3 werden Sätze 3 und 4 durch G v. 12.12.2019 (BGBl. I S. 2451).

(42a)[1] § 43a in der Fassung des Artikels 3 des Gesetzes vom 19. Juli 2016 (BGBl. I S. 1730) ist erstmals ab dem 1. Januar 2018 anzuwenden.

(42b)[2] § 43b und Anlage 2 (zu § 43b) in der am 1. Januar 2016 geltenden Fassung sind erstmals auf Ausschüttungen anzuwenden, die nach dem 31. Dezember 2015 zufließen.

(43) [1]Ist ein Freistellungsauftrag im Sinne des § 44a vor dem 1. Januar 2007 unter Beachtung des § 20 Absatz 4 in der bis dahin geltenden Fassung erteilt worden, darf der nach § 44 Absatz 1 zum Steuerabzug Verpflichtete den angegebenen Freistellungsbetrag nur zu 56,37 Prozent berücksichtigen. [2]Sind in dem Freistellungsauftrag der gesamte Sparer-Freibetrag nach § 20 Absatz 4 in der Fassung des Artikels 1 des Gesetzes vom 19. Juli 2006 (BGBl. I S. 1652) und der gesamte Werbungskosten-Pauschbetrag nach § 9a Satz 1 Nummer 2 in der Fassung des Artikels 1 des Gesetzes vom 19. Juli 2006 (BGBl. I S. 1652) angegeben, ist der Werbungskosten-Pauschbetrag in voller Höhe zu berücksichtigen.

(44)[3] [1]§ 44 Absatz 1 Satz 4 Nummer 2a in der Fassung des Artikels 2 des Gesetzes vom 12. Dezember 2019 (BGBl. I S. 2451) ist erstmals auf Kapitalerträge anzuwenden, die dem Gläubiger nach dem 31. Dezember 2020 zufließen. [2]§ 44 Absatz 6 Satz 2 und 5 in der am 12. Dezember 2006 geltenden Fassung ist für Anteile, die einbringungsgeboren im Sinne des § 21 des Umwandlungssteuergesetzes in der am 12. Dezember 2006 geltenden Fassung sind, weiter anzuwenden. [3]§ 44 in der Fassung des Artikels 3 des Gesetzes vom 19. Juli 2016 (BGBl. I S. 1730) ist erstmals ab dem 1. Januar 2018 anzuwenden. [4]§ 44 Absatz 1 in der Fassung des Artikels 1 des Gesetzes vom 21. Dezember 2020 (BGBl. I S. 3096) ist erstmals auf Kapitalerträge anzuwenden, die dem Gläubiger nach dem 29. Dezember 2020 zufließen.

(44a)[4] [1]§ 45a Absatz 2 Satz 1 in der Fassung des Artikels 1 des Gesetzes vom 21. Dezember 2020 (BGBl. I S. 3096) ist erstmals auf Kapitalerträge anzuwenden, die dem Gläubiger nach dem 29. Dezember 2020 zufließen. [2]§ 45a Absatz 6 in der Fassung des Artikels 2 des Gesetzes vom 21. Dezember 2020 (BGBl. I S. 3096) ist auf Kapitalerträge anzuwenden, die nach dem 31. Dezember 2022 zufließen.

(45)[5] [1]§ 45d Absatz 1 in der am 14. Dezember 2010 geltenden Fassung ist erstmals für Kapitalerträge anzuwenden, die ab dem 1. Januar 2013 zufließen; eine Übermittlung der Identifikationsnummer hat für Kapitalerträge, die vor dem 1. Januar 2016 zufließen, nur zu erfolgen, wenn die Identifikationsnummer der Meldestelle vorliegt. [2]§ 45d Absatz 1 in der am 1. Januar 2017 geltenden Fassung ist erstmals anzuwenden auf Kapitalerträge, die dem Gläubiger nach dem 31. Dezember 2016 zufließen. [3]§ 45d Absatz 3 in der am 1. Januar

---

[1] § 52 Abs. 42a eingef. durch G v. 19.7.2016 (BGBl. I S. 1730).

[2] § 52 Abs. 42a eingef. durch G v. 2.11.2015 (BGBl. I S. 1834); wird Abs. 42b durch G v. 19.7.2016 (BGBl. I S. 1730).

[3] § 52 Abs. 44 Satz 2 angef. durch G v. 19.7.2016 (BGBl. I S. 1730); Satz 1 eingef., bish. Sätze 1 und 2 werden Sätze 2 und 3 durch G v. 12.12.2019 (BGBl. I S. 2451); Satz 4 angef. durch G v. 21.12.2020 (BGBl. I S. 3096).

[4] § 52 Abs. 44a eingef. und Satz 2 angef. durch G v. 21.12.2020 (BGBl. I S. 3096).

[5] § 52 Abs. 45 Sätze 2 und 3 angef. durch G v. 18.7.2016 (BGBl. I S. 1679).

2017 geltenden Fassung ist für Versicherungsverträge anzuwenden, die nach dem 31. Dezember 2016 abgeschlossen werden.

(45a)[1] [1] § 49 Absatz 1 Nummer 2 Buchstabe e Doppelbuchstabe cc in der Fassung des Artikels 3 des Gesetzes vom 11. Dezember 2018 (BGBl. I S. 2338) ist erstmals auf Gewinne aus der Veräußerung von Anteilen anzuwenden, bei denen die Veräußerung nach dem 31. Dezember 2018 erfolgt, und nur soweit den Gewinnen nach dem 31. Dezember 2018 eingetretene Wertveränderungen zugrunde liegen. [2] § 49 Absatz 1 Nummer 2 Buchstabe f in der Fassung des Artikels 3 des Gesetzes vom 11. Dezember 2018 (BGBl. I S. 2338) ist erstmals auf Wertveränderungen anzuwenden, die nach dem 31. Dezember 2018 eintreten. [3] § 49 Absatz 1 Nummer 5 in der am 27. Juli 2016 geltenden Fassung ist erstmals auf Kapitalerträge anzuwenden, die ab dem 1. Januar 2018 zufließen. [4] § 49 Absatz 1 Nummer 5 Satz 1 Buchstabe a und b in der am 26. Juli 2016 geltenden Fassung ist letztmals anzuwenden bei Erträgen, die vor dem 1. Januar 2018 zufließen oder als zugeflossen gelten.

(46)[2] [1] § 50 Absatz 1 Satz 3 in der Fassung des Artikels 1 des Gesetzes vom 21. Dezember 2020 (BGBl. I S. 3096) ist in allen offenen Fällen anzuwenden. [2] § 50 Absatz 1a in der Fassung des Artikels 2 des Gesetzes vom 21. Dezember 2020 (BGBl. I S. 3096) ist erstmals auf Beiträge an berufsständische Versorgungseinrichtungen anzuwenden, die nach dem 31. Dezember 2020 geleistet werden. [3] § 50 Absatz 2 Satz 2 Nummer 6 in der Fassung des Artikels 1 des Gesetzes vom 12. Dezember 2019 (BGBl. I S. 2451) ist erstmals auf Kapitalerträge anzuwenden, die nach dem 31. Dezember 2016 zufließen. [4] § 50 Absatz 4 in der am 1. Januar 2016 geltenden Fassung ist in allen offenen Fällen anzuwenden.

(47) [1] Der Zeitpunkt der erstmaligen Anwendung des § 50a Absatz 3 und 5 in der am 18. August 2009 geltenden Fassung wird durch eine Rechtsverordnung[3] der Bundesregierung bestimmt, die der Zustimmung des Bundesrates bedarf; dieser Zeitpunkt darf nicht vor dem 31. Dezember 2011 liegen. [2] § 50a Absatz 7 in der am 31. Juli 2014 geltenden Fassung ist erstmals auf Vergütungen anzuwenden, für die der Steuerabzug nach dem 31. Dezember 2014 angeordnet worden ist.

(48) [1] § 50i Absatz 1 Satz 1 und 2 ist auf die Veräußerung oder Entnahme von Wirtschaftsgütern oder Anteilen anzuwenden, die nach dem 29. Juni 2013 stattfindet. [2] Hinsichtlich der laufenden Einkünfte aus der Beteiligung an der Personengesellschaft ist die Vorschrift in allen Fällen anzuwenden, in denen die Einkommensteuer noch nicht bestandskräftig festgesetzt worden ist. [3] § 50i Absatz 1 Satz 4 in der am 31. Juli 2014[4] geltenden Fassung ist erstmals auf die

---

[1] § 52 Abs. 45a eingef. durch G v. 19.7.2016 (BGBl. I S. 1730); geänd. durch G v. 20.12. 2016 (BGBl. I S. 3000); Sätze 1 und 2 eingef., bish. Sätze 1 und 2 werden Sätze 3 und 4 durch G v. 11.12.2018 (BGBl. I S. 2338).

[2] § 52 Abs. 46 Satz 2 angef., bish. Text wird Satz 1 durch G v. 2.11.2015 (BGBl. I S. 1834); Satz 1 eingef., bish. Sätze 1 und 2 werden Sätze 2 und 3 durch G v. 20.12.2016 (BGBl. I S. 3000); Satz 3 eingef., bish. Satz 3 wird Satz 4 durch G v. 12.12.2019 (BGBl. I S. 2451); Sätze 1 und 2 neu gef. durch G v. 21.12.2020 (BGBl. I S. 3096).

[3] VO v. 24.6.2013 (BGBl. I S. 1679).

[4] Tag der Verkündung des G v. 25.7.2014 (BGBl. I S. 1266); Datum korrigiert durch G v. 22.12.2014 (BGBl. I S. 2417).

Veräußerung oder Entnahme von Wirtschaftsgütern oder Anteilen anzuwenden, die nach dem 31. Dezember 2013 stattfindet. [4] § 50i Absatz 2 in der Fassung des Artikels 7 des Gesetzes vom 20. Dezember 2016 (BGBl. I S. 3000) ist erstmals für Einbringungen anzuwenden, bei denen der Einbringungsvertrag nach dem 31. Dezember 2013 geschlossen worden ist.[1)]

(49) § 51a Absatz 2c und 2e in der am 30. Juni 2013 geltenden Fassung ist erstmals auf nach dem 31. Dezember 2014 zufließende Kapitalerträge anzuwenden.

(49a)[2)] [1] § 62 Absatz 1a in der am 18. Juli 2019 geltenden Fassung ist für Kindergeldfestsetzungen anzuwenden, die Zeträume betreffen, die nach dem 31. Juli 2019 beginnen. [2] § 62 Absatz 2 Nummer 1 bis 4 in der Fassung des Artikels 3 des Gesetzes vom 12. Dezember 2019 (BGBl. I S. 2451) ist für Kindergeldfestsetzungen anzuwenden, die Zeiträume betreffen, die nach dem 29. Februar 2020 beginnen. [3] § 62 Absatz 2 Nummer 5 in der Fassung des Artikels 3 des Gesetzes vom 12. Dezember 2019 (BGBl. I S. 2451) ist für Kindergeldfestsetzungen anzuwenden, die Zeiträume betreffen, die nach dem 31. Dezember 2019 beginnen. [4] Die §§ 62, 63 und 67 in der am 9. Dezember 2014 geltenden Fassung sind für Kindergeldfestsetzungen anzuwenden, die Zeiträume betreffen, die nach dem 31. Dezember 2015 beginnen. [5] Die §§ 62, 63 und 67 in der am 9. Dezember 2014 geltenden Fassung sind auch für Kindergeldfestsetzungen anzuwenden, die Zeiträume betreffen, die vor dem 1. Januar 2016 liegen, der Antrag auf Kindergeld aber erst nach dem 31. Dezember 2015 gestellt wird. [6] § 66 Absatz 1 in der am 23. Juli 2015 geltenden Fassung ist für Kindergeldfestsetzungen anzuwenden, die Zeiträume betreffen, die nach dem 31. Dezember 2014 beginnen. [7] § 66 Absatz 1 in der am 1. Januar 2016 geltenden Fassung ist für Kindergeldfestsetzungen anzuwenden, die Zeiträume betreffen, die nach dem 31. Dezember 2015 beginnen. [8] § 66 Absatz 1 in der am 1. Januar 2017 geltenden Fassung ist für Kindergeldfestsetzungen anzuwenden, die Zeiträume betreffen, die nach dem 31. Dezember 2016 beginnen. [9] § 66 Absatz 1 in der am 1. Januar 2018 geltenden Fassung ist für Kindergeldfestsetzungen anzuwenden, die Zeiträume betreffen, die nach dem 31. Dezember 2017 beginnen. [10] § 66 Absatz 3 ist auf Anträge anzuwenden, die nach dem 31. Dezember 2017 und vor dem 18. Juli 2019 eingehen. [11] § 69 in der am 1. Januar 2018 geltenden Fassung ist erstmals am 1. November 2019 anzuwenden. [12] § 66 Absatz 1 in der Fassung des Artikels 2 des Gesetzes vom 29. November 2018 (BGBl. I S. 2210) ist für Kindergeldfestsetzungen anzuwenden,

---

[1)] § 52 Abs. 4 Sätze 4 und 5 ersetzt durch Satz 4 durch G v. 20.12.2016 (BGBl. I S. 3000).

[2)] § 52 Abs. 49a eingef. durch G v. 2.12.2014 (BGBl. I S. 1922); Sätze 3 und 4 angef. durch G v. 16.7.2015 (BGBl. I S. 1202); Sätze 5 und 6 angef. durch G v. 20.12.2016 (BGBl. I S. 3000); Sätze 7 und 8 angef. durch G v. 23.6.2017 (BGBl. I S. 1682); Satz 9 angef. durch G v. 29.11.2018 (BGBl. I S. 2210); Satz 1 eingef., bish. Sätze 1 bis 9 werden Sätze 2 bis 10, Satz 8 geänd. durch G v. 11.7.2019 (BGBl. I S. 1066); Satz 2 eingef., bish. Sätze 2 bis 10 werden Sätze 3 bis 11 durch Art. 2 des G v. 12.12.2019 (BGBl. I S. 2451); Satz 2 geänd., Satz 3 eingef., aktuelle Sätze 3 bis 11 werden Sätze 4 bis 12 durch Art. 3 des G v. 12.12.2019 (BGBl. I S. 2451); das Inkrafttreten erfolgt zum Datum des ersten Tags des siebten auf die Verkündung des Fachkräfteeinwanderungsgesetzes folgenden Kalendermonats (siehe Art. 39 Abs. 3 des G v. 12.12.2019). Dies ist der 1. März 2020. Satz 13 angef. durch G v. 1.12.2020 (BGBl. I S. 2616).

die Zeiträume betreffen, die nach dem 30. Juni 2019 beginnen. [13] § 66 Absatz 1 in der Fassung des Artikels 1 des Gesetzes vom 1. Dezember 2020 (BGBl. I S. 2616) ist für Kindergeldfestsetzungen anzuwenden, die Zeiträume betreffen, die nach dem 31. Dezember 2020 beginnen.

(50)[1)] [1] § 70 Absatz 1 Satz 2 ist auf Anträge anzuwenden, die nach dem 18. Juli 2019 eingehen. [2] § 70 Absatz 4 in der am 31. Dezember 2011 geltenden Fassung ist weiter für Kindergeldfestsetzungen anzuwenden, die Zeiträume betreffen, die vor dem 1. Januar 2012 enden.

(51)[2)] [1] § 89 Absatz 2 Satz 1 in der am 1. Januar 2017 geltenden Fassung ist erstmals für die Übermittlung von Daten ab dem 1. Januar 2017 anzuwenden. [2] § 89 Absatz 2 Satz 1 in der Fassung des Artikels 3 des Gesetzes vom 11. Dezember 2018 (BGBl. I S. 2338) ist erstmals für die Übermittlung von Daten ab dem 1. Januar 2020 anzuwenden.

(52)[3)] § 110 in der Fassung des Artikels 1 des Gesetzes vom 10. März 2021 (BGBl. I S. 330) ist für den Veranlagungszeitraum 2019 anzuwenden.

(53)[4)] § 111 in der Fassung des Artikels 1 des Gesetzes vom 10. März 2021 (BGBl. I S. 330) ist für die Veranlagungszeiträume 2019 und 2020 anzuwenden.

(54)[5)] Für Personen, die Leistungen nach dem Soldatenversorgungsgesetz in der Fassung der Bekanntmachung vom 16. September 2009 (BGBl. I S. 3054), das zuletzt durch Artikel 19 des Gesetzes vom 4. August 2019 (BGBl. I S. 1147) geändert worden ist, in Verbindung mit dem Bundesversorgungsgesetz in der Fassung der Bekanntmachung vom 22. Januar 1982 (BGBl. I S. 21), das zuletzt durch Artikel 1 der Verordnung vom 13. Juni 2019 (BGBl. I S. 793) geändert worden ist, erhalten, gelten die Vorschriften des § 3 Nummer 6 Satz 2, des § 32b Absatz 1 Satz 1 Nummer 1 Buchstabe f und des § 33b Absatz 4 Satz 1 Nummer 1 in der am 31. Dezember 2023 geltenden Fassung weiter.

§ 52a.[6)] *(aufgehoben)*

§ 52b[7)] *(aufgehoben)*

§ 53[8)] *(aufgehoben)*

§ 54. (weggefallen)

---

1) § 52 Abs. 50 Satz 1 eingef., bish. Wortlaut wird Satz 2 durch G v. 11.7.2019 (BGBl. I S. 1066).

2) § 52 Abs. 51 angef. durch G v. 18.7.2016 (BGBl. I S. 1679); Satz 2 angef., bish. Wortlaut wird Satz 1 durch G v. 11.12.2018 (BGBl. I S. 2338).

3) § 52 Abs. 52 eingef. durch G v. 29.6.2020 (BGBl. I S. 1512); geänd. durch G v. 10.3.2021 (BGBl. I S. 330).

4) § 52 Abs. 53 eingef. durch G v. 29.6.2020 (BGBl. I S. 1512); geänd. durch G v. 10.3.2021 (BGBl. I S. 330).

5) § 52 Abs. 54 angef. durch G v. 21.12.2020 (BGBl. I S. 3096).

6) § 52a aufgeh. durch G v. 25.7.2014 (BGBl. I S. 1266).

7) § 52b aufgeh. durch G v. 12.12.2019 (BGBl. I S. 2451).

8) § 53 aufgeh. durch G v. 18.7.2016 (BGBl. I S. 1679).

§ 55 Schlussvorschriften (Sondervorschriften für die Gewinnermittlung nach § 4 oder nach Durchschnittssätzen bei vor dem 1. Juli 1970 angeschafftem Grund und Boden). (1) [1]Bei Steuerpflichtigen, deren Gewinn für das Wirtschaftsjahr, in das der 30. Juni 1970 fällt, nicht nach § 5 zu ermitteln ist, gilt bei Grund und Boden, der mit Ablauf des 30. Juni 1970 zu ihrem Anlagevermögen gehört hat, als Anschaffungs- oder Herstellungskosten (§ 4 Absatz 3 Satz 4 und § 6 Absatz 1 Nummer 2 Satz 1) das Zweifache des nach den Absätzen 2 bis 4 zu ermittelnden Ausgangsbetrags. [2]Zum Grund und Boden im Sinne des Satzes 1 gehören nicht die mit ihm in Zusammenhang stehenden Wirtschaftsgüter und Nutzungsbefugnisse.

(2) [1]Bei der Ermittlung des Ausgangsbetrags des zum land- und forstwirtschaftlichen Vermögen (§ 33 Absatz 1 Satz 1 des Bewertungsgesetzes in der Fassung der Bekanntmachung vom 10. Dezember 1965 – BGBl. I S. 1861 –, zuletzt geändert durch das Bewertungsänderungsgesetz 1971 vom 27. Juli 1971 – BGBl. I S. 1157) gehörenden Grund und Bodens ist seine Zuordnung zu den Nutzungen und Wirtschaftsgütern (§ 34 Absatz 2 des Bewertungsgesetzes) am 1. Juli 1970 maßgebend; dabei sind die Hof- und Gebäudeflächen sowie die Hausgärten im Sinne des § 40 Absatz 3 des Bewertungsgesetzes nicht in die einzelne Nutzung einzubeziehen. [2]Es sind anzusetzen:

1. bei Flächen, die nach dem Bodenschätzungsgesetz[1)] vom 20. Dezember 2007 (BGBl. I S. 3150, 3176) in der jeweils geltenden Fassung zu schätzen sind, für jedes katastermäßig abgegrenzte Flurstück der Betrag in Deutsche Mark, der sich ergibt, wenn die für das Flurstück am 1. Juli 1970 im amtlichen Verzeichnis nach § 2 Absatz 2 der Grundbuchordnung (Liegenschaftskataster) ausgewiesene Ertragsmesszahl vervierfacht wird. [2]Abweichend von Satz 1 sind für Flächen der Nutzungsteile

   a) Hopfen, Spargel, Gemüsebau und Obstbau
      2,05 Euro je Quadratmeter,

   b) Blumen- und Zierpflanzenbau sowie Baumschulen
      2,56 Euro je Quadratmeter

   anzusetzen, wenn der Steuerpflichtige dem Finanzamt gegenüber bis zum 30. Juni 1972 eine Erklärung über die Größe, Lage und Nutzung der betreffenden Flächen abgibt,

2. für Flächen der forstwirtschaftlichen Nutzung
   je Quadratmeter 0,51 Euro,

3. für Flächen der weinbaulichen Nutzung der Betrag, der sich unter Berücksichtigung der maßgebenden Lagenvergleichszahl (Vergleichszahl der einzelnen Weinbaulage, § 39 Absatz 1 Satz 3 und § 57 Bewertungsgesetz), die für ausbauende Betriebsweise mit Fassweinerzeugung anzusetzen ist, aus der nachstehenden Tabelle ergibt:

[1)] Nr. **210**.

Lagenvergleichszahl	Ausgangsbetrag je Quadratmeter in Euro
bis 20	1,28
21 bis 30	1,79
31 bis 40	2,56
41 bis 50	3,58
51 bis 60	4,09
61 bis 70	4,60
71 bis 100	5,11
über 100	6,39

4. für Flächen der sonstigen land- und forstwirtschaftlichen Nutzung, auf die Nummer 1 keine Anwendung findet,
   je Quadratmeter 0,51 Euro,
5. für Hofflächen, Gebäudeflächen und Hausgärten im Sinne des § 40 Absatz 3 des Bewertungsgesetzes
   je Quadratmeter 2,56 Euro,
6. für Flächen des Geringstlandes
   je Quadratmeter 0,13 Euro,
7. für Flächen des Abbaulandes
   je Quadratmeter 0,26 Euro,
8. für Flächen des Unlandes
   je Quadratmeter 0,05 Euro.

(3) [1] Lag am 1. Juli 1970 kein Liegenschaftskataster vor, in dem Ertragsmesszahlen ausgewiesen sind, so ist der Ausgangsbetrag in sinngemäßer Anwendung des Absatzes 2 Nummer 1 Satz 1 auf der Grundlage der durchschnittlichen Ertragsmesszahl der landwirtschaftlichen Nutzung eines Betriebs zu ermitteln, die die Grundlage für die Hauptfeststellung des Einheitswerts auf den 1. Januar 1964 bildet. [2] Absatz 2 Satz 2 Nummer 1 Satz 2 bleibt unberührt.

(4) Bei nicht zum land- und forstwirtschaftlichen Vermögen gehörendem Grund und Boden ist als Ausgangsbetrag anzusetzen:

1. Für unbebaute Grundstücke der auf den 1. Januar 1964 festgestellte Einheitswert. [2] Wird auf den 1. Januar 1964 kein Einheitswert festgestellt oder hat sich der Bestand des Grundstücks nach dem 1. Januar 1964 und vor dem 1. Juli 1970 verändert, so ist der Wert maßgebend, der sich ergeben würde, wenn das Grundstück nach seinem Bestand vom 1. Juli 1970 und nach den Wertverhältnissen vom 1. Januar 1964 zu bewerten wäre;
2. für bebaute Grundstücke der Wert, der sich nach Nummer 1 ergeben würde, wenn das Grundstück unbebaut wäre.

(5) [1] Weist der Steuerpflichtige nach, dass der Teilwert für Grund und Boden im Sinne des Absatzes 1 am 1. Juli 1970 höher ist als das Zweifache des Ausgangsbetrags, so ist auf Antrag des Steuerpflichtigen der Teilwert als Anschaffungs- oder Herstellungskosten anzusetzen. [2] Der Antrag ist bis zum 31. Dezember 1975 bei dem Finanzamt zu stellen, das für die Ermittlung des

Gewinns aus dem Betrieb zuständig ist. [3]Der Teilwert ist gesondert festzustellen. [4]Vor dem 1. Januar 1974 braucht diese Feststellung nur zu erfolgen, wenn ein berechtigtes Interesse des Steuerpflichtigen gegeben ist. [5]Die Vorschriften der Abgabenordnung und der Finanzgerichtsordnung über die gesonderte Feststellung von Besteuerungsgrundlagen gelten entsprechend.

(6) [1]Verluste, die bei der Veräußerung oder Entnahme von Grund und Boden im Sinne des Absatzes 1 entstehen, dürfen bei der Ermittlung des Gewinns in Höhe des Betrags nicht berücksichtigt werden, um den der ausschließlich auf den Grund und Boden entfallende Veräußerungspreis oder der an dessen Stelle tretende Wert nach Abzug der Veräußerungskosten unter dem Zweifachen des Ausgangsbetrags liegt. [2]Entsprechendes gilt bei Anwendung des § 6 Absatz 1 Nummer 2 Satz 2.

(7) Grund und Boden, der nach § 4 Absatz 1 Satz 5 des Einkommensteuergesetzes 1969 nicht anzusetzen war, ist wie eine Einlage zu behandeln; er ist dabei mit dem nach Absatz 1 oder Absatz 5 maßgebenden Wert anzusetzen.

§ 56 Sondervorschriften für Steuerpflichtige in dem in Artikel 3 des Einigungsvertrages genannten Gebiet. Bei Steuerpflichtigen, die am 31. Dezember 1990 einen Wohnsitz oder ihren gewöhnlichen Aufenthalt in dem in Artikel 3 des Einigungsvertrages genannten Gebiet und im Jahre 1990 keinen Wohnsitz oder gewöhnlichen Aufenthalt im bisherigen Geltungsbereich dieses Gesetzes hatten, gilt Folgendes:

§ 7 Absatz 5 ist auf Gebäude anzuwenden, die in dem *in*[1] Artikel 3 des Einigungsvertrages genannten Gebiet nach dem 31. Dezember 1990 angeschafft oder hergestellt worden sind.

§ 57 Besondere Anwendungsregeln aus Anlass der Herstellung der Einheit Deutschlands. (1) Die §§ 7c, 7f, 7g, 7k und 10e dieses Gesetzes, die §§ 76, 78, 82a und 82f der Einkommensteuer-Durchführungsverordnung sowie die §§ 7 und 12 Absatz 3 des Schutzbaugesetzes[2] sind auf Tatbestände anzuwenden, die in dem in Artikel 3 des Einigungsvertrages genannten Gebiet nach dem 31. Dezember 1990 verwirklicht worden sind.

(2) Die §§ 7b und 7d dieses Gesetzes sowie die §§ 81, 82d, 82g und 82i der Einkommensteuer-Durchführungsverordnung sind nicht auf Tatbestände anzuwenden, die in dem in Artikel 3 des Einigungsvertrages genannten Gebiet verwirklicht worden sind.

(3)[3] *Bei der Anwendung des § 7g Absatz 2 Nummer 1 und des § 14a Absatz 1 ist in dem in Artikel 3 des Einigungsvertrages genannten Gebiet anstatt vom maßgebenden Einheitswert des Betriebs der Land- und Forstwirtschaft und den darin ausgewiesenen Werten vom Ersatzwirtschaftswert nach § 125 des Bewertungsgesetzes auszugehen.*

(4) [1]§ 10d Absatz 1 ist mit der Maßgabe anzuwenden, dass der Sonderausgabenabzug erstmals von dem für die zweite Hälfte des Veranlagungszeitraums

---

[1] Redaktionelle Ergänzung; fehlt im Gesetzestext.

[2] Nr. **65**.

[3] § 57 Abs. 3 aufgeh. mWv 1.1.2025 durch G v. 26.11.2019 (BGBl. I S. 1794).

1990 ermittelten Gesamtbetrag der Einkünfte vorzunehmen ist. [2] § 10d Absatz 2 und 3 ist auch für Verluste anzuwenden, die in dem in Artikel 3 des Einigungsvertrages genannten Gebiet im Veranlagungszeitraum 1990 entstanden sind.

(5) § 22 Nummer 4 ist auf vergleichbare Bezüge anzuwenden, die auf Grund des Gesetzes über Rechtsverhältnisse der Abgeordneten der Volkskammer der Deutschen Demokratischen Republik vom 31. Mai 1990 (GBl. I Nr. 30 S. 274)[1)] gezahlt worden sind.

(6) § 34f Absatz 3 Satz 3 ist erstmals auf die in dem in Artikel 3 des Einigungsvertrags genannten Gebiet für die zweite Hälfte des Veranlagungszeitraums 1990 festgesetzte Einkommensteuer anzuwenden.

§ 58 Weitere Anwendung von Rechtsvorschriften, die vor Herstellung der Einheit Deutschlands in dem in Artikel 3 des Einigungsvertrages genannten Gebiet gegolten haben. (1) Die Vorschriften über Sonderabschreibungen nach § 3 Absatz 1 des Steueränderungsgesetzes vom 6. März 1990 (GBl. I Nr. 17 S. 136)[1)] in Verbindung mit § 7 der Durchführungsbestimmung zum Gesetz zur Änderung der Rechtsvorschriften über die Einkommen-, Körperschaft- und Vermögensteuer – Steueränderungsgesetz – vom 16. März 1990 (GBl. I Nr. 21 S. 195)[1)] sind auf Wirtschaftsgüter weiter anzuwenden, die nach dem 31. Dezember 1989 und vor dem 1. Januar 1991 in dem in Artikel 3 des Einigungsvertrages genannten Gebiet angeschafft oder hergestellt worden sind.

(2) [1] Rücklagen nach § 3 Absatz 2 des Steueränderungsgesetzes vom 6. März 1990 (GBl. I Nr. 17 S. 136) in Verbindung mit § 8 der Durchführungsbestimmung zum Gesetz zur Änderung der Rechtsvorschriften über die Einkommen-, Körperschaft- und Vermögensteuer – Steueränderungsgesetz – vom 16. März 1990 (GBl. I Nr. 21 S. 195) dürfen, soweit sie zum 31. Dezember 1990 zulässigerweise gebildet worden sind, auch nach diesem Zeitpunkt fortgeführt werden. [2] Sie sind spätestens im Veranlagungszeitraum 1995 gewinn- oder sonst einkünfteerhöhend aufzulösen. [3] Sind vor dieser Auflösung begünstigte Wirtschaftsgüter angeschafft oder hergestellt worden, sind die in Rücklage eingestellten Beträge von den Anschaffungs- oder Herstellungskosten abzuziehen; die Rücklage ist in Höhe des abgezogenen Betrags im Veranlagungszeitraum der Anschaffung oder Herstellung gewinn- oder sonst einkünfteerhöhend aufzulösen.

(3) Die Vorschrift über den Steuerabzugsbetrag nach § 9 Absatz 1 der Durchführungsbestimmung zum Gesetz zur Änderung der Rechtsvorschriften über die Einkommen-, Körperschaft- und Vermögensteuer – Steueränderungsgesetz – vom 16. März 1990 (GBl. I Nr. 21 S. 195) ist für Steuerpflichtige weiter anzuwenden, die vor dem 1. Januar 1991 in dem in Artikel 3 des Einigungsvertrages genannten Gebiet eine Betriebsstätte begründet haben, wenn sie von dem Tag der Begründung der Betriebsstätte an zwei Jahre lang die Tätigkeit ausüben, die Gegenstand der Betriebsstätte ist.

§§ 59 bis 61. (weggefallen)

[1)] GBl. der DDR.

X. Kindergeld

§ 62 Anspruchsberechtigte. (1)[1] [1]Für Kinder im Sinne des § 63 hat Anspruch auf Kindergeld nach diesem Gesetz, wer

1. im Inland einen Wohnsitz oder seinen gewöhnlichen Aufenthalt hat oder
2. ohne Wohnsitz oder gewöhnlichen Aufenthalt im Inland
   a) nach § 1 Absatz 2 unbeschränkt einkommensteuerpflichtig ist oder
   b) nach § 1 Absatz 3 als unbeschränkt einkommensteuerpflichtig behandelt wird.

[2]Voraussetzung für den Anspruch nach Satz 1 ist, dass der Berechtigte durch die an ihn vergebene Identifikationsnummer (§ 139b der Abgabenordnung) identifiziert wird. [3]Die nachträgliche Vergabe der Identifikationsnummer wirkt auf Monate zurück, in denen die Voraussetzungen des Satzes 1 vorliegen.

(1a)[2] [1]Begründet ein Staatsangehöriger eines anderen Mitgliedstaates der Europäischen Union oder eines Staates, auf den das Abkommen über den Europäischen Wirtschaftsraum Anwendung findet, im Inland einen Wohnsitz oder gewöhnlichen Aufenthalt, so hat er für die ersten drei Monate ab Begründung des Wohnsitzes oder des gewöhnlichen Aufenthalts keinen Anspruch auf Kindergeld. [2]Dies gilt nicht, wenn er nachweist, dass er inländische Einkünfte im Sinne des § 2 Absatz 1 Satz 1 Nummer 1 bis 4 mit Ausnahme von Einkünften nach § 19 Absatz 1 Satz 1 Nummer 2 erzielt. [3]Nach Ablauf des in Satz 1 genannten Zeitraums hat er Anspruch auf Kindergeld, es sei denn, die Voraussetzungen des § 2 Absatz 2 oder Absatz 3 des Freizügigkeitsgesetzes/EU liegen nicht vor oder es sind nur die Voraussetzungen des § 2 Absatz 2 Nummer 1a des Freizügigkeitsgesetzes/EU erfüllt, ohne dass vorher eine andere der in § 2 Absatz 2 des Freizügigkeitsgesetzes/EU genannten Voraussetzungen erfüllt war. [4]Die Prüfung, ob die Voraussetzungen für einen Anspruch auf Kindergeld gemäß Satz 2 vorliegen oder gemäß Satz 3 nicht gegeben sind, führt die Familienkasse in eigener Zuständigkeit durch. [5]Lehnt die Familienkasse eine Kindergeldfestsetzung in diesem Fall ab, hat sie ihre Entscheidung der zuständigen Ausländerbehörde mitzuteilen. [6]Wurde das Vorliegen der Anspruchsvoraussetzungen durch die Verwendung gefälschter oder verfälschter Dokumente oder durch Vorspiegelung falscher Tatsachen vorgetäuscht, hat die Familienkasse die zuständige Ausländerbehörde unverzüglich zu unterrichten.

(2) Ein nicht freizügigkeitsberechtigter Ausländer erhält Kindergeld nur, wenn er

---

[1] § 62 Abs. 1 Sätze 2 und 3 angef. durch G v. 2.12.2014 (BGBl. I S. 1922); zur Anwendung siehe § 52 Abs. 49a Sätze 3 und 4.

[2] § 62 Abs. 1a eingef. durch G v. 11.7.2019 (BGBl. I S. 1066); zur Anwendung siehe § 52 Abs. 49a Satz 1.

[Fassung bis 29.2.2020:]

1. eine Niederlassungserlaubnis besitzt,
2. eine Aufenthaltserlaubnis besitzt, die zur Ausübung einer Erwerbstätigkeit berechtigt oder berechtigt hat, es sei denn, die Aufenthaltserlaubnis wurde
   a) nach § 16 oder § 17 des Aufenthaltsgesetzes erteilt,
   b) nach § 18 Absatz 2 des Aufenthaltsgesetzes erteilt und die Zustimmung der Bundesagentur für Arbeit darf nach der Beschäftigungsverordnung nur für einen bestimmten Höchstzeitraum erteilt werden,
   c) nach § 23 Absatz 1 des Aufenthaltsgesetzes wegen eines Krieges in seinem Heimatland oder nach den §§ 23a, 24, 25 Absatz 3 bis 5 des Aufenthaltsgesetzes erteilt,
3. eine in Nummer 2 Buchstabe c genannte Aufenthaltserlaubnis besitzt und
   a) sich seit mindestens drei Jahren rechtmäßig, gestattet oder geduldet im Bundesgebiet aufhält und
   b) im Bundesgebiet berechtigt erwerbstätig ist, laufende Geldleistungen nach dem Dritten Buch Sozialgesetzbuch bezieht oder Elternzeit in Anspruch nimmt

oder

4.[2] eine Beschäftigungsduldung gemäß § 60d in Verbindung mit

[Fassung ab 1.3.2020:][1]

1. eine Niederlassungserlaubnis oder eine Erlaubnis zum Daueraufenthalt-EU besitzt,
2. eine Blaue Karte EU, eine ICT-Karte, eine Mobiler-ICT-Karte oder eine Aufenthaltserlaubnis besitzt, die für einen Zeitraum von mindestens sechs Monaten zur Ausübung einer Erwerbstätigkeit berechtigen oder berechtigt haben oder diese erlauben, es sei denn, die Aufenthaltserlaubnis wurde
   a) nach § 16e des Aufenthaltsgesetzes zu Ausbildungszwecken, nach § 19c Absatz 1 des Aufenthaltsgesetzes zum Zweck der Beschäftigung als Au-Pair oder zum Zweck der Saisonbeschäftigung, nach § 19e des Aufenthaltsgesetzes zum Zweck der Teilnahme an einem Europäischen Freiwilligendienst oder nach § 20 Absatz 1 und 2 des Aufenthaltsgesetzes zur Arbeitsplatzsuche erteilt,
   b) nach § 16b des Aufenthaltsgesetzes zum Zweck eines Studiums, nach § 16d des Aufenthaltsgesetzes für Maßnahmen zur Anerkennung ausländischer Berufsqualifikationen oder nach § 20 Absatz 3 des Aufenthaltsgesetzes zur Arbeitsplatzsuche erteilt und er ist weder erwerbstätig noch nimmt er Elternzeit nach § 15 des Bundeselterngeld- und Elternzeitgesetzes oder laufende Geld-

---

[1] § 62 Abs. 2 geänd. durch Art. 3 des G v. 12.12.2019 (BGBl. I S. 2451); das Inkrafttreten erfolgt zum Datum des ersten Tags des siebten auf die Verkündung des Fachkräfteeinwanderungsgesetzes folgenden Kalendermonats (siehe Art. 39 Abs. 3 des G v. 12.12.2019). Dies ist der 1. März 2020.

[2] § 62 Abs. 2 Nr. 4 angef. durch G v. 12.12.2019 (BGBl. I S. 2451); zur Anwendung siehe § 52 Abs. 49a Satz 2.

[Fassung bis 29.2.2020:]

§ 60a Absatz 2 Satz 3 des Aufenthaltsgesetzes besitzt.

[Fassung ab 1.3.2020:]

Geldleistungen nach dem Dritten Buch Sozialgesetzbuch in Anspruch,

c) nach § 23 Absatz 1 des Aufenthaltsgesetzes wegen eines Krieges in seinem Heimatland oder nach den §§ 23a, 24 oder § 25 Absatz 3 bis 5 des Aufenthaltsgesetzes erteilt,

3. eine in Nummer 2 Buchstabe c genannte Aufenthaltserlaubnis besitzt und im Bundesgebiet berechtigt erwerbstätig ist oder Elternzeit nach § 15 des Bundeselterngeld- und Elternzeitgesetzes oder laufende Geldleistungen nach dem Dritten Buch Sozialgesetzbuch in Anspruch nimmt,

4. eine in Nummer 2 Buchstabe c genannte Aufenthaltserlaubnis besitzt und sich seit mindestens 15 Monaten erlaubt, gestattet oder geduldet im Bundesgebiet aufhält oder

5.[1] eine Beschäftigungsduldung gemäß § 60d in Verbindung mit § 60a Absatz 2 Satz 3 des Aufenthaltsgesetzes besitzt.

§ 63 Kinder. (1)[2] [1] Als Kinder werden berücksichtigt

1. Kinder im Sinne des § 32 Absatz 1,
2. vom Berechtigten in seinen Haushalt aufgenommene Kinder seines Ehegatten,
3. vom Berechtigten in seinen Haushalt aufgenommene Enkel.

[2] § 32 Absatz 3 bis 5 gilt entsprechend. [3] Voraussetzung für die Berücksichtigung ist die Identifizierung des Kindes durch die an dieses Kind vergebene Identifikationsnummer (§ 139b der Abgabenordnung). [4] Ist das Kind nicht nach einem Steuergesetz steuerpflichtig (§ 139a Absatz 2 der Abgabenordnung), ist es in anderer geeigneter Weise zu identifizieren. [5] Die nachträgliche Identifizierung oder nachträgliche Vergabe der Identifikationsnummer wirkt auf Monate zurück, in denen die Voraussetzungen der Sätze 1 bis 4 vorliegen.

---

[1] Zur Anwendung siehe § 52 Abs. 49a Satz 3.

[2] § 63 Abs. 1 Sätze 3 bis 5 eingef., bish. Sätze 3 und 4 werden Sätze 6 und 7, neuer Satz 6 geänd. durch G v. 2.12.2014 (BGBl. I S. 1922); zur Anwendung siehe § 52 Abs. 49a Sätze 3 und 4.

6 Kinder, die weder einen Wohnsitz noch ihren gewöhnlichen Aufenthalt im Inland, in einem Mitgliedstaat der Europäischen Union oder in einem Staat, auf den das Abkommen über den Europäischen Wirtschaftsraum Anwendung findet, haben, werden nicht berücksichtigt, es sei denn, sie leben im Haushalt eines Berechtigten im Sinne des § 62 Absatz 1 Satz 1 Nummer 2 Buchstabe a. 7 Kinder im Sinne von § 2 Absatz 4 Satz 2 des Bundeskindergeldgesetzes[1] werden nicht berücksichtigt.

(2) Die Bundesregierung wird ermächtigt, durch Rechtsverordnung, die nicht der Zustimmung des Bundesrates bedarf, zu bestimmen, dass einem Berechtigten, der im Inland erwerbstätig ist oder sonst seine hauptsächlichen Einkünfte erzielt, für seine in Absatz 1 *Satz 3*[2] erster Halbsatz bezeichneten Kinder Kindergeld ganz oder teilweise zu leisten ist, soweit dies mit Rücksicht auf die durchschnittlichen Lebenshaltungskosten für Kinder in deren Wohnsitzstaat und auf die dort gewährten dem Kindergeld vergleichbaren Leistungen geboten ist.

§ 64 Zusammentreffen mehrerer Ansprüche. (1) Für jedes Kind wird nur einem Berechtigten Kindergeld gezahlt.

(2) 1 Bei mehreren Berechtigten wird das Kindergeld demjenigen gezahlt, der das Kind in seinen Haushalt aufgenommen hat. 2 Ist ein Kind in den gemeinsamen Haushalt von Eltern, einem Elternteil und dessen Ehegatten, Pflegeeltern oder Großeltern aufgenommen worden, so bestimmen diese untereinander den Berechtigten. 3 Wird eine Bestimmung nicht getroffen, so bestimmt das Familiengericht auf Antrag den Berechtigten. 4 Den Antrag kann stellen, wer ein berechtigtes Interesse an der Zahlung des Kindergeldes hat. 5 Lebt ein Kind im gemeinsamen Haushalt von Eltern und Großeltern, so wird das Kindergeld vorrangig einem Elternteil gezahlt; es wird an einen Großelternteil gezahlt, wenn der Elternteil gegenüber der zuständigen Stelle auf seinen Vorrang schriftlich verzichtet hat.

(3) 1 Ist das Kind nicht in den Haushalt eines Berechtigten aufgenommen, so erhält das Kindergeld derjenige, der dem Kind eine Unterhaltsrente zahlt. 2 Zahlen mehrere Berechtigte dem Kind Unterhaltsrenten, so erhält das Kindergeld derjenige, der dem Kind die höchste Unterhaltsrente zahlt. 3 Werden gleich hohe Unterhaltsrenten gezahlt oder zahlt keiner der Berechtigten dem Kind Unterhalt, so bestimmen die Berechtigten untereinander, wer das Kindergeld erhalten soll. 4 Wird eine Bestimmung nicht getroffen, so gilt Absatz 2 Satz 3 und 4 entsprechend.

§ 65 Andere Leistungen für Kinder. (1)[3] 1 Kindergeld wird nicht für ein Kind gezahlt, für das eine der folgenden Leistungen zu zahlen ist oder bei entsprechender Antragstellung zu zahlen wäre:

1. Kinderzulagen aus der gesetzlichen Unfallversicherung oder Kinderzuschüsse aus den gesetzlichen Rentenversicherungen,

---

[1] Nr. **60**.
[2] Müsste nunmehr lauten: „Satz 6".
[3] § 65 Abs. 1 Satz 3 geänd. durch G v. 26.6.2013 (BGBl. I S. 1809).

2. Leistungen für Kinder, die im Ausland gewährt werden und dem Kindergeld oder einer der unter Nummer 1 genannten Leistungen vergleichbar sind,
3. Leistungen für Kinder, die von einer zwischen- oder überstaatlichen Einrichtung gewährt werden und dem Kindergeld vergleichbar sind.

2 Soweit es für die Anwendung von Vorschriften dieses Gesetzes auf den Erhalt von Kindergeld ankommt, stehen die Leistungen nach Satz 1 dem Kindergeld gleich. 3 Steht ein Berechtigter in einem Versicherungspflichtverhältnis zur Bundesagentur für Arbeit nach § 24 des Dritten Buches Sozialgesetzbuch oder ist er versicherungsfrei nach § 28 Absatz 1 Nummer 1 des Dritten Buches Sozialgesetzbuch oder steht er im Inland in einem öffentlich-rechtlichen Dienst- oder Amtsverhältnis, so wird sein Anspruch auf Kindergeld für ein Kind nicht nach Satz 1 Nummer 3 mit Rücksicht darauf ausgeschlossen, dass sein Ehegatte als Beamter, Ruhestandsbeamter oder sonstiger Bediensteter der Europäischen Union für das Kind Anspruch auf Kinderzulage hat.

(2) Ist in den Fällen des Absatzes 1 Satz 1 Nummer 1 der Bruttobetrag der anderen Leistung niedriger als das Kindergeld nach § 66, wird Kindergeld in Höhe des Unterschiedsbetrags gezahlt, wenn er mindestens 5 Euro beträgt.

§ 66 Höhe des Kindergeldes, Zahlungszeitraum.

[Fassung bis 31.12.2020:] [1)]

(1) 1 Das Kindergeld beträgt monatlich für erste und zweite Kinder jeweils 204 Euro, für dritte Kinder 210 Euro und für das vierte und jedes weitere Kind jeweils 235 Euro. 2 Darüber hinaus wird für jedes Kind, für das für den Monat September 2020 ein Anspruch auf Kindergeld besteht, für den Monat September 2020 ein Einmalbetrag von 200 Euro und für den Monat Oktober 2020 ein Einmalbetrag von 100 Euro gezahlt. 3 Ein Anspruch in Höhe der Einmalbeträge von insgesamt 300 Euro für das Kalenderjahr 2020 besteht auch für ein Kind, für das nicht für den Monat September 2020, jedoch für mindestens einen anderen Kalendermonat im Kalenderjahr

[Fassung ab 1.1.2021:] [2)]

(1) 1 Das Kindergeld beträgt monatlich für das erste und zweite Kind jeweils 219 Euro, für das dritte Kind 225 Euro und für das vierte und jedes weitere Kind jeweils 250 Euro. 2 Darüber hinaus wird für jedes Kind, für das für den Monat Mai 2021 ein Anspruch auf Kindergeld besteht, für den Monat Mai 2021 ein Einmalbetrag in Höhe von 150 Euro gezahlt. 3 Ein Anspruch in Höhe des Einmalbetrags von 150 Euro für das Kalenderjahr 2021 besteht auch für ein Kind, für das nicht für den Monat Mai 2021, jedoch für mindestens einen anderen Kalendermonat im Kalenderjahr 2021 ein Anspruch auf Kindergeld besteht. 4 Der Einmalbetrag nach den Sätzen 2 und 3 wird als

---

1) § 66 Abs. 1 neu gef. mWv 1.7.2019 durch G v. 29.11.2018 (BGBl. I S. 2210); zur Anwendung siehe § 52 Abs. 49a Satz 12; Sätze 2 bis 4 angef. mWv 1.1.2020 durch G v. 29.6.2020 (BGBl. I S. 1512).

2) § 66 Abs. 1 neu gef. mWv 1.1.2021 durch G v. 1.12.2020 (BGBl. I S. 2616); zur Anwendung siehe § 52 Abs. 49a Satz 13; Sätze 2 bis 4 angef. durch G v. 10.3.2021 (BGBl. I S. 330).

[Fassung bis 31.12.2020:]

2020 ein Anspruch auf Kindergeld besteht. [4]Die Einmalbeträge nach den Sätzen 2 und 3 werden als Kindergeld im Rahmen der Vergleichsberechnung nach § 31 Satz 4 berücksichtigt.

[Fassung ab 1.1.2021:]

Kindergeld im Rahmen der Vergleichsberechnung nach § 31 Satz 4 berücksichtigt.

(2) Das Kindergeld wird monatlich vom Beginn des Monats an gezahlt, in dem die Anspruchsvoraussetzungen erfüllt sind, bis zum Ende des Monats, in dem die Anspruchsvoraussetzungen wegfallen.

(3)[1)] *(aufgehoben)*

§ 67[2)] Antrag. [1]Das Kindergeld ist bei der zuständigen Familienkasse schriftlich zu beantragen; eine elektronische Antragstellung nach amtlich vorgeschriebenem Datensatz über die amtlich vorgeschriebene Schnittstelle ist zulässig, soweit der Zugang eröffnet wurde. [2]Den Antrag kann außer dem Berechtigten auch stellen, wer ein berechtigtes Interesse an der Leistung des Kindergeldes hat. [3]In Fällen des Satzes 2 ist § 62 Absatz 1 Satz 2 bis 3 anzuwenden. [4]Der Berechtigte ist zu diesem Zweck verpflichtet, demjenigen, der ein berechtigtes Interesse an der Leistung des Kindergeldes hat, seine an ihn vergebene Identifikationsnummer (§ 139b der Abgabenordnung) mitzuteilen. [5]Kommt der Berechtigte dieser Verpflichtung nicht nach, teilt die zuständige Familienkasse demjenigen, der ein berechtigtes Interesse an der Leistung des Kindergeldes hat, auf seine Anfrage die Identifikationsnummer des Berechtigten mit.

§ 68[3)] Besondere Mitwirkungspflichten und Offenbarungsbefugnis. (1) [1]Wer Kindergeld beantragt oder erhält, hat Änderungen in den Verhältnissen, die für die Leistung erheblich sind oder über die im Zusammenhang mit der Leistung Erklärungen abgegeben worden sind, unverzüglich der zuständigen Familienkasse mitzuteilen. [2]Ein Kind, das das 18. Lebensjahr vollendet hat, ist auf Verlangen der Familienkasse verpflichtet, an der Aufklärung des für die Kindergeldzahlung maßgebenden Sachverhalts mitzuwirken; § 101 der Abgabenordnung findet insoweit keine Anwendung.

(2) (weggefallen)

(3) Auf Antrag des Berechtigten erteilt die das Kindergeld auszahlende Stelle eine Bescheinigung über das für das Kalenderjahr ausgezahlte Kindergeld.

[1)] § 66 Abs. 3 aufgeh. durch G v. 11.7.2019 (BGBl. I S. 1066); zur letztmaligen Anwendung siehe § 52 Abs. 49a Satz 10; siehe nunmehr § 70 Abs. 1 Sätze 2 und 3.

[2)] § 67 Sätze 3 bis 5 angef. durch G v. 2.12.2014 (BGBl. I S. 1922); zur Anwendung siehe § 52 Abs. 49a Sätze 3 und 4; Satz 1 2. HS angef. mWv 10.12.2020 durch G v. 3.12.2020 (BGBl. I S. 2668).

[3)] § 68 Abs. 4 neu gef. durch G v. 8.12.2016 (BGBl. I S. 2835); Überschr. geänd. und Abs. 5 bis 7 angef. mWv 18.7.2019 durch G v. 11.7.2019 (BGBl. I S. 1066).

(4)[1] [1]Die Familienkassen dürfen den Stellen, die die Bezüge im öffentlichen Dienst anweisen, den für die jeweilige Kindergeldzahlung maßgebenden Sachverhalt durch automatisierte Abrufverfahren bereitstellen oder Auskunft über diesen Sachverhalt erteilen. [2]Das Bundesministerium der Finanzen wird ermächtigt, durch Rechtsverordnung ohne Zustimmung des Bundesrates zur Durchführung von automatisierten Abrufen nach Satz 1 die Voraussetzungen, unter denen ein Datenabruf erfolgen darf, festzulegen.

(5) [1]Zur Erfüllung der in § 31a Absatz 2 der Abgabenordnung genannten Mitteilungspflichten dürfen die Familienkassen den Leistungsträgern, die für Leistungen der Arbeitsförderung nach § 19 Absatz 2, für Leistungen der Grundsicherung für Arbeitsuchende nach § 19a Absatz 2, für Kindergeld, Kinderzuschlag, Leistungen für Bildung und Teilhabe und Elterngeld nach § 25 Absatz 3 oder für Leistungen der Sozialhilfe nach § 28 Absatz 2 des Ersten Buches Sozialgesetzbuch zuständig sind, und den nach § 9 Absatz 1 Satz 2 des Unterhaltsvorschussgesetzes zuständigen Stellen den für die jeweilige Kindergeldzahlung maßgebenden Sachverhalt durch automatisierte Abrufverfahren bereitstellen. [2]Das Bundesministerium der Finanzen wird ermächtigt, durch Rechtsverordnung mit Zustimmung des Bundesrates zur Durchführung von automatisierten Abrufen nach Satz 1 die Voraussetzungen, unter denen ein Datenabruf erfolgen darf, festzulegen.

(6) [1]Zur Prüfung und Bemessung der in Artikel 3 Absatz 1 Buchstabe j in Verbindung mit Artikel 1 Buchstabe z der Verordnung (EG) Nr. 883/2004 des Europäischen Parlaments und des Rates vom 29. April 2004 zur Koordinierung der Systeme der sozialen Sicherheit (ABl. L 166 vom 30.4.2004, S. 1), die zuletzt durch die Verordnung (EU) 2017/492 (ABl. L 76 vom 22.3.2017, S. 13) geändert worden ist, genannten Familienleistungen dürfen die Familienkassen den zuständigen öffentlichen Stellen eines Mitgliedstaates der Europäischen Union den für die jeweilige Kindergeldzahlung maßgebenden Sachverhalt durch automatisierte Abrufverfahren bereitstellen. [2]Das Bundesministerium der

(Fortsetzung nächstes Blatt)

---

[1] § 68 Abs. 4 Satz 1 geänd. mWv 26.11.2019 durch G v. 20.11.2019 (BGBl. I S. 1626).

Finanzen wird ermächtigt, durch Rechtsverordnung ohne Zustimmung des Bundesrates zur Durchführung von automatisierten Abrufen nach Satz 1 die Voraussetzungen, unter denen ein Datenabruf erfolgen darf, festzulegen.

(7) [1]Die Datenstelle der Rentenversicherung darf den Familienkassen in einem automatisierten Abrufverfahren die zur Überprüfung des Anspruchs auf Kindergeld nach § 62 Absatz 1a und 2 erforderlichen Daten übermitteln; § 79 Absatz 2 bis 4 des Zehnten Buches Sozialgesetzbuch gilt entsprechend. [2]Die Träger der Leistungen nach dem Zweiten und Dritten Buch Sozialgesetzbuch dürfen den Familienkassen in einem automatisierten Abrufverfahren die zur Überprüfung des Anspruchs auf Kindergeld nach § 62 erforderlichen Daten übermitteln. [3]Das Bundesministerium für Arbeit und Soziales wird ermächtigt, durch Rechtsverordnung mit Zustimmung des Bundesrates die Voraussetzungen für das Abrufverfahren und Regelungen zu den Kosten des Verfahrens nach Satz 2 festzulegen.

§ 69[1)] Datenübermittlung an die Familienkassen. Erfährt das Bundeszentralamt für Steuern, dass ein Kind, für das Kindergeld gezahlt wird, ins Ausland verzogen ist oder von Amts wegen von der Meldebehörde abgemeldet wurde, hat es der zuständigen Familienkasse unverzüglich die in § 139b Absatz 3 Nummer 1, 3, 5, 8 und 14 der Abgabenordnung genannten Daten zum Zweck der Prüfung der Rechtmäßigkeit des Bezugs von Kindergeld zu übermitteln.

§ 70 Festsetzung und Zahlung des Kindergeldes. (1)[2)] [1]Das Kindergeld nach § 62 wird von den Familienkassen durch Bescheid festgesetzt und ausgezahlt. [2]Die Auszahlung von festgesetztem Kindergeld erfolgt rückwirkend nur für die letzten sechs Monate vor Beginn des Monats, in dem der Antrag auf Kindergeld eingegangen ist. [3]Der Anspruch auf Kindergeld nach § 62 bleibt von dieser Auszahlungsbeschränkung unberührt.

(2) [1]Soweit in den Verhältnissen, die für den Anspruch auf Kindergeld erheblich sind, Änderungen eintreten, ist die Festsetzung des Kindergeldes mit Wirkung vom Zeitpunkt der Änderung der Verhältnisse aufzuheben oder zu ändern. [2]Ist die Änderung einer Kindergeldfestsetzung nur wegen einer Anhebung der in § 66 Absatz 1 genannten Kindergeldbeträge erforderlich, kann von der Erteilung eines schriftlichen Änderungsbescheides abgesehen werden.

(3)[3)] [1]Materielle Fehler der letzten Festsetzung können durch Aufhebung oder Änderung der Festsetzung mit Wirkung ab dem auf die Bekanntgabe der Aufhebung oder Änderung der Festsetzung folgenden Monat beseitigt werden. [2]Bei der Aufhebung oder Änderung der Festsetzung nach Satz 1 ist § 176 der Abgabenordnung entsprechend anzuwenden; dies gilt nicht für Monate,

---

[1)] § 69 eingef. durch G v. 23.6.2017 (BGBl. I S. 1682); zur Anwendung siehe § 52 Abs. 49a Satz 11.

[2)] § 70 Abs. 1 Sätze 2 und 3 angef. durch G v. 11.7.2019 (BGBl. I S. 1066); zur Anwendung siehe § 52 Abs. 50 Satz 1.

[3)] § 70 Abs. 3 Satz 1 geänd., Satz 2 aufgeh., bish. Satz 3 wird Satz 2 und 1. HS geänd. mWv 1.1.2015 durch G v. 22.12.2014 (BGBl. I S. 2417).

die nach der Verkündung der maßgeblichen Entscheidung eines obersten Bundesgerichts beginnen.

(4)[1] *(aufgehoben)*

§ 71[2] Vorläufige Einstellung der Zahlung des Kindergeldes. (1) Die Familienkasse kann die Zahlung des Kindergeldes ohne Erteilung eines Bescheides vorläufig einstellen, wenn

1. sie Kenntnis von Tatsachen erhält, die kraft Gesetzes zum Ruhen oder zum Wegfall des Anspruchs führen, und
2. die Festsetzung, aus der sich der Anspruch ergibt, deshalb mit Wirkung für die Vergangenheit aufzuheben ist.

(2) [1] Soweit die Kenntnis der Familienkasse nicht auf Angaben des Berechtigten beruht, der das Kindergeld erhält, sind dem Berechtigten unverzüglich die vorläufige Einstellung der Zahlung des Kindergeldes sowie die dafür maßgeblichen Gründe mitzuteilen. [2] Ihm ist Gelegenheit zu geben, sich zu äußern.

(3) Die Familienkasse hat die vorläufig eingestellte Zahlung des Kindergeldes unverzüglich nachzuholen, soweit die Festsetzung, aus der sich der Anspruch ergibt, zwei Monate nach der vorläufigen Einstellung der Zahlung nicht mit Wirkung für die Vergangenheit aufgehoben oder geändert wird.

§ 72 Festsetzung und Zahlung des Kindergeldes an Angehörige des öffentlichen Dienstes. (1)[3] [1] Steht Personen, die

1. in einem öffentlich-rechtlichen Dienst-, Amts- oder Ausbildungsverhältnis stehen, mit Ausnahme der Ehrenbeamten,
2. Versorgungsbezüge nach beamten- oder soldatenrechtlichen Vorschriften oder Grundsätzen erhalten oder
3. Arbeitnehmer einer Körperschaft, einer Anstalt oder einer Stiftung des öffentlichen Rechts sind, einschließlich der zu ihrer Berufsausbildung Beschäftigten,

Kindergeld nach Maßgabe dieses Gesetzes zu, wird es von den Körperschaften, Anstalten oder Stiftungen des öffentlichen Rechts als Familienkassen festgesetzt und ausgezahlt. [2] Das Bundeszentralamt für Steuern erteilt den Familienkassen ein Merkmal zu ihrer Identifizierung (Familienkassenschlüssel). [3] Satz 1 ist nicht anzuwenden, wenn die Körperschaften, Anstalten oder Stiftungen des öffentlichen Rechts gegenüber dem Bundeszentralamt für Steuern auf ihre Zuständigkeit zur Festsetzung und Auszahlung des Kindergeldes schriftlich oder elektronisch verzichtet haben und dieser Verzicht vom Bundeszentralamt für Steuern schriftlich oder elektronisch bestätigt worden ist. [4] Die Bestätigung des Bundeszentralamts für Steuern darf erst erfolgen, wenn die haushalterischen Voraussetzungen für die Übernahme der Festsetzung und

---

[1] § 70 Abs. 4 aufgeh. durch G v. 1.11.2011 (BGBl. I S. 2131); zur Anwendung siehe § 52 Abs. 50 Satz 2.

[2] § 71 eingef. mWv 18.7.2019 durch G v. 11.7.2019 (BGBl. I S. 1066).

[3] § 72 Abs. 1 neu gef. durch G v. 8.12.2016 (BGBl. I S. 2835); Satz 7 angef. mWv 1.1.2019 durch G v. 11.12.2018 (BGBl. I S. 2338).

Auszahlung des Kindergeldes durch die Bundesagentur für Arbeit vorliegen. [5]Das Bundeszentralamt für Steuern veröffentlicht die Namen und die Anschriften der Körperschaften, Anstalten oder Stiftungen des öffentlichen Rechts, die nach Satz 3 auf die Zuständigkeit verzichtet haben, sowie den jeweiligen Zeitpunkt, zu dem der Verzicht wirksam geworden ist, im Bundessteuerblatt. [6]Hat eine Körperschaft, Anstalt oder Stiftung des öffentlichen Rechts die Festsetzung des Kindergeldes auf eine Bundes- oder Landesfamilienkasse im Sinne des § 5 Absatz 1 Nummer 11 Satz 6 bis 9 des Finanzverwaltungsgesetzes übertragen, kann ein Verzicht nach Satz 3 nur durch die Bundes- oder Landesfamilienkasse im Einvernehmen mit der auftraggebenden Körperschaft, Anstalt oder Stiftung wirksam erklärt werden. [7]Satz 1 ist nicht anzuwenden, wenn die Körperschaften, Anstalten oder Stiftungen des öffentlichen Rechts nach dem 31. Dezember 2018 errichtet wurden; das Bundeszentralamt für Steuern kann auf Antrag eine Ausnahmegenehmigung erteilen, wenn das Kindergeld durch eine Landesfamilienkasse im Sinne des § 5 Absatz 1 Nummer 11 Satz 8 bis 10 des Finanzverwaltungsgesetzes festgesetzt und ausgezahlt wird und kein Verzicht nach Satz 3 vorliegt.

(2)[1)] *Der Deutschen Post AG, der Deutschen Postbank AG und der Deutschen Telekom AG obliegt die Durchführung dieses Gesetzes für ihre jeweiligen Beamten und Versorgungsempfänger in Anwendung des Absatzes 1.*

(3)[2)] Absatz 1 gilt nicht für Personen, die ihre Bezüge oder [***ab 1.1.2022:*** ihr] Arbeitsentgelt

1. von einem Dienstherrn oder Arbeitgeber im Bereich der Religionsgesellschaften des öffentlichen Rechts, [***bis 31.12.2021:*** *oder*]
2. von einem Spitzenverband der Freien Wohlfahrtspflege, einem diesem unmittelbar oder mittelbar angeschlossenen Mitgliedsverband oder einer einem solchen Verband angeschlossenen Einrichtung oder Anstalt [***ab 1.1.2022:*** oder]

[***ab 1.1.2022:***

3. von einem Dienstherrn oder Arbeitgeber im Bereich des Bundes mit Ausnahme der Nachrichtendienste des Bundes, des Bundesverwaltungsamtes sowie derjenigen Behörden, Körperschaften, Anstalten und Stiftungen des öffentlichen Rechts, die die Festsetzung und Auszahlung des Kindergeldes auf das Bundesverwaltungsamt übertragen haben,]

erhalten.

(4)[3)] *Die Absätze 1 und 2 gelten* [***ab 1.1.2022:*** Absatz 1 gilt] nicht für Personen, die voraussichtlich nicht länger als sechs Monate in den Kreis der in Absatz 1 Satz 1 Nummer 1 bis 3 [***bis 31.12.2021:*** *und Absatz 2*] Bezeichneten eintreten.

(5) Obliegt mehreren Rechtsträgern die Zahlung von Bezügen oder Arbeitsentgelt (Absatz 1 Satz 1) gegenüber einem Berechtigten, so ist für die Durchführung dieses Gesetzes zuständig:

---

1) § 72 Abs. 2 aufgeh. mWv 1.1.2022 durch G v. 8.12.2016 (BGBl. I S. 2835).
2) § 72 Abs. 3 geänd., Nr. 3 angef. mWv 1.1.2022 durch G v. 8.12.2016 (BGBl. I S. 2835).
3) § 72 Abs. 4 geänd. mWv 1.1.2022 durch G v. 8.12.2016 (BGBl. I S. 2835).

1. bei Zusammentreffen von Versorgungsbezügen mit anderen Bezügen oder Arbeitsentgelt der Rechtsträger, dem die Zahlung der anderen Bezüge oder des Arbeitsentgelts obliegt;
2. bei Zusammentreffen mehrerer Versorgungsbezüge der Rechtsträger, dem die Zahlung der neuen Versorgungsbezüge im Sinne der beamtenrechtlichen Ruhensvorschriften obliegt;
3. bei Zusammentreffen von Arbeitsentgelt (Absatz 1 Satz 1 Nummer 3) mit Bezügen aus einem der in Absatz 1 Satz 1 Nummer 1 bezeichneten Rechtsverhältnisse der Rechtsträger, dem die Zahlung dieser Bezüge obliegt;
4. bei Zusammentreffen mehrerer Arbeitsentgelte (Absatz 1 Satz 1 Nummer 3) der Rechtsträger, dem die Zahlung des höheren Arbeitsentgelts obliegt oder – falls die Arbeitsentgelte gleich hoch sind – der Rechtsträger, zu dem das zuerst begründete Arbeitsverhältnis besteht.

(6) 1 Scheidet ein Berechtigter im Laufe eines Monats aus dem Kreis der in Absatz 1 Satz 1 Nummer 1 bis 3 Bezeichneten aus oder tritt er im Laufe eines Monats in diesen Kreis ein, so wird das Kindergeld für diesen Monat von der Stelle gezahlt, die bis zum Ausscheiden oder Eintritt des Berechtigten zuständig war. 2 Dies gilt nicht, soweit die Zahlung von Kindergeld für ein Kind in Betracht kommt, das erst nach dem Ausscheiden oder Eintritt bei dem Berechtigten nach § 63 zu berücksichtigen ist. 3 Ist in einem Fall des Satzes 1 das Kindergeld bereits für einen folgenden Monat gezahlt worden, so muss der für diesen Monat Berechtigte die Zahlung gegen sich gelten lassen.

(7)[1] 1 In den Abrechnungen der Bezüge und des Arbeitsentgelts ist das Kindergeld gesondert auszuweisen, wenn es zusammen mit den Bezügen oder dem Arbeitsentgelt ausgezahlt wird. 2 Der Rechtsträger hat die Summe des von ihm für alle Berechtigten ausgezahlten Kindergeldes dem Betrag, den er insgesamt an Lohnsteuer einzubehalten hat, zu entnehmen und unter Angabe des in Absatz 1 genannten Familienkassenschlüssels bei der nächsten Lohnsteuer-Anmeldung gesondert abzusetzen. 3 Übersteigt das insgesamt ausgezahlte Kindergeld den Betrag, der insgesamt an Lohnsteuer abzuführen ist, so wird der übersteigende Betrag dem Rechtsträger auf Antrag von dem Finanzamt, an das die Lohnsteuer abzuführen ist, aus den Einnahmen der Lohnsteuer ersetzt.

(8)[2] 1 Abweichend von Absatz 1 Satz 1 werden Kindergeldansprüche auf Grund über- oder zwischenstaatlicher Rechtsvorschriften durch die Familienkassen der Bundesagentur für Arbeit festgesetzt und ausgezahlt. 2 Dies gilt auch für Fälle, in denen Kindergeldansprüche sowohl nach Maßgabe dieses Gesetzes als auch auf Grund über- oder zwischenstaatlicher Rechtsvorschriften bestehen. [***ab 1.1.2022:*** 3 Die Sätze 1 und 2 sind auf Kindergeldansprüche von Angehörigen der Nachrichtendienste des Bundes nicht anzuwenden.]

§ 73. (weggefallen)

§ 74 Zahlung des Kindergeldes in Sonderfällen. (1) 1 Das für ein Kind festgesetzte Kindergeld nach § 66 Absatz 1 kann an das Kind ausgezahlt wer-

---

[1] § 72 Abs. 7 Satz 2 geänd. mWv 1.1.2019 durch G v. 8.12.2016 (BGBl. I S. 2835).
[2] § 72 Abs. 8 Satz 3 angef. mWv 1.1.2022 durch G v. 8.12.2016 (BGBl. I S. 2835).

den, wenn der Kindergeldberechtigte ihm gegenüber seiner gesetzlichen Unterhaltspflicht nicht nachkommt. [2]Kindergeld kann an Kinder, die bei der Festsetzung des Kindergeldes berücksichtigt werden, bis zur Höhe des Betrags, der sich bei entsprechender Anwendung des § 76 ergibt, ausgezahlt werden. [3]Dies gilt auch, wenn der Kindergeldberechtigte mangels Leistungsfähigkeit nicht unterhaltspflichtig ist oder nur Unterhalt in Höhe eines Betrags zu leisten braucht, der geringer ist als das für die Auszahlung in Betracht kommende Kindergeld. [4]Die Auszahlung kann auch an die Person oder Stelle erfolgen, die dem Kind Unterhalt gewährt.

(2) Für Erstattungsansprüche der Träger von Sozialleistungen gegen die Familienkasse gelten die §§ 102 bis 109 und 111 bis 113 des Zehnten Buches Sozialgesetzbuch entsprechend.

§ 75 Aufrechnung. (1)[1)] Mit Ansprüchen auf Erstattung von Kindergeld kann die Familienkasse gegen Ansprüche auf Kindergeld bis zu deren Hälfte aufrechnen, wenn der Leistungsberechtigte nicht nachweist, dass er dadurch hilfebedürftig im Sinne der Vorschriften des Zwölften Buches Sozialgesetzbuch über die Hilfe zum Lebensunterhalt oder im Sinne der Vorschriften des Zweiten Buches Sozialgesetzbuch über die Leistungen zur Sicherung des Lebensunterhalts wird.

(2) Absatz 1 gilt für die Aufrechnung eines Anspruchs auf Erstattung von Kindergeld gegen einen späteren Kindergeldanspruch eines mit dem Erstattungspflichtigen in Haushaltsgemeinschaft lebenden Berechtigten entsprechend, soweit es sich um laufendes Kindergeld für ein Kind handelt, das bei beiden berücksichtigt werden kann oder konnte.

§ 76 Pfändung. [1]Der Anspruch auf Kindergeld kann nur wegen gesetzlicher Unterhaltsansprüche eines Kindes, das bei der Festsetzung des Kindergeldes berücksichtigt wird, gepfändet werden. [2]Für die Höhe des pfändbaren Betrags gilt:

1. [1]Gehört das unterhaltsberechtigte Kind zum Kreis der Kinder, für die dem Leistungsberechtigten Kindergeld gezahlt wird, so ist eine Pfändung bis zu dem Betrag möglich, der bei gleichmäßiger Verteilung des Kindergeldes auf jedes dieser Kinder entfällt. [2]Ist das Kindergeld durch die Berücksichtigung eines weiteren Kindes erhöht, für das einer dritten Person Kindergeld oder dieser oder dem Leistungsberechtigten eine andere Geldleistung für Kinder zusteht, so bleibt der Erhöhungsbetrag bei der Bestimmung des pfändbaren Betrags des Kindergeldes nach Satz 1 außer Betracht;
2. der Erhöhungsbetrag nach Nummer 1 Satz 2 ist zugunsten jedes bei der Festsetzung des Kindergeldes berücksichtigten unterhaltsberechtigten Kindes zu dem Anteil pfändbar, der sich bei gleichmäßiger Verteilung auf alle Kinder, die bei der Festsetzung des Kindergeldes zugunsten des Leistungsberechtigten berücksichtigt werden, ergibt.

§ 76a.[2)] *(aufgehoben)*

[1)] § 75 Abs. 1 geänd. mWv 1.1.2015 durch G v. 22.12.2014 (BGBl. I S. 2417).

[2)] § 76a aufgeh. mWv 1.1.2012 durch Art. 7 Abs. 4 des G v. 7.7.2009 (BGBl. I S. 1707).

§ 77 Erstattung von Kosten im Vorverfahren. (1) [1]Soweit der Einspruch gegen die Kindergeldfestsetzung erfolgreich ist, hat die Familienkasse demjenigen, der den Einspruch erhoben hat, die zur zweckentsprechenden Rechtsverfolgung oder Rechtsverteidigung notwendigen Aufwendungen zu erstatten. [2]Dies gilt auch, wenn der Einspruch nur deshalb keinen Erfolg hat, weil die Verletzung einer Verfahrens- oder Formvorschrift nach § 126 der Abgabenordnung unbeachtlich ist. [3]Aufwendungen, die durch das Verschulden eines Erstattungsberechtigten entstanden sind, hat dieser selbst zu tragen; das Verschulden eines Vertreters ist dem Vertretenen zuzurechnen.

(2) Die Gebühren und Auslagen eines Bevollmächtigten oder Beistandes, der nach den Vorschriften des Steuerberatungsgesetzes zur geschäftsmäßigen Hilfeleistung in Steuersachen befugt ist, sind erstattungsfähig, wenn dessen Zuziehung notwendig war.

(3) [1]Die Familienkasse setzt auf Antrag den Betrag der zu erstattenden Aufwendungen fest. [2]Die Kostenentscheidung bestimmt auch, ob die Zuziehung eines Bevollmächtigten oder Beistandes im Sinne des Absatzes 2 notwendig war.

§ 78 Übergangsregelungen. (1) bis (4) (weggefallen)

(5) [1]Abweichend von § 64 Absatz 2 und 3 steht Berechtigten, die für Dezember 1990 für ihre Kinder Kindergeld in dem in Artikel 3 des Einigungsvertrages genannten Gebiet bezogen haben, das Kindergeld für diese Kinder auch für die folgende Zeit zu, solange sie ihren Wohnsitz oder gewöhnlichen Aufenthalt in diesem Gebiet beibehalten und die Kinder die Voraussetzungen ihrer Berücksichtigung weiterhin erfüllen. [2]§ 64 Absatz 2 und 3 ist insoweit erst für die Zeit vom Beginn des Monats an anzuwenden, in dem ein hierauf gerichteter Antrag bei der zuständigen Stelle eingegangen ist; der hiernach Berechtigte muss die nach Satz 1 geleisteten Zahlungen gegen sich gelten lassen.

XI. Altersvorsorgezulage

§ 79[1)] Zulageberechtigte. [1]Die in § 10a Absatz 1 genannten Personen haben Anspruch auf eine Altersvorsorgezulage (Zulage). [2]Ist nur ein Ehegatte nach Satz 1 begünstigt, so ist auch der andere Ehegatte zulageberechtigt, wenn

1. beide Ehegatten nicht dauernd getrennt leben (§ 26 Absatz 1),
2. beide Ehegatten ihren Wohnsitz oder gewöhnlichen Aufenthalt in einem Mitgliedstaat der Europäischen Union oder einem Staat haben, auf den das Abkommen über den Europäischen Wirtschaftsraum anwendbar ist,
3. ein auf den Namen des anderen Ehegatten lautender Altersvorsorgevertrag besteht,
4. der andere Ehegatte zugunsten des Altersvorsorgevertrags nach Nummer 3 im jeweiligen Beitragsjahr mindestens 60 Euro geleistet hat und
5. die Auszahlungsphase des Altersvorsorgevertrags nach Nummer 3 noch nicht begonnen hat.

[1)] § 79 Satz 2 neu gef. mWv VZ 2013 durch G v. 24.6.2013 (BGBl. I S. 1667); Satz 3 angef. mWv VZ 2014 durch G v. 25.7.2014 (BGBl. I S. 1266).

[3] Satz 1 gilt entsprechend für die in § 10a Absatz 6 Satz 1 und 2 genannten Personen, sofern sie unbeschränkt steuerpflichtig sind oder für das Beitragsjahr nach § 1 Absatz 3 als unbeschränkt steuerpflichtig behandelt werden.

§ 80 Anbieter. Anbieter im Sinne dieses Gesetzes sind Anbieter von Altersvorsorgeverträgen gemäß § 1 Absatz 2 des Altersvorsorgeverträge-Zertifizierungsgesetzes[1)] sowie die in § 82 Absatz 2 genannten Versorgungseinrichtungen.

§ 81 Zentrale Stelle. Zentrale Stelle im Sinne dieses Gesetzes ist die Deutsche Rentenversicherung Bund.

§ 81a Zuständige Stelle. [1] Zuständige Stelle ist bei einem

1. Empfänger von Besoldung nach dem Bundesbesoldungsgesetz oder einem Landesbesoldungsgesetz die die Besoldung anordnende Stelle,
2. Empfänger von Amtsbezügen im Sinne des § 10a Absatz 1 Satz 1 Nummer 2 die die Amtsbezüge anordnende Stelle,
3. versicherungsfrei Beschäftigten sowie bei einem von der Versicherungspflicht befreiten Beschäftigten im Sinne des § 10a Absatz 1 Satz 1 Nummer 3 der die Versorgung gewährleistende Arbeitgeber der rentenversicherungsfreien Beschäftigung,
4. Beamten, Richter, Berufssoldaten und Soldaten auf Zeit im Sinne des § 10a Absatz 1 Satz 1 Nummer 4 der zur Zahlung des Arbeitsentgelts verpflichtete Arbeitgeber und
5. Empfänger einer Versorgung im Sinne des § 10a Absatz 1 Satz 4 die die Versorgung anordnende Stelle.

[2] Für die in § 10a Absatz 1 Satz 1 Nummer 5 genannten Steuerpflichtigen gilt Satz 1 entsprechend.

§ 82 Altersvorsorgebeiträge. (1)[2)] [1] Geförderte Altersvorsorgebeiträge sind im Rahmen des in § 10a Absatz 1 Satz 1 genannten Höchstbetrags

1. Beiträge,
2. Tilgungsleistungen,

die der Zulageberechtigte (§ 79) bis zum Beginn der Auszahlungsphase zugunsten eines auf seinen Namen lautenden Vertrags leistet, der nach § 5 des Altersvorsorgeverträge-Zertifizierungsgesetzes[1)] zertifiziert ist (Altersvorsorgevertrag). [2] Die Zertifizierung ist Grundlagenbescheid im Sinne des § 171 Absatz 10 der Abgabenordnung. [3] Als Tilgungsleistungen gelten auch Beiträge, die vom Zulageberechtigten zugunsten eines auf seinen Namen lautenden Altersvorsorgevertrags im Sinne des § 1 Absatz 1a Satz 1 Nummer 3 des Altersvorsorgeverträge-Zertifizierungsgesetzes erbracht wurden und die zur Tilgung

---

[1)] **Aichberger** Sozialgesetzbuch Nr. **6/80**.

[2)] § 82 Abs. 1 Sätze 1 und 3 geänd. mWv 1.1.2010 durch G v. 8.12.2010 (BGBl. I S. 1768); Satz 1 geänd. mWv VZ 2013, Sätze 6 und 7 angef. mWv VZ 2014 durch G v. 24.6.2013 (BGBl. I S. 1667); Satz 8 angef. mWv VZ 2014 durch G v. 25.7.2014 (BGBl. I S. 1266).

eines im Rahmen des Altersvorsorgevertrags abgeschlossenen Darlehens abgetreten wurden. [4]Im Fall der Übertragung von gefördertem Altersvorsorgevermögen nach § 1 Absatz 1 Satz 1 Nummer 10 Buchstabe b des Altersvorsorgeverträge-Zertifizierungsgesetzes[1)] in einen Altersvorsorgevertrag im Sinne des § 1 Absatz 1a Satz 1 Nummer 3 des Altersvorsorgeverträge-Zertifizierungsgesetzes[1)] gelten die Beiträge nach Satz 1 Nummer 1 ab dem Zeitpunkt der Übertragung als Tilgungsleistungen nach Satz 3; eine erneute Förderung nach § 10a oder Abschnitt XI erfolgt insoweit nicht. [5]Tilgungsleistungen nach den Sätzen 1 und 3 werden nur berücksichtigt, wenn das zugrunde liegende Darlehen für eine nach dem 31. Dezember 2007 vorgenommene wohnungswirtschaftliche Verwendung im Sinne des § 92a Absatz 1 Satz 1 eingesetzt wurde. [6]Bei einer Aufgabe der Selbstnutzung nach § 92a Absatz 3 Satz 1 gelten im Beitragsjahr der Aufgabe der Selbstnutzung auch die nach der Aufgabe der Selbstnutzung geleisteten Beiträge oder Tilgungsleistungen als Altersvorsorgebeiträge nach Satz 1. [7]Bei einer Reinvestition nach § 92a Absatz 3 Satz 9 Nummer 1 gelten im Beitragsjahr der Reinvestition auch die davor geleisteten Beiträge oder Tilgungsleistungen als Altersvorsorgebeiträge nach Satz 1. [8]Bei einem beruflich bedingten Umzug nach § 92a Absatz 4 gelten

1. im Beitragsjahr des Wegzugs auch die nach dem Wegzug und
2. im Beitragsjahr des Wiedereinzugs auch die vor dem Wiedereinzug

geleisteten Beiträge und Tilgungsleistungen als Altersvorsorgebeiträge nach Satz 1.

(2) [1]Zu den Altersvorsorgebeiträgen gehören auch

a) die aus dem individuell versteuerten Arbeitslohn des Arbeitnehmers geleisteten Beiträge an einen Pensionsfonds, eine Pensionskasse oder eine Direktversicherung zum Aufbau einer kapitalgedeckten betrieblichen Altersversorgung und

b)[2)] Beiträge des Arbeitnehmers und des ausgeschiedenen Arbeitnehmers, die dieser im Fall der zunächst durch Entgeltumwandlung (§ 1a des Betriebsrentengesetzes) finanzierten und nach § 3 Nummer 63 oder § 10a und diesem Abschnitt geförderten kapitalgedeckten betrieblichen Altersversorgung nach Maßgabe des § 1a Absatz 4, des § 1b Absatz 5 Satz 1 Nummer 2 und des § 22 Absatz 3 Nummer 1 Buchstabe a des Betriebsrentengesetzes selbst erbringt.

[2]Satz 1 gilt nur, wenn

1. a) vereinbart ist, dass die zugesagten Altersversorgungsleistungen als monatliche Leistungen in Form einer lebenslangen Leibrente oder als Ratenzahlungen im Rahmen eines Auszahlungsplans mit einer anschließenden Teilkapitalverrentung ab spätestens dem 85. Lebensjahr ausgezahlt werden und die Leistungen während der gesamten Auszahlungsphase gleich bleiben oder steigen; dabei können bis zu zwölf Monatsleistungen in ei-

---

1) **Aichberger** Sozialgesetzbuch Nr. **6/80**.

2) § 82 Abs. 2 Satz 1 Buchst. b Verweis geänd. mWv 1.1.2018 durch G v. 11.12.2018 (BGBl. I S. 2338); Satz 1 Satzteil nach Buchst. b aufgeh., Satz 2 eingef., bish. Satz 2 wird Satz 3 mWv 15.12.2018 durch G v. 11.12.2018 (BGBl. I S. 2338).

ner Auszahlung zusammengefasst und bis zu 30 Prozent des zu Beginn der Auszahlungsphase zur Verfügung stehenden Kapitals außerhalb der monatlichen Leistungen ausgezahlt werden, und

b) ein vereinbartes Kapitalwahlrecht nicht oder nicht außerhalb des letzten Jahres vor dem vertraglich vorgesehenen Beginn der Altersversorgungsleistung ausgeübt wurde, oder

2. bei einer reinen Beitragszusage nach § 1 Absatz 2 Nummer 2a des Betriebsrentengesetzes der Pensionsfonds, die Pensionskasse oder die Direktversicherung eine lebenslange Zahlung als Altersversorgungsleistung zu erbringen hat.

[3]Die §§ 3 und 4 des Betriebsrentengesetzes stehen dem vorbehaltlich des § 93 nicht entgegen.

(3) Zu den Altersvorsorgebeiträgen gehören auch die Beitragsanteile, die zur Absicherung der verminderten Erwerbsfähigkeit des Zulageberechtigten und zur Hinterbliebenenversorgung verwendet werden, wenn in der Leistungsphase die Auszahlung in Form einer Rente erfolgt.

(4) Nicht zu den Altersvorsorgebeiträgen zählen

1.[1)] Aufwendungen, die vermögenswirksame Leistungen nach dem Fünften Vermögensbildungsgesetz in der jeweils geltenden Fassung darstellen,

2. prämienbegünstigte Aufwendungen nach dem Wohnungsbau-Prämiengesetz in der Fassung der Bekanntmachung vom 30. Oktober 1997 (BGBl. I S. 2678), zuletzt geändert durch Artikel 5 des Gesetzes vom 29. Juli 2008 (BGBl. I S. 1509), in der jeweils geltenden Fassung,

3. Aufwendungen, die im Rahmen des § 10 als Sonderausgaben geltend gemacht werden,

4. Zahlungen nach § 92a Absatz 2 Satz 4 Nummer 1 und Absatz 3 Satz 9 Nummer 2 oder

5.[2)] Übertragungen im Sinne des § 3 Nummer 55 bis 55c.

(5)[3)] [1]Der Zulageberechtigte kann für ein abgelaufenes Beitragsjahr bis zum Beitragsjahr 2011 Altersvorsorgebeiträge auf einen auf seinen Namen lautenden Altersvorsorgevertrag leisten, wenn

1. der Anbieter des Altersvorsorgevertrags davon Kenntnis erhält, in welcher Höhe und für welches Beitragsjahr die Altersvorsorgebeiträge berücksichtigt werden sollen,

2. in dem Beitragsjahr, für das die Altersvorsorgebeiträge berücksichtigt werden sollen, ein Altersvorsorgevertrag bestanden hat,

3. im fristgerechten Antrag auf Zulage für dieses Beitragsjahr eine Zulageberechtigung nach § 79 Satz 2 angegeben wurde, aber tatsächlich eine Zulageberechtigung nach § 79 Satz 1 vorliegt,

---

1) § 82 Abs. 4 Nr. 1 geänd. durch G v. 8.12.2010 (BGBl. I S. 1768).

2) § 82 Abs. 4 Nr. 5 angef. durch G v. 7.12.2011 (BGBl. I S. 2592).

3) § 82 Abs. 5 angef. mWv VZ 2014 durch G v. 25.7.2014 (BGBl. I S. 1266).

4. die Zahlung der Altersvorsorgebeiträge für abgelaufene Beitragsjahre bis zum Ablauf von zwei Jahren nach Erteilung der Bescheinigung nach § 92, mit der zuletzt Ermittlungsergebnisse für dieses Beitragsjahr bescheinigt wurden, längstens jedoch bis zum Beginn der Auszahlungsphase des Altersvorsorgevertrages erfolgt und
5. der Zulageberechtigte vom Anbieter in hervorgehobener Weise darüber informiert wurde oder dem Anbieter seine Kenntnis darüber versichert, dass die Leistungen aus diesen Altersvorsorgebeiträgen der vollen nachgelagerten Besteuerung nach § 22 Nummer 5 Satz 1 unterliegen.

[2] Wurden die Altersvorsorgebeiträge dem Altersvorsorgevertrag gutgeschrieben und sind die Voraussetzungen nach Satz 1 erfüllt, so hat der Anbieter der zentralen Stelle (§ 81) die entsprechenden Daten nach § 89 Absatz 2 Satz 1 für das zurückliegende Beitragsjahr nach einem mit der zentralen Stelle abgestimmten Verfahren mitzuteilen. [3] Die Beträge nach Satz 1 gelten für die Ermittlung der zu zahlenden Altersvorsorgezulage nach § 83 als Altersvorsorgebeiträge für das Beitragsjahr, für das sie gezahlt wurden. [4] Für die Anwendung des § 10a Absatz 1 Satz 1 sowie bei der Ermittlung der dem Steuerpflichtigen zustehenden Zulage im Rahmen des § 2 Absatz 6 und des § 10a sind die nach Satz 1 gezahlten Altersvorsorgebeiträge weder für das Beitragsjahr nach Satz 1 Nummer 2 noch für das Beitragsjahr der Zahlung zu berücksichtigen.

§ 83 Altersvorsorgezulage. In Abhängigkeit von den geleisteten Altersvorsorgebeiträgen wird eine Zulage gezahlt, die sich aus einer Grundzulage (§ 84) und einer Kinderzulage (§ 85) zusammensetzt.

§ 84[1] Grundzulage. [1] Jeder Zulageberechtigte erhält eine Grundzulage; diese beträgt ab dem Beitragsjahr 2018 jährlich 175 Euro. [2] Für Zulageberechtigte nach § 79 Satz 1, die zu Beginn des Beitragsjahres (§ 88) das 25. Lebensjahr noch nicht vollendet haben, erhöht sich die Grundzulage nach Satz 1 um einmalig 200 Euro. [3] Die Erhöhung nach Satz 2 ist für das erste nach dem 31. Dezember 2007 beginnende Beitragsjahr zu gewähren, für das eine Altersvorsorgezulage beantragt wird.

§ 85 Kinderzulage. (1)[2] [1] Die Kinderzulage beträgt für jedes Kind, für das gegenüber dem Zulageberechtigten Kindergeld festgesetzt wird, jährlich 185 Euro. [2] Für ein nach dem 31. Dezember 2007 geborenes Kind erhöht sich die Kinderzulage nach Satz 1 auf 300 Euro. [3] Der Anspruch auf Kinderzulage entfällt für den Veranlagungszeitraum, für den das Kindergeld insgesamt zurückgefordert wird. [4] Erhalten mehrere Zulageberechtigte für dasselbe Kind Kindergeld, steht die Kinderzulage demjenigen zu, dem gegenüber für den ersten Anspruchszeitraum (§ 66 Absatz 2) im Kalenderjahr Kindergeld festgesetzt worden ist.

---

[1] § 84 Satz 1 geänd. mWv 1.1.2018 durch G v. 17.8.2017 (BGBl. I S. 3214).
[2] § 85 Abs. 1 Sätze 1 und 4 geänd. mWv 1.1.2018 durch G v. 17.8.2017 (BGBl. I S. 3214).

(2)[1] [1]Bei Eltern verschiedenen Geschlechts, die miteinander verheiratet sind, nicht dauernd getrennt leben (§ 26 Absatz 1) und ihren Wohnsitz oder gewöhnlichen Aufenthalt in einem Mitgliedstaat der Europäischen Union oder einem Staat haben, auf den das Abkommen über den Europäischen Wirtschaftsraum (EWR-Abkommen) anwendbar ist, wird die Kinderzulage der Mutter zugeordnet, auf Antrag beider Eltern dem Vater. [2]Bei Eltern gleichen Geschlechts, die miteinander verheiratet sind oder eine Lebenspartnerschaft führen, nicht dauernd getrennt leben (§ 26 Absatz 1) und ihren Wohnsitz oder gewöhnlichen Aufenthalt in einem Mitgliedstaat der Europäischen Union oder einem Staat haben, auf den das EWR-Abkommen anwendbar ist, ist die Kinderzulage dem Elternteil zuzuordnen, dem gegenüber das Kindergeld festgesetzt wird, auf Antrag beider Eltern dem anderen Elternteil. [3]Der Antrag kann für ein abgelaufenes Beitragsjahr nicht zurückgenommen werden.

§ 86[2] **Mindesteigenbeitrag.** (1) [1]Die Zulage nach den §§ 84 und 85 wird gekürzt, wenn der Zulageberechtigte nicht den Mindesteigenbeitrag leistet. [2]Dieser beträgt jährlich 4 Prozent der Summe der in dem dem Kalenderjahr vorangegangenen Kalenderjahr

1. erzielten beitragspflichtigen Einnahmen im Sinne des Sechsten Buches Sozialgesetzbuch,
2. bezogenen Besoldung und Amtsbezüge,
3. in den Fällen des § 10a Absatz 1 Satz 1 Nummer 3 und Nummer 4 erzielten Einnahmen, die beitragspflichtig wären, wenn die Versicherungsfreiheit in der gesetzlichen Rentenversicherung nicht bestehen würde und
4. bezogenen Rente wegen voller Erwerbsminderung oder Erwerbsunfähigkeit oder bezogenen Versorgungsbezüge wegen Dienstunfähigkeit in den Fällen des § 10a Absatz 1 Satz 4,

jedoch nicht mehr als der in § 10a Absatz 1 Satz 1 genannte Höchstbetrag,[3] vermindert um die Zulage nach den §§ 84 und 85; gehört der Ehegatte zum Personenkreis nach § 79 Satz 2, berechnet sich der Mindesteigenbeitrag des nach § 79 Satz 1 Begünstigten unter Berücksichtigung der den Ehegatten insgesamt zustehenden Zulagen. [3]Auslandsbezogene Bestandteile nach den §§ 52ff. des Bundesbesoldungsgesetzes oder entsprechender Regelungen eines Landesbesoldungsgesetzes bleiben unberücksichtigt. [4]Als Sockelbetrag sind ab dem Jahr 2005 jährlich 60 Euro zu leisten. [5]Ist der Sockelbetrag höher als der Mindesteigenbeitrag nach Satz 2, so ist der Sockelbetrag als Mindesteigenbeitrag zu leisten. [6]Die Kürzung der Zulage ermittelt sich nach dem Verhältnis der Altersvorsorgebeiträge zum Mindesteigenbeitrag.

---

[1] § 85 Abs. 2 Satz 1 geänd. mWv VZ 2010 durch G v. 8.4.2010 (BGBl. I S. 386); Satz 2 eingef., bish. Satz 2 wird Satz 3 mWv 24.7.2014 durch G v. 18.7.2014 (BGBl. I S. 1042); Satz 2 geänd. mWv 1.1.2018 durch G v. 17.8.2017 (BGBl. I S. 3214); Sätze 1 und 2 geänd. mWv 15.12.2018 durch G v. 11.12.2018 (BGBl. I S. 2338).

[2] Zur Anwendung siehe Abs. 5.

[3] § 86 Abs. 1 Satz 2 geänd. mWv VZ 2013 durch G v. 24.6.2013 (BGBl. I S. 1667).

(2)[1] [1]Ein nach § 79 Satz 2 begünstigter Ehegatte hat Anspruch auf eine ungekürzte Zulage, wenn der zum begünstigten Personenkreis nach § 79 Satz 1 gehörende Ehegatte seinen geförderten Mindesteigenbeitrag unter Berücksichtigung der den Ehegatten insgesamt zustehenden Zulagen erbracht hat. [2]Werden bei einer in der gesetzlichen Rentenversicherung pflichtversicherten Person beitragspflichtige Einnahmen zu Grunde gelegt, die höher sind als das tatsächlich erzielte Entgelt oder die Entgeltersatzleistung, ist das tatsächlich erzielte Entgelt oder der Zahlbetrag der Entgeltersatzleistung für die Berechnung des Mindesteigenbeitrags zu berücksichtigen. [3]Für die nicht erwerbsmäßig ausgeübte Pflegetätigkeit einer nach § 3 Satz 1 Nummer 1a des Sechsten Buches Sozialgesetzbuch rentenversicherungspflichtigen Person ist für die Berechnung des Mindesteigenbeitrags ein tatsächlich erzieltes Entgelt von 0 Euro zu berücksichtigen.

(3) [1]Für Versicherungspflichtige nach dem Gesetz über die Alterssicherung der Landwirte ist Absatz 1 mit der Maßgabe anzuwenden, dass auch die Einkünfte aus Land- und Forstwirtschaft im Sinne des § 13 des zweiten dem Beitragsjahr vorangegangenen Veranlagungszeitraums als beitragspflichtige Einnahmen des vorangegangenen Kalenderjahres gelten. [2]Negative Einkünfte im Sinne des Satzes 1 bleiben unberücksichtigt, wenn weitere nach Absatz 1 oder Absatz 2 zu berücksichtigende Einnahmen erzielt werden.

(4) Wird nach Ablauf des Beitragsjahres festgestellt, dass die Voraussetzungen für die Gewährung einer Kinderzulage nicht vorgelegen haben, ändert sich dadurch die Berechnung des Mindesteigenbeitrags für dieses Beitragsjahr nicht.

(5)[2] Bei den in § 10a Absatz 6 Satz 1 und 2 genannten Personen ist der Summe nach Absatz 1 Satz 2 die Summe folgender Einnahmen und Leistungen aus dem dem Kalenderjahr vorangegangenen Kalenderjahr hinzuzurechnen:

1. die erzielten Einnahmen aus der Tätigkeit, die die Zugehörigkeit zum Personenkreis des § 10a Absatz 6 Satz 1 begründet, und
2. die bezogenen Leistungen im Sinne des § 10a Absatz 6 Satz 2 Nummer 1.

§ 87 Zusammentreffen mehrerer Verträge. (1) [1]Zahlt der nach § 79 Satz 1 Zulageberechtigte Altersvorsorgebeiträge zugunsten mehrerer Verträge, so wird die Zulage nur für zwei dieser Verträge gewährt. [2]Der insgesamt nach § 86 zu leistende Mindesteigenbeitrag muss zugunsten dieser Verträge geleistet worden sein. [3]Die Zulage ist entsprechend dem Verhältnis der auf diese Verträge geleisteten Beiträge zu verteilen.

(2) [1]Der nach § 79 Satz 2 Zulageberechtigte kann die Zulage für das jeweilige Beitragsjahr nicht auf mehrere Altersvorsorgeverträge verteilen. [2]Es ist nur der Altersvorsorgevertrag begünstigt, für den zuerst die Zulage beantragt wird.

---

[1] § 86 Abs. 2 Satz 2 geänd. mWv 1.1.2011 durch G v. 8.12.2010 (BGBl. I S. 1786); Satz 4 angef. mWv VZ 2013 durch G v. 24.6.2013 (BGBl. I S. 1667); Satz 3 aufgeh., bish. Satz 4 wird Satz 3 mWv VZ 2014 durch G v. 25.7.2014 (BGBl. I S. 1266).

[2] § 86 Abs. 5 angef. mWv VZ 2014 durch G v. 25.7.2014 (BGBl. I S. 1266).

§ 88 Entstehung des Anspruchs auf Zulage. Der Anspruch auf die Zulage entsteht mit Ablauf des Kalenderjahres, in dem die Altersvorsorgebeiträge geleistet worden sind (Beitragsjahr).

§ 89 Antrag. (1) [1]Der Zulageberechtigte hat den Antrag auf Zulage nach amtlich vorgeschriebenem Vordruck bis zum Ablauf des zweiten Kalenderjahres, das auf das Beitragsjahr (§ 88) folgt, bei dem Anbieter seines Vertrages einzureichen. [2]Hat der Zulageberechtigte im Beitragsjahr Altersvorsorgebeiträge für mehrere Verträge gezahlt, so hat er mit dem Zulageantrag zu bestimmen, auf welche Verträge die Zulage überwiesen werden soll. [3]Beantragt der Zulageberechtigte die Zulage für mehr als zwei Verträge, so wird die Zulage nur für die zwei Verträge mit den höchsten Altersvorsorgebeiträgen gewährt. [4]Sofern eine Zulagenummer (§ 90 Absatz 1 Satz 2) durch die zentrale Stelle (§ 81) oder eine Versicherungsnummer nach § 147 des Sechsten Buches Sozialgesetzbuch für den nach § 79 Satz 2 berechtigten Ehegatten noch nicht vergeben ist, hat dieser über seinen Anbieter eine Zulagenummer bei der zentralen Stelle zu beantragen. [5]Der Antragsteller ist verpflichtet, dem Anbieter unverzüglich eine Änderung der Verhältnisse mitzuteilen, die zu einer Minderung oder zum Wegfall des Zulageanspruchs führt.

(1a)[1)] [1]Der Zulageberechtigte kann den Anbieter seines Vertrages schriftlich bevollmächtigen, für ihn abweichend von Absatz 1 die Zulage für jedes Beitragsjahr zu beantragen. [2]Absatz 1 Satz 5 gilt mit Ausnahme der Mitteilung geänderter beitragspflichtiger Einnahmen im Sinne des Sechsten Buches Sozialgesetzbuch entsprechend. [3]Ein Widerruf der Vollmacht ist bis zum Ablauf des Beitragsjahres, für das der Anbieter keinen Antrag auf Zulage stellen soll, gegenüber dem Anbieter zu erklären.

(2)[2)] [1]Der Anbieter ist verpflichtet,

a) die Vertragsdaten,
b) die Identifikationsnummer, die Versicherungsnummer nach § 147 des Sechsten Buches Sozialgesetzbuch, die Zulagenummer des Zulageberechtigten und dessen Ehegatten oder einen Antrag auf Vergabe einer Zulagenummer eines nach § 79 Satz 2 berechtigten Ehegatten,
c) die vom Zulageberechtigten mitgeteilten Angaben zur Ermittlung des Mindesteigenbeitrags (§ 86),
d) die [***ab 1.1.2020:*** Identifikationsnummer des Kindes sowie die weiteren] für die Gewährung der Kinderzulage erforderlichen Daten,
e) die Höhe der geleisteten Altersvorsorgebeiträge und
f) das Vorliegen einer nach Absatz 1a erteilten Vollmacht

als die für die Ermittlung und Überprüfung des Zulageanspruchs und Durchführung des Zulageverfahrens erforderlichen Daten zu erfassen. [2]Er hat die Daten der bei ihm im Laufe eines Kalendervierteljahres eingegangenen Anträge bis zum Ende des folgenden Monats nach amtlich vorgeschriebenem Da-

---

[1)] § 89 Abs. 1a Satz 2 geänd. mWv VZ 2019 durch G v. 12.12.2019 (BGBl. I S. 2451).

[2)] § 89 Abs. 2 Satz 1 Buchst. b ergänzt durch G v. 18.7.2016 (BGBl. I S. 1679); zur Anwendung siehe § 52 Abs. 51; Satz 1 Buchst. d geänd. mWv 1.1.2020 (§ 52 Abs. 51 Satz 2), Satz 4 angef. mWv VZ 2019 durch G v. 11.12.2018 (BGBl. I S. 2338).

tensatz durch amtlich bestimmte Datenfernübertragung an die zentrale Stelle zu übermitteln. 3 Dies gilt auch im Fall des Absatzes 1 Satz 5. 4 § 22a Absatz 2 gilt entsprechend.

(3) 1 Ist der Anbieter nach Absatz 1a Satz 1 bevollmächtigt worden, hat er der zentralen Stelle die nach Absatz 2 Satz 1 erforderlichen Angaben für jedes Kalenderjahr bis zum Ablauf des auf das Beitragsjahr folgenden Kalenderjahres zu übermitteln. 2 Liegt die Bevollmächtigung erst nach dem im Satz 1 genannten Meldetermin vor, hat der Anbieter die Angaben bis zum Ende des folgenden Kalendervierteljahres nach der Bevollmächtigung, spätestens jedoch bis zum Ablauf der in Absatz 1 Satz 1 genannten Antragsfrist, zu übermitteln. 3 Absatz 2 Satz 2 und 3 gilt sinngemäß.

§ 90 Verfahren. (1) 1 Die zentrale Stelle ermittelt auf Grund der von ihr erhobenen oder der ihr übermittelten Daten, ob und in welcher Höhe ein Zulageanspruch besteht. 2 Soweit der zuständige Träger der Rentenversicherung keine Versicherungsnummer vergeben hat, vergibt die zentrale Stelle zur Erfüllung der ihr nach diesem Abschnitt zugewiesenen Aufgaben eine Zulagenummer. 3 Die zentrale Stelle teilt im Fall eines Antrags nach § 10a Absatz 1a der zuständigen Stelle, im Fall eines Antrags nach § 89 Absatz 1 Satz 4 dem Anbieter die Zulagenummer mit; von dort wird sie an den Antragsteller weitergeleitet.

(2) 1 Die zentrale Stelle veranlasst die Auszahlung an den Anbieter zugunsten der Zulageberechtigten durch die zuständige Kasse. 2 Ein gesonderter Zulagenbescheid ergeht vorbehaltlich des Absatzes 4 nicht. 3 Der Anbieter hat die erhaltenen Zulagen unverzüglich den begünstigten Verträgen gutzuschreiben. 4 Zulagen, die nach Beginn der Auszahlungsphase für das Altersvorsorgevermögen von der zentralen Stelle an den Anbieter überwiesen werden, können vom Anbieter an den Anleger ausgezahlt werden. 5 Besteht kein Zulageanspruch, so teilt die zentrale Stelle dies dem Anbieter durch Datensatz mit. 6 Die zentrale Stelle teilt dem Anbieter die Altersvorsorgebeiträge im Sinne des § 82, auf die § 10a oder dieser Abschnitt angewendet wurde, durch Datensatz mit.

(3)[1] 1 Erkennt die zentrale Stelle bis zum Ende des zweiten auf die Ermittlung der Zulage folgenden Jahres nachträglich, dass der Zulageanspruch ganz oder teilweise nicht besteht oder weggefallen ist, so hat sie zu Unrecht gutgeschriebene oder ausgezahlte Zulagen bis zum Ablauf eines Jahres nach der Erkenntnis zurückzufordern und dies dem Anbieter durch Datensatz mitzuteilen. 2 Bei bestehendem Vertragsverhältnis hat der Anbieter das Konto zu belasten. 3 Die ihm im Kalendervierteljahr mitgeteilten Rückforderungsbeträge hat er bis zum zehnten Tag des dem Kalendervierteljahr folgenden Monats in einem Betrag bei der zentralen Stelle anzumelden und an diese abzuführen. 4 Die Anmeldung nach Satz 3 ist nach amtlich vorgeschriebenem Vordruck abzugeben. 5 Sie gilt als Steueranmeldung im Sinne der Abgabenordnung.

(3a)[2] 1 Erfolgt nach der Durchführung einer versorgungsrechtlichen Teilung eine Rückforderung von zu Unrecht gezahlten Zulagen, setzt die zentrale Stelle den Rückforderungsbetrag nach Absatz 3 unter Anrechnung bereits

[1] § 90 Abs. 3 Satz 1 geänd. mWv VZ 2019 durch G v. 17.8.2017 (BGBl. I S. 3214).
[2] § 90 Abs. 3a eingef. mWv VZ 2018 durch G v. 17.8.2017 (BGBl. I S. 3214).

vom Anbieter einbehaltener und abgeführter Beträge gegenüber dem Zulageberechtigten fest, soweit

1. das Guthaben auf dem Vertrag des Zulageberechtigten zur Zahlung des Rückforderungsbetrags nach § 90 Absatz 3 Satz 1 nicht ausreicht und
2. im Rückforderungsbetrag ein Zulagebetrag enthalten ist, der in der Ehe- oder Lebenspartnerschaftszeit ausgezahlt wurde.

2 Erfolgt nach einer Inanspruchnahme eines Altersvorsorge-Eigenheimbetrags im Sinne des § 92a Absatz 1 oder während einer Darlehenstilgung bei Altersvorsorgeverträgen nach § 1 Absatz 1a des Altersvorsorgeverträge-Zertifizierungsgesetzes eine Rückforderung zu Unrecht gezahlter Zulagen, setzt die zentrale Stelle den Rückforderungsbetrag nach Absatz 3 unter Anrechnung bereits vom Anbieter einbehaltener und abgeführter Beträge gegenüber dem Zulageberechtigten fest, soweit das Guthaben auf dem Altersvorsorgevertrag des Zulageberechtigten zur Zahlung des Rückforderungsbetrags nicht ausreicht. 3 Der Anbieter hat in diesen Fällen der zentralen Stelle die nach Absatz 3 einbehaltenen und abgeführten Beträge nach amtlich vorgeschriebenem Datensatz durch amtlich bestimmte Datenfernübertragung mitzuteilen.

(4)[1] 1 Eine Festsetzung der Zulage erfolgt nur auf besonderen Antrag des Zulageberechtigten. 2 Der Antrag ist schriftlich innerhalb eines Jahres vom Antragsteller an den Anbieter zu richten; die Frist beginnt mit der Erteilung der Bescheinigung nach § 92, die die Ermittlungsergebnisse für das Beitragsjahr enthält, für das eine Festsetzung der Zulage erfolgen soll. 3 Der Anbieter leitet den Antrag der zentralen Stelle zur Festsetzung zu. 4 Er hat dem Antrag eine Stellungnahme und die zur Festsetzung erforderlichen Unterlagen beizufügen. 5 Die zentrale Stelle teilt die Festsetzung auch dem Anbieter mit. 6 Im Übrigen gilt Absatz 3 entsprechend.

(5)[2] 1 Im Rahmen des Festsetzungsverfahrens kann der Zulageberechtigte bis zum rechtskräftigen Abschluss des Festsetzungsverfahrens eine nicht fristgerecht abgegebene Einwilligung nach § 10a Absatz 1 Satz 1 Halbsatz 2 gegenüber der zuständigen Stelle nachholen. 2 Über die Nachholung hat er die zentrale Stelle unter Angabe des Datums der Erteilung der Einwilligung unmittelbar zu informieren. 3 Hat der Zulageberechtigte im Rahmen des Festsetzungsverfahrens eine wirksame Einwilligung gegenüber der zuständigen Stelle erteilt, wird er so gestellt, als hätte er die Einwilligung innerhalb der Frist nach § 10a Absatz 1 Satz 1 Halbsatz 2 wirksam gestellt.

§ 91 Datenerhebung und Datenabgleich. (1)[3] 1 Für die Berechnung und Überprüfung der Zulage sowie die Überprüfung des Vorliegens der Voraussetzungen des Sonderausgabenabzugs nach § 10a übermitteln die Träger der gesetzlichen Rentenversicherung, die landwirtschaftliche Alterskasse, die Bundesagentur für Arbeit, die Meldebehörden, die Familienkassen und die Finanzämter der zentralen Stelle auf Anforderung unter Angabe der Identifikationsnummer

---

[1] § 90 Abs. 4 Satz 2 neu gef. mWv VZ 2013 durch G v. 24.6.2013 (BGBl. I S. 1667).

[2] § 90 Abs. 5 angef. mWv VZ 2019 durch G v. 17.8.2017 (BGBl. I S. 3214).

[3] § 91 Abs. 1 Satz 1 HS 1 und 2 geänd. mWv VZ 2013 durch G v. 12.4.2012 (BGBl. I S. 579); HS 1 geänd. und HS 3 angef. mWv VZ 2019 durch G v. 12.12.2019 (BGBl. I S. 2451).

(§ 139b der Abgabenordnung[1]) des Steuerpflichtigen die bei ihnen vorhandenen Daten nach § 89 Absatz 2 durch Datenfernübertragung; für Zwecke der Berechnung des Mindesteigenbeitrags für ein Beitragsjahr darf die zentrale Stelle bei den Trägern der gesetzlichen Rentenversicherung und der landwirtschaftlichen Alterskasse die bei ihnen vorhandenen Daten zu den beitragspflichtigen Einnahmen sowie in den Fällen des § 10a Absatz 1 Satz 4 zur Höhe der bezogenen Rente wegen voller Erwerbsminderung oder Erwerbsunfähigkeit erheben, sofern diese nicht vom Anbieter nach § 89 übermittelt worden sind; im Datenabgleich mit den Familienkassen sind auch die Identifikationsnummern des Kindergeldberechtigten und des Kindes anzugeben. 2 Für Zwecke der Überprüfung nach Satz 1 darf die zentrale Stelle die ihr übermittelten Daten mit den ihr nach § 89 Absatz 2 übermittelten Daten automatisiert abgleichen. 3 Führt die Überprüfung zu einer Änderung der ermittelten oder festgesetzten Zulage, ist dies dem Anbieter mitzuteilen. 4 Ergibt die Überprüfung eine Abweichung von dem in der Steuerfestsetzung berücksichtigten Sonderausgabenabzug nach § 10a oder der gesonderten Feststellung nach § 10a Absatz 4, ist dies dem Finanzamt mitzuteilen; die Steuerfestsetzung oder die gesonderte Feststellung ist insoweit zu ändern.

(2) 1 Die zuständige Stelle hat der zentralen Stelle die Daten nach § 10a Absatz 1 Satz 1 zweiter Halbsatz bis zum 31. März des dem Beitragsjahr folgenden Kalenderjahres durch Datenfernübertragung zu übermitteln. 2 Liegt die Einwilligung nach § 10a Absatz 1 Satz 1 zweiter Halbsatz erst nach dem im Satz 1 genannten Meldetermin vor, hat die zuständige Stelle die Daten spätestens bis zum Ende des folgenden Kalendervierteljahres nach Erteilung der Einwilligung nach Maßgabe von Satz 1 zu übermitteln.

§ 92[2] Bescheinigung. 1 Der Anbieter hat dem Zulageberechtigten jährlich bis zum Ablauf des auf das Beitragsjahr folgenden Jahres eine Bescheinigung nach amtlich vorgeschriebenem Muster zu erteilen über

1. die Höhe der im abgelaufenen Beitragsjahr geleisteten Altersvorsorgebeiträge (Beiträge und Tilgungsleistungen),
2. die im abgelaufenen Beitragsjahr getroffenen, aufgehobenen oder geänderten Ermittlungsergebnisse (§ 90),
3. die Summe der bis zum Ende des abgelaufenen Beitragsjahres dem Vertrag gutgeschriebenen Zulagen,
4. die Summe der bis zum Ende des abgelaufenen Beitragsjahres geleisteten Altersvorsorgebeiträge (Beiträge und Tilgungsleistungen),
5. den Stand des Altersvorsorgevermögens,
6.[3] den Stand des Wohnförderkontos (§ 92a Absatz 2 Satz 1), sofern er diesen von der zentralen Stelle mitgeteilt bekommen hat, und

---

[1] Nr. **800**.

[2] § 92 Satz 1 geänd. mWv VZ 2013 durch G v. 24.6.2013 (BGBl. I S. 1667); Sätze 2 und 3 ersetzt durch Sätze 2 bis 4 mWv VZ 2014 durch G v. 24.6.2013 (BGBl. I S. 1667); Satz 1 einl. Satzteil geänd. mWv VZ 2018 durch G v. 17.8.2017 (BGBl. I S. 3214).

[3] § 92 Satz 1 Nr. 6 geänd. mWv VZ 2013 durch G v. 24.6.2013 (BGBl. I S. 1667).

7.[1] die Bestätigung der durch den Anbieter erfolgten Datenübermittlung an die zentrale Stelle im Fall des § 10a Absatz 5 Satz 1.

2 Einer jährlichen Bescheinigung bedarf es nicht, wenn zu Satz 1 Nummer 1, 2, 6 und 7 keine Angaben erforderlich sind und sich zu Satz 1 Nummer 3 bis 5 keine Änderungen gegenüber der zuletzt erteilten Bescheinigung ergeben. 3 Liegen die Voraussetzungen des Satzes 2 nur hinsichtlich der Angabe nach Satz 1 Nummer 6 nicht vor und wurde die Geschäftsbeziehung im Hinblick auf den jeweiligen Altersvorsorgevertrag zwischen Zulageberechtigtem und Anbieter beendet, weil

1. das angesparte Kapital vollständig aus dem Altersvorsorgevertrag entnommen wurde oder
2. das gewährte Darlehen vollständig getilgt wurde,

bedarf es keiner jährlichen Bescheinigung, wenn der Anbieter dem Zulageberechtigten in einer Bescheinigung im Sinne dieser Vorschrift Folgendes mitteilt: „Das Wohnförderkonto erhöht sich bis zum Beginn der Auszahlungsphase jährlich um 2 Prozent,[2] solange Sie keine Zahlungen zur Minderung des Wohnförderkontos leisten.“ 4 Der Anbieter kann dem Zulageberechtigten mit dessen Einverständnis die Bescheinigung auch elektronisch bereitstellen.

§ 92a Verwendung für eine selbst genutzte Wohnung. (1)[3] 1 Der Zulageberechtigte kann das in einem Altersvorsorgevertrag gebildete und nach § 10a oder nach diesem Abschnitt geförderte Kapital in vollem Umfang oder, wenn das verbleibende geförderte Restkapital mindestens 3000 Euro beträgt, teilweise wie folgt verwenden (Altersvorsorge-Eigenheimbetrag):

1. bis zum Beginn der Auszahlungsphase unmittelbar für die Anschaffung oder Herstellung einer Wohnung oder zur Tilgung eines zu diesem Zweck aufgenommenen Darlehens, wenn das dafür entnommene Kapital mindestens 3000 Euro beträgt, oder
2. bis zum Beginn der Auszahlungsphase unmittelbar für den Erwerb von Pflicht-Geschäftsanteilen an einer eingetragenen Genossenschaft für die Selbstnutzung einer Genossenschaftswohnung oder zur Tilgung eines zu diesem Zweck aufgenommenen Darlehens, wenn das dafür entnommene Kapital mindestens 3000 Euro beträgt, oder
3.[4] bis zum Beginn der Auszahlungsphase unmittelbar für die Finanzierung eines Umbaus einer Wohnung, wenn
   a) das dafür entnommene Kapital
      aa) mindestens 6000 Euro beträgt und für einen innerhalb eines Zeitraums von drei Jahren nach der Anschaffung oder Herstellung der Wohnung vorgenommenen Umbau verwendet wird oder
      bb) mindestens 20 000 Euro beträgt,

---

[1] § 92 Satz 1 Nr. 7 Verweis berichtigt durch G v. 8.12.2010 (BGBl. I S. 1768).
[2] Prozentsatz geänd. mWv VZ 2014 durch G v. 25.7.2014 (BGBl. I S. 1266).
[3] § 92a Abs. 1 Satz 1 Nr. 3 geänd. mWv VZ 2010 durch G v. 8.12.2010 (BGBl. I S. 1768).
[4] § 92a Abs. 1 Satz 1 Nr. 3 Satzteil vor Buchst. a geänd. mWv VZ 2014 durch G v. 25.7.2014 (BGBl. I S. 1266).

b) das dafür entnommene Kapital zu mindestens 50 Prozent auf Maßnahmen entfällt, die die Vorgaben der DIN 18040 Teil 2, Ausgabe September 2011, soweit baustrukturell möglich, erfüllen, und der verbleibende Teil der Kosten der Reduzierung von Barrieren in oder an der Wohnung dient; die zweckgerechte Verwendung ist durch einen Sachverständigen zu bestätigen; und

c) der Zulageberechtigte oder ein Mitnutzer der Wohnung für die Umbaukosten weder eine Förderung durch Zuschüsse noch eine Steuerermäßigung nach § 35a in Anspruch nimmt oder nehmen wird noch die Berücksichtigung als außergewöhnliche Belastung nach § 33 beantragt hat oder beantragen wird und dies schriftlich bestätigt. [2]Diese Bestätigung ist bei der Antragstellung nach § 92b Absatz 1 Satz 1 gegenüber der zentralen Stelle abzugeben. [3]Bei der Inanspruchnahme eines Darlehens im Rahmen eines Altersvorsorgevertrags nach § 1 Absatz 1a des Altersvorsorgeverträge-Zertifizierungsgesetzes hat der Zulageberechtigte die Bestätigung gegenüber seinem Anbieter abzugeben.

[2]Die DIN 18040 ist im Beuth-Verlag GmbH, Berlin und Köln, erschienen und beim Deutschen Patent- und Markenamt in München archivmäßig gesichert niedergelegt. [3]Die technischen Mindestanforderungen für die Reduzierung von Barrieren in oder an der Wohnung nach Satz 1 Nummer 3 Buchstabe b werden durch das Bundesministerium des Innern, für Bau und Heimat[1)] im Einvernehmen mit dem Bundesministerium der Finanzen festgelegt und im Bundesbaublatt veröffentlicht. [4]Sachverständige im Sinne dieser Vorschrift sind nach Landesrecht Bauvorlageberechtigte sowie nach § 91 Absatz 1 Nummer 8 der Handwerksordnung öffentlich bestellte und vereidigte Sachverständige, die für ein Sachgebiet bestellt sind, das die Barrierefreiheit und Barrierereduzierung in Wohngebäuden umfasst, und die eine besondere Sachkunde oder ergänzende Fortbildung auf diesem Gebiet nachweisen. [5]Eine nach Satz 1 begünstigte Wohnung ist

1. eine Wohnung in einem eigenen Haus oder
2. eine eigene Eigentumswohnung oder
3. eine Genossenschaftswohnung einer eingetragenen Genossenschaft,

wenn diese Wohnung in einem Mitgliedstaat der Europäischen Union oder in einem Staat, auf den das Abkommen über den Europäischen Wirtschaftsraum (EWR-Abkommen) anwendbar ist, belegen ist und die Hauptwohnung oder den Mittelpunkt der Lebensinteressen des Zulageberechtigten darstellt; dies gilt auch für eine im Vereinigten Königreich Großbritannien und Nordirland belegene Wohnung, die vor dem Zeitpunkt, ab dem das Vereinigte Königreich Großbritannien und Nordirland nicht mehr Mitgliedstaat der Europäischen Union ist und auch nicht wie ein solcher zu behandeln ist, bereits begünstigt war, soweit für diese Wohnung bereits vor diesem Zeitpunkt eine Verwendung nach Satz 1 erfolgt ist und keine erneute beantragt wird.[2)] [6]Einer Wohnung im

---

[1)] Bezeichnung geänd. durch VO v. 19.6.2020 (BGBl. I S. 1328).

[2)] § 92a Abs. 1 Satz 5 HS 2 angef. mWv 29.3.2019 durch Brexit-StBG v. 25.3.2019 (BGBl. I S. 357).

Sinne des Satzes 5 steht ein eigentumsähnliches oder lebenslanges Dauerwohnrecht nach § 33 des Wohnungseigentumsgesetzes gleich, soweit Vereinbarungen nach § 39 des Wohnungseigentumsgesetzes getroffen werden. [7]Bei der Ermittlung des Restkapitals nach Satz 1 ist auf den Stand des geförderten Altersvorsorgevermögens zum Ablauf des Tages abzustellen, an dem die zentrale Stelle den Bescheid nach § 92b ausgestellt hat. [8]Der Altersvorsorge-Eigenheimbetrag gilt nicht als Leistung aus einem Altersvorsorgevertrag, die dem Zulageberechtigten im Zeitpunkt der Auszahlung zufließt.

(2)[1)] [1]Der Altersvorsorge-Eigenheimbetrag, die Tilgungsleistungen im Sinne des § 82 Absatz 1 Satz 1 Nummer 2 und die hierfür gewährten Zulagen sind durch die zentrale Stelle in Bezug auf den zugrunde liegenden Altersvorsorgevertrag gesondert zu erfassen (Wohnförderkonto); die zentrale Stelle teilt für jeden Altersvorsorgevertrag, für den sie ein Wohnförderkonto (Altersvorsorgevertrag mit Wohnförderkonto) führt, dem Anbieter jährlich den Stand des Wohnförderkontos nach amtlich vorgeschriebenem Datensatz durch Datenfernübertragung mit. [2]Beiträge, die nach § 82 Absatz 1 Satz 3 wie Tilgungsleistungen behandelt wurden, sind im Zeitpunkt der unmittelbaren Darlehenstilgung einschließlich der zur Tilgung eingesetzten Zulagen und Erträge in das Wohnförderkonto aufzunehmen; zur Tilgung eingesetzte ungeförderte Beiträge einschließlich der darauf entfallenden Erträge fließen dem Zulageberechtigten in diesem Zeitpunkt zu. [3]Nach Ablauf eines Beitragsjahres, letztmals für das Beitragsjahr des Beginns der Auszahlungsphase, ist der sich aus dem Wohnförderkonto ergebende Gesamtbetrag um 2 Prozent zu erhöhen. [4]Das Wohnförderkonto ist zu vermindern um

1. Zahlungen des Zulageberechtigten auf einen auf seinen Namen lautenden zertifizierten Altersvorsorgevertrag nach § 1 Absatz 1 des Altersvorsorgeverträge-Zertifizierungsgesetzes bis zum Beginn der Auszahlungsphase zur Minderung der in das Wohnförderkonto eingestellten Beträge; der Anbieter, bei dem die Einzahlung erfolgt, hat die Einzahlung der zentralen Stelle nach amtlich vorgeschriebenen Datensatz durch Datenfernübertragung mitzuteilen; erfolgt die Einzahlung nicht auf den Altersvorsorgevertrag mit Wohnförderkonto, hat der Zulageberechtigte dem Anbieter, bei dem die Einzahlung erfolgt, die Vertragsdaten des Altersvorsorgevertrags mit Wohnförderkonto mitzuteilen; diese hat der Anbieter der zentralen Stelle zusätzlich mitzuteilen;
2. den Verminderungsbetrag nach Satz 5.

[5]Verminderungsbetrag ist der sich mit Ablauf der Kalenderjahres des Beginns der Auszahlungsphase ergebende Stand des Wohnförderkontos dividiert durch die Anzahl der Jahre bis zur Vollendung des 85. Lebensjahres des Zulageberechtigten; als Beginn der Auszahlungsphase gilt der vom Zulageberechtigten und Anbieter vereinbarte Zeitpunkt, der zwischen der Vollendung des 60. Lebensjahres und des 68. Lebensjahres des Zulageberechtigten liegen muss; ist ein Auszahlungszeitpunkt nicht vereinbart, so gilt die Vollendung des

---

1) § 92a Abs. 2 Satz 5 HS 4 angef., Satz 7 geänd. mWv 1.1.2018 durch G v. 17.8.2017 (BGBl. I S. 3214); Satz 5 HS 4 geänd. mWv 1.1.2018 durch G v. 11.12.2018 (BGBl. I S. 2338).

67. Lebensjahres als Beginn der Auszahlungsphase; die Verschiebung des Beginns der Auszahlungsphase über das 68. Lebensjahr des Zulageberechtigten hinaus ist unschädlich, sofern es sich um eine Verschiebung im Zusammenhang mit der Abfindung einer Kleinbetragsrente auf Grund des § 1 Absatz 1 Satz 1 Nummer 4 Buchstabe a des Altersvorsorgeverträge-Zertifizierungsgesetzes[1] handelt. [6]Anstelle einer Verminderung nach Satz 5 kann der Zulageberechtigte jederzeit in der Auszahlungsphase von der zentralen Stelle die Auflösung des Wohnförderkontos verlangen (Auflösungsbetrag). [7]Der Anbieter hat im Zeitpunkt der unmittelbaren Darlehenstilgung die Beträge nach Satz 2 erster Halbsatz und der Anbieter eines Altersvorsorgevertrags mit Wohnförderkonto hat zu Beginn der Auszahlungsphase den Zeitpunkt des Beginns der Auszahlungsphase der zentralen Stelle nach amtlich vorgeschriebenem Datensatz durch Datenfernübertragung spätestens bis zum Ablauf des zweiten Monats, der auf den Monat der unmittelbaren Darlehenstilgung oder des Beginns der Auszahlungsphase folgt, mitzuteilen. [8]Wird gefördertes Altersvorsorgevermögen nach § 93 Absatz 2 Satz 1 von einem Anbieter auf einen anderen auf den Namen des Zulageberechtigten lautenden Altersvorsorgevertrag vollständig übertragen und hat die zentrale Stelle für den bisherigen Altersvorsorgevertrag ein Wohnförderkonto geführt, so schließt sie das Wohnförderkonto des bisherigen Vertrags und führt es zu dem neuen Altersvorsorgevertrag fort. [9]Erfolgt eine Zahlung nach Satz 4 Nummer 1 oder nach Absatz 3 Satz 9 Nummer 2 auf einen anderen Altersvorsorgevertrag als auf den Altersvorsorgevertrag mit Wohnförderkonto, schließt die zentrale Stelle das Wohnförderkonto des bisherigen Vertrags und führt es ab dem Zeitpunkt der Einzahlung für den Altersvorsorgevertrag fort, auf den die Einzahlung erfolgt ist. [10]Die zentrale Stelle teilt die Schließung des Wohnförderkontos dem Anbieter des bisherigen Altersvorsorgevertrags mit Wohnförderkonto mit.

(2a)[2] [1]Geht im Rahmen der Regelung von Scheidungsfolgen der Eigentumsanteil des Zulageberechtigten an der Wohnung im Sinne des Absatzes 1 Satz 5 ganz oder teilweise auf den anderen Ehegatten über, geht das Wohnförderkonto in Höhe des Anteils, der dem Verhältnis des übergegangenen Eigentumsanteils zum ursprünglichen Eigentumsanteil entspricht, mit allen Rechten und Pflichten auf den anderen Ehegatten über; dabei ist auf das Lebensalter des anderen Ehegatten abzustellen. [2]Hat der andere Ehegatte das Lebensalter für den vertraglich vereinbarten Beginn der Auszahlungsphase oder, soweit kein Beginn der Auszahlungsphase vereinbart wurde, das 67. Lebensjahr im Zeitpunkt des Übergangs des Wohnförderkontos bereits überschritten, so gilt als Beginn der Auszahlungsphase der Zeitpunkt des Übergangs des Wohnförderkontos. [3]Der Zulageberechtigte hat den Übergang des Eigentumsanteils der zentralen Stelle nachzuweisen. [4]Dazu hat er die für die Anlage eines Wohnförderkontos erforderlichen Daten des anderen Ehegatten mitzuteilen. [5]Die Sätze 1 bis 4 gelten entsprechend für Ehegatten, die im Zeitpunkt des Todes des Zulageberechtigten

1. nicht dauernd getrennt gelebt haben (§ 26 Absatz 1) und

---

[1] **Aichberger** Sozialgesetzbuch Nr. **6/80**.

[2] § 92a Abs. 2a Satz 1 geänd. mWv 1.1.2018 durch G v. 17.8.2017 (BGBl. I S. 3214).

2.[1] ihren Wohnsitz oder gewöhnlichen Aufenthalt in einem Mitgliedstaat der Europäischen Union oder einem Staat hatten, auf den das Abkommen über den Europäischen Wirtschaftsraum anwendbar ist; dies gilt auch, wenn die Ehegatten ihren vor dem Zeitpunkt, ab dem das Vereinigte Königreich Großbritannien und Nordirland nicht mehr Mitgliedstaat der Europäischen Union ist und auch nicht wie ein solcher zu behandeln ist, begründeten Wohnsitz oder gewöhnlichen Aufenthalt im Vereinigten Königreich Großbritannien und Nordirland hatten und der Altersvorsorgevertrag vor dem 23. Juni 2016 abgeschlossen worden ist.

(3)[2] [1]Nutzt der Zulageberechtigte die Wohnung im Sinne des Absatzes 1 Satz 5, für die ein Altersvorsorge-Eigenheimbetrag verwendet oder für die eine Tilgungsförderung im Sinne des § 82 Absatz 1 in Anspruch genommen worden ist, nicht nur vorübergehend nicht mehr zu eigenen Wohnzwecken, hat er dies dem Anbieter, in der Auszahlungsphase der zentralen Stelle, unter Angabe des Zeitpunkts der Aufgabe der Selbstnutzung anzuzeigen. [2]Eine Aufgabe der Selbstnutzung liegt auch vor, soweit der Zulageberechtigte das Eigentum an der Wohnung aufgibt. [3]Die Anzeigepflicht gilt entsprechend für den Rechtsnachfolger der begünstigten Wohnung, wenn der Zulageberechtigte stirbt. [4]Die Anzeigepflicht entfällt, wenn das Wohnförderkonto vollständig zurückgeführt worden ist, es sei denn, es liegt ein Fall des § 22 Nummer 5 Satz 6 vor. [5]Im Fall des Satzes 1 gelten die im Wohnförderkonto erfassten Beträge als Leistungen aus einem Altersvorsorgevertrag, die dem Zulageberechtigten nach letztmaliger Erhöhung des Wohnförderkontos nach Absatz 2 Satz 3 zum Ende des Veranlagungszeitraums, in dem die Selbstnutzung aufgegeben wurde, zufließen; das Wohnförderkonto ist aufzulösen (Auflösungsbetrag). [6]Verstirbt der Zulageberechtigte, ist der Auflösungsbetrag ihm noch zuzurechnen. [7]Der Anbieter hat der zentralen Stelle den Zeitpunkt der Aufgabe nach amtlich vorgeschriebenem Datensatz durch Datenfernübertragung spätestens bis zum Ablauf des zweiten Monats, der auf den Monat der Anzeige des Zulageberechtigten folgt mitzuteilen. [8]Wurde im Fall des Satzes 1 eine Tilgungsförderung nach § 82 Absatz 1 Satz 3 in Anspruch genommen und erfolgte keine Einstellung in das Wohnförderkonto nach Absatz 2 Satz 2, sind die Beiträge, die nach § 82 Absatz 1 Satz 3 wie Tilgungsleistungen behandelt wurden, sowie die darauf entfallenden Zulagen und Erträge in ein Wohnförderkonto aufzunehmen und anschließend die weiteren Regelungen dieses Absatzes anzuwenden; Absatz 2 Satz 2 zweiter Halbsatz und Satz 7 gilt entsprechend. [9]Die Sätze 5 bis 7 sowie § 20[3] sind nicht anzuwenden, wenn

1. der Zulageberechtigte einen Betrag in Höhe des noch nicht zurückgeführten Betrags im Wohnförderkonto innerhalb von zwei Jahren vor dem Veranlagungszeitraum und von fünf Jahren nach Ablauf des Veranlagungszeitraums, in dem er die Wohnung letztmals zu eigenen Wohnzwecken genutzt hat, für eine weitere Wohnung im Sinne des Absatzes 1 Satz 5 verwendet,

---

[1] § 92a Abs. 2a Satz 5 Nr. 2 HS 2 angef. mWv 29.3.2019 durch Brexit-StBG v. 25.3.2019 (BGBl. I S. 357).

[2] § 92a Abs. 3 Sätze 1, 3, 7 und 11 geänd., Satz 10 neu gef., Sätze 12 und 13 angef. mWv 1.1.2018 durch G v. 17.8.2017 (BGBl. I S. 3214).

[3] Verweis ergänzt durch G v. 25.7.2014 (BGBl. I S. 1266).

2. der Zulageberechtigte einen Betrag in Höhe des noch nicht zurückgeführten Betrags im Wohnförderkonto innerhalb eines Jahres nach Ablauf des Veranlagungszeitraums, in dem er die Wohnung letztmals zu eigenen Wohnzwecken genutzt hat, auf einen auf seinen Namen lautenden zertifizierten Altersvorsorgevertrag zahlt; Absatz 2 Satz 4 Nummer 1 ist entsprechend anzuwenden,
3. die Ehewohnung auf Grund einer richterlichen Entscheidung nach § 1361b des Bürgerlichen Gesetzbuchs oder nach der Verordnung über die Behandlung der Ehewohnung und des Hausrats dem anderen Ehegatten zugewiesen wird,
4. der Zulageberechtigte krankheits- oder pflegebedingt die Wohnung nicht mehr bewohnt, sofern er Eigentümer dieser Wohnung bleibt, sie ihm weiterhin zur Selbstnutzung zur Verfügung steht und sie nicht von Dritten, mit Ausnahme seines Ehegatten, genutzt wird oder
5.[1)] der Zulageberechtigte innerhalb von fünf Jahren nach Ablauf des Veranlagungszeitraums, in dem er die Wohnung letztmals zu eigenen Wohnzwecken genutzt hat, die Selbstnutzung dieser Wohnung wieder aufnimmt.

[10] Satz 9 Nummer 1 und 2 setzt voraus, dass der Zulageberechtigte dem Anbieter, in der Auszahlungsphase der zentralen Stelle, die fristgemäße Reinvestitionsabsicht im Rahmen der Anzeige nach Satz 1 und den Zeitpunkt der Reinvestition oder die Aufgabe der Reinvestitionsabsicht anzeigt; in den Fällen des Absatzes 2a und des Satzes 9 Nummer 3 gelten die Sätze 1 bis 9 entsprechend für den anderen, geschiedenen oder überlebenden Ehegatten,[2)] wenn er die Wohnung nicht nur vorübergehend nicht mehr zu eigenen Wohnzwecken nutzt. [11] Satz 5 ist mit der Maßgabe anzuwenden, dass der Eingang der Anzeige der aufgegebenen Reinvestitionsabsicht, spätestens jedoch der 1. Januar

1. des sechsten Jahres nach dem Jahr der Aufgabe der Selbstnutzung bei einer Reinvestitionsabsicht nach Satz 9 Nummer 1 oder
2. des zweiten Jahres nach dem Jahr der Aufgabe der Selbstnutzung bei einer Reinvestitionsabsicht nach Satz 9 Nummer 2

als Zeitpunkt der Aufgabe gilt. [12] Satz 9 Nummer 5 setzt voraus, dass bei einer beabsichtigten Wiederaufnahme der Selbstnutzung der Zulageberechtigte dem Anbieter, in der Auszahlungsphase der zentralen Stelle, die Absicht der fristgemäßen Wiederaufnahme der Selbstnutzung im Rahmen der Anzeige nach Satz 1 und den Zeitpunkt oder die Aufgabe der Reinvestitionsabsicht nach Satz 10 anzeigt. [13] Satz 10 zweiter Halbsatz und Satz 11 gelten für die Anzeige der Absicht der fristgemäßen Wiederaufnahme der Selbstnutzung entsprechend.

(4)[3)] [1] Absatz 3 sowie § 20 sind auf Antrag des Steuerpflichtigen nicht anzuwenden, wenn er

---

[1)] § 92a Abs. 3 Satz 9 Nr. 5 angef. mWv 1.1.2018 durch G v. 17.8.2017 (BGBl. I S. 3214).

[2)] § 92a Satz 10 geänd. durch G v. 25.7.2014 (BGBl. I S. 1266).

[3)] § 92a Abs. 4 Satz 1 Verweis geänd. durch G v. 24.6.2013 (BGBl. I S. 1667); Sätze 1 und 3 geänd. mWv VZ 2014 durch G v. 25.7.2014 (BGBl. I S. 1266).

1. die Wohnung im Sinne des Absatzes 1 Satz 5 auf Grund eines beruflich bedingten Umzugs für die Dauer der beruflich bedingten Abwesenheit nicht selbst nutzt; wird während dieser Zeit mit einer anderen Person ein Nutzungsrecht für diese Wohnung vereinbart, ist diese Vereinbarung von vorneherein entsprechend zu befristen,
2. beabsichtigt, die Selbstnutzung wieder aufzunehmen und
3. die Selbstnutzung spätestens mit der Vollendung seines 67. Lebensjahres aufnimmt.

2 Der Steuerpflichtige hat den Antrag bei der zentralen Stelle zu stellen und dabei die notwendigen Nachweise zu erbringen. 3 Die zentrale Stelle erteilt dem Steuerpflichtigen einen Bescheid über die Bewilligung des Antrags und informiert den Anbieter des Altersvorsorgevertrags mit Wohnförderkonto des Zulageberechtigten über die Bewilligung, eine Wiederaufnahme der Selbstnutzung nach einem beruflich bedingten Umzug und den Wegfall der Voraussetzungen nach diesem Absatz; die Information hat nach amtlich vorgeschriebenem Datensatz durch Datenfernübertragung zu erfolgen. 4 Entfällt eine der in Satz 1 genannten Voraussetzungen, ist Absatz 3 mit der Maßgabe anzuwenden, dass bei einem Wegfall der Voraussetzung nach Satz 1 Nummer 1 als Zeitpunkt der Aufgabe der Zeitpunkt des Wegfalls der Voraussetzung und bei einem Wegfall der Voraussetzung nach Satz 1 Nummer 2 oder Nummer 3 der Eingang der Mitteilung des Steuerpflichtigen nach Absatz 3 als Zeitpunkt der Aufgabe gilt, spätestens jedoch die Vollendung des 67. Lebensjahres des Steuerpflichtigen.

§ 92b Verfahren bei Verwendung für eine selbst genutzte Wohnung.

(1)[1] 1 Der Zulageberechtigte hat die Verwendung des Kapitals nach § 92a Absatz 1 Satz 1 spätestens zehn Monate vor dem Beginn der Auszahlungsphase des Altersvorsorgevertrags im Sinne des § 1 Absatz 1 Nummer 2 des Altersvorsorgeverträge-Zertifizierungsgesetzes bei der zentralen Stelle zu beantragen und dabei die notwendigen Nachweise zu erbringen. 2 Er hat zu bestimmen, aus welchen Altersvorsorgeverträgen der Altersvorsorge-Eigenheimbetrag ausgezahlt werden soll. 3 Die zentrale Stelle teilt dem Zulageberechtigten durch Bescheid und den Anbietern der in Satz 2 genannten Altersvorsorgeverträge nach amtlich vorgeschriebenem Datensatz durch Datenfernübertragung mit, bis zu welcher Höhe eine wohnungswirtschaftliche Verwendung im Sinne des § 92a Absatz 1 Satz 1 vorliegen kann.

(2)[2] 1 Die Anbieter der in Absatz 1 Satz 2 genannten Altersvorsorgeverträge dürfen den Altersvorsorge-Eigenheimbetrag auszahlen, sobald sie die Mitteilung nach Absatz 1 Satz 3 erhalten haben. 2 Sie haben der zentralen Stelle nach amtlich vorgeschriebenem Datensatz durch Datenfernübertragung Folgendes spätestens bis zum Ablauf des zweiten Monats, der auf den Monat der Auszahlung folgt, anzuzeigen:

1. den Auszahlungszeitpunkt und den Auszahlungsbetrag,

---

[1] § 92b Abs. 1 geänd. durch G v. 24.6.2013 (BGBl. I S. 1667).
[2] § 92b Abs. 2 Satz 2 geänd. mWv 1.1.2018 durch G v. 17.8.2017 (BGBl. I S. 3214).

2. die Summe der bis zum Auszahlungszeitpunkt dem Altersvorsorgevertrag gutgeschriebenen Zulagen,
3. die Summe der bis zum Auszahlungszeitpunkt geleisteten Altersvorsorgebeiträge und
4. den Stand des geförderten Altersvorsorgevermögens im Zeitpunkt der Auszahlung.

(3)[1] [1]Die zentrale Stelle stellt zu Beginn der Auszahlungsphase und in den Fällen des § 92a Absatz 2a und 3 Satz 5 den Stand des Wohnförderkontos, soweit für die Besteuerung erforderlich, den Verminderungsbetrag und den Auflösungsbetrag von Amts wegen gesondert fest. [2]Die zentrale Stelle teilt die Feststellung dem Zulageberechtigten, in den Fällen des § 92a Absatz 2a Satz 1 auch dem anderen Ehegatten, durch Bescheid und dem Anbieter nach amtlich vorgeschriebenem Datensatz durch Datenfernübertragung mit. [3]Der Anbieter hat auf Anforderung der zentralen Stelle die zur Feststellung erforderlichen Unterlagen vorzulegen. [4]Auf Antrag des Zulageberechtigten stellt die zentrale Stelle den Stand des Wohnförderkontos gesondert fest. [5]§ 90 Absatz 4 Satz 2 bis 5 gilt entsprechend.

§ 93 Schädliche Verwendung. (1) [1]Wird gefördertes Altersvorsorgevermögen nicht unter den in § 1 Absatz 1 Satz 1 Nummer 4 und 10 Buchstabe c des Altersvorsorgeverträge-Zertifizierungsgesetzes[2] oder § 1 Absatz 1 Satz 1 Nummer 4, 5 und 10 Buchstabe c des Altersvorsorgeverträge-Zertifizierungsgesetzes in der bis zum 31. Dezember 2004 geltenden Fassung genannten Voraussetzungen an den Zulageberechtigten ausgezahlt (schädliche Verwendung), sind die auf das ausgezahlte geförderte Altersvorsorgevermögen entfallenden Zulagen und die nach § 10a Absatz 4 gesondert festgestellten Beträge (Rückzahlungsbetrag) zurückzuzahlen. [2]Dies gilt auch bei einer Auszahlung nach Beginn der Auszahlungsphase (§ 1 Absatz 1 Satz 1 Nummer 2 des Altersvorsorgeverträge-Zertifizierungsgesetzes) und bei Auszahlungen im Fall des Todes des Zulageberechtigten. [3]Hat der Zulageberechtigte Zahlungen im Sinne des § 92a Absatz 2 Satz 4 Nummer 1 oder § 92a Absatz 3 Satz 9 Nummer 2 geleistet, dann handelt es sich bei dem hierauf beruhenden Altersvorsorgevermögen um gefördertes Altersvorsorgevermögen im Sinne des Satzes 1; der Rückzahlungsbetrag bestimmt sich insoweit nach der für die in das Wohnförderkonto eingestellten Beträge gewährten Förderung. [4]Eine Rückzahlungsverpflichtung besteht nicht für den Teil der Zulagen und der Steuerermäßigung,

a) der auf nach § 1 Absatz 1 Satz 1 Nummer 2 des Altersvorsorgeverträge-Zertifizierungsgesetzes angespartes gefördertes Altersvorsorgevermögen entfällt, wenn es in Form einer Hinterbliebenenrente an die dort genannten Hinterbliebenen ausgezahlt wird; dies gilt auch für Leistungen im Sinne des § 82 Absatz 3 an Hinterbliebene des Steuerpflichtigen;

---

[1] § 92b Abs. 3 Sätze 1 und 2 geänd. durch G v. 8.12.2010 (BGBl. I S. 1768); geänd. mWv VZ 2014 durch G v. 24.6.2013 (BGBl. I S. 1667).

[2] **Aichberger** Sozialgesetzbuch Nr. **6/80**.

b) der den Beitragsanteilen zuzuordnen ist, die für die zusätzliche Absicherung der verminderten Erwerbsfähigkeit und eine zusätzliche Hinterbliebenenabsicherung ohne Kapitalbildung verwendet worden sind;

c)[1] der auf gefördertes Altersvorsorgevermögen entfällt, das im Fall des Todes des Zulageberechtigten auf einen auf den Namen des Ehegatten lautenden Altersvorsorgevertrag übertragen wird, wenn die Ehegatten im Zeitpunkt des Todes des Zulageberechtigten nicht dauernd getrennt gelebt haben (§ 26 Absatz 1) und ihren Wohnsitz oder gewöhnlichen Aufenthalt in einem Mitgliedstaat der Europäischen Union oder einem Staat hatten, auf den das Abkommen über den Europäischen Wirtschaftsraum (EWR-Abkommen) anwendbar ist; dies gilt auch, wenn die Ehegatten ihren vor dem Zeitpunkt, ab dem das Vereinigte Königreich Großbritannien und Nordirland nicht mehr Mitgliedstaat der Europäischen Union ist und auch nicht wie ein solcher zu behandeln ist, begründeten Wohnsitz oder gewöhnlichen Aufenthalt im Vereinigten Königreich Großbritannien und Nordirland hatten und der Vertrag vor dem 23. Juni 2016 abgeschlossen worden ist;

d) der auf den Altersvorsorge-Eigenheimbetrag entfällt.

(1a)[2] [1]Eine schädliche Verwendung liegt nicht vor, wenn gefördertes Altersvorsorgevermögen auf Grund einer internen Teilung nach § 10 des Versorgungsausgleichsgesetzes oder auf Grund einer externen Teilung nach § 14 des Versorgungsausgleichsgesetzes auf einen zertifizierten Altersvorsorgevertrag oder eine nach § 82 Absatz 2 begünstigte betriebliche Altersversorgung übertragen wird; die auf das übertragene Anrecht entfallende steuerliche Förderung geht mit allen Rechten und Pflichten auf die ausgleichsberechtigte Person über. [2]Eine schädliche Verwendung liegt ebenfalls nicht vor, wenn gefördertes Altersvorsorgevermögen auf Grund einer externen Teilung nach § 14 des Versorgungsausgleichsgesetzes auf die Versorgungsausgleichskasse oder die gesetzliche Rentenversicherung übertragen wird; die Rechte und Pflichten der ausgleichspflichtigen Person aus der steuerlichen Förderung des übertragenen Anteils entfallen. [3]In den Fällen der Sätze 1 und 2 teilt die zentrale Stelle der ausgleichspflichtigen Person die Höhe der auf die Ehezeit im Sinne des § 3 Absatz 1 des Versorgungsausgleichsgesetzes oder die Lebenspartnerschaftszeit im Sinne des § 20 Absatz 2 des Lebenspartnerschaftsgesetzes entfallenden gesondert festgestellten Beträge nach § 10a Absatz 4 und die ermittelten Zulagen mit. [4]Die entsprechenden Beträge sind monatsweise zuzuordnen. [5]Die zentrale Stelle teilt die geänderte Zuordnung der gesondert festgestellten Beträge nach § 10a Absatz 4 sowie der ermittelten Zulagen der ausgleichspflichtigen und in den Fällen des Satzes 1 auch der ausgleichsberechtigten Person durch Feststellungsbescheid mit. [6]Nach Eintritt der Unanfechtbarkeit dieses Feststellungsbescheids informiert die zentrale Stelle den Anbieter durch einen Datensatz über die geänderte Zuordnung.

---

[1] § 93 Abs. 1 Satz 4 Buchst. c geänd. mWv VZ 2010 durch G v. 8.4.2010 (BGBl. I S. 386); Buchst. c HS 2 angef. mWv 29.3.2019 durch Brexit-StBG v. 25.3.2019 (BGBl. I S. 357).

[2] § 93 Abs. 1a neu gef. mWv 1.9.2009 durch G v. 8.12.2010 (BGBl. I S. 1768); Satz 3 Klammerzusatz eingef. mWv 24.7.2014 durch G v. 18.7.2014 (BGBl. I S. 1042).

(2)[1] [1]Die Übertragung von gefördertem Altersvorsorgevermögen auf einen anderen auf den Namen des Zulageberechtigten lautenden Altersvorsorgevertrag (§ 1 Absatz 1 Satz 1 Nummer 10 Buchstabe b des Altersvorsorgeverträge-Zertifizierungsgesetzes) stellt keine schädliche Verwendung dar. [2]Dies gilt sinngemäß in den Fällen des § 4 Absatz 2 und 3 des Betriebsrentengesetzes, wenn das geförderte Altersvorsorgevermögen auf eine der in § 82 Absatz 2 Buchstabe a genannten Einrichtungen der betrieblichen Altersversorgung zum Aufbau einer kapitalgedeckten betrieblichen Altersversorgung übertragen und eine lebenslange Altersversorgung entsprechend § 82 Absatz 2 Satz 2 vorgesehen ist, wie auch in den Fällen einer Übertragung nach § 3 Nummer 55c Satz 2 Buchstabe a.[2] [3]In den übrigen Fällen der Abfindung von Anwartschaften der betrieblichen Altersversorgung gilt dies, soweit das geförderte Altersvorsorgevermögen zugunsten eines auf den Namen des Zulageberechtigten lautenden Altersvorsorgevertrages geleistet wird. [4]Auch keine schädliche Verwendung sind der gesetzliche Forderungs- und Vermögensübergang nach § 9 des Betriebsrentengesetzes und die gesetzlich vorgesehene schuldbefreiende Übertragung nach § 8 Absatz 1 des Betriebsrentengesetzes.

(3)[3] [1]Auszahlungen zur Abfindung einer Kleinbetragsrente zu Beginn der Auszahlungsphase oder im darauffolgenden Jahr gelten nicht als schädliche Verwendung. [2]Eine Kleinbetragsrente ist eine Rente, die bei gleichmäßiger Verrentung des gesamten zu Beginn der Auszahlungsphase zur Verfügung stehenden Kapitals eine monatliche Rente ergibt, die 1 Prozent der monatlichen Bezugsgröße nach § 18 des Vierten Buches Sozialgesetzbuch nicht übersteigt. [3]Bei der Berechnung dieses Betrags sind alle bei einem Anbieter bestehenden Verträge des Zulageberechtigten insgesamt zu berücksichtigen, auf die nach diesem Abschnitt geförderte Altersvorsorgebeiträge geleistet wurden. [4]Die Sätze 1 bis 3 gelten entsprechend, wenn

1. nach dem Beginn der Auszahlungsphase ein Versorgungsausgleich durchgeführt wird und
2. sich dadurch die Rente verringert.

(4)[4] [1]Wird bei einem einheitlichen Vertrag nach § 1 Absatz 1a Satz 1 Nummer 2 zweiter Halbsatz des Altersvorsorgeverträge-Zertifizierungsgesetzes das Darlehen nicht wohnungswirtschaftlich im Sinne des § 92a Absatz 1 Satz 1 verwendet, liegt zum Zeitpunkt der Darlehensauszahlung eine schädliche Verwendung des geförderten Altersvorsorgevermögens vor, es sei denn, das geförderte Altersvorsorgevermögen wird innerhalb eines Jahres nach Ablauf des Veranlagungszeitraums, in dem das Darlehen ausgezahlt wurde, auf einen anderen zertifizierten Altersvorsorgevertrag übertragen, der auf den Namen des Zulageberechtigten lautet. [2]Der Zulageberechtigte hat dem Anbieter die Absicht zur Kapitalübertragung, den Zeitpunkt der Kapitalübertragung bis

---

[1] § 93 Abs. 2 Satz 4 angef. mWv 1.1.2018 durch G v. 17.8.2017 (BGBl. I S. 3214).

[2] § 93 Abs. 2 Satz 2 geänd. mWv 15.12.2018 durch G v. 11.12.2018 (BGBl. I S. 2338).

[3] § 93 Abs. 3 Satz 1 geänd., Satz 4 angef. mWv 1.1.2018 durch G v. 17.8.2017 (BGBl. I S. 3214).

[4] § 93 Abs. 4 angef. mWv VZ 2010 durch G v. 8.12.2010 (BGBl. I S. 1768); geänd. mWv VZ 2013 durch G v. 24.6.2013 (BGBl. I S. 1667).

zum Zeitpunkt der Darlehensauszahlung und die Aufgabe der Absicht zur Kapitalübertragung mitzuteilen. 3 Wird die Absicht zur Kapitalübertragung aufgegeben, tritt die schädliche Verwendung zu dem Zeitpunkt ein, zu dem die Mitteilung des Zulageberechtigten hierzu beim Anbieter eingeht, spätestens aber am 1. Januar des zweiten Jahres nach dem Jahr, in dem das Darlehen ausgezahlt wurde.

§ 94 Verfahren bei schädlicher Verwendung. (1)[1] 1 In den Fällen des § 93 Absatz 1 hat der Anbieter der zentralen Stelle vor der Auszahlung des geförderten Altersvorsorgevermögens die schädliche Verwendung nach amtlich vorgeschriebenem Datensatz durch amtlich bestimmte Datenfernübertragung anzuzeigen. 2 Die zentrale Stelle ermittelt den Rückzahlungsbetrag und teilt diesen dem Anbieter durch Datensatz mit. 3 Der Anbieter hat den Rückzahlungsbetrag einzubehalten, mit der nächsten Anmeldung nach § 90 Absatz 3 anzumelden und an die zentrale Stelle abzuführen. 4 Der Anbieter hat die einbehaltenen und abgeführten Beträge der zentralen Stelle nach amtlich vorgeschriebenem Datensatz durch amtlich bestimmte Datenfernübertragung mitzuteilen und diese Beträge dem Zulageberechtigten zu bescheinigen [***ab 1.1.2020:*** ; mit Einverständnis des Zulageberechtigten kann die Bescheinigung elektronisch bereitgestellt werden]. 5 In den Fällen des § 93 Absatz 3 gilt Satz 1 entsprechend.

(2)[2] 1 Eine Festsetzung des Rückzahlungsbetrags erfolgt durch die zentrale Stelle auf besonderen Antrag des Zulageberechtigten oder sofern die Rückzahlung nach Absatz 1 ganz oder teilweise nicht möglich oder nicht erfolgt ist. 2 § 90 Absatz 4 Satz 2 bis 6 gilt entsprechend; § 90 Absatz 4 Satz 5 gilt nicht, wenn die Geschäftsbeziehung im Hinblick auf den jeweiligen Altersvorsorgevertrag zwischen dem Zulagerechtigten und dem Anbieter beendet wurde. 3 Im Rückforderungsbescheid sind auf den Rückzahlungsbetrag die vom Anbieter bereits einbehaltenen und abgeführten Beträge nach Maßgabe der Bescheinigung nach Absatz 1 Satz 4 anzurechnen. 4 Der Zulageberechtigte hat den verbleibenden Rückzahlungsbetrag innerhalb eines Monats nach Bekanntgabe des Rückforderungsbescheids an die zuständige Kasse zu entrichten. 5 Die Frist für die Festsetzung des Rückzahlungsbetrags beträgt vier Jahre und beginnt mit Ablauf des Kalenderjahres, in dem die Auszahlung im Sinne des § 93 Absatz 1 erfolgt ist.

(3)[3] 1 Sofern der zentralen Stelle für den Zulageberechtigten im Zeitpunkt der schädlichen Verwendung eine Meldung nach § 118 Absatz 1a des Zwölften Buches Sozialgesetzbuch zum erstmaligen Bezug von Hilfe zum Lebensunterhalt und von Grundsicherung im Alter und bei Erwerbsminderung vorliegt, teilt die zentrale Stelle zum Zeitpunkt der Mitteilung nach Absatz 1 Satz 2 der Datenstelle der Rentenversicherungsträger als Vermittlungsstelle die schädliche Verwendung durch Datenfernübertragung mit. 2 Dies gilt nicht, wenn das Ausscheiden aus diesem Hilfebezug nach § 118 Absatz 1a des Zwölften Buches Sozialgesetzbuch angezeigt wurde.

---

[1] § 94 Abs. 1 Satz 4 geänd. mWv VZ 2014 durch G v. 24.6.2013 (BGBl. I S. 1667); Satz 4 HS 2 angef. mWv 1.1.2020 durch G v. 22.11.2019 (BGBl. I S. 1746).

[2] § 94 Abs. 2 Satz 2 HS 2 angef. mWv VZ 2010 durch G v. 8.12.2010 (BGBl. I S. 1768).

[3] § 94 Abs. 3 angef. mWv 1.1.2019 durch G v. 17.8.2017 (BGBl. I S. 3214).

§ 95[1] Sonderfälle der Rückzahlung. (1)[1] [1]Die §§ 93 und 94 gelten entsprechend, wenn

1. sich der Wohnsitz oder gewöhnliche Aufenthalt des Zulageberechtigten außerhalb der Mitgliedstaaten der Europäischen Union und der Staaten befindet, auf die das Abkommen über den Europäischen Wirtschaftsraum (EWR-Abkommen) anwendbar ist, oder wenn der Zulageberechtigte ungeachtet eines Wohnsitzes oder gewöhnlichen Aufenthaltes in einem dieser Staaten nach einem Abkommen zur Vermeidung der Doppelbesteuerung mit einem dritten Staat als außerhalb des Hoheitsgebiets dieser Staaten ansässig gilt und
2.[2] entweder keine Zulageberechtigung besteht oder der Vertrag in der Auszahlungsphase ist.

[2]Satz 1 gilt nicht, sofern sich der Wohnsitz oder gewöhnliche Aufenthalt des Zulageberechtigten bereits seit dem 22. Juni 2016 ununterbrochen im Vereinigten Königreich Großbritannien und Nordirland befindet und der Vertrag vor dem 23. Juni 2016 abgeschlossen worden ist.

(2)[3] [1]Auf Antrag des Zulageberechtigten ist der Rückzahlungsbetrag im Sinne des § 93 Absatz 1 Satz 1[4] zunächst bis zum Beginn der Auszahlung zu stunden. [2]Die Stundung ist zu verlängern, wenn der Rückzahlungsbetrag mit mindestens 15 Prozent der Leistungen aus dem Vertrag[4] getilgt wird. [3]Die Stundung endet, wenn das geförderte Altersvorsorgevermögen nicht unter den in § 1 Absatz 1 Satz 1 Nummer 4 des Altersvorsorgeverträge-Zertifizierungsgesetzes genannten Voraussetzungen an den Zulageberechtigten ausgezahlt wird. [4]Der Stundungsantrag ist über den Anbieter an die zentrale Stelle zu richten. [***ab 1.1.2020:*** [5]Der Anbieter hat dem Zulageberechtigten den Stundungsantrag bereitzustellen; mit Einverständnis des Zulageberechtigten kann der Antrag elektronisch bereitgestellt werden.] [6]Die zentrale Stelle teilt ihre Entscheidung auch dem Anbieter mit.

(3)[5] Wurde der Rückzahlungsbetrag nach Absatz 2 gestundet und

1. verlegt der ehemals Zulageberechtigte seinen ausschließlichen Wohnsitz oder gewöhnlichen Aufenthalt in einen Mitgliedstaat der Europäischen Union oder einen Staat, auf den das Abkommen über den Europäischen Wirtschaftsraum (EWR-Abkommen) anwendbar ist, oder
2. wird der ehemals Zulageberechtigte erneut zulageberechtigt,

sind der Rückzahlungsbetrag und die bereits entstandenen Stundungszinsen von der zentralen Stelle zu erlassen.

---

[1] § 95 Überschr. neu gef., Abs. 1 neu gef. durch G v. 8.4.2010 (BGBl. I S. 386); Abs. 1 Satz 2 angef., bish. Wortlaut wird Satz 1 mWv 29.3.2019 durch Brexit-StBG v. 25.3.2019 (BGBl. I S. 357).

[2] § 95 Abs. 1 Nr. 2 neu gef. mWv VZ 2013 durch G v. 24.6.2013 (BGBl. I S. 1667).

[3] § 95 Abs. 2 Satz 1 geänd., Satz 3 aufgeh., bish. Sätze 4 bis 6 werden Sätze 3 bis 5 durch G v. 8.4.2010 (BGBl. I S. 386); Satz 5 eingef., bish. Satz 5 wird Satz 6 mWv 1.1.2020 durch G v. 22.11.2019 (BGBl. I S. 1746).

[4] § 95 Abs. 2 Satz 1 Verweis geänd., Satz 2 geänd. mWv VZ 2013 durch G v. 24.6.2013 (BGBl. I S. 1667).

[5] § 95 Abs. 3 neu gef. durch G v. 8.4.2010 (BGBl. I S. 386).

§ 96 Anwendung der Abgabenordnung, allgemeine Vorschriften. (1) [1] Auf die Zulagen und die Rückzahlungsbeträge sind die für Steuervergütungen geltenden Vorschriften der Abgabenordnung entsprechend anzuwenden. [2] Dies gilt nicht für § 163 der Abgabenordnung.

(2)[1)] [1] Hat der Anbieter vorsätzlich oder grob fahrlässig

1. unrichtige oder unvollständige Daten übermittelt oder
2. Daten pflichtwidrig nicht übermittelt,

obwohl der Zulageberechtigte seiner Informationspflicht gegenüber dem Anbieter zutreffend und rechtzeitig nachgekommen ist, haftet der Anbieter für die entgangene Steuer und die zu Unrecht gewährte Steuervergünstigung. [2] Dies gilt auch, wenn im Verhältnis zum Zulageberechtigten Festsetzungsverjährung eingetreten ist. [3] Der Zulageberechtigte haftet als Gesamtschuldner neben dem Anbieter, wenn er weiß, dass der Anbieter unrichtige oder unvollständige Daten übermittelt oder Daten pflichtwidrig nicht übermittelt hat. [4] Für die Inanspruchnahme des Anbieters ist die zentrale Stelle zuständig.

(3) Die zentrale Stelle hat auf Anfrage des Anbieters Auskunft über die Anwendung des Abschnitts XI zu geben.

(4) [1] Die zentrale Stelle kann beim Anbieter ermitteln, ob er seine Pflichten erfüllt hat. [2] Die §§ 193 bis 203 der Abgabenordnung gelten sinngemäß. [3] Auf Verlangen der zentralen Stelle hat der Anbieter ihr Unterlagen, soweit sie im Ausland geführt und aufbewahrt werden, verfügbar zu machen.

(5) Der Anbieter erhält vom Bund oder den Ländern keinen Ersatz für die ihm aus diesem Verfahren entstehenden Kosten.

(6) [1] Der Anbieter darf die im Zulageverfahren bekannt gewordenen Verhältnisse der Beteiligten nur für das Verfahren verwerten. [2] Er darf sie ohne Zustimmung der Beteiligten nur offenbaren, soweit dies gesetzlich zugelassen ist.

(7) [1] Für die Zulage gelten die Strafvorschriften des § 370 Absatz 1 bis 4, der §§ 371, 375 Absatz 1 und des § 376 sowie die Bußgeldvorschriften der §§ 378, 379 Absatz 1 und 4 und der §§ 383 und 384 der Abgabenordnung entsprechend. [2] Für das Strafverfahren wegen einer Straftat nach Satz 1 sowie der Begünstigung einer Person, die eine solche Tat begangen hat, gelten die §§ 385 bis 408, für das Bußgeldverfahren wegen einer Ordnungswidrigkeit nach Satz 1 die §§ 409 bis 412 der Abgabenordnung entsprechend.

§ 97 Übertragbarkeit. [1] Das nach § 10a oder Abschnitt XI geförderte Altersvorsorgevermögen einschließlich seiner Erträge, die geförderten laufenden Altersvorsorgebeiträge und der Anspruch auf die Zulage sind nicht übertragbar. [2] § 93 Absatz 1a und § 4 des Betriebsrentengesetzes bleiben unberührt.

§ 98 Rechtsweg. In öffentlich-rechtlichen Streitigkeiten über die auf Grund des Abschnitts XI ergehenden Verwaltungsakte ist der Finanzrechtsweg gegeben.

---

1) § 96 Abs. 2 neu gef. mWv 1.1.2018 durch G v. 17.8.2017 (BGBl. I S. 3214).

§ 99 Ermächtigung. (1)[1] Das Bundesministerium der Finanzen wird ermächtigt, die Vordrucke für die Anträge nach § 89[2], für die Anmeldung nach § 90 Absatz 3 und für die in den §§ 92 und 94 Absatz 1 Satz 4 vorgesehenen Bescheinigungen und im Einvernehmen mit den obersten Finanzbehörden der Länder das Muster für die nach § 22 Nummer 5 Satz 7 vorgesehene Bescheinigung und den Inhalt und Aufbau der für die Durchführung des Zulageverfahrens zu übermittelnden Datensätze zu bestimmen.

(2)[3] [1]Das Bundesministerium der Finanzen wird ermächtigt, im Einvernehmen mit dem Bundesministerium für Arbeit und Soziales und dem Bundesministerium des Innern, für Bau und Heimat[4] durch Rechtsverordnung mit Zustimmung des Bundesrates Vorschriften zur Durchführung dieses Gesetzes über das Verfahren für die Ermittlung, Festsetzung, Auszahlung, Rückzahlung und Rückforderung der Zulage sowie die Rückzahlung und Rückforderung der nach § 10a Absatz 4 festgestellten Beträge zu erlassen. [2]Hierzu gehören insbesondere

1. Vorschriften über Aufzeichnungs-, Aufbewahrungs-, Bescheinigungs- und Anzeigepflichten des Anbieters,
2. Grundsätze des vorgesehenen Datenaustausches zwischen den Anbietern, der zentralen Stelle, den Trägern der gesetzlichen Rentenversicherung, der Bundesagentur für Arbeit, den Meldebehörden, den Familienkassen, den zuständigen Stellen und den Finanzämtern und
3. Vorschriften über Mitteilungspflichten, die für die Erteilung der Bescheinigungen nach § 22 Nummer 5 Satz 7 und § 92 erforderlich sind.

XII.[5] Förderbetrag zur betrieblichen Altersversorgung

§ 100[5] Förderbetrag zur betrieblichen Altersversorgung. (1) [1]Arbeitgeber im Sinne des § 38 Absatz 1 dürfen vom Gesamtbetrag der einzubehaltenden Lohnsteuer für jeden Arbeitnehmer mit einem ersten Dienstverhältnis einen Teilbetrag des Arbeitgeberbeitrags zur kapitalgedeckten betrieblichen Altersversorgung (Förderbetrag) entnehmen und bei der nächsten Lohnsteuer-Anmeldung gesondert absetzen. [2]Übersteigt der insgesamt zu gewährende Förderbetrag den Betrag, der insgesamt an Lohnsteuer abzuführen ist, so wird der übersteigende Betrag dem Arbeitgeber auf Antrag von dem Finanzamt, an das die Lohnsteuer abzuführen ist, aus den Einnahmen der Lohnsteuer ersetzt.

(2) [1]Der Förderbetrag beträgt im Kalenderjahr 30 Prozent des zusätzlichen Arbeitgeberbeitrags nach Absatz 3, höchstens *144* [***ab 19.8.2020:*** 288][6] Euro. [2]In Fällen, in denen der Arbeitgeber bereits im Jahr 2016 einen zusätzlichen

---

[1] § 99 Abs. 1 geänd. durch G v. 8.12.2010 (BGBl. I. S. 1768); geänd. mWv 18.12.2019 durch G v. 12.12.2019 (BGBl. I S. 2451).

[2] Verweis geänd. durch G v. 8.4.2010 (BGBl. I S. 386).

[3] Siehe hierzu VO zur Durchführung der steuerlichen Vorschriften des EStG zur Altersvorsorge (Altersvorsorge-DurchführungsVO) idF der Bek. v. 28.2.2005 (BGBl. I S. 487) in der jeweils geltenden Fassung.

[4] *Bezeichnung* geänd. durch VO v. 19.6.2020 (BGBl. I S. 1328).

[5] Abschnitt XII (§ 100) eingef. mWv 1.1.2018 durch G v. 17.8.2017 (BGBl. I S. 3214).

[6] Betrag geänd. mWv 19.8.2020 durch G v. 12.8.2020 (BGBl. I S. 1879).

Arbeitgeberbeitrag an einen Pensionsfonds, eine Pensionskasse oder für eine Direktversicherung geleistet hat, ist der jeweilige Förderbetrag auf den Betrag beschränkt, den der Arbeitgeber darüber hinaus leistet.

(3) Voraussetzung für die Inanspruchnahme des Förderbetrags nach den Absätzen 1 und 2 ist, dass

1. der Arbeitslohn des Arbeitnehmers im Lohnzahlungszeitraum, für den der Förderbetrag geltend gemacht wird, im Inland dem Lohnsteuerabzug unterliegt;
2. der Arbeitgeber für den Arbeitnehmer zusätzlich zum ohnehin geschuldeten Arbeitslohn im Kalenderjahr mindestens einen Betrag in Höhe von 240 Euro an einen Pensionsfonds, eine Pensionskasse oder für eine Direktversicherung zahlt;
3. im Zeitpunkt der Beitragsleistung der laufende Arbeitslohn (§ 39b Absatz 2 Satz 1 und 2), der pauschal besteuerte Arbeitslohn (§ 40a Absatz 1 und 3) oder das pauschal besteuerte Arbeitsentgelt (§ 40a Absatz 2 und 2a) nicht mehr beträgt als
   a) *73,34* [***ab 19.8.2020:*** 85,84][1] Euro bei einem täglichen Lohnzahlungszeitraum,
   b) *513,34* [***ab 19.8.2020:*** 600,84][1] Euro bei einem wöchentlichen Lohnzahlungszeitraum,
   c) *2200* [***ab 19.8.2020:*** 2575][1] Euro bei einem monatlichen Lohnzahlungszeitraum oder
   d) *26 400* [***ab 19.8.2020:*** 30 900][1] Euro bei einem jährlichen Lohnzahlungszeitraum;
4.[2] eine Auszahlung der zugesagten Alters-, Invaliditäts- oder Hinterbliebenenversorgungsleistungen entsprechend § 82 Absatz 2 Satz 2 vorgesehen ist;
5. sichergestellt ist, dass von den Beiträgen jeweils derselbe prozentuale Anteil zur Deckung der Vertriebskosten herangezogen wird; der Prozentsatz kann angepasst werden, wenn die Kalkulationsgrundlagen geändert werden, darf die ursprüngliche Höhe aber nicht überschreiten.

(4) [1] Für die Inanspruchnahme des Förderbetrags sind die Verhältnisse im Zeitpunkt der Beitragsleistung maßgeblich; spätere Änderungen der Verhältnisse sind unbeachtlich. [2] Abweichend davon sind die für den Arbeitnehmer nach Absatz 1 geltend gemachten Förderbeträge zurückzugewähren, wenn eine Anwartschaft auf Leistungen aus einer nach Absatz 1 geförderten betrieblichen Altersversorgung später verfällt und sich daraus eine Rückzahlung an den Arbeitgeber ergibt. [3] Der Förderbetrag ist nur zurückzugewähren, soweit er auf den Rückzahlungsbetrag entfällt. [4] Der Förderbetrag ist in der Lohnsteuer-Anmeldung für den Lohnzahlungszeitraum, in dem die Rückzahlung zufließt, der an das Betriebsstättenfinanzamt abzuführenden Lohnsteuer hinzuzurechnen.

---

[1] Beträge geänd. mWv 19.8.2020 durch G v. 12.8.2020 (BGBl. I S. 1879).

[2] § 100 Abs. 3 Nr. 4 Verweis geänd. mWv 15.12.2018 durch G v. 11.12.2018 (BGBl. I S. 2338).

(5) Für den Förderbetrag gelten entsprechend:

1. die §§ 41, 41a, 42e, 42f und 42g,
2. die für Steuervergütungen geltenden Vorschriften der Abgabenordnung mit Ausnahme des § 163 der Abgabenordnung und
3. die §§ 195 bis 203 der Abgabenordnung, die Strafvorschriften des § 370 Absatz 1 bis 4, der §§ 371, 375 Absatz 1 und des § 376, die Bußgeldvorschriften der §§ 378, 379 Absatz 1 und 4 und der §§ 383 und 384 der Abgabenordnung, die §§ 385 bis 408 für das Strafverfahren und die §§ 409 bis 412 der Abgabenordnung für das Bußgeldverfahren.

(6) [1] Der Arbeitgeberbeitrag im Sinne des Absatzes 3 Nummer 2 ist steuerfrei, soweit er im Kalenderjahr *480* [***ab 19.8.2020:*** 960][1)] Euro nicht übersteigt. [2] Die Steuerfreistellung des § 3 Nummer 63 bleibt hiervon unberührt.

[*ab VZ 2021:*]

XIII. Mobilitätsprämie[2)]

§ 101[2)] Bemessungsgrundlage und Höhe der Mobilitätsprämie. [1] Steuerpflichtige können für die Veranlagungszeiträume 2021 bis 2026 neben der Berücksichtigung der Entfernungspauschalen ab dem 21. vollen Entfernungskilometer gemäß § 9 Absatz 1 Satz 3 Nummer 4 Satz 8 Buchstabe a und b, Nummer 5 Satz 9 Buchstabe a und b und § 4 Absatz 5 Satz 1 Nummer 6 Satz 4 als Werbungskosten oder Betriebsausgaben eine Mobilitätsprämie beanspruchen. [2] Bemessungsgrundlage der Mobilitätsprämie sind die berücksichtigten Entfernungspauschalen im Sinne des Satzes 1, begrenzt auf den Betrag, um den das zu versteuernde Einkommen den Grundfreibetrag im Sinne des § 32a Absatz 1 Satz 2 Nummer 1 unterschreitet; bei Ehegatten, die nach den §§ 26, 26b zusammen zur Einkommensteuer veranlagt werden, sind das gemeinsame zu versteuernde Einkommen und der doppelte Grundfreibetrag maßgebend. [3] Bei Steuerpflichtigen mit Einkünften aus nichtselbständiger Arbeit gilt dies nur, soweit die Entfernungspauschalen im Sinne des Satzes 1 zusammen mit den übrigen zu berücksichtigenden Werbungskosten im Zusammenhang mit den Einnahmen aus nichtselbständiger Arbeit den Arbeitnehmer-Pauschbetrag nach § 9a Satz 1 Nummer 1 Buchstabe a übersteigen. [4] Die Mobilitätsprämie beträgt 14 Prozent dieser Bemessungsgrundlage.

§ 102[2)] Anspruchsberechtigung. Anspruchsberechtigt sind unbeschränkt oder beschränkt Steuerpflichtige im Sinne des § 1.

§ 103[2)] Entstehung der Mobilitätsprämie. Der Anspruch auf die Mobilitätsprämie entsteht mit Ablauf des Kalenderjahres, in dem der Anspruchsberechtigte die erste Tätigkeitsstätte im Sinne des § 9 Absatz 4 oder eine Be-

---

1) Betrag geänd. mWv 19.8.2020 durch G v. 12.8.2020 (BGBl. I S. 1879).

2) Abschnitt XIII (§§ 101 bis 109) angef. mWv VZ 2021 durch G v. 21.12.2019 (BGBl. I S. 2886).

triebsstätte im Sinne des § 4 Absatz 5 Satz 1 Nummer 6 aufgesucht oder Familienheimfahrten im Rahmen einer doppelten Haushaltsführung im Sinne des § 9 Absatz 1 Satz 3 Nummer 5 Satz 5 sowie des § 4 Absatz 5 Satz 1 Nummer 6 durchgeführt hat.

§ 104[1)] Antrag auf die Mobilitätsprämie. (1) Die Mobilitätsprämie wird auf Antrag gewährt.

(2) [1]Der Anspruchsberechtigte hat den Antrag auf die Mobilitätsprämie bis zum Ablauf des vierten Kalenderjahres, das auf das Kalenderjahr folgt, in dem nach § 103 die Mobilitätsprämie entsteht, zu stellen. [2]Der Antrag ist nach amtlich vorgeschriebenem Vordruck bei dem Finanzamt zu stellen, das für die Besteuerung des Anspruchsberechtigten nach dem Einkommen zuständig ist.

§ 105[1)·2)] Festsetzung und Auszahlung der Mobilitätsprämie. (1) [1]Die Mobilitätsprämie ist nach Ablauf des Kalenderjahres im Rahmen einer Einkommensteuerveranlagung festzusetzen. [2]Eine Festsetzung erfolgt nur, wenn die Mobilitätsprämie mindestens 10 Euro beträgt. [3]Die festgesetzte Mobilitätsprämie mindert die festgesetzte Einkommensteuer im Wege der Anrechnung. [4]Sie gilt insoweit als Steuervergütung. [5]Die Auszahlung erfolgt aus den Einnahmen an Einkommensteuer.

(2) [1]Besteht das Einkommen ganz oder teilweise aus Einkünften aus nichtselbständiger Arbeit, die dem Steuerabzug unterlegen haben, gilt der Antrag auf Mobilitätsprämie zugleich als ein Antrag auf Einkommensteuerveranlagung. [2]Besteht nach § 46 keine Pflicht zur Durchführung einer Veranlagung und wird keine Veranlagung, insbesondere zur Anrechnung von Lohnsteuer auf die Einkommensteuer nach § 46 Absatz 2 Nummer 8 beantragt, ist für die Festsetzung der Mobilitätsprämie die im Rahmen der Einkommensteuerveranlagung festgesetzte Einkommensteuer, die sich auf Grund des Antrags auf Mobilitätsprämie ergibt, mit Null Euro anzusetzen. [3]Auch in den Fällen des § 25 gilt, ungeachtet des § 56 Satz 1 der Einkommensteuer-Durchführungsverordnung, der Antrag auf Mobilitätsprämie zugleich als Abgabe einer Einkommensteuererklärung.

§ 106[1)] Ertragsteuerliche Behandlung der Mobilitätsprämie. Die Mobilitätsprämie gehört nicht zu den steuerpflichtigen Einnahmen im Sinne des Einkommensteuergesetzes.

§ 107[1)] Anwendung der Abgabenordnung. Auf die Mobilitätsprämie sind die für Steuervergütungen geltenden Vorschriften der Abgabenordnung mit Ausnahme des § 163 der Abgabenordnung entsprechend anzuwenden.

§ 108[1)] Anwendung von Straf- und Bußgeldvorschriften der Abgabenordnung. [1]Für die Mobilitätsprämie gelten die Strafvorschriften des

---

1) Abschnitt XIII (§§ 101 bis 109) angef. mWv VZ 2021 durch G v. 21.12.2019 (BGBl. I S. 2886).

2) § 105 neu gef. mWv VZ 2021 durch G v. 21.12.2020 (BGBl. I S. 3096).

§ 370 Absatz 1 bis 4, der §§ 371, 375 Absatz 1 und des § 376 der Abgabenordnung[1] sowie die Bußgeldvorschriften der §§ 378 und 379 Absatz 1 und 4 sowie der §§ 383 und 384 der Abgabenordnung entsprechend. [2] Für das Strafverfahren wegen einer Straftat nach Satz 1 sowie der Begünstigung einer Person, die eine solche Tat begangen hat, gelten die §§ 385 bis 408 der Abgabenordnung, für das Bußgeldverfahren wegen einer Ordnungswidrigkeit nach Satz 1 die §§ 409 bis 412 der Abgabenordnung entsprechend.

§ 109[2)] Verordnungsermächtigung. Die Bundesregierung wird ermächtigt, durch Rechtsverordnung mit Zustimmung des Bundesrates das Verfahren bei der Festsetzung und der Auszahlung der Mobilitätsprämie näher zu regeln.

XIV. Sondervorschriften zur Bewältigung der Corona-Pandemie

§ 110[3)] Anpassung von Vorauszahlungen für den Veranlagungszeitraum 2019. (1) [1] Auf Antrag wird der für die Bemessung der Vorauszahlungen für den Veranlagungszeitraum 2019 zugrunde gelegte Gesamtbetrag der Einkünfte pauschal um 30 Prozent gemindert. [2] Das gilt nicht, soweit in dem Gesamtbetrag der Einkünfte Einkünfte aus nichtselbständiger Arbeit (§ 19) enthalten sind. [3] Voraussetzung für die Anwendung des Satzes 1 ist, dass die Vorauszahlungen für 2020 auf 0 Euro herabgesetzt wurden.

(2) Abweichend von Absatz 1 wird der für die Bemessung der Vorauszahlungen für den Veranlagungszeitraum 2019 zugrunde gelegte Gesamtbetrag der Einkünfte um einen höheren Betrag als 30 Prozent gemindert, wenn der Steuerpflichtige einen voraussichtlichen Verlustrücktrag im Sinne des § 10d Absatz 1 Satz 1 für 2020 in dieser Höhe nachweisen kann.

(3)[4)] [1] Die Minderungen nach den Absätzen 1 und 2 dürfen insgesamt 10 000 000 Euro, bei Ehegatten, die nach den §§ 26 und 26b zusammenveranlagt werden, 20 000 000 Euro nicht überschreiten. [2] § 37 Absatz 3, 5 und 6 ist entsprechend anzuwenden.

§ 111[5)] Vorläufiger Verlustrücktrag für 2020 und 2021. (1)[6)] [1] Auf Antrag wird bei der Steuerfestsetzung für den Veranlagungszeitraum 2019 pauschal ein Betrag in Höhe von 30 Prozent des Gesamtbetrags der Einkünfte des Veranlagungszeitraums 2019 als Verlustrücktrag aus 2020 abgezogen (vorläufiger Verlustrücktrag für 2020). [2] Bei der Berechnung des vorläufigen Verlustrücktrags für 2020 sind Einkünfte aus nichtselbständiger Arbeit (§ 19) nicht

---

[1)] Nr. **800**.

[2)] Abschnitt XIII (§§ 101 bis 109) angef. mWv VZ 2021 durch G v. 21.12.2019 (BGBl. I S. 2886).

[3)] § 110 eingef. durch G v. 29.6.2020 (BGBl. I S. 1512).

[4)] § 110 Abs. 3 geänd. durch G v. 10.3.2021 (BGBl. I S. 330); zur Anwendung siehe § 52 Abs. 52.

[5)] § 111 eingef. durch G v. 29.6.2020 (BGBl. I S. 1512); Überschr. geänd. durch G v. 10.3.2021 (BGBl. I S. 330); zur Anwendung siehe § 52 Abs. 53.

[6)] § 111 Abs. 1 Satz 4 angef. mWv VZ 2021 durch G v. 21.12.2020 (BGBl. I S. 3096).

zu berücksichtigen, die im Gesamtbetrag der Einkünfte enthalten sind. [3]Voraussetzung für die Anwendung des Satzes 1 ist, dass die Vorauszahlungen für den Veranlagungszeitraum 2020 auf 0 Euro herabgesetzt wurden. [***ab VZ 2021:*** [4]Soweit bei der Steuerfestsetzung für den Veranlagungszeitraum 2019 der vorläufige Verlustrücktrag für 2020 abgezogen wird, ist § 233a Absatz 2a der Abgabenordnung entsprechend anzuwenden.]

(2) Abweichend von Absatz 1 wird ein höherer Betrag als 30 Prozent vom Gesamtbetrag der Einkünfte abgezogen, wenn der Steuerpflichtige einen voraussichtlichen Verlustrücktrag im Sinne des § 10d Absatz 1 Satz 1 für 2020 in dieser Höhe nachweisen kann.

(3)[1)] Der vorläufige Verlustrücktrag für 2020 nach den Absätzen 1 und 2 kann insgesamt bis zu 10 000 000 Euro, bei Ehegatten, die nach den §§ 26 und 26b zusammenveranlagt werden, bis zu 20 000 000 Euro betragen.

(4) [1]Führt die Herabsetzung von Vorauszahlungen für den Veranlagungszeitraum 2019 auf Grund eines voraussichtlich erwarteten Verlustrücktrags für 2020 zu einer Nachzahlung bei der Steuerfestsetzung für den Veranlagungszeitraum 2019, so wird diese auf Antrag des Steuerpflichtigen bis zum Ablauf eines Monats nach Bekanntgabe der Steuerfestsetzung für den Veranlagungszeitraum 2020 gestundet. [2]Stundungszinsen werden nicht erhoben.

(5) Für den Veranlagungszeitraum 2020 ist bei Anwendung von Absatz 1 oder 2 eine Einkommensteuererklärung abzugeben.

(6) [1]Mit der Veranlagung für 2020 ist die Steuerfestsetzung für den Veranlagungszeitraum 2019 zu ändern; hierbei ist der bislang berücksichtigte vorläufige Verlustrücktrag für 2020 dem Gesamtbetrag der Einkünfte hinzuzurechnen. [2]Dies gilt auch dann, wenn der Steuerbescheid für den Veranlagungszeitraum 2019 bestandskräftig geworden ist; die Festsetzungsfrist endet insoweit nicht, bevor die Festsetzungsfrist für den Veranlagungszeitraum 2020 abgelaufen ist. [3]Soweit die Änderung der Steuerfestsetzung für den Veranlagungszeitraum 2019 auf der Hinzurechnung des vorläufigen Verlustrücktrags für 2020 beruht, ist § 233a Absatz 2a der Abgabenordnung entsprechend anzuwenden.

(7) Die Absätze 1 bis 3 sind nicht anzuwenden, wenn die Veranlagung für den Veranlagungszeitraum 2020 vor der Veranlagung für den Veranlagungszeitraum 2019 durchgeführt wird.

(8)[2)] [1]Wird der Einkommensteuerbescheid für 2019 vor dem 1. April 2021 bestandskräftig, kann bis zum 17. April 2021 nachträglich ein erstmaliger oder geänderter Antrag auf Berücksichtigung des vorläufigen Verlustrücktrags für 2020 gestellt werden. [2]Der Einkommensteuerbescheid für 2019 ist insoweit zu ändern.

(9)[2)] Die Absätze 1 bis 7 gelten für die Steuerfestsetzung für den Veranlagungszeitraum 2020 und die Berücksichtigung des Verlustrücktrags für 2021 entsprechend.

[1)] § 111 Abs. 3 geänd. durch G v. 10.3.2021 (BGBl. I S. 330); zur Anwendung siehe § 52 Abs. 53.

[2)] § 111 Abs. 8 neu gef., Abs. 9 angef. durch G v. 10.3.2021 (BGBl. I S. 330); zur Anwendung siehe § 52 Abs. 53.

Anlage 1 (zu § 4 d Absatz 1)

Tabelle für die Errechnung des Deckungskapitals für lebenslänglich laufende Leistungen von Unterstützungskassen

Erreichtes Alter des Leistungsempfängers (Jahre)	Die Jahresbeiträge der laufenden Leistungen sind zu vervielfachen bei Leistungen an männliche Leistungsempfänger mit	an weibliche Leistungsempfänger mit
1	2	3
bis 26	11	17
27 bis 29	12	17
30	13	17
31 bis 35	13	16
36 bis 39	14	16
40 bis 46	14	15
47 und 48	14	14
49 bis 52	13	14
53 bis 56	13	13
57 und 58	13	12
59 und 60	12	12
61 bis 63	12	11
64	11	11
65 bis 67	11	10
68 bis 71	10	9
72 bis 74	9	8
75 bis 77	8	7
78	8	6
79 bis 81	7	6
82 bis 84	6	5
85 bis 87	5	4
88	4	4
89 und 90	4	3
91 bis 93	3	3
94	3	2
95 und älter	2	2

Anlage 1a (zu § 13a)[1)]

Ermittlung des Gewinns aus Land- und Forstwirtschaft nach Durchschnittssätzen

Für ein Wirtschaftsjahr betragen

1. der Grundbetrag und die Zuschläge für Tierzucht und Tierhaltung der landwirtschaftlichen Nutzung (§ 13a Absatz 4):

Gewinn pro Hektar selbst bewirtschafteter Fläche	350 EUR
bei Tierbeständen für die ersten 25 Vieheinheiten	0 EUR/Vieheinheit
bei Tierbeständen für alle weiteren Vieheinheiten	300 EUR/ Vieheinheit

Angefangene Hektar und Vieheinheiten sind anteilig zu berücksichtigen.

2. die Grenzen und Gewinne der Sondernutzungen (§ 13a Absatz 6):

Nutzung	Grenze	Grenze
1	2	3
Weinbauliche Nutzung	0,66 ha	0,16 ha
Nutzungsteil Obstbau	1,37 ha	0,34 ha
Nutzungsteil Gemüsebau Freilandgemüse Unterglas Gemüse	 0,67 ha 0,06 ha	 0,17 ha 0,015 ha
Nutzungsteil Blumen/ Zierpflanzenbau Freiland Zierpflanzen Unterglas Zierpflanzen	 0,23 ha 0,04 ha	 0,05 ha 0,01 ha
Nutzungsteil Baumschulen	0,15 ha	0,04 ha
Sondernutzung Spargel	0,42 ha	0,1 ha
Sondernutzung Hopfen	0,78 ha	0,19 ha
Binnenfischerei	2000 kg Jahresfang	500 kg Jahresfang
Teichwirtschaft	1,6 ha	0,4 ha
Fischzucht	0,2 ha	0,05 ha
Imkerei	70 Völker	30 Völker
Wanderschäfereien	120 Mutterschafe	30 Mutterschafe
Weihnachtsbaumkulturen	0,4 ha	0,1 ha

3. in den Fällen des § 13a Absatz 7 Satz 1 Nummer 3 die Betriebsausgaben 60 Prozent der Betriebseinnahmen.

---

1) Anlage 1a eingef. mWv 1.1.2015 durch G v. 22.12.2014 (BGBl. I S. 2417).

Anlage 2 (zu § 43b)

Gesellschaften im Sinne der Richtlinie Nr. 2011/96/EU

Gesellschaft im Sinne der genannten Richtlinie ist jede Gesellschaft, die

1.[1] eine der folgenden Formen aufweist:

a) eine Gesellschaft, die gemäß der Verordnung (EG) Nr. 2157/2001 des Rates vom 8. Oktober 2001 über das Statut der Europäischen Gesellschaft (SE) und der Richtlinie 2001/86/EG des Rates vom 8. Oktober 2001 zur Ergänzung des Statuts der Europäischen Gesellschaft hinsichtlich der Beteiligung der Arbeitnehmer gegründet wurde, sowie eine Genossenschaft, die gemäß der Verordnung (EG) Nr. 1435/2003 des Rates vom 22. Juli 2003 über das Statut der Europäischen Genossenschaft (SCE) und gemäß der Richtlinie 2003/72/EG des Rates vom 22. Juli 2003 zur Ergänzung des Statuts der Europäischen Genossenschaft hinsichtlich der Beteiligung der Arbeitnehmer gegründet wurde,

b) Gesellschaften belgischen Rechts mit der Bezeichnung „société anonyme"/„naamloze vennootschap", „société en commandite par actions"/„commanditaire vennootschap op aandelen", „société privée à responsabilité limitée"/„besloten vennootschap met beperkte aansprakelijkheid", „société coopérative à responsabilité limitée"/„coöperatieve vennootschap met beperkte aansprakelijkheid", „société coopérative à responsabilité illimitée"/„coöperatieve vennootschap met onbeperkte aansprakelijkheid", „société en nom collectif"/„vennootschap onder firma" oder „société en commandite simple"/„gewone commanditaire vennootschap", öffentliche Unternehmen, die eine der genannten Rechtsformen angenommen haben, und andere nach belgischem Recht gegründete Gesellschaften, die der belgischen Körperschaftsteuer unterliegen,

c) Gesellschaften bulgarischen Rechts mit der Bezeichnung „събирателно дружество", „командитно дружество", „дружество с ограничена отговорност", „акционерно дружество", „командитно дружество с акции", „неперсонифицирано дружество", „кооперации", „кооперативни съюзи" oder „държавни предприятия", die nach bulgarischem Recht gegründet wurden und gewerbliche Tätigkeiten ausüben,

d) Gesellschaften tschechischen Rechts mit der Bezeichnung „akciová společnost" oder „společnost s ručením omezeným",

e) Gesellschaften dänischen Rechts mit der Bezeichnung „aktieselskab" oder „anpartsselskab" und weitere nach dem Körperschaftsteuergesetz steuerpflichtige Gesellschaften, soweit ihr steuerbarer Gewinn nach den

---

[1] Anlage 2 neu gef. durch G v. 25.7.2014 (BGBl. I S. 1266); zur erstmaligen Anwendung siehe § 52 Abs. 55a Satz 2 a. F.:

„§ 43b und die Anlage 2 (zu § 43b) in der am 1. Juli 2013 geltenden Fassung sind erstmals auf Ausschüttungen anzuwenden, die nach dem 30. Juni 2013 zufließen."

allgemeinen steuerrechtlichen Bestimmungen für die „aktieselskaber" ermittelt und besteuert wird,

f) Gesellschaften deutschen Rechts mit der Bezeichnung „Aktiengesellschaft", „Kommanditgesellschaft auf Aktien", „Gesellschaft mit beschränkter Haftung", „Versicherungsverein auf Gegenseitigkeit", „Erwerbs- und Wirtschaftsgenossenschaft" oder „Betrieb gewerblicher Art von juristischen Personen des öffentlichen Rechts" und andere nach deutschem Recht gegründete Gesellschaften, die der deutschen Körperschaftsteuer unterliegen,

g) Gesellschaften estnischen Rechts mit der Bezeichnung „täisühing", „usaldusühing", „osaühing", „aktsiaselts" oder „tulundusühistu",

h) nach irischem Recht gegründete oder eingetragene Gesellschaften, gemäß dem Industrial and Provident Societies Act eingetragene Körperschaften, gemäß dem Building Societies Act gegründete „building societies" und „trustee savings banks" im Sinne des Trustee Savings Banks Act von 1989,

i) Gesellschaften griechischen Rechts mit der Bezeichnung „ανώνυμη εταιρεία" oder „εταιρεία περιωρισμένης ευθύνης (Ε.Π.Ε.)" und andere nach griechischem Recht gegründete Gesellschaften, die der griechischen Körperschaftsteuer unterliegen,

j) Gesellschaften spanischen Rechts mit der Bezeichnung „sociedad anónima", „sociedad comanditaria por acciones" oder „sociedad de responsabilidad limitada" und die öffentlich-rechtlichen Körperschaften, deren Tätigkeit unter das Privatrecht fällt sowie andere nach spanischem Recht gegründete Körperschaften, die der spanischen Körperschaftsteuer („impuesto sobre sociedades") unterliegen,

k) Gesellschaften französischen Rechts mit der Bezeichnung „société anonyme", „société en commandite par actions", „société à responsabilité limitée", „sociétés par actions simplifiées", „sociétés d'assurances mutuelles", „caisses d'épargne et de prévoyance", „sociétés civiles", die automatisch der Körperschaftsteuer unterliegen, „coopératives", „unions de coopératives", die öffentlichen Industrie- und Handelsbetriebe, die öffentlichen Industrie- und Handelsunternehmen und andere nach französischem Recht gegründete Gesellschaften, die der französischen Körperschaftsteuer unterliegen,

l) Gesellschaften kroatischen Rechts mit der Bezeichnung „dioničko društvo" oder „društvo s ograničenom odgovornošću" und andere nach kroatischem Recht gegründete Gesellschaften, die der kroatischen Gewinnsteuer unterliegen,

m) Gesellschaften italienischen Rechts mit der Bezeichnung „società per azioni", „società in accomandita per azioni", „società a responsabilità limitata", „società cooperative" oder „società di mutua assicurazione" sowie öffentliche und private Körperschaften, deren Tätigkeit ganz oder überwiegend handelsgewerblicher Art ist,

n) Gesellschaften zyprischen Rechts mit der Bezeichnung „εταιρείες" im Sinne der Einkommensteuergesetze,

o) Gesellschaften lettischen Rechts mit der Bezeichnung „akciju sabiedrība" oder „sabiedrība ar ierobežotu atbildību",

p) Gesellschaften litauischen Rechts,

q) Gesellschaften luxemburgischen Rechts mit der Bezeichnung „société anonyme", „société en commandite par actions", „société à responsabilité limitée", „société coopérative", „société coopérative organisée comme une société anonyme", „association d'assurances mutuelles", „association d'épargne-pension" oder „entreprise de nature commerciale, industrielle ou minière de l'Etat, des communes, des syndicats de communes, des établissements publics et des autres personnes morales de droit public" sowie andere nach luxemburgischem Recht gegründete Gesellschaften, die der luxemburgischen Körperschaftsteuer unterliegen,

r) Gesellschaften ungarischen Rechts mit der Bezeichnung: „közkereseti társaság", „betéti társaság", „közös vállalat", „korlátolt felelősségű társaság", „részvénytársaság", „egyesülés" oder „szövetkezet",

s) Gesellschaften maltesischen Rechts mit der Bezeichnung: „Kumpaniji ta' Responsabilita' Limitata" oder „Soċjetajiet en commandite li l-kapital tagħhom maqsum f'azzjonijiet",

t) Gesellschaften niederländischen Rechts mit der Bezeichnung „naamloze vennootschap", „besloten vennootschap met beperkte aansprakelijkheid", „open commanditaire vennootschap", „coöperatie", „onderlinge waarborgmaatschappij", „fonds voor gemene rekening", „vereniging op coöperatieve grondslag" oder „vereniging welke op onderlinge grondslag als verzekeraar of kredietinstelling optreedt" und andere nach niederländischem Recht gegründete Gesellschaften, die der niederländischen Körperschaftsteuer unterliegen,

u) Gesellschaften österreichischen Rechts mit der Bezeichnung „Aktiengesellschaft", „Gesellschaft mit beschränkter Haftung", „Versicherungsvereine auf Gegenseitigkeit", „Erwerbs- und Wirtschaftsgenossenschaften", „Betriebe gewerblicher Art von Körperschaften des öffentlichen Rechts" oder „Sparkassen" sowie andere nach österreichischem Recht gegründete Gesellschaften, die der österreichischen Körperschaftsteuer unterliegen,

v)[1] Gesellschaften polnischen Rechts mit der Bezeichnung „spółka akcyjna", „spółka z ograniczoną odpowiedzialnością" oder „spółka komandytowo-akcyjna",

w) Gesellschaften portugiesischen Rechts in Form von Handelsgesellschaften oder zivilrechtlichen Handelsgesellschaften sowie Genossenschaften und öffentliche Unternehmen,

x)[1] Gesellschaften rumänischen Rechts mit der Bezeichnung „societăţi pe acţiuni", „societăţi în comandită pe acţiuni", „societăţi cu răspundere limitată", „societăţi în nume colectiv" oder „societăţi în comandită simplă",

y) Gesellschaften slowenischen Rechts mit der Bezeichnung „delniška družba", „komanditna družba" oder „družba z omejeno odgovornostjo",

---

[1] Anlage 2 Buchst. v) und x) neu gef. mWv 1.1.2016 (§ 52 Abs. 42b) durch G v. 2.11.2015 (BGBl. I S. 1834).

z) Gesellschaften slowakischen Rechts mit der Bezeichnung „akciová spoločnosť", „spoločnosť s ručením obmedzeným" oder „komanditná spoločnosť",

aa) Gesellschaften finnischen Rechts mit der Bezeichnung „osakeyhtiö"/„aktiebolag", „osuuskunta"/„andelslag", „säästöpankki"/„sparbank" oder „vakuutusyhtiö"/„försäkringsbolag",

bb) Gesellschaften schwedischen Rechts mit der Bezeichnung „aktiebolag", „försäkringsaktiebolag", „ekonomiska föreningar", „sparbanker", „ömsesidiga försäkringsbolag" oder „försäkringsföreningar",

cc) nach dem Recht des Vereinigten Königreichs gegründete Gesellschaften;

2. nach dem Steuerrecht eines Mitgliedstaates in Bezug auf den steuerlichen Wohnsitz als in diesem Staat ansässig betrachtet wird und auf Grund eines mit einem dritten Staat geschlossenen Doppelbesteuerungsabkommens in Bezug auf den steuerlichen Wohnsitz nicht als außerhalb der Gemeinschaft ansässig betrachtet wird und

3. ohne Wahlmöglichkeit einer der folgenden Steuern oder irgendeiner Steuer, die eine dieser Steuern ersetzt, unterliegt, ohne davon befreit zu sein:
– vennootschapsbelasting/impôt des sociétés in Belgien,
– корпоративен данък in Bulgarien,
– daň z příjmů právnických osob in der Tschechischen Republik,
– selskabsskat in Dänemark,
– Körperschaftsteuer in Deutschland,
– tulumaks in Estland,
– corporation tax in Irland,
– φόρος εισοδήματος νομικών προσώπων κερδοσκοπικού χαρακτήρα in Griechenland,
– impuesto sobre sociedades in Spanien,
– impôt sur les sociétés in Frankreich,
– porez na dobit in Kroatien,
– imposta sul reddito delle persone giuridiche in Italien,
– φόρος εισοδήματος in Zypern,
– uzņēmumu ienākuma nodoklis in Lettland,
– pelno mokestis in Litauen,
– impôt sur le revenu des collectivités in Luxemburg,
– társasági adó, osztalékadó in Ungarn,
– taxxa fuq l-income in Malta,
– vennootschapsbelasting in den Niederlanden,
– Körperschaftsteuer in Österreich,
– podatek dochodowy od osób prawnych in Polen,
– imposto sobre o rendimento das pessoas colectivas in Portugal,
– impozit pe profit in Rumänien,
– davek od dobička pravnih oseb in Slowenien,
– daň z príjmov právnických osôb in der Slowakei,
– yhteisöjen tulovero/inkomstskatten för samfund in Finnland,
– statlig inkomstskatt in Schweden,
– corporation tax im Vereinigten Königreich.

Anlage 3 (zu § 50g)[1]

1. Unternehmen im Sinne von § 50g Absatz 3 Nummer 5 Buchstabe a Doppelbuchstabe aa sind:
   a) Gesellschaften belgischen Rechts mit der Bezeichnung „naamloze vennootschap"/„société anonyme", „commanditaire vennootschap op aandelen"/„société en commandite par actions" oder „besloten vennootschap met beperkte aansprakelijkheid"/„société privée à responsabilité limitée" sowie öffentlich-rechtliche Körperschaften, deren Tätigkeit unter das Privatrecht fällt;
   b) Gesellschaften dänischen Rechts mit der Bezeichnung „aktieselskab" und „anpartsselskab";
   c) Gesellschaften deutschen Rechts mit der Bezeichnung „Aktiengesellschaft", „Kommanditgesellschaft auf Aktien" oder „Gesellschaft mit beschränkter Haftung";
   d) Gesellschaften griechischen Rechts mit der Bezeichnung „ανώνυμη εταιρία";
   e) Gesellschaften spanischen Rechts mit der Bezeichnung „sociedad anónima", „sociedad comanditaria por acciones" oder „sociedad de responsabilidad limitada" sowie öffentlich-rechtliche Körperschaften, deren Tätigkeit unter das Privatrecht fällt;
   f) Gesellschaften französischen Rechts mit der Bezeichnung „société anonyme", „société en commandite par actions" oder „société à responsabilité limitée" sowie die staatlichen Industrie- und Handelsbetriebe und Unternehmen;
   g) Gesellschaften irischen Rechts mit der Bezeichnung „public companies limited by shares or by guarantee", „private companies limited by shares or by guarantee", gemäß den „Industrial and Provident Societies Acts" eingetragene Einrichtungen oder gemäß den „Building Societies Acts" eingetragene „building societies";
   h) Gesellschaften italienischen Rechts mit der Bezeichnung „società per azioni", „società in accomandita per azioni" oder „società a responsabilità limitata" sowie staatliche und private Industrie- und Handelsunternehmen;
   i) Gesellschaften luxemburgischen Rechts mit der Bezeichnung „société anonyme", „société en commandite par actions" oder „société à responsabilité limitée";
   j) Gesellschaften niederländischen Rechts mit der Bezeichnung „naamloze vennootschap" oder „besloten vennootschap met beperkte aansprakelijkheid";

---

[1] Anlage 3 neu gef. durch G v. 25.7.2014 (BGBl. I S. 1266); zur erstmaligen Anwendung siehe § 52 Abs. 59c Satz 2 a. F.:

„§ 50g und die Anlage 3 (zu § 50g) in der am 1. Juli 2013 geltenden Fassung sind erstmals auf Zahlungen anzuwenden, die nach dem 30. Juni 2013 erfolgen."

k) Gesellschaften österreichischen Rechts mit der Bezeichnung „Aktiengesellschaft“ oder „Gesellschaft mit beschränkter Haftung“;

l) Gesellschaften portugiesischen Rechts in Form von Handelsgesellschaften oder zivilrechtlichen Handelsgesellschaften sowie Genossenschaften und öffentliche Unternehmen;

m) Gesellschaften finnischen Rechts mit der Bezeichnung „osakeyhtiö/aktiebolag“, „osuuskunta/andelslag“, „säästöpankki/sparbank“ oder „vakuutusyhtiö/försäkringsbolag“;

n) Gesellschaften schwedischen Rechts mit der Bezeichnung „aktiebolag“ oder „försäkringsaktiebolag“;

o) nach dem Recht des Vereinigten Königreichs gegründete Gesellschaften;

p) Gesellschaften tschechischen Rechts mit der Bezeichnung „akciová společnost“, „společnost s ručením omezeným“, „veřejná obchodní společnost“, „komanditní společnost“ oder „družstvo“;

q) Gesellschaften estnischen Rechts mit der Bezeichnung „täisühing“, „usaldusühing“, „osaühing“, „aktsiaselts“ oder „tulundusühistu“;

r) Gesellschaften zyprischen Rechts, die nach dem Gesellschaftsrecht als Gesellschaften bezeichnet werden, Körperschaften des öffentlichen Rechts und sonstige Körperschaften, die als Gesellschaft im Sinne der Einkommensteuergesetze gelten;

s) Gesellschaften lettischen Rechts mit der Bezeichnung „akciju sabiedrība“ oder „sabiedrība ar ierobežotu atbildību“;

t) nach dem Recht Litauens gegründete Gesellschaften;

u) Gesellschaften ungarischen Rechts mit der Bezeichnung „közkereseti társaság“, „betéti társaság“, „közös vállalat“, „korlátolt felelősségű társaság“, „részvénytársaság“, „egyesülés“, „közhasznú társaság“ oder „szövetkezet“;

v) Gesellschaften maltesischen Rechts mit der Bezeichnung „Kumpaniji ta’ Responsabilita’ Limitata“oder „Soċjetajiet in akkomandita li l-kapital tagħhom maqsum f’azzjonijiet“;

w) Gesellschaften polnischen Rechts mit der Bezeichnung „spółka akcyjna“ oder „spółka z ograniczoną odpowiedzialnością“;

x) Gesellschaften slowenischen Rechts mit der Bezeichnung „delniška družba“, „komanditna delniška družba“, „komanditna družba“, „družba z omejeno odgovornostjo“ oder „družba z neomejeno odgovornostjo“;

y) Gesellschaften slowakischen Rechts mit der Bezeichnung „akciová spoločnos“, „spoločnosť s ručením obmedzeným“, „komanditná spoločnos“, „verejná obchodná spoločnos“ oder „družstvo“;

aa) Gesellschaften bulgarischen Rechts mit der Bezeichnung „събирателното дружество“, „командитното дружество“, „дружеството с ограничена отговорност“, „акционерното дружество“, „командитното дружество с акции“, „кооперации“,

„кооперативни съюзи“ oder „държавни предприятия“, die nach bulgarischem Recht gegründet wurden und gewerbliche Tätigkeiten ausüben;

bb) Gesellschaften rumänischen Rechts mit der Bezeichnung „societăți pe acțiuni“, „societăți în comandită pe acțiuni“ oder „societăți cu răspundere limitată“;

cc) Gesellschaften kroatischen Rechts mit der Bezeichnung „dioničko društvo“ oder „društvo s ograničenom odgovornošću“ und andere nach kroatischem Recht gegründete Gesellschaften, die der kroatischen Gewinnsteuer unterliegen.

2. Steuern im Sinne von § 50g Absatz 3 Nummer 5 Buchstabe a Doppelbuchstabe cc sind:
– impôt des sociétés/vennootschapsbelasting in Belgien,
– selskabsskat in Dänemark,
– Körperschaftsteuer in Deutschland,
– φόρος εισοδήματος νομικών προσώπων in Griechenland,
– impuesto sobre sociedades in Spanien,
– impôt sur les sociétés in Frankreich,
– corporation tax in Irland,
– imposta sul reddito delle persone giuridiche in Italien,
– impôt sur le revenu des collectivités in Luxemburg,
– vennootschapsbelasting in den Niederlanden,
– Körperschaftsteuer in Österreich,
– imposto sobre o rendimento da pessoas colectivas in Portugal,
– yhteisöjen tulovero/inkomstskatten för samfund in Finnland,
– statlig inkomstskatt in Schweden,
– corporation tax im Vereinigten Königreich,
– Daň z příjmů právnických osob in der Tschechischen Republik,
– Tulumaks in Estland,
– φόρος εισοδήματος in Zypern,
– Uzņēmumu ienākuma nodoklis in Lettland,
– Pelno mokestis in Litauen,
– Társasági adó in Ungarn,
– Taxxa fuq l-income in Malta,
– Podatek dochodowy od osób prawnych in Polen,
– Davek od dobička pravnih oseb in Slowenien,
– Daň z príjmov právnických osôb in der Slowakei,
– корпоративен данък in Bulgarien,
– impozit pe profit, impozitul pe veniturile obținute din România de nerezidenți in Rumänien,
– porez na dobit in Kroatien.

1a. Solidaritätszuschlaggesetz 1995 (SolzG 1995)

In der Fassung der Bekanntmachung vom 15. Oktober 2002 (BGBl. I S. 4130)[1]

Geändert durch Zweites Gesetz für moderne Dienstleistungen am Arbeitsmarkt vom 23.12. 2002 (BGBl. I S. 4621), Jahressteuergesetz 2007 vom 13.12.2006 (BGBl. I S. 2878), Jahressteuergesetz 2008 vom 20.12.2007 (BGBl. I S. 3150), Jahressteuergesetz 2009 vom 19.12.2008 (BGBl. I S. 2794), Familienleistungsgesetz vom 22.12.2008 (BGBl. I S. 2955), Wachstumsbeschleunigungsgesetz vom 22.12.2009 (BGBl. I S. 3950), Jahressteuergesetz 2010 (JStG 2010) vom 8.12.2010 (BGBl. I S. 1768), Beitreibungsrichtlinie-Umsetzungsgesetz (BeitrRLUmsG) vom 7.12.2011 (BGBl. I S. 2592), Gesetz zur Anhebung des Grundfreibetrags, des Kinderfreibetrags, des Kindergeldes und des Kinderzuschlags vom 16.7.2015 (BGBl. I S. 1202), Gesetz zur Reform der Investmentbesteuerung (Investmentsteuerreformgesetz – InvStRefG) vom 19.7.2016 (BGBl. I S. 1730), Gesetz zur Umsetzung der Änderungen der EU-Amtshilferichtlinie und von weiteren Maßnahmen gegen Gewinnkürzungen und -verlagerungen vom 20.12.2016 (BGBl. I S. 3000), Gesetz zur steuerlichen Entlastung der Familien sowie zur Anpassung weiterer steuerlicher Regelungen vom 29.11.2018 (BGBl. I S. 2210), Zweites Gesetz zur Anpassung des Datenschutzrechts an die Verordnung (EU) 2016/679 und zur Umsetzung der Richtlinie (EU) 2016/680 (Zweites Datenschutz-Anpassungs- und Umsetzungsgesetz EU – 2. DSAnpUG-EU) vom 20.11.2019 (BGBl. I S. 1626), Gesetz zur Rückführung des Solidaritätszuschlags 1995 vom 10.12.2019 (BGBl. I S. 2115) und Zweites Familienentlastungsgesetz (2. FamEntlastG) vom 1.12.2020 (BGBl. I S. 2616)

BGBl. III/FNA 610-6-12

§ 1 Erhebung eines Solidaritätszuschlags. (1) Zur Einkommensteuer und zur Körperschaftsteuer wird ein Solidaritätszuschlag als Ergänzungsabgabe erhoben.

(2)[2] [1] Auf die Festsetzung und Erhebung des Solidaritätszuschlags sind die Vorschriften des Einkommensteuergesetzes mit Ausnahme des § 36a des Einkommensteuergesetzes und des Körperschaftsteuergesetzes entsprechend anzuwenden. [2] Wird die Einkommen- oder Körperschaftsteuer im Wege des Steuerabzugs erhoben, so dürfen die zu diesem Zweck verarbeiteten personenbezogenen Daten auch für die Erhebung des Solidaritätszuschlags im Wege des Steuerabzugs verarbeitet werden.

(3) Ist die Einkommen- oder Körperschaftsteuer für Einkünfte, die dem Steuerabzug unterliegen, durch den Steuerabzug abgegolten oder werden solche Einkünfte bei der Veranlagung zur Einkommen- oder Körperschaftsteuer oder beim Lohnsteuer-Jahresausgleich nicht erfasst, gilt dies für den Solidaritätszuschlag entsprechend.

(4) [1] Die Vorauszahlungen auf den Solidaritätszuschlag sind gleichzeitig mit den festgesetzten Vorauszahlungen auf die Einkommensteuer oder Körperschaftsteuer zu entrichten; § 37 Abs. 5 des Einkommensteuergesetzes ist nicht anzuwenden. [2] Solange ein Bescheid über die Vorauszahlungen auf den Soli-

---

[1] Neubekanntmachung des SolzG 1995 v. 23.6.1993 (BGBl. I S. 944, 975) auf Grund des Art. 15 5. G zur Änd. des Steuerbeamtenausbildungsgesetzes v. 23.7.2002 (BGBl. I S. 2715) in der ab 27.7.2002 geltenden Fassung.

[2] § 1 Abs. 2 geänd. mWv VZ 2016 (§ 6 Abs. 16) durch G v. 19.7.2016 (BGBl. I S. 1730); Satz 2 angef., bish. Text wird Satz 1 mWv VZ 2019 durch G v. 20.11.2019 (BGBl. I S. 1626).

daritätszuschlag nicht erteilt worden ist, sind die Vorauszahlungen ohne besondere Aufforderung nach Maßgabe der für den Solidaritätszuschlag geltenden Vorschriften zu entrichten. [3] § 240 Abs. 1 Satz 3 der Abgabenordnung ist insoweit nicht anzuwenden; § 254 Abs. 2 der Abgabenordnung gilt insoweit sinngemäß.

(5) [1] Mit einem Rechtsbehelf gegen den Solidaritätszuschlag kann weder die Bemessungsgrundlage noch die Höhe des zu versteuernden Einkommens angegriffen werden. [2] Wird die Bemessungsgrundlage geändert, ändert sich der Solidaritätszuschlag entsprechend.

§ 2 Abgabepflicht. Abgabepflichtig sind

1. natürliche Personen, die nach § 1 des Einkommensteuergesetzes einkommensteuerpflichtig sind,
2. natürliche Personen, die nach § 2 des Außensteuergesetzes erweitert beschränkt steuerpflichtig sind,
3. Körperschaften, Personenvereinigungen und Vermögensmassen, die nach § 1 oder § 2 des Körperschaftsteuergesetzes körperschaftsteuerpflichtig sind.

§ 3 Bemessungsgrundlage und zeitliche Anwendung. (1) Der Solidaritätszuschlag bemisst sich vorbehaltlich der Absätze 2 bis 5,

1. soweit eine Veranlagung zur Einkommensteuer oder Körperschaftsteuer vorzunehmen ist:

   nach der nach Absatz 2 berechneten Einkommensteuer oder der festgesetzten Körperschaftsteuer für Veranlagungszeiträume ab 1998, vermindert um die anzurechnende oder vergütete Körperschaftsteuer, wenn ein positiver Betrag verbleibt;
2. soweit Vorauszahlungen zur Einkommensteuer oder Körperschaftsteuer zu leisten sind:

   nach den Vorauszahlungen auf die Steuer für Veranlagungszeiträume ab 2002;
3. soweit Lohnsteuer zu erheben ist:

   nach der nach Absatz 2a berechneten Lohnsteuer für

   a) laufenden Arbeitslohn, der für einen nach dem 31. Dezember 1997 endenden Lohnzahlungszeitraum gezahlt wird,

   b) sonstige Bezüge, die nach dem 31. Dezember 1997 zufließen;
4. soweit ein Lohnsteuer-Jahresausgleich durchzuführen ist, nach der nach Absatz 2a sich ergebenden Jahreslohnsteuer für Ausgleichsjahre ab 1998;
5. soweit Kapitalertragsteuer oder Zinsabschlag zu erheben ist außer in den Fällen des § 43b des Einkommensteuergesetzes:

   nach der ab 1. Januar 1998 zu erhebenden Kapitalertragsteuer oder dem ab diesem Zeitpunkt zu erhebenden Zinsabschlag;
6. soweit bei beschränkt Steuerpflichtigen ein Steuerabzugsbetrag nach § 50a des Einkommensteuergesetzes zu erheben ist:

   nach dem ab 1. Januar 1998 zu erhebenden Steuerabzugsbetrag.

(2) Bei der Veranlagung zur Einkommensteuer ist Bemessungsgrundlage für den Solidaritätszuschlag die Einkommensteuer, die abweichend von § 2 Abs. 6 des Einkommensteuergesetzes unter Berücksichtigung von Freibeträgen nach

§ 32 Abs. 6 des Einkommensteuergesetzes in allen Fällen des § 32 des Einkommensteuergesetzes festzusetzen wäre.

(2a)[1] [1]Vorbehaltlich des § 40a Absatz 2 des Einkommensteuergesetzes ist beim Steuerabzug vom Arbeitslohn Bemessungsgrundlage die Lohnsteuer; beim Steuerabzug vom laufenden Arbeitslohn und beim Jahresausgleich ist die Lohnsteuer maßgebend, die sich ergibt, wenn der nach § 39b Absatz 2 Satz 5 des Einkommensteuergesetzes zu versteuernde Jahresbetrag für die Steuerklassen I, II und III im Sinne des § 38b des Einkommensteuergesetzes um den Kinderfreibetrag von *4368*[2] [***ab 1.1.2017:*** 4716; ***ab 1.1.2018:*** 4788; ***ab 1.1.2019:*** 4980; ***ab 1.1.2020:*** 5172; ***ab 1.1.2021:*** 5460][3] Euro sowie den Freibetrag für den Betreuungs- und Erziehungs- oder Ausbildungsbedarf von *2640*[2] [***ab 1.1.2021:*** 2928][3] Euro und für die Steuerklasse IV im Sinne des § 38b des Einkommensteuergesetzes um den Kinderfreibetrag von *2184*[2] [***ab 1.1.2017:*** 2358; ***ab 1.1.2018:*** 2394; ***ab 1.1.2019:*** 2490; ***ab 1.1.2020:*** 2586; ***ab 1.1.2021:*** 2730][3] Euro sowie den Freibetrag für den Betreuungs- und Erziehungs- oder Ausbildungsbedarf von *1320*[2] [***ab 1.1.2021:*** 1464][3] Euro für jedes Kind vermindert wird, für das eine Kürzung der Freibeträge für Kinder nach § 32 Absatz 6 Satz 4 des Einkommensteuergesetzes nicht in Betracht kommt. [2]Bei der Anwendung des § 39b des Einkommensteuergesetzes für die Ermittlung des Solidaritätszuschlages ist die als Lohnsteuerabzugsmerkmal gebildete Zahl der Kinderfreibeträge maßgebend.[4] [3]Bei Anwendung des § 39f des Einkommensteuergesetzes ist beim Steuerabzug vom laufenden Arbeitslohn die Lohnsteuer maßgebend, die sich bei Anwendung des nach § 39f Abs. 1 des Einkommensteuergesetzes ermittelten Faktors auf den nach den Sätzen 1 und 2 ermittelten Betrag ergibt.[5]

(3)[6] [1]Der Solidaritätszuschlag ist von einkommensteuerpflichtigen Personen nur zu erheben, wenn die Bemessungsgrundlage nach Absatz 1 Nummer 1 und 2, vermindert um die Einkommensteuer nach § 32d Absatz 3 und 4 des Einkommensteuergesetzes,

1. in den Fällen des § 32a Absatz 5 und 6 des Einkommensteuergesetzes *1944 Euro* [***ab VZ 2021:*** 33 912 Euro],[7]
2. in anderen Fällen *972 Euro* [***ab VZ 2021:*** 16 956 Euro],[7]

übersteigt. [2]Auf die Einkommensteuer nach § 32d Absatz 3 und 4 des Einkommensteuergesetzes ist der Solidaritätszuschlag ungeachtet des Satzes 1 zu erheben.

---

[1] § 3 Absatz 2a erstmals anzuwenden ab VZ 2002 (§ 6 Abs. 8); 1. HS geänd. durch G v. 23.12.2002 (BGBl. I S. 4621).

[2] Betrag geänd. mWv VZ 2010 (§ 6 Abs. 11) durch G v. 22.12.2009 (BGBl. I S. 3950).

[3] Beträge geänd. mWv 1.1.2017/1.1.2018 (§ 6 Abs. 17 und 18) durch G v. 20.12.2016 (BGBl. I S. 3000); geänd. mWv 1.1.2019/1.1.2020 (§ 6 Abs. 19 und 20) durch G v. 29.11.2018 (BGBl. I S. 2210); geänd. mWv 1.1.2021 (§ 6 Abs. 22) durch G v. 1.12.2020 (BGBl. I S. 2616).

[4] § 3 Abs. 2a Satz 2 angef. durch G v. 13.12.2006 (BGBl. I S. 2878); geänd. mWv VZ 2012 (§ 6 Abs. 13) durch G v. 7.12.2011 (BGBl. I S. 2592).

[5] § 3 Abs. 2a Satz 3 angef. durch G v. 19.12.2008 (BGBl. I S. 2794).

[6] § 3 Abs. 3 Satz 1 geänd., Satz 2 angef. durch G v. 8.12.2010 (BGBl. I S. 1768); zur Anwendung siehe § 6 Abs. 12.

[7] § 3 Abs. 3 Satz 1 Nrn. 1 und 2 Beträge geänd. durch G v. 10.12.2019 (BGBl. I S. 2115); zur Anwendung siehe § 6 Abs. 21 Satz 1.

[Fassung bis 31.12.2020:]

(4) [1] Beim Abzug vom laufenden Arbeitslohn ist der Solidaritätszuschlag nur zu erheben, wenn die Bemessungsgrundlage im jeweiligen Lohnzahlungszeitraum

1. bei monatlicher Lohnzahlung
   a) in der Steuerklasse III mehr als 162 Euro und
   b) in den Steuerklassen I, II, IV bis VI mehr als 81 Euro,
2. bei wöchentlicher Lohnzahlung
   a) in der Steuerklasse III mehr als 37,80 Euro und
   b) in den Steuerklassen I, II, IV bis VI mehr als 18,90 Euro,
3. bei täglicher Lohnzahlung
   a) in der Steuerklasse III mehr als 5,40 Euro und
   b) in den Steuerklassen I, II, IV bis VI mehr als 2,70 Euro

beträgt. [2] § 39b Abs. 4 des Einkommensteuergesetzes ist sinngemäß anzuwenden.

(5) Beim Lohnsteuer-Jahresausgleich ist der Solidaritätszuschlag nur zu ermitteln, wenn die Bemessungsgrundlage in Steuerklasse III mehr als 1944 Euro und in den Steuerklassen I, II oder IV mehr als 972 Euro beträgt.

[Fassung ab 1.1.2021 nach Rückführung des SolZ:]

(4)[1)] Beim Abzug vom laufenden Arbeitslohn ist der Solidaritätszuschlag nur zu erheben, wenn die Bemessungsgrundlage im jeweiligen Lohnzahlungszeitraum

1. bei monatlicher Lohnzahlung
   a) in der Steuerklasse III mehr als 2826 Euro und
   b) in den Steuerklassen I, II, IV bis VI mehr als 1413 Euro,
2. bei wöchentlicher Lohnzahlung
   a) in der Steuerklasse III mehr als 659,40 Euro und
   b) in den Steuerklassen I, II, IV bis VI mehr als 329,70 Euro,
3. bei täglicher Lohnzahlung
   a) in der Steuerklasse III mehr als 94,20 Euro und
   b) in den Steuerklassen I, II, IV bis VI mehr als 47,10 Euro

beträgt.

(4a)[1)] [1] Beim Abzug von einem sonstigen Bezug ist der Solidaritätszuschlag nur zu erheben, wenn die Jahreslohnsteuer im Sinne des § 39b Absatz 3 Satz 5 des Einkommensteuergesetzes unter Berücksichtigung des Kinderfreibetrags und des Freibetrags für den Betreuungs- und Erziehungs- oder Ausbildungsbedarf für jedes Kind entsprechend den Vorgaben in Absatz 2a folgende Beträge übersteigt:

1. in den Steuerklassen I, II, IV bis VI 16 956 Euro und
2. in der Steuerklasse III 33 912 Euro.

[1)] § 3 Abs. 4 Satz 2 aufgeh., bish. Satz 1 Nrn. 1 bis 3 Beträge geänd., Abs. 4a eingef. durch G v. 10.12.2019 (BGBl. I S. 2115); zur Anwendung siehe § 6 Abs. 21 Satz 2.

[Fassung ab 1.1.2021 nach Rückführung des SolZ:]

[2]Die weiteren Berechnungsvorgaben in § 39b Absatz 3 des Einkommensteuergesetzes finden Anwendung.

(5)[1] Beim Lohnsteuer-Jahresausgleich ist der Solidaritätszuschlag nur zu ermitteln, wenn die Bemessungsgrundlage in Steuerklasse III mehr als 33 912 Euro und in den Steuerklassen I, II oder IV mehr als 16 956 Euro beträgt.

§ 4[2] Zuschlagsatz. [1]Der Solidaritätszuschlag beträgt 5,5 Prozent der Bemessungsgrundlage. [2]Er beträgt nicht mehr als *20 Prozent* [***ab 1.1.2021:*** 11,9 Prozent] des Unterschiedsbetrages zwischen der Bemessungsgrundlage, vermindert um die Einkommensteuer nach § 32d Absatz 3 und 4 des Einkommensteuergesetzes, und der nach § 3 *Absatz 3 bis 5* [***ab 1.1.2021:*** Absatz 3, 4 und 5] jeweils maßgebenden Freigrenze. [3]Bruchteile eines Cents bleiben außer Ansatz. [4]Der Solidaritätszuschlag auf die Einkommensteuer nach § 32d Absatz 3 und 4 des Einkommensteuergesetzes [***ab 1.1.2021:*** und auf die Lohnsteuer nach § 39b Absatz 3 des Einkommensteuergesetzes] beträgt ungeachtet des Satzes 2 5,5 Prozent.

§ 5 Doppelbesteuerungsabkommen. Werden auf Grund eines Abkommens zur Vermeidung der Doppelbesteuerung im Geltungsbereich dieses Gesetzes erhobene Steuern vom Einkommen ermäßigt, so ist diese Ermäßigung zuerst auf den Solidaritätszuschlag zu beziehen.

§ 6 Anwendungsvorschrift. (1) § 2 in der Fassung des Gesetzes vom 18. Dezember 1995 (BGBl. I S. 1959) ist ab dem Veranlagungszeitraum 1995 anzuwenden.

(2) Das Gesetz in der Fassung des Gesetzes vom 11. Oktober 1995 (BGBl. I S. 1250) ist erstmals für den Veranlagungszeitraum 1996 anzuwenden.

(3) Das Gesetz in der Fassung des Gesetzes vom 21. November 1997 (BGBl. I S. 2743) ist erstmals für den Veranlagungszeitraum 1998 anzuwenden.

(4) Das Gesetz in der Fassung des Gesetzes vom 23. Oktober 2000 (BGBl. I S. 1433) ist erstmals für den Veranlagungszeitraum 2001 anzuwenden.

---

[1] § 3 Abs. 5 Beträge geänd. durch G v. 10.12.2019 (BGBl. I S. 2115); zur Anwendung siehe § 6 Abs. 21 Satz 3.

[2] § 4 Satz 2 geänd., Satz 4 angef. durch G v. 8.12.2010 (BGBl. I S. 1768); zur Anwendung siehe § 6 Abs. 12; Sätze 2 und 4 geänd. durch G v. 10.12.2019 (BGBl. I S. 2115); zur Anwendung siehe § 6 Abs. 21 Sätze 1 und 2.

(5) Das Gesetz in der Fassung des Gesetzes vom 21. Dezember 2000 (BGBl. I S. 1978) ist erstmals für den Veranlagungszeitraum 2001 anzuwenden.

(6) Das Solidaritätszuschlaggesetz 1995 in der Fassung des Artikels 6 des Gesetzes vom 19. Dezember 2000 (BGBl. I S. 1790) ist erstmals für den Veranlagungszeitraum 2002 anzuwenden.

(7) § 1 Abs. 2a in der Fassung des Gesetzes zur Regelung der Bemessungsgrundlage für Zuschlagsteuern vom 21. Dezember 2000 (BGBl. I S. 1978, 1979) ist letztmals für den Veranlagungszeitraum 2001 anzuwenden.

(8) § 3 Abs. 2a *in der Fassung des Gesetzes zur Regelung der Bemessungsgrundlage für Zuschlagsteuern vom 21. Dezember 2000 (BGBl. I S. 1978, 1979)*[1] ist erstmals für den Veranlagungszeitraum 2002 anzuwenden.

(9)[2] § 3 in der Fassung des Artikels 7 des Gesetzes vom 20. Dezember 2007 (BGBl. I S. 3150) ist erstmals für den Veranlagungszeitraum 2008 anzuwenden.

(10)[3] § 3 in der Fassung des Artikels 5 des Gesetzes vom 22. Dezember 2008 (BGBl. I S. 2955) ist erstmals für den Veranlagungszeitraum 2009 anzuwenden.

(11)[4] § 3 in der Fassung des Artikels 9 des Gesetzes vom 22. Dezember 2009 (BGBl. I S. 3950) ist erstmals für den Veranlagungszeitraum 2010 anzuwenden.

(12)[5] [1] § 3 Absatz 3 und § 4 in der Fassung des Artikels 31 des Gesetzes vom 8. Dezember 2010 (BGBl. I S. 1768) sind erstmals für den Veranlagungszeitraum 2011 anzuwenden. [2] Abweichend von Satz 1 sind § 3 Absatz 3 und § 4 in der Fassung des Artikels 31 des Gesetzes vom 8. Dezember 2010 (BGBl. I S. 1768) auch für die Veranlagungszeiträume 2009 und 2010 anzuwenden, soweit sich dies zu Gunsten des Steuerpflichtigen auswirkt.

(13)[6] § 3 Absatz 2a Satz 2 in der Fassung des Artikels 6 des Gesetzes vom 7. Dezember 2011 (BGBl. I S. 2592) ist erstmals für den Veranlagungszeitraum 2012 anzuwenden.

(14)[7] [1] § 3 Absatz 2a Satz 1 in der am 23. Juli 2015 geltenden Fassung ist erstmals anzuwenden auf laufenden Arbeitslohn, der für einen nach dem 30. November 2015 endenden Lohnzahlungszeitraum gezahlt wird, und auf sonstige Bezüge, die nach dem 30. November 2015 zufließen. [2] Bei der Lohnsteuerberechnung auf laufenden Arbeitslohn, der für einen nach dem 30. November 2015, aber vor dem 1. Januar 2016 endenden täglichen, wöchentlichen und monatlichen Lohnzahlungszeitraum gezahlt wird, ist zu be-

---

[1] Redaktionelles Versehen des Gesetzgebers – müsste richtig lauten: idF des Zweiten Gesetzes zur Familienförderung v. 16.8.2001 (BGBl. I S. 2074) bzw. idF des Fünften Gesetzes zur Änderung des Steuerbeamten-Ausbildungsgesetzes und zur Änderung von Steuergesetzen v. 23.7.2002 (BGBl. I S. 2715).

[2] § 6 Abs. 9 angef. durch G v. 20.12.2007 (BGBl. I S. 3150).

[3] § 6 Abs. 10 angef. durch G v. 22.12.2008 (BGBl. I S. 2955).

[4] § 6 Abs. 11 angef. durch G v. 22.12.2009 (BGBl. I S. 3950).

[5] § 6 Abs. 12 angef. durch G v. 8.12.2010 (BGBl. I S. 1768).

[6] § 6 Abs. 13 angef. durch G v. 7.12.2011 (BGBl. I S. 2592).

[7] § 6 Abs. 14 angef. durch G v. 16.7.2015 (BGBl. I S. 1202).

rücksichtigen, dass § 3 Absatz 2a Satz 1 in der am 23. Juli 2015 geltenden Fassung bis zum 30. November 2015 nicht angewandt wurde (Nachholung). [3]Das Bundesministerium der Finanzen hat dies im Einvernehmen mit den obersten Finanzbehörden der Länder bei der Aufstellung und Bekanntmachung der entsprechenden Programmablaufpläne zu berücksichtigen (§ 52 Absatz 32a Satz 3 des Einkommensteuergesetzes).

(15)[1)] § 3 Absatz 2a in der am 1. Januar 2016 geltenden Fassung ist erstmals auf den laufenden Arbeitslohn anzuwenden, der für einen nach dem 31. Dezember 2015 endenden Lohnzahlungszeitraum gezahlt wird, und auf sonstige Bezüge, die nach dem 31. Dezember 2015 zufließen.

(16)[2)] Das Gesetz in der Fassung des Gesetzes von 19. Juli 2016 (BGBl. I S. 1730) ist erstmals für den Veranlagungszeitraum 2016 anzuwenden.

(17)[3)] § 3 Absatz 2a in der am 1. Januar 2017 geltenden Fassung ist erstmals auf den laufenden Arbeitslohn anzuwenden, der für einen nach dem 31. Dezember 2016 endenden Lohnzahlungszeitraum gezahlt wird, und auf sonstige Bezüge, die nach dem 31. Dezember 2016 zufließen.

(18)[3)] § 3 Absatz 2a in der am 1. Januar 2018 geltenden Fassung ist erstmals auf den laufenden Arbeitslohn anzuwenden, der für einen nach dem 31. Dezember 2017 endenden Lohnzahlungszeitraum gezahlt wird, und auf sonstige Bezüge, die nach dem 31. Dezember 2017 zufließen.

(19)[4)] § 3 Absatz 2a in der am 1. Januar 2019 geltenden Fassung ist erstmals auf den laufenden Arbeitslohn anzuwenden, der für einen nach dem 31. Dezember 2018 endenden Lohnzahlungszeitraum gezahlt wird, und auf sonstige Bezüge, die nach dem 31. Dezember 2018 zufließen.

(20)[4)] § 3 Absatz 2a in der am 1. Januar 2020 geltenden Fassung ist erstmals auf den laufenden Arbeitslohn anzuwenden, der für einen nach dem 31. Dezember 2019 endenden Lohnzahlungszeitraum gezahlt wird, und auf sonstige Bezüge, die nach dem 31. Dezember 2019 zufließen.

(21)[5)] [1]§ 3 Absatz 3 und § 4 Satz 2 in der Fassung des Gesetzes vom 10. Dezember 2019 (BGBl. I S. 2115) sind erstmals im Veranlagungszeitraum 2021 anzuwenden. [2]§ 3 Absatz 4 und 4a und § 4 Satz 2 und 4 in der Fassung des Gesetzes vom 10. Dezember 2019 (BGBl. I S. 2115) sind erstmals auf den laufenden Arbeitslohn anzuwenden, der für einen nach dem 31. Dezember 2020 endenden Lohnzahlungszeitraum gezahlt wird, und auf sonstige Bezüge, die nach dem 31. Dezember 2020 zufließen. [3]§ 3 Absatz 5 in der Fassung des Gesetzes vom 10. Dezember 2019 (BGBl. I S. 2115) ist beim Lohnsteuer-Jahresausgleich durch den Arbeitgeber (§ 42b des Einkommensteuergesetzes) erstmals für das Ausgleichsjahr 2021 anzuwenden.

---

1) § 6 Abs. 15 angef. durch G v. 16.7.2015 (BGBl. I S. 1202).
2) § 6 Abs. 16 angef. durch G v. 19.7.2016 (BGBl. I S. 1730).
3) § 6 Abs. 17 und 18 angef. durch G v. 20.12.2016 (BGBl. I S. 3000).
4) § 6 Abs. 19 und 20 angef. durch G v. 29.11.2018 (BGBl. I S. 2210).
5) § 6 Abs. 21 angef. durch G v. 10.12.2019 (BGBl. I S. 2115).

(22)[1] § 3 Absatz 2a in der am 1. Januar 2021 geltenden Fassung ist erstmals auf den laufenden Arbeitslohn anzuwenden, der für einen nach dem 31. Dezember 2020 endenden Lohnzahlungszeitraum gezahlt wird, und auf sonstige Bezüge, die nach dem 31. Dezember 2020 zufließen.

---

[1] § 6 Abs. 22 angef. durch G v. 1.12.2020 (BGBl. I S. 2616).

2. Richtlinie 2011/96/EU des Rates über das gemeinsame Steuersystem der Mutter- und Tochtergesellschaften verschiedener Mitgliedstaaten

Vom 30. November 2011 (ABl. EU Nr. L 345 S. 9)

Zuletzt geändert durch RL 2015/121/EU vom 27. 1. 2015 (ABl. EU Nr. L 21 S. 1)

Art. 1[1] **[Anwendungsbereich]** (1) Jeder Mitgliedstaat wendet diese Richtlinie an

a) auf Gewinnausschüttungen, die Gesellschaften dieses Mitgliedstaats von Tochtergesellschaften eines anderen Mitgliedstaats zufließen;

b) auf Gewinnausschüttungen von Tochtergesellschaften dieses Mitgliedstaats an Gesellschaften anderer Mitgliedstaaten;

c) auf Gewinnausschüttungen, die in diesem Mitgliedstaat gelegenen Betriebstätten von Gesellschaften anderer Mitgliedstaaten von ihren Tochtergesellschaften eines anderen Mitgliedstaats als dem der Betriebstätte zufließen;

d) auf Gewinnausschüttungen von Gesellschaften dieses Mitgliedstaats an in einem anderen Mitgliedstaat gelegene Betriebstätten von Gesellschaften dieses Mitgliedstaats, deren Tochtergesellschaften sie sind.

(2) Liegt – unter Berücksichtigung aller relevanten Fakten und Umstände – eine unangemessene Gestaltung oder eine unangemessene Abfolge von Gestaltungen vor, bei der der wesentliche Zweck oder einer der wesentlichen Zwecke darin besteht, einen steuerlichen Vorteil zu erlangen, der dem Ziel oder Zweck dieser Richtlinie zuwiderläuft, so gewähren die Mitgliedstaaten Vorteile dieser Richtlinie nicht.

Eine Gestaltung kann mehr als einen Schritt oder Teil umfassen.

(3) Für die Zwecke von Absatz 2 gilt eine Gestaltung oder eine Abfolge von Gestaltungen in dem Umfang als unangemessen, wie sie nicht aus triftigen wirtschaftlichen Gründen vorgenommen wurde, die die wirtschaftliche Realität widerspiegeln.

(4) Die vorliegende Richtlinie steht der Anwendung einzelstaatlicher oder vertraglicher Bestimmungen zur Verhinderung von Steuerhinterziehung, Steuerbetrug oder Missbrauch nicht entgegen.

Art. 2 **[Begriffsbestimmungen]** Für die Zwecke dieser Richtlinie gelten folgende Begriffsbestimmungen:

a) „Gesellschaft eines Mitgliedstaats" ist jede Gesellschaft,

i) die eine der in Anhang I Teil A aufgeführten Formen aufweist;

ii) die nach dem Steuerrecht eines Mitgliedstaats in Bezug auf den steuerlichen Wohnsitz als in diesem Mitgliedstaat ansässig und aufgrund eines

---

[1] Art. 1 Abs. 2 ersetzt durch Abs. 2 bis 4 mWv 17. 2. 2015 durch RL 2015/121/EU v. 27. 1. 2015 (ABl. EU Nr. L 21 S. 1).

mit einem dritten Staat geschlossenen Doppelbesteuerungsabkommens in Bezug auf den steuerlichen Wohnsitz nicht als außerhalb der Union ansässig betrachtet wird;

iii) die ferner ohne Wahlmöglichkeit einer der in Anhang I Teil B aufgeführten Steuern oder irgendeiner Steuer, die eine dieser Steuern ersetzt, unterliegt, ohne davon befreit zu sein.

b) „Betriebstätte" ist eine feste Geschäftseinrichtung in einem Mitgliedstaat, durch die die Tätigkeit einer Gesellschaft eines anderen Mitgliedstaats ganz oder teilweise ausgeübt wird, sofern die Gewinne dieser Geschäftseinrichtung in dem Mitgliedstaat, in dem sie gelegen ist, nach dem jeweils geltenden bilateralen Doppelbesteuerungsabkommen oder – in Ermangelung eines solchen Abkommens – nach innerstaatlichem Recht steuerpflichtig sind.

Art. 3 [Mutter- und Tochtergesellschaft] (1) Im Sinne dieser Richtlinie

a) gilt als „Muttergesellschaft"

i) wenigstens eine Gesellschaft eines Mitgliedstaats, die die Bedingungen des Artikels 2 erfüllt und die einen Anteil von wenigstens 10% am Kapital einer Gesellschaft eines anderen Mitgliedstaats hält, die die gleichen Bedingungen erfüllt;

ii) unter denselben Bedingungen eine Gesellschaft eines Mitgliedstaats, die einen Anteil von wenigstens 10% am Kapital einer Gesellschaft desselben Mitgliedstaats hält, der ganz oder teilweise von einer in einem anderen Mitgliedstaat gelegenen Betriebstätte der erstgenannten Gesellschaft gehalten wird;

b) ist „Tochtergesellschaft" die Gesellschaft, an deren Kapital eine andere Gesellschaft den in Buchstabe a genannten Anteil hält.

(2) Abweichend von Absatz 1 haben die Mitgliedstaaten die Möglichkeit,

a) durch bilaterale Vereinbarung als Kriterium die Stimmrechte statt des Kapitalanteils vorzusehen,

b) von dieser Richtlinie ihre Gesellschaften auszunehmen, die nicht während eines ununterbrochenen Zeitraums von mindestens zwei Jahren im Besitz einer Beteiligung bleiben, aufgrund deren sie als Muttergesellschaften gelten, oder an denen eine Gesellschaft eines anderen Mitgliedstaats nicht während eines ununterbrochenen Zeitraums von mindestens zwei Jahren eine solche Beteiligung hält.

Art. 4 [Bewertungsgrundsätze] (1) Fließen einer Muttergesellschaft oder ihrer Betriebstätte aufgrund der Beteiligung der Muttergesellschaft an der Tochtergesellschaft Gewinne zu, die nicht anlässlich der Liquidation der Tochtergesellschaft ausgeschüttet werden, so

a)[1] besteuern der Mitgliedstaat der Muttergesellschaft und der Mitgliedstaat der Betriebsstätte diese Gewinne insoweit nicht, als sie von der Tochtergesellschaft nicht abgezogen werden können, und besteuern sie diese Gewin-

---

[1] Art. 4 Abs. 1 Buchst. a neu gef. mWv 14. 8. 2014 durch RL 2014/86/EU v. 8. 7. 2014 (ABl. EU Nr. L 219 S. 40).

ne insoweit, als sie von der Tochtergesellschaft abgezogen werden können, oder

b) lassen der Mitgliedstaat der Muttergesellschaft und der Staat der Betriebstätte im Falle einer Besteuerung zu, dass die Muttergesellschaft und die Betriebstätte auf die geschuldete Steuer den Steuerteilbetrag, den die Tochtergesellschaft und jegliche Enkelgesellschaft für diesen Gewinn entrichten, bis zur Höhe der entsprechenden Steuerschuld anrechnen können, vorausgesetzt, dass die Gesellschaft und die ihr nachgeordnete Gesellschaft im Sinne von Artikel 2 auf jeder Stufe die Bedingungen gemäß Artikel 3 erfüllen.

(2) Diese Richtlinie hindert den Mitgliedstaat der Muttergesellschaft nicht daran, eine Tochtergesellschaft aufgrund seiner Bewertung der rechtlichen Merkmale dieser Tochtergesellschaft, die sich aus dem Recht, nach dem sie gegründet wurde, ergeben, als steuerlich transparent zu betrachten und daher die Muttergesellschaft im Zeitpunkt der Entstehung in Höhe des auf die Muttergesellschaft entfallenden Anteils am Gewinn der Tochtergesellschaft zu besteuern. In diesem Fall besteuert der Mitgliedstaat der Muttergesellschaft die von der Tochtergesellschaft ausgeschütteten Gewinne nicht.

Bestimmt der Mitgliedstaat der Muttergesellschaft deren Anteil an den ihr zuzurechnenden Gewinnen ihrer Tochtergesellschaft im Zeitpunkt der Entstehung, so gewährt er entweder eine Steuerbefreiung dieser Gewinne oder gestattet, dass die Muttergesellschaft auf die geschuldete Steuer den Teilbetrag

(Fortsetzung nächstes Blatt)

der Körperschaftssteuer, der sich auf den Gewinnanteil der Muttergesellschaft bezieht und den ihre Tochtergesellschaft und jede Enkelgesellschaft für diese Gewinne entrichten, bis zur Höhe der entsprechenden Steuerschuld anrechnen kann, vorausgesetzt, dass die Gesellschaft und die ihr nachgeordnete Gesellschaft im Sinne von Artikel 2 auf jeder Stufe die Bedingungen gemäß Artikel 3 erfüllen.

(3) Jeder Mitgliedstaat kann bestimmen, dass Kosten der Beteiligung an der Tochtergesellschaft und Minderwerte, die sich aufgrund der Ausschüttung ihrer Gewinne ergeben, nicht vom steuerpflichtigen Gewinn der Muttergesellschaft abgesetzt werden können.

Werden in diesem Fall die mit der Beteiligung zusammenhängenden Verwaltungskosten pauschal festgesetzt, so darf der Pauschalbetrag 5% der von der Tochtergesellschaft ausgeschütteten Gewinne nicht übersteigen.

(4) Die Absätze 1 und 2 gelten bis zum Zeitpunkt der tatsächlichen Anwendung eines gemeinsamen Körperschaftssteuersystems.

(5) Der Rat erlässt gemäß einem besonderen Gesetzgebungsverfahren einstimmig und nach Anhörung des Europäischen Parlaments und des Wirtschafts- und Sozialausschusses rechtzeitig die ab dem Zeitpunkt der tatsächlichen Anwendung eines gemeinsamen Körperschaftssteuersystems geltenden Bestimmungen.

Art. 5 [Steuerabzug von der Quelle] Die von einer Tochtergesellschaft an ihre Muttergesellschaft ausgeschütteten Gewinne sind vom Steuerabzug an der Quelle befreit.

Art. 6 [Ausschluss des Steuerabzugs] Der Mitgliedstaat der Muttergesellschaft kann keinen Steuerabzug an der Quelle auf Gewinne vornehmen, die diese Gesellschaft von ihrer Tochtergesellschaft bezieht.

Art. 7 [Abgrenzungsvorschriften] (1) Der in dieser Richtlinie verwendete Ausdruck „Steuerabzug an der Quelle" umfasst nicht die in Verbindung mit der Ausschüttung von Gewinnen an die Muttergesellschaft erfolgende Vorauszahlung der Körperschaftssteuer an den Sitzmitgliedstaat der Tochtergesellschaft.

(2) Diese Richtlinie berührt nicht die Anwendung einzelstaatlicher oder vertraglicher Bestimmungen, die die Beseitigung oder Minderung der Doppelbesteuerung der Dividenden bezwecken, und insbesondere nicht die Bestimmungen, die die Auszahlung von Steuerkrediten an die Dividendenempfänger betreffen.

Art. 8 [Umsetzungsfrist] (1) Die Mitgliedstaaten setzen die Rechts- und Verwaltungsvorschriften in Kraft, die erforderlich sind, um dieser Richtlinie spätestens bis zum 18. Januar 2012 nachzukommen. Sie setzen die Kommission unverzüglich davon in Kenntnis.

Wenn die Mitgliedstaaten diese Vorschriften erlassen, nehmen sie in den Vorschriften selbst oder durch einen Hinweis bei der amtlichen Veröffentlichung auf diese Richtlinie Bezug. Die Mitgliedstaaten regeln die Einzelheiten der Bezugnahme.

(2) Die Mitgliedstaaten teilen der Kommission den Wortlaut der wichtigsten innerstaatlichen Rechtsvorschriften mit, die sie auf dem unter diese Richtlinie fallenden Gebiet erlassen; der Mitteilung ist eine Tabelle der Entsprechungen zwischen diesen Rechtsvorschriften und der vorliegenden Richtlinie beigefügt.

Art. 9 [Aufgehobene Fassung][1] Die Richtlinie 90/435/EWG, in der Fassung der in Anhang II Teil A aufgeführten Rechtsakte, wird unbeschadet der Verpflichtung der Mitgliedstaaten hinsichtlich der in Anhang II Teil B genannten Fristen für die Umsetzung in innerstaatliches Recht aufgehoben.

Bezugnahmen auf die aufgehobene Richtlinie gelten als Bezugnahmen auf die vorliegende Richtlinie und sind nach Maßgabe der Entsprechungstabelle in Anhang III zu lesen.

Art. 10 [Inkrafttreten] Diese Richtlinie tritt am zwanzigsten Tag nach ihrer Veröffentlichung im Amtsblatt der Europäischen Union in Kraft.[2]

Art. 11 [Adressat] Diese Richtlinie ist an die Mitgliedstaaten gerichtet.

ANHANG I

TEIL A

Liste der unter Artikel 2 Buchstabe a Ziffer i fallenden Gesellschaften

a) Die gemäß der Verordnung (EG) Nr. 2157/2001 des Rates vom 8. Oktober 2001 über das Statut der Europäischen Gesellschaft (SE)[3] und der Richtlinie 2001/86/EG des Rates vom 8. Oktober 2001 zur Ergänzung des Statuts der Europäischen Gesellschaft hinsichtlich der Beteiligung der Arbeitnehmer[4] gegründeten Gesellschaften sowie die gemäß der Verordnung (EG) Nr. 1435/2003 des Rates vom 22. Juli 2003 über das Statut der Europäischen Genossenschaft (SCE)[5] und gemäß der Richtlinie 2003/72/EG des Rates vom 22. Juli 2003 zur Ergänzung des Statuts der Europäischen Genossenschaft hinsichtlich der Beteiligung der Arbeitnehmer[6] gegründeten Genossenschaften,

b) Gesellschaften belgischen Rechts mit der Bezeichnung „société anonyme"/„naamloze vennootschap", „société en commandite par actions"/„commanditaire vennootschap op aandelen", „société privée à responsabilité limitée"/„besloten vennootschap met beperkte aansprakelijkheid", „société coopérative à responsabilité limitée"/„coöperatieve vennootschap met beperkte aansprakelijkheid", „société coopérative à responsabilité illimitée"/„coöperatieve vennootschap met onbeperkte aansprakelijkheid", „société en nom collectif"/„vennootschap onder firma" oder „société en commandite simple"/„gewone commanditaire vennootschap", öffentliche Unternehmen, die eine der genannten Rechts-

---

1) Anhang II.
2) 18. 1. 2012.
3) **[Amtl. Anm.:]** ABl. L 294 vom 10. 11. 2001, S. 1.
4) ***[Amtl. Anm.:]*** ABl. L 294 vom 10. 11. 2001, S. 22.
5) **[Amtl. Anm.:]** ABl. L 207 vom 18. 8. 2003, S. 1.
6) **[Amtl. Anm.:]** ABl. L 207 vom 18. 8. 2003, S. 25.

formen angenommen haben, und andere nach belgischem Recht gegründete Gesellschaften, die der belgischen Körperschaftssteuer unterliegen,

c) Gesellschaften bulgarischen Rechts mit der Bezeichnung „събирателно дружество", „командитно дружество", „дружество с ограничена отговорност", „акционерно дружество", „командитно дружество с акции", „неперсонифицирано дружество", „кооперации", „кооперативни съюзи" oder „държавни предприятия", die nach bulgarischem Recht gegründet wurden und gewerbliche Tätigkeiten ausüben,

d) Gesellschaften tschechischen Rechts mit der Bezeichnung „akciová spolecnost" oder „spolecnost s rucením omezeným",

e) Gesellschaften dänischen Rechts mit der Bezeichnung „aktieselskab" oder „anpartsselskab". Weitere nach dem Körperschaftssteuergesetz steuerpflichtige Gesellschaften, soweit ihr steuerbarer Gewinn nach den allgemeinen steuerrechtlichen Bestimmungen für die „aktieselskaber" ermittelt und besteuert wird,

f) Gesellschaften deutschen Rechts mit der Bezeichnung „Aktiengesellschaft", „Kommanditgesellschaft auf Aktien", „Gesellschaft mit beschränkter Haftung", „Versicherungsverein auf Gegenseitigkeit", „Erwerbs- und Wirtschaftsgenossenschaft" oder „Betrieb gewerblicher Art von juristischen Personen des öffentlichen Rechts" und andere nach deutschem Recht gegründete Gesellschaften, die der deutschen Körperschaftssteuer unterliegen,

g) Gesellschaften estnischen Rechts mit der Bezeichnung „täisühing", „usaldusühing", „osaühing", „aktsiaselts" oder „tulundusühistu",

h) nach irischem Recht gegründete oder eingetragene Gesellschaften, gemäß dem Industrial and Provident Societies Act eingetragene Körperschaften, gemäß dem Building Societies Act gegründete „building societies" und „trustee savings banks" im Sinne des Trustee Savings Banks Act von 1989,

i) Gesellschaften griechischen Rechts mit der Bezeichnung „ανώνυμη εταιρεία" oder „εταιρεία περιωρισμένης ευθύνης (Ε.Π.Ε.)" und andere nach griechischem Recht gegründete Gesellschaften, die der griechischen Körperschaftssteuer unterliegen,

j) Gesellschaften spanischen Rechts mit der Bezeichnung „sociedad anónima", „sociedad comanditaria por acciones" oder „sociedad de responsabilidad limitada" und die öffentlich-rechtlichen Körperschaften, deren Tätigkeit unter das Privatrecht fällt. Andere nach spanischem Recht gegründete Körperschaften, die der spanischen Körperschaftssteuer („impuesto sobre sociedades") unterliegen,

k) Gesellschaften französischen Rechts mit der Bezeichnung „société anonyme", „société en commandite par actions", „société à responsabilité limitée", „sociétés par actions simplifiées", „sociétés d'assurances mutuelles", „caisses d'épargne et de prévoyance", „sociétés civiles", die automatisch der Körperschaftssteuer unterliegen, „coopératives", „unions de coopératives", die öffentlichen Industrie- und Handelsbetriebe und -unternehmen und andere nach französischem Recht gegründete Gesellschaften, die der französischen Körperschaftssteuer unterliegen,

ka)[1] Gesellschaften kroatischen Rechts mit der Bezeichung ‚dioničko društvo' oder ‚društvo s ograničenom odgovornošću' und andere nach kroatischem Recht gegründete Gesellschaften, die der kroatischen Gewinnsteuer unterliegen,

l) Gesellschaften italienischen Rechts mit der Bezeichnung „società per azioni", „società in accomandita per azioni", „società a responsabilità limitata", „società cooperative", „società di mutua assicurazione" sowie öffentliche und private Körperschaften, deren Tätigkeit ganz oder überwiegend handelsgewerblicher Art ist,

m) Gesellschaften zyprischen Rechts mit der Bezeichnung: „εταιρείες" im Sinne der Einkommensteuergesetze,

n) Gesellschaften lettischen Rechts mit der Bezeichnung: „akciju sabiedrība", „sabiedrība ar ierobežotu atbildību",

o) Gesellschaften litauischen Rechts,

---

[1] Buchst. ka) eingef. durch RL 2013/13/EU (ABl. EU Nr. L 141, S. 30).

p) Gesellschaften luxemburgischen Rechts mit der Bezeichnung „société anonyme", „société en commandite par actions", „société à responsabilité limitée", „société coopérative", „société coopérative organisée comme une société anonyme", „association d'assurances mutuelles", „association d'épargne-pension", „entreprise de nature commerciale, industrielle ou minière de l'Etat, des communes, des syndicats de communes, des établissements publics et des autres personnes morales de droit public" sowie andere nach luxemburgischem Recht gegründete Gesellschaften, die der luxemburgischen Körperschaftssteuer unterliegen,

q) Gesellschaften ungarischen Rechts mit der Bezeichnung: „közkereseti társaság", „betéti társaság", „közös vállalat", „korlátolt felelosségv társaság", „részvénytársaság", „egyesülés", „szövetkezet",

r) Gesellschaften maltesischen Rechts mit der Bezeichnung: „Kumpaniji ta' Responsabilita' Limitata", „Soċjetajiet en commandite li l-kapital tagħhom maqsum f'azzjonijiet",

s) Gesellschaften niederländischen Rechts mit der Bezeichnung „naamloze vennootschap", „besloten vennootschap met beperkte aansprakelijkheid", „open commanditaire vennootschap", „coöperatie", „onderlinge waarborgmaatschappij", „fonds voor gemene rekening", „vereniging op coöperatieve grondslag", „vereniging welke op onderlinge grondslag als verzekeraar of keredietinstelling optreedt" und andere nach niederländischem Recht gegründete Gesellschaften, die der niederländischen Körperschaftssteuer unterliegen,

t) Gesellschaften österreichischen Rechts mit der Bezeichnung „Aktiengesellschaft", „Gesellschaft mit beschränkter Haftung", „Versicherungsvereine auf Gegenseitigkeit", „Erwerbs- und Wirtschaftsgenossenschaften", „Betriebe gewerblicher Art von Körperschaften des öffentlichen Rechts", „Sparkassen" sowie andere nach österreichischem Recht gegründete Gesellschaften, die der österreichischen Körperschaftssteuer unterliegen,

u)[1] Gesellschaften polnischen Rechts mit der Bezeichnung: „spółka akcyjna", „spółka z ograniczoną odpowiedzialnością", „spółka komandytowo-akcyjna",

v) Gesellschaften portugiesischen Rechts in Form von Handelsgesellschaften oder zivilrechtlichen Handelsgesellschaften sowie Genossenschaften und öffentliche Unternehmen,

w)[2] Gesellschaften rumänischen Rechts mit der Bezeichnung: „societăÃi pe acÃiuni", „societăÃi în comandită pe acÃiuni", „societăÃi cu răspundere limitată", „societăÃi în nume colectiv", „societăÃi în comandită simplă",

x) Gesellschaften slowenischen Rechts mit der Bezeichnung: „delniška družba", „komanditna družba", „družba z omejeno odgovornostjo",

y) Gesellschaften slowakischen Rechts mit der Bezeichnung: „akciová spoločnost'", „spoločnost' s ručením obmedzeným", „komanditná spoločnost'",

z) Gesellschaften finnischen Rechts mit der Bezeichnung „osakeyhtiö"/„aktiebolag", „osuuskunta"/„andelslag", „säästöpankki"/„sparbank" und „vakuutusyhtiö"/„försäkringsbolag",

aa) Gesellschaften schwedischen Rechts mit der Bezeichnung „aktiebolag", „försäkringsaktiebolag", „ekonomiska föreningar", „sparbanker", „ömsesidiga försäkringsbolag" und „försäkringsföreningar",

ab) nach dem Recht des Vereinigten Königreichs gegründete Gesellschaften.

TEIL B

Liste der unter Artikel 2 Buchstabe a Ziffer iii fallenden Steuern

– impôt des sociétés/vennootschapsbelasting in Belgien,
– корпоративен данък in Bulgarien,

[1] Buchst. u) neu gef. mWv 14. 8. 2014 durch RL 2014/86/EU v. 8. 7. 2014 (ABl. EU Nr. L 219 S. 40).
[2] Buchst. w) neu gef. mWv 14. 8. 2014 durch RL 2014/86/EU v. 8. 7. 2014 (ABl. EU Nr. L 219 S. 40).

– daň z příjmů právnických osob in der Tschechischen Republik,
– selskabsskat in Dänemark,
– Körperschaftssteuer in Deutschland,
– tulumaks in Estland,
– corporation tax in Irland,
– φόρος εισοδήματος νομικών προσώπων κερδοσκοπικού χαρακτήρα in Griechenland,
– impuesto sobre sociedades in Spanien,
– impôt sur les sociétés in Frankreich,
– porez na dobit in Kroatien,[1)]
– imposta sul reddito delle società in Italien,
– φόρος εισοδήματος in Zypern,
– uzÕēmumu ienākuma nodoklis in Lettland,
– pelno mokestis in Litauen,
– impôt sur le revenu des collectivités in Luxemburg,
– társasági adó, osztalékadó in Ungarn,
– taxxa fuq l-income in Malta,
– vennootschapsbelasting in den Niederlanden,
– Körperschaftssteuer in Österreich,
– podatek dochodowy od osób prawnych in Polen,
– imposto sobre o rendimento das pessoas colectivas in Portugal,
– impozit pe profit in Rumänien,
– davek od dobička pravnih oseb in Slowenien,
– daň z príjmov právnických osôb in der Slowakei,
– yhteisöjen tulovero/inkomstskatten för samfund in Finnland,
– statlig inkomstskatt in Schweden,
– corporation tax im Vereinigten Königreich.

ANHANG II

TEIL A

Aufgehobene Richtlinie mit Liste ihrer nachfolgenden Änderungen
(gemäß Artikel 9)

Richtlinie 90/435/EWG des Rates (ABl. L 225 vom 20. 8. 1990, S. 6).	
Beitrittsakte von 1994 Anhang I, Nummer XI. B. I.3 (ABl. C 241 vom 29. 8. 1994, S. 196).	
Richtlinie 2003/123/EG des Rates (ABl. L 7 vom 13. 1. 2004, S. 41).	
Beitrittsakte von 2003 Anhang II, Nummer 9.8 (ABl. L 236 vom 23. 9. 2003, S. 555).	
Richtlinie 2006/98/EG des Rates (ABl. L 363 vom 20. 12. 2006, S. 129).	nur Nummer 7 des Anhangs

1) Spiegelstr. eingef. durch RL 2013/13/EU (ABl. EU Nr. L 141, S. 30).

TEIL B

Fristen für die Umsetzung in innerstaatliches Recht
(gemäß Artikel 9)

Richtlinie	Umsetzungsfrist
90/435/EWG	31. Dezember 1991
2003/123/EG	1. Januar 2005
2006/98/EG	1. Januar 2007

ANHANG III

Entsprechungstabelle

Richtlinie 90/435/EWG	Vorliegende Richtlinie
Artikel 1 Absatz 1 erster bis vierter Gedankenstrich	Artikel 1 Absatz 1 Buchstaben a bis d
Artikel 1 Absatz 2	Artikel 1 Absatz 2
Artikel 2 Absatz 1 erster Teil des einleitenden Satzes	Artikel 2 einleitender Satz
Artikel 2 Absatz 1 zweiter Teil des einleitenden Satzes	Artikel 2 Buchstabe a einleitender Satz
Artikel 2 Absatz 1 Buchstabe a	Artikel 2 Buchstabe a Ziffer i
Artikel 2 Absatz 1 Buchstabe b	Artikel 2 Buchstabe a Ziffer ii
Artikel 2 Absatz 1 Buchstabe c einleitender Satz von Unterabsatz 1 und Unterabsatz 2	Artikel 2 Buchstabe a Ziffer iii
Artikel 2 Absatz 1 Buchstabe c Unterabsatz 1 erster bis siebenundzwanzigster Gedankenstrich	Anhang I Teil B erster bis siebenundzwanzigster Gedankenstrich
Artikel 2 Absatz 2	Artikel 2 Buchstabe b
Artikel 3 Absatz 1 einleitender Satz	Artikel 3 Absatz 1 einleitender Satz
Artikel 3 Absatz 1 Buchstabe a Unterabsatz 1 erste Worte	Artikel 3 Absatz 1 Buchstabe a einleitender Satz
Artikel 3 Absatz 1 Buchstabe a Unterabsatz 1 letzte Worte	Artikel 3 Absatz 1 Buchstabe a Ziffer i
Artikel 3 Absatz 1 Buchstabe a Unterabsatz 2	Artikel 3 Absatz 1 Buchstabe a Ziffer ii
Artikel 3 Absatz 1 Buchstabe a Unterabsatz 3	–
Artikel 3 Absatz 1 Buchstabe a Unterabsatz 4	–
Artikel 3 Absatz 1 Buchstabe b	Artikel 3 Absatz 1 Buchstabe b
Artikel 3 Absatz 2 erster und zweiter Gedankenstrich	Artikel 3 Absatz 2 Buchstaben a und b

Richtlinie 90/435/EWG	Vorliegende Richtlinie
Artikel 4 Absatz 1 erster und zweiter Gedankenstrich	Artikel 4 Absatz 1 Buchstaben a und b
Artikel 4 Absatz 1 a	Artikel 4 Absatz 2
Artikel 4 Absatz 2 erster Satz	Artikel 4 Absatz 3 Unterabsatz 1
Artikel 4 Absatz 2 zweiter Satz	Artikel 4 Absatz 3 Unterabsatz 2
Artikel 4 Absatz 3 Unterabsatz 1	Artikel 4 Absatz 4
Artikel 4 Absatz 3 Unterabsatz 2	Artikel 4 Absatz 5
Artikel 5, 6 und 7	Artikel 5, 6 und 7
Artikel 8 Absatz 1	–
Artikel 8 Absatz 2	*Artikel 8*
–	*Artikel 9*
–	*Artikel 10*
Artikel 9	*Artikel 11*
Anhang	Anhang I, Teil A
–	*Anhang II*
–	Anhang III

3. Vertrag über die Arbeitsweise der Europäischen Union

In der Fassung der Bekanntmachung vom 9. Mai 2008

Zuletzt geändert durch Art. 2 ÄndBeschl. 2012/419/EU vom 11.7.2012 (ABl. Nr. L 204 S. 131)

– Auszug –

Abschnitt 2. Staatliche Beihilfen

Art. 107 [Beihilfeverbot; Ausnahmen] (1) Soweit in den Verträgen nicht etwas anderes bestimmt ist, sind staatliche oder aus staatlichen Mitteln gewährte Beihilfen gleich welcher Art, die durch die Begünstigung bestimmter Unternehmen oder Produktionszweige den Wettbewerb verfälschen oder zu verfälschen drohen, mit dem Binnenmarkt unvereinbar, soweit sie den Handel zwischen Mitgliedstaaten beeinträchtigen.

(2) Mit dem Binnenmarkt vereinbar sind:

a) Beihilfen sozialer Art an einzelne Verbraucher, wenn sie ohne Diskriminierung nach der Herkunft der Waren gewährt werden;

b) Beihilfen zur Beseitigung von Schäden, die durch Naturkatastrophen oder sonstige außergewöhnliche Ereignisse entstanden sind;

c) Beihilfen für die Wirtschaft bestimmter, durch die Teilung Deutschlands betroffener Gebiete der Bundesrepublik Deutschland, soweit sie zum Ausgleich der durch die Teilung verursachten wirtschaftlichen Nachteile erforderlich sind. [2]Der Rat kann fünf Jahre nach dem Inkrafttreten des Vertrags von Lissabon auf Vorschlag der Kommission einen Beschluss erlassen, mit dem dieser Buchstabe aufgehoben wird.

(3) Als mit dem Binnenmarkt vereinbar können angesehen werden:

a) Beihilfen zur Förderung der wirtschaftlichen Entwicklung von Gebieten, in denen die Lebenshaltung außergewöhnlich niedrig ist oder eine erhebliche Unterbeschäftigung herrscht, sowie der in Artikel 349 genannten Gebiete unter Berücksichtigung ihrer strukturellen, wirtschaftlichen und sozialen Lage;

b) Beihilfen zur Förderung wichtiger Vorhaben von gemeinsamem europäischem Interesse oder zur Behebung einer beträchtlichen Störung im Wirtschaftsleben eines Mitgliedstaats;

c) Beihilfen zur Förderung der Entwicklung gewisser Wirtschaftszweige oder Wirtschaftsgebiete, soweit sie die Handelsbedingungen nicht in einer Weise verändern, die dem gemeinsamen Interesse zuwiderläuft;

d) Beihilfen zur Förderung der Kultur und der Erhaltung des kulturellen Erbes, soweit sie die Handels- und Wettbewerbsbedingungen in der Union nicht in einem Maß beeinträchtigen, das dem gemeinsamen Interesse zuwiderläuft;

e) sonstige Arten von Beihilfen, die der Rat durch einen Beschluss auf Vorschlag der Kommission bestimmt.

Art. 108 [Beihilfeaufsicht] (1) [1]Die Kommission überprüft fortlaufend in Zusammenarbeit mit den Mitgliedstaaten die in diesen bestehenden Beihilferegelungen. [2]Sie schlägt ihnen die zweckdienlichen Maßnahmen vor, welche die fortschreitende Entwicklung und das Funktionieren des Binnenmarkts erfordern.

(2) Stellt die Kommission fest, nachdem sie den Beteiligten eine Frist zur Äußerung gesetzt hat, dass eine von einem Staat oder aus staatlichen Mitteln gewährte Beihilfe mit dem Binnenmarkt nach Artikel 107 unvereinbar ist oder dass sie missbräuchlich angewandt wird, so beschließt sie, dass der betreffende Staat sie binnen einer von ihr bestimmten Frist aufzuheben oder umzugestalten hat.

Kommt der betreffende Staat diesem Beschluss innerhalb der festgesetzten Frist nicht nach, so kann die Kommission oder jeder betroffene Staat in Abweichung von den Artikeln 258 und 259 den Gerichtshof der Europäischen Union unmittelbar anrufen.

[1]Der Rat kann einstimmig auf Antrag eines Mitgliedstaats beschließen, dass eine von diesem Staat gewährte oder geplante Beihilfe in Abweichung von Artikel 107 oder von den nach Artikel 109 erlassenen Verordnungen als mit dem Binnenmarkt vereinbar gilt, wenn außergewöhnliche Umstände einen solchen Beschluss rechtfertigen. [2]Hat die Kommission bezüglich dieser Beihilfe das in Unterabsatz 1 dieses Absatzes vorgesehene Verfahren bereits eingeleitet, so bewirkt der Antrag des betreffenden Staates an den Rat die Aussetzung dieses Verfahrens, bis der Rat sich geäußert hat.

Äußert sich der Rat nicht binnen drei Monaten nach Antragstellung, so beschließt die Kommission.

(3) [1]Die Kommission wird von jeder beabsichtigten Einführung oder Umgestaltung von Beihilfen so rechtzeitig unterrichtet, dass sie sich dazu äußern kann. [2]Ist sie der Auffassung, dass ein derartiges Vorhaben nach Artikel 107 mit dem Binnenmarkt unvereinbar ist, so leitet sie unverzüglich das in Absatz 2 vorgesehene Verfahren ein. [3]Der betreffende Mitgliedstaat darf die beabsichtigte Maßnahme nicht durchführen, bevor die Kommission einen abschließenden Beschluss erlassen hat.

(4) Die Kommission kann Verordnungen zu den Arten von staatlichen Beihilfen erlassen, für die der Rat nach Artikel 109 festgelegt hat, dass sie von dem Verfahren nach Absatz 3 ausgenommen werden können.

Art. 109 [Erlass von Durchführungsverordnungen] Der Rat kann auf Vorschlag der Kommission und nach Anhörung des Europäischen Parlaments alle zweckdienlichen Durchführungsverordnungen zu den Artikeln 107 und 108 erlassen und insbesondere die Bedingungen für die Anwendung des Artikels 108 Absatz 3 sowie diejenigen Arten von Beihilfen festlegen, die von diesem Verfahren ausgenommen sind.

Kapitel 2. Steuerliche Vorschriften

Art. 110 [Diskriminierungs- und Protektionsverbot] Die Mitgliedstaaten erheben auf Waren aus anderen Mitgliedstaaten weder unmittelbar noch mittelbar höhere inländische Abgaben gleich welcher Art, als gleichartige inländische Waren unmittelbar oder mittelbar zu tragen haben.

Die Mitgliedstaaten erheben auf Waren aus anderen Mitgliedstaaten keine inländischen Abgaben, die geeignet sind, andere Produktionen mittelbar zu schützen.

Art. 111 [Privilegierungsverbot für Rückvergütungen] Werden Waren in das Hoheitsgebiet eines Mitgliedstaats ausgeführt, so darf die Rückvergütung für inländische Abgaben nicht höher sein als die auf die ausgeführten Waren mittelbar oder unmittelbar erhobenen inländischen Abgaben.

Art. 112 [Kompensationsverbot unter Genehmigungsvorbehalt]
Für Abgaben außer Umsatzsteuern, Verbrauchsabgaben und sonstigen indirekten Steuern sind Entlastungen und Rückvergütungen bei der Ausfuhr nach anderen Mitgliedstaaten sowie Ausgleichsabgaben bei der Einfuhr aus den Mitgliedstaaten nur zulässig, soweit der Rat sie vorher auf Vorschlag der Kommission für eine begrenzte Frist genehmigt hat.

Art. 113 [Harmonisierung der indirekten Steuern] Der Rat erlässt gemäß einem besonderen Gesetzgebungsverfahren und nach Anhörung des Europäischen Parlaments und des Wirtschafts- und Sozialausschusses einstimmig die Bestimmungen zur Harmonisierung der Rechtsvorschriften über die Umsatzsteuern, die Verbrauchsabgaben und sonstige indirekte Steuern, soweit diese Harmonisierung für die Errichtung und das Funktionieren des Binnenmarkts und die Vermeidung von Wettbewerbsverzerrungen notwendig ist.

Kapitel 3. Angleichung der Rechtsvorschriften

Art. 114 [Rechtsangleichung im Binnenmarkt] (1) [1]Soweit in den Verträgen nichts anderes bestimmt ist, gilt für die Verwirklichung der Ziele des Artikels 26 die nachstehende Regelung. [2]Das Europäische Parlament und der Rat erlassen gemäß dem ordentlichen Gesetzgebungsverfahren und nach Anhörung des Wirtschafts- und Sozialausschusses die Maßnahmen zur Angleichung der Rechts- und Verwaltungsvorschriften der Mitgliedstaaten, welche die Errichtung und das Funktionieren des Binnenmarkts zum Gegenstand haben.

(2) Absatz 1 gilt nicht für die Bestimmungen über die Steuern, die Bestimmungen über die Freizügigkeit und die Bestimmungen über die Rechte und Interessen der Arbeitnehmer.

(3) [1]Die Kommission geht in ihren Vorschlägen nach Absatz 1 in den Bereichen Gesundheit, Sicherheit, Umweltschutz und Verbraucherschutz von einem hohen Schutzniveau aus und berücksichtigt dabei insbesondere alle auf wissenschaftliche Ergebnisse gestützten neuen Entwicklungen. [2]Im Rahmen ihrer jeweiligen Befugnisse streben das Europäische Parlament und der Rat dieses Ziel ebenfalls an.

(4) Hält es ein Mitgliedstaat nach dem Erlass einer Harmonisierungsmaßnahme durch das Europäische Parlament und den Rat beziehungsweise durch den Rat oder die Kommission für erforderlich, einzelstaatliche Bestimmungen beizubehalten, die durch wichtige Erfordernisse im Sinne des Artikels 36 oder

in Bezug auf den Schutz der Arbeitsumwelt oder den Umweltschutz gerechtfertigt sind, so teilt er diese Bestimmungen sowie die Gründe für ihre Beibehaltung der Kommission mit.

(5) Unbeschadet des Absatzes 4 teilt ferner ein Mitgliedstaat, der es nach dem Erlass einer Harmonisierungsmaßnahme durch das Europäische Parlament und den Rat beziehungsweise durch den Rat oder die Kommission für erforderlich hält, auf neue wissenschaftliche Erkenntnisse gestützte einzelstaatliche Bestimmungen zum Schutz der Umwelt oder der Arbeitsumwelt aufgrund eines spezifischen Problems für diesen Mitgliedstaat, das sich nach dem Erlass der Harmonisierungsmaßnahme ergibt, einzuführen, die in Aussicht genommenen Bestimmungen sowie die Gründe für ihre Einführung der Kommission mit.

(6) Die Kommission beschließt binnen sechs Monaten nach den Mitteilungen nach den Absätzen 4 und 5, die betreffenden einzelstaatlichen Bestimmungen zu billigen oder abzulehnen, nachdem sie geprüft hat, ob sie ein Mittel zur willkürlichen Diskriminierung und eine verschleierte Beschränkung des Handels zwischen den Mitgliedstaaten darstellen und ob sie das Funktionieren des Binnenmarkts behindern.

Erlässt die Kommission innerhalb dieses Zeitraums keinen Beschluss, so gelten die in den Absätzen 4 und 5 genannten einzelstaatlichen Bestimmungen als gebilligt.

Die Kommission kann, sofern dies aufgrund des schwierigen Sachverhalts gerechtfertigt ist und keine Gefahr für die menschliche Gesundheit besteht, dem betreffenden Mitgliedstaat mitteilen, dass der in diesem Absatz genannte Zeitraum gegebenenfalls um einen weiteren Zeitraum von bis zu sechs Monaten verlängert wird.

(7) Wird es einem Mitgliedstaat nach Absatz 6 gestattet, von der Harmonisierungsmaßnahme abweichende einzelstaatliche Bestimmungen beizubehalten oder einzuführen, so prüft die Kommission unverzüglich, ob sie eine Anpassung dieser Maßnahme vorschlägt.

(8) Wirft ein Mitgliedstaat in einem Bereich, der zuvor bereits Gegenstand von Harmonisierungsmaßnahmen war, ein spezielles Gesundheitsproblem auf, so teilt er dies der Kommission mit, die dann umgehend prüft, ob sie dem Rat entsprechende Maßnahmen vorschlägt.

(9) In Abweichung von dem Verfahren der Artikel 258 und 259 kann die Kommission oder ein Mitgliedstaat den Gerichtshof der Europäischen Union unmittelbar anrufen, wenn die Kommission oder der Staat der Auffassung ist, dass ein anderer Mitgliedstaat die in diesem Artikel vorgesehenen Befugnisse missbraucht.

(10) Die vorgenannten Harmonisierungsmaßnahmen sind in geeigneten Fällen mit einer Schutzklausel verbunden, welche die Mitgliedstaaten ermächtigt, aus einem oder mehreren der in Artikel 36 genannten nichtwirtschaftlichen Gründe vorläufige Maßnahmen zu treffen, die einem Kontrollverfahren der Union unterliegen.

Art. 115 [Nationales Recht mit unmittelbarer Auswirkung auf den Binnenmarkt; Rechtsangleichung] Unbeschadet des Artikels 114 erlässt der Rat gemäß einem besonderen Gesetzgebungsverfahren einstimmig und nach Anhörung des Europäischen Parlaments und des Wirtschafts- und Sozialausschusses Richtlinien für die Angleichung derjenigen Rechts- und Verwaltungsvorschriften der Mitgliedstaaten, die sich unmittelbar auf die Errichtung oder das Funktionieren des Binnenmarkts auswirken.

Art. 116 [Behandlung bestehender wettbewerbsverzerrender Vorschriften] Stellt die Kommission fest, dass vorhandene Unterschiede in den Rechts- und Verwaltungsvorschriften der Mitgliedstaaten die Wettbewerbsbedingungen auf dem Binnenmarkt verfälschen und dadurch eine Verzerrung hervorrufen, die zu beseitigen ist, so tritt sie mit den betreffenden Mitgliedstaaten in Beratungen ein.

[1] Führen diese Beratungen nicht zur Beseitigung dieser Verzerrung, so erlassen das Europäische Parlament und der Rat gemäß dem ordentlichen Gesetzgebungsverfahren die erforderlichen Richtlinien. [2] Es können alle sonstigen in den Verträgen vorgesehenen zweckdienlichen Maßnahmen erlassen werden.

Art. 117 [Behandlung geplanter wettbewerbsverzerrender Vorschriften] (1) [1] Ist zu befürchten, dass der Erlass oder die Änderung einer Rechts- oder Verwaltungsvorschrift eine Verzerrung im Sinne des Artikels 116 verursacht, so setzt sich der Mitgliedstaat, der diese Maßnahmen beabsichtigt, mit der Kommission ins Benehmen. [2] Diese empfiehlt nach Beratung mit den Mitgliedstaaten den beteiligten Staaten die zur Vermeidung dieser Verzerrung geeigneten Maßnahmen.

(2) [1] Kommt der Staat, der innerstaatliche Vorschriften erlassen oder ändern will, der an ihn gerichteten Empfehlung der Kommission nicht nach, so kann nicht gemäß Artikel 116 verlangt werden, dass die anderen Mitgliedstaaten ihre innerstaatlichen Vorschriften ändern, um die Verzerrung zu beseitigen. [2] Verursacht ein Mitgliedstaat, der die Empfehlung der Kommission außer acht lässt, eine Verzerrung lediglich zu seinem eigenen Nachteil, so findet Artikel 116 keine Anwendung.

Art. 118 [Schutz des geistigen Eigentums] Im Rahmen der Verwirklichung oder des Funktionierens des Binnenmarkts erlassen das Europäische Parlament und der Rat gemäß dem ordentlichen Gesetzgebungsverfahren Maßnahmen zur Schaffung europäischer Rechtstitel über einen einheitlichen Schutz der Rechte des geistigen Eigentums in der Union sowie zur Einführung von zentralisierten Zulassungs-, Koordinierungs- und Kontrollregelungen auf Unionsebene.

[1] Der Rat legt gemäß einem besonderen Gesetzgebungsverfahren durch Verordnungen die Sprachenregelungen für die europäischen Rechtstitel fest. [2] Der Rat beschließt *einstimmig* nach Anhörung des Europäischen Parlaments.

5. Eigenheimzulagengesetz (EigZulG)[1]

In der Fassung der Bekanntmachung vom 26. März 1997
(BGBl. I S. 734)[2]

Geändert durch Gesetz zur Änderung des § 42 Abs. 2 des Wohngeldgesetzes und des § 9 Abs. 3 und 4 des Eigenheimzulagengesetzes vom 16. 7. 1998 (BGBl. I S. 1860), Steuerentlastungsgesetz 1999/2000/2002 vom 24. 3. 1999 (BGBl. I S. 402), Gesetz zur Familienförderung vom 22. 12. 1999 (BGBl. I S. 2552), Gesetz zur Änderung des Wohngeldgesetzes und anderer Gesetze vom 22. 12. 1999 (BGBl. I S. 2671), Steuer-Euroglättungsgesetz vom 19. 12. 2000 (BGBl. I S. 1790), Gesetz zur Änderung des Eigenheimzulagenge-setzes und anderer Gesetze vom 19. 12. 2000 (BGBl. I S. 1810), Haushaltsbegleitgesetz 2004 vom 29. 12. 2003 (BGBl. I S. 3076), Gesetz zur Abschaffung der Eigenheimzulage vom 22. 12. 2005 (BGBl. I S. 3680), Jahressteuergesetz 2009 vom 19. 12. 2008 (BGBl. I S. 2794) und Gesetz zur Anpassung steuerlicher Regelungen an die Rechtsprechung des Bundesverfassungsgerichts vom 18. 7. 2014 (BGBl. I S. 1042)

BGBl. III/FNA 2330-30

§ 1 Anspruchsberechtigter. Unbeschränkt Steuerpflichtige im Sinne des Einkommensteuergesetzes haben Anspruch auf eine Eigenheimzulage nach Maßgabe der folgenden Vorschriften.

§ 2 Begünstigtes Objekt. (1) [1]Begünstigt ist die Herstellung oder Anschaffung einer Wohnung in einem im Inland belegenen eigenen Haus oder einer im Inland belegenen eigenen Eigentumswohnung. [2]Nicht begünstigt ist eine Ferien- oder Wochenendwohnung oder eine Wohnung, für die Absetzungen für Abnutzung als Betriebsausgaben oder Werbungskosten im Rahmen der doppelten Haushaltsführung abgezogen werden oder § 52 Abs. 15 Satz 2 oder 3 oder Abs. 21 Satz 2 des Einkommensteuergesetzes gilt. [3]Nicht begünstigt sind auch eine Wohnung oder ein Anteil daran, die der Anspruchsberechtigte von seinem Ehegatten anschafft, wenn bei den Ehegatten im Zeitpunkt der Anschaffung die Voraussetzungen des § 26 Abs. 1 des Einkommensteuergesetzes vorliegen.

(2)[3] *Ausbauten und Erweiterungen an einer Wohnung in einem im Inland belegenen eigenen Haus oder einer im Inland belegenen eigenen Eigentumswohnung stehen der Herstellung einer Wohnung im Sinne des Absatzes 1 gleich.*

§ 3 Förderzeitraum. Der Anspruchsberechtigte kann die Eigenheimzulage im Jahr der Fertigstellung oder Anschaffung und in den sieben folgenden Jahren (Förderzeitraum) in Anspruch nehmen.

§ 4 Nutzung zu eigenen Wohnzwecken. [1]Der Anspruch besteht nur für Kalenderjahre, in denen der Anspruchsberechtigte die Wohnung zu eigenen Wohnzwecken nutzt. [2]Eine Nutzung zu eigenen Wohnzwecken liegt auch vor, soweit eine Wohnung unentgeltlich an einen Angehörigen im Sinne des § 15 der Abgabenordnung zu Wohnzwecken überlassen wird.

---

[1] **Eigenheimzulage abgeschafft mWv 1. 1. 2006.** Zum Einzelnen siehe § 19 Abs. 9.

[2] Neubekanntmachung des EigZulG idF der Bek. v. 30. 1. 1996 (BGBl. I S. 113) auf Grund des § 18 EigZulG idF der Bek. v. 30. 1. 1996 (BGBl. I S. 113) in der ab 28. 12. 1996 geltenden Fassung.

[3] § 2 Abs. 2 aufgeh. durch G v. 29. 12. 2003 (BGBl. I S. 3076); zur erstmaligen Anwendung siehe § 19 Abs. 8 Satz 1.

§ 5 Einkunftsgrenze

[Fassung bis 31. 12. 2003]

[1] Der Anspruchsberechtigte kann die Eigenheimzulage ab dem Jahr in Anspruch nehmen (Erstjahr), in dem der Gesamtbetrag der Einkünfte nach § 2 Abs. 3 des Einkommensteuergesetzes des Erstjahrs zuzüglich des Gesamtbetrags der Einkünfte des vorangegangenen Jahrs (Vorjahr) *160 000 Deutsche Mark*[2)] [***ab 1. 1. 2002:*** 81 807 Euro][3)] nicht übersteigt. [2] Bei Ehegatten, die im Erstjahr nach § 26 b des Einkommensteuergesetzes zusammenveranlagt werden oder die nicht zur Einkommensteuer veranlagt werden und die Voraussetzungen des § 26 Abs. 1 des Einkommensteuergesetzes erfüllen, tritt an die Stelle des Betrags von *160 000 Deutsche Mark*[2)] [***ab 1. 1. 2002:*** 81 807 Euro][3)] der Betrag von *320 000 Deutsche Mark*[2)] [***ab 1. 1. 2002:*** 163 614 Euro][3)]. [3] Für jedes Kind, für das im Erstjahr die Voraussetzungen für die Inanspruchnahme der Kinderzulage nach § 9 Abs. 5 Satz 1 und 2 vorliegen, erhöhen sich die Beträge nach den Sätzen 1 und 2 um *60 000 Deutsche Mark* [***ab 1. 1. 2002:*** 30 678 Euro][3)], in den Fällen des § 9 Abs. 5 Satz 3 um *30 000 Deutsche Mark* [***ab 1. 1. 2002:*** 15 339 Euro][3)] für jeden Anspruchsberechtigten. [4] Ist in den Fällen des Satzes 1 im Vorjahr für den Anspruchsberechtigten eine Zusammenveranlagung nach § 26 b des Einkommensteuergesetzes durchgeführt worden oder ist er nicht zur Einkommensteuer veranlagt worden und waren die Voraus-

[Fassung ab 1. 1. 2004][1)]

[1] Der Anspruchsberechtigte kann die Eigenheimzulage ab dem Jahr in Anspruch nehmen (Erstjahr), in dem die Summe der positiven Einkünfte nach § 2 Abs. 2 des Einkommensteuergesetzes des Erstjahrs zuzüglich der Summe der positiven Einkünfte des vorangegangenen Jahrs (Vorjahr) 70 000 Euro nicht übersteigt. [2] Ehegatten, die im Erstjahr die Voraussetzungen des § 26 Abs. 1 des Einkommensteuergesetzes erfüllen, können die Eigenheimzulage ab dem Jahr in Anspruch nehmen, in dem die Summe der positiven Einkünfte der Eheleute nach § 2 Abs. 2 des Einkommensteuergesetzes des Erstjahrs zuzüglich der Summe der positiven Einkünfte der Eheleute des vorangegangenen Jahrs 140 000 Euro nicht übersteigt. [3] Für jedes Kind, für das im Erstjahr die Voraussetzungen für die Inanspruchnahme der Kinderzulage nach § 9 Abs. 5 Satz 1 und 2 vorliegen, erhöhen sich die Beträge nach den Sätzen 1 und 2 um 30 000 Euro, in den Fällen des § 9 Abs. 5 Satz 3 um 15 000 Euro für jeden Anspruchsberechtigten.

[1)] § 5 neu gef. durch G v. 29. 12. 2003 (BGBl. I S. 3076); zur erstmaligen Anwendung siehe § 19 Abs. 8 Satz 1; zu § 5 Satz 3 (Berechnung der Einkunftsgrenze) siehe § 19 Abs. 10.

[2)] § 5 Sätze 1 und 2 Beträge geänd., Satz 3 eingef. durch G v. 22. 12. 1999 (BGBl. I S. 2671); zur erstmaligen Anwendung siehe § 19 Abs. 3.

[3)] § 5 Sätze 1, 2 und 3 Beträge geänd. durch G v. 19. 12. 2000 (BGBl. I S. 1790); zur erstmaligen Anwendung siehe § 19 Abs. 7.

[Fassung bis 31. 12. 2003]
setzungen des § 26 Abs. 1 des Einkommensteuergesetzes erfüllt, ist der auf den Anspruchsberechtigten entfallende Anteil am Gesamtbetrag der Einkünfte des Vorjahrs zu berücksichtigen. [5] Liegen in den Fällen des Satzes 2 im Vorjahr die dort genannten Voraussetzungen nicht vor, ist der Gesamtbetrag der Einkünfte des Vorjahrs beider Ehegatten zu berücksichtigen.

§ 6 Objektbeschränkung. (1) [1] Der Anspruchsberechtigte kann die Eigenheimzulage nur für eine Wohnung oder einen Ausbau oder eine Erweiterung (Objekt) in Anspruch nehmen. [2] Ehegatten, bei denen die Voraussetzungen des § 26 Abs. 1 des Einkommensteuergesetzes vorliegen, können die Eigenheimzulage für insgesamt zwei Objekte beanspruchen, jedoch nicht gleichzeitig für zwei in räumlichem Zusammenhang belegene Objekte, wenn bei den Ehegatten im Zeitpunkt der Fertigstellung oder Anschaffung der Objekte die Voraussetzungen des § 26 Abs. 1 des Einkommensteuergesetzes vorliegen.

(2) [1] Sind mehrere Anspruchsberechtigte Eigentümer einer Wohnung, steht jeder Anteil an dieser Wohnung einer Wohnung gleich; Entsprechendes gilt bei dem Ausbau oder der Erweiterung der Wohnung. [2] Satz 1 ist nicht anzuwenden, wenn Ehegatten Eigentümer der Wohnung sind und bei den Ehegatten die Voraussetzungen des § 26 Abs. 1 des Einkommensteuergesetzes vorliegen. [3] Erwirbt im Fall des Satzes 2 ein Ehegatte infolge Erbfalls einen Miteigentumsanteil an der Wohnung hinzu, so kann er den auf diesen Anteil entfallenden Fördergrundbetrag nach § 9 Abs. 2 bis 4 weiter in der bisherigen Höhe in Anspruch nehmen; *Entsprechendes gilt, wenn im Fall des Satzes 2 während des Förderzeitraums die Voraussetzungen des § 26 Abs. 1 des Einkommensteuergesetzes wegfallen und ein Ehegatte den Anteil des anderen Ehegatten an der Wohnung erwirbt.* [***ab 1. 1. 2004:*** [4] Absatz 1 Satz 1 findet insoweit keine Anwendung. [5] Satz 3 gilt entsprechend, wenn im Fall des Satzes 2 während des Förderzeitraums die Voraussetzungen des § 26 Abs. 1 des Einkommensteuergesetzes wegfallen und ein Ehegatte den Anteil des anderen Ehegatten an der Wohnung erwirbt.][1)]

(3) Der Eigenheimzulage stehen die erhöhten Absetzungen nach § 7b des Einkommensteuergesetzes in der jeweiligen Fassung ab Inkrafttreten des Gesetzes vom 16. Juni 1964 (BGBl. I S. 353) und nach § 15 Abs. 1 bis 4 des Berlinförderungsgesetzes in der jeweiligen Fassung ab Inkrafttreten des Gesetzes vom 11. Juli 1977 (BGBl. I S. 1213), die Abzugsbeträge nach § 10e des Einkommensteuergesetzes und nach § 15b des Berlinför-

---

1) § 6 Abs. 2 Satz 3 HS 2 ersetzt durch Sätze 4 und 5 durch G v. 29. 12. 2003 (BGBl. I S. 3076).

derungsgesetzes in der jeweiligen Fassung ab Inkrafttreten des Gesetzes vom 15. Mai 1986 (BGBl. I S. 730) [***ab 1. 1. 2004:*** sowie eine steuerliche Begünstigung von Aufwendungen für dasselbe selbstgenutzte Wohneigentum in einem anderen Staat][1] gleich.

§ 7 Folgeobjekt. [1] Nutzt der Anspruchsberechtigte die Wohnung (Erstobjekt) nicht bis zum Ablauf des Förderzeitraums zu eigenen Wohnzwekken und kann er deshalb die Eigenheimzulage nicht mehr in Anspruch nehmen, kann er die Eigenheimzulage für ein weiteres Objekt (Folgeobjekt) beanspruchen. [2] Das Folgeobjekt ist ein eigenständiges Objekt im Sinne des § 2. [3] Der Förderzeitraum für das Folgeobjekt ist um die Kalenderjahre zu kürzen, in denen der Anspruchsberechtigte die Eigenheimzulage für das Erstobjekt in Anspruch hätte nehmen können; hat der Anspruchsberechtigte das Folgeobjekt in einem Jahr, in dem er das Erstobjekt noch zu eigenen Wohnzwecken genutzt hat, hergestellt, *angeschafft, ausgebaut oder erweitert* [***ab 1. 1. 2004:*** oder angeschafft][2], so beginnt der Förderzeitraum für das Folgeobjekt mit Ablauf des Jahres, in dem der Anspruchsberechtigte das Erstobjekt letztmals zu eigenen Wohnzwecken genutzt hat. [4] Dem Erstobjekt im Sinne des Satzes 1 steht ein Erstobjekt im Sinne des § 7b Abs. 5 Satz 4 und § 10e Abs. 4 Satz 4 des Einkommensteuergesetzes sowie § 15 Abs. 1 und § 15b Abs. 1 des Berlinförderungsgesetzes gleich.

§ 8 Bemessungsgrundlage

[Fassung bis 31. 12. 2003]

[1] Bemessungsgrundlage für den Fördergrundbetrag nach § 9 Abs. 2 sind die Herstellungskosten oder Anschaffungskosten der Wohnung zuzüglich der Anschaffungskosten für den dazugehörenden Grund und Boden. [2] Bei Ausbauten oder Erweiterungen nach § 2 Abs. 2 sind Bemessungsgrundlage die Herstellungskosten.

[Fassung ab 1. 1. 2004][3]

[1] Bemessungsgrundlage für den Fördergrundbetrag nach § 9 Abs. 2 sind die Herstellungskosten oder Anschaffungskosten der Wohnung zuzüglich der Anschaffungskosten für den dazugehörigen Grund und Boden sowie die Aufwendungen für Instandsetzungs- und Modernisierungsmaßnahmen, die innerhalb von zwei Jahren nach der Anschaffung an der Wohnung durchgeführt werden. [2] Zu den Aufwendungen gehören nicht die Aufwendungen für Erhaltungsarbeiten, die jährlich üblicherweise anfallen.

[3] Werden Teile der Wohnung nicht zu eigenen Wohnzwecken genutzt, ist die Bemessungsgrundlage um den hierauf entfallenden Teil zu kürzen.

---

[1] § 6 Abs. 3 geänd. durch G v. 29. 12. 2003 (BGBl. I S. 3076); zur erstmaligen Anwendung von Abs. 3 siehe § 19 Abs. 8 Satz 1.

[2] § 7 Satz 3 Halbsatz 2 geänd. durch G v. 29. 12. 2003 (BGBl. I S. 3076); zur erstmaligen Anwendung siehe § 19 Abs. 8 Satz 1.

[3] § 8 Sätze 1 und 2 neugef. durch G v. 29. 12. 2003 (BGBl. I S. 3076); zur erstmaligen Anwendung siehe § 19 Abs. 8 Satz 1.

§ 9 Höhe der Eigenheimzulage. (1) Die Eigenheimzulage umfaßt den Fördergrundbetrag nach den Absätzen 2 bis 4 und die Kinderzulage nach Absatz 5.

(2)[1] ¹Der Fördergrundbetrag beträgt jährlich *5 vom Hundert* [***ab 1. 1. 2004:*** 1 vom Hundert][2] der Bemessungsgrundlage, höchstens *5000 Deutsche Mark* [***ab 1. 1. 2002:*** 2556 Euro[3]/***ab 1. 1. 2004:*** 1250 Euro[2]]. ²*Bei Anschaffung der Wohnung nach Ablauf des zweiten auf das Jahr der Fertigstellung folgenden Jahres sowie bei Ausbauten und Erweiterungen nach § 2 Abs. 2 beträgt der Fördergrundbetrag jährlich 2,5 vom Hundert der Bemessungsgrundlage, höchstens 2500 Deutsche Mark [**ab 1. 1. 2002:** 1278 Euro]*[4] [5]. ³Sind mehrere Anspruchsberechtigte Eigentümer einer Wohnung, kann der Anspruchsberechtigte den Fördergrundbetrag entsprechend seinem Miteigentumsanteil in Anspruch nehmen. ⁴Der Fördergrundbetrag für die Herstellung oder Anschaffung einer Wohnung mindert sich jeweils um den Betrag, den der Anspruchsberechtigte im jeweiligen Kalenderjahr des Förderzeitraums für die Anschaffung von Genossenschaftsanteilen nach § 17 in Anspruch genommen hat.

(3)[6] ¹Der Fördergrundbetrag nach Absatz 2 erhöht sich jährlich um 2 vom Hundert der Bemessungsgrundlage nach Satz 3, höchstens um *500 Deutsche Mark* [***ab 1. 1. 2002:*** 256 Euro][4]. ²Dies gilt nicht bei Ausbauten und Erweiterungen nach § 2 Abs. 2. ³Bemessungsgrundlage sind

1. die Aufwendungen für den Einbau einer verbrennungsmotorisch oder thermisch angetriebenen Wärmepumpenanlage mit einer Leistungszahl von mindestens 1,3, einer Elektro-Wärmepumpenanlage mit einer Leistungszahl von mindestens 4,0, einer elektrischen Sole-Wasser-Wärmepumpenanlage mit einer Leistungszahl von mindestens 3,8, einer Solaranlage oder einer Anlage zur Wärmerückgewinnung einschließlich der Anbindung an das Heizsystem, wenn der Anspruchsberechtigte
   a) eine Wohnung, für deren Errichtung die Wärmeschutzverordnung vom 16. August 1994 (BGBl. I S. 2121) gilt, hergestellt oder bis zum Ende des Jahres der Fertigstellung angeschafft, oder
   b) eine Wohnung nach Ablauf des Jahres der Fertigstellung angeschafft

   und die Maßnahme vor Beginn der Nutzung der Wohnung zu eigenen Wohnzwecken und vor dem 1. Januar 2003 abgeschlossen hat, oder
2. die Anschaffungskosten einer Wohnung, für deren Errichtung die Wärmeschutzverordnung vom 16. August 1994 (BGBl. I S. 2121) gilt, und die der Anspruchsberechtigte bis zum Ende des zweiten auf das Jahr der Fertigstellung folgenden Jahres und vor dem 1. Januar 2003 ange-

---

[1] Zur erstmaligen Anwendung von § 9 Abs. 2 Satz 2 siehe § 19 Abs. 4.

[2] § 9 Abs. 2 Satz 1 geänd. durch G v. 29. 12. 2003 (BGBl. I S. 3076); zur erstmaligen Anwendung siehe § 19 Abs. 8 Satz 1.

[3] § 9 Abs. 2 Satz 1 Betrag geänd. durch G v. 19. 12. 2000 (BGBl. I S. 1790); zur erstmaligen Anwendung siehe § 19 Abs. 7.

[4] § 9 Abs. 2 Satz 2 und Abs. 3 Satz 1 Beträge geänd. durch G v. 19. 12. 2000 (BGBl. I S. 1790 und 1810); zur erstmaligen Anwendung siehe § 19 Abs. 7.

[5] § 9 Abs. 2 Satz 2 aufgeh. mWv 1. 1. 2004 durch G v. 29. 12. 2003 (BGBl. I S. 3076); zur erstmaligen Anwendung siehe § 19 Abs. 8 Satz 1.

[6] § 9 Abs. 3 Satz 3 neugef. durch G v. 19. 12. 2000 (BGBl. I S. 1810).

schafft hat, soweit sie auf die in Nummer 1 genannten Maßnahmen entfallen.

(4)[1] [1]Der Fördergrundbetrag nach Absatz 2 erhöht sich um jährlich *400 Deutsche Mark* [***ab 1. 1. 2002:*** 205 Euro][2], wenn

1. die Wohnung in einem Gebäude belegen ist, für dessen Errichtung die Wärmeschutzverordnung vom 16. August 1994 (BGBl. I S. 2121) gilt und dessen Jahres-Heizwärmebedarf den danach geforderten Wert um mindestens 25 vom Hundert unterschreitet, und
2. der Anspruchsberechtigte die Wohnung vor dem 1. Januar 2003 fertiggestellt oder vor diesem Zeitpunkt bis zum Ende des Jahres der Fertigstellung angeschafft hat.

[2]Dies gilt nicht bei Ausbauten und Erweiterungen nach § 2 Abs. 2. [3]Der Anspruchsberechtigte kann den Betrag nach Satz 1 nur in Anspruch nehmen, wenn er durch einen Wärmebedarfsausweis im Sinne des § 12 der Wärmeschutzverordnung nachweist, daß die Voraussetzungen des Satzes 1 Nr. 1 vorliegen.

(5)[3] [1]Die Kinderzulage beträgt jährlich für jedes Kind, für das der Anspruchsberechtigte oder sein Ehegatte im jeweiligen Kalenderjahr des Förderzeitraums einen Freibetrag für Kinder nach § 32 Abs. 6 des Einkommensteuergesetzes oder Kindergeld erhält, *1500 Deutsche Mark* [***ab 1. 1. 2002:*** 767 Euro[4]/***ab 1. 1. 2004:*** 800 Euro[5]]. [2]Voraussetzung ist, daß das Kind im Förderzeitraum zum inländischen Haushalt des Anspruchsberechtigten gehört oder gehört hat. [3]Sind mehrere Anspruchsberechtigte Eigentümer einer Wohnung, und haben sie zugleich für ein Kind Anspruch auf die Kinderzulage, ist bei jedem die Kinderzulage zur Hälfte anzusetzen. [4]Der Anspruchsberechtigte kann die Kinderzulage im Kalenderjahr nur für eine Wohnung in Anspruch nehmen. [5]Der Kinderzulage steht die Steuerermäßigung nach § 34f des Einkommensteuergesetzes gleich. [6]Absatz 2 *Satz 4* [***ab 1. 1. 2004:*** Satz 3][5] ist entsprechend anzuwenden.

(6)[6] [1]Die Summe der Fördergrundbeträge nach Absatz 2 und der Kinderzulagen nach Absatz 5 darf die Bemessungsgrundlage nach § 8 nicht überschreiten. [2]Sind mehrere Anspruchsberechtigte Eigentümer der Wohnung, darf die Summe der Beträge nach Satz 1 die auf den Anspruchsberechtigten entfallende Bemessungsgrundlage nicht überschreiten. [3]*Bei Ausbauten und Erweiterungen nach § 2 Abs. 2 darf die Summe der Beträge nach Satz 1 50 vom Hundert der Bemessungsgrundlage, in den Fällen des Satzes 2 50 vom Hundert der auf den Anspruchsberechtigten entfallenden Bemessungsgrundlage nicht überschreiten.*[5]

---

[1] § 9 Abs. 4 Satz 1 neugef. durch G v. 19. 12. 2000 (BGBl. I S. 1810).

[2] § 9 Abs. 4 Satz 1 Beträge geänd. durch G v. 19. 12. 2000 (BGBl. I S. 1790 und 1810); zur erstmaligen Anwendung siehe § 19 Abs. 7.

[3] § 9 Abs. 5 Satz 1 geänd. durch G v. 22. 12. 1999 (BGBl. I S. 2552). Zu § 9 Abs. 5 (Festsetzung der Kinderzulage) siehe § 19 Abs. 10.

[4] § 9 Abs. 5 Satz 1 Betrag geänd. durch G v. 19. 12. 2000 (BGBl. I S. 1790); zur erstmaligen Anwendung siehe § 19 Abs. 7.

[5] § 9 Abs. 5 Satz 1 und Satz 6 geänd., Abs. 6 Satz 3 aufgeh. durch G v. 29. 12. 2003 (BGBl. I S. 3076); zur erstmaligen Anwendung siehe § 19 Abs. 8 Satz 1.

[6] Zur erstmaligen Anwendung von § 9 Abs. 6 Satz 3 siehe § 19 Abs. 4.

§ 10 Entstehung des Anspruchs auf Eigenheimzulage. Der Anspruch auf Eigenheimzulage entsteht mit Beginn der Nutzung der hergestellten oder angeschafften Wohnung zu eigenen Wohnzwecken, für jedes weitere Jahr des Förderzeitraums mit Beginn des Kalenderjahres, für das eine Eigenheimzulage festzusetzen ist.

§ 11 Festsetzung der Eigenheimzulage. (1) [1]Die Eigenheimzulage wird für das Jahr, in dem erstmals die Voraussetzungen für die Inanspruchnahme der Eigenheimzulage vorliegen, und die folgenden Jahre des Förderzeitraums von dem für die Besteuerung des Anspruchsberechtigten nach dem Einkommen zuständigen Finanzamt festgesetzt. [2]Für die Höhe des Fördergrundbetrags nach § 9 Abs. 2 und die Zahl der Kinder nach § 9 Abs. 5 Satz 1 und 2 sind die Verhältnisse bei Beginn der Nutzung der hergestellten oder angeschafften Wohnung zu eigenen Wohnzwecken maßgeblich. [3]Liegen die Voraussetzungen für die Inanspruchnahme der Eigenheimzulage erst zu einem späteren Zeitpunkt vor, sind die Verhältnisse zu diesem Zeitpunkt maßgeblich. [4]Die Festsetzungsfrist für die Eigenheimzulage endet nicht vor Ablauf der Festsetzungsfrist für die Einkommensteuer der nach § 5 maßgebenden Jahre. [5]Ist der Ablauf der Festsetzungsfrist nach Satz 4 hinausgeschoben, verlängert sich die Festsetzungsfrist für die folgenden Jahre des Förderzeitraums um die gleiche Zeit.

(2) [1]Haben sich die Verhältnisse für die Höhe des Fördergrundbetrags nach § 9 Abs. 2 oder die Zahl der Kinder nach § 9 Abs. 5 Satz 1 und 2, die bei der zuletzt festgesetzten Eigenheimzulage zugrunde gelegt worden sind, geändert, ist die Eigenheimzulage neu festzusetzen (Neufestsetzung). [2]Neu festgesetzt wird mit Wirkung ab dem Kalenderjahr, für das sich die Abweichung bei der Eigenheimzulage ergibt.

(3) [1]Entfallen die Voraussetzungen nach den §§ 1, 2, 4 und 6 während eines Jahres des Förderzeitraums und kann der Anspruchsberechtigte die Eigenheimzulage nicht mehr in Anspruch nehmen, ist die Festsetzung mit Wirkung ab dem folgenden Kalenderjahr aufzuheben. [2]Liegen die Voraussetzungen für die Inanspruchnahme erneut vor, ist Absatz 1 entsprechend anzuwenden.

(4) Der Bescheid über die Festsetzung der Eigenheimzulage ist aufzuheben oder zu ändern, wenn nachträglich bekannt wird, daß *der Gesamtbetrag der Einkünfte* [***ab 1. 1. 2004:*** die Summe der positiven Einkünfte][1)] in den nach § 5 maßgebenden Jahren insgesamt die Einkunftsgrenze über- oder unterschreitet.

(5) [1]Materielle Fehler der letzten Festsetzung können durch Neufestsetzung oder durch Aufhebung der Festsetzung beseitigt werden. [2]Neu festgesetzt wird mit Wirkung ab dem Kalenderjahr, in dem der Fehler dem Finanzamt bekannt wird, bei einer Aufhebung oder einer Neufestsetzung zuungunsten des Anspruchsberechtigten jedoch frühestens mit Wirkung ab dem Kalenderjahr, in dem das Finanzamt aufhebt oder neu festsetzt. [3]Bei

---

[1)] § 11 Abs. 4 geänd. durch G v. 29. 12. 2003 (BGBl. I S. 3076); zur erstmaligen Anwendung siehe § 19 Abs. 8 Satz 1.

der Neufestsetzung oder Aufhebung der Festsetzung nach Satz 1 ist § 176 der Abgabenordnung entsprechend anzuwenden; dies gilt nicht für ein Kalenderjahr, das nach der Verkündung der maßgeblichen Entscheidung eines obersten Gerichts des Bundes beginnt.

(6) [1]Sind mehrere Anspruchsberechtigte Eigentümer einer Wohnung, kann die Bemessungsgrundlage nach § 8 und § 9 Abs. 3 gesondert und einheitlich festgestellt werden. [2]Die für die gesonderte Feststellung von Einkünften nach § 180 Abs. 1 Nr. 2 Buchstabe a der Abgabenordnung geltenden Vorschriften sind entsprechend anzuwenden. [3]Bei Ehegatten, die gemeinsam Eigentümer einer Wohnung sind, ist die Festsetzung der Zulage für Jahre des Förderzeitraums, in denen die Voraussetzungen des § 26 Abs. 1 des Einkommensteuergesetzes vorliegen, zusammen durchzuführen. [4]Die Eigenheimzulage ist neu festzusetzen, wenn die Voraussetzungen des § 26 Abs. 1 des Einkommensteuergesetzes während des Förderzeitraums entfallen oder eintreten.

§ 12 Antrag auf Eigenheimzulage. (1) Der Antrag auf Eigenheimzulage ist nach amtlichem Vordruck zu stellen und eigenhändig zu unterschreiben.

(2) Der Anspruchsberechtigte ist verpflichtet, dem zuständigen Finanzamt unverzüglich eine Änderung der Verhältnisse mitzuteilen, die zu einer Minderung oder dem Wegfall der Eigenheimzulage führen.

§ 13 Auszahlung. (1) [1]Für das Jahr der Bekanntgabe des Bescheids und die vorangegangenen Jahre ist die Eigenheimzulage innerhalb eines Monats nach Bekanntgabe des Bescheids, für jedes weitere Jahr des Förderzeitraums am 15. März auszuzahlen. [2]Ergibt sich auf Grund der Neufestsetzung eine Erhöhung der Eigenheimzulage, ist der Unterschiedsbetrag innerhalb eines Monats nach Bekanntgabe des Bescheids auszuzahlen. [3]Ist die Eigenheimzulage nach § 11 Abs. 6 Satz 3 für beide Ehegatten zusammen festgesetzt worden, wirkt die Auszahlung der Eigenheimzulage an einen Ehegatten auch für und gegen den anderen Ehegatten; dies gilt auch, wenn die Eigenheimzulage nach der Auszahlung nach § 11 Abs. 6 Satz 4 neu festgesetzt wird.

(2) Die Eigenheimzulage ist aus den Einnahmen an Einkommensteuer auszuzahlen.

§ 14 Rückforderung. Ergibt sich auf Grund der Neufestsetzung eine Minderung der Eigenheimzulage oder wird die Festsetzung aufgehoben, sind überzahlte Beträge innerhalb eines Monats nach Bekanntgabe des Bescheids zurückzuzahlen.

§ 15 Anwendung der Abgabenordnung. (1) [1]Die für Steuervergütungen geltenden Vorschriften der Abgabenordnung sind entsprechend anzuwenden. [2]Dies gilt nicht für § 163 der Abgabenordnung. [3]In öffentlichrechtlichen Streitigkeiten über die auf Grund dieses Gesetzes ergehenden Verwaltungsakte der Finanzbehörden ist der Finanzrechtsweg gegeben.

(2) Für die Verfolgung einer Straftat nach § 263 des Strafgesetzbuches[1], die sich auf die Eigenheimzulage bezieht, sowie die Begünstigung einer Person, die eine solche Straftat begangen hat, gelten die Vorschriften der Abgabenordnung über die Verfolgung von Steuerstraftaten entsprechend.

§ 16 Ertragsteuerliche Behandlung der Eigenheimzulage. [1]Die Eigenheimzulage gehört nicht zu den Einkünften im Sinne des Einkommensteuergesetzes. [2]Sie mindert nicht die steuerlichen Herstellungs- und Anschaffungskosten.

§ 17[2] Eigenheimzulage bei Anschaffung von Genossenschafts anteilen. [1]Der Anspruchsberechtigte kann die Eigenheimzulage einmal für die Anschaffung von Geschäftsanteilen in Höhe von mindestens *10 000 Deutsche Mark* [***ab 1. 1. 2002:*** 5113 Euro[3])/***ab 1. 1. 2004:*** 5000 Euro[4])] an einer nach dem 1. Januar 1995 in das Genossenschaftsregister eingetragenen Genossenschaft (Genossenschaftsanteile) in Anspruch nehmen [***ab 1. 1. 2004:***, wenn er spätestens im letzten Jahr des Förderzeitraums mit der Nutzung einer Genossenschaftswohnung zu eigenen Wohnzwecken beginnt.][4] [2]Voraussetzung ist, daß die Satzung der Genossenschaft unwiderruflich den Genossenschaftsmitgliedern, die Förderung erhalten, das vererbliche Recht auf Erwerb des Eigentums an der von ihnen zu Wohnzwecken genutzten Wohnung für den Fall einräumt, daß die Mehrheit der in einem Objekt wohnenden Genossenschaftsmitglieder der Begründung von Wohnungseigentum und Veräußerung der Wohnungen schriftlich zugestimmt hat. [3]Bemessungsgrundlage ist die geleistete Einlage. [4]Der Fördergrundbetrag beträgt jährlich 3 vom Hundert der Bemessungsgrundlage, höchstens *2400 Deutsche Mark* [***ab 1. 1. 2002:*** 1227 Euro[5])/***ab 1. 1. 2004:*** 1200 Euro[4])] für jedes Jahr, in dem der Anspruchsberechtigte die Genossenschaftsanteile innehat. [5]Die Kinderzulage beträgt für jedes Kind, für das die Voraussetzungen des § 9 Abs. 5 Satz 1 und 2 vorliegen, jährlich *500 Deutsche Mark* [***ab 1. 1. 2002:*** 256 Euro[5])/***ab 1. 1. 2004:*** 250 Euro[4])]; haben beide Elternteile zugleich für ein Kind Anspruch auf die Kinderzulage, ist bei jedem die Kinderzulage zur Hälfte anzusetzen. [6]Die Summe der Fördergrundbeträge und der Kinderzulagen darf die Bemessungsgrundlage nicht überschreiten. [7]Der Anspruch auf Eigenheimzulage entsteht mit dem Jahr der Anschaffung der Genossenschaftsanteile. [8]Im übrigen sind die §§ 1, 3, 5, 7 und 10 bis 16 entsprechend anzuwenden.

---

[1] Verweis geänd. durch G v. 24. 3. 1999 (BGBl. I S. 402).

[2] § 17 Satz 5 neugef. durch G v. 24. 3. 1999 (BGBl. I S. 402); zur erstmaligen Anwendung siehe § 19 Abs. 6.

[3] § 17 Satz 1 Betrag geänd. durch G v. 19. 12. 2000 (BGBl. I S. 1790); zur erstmaligen Anwendung siehe § 19 Abs. 7.

[4] § 17 Satz 1 geänd. bzw. ergänzt, Sätze 4 und 5 Beträge geänd. durch G v. 29. 12. 2003 (BGBl. I S. 3076); zur erstmaligen Anwendung siehe § 19 Abs. 8 Satz 2.

[5] § 17 Sätze 4 und 5 Beträge geänd. durch G v. 19. 12. 2000 (BGBl. I S. 1790); zur erstmaligen Anwendung siehe § 19 Abs. 7.

§ 18 Ermächtigung. Das Bundesministerium der Finanzen wird ermächtigt, den Wortlaut dieses Gesetzes in der jeweils geltenden Fassung satzweise numeriert mit neuem Datum, unter neuer Überschrift und in neuer Paragraphenfolge bekanntzumachen und dabei Unstimmigkeiten des Wortlauts zu beseitigen und im Einvernehmen mit den obersten Finanzbehörden der Länder den Vordruck für den nach § 12 Abs. 1 vorgesehenen Antrag zu bestimmen.

§ 19 Anwendungsbereich. (1) Dieses Gesetz ist erstmals anzuwenden, wenn der Anspruchsberechtigte im Fall der Herstellung nach dem 31. Dezember 1995 mit der Herstellung des Objekts begonnen oder im Fall der Anschaffung die Wohnung oder die Genossenschaftsanteile nach dem 31. Dezember 1995 auf Grund eines nach diesem Zeitpunkt rechtswirksam abgeschlossenen obligatorischen Vertrags oder gleichstehenden Rechtsakts angeschafft hat.

(2) [1] Das Gesetz kann auf Antrag des Anspruchsberechtigten auch angewandt werden, wenn der Anspruchsberechtigte

1. die Wohnung als Mieter auf Grund einer Veräußerungspflicht des Wohnungsunternehmens nach § 5 des Altschuldenhilfe-Gesetzes anschafft und der Zeitpunkt des zugrundeliegenden rechtswirksam abgeschlossenen obligatorischen Vertrags oder gleichstehenden Rechtsakts nach dem 28. Juni 1995 liegt oder
2. im Fall der Herstellung nach dem 26. Oktober 1995 mit der Herstellung des Objekts begonnen oder im Fall der Anschaffung die Wohnung nach dem 26. Oktober 1995 auf Grund eines nach diesem Zeitpunkt rechtswirksam abgeschlossenen obligatorischen Vertrags oder gleichstehenden Rechtsakts angeschafft hat.

[2] Stellt der Anspruchsberechtigte den Antrag nach Satz 1, finden die §§ 10e, 10h und 34f des Einkommensteuergesetzes keine Anwendung. [3] Der Antrag ist unwiderruflich. [4] Er ist ausgeschlossen, wenn der Anspruchsberechtigte für das Objekt in einem Jahr Abzugsbeträge nach § 10e Abs. 1 bis 5 oder § 10h des Einkommensteuergesetzes, die Steuerermäßigung nach § 34f des Einkommensteuergesetzes in Anspruch genommen oder für Veranlagungszeiträume nach dem Veranlagungszeitraum 1994 Aufwendungen nach § 10e Abs. 6 oder § 10h Satz 3 des Einkommensteuergesetzes abgezogen hat.

(3)[1] § 5 Satz 1 bis 3 in der Fassung des Gesetzes vom 22. Dezember 1999 (BGBl. I S. 2671) ist erstmals anzuwenden, wenn der Anspruchsberechtigte im Fall der Herstellung nach dem 31. Dezember 1999 mit der Herstellung des Objekts begonnen oder im Fall der Anschaffung die Wohnung oder die Genossenschaftsanteile nach dem 31. Dezember 1999 auf Grund eines nach diesem Zeitpunkt rechtswirksam abgeschlossenen obligatorischen Vertrags oder gleichstehenden Rechtsakts angeschafft hat.

---

[1] § 19 Abs. 3 eingef., bish. Abs. 3 bis 5 werden Abs. 4 bis 6 durch G v. 22. 12. 1999 (BGBl. I S. 2671).

(4) § 9 Abs. 2 Satz 2 und Abs. 6 Satz 3 ist erstmals auf Ausbauten und Erweiterungen nach § 2 Abs. 2 anzuwenden, wenn der Anspruchsberechtigte mit der Herstellung nach dem 31. Dezember 1996 begonnen hat.

(5) Als Beginn der Herstellung gilt bei Objekten, für die eine Baugenehmigung erforderlich ist, der Zeitpunkt, in dem der Bauantrag gestellt wird; bei baugenehmigungsfreien Objekten, für die Bauunterlagen einzureichen sind, der Zeitpunkt, in dem die Bauunterlagen eingereicht werden.

(6)[1] § 17 Satz 5 in der Fassung des Gesetzes vom 24. März 1999 (BGBl. I S. 402) ist erstmals anzuwenden, wenn der Anspruchsberechtigte nach dem 31. Dezember 1998 einer Genossenschaft beigetreten ist.

(7)[2] § 5 Satz 1 bis 3, § 9 Abs. 2 Satz 1 und 2, § 9 Abs. 5 Satz 1 und § 17 Satz 1, 4 und 5 in der Fassung des Artikels 11 des Gesetzes vom 19. Dezember 2000 (BGBl. I S. 1790) und § 9 Abs. 3 Satz 1, § 9 Abs. 4 Satz 1 in der Fassung des Artikels 1 Nr. 2 des Gesetzes vom 19. Dezember 2000 (BGBl. I S. 1810) sind erstmals anzuwenden auf nach dem 31. Dezember 2001 fertig gestellte oder angeschaffte Wohnungen, fertig gestellte Ausbauten und Erweiterungen oder angeschaffte Genossenschaftsanteile.

(8)[3] [1]Die §§ 2, 5 und 6 Abs. 3 sowie die §§ 7, 8, 9 und 11 in der Fassung des Artikels 6 des Gesetzes vom 29. Dezember 2003 (BGBl. I S. 3076) sind erstmals anzuwenden, wenn der Anspruchsberechtigte im Fall der Herstellung nach dem 31. Dezember 2003 mit der Herstellung des Objekts begonnen oder im Fall der Anschaffung die Wohnung nach dem 31. Dezember 2003 auf Grund eines nach diesem Zeitpunkt rechtswirksam abgeschlossenen obligatorischen Vertrags oder gleichstehenden Rechtsakts angeschafft hat. [2]§ 17 in der Fassung des Artikels 6 des Gesetzes vom 29. Dezember 2003 (BGBl. I S. 3076) ist erstmals anzuwenden, wenn der Anspruchsberechtigte nach dem 31. Dezember 2003 einer Genossenschaft beigetreten ist.

(8 a)[4] [1]Bei Lebenspartnern ist auf gemeinsamen Antrag die für das jeweilige Jahr geltende Fassung des Eigenheimzulagengesetzes mit der Maßgabe anzuwenden, dass die für Ehegatten geltenden Regelungen sinngemäß anzuwenden sind. [2]Satz 1 ist in allen Fällen anzuwenden, in denen die Eigenheimzulage für die begünstigten Objekte entweder noch nicht bestandskräftig festgesetzt wurde oder eine Neufestsetzung nach § 11 Absatz 5 zulässig ist.

(9)[5] Dieses Gesetz ist letztmals anzuwenden, wenn der Anspruchsberechtigte im Fall der Herstellung vor dem 1. Januar 2006 mit der Herstellung des Objekts begonnen oder im Fall der Anschaffung die Wohnung auf Grund eines vor diesem Zeitpunkt rechtswirksam abgeschlossenen obligatorischen Vertrags oder gleichstehenden Rechtsakts angeschafft hat oder vor diesem Zeitpunkt einer Genossenschaft beigetreten ist.

---

[1] § 19 Abs. 6 (bish. Abs. 5) angef. durch G v. 24. 3. 1999 (BGBl. I S. 402).

[2] § 19 Abs. 7 angef. durch G v. 19. 12. 2000 (BGBl. I S. 1790) und neugef. durch G v. 19. 12. 2000 (BGBl. I S. 1810).

[3] § 19 Abs. 8 angef. durch G v. 29. 12. 2003 (BGBl. I S. 3076).

[4] § 19 Abs. 8 a eingef. durch G v. 18. 7. 2014 (BGBl. I S. 1042).

[5] § 19 Abs. 9 angef. durch G v. 22. 12. 2005 (BGBl. I S. 3680).

(10)[1] Für die Berechnung der Einkunftsgrenze (§ 5 Satz 3) und die Festsetzung der Kinderzulage (§ 9 Abs. 5) ist § 32 Abs. 4 Satz 1 Nr. 2, 3 und Abs. 5 Satz 1 des Einkommensteuergesetzes in der am 31. Dezember 2006 geltenden Fassung weiterhin anzuwenden.

---

[1] § 19 Abs. 10 angef. durch G v. 19. 12. 2008 (BGBl. I S. 2794).

10. Einkommensteuer-Durchführungsverordnung 2000 (EStDV 2000)[1)]

In der Fassung der Bekanntmachung vom 10. Mai 2000 (BGBl. I S. 717)

Geändert durch Gesetz zur weiteren steuerlichen Förderung von Stiftungen vom 14.7.2000 (BGBl. I S. 1034), Steuersenkungsgesetz vom 23.10.2000 (BGBl. I S. 1433), Steuer-Euroglättungsgesetz vom 19.12.2000 (BGBl. I S. 1790), Neuntes Buch Sozialgesetzbuch (SGB IX) vom 19.6.2001 (BGBl. I S. 1046), Siebente Zuständigkeitsanpassungs-Verordnung vom 29.10.2001 (BGBl. I S. 2785), Steueränderungsgesetz 2001 vom 20.12.2001 (BGBl. I S. 3794), Flutopfersolidaritätsgesetz vom 19.9.2002 (BGBl. I S. 3651), Kleinunternehmerförderungsgesetz vom 31.7.2003 (BGBl. I S. 1550), Achte Zuständigkeitsanpassungsverordnung vom 25.11.2003 (BGBl. I S. 2304), Gesetz zur Umsetzung der Protokollerklärung der Bundesregierung zur Vermittlungsempfehlung zum Steuervergünstigungsabbaugesetz vom 22.12.2003 (BGBl. I S. 2840), Gesetz zur Einordnung des Sozialhilferechts in das Sozialgesetzbuch vom 27.12.2003 (BGBl. I S. 3022), Haushaltsbegleitgesetz 2004 vom 29.12.2003 (BGBl. I S. 3076), Geschmacksmusterreformgesetz vom 12.3.2004 (BGBl. I S. 390), Alterseinkünftegesetz vom 5.7.2004 (BGBl. I S. 1427), EU-Richtlinien-Umsetzungsgesetz vom 9.12.2004 (BGBl. I S. 3310), Dreiundzwanzigste Verordnung zur Änderung der Einkommensteuer-Durchführungsverordnung vom 29.12.2004 (BGBl. I S. 3884), Neunte Zuständigkeitsanpassungsverordnung vom 31.10.2006 (BGBl. I S. 2407), Gesetz über steuerliche Begleitungsmaßnahmen zur Einführung der Europäischen Gesellschaft und zur Änderung weiterer steuerrechtlicher Vorschriften (SEStEG) vom 7.12.2006 (BGBl. I S. 2782), Gesetz zur weiteren Stärkung des bürgerschaftlichen Engagements vom 10.10.2007 (BGBl. I S. 2332), Jahressteuergesetz 2008 vom 20.12.2007 (BGBl. I S. 3150), Jahressteuergesetz 2009 vom 19.12.2008 (BGBl. I S. 2794), Steuerbürokratieabbaugesetz vom 20.12.2008 (BGBl. I S. 2850), Gesetz zur Sicherung von Beschäftigung und Stabilität in Deutschland vom 2.3.2009 (BGBl. I S. 416), Begleitgesetz zur zweiten Föderalismusreform vom 10.8.2009 (BGBl. I S. 2702), Verordnung zur Änderung steuerlicher Verordnungen vom 17.11.2010 (BGBl. I S. 1544), Gesetz über die weitere Bereinigung von Bundesrecht vom 8.12.2010 (BGBl. I S. 1864), Steuervereinfachungsgesetz 2011 vom 1.11.2011 (BGBl. I S. 2131), Verordnung zum Erlass und zur Änderung steuerlicher Verordnungen vom 11.12.2012 (BGBl. I S. 2637), Ehrenamtsstärkungsgesetz vom 21.3.2013 (BGBl. I S. 556), Verordnung zur Übertragung der Zuständigkeit für das Steuerabzugs- und Veranlagungsverfahren nach den §§ 50 und 50a des Einkommensteuergesetzes auf das Bundeszentralamt für Steuern und zur Regelung verschiedener Anwendungszeitpunkte und weiterer Vorschriften vom 24.6.2013 (BGBl. I S. 1679), Gesetz zur Anpassung steuerlicher Regelungen an die Rechtsprechung des Bundesverfassungsgerichts vom 18.7.2014 (BGBl. I S. 1042), Gesetz zur Anpassung des nationalen Steuerrechts an den Beitritt Kroatiens zur EU und zur Änderung weiterer steuerlicher Vorschriften vom 25.7.2014 (BGBl. I S. 1266), Verordnung zur Änderung steuerlicher Verordnungen und weiterer Vorschriften vom 22.12.2014 (BGBl. I S. 2392), Zehnte Zuständigkeitsanpassungsverordnung vom 31.8.2015 (BGBl. I S. 1474), Gesetz zur Modernisierung des Besteuerungsverfahrens vom 18.7.2016 (BGBl. I S. 1679), Dritte Verordnung zur Änderung steuerlicher Verordnungen vom 18.7.2016 (BGBl. I S. 1722), Gesetz zur Stärkung der Teilhabe und Selbstbestimmung von Menschen mit Behinderungen (Bundesteilhabegesetz – BTHG) vom 23.12.2016

[1)] Neubekanntmachung der Einkommensteuer-Durchführungsverordnung idF der Bek. v. 18.6.1997 (BGBl. I S. 1558) auf Grund des § 51 Abs. 4 Nr. 2 des EStG idF der Bek. v. 16.4.1997 (BGBl. I S. 821) und auf Grund des Art. 26 des StBereinG 1999 v. 22.12.1999 (BGBl. I S. 2601) in der ab 1.1.2000 geltenden Fassung.

Zum Anwendungsbereich vgl. § 84.

Zur Anwendung im **Beitrittsgebiet** siehe §§ 56–58 EStG (Nr. **1**).

(BGBl. I S. 3234), Vierte Verordnung zur Änderung Steuerlicher Verordnungen vom 12.7. 2017 (BGBl. I S. 2360), Gesetz zum Ausschluss verfassungsfeindlicher Parteien von der Parteienfinanzierung vom 18.7.2017 (BGBl. I S. 2730), Fünfte Verordnung zur Änderung steuerlicher Verordnungen vom 25.6.2020 (BGBl. I S. 1495), Gesetz zur Erhöhung der Behinderten-Pauschbeträge und zur Anpassung weiterer steuerlicher Regelungen vom 9.12.2020 (BGBl. I S. 2770) und Jahressteuergesetz 2020 (JStG 2020) vom 21.12.2020 (BGBl. I S. 3096)

BGBl. III/FNA 611-1-1

Inhaltsübersicht §§

§ 1[1] **Anwendung auf Ehegatten und Lebenspartner.** Die Regelungen dieser Verordnung zu Ehegatten und Ehen sind auch auf Lebenspartner und Lebenspartnerschaften anzuwenden.

§§ 2 und **3.** (weggefallen)

Zu § 3 des Gesetzes

§ 4 Steuerfreie Einnahmen. Die Vorschriften der Lohnsteuer-Durchführungsverordnung über die Steuerpflicht oder die Steuerfreiheit von Einnahmen aus nichtselbständiger Arbeit sind bei der Veranlagung anzuwenden.

§ 5. (weggefallen)

Zu den §§ 4 bis 7 des Gesetzes

§ 6 Eröffnung, Erwerb, Aufgabe und Veräußerung eines Betriebs.
(1) Wird ein Betrieb eröffnet oder erworben, so tritt bei der Ermittlung des Gewinns an die Stelle des Betriebsvermögens am Schluss des vorangegangenen Wirtschaftsjahrs das Betriebsvermögen im Zeitpunkt der Eröffnung oder des Erwerbs des Betriebs.

(2) Wird ein Betrieb aufgegeben oder veräußert, so tritt bei der Ermittlung des Gewinns an die Stelle des Betriebsvermögens am Schluss des Wirtschaftsjahrs das Betriebsvermögen im Zeitpunkt der Aufgabe oder der Veräußerung des Betriebs.

§ 7.[2] (weggefallen)

---

[1] § 1 eingef. durch G. v. 18.7.2014 (BGBl. I S. 1042); zur Anwendung siehe § 84 Abs. 1a.
[2] § 7 weggefallen; zur letztmaligen Anwendung siehe § 84 Abs. 1b.

§ 8 Eigenbetrieblich genutzte Grundstücke von untergeordnetem Wert. Eigenbetrieblich genutzte Grundstücksteile brauchen nicht als Betriebsvermögen behandelt zu werden, wenn ihr Wert nicht mehr als ein Fünftel des gemeinen Werts des gesamten Grundstücks und nicht mehr als 20 500 Euro[1] beträgt.

§ 8a. (weggefallen)

§ 8b Wirtschaftsjahr. [1] Das Wirtschaftsjahr umfasst einen Zeitraum von zwölf Monaten. [2] Es darf einen Zeitraum von weniger als zwölf Monaten umfassen, wenn

1. ein Betrieb eröffnet, erworben, aufgegeben oder veräußert wird oder
2. ein Steuerpflichtiger von regelmäßigen Abschlüssen auf einen bestimmten Tag zu regelmäßigen Abschlüssen auf einen anderen bestimmten Tag übergeht. [2] Bei Umstellung eines Wirtschaftsjahrs, das mit dem Kalenderjahr übereinstimmt, auf ein vom Kalenderjahr abweichendes Wirtschaftsjahr und bei Umstellung eines vom Kalenderjahr abweichenden Wirtschaftsjahrs auf ein anderes vom Kalenderjahr abweichendes Wirtschaftsjahr gilt dies nur, wenn die Umstellung im Einvernehmen mit dem Finanzamt vorgenommen wird.

§ 8c[2] Wirtschaftsjahr bei Land- und Forstwirten. (1) [1] Als Wirtschaftsjahr im Sinne des § 4a Abs. 1 Nr. 1 des Gesetzes können Betriebe mit

1. einem Futterbauanteil von 80 Prozent[3] und mehr der Fläche der landwirtschaftlichen Nutzung den Zeitraum vom 1. Mai bis 30. April,
2. reiner Forstwirtschaft den Zeitraum vom 1. Oktober bis 30. September,
3. reinem Weinbau den Zeitraum vom 1. September bis 31. August

bestimmen. [2] Ein Betrieb der in Satz 1 bezeichneten Art liegt auch dann vor, wenn daneben in geringem Umfang noch eine andere land- und forstwirtschaftliche Nutzung vorhanden ist. [3] Soweit die Oberfinanzdirektionen vor dem 1. Januar 1955 ein anderes als die in § 4a Abs. 1 Nr. 1 des Gesetzes oder in Satz 1 bezeichneten Wirtschaftsjahre festgesetzt haben, kann dieser andere Zeitraum als Wirtschaftsjahr bestimmt werden; dies gilt nicht für den Weinbau.

(2)[4] [1] *Gartenbaubetriebe und reine Forstbetriebe* [***ab 1.1.2019***: [1] Land- und forstwirtschaftliche Betriebe] können auch das Kalenderjahr als Wirtschaftsjahr bestimmen. [2] Stellt ein Land- und Forstwirt von einem vom Kalenderjahr abweichenden Wirtschaftsjahr auf ein mit dem Kalenderjahr übereinstimmendes Wirtschaftsjahr um, verlängert sich das letzte vom Kalenderjahr abweichende Wirtschaftsjahr um den Zeitraum bis zum Beginn des ersten mit dem

---

[1] Betrag geänd. durch G v. 19.12.2000 (BGBl. I S. 1790).

[2] Zum Anwendungsbereich siehe § 84 Abs. 2 Sätze 1 und 2.

[3] Bezeichnung geänd. durch VO v. 17.11.2010 (BGBl. I S. 1544).

[4] § 8c Abs. 2 Satz 1 geänd. mWv für nach dem 31.12.2018 beginnende Wirtschaftsjahre (§ 84 Abs. 2) durch VO v. 25.6.2020 (BGBl. I S. 1495).

Kalenderjahr übereinstimmenden Wirtschaftsjahr; ein Rumpfwirtschaftsjahr ist nicht zu bilden. 3 Stellt ein Land- und Forstwirt das Wirtschaftsjahr für einen Betrieb mit reinem Weinbau auf ein Wirtschaftsjahr im Sinne des Absatzes 1 Satz 1 Nr. 3 um, gilt Satz 2 entsprechend.

(3) Buchführende Land- und Forstwirte im Sinne des § 4 a Absatz 1 Satz 2 Nummer 3 Satz 2[1] des Gesetzes sind Land- und Forstwirte, die auf Grund einer gesetzlichen Verpflichtung oder ohne eine solche Verpflichtung Bücher führen und regelmäßig Abschlüsse machen.

§ 9. (weggefallen)

§ 9a Anschaffung, Herstellung. Jahr der Anschaffung ist das Jahr der Lieferung, Jahr der Herstellung ist das Jahr der Fertigstellung.

§ 10 Absetzung für Abnutzung im Fall des § 4 Abs. 3 des Gesetzes.

(1) 1 Bei nicht in dem in Artikel 3 des Einigungsvertrages genannten Gebiet belegenen Gebäuden, die bereits am 21. Juni 1948 zum Betriebsvermögen gehört haben, sind im Fall des § 4 Abs. 3 des Gesetzes für die Bemessung der Absetzung für Abnutzung als Anschaffungs- oder Herstellungskosten höchstens die Werte zugrunde zu legen, die sich bei sinngemäßer Anwendung des § 16 Abs. 1 des D-Markbilanzgesetzes in der im Bundesgesetzblatt Teil III, Gliederungsnummer 4140-1, veröffentlichten bereinigten Fassung ergeben würden. 2 In dem Teil des Landes Berlin, in dem das Grundgesetz bereits vor dem 3. Oktober 1990 galt, tritt an die Stelle des 21. Juni 1948 der 1. April 1949.

(2) Für Gebäude, die zum Betriebsvermögen eines Betriebs oder einer Betriebsstätte im Saarland gehören, gilt Absatz 1 mit der Maßgabe, daß an die Stelle des 21. Juni 1948 der 6. Juli 1959 sowie an die Stelle des § 16 Abs. 1 des D-Markbilanzgesetzes der § 8 Abs. 1 und der § 11 des D-Markbilanzgesetzes für das Saarland in der im Bundesgesetzblatt Teil III, Gliederungsnummer 4140-2, veröffentlichten bereinigten Fassung treten.

§ 10a.[2] *(aufgehoben)*

§§ 11 bis 11b. (weggefallen)

§ 11c Absetzung für Abnutzung bei Gebäuden. (1) 1 Nutzungsdauer eines Gebäudes im Sinne des § 7 Abs. 4 Satz 2 des Gesetzes ist der Zeitraum, in dem ein Gebäude voraussichtlich seiner Zweckbestimmung entsprechend genutzt werden kann. 2 Der Zeitraum der Nutzungsdauer beginnt

1. bei Gebäuden, die der Steuerpflichtige vor dem 21. Juni 1948 angeschafft oder hergestellt hat, mit dem 21. Juni 1948;
2. bei Gebäuden, die der Steuerpflichtige nach dem 20. Juni 1948 hergestellt hat, mit dem Zeitpunkt der Fertigstellung;

---

[1] Verweis geänd. durch VO v. 17.11.2010 (BGBl. I S. 1544).

[2] § 10a aufgeh. mWv VZ 2009 durch G v. 8.12.2010 (BGBl. I S. 1864).

3. bei Gebäuden, die der Steuerpflichtige nach dem 20. Juni 1948 angeschafft hat, mit dem Zeitpunkt der Anschaffung.

[3] Für im Land Berlin belegene Gebäude treten an die Stelle des 20. Juni 1948 jeweils der 31. März 1949 und an die Stelle des 21. Juni 1948 jeweils der 1. April 1949. [4] Für im Saarland belegene Gebäude treten an die Stelle des 20. Juni 1948 jeweils der 19. November 1947 und an die Stelle des 21. Juni 1948 jeweils der 20. November 1947; soweit im Saarland belegene Gebäude zu einem Betriebsvermögen gehören, treten an die Stelle des 20. Juni 1948 jeweils der 5. Juli 1959 und an die Stelle des 21. Juni 1948 jeweils der 6. Juli 1959.

(Fortsetzung nächstes Blatt)

(2)[1] [1] Hat der Steuerpflichtige nach § 7 Abs. 4 Satz 3 des Gesetzes bei einem Gebäude eine Absetzung für außergewöhnliche technische oder wirtschaftliche Abnutzung vorgenommen, so bemessen sich die Absetzungen für Abnutzung von dem folgenden Wirtschaftsjahr oder Kalenderjahr an nach den Anschaffungs- oder Herstellungskosten des Gebäudes abzüglich des Betrags der Absetzung für außergewöhnliche technische oder wirtschaftliche Abnutzung. [2] Entsprechendes gilt, wenn der Steuerpflichtige ein zu einem Betriebsvermögen gehörendes Gebäude nach § 6 Abs. 1 Nr. 1 Satz 2 des Gesetzes mit dem niedrigeren Teilwert angesetzt hat. [3] Im Fall der Zuschreibung nach § 7 Abs. 4 Satz 3 des Gesetzes oder der Wertaufholung nach § 6 Abs. 1 Nr. 1 Satz 4 des Gesetzes erhöht sich die Bemessungsgrundlage für die Absetzungen für Abnutzung von dem folgenden Wirtschaftsjahr oder Kalenderjahr an um den Betrag der Zuschreibung oder Wertaufholung.

§ 11 d Absetzung für Abnutzung oder Substanzverringerung bei nicht zu einem Betriebsvermögen gehörenden Wirtschaftsgütern, die der Steuerpflichtige unentgeltlich erworben hat. (1)[2] [1] Bei den nicht zu einem Betriebsvermögen gehörenden Wirtschaftsgütern, die der Steuerpflichtige unentgeltlich erworben hat, bemessen sich die Absetzungen für Abnutzung nach den Anschaffungs- oder Herstellungskosten des Rechtsvorgängers oder dem Wert, der beim Rechtsvorgänger an deren Stelle getreten ist oder treten würde, wenn dieser noch Eigentümer wäre, zuzüglich der vom Rechtsnachfolger aufgewendeten Herstellungskosten und nach dem Prozentsatz, der für den Rechtsvorgänger maßgebend sein würde, wenn er noch Eigentümer des Wirtschaftsguts wäre. [2] Absetzungen für Abnutzung durch den Rechtsnachfolger sind nur zulässig, soweit die vom Rechtsvorgänger und vom Rechtsnachfolger zusammen vorgenommenen Absetzungen für Abnutzung, erhöhten Absetzungen und Abschreibungen bei dem Wirtschaftsgut noch nicht zur vollen Absetzung geführt haben. [3] Die Sätze 1 und 2 gelten für die Absetzung für Substanzverringerung und für erhöhte Absetzungen entsprechend.

(2) Bei Bodenschätzen, die der Steuerpflichtige auf einem ihm gehörenden Grundstück entdeckt hat, sind Absetzungen für Substanzverringerung nicht zulässig.

§ 12. (weggefallen)

Zu den §§ 7 e und 10 a des Gesetzes

§§ 13 und 14. (weggefallen)

Zu § 7 b des Gesetzes

§ 15 Erhöhte Absetzungen für Einfamilienhäuser, Zweifamilienhäuser und Eigentumswohnungen. (1) Bauherr ist, wer auf eigene Rechnung und Gefahr ein Gebäude baut oder bauen lässt.

---

[1] Zur erstmaligen Anwendung von § 11 c Abs. 2 Satz 3 siehe § 84 Abs. 2 a.

[2] § 11 d Abs. 1 Satz 1 geänd. durch VO v. 17. 11. 2010 (BGBl. I S. 1544).

(2) In den Fällen des § 7b des Gesetzes in den vor Inkrafttreten des Gesetzes vom 22. Dezember 1981 (BGBl. I S. 1523) geltenden Fassungen und des § 54 des Gesetzes in der Fassung der Bekanntmachung vom 24. Januar 1984 (BGBl. I S. 113) ist § 15 der Einkommensteuer-Durchführungsverordnung 1979 (BGBl. 1980 I S. 1801), geändert durch die Verordnung vom 11. Juni 1981 (BGBl. I S. 526)[1)], weiter anzuwenden.

§§ 16 bis **21.** (weggefallen)

Zu § 7e des Gesetzes

§§ 22 bis **28.** (weggefallen)

Zu § 10 des Gesetzes

§ 29 Anzeigepflichten bei Versicherungsverträgen. (1) [1]Bei Versicherungen, deren Laufzeit vor dem 1. Januar 2005 begonnen hat, hat der Sicherungsnehmer nach amtlich vorgeschriebenem Muster dem für die Veranlagung des Versicherungsnehmers nach dem Einkommen zuständigen Finanzamt, bei einem Versicherungsnehmer, der im Inland weder einen Wohnsitz noch seinen gewöhnlichen Aufenthalt hat, dem für die Veranlagung des Sicherungsnehmers zuständigen Finanzamt (§§ 19, 20 der Abgabenordnung) unverzüglich die Fälle anzuzeigen, in denen Ansprüche aus Versicherungsverträgen zur Tilgung oder Sicherung von Darlehen eingesetzt werden.[2)] [2]Satz 1 gilt entsprechend für das Versicherungsunternehmen, wenn der Sicherungsnehmer Wohnsitz, Sitz oder Geschäftsleitung im Ausland hat. [3]Werden Ansprüche aus Versicherungsverträgen von Personen, die im Inland einen Wohnsitz oder ihren gewöhnlichen Aufenthalt haben (§ 1 Abs. 1 des Gesetzes), zur Tilgung oder Sicherung von Darlehen eingesetzt, sind die Sätze 1 und 2 nur anzuwen-

---

[1)] § 15 in dieser Fassung hat folgenden Wortlaut:
„§ 15 Erhöhte Absetzungen für Einfamilienhäuser, Zweifamilienhäuser und Eigentumswohnungen. (1) Bauherr im Sinne des § 7b des Gesetzes ist, wer auf eigene Rechnung und Gefahr ein Gebäude baut oder bauen läßt.

(2) Zu den Anschaffungskosten im Sinne des § 7b Abs. 1 des Gesetzes gehören nicht die Aufwendungen für den Grund und Boden.

(3) Ausbauten und Erweiterungen sind Baumaßnahmen im Sinne des § 17 Abs. 1 und 2, Kaufeigenheime sind Wohngebäude im Sinne des § 9 Abs. 2, Trägerkleinsiedlungen sind Kleinsiedlungen im Sinne des § 10 Abs. 3 und Kaufeigentumswohnungen sind Eigentumswohnungen im Sinne des § 12 Abs. 2 des Zweiten Wohnungsbaugesetzes (Wohnungsbau- und Familienheimgesetz).

(4) Bei Bemessung der erhöhten Absetzungen für Kaufeigenheime, Trägerkleinsiedlungen und Kaufeigentumswohnungen nach § 7b Abs. 7 des Gesetzes bleiben Herstellungskosten, die bei einem Einfamilienhaus oder einer Eigentumswohnung die Grenze von 150 000 Deutsche Mark, bei einem Zweifamilienhaus die Grenze von 200 000 Deutsche Mark übersteigen, außer Ansatz.

(5) In den Fällen des § 7b des Gesetzes in den vor Inkrafttreten des Gesetzes vom 11. Juli 1977 (BGBl. I S. 1213) geltenden Fassungen und des § 54 des Gesetzes sind die §§ 15, 16 und 83a der Einkommensteuer-Durchführungsverordnung in der Fassung der Bekanntmachung vom 5. Dezember 1977 (BGBl. I S. 2443) weiter anzuwenden."

[2)] § 29 Abs. 1 Satz 1 neu gef. durch G v. 5. 7. 2004 (BGBl. I S. 1427).

den, wenn die Darlehen den Betrag von 25 565 Euro[1] übersteigen. [4]Der Steuerpflichtige hat dem für seine Veranlagung zuständigen Finanzamt (§ 19 der Abgabenordnung) die Abtretung und die Beleihung unverzüglich anzuzeigen.[2]

(2)[3]–(6)[4] *(aufgehoben)*

§ 30 Nachversteuerung bei Versicherungsverträgen

[Fassung bis 31.12.2004]

(1) [1]Wird bei vor dem 1. Januar 1975 abgeschlossenen Versicherungsverträgen gegen Einmalbeitrag, soweit dieser nach dem 31. Dezember 1966 geleistet worden ist, oder bei nachdem 31. Dezember 1974 abgeschlossenen Rentenversicherungsverträgen ohne Kapitalwahlrecht gegen Einmalbeitrag (§ 10 Abs. 5 Nr. 2 des Gesetzes) vor Ablauf der Vertragsdauer

1. die Versicherungssumme ausgezahlt, ohne dass der Schadensfall eingetreten ist oder in der Rentenversicherung die vertragsmäßige Rentenleistung erbracht wird, oder
2. der Einmalbeitrag zurückgezahlt,

so ist eine Nachversteuerung für den Veranlagungszeitraum durchzuführen, in dem einer dieser Tatbestände verwirklicht ist. [2]Zu diesem Zweck ist die Steuer zu berechnen, die festzusetzen gewesen wäre, wenn der Steuerpflichtige den Einmalbeitrag nicht geleistet hätte. [3]Der Unterschiedsbetrag zwischen dieser und der festgesetzten Steuer ist als Nachsteuer zu erheben.

[Fassung ab 1.1.2005][5]

[1]Eine Nachversteuerung ist durchzuführen, *wenn der Sonderausgabenabzug von Beiträgen nach § 10 Abs. 1 Nr. 3 Buchstabe b des Gesetzes zu versagen ist* [**ab VZ 2016:** wenn die Voraussetzungen für den Sonderausgabenabzug von Vorsorgeaufwendungen nach § 10 Absatz 2 Satz 2 des Gesetzes in der am 31. Dezember 2004 geltenden Fassung nicht erfüllt sind]. [2]Zu diesem Zweck ist die Steuer zu berechnen, die festzusetzen gewesen wäre, wenn der Steuerpflichtige die Beiträge nicht geleistet hätte. [3]Der Unterschied zwischen dieser und der festgesetzten Steuer ist als Nachsteuer zu erheben.

---

[1] Betrag geänd. durch G v. 19.12.2000 (BGBl. I S. 1790).

[2] § 29 Abs. 1 Satz 4 angef. durch G v. 5.7.2004 (BGBl. I S. 1427).

[3] § 29 Abs. 2 und 4 aufgeh. mWv 1.1.2005 durch G v. 5.7.2004 (BGBl. I S. 1427).

[4] § 29 Abs. 3, 5 und 6 aufgeh. mWv VZ 1996 durch G v. 15.12.1995 (BGBl. I S. 1783); zur letztmaligen Anwendung für VZ 2005 vgl. § 84 Abs. 3.

[5] § 30 neu gef. durch G v. 5.7.2004 (BGBl. I S. 1427); Satz 1 geänd. mWv VZ 2016 durch VO v. 18.7.2016 (BGBl. I S. 1722).

[Fassung bis 31.12.2004]

(2) Eine Nachversteuerung ist entsprechend Absatz 1 auch durchzuführen, wenn der Sonderausgabenabzug von Beiträgen zu Lebensversicherungen nach § 10 Abs. 2 des Gesetzes zu versagen ist.

§§ 31 bis **44.** (weggefallen)

Zu § 10a des Gesetzes

§§ 45 bis **47.** (weggefallen)

Zu § 10b des Gesetzes

§§ 48 und **49.**[1] (weggefallen)

§ 50[2] **Zuwendungsbestätigung.** (1) [1] Zuwendungen im Sinne der §§ 10b und 34g des Gesetzes dürfen vorbehaltlich des Absatzes 2 nur abgezogen werden, wenn der Zuwendende eine Zuwendungsbestätigung, die der Zuwendungsempfänger unter Berücksichtigung des § 63 Absatz 5 der Abgabenordnung nach amtlich vorgeschriebenem Vordruck ausgestellt hat, oder die in den Absätzen 4 bis 6 bezeichneten Unterlagen erhalten hat. [2] *Dies gilt nicht für Zuwendungen an nicht im Inland ansässige Zuwendungsempfänger nach § 10b Absatz 1 Satz 2 Nummer 1 und 3 des Gesetzes.*[3]

(2) [1] Der Zuwendende kann den Zuwendungsempfänger bevollmächtigen, die Zuwendungsbestätigung der für seine Besteuerung nach dem Einkommen zuständigen Finanzbehörde nach amtlich vorgeschriebenem Datensatz durch Datenfernübertragung nach Maßgabe des § 93c der Abgabenordnung zu übermitteln. [2] Der Zuwendende hat dem Zuwendungsempfänger zu diesem Zweck seine Identifikationsnummer (§ 139b der Abgabenordnung) mitzuteilen. [3] Die Vollmacht kann nur mit Wirkung für die Zukunft widerrufen werden. [4] Der Zuwendungsempfänger hat dem Zuwendenden die nach Satz 1 übermittelten Daten elektronisch oder auf dessen Wunsch als Ausdruck zur Verfügung zu stellen; in beiden Fällen ist darauf hinzuweisen, dass die Daten der Finanzbehörde übermittelt worden sind. [5] § 72a Absatz 4 der Abgabenordnung findet keine Anwendung.

(3) [1] In den Fällen des Absatzes 2 ist für die Anwendung des § 93c Absatz 4 Satz 1 der Abgabenordnung das Finanzamt zuständig, in dessen Bezirk sich die Geschäftsleitung (§ 10 der Abgabenordnung) des Zuwendungsempfängers im Inland befindet. [2] Die nach Absatz 2 übermittelten Daten können durch

---

[1] § 48 und § 49 aufgeh. mWv 1.1.2007 durch G v. 10.10.2007 (BGBl. I S. 2332).

[2] § 50 neu gef. durch G v. 18.7.2016 (BGBl. I S. 1679); zur Anwendung siehe § 84 Abs. 2c.

[3] § 50 Abs. 1 Satz 2 aufgeh. durch G v. 21.12.2020 (BGBl. I S. 3096); zur Anwendung **ab 1.1.2025** vgl. § 84 Abs. 2d.

dieses Finanzamt zum Zweck der Anwendung des § 93c Absatz 4 Satz 1 der Abgabenordnung bei den für die Besteuerung der Zuwendenden nach dem Einkommen zuständigen Finanzbehörden abgerufen und verwendet werden.

(4) [1]Statt einer Zuwendungsbestätigung genügt der Bareinzahlungsbeleg oder die Buchungsbestätigung eines Kreditinstituts, wenn

1. die Zuwendung zur Hilfe in Katastrophenfällen:
   a) innerhalb eines Zeitraums, den die obersten Finanzbehörden der Länder im Benehmen mit dem Bundesministerium der Finanzen bestimmen, auf ein für juristischen Person des öffent lichen Rechts, einer inländischen öffentlichen Dienststelle oder eines inländischen amtlich anerkannten Verbandes der freien Wohlfahrtspflege einschließlich seiner Mitgliedsorganisationen eingezahlt worden ist oder
   b) bis zur Einrichtung des Sonderkontos auf ein anderes Konto der genannten Zuwendungsempfänger eingezahlt wird; wird die Zuwendung über ein als Treuhandkonto geführtes Konto eines Dritten auf eines der genannten Sonderkonten eingezahlt, genügt der Bareinzahlungsbeleg oder die Buchungsbestätigung des Kreditinstituts des Zuwendenden zusammen mit einer Kopie des Barzahlungsbelegs oder der Buchungsbestätigung des Kreditinstituts des Dritten, oder
2. die Zuwendung *200* [***ab 1.1.2020:*** 300] Euro[1)] nicht übersteigt und
   a) der Empfänger eine inländische juristische Person des öffentlichen Rechts oder eine inländische öffentliche Dienststelle ist oder
   b) der Empfänger eine Körperschaft, Personenvereinigung oder Vermögensmasse im Sinne des § 5 Absatz 1 Nummer 9 des Körperschaftsteuergesetzes ist, wenn der steuerbegünstigte Zweck, für den die Zuwendung verwendet wird, und die Angaben über die Freistellung des Empfängers von der Körperschaftsteuer auf einem von ihm hergestellten Beleg aufgedruckt sind und darauf angegeben ist, ob es sich bei der Zuwendung um eine Spende oder einen Mitgliedsbeitrag handelt, oder
   c)[2)] der Empfänger eine politische Partei im Sinne des § 2 des Parteiengesetzes ist [***ab 29.7.2017:*** , die nicht gemäß § 18 Absatz 7 des Parteiengesetzes von der staatlichen Teilfinanzierung ausgeschlossen ist,] und bei Spenden der Verwendungszweck auf dem vom Empfänger hergestellten Beleg aufgedruckt ist.

[2]Aus der Buchungsbestätigung müssen der Name und die Kontonummer oder ein sonstiges Identifizierungsmerkmal des Auftraggebers und des Empfängers, der Betrag, der Buchungstag sowie die tatsächliche Durchführung der Zahlung ersichtlich sein. [3]In den Fällen des Satzes 1 Nummer 2 Buchstabe b hat der Zuwendende zusätzlich den vom Zuwendungsempfänger hergestellten Beleg aufzubewahren.

(5) Bei Zuwendungen zur Hilfe in Katastrophenfällen innerhalb eines Zeitraums, den die obersten Finanzbehörden der Länder im Benehmen mit dem Bundesministerium der Finanzen bestimmen, die über ein Konto eines

---

1) § 50 Abs. 4 Satz 1 Nr. 2 Betrag geänd. durch G v. 21.12.2020 (BGBl. I S. 3096); zur Anwendung siehe § 84 Abs. 2c.

2) § 50 Abs. 4 Satz 1 Nr. 2 Buchst. c geänd. mWv 29.7.2017 durch G v. 18.7.2017 (BGBl. I S. 2730).

Dritten an eine inländische juristische Person des öffentlichen Rechts, an eine inländische öffentliche Dienststelle oder an eine nach § 5 Absatz 1 Nummer 9 des Körperschaftsteuergesetzes steuerbefreite Körperschaft, Personenvereinigung oder Vermögensmasse geleistet werden, genügt das Erhalten einer auf den jeweiligen Zuwendenden ausgestellten Zuwendungsbestätigung des Zuwendungsempfängers, wenn das Konto des Dritten als Treuhandkonto geführt wurde, die Zuwendung von dort an den Zuwendungsempfänger weitergeleitet wurde und diesem eine Liste mit den einzelnen Zuwendenden und ihrem jeweiligen Anteil an der Zuwendungssumme übergeben wurde.

(6) Bei Zahlungen von Mitgliedsbeiträgen an politische Parteien im Sinne des § 2 des Parteiengesetzes genügen statt Zuwendungsbestätigungen Bareinzahlungsbelege, Buchungsbestätigungen oder Beitragsquittungen.

(7) [1]Eine in § 5 Absatz 1 Nummer 9 des Körperschaftsteuergesetzes bezeichnete Körperschaft, Personenvereinigung oder Vermögensmasse hat die Vereinnahmung der Zuwendung und ihre zweckentsprechende Verwendung ordnungsgemäß aufzuzeichnen und ein Doppel der Zuwendungsbestätigung aufzubewahren. [2]Diese Aufbewahrungspflicht entfällt in den Fällen des Absatzes 2. [3]Bei Sachzuwendungen und beim Verzicht auf die Erstattung von Aufwand müssen sich aus den Aufzeichnungen auch die Grundlagen für den vom Empfänger bestätigten Wert der Zuwendung ergeben.

(8) [1]Die in den Absätzen 1, 4, 5 und 6 bezeichneten Unterlagen sind vom Zuwendenden auf Verlangen der Finanzbehörde vorzulegen. [2]Soweit der Zuwendende sie nicht bereits auf Verlangen der Finanzbehörde vorgelegt hat, sind sie vom Zuwendenden bis zum Ablauf eines Jahres nach Bekanntgabe der Steuerfestsetzung aufzubewahren.

(Fortsetzung nächstes Blatt)

Zu § 13 des Gesetzes

§ 51[1] Pauschale Ermittlung der Gewinne aus Holznutzungen.

(1) Steuerpflichtige, die für ihren Betrieb nicht zur Buchführung verpflichtet sind, den Gewinn nicht nach § 4 Absatz 1 des Einkommensteuergesetzes ermitteln und deren forstwirtschaftlich genutzte Fläche 50 Hektar nicht übersteigt, können auf Antrag für ein Wirtschaftsjahr bei der Ermittlung der Gewinne aus Holznutzungen pauschale Betriebsausgaben abziehen.

(2) Die pauschalen Betriebsausgaben betragen 55 Prozent der Einnahmen aus der Verwertung des eingeschlagenen Holzes.

(3) Soweit Holz auf dem Stamm verkauft wird, betragen die pauschalen Betriebsausgaben 20 Prozent der Einnahmen aus der Verwertung des stehenden Holzes.

(4) Mit den pauschalen Betriebsausgaben nach den Absätzen 2 und 3 sind sämtliche Betriebsausgaben mit Ausnahme der Wiederaufforstungskosten und der Minderung des Buchwerts für ein Wirtschaftsgut Baumbestand abgegolten.

(5) Diese Regelung gilt nicht für die Ermittlung des Gewinns aus Waldverkäufen sowie für die übrigen Einnahmen und die damit in unmittelbarem Zusammenhang stehenden Betriebsausgaben.

§ 52[2] Mitteilungspflichten bei Beihilfen aus öffentlichen Mitteln.

(1) [1]Behörden und andere öffentliche Stellen im Sinne von § 6 Absatz 1 bis 1e der Abgabenordnung sind als mitteilungspflichtige Stellen verpflichtet, der für die Besteuerung des Zahlungsempfängers nach dem Einkommen zuständigen Finanzbehörde eine Mitteilung zu übermitteln, wenn von dieser einer als Land- und Forstwirt tätigen natürlichen Person, Personenvereinigung oder juristischen Person Beihilfen aus öffentlichen Mitteln der Europäischen Union, des Bundes oder eines Landes gewährt werden. [2]Von der Mitteilungspflicht ausgenommen sind Förderkredite, Gewährleistungen, Bürgschaften, Garantien und Beteiligungen.

(2) [1]Zur Sicherstellung der gesetzmäßigen und gleichmäßigen Besteuerung der Beihilfen sind neben den nach § 93c Absatz 1 der Abgabenordnung erforderlichen Angaben folgende Angaben mitzuteilen:

1. der Tag der Antragstellung,
2. die Art und die Höhe der jeweils gewährten Beihilfe,
3. der Zeitraum oder der Zeitpunkt, für den die Beihilfe gewährt wird,
4. der Tag der Zahlung oder der Zahlungsanordnung.

[2]Die in § 93c Absatz 1 Nummer 2 Buchstabe c und d der Abgabenordnung genannten Daten sind mit der Maßgabe zu übermitteln, dass der Zahlungsempfänger als Steuerpflichtiger gilt. [3]Als Zahlungsempfänger ist stets der ur-

---

[1] § 51 neu gef. durch G v. 1.11.2011 (BGBl. I S. 2131); zur Anwendung siehe § 84 Abs. 3a.

[2] § 52 eingef. durch VO v. 25.6.2020 (BGBl. I S. 1495); zur Anwendung siehe § 84 Abs. 3b.

sprüngliche Gläubiger der Forderung mitzuteilen, auch wenn die Forderung abgetreten, verpfändet oder gepfändet ist.

(3) 1 Die Mitteilungen sind bis zum letzten Tag des Monats Februar des auf die Gewährung der Beihilfe folgenden Kalenderjahres nach amtlich vorgeschriebenem Datensatz über die amtlich bestimmte Schnittstelle (§ 87b Absatz 1 und 2 der Abgabenordnung) zu übermitteln. 2 Für den Tag der Gewährung der Beihilfe ist der Tag der Zahlung oder der Zahlungsanordnung gemäß Absatz 2 Satz 1 Nummer 4 maßgeblich. 3 Der Zahlungsempfänger im Sinne des Absatzes 2 hat der mitteilungspflichtigen Stelle zu diesem Zweck sein Identifikationsmerkmal (§§ 139a bis 139c der Abgabenordnung) mitzuteilen. 4 Die Mitteilung kann im Rahmen der Antragsverfahren der gewährten Beihilfen erfolgen.

Zu § 17 des Gesetzes

§ 53 Anschaffungskosten bestimmter Anteile an Kapitalgesellschaften. 1 Bei Anteilen an einer Kapitalgesellschaft, die vor dem 21. Juni 1948 erworben worden sind, sind als Anschaffungskosten im Sinne des § 17 Abs. 2 des Gesetzes die endgültigen Höchstwerte zugrunde zu legen, mit denen die Anteile in eine steuerliche Eröffnungsbilanz in Deutscher Mark auf den 21. Juni 1948 hätten eingestellt werden können; bei Anteilen, die am 21. Juni 1948 als Auslandsvermögen beschlagnahmt waren, ist bei Veräußerung vor der Rückgabe der Veräußerungserlös und bei Veräußerung nach der Rückgabe der Wert im Zeitpunkt der Rückgabe als Anschaffungskosten maßgebend. 2 Im Land Berlin tritt an die Stelle des 21. Juni 1948 jeweils der 1. April 1949; im Saarland tritt an die Stelle des 21. Juni 1948 für die in § 43 Abs. 1 Ziff. 1 des Gesetzes über die Einführung des deutschen Rechts auf dem Gebiete der Steuern, Zölle und Finanzmonopole im Saarland vom 30. Juni 1959 (BGBl. I S. 339) bezeichneten Personen jeweils der 6. Juli 1959.

§ 54 Übersendung von Urkunden durch die Notare. (1)[1] 1 Die Notare übersenden dem in § 20 der Abgabenordnung bezeichneten Finanzamt eine beglaubigte Abschrift aller auf Grund gesetzlicher Vorschrift aufgenommenen oder beglaubigten Urkunden, die die Gründung, Kapitalerhöhung oder -herabsetzung, Umwandlung oder Auflösung von Kapitalgesellschaften oder die Verfügung über Anteile an Kapitalgesellschaften zum Gegenstand haben. 2 Gleiches gilt für Dokumente, die im Rahmen einer Anmeldung einer inländischen Zweigniederlassung einer Kapitalgesellschaft mit Sitz im Ausland zur Eintragung in das Handelsregister diesem zu übersenden sind.

(2) 1 Die Abschrift ist binnen zwei Wochen, von der Aufnahme oder Beglaubigung der Urkunde ab gerechnet, einzureichen. 2 Sie soll mit der Steuernummer gekennzeichnet sein, mit der die Kapitalgesellschaft bei dem Finanzamt geführt wird. 3 Die Absendung der Urkunde ist auf der zurückbehaltenen Urschrift der Urkunde beziehungsweise auf einer zurückbehaltenen Abschrift zu vermerken.

[1] § 54 Abs. 1 Satz 2 angef. mWv 1.1.2008 (§ 84 Abs. 3c Satz 1) durch G v. 20.12.2007 (BGBl. I S. 3150).

(3) Den Beteiligten dürfen die Urschrift, eine Ausfertigung oder beglaubigte Abschrift der Urkunde erst ausgehändigt werden, wenn die Abschrift der Urkunde an das Finanzamt abgesandt ist.

(4)[1] Im Fall der Verfügung über Anteile an Kapitalgesellschaften durch einen Anteilseigner, der nicht nach § 1 Abs. 1 des Gesetzes unbeschränkt steuerpflichtig ist, ist zusätzlich bei dem Finanzamt Anzeige zu erstatten, das bei Beendigung einer zuvor bestehenden unbeschränkten Steuerpflicht des Anteilseigners oder bei unentgeltlichem Erwerb dessen Rechtsvorgängers nach § 19 der Abgabenordnung für die Besteuerung des Anteilseigners zuständig war.

Zu § 22 des Gesetzes

§ 55 Ermittlung des Ertrags aus Leibrenten in besonderen Fällen.

(1) Der Ertrag des Rentenrechts ist in den folgenden Fällen auf Grund der in § 22 Nr. 1 Satz 3 Buchstabe a Doppelbuchstabe bb[2] des Gesetzes aufgeführten Tabelle zu ermitteln:

1. bei Leibrenten, die vor dem 1. Januar 1955 zu laufen begonnen haben. [2]Dabei ist das vor dem 1. Januar 1955 vollendete Lebensjahr des Rentenberechtigten maßgebend;
2. bei Leibrenten, deren Dauer von der Lebenszeit einer anderen Person als des Rentenberechtigten abhängt. [2]Dabei ist das bei Beginn der Rente, im Fall der Nummer 1 das vor dem 1. Januar 1955 vollendete Lebensjahr dieser Person maßgebend;
3. bei Leibrenten, deren Dauer von der Lebenszeit mehrerer Personen abhängt. [2]Dabei ist das bei Beginn der Rente, im Fall der Nummer 1 das vor dem 1. Januar 1955 vollendete Lebensjahr der ältesten Person maßgebend, wenn das Rentenrecht mit dem Tod des zuerst Sterbenden erlischt, und das Lebensjahr der jüngsten Person, wenn das Rentenrecht mit dem Tod des zuletzt Sterbenden erlischt.

(Fortsetzung nächstes Blatt)

---

[1] § 54 Abs. 4 angef. durch G v. 7.12.2006 (BGBl. I S. 2782); zur erstmaligen Anwendung siehe § 84 Abs. 3c Satz 2.

[2] Zitat geänd. durch G v. 5.7.2004 (BGBl. I S. 1427).

(2) [1]Der Ertrag der Leibrenten, die auf eine bestimmte Zeit beschränkt sind (abgekürzte Leibrenten), ist nach der Lebenserwartung unter Berücksichtigung der zeitlichen Begrenzung zu ermitteln. [2]Der Ertragsanteil ist aus der nachstehenden Tabelle[1)] zu entnehmen. [3]Absatz 1 ist entsprechend anzuwenden.

Beschränkung der Laufzeit der Rente auf ... Jahre ab Beginn des Rentenbezugs (ab 1. Januar 1955, falls die Rente vor diesem Zeitpunkt zu laufen begonnen hat)	Der Ertragsanteil beträgt vorbehaltlich der Spalte 3 ... Prozent[2)]	Der Ertragsanteil ist der Tabelle in § 22 Nr. 1 Satz 3 Buchstabe a Doppelbuchstabe bb des Gesetzes zu entnehmen, wenn der Rentenberechtigte zu Beginn des Rentenbezugs (vor dem 1. Januar 1955, falls die Rente vor diesem Zeitpunkt zu laufen begonnen hat) das ... te Lebensjahr vollendet hatte
1	2	3
1	0	entfällt
2	1	entfällt
3	2	97
4	4	92
5	5	88
6	7	83
7	8	81
8	9	80
9	10	78
10	12	75
11	13	74
12	14	72
13	15	71
14–15	16	69
16–17	18	67
18	19	65
19	20	64
20	21	63
21	22	62
22	23	60
23	24	59
24	25	58
25	26	57
26	27	55
27	28	54
28	29	53
29–30	30	51
31	31	50
32	32	49

[1)] Tabelle neu gef. durch G v. 5. 7. 2004 (BGBl. I S. 1427).
[2)] Bezeichnung geänd. durch VO v. 17. 11. 2010 (BGBl. I S. 1544).

Beschränkung der Laufzeit der Rente auf ... Jahre ab Beginn des Rentenbezugs (ab 1. Januar 1955, falls die Rente vor diesem Zeitpunkt zu laufen begonnen hat)	Der Ertragsanteil beträgt vorbehaltlich der Spalte 3 ... Prozent[1)]	Der Ertragsanteil ist der Tabelle in § 22 Nr. 1 Satz 3 Buchstabe a Doppelbuchstabe bb des Gesetzes zu entnehmen, wenn der Rentenberechtigte zu Beginn des Rentenbezugs (vor dem 1. Januar 1955, falls die Rente vor diesem Zeitpunkt zu laufen begonnen hat) das ... te Lebensjahr vollendet hatte
1	2	3
33	33	48
34	34	46
35–36	35	45
37	36	43
38	37	42
39	38	41
40–41	39	39
42	40	38
43–44	41	36
45	42	35
46–47	43	33
48	44	32
49–50	45	30
51–52	46	28
53	47	27
54–55	48	25
56–57	49	23
58–59	50	21
60–61	51	19
62–63	52	17
64–65	53	15
66–67	54	13
68–69	55	11
70–71	56	9
72–74	57	6
75–76	58	4
77–79	59	2
ab 80	Der Ertragsanteil ist immer der Tabelle in § 22 Nr. 1 Satz 3 Buchstabe a Doppelbuchstabe bb des Gesetzes zu entnehmen.	

Zu § 25 des Gesetzes

§ 56 Steuererklärungspflicht. [1]Unbeschränkt Steuerpflichtige haben eine jährliche Einkommensteuererklärung für das abgelaufene Kalenderjahr (Veranlagungszeitraum) in den folgenden Fällen abzugeben:

1) Bezeichnung geänd. durch VO v. 17. 11. 2010 (BGBl. I S. 1544).

1.[1] Ehegatten, bei denen im Veranlagungszeitraum die Voraussetzungen des § 26 Abs. 1 des Gesetzes vorgelegen haben und von denen keiner die Einzelveranlagung nach § 26a des Gesetzes wählt,

a)[2] wenn keiner der Ehegatten Einkünfte aus nichtselbständiger Arbeit, von denen ein Steuerabzug vorgenommen worden ist, bezogen und der Gesamtbetrag der Einkünfte mehr als das Zweifache des Grundfreibetrages nach § 32a Absatz 1 Satz 2 Nummer 1 des Gesetzes in der jeweils geltenden Fassung betragen hat,

b) wenn mindestens einer der Ehegatten Einkünfte aus nichtselbständiger Arbeit, von denen ein Steuerabzug vorgenommen worden ist, bezogen hat und eine Veranlagung nach § 46 Abs. 2 Nr. 1 bis 7 des Gesetzes in Betracht kommt.

c)[3] *(aufgehoben)*

2. Personen, bei denen im Veranlagungszeitraum die Voraussetzungen des § 26 Abs. 1 des Gesetzes nicht vorgelegen haben,

a)[4] wenn der Gesamtbetrag der Einkünfte den Grundfreibetrag nach § 32a Absatz 1 Satz 2 Nummer 1 des Gesetzes in der jeweils geltenden Fassung überstiegen hat und darin keine Einkünfte aus nichtselbständiger Arbeit, von denen ein Steuerabzug vorgenommen worden ist, enthalten sind,

b) wenn in dem Gesamtbetrag der Einkünfte Einkünfte aus nichtselbständiger Arbeit, von denen ein Steuerabzug vorgenommen worden ist, enthalten sind und eine Veranlagung nach § 46 Abs. 2 Nr. 1 bis 6 und 7 Buchstabe b des Gesetzes in Betracht kommt.

c)[5] *(aufgehoben)*

[2] Eine Steuererklärung ist außerdem abzugeben, wenn zum Schluss des vorangegangenen Veranlagungszeitraums ein verbleibender Verlustabzug festgestellt worden ist.

§§ 57 bis **59.** (weggefallen)

§ 60 Unterlagen zur Steuererklärung. (1)[6] [1] Der Steuererklärung ist eine Abschrift der Bilanz, die auf dem Zahlenwerk der Buchführung beruht, im Fall der Eröffnung des Betriebs auch eine Abschrift der Eröffnungsbilanz beizufügen, wenn der Gewinn nach § 4 Abs. 1, § 5 oder § 5a des Gesetzes ermittelt und auf eine elektronische Übermittlung nach § 5b Abs. 2 des Gesetzes verzichtet wird. [2] Werden Bücher geführt, die den Grundsätzen der

---

[1] § 56 Satz 1 Nummer 1 geänd. durch G v. 1.11.2011 (BGBl. I S. 2131); zur Anwendung siehe § 84 Abs. 11.

[2] § 56 Satz 1 Nr. 1 Buchst. a geänd. mWv VZ 2009 durch G v. 2.3.2009 (BGBl. I S. 416).

[3] § 56 Satz 1 Nr. 1 Buchst. c aufgeh. mWv VZ 2009 durch VO v. 17.11.2010 (BGBl. I S. 1544).

[4] § 56 Satz 1 Nr. 2 Buchst. a geänd. mWv VZ 2009 durch G v. 2.3.2009 (BGBl. I S. 416).

[5] § 56 Satz 1 Nr. 2 Buchst. c aufgeh. mWv VZ 2009 durch VO v. 17.11.2010 (BGBl. I S. 1544).

[6] § 60 Abs. 1 Satz 1 neu gef. durch G v. 20.12.2008 (BGBl. I S. 2850); zur erstmaligen Anwendung siehe § 84 Abs. 3e.

doppelten Buchführung entsprechen, ist eine Gewinn- und Verlustrechnung beizufügen.

(2) [1]Enthält die Bilanz Ansätze oder Beträge, die den steuerlichen Vorschriften nicht entsprechen, so sind diese Ansätze oder Beträge durch Zusätze oder Anmerkungen den steuerlichen Vorschriften anzupassen. [2]Der Steuerpflichtige kann auch eine den steuerlichen Vorschriften entsprechende Bilanz (Steuerbilanz) beifügen.

(3) [1]Liegt ein Anhang, ein Lagebericht oder ein Prüfungsbericht vor, so ist eine Abschrift der Steuererklärung beizufügen. [2]Bei der Gewinnermittlung nach § 5a des Gesetzes ist das besondere Verzeichnis nach § 5a Abs. 4 des Gesetzes der Steuererklärung beizufügen.

(4)[1)] [1]Wird der Gewinn nach § 4 Abs. 3 des Gesetzes durch den Überschuss der Betriebseinnahmen über die Betriebsausgaben ermittelt, ist die Einnahmenüberschussrechnung nach amtlich vorgeschriebenem Datensatz durch Datenfernübertragung zu übermitteln. [2]Auf Antrag kann die Finanzbehörde zur Vermeidung unbilliger Härten auf eine elektronische Übermittlung verzichten; in diesem Fall ist der Steuererklärung eine Gewinnermittlung nach amtlich vorgeschriebenem Vordruck beizufügen. [3]§ 150 *Abs.* 7 *und* [***ab 1.1.2017:*** Absatz][2)] 8 der Abgabenordnung gilt entsprechend.

Zu den §§ 26a bis 26c des Gesetzes

§ 61[3)] **Antrag auf hälftige Verteilung von Abzugsbeträgen im Fall des § 26a des Gesetzes.** Können die Ehegatten den Antrag nach § 26a Absatz 2 des Gesetzes nicht gemeinsam stellen, weil einer der Ehegatten dazu aus zwingenden Gründen nicht in der Lage ist, kann das Finanzamt den Antrag des anderen Ehegatten als genügend ansehen.

§§ 62 bis **62c.** (weggefallen)

§ 62d Anwendung des § 10d des Gesetzes bei der Veranlagung von Ehegatten. (1)[4)] [1]Im Fall der Einzelveranlagung von Ehegatten (§ 26a des Gesetzes) kann der Steuerpflichtige den Verlustabzug nach § 10d des Gesetzes auch für Verluste derjenigen Veranlagungszeiträume geltend machen, in denen die Ehegatten nach § 26b des Gesetzes zusammen *oder nach § 26c des Gesetzes besonders* veranlagt worden sind. [2]Der Verlustabzug kann in diesem Fall nur für Verluste geltend gemacht werden, die der einzeln veranlagte Ehegatte erlitten hat.

(2)[5)] [1]Im Fall der Zusammenveranlagung von Ehegatten (§ 26b des Gesetzes) kann der Steuerpflichtige den Verlustabzug nach § 10d des Gesetzes auch

---

1) § 60 Abs. 4 neu gef. durch G v. 20.12.2008 (BGBl. I S. 2850); zur erstmaligen Anwendung siehe § 84 Abs. 3e.

2) Verweis geänd. mWv 1.1.2017 durch G v. 18.7.2016 (BGBl. I S. 1679).

3) § 61 neu gef. durch G v. 1.11.2011 (BGBl. I S. 2131); zur Anwendung siehe § 84 Abs. 11.

4) § 62d Abs. 1 Satz 1 geänd. bzw. kursiver Satzteil aufgeh., Satz 2 geänd. durch G v. 1.11.2011 (BGBl. I S. 2131); zur Anwendung siehe § 84 Abs. 11.

5) § 62d Abs. 2 Satz 2 neu gef. durch G v. 22.12.2003 (BGBl. I S. 2840); zur erstmaligen Anwendung siehe § 84 Abs. 3f; Abs. 2 Satz 1 geänd. durch G v. 1.11.2011 (BGBl. I S. 2131); zur Anwendung siehe § 84 Abs. 11.

für Verluste derjenigen Veranlagungszeiträume geltend machen, in denen die Ehegatten nach § 26a des Gesetzes einzeln veranlagt worden sind. [2]Im Fall der Zusammenveranlagung von Ehegatten (§ 26b des Gesetzes) in einem Veranlagungszeitraum, in den negative Einkünfte nach § 10d Abs. 1 des Gesetzes zurückgetragen werden, sind nach Anwendung des § 10d Abs. 1 des Gesetzes verbleibende negative Einkünfte für den Verlustvortrag nach § 10d Abs. 2 des Gesetzes in Veranlagungszeiträume, in denen eine Zusammenveranlagung nicht stattfindet, auf die Ehegatten nach dem Verhältnis aufzuteilen, in dem die auf den einzelnen Ehegatten entfallenden Verluste im Veranlagungszeitraum der Verlustentstehung zueinander stehen.

§ 63. (weggefallen)

Zu § 33 des Gesetzes

§ 64[1)] Nachweis von Krankheitskosten und der Voraussetzungen der behinderungsbedingten Fahrtkostenpauschale. (1) Den Nachweis der Zwangsläufigkeit von Aufwendungen im Krankheitsfall hat der Steuerpflichtige zu erbringen:

1. durch eine Verordnung eines Arztes oder Heipraktikers für Arznei-, Heil- und Hilfsmittel (§§ 2, 23, 31 bis 33 des Fünften Buches Sozialgesetzbuch);
2. durch ein amtsärztliches Gutachten oder eine ärztliche Bescheinigung eines Medizinischen Dienstes der Krankenversicherung (§ 275 des Fünften Buches Sozialgesetzbuch) für
   a) eine Bade- oder Heilkur; bei einer Vorsorgekur ist auch die Gefahr einer durch die Kur abzuwendenden Krankheit, bei einer Klimakur der medizinisch angezeigte Kurort und die voraussichtliche Kurdauer zu bescheinigen,
   b) eine psychotherapeutische Behandlung; die Fortführung einer Behandlung nach Ablauf der Bezuschussung durch die Krankenversicherung steht einem Behandlungsbeginn gleich,
   c) eine medizinisch erforderliche auswärtige Unterbringung eines an Legasthenie oder einer anderen Behinderung leidenden Kindes des Steuerpflichtigen,
   d) die Notwendigkeit der Betreuung des Steuerpflichtigen durch eine Begleitperson, sofern sich diese nicht bereits aus dem Nachweis der Behinderung nach § 65 Absatz 1 Nummer 1 ergibt,
   e) medizinische Hilfsmittel, die als allgemeine Gebrauchsgegenstände des täglichen Lebens im Sinne von § 33 Absatz 1 des Fünften Buches Sozialgesetzbuch anzusehen sind,
   f) wissenschaftlich nicht anerkannte Behandlungsmethoden, wie z. B. Frisch- und Trockenzellenbehandlungen, Sauerstoff-, Chelat- und Eigenbluttherapie.

---

1) § 64 Überschr. neu gef., Abs. 3 angef. mWv 1.1.2021 durch G v. 9.12.2020 (BGBl. I S. 2770).

[2]Der nach Satz 1 zu erbringende Nachweis muss vor Beginn der Heilmaßnahme oder dem Erwerb des medizinischen Hilfsmittels ausgestellt worden sein;

3. durch eine Bescheinigung des behandelnden Krankenhausarztes für Besuchsfahrten zu einem für längere Zeit in einem Krankenhaus liegenden Ehegatten oder Kind des Steuerpflichtigen, in dem bestätigt wird, dass der Besuch des Steuerpflichtigen zur Heilung oder Linderung einer Krankheit entscheidend beitragen kann.

(2) Die zuständigen Gesundheitsbehörden haben auf Verlangen des Steuerpflichtigen die für steuerliche Zwecke erforderlichen Gesundheitszeugnisse, Gutachten oder Bescheinigungen auszustellen.

(3) Für den Nachweis der Anspruchsvoraussetzungen zur behinderungsbedingten Fahrtkostenpauschale sind die Vorschriften des § 65 anzuwenden.

Zu § 33b des Gesetzes

§ 65[1)] Nachweis der Behinderung und des Pflegegrads. (1) Den Nachweis einer Behinderung hat der Steuerpflichtige zu erbringen:

1. bei einer Behinderung, deren Grad auf mindestens 50 festgestellt ist, durch Vorlage eines Ausweises nach dem Neunten Buch Sozialgesetzbuch oder eines Bescheides der nach § 152[2)] Absatz 1 des Neunten Buches Sozialgesetzbuch[3)] zuständigen Behörde,

[Fassung bis VZ 2020:]

2. bei einer Behinderung, deren Grad auf weniger als 50, aber mindestens 25 festgestellt ist,
   a) durch eine Bescheinigung der nach § 69 Absatz 1 des Neunten Buches Sozialgesetzbuch[2)] zuständigen Behörde auf Grund eines Feststellungsbescheids nach § 152[2)] Absatz 1 des Neunten Buches Sozialgesetzbuch, die eine Äußerung darüber enthält, ob die Behinderung zu einer dauernden Einbuße der körperlichen Beweglichkeit geführt hat oder auf einer typischen Berufskrankheit beruht, oder,

[Fassung ab VZ 2021:]

2.[4)] bei einer Behinderung, deren Grad auf weniger als 50, aber mindestens 20 festgestellt ist, durch Vorlage einer Bescheinigung oder eines Bescheides der nach § 152 Absatz 1 des Neunten Buches Sozialgesetzbuch zuständigen Behörde.

---

1) § 65 Überschr. neu gef. durch G v. 9.12.2020 (BGBl. I S. 2770). Zur letztmaligen Anwendung von Abs. 1 siehe § 84 Abs. 3g Satz 4 und 5.

2) Verweis geänd. mWv 1.1.2018 durch G v. 23.12.2016 (BGBl. I S. 3234).

3) Verweis geänd. durch VO v. 17.11.2010 (BGBl. I S. 1544).

4) § 65 Abs. 1 Nr. 2 neu gef. durch G v. 9.12.2020 (BGBl. I S. 2770); zur Anwendung siehe § 84 Abs. 3g Satz 1.

[Fassung bis VZ 2020:]

b) wenn ihm wegen seiner Behinderung nach den gesetzlichen Vorschriften Renten oder andere laufende Bezüge zustehen, durch den Rentenbescheid oder den die anderen laufenden Bezüge nachweisenden Bescheid.

(2)[1)] [1]Die gesundheitlichen Merkmale „blind" und „hilflos" hat der Steuerpflichtige durch einen Ausweis nach dem Neunten Buch Sozialgesetzbuch, der mit den Merkzeichen „Bl" oder „H" gekennzeichnet ist, oder durch einen Bescheid der nach § 152 Absatz 1 des Neunten Buches Sozialgesetzbuch[2)] zuständigen Behörde, der die entsprechenden Feststellungen enthält, nachzuweisen. [2]Dem Merkzeichen „H" steht die Einstufung als pflegebedürftige Person mit schwersten Beeinträchtigungen der Selbständigkeit oder der Fähigkeiten in die Pflegegrade 4 oder 5 nach dem Elften Buch Sozialgesetzbuch, dem Zwölften Buch Sozialgesetzbuch oder diesen entsprechenden gesetzlichen Bestimmungen gleich.

(2a)[3)] Den Nachweis der Einstufung in einen Pflegegrad nach dem Elften Buch Sozialgesetzbuch, dem Zwölften Buch Sozialgesetzbuch oder diesen entsprechenden gesetzlichen Bestimmungen hat der Steuerpflichtige durch Vorlage des entsprechenden Bescheides nachzuweisen.

(3)[4)] [1]Die Gewährung des Behinderten-Pauschbetrags setzt voraus, dass der Antragsteller Inhaber gültiger Unterlagen nach den Absätzen 1 und 2 ist. [2]Bei erstmaliger Geltendmachung des Pauschbetrags oder bei Änderung der Verhältnisse hat der Steuerpflichtige die Unterlagen nach den Absätzen 1 und 2 zusammen mit seiner Steuererklärung oder seinem Antrag auf Lohnsteuerermäßigung, ansonsten auf Anforderung des Finanzamts vorzulegen.

(3a)[4) · 5)] [1]Die Gewährung des Behinderten-Pauschbetrags setzt voraus, dass die für die Feststellung einer Behinderung zuständige Stelle als mitteilungspflichtige Stelle ihre Feststellungen zur Behinderung nach den Absätzen 1 und 2 nach Maßgabe des § 93c der Abgabenordnung an die für die Besteuerung des Antragstellers zuständige Finanzbehörde übermittelt hat. [2]Die nach Satz 1 mitteilungspflichtige Stelle hat ihre Feststellungen auf schriftlichen oder elektronischen Antrag derjenigen Person, die diese Feststellungen begehrt, an die nach Satz 1 zuständige Finanzbehörde zu übermitteln. [3]Die Person hat der mitteilungspflichtigen Stelle zu diesem Zweck ihre Identifikationsnummer (§ 139b der Abgabenordnung) mitzuteilen. [4]Neben den nach § 93c Absatz 1 der Abgabenordnung zu übermittelnden Daten sind zusätzlich folgende Daten zu übermitteln:

---

1) § 65 Abs. 2 Satz 2 neu gef. mWv 1.1.2021 durch G v. 9.12.2020 (BGBl. I S. 2770).
2) Verweis geänd. mWv 1.1.2018 durch G v. 23.12.2016 (BGBl. I S. 3234).
3) § 65 Abs. 2a eingef. mWv 1.1.2021 durch G v. 9.2020 (BGBl. I S. 2770).
4) § 65 Abs. 3 ersetzt durch Abs. 3 und 3a durch G v. 18.7.2016 (BGBl. I S. 1679).
5) Zur erstmaligen Anwendung von § 65 Abs. 3a siehe § 84 Abs. 3g Sätze 2 und 3.

1. der Grad der Behinderung,
2. die Feststellung weiterer gesundheitlicher Merkmale (Merkzeichen):
   a) G (erheblich gehbehindert),
   b) aG (außergewöhnlich gehbehindert),
   c) B (ständige Begleitung notwendig),
   d) H (hilflos),
   e) Bl (blind),
   f) Gl (gehörlos),
3. die Feststellung, dass die Behinderung zu einer dauernden Einbuße der körperlichen Beweglichkeit geführt hat,
4. die Feststellung, dass die Behinderung auf einer typischen Berufskrankheit beruht,
5.[1] die Einstufung als *Schwerstpflegebedürftiger in die Pflegestufe III,* [***künftige Fassung:*** pflegebedürftige Person mit schwersten Beeinträchtigungen der Selbständigkeit oder der Fähigkeiten in den Pflegegraden 4 oder 5],
6. die Dauer der Gültigkeit der Feststellung.

[5]Die mitteilungspflichtige Stelle hat jede Änderung der Feststellungen nach Satz 4 abweichend von § 93c Absatz 1 Nummer 1 der Abgabenordnung unverzüglich zu übermitteln. [6]§ 72a Absatz 4, § 93c Absatz 1 Nummer 3 und Absatz 4 sowie § 203a der Abgabenordnung finden keine Anwendung.

(4)[2] [1]Ist der Mensch mit Behinderung verstorben und kann sein Rechtsnachfolger die Unterlagen nach den Absätzen 1 und 2 nicht vorlegen, so genügt zum Nachweis eine gutachtliche Stellungnahme der nach § 152[3] Absatz 1 des Neunten Buches Sozialgesetzbuch[4] zuständigen Behörde. [2]Diese Stellungnahme hat die Finanzbehörde einzuholen.

§ 66 und 67. (weggefallen)

Zu § 34b des Gesetzes

§ 68[5] Nutzungssatz, Betriebsgutachten, Betriebswerk. (1) [1]Der Nutzungssatz muss periodisch für zehn Jahre durch die Finanzbehörde festgesetzt werden. [2]Er muss den Holznutzungen entsprechen, die unter Berücksichtigung der vollen Ertragsfähigkeit des Waldes in Kubikmetern im Festmaß (Erntefestmeter Derbholz ohne Rinde) nachhaltig erzielbar sind.

(2) [1]Der Festsetzung des Nutzungssatzes ist ein amtlich anerkanntes Betriebsgutachten oder ein Betriebswerk zugrunde zu legen, das auf den Anfang des Wirtschaftsjahres aufzustellen ist, von dem an die Periode von zehn Jahren

---

[1] § 65 Abs. 3a Satz 4 Nr. 5 geänd. durch G. v. 9.12.2020 (BGBl. I S. 2770); zur Anwendung siehe § 84 Abs. 3g Sätze 2 ff.

[2] § 65 Abs. 4 Satz 1 geänd. mWv 1.1.2021 durch G v. 9.12.2020 (BGBl. I S. 2770).

[3] Verweis geänd. mWv 1.1.2018 durch G v. 23.12.2016 (BGBl. I S. 3234).

[4] Verweis geänd. durch VO v. 17.11.2010 (BGBl. I S. 1544).

[5] § 68 neu gef. mWv VZ 2012 durch G v. 1.11.2011 (BGBl. I S. 2131); Abs. 1 Satz 2 neu gef., Abs. 2 Satz 3 geänd. mWv VZ 2016 durch VO v. 18.7.2016 (BGBl. I S. 1722).

beginnt. 2 Es soll innerhalb eines Jahres nach diesem Stichtag der Finanzbehörde übermittelt werden. 3 Sofern der Zeitraum, für den es aufgestellt wurde, nicht unmittelbar an den vorherigen Zeitraum der Nutzungssatzfestsetzung anschließt, muss es spätestens auf den Anfang des Wirtschaftsjahrs des Schadensereignisses aufgestellt sein.

(3) 1 Ein Betriebsgutachten im Sinne des Absatzes 2 ist amtlich anerkannt, wenn die Anerkennung von einer Behörde oder einer Körperschaft des öffentlichen Rechts des Landes, in dem der forstwirtschaftliche Betrieb liegt, ausgesprochen wird. 2 Die Länder bestimmen, welche Behörden oder Körperschaften des öffentlichen Rechts diese Anerkennung auszusprechen haben.

(Fortsetzung nächstes Blatt)

Zu § 34c des Gesetzes

§ 68a[1)] Einkünfte aus mehreren ausländischen Staaten. [1]Die für die Einkünfte aus einem ausländischen Staat festgesetzte und gezahlte und um einen entstandenen Ermäßigungsanspruch gekürzte ausländische Steuer ist nur bis zur Höhe der deutschen Steuer anzurechnen, die auf die Einkünfte aus diesem ausländischen Staat entfällt. [2]Stammen die Einkünfte aus mehreren ausländischen Staaten, so sind die Höchstbeträge der anrechenbaren ausländischen Steuern für jeden einzelnen ausländischen Staat gesondert zu berechnen.

§ 68b Nachweis über die Höhe der ausländischen Einkünfte und Steuern. [1]Der Steuerpflichtige hat den Nachweis über die Höhe der ausländischen Einkünfte und über die Festsetzung und Zahlung der ausländischen Steuern durch Vorlage entsprechender Urkunden (z. B. Steuerbescheid, Quittung über die Zahlung) zu führen. [2]Sind diese Urkunden in einer fremden Sprache abgefasst, so kann eine beglaubigte Übersetzung in die deutsche Sprache verlangt werden.

§ 69. (weggefallen)

Zu § 46 des Gesetzes

§ 70[2)] Ausgleich von Härten in bestimmten Fällen. [1]Betragen in den Fällen des § 46 Absatz 2 Nummer 1 bis 7 des Gesetzes die einkommensteuerpflichtigen Einkünfte, von denen der Steuerabzug vom Arbeitslohn nicht vorgenommen worden ist und die nicht nach § 32d Absatz 6 des Gesetzes der tariflichen Einkommensteuer unterworfen wurden], insgesamt mehr als 410 Euro, so ist vom Einkommen der Betrag abzuziehen, um den die bezeichneten Einkünfte, vermindert um den auf sie entfallenden Altersentlastungsbetrag (§ 24a des Gesetzes) und den nach § 13 Absatz 3 des Gesetzes zu berücksichtigenden Betrag, niedriger als 820 Euro sind (Härteausgleichsbetrag). [2]Der Härteausgleichsbetrag darf nicht höher sein als die nach Satz 1 verminderten Einkünfte.

§§ 71 und 72. (weggefallen)

Zu § 50 des Gesetzes

§ 73. (weggefallen)

Zu § 50a des Gesetzes

§ 73a[3)] Begriffsbestimmungen. (1) Inländisch im Sinne des § 50a Abs. 1 Nr. 4 des Gesetzes sind solche Personenvereinigungen, die ihre Geschäftsleitung oder ihren Sitz im Geltungsbereich des Gesetzes haben.

[1)] § 68a Satz 1 geänd. mWv VZ 2009 durch VO v. 17.11.2010 (BGBl. I S. 1544).

[2)] § 70 Beträge geänd. mWv 1.1.2002 durch G v. 19.12.2000 (BGBl. I S. 1790); zur erstmaligen Anwendung siehe § 84 Abs. 3h; Satz 1 geänd. mWv VZ 2014 (§ 84 Abs. 3h) durch G v. 25.7.2014 (BGBl. I S. 1266).

[3)] § 73a Abs. 1 und 2 geänd., Abs. 3 neu gef. durch G v. 19.12.2008 (BGBl. I S. 2794); zur erstmaligen Anwendung siehe § 84 Abs. 3i Satz 1; Abs. 3 neu gef. durch VO v. 22.12.2014 (BGBl. I S. 2392); zur Anwendung siehe § 84 Abs. 3i Satz 6.

(2)[1] Urheberrechte im Sinne des § 50a Abs. 1 Nr. 3 des Gesetzes sind Rechte, die nach Maßgabe des Urheberrechtsgesetzes geschützt sind.

(3) Gewerbliche Schutzrechte im Sinne des § 50a Absatz 1 Nummer 3 des Gesetzes sind Rechte, die nach Maßgabe

1. des Designgesetzes,
2. des Patentgesetzes,
3. des Gebrauchsmustergesetzes oder
4. des Markengesetzes

geschützt sind.

§ 73b. (weggefallen)

§ 73c[2] Zeitpunkt des Zufließens im Sinne des § 50a Abs. 5 Satz 1 des Gesetzes. Die Vergütungen im Sinne des § 50a Abs. 1 des Gesetzes fließen dem Gläubiger zu

1. im Fall der Zahlung, Verrechnung oder Gutschrift:
   bei Zahlung, Verrechnung oder Gutschrift;
2. im Fall der Hinausschiebung der Zahlung wegen vorübergehender Zahlungsunfähigkeit des Schuldners:
   bei Zahlung, Verrechnung oder Gutschrift;
3. im Fall der Gewährung von Vorschüssen:
   bei Zahlung, Verrechnung oder Gutschrift der Vorschüsse.

§ 73d Aufzeichnungen, Aufbewahrungspflichten, Steueraufsicht.

(1)[3] [1]Der Schuldner der Vergütungen im Sinne des § 50a Abs. 1 des Gesetzes (Schuldner) hat besondere Aufzeichnungen zu führen. [2]Aus den Aufzeichnungen müssen ersichtlich sein:

1. Name und Wohnung des beschränkt steuerpflichtigen Gläubigers (Steuerschuldners),
2. Höhe der Vergütungen in Euro[4],
3. Höhe und Art der von der Bemessungsgrundlage des Steuerabzugs abgezogenen Betriebsausgaben oder Werbungskosten,
4. Tag, an dem die Vergütungen dem Steuerschuldner zugeflossen sind,
5. Höhe und Zeitpunkt der Abführung der einbehaltenen Steuer.

---

[1] § 73a Abs. 2 geänd. durch VO v. 25.6.2020 (BGBl. I S. 1495).

[2] § 73c einleitender Satzteil geänd. durch G v. 19.12.2008 (BGBl. I S. 2794); zur erstmaligen Wirkung siehe § 84 Abs. 3i Satz 1.

[3] § 73d Abs. 1 neu gef. durch G v. 19.12.2008 (BGBl. I S. 2794); zur erstmaligen Anwendung siehe § 84 Abs. 3i Satz 1.

[4] Bezeichnung geänd. durch G v. 19.12.2000 (BGBl. I S. 1790).

[3]Er hat in Fällen des § 50a Abs. 3 des Gesetzes die von der Bemessungsgrundlage des Steuerabzugs abgezogenen Betriebsausgaben oder Werbungskosten und die Staatsangehörigkeit des beschränkt steuerpflichtigen Gläubigers in einer für das Bundeszentralamt für Steuern[1)] nachprüfbaren Form zu dokumentieren.

(2) Bei der Veranlagung des Schuldners zur Einkommensteuer (Körperschaftsteuer) und bei Außenprüfungen, die bei dem Schuldner vorgenommen werden, ist auch zu prüfen, ob die Steuern ordnungsmäßig einbehalten und abgeführt worden sind.

§ 73e[2)] Einbehaltung, Abführung und Anmeldung der Steuer von Vergütungen im Sinne des § 50a Abs. 1 und 7 des Gesetzes (§ 50a Abs. 5 des Gesetzes). [1]Der Schuldner hat die innerhalb eines Kalendervierteljahrs einbehaltene Steuer von Vergütungen im Sinne des § 50a Absatz 1 des Gesetzes unter der Bezeichnung „Steuerabzug von Vergütungen im Sinne des § 50a Absatz 1 des Einkommensteuergesetzes" jeweils bis zum zehnten des dem Kalendervierteljahr folgenden Monats an das Bundeszentralamt für Steuern[3)] abzuführen. [2]Bis zum gleichen Zeitpunkt hat der Schuldner dem Bundeszentralamt für Steuern[3)] eine Steueranmeldung über den Gläubiger, die Höhe der Vergütungen im Sinne des § 50a Absatz 1 des Gesetzes, die Höhe und Art der von der Bemessungsgrundlage des Steuerabzugs abgezogenen Betriebsausgaben oder Werbungskosten und die Höhe des Steuerabzugs zu übersenden. [3]Satz 2 gilt entsprechend, wenn ein Steuerabzug auf Grund der Vorschrift des § 50a Abs. 2 Satz 3 oder Abs. 4 Satz 1 des Gesetzes nicht vorzunehmen ist oder auf Grund eines Abkommens zur Vermeidung der Doppelbesteuerung nicht oder nicht in voller Höhe vorzunehmen ist. [4]Die Steueranmeldung ist nach amtlich vorgeschriebenem Datensatz durch Datenfernübertragung zu übermitteln.[4)] [5]Auf Antrag kann das Bundeszentralamt für Steuern[3)] zur Vermeidung unbilliger Härten auf eine elektronische Übermittlung verzichten; in diesem Fall ist die Steueranmeldung vom Schuldner oder von einem zu seiner Vertretung Berechtigten zu unterschreiben. [6]Ist es zweifelhaft, ob der Gläubiger beschränkt oder unbeschränkt steuerpflichtig ist, so darf der Schuldner die Einbehaltung der Steuer nur dann unterlassen, wenn der Gläubiger durch eine Bescheinigung des nach den abgabenrechtlichen Vorschriften für die Besteuerung seines Einkommens zuständigen Finanzamts nachweist, dass er unbeschränkt steuerpflichtig ist. [7]Die Sätze 1, 2, 4 und 5 gelten entsprechend für die Steuer nach § 50a Absatz 7 des Gesetzes mit der Maßgabe, dass *die Steuer an das Finanzamt abzuführen und bei dem Finanzamt anzumelden ist, das den Steuerabzug angeordnet hat.*

[1)] § 73d Abs. 1 Satz 3 Zuständigkeit geänd. durch G v. 10.8.2009 (BGBl. I S. 2702); zur erstmaligen Anwendung ab 1.1.2014 siehe § 84 Abs. 3i Satz 4.

[2)] § 73e neu gef. durch G v. 19.12.2008 (BGBl. I S. 2794); zur erstmaligen Anwendung siehe § 84 Abs. 3i Sätze 1 und 2.

[3)] § 73e Sätze 1, 2 und 5 geänd. durch G v. 10.8.2009 (BGBl. I S. 2702); zur erstmaligen Anwendung siehe § 84 Abs. 3i Satz 4.

[4)] § 73e Satz 4 geänd. mWv 1.1.2017 durch G v. 18.7.2016 (BGBl. I S. 1679); geänd. mWv 1.1.2017 duch G v. 12.7.2017 (BGBl. I S. 2360).

[*ab 1.1.2015:*

1. die Steuer an das Finanzamt abzuführen und bei dem Finanzamt anzumelden ist, das den Steuerabzug angeordnet hat, und
2. bei entsprechender Anordnung die innerhalb eines Monats einbehaltene Steuer jeweils bis zum zehnten des Folgemonats anzumelden und abzuführen ist.][1)]

§ 73f Steuerabzug in den Fällen des § 50a Abs. 6 des Gesetzes.

[1]Der Schuldner der Vergütungen für die Nutzung oder das Recht auf Nutzung von Urheberrechten im Sinne des § 50a Abs. 1 Nr. 3[2)] des Gesetzes braucht den Steuerabzug nicht vorzunehmen, wenn er diese Vergütungen auf Grund eines Übereinkommens nicht an den beschränkt steuerpflichtigen Gläubiger (Steuerschuldner), sondern an die Gesellschaft für musikalische Aufführungs- und mechanische Vervielfältigungsrechte (Gema) oder an einen anderen Rechtsträger abführt und die obersten Finanzbehörden der Länder mit Zustimmung des Bundesministeriums der Finanzen einwilligen, dass dieser andere Rechtsträger an die Stelle des Schuldners tritt. [2]In diesem Fall hat die Gema oder der andere Rechtsträger den Steuerabzug vorzunehmen; § 50a Abs. 5 des Gesetzes sowie die §§ 73d und 73e gelten entsprechend.

§ 73g[3)] Haftungsbescheid. (1) Ist die Steuer nicht ordnungsmäßig einbehalten oder abgeführt, so hat das Bundeszentralamt für Steuern oder das zuständige Finanzamt die Steuer von dem Schuldner, in den Fällen des § 73f von dem dort bezeichneten Rechtsträger, durch Haftungsbescheid oder von dem Steuerschuldner durch Steuerbescheid anzufordern.

(2) Der Zustellung des Haftungsbescheids an den Schuldner bedarf es nicht, wenn der Schuldner die einbehaltene Steuer dem Bundeszentralamt für Steuern oder dem Finanzamt ordnungsmäßig angemeldet hat (§ 73e) oder wenn er vor dem Bundeszentralamt für Steuern oder dem Finanzamt oder einem Prüfungsbeamten des Bundeszentralamts für Steuern oder des Finanzamts seine Verpflichtung zur Zahlung der Steuer schriftlich anerkannt hat.

Zu § 51 des Gesetzes

§§ 74 bis 80. (weggefallen)

(Fortsetzung nächste Seite)

---

1) § 73e Satz 7 neu gef. durch G v. 25.7.2014 (BGBl. I S. 1266); zur Anwendung siehe § 84 Abs. 3i Satz 5.

2) § 73f Verweis geänd. durch G v. 19.12.2008 (BGBl. I S. 2794); zur erstmaligen Anwendung siehe § 84 Abs. 3i Satz 1.

3) § 73g Abs. 1 und Abs. 2 geänd. durch G v. 10.8.2009 (BGBl. I S. 2702); zur erstmaligen Anwendung siehe § 84 Abs. 3i Satz 4.

§ 81[1] **Bewertungsfreiheit für bestimmte Wirtschaftsgüter des Anlagevermögens im Kohlen- und Erzbergbau.** (1) [1] Steuerpflichtige, die den Gewinn nach § 5 des Gesetzes ermitteln, können bei abnutzbaren Wirtschaftsgütern des Anlagevermögens, bei denen die in den Absätzen 2 und 3 bezeichneten Voraussetzungen vorliegen, im Wirtschaftsjahr der Anschaffung oder Herstellung und in den vier folgenden Wirtschaftsjahren Sonderabschreibungen vornehmen, und zwar

1. bei beweglichen Wirtschaftsgütern des Anlagevermögens bis zur Höhe von insgesamt 50 Prozent[2],
2. bei unbeweglichen Wirtschaftsgütern des Anlagevermögens bis zur Höhe von insgesamt 30 Prozent[2]

der Anschaffungs- oder Herstellungskosten. [2] § 9a gilt entsprechend.

(2) Voraussetzung für die Anwendung des Absatzes 1 ist,

1. dass die Wirtschaftsgüter
   a) im Tiefbaubetrieb des Steinkohlen-, Pechkohlen-, Braunkohlen- und Erzbergbaues
      aa) für die Errichtung von neuen Förderschachtanlagen, auch in der Form von Anschlussschachtanlagen,
      bb) für die Errichtung neuer Schächte sowie die Erweiterung des Grubengebäudes und den durch Wasserzuflüsse aus stillliegenden Anlagen bedingten Ausbau der Wasserhaltung bestehender Schachtanlagen,
      cc) für Rationalisierungsmaßnahmen in der Hauptschacht-, Blindschacht-, Strecken- und Abbauförderung, im Streckenvortrieb, in der Gewinnung, Versatzwirtschaft, Seilfahrt, Wetterführung und Wasserhaltung sowie in der Aufbereitung,
      dd) für die Zusammenfassung von mehreren Förderschachtanlagen zu einer einheitlichen Förderschachtanlage oder
      ee) für den Wiederaufschluss stillliegender Grubenfelder und Feldesteile,
   b) im Tagebaubetrieb des Braunkohlen- und Erzbergbaues
      aa) für die Erschließung neuer Tagebaue, auch in Form von Anschlusstagebauen,
      bb) für Rationalisierungsmaßnahmen bei laufenden Tagebauen,
      cc) beim Übergang zum Tieftagebau für die Freilegung und Gewinnung der Lagerstätte oder
      dd) für die Wiederinbetriebnahme stillgelegter Tagebaue

   angeschafft oder hergestellt werden und
2. dass die Förderungswürdigkeit dieser Vorhaben von der obersten Landesbehörde oder der von ihr bestimmten Stelle im Einvernehmen mit dem Bundesministerium für Wirtschaft und Energie[3] bescheinigt worden ist.

---

[1] Zur Anwendung im Beitrittsgebiet siehe § 57 Abs. 2 EStG (Nr. 1).
[2] Bezeichnung geänd. durch VO v. 17. 11. 2010 (BGBl. I S. 1544).
[3] Bezeichnung geänd. durch VO v. 31. 8. 2015 (BGBl. I S. 1474).

(3) Die Abschreibungen nach Absatz 1 können nur in Anspruch genommen werden

1. in den Fällen des Absatzes 2 Nr. 1 Buchstabe a bei Wirtschaftsgütern des Anlagevermögens unter Tage und bei den in der Anlage 5 zu dieser Verordnung bezeichneten Wirtschaftsgütern des Anlagevermögens über Tage,
2. in den Fällen des Absatzes 2 Nr. 1 Buchstabe b bei den in der Anlage 6 zu dieser Verordnung bezeichneten Wirtschaftsgütern des beweglichen Anlagevermögens.

(4) Die Abschreibungen nach Absatz 1 können in Anspruch genommen werden bei im Geltungsbereich dieser Verordnung ausschließlich des in Artikel 3 des Einigungsvertrages genannten Gebiets

1. vor dem 1. Januar 1990 angeschafften oder hergestellten Wirtschaftsgütern,
2. a) nach dem 31. Dezember 1989 und vor dem 1. Januar 1991 angeschafften oder hergestellten Wirtschaftsgütern,

   b) vor dem 1. Januar 1991 geleisteten Anzahlungen auf Anschaffungskosten und entstandenen Teilherstellungskosten,

   wenn der Steuerpflichtige vor dem 1. Januar 1990 die Wirtschaftsgüter bestellt oder mit ihrer Herstellung begonnen hat.

(5) Bei den in Absatz 2 Nr. 1 Buchstabe b bezeichneten Vorhaben können die vor dem 1. Januar 1990 im Geltungsbereich dieser Verordnung ausschließlich des in Artikel 3 des Einigungsvertrages genannten Gebiets aufgewendeten Kosten für den Vorabraum bis zu 50 Prozent[1] als sofort abzugsfähige Betriebsausgaben behandelt werden.

§ 82. (weggefallen)

§ 82 a[2] Erhöhte Absetzungen von Herstellungskosten und Sonderbehandlung von Erhaltungsaufwand für bestimmte Anlagen und Einrichtungen bei Gebäuden. (1)[3] [1]Der Steuerpflichtige kann von den Herstellungskosten

1.[4] für Maßnahmen, die für den Anschluss eines im Inland belegenen Gebäudes an eine Fernwärmeversorgung einschließlich der Anbindung an das Heizsystem erforderlich sind, wenn die Fernwärmeversorgung überwiegend aus Anlagen der Kraft-Wärme-Kopplung, zur Verbrennung von Müll oder zur Verwertung von Abwärme gespeist wird,
2. für den Einbau von Wärmepumpenanlagen, Solaranlagen und Anlagen zur Wärmerückgewinnung in einem im Inland belegenen Gebäude einschließlich der Anbindung an das Heizsystem,

---

[1] Bezeichnung geänd. durch VO v. 17. 11. 2010 (BGBl. I S. 1544).

[2] Zur Anwendung im Beitrittsgebiet siehe § 84 Abs. 4 Satz 1 EStDV sowie § 57 Abs 1 EStG (Nr. **1**).

[3] Zur Anwendung siehe § 84 Abs. 4 Nr. 1.

[4] § 82 a Abs. 1 Satz 1 geänd. durch VO v. 17. 11. 2010 (BGBl. I S. 1544).

3. für die Errichtung von Windkraftanlagen, wenn die mit diesen Anlagen erzeugte Energie überwiegend entweder unmittelbar oder durch Verrechnung mit Elektrizitätsbezügen des Steuerpflichtigen von einem Elektrizitätsversorgungsunternehmen zur Versorgung eines im Inland belegenen Gebäudes des Steuerpflichtigen verwendet wird, einschließlich der Anbindung an das Versorgungssystem des Gebäudes,
4. für die Errichtung von Anlagen zur Gewinnung von Gas, das aus pflanzlichen oder tierischen Abfallstoffen durch Gärung unter Sauerstoffabschluss entsteht, wenn dieses Gas zur Beheizung eines im Inland belegenen Gebäudes des Steuerpflichtigen oder zur Warmwasserbereitung in einem solchen Gebäude des Steuerpflichtigen verwendet wird, einschließlich der Anbindung an das Versorgungssystem des Gebäudes,
5. für den Einbau einer Warmwasseranlage zur Versorgung von mehr als einer Zapfstelle und einer zentralen Heizungsanlage oder bei einer zentralen Heizungs- und Warmwasseranlage für den Einbau eines Heizkessels, eines Brenners, einer zentralen Steuerungseinrichtung, einer Wärmeabgabeeinrichtung und eine Änderung der Abgasanlage in einem im Inland belegenen Gebäude oder in einer im Inland belegenen Eigentumswohnung, wenn mit der Maßnahme nicht vor Ablauf von zehn Jahren seit Fertigstellung dieses Gebäudes begonnen worden ist,

an Stelle der nach § 7 Abs. 4 oder 5 oder § 7b des Gesetzes zu bemessenden Absetzungen für Abnutzung im Jahr der Herstellung und in den folgenden neun Jahren jeweils bis zu 10 Prozent absetzen. [2]Nach Ablauf dieser zehn Jahre ist ein etwa noch vorhandener Restwert den Anschaffungs- oder Herstellungskosten des Gebäudes oder dem an deren Stelle tretenden Wert hinzuzurechnen; die weiteren Absetzungen für Abnutzung sind einheitlich für das gesamte Gebäude nach dem sich hiernach ergebenden Betrag und dem für das Gebäude maßgebenden Hundertsatz zu bemessen. [3]Voraussetzung für die Inanspruchnahme der erhöhten Absetzungen ist, dass das Gebäude in den Fällen der Nummer 1 vor dem 1. Juli 1983 fertiggestellt worden ist; die Voraussetzung entfällt, wenn der Anschluss nicht schon im Zusammenhang mit der Errichtung des Gebäudes möglich war.

(2)[1)] Die erhöhten Absetzungen können nicht vorgenommen werden, wenn für dieselbe Maßnahme eine Investitionszulage gewährt wird.

(3)[2)] [1]Sind die Aufwendungen für eine Maßnahme im Sinne des Absatzes 1 Erhaltungsaufwand und entstehen sie bei einer zu eigenen Wohnzwecken genutzten Wohnung im eigenen Haus, deren Nutzungswert nicht mehr besteuert wird, und liegen in den Fällen des Absatzes 1 Nr. 1 die Voraussetzungen des Absatzes 1 Satz 3 vor, können die Aufwendungen wie Sonderausgaben abgezogen werden; sie sind auf das Jahr, in dem die Arbeiten abgeschlossen worden sind, und die neun folgenden Jahre gleichmäßig zu verteilen. [2]Entsprechendes gilt bei Aufwendungen zur Anschaffung neuer Einzelöfen für eine Wohnung, wenn keine zentrale Heizungsanlage vorhanden ist und die

---

[1)] Zur Anwendung siehe § 84 Abs. 4 Nr. 1.

[2)] Zur Anwendung siehe § 84 Abs. 4 Nrn. 2 und 3.

Wohnung seit mindestens zehn Jahren fertiggestellt ist. 3 § 82b Abs. 2 und 3 gilt entsprechend.

§ 82b[1] Behandlung größeren Erhaltungsaufwands bei Wohngebäuden. (1) 1 Der Steuerpflichtige kann größere Aufwendungen für die Erhaltung von Gebäuden, die im Zeitpunkt der Leistung des Erhaltungsaufwands nicht zu einem Betriebsvermögen gehören und überwiegend Wohnzwecken dienen, abweichend von § 11 Abs. 2 des Gesetzes auf zwei bis fünf Jahre gleichmäßig verteilen. 2 Ein Gebäude dient überwiegend Wohnzwecken, wenn die Grundfläche der Wohnzwecken dienenden Räume des Gebäudes mehr als die Hälfte der gesamten Nutzfläche beträgt. 3 Zum Gebäude gehörende Garagen sind ohne Rücksicht auf ihre tatsächliche Nutzung als Wohnzwecken dienend zu behandeln, soweit in ihnen nicht mehr als ein Personenkraftwagen für jede in dem Gebäude befindliche Wohnung untergestellt werden kann. 4 Räume für die Unterstellung weiterer Kraftwagen sind stets als nicht Wohnzwecken dienend zu behandeln.

(2) 1 Wird das Gebäude während des Verteilungszeitraums veräußert, ist der noch nicht berücksichtigte Teil des Erhaltungsaufwands im Jahr der Veräußerung als Werbungskosten abzusetzen. 2 Das Gleiche gilt, wenn ein Gebäude in ein Betriebsvermögen eingebracht oder nicht mehr zur Einkunftserzielung genutzt wird.

(3) Steht das Gebäude im Eigentum mehrerer Personen, so ist der in Absatz 1 bezeichnete Erhaltungsaufwand von allen Eigentümern auf den gleichen Zeitraum zu verteilen.

§§ 82c bis 82e. (weggefallen)

§ 82d[2] ***Bewertungsfreiheit für abnutzbare Wirtschaftsgüter des Anlagevermögens, die der Forschung oder Entwicklung dienen.*** *(1) 1 Bei abnutzbaren Wirtschaftsgütern des Anlagevermögens können unter den Voraussetzungen des Absatzes 3 im Wirtschaftsjahr der Anschaffung oder Herstellung und in den vier folgenden Wirtschaftsjahren folgende Sonderabschreibungen vorgenommen werden:*

1. bei beweglichen Wirtschaftsgütern des Anlagevermögens bis zu insgesamt 40 vom Hundert,

2. bei unbeweglichen Wirtschaftsgütern des Anlagevermögens sowie bei Ausbauten und Erweiterungen an bestehenden Gebäuden, Gebäudeteilen, Eigentumswohnungen oder im Teileigentum stehenden Räumen des Anlagevermögens

a) in den Fällen des Absatzes 3 Nr. 2 Buchstabe a bis zu insgesamt 15 vom Hundert,

b) in den Fällen des Absatzes 3 Nr. 2 Buchstabe b bis zu insgesamt 10 vom Hundert

der Anschaffungs- oder Herstellungskosten. 2 § 9a gilt entsprechend.

---

[1] § 82b eingef. durch G v. 29. 12. 2003 (BGBl. I S. 3076); zur erstmaligen Anwendung siehe § 84 Abs. 4a Satz 2.

[2] § 82d aufgeh.; zur Anwendung siehe § 84 Abs. 4b sowie § 57 Abs. 2 EStG (Nr. **1**).

(2) Die Abschreibungen nach Absatz 1 können bereits für Anzahlungen auf Anschaffungskosten und für Teilherstellungskosten in Anspruch genommen werden.

(3) Die Abschreibungen nach Absatz 1 können nur in Anspruch genommen werden, wenn

1. die beweglichen Wirtschaftsgüter ausschließlich,

2. die unbeweglichen Wirtschaftsgüter sowie die ausgebauten oder neu hergestellten Gebäudeteile

a) zu mehr als 66 1/3 vom Hundert[1] oder

b) zu nicht mehr als 66 1/3 vom Hundert[1], aber zu mehr als 33 1/3 vom Hundert

seit ihrer Anschaffung oder Herstellung mindestens drei Jahre in einer inländischen Betriebsstätte des Steuerpflichtigen der Forschung oder Entwicklung dienen.

(4) Die Wirtschaftsgüter sowie die ausgebauten oder neu hergestellten Gebäudeteile dienen der Forschung oder Entwicklung, wenn sie verwendet werden

1. zur Gewinnung von neuen wissenschaftlichen oder technischen Erkenntnissen und Erfahrungen allgemeiner Art (Grundlagenforschung) oder

2. zur Neuentwicklung von Erzeugnissen oder Herstellungsverfahren oder

3. zur Weiterentwicklung von Erzeugnissen oder Herstellungsverfahren, soweit wesentliche Änderungen dieser Erzeugnisse oder Verfahren entwickelt werden.

(5) Die Abschreibungen nach Absatz 1 können für Wirtschaftsgüter sowie für ausgebaute und neu hergestellte Gebäudeteile in Anspruch genommen werden, die in der Zeit vom 19. Mai 1983 bis zum 31. Dezember 1989 angeschafft oder hergestellt werden.

§ 82f Bewertungsfreiheit für Handelsschiffe, für Schiffe, die der Seefischerei dienen, und für Luftfahrzeuge. (1) [1]Steuerpflichtige, die den Gewinn nach § 5 des Gesetzes ermitteln, können bei Handelsschiffen, die in einem inländischen Seeschiffsregister eingetragen sind, im Wirtschaftsjahr der Anschaffung oder Herstellung und in den vier folgenden Wirtschaftsjahren Sonderabschreibungen bis zu insgesamt 40 Prozent[2] der Anschaffungs- oder Herstellungskosten vornehmen. [2]§ 9a gilt entsprechend.

(2) Im Fall der Anschaffung eines Handelsschiffs ist Absatz 1 nur anzuwenden, wenn das Handelsschiff vor dem 1. Januar 1996 in ungebrauchtem Zustand vom Hersteller oder nach dem 31. Dezember 1995 bis zum Ablauf des vierten auf das Jahr der Fertigstellung folgenden Jahres erworben worden ist.

(3) [1]Die Inanspruchnahme der Abschreibungen nach Absatz 1 ist nur unter der Bedingung zulässig, dass die Handelsschiffe innerhalb eines Zeitraums von acht Jahren nach ihrer Anschaffung oder Herstellung nicht veräußert werden. [2]Für Anteile an Handelsschiffen gilt dies entsprechend.

(4) Die Abschreibungen nach Absatz 1 können bereits für Anzahlungen auf Anschaffungskosten und für Teilherstellungskosten in Anspruch genommen werden.

---

[1] Redaktionelles Versehen – muß richtig lauten: „66 2/3 vom Hundert".
[2] Bezeichnung geänd. durch VO v. 17. 11. 2010 (BGBl. I S. 1544).

(5) 1 Die Abschreibungen nach Absatz 1 können nur in Anspruch genommen werden, wenn das Handelsschiff vor dem 1. Januar 1999 angeschafft oder hergestellt wird und der Kaufvertrag oder Bauvertrag vor dem 25. April 1996 abgeschlossen worden ist. 2 Bei Steuerpflichtigen, die in eine Gesellschaft im Sinne des § 15 Absatz 1 Satz 1 Nummer 2 und Absatz 3[1] des Einkommensteuergesetzes nach Abschluss des Schiffbauvertrags (Unterzeichnung des Hauptvertrags) eintreten, sind Sonderabschreibungen nur zulässig, wenn sie der Gesellschaft vor dem 1. Januar 1999 beitreten.

(6) 1 Die Absätze 1 bis 5 gelten für Schiffe, die der Seefischerei dienen, entsprechend. 2 Für Luftfahrzeuge, die vom Steuerpflichtigen hergestellt oder in ungebrauchtem Zustand vom Hersteller erworben worden sind und die zur gewerbsmäßigen Beförderung von Personen oder Sachen im internationalen Luftverkehr oder zur Verwendung zu sonstigen gewerblichen Zwecken im Ausland bestimmt sind, gelten die Absätze 1 und 3 bis 5 mit der Maßgabe entsprechend, dass an die Stelle der Eintragung in ein inländisches Seeschiffsregister die Eintragung in die deutsche Luftfahrzeugrolle, an die Stelle des Höchstsatzes von 40 Prozent[2] ein Höchstsatz von 30 Prozent[2] und bei der Vorschrift des Absatzes 3 an die Stelle des Zeitraums von acht Jahren ein Zeitraum von sechs Jahren treten.

§ 82 g[3] Erhöhte Absetzungen von Herstellungskosten für bestimmte Baumaßnahmen. 1 Der Steuerpflichtige kann von den durch Zuschüsse aus Sanierungs- oder Entwicklungsförderungsmitteln nicht gedeckten Herstellungskosten für Modernisierungs- und Instandsetzungsmaßnahmen im Sinne des § 177 des Baugesetzbuchs sowie für Maßnahmen, die der Erhaltung, Erneuerung und funktionsgerechten Verwendung eines Gebäudes dienen, das wegen seiner geschichtlichen, künstlerischen oder städtebaulichen Bedeutung erhalten bleiben soll, und zu deren Durchführung sich der Eigentümer neben bestimmten Modernisierungsmaßnahmen gegenüber der Gemeinde verpflichtet hat, die für Gebäude in einem förmlich festgelegten Sanierungsgebiet oder städtebaulichen Entwicklungsbereich aufgewendet worden sind, an Stelle der nach § 7 Abs. 4 oder 5 oder § 7 b des Gesetzes zu bemessenden Absetzungen für Abnutzung im Jahr der Herstellung und in den neun folgenden Jahren jeweils bis zu 10 Prozent[2] absetzen. 2 § 82 a Abs. 1 Satz 2 gilt entsprechend. 3 Satz 1 ist anzuwenden, wenn der Steuerpflichtige eine Bescheinigung der zuständigen Gemeindebehörde vorlegt, dass er Baumaßnahmen im Sinne des Satzes 1 durchgeführt hat; sind ihm Zuschüsse aus Sanierungs- oder Entwicklungsförderungsmitteln gewährt worden, so hat die Bescheinigung auch deren Höhe zu enthalten.

§ 82 h.[4] (weggefallen)

---

[1] Verweis geänd. durch VO v. 17. 11. 2010 (BGBl. I S. 1544).
[2] Bezeichnung geänd. durch VO v. 17. 11. 2010 (BGBl. I S. 1544).
[3] Zur Anwendung von § 82 g siehe § 84 Abs. 6 sowie § 57 Abs. 2 EStG (Nr. **1**).
[4] § 82 h weggefallen; zur Anwendung siehe § 84 Abs. 7 Satz 1.

§ 82i[1] Erhöhte Absetzungen von Herstellungskosten bei Baudenkmälern. (1) [1]Bei einem Gebäude, das nach den jeweiligen landesrechtlichen Vorschriften ein Baudenkmal ist, kann der Steuerpflichtige von den Herstellungskosten für Baumaßnahmen, die nach Art und Umfang zur Erhaltung des Gebäudes als Baudenkmal und zu seiner sinnvollen Nutzung erforderlich sind und die nach Abstimmung mit der in Absatz 2 bezeichneten Stelle durchgeführt worden sind, an Stelle der nach § 7 Abs. 4 des Gesetzes zu bemessenden Absetzungen für Abnutzung im Jahr der Herstellung und in den neun folgenden Jahren jeweils bis zu 10 Prozent[2] absetzen. [2]Eine sinnvolle Nutzung ist nur anzunehmen, wenn das Gebäude in der Weise genutzt wird, dass die Erhaltung der schützenswerten Substanz des Gebäudes auf die Dauer gewährleistet ist. [3]Bei einem Gebäudeteil, der nach den jeweiligen landesrechtlichen Vorschriften ein Baudenkmal ist, sind die Sätze 1 und 2 entsprechend anzuwenden. [4]Bei einem Gebäude, das für sich allein nicht die Voraussetzungen für ein Baudenkmal erfüllt, aber Teil einer Gebäudegruppe oder Gesamtanlage ist, die nach den jeweiligen landesrechtlichen Vorschriften als Einheit geschützt ist, können die erhöhten Absetzungen von den Herstellungskosten der Gebäudeteile und Maßnahmen vorgenommen werden, die nach Art und Umfang zur Erhaltung des schützenswerten Erscheinungsbildes der Gruppe oder Anlage erforderlich sind. [5]§ 82a Abs. 1 Satz 2 gilt entsprechend.

(2) Die erhöhten Absetzungen können nur in Anspruch genommen werden, wenn der Steuerpflichtige die Voraussetzungen des Absatzes 1 für das Gebäude oder den Gebäudeteil und für die Erforderlichkeit der Herstellungskosten durch eine Bescheinigung der nach Landesrecht zuständigen oder von der Landesregierung bestimmten Stelle nachweist.

§ 83. (weggefallen)

Schlussvorschriften

§ 84 Anwendungsvorschriften. (1)[3] Die vorstehende Fassung dieser Verordnung ist, soweit in den folgenden Absätzen nichts anderes bestimmt ist, erstmals für den Veranlagungszeitraum 2020 anzuwenden.

(1a)[4] § 1 in der Fassung des Artikels 2 des Gesetzes vom 18. Juli 2014 (BGBl. I S. 1042) ist in allen Fällen anzuwenden, in denen die Einkommensteuer noch nicht bestandskräftig festgesetzt ist.

(1b)[4] § 7 der Einkommensteuer-Durchführungsverordnung 1997 in der Fassung der Bekanntmachung vom 18. Juni 1997 (BGBl. I S. 1558) ist letztmals für das Wirtschaftsjahr anzuwenden, das vor dem 1. Januar 1999 endet.

---

[1] Zur Anwendung von § 82i siehe § 84 Abs. 8 sowie § 57 Abs. 2 EStG (Nr. **1**).

[2] Bezeichnung geänd. durch VO v. 17.11.2010 (BGBl. I S. 1544).

[3] § 84 Abs. 1 geänd. durch G v. 20.12.2008 (BGBl. I S. 2850); geänd. durch G v. 1.11.2011 (BGBl. I S. 2131); geänd. durch VO v. 18.7.2016 (BGBl. I S. 1722); geänd. durch VO v. 12.7.2017 (BGBl. I S. 2360); geänd. durch VO v. 25.6.2020 (BGBl. I S. 1495).

[4] § 84 Abs. 1a eingef., bish. Abs. 1a und 1b werden Abs. 1b und 1c durch G v. 18.7.2014 (BGBl. I S. 1042).

(1c)[1] Die §§ 8 und 8a der Einkommensteuer-Durchführungsverordnung 1986 in der Fassung der Bekanntmachung vom 24. Juli 1986 (BGBl. I S. 1239) sind letztmals für das Wirtschaftsjahr anzuwenden, das vor dem 1. Januar 1990 endet.

(2)[2] § 8c Absatz 2 Satz 1 in der Fassung des Artikels 1 der Verordnung vom 25. Juni 2020 (BGBl. I S. 1495) kann erstmals für Wirtschaftsjahre angewendet werden, die nach dem 31. Dezember 2018 beginnen.

(2a) § 11c Abs. 2 Satz 3 ist erstmals für das nach dem 31. Dezember 1998 endende Wirtschaftsjahr anzuwenden.

(2b) § 29 Abs. 1 ist auch für Veranlagungszeiträume vor 1996 anzuwenden, soweit die Fälle, in denen Ansprüche aus Versicherungsverträgen nach dem 13. Februar 1992 zur Tilgung oder Sicherung von Darlehen eingesetzt wurden, noch nicht angezeigt worden sind.

(2c)[3] § 50 in der am 1. Januar 2020 geltenden Fassung ist erstmals auf Zuwendungen anzuwenden, die dem Zuwendungsempfänger nach dem 31. Dezember 2019 zufließen.

(2d)[4] § 50 in der Fassung des Artikels 7 des Gesetzes vom 21. Dezember 2020 (BGBl. I S. 3096) ist erstmals auf Zuwendungen anzuwenden, die dem Zuwendungsempfänger nach dem 31. Dezember 2024 zufließen.

(3) § 29 Abs. 3 bis 6, §§ 31 und 32 sind in der vor dem 1. Januar 1996 geltenden Fassung für vor diesem Zeitpunkt an Bausparkassen geleistete Beiträge letztmals für den Veranlagungszeitraum 2005 anzuwenden.

(3a)[5] § 51 in der Fassung des Artikels 2 des Gesetzes vom 1. November 2011 (BGBl. I S. 2131) ist erstmals für das Wirtschaftsjahr anzuwenden, das nach dem 31. Dezember 2011 beginnt.

(3b)[6] [1]§ 52 ist erstmals für den übernächsten Veranlagungszeitraum anzuwenden, der auf den Veranlagungszeitraum folgt, in dem die für die Anwendung erforderlichen technischen und organisatorischen Voraussetzungen in der Finanzverwaltung für eine Umsetzung der Regelung vorliegen. [2]Das Bundesministerium der Finanzen gibt im Einvernehmen mit dem Bundesministerium für Ernährung und Landwirtschaft sowie den obersten Finanzbehörden der Länder im Bundessteuerblatt den Veranlagungszeitraum bekannt, ab dem die Regelung des § 52 erstmals anzuwenden ist. [3]Bisher schon bestehende Mitteilungspflichten sind für die Veranlagungszeiträume vor erstmaliger Anwendung des § 52 weiter zu erfüllen.

---

[1] § 84 Abs. 1a eingef., bish. Abs. 1a und 1b werden Abs. 1b und 1c durch G v. 18.7.2014 (BGBl. I S. 1042).

[2] § 84 Abs. 2 neu gef. durch VO v. 25.6.2020 (BGBl. I S. 1495).

[3] § 84 Abs. 2c eingef. durch G v. 18.7.2016 (BGBl. I S. 1679); geänd. durch G v. 21.12.2020 (BGBl. I S. 3096).

[4] § 84 Abs. 2d eingef. durch G v. 21.12.2020 (BGBl. I S. 3096).

[5] § 84 Abs. 3a neu gef. durch G v. 1.11.2011 (BGBl. I S. 2131).

[6] § 84 Abs. 3b eingef., bish. Abs. 3b bis 3i werden Abs. 3c bis 3j durch VO v. 25.6.2020 (BGBl. I S. 1495).

(3c)[1] [1] § 54 Abs. 1 Satz 2 in der Fassung des Artikels 1a des Gesetzes vom 20. Dezember 2007 (BGBl. I S. 3150) ist erstmals für Vorgänge nach dem 31. Dezember 2007 anzuwenden. [2] § 54 Abs. 4 in der Fassung des Artikels 2 des Gesetzes vom 7. Dezember 2006 (BGBl. I S. 2782) ist erstmals auf Verfügungen über Anteile an Kapitalgesellschaften anzuwenden, die nach dem 31. Dezember 2006 beurkundet werden.

(3d)[2] § 56 in der Fassung des Artikels 10 des Gesetzes vom 29. Dezember 2003 (BGBl. I S. 3076) ist erstmals für den Veranlagungszeitraum 2004 anzuwenden.

(3e)[3] § 60 Abs. 1 und 4 in der Fassung des Artikels 2 des Gesetzes vom 20. Dezember 2008 (BGBl. I S. 2850) ist erstmals für Wirtschaftsjahre (Gewinnermittlungszeiträume) anzuwenden, die nach dem 31. Dezember 2010 beginnen.

(3f)[4] § 62d Abs. 2 Satz 2 in der Fassung des Artikels 2 des Gesetzes vom 22. Dezember 2003 (BGBl. I S. 2840) ist erstmals auf Verluste anzuwenden, die aus dem Veranlagungszeitraum 2004 in den Veranlagungszeitraum 2003 zurückgetragen werden.

(3g)[5] [1] § 65 Absatz 1 in der am 15. Dezember 2020 geltenden Fassung ist erstmals für den Veranlagungszeitraum 2021 anzuwenden. [2] § 65 Absatz 3a ist erstmals für den Veranlagungszeitraum anzuwenden, der auf den Veranlagungszeitraum folgt, in dem die für die Anwendung erforderlichen Programmierarbeiten für das elektronische Datenübermittlungsverfahren abgeschlossen sind. [3] Das Bundesministerium der Finanzen gibt im Einvernehmen mit den obersten Finanzbehörden der Länder im Bundessteuerblatt Teil I den Veranlagungszeitraum bekannt, ab dem die Regelung des § 65 Absatz 3a erstmals anzuwenden ist. [4] Mit der Anwendung von § 65 Absatz 3a ist § 65 Absatz 1 nicht weiter anzuwenden. [5] Zu diesem Zeitpunkt noch gültige und dem Finanzamt vorliegende Feststellungen über eine Behinderung werden bis zum Ende ihrer Gültigkeit weiter berücksichtigt, es sei denn, die Feststellungen ändern sich vor Ablauf der Gültigkeit.

(3h)[6] § 70 in der Fassung des Artikels 24 des Gesetzes vom 25. Juli 2014 (BGBl. I S. 1266) ist erstmals ab dem Veranlagungszeitraum 2014 anzuwenden.

---

[1] § 84 früherer Abs. 3b eingef. durch G v. 7.12.2006 (BGBl. I S. 2782), Satz 1 eingef., bish. Wortlaut wird Satz 2 durch G v. 20.12.2007 (BGBl. I S. 3150); bish. Abs. 3b wird Abs. 3c durch VO v. 25.6.2020 (BGBl. I S. 1495).

[2] § 84 früherer Abs. 3b neu gef. durch G v. 29.12.2003 (BGBl. I S. 3076); bish. Abs. 3b wird Abs. 3c durch G v. 7.12.2006 (BGBl. I S. 2782); bish. Abs. 3c wird Abs. 3d durch VO v. 25.6.2020 (BGBl. I S. 1495).

[3] § 84 früherer Abs. 3d neu gef. durch G v. 20.12.2008 (BGBl. I S. 2850); bish. Abs. 3d wird Abs. 3e durch VO v. 25.6.2020 (BGBl. I S. 1495).

[4] § 84 früherer Abs. 3d eingef. durch G v. 22.12.2003 (BGBl. I S. 2840); bish. Abs. 3d wird Abs. 3e durch G v. 7.12.2006 (BGBl. I S. 2782); bish. Abs. 3e wird Abs. 3f durch VO v. 25.6.2020 (BGBl. I S. 1495).

[5] § 84 Abs. 3g neu gef. durch G v. 9.12.2020 (BGBl. I S. 2770).

[6] § 84 früherer Abs. 3g neu gef. durch G v. 25.7.2014 (BGBl. I S. 1266); bish. Abs. 3g wird Abs. 3h durch VO v. 25.6.2020 (BGBl. I S. 1495).

(3i)[1] [1]Die §§ 73a, 73c, 73d Abs. 1 sowie die §§ 73e und 73f Satz 1 in der Fassung des Artikels 2 des Gesetzes vom 19. Dezember 2008 (BGBl. I S. 2794) sind erstmals auf Vergütungen anzuwenden, die nach dem 31. Dezember 2008 zufließen. [2]Abweichend von Satz 1 ist § 73e Satz 4 und 5 in der Fassung des Artikels 2 des Gesetzes vom 19. Dezember 2008 (BGBl. I S. 2794) erstmals auf Vergütungen anzuwenden, die nach dem 31. Dezember 2009 zufließen. [3]§ 73e Satz 4 in der Fassung der Bekanntmachung vom 10. Mai 2000 (BGBl. I S. 717) ist letztmals auf Vergütungen anzuwenden, die vor dem 1. Januar 2010 zufließen. [4]§ 73d Absatz 1 Satz 3, § 73e Satz 1, 2 und 5 sowie § 73g Absatz 1 und 2 in der Fassung des Artikels 9 des Gesetzes vom 10. August 2009 (BGBl. I S. 2702) sind erstmals auf Vergütungen anzuwenden, die nach dem 31. Dezember 2013 zufließen. [5]§ 73e Satz 7 in der am 31. Juli 2014[2] geltenden Fassung ist erstmals auf Vergütungen anzuwenden, für die der Steuerabzug nach dem 31. Dezember 2014 angeordnet worden ist. [6]§ 73a Absatz 3 in der am 30. Dezember 2014 geltenden Fassung ist erstmals ab dem 1. Januar 2014 anzuwenden.

(3j)[3] § 80 der Einkommensteuer-Durchführungsverordnung 1997 in der Fassung der Bekanntmachung vom 18. Juni 1997 (BGBl. I S. 1558) ist letztmals für das Wirtschaftsjahr anzuwenden, das vor dem 1. Januar 1999 endet.

(4) [1]§ 82a ist auf Tatbestände anzuwenden, die in dem in Artikel 3 des Einigungsvertrages genannten Gebiet nach dem 31. Dezember 1990 und vor dem 1. Januar 1992 verwirklicht worden sind. [2]Auf Tatbestände, die im Geltungsbereich dieser Verordnung ausschließlich des in Artikel 3 des Einigungsvertrages genannten Gebiets verwirklicht worden sind, ist

1. § 82a Abs. 1 und 2 bei Herstellungskosten für Einbauten von Anlagen und Einrichtungen im Sinne von dessen Absatz 1 Nr. 1 bis 5 anzuwenden, die nach dem 30. Juni 1985 und vor dem 1. Januar 1992 fertiggestellt worden sind,
2. § 82a Abs. 3 Satz 1 ab dem Veranlagungszeitraum 1987 bei Erhaltungsaufwand für Arbeiten anzuwenden, die vor dem 1. Januar 1992 abgeschlossen worden sind,
3. § 82a Abs. 3 Satz 2 ab dem Veranlagungszeitraum 1987 bei Aufwendungen für Einzelöfen anzuwenden, die vor dem 1. Januar 1992 angeschafft worden sind,
4. § 82a Abs. 3 Satz 1 in der Fassung der Bekanntmachung vom 24. Juli 1986 für Veranlagungszeiträume vor 1987 bei Erhaltungsaufwand für Arbeiten anzuwenden, die nach dem 30. Juni 1985 abgeschlossen worden sind,

---

[1] § 84 früherer Abs. 3f neu gef. durch G v. 19.12.2008 (BGBl. I S. 2794), Satz 4 angef. durch G v. 10.8.2009 (BGBl. I S. 2702); Satz 4 neu gef. durch VO v. 24.6.2013 (BGBl. I S. 1679); Satz 5 angef. durch G v. 25.7.2014 (BGBl. I S. 1266); Satz 6 angef. durch VO v. 22.12.2014 (BGBl. I S. 2392); bish. Abs. 3h wird Abs. 3i durch VO v. 25.6.2020 (BGBl. I S. 1495).

[2] Datum der Verkündung des G. v. 25.7.2014.

[3] § 84 früherer Abs. 3f wird Abs. 3g durch G v. 20.12.2001 (BGBl. I S. 3794); bish. Abs. 3g wird Abs. 3h durch G v. 22.12.2003 (BGBl. I S. 2840); bish. Abs. 3 wird Abs. 3i durch G v. 7.12.2006 (BGBl. I S. 2782); bish. Abs. 3i wird Abs. 3j durch VO v. 25.6.2020 (BGBl. I S. 1495).

5. § 82a Abs. 3 Satz 2 in der Fassung der Bekanntmachung vom 24. Juli 1986 für Veranlagungszeiträume vor 1987 bei Aufwendungen für Einzelöfen anzuwenden, die nach dem 30. Juni 1985 angeschafft worden sind,

(Fortsetzung nächstes Blatt)

6. § 82a bei Aufwendungen für vor dem 1. Juli 1985 fertiggestellte Anlagen und Einrichtungen in den vor diesem Zeitpunkt geltenden Fassungen weiter anzuwenden.

(4a)[1)] [1]§ 82b der Einkommensteuer-Durchführungsverordnung 1997 in der Fassung der Bekanntmachung vom 18. Juni 1997 (BGBl. I S. 1558) ist letztmals auf Erhaltungsaufwand anzuwenden, der vor dem 1. Januar 1999 entstanden ist. [2]§ 82b in der Fassung des Artikels 10 des Gesetzes vom 29. Dezember 2003 (BGBl. I S. 3076) ist erstmals auf Erhaltungsaufwand anzuwenden, der nach dem 31. Dezember 2003 entstanden ist.

(4b) § 82d der Einkommensteuer-Durchführungsverordnung 1986 ist auf Wirtschaftsgüter sowie auf ausgebaute und neu hergestellte Gebäudeteile anzuwenden, die im Geltungsbereich dieser Verordnung ausschließlich des in Artikel 3 des Einigungsvertrages genannten Gebiets nach dem 18. Mai 1983 und vor dem 1. Januar 1990 hergestellt oder angeschafft worden sind.

(5) § 82f Abs. 5 und 7 Satz 1 der Einkommensteuer-Durchführungsverordnung 1979 in der Fassung der Bekanntmachung vom 24. September 1980 (BGBl. I S. 1801) ist letztmals für das Wirtschaftsjahr anzuwenden, das dem Wirtschaftsjahr vorangeht, für das § 15a des Gesetzes erstmals anzuwenden ist.

(6) [1]§ 82g ist auf Maßnahmen anzuwenden, die nach dem 30. Juni 1987 und vor dem 1. Januar 1991 in dem Geltungsbereich dieser Verordnung ausschließlich des in Artikel 3 des Einigungsvertrages genannten Gebiets abgeschlossen worden sind. [2]Auf Maßnahmen, die vor dem 1. Juli 1987 in dem Geltungsbereich dieser Verordnung ausschließlich des in Artikel 3 des Einigungsvertrages genannten Gebiets abgeschlossen worden sind, ist § 82g in der vor diesem Zeitpunkt geltenden Fassung weiter anzuwenden.

(7) [1]§ 82h in der durch die Verordnung vom 19. Dezember 1988 (BGBl. I S. 2301) geänderten Fassung ist erstmals auf Maßnahmen, die nach dem 30. Juni 1987 in dem Geltungsbereich dieser Verordnung ausschließlich des in Artikel 3 des Einigungsvertrages genannten Gebiets abgeschlossen worden sind, und letztmals auf Erhaltungsaufwand, der vor dem 1. Januar 1990 in dem Geltungsbereich dieser Verordnung ausschließlich des in Artikel 3 des Einigungsvertrages genannten Gebiets entstanden ist, mit der Maßgabe anzuwenden, dass der noch nicht berücksichtigte Teil des Erhaltungsaufwands in dem Jahr, in dem das Gebäude letztmals zur Einkunftserzielung genutzt wird, als Betriebsausgaben oder Werbungskosten abzusetzen ist. [2]Auf Maßnahmen, die vor dem 1. Juli 1987 in dem Geltungsbereich dieser Verordnung ausschließlich des in Artikel 3 des Einigungsvertrages genannten Gebiets abgeschlossen worden sind, ist § 82h in der vor diesem Zeitpunkt geltenden Fassung weiter anzuwenden.

(8) § 82i ist auf Herstellungskosten für Baumaßnahmen anzuwenden, die nach dem 31. Dezember 1977 und vor dem 1. Januar 1991 in dem Geltungsbereich dieser Verordnung ausschließlich des in Artikel 3 des Einigungsvertrages genannten Gebiets abgeschlossen worden sind.

---

1) § 84 Abs. 4a Satz 2 angef. durch G v. 29. 12. 2003 (BGBl. I S. 3076).

(9) § 82k der Einkommensteuer-Durchführungsverordnung 1986 ist auf Erhaltungsaufwand, der vor dem 1. Januar 1990 in dem Geltungsbereich dieser Verordnung ausschließlich des in Artikel 3 des Einigungsvertrages genannten Gebiets entstanden ist, mit der Maßgabe anzuwenden, dass der noch nicht berücksichtigte Teil des Erhaltungsaufwands in dem Jahr, in dem das Gebäude letztmals zur Einkunftserzielung genutzt wird, als Betriebsausgaben oder Werbungskosten abzusetzen ist.

(10) [1]In Anlage 3 (zu § 80 Abs. 1) ist die Nummer 26 erstmals für das Wirtschaftsjahr anzuwenden, das nach dem 31. Dezember 1990 beginnt. [2]Für Wirtschaftsjahre, die vor dem 1. Januar 1991 beginnen, ist die Nummer 26 in Anlage 3 in der vor diesem Zeitpunkt geltenden Fassung anzuwenden.

(11)[1)] § 56 Satz 1 Nummer 1, die §§ 61 und 62d in der Fassung des Artikels 2 des Gesetzes vom 1. November 2011 (BGBl. I S. 2131) sind erstmals für den Veranlagungszeitraum 2013 anzuwenden.

§ 85. (gegenstandslos)

Anlage 1[2)] (weggefallen)

Anlage 2 bis **4** (weggefallen)

Anlage 5 (Zu § 81 Abs. 3 Nr. 1)

Verzeichnis der Wirtschaftsgüter des Anlagevermögens über Tage im Sinne des § 81 Abs. 3 Nr. 1

Die Bewertungsfreiheit des § 81 kann im Tiefbaubetrieb des Steinkohlen-, Pechkohlen-, Braunkohlen- und Erzbergbaues für die Wirtschaftsgüter des Anlagevermögens über Tage in Anspruch genommen werden, die zu den folgenden, mit dem Grubenbetrieb unter Tage in unmittelbarem Zusammenhang stehenden, der Förderung, Seilfahrt, Wasserhaltung und Wetterführung sowie der Aufbereitung des Minerals dienenden Anlagen und Einrichtungen gehören:

1. Förderanlagen und -einrichtungen einschließlich Schachthalle, Hängebank, Wagenumlauf und Verladeeinrichtungen sowie Anlagen der Berge- und Grubenholzwirtschaft,
2. Anlagen und Einrichtungen der Wetterwirtschaft und Wasserhaltung,
3. Waschkauen sowie Einrichtungen der Grubenlampenwirtschaft, des Grubenrettungswesens und der Ersten Hilfe,

---

1) § 84 Abs. 11 angef. durch G v. 1. 11. 2011 (BGBl. I S. 2131).
2) Anlage 1 aufgeh. mWv 1. 1. 2007 durch G v. 10. 10. 2007 (BGBl. I S. 2332).

4. Sieberei, Wäsche und sonstige Aufbereitungsanlagen; im Erzbergbau alle der Aufbereitung dienenden Anlagen sowie die Anlagen zum Rösten von Eisenerzen, wenn die Anlagen nicht zu einem Hüttenbetrieb gehören.

Anlage 6 (Zu § 81 Abs. 3 Nr. 2)

Verzeichnis der Wirtschaftsgüter des beweglichen Anlagevermögens im Sinne des § 81 Abs. 3 Nr. 2

Die Bewertungsfreiheit des § 81 kann im Tagebaubetrieb des Braunkohlen- und Erzbergbaues für die folgenden Wirtschaftsgüter des beweglichen Anlagevermögens in Anspruch genommen werden:

1. Grubenaufschluss,
2. Entwässerungsanlagen,
3. Großgeräte, die der Lösung, Bewegung und Verkippung der Abraummassen sowie der Förderung und Bewegung des Minerals dienen, soweit sie wegen ihrer besonderen, die Ablagerungs- und Größenverhältnisse des Tagebaubetriebs berücksichtigenden Konstruktion nur für diesen Tagebaubetrieb oder anschließend für andere begünstigte Tagebaubetriebe verwendet werden; hierzu gehören auch Spezialabraun- und -kohlenwagen einschließlich der dafür erforderlichen Lokomotiven sowie Transportbandanlagen mit den Auf- und Übergaben und den dazugehörigen Bunkereinrichtungen mit Ausnahme der Rohkohlenbunker in Kraftwerken, Brikettfabriken oder Versandanlagen, wenn die Wirtschaftsgüter die Voraussetzungen des ersten Halbsatzes erfüllen,
4. Einrichtungen des Grubenrettungswesens und der Ersten Hilfe,
5. Wirtschaftsgüter, die zu den Aufbereitungsanlagen im Erzbergbau gehören, wenn die Aufbereitungsanlagen nicht zu einem Hüttenbetrieb gehören.

11. Verordnung zur Umsetzung der Richtlinie 2003/48/EG des Rates vom 3. Juni 2003 im Bereich der Besteuerung von Zinserträgen (Zinsinformationsverordnung – ZIV)

Vom 26. Januar 2004 (BGBl. I S. 128)[1)]

Geändert durch 1. Änderungsverordnung vom 22. 6. 2005 (BGBl. I S. 1692)[1)], Gesetz zur Neuorganisation der Bundesfinanzverwaltung und zur Schaffung eines Refinanzierungsregisters vom 22. 9. 2005 (BGBl. I S. 2809), Zweite Verordnung zur Änderung der Zinsinformationsverordnung vom 5. 11. 2007 (BGBl. I S. 2562) und Dritte Verordnung zur Änderung steuerlicher Verordnungen vom 18. 7. 2016 (BGBl. I S. 1722)

BGBl. III/FNA 611-1-33

Auf Grund des § 45 e des Einkommensteuergesetzes in der Fassung der Bekanntmachung vom 19. Oktober 2002 (BGBl. I S. 4210, 2003 I S. 179), der durch Artikel 1 Nr. 28 des Gesetzes vom 15. Dezember 2003 (BGBl. I S. 2645) eingefügt worden ist, verordnet die Bundesregierung:

Inhaltsübersicht

[1)] In Kraft ab 1. 7. 2005. Siehe Anm. zu § 17 Satz 2.

Abschnitt 1. Allgemeine Bestimmungen

§ 1 Zielsetzung. Die inländischen Zahlstellen haben die für die Durchführung dieser Verordnung notwendigen Aufgaben unabhängig davon wahrzunehmen, wo der Schuldner der den Zinsen zugrunde liegenden Forderung niedergelassen ist.

§ 2[1)] Definition des wirtschaftlichen Eigentümers. (1) Als „wirtschaftlicher Eigentümer" im Sinne dieser Verordnung gilt jede natürliche Person, die eine Zinszahlung vereinnahmt oder zu deren Gunsten eine Zinszahlung erfolgt, es sei denn, sie weist nach, dass sie die Zahlung nicht für sich selbst vereinnahmt hat oder sie nicht zu ihren Gunsten erfolgt ist, das heißt, dass sie

1. als Zahlstelle im Sinne von § 4 Abs. 1 handelt oder
2. im Auftrag
   a) einer juristischen Person,
   b) einer Einrichtung, deren Gewinne den allgemeinen Vorschriften der Unternehmensbesteuerung unterliegen,
   c) eines nach der Richtlinie 85/611/EWG des Rates vom 20. Dezember 1985 zur Koordinierung der Rechts- und Verwaltungsvorschriften betreffend bestimmte Organismen für gemeinsame Anlagen in Wertpapieren (ABl. EG Nr. L 375 S. 3), zuletzt geändert durch die Richtlinie 2001/108/EG des Europäischen Parlaments und des Rates vom 21. Januar 2002 (ABl. EG Nr. L 41 S. 35), zugelassenen Organismus für gemeinsame Anlagen in Wertpapieren (OGAW) oder
   d) einer Einrichtung nach § 4 Abs. 2 der Verordnung

   handelt und in letzterem Fall Namen und Anschrift der betreffenden Einrichtung dem Wirtschaftsbeteiligten mitteilt, der die Zinsen zahlt, welcher diese Angaben wiederum der zuständigen Behörde des Mitgliedstaats, in dem er ansässig ist, übermittelt, oder
3. im Auftrag einer anderen natürlichen Person handelt, welche der wirtschaftliche Eigentümer ist, und deren Identität und Wohnsitz nach § 3 Abs. 2 der Zahlstelle mitteilt.

(2) [1]Liegen einer Zahlstelle Informationen vor, die den Schluss nahe legen, dass die natürliche Person, die eine Zinszahlung vereinnahmt oder zu deren Gunsten eine Zinszahlung erfolgt, möglicherweise nicht der wirtschaftliche Eigentümer ist, und fällt diese natürliche Person weder unter Absatz 1 Nr. 1 noch unter Absatz 1 Nr. 2, so unternimmt die Zahlstelle angemessene Schritte nach § 3 Abs. 2 zur Feststellung der Identität des wirtschaftlichen Eigentümers. [2]Kann die Zahlstelle den wirtschaftlichen Eigentümer nicht feststellen, so behandelt sie die betreffende natürliche Person als den wirtschaftlichen Eigentümer.

[1)] § 2 Abs. 1 Nr. 2 Buchst. d, Nr. 3, Abs. 2 Satz 1 geänd. durch VO v. 22. 6. 2005 (BGBl. I S. 1692).

§ 3 Ermittlung von Identität und Wohnsitz des wirtschaftlichen Eigentümers. (1) Bei vertraglichen Beziehungen, die vor dem 1. Januar 2004 eingegangen wurden, ermittelt die Zahlstelle die Identität des wirtschaftlichen Eigentümers, nämlich seinen Namen und seine Anschrift sowie seinen Wohnsitz, anhand der Informationen, die ihr auf Grund der geltenden Vorschriften, insbesondere des Geldwäschegesetzes in der jeweils geltenden Fassung, zur Verfügung stehen.

(2) [1] Bei vertraglichen Beziehungen oder, wenn vertragliche Beziehungen fehlen, bei Transaktionen, die ab dem 1. Januar 2004 eingegangen oder getätigt wurden, ermittelt die Zahlstelle die Identität des wirtschaftlichen Eigentümers, nämlich seinen Namen und seine Anschrift, seinen Wohnsitz und, sofern vorhanden, die ihm vom Mitgliedstaat seines steuerlichen Wohnsitzes zu Steuerzwecken erteilte Steuer-Identifikationsnummer. [2] Die Angaben zur Identität des wirtschaftlichen Eigentümers und seiner Steuer-Identifikationsnummer werden auf der Grundlage des Passes oder des von ihm vorgelegten amtlichen Personalausweises festgestellt. [3] Ist die Anschrift nicht in diesem Pass oder diesem amtlichen Personalausweis eingetragen, so wird sie auf der Grundlage eines anderen vom wirtschaftlichen Eigentümer vorgelegten beweiskräftigen Dokuments festgestellt. [4] Ist die Steuer-Identifikationsnummer nicht im Pass, im amtlichen Personalausweis oder einem anderen vom wirtschaftlichen Eigentümer vorgelegten beweiskräftigen Dokument, etwa einem Nachweis über den steuerlichen Wohnsitz, eingetragen, so wird seine Identität anhand seines auf der Grundlage des Passes oder amtlichen Personalausweises festgestellten Geburtsdatums und -ortes präzisiert. [5] Der Wohnsitz wird anhand der im Pass oder im amtlichen Personalausweis angegebenen Adresse oder erforderlichenfalls anhand eines anderen vom wirtschaftlichen Eigentümer vorgelegten beweiskräftigen Dokuments in der Weise ermittelt, dass bei einer natürlichen Person, die einen in einem Mitgliedstaat ausgestellten Pass oder amtlichen Personalausweis vorlegt und die ihren Angaben zufolge in einem Staat ihren Wohnsitz haben soll, der nicht Mitgliedstaat ist (Drittstaat), der Wohnsitz anhand eines Nachweises über den steuerlichen Wohnsitz festgestellt wird, der von der zuständigen Behörde des Drittstaats ausgestellt ist, in dem die betreffende Person ihren eigenen Angaben zufolge ihren Wohnsitz haben soll. [6] Wird dieser Nachweis nicht vorgelegt, so gilt der Wohnsitz als in dem Mitgliedstaat belegen, in dem der Pass oder ein anderer amtlicher Identitätsausweis ausgestellt wurde.

§ 4 Definition der Zahlstelle. (1) [1] Als „Zahlstelle" im Sinne dieser Verordnung gilt jeder Wirtschaftsbeteiligte, der dem wirtschaftlichen Eigentümer Zinsen zahlt oder eine Zinszahlung zu dessen unmittelbaren Gunsten einzieht, und zwar unabhängig davon, ob dieser Wirtschaftsbeteiligte der Schuldner der den Zinsen zugrunde liegenden Forderung ist oder vom Schuldner oder dem wirtschaftlichen Eigentümer mit der Zinszahlung oder deren Einziehung beauftragt ist. [2] Ein Wirtschaftsbeteiligter ist jegliche natürliche oder juristische Person, die in Ausübung ihres Berufs oder ihres Gewerbes Zinszahlungen tätigt.

(2) 1 Jegliche in einem Mitgliedstaat niedergelassene Einrichtung, an die eine Zinszahlung zugunsten des wirtschaftlichen Eigentümers geleistet wird oder die eine Zinszahlung zugunsten des wirtschaftlichen Eigentümers einzieht, gilt bei einer solchen Zahlung oder Einnahme ebenfalls als Zahlstelle. 2 Dies gilt nicht, wenn der Wirtschaftsbeteiligte auf Grund beweiskräftiger und von der Einrichtung vorgelegter offizieller Unterlagen Grund zu der Annahme hat, dass

1. sie eine juristische Person mit Ausnahme der in Absatz 5 genannten juristischen Personen ist oder
2. ihre Gewinne den allgemeinen Vorschriften für die Unternehmensbesteuerung unterliegen oder
3. sie ein nach der Richtlinie 85/611/EWG zugelassener OGAW ist.

3 Zahlt ein Wirtschaftsbeteiligter Zinsen zugunsten einer solchen in einem anderen Mitgliedstaat niedergelassenen und gemäß Satz 1 als Zahlstelle geltenden Einrichtung oder zieht er für sie Zinsen ein, so teilt er Namen und Anschrift der Einrichtung sowie den Gesamtbetrag der zugunsten dieser Einrichtung gezahlten oder eingezogenen Zinsen der zuständigen Behörde des Mitgliedstaats seiner Niederlassung mit, welche diese Informationen an die zuständige Behörde des Mitgliedstaats weiterleitet, in dem die betreffende Einrichtung niedergelassen ist.

(3) 1 Inländische Einrichtungen im Sinne von Absatz 2 Satz 1 können sich für die Zwecke dieser Verordnung jedoch als OGAW im Sinne von Absatz 2 Satz 2 Nr. 3 behandeln lassen, wenn sie steuerlich erfasst sind. 2 Macht eine inländische Einrichtung von dieser Wahlmöglichkeit Gebrauch, so wird ihr von der nach § 5 zuständigen Behörde ein entsprechender Nachweis ausgestellt, den sie an den Wirtschaftsbeteiligten weiterleitet.

(4) Sind der Wirtschaftsbeteiligte und die Einrichtung im Sinne von Absatz 2 im Inland niedergelassen, so gelten die Vorschriften dieser Verordnung für die Einrichtung, wenn sie als Zahlstelle handelt.

(5) Die von Absatz 2 Satz 2 Nr. 1 ausgenommenen juristischen Personen sind:

1. in Finnland: avoin yhtiö (Ay) und kommandiittiyhtiö (Ky)/öppet bolag und kommanditbolag,
2. in Schweden: handelsbolag (HB) und kommanditbolag (KB).

§ 5 Definition der zuständigen Behörde. (1) Als „zuständige Behörde" im Sinne dieser Verordnung gilt:

1. in den Mitgliedstaaten jegliche Behörde, die die Mitgliedstaaten der Kommission melden, und
2. in Drittländern die für Zwecke bilateraler oder multilateraler Steuerabkommen zuständige Behörde oder, in Ermangelung einer solchen, diejenige Behörde, die für die Ausstellung von Aufenthaltsbescheinigungen für steuerliche Zwecke zuständig ist.

(2) [1]Zuständige Behörde im Inland ist das Bundeszentralamt für Steuern[1)]. [2]Abweichend hiervon ist für die Ausstellung des Nachweises nach § 4 Abs. 3 das Finanzamt, bei dem die Einrichtung steuerlich geführt wird, und für die Bescheinigung nach § 13 das Wohnsitzfinanzamt des Antragstellers zuständig.

§ 6 Definition der Zinszahlung. (1) [1]Als „Zinszahlung" im Sinne dieser Verordnung gelten:

1.[2)] gezahlte oder einem Konto gutgeschriebene Zinsen, die mit Forderungen jeglicher Art zusammenhängen, unabhängig davon, ob diese grundpfandrechtlich gesichert sind oder nicht und ob sie ein Recht auf Beteiligung am Gewinn des Schuldners beinhalten oder nicht, insbesondere Erträge aus Staatspapieren, Anleihen und Schuldverschreibungen einschließlich der mit diesen Titeln verbundenen Prämien und Gewinne; Zuschläge für verspätete Zahlungen gelten nicht als Zinszahlung;
2. bei Abtretung, Rückzahlung oder Einlösung von Forderungen im Sinne von Nummer 1 aufgelaufene oder kapitalisierte Zinsen;
3. direkte oder über eine Einrichtung im Sinne von § 4 Abs. 2 laufende Zinserträge, die ausgeschüttet werden von
   a) nach der Richtlinie 85/611/EWG zugelassenen OGAW,
   b) Einrichtungen, die von der Wahlmöglichkeit des § 4 Abs. 3 Gebrauch gemacht haben,
   c) außerhalb des Gebiets im Sinne von § 7 niedergelassenen Organismen für gemeinsame Anlagen;
4. Erträge, die bei Abtretung, Rückzahlung oder Einlösung von Anteilen an den nachstehend aufgeführten Organismen und Einrichtungen realisiert werden, wenn diese direkt oder indirekt über nachstehend aufgeführte andere Organismen für gemeinsame Anlagen oder Einrichtungen mehr als 40 Prozent ihres Vermögens in den unter Nummer 1 genannten Forderungen angelegt haben:
   a) nach der Richtlinie 85/611/EWG zugelassene OGAW,
   b) Einrichtungen, die von der Wahlmöglichkeit des § 4 Abs. 3 Gebrauch gemacht haben,
   c) außerhalb des Gebiets im Sinne von § 7 niedergelassene Organismen für gemeinsame Anlagen.

[2]Die in Satz 1 Nr. 4 genannten Erträge sind nur insoweit in die Definition der Zinsen einzubeziehen, wie sie Erträgen entsprechen, die mittelbar oder unmittelbar aus Zinszahlungen im Sinne des Satzes 1 Nr. 1 und 2 stammen.

(2) In Bezug auf Absatz 1 Satz 1 Nr. 3 und 4 gilt für den Fall, dass einer Zahlstelle keine Informationen über den Anteil der Zinszahlungen an den

---

[1)] Bezeichnung geänd. durch G v. 22. 9. 2005 (BGBl. I S. 2809).

[2)] § 6 Abs. 1 Satz 1 Nr. 1 geänd. mWv 1. 7. 2005 durch VO v. 22. 6. 2005 (BGBl. I S. 1692).

Erträgen vorliegen, der Gesamtbetrag der betreffenden Erträge als Zinszahlung.

(3) [1]In Bezug auf Absatz 1 Satz 1 Nr. 4 gilt für den Fall, dass einer Zahlstelle keine Informationen über den Prozentanteil des in Forderungen oder in Anteilen gemäß der Definition unter jener Nummer angelegten Vermögens vorliegen, dieser Prozentanteil als über 40 Prozent liegend. [2]Kann die Zahlstelle den vom wirtschaftlichen Eigentümer erzielten Ertrag nicht bestimmen, so gilt als Ertrag der Erlös aus der Abtretung, der Rückzahlung oder der Einlösung der Anteile.

(4) Werden Zinsen im Sinne von Absatz 1 an eine Einrichtung im Sinne von § 4 Abs. 2 gezahlt, der die Wahlmöglichkeit in § 4 Abs. 3 nicht eingeräumt wurde, oder einem Konto einer solchen Einrichtung gutgeschrieben, so gelten sie als Zinszahlung durch diese Einrichtung.

(5)[1)] [1]Abweichend von Absatz 1 Satz 1 Nr. 3 und 4 sind von der Definition der Zinszahlung jegliche Erträge im Sinne der genannten Bestimmungen ausgeschlossen, die von im Inland niedergelassenen Unternehmen oder Einrichtungen stammen, sofern diese höchstens 15 Prozent ihres Vermögens in Forderungen im Sinne von Absatz 1 Satz 1 Nr. 1 angelegt haben. [2]Ebenso sind abweichend von Absatz 4 von der Definition der Zinszahlung nach Absatz 1 die Zinsen ausgeschlossen, die einer im Inland niedergelassenen Einrichtung nach § 4 Abs. 2, der die Wahlmöglichkeit nach § 4 Abs. 3 nicht eingeräumt wurde, gezahlt oder einem Konto dieser Einrichtung gutgeschrieben worden sind, sofern die entsprechenden Einrichtungen höchstens 15 Prozent ihres Vermögens in Forderungen im Sinne von Absatz 1 Satz 1 Nr. 1 angelegt haben.

(6) Der in Absatz 1 Satz 1 Nr. 4 und Absatz 3 genannte Prozentanteil beträgt ab dem 1. Januar 2011 25 Prozent.

(7) Maßgebend für die Prozentanteile gemäß Absatz 1 Satz 1 Nr. 4 und Absatz 5 ist die in den Vertragsbedingungen oder in der Satzung der betreffenden Organismen oder Einrichtungen dargelegte Anlagepolitik oder, in Ermangelung solcher Angaben, die tatsächliche Zusammensetzung des Vermögens der betreffenden Organismen oder Einrichtungen.

§ 7 Räumlicher Geltungsbereich. Diese Verordnung gilt für Zinszahlungen durch eine inländische Zahlstelle an wirtschaftliche Eigentümer, die ihren Wohnsitz in einem anderen Mitgliedstaat der Europäischen Gemeinschaft haben.

Abschnitt 2. Datenübermittlung

§ 8[2)] Datenübermittlung durch die Zahlstelle. [1]Wenn der wirtschaftliche Eigentümer der Zinsen in einem anderen Mitgliedstaat ansässig

---

[1)] § 6 Abs. 5 Satz 2 neugef. mWv 1. 7. 2005 durch VO v. 22. 6. 2005 (BGBl. I S. 1692).

[2)] § 8 neugef. mWv 1. 7. 2005 durch VO v. 22. 6. 2005 (BGBl. I S. 1692).

ist, hat die inländische Zahlstelle dem Bundeszentralamt für Steuern[1] zum Zwecke der Weiterübermittlung nach § 9 folgende Daten zu übermitteln:

1. die nach § 3 zu ermittelnden Daten über den wirtschaftlichen Eigentümer,
2. den Namen und die Anschrift der Zahlstelle,
3. die Kontonummer des wirtschaftlichen Eigentümers oder, in Ermangelung einer solchen, das Kennzeichen der Forderung, aus der die Zinsen herrühren,
4. den Gesamtbetrag der Zinsen oder Erträge und den Gesamtbetrag des Erlöses aus der Abtretung, Rückzahlung oder Einlösung, die im Kalenderjahr zugeflossen sind.

[2]Die Datenübermittlung hat bis zum 31. Mai des Jahres zu erfolgen, das auf das Jahr des Zuflusses folgt.

§ 9[2] Datenerhebung und Datenübermittlung durch das Bundeszentralamt für Steuern[3]. (1) [1]Das Bundeszentralamt für Steuern[2] speichert die nach § 8 übermittelten Daten und übermittelt sie zum Zwecke der Besteuerung weiter an die zuständigen Behörden des Mitgliedstaats, in dem der wirtschaftliche Eigentümer ansässig ist. [2]Die Daten über sämtliche während eines Kalenderjahres erfolgte Zinszahlungen werden einmal jährlich automatisiert weiter übermittelt, und zwar binnen sechs Monaten nach dem Ende des Kalenderjahres.

(2) Soweit nichts anderes bestimmt ist, gelten für die Datenübermittlung nach Absatz 1 die Bestimmungen des EG-Amtshilfe-Gesetzes mit Ausnahme von dessen § 3.

(3) Das Bundeszentralamt für Steuern[2] nimmt Daten über Zinszahlungen an wirtschaftliche Eigentümer, die im Inland ansässig sind, von den zuständigen Behörden der anderen Mitgliedstaaten entgegen, speichert sie und übermittelt sie zum Zwecke der Besteuerung an die Landesfinanzverwaltungen weiter.

(4) Die nach den Absätzen 1 und 3 beim Bundeszentralamt für Steuern[2] gespeicherten Daten werden drei Jahre nach Ablauf des Jahres, in dem die Weiterübermittlung erfolgt ist, gelöscht.

Abschnitt 3. Übergangsbestimmungen

§ 10[4] Übergangszeitraum. Deutschland übermittelt Belgien, Luxemburg und Österreich durch das Bundeszentralamt für Steuern[1] Daten nach Abschnitt 2 dieser Verordnung, auch wenn diese Staaten während des in Artikel 10 der Richtlinie des Rates vom 3. Juni 2003 benannten Über-

---

[1] Bezeichnung geänd. durch G v. 22. 9. 2005 (BGBl. I S. 2809).
[2] § 9 neugef. mWv 1. 7. 2005 durch VO v. 22. 6. 2005 (BGBl. I S. 1692).
[3] Überschrift geänd. durch G v. 22. 9. 2005 (BGBl. I S. 2809).
[4] § 10 neugef. mWv 1. 7. 2005 durch VO v. 22. 6. 2005 (BGBl. I S. 1692).

gangszeitraums ab dem in § 17 Satz 1 und 2 genannten Zeitpunkt und vorbehaltlich des § 13 die Bestimmungen des Abschnitts 2 der Richtlinie nicht anwenden müssen.

§ 11 Besteuerung nach innerstaatlichen Rechtsvorschriften. Die Erhebung einer Quellensteuer durch Belgien, Luxemburg und Österreich als Zahlstellenstaat steht einer Besteuerung der Erträge durch Deutschland als Wohnsitzstaat des wirtschaftlichen Eigentümers gemäß seinen innerstaatlichen Rechtsvorschriften nicht entgegen.

§ 12 Einnahmen. Das Bundeszentralamt für Steuern[1)] nimmt den der Bundesrepublik Deutschland zustehenden Anteil aus der Erhebung von Quellensteuern durch die Staaten Belgien, Luxemburg und Österreich entgegen.

§ 13 Ausnahmen vom Quellensteuerverfahren. [1] Zur Ermöglichung einer Abstandnahme von der Erhebung einer Quellensteuer in den Staaten Belgien, Luxemburg und Österreich stellt das nach § 5 Abs. 2 Satz 2 zuständige Finanzamt auf Antrag des wirtschaftlichen Eigentümers mit inländischem steuerlichen Wohnsitz eine Bescheinigung mit folgenden Angaben zur Vorlage bei seiner Zahlstelle aus:

1. Name, Anschrift und Steuer- oder sonstige Identifikationsnummer oder, in Ermangelung einer solchen, Geburtsdatum und -ort des wirtschaftlichen Eigentümers;
2. Name und Anschrift der Zahlstelle;
3. Kontonummer des wirtschaftlichen Eigentümers oder, in Ermangelung einer solchen, Kennzeichen des Wertpapiers.

[2] Diese Bescheinigung gilt für die Dauer von höchstens drei Jahren. [3] Sie wird jedem wirtschaftlichen Eigentümer auf Antrag binnen zwei Monaten ausgestellt.

§ 14 Vermeidung der Doppelbesteuerung. (1) Bei einem wirtschaftlichen Eigentümer mit inländischem steuerlichen Wohnsitz wird gemäß den Absätzen 2 und 3 jegliche Doppelbesteuerung, die sich aus der Erhebung von Quellensteuer durch Belgien, Luxemburg und Österreich nach § 11 ergeben könnte, ausgeschlossen.

(2)[2)] [1] Wurden von einem wirtschaftlichen Eigentümer vereinnahmte Zinsen im Mitgliedstaat der Zahlstelle mit der Quellensteuer belastet, so wird dem wirtschaftlichen Eigentümer eine Steuergutschrift in Höhe der einbehaltenen Steuer gewährt. [2] Zu diesem Zweck rechnet die Bundesrepublik Deutschland entsprechend § 36 des Einkommensteuergesetzes unter Ausschluss von Anrechnungsregeln in Abkommen zur Vermeidung der Doppelbesteuerung und des § 34 c des Einkommensteuergesetzes die Quellensteuer auf die deutsche Einkommensteuer an. [3] Die Quellensteuer

---

[1)] Bezeichnung geänd. durch G v. 22. 9. 2005 (BGBl. I S. 2809).
[2)] § 14 Abs. 2 Satz 2 geänd. durch VO v. 22. 6. 2005 (BGBl. I S. 1692).

wird auch bei der Festsetzung der Einkommensteuervorauszahlungen berücksichtigt.

(3) Wurden von einem wirtschaftlichen Eigentümer vereinnahmte Zinsen über die Quellensteuer nach § 11 hinaus noch mit anderen Arten von ausländischen Steuern belastet und wird ihm dafür nach einem von der Bundesrepublik Deutschland abgeschlossenen Abkommen zur Vermeidung der Doppelbesteuerung oder nach § 34 c des Einkommensteuergesetzes eine Anrechnung dieser ausländischen Steuer auf die deutsche Einkommensteuer gewährt, so hat diese Anrechnung vor Anwendung von Absatz 2 zu erfolgen.

§ 15 Umlauffähige Schuldtitel. (1)[1)] [1] Während des Übergangszeitraums nach Artikel 10 Abs. 2 der Richtlinie 2003/48/EG des Rates vom 3. Juni 2003 im Bereich der Besteuerung von Zinserträgen (ABl. EU Nr. L 157 S. 38), spätestens jedoch bis zum 31. Dezember 2010, gelten in- und ausländische Anleihen sowie andere umlauffähige Schuldtitel, die erstmals vor dem 1. März 2001 begeben wurden oder bei denen die zugehörigen Emissionsprospekte vor diesem Zeitpunkt durch die zuständigen Behörden im Sinne der Richtlinie 80/390/EWG des Rates vom 17. März 1980 zur Koordinierung der Bedingungen für die Erstellung, die Kontrolle und die Vorbereitung des Prospekts, der für die Zulassung von Wertpapieren zur amtlichen Notierung an einer Wertpapierbörse zu veröffentlichen ist (ABl. EG Nr. L 100 S. 1), aufgehoben durch die Richtlinie 2001/34/EG des Europäischen Parlaments und des Rates vom 28. Mai 2001 (ABl. EG Nr. L 184 S. 1, Nr. L 217 S. 18), oder durch die zuständigen Behörden von Drittländern genehmigt wurden, nicht als Forderungen im Sinne des § 6 Abs. 1 Satz 1 Nr. 1, wenn ab dem 1. März 2002 keine Folgeemissionen dieser umlauffähigen Schuldtitel mehr getätigt werden. [2] Sofern der Übergangszeitraum nach § 10 über den 31. Dezember 2010 hinausgeht, finden die Bestimmungen dieser Vorschrift jedoch nur dann weiterhin Anwendung auf die betreffenden umlauffähigen Schuldtitel, wenn

1. diese Bruttozinsklauseln und Klauseln über die vorzeitige Ablösung enthalten,
2. die Zahlstelle des Emittenten in einem Mitgliedstaat niedergelassen ist, der die Quellensteuer nach § 11 erhebt, und die Zahlstelle die Zinsen unmittelbar an einen wirtschaftlichen Eigentümer mit Wohnsitz in einem anderen Mitgliedstaat zahlt.

[3] Tätigt eine Regierung oder eine damit verbundene Einrichtung nach der Anlage, die als Behörde handelt oder deren Funktion durch einen internationalen Vertrag anerkannt ist, ab dem 1. März 2002 eine Folgeemission eines der vorstehend genannten umlauffähigen Schuldtitel, so gilt die gesamte Emission, das heißt die erste und alle Folgeemissionen, als Forderung im Sinne des § 6 Abs. 1 Satz 1 Nr. 1. [4] Tätigt eine von Satz 3 nicht erfasste Einrichtung ab dem 1. März 2002 eine Folgeemission eines der

---

1) § 15 Abs. 1 Satz 3 geänd. durch VO v. 22. 6. 2005 (BGBl. I S. 1692).

vorstehend genannten umlauffähigen Schuldtitel, so gilt diese Folgeemission als Forderung im Sinne von § 6 Abs. 1 Satz 1 Nr. 1.

(2) Diese Vorschrift steht einer Besteuerung von Erträgen aus den in Absatz 1 genannten umlauffähigen Schuldtiteln nach inländischen Rechtsvorschriften nicht entgegen.

Abschnitt 4. Anwendungs- und Schlussbestimmungen

§ 16 Andere Quellensteuern. Diese Verordnung steht der Erhebung anderer Arten der Quellensteuer als die nach § 11 gemäß den innerstaatlichen Rechtsvorschriften nicht entgegen.

§ 16 a[1] Erweiterung des Anwendungsbereichs. (1) [1]Diese Verordnung ist vorbehaltlich der Absätze 2 bis 4 entsprechend anwendbar auf

1. Zinszahlungen durch eine inländische Zahlstelle an wirtschaftliche Eigentümer, die in den nachfolgenden Staaten oder abhängigen oder assoziierten Gebieten steuerlich ansässig sind:
   a) Schweizerische Eidgenossenschaft, Fürstentum Liechtenstein, Republik San Marino, Fürstentum Monaco, Fürstentum Andorra,
   b) Guernsey, Jersey, Insel Man, Anguilla, Britische Jungferninseln, Kaimaninseln, Montserrat, Turks- und Caicosinseln, Aruba, Niederländische Antillen,
2. die aus den in Nummer 1 genannten Staaten oder Gebieten übermittelten Daten über Zinszahlungen an wirtschaftliche Eigentümer, die im Inland ansässig sind,
3. die in der Schweizerischen Eidgenossenschaft, im Fürstentum Liechtenstein, in der Republik San Marino, im Fürstentum Monaco und im Fürstentum Andorra sowie auf Guernsey, Jersey, der Insel Man, den Britischen Jungferninseln, den Turks- und Caicosinseln und den Niederländischen Antillen erhobene Quellensteuer auf Zinszahlungen, von der 75 Prozent der Einnahmen an den Mitgliedstaat der Europäischen Union weiterzuleiten sind, in dem der wirtschaftliche Eigentümer ansässig ist.

[2]§ 14 Abs. 3 ist entsprechend anwendbar auf eine Belastung mit anderen Arten von ausländischen Steuern über die Quellensteuer im Sinne des Satzes 1 Nr. 3 hinaus.

(2)[2] [1]Die inländischen Zahlstellen und das Bundeszentralamt für Steuern[3] erheben und übermitteln Daten nach Abschnitt 2 dieser Verordnung nur bei Zinszahlungen an wirtschaftliche Eigentümer, die auf den Britischen Jungferninseln, Guernsey, Jersey, der Insel Man, Montserrat, Aruba oder den Niederländischen Antillen steuerlich ansässig sind. [2]Solange auf

[1] § 16 a eingef. mWv 1. 7. 2005 durch VO v. 22. 6. 2005 (BGBl. I S. 1692).
[2] § 16 a Abs. 2 Sätze 1 und 2 geänd. durch VO v. 5. 11. 2007 (BGBl. I S. 2562).
[3] Bezeichnung geänd. durch G v. 22. 9. 2005 (BGBl. I S. 2809).

Anguilla sowie den Turks- und Caicosinseln keine direkten Steuern erhoben werden, sind keine Daten zu erheben und zu übermitteln bei Zinszahlungen an wirtschaftliche Eigentümer, die in diesen Gebieten ansässig sind.

(3) Das nach § 5 Abs. 2 Satz 2 zuständige Finanzamt stellt eine Bescheinigung nach § 13 nur zur Ermöglichung einer Abstandnahme von der Erhebung einer Quellensteuer im Sinne des Absatzes 1 Satz 1 Nr. 3 im Fürstentum Andorra sowie auf Guernsey, Jersey, der Insel Man, den Britischen Jungferninseln, den Turks- und Caicosinseln oder den Niederländischen Antillen aus.

(4) Zuständige Behörde im Sinne dieser Verordnung ist

1. in der Schweizerischen Eidgenossenschaft:
   le Directeur de l'Administration fédérale des contributions/der Direktor der Eidgenössischen Steuerverwaltung/il direttore dell'Amministrazione federale delle contribuzioni oder sein Vertreter oder Beauftragter,
2. im Fürstentum Liechtenstein:
   die Regierung des Fürstentums Liechtenstein oder ein Beauftragter,
3. in der Republik San Marino:
   il Segretario di Stato per le Finanze e il Bilancio oder ein Beauftragter,
4. im Fürstentum Monaco:
   le Conseiller de Gouvernement pour les Finances et l'Economie oder ein Beauftragter,
5. im Fürstentum Andorra:
   el Ministre encarregat de les Finances oder ein Beauftragter; für die Anwendung des Artikels 3 des Abkommens zwischen der Europäischen Gemeinschaft und dem Fürstentum Andorra über Regelungen, die denen der Richtlinie 2003/48/EG des Rates im Bereich der Besteuerung von Zinserträgen gleichwertig sind, ist die zuständige Behörde jedoch el Ministre encarregat de l'Interior oder ein Beauftragter,
6. auf Guernsey:
   the Administrator of Income Tax,
7. auf Jersey:
   the Comptroller of Income Tax,
8. auf der Insel Man:
   the Chief Financial Officer of the Treasury or his delegate,
9. auf Anguilla:
   der Leiter des Rechnungswesens der Finanzämter,
10. auf den Britischen Jungferninseln:
    der Finanzminister (Financial Secretary),
11. auf den Kaimaninseln:
    der Finanzminister (Financial Secretary),
12. auf Montserrat:
    das Dezernat für Steuereinnahmen (Inland Revenue Departement),
13. auf den Turks- und Caicosinseln:
    die Finanzdienstleistungskommission (Financial Services Commission),

14. auf Aruba:
    der Finanzminister oder sein Beauftragter,
15. auf den Niederländischen Antillen:
    der Finanzminister oder sein Beauftragter.

§ 17[1)] **Anwendungsbestimmungen.** (1) Vorbehaltlich der Absätze 2 und 3 gilt diese Verordnung nur für Zinszahlungen, die bis zum 31. Dezember 2015 zugeflossen sind.

(2) Der Abschnitt 3 dieser Verordnung gilt auch für die im Jahr 2016 zu erhebende Quellensteuer.

(3) [1] § 16a gilt für Zinszahlungen, die nach dem 31. Dezember 2015 bis zu dem Zeitpunkt zufließen, zu dem eine Änderung, eine Suspendierung oder eine Beendigung der Anwendung der Abkommen, die mit den in § 16a Absatz 1 Satz 1 Nummer 1 genannten Staaten oder abhängigen oder assoziierten Gebieten jeweils geschlossen wurden, in Kraft getreten ist. [2] Dies gilt auch für Curacao und Sint Maarten.

Anlage
(zu § 15)

Liste der verbundenen Einrichtungen

Folgende Einrichtungen sind als „mit der Regierung verbundene Einrichtungen, die als Behörde handeln oder deren Funktion durch einen internationalen Vertrag anerkannt ist," im Sinne des § 15 zu betrachten:
– Einrichtungen innerhalb der Europäischen Union:

Belgien	Région flamande (Vlaams Gewest) (Flämische Region) Région wallonne (Wallonische Region) Région bruxelloise (Brussels Gewest) (Region Brüssel-Hauptstadt) Communauté française (Französische Gemeinschaft) Communauté flamande (Vlaamse Gemeenschap) (Flämische Gemeinschaft) Communauté germanophone (Deutschsprachige Gemeinschaft)
Bulgarien[2)]	Общините (Städte und Gemeinden) Сопиалноосигурителни фондове (Sozialversicherungsfonds)
Spanien	Xunta de Calicia (Regierung der autonomen Gemeinschaft Galicien) Junta de Andalucía (Regierung der autonomen Gemeinschaft Andalusien) Junta de Extremadura (Regierung der autonomen Gemeinschaft Extremadura) Junta de Castilla-La Mancha (Regierung der autonomen Gemeinschaft Kastilien-La Mancha) Junta de Castilla-León (Regierung der autonomen Gemeinschaft Kastilien und León) Gobierno Foral de Navarra (Regierung der autonomen Gemeinschaft Navarra) Govern de les Illes Balears (Regierung der autonomen Gemeinschaft Baleares)

[1)] § 17 neu gef. durch VO v. 18. 7. 2016 (BGBl. I S. 1722).
[2)] Eingefügt durch VO v. 5. 11. 2007 (BGBl. I S. 2562).

	Generalitat de Catalunya (Regierung der autonomen Gemeinschaft Katalonien)
	Generalitat de Valencia (Regierung der autonomen Gemeinschaft Valencia)
	Diputación General de Aragón (Regierung der autonomen Gemeinschaft Aragón)
	Gobierno de la Islas Canarias (Regierung der autonomen Gemeinschaft Kanarische Inseln)
	Gobierno de Murcia (Regierung der autonomen Gemeinschaft Murcia)
	Gobierno de Madrid (Regierung der autonomen Gemeinschaft Madrid)
	Gobierno de la Comunidad Autónoma del País Vasco/Euzkadi (Regierung der autonomen Gemeinschaft Baskenland)
	Diputación Foral de Cuipúzcoa (Provinzrat von Cuipúzcoa)
	Diputación Foral de Vizcaya/Biskaia (Provinzrat von Biskaya)
	Diputación Foral de Alava (Provinzrat von Àlava)
	Ayuntamiento de Madrid (Stadt Madrid)
	Ayuntamiento de Barcelona (Stadt Barcelona)
	Cabildo Insular de Gran Canaria (Inselrat Gran Canaria)
	Cabildo Insular de Tenerife (Inselrat Teneriffa)
	Instituto de Crédito Oficial (Amtliches Kreditinstitut)
	Instituto Catalán de Finanzas (Katalanisches Finanzinstitut)
	Instituto Valenciano de Finanzas (Valencianisches Finanzinstitut)
Griechenland	Griechische Telekommunikationsanstalt
	Griechisches Eisenbahnnetz
	Staatliche Elektrizitätswerke
Frankreich	La Caisse d'amortissement de la dette sociale (CADES) (Schuldenfinanzierungskasse der Sozialversicherung)
	L'Agence française de développement (AFD) (Französische Agentur für Entwicklung)
	Réseau Ferré de France (RFF) (Eigentums- und Verwaltungsgesellschaft des französischen Eisenbahnnetzes)
	Caisse Nationale des Autoroutes (CNA) (Staatliche Finanzierungskasse der Autobahnen)
	Assistance publique Hôpitaux des Paris (APHP) (Verbund der öffentlichen Krankenhäuser des Großraums Paris)
	Charbonnages des France (CDF) (Zentralverwaltung der staatlichen französischen Steinkohleförderunternehmen)
	Entreprise minière et chimique (EMC.) (Staatliche Bergbau- und Chemieholdinggesellschaft)
Italien	Regionen
	Provinzen
	Städte und Gemeinden
	Cassa Depositi e Prestiti (Spar- und Kreditkasse)
Lettland[1)]	Pašvaldības (Kommunalverwaltungen)
Polen[1)]	gminy (Gemeinden)
	powiaty (Bezirke)
	województwa (Woiwodschaften)
	związki gmin (Gemeindeverbände)
	powiatów (Bezirksverbände)
	województw (Woiwodschaftsverbände)

[1)] Eingefügt durch VO v. 22. 6. 2005 (BGBl. I S. 1692).

	miastro stoleczne Warszawa (Hauptstadt Warschau) Agencja Restrukturyzacji i Modernizacji Rolnictwa (Amt für die Umstrukturierung und Modernisierung der Landwirtschaft) Agencja Nieruchomości Rolnych (Amt für landwirtschaftliche Eigentumsfragen)
Portugal	Região autónoma da Madeira (Autonome Region Madeira) Região autónoma dos Açores (Autonome Region Azoren) Städte und Gemeinden
Rumänien[1)]	autorităţile administraţiei publice locale (lokale Behörden der öffentlichen Verwaltung)
Slowakei[2)]	mestá a obce (Gemeinden) Železnice Slovenskey republiky (Slowakische Eisenbahngesellschaft) Štátny fond cestného hospodárstva (Staatlicher Straßenfonds) Slovenkské elektrárne (Slowakische Kraftwerke) Vodohospodárska výstavba (Wasserwirtschaftsgesellschaft)

– internationale Einrichtungen:

Europäische Bank für Wiederaufbau und Entwicklung
Europäische Investitionsbank
Asiatische Entwicklungsbank
Afrikanische Entwicklungsbank
Weltbank/IBRD/IWF
Internationale Finanzkorporation
Interamerikanische Entwicklungsbank
Sozialentwicklungsfonds des Europarats
EURATOM
Europäische Gemeinschaft
Corporación Andina de Fomento (CAF) (Anden-Entwicklungsgesellschaft)
Eurofima
Europäische Gemeinschaft für Kohle und Stahl
Nordische Investitionsbank
Karibische Entwicklungsbank

Die Bestimmungen des § 15 gelten unbeschadet internationaler Verpflichtungen, die die Mitgliedstaaten in Bezug auf die oben aufgeführten internationalen Einrichtungen eingegangen sind.

– Einrichtungen in Drittländern:

Einrichtungen, die folgende Kriterien erfüllen:

1. Die Einrichtung gilt nach im Geltungsbereich der Verordnung anzuwendenden Kriterien eindeutig als öffentliche Körperschaft.
2. Sie ist eine von der Regierung kontrollierte Einrichtung, die gemeinwirtschaftliche Aktivitäten verwaltet und finanziert, wozu in erster Linie die Bereitstellung von gemeinwirtschaftlichen (nicht marktbestimmten) Gütern und Dienstleistungen zum Nutzen der Allgemeinheit gehört.
3. Sie legt regelmäßig in großem Umfang Anleihen auf.
4. Der betreffende Staat kann gewährleisten, dass die betreffende Einrichtung im Falle von Bruttozinsklauseln keine vorzeitige Tilgung vornehmen wird.

---

1) Eingefügt durch VO v. 5. 11. 2007 (BGBl. I S. 2562).
2) Eingefügt durch VO v. 22. 6. 2005 (BGBl. I S. 1692).

12. Steuerhinterziehungsbekämpfungsverordnung (SteuerHBekV)

Vom 18. September 2009 (BGBl. I S. 3046)

BGBl. III/FNA 611-1-35

Auf Grund des § 51 Absatz 1 Nummer 1 Buchstabe f des Einkommensteuergesetzes, des § 33 Absatz 1 Nummer 2 Buchstabe e des Körperschaftsteuergesetzes und des Artikels 97 § 22 Absatz 2 des Einführungsgesetzes zur Abgabenordnung, von denen § 51 Absatz 1 Nummer 1 Buchstabe f des Einkommensteuergesetzes durch Artikel 1, § 33 Absatz 1 Nummer 2 Buchstabe e des Körperschaftsteuergesetzes durch Artikel 2 und Artikel 97 § 22 Absatz 2 des Einführungsgesetzes zur Abgabenordnung durch Artikel 4 des Gesetzes vom 29. Juli 2009 (BGBl. I S. 2302) eingefügt worden ist, verordnet die Bundesregierung:

Abschnitt 1. Vorschriften zu § 51 Absatz 1 Nummer 1 Buchstabe f des Einkommensteuergesetzes

§ 1 Versagung des Abzugs von Betriebsausgaben und Werbungskosten. (1) Aufwendungen, die im Zusammenhang mit Vorgängen im Sinne des § 51 Absatz 1 Nummer 1 Buchstabe f Satz 1 Teilsatz vor Doppelbuchstabe aa des Einkommensteuergesetzes stehen, dürfen, soweit nicht eine der Voraussetzungen des § 51 Absatz 1 Nummer 1 Buchstabe f Satz 2 des Einkommensteuergesetzes erfüllt ist, den Gewinn oder den Überschuss der Einnahmen über die Werbungskosten nur mindern, wenn die in den Absätzen 2 bis 5 genannten besonderen Mitwirkungs- und Aufzeichnungspflichten erfüllt worden sind.

(2) Auf Geschäftsbeziehungen zum Ausland mit einer nahe stehenden Person im Sinne des § 1 Absatz 1 des Außensteuergesetzes ist § 90 Absatz 3 der Abgabenordnung mit der Maßgabe anzuwenden, dass die Aufzeichnungen für alle Geschäftsbeziehungen in sinngemäßer Anwendung des § 90 Absatz 3 Satz 3 der Abgabenordnung zeitnah zu erstellen und auf Anforderung entsprechend § 90 Absatz 3 Satz 9 der Abgabenordnung vorzulegen sind.

(3) Für Steuerpflichtige, die für die inländische Besteuerung Gewinne zwischen ihrem inländischen Unternehmen und dessen Betriebsstätten im Ausland aufzuteilen oder die den Gewinn der inländischen Betriebsstätte ihres ausländischen Unternehmens zu ermitteln haben, gilt Absatz 2 entsprechend.

(4) [1] Der Steuerpflichtige hat für Geschäftsbeziehungen zum Ausland mit einer Person, die keine nahe stehende Person im Sinne des § 1 Absatz 2 des Außensteuergesetzes ist, insbesondere Aufzeichnungen über Folgendes zu erstellen:

1. Art und Umfang der Geschäftsbeziehungen,
2. Verträge und vereinbarte Vertragsbedingungen, die den Geschäftsbeziehungen zugrunde liegen, und ihre Veränderung,
3. die immateriellen Wirtschaftsgüter, die der Steuerpflichtige im Rahmen der betreffenden Geschäftsbeziehungen nutzt oder zur Nutzung überlässt,
4. die von den Beteiligten im Rahmen der Geschäftsbeziehungen ausgeübten Funktionen und übernommenen Risiken sowie deren Veränderungen,
5. die eingesetzten Wirtschaftsgüter,
6. die gewählten Geschäftsstrategien,
7. die bedeutsamen Markt- und Wettbewerbsverhältnisse,
8. die natürlichen Personen, die unmittelbar oder mittelbar Gesellschafter oder Anteilseigner der Person sind. [2]Das gilt nicht, soweit mit der Hauptgattung der Aktien der Person oder eines unmittelbar oder mittelbar beteiligten Gesellschafters oder Anteilseigners der Person ein wesentlicher und regelmäßiger Handel an einer anerkannten Börse stattfindet.

[2]Die Aufzeichnungen nach Satz 1 sind zeitnah im Sinne des § 90 Absatz 3 Satz 3 der Abgabenordnung zu erstellen und auf Anforderung entsprechend § 90 Absatz 3 Satz 9 der Abgabenordnung vorzulegen; § 6 der Gewinnabgrenzungsaufzeichnungsverordnung ist nicht anzuwenden. [3]Die Aufzeichnungspflichten gelten nur für Geschäftsbeziehungen im Sinne des Satzes 1, wenn die Summe der Entgelte für Lieferungen und Leistungen aus der betreffenden Geschäftsbeziehung zu einer Person im Wirtschaftsjahr den Betrag von 10 000 Euro übersteigt.

(5) Unterhält der Steuerpflichtige Geschäftsbeziehungen zu Kreditinstituten im Ausland oder bestehen objektiv erkennbare Anhaltspunkte für die Annahme, dass der Steuerpflichtige über Geschäftsbeziehungen zu Kreditinstituten im Ausland verfügt, hat der Steuerpflichtige nach Aufforderung durch die Finanzbehörde diese zu bevollmächtigen, in seinem Namen mögliche Auskunftsansprüche gegenüber den von der Finanzbehörde benannten Kreditinstituten außergerichtlich und gerichtlich geltend zu machen.

§ 2 Versagung der Entlastung vom Steuerabzug. [1]Hat eine ausländische Gesellschaft Anspruch auf völlige oder teilweise Entlastung vom Steuerabzug nach § 50 d Absatz 1 und 2 oder § 44 a Absatz 9 des Einkommensteuergesetzes und sind an dieser Gesellschaft unmittelbar oder mittelbar natürliche Personen beteiligt, deren Anteil an ihr 10 Prozent übersteigt, wird diese Entlastung ungeachtet des § 50 d Absatz 3 des Einkommensteuergesetzes nur gewährt,
1. wenn die Gesellschaft den Namen und die Ansässigkeit der natürlichen Personen offen legt,
2. soweit keine der Voraussetzungen des § 51 Absatz 1 Nummer 1 Buchstabe f Satz 2 des Einkommensteuergesetzes erfüllt ist.

[2]Die Finanzbehörde kann für diese Personen eine Bestätigung nach § 50d Absatz 4 des Einkommensteuergesetzes verlangen.

§ 3 Versagung des gesonderten Steuertarifs für Einkünfte aus Kapitalvermögen und Versagung des Teileinkünfteverfahrens. [1]Kommt der Steuerpflichtige der Aufforderung im Sinne des § 1 Absatz 5 nicht nach, sind § 2 Absatz 5b Satz 1, § 32d Absatz 1 und § 43 Absatz 5 des Einkommensteuergesetzes in Bezug auf Einkünfte im Sinne des § 20 Absatz 1 Nummer 1 des Einkommensteuergesetzes, die das Kreditinstitut für Rechnung des Schuldners an den Steuerpflichtigen zahlt, und die Vorschriften über die teilweise steuerbefreiten Einnahmen nach § 3 Nummer 40 Satz 1 und 2 des Einkommensteuergesetzes nicht anzuwenden. [2]Satz 1 ist nicht anzuwenden, soweit eine der Voraussetzungen des § 51 Absatz 1 Nummer 1 Buchstabe f Satz 2 des Einkommensteuergesetzes erfüllt ist.

Abschnitt 2. Vorschriften zu § 33 Absatz 1 Nummer 2 Buchstabe e des Körperschaftsteuergesetzes

§ 4 Versagung der Steuerbefreiung nach § 8b Absatz 1 Satz 1 und Absatz 2 Satz 1 des Körperschaftsteuergesetzes. [1]Wenn die in § 1 Absatz 2 oder Absatz 5 genannten besonderen Mitwirkungs- und Aufzeichnungspflichten nicht erfüllt werden, sind auf Vorgänge im Sinne des § 33 Absatz 1 Nummer 2 Buchstabe e Satz 1 des Körperschaftsteuergesetzes folgende Vorschriften nicht anzuwenden:

1. die Vorschriften über die Steuerbefreiung nach § 8b Absatz 1 Satz 1 und Absatz 2 Satz 1 des Körperschaftsteuergesetzes sowie
2. vergleichbare Vorschriften in Abkommen zur Vermeidung der Doppelbesteuerung.

[2]Das gilt nicht, soweit eine der Voraussetzungen des § 33 Absatz 1 Nummer 2 Buchstabe e Satz 3 des Körperschaftsteuergesetzes erfüllt ist.

Abschnitt 3. Vorschriften zu Artikel 97 § 22 Absatz 2 des Einführungsgesetzes zur Abgabenordnung

§ 5 Erstmalige Anwendung des § 90 Absatz 2 Satz 3, des § 147a, des § 162 Absatz 2 Satz 3 und des § 193 Absatz 1 und 2 Nummer 3 der Abgabenordnung. [1]§ 90 Absatz 2 Satz 3, § 147a, § 162 Absatz 2 Satz 3 und § 193 Absatz 1 und 2 Nummer 3 der Abgabenordnung in der Fassung des Gesetzes vom 29. Juli 2009 (BGBl. I S. 2302) sind erstmals für Besteuerungszeiträume anzuwenden, die nach dem 31. Dezember 2009 beginnen. [2]Bei Anwendung des § 147a Satz 3 der Abgabenordnung in der Fassung des Gesetzes vom 29. Juli 2009 (BGBl. I S. 2302) im Besteuerungszeitraum 2010 sind die Einkünfte des Besteuerungszeitraums 2009 maßgebend.

Abschnitt 4. Schlussvorschriften

§ 6 Anwendungsvorschrift. [1]Die §§ 1, 3 und 4 sind erstmals ab dem Veranlagungszeitraum 2010 anzuwenden. [2]Hat der Steuerpflichtige ein vom Kalenderjahr abweichendes Wirtschaftsjahr, sind die §§ 1, 3 und 4 erstmals ab dem 1. Januar 2010 anzuwenden. [3]§ 2 ist erstmals auf Gewinnausschüttungen anzuwenden, die nach dem 31. Dezember 2009 gezahlt oder gutgeschrieben werden.

§ 7 Inkrafttreten. Diese Verordnung tritt am Tag nach der Verkündung[1)] in Kraft.

[1)] Verkündet am 24. 9. 2009.

20. Lohnsteuer-Durchführungsverordnung (LStDV 1990)

In der Fassung der Bekanntmachung vom 10. Oktober 1989 (BGBl. I S. 1848)[1)]

Geändert durch Steueränderungsgesetz 1992 vom 25.2.1992 (BGBl. I S. 297), Jahressteuergesetz 1996 vom 11.10.1995 (BGBl. I S. 1250), Steuerentlastungsgesetz 1999/2000/2002 vom 24.3.1999 (BGBl. I S. 402), Steuerbereinigungsgesetz 1999 vom 22.12.1999 (BGBl. I S. 2601), Steuer-Euroglättungsgesetz vom 19.12.2000 (BGBl. I S. 1790), Steueränderungsgesetz 2001 vom 20.12.2001 (BGBl. I S. 3794), Steueränderungsgesetz 2003 vom 15.12.2003 (BGBl. I S. 2645), Alterseinkünftegesetz vom 5.7.2004 (BGBl. I S. 1427), Jahressteuergesetz 2007 vom 13.12.2006 (BGBl. I S. 2878), Verordnung zur Änderung steuerlicher Verordnungen vom 17.11.2010 (BGBl. I S. 1544), Beitreibungsrichtlinie-Umsetzungsgesetz (BeitrRLUmsG) vom 7.12.2011 (BGBl. I S. 2592), Gesetz zur Änderung und Vereinfachung der Unternehmensbesteuerung und des steuerlichen Reisekostenrechts vom 20.2.2013 (BGBl. I S. 285), Gesetz zur Anpassung des nationalen Steuerrechts an den Beitritt Kroatiens zur EU und zur Änderung weiterer steuerlicher Vorschriften vom 25.7.2014 (BGBl. I S. 1266), Gesetz zur Modernisierung des Besteuerungsverfahrens vom 18.7.2016 (BGBl. I S. 1679), Gesetz zur Stärkung der betrieblichen Altersversorgung, zur Anwendung anderer Gesetze (Betriebsrentenstärungsgesetz) vom 17.8.2017 (BGBl. I S. 3214), Gesetz zur Vermeidung von Umsatzsteuerausfällen beim Handel mit Waren im Internet und zur Änderung weiterer steuerlicher Vorschriften vom 11.12.2018 (BGBl. I S. 2338) und Fünfte Verordnung zur Änderung steuerlicher Verordnungen vom 28. Juni 2020 (BGBl. I S. 1495)

BGBl. III/FNA 611-2

§ 1 Arbeitnehmer, Arbeitgeber. (1) [1] Arbeitnehmer sind Personen, die in öffentlichem oder privatem Dienst angestellt oder beschäftigt sind oder waren und die aus diesem Dienstverhältnis oder einem früheren Dienstverhältnis Arbeitslohn beziehen. [2] Arbeitnehmer sind auch die Rechtsnachfolger dieser Personen, soweit sie Arbeitslohn aus dem früheren Dienstverhältnis ihres Rechtsvorgängers beziehen.

(2) [1] Ein Dienstverhältnis (Absatz 1) liegt vor, wenn der Angestellte (Beschäftigte)dem Arbeitgeber (öffentliche Körperschaft, Unternehmer, Haushaltsvorstand) seine Arbeitskraft schuldet. [2] Dies ist der Fall, wenn die tätige Person in der Betätigung ihres geschäftlichen Willens unter der Leitung des Arbeitgebers steht oder im geschäftlichen Organismus des Arbeitgebers dessen Weisungen zu folgen verpflichtet ist.

(3) Arbeitnehmer ist nicht, wer Lieferungen und sonstige Leistungen innerhalb der von ihm selbständig ausgeübten gewerblichen oder beruflichen Tätigkeit im Inland gegen Entgelt ausführt, soweit es sich um die Entgelte für diese Lieferungen und sonstigen Leistungen handelt.

[1)] Neubekanntmachung der Lohnsteuer-Durchführungsverordnung idF der Bek. v. 23.10. 1984 (BGBl. I S. 1313) auf Grund des § 51 Abs. 4 EStG idF der Bek. v. 27.2.1987 (BGBl. I S. 657) in der ab 20.10.1989 geltenden Fassung.

§ 2 Arbeitslohn. (1) [1]Arbeitslohn sind alle Einnahmen, die dem Arbeitnehmer aus dem Dienstverhältnis zufließen. [2]Es ist unerheblich, unter welcher Bezeichnung oder in welcher Form die Einnahmen gewährt werden.

(2) Zum Arbeitslohn gehören auch

1. Einnahmen im Hinblick auf ein künftiges Dienstverhältnis;
2. Einnahmen aus einem früheren Dienstverhältnis, unabhängig davon, ob sie dem zunächst Bezugsberechtigten oder seinem Rechtsnachfolger zufließen. [2]Bezüge, die ganz oder teilweise auf früheren Beitragsleistungen des Bezugsberechtigten oder seines Rechtsvorgängers beruhen, gehören nicht zum Arbeitslohn, es sei denn, daß die Beitragsleistungen Werbungskosten gewesen sind;
3.[1)] Ausgaben, die ein Arbeitgeber leistet, um einen Arbeitnehmer oder diesem nahestehende Personen für den Fall der Krankheit, des Unfalls, der Invalidität, des Alters oder des Todes abzusichern (Zukunftssicherung). [2]Voraussetzung ist, daß der Arbeitnehmer der Zukunftssicherung ausdrücklich oder stillschweigend zustimmt. [3]Ist bei einer Zukunftssicherung für mehrere Arbeitnehmer oder diesen nahestehende Personen in Form einer Gruppenversicherung oder Pauschalversicherung der für den einzelnen Arbeitnehmer geleistete Teil der Ausgaben nicht in anderer Weise zu ermitteln, so sind die Ausgaben nach der Zahl der gesicherten Arbeitnehmer auf diese aufzuteilen. [4]Nicht zum Arbeitslohn gehören Ausgaben, die nur dazu dienen, dem Arbeitgeber die Mittel zur Leistung einer dem Arbeitnehmer zugesagten Versorgung zu verschaffen;
4. Entschädigungen, die dem Arbeitnehmer oder seinem Rechtsnachfolger als Ersatz für entgangenen oder entgehenden Arbeitslohn oder für die Aufgabe oder Nichtausübung einer Tätigkeit gewährt werden;
5. besondere Zuwendungen, die auf Grund des Dienstverhältnisses oder eines früheren Dienstverhältnisses gewährt werden, zum Beispiel Zuschüsse im Krankheitsfall;
6. besondere Entlohnungen für Dienste, die über die regelmäßige Arbeitszeit hinaus geleistet werden, wie Entlohnung für Überstunden, Überschichten, Sonntagsarbeit;
7. Lohnzuschläge, die wegen der Besonderheit der Arbeit gewährt werden;
8. Entschädigungen für Nebenämter und Nebenbeschäftigungen im Rahmen eines Dienstverhältnisses.

§ 3[2)] *(aufgehoben)*

§ 4 Lohnkonto. (1) Der Arbeitgeber hat im Lohnkonto des Arbeitnehmers Folgendes aufzuzeichnen:

1.[3)] den Vornamen, den Familiennamen, den Tag der Geburt, den Wohnort, die Wohnung sowie die in einer vom Finanzamt ausgestellten Bescheini-

---

[1)] § 2 Abs. 2 Nr. 3 Satz 1 bish. Halbsatz 2 aufgeh. durch G v. 22.12.1999 (BGBl. I S. 2601).
[2)] § 3 aufgeh. mWv 1.1.1999 durch G v. 24.3.1999 (BGBl. I S. 402).
[3)] § 4 Abs. 1 Nr. 1 neu gef. mWv 1.1.2012 durch G v. 7.12.2011 (BGBl. I S. 2592).

gung für den Lohnsteuerabzug eingetragenen allgemeinen Besteuerungsmerkmale. [2]Ändern sich im Laufe des Jahres die in einer Bescheinigung für den Lohnsteuerabzug eingetragenen allgemeinen Besteuerungsmerkmale, so ist auch der Zeitpunkt anzugeben, von dem an die Änderungen gelten;

2.[1)] den Jahresfreibetrag oder den Jahreshinzurechnungsbetrag sowie den Monatsbetrag, Wochenbetrag oder Tagesbetrag, der in einer vom Finanzamt ausgestellten Bescheinigung für den Lohnsteuerabzug eingetragen ist, und den Zeitraum, für den die Eintragungen gelten;

3.[2)] bei einem Arbeitnehmer, der dem Arbeitgeber eine Bescheinigung nach § 39b Abs. 6 des Einkommensteuergesetzes in der am 31. Dezember 2010 geltenden Fassung (Freistellungsbescheinigung) vorgelegt hat, einen Hinweis darauf, daß eine Bescheinigung vorliegt, den Zeitraum, für den die Lohnsteuerbefreiung gilt, das Finanzamt, das die Bescheinigung ausgestellt hat, und den Tag der Ausstellung;

4.[3)] in den Fällen des § 19 Abs. 2 des Einkommensteuergesetzes die für die zutreffende Berechnung des Versorgungsfreibetrags und des Zuschlags zum Versorgungsfreibetrag erforderlichen Angaben.

(2) Bei jeder Lohnabrechnung ist im Lohnkonto folgendes aufzuzeichnen:

1. der Tag der Lohnzahlung und der Lohnzahlungszeitraum;
2. in den Fällen des § 41 Absatz 1 Satz 5[4)] des Einkommensteuergesetzes jeweils der Großbuchstabe U;
3. der Arbeitslohn, getrennt nach Barlohn und Sachbezügen, und die davon einbehaltene Lohnsteuer. [2]Dabei sind die Sachbezüge einzeln zu bezeichnen und – unter Angabe des Abgabetags oder bei laufenden Sachbezügen des Abgabezeitraums, des Abgabeorts und des Entgelts – mit dem nach § 8 Abs. 2 oder 3 des Einkommensteuergesetzes maßgebenden und um das Entgelt geminderten Wert zu erfassen. [3]Sachbezüge im Sinne des § 8 Abs. 3 des Einkommensteuergesetzes und Versorgungsbezüge sind jeweils als solche kenntlich zu machen und ohne Kürzung um Freibeträge nach § 8 Abs. 3 oder § 19 Abs. 2 des Einkommensteuergesetzes einzutragen. [4]Trägt der Arbeitgeber im Falle der Nettolohnzahlung die auf den Arbeitslohn entfallende Steuer selbst, ist in jedem Fall der Bruttoarbeitslohn einzutragen, die nach den Nummern 4 bis 8 gesondert aufzuzeichnenden Beträge sind nicht mitzuzählen;

4.[5)] steuerfreie Bezüge mit Ausnahme der Vorteile im Sinne des § 3 Nummer 37, 45, 46 und 51 des Einkommensteuergesetzes. [2]Das Betriebsstätten-

---

[1)] § 4 Abs. 1 Nr. 2 geänd. mWv 1.1.2000 durch G v. 22.12.1999 (BGBl. I S. 2601); geänd. mWv 1.1.2012 durch G v. 7.12.2011 (BGBl. I S. 2592).

[2)] § 4 Abs. 1 Nr. 3 geänd. mWv 1.1.2012 durch G v. 7.12.2011 (BGBl. I S. 2592).

[3)] § 4 Abs. 1 Nr. 4 angef. mWv 1.1.2005 durch G v. 5.7.2004 (BGBl. I S. 1427).

[4)] Verweis geänd. durch VO v. 17.11.2010 (BGBl. I S. 1544).

[5)] § 4 Abs. 2 Nr. 4 Satz 1 geänd. durch G v. 20.12.2001 (BGBl. I S. 3794); geänd. mWv 1.1.2002 (Art. 25 Abs. 2 des G v. 15.12.2003) durch G v. 15.12.2003 (BGBl. I S. 2645); geänd. mWv 30.6.2020 durch VO v. 25.6.2020 (BGBl. I S. 1495).

finanzamt kann zulassen, daß auch andere nach § 3 des Einkommensteuergesetzes steuerfreie Bezüge nicht angegeben werden, wenn es sich um Fälle von geringer Bedeutung handelt oder wenn die Möglichkeit zur Nachprüfung in anderer Weise sichergestellt ist;

5. Bezüge, die nach einem Abkommen zur Vermeidung der Doppelbesteuerung oder unter Progressionsvorbehalt nach § 34c Abs. 5 des Einkommensteuergesetzes von der Lohnsteuer freigestellt sind;

6.[1)] außerordentliche Einkünfte im Sinne des § 34 Abs. 1 und 2 Nr. 2 und 4 des Einkommensteuergesetzes und die davon nach § 39b Abs. 3 Satz 9 des Einkommensteuergesetzes einbehaltene Lohnsteuer;

7.[2)] das Vorliegen der Voraussetzungen für den Förderbetrag nach § 100 des Einkommensteuergesetzes;

8.[3)] Bezüge, die nach den §§ 40 bis 40b des Einkommensteuergesetzes pauschal besteuert worden sind, und die darauf entfallende Lohnsteuer. [2]Lassen sich in den Fällen des § 40 Absatz 1 Satz 1 Nummer 2 und Absatz 2 des Einkommensteuergesetzes die auf den einzelnen Arbeitnehmer entfallenden Beträge nicht ohne weiteres ermitteln, so sind sie in einem Sammelkonto anzuschreiben. [3]Das Sammelkonto muß die folgenden Angaben enthalten: Tag der Zahlung, Zahl der bedachten Arbeitnehmer, Summe der insgesamt gezahlten Bezüge, Höhe der Lohnsteuer sowie Hinweise auf die als Belege zum Sammelkonto aufzubewahrenden Unterlagen, insbesondere Zahlungsnachweise, Bestätigung des Finanzamts über die Zulassung der Lohnsteuerpauschalierung. [4]In den Fällen des § 40a des Einkommensteuergesetzes genügt es, wenn der Arbeitgeber Aufzeichnungen führt, aus denen sich für die einzelnen Arbeitnehmer Name und Anschrift, Dauer der Beschäftigung, Tag der Zahlung, Höhe des Arbeitslohns und in den Fällen des § 40a Abs. 3 des Einkommensteuergesetzes auch die Art der Beschäftigung ergeben. [5]Sind in den Fällen der Sätze 3 und 4 Bezüge nicht mit dem ermäßigten Kirchensteuersatz besteuert worden, so ist zusätzlich der fehlende Kirchensteuerabzug aufzuzeichnen und auf die als Beleg aufzubewahrende Unterlage hinzuweisen, aus der hervorgeht, daß der Arbeitnehmer keiner Religionsgemeinschaft angehört, für die die Kirchensteuer von den Finanzbehörden erhoben wird.

(2a)[4)] [1]Der Arbeitgeber hat die nach den Absätzen 1 und 2 sowie die nach § 41 des Einkommensteuergesetzes aufzuzeichnenden Daten der Finanzbehörde nach einer amtlich vorgeschriebenen einheitlichen Form über eine digitale Schnittstelle elektronisch bereitzustellen. [2]Auf Antrag des Arbeitgebers kann das Betriebsstättenfinanzamt zur Vermeidung unbilliger Härten zulassen, dass der Arbeitgeber die in Satz 1 genannten Daten in anderer auswertbarer Form bereitstellt.

[1)] § 4 Abs. 2 Nr. 6 geänd. mWv 1.1.1999 durch G v. 24.3.1999 (BGBl. I S. 402).

[2)] § 4 Abs. 2 Nr. 7 eingef. mWv 1.1.2018 durch G v. 17.8.2017 (BGBl. I S. 3214).

[3)] § 4 Abs. 2 Nr. 8 geänd. durch G v. 25.2.1992 (BGBl. I S. 297); Satz 2 Verweis geänd. durch VO v. 17.11.2010 (BGBl. I S. 1544).

[4)] § 4 Abs. 2a eingef. durch G v. 18.7.2016 (BGBl. I S. 1679); zur Anwendung ab **1.1.2018** siehe § 8 Abs. 3.

(3)[1] 1Das Betriebsstättenfinanzamt kann bei Arbeitgebern, die für die Lohnabrechnung ein maschinelles Verfahren anwenden, Ausnahmen von den Vorschriften der Absätze 1 und 2 zulassen, wenn die Möglichkeit zur Nachprüfung in anderer Weise sichergestellt ist. 2Das Betriebsstättenfinanzamt soll zulassen, daß Sachbezüge im Sinne des § 8 Absatz 2 Satz 11 und Absatz 3 des Einkommensteuergesetzes für solche Arbeitnehmer nicht aufzuzeichnen sind, für die durch betriebliche Regelungen und entsprechende Überwachungsmaßnahmen gewährleistet ist, daß die in § 8 Absatz 2 Satz 11 oder Absatz 3 des Einkommensteuergesetzes genannten Beträge nicht überschritten werden.

(4)[2] 1In den Fällen des § 38 Abs. 3a des Einkommensteuergesetzes ist ein Lohnkonto vom Dritten zu führen. 2In den Fällen des § 38 Abs. 3a Satz 2 ist der Arbeitgeber anzugeben und auch der Arbeitslohn einzutragen, der nicht vom Dritten, sondern vom Arbeitgeber selbst gezahlt wird. 3In den Fällen des § 38 Abs. 3a Satz 7 ist der Arbeitslohn für jedes Dienstverhältnis gesondert aufzuzeichnen.

§ 5[3] Besondere Aufzeichnungs- und Mitteilungspflichten im Rahmen der betrieblichen Altersversorgung. (1)[4] Der Arbeitgeber hat bei der Durchführung einer kapitalgedeckten betrieblichen Altersversorgung über eine Pensionskasse oder eine Direktversicherung im Fall des § 52 Absatz 40 des Einkommensteuergesetzes aufzuzeichnen, dass vor dem 1. Januar 2018 mindestens ein Beitrag nach § 40b Absatz 1 und 2 des Einkommensteuergesetzes in einer vor dem 1. Januar 2005 geltenden Fassung pauschal besteuert wurde.

(2) 1Der Arbeitgeber hat der Versorgungseinrichtung (Pensionsfonds, Pensionskasse, Direktversicherung), die für ihn die betriebliche Altersversorgung durchführt, spätestens zwei Monate nach Ablauf des Kalenderjahres oder nach Beendigung des Dienstverhältnisses im Laufe des Kalenderjahres *gesondert je Versorgungszusage*[5] die für den einzelnen Arbeitnehmer geleisteten und

1. nach § 3 Nummer 56 und 63 sowie nach § 100 Absatz 6 Satz 1 des Einkommensteuergesetzes steuerfrei belassenen,
2. nach § 40b des Einkommensteuergesetzes in der am 31. Dezember 2004 geltenden Fassung pauschal besteuerten oder
3. individuell besteuerten

Beiträge mitzuteilen. 2Ferner hat der Arbeitgeber oder die Unterstützungskasse die nach § 3 Nr. 66 des Einkommensteuergesetzes steuerfrei belassenen

---

[1] § 4 Abs. 3 Satz 2 neu gef. durch G v. 11.10.1995 (BGBl. I S. 1250); Satz 1 geänd. durch VO v. 17.11.2010 (BGBl. I S. 1544); Satz 2 geänd. mWv 1.1.2014 durch G v. 20.2.2013 (BGBl. I S. 285).

[2] § 4 Abs. 4 aufgeh. durch G v. 22.12.1999 (BGBl. I S. 2601) und angef. mWv 1.1.2004 (§ 8 Abs. 1) durch G v. 15.12.2003 (BGBl. I S. 2645).

[3] § 5 eingef. mWv 1.1.2007 durch G v. 13.12.2006 (BGBl. I S. 2878).

[4] § 5 Abs. 1 neu gef. mWv 15.12.2018 durch G v. 11.12.2018 (BGBl. I S. 2338).

[5] § 5 Abs. 2 Satzteil vor Nr. 1 und Nr. 1 geänd. mWv 1.1.2018 durch G v. 17.8.2017 (BGBl. I S. 3214).

Leistungen mitzuteilen. [3]Die Mitteilungspflicht des Arbeitgebers oder der Unterstützungskasse kann durch einen Auftragnehmer wahrgenommen werden.

(3) [1]Eine Mitteilung nach Absatz 2 kann unterbleiben, wenn die Versorgungseinrichtung die steuerliche Behandlung der für den einzelnen Arbeitnehmer im Kalenderjahr geleisteten Beiträge bereits kennt oder aus den bei ihr vorhandenen Daten feststellen kann, und dieser Umstand dem Arbeitgeber mitgeteilt worden ist. [2]Unterbleibt die Mitteilung des Arbeitgebers, ohne dass ihm eine entsprechende Mitteilung der Versorgungseinrichtung vorliegt, so hat die Versorgungseinrichtung davon auszugehen, dass es sich insgesamt bis zu den in § 3 Nr. 56 oder 63 des Einkommensteuergesetzes genannten Höchstbeträgen um steuerbegünstigte Beiträge handelt, die in der Auszahlungsphase als Leistungen im Sinne von § 22 Nr. 5 Satz 1 des Einkommensteuergesetzes zu besteuern sind.

§§ 6, 7[1)] *(aufgehoben)*

§ 8[2)] Anwendungszeitraum. (1) Die Vorschriften dieser Verordnung in der Fassung des Artikels 2 des Gesetzes vom 13. Dezember 2006 (BGBl. I S. 2878) sind erstmals anzuwenden auf laufenden Arbeitslohn, der für einen nach dem 31. Dezember 2006 endenden Lohnzahlungszeitraum gezahlt wird, und auf sonstige Bezüge, die nach dem 31. Dezember 2006 zufließen.

(2) [1]§ 6 Abs. 3 und 4 sowie § 7 in der am 31. Dezember 2001 geltenden Fassung sind weiter anzuwenden im Falle einer schädlichen Verfügung vor dem 1. Januar 2002. [2]Die Nachversteuerung nach § 7 Abs. 1 Satz 1 unterbleibt, wenn der nachzufordernde Betrag 10 Euro nicht übersteigt.

(3) § 4 Absatz 2a ist für ab dem 1. Januar 2018 im Lohnkonto aufzuzeichnende Daten anzuwenden.

§ 9[3)] Berlin-Klausel. *(aufgehoben)*

[1)] §§ 6, 7 aufgeh. mWv 1.1.2002 durch G v. 20.12.2001 (BGBl. I S. 3794); zur weiteren Anwendung von § 6 Abs. 3 und 4 siehe § 8 Abs. 2 Satz 1.

[2)] § 8 neu gef. durch G v. 20.12.2001 (BGBl. I S. 3794), Abs. 1 neu gef. durch G v. 13.12.2006 (BGBl. I S. 2878); Abs. 3 angef. durch G v. 18.7.2016 (BGBl. I S. 1679).

[3)] § 9 aufgeh. durch G v. 25.2.1992 (BGBl. I S. 297).

21. Verordnung über die sozialversicherungsrechtliche Beurteilung von Zuwendungen des Arbeitgebers als Arbeitsentgelt (Sozialversicherungsentgeltverordnung – SvEV)[1) · 2)]

Vom 21. Dezember 2006 (BGBl. I S. 3385)

Geändert durch VO vom 21.12.2006 (BGBl. I S. 3385), Gesetz zur Förderung der zusätzlichen Altersvorsorge vom 10.12.2007 (BGBl. I S. 2838), Gesetz zur Änderung des Vierten Buches Sozialgesetzbuch und anderer Gesetze vom 19.12.2007 (BGBl. I S. 3024), Erste VO zur Änderung der SozialversicherungsentgeltVO vom 18.11.2008 (BGBl. I S. 2220), Gesetz zur Änderung des Vierten Buches Sozialgesetzbuch, zur Errichtung einer Versorgungsausgleichskasse und anderer Gesetze vom 15.7.2009 (BGBl. I S. 1939), Zweite VO zur Änderung der SozialversicherungsentgeltVO vom 19.10.2009 (BGBl. I S. 3667), Dritte VO zur Änderung der SozialversicherungsentgeltVO vom 10.11.2010 (BGBl. I S. 1751), Vierte VO zur Änderung der SozialversicherungsentgeltVO vom 2.12.2011 (BGBl. I S. 2453), Beitreibungsrichtlinie-Umsetzungsgesetz (BeitrRLUmsG) vom 7.12.2011 (BGBl. I S. 2592), Gesetz zur Verbesserung der Eingliederungschancen am Arbeitsmarkt vom 20.12.2011 (BGBl. I S. 2854), Fünfte Verordnung zur Änderung der Sozialversicherungsentgeltverordnung vom 19.12.2012 (BGBl. I S. 2714), Sechste Verordnung zur Änderung der Sozialversicherungsentgeltverordnung vom 21.10.2013 (BGBl. I S. 3871), Siebte Verordnung zur Änderung der Sozialversicherungsentgeltverordnung vom 24.11.2014 (BGBl. I S. 1799), Fünftes Gesetz zur Änderung des Vierten Buches Sozialgesetzbuch und anderer Gesetze vom 15.4.2015 (BGBl. I S. 583), Achte Verordnung zur Änderung der Sozialversicherungsentgeltverordnung vom 18.11.2015 (BGBl. I S. 2075), Neunte Verordnung zur Änderung der Sozialversicherungsentgeltverordnung vom 21.11.2016 (BGBl. I S. 2637), Gesetz zur Neuregelung des Mutterschutzrechts vom 23.5.2017 (BGBl. I S. 1228), Gesetz zur Stärkung der betrieblichen Altersversorgung und zur Änderung anderer Gesetze (Betriebsrentenstärkungsgesetz) vom 17.8.2017 (BGBl. I S. 3214), Verordnung zur Änderung der Sozialversicherungsentgeltverordnung und anderer Verordnungen vom 7.12.2017 (BGBl. I S. 3906), Zehnte Verordnung zur Änderung der Sozialversicherungsentgeltverordnung vom 6.11.2018 (BGBl. I S. 1842), Elfte Verordnung zur Änderung der Sozialversicherungsentgeltverordnung vom 29.11.2019 (BGBl. I S. 1997) und Verordnung zur Änderung der Sozialversicherungsentgeltverordnung und der Unfallversicherungsobergrenzenverordnung vom 15.12.2020 (BGBl. I S. 2933)

BGBl. III/FNA 860-4-1-16

§ 1 Dem sozialversicherungspflichtigen Arbeitsentgelt nicht zuzurechnende Zuwendungen. (1)[3)] [1] Dem Arbeitsentgelt sind nicht zuzurechnen:

1. einmalige Einnahmen, laufende Zulagen, Zuschläge, Zuschüsse sowie ähnliche Einnahmen, die zusätzlich zu Löhnen oder Gehältern gewährt werden, soweit sie lohnsteuerfrei sind; dies gilt nicht für Sonntags-, Feiertags- und Nachtarbeitszuschläge, soweit das Entgelt, auf dem sie berechnet werden, mehr als 25 Euro für jede Stunde beträgt,

---

1) Die SvEV ist als Art. 1 der VO zur Neuordnung der Regelungen über die sozialversicherungsrechtliche Beurteilung von Zuwendungen des Arbeitgebers als Arbeitsentgelt v. 21.12.2006 verkündet worden.

2) In Kraft ab 1.1.2007. Gleichzeitig tritt die SachbezV außer Kraft.

3) § 1 Abs. 1 Satz 3 geänd. und Satz 4 angef. mWv 1.1.2008 durch G v. 19.12.2007 (BGBl. I S. 3024); Satz 2 neu gef., Satz 3 ergänzt mWv 22.4.2015 durch G v. 15.4.2015 (BGBl. I S. 583).

2. sonstige Bezüge nach § 40 Abs. 1 Satz 1 Nr. 1 des Einkommensteuergesetzes, die nicht einmalig gezahltes Arbeitsentgelt nach § 23a des Vierten Buches Sozialgesetzbuch sind,
3. Einnahmen nach § 40 Abs. 2 des Einkommensteuergesetzes,
4.[1] Beiträge nach § 40b des Einkommensteuergesetzes in der am 31. Dezember 2004 geltenden Fassung, die zusätzlich zu Löhnen und Gehältern gewährt werden; dies gilt auch für darin enthaltene Beiträge, die aus einer Entgeltumwandlung (§ 1 Abs. 2 Nr. 3 des Betriebsrentengesetzes[2]) stammen,

4a.[3] Zuwendungen nach § 3 Nr. 56 und § 40b des Einkommensteuergesetzes, die zusätzlich zu Löhnen und Gehältern gewährt werden und für die Satz 3 und 4 nichts Abweichendes bestimmen,

5. Beträge nach § 10 des Entgeltfortzahlungsgesetzes,
6.[4] Zuschüsse zum Mutterschaftsgeld nach § 20 des Mutterschutzgesetzes,
7. in den Fällen des § 3 Abs. 3 der vom Arbeitgeber insoweit übernommene Teil des Gesamtsozialversicherungsbeitrags,
8. Zuschüsse des Arbeitgebers zum Kurzarbeitergeld und Saison-Kurzarbeitergeld, soweit sie zusammen mit dem Kurzarbeitergeld 80 Prozent des Unterschiedsbetrages zwischen dem Sollentgelt und dem Ist-Entgelt nach § 106[5] des Dritten Buches Sozialgesetzbuch nicht übersteigen,
9.[6] steuerfreie Zuwendungen an Pensionskassen, Pensionsfonds oder Direktversicherungen nach § 3 Nr. 63 Satz 1 und 2 sowie § 100 Absatz 6 Satz 1 des Einkommensteuergesetzes im Kalenderjahr bis zur Höhe von insgesamt 4 Prozent der Beitragsbemessungsgrenze in der allgemeinen Rentenversicherung; dies gilt auch für darin enthaltene Beträge, die aus einer Entgeltumwandlung (§ 1 Abs. 2 Nr. 3 des Betriebsrentengesetzes) stammen,
10. Leistungen eines Arbeitgebers oder einer Unterstützungskasse an einen Pensionsfonds zur Übernahme bestehender Versorgungsverpflichtungen oder Versorgungsanwartschaften durch den Pensionsfonds, soweit diese nach § 3 Nr. 66 des Einkommensteuergesetzes steuerfrei sind,
11. steuerlich nicht belastete Zuwendungen des Beschäftigten zugunsten von durch Naturkatastrophen im Inland Geschädigten aus Arbeitsentgelt einschließlich Wertguthaben,
12.[7] Sonderzahlungen nach § 19 Absatz 1 Satz 1 Nummer 3 Satz 2 bis 4 des Einkommensteuergesetzes der Arbeitgeber zur Deckung eines finanziellen Fehlbetrages an die Einrichtungen, für die Satz 3 gilt,
13.[8] Sachprämien nach § 37a des Einkommensteuergesetzes,

---

[1] § 1 Abs. 1 Nr. 4 neu gef. mWv 1.1.2008 durch G v. 19.12.2007 (BGBl. I S. 3024), Nr. 4 HS 2 angef. mWv 1.1.2009 durch VO v. 18.11.2008 (BGBl. I S. 2220).

[2] Nr. **70**.

[3] § 1 Abs. 1 Nr. 4a eingef. mWv 1.1.2008 durch G v. 19.12.2007 (BGBl. I S. 3024).

[4] § 1 Abs. 1 Satz 1 Nr. 6 geänd. mWv 1.1.2018 durch G v. 23.5.2017 (BGBl. I S. 1228).

[5] Verweis geänd. mWv 1.4.2012 durch G v. 20.12.2011 (BGBl. I S. 2854).

[6] § 1 Nr. 9 HS 2 angef. mWv 1.1.2009 durch G v. 10.12.2007 (BGBl. I S. 2838); Verweis geänd. mWv 1.1.2018 durch G v. 17.8.2017 (BGBl. I S. 3214).

[7] § 1 Abs. 1 Nr. 12 geänd. mWv 22.4.2015 durch G v. 15.4.2015 (BGBl. I S. 583).

[8] § 1 Nr. 13 angef. mWv 1.1.2009 durch VO v. 18.11.2008 (BGBl. I S. 2220).

14.[1] Zuwendungen nach § 37b Abs. 1 des Einkommensteuergesetzes, soweit die Zuwendungen an Arbeitnehmer eines Dritten erbracht werden und diese Arbeitnehmer nicht Arbeitnehmer eines mit dem Zuwendenden verbundenen Unternehmens sind,

15.[2] vom Arbeitgeber getragene oder übernommene Studiengebühren für ein Studium des Beschäftigten, soweit sie steuerrechtlich kein Arbeitslohn sind,

16.[3] steuerfreie Aufwandsentschädigungen und die in § 3 Nummer 26 und 26 a des Einkommensteuergesetzes genannten steuerfreien Einnahmen.

[2]Dem Arbeitsentgelt sind die in Satz 1 Nummer 1 bis 4 a, 9 bis 11, 13, 15 und 16 genannten Einnahmen, Zuwendungen und Leistungen nur dann nicht zuzurechnen, soweit diese vom Arbeitgeber oder von einem Dritten mit der Entgeltabrechnung für den jeweiligen Abrechnungszeitraum lohnsteuerfrei belassen oder pauschal besteuert werden. [3]Die Summe der in Satz 1 Nr. 4 a genannten Zuwendungen nach § 3 Nr. 56 und § 40 b des Einkommensteuergesetzes, die vom Arbeitgeber oder von einem Dritten mit der Entgeltabrechnung für den jeweiligen Abrechnungszeitraum lohnsteuerfrei belassen oder pauschal besteuert werden, höchstens jedoch monatlich 100 Euro, sind bis zur Höhe von 2,5 Prozent des für ihre Bemessung maßgebenden Entgelts dem Arbeitsentgelt zuzurechnen, wenn die Versorgungsregelung mindestens bis zum 31. Dezember 2000 vor der Anwendung etwaiger Nettobegrenzungsregelungen eine allgemein erreichbare Gesamtversorgung von mindestens 75 Prozent des gesamtversorgungsfähigen Entgelts und nach dem Eintritt des Versorgungsfalles eine Anpassung nach Maßgabe der Entwicklung der Arbeitsentgelte im Bereich der entsprechenden Versorgungsregelung oder gesetzlicher Versorgungsbezüge vorsieht; die dem Arbeitsentgelt zuzurechnenden Beiträge und Zuwendungen vermindern sich um monatlich 13,30 Euro. [4]Satz 3 gilt mit der Maßgabe, dass die Zuwendungen nach § 3 Nr. 56 und § 40 b des Einkommensteuergesetzes dem Arbeitsentgelt insoweit zugerechnet werden, als sie in der Summe monatlich 100 Euro übersteigen.

(2) In der gesetzlichen Unfallversicherung und in der Seefahrt sind auch lohnsteuerfreie Zuschläge für Sonntags-, Feiertags- und Nachtarbeit dem Arbeitsentgelt zuzurechnen; dies gilt in der Unfallversicherung nicht für Erwerbseinkommen, das bei einer Hinterbliebenenrente zu berücksichtigen ist.

§ 2 Verpflegung, Unterkunft und Wohnung als Sachbezug. (1) [1]Der Wert der als Sachbezug zur Verfügung gestellten Verpflegung wird auf monatlich *258* [***ab 1.1.2021:*** 263] Euro[4] festgesetzt. [2]Dieser Wert setzt sich zusammen aus dem Wert für

---

[1] § 1 Nr. 14 angef. mWv 1.1.2009 durch VO v. 18.11.2008 (BGBl. I S. 2220).

[2] § 1 Abs. 1 Satz 1 Nr. 15 angef. mWv 22.7.2009 durch G v. 15.7.2009 (BGBl. I S. 1939).

[3] § 1 Abs. 1 Nr. 16 angef. mWv 22.4.2015 durch G v. 15.4.2015 (BGBl. I S. 583).

[4] Betrag geänd. mWv 1.1.2013 durch VO v. 19.12.2012 (BGBl. I S. 2714); geänd. mWv 1.1.2014 durch VO v. 21.10.2013 (BGBl. I S. 3871); geänd. mWv 1.1.2016 durch VO v. 18.11.2015 (BGBl. I S. 2075); geänd. mWv 1.1.2017 durch VO v. 21.11.2016 (BGBl. I S. 2637); geänd. mWv 1.1.2018 durch VO v. 7.12.2017 (BGBl. I S. 3906); geänd. mWv 1.1.2019 durch VO v. 6.11.2018 (BGBl. I S. 1842); geänd. mWv 1.1.2020 durch VO v. 29.11.2019 (BGBl. I S. 1997); geänd. mWv 1.1.2021 durch VO v. 15.12.2020 (BGBl. I S. 2933).

1. Frühstück von *54* [***ab 1.1.2021:*** 55] Euro[1)],
2. Mittagessen von *102* [***ab 1.1.2021:*** 104] Euro[1)] und
3. Abendessen von *102* [***ab 1.1.2021:*** 104] Euro[1)].

(2) [1] Für Verpflegung, die nicht nur dem Beschäftigten, sondern auch seinen nicht bei demselben Arbeitgeber beschäftigten Familienangehörigen zur Verfügung gestellt wird, erhöhen sich die nach Absatz 1 anzusetzenden Werte je Familienangehörigen,

1. der das 18. Lebensjahr vollendet hat, um 100 Prozent,
2. der das 14., aber noch nicht das 18. Lebensjahr vollendet hat, um 80 Prozent,
3. der das 7., aber noch nicht das 14. Lebensjahr vollendet hat, um 40 Prozent und
4. der das 7. Lebensjahr noch nicht vollendet hat, um 30 Prozent.

[2] Bei der Berechnung des Wertes ist das Lebensalter des Familienangehörigen im ersten Entgeltabrechnungszeitraum des Kalenderjahres maßgebend. [3] Sind Ehegatten bei demselben Arbeitgeber beschäftigt, sind die Erhöhungswerte nach Satz 1 für Verpflegung der Kinder beiden Ehegatten je zur Hälfte zuzurechnen.

(3) [1] Der Wert einer als Sachbezug zur Verfügung gestellten Unterkunft wird auf monatlich *235* [***ab 1.1.2021:*** 237] Euro[2)] festgesetzt. [2] Der Wert der Unterkunft nach Satz 1 vermindert sich

1. bei Aufnahme des Beschäftigten in den Haushalt des Arbeitgebers oder bei Unterbringung in einer Gemeinschaftsunterkunft um 15 Prozent,
2. für Jugendliche bis zur Vollendung des 18. Lebensjahres und Auszubildende um 15 Prozent und
3. bei der Belegung
   a) mit zwei Beschäftigten um 40 Prozent,
   b) mit drei Beschäftigten um 50 Prozent und
   c) mit mehr als drei Beschäftigten um 60 Prozent.

[3] Ist es nach Lage des einzelnen Falles unbillig, den Wert einer Unterkunft nach Satz 1 zu bestimmen, kann die Unterkunft mit dem ortsüblichen Mietpreis bewertet werden; Absatz 4 Satz 2 gilt entsprechend.

(4) [1] Für eine als Sachbezug zur Verfügung gestellte Wohnung ist als Wert der ortsübliche Mietpreis unter Berücksichtigung der sich aus der Lage der

---

[1)] Beträge geänd. mWv 1.1.2013 durch VO v. 19.12.2012 (BGBl. I S. 2714); geänd. mWv 1.1.2014 durch VO v. 21.10.2013 (BGBl. I S. 3871); geänd. mWv 1.1.2016 durch VO v. 18.11.2015 (BGBl. I S. 2075); geänd. mWv 1.1.2017 durch VO v. 21.11.2016 (BGBl. I S. 2637); geänd. mWv 1.1.2018 durch VO v. 7.12.2017 (BGBl. I S. 3906); geänd. mWv 1.1.2019 durch VO v. 6.11.2018 (BGBl. I S. 1842); geänd. mWv 1.1.2020 durch VO v. 29.11.2019 (BGBl. I S. 1997); geänd. mWv 1.1.2021 durch VO v. 15.12.2020 (BGBl. I S. 2933).

[2)] Beträge geänd. mWv 1.1.2013 durch VO v. 19.12.2012 (BGBl. I S. 2714); geänd. mWv 1.1.2014 durch VO v. 21.10.2013 (BGBl. I S. 3871); geänd. mWv 1.1.2015 durch VO v. 24.11.2014 (BGBl. I S. 1799); geänd. mWv 1.1.2018 durch VO v. 7.12.2017 (BGBl. I S. 3906); geänd. mWv 1.1.2019 durch VO v. 6.11.2018 (BGBl. I S. 1842); geänd. mWv 1.1.2020 durch VO v. 29.11.2019 (BGBl. I S. 1997); geänd. mWv 1.1.2021 durch VO v. 15.12.2020 (BGBl. I S. 2933).

Wohnung zum Betrieb ergebenden Beeinträchtigungen sowie unter entsprechender Anwendung des § 8 Absatz 2 Satz 12 des Einkommensteuergesetzes anzusetzen. 2 Ist im Einzelfall die Feststellung des ortsüblichen Mietpreises mit außergewöhnlichen Schwierigkeiten verbunden, kann die Wohnung mit *4,12* [***ab 1.1.2021:*** 4,16] Euro[1)] je Quadratmeter monatlich, bei einfacher Ausstattung (ohne Sammelheizung oder ohne Bad oder Dusche) mit *3,37* [***ab 1.1.2021:*** 3,40] Euro[1)] je Quadratmeter monatlich bewertet werden. 3 Bestehen gesetzliche Mietpreisbeschränkungen, sind die durch diese Beschränkungen festgelegten Mietpreise als Werte anzusetzen. 4 Dies gilt auch für die vertraglichen Mietpreisbeschränkungen im sozialen Wohnungsbau, die nach den jeweiligen Förderrichtlinien des Landes für den betreffenden Förderjahrgang sowie für die mit Wohnungsfürsorgemitteln aus öffentlichen Haushalten geförderten Wohnungen vorgesehen sind. 5 Für Energie, Wasser und sonstige Nebenkosten ist der übliche Preis am Abgabeort anzusetzen.

(5) Werden Verpflegung, Unterkunft oder Wohnung verbilligt als Sachbezug zur Verfügung gestellt, ist der Unterschiedsbetrag zwischen dem vereinbarten Preis und dem Wert, der sich bei freiem Bezug nach den Absätzen 1 bis 4 ergeben würde, dem Arbeitsentgelt zuzurechnen.

(6) 1 Bei der Berechnung des Wertes für kürzere Zeiträume als einen Monat ist für jeden Tag ein Dreißigstel der Werte nach den Absätzen 1 bis 5 zugrunde zu legen. 2 Die Prozentsätze der Absätze 2 und 3 sind auf den Tageswert nach Satz 1 anzuwenden. 3 Die Berechnungen werden jeweils auf 2 Dezimalstellen durchgeführt; die zweite Dezimalstelle wird um 1 erhöht, wenn sich in der dritten Dezimalstelle eine der Zahlen 5 bis 9 ergibt.

§ 3 Sonstige Sachbezüge. (1)[2)] 1 Werden Sachbezüge, die nicht von § 2 erfasst werden, unentgeltlich zur Verfügung gestellt, ist als Wert für diese Sachbezüge der um übliche Preisnachlässe geminderte übliche Endpreis am Abgabeort anzusetzen. 2 Sind auf Grund des § 8 Absatz 2 Satz 10 des Einkommensteuergesetzes Durchschnittswerte festgesetzt worden, sind diese Werte maßgebend. 3 Findet § 8 Abs. 2 Satz 2, 3, 4 oder 5 oder Abs. 3 Satz 1 des Einkommensteuergesetzes Anwendung, sind die dort genannten Werte maßgebend. 4 § 8 Absatz 2 Satz 11 des Einkommensteuergesetzes gilt entsprechend.

(2) Werden Sachbezüge, die nicht von § 2 erfasst werden, verbilligt zur Verfügung gestellt, ist als Wert für diese Sachbezüge der Unterschiedsbetrag zwischen dem vereinbarten Preis und dem Wert, der sich bei freiem Bezug nach Absatz 1 ergeben würde, dem Arbeitsentgelt zuzurechnen.

(3) 1 Waren und Dienstleistungen, die vom Arbeitgeber nicht überwiegend für den Bedarf seiner Arbeitnehmer hergestellt, vertrieben oder erbracht wer-

---

1) Beträge geänd. mWv 1.1.2013 durch VO v. 19.12.2012 (BGBl. I S. 2714); geänd. mWv 1.1.2014 durch VO v. 21.10.2013 (BGBl. I S. 3871); geänd. mWv 1.1.2015 durch VO v. 24.11.2014 (BGBl. I S. 1799); geänd. mWv 1.1.2018 durch VO v. 7.12.2017 (BGBl. I S. 3906); geänd. mWv 1.1.2019 durch VO v. 6.11.2018 (BGBl. I S. 1842); geänd. mWv 1.1.2020 durch VO v. 29.11.2019 (BGBl. I S. 1997); geänd. mWv 1.1.2021 durch VO v. 15.12.2020 (BGBl. I S. 2933).

2) § 3 Abs. 1 Sätze 2 und 4 geänd. mWv 1.1.2014 durch VO v. 21.10.2013 (BGBl. I S. 3871).

den und die nach § 40 Abs. 1 Satz 1 Nr. 1 des Einkommensteuergesetzes pauschal versteuert werden, können mit dem Durchschnittsbetrag der pauschal versteuerten Waren und Dienstleistungen angesetzt werden; dabei kann der Durchschnittsbetrag des Vorjahres angesetzt werden. 2 Besteht das Beschäftigungsverhältnis nur während eines Teils des Kalenderjahres, ist für jeden Tag des Beschäftigungsverhältnisses der dreihundertsechzigste Teil des Durchschnittswertes nach Satz 1 anzusetzen. 3 Satz 1 gilt nur, wenn der Arbeitgeber den von dem Beschäftigten zu tragenden Teil des Gesamtsozialversicherungsbeitrags übernimmt. 4 Die Sätze 1 bis 3 gelten entsprechend für Sachzuwendungen im Wert von nicht mehr als 80 Euro, die der Arbeitnehmer für Verbesserungsvorschläge sowie für Leistungen in der Unfallverhütung und im Arbeitsschutz erhält. 5 Die mit einem Durchschnittswert angesetzten Sachbezüge, die in einem Kalenderjahr gewährt werden, sind insgesamt dem letzten Entgeltabrechnungszeitraum in diesem Kalenderjahr zuzuordnen.

§ 4[1] *(aufgehoben)*

---

[1] § 4 aufgeh. mWv 1.1.2009 durch Art. 2 der VO v. 21.12.2006 (BGBl. I S. 3385).

24. Fünftes Gesetz zur Förderung der Vermögensbildung der Arbeitnehmer (Fünftes Vermögensbildungsgesetz – 5. VermBG)[1) · 2)]

In der Fassung der Bekanntmachung vom 4. März 1994 (BGBl. I S. 406)

Geändert durch Drittes Durchführungsgesetz/EWG zum VAG vom 21.7.1994 (BGBl. I S. 1630), Arbeitsförderungs-Reformgesetz vom 24.3.1997 (BGBl. I S. 594), Zivilschutzneuordnungsgesetz vom 25.3.1997 (BGBl. I S. 726), Drittes Finanzmarktförderungsgesetz vom 24.3.1998 (BGBl. I S. 529), Drittes Vermögensbeteiligungsgesetz vom 7.9.1998 (BGBl. I S. 2647), Steuer-Euroglättungsgesetz vom 19.12.2000 (BGBl. I S. 1790), Altersvermögensgesetz vom 26.6.2001 (BGBl. I S. 1310), Steueränderungsgesetz 2001 vom 20.12.2001 (BGBl. I S. 3794), Investmentmodernisierungsgesetz vom 15.12.2003 (BGBl. I S. 2676), Drittes Gesetz für moderne Dienstleistungen am Arbeitsmarkt vom 23.12.2003 (BGBl. I S. 2848), Haushaltsbegleitgesetz 2004 vom 29.12.2003 (BGBl. I S. 3076), Gesetz zur Einführung der Europäischen Genossenschaft und zur Änderung des Genossenschaftsrechts vom 14.8.2006 (BGBl. I S. 1911), Finanzmarktrichtlinie-Umsetzungsgesetz vom 16.7.2007 (BGBl. I S. 1330), Gesetz zur Reform des Versicherungsvertragsrechts vom 23.11.2007 (BGBl. I S. 2631), Investmentänderungsgesetz vom 21.12.2007 (BGBl. I S. 3089), Eigenheimrentengesetz vom 29.7.2008 (BGBl. I S. 1509), Gesetz zur Änderung des Fünften Vermögensbildungsgesetzes vom 8.12.2008 (BGBl. I S. 2373), Steuerbürokratieabbaugesetz vom 20.12.2008 (BGBl. I S. 2850), Mitarbeiterkapitalbeteiligungsgesetz vom 7.3.2009 (BGBl. I S. 451), Bürgerentlastungsgesetz Krankenversicherung vom 16.7.2009 (BGBl. I S. 1959), Jahressteuergesetz 2010 (JStG 2010) vom 8.12.2010 (BGBl. I S. 1768), Gesetz zur bestätigenden Regelung verschiedener steuerlicher und verkehrsrechtlicher Vorschriften des Haushaltsbegleitgesetzes 2004 vom 5.4.2011 (BGBl. I S. 554), Beitreibungsrichtlinie-Umsetzungsgesetz (BeitrRLUmsG) vom 7.12.2011 (BGBl. I S. 2592), Amtshilferichtlinie-Umsetzungsgesetz (AmtshilfeRLUmsG vom 26. Juni 2013 (BGBl. I S. 1809), Gesetz zur Anpassung des Investmentsteuergesetzes und anderer Gesetze an das AIFM-Umsetzungsgesetz (AIFM-Steuer-Anpassungsgesetz – AIFM-StAnpG) vom 18.12.2013 (BGBl. I S. 4318), Gesetz zur Modernisierung des Besteuerungsverfahrens vom 18.7.2016 (BGBl. I S. 1679) und Zweites Gesetz zur Anpassung des Datenschutzrechts an die Verordnung (EU) 2016/679 und zur Umsetzung der Richtlinie (EU) 2016/680 (Zweites Datenschutz-Anpassungs- und Umsetzungsgesetz EU – 2. DSAnpUG-EU) vom 20.11.2019 (BGBl. I S. 1626)

BGBl. III/FNA 800-9

§ 1 Persönlicher Geltungsbereich. (1) Die Vermögensbildung der Arbeitnehmer durch vereinbarte vermögenswirksame Leistungen der Arbeitgeber wird nach den Vorschriften dieses Gesetzes gefördert.

(2) [1]Arbeitnehmer im Sinne dieses Gesetzes sind Arbeiter und Angestellte einschließlich der zu ihrer Berufsausbildung Beschäftigten. [2]Als Arbeitnehmer gelten auch die in Heimarbeit Beschäftigten.

(3) Die Vorschriften dieses Gesetzes gelten nicht

1. für vermögenswirksame Leistungen juristischer Personen an Mitglieder des Organs, das zur gesetzlichen Vertretung der juristischen Person berufen ist,

---

1) Neubekanntmachung des 5. VermBG idF der Bek. v. 19.2.1987 (BGBl. I S. 630) auf Grund Art. 33 des Mißbrauchsbekämpfungs- und Steuerbereinigungsgesetzes v. 21.12.1993 (BGBl. I S. 2310) in der seit 1.1.1994 geltenden Fassung.

2) Die hier abgedruckte Fassung gilt für **vermögenswirksame Leistungen,** die **nach** dem **31.12.1993 angelegt** werden (§ 17).

2. für vermögenswirksame Leistungen von Personengesamtheiten an die durch Gesetz, Satzung oder Gesellschaftsvertrag zur Vertretung der Personengesamtheit berufenen Personen.

(4)[1] Für Beamte, Richter, Berufssoldaten und Soldaten auf Zeit gelten die nachstehenden Vorschriften dieses Gesetzes entsprechend.

§ 2 Vermögenswirksame Leistungen, Anlageformen. (1) Vermögenswirksame Leistungen sind Geldleistungen, die der Arbeitgeber für den Arbeitnehmer anlegt

1. als Sparbeiträge des Arbeitnehmers auf Grund eines Sparvertrags über Wertpapiere oder andere Vermögensbeteiligungen (§ 4)
   a) zum Erwerb von Aktien, die vom Arbeitgeber ausgegeben werden oder an einer deutschen Börse zum *amtlichen Handel oder zum geregelten Markt* [*ab 1.11.2007:* regulierten Markt][2] zugelassen oder in den Freiverkehr einbezogen sind,
   b) zum Erwerb von Wandelschuldverschreibungen, die vom Arbeitgeber ausgegeben werden oder an einer deutschen Börse *zum amtlichen Handel oder zum geregelten Markt* [*ab 1.11.2007:* regulierten Markt][2] zugelassen oder in den Freiverkehr einbezogen sind, sowie von Gewinnschuldverschreibungen, die vom Arbeitgeber ausgegeben werden, zum Erwerb von Namensschuldverschreibungen des Arbeitgebers jedoch nur dann, wenn auf dessen Kosten die Ansprüche des Arbeitnehmers aus der Schuldverschreibung durch ein Kreditinstitut verbürgt oder durch ein Versicherungsunternehmen privatrechtlich gesichert sind und das Kreditinstitut oder Versicherungsunternehmen im Geltungsbereich dieses Gesetzes zum Geschäftsbetrieb befugt ist,

[Fassung ab 1.1.2004:][3]

   c) zum Erwerb von Anteilen an Sondervermögen nach den §§ 46 bis 65 und 83 bis 86 des Investmentgesetzes sowie von ausländischen Investmentanteilen, die nach dem Investmentgesetz öffentlich vertrieben werden dürfen, wenn nach dem Jahresbericht für das vorletzte Geschäftsjahr, das dem Kalenderjahr des Abschlusses des Vertrags im Sinne des § 4 oder des § 5 vorausgeht, der Wert der Aktien in diesem Sonderver-

[Fassung ab 1.1.2014:][4]

   c) zum Erwerb von Anteilen an OGAW-Sondervermögen sowie an als Sondervermögen aufgelegten offenen Publikums-AIF nach den §§ 218 und 219 des Kapitalanlagegesetzbuchs sowie von Anteilen an offenen EU-Investmentvermögen und offenen ausländischen AIF, die nach dem Kapitalanlagegesetzbuch vertrieben werden dürfen, wenn nach dem Jahresbericht für das vorletzte Geschäftsjahr, das dem Kalenderjahr des Ab-

---

[1] § 1 Abs. 4 geänd. durch G v. 25.3.1997 (BGBl. I S. 726).

[2] § 2 Abs. 1 Nr. 1 Buchst. a und b geänd. mWv 1.11.2007 durch G v. 16.7.2007 (BGBl. I S. 1330).

[3] § 2 Abs. 1 Nr. 1 Buchst. c neu gef. mWv 1.1.2004 durch G v. 15.12.2003 (BGBl. I S. 2676).

[4] § 2 Abs. 1 Nr. 1 Buchst. c neu gef. durch G v. 18.12.2013 (BGBl. I S. 4318); zur Anwendung siehe § 17 Abs. 15 Satz 1.

[Fassung ab 1. 1. 2004:]	*[Fassung ab 1. 1. 2014:]*
mögen 60 Prozent des Werts dieses Sondervermögens nicht unterschreitet; für neu aufgelegte Sondervermögen ist für das erste und zweite Geschäftsjahr der erste Jahresbericht oder der erste Halbjahresbericht nach Auflegung des Sondervermögens maßgebend,	schlusses des Vertrags im Sinne des § 4 oder des § 5 vorausgeht, der Wert der Aktien in diesem Investmentvermögen 60 Prozent des Werts dieses Investmentvermögens nicht unterschreitet; für neu aufgelegte Investmentvermögen ist für das erste und das zweite Geschäftsjahr der erste Jahresbericht oder der erste Halbjahresbericht nach Auflegung des Investmentvermögens maßgebend,

d)[1] *zum Erwerb von Anteilen an einem Mitarbeiterbeteiligungs-Sondervermögen nach Abschnitt 7a des Investmentgesetzes vom 15. Dezember 2003 (BGBl. I S. 2676), zuletzt geändert durch Art. 3 des Gesetzes vom 7. März 2009 (BGBl. I S. 451), in der jeweils geltenden Fassung,*

e) *(aufgehoben)*

f) zum Erwerb von Genußscheinen, die vom Arbeitgeber als Wertpapiere ausgegeben werden oder an einer deutschen Börse zum *amtlichen Handel oder zum geregelten Markt* [***ab 1. 11. 2007:*** regulierten Markt][2] zugelassen oder in den Freiverkehr einbezogen sind und von Unternehmen mit Sitz und Geschäftsleitung im Geltungsbereich dieses Gesetzes, die keine Kreditinstitute sind, ausgegeben werden, wenn mit den Genußscheinen das Recht am Gewinn eines Unternehmens verbunden ist und der Arbeitnehmer nicht als Mitunternehmer im Sinne des § 15 Abs. 1 Satz 1 Nr. 2[3] des Einkommensteuergesetzes anzusehen ist,

g) zur Begründung oder zum Erwerb eines Geschäftsguthabens bei einer Genossenschaft mit Sitz und Geschäftsleitung im Geltungsbereich dieses Gesetzes; ist die Genossenschaft nicht der Arbeitgeber, so setzt die Anlage vermögenswirksamer Leistungen voraus, daß die Genossenschaft entweder ein Kreditinstitut oder eine Bau- oder Wohnungsgenossenschaft im Sinne des § 2 Abs. 1 Nr. 2 des Wohnungsbau-Prämiengesetzes ist, die zum Zeitpunkt der Begründung oder des Erwerbs des Geschäftsguthabens seit mindestens drei Jahren im Genossenschaftsregister ohne wesentliche Änderung ihres Unternehmensgegenstandes eingetragen und nicht aufgelöst ist oder Sitz und Geschäftsleitung in dem in Artikel 3 des Einigungs-

---

[1] § 2 Abs. 1 Nr. 1 Buchst. d eingef. mWv 1. 4. 2009 durch G v. 7. 3. 2009 (BGBl. I S. 451) und aufgeh. mWv 1. 1. 2014 (§ 17 Abs. 15 Satz 1) durch G v. 18. 12. 2013 (BGBl. I S. 4318).

[2] § 2 Abs. 1 Nr. 1 Buchst. f geänd. mWv 1. 11. 2007 durch G v. 16. 7. 2007 (BGBl. I S. 1330).

[3] § 2 Abs. 1 Nr. 1 Buchst. f Zitat geänd. mWv 1. 4. 2009 durch G v. 7. 3. 2009 (BGBl. I S. 451).

vertrages genannten Gebiet hat und dort entweder am 1. Juli 1990 als Arbeiterwohnungsbaugenossenschaft, Gemeinnützige Wohnungsbaugenossenschaft oder sonstige Wohnungsbaugenossenschaft bestanden oder einen nicht unwesentlichen Teil von Wohnungen aus dem Bestand einer solchen Bau- oder Wohnungsgenossenschaft erworben hat,

h) zur Übernahme einer Stammeinlage oder zum Erwerb eines Geschäftsanteils an einer Gesellschaft mit beschränkter Haftung mit Sitz und Geschäftsleitung im Geltungsbereich dieses Gesetzes, wenn die Gesellschaft das Unternehmen des Arbeitgebers ist,

i) zur Begründung oder zum Erwerb einer Beteiligung als stiller Gesellschafter im Sinne des § 230 des Handelsgesetzbuchs am Unternehmen des Arbeitgebers mit Sitz und Geschäftsleitung im Geltungsbereich dieses Gesetzes, wenn der Arbeitnehmer nicht als Mitunternehmer im Sinne des § 15 Abs. 1 Nr. 2 des Einkommensteuergesetzes anzusehen ist,

k) zur Begründung oder zum Erwerb einer Darlehensforderung gegen den Arbeitgeber, wenn auf dessen Kosten die Ansprüche des Arbeitnehmers aus dem Darlehensvertrag durch ein Kreditinstitut verbürgt oder durch ein Versicherungsunternehmen privatrechtlich gesichert sind und das Kreditinstitut oder Versicherungsunternehmen im Geltungsbereich dieses Gesetzes zum Geschäftsbetrieb befugt ist,

l) zur Begründung oder zum Erwerb eines Genußrechts am Unternehmen des Arbeitgebers mit Sitz und Geschäftsleitung im Geltungsbereich dieses Gesetzes, wenn damit das Recht am Gewinn dieses Unternehmens verbunden ist, der Arbeitnehmer nicht als Mitunternehmer im Sinne des § 15 Abs. 1 Nr. 2 des Einkommensteuergesetzes anzusehen ist und über das Genußrecht kein Genußschein im Sinne des Buchstaben f ausgegeben wird,

2. als Aufwendungen des Arbeitnehmers auf Grund eines Wertpapier-Kaufvertrags (§ 5),

3. als Aufwendungen des Arbeitnehmers auf Grund eines Beteiligungs-Vertrags (§ 6) oder eines Beteiligungs-Kaufvertrags (§ 7),

4. als Aufwendungen des Arbeitnehmers nach den Vorschriften des Wohnungsbau-Prämiengesetzes; die Voraussetzungen für die Gewährung einer Prämie nach dem Wohnungsbau-Prämiengesetz brauchen nicht vorzuliegen; die Anlage vermögenswirksamer Leistungen als Aufwendungen nach § 2 Absatz 1 Nummer 2 des Wohnungsbau-Prämiengesetzes für den ersten Erwerb von Anteilen an Bau- und Wohnungsgenossenschaften setzt voraus, daß die Voraussetzungen der Nummer 1 Buchstabe g zweiter Halbsatz erfüllt sind,

5. als Aufwendungen des Arbeitnehmers

a) zum Bau, zum Erwerb, zum Ausbau oder zur Erweiterung eines im Inland belegenen Wohngebäudes oder einer im Inland belegenen Eigentumswohnung,

b) zum Erwerb eines Dauerwohnrechts im Sinne des Wohnungseigentumsgesetzes an einer im Inland belegenen Wohnung,

c) zum Erwerb eines im Inland belegenen Grundstücks zum Zwecke des Wohnungsbaus oder

d) zur Erfüllung von Verpflichtungen, die im Zusammenhang mit den in den Buchstaben a bis c bezeichneten Vorhaben eingegangen sind,

die Förderung [***ab 1. 1. 2012:*** sofern der Anlage nicht ein von einem Dritten vorgefertigtes Konzept zu Grunde liegt, bei dem der Arbeitnehmer vermögenswirksame Leistungen zusammen mit mehr als 15 anderen Arbeitnehmern anlegen kann; die Förderung][1] der Aufwendungen nach den Buchstaben a bis c setzt voraus, daß sie unmittelbar für die dort bezeichneten Vorhaben verwendet werden,

6. als Sparbeiträge des Arbeitnehmers auf Grund eines Sparvertrags (§ 8),
7. als Beiträge des Arbeitnehmers auf Grund eines Kapitalversicherungsvertrags (§ 9),
8. als Aufwendungen des Arbeitnehmers, der nach § 18 Abs. 2 oder 3 die Mitgliedschaft in einer Genossenschaft oder Gesellschaft mit beschränkter Haftung gekündigt hat, zur Erfüllung von Verpflichtungen aus der Mitgliedschaft, die nach dem 31. Dezember 1994 fortbestehen oder entstehen.

(2) [1]Aktien, Wandelschuldverschreibungen, Gewinnschuldverschreibungen oder Genußscheine eines Unternehmens, das im Sinne des § 18 Abs. 1 des Aktiengesetzes als herrschendes Unternehmen mit dem Unternehmen des Arbeitgebers verbunden ist, stehen Aktien, Wandelschuldverschreibungen, Gewinnschuldverschreibungen oder Genußscheinen im Sinne des Absatzes 1 Nr. 1 Buchstabe a, b oder f gleich, die vom Arbeitgeber ausgegeben werden. [2]Ein Geschäftsguthaben bei einer Genossenschaft mit Sitz und Geschäftsleitung im Geltungsbereich dieses Gesetzes, die im Sinne des § 18 Abs. 1 des Aktiengesetzes als herrschendes Unternehmen mit dem Unternehmen des Arbeitgebers verbunden ist, steht einem Geschäftsguthaben im Sinne des Absatzes 1 Nr. 1 Buchstabe g bei einer Genossenschaft, die das Unternehmen des Arbeitgebers ist, gleich. [3]Eine Stammeinlage oder ein Geschäftsanteil an einer Gesellschaft mit beschränkter Haftung mit Sitz und Geschäftsleitung im Geltungsbereich dieses Gesetzes, die im Sinne des § 18 Abs. 1 des Aktiengesetzes als herrschendes Unternehmen mit dem Unternehmen des Arbeitgebers verbunden ist, stehen einer Stammeinlage oder einem Geschäftsanteil im Sinne des Absatzes 1 Nr. 1 Buchstabe h an einer Gesellschaft, die das Unternehmen des Arbeitgebers ist, gleich. [4]Eine Beteiligung als stiller Gesellschafter an einem Unternehmen mit Sitz und Geschäftsleitung im Geltungsbereich dieses Gesetzes, das im Sinne des § 18 Abs. 1 des Aktiengesetzes als herrschendes Unternehmen mit dem Unternehmen des Arbeitgebers verbunden ist oder das auf Grund eines Vertrags mit dem Arbeitgeber an dessen Unternehmen gesellschaftsrechtlich beteiligt ist, steht einer Beteiligung als stiller Gesellschafter im Sinne des Absatzes 1 Nr. 1 Buchstabe i gleich. [5]Eine Darlehensforderung gegen ein Unternehmen mit Sitz und Geschäftsleitung im Geltungsbereich dieses Gesetzes, das im Sinne des § 18 Abs. 1 des Aktiengesetzes als herrschendes

[1]) § 2 Abs. 1 Nr. 5 Satzteil nach Buchst. d ergänzt durch G v. 7. 12. 2011 (BGBl. I S. 2592); zur Anwendung siehe § 17 Abs. 12.

Unternehmen mit dem Unternehmen des Arbeitgebers verbunden ist, oder ein Genußrecht an einem solchen Unternehmen stehen einer Darlehensforderung oder einem Genußrecht im Sinne des Absatzes 1 Nr. 1 Buchstabe k oder l gleich.

(3) Die Anlage vermögenswirksamer Leistungen in Gewinnschuldverschreibungen im Sinne des Absatzes 1 Nr. 1 Buchstabe b und des Absatzes 2 Satz 1, in denen neben der gewinnabhängigen Verzinsung eine gewinnunabhängige Mindestverzinsung zugesagt ist, setzt voraus, daß

1. der Aussteller in der Gewinnschuldverschreibung erklärt, die gewinnunabhängige Mindestverzinsung werde im Regelfall die Hälfte der Gesamtverzinsung nicht überschreiten, oder
2. die gewinnunabhängige Mindestverzinsung zum Zeitpunkt der Ausgabe der Gewinnschuldverschreibung die Hälfte der Emissionsrendite festverzinslicher Wertpapiere nicht überschreitet, die in den Monatsberichten der Deutschen Bundesbank für den viertletzten Kalendermonat ausgewiesen wird, der dem Kalendermonat der Ausgabe vorausgeht.

(4) Die Anlage vermögenswirksamer Leistungen in Genußscheinen und Genußrechten im Sinne des Absatzes 1 Nr. 1 Buchstabe f und l und des Absatzes 2 Satz 1 und 5 setzt voraus, daß eine Rückzahlung zum Nennwert nicht zugesagt ist; ist neben dem Recht am Gewinn eine gewinnunabhängige Mindestverzinsung zugesagt, gilt Absatz 3 entsprechend.

(5) Der Anlage vermögenswirksamer Leistungen nach Absatz 1 Nr. 1 Buchstabe f, i bis l, Absatz 2 Satz 1, 4 und 5 sowie Absatz 4 in einer Genossenschaft mit Sitz und Geschäftsleitung im Geltungsbereich dieses Gesetzes stehen § 19 und eine Festsetzung durch *Statut* [***ab 18. 8. 2006:*** Satzung][1] gemäß § 20 des *Gesetzes betreffend die Erwerbs- und Wirtschaftsgenossenschaften* [***ab 18. 8. 2006:*** Genossenschaftsgesetzes][1] nicht entgegen.

(5 a)[2] [1]Der Arbeitgeber hat vor der Anlage vermögenswirksamer Leistungen im eigenen Unternehmen in Zusammenarbeit mit dem Arbeitnehmer Vorkehrungen zu treffen, die der Absicherung der angelegten vermögenswirksamen Leistungen bei einer während der Dauer der Sperrfrist eintretenden Zahlungsunfähigkeit des Arbeitgebers dienen. [2]Das Bundesministerium für Arbeit und Sozialordnung berichtet den gesetzgebenden Körperschaften bis zum 30. Juni 2002 über die nach Satz 1 getroffenen Vorkehrungen.

(6) [1]Vermögenswirksame Leistungen sind steuerpflichtige Einnahmen im Sinne des Einkommensteuergesetzes und Einkommen, Verdienst oder Entgelt (Arbeitsentgelt) im Sinne der Sozialversicherung und des Dritten Buches Sozialgesetzbuch.[3] [2]Reicht der nach Abzug der vermögenswirksamen Leistung verbleibende Arbeitslohn zur Deckung der einzubehaltenden Steuern, Sozialversicherungsbeiträge und Beiträge zur Bundesagentur[4] für Arbeit nicht aus, so hat der Arbeitnehmer dem Arbeitgeber den zur Deckung erforderlichen Betrag zu zahlen.

---

[1] § 2 Abs. 5 geänd. durch G v. 14. 8. 2006 (BGBl. I S. 1911).
[2] § 2 Abs. 5 a eingef. mWv 1. 1. 1999 durch G v. 7. 9. 1998 (BGBl. I S. 2647).
[3] Geänd. durch G v. 24. 3. 1997 (BGBl. I S. 594).
[4] Bezeichnung geänd. durch G v. 23. 12. 2003 (BGBl. I S. 2848).

(7) 1 Vermögenswirksame Leistungen sind arbeitsrechtlich Bestandteil des Lohns oder Gehalts. 2 Der Anspruch auf die vermögenswirksame Leistung ist nicht übertragbar.

§ 3 Vermögenswirksame Leistungen für Angehörige, Überweisung durch den Arbeitgeber, Kennzeichnungs-, Bestätigungs- und Mitteilungspflichten. (1) 1 Vermögenswirksame Leistungen können auch angelegt werden

1.[1] zugunsten des *Ehegatten des Arbeitnehmers (§ 26 Abs. 1 des Einkommensteuergesetzes)* [***ab 1. 1. 2013:*** nicht dauernd getrennt lebenden Ehegatten oder Lebenspartners des Arbeitnehmers],
2. zugunsten der in § 32 Abs. 1 des Einkommensteuergesetzes bezeichneten Kinder, die zu Beginn des maßgebenden Kalenderjahrs das 17. Lebensjahr noch nicht vollendet hatten oder die in diesem Kalenderjahr lebend geboren wurden oder
3. zugunsten der Eltern oder eines Elternteils des Arbeitnehmers, wenn der Arbeitnehmer als Kind die Voraussetzungen der Nummer 2 erfüllt.

2 Dies gilt nicht für die Anlage vermögenswirksamer Leistungen auf Grund von Verträgen nach den §§ 5 bis 7.

(2) 1 Der Arbeitgeber hat die vermögenswirksamen Leistungen für den Arbeitnehmer unmittelbar an das Unternehmen oder Institut zu überweisen, bei dem sie angelegt werden sollen. 2 Er hat dabei gegenüber dem Unternehmen oder Institut die vermögenswirksamen Leistungen zu kennzeichnen. 3 Das Unternehmen oder Institut hat die nach § 2 Abs. 1 Nr. 1 bis 5, Abs. 2 bis 4 angelegten vermögenswirksamen Leistungen und die Art ihrer Anlage zu kennzeichnen. 4 Kann eine vermögenswirksame Leistung nicht oder nicht mehr die Voraussetzungen des § 2 Abs. 1 bis 4 erfüllen, so hat das Unternehmen oder Institut dies dem Arbeitgeber unverzüglich schriftlich mitzuteilen. 5 Die Sätze 1 bis 4 gelten nicht für die Anlage vermögenswirksamer Leistungen auf Grund von Verträgen nach den §§ 5, 6 Abs. 1 und § 7 Abs. 1 mit dem Arbeitgeber.

(3) 1 Für eine vom Arbeitnehmer gewählte Anlage nach § 2 Abs. 1 Nr. 5 hat der Arbeitgeber auf Verlangen des Arbeitnehmers die vermögenswirksamen Leistungen an den Arbeitnehmer zu überweisen, wenn dieser dem Arbeitgeber eine schriftliche Bestätigung seines Gläubigers vorgelegt hat, daß die Anlage bei ihm die Voraussetzungen des § 2 Abs. 1 Nr. 5 erfüllt; Absatz 2 gilt in diesem Falle nicht. 2 Der Arbeitgeber hat die Richtigkeit der Bestätigung nicht zu prüfen.

§ 4 Sparvertrag über Wertpapiere oder andere Vermögensbeteiligungen. (1) Ein Sparvertrag über Wertpapiere oder andere Vermögensbeteiligungen im Sinne des § 2 Abs. 1 Nr. 1 ist ein Sparvertrag mit einem Kreditinstitut [***ab 28. 12. 2007:*** oder einer Kapitalanlagegesellschaft; ***ab 24. 12. 2013:***

---

[1] § 3 Abs. 1 Satz 1 Nr. 1 neu gef. durch G v. 26. 6. 2013 (BGBl. I S. 1809); zur Anwendung siehe § 17 Abs. 13 Satz 1.

Kapitalverwaltungsgesellschaft][1], in dem sich der Arbeitnehmer verpflichtet, als Sparbeiträge zum Erwerb von Wertpapieren im Sinne des § 2 Abs. 1 Nr. 1 Buchstabe a bis f, Abs. 2 Satz 1, Abs. 3 und 4 oder zur Begründung oder zum Erwerb von Rechten im Sinne des § 2 Abs. 1 Nr. 1 Buchstabe g bis l, Abs. 2 Satz 2 bis 5 und Abs. 4 einmalig oder für die Dauer von sechs Jahren seit Vertragsabschluß laufend vermögenswirksame Leistungen einzahlen zu lassen oder andere Beträge einzuzahlen.

(2) [1]Die Förderung der auf Grund eines Vertrags nach Absatz 1 angelegten vermögenswirksamen Leistungen setzt voraus, daß

1. die Leistungen eines Kalenderjahrs, vorbehaltlich des Absatzes 3, spätestens bis zum Ablauf des folgenden Kalenderjahrs zum Erwerb der Wertpapiere oder zur Begründung oder zum Erwerb der Rechte verwendet und bis zur Verwendung festgelegt werden und
2. die mit den Leistungen erworbenen Wertpapiere unverzüglich nach ihrem Erwerb bis zum Ablauf einer Frist von sieben Jahren (Sperrfrist) festgelegt werden und über die Wertpapiere oder die mit den Leistungen begründeten oder erworbenen Rechte bis zum Ablauf der Sperrfrist nicht durch Rückzahlung, Abtretung, Beleihung oder in anderer Weise verfügt wird.

[2]Die Sperrfrist gilt für alle auf Grund des Vertrags angelegten vermögenswirksamen Leistungen und beginnt am 1. Januar des Kalenderjahrs, in dem der Vertrag abgeschlossen worden ist. [3]Als Zeitpunkt des Vertragsabschlusses gilt der Tag, an dem die vermögenswirksame Leistung, bei Verträgen über laufende Einzahlungen die erste vermögenswirksame Leistung, beim Kreditinstitut [***ab 28. 12. 2007:*** oder bei der *Kapitalanlagegesellschaft;* ***ab 24. 12. 2013:*** Kapitalverwaltungsgesellschaft][1] eingeht.

(3) Vermögenswirksame Leistungen, die nicht bis zum Ablauf der Frist nach Absatz 2 Nr. 1 verwendet worden sind, gelten als rechtzeitig verwendet, wenn sie am Ende eines Kalenderjahrs insgesamt 150 Euro[2] nicht übersteigen und bis zum Ablauf der Sperrfrist nach Absatz 2 verwendet oder festgelegt werden.

(4) Eine vorzeitige Verfügung ist abweichend von Absatz 2 unschädlich, wenn

1.[3] der Arbeitnehmer oder sein von ihm nicht dauernd getrennt lebender Ehegatte *(§ 26 Abs. 1 Satz 1 des Einkommensteuergesetzes)* [***ab 1. 1. 2013:*** oder Lebenspartner] nach Vertragsabschluß gestorben oder völlig erwerbsunfähig geworden ist,

2.[3] der Arbeitnehmer nach Vertragsabschluß, aber vor der vorzeitigen Verfügung geheiratet [***ab 1. 1. 2013:*** oder eine Lebenspartnerschaft begründet] hat und im Zeitpunkt der vorzeitigen Verfügung mindestens zwei Jahre seit Beginn der Sperrfrist vergangen sind,

3. der Arbeitnehmer nach Vertragsabschluß arbeitslos geworden ist und die Arbeitslosigkeit mindestens ein Jahr lang ununterbrochen bestanden hat und im Zeitpunkt der vorzeitigen Verfügung noch besteht,

---

[1] § 4 Abs. 1 und Abs. 2 Satz 3 ergänzt mWv 28. 12. 2007 durch G v. 21. 12. 2007 (BGBl. I S. 3089); geänd. mWv 24. 12. 2013 durch G v. 18. 12. 2013 (BGBl. I S. 4318).

[2] Betrag geänd. durch G v. 19. 12. 2000 (BGBl. I S. 1790).

[3] § 4 Abs. 4 Nrn. 1 und 2 geänd. durch G v. 26. 6. 2013 (BGBl. I S. 1809); zur Anwendung siehe § 17 Abs. 13 Satz 2.

4.[1] der Arbeitnehmer den Erlös innerhalb der folgenden drei Monate unmittelbar für die eigene Weiterbildung oder für die seines von ihm nicht dauernd getrennt lebenden Ehegatten [***ab 1.1.2013:*** oder Lebenspartners] einsetzt und die Maßnahme außerhalb des Betriebes, dem er oder der Ehegatte [***ab 1.1.2013:*** oder der Lebenspartner] angehört, durchgeführt wird und Kenntnisse und Fertigkeiten vermittelt werden, die dem beruflichen Fortkommen dienen und über arbeitsplatzbezogene Anpassungsfortbildungen hinausgehen; für vermögenswirksame Leistungen, die der Arbeitgeber für den Arbeitnehmer nach § 2 *Abs. 1 Nr. 1 Buchstabe a, b, d, f bis l* [***ab 1.1.2014:*** Absatz 1 Nummer 1 Buchstabe a, b, f bis l][2] angelegt hat und die Rechte am Unternehmen des Arbeitgebers begründen, gilt dies nur bei Zustimmung des Arbeitgebers; bei nach § 2 Abs. 2 gleichgestellten Anlagen gilt dies nur bei Zustimmung des Unternehmens, das im Sinne des § 18 Abs. 1 des Aktiengesetzes als herrschendes Unternehmen mit dem Unternehmen des Arbeitgebers verbunden ist,

5. der Arbeitnehmer nach Vertragsabschluß unter Aufgabe der nichtselbständigen Arbeit eine Erwerbstätigkeit, die nach § 138 Abs. 1 der Abgabenordnung der Gemeinde mitzuteilen ist, aufgenommen hat oder

6. festgelegte Wertpapiere veräußert werden und der Erlös bis zum Ablauf des Kalendermonats, der dem Kalendermonat der Veräußerung folgt, zum Erwerb von in Absatz 1 bezeichneten Wertpapieren wiederverwendet wird; der bis zum Ablauf des der Veräußerung folgenden Kalendermonats nicht wiederverwendete Erlös gilt als rechtzeitig wiederverwendet, wenn er am Ende eines Kalendermonats insgesamt *300 Deutsche Mark* [***ab 1.1.2002:*** 150 Euro][3] nicht übersteigt.

(5) Unschädlich ist auch, wenn in die Rechte und Pflichten des Kreditinstituts [***ab 28.12.2007:*** oder der *Kapitalanlagegesellschaft;* ***ab 24.12.2013:*** Kapitalverwaltungsgesellschaft][4] aus dem Sparvertrag an seine Stelle ein anderes Kreditinstitut [***ab 28.12.2007:*** oder eine andere *Kapitalanlagegesellschaft;* ***ab 24.12.2013:*** Kapitalverwaltungsgesellschaft][4] während der Laufzeit des Vertrags durch Rechtsgeschäft eintritt.

(6) [1]Werden auf einen Vertrag über laufend einzuzahlende vermögenswirksame Leistungen oder andere Beträge in einem Kalenderjahr, das dem Kalenderjahr des Vertragsabschlusses folgt, weder vermögenswirksame Leistungen noch andere Beträge eingezahlt, so ist der Vertrag unterbrochen und kann nicht fortgeführt werden. [2]Das gleiche gilt, wenn mindestens alle Einzahlungen eines Kalenderjahrs zurückgezahlt oder die Rückzahlungsansprüche aus dem Vertrag abgetreten oder beliehen werden.

---

[1] § 4 Abs. 4 Nr. 4 neu gef. durch G v. 8.12.2008 (BGBl. I S. 2373); zur erstmaligen Anwendung § 17 Abs. 9; erster Halbsatz geänd. durch G v. 26.6.2013 (BGBl. I S. 1809); zur Anwendung siehe § 17 Abs. 13 Satz 2.

[2] Verweis geänd. durch G v. 18.12.2013 (BGBl. I S. 4318); zur Anwendung siehe § 17 Abs. 15 Satz 2.

[3] Betrag geänd. durch G v. 19.12.2000 (BGBl. I S. 1790).

[4] § 4 Abs. 5 ergänzt mWv 28.12.2007 durch G v. 21.12.2007 (BGBl. I S. 3089); geändert mWv 24.12.2013 durch G v. 18.12.2013 (BGBl. I S. 4318).

§ 5 Wertpapier-Kaufvertrag. (1) Ein Wertpapier-Kaufvertrag im Sinne des § 2 Abs. 1 Nr. 2 ist ein Kaufvertrag zwischen dem Arbeitnehmer und dem Arbeitgeber zum Erwerb von Wertpapieren im Sinne des § 2 Abs. 1 Nr. 1 Buchstabe a bis f, Abs. 2 Satz 1, Abs. 3 und 4 durch den Arbeitnehmer mit der Vereinbarung, den vom Arbeitnehmer geschuldeten Kaufpreis mit vermögenswirksamen Leistungen zu verrechnen oder mit anderen Beträgen zu zahlen.

(2) Die Förderung der auf Grund eines Vertrags nach Absatz 1 angelegten vermögenswirksamen Leistungen setzt voraus, daß

1. mit den Leistungen eines Kalenderjahrs spätestens bis zum Ablauf des folgenden Kalenderjahrs die Wertpapiere erworben werden und
2. die mit den Leistungen erworbenen Wertpapiere unverzüglich nach ihrem Erwerb bis zum Ablauf einer Frist von sechs Jahren (Sperrfrist) festgelegt werden und über die Wertpapiere bis zum Ablauf der Sperrfrist nicht durch Rückzahlung, Abtretung, Beleihung oder in anderer Weise verfügt wird; die Sperrfrist beginnt am 1. Januar des Kalenderjahrs, in dem das Wertpapier erworben worden ist; § 4 Abs. 4 Nr. 1 bis 5 gilt entsprechend.

§ 6 Beteiligungs-Vertrag. (1) Ein Beteiligungs-Vertrag im Sinne des § 2 Abs. 1 Nr. 3 ist ein Vertrag zwischen dem Arbeitnehmer und dem Arbeitgeber über die Begründung von Rechten im Sinne des § 2 Abs. 1 Nr. 1 Buchstabe g bis l und Abs. 4 für den Arbeitnehmer am Unternehmen des Arbeitgebers mit der Vereinbarung, die vom Arbeitnehmer für die Begründung geschuldete Geldsumme mit vermögenswirksamen Leistungen zu verrechnen oder mit anderen Beträgen zu zahlen.

(2) Ein Beteiligungs-Vertrag im Sinne des § 2 Abs. 1 Nr. 3 ist auch ein Vertrag zwischen dem Arbeitnehmer und

1. einem Unternehmen, das nach § 2 Abs. 2 Satz 2 bis 5 mit dem Unternehmen des Arbeitgebers verbunden oder nach § 2 Abs. 2 Satz 4 an diesem Unternehmen beteiligt ist, über die Begründung von Rechten im Sinne des § 2 Abs. 1 Nr. 1 Buchstabe g bis l, Abs. 2 Satz 2 bis 5 und Abs. 4 für den Arbeitnehmer an diesem Unternehmen oder
2. einer Genossenschaft mit Sitz und Geschäftsleitung im Geltungsbereich dieses Gesetzes, die ein Kreditinstitut oder eine Bau- oder Wohnungsgenossenschaft ist, die die Voraussetzungen des § 2 Abs. 1 Nr. 1 Buchstabe g zweiter Halbsatz erfüllt, über die Begründung eines Geschäftsguthabens für den Arbeitnehmer bei dieser Genossenschaft

mit der Vereinbarung, die vom Arbeitnehmer für die Begründung der Rechte oder des Geschäftsguthabens geschuldete Geldsumme mit vermögenswirksamen Leistungen zahlen zu lassen oder mit anderen Beträgen zu zahlen.

(3) Die Förderung der auf Grund eines Vertrags nach Absatz 1 oder 2 angelegten vermögenswirksamen Leistungen setzt voraus, daß

1. mit den Leistungen eines Kalenderjahrs spätestens bis zum Ablauf des folgenden Kalenderjahrs die Rechte begründet werden und
2. über die mit den Leistungen begründeten Rechte bis zum Ablauf einer Frist von sechs Jahren (Sperrfrist) nicht durch Rückzahlung, Abtretung, Be-

leihung oder in anderer Weise verfügt wird; die Sperrfrist beginnt am 1. Januar des Kalenderjahrs, in dem das Recht begründet worden ist; § 4 Abs. 4 Nr. 1 bis 5 gilt entsprechend.

§ 7 Beteiligungs-Kaufvertrag. (1) Ein Beteiligungs-Kaufvertrag im Sinne des § 2 Abs. 1 Nr. 3 ist ein Kaufvertrag zwischen dem Arbeitnehmer und dem Arbeitgeber zum Erwerb von Rechten im Sinne des § 2 Abs. 1 Nr. 1 Buchstabe g bis l, Abs. 2 Satz 2 bis 5 und Abs. 4 durch den Arbeitnehmer mit der Vereinbarung, den vom Arbeitnehmer geschuldeten Kaufpreis mit vermögenswirksamen Leistungen zu verrechnen oder mit anderen Beträgen zu zahlen.

(2) Ein Beteiligungs-Kaufvertrag im Sinne des § 2 Abs. 1 Nr. 3 ist auch ein Kaufvertrag zwischen dem Arbeitnehmer und einer Gesellschaft mit beschränkter Haftung, die nach § 2 Abs. 2 Satz 3 mit dem Unternehmen des Arbeitgebers verbunden ist, zum Erwerb eines Geschäftsanteils im Sinne des § 2 Abs. 1 Nr. 1 Buchstabe h an dieser Gesellschaft durch den Arbeitnehmer mit der Vereinbarung, den vom Arbeitnehmer geschuldeten Kaufpreis mit vermögenswirksamen Leistungen zahlen zu lassen oder mit anderen Beträgen zu zahlen.

(3) Für die Förderung der auf Grund eines Vertrags nach Absatz 1 oder 2 angelegten vermögenswirksamen Leistungen gilt § 6 Abs. 3 entsprechend.

§ 8 Sparvertrag. (1) Ein Sparvertrag im Sinne des § 2 Abs. 1 Nr. 6 ist ein Sparvertrag zwischen dem Arbeitnehmer und einem Kreditinstitut, in dem die in den Absätzen 2 bis 5 bezeichneten Vereinbarungen, mindestens aber die in den Absätzen 2 und 3 bezeichneten Vereinbarungen, getroffen sind.

(2) [1]Der Arbeitnehmer ist verpflichtet,

1. einmalig oder für die Dauer von sechs Jahren seit Vertragsabschluß laufend, mindestens aber einmal im Kalenderjahr, als Sparbeiträge vermögenswirksame Leistungen einzahlen zu lassen oder andere Beträge einzuzahlen und
2. bis zum Ablauf einer Frist von sieben Jahren (Sperrfrist) die eingezahlten vermögenswirksamen Leistungen bei dem Kreditinstitut festzulegen und die Rückzahlungsansprüche aus dem Vertrag weder abzutreten noch zu beleihen.

[2]Der Zeitpunkt des Vertragsabschlusses und der Beginn der Sperrfrist bestimmen sich nach den Regelungen des § 4 Abs. 2 Satz 2 und 3.

(3) Der Arbeitnehmer ist abweichend von der in Absatz 2 Satz 1 Nr. 2 bezeichneten Vereinbarung zu vorzeitiger Verfügung berechtigt, wenn eine der in § 4 Abs. 4 Nr. 1 bis 5 bezeichneten Voraussetzungen erfüllt ist.

(4) [1]Der Arbeitnehmer ist abweichend von der in Absatz 2 Satz 1 Nr. 2 bezeichneten Vereinbarung auch berechtigt, vor Ablauf der Sperrfrist mit eingezahlten vermögenswirksamen Leistungen zu erwerben

1. Wertpapiere im Sinne des § 2 Abs. 1 Nr. 1 Buchstabe a bis f, Abs. 2 Satz 1, Abs. 3 und 4,

2. Schuldverschreibungen, die vom Bund, von den Ländern, von den Gemeinden, von anderen Körperschaften des öffentlichen Rechts, vom Arbeitgeber, von einem im Sinne des § 18 Abs. 1 des Aktiengesetzes als herrschendes Unternehmen mit dem Unternehmen des Arbeitgebers verbundenen Unternehmen oder von einem Kreditinstitut mit Sitz und Geschäftsleitung im Geltungsbereich dieses Gesetzes ausgegeben werden, Namensschuldverschreibungen des Arbeitgebers jedoch nur dann, wenn auf dessen Kosten die Ansprüche des Arbeitnehmers aus der Schuldverschreibung durch ein Kreditinstitut verbürgt oder durch ein Versicherungsunternehmen privatrechtlich gesichert sind und das Kreditinstitut oder Versicherungsunternehmen im Geltungsbereich dieses Gesetzes zum Geschäftsbetrieb befugt ist,
3. Genußscheine, die von einem Kreditinstitut mit Sitz und Geschäftsleitung im Geltungsbereich dieses Gesetzes, das nicht der Arbeitgeber ist, als Wertpapiere ausgegeben werden, wenn mit den Genußscheinen das Recht am Gewinn des Kreditinstituts verbunden ist, der Arbeitnehmer nicht als Mitunternehmer im Sinne des § 15 Abs. 1 Nr. 2 des Einkommensteuergesetzes anzusehen ist und die Voraussetzungen des § 2 Abs. 4 erfüllt sind,
4. Anleiheforderungen, die in ein Schuldbuch des Bundes oder eines Landes eingetragen werden,
5. *Anteilscheine* [***ab 1. 1. 2004:*** Anteile][1)] an einem Sondervermögen, die von *Kapitalanlagegesellschaften* [***ab 24. 12. 2013:*** Kapitalverwaltungsgesellschaften][2)] im Sinne des *Gesetzes über Kapitalanlagegesellschaften* [***ab 1. 1. 2004:*** Investmentgesetzes[1)]; ***ab 24. 12. 2013:*** Kapitalanlagegesetzbuchs[2)]] ausgegeben werden und nicht unter § 2 Abs. 1 Nr. 1 Buchstabe c *oder d*[2)] fallen, oder

[Fassung bis 23. 12. 2013:]

6. ausländische Investmentanteile, die nach dem *Gesetz über den Vertrieb ausländischer Investmentanteile und über die Besteuerung der Erträge aus ausländischen Investmentanteilen* [**ab 1. 1. 2004:** Investmentgesetz][1)] im Wege des öffentlichen Anbietens, der öffentlichen Werbung oder in ähnlicher Weise vertrieben werden dürfen und nicht unter § 2 Abs. 1 Nr. 1 Buchstabe e fallen.

[Fassung ab 24. 12. 2013:][3)]

6. Anteile an offenen EU-Investmentvermögen und ausländischen AIF, die nach dem Kapitalanlagegesetzbuch vertrieben werden dürfen.

---

1) § 8 Abs. 4 Satz 1 Nrn. 5 und 6 geänd. mWv 1. 1. 2004 durch G v. 15. 12. 2003 (BGBl. I S. 2676).

2) Verweise geänd. bzw. aufgeh. mWv 24. 12. 2013 durch G v. 18. 12. 2013 (BGBl. I S. 4318).

3) § 8 Abs. 4 Satz 1 Nr. 6 neu gef. mWv 24. 12. 2013 durch G v. 18. 12. 2013 (BGBl. I S. 4318).

[2]Der Arbeitnehmer ist verpflichtet, bis zum Ablauf der Sperrfrist die nach Satz 1 erworbenen Wertpapiere bei dem Kreditinstitut, mit dem der Sparvertrag abgeschlossen ist, festzulegen und über die Wertpapiere nicht zu verfügen; diese Verpflichtung besteht nicht, wenn eine der in § 4 Abs. 4 Nr. 1 bis 5 bezeichneten Voraussetzungen erfüllt ist.

[Fassung bis 31. 12. 2008]

(5) Der Arbeitnehmer ist abweichend von der in Absatz 2 Satz 1 Nr. 2 bezeichneten Vereinbarung auch berechtigt, vor Ablauf der Sperrfrist die Überweisung eingezahlter vermögenswirksamer Leistungen auf einen von ihm oder seinem Ehegatten (§ 26 Abs. 1 des Einkommensteuergesetzes) abgeschlossenen Bausparvertrag zu verlangen, wenn weder mit der Auszahlung der Bausparsumme begonnen worden ist noch die überwiesenen Beträge vor Ablauf der Sperrfrist ganz oder zum Teil zurückgezahlt, noch Ansprüche aus dem Bausparvertrag abgetreten oder beliehen werden oder wenn eine solche vorzeitige Verfügung nach § 2 Abs. 2 Satz 2 Nr. 1 und 2 des Wohnungsbau-Prämiengesetzes unschädlich ist.

[Fassung ab 1. 1. 2009][1)]

(5) [1]Der Arbeitnehmer ist abweichend von der in Absatz 2 Satz 1 Nummer 2 bezeichneten Vereinbarung auch berechtigt, vor Ablauf der Sperrfrist die Überweisung eingezahlter vermögenswirksamer Leistungen auf einen von ihm oder seinem *Ehegatten (§ 26 Abs. 1 des Einkommensteuergesetzes)* [***ab 1. 1. 2013:*** nicht dauernd getrennt lebenden Ehegatten oder Lebenspartner][2)] abgeschlossenen Bausparvertrag zu verlangen, wenn weder mit der Auszahlung der Bausparsumme begonnen worden ist noch die überwiesenen Beträge vor Ablauf der Sperrfrist ganz oder zum Teil zurückgezahlt, noch Ansprüche aus dem Bausparvertrag abgetreten oder beliehen werden oder wenn eine solche vorzeitige Verfügung nach § 2 Absatz 3 Satz 2 Nummer 1 und 2 des Wohnungsbau-Prämiengesetzes in der Fassung der Bekanntmachung vom 30. Oktober 1997 (BGBl. I S. 2678), das zuletzt durch Artikel 7 des Gesetzes vom 5. April 2011 (BGBl. I S. 554) geändert worden ist, in der jeweils geltenden Fassung unschädlich ist. [2]Satz 1 gilt für vor dem 1. Januar 2009 und nach dem 31. Dezember 2008 abgeschlossene Bausparverträge.

§ 9 Kapitalversicherungsvertrag. (1) Ein Kapitalversicherungsvertrag im Sinne des § 2 Abs. 1 Nr. 7 ist ein Vertrag über eine Kapitalversicherung auf

---

1) § 8 Abs. 5 neu gef. durch G v. 29. 7. 2008 (BGBl. I S. 1509); zur erstmaligen Anwendung siehe § 17 Abs. 8.

2) § 8 Abs. 5 Satz 1 geänd. durch G v. 26. 6. 2013 (BGBl. I S. 1809); zur Anwendung siehe § 17 Abs. 13 Satz 2.

den Erlebens- und Todesfall gegen laufenden Beitrag, der für die Dauer von mindestens zwölf Jahren und mit den in den Absätzen 2 bis 5 bezeichneten Vereinbarungen zwischen dem Arbeitnehmer und einem Versicherungsunternehmen abgeschlossen ist, das im Geltungsbereich dieses Gesetzes zum Geschäftsbetrieb befugt ist.

(2) Der Arbeitnehmer ist verpflichtet, als Versicherungsbeiträge vermögenswirksame Leistungen einzahlen zu lassen oder andere Beträge einzuzahlen.

(3) Die Versicherungsbeiträge enthalten keine Anteile für Zusatzleistungen wie für Unfall, Invalidität oder Krankheit.

(4)[1] Der Versicherungsvertrag sieht vor, daß bereits ab Vertragsbeginn ein nicht kürzbarer Anteil von mindestens 50 Prozent des gezahlten Beitrags als Rückkaufswert (§ 169[2] des Versicherungsvertragsgesetzes) erstattet oder der Berechnung der prämienfreien Versicherungsleistung (§ 165[2] des Versicherungsvertragsgesetzes) zugrunde gelegt wird.

(5) Die Gewinnanteile werden verwendet

1. zur Erhöhung der Versicherungsleistung oder
2. auf Verlangen des Arbeitnehmers zur Verrechnung mit fälligen Beiträgen, wenn er nach Vertragsabschluß arbeitslos geworden ist und die Arbeitslosigkeit mindestens ein Jahr lang ununterbrochen bestanden hat und im Zeitpunkt der Verrechnung noch besteht.

§ 10[3] Vereinbarung zusätzlicher vermögenswirksamer Leistungen. (1) Vermögenswirksame Leistungen können in Verträgen mit Arbeitnehmern, in Betriebsvereinbarungen, in Tarifverträgen oder in bindenden Festsetzungen (§ 19 des Heimarbeitsgesetzes) vereinbart werden.

(2) Vermögenswirksame Leistungen, die in Tarifverträgen vereinbart werden, werden nur dann nach den Vorschriften dieses Gesetzes gefördert, wenn die Tarifverträge nicht die Möglichkeit vorsehen, daß statt einer vermögenswirksamen Leistung eine andere Leistung, insbesondere eine Barleistung, erbracht wird.

(3) [1] Der Anspruch des Arbeitnehmers gegen den Arbeitgeber auf die in einem Tarifvertrag vereinbarte vermögenswirksame Leistung erlischt nicht, wenn der Arbeitnehmer statt der vermögenswirksamen Leistung eine andere Leistung, insbesondere eine Barleistung, annimmt. [2] Der Arbeitnehmer ist nicht verpflichtet, die andere Leistung an den Arbeitgeber herauszugeben.

(4) Absatz 3 gilt entsprechend für einen nichttarifgebundenen Arbeitnehmer, wenn der Arbeitgeber ihm statt der den tarifgebundenen Arbeitnehmern auf Grund eines Tarifvertrags gezahlten vermögenswirksamen Leistungen eine andere Leistung, insbesondere eine Barleistung, erbringt.

(5) [1] Der Arbeitgeber kann auf tarifvertraglich vereinbarte vermögenswirksame Leistungen die betrieblichen Sozialleistungen anrechnen, die dem Ar-

---

[1] § 9 Abs. 4 neugef. mWv 1. 1. 1994 (§ 17 Abs. 1) durch G v. 21. 7. 1994 (BGBl. I S. 1630).

[2] Zitat geänd. durch G v. 23. 11. 2007 (BGBl. I S. 2631).

[3] § 10 Abs. 2 bis 4 und Abs. 5 Satz 2 aufgeh. mWv 1. 1. 2002 durch G v. 26. 6. 2001 (BGBl. I S. 1310).

beitnehmer in dem Kalenderjahr bisher schon als vermögenswirksame Leistungen erbracht worden sind. [2] *Das gilt nicht, soweit der Arbeitnehmer bei den betrieblichen Sozialleistungen zwischen einer vermögenswirksamen Leistung und einer anderen Leistung, insbesondere einer Barleistung, wählen konnte.*

§ 11 Vermögenswirksame Anlage von Teilen des Arbeitslohns. (1) Der Arbeitgeber hat auf schriftliches Verlangen des Arbeitnehmers einen Vertrag über die vermögenswirksame Anlage von Teilen des Arbeitslohns abzuschließen.

(2) Auch vermögenswirksam angelegte Teile des Arbeitslohns sind vermögenswirksame Leistungen im Sinne dieses Gesetzes.

(3) [1] Zum Abschluß eines Vertrags nach Absatz 1, wonach die Lohnteile nicht zusammen mit anderen vermögenswirksamen Leistungen für den Arbeitnehmer angelegt und überwiesen werden sollen, ist der Arbeitgeber nur dann verpflichtet, wenn der Arbeitnehmer die Anlage von Teilen des Arbeitslohns in monatlichen der Höhe nach gleichbleibenden Beträgen von mindestens 13 Euro[1)] oder in vierteljährlichen der Höhe nach gleichbleibenden Beträgen von mindestens 39 Euro[1)] oder nur einmal im Kalenderjahr in Höhe eines Betrags von mindestens 39 Euro[1)] verlangt. [2] Der Arbeitnehmer kann bei der Anlage in monatlichen Beträgen während des Kalenderjahrs die Art der vermögenswirksamen Anlage und das Unternehmen oder Institut, bei dem sie erfolgen soll, nur mit Zustimmung des Arbeitgebers wechseln.

(4) [1] Der Arbeitgeber kann einen Termin im Kalenderjahr bestimmen, zu dem die Arbeitnehmer des Betriebs oder Betriebsteils die einmalige Anlage von Teilen des Arbeitslohns nach Absatz 3 verlangen können. [2] Die Bestimmung dieses Termins unterliegt der Mitbestimmung des Betriebsrats oder der zuständigen Personalvertretung; das für die Mitbestimmung in sozialen Angelegenheiten vorgeschriebene Verfahren ist einzuhalten. [3] Der nach Satz 1 bestimmte Termin ist den Arbeitnehmern in jedem Kalenderjahr erneut in geeigneter Form bekanntzugeben. [4] Zu einem anderen als dem nach Satz 1 bestimmten Termin kann der Arbeitnehmer eine einmalige Anlage nach Absatz 3 nur verlangen

1. von Teilen des Arbeitslohns, den er im letzten Lohnzahlungszeitraum des Kalenderjahrs erzielt, oder
2. von Teilen besonderer Zuwendungen, die im Zusammenhang mit dem Weihnachtsfest oder Jahresende gezahlt werden.

(5) [1] Der Arbeitnehmer kann jeweils einmal im Kalenderjahr von dem Arbeitgeber schriftlich verlangen, daß der Vertrag über die vermögenswirksame Anlage von Teilen des Arbeitslohns aufgehoben, eingeschränkt oder erweitert wird. [2] Im Fall der Aufhebung ist der Arbeitgeber nicht verpflichtet, in demselben Kalenderjahr einen neuen Vertrag über die vermögenswirksame Anlage von Teilen des Arbeitslohns abzuschließen.

(6) In Tarifverträgen oder Betriebsvereinbarungen kann von den Absätzen 3 bis 5 abgewichen werden.

---

1) Beträge geänd. mWv 1. 1. 2002 durch G v. 19. 12. 2000 (BGBl. I S. 1790).

§ 12[1] Freie Wahl der Anlage. [1]Vermögenswirksame Leistungen werden nur dann nach den Vorschriften dieses Gesetzes gefördert, wenn der Arbeitnehmer die Art der vermögenswirksamen Anlage und das Unternehmen oder Institut, bei dem sie erfolgen soll, frei wählen kann. [2]Einer Förderung steht jedoch nicht entgegen, daß durch Tarifvertrag die Anlage auf die Formen des § 2 Abs. 1 Nr. 1 bis 5, Abs. 2 bis 4 beschränkt wird. [3]Eine Anlage im Unternehmen des Arbeitgebers nach § 2 Abs. 1 Nr. 1 Buchstabe g bis l und Abs. 4 ist nur mit Zustimmung des Arbeitgebers zulässig.

§ 13 Anspruch auf Arbeitnehmer-Sparzulage

[Fassung für vor dem 1. 1. 1999 angelegte vermögenswirksame Leistungen][2]

(1) Der Arbeitnehmer, der Einkünfte aus nichtselbständiger Arbeit im Sinne des § 19 Abs. 1 des Einkommensteuergesetzes bezieht, hat für die nach § 2 Abs. 1 Nr. 1 bis 5, Abs. 2 bis 4 angelegten vermögenswirksamen Leistungen, soweit sie insgesamt 936 Deutsche Mark im Kalenderjahr nicht übersteigen, Anspruch auf eine Arbeitnehmer-Sparzulage nach diesem Gesetz, wenn das zu versteuernde Einkommen (§ 2 Abs. 5 des Einkommensteuergesetzes) in dem Kalenderjahr, in dem die vermögenswirksamen Leistungen angelegt worden sind, 27 000 Deutsche Mark oder bei einer Zusammenveranlagung von Ehegatten nach § 26b des Einkommensteuergesetzes 54 000 Deutsche Mark nicht übersteigt.

[Fassung für nach dem 31. 12. 1998 angelegte vermögenswirksame Leistungen][3]

(1) [1]*Der Arbeitnehmer, der Einkünfte aus nichtselbständiger Arbeit im Sinne des § 19 Abs. 1 des Einkommensteuergesetzes bezieht, hat Anspruch auf Sparzulage nach Absatz 2, wenn sein Einkommen die Einkommensgrenze nicht überschreitet.* [2]*Diese beträgt 17 900 Euro*[4] *oder bei einer Zusammenveranlagung von Ehegatten nach § 26b des Einkommensteuergesetzes 35 800 Euro*[4]. ***[ab 1. 1. 2009:*** [1]Der Arbeitnehmer hat Anspruch auf eine Arbeitnehmer-Sparzulage nach Absatz 2, wenn ***[ab 1. 1. 2017:*** er gegenüber dem Unternehmen, dem Institut oder dem in § 3 Absatz 3 genannten Gläubiger in die Datenübermittlung nach Maßgabe des § 15 Absatz 1 Satz 2 und 3 eingewilligt hat und][5] sein Einkommen folgende Grenzen nicht übersteigt:

1.[6] bei nach § 2 Abs. 1 Nr. 1 bis 3, Abs. 2 bis 4 angelegten vermögenswirksamen Leistungen die Einkommensgrenze von 20 000 Euro oder bei einer Zusammenveranlagung *von Ehegatten*[6] nach § 26b

---

[1] § 12 Satz 2 eingef. mWv 1. 1. 1999 durch G v. 7. 9. 1998 (BGBl. I S. 2647).

[2] Zur Anwendung siehe § 17 Abs. 6.

[3] § 13 Abs. 1 und 2 neu gef. durch G v. 7. 9. 1998 (BGBl. I S. 2647).

[4] Beträge geänd. mWv 1. 1. 2002 durch G v. 19. 12. 2000 (BGBl. I S. 1790).

[5] § 13 Abs. 1 Satz 1 Klammerzusatz eingef. durch G v. 26. 6. 2013 (BGBl. I S. 1809); zur Anwendung siehe § 17 Abs. 14 iVm BMF v. 16. 12. 2016, IV C 5 – S 2439/16/10001: 1. 1. 2017.

[6] Kursiver Satzteil gestrichen durch G v. 26. 6. 2013 (BGBl. I S. 1809); zur Anwendung siehe § 17 Abs. 14 iVm BMF v. 16. 12. 2016, IV C 5 – S 2439/16/10001: 1. 1. 2017.

[Fassung für vor dem 1. 1. 1999 angelegte vermögenswirksame Leistungen]

(2) Die Arbeitnehmer-Sparzulage beträgt 10 vom Hundert der vermögenswirksamen Leistungen, die nach § 2 Abs. 1 Nr. 1 bis 5, Abs. 2 bis 4 angelegt werden.

[Fassung für nach dem 31. 12. 1998 angelegte vermögenswirksame Leistungen]

des Einkommensteuergesetzes von 40 000 Euro oder

2. bei nach § 2 Abs. 1 Nr. 4 und 5 angelegten vermögenswirksamen Leistungen die Einkommensgrenze von 17 900 Euro oder bei einer Zusammenveranlagung *von Ehegatten*[1] nach § 26 b des Einkommensteuergesetzes von 35 800 Euro.][2]

[2]Maßgeblich ist das zu versteuernde Einkommen nach § 2 [***ab 1. 1. 2009:*** Absatz 5][3] des Einkommensteuergesetzes[4] in dem Kalenderjahr, in dem die vermögenswirksamen Leistungen angelegt worden sind.

(2) [1]Die Arbeitnehmer-Sparzulage beträgt *20 vom Hundert* [***ab 1. 1. 2004:*** 18 vom Hundert[5])/***ab 1. 1. 2009:*** 20 Prozent[6]] der nach § 2 Absatz 1 Nummer 1 bis 3, Absatz 2 bis 4 angelegten vermögenswirksamen Leistungen, soweit sie *408 Euro*[7] [***ab 1. 1. 2004:*** 400 Euro[5]] im Kalenderjahr nicht übersteigen, und *10 vom Hundert* [***ab 1. 1. 2004:*** 9 Prozent][5] der nach § 2 Absatz 1 Nummer 4 und 5 angelegten vermögenswirksamen Leistungen, soweit sie *480 Euro*[7] [***ab 1. 1. 2004:*** 470 Euro][5] im Kalenderjahr nicht übersteigen. [2]*Für Arbeitnehmer, die ihren Hauptwohnsitz in dem*

---

1) Kursiver Satzteil gestrichen durch G v. 26. 6. 2013 (BGBl. I S. 1809); zur Anwendung siehe § 17 Abs. 14.

2) § 13 Abs. 1 Sätze 1 und 2 ersetzt durch Satz 1 durch G v. 7. 3. 2009 (BGBl. I S. 451); zur Anwendung siehe § 17 Abs. 7.

3) Verweis ergänzt durch G v. 8. 12. 2010 (BGBl. I S. 1768); zur Anwendung siehe § 17 Abs. 11.

4) Verweis geänd. durch G v. 20. 12. 2001 (BGBl. I S. 3794).

5) § 13 Abs. 2 geänd. durch G v. 29. 12. 2003 (BGBl. I S. 3076); bestätigt durch G v. 5. 4. 2011 (BGBl. I S. 554).

6) § 13 Abs. 2 Satz 1 geänd., Satz 2 aufgeh. durch G v. 7. 3. 2009 (BGBl. I S. 451); zur Anwendung siehe § 17 Abs. 7.

7) Beträge geänd. mWv 1. 1. 2002 durch G v. 19. 12. 2000 (BGBl. I S. 1790).

[Fassung für vor dem 1. 1. 1999 angelegte vermögenswirksame Leistungen]

[Fassung für nach dem 31. 12. 1998 angelegte vermögenswirksame Leistungen]

in Artikel 3 des Einigungsvertrages genannten Gebiet haben, tritt an die Stelle des Zulagesatzes von 20 vom Hundert ***[vom 1. 1.–31. 12. 2004:*** *18 vom Hundert]*[1] *der Zulagesatz von 25 vom Hundert* ***[vom 1. 1.–31. 12. 2004:*** *22 vom Hundert]*[2].

(3)[3] [1]Die Arbeitnehmer-Sparzulage gilt weder als steuerpflichtige Einnahme im Sinne des Einkommensteuergesetzes noch als Einkommen, Verdienst oder Entgelt (Arbeitsentgelt) im Sinne der Sozialversicherung und des Dritten Buches Sozialgesetzbuch[4]; sie gilt arbeitsrechtlich nicht als Bestandteil des Lohns oder Gehalts. [2]Der Anspruch auf Arbeitnehmer-Sparzulage ist nicht übertragbar.

(4) Der Anspruch auf Arbeitnehmer-Sparzulage entsteht mit Ablauf des Kalenderjahrs, in dem die vermögenswirksamen Leistungen angelegt worden sind.

[Fassung bis 31. 12. 2008]

(5) [1]Der Anspruch auf Arbeitnehmer-Sparzulage entfällt mit Wirkung für die Vergangenheit, soweit die in den §§ 4 bis 7 genannten Fristen oder bei einer Anlage nach § 2 Abs. 1 Nr. 4 die in § 2 Abs. 1 Nr. 3 und 4 und Abs. 2 Satz 1 des Wohnungsbau-Prämiengesetzes vorgesehenen Voraussetzungen nicht eingehalten werden.

[Fassung ab 1. 1. 2009][5]

(5) [1]Der Anspruch auf Arbeitnehmer-Sparzulage entfällt rückwirkend, soweit die in den §§ 4 bis 7 genannten Fristen oder bei einer Anlage nach § 2 Abs. 1 Nr. 4 die in § 2 Abs. 1 Nr. 3 und 4 und Abs. 3 Satz 1 des Wohnungsbau-Prämiengesetzes vorgesehenen Voraussetzungen nicht eingehalten werden. [2]Satz 1 gilt für vor dem 1. Januar 2009 und nach dem 31. Dezember 2008 abgeschlossene Bausparverträge.

[3]Der Anspruch entfällt nicht, wenn die Sperrfrist nicht eingehalten wird, weil

1. der Arbeitnehmer das Umtausch- oder Abfindungsangebot eines Wertpapier-Emittenten angenommen hat oder Wertpapiere dem Aussteller nach

---

[1] § 13 Abs. 2 geänd. durch G v. 29. 12. 2003 (BGBl. I S. 3076); bestätigt durch G v. 5. 4. 2011 (BGBl. I S. 554).

[2] § 13 Abs. 2 Satz 1 geänd., Satz 2 aufgeh. durch G v. 7. 3. 2009 (BGBl. I S. 451); zur Anwendung siehe § 17 Abs. 7.

[3] § 13 Abs. 3 Satz 2 angef. mWv 1. 1. 1994 (§ 17 Abs. 1) durch G v. 21. 7. 1994 (BGBl. I S. 1630).

[4] *Geänd. durch G v. 24. 3. 1997 (BGBl. I S. 594).*

[5] § 13 Abs. 5 Satz 1 ersetzt durch Sätze 1 und 2 durch G v. 29. 7. 2008 (BGBl. I S. 1509); zur erstmaligen Anwendung siehe § 17 Abs. 8.

Auslosung oder Kündigung durch den Aussteller zur Einlösung vorgelegt worden sind,

2. die mit den vermögenswirksamen Leistungen erworbenen oder begründeten Wertpapiere oder Rechte im Sinne des § 2 Abs. 1 Nr. 1, Abs. 2 bis 4 ohne Mitwirkung des Arbeitnehmers wertlos geworden sind oder

3.[1)] der Arbeitnehmer über nach § 2 Abs. 1 Nr. 4 angelegte vermögenswirksame Leistungen nach Maßgabe des § 4 Abs. 4 Nr. 4 in Höhe von mindestens 30 Euro verfügt.

§ 14 Festsetzung der Arbeitnehmer-Sparzulage, Anwendung der Abgabenordnung, Verordnungsermächtigung, Rechtsweg. (1) [1]Die Verwaltung der Arbeitnehmer-Sparzulage obliegt den Finanzämtern. [2]Die Arbeitnehmer-Sparzulage wird aus den Einnahmen an Lohnsteuer gezahlt.

(2) [1]Auf die Arbeitnehmer-Sparzulage sind die für Steuervergütungen geltenden Vorschriften der Abgabenordnung entsprechend anzuwenden. [2]Dies gilt nicht für § 163 der Abgabenordnung.

(3) [1]Für die Arbeitnehmer-Sparzulage gelten die Strafvorschriften des § 370 Abs. 1 bis 4, der §§ 371, 375 Abs. 1 und des § 376 sowie die Bußgeldvorschriften der §§ 378, 379 Abs. 1 und 4 und der §§ 383 und 384 der Abgabenordnung entsprechend. [2]Für das Strafverfahren wegen einer Straftat nach Satz 1 sowie der Begünstigung einer Person, die eine solche Tat begangen hat, gelten die §§ 385 bis 408, für das Bußgeldverfahren wegen einer Ordnungswidrigkeit nach Satz 1 die §§ 409 bis 412 der Abgabenordnung entsprechend.

(4)[2) · 3)] [1]Die Arbeitnehmer-Sparzulage wird auf Antrag durch das für die Besteuerung des Arbeitnehmers nach dem Einkommen zuständige Finanzamt festgesetzt. [2]Der Arbeitnehmer hat den Antrag nach amtlich vorgeschriebenem Vordruck zu stellen. [3]Die Arbeitnehmer-Sparzulage wird fällig

a) mit Ablauf der für die Anlageform vorgeschriebenen Sperrfrist nach diesem Gesetz,

b) mit Ablauf der im Wohnungsbau-Prämiengesetz oder in der Verordnung zur Durchführung des Wohnungsbau-Prämiengesetzes genannten Sperr- und Rückzahlungsfristen. [2]Bei Bausparverträgen gelten die in § 2 Abs. 3 Satz 1 des Wohnungsbau-Prämiengesetzes genannten Sperr- und Rückzahlungsfristen und zwar unabhängig davon, ob der Vertrag vor dem 1. Januar 2009 oder nach dem 31. Dezember 2008 abgeschlossen worden ist,[4)]

[1)] § 13 Abs. 5 Satz 3 Nr. 3 angef. durch G v. 8. 12. 2008 (BGBl. I S. 2373); zur erstmaligen Anwendung siehe § 17 Abs. 9.

[2)] § 14 Abs. 4 Satz 2 neu gef. durch G v. 16. 7. 2009 (BGBl. I S. 1959); zur erstmaligen Anwendung siehe § 17 Abs. 10.

[3)] § 14 Abs. 4 Satz 3 aufgeh., bish. Satz 4 wird Satz 3 durch G v. 26. 6. 2013 (BGBl. I S. 1809); zur Anwendung siehe § 17 Abs. 14 iVm BMF v. 16. 12. 2016, IV C 5 – S 2439/16/10001: 1. 1. 2017.

[4)] § 14 Abs. 4 Satz 4 Buchst. b Satz 2 angef. durch G v. 29. 7. 2008 (BGBl. I S. 1509); zur erstmaligen Anwendung siehe § 17 Abs. 8.

c) mit Zuteilung des Bausparvertrags oder
d) in den Fällen unschädlicher Verfügung.

[Fassung bis 29. 6. 2013:]

(5)[2] Wird im Besteuerungsverfahren die Entscheidung über die Höhe des zu versteuernden Einkommens nachträglich in der Weise geändert, dass dadurch die Einkommensgrenzen des § 13 Abs. 1 unterschritten werden und entsteht für Aufwendungen, die vermögenswirksame Leistungen darstellen, erstmals ein Anspruch auf Arbeitnehmer-Sparzulage, kann der Arbeitnehmer den Antrag auf Arbeitnehmer-Sparzulage abweichend von Absatz 4 innerhalb eines Jahres nach Bekanntgabe der Änderung stellen.

(6)[2] Besteht für Aufwendungen, die vermögenswirksame Leistungen darstellen, ein Anspruch auf Arbeitnehmer-Sparzulage und hat der Arbeitnehmer hierfür abweichend von § 1 Satz 2 Nr. 1 des Wohnungsbau-Prämiengesetzes Wohnungsbauprämie beantragt, kann der Arbeitnehmer die Arbeitnehmer-Sparzulage abweichend von Absatz 4 innerhalb eines Jahres nach Bekanntgabe der Mitteilung über die Änderung des Prämienanspruchs (§ 4a Abs. 4 Satz 1 und 2, § 4b Abs. 2 Satz 3 des Wohnungsbau-Prämiengesetzes) erstmalig beantragen.

[Fassung ab 30. 6. 2013:][1]

(5) [1]Ein Bescheid über die Ablehnung der Festsetzung einer Arbeitnehmer-Sparzulage ist aufzuheben und die Arbeitnehmer-Sparzulage ist nachträglich festzusetzen, wenn der Einkommensteuerbescheid nach Ergehen des Ablehnungsbescheides geändert wird und dadurch erstmals festgestellt wird, dass die Einkommensgrenzen des § 13 Absatz 1 unterschritten sind. [2]Die Frist für die Festsetzung der Arbeitnehmer-Sparzulage endet in diesem Fall nicht vor Ablauf eines Jahres nach Bekanntgabe des geänderten Steuerbescheides. [3]Satz 2 gilt entsprechend, wenn der geänderten Einkommensteuerfestsetzung kein Bescheid über die Ablehnung der Festsetzung einer Arbeitnehmer-Sparzulage vorangegangen ist.

(6) Besteht für Aufwendungen, die vermögenswirksame Leistungen darstellen, ein Anspruch auf Arbeitnehmer-Sparzulage und hat der Arbeitnehmer hierfür abweichend von § 1 Satz 2 Nummer 1 des Wohnungsbau-Prämiengesetzes eine Wohnungsbauprämie beantragt, endet die Frist für die Festssetzung der Arbeitnehmer-Sparzulage nicht vor Ablauf eines Jahres nach Bekanntgabe der Mitteilung über die Änderung des Prämienanspruchs.

(7) [1]Die Bundesregierung wird ermächtigt, durch Rechtsverordnung mit Zustimmung des Bundesrates das Verfahren bei der Festsetzung und der Auszahlung der Arbeitnehmer-Sparzulage näher zu regeln, soweit dies zur Vereinfachung des Verfahrens erforderlich ist. [2]Dabei kann auch bestimmt werden, daß der Arbeitgeber, das Unternehmen, das Institut oder der in § 3 Abs. 3 genannte

[1] § 14 Abs. 5 und 6 neu gef. durch G v. 26. 6. 2013 (BGBl. I S. 1809).
[2] § 14 Abs. 5 und 6 eingef. mWv 1. 1. 1998 durch G v. 26. 6. 2001 (BGBl. I S. 1310).

Gläubiger bei der Antragstellung mitwirkt und ihnen die Arbeitnehmer-Sparzulage zugunsten des Arbeitnehmers überwiesen wird.

(8) In öffentlich-rechtlichen Streitigkeiten über die auf Grund dieses Gesetzes ergehenden Verwaltungsakte der Finanzbehörden ist der Finanzrechtsweg gegeben.

§ 15[1] Elektronische Vermögensbildungsbescheinigung, Verordnungsermächtigungen, Haftung, Anrufungsauskunft, Außenprüfung.

(1)[2] [1]Das Unternehmen, das Institut oder der in § 3 Absatz 3 genannte Gläubiger hat der für die Besteuerung des Arbeitnehmers nach dem Einkommen zuständigen Finanzbehörde nach Maßgabe des § 93c der Abgabenordnung neben den in § 93c Absatz 1 der Abgabenordnung genannten Daten folgende Angaben zu übermitteln (elektronische Vermögensbildungsbescheinigung), wenn der Arbeitnehmer gegenüber der mitteilungspflichtigen Stelle in die Datenübermittlung eingewilligt hat:

1. den jeweiligen Jahresbetrag der nach § 2 Abs. 1 Nr. 1 bis 5, Abs. 2 bis 4 angelegten vermögenswirksamen Leistungen sowie die Art ihrer Anlage,
2. das Kalenderjahr, dem diese vermögenswirksamen Leistungen zuzuordnen sind, und
3. entweder das Ende der für die Anlageform vorgeschriebenen Sperrfrist nach diesem Gesetz oder bei einer Anlage nach § 2 Abs. 1 Nr. 4 das Ende der im Wohnungsbau-Prämiengesetz oder in der Verordnung zur Durchführung des Wohnungsbau-Prämiengesetzes genannten Sperr- und Rückzahlungsfristen. [2]Bei Bausparverträgen sind die in § 2 Abs. 3 Satz 1 des Wohnungsbau-Prämiengesetzes genannten Sperr- und Rückzahlungsfristen zu bescheinigen unabhängig davon, ob der Vertrag vor dem 1. Januar 2009 oder nach dem 31. Dezember 2008 abgeschlossen worden ist.

[2]Die Einwilligung nach Satz 1 ist spätestens bis zum Ablauf des zweiten Kalenderjahres, das auf das Kalenderjahr der Anlage der vermögenswirksamen Leistungen folgt, zu erteilen. [3]Dabei hat der Arbeitnehmer dem Mitteilungspflichtigen die Identifikationsnummer mitzuteilen. *[4]Die Einwilligung gilt als erteilt, wenn die übermittelnde Stelle den Arbeitnehmer schriftlich darüber informiert, dass vom Vorliegen einer Einwilligung ausgegangen wird und die Daten übermittelt werden, wenn der Arbeitnehmer dem nicht innerhalb einer Frist von vier Wochen nach Erhalt dieser schriftlichen Information schriftlich widerspricht. [5]Die Einwilligung gilt auch für die folgenden Kalenderjahre, es sei denn, der Arbeitnehmer widerruft diese schriftlich gegenüber der übermittelnden Stelle. [6]Der Widerruf muss der übermittelnden Stelle vor Beginn des Kalenderjahres, für das die Einwilligung erstmals nicht mehr gelten soll, vorliegen.*[3] [4]Wird die Einwilligung nach Ablauf des Kalenderjahres

---

[1] § 15 Überschrift und Abs. 1 neu gef. durch G v. 26.6.2013 (BGBl. I S. 1809); zur Anwendung siehe § 17 Abs. 14 iVm BMF v. 16.12.2016, BStBl. I S. 1435 zur erstmaligen Anwendung.

[2] § 15 Satzteil vor Nr. 1 neu gef.; Nr. 1 aufgeh., bish. Nrn. 2 bis 4 werden Nrn. 1 bis 3 mWv 1.1.2017 durch G v. 18.7.2016 (BGBl. I S. 1679).

[3] § 15 Abs. 1 Satz 4 bis 6 aufgeh., bish. Satz 7 wird Satz 4 mWv 26.11.2019 durch G v. 20.11.2019 (BGBl. I S. 1626).

der Anlage der vermögenswirksamen Leistungen abgegeben, sind die Daten bis zum Ende des folgenden Kalendervierteljahres zu übermitteln.[1)]

(1a)[2)] [1]In den Fällen des Absatzes 1 ist für die Anwendung des § 72a Absatz 4 und des § 93c Absatz 4 Satz 1 der Abgabenordnung die für die Besteuerung der mitteilungspflichtigen Stelle nach dem Einkommen zuständige Finanzbehörde zuständig. [2]Die nach Absatz 1 übermittelten Daten können durch die nach Satz 1 zuständige Finanzbehörde zum Zweck der Anwendung des § 93c Absatz 4 Satz 1 der Abgabenordnung bei den für die Besteuerung der Arbeitnehmer nach dem Einkommen zuständigen Finanzbehörden abgerufen und verwendet werden.

(2) Die Bundesregierung wird ermächtigt, durch Rechtsverordnung mit Zustimmung des Bundesrates weitere Vorschriften zu erlassen über

1. Aufzeichnungs- und Mitteilungspflichten des Arbeitgebers und des Unternehmens oder Instituts, bei dem die vermögenswirksamen Leistungen angelegt sind, und
2. die Festlegung von Wertpapieren und die Art der Festlegung, soweit dies erforderlich ist, damit nicht die Arbeitnehmer-Sparzulage zu Unrecht gezahlt, versagt, nicht zurückgefordert oder nicht einbehalten wird.

(3) Haben der Arbeitgeber, das Unternehmen, das Institut oder der in § 3 Abs. 3 genannte Gläubiger ihre Pflichten nach diesem Gesetz oder nach einer auf Grund dieses Gesetzes erlassenen Rechtsverordnung verletzt, so haften sie für die Arbeitnehmer-Sparzulage, die wegen ihrer Pflichtverletzung zu Unrecht gezahlt, nicht zurückgefordert oder nicht einbehalten worden ist.

(4)[3)] Das Finanzamt, das für die Besteuerung nach dem Einkommen der in Absatz 3 Genannten zuständig ist, hat auf deren Anfrage Auskunft darüber zu erteilen, wie im einzelnen Fall die Vorschriften über vermögenswirksame Leistungen anzuwenden sind, die nach § 2 Absatz 1 Nummer 1 bis 5 und Absatz 2 bis 4 angelegt werden.

(5) [1]Das für die Lohnsteuer-Außenprüfung zuständige Finanzamt kann bei den in Absatz 3 Genannten eine Außenprüfung durchführen, um festzustellen, ob sie ihre Pflichten nach diesem Gesetz oder nach einer auf Grund dieses Gesetzes erlassenen Rechtsverordnung, soweit diese mit der Anlage vermögenswirksamer Leistungen nach § 2 Abs. 1 Nr. 1 bis 5, Abs. 2 bis 4 zusammenhängen, erfüllt haben. [2]Die §§ 195 bis 203 a[4)] der Abgabenordnung gelten entsprechend.

§ 16 Berlin-Klausel. (gegenstandslos)

[1)] § 15 Abs. 1 Satz 7 aufgeh., bish. Satz 8 wird Satz 7 und kursive Satzteile aufgeh. mWv 1.1.2017 durch G v. 18.7.2016 (BGBl. I S. 1679).

[2)] § 15 Abs. 1a eingef. mWv 1.1.2017 durch G v. 18.7.2016 (BGBl. I S. 1679).

[3)] § 15 Abs. 4 geänd. mWv 1.1.2017 durch G v. 18.7.2016 (BGBl. I S. 1679).

[4)] Verweis geänd. mWv 1.1.2017 durch G v. 18.7.2016 (BGBl. I S. 1679).

§ 17 Anwendungsvorschriften. (1)[1] Die vorstehenden Vorschriften dieses Gesetzes gelten vorbehaltlich der nachfolgenden Absätze für vermögenswirksame Leistungen, die nach dem 31. Dezember 1993 angelegt werden.

(2) Für vermögenswirksame Leistungen, die vor dem 1. Januar 1994 angelegt werden, gilt, soweit Absatz 5 nichts anderes bestimmt, § 17 des Fünften Vermögensbildungsgesetzes in der Fassung der Bekanntmachung vom 19. Januar 1989 (BGBl. I S. 137) – Fünftes Vermögensbildungsgesetz 1989 –, unter Berücksichtigung der Änderung durch Artikel 2 Nr. 1 des Gesetzes vom 13. Dezember 1990 (BGBl. I S. 2749).

(3) Für vermögenswirksame Leistungen, die im Jahr 1994 angelegt werden auf Grund eines vor dem 1. Januar 1994 abgeschlossenen Vertrags

1. nach § 4 Abs. 1 oder § 5 Abs. 1 des Fünften Vermögensbildungsgesetzes 1989 zum Erwerb von Aktien oder Wandelschuldverschreibungen, die keine Aktien oder Wandelschuldverschreibungen im Sinne des vorstehenden § 2 Abs. 1 Nr. 1 Buchstabe a oder b, Abs. 2 Satz 1 sind, oder
2. nach § 6 Abs. 2 des Fünften Vermögensbildungsgesetzes 1989 über die Begründung eines Geschäftsguthabens bei einer Genossenschaft, die keine Genossenschaft im Sinne des vorstehenden § 2 Abs. 1 Nr. 1 Buchstabe g, Abs. 2 Satz 2 ist, oder
3. nach § 6 Abs. 2 oder § 7 Abs. 2 des Fünften Vermögensbildungsgesetzes 1989 über die Übernahme einer Stammeinlage oder zum Erwerb eines Geschäftsanteils an einer Gesellschaft mit beschränkter Haftung, die keine Gesellschaft im Sinne des vorstehenden § 2 Abs. 1 Nr. 1 Buchstabe h, Abs. 2 Satz 3 ist,

gelten statt der vorstehenden §§ 2, 4, 6 und 7 die §§ 2, 4, 6 und 7 des Fünften Vermögensbildungsgesetzes 1989.

(4) Für vermögenswirksame Leistungen, die nach dem 31. Dezember 1993 auf Grund eines Vertrags im Sinne des § 17 Abs. 5 Satz 1 des Fünften Vermögensbildungsgesetzes 1989 angelegt werden, gilt § 17 Abs. 5 und 6 des Fünften Vermögensbildungsgesetzes 1989.

(5) [1] Für vermögenswirksame Leistungen, die vor dem 1. Januar 1994 auf Grund eines Vertrags im Sinne des Absatzes 3 angelegt worden sind, gelten § 4 Abs. 2 bis 5, § 5 Abs. 2, § 6 Abs. 3 und § 7 Abs. 3 des Fünften Vermögensbildungsgesetzes 1989 über Fristen für die Verwendung vermögenswirksamer Leistungen und über Sperrfristen nach dem 31. Dezember 1993 nicht mehr. [2] Für vermögenswirksame Leistungen, die vor dem 1. Januar 1990 auf Grund eines Vertrags im Sinne des § 17 Abs. 2 des Fünften Vermögensbildungsgesetzes 1989 über die Begründung einer oder mehrerer Beteiligungen als stiller Gesellschafter angelegt worden sind, gilt § 7 Abs. 3 des Fünften Vermögensbildungsgesetzes in der Fassung der Bekanntmachung vom 19. Februar 1987 (BGBl. I S. 630) über die Sperrfrist nach dem 31. Dezember 1993 nicht mehr.

(6)[2] Für vermögenswirksame Leistungen, die vor dem 1. Januar 1999 angelegt worden sind, gilt § 13 Abs. 1 und 2 dieses Gesetzes in der Fassung der Bekanntmachung vom 4. März 1994 (BGBl. I S. 406).

---

[1] § 17 Abs. 1 neu gef. durch G v. 29. 7. 2008 (BGBl. I S. 1509).
[2] § 17 Abs. 6 angef. durch G v. 7. 9. 1998 (BGBl. I S. 2647).

(7)[1] § 13 Abs. 1 Satz 1 und Abs. 2 in der Fassung des Artikels 2 des Gesetzes vom 7. März 2009 (BGBl. I S. 451) ist erstmals für vermögenswirksame Leistungen anzuwenden, die nach dem 31. Dezember 2008 angelegt werden.

(8)[2] § 8 Abs. 5, § 13 Abs. 5 Satz 1 und 2, § 14 Abs. 4 Satz 4 Buchstabe b und § 15 Abs. 1 Nr. 3 in der Fassung des Artikels 7 des Gesetzes vom 29. Juli 2008 (BGBl. I S. 1509) sind erstmals für vermögenswirksame Leistungen anzuwenden, die nach dem 31. Dezember 2008 angelegt werden.

(9)[3] § 4 Abs. 4 Nr. 4 und § 13 Abs. 5 Satz 3 Nr. 3 in der Fassung des Artikels 1 des Gesetzes vom 8. Dezember 2008 (BGBl. I S. 2373) ist erstmals bei Verfügungen nach dem 31. Dezember 2008 anzuwenden.

(10)[4] § 14 Absatz 4 Satz 2 in der Fassung des Artikels 12 des Gesetzes vom 16. Juli 2009 (BGBl. I S. 1959) ist erstmals für vermögenswirksame Leistungen anzuwenden, die nach dem 31. Dezember 2006 angelegt werden, und in Fällen, in denen am 22. Juli 2009 über einen Antrag auf Arbeitnehmer-Sparzulage noch nicht bestandskräftig entschieden ist.

(11)[5] § 13 Absatz 1 Satz 2 in der Fassung des Artikels 10 des Gesetzes vom 8. Dezember 2010 (BGBl. I S. 1768) ist erstmals für vermögenswirksame Leistungen anzuwenden, die nach dem 31. Dezember 2008 angelegt werden.

(12)[6] § 2 Absatz 1 Nummer 5 in der Fassung des Artikels 13 des Gesetzes vom 7. Dezember 2011 (BGBl. I S. 2592) ist erstmals für vermögenswirksame Leistungen anzuwenden, die nach dem 31. Dezember 2011 angelegt werden.

(13)[7] [1] § 3 Absatz 1 Satz 1 Nummer 1 in der Fassung des Artikels 18 des Gesetzes vom 26. Juni 2013 (BGBl. I S. 1809) ist erstmals für vermögenswirksame Leistungen anzuwenden, die nach dem 31. Dezember 2012 angelegt werden. [2] § 4 Absatz 4 Nummer 1, 2 und 4 sowie § 8 Absatz 5 Satz 1 in der Fassung des Artikels 18 des Gesetzes vom 26. Juni 2013 (BGBl. I S. 1809) sind erstmals bei Verfügungen nach dem 31. Dezember 2012 anzuwenden.

(14)[7] [1] Das Bundesministerium der Finanzen teilt den Zeitpunkt der erstmaligen Anwendung der §§ 13 und 14 Absatz 4 sowie des § 15 in der Fassung des Artikels 18 des Gesetzes vom 26. Juni 2013 (BGBl. I S. 1809) durch ein im Bundessteuerblatt zu veröffentlichendes Schreiben[8] mit. [2] Bis zu diesem Zeitpunkt sind die §§ 13 und 14 Absatz 4 sowie der § 15 in der Fassung des Artikels 13 des Gesetzes vom 7. Dezember 2011 (BGBl. I S. 2592) weiter anzuwenden.

(15)[9] [1] § 2 Absatz 1 Nummer 1 in der Fassung des Artikels 5 des Gesetzes vom 18. Dezember 2013 (BGBl. I S. 4318) ist erstmals für vermögenswirksa-

---

[1] § 17 Abs. 7 neu gef. durch G v. 7. 3. 2009 (BGBl. I S. 451).
[2] § 17 Abs. 8 angef. durch G v. 29. 7. 2008 (BGBl. I S. 1509).
[3] § 17 Abs. 9 angef. durch G v. 8. 12. 2008 (BGBl. I S. 2373).
[4] § 17 Abs. 10 angef. durch G v. 16. 7. 2009 (BGBl. I S. 1959).
[5] § 17 Abs. 11 angef. durch G v. 8. 12. 2010 (BGBl. I S. 1768).
[6] § 17 Abs. 12 angef. durch G v. 7. 12. 2011 (BGBl. I S. 2592).
[7] § 17 Abs. 13 und 14 angef. durch G v. 26. 6. 2013 (BGBl. I S. 1809).
[8] Vgl. BMF v. 16. 12. 2016, BStBl. I S. 1435: erstmalige Anwendung für nach dem 31. 12. 2016 angelegte vermögenswirks. Leistungen.
[9] § 17 Abs. 15 angef. durch G v. 18. 12. 2013 (BGBl. I S. 4318).

me Leistungen anzuwenden, die nach dem 31. Dezember 2013 angelegt werden. [2] § 4 Absatz 4 Nummer 4 in der Fassung des Artikels 5 des Gesetzes vom 18. Dezember 2013 (BGBl. I S. 4318) ist erstmals bei Verfügungen nach dem 31. Dezember 2013 anzuwenden.

[*ab 26.11.2019:*

(16)[1)] Zur Abwicklung von Verträgen, die vor dem 25. Mai 2018 unter den Voraussetzungen des § 15 Absatz 1 Satz 4 in der am 30. Juni 2013 geltenden Fassung abgeschlossen wurden, sind das Unternehmen, das Institut oder der in § 3 Absatz 3 genannte Gläubiger verpflichtet, die Daten nach Maßgabe des § 15 Absatz 1 Satz 1 zu übermitteln, es sei denn, der Arbeitnehmer hat der Datenübermittlung schriftlich widersprochen.]

§ 18 Kündigung eines vor 1994 abgeschlossenen Anlagevertrags und der Mitgliedschaft in einer Genossenschaft oder Gesellschaft mit beschränkter Haftung. (1) Hat sich der Arbeitnehmer in einem Vertrag im Sinne des § 17 Abs. 3 verpflichtet, auch nach dem 31. Dezember 1994 vermögenswirksame Leistungen überweisen zu lassen oder andere Beträge zu zahlen, so kann er den Vertrag bis zum 30. September 1994 auf den 31. Dezember 1994 mit der Wirkung schriftlich kündigen, daß auf Grund dieses Vertrags vermögenswirksame Leistungen oder andere Beträge nach dem 31. Dezember 1994 nicht mehr zu zahlen sind.

(2) [1] Ist der Arbeitnehmer im Zusammenhang mit dem Abschluß eines Vertrags im Sinne des § 17 Abs. 3 Nr. 2 Mitglied in einer Genossenschaft geworden, so kann er die Mitgliedschaft bis zum 30. September 1994 auf den 31. Dezember 1994 mit der Wirkung schriftlich kündigen, daß nach diesem Zeitpunkt die Verpflichtung, Einzahlungen auf einen Geschäftsanteil zu leisten und ein Eintrittsgeld zu zahlen, entfällt. [2] Weitergehende Rechte des Arbeitnehmers nach dem Statut der Genossenschaft bleiben unberührt. [3] Der ausge-

(Fortsetzung nächstes Blatt)

---

1) § 17 Abs. 16 angef. mWv 26.11.2019 durch G v. 20.11.2019 (BGBl. I S. 1626).

schiedene Arbeitnehmer kann die Auszahlung des Auseinandersetzungsguthabens, die Genossenschaft kann die Zahlung eines den ausgeschiedenen Arbeitnehmer treffenden Anteils an einem Fehlbetrag zum 1. Januar 1998 verlangen.

(3) [1] Ist der Arbeitnehmer im Zusammenhang mit dem Abschluß eines Vertrags im Sinne des § 17 Abs. 3 Nr. 3 Gesellschafter einer Gesellschaft mit beschränkter Haftung geworden, so kann er die Mitgliedschaft bis zum 30. September 1994 auf den 31. Dezember 1994 schriftlich kündigen. [2] Weitergehende Rechte des Arbeitnehmers nach dem Gesellschaftsvertrag bleiben unberührt. [3] Der zum Austritt berechtigte Arbeitnehmer kann von der Gesellschaft als Abfindung den Verkehrswert seines Geschäftsanteils verlangen; maßgebend ist der Verkehrswert im Zeitpunkt des Zugangs der Kündigungserklärung. [4] Der Arbeitnehmer kann die Abfindung nur verlangen, wenn die Gesellschaft sie ohne Verstoß gegen § 30 Abs. 1 des Gesetzes betreffend die Gesellschaften mit beschränkter Haftung zahlen kann. [5] Hat die Gesellschaft die Abfindung bezahlt, so stehen dem Arbeitnehmer aus seinem Geschäftsanteil keine Rechte mehr zu. [6] Kann die Gesellschaft bis zum 31. Dezember 1996 die Abfindung nicht gemäß Satz 4 zahlen, so ist sie auf Antrag des zum Austritt berechtigten Arbeitnehmers aufzulösen. [7] § 61 Abs. 1, Abs. 2 Satz 1 und Abs. 3 des Gesetzes betreffend die Gesellschaften mit beschränkter Haftung gilt im übrigen entsprechend.

(4) Werden auf Grund der Kündigung nach Absatz 1, 2 oder 3 Leistungen nicht erbracht, so hat der Arbeitnehmer dies nicht zu vertreten.

(5) [1] Hat der Arbeitnehmer nach Absatz 1 einen Vertrag im Sinne des § 17 Abs. 3 Nr. 2 oder nach Absatz 2 die Mitgliedschaft in einer Genossenschaft gekündigt, so gelten beide Kündigungen als erklärt, wenn der Arbeitnehmer dies nicht ausdrücklich ausgeschlossen hat. [2] Entsprechendes gilt, wenn der Arbeitnehmer nach Absatz 1 einen Vertrag im Sinne des § 17 Abs. 3 Nr. 3 oder nach Absatz 3 die Mitgliedschaft in einer Gesellschaft mit beschränkter Haftung gekündigt hat.

(6) Macht der Arbeitnehmer von seinem Kündigungsrecht nach Absatz 1 keinen Gebrauch, so gilt die Verpflichtung, vermögenswirksame Leistungen überweisen zu lassen, nach dem 31. Dezember 1994 als Verpflichtung, andere Beträge in entsprechender Höhe zu zahlen.

24a. Verordnung zur Durchführung des Fünften Vermögensbildungsgesetzes (Fünftes Vermögensbildungsgesetz-Durchführungsverordnung – VermBDV)[1), 2)]

Vom 20. Dezember 1994 (BGBl. I S. 3904)

Geändert durch Steuer-Euroglättungsgesetz vom 19.12.2000 (BGBl. I S. 1790), Investmentänderungsgesetz vom 21.12.2007 (BGBl. I S. 3089), Eigenheimrentengesetz vom 29.7.2008 (BGBl. I S. 1509), Steuerbürokratieabbaugesetz vom 20.12.2008 (BGBl. I S. 2850), Amtshilferichtlinie-Umsetzungsgesetz (AmtshilfeRLUmsG) vom 26.6.2013 (BGBl. I S. 1809), Gesetz zur Anpassung des Investmentsteuergesetzes und anderer Gesetze an das AIFM-Umsetzungsgesetz (AIFM-Steuer-Anpassungsgesetz – AIFM-StAnpG) vom 18.12.2013 (BGBl. I S. 4318), Gesetz zur Anpassung steuerlicher Regelungen an die Rechtsprechung des Bundesverfassungsgerichts vom 18.7.2014 (BGBl. I S. 1042), Verordnung zur Änderung steuerlicher Verordnungen und weiterer Vorschriften vom 22.12.2014 (BGBl. I S. 2392) und Vierte Verordnung zur Änderung Steuerlicher Verordnungen vom 12.7.2017 (BGBl. I S. 2360)

BGBl. III/FNA 800-9-3-3

Auf Grund des § 14 Abs. 5 und des § 15 Abs. 2 des Fünften Vermögensbildungsgesetzes in der Fassung der Bekanntmachung vom 4. März 1994 (BGBl. I S. 406) verordnet die Bundesregierung und auf Grund des § 156 Abs. 1 der Abgabenordnung vom 16. März 1976 (BGBl. I S. 613), der durch Artikel 26 des Gesetzes vom 21. Dezember 1993 (BGBl. I S. 2310) geändert worden ist, verordnet das Bundesministerium der Finanzen:

§ 1 Verfahren. Auf das Verfahren bei der Festsetzung, Auszahlung und Rückzahlung der Arbeitnehmer-Sparzulage sind neben den in § 14 Abs. 2 des Gesetzes bezeichneten Vorschriften die für die Einkommensteuer und Lohnsteuer geltenden Regelungen sinngemäß anzuwenden, soweit sich aus den nachstehenden Vorschriften nichts anderes ergibt.

§ 2 Mitteilungspflichten des Arbeitgebers, des Kreditinstituts oder des Unternehmens. (1) Der Arbeitgeber hat bei Überweisung vermögenswirksamer Leistungen im Dezember und Januar eines Kalenderjahres dem Kreditinstitut oder dem Unternehmen, bei dem die vermögenswirksamen Leistungen angelegt werden, das Kalenderjahr mitzuteilen, dem die vermögenswirksamen Leistungen zuzuordnen sind.

[1)] **§ 8 ist auf vermögenswirksame Leistungen, über die nach dem 31.12.1994 vorzeitig verfügt worden ist, anzuwenden. Im übrigen ist diese VO auf vermögenswirksame Leistungen, die nach dem 31.12.1993 angelegt werden, anzuwenden (§ 10).**

[2)] Titel neu gef. durch VO v. 12.7.2017 (BGBl. I S. 2360).

[Fassung bis 31.12.2017:]

(2) [1] Werden bei einer Anlage nach § 2 Abs. 1 Nr. 4 des Gesetzes oder § 17 Abs. 5 Satz 1 Nr. 1 des Fünften Vermögensbildungsgesetzes in der Fassung der Bekanntmachung vom 19. Januar 1989 (BGBl. I S. 137)

1. Wohnbau-Sparverträge in Baufinanzierungsverträge umgewandelt (§ 12 Abs. 1 Nr. 2 der Verordnung zur Durchführung des Wohnungsbau-Prämiengesetzes in der Fassung der Bekanntmachung vom 29. Juni 1994, BGBl. I S. 1446),
2. Baufinanzierungsverträge in Wohnbau-Sparverträge umgewandelt (§ 18 Abs. 1 Nr. 2 der Verordnung zur Durchführung des Wohnungsbau-Prämiengesetzes in der Fassung der Bekanntmachung vom 29. Juni 1994, BGBl. I S. 1446) oder
3.[1)] Sparbeiträge auf einen von dem Arbeitnehmer oder seinem Ehegatten [*ab 24.7.2014:* oder Lebenspartner] abgeschlossenen Bausparvertrag überwiesen (§ 4 Abs. 3 Nr. 7 des Fünften Vermögensbildungsgesetzes in der Fassung der Bekanntmachung vom 19. Februar 1987, BGBl. I S. 630),

so hat das Kreditinstitut oder Unternehmen, bei dem die vermögenswirksamen Leistungen angelegt worden sind, dem neuen Kreditinstitut oder Unternehmen den Betrag der vermögenswirksamen Leistungen, das Kalenderjahr, dem sie zuzuordnen sind, das Ende der Sperrfrist, seinen Institutsschlüssel *(§ 5 Abs. 2)*

[Fassung ab 1.1.2018:]

(2)[2)] [1] Werden bei einer Anlage nach § 2 Absatz 1 Nummer 4 des Gesetzes

1. Wohnbau-Sparverträge in Baufinanzierungsverträge umgewandelt (§ 12 Absatz 1 Nummer 2 der Verordnung zur Durchführung des Wohnungsbau-Prämiengesetzes) oder
2. Baufinanzierungsverträge in Wohnbau-Sparverträge umgewandelt (§ 18 Absatz 1 Nummer 2 der Verordnung zur Durchführung des Wohnungsbau-Prämiengesetzes),

hat das Kreditinstitut oder Unternehmen, bei dem die vermögenswirksamen Leistungen angelegt worden sind, dem neuen Kreditinstitut oder Unternehmen unverzüglich mitzuteilen:

a) den Betrag der vermögenswirksamen Leistungen,
b) das Kalenderjahr, dem sie zuzuordnen sind,
c) das Ende der Sperrfrist,
d) seinen Institutsschlüssel gemäß § 5 Absatz 1 und
e) die bisherige Vertragsnummer des Arbeitnehmers.

---

1) § 2 Abs. 2 Satz 1 Nr. 3 geänd. mWv 24.7.2014 durch G v. 18.7.2014 (BGBl. I S. 1042).

2) § 2 Abs. 2 Satz 1 neu gef. mWv 1.1.2018 (§ 10 Abs. 1) durch VO v. 12.7.2017 (BGBl. I S. 2360).

[Fassung bis 31.12.2017:]
[***neue Fassung:*** gemäß § 5 Absatz 1][1)]
und die bisherige Vertragsnummer des Arbeitnehmers unverzüglich schriftlich mitzuteilen.

[2]Das neue Kreditinstitut oder Unternehmen hat die Angaben aufzuzeichnen.

(3) [1]Das Kreditinstitut oder die *Kapitalanlagegesellschaft* [***ab 24.12.2013***: Kapitalverwaltungsgesellschaft][2)], bei dem vermögenswirksame Leistungen auf Grund eines Vertrags im Sinne des § 4 des Gesetzes angelegt werden, hat

1. dem Arbeitgeber, der mit den vermögenswirksamen Leistungen erworbene Wertpapiere verwahrt oder an dessen Unternehmen eine nichtverbriefte Vermögensbeteiligung im Sinne des § 2 Abs. 1 Nr. 1 Buchstabe g bis l des Gesetzes mit den vermögenswirksamen Leistungen begründet oder erworben wird, oder
2. dem Unternehmen, an dem eine nichtverbriefte Vermögensbeteiligung im Sinne des § 2 Abs. 1 Nr. 1 Buchstabe g bis l des Gesetzes mit den vermögenswirksamen Leistungen begründet oder erworben wird,

das Ende der für die vermögenswirksamen Leistungen geltenden Sperrfrist unverzüglich *schriftlich*[3)] mitzuteilen. [2]Wenn über die verbrieften oder nichtverbrieften Vermögensbeteiligungen vor Ablauf der Sperrfrist verfügt worden ist, hat dies der Arbeitgeber oder das Unternehmen dem Kreditinstitut oder der *Kapitalanlagegesellschaft* [***ab 24.12.2013:*** Kapitalverwaltungsgesellschaft][2)] unverzüglich mitzuteilen.

(4) [1]Der Arbeitgeber, bei dem vermögenswirksame Leistungen auf Grund eines Vertrags im Sinne des § 5 des Gesetzes angelegt werden, hat dem vom Arbeitnehmer benannten Kreditinstitut, das die erworbenen Wertpapiere verwahrt, oder der vom Arbeitnehmer benannten *Kapitalanlagegesellschaft* [***ab 24.12.2013:*** Kapitalverwaltungsgesellschaft][2)], die die erworbenen Wertpapiere verwahrt, das Ende der für die vermögenswirksamen Leistungen geltenden Sperrfrist unverzüglich *schriftlich*[3)] mitzuteilen. [2]Wenn über die Wertpapiere vor Ablauf der Sperrfrist verfügt worden ist, hat dies das Kreditinstitut oder die *Kapitalanlagegesellschaft* [***ab 24.12.2013:*** Kapitalverwaltungsgesellschaft][2)] dem Arbeitgeber unverzüglich mitzuteilen.

§ 3 Aufzeichnungspflichten des Beteiligungsunternehmens.

(1) [1]Das Unternehmen, an dem eine nichtverbriefte Vermögensbeteiligung im Sinne des § 2 Abs. 1 Nr. 1 Buchstabe g bis l des Gesetzes auf Grund eines Vertrags im Sinne des § 6 Abs. 2 oder des § 7 Abs. 2 des Gesetzes mit vermögenswirksamen Leistungen begründet oder erworben wird, hat den Betrag der vermögenswirksamen Leistungen und das Kalenderjahr, dem sie

---

1) § 2 Abs. 2 Satz 1 geänd. durch G v. 26.6.2013 (BGBl. I S. 1809); zur Anwendung siehe § 11 Abs. 1 Sätze 2 und 3.

2) Bezeichnung geänd. mWv 24.12.2013 durch G v. 18.12.2013 (BGBl. I S. 4318).

3) Schriftformerfordernis aufgeh. mWv 1.1.2018 (§ 10 Abs. 1) durch VO v. 12.7.2017 (BGBl. I S. 2360).

zuzuordnen sind, sowie das Ende der Sperrfrist aufzuzeichnen. [2]Bei Verträgen im Sinne des § 4 des Gesetzes genügt die Aufzeichnung des Endes der Sperrfrist.

(2) Zu den Aufzeichnungen nach Absatz 1 Satz 1 ist auch der Arbeitgeber verpflichtet, an dessen Unternehmen eine nichtverbriefte Vermögensbeteiligung im Sinne des § 2 Abs. 1 Nr. 1 Buchstabe g bis l des Gesetzes auf Grund eines Vertrags im Sinne des § 6 Abs. 1 oder des § 7 Abs. 1 des Gesetzes mit vermögenswirksamen Leistungen begründet oder erworben wird.

§ 4 Festlegung von Wertpapieren. (1) Wertpapiere, die auf Grund eines Vertrags im Sinne des § 4 des Gesetzes mit vermögenswirksamen Leistungen erworben werden, sind auf den Namen des Arbeitnehmers dadurch festzulegen, daß sie für die Dauer der Sperrfrist wie folgt in Verwahrung gegeben werden:

1. [1]Erwirbt der Arbeitnehmer Einzelurkunden, so müssen diese in das Depot bei dem Kreditinstitut oder der *Kapitalanlagegesellschaft* [***ab 24.12.2013:*** Kapitalverwaltungsgesellschaft][1)] gegeben werden, mit dem er den Sparvertrag abgeschlossen hat. [2]Das Kreditinstitut oder die *Kapitalanlagegesellschaft* [***ab 24.12.2013:*** Kapitalverwaltungsgesellschaft][1)] muß in den Depotbüchern einen Sperrvermerk für die Dauer der Sperrfrist anbringen. [3]Bei Drittverwahrung genügt ein Sperrvermerk im Kundenkonto beim erstverwahrenden Kreditinstitut oder bei der erstverwahrenden *Kapitalanlagegesellschaft* [***ab 24.12.2013:*** Kapitalverwaltungsgesellschaft][1)].
2. Erwirbt der Arbeitnehmer Anteile an einem Sammelbestand von Wertpapieren oder werden Wertpapiere bei einer Wertpapiersammelbank in Sammelverwahrung gegeben, so muß das Kreditinstitut oder die *Kapitalanlagegesellschaft* [***ab 24.12.2013:*** Kapitalverwaltungsgesellschaft][1)] einen Sperrvermerk in das Depotkonto eintragen.

(2) [1]Wertpapiere nach Absatz 1 Satz 1,

1. die eine Vermögensbeteiligung an Unternehmen des Arbeitgebers oder eine gleichgestellte Vermögensbeteiligung (§ 2 Abs. 2 Satz 1 des Gesetzes) verbriefen oder
2. die der Arbeitnehmer vom Arbeitgeber erwirbt,

können auch vom Arbeitgeber verwahrt werden. [2]Der Arbeitgeber hat die Verwahrung sowie das Ende der Sperrfrist aufzuzeichnen.

(3) [1]Wertpapiere, die auf Grund eines Vertrags im Sinne des § 5 des Gesetzes erworben werden, sind festzulegen durch Verwahrung

1. beim Arbeitgeber oder
2. im Auftrag des Arbeitgebers bei einem Dritten oder
3. bei einem vom Arbeitnehmer benannten inländischen Kreditinstitut oder bei einer vom Arbeitnehmer benannten inländischen *Kapitalanlagegesellschaft* [***ab 24.12.2013:*** Kapitalverwaltungsgesellschaft][1)].

[1)] Bezeichnung geänd. mWv 24.12.2013 durch G v. 18.12.2013 (BGBl. I S. 4318).

[2]In den Fällen der Nummern 1 und 2 hat der Arbeitgeber die Verwahrung, den Betrag der vermögenswirksamen Leistungen, das Kalenderjahr, dem sie zuzuordnen sind, und das Ende der Sperrfrist aufzuzeichnen. [3]Im Falle der Nummer 3 hat das Kreditinstitut oder die *Kapitalanlagegesellschaft* [***ab 24.12.2013:*** Kapitalverwaltungsgesellschaft][1] das Ende der Sperrfrist aufzuzeichnen.

(4) Bei einer Verwahrung durch ein Kreditinstitut oder eine *Kapitalanlagegesellschaft* [***ab 24.12.2013:*** Kapitalverwaltungsgesellschaft][1] hat der Arbeitnehmer innerhalb von drei Monaten nach dem Erwerb der Wertpapiere dem Arbeitgeber eine Bescheinigung des Kreditinstituts oder der *Kapitalanlagegesellschaft* [***ab 24.12.2013:*** Kapitalverwaltungsgesellschaft][1] darüber vorzulegen, daß die Wertpapiere entsprechend Absatz 1 in Verwahrung genommen worden sind.

§ 5[2] Elektronische Vermögensbildungsbescheinigung.

[Fassung bis 31.12.2017:]

(1) [1]Das Kreditinstitut, das Unternehmen oder der Arbeitgeber, bei dem vermögenswirksame Leistungen nach § 2 Abs. 1 Nr. 1 bis 4, Abs. 2 bis 4 des Gesetzes oder nach § 17 Abs. 5 Satz 1 des Fünften Vermögensbildungsgesetzes in der am 19. Januar 1989 geltenden Fassung (BGBl. I S. 137) angelegt werden, hat in der elektronischen Vermögensbildungsbescheinigung seinen Institutsschlüssel und die Vertragsnummer des Arbeitnehmers anzugeben; dies gilt nicht für Anlagen nach § 2 Abs. 1 Nr. 4 des Gesetzes in Verbindung mit § 2 Abs. 1 Nr. 2 des Wohnungsbau-Prämiengesetzes.

[Fassung ab 1.1.2018:]

(1) [1]Das Kreditinstitut, das Unternehmen oder der Arbeitgeber, bei dem vermögenswirksame Leistungen nach § 2 Absatz 1 Nummer 1 bis 4 oder Absatz 2 bis 4 des Gesetzes angelegt werden, hat in der elektronischen Vermögensbildungsbescheinigung seinen Institutsschlüssel und die Vertragsnummer des Arbeitnehmers anzugeben.

[2]Der Institutsschlüssel ist bei der *Zentralstelle der Länder* [***ab 1.1.2018:*** Zentralstelle für Arbeitnehmer-Sparzulage und Wohnungsbauprämie] anzufordern. [3]Bei der Anforderung sind anzugeben

1. Name und Anschrift des anfordernden Kreditinstituts, Unternehmens oder Arbeitgebers,
2. Bankverbindung für die Überweisung der Arbeitnehmer-Sparzulagen,
3. Lieferanschrift für die Übersendung von Datenträgern.

[4]Die Vertragsnummer darf keine Sonderzeichen enthalten.

(2) Der Arbeitgeber oder das Unternehmen, bei dem vermögenswirksame Leistungen nach § 2 Abs. 1 Nr. 2 und 3, Abs. 2 bis 4 des Gesetzes angelegt

[1] Bezeichnung geänd. mWv 24.12.2013 durch G v. 18.12.2013 (BGBl. I S. 4318).

[2] § 5 Abs. 1 Satz 1 neu gef., Satz 2 geänd. mWv. 1.1.2018 (§ 10 Abs. 1) durch VO v. 12.7.2017 (BGBl. I S. 2360).

werden, hat in der elektronischen Vermögensbildungsbescheinigung, die noch nicht zum Erwerb von Wertpapieren oder zur Begründung von Rechten verwendet worden sind, als Ende der Sperrfrist den 31. Dezember des sechsten Kalenderjahres nach dem Kalenderjahr anzugeben, dem die vermögenswirksamen Leistungen zuzuordnen sind.

(3)[1] [1]In der elektronischen Vermögensbildungsbescheinigung über vermögenswirksame Leistungen, die nach § 2 Absatz 1 Nummer 1 oder Nummer 4 des Gesetzes bei Kreditinstituten, *Kapitalanlagegesellschaften* [**ab 24.12.2013:** Kapitalverwaltungsgesellschaften][2] oder Versicherungsunternehmen angelegt worden sind, ist bei einer unschädlichen vorzeitigen Verfügung als Ende der Sperrfrist der Zeitpunkt dieser Verfügung anzugeben. [2]Dies gilt bei Zuteilung eines Bausparvertrags entsprechend.

(4)[3] Bei einer schädlichen vorzeitigen Verfügung über vermögenswirksame Leistungen, die nach § 2 Abs. 1 Nr. 1 oder 4 des Gesetzes bei Kreditinstituten, *Kapitalanlagegesellschaften* [**ab 24.12.2013:** Kapitalverwaltungsgesellschaften][2] oder Versicherungsunternehmen angelegt worden sind, darf eine elektronische Vermögensbildungsbescheinigung nicht erteilt werden.

§ 6 Festsetzung der Arbeitnehmer-Sparzulage, Mitteilungspflichten der Finanzämter. (1)[4] [1]Die Festsetzung der Arbeitnehmer-Sparzulage ist regelmäßig mit der Einkommensteuererklärung zu beantragen. [2]Die festzusetzende Arbeitnehmer-Sparzulage ist auf den nächsten vollen Euro-Betrag[5] aufzurunden. [3]Sind für den Arbeitnehmer die vermögenswirksamen Leistungen eines Kalenderjahres auf mehr als einem der in § 2 Abs. 1 Nr. 1 bis 5 des Gesetzes bezeichneten Anlageverträge angelegt worden, so gilt die Aufrundung für jeden Vertrag.

(2) [1]Festgesetzte, noch nicht fällige Arbeitnehmer-Sparzulagen sind der *Zentralstelle der Länder* [**ab 1.1.2018:** Zentralstelle für Arbeitnehmer-Sparzulage und Wohnungsbauprämie][6] zur Aufzeichnung der für ihre Auszahlung notwendigen Daten mitzuteilen. [2]Das gilt auch für die Änderung festgesetzter Arbeitnehmer-Sparzulagen sowie in den Fällen, in denen festgesetzte Arbeitnehmer-Sparzulagen nach Auswertung einer Anzeige über die teilweise schädliche vorzeitige Verfügung (§ 8 Abs. 4 Satz 2) unberührt bleiben.

(3)[7] Werden bei einer Anlage nach § 2 Abs. 1 Nr. 1 bis 4, Abs. 2 bis 4 des Gesetzes vor Ablauf der Sperrfrist teilweise Beträge zurückgezahlt, Ansprüche aus dem Vertrag abgetreten oder beliehen, die Bauspar- oder Versicherungssumme ausgezahlt, die Festlegung aufgehoben oder Spitzenbeträge nach § 4

---

[1] § 5 Abs. 3 Satz 1 geänd. durch VO v. 22.12.2014 (BGBl. I S. 2392); Satz 1 geänd. mWv 1.1.2018 (§ 10 Abs. 1) durch VO v. 12.7.2017 (BGBl. I S. 2360).

[2] Bezeichnung geänd. mWv 24.12.2013 durch G v. 18.12.2013 (BGBl. I S. 4318).

[3] § 5 Abs. 4 geänd. mWv 1.1.2018 (§ 10 Abs. 1) durch VO v. 12.7.2017 (BGBl. I S. 2360).

[4] § 6 Abs. 1 Satz 1 geänd. mWv 1.1.2018 (§ 10 Abs. 1) durch VO v. 12.7.2017 (BGBl. I S. 2360).

[5] Bezeichnung geänd. mWv 1.1.2002 durch G v. 19.12.2000 (BGBl. I S. 1790).

[6] Bezeichnung geänd. mWv 1.1.2018 (§ 10 Abs. 1) durch VO v. 12.7.2017 (BGBl. I S. 2360).

[7] § 6 Abs. 3 geänd. mWv 1.1.2018 (§ 10 Abs. 1) durch VO v. 12.7.2017 (BGBl. I S. 2360).

Abs. 3 des Gesetzes von mehr als 150 Euro[1] nicht rechtzeitig verwendet, so gelten für die Festsetzung oder Neufestsetzung der Arbeitnehmer-Sparzulage die Beträge in folgender Reihenfolge als zurückgezahlt:

1. Beträge, die keine vermögenswirksamen Leistungen sind,
2. vermögenswirksame Leistungen, für die keine Arbeitnehmer-Sparzulage festgesetzt worden ist,
3. vermögenswirksame Leistungen, für die eine Arbeitnehmer-Sparzulage festgesetzt worden ist.

(4)[2] [1] In den Fällen des § 4 Abs. 4 Nr. 6 des Gesetzes gilt für die Festsetzung oder Neufestsetzung der Arbeitnehmer-Sparzulage der nicht wiederverwendete Erlös, wenn er 150 Euro[1] übersteigt, in folgender Reihenfolge als zurückgezahlt:

1. Beträge, die keine vermögenswirksamen Leistungen sind,
2. vermögenswirksame Leistungen, für die keine Arbeitnehmer-Sparzulage festgesetzt worden ist,
3. vermögenswirksame Leistungen, für die eine Arbeitnehmer-Sparzulage festgesetzt worden ist.

[2] Maßgebend sind die bis zum Ablauf des Kalenderjahres, das dem Kalenderjahr der Veräußerung vorangeht, angelegten Beträge.

§ 7 Auszahlung der Arbeitnehmer-Sparzulage. (1) Die festgesetzte Arbeitnehmer-Sparzulage ist vom Finanzamt an den Arbeitnehmer auszuzahlen

1. bei einer Anlage nach § 2 Abs. 1 Nr. 4 des Gesetzes in Verbindung mit § 2 Abs. 1 Nr. 2 des Wohnungsbau-Prämiengesetzes sowie bei einer Anlage nach § 2 Abs. 1 Nr. 5 des Gesetzes;
2.[3] bei einer Anlage nach § 2 Abs. 1 Nr. 1 bis 4, Abs. 2 bis 4 des Gesetzes, wenn im Zeitpunkt der Bekanntgabe des Bescheids über die Festsetzung der Arbeitnehmer-Sparzulage die für die Anlageform vorgeschriebene Sperrfrist oder die im Wohnungsbau-Prämiengesetz oder in der Verordnung zur Durchführung des Wohnungsbau-Prämiengesetzes genannten Sperr- und Rückzahlungsfristen abgelaufen sind. [2] Bei Bausparverträgen gelten die in § 2 Abs. 3 Satz 1 des Wohnungsbau-Prämiengesetzes genannten Sperr- und Rückzahlungsfristen unabhängig davon, ob der Vertrag vor dem 1. Januar 2009 oder nach dem 31. Dezember 2008 abgeschlossen worden ist;
3.[4] in den Fällen des § 5 Absatz 3;
4. bei einer Anlage nach § 2 Abs. 1 Nr. 2 und 3 des Gesetzes, wenn eine unschädliche vorzeitige Verfügung vorliegt.

---

[1] Betrag geänd. mWv 1.1.2002 durch G v. 19.12.2000 (BGBl. I S. 1790).

[2] § 6 Abs. 4 Satz 1 geänd. mWv 1.1.2018 (§ 10 Abs. 1) durch VO v. 12.7.2017 (BGBl. I S. 2360).

[3] § 7 Abs. 1 Nr. 2 Satz 1 geänd., Satz 2 angef. durch G v. 29.7.2008 (BGBl. I S. 1509); zur erstmaligen Anwendung siehe § 11 Abs. 1; Satz 1 geänd. mWv 1.1.2018 (§ 10 Abs. 1) durch VO v. 12.7.2017 (BGBl. I S. 2360).

[4] § 7 Abs. 1 Nr. 3 Verweis geänd. durch G v. 26.6.2013 (BGBl. I S. 1809); zur Anwendung siehe § 11 Abs. 1 Sätze 2 und 3.

(2)[1] [1]Die bei der Zentralstelle *der Länder aufgezeichneten Arbeitnehmer-Sparzulagen für Anlagen nach § 2 Abs. 1 Nr. 1 bis 4, Abs. 2 bis 4 des Gesetzes oder nach § 17 Abs. 5 Satz 1 des Fünften Vermögensbildungsgesetzes in der am 19. Januar 1989 geltenden Fassung (BGBl. I S. 137)* [***ab 1.1.2018:*** für Arbeitnehmer-Sparzulage und Wohnungsbauprämie aufgezeichneten Arbeitnehmer-Sparzulagen für Anlagen nach § 2 Absatz 1 Nummer 1 bis 4, Absatz 2 bis 4 des Gesetzes] sind dem Kreditinstitut, dem Unternehmen oder dem Arbeitgeber, bei dem die vermögenswirksamen Leistungen angelegt worden sind, zugunsten des Arbeitnehmers zu überweisen. [2]Die Überweisung ist in den Fällen des § 14 Abs. 4 Satz 4 Buchstabe c und d des Gesetzes bis zum Ende des Kalendermonats vorzunehmen, der auf den Kalendermonat folgt, in dem die Zuteilung oder die unschädliche vorzeitige Verfügung angezeigt worden ist.

§ 8 Anzeigepflichten des Kreditinstituts, des Unternehmens oder des Arbeitgebers.

[Fassung bis 31.12.2017:]

(1) Der Zentralstelle der Länder ist anzuzeigen

1. von dem Kreditinstitut, der *Kapitalanlagegesellschaft* [***ab 24.12.2013:*** Kapitalverwaltungsgesellschaft][3] oder dem Versicherungsunternehmen, das bei ihm nach § 2 Abs. 1 Nr. 1 oder 4 des Gesetzes oder § 17 Abs. 5 Satz 1 des Fünften Vermögensbildungsgesetzes in der am 19. Januar 1989 geltenden Fassung (BGBl. I S. 137) angelegte vermögenswirksame Leistungen nach § 15 Abs. 1 des Gesetzes bescheinigt hat, wenn vor Ablauf der Sperrfrist
   a) vermögenswirksame Leistungen zurückgezahlt werden,
   b) über Ansprüche aus einem Vertrag im Sinne des § 4 des Gesetzes, einem Bausparvertrag

[Fassung ab 1.1.2018:][2]

(1) Der Zentralstelle für Arbeitnehmer-Sparzulage und Wohnungsbauprämie ist anzuzeigen,

1. von dem Kreditinstitut, der Kapitalverwaltungsgesellschaft oder dem Versicherungsunternehmen, welches zu den nach § 2 Absatz 1 Nummer 1 oder Nummer 4 des Gesetzes angelegten vermögenswirksamen Leistungen eine elektronische Vermögensbildungsbescheinigung übermittelt hat, wenn vor Ablauf der Sperrfrist
   a) vermögenswirksame Leistungen zurückgezahlt werden,
   b) über Ansprüche aus einem Vertrag im Sinne des § 4 des Gesetzes oder einem Bausparvertrag durch Rückzahlung, Abtretung, Beleihung oder in anderer Weise verfügt wird,

[1] § 7 Abs. 2 Satz 1 geänd. mWv 1.1.2018 (§ 10 Abs. 1) durch VO v. 12.7.2017 (BGBl. I S. 2360).
[2] § 8 Abs. 1 Nrn. 1 und 2 neu gef. mWv 1.1.2018 (§ 10 Abs. 1) durch VO v. 12.7.2017 (BGBl. I S. 2360).
[3] § 8 Abs. 1 Nrn. 1 und 2 ergänzt durch G v. 21.12.2007 (BGBl. I S. 3089); Bezeichnung geänd. mWv 24.12.2013 durch G v. 18.12.2013 (BGBl. I S. 4318).

[Fassung bis 31.12.2017:]

oder einem Vertrag nach § 17 Abs. 5 Satz 1 des Fünften Vermögensbildungsgesetzes in der am 19. Januar 1989 geltenden Fassung (BGBl. I S. 137) durch Rückzahlung, Abtretung, Beleihung oder in anderer Weise verfügt wird,

c) die Festlegung erworbener Wertpapiere aufgehoben oder über solche Wertpapiere verfügt wird,

d) der Bausparvertrag zugeteilt oder die Bausparsumme ausgezahlt wird oder

e) die Versicherungssumme ausgezahlt oder der Versicherungsvertrag in einen Vertrag umgewandelt wird, der die Voraussetzungen des in § 17 Abs. 5 Satz 1 Nr. 3 des Fünften Vermögensbildungsgesetzes in der am 19. Januar 1989 geltenden Fassung (BGBl. I S. 137) bezeichneten Vertrags nicht erfüllt;

2. von dem Kreditinstitut oder der *Kapitalanlagegesellschaft* [***ab 24.12.2013:*** Kapitalverwaltungsgesellschaft],[2] bei dem vermögenswirksame Leistungen nach § 4 des Gesetzes oder § 17 Abs. 5 Satz 1 Nr. 2 des Fünften Vermögensbildungsgesetzes in der am 19. Januar 1989 geltenden Fassung (BGBl. I S. 137) angelegt worden sind, wenn Spitzenbeträge nach § 4 Abs. 3 oder Abs. 4 Nr. 6 des Gesetzes oder § 5 Abs. 3 oder 4 des Fünften Vermögensbildungsgeset-

[Fassung ab 1.1.2018:][1]

c) die Festlegung erworbener Wertpapiere aufgehoben oder über solche Wertpapiere verfügt wird oder

d) der Bausparvertrag zugeteilt oder die Bausparsumme ausgezahlt wird;

2. von dem Kreditinstitut oder der Kapitalverwaltungsgesellschaft, bei dem oder bei der vermögenswirksame Leistungen nach § 4 des Gesetzes angelegt worden sind, wenn Spitzenbeträge nach § 4 Absatz 3 oder Absatz 4 Nummer 6 des Gesetzes von mehr als 150 Euro nicht rechtzeitig verwendet oder wiederverwendet worden sind;

---

[1]) § 8 Abs. 1 Nrn. 1 und 2 neu gef. mWv 1.1.2018 (§ 10 Abs. 1) durch VO v. 12.7.2017 (BGBl. I S. 2360).

[2]) § 8 Abs. 1 Nrn. 1 und 2 ergänzt durch G v. 21.12.2007 (BGBl. I S. 3089); Bezeichnung geänd. mWv 24.12.2013 durch G v. 18.12.2013 (BGBl. I S. 4318).

[Fassung bis 31.12.2017:]

zes in der am 19. Februar 1987 geltenden Fassung (BGBl. I S. 630) von mehr als 150 Euro[1)] nicht rechtzeitig verwendet oder wiederverwendet worden sind;

3. von dem Kreditinstitut oder der Kapitalanlagegesellschaft [***ab 24.12.2013:*** *Kapitalverwaltungsgesellschaft*][2)], dem nach § 2 Abs. 3 Satz 2 mitgeteilt worden ist, daß über verbriefte oder nichtverbriefte Vermögensbeteiligungen vor Ablauf der Sperrfrist verfügt worden ist;
4. von dem Unternehmen oder Arbeitgeber, bei dem eine nichtverbriefte Vermögensbeteiligung nach § 2 Abs. 1 Nr. 1 Buchstabe g bis l des Gesetzes auf Grund eines Vertrags nach § 6 oder § 7 des Gesetzes mit vermögenswirksamen Leistungen begründet oder erworben worden ist, wenn vor Ablauf der Sperrfrist über die Vermögensbeteiligung verfügt wird oder wenn der Arbeitnehmer die Vermögensbeteiligung nicht bis zum Ablauf des Kalenderjahres erhalten hat, das auf das Kalenderjahr der vermögenswirksamen Leistungen folgt;
5. von dem Arbeitgeber, der Wertpapiere nach § 4 Abs. 3 Satz 1 Nr. 1 oder 2 verwahrt oder bei einem Dritten verwahren läßt, wenn vor Ablauf der Sperrfrist die Festlegung von Wertpapieren aufgehoben oder über Wertpapiere verfügt wird oder wenn bei einer Verwahrung nach § 4 Abs. 3 Satz 1 Nr. 3 der Arbeitnehmer die Verwahrungsbescheinigung nach § 4 Abs. 4 nicht rechtzeitig vorlegt;
6. von dem Arbeitgeber, bei dem vermögenswirksame Leistungen auf Grund eines Vertrags im Sinne des § 5 des Gesetzes angelegt werden, wenn ihm die Mitteilung des Kreditinstituts oder der *Kapitalanlagegesellschaft* [***ab 24.12.2013:*** Kapitalverwaltungsgesellschaft][2)] nach § 2 Abs. 4 Satz 2 zugegangen ist oder wenn der Arbeitnehmer mit den vermögenswirksamen Leistungen eines Kalenderjahres nicht bis zum Ablauf des folgenden Kalenderjahres die Wertpapiere erworben hat.

(2)[3)] [1]Das Kreditinstitut, die *Kapitalanlagegesellschaft* [***ab 24.12.2013:*** Kapitalverwaltungsgesellschaft][2)] oder das Versicherungsunternehmen hat in den Anzeigen nach Absatz 1 Nr. 1 bis 3 zu kennzeichnen, ob eine unschädliche, vollständig schädliche oder teilweise schädliche vorzeitige Verfügung vorliegt. [2]*Der Betrag, über den schädlich vorzeitig verfügt worden ist, sowie die in den einzelnen Kalenderjahren jeweils angelegten vermögenswirksamen Leistungen sind nur in Anzeigen über teilweise schädliche vorzeitige Verfügungen anzugeben.* [***ab 20.7.2017:*** [2]Nur in den Anzeigen über eine teilweise schädliche vorzeitige Verfügung sind der Gesamtbetrag, über den schädlich vorzeitig verfügt worden ist, sowie die in den einzelnen Kalenderjahren jeweils angelegten vermögenswirksamen Leistungen

---

1) Betrag geänd. mWv 1.1.2002 durch G v. 19.12.2000 (BGBl. I S. 1790).

2) § 8 Abs. 1 Nrn. 3 bis 6 sowie Abs. 2 Satz 1 ergänzt durch G v. 21.12.2007 (BGBl. I S. 3089); Bezeichnung geänd. mWv 24.12.2013 durch G v. 18.12.2013 (BGBl. I S. 4318).

3) § 8 Abs. 2 Satz 2 ersetzt durch Sätze 2 bis 5 durch VO v. 12.7.2017 (BGBl. I S. 2360); zur Anwendung siehe § 10 Abs. 2.

anzugeben. [3]Der Gesamtbetrag ist die Summe aller Teilbeträge, über die schädlich vorzeitig verfügt worden ist. [4]Bei späteren Anzeigen sind auch die bereits angezeigten Teilbeträge einzubeziehen. [5]Der jeweils letzte übermittelte Gesamtbetrag ist gültig.

(3)[1)] Die Anzeigen nach Absatz 1 sind nach amtlich vorgeschriebenem Vordruck oder nach amtlich vorgeschriebenem Datensatz durch Datenfernübertragung für die innerhalb eines Kalendermonats bekannt gewordenen vorzeitigen Verfügungen der *Zentralstelle der Länder* [***ab 1.1.2018:*** Zentralstelle für Arbeitnehmer-Sparzulage und Wohnungsbauprämie] jeweils spätestens bis zum 15. Tag des folgenden Kalendermonats zuzuleiten.

(4)[2)] [1]Sind bei der *Zentralstelle der Länder* [***ab 1.1.2018:*** Zentralstelle für Arbeitnehmer-Sparzulage und Wohnungsbauprämie] Arbeitnehmer-Sparzulagen für Fälle aufgezeichnet,

1. die nach Absatz 1 Nr. 4 bis 6 angezeigt werden oder
2. die nach Absatz 1 Nr. 1 bis 3 angezeigt werden, wenn die Anzeigen als vollständig oder teilweise schädliche vorzeitige Verfügung gekennzeichnet sind,

so hat die Zentralstelle die Auszahlung der aufgezeichneten Arbeitnehmer-Sparzulagen zu sperren. [2]Die Zentralstelle hat die Anzeigen um ihre Aufzeichnungen zu ergänzen und zur Auswertung dem Finanzamt zu übermitteln, das nach Kenntnis der Zentralstelle zuletzt eine Arbeitnehmer-Sparzulage für den Arbeitnehmer festgesetzt hat.

§ 9 Rückforderung der Arbeitnehmer-Sparzulage durch das Finanzamt. [1]Das für die Besteuerung des Arbeitnehmers nach dem Einkommen zuständige Finanzamt (§ 19 der Abgabenordnung) hat eine zu Unrecht gezahlte Arbeitnehmer-Sparzulage vom Arbeitnehmer zurückzufordern. [2]Die Rückforderung unterbleibt, wenn der zurückzufordernde Betrag fünf Euro[3)] nicht übersteigt.

§ 10[4)] Anwendungsregelung. (1) Diese Verordnung in der am 20. Juli 2017 geltenden Fassung ist, soweit in Absatz 2 nichts anderes bestimmt ist, erstmals ab dem 1. Januar 2018 anzuwenden.

(2) § 8 Absatz 2 Satz 2 bis 5 in der am 20. Juli 2017 geltenden Fassung ist anzuwenden bei Anzeigen nach dem 19. Juli 2017.

§ 11[5)] ***Inkrafttreten, weiter anzuwendende Vorschriften.*** *(1) [1]Diese Verordnung in der Fassung des Artikels 14 des Gesetzes vom 20. Dezember 2008 (BGBl. I S. 2850) ist ab 1. Januar 2009 anzuwenden. [2]Das Bundesministerium der Finanzen teilt den Zeitpunkt der erstmaligen Anwendung von § 2 Absatz 2 Satz 1, der*

[1)] § 8 Abs. 3 geänd. durch G v. 20.12.2008 (BGBl. I S. 2850); geänd. mWv 1.1.2018 (§ 10 Abs. 1) durch VO v. 12.7.2017 (BGBl. I S. 2360).

[2)] § 8 Abs. 4 Satz 1 geänd. mWv 1.1.2018 (§ 10 Abs. 1) durch VO v. 12.7.2017 (BGBl. I S. 2360).

[3)] Betrag geänd. mWv 1.1.2002 durch G v. 19.12.2000 (BGBl. I S. 1790).

[4)] § 10 neu gef. durch VO v. 12.7.2017 (BGBl. I S. 2360).

[5)] § 11 aufgeh. mWv 1.1.2018 durch VO v. 12.7.2017 (BGBl. I S. 2360).

§§ 5 und 7 Absatz 1 Nummer 3 in der Fassung des Artikels 19 des Gesetzes vom 26. Juni 2013 (BGBl. I S. 1809) durch ein im Bundessteuerblatt zu veröffentlichendes Schreiben mit. [3] Bis zu diesem Zeitpunkt sind § 2 Absatz 2 Satz 1, die §§ 5 und 7 Absatz 1 Nummer 3 in der Fassung des Artikels 14 des Gesetzes vom 20. Dezember 2008 (BGBl. I S. 2850) weiter anzuwenden.

(2) [1] Die Verordnung zur Durchführung des Fünften Vermögensbildungsgesetzes vom 4. Dezember 1991 (BGBl. I S. 1556), geändert durch Artikel 4 des Gesetzes vom 21. Dezember 1993 (BGBl. I S. 2310), tritt am Tage nach der Verkündung dieser Verordnung außer Kraft. [2] Sie ist auf vermögenswirksame Leistungen, die vor dem 1. Januar 1994 angelegt worden sind, weiter anzuwenden; § 7 ist auch auf vermögenswirksame Leistungen, über die vor dem 1. Januar 1995 vorzeitig verfügt worden ist, weiter anzuwenden. [3] Im übrigen ist die Verordnung zur Durchführung des Fünften Vermögensbildungsgesetzes vom 4. Dezember 1991 auf vermögenswirksame Leistungen, die nach dem 31. Dezember 1993 angelegt worden sind, nicht mehr anzuwenden.

52. Wohnungsbau-Prämiengesetz (WoPG 1996)

In der Fassung der Bekanntmachung vom 30. Oktober 1997 (BGBl. I S. 2678)[1)·2)]

Geändert durch Steuer-Euroglättungsgesetz vom 19.12.2000 (BGBl. I S. 1790), Steueränderungsgesetz 2001 vom 20.12.2001 (BGBl. I S. 3794), Fünftes Gesetz zur Änderung des Steuerbeamten-Ausbildungsgesetzes und zur Änderung von Steuergesetzen vom 23.7.2002 (BGBl. I S. 2715), Haushaltsbegleitgesetz 2004 vom 29.12.2003 (BGBl. I S. 3076), Eigenheimrentengesetz vom 29.7.2008 (BGBl. I S. 1509), Steuerbürokratieabbaugesetz vom 20.12.2008 (BGBl. I S. 2850), Jahressteuergesetz 2010 (JStG 2010) vom 8.12.2010 (BGBl. I S. 1768), Gesetz zur bestätigenden Regelung verschiedener steuerlicher und verkehrsrechtlicher Vorschriften des Haushaltsbegleitgesetzes 2004 vom 5.4.2011 (BGBl. I S. 554), Gesetz zur Anpassung steuerlicher Regelungen an die Rechtsprechung des Bundesverfassungsgerichts vom 18.7.2014 (BGBl.I S. 1042), und Gesetz zur weiteren steuerlichen Förderung der Elektromobilität und zur Änderung weiterer steuerlicher Vorschriften vom 12.12.2019 (BGBl. I S. 2451)

BGBl. III/FNA 2330-9

§ 1[3)] Prämienberechtigte. [1]Unbeschränkt einkommensteuerpflichtige Personen im Sinne des § 1 Absatz 1, 2 oder 3 des Einkommensteuergesetzes, die das 16. Lebensjahr vollendet haben oder Vollwaisen sind, können für Aufwendungen zur Förderung des Wohnungsbaus eine Prämie erhalten. [2]Voraussetzung ist, daß

1. die Aufwendungen nicht vermögenswirksame Leistungen darstellen, für die Anspruch auf Arbeitnehmer-Sparzulage nach § 13 des Fünften Vermögensbildungsgesetzes besteht, und
2. das maßgebende Einkommen des Prämienberechtigten die Einkommensgrenze (§ 2a) nicht überschritten hat.

§ 2 Prämienbegünstigte Aufwendungen. (1) Als Aufwendungen zur Förderung des Wohnungsbaus im Sinne des § 1 gelten

1.[4)] Beiträge an Bausparkassen zur Erlangung von Baudarlehen, soweit die an dieselbe Bausparkasse geleisteten Beiträge im Sparjahr (§ 4 Abs. 1) mindestens 50 Euro[5)] betragen. [2]Voraussetzung ist, daß die Bausparkasse ihren Sitz oder ihre Geschäftsleitung in einem Mitgliedstaat der Europäischen Union hat und ihr die Erlaubnis zum Geschäftsbetrieb im Gebiet der Europäischen

---

[1)] Neubekanntmachung des WoPG idF der Bek. v. 30.7.1992 (BGBl. I S. 1405) auf Grund des § 9 Abs. 2 WoPG idF der Bek. v. 30.7.1992 (BGBl. I S. 1405) in der ab 18.12.1996 geltenden Fassung.

Die vorliegende Fassung ist erstmals für das Sparjahr 2009 anzuwenden (§ 10 Abs. 1).

[2)] **Zur Anwendung im Beitrittsgebiet siehe § 10 Abs. 2.**

[3)] § 1 Satz 1 geänd. durch G v. 12.12.2019 (BGBl. I S. 2451); zur Anwendung vgl. § 10 Abs. 1 Satz 2.

[4)] § 2 Abs. 1 Nr. 1 Satz 4 geänd. mWv 18.12.2019 durch G v. 12.12.2019 (BGBl. I S. 2451).

[5)] Betrag geänd. mWv 1.1.2002 durch G v. 19.12.2000 (BGBl. I S. 1790).

Union erteilt ist. [3] Bausparkassen sind Kreditinstitute, deren Geschäftsbetrieb darauf gerichtet ist, Bauspareinlagen entgegenzunehmen und aus den angesammelten Beträgen den Bausparern nach einem auf gleichmäßige Zuteilungsfolge gerichteten Verfahren Baudarlehen für wohnungswirtschaftliche Maßnahmen zu gewähren. [4] Werden Beiträge an Bausparkassen zugunsten eines zertifizierten Altervorsorgevertrages zur Erlangung eines Bauspardarlehens in einem Sparjahr (§ 4 Abs. 1) vom Anbieter den Altersvorsorgebeiträgen nach § 82 des Einkommensteuergesetzes zugeordnet, handelt es sich bei allen Beiträgen zu diesem Vertrag innerhalb dieses Sparjahres bis zu dem in § 10a Absatz 1 des Einkommensteuergesetzes genannten Höchstbetrag um Altersvorsorgebeiträge und nicht um prämienbegünstigte Aufwendungen im Sinne der Absätze 2 und 3;[1)]

2. Aufwendungen für den ersten Erwerb von Anteilen an Bau- und Wohnungsgenossenschaften;
3.[2)] Beiträge auf Grund von Sparverträgen, die auf die Dauer von drei bis sechs Jahren als allgemeine Sparverträge oder als Sparverträge mit festgelegten Sparraten mit einem Kreditinstitut abgeschlossen werden, wenn die eingezahlten Sparbeiträge und die Prämien zum Bau oder Erwerb selbst genutzten Wohneigentums oder zum Erwerb eines eigentumsähnlichen Dauerwohnrechts verwendet werden;
4.[3)] Beiträge auf Grund von Verträgen, die mit Wohnungs- und Siedlungsunternehmen nach der Art von Sparverträgen mit festgelegten Sparraten auf die Dauer von drei bis acht Jahren mit dem Zweck einer Kapitalansammlung abgeschlossen werden, wenn die eingezahlten Beiträge und die Prämien zum Bau oder Erwerb selbst genutzten Wohneigentums oder zum Erwerb eines eigentumsähnlichen Dauerwohnrechts verwendet werden. [2] Den Verträgen mit Wohnungs- und Siedlungsunternehmen stehen Verträge mit den am 31. Dezember 1989 als Organe der staatlichen Wohnungspolitik anerkannten Unternehmen gleich, soweit sie die Voraussetzungen nach Satz 1 erfüllen.

[Fassung bis Sparjahr 2008]

(2) [1] Für die Prämienbegünstigung der in Absatz 1 Nr. 1 bezeichneten Aufwendungen ist Voraussetzung, daß vor Ablauf von sieben Jahren seit Vertragsabschluß weder die Bausparsumme ganz oder zum Teil ausgezahlt noch geleistete Beiträge ganz oder zum Teil zurückgezahlt oder Ansprüche aus dem Bauspar-

[Fassung ab Sparjahr 2009][4)]

(2) [1] Für die Prämienbegünstigung der in Absatz 1 Nr. 1 bezeichneten Aufwendungen ist Voraussetzung, dass

1. bei Auszahlung der Bausparsumme oder bei Beleihung der Ansprüche aus dem Vertrag der Bausparer die empfangenen Beträge unverzüglich und unmittelbar

1) § 2 Abs. 1 Nr. 1 Satz 4 angef. mit erstmaliger Wirkung für Sparjahr 2008 (§ 10 Abs. 1 Satz 3) durch G v. 29.7.2008 (BGBl. I S. 1509).

2) § 2 Abs. 1 Nr. 3 geänd. durch G v. 23.7.2002 (BGBl. I S. 2715).

3) § 2 Abs. 1 Nr. 4 geänd. durch G v. 23.7.2002 (BGBl. I S. 2715).

4) § 2 Abs. 2 Sätze 1 und 2 ersetzt durch Sätze 1 bis 7 mit erstmaliger Wirkung für Sparjahr 2009 durch G v. 29.7.2008 (BGBl. I S. 1509).

[Fassung bis Sparjahr 2008]

vertrag abgetreten oder beliehen werden. [2]Unschädlich ist jedoch die vorzeitige Verfügung, wenn

1. die Bausparsumme ausgezahlt oder die Ansprüche aus dem Vertrag beliehen werden und der Bausparer die empfangenen Beträge unverzüglich und unmittelbar zum Wohnungsbau verwendet oder
2. im Falle der Abtretung der Erwerber die Bausparsumme oder die auf Grund einer Beleihung empfangenen Beträge unverzüglich und unmittelbar zum Wohnungsbau für den Abtretenden oder dessen Angehörige im Sinne des § 15 der Abgabenordnung verwendet oder
3. der Bausparer oder sein von ihm nicht dauernd getrennt lebender Ehegatte nach Vertragsabschluß gestorben oder völlig erwerbsunfähig geworden ist oder
4. der Bausparer nach Vertragsabschluß arbeitslos geworden ist und die Arbeitslosigkeit mindestens ein Jahr lang ununterbrochen bestanden hat und im Zeitpunkt der vorzeitigen Verfügung noch besteht *oder*
5.[1)] *der Bausparer, der Staatsangehöriger eines Staates ist, mit dem die Bundesregierung Vereinbarungen über Anwerbung und Beschäftigung von Arbeitnehmern abgeschlossen hat und der nicht Mitglied der Europäischen Gemeinschaft ist, die Bausparsumme oder die Zwischenfinanzierung nach dem Gesetz über eine Wiedereingliederungshilfe im Wohnungsbau für rückkehrende Ausländer vom 18. Februar 1986 (BGBl. I S. 280) unverzüglich und unmittelbar zum Wohnungsbau*

[Fassung ab Sparjahr 2009]

zum Wohnungsbau verwendet oder

2. im Fall der Abtretung der Erwerber die Bausparsumme oder die auf Grund einer Beleihung empfangenen Beträge unverzüglich und unmittelbar zum Wohnungsbau für die abtretende Person oder deren Angehörige im Sinne des § 15 der Abgabenordnung verwendet.

[2]Unschädlich ist jedoch eine Verfügung ohne Verwendung zum Wohnungsbau, die frühestens sieben Jahre nach dem Vertragsabschluss erfolgt, wenn der Bausparer bei Vertragsabschluss das 25. Lebensjahr noch nicht vollendet hatte. [3]Die Prämienbegünstigung ist in diesen Fällen auf die Berücksichtigung der in Absatz 1 Nr. 1 bezeichneten Aufwendungen der letzten sieben Sparjahre bis zu der Verfügung beschränkt. [4]Jeder Bausparer kann nur einmal über einen vor Vollendung des 25. Lebensjahres abgeschlossenen Bausparvertrag ohne wohnungswirtschaftliche Verwendung prämienunschädlich verfügen. [5]Unschädlich ist auch eine Verfügung ohne Verwendung zum Wohnungsbau, wenn der Bausparer oder sein von ihm nicht dauernd getrennt lebender Ehegatte nach Vertragsabschluss gestorben oder völlig erwerbsunfähig geworden ist oder der Bausparer nach Vertragsabschluss arbeitslos geworden ist und die Arbeitslosigkeit mindestens ein Jahr lang ununterbrochen bestanden hat und im Zeitpunkt der Verfügung noch besteht. [6]Die Prämienbegünstigung ist in diesen Fällen auf die Berücksichtigung der in Absatz 1 Nr. 1 bezeichneten Aufwendungen der letz-

---

[1)] § 2 Abs. 2 Nr. 5 aufgeh. mit erstmaliger Wirkung für Sparjahr 2002 durch G v. 20.12.2001 (BGBl. I S. 3794).

[Fassung bis Sparjahr 2008]	***[Fassung ab Sparjahr 2009]***
im Heimatland verwendet und innerhalb von vier Jahren und drei Monaten nach Beginn der Auszahlung der Bausparsumme, spätestens am 31. März 1998, den Geltungsbereich dieses Gesetzes auf Dauer verlassen hat.	ten sieben Sparjahre bis zum Eintritt des Ereignisses beschränkt. 7 Die Vereinbarung über die Erhöhung der Bausparsumme ist als selbständiger Vertrag zu behandeln.

8 Als Wohnungsbau im Sinne der Nummern 1 und 2 gelten auch bauliche Maßnahmen des Mieters zur Modernisierung seiner Wohnung. 9 Dies gilt ebenfalls für den ersten Erwerb von Anteilen an Bau- und Wohnungsgenossenschaften im Sinne des Absatzes 1 Nr. 2 und den Erwerb von Rechten zur dauernden Selbstnutzung von Wohnraum in Alten-, Altenpflege- und Behinderteneinrichtungen oder -anlagen. 10 Sofern nichts anderes bestimmt ist, setzt die Unschädlichkeit weiter voraus, dass die empfangenen Beträge nur zum Wohnungsbau in einem Mitgliedstaat der Europäischen Union oder in einem Staat eingesetzt werden, auf den das Abkommen über den Europäischen Wirtschaftsraum anwendbar ist.[1)]

(3)[2)] 1 Für vor dem 1. Januar 2009 abgeschlossene Verträge, für die bis zum 31. Dezember 2008 mindestens ein Beitrag in Höhe der Regelsparrate entrichtet wurde, ist Voraussetzung für die Prämienbegünstigung der in Absatz 1 Nr. 1 bezeichneten Aufwendungen, dass vor Ablauf von sieben Jahren seit Vertragsabschluss weder die Bausparsumme ganz oder zum Teil ausgezahlt noch geleistete Beiträge ganz oder zum Teil zurückgezahlt oder Ansprüche aus dem Bausparvertrag abgetreten oder beliehen werden. 2 Unschädlich ist jedoch die vorzeitige Verfügung, wenn

1. die Bausparsumme ausgezahlt oder die Ansprüche aus dem Vertrag beliehen werden und der Bausparer die empfangenen Beträge unverzüglich und unmittelbar zum Wohnungsbau verwendet,
2. im Fall der Abtretung der Erwerber die Bausparsumme oder die auf Grund einer Beleihung empfangenen Beträge unverzüglich und unmittelbar zum Wohnungsbau für die abtretende Person oder deren Angehörige im Sinne des § 15 der Abgabenordnung verwendet,
3. der Bausparer oder sein von ihm nicht dauernd getrennt lebender Ehegatte nach Vertragsabschluss gestorben oder völlig erwerbsunfähig geworden ist oder
4. der Bausparer nach Vertragsabschluss arbeitslos geworden ist und die Arbeitslosigkeit mindestens ein Jahr lang ununterbrochen bestanden hat und im Zeitpunkt der vorzeitigen Verfügung noch besteht.

3 Absatz 2 Satz 7 bis 10 gilt sinngemäß.

---

1) § 2 Abs. 2 Satz 10 neu gef. durch G v. 12.12.2019 (BGBl. I S. 2451; zur Anwendung siehe § 10 Abs. 1 Satz 2.

2) § 2 Abs. 3 angef. durch G v. 29.7.2008 (BGBl. I S. 1509).

§ 2a Einkommensgrenze. [1]Die Einkommensgrenze beträgt *25 600* [***ab 1.1.2021:*** 35 000] Euro[1)], bei Ehegatten (§ 3 Abs. 3) *51 200* [***ab 1.1.2021:*** 70 000] Euro[1)]. [2]Maßgebend ist das zu versteuernde Einkommen (§ 2 Absatz 5 des Einkommensteuergesetzes)[2)] des Sparjahrs (§ 4 Abs. 1). [3]Bei Ehegatten ist das zu versteuernde Einkommen maßgebend, das sich bei einer Zusammenveranlagung nach § 26b des Einkommensteuergesetzes ergeben hat oder, falls eine Veranlagung nicht durchgeführt worden ist, ergeben würde.

§ 2b. (weggefallen)

§ 3 Höhe der Prämie. (1) [1]Die Prämie bemißt sich nach den im Sparjahr (§ 4 Abs. 1) geleisteten prämienbegünstigten Aufwendungen. [2]Sie beträgt *8,8* [***ab 1.1.2021:*** 10] Prozent[3)] der Aufwendungen.

(2) [1]Die Aufwendungen des Prämienberechtigten sind je Kalenderjahr bis zu einem Höchstbetrag von *512* [***ab 1.1.2021:*** 700] Euro[4)], bei Ehegatten (Absatz 3) zusammen bis zu *1024* [***ab 1.1.2021:*** 1400] Euro[4)] prämienbegünstigt. [2]Die Höchstbeträge stehen den Prämienberechtigten gemeinsam zu (Höchstbetragsgemeinschaft).

(3)[5)] Ehegatten im Sinne dieses Gesetzes sind Personen, welche nach § 26b des Einkommensteuergesetzes zusammen veranlagt werden oder die, falls eine Veranlagung zur Einkommensteuer nicht durchgeführt wird, die Voraussetzungen des § 26 Absatz 1 Satz 1 des Einkommensteuergesetzes erfüllen. [***ab 24.7.2014:*** [2]Die Regelungen dieses Gesetzes zu Ehegatten sind auch auf Lebenspartner anzuwenden, wenn in Verbindung mit § 2 Absatz 8 des Einkommensteuergesetzes die Voraussetzungen des Satzes 1 erfüllt sind.]

§ 4 Prämienverfahren allgemein. (1) [1]Der Anspruch auf Prämie entsteht mit Ablauf des Sparjahrs. [2]Sparjahr ist das Kalenderjahr, in dem die prämienbegünstigten Aufwendungen geleistet worden sind.

(2) [1]Die Prämie ist nach amtlich vorgeschriebenem Vordruck bis zum Ablauf des zweiten Kalenderjahrs, das auf das Sparjahr (Absatz 1) folgt, bei dem Unternehmen zu beantragen, an das die prämienbegünstigten Aufwendungen geleistet worden sind. [2]Der Antragsteller hat zu erklären, für welche Aufwendungen er die Prämie beansprucht, wenn bei mehreren Verträgen die Summe der Aufwendungen den Höchstbetrag (§ 3 Abs. 2) überschreitet; Ehegatten (§ 3 Abs. 3) haben dies einheitlich zu erklären. [3]Der Antragsteller ist verpflichtet, dem Unternehmen unverzüglich eine Änderung der Verhältnisse mitzuteilen, die zu einer Minderung oder zum Wegfall des Prämienanspruchs führen.

---

1) Beträge geänd. mWv 1.1.2002 durch G v. 19.12.2000 (BGBl. I S. 1790); geänd. mWv 1.1.2021 (§ 10 Abs. 3) durch G v. 12.12.2019 (BGBl. I S. 2451).

2) Zitat geänd. durch G v. 20.12.2001 (BGBl. I S. 3794); geänd. mWv Sparjahr 2009 durch G v. 8.12.2010 (BGBl. I S. 1768).

3) Geänd. durch G v. 29.12.2003 (BGBl. I S. 3076); bestätigt durch G v. 5.4.2011 (BGBl. I S. 554); geänd. mWv 1.1.2021 (§ 10 Abs. 3) durch G v. 12.12.2019 (BGBl. I S. 2451).

4) Beträge geänd. mWv 1.1.2002 durch G v. 19.12.2000 (BGBl. I S. 1790); geänd. mWv 1.1.2021 (§ 10 Abs. 3) durch G v. 12.12.2019 (BGBl. I S. 2451).

5) § 3 Abs. 3 Satz 2 angef. mWv 24.7.2014 durch G v. 18.7.2014 (BGBl. I S. 1042).

(3) 1 Überschreiten bei mehreren Verträgen die insgesamt ermittelten oder festgesetzten Prämien die für das Sparjahr höchstens zulässige Prämie (§ 3), ist die Summe der Prämien hierauf zu begrenzen. 2 Dabei ist die Prämie vorrangig für Aufwendungen auf Verträge mit dem jeweils älteren Vertragsdatum zu belassen. 3 Insoweit ist eine abweichende Erklärung des Prämienberechtigten oder seines Ehegatten unbeachtlich.

(4)[1] Ein Rückforderungsanspruch erlischt, wenn er nicht bis zum Ablauf des vierten Kalenderjahrs geltend gemacht worden ist, das auf das Kalenderjahr folgt, in dem der Prämienberechtigte die Prämie verwendet hat (§ 5).

(5) 1 Das Unternehmen darf die im Prämienverfahren bekanntgewordenen Verhältnisse der Beteiligten nur für das Verfahren verwerten. 2 Es darf sie ohne Zustimmung der Beteiligten nur offenbaren, soweit dies gesetzlich zugelassen ist.

§ 4a Prämienverfahren im Fall des § 2 Abs. 1 Nr. 1. (1) 1 Bei Aufwendungen im Sinne des § 2 Abs. 1 Nr. 1 hat die Bausparkasse auf Grund des Antrags zu ermitteln, ob und in welcher Höhe ein Prämienanspruch nach Maßgabe dieses Gesetzes oder nach einer auf Grund dieses Gesetzes erlassenen Rechtsverordnung besteht. 2 Dabei hat sie alle Verträge mit dem Prämienberechtigten und seinem Ehegatten (§ 3 Abs. 3) zu berücksichtigen. 3 Die Bausparkasse hat dem Antragsteller das Ermittlungsergebnis spätestens im nächsten Kontoauszug mitzuteilen.

(2) 1 Die Bausparkasse hat die im Kalendermonat ermittelten Prämien (Absatz 1 Satz 1) im folgenden Kalendermonat in einem Betrag zur Auszahlung anzumelden [*ab Sparjahr 2009:* , wenn die Voraussetzungen für die Prämienbegünstigung nach § 2 Abs. 2 nachgewiesen sind][2]. 2 *Sind die Aufwendungen auf Grund eines nach dem 31. Dezember 1991 geschlossenen Vertrags geleistet worden,* [*ab Sparjahr 2009:* 2 In den Fällen des § 2 Abs. 3][2] darf die Prämie nicht vor Ablauf des Kalendermonats angemeldet werden, in dem

a) der Bausparvertrag zugeteilt,

b) die in § 2 *Abs. 2* [*ab Sparjahr 2009:* Abs. 3][2] Satz 1 genannte Frist überschritten oder

c) unschädlich im Sinne des § 2 *Abs. 2* [*ab Sparjahr 2009:* Abs. 3][2] Satz 2 verfügt

worden ist. 3 Die Anmeldung ist nach amtlich vorgeschriebenem Vordruck (Wohnungsbauprämien-Anmeldung) bei dem für die Besteuerung der Bausparkasse nach dem Einkommen zuständigen Finanzamt (§ 20 der Abgabenordnung) abzugeben. 4 Hierbei hat die Bausparkasse zu bestätigen, daß die Voraussetzungen für die Auszahlung des angemeldeten Prämien-betrags vorliegen. 5 Die Wohnungsbauprämien-Anmeldung gilt als Steueranmeldung im

---

[1] § 4 Abs. 4 geänd. durch G v. 20.12.2001 (BGBl. I S. 3794); zur erstmaligen Anwendung siehe § 10 Abs. 1 Satz 5.

[2] § 4a Abs. 2 Satz 1 HS 2 angef., Satz 2 geänd. mit erstmaliger Wirkung für Sparjahr 2009 durch G v. 29.7.2008 (BGBl. I S. 1509).

Sinne der Abgabenordnung. [6]Das Finanzamt veranlaßt die Auszahlung an die Bausparkasse zugunsten der Prämienberechtigten durch die zuständige Bundeskasse. [7]Die Bausparkasse hat die erhaltenen Prämien unverzüglich dem Prämienberechtigten gutzuschreiben oder auszuzahlen.

(3) [1]Die Bausparkasse hat die für die Überprüfung des Prämienanspruchs erforderlichen Daten innerhalb von vier Monaten nach Ablauf der Antragsfrist für das Sparjahr (§ 4 Abs. 2 Satz 1) nach amtlich vorgeschriebenem Datensatz *durch Datenübermittlung auf amtlich vorgeschriebenen maschinell verwertbaren Datenträgern* [***ab 1.1.2009:*** durch Datenfernübertragung][1)] an die Zentralstelle der Länder zu übermitteln. [2]Besteht der Prämienanspruch nicht oder in anderer Höhe, so teilt die Zentralstelle dies der Bausparkasse durch einen Datensatz mit.

(4) [1]Erkennt die Bausparkasse oder wird ihr mitgeteilt, daß der Prämienanspruch ganz oder teilweise nicht besteht oder weggefallen ist, so hat sie das bisherige Ermittlungsergebnis aufzuheben oder zu ändern; zu Unrecht gutgeschriebene oder ausgezahlte Prämien hat sie zurückzufordern. [2]Absatz 1 Satz 3 gilt entsprechend. [3]Bei fortbestehendem Vertragsverhältnis kann sie das Konto belasten. [4]Die Bausparkasse hat geleistete Rückforderungsbeträge in der Wohnungsbauprämien-Anmeldung des nachfolgenden Monats abzusetzen. [5]Kann die Bausparkasse zu Unrecht gutgeschriebene oder ausgezahlte Prämien nicht belasten oder kommt der Prämienempfänger ihrer Zahlungsaufforderung nicht nach, so hat sie hierüber unverzüglich das für die Besteuerung nach dem Einkommen des Prämienberechtigten zuständige Finanzamt (Wohnsitzfinanzamt nach § 19 der Abgabenordnung) zu unterrichten. [6]In diesen Fällen erläßt das Wohnsitzfinanzamt einen Rückforderungsbescheid.

(5) [1]Eine Festsetzung der Prämie erfolgt nur auf besonderen Antrag des Prämienberechtigten. [2]Der Antrag ist schriftlich innerhalb eines Jahres nach Bekanntwerden des Ermittlungsergebnisses der Bausparkasse vom Antragsteller unter Angabe seines Wohnsitzfinanzamts an die Bausparkasse zu richten. [3]Die Bausparkasse leitet den Antrag diesem Finanzamt zur Entscheidung zu. [4]Dem Antrag hat sie eine Stellungnahme und die zur Entscheidung erforderlichen Unterlagen beizufügen. [5]Das Finanzamt teilt seine Entscheidung auch der Bausparkasse mit.

(6) [1]Die Bausparkasse haftet als Gesamtschuldner neben dem Prämienempfänger für die Prämie, die wegen ihrer Pflichtverletzung zu Unrecht gezahlt, nicht einbehalten oder nicht zurückgefordert wird. [2]Die Bausparkasse haftet nicht, wenn sie ohne Verschulden darüber irrte, daß die Prämie zu zahlen war. [3]Für die Inanspruchnahme der Bausparkasse ist das in Absatz 2 Satz 3 bestimmte Finanzamt zuständig. [4]Für die Inanspruchnahme des Prämienempfängers ist das Wohnsitzfinanzamt zuständig.

(7) Das nach Absatz 2 Satz 3 zuständige Finanzamt hat auf Anfrage der Bausparkasse Auskunft über die Anwendung dieses Gesetzes zu geben.

(8) [1]Das nach Absatz 2 Satz 3 zuständige Finanzamt kann bei der Bausparkasse ermitteln, ob sie ihre Pflichten nach diesem Gesetz oder nach einer

---

1) § 4a Abs. 3 Satz 1 geänd. durch G v. 20.12.2008 (BGBl. I S. 2850); zur erstmaligen Anwendung siehe § 10 Abs. 1 Satz 6.

auf Grund dieses Gesetzes erlassenen Rechtsverordnung erfüllt hat. [2]Die §§ 193 bis 203 der Abgabenordnung gelten sinngemäß. [3]Die Unterlagen über das Prämienverfahren sind im Geltungsbereich dieses Gesetzes zu führen und aufzubewahren.

(9) Die Bausparkasse erhält vom Bund oder den Ländern keinen Ersatz für die ihr aus dem Prämienverfahren entstehenden Kosten.

§ 4b Prämienverfahren in den Fällen des § 2 Abs. 1 Nr. 2 bis 4.

(1) Bei Aufwendungen im Sinne des § 2 Abs. 1 Nr. 2 bis 4 hat das Unternehmen den Antrag an das Wohnsitzfinanzamt des Prämienberechtigten weiterzuleiten.

(2) [1]Wird dem Antrag entsprochen, veranlaßt das Finanzamt die Auszahlung der Prämie an das Unternehmen zugunsten des Prämienberechtigten durch die zuständige Bundeskasse. [2]Einen Bescheid über die Festsetzung der Prämie erteilt das Finanzamt nur auf besonderen Antrag des Prämienberechtigten. [3]Wird nachträglich festgestellt, daß die Voraussetzungen für die Prämie nicht vorliegen oder die Prämie aus anderen Gründen ganz oder teilweise zu Unrecht gezahlt worden ist, so hat das Finanzamt die Prämienfestsetzung aufzuheben oder zu ändern und die Prämie, soweit sie zu Unrecht gezahlt worden ist, zurückzufordern. [4]Sind zu diesem Zeitpunkt die prämienbegünstigten Aufwendungen durch das Unternehmen noch nicht ausgezahlt, so darf die Auszahlung nicht vorgenommen werden, bevor die Prämien an das Finanzamt zurückgezahlt sind.

§ 5 Verwendung der Prämie. (1) (weggefallen)

(2) [1]Die Prämien für die in § 2 Abs. 1 Nr. 1, 3 und 4 bezeichneten Aufwendungen sind vorbehaltlich des *§ 2 Abs. 2 Satz 2* [***ab Sparjahr 2009:*** § 2 Abs. 2 Satz 2 bis 6 sowie Abs. 3 Satz 2][1)] zusammen mit den prämienbegünstigten Aufwendungen zu dem vertragsmäßigen Zweck zu verwenden. [2]Geschieht das nicht, so hat das Unternehmen in den Fällen des § 4b dem Finanzamt unverzüglich Mitteilung zu machen.

(3) Über Prämien, die für Aufwendungen nach § 2 Abs. 1 Nr. 2 ausgezahlt werden, kann der Prämienberechtigte verfügen, wenn das Geschäftsguthaben beim Ausscheiden des Prämienberechtigten aus der Genossenschaft ausgezahlt wird.

§ 6 Steuerliche Behandlung der Prämie. Die Prämien gehören nicht zu den Einkünften im Sinne des Einkommensteuergesetzes.

§ 7 Aufbringung der Mittel. Der Bund stellt die Beträge für die Prämien den Ländern in voller Höhe gesondert zur Verfügung.

§ 8 Anwendung der Abgabenordnung und der Finanzgerichtsordnung. (1) [1]Auf die Wohnungsbauprämie sind die für Steuervergütungen geltenden Vorschriften der Abgabenordnung entsprechend anzuwenden. [2]Dies

1) Verweis geänd. durch G v. 29.7.2008 (BGBl. I S. 1509).

gilt nicht für § 108 Abs. 3 der Abgabenordnung hinsichtlich der in § 2 genannten Fristen sowie für die §§ 109 und 163 der Abgabenordnung.

(2) [1] Für die Wohnungsbauprämie gelten die Strafvorschriften des § 370 Abs. 1 bis 4, der §§ 371, 375 Abs. 1 und des § 376 sowie die Bußgeldvorschriften der §§ 378, 379 Abs. 1, 4 und der §§ 383 und 384 der Abgabenordnung entsprechend. [2] Für das Strafverfahren wegen einer Straftat nach Satz 1 sowie der Begünstigung einer Person, die eine solche Tat begangen hat, gelten die §§ 385 bis 408, für das Bußgeldverfahren wegen einer Ordnungswidrigkeit nach Satz 1 die §§ 409 bis 412 der Abgabenordnung entsprechend.

(3) In öffentlich-rechtlichen Streitigkeiten über die auf Grund dieses Gesetzes ergehenden Verwaltungsakte der Finanzbehörden ist der Finanzrechtsweg gegeben.

(4) Besteuerungsgrundlagen für die Berechnung des nach § 2a maßgebenden Einkommens, die der Veranlagung zur Einkommensteuer zugrunde gelegen haben, können der Höhe nach nicht durch einen Rechtsbehelf gegen die Prämie angegriffen werden.

§ 9 Ermächtigungen. (1) Die Bundesregierung wird ermächtigt, durch Rechtsverordnung mit Zustimmung des Bundesrates Vorschriften zur Durchführung dieses Gesetzes zu erlassen über

1. (weggefallen)
2. die Bestimmung der Genossenschaften, die zu den Bau- und Wohnungsgenossenschaften gehören (§ 2 Abs. 1 Nr. 2);
3. den Inhalt der in § 2 Abs. 1 Nr. 3 bezeichneten Sparverträge, die Berechnung der Rückzahlungsfristen, die Folgen vorzeitiger Rückzahlung von Sparbeträgen und die Verpflichtungen der Kreditinstitute; die Vorschriften sind den in den §§ 18 bis 29 der Einkommensteuer-Durchführungsverordnung 1953 enthaltenen Vorschriften mit der Maßgabe anzupassen, daß eine Frist bestimmt werden kann, innerhalb der die Prämien zusammen mit den prämienbegünstigten Aufwendungen zu dem vertragsmäßigen Zweck zu verwenden sind;
4. den Inhalt der in § 2 Abs. 1 Nr. 4 bezeichneten Verträge und die Verwendung der auf Grund solcher Verträge angesammelten Beträge; dabei kann der vertragsmäßige Zweck auf den Bau durch das Unternehmen oder auf den Erwerb von dem Unternehmen, mit dem der Vertrag abgeschlossen worden ist, beschränkt und eine Frist von mindestens drei Jahren bestimmt werden, innerhalb der die Prämien zusammen mit den prämienbegünstigten Aufwendungen zu dem vertragsmäßigen Zweck zu verwenden sind. [2] Die Prämienbegünstigung kann auf Verträge über Gebäude beschränkt werden, die nach dem 31. Dezember 1949 fertiggestellt worden sind. [3] Für die Fälle des Erwerbs kann bestimmt werden, daß der angesammelte Betrag und die Prämien nur zur Leistung des in bar zu zahlenden Kaufpreises verwendet werden dürfen;
5. die Ermittlung, Festsetzung, Auszahlung oder Rückzahlung der Prämie, wenn Besteuerungsgrundlagen für die Berechnung des nach § 2a maßgebenden Einkommens, die der Veranlagung zur Einkommensteuer zugrunde gelegen haben, geändert werden oder wenn für Aufwendungen, die vermö-

genswirksame Leistungen darstellen, Arbeitnehmer-Sparzulagen zurückgezahlt oder nachträglich festgesetzt oder ausgezahlt werden;

6. das Verfahren für die Ermittlung, Festsetzung, Auszahlung und Rückforderung der Prämie. 2 Hierzu gehören insbesondere Vorschriften über Aufzeichnungs-, Aufbewahrungs-, Bescheinigungs- und Anzeigepflichten des Unternehmens, bei dem die prämienbegünstigten Aufwendungen angelegt worden sind.

(2) Das Bundesministerium der Finanzen wird ermächtigt, den Wortlaut des Wohnungsbau-Prämiengesetzes und der hierzu erlassenen Durchführungsverordnung in der jeweils geltenden Fassung mit neuem Datum, unter neuer Überschrift und in neuer Paragraphenfolge bekanntzumachen und dabei Unstimmigkeiten des Wortlauts zu beseitigen.

(3) Das Bundesministerium der Finanzen wird ermächtigt, im Einvernehmen mit den obersten Finanzbehörden der Länder

a) den in § 4 Abs. 2 Satz 1 und den in § 4a Abs. 2 Satz 3 vorgeschriebenen Vordruck und

b) die in § 4a Abs. 3 vorgeschriebenen Datensätze *und Datenträger*[1)]

zu bestimmen.

§ 10[2)] **Schlußvorschriften.** (1)[3)] 1 Dieses Gesetz in der Fassung des Artikels 11 des Gesetzes vom 8. Dezember 2010 (BGBl. I S. 1768) ist vorbehaltlich Satz 2 erstmals für das Sparjahr 2009 anzuwenden. 2 § 1 Satz 1 und § 2 Absatz 2 Satz 10 in der Fassung des Artikels 26 des Gesetzes vom 12. Dezember 2019 (BGBl. I S. 2451) sind in allen offenen Fällen anzuwenden. 3 § 2 Abs. 1 Nr. 1 Satz 4 in der Fassung des Artikels 5 des Gesetzes vom 29. Juli 2008 (BGBl. I S. 1509) ist erstmals für das Sparjahr 2008 anzuwenden. 4 Bei Aufwendungen im Sinne des § 2 Abs. 1 Nr. 1 ist die Prämie für Sparjahre vor 1996 nach § 4 in der Fassung des Artikels 7 des Gesetzes vom 15. Dezember 1995 (BGBl. I S. 1783)[4)] festzusetzen. 5 § 4 Abs. 4 in der Fassung des Artikels 29 des Gesetzes

---

[1)] § 9 Abs. 3 Buchst. b kursive Worte aufgeh. durch G v. 20.12.2008 (BGBl. I S. 2850); zur erstmaligen Anwendung siehe § 10 Abs. 1 Satz 5.

[2)] § 10 Abs. 1 Satz 1 ersetzt durch Sätze 1 und 2, Sätze 2 und 3 werden Sätze 3 und 4 durch G v. 29.7.2008 (BGBl. I S. 1509), Satz 4 angef. durch G v. 20.12.2001 (BGBl. I S. 3794), Satz 5 angef. durch G v. 20.12.2008 (BGBl. I S. 2850); Abs. 1 Satz 2 eingef., bish. Sätze 2 bis 5 werden Sätze 3 bis 6 durch G v. 12.12.2019 (BGBl. I S. 2451).

[3)] § 10 Abs. 1 Satz 1 geänd. durch G v. 8.12.2010 (BGBl. I S. 1768).

[4)] § 4 hat folgenden Wortlaut: „§ 4 Prämienverfahren. (1) Die Prämie wird für Aufwendungen im Sinne des § 2 Abs. 1 Nr. 2 bis 4 auf Antrag nach Ablauf des Sparjahrs gezahlt. Sparjahr ist das Kalenderjahr, in dem die Aufwendungen geleistet worden sind. Für Aufwendungen im Sinne des § 2 Abs. 1 Nr. 1 wird die Prämie auf Antrag nach Ablauf des Sparjahrs ebenfalls gezahlt, wenn sie auf Grund eines Vertrages geleistet worden sind, der vor dem 1. Januar 1992 geschlossen worden ist. Ist der Vertrag nach dem 31. Dezember 1991 geschlossen worden, so wird die Prämie auf Antrag nach Ablauf des Sparjahrs lediglich festgesetzt.

(2) Der Antrag ist nach amtlich vorgeschriebenem Vordruck bis zum Ablauf des zweiten Kalenderjahrs, das auf das Sparjahr (Absatz 1) folgt, an das Unternehmen oder Institut zu richten, an das die prämienbegünstigten Aufwendungen geleistet worden sind. Das Unternehmen oder Institut leitet den Antrag an das Finanzamt weiter, das für die Besteuerung des Einkommens des Prämienberechtigten zuständig ist.

(Fortsetzung der Fußnote nächste Seite)

vom 20. Dezember 2001 (BGBl. I S. 3794) ist erstmals bei nicht vertragsgemäßer Verwendung nach dem 31. Dezember 1998 anzuwenden. [6] § 4a Abs. 3 Satz 1 und § 9 Abs. 3 Buchstabe b in der Fassung des Arikels 13 des Gesetzes vom 20. Dezember 2008 (BGBl. I S. 2850) sind erstmals für Datenlieferungen nach dem 31. Dezember 2008 anzuwenden.

(2) [1] Beiträge an Bausparkassen (§ 2 Abs. 1 Nr. 1), für die in den Kalenderjahren 1991 bis 1993 die Zusatzförderung nach § 10 Abs. 6 dieses Gesetzes in der Fassung der Bekanntmachung vom 30. Juli 1992 (BGBl. I S. 1405)[1)] in Anspruch genommen worden ist, müssen ausdrücklich zur Verwendung für

---

(Fortsetzung der Fußnote)

(3) Wird dem Antrag in den Fällen des Absatzes 1 Satz 1 und 3 entsprochen, überweist das Finanzamt die Prämie zugunsten des Prämienberechtigten an das Unternehmen oder Institut. Einen Bescheid über die Festsetzung der Prämie erteilt das Finanzamt nur auf zusätzlichen Antrag des Prämienberechtigten. Wird nachträglich festgestellt, daß die Voraussetzungen des § 2 Abs. 2 nicht vorliegen oder die Prämie aus anderen Gründen ganz oder teilweise zu Unrecht gezahlt worden ist, so hat das Finanzamt die Prämienfestsetzung aufzuheben oder zu ändern und die Prämie, soweit sie zu Unrecht gezahlt worden ist, zurückzufordern. Sind zu diesem Zeitpunkt die prämienbegünstigten Aufwendungen durch das Unternehmen oder Institut noch nicht ausgezahlt, so darf die Auszahlung nicht vorgenommen werden, bevor die Prämien an das Finanzamt zurückgezahlt sind. Ein Rückforderungsanspruch erlischt, wenn er nicht bis zum Ablauf des zweiten Kalenderjahrs geltend gemacht worden ist, das auf das Kalenderjahr folgt, in dem die Prämie dem Prämienberechtigten von dem Unternehmen oder Institut ausgezahlt worden ist.

(4) Wird dem Antrag in den Fällen des Absatzes 1 Satz 4 entsprochen, teilt das Finanzamt der Bausparkasse die Höhe der festgesetzten Prämie mit. Die Bausparkasse merkt die Prämie im Konto des Bausparers gesondert vor. Sobald
a) der Bausparvertrag zugeteilt,
b) die in § 2 Abs. 2 Satz 1 genannte Frist überschritten oder
c) unschädlich im Sinne des § 2 Abs. 2 Satz 2 Nr. 1 bis 5 verfügt
worden ist, fordert die Bausparkasse die festgesetzten Prämienbeträge bei dem Finanzamt an, das zu diesem Zeitpunkt für die Besteuerung des Einkommens des Prämienberechtigten zuständig ist. Das Finanzamt überweist den angeforderten Prämienbetrag an die Bausparkasse, wenn diese bestätigt hat, daß die Voraussetzungen für die Auszahlung der Prämie vorliegen. Wird der Bausparvertrag in den Fällen des Satzes 3 fortgeführt, sind anfallende Prämien jährlich an die Bausparkasse zu überweisen. Absatz 3 Satz 2 bis 5 gilt entsprechend."

[1)] § 10 Abs. 6 hat folgenden Wortlaut: „(6) In den Kalenderjahren 1991 bis 1993 gilt für Beiträge an Bausparkassen zur Erlangung von Baudarlehen, die zur Förderung des Wohnungsbaus in dem in Artikel 3 des Einigungsvertrages genannten Gebiet bestimmt sind, zusätzlich:

1. Der Vertrag muß ausdrücklich zur Verwendung zum Wohnungsbau in dem in Artikel 3 des Einigungsvertrages genannten Gebiet bestimmt sein. Ein Vertrag, der diese Bestimmung nicht enthält, kann entsprechend ergänzt werden.
2. Für Beiträge auf Grund eines Vertrags nach Nummer 1 gilt § 3 Abs. 1 und Abs. 2 mit der Maßgabe, daß sich der Prämiensatz um 5 vom Hundert der Aufwendungen (Zusatzprämie) und die prämienbegünstigten Aufwendungen um 1200 Deutsche Mark, bei Ehegatten um 2400 Deutsche Mark, erhöhen (zusätzlicher Höchstbetrag).
3. Eine Verfügung, die § 2 Abs. 2, nicht aber dem besonderen vertraglichen Zweck entspricht, ist hinsichtlich der Zusatzprämie und des zusätzlichen Höchstbetrages schädlich. Schädlich ist auch die Verwendung für Ferien- und Wochenendwohnungen, die in einem entsprechend ausgewiesenen Sondergebiet liegen oder die sich auf Grund ihrer Bauweise nicht zum dauernden Bewohnen eignen."

den Wohnungsbau in dem in Artikel 3 des Einigungsvertrages genannten Gebiet bestimmt sein. [2]Eine Verfügung, die § 2 Abs. 3[1)] entspricht, nicht aber dem besonderen vertraglichen Zweck, ist hinsichtlich der Zusatzprämie und des zusätzlichen Höchstbetrages schädlich. [3]Schädlich ist auch die Verwendung für Ferien- und Wochenendwohnungen, die in einem entsprechend ausgewiesenen Sondergebiet liegen oder die sich auf Grund ihrer Bauweise nicht zum dauernden Bewohnen eignen.

(3)[2)] § 2a Satz 1, § 3 Absatz 1 Satz 2 und § 3 Absatz 2 Satz 1 in der Fassung des Gesetzes vom 12. Dezember 2019 (BGBl. I S. 2451) sind erstmals für das Sparjahr 2021 anzuwenden.

---

1) Verweis geänd. durch G v. 29.7.2008 (BGBl. I S. 1509).
2) § 10 Abs. 3 angef. durch G v. 12.12.2019 (BGBl. I S. 2451).

53. Verordnung zur Durchführung des Wohnungsbau-Prämiengesetzes (WoPDV 1996)[1]

In der Fassung der Bekanntmachung vom 30. Oktober 1997
(BGBl. I S. 2684)

Geändert durch Fünftes Gesetz zur Änderung des Steuerbeamten-Ausbildungsgesetzes und zur Änderung von Steuergesetzen vom 23.7.2002 (BGBl. I S. 2715), Eigenheimrentengesetz vom 29.7.2008 (BGBl. I S. 1509) und Fünfte Verordnung zur Änderung steuerlicher Verordnungen vom 25.6.2020 (BGBl. I S. 1495)

BGBl. III/FNA 2330-9-1

1. Beiträge an Bausparkassen zur Erlangung von Baudarlehen

§ 1. (weggefallen)

§ 1a Aufzeichnungs- und Aufbewahrungspflichten. (1) Die Bausparkasse hat Aufzeichnungen zu führen über

1. den Namen und die Anschrift des Bausparers sowie des Abtretenden und des Abtretungsempfängers der Ansprüche aus einem Bausparvertrag,
2. die Vertragsnummer und das Vertragsdatum des Bausparvertrags,
3. die prämienbegünstigten Aufwendungen je Sparjahr,
4. die ermittelte oder festgesetzte Prämie je Sparjahr,
5. die ausgezahlte Prämie je Sparjahr,
6. den Anlaß der Anmeldung in den Fällen des § 4a Abs. 2 Satz 2 des Gesetzes,
7. den nach § 4a Abs. 3 Satz 2 des Gesetzes mitgeteilten Prämienanspruch,
8. das Finanzamt, das im Fall des § 4a Abs. 5 des Gesetzes festgesetzt hat.

(2) Die Bausparkasse hat Unterlagen zu den Aufzeichnungen zu nehmen, aus denen sich der Inhalt des Bausparvertrags und die zweckentsprechende Verwendung oder eine unschädliche Verfügung über die Bausparsumme ergeben.

(3) [1]Der Antrag auf Wohnungsbauprämie und die sonstigen Unterlagen sind geordnet zu sammeln und nach Ende des Sparjahrs zehn Jahre lang aufzubewahren. [2]Die Bausparkasse kann die Unterlagen durch Bildträger oder andere Speichermedien ersetzen.

(4) Sonstige Vorschriften über Aufzeichnungspflichten bleiben unberührt.

---

[1] Neubekanntmachung der WoPDV idF der Bek. v. 29.6.1994 (BGBl. I S. 1446) auf Grund des § 9 Abs. 2 WoPG idF der Bek. v. 30.7.1992 (BGBl. I S. 1405) in der ab 18.12.1996 geltenden Fassung.

Die vorliegende Fassung ist erstmals für das Sparjahr 2009 anzuwenden (§ 20).

(5) Die Bausparkasse hat dem Finanzamt auf Anforderung den Inhalt der Aufzeichnungen mitzuteilen und die für die Festsetzung der Prämie erforderlichen Unterlagen auszuhändigen.

§ 1b Übertragung von Bausparverträgen auf eine andere Bausparkasse. [1]Werden Bausparverträge auf eine andere Bausparkasse übertragen und verpflichtet sich diese gegenüber dem Bausparer und der Bausparkasse, mit der der Vertrag abgeschlossen worden ist, in die Rechte und Pflichten aus dem Vertrag einzutreten, so gilt die Übertragung nicht als Rückzahlung. [2]Das Bausparguthaben muß von der übertragenden Bausparkasse unmittelbar an die übernehmende Bausparkasse überwiesen werden.

§ 2 Wegfall des Prämienanspruchs und Rückzahlung der Prämien.
(1) [1]Der Prämienanspruch entfällt, soweit bei Bausparverträgen

1. prämienschädlich verfügt wird, oder
2. die für die Zusatzförderung nach § 10 Abs. 2 des Gesetzes erforderlichen Voraussetzungen nicht erfüllt werden.

[2]Bereits ausgezahlte Prämien sind an die Bausparkasse oder an das zuständige Finanzamt zurückzuzahlen. [3]Bei einer Teilrückzahlung von Beiträgen kann der Bausparer bestimmen, welche Beiträge als zurückgezahlt gelten sollen. [4]Das gilt auch, wenn die Bausparsumme zum Teil ausgezahlt oder die ausgezahlte Bausparsumme teilweise schädlich verwendet wird oder Ansprüche aus dem Vertrag zum Teil abgetreten oder beliehen werden.

(2) [1]Absatz 1 ist nicht anzuwenden, wenn unschädlich nach *§ 2 Abs. 2 Satz 2 bis 5* [***ab Sparjahr 2009:*** § 2 Abs. 2 Satz 2 bis 6 sowie Abs. 3 Satz 2 und 3][1)] des Gesetzes verfügt worden ist. [2]Beabsichtigt im Fall des *§ 2 Abs. 2 Satz 2 Nr. 2* [***ab Sparjahr 2009:*** § 2 Abs. 2 Satz 1 Nr. 2 oder Abs. 3 Satz 2 Nr. 2][1)] des Gesetzes der Abtretungsempfänger im Zeitpunkt der Abtretung der Ansprüche aus dem Bausparvertrag eine unverzügliche und unmittelbare Verwendung zum Wohnungsbau für den Abtretenden oder dessen Angehörige (§ 15 der Abgabenordnung), so ist die Prämie dem Abtretenden auszuzahlen oder die Rückforderung bereits ausgezahlter Prämien auszusetzen, wenn der Abtretende eine Erklärung des Abtretungsempfängers über die Verwendungsabsicht beibringt.

2. Bau- und Wohnungsgenossenschaften

§ 3 Bau- und Wohnungsgenossenschaften.

[Fassung bis 31.12.2020:]

Bau- und Wohnungsgenossenschaften im Sinne des § 2 Abs. 1 Nr. 2 des Gesetzes sind Genossenschaften, deren Zweck auf den Bau und die Fi-

[Fassung ab 1.1.2021:][2)]

[1]Bau- und Wohnungsgenossenschaften im Sinne des § 2 Absatz 1 Nummer 2 des Gesetzes sind Genossenschaften, die nach dem in ihrer Sat-

---

[1)] Verweise geänd. durch G v. 29.7.2008 (BGBl. I S. 1509).
[2)] § 3 neu gef. durch VO v. 25.6.2020 (BGBl. I S. 1495); zur Anwendung siehe § 20 Satz 2.

[Fassung bis 31.12.2020:]

nanzierung sowie die Verwaltung oder Veräußerung von Wohnungen oder auf die wohnungswirtschaftliche Betreuung gerichtet ist.

[Fassung ab 1.1.2021:]

zung festgesetzten Gegenstand und nach der tatsächlichen Geschäftstätigkeit des Unternehmens die Versorgung ihrer Mitglieder mit Wohnungen bezwecken. [2]Die tatsächliche Geschäftstätigkeit bezweckt dann die Versorgung der Mitglieder mit Wohnungen, wenn mehr als 50 Prozent des Betrags der Geschäftsguthaben der Mitglieder verwendet wird für

1. den Bau oder den Erwerb von Wohnungen, die von den Mitgliedern genutzt werden sollen, oder
2. die Verwaltung, Bestandserhaltung oder Modernisierung von Wohnungen, die von den Mitgliedern genutzt werden.

[3]Bei neu gegründeten Genossenschaften reicht es in den ersten drei Jahren ihres Bestehens für die tatsächliche Geschäftstätigkeit aus, wenn die Genossenschaft unverzüglich mit dem Bau oder dem Erwerb von Wohnungen, die von ihren Mitgliedern genutzt werden sollen, beginnt, wobei die üblichen Vorbereitungen wie Bauland- oder Gebäudebeschaffung, Planungs- und Bauantragsverfahren mit einzubeziehen sind. [4]Bau- und Wohnungsgenossenschaften im Sinne des § 2 Absatz 1 Nummer 2 des Gesetzes haben gegenüber der Bausparkasse sowie gegenüber ihren Mitgliedern in Textform zu erklären, dass die vorgenannten Voraussetzungen vorliegen, und sind verpflichtet, einen Wegfall dieser Voraussetzungen unverzüglich anzuzeigen. [5]Die Bausparkasse hat diese Unterlagen zu den Aufzeichnungen zu nehmen.

3. Wohnbau-Sparverträge

§ 4 Allgemeine Sparverträge. (1) [1]Allgemeine Sparverträge im Sinne des § 2 Abs. 1 Nr. 3 des Gesetzes sind Verträge mit

1. einem Kreditinstitut oder
2. einem am 31. Dezember 1989 als gemeinnützig anerkannten Wohnungsunternehmen oder einem am 31. Dezember 1989 als Organ der

(Fortsetzung nächste Seite)

staatlichen Wohnungspolitik anerkannten Unternehmen, wenn diese Unternehmen eigene Spareinrichtungen unterhalten, auf die die Vorschriften des Gesetzes über das Kreditwesen anzuwenden sind,

in denen der Prämienberechtigte sich verpflichtet, die eingezahlten Sparbeiträge auf drei bis sechs Jahre festzulegen und die eingezahlten Sparbeiträge sowie die Prämien zu dem in § 2 Abs. 1 Nr. 3 des Gesetzes bezeichneten Zweck zu verwenden. [2]Die Verträge können zugunsten dritter Personen abgeschlossen werden.

(2) [1]Die Verlängerung der Festlegung um jeweils ein Jahr oder um mehrere Jahre bis zu einer Gesamtdauer der Festlegung von sechs Jahren kann zwischen dem Prämienberechtigten und dem Unternehmen vereinbart werden. [2]Die Vereinbarung über die Verlängerung ist vor Ablauf der Festlegungsfrist zu treffen.

§ 5 Rückzahlungsfrist bei allgemeinen Sparverträgen. [1]Die Sparbeiträge dürfen erst nach Ablauf der vereinbarten Festlegungsfrist (§ 4) zurückgezahlt werden. [2]Die Festlegungsfrist beginnt am 1. Januar, wenn der Vertrag vor dem 1. Juli, und am 1. Juli, wenn der Vertrag nach dem 30. Juni des betreffenden Kalenderjahrs abgeschlossen worden ist.

§ 6 Sparverträge mit festgelegten Sparraten. (1) [1]Sparverträge mit festgelegten Sparraten im Sinne des § 2 Abs. 1 Nr. 3 des Gesetzes sind Verträge mit einem der in § 4 Abs. 1 bezeichneten Unternehmen, in denen sich der Prämienberechtigte verpflichtet, für drei bis sechs Jahre laufend, jedoch mindestens vierteljährlich, der Höhe nach gleichbleibende Sparraten einzuzahlen und die eingezahlten Sparbeiträge sowie die Prämien zu dem in § 2 Abs. 1 Nr. 3 des Gesetzes bezeichneten Zweck zu verwenden. [2]Die Verträge können zugunsten dritter Personen abgeschlossen werden.

(2) [1]Die Verlängerung der Einzahlungsverpflichtung um jeweils ein Jahr oder um mehrere Jahre bis zu einer Gesamtdauer der Einzahlungen von sechs Jahren kann zwischen dem Prämienberechtigten und dem Unternehmen vereinbart werden. [2]Die Vereinbarung über die Verlängerung ist spätestens im Zeitpunkt der letzten nach dem Vertrag zu leistenden Einzahlung zu treffen.

(3) Den in Absatz 1 bezeichneten Einzahlungen werden gleichgestellt

1. zusätzliche Einzahlungen, soweit sie in einem Kalenderjahr nicht höher sind als der Jahresbetrag der in Absatz 1 bezeichneten Einzahlungen, sowie
2. zusätzliche Einzahlungen, die vermögenswirksame Leistungen darstellen, bis zur Höhe des nach dem Fünften Vermögensbildungsgesetz geförderten Betrags.

§ 7 Rückzahlungsfrist bei Sparverträgen mit festgelegten Sparraten. Die auf Grund eines Sparvertrags mit festgelegten Sparraten eingezahlten Sparbeiträge dürfen ein Jahr nach dem Tag der letzten Einzahlung, jedoch nicht vor Ablauf eines Jahres nach dem letzten regelmäßigen Fälligkeitstag, zurückgezahlt werden.

§ 8 Unterbrechung von Sparverträgen mit festgelegten Sparraten.

(1) [1]Sparraten, die nicht rechtzeitig geleistet worden sind, können innerhalb eines halben Jahres nach ihrer Fälligkeit, spätestens bis zum 15. Januar des folgenden Kalenderjahrs, nachgeholt werden; die im folgenden Kalenderjahr nachgeholten Sparraten gelten als Einzahlungen des Kalenderjahrs der Fälligkeit. [2]Innerhalb des letzten halben Jahres vor Ablauf der Festlegungsfrist ist eine Nachholung ausgeschlossen.

(2) [1]Der Vertrag ist in vollem Umfang unterbrochen, wenn eine Sparrate nicht spätestens vor Ablauf der in Absatz 1 bezeichneten Nachholfrist eingezahlt worden ist oder wenn Einzahlungen zurückgezahlt werden; das gleiche gilt, wenn Ansprüche aus dem Vertrag abgetreten werden, es sei denn, der Abtretungsempfänger ist ein Angehöriger (§ 15 der Abgabenordnung) oder die im Vertrag bezeichnete andere Person. [2]Der Vertrag ist teilweise unterbrochen, wenn eine Sparrate in geringerer als der vereinbarten Höhe geleistet und der Unterschiedsbetrag nicht innerhalb der in Absatz 1 bezeichneten Frist nachgeholt worden ist.

(3) [1]Ist der Vertrag in vollem Umfang unterbrochen (Absatz 2 Satz 1), so sind spätere Einzahlungen nicht mehr prämienbegünstigt. [2]Liegt eine teilweise Unterbrechung (Absatz 2 Satz 2) vor, so sind spätere Einzahlungen nur in Höhe des Teils der Sparraten prämienbegünstigt, der ununterbrochen in gleichbleibender Höhe geleistet worden ist. [3]Dieser Betrag ist auch maßgebend für die zusätzlichen Einzahlungen, die nach § 6 Abs. 3 Nr. 1 erbracht werden können.

§ 9 Vorzeitige Rückzahlung. [1]Soweit vor Ablauf der in den §§ 5 und 7 bezeichneten Fristen, außer in den Fällen des § 12, Sparbeiträge im Sinne des § 4 oder des § 6 zurückgezahlt werden, werden Prämien nicht ausgezahlt; bereits ausgezahlte Prämien sind an das Finanzamt zurückzuzahlen. [2]Das gilt nicht, wenn der Prämienberechtigte oder die im Vertrag bezeichnete andere Person stirbt oder nach Vertragsabschluß völlig erwerbsunfähig wird.

§ 10 Verwendung der Sparbeiträge. (1) [1]Die auf Grund eines allgemeinen Sparvertrags (§ 4) oder eines Sparvertrags mit festgelegten Sparraten (§ 6) eingezahlten Beträge sind von dem Prämienberechtigten oder der in dem Vertrag bezeichneten anderen Person zusammen mit den Prämien innerhalb eines Jahres nach der Rückzahlung der Sparbeiträge, spätestens aber innerhalb von vier Jahren nach dem Zeitpunkt, in dem die eingezahlten Sparbeiträge frühestens zurückgezahlt werden dürfen, zu dem in § 2 Abs. 1 Nr. 3 des Gesetzes bezeichneten Zweck zu verwenden. [2]§ 9 Satz 2 findet Anwendung.

(2)[1] Eine Verwendung zu dem in § 2 Abs. 1 Nr. 3 des Gesetzes bezeichneten Zweck ist gegeben, wenn die eingezahlten Beträge verwendet werden

1. zum Bau selbstgenutzten Wohneigentums für den Prämienberechtigten, die in dem Vertrag bezeichnete andere Person oder die in § 15 der Abgabenordnung bezeichneten Angehörigen dieser Personen,

---

[1] § 10 Abs. 2 Nrn. 1 und 2 geänd. durch G v. 23. 7. 2002 (BGBl. I S. 2715).

2. zum Erwerb selbstgenutzten Wohneigentums oder eines eigentumsähnlichen Dauerwohnrechts durch den Prämienberechtigten, die in dem Vertrag bezeichnete andere Person oder die in § 15 der Abgabenordnung bezeichneten Angehörigen dieser Personen.

§ 11 Anzeigepflicht. [1]Die in § 4 Abs. 1 bezeichneten Unternehmen haben, außer im Fall des Todes des Prämienberechtigten oder der in dem Vertrag bezeichneten anderen Person, dem für ihre Veranlagung oder dem für die Veranlagung des Prämienberechtigten zuständigen Finanzamt unverzüglich die Fälle mitzuteilen, in denen

1. Sparbeiträge vor Ablauf der in den §§ 5 und 7 bezeichneten Fristen zurückgezahlt werden,
2. Sparbeiträge und Prämien nicht oder nicht innerhalb der Fristen des § 10 zu dem dort bezeichneten Zweck verwendet werden,
3. Sparverträge auf ein anderes Unternehmen übertragen oder in Verträge mit Wohnungs- und Siedlungsunternehmen oder mit am 31. Dezember 1989 anerkannten Organen der staatlichen Wohnungspolitik umgewandelt werden (§ 12 Abs. 1).

[2]Die Anzeige kann auch von der Niederlassung eines Unternehmens an das Finanzamt gerichtet werden, in dessen Bezirk sich die Niederlassung befindet.

§ 12 Übertragung und Umwandlung von Sparverträgen. (1) Prämien werden auch ausgezahlt und bereits ausgezahlte Prämien werden nicht zurückgefordert, wenn

1. allgemeine Sparverträge (§ 4) und Sparverträge mit festgelegten Sparraten (§ 6) während ihrer Laufzeit unter Übertragung der bisherigen Einzahlungen und der Prämien auf ein anderes Unternehmen übertragen werden und sich dieses gegenüber dem Prämienberechtigten und dem Unternehmen, mit dem der Vertrag abgeschlossen worden ist, verpflichtet, in die Rechte und Pflichten aus dem Vertrag einzutreten,
2. Sparverträge mit festgelegten Sparraten während ihrer Laufzeit unter Übertragung der bisherigen Einzahlungen und der Prämien in Verträge mit Wohnungs- und Siedlungsunternehmen oder mit am 31. Dezember 1989 anerkannten Organen der staatlichen Wohnungspolitik im Sinne des § 13 umgewandelt werden.

(2) [1]In Fällen der Übertragung (Absatz 1 Nr. 1) gelten die §§ 4 bis 11 weiter mit der Maßgabe, daß die bisherigen Einzahlungen als Einzahlungen auf Grund des Vertrags mit dem Unternehmen, auf das der Vertrag übertragen worden ist, behandelt werden. [2]In Fällen der Umwandlung (Absatz 1 Nr. 2) gelten die §§ 15 bis 17 mit der Maßgabe, daß die bisherigen Einzahlungen als Einzahlungen auf Grund des Vertrags mit dem Wohnungs- oder Siedlungsunternehmen oder mit dem am 31. Dezember 1989 anerkannten Organ der staatlichen Wohnungspolitik behandelt werden.

4. Verträge mit Wohnungs- und Siedlungsunternehmen und Organen der staatlichen Wohnungspolitik (Baufinanzierungsverträge)

§ 13 Inhalt der Verträge. (1) [1]Verträge im Sinne des § 2 Abs. 1 Nr. 4 des Gesetzes sind Verträge mit einem Wohnungs- oder Siedlungsunternehmen (§ 14) oder einem am 31. Dezember 1989 anerkannten Organ der staatlichen Wohnungspolitik (§ 2 Abs. 1 Nr. 4 Satz 2 des Gesetzes), in denen sich der Prämienberechtigte verpflichtet,

1. einen bestimmten Kapitalbetrag in der Weise anzusammeln, daß er für drei bis acht Jahre laufend, jedoch mindestens vierteljährlich, der Höhe nach gleichbleibende Sparraten bei dem Wohnungs- oder Siedlungsunternehmen oder dem am 31. Dezember 1989 anerkannten Organ der staatlichen Wohnungspolitik einzahlt, und
2. den angesammelten Betrag und die Prämien zu dem in § 2 Abs. 1 Nr. 4 des Gesetzes bezeichneten Zweck zu verwenden (§ 16),

und in denen sich das Wohnungs- oder Siedlungsunternehmen oder das am 31. Dezember 1989 anerkannte Organ der staatlichen Wohnungspolitik verpflichtet, die nach dem Vertrag vorgesehene Leistung (§ 16) zu erbringen. [2]§ 6 Abs. 2 gilt entsprechend. [3]Die Verträge können zugunsten dritter Personen abgeschlossen werden.

(2) Den in Absatz 1 bezeichneten Einzahlungen werden gleichgestellt

1. zusätzliche Einzahlungen, soweit sie in einem Kalenderjahr nicht höher sind als der Jahresbetrag der in Absatz 1 bezeichneten Einzahlungen, sowie
2. zusätzliche Einzahlungen, die vermögenswirksame Leistungen darstellen, bis zur Höhe des nach dem Fünften Vermögensbildungsgesetz geförderten Betrags.

§ 14 Wohnungs- und Siedlungsunternehmen. Wohnungs- und Siedlungsunternehmen im Sinne des § 13 sind

1. am 31. Dezember 1989 als gemeinnützig anerkannte Wohnungsunternehmen,
2. gemeinnützige Siedlungsunternehmen,
3. Unternehmen, die vor Aufhebung des Reichsheimstättengesetzes zur Ausgabe von Heimstätten zugelassen waren,
4. andere Wohnungs- und Siedlungsunternehmen, wenn sie die folgenden Voraussetzungen erfüllen:
   a) Das Unternehmen muß im Handelsregister oder im Genossenschaftsregister eingetragen sein;
   b) der Zweck des Unternehmens muß ausschließlich oder weit überwiegend auf den Bau und die Verwaltung oder Übereignung von Wohnungen oder die wohnungswirtschaftliche Betreuung gerichtet sein. [2]Die tatsächliche Geschäftsführung muß dem entsprechen;
   c) das Unternehmen muß sich einer regelmäßigen und außerordentlichen Überprüfung seiner wirtschaftlichen Lage und seines Geschäfts-

gebarens, insbesondere der Verwendung der gesparten Beträge, durch einen wohnungswirtschaftlichen Verband, zu dessen satzungsmäßigem Zweck eine solche Prüfung gehört, unterworfen haben. 2 Soweit das Unternehmen oder seine Gesellschafter an anderen Unternehmen gleicher Art beteiligt sind, muß sich die Überprüfung zugleich auf diese erstrecken.

§ 15 Unterbrechung und Rückzahlung der Einzahlungen. (1) 1 Sparraten, die nicht rechtzeitig geleistet worden sind, können innerhalb eines halben Jahres nach ihrer Fälligkeit, spätestens bis zum 15. Januar des folgenden Kalenderjahrs, nachgeholt werden; die im folgenden Kalenderjahr nachgeholten Sparraten gelten als Einzahlungen des Kalenderjahrs der Fälligkeit. 2 Innerhalb des letzten halben Jahres vor Ablauf der Festlegungsfrist ist eine Nachholung ausgeschlossen.

(2) 1 Der Vertrag ist in vollem Umfang unterbrochen, wenn eine Sparrate nicht spätestens vor Ablauf der in Absatz 1 bezeichneten Nachholfrist eingezahlt worden ist oder wenn Einzahlungen zurückgezahlt werden; das gleiche gilt, wenn Ansprüche aus dem Vertrag abgetreten werden, es sei denn, der Abtretungsempfänger ist ein Angehöriger (§ 15 der Abgabenordnung) oder die im Vertrag bezeichnete andere Person. 2 Der Vertrag ist teilweise unterbrochen, wenn eine Sparrate in geringerer als der vereinbarten Höhe geleistet und der Unterschiedsbetrag nicht innerhalb der in Absatz 1 bezeichneten Frist nachgeholt worden ist.

(3) 1 Ist der Vertrag in vollem Umfang unterbrochen (Absatz 2 Satz 1), so sind spätere Einzahlungen nicht mehr prämienbegünstigt. 2 Liegt eine teilweise Unterbrechung (Absatz 2 Satz 2) vor, so sind spätere Einzahlungen nur in Höhe des Teils der Sparraten prämienbegünstigt, der ununterbrochen in gleichbleibender Höhe geleistet worden ist. 3 Dieser Betrag ist auch maßgebend für die zusätzlichen Einzahlungen, die nach § 13 Abs. 2 Nr. 1 erbracht werden können.

(4) 1 Soweit eingezahlte Beiträge, außer in den Fällen des § 18, zurückgezahlt werden, werden Prämien nicht ausgezahlt; bereits ausgezahlte Prämien sind an das Finanzamt zurückzuzahlen. 2 Das gilt nicht, wenn der Prämienberechtigte oder die im Vertrag bezeichnete andere Person stirbt oder nach Vertragsabschluß völlig erwerbsunfähig wird.

§ 16 Verwendung der angesammelten Beträge. (1) 1 Der angesammelte Betrag ist zusammen mit den Prämien innerhalb von fünf Jahren nach dem Zeitpunkt, in dem nach dem Vertrag die letzte Zahlung zu leisten ist, von dem Prämienberechtigten oder der im Vertrag bezeichneten anderen Person zu dem in § 2 Abs. 1 Nr. 4 des Gesetzes bezeichneten Zweck zu verwenden. 2 § 15 Abs. 4 Satz 2 findet Anwendung.

(2)[1] Eine Verwendung zu dem in § 2 Abs. 1 Nr. 4 des Gesetzes bezeichneten Zweck ist gegeben, wenn der angesammelte Betrag und die Prämien verwendet werden

[1] § 16 Abs. 2 Nrn. 1 und 2 geänd. durch G v. 23. 7. 2002 (BGBl. I S. 2715).

1. zum Bau selbstgenutzten Wohneigentums für den Prämienberechtigten, die in dem Vertrag bezeichnete andere Person oder die in § 15 der Abgabenordnung bezeichneten Angehörigen dieser Person durch das Wohnungs- und Siedlungsunternehmen oder das am 31. Dezember 1989 anerkannte Organ der staatlichen Wohnungspolitik oder
2. zum Erwerb selbstgenutzten Wohneigentums oder eines eigentumsähnlichen Dauerwohnrechts durch den Prämienberechtigten, die in dem Vertrag bezeichnete andere Person oder die in § 15 der Abgabenordnung bezeichneten Angehörigen dieser Personen; dabei muß es sich um einen Erwerb von dem Wohnungs- und Siedlungsunternehmen oder dem am 31. Dezember 1989 anerkannten Organ der staatlichen Wohnungspolitik und um selbstgenutztes Wohneigentum handeln, das nach dem 31. Dezember 1949 errichtet worden ist.

(3) Bei einer Verwendung im Sinne des Absatzes 2 Nr. 2 dürfen der angesammelte Betrag und die Prämien nur zur Leistung des bar zu zahlenden Teils des Kaufpreises verwendet werden.

§ 17 Anzeigepflicht. [1]Das Wohnungs- oder Siedlungsunternehmen oder das am 31. Dezember 1989 anerkannte Organ der staatlichen Wohnungspolitik hat, außer im Fall des Todes des Prämienberechtigten oder der in dem Vertrag bezeichneten anderen Person, dem für seine Veranlagung oder dem für die Veranlagung des Prämienberechtigten zuständigen Finanzamt unverzüglich die Fälle mitzuteilen, in denen

1. angesammelte Beträge zurückgezahlt werden (§ 15),
2. angesammelte Beträge und Prämien nicht oder nicht innerhalb der Frist des § 16 zu dem in § 2 Abs. 1 Nr. 4 des Gesetzes bezeichneten Zweck verwendet werden,
3. Verträge auf ein anderes Wohnungs- oder Siedlungsunternehmen oder ein anderes am 31. Dezember 1989 anerkanntes Organ der staatlichen Wohnungspolitik übertragen oder in Sparverträge mit festgelegten Sparraten im Sinne des § 6 umgewandelt werden (§ 18 Abs. 1).

[2]Die Anzeige kann auch von der Niederlassung eines Wohnungs- oder Siedlungsunternehmens oder eines am 31. Dezember 1989 anerkannten Organs der staatlichen Wohnungspolitik an das Finanzamt gerichtet werden, in dessen Bezirk sich die Niederlassung befindet.

§ 18 Übertragung und Umwandlung von Verträgen mit Wohnungs- und Siedlungsunternehmen und Organen der staatlichen Wohnungspolitik. (1) Prämien werden auch ausgezahlt und bereits ausgezahlte Prämien werden nicht zurückgefordert, wenn Verträge mit Wohnungs- und Siedlungsunternehmen oder am 31. Dezember 1989 anerkannten Organen der staatlichen Wohnungspolitik (§ 13) während ihrer Laufzeit unter Übertragung der bisherigen Einzahlungen und der Prämien

1. auf ein anderes Wohnungs- oder Siedlungsunternehmen oder ein anderes am 31. Dezember 1989 anerkanntes Organ der staatlichen Wohnungspolitik übertragen werden und sich dieses gegenüber dem Prämien-

berechtigten und dem Unternehmen, mit dem der Vertrag abgeschlossen worden ist, verpflichtet, in die Rechte und Pflichten aus dem Vertrag einzutreten,

2. in einen Sparvertrag mit festgelegten Sparraten im Sinne des § 6 umgewandelt werden.

(2) § 12 Abs. 2 ist entsprechend anzuwenden.

5. Änderung der Voraussetzungen für den Prämienanspruch in besonderen Fällen

§ 19 Änderung des zu versteuernden Einkommens. (1) Wird im Besteuerungsverfahren die Entscheidung über die Höhe des zu versteuernden Einkommens nachträglich in der Weise geändert, daß dadurch

1. die Einkommensgrenze (§ 2a des Gesetzes) unterschritten wird, so kann der Prämienberechtigte die Prämie innerhalb eines Jahres nach Bekanntgabe der Änderung erstmalig oder erneut beantragen;
2. die Einkommensgrenze überschritten wird, so ist die Prämie neu zu ermitteln oder festzusetzen; ausgezahlte Prämien sind zurückzufordern.

(2) Besteht oder entsteht für Aufwendungen, die vermögenswirksame Leistungen darstellen,

1. kein Anspruch auf Arbeitnehmer-Sparzulage und liegen dennoch die Voraussetzungen für den Prämienanspruch vor, so kann der Prämienberechtigte die Prämie innerhalb eines Jahres nach Bekanntgabe des Bescheids über die Arbeitnehmer-Sparzulage erstmalig oder erneut beantragen;
2. nachträglich ein Anspruch auf Arbeitnehmer-Sparzulage und entfällt damit der Prämienanspruch, so ist die Prämie neu zu ermitteln oder festzusetzen; ausgezahlte Prämien sind zurückzufordern.

6. Anwendungszeitraum

§ 20[1)] Anwendungsvorschrift. [1]Diese Verordnung in der Fassung des Artikels 6 des Gesetzes vom 29. Juli 2008 (BGBl. I S. 1509) ist erstmals für das Sparjahr 2009 anzuwenden. [2]§ 3 in der Fassung der Verordnung vom 25. Juni 2020 (BGBl. I S. 1495) ist anzuwenden, soweit der Erwerb von Anteilen an Bau- und Wohnungsgenossenschaften nach dem 31. Dezember 2020 erfolgt.

[1)] § 20 neu gef. durch G v. 29.7.2008 (BGBl. I S. 1509); Satz 2 angef., bish. Text wird Satz 1 durch VO v. 25.6.2020 (BGBl. I S. 1495).

60. Bundeskindergeldgesetz (BKGG)

In der Fassung der Bekanntmachung vom 28. Januar 2009 (BGBl. I S. 142, ber. S. 3177)[1)]

Geändert durch Dienstrechtsneuordnungsgesetz vom 5.2.2009 (BGBl. I S. 160), Gesetz zur Sicherung von Beschäftigung und Stabilität in Deutschland vom 2.3.2009 (BGBl. I S. 416), Bürgerentlastungsgesetz Krankenversicherung vom 16.7.2009 (BGBl. I S. 1959), Wachstumsbeschleunigungsgesetz vom 22.12.2009 (BGBl. I S. 3950), Gesetz zur Ermittlung von Regelbedarfen und zur Änderung des Zweiten und Zwölften Buches Sozialgesetzbuch vom 24.3.2011 (BGBl. I S. 453), Gesetz zur Änderung des Bundesversorgungsgesetzes und anderer Vorschriften vom 20.6.2011 (BGBl. I S. 1114), Steuervereinfachungsgesetz 2011 vom 1.11.2011 (BGBl. I S. 2131), Beitreibungsrichtlinie-Umsetzungsgesetz (BeitrRLUmsG) vom 7.12.2011 (BGBl. I S. 2592), Unterhaltsvorschussentbürokratisierungsgesetz vom 3.5.2013 (BGBl. I S. 1108), Gesetz zur Änderung des Zweiten Buches Sozialgesetzbuch und anderer Gesetze vom 7.5.2013 (BGBl. I S. 1167), Amtshilferichtlinie-Umsetzungsgesetz (AmtshilfeRLUmsG) vom 26.6.2013 (BGBl. I S. 1809), Gesetz zur Anpassung steuerlicher Regelungen an die Rechtsprechung des Bundesverfassungsgerichts vom 18.7.2014 (BGBl. I S. 1042), Gesetz zur Anpassung des nationalen Steuerrechts an den Beitritt Kroatiens zur EU und zur Änderung weiterer steuerlicher Vorschriften vom 25.7.2014 (BGBl. I S. 1266), Gesetz zur Anpassung der Abgabenordnung an den Zollkodex der Union und zur Änderung weiterer steuerlicher Vorschriften vom 22.12.2014 (BGBl. I S. 2417), Gesetz zur Anhebung des Grundfreibetrags, des Kinderfreibetrags, des Kindergeldes und des Kinderzuschlags vom 16.7.2015 (BGBl. I S. 1202), Neuntes Gesetz zur Änderung des Zweiten Buches Sozialgesetzbuch – Rechtsvereinfachung – sowie zur vorübergehenden Aussetzung der Insolvenzantragspflicht vom 26.7.2016 (BGBl. I S. 1824), Gesetz zur Umsetzung der Änderungen der EU-Amtshilferichtlinie und von weiteren Maßnahmen gegen Gewinnkürzungen und -verlagerungen vom 20.12.2016 (BGBl. I S. 3000), Gesetz zum Abbau verzichtbarer Anordnungen der Schriftform im Verwaltungsrecht des Bundes vom 29.3.2017 (BGBl. I S. 626), Gesetz zur Bekämpfung der Steuerumgehung, und zur Änderung weiterer steuerlicher Vorschriften (Steuerumgehungsbekämpfungsgesetz – StUmgBG) vom 23.6.2017 (BGBl. I S. 1682), Gesetz zur steuerlichen Entlastung der Familien sowie zur Anpassung weiterer steuerlicher Regelungen vom 29.11.2018 (BGBl. I S. 2210), Gesetz zur zielgenauen Stärkung von Familien und ihren Kindern durch die Neugestaltung des Kinderzuschlags und die Verbesserung der Leistungen für Bildung und Teilhabe (Starke-Familien-Gesetz – StaFamG) vom 29.4.2019 (BGBl. I S. 530), Gesetz gegen illegale Beschäftigung und Sozialleistungsmissbrauch vom 11.7.2019 (BGBl. I S. 1066), Gesetz zur weiteren steuerlichen Förderung der Elektromobilität und zur Änderung weiterer steuerlicher Vorschriften vom 12.12.2019 (BGBl. I S. 2451), Gesetz für den erleichterten Zugang zu sozialer Sicherung und zum Einsatz und zur Absicherung sozialer Dienstleister aufgrund des Coronavirus SARS-CoV-2 (Sozialschutz-Paket) vom 27.3.2020 (BGBl. I S. 575), Gesetz zu Sozialen Maßnahmen zur Bekämpfung der Corona-Pandemie (Sozialschutz-Paket II) vom 20.5.2020 (BGBl. I S. 1055), Zweites Gesetz zur Umsetzung steuerlicher Hilfsmaßnahmen zur Bewältigung der Corona-Krise (Zweites Corona-Steuerhilfegesetz) vom 29.6.2020 (BGBl. I S. 1512), Gesetz für ein Zukunftsprogramm Krankenhäuser (Krankenhauszukunftsgesetz – KHZG) vom 23.10.2020 (BGBl. I S. 2208), Zweites Gesetz zur steuerlichen Entlastung von Familien sowie zur Anpassung weiterer steuerlicher Regelungen (Zweites Familienentlastungsgesetz – 2. FamEntlastG) vom 1.12.2020 (BGBl. I S. 2616), Gesetz zur Ermittlung des Regelbedarfs und zur Änderung des Zwölften Buches Sozialgesetzbuch sowie weiterer Gesetze vom 9.12.2020 (BGBl. I S. 2855), Drittes Gesetz zur Umsetzung steuerlicher Hilfsmaßnahmen zur Bewältigung der Corona-Krise (Drittes Corona-Steuerhilfegesetz) vom 10.3.2021 (BGBl. I S. 330) und Sozialschutz-Paket III vom 10.3.2021 (BGBl. I S. 335)

BGBl. III/FNA 85-4

[1)] Neubekanntmachung des BKGG idF der Bek. v. 17.7.2007 (BGBl. I S. 1450) auf Grund Art. 6 Familienleistungsgesetz v. 22.12.2009 (BGBl. I S. 2955) in der ab 1.1.2009 geltenden Fassung.

Zum Kindergeld für unbeschränkt Steuerpflichtige siehe §§ 62 ff. EStG (Nr. 1).

Erster Abschnitt. Leistungen

§ 1 Anspruchsberechtigte. (1) Kindergeld nach diesem Gesetz für seine Kinder erhält, wer nach § 1 Absatz 1 und 2 des Einkommensteuergesetzes nicht unbeschränkt steuerpflichtig ist und auch nicht nach § 1 Absatz 3 des Einkommensteuergesetzes als unbeschränkt steuerpflichtig behandelt wird und

1. in einem Versicherungspflichtverhältnis zur Bundesagentur für Arbeit nach dem Dritten Buch Sozialgesetzbuch steht oder versicherungsfrei nach § 28 Absatz 1 Nummer 1 des Dritten Buches Sozialgesetzbuch ist oder
2. als Entwicklungshelfer Unterhaltsleistungen im Sinne des § 4 Absatz 1 Nummer 1 des Entwicklungshelfer-Gesetzes erhält oder als Missionar der Missionswerke und -gesellschaften, die Mitglieder oder Vereinbarungspartner des Evangelischen Missionswerkes Hamburg, der Arbeitsgemeinschaft Evangelikaler Missionen e. V., des Deutschen katholischen Missionsrates oder der Arbeitsgemeinschaft pfingstlich-charismatischer Missionen sind, tätig ist oder
3.[1] eine nach § 123a des Beamtenrechtsrahmengesetzes oder § 29 des Bundesbeamtengesetzes oder § 20 des Beamtenstatusgesetzes bei einer Einrichtung außerhalb Deutschlands zugewiesene Tätigkeit ausübt oder
4.[2] als Ehegatte oder Lebenspartner eines Mitglieds der Truppe oder des zivilen Gefolges eines NATO-Mitgliedstaates die Staatsangehörigkeit eines EU/EWR-Mitgliedstaates besitzt und in Deutschland seinen Wohnsitz oder gewöhnlichen Aufenthalt hat.

(2) [1] Kindergeld für sich selbst erhält, wer

1. in Deutschland einen Wohnsitz oder seinen gewöhnlichen Aufenthalt hat,
2. Vollwaise ist oder den Aufenthalt seiner Eltern nicht kennt und
3. nicht bei einer anderen Person als Kind zu berücksichtigen ist.

[2] § 2 Absatz 2 und 3 sowie die §§ 4 und 5 sind entsprechend anzuwenden. [3] Im Fall des § 2 Absatz 2 Satz 1 Nummer 3 wird Kindergeld längstens bis zur Vollendung des 25. Lebensjahres[3] gewährt.

(3)[4] [1] Ein nicht freizügigkeitsberechtigter Ausländer erhält Kindergeld nur, wenn er

1. eine Niederlassungserlaubnis oder eine Erlaubnis zum Daueraufenthalt-EU besitzt,
2. eine Blaue Karte EU, eine ICT-Karte, eine Mobiler-ICT-Karte oder eine Aufenthaltserlaubnis besitzt, die für einen Zeitraum von mindestens sechs Monaten zur Ausübung einer Erwerbstätigkeit berechtigen oder berechtigt haben oder diese erlauben, es sei denn, die Aufenthaltserlaubnis wurde
   a) nach § 16e des Aufenthaltsgesetzes zu Ausbildungszwecken, nach § 19c Absatz 1 des Aufenthaltsgesetzes zum Zweck der Beschäftigung als Au-

---

[1] § 1 Abs. 1 Nr. 3 geänd. durch G v. 5.2.2009 (BGBl. I S. 160/271); geänd. durch G v. 1.11.2011 (BGBl. I S. 2131).

[2] § 1 Abs. 1 Nr. 4 ergänzt mWv 24.7.2014 durch G v. 18.7.2014 (BGBl. I S. 1042).

[3] Fassung durch G v. 19.7.2006 (BGBl. I S. 1652); zur Übergangsregelung siehe § 20 Abs. 8.

[4] § 1 Abs. 3 neu gef. mWv 1.1.2020 durch Art. 34 des G v. 12.12.2019 (BGBl. I S. 2451).

Pair oder zum Zweck der Saisonbeschäftigung, nach § 19e des Aufenthaltsgesetzes zum Zweck der Teilnahme an einem Europäischen Freiwilligendienst oder nach § 20 Absatz 1 und 2 des Aufenthaltsgesetzes zur Arbeitsplatzsuche erteilt,

b) nach § 16b des Aufenthaltsgesetzes zum Zweck eines Studiums, nach § 16d des Aufenthaltsgesetzes für Maßnahmen zur Anerkennung ausländischer Berufsqualifikationen oder nach § 20 Absatz 3 des Aufenthaltsgesetzes zur Arbeitsplatzsuche erteilt und er ist weder erwerbstätig noch nimmt er Elternzeit nach § 15 des Bundeselterngeld- und Elternzeitgesetzes oder laufende Geldleistungen nach dem Dritten Buch Sozialgesetzbuch in Anspruch,

c) nach § 23 Absatz 1 des Aufenthaltsgesetzes wegen eines Krieges in seinem Heimatland oder nach den §§ 23a, 24 oder § 25 Absatz 3 bis 5 des Aufenthaltsgesetzes erteilt,

3. eine in Nummer 2 Buchstabe c genannte Aufenthaltserlaubnis besitzt und im Bundesgebiet berechtigt erwerbstätig ist oder Elternzeit nach § 15 des Bundeselterngeld- und Elternzeitgesetzes oder laufende Geldleistungen nach dem Dritten Buch Sozialgesetzbuch in Anspruch nimmt,
4. eine in Nummer 2 Buchstabe c genannte Aufenthaltserlaubnis besitzt und sich seit mindestens 15 Monaten erlaubt, gestattet oder geduldet im Bundesgebiet aufhält oder
5. eine Beschäftigungsduldung gemäß § 60d in Verbindung mit § 60a Absatz 2 Satz 3 des Aufenthaltsgesetzes besitzt.

[2] Abweichend von Satz 1 Nummer 3 erste Alternative erhält ein minderjähriger nicht freizügigkeitsberechtigter Ausländer unabhängig von einer Erwerbstätigkeit Kindergeld.

§ 2 Kinder. (1) Als Kinder werden auch berücksichtigt

1.[1)] vom Berechtigten in seinen Haushalt aufgenommene Kinder seines Ehegatten oder Lebenspartners,
2. Pflegekinder (Personen, mit denen der Berechtigte durch ein familienähnliches, auf Dauer berechnetes Band verbunden ist, sofern er sie nicht zu Erwerbszwecken in seinen Haushalt aufgenommen hat und das Obhuts- und Pflegeverhältnis zu den Eltern nicht mehr besteht),
3. vom Berechtigten in seinen Haushalt aufgenommene Enkel.

(2) [1] Ein Kind, das das 18. Lebensjahr vollendet hat, wird berücksichtigt, wenn es

1. noch nicht das 21. Lebensjahr vollendet hat, nicht in einem Beschäftigungsverhältnis steht und bei einer Agentur für Arbeit im Inland als Arbeitsuchender gemeldet ist oder
2. noch nicht das 25. Lebensjahr vollendet hat und

a) für einen Beruf ausgebildet wird oder

[1)] § 2 Abs. 1 Nr. 1 ergänzt mWv 24.7.2014 durch G v. 18.7.2014 (BGBl. I S. 1042).

b)[1] sich in einer Übergangszeit von höchstens vier Monaten befindet, die zwischen zwei Ausbildungsabschnitten oder zwischen einem Ausbildungsabschnitt und der Ableistung des gesetzlichen Wehr- oder Zivildienstes, einer vom Wehr- oder Zivildienst befreienden Tätigkeit als Entwicklungshelfer oder als Dienstleistender im Ausland nach § 14b des Zivildienstgesetzes oder der Ableistung des freiwilligen Wehrdienstes nach § 58b des Soldatengesetzes oder der Ableistung eines freiwilligen Dienstes im Sinne des Buchstaben d liegt, oder

c) eine Berufsausbildung mangels Ausbildungsplatzes nicht beginnen oder fortsetzen kann oder

d)[2] ein freiwilliges soziales Jahr oder ein freiwilliges ökologisches Jahr im Sinne des Jugendfreiwilligendienstegesetzes oder eine Freiwilligenaktivität im Rahmen des Europäischen Solidaritätskorps im Sinne der Verordnung (EU) Nr. 2018/1475 des Europäischen Parlaments und des Rates vom 2. Oktober 2018 zur Festlegung des rechtlichen Rahmens des Europäischen Solidaritätskorps sowie zur Änderung der Verordnung (EU) Nr. 1288/2013 und der Verordnung (EU) Nr. 1293/2013 sowie des Beschlusses Nr. 1313/2013/EU (ABl. L 250 vom 4.10.2018, S. 1) oder einen anderen Dienst im Ausland im Sinne von § 5 des Bundesfreiwilligendienstgesetzes[3] oder einen entwicklungspolitischen Freiwilligendienst „weltwärts" im Sinne der Förderleitlinie des Bundesministeriums für wirtschaftliche Zusammenarbeit und Entwicklung vom 1. Januar 2016 oder einen Freiwilligendienst aller Generationen im Sinne von § 2 Absatz 1a des Siebten Buches Sozialgesetzbuch oder einen Internationalen Jugendfreiwilligendienst im Sinne der Richtlinie des Bundesministeriums für Familie, Senioren, Frauen und Jugend vom 25. Mai 2018 (GMBl. S. 545) oder einen Bundesfreiwilligendienst im Sinne des Bundesfreiwilligendienstgesetzes leistet oder

3. wegen körperlicher, geistiger oder seelischer Behinderung außerstande ist, sich selbst zu unterhalten; Voraussetzung ist, dass die Behinderung vor Vollendung des 25. Lebensjahres[4] eingetreten ist.

[2]Nach Abschluss einer erstmaligen Berufsausbildung oder[5] eines Erststudiums wird ein Kind in den Fällen des Satzes 1 Nummer 2 nur berücksichtigt, wenn das Kind keiner Erwerbstätigkeit nachgeht. [3]Eine Erwerbstätigkeit mit bis zu 20 Stunden regelmäßiger wöchentlicher Arbeitszeit, ein Ausbildungsdienstverhältnis oder ein geringfügiges Beschäftigungsverhältnis im

---

[1] § 2 Abs. 2 Satz 1 Nr. 2 Buchst. b ergänzt mWv 1.1.2015 durch G v. 22.12.2014 (BGBl. I S. 2417).

[2] § 2 Abs. 2 Satz 1 Nr. 2 Buchst. d geänd. durch G v. 16.7.2009 (BGBl. I S. 1959); geänd. durch G v. 25.7.2014 (BGBl. I S. 1266); zur Anwendung siehe § 20 Abs. 9; geänd. durch G v. 7.12.2011 (BGBl. I S. 2592); geänd. mWv 1.1.2019 durch G v. 29.11.2018 (BGBl. I S. 2210); geänd. mWv 18.7.2019 durch G v. 11.7.2019 (BGBl. I S. 1066).

[3] Verweis geänd. mWv 1.1.2012 durch G v. 26.6.2013 (BGBl. I S. 1809).

[4] Fassung durch G v. 19.7.2006 (BGBl. I S. 1652); zur Übergangsregelung siehe § 20 Abs. 8.

[5] Geänd. mWv 1.1.2012 durch G v. 26.6.2013 (BGBl. I S. 1809).

Sinne der §§ 8 und 8a des Vierten Buches Sozialgesetzbuch sind unschädlich.[1)]

(3)[2)] [1] *In den Fällen des Absatzes 2 Satz 1 Nummer 1 oder Nummer 2 Buchstabe a und b wird ein Kind, das*

1. den gesetzlichen Grundwehrdienst oder Zivildienst geleistet hat oder

2. sich an Stelle des gesetzlichen Grundwehrdienstes freiwillig für die Dauer von nicht mehr als drei Jahren zum Wehrdienst verpflichtet hat oder

3. eine vom gesetzlichen Grundwehrdienst oder Zivildienst befreiende Tätigkeit als Entwicklungshelfer im Sinne des § 1 Absatz 1 des Entwicklungshelfer-Gesetzes ausgeübt hat,

für einen der Dauer dieser Dienste oder der Tätigkeit entsprechenden Zeitraum, höchstens für die Dauer des inländischen gesetzlichen Grundwehrdienstes, bei anerkannten Kriegsdienstverweigerern für die Dauer des inländischen gesetzlichen Zivildienstes über das 21. oder 25. Lebensjahr[3)] *hinaus berücksichtigt.* [2] *Wird der gesetzliche Grundwehrdienst oder Zivildienst in einem Mitgliedstaat der Europäischen Union oder einem Staat, auf den das Abkommen über den Europäischen Wirtschaftsraum Anwendung findet, geleistet, so ist die Dauer dieses Dienstes maßgebend.* [3] *Absatz 2 Satz 2 und 3*[4)] *gilt entsprechend.*

(4) [1] Kinder, für die einer anderen Person nach dem Einkommensteuergesetz Kindergeld oder ein Kinderfreibetrag zusteht, werden nicht berücksichtigt. [2] Dies gilt nicht für Kinder, die in den Haushalt des Anspruchsberechtigten nach § 1 aufgenommen worden sind oder für die dieser die höhere Unterhaltsrente zahlt, wenn sie weder in seinen Haushalt noch in den Haushalt eines nach § 62 des Einkommensteuergesetzes Anspruchsberechtigten aufgenommen sind.

(5) [1] Kinder, die weder einen Wohnsitz noch ihren gewöhnlichen Aufenthalt in Deutschland haben, werden nicht berücksichtigt. [2] Dies gilt nicht gegenüber Berechtigten nach § 1 Absatz 1 Nummer 2 und 3, wenn sie die Kinder in ihren Haushalt aufgenommen haben.

(6) Die Bundesregierung wird ermächtigt, durch Rechtsverordnung, die nicht der Zustimmung des Bundesrates bedarf, zu bestimmen, dass einem Berechtigten, der in Deutschland erwerbstätig ist oder sonst seine hauptsächlichen Einkünfte erzielt, für seine in Absatz 5 Satz 1 bezeichneten Kinder Kindergeld ganz oder teilweise zu leisten ist, soweit dies mit Rücksicht auf die durchschnittlichen Lebenshaltungskosten für Kinder in deren Wohnland und auf die dort gewährten dem Kindergeld vergleichbaren Leistungen geboten ist.

---

1) § 2 Abs. 2 Sätze 2 bis 10 ersetzt durch Sätze 2 und 3 mWv 1.1.2012 durch G v. 1.11.2011 (BGBl. I S. 2131).

2) Zur letztmaligen Anwendung siehe § 20 Abs. 11.

3) Fassung durch G v. 19.7.2006 (BGBl. I S. 1652); zur Übergangsregelung siehe § 20 Abs. 8.

4) Verweis geänd. durch G v. 1.11.2011 (BGBl. I S. 2131).

§ 3[1] Zusammentreffen mehrerer Ansprüche. (1) Für jedes Kind werden nur einer Person Kindergeld, Kinderzuschlag und Leistungen für Bildung und Teilhabe gewährt.

(2) [1]Erfüllen für ein Kind mehrere Personen die Anspruchsvoraussetzungen, so werden das Kindergeld, der Kinderzuschlag und die Leistungen für Bildung und Teilhabe derjenigen Person gewährt, die das Kind in ihren Haushalt aufgenommen hat. [2]Ist ein Kind in den gemeinsamen Haushalt von Eltern, von einem Elternteil und dessen Ehegatten oder Lebenspartner, von Pflegeeltern oder Großeltern aufgenommen worden, bestimmen diese untereinander den Berechtigten. [3]Wird eine Bestimmung nicht getroffen, bestimmt das Fami-

(Fortsetzung nächste Seite)

[1] § 3 Abs. 1 und Abs. 2 Satz 1 und Satz 5 geänd. mWv 1.1.2011 durch G v. 24.3.2011 (BGBl. I S. 453); Abs. 2 Satz 2 ergänzt mWv 24.7.2014 durch G v. 18.7.2014 (BGBl. I S. 1042).

liengericht[1] auf Antrag den Berechtigten. [4] Antragsberechtigt ist, wer ein berechtigtes Interesse an der Leistung des Kindergeldes hat. [5] Lebt ein Kind im gemeinsamen Haushalt von Eltern und Großeltern, werden das Kindergeld, der Kinderzuschlag und die Leistungen für Bildung und Teilhabe vorrangig einem Elternteil gewährt; sie werden an einen Großelternteil gewährt, wenn der Elternteil gegenüber der zuständigen Stelle auf seinen Vorrang schriftlich verzichtet hat.

(3) [1] Ist das Kind nicht in den Haushalt einer der Personen aufgenommen, die die Anspruchsvoraussetzungen erfüllen, wird das Kindergeld derjenigen Person gewährt, die dem Kind eine Unterhaltsrente zahlt. [2] Zahlen mehrere anspruchsberechtigte Personen dem Kind Unterhaltsrenten, wird das Kindergeld derjenigen Person gewährt, die dem Kind laufend die höchste Unterhaltsrente zahlt. [3] Werden gleich hohe Unterhaltsrenten gezahlt oder zahlt keiner der Berechtigten dem Kind Unterhalt, so bestimmen die Berechtigten untereinander, wer das Kindergeld erhalten soll. [4] Wird eine Bestimmung nicht getroffen, so gilt Absatz 2 Satz 3 und 4 entsprechend.

§ 4 Andere Leistungen für Kinder. (1) [1] Kindergeld wird nicht für ein Kind gewährt, für das eine der folgenden Leistungen zu zahlen ist oder bei entsprechender Antragstellung zu zahlen wäre:

1. Kinderzulagen aus der gesetzlichen Unfallversicherung oder Kinderzuschüsse aus den gesetzlichen Rentenversicherungen,
2. Leistungen für Kinder, die außerhalb Deutschlands gewährt werden und dem Kindergeld oder einer der unter Nummer 1 genannten Leistungen vergleichbar sind,
3. Leistungen für Kinder, die von einer zwischen- oder überstaatlichen Einrichtung gewährt werden und dem Kindergeld vergleichbar sind.

[2] Steht ein Berechtigter in einem Versicherungspflichtverhältnis zur Bundesagentur für Arbeit nach dem Dritten Buch Sozialgesetzbuch oder ist er versicherungsfrei nach § 28 Absatz 1 Nummer 1 des Dritten Buches Sozialgesetzbuch oder steht er in Deutschland in einem öffentlich-rechtlichen Dienst- oder Amtsverhältnis, so wird sein Anspruch auf Kindergeld für ein Kind nicht nach Satz 1 Nummer 3 mit Rücksicht darauf ausgeschlossen, dass sein Ehegatte oder Lebenspartner als Beamter, Ruhestandsbeamter oder sonstiger Bediensteter der Europäischen Gemeinschaften für das Kind Anspruch auf Kinderzulage hat.[2]

(2) [1] Ist in den Fällen des Absatzes 1 Satz 1 Nummer 1 der Bruttobetrag der anderen Leistung niedriger als das Kindergeld nach § 6, wird Kindergeld in Höhe des Unterschiedsbetrages gezahlt. [2] Ein Unterschiedsbetrag unter 5 Euro wird nicht geleistet.

§ 5[3] Beginn und Ende des Anspruchs. (1) Das Kindergeld, der Kinderzuschlag und die Leistungen für Bildung und Teilhabe werden vom Beginn

---

[1] **Amtl. Anm.:** Gemäß Artikel 104 des FGG-Reformgesetzes vom 17. Dezember 2008 (BGBl. I S. 2586) wird am 1. September 2009 das Wort „Vormundschaftsgericht" durch das Wort „Familiengericht" ersetzt.

[2] § 4 Abs. 1 Satz 2 ergänzt mWv 24.7.2014 durch G v. 18.7.2014 (BGBl. I S. 1042).

[3] § 5 Abs. 1 und 2 geänd. mWv 1.1.2011 durch G v. 24.3.2011 (BGBl. I S. 453).

des Monats an gewährt, in dem die Anspruchsvoraussetzungen erfüllt sind; sie werden bis zum Ende des Monats gewährt, in dem die Anspruchsvoraussetzungen wegfallen.

(2)[1] Das Kindergeld wird rückwirkend nur für die letzten sechs Monate vor Beginn des Monats gezahlt, in dem der Antrag auf Kindergeld eingegangen ist.

(3)[2] [1]Der Kinderzuschlag wird nicht für Zeiten vor der Antragstellung gewährt. [2]§ 28 des Zehnten Buches Sozialgesetzbuch gilt mit der Maßgabe, dass der Antrag unverzüglich nach Ablauf des Monats, in dem die Ablehnung oder Erstattung der anderen Leistungen bindend geworden ist, nachzuholen ist.

§ 6 Höhe des Kindergeldes. (1)[3] Das Kindergeld beträgt monatlich für das erste und zweite Kind jeweils 219 Euro, für das dritte Kind 225 Euro und für das vierte und jedes weitere Kind jeweils 250 Euro.

(2)[3] In den Fällen des § 1 Absatz 2 beträgt das Kindergeld 219 Euro monatlich.

(3)[4] [1]Darüber hinaus wird für jedes Kind, für das für den Monat Mai 2021 ein Anspruch auf Kindergeld besteht, für den Monat Mai 2021 ein Einmalbetrag in Höhe von 150 Euro gezahlt. [2]Ein Anspruch in Höhe des Einmalbetrags von 150 Euro für das Kalenderjahr 2021 besteht auch für ein Kind, für das nicht für den Monat Mai 2021, jedoch für mindestens einen anderen Kalendermonat im Kalenderjahr 2021 ein Anspruch auf Kindergeld besteht.

§ 6a[5] Kinderzuschlag. (1) Personen erhalten für in ihrem Haushalt lebende unverheiratete oder nicht verpartnerte Kinder, die noch nicht das 25. Lebensjahr vollendet haben, einen Kinderzuschlag, wenn

1. sie für diese Kinder nach diesem Gesetz oder nach dem X. Abschnitt des Einkommensteuergesetzes Anspruch auf Kindergeld oder Anspruch auf andere Leistungen im Sinne von § 4 haben,
2. sie mit Ausnahme des Wohngeldes, des Kindergeldes und des Kinderzuschlags über Einkommen im Sinne des § 11 Absatz 1 Satz 1 des Zweiten Buches Sozialgesetzbuch in Höhe von mindestens 900 Euro oder, wenn sie alleinerziehend sind, in Höhe von mindestens 600 Euro verfügen, wobei

---

[1] § 5 Abs. 2 neu gef. mWv 1.7.2019 durch G v. 29.4.2019 (BGBl. I S. 530).

[2] § 5 Abs. 3 angef. mWv 1.7.2019, geänd. mWv 1.1.2020 durch G v. 29.4.2019 (BGBl. I S. 530); Abs. 3 Satz 2 aufgeh., bish. Satz 3 wird Satz 2 mWv 1.1.2021 durch G v. 1.12.2020 (BGBl. I S. 2616).

[3] § 6 Abs. 1 neu gef., Abs. 2 geänd. mWv 1.1.2010 durch G v. 22.12.2009 (BGBl. I S. 3950); Abs. 1 neu gef., Abs. 2 geänd. mWv 1.1.2015 und mWv 1.1.2016 durch G v. 16.7.2015 (BGBl. I S. 1202); Abs. 1 neu gef., Abs. 2 geänd. mWv 1.1.2017 und Abs. 1 neu gef., Abs. 2 geänd. mWv 1.1.2018 durch G v. 20.12.2016 (BGBl. I S. 3000); Abs. 3 neu gef. mWv 1.1.2018 durch G v. 23.6.2017 (BGBl. I S. 1682); Abs. 1 neu gef., Abs. 2 geänd. mWv 1.7.2019 durch G v. 29.11.2018 (BGBl. I S. 2210); Abs. 1 neu gef., Abs. 2 geänd. durch G v. 1.12.2020 (BGBl. I S. 2616).

[4] § 6 Abs. 3 angef. durch G v. 29.6.2020 (BGBl. I S. 1512); neu gef. durch G v. 10.3.2021 (BGBl. I S. 330).

[5] § 6a neu gef. mWv 1.7.2019, Abs. 1 Nr. 2 geänd., Nr. 3 aufgeh., bish. Nr. 4 wird Nr. 3 und neu gef., Abs. 1a eingef., Abs. 6 Satz 3 geänd. mWv 1.1.2020 durch G v. 29.4.2019 (BGBl. I S. 530); zur Anwendung siehe § 20 Abs. 4.

Beträge nach § 11b des Zweiten Buches Sozialgesetzbuch nicht abzusetzen sind, und

3.[1] bei Bezug des Kinderzuschlags keine Hilfebedürftigkeit im Sinne des § 9 des Zweiten Buches Sozialgesetzbuch besteht, wobei die Bedarfe nach § 28 des Zweiten Buches Sozialgesetzbuch außer Betracht bleiben. [***ab 1.1.2021:*** ²Bei der Prüfung der Hilfebedürftigkeit ist das für den Antragsmonat bewilligte Wohngeld zu berücksichtigen. ³Wird kein Wohngeld bezogen und könnte mit Wohngeld und Kinderzuschlag Hilfebedürftigkeit vermieden werden, ist bei der Prüfung Wohngeld in der Höhe anzusetzen, in der es voraussichtlich für den Antragsmonat zu bewilligen wäre.]

[***bis 31.12.2022:***

(1a)[2] Ein Anspruch auf Kinderzuschlag besteht abweichend von Absatz 1 Nummer 3, wenn

1. bei Bezug von Kinderzuschlag Hilfebedürftigkeit besteht, der Bedarfsgemeinschaft zur Vermeidung von Hilfebedürftigkeit aber mit ihrem Einkommen, dem Kinderzuschlag und dem Wohngeld höchstens 100 Euro fehlen,
2. sich bei der Ermittlung des Einkommens der Eltern nach § 11b Absatz 2 und 3 des Zweiten Buches Sozialgesetzbuch wegen Einkommen aus Erwerbstätigkeit Absetzbeträge in Höhe von mindestens 100 Euro ergeben und
3. kein Mitglied der Bedarfsgemeinschaft Leistungen nach dem Zweiten oder nach dem Zwölften Buch Sozialgesetzbuch erhält oder beantragt hat.]

(2)[3] ¹Der monatliche Höchstbetrag des Kinderzuschlags deckt zusammen mit dem für ein erstes Kind nach § 66 des Einkommensteuergesetzes zu zahlenden Kindergeld ein Zwölftel des steuerfrei zu stellenden sächlichen Existenzminimums eines Kindes für das jeweilige Kalenderjahr mit Ausnahme des Anteils für Bildung und Teilhabe. ²Steht dieses Existenzminimum eines Kindes zu Beginn eines Jahres nicht fest, ist insoweit der für das Jahr geltende Betrag für den Mindestunterhalt eines Kindes in der zweiten Altersstufe nach der Mindestunterhaltsverordnung maßgeblich. ³Als Höchstbetrag des Kinderzuschlags in dem jeweiligen Kalenderjahr gilt der Betrag, der sich zu Beginn des Jahres nach den Sätzen 1 und 2 ergibt, mindestens jedoch ein Betrag in Höhe des Vorjahres.

(3) ¹Ausgehend vom Höchstbetrag mindert sich der jeweilige Kinderzuschlag, wenn das Kind nach den §§ 11 bis 12 des Zweiten Buches Sozialgesetzbuch zu berücksichtigendes Einkommen oder Vermögen hat. ²Bei der Berücksichtigung des Einkommens bleiben das Wohngeld, das Kindergeld und der Kinderzuschlag außer Betracht. ³Der Kinderzuschlag wird um 45 Prozent des zu berücksichtigenden Einkommens des Kindes monatlich gemindert. ⁴Ein Anspruch auf Zahlung des Kinderzuschlags für ein Kind besteht nicht für Zeiträume, in denen zumutbare Anstrengungen unterlassen werden, Ansprü-

---

[1] § 6a Abs. 1 Nr. 3 Sätze 2 und 3 angef. mWv 1.1.2021 durch G v. 1.12.2020 (BGBl. I S. 2616).

[2] Zur Anwendung siehe § 20 Abs. 2.

[3] Siehe hierzu § 20 Abs. 3.

che auf Einkommen des Kindes geltend zu machen. 5 Bei der Berücksichtigung des Vermögens des Kindes ist der Grundfreibetrag nach § 12 Absatz 2 Satz 1 Nummer 1a des Zweiten Buches Sozialgesetzbuch abzusetzen. 6 Ist das zu berücksichtigende Vermögen höher als der nach den Sätzen 1 bis 5 verbleibende monatliche Anspruch auf Kinderzuschlag, so dass es den Kinderzuschlag für den ersten Monat des Bewilligungszeitraums vollständig mindert, entfällt der Anspruch auf Kinderzuschlag. 7 Ist das zu berücksichtigende Vermögen niedriger als der monatliche Anspruch auf Kinderzuschlag, ist der Kinderzuschlag im ersten Monat des Bewilligungszeitraums um einen Betrag in Höhe des zu berücksichtigenden Vermögens zu mindern und ab dem folgenden Monat Kinderzuschlag ohne Minderung wegen des Vermögens zu zahlen.

(4) Die Summe der einzelnen Kinderzuschläge nach den Absätzen 2 und 3 bildet den Gesamtkinderzuschlag.

(5) 1 Der Gesamtkinderzuschlag wird in voller Höhe gewährt, wenn das nach den §§ 11 bis 12 des Zweiten Buches Sozialgesetzbuch mit Ausnahme des Wohngeldes und des Kinderzuschlags zu berücksichtigende Einkommen oder Vermögen der Eltern einen Betrag in Höhe der bei der Berechnung des Arbeitslosengeldes II oder des Sozialgeldes zu berücksichtigenden Bedarfe der Eltern (Gesamtbedarf der Eltern) nicht übersteigt. 2 Als Einkommen oder Vermögen der Eltern gilt dabei dasjenige der Mitglieder der Bedarfsgemeinschaft mit Ausnahme des Einkommens oder Vermögens der in dem Haushalt lebenden Kinder. 3 Zur Feststellung des Gesamtbedarfs der Eltern sind die Bedarfe für Unterkunft und Heizung in dem Verhältnis aufzuteilen, das sich aus den im 12. Bericht der Bundesregierung über die Höhe des Existenzminimums von Erwachsenen und Kindern festgestellten entsprechenden Bedarfen für Alleinstehende, Ehepaare, Lebenspartnerschaften und Kinder ergibt. 4 Bei der Berücksichtigung des maßgeblichen Vermögens gilt Absatz 3 Satz 6 und 7 entsprechend.

(6) 1 Der Gesamtkinderzuschlag wird stufenweise gemindert, wenn das zu berücksichtigende Einkommen oder Vermögen der Eltern deren Gesamtbedarf übersteigt. 2 Wenn das zu berücksichtigende Einkommen der Eltern nicht nur aus Erwerbseinkünften besteht, ist davon auszugehen, dass die Überschreitung des Gesamtbedarfs der Eltern durch die Erwerbseinkünfte verursacht wird, wenn nicht die Summe der anderen Einkommensteile oder des Vermögens für sich genommen diesen maßgebenden Betrag übersteigt. 3 Der Gesamtkinderzuschlag wird um 45 Prozent des Betrags, um den die monatlichen Erwerbseinkünfte den maßgebenden Betrag übersteigen, monatlich gemindert. 4 Anderes Einkommen oder Vermögen der Eltern mindern den Gesamtkinderzuschlag in voller Höhe.

(7)[1] 1 Über den Gesamtkinderzuschlag ist jeweils für sechs Monate zu entscheiden (Bewilligungszeitraum).[2] 2 Der Bewilligungszeitraum beginnt mit dem Monat, in dem der Antrag gestellt wird, jedoch frühestens nach Ende eines laufenden Bewilligungszeitraums. 3 Änderungen in den tatsächlichen oder rechtlichen Verhältnissen während des laufenden Bewilligungszeitraums

[1] Siehe hierzu § 20 Abs. 5.
[2] Siehe hierzu § 20 Abs. 4.

sind abweichend von § 48 des Zehnten Buches Sozialgesetzbuch nicht zu berücksichtigen, es sei denn, die Zusammensetzung der Bedarfsgemeinschaft oder der Höchstbetrag des Kinderzuschlags ändert sich. [4] Wird ein neuer Antrag gestellt, unverzüglich nachdem der Verwaltungsakt nach § 48 des Zehnten Buches Sozialgesetzbuch wegen einer Änderung der Bedarfsgemeinschaft aufgehoben worden ist, so beginnt ein neuer Bewilligungszeitraum unmittelbar nach dem Monat, in dem sich die Bedarfsgemeinschaft geändert hat.

(8)[1)] [1] Für die Ermittlung des monatlich zu berücksichtigenden Einkommens ist der Durchschnitt des Einkommens aus den sechs Monaten vor Beginn des Bewilligungszeitraums maßgeblich. [2] Bei Personen, die den selbst genutzten Wohnraum mieten, sind als monatliche Bedarfe für Unterkunft und Heizung die laufenden Bedarfe für den ersten Monat des Bewilligungszeitraums zugrunde zu legen. [3] Bei Personen, die an dem selbst genutzten Wohnraum Eigentum haben, sind als monatliche Bedarfe für Unterkunft und Heizung die Bedarfe aus den durchschnittlichen Monatswerten des Kalenderjahres vor Beginn des Bewilligungszeitraums zugrunde zu legen. [4] Liegen die entsprechenden Monatswerte für den Wohnraum nicht vor, soll abweichend von Satz 3 ein Durchschnitt aus den letzten vorliegenden Monatswerten für den Wohnraum zugrunde gelegt werden, nicht jedoch aus mehr als zwölf Monatswerten. [5] Im Übrigen sind die tatsächlichen und rechtlichen Verhältnisse zu Beginn des Bewilligungszeitraums maßgeblich.

§ 6b[2)] Leistungen für Bildung und Teilhabe. (1)[3)] [1] Personen erhalten Leistungen für Bildung und Teilhabe für ein Kind, wenn sie für dieses Kind nach diesem Gesetz oder nach dem X. Abschnitt des Einkommensteuergesetzes Anspruch auf Kindergeld oder Anspruch auf andere Leistungen im Sinne von § 4 haben und wenn

1. das Kind mit ihnen in einem Haushalt lebt und sie für ein Kind Kinderzuschlag nach § 6a beziehen oder
2. im Falle der Bewilligung von Wohngeld sie und das Kind, für das sie Kindergeld beziehen, zu berücksichtigende Haushaltsmitglieder sind.

[2] Satz 1 gilt entsprechend, wenn das Kind, nicht jedoch die berechtigte Person zu berücksichtigendes Haushaltsmitglied im Sinne von Satz 1 Nummer 2 ist und die berechtigte Person Leistungen nach dem Zweiten oder Zwölften Buch Sozialgesetzbuch bezieht. [3] Wird das Kindergeld nach § 74 Absatz 1 des Einkommensteuergesetzes oder nach § 48 Absatz 1 des Ersten Buches Sozialgesetzbuch ausgezahlt, stehen die Leistungen für Bildung und Teilhabe dem Kind oder der Person zu, die dem Kind Unterhalt gewährt.

(2)[4)] [1] Die Leistungen für Bildung und Teilhabe entsprechenden Leistungen zur Deckung der Bedarfe nach § 28 Absatz 2 bis 7 des Zweiten Buches Sozialgesetzbuch. [2] § 28 Absatz 1 Satz 2 des Zweiten Buches Sozialgesetzbuch gilt entsprechend. [3] Für die Bemessung der Leistungen für die Schülerbeförderung

---

[1)] Siehe hierzu § 20 Abs. 6 und 7.

[2)] § 6b eingef. mWv 1.1.2011 durch G v. 24.3.2011 (BGBl. I S. 453).

[3)] Siehe hierzu § 20 Abs. 7a.

[4)] § 6b Abs. 2 Satz 3 geänd. Sätze 4 und 5 gestrichen, bish. Sätze 6 und 7 werden 4 und 5 mWv 1.8.2019 durch G v. 29.4.2019 (BGBl. I S. 530).

nach § 28 Absatz 4 des Zweiten Buches Sozialgesetzbuch sind die erforderlichen tatsächlichen Aufwendungen zu berücksichtigen, soweit sie nicht von Dritten übernommen werden. [4]Die Leistungen nach Satz 1 gelten nicht als Einkommen oder Vermögen im Sinne dieses Gesetzes. [5]§ 19 Absatz 3 des Zweiten Buches Sozialgesetzbuch findet keine Anwendung.

(2a)[1)] Ansprüche auf Leistungen für Bildung und Teilhabe verjähren in zwölf Monaten nach Ablauf des Kalendermonats, in dem sie entstanden sind.

(3)[2)] Für die Erbringung der Leistungen für Bildung und Teilhabe gelten die §§ 29, 30 und 40 Absatz 6 des Zweiten Buches Sozialgesetzbuch entsprechend.

Zweiter Abschnitt. Organisation und Verfahren

§ 7[3)] Zuständigkeit. (1) Die Bundesagentur für Arbeit (Bundesagentur) führt dieses Gesetz nach fachlichen Weisungen des Bundesministeriums für Familie, Senioren, Frauen und Jugend durch.

(2) Die Bundesagentur führt bei der Durchführung dieses Gesetzes die Bezeichnung „Familienkasse".

(3) Abweichend von Absatz 1 führen die Länder § 6b als eigene Angelegenheit aus.

§ 7a[4)] Datenübermittlung. Die Träger der Leistungen nach § 6b und die Träger der Grundsicherung für Arbeitsuchende teilen sich alle Tatsachen mit, die für die Erbringung und Abrechnung der Leistungen nach § 6b dieses Gesetzes und § 28 des Zweiten Buches Sozialgesetzbuch erforderlich sind.

§ 7b[5)] Automatisiertes Abrufverfahren. Macht das Bundesministerium der Finanzen von seiner Ermächtigung nach § 68 Absatz 6 Satz 2 des Einkommensteuergesetzes Gebrauch und erlässt eine Rechtsverordnung zur Durchführung von automatisierten Abrufen nach § 68 Absatz 6 Satz 1 des Einkommensteuergesetzes, so ist die Rechtsverordnung im Geltungsbereich dieses Gesetzes entsprechend anzuwenden.

§ 8[6)] Aufbringung der Mittel. (1) Die Aufwendungen der Bundesagentur für die Durchführung dieses Gesetzes trägt der Bund.

(2) Der Bund stellt der Bundesagentur nach Bedarf die Mittel bereit, die sie für die Zahlung des Kindergeldes und des Kinderzuschlags benötigt.

---

1) § 6b Abs. 2a eingef. mWv 1.8.2013 durch G v. 7.5.2013 (BGBl. I S. 1167).

2) § 6b Abs. 3 geänd. mWv 1.8.2013 durch G v. 7.5.2013 (BGBl. I S. 1167); geänd. mWv. 1.1.2017 durch G v. 20.12.2016 (BGBl. I S. 3000).

3) § 7 Überschr. geänd., Abs. 3 angef. mWv 1.1.2011 durch G v. 24.3.2011 (BGBl. I S. 453).

4) § 7a eingef. mWv 1.1.2011 durch G v. 24.3.2011 (BGBl. I S. 453).

5) § 7b eingef. mWv 18.7.2019 durch G v. 11.7.2019 (BGBl. I S. 1066).

6) § 8 Überschr. geänd., Abs. 4 angef. mWv 1.1.2011 durch G v. 24.3.2011 (BGBl. I S. 453); Abs. 2 geänd., Abs. 3 Satz 2 angef., bish. Text wird Satz 1 und geänd. mWv. 1.1.2021 durch G v. 1.12.2020 (BGBl. I S. 2616).

(3) [1]Der Bund erstattet die Verwaltungskosten, die der Bundesagentur aus der Durchführung dieses Gesetzes entstehen. [2]Näheres wird durch Verwaltungsvereinbarung geregelt.

(4) Abweichend von den Absätzen 1 bis 3 tragen die Länder die Ausgaben für die Leistungen nach § 6b und ihre Durchführung.

§ 9[1)] **Antrag.** (1) [1]Das Kindergeld und der Kinderzuschlag sind schriftlich zu beantragen. [2]Der Antrag soll bei der nach § 13 zuständigen Familienkasse gestellt werden. [3]Den Antrag kann außer dem Berechtigten auch stellen, wer ein berechtigtes Interesse an der Leistung des Kindergeldes hat.

(2) [1]Vollendet ein Kind das 18. Lebensjahr, so wird es für den Anspruch auf Kindergeld nur dann weiterhin berücksichtigt, wenn der oder die Berechtigte anzeigt, dass die Voraussetzungen des § 2 Absatz 2 vorliegen. [2]Absatz 1 gilt entsprechend.

(3)[2)] [1]Die Leistungen für Bildung und Teilhabe sind bei der zuständigen Stelle zu beantragen. [2]Absatz 1 Satz 3 gilt entsprechend.

§ 10 Auskunftspflicht. (1)[3)] [1]§ 60 Absatz 1 des Ersten Buches Sozialgesetzbuch gilt auch für die bei dem Antragsteller oder Berechtigten berücksichtigten Kinder, für den nicht dauernd getrennt lebenden Ehegatten des Antragstellers oder Berechtigten und für die sonstigen Personen, bei denen die bezeichneten Kinder berücksichtigt werden. [2]§ 60 Absatz 4 des Zweiten Buches Sozialgesetzbuch gilt entsprechend.

(2)[4)] Soweit es zur Durchführung der §§ 2 und § 6a erforderlich ist, hat der jeweilige Arbeitgeber der in diesen Vorschriften bezeichneten Personen auf Verlangen der zuständigen Stelle eine Bescheinigung über den Arbeitslohn, die einbehaltenen Steuern und Sozialabgaben auszustellen.

(3) Die Familienkassen können den nach Absatz 2 Verpflichteten eine angemessene Frist zur Erfüllung der Pflicht setzen.

§ 11[5)] **Gewährung des Kindergeldes und des Kinderzuschlags.** (1) Das Kindergeld und der Kinderzuschlag werden monatlich gewährt.

(2) Auszuzahlende Beträge sind auf Euro *abzurunden*[6)], und zwar unter 50 Cent nach unten, sonst nach oben.

(3) § 45 Absatz 3 des Zehnten Buches Sozialgesetzbuch findet keine Anwendung.

(4) Ein rechtswidriger nicht begünstigender Verwaltungsakt ist abweichend von § 44 Absatz 1 des Zehnten Buches Sozialgesetzbuch für die Zukunft zu-

---

[1)] § 9 Abs. 3 angef. mWv 1.1.2011 durch G v. 24.3.2011 (BGBl. I S. 453).
[2)] § 9 Abs. 3 geänd. mWv 1.7.2019 durch G v. 29.4.2019 (BGBl. I S. 530).
[3)] § 10 Abs. 1 Satz 2 angef. mWv 24.7.2014 durch G v. 18.7.2014 (BGBl. I S. 1042).
[4)] § 10 Abs. 2 geänd. mWv 1.1.2012 durch G v. 7.12.2011 (BGBl. I S. 2592).
[5)] § 11 Überschr. geänd., Abs. 1 geänd. mWv 1.1.2011 durch G v. 24.3.2011 (BGBl. I S. 453); Abs. 5 und 6 angef. mWv 1.8.2016 durch G v. 26.7.2016 (BGBl. I S. 1824); Abs. 5 aufgeh., bish. Abs. 6 wird Abs. 5 und Abs. 6 angef. mWv 1.7.2019 durch G v. 29.4.2019 (BGBl. I S. 530).
[6)] Sic; wohl: zu runden.

rückzunehmen; er kann ganz oder teilweise auch für die Vergangenheit zurückgenommen werden.

(5) Wird ein Verwaltungsakt über die Bewilligung von Kinderzuschlag aufgehoben, sind bereits erbrachte Leistungen abweichend von § 50 Absatz 1 des Zehnten Buches Sozialgesetzbuch nicht zu erstatten, soweit der Bezug von Kinderzuschlag den Anspruch auf Leistungen nach dem Zweiten Buch Sozialgesetzbuch ausschließt oder mindert.

(6) Entsprechend anwendbar sind die Vorschriften des Dritten Buches Sozialgesetzbuch über

1. die Aufhebung von Verwaltungsakten (§ 330 Absatz 2, 3 Satz 1) sowie
2. die vorläufige Zahlungseinstellung nach § 331 mit der Maßgabe, dass die Familienkasse auch zur teilweisen Zahlungseinstellung berechtigt ist, wenn sie von Tatsachen Kenntnis erhält, die zu einem geringeren Leistungsanspruch führen.

§ 12 Aufrechnung. § 51 des Ersten Buches Sozialgesetzbuch gilt für die Aufrechnung eines Anspruchs auf Erstattung von Kindergeld und Kinderzuschlag gegen einen späteren Anspruch auf Kindergeld und Kinderzuschlag eines oder einer mit dem Erstattungspflichtigen in Haushaltsgemeinschaft lebenden Berechtigten entsprechend, soweit es sich um laufendes Kindergeld oder laufenden Kinderzuschlag für ein Kind handelt, das bei beiden berücksichtigt werden konnte.

§ 13[1] Zuständige Stelle. (1) [1] Für die Entgegennahme des Antrages und die Entscheidungen über den Anspruch ist die Familienkasse (§ 7 Absatz 2) zuständig, in deren Bezirk der Berechtigte seinen Wohnsitz hat. [2] Hat der Berechtigte keinen Wohnsitz im Geltungsbereich dieses Gesetzes, ist die Familienkasse zuständig, in deren Bezirk er seinen gewöhnlichen Aufenthalt hat. [3] Hat der Berechtigte im Geltungsbereich dieses Gesetzes weder einen Wohnsitz noch einen gewöhnlichen Aufenthalt, ist die Familienkasse zuständig, in deren Bezirk er erwerbstätig ist. [4] In den übrigen Fällen ist die Familienkasse Bayern Nord zuständig.

(2) Die Entscheidungen über den Anspruch trifft die Leitung der Familienkasse.

(3) Der Vorstand der Bundesagentur kann für bestimmte Bezirke oder Gruppen von Berechtigten die Entscheidungen über den Anspruch auf Kindergeld und Kinderzuschlag einheitlich einer anderen Familienkasse übertragen.

(4) Für die Leistungen nach § 6b bestimmen abweichend von den Absätzen 1 und 2 die Landesregierungen oder die von ihnen beauftragten Stellen die für die Durchführung zuständigen Behörden.

---

[1] § 13 Überschr. geänd., Abs. 4 angef. mWv 1.1.2011 durch G v. 24.3.2011 (BGBl. I S. 453); Abs. 1 Satz 4 und Abs. 3 geänd. mWv 1.1.2021 durch G v. 1.12.2020 (BGBl. I S. 2616).

§ 14[1] **Bescheid.** [1]Wird der Antrag auf Kindergeld, Kinderzuschlag oder Leistungen für Bildung und Teilhabe abgelehnt, ist ein Bescheid[2] zu erteilen. [2]Das Gleiche gilt, wenn das Kindergeld, Kinderzuschlag oder Leistungen für Bildung und Teilhabe entzogen werden.

§ 15 Rechtsweg. Für Streitigkeiten nach diesem Gesetz sind die Gerichte der Sozialgerichtsbarkeit zuständig.

Dritter Abschnitt. Bußgeldvorschriften

§ 16 Ordnungswidrigkeiten. (1) Ordnungswidrig handelt, wer vorsätzlich oder leichtfertig

1. entgegen § 60 Absatz 1 Satz 1 Nummer 1 oder Nummer 3 des Ersten Buches Sozialgesetzbuch in Verbindung mit § 10 Absatz 1 auf Verlangen nicht die leistungserheblichen Tatsachen angibt oder Beweisurkunden vorlegt,
2.[3] entgegen § 60 Absatz 1 Satz 1 Nummer 2 des Ersten Buches Sozialgesetzbuch eine Änderung in den Verhältnissen, die für einen Anspruch auf Kindergeld, Kinderzuschlag oder Leistungen für Bildung und Teilhabe erheblich ist, nicht, nicht richtig, nicht vollständig oder nicht rechtzeitig mitteilt oder
3. entgegen § 10 Absatz 2 oder Absatz 3 auf Verlangen eine Bescheinigung nicht, nicht richtig, nicht vollständig oder nicht rechtzeitig ausstellt.

(2) Die Ordnungswidrigkeit kann mit einer Geldbuße geahndet werden.

(3) § 66 des Zehnten Buches Sozialgesetzbuch gilt entsprechend.

(4) Verwaltungsbehörden im Sinne des § 36 Absatz 1 Nummer 1 des Gesetzes über Ordnungswidrigkeiten sind die nach § 409 der Abgabenordnung bei Steuerordnungswidrigkeiten wegen des Kindergeldes nach dem X. Abschnitt des Einkommensteuergesetzes zuständigen Verwaltungsbehörden.

Vierter Abschnitt. Übergangs- und Schlussvorschriften

§ 17 Recht der Europäischen Gemeinschaft. [1]Soweit in diesem Gesetz Ansprüche Deutschen vorbehalten sind, haben Angehörige der anderen Mitgliedstaaten der Europäischen Union, Flüchtlinge und Staatenlose nach Maßgabe des Vertrages zur Gründung der Europäischen Gemeinschaft und der auf seiner Grundlage erlassenen Verordnungen die gleichen Rechte. [2]Auch im Übrigen bleiben die Bestimmungen der genannten Verordnungen unberührt.

§ 18 Anwendung des Sozialgesetzbuches. Soweit dieses Gesetz keine ausdrückliche Regelung trifft, ist bei der Ausführung das Sozialgesetzbuch anzuwenden.

---

[1] § 14 geänd. mWv 1.1.2011 durch G v. 24.3.2011 (BGBl. I S. 453).

[2] § 14 Satz 1 geänd. (Schriftformerfordernis aufgeh.) mWv 5.4.2017 durch G v. 29.3.2017 (BGBl. I S. 626).

[3] § 16 Abs. 1 Nr. 2 geänd. mWv 1.1.2011 durch G v. 24.3.2011 (BGBl. I S. 453).

§ 19 Übergangsvorschriften. (1) Ist für die Nachzahlung und Rückforderung von Kindergeld und Zuschlag zum Kindergeld für Berechtigte mit geringem Einkommen der Anspruch eines Jahres vor 1996 maßgeblich, finden die §§ 10, 11 und 11 a in der bis zum 31. Dezember 1995 geltenden Fassung[1] Anwendung.

(2) Verfahren, die am 1. Januar 1996 anhängig sind, werden nach den Vorschriften des Sozialgesetzbuches und des Bundeskindergeldgesetzes in der bis zum 31. Dezember 1995 geltenden Fassung zu Ende geführt, soweit in § 78 des Einkommensteuergesetzes nichts anderes bestimmt ist.

(3)[2] Wird Kinderzuschlag vor dem 1. Juli 2019 bewilligt, finden die Regelungen des Bundeskindergeldgesetzes in der bis zum 30. Juni 2019 geltenden Fassung weiter Anwendung, mit Ausnahme der Regelung zum monatlichen Höchstbetrag des Kinderzuschlags nach § 20 Absatz 3.

§ 20[3] Anwendungsvorschrift. (1) [1] § 1 Absatz 3 in der am 19. Dezember 2006 geltenden Fassung ist in Fällen, in denen eine Entscheidung über den Anspruch auf Kindergeld für Monate in dem Zeitraum zwischen dem 1. Januar 1994 und dem 18. Dezember 2006 noch nicht bestandskräftig geworden ist, anzuwenden, wenn dies für den Antragsteller günstiger ist. [2] In diesem Fall werden die Aufenthaltsgenehmigungen nach dem Ausländergesetz den Aufenthaltstiteln nach dem Aufenthaltsgesetz entsprechend den Fortgeltungsregelungen in § 101 des Aufenthaltsgesetzes gleichgestellt.

(2)[4] Die Regelung der erweiterten Zugangsmöglichkeit nach § 6a Absatz 1a ist bis zum 31. Dezember 2023 anzuwenden.

(3) Abweichend von § 6a Absatz 2 beträgt für die Zeit vom 1. Juli 2019 bis zum 31. Dezember 2020 der monatliche Höchstbetrag des Kinderzuschlags für jedes zu berücksichtigende Kind 185 Euro.

(4)[5] Wird einer Person Kinderzuschlag für einen nach dem 30. Juni 2019 und vor dem 1. Juli 2021 beginnenden Bewilligungszeitraum bewilligt und wird ihr der Verwaltungsakt erst nach Ablauf des ersten Monats des Bewilligungszeitraums bekannt gegeben, endet dieser Bewilligungszeitraum abweichend von § 6a Absatz 7 Satz 1 am Ende des fünften Monats nach dem Monat der Bekanntgabe des Verwaltungsaktes.

(5)[6] [1] Abweichend von § 6a Absatz 7 Satz 1 wird in Fällen, in denen der höchstmögliche Gesamtkinderzuschlag bezogen wird und der sechsmonatige Bewilligungszeitraum in der Zeit vom 1. April 2020 bis zum 30. September 2020 endet, der Bewilligungszeitraum von Amts wegen einmalig um weitere sechs Monate verlängert. [2] Satz 1 gilt entsprechend, wenn der ursprüngliche

---

[1] Nachstehend als Anhang abgedruckt.

[2] § 19 Abs. 3 angef. mWv 1.7.2019, geänd. mWv 1.1.2020 durch G v. 29.4.2019 (BGBl. I S. 530).

[3] § 20 Abs. 2 und 3 neu gef.; Abs. 5 Sätze 1–4 aufgeh., bish. Satz 5 wird alleiniger Wortlaut, Abs. 7 und 8 aufgeh., bish. Abs. 9 und 10 werden Abs. 7 und 8 mWv 1.7.2019, Abs. 2 eingef., bish. Abs. 2–8 werden Abs. 3–9 mWv 1.1.2020 durch G v. 29.4.2019 (BGBl. I S. 530).

[4] § 20 Abs. 2 geänd. durch G v. 1.12.2020 (BGBl. I S. 2616).

[5] § 20 Abs. 4 geänd. durch G v. 27.3.2020 (BGBl. I S. 575).

[6] § 20 Abs. 5 bis 7 eingef. durch G v. 27.3.2020 (BGBl. I S. 575).

Bewilligungszeitraum in Anwendung des § 20 Absatz 4 mehr als sechs Monate umfasst.

(6)[1] [1]Abweichend von § 6a Absatz 8 Satz 1 ist für Anträge, die in der Zeit vom 1. April 2020 bis zum 30. September 2020 eingehen, bei der Ermittlung des monatlich zu berücksichtigenden Einkommens der Eltern nur das Einkommen aus dem letzten Monat vor Beginn des Bewilligungszeitraums maßgeblich. [2]In diesen Fällen wird abweichend von § 6a Absatz 3 Satz 1 und Absatz 5 Satz 1 Vermögen nach § 12 des Zweiten Buches Sozialgesetzbuch nicht berücksichtigt. [3]Satz 2 gilt nicht, wenn das Vermögen erheblich ist; es wird vermutet, dass kein erhebliches Vermögen vorhanden ist, wenn die Antragstellerin oder der Antragsteller dies im Antrag erklärt.

(6a)[2] [1]Abweichend von § 6a Absatz 3 Satz 1 und Absatz 5 Satz 1 wird *bei Anträgen, die in der Zeit vom 1. Oktober 2020 bis 31. Dezember 2020 eingehen,* [***ab 1.4.2021:*** für Bewilligungszeiträume, die in der Zeit vom 1. Oktober 2020 bis 31. Dezember 2021 beginnen,] Vermögen nach § 12 des Zweiten Buches Sozialgesetzbuch nicht berücksichtigt. [2]Satz 1 gilt nicht, wenn das Vermögen erheblich ist; es wird vermutet, dass kein erhebliches Vermögen vorhanden ist, wenn die Antragstellerin oder der Antragsteller dies im Antrag erklärt.

(7)[1] [1]In Fällen, in denen der Bewilligungszeitraum vor dem 1. April 2020 begonnen hat, kann im April oder Mai 2020 einmalig während des laufenden Bewilligungszeitraums ein Antrag auf Überprüfung gestellt werden. [2]Bei der Überprüfung ist abweichend von § 6a Absatz 8 Satz 1 als monatlich zu berücksichtigendes Einkommen der Eltern nur das Einkommen aus dem Monat vor dem Überprüfungsantrag zugrunde zu legen. [3]Im Übrigen sind die bereits für den laufenden Bewilligungszeitraum nach Absatz 8 ermittelten tatsächlichen und rechtlichen Verhältnisse zugrunde zu legen. [4]Die Voraussetzung nach § 6a Absatz 1 Nummer 3, dass bei Bezug des Kinderzuschlags keine Hilfebedürftigkeit besteht, ist nicht anzuwenden. [5]Ergibt die Überprüfung einen höheren Kinderzuschlag, wird für die restlichen Monate des Bewilligungszeitraums Kinderzuschlag in der neuen Höhe bewilligt; anderenfalls ist der Antrag abzulehnen. [6]Ist ein Bewilligungsbescheid für einen Bewilligungszeitraum, der vor dem 1. April 2020 beginnt, noch nicht ergangen, gelten die Sätze 1 bis 5 entsprechend. [7]In den Fällen nach den Sätzen 1 bis 6 ist die Verlängerungsregelung nach Absatz 5 nicht anzuwenden.

(7a)[3] Bei den Leistungen für Bildung und Teilhabe nach § 6b ist § 68 Absatz 1 des Zweiten Buches Sozialgesetzbuch sowie eine nach dessen Absatz 2 erlassene Rechtsverordnung entsprechend anzuwenden.

(8)[4] [1]§ 1 Absatz 2 Satz 3 und § 2 Absatz 2 und 3 in der Fassung des Artikels 3 des Gesetzes vom 19. Juli 2006 (BGBl. I S. 1652) ist für Kinder, die im Kalenderjahr 2006 das 24. Lebensjahr vollendeten, mit der Maßgabe anzu-

---

[1] § 20 Abs. 5 bis 7 eingef. durch G v. 27.3.2020 (BGBl. I S. 575).

[2] § 20 Abs. 6a eingef. mWv. 29.10.2020 durch G v. 23.10.2020 (BGBl. I S. 2208); Zeitraum verlängert und Satz 3 angef. mWv. 1.1.2021 durch G v. 9.12.2021 (BGBl. I S. 2855); Satz 1 geänd., Satz 3 aufgeh. mWv 1.4.2021 durch G v. 10.3.2021 (BGBl. I S. 335).

[3] § 20 Abs. 7a eingef. durch G v. 20.5.2020 (BGBl. I S. 1055).

[4] § 20 Abs. 5 wird Abs. 8 durch G v. 27.3.2020 (BGBl. I S. 575).

wenden, dass jeweils an die Stelle der Angabe „25. Lebensjahres" die Angabe „26. Lebensjahres" und an die Stelle der Angabe „25. Lebensjahr" die Angabe „26. Lebensjahr" tritt; für Kinder, die im Kalenderjahr 2006 das 25. oder 26. Lebensjahr vollendeten, sind § 1 Absatz 2 Satz 3 und § 2 Absatz 2 und 3 weiterhin in der bis zum 31. Dezember 2006 geltenden Fassung anzuwenden. 2 § 1 Absatz 2 Satz 3 und § 2 Absatz 2 und 3 in der Fassung des Artikels 3 des Gesetzes vom 19. Juli 2006 (BGBl. I S. 1652) sind erstmals für Kinder anzuwenden, die im Kalenderjahr 2007 wegen einer vor Vollendung des 25. Lebensjahres eingetretenen körperlichen, geistigen oder seelischen Behinderung außerstande sind, sich selbst zu unterhalten; für Kinder, die wegen einer vor dem 1. Januar 2007 in der Zeit ab der Vollendung des 25. Lebensjahres und vor Vollendung des 27. Lebensjahres eingetretenen körperlichen, geistigen oder seelischen Behinderung außerstande sind, sich selbst zu unterhalten, ist § 2 Absatz 2 Satz 1 Nummer 3 weiterhin in der bis zum 31. Dezember 2006 geltenden Fassung anzuwenden. 3 § 2 Absatz 3 Satz 1 in der Fassung des Artikels 3 des Gesetzes vom 19. Juli 2006 (BGBl. I S. 1652) ist für Kinder, die im Kalenderjahr 2006 das 24. Lebensjahr vollendeten, mit der Maßgabe anzuwenden, dass an die Stelle der Angabe „über das 21. oder 25. Lebensjahr hinaus" die Angabe „über das 21. oder 26. Lebensjahr hinaus" tritt; für Kinder, die im Kalenderjahr 2006 das 25., 26. oder 27. Lebensjahr vollendeten, ist § 2 Absatz 3 Satz 1 weiterhin in der bis zum 31. Dezember 2006 geltenden Fassung anzuwenden.

(9)[1] § 2 Absatz 2 Satz 1 Nummer 2 Buchstabe d in der am 31. Juli 2014 geltenden Fassung ist auf Freiwilligendienste im Sinne der Verordnung (EU) Nr. 1288/2013 des Europäischen Parlaments und des Rates vom 11. Dezember 2013 zur Einrichtung von „Erasmus+", dem Programm der Union für allgemeine und berufliche Bildung, Jugend und Sport, und zur Aufhebung der Beschlüsse Nr. 1719/2006/EG, Nr. 1720/2006/EG und Nr. 1298/2008/EG (ABl. L 347 vom 20.12.2013, S. 50), die ab dem 1. Januar 2014 begonnen wurden, ab dem 1. Januar 2014 anzuwenden.

(9a)[2] § 2 Absatz 2 Satz 2 in der Fassung des Artikels 13 des Gesetzes vom 16. Juli 2009 (BGBl. I S. 1959) ist ab dem 1. Januar 2010 anzuwenden.

(10)[3] § 2 Absatz 2 Satz 4 in der Fassung des Artikels 2 Absatz 8 des Gesetzes vom 16. Mai 2008 (BGBl. I S. 842) ist erstmals ab dem 1. Januar 2009 anzuwenden.

(11)[4] § 2 Absatz 3 ist letztmals bis zum 31. Dezember 2018 anzuwenden; Voraussetzung ist in diesen Fällen, dass das Kind den Dienst oder die Tätigkeit vor dem 1. Juli 2011 angetreten hat.

(Fortsetzung nächste Seite)

[1] § 20 Abs. 6 wird Abs. 9 durch G v. 27.3.2020 (BGBl. I S. 575).
[2] § 20 Abs. 6a wird Abs. 9a durch G v. 27.3.2020 (BGBl. I S. 575).
[3] § 20 Abs. 7 wird Abs. 10 durch G v. 27.3.2020 (BGBl. I S. 575).
[4] § 20 Abs. 8 wird Abs. 11 durch G v. 27.3.2020 (BGBl. I S. 575).

(12)[1] § 6 Absatz 3 in der am 1. Januar 2018 geltenden Fassung ist auf Anträge anzuwenden, die nach dem 31. Dezember 2017 eingehen.

(13)[2] [1] § 1 Absatz 3 Satz 1 Nummer 1 bis 4 in der Fassung des Artikels 34 des Gesetzes vom 12. Dezember 2019 (BGBl. I S. 2451) ist für Entscheidungen anzuwenden, die Zeiträume betreffen, die nach dem letzten Tag des sechsten auf die Verkündung des Fachkräfteeinwanderungsgesetzes folgenden Kalendermonats beginnen. [2] § 1 Absatz 3 Satz 1 Nummer 5 in der Fassung des Artikels 34 des Gesetzes vom 12. Dezember 2019 (BGBl. I S. 2451) ist für Entscheidungen anzuwenden, die Zeiträume betreffen, die nach dem 31. Dezember 2019 beginnen.

§ 21 Sondervorschrift zur Steuerfreistellung des Existenzminimums eines Kindes in den Veranlagungszeiträumen 1983 bis 1995 durch Kindergeld. [1] In Fällen, in denen die Entscheidung über die Höhe des Kindergeldanspruchs für Monate in dem Zeitraum zwischen dem 1. Januar 1983 und dem 31. Dezember 1995 noch nicht bestandskräftig geworden ist, kommt eine von den §§ 10 und 11 in der jeweils geltenden Fassung abweichende Bewilligung von Kindergeld nur in Betracht, wenn die Einkommensteuer formell bestandskräftig und hinsichtlich der Höhe der Kinderfreibeträge nicht vorläufig festgesetzt sowie das Existenzminimum des Kindes nicht unter der Maßgabe des § 53 des Einkommensteuergesetzes steuerfrei belassen worden ist. [2] Dies ist vom Kindergeldberechtigten durch eine Bescheinigung des zuständigen Finanzamtes nachzuweisen. [3] Nach Vorlage dieser Bescheinigung hat die Familienkasse den vom Finanzamt ermittelten Unterschiedsbetrag zwischen der festgesetzten Einkommensteuer und der Einkommensteuer, die nach § 53 Satz 6 des Einkommensteuergesetzes festzusetzen gewesen wäre, wenn die Voraussetzungen nach § 53 Satz 1 und 2 des Einkommensteuergesetzes vorgelegen hätten, als zusätzliches Kindergeld zu zahlen.

§ 22[3] Bericht der Bundesregierung. Die Bundesregierung legt dem Deutschen Bundestag bis zum 31. Juli 2023 einen Bericht über die Auswirkungen des § 6a (Kinderzuschlag) und insbesondere über die Auswirkungen der erweiterten Zugangsmöglichkeit zum Kinderzuschlag nach § 6a Absatz 1a sowie über die gegebenenfalls notwendige Weiterentwicklung dieser Vorschrift vor.

Anhang zu § 19
§§ 10, 11, 11a a. F.

§ 10 Höhe des Kindergeldes. (1) [1] Das Kindergeld beträgt für das 1. Kind 70 Deutsche Mark, für das 2. Kind 130 Deutsche Mark, für das 3. Kind

---

[1] § 20 Abs. 9 wird Abs. 12 durch G v. 27.3.2020 (BGBl. I S. 575).

[2] § 20 Abs. 10 neu gef. durch Art. 34 des G v. 12.12.2019 (BGBl. I S. 2451); die Fassung gilt ab dem Inkrafttreten des Fachkräfteeinwanderungsgesetzes (Art. 1 Abs. 3 des G v. 12.12.2019); Abs. 10 wird Abs. 13 durch G v. 27.3.2020 (BGBl. I S. 575).

[3] § 22 geänd. und ergänzt mWv 1.7.2019/1.1.2020 durch G v. 29.4.2019 (BGBl. I S. 530); zur Anwendung von § 6a Abs. 1a vgl. § 20 Abs. 2; geänd. durch G v. 1.12.2020 (BGBl. I S. 2616).

220 Deutsche Mark und für das 4. und jedes weitere Kind je 240 Deutsche Mark monatlich. [2]Bei der Anwendung des Satzes 1 gelten Kinder, Geschwister und Pflegekinder eines Berechtigten, dem auch Kindergeld nach § 1 Abs. 2 zusteht oder ohne Anwendung des § 8 Abs. 1 zustehen würde, als 2. oder weiteres Kind, wenn sie zuvor bei den Eltern des Berechtigten berücksichtigt wurden.

(Fortsetzung nächste Seite)

(2) [1] Das Kindergeld für das 2. und jedes weitere Kind wird nach dem in Satz 4 genannten Maßstab stufenweise bis auf den Sockelbetrag von
– 70 Deutsche Mark für das 2. Kind,
– 140 Deutsche Mark für jedes weitere Kind

gemindert, wenn das Jahreseinkommen des Berechtigten und seines nicht dauernd von ihm getrenntlebenden Ehegatten den für ihn maßgeblichen Freibetrag um wenigstens 480 Deutsche Mark übersteigt. [2] Für die Minderung des nach § 8 Abs. 2 bemessenen Kindergeldes verringert sich der Sockelbetrag des Satzes 1 um den Betrag der bei der Bemessung nach § 8 Abs. 2 berücksichtigten anderen Leistung. [3] Der Freibetrag setzt sich zusammen aus
– 26 600 Deutsche Mark für Berechtigte, die verheiratet sind und von ihrem Ehegatten nicht dauernd getrennt leben,
– 19 000 Deutsche Mark für sonstige Berechtigte

sowie 9200 Deutsche Mark für jedes Kind, für das dem Berechtigten Kindergeld zusteht oder ohne Anwendung des § 8 Abs. 1 zustehen würde. [4] Für je 480 Deutsche Mark, um die das Jahreseinkommen den Freibetrag übersteigt, wird das Kindergeld um 20 Deutsche Mark monatlich gemindert; kommt die Minderung des für mehrere Kinder zu zahlenden Kindergeldes in Betracht, wird sie beim Gesamtkindergeld vorgenommen.

(3) [1] Der Sockelbetrag für das 3. und jedes weitere Kind wird auf 70 Deutsche Mark festgesetzt, wenn das Jahreseinkommen des Berechtigten und seines nicht dauernd von ihm getrennt lebenden Ehegatten den für ihn nach diesem Absatz maßgeblichen Freibetrag übersteigt. [2] Der Freibetrag beträgt
– 100 000 Deutsche Mark für Berechtigte, die verheiratet sind und von ihrem Ehegatten nicht dauernd getrennt leben,
– 75 000 Deutsche Mark für sonstige Berechtigte

sowie 9200 Deutsche Mark für das 4. und jedes weitere Kind, für das dem Berechtigten Kindergeld zusteht oder ohne Anwendung des § 8 Abs. 1 zustehen würde.

§ 11 Jahreseinkommen. (1) [1] Als Jahreseinkommen gilt die Summe der in dem nach Absatz 3 oder 4 maßgeblichen Kalenderjahr erzielten positiven Einkünfte im Sinne des § 2 Abs. 1 und 2 des Einkommensteuergesetzes. [2] Ein Ausgleich mit Verlusten aus anderen Einkunftsarten und mit Verlusten des Ehegatten ist nicht zulässig.

(2) Vom Einkommen werden abgezogen

1. die Einkommensteuer und die Kirchensteuer, die für das nach Absatz 3 oder 4 maßgebliche Kalenderjahr zu leisten waren oder sind,
2. die steuerlich anerkannten Vorsorgeaufwendungen für das nach Absatz 3 oder 4 maßgebliche Kalenderjahr, soweit sie im Rahmen der Höchstbeträge nach § 10 des Einkommensteuergesetzes abziehbar sind, zumindest die Vorsorgepauschale (§ 10c des Einkommensteuergesetzes),

2a. der nach § 33b Abs. 5 des Einkommensteuergesetzes für das nach Absatz 3 oder 4 maßgebliche Kalenderjahr abgezogene Behinderten-Pauschbetrag für ein Kind, für das der Freibetrag nach § 10 Abs. 2 Satz 3 erhöht worden ist, oder die nach § 33 des Einkommensteuergesetzes wegen der Behinderung des Kindes geltend gemachten außergewöhnlichen Belastungen bis zur Höhe dieses Pauschbetrages,

3. die Unterhaltsleistungen, die der Berechtigte oder sein nicht dauernd von ihm getrenntlebender Ehegatte in dem nach Absatz 3 oder 4 maßgeblichen Kalenderjahr erbracht hat oder erbringt
   a) an Kinder, für die der Freibetrag nach § 10 Abs. 2 Satz 3 nicht erhöht worden ist, jedoch nur bis zu dem durch Unterhaltsurteil oder -vergleich festgesetzten Betrag,
   b) an sonstige Personen, soweit die Leistungen nach § 10 Abs. 1 Nr. 1 oder § 33a Abs. 1 des Einkommensteuergesetzes berücksichtigt worden oder zu berücksichtigen sind.

(2a) Für die Berücksichtigung von Einkünften aus nichtselbständiger Arbeit, die keiner staatlichen Besteuerung unterlagen oder die nur nach ausländischem Steuerrecht, und zwar abschließend ohne Festsetzungsbescheid der Steuerbehörde, zu besteuern waren, ist von deren Bruttobetrag auszugehen; hiervon werden abgezogen

1. ein Betrag in Höhe des Arbeitnehmer-Pauschbetrages (§ 9a Nr. 1 des Einkommensteuergesetzes),
2. die darauf entfallenden Lohn- und Kirchensteuern oder steuerähnlichen Abgaben,
3. Vorsorgeaufwendungen bis zu dem nach Absatz 2 Nr. 2 maßgeblichen Höchstbetrag,

3a. der für das nach Absatz 3 oder 4 maßgebliche Kalenderjahr bei der Besteuerung nach ausländischem Steuerrecht abgezogene, dem Behinderten-Pauschbetrag nach § 33b Abs. 5 des Einkommensteuergesetzes entsprechende Betrag für ein Kind, für das der Freibetrag nach § 10 Abs. 2 Satz 3 erhöht worden ist,

4. Unterhaltsleistungen an Kinder nach Absatz 2 Nr. 3 Buchstabe a oder entsprechend dieser Vorschrift bis zu dem Betrag von je 9200 DM an sonstige unterhaltsberechtigte Personen.

(2b) [1] Für die Berücksichtigung von Einkünften, die nur nach ausländischem Steuerrecht, und zwar abschließend durch Festsetzungsbescheid der Steuerbehörde, zu besteuern waren, gelten die Absätze 1 und 2 mit der Maßgabe, daß an die Stelle der darin genannten Vorschriften die entsprechenden Vorschriften des ausländischen Steuerrechts treten. [2] Kann die Anwendung des Satzes 1 wegen der Unterschiede zwischen dem ausländischen Steuerrecht und dem Einkommensteuergesetz nicht erfolgen, ist abweichend von Satz 1 als Einkommen der Betrag anzusetzen, der die Bemessungsgrundlage für die im Einzelfall festgesetzte tarifliche Einkommensteuer ist; hiervon werden die darauf entfallenden Einkommen- und Kirchensteuern sowie Unterhaltsleistungen nach Absatz 2 Nr. 3 Buchstabe a abgezogen.

(2c) [1] Einkünfte und Abzüge in ausländischer Währung sind nach dem Mittelkurs der anderen Währung, der an der Frankfurter Devisenbörse für Ende

September des nach Absatz 3 oder 4 maßgeblichen Kalenderjahres amtlich festgestellt ist, in Deutsche Mark umzurechnen. [2]§ 8 Abs. 2 Satz 5 gilt entsprechend.

(3) [1]Maßgeblich ist das Einkommen im vorletzten Kalenderjahr vor dem Kalenderjahr, für das die Zahlung des Kindergeldes in Betracht kommt, und zwar mit Ausnahme der in Absatz 2a genannten Einkünfte so, wie es der Besteuerung zugrunde gelegt worden ist. [2]Steht die Steuerfestsetzung noch aus, so werden zunächst die Sockelbeträge (§ 10 Abs. 2 Satz 1) gezahlt. [3]Jedoch ist Berechtigten, denen für Dezember des vorigen Jahres mehr als die Sockelbeträge zustand, die Sockelbeträge übersteigendes Kindergeld nach dem für diesen Monat maßgeblichen Einkommen bis einschließlich Juni unter dem Vorbehalt der Rückforderung zu zahlen. [4]Sobald die Steuer festgesetzt ist, ist endgültig über die Höhe des Kindergeldes zu entscheiden. [5]Überzahltes Kindergeld ist vom Berechtigten zu erstatten. [6]Mit dem Erstattungsanspruch kann gegen Ansprüche auf laufendes Kindergeld bis zu deren voller Höhe aufgerechnet werden; § 23 Abs. 2 gilt entsprechend.

(4) [1]Macht der Berechtigte vor Ablauf des Kalenderjahres, für das die Zahlung des Kindergeldes in Betracht kommt (Leistungsjahr), glaubhaft, daß das Einkommen in diesem Jahr voraussichtlich so gering sein wird, daß bei seiner Berücksichtigung das Kindergeld nicht nur in Höhe des Sockelbetrages zu leisten wäre, so wird dieses Einkommen zugrunde gelegt und Kindergeld in Höhe des den Sockelbetrag übersteigenden Betrages unter dem Vorbehalt der Rückforderung gezahlt. [2]Sobald sich das im Leistungsjahr erzielte Einkommen endgültig feststellen läßt, wird abschließend entschieden. [3]Ergibt sich dabei, daß der Berechtigte zu Unrecht Kindergeld erhalten hat, hat er den überzahlten Betrag zurückzuzahlen. [4]Mit dem Erstattungsanspruch kann gegen laufende Kindergeldansprüche bis zu deren voller Höhe aufgerechnet werden; § 23 Abs. 2 gilt entsprechend.

§ 11a Zuschlag zum Kindergeld für Berechtigte mit geringem Einkommen. (1) [1]Das Kindergeld für die Kinder, für die dem Berechtigten der Kinderfreibetrag nach § 32 Abs. 6 des Einkommensteuergesetzes zusteht, erhöht sich um den nach Absatz 6 bemessenen Zuschlag, wenn das zu versteuernde Einkommen (§ 2 Abs. 5 des Einkommensteuergesetzes) des Berechtigten geringer ist als der Grundfreibetrag nach § 32a Abs. 1 Nr. 1 des Einkommensteuergesetzes. [2]Das zu versteuernde Einkommen wird berücksichtigt, soweit und wie es der Besteuerung zugrunde gelegt wurde; soweit erheblich, ist das zu versteuernde Einkommen als Negativbetrag festzustellen. [3]Ist die tarifliche Einkommensteuer nach § 32a Abs. 5 oder 6 des Einkommensteuergesetzes berechnet worden, tritt an die Stelle des Grundfreibetrages das Zweifache dieses Betrages. [4]Satz 1 gilt nicht für Berechtigte, deren Einkommen zuzüglich des Einkommens ihres nicht dauernd von ihnen getrenntlebenden Ehegatten überwiegend aus ausländischen, im Ausland erzielten inländischen oder von einer über- oder zwischenstaatlichen Einrichtung gezahlten Einkünften besteht und insoweit nicht nach dem Einkommensteuergesetz versteuert wird.

(2) [1]Ist die tarifliche Einkommensteuer für Ehegatten, die beide Kindergeld beziehen, nach § 32a Abs. 5 des Einkommensteuergesetzes berechnet worden, erhält derjenige von ihnen, der das höhere nach § 10 bemessene Kindergeld bezieht, den Zuschlag auch für die Kinder, für die dem anderen Kindergeld gezahlt wird. [2]Bei gleich hohem Kindergeld gilt § 3 Abs. 3 entsprechend.

(3) Steht der Kinderfreibetrag für ein Kind dem Berechtigten und einem anderen je zur Hälfte zu, so erhält auch der andere entsprechend Absatz 1 einen nach Absatz 6 bemessenen Zuschlag als Kindergeld.

(4) [1]Steht der Kinderfreibetrag für ein Kind nicht dem Berechtigten, sondern einer Person zu, die nach § 3 Abs. 2 Satz 1 als Berechtigter ausgeschlossen ist, so erhält diese Person entsprechend Absatz 1 einen nach Absatz 6 bemessenen Zuschlag als Kindergeld. [2]Absatz 3 gilt entsprechend.

(5) [1]Für ein Kind, für das nach § 8 kein Kindergeld zu zahlen ist, erhält derjenige, der ohne die Anwendung des § 8 Abs. 1 Anspruch auf Kindergeld hätte, entsprechend Absatz 1 einen nach Absatz 6 bemessenen Zuschlag als Kindergeld. [2]Die Absätze 3 und 4 gelten entsprechend.

(6) [1]Der Zuschlag beträgt ein Zwölftel von 19 vom Hundert des Unterschiedsbetrages zwischen dem zu versteuernden Einkommen und dem nach Absatz 1 Satz 1 oder Satz 3 maßgeblichen Grundfreibetrag, höchstens von 19 vom Hundert der Summe der dem Berechtigten zustehenden Kinderfreibeträge. [2]In Fällen der Steuerfestsetzung nach § 32b des Einkommensteuergesetzes tritt an die Stelle des nach Satz 1 maßgeblichen Vomhundertsatzes ein Vomhundertsatz in Höhe des Unterschiedes zwischen dem nach Satz 1 maßgeblichen Vomhundertsatz und dem im Steuerbescheid ausgewiesenen besonderen Steuersatz. [3]§ 20 Abs. 3 ist anzuwenden.

(7) [1]Der Zuschlag wird nach Ablauf des Jahres, für das er zu leisten ist, auf Antrag gezahlt. [2]Die Zahlung setzt voraus, daß der Antrag spätestens innerhalb von sechs Monaten nach Ablauf dieses Jahres oder, wenn die Steuer erst nach Ablauf dieses Jahres festgesetzt wird, nach der Steuerfestsetzung gestellt worden ist.

(8) [1]Macht der Berechtigte glaubhaft, daß die ihm und seinem nicht dauernd von ihm getrenntlebenden Ehegatten zustehenden Kinderfreibeträge sich voraussichtlich nicht oder nur teilweise auswirken werden, wird der Zuschlag unter dem Vorbehalt der Rückforderung bereits während des Jahres, für das er in Betracht kommt, gezahlt. [2]Dies gilt nicht, soweit die Zahlung des Zuschlags nach oder in entsprechender Anwendung von Absatz 3 in Betracht kommt. [3]Zuschläge unter 20 Deutsche Mark werden hiernach nicht geleistet. [4]§ 11 Abs. 3 Satz 4 bis 6 gilt entsprechend.

62. Gesetz zum Elterngeld und zur Elternzeit (Bundeselterngeld- und Elternzeitgesetz – BEEG)[1)]

In der Fassung der Bekanntmachung vom 27. Januar 2015 (BGBl. I S. 33)

Die Neufassung enthält folgende Änderungsgesetze: Gesetz zur Umsetzung aufenthalts- und asylrechtlicher Richtlinien der EU vom 19.8.2007 (BGBl. I S. 1970), Erstes Gesetz zur Änderung des Bundeselterngeld- und Elternzeitgesetzes vom 17.1.2009 (BGBl. I S. 61), Dienstrechtsneuordnungsgesetz vom 5.2.2009 (BGBl. I S. 160), ELENA-Verfahrensgesetz vom 28.3. 2009 (BGBl. I S. 634), Haushaltsbegleitgesetz 2011 (HBeglG 2011) vom 9.12.2010 (BGBl. I S. 1885), Steuervereinfachungsgesetz 2011 vom 1.11.2011 (BGBl. I S. 2131), Gesetz zur Änderung des Beherbergungsstatistikgesetzes und des Handelsstatistikgesetzes sowie zur Aufhebung von Vorschriften zum Verfahren des elektronischen Entgeltnachweises vom 23.11. 2011 (BGBl. I S. 2298), Gesetz zur Vereinfachung des Elterngeldvollzugs vom 10.9.2012 (BGBl. I S. 1878; ber. I 2013 S. 69), Gesetz zur Neuausrichtung der Pflegeversicherung vom 23.10.2012 (BGBl. I S. 2246), Gesetz zur Einführung eines Betreuungsgeldes (Betreuungsgeldgesetz) vom 15.2.2013 (BGBl. I S. 254), Gesetz zur Einführung des Elterngeld Plus mit Partnerschaftsbonus und einer flexibleren Elternzeit im Bundeselterngeld- und Elternzeitgesetz vom 18.12.2014 (BGBl. I S. 2325), Heil- und Hilfsmittelversorgungsgesetz (HHVG) vom 4.4.2017 (BGBl. I S. 778), Gesetz zur Neuregelung des Mutterschutzrechts vom 23.5.2017 (BGBl. I S. 1228), Zweites Gesetz zur Anpassung des Datenschutzrechts an die Verordnung (EU) 2016/679 und zur Umsetzung der Richtlinie (EU) 2016/680 (Zweites Datenschutz-Anpassungs- und Umsetzungsgesetz EU – 2. DSAnpUG-EU) vom 20.11.2019 (BGBl. I S. 1626), Gesetz zur weiteren steuerlichen Förderung der Elektromobilität und zur Änderung weiterer steuerlicher Vorschriften vom 12.12.2019 (BGBl. I S. 2451), Gesetz für Maßnahmen im Elterngeld aus Anlass der COVID-19-Pandemie vom 20.5.2020 (BGBl. I S. 1061), Gesetz zur Digitalisierung von Verwaltungsverfahren bei der Gewährung von Familienleistungen vom 3.12.2020 (BGBl. I S. 2668), Gesetz zur Beschäftigungssicherung infolge der COVID-19-Pandemie (Beschäftigungssicherungsgesetz – BeschSiG) vom 3.12.2020 (BGBl. I S. 2691), Jahressteuergesetz 2020 (JStG 2020) vom 21.12.2020 (BGBl. I S. 3096) und Zweites Gesetz zur Änderung des Bundeselterngeld- und Elternzeitgesetzes vom 15.2.2021 (BGBl. I S. 239)

BGBl. III/FNA 85-5

Abschnitt 1. Elterngeld[2)]

§ 1 Berechtigte. (1) [1] Anspruch auf Elterngeld hat, wer

1. einen Wohnsitz oder seinen gewöhnlichen Aufenthalt in Deutschland hat,
2. mit seinem Kind in einem Haushalt lebt,
3. dieses Kind selbst betreut und erzieht und
4. keine oder keine volle Erwerbstätigkeit ausübt.

[2] Bei Mehrlingsgeburten besteht nur ein Anspruch auf Elterngeld.[3)]

(2) [1] Anspruch auf Elterngeld hat auch, wer, ohne eine der Voraussetzungen des Absatzes 1 Satz 1 Nummer 1[4)] zu erfüllen,

---

[1)] Das BEEG ist als Art. 1 des Gesetzes zur Einführung des Elterngeldes vom 5.12.2006 (BGBl. I S. 2748) verkündet worden.

[2)] Zur **Anwendung siehe § 28 Abs. 1**.

[3)] § 1 Abs. 1 Satz 2 angef. durch G v. 18.12.2014 (BGBl. I S. 2325).

[4)] Verweis geänd. durch G v. 18.12.2014 (BGBl. I S. 2325).

1. nach § 4 des Vierten Buches Sozialgesetzbuch dem deutschen Sozialversicherungsrecht unterliegt oder im Rahmen seines in Deutschland bestehenden öffentlich-rechtlichen Dienst- oder Amtsverhältnisses vorübergehend ins Ausland abgeordnet, versetzt oder kommandiert ist,
2. Entwicklungshelfer oder Entwicklungshelferin im Sinne des § 1 des Entwicklungshelfer-Gesetzes ist oder als Missionar oder Missionarin der Missionswerke und -gesellschaften, die Mitglieder oder Vereinbarungspartner des Evangelischen Missionswerkes Hamburg, der Arbeitsgemeinschaft Evangelikaler Missionen e. V., *des Deutschen katholischen Missionsrates*[1] oder der Arbeitsgemeinschaft pfingstlich-charismatischer Missionen sind, tätig ist oder
3. die deutsche Staatsangehörigkeit besitzt und nur vorübergehend bei einer zwischen- oder überstaatlichen Einrichtung tätig ist, insbesondere nach den Entsenderichtlinien des Bundes beurlaubte Beamte und Beamtinnen, oder wer vorübergehend eine nach § 123a des Beamtenrechtsrahmengesetzes oder § 29 des Bundesbeamtengesetzes[2] zugewiesene Tätigkeit im Ausland wahrnimmt.

[2] Dies gilt auch für mit der nach Satz 1 berechtigten Person in einem Haushalt lebende Ehegatten, *Ehegattinnen, Lebenspartner oder Lebenspartnerinnen* [***ab 1.9.2021:*** oder Ehegattinnen].[3]

(3) [1] Anspruch auf Elterngeld hat abweichend von Absatz 1 Satz 1 Nummer 2[4] auch, wer

1. mit einem Kind in einem Haushalt lebt, das er mit dem Ziel der Annahme als Kind aufgenommen hat,
2.[5] ein Kind des *Ehegatten, der Ehegattin, des Lebenspartners oder der Lebenspartnerin* [***ab 1.9.2021:*** Ehegatten oder der Ehegattin] in seinen Haushalt aufgenommen hat oder
3. mit einem Kind in einem Haushalt lebt und die von ihm erklärte Anerkennung der Vaterschaft nach § 1594 Absatz 2 des Bürgerlichen Gesetzbuchs noch nicht wirksam oder über die von ihm beantragte Vaterschaftsfeststellung nach § 1600d des Bürgerlichen Gesetzbuchs noch nicht entschieden ist.

[2] Für angenommene Kinder und Kinder im Sinne des Satzes 1 Nummer 1 sind die Vorschriften dieses Gesetzes mit der Maßgabe anzuwenden, dass statt des Zeitpunktes der Geburt der Zeitpunkt der Aufnahme des Kindes bei der berechtigten Person maßgeblich ist.

---

[1] Kursiver Satzteil aufgeh. mWv 1.9.2021 (§ 28 Abs. 1) durch G v. 15.2.2021 (BGBl. I S. 239).

[2] Eingef. durch G v. 5.2.2009 (BGBl. I S. 160).

[3] § 1 Abs. 2 Satz 2 geänd. mWv 1.9.2021 (§ 28 Abs. 1) durch G v. 15.2.2021 (BGBl. I S. 239).

[4] Verweis geänd. durch G v. 18.12.2014 (BGBl. I S. 2325).

[5] § 1 Abs. 3 Satz 1 Nr. 2 geänd. mWv 1.9.2021 (§ 28 Abs. 1) durch G v. 15.2.2021 (BGBl. I S. 239).

(4)[1] Können die Eltern wegen einer schweren Krankheit, Schwerbehinderung oder *Tod* [***ab 1.9.2021:*** Todes] der Eltern ihr Kind nicht betreuen, haben Verwandte bis zum dritten Grad und ihre Ehegatten, *Ehegattinnen, Lebenspartner oder Lebenspartnerinnen* [***ab 1.9.2021:*** oder Ehegattinnen] Anspruch auf Elterngeld, wenn sie die übrigen Voraussetzungen nach Absatz 1 erfüllen und [***ab 1.9.2021:*** wenn] von anderen Berechtigten Elterngeld nicht in Anspruch genommen wird.

(5) Der Anspruch auf Elterngeld bleibt unberührt, wenn die Betreuung und Erziehung des Kindes aus einem wichtigen Grund nicht sofort aufgenommen werden kann oder wenn sie unterbrochen werden muss.

(6)[2] Eine Person ist nicht voll erwerbstätig, wenn ihre Arbeitszeit *30* [***ab 1.9.2021:*** 32] Wochenstunden im Durchschnitt des *Monats* [***ab 1.9.2021:*** Lebensmonats] nicht übersteigt, sie eine Beschäftigung zur Berufsbildung ausübt oder sie eine geeignete Tagespflegeperson im Sinne des § 23 des Achten Buches Sozialgesetzbuch ist und nicht mehr als fünf Kinder in Tagespflege betreut.

(7) [1] Ein nicht freizügigkeitsberechtigter Ausländer oder eine nicht freizügigkeitsberechtigte Ausländerin ist nur anspruchsberechtigt, wenn diese Person

1. eine Niederlassungserlaubnis oder eine Erlaubnis zum Daueraufenthalt-EU besitzt,
2. eine Blaue Karte EU, eine ICT-Karte, eine Mobiler-ICT-Karte oder eine Aufenthaltserlaubnis besitzt, die für einen Zeitraum von mindestens sechs Monaten zur Ausübung einer Erwerbstätigkeit berechtigen oder berechtigt haben oder diese erlauben, es sei denn, die Aufenthaltserlaubnis wurde
   a) nach § 16e des Aufenthaltsgesetzes zu Ausbildungszwecken, nach § 19c Absatz 1 des Aufenthaltsgesetzes zum Zweck der Beschäftigung als Au-Pair oder zum Zweck der Saisonbeschäftigung, nach § 19e des Aufenthaltsgesetzes zum Zweck der Teilnahme an einem Europäischen Freiwilligendienst oder nach § 20 Absatz 1 und 2 des Aufenthaltsgesetzes zur Arbeitsplatzsuche erteilt,
   b) nach § 16b des Aufenthaltsgesetzes zum Zweck eines Studiums, nach § 16d des Aufenthaltsgesetzes für Maßnahmen zur Anerkennung ausländischer Berufsqualifikationen oder nach § 20 Absatz 3 des Aufenthaltsgesetzes zur Arbeitsplatzsuche erteilt und er ist weder erwerbstätig noch nimmt er Elternzeit nach § 15 des Bundeselterngeld- und Elternzeitgesetzes oder laufende Geldleistungen nach dem Dritten Buch Sozialgesetzbuch in Anspruch,
   c) nach § 23 Absatz 1 des Aufenthaltsgesetzes wegen eines Krieges in seinem Heimatland oder nach den §§ 23a, 24 oder § 25 Absatz 3 bis 5 des Aufenthaltsgesetzes erteilt,
3. eine in Nummer 2 Buchstabe c genannte Aufenthaltserlaubnis besitzt und im Bundesgebiet berechtigt erwerbstätig ist oder Elternzeit nach § 15 des

[1] § 1 Abs. 4 geänd. mWv 1.9.2021 (§ 28 Abs. 1) durch G v. 15.2.2021 (BGBl. I S. 239).

[2] § 1 Abs. 6 geänd. durch G v. 10.9.2012 (BGBl. S. 1878); geänd. mWv 1.9.2021 (§ 28 Abs. 1) durch G v. 15.2.2021 (BGBl. I S. 239).

Bundeselterngeld- und Elternzeitgesetzes oder laufende Geldleistungen nach dem Dritten Buch Sozialgesetzbuch in Anspruch nimmt,

4. eine in Nummer 2 Buchstabe c genannte Aufenthaltserlaubnis besitzt und sich seit mindestens 15 Monaten erlaubt, gestattet oder geduldet im Bundesgebiet aufhält oder

5.[1)] eine Beschäftigungsduldung gemäß § 60d in Verbindung mit § 60a Absatz 2 Satz 3 des Aufenthaltsgesetzes besitzt.

[2]Abweichend von Satz 1 Nummer 3 erste Alternative ist ein minderjähriger nicht freizügigkeitsberechtigter Ausländer oder eine minderjährige nicht freizügigkeitsberechtigte Ausländerin unabhängig von einer Erwerbstätigkeit anspruchsberechtigt.

(8)[2)] [1]Ein Anspruch entfällt, wenn die berechtigte Person im letzten abgeschlossenen Veranlagungszeitraum vor der Geburt des Kindes ein zu versteuerndes Einkommen nach § 2 Absatz 5 des Einkommensteuergesetzes in Höhe von mehr als 250000 Euro erzielt hat. [2]Erfüllt auch eine andere Person die Voraussetzungen des Absatzes 1 Satz 1 Nummer 2 oder der Absätze 3 oder 4, entfällt abweichend von Satz 1 der Anspruch, wenn die Summe des zu versteuernden Einkommens beider Personen mehr als *500000* [***ab 1.9.2021:*** 300000] Euro beträgt.

§ 2 Höhe des Elterngeldes. (1)[3)] [1]Elterngeld wird in Höhe von 67 Prozent des Einkommens aus Erwerbstätigkeit vor der Geburt des Kindes gewährt. [2]Es wird bis zu einem Höchstbetrag von 1800 Euro monatlich für volle *Monate* [***ab 1.9.2021:*** Lebensmonate] gezahlt, in denen die berechtigte Person kein Einkommen aus Erwerbstätigkeit hat. [3]Das Einkommen aus Erwerbstätigkeit errechnet sich nach Maßgabe der §§ 2c bis 2f aus der um die Abzüge für Steuern und Sozialabgaben verminderten Summe der positiven Einkünfte aus

1. nichtselbständiger Arbeit nach § 2 Absatz 1 Satz 1 Nummer 4 des Einkommensteuergesetzes sowie
2. Land- und Forstwirtschaft, Gewerbebetrieb und selbständiger Arbeit nach § 2 Absatz 1 Satz 1 Nummer 1 bis 3 des Einkommensteuergesetzes,

die im Inland zu versteuern sind und die die berechtigte Person durchschnittlich monatlich im Bemessungszeitraum nach § 2b oder in *Monaten* [***ab 1.9.2021:*** Lebensmonaten] der Bezugszeit nach § 2 Absatz 3 hat.

(2)[4)] [1]In den Fällen, in denen das Einkommen aus Erwerbstätigkeit vor der Geburt geringer als 1000 Euro war, erhöht sich der Prozentsatz von 67 Prozent um 0,1 Prozentpunkte für je 2 Euro, um die dieses Einkommen den Betrag von 1000 Euro unterschreitet, auf bis zu 100 Prozent. [2]In den Fällen, in

[1)] § 1 Abs. 7 Satz 1 Nr. 4 wird Nr. 5 (und gilt ab 1.1.2020 gem. § 28 Abs. 3 Satz 2 durch G v. 12.12.2019 (BGBl. I S. 2451).

[2)] § 1 Abs. 8 angef. mWv 1.1.2011 durch G v. 9.12.2010 (BGBl. I S. 1885); Satz 1 und 2 geänd. mWv 1.8.2013 durch G v. 15.2.2013 (BGBl. I S. 254); Satz 2 geänd. durch G v. 18.12.2014 (BGBl. I S. 2325); Satz 2 Betrag geänd. mWv 1.9.2021 (§ 28 Abs. 1) durch G v. 15.2.2021 (BGBl. I S. 239).

[3)] § 2 Abs. 1 neu gef. durch G v. 10.9.2012 (BGBl. I S. 1878); Abs. 1 Satz 2 und 3 geänd. mWv 1.9.2021 (§ 28 Abs. 1) durch G v. 15.2.2021 (BGBl. I S. 239).

[4)] § 2 Abs. 2 geänd. durch G v. 10.9.2012 (BGBl. I S. 1878).

denen das Einkommen aus Erwerbstätigkeit vor der Geburt höher als 1200 Euro war, sinkt der Prozentsatz von 67 Prozent um 0,1 Prozentpunkte für je 2 Euro, um die dieses Einkommen den Betrag von 1200 Euro überschreitet, auf bis zu 65 Prozent.

(3)[1] [1]Für *Monate* [**ab 1.9.2021:** Lebensmonate] nach der Geburt des Kindes, in denen die berechtigte Person ein Einkommen aus Erwerbstätigkeit hat, das durchschnittlich geringer ist als das Einkommen aus Erwerbstätigkeit vor der Geburt, wird Elterngeld in Höhe des nach Absatz 1 oder 2 maßgeblichen Prozentsatzes des Unterschiedsbetrages dieser Einkommen aus Erwerbstätigkeit gezahlt. [2]Als Einkommen aus Erwerbstätigkeit vor der Geburt ist dabei höchstens der Betrag von 2770 Euro anzusetzen. [3]Der Unterschiedsbetrag nach Satz 1 ist für das Einkommen aus Erwerbstätigkeit in *Monaten* [**ab 1.9.2021:** Lebensmonaten], in denen die berechtigte Person *Elterngeld im Sinne des § 4 Absatz 2 Satz 2* [**ab 1.9.2021:** Basiselterngeld] in Anspruch nimmt, und in *Monaten* [**ab 1.9.2021:** Lebensmonaten], in denen sie Elterngeld Plus im Sinne des *§ 4 Absatz 3 Satz 1* [**ab 1.9.2021:** § 4a Absatz 2] in Anspruch nimmt, getrennt zu berechnen.

(4)[2] [1]Elterngeld wird mindestens in Höhe von 300 Euro gezahlt. [2]Dies gilt auch, wenn die berechtigte Person vor der Geburt des Kindes kein Einkommen aus Erwerbstätigkeit hat.

(6)–(9)[3] *(aufgehoben)*

§ 2a Geschwisterbonus und Mehrlingszuschlag. (1) [1]Lebt die berechtigte Person in einem Haushalt mit
1. zwei Kindern, die noch nicht drei Jahre alt sind, oder
2. drei oder mehr Kindern, die noch nicht sechs Jahre alt sind,

wird das Elterngeld um 10 Prozent, mindestens jedoch um 75 Euro erhöht (Geschwisterbonus). [2]Zu berücksichtigen sind alle Kinder, für die die berechtigte Person die Voraussetzungen des § 1 Absatz 1 und 3 erfüllt und für die sich das Elterngeld nicht nach Absatz 4 erhöht.

(2) [1]Für angenommene Kinder, die noch nicht 14 Jahre alt sind, gilt als Alter des Kindes der Zeitraum seit der Aufnahme des Kindes in den Haushalt der berechtigten Person. [2]Dies gilt auch für Kinder, die die berechtigte Person entsprechend § 1 Absatz 3 Satz 1 Nummer 1 mit dem Ziel der Annahme als Kind in ihren Haushalt aufgenommen hat. [3]Für Kinder mit Behinderung im Sinne von § 2 Absatz 1 Satz 1 des Neunten Buches Sozialgesetzbuch liegt die Altersgrenze nach Absatz 1 Satz 1 bei 14 Jahren.

(3) Der Anspruch auf den Geschwisterbonus endet mit Ablauf des Monats, in dem eine der in Absatz 1 genannten Anspruchsvoraussetzungen entfällt.

(4) [1]Bei Mehrlingsgeburten erhöht sich das Elterngeld um je 300 Euro für das zweite und jedes weitere Kind (Mehrlingszuschlag). [2]Dies gilt auch, wenn ein Geschwisterbonus nach Absatz 1 gezahlt wird.

---

[1] § 2 Abs. 3 Satz 3 angef. durch G v. 18.12.2014 (BGBl. I S. 2325); Sätze 1 und 3 geänd. mWv 1.9.2021 (§ 28 Abs. 1) durch G v. 15.2.2021 (BGBl. I S. 239).

[2] § 2 Abs. 4 aufgeh., bish. Abs. 5 wird Abs. 4 und geänd. durch G v. 10.9.2012 (BGBl. I S. 1878).

[3] § 2 Abs. 6 bis 9 aufgeh. durch G v. 10.9.2012 (BGBl. I S. 1878).

§ 2b Bemessungszeitraum. (1)[1] [1]Für die Ermittlung des Einkommens aus nichtselbstständiger Erwerbstätigkeit im Sinne von § 2c vor der Geburt sind die zwölf Kalendermonate vor dem *Monat* [***ab 1.9.2021:*** Kalendermonat] der Geburt des Kindes maßgeblich. [2]Bei der Bestimmung des Bemessungszeitraums nach Satz 1 bleiben Kalendermonate unberücksichtigt, in denen die berechtigte Person

1.[2] im Zeitraum nach § 4 Absatz 1 *Satz 1* [***ab 1.9.2021:*** Satz 2 und 3 und Absatz 5 Satz 3 Nummer 2] Elterngeld für ein älteres Kind bezogen hat,
2.[3] während der Schutzfristen nach § 3 des Mutterschutzgesetzes nicht beschäftigt werden durfte oder Mutterschaftsgeld nach dem Fünften Buch Sozialgesetzbuch oder nach dem Zweiten Gesetz über die Krankenversicherung der Landwirte bezogen hat,
3. eine Krankheit hatte, die maßgeblich durch eine Schwangerschaft bedingt war, oder
4. Wehrdienst nach dem Wehrpflichtgesetz in der bis zum 31. Mai 2011 geltenden Fassung oder nach dem Vierten Abschnitt des Soldatengesetzes oder Zivildienst nach dem Zivildienstgesetz geleistet hat

und in den Fällen der Nummern 3 und 4 dadurch ein geringeres Einkommen aus Erwerbstätigkeit hatte. [***ab 1.9.2021:*** [3]Abweichend von Satz 2 sind Kalendermonate im Sinne des Satzes 2 Nummer 1 bis 4 auf Antrag der berechtigten Person zu berücksichtigen.] [4]Abweichend von Satz 2 bleiben auf Antrag bei der Ermittlung des Einkommens für die Zeit vom 1. März 2020 bis zum Ablauf des 31. Dezember 2021[4] auch solche Kalendermonate unberücksichtigt, in denen die berechtigte Person aufgrund der COVID-19-Pandemie ein geringeres Einkommen aus Erwerbstätigkeit hatte und dies glaubhaft machen kann. [5]Satz 2 Nummer 1 gilt in den Fällen des § 27 Absatz 1 Satz 1 mit der Maßgabe, dass auf Antrag auch Kalendermonate mit Elterngeldbezug für ein älteres Kind nach Vollendung von dessen 14. Lebensmonat unberücksichtigt bleiben, soweit der Elterngeldbezug von der Zeit vor Vollendung des 14. Lebensmonats auf danach verschoben wurde.[5]

(2)[6] [1]Für die Ermittlung des Einkommens aus selbstständiger Erwerbstätigkeit im Sinne von § 2d vor der Geburt sind die jeweiligen steuerlichen Gewinnermittlungszeiträume maßgeblich, die dem letzten abgeschlossenen steuerlichen Veranlagungszeitraum vor der Geburt des Kindes zugrunde liegen. [2]Haben in einem Gewinnermittlungszeitraum die Voraussetzungen des Absat-

---

[1] § 2b Abs. 1 Satz 1 geänd.; Satz 3 eingef. mWv 1.9.2021 (§ 28 Abs. 1) durch G v. 15.2.2021 (BGBl. I S. 239).

[2] § 2b Abs. 1 Satz 2 Nr. 1 geänd. durch G v. 18.12.2014 (BGBl. I S. 2325); geänd. mWv 1.9.2021 (§ 28 Abs. 1) durch G v. 15.2.2021 (BGBl. I S. 239).

[3] § 2b Abs. 1 Satz 2 Nr. 2 geänd. durch G v. 23.10.2012 (BGBl. I S. 2246); zur Anwendung siehe § 28 Abs. 1b; geänd. mWv 1.1.2018 durch G v. 23.5.2017 (BGBl. I S. 1228).

[4] Zeitraum verlängert durch G v. 3.12.2020 (BGBl. I S. 2691); vgl. hierzu auch § 27 Abs. 4 aF.

[5] § 2b Abs. 1 Sätze 3 und 4 angef. mWv 1.3.2020 durch G v. 20.5.2020 (BGBl. I S. 1061). Vgl. hierzu auch § 27.

[6] § 2b Abs. 2 Satz 2 geänd. mWv 1.3.2020 durch G v. 20.5.2020 (BGBl. I S. 1061).

zes 1 Satz 2 oder Satz 3 vorgelegen, sind auf Antrag die Gewinnermittlungszeiträume maßgeblich, die dem diesen Ereignissen vorangegangenen abgeschlossenen steuerlichen Veranlagungszeitraum zugrunde liegen.

(3)[1] [1]Abweichend von Absatz 1 ist für die Ermittlung des Einkommens aus nichtselbstständiger Erwerbstätigkeit vor der Geburt der [***ab 1.9.2021:*** letzte abgeschlossene] steuerliche Veranlagungszeitraum [***ab 1.9.2021:*** vor der Geburt] maßgeblich, *der den Gewinnermittlungszeiträumen nach Absatz 2 zugrunde liegt, wenn die berechtigte Person in den Zeiträumen nach Absatz 1 oder Absatz 2 Einkommen aus selbstständiger Erwerbstätigkeit hatte.* [***ab 1.9.2021:*** wenn die berechtigte Person in den Zeiträumen nach Absatz 1 oder Absatz 2 Einkommen aus selbstständiger Erwerbstätigkeit hatte.] [2]Haben im Bemessungszeitraum nach Satz 1 die Voraussetzungen des Absatzes 1 Satz 2 oder Satz 3 vorgelegen, ist Absatz 2 Satz 2 mit der zusätzlichen Maßgabe anzuwenden, dass für die Ermittlung des Einkommens aus nichtselbstständiger Erwerbstätigkeit vor der Geburt der vorangegangene steuerliche Veranlagungszeitraum maßgeblich ist.

[***ab 1.9.2021:***

(4)[2] [1]Abweichend von Absatz 3 ist auf Antrag der berechtigten Person für die Ermittlung des Einkommens aus nichtselbstständiger Erwerbstätigkeit allein der Bemessungszeitraum nach Absatz 1 maßgeblich, wenn die zu berücksichtigende Summe der Einkünfte aus Land- und Forstwirtschaft, Gewerbebetrieb und selbstständiger Arbeit nach § 2 Absatz 1 Satz 1 Nummer 1 bis 3 des Einkommensteuergesetzes

1. in den jeweiligen steuerlichen Gewinnermittlungszeiträumen, die dem letzten abgeschlossenen steuerlichen Veranlagungszeitraum vor der Geburt des Kindes zugrunde liegen, durchschnittlich weniger als 35 Euro im Kalendermonat betrug und
2. in den jeweiligen steuerlichen Gewinnermittlungszeiträumen, die dem steuerlichen Veranlagungszeitraum der Geburt des Kindes zugrunde liegen, bis einschließlich zum Kalendermonat vor der Geburt des Kindes durchschnittlich weniger als 35 Euro im Kalendermonat betrug.

[2]Abweichend von § 2 Absatz 1 Satz 3 Nummer 2 ist für die Berechnung des Elterngeldes im Fall des Satzes 1 allein das Einkommen aus nichtselbstständiger Erwerbstätigkeit maßgeblich. [3]Die für die Entscheidung über den Antrag notwendige Ermittlung der Höhe der Einkünfte aus Land- und Forstwirtschaft, Gewerbebetrieb und selbstständiger Arbeit erfolgt für die Zeiträume nach Satz 1 Nummer 1 entsprechend § 2d Absatz 2; in Fällen, in denen zum Zeitpunkt der Entscheidung kein Einkommensteuerbescheid vorliegt, und für den Zeitraum nach Satz 1 Nummer 2 erfolgt die Ermittlung der Höhe der Einkünfte entsprechend § 2d Absatz 3. [4]Die Entscheidung über den Antrag erfolgt abschließend auf der Grundlage der Höhe der Einkünfte, wie sie sich aus den gemäß Satz 3 vorgelegten Nachweisen ergibt.]

---

[1] § 2b Abs. 3 Satz 2 geänd. mWv 1.3.2020 durch G v. 20.5.2020 (BGBl. I S. 1061); Satz 1 neu gef. mWv 1.9.2021 (§ 28 Abs. 1) durch G v. 15.2.2021 (BGBl. I S. 239).

[2] § 2b Abs. 4 angef. mWv 1.9.2021 (§ 28 Abs. 1) durch G v. 15.2.2021 (BGBl. I S. 239).

§ 2c[1)] Einkommen aus nichtselbstständiger Erwerbstätigkeit.

(1)[2)] [1]Der monatlich durchschnittlich zu berücksichtigende Überschuss der Einnahmen aus nichtselbstständiger Arbeit in Geld oder Geldeswert über ein Zwölftel des Arbeitnehmer-Pauschbetrags, vermindert um die Abzüge für Steuern und Sozialabgaben nach den §§ 2e und 2f, ergibt das Einkommen aus nichtselbstständiger Erwerbstätigkeit. [2]Nicht berücksichtigt werden Einnahmen, die im Lohnsteuerabzugsverfahren nach den lohnsteuerlichen Vorgaben als sonstige Bezüge zu behandeln sind. [3]Die zeitliche Zuordnung von Einnahmen erfolgt nach den lohnsteuerlichen Vorgaben für das Lohnsteuerabzugsverfahren. [4]Maßgeblich ist der Arbeitnehmer-Pauschbetrag nach § 9a Satz 1 Nummer 1 Buchstabe a des Einkommensteuergesetzes in der am 1. Januar des Kalenderjahres vor der Geburt des Kindes für dieses Jahr geltenden Fassung.

(2)[3)] [1]Grundlage der Ermittlung der Einnahmen sind die Angaben in den für die maßgeblichen *Monate* [***ab 1.9.2021:*** Kalendermonate] erstellten Lohn- und Gehaltsbescheinigungen des Arbeitgebers. [2]Die Richtigkeit und Vollständigkeit der Angaben in den maßgeblichen Lohn- und Gehaltsbescheinigungen wird vermutet.

(3)[4)] [1]Grundlage der Ermittlung der nach den §§ 2e und 2f erforderlichen Abzugsmerkmale für Steuern und Sozialabgaben sind die Angaben in der Lohn- und Gehaltsbescheinigung, die für den letzten *Monat* [***ab 1.9.2021:*** Kalendermonat] im Bemessungszeitraum mit Einnahmen nach Absatz 1 erstellt wurde. [2]Soweit sich in den Lohn- und Gehaltsbescheinigungen des Bemessungszeitraums eine Angabe zu einem Abzugsmerkmal geändert hat, ist die von der Angabe nach Satz 1 abweichende Angabe maßgeblich, wenn sie in der überwiegenden Zahl der *Monate* [***ab 1.9.2021:*** Kalendermonate] des Bemessungszeitraums gegolten hat. [3]§ 2c Absatz 2 Satz 2 gilt entsprechend.

§ 2d[1)] Einkommen aus selbstständiger Erwerbstätigkeit. (1) Die monatlich durchschnittlich zu berücksichtigende Summe der positiven Einkünfte aus Land- und Forstwirtschaft, Gewerbebetrieb und selbstständiger Arbeit (Gewinneinkünfte), vermindert um die Abzüge für Steuern und Sozialabgaben nach den §§ 2e und 2f, ergibt das Einkommen aus selbstständiger Erwerbstätigkeit.

(2) [1]Bei der Ermittlung der im Bemessungszeitraum zu berücksichtigenden Gewinneinkünfte sind die entsprechenden im Einkommensteuerbescheid ausgewiesenen Gewinne anzusetzen. [2]Ist kein Einkommensteuerbescheid zu erstellen, werden die Gewinneinkünfte in entsprechender Anwendung des Absatzes 3 ermittelt.

[1)] §§ 2a bis 2f eingef. durch G v. 10.9.2012 (BGBl. I S. 1878).

[2)] § 2c Abs. 1 Satz 2 geänd. durch G v. 18.12.2014 (BGBl. I S. 2325); Abs. 1 Satz 3 eingef. mWv 21.5.2020, bish. Satz 3 wird Satz 4 durch G v. 20.5.2020 (BGBl. I S. 1061).

[3)] § 2c Abs. 2 Satz 2 angef. durch G v. 18.12.2014 (BGBl. I S. 2325); Abs. 2 Satz 1 geänd. mWv 1.9.2021 (§ 28 Abs. 1) durch G v. 15.2.2021 (BGBl. I S. 239).

[4)] § 2c Abs. 3 Satz 3 angef. durch G v. 18.12.2014 (BGBl. I S. 2325); Abs. 3 Sätze 1 und 2 geänd. mWv 1.9.2021 (§ 28 Abs. 1) durch G v. 15.2.2021 (BGBl. I S. 239).

(3) [1]Grundlage der Ermittlung der in den Bezugsmonaten zu berücksichtigenden Gewinneinkünfte ist eine Gewinnermittlung, die mindestens den Anforderungen des § 4 Absatz 3 des Einkommensteuergesetzes entspricht. [2]Als Betriebsausgaben sind 25 Prozent der zugrunde gelegten Einnahmen oder auf Antrag die damit zusammenhängenden tatsächlichen Betriebsausgaben anzusetzen.

(4) [1]Soweit nicht in § 2c Absatz 3 etwas anderes bestimmt ist, sind bei der Ermittlung der nach § 2e erforderlichen Abzugsmerkmale für Steuern die Angaben im Einkommensteuerbescheid maßgeblich. [2]§ 2c Absatz 3 Satz 2 gilt entsprechend.

(5)[1)] Die zeitliche Zuordnung von Einnahmen und Ausgaben erfolgt nach den einkommensteuerrechtlichen Grundsätzen.

§ 2e[2)] Abzüge für Steuern. (1) [1]Als Abzüge für Steuern sind Beträge für die Einkommensteuer, den Solidaritätszuschlag und, wenn die berechtigte Person kirchensteuerpflichtig ist, die Kirchensteuer zu berücksichtigen. [2]Die Abzüge für Steuern werden einheitlich für Einkommen aus nichtselbstständiger und selbstständiger Erwerbstätigkeit auf Grundlage einer Berechnung anhand des am 1. Januar des Kalenderjahres vor der Geburt des Kindes für dieses Jahr geltenden Programmablaufplans für die maschinelle Berechnung der vom Arbeitslohn einzubehaltenden Lohnsteuer, des Solidaritätszuschlags und der Maßstabsteuer für die Kirchenlohnsteuer im Sinne von § 39b Absatz 6 des Einkommensteuergesetzes nach den Maßgaben der Absätze 2 bis 5 ermittelt.

(2) [1]Bemessungsgrundlage für die Ermittlung der Abzüge für Steuern ist die monatlich durchschnittlich zu berücksichtigende Summe der Einnahmen nach § 2c, soweit sie von der berechtigten Person zu versteuern sind, und der Gewinneinkünfte nach § 2d. [2]Bei der Ermittlung der Abzüge für Steuern nach Absatz 1 werden folgende Pauschalen berücksichtigt:

1. der Arbeitnehmer-Pauschbetrag nach § 9a Satz 1 Nummer 1 Buchstabe a des Einkommensteuergesetzes, wenn die berechtigte Person von ihr zu versteuernde Einnahmen hat, die unter § 2c fallen, und
2. eine Vorsorgepauschale
   a) mit den Teilbeträgen nach § 39b Absatz 2 Satz 5 Nummer 3 Buchstabe *b und c* [***ab 1.1.2024:*** b, c und e][3)] des Einkommensteuergesetzes, falls die berechtigte Person von ihr zu versteuernde Einnahmen nach § 2c hat, ohne in der gesetzlichen Rentenversicherung oder einer vergleichbaren Einrichtung versicherungspflichtig gewesen zu sein, oder
   b) mit den Teilbeträgen nach § 39b Absatz 2 Satz 5 Nummer 3 Buchstabe *a bis c* [***ab 1.1.2024:*** a bis c und e][3)] des Einkommensteuergesetzes in allen übrigen Fällen,

---

[1)] § 2d Abs. 5 angef. mWv 21.5.2020 durch G v. 20.5.2020 (BGBl. I S. 1061).
[2)] §§ 2a bis 2f eingef. durch G v. 10.9.2012 (BGBl. I S. 1878).
[3)] Verweise geänd. mWv 1.1.2024 durch G v. 21.12.2020 (BGB. I S. 3096).

wobei die Höhe der Teilbeträge ohne Berücksichtigung der besonderen Regelungen zur Berechnung der Beiträge nach § 55 Absatz 3 und § 58 Absatz 3 des Elften Buches Sozialgesetzbuch bestimmt wird.

(3) [1] Als Abzug für die Einkommensteuer ist der Betrag anzusetzen, der sich unter Berücksichtigung der Steuerklasse und des Faktors nach § 39f des Einkommensteuergesetzes nach § 2c Absatz 3 ergibt; die Steuerklasse VI bleibt unberücksichtigt. [2] War die berechtigte Person im Bemessungszeitraum nach § 2b in keine Steuerklasse eingereiht oder ist ihr nach § 2d zu berücksichtigender Gewinn höher als ihr nach § 2c zu berücksichtigender Überschuss der Einnahmen über ein Zwölftel des Arbeitnehmer-Pauschbetrags, ist als Abzug für die Einkommensteuer der Betrag anzusetzen, der sich unter Berücksichtigung der Steuerklasse IV ohne Berücksichtigung eines Faktors nach § 39f des Einkommensteuergesetzes ergibt.

(4) [1] Als Abzug für den Solidaritätszuschlag ist der Betrag anzusetzen, der sich nach den Maßgaben des Solidaritätszuschlagsgesetzes 1995 für die Einkommensteuer nach Absatz 3 ergibt. [2] Freibeträge für Kinder werden nach den Maßgaben des § 3 Absatz 2a des Solidaritätszuschlagsgesetzes 1995 berücksichtigt.

(5) [1] Als Abzug für die Kirchensteuer ist der Betrag anzusetzen, der sich unter Anwendung eines Kirchensteuersatzes von 8 Prozent für die Einkommensteuer nach Absatz 3 ergibt. [2] Freibeträge für Kinder werden nach den Maßgaben des § 51a Absatz 2a des Einkommensteuergesetzes berücksichtigt.

(6) Vorbehaltlich der Absätze 2 bis 5 werden Freibeträge und Pauschalen nur berücksichtigt, wenn sie ohne weitere Voraussetzung jeder berechtigten Person zustehen.

§ 2f[1] Abzüge für Sozialabgaben. (1) [1] Als Abzüge für Sozialabgaben sind Beträge für die gesetzliche Sozialversicherung oder für eine vergleichbare Einrichtung sowie für die Arbeitsförderung zu berücksichtigen. [2] Die Abzüge für Sozialabgaben werden einheitlich für Einkommen aus nichtselbstständiger und selbstständiger Erwerbstätigkeit anhand folgender Beitragssatzpauschalen ermittelt:

1. 9 Prozent für die Kranken- und Pflegeversicherung, falls die berechtigte Person in der gesetzlichen Krankenversicherung nach § 5 Absatz 1 Nummer 1 bis 12 des Fünften Buches Sozialgesetzbuch versicherungspflichtig gewesen ist,
2. 10 Prozent für die Rentenversicherung, falls die berechtigte Person in der gesetzlichen Rentenversicherung oder einer vergleichbaren Einrichtung versicherungspflichtig gewesen ist, und
3. 2 Prozent für die Arbeitsförderung, falls die berechtigte Person nach dem Dritten Buch Sozialgesetzbuch versicherungspflichtig gewesen ist.

(2) [1] Bemessungsgrundlage für die Ermittlung der Abzüge für Sozialabgaben ist die monatlich durchschnittlich zu berücksichtigende Summe der Einnahmen nach § 2c und der Gewinneinkünfte nach § 2d. [2] Einnahmen aus Beschäfti-

[1] §§ 2a bis 2f eingef. durch G v. 10.9.2012 (BGBl. I S. 1878).

gungen im Sinne des § 8, des § 8a oder des § 20 Absatz 3 Satz 1 des Vierten Buches Sozialgesetzbuch werden nicht berücksichtigt. [3] Für Einnahmen aus Beschäftigungsverhältnissen im Sinne des § 20 Absatz 2 des Vierten Buches Sozialgesetzbuch ist der Betrag anzusetzen, der sich nach § 344 Absatz 4 des Dritten Buches Sozialgesetzbuch für diese Einnahmen ergibt, wobei der Faktor im Sinne des § 163 Absatz 10 Satz 2 des Sechsten Buches Sozialgesetzbuch unter Zugrundelegung der Beitragssatzpauschalen nach Absatz 1 bestimmt wird.

(3) Andere Maßgaben zur Bestimmung der sozialversicherungsrechtlichen Beitragsbemessungsgrundlagen werden nicht berücksichtigt.

§ 3[1)] **Anrechnung von anderen Einnahmen.** (1)[2)] [1] Auf das der berechtigten Person nach § 2 oder nach § 2 in Verbindung mit § 2a zustehende Elterngeld werden folgende Einnahmen angerechnet:

1.[3)] Mutterschaftsleistungen
   a) in Form des Mutterschaftsgeldes nach dem Fünften Buch Sozialgesetzbuch oder nach dem Zweiten Gesetz über die Krankenversicherung der Landwirte mit Ausnahme des Mutterschaftsgeldes nach § 19[4)] Absatz 2 des Mutterschutzgesetzes oder
   b) in Form des Zuschusses zum Mutterschaftsgeld nach § 20[4)] des Mutterschutzgesetzes, die der berechtigten Person für die Zeit ab dem Tag der Geburt des Kindes zustehen,
2. Dienst- und Anwärterbezüge sowie Zuschüsse, die der berechtigten Person nach beamten- oder soldatenrechtlichen Vorschriften für die Zeit eines Beschäftigungsverbots ab dem Tag der Geburt des Kindes zustehen,
3.[5)] dem Elterngeld *oder dem Betreuungsgeld* vergleichbare Leistungen, auf die eine nach § 1 berechtigte Person außerhalb Deutschlands oder gegenüber einer über- oder zwischenstaatlichen Einrichtung Anspruch hat,
4. Elterngeld, das der berechtigten Person für ein älteres Kind zusteht, sowie
5. Einnahmen, die der berechtigten Person als Ersatz für Erwerbseinkommen zustehen und
   a) die nicht bereits für die Berechnung des Elterngeldes nach § 2 berücksichtigt werden oder
   b) bei deren Berechnung das Elterngeld nicht berücksichtigt wird.

[2] Stehen der berechtigten Person die Einnahmen nur für einen Teil des Lebensmonats des Kindes zu, sind sie nur auf den entsprechenden Teil des Elterngeldes anzurechnen. [3] Für jeden Kalendermonat, in dem Einnahmen nach Satz 1 Nummer 4 oder Nummer 5 im Bemessungszeitraum bezogen worden

---

1) § 3 Überschrift geänd. durch G v. 10.9.2012 (BGBl. I S. 1878).

2) § 3 Abs. 1 und 2 neu gef. durch G v. 10.9.2012 (BGBl. I S. 1878); Abs. 1 Satz 1 Nr. 1 geänd. durch G v. 23.10.2012 (BGBl. I S. 2246), zur Anwendung siehe § 28 Abs. 1b.

3) § 3 Abs. 1 Satz 1 Nr. 1 neu gef. durch G v. 18.12.2014 (BGBl. I S. 2325); Abs. 1 Satz 4 angef. mWv 1.9.2021 (§ 28 Abs. 1) durch G v. 15.2.2021 (BGBl. I S. 239).

4) Verweis geänd. mWv 1.1.2018 durch G v. 23.5.2017 (BGBl. I S. 1228).

5) § 3 Abs. 1 Satz 1 Nr. 3 geänd. mWv 1.8.2013 durch G v. 15.2.2013 (BGBl. I S. 254); Satz 1 Nr. 3 kursiver Satzteil aufgeh. mWv 1.9.2021 (§ 28 Abs. 1) durch G v. 15.2.2021 (BGBl. I S. 239).

sind, wird der Anrechnungsbetrag um ein Zwölftel gemindert. [*ab 1.9.2021:* 4 Beginnt der Bezug von Einnahmen nach Satz 1 Nummer 5 nach der Geburt des Kindes und berechnen sich die anzurechnenden Einnahmen auf der Grundlage eines Einkommens, das geringer ist als das Einkommen aus Erwerbstätigkeit im Bemessungszeitraum, so ist der Teil des Elterngeldes in Höhe des nach § 2 Absatz 1 oder 2 maßgeblichen Prozentsatzes des Unterschiedsbetrages zwischen dem durchschnittlichen monatlichen Einkommen aus Erwerbstätigkeit im Bemessungszeitraum und dem durchschnittlichen monatlichen Bemessungseinkommen der anzurechnenden Einnahmen von der Anrechnung freigestellt.]

(2)[1)] 1 Bis zu einem Betrag von 300 Euro ist das Elterngeld von der Anrechnung nach Absatz 1 frei, soweit nicht Einnahmen nach Absatz 1 Satz 1 Nummer 1 bis 3 auf das Elterngeld anzurechnen sind. 2 Dieser Betrag erhöht sich bei Mehrlingsgeburten um je 300 Euro für das zweite und jedes weitere Kind.

(3)[2)] Solange kein Antrag auf die in Absatz 1 Satz 1 Nummer 3 genannten vergleichbaren Leistungen gestellt wird, ruht der Anspruch auf Elterngeld bis zur möglichen Höhe der vergleichbaren Leistung.

[Fassung bis 31.8.2021:]

§ 4[4)] Art und Dauer des Bezugs. (1) 1 Elterngeld kann in der Zeit vom Tag der Geburt bis zur Vollendung des 14. Lebensmonats des Kindes bezogen werden. 2 Abweichend von Satz 1 kann Elterngeld Plus nach Absatz 3 auch nach dem 14. Lebensmonat bezogen werden, solange es ab dem 15. Lebensmonat in aufeinander folgenden Lebensmonaten von zumindest einem Elternteil in Anspruch genommen wird. 3 Für angenommene Kinder und Kinder im Sinne des § 1 Absatz 3 Satz 1 Nummer 1 kann Elterngeld ab Aufnahme bei der berechtigten Person längstens bis zur Vollendung des achten Lebensjahres des Kindes bezogen werden.

[Fassung ab 1.9.2021:][3)]

§ 4[5)] Bezugsdauer, Anspruchsumfang. (1) 1 Elterngeld wird als Basiselterngeld oder als Elterngeld Plus gewährt. 2 Es kann ab dem Tag der Geburt bezogen werden. 3 Basiselterngeld kann bis zur Vollendung des 14. Lebensmonats des Kindes bezogen werden. 4 Elterngeld Plus kann bis zur Vollendung des 32. Lebensmonats bezogen werden, solange es ab dem 15. Lebensmonat in aufeinander folgenden Lebensmonaten von zumindest einem Elternteil in Anspruch genommen wird. 5 Für angenommene Kinder und Kinder im Sinne des § 1 Absatz 3 Satz 1 Nummer 1 kann Elterngeld ab Aufnahme bei der berechtigten Person längstens bis zur Vollendung des achten Lebensjahres des Kindes bezogen werden.

---

1) § 3 Abs. 1 und 2 neu gef. durch G v. 10.9.2012 (BGBl. I S. 1878); Abs. 1 Nr. 1 geänd. durch G v. 23.10.2012 (BGBl. I S. 2246), zur Anwendung siehe § 28 Abs. 1b.

2) § 3 Abs. 3 Satz 1 aufgeh., bish. Satz 2 wird Abs. 3 und geänd. durch G v. 10.9.2012 (BGBl. I S. 1878).

3) § 4 ersetzt durch §§ 4 bis 4d mWv 1.9.2021 (§ 28 Abs. 1) durch G v. 15.2.2021 (BGBl. I S. 239).

4) § 4 Überschr. neu gef., Abs. 1 Satz 2 eingef. und neuer Satz 3 geänd., Abs. 2 Sätze 2 und 3 neu gef. durch G v. 18.12.2014 (BGBl. I S. 2325).

5) § 4 neu gef. mWv 1.9.2021 (§ 28 Abs. 1) durch G v. 15.2.2021 (BGBl. I S. 239).

[Fassung bis 31.8.2021:]

(2) [1]Elterngeld wird in Monatsbeträgen für Lebensmonate des Kindes gezahlt. [2]Es wird allein nach den Vorgaben der §§ 2 bis 3 ermittelt (Basiselterngeld), soweit nicht Elterngeld nach Absatz 3 in Anspruch genommen wird. [3]Der Anspruch endet mit dem Ablauf des Monats, in dem eine Anspruchsvoraussetzung entfallen ist. [4]Die Eltern können die jeweiligen Monatsbeträge abwechselnd oder gleichzeitig beziehen.

(3)[1)] [1]Statt für einen Monat Elterngeld im Sinne des Absatzes 2 Satz 2 zu beanspruchen, kann die berechtigte Person jeweils zwei Monate lang ein Elterngeld beziehen, das nach den §§ 2 bis 3 und den zusätzlichen Vorgaben der Sätze 2 und 3 ermittelt wird (Elterngeld Plus). [2]Das Elterngeld Plus beträgt monatlich höchstens die Hälfte des Elterngeldes nach Absatz 2 Satz 2, das der berechtigten Person zustünde, wenn sie während des Elterngeldbezugs keine Einnahmen im Sinne des § 2 oder des § 3 hätte oder hat. [3]Für die Berechnung des Elterngeld Plus halbieren sich:

1. der Mindestbetrag für das Elterngeld nach § 2 Absatz 4 Satz 1,
2. der Mindestgeschwisterbonus nach § 2a Absatz 1 Satz 1,
3. der Mehrlingszuschlag nach § 2a Absatz 4 sowie
4. die von der Anrechnung freigestellten Elterngeldbeträge nach § 3 Absatz 2.

(4)[2)] [1]Die Eltern haben gemeinsam Anspruch auf zwölf Monatsbe-

[Fassung ab 1.9.2021:]

(2) [1]Elterngeld wird in Monatsbeträgen für Lebensmonate des Kindes gezahlt. [2]Der Anspruch endet mit dem Ablauf des Lebensmonats, in dem eine Anspruchsvoraussetzung entfallen ist. [3]Die Eltern können die jeweiligen Monatsbeträge abwechselnd oder gleichzeitig beziehen.

(3) [1]Die Eltern haben gemeinsam Anspruch auf zwölf Monatsbeträge Basiselterngeld. [2]Ist das Einkommen aus Erwerbstätigkeit eines Elternteils in zwei Lebensmonaten gemindert, haben die Eltern gemeinsam Anspruch auf zwei weitere Monate Basiselterngeld (Partnermonate). [3]Statt für einen Lebensmonat Basiselterngeld zu beanspruchen, kann die berechtigte Person jeweils zwei Lebensmonate Elterngeld Plus beziehen.

(4) [1]Ein Elternteil hat Anspruch auf höchstens zwölf Monatsbeträge Basiselterngeld zuzüglich der höchstens vier zustehenden Monatsbeträge Partnerschaftsbonus nach § 4b. [2]Ein Elternteil hat nur Anspruch auf Elterngeld, wenn er es mindestens für zwei Lebensmonate bezieht. [3]Lebensmonate des Kindes, in denen einem Elternteil nach § 3 Absatz 1 Satz 1 Nummer 1 bis 3 anzurechnende Leistungen oder nach § 192 Absatz 5 Satz 2 des Versicherungsvertragsgesetzes Versicherungsleistungen zustehen, gelten als Monate, für die dieser Elternteil Basiselterngeld nach § 4a Absatz 1 bezieht.

---

1) § 4 Abs. 3 ersetzt durch Abs. 3 bis 6 durch G v. 18.12.2014 (BGBl. I S. 2325).

2) § 4 Abs. 3 ersetzt durch Abs. 3 bis 6 durch G v. 18.12.2014 (BGBl. I S. 2325); Satz 3 geänd. mWv 11.4.2017 durch G v. 4.4.2017 (BGBl. I S. 778); Satz 1 Nr. 1 Verweis geänd. mWv 1.1.2018 durch G v. 23.5.2017 (BGBl. I S. 1228).

[Fassung bis 31.8.2021:]

träge Elterngeld im Sinne des Absatzes 2 Satz 2. [2]Erfolgt für zwei Monate eine Minderung des Einkommens aus Erwerbstätigkeit, können sie für zwei weitere Monate Elterngeld im Sinne des Absatzes 2 Satz 2 beanspruchen (Partnermonate). [3]Wenn beide Elternteile in vier aufeinander folgenden Lebensmonaten gleichzeitig

1. nicht weniger als 25 und nicht mehr als 30 Wochenstunden im Durchschnitt des Monats erwerbstätig sind und
2. die Voraussetzungen des § 1 erfüllen,

hat jeder Elternteil für diese Monate Anspruch auf vier weitere Monatsbeträge Elterngeld Plus (Partnerschaftsbonus).

(5)[1)] [1]Ein Elternteil kann höchstens zwölf Monatsbeträge Elterngeld im Sinne des Absatzes 2 Satz 2 zuzüglich der vier nach Absatz 4 Satz 3 zustehenden Monatsbeträge Elterngeld Plus beziehen. [2]Er kann Elterngeld nur beziehen, wenn er es mindestens für zwei Monate in Anspruch nimmt. [3]Lebensmonate des Kindes, in denen einem Elternteil nach § 3 Absatz 1 Satz 1 Nummer 1 bis 3 anzurechnende Leistungen oder nach § 192 Absatz 5 Satz 2 des Versicherungsvertragsgesetzes Versicherungsleistungen zustehen, gelten als Monate, für die dieser Elternteil Elterngeld im Sinne des Absatzes 2 Satz 2 bezieht.

(6)[1)] [1]Ein Elternteil kann abweichend von Absatz 5 Satz 1 zusätzlich auch die weiteren Monatsbeträge

[Fassung ab 1.9.2021:]

(5) [1]Abweichend von Absatz 3 Satz 1 beträgt der gemeinsame Anspruch der Eltern auf Basiselterngeld für ein Kind, das

1. mindestens sechs Wochen vor dem voraussichtlichen Tag der Entbindung geboren wurde:
   13 Monatsbeträge Basiselterngeld;
2. mindestens acht Wochen vor dem voraussichtlichen Tag der Entbindung geboren wurde:
   14 Monatsbeträge Basiselterngeld;
3. mindestens zwölf Wochen vor dem voraussichtlichen Tag der Entbindung geboren wurde:
   15 Monatsbeträge Basiselterngeld;
4. mindestens 16 Wochen vor dem voraussichtlichen Tag der Entbindung geboren wurde:
   16 Monatsbeträge Basiselterngeld.

[2]Für die Berechnung des Zeitraums zwischen dem voraussichtlichen Tag der Entbindung und dem tatsächlichen Tag der Geburt ist der voraussichtliche Tag der Entbindung maßgeblich, wie er sich aus dem ärztlichen Zeugnis oder dem Zeugnis einer Hebamme oder eines Entbindungspflegers ergibt.

[3]Im Fall von

1. Satz 1 Nummer 1
   a) hat ein Elternteil abweichend von Absatz 4 Satz 1 Anspruch auf höchstens 13 Monatsbeträge Basiselterngeld zuzüglich der höchstens vier zustehenden Monatsbeträge Partnerschaftsbonus nach § 4b,
   b) kann Basiselterngeld abweichend von Absatz 1 Satz 3 bis

1) § 4 Abs. 3 ersetzt durch Abs. 3 bis 6 durch G v. 18.12.2014 (BGBl. I S. 2325); Satz 3 geänd. mWv 11.4.2017 durch G v. 4.4.2017 (BGBl. I S. 778); Satz 1 Nr. 1 Verweis geänd. mWv 1.1.2018 durch G v. 23.5.2017 (BGBl. I S. 1228).

[Fassung bis 31.8.2021:]

Elterngeld nach Absatz 4 Satz 2 beziehen, wenn für zwei Monate eine Minderung des Einkommens aus Erwerbstätigkeit erfolgt und wenn

1. bei ihm die Voraussetzungen für den Entlastungsbetrag für Alleinerziehende nach § 24b Absatz 1 und 3 des Einkommensteuergesetzes vorliegen und der andere Elternteil weder mit ihm noch mit dem Kind in einer Wohnung lebt,
2. mit der Betreuung durch den anderen Elternteil eine Gefährdung des Kindeswohls im Sinne von § 1666 Absatz 1 und 2 des Bürgerlichen Gesetzbuchs verbunden wäre oder
3. die Betreuung durch den anderen Elternteil unmöglich ist, insbesondere weil er wegen einer schweren Krankheit oder Schwerbehinderung sein Kind nicht betreuen kann; für die Feststellung der Unmöglichkeit der Betreuung bleiben wirtschaftliche Gründe und Gründe einer Verhinderung wegen anderweitiger Tätigkeiten außer Betracht.

2 Ist ein Elternteil im Sinne des Satzes 1 Nummer 1 bis 3 in vier aufeinander folgenden Lebensmonaten nicht weniger als 25 und nicht mehr als 30 Wochenstunden im Durchschnitt des Monats erwerbstätig, kann er für diese Monate abweichend von Absatz 5 Satz 1 vier weitere Monatsbeträge Elterngeld Plus beziehen.

(7)[1] 1 Die Absätze 1 bis 6 gelten in den Fällen des § 1 Absatz 3 und 4 entsprechend. 2 Nicht sorgeberechtigte Elternteile und Personen, die nach § 1 Absatz 3 Satz 1 Nummer 2

[Fassung ab 1.9.2021:]

zur Vollendung des 15. Lebensmonats des Kindes bezogen werden und

c) kann Elterngeld Plus abweichend von Absatz 1 Satz 4 bis zur Vollendung des 32. Lebensmonats des Kindes bezogen werden, solange es ab dem 16. Lebensmonat in aufeinander folgenden Lebensmonaten von zumindest einem Elternteil in Anspruch genommen wird;

2. Satz 1 Nummer 2
   a) hat ein Elternteil abweichend von Absatz 4 Satz 1 Anspruch auf höchstens 14 Monatsbeträge Basiselterngeld zuzüglich der höchstens vier zustehenden Monatsbeträge Partnerschaftsbonus nach § 4b,
   b) kann Basiselterngeld abweichend von Absatz 1 Satz 3 bis zur Vollendung des 16. Lebensmonats des Kindes bezogen werden und
   c) kann Elterngeld Plus abweichend von Absatz 1 Satz 4 bis zur Vollendung des 32. Lebensmonats des Kindes bezogen werden, solange es ab dem 17. Lebensmonat in aufeinander folgenden Lebensmonaten von zumindest einem Elternteil in Anspruch genommen wird;
3. Satz 1 Nummer 3
   a) hat ein Elternteil abweichend von Absatz 4 Satz 1 Anspruch auf höchstens 15 Monatsbeträge Basiselterngeld zuzüglich der höchstens vier zustehenden Monatsbeträge Partnerschaftsbonus nach § 4b,

---

[1] § 4 Abs. 7 Verweise geänd. durch G v. 18.12.2014 (BGBl. I S. 2325).

[Fassung bis 31.8.2021:]

und 3 Elterngeld beziehen können, bedürfen der Zustimmung des sorgeberechtigten Elternteils.

[Fassung ab 1.9.2021:]

b) kann Basiselterngeld abweichend von Absatz 1 Satz 3 bis zur Vollendung des 17. Lebensmonats des Kindes bezogen werden und

c) kann Elterngeld Plus abweichend von Absatz 1 Satz 4 bis zur Vollendung des 32. Lebensmonats des Kindes bezogen werden, solange es ab dem 18. Lebensmonat in aufeinander folgenden Lebensmonaten von zumindest einem Elternteil in Anspruch genommen wird;

4. Satz 1 Nummer 4

a) hat ein Elternteil abweichend von Absatz 4 Satz 1 Anspruch auf höchstens 16 Monatsbeträge Basiselterngeld zuzüglich der höchstens vier zustehenden Monatsbeträge Partnerschaftsbonus nach § 4b,

b) kann Basiselterngeld abweichend von Absatz 1 Satz 3 bis zur Vollendung des 18. Lebensmonats des Kindes bezogen werden und

c) kann Elterngeld Plus abweichend von Absatz 1 Satz 4 bis zur Vollendung des 32. Lebensmonats des Kindes bezogen werden, solange es ab dem 19. Lebensmonat in aufeinander folgenden Lebensmonaten von zumindest einem Elternteil in Anspruch genommen wird.

Abschnitt 2. Betreuungsgeld[1)]

[Fassung bis 31.8.2021:][1)]

§ 4a Berechtigte. *(1) Anspruch auf Betreuungsgeld hat, wer*

1. die Voraussetzungen des § 1 Absatz 1 Nummer 1 bis 3, Absatz 2 bis 5, 7 und 8 erfüllt und

2. für das Kind keine Leistungen nach § 24 Absatz 2 in Verbindung mit den §§ 22 bis 23 des Achten Buches Sozialgesetzbuch in Anspruch nimmt.

(2) Können die Eltern ihr Kind wegen einer schweren Krankheit, Schwerbehinderung oder Tod der Eltern nicht betreuen, haben Berechtigte im Sinne von Absatz 1 Nummer 1 in Verbindung mit § 1 Absatz 4 einen Anspruch auf Betreuungsgeld abweichend von Absatz 1 Nummer 2, wenn für das Kind nicht mehr als 20 Wochenstunden im Durchschnitt des Monats Leistungen nach § 24 Absatz 2 in Verbindung mit den §§ 22 bis 23 des Achten Buches Sozialgesetzbuch in Anspruch genommen werden.

§ 4b Höhe des Betreuungsgeldes. *Das Betreuungsgeld beträgt für jedes Kind 150 Euro pro Monat.*

[Fassung ab 1.9.2021:]

§ 4a[2)] **Berechnung von Basiselterngeld und Elterngeld Plus.**

(1) Basiselterngeld wird allein nach den Vorgaben der §§ 2 bis 3 ermittelt.

(2) [1] Elterngeld Plus wird nach den Vorgaben der §§ 2 bis 3 und den zusätzlichen Vorgaben der Sätze 2 und 3 ermittelt. [2] Das Elterngeld Plus beträgt monatlich höchstens die Hälfte des Basiselterngeldes, das der berechtigten Person zustünde, wenn sie während des Elterngeldbezugs keine Einnahmen im Sinne des § 2 oder des § 3 hätte oder hat. [3] Für die Berechnung des Elterngeldes Plus halbieren sich:

1. der Mindestbetrag für das Elterngeld nach § 2 Absatz 4 Satz 1,
2. der Mindestbetrag des Geschwisterbonus nach § 2a Absatz 1 Satz 1,
3. der Mehrlingszuschlag nach § 2a Absatz 4 sowie
4. die von der Anrechnung freigestellten Elterngeldbeträge nach § 3 Absatz 2.

§ 4b[3)] **Partnerschaftsbonus.**

(1) Wenn beide Elternteile

1. nicht weniger als 24 und nicht mehr als 32 Wochenstunden im Durchschnitt des Lebensmonats erwerbstätig sind und
2. die Voraussetzungen des § 1 erfüllen,

hat jeder Elternteil für diesen Lebensmonat Anspruch auf einen zusätzlichen Monatsbetrag Elterngeld Plus (Partnerschaftsbonus).

---

1) Zwischenüberschrift aufgeh. mWv 1.9.2021 (§ 28 Abs. 1) durch G v. 15.2.2021 (BGBl. I S. 239). **§§ 4a–4d aF nichtig** gem. BVerfG v. 21.7.2015 (BGBl. I S. 1565).

2) § 4a neu gef. mWv 1.9.2021 (§ 28 Abs. 1) durch G v. 15.2.2021 (BGBl. I S. 239).

3) § 4b neu gef. mWv 1.9.2021 (§ 28 Abs. 1) durch G v. 15.2.2021 (BGBl. I S. 239).

[Fassung bis 31.8.2021:][1)]

§ 4c Anrechnung von anderen Leistungen. *[1]Dem Betreuungsgeld oder dem Elterngeld vergleichbare Leistungen, auf die eine nach § 4a berechtigte Person außerhalb Deutschlands oder gegenüber einer über- oder zwischenstaatlichen Einrichtung Anspruch hat, werden auf das Betreuungsgeld angerechnet, soweit sie den Betrag übersteigen, der für denselben Zeitraum nach § 3 Absatz 1 Satz 1 Nummer 3 auf das Elterngeld anzurechnen ist. [2]Stehen der berechtigten Person die Leistungen nur für einen Teil des*

[Fassung ab 1.9.2021:]

(2) [1]Die Eltern haben je Elternteil Anspruch auf höchstens vier Monatsbeträge Partnerschaftsbonus. [2]Sie können den Partnerschaftsbonus nur beziehen, wenn sie ihn jeweils für mindestens zwei Lebensmonate in Anspruch nehmen.

(3) Die Eltern können den Partnerschaftsbonus nur gleichzeitig und in aufeinander folgenden Lebensmonaten beziehen.

(4) Treten während des Bezugs des Partnerschaftsbonus die Voraussetzungen für einen alleinigen Bezug nach § 4c Absatz 1 Nummer 1 bis 3 ein, so kann der Bezug durch einen Elternteil nach § 4c Absatz 2 fortgeführt werden.

(5) Das Erfordernis des Bezugs in aufeinander folgenden Lebensmonaten nach Absatz 3 und § 4 Absatz 1 Satz 4 gilt auch dann als erfüllt, wenn sich während des Bezugs oder nach dem Ende des Bezugs herausstellt, dass die Voraussetzungen für den Partnerschaftsbonus nicht in allen Lebensmonaten, für die der Partnerschaftsbonus beantragt wurde, vorliegen oder vorlagen.

§ 4c[2)] **Alleiniger Bezug durch einen Elternteil.** (1) Ein Elternteil kann abweichend von § 4 Absatz 4 Satz 1 zusätzlich auch das Elterngeld für die Partnermonate nach § 4 Absatz 3 Satz 3 beziehen, wenn das Einkommen aus Erwerbstätigkeit für zwei Lebensmonate gemindert ist und

1. bei diesem Elternteil die Voraussetzungen für den Entlastungsbetrag für Alleinerziehende nach § 24b Absatz 1 und 3 des Ein-

[1)] §§ 4a–4d aF nichtig gem BVerfG v. 21.7.2015 (BGBl. I S. 1565).
[2)] § 4c neu gef. mWv 1.9.2021 (§ 28 Abs. 1) durch G v. 15.2.2021 (BGBl. I S. 239).

[Fassung bis 31.8.2021:][1]

Lebensmonats des Kindes zu, sind sie nur auf den entsprechenden Teil des Betreuungsgeldes anzurechnen. 3 Solange kein Antrag auf die in Satz 1 genannten vergleichbaren Leistungen gestellt wird, ruht der Anspruch auf Betreuungsgeld bis zur möglichen Höhe der vergleichbaren Leistung.

§ 4d Bezugszeitraum.

(1) 1 Betreuungsgeld kann in der Zeit vom ersten Tag des 15. Lebensmonats bis zur Vollendung des 36. Lebensmonats des Kindes bezogen werden. 2 Vor dem 15. Lebensmonat wird Betreuungsgeld nur gewährt, wenn die Eltern die Monatsbeträge des Elterngeldes, die ihnen für ihr Kind nach § 4 Absatz 4 Satz 1 und 2 und nach § 4 Absatz 6 Satz 1 zu-

[Fassung ab 1.9.2021:]

kommensteuergesetzes vorliegen und der andere Elternteil weder mit ihm noch mit dem Kind in einer Wohnung lebt,

2. mit der Betreuung durch den anderen Elternteil eine Gefährdung des Kindeswohls im Sinne von § 1666 Absatz 1 und 2 des Bürgerlichen Gesetzbuchs verbunden wäre oder
3. die Betreuung durch den anderen Elternteil unmöglich ist, insbesondere weil er wegen einer schweren Krankheit oder einer Schwerbehinderung sein Kind nicht betreuen kann; für die Feststellung der Unmöglichkeit der Betreuung bleiben wirtschaftliche Gründe und Gründe einer Verhinderung wegen anderweitiger Tätigkeiten außer Betracht.

(2) Liegt eine der Voraussetzungen des Absatzes 1 Nummer 1 bis 3 vor, so hat ein Elternteil, der in mindestens zwei bis höchstens vier aufeinander folgenden Lebensmonaten nicht weniger als 24 und nicht mehr als 32 Wochenstunden im Durchschnitt des Lebensmonats erwerbstätig ist, für diese Lebensmonate Anspruch auf zusätzliche Monatsbeträge Elterngeld Plus.

§ 4d[2] Weitere Berechtigte. 1 Die §§ 4 bis 4c gelten in den Fällen des § 1 Absatz 3 und 4 entsprechend. 2 Der Bezug von Elterngeld durch nicht sorgeberechtigte Elternteile und durch Personen, die nach § 1 Absatz 3 Satz 1 Nummer 2 und 3 Anspruch auf Elterngeld haben, bedarf der Zustimmung des sorgeberechtigten Elternteils.

---

[1] §§ 4a–4d nichtig gem BVerfG v. 21.7.2015 (BGBl. I S. 1565).

[2] § 4d neu gef. mWv 1.9.2021 (§ 28 Abs. 1) durch G v. 15.2.2021 (BGBl. I S. 239).

[Fassung bis 31.8.2021:]

stehen, bereits bezogen haben. [3] Für jedes Kind wird höchstens für 22 Lebensmonate Betreuungsgeld gezahlt.

(2) [1] Für angenommene Kinder und Kinder im Sinne des § 1 Absatz 3 Satz 1 Nummer 1 kann Betreuungsgeld ab dem ersten Tag des 15. Monats nach Aufnahme bei der berechtigten Person längstens bis zur Vollendung des dritten Lebensjahres des Kindes bezogen werden. [2] Absatz 1 Satz 2 und 3 ist entsprechend anzuwenden.

(3) [1] Für einen Lebensmonat eines Kindes kann nur ein Elternteil Betreuungsgeld beziehen. [2] Lebensmonate des Kindes, in denen einem Elternteil nach § 4c anzurechnende Leistungen zustehen, gelten als Monate, für die dieser Elternteil Betreuungsgeld bezieht.

(4) Der Anspruch endet mit dem Ablauf des Monats, in dem eine Anspruchsvoraussetzung entfallen ist.

(5) [1] Absatz 1 Satz 2 und Absatz 3 gelten in den Fällen des § 4a Absatz 1 Nummer 1 in Verbindung mit § 1 Absatz 3 und 4 entsprechend. [2] Nicht sorgeberechtigte Elternteile und Personen, die nach § 4a Absatz 1 Nummer 1 in Verbindung mit § 1 Absatz 3 Satz 1 Nummer 2 und 3 Betreuungsgeld beziehen können, bedürfen der Zustimmung des sorgeberechtigten Elternteils.

Abschnitt *3.[ab 1.9.2021:* 2.] Verfahren und Organisation[1]

[Fassung bis 31.8.2021:]

§ 5 Zusammentreffen von Ansprüchen. (1)[2] Erfüllen beide Elternteile die Anspruchsvoraussetzungen für Elterngeld oder Betreuungsgeld, bestimmen sie, wer von ihnen welche Monatsbeträge der jeweiligen Leistung in Anspruch nimmt.

(2)[3] [1]Beanspruchen beide Elternteile zusammen mehr als die ihnen nach § 4 Absatz 4 oder nach § 4 Absatz 4 in Verbindung mit § 4 Absatz 7 zustehenden Monatsbeträge Elterngeld oder mehr als die ihnen zustehenden 22 Monatsbeträge Betreuungsgeld, besteht der Anspruch eines Elternteils auf die jeweilige Leistung, der nicht über die Hälfte der Monatsbeträge hinausgeht, ungekürzt; der Anspruch des anderen Elternteils wird gekürzt auf die verbleibenden Monatsbeträge. [2]Beanspruchen beide Elternteile mehr als die Hälfte der Monatsbeträge Elterngeld oder Betreuungsgeld, steht ihnen jeweils die Hälfte der Monatsbeträge der jeweiligen Leistung zu.

(3)[4] [1]Die Absätze 1 und 2 gelten in den Fällen des § 1 Absatz 3 und 4 oder des § 4a Absatz 1 Nummer 1 in Verbindung mit § 1 Absatz 3 und 4 entsprechend. [2]Wird eine Einigung mit einem nicht sorgeberechtigten Elternteil oder einer Person, die nach § 1 Absatz 3 Satz 1 Nummer 2 und 3 Elterngeld oder nach § 4a Absatz 1

[Fassung ab 1.9.2021:]

§ 5[5] Zusammentreffen von Ansprüchen. (1) Erfüllen beide Elternteile die Anspruchsvoraussetzungen, bestimmen sie, wer von ihnen die Monatsbeträge für welche Lebensmonate des Kindes in Anspruch nimmt.

(2) [1]Beanspruchen beide Elternteile zusammen mehr als die ihnen nach § 4 Absatz 3 und § 4b oder nach § 4 Absatz 3 und § 4b in Verbindung mit § 4d zustehenden Monatsbeträge, so besteht der Anspruch eines Elternteils, der nicht über die Hälfte der zustehenden Monatsbeträge hinausgeht, ungekürzt; der Anspruch des anderen Elternteils wird gekürzt auf die vom Gesamtanspruch verbleibenden Monatsbeträge. [2]Beansprucht jeder der beiden Elternteile mehr als die Hälfte der ihm zustehenden Monatsbeträge, steht jedem Elternteil die Hälfte des Gesamtanspruchs der Monatsbeträge zu.

(3) [1]Die Absätze 1 und 2 gelten in den Fällen des § 1 Absatz 3 und 4 entsprechend. [2]Wird eine Einigung mit einem nicht sorgeberechtigten Elternteil oder einer Person, die nach § 1 Absatz 3 Satz 1 Nummer 2 und 3 Anspruch auf Elterngeld hat, nicht erzielt, so kommt es abweichend von Absatz 2 allein auf die Entscheidung des sorgeberechtigten Elternteils an.

---

[1] Überschrift eingef. mWv 1.8.2013 durch G v. 15.2.2013 (BGBl. I S. 254); Abschn. 3 wird Abschn. 2 mWv 1.9.2021 (§ 28 Abs. 1) durch G v. 15.2.2021 (BGBl. I S. 239).

[2] § 5 Abs. 1 Sätze 2 und 3 aufgeh. mWv 24.1.2009 durch G v. 17.1.2009 (BGBl. I S. 61); Abs. 1 geänd. mWv 1.8.2013 durch G v. 15.2.2013 (BGBl. I S. 254).

[3] § 5 Abs. 2 Sätze 1 und 2 geänd. mWv 1.8.2013 durch G v. 15.2.2013 (BGBl. I S. 254); geänd. durch G v. 18.12.2014 (BGBl. I S. 2325).

[4] § 5 Abs. 3 neu gef. mWv 1.8.2013 durch G v. 15.2.2013 (BGBl. I S. 254).

[5] § 5 neu gef. mWv 1.9.2021 (§ 28 Abs. 1) durch G v. 15.2.2021 (BGBl. I S. 239).

[Fassung bis 31.8.2021:]
Nummer 1 in Verbindung mit § 1 Absatz 3 Satz 1 Nummer 2 und 3 Betreuungsgeld beziehen kann, nicht erzielt, kommt es abweichend von Absatz 2 allein auf die Entscheidung des sorgeberechtigten Elternteils an.

§ 6[1] **Auszahlung.** Elterngeld *und Betreuungsgeld werden im Laufe des Monats gezahlt, für den sie bestimmt sind* [***ab 1.9.2021:*** wird im Laufe des Lebensmonats gezahlt, für den es bestimmt ist.]

§ 7 Antragstellung. (1)[2] [1]Elterngeld *oder Betreuungsgeld* ist schriftlich zu beantragen. *[2]Sie werden rückwirkend nur für die letzten drei Monate vor Beginn des Monats geleistet, in dem der Antrag auf die jeweilige Leistung eingegangen ist. [3]In dem Antrag auf Elterngeld oder Betreuungsgeld ist anzugeben, für welche Monate Elterngeld im Sinne des § 4 Absatz 2 Satz 2, für welche Monate Elterngeld Plus oder für welche Monate Betreuungsgeld beantragt wird.* [***ab 1.9.2021:*** [2]Es wird rückwirkend nur für die letzten drei Lebensmonate vor Beginn des Lebensmonats geleistet, in dem der Antrag auf Elterngeld eingegangen ist. [3]Im Antrag ist anzugeben, für welche Lebensmonate Basiselterngeld, für welche Lebensmonate Elterngeld Plus oder für welche Lebensmonate Partnerschaftsbonus beantragt wird.]

(2)[3] [1]Die im Antrag getroffenen Entscheidungen können bis zum Ende des Bezugszeitraums geändert werden. [2]Eine Änderung kann rückwirkend nur für die letzten drei *Monate* [***ab 1.9.2021:*** Lebensmonate] vor Beginn des *Monats* [***ab 1.9.2021:*** Lebensmonats] verlangt werden, in dem der Änderungsantrag eingegangen ist. [3]Sie ist außer in den Fällen besonderer Härte unzulässig, soweit Monatsbeträge bereits ausgezahlt sind. [4]Abweichend von den Sätzen 2 und 3 kann für einen *Monat* [***ab 1.9.2021:*** Lebensmonat], in dem bereits Elterngeld Plus bezogen wurde, nachträglich *Elterngeld nach § 4 Absatz 2 Satz 2* [***ab 1.9.2021:*** Basiselterngeld] beantragt werden. [5]Im Übrigen finden die für die Antragstellung geltenden Vorschriften auch auf den Änderungsantrag Anwendung.

---

[1] § 6 neu gef. mWv 1.9.2021 (§ 28 Abs. 1) durch G v. 15.2.2021 (BGBl. I S. 239).

[2] § 7 Abs. 1 Sätze 1 und 2 geänd. mWv 1.8.2013 durch G v. 15.2.2013 (BGBl. I S. 254); Satz 3 angef. durch G v. 18.12.2014 (BGBl. I S. 2325); Abs. 1 Satz 1 kursiver Satzteil aufgeh., Sätze 2 und 3 neu gef. mWv 1.9.2021 (§ 28 Abs. 1) durch G v. 15.2.2021 (BGBl. I S. 239).

[3] § 7 Abs. 2 neu gef., Abs. 3 angef. mWv 24.1.2009 durch G v. 17.1.2009 (BGBl. I S. 61); Abs. 2 Satz 2 geänd., Satz 3 aufgeh. durch G v. 10.9.2012 (BGBl. I S. 1878); Abs. 2 Satz 1 geänd., Abs. 3 Sätze 2 und 3 geänd. mWv 1.8.2013 durch G v. 15.2.2013 (BGBl. I S. 254); Abs. 2 Satz 1 aufgeh., Satz 4 eingef., Abs. 3 Satz 1 geänd., Sätze 2 und 3 neu gef. durch G v. 18.12.2014 (BGBl. I S. 2325); Abs. 2 Sätze 2 und 4 geänd. mWv 1.9.2021 (§ 28 Abs. 1) durch G v. 15.2.2021 (BGBl. I S. 239).

[Fassung bis 31.8.2021:]

(3)[1] [1]Der Antrag ist außer in den Fällen des § 4 Absatz 6 und der Antragstellung durch eine allein sorgeberechtigte Person von der Person, die ihn stellt, und zur Bestätigung der Kenntnisnahme auch von der anderen berechtigten Person zu unterschreiben. [2]Die andere berechtigte Person kann gleichzeitig einen Antrag auf das von ihr beanspruchte Elterngeld oder Betreuungsgeld stellen oder der Behörde anzeigen, wie viele Monatsbeträge sie für die jeweilige Leistung beansprucht, wenn mit ihrem Anspruch die Höchstgrenzen nach § 4 Absatz 4 überschritten würden. [3]Liegt der Behörde weder ein Antrag auf Elterngeld oder Betreuungsgeld noch eine Anzeige der anderen berechtigten Person nach Satz 2 vor, erhält der Antragsteller oder die Antragstellerin die Monatsbeträge der jeweiligen Leistung ausgezahlt; die andere berechtigte Person kann bei einem späteren Antrag abweichend von § 5 Absatz 2 nur die unter Berücksichtigung von § 4 Absatz 4 oder § 4d Absatz 1 Satz 3 verbleibenden Monatsbeträge der jeweiligen Leistung erhalten.

[Fassung ab 1.9.2021:]

(3)[2] [1]Der Antrag ist, außer im Fall des § 4c und der Antragstellung durch eine allein sorgeberechtigte Person, zu unterschreiben von der Person, die ihn stellt, und zur Bestätigung der Kenntnisnahme auch von der anderen berechtigten Person. [2]Die andere berechtigte Person kann gleichzeitig

1. einen Antrag auf Elterngeld stellen oder
2. der Behörde anzeigen, wie viele Monatsbeträge sie beansprucht, wenn mit ihrem Anspruch die Höchstgrenzen nach § 4 Absatz 3 in Verbindung mit § 4b überschritten würden.

[3]Liegt der Behörde von der anderen berechtigten Person weder ein Antrag auf Elterngeld noch eine Anzeige nach Satz 2 vor, so werden sämtliche Monatsbeträge der berechtigten Person ausgezahlt, die den Antrag gestellt hat; die andere berechtigte Person kann bei einem späteren Antrag abweichend von § 5 Absatz 2 nur die unter Berücksichtigung von § 4 Absatz 3 in Verbindung mit § 4b vom Gesamtanspruch verbleibenden Monatsbeträge erhalten.

§ 8 Auskunftspflicht, Nebenbestimmungen. (1)[3] Soweit im Antrag auf Elterngeld Angaben zum voraussichtlichen Einkommen aus Erwerbstätigkeit gemacht wurden, *sind* [***ab 1.9.2021:*** ist] nach Ablauf des Bezugszeitraums für diese Zeit das tatsächliche Einkommen aus Erwerbstätigkeit *und die Arbeitszeit* nachzuweisen.

---

[1] § 7 Abs. 2 neu gef., Abs. 3 angef. mWv 24.1.2009 durch G v. 17.1.2009 (BGBl. I S. 61); Abs. 2 Satz 2 geänd., Satz 3 aufgeh. durch G v. 10.9.2012 (BGBl. I S. 1878); Abs. 2 Satz 1 geänd., Abs. 3 Sätze 2 und 3 geänd. mWv 1.8.2013 durch G v. 15.2.2013 (BGBl. I S. 254); Abs. 2 Satz 1 aufgeh., Satz 4 eingef., Abs. 3 Satz 1 geänd., Sätze 2 und 3 neu gef. durch G v. 18.12.2014 (BGBl. I S. 2325).

[2] § 7 Abs. 3 neu gef. mWv 1.9.2021 (§ 28 Abs. 1) durch G v. 15.2.2021 (BGBl. I S. 239).

[3] § 8 Abs. 1 geänd. durch G v. 10.9.2012 (BGBl. I S. 1878); geänd. mWv 1.8.2013 durch G v. 15.2.2013 (BGBl. I S. 254); geänd. durch G v. 18.12.2014 (BGBl. I S. 2325); geänd. und kursiver Satzteil aufgeh. mWv 1.9.2021 (§ 28 Abs. 1) durch G v. 15.2.2021 (BGBl. I S. 239).

(1a)[1] [1]Die Mitwirkungspflichten nach § 60 des Ersten Buches Sozialgesetzbuch gelten

1. im Falle des § 1 Absatz 8 Satz 2 auch für die andere Person im Sinne des § 1 Absatz 8 Satz 2 und
2.[2] im Falle des *§ 4 Absatz 4 Satz 3* [***ab 1.9.2021:*** § 4b] oder des *§ 4 Absatz 4 Satz 3 in Verbindung mit § 4 Absatz 7 Satz 1* [***ab 1.9.2021:*** § 4b in Verbindung mit § 4d Satz 1] für beide Personen, die den Partnerschaftsbonus beantragt haben.

[2]§ 65 Absatz 1 und 3 des Ersten Buches Sozialgesetzbuch gilt entsprechend.

(2)[3] [1]Elterngeld wird in den Fällen, in denen die berechtigte Person nach ihren Angaben im Antrag im Bezugszeitraum voraussichtlich kein Einkommen aus Erwerbstätigkeit haben wird, unter dem Vorbehalt des Widerrufs für den Fall gezahlt, dass sie entgegen ihren Angaben im Antrag Einkommen aus Erwerbstätigkeit hat. [2]In den Fällen, in denen zum Zeitpunkt der Antragstellung der Steuerbescheid für den letzten abgeschlossenen [***ab 1.9.2021:*** steuerlichen] Veranlagungszeitraum vor der Geburt des Kindes nicht vorliegt und nach den Angaben im Antrag *auf Elterngeld oder Betreuungsgeld* die Beträge nach § 1 Absatz 8 *oder nach § 4a Absatz 1 Nummer 1 in Verbindung mit § 1 Absatz 8* voraussichtlich nicht überschritten werden, wird *die jeweilige Leistung unter dem Vorbehalt des Widerrufs für den Fall gezahlt, dass entgegen den Angaben im Antrag auf die jeweilige Leistung die Beträge nach § 1 Absatz 8 oder nach § 4a Absatz 1 Nummer 1 in Verbindung mit* [***ab 1.9.2021:*** das Elterngeld unter dem Vorbehalt des Widerrufs für den Fall gezahlt, dass entgegen den Angaben im Antrag die Beträge nach] § 1 Absatz 8 überschritten werden.

(3)[4] Das Elterngeld wird bis zum Nachweis der jeweils erforderlichen Angaben vorläufig unter Berücksichtigung der glaubhaft gemachten Angaben gezahlt, wenn

1.[5] zum Zeitpunkt der Antragstellung der Steuerbescheid für den letzten abgeschlossenen Veranlagungszeitraum vor der Geburt des Kindes nicht vorliegt und noch nicht angegeben werden kann, ob die Beträge nach § 1 Absatz 8 *oder nach § 4a Absatz 1 Nummer 1 in Verbindung mit § 1 Absatz 8* überschritten werden,
2. das Einkommen aus Erwerbstätigkeit vor der Geburt nicht ermittelt werden kann oder

---

[1] § 8 Abs. 1a eingef. durch G v. 18.12.2014 (BGBl. I S. 2325).

[2] § 8 Abs. 1a Satz 1 Nr. 2 geänd. mWv 1.9.2021 (§ 28 Abs. 1) durch G v. 15.2.2021 (BGBl. I S. 239).

[3] § 8 Abs. 2 Satz 2, Abs. 3 Satz 2 angef. mWv 1.1.2011 durch G v. 9.12.2010 (BGBl. I S. 1885); Abs. 2 Satz 1 neu gef. durch G v. 10.9.2012 (BGBl. I S. 1878); Satz 2 neu gef. (kursive Satzteile aufgeh., Wortlaut geänd.) mWv 1.9.2021 (§ 28 Abs. 1) durch G v. 15.2.2021 (BGBl. I S. 239).

[4] § 8 Abs. 3 neu gef. durch G v. 18.12.2014 (BGBl. I S. 2325); geänd. und kursiver Satzteil aufgeh. mWv 1.9.2021 (§ 28 Abs. 1) durch G v. 15.2.2021 (BGBl. I S. 239).

[5] § 8 Abs. 3 Nr. 1 kursiver Satzteil aufgeh. mWv 1.9.2021 (§ 28 Abs. 1) durch G v. 15.2.2021 (BGBl. I S. 239).

3. die berechtigte Person nach den Angaben im Antrag auf Elterngeld im Bezugszeitraum voraussichtlich Einkommen aus Erwerbstätigkeit hat.

4.[1] *die berechtigte Person weitere Monatsbeträge Elterngeld Plus nach § 4 Absatz 4 Satz 3 oder nach § 4 Absatz 6 Satz 2 beantragt.*

2 Satz 1 Nummer 1 gilt entsprechend bei der Beantragung von Betreuungsgeld.[1]

§ 9[2] **Einkommens- und Arbeitszeitnachweis, Auskunftspflicht des Arbeitgebers.** (1) 1 Soweit es zum Nachweis des Einkommens aus Erwerbstätigkeit oder der wöchentlichen Arbeitszeit erforderlich ist, hat der Arbeitgeber der nach § 12 zuständigen Behörde für bei ihm Beschäftigte das Arbeitsentgelt, die für die Ermittlung der nach den §§ 2e und 2f erforderlichen Abzugsmerkmale für Steuern und Sozialabgaben sowie die Arbeitszeit auf Verlangen zu bescheinigen; das Gleiche gilt für ehemalige Arbeitgeber. 2 Für die in Heimarbeit Beschäftigten und die ihnen Gleichgestellten (§ 1 Absatz 1 und 2 des Heimarbeitsgesetzes) tritt an die Stelle des Arbeitgebers der Auftraggeber oder Zwischenmeister.

[***Für ab dem 1.1.2022 geborene Kinder:***

(2) 1 Für den Nachweis des Einkommens aus Erwerbstätigkeit kann die nach § 12 Absatz 1 zuständige Behörde auch das in § 108a Absatz 1 des Vierten Buches Sozialgesetzbuch vorgesehene Verfahren zur elektronischen Abfrage und Übermittlung von Entgeltbescheinigungsdaten nutzen. 2 Sie darf dieses Verfahren nur nutzen, wenn die betroffene Arbeitnehmerin oder der betroffene Arbeitnehmer zuvor in dessen Nutzung eingewilligt hat. 3 Wenn der betroffene Arbeitgeber ein systemgeprüftes Entgeltabrechnungsprogramm nutzt, ist er verpflichtet, die jeweiligen Entgeltbescheinigungsdaten mit dem in § 108a Absatz 1 des Vierten Buches Sozialgesetzbuch vorgesehenen Verfahren zu übermitteln.]

§ 10[3] **Verhältnis zu anderen Sozialleistungen.** (1)[4] Das Elterngeld, *das Betreuungsgeld* und *jeweils* vergleichbare Leistungen der Länder sowie die nach § 3 *oder § 4c* auf die *jeweilige* Leistung angerechneten Einnahmen oder Leistungen bleiben bei Sozialleistungen, deren Zahlung von anderen Einkommen abhängig ist, bis zu einer Höhe von insgesamt 300 Euro im Monat als Einkommen unberücksichtigt.

(2)[4] Das Elterngeld, *das Betreuungsgeld* und *jeweils* vergleichbare Leistungen der Länder sowie die nach § 3 *oder § 4c* auf die *jeweilige* Leistung angerechneten Einnahmen oder Leistungen dürfen bis zu einer Höhe von insgesamt

---

[1] § 8 Abs. 3 Nr. 4 aufgeh., Satz 2 aufgeh. mWv 1.9.2021 (§ 28 Abs. 1) durch G v. 15.2.2021 (BGBl. I S. 239).

[2] § 9 Satz 1 geänd. mWv 24.1.2009 durch G v. 17.1.2009 (BGBl. I S. 61); Satz 1 HS 2 aufgeh. mWv 2.4.2009 durch G v. 28.3.2009 (BGBl. I S. 634); Satz 1 und 2 geänd. durch G v. 10.9.2012 (BGBl. I S. 1878); Abs. 2 angef., bish. Wortlaut wird Abs. 1 durch G v. 3.12.2020 (BGBl. I S. 2668); zur Anwendung siehe § 28 Abs. 4.

[3] § 10 Abs. 1, 2, 3 und 5 geänd., Abs. 6 angef. durch G v. 10.9.2012 (BGBl. I S. 1878); Abs. 1 und 2 geänd. mWv 1.8.2013 durch G v. 15.2.2013 (BGBl. I S. 254).

[4] § 10 Abs. 1 und 2 kursive Satzteile aufgeh. mWv 1.9.2021 (§ 28 Abs. 1) durch G v. 15.2.2021 (BGBl. I S. 239).

300 Euro nicht dafür herangezogen werden, um auf Rechtsvorschriften beruhende Leistungen anderer, auf die kein Anspruch besteht, zu versagen.

(3)[1] Soweit die berechtigte Person Elterngeld Plus bezieht, bleibt das Elterngeld nur bis zur Hälfte des Anrechnungsfreibetrags, der nach Abzug der anderen nach Absatz 1 nicht zu berücksichtigenden Einnahmen für das Elterngeld verbleibt, als Einkommen unberücksichtigt und darf nur bis zu dieser Höhe nicht dafür herangezogen werden, um auf Rechtsvorschriften beruhende Leistungen anderer, auf die kein Anspruch besteht, zu versagen.

(4) Die nach den Absätzen 1 bis 3 nicht zu berücksichtigenden oder nicht heranzuziehenden Beträge vervielfachen sich bei Mehrlingsgeburten mit der Zahl der geborenen Kinder.

(5)[2] [1] Die Absätze 1 bis 4 gelten nicht bei Leistungen nach dem Zweiten Buch Sozialgesetzbuch, dem Zwölften Buch Sozialgesetzbuch, § 6a des Bundeskindergeldgesetzes [*ab 1.9.2021:* und dem Asybewerberleistungsgesetz]. [2] Bei den in Satz 1 bezeichneten Leistungen bleiben das Elterngeld und vergleichbare Leistungen der Länder sowie die nach § 3 auf das Elterngeld angerechneten Einnahmen in Höhe des nach § 2 Absatz 1 berücksichtigten Einkommens aus Erwerbstätigkeit vor der Geburt bis zu 300 Euro im Monat als Einkommen unberücksichtigt. [3] Soweit die berechtigte Person Elterngeld Plus bezieht, verringern sich die Beträge nach Satz 2 um die Hälfte.

(6) Die Absätze 1 bis 4 gelten entsprechend, soweit für eine Sozialleistung ein Kostenbeitrag erhoben werden kann, der einkommensabhängig ist.

§ 11[3] **Unterhaltspflichten.** [1] Unterhaltsverpflichtungen werden durch die Zahlung des Elterngeldes, *des Betreuungsgeldes* und *jeweils* vergleichbarer Leistungen der Länder nur insoweit berührt, als die Zahlung 300 Euro monatlich übersteigt. [2] Soweit die berechtigte Person Elterngeld Plus bezieht, werden die Unterhaltspflichten insoweit berührt, als die Zahlung 150 Euro übersteigt. [3] Die in den Sätzen 1 und 2 genannten Beträge vervielfachen sich bei Mehrlingsgeburten mit der Zahl der geborenen Kinder. [4] Die Sätze 1 bis 3 gelten nicht in den Fällen des § 1361 Absatz 3, der §§ 1579, 1603 Absatz 2 und des § 1611 Absatz 1 des Bürgerlichen Gesetzbuchs.

§ 12 Zuständigkeit; *Aufbringung* [*ab 1.9.2021:* Bewirtschaftung] der Mittel. (1)[4] [1] Die Landesregierungen oder die von ihnen beauftragten Stellen bestimmen die für die Ausführung dieses Gesetzes zuständigen Behörden.

---

[1] § 10 Abs. 3 geänd. durch G v. 18.12.2014 (BGBl. I S. 2325).

[2] § 10 Abs. 5 angef. mWv 1.1.2011 durch G v. 9.12.2010 (BGBl. I S. 1885); Satz 3 geänd. durch G v. 18.12.2014 (BGBl. I S. 2325); Abs. 5 Satz 1 geänd. mWv 1.9.2021 (§ 28 Abs. 1) durch G v. 15.2.2021 (BGBl. I S. 239).

[3] § 11 Satz 1 geänd. mWv 1.8.2013 durch G v. 15.2.2013 (BGBl. I S. 254); Satz 2 geänd. durch G v. 18.12.2014 (BGBl. I S. 2325); Satz 1 kursive Satzteile aufgeh. mWv 1.9.2021 (§ 28 Abs. 1) durch G v. 15.2.2021 (BGBl. I S. 239).

[4] § 12 Abs. 1 Satz 3 geänd., Abs. 2 geänd. mWv 1.8.2013 durch G v. 15.2.2013 (BGBl. I S. 254).

[Fassung bis 31.8.2021:]

[2]Diesen Behörden obliegt auch die Beratung zur Elternzeit. [3]In den Fällen des § 1 Absatz 2 oder des § 4a Absatz 1 Nummer 1 in Verbindung mit § 1 Absatz 2 ist die von den Ländern für die Durchführung dieses Gesetzes bestimmte Behörde des Bezirks zuständig, in dem die berechtigte Person ihren letzten inländischen Wohnsitz hatte; hilfsweise ist die Behörde des Bezirks zuständig, in dem der entsendende Dienstherr oder Arbeitgeber der berechtigten Person oder der Arbeitgeber des Ehegatten, der Ehegattin, des Lebenspartners oder der Lebenspartnerin der berechtigten Person den inländischen Sitz hat.

(2) Der Bund trägt die Ausgaben für das Elterngeld und das Betreuungsgeld.

[Fassung ab 1.9.2021:][1)]

[2]Zuständig ist die von den Ländern für die Durchführung dieses Gesetzes bestimmte Behörde des Bezirks, in dem das Kind, für das Elterngeld beansprucht wird, zum Zeitpunkt der ersten Antragstellung seinen inländischen Wohnsitz hat. [3]Hat das Kind, für das Elterngeld beansprucht wird, in den Fällen des § 1 Absatz 2 zum Zeitpunkt der ersten Antragstellung keinen inländischen Wohnsitz, so ist die von den Ländern für die Durchführung dieses Gesetzes bestimmte Behörde des Bezirks zuständig, in dem die berechtigte Person ihren letzten inländischen Wohnsitz hatte; hilfsweise ist die Behörde des Bezirks zuständig, in dem der entsendende Dienstherr oder Arbeitgeber der berechtigten Person oder der Arbeitgeber des Ehegatten oder der Ehegattin der berechtigten Person den inländischen Sitz hat.

(2) Den nach Absatz 1 zuständigen Behörden obliegt auch die Beratung zur Elternzeit.

[*ab 1.1.2023:*

(3)[2)] [1]Der Bund trägt die Ausgaben für das Elterngeld. [2]Die damit zusammenhängenden Einnahmen sind an den Bund abzuführen. [3]Für die Ausgaben und die mit ihnen zusammenhängenden Einnahmen sind die Vorschriften über das Haushaltsrecht des Bundes einschließlich der Verwaltungsvorschriften anzuwenden.]

§ 13 Rechtsweg. (1) [1]Über öffentlich-rechtliche Streitigkeiten in Angelegenheiten der §§ 1 bis 12 entscheiden die Gerichte der Sozialgerichtsbarkeit. [2]§ 85 Absatz 2 Nummer 2 des Sozialgerichtsgesetzes gilt mit der Maßgabe, dass die zuständige Stelle nach § 12 bestimmt wird.

(2) Widerspruch und Anfechtungsklage haben keine aufschiebende Wirkung.

---

1) § 12 Abs. 1 Satz 2 und 3 neu gef., Abs. 2 eingef., bish. Abs. 2 wird Abs. 3 und neu gef. mWv 1.9.2021 (§ 28 Abs. 1) durch G v. 15.2.2021 (BGBl. I S. 239).

2) § 12 Abs. 3 gilt ab 1.1.2023 gem. Art. 7 Abs. 3 des G v. 15.2.2021 (BGBl. I S. 239).

§ 14 Bußgeldvorschriften. (1)[1] Ordnungswidrig handelt, wer vorsätzlich oder fahrlässig

1. entgegen § 8 Absatz 1 einen Nachweis nicht, nicht richtig, nicht vollständig oder nicht rechtzeitig erbringt,
2. entgegen § 9 Absatz 1 eine dort genannte Angabe nicht, nicht richtig, nicht vollständig oder nicht rechtzeitig bescheinigt,
3. entgegen § 60 Absatz 1 Satz 1 Nummer 1 des Ersten Buches Sozialgesetzbuch, auch in Verbindung mit § 8 Absatz 1a Satz 1, eine Angabe nicht, nicht richtig, nicht vollständig oder nicht rechtzeitig macht,
4. entgegen § 60 Absatz 1 Satz 1 Nummer 2 des Ersten Buches Sozialgesetzbuch, auch in Verbindung mit § 8 Absatz 1a Satz 1, eine Mitteilung nicht, nicht richtig, nicht vollständig oder nicht rechtzeitig macht oder
5. entgegen § 60 Absatz 1 Satz 1 Nummer 3 des Ersten Buches Sozialgesetzbuch, auch in Verbindung mit § 8 Absatz 1a Satz 1, eine Beweisurkunde nicht, nicht richtig, nicht vollständig oder nicht rechtzeitig vorlegt.

(2) Die Ordnungswidrigkeit kann mit einer Geldbuße von bis zu zweitausend Euro geahndet werden.

(3) Verwaltungsbehörden im Sinne des § 36 Absatz 1 Nummer 1 des Gesetzes über Ordnungswidrigkeiten sind die in § 12 Absatz 1 *Satz 1 und 3*[2] genannten Behörden.

Abschnitt *4.* [*ab 1.9.2021:* 3.] Elternzeit für Arbeitnehmerinnen und Arbeitnehmer[3]

§ 15 Anspruch auf Elternzeit. (1) [1]Arbeitnehmerinnen und Arbeitnehmer haben Anspruch auf Elternzeit, wenn sie

1. a) mit ihrem Kind,
   b) mit einem Kind, für das sie die Anspruchsvoraussetzungen nach § 1 Abs. 3 oder 4 erfüllen, oder
   c) mit einem Kind, das sie in Vollzeitpflege nach § 33 des Achten Buches Sozialgesetzbuch aufgenommen haben,

   in einem Haushalt leben und
2. dieses Kind selbst betreuen und erziehen.

[2]Nicht sorgeberechtigte Elternteile und Personen, die nach Satz 1 Nr. 1 Buchstabe b und c Elternzeit nehmen können, bedürfen der Zustimmung des sorgeberechtigten Elternteils.

(1a)[4] [1]Anspruch auf Elternzeit haben Arbeitnehmerinnen und Arbeitnehmer auch, wenn sie mit ihrem Enkelkind in einem Haushalt leben und dieses Kind selbst betreuen und erziehen und

---

[1] § 14 Abs. 1 Nr. 1 eingef., bish. Nrn. 1 bis 4 werden Nrn. 2 bis 5 und geänd. durch G v. 18.12.2014 (BGBl. I S. 2325); Nr. 2 geänd. durch G v. 3,12.2020 (BGBl. I S. 2668).

[2] Verweis gestrichen mWv 1.9.2021 (§ 28 Abs. 1) durch G v. 15.2.2021 (BGBl. I S. 239).

[3] Abschn. 4 wird Abschn. 3 mWv 1.9.2021 (§ 28 Abs. 1) durch G v. 15.2.2021 (BGBl. I S. 239).

[4] § 15 Abs. 1a eingef. mWv 24.1.2009 durch G v. 17.1.2009 (BGBl. I S. 61); geänd. durch G v. 18.12.2014 (BGBl. I S. 2325).

1. ein Elternteil des Kindes minderjährig ist oder
2. ein Elternteil des Kindes sich in einer Ausbildung befindet, die vor Vollendung des 18. Lebensjahres begonnen wurde und die Arbeitskraft des Elternteils im Allgemeinen voll in Anspruch nimmt.

[2]Der Anspruch besteht nur für Zeiten, in denen keiner der Elternteile des Kindes selbst Elternzeit beansprucht.

(2)[1)] [1]Der Anspruch auf Elternzeit besteht bis zur Vollendung des dritten Lebensjahres eines Kindes. [2]Ein Anteil von bis zu 24 Monaten kann zwischen dem dritten Geburtstag und dem vollendeten achten Lebensjahr des Kindes in Anspruch genommen werden. [3]Die Zeit der Mutterschutzfrist nach § 3 Absatz 2 und 3 des Mutterschutzgesetzes wird für die Elternzeit der Mutter auf die Begrenzung nach den Sätzen 1 und 2 angerechnet. [4]Bei mehreren Kindern besteht der Anspruch auf Elternzeit für jedes Kind, auch wenn sich die Zeiträume im Sinne der Sätze 1 und 2 überschneiden. [5]Bei einem angenommenen Kind und bei einem Kind in Vollzeit- oder Adoptionspflege kann Elternzeit von insgesamt bis zu drei Jahren ab der Aufnahme bei der berechtigten Person, längstens bis zur Vollendung des achten Lebensjahres des Kindes genommen werden; die Sätze 2 und 4 sind entsprechend anwendbar, soweit sie die zeitliche Aufteilung regeln. [6]Der Anspruch kann nicht durch Vertrag ausgeschlossen oder beschränkt werden.

(3) [1]Die Elternzeit kann, auch anteilig, von jedem Elternteil allein oder von beiden Elternteilen gemeinsam genommen werden. [2]Satz 1 gilt in den Fällen des Absatzes 1 Satz 1 Nummer 1 Buchstabe b und c entsprechend.

(4)[2)] [1]Der Arbeitnehmer oder die Arbeitnehmerin darf während der Elternzeit nicht mehr als *30* [***ab 1.9.2021:*** 32] Wochenstunden im Durchschnitt des Monats erwerbstätig sein. [2]Eine im Sinne des § 23 des Achten Buches Sozialgesetzbuch geeignete Tagespflegeperson *kann* [***ab 1.9.2021:*** darf] bis zu fünf Kinder in Tagespflege betreuen, auch wenn die wöchentliche Betreuungszeit *30* [***ab 1.9.2021:*** 32] Stunden übersteigt. [3]Teilzeitarbeit bei einem anderen Arbeitgeber oder selbstständige Tätigkeit nach Satz 1 bedürfen der Zustimmung des Arbeitgebers. [4]Dieser kann sie nur innerhalb von vier Wochen aus dringenden betrieblichen Gründen schriftlich ablehnen.

(5)[3)] [1]Der Arbeitnehmer oder die Arbeitnehmerin kann eine Verringerung der Arbeitszeit und ihre Verteilung beantragen. [2]Über den Antrag sollen sich der Arbeitgeber und der Arbeitnehmer oder die Arbeitnehmerin innerhalb von vier Wochen einigen. [3]Der Antrag kann mit der schriftlichen Mitteilung nach Absatz 7 Satz 1 Nummer 5 verbunden werden. [4]Unberührt bleibt das Recht, sowohl die vor der Elternzeit bestehende Teilzeitarbeit unverändert während der Elternzeit fortzusetzen, soweit Absatz 4 beachtet ist, als auch nach der Elternzeit zu der Arbeitszeit zurückzukehren, die vor Beginn der Elternzeit vereinbart war.

[1)] § 15 Abs. 2 Satz 2 eingef., bish. Sätze 2 und 3 werden Sätze 3 und 4 und geänd., bish. Satz 4 wird aufgeh., Satz 5 geänd. durch G v. 18.12.2014 (BGBl. I S. 2325); Satz 3 Verweis geänd. mWv 1.1.2018 durch G v. 23.5.2017 (BGBl. I S. 1228).

[2)] § 15 Abs. 4 Satz 1 geänd. durch G v. 10.9.2012 (BGBl. I S. 1878); Sätze 1 und 2 geänd. mWv 1.9.2021 (§ 28 Abs. 1) durch G v. 15.2.2021 (BGBl. I S. 239).

[3)] § 15 Abs. 5 Satz 1 geänd. durch G v. 18.12.2014 (BGBl. I S. 2325).

(6) Der Arbeitnehmer oder die Arbeitnehmerin kann gegenüber dem Arbeitgeber, soweit eine Einigung nach Absatz 5 nicht möglich ist, unter den Voraussetzungen des Absatzes 7 während der Gesamtdauer der Elternzeit zweimal eine Verringerung seiner oder ihrer Arbeitszeit beanspruchen.

(7)[1)] [1]Für den Anspruch auf Verringerung der Arbeitszeit gelten folgende Voraussetzungen:

1. Der Arbeitgeber beschäftigt, unabhängig von der Anzahl der Personen in Berufsbildung, in der Regel mehr als 15 Arbeitnehmer und Arbeitnehmerinnen,
2. das Arbeitsverhältnis in demselben Betrieb oder Unternehmen besteht ohne Unterbrechung länger als sechs Monate,
3.[2)] die vertraglich vereinbarte regelmäßige Arbeitszeit soll für mindestens zwei Monate auf einen Umfang von nicht weniger als 15 und nicht mehr als *30* [***ab 1.9.2021:*** 32] Wochenstunden im Durchschnitt des Monats verringert werden,
4. dem Anspruch stehen keine dringenden betrieblichen Gründe entgegen und
5. der Anspruch auf Teilzeit wurde dem Arbeitgeber
   a) für den Zeitraum bis zum vollendeten dritten Lebensjahr des Kindes sieben Wochen und
   b) für den Zeitraum zwischen dem dritten Geburtstag und dem vollendeten achten Lebensjahr des Kindes 13 Wochen

   vor Beginn der Teilzeittätigkeit schriftlich mitgeteilt.

[2]Der Antrag muss den Beginn und den Umfang der verringerten Arbeitszeit enthalten. [3]Die gewünschte Verteilung der verringerten Arbeitszeit soll im Antrag angegeben werden. [4]Falls der Arbeitgeber die beanspruchte Verringerung oder Verteilung der Arbeitszeit ablehnen will, muss er dies innerhalb *von* der in Satz 5 genannten Frist mit schriftlicher Begründung tun. [5]Hat ein Arbeitgeber die Verringerung der Arbeitszeit

1. in einer Elternzeit zwischen der Geburt und dem vollendeten dritten Lebensjahr des Kindes nicht spätestens vier Wochen nach Zugang des Antrags oder
2. in einer Elternzeit zwischen dem dritten Geburtstag und dem vollendeten achten Lebensjahr des Kindes nicht spätestens acht Wochen nach Zugang des Antrags

schriftlich abgelehnt, gilt die Zustimmung als erteilt und die Verringerung der Arbeitszeit entsprechend den Wünschen der Arbeitnehmerin oder des Arbeitnehmers als festgelegt. [6]Haben Arbeitgeber und Arbeitnehmerin oder Arbeitnehmer über die Verteilung der Arbeitszeit kein Einvernehmen nach Absatz 5 Satz 2 erzielt und hat der Arbeitgeber nicht innerhalb der in Satz 5 genannten

---

[1)] § 15 Abs. 7 Satz 1 Nr. 3 geänd., Nr. 5 neu gef., Satz 4 geänd., Satz 5 neu gef., Sätze 6 und 7 angef. durch G v. 18.12.2014 (BGBl. I S. 2325); Satz 4 geänd. mWv 1.1.2018 durch G *v. 23.5.2017 (BGBl. I S. 1228).*

[2)] § 15 Abs. 7 Satz 1 Nr. 3 geänd. mWv 1.9.2021 (§ 28 Abs. 1) durch G v. 15.2.2021 (BGBl. I S. 239).

Fristen die gewünschte Verteilung schriftlich abgelehnt, gilt die Verteilung der Arbeitszeit entsprechend den Wünschen der Arbeitnehmerin oder des Arbeitnehmers als festgelegt. [7] Soweit der Arbeitgeber den Antrag auf Verringerung oder Verteilung der Arbeitszeit rechtzeitig ablehnt, kann die Arbeitnehmerin oder der Arbeitnehmer Klage vor dem Gericht für Arbeitssachen erheben.

§ 16 Inanspruchnahme der Elternzeit. (1)[1)] [1] Wer Elternzeit beanspruchen will, muss sie

1. für den Zeitraum bis zum vollendeten dritten Lebensjahr des Kindes spätestens sieben Wochen und
2. für den Zeitraum zwischen dem dritten Geburtstag und dem vollendeten achten Lebensjahr des Kindes spätestens 13 Wochen

vor Beginn der Elternzeit schriftlich vom Arbeitgeber verlangen. [2] Verlangt die Arbeitnehmerin oder der Arbeitnehmer Elternzeit nach Satz 1 Nummer 1, muss sie oder er gleichzeitig erklären, für welche Zeiten innerhalb von zwei Jahren Elternzeit genommen werden soll. [3] Bei dringenden Gründen ist ausnahmsweise eine angemessene kürzere Frist möglich. [4] Nimmt die Mutter die Elternzeit im Anschluss an die Mutterschutzfrist, wird die Zeit der Mutterschutzfrist nach § 3 Absatz 2 und 3[2)] des Mutterschutzgesetzes auf den Zeitraum nach Satz 2 angerechnet. [5] Nimmt die Mutter die Elternzeit im Anschluss an einen auf die Mutterschutzfrist folgenden Erholungsurlaub, werden die Zeit der Mutterschutzfrist nach § 3 Absatz 2 und 3[2)] des Mutterschutzgesetzes und die Zeit des Erholungsurlaubs auf den Zweijahreszeitraum nach Satz 2 angerechnet. [6] Jeder Elternteil kann seine Elternzeit auf drei Zeitabschnitte verteilen; eine Verteilung auf weitere Zeitabschnitte ist nur mit der Zustimmung des Arbeitgebers möglich. [7] Der Arbeitgeber kann die Inanspruchnahme eines dritten Abschnitts einer Elternzeit innerhalb von acht Wochen nach Zugang des Antrags aus dringenden betrieblichen Gründen ablehnen, wenn dieser Abschnitt im Zeitraum zwischen dem dritten Geburtstag und dem vollendeten achten Lebensjahr des Kindes liegen soll. [8] Der Arbeitgeber hat dem Arbeitnehmer oder der Arbeitnehmerin die Elternzeit zu bescheinigen. [9] Bei einem Arbeitgeberwechsel ist bei der Anmeldung der Elternzeit auf Verlangen des neuen Arbeitgebers eine Bescheinigung des früheren Arbeitgebers über bereits genommene Elternzeit durch die Arbeitnehmerin oder den Arbeitnehmer vorzulegen.

(2)[3)] Können Arbeitnehmerinnen aus einem von ihnen nicht zu vertretenden Grund eine sich unmittelbar an die Mutterschutzfrist des § 3 Absatz 2 und 3[4)] des Mutterschutzgesetzes anschließende Elternzeit nicht rechtzeitig verlangen, können sie dies innerhalb einer Woche nach Wegfall des Grundes nachholen.

[1)] § 16 Abs. 1 Satz 1 ersetzt durch Sätze 1 und 2, bish. Sätze 2 bis 5 werden Sätze 3 bis 6 und geänd., Satz 7 eingef., bish. Satz 6 wird Satz 8, Satz 9 angef. durch G v. 18.12.2014 (BGBl. I S. 2325); zur Anwendung siehe § 28 Abs. 1 Satz 2.

[2)] Verweis geänd. mWv 1.1.2018 durch G v. 23.5.2017 (BGBl. I S. 1228).

[3)] § 16 Abs. 2 geänd. durch G v. 18.12.2014 (BGBl. I S. 2325).

[4)] Verweis geänd. mWv 1.1.2018 durch G v. 23.5.2017 (BGBl. I S. 1228).

(3)[1] 1 Die Elternzeit kann vorzeitig beendet oder im Rahmen des § 15 Absatz 2 verlängert werden, wenn der Arbeitgeber zustimmt. 2 Die vorzeitige Beendigung wegen der Geburt eines weiteren Kindes oder in Fällen besonderer Härte, insbesondere bei Eintritt einer schweren Krankheit, Schwerbehinderung oder Tod eines Elternteils oder eines Kindes der berechtigten Person oder bei erheblich gefährdeter wirtschaftlicher Existenz der Eltern nach Inanspruchnahme der Elternzeit, kann der Arbeitgeber unbeschadet von Satz 3 nur innerhalb von vier Wochen aus dringenden betrieblichen Gründen schriftlich ablehnen. 3 Die Elternzeit kann zur Inanspruchnahme der Schutzfristen des § 3[2] des Mutterschutzgesetzes auch ohne Zustimmung des Arbeitgebers vorzeitig beendet werden; in diesen Fällen soll die Arbeitnehmerin dem Arbeitgeber die Beendigung der Elternzeit rechtzeitig mitteilen. 4 Eine Verlängerung der Elternzeit kann verlangt werden, wenn ein vorgesehener Wechsel der Anspruchsberechtigten aus einem wichtigen Grund nicht erfolgen kann.

(4) Stirbt das Kind während der Elternzeit, endet diese spätestens drei Wochen nach dem Tod des Kindes.

(5) Eine Änderung in der Anspruchsberechtigung hat der Arbeitnehmer oder die Arbeitnehmerin dem Arbeitgeber unverzüglich mitzuteilen.

§ 17 Urlaub. (1) 1 Der Arbeitgeber kann den Erholungsurlaub, der dem Arbeitnehmer oder der Arbeitnehmerin für das Urlaubsjahr zusteht, für jeden vollen Kalendermonat der Elternzeit um ein Zwölftel kürzen. 2 Dies gilt nicht, wenn der Arbeitnehmer oder die Arbeitnehmerin während der Elternzeit bei seinem oder ihrem Arbeitgeber Teilzeitarbeit leistet.

(2) Hat der Arbeitnehmer oder die Arbeitnehmerin den ihm oder ihr zustehenden Urlaub vor dem Beginn der Elternzeit nicht oder nicht vollständig erhalten, hat der Arbeitgeber den Resturlaub nach der Elternzeit im laufenden oder im nächsten Urlaubsjahr zu gewähren.

(3) Endet das Arbeitsverhältnis während der Elternzeit oder wird es im Anschluss an die Elternzeit nicht fortgesetzt, so hat der Arbeitgeber den noch nicht gewährten Urlaub abzugelten.

(4) Hat der Arbeitnehmer oder die Arbeitnehmerin vor Beginn der Elternzeit mehr Urlaub erhalten, als ihm oder ihr nach Absatz 1 zusteht, kann der Arbeitgeber den Urlaub, der dem Arbeitnehmer oder der Arbeitnehmerin nach dem Ende der Elternzeit zusteht, um die zu viel gewährten Urlaubstage kürzen.

§ 18[3] Kündigungsschutz. (1) 1 Der Arbeitgeber darf das Arbeitsverhältnis ab dem Zeitpunkt, von dem an Elternzeit verlangt worden ist, nicht kündigen. 2 Der Kündigungsschutz nach Satz 1 beginnt

---

[1] § 16 Abs. 3 neu gef. durch G v. 10.9.2012 (BGBl. I S. 1878).

[2] Verweis geänd. mWv 1.1.2018 durch G v. 23.5.2017 (BGBl. I S. 1228).

[3] § 18 Abs. 1 Satz 1 geänd., Sätze 2 und 3 eingef., bish. Sätze 2 bis 4 werden Sätze 4 bis 6, Satz 6 geänd.; Abs. 2 geänd. durch G v. 18.12.2014 (BGBl. I S. 2325); Abs. 2 Nr. 2 Verweis geänd. mWv 1.9.2021 (§ 28 Abs. 1) durch G v. 15.2.2021 (BGBl. I S. 239).

1. frühestens acht Wochen vor Beginn einer Elternzeit bis zum vollendeten dritten Lebensjahr des Kindes und
2. frühestens 14 Wochen vor Beginn einer Elternzeit zwischen dem dritten Geburtstag und dem vollendeten achten Lebensjahr des Kindes.

3 Während der Elternzeit darf der Arbeitgeber das Arbeitsverhältnis nicht kündigen. 4 In besonderen Fällen kann ausnahmsweise eine Kündigung für zulässig erklärt werden. 5 Die Zulässigkeitserklärung erfolgt durch die für den Arbeitsschutz zuständige oberste Landesbehörde oder die von ihr bestimmte Stelle. 6 Die Bundesregierung kann mit Zustimmung des Bundesrates allgemeine Verwaltungsvorschriften zur Durchführung des Satzes 4 erlassen.

(2) Absatz 1 gilt entsprechend, wenn Arbeitnehmer oder Arbeitnehmerinnen

1. während der Elternzeit bei demselben Arbeitgeber Teilzeitarbeit leisten oder
2. ohne Elternzeit in Anspruch zu nehmen, Teilzeitarbeit leisten und Anspruch auf Elterngeld nach § 1 während des Zeitraums nach § 4 Absatz 1 *Satz 1 und 3* [***ab 1.9.2021:*** Satz 2, 3 und 5] haben.

§ 19 Kündigung zum Ende der Elternzeit. Der Arbeitnehmer oder die Arbeitnehmerin kann das Arbeitsverhältnis zum Ende der Elternzeit nur unter Einhaltung einer Kündigungsfrist von drei Monaten kündigen.

§ 20 Zur Berufsbildung Beschäftigte, in Heimarbeit Beschäftigte.

(1)[1)] 1 Die zu ihrer Berufsbildung Beschäftigten gelten als Arbeitnehmer und Arbeitnehmerinnen im Sinne dieses Gesetzes. 2 Die Elternzeit wird auf *Berufsbildungszeiten* [***ab 1.9.2021:*** die Dauer einer Berufsausbildung] nicht angerechnet [***ab 1.9.2021:*** , es sei denn, dass während der Elternzeit die Berufsausbildung nach § 7a des Berufsbildungsgesetzes oder § 27b der Handwerksordnung in Teilzeit durchgeführt wird. 3 § 15 Absatz 4 Satz 1 bleibt unberührt.]

(2) 1 Anspruch auf Elternzeit haben auch die in Heimarbeit Beschäftigten und die ihnen Gleichgestellten (§ 1 Absatz 1 und 2 des Heimarbeitsgesetzes), soweit sie am Stück mitarbeiten. 2 Für sie tritt an die Stelle des Arbeitgebers der Auftraggeber oder Zwischenmeister und an die Stelle des Arbeitsverhältnisses das Beschäftigungsverhältnis.

§ 21 Befristete Arbeitsverträge. (1) Ein sachlicher Grund, der die Befristung eines Arbeitsverhältnisses rechtfertigt, liegt vor, wenn ein Arbeitnehmer oder eine Arbeitnehmerin zur Vertretung eines anderen Arbeitnehmers oder einer anderen Arbeitnehmerin für die Dauer eines Beschäftigungsverbotes nach dem Mutterschutzgesetz, einer Elternzeit, einer auf Tarifvertrag, Betriebsvereinbarung oder einzelvertraglicher Vereinbarung beruhenden Arbeitsfreistellung zur Betreuung eines Kindes oder für diese Zeiten zusammen oder für Teile davon eingestellt wird.

(2) Über die Dauer der Vertretung nach Absatz 1 hinaus ist die Befristung für notwendige Zeiten einer Einarbeitung zulässig.

---

1) § 20 Abs. 1 neu gef. mWv 1.9.2021 (§ 28 Abs. 1) durch G v. 15.2.2021 (BGBl. I S. 239).

(3) Die Dauer der Befristung des Arbeitsvertrags muss kalendermäßig bestimmt oder bestimmbar oder den in den Absätzen 1 und 2 genannten Zwecken zu entnehmen sein.

(4) [1]Der Arbeitgeber kann den befristeten Arbeitsvertrag unter Einhaltung einer Frist von mindestens drei Wochen, jedoch frühestens zum Ende der Elternzeit, kündigen, wenn die Elternzeit ohne Zustimmung des Arbeitgebers vorzeitig endet und der Arbeitnehmer oder die Arbeitnehmerin die vorzeitige Beendigung der Elternzeit mitgeteilt hat. [2]Satz 1 gilt entsprechend, wenn der Arbeitgeber die vorzeitige Beendigung der Elternzeit in den Fällen des § 16 Absatz 3 Satz 2 nicht ablehnen darf.

(5) Das Kündigungsschutzgesetz ist im Falle des Absatzes 4 nicht anzuwenden.

(6) Absatz 4 gilt nicht, soweit seine Anwendung vertraglich ausgeschlossen ist.

(7) [1]Wird im Rahmen arbeitsrechtlicher Gesetze oder Verordnungen auf die Zahl der beschäftigten Arbeitnehmer und Arbeitnehmerinnen abgestellt, so sind bei der Ermittlung dieser Zahl Arbeitnehmer und Arbeitnehmerinnen, die sich in der Elternzeit befinden oder zur Betreuung eines Kindes freigestellt sind, nicht mitzuzählen, solange für sie aufgrund von Absatz 1 ein Vertreter oder eine Vertreterin eingestellt ist. [2]Dies gilt nicht, wenn der Vertreter oder die Vertreterin nicht mitzuzählen ist. [3]Die Sätze 1 und 2 gelten entsprechend, wenn im Rahmen arbeitsrechtlicher Gesetze oder Verordnungen auf die Zahl der Arbeitsplätze abgestellt wird.

Abschnitt *5.* [*ab 1.9.2021:* 4.]
Statistik und Schlussvorschriften[1)]

§ 22[2)] Bundesstatistik. (1) [1]Zur Beurteilung der Auswirkungen dieses Gesetzes sowie zu seiner Fortentwicklung sind laufende Erhebungen zum Bezug von Elterngeld *und Betreuungsgeld*[3)] als Bundesstatistiken durchzuführen. [2]Die Erhebungen erfolgen zentral beim Statistischen Bundesamt.

(2)[4)] [1]Die Statistik zum Bezug von Elterngeld erfasst vierteljährlich zum jeweils letzten Tag des aktuellen und der vorangegangenen zwei Kalendermonate für Personen, die in einem dieser Kalendermonate Elterngeld bezogen

---

[1)] Abschn. 5 wird Abschn. 4 mWv 1.9.2021 (§ 28 Abs. 1) durch G v. 15.2.2021 (BGBl. I S. 239).

[2)] § 22 Abs. 2 Nrn. 8 und 13 Buchst. d und e, Abs. 3 und Abs. 4 Nrn. 1 und 2 geänd., Abs. 4 Nr. 3 angef. mWv 24.1.2009 durch G v. 17.1.2009 (BGBl. I S. 61); Abs. 2 und 3 neu gef. durch G v. 10.9.2012 (BGBl. I S. 1878); Abs. 1 geänd., Abs. 2 bish. Wortlaut wird Satz 1 und geänd., Satz 2 angef. mWv 1.8.2013 durch G v. 15.2.2013 (BGBl. I S. 254).

[3)] § 22 Abs. 1 Satz 1 kurisver Satzteil gestrichen mWv 1.9.2021 (§ 28 Abs. 1) durch G v. 15.2.2021 (BGBl. I S. 239).

[4)] § 22 Abs. 2 Satz 1 Satzteil vor Nr. 1 geänd., Nr. 2 geänd., Nrn. 3 und 5 neu gef., Satz 2 geänd. durch G v. 18.12.2014 (BGBl. I S. 2325); zur Anwendung siehe § 28 Abs. 1 Sätze 2 und 3.

haben, für jedes den Anspruch auslösende Kind folgende Erhebungsmerkmale:

1. Art der Berechtigung nach § 1,
2. Grundlagen der Berechnung des zustehenden Monatsbetrags nach Art und Höhe (§ 2 Absatz 1, 2, 3 oder 4, § 2a Absatz 1 oder 4, § 2c, die §§ 2d, 2e oder § 2f),
3. Höhe und Art des zustehenden Monatsbetrags (*§ 4 Absatz 2 Satz 2 und Absatz 3* [***ab 1.9.2021:*** § 4a Absatz 1 und 2][1] Satz 1) ohne die Berücksichtigung der Einnahmen nach § 3,
4. Art und Höhe der Einnahmen nach § 3,
5. Inanspruchnahme der als Partnerschaftsbonus gewährten Monatsbeträge nach *§ 4 Absatz 4 Satz 3* [***ab 1.9.2021:*** § 4b Absatz 1][1] und der weiteren Monatsbeträge Elterngeld Plus nach *§ 4 Absatz 6 Satz 2* [***ab 1.9.2021:*** § 4c Absatz 2][1],
6. Höhe des monatlichen Auszahlungsbetrags,
7. Geburtstag des Kindes,
8. für die Elterngeld beziehende Person:
   a) Geschlecht, Geburtsjahr und -monat,
   b) Staatsangehörigkeit,
   c) Wohnsitz oder gewöhnlicher Aufenthalt,
   d) Familienstand und unverheiratetes Zusammenleben mit dem anderen Elternteil,

[***ab 1.9.2021:***
   e)[2] Vorliegen der Voraussetzungen nach § 4c Absatz 1 Nummer 1 und]
   f)[2] Anzahl der im Haushalt lebenden Kinder.

[2]Die Angaben nach den Nummern 2, 3, 5 und 6 sind für jeden Lebensmonat des Kindes, bezogen auf den nach § 4 Absatz 1 möglichen Zeitraum des Leistungsbezugs zu melden.

(3)[3] [1]*Die Statistik zum Bezug von Betreuungsgeld erfasst vierteljährlich zum jeweils letzten Tag des aktuellen und der vorangegangenen zwei Kalendermonate erstmalig zum 30. September 2013 für Personen, die in einem dieser Kalendermonate Betreuungsgeld bezogen haben, für jedes den Anspruch auslösende Kind folgende Erhebungsmerkmale:*

1. Art der Berechtigung nach § 4a,
2. Höhe des monatlichen Auszahlungsbetrags,
3. Geburtstag des Kindes,

---

[1] Verweis geänd. mWv 1.9.2021 (§ 28 Abs. 1) durch G v. 15.2.2021 (BGBl. I S. 239).

[2] § 22 Abs. 2 Satz 1 Nr. 8 Buchst. e eingef., bish. Buchst. e wird Buchst. f mWv 1.9.2021 (§ 28 Abs. 1) durch G v. 15.2.2021 (BGBl. I S. 239).

[3] § 22 Abs. 3 aufgeh., bish. Abs. 4 wird Abs. 3 mWv 1.9.2021 (§ 28 Abs. 1) durch G v. 15.2.2021 (BGBl. I S. 239).

4. für die Betreuungsgeld beziehende Person:

a) Geschlecht, Geburtsjahr und -monat,

b) Staatsangehörigkeit,

c) Wohnsitz oder gewöhnlicher Aufenthalt,

d) Familienstand und unverheiratetes Zusammenleben mit dem anderen Elternteil und

e) Anzahl der im Haushalt lebenden Kinder.

2 Die Angaben nach Nummer 2 sind für jeden Lebensmonat des Kindes bezogen auf den nach § 4d Absatz 1 möglichen Zeitraum des Leistungsbezugs zu melden.

(3)[1] Hilfsmerkmale sind:

1. Name und Anschrift der zuständigen Behörde,
2. Name und Telefonnummer sowie Adresse für elektronische Post der für eventuelle Rückfragen zur Verfügung stehenden Person und
3. Kennnummer des Antragstellers oder der Antragstellerin.

§ 23[2] Auskunftspflicht; Datenübermittlung an das Statistische Bundesamt. (1) 1 Für die Erhebung nach § 22 besteht Auskunftspflicht. 2 Die Angaben nach § 22 Absatz 4 Nummer 2 sind freiwillig. 3 Auskunftspflichtig sind die nach § 12 Absatz 1 zuständigen Stellen.

(2)[3] 1 Der Antragsteller oder die Antragstellerin ist gegenüber den nach § 12 Absatz 1 zuständigen Stellen zu den Erhebungsmerkmalen nach § 22 Absatz 2 und 3 auskunftspflichtig. 2 Die zuständigen Stellen nach § 12 Absatz 1 dürfen die Angaben nach § 22 Absatz 2 Satz 1 Nummer 8 und Absatz 3 Satz 1 Nummer 4, soweit sie für den Vollzug dieses Gesetzes nicht erforderlich sind, nur durch technische und organisatorische Maßnahmen getrennt von den übrigen Daten nach § 22 Absatz 2 und 3 und nur für die Übermittlung an das Statistische Bundesamt verwenden und haben diese unverzüglich nach Übermittlung an das Statistische Bundesamt zu löschen.

(3) Die in sich schlüssigen Angaben sind als Einzeldatensätze elektronisch bis zum Ablauf von 30 Arbeitstagen nach Ablauf des Berichtszeitraums an das Statistische Bundesamt zu übermitteln.

§ 24[4] Übermittlung von Tabellen mit statistischen Ergebnissen durch das Statistische Bundesamt. 1 Zur Verwendung gegenüber den gesetzgebenden Körperschaften und zu Zwecken der Planung, jedoch nicht zur Regelung von Einzelfällen, übermittelt das Statistische Bundesamt Tabellen mit statistischen Ergebnissen, auch soweit Tabellenfelder nur einen einzigen Fall ausweisen, an die fachlich zuständigen obersten Bundes- oder Landesbehörden. 2 Tabellen, deren Tabellenfelder nur einen einzigen Fall ausweisen, dürfen nur dann übermittelt werden, wenn sie nicht differenzierter als auf

---

1) § 22 Abs. 4 wird Abs. 3 mWv 1.9.2021 (§ 28 Abs. 1) durch G v. 15.2.2021 (BGBl. I S. 239).

2) § 23 Abs. 2 eingef., bish Abs. 2 wird Abs. 3 mWv 24.1.2009 durch G v. 17.1.2009 (BGBl. I S. 61); Überschr. geänd., Abs. 2 geänd. durch G v. 10.9.2012 (BGBl. I S. 1878).

3) § 23 Abs. 2 geänd. mWv 1.8.2013 durch G v. 15.2.2013 (BGBl. I S. 254).

4) § 24 neu gef., durch G v. 10.9.2012 (BGBl. I S. 1878).

Regierungsbezirksebene, im Falle der Stadtstaaten auf Bezirksebene, aufbereitet sind.

§ 24a[1] Übermittlung von Einzelangaben durch das Statistische Bundesamt. (1) [1]Zur Abschätzung von Auswirkungen der Änderungen dieses Gesetzes im Rahmen der Zwecke nach § 24 übermittelt das Statistische Bundesamt auf Anforderung des fachlich zuständigen Bundesministeriums diesem oder von ihm beauftragten Forschungseinrichtungen Einzelangaben ab dem Jahr 2007 ohne Hilfsmerkmale mit Ausnahme des Merkmals nach § 22 Absatz 4 Nummer 3 für die Entwicklung und den Betrieb von Mikrosimulationsmodellen. [2]Die Einzelangaben dürfen nur im hierfür erforderlichen Umfang und mittels eines sicheren Datentransfers übermittelt werden.

(2)[2] [1]Bei der Verarbeitung der Daten nach Absatz 1 ist das Statistikgeheimnis nach § 16 des Bundesstatistikgesetzes zu wahren. [2]Dafür ist die Trennung von statistischen und nichtstatistischen Aufgaben durch Organisation und Verfahren zu gewährleisten. [3]Die nach Absatz 1 übermittelten Daten dürfen nur für die Zwecke verwendet werden, für die sie übermittelt wurden. [4]Die übermittelten Einzeldaten sind nach dem Erreichen des Zweckes zu löschen, zu dem sie übermittelt wurden.

(3) [1]Personen, die Empfängerinnen und Empfänger von Einzelangaben nach Absatz 1 Satz 1 sind, unterliegen der Pflicht zur Geheimhaltung nach § 16 Absatz 1 und 10 des Bundesstatistikgesetzes. [2]Personen, die Einzelangaben nach Absatz 1 Satz 1 erhalten sollen, müssen Amtsträger oder für den öffentlichen Dienst besonders Verpflichtete sein. [3]Personen, die Einzelangaben erhalten sollen und die nicht Amtsträger oder für den öffentlichen Dienst besonders Verpflichtete sind, sind vor der Übermittlung zur Geheimhaltung zu verpflichten. [4]§ 1 Absatz 2, 3 und 4 Nummer 2 des Verpflichtungsgesetzes vom 2. März 1974 (BGBl. I S. 469, 547), das durch § 1 Nummer 4 des Gesetzes vom 15. August 1974 (BGBl. I S. 1942) geändert worden ist, gilt in der jeweils geltenden Fassung entsprechend. [5]Die Empfängerinnen und Empfänger von Einzelangaben dürfen aus ihrer Tätigkeit gewonnene Erkenntnisse nur für die in Absatz 1 genannten Zwecke verwenden.

§ 24b[3] Elektronische Unterstützung bei der Antragstellung. (1) [1]Zur elektronischen Unterstützung bei der Antragstellung kann der Bund ein Internetportal einrichten und betreiben. [2]Das Internetportal ermöglicht das elektronische Ausfüllen der Antragsformulare der Länder sowie die Übermittlung der Daten aus dem Antragsformular an die nach § 12 zuständige Behörde. [3]Zuständig für Einrichtung und Betrieb des Internetportals ist das Bundesministerium für Familie, Senioren, Frauen und Jugend. [4]Die Ausführung dieses Gesetzes durch die nach § 12 zuständigen Behörden bleibt davon unberührt.

---

[1] § 24a eingef. durch G v. 10.9.2012 (BGBl. I S. 1878).
[2] § 24a Abs. 2 Satz 1 geänd. mWv 26.11.2019 durch G v. 20.11.2019 (BGBl. I S. 1626).
[3] § 24b eingef. mWv 26.11.2019 durch G v. 20.11.2019 (BGBl. I S. 1626).

(2) 1 Das Bundesministerium für Familie, Senioren, Frauen und Jugend ist für das Internetportal datenschutzrechtlich verantwortlich. 2 Für die elektronische Unterstützung bei der Antragstellung darf das Bundesministerium für Familie, Senioren, Frauen und Jugend die zur Beantragung von Elterngeld erforderlichen personenbezogenen Daten sowie die in § 22 genannten statistischen Erhebungsmerkmale verarbeiten, sofern der Nutzer in die Verarbeitung eingewilligt hat. 3 Die statistischen Erhebungsmerkmale einschließlich der zur Beantragung von Elterngeld erforderlichen personenbezogenen Daten sind nach Beendigung der Nutzung des Internetportals unverzüglich zu löschen.

[***Für ab dem 1.1.2022 geborene Kinder:***

§ 25[1)] Datenübermittlung durch die Standesämter. Beantragt eine Person Elterngeld, so darf das für die Entgegennahme der Anzeige der Geburt zuständige Standesamt der nach § 12 Absatz 1 zuständigen Behörde die erforderlichen Daten über die Beurkundung der Geburt eines Kindes elektronisch übermitteln, wenn die antragstellende Person zuvor in die elektronische Datenübermittlung eingewilligt hat.]

§ 26 Anwendung der Bücher des Sozialgesetzbuches. (1)[2)] Soweit dieses Gesetz zum Elterngeld *oder Betreuungsgeld* keine ausdrückliche Regelung trifft, ist bei der Ausführung des Ersten, Zweiten und Dritten Abschnitts das Erste Kapitel des Zehnten Buches Sozialgesetzbuch anzuwenden.

(2)[3)] § 328 Absatz 3 und § 331 des Dritten Buches Sozialgesetzbuch gelten entsprechend.

§ 27[4)] Sonderregelung aus Anlass der COVID-19-Pandemie.

(1)[5)] 1 Übt ein Elternteil eine systemrelevante Tätigkeit aus, so kann sein Bezug von Elterngeld auf Antrag für die Zeit vom 1. März 2020 bis 31. Dezember 2020 aufgeschoben werden. 2 Der Bezug der verschobenen Lebensmonate ist spätestens bis zum 30. Juni 2021 anzutreten. 3 Wird von der Möglichkeit des Aufschubs Gebrauch gemacht, so kann das Basiselterngeld abweichend von § 4 Absatz 1 *Satz 1* [***ab 1.9.2021:*** Satz 2 und 3] auch noch nach Vollendung des 14. Lebensmonats bezogen werden. 4 In der Zeit vom 1. März 2020 bis 30. Juni 2021 entstehende Lücken im Elterngeldbezug sind abweichend von § 4 Absatz 1 *Satz 2* [***ab 1.9.2021:*** Satz 4] unschädlich.

(2) 1 Für ein Verschieben des Partnerschaftsbonus genügt es, wenn nur ein Elternteil einen systemrelevanten Beruf ausübt. 2 Hat der Bezug des Partnerschaftsbonus bereits begonnen, so gelten allein die Bestimmungen des Absatzes 3.

---

1) § 25 neu gef. durch G v. 3.12.2020 (BGBl. I S. 2668); zur Anwendung siehe § 28 Abs. 4.

2) § 26 Abs. 1 geänd. mWv 1.8.2013 durch G v. 15.2.2013 (BGBl. I S. 254); Abs. 1 kursiver Satzteil aufgeh. mWv 1.9.2021 (§ 28 Abs. 1) durch G v. 15.2.2021 (BGBl. I S. 239).

3) § 26 Abs. 2 neu gef. durch G v. 10.9.2012 (BGBl. I S. 1878).

4) § 27 eingef. mWv 1.3.2020 durch G v. 20.5.2020 (BGBl. I S. 1061).

5) § 27 Abs. 1 Satz 3 und 4 Zitat geänd. mWv 1.9.2021 (§ 28 Abs. 1) durch G v. 15.2.2021 (BGBl. I S. 239).

(3)[1] Liegt der Bezug des Partnerschaftsbonus ganz oder teilweise vor dem Ablauf des 31. Dezember 2021 und kann die berechtigte Person die Voraussetzungen des Bezugs aufgrund der COVID-19-Pandemie nicht einhalten, gelten die Angaben zur Höhe des Einkommens und zum Umfang der Arbeitszeit, die bei der Beantragung des Partnerschaftsbonus glaubhaft gemacht worden sind.

(4)[2] *Beginnt der Bezug von Einnahmen nach § 3 Absatz 1 Satz 1 Nummer 5 nach der Geburt des Kindes und berechnen sich die anzurechnenden Einnahmen auf der Grundlage eines Einkommens, das geringer ist als das Einkommen aus Erwerbstätigkeit im Bemessungszeitraum und das aufgrund der COVID-19-Pandemie weggefallen ist, so ist für die Zeit vom 1. März 2020 bis zum Ablauf des 31. Dezember 2021 der Teil des Elterngeldes in Höhe des nach § 2 Absatz 1 oder 2 maßgeblichen Prozentsatzes des Unterschiedsbetrages zwischen dem durchschnittlichen monatlichen Einkommen aus Erwerbstätigkeit im Bemessungszeitraum und dem Bemessungseinkommen der anzurechnenden Einnahmen von der Anrechnung freigestellt.*

§ 28[3] Übergangsvorschrift. (1)[4] Für die vor dem 1. September 2021 geborenen oder mit dem Ziel der Adoption aufgenommenen Kinder ist dieses Gesetz in der bis zum 31. August 2021 geltenden Fassung[5] weiter anzuwenden. [2] *Für die vor dem 1. Juli 2015 geborenen oder mit dem Ziel der Adoption aufgenommenen Kinder sind die §§ 2 bis 22 in der bis zum 31. Dezember 2014 geltenden Fassung weiter anzuwenden.* [3] *Satz 2 gilt nicht für § 2c Absatz 1 Satz 2 und § 22 Absatz 2 Satz 1 Nummer 2.*

(1a)[6] Soweit dieses Gesetz Mutterschaftsgeld nach dem Fünften Buch Sozialgesetzbuch oder nach dem Zweiten Gesetz über die Krankenversicherung der Landwirte in Bezug nimmt, gelten die betreffenden Regelungen für Mutterschaftsgeld nach der Reichsversicherungsordnung oder nach dem Gesetz über die Krankenversicherung der Landwirte entsprechend.

(2)[7] Für die dem Erziehungsgeld vergleichbaren Leistungen der Länder sind § 8 Absatz 1 und § 9 des Bundeserziehungsgeldgesetzes in der bis zum 31. Dezember 2006 geltenden Fassung weiter anzuwenden.

(3)[8] [1] § 1 Absatz 7 Satz 1 Nummer 1 bis 4 in der Fassung des Artikels 36 des Gesetzes vom 12. Dezember 2019 (BGBl. I S. 2451) ist für Entscheidungen anzuwenden, die Zeiträume betreffen, die nach dem 29. Februar 2020[9]

---

[1] § 27 Abs. 3 neu gef. mWv 28.5.2020 durch G v. 15.2.2021 (BGBl. I S. 239).

[2] § 27 Abs. 4 neu gef. mWv 1.1.2021 durch G v. 3.12.2020 (BGBl. I S. 2691) und aufgeh. mWv 1.9.2021 durch G v. 15.2.2021 (BGBl. I S. 239).

[3] § 27 wird § 28 mWv 1.3.2020 durch G v. 20.5.2020 (BGBl. I S. 1061).

[4] § 28 Abs. 1 neu gef. (Satz 1 geänd., Sätze 2 und 3 aufgeh.) durch G v. 15.2.2021 (BGBl. I S. 239).

[5] Abgedruckt unter Nr. **62a**.

[6] § 28 Abs. 1a eingef. als Abs. 1b durch G v. 23.10.2012 (BGBl. I S. 2246); bish. Abs. 1a aufgeh., Abs. 1b wird Abs. 1a durch G v. 18.12.2014 (BGBl. I S. 2325).

[7] § 28 Abs. 2 und 3 aufgeh. bish. Abs. 4 wird Abs. 2 durch G v. 10.9.2012 (BGBl. I S. 1878).

[8] § 28 Abs. 3 neu gef. durch G v. 12.12.2019 (BGBl. I S. 2451).

[9] Datum des letzten Tages des sechsten auf die Verkündung des Fachkräfteeinwanderungsgesetzes folgenden Kalendermonats.

beginnen. [2] § 1 Absatz 7 Satz 1 Nummer 5 in der Fassung des Artikels 36 des Gesetzes vom 12. Dezember 2019 (BGBl. I S. 2451) ist für Entscheidungen anzuwenden, die Zeiträume betreffen, die nach dem 31. Dezember 2019 beginnen.

(4)[1)] [1] § 9 Absatz 2 und § 25 sind auf Kinder anwendbar, die nach dem 31. Dezember 2021 geboren oder nach dem 31. Dezember 2021 mit dem Ziel der Adoption aufgenommen worden sind. [2] Zur Erprobung des Verfahrens können diese Regelungen in Pilotprojekten mit Zustimmung des Bundesministeriums für Familie, Senioren, Frauen und Jugend, des Bundesministeriums für Arbeit und Soziales und des Bundesministeriums des Innern, für Bau und Heimat auf Kinder, die vor dem 1. Januar 2022 geboren oder vor dem 1. Januar 2022 zur Adoption aufgenommen worden sind, angewendet werden.

---

1) § 28 Abs. 4 angef. durch G v. 3.12.2020 (BGBl. I S. 2668).

70. Gesetz zur Verbesserung der betrieblichen Altersversorgung (Betriebsrentengesetz – BetrAVG)[1)]

Vom 19. Dezember 1974 (BGBl. I S. 3610)

Geändert durch 14. Gesetz zur Änderung des Versicherungsaufsichtsgesetzes vom 29.3.1983 (BGBl. I S. 377), Gesetz zur Förderung der Rückkehrbereitschaft von Ausländern vom 28.11.1983 (BGBl. I S. 1377), Gesetz zur Erleichterung des Übergangs vom Arbeitsleben in den Ruhestand vom 13.4.1984 (BGBl. I S. 601), Gesetz zur Änderung des Gesetzes über die Lastenausgleichsbank vom 20.2.1986 (BGBl. I S. 297), Gesetz über weitere Maßnahmen auf dem Gebiet des Versorgungsausgleichs vom 8.12.1986 (BGBl. I S. 2317), Rentenreformgesetz 1992 vom 18.12.1989 (BGBl. I S. 2261), Steueränderungsgesetz 1992 vom 25.2.1992 (BGBl. I S. 297), Drittes Durchführungsgesetz/EWG zum VAG vom 21.7.1994 (BGBl. I S. 1630), Einführungsgesetz zur Insolvenzordnung vom 5.10.1994 (BGBl. I S. 2911), Rentenreformgesetz 1999 vom 16.12.1997 (BGBl. I S. 2998), Steuerbereinigungsgesetz 1999 vom 22.12.1999 (BGBl. I S. 2601), Erstes Gesetz zur Änderung des Gesetzes zur Verbesserung der betrieblichen Altersversorgung vom 21.12.2000 (BGBl. I S. 1914), 4. Euro-Einführungsgesetz vom 21.12.2000 (BGBl. I S. 1983), Altersvermögensgesetz vom 26.6.2001 (BGBl. I S. 1310), Gesetz zur Modernisierung des Schuldrechts vom 26.11.2001 (BGBl. I S. 3138), Gesetz zu dem Abkommen vom 22. September 2000 zwischen der BRD und Luxemburg über Zusammenarbeit im Bereich der Insolvenzsicherung betrieblicher Altersversorgung vom 10.12.2001 (BGBl. II S. 1258), Hüttenknappschaftliches Zusatzversicherungs-Neuregelungs-Gesetz vom 21.6.2002 (BGBl. I S. 2167), Gesetz zur Änderung von Fristen und Bezeichnungen im Neunten Buch Sozialgesetzbuch und zur Änderung anderer Gesetze vom 3.4.2003 (BGBl. I S. 462), Gesetz zur Änderung des Sozialgesetzbuches und anderer Gesetze vom 24.7.2003 (BGBl. I S. 1526), Förderbankenneustrukturierungsgesetz vom 15.8.2003 (BGBl. I S. 1657), Alterseinkünftegesetz vom 5.7.2004 (BGBl. I S. 1427), Gesetz zur Organisationsreform in der gesetzlichen Rentenversicherung vom 9.12.2004 (BGBl. I S. 3242), Siebtes Gesetz zur Änderung des Versicherungsaufsichtsgesetzes vom 29.8.2005 (BGBl. I S. 2546), Gesetz zur Änderung des Betriebsrentengesetzes und anderer Gesetze vom 2.12.2006 (BGBl. I S. 2742) RV-Altersgrenzenanpassungsgesetz vom 20.4.2007 (BGBl. I S. 554) Gesetz zur Reform des Versicherungsvertragsrechts vom 23.11.2007 (BGBl. I S. 2631), Gesetz zur Förderung der zusätzlichen Altersvorsorge und zur Änderung des Dritten Buches Sozialgesetzbuch vom 10.12.2007 (BGBl. I S. 2838), Gesetz zur Verbesserung der Rahmenbedingungen für die Absicherung flexibler Arbeitszeitregelungen und zur Änderung anderer Gesetze vom 21.12.2008 (BGBl. I S. 2940), Gesetz über die Leistungsverbesserungen in der gesetzlichen Rentenversicherung (RV-Leistungsverbesserungsgesetz) vom 23.6.2014 (BGBl. I S. 787), Gesetz zur Modernisierung der Finanzaufsicht über Versicherungen vom 1.4.2015 (BGBl. I S. 434; ber. BGBl. I S. 2553), Gesetz zur Umsetzung der EU-Mobilitäts-Richtlinie vom 21.12.2015 (BGBl. I S. 2553), Gesetz zur Stärkung der betrieblichen Altersversorgung und zur Änderung anderer Gesetze (Betriebsrentenstärkungsgesetz) vom 17.8.2017 (BGBl. I S. 3214), Gesetz zur Umsetzung der Richtlinie (EU) 2016/2341 des Europäischen Parlaments und des Rates vom 14. Dezember 2016 über die Tätigkeiten und die Beaufsichtigung von Einrichtungen der betrieblichen Altersversorgung (EbAV) (Neufassung) vom 19.12.2018 (BGBl. I S. 2672), Siebtes Gesetz zur Änderung des Vierten Buches Sozialgesetzbuch und anderer Gesetze vom 12.6.2020 (BGBl. I S. 1248) und Sanierungs- und Insolvenzrechtsfortentwicklungsgesetz (SanInsFoG) vom 22.12.2020 (BGBl. I S. 3256)

BGBl. III/FNA 800-22

[1)] **Zur Anwendung im Beitrittsgebiet** bestimmt der Einigungsvertrag v. 31.8.1990 (BGBl. II S. 889, 1024):
„a) Dieses Gesetz tritt am 1. Januar 1992 in Kraft.
b) §§ 1 bis 18 finden auf Zusagen über Leistungen der betrieblichen Altersversorgung Anwendung, die nach dem 31. Dezember 1991 erteilt werden; die Nachversicherung gemäß § 18 Abs. 6 von Zeiten vor dem 1. Januar 1992 ist ausgeschlossen.
c) §§ 26 bis 30 sind nicht anzuwenden."

Der Bundestag hat mit Zustimmung des Bundesrates das folgende Gesetz beschlossen:

Erster Teil. Arbeitsrechtliche Vorschriften

Erster Abschnitt. Durchführung der betrieblichen Altersversorgung[1)]

§ 1[1)] **Zusage des Arbeitgebers auf betriebliche Altersversorgung.**

(1) [1] Werden einem Arbeitnehmer Leistungen der Alters-, Invaliditäts- oder Hinterbliebenenversorgung aus Anlass seines Arbeitsverhältnisses vom Arbeitgeber zugesagt (betriebliche Altersversorgung), gelten die Vorschriften dieses Gesetzes. [2] Die Durchführung der betrieblichen Altersversorgung kann unmittelbar über den Arbeitgeber oder über einen der in § 1b Abs. 2 bis 4 genannten Versorgungsträger erfolgen. [3] Der Arbeitgeber steht für die Erfüllung der von ihm zugesagten Leistungen auch dann ein, wenn die Durchführung nicht unmittelbar über ihn erfolgt.

(2)[2)] Betriebliche Altersversorgung liegt auch vor, wenn

1. der Arbeitgeber sich verpflichtet, bestimmte Beiträge in eine Anwartschaft auf Alters-, Invaliditäts- oder Hinterbliebenenversorgung umzuwandeln (beitragsorientierte Leistungszusage),
2. der Arbeitgeber sich verpflichtet, Beiträge zur Finanzierung von Leistungen der Betrieblichen Altersversorgung an einen Pensionsfonds, eine Pensionskasse oder eine Direktversicherung zu zahlen und für Leistungen zur Altersversorgung das planmäßig zuzurechnende Versorgungskapital auf der Grundlage der gezahlten Beiträge (Beiträge und die daraus erzielten Erträge), mindestens die Summe der zugesagten Beiträge, soweit sie nicht rechnungsmäßig für einen biometrischen Risikoausgleich verbraucht wurden, hierfür zur Verfügung zu stellen (Beitragszusage mit Mindestleistung),

[*ab 1.1.2018:*

2a. der Arbeitgeber durch Tarifvertrag oder auf Grund eines Tarifvertrages in einer Betriebs- oder Dienstvereinbarung verpflichtet wird, Beiträge zur Finanzierung von Leistungen der betrieblichen Altersversorgung an einen Pensionsfonds, eine Pensionskasse oder eine Direktversicherung nach § 22 zu zahlen; die Pflichten des Arbeitgebers nach Absatz 1 Satz 3, § 1a Absatz 4 Satz 2, den §§ 1b bis 6 und 16 sowie die Insolvenzsicherungspflicht nach dem Vierten Abschnitt bestehen nicht (reine Beitragszusage),]

3. künftige Entgeltansprüche in eine wertgleiche Anwartschaft auf Versorgungsleistungen umgewandelt werden (Entgeltumwandlung) oder

---

1) Überschrift und § 1 neu gef. mWv 1.1.2001 durch G v. 26.6.2001 (BGBl. I S. 1310); zur Anz. von § 1 siehe § 26.

2) § 1 Abs. 2 neu gef. durch G v. 26.6.2001 (BGBl. I S. 1310), Nr. 4 angef. durch G v. 21.6.2002 (BGBl. I S. 2167); zur Geltung siehe § 30e; Nr. 2a eingef. mWv 1.1.2018 durch G v. 17.8.2017 (BGBl. I S. 3214).

4. der Arbeitnehmer Beiträge aus seinem Arbeitsentgelt zur Finanzierung von Leistungen der betrieblichen Altersversorgung an einen Pensionsfonds, eine Pensionskasse oder eine Direktversicherung leistet und die Zusage des Arbeitgebers auch die Leistungen aus diesen Beiträgen umfasst; die Regelungen für Entgeltumwandlung sind hierbei entsprechend anzuwenden, soweit die zugesagten Leistungen aus diesen Beiträgen im Wege der Kapitaldeckung finanziert werden.

§ 1a[1)] Anspruch auf betriebliche Altersversorgung durch Entgeltumwandlung. (1)[2)] [1]Der Arbeitnehmer kann vom Arbeitgeber verlangen, dass von seinen künftigen Entgeltansprüchen bis zu 4 vom Hundert der jeweiligen Beitragsbemessungsgrenze in der allgemeinen Rentenversicherung[3)] durch Entgeltumwandlung für seine betriebliche Altersversorgung verwendet werden. [2]Die Durchführung des Anspruchs des Arbeitnehmers wird durch Vereinbarung geregelt. [3]Ist der Arbeitgeber zu einer Durchführung über einen Pensionsfonds oder eine Pensionskasse (§ 1b Abs. 3) [***ab 1.1.2018:*** oder über eine Versorgungseinrichtung nach § 22] bereit, ist die betriebliche Altersversorgung dort durchzuführen; andernfalls kann der Arbeitnehmer verlangen, dass der Arbeitgeber für ihn eine Direktversicherung (§ 1b Abs. 2) abschließt. [4]Soweit der Anspruch geltend gemacht wird, muss der Arbeitnehmer jährlich einen Betrag in Höhe von mindestens einem Hundertsechzigstel der Bezugsgröße nach § 18 Abs. 1 des Vierten Buches Sozialgesetzbuch für seine betriebliche Altersversorgung verwenden. [5]Soweit der Arbeitnehmer Teile seines regelmäßigen Entgelts für betriebliche Altersversorgung verwendet, kann der Arbeitgeber verlangen, dass während eines laufenden Kalenderjahres gleich bleibende monatliche Beträge verwendet werden.

[***ab 1.1.2019:***

(1a)[4)] Der Arbeitgeber muss 15 Prozent des umgewandelten Entgelts zusätzlich als Arbeitgeberzuschuss an den Pensionsfonds, die Pensionskasse oder die Direktversicherung weiterleiten, soweit er durch die Entgeltumwandlung Sozialversicherungsbeiträge einspart.]

(2) Soweit eine durch Entgeltumwandlung finanzierte betriebliche Altersversorgung besteht, ist der Anspruch des Arbeitnehmers auf Entgeltumwandlung ausgeschlossen.

(3) Soweit der Arbeitnehmer einen Anspruch auf Entgeltumwandlung für betriebliche Altersversorgung nach Absatz 1 hat, kann er verlangen, dass die Voraussetzungen für eine Förderung nach den §§ 10a, 82 Abs. 2 des Einkommensteuergesetzes erfüllt werden, wenn die betriebliche Altersversorgung über einen Pensionsfonds, eine Pensionskasse oder eine Direktversicherung durchgeführt wird.

[1)] § 1a eingef. mWv 1.1.2002 durch G v. 26.6.2001 (BGBl. I S. 1310), Abs. 4 angef. mWv 1.1.2005 durch G v. 5.7.2004 (BGBl. I S. 1427).

[2)] § 1a Abs. 1 Satz 3 geänd. mWv 1.1.2018 durch G v. 17.8.2017 (BGBl. I S. 3214).

[3)] Bezeichnung geänd. durch G v. 9.12.2004 (BGBl. I S. 3242).

[4)] § 1a Abs. 1a eingef. durch G v. 17.8.2017 (BGBl. I S. 3214); zur Anwendung siehe **§ 26a**.

(4) [1] Falls der Arbeitnehmer bei fortbestehendem Arbeitsverhältnis kein Entgelt erhält, hat er das Recht, die Versicherung oder Versorgung mit eigenen Beiträgen fortzusetzen. [2] Der Arbeitgeber steht auch für die Leistungen aus diesen Beiträgen ein. [3] Die Regelungen über Entgeltumwandlung gelten entsprechend.

§ 1b[1)] Unverfallbarkeit und Durchführung der betrieblichen Altersversorgung. (1) [1] Einem Arbeitnehmer, dem Leistungen aus der betrieblichen Altersversorgung zugesagt worden sind, bleibt die Anwartschaft erhalten, wenn das Arbeitsverhältnis vor Eintritt des Versorgungsfalls, jedoch nach Vollendung des *30. Lebensjahres* [***ab 1.1.2009:*** 25. Lebensjahres; ***ab 1.1.2018:*** 21. Lebensjahres][2)] endet und die Versorgungszusage zu diesem Zeitpunkt mindestens *fünf* [***ab 1.1.2018:*** drei][2)] Jahre bestanden hat (unverfallbare Anwartschaft). [2] Ein Arbeitnehmer behält seine Anwartschaft auch dann, wenn er aufgrund einer Vorruhestandsregelung ausscheidet und ohne das vorherige Ausscheiden die Wartezeit und die sonstigen Voraussetzungen für den Bezug von Leistungen der betrieblichen Altersversorgung hätte erfüllen können. [3] Eine Änderung der Versorgungszusage oder ihre Übernahme durch eine andere Person unterbricht nicht den Ablauf der Fristen nach Satz 1. [4] Der Verpflichtung aus einer Versorgungszusage stehen Versorgungsverpflichtungen gleich, die auf betrieblicher Übung oder dem Grundsatz der Gleichbehandlung beruhen. [5] Der Ablauf einer vorgesehenen Wartezeit wird durch die Beendigung des Arbeitsverhältnisses nach Erfüllung der Voraussetzungen der Sätze 1 und 2 nicht berührt. [6] Wechselt ein Arbeitnehmer vom Geltungsbereich dieses Gesetzes in einen anderen Mitgliedstaat der Europäischen Union, bleibt die Anwartschaft in gleichem Umfange wie für Personen erhalten, die auch nach Beendigung eines Arbeitsverhältnisses innerhalb des Geltungsbereichs dieses Gesetzes verbleiben.

(2) [1] Wird für die betriebliche Altersversorgung eine Lebensversicherung auf das Leben des Arbeitnehmers durch den Arbeitgeber abgeschlossen und sind der Arbeitnehmer oder seine Hinterbliebenen hinsichtlich der Leistungen des Versicherers ganz oder teilweise bezugsberechtigt (Direktversicherung), so ist der Arbeitgeber verpflichtet, wegen Beendigung des Arbeitsverhältnisses nach Erfüllung der in Absatz 1 Satz 1 und 2 genannten Voraussetzungen das Bezugsrecht nicht mehr zu widerrufen. [2] Eine Vereinbarung, nach der das Bezugsrecht durch die Beendigung des Arbeitsverhältnisses nach Erfüllung der in Absatz 1 Satz 1 und 2[3)] genannten Voraussetzungen auflösend bedingt ist, ist unwirksam. [3] Hat der Arbeitgeber die Ansprüche aus dem Versicherungsvertrag abgetreten oder beliehen, so ist er verpflichtet, den Arbeitnehmer, dessen Arbeitsverhältnis nach Erfüllung der in Absatz 1 Satz 1 und 2 genannten Voraussetzungen geendet hat, bei Eintritt des Versicherungsfalles so zu stellen, als

---

[1)] § 1b eingef. mWv 1.1.2001 durch G v. 26.6.2001 (BGBl. I S. 1310); zur Anwendung vor dem 1.1.2001 siehe § 30f Abs. 1.

[2)] § 1b Abs. 1 Satz 1 geänd. mWv 1.1.2009 durch G v. 10.12.2007 (BGBl. I S. 2838); geänd. mWv 1.1.2018 durch G v. 21.12.2015 (BGBl. I S. 2553); zur Geltung siehe aber auch **§ 30f Abs. 3**.

[3)] Verweis geänd. durch G v. 21.6.2002 (BGBl. I S. 2167).

ob die Abtretung oder Beleihung nicht erfolgt wäre. 4 Als Zeitpunkt der Erteilung der Versorgungszusage im Sinne des Absatzes 1 gilt der Versicherungsbeginn, frühestens jedoch der Beginn der Betriebszugehörigkeit.

(3)[1] 1 Wird die betriebliche Altersversorgung von einer rechtsfähigen Versorgungseinrichtung durchgeführt, die dem Arbeitnehmer oder seinen Hinterbliebenen auf ihre Leistungen einen Rechtsanspruch gewährt (Pensionskasse und Pensionsfonds), so gilt Absatz 1 entsprechend. 2 Als Zeitpunkt der Erteilung der Versorgungszusage im Sinne des Absatzes 1 gilt der Versicherungsbeginn, frühestens jedoch der Beginn der Betriebszugehörigkeit.

(4) 1 Wird die betriebliche Altersversorgung von einer rechtsfähigen Versorgungseinrichtung durchgeführt, die auf ihre Leistungen keinen Rechtsanspruch gewährt (Unterstützungskasse), so sind die nach Erfüllung der in Absatz 1 Satz 1 und 2 genannten Voraussetzungen und vor Eintritt des Versorgungsfalles aus dem Unternehmen ausgeschiedenen Arbeitnehmer und ihre Hinterbliebenen den bis zum Eintritt des Versorgungsfalles dem Unternehmen angehörenden Arbeitnehmern und deren Hinterbliebenen gleichgestellt. 2 Die Versorgungszusage gilt in dem Zeitpunkt als erteilt im Sinne des Absatzes 1, von dem an der Arbeitnehmer zum Kreis der Begünstigten der Unterstützungskasse gehört.

(5)[2] 1 Soweit betriebliche Altersversorgung durch Entgeltumwandlung [***ab 1.1.2018:*** einschließlich eines möglichen Arbeitgeberzuschusses nach § 1a Absatz 1a][3] erfolgt, behält der Arbeitnehmer seine Anwartschaft, wenn sein Arbeitsverhältnis vor Eintritt des Versorgungsfalles endet; in den Fällen der Absätze 2 und 3

1. dürfen die Überschussanteile nur zur Verbesserung der Leistung verwendet,
2. muss dem ausgeschiedenen Arbeitnehmer das Recht zur Fortsetzung der Versicherung oder Versorgung mit eigenen Beiträgen eingeräumt und
3. muss das Recht zur Verpfändung, Abtretung oder Beleihung durch den Arbeitgeber ausgeschlossen werden.

2 Im Fall einer Direktversicherung ist dem Arbeitnehmer darüber hinaus mit Beginn der Entgeltumwandlung ein unwiderrufliches Bezugsrecht einzuräumen.

§ 2[4] **Höhe der unverfallbaren Anwartschaft.** (1) 1 Bei Eintritt des Versorgungsfalles wegen Erreichens der Altersgrenze, wegen Invalidität oder Tod haben ein vorher ausgeschiedener Arbeitnehmer, dessen Anwartschaft nach § 1b[5] fortbesteht, und seine Hinterbliebenen einen Anspruch mindestens in Höhe des Teiles der ohne das vorherige Ausscheiden zustehenden Leistung, der dem Verhältnis der Dauer der Betriebszugehörigkeit zu der Zeit vom Beginn der Be-

---

[1] § 1b Abs. 3 Satz 1 geänd. mWv 1.1.2002 durch G v. 26.6.2001 (BGBl. I S. 1310).

[2] § 1b Abs. 5 bish. Nr. 1 aufgeh., Satz 2 angef. durch G v. 21.6.2002 (BGBl. I S. 2167).

[3] § 1b Abs. Abs. 5 Satz 1 geänd. durch G v. 17.8.2017 (BGBl. I S. 3214); § 1a Abs. 1a eingef. mWv 1.1.2019; zur Anwendung von § 1a Abs. 1a s. auch § 26a.

[4] § 2 Abs. 2 Satz 4, Abs. 3 Sätze 1 und 2 sowie Abs. 5 Satz 2 HS 2 geänd. mWv 29.7.1994 durch G v. 21.7.1994 (BGBl. I S. 1630).

[5] Zitate geänd. mWv 1.1.2001 durch G v. 26.6.2001 (BGBl. I S. 1310).

triebszugehörigkeit bis zum Erreichen der Regelaltersgrenze in der gesetzlichen Rentenversicherung entspricht; an die Stelle des Erreichens der Regelaltersgrenze tritt ein früherer Zeitpunkt, wenn dieser in der Versorgungsregelung als feste Altersgrenze vorgesehen ist, spätestens der Zeitpunkt *in dem* [***ab 1.7.2014:*** der Vollendung des 65. Lebensjahres, falls] der Arbeitnehmer ausscheidet und gleichzeitig eine Altersrente aus der gesetzlichen Rentenversicherung für besonders langjährig Versicherte in Anspruch nimmt.[1)] [2]Der Mindestanspruch auf Leistungen wegen Invalidität oder Tod vor Erreichen der Altersgrenze ist jedoch nicht höher als der Betrag, den der Arbeitnehmer oder seine Hinterbliebenen erhalten hätten, wenn im Zeitpunkt des Ausscheidens der Versorgungsfall eingetreten wäre und die sonstigen Leistungsvoraussetzungen erfüllt gewesen wären.

(2)[2)] [1]Ist bei einer Direktversicherung der Arbeitnehmer nach Erfüllung der Voraussetzungen des § 1b Abs. 1 und 5[2)] vor Eintritt des Versorgungsfalles ausgeschieden, so gilt Absatz 1 mit der Maßgabe, daß sich der vom Arbeitgeber zu finanzierende Teilanspruch nach Absatz 1, soweit er über die von dem Versicherer nach dem Versicherungsvertrag auf Grund der Beiträge des Arbeitgebers zu erbringende Versicherungsleistung hinausgeht, gegen den Arbeitgeber richtet. [2]An die Stelle der Ansprüche nach Satz 1 tritt *auf Verlangen des Arbeitgebers*[3)] die von dem Versicherer auf Grund des Versicherungsvertrages zu erbringende Versicherungsleistung, wenn

1. spätestens nach 3 Monaten seit dem Ausscheiden des Arbeitnehmers das Bezugsrecht unwiderruflich ist und eine Abtretung oder Beleihung des Rechts aus dem Versicherungsvertrag durch den Arbeitgeber und Beitragsrückstände nicht vorhanden sind,
2. vom Beginn der Versicherung, frühestens jedoch vom Beginn der Betriebszugehörigkeit an, nach dem Versicherungsvertrag die Überschußanteile nur zur Verbesserung der Versicherungsleistung zu verwenden sind und
3. der ausgeschiedene Arbeitnehmer nach dem Versicherungsvertrag das Recht zur Fortsetzung der Versicherung mit eigenen Beiträgen hat.

[3]*Der Arbeitgeber kann sein Verlangen nach Satz 2 nur innerhalb von 3 Monaten seit dem Ausscheiden des Arbeitnehmers diesem und dem Versicherer mitteilen.* [***ab 24.6.2020:*** [3]Die Einstandspflicht des Arbeitgebers nach § 1 Absatz 1 Satz 3 bleibt unberührt.][4)] [4]Der ausgeschiedene Arbeitnehmer darf die Ansprüche aus dem Versicherungsvertrag in Höhe des durch Beitragszahlungen des Arbeitgebers gebildeten geschäftsplanmäßigen Deckungskapitals oder, soweit die Berechnung des Deckungskapitals nicht zum Geschäftsplan gehört, des nach § 169 Abs. 3 und 4 des Versicherungsvertragsgesetzes berechneten Wertes weder abtreten noch beleihen. [5]In dieser Höhe darf der Rückkaufswert auf Grund einer Kündigung des Versicherungsvertrages nicht in Anspruch genommen werden; im Falle einer Kündigung wird die Versicherung in eine

---

1) § 2 Abs. 1 Satz 1 geänd. durch G v. 20.4.2007 (BGBl. I S. 554); geänd. mWv 1.7.2014 durch G v. 23.6.2014 (BGBl. I S. 787).

2) § 2 Abs. 2 Sätze 4 und 6 geänd. mWv 1.1.2008 durch G v. 23.11.2007 (BGBl. I S. 2631), Satz 7 angef. mWv 1.1.2009 durch G v. 21.12.2008 (BGBl. I S. 2940).

3) Kursiver Satzteil aufgeh. mWv 24.6.2020 durch G v. 12.6.2020 (BGBl. I S. 1248).

4) § 2 Abs. 2 Satz 3 neu gef. mWv 24.6.2020 durch G v. 12.6.2020 (BGBl. I S. 1248).

prämienfreie Versicherung umgewandelt. [6] § 169 Abs. 1 des Versicherungsvertragsgesetzes findet insoweit keine Anwendung. [7] Eine Abfindung des Anspruchs nach § 3 ist weiterhin möglich.

(3)[1)] [1] Für Pensionskassen gilt Absatz 1 mit der Maßgabe, daß sich der vom Arbeitgeber zu finanzierende Teilanspruch nach Absatz 1, soweit er über die von der Pensionskasse nach dem aufsichtsbehördlich genehmigten Geschäftsplan oder, soweit eine aufsichtsbehördliche Genehmigung nicht vorgeschrieben ist, nach den allgemeinen Versicherungsbedingungen und den fachlichen Geschäftsunterlagen im Sinne des § 9 Absatz 2 Nummer 2 in Verbindung mit § 219 Absatz 3 Nummer 1 Buchstabe b des Versicherungsaufsichtsgesetzes (Geschäftsunterlagen) auf Grund der Beiträge des Arbeitgebers zu erbringende Leistung hinausgeht, gegen den Arbeitgeber richtet. [2] An die Stelle der Ansprüche nach Satz 1 tritt auf *Verlangen des Arbeitgebers*[2)] die von der Pensionskasse auf Grund des Geschäftsplanes oder der Geschäftsunterlagen zu erbringende Leistung, wenn nach dem aufsichtsbehördlich genehmigten Geschäftsplan oder den Geschäftsunterlagen

1. vom Beginn der Versicherung, frühestens jedoch vom Beginn der Betriebszugehörigkeit an, Überschußanteile, die auf Grund des Finanzierungsverfahrens regelmäßig entstehen, nur zur Verbesserung der Versicherungsleistung zu verwenden sind oder die Steigerung der Versorgungsanwartschaften des Arbeitnehmers der Entwicklung seines Arbeitsentgeltes, soweit es unter den jeweiligen Beitragsbemessungsgrenzen der gesetzlichen Rentenversicherungen liegt, entspricht und

2. der ausgeschiedene Arbeitnehmer das Recht zur Fortsetzung der Versicherung mit eigenen Beiträgen hat.

[3] Absatz 2 Satz 3 bis 7 gilt entsprechend.

(3a)[3)] Für Pensionsfonds gilt Absatz 1 mit der Maßgabe, dass sich der vom Arbeitgeber zu finanzierende Teilanspruch, soweit er über die vom Pensionsfonds auf der Grundlage der nach dem geltenden Pensionsplan im Sinne des § 237 Absatz 1 Satz 3 des Versicherungsaufsichtsgesetzes berechnete Deckungsrückstellung hinausgeht, gegen den Arbeitgeber richtet.

(4) Eine Unterstützungskasse hat bei Eintritt des Versorgungsfalles einem vorzeitig ausgeschiedenen Arbeitnehmer, der nach § 1b Abs. 4 gleichgestellt ist, und seinen Hinterbliebenen mindestens den nach Absatz 1 berechneten Teil der Versorgung zu gewähren.

(5)[4)] [1] *Bei der Berechnung des Teilanspruchs nach Absatz 1 bleiben Veränderungen der Versorgungsregelung und der Bemessungsgrundlagen für die Leistung der betrieblichen*

[1)] § 2 Abs. 3 Satz 3 Verweis geänd. mWv 1.1.2009 durch G v. 21.12.2008 (BGBl. I S. 2940); Abs. 3 Satz 1 Verweis geänd. mWv 1.1.2016 durch G v. 1.4.2015 (BGBl. I S. 434); Verweis geänd. mWv 13.1.2019 durch G v. 19.12.2018 (BGBl. I S. 2672).

[2)] Kursiver Satzteil aufgeh. mWv 24.6.2020 durch G v. 12.6.2020 (BGBl. I S. 1248).

[3)] § 2 Abs. 3a eingef. mWv 1.1.2002 durch G v. 26.6.2001 (BGBl. I S. 1310); Verweis geänd. mWv 1.1.2016 durch G v. 1.4.2015 (BGBl. I S. 434); Verweis geänd. mWv 13.1.2019 durch G v. 19.12.2018 (BGBl. I S. 2672).

[4)] § 2 Abs. 5 aufgeh., nachf. Abs. 5a und 5b werden Abs. 5 und 6 mWv 1.1.2018 durch G v. 21.12.2015 (BGBl. I S. 2553).

Altersversorgung, soweit sie nach dem Ausscheiden des Arbeitnehmers eintreten, außer Betracht; dies gilt auch für die Bemessungsgrundlagen anderer Versorgungsbezüge, die bei der Berechnung der Leistung der betrieblichen Altersversorgung zu berücksichtigen sind. 2 Ist eine Rente der gesetzlichen Rentenversicherung zu berücksichtigen, so kann das bei der Berechnung von Pensionsrückstellungen allgemein zulässige Verfahren zugrunde gelegt werden, wenn nicht der ausgeschiedene Arbeitnehmer die Anzahl der im Zeitpunkt des Ausscheidens erreichten Entgeltpunkte nachweist; bei Pensionskassen sind der aufsichtsbehördlich genehmigte Geschäftsplan oder die Geschäftsunterlagen maßgebend. 3 Bei Pensionsfonds sind der Pensionsplan und die sonstigen Geschäftsunterlagen maßgebend. 4 Versorgungsanwartschaften, die der Arbeitnehmer nach seinem Ausscheiden erwirbt, dürfen zu keiner Kürzung des Teilanspruchs nach Absatz 1 führen.

(5)[1] Bei einer unverfallbaren Anwartschaft aus Entgeltumwandlung tritt an die Stelle der Ansprüche nach Absatz 1, 3a oder 4 die vom Zeitpunkt der Zusage auf betriebliche Altersversorgung bis zum Ausscheiden des Arbeitnehmers erreichte Anwartschaft auf Leistungen aus den bis dahin umgewandelten Entgeltbestandteilen; dies gilt entsprechend für eine unverfallbare Anwartschaft aus Beiträgen im Rahmen einer beitragsorientierten Leistungszusage.

(6)[2] An die Stelle der Ansprüche nach den Absätzen 2, 3, 3a und *5a* [***ab 1.1.2018:*** 5] tritt bei einer Beitragszusage mit Mindestleistung das dem Arbeitnehmer planmäßig zuzurechnende Versorgungskapital auf der Grundlage der bis zu seinem Ausscheiden geleisteten Beiträge (Beiträge und die bis zum Eintritt des Versorgungsfalls erzielten Erträge), mindestens die Summe der bis dahin zugesagten Beiträge, soweit sie nicht rechnungsmäßig für einen biometrischen Risikoausgleich verbraucht wurden.

[ab 1.1.2018:]

§ 2a[3] Berechnung und Wahrung des Teilanspruchs. (1) Bei der Berechnung des Teilanspruchs eines mit unverfallbarer Anwartschaft ausgeschiedenen Arbeitnehmers nach § 2 sind die Versorgungsregelung und die Bemessungsgrundlagen im Zeitpunkt des Ausscheidens zugrunde zu legen; Veränderungen, die nach dem Ausscheiden eintreten, bleiben außer Betracht.

(2)[4] 1 Abweichend von Absatz 1 darf ein ausgeschiedener Arbeitnehmer im Hinblick auf den Wert seiner unverfallbaren Anwartschaft gegenüber vergleichbaren nicht ausgeschiedenen Arbeitnehmern nicht benachteiligt werden. 2 Eine Benachteiligung gilt insbesondere als ausgeschlossen, wenn

1. die Anwartschaft
   a) als nominales Anrecht festgelegt ist,
   b) eine Verzinsung enthält, die auch dem ausgeschiedenen Arbeitnehmer zugutekommt, oder

---

[1] § 2 Abs. 5a eingef. mWv 1.1.2001 durch G v. 26.6.2001 (BGBl. I S. 1310); zur Anwendung vor dem 1.1.2001 siehe § 30g Abs. 2; Abs. 5a wird Abs. 5 mWv 1.1.2018 durch G v. 21.12.2015 (BGBl. I S. 2553).

[2] § 2 Abs. 5b eingef. mWv 1.1.2002 durch G v. 26.6.2001 (BGBl. I S. 1310); Abs. 5b wird Abs. 6 und geänd. mWv 1.1.2018 durch G v. 21.12.2015 (BGBl. I S. 2553).

[3] § 2a eingef. mWv 1.1.2018 durch G v. 21.12.2015 (BGBl. I S. 2553).

[4] Zur Geltung von Abs. 2 siehe § 30g Abs. 1.

c) über einen Pensionsfonds, eine Pensionskasse oder eine Direktversicherung durchgeführt wird und die Erträge auch dem ausgeschiedenen Arbeitnehmer zugutekommen, oder

2. die Anwartschaft angepasst wird
   a) um 1 Prozent jährlich,
   b) wie die Anwartschaften oder die Nettolöhne vergleichbarer nicht ausgeschiedener Arbeitnehmer,
   c) wie die laufenden Leistungen, die an die Versorgungsempfänger des Arbeitgebers erbracht werden, oder
   d) entsprechend dem Verbraucherpreisindex für Deutschland.

(3) [1]Ist bei der Berechnung des Teilanspruchs eine Rente der gesetzlichen Rentenversicherung zu berücksichtigen, so kann bei einer unmittelbaren oder über eine Unterstützungskasse durchgeführten Versorgungszusage das bei der Berechnung von Pensionsrückstellungen allgemein zulässige Verfahren zugrunde gelegt werden, es sei denn, der ausgeschiedene Arbeitnehmer weist die bei der gesetzlichen Rentenversicherung im Zeitpunkt des Ausscheidens erreichten Entgeltpunkte nach. [2]Bei einer Versorgungszusage, die über eine Pensionskasse oder einen Pensionsfonds durchgeführt wird, sind der aufsichtsbehördlich genehmigte Geschäftsplan, der Pensionsplan oder die sonstigen Geschäftsunterlagen zugrunde zu legen.

(4) Versorgungsanwartschaften, die der Arbeitnehmer nach seinem Ausscheiden erwirbt, dürfen nicht zu einer Kürzung des Teilanspruchs führen.

§ 3 Abfindung

[Fassung bis 31.12.2004] [1)]

(1) [1]Eine nach § 1b Abs. 1 bis 3 und 5[3)] unverfallbare Anwartschaft kann im Falle der Beendigung des Arbeitsverhältnisses nur nach den Sätzen 2 bis 6 abgefunden werden. [2]Die Anwartschaft ist auf Verlangen des Arbeitgebers oder des Arbeitnehmers abzufinden, wenn der bei Erreichen der vorgesehenen Altersgrenze maßgebliche Monatsbetrag der laufenden Versorgungsleistung eins vom Hundert der monatlichen Bezugsgröße (§ 18 Viertes Buch Sozialgesetzbuch), bei Kapitalleistungen zwölf Zehntel der

[Fassung ab 1.1.2005] [2)]

(1) Unverfallbare Anwartschaften im Falle der Beendigung des Arbeitsverhältnisses und laufende Leistungen dürfen nur unter den Voraussetzungen der folgenden Absätze abgefunden werden.

(2) [1]Der Arbeitgeber kann eine Anwartschaft ohne Zustimmung des Arbeitnehmers abfinden, wenn der Monatsbetrag der aus der Anwartschaft resultierenden laufenden Leistung bei Erreichen der vorgesehenen Altersgrenze eins vom Hundert, bei Kapitalleistungen zwölf Zehntel der

---

[1)] § 3 Abs. 1 neu gef. mWv 1.1.1999 durch G v. 16.12.1997 (BGBl. I S. 2998), Abs. 2 Sätze 2 und 3 geänd. mWv 29.7.1994 durch G v. 21.7.1994 (BGBl. I S. 1630).

[2)] § 3 neu gef. durch G v. 5.7.2004 (BGBl. I S. 1427); zur Anwendung siehe § 30g Abs. 3; Abs. 2 Satz 3 eingef., bish. Satz 3 wird Satz 4 mWv 1.1.2018 durch G v. 21.12.2015 (BGBl. I S. 2553).

[3)] § 3 Abs. 1 Satz 1 geänd. mWv 1.1.2001 durch G v. 26.6.2001 (BGBl. I S. 1310).

[Fassung bis 31.12.2004]

monatlichen Bezugsgröße nicht übersteigt. [3]Die Anwartschaft kann nur mit Zustimmung des Arbeitnehmers abgefunden werden, wenn

1. ihr monatlicher Wert zwei vom Hundert der monatlichen Bezugsgröße, bei Kapitalleistungen vierundzwanzig Zehntel der monatlichen Bezugsgröße nicht übersteigt,
2. [1)] ihr monatlicher Wert vier vom Hundert der monatlichen Bezugsgröße, bei Kapitalleistungen achtundvierzig Zehntel der monatlichen Bezugsgröße nicht übersteigt und der Abfindungsbetrag vom Arbeitgeber unmittelbar zur Zahlung von Beiträgen zur gesetzlichen Rentenversicherung oder zum Aufbau einer Versorgungsleistung bei einer Direktversicherung, Pensionskasse oder einem Pensionsfonds verwendet wird,
3. die Beiträge zur gesetzlichen Rentenversicherung erstattet worden sind oder
4. [2)] sie auf einer Entgeltumwandlung beruht und die Grenzwerte nach den Nummern 1 oder 2 nicht überschritten werden.

[4]Der Teil einer Anwartschaft, der während eines Insolvenzverfahrens erdient worden ist, kann ohne Zustimmung des Arbeitnehmers abgefunden werden, wenn die Betriebstätigkeit vollständig eingestellt und das Unternehmen liquidiert wird. [5]Die Abfindung ist gesondert auszuweisen und einmalig zu zahlen. [6]Für Versorgungsleistungen, die gemäß § 2 Abs. 4 von einer Unterstützungskasse zu erbrin-

[Fassung ab 1.1.2005]

monatlichen Bezugsgröße nach § 18 des Vierten Buches Sozialgesetzbuch nicht übersteigen würde. [2]Dies gilt entsprechend für die Abfindung einer laufenden Leistung. [***ab 1.1.2018:*** [3]Die Abfindung einer Anwartschaft bedarf der Zustimmung des Arbeitnehmers, wenn dieser nach Beendigung des Arbeitsverhältnisses ein neues Arbeitsverhältnis in einem anderen Mitgliedstaat der Europäischen Union begründet und dies innerhalb von drei Monaten nach Beendigung des Arbeitsverhältnisses seinem ehemaligen Arbeitgeber mitteilt.] [4]Die Abfindung ist unzulässig, wenn der Arbeitnehmer von seinem Recht auf Übertragung der Anwartschaft Gebrauch macht.

(3) Die Anwartschaft ist auf Verlangen des Arbeitnehmers abzufinden, wenn die Beiträge zur gesetzlichen Rentenversicherung erstattet worden sind.

(4) Der Teil der Anwartschaft, der während eines Insolvenzverfahrens erdient worden ist, kann ohne Zustimmung des Arbeitnehmers abgefunden werden, wenn die Betriebstätigkeit vollständig eingestellt und das Unternehmen liquidiert wird.

(5) Für die Berechnung des Abfindungsbetrages gilt § 4 Abs. 5 entsprechend.

(6) Die Abfindung ist gesondert auszuweisen und einmalig zu zahlen.

---

1) § 3 Abs. 1 Satz 3 Nr. 2 geänd. mWv 1.1.2001 durch G v. 26.6.2001 (BGBl. I S. 1310).

2) § 3 Abs. 1 Satz 3 Nr. 4 angef. und Abs. 2 Satz 2 geänd. mWv 1.1.2001 durch G v. 26.6.2001 (BGBl. I S. 1310).

[Fassung bis 31.12.2004]

gen sind, gelten die Sätze 1 bis 5 entsprechend.

(2)[1] [1]Die Abfindung wird nach dem Barwert der nach § 2 bemessenen künftigen Versorgungsleistungen im Zeitpunkt der Beendigung des Arbeitsverhältnisses berechnet. [2]Soweit sich der Anspruch auf die künftigen Versorgungsleistungen gegen ein Unternehmen der Lebensversicherung, einen Pensionsfonds oder eine Pensionskasse richtet, berechnet sich die Abfindung nach dem geschäftsplanmäßigen Deckungskapital im Zeitpunkt der Beendigung des Arbeitsverhältnisses oder, soweit die Berechnung des Deckungskapitals nicht zum Geschäftsplan gehört, nach dem Zeitwert gemäß § 176 Abs. 3 des Gesetzes über den Versicherungsvertrag. [3]Hierbei sind der bei der jeweiligen Form der betrieblichen Altersversorgung vorgeschriebene Rechnungszinsfuß und die Rechnungsgrundlagen sowie die anerkannten Regeln der Versicherungsmathematik, bei Direktversicherungen und Pensionskassen deren Geschäftsplan oder Geschäftsunterlagen, maßgebend.

[Fassung bis 31.12.2004]

§ 4 Übernahme. (1) [1]Die Verpflichtung, bei Eintritt des Versorgungsfalles Versorgungsleistungen nach § 2 Abs. 1 bis 3a[3] zu gewähren, kann von jedem Unternehmen, bei dem der ausgeschiedene Arbeitnehmer beschäftigt wird, von einer Pensionskasse, von einem Unterneh-

[Fassung ab 1.1.2005][2]

§ 4 Übertragung. (1) Unverfallbare Anwartschaften und laufende Leistungen dürfen nur unter den Voraussetzungen der folgenden Absätze übertragen werden.

(2) Nach Beendigung des Arbeitsverhältnisses kann im Einvernehmen des ehemaligen mit dem neuen

[1] § 3 Abs. 1 Satz 3 Nr. 4 angef. und Abs. 2 Satz 2 geänd. mWv 1.1.2001 durch G v. 26.6.2001 (BGBl. I S. 1310).

[2] § 4 neu gef. durch G v. 5.7.2004 (BGBl.I S. 1427); zur Anwendung von § 4 Abs. 3 siehe § 30b.

[3] Verweis geänd. durch G v. 21.6.2002 (BGBl. I S. 2167).

[Fassung bis 31.12.2004]

men der Lebensversicherung oder einem öffentlich-rechtlichen Versorgungsträger mit Zustimmung des Arbeitnehmers übernommen werden. 2 Eine vertragliche Schuldübernahme durch andere Versorgungsträger ist dem Arbeitnehmer gegenüber unwirksam. 3 Bei einer Schuldübernahme durch ein Unternehmen der Lebensversicherung gilt § 2 Abs. 2 Satz 4 bis 6 entsprechend.

(2) Hat eine Unterstützungskasse einem vorzeitig ausgeschiedenen Arbeitnehmer Versorgungsleistungen nach § 2 Abs. 4 zu gewähren, kann diese Verpflichtung mit Zustimmung des Arbeitnehmers von den in Absatz 1 genannten Trägern oder von einer anderen Unterstützungskasse übernommen werden.

(3)[1] 1 Wird die Betriebstätigkeit eingestellt und das Unternehmen liquidiert, kann eine Versorgungsleistung auf Grund einer Zusage oder einer unverfallbaren Anwartschaft nach § 1b Abs. 1[2] oder eine Versorgungsleistung, die gemäß § 1b Abs. 4[2] von einer Unterstützungskasse oder gemäß § 1b Abs. 3 von einem Pensionsfonds erbracht wird oder zu erbringen ist, von einer Pensionskasse oder von einem Unternehmen der Lebensversicherung ohne Zustimmung des Versorgungsempfängers oder Arbeitnehmers übernommen werden, wenn sicher

[Fassung ab 1.1.2005]

Arbeitgeber sowie dem Arbeitnehmer

1. die Zusage vom neuen Arbeitgeber übernommen werden oder
2. der Wert der vom Arbeitnehmer erworbenen unverfallbaren Anwartschaft auf betriebliche Altersversorgung (Übertragungswert) auf den neuen Arbeitgeber übertragen werden, wenn dieser eine wertgleiche Zusage erteilt; für die neue Anwartschaft gelten die Regelungen über Entgeltumwandlung entsprechend.

(3)[3] 1 Der Arbeitnehmer kann innerhalb eines Jahres nach Beendigung des Arbeitsverhältnisses von seinem ehemaligen Arbeitgeber verlangen, dass der Übertragungswert auf den neuen Arbeitgeber [***ab 1.1.2018:*** oder auf die Versorgungseinrichtung nach § 22 des neuen Arbeitgebers] übertragen wird, wenn

1. die betriebliche Altersversorgung über einen Pensionsfonds, eine Pensionskasse oder eine Direktversicherung durchgeführt worden ist und
2. der Übertragungswert die Beitragsbemessungsgrenze in der allgemeinen Rentenversicherung[4] nicht übersteigt.

2 Der Anspruch richtet sich gegen den Versorgungsträger, wenn *der ehemalige Arbeitgeber*[5] die versicherungsförmige Lösung nach § 2 Abs. 2

---

[1] § 4 Abs. 3 angef. mWv 1.1.1999 durch G v. 16.12.1997 (BGBl. I S. 2998), Abs. 3 neu gef. mWv 1.1.2000 durch G v. 22.12.1999 (BGBl. I S. 2601), Abs. 3 Satz 1 geänd. durch G v. 21.6.2002 (BGBl. I S. 2167).

[2] § 4 Abs. 3 Zitate geänd. und Abs. 4 angef. mWv 1.1.2001 durch G v. 26.6.2001 (BGBl. I S. 1310).

[3] § 4 Abs. 3 Satz 1 geänd., Satz 5 angef. mWv 1.1.2018 durch G v. 17.8.2017 (BGBl. I S. 3214).

[4] Bezeichnung geänd. durch G v. 9.12.2004 (BGBl. I S. 3242).

[5] § 4 Abs. 3 Satz 2 kursiver Satzteil aufgeh., geänd. mWv 24.6.2020 durch G v. 12.6.2020 (BGBl. I S. 1248).

[Fassung bis 31.12.2004]

gestellt ist, dass die Überschussanteile ab Rentenbeginn entsprechend § 16 Abs. 3 Nr. 2 verwendet werden. 2 § 2 Abs. 2 Satz 4 bis 6 gilt entsprechend.

(4)[1)] 1 Der Arbeitgeber ist verpflichtet, auf Verlangen des Arbeitnehmers frühestens ab Beendigung des Arbeitsverhältnisses den Barwert der nach § 1b Abs. 5 unverfallbaren Anwartschaft auf einen neuen Arbeitgeber, bei dem der ausgeschiedene Arbeitnehmer beschäftigt ist oder einen Versorgungsträger des neuen Arbeitgebers zu übertragen, wenn der neue Arbeitgeber dem Arbeitnehmer eine dem übertragenden Barwert wertmäßig entsprechende Zusage erteilt. 2 Für die Höhe des Barwertes gilt § 3 Abs. 2 entsprechend mit der Maßgabe, dass an die Stelle des Zeitpunktes der Beendigung des Arbeitsverhältnisses der Zeitpunkt der Übertragung tritt. 3 Mit der Erteilung der Zusage durch den neuen Arbeitgeber erlischt die Verpflichtung des alten Arbeitgebers.

[Fassung ab 1.1.2005]

oder 3 *gewählt hat* [***ab 24.6.2020:*** vorliegt][2)] oder soweit der Arbeitnehmer die Versicherung oder Versorgung mit eigenen Beiträgen fortgeführt hat.

3 Der neue Arbeitgeber ist verpflichtet, eine dem Übertragungswert wertgleiche Zusage zu erteilen und über einen Pensionsfonds, eine Pensionskasse oder eine Direktversicherung durchzuführen. 4 Für die neue Anwartschaft gelten die Regelungen über Entgeltumwandlung entsprechend. [***ab 1.1.2018:*** 5 Ist der neue Arbeitgeber zu einer Durchführung über eine Versorgungseinrichtung nach § 22 bereit, ist die betriebliche Altersversorgung dort durchzuführen; die Sätze 3 und 4 sind in diesem Fall nicht anzuwenden.]

(4)[3)] 1 Wird die Betriebstätigkeit eingestellt und das Unternehmen liquidiert, kann eine Zusage von einer Pensionskasse oder einem Unternehmen der Lebensversicherung ohne Zustimmung des Arbeitnehmers oder Versorgungsempfängers übernommen werden, wenn sichergestellt ist, dass die Überschussanteile ab Rentenbeginn entsprechend § 16 Abs. 3 Nr. 2 verwendet werden. [***ab 24.6.2020:*** 2 Bei einer Pensionskasse nach § 7 Absatz 1 Satz 2 Nummer 3 muss sichergestellt sein, dass im Zeitpunkt der Übernahme der in der Rechtsverordnung zu § 235 Absatz 1 Nummer 4 des Versicherungsaufsichtsgesetzes in der jeweils geltenden Fassung festgesetzte Höchstzinssatz zur Berechnung der

---

1) § 4 Abs. 3 Zitate geänd. und Abs. 4 angef. mWv 1.1.2001 durch G v. 26.6.2001 (BGBl. I S. 1310).

2) § 4 Abs. 3 Satz 2 kursiver Satzteil aufgeh., geänd. mWv 24.6.2020 durch G v. 12.6.2020 (BGBl. I S. 1248).

3) § 4 Abs. 4 Satz 2 eingef., bish. Satz 2 wird Satz 3 mWv 24.6.2020 durch G v. 12.6.2020 (BGBl. I S. 1248).

[Fassung ab 1.1.2005]

Deckungsrückstellung nicht überschritten wird.] [3] § 2 Abs. 2 Satz 4 bis 6 gilt entsprechend.

(5) [1] Der Übertragungswert entspricht bei einer unmittelbar über den Arbeitgeber oder über eine Unterstützungskasse durchgeführten betrieblichen Altersversorgung dem Barwert der nach § 2 bemessenen künftigen Versorgungsleistung im Zeitpunkt der Übertragung; bei der Berechnung des Barwerts sind die Rechnungsgrundlagen sowie die anerkannten Regeln der Versicherungsmathematik maßgebend. [2] Soweit die betriebliche Altersversorgung über einen Pensionsfonds, eine Pensionskasse oder eine Direktversicherung durchgeführt worden ist, entspricht der Übertragungswert dem gebildeten Kapital im Zeitpunkt der Übertragung.

(6) Mit der vollständigen Übertragung des Übertragungswerts erlischt die Zusage des ehemaligen Arbeitgebers.

[Fassung bis 31.12.2017:]

§ 4a[1)] Auskunftsanspruch. 1) Der Arbeitgeber oder der Versorgungsträger hat dem Arbeitnehmer bei einem berechtigten Interesse auf dessen Ver-langen schriftlich mitzuteilen,

1. in welcher Höhe aus der bisher erworbenen unverfallbaren Anwartschaft bei Erreichen der in der Versorgungsregelung vorgesehenen Altersgrenze ein Anspruch auf Altersversorgung besteht und

[Fassung ab 1.1.2018:]

§ 4a[2)] Auskunftspflichten. (1) Der Arbeitgeber oder der Versorgungsträger hat dem Arbeitnehmer auf dessen Verlangen mitzuteilen,

1. ob und wie eine Anwartschaft auf betriebliche Altersversorgung erworben wird,
2. wie hoch der Anspruch auf betriebliche Altersversorgung aus der bisher erworbenen Anwartschaft ist und bei Erreichen der in der Versorgungsregelung vorgesehenen Altersgrenze voraussichtlich sein wird,

[1)] § 4a eingef. mWv 1.1.2005 durch G v. 5.7.2004 (BGBl. I S. 1427).
[2)] § 4a neu gef. mWv 1.1.2018 durch G v. 21.12.2015 (BGBl. I S. 2553).

[Fassung bis 31.12.2017:]

2. wie hoch bei einer Übertragung der Anwartschaft nach § 4 Abs. 3 der Übertragungswert ist.

(2) Der neue Arbeitgeber oder der Versorgungsträger hat dem Arbeitnehmer auf dessen Verlangen schriftlich mitzuteilen, in welcher Höhe aus dem Übertragungswert ein Anspruch auf Altersversorgung und ob eine Invaliditäts- oder Hinterbliebenenversorgung bestehen würde.

[Fassung ab 1.1.2018:]

3. wie sich eine Beendigung des Arbeitsverhältnisses auf die Anwartschaft auswirkt und
4. wie sich die Anwartschaft nach einer Beendigung des Arbeitsverhältnisses entwickeln wird.

(2) [1]Der Arbeitgeber oder der Versorgungsträger hat dem Arbeitnehmer oder dem ausgeschiedenen Arbeitnehmer auf dessen Verlangen mitzuteilen, wie hoch bei einer Übertragung der Anwartschaft nach § 4 Absatz 3 der Übertragungswert ist. [2]Der neue Arbeitgeber oder der Versorgungsträger hat dem Arbeitnehmer auf dessen Verlangen mitzuteilen, in welcher Höhe aus dem Übertragungswert ein Anspruch auf Altersversorgung bestehen würde und ob eine Invaliditäts- oder Hinterbliebenenversorgung bestehen würde.

(3) [1]Der Arbeitgeber oder der Versorgungsträger hat dem ausgeschiedenen Arbeitnehmer auf dessen Verlangen mitzuteilen, wie hoch die Anwartschaft auf betriebliche Altersversorgung ist und wie sich die Anwartschaft künftig entwickeln wird. [2]Satz 1 gilt entsprechend für Hinterbliebene im Versorgungsfall.

(4) Die Auskunft muss verständlich, in Textform und in angemessener Frist erteilt werden.

Zweiter Abschnitt. Auszehrungsverbot

§ 5 Auszehrung und Anrechnung. (1) Die bei Eintritt des Versorgungsfalles festgesetzten Leistungen der betrieblichen Altersversorgung dürfen nicht mehr dadurch gemindert oder entzogen werden, daß Beträge, um die sich andere Versorgungsbezüge nach diesem Zeitpunkt durch Anpassung an die wirtschaftliche Entwicklung erhöhen, angerechnet oder bei der Begrenzung der Gesamtversorgung auf einen Höchstbetrag berücksichtigt werden.

(2) [1]Leistungen der betrieblichen Altersversorgung dürfen durch Anrechnung oder Berücksichtigung anderer Versorgungsbezüge, soweit sie auf eigenen Beiträgen des Versorgungsempfängers beruhen, nicht gekürzt werden. [2]Dies gilt nicht für Renten aus den gesetzlichen Rentenversicherungen, soweit sie auf Pflichtbeiträgen beruhen, sowie für sonstige Versorgungsbezüge, die mindestens zur Hälfte auf Beiträgen oder Zuschüssen des Arbeitgebers beruhen.

Dritter Abschnitt. Altersgrenze

§ 6[1)] Vorzeitige Altersleistung. [1]Einem Arbeitnehmer, der die Altersrente aus der gesetzlichen Rentenversicherung *vor Vollendung des 65. Lebensjahres*[2)] als Vollrente in Anspruch nimmt, sind auf sein Verlangen nach Erfüllung der Wartezeit und sonstiger Leistungsvoraussetzungen Leistungen der betrieblichen Altersversorgung zu gewähren. [2]Fällt die Altersrente aus der gesetzlichen Rentenversicherung wieder weg oder wird sie auf einen Teilbetrag beschränkt, so können auch die Leistungen der betrieblichen Altersversorgung eingestellt werden. [3]Der ausgeschiedene Arbeitnehmer ist verpflichtet, die Aufnahme oder Ausübung einer Beschäftigung oder Erwerbstätigkeit, die zu einem Wegfall oder zu einer Beschränkung der Altersrente aus der gesetzlichen Rentenversicherung führt, dem Arbeitgeber oder sonstigen Versorgungsträger unverzüglich anzuzeigen.

Vierter Abschnitt. Insolvenzsicherung

§ 7[3)] Umfang des Versicherungsschutzes. (1)[4)] [1]Versorgungsempfänger, deren Ansprüche aus einer unmittelbaren Versorgungszusage des Arbeitgebers nicht erfüllt werden, weil über das Vermögen des Arbeitgebers oder über seinen Nachlaß das Insolvenzverfahren eröffnet worden ist, und ihre Hinterbliebenen haben gegen den Träger der Insolvenzsicherung einen Anspruch in Höhe der Leistung, die der Arbeitgeber aufgrund der Versorgungszusage zu erbringen hätte, wenn das Insolvenzverfahren nicht eröffnet worden wäre. [2]Satz 1 gilt entsprechend,

1. wenn Leistungen aus einer Direktversicherung aufgrund der in § 1b Abs. 2 Satz 3 genannten Tatbestände nicht gezahlt werden und der Arbeitgeber seiner Verpflichtung nach § 1b Abs. 2 Satz 3 wegen der Eröffnung des Insolvenzverfahrens nicht nachkommt,

---

[1)] § 6 neu gef. mWv 1.1.1992 durch G v. 18.12.1989 (BGBl. I S. 2261), Satz 1 geänd. mWv 1.1.1999 durch G v. 16.12.1997 (BGBl. I S. 2998).

[2)] § 6 Satz 1 kursiver Satzteil aufgeh. mWv 1.1.2008 durch G v. 20.4.2007 (BGBl. I S. 554).

[3)] § 7 neu gef. mWv 1.1.1999 durch G v. 16.12.1997 (BGBl. I S. 2998); zur Anw. siehe **§ 30.**

[4)] § 7 Abs. 1 Satz 2 neu gef. mWv 1.1.2002 durch G v. 26.6.2001 (BGBl. I S. 1310), Satz 6 geänd. mWv 1.1.2008 durch G v. 23.11.2007 (BGBl. I S. 2631).

[Fassung bis 23.6.2020:]

2. wenn eine Unterstützungskasse oder ein Pensionsfonds die nach ihrer Versorgungsregelung vorgesehene Versorgung nicht erbringt, weil über das Vermögen oder den Nachlass eines Arbeitgebers, der der Unterstützungskasse oder dem Pensionsfonds Zuwendungen leistet (Trägerunternehmen), das Insolvenzverfahren eröffnet worden ist.

[Fassung ab 24.6.2020:][1)]

2. wenn eine Unterstützungskasse die nach ihrer Versorgungsregelung vorgesehene Versorgung nicht erbringt, weil über das Vermögen oder den Nachlass eines Arbeitgebers, der der Unterstützungskasse Zuwendungen leistet, das Insolvenzverfahren eröffnet worden ist,
3. wenn über das Vermögen oder den Nachlass des Arbeitgebers, dessen Versorgungszusage von einem Pensionsfonds oder einer Pensionskasse durchgeführt wird, das Insolvenzverfahren eröffnet worden ist und soweit der Pensionsfonds oder die Pensionskasse die nach der Versorgungszusage des Arbeitgebers vorgesehene Leistung nicht erbringt; ein Anspruch gegen den Träger der Insolvenzsicherung besteht nicht, wenn eine Pensionskasse einem Sicherungsfonds nach dem Dritten Teil des Versicherungsaufsichtsgesetzes angehört oder in Form einer gemeinsamen Einrichtung nach § 4 des Tarifvertragsgesetzes organisiert ist.

[3] § 14 des Versicherungsvertragsgesetzes findet entsprechende Anwendung. [4] Der Eröffnung des Insolvenzverfahrens stehen bei der Anwendung der Sätze 1 bis 3 gleich

1. die Abweisung des Antrags auf Eröffnung des Insolvenzverfahrens mangels Masse,
2. der außergerichtliche Vergleich (Stundungs-, Quoten- oder Liquidationsvergleich) des Arbeitgebers mit seinen Gläubigern zur Abwendung eines Insolvenzverfahrens, wenn ihm der Träger der Insolvenzsicherung zustimmt,
3. die vollständige Beendigung der Betriebstätigkeit im Geltungsbereich dieses Gesetzes, wenn ein Antrag auf Eröffnung des Insolvenzverfahrens nicht gestellt worden ist und ein Insolvenzverfahren offensichtlich mangels Masse nicht in Betracht kommt.

---

1) § 7 Abs. 1 Nr. 2 neu gef., Nr. 3 angef. mWv 24.6.2020 durch G v. 12.6.2020 (BGBl. I S. 1248).

(1a) [1] Der Anspruch gegen den Träger der Insolvenzsicherung entsteht mit dem Beginn des Kalendermonats, der auf den Eintritt des Sicherungsfalles folgt. [2] Der Anspruch endet mit Ablauf des Sterbemonats des Begünstigten, soweit in der Versorgungszusage des Arbeitgebers nicht etwas anderes bestimmt ist. [3] In den Fällen des Absatzes 1 Satz 1 und 4 Nr. 1 und 3 umfaßt der Anspruch auch rückständige Versorgungsleistungen, soweit diese bis zu zwölf Monaten[1)] vor Entstehen der Leistungspflicht des Trägers der Insolvenzsicherung entstanden sind.

[Fassung bis 23.6.2020:]

(2)[3)] [1] Personen, die bei Eröffnung des Insolvenzverfahrens oder bei Eintritt der nach Absatz 1 Satz 4 gleichstehenden Voraussetzungen (Sicherungsfall) eine nach § 1b unverfallbare Versorgungsanwartschaft haben, und ihre Hinterbliebenen haben bei Eintritt des Versorgungsfalls einen Anspruch gegen den Träger der Insolvenzsicherung, wenn die Anwartschaft beruht

1. auf einer unmittelbaren Versorgungszusage des Arbeitgebers oder
2. auf einer Direktversicherung und der Arbeitnehmer hinsichtlich der Leistungen des Versicherers widerruflich bezugsberechtigt ist oder die Leistungen aufgrund der in § 1b Abs. 2 Satz 3 genannten Tatbestände nicht gezahlt werden und der Arbeitgeber seiner Verpflichtung aus § 1b Abs. 2 Satz 3 wegen der Eröffnung des Insolvenzverfahrens nicht nachkommt.

[2] Satz 1 gilt entsprechend für Personen, die zum Kreis der Begünstigten einer Unterstützungskasse oder eines Pensionsfonds gehören, wenn der Sicherungsfall bei einem Trägerunternehmen eingetreten ist. [3] Die Hö-

[Fassung ab 24.6.2020:][2)]

(2) Personen, die bei Eröffnung des Insolvenzverfahrens oder bei Eintritt der nach Absatz 1 Satz 4 gleichstehenden Voraussetzungen (Sicherungsfall) eine nach § 1b unverfallbare Versorgungsanwartschaft haben, und ihre Hinterbliebenen haben bei Eintritt des Versorgungsfalls einen Anspruch gegen den Träger der Insolvenzsicherung, wenn die Anwartschaft beruht

1. auf einer unmittelbaren Versorgungszusage des Arbeitgebers,
2. auf einer Direktversicherung und der Arbeitnehmer hinsichtlich der Leistungen des Versicherers widerruflich bezugsberechtigt ist oder die Leistungen auf Grund der in § 1b Absatz 2 Satz 3 genannten Tatbestände nicht gezahlt werden und der Arbeitgeber seiner Verpflichtung aus § 1b Absatz 2 Satz 3 wegen der Eröffnung des Insolvenzverfahrens nicht nachkommt,
3. auf einer Versorgungszusage des Arbeitgebers, die von einer Unterstützungskasse durchgeführt wird, oder
4. auf einer Versorgungszusage des Arbeitgebers, die von einem Pen-

---

[1)] Von sechs auf zwölf Monate verlängert mWv 1.1.2009 durch G v. 21.12.2008 (BGBl. I S. 2940).

[2)] § 7 Abs. 2 neu gef., Abs. 2a angef. mWv 24.6.2020 durch G v. 12.6.2020 (BGBl. I S. 1248).

[3)] § 7 Abs. 2 neu gef. mWv 1.1.2002 durch G v. 26.6.2001 (BGBl. I S. 1310); Sätze 3 und 5 geänd., Satz 6 angef. mWv 1.1.2018 durch G v. 21.12.2015 (BGBl. I S. 2553).

[Fassung bis 23.6.2020:]

he des Anspruchs richtet sich nach der Höhe der Leistungen *gemäß § 2 Abs. 1, 2 Satz 2 und Abs. 5* [***ab 1.1.2018:*** nach § 2 Absatz 1 und 2 Satz 2], bei Unterstützungskassen nach dem Teil der nach der Versorgungsregelung vorgesehenen Versorgung, der dem Verhältnis der Dauer der Betriebszugehörigkeit zu der Zeit vom Beginn der Betriebszugehörigkeit bis zum Erreichen der in der Versorgungsregelung vorgesehenen festen Altersgrenze entspricht, es sei denn, § 2 Abs. *5a* [***ab 1.1.2018:*** 5] ist anwendbar. [4]Für die Berechnung der Höhe des Anspruchs nach Satz 3 wird die Betriebszugehörigkeit bis zum Eintritt des Sicherungsfalles berücksichtigt. [5]Bei Pensionsfonds mit Leistungszusagen gelten für die Höhe des Anspruchs die Bestimmungen für unmittelbare Versorgungszusagen entsprechend, bei Beitragszusagen mit Mindestleistung gilt für die Höhe des Anspruchs *§ 2 Abs. 5b.* [***ab 1.1.2018:*** Absatz 6. [6]Bei der Berechnung der Höhe des Anspruchs sind Veränderungen der Versorgungsregelung und der Bemessungsgrundlagen, die nach dem Eintritt des Sicherungsfalles eintreten, nicht zu berücksichtigen; § 2a Absatz 2 findet keine Anwendung.]

[Fassung ab 24.6.2020:]

sionsfonds oder einer Pensionskasse nach Absatz 1 Satz 2 Nummer 3 durchgeführt wird, soweit der Pensionsfonds oder die Pensionskasse die nach der Versorgungszusage des Arbeitgebers vorgesehene Leistung nicht erbringt.

(2a) [1]Die Höhe des Anspruchs nach Absatz 2 richtet sich

1. bei unmittelbaren Versorgungszusagen, Unterstützungskassen und Pensionsfonds nach § 2 Absatz 1,
2. bei Direktversicherungen nach § 2 Absatz 2 Satz 2,
3. bei Pensionskassen nach § 2 Absatz 3 Satz 2.

[2]Die Betriebszugehörigkeit wird bis zum Eintritt des Sicherungsfalls berücksichtigt. [3]§ 2 Absatz 5 und 6 gilt entsprechend. [4]Veränderungen der Versorgungsregelung und der Bemessungsgrundlagen, die nach dem Eintritt des Sicherungsfalls eintreten, sind nicht zu berücksichtigen; § 2a Absatz 2 findet keine Anwendung.

(3)[1)] [1]Ein Anspruch auf laufende Leistungen gegen den Träger der Insolvenzsicherung beträgt im Monat höchstens das Dreifache der im Zeitpunkt der ersten Fälligkeit maßgebenden monatlichen Bezugsgröße gemäß § 18 des Vierten Buches Sozialgesetzbuch. [2]Satz 1 gilt entsprechend bei einem Anspruch auf Kapitalleistungen mit der Maßgabe, daß zehn vom Hundert der Leistung als Jahresbetrag einer laufenden Leistung anzusetzen sind.

(4) [1]Ein Anspruch auf Leistungen gegen den Träger der Insolvenzsicherung vermindert sich in dem Umfang, in dem der Arbeitgeber oder sonstige Träger der Versorgung die Leistungen der betrieblichen Altersversorgung erbringt.

---

1) § 7 Abs. 3 Zitat geänd. mWv 1.1.2001, bish. Satz 4 angef. mWv 1.1.2002 durch G v. 26.6.2001 (BGBl. I S. 1310) und bish. Sätze 3 und 4 aufgeh. mWv 1.7.2002 durch G v. 21.6.2002 (BGBl. I S. 2167).

[2]Wird im Insolvenzverfahren ein Insolvenzplan bestätigt, vermindert sich der Anspruch auf Leistungen gegen den Träger der Insolvenzsicherung insoweit, als nach dem Insolvenzplan der Arbeitgeber oder sonstige Träger der Versorgung einen Teil der Leistungen selbst zu erbringen hat. [3]Sieht der Insolvenzplan vor, daß der Arbeitgeber oder sonstige Träger der Versorgung die Leistungen der betrieblichen Altersversorgung von einem bestimmten Zeitpunkt an selbst zu erbringen hat, entfällt der Anspruch auf Leistungen gegen den Träger der Insolvenzsicherung von diesem Zeitpunkt an. [4]Die Sätze 2 und 3 sind für den außergerichtlichen Vergleich nach Absatz 1 Satz 4 Nr. 2 entsprechend anzuwenden. [5]Im Insolvenzplan soll vorgesehen werden, daß bei einer nachhaltigen Besserung der wirtschaftlichen Lage des Arbeitgebers die vom Träger der Insolvenzsicherung zu erbringenden Leistungen ganz oder zum Teil vom Arbeitgeber oder sonstigen Träger der Versorgung wieder übernommen werden.

(5) [1]Ein Anspruch gegen den Träger der Insolvenzsicherung besteht nicht, soweit nach den Umständen des Falles die Annahme gerechtfertigt ist, daß es der alleinige oder überwiegende Zweck der Versorgungszusage oder ihre Verbesserung oder der für die Direktversicherung in § 1b Abs. 2 Satz 3[1]) genannten Tatbestände gewesen ist, den Träger der Insolvenzsicherung in Anspruch zu nehmen. [2]Diese Annahme ist insbesondere dann gerechtfertigt, wenn bei Erteilung oder Verbesserung der Versorgungszusage wegen der wirtschaftlichen Lage des Arbeitgebers zu erwarten war, daß die Zusage nicht erfüllt werde.

[Fassung bis 31.12.2004]

[3]Verbesserungen der Versorgungszusagen werden bei der Bemessung der Leistungen des Trägers der Insolvenzsicherung nicht berücksichtigt, soweit sie in den beiden letzten Jahren vor dem Eintritt des Sicherungsfalls vereinbart worden sind; dies gilt nicht für ab 1. Januar 2002 gegebene Zusagen, soweit bei Entgeltumwandlung Beträge von bis zu 4 vom Hundert der Beitragsbemessungsgrenze in der Rentenversicherung der Arbeiter und Angestellten für eine betriebliche Altersversorgung verwendet werden.

[Fassung ab 1.1.2005][2])

[3]Ein Anspruch auf Leistungen gegen den Träger der Insolvenzsicherung besteht bei Zusagen und Verbesserungen von Zusagen, die in den beiden letzten Jahren vor dem Eintritt des Sicherungsfalls erfolgt sind, nur

1. für ab dem 1. Januar 2002 gegebene Zusagen, soweit bei Entgeltumwandlung Beträge von bis zu 4 vom Hundert der Beitragsbemessungsgrenze in der allgemeinen Rentenversicherung[3]) für eine betriebliche Altersversorgung verwendet werden oder
2. für im Rahmen von Übertragungen gegebene Zusagen, soweit der Übertragungswert die Beitragsbe-

---

[1]) § 7 Abs. 5 Satz 1 Zitat geänd. mWv 1.1.2001 durch G v. 26.6.2001 (BGBl. I S. 1310), Satz 3 Halbsatz 2 angef. mWv 1.7.2002 durch G v. 21.6.2002 (BGBl. I S. 2167).

[2]) § 7 Abs. 5 Satz 3 neu gef. mWv 1.1.2005 durch G v. 5.7.2004 (BGBl. I S. 1427).

[3]) Bezeichnung geänd. durch G v. 9.12.2004 (BGBl. I S. 3242).

[Fassung ab 1.1.2005]

messungsgrenze in der allgemeinen Rentenversicherung[1] nicht übersteigt.

(6) Ist der Sicherungsfall durch kriegerische Ereignisse, innere Unruhen, Naturkatastrophen oder Kernenergie verursacht worden, kann der Träger der Insolvenzsicherung mit Zustimmung der Bundesanstalt für Finanzdienstleistungsaufsicht[2] die Leistungen nach billigem Ermessen abweichend von den Absätzen 1 bis 5 festsetzen.

§ 8[3] Übertragung der Leistungspflicht. (1) Ein Anspruch gegen den Träger der Insolvenzsicherung auf Leistungen nach § 7 besteht nicht, wenn *eine Pensionskasse oder*[4] ein Unternehmen der Lebensversicherung sich dem Träger der Insolvenzsicherung gegenüber verpflichtet, diese Leistungen zu erbringen, und die nach § 7 Berechtigten ein unmittelbares Recht erwerben, die Leistungen zu fordern.

(2)[4] *¹Der Träger der Insolvenzsicherung hat die gegen ihn gerichteten Ansprüche auf den Pensionsfonds, dessen Trägerunternehmen die Eintrittspflicht nach § 7 ausgelöst hat, im Sinne von Absatz 1 zu übertragen, wenn die Bundesanstalt für Finanzdienstleistungsaufsicht hierzu die Genehmigung erteilt. ²Die Genehmigung kann nur erteilt werden, wenn durch Auflagen der Bundesanstalt für Finanzdienstleistungsaufsicht die dauernde Erfüllbarkeit der Leistungen aus dem Pensionsplan sichergestellt werden kann. ³Die Genehmigung der Bundesanstalt für Finanzdienstleistungsaufsicht kann der Pensionsfonds nur innerhalb eines Monats [**ab 1.1.2005:** von drei Monaten]*[5] *nach Eintritt des Sicherungsfalles beantragen.*

(2)[6] ¹An die Stelle des Anspruchs gegen den Träger der Insolvenzsicherung nach § 7 tritt auf Verlangen des Berechtigten die Versicherungsleistung aus einer auf sein Leben abgeschlossenen Rückdeckungsversicherung, wenn die Versorgungszusage auf die Leistungen der Rückdeckungsversicherung verweist. ²Das Wahlrecht des Berechtigten nach Satz 1 besteht nicht, sofern die Rückdeckungsversicherung in die Insolvenzmasse des Arbeitgebers fällt oder *eine Übertragung des Anspruchs durch den Träger der Insolvenzsicherung nach Absatz 2 erfolgt* [***ab 24.6.2020:*** die Aufsichtsbehörde das Vermögen nach § 9 Absatz 3a oder 3b nicht auf den Träger der Insolvenzsicherung überträgt]. ³Der Berechtigte hat das Recht, als Versicherungsnehmer in die Versicherung einzutreten und die Versicherung mit eigenen Beiträgen fortzusetzen; § 1b Absatz 5 Satz 1 Nummer 1 und § 2 Absatz 2 Satz 4 bis 6 gelten entsprechend. ⁴Der Träger der Insol-

---

[1] Bezeichnung geänd. durch G v. 9.12.2004 (BGBl. I S. 3242).

[2] Bezeichnung geänd. durch G v. 5.7.2004 (BGBl. I S. 1427).

[3] § 8 Überschr. geänd., bish. Abs. 1a wird Abs. 2, Abs. 3 angef. mWv 1.1.2018 durch G v. 17.8.2017 (BGBl. I S. 3214).

[4] § 8 Abs. 1 kursiver Satzteil und Abs. 2 aufgeh. mWv 24.6.2020 durch G v. 12.6.2020 (BGBl. I S. 1248).

[5] Frist verlängert durch G v. 5.7.2004 (BGBl. I S. 1427).

[6] § 8 Abs. 3 wird Abs. 2 und Satz 2 geänd. mWv 24.6.2020 durch G v. 12.6.2020 (BGBl. I S. 1248).

venzsicherung informiert den Berechtigten über sein Wahlrecht nach Satz 1 und über die damit verbundenen Folgen für den Insolvenzschutz. [5]Das Wahlrecht erlischt sechs Monate nach Information durch den Träger der Insolvenzsicherung. [6]Der Versicherer informiert den Träger der Insolvenzsicherung unverzüglich über den Versicherungsnehmerwechsel.]

[*ab 1.1.2018:*

§ 8a[1)] Abfindung durch den Träger der Insolvenzversicherung. [1]Der Träger der Insolvenzsicherung kann eine Anwartschaft ohne Zustimmung des Arbeitnehmers abfinden, wenn der Monatsbetrag der aus der Anwartschaft resultierenden laufenden Leistung bei Erreichen der vorgesehenen Altersgrenze eins vom Hundert, bei Kapitalleistungen zwölf Zehntel der monatlichen Bezugsgröße nach § 18 des Vierten Buches Sozialgesetzbuch nicht übersteigen würde oder wenn dem Arbeitnehmer die Beiträge zur gesetzlichen Rentenversicherung erstattet worden sind. [2]Dies gilt entsprechend für die Abfindung einer laufenden Leistung. [3]Die Abfindung ist darüber hinaus möglich, wenn sie an ein Unternehmen der Lebensversicherung gezahlt wird, bei dem der Versorgungsberechtigte im Rahmen einer Direktversicherung versichert ist. [4]§ 2 Abs. 2 Satz 4 bis 6 und § 3 Abs. 5 gelten entsprechend.]

§ 9[2)] Mitteilungspflicht; Forderungs- und Vermögensübergang.

(1) [1]Der Träger der Insolvenzsicherung teilt dem Berechtigten die ihm nach § 7 oder § 8 zustehenden Ansprüche oder Anwartschaften schriftlich mit. [2]Unterbleibt die Mitteilung, so ist der Anspruch oder die Anwartschaft spätestens ein Jahr nach dem Sicherungsfall bei dem Träger der Insolvenzsicherung anzumelden; erfolgt die Anmeldung später, so beginnen die Leistungen frühestens mit dem Ersten des Monats der Anmeldung, es sei denn, daß der Berechtigte an der rechtzeitigen Anmeldung ohne sein Verschulden verhindert war.

(2) [1]Ansprüche oder Anwartschaften des Berechtigten gegen den Arbeitgeber auf Leistungen der betrieblichen Altersversorgung, die den Anspruch gegen den Träger der Insolvenzsicherung begründen, gehen im Falle eines Insolvenzverfahrens mit dessen Eröffnung, in den übrigen Sicherungsfällen dann auf den Träger der Insolvenzsicherung über, wenn dieser nach Absatz 1 Satz 1 dem Berechtigten die ihm zustehenden Ansprüche oder Anwartschaften mitteilt. [2]Der Übergang kann nicht zum Nachteil des Berechtigten geltend gemacht werden. [3]Die mit der Eröffnung des Insolvenzverfahrens übergegangenen Anwartschaften werden im Insolvenzverfahren als unbedingte Forderungen nach § 45 der Insolvenzordnung geltend gemacht.

(3) [1]Ist der Träger der Insolvenzsicherung zu Leistungen verpflichtet, die ohne den Eintritt des Sicherungsfalles eine Unterstützungskasse erbringen würde, geht deren Vermögen einschließlich der Verbindlichkeiten auf ihn

---

[1)] § 8 Abs. 2 wird neuer § 8a mWv 1.1.2018 durch G v. 17.8.2017 (BGBl. I S. 3214).

[2)] § 9 Abs. 2 Satz 1 und Abs. 3 Satz 4 geänd., Abs. 2 Satz 3 sowie Abs. 4 und 5 angef. mWv 1.1.1999 durch G v. 5.10.1994 (BGBl. I S. 2911), Abs. 3 Satz 4 Halbsatz 2 angef. mWv 1.1.1999 durch G v. 16.12.1997 (BGBl. I S. 2998).

über; die Haftung für die Verbindlichkeiten beschränkt sich auf das übergegangene Vermögen. [2]Wenn die übergegangenen Vermögenswerte den Barwert der Ansprüche und Anwartschaften gegen den Träger der Insolvenzsicherung übersteigen, hat dieser den übersteigenden Teil entsprechend der Satzung der Unterstützungskasse zu verwenden. [3]Bei einer Unterstützungskasse mit mehreren Trägerunternehmen hat der Träger der Insolvenzsicherung einen Anspruch gegen die Unterstützungskasse auf einen Betrag, der dem Teil des Vermögens der Kasse entspricht, der auf das Unternehmen entfällt, bei dem der Sicherungsfall eingetreten ist. [4]Die Sätze 1 bis 3 gelten nicht, wenn der Sicherungsfall auf den in § 7 Abs. 1 Satz 4 Nr. 2 genannten Gründen beruht, es sei denn, daß das Trägerunternehmen seine Betriebstätigkeit nach Eintritt des Sicherungsfalls nicht fortsetzt und aufgelöst wird (Liquidationsvergleich).

[Fassung bis 23.6.2020:]

(3a)[2] Absatz 3 findet entsprechende Anwendung auf einen Pensionsfonds, wenn die Bundesanstalt für Finanzdienstleistungsaufsicht die Genehmigung für die Übertragung der Leistungspflicht durch den Träger der Insolvenzsicherung nach § 8 *Abs. 1a* [***ab 1.1.2018:*** Absatz 2] nicht erteilt.

[Fassung ab 24.6.2020:][1]

(3a) [1]Hat die Pensionskasse nach § 7 Absatz 1 Satz 2 Nummer 3 Kenntnis über den Sicherungsfall bei einem Arbeitgeber erlangt, dessen Versorgungszusage von ihr durchgeführt wird, hat sie dies und die Auswirkungen des Sicherungsfalls auf die Pensionskasse der Aufsichtsbehörde und dem Träger der Insolvenzsicherung unverzüglich mitzuteilen. [2]Sind bei der Pensionskasse vor Eintritt des Sicherungsfalls garantierte Leistungen gekürzt worden oder liegen der Aufsichtsbehörde Informationen vor, die eine dauerhafte Verschlechterung der finanziellen Lage der Pensionskasse wegen der Insolvenz des Arbeitgebers erwarten lassen, entscheidet die Aufsichtsbehörde nach Anhörung des Trägers der Insolvenzsicherung und der Pensionskasse nach pflichtgemäßem Ermessen, ob das dem Arbeitgeber zuzuordnende Vermögen der Pensionskasse einschließlich der Verbindlichkeiten auf den Träger der Insolvenzsicherung übertragen werden soll. [3]Die Aufsichtsbehörde teilt ihre Entscheidung dem Träger der Insolvenzsicherung und der Pensi-

[1] § 9 Abs. 3a neu gef., Abs. 3b eingef. mWv 24.6.2020 durch G v. 12.6.2020 (BGBl. I S. 1248).

[2] § 9 Abs. 3a eingef. mWv 1.1.2002 durch G v. 26.6.2001 (BGBl. I S. 1310); Verweis geänd. mWv 1.1.2018 durch G v. 17.8.2017 (BGBl. I S. 3214).

[Fassung ab 24.6.2020:]

onskasse mit. [4]Die Übertragungsanordnung kann mit Nebenbestimmungen versehen werden. [5]Absatz 3 Satz 1 zweiter Halbsatz gilt entsprechend. [6]Der Träger der Insolvenzsicherung kann nach Anhörung der Aufsichtsbehörde der Pensionskasse Finanzmittel zur Verfügung stellen. [7]Werden nach Eintritt des Sicherungsfalls von der Pensionskasse garantierte Leistungen gekürzt, gelten die Sätze 2 bis 6 entsprechend.

(3b) [1]Absatz 3a gilt entsprechend für den Pensionsfonds. [2]Abweichend von Absatz 3a Satz 2 hat die Aufsichtsbehörde bei nicht versicherungsförmigen Pensionsplänen stets das dem Arbeitgeber zuzuordnende Vermögen einschließlich der Verbindlichkeiten auf den Träger der Insolvenzsicherung zu übertragen.

(4)[1)] [1]In einem Insolvenzplan, der die Fortführung des Unternehmens oder eines Betriebes vorsieht, *kann für den Träger der Insolvenzsicherung eine besondere Gruppe gebildet werden.* [***ab 1.1.2021:*** ist für den Träger der Insolvenzsicherung eine besondere Gruppe zu bilden, sofern er hierauf nicht verzichtet.] [2]Sofern im Insolvenzplan nichts anderes vorgesehen ist, kann der Träger der Insolvenzsicherung, wenn innerhalb von drei Jahren nach der Aufhebung des Insolvenzverfahrens ein Antrag auf Eröffnung eines neuen Insolvenzverfahrens über das Vermögen des Arbeitgebers gestellt wird, in diesem Verfahren als Insolvenzgläubiger Erstattung der von ihm erbrachten Leistungen verlangen.

(5) Dem Träger der Insolvenzsicherung steht gegen den Beschluß, durch den das Insolvenzverfahren eröffnet wird, die sofortige Beschwerde zu.

§ 10 Beitragspflicht und Beitragsbemessung. (1)[2)] [1]Die Mittel für die Durchführung der Insolvenzsicherung werden auf Grund öffentlich-rechtlicher Verpflichtung durch Beiträge aller Arbeitgeber aufgebracht, die Leistungen der betrieblichen Altersversorgung unmittelbar zugesagt haben, eine betriebliche Altersversorgung über eine Unterstützungskasse, eine Direktversicherung der in § 7 Abs. 1 Satz 2 und Absatz 2 Satz 1 Nr. 2 bezeichneten Art, einen Pensionsfonds [***ab 24.6.2020:*** oder eine Pensionskasse nach § 7 Absatz 1 Satz 2 Nummer 3] durchführen. [***ab 24.6.2020:*** [2]Der Versorgungsträger kann die Beiträge für den Arbeitgeber übernehmen.]

[1)] § 9 Abs. 4 Satz 1 geänd. mWv 1.1.2021 durch G v. 22.12.2020 (BGBl. I S. 3256).
[2)] § 10 Abs. 1 neu gef. mWv 24.6.2020 durch G v. 12.6.2020 (BGBl. I S. 1248).

(2)[1] [1] Die Beiträge müssen den Barwert der im laufenden Kalenderjahr entstehenden Ansprüche auf Leistungen der Insolvenzsicherung decken zuzüglich eines Betrages für die aufgrund eingetretener Insolvenzen zu sichernden Anwartschaften, der sich aus dem Unterschied der Barwerte dieser Anwartschaften am Ende des Kalenderjahres und am Ende des Vorjahres bemisst. [2] Der Rechnungszinsfuß bei der Berechnung des Barwerts der Ansprüche auf Leistungen der Insolvenzsicherung bestimmt sich nach § 235 Absatz 1 Nummer 4 des Versicherungsaufsichtsgesetzes; soweit keine Übertragung nach § 8 Abs. 1 stattfindet, ist der Rechnungszinsfuß bei der Berechnung des Barwerts der Anwartschaften um ein Drittel höher. [3] Darüber hinaus müssen die Beiträge die im gleichen Zeitraum entstehenden Verwaltungskosten und sonstigen Kosten, die mit der Gewährung der Leistungen zusammenhängen, und die Zuführung zu einem von der Bundesanstalt für Finanzdienstleistungsaufsicht festgesetzten Ausgleichsfonds decken; § 193 des Versicherungsaufsichtsgesetzes bleibt unberührt. [4] Auf die am Ende des Kalenderjahres fälligen Beiträge können Vorschüsse erhoben werden.

[Satz 5 und 6 idF bis 31.12.2015:]

[5] Sind die nach den Sätzen 1 bis 3 erforderlichen Beiträge höher als im vorangegangenen Kalenderjahr, so kann der Unterschiedsbetrag auf das laufende und die folgenden vier Kalenderjahre verteilt werden. [6] In Jahren, in denen sich außergewöhnlich hohe Beiträge ergeben würden, kann zu deren Ermäßigung der Ausgleichsfonds in einem von der Bundesanstalt für Finanzdienstleistungsaufsicht zu genehmigenden Umfang herangezogen werden.

[Satz 5 idF ab 1.1.2016:][2]

[5] In Jahren, in denen sich außergewöhnlich hohe Beiträge ergeben würden, kann zu deren Ermäßigung der Ausgleichsfonds in einem von der Bundesanstalt für Finanzdienstleistungsaufsicht zu genehmigenden Umfang herangezogen werden; außerdem können die nach den Sätzen 1 bis 3 erforderlichen Beiträge auf das laufende und die bis zu vier folgenden Kalenderjahre verteilt werden.

(3) Die nach Absatz 2 erforderlichen Beiträge werden auf die Arbeitgeber nach Maßgabe der nachfolgenden Beträge umgelegt, soweit sie sich auf die laufenden Versorgungsleistungen und die nach § 1b unverfallbaren Versorgungsanwartschaften beziehen (Beitragsbemessungsgrundlage); diese Beträge sind festzustellen auf den Schluß des Wirtschaftsjahres des Arbeitgebers, das im abgelaufenen Kalenderjahr geendet hat:

1. Bei Arbeitgebern, die Leistungen der betrieblichen Altersversorgung unmittelbar zugesagt haben, ist Beitragsbemessungsgrundlage der Teilwert der Pensionsverpflichtung (§ 6a Abs. 3 des Einkommensteuergesetzes).

---

[1] § 10 Abs. 2 neu gef. mWv 12.12.2006 durch G v. 2.12.2006 (BGBl. I S. 2742); Abs. 2 Satz 2 und 3 Verweis geänd. mWv 1.1.2016 durch G v. 1.4.2015 (BGBl. I S. 434); Satz 2 Verweis ber. durch G v. 17.8.2017 (BGBl. I S. 3214); Satz 2 Verweis geänd. mWv 13.1.2019 durch G v. 19.12.2018 (BGBl. I S. 2672).

[2] § 10 Abs. 2 Satz 5 neu gef., Satz 6 aufgeh. mWv 1.1.2016 durch G v. 1.4.2015 (BGBl. I S. 434).

2. [1] Bei Arbeitgebern, die eine betriebliche Altersversorgung über eine Direktversicherung mit widerruflichem Bezugsrecht durchführen, ist Beitragsbemessungsgrundlage das geschäftsplanmäßige Deckungskapital oder, soweit die Berechnung des Deckungskapitals nicht zum Geschäftsplan gehört, die Deckungsrückstellung. [2] Für Versicherungen, bei denen der Versicherungsfall bereits eingetreten ist, und für Versicherungsanwartschaften, für die ein unwiderrufliches Bezugsrecht eingeräumt ist, ist das Deckungskapital oder die Deckungsrückstellung nur insoweit zu berücksichtigen, als die Versicherungen abgetreten oder beliehen sind.

3. Bei Arbeitgebern, die eine betriebliche Altersversorgung über eine Unterstützungskasse durchführen, ist Beitragsbemessungsgrundlage das Deckungskapital für die laufenden Leistungen (§ 4d Abs. 1 Nr. 1 Buchstabe a des Einkommensteuergesetzes) zuzüglich des Zwanzigfachen der nach § 4d Abs. 1 Nr. 1 Buchstabe b Satz 1 des Einkommensteuergesetzes errechneten jährlichen Zuwendungen für Leistungsanwärter im Sinne von § 4d Abs. 1 Nr. 1 Buchstabe b Satz 2 des Einkommensteuergesetzes.

[Fassung bis 23.6.2020:]

4.[2] Bei Arbeitgebern, soweit sie betriebliche Altersversorgung über einen Pensionsfonds durchführen, ist Beitragsbemessungsgrundlage 20 vom Hundert des entsprechend Nummer 1 ermittelten Betrages.

[Fassung ab 24.6.2020:][1]

4. Bei Arbeitgebern, die eine betriebliche Altersversorgung über einen Pensionsfonds oder eine Pensionskasse nach § 7 Absatz 1 Satz 2 Nummer 3 durchführen, ist Beitragsbemessungsgrundlage

   a) für unverfallbare Anwartschaften auf lebenslange Altersleistungen die Höhe der jährlichen Versorgungsleistung, die im Versorgungsfall, spätestens zum Zeitpunkt des Erreichens der Regelaltersgrenze in der gesetzlichen Rentenversicherung, erreicht werden kann, bei ausschließlich lebenslangen Invaliditäts- oder lebenslangen Hinterbliebenenleistungen jeweils ein Viertel dieses Wertes; bei Kapitalleistungen gelten 10 Prozent der Kapitalleistung, bei Auszahlungsplänen 10 Prozent der Ratensumme zuzüglich des Restkapitals als Höhe der le-

[1] § 10 Abs. 3 Nr. 4 neu gef. mWv 24.6.2020 durch G v. 12.6.2020 (BGBl. I S. 1248).
[2] § 10 Abs. 3 Nr. 4 angef. mWv 1.1.2002 durch G v. 26.6.2001 (BGBl. I S. 1310), Nr. 4 neu gef. mWv 1.1.2002 durch G v. 24.7.2003 (BGBl. I S. 1526).

[Fassung ab 24.6.2020:]

benslangen jährlichen Versorgungsleistung,

b) für lebenslang laufende Versorgungsleistungen 20 Prozent des nach Anlage 1 Spalte 2 zu § 4d Absatz 1 des Einkommensteuergesetzes berechneten Deckungskapitals; bei befristeten Versorgungsleistungen gelten 10 Prozent des Produktes aus maximal möglicher Restlaufzeit in vollen Jahren und der Höhe der jährlichen laufenden Leistung, bei Auszahlungsplänen 10 Prozent der zukünftigen Ratensumme zuzüglich des Restkapitals als Höhe der lebenslangen jährlichen Versorgungsleistung.

(4) [1] Aus den Beitragsbescheiden des Trägers der Insolvenzsicherung findet die Zwangsvollstreckung in entsprechender Anwendung der Vorschriften der Zivilprozeßordnung statt. [2] Die vollstreckbare Ausfertigung erteilt der Träger der Insolvenzsicherung.

§ 10a[1)] Säumniszuschläge; Zinsen; Verjährung. (1) Für Beiträge, die wegen Verstoßes des Arbeitgebers gegen die Meldepflicht erst nach Fälligkeit erhoben werden, kann der Träger der Insolvenzsicherung für jeden angefangenen Monat vom Zeitpunkt der Fälligkeit an einen Säumniszuschlag in Höhe von bis zu eins vom Hundert der nacherhobenen Beiträge erheben.

(2) [1] Für festgesetzte Beiträge und Vorschüsse, die der Arbeitgeber nach Fälligkeit zahlt, erhebt der Träger der Insolvenzsicherung für jeden Monat Verzugszinsen in Höhe von 0,5 vom Hundert der rückständigen Beiträge. [2] Angefangene Monate bleiben außer Ansatz.

(3) [1] Vom Träger der Insolvenzsicherung zu erstattende Beiträge werden vom Tage der Fälligkeit oder bei Feststellung des Erstattungsanspruchs durch gerichtliche Entscheidung vom Tage der Rechtshängigkeit an für jeden Monat mit 0,5 vom Hundert verzinst. [2] Angefangene Monate bleiben außer Ansatz.

(4) [1] Ansprüche auf Zahlung der Beiträge zur Insolvenzsicherung gemäß § 10 sowie Erstattungsansprüche nach Zahlung nicht geschuldeter Beiträge zur Insolvenzsicherung verjähren in sechs Jahren. [2] Die Verjährungsfrist beginnt mit Ablauf des Kalenderjahres, in dem die Beitragspflicht entstanden oder der Erstattungsanspruch fällig geworden ist. [3] Auf die Verjährung sind die Vorschriften des Bürgerlichen Gesetzbuchs anzuwenden.

---

1) § 10a eingef. mWv 1.1.1999 durch G v. 16.12.1997 (BGBl. I S. 2998).

§ 11 Melde-, Auskunfts- und Mitteilungspflichten. (1)[1] [1]Der Arbeitgeber hat dem Träger der Insolvenzsicherung eine betriebliche Altersversorgung nach § 1b Abs. 1 bis 4 für seine Arbeitnehmer innerhalb von 3 Monaten nach Erteilung der unmittelbaren Versorgungszusage, dem Abschluß einer Direktversicherung, der Errichtung einer Unterstützungskasse, eines Pensionsfonds [***ab 24.6.2020:*** oder einer Pensionskasse nach § 7 Absatz 1 Satz 2 Nummer 3] mitzuteilen.[2] [2]Der Arbeitgeber, der sonstige Träger der Versorgung, der Insolvenzverwalter und die nach § 7 Berechtigten sind verpflichtet, dem Träger der Insolvenzsicherung alle Auskünfte zu erteilen, die zur Durchführung der Vorschriften dieses Abschnittes erforderlich sind, sowie Unterlagen vorzulegen, aus denen die erforderlichen Angaben ersichtlich sind.

(2)[3] [1]Ein beitragspflichtiger Arbeitgeber hat dem Träger der Insolvenzsicherung spätestens bis zum 30. September eines jeden Kalenderjahres die Höhe des nach § 10 Abs. 3 für die Bemessung des Beitrages maßgebenden Betrages bei unmittelbaren Versorgungszusagen *und Pensionsfonds* auf Grund eines versicherungsmathematischen Gutachtens, bei Direktversicherungen auf Grund einer Bescheinigung des Versicherers und bei Unterstützungskassen [***ab 24.6.2020:*** , Pensionsfonds und Pensionskassen] auf Grund einer nachprüfbaren Berechnung mitzuteilen. [2]Der Arbeitgeber hat die in Satz 1 bezeichneten Unterlagen mindestens 6 Jahre aufzubewahren.

(3)[4] [1]Der Insolvenzverwalter hat dem Träger der Insolvenzsicherung die Eröffnung des Insolvenzverfahrens, Namen und Anschriften der Versorgungsempfänger und die Höhe ihrer Versorgung nach § 7 unverzüglich mitzuteilen. [2]Er hat zugleich Namen und Anschriften der Personen, die bei Eröffnung des Insolvenzverfahrens eine nach § 1 unverfallbare Versorgungsanwartschaft haben, sowie die Höhe ihrer Anwartschaft nach § 7 mitzuteilen.

(4)[4] Der Arbeitgeber, der sonstige Träger der Versorgung und die nach § 7 Berechtigten sind verpflichtet, dem Insolvenzverwalter Auskünfte über alle Tatsachen zu erteilen, auf die sich die Mitteilungspflicht nach Absatz 3 bezieht.

(5)[4] In den Fällen, in denen ein Insolvenzverfahren nicht eröffnet wird (§ 7 Abs. 1 Satz 4) oder nach § 207 der Insolvenzordnung eingestellt worden ist, sind die Pflichten des Insolvenzverwalters nach Absatz 3 vom Arbeitgeber oder dem sonstigen Träger der Versorgung zu erfüllen.

(6)[5] [1]Kammern und andere Zusammenschlüsse von Unternehmern oder anderen selbständigen Berufstätigen, die als Körperschaften des öffentlichen

---

[1] § 11 Abs. 1 Satz 1 geänd. mWv 1.1.1999 durch G v. 16.12.1997 (BGBl. I S. 2998), Satz 2 geänd. mWv 1.1.1999 durch G v. 5.10.1994 (BGBl. I S. 2911), Abs. 1 Satz 1 geänd. mWv 1.1.2002 durch G v. 26.6.2001 (BGBl. I S. 1310).

[2] § 11 Abs. 1 Satz 1 geänd. durch G v. 26.6.2001 (BGBl. I S. 1310); geänd. mWv 24.6.2020 durch G v. 12.6.2020 (BGBl. I S. 1248).

[3] § 11 Abs. 2 Satz 1 geänd. mWv 1.1.2002 durch G v. 26.6.2001 (BGBl. I S. 1310); Abs. 2 Satz 1 kursiver Satzteil aufgeh., geänd. mWv 24.6.2020 durch G v. 12.6.2020 (BGBl. I S. 1248).

[4] § 11 Abs. 3 und 4 geänd., Abs. 5 angef. mWv 1.1.1999 durch G v. 5.10.1994 (BGBl. I S. 2911).

[5] § 11 Abs. 6 Satz 2 angef., bish. Text wird Satz 1 mWv 24.6.2020 durch G v. 12.6.2020 (BGBl. I S. 1248).

Rechts errichtet sind, ferner Verbände und andere Zusammenschlüsse, denen Unternehmer oder andere selbständige Berufstätige kraft Gesetzes angehören oder anzugehören haben, haben den Träger der Insolvenzsicherung bei der Ermittlung der nach § 10 beitragspflichtigen Arbeitgeber zu unterstützen. [***ab 24.6.2020:*** 2 Die Aufsichtsbehörden haben auf Anfrage dem Träger der Insolvenzsicherung die unter ihrer Aufsicht stehenden Pensionskassen mitzuteilen.]

[***ab 24.6.2020:***

(6a)[1] Ist bei einem Arbeitgeber, dessen Versorgungszusage von einer Pensionskasse oder einem Pensionsfonds durchgeführt wird, der Sicherungsfall eingetreten, muss die Pensionskasse oder der Pensionsfonds dem Träger der Insolvenzsicherung beschlossene Änderungen von Versorgungsleistungen unverzüglich mitteilen.]

(7)[2] Die nach den Absätzen 1 bis 3 und 5 zu Mitteilungen und Auskünften und die nach Absatz 6 zur Unterstützung Verpflichteten haben die vom Träger der Insolvenzsicherung vorgesehenen Vordrucke [***ab 24.6.2020:*** und technischen Verfahren] zu verwenden.

(8) 1 Zur Sicherung der vollständigen Erfassung der nach § 10 beitragspflichtigen Arbeitgeber können die Finanzämter dem Träger der Insolvenzsicherung mitteilen, welche Arbeitgeber für die Beitragspflicht in Betracht kommen. 2 Die Bundesregierung wird ermächtigt, durch Rechtsverordnung mit Zustimmung des Bundesrates das Nähere zu bestimmen und Einzelheiten des Verfahrens zu regeln.

§ 12 Ordnungswidrigkeiten. (1)[3] Ordnungswidrig handelt, wer vorsätzlich oder fahrlässig

1. entgegen § 11 Absatz 1 Satz 1, Absatz 2 Satz 1, *Abs. 3 oder Abs. 5* [***ab 24.6.2020:*** Absatz 3, 5 oder 6a] eine Mitteilung nicht, nicht richtig, nicht vollständig oder nicht rechtzeitig vornimmt,
2. entgegen § 11 Abs. 1 Satz 2 oder Abs. 4 eine Auskunft nicht, nicht richtig, nicht vollständig oder nicht rechtzeitig erteilt oder
3. entgegen § 11 Abs. 1 Satz 2 Unterlagen nicht, nicht richtig, nicht vollständig oder nicht rechtzeitig vorlegt oder entgegen § 11 Abs. 2 Satz 2 Unterlagen nicht aufbewahrt.

(2) Die Ordnungswidrigkeit kann mit einer Geldbuße bis zu zweitausendfünfhundert Euro geahndet werden.

(3) Verwaltungsbehörde im Sinne des § 36 Abs. 1 Nr. 1 des Gesetzes über Ordnungswidrigkeiten ist die Bundesanstalt für Finanzdienstleistungsaufsicht[4].

§ 13.[5] *(aufgehoben)*

---

[1] § 11 Abs. 6a eingef. mWv 24.6.2020 durch G v. 12.6.2020 (BGBl. I S. 1248).

[2] § 11 Abs. 7 geänd. mWv 24.6.2020 durch G v. 12.6.2020 (BGBl. I S. 1248).

[3] § 12 Abs. 1 Nr. 1 Verweis geänd. mWv 24.6.2020 durch G v. 12.6.2020 (BGBl. I S. 1248).

[4] Bezeichnung geänd. durch G v. 5.7.2004 (BGBl. I S. 1427).

[5] § 13 aufgeh. durch G v. 16.12.1997 (BGBl. I S. 2998).

§ 14 Träger der Insolvenzsicherung. (1)[1] [1] Träger der Insolvenzsicherung ist der Pensions-Sicherungs-Verein Versicherungsverein auf Gegenseitigkeit. [2] Er ist zugleich Träger der Insolvenzsicherung von Versorgungszusagen Luxemburger Unternehmen nach Maßgabe des Abkommens vom 22. September 2000 zwischen der Bundesrepublik Deutschland und dem Großherzogtum Luxemburg über Zusammenarbeit im Bereich der Insolvenzsicherung betrieblicher Altersversorgung. [3] *Er unterliegt der Aufsicht durch die Bundesanstalt für Finanzdienstleistungsaufsicht.*[2] [4] *Die Vorschriften des Versicherungsaufsichtsgesetzes gelten, soweit dieses Gesetz nichts anderes bestimmt.*

[***ab 1.1.2016:***

(2)[3] [1] Der Pensions-Sicherungs-Verein Versicherungsverein auf Gegenseitigkeit unterliegt der Aufsicht durch die Bundesanstalt für Finanzdienstleistungsaufsicht. [2] Soweit dieses Gesetz nichts anderes bestimmt, gelten für ihn die Vorschriften für kleine Versicherungsunternehmen nach den §§ 212 bis 216 des Versichungsaufsichtsgesetzes und die auf Grund des § 217 des Versicherungsaufsichtsgesetzes erlassenen Rechtsverordnungen entsprechend. [3] Die folgenden Vorschriften gelten mit folgenden Maßgaben:

1. § 212 Absatz 2 Nummer 1 des Versicherungsaufsichtsgesetzes gilt mit der Maßgabe, dass § 30 des Versicherungsaufsichtsgesetzes Anwendung findet;
2. § 212 Absatz 3 Nummer 6 des Versicherungsaufsichtsgesetzes gilt ohne Maßgabe; § 212 Absatz 3 Nummer 7, 10 und 12 des Versicherungsaufsichtsgesetzes gilt mit der Maßgabe, dass die dort genannten Vorschriften auch auf die interne Revision Anwendung finden; § 212 Absatz 3 Nummer 13 des Versicherungsaufsichtsgesetzes gilt mit der Maßgabe, dass die Bundesanstalt für Finanzdienstleistungsaufsicht bei Vorliegen der gesetzlichen Tatbestandsmerkmale die Erlaubnis zum Geschäftsbetrieb widerrufen kann;
3.[4] § 214 Absatz 1 des Versicherungsaufsichtsgesetzes gilt mit der Maßgabe, dass grundsätzlich die Hälfte des Ausgleichsfonds den Eigenmitteln zugerechnet werden kann. [2] Auf Antrag des Pensions-Sicherungs-Vereins Versicherungsverein auf Gegenseitigkeit kann die Bundesanstalt für Finanzdienstleistungsaufsicht im Fall einer Inanspruchnahme des Ausgleichsfonds nach § 10 Absatz 2 Satz 5 festsetzen, dass der Ausgleichsfonds vorübergehend zu einem hierüber hinausgehenden Anteil den Eigenmitteln zugerechnet werden kann; § 214 Absatz 6 des Versicherungsaufsichtsgesetzes findet keine Anwendung;
4. der Umfang des Sicherungsvermögens muss mindestens der Summe aus den Bilanzwerten der in § 125 Absatz 2 des Versicherungsaufsichtsgesetzes genannten Beträge und dem nicht den Eigenmitteln zuzurechnenden Teil des Ausgleichsfonds entsprechen;

---

[1] § 14 Abs. 1 neu gef. durch G v. 10.12.2001 (BGBl. II S. 1258); Abs. 1 Sätze 3 und 4 aufgeh. mWv 1.1.2016 durch G v. 1.4.2015 (BGBl. I S. 434).

[2] Bezeichnung geänd. durch G v. 5.7.2004 (BGBl. I S. 1427).

[3] § 14 Abs. 2 eingef., bish. Abs. 2 und 3 werden Abs. 3 und 4 mWv 1.1.2016 durch G v. 1.4.2015 (BGBl. I S. 434).

[4] § 14 Abs. 2 Satz 3 Nr. 3 Verweis geänd. mWv 13.1.2019 durch G v. 19.12.2018 (BGBl. I S. 2672).

5. § 134 Absatz 3 Satz 2 des Versicherungsaufsichtsgesetzes gilt mit der Maßgabe, dass die Aufsichtsbehörde die Frist für Maßnahmen des Pensions-Sicherungs-Vereins Versicherungsverein auf Gegenseitigkeit um einen angemessenen Zeitraum verlängern kann; § 134 Absatz 6 Satz 1 des Versicherungsaufsichtsgesetzes ist entsprechend anzuwenden;
6. § 135 Absatz 2 Satz 2 des Versicherungsaufsichtsgesetzes gilt mit der Maßgabe, dass die Aufsichtsbehörde die genannte Frist um einen angemessenen Zeitraum verlängern kann.]

(3) [1] Der Bundesminister für Arbeit und Sozialordnung weist durch Rechtsverordnung mit Zustimmung des Bundesrates die Stellung des Trägers der Insolvenzsicherung der Kreditanstalt für Wiederaufbau[1)] zu, bei der ein Fonds zur Insolvenzsicherung der betrieblichen Altersversorgung gebildet wird, wenn

1. bis zum 31. Dezember 1974 nicht nachgewiesen worden ist, daß der in Absatz 1 genannte Träger die Erlaubnis der Aufsichtsbehörde zum Geschäftsbetrieb erhalten hat,
2. der in Absatz 1 genannte Träger aufgelöst worden ist oder
3. die Aufsichtsbehörde den Geschäftsbetrieb des in Absatz 1 genannten Trägers untersagt oder die Erlaubnis zum Geschäftsbetrieb widerruft.

[2] In den Fällen der Nummern 2 und 3 geht das Vermögen des in Absatz 1 genannten Trägers einschließlich der Verbindlichkeiten auf die Kreditanstalt für Wiederaufbau[1)] über, die es dem Fonds zur Insolvenzsicherung der betrieblichen Altersversorgung zuweist.

(4) [1] Wird die Insolvenzsicherung von der Kreditanstalt für Wiederaufbau[1)] durchgeführt, gelten die Vorschriften dieses Abschnittes mit folgenden Abweichungen:

1. In § 7 Abs. 6 entfällt die Zustimmung der Bundesanstalt für Finanzdienstleistungsaufsicht[2)].
2. [1] § 10 Abs. 2 findet keine Anwendung. [2] Die von der Kreditanstalt für Wiederaufbau[1)] zu erhebenden Beiträge müssen den Bedarf für die laufenden Leistungen der Insolvenzsicherung im laufenden Kalenderjahr und die im gleichen Zeitraum entstehenden Verwaltungskosten und sonstigen Kosten, die mit der Gewährung der Leistungen zusammenhängen, decken. [3] Bei einer Zuweisung nach Absatz 2 Nr. 1 beträgt der Beitrag für die ersten 3 Jahre mindestens 0,1 vom Hundert der Beitragsbemessungsgrundlage gemäß § 10 Abs. 3; der nicht benötigte Teil dieses Beitragsaufkommens wird einer Betriebsmittelreserve zugeführt. [4] Bei einer Zuweisung nach Absatz 2 Nr. 2 oder 3 wird in den ersten 3 Jahren zu dem Beitrag nach Nummer 2 Satz 2 ein Zuschlag von 0,08 vom Hundert der Beitragsbemessungsgrundlage gemäß § 10 Abs. 3 zur Bildung einer Betriebsmittelreserve erhoben. [5] Auf die Beiträge können Vorschüsse erhoben werden.
3. In § 12 Abs. 3 tritt an die Stelle der Bundesanstalt für Finanzdienstleistungsaufsicht[2)] die Kreditanstalt für Wiederaufbau[1)].

---

1) Geänd. durch G v. 15.8.2003 (BGBl. I S. 1657).
2) Bezeichnung geänd. durch G v. 5.7.2004 (BGBl. I S. 1427).

[2]Die Kreditanstalt für Wiederaufbau[1] verwaltet den Fonds im eigenen Namen. [3]Für Verbindlichkeiten des Fonds haftet sie nur mit dem Vermögen des Fonds. [4]Dieser haftet nicht für die sonstigen Verbindlichkeiten der Bank. [5]§ 11 Abs. 1 Satz 1 des Gesetzes über die Kreditanstalt für Wiederaufbau in der Fassung der Bekanntmachung vom 23. Juni 1969 (BGBl. I S. 573), das zuletzt durch Artikel 14 des Gesetzes vom 21. Juni 2002 (BGBl. I S. 2010) geändert worden ist, ist in der jeweils geltenden Fassung auch für den Fonds anzuwenden.[2]

§ 15 Verschwiegenheitspflicht. [1]Personen, die bei dem Träger der Insolvenzsicherung beschäftigt oder für ihn tätig sind, dürfen fremde Geheimnisse, insbesondere Betriebs- oder Geschäftsgeheimnisse, nicht unbefugt offenbaren oder verwerten. [2]Sie sind nach dem Gesetz über die förmliche Verpflichtung nichtbeamteter Personen vom 2. März 1974 (Bundesgesetzbl. I S. 469, 547) von der Bundesanstalt für Finanzdienstleistungsaufsicht[3] auf die gewissenhafte Erfüllung ihrer Obliegenheiten zu verpflichten.

Fünfter Abschnitt. Anpassung

§ 16 Anpassungsprüfungspflicht. (1) Der Arbeitgeber hat alle drei Jahre eine Anpassung der laufenden Leistungen der betrieblichen Altersversorgung zu prüfen und hierüber nach billigem Ermessen zu entscheiden; dabei sind insbesondere die Belange des Versorgungsempfängers und die wirtschaftliche Lage des Arbeitgebers zu berücksichtigen.

(2)[4] Die Verpflichtung nach Absatz 1 gilt als erfüllt, wenn die Anpassung nicht geringer ist als der Anstieg

1.[5] des Verbraucherpreisindexes für Deutschland oder

2. der Nettolöhne vergleichbarer Arbeitnehmergruppen des Unternehmens

im Prüfungszeitraum.

(3)[6] Die Verpflichtung nach Absatz 1 entfällt, wenn

1. der Arbeitgeber sich verpflichtet, die laufenden Leistungen jährlich um wenigstens eins vom Hundert anzupassen,
2. die betriebliche Altersversorgung über eine Direktversicherung im Sinne des § 1b Abs. 2 oder über eine Pensionskasse im Sinne des § 1b Abs. 3 durchgeführt wird, [***ab 31.12.2015:*** und][7] ab Rentenbeginn sämtliche auf den Rentenbestand entfallende Überschußanteile zur Erhöhung der laufenden Leistungen verwendet werden *und zur Berechnung der garantierten Leis-*

---

[1] Geänd. durch G v. 15.8.2003 (BGBl. I S. 1657).

[2] § 14 Abs. 3 Satz 5 neu gef. mWv 22.8.2003 durch G v. 15.8.2003 (BGBl. I S. 1657).

[3] Bezeichnung geänd. durch G v. 5.7.2004 (BGBl. I S. 1427).

[4] § 16 Abs. 2 angef. mWv 1.1.1999 durch G v. 16.12.1997 (BGBl. I S. 2998).

[5] § 16 Abs. 2 Nr. 1 neu gef. mWv 1.1.2003 durch G v. 3.4.2003 (BGBl. I S. 462); zur Geltung siehe § 30c Abs. 4.

[6] § 16 Abs. 3 angef. mWv 1.1.1999 durch G v. 16.12.1997 (BGBl. I S. 2998); zur Geltung von § 16 Abs. 3 Nr. 1 siehe § 30c Abs. 1.

[7] § 16 Abs. 3 Nr. 2 geänd., kursiver Satzteil aufgeh. mWv 31.12.2015 durch G v. 21.12.2015 (BGBl. I S. 2553); zur Anwendung siehe auch **§ 30c Abs. 1a**.

tung der nach § 65 Abs. 1 Nr. 1 Buchstabe a des Versicherungsaufsichtsgesetzes festgesetzte Höchstzinssatz zur Berechnung der Deckungsrückstellung nicht überschritten wird[1] oder

3.[1] eine Beitragszusage mit Mindestleistung erteilt wurde; Absatz 5 findet insoweit keine Anwendung.

(4)[2] [1]Sind laufende Leistungen nach Absatz 1 nicht oder nicht in vollem Umfang anzupassen (zu Recht unterbliebene Anpassung), ist der Arbeitgeber nicht verpflichtet, die Anpassung zu einem späteren Zeitpunkt nachzuholen. [2]Eine Anpassung gilt als zu Recht unterblieben, wenn der Arbeitgeber dem Versorgungsempfänger die wirtschaftliche Lage des Unternehmens schriftlich dargelegt, der Versorgungsempfänger nicht binnen drei Kalendermonaten nach Zugang der Mitteilung schriftlich widersprochen hat und er auf die Rechtsfolgen eines nicht fristgemäßen Widerspruchs hingewiesen wurde.

(5)[3] Soweit betriebliche Altersversorgung durch Entgeltumwandlung finanziert wird, ist der Arbeitgeber verpflichtet, die Leistungen mindestens entsprechend Absatz 3 Nr. 1 anzupassen oder im Falle der Durchführung über eine Direktversicherung oder eine Pensionskasse sämtliche Überschussanteile entsprechend Absatz 3 Nr. 2 zu verwenden.

(6)[4, 5] Eine Verpflichtung zur Anpassung besteht nicht für monatliche Raten im Rahmen eines Auszahlungsplans sowie für Renten ab Vollendung des 85. Lebensjahres im Anschluss an einen Auszahlungsplan.

Sechster Abschnitt. Geltungsbereich

§ 17 Persönlicher Geltungsbereich. (1) [1]Arbeitnehmer im Sinne der §§ 1 bis 16 sind Arbeiter und Angestellte einschließlich der zu ihrer Berufsausbildung Beschäftigten; ein Berufsausbildungsverhältnis steht einem Arbeitsverhältnis gleich. [2]Die §§ 1 bis 16 gelten entsprechend für Personen, die nicht Arbeitnehmer sind, wenn ihnen Leistungen der Alters-, Invaliditäts- oder Hinterbliebenenversorgung aus Anlaß ihrer Tätigkeit für ein Unternehmen zugesagt worden sind. [3]Arbeitnehmer im Sinne von § 1a Abs. 1 sind nur Personen nach den Sätzen 1 und 2, soweit sie aufgrund der Beschäftigung oder Tätigkeit bei dem Arbeitgeber, gegen den sich der Anspruch nach § 1a richten würde, in der gesetzlichen Rentenversicherung pflichtversichert sind.[6]

(2)[7] Die §§ 7 bis 15 gelten nicht für den Bund, die Länder, die Gemeinden sowie die Körperschaften, Stiftungen und Anstalten des öffentlichen Rechts, bei denen das Insolvenzverfahren nicht zulässig ist, und solche juristische Per-

---

[1] § 16 Abs. 3 Nr. 3 angef. mWv 1.1.2002 durch G v. 26.6.2001 (BGBl. I S. 1310).

[2] § 16 Abs. 4 angef. mWv 1.1.1999 durch G v. 16.12.1997 (BGBl. I S. 2998); zur Geltung siehe § 30c Abs. 2.

[3] § 16 Abs. 5 angef. mWv 1.1.2001 durch G v. 26.6.2001 (BGBl. I S. 1310); zur Geltung siehe § 30c Abs. 3.

[4] § 16 Abs. 6 angef. mWv 1.1.2001 durch G v. 26.6.2001 (BGBl. I S. 1310).

[5] § 16 Abs. 6 neu gef. durch G v. 21.6.2002 (BGBl. I S. 2167).

[6] § 17 Abs. 1 Satz 3 angef. mWv 1.1.2002 durch G v. 26.6.2001 (BGBl. I S. 1310).

[7] § 17 Abs. 2 geänd. mWv 1.1.1999 durch G v. 5.10.1994 (BGBl. I S. 2911).

sonen des öffentlichen Rechts, bei denen der Bund, ein Land oder eine Gemeinde kraft Gesetzes die Zahlungsfähigkeit sichert.

(3)[1] *(aufgehoben)*

(3)[2] Gesetzliche Regelungen über Leistungen der betrieblichen Altersversorgung werden unbeschadet des § 18 durch die §§ 1 bis 16 und 26 bis 30 nicht berührt.

§ 18[3] **Sonderregelungen für den öffentlichen Dienst.** (1)[4] [1]Für Personen, die

1. bei der Versorgungsanstalt des Bundes und der Länder (VBL) oder einer kommunalen oder kirchlichen Zusatzversorgungseinrichtung versichert sind, oder
2. bei einer anderen Zusatzversorgungseinrichtung versichert sind, die mit einer der Zusatzversorgungseinrichtungen nach Nummer 1 ein Überleitungsabkommen abgeschlossen hat oder aufgrund satzungsrechtlicher Vorschriften der Zusatzversorgungseinrichtungen nach Nummer 1 ein solches Abkommen abschließen kann, oder
3. unter das Hamburgische Zusatzversorgungsgesetz oder unter das Bremische Ruhelohngesetz in ihren jeweiligen Fassungen fallen oder auf die diese Gesetze sonst Anwendung finden,

gelten die §§ 2, [***ab 1.1.2018:*** 2a Absatz 1, 3 und 4 sowie die §§] 5, 16, 27 und 28 nicht, soweit sich aus den nachfolgenden Regelungen nichts Abweichendes ergibt; § 4 gilt nicht, wenn die Anwartschaft oder die laufende Leistung ganz oder teilweise umlage- oder haushaltsfinanziert ist.[5] [***ab 24.6.2020:*** [2]Soweit die betriebliche Altersversorgung über eine der in Satz 1 genannten Einrichtungen durchgeführt wird, finden die §§ 7 bis 15 keine Anwendung.]

(2)[6] Bei Eintritt des Versorgungsfalles vor dem 2. Januar 2002 erhalten die in Absatz 1 Nummer 1 und 2 bezeichneten Personen, deren Anwartschaft nach § 1b fortbesteht und deren Arbeitsverhältnis vor Eintritt des Versorgungsfalles geendet hat, von der Zusatzversorgungseinrichtung aus der Pflichtversicherung eine Zusatzrente nach folgenden Maßgaben:

1. [1]Der monatliche Betrag der Zusatzrente beträgt für jedes Jahr der aufgrund des Arbeitsverhältnisses bestehenden Pflichtversicherung bei einer Zusatzversorgungseinrichtung 2,25 vom Hundert, höchstens jedoch 100 vom

---

[1] § 17 Abs. 3 aufgeh. mWv 1.1.2018 durch G v. 17.8.2017 (BGBl. I S. 3214).

[2] § 17 Abs. 4 wird Abs. 3, Abs. 5 aufgeh. mWv 1.1.2018 durch G v. 17.8.2017 (BGBl. I S. 3214).

[3] § 18 neu gef. mWv 1.1.2001 – mit Ausnahme von Abs. 9, der ab 1.1.1999 gilt – durch G v. 21.12.2000 (BGBl. I S. 1914); zur Geltung siehe § 30d.

[4] § 18 Abs. 1 Nrn. 1 und 2 geänd. (zur Geltung siehe § 30d Abs. 2a), Nr. 3 neu gef. mWv 1.1.2002 durch G v. 17.8.2017 (BGBl. I S. 3214); Abs. 1 Satz 2 angef., bish. Text wird Satz 1 mWv 24.6.2020 durch G v. 12.6.2020 (BGBl. I S. 1248); vgl. zur Anw. **§ 30d**.

[5] § 18 Abs. 1 Satz 1 HS 2 angef. mWv 1.1.2005 durch G v. 5.7.2004 (BGBl. I S. 1427); geänd. mWv 1.1.2018 durch G v. 21.12.2015 (BGBl. I S. 2553).

[6] § 18 Abs. 2 Satzteil vor Nr. 1 neu gef., Nr. 6 geänd. mWv 1.1.2002 durch G v. 17.8.2017 (BGBl. I S. 3214).

Hundert der Leistung, die bei dem höchstmöglichen Versorgungssatz zugestanden hätte (Voll-Leistung). [2] Für die Berechnung der Voll-Leistung

a) ist der Versicherungsfall der Regelaltersrente maßgebend,

b) ist das Arbeitsentgelt maßgebend, das nach der Versorgungsregelung für die Leistungsbemessung maßgebend wäre, wenn im Zeitpunkt des Ausscheidens der Versicherungsfall im Sinne der Versorgungsregelung eingetreten wäre,

c)[1)] *finden § 2 Abs. 5 Satz 1 und § 2 Abs. 6* [***ab 1.1.2018:*** findet § 2a Absatz 1] entsprechend Anwendung,

d) ist im Rahmen einer Gesamtversorgung der im Falle einer Teilzeitbeschäftigung oder Beurlaubung nach der Versorgungsregelung für die gesamte Dauer des Arbeitsverhältnisses maßgebliche Beschäftigungsquotient nach der Versorgungsregelung als Beschäftigungsquotient auch für die übrige Zeit maßgebend,

e) finden die Vorschriften der Versorgungsregelung über eine Mindestleistung keine Anwendung und

f) ist eine anzurechnende Grundversorgung nach dem bei der Berechnung von Pensionsrückstellungen für die Berücksichtigung von Renten aus der gesetzlichen Rentenversicherung allgemein zulässigen Verfahren zu ermitteln. [2] Hierbei ist das Arbeitsentgelt nach Buchstabe b zugrunde zu legen und – soweit während der Pflichtversicherung Teilzeitbeschäftigung bestand – diese nach Maßgabe der Versorgungsregelung zu berücksichtigen.

2. Die Zusatzrente vermindert sich um 0,3 vom Hundert für jeden vollen Kalendermonat, den der Versorgungsfall vor Vollendung des 65. Lebensjahres eintritt, höchstens jedoch um den in der Versorgungsregelung für die Voll-Leistung vorgesehenen Vomhundertsatz.

3. Übersteigt die Summe der Vomhundertsätze nach Nummer 1 aus unterschiedlichen Arbeitsverhältnissen 100, sind die einzelnen Leistungen im gleichen Verhältnis zu kürzen.

4. Die Zusatzrente muss monatlich mindestens den Betrag erreichen, der sich aufgrund des Arbeitsverhältnisses nach der Versorgungsregelung als Versicherungsrente aus den jeweils maßgeblichen Vomhundertsätzen der zusatzversorgungspflichtigen Entgelte oder der gezahlten Beiträge und Erhöhungsbeträge ergibt.

5. [1] Die Vorschriften der Versorgungsregelung über das Erlöschen, das Ruhen und die Nichtleistung der Versorgungsrente gelten entsprechend. [2] Soweit die Versorgungsregelung eine Mindestleistung in Ruhensfällen vorsieht, gilt dies nur, wenn die Mindestleistung der Leistung im Sinne der Nummer 4 entspricht.

6. [1] Verstirbt die in Absatz 1 genannte Person und beginnt die Hinterbliebenenrente vor dem 2. Januar 2002, erhält eine Witwe oder ein Witwer 60 vom Hundert, eine Witwe oder ein Witwer im Sinne des § 46 Abs. 1

---

1) § 18 Abs. 2 Nr. 1 Satz 2 Buchst. c geänd. mWv 1.1.2018 durch G v. 21.12.2015 (BGBl. I S. 2553).

des Sechsten Buches Sozialgesetzbuch 42 vom Hundert, eine Halbwaise 12 vom Hundert und eine Vollwaise 20 vom Hundert der unter Berücksichtigung der in diesem Absatz genannten Maßgaben zu berechnenden Zusatzrente; die §§ 46, 48, 103 bis 105 des Sechsten Buches Sozialgesetzbuch sind entsprechend anzuwenden. 2Die Leistungen an mehrere Hinterbliebene dürfen den Betrag der Zusatzrente nicht übersteigen; gegebenenfalls sind die Leistungen im gleichen Verhältnis zu kürzen.

7. Versorgungsfall ist der Versicherungsfall im Sinne der Versorgungsregelung.

(2a)[1] Bei Eintritt des Versorgungsfalles oder bei Beginn der Hinterbliebenenrente nach dem 1. Januar 2002 erhalten die in Absatz 1 Nummer 1 und 2 genannten Personen, deren Anwartschaft nach § 1b fortbesteht und deren Arbeitsverhältnis vor Eintritt des Versorgungsfalles geendet hat, von der Zusatzversorgungseinrichtung die nach der jeweils maßgebenden Versorgungsregelung vorgesehenen Leistungen.

(3)[2] 1Personen, auf die bis zur Beendigung ihres Arbeitsverhältnisses die Regelungen des Hamburgischen Zusatzversorgungsgesetzes oder des Bremischen Ruhelohngesetzes in ihren jeweiligen Fassungen Anwendung gefunden haben, haben Anspruch gegenüber ihrem ehemaligen Arbeitgeber auf Leistungen in sinngemäßer Anwendung des Absatzes 2 mit Ausnahme von Absatz 2 Nummer 3 und 4 sowie Nummer 5 Satz 2; bei Anwendung des Hamburgischen Zusatzversorgungsgesetzes bestimmt sich der monatliche Betrag der Zusatzrente abweichend von Absatz 2 nach der nach dem Hamburgischen Zusatzversorgungsgesetz maßgebenden Berechnungsweise. 2An die Stelle des Stichtags 2. Januar 2002 tritt im Bereich des Hamburgischen Zusatzversorgungsgesetzes der 1. August 2003 und im Bereich des Bremischen Ruhelohngesetzes der 1. März 2007.

(4)[3] 1Die Leistungen nach den Absätzen 2, 2a und 3 werden in der Pflichtversicherung jährlich zum 1. Juli um 1 Prozent erhöht. 2In der freiwilligen Versicherung bestimmt sich die Anpassung der Leistungen nach der jeweils maßgebenden Versorgungsregelung.

(5)[4] Besteht bei Eintritt des Versorgungsfalles neben dem Anspruch auf Zusatzrente nach Absatz 2 oder auf die in Absatz 3 oder Absatz 7 bezeichneten Leistungen auch Anspruch auf eine Versorgungsrente oder Versicherungsrente der in Absatz 1 Satz 1 Nr. 1 und 2 bezeichneten Zusatzversorgungseinrichtungen oder Anspruch auf entsprechende Versorgungsleistungen der Versorgungsanstalt der deutschen Kulturorchester oder der Versorgungsanstalt der deutschen Bühnen oder nach den Regelungen des Ersten Ruhegeldgesetzes, des Zweiten Ruhegeldgesetzes oder des Bremischen Ruhelohngesetzes, in deren Berechnung auch die der Zusatzrente nach Absatz 2 zugrunde liegenden Zeiten berücksichtigt sind, ist nur die im Zahlbetrag höhere Rente zu leisten.

---

[1] § 18 Abs. 2a eingef. mWv 1.1.2002 durch G v. 17.8.2017 (BGBl. I S. 3214).
[2] § 18 Abs. 3 neu gef. mWv 1.1.2002 durch G v. 17.8.2017 (BGBl. I S. 3214).
[3] § 18 Abs. 4 neu gef. mWv 1.1.2002 durch G v. 17.8.2017 (BGBl. I S. 3214).
[4] § 18 Abs. 5 geänd. mWv 1.1.2002 durch G v. 17.8.2017 (BGBl. I S. 3214).

(6)[1] Eine Anwartschaft auf Versorgungsleistungen kann bei Übertritt der anwartschaftsberechtigten Person in ein Versorgungssystem einer überstaatlichen Einrichtung in das Versorgungssystem dieser Einrichtung übertragen werden, wenn ein entsprechendes Abkommen zwischen der Zusatzversorgungseinrichtung oder der Freien und Hansestadt Hamburg oder der Freien Hansestadt Bremen und der überstaatlichen Einrichtung besteht.

(7)[2] [1]Für Personen, die bei der Versorgungsanstalt der deutschen Kulturorchester oder der Versorgungsanstalt der deutschen Bühnen pflichtversichert sind, gelten die §§ 2 *bis* [***ab 1.1.2018:*** und 3, mit Ausnahme von § 3 Absatz 2 Satz 3, sowie die §§ 4,] 5, 16, 27 und 28 nicht [***ab 24.6.2020:*** ; soweit die betriebliche Altersversorgung über die Versorgungsanstalten durchgeführt wird, finden die §§ 7 bis 15 keine Anwendung]. [2]Bei Eintritt des Versorgungsfalles treten an die Stelle der Zusatzrente und der Leistungen an Hinterbliebene nach Absatz 2 und an die Stelle der Regelung in Absatz 4 die satzungsgemäß vorgesehenen Leistungen; Absatz 2 Nr. 5 findet entsprechend Anwendung. [3]*Die Höhe der Leistungen kann nach dem Ausscheiden aus dem Beschäftigungsverhältnis nicht mehr geändert werden.* [4]*Als* [***ab 1.1.2018:*** [3]Als] pflichtversichert gelten auch die freiwillig Versicherten der Versorgungsanstalt der deutschen Kulturorchester und der Versorgungsanstalt der deutschen Bühnen.

(8) Gegen Entscheidungen der Zusatzversorgungseinrichtungen über Ansprüche nach diesem Gesetz ist der Rechtsweg gegeben, der für Versicherte der Einrichtung gilt.

(9)[3] Bei Personen, die aus einem Arbeitsverhältnis ausscheiden, in dem sie nach § 5 Abs. 1 Satz 1 Nr. 2 des Sechsten Buches Sozialgesetzbuch versicherungsfrei waren, dürfen die Ansprüche nach § 2 Abs. 1 Satz 1 und 2 nicht hinter dem Rentenanspruch zurückbleiben, der sich ergeben hätte, wenn der Arbeitnehmer für die Zeit der versicherungsfreien Beschäftigung in der gesetzlichen Rentenversicherung nachversichert worden wäre; die Vergleichsberechnung ist im Versorgungsfall aufgrund einer Auskunft der Deutschen Rentenversicherung Bund[4] vorzunehmen.

§ 18a[5] **Verjährung.** [1]Der Anspruch auf Leistungen aus der betrieblichen Altersversorgung verjährt in 30 Jahren. [2]Ansprüche auf regelmäßig wiederkehrende Leistungen unterliegen der regelmäßigen Verjährungsfrist nach den Vorschriften des Bürgerlichen Gesetzbuchs.

---

[1] § 18 Abs. 6 neu gef. mWv 1.1.2002 durch G v. 17.8.2017 (BGBl. I S. 3214).

[2] § 18 Abs. 7 Satz 1 geänd., Satz 3 aufgeh., bish. Satz 4 wird Satz 3 mWv 1.1.2018 durch G v. 21.12.2015 (BGBl. I S. 2553); Abs. 7 Satz 1 HS 2 angef. mWv 24.6.2020 durch G v. 12.6.2020 (BGBl. I S. 1248).

[3] In Kraft ab 1.1.1999 (Art. 2 des G v. 21.12.2000, BGBl. I S. 1914).

[4] Bezeichnung geänd. mWv 1.10.2005 durch G v. 9.12.2004 (BGBl. I S. 3242).

[5] § 18a eingef. mWv 1.1.2002 durch G v. 26.11.2001 (BGBl. I S. 3138).

[ab 1.1.2018:]

Siebter Abschnitt. Betriebliche Altersversorgung und Tarifvertrag[1)]

Unterabschnitt 1. Tariföffnung; Optionssysteme

§ 19 Allgemeine Tariföffnungsklausel. (1) Von den §§ 1a, 2, 2a Absatz 1, 3 und 4, § 3, mit Ausnahme des § 3 Absatz 2 Satz 3, von den §§ 4, 5, 16, 18a Satz 1, §§ 27 und 28 kann in Tarifverträgen abgewichen werden.

(2) Die abweichenden Bestimmungen haben zwischen nichttarifgebundenen Arbeitgebern und Arbeitnehmern Geltung, wenn zwischen diesen die Anwendung der einschlägigen tariflichen Regelung vereinbart ist.

(3) Im Übrigen kann von den Bestimmungen dieses Gesetzes nicht zuungunsten des Arbeitnehmers abgewichen werden.

§ 20 Tarifvertrag und Entgeltumwandlung; Optionssysteme. (1) Soweit Entgeltansprüche auf einem Tarifvertrag beruhen, kann für diese eine Entgeltumwandlung nur vorgenommen werden, soweit dies durch Tarifvertrag vorgesehen oder durch Tarifvertrag zugelassen ist.

(2) [1] In einem Tarifvertrag oder auf Grund eines Tarifvertrages in einer Betriebs- oder Dienstvereinbarung kann geregelt werden, dass der Arbeitgeber für alle Arbeitnehmer oder für eine Gruppe von Arbeitnehmern des Unternehmens oder einzelner Betriebe eine automatische Entgeltumwandlung einführt, gegen die der Arbeitnehmer ein Widerspruchsrecht hat (Optionssystem). [2] Das Angebot des Arbeitgebers auf Entgeltumwandlung gilt als vom Arbeitnehmer angenommen, wenn er nicht widersprochen hat und das Angebot

1. in Textform und mindestens drei Monate vor der ersten Fälligkeit des umzuwandelnden Entgelts gemacht worden ist und
2. deutlich darauf hinweist,
   a) welcher Betrag und welcher Vergütungsbestandteil umgewandelt werden sollen und
   b) dass der Arbeitnehmer ohne Angabe von Gründen innerhalb einer Frist von mindestens einem Monat nach dem Zugang des Angebots widersprechen und die Entgeltumwandlung mit einer Frist von höchstens einem Monat beenden kann.

[3] Nichttarifgebundene Arbeitgeber können ein einschlägiges tarifvertragliches Optionssystem anwenden oder auf Grund eines einschlägigen Tarifvertrages durch Betriebs- oder Dienstvereinbarung die Einführung eines Optionssystems regeln; Satz 2 gilt entsprechend.

---

1) Siebter Abschnitt (§§ 19 bis 25) eingef. mWv 1.1.2018 durch G v. 17.8.2017 (BGBl. I S. 3214).

Unterabschnitt 2. Tarifvertrag und reine Beitragszusage

§ 21 Tarifvertragsparteien. (1) Vereinbaren die Tarifvertragsparteien eine betriebliche Altersversorgung in Form der reinen Beitragszusage, müssen sie sich an deren Durchführung und Steuerung beteiligen.

(2) [1]Die Tarifvertragsparteien sollen im Rahmen von Tarifverträgen nach Absatz 1 bereits bestehende Betriebsrentensysteme angemessen berücksichtigen. [2]Die Tarifvertragsparteien müssen insbesondere prüfen, ob auf der Grundlage einer Betriebs- oder Dienstvereinbarung oder, wenn ein Betriebs- oder Personalrat nicht besteht, durch schriftliche Vereinbarung zwischen Arbeitgeber und Arbeitnehmer, tarifvertraglich vereinbarte Beiträge für eine reine Beitragszusage für eine andere nach diesem Gesetz zulässige Zusageart verwendet werden dürfen.

(3) [1]Die Tarifvertragsparteien sollen nichttarifgebundenen Arbeitgebern und Arbeitnehmern den Zugang zur durchführenden Versorgungseinrichtung nicht verwehren. [2]Der durchführenden Versorgungseinrichtung dürfen im Hinblick auf die Aufnahme und Verwaltung von Arbeitnehmern nichttarifgebundener Arbeitgeber keine sachlich unbegründeten Vorgaben gemacht werden.

(4) Wird eine reine Beitragszusage über eine Direktversicherung durchgeführt, kann eine gemeinsame Einrichtung nach § 4 des Tarifvertragsgesetzes als Versicherungsnehmer an die Stelle des Arbeitgebers treten.

§ 22 Arbeitnehmer und Versorgungseinrichtung. (1) [1]Bei einer reinen Beitragszusage hat der Pensionsfonds, die Pensionskasse oder die Direktversicherung dem Versorgungsempfänger auf der Grundlage des planmäßig zuzurechnenden Versorgungskapitals laufende Leistungen der betrieblichen Altersversorgung zu erbringen. [2]Die Höhe der Leistungen darf nicht garantiert werden.

(2) [1]Die auf den gezahlten Beiträgen beruhende Anwartschaft auf Altersrente ist sofort unverfallbar. [2]Die Erträge der Versorgungseinrichtung müssen auch dem ausgeschiedenen Arbeitnehmer zugutekommen.

(3) Der Arbeitnehmer hat gegenüber der Versorgungseinrichtung das Recht,

1. nach Beendigung des Arbeitsverhältnisses
   a) die Versorgung mit eigenen Beiträgen fortzusetzen oder
   b) innerhalb eines Jahres das gebildete Versorgungskapital auf die neue Versorgungseinrichtung, an die Beiträge auf der Grundlage einer reinen Beitragszusage gezahlt werden, zu übertragen,
2. entsprechend § 4a Auskunft zu verlangen und
3. entsprechend § 6 vorzeitige Altersleistungen in Anspruch zu nehmen.

(4) [1]Die bei der Versorgungseinrichtung bestehende Anwartschaft ist nicht übertragbar, nicht beleihbar und nicht veräußerbar. [2]Sie darf vorbehaltlich des Satzes 3 nicht vorzeitig verwertet werden. [3]Die Versorgungseinrichtung kann Anwartschaften und laufende Leistungen bis zu der Wertgrenze in § 3 Ab-

satz 2 Satz 1 abfinden; § 3 Absatz 2 Satz *2* [***ab 24.6.2020:*** 3][1] gilt entsprechend.

(5) Für die Verjährung der Ansprüche gilt § 18a entsprechend.

§ 23 Zusatzbeiträge des Arbeitgebers. (1) Zur Absicherung der reinen Beitragszusage soll im Tarifvertrag ein Sicherungsbeitrag vereinbart werden.

(2) Bei einer reinen Beitragszusage ist im Fall der Entgeltumwandlung im Tarifvertrag zu regeln, dass der Arbeitgeber 15 Prozent des umgewandelten Entgelts zusätzlich als Arbeitgeberzuschuss an die Versorgungseinrichtung weiterleiten muss, soweit der Arbeitgeber durch die Entgeltumwandlung Sozialversicherungsbeiträge einspart.

§ 24 Nichttarifgebundene Arbeitgeber und Arbeitnehmer. Nichttarifgebundene Arbeitgeber und Arbeitnehmer können die Anwendung der einschlägigen tariflichen Regelung vereinbaren.

§ 25 Verordnungsermächtigung. [1]Das Bundesministerium für Arbeit und Soziales wird ermächtigt, im Einvernehmen mit dem Bundesministerium der Finanzen durch Rechtsverordnung Mindestanforderungen an die Verwendung der Beiträge nach § 1 Absatz 2 Nummer 2a festzulegen. [2]Die Ermächtigung kann im Einvernehmen mit dem Bundesministerium der Finanzen auf die Bundesanstalt für Finanzdienstleistungsaufsicht übertragen werden. [3]Rechtsverordnungen nach den Sätzen 1 und 2 bedürfen nicht der Zustimmung des Bundesrates.

Zweiter Teil. Übergangs- und Schlußvorschriften

§ 26 [Ausschluß der Rückwirkung] Die §§ 1 bis 4 und 18 gelten nicht, wenn das Arbeitsverhältnis oder Dienstverhältnis vor dem Inkrafttreten des Gesetzes beendet worden ist.

§ 26a[2] Übergangsvorschrift zu § 1a Absatz 1a. § 1a Absatz 1a gilt für individual- und kollektivrechtliche Entgeltumwandlungsvereinbarungen, die vor dem 1. Januar 2019 geschlossen worden sind, erst ab dem 1. Januar 2022.

§ 27 [Direktversicherungen und Pensionskassen] § 2 Abs. 2 Satz 2 Nr. 2 und 3 und Abs. 3 Satz 2 Nr. 1 und 2 gelten in Fällen, in denen vor dem Inkrafttreten des Gesetzes die Direktversicherung abgeschlossen worden ist oder die Versicherung des Arbeitnehmers bei einer Pensionskasse begonnen hat, mit der Maßgabe, daß die in diesen Vorschriften genannten Voraussetzungen spätestens für die Zeit nach Ablauf eines Jahres seit dem Inkrafttreten des Gesetzes erfüllt sein müssen.

---

[1] Verweis geänd. mWv 24.6.2020 durch G v. 12.6.2020 (BGBl. I S. 1248).
[2] § 26a eingef. durch G v. 17.8.2017 (BGBl. I S. 3214).

§ 28 [Auszehrungs- und Anrechnungsverbot] § 5 gilt für Fälle, in denen der Versorgungsfall vor dem Inkrafttreten des Gesetzes eingetreten ist, mit der Maßgabe, daß diese Vorschrift bei der Berechnung der nach dem Inkrafttreten des Gesetzes fällig werdenden Versorgungsleistungen anzuwenden ist.

§ 29 [Vorzeitige Altersleistungen] § 6 gilt für die Fälle, in denen das Altersruhegeld der gesetzlichen Rentenversicherung bereits vor dem Inkrafttreten des Gesetzes in Anspruch genommen worden ist, mit der Maßgabe, daß die Leistungen der betrieblichen Altersversorgung vom Inkrafttreten des Gesetzes an zu gewähren sind.

§ 30[1] [Erstmalige Beitrags- und Leistungspflicht bei Insolvenzsicherung] (1) [1] Ein Anspruch gegen den Träger der Insolvenzsicherung nach § 7 besteht nur, wenn der Sicherungsfall nach dem Inkrafttreten der §§ 7 bis 15 eingetreten ist; er kann erstmals nach dem Ablauf von sechs Monaten nach diesem Zeitpunkt geltend gemacht werden. [2] Die Beitragspflicht des Arbeitgebers beginnt mit dem Inkrafttreten der §§ 7 bis 15.

[***ab 24.6.2020:***

(2) [1] Wenn die betriebliche Altersversorgung über eine Pensionskasse nach § 7 Absatz 1 Satz 2 Nummer 3 durchgeführt wird, besteht ein Anspruch gegen den Träger der Insolvenzsicherung, wenn der Sicherungsfall nach dem 31. Dezember 2021 eingetreten ist. [2] Die Beitragspflicht des Arbeitgebers, der betriebliche Altersversorgung über eine Pensionskasse nach § 7 Absatz 1 Satz 2 Nummer 3 durchführt, beginnt im Jahr 2021; der Beitrag beträgt in diesem Jahr 3 Promille der Beitragsbemessungsgrundlage nach § 10 Absatz 3 Nummer 4. [3] Zusätzlich zum Beitrag nach § 10 Absatz 2 Satz 1 wird für die betriebliche Altersversorgung nach Satz 2 für die Jahre 2022 bis 2025 ein Beitrag in Höhe von 1,5 Promille der Beitragsbemessungsgrundlage nach § 10 Absatz 3 Nummer 4 erhoben; die Beiträge sind zum Ende des jeweiligen Kalenderjahres fällig.

(3) [1] Ist der Sicherungsfall nach Absatz 2 vor dem 1. Januar 2022 eingetreten, besteht ein Anspruch gegen den Träger der Insolvenzsicherung, wenn die Pensionskasse die nach der Versorgungszusage des Arbeitgebers vorgesehene Leistung um mehr als die Hälfte kürzt oder das Einkommen des ehemaligen Arbeitnehmers wegen einer Kürzung unter die von Eurostat für Deutschland ermittelte Armutsgefährdungsschwelle fällt. [2] Leistungen werden nur auf Antrag und nicht rückwirkend erbracht; sie können mit Nebenbestimmungen versehen werden. [3] Mit dem Antrag sind Unterlagen vorzulegen, die den Anspruch belegen. [4] Die Kosten, die dem Träger der Insolvenzsicherung insofern entstehen, werden vom Bund übernommen; Einzelheiten werden in einer Verwaltungsvereinbarung zwischen dem Träger der Insolvenzsicherung und dem Bundesministerium für Arbeit und Soziales im Einvernehmen mit dem Bundesministerium der Finanzen geregelt.

---

[1] § 30 bish. Text wird Abs. 1; Abs. 2 bis 5 angef. mWv 24.6.2020 durch G v. 12.6.2020 (BGBl. I S. 1248).

(4) Soweit die betriebliche Altersversorgung über einen Pensionsfonds durchgeführt wird, gelten für Sicherungsfälle, die vor dem 1. Januar 2022 eingetreten sind, die §§ 7, 8 und 9 in der am 31. Dezember 2019 geltenden Fassung; für die Beitragsjahre 2020 bis 2022 können Arbeitgeber die Beitragsbemessungsgrundlage nach § 10 Absatz 3 Nummer 4 in der am 31. Dezember 2019 geltenden Fassung ermitteln.

(5) [1]Das Bundesministerium für Arbeit und Soziales untersucht 2026, ob die Beitragsbemessung nach § 10 Absatz 3 Nummer 4 bei betrieblicher Altersversorgung, die von Pensionskassen durchgeführt wird, weiterhin sachgerecht ist, insbesondere, ob die Höhe des Beitrags dem vom Träger der Insolvenzsicherung zu tragenden Risiko entspricht. [2]Das Bundesministerium für Arbeit und Soziales kann Dritte mit dieser Untersuchung beauftragen.]

§ 30a[1)] *(aufgehoben)*

§ 30b[2) · 3)] **[Geltung von § 4 Abs. 3]** § 4 Abs. 3 gilt nur für Zusagen, die nach dem 31. Dezember 2004 erteilt wurden.

§ 30c[2)] **[Geltung von § 16 Abs. 3 Nr. 1, von Abs. 4 und Abs. 5]**

(1) § 16 Abs. 3 Nr. 1 gilt nur für laufende Leistungen, die auf Zusagen beruhen, die nach dem 31. Dezember 1998 erteilt werden.

(1a)[4)] § 16 Abs. 3 Nr. 2 gilt auch für Anpassungszeiträume, die vor dem 1. Januar 2016 liegen; in diesen Zeiträumen bereits erfolgte Anpassungen oder unterbliebene Anpassungen, gegen die der Versorgungsberechtigte vor dem 1. Januar 2016 Klage erhoben hat, bleiben unberührt.

(2) § 16 Abs. 4 gilt nicht für vor dem 1. Januar 1999 zu Recht unterbliebene Anpassungen.

(3)[5)] § 16 Abs. 5 gilt nur für laufende Leistungen, die auf Zusagen beruhen, die nach dem 31. Dezember 2000 erteilt werden.

(4)[6)] Für die Erfüllung der Anpassungsprüfungspflicht für Zeiträume vor dem 1. Januar 2003 gilt § 16 Abs. 2 Nr. 1 mit der Maßgabe, dass an die Stelle des Verbraucherpreisindexes für Deutschland der Preisindex für die Lebenshaltung von 4-Personen-Haushalten von Arbeitern und Angestellten mit mittlerem Einkommen tritt.

§ 30d[7) · 8)] **Übergangsregelung zu § 18.** (1) [1]Ist der Versorgungsfall vor dem 1. Januar 2001 eingetreten oder ist der Arbeitnehmer vor dem 1. Januar 2001 aus dem Beschäftigungsverhältnis bei einem öffentlichen Arbeitgeber

---

1) § 30a aufgeh. durch G v. 17.8.2017 (BGBl. I S. 3214).
2) §§ 30b–30d eingef. mWv 1.1.1999 durch G v. 16.12.1997 (BGBl. I S. 2998).
3) § 30b neu gef. durch G v. 5.7.2004 (BGBl. I S. 1427).
4) § 30c Abs. 1a eingef. durch G v. 17.8.2017 (BGBl. I S. 3214).
5) § 30c Abs. 3 angef. durch G v. 3.4.2003 (BGBl. I S. 462).
6) § 30c Abs. 4 angef. durch G v. 3.4.2003 (BGBl. I S. 462).
7) §§ 30b–30d eingef. mWv 1.1.1999 durch G v. 16.12.1997 (BGBl. I S. 2998).
8) § 30d neu gef. durch G v. 21.12.2000 (BGBl. I S. 1914); Abs. 1 Satz 1 geänd., Abs. 2a eingef. durch G v. 17.8.2017 (BGBl. I S. 2314).

ausgeschieden und der Versorgungsfall nach dem 31. Dezember 2000 und vor dem 2. Januar 2002 eingetreten, sind für die Berechnung der Voll-Leistung die Regelungen der Zusatzversorgungseinrichtungen nach § 18 Abs. 1 Satz 1 Nr. 1 und 2 oder die Gesetze im Sinne des § 18 Abs. 1 Satz 1 Nr. 3 sowie die weiteren Berechnungsfaktoren jeweils in der am 31. Dezember 2000 geltenden Fassung maßgebend; § 18 Abs. 2 Nr. 1 Buchstabe b bleibt unberührt. [2]Die Steuerklasse III/0 ist zugrunde zu legen. [3]Ist der Versorgungsfall vor dem 1. Januar 2001 eingetreten, besteht der Anspruch auf Zusatzrente mindestens in der Höhe, wie er sich aus § 18 in der Fassung vom 16. Dezember 1997 (BGBl. I S. 2998) ergibt.

(2) Die Anwendung des § 18 ist in den Fällen des Absatzes 1 ausgeschlossen, soweit eine Versorgungsrente der in § 18 Abs. 1 Satz 1 Nr. 1 und 2 bezeichneten Zusatzversorgungseinrichtungen oder eine entsprechende Leistung aufgrund der Regelungen des Ersten Ruhegeldgesetzes, des Zweiten Ruhegeldgesetzes oder des Bremischen Ruhelohngesetzes bezogen wird, oder eine Versicherungsrente abgefunden wurde.

(2a) Für Personen, deren Beschäftigungsverhältnis vor dem 1. Januar 2002 vor Eintritt des Versorgungsfalls geendet hat und deren Anwartschaft nach § 1b fortbesteht, haben die in § 18 Absatz 1 Satz 1 Nummer 1 und 2 bezeichneten Zusatzversorgungseinrichtungen bei Eintritt des Versorgungsfalls nach dem 1. Januar 2002 die Anwartschaft für Zeiten bis zum 1. Januar 2002 nach § 18 Absatz 2 unter Berücksichtigung des § 18 Absatz 5 zu ermitteln.

(3) [1]Für Arbeitnehmer im Sinne des § 18 Abs. 1 Satz 1 Nr. 4, 5 und 6 in der bis zum 31. Dezember 1998 geltenden Fassung, für die bis zum 31. Dezember 1998 ein Anspruch auf Nachversicherung nach § 18 Abs. 6 entstanden ist, gilt Absatz 1 Satz 1 für die aufgrund der Nachversicherung zu ermittelnde Voll-Leistung entsprechend mit der Maßgabe, dass sich der nach § 2 zu ermittelnde Anspruch gegen den ehemaligen Arbeitgeber richtet. [2]Für den nach § 2 zu ermittelnden Anspruch gilt § 18 Abs. 2 Nr. 1 Buchstabe b entsprechend; für die übrigen Bemessungsfaktoren ist auf die Rechtslage am 31. Dezember 2000 abzustellen. [3]Leistungen der gesetzlichen Rentenversicherung, die auf einer Nachversicherung wegen Ausscheidens aus einem Dienstordnungsverhältnis beruhen, und Leistungen, die die zuständige Versorgungseinrichtung aufgrund von Nachversicherungen im Sinne des § 18 Abs. 6 in der am 31. Dezember 1998 geltenden Fassung gewährt, werden auf den Anspruch nach § 2 angerechnet. [4]Hat das Arbeitsverhältnis im Sinne des § 18 Abs. 9 bereits am 31. Dezember 1998 bestanden, ist in die Vergleichsberechnung nach § 18 Abs. 9 auch die Zusatzrente nach § 18 in der bis zum 31. Dezember 1998 geltenden Fassung einzubeziehen.

§ 30e[1)] [Geltung von § 1 Abs. 2 Nr. 4] (1) § 1 Abs. 2 Nr. 4 zweiter Halbsatz gilt für Zusagen, die nach dem 31. Dezember 2002 erteilt werden.

---

1) § 30e eingef. durch G v. 21.6.2002 (BGBl. I S. 2167), Abs. 2 Satz 2 eingef. durch G v. 5.7.2004 (BGBl. I S. 1427); geänd. mWv 1.1.2018 durch G v. 21.12.2015 (BGBl. I S. 2553).

(2) [1] § 1 Abs. 2 Nr. 4 zweiter Halbsatz findet auf Pensionskassen, deren Leistungen der betrieblichen Altersversorgung durch Beiträge der Arbeitnehmer und Arbeitgeber gemeinsam finanziert und die als beitragsorientierte Leistungszusage oder als Leistungszusage durchgeführt werden, mit der Maßgabe Anwendung, dass dem ausgeschiedenen Arbeitnehmer das Recht zur Fortführung mit eigenen Beiträgen nicht eingeräumt werden und eine Überschussverwendung gemäß § 1b Abs. 5 Nr. 1 nicht erfolgen muss. [2] Wird dem ausgeschiedenen Arbeitnehmer ein Recht zur Fortführung nicht eingeräumt, gilt für die Höhe der unverfallbaren Anwartschaft § 2 *Abs. 5a* [***ab 1.1.2018:*** Absatz 5] entsprechend. [3] Für die Anpassung laufender Leistungen gelten die Regelungen nach § 16 Abs. 1 bis 4. [4] Die Regelung in Absatz 1 bleibt unberührt.

§ 30f[1)] **[Geltung von § 1b Abs. 1]** (1) [1] Wenn Leistungen der betrieblichen Altersversorgung vor dem 1. Januar 2001 zugesagt worden sind, ist § 1b Abs. 1 mit der Maßgabe anzuwenden, dass die Anwartschaft erhalten bleibt, wenn das Arbeitsverhältnis vor Eintritt des Versorgungsfalles, jedoch nach Vollendung des 35. Lebensjahres endet und die Versorgungszusage zu diesem Zeitpunkt

1. mindestens zehn Jahre oder
2. bei mindestens zwölfjähriger Betriebszugehörigkeit mindestens drei Jahre

bestanden hat;[2)] in diesen Fällen bleibt die Anwartschaft auch erhalten, wenn die Zusage ab dem 1. Januar 2001 fünf Jahre bestanden hat und bei Beendigung des Arbeitsverhältnisses das 30. Lebensjahr vollendet ist. [2] § 1b Abs. 5 findet für Anwartschaften aus diesen Zusagen keine Anwendung.

(2)[2)] Wenn Leistungen der betrieblichen Altersversorgung vor dem 1. Januar 2009 und nach dem 31. Dezember 2000 zugesagt worden sind, ist § 1b Abs. 1 Satz 1 mit der Maßgabe anzuwenden, dass die Anwartschaft erhalten bleibt, wenn das Arbeitsverhältnis vor Eintritt des Versorgungsfalls, jedoch nach Vollendung des 30. Lebensjahres endet und die Versorgungszusage zu diesem Zeitpunkt fünf Jahre bestanden hat; in diesen Fällen bleibt die Anwartschaft auch erhalten, wenn die Zusage ab dem 1. Januar 2009 fünf Jahre bestanden hat und bei Beendigung des Arbeitsverhältnisses das 25. Lebensjahr vollendet ist.

(3)[3)] Wenn Leistungen der betrieblichen Altersversorgung vor dem 1. Januar 2018 und nach dem 31. Dezember 2008 zugesagt worden sind, ist § 1b Absatz 1 Satz 1 mit der Maßgabe anzuwenden, dass die Anwartschaft erhalten bleibt, wenn das Arbeitsverhältnis vor Eintritt des Versorgungsfalls, jedoch nach Vollendung des 25. Lebensjahres endet und die Versorgungszusage zu diesem Zeitpunkt fünf Jahre bestanden hat; in diesen Fällen bleibt die Anwartschaft auch erhalten, wenn die Zusage ab dem 1. Januar 2018 drei Jahre bestanden hat und bei Beendigung des Arbeitsverhältnisses das 21. Lebensjahr vollendet ist.

[1)] § 30 f eingef. durch G v. 26.6.2001 (BGBl. I S. 1310).

[2)] § 30 f Abs. 1 Satz 1 HS 1 geänd., Abs. 2 angef. mWv 1.1.2009 durch G v. 10.12.2007 (BGBl. I S. 2838).

[3)] § 30 f Abs. 3 angef. durch G v. 21.12.2015 (BGBl. I S. 2553).

§ 30g[1)] [Geltung von § 2 Abs. 5] (1) [1] § 2a Absatz 2 gilt nicht für Beschäftigungszeiten vor dem 1. Januar 2018. [2] Für Beschäftigungszeiten nach dem 31. Dezember 2017 gilt § 2a Absatz 2 nicht, wenn das Versorgungssystem vor dem 20. Mai 2014 für neue Arbeitnehmer geschlossen war.

(2) [1] § 2 Absatz 5 gilt nur für Anwartschaften, die auf Zusagen beruhen, die nach dem 31. Dezember 2000 erteilt worden sind. [2] Im Einvernehmen zwischen Arbeitgeber und Arbeitnehmer kann § 2 Absatz 5 auch auf Anwartschaften angewendet werden, die auf Zusagen beruhen, die vor dem 1. Januar 2001 erteilt worden sind.

(3) § 3 findet keine Anwendung auf laufende Leistungen, die vor dem 1. Januar 2005 erstmals gezahlt worden sind.

§ 30h[2)] [Geltung von § 20 Abs. 1] § 20 Abs. 1 gilt für Entgeltumwandlungen, die auf Zusagen beruhen, die nach dem 29. Juni 2001 erteilt werden.

§ 30i[3)] [Umlage des Barwerts der Anwartschaften bei Insolvenz]

(1) [1] Der Barwert der bis zum 31. Dezember 2005 aufgrund eingetretener Insolvenzen zu sichernden Anwartschaften wird einmalig auf die beitragspflichtigen Arbeitgeber entsprechend § 10 Abs. 3 umgelegt und vom Träger der Insolvenzsicherung nach Maßgabe der Beträge zum Schluss des Wirtschaftsjahres, das im Jahr 2004 geendet hat, erhoben. [2] Der Rechnungszinsfuß bei der Berechnung des Barwerts beträgt 3,67 vom Hundert.

(2) [1] Der Betrag ist in 15 gleichen Raten fällig. [2] Die erste Rate wird am 31. März 2007 fällig, die weiteren zum 31. März der folgenden Kalenderjahre. [3] Bei vorfälliger Zahlung erfolgt eine Diskontierung der einzelnen Jahresraten mit dem zum Zeitpunkt der Zahlung um ein Drittel erhöhten Rechnungszinsfuß nach der nach § 235 Nummer 4 des Versicherungsaufsichtsgesetzes erlassenen Rechtsverordnung, wobei nur volle Monate berücksichtigt werden.

(3) Der abgezinste Gesamtbetrag ist gemäß Absatz 2 am 31. März 2007 fällig, wenn die sich ergebende Jahresrate nicht höher als 50 Euro ist.

(4) Insolvenzbedingte Zahlungsausfälle von ausstehenden Raten werden im Jahr der Insolvenz in die erforderlichen jährlichen Beiträge gemäß § 10 Abs. 2 eingerechnet.

§ 30j[4)] Übergangsregelung zu § 20 Absatz 2. § 20 Abs. 2 gilt nicht für Optionssysteme, die auf der Grundlage von Betriebs- oder Dienstvereinbarungen vor dem 1. Juni 2017 eingeführt worden sind.

[1)] § 30g eingef. mWv 1.1.2001 durch G v. 26.6.2001 (BGBl. I S. 1310); Abs. 2 neu gef. mWv 1.1.2005 durch G v. 5.7.2004 (BGBl. I S. 1427); Abs. 1 eingef., bish. Abs. 1 wird Abs. 2 und Sätze 1 und 2 geänd., bish. Abs. 2 wird Abs. 3 mWv 1.1.2018 durch G v. 21.12.2015 (BGBl. I S. 2553).

[2)] § 30h eingef. durch G v. 26.6.2001 (BGBl. I S. 1310); geänd. durch G v. 17.8.2017 (BGBl. I S. 3214).

[3)] § 30i eingef. mWv 12.12.2006 durch G v. 2.12.2006 (BGBl. I S. 2742); Abs. 2 Satz 3 geänd. mWv 1.1.2016 durch G v. 1.4.2015 (BGBl. I S. 434).

[4)] § 30j eingef. durch G v. 17.8.2017 (BGBl. I S. 3214).

§ 31[1] **[Anwendung]** Auf Sicherungsfälle, die vor dem 1. Januar 1999 eingetreten sind, ist dieses Gesetz in der bis zu diesem Zeitpunkt geltenden Fassung anzuwenden.

§ 32 **[Inkrafttreten]** [1]Dieses Gesetz tritt vorbehaltlich des Satzes 2 am Tage nach seiner Verkündung[2] in Kraft. [2]Die §§ 7 bis 15 treten am 1. Januar 1975 in Kraft.

---

[1] § 31 neu gef. durch G v. 5.10.1994 (BGBl. I S. 2911).

[2] Verkündet am 21.12.1974. Das Inkrafttreten der späteren Änderungen ergibt sich aus den jeweiligen Änderungsgesetzen.

100. Körperschaftsteuergesetz (KStG)[1)]

In der Fassung der Bekanntmachung vom 15. Oktober 2002

(BGBl. I S. 4144)

Geändert durch Steuervergünstigungsabbaugesetz vom 16.5.2003 (BGBl. I S. 660), Förderbankenneustrukturierungsgesetz vom 15.8.2003 (BGBl. I S. 1657), Steueränderungsgesetz 2003 vom 15.12.2003 (BGBl. I S. 2645), Gesetz zur Umsetzung der Protokollerklärung der Bundesregierung zur Vermittlungsempfehlung zum Steuervergünstigungsabbaugesetz vom 22.12.2003 (BGBl. I S. 2840), Haushaltsbegleitgesetz 2004 vom 29.12.2003 (BGBl. I S. 3076), EG-Amtshilfe-Anpassungsgesetz vom 2.12.2004 (BGBl. I S. 3112), Gesetz zur Organisationsreform in der gesetzlichen Rentenversicherung vom 9.12.2004 (BGBl. I S. 3242), EURichtlinien-Umsetzungsgesetz vom 9.12.2004 (BGBl. I S. 3310), Gesetz zur Änderung des Versicherungsaufsichtsgesetzes und anderer Gesetze vom 15.12.2004 (BGBl. I S. 3416), Steueränderungsgesetz 2007 vom 19.7.2006 (BGBl. I S. 1652), Gesetz zur Umsetzung der neu gefassten Bankenrichtlinie und der neu gefassten Kapitaladäquanzrichtlinie vom 17.11.2006 (BGBl. I S. 2606), Gesetz über steuerliche Begleitmaßnahmen zur Einführung der Europäischen Gesellschaft und zur Änderung weiterer steuerrechtlicher Vorschriften (SEStEG) vom 7.12.2006 (BGBl. I S. 2782, ber. BGBl. 2007 I S. 68), Jahressteuergesetz 2007 vom 13.12.2006 (BGBl. I S. 2878), Unternehmensteuerreformgesetz 2008 vom 14.8.2007 (BGBl. I S. 1912), Gesetz zur weiteren Stärkung des bürgerschaftlichen Engagements vom 10.10.2007 (BGBl. I S. 2332), Jahressteuergesetz 2008 vom 20.12.2007 (BGBl. I S. 3150), Gesetz zur Modernisierung der Rahmenbedingungen für Kapitalbeteiligungen vom 12.8.2008 (BGBl. I S. 1672)[2)], Jahressteuergesetz 2009 vom 19.12.2008 (BGBl. I S. 2794), Steuerbürokratieabbaugesetz vom 20.12.2008 (BGBl. I S. 2850), Drittes Mittelstandsentlastungsgesetz vom 17.3.2009 (BGBl. I S. 550), Gesetz zur Fortführung der Gesetzeslage 2006 bei der Entfernungspauschale vom 20.4.2009 (BGBl. I S. 774), Bürgerentlastungsgesetz Krankenversicherung vom 16.7.2009 (BGBl. I S. 1959), Steuerhinterziehungsbekämpfungsgesetz vom 29.7.2009 (BGBl. I S. 2302), Wachstumsbeschleunigungsgesetz vom 22.12.2009 (BGBl. I S. 3950), Gesetz zur Umsetzung steuerlicher EU-Vorgaben sowie zur Änderung steuerlicher Vorschriften vom 8.4.2010 (BGBl. I S. 386), Jahressteuergesetz 2010 (JStG 2010) vom 8.12.2010 (BGBl. I S. 1768), OGAW-IV-Umsetzungsgesetz (OGAW-IV-UmsG) vom 22. Juni 2011 (BGBl. I S. 1126), Steuervereinfachungsgesetz 2011 vom 1.11.2011 (BGBl. I S. 2131), Beitreibungsrichtlinie-Umsetzungsgesetz (BeitrRLUmsG) vom 7.12.2011 (BGBl. I S. 2592), Gesetz zur Änderung und Vereinfachung der Unternehmensbesteuerung und des steuerlichen Reisekostenrechts vom 20.2.2013 (BGBl. I S. 285), Ehrenamtsstärkungsgesetz vom 21.3.2013 (BGBl. I S. 556), Gesetz zur Umsetzung des EuGH-Urteils vom 20. Oktober 2011 in der Rechtssache C-284/09 vom 21.3.2013 (BGBl. I S. 561), Amtshilferichtlinie-Umsetzunsgesetz (AmtshilfeRLUmsG) vom 26.6.2013 (BGBl. I S. 1809), Gesetz zur Anpassung des Investmentsteuergesetzes und anderer Gesetze an das AIFM-Umsetzungsgesetz (AIFM-Steuer-Anpassungsgesetz – AIFM-StAnpG) vom 18.12.2013 (BGBl. I S. 4318), Gesetz zur Anpassung des nationalen Steuerrechts an den Beitritt Kroatiens zur EU und zur Änderung weiterer steuerlicher Vorschriften vom 25.7.2014 (BGBl. I S. 1266), Gesetz zur Anpassung der Abgabenordnung an den Zollkodex der Union und zur Änderung weiterer steuerlicher Vorschriften vom 22.12.2014 (BGBl. I S. 2417), Gesetz zur Modernisierung der Finanzaufsicht über Versicherungen vom 1.4.2015 (BGBl. I S. 434), Steueränderungsgesetz 2015 vom 2.11.2015 (BGBl. I S. 1834), Gesetz zur Reform der Investmentbesteuerung (Investmentsteuerreformgesetz

---

[1)] Neubekanntmachung des KStG idF der Bek. v. 22.4.1999 (BGBl. I S. 817) auf Grund des § 33 Abs. 2 Nr. 2 KStG idF der Bek. v. 22.4.1999 (BGBl. I S. 817), eingef. durch Art. 3 Nr. 19 des G v. 23.10.2000 (BGBl. I S. 1433), in der ab 21.9.2002 geltenden Fassung.

Vgl. dazu die KStDV (Nr. **110**) und die Körperschaftsteuer-Richtlinien **(Steuerrichtlinien Nr. 100). Zum Anwendungsbereich vgl. § 34. Zur Anwendung im Beitrittsgebiet siehe § 35.**

[2)] Die Änderungen des KStG durch das MoRaKG standen unter dem **Vorbehalt der Genehmigung der EU-Kommission.** Diese wurde jedoch nicht erteilt, so dass die entspr. Änderungsartikel nicht in Kraft getreten sind (Art. 8 Abs. 2 MoRaKG).

– InvStRefG) vom 19.7.2016 (BGBl. I S. 1730), Gesetz zur Weiterentwicklung der steuerlichen Verlustverrechung bei Körperschaften vom 20.12.2016 (BGBl. I S. 2998), Gesetz zur Umsetzung der Änderungen der EU-Amtshilferichtlinie und von weiteren Maßnahmen gegen Gewinnkürzungen und -verlagerungen vom 20.12.2016 (BGBl. I S. 3000), Gesetz gegen schädliche Steuerpraktiken im Zusammenhang mit Rechteüberlassungen vom 27.6.2017 (BGBl. I S. 2074), Gesetz zum Ausschluss verfassungsfeindlicher Parteien von der Parteienfinanzierung vom 18.7.2017 (BGBl. I S. 2730), Gesetz zur Vermeidung von Umsatzsteuerausfällen beim Handel mit Waren im Internet und zur Änderung weiterer steuerlicher Vorschriften vom 11.12.2018 (BGBl. I S. 2338), Gesetz über steuerliche und weitere Begleitregelungen zum Austritt des Vereinigten Königreichs Großbritannien und Nordirland aus der Europäischen Union (Brexit-Steuerbegleitgesetz – Brexit-StBG) vom 25.3.2019 (BGBl. I S. 357), Gesetz zur steuerlichen Förderung des Mietwohnungsneubaus vom 4.8.2019 (BGBl. I S. 1122), Gesetz zur weiteren steuerlichen Förderung der Elektromobilität und zur Änderung weiterer steuerlicher Vorschriften vom 12.12.2019 (BGBl. I S. 2451), Gesetz zur Einführung einer Pflicht zur Mitteilung grenzüberschreitender Steuergestaltungen vom 21.12.2019 (BGBl. I S. 2875) und Jahressteuergesetz 2020 (JStG 2020) vom 21.12.2020 (BGBl. I S. 3096)

BGBl. III/FNA 611-4-4

Inhaltsübersicht

Erster Teil. Steuerpflicht

Zweiter Teil. Einkommen

Erstes Kapitel. Allgemeine Vorschriften

Zweites Kapitel. Sondervorschriften für die Organschaft

Drittes Kapitel. Sondervorschriften für Versicherungen und Pensionsfonds

Viertes Kapitel. Sondervorschriften für Genossenschaften

Dritter Teil. Tarif; Besteuerung bei ausländischen Einkunftsteilen

Vierter Teil. Nicht in das Nennkapital geleistete Einlagen und Entstehung und Veranlagung

Fünfter Teil. Ermächtigungs- und Schlussvorschriften

Sechster Teil. Sondervorschriften für den Übergang vom Anrechnungsverfahren zum Halbeinkünfteverfahren

Erster Teil. Steuerpflicht

§ 1 Unbeschränkte Steuerpflicht. (1) Unbeschränkt körperschaftsteuerpflichtig sind die folgenden Körperschaften, Personenvereinigungen und Vermögensmassen, die ihre Geschäftsleitung oder ihren Sitz im Inland haben:

1.[1] Kapitalgesellschaften (insbesondere Europäische Gesellschaften, Aktiengesellschaften, Kommanditgesellschaften auf Aktien, Gesellschaften mit beschränkter Haftung);
2.[1] Genossenschaften einschließlich der Europäischen Genossenschaften;
3. Versicherungs- und Pensionsfondsvereine[2] auf Gegenseitigkeit;
4. sonstige juristische Personen des privaten Rechts;
5. nichtrechtsfähige Vereine, Anstalten, Stiftungen und andere Zweckvermögen des privaten Rechts;
6. Betriebe gewerblicher Art von juristischen Personen des öffentlichen Rechts.

(2) Die unbeschränkte Körperschaftsteuerpflicht erstreckt sich auf sämtliche Einkünfte.

(3)[3] Zum Inland im Sinne dieses Gesetzes gehört auch der der Bundesrepublik Deutschland zustehende Anteil

1. an der ausschließlichen Wirtschaftszone, soweit dort
   a) die lebenden und nicht lebenden natürlichen Ressourcen der Gewässer über dem Meeresboden, des Meeresbodens und seines Untergrunds erforscht, ausgebeutet, erhalten oder bewirtschaftet werden,
   b) andere Tätigkeiten zur wirtschaftlichen Erforschung oder Ausbeutung der ausschließlichen Wirtschaftszone ausgeübt werden, wie beispielsweise die Energieerzeugung aus Wasser, Strömung und Wind oder
   c) künstliche Inseln errichtet oder genutzt werden und Anlagen und Bauwerke für die in den Buchstaben a und b genannten Zwecke errichtet oder genutzt werden, und
2. am Festlandsockel, soweit dort
   a) dessen natürliche Ressourcen erforscht oder ausgebeutet werden; natürliche Ressourcen in diesem Sinne sind die mineralischen und sonstigen nicht lebenden Ressourcen des Meeresbodens und seines Untergrunds sowie die zu den sesshaften Arten gehörenden Lebewesen, die im nutzbaren Stadium entweder unbeweglich auf oder unter dem Meeresboden verbleiben oder sich nur in ständigem körperlichen Kontakt mit dem Meeresboden oder seinem Untergrund fortbewegen können; oder
   b) künstliche Inseln errichtet oder genutzt werden und Anlagen und Bauwerke für die in Buchstabe a genannten Zwecke errichtet oder genutzt werden.

§ 2 Beschränkte Steuerpflicht. Beschränkt körperschaftsteuerpflichtig sind

1. Körperschaften, Personenvereinigungen und Vermögensmassen, die weder ihre Geschäftsleitung noch ihren Sitz im Inland haben, mit ihren inländischen Einkünften;

---

[1] § 1 Abs. 1 Nrn. 1 und 2 neu gef. mWv VZ 2006 durch G v. 7.12.2006 (BGBl. I S. 2782).
[2] Bezeichnung geänd. durch G v. 9.12.2004 (BGBl. I S. 3310).
[3] § 1 Abs. 3 neu gef. mWv VZ 2016 durch G v. 2.11.2015 (BGBl. I S. 1834).

2.[1] sonstige Körperschaften, Personenvereinigungen und Vermögensmassen, die nicht unbeschränkt steuerpflichtig sind, mit den inländischen Einkünften, die dem Steuerabzug vollständig oder teilweise unterliegen; inländische Einkünfte sind auch

a) die Entgelte, die den sonstigen Körperschaften, Personenvereinigungen oder Vermögensmassen dafür gewährt werden, dass sie Anteile an einer Kapitalgesellschaft mit Sitz oder Geschäftsleitung im Inland einem Anderen überlassen und der Andere, dem die Anteile zuzurechnen sind, diese Anteile oder gleichartige Anteile zurückzugeben hat,

b) die Entgelte, die den sonstigen Körperschaften, Personenvereinigungen oder Vermögensmassen im Rahmen eines Wertpapierpensionsgeschäfts im Sinne des § 340b Abs. 2 des Handelsgesetzbuchs gewährt werden, soweit Gegenstand des Wertpapierpensionsgeschäfts Anteile an einer Kapitalgesellschaft mit Sitz oder Geschäftsleitung im Inland sind, und

c) die in § 8b Abs. 10 Satz 2 genannten Einnahmen oder Bezüge, die den sonstigen Körperschaften, Personenvereinigungen oder Vermögensmassen als Entgelt für die Überlassung von Anteilen an einer Kapitalgesellschaft mit Sitz oder Geschäftsleitung im Inland gewährt gelten.

§ 3 Abgrenzung der Steuerpflicht bei nichtrechtsfähigen Personenvereinigungen und Vermögensmassen sowie bei Realgemeinden.

(1) Nichtrechtsfähige Personenvereinigungen, Anstalten, Stiftungen und andere Zweckvermögen sind körperschaftsteuerpflichtig, wenn ihr Einkommen weder nach diesem Gesetz noch nach dem Einkommensteuergesetz unmittelbar bei einem anderen Steuerpflichtigen zu versteuern ist.

(2) [1] Hauberg-, Wald-, Forst- und Laubgenossenschaften und ähnliche Realgemeinden, die zu den in § 1 bezeichneten Steuerpflichtigen gehören, sind nur insoweit körperschaftsteuerpflichtig, als sie einen Gewerbebetrieb unterhalten oder verpachten, der über den Rahmen eines Nebenbetriebs hinausgeht. [2] Im Übrigen sind ihre Einkünfte unmittelbar bei den Beteiligten zu versteuern.

§ 4 Betriebe gewerblicher Art von juristischen Personen des öffentlichen Rechts. (1) [1] Betriebe gewerblicher Art von juristischen Personen des öffentlichen Rechts im Sinne des § 1 Abs. 1 Nr. 6 sind vorbehaltlich des Absatzes 5 alle Einrichtungen, die einer nachhaltigen wirtschaftlichen Tätigkeit zur Erzielung von Einnahmen außerhalb der Land- und Forstwirtschaft dienen und die sich innerhalb der Gesamtbetätigung der juristischen Person wirtschaftlich herausheben. [2] Die Absicht, Gewinn zu erzielen, und die Beteiligung am allgemeinen wirtschaftlichen Verkehr sind nicht erforderlich.

(2) Ein Betrieb gewerblicher Art ist auch unbeschränkt steuerpflichtig, wenn er selbst eine juristische Person des öffentlichen Rechts ist.

(3) Zu den Betrieben gewerblicher Art gehören auch Betriebe, die der Versorgung der Bevölkerung mit Wasser, Gas, Elektrizität oder Wärme, dem öffentlichen Verkehr oder dem Hafenbetrieb dienen.

---

[1] § 2 Nr. 2 geänd. mWv VZ 2004 durch G v. 15.12.2003 (BGBl. I S. 2645); 2. HS angef. durch G v. 14.8.2007 (BGBl. I S. 1912).

(4) Als Betrieb gewerblicher Art gilt die Verpachtung eines solchen Betriebs.

(5) [1]Zu den Betrieben gewerblicher Art gehören nicht Betriebe, die überwiegend der Ausübung der öffentlichen Gewalt dienen (Hoheitsbetriebe). [2]Für die Annahme eines Hoheitsbetriebs reichen Zwangs- oder Monopolrechte nicht aus.

(6)[1)] [1]Ein Betrieb gewerblicher Art kann mit einem oder mehreren anderen Betrieben gewerblicher Art zusammengefasst werden, wenn

1. sie gleichartig sind,
2. zwischen ihnen nach dem Gesamtbild der tatsächlichen Verhältnisse objektiv eine enge wechselseitige technisch-wirtschaftliche Verflechtung von einigem Gewicht besteht oder
3. Betriebe gewerblicher Art im Sinne des Absatzes 3 vorliegen.

[2]Ein Betrieb gewerblicher Art kann nicht mit einem Hoheitsbetrieb zusammengefasst werden.

§ 5 Befreiungen. (1) Von der Körperschaftsteuer sind befreit

1.[2)] das Bundeseisenbahnvermögen, die staatlichen Lotterieunternehmen und der Erdölbevorratungsverband nach § 2 Absatz 1 des Erdölbevorratungsgesetzes vom 16. Januar 2012 (BGBl. I S. 74) in der jeweils geltenden Fassung;

2.[3)] die Deutsche Bundesbank, die Kreditanstalt für Wiederaufbau, die Landwirtschaftliche Rentenbank, die Bayerische Landesanstalt für Aufbaufinanzierung, die Niedersächsische Gesellschaft für öffentliche Finanzierungen mit beschränkter Haftung, die Bremer Aufbau-Bank GmbH, die Landeskreditbank Baden-Württemberg – Förderbank, die Bayerische Landesbodenkreditanstalt, die Investitionsbank Berlin, die Hamburgische Investitions- und Förderbank[4)], die NRW.Bank, die Investitions- und Förderbank Niedersachsen, die Saarländische Investitionskreditbank Aktiengesellschaft, die Investitionsbank Schleswig-Holstein, die Investitionsbank des Landes Brandenburg, die Sächsische Aufbaubank – Förderbank –, die Thüringer Aufbaubank, die Investitionsbank Sachsen-Anhalt – Anstalt der Norddeutschen Landesbank – Girozentrale –, die Investitions- und Strukturbank Rheinland-Pfalz, das Landesförderinstitut Mecklenburg-Vorpommern – Geschäftsbereich der Norddeutschen Landesbank Girozentrale –, die Wirtschafts- und Infrastrukturbank Hessen[5)] – rechtlich unselbständige Anstalt in der Landesbank Hessen-Thüringen Girozentrale

---

[1)] § 4 Abs. 6 angef. mWv VZ 2009 durch G v. 19.12.2008 (BGBl. I S. 2794).

[2)] § 5 Abs. 1 Nr. 1 geänd. mWv VZ 2019 (§ 34 Abs. 2a) durch G v. 12.12.2019 (BGBl. I S. 2451).

[3)] § 5 Abs. 1 Nr. 2 geänd. durch G v. 15.8.2003 (BGBl. I S. 1657), v. 15.12.2003 (BGBl. I S. 2645), v. 9.12.2004 (BGBl. I S. 3310), v. 13.12.2006 (BGBl. I S. 2878), v. 19.12.2008 (BGBl. I S. 2794); geänd. durch G v. 8.12.2010 (BGBl. I S. 1768); geänd. durch G v. 25.7.2014 (BGBl. I S. 1266).

[4)] Zur Anwendung siehe § 34 Abs. 3.

[5)] Geänd. mWv VZ 2009 durch G v. 8.12.2010 (BGBl. I S. 1768).

und die Liquiditäts-Konsortialbank Gesellschaft mit beschränkter Haftung;

2a. die Bundesanstalt für vereinigungsbedingte Sonderaufgaben;

3. rechtsfähige Pensions-, Sterbe- und Krankenkassen, die den Personen, denen die Leistungen der Kasse zugute kommen oder zugute kommen sollen (Leistungsempfängern), einen Rechtsanspruch gewähren, und rechtsfähige Unterstützungskassen, die den Leistungsempfängern keinen Rechtsanspruch gewähren,

   a) wenn sich die Kasse beschränkt

      aa) auf Zugehörige oder frühere Zugehörige einzelner oder mehrerer wirtschaftlicher Geschäftsbetriebe oder

      bb) auf Zugehörige oder frühere Zugehörige der Spitzenverbände der freien Wohlfahrtspflege (Arbeiterwohlfahrt-Bundesverband e. V., Deutscher Caritasverband e. V., Deutscher Paritätischer Wohlfahrtsverband e. V., Deutsches Rotes Kreuz, Diakonisches Werk – Innere Mission und Hilfswerk der Evangelischen Kirche in Deutschland sowie Zentralwohlfahrtsstelle der Juden in Deutschland e. V.) einschließlich ihrer Untergliederungen, Einrichtungen und Anstalten und sonstiger gemeinnütziger Wohlfahrtsverbände oder

      cc) auf Arbeitnehmer sonstiger Körperschaften, Personenvereinigungen und Vermögensmassen im Sinne der §§ 1 und 2; den Arbeitnehmern stehen Personen, die sich in einem arbeitnehmerähnlichen Verhältnis befinden, gleich;

   zu den Zugehörigen oder Arbeitnehmern rechnen jeweils auch deren Angehörige;

   b) wenn sichergestellt ist, dass der Betrieb der Kasse nach dem Geschäftsplan und nach Art und Höhe der Leistungen eine soziale Einrichtung darstellt. [2]Diese Voraussetzung ist bei Unterstützungskassen, die Leistungen von Fall zu Fall gewähren, nur gegeben, wenn sich diese Leistungen mit Ausnahme des Sterbegeldes auf Fälle der Not oder Arbeitslosigkeit beschränken;

   c) wenn vorbehaltlich des § 6 die ausschließliche und unmittelbare Verwendung des Vermögens und der Einkünfte der Kasse nach der Satzung und der tatsächlichen Geschäftsführung für die Zwecke der Kasse dauernd gesichert ist;

   d) wenn bei Pensions-, Sterbe- und Krankenkassen am Schluss des Wirtschaftsjahrs, zu dem der Wert der Deckungsrückstellung versicherungsmathematisch zu berechnen ist, das nach den handelsrechtlichen Grundsätzen ordnungsmäßiger Buchführung unter Berücksichtigung des Geschäftsplans sowie der allgemeinen Versicherungsbedingungen und der fachlichen Geschäftsunterlagen im Sinne des § 219 Absatz 3 Nummer 1[1)] des Versicherungsaufsichtsgesetzes auszuweisende Vermögen nicht höher ist als bei einem Versicherungsverein auf Gegenseitigkeit die Verlustrücklage und bei einer Kasse anderer Rechtsform der

---

1) Verweis geänd. durch G v. 1.4.2015 (BGBl. I S. 434); zur Anwendung siehe § 34 Abs. 3a.

dieser Rücklage entsprechende Teil des Vermögens. [2]Bei der Ermittlung des Vermögens ist eine Rückstellung für Beitragsrückerstattung nur insoweit abziehbar, als den Leistungsempfängern ein Anspruch auf die Überschussbeteiligung zusteht. [3]Übersteigt das Vermögen der Kasse den bezeichneten Betrag, so ist die Kasse nach Maßgabe des § 6 Abs. 1 bis 4 steuerpflichtig; und

e) wenn bei Unterstützungskassen am Schluss des Wirtschaftsjahrs das Vermögen ohne Berücksichtigung künftiger Versorgungsleistungen nicht höher ist als das um 25 Prozent erhöhte zulässige Kassenvermögen. [2]Für die Ermittlung des tatsächlichen und des zulässigen Kassenvermögens gilt § 4d des Einkommensteuergesetzes. [3]Übersteigt das Vermögen der Kasse den in Satz 1 bezeichneten Betrag, so ist die Kasse nach Maßgabe des § 6 Abs. 5 steuerpflichtig;

4. kleinere Versicherungsvereine auf Gegenseitigkeit im Sinne des § 210[1)] des Versicherungsaufsichtsgesetzes, wenn

   a) ihre Beitragseinnahmen im Durchschnitt der letzten drei Wirtschaftsjahre einschließlich des im Veranlagungszeitraum endenden Wirtschaftsjahrs die durch Rechtsverordnung festzusetzenden Jahresbeträge nicht überstiegen haben oder

   b) sich ihr Geschäftsbetrieb auf die Sterbegeldversicherung beschränkt und die Versicherungsvereine nach dem Geschäftsplan sowie nach Art und Höhe der Leistungen soziale Einrichtungen darstellen;

5. Berufsverbände ohne öffentlich-rechtlichen Charakter sowie kommunale Spitzenverbände auf Bundes- oder Landesebene einschließlich ihrer Zusammenschlüsse, wenn der Zweck dieser Verbände nicht auf einen wirtschaftlichen Geschäftsbetrieb gerichtet ist. [2]Die Steuerbefreiung ist ausgeschlossen,

   a) soweit die Körperschaften oder Personenvereinigungen einen wirtschaftlichen Geschäftsbetrieb unterhalten oder

   b) wenn die Berufsverbände Mittel von mehr als 10 Prozent der Einnahmen für die unmittelbare oder mittelbare Unterstützung oder Förderung politischer Parteien verwenden.

   [3]Die Sätze 1 und 2 gelten auch für Zusammenschlüsse von juristischen Personen des öffentlichen Rechts, die wie die Berufsverbände allgemeine ideelle und wirtschaftliche Interessen ihrer Mitglieder wahrnehmen. [4]Verwenden Berufsverbände Mittel für die unmittelbare oder mittelbare Unterstützung oder Förderung politischer Parteien, beträgt die Körperschaftsteuer 50 Prozent der Zuwendungen;

6. Körperschaften oder Personenvereinigungen, deren Hauptzweck die Verwaltung des Vermögens für einen nichtrechtsfähigen Berufsverband der in Nummer 5 bezeichneten Art ist, sofern ihre Erträge im Wesentlichen aus dieser Vermögensverwaltung herrühren und ausschließlich dem Berufsverband zufließen;

---

1) Verweis geänd. durch G v. 1.4.2015 (BGBl. I S. 434); zur Anwendung siehe § 34 Abs. 3a.

7.[1] politische Parteien im Sinne des § 2 des Parteiengesetzes und ihre Gebietsverbände, sofern die jeweilige Partei nicht gemäß § 18 Absatz 7 des Parteiengesetzes von der staatlichen Teilfinanzierung ausgeschlossen ist, sowie kommunale Wählervereinigungen und ihre Dachverbände. 2 Wird ein wirtschaftlicher Geschäftsbetrieb unterhalten, so ist die Steuerbefreiung insoweit ausgeschlossen;

8. öffentlich-rechtliche Versicherungs- und Versorgungseinrichtungen von Berufsgruppen, deren Angehörige auf Grund einer durch Gesetz angeordneten oder auf Gesetz beruhenden Verpflichtung Mitglieder dieser Einrichtung sind, wenn die Satzung der Einrichtung die Zahlung keiner höheren jährlichen Beiträge zulässt als das Zwölffache der Beiträge, die sich bei einer Beitragsbemessungsgrundlage in Höhe der doppelten monatlichen Beitragsbemessungsgrenze in der allgemeinen Rentenversicherung[2] ergeben würden. 2 Ermöglicht die Satzung der Einrichtung nur Pflichtmitgliedschaften sowie freiwillige Mitgliedschaften, die unmittelbar an eine Pflichtmitgliedschaft anschließen, so steht dies der Steuerbefreiung nicht entgegen, wenn die Satzung die Zahlung keiner höheren jährlichen Beiträge zulässt als das Fünfzehnfache der Beiträge, die sich bei einer Beitragsbemessungsgrundlage in Höhe der doppelten monatlichen Beitragsbemessungsgrenze in der allgemeinen Rentenversicherung[2] ergeben würden;

9. Körperschaften, Personenvereinigungen und Vermögensmassen, die nach der Satzung, dem Stiftungsgeschäft oder der sonstigen Verfassung und nach der tatsächlichen Geschäftsführung ausschließlich und unmittelbar gemeinnützigen, mildtätigen oder kirchlichen Zwecken dienen (§§ 51 bis 68 der Abgabenordnung). 2 Wird ein wirtschaftlicher Geschäftsbetrieb unterhalten, ist die Steuerbefreiung insoweit ausgeschlossen. 3 Satz 2 gilt nicht für selbst bewirtschaftete Forstbetriebe;

10.[3] Genossenschaften sowie Vereine, soweit sie

a) Wohnungen herstellen oder erwerben und sie den Mitgliedern auf Grund eines Mietvertrags oder auf Grund eines genossenschaftlichen Nutzungsvertrags zum Gebrauch überlassen; den Wohnungen stehen Räume in Wohnheimen im Sinne des § 15 des Zweiten Wohnungsbaugesetzes gleich,

b) im Zusammenhang mit einer Tätigkeit im Sinne des Buchstabens a Gemeinschaftsanlagen oder Folgeeinrichtungen herstellen oder erwerben und sie betreiben, wenn sie überwiegend für Mitglieder bestimmt sind und der Betrieb durch die Genossenschaft oder den Verein notwendig ist.

2 Die Steuerbefreiung ist ausgeschlossen, wenn die Einnahmen des Unternehmens aus den in Satz 1 nicht bezeichneten Tätigkeiten 10 Prozent der gesamten Einnahmen übersteigen. [***ab VZ 2019:*** 3 Erzielt das Unterneh-

---

[1] § 5 Abs. 1 Nr. 7 Satz 1 geänd. mWv 29.7.2017 durch G v. 18.7.2017 (BGBl. I S. 2730).

[2] Bezeichnung geänd. mWv VZ 2005 durch G v. 9.12.2004 (BGBl. I S. 3242).

[3] § 5 Abs. 1 Nr. 10 Satz 1 geänd. mWv VZ 2020 durch G v. 12.12.2019 (BGBl. I S. 2451); zum Verzicht auf die Steuerbefreiung siehe § 34 Abs. 2.

men Einnahmen aus der Lieferung von Strom aus Anlagen, für den es unter den Voraussetzungen des § 21 Absatz 3 des Erneuerbare-Energien-Gesetzes einen Anspruch auf Zahlung eines Mieterstromzuschlags hat, erhöht sich die Grenze des Satzes 2 für diese Einnahmen auf 20 Prozent, wenn die Grenze des Satzes 2 nur durch diese Einnahmen überschritten wird. [4] Zu den Einnahmen nach Satz 3 gehören auch Einnahmen aus der zusätzlichen Stromlieferung im Sinne des § 42a Absatz 2 Satz 6 des Energiewirtschaftsgesetzes sowie Einnahmen aus der Einspeisung von Strom aus diesen Anlagen.][1)] [***ab VZ 2020:*** [5] Investierende Mitglieder im Sinne des § 8 Absatz 2 des Genossenschaftsgesetzes sind keine Mitglieder im Sinne des Satzes 1. [6] Satz 1 ist auch auf Verträge zur vorübergehenden Unterbringung von Wohnungslosen anzuwenden, die mit juristischen Personen des öffentlichen Rechts oder mit Steuerpflichtigen im Sinne der Nummer 9, die Mitglied sind, abgeschlossen werden. [7] Eine Einweisungsverfügung nach den Ordnungsbehördengesetzen der Länder steht dem Abschluss eines Vertrags im Sinne des Satzes 6 gleich;[2)]

11. (weggefallen)

12.[3)] die von den zuständigen Landesbehörden begründeten oder anerkannten gemeinnützigen Siedlungsunternehmen im Sinne des Reichssiedlungsgesetzes in der jeweils aktuellen Fassung oder entsprechender Landesgesetze, soweit diese Landesgesetze nicht wesentlich von den Bestimmungen des Reichssiedlungsgesetzes abweichen, und im Sinne der Bodenreformgesetze der Länder, soweit die Unternehmen im ländlichen Raum Siedlungs-, Agrarstrukturverbesserungs- und Landentwicklungsmaßnahmen mit Ausnahme des Wohnungsbaus durchführen. [2] Die Steuerbefreiung ist ausgeschlossen, wenn die Einnahmen des Unternehmens aus den in Satz 1 nicht bezeichneten Tätigkeiten die Einnahmen aus den in Satz 1 bezeichneten Tätigkeiten übersteigen;

13. (weggefallen)

14.[4)] Genossenschaften sowie Vereine, soweit sich ihr Geschäftsbetrieb beschränkt

a) auf die gemeinschaftliche Benutzung land- und forstwirtschaftlicher Betriebseinrichtungen oder Betriebsgegenstände,

b) auf Leistungen im Rahmen von Dienst- oder Werkverträgen für die Produktion land- und forstwirtschaftlicher Erzeugnisse für die Betriebe der Mitglieder, wenn die Leistungen im Bereich der Land- und Forstwirtschaft liegen; dazu gehören auch Leistungen zur Erstellung und Unterhaltung von Betriebsvorrichtungen, Wirtschaftswegen und Bodenverbesserungen,

---

[1)] § 5 Abs. 1 Nr. 10 Sätze 3 und 4 angef. durch G v. 4.8.2019 (BGBl. I S. 1122); zur Anwendung siehe § 34 Abs. 3b.

[2)] § 5 Abs. 1 Nr. 10 Satz 5 angef. mWv VZ 2020 durch G v. 21.12.2019 (BGBl. I S. 2875); Sätze 6 und 7 angef. mWv VZ 2020 durch G v. 21.12.2020 (BGBl. I S. 3096).

[3)] § 5 Abs. 1 Nr. 12 Satz 1 ergänzt durch G v. 20.12.2007 (BGBl. I S. 3150).

[4)] § 5 Abs. 1 Nr. 14 geänd. mWv VZ 2020 durch G v. 12.12.2019 (BGBl. I S. 2451); zum Verzicht auf die Steuerbefreiung siehe § 34 Abs. 2.

c) auf die Bearbeitung oder die Verwertung der von den Mitgliedern selbst gewonnenen land- und forstwirtschaftlichen Erzeugnisse, wenn die Bearbeitung oder die Verwertung im Bereich der Land- und Forstwirtschaft liegt, oder

d) auf die Beratung für die Produktion oder Verwertung land- und forstwirtschaftlicher Erzeugnisse der Betriebe der Mitglieder.

[2]Die Steuerbefreiung ist ausgeschlossen, wenn die Einnahmen des Unternehmens aus den in Satz 1 nicht bezeichneten Tätigkeiten 10 Prozent der gesamten Einnahmen übersteigen. [3]Bei Genossenschaften und Vereinen, deren Geschäftsbetrieb sich überwiegend auf die Durchführung von Milchqualitäts- und Milchleistungsprüfungen oder auf die Tierbesamung beschränkt, bleiben die auf diese Tätigkeiten gerichteten Zweckgeschäfte mit Nichtmitgliedern bei der Berechnung der 10-Prozentgrenze außer Ansatz;

15. der Pensions-Sicherungs-Verein Versicherungsverein auf Gegenseitigkeit,

a) wenn er mit Erlaubnis der Versicherungsaufsichtsbehörde ausschließlich die Aufgaben des Trägers der Insolvenzsicherung wahrnimmt, die sich aus dem Gesetz zur Verbesserung der betrieblichen Altersversorgung vom 19. Dezember 1974 (BGBl. I S. 3610) ergeben, und

b) wenn seine Leistungen nach dem Kreis der Empfänger sowie nach Art und Höhe den in den §§ 7 bis 9, 17 und 30 des Gesetzes zur Verbesserung der betrieblichen Altersversorgung bezeichneten Rahmen nicht überschreiten;

(Fortsetzung nächstes Blatt)

16.[1] Körperschaften, Personenvereinigungen und Vermögensmassen, soweit sie

a) als Einlagensicherungssysteme im Sinne des § 2 Absatz 1 des Einlagensicherungsgesetzes sowie als Entschädigungseinrichtungen im Sinne des Anlegerentschädigungsgesetzes ihre gesetzlichen Pflichtaufgaben erfüllen oder

b) als nicht als Einlagensicherungssysteme anerkannte vertragliche Systeme zum Schutz von Einlagen und institutsbezogene Sicherungssysteme im Sinne des § 61 des Einlagensicherungsgesetzes nach ihrer Satzung oder sonstigen Verfassung ausschließlich den Zweck haben, Einlagen zu sichern oder bei Gefahr für die Erfüllung der Verpflichtungen eines Kreditinstituts im Sinne des § 1 Absatz 1 des Kreditwesengesetzes oder eines Finanzdienstleistungsinstituts im Sinne des § 1 Absatz 1a Satz 2 Nummer 1 bis 4 des Kreditwesengesetzes Hilfe zu leisten oder Einlagensicherungssysteme im Sinne des § 2 Absatz 1 des Einlagensicherungsgesetzes bei deren Pflichtenerfüllung zu unterstützen.

²Voraussetzung für die Steuerbefreiung nach Satz 1 ist zusätzlich, dass das Vermögen und etwa erzielte Überschüsse dauernd nur zur Erreichung des gesetzlichen oder satzungsmäßigen Zwecks verwendet werden. ³Die Sätze 1 und 2 gelten entsprechend für Sicherungsfonds im Sinne der §§ 223 und 224[2] des Versicherungsaufsichtsgesetzes sowie für Einrichtungen zur Sicherung von Einlagen bei Wohnungsgenossenschaften mit Spareinrichtung. ⁴Die Steuerbefreiung ist für wirtschaftliche Geschäftsbetriebe ausgeschlossen, die nicht ausschließlich auf die Erfüllung der begünstigten Aufgaben gerichtet sind;

17. Bürgschaftsbanken (Kreditgarantiegemeinschaften), deren Tätigkeit sich auf die Wahrnehmung von Wirtschaftsförderungsmaßnahmen insbesondere in Form der Übernahme und Verwaltung von staatlichen Bürgschaften und Garantien oder von Bürgschaften und Garantien mit staatlichen Rückbürgschaften oder auf der Grundlage staatlich anerkannter Richtlinien gegenüber Kreditinstituten, Versicherungsunternehmen, Leasinggesellschaften und Beteiligungsgesellschaften für Kredite, Leasingforderungen und Beteiligungen an mittelständischen Unternehmen zu ihrer Gründung und zur Erhaltung und Förderung ihrer Leistungsfähigkeit beschränkt. ²Voraussetzung ist, dass das Vermögen und etwa erzielte Überschüsse nur zur Erreichung des in Satz 1 genannten Zwecks verwendet werden;

18. Wirtschaftsförderungsgesellschaften, deren Tätigkeit sich auf die Verbesserung der sozialen und wirtschaftlichen Struktur einer bestimmten Region durch Förderung der Wirtschaft, insbesondere durch Industrieansiedlung, Beschaffung neuer Arbeitsplätze und der Sanierung von Altlasten beschränkt, wenn an ihnen überwiegend Gebietskörperschaften beteiligt sind. ²Voraussetzung ist, dass das Vermögen und etwa erzielte Überschüsse nur zur Erreichung des in Satz 1 genannten Zwecks verwendet werden;

---

[1] § 5 Abs. 1 Nr. 16 Sätze 1 und 2 neu gef. durch G v. 2.11.2015 (BGBl. I S. 1834); zur Anwendung siehe § 34 Abs. 3 Satz 3.

[2] Verweis geänd. durch G v. 1.4.2015 (BGBl. I S. 434); zur Anwendung siehe § 34 Abs. 3a.

19. Gesamthafenbetriebe im Sinne des § 1 des Gesetzes über die Schaffung eines besonderen Arbeitgebers für Hafenarbeiter vom 3. August 1950 (BGBl. I S. 352), soweit sie Tätigkeiten ausüben, die in § 2 Abs. 1 dieses Gesetzes bestimmt und nach § 2 Abs. 2 dieses Gesetzes genehmigt worden sind. [2]Voraussetzung ist, dass das Vermögen und etwa erzielte Überschüsse nur zur Erfüllung der begünstigten Tätigkeiten verwendet werden. [3]Wird ein wirtschaftlicher Geschäftsbetrieb unterhalten, dessen Tätigkeit nicht ausschließlich auf die Erfüllung der begünstigten Tätigkeiten gerichtet ist, ist die Steuerbefreiung insoweit ausgeschlossen;
20. Zusammenschlüsse von juristischen Personen des öffentlichen Rechts, von steuerbefreiten Körperschaften oder von steuerbefreiten Personenvereinigungen,
    a) deren Tätigkeit sich auf den Zweck beschränkt, im Wege des Umlageverfahrens die Versorgungslasten auszugleichen, die den Mitgliedern aus Versorgungszusagen gegenüber ihren Arbeitnehmern erwachsen,
    b) wenn am Schluss des Wirtschaftsjahrs das Vermögen nicht höher ist als 60 Prozent der im Wirtschaftsjahr erbrachten Leistungen an die Mitglieder;
21. die nicht in der Rechtsform einer Körperschaft des öffentlichen Rechts errichteten Arbeitsgemeinschaften Medizinischer Dienst der Krankenversicherung im Sinne des § 278 des Fünften Buches Sozialgesetzbuch und der Medizinische Dienst der Spitzenverbände der Krankenkassen im Sinne des § 282 des Fünften Buches Sozialgesetzbuch, soweit sie die ihnen durch Gesetz zugewiesenen Aufgaben wahrnehmen. [2]Voraussetzung ist, dass das Vermögen und etwa erzielte Überschüsse nur zur Erreichung der in Satz 1 genannten Zwecke verwendet werden;
22. gemeinsame Einrichtungen der Tarifvertragsparteien im Sinne des § 4 Abs. 2 des Tarifvertragsgesetzes vom 25. August 1969 (BGBl. I S. 1323), die satzungsmäßige Beiträge auf der Grundlage des § 186a des Arbeitsförderungsgesetzes vom 25. Juni 1969 (BGBl. I S. 582) oder tarifvertraglicher Vereinbarungen erheben und Leistungen ausschließlich an die tarifgebundenen Arbeitnehmer des Gewerbezweigs oder an deren Hinterbliebene erbringen, wenn sie dabei zu nicht steuerbegünstigten Betrieben derselben oder ähnlicher Art nicht in größerem Umfang in Wettbewerb treten, als es bei Erfüllung ihrer begünstigten Aufgaben unvermeidlich ist. [2]Wird ein wirtschaftlicher Geschäftsbetrieb unterhalten, dessen Tätigkeit nicht ausschließlich auf die Erfüllung der begünstigten Tätigkeiten gerichtet ist, ist die Steuerbefreiung insoweit ausgeschlossen;
23. [1] die Auftragsforschung öffentlich-rechtlicher Wissenschafts- und Forschungseinrichtungen; ist die Tätigkeit auf die Anwendung gesicherter wissenschaftlicher Erkenntnisse, die Übernahme von Projektträgerschaften sowie wirtschaftliche Tätigkeiten ohne Forschungsbezug gerichtet, ist die Steuerbefreiung insoweit ausgeschlossen;

---

[1] § 5 Abs. 1 Nr. 23 angef. durch G v. 15.12.2003 (BGBl. I S. 2645).

24.[1] die Global Legal Entity Identifier Stiftung, soweit die Stiftung Tätigkeiten ausübt, die im unmittelbaren Zusammenhang mit der Einführung, dem Unterhalten und der Fortentwicklung eines Systems zur eindeutigen Identifikation von Rechtspersonen mittels eines weltweit anzuwendenden Referenzcodes stehen.

(2) Die Befreiungen nach Absatz 1 und nach anderen Gesetzen als dem Körperschaftsteuergesetz gelten nicht

1.[2] für inländische Einkünfte, die dem Steuerabzug vollständig oder teilweise unterliegen; Entsprechendes gilt für die in § 32 Abs. 3 Satz 1 zweiter Halbsatz genannten Einkünfte,

2.[3] für beschränkt Steuerpflichtige im Sinne des § 2 Nr. 1, es sei denn, es handelt sich um Steuerpflichtige im Sinne des Absatzes 1 Nr. 9, die nach den Rechtsvorschriften eines Mitgliedstaats der Europäischen Union oder nach den Rechtsvorschriften eines Staates, auf den das Abkommen über den Europäischen Wirtschaftsraum vom 3. Januar 1994 (ABl. EG Nr. L 1 S. 3), zuletzt geändert durch den Beschluss des Gemeinsamen EWR-Ausschusses Nr. 91/2007 vom 6. Juli 2007 (ABl. EU Nr. L 328 S. 40), in der jeweiligen Fassung Anwendung findet, gegründete Gesellschaften im Sinne des Artikels 54 des Vertrags über die Arbeitsweise der Europäischen Union oder des Artikels 34 des Abkommens über den Europäischen Wirtschaftsraum sind, deren Sitz und Ort der Geschäftsleitung sich innerhalb des Hoheitsgebiets eines dieser Staaten befindet, und mit diesen Staaten ein Amtshilfeabkommen besteht,

3.[4] soweit § 38 Abs. 2 anzuwenden ist.

§ 6 Einschränkung der Befreiung von Pensions-, Sterbe-, Kranken- und Unterstützungskassen. (1) Übersteigt am Schluss des Wirtschaftsjahrs, zu dem der Wert der Deckungsrückstellung versicherungsmathematisch zu berechnen ist, das Vermögen einer Pensions-, Sterbe- oder Krankenkasse im Sinne des § 5 Abs. 1 Nr. 3 den in Buchstabe d dieser Vorschrift bezeichneten Betrag, so ist die Kasse steuerpflichtig, soweit ihr Einkommen anteilig auf das übersteigende Vermögen entfällt.

(2) Die Steuerpflicht entfällt mit Wirkung für die Vergangenheit, soweit das übersteigende Vermögen innerhalb von 18 Monaten nach dem Schluss des Wirtschaftsjahrs, für das es festgestellt worden ist, mit Zustimmung der Versicherungsaufsichtsbehörde zur Leistungserhöhung, zur Auszahlung an das Trägerunternehmen, zur Verrechnung mit Zuwendungen des Trägerunternehmens, zur gleichmäßigen Herabsetzung künftiger Zuwendungen des Trägerunternehmens oder zur Verminderung der Beiträge der Leistungsempfänger verwendet wird.

---

[1] § 5 Abs. 1 Nr. 24 angef. durch G v. 22.12.2014 (BGBl. I S. 2417); zur Anwendung siehe § 34 Abs. 3 Satz 4.

[2] § 5 Abs. 2 Nr. 1 geänd. durch G v. 15.12.2003 (BGBl. I S. 2645); Abs. 2 Nr. 1 HS 2 angef. durch G v. 14.8.2007 (BGBl. I S. 1912).

[3] § 5 Abs. 2 Nr. 2 ergänzt durch G v. 19.12.2008 (BGBl. I S. 2794); geänd. durch G v. 26.6.2013 (BGBl. I S. 1809).

[4] § 5 Abs. 2 Nr. 3 neu gef. mWv VZ 2009 durch G v. 19.12.2008 (BGBl. I S. 2794).

(3) Wird das übersteigende Vermögen nicht in der in Absatz 2 bezeichneten Weise verwendet, so erstreckt sich die Steuerpflicht auch auf die folgenden Kalenderjahre, für die der Wert der Deckungsrückstellung nicht versicherungsmathematisch zu berechnen ist.

(4) 1 Bei der Ermittlung des Einkommens der Kasse sind Beitragsrückerstattungen oder sonstige Vermögensübertragungen an das Trägerunternehmen außer in den Fällen des Absatzes 2 nicht abziehbar. 2 Das Gleiche gilt für Zuführungen zu einer Rückstellung für Beitragsrückerstattung, soweit den Leistungsempfängern ein Anspruch auf die Überschussbeteiligung nicht zusteht.

(5)[1)] 1 Übersteigt am Schluss des Wirtschaftsjahrs das Vermögen einer Unterstützungskasse im Sinne des § 5 Abs. 1 Nr. 3 den in Buchstabe e dieser Vorschrift bezeichneten Betrag, so ist die Kasse steuerpflichtig, soweit ihr Einkommen anteilig auf das übersteigende Vermögen entfällt. 2 Bei der Ermittlung des Einkommens sind Zuwendungen des Trägerunternehmens nicht erhöhend und Versorgungsleistungen der Kasse sowie Vermögensübertragungen an das Trägerunternehmen nicht mindernd zu berücksichtigen.

(5a)[2)] 1 Unterstützungskassen in der Rechtsform der Kapitalgesellschaft können bis zum 31. Dezember 2016 auf amtlich vorgeschriebenem Vordruck einen positiven Zuwendungsbetrag erklären. 2 Dieser errechnet sich aus den Zuwendungen des Trägerunternehmens in den Veranlagungszeiträumen 2006 bis 2015 abzüglich der Versorgungsleistungen in diesem Zeitraum, soweit diese Zuwendungen und diese Versorgungsleistungen in dem steuerpflichtigen Teil des Einkommens der Kasse nach Absatz 5 Satz 1 enthalten waren. 3 Dabei gelten Versorgungsleistungen in den Veranlagungszeiträumen 2006 bis 2015 als vornehmlich aus Zuwendungen des Trägerunternehmens in diesem Zeitraum erbracht. 4 Ab dem Veranlagungszeitraum 2016 mindert sich das steuerpflichtige Einkommen der Kasse in Höhe des zum Schluss des vorherigen Veranlagungszeitraums festgestellten Betrags nach Satz 6; es mindert sich höchstens um einen Betrag in Höhe der im Wirtschaftsjahr getätigten Versorgungsleistungen. 5 Durch die Minderung darf das Einkommen nicht negativ werden. 6 Gesondert festzustellen sind,

1. der Zuwendungsbetrag auf den 31. Dezember 2015 und
2. der zum 31. Dezember des jeweiligen Folgejahres verbleibende Zuwendungsbetrag, der sich ergibt, wenn vom zum Schluss des Vorjahres festgestellten Betrag der Betrag abgezogen wird, um den sich das steuerpflichtige Einkommen im laufenden Veranlagungszeitraum nach den Sätzen 4 und 5 gemindert hat.

(6) 1 Auf den Teil des Vermögens einer Pensions-, Sterbe-, Kranken- oder Unterstützungskasse, der am Schluss des Wirtschaftsjahrs den in § 5 Abs. 1 Nr. 3 Buchstabe d oder e bezeichneten Betrag übersteigt, ist Buchstabe c dieser Vorschrift nicht anzuwenden. 2 Bei Unterstützungskassen gilt dies auch, soweit das Vermögen vor dem Schluss des Wirtschaftsjahrs den in § 5 Abs. 1 Nr. 3 Buchstabe e bezeichneten Betrag übersteigt.

---

1) § 6 Abs. 5 Satz 2 geänd mWv VZ 2016 durch G v. 2.11.2015 (BGBl. I S. 1834).
2) § 6 Abs. 5a eingef. mWv VZ 2016 durch G v. 2.11.2015 (BGBl. I S. 1834).

§ 6a[1] Einkommensermittlung bei voll steuerpflichtigen Unterstützungskassen. Bei Unterstützungskassen, die voll steuerpflichtig sind, ist § 6 Absatz 5 Satz 2 und Absatz 5a entsprechend anzuwenden.

Zweiter Teil. Einkommen

Erstes Kapitel. Allgemeine Vorschriften

§ 7 Grundlagen der Besteuerung. (1) Die Körperschaftsteuer bemisst sich nach dem zu versteuernden Einkommen.

(2) Zu versteuerndes Einkommen ist das Einkommen im Sinne des § 8 Abs. 1, vermindert um die Freibeträge der §§ 24 und 25.

(3) [1]Die Körperschaftsteuer ist eine Jahressteuer. [2]Die Grundlagen für ihre Festsetzung sind jeweils für ein Kalenderjahr zu ermitteln. [3]Besteht die unbeschränkte oder beschränkte Steuerpflicht nicht während eines ganzen Kalenderjahrs, so tritt an die Stelle des Kalenderjahrs der Zeitraum der jeweiligen Steuerpflicht.

(4) [1]Bei Steuerpflichtigen, die verpflichtet sind, Bücher nach den Vorschriften des Handelsgesetzbuchs zu führen, ist der Gewinn nach dem Wirtschaftsjahr zu ermitteln, für das sie regelmäßig Abschlüsse machen. [2]Weicht bei diesen Steuerpflichtigen das Wirtschaftsjahr, für das sie regelmäßig Abschlüsse machen, vom Kalenderjahr ab, so gilt der Gewinn aus Gewerbebetrieb als in dem Kalenderjahr bezogen, in dem das Wirtschaftsjahr endet. [3]Die Umstellung des Wirtschaftsjahrs auf einen vom Kalenderjahr abweichenden Zeitraum ist steuerlich nur wirksam, wenn sie im Einvernehmen mit dem Finanzamt vorgenommen wird.

§ 8 Ermittlung des Einkommens. (1)[2] [1]Was als Einkommen gilt und wie das Einkommen zu ermitteln ist, bestimmt sich nach den Vorschriften des Einkommensteuergesetzes und dieses Gesetzes. [2]Bei Betrieben gewerblicher Art im Sinne des § 4 sind die Absicht, Gewinn zu erzielen, und die Beteiligung am allgemeinen wirtschaftlichen Verkehr nicht erforderlich. [3]Bei den inländischen öffentlich-rechtlichen Rundfunkanstalten beträgt das Einkommen aus dem Geschäft der Veranstaltung von Werbesendungen 16 Prozent der Entgelte (§ 10 Abs. 1 des Umsatzsteuergesetzes) aus Werbesendungen.

(2)[3] Bei unbeschränkt Steuerpflichtigen im Sinne des § 1 Abs. 1 Nr. 1 bis 3 sind alle Einkünfte als Einkünfte aus Gewerbebetrieb zu behandeln.

(3)[4] [1]Für die Ermittlung des Einkommens ist es ohne Bedeutung, ob das Einkommen verteilt wird. [2]Auch verdeckte Gewinnausschüttungen sowie Ausschüttungen jeder Art auf Genussrechte, mit denen das Recht auf Beteiligung am Gewinn und am Liquidationserlös der Kapitalgesellschaft verbunden

---

[1] § 6a eingef. mWv VZ 2016 durch G v. 2.11.2015 (BGBl. I S. 1834).
[2] § 8 Abs. 1 Satz 2 eingef. durch G v. 19.12.2008 (BGBl. I S. 2794).
[3] § 8 Abs. 2 neu gef. mWv VZ 2006 durch G v. 7.12.2006 (BGBl. I S. 2782).
[4] § 8 Abs. 3 Sätze 3 bis 6 angef. durch G v. 13.12.2006 (BGBl. I S. 2878).

ist, mindern das Einkommen nicht. 3 Verdeckte Einlagen erhöhen das Einkommen nicht. 4 Das Einkommen erhöht sich, soweit eine verdeckte Einlage das Einkommen des Gesellschafters gemindert hat. 5 Satz 4 gilt auch für eine verdeckte Einlage, die auf einer verdeckten Gewinnausschüttung einer dem Gesellschafter nahe stehenden Person beruht und bei der Besteuerung des Gesellschafters nicht berücksichtigt wurde, es sei denn, die verdeckte Gewinnausschüttung hat bei der leistenden Körperschaft das Einkommen nicht gemindert. 6 In den Fällen des Satzes 5 erhöht die verdeckte Einlage nicht die Anschaffungskosten der Beteiligung.

(4)[1] *(aufgehoben)*

(5) Bei Personenvereinigungen bleiben für die Ermittlung des Einkommens Beiträge, die auf Grund der Satzung von den Mitgliedern lediglich in ihrer Eigenschaft als Mitglieder erhoben werden, außer Ansatz.

(6) Besteht das Einkommen nur aus Einkünften, von denen lediglich ein Steuerabzug vorzunehmen ist, so ist ein Abzug von Betriebsausgaben oder Werbungskosten nicht zulässig.

(7)[2] 1 Die Rechtsfolgen einer verdeckten Gewinnausschüttung im Sinne des Absatzes 3 Satz 2 sind

1. bei Betrieben gewerblicher Art im Sinne des § 4 nicht bereits deshalb zu ziehen, weil sie ein Dauerverlustgeschäft ausüben;
2. bei Kapitalgesellschaften nicht bereits deshalb zu ziehen, weil sie ein Dauerverlustgeschäft ausüben. 2 Satz 1 gilt nur bei Kapitalgesellschaften, bei denen die Mehrheit der Stimmrechte unmittelbar oder mittelbar auf juristische Personen des öffentlichen Rechts entfällt und nachweislich ausschließlich diese Gesellschafter die Verluste aus Dauerverlustgeschäften tragen.

2 Ein Dauerverlustgeschäft liegt vor, soweit aus verkehrs-, umwelt-, sozial-, kultur-, bildungs- oder gesundheitspolitischen Gründen eine wirtschaftliche Betätigung ohne kostendeckendes Entgelt unterhalten wird oder in den Fällen von Satz 1 Nr. 2 das Geschäft Ausfluss einer Tätigkeit ist, die bei juristischen Personen des öffentlichen Rechts zu einem Hoheitsbetrieb gehört.

(8)[3] 1 Werden Betriebe gewerblicher Art zusammengefasst, ist § 10d des Einkommensteuergesetzes auf den Betrieb gewerblicher Art anzuwenden, der sich durch die Zusammenfassung ergibt. 2 Nicht ausgeglichene negative Einkünfte der einzelnen Betriebe gewerblicher Art aus der Zeit vor der Zusammenfassung können nicht beim zusammengefassten Betrieb gewerblicher Art abgezogen werden. 3 Ein Rücktrag von Verlusten des zusammengefassten Betriebs gewerblicher Art auf die einzelnen Betriebe gewerblicher Art vor Zusammenfassung ist unzulässig. 4 Ein bei einem Betrieb gewerblicher Art vor der Zusammenfassung festgestellter Verlustvortrag kann nach Maßgabe des § 10d des Einkommensteuergesetzes vom Gesamtbetrag der Einkünfte abgezogen werden, den dieser Betrieb gewerblicher Art nach Beendigung der

---

[1] § 8 Abs. 4 aufgeh. durch G v. 14.8.2007 (BGBl. I S. 1912).

[2] § 8 Abs. 7 angef. durch G v. 19.12.2008 (BGBl. I S. 2794).

[3] § 8 Abs. 8 angef. durch G v. 19.12.2008 (BGBl. I S. 2794); Satz 6 angef. mWv VZ 2017 durch G v. 27.6.2017 (BGBl. I S. 2074).

Zusammenfassung erzielt. 5Die Einschränkungen der Sätze 2 bis 4 gelten nicht, wenn gleichartige Betriebe gewerblicher Art zusammengefasst oder getrennt werden. 6Kommt es bei einem Betrieb gewerblicher Art, der sich durch eine Zusammenfassung ergeben hat, innerhalb eines Zeitraums von fünf Jahren nach der Zusammenfassung zur Anwendung des § 3a des Einkommensteuergesetzes, ist § 3a Absatz 3 Satz 3 des Einkommensteuergesetzes entsprechend auf die in Satz 4 genannten Verlustvorträge anzuwenden.[1)]

(9)[2)] 1Wenn für Kapitalgesellschaften Absatz 7 Satz 1 Nr. 2 zur Anwendung kommt, sind die einzelnen Tätigkeiten der Gesellschaft nach folgender Maßgabe Sparten zuzuordnen:

1. Tätigkeiten, die als Dauerverlustgeschäfte Ausfluss einer Tätigkeit sind, die bei juristischen Personen des öffentlichen Rechts zu einem Hoheitsbetrieb gehören, sind jeweils gesonderten Sparten zuzuordnen;
2. Tätigkeiten, die nach § 4 Abs. 6 Satz 1 zusammenfassbar sind oder aus den übrigen, nicht in Nummer 1 bezeichneten Dauerverlustgeschäften stammen, sind jeweils gesonderten Sparten zuzuordnen, wobei zusammenfassbare Tätigkeiten jeweils eine einheitliche Sparte bilden;
3. alle übrigen Tätigkeiten sind einer einheitlichen Sparte zuzuordnen.

2Für jede sich hiernach ergebende Sparte ist der Gesamtbetrag der Einkünfte getrennt zu ermitteln. 3Die Aufnahme einer weiteren, nicht gleichartigen Tätigkeit führt zu einer neuen, gesonderten Sparte; Entsprechendes gilt für die Aufgabe einer solchen Tätigkeit. 4Ein negativer Gesamtbetrag der Einkünfte einer Sparte darf nicht mit einem positiven Gesamtbetrag der Einkünfte einer anderen Sparte ausgeglichen oder nach Maßgabe des § 10d des Einkommensteuergesetzes abgezogen werden. 5Er mindert jedoch nach Maßgabe des § 10d des Einkommensteuergesetzes die positiven Gesamtbeträge der Einkünfte, die sich in dem unmittelbar vorangegangenen und in den folgenden Veranlagungszeiträumen für dieselbe Sparte ergeben. 6Liegen die Voraussetzungen des Absatzes 7 Satz 1 Nr. 2 Satz 2 ab einem Zeitpunkt innerhalb eines Veranlagungszeitraums nicht mehr vor, sind die Sätze 1 bis 5 ab diesem Zeitpunkt nicht mehr anzuwenden; hiernach nicht ausgeglichene oder abgezogene negative Beträge sowie verbleibende Verlustvorträge aus den Sparten, in denen Dauerverlusttätigkeiten ausgeübt werden, entfallen. 7Liegen die Voraussetzungen des Absatzes 7 Satz 1 Nr. 2 Satz 2 erst ab einem bestimmten Zeitpunkt innerhalb eines Veranlagungszeitraums vor, sind die Sätze 1 bis 5 ab diesem Zeitpunkt anzuwenden; ein bis zum Eintritt der Voraussetzungen entstandener Verlust kann nach Maßgabe des § 10d des Einkommensteuergesetzes abgezogen werden; ein danach verbleibender Verlust ist der Sparte zuzu-

---

1) Das Inkrafttreten von § 8 Abs. 8 Satz 6 hing von der Feststellung der Europäischen Kommission ab, dass § 3a EStG mit dem Europ. Beihilferecht vereinbar ist. Die Generaldirektion Wettbewerb der KOM hat Deutschland mitgeteilt, dass die Steuerbefreiung für Sanierungserträge (§ 3a EStG/§ 7b GewStG) als bestehende Maßnahme anzusehen ist, da sie vor Inkrafttreten des AEUV in Deutschland eingeführt wurde und auch nach dessen Inkrafttreten weiterhin anwendbar ist. Mithin gilt § 8 Abs. 8 Satz 6 mWv VZ 2017; zur Anwendung vor VZ 2017 siehe § 34 Abs. 3c.

2) § 8 Abs. 9 angef. durch G v. 19.12.2008 (BGBl. I S. 2794).

ordnen, in denen keine Dauerverlustgeschäfte ausgeübt werden. [8]Der am Schluss eines Veranlagungszeitraums verbleibende negative Gesamtbetrag der Einkünfte einer Sparte ist gesondert festzustellen; § 10d Absatz 4 des Einkommensteuergesetzes gilt entsprechend. [9]Die §§ 3a und 3c Absatz 4 des Einkommensteuergesetzes sind entsprechend anzuwenden; § 3a Absatz 2 des Einkommensteuergesetzes ist für die Kapitalgesellschaft anzuwenden.[1)]

(10)[2)] [1]Bei Einkünften aus Kapitalvermögen ist § 2 Absatz 5b des Einkommensteuergesetzes nicht anzuwenden. [2]§ 32d Abs. 2 Satz 1 Nr. 1 Satz 1 und Nr. 3 Satz 1 und Satz 3 bis 6 des Einkommensteuergesetzes ist entsprechend anzuwenden; in diesen Fällen ist § 20 Abs. 6 und 9 des Einkommensteuergesetzes nicht anzuwenden.

§ 8a[3)] Betriebsausgabenabzug für Zinsaufwendungen bei Körperschaften (Zinsschranke). (1)[4)] [1]§ 4h Abs. 1 Satz 2 des Einkommensteuergesetzes ist mit der Maßgabe anzuwenden, dass anstelle des maßgeblichen Gewinns das maßgebliche Einkommen tritt. [2]Maßgebliches Einkommen ist das nach den Vorschriften des Einkommensteuergesetzes und dieses Gesetzes ermittelte Einkommen mit Ausnahme der §§ 4h und 10d des Einkommensteuergesetzes und des § 9 Abs. 1 Nr. 2 dieses Gesetzes. [3]Die §§ 8c und 8d gelten für den Zinsvortrag nach § 4h Absatz 1 Satz 5 des Einkommensteuergesetzes mit der Maßgabe entsprechend, dass stille Reserven im Sinne des § 8c Absatz 1 Satz 6 nur zu berücksichtigen sind, soweit sie die nach § 8c Absatz 1 Satz 5 und § 8d Absatz 2 Satz 1 abziehbaren nicht genutzten Verluste übersteigen.[5)] [4]Auf Kapitalgesellschaften, die ihre Einkünfte nach § 2 Abs. 2 Nr. 2 des Einkommensteuergesetzes ermitteln, ist § 4h des Einkommensteuergesetzes sinngemäß anzuwenden.

(2)[6)] § 4h Abs. 2 Satz 1 Buchstabe b des Einkommensteuergesetzes ist nur anzuwenden, wenn die Vergütungen für Fremdkapital an einen zu mehr als einem Viertel unmittelbar oder mittelbar am Grund- oder Stammkapital beteiligten Anteilseigner, eine diesem nahe stehende Person (§ 1 Abs. 2 des Außensteuergesetzes vom 8. September 1972 – BGBl. I S. 1713 –, das zuletzt durch Artikel 3 des Gesetzes vom 28. Mai 2007 – BGBl. I S. 914 – geändert worden ist, in der jeweils geltenden Fassung) oder einen Dritten, der auf den zu mehr als einem Viertel am Grund- oder Stammkapital beteiligten Anteilseigner oder eine diesem nahe stehende Person zurückgreifen kann, nicht mehr als 10 Prozent der die Zinserträge übersteigenden Zinsaufwendun-

---

[1)] § 8 Abs. 9 Satz 8 angef. mWv VZ 2009 durch G v. 8.12.2010 (BGBl. I S. 1768); Satz 9 angef. mWv VZ 2017 durch G v. 27.6.2017 (BGBl. I S. 2074) – zum Inkrafttreten siehe Fußnote zu § 8 Abs. 8 Satz 6; zur Anwendung vor VZ 2017 siehe § 34 Abs. 3c.

[2)] § 8 Abs. 10 angef. mWv VZ 2009 durch G v. 19.12.2008 (BGBl. I S. 2794); Satz 1 Verweis geänd. mWv VZ 2012 durch G v. 1.11.2011 (BGBl. I S. 2131).

[3)] § 8a neu gef. mW für nach dem 25.5.2007 beginnende Wj. durch G v. 14.8.2007 (BGBl. I S. 1912).

[4)] § 8a Abs. 1 Satz 1 geänd. durch G v. 22.12.2009 (BGBl. I S. 3950).

[5)] § 8a Abs. 1 Satz 3 neu gef. durch G v. 22.12.2009 (BGBl. I S. 3950); geänd. durch G v. 20.12.2016 (BGBl. I S. 2998), zur Anwendung von § 8d siehe § 34 Abs. 6a; Satz 3 geänd. durch G v. 11.12.2018 (BGBl. I S. 2338).

[6)] Zur Anwendung von § 8a Abs. 2 siehe § 34 Abs. 4.

gen der Körperschaft im Sinne des § 4h Abs. 3 des Einkommensteuergesetzes betragen und die Körperschaft dies nachweist.

(3)[1] [1] § 4h Abs. 2 Satz 1 Buchstabe c des Einkommensteuergesetzes ist nur anzuwenden, wenn die Vergütungen für Fremdkapital der Körperschaft oder eines anderen demselben Konzern zugehörenden Rechtsträgers an einen zu mehr als einem Viertel unmittelbar oder mittelbar am Kapital beteiligten Gesellschafter einer konzernzugehörigen Gesellschaft, eine diesem nahe stehende Person (§ 1 Abs. 2 des Außensteuergesetzes) oder einen Dritten, der auf den zu mehr als einem Viertel am Kapital beteiligten Gesellschafter oder eine diesem nahe stehende Person zurückgreifen kann, nicht mehr als 10 Prozent der die Zinserträge übersteigenden Zinsaufwendungen des Rechtsträgers im Sinne des § 4h Abs. 3 des Einkommensteuergesetzes betragen und die Körperschaft dies nachweist. [2] Satz 1 gilt nur für Zinsaufwendungen aus Verbindlichkeiten, die in dem voll konsolidierten Konzernabschluss nach § 4h Abs. 2 Satz 1 Buchstabe c des Einkommensteuergesetzes ausgewiesen sind und bei Finanzierung durch einen Dritten einen Rückgriff gegen einen nicht zum Konzern gehörenden Gesellschafter oder eine diesem nahe stehende Person auslösen.

§ 8b Beteiligung an anderen Körperschaften und Personenvereinigungen. (1)[2] [1] Bezüge im Sinne des § 20 Abs. 1 Nr. 1, 2, 9 und 10 Buchstabe a des Einkommensteuergesetzes bleiben bei der Ermittlung des Einkommens außer Ansatz. [2] Satz 1 gilt nur, soweit die Bezüge das Einkommen der leistenden Körperschaft nicht gemindert haben.[3] [3] Sind die Bezüge im Sinne des Satzes 1 nach einem Abkommen zur Vermeidung der Doppelbesteuerung von der Bemessungsgrundlage für die Körperschaftsteuer auszunehmen, gilt Satz 2 ungeachtet des Wortlauts des Abkommens für diese Freistellung entsprechend. [4] Satz 2 gilt nicht, soweit die verdeckte Gewinnausschüttung das Einkommen einer dem Steuerpflichtigen nahe stehenden Person erhöht hat und § 32a des Körperschaftsteuergesetzes auf die Veranlagung dieser nahe stehenden Person keine Anwendung findet. [5] Bezüge im Sinne des Satzes 1 sind auch Einnahmen aus der Veräußerung von Dividendenscheinen und sonstigen Ansprüchen im Sinne des § 20 Abs. 2 Satz 1 Nr. 2 Buchstabe a des Einkommensteuergesetzes sowie Einnahmen aus der Abtretung von Dividendenansprüchen oder sonstigen Ansprüchen im Sinne des § 20 Abs. 2 Satz 2 des Einkommensteuergesetzes.

(2)[4] [1] Bei der Ermittlung des Einkommens bleiben Gewinne aus der Veräußerung eines Anteils an einer Körperschaft oder Personenvereinigung, deren Leistungen beim Empfänger zu Einnahmen im Sinne des § 20 Abs. 1 Nr. 1, 2, 9 und 10 Buchstabe a des Einkommensteuergesetzes gehören, oder an einer Organgesellschaft im Sinne des § 14 oder § 17 außer Ansatz. [2] Veräußerungsgewinn im Sinne des Satzes 1 ist der Betrag, um den der Ver-

---

[1] Zur Anwendung von § 8a Abs. 3 siehe § 34 Abs. 4.

[2] § 8b Abs. 1 Sätze 2 bis 4 eingef. durch G v. 13.12.2006 (BGBl. I S. 2878).

[3] § 8b Abs. 1 Satz 2 neu gef. durch G v. 26.6.2013 (BGBl. I S. 1809).

[4] § 8b Abs. 2 neu gef. mWv VZ 2004 durch G v. 22.12.2003 (BGBl. I S. 2840); Satz 3 geänd., Satz 5 eingef. mWv VZ 2006 durch G v. 7.12.2006 (BGBl. I S. 2782); Sätze 1 und 3 geänd. mWv VZ 2015 durch G v. 25.7.2014 (BGBl. I S. 1266).

äußerungspreis oder der an dessen Stelle tretende Wert nach Abzug der Veräußerungskosten den Wert übersteigt, der sich nach den Vorschriften über die steuerliche Gewinnermittlung im Zeitpunkt der Veräußerung ergibt (Buchwert). 3 Satz 1 gilt entsprechend für Gewinne aus der Auflösung oder der Herabsetzung des Nennkapitals oder aus dem Ansatz des in § 6 Absatz 1 Nummer 2 Satz 3 des Einkommensteuergesetzes bezeichneten Werts. 4 Die Sätze 1 und 3 gelten nicht, soweit der Anteil in früheren Jahren steuerwirksam auf den niedrigeren Teilwert abgeschrieben und die Gewinnminderung nicht durch den Ansatz eines höheren Werts ausgeglichen worden ist. 5 Satz 4 gilt außer für Gewinne aus dem Ansatz mit dem Wert, der sich nach § 6 Abs. 1 Nr. 2 Satz 3 des Einkommensteuergesetzes ergibt, auch für steuerwirksam vorgenommene Abzüge nach § 6b des Einkommensteuergesetzes und ähnliche Abzüge. 6 Veräußerung im vorstehenden Sinne ist auch die verdeckte Einlage.

(3)[1)] 1 Von dem jeweiligen Gewinn im Sinne des Absatzes 2 Satz 1, 3 und 6 gelten 5 Prozent als Ausgaben, die nicht als Betriebsausgaben abgezogen werden dürfen. 2 § 3c Abs. 1 des Einkommensteuergesetzes ist nicht anzuwenden. 3 Gewinnminderungen, die im Zusammenhang mit dem in Absatz 2 genannten Anteil entstehen, sind bei der Ermittlung des Einkommens nicht zu berücksichtigen. 4 Zu den Gewinnminderungen im Sinne des Satzes 3 gehören auch Gewinnminderungen im Zusammenhang mit einer Darlehensforderung oder aus der Inanspruchnahme von Sicherheiten, die für ein Darlehen hingegeben wurden, wenn das Darlehen oder die Sicherheit von einem Gesellschafter gewährt wird, der zu mehr als einem Viertel unmittelbar oder mittelbar am Grund- oder Stammkapital der Körperschaft, der das Darlehen gewährt wurde, beteiligt ist oder war. 5 Dies gilt auch für diesem Gesellschafter nahestehende Personen im Sinne des § 1 Abs. 2 des Außensteuergesetzes oder für Gewinnminderungen aus dem Rückgriff eines Dritten auf den zu mehr als einem Viertel am Grund- oder Stammkapital beteiligten Gesellschafter oder eine diesem nahestehende Person auf Grund eines der Gesellschaft gewährten Darlehens. 6 Die Sätze 4 und 5 sind nicht anzuwenden, wenn nachgewiesen wird, dass auch ein fremder Dritter das Darlehen bei sonst gleichen Umständen gewährt oder noch nicht zurückgefordert hätte; dabei sind nur die eigenen Sicherungsmittel der Gesellschaft zu berücksichtigen. 7 Die Sätze 4 bis 6 gelten entsprechend für Forderungen aus Rechtshandlungen, die einer Darlehensgewährung wirtschaftlich vergleichbar sind. 8 Gewinne aus dem Ansatz einer Darlehensforderung mit dem nach § 6 Abs. 1 Nr. 2 Satz 3 des Einkommensteuergesetzes maßgeblichen Wert bleiben bei der Ermittlung des Einkommens außer Ansatz, soweit auf die vorangegangene Teilwertabschreibung Satz 3 angewendet worden ist.[2)]

(4)[3)] 1 Bezüge im Sinne des Absatzes 1 sind abweichend von Absatz 1 Satz 1 bei der Ermittlung des Einkommens zu berücksichtigen, wenn die Beteili-

---

1) § 8b Abs. 3 neu gef. mWv VZ 2004 durch G v. 22.12.2003 (BGBl. I S. 2840).

2) § 8b Abs. 3 Sätze 4 bis 8 angef. mWv VZ 2008 durch G v. 20.12.2007 (BGBl. I S. 3150).

3) § 8b Abs. 4 neu gef. durch G v. 21.3.2013 (BGBl. I S. 561); zur Anwendung siehe § 34 Abs. 5 Satz 1 sowie § 27 Abs. 11 UmwStG (Nr. **130**); Abs. 4 Satz 8 geänd. durch G v. 12.12.2019 (BGBl. I S. 2451); zur Anwendung siehe § 34 Abs. 5 Satz 2.

gung zu Beginn des Kalenderjahres unmittelbar weniger als 10 Prozent des Grund- oder Stammkapitals betragen hat; ist ein Grund- oder Stammkapital nicht vorhanden, ist die Beteiligung an dem Vermögen, bei Genossenschaften die Beteiligung an der Summe der Geschäftsguthaben, maßgebend. [2]Für die Bemessung der Höhe der Beteiligung ist § 13 Absatz 2 Satz 2 des Umwandlungssteuergesetzes nicht anzuwenden. [3]Überlässt eine Körperschaft Anteile an einen anderen und hat der andere diese oder gleichartige Anteile zurückzugeben, werden die Anteile für die Ermittlung der Beteiligungsgrenze der überlassenden Körperschaft zugerechnet. [4]Beteiligungen über eine Mitunternehmerschaft sind dem Mitunternehmer anteilig zuzurechnen; § 15 Absatz 1 Satz 1 Nummer 2 Satz 2 des Einkommensteuergesetzes gilt sinngemäß. [5]Eine dem Mitunternehmer nach Satz 4 zugerechnete Beteiligung gilt für die Anwendung dieses Absatzes als unmittelbare Beteiligung. [6]Für Zwecke dieses Absatzes gilt der Erwerb einer Beteiligung von mindestens 10 Prozent als zu Beginn des Kalenderjahres erfolgt. [7]Absatz 5 ist auf Bezüge im Sinne des Satzes 1 nicht anzuwenden. [8]Beteiligungen von Kreditinstituten im Sinne des § 1 Absatz 1 Satz 1 des Kreditwesengesetzes, die Mitglied einer kreditwirtschaftlichen Verbundgruppe im Sinne des § 2 Absatz 1 Nummer 13 des Zahlungsdiensteaufsichtsgesetzes sind, an anderen Unternehmen und Einrichtungen dieser Verbundgruppe sind zusammenzurechnen.

(5)[1)] [1]Von den Bezügen im Sinne des Absatzes 1, die bei der Ermittlung des Einkommens außer Ansatz bleiben, gelten 5 Prozent als Ausgaben, die nicht als Betriebsausgaben abgezogen werden dürfen. [2]§ 3c Abs. 1 des Einkommensteuergesetzes ist nicht anzuwenden.

(6) [1]Die Absätze 1 bis 5 gelten auch für die dort genannten Bezüge, Gewinne und Gewinnminderungen, die dem Steuerpflichtigen im Rahmen des Gewinnanteils aus einer Mitunternehmerschaft zugerechnet werden, sowie für Gewinne und Verluste, soweit sie bei der Veräußerung oder Aufgabe eines Mitunternehmeranteils auf Anteile im Sinne des Absatzes 2 entfallen. [2]Die Absätze 1 bis 5 gelten für Bezüge und Gewinne, die einem Betrieb gewerblicher Art einer juristischen Person des öffentlichen Rechts über andere juristische Personen des öffentlichen Rechts zufließen, über die sie mittelbar an der leistenden Körperschaft, Personenvereinigung oder Vermögensmasse beteiligt ist und bei denen die Leistungen nicht im Rahmen eines Betriebs gewerblicher Art erfasst werden, und damit im Zusammenhang stehende Gewinnminderungen entsprechend.

(7)[2)] [1]Die Absätze 1 bis 6 sind nicht auf Anteile anzuwenden, die bei Kreditinstituten und Finanzdienstleistungsinstituten dem Handelsbestand im Sinne des § 340e Absatz 3 des Handelsgesetzbuchs zuzuordnen sind. [2]Gleiches gilt für Anteile, die bei Finanzunternehmen im Sinne des Kreditwesengesetzes, an denen Kreditinstitute oder Finanzdienstleistungsinstitute unmittelbar oder mittelbar zu mehr als 50 Prozent beteiligt sind, zum Zeitpunkt des Zugangs zum Betriebsvermögen als Umlaufvermögen auszuweisen sind.

[1)] § 8b Abs. 5 neu gef. mWv VZ 2004 durch G v. 22.12.2003 (BGBl. I S. 2840).

[2)] § 8b Abs. 7 neu gef. durch G v. 20.12.2016 (BGBl. I S. 3000); zur Anwendung siehe § 34 Abs. 5 Satz 3.

(8)[1] [1]Die Absätze 1 bis 7 sind nicht anzuwenden auf Anteile, die bei Lebens- und Krankenversicherungsunternehmen den Kapitalanlagen zuzurechnen sind. [2]Satz 1 gilt nicht für Gewinne im Sinne des Absatzes 2, soweit eine Teilwertabschreibung in früheren Jahren nach Absatz 3 bei der Ermittlung des Einkommens unberücksichtigt geblieben ist und diese Minderung nicht durch den Ansatz eines höheren Werts ausgeglichen worden ist. [3]Gewinnminderungen, die im Zusammenhang mit den Anteilen im Sinne des Satzes 1 stehen, sind bei der Ermittlung des Einkommens nicht zu berücksichtigen, wenn das Lebens- oder Krankenversicherungsunternehmen die Anteile von einem verbundenen Unternehmen (§ 15 des Aktiengesetzes) erworben hat, soweit ein Veräußerungsgewinn für das verbundene Unternehmen nach Absatz 2 in der Fassung des Artikels 3 des Gesetzes vom 23. Oktober 2000 (BGBl. I S. 1433) bei der Ermittlung des Einkommens außer Ansatz geblieben ist. [4]Für die Ermittlung des Einkommens sind die Anteile mit den nach handelsrechtlichen Vorschriften ausgewiesenen Werten anzusetzen, die bei der Ermittlung der nach § 21 abziehbaren Beträge zu Grunde gelegt wurden. [5]Entsprechendes gilt für Pensionsfonds.

(9)[2] Die Absätze 7 und 8 gelten nicht für Bezüge im Sinne des Absatzes 1, auf die die Mitgliedstaaten der Europäischen Union Artikel 4 Abs. 1 der Richtlinie 2011/96/EU des Rates vom 30. November 2011 über das gemeinsame Steuersystem der Mutter- und Tochtergesellschaften verschiedener Mitgliedstaaten (ABl. L 345 vom 29.12.2011, S. 8), anzuwenden haben.

(10)[3] [1]Überlässt eine Körperschaft (überlassende Körperschaft) Anteile, auf die bei ihr Absatz 4, 7 oder 8 anzuwenden ist oder auf die bei ihr aus anderen Gründen die Steuerfreistellungen der Absätze 1 und 2 oder vergleichbare ausländische Vorschriften nicht anzuwenden sind, an eine Körperschaft (andere Körperschaft), bei der auf die Anteile Absatz 4, 7 oder 8 nicht anzuwenden ist, und hat die andere Körperschaft, der die Anteile zuzurechnen sind, diese oder gleichartige Anteile zurückzugeben, dürfen die für die Überlassung gewährten Entgelte bei der anderen Körperschaft nicht als Betriebsausgabe abgezogen werden. [2]Überlässt die andere Körperschaft für die Überlassung der Anteile Wirtschaftsgüter an die überlassende Körperschaft, aus denen diese Einnahmen oder Bezüge erzielt, gelten diese Einnahmen oder Bezüge als von der anderen Körperschaft bezogen und als Entgelt für die Überlassung an die überlassende Körperschaft gewährt. [3]Absatz 3 Satz 1 und 2 sowie Absatz 5 sind nicht anzuwenden. [4]Die Sätze 1 bis 3 gelten auch für Wertpapierpensionsgeschäfte im Sinne des § 340b Absatz 2 des Handelsgesetzbuchs. [5]Die Sätze 1 bis 4 gelten nicht, wenn die andere Körperschaft keine Einnahmen oder Bezüge aus den ihr überlassenen Anteilen erzielt. [6]Zu den Einnahmen

---

[1] § 8b Abs. 8 angef. mWv VZ 2004 bzw. bei abweichendem Wj. mWv VZ 2005 durch G v. 22.12.2003 (BGBl. I S. 2840).

[2] § 8b Abs. 9 angef. durch G v. 9.12.2004 (BGBl. I S. 3310); geänd. durch G v. 26.6.2013 (BGBl. I S. 1809).

[3] § 8b Abs. 10 angef. mWv VZ 2007 durch G v. 14.8.2007 (BGBl. I S. 1912), Satz 9 angef. mWv VZ 2009 durch G v. 19.12.2008 (BGBl. I S. 2794); Satz 1 geänd. durch G v. 21.3.2013 (BGBl. I S. 561); geänd. durch G v. 26.6.2013 (BGBl. I S. 1809); Satz 11 neu gef. mWv 1.1.2018 durch G v. 11.12.2018 (BGBl. I S. 2338).

und Bezügen aus den überlassenen Anteilen im Sinne des Satzes 5 gehören auch Entgelte, die die andere Körperschaft dafür erhält, dass sie die entliehenen Wertpapiere weiterverleiht.[1)] [7]Die Sätze 1 bis 6 gelten entsprechend, wenn die Anteile an eine Personengesellschaft oder von einer Personengesellschaft überlassen werden, an der die überlassende oder die andere Körperschaft unmittelbar oder mittelbar über eine Personengesellschaft oder mehrere Personengesellschaften beteiligt ist. [8]In diesen Fällen gelten die Anteile als an die Körperschaft oder von der Körperschaft überlassen. [9]Die Sätze 1 bis 8 gelten entsprechend, wenn Anteile, die die Voraussetzungen des Absatzes 7 erfüllen, von einer Personengesellschaft überlassen werden. [10]Die Sätze 1 bis 8 gelten nicht, soweit § 2 Nummer 2 zweiter Halbsatz oder § 5 Absatz 2 Nummer 1 zweiter Halbsatz[2)] auf die überlassende Körperschaft Anwendung findet. [11]Als Anteil im Sinne der Sätze 1 bis 10 gilt auch der Anteil im Sinne von § 2 Absatz 4 des Investmentsteuergesetzes vom 19. Juli 2016 (BGBl. I S. 1730), das zuletzt durch Artikel 10 des Gesetzes vom 23. Juni 2017 (BGBl. I S. 1682) geändert worden ist, in der jeweils geltenden Fassung, soweit daraus Einnahmen erzielt werden, auf die § 8b anzuwenden ist.

(11)[3)] Die Absätze 1 bis 10 sind nicht anzuwenden bei Anteilen an Unterstützungskassen.

§ 8c[4)] **Verlustabzug bei Körperschaften.** (1)[5)] [1]Werden innerhalb von fünf Jahren mittelbar oder unmittelbar mehr als 50 Prozent des gezeichneten Kapitals, der Mitgliedschaftsrechte, der Beteiligungsrechte oder der Stimmrechte an einer Körperschaft an einen Erwerber oder diesem nahe stehende Personen übertragen oder liegt ein vergleichbarer Sachverhalt vor (schädlicher Beteiligungserwerb), sind bis zum schädlichen Beteiligungserwerb *nicht genutzte Verluste* [***ab VZ 2020:*** nicht ausgeglichene oder abgezogene negative Einkünfte (nicht genutzte Verluste)] vollständig nicht mehr abziehbar. [2]Als ein Erwerber im Sinne des Satzes 1 gilt auch eine Gruppe von Erwerbern mit gleichgerichteten Interessen. [3]Eine Kapitalerhöhung steht der Übertragung des gezeichneten Kapitals gleich, soweit sie zu einer Veränderung der Beteiligungsquoten am Kapital der Körperschaft führt. [4]Ein schädlicher Beteiligungserwerb liegt nicht vor, wenn

1. an dem übertragenden Rechtsträger der Erwerber zu 100 Prozent mittelbar oder unmittelbar beteiligt ist und der Erwerber eine natürliche oder juristische Person oder eine Personenhandelsgesellschaft ist,
2. an dem übernehmenden Rechtsträger der Veräußerer zu 100 Prozent mittelbar oder unmittelbar beteiligt ist und der Veräußerer eine natürliche oder juristische Person oder eine Personenhandelsgesellschaft ist oder

---

[1)] § 8b Abs. 10 Satz 6 eingef., bish. Sätze 6 bis 8 werden Sätze 7 bis 9 durch G v. 26.6.2013 (BGBl. I S. 1809).

[2)] § 8b Abs. 10 Satz 9 geänd., Satz 10 eingef., bish. Satz 9 wird Satz 11 durch G v. 26.6.2013 (BGBl. I S. 1809).

[3)] § 8b Abs. 11 angef. mWv VZ 2016 durch G v. 2.11.2015 (BGBl. I S. 1834).

[4)] § 8c eingef. durch G v. 14.8.2007 (BGBl. I S. 1912).

[5)] § 8c Abs. 1 neu gef. durch G v. 11.12.2018 (BGBl. I S. 2338); zur Anwendung siehe § 34 Abs. 6 Sätze 1 und 2; Abs. 1 Satz 1 geänd. mWv VZ 2020 durch G v. 12.12.2019 (BGBl. I S. 2451); vgl. hierzu BVerfG v. 29.3.2017 (BGBl. I S. 1289).

3. an dem übertragenden und an dem übernehmenden Rechtsträger dieselbe natürliche oder juristische Person oder dieselbe Personenhandelsgesellschaft zu jeweils 100 Prozent mittelbar oder unmittelbar beteiligt ist.

5 Ein nicht abziehbarer nicht genutzter Verlust kann abweichend von Satz 1 abgezogen werden, soweit er die gesamten zum Zeitpunkt des schädlichen Beteiligungserwerbs vorhandenen im Inland steuerpflichtigen stillen Reserven des Betriebsvermögens der Körperschaft nicht übersteigt. 6 Stille Reserven im Sinne des Satzes 5 sind der Unterschiedsbetrag zwischen dem in der steuerlichen Gewinnermittlung ausgewiesenen Eigenkapital und dem auf dieses Eigenkapital jeweils entfallenden gemeinen Wert der Anteile an der Körperschaft, soweit diese im Inland steuerpflichtig sind. 7 Ist das Eigenkapital der Körperschaft negativ, sind stille Reserven im Sinne des Satzes 5 der Unterschiedsbetrag zwischen dem in der steuerlichen Gewinnermittlung ausgewiesenen Eigenkapital und dem diesem Anteil entsprechenden gemeinen Wert des Betriebsvermögens der Körperschaft. 8 Bei der Ermittlung der stillen Reserven ist nur das Betriebsvermögen zu berücksichtigen, das der Körperschaft ohne steuerrechtliche Rückwirkung, insbesondere ohne Anwendung des § 2 Absatz 1 des Umwandlungssteuergesetzes, zuzurechnen ist.

(1a)[1] 1 Für die Anwendung des Absatzes 1 ist ein Beteiligungserwerb zum Zweck der Sanierung des Geschäftsbetriebs der Körperschaft unbeachtlich. 2 Sanierung ist eine Maßnahme, die darauf gerichtet ist, die Zahlungsunfähigkeit oder Überschuldung zu verhindern oder zu beseitigen und zugleich die wesentlichen Betriebsstrukturen zu erhalten.

3 Die Erhaltung der wesentlichen Betriebsstrukturen setzt voraus, dass

1. die Körperschaft eine geschlossene Betriebsvereinbarung mit einer Arbeitsplatzregelung befolgt oder
2. die Summe der maßgebenden jährlichen Lohnsummen der Körperschaft innerhalb von fünf Jahren nach dem Beteiligungserwerb 400 Prozent der Ausgangslohnsumme nicht unterschreitet; § 13a Absatz 1 Satz 3 und 4 und Absatz 4 des Erbschaftsteuer- und Schenkungsteuergesetzes in der Fassung des Gesetzes vom 24. Dezember 2008 (BGBl. I S. 3018) gilt sinngemäß; oder
3. der Körperschaft durch Einlagen wesentliches Betriebsvermögen zugeführt wird. 2 Eine wesentliche Betriebsvermögenszuführung liegt vor, wenn der Körperschaft innerhalb von zwölf Monaten nach dem Beteiligungserwerb neues Betriebsvermögen zugeführt wird, das mindestens 25 Prozent des in der Steuerbilanz zum Schluss des vorangehenden Wirtschaftsjahrs enthaltenen Aktivvermögens entspricht. 3 Wird nur ein Anteil an der Körperschaft erworben, ist nur der entsprechende Anteil des Aktivvermögens zuzuführen. 4 Der Erlass von Verbindlichkeiten durch den Erwerber oder eine diesem nahestehende Person steht der Zuführung neuen Betriebsvermögens gleich, soweit die Verbindlichkeiten werthaltig sind. 5 Leistungen der Kapi-

---

[1] § 8c Abs. 1a eingef. durch G v. 16.7.2009 (BGBl. I S. 1959); zur Anwendung siehe § 34 Abs. 6 Satz 3 und 4; Satz 3 Nr. 2 geänd. durch G v. 12.12.2019 (BGBl. I S. 2451); zur Anwendung siehe § 34 Abs. 6 Satz 3.

talgesellschaft, die innerhalb von drei Jahren nach der Zuführung des neuen Betriebsvermögens erfolgen, mindern den Wert des zugeführten Betriebsvermögens.[1] [6]Wird dadurch die erforderliche Zuführung nicht mehr erreicht, ist Satz 1 nicht mehr anzuwenden.

[4]Keine Sanierung liegt vor, wenn die Körperschaft ihren Geschäftsbetrieb im Zeitpunkt des Beteiligungserwerbs im Wesentlichen eingestellt hat oder nach dem Beteiligungserwerb ein Branchenwechsel innerhalb eines Zeitraums von fünf Jahren erfolgt.

(2)[2] § 3a Absatz 3 des Einkommensteuergesetzes ist auf verbleibende nicht genutzte Verluste anzuwenden, die sich nach einer Anwendung des Absatzes 1 ergeben.

§ 8d[3] Fortführungsgebundener Verlustvortrag. (1)[4] [1]§ 8c ist nach einem schädlichen Beteiligungserwerb auf Antrag nicht anzuwenden, wenn die Körperschaft seit ihrer Gründung oder zumindest seit dem Beginn des dritten Veranlagungszeitraums, der dem Veranlagungszeitraum nach Satz 5 vorausgeht, ausschließlich denselben Geschäftsbetrieb unterhält und in diesem Zeitraum bis zum Schluss des Veranlagungszeitraums des schädlichen Beteiligungserwerbs kein Ereignis im Sinne von Absatz 2 stattgefunden hat. [2]Satz 1 gilt nicht:

1. für Verluste aus der Zeit vor einer Einstellung oder Ruhendstellung des Geschäftsbetriebs[5] oder
2. wenn die Körperschaft zu Beginn des dritten Veranlagungszeitraums, der dem Veranlagungszeitraum nach Satz 5 vorausgeht, Organträger oder an einer Mitunternehmerschaft beteiligt ist.

[3]Ein Geschäftsbetrieb umfasst die von einer einheitlichen Gewinnerzielungsabsicht getragenen, nachhaltigen, sich gegenseitig ergänzenden und fördernden Betätigungen der Körperschaft und bestimmt sich nach qualitativen Merkmalen in einer Gesamtbetrachtung. [4]Qualitative Merkmale sind insbesondere die angebotenen Dienstleistungen oder Produkte, der Kunden- und Lieferantenkreis, die bedienten Märkte und die Qualifikation der Arbeitnehmer. [5]Der Antrag ist in der Steuererklärung für die Veranlagung des Veranlagungszeitraums zu stellen, in den der schädliche Beteiligungserwerb fällt. [6]Der Verlustvortrag, der zum Schluss des Veranlagungszeitraums verbleibt, in den der schädliche Beteiligungserwerb fällt, wird zum fortführungsgebundenen Verlust (fortführungsgebundener Verlustvortrag). [7]Dieser ist gesondert auszuweisen und festzustellen; § 10d Absatz 4 des Einkommensteuergesetzes gilt entsprechend. [8]Der fortführungsgebundene Verlustvortrag ist vor dem nach

---

[1] § 8c Abs. 1a Satz 3 Nr. 3 Satz 5 geänd. durch G v. 22.12.2009 (BGBl. I S. 3950).

[2] § 8c Abs. 2 angef. mWv VZ 2017 durch G v. 27.6.2017 (BGBl. I S. 2074) – zum Inkrafttreten siehe Fußnote zu § 8 Abs. 8 Satz 6; zur Anwendung vor VZ 2017 siehe § 34 Abs. 3b.

[3] § 8d eingef. durch G v. 20.12.2016 (BGBl. I S. 2998); zur Anwendung siehe § 34 Abs. 6a.

[4] § 8d Abs. 1 Satz 9 angef. mWv VZ 2017 durch G v. 27.6.2017 (BGBl. I S. 2074) – zum Inkrafttreten siehe Fußnote zu § 8 Abs. 8 Satz 6; zur Anwendung vor VZ 2017 siehe § 34 Abs. 3b.

[5] Zur Anwendung siehe § 34 Abs. 6a Satz 2.

§ 10d Absatz 4 des Einkommensteuergesetzes festgestellten Verlustvortrag abzuziehen. [9] Satz 8 gilt bei Anwendung des § 3a Absatz 3 des Einkommensteuergesetzes entsprechend.[1)]

(2) [1] Wird der Geschäftsbetrieb im Sinne des Absatzes 1 eingestellt, geht der nach Absatz 1 zuletzt festgestellte fortführungsgebundene Verlustvortrag unter; § 8c Absatz 1 Satz 5 bis 8[2)] gilt bezogen auf die zum Schluss des vorangegangenen Veranlagungszeitraums vorhandenen stillen Reserven entsprechend. [2] Gleiches gilt, wenn

1. der Geschäftsbetrieb ruhend gestellt wird,
2. der Geschäftsbetrieb einer andersartigen Zweckbestimmung zugeführt wird,
3. die Körperschaft einen zusätzlichen Geschäftsbetrieb aufnimmt,
4. die Körperschaft sich an einer Mitunternehmerschaft beteiligt,
5. die Körperschaft die Stellung eines Organträgers im Sinne des § 14 Absatz 1 einnimmt oder
6. auf die Körperschaft Wirtschaftsgüter übertragen werden, die sie zu einem geringeren als dem gemeinen Wert ansetzt.

§ 9 Abziehbare Aufwendungen. (1) Abziehbare Aufwendungen sind auch:

1.[3)] bei Kommanditgesellschaften auf Aktien und bei vergleichbaren Kapitalgesellschaften der Teil des Gewinns, der an persönlich haftende Gesellschafter auf ihre nicht auf das Grundkapital gemachten Einlagen oder als Vergütung (Tantieme) für die Geschäftsführung verteilt wird;

2.[4)] vorbehaltlich des § 8 Absatz 3 Zuwendungen (Spenden und Mitgliedsbeiträge) zur Förderung steuerbegünstigter Zwecke im Sinne der §§ 52 bis 54 der Abgabenordnung bis zur Höhe von insgesamt
   a) 20 Prozent des Einkommens oder
   b) 4 Promille der Summe der gesamten Umsätze und der im Kalenderjahr aufgewendeten Löhne und Gehälter.

   [2] Voraussetzung für den Abzug ist, dass diese Zuwendungen
   a) an eine juristische Person des öffentlichen Rechts oder an eine öffentliche Dienststelle, die in einem Mitgliedstaat der Europäischen Union oder in einem Staat belegen ist, auf den das Abkommen über den Europäischen Wirtschaftsraum (EWR-Abkommen) Anwendung findet, oder
   b) an eine nach § 5 Absatz 1 Nummer 9 steuerbefreite Körperschaft, Personenvereinigung oder Vermögensmasse oder
   c) an eine Körperschaft, Personenvereinigung oder Vermögensmasse, die in einem Mitgliedstaat der Europäischen Union oder in einem Staat bele-

---

1) Siehe zu § 8d Abs. 1 Satz 9 insbes. § 34 Abs. 3b.

2) Verweis geänd. durch G v. 11.12.2018 (BGBl. I S. 2338).

3) § 9 Abs. 1 Nr. 1 geänd. mWv VZ 2006 durch G v. 7.12.2006 (BGBl. I S. 2782).

4) § 9 Abs. 1 Nr. 2 Satz 1 ersetzt durch Sätze 1 bis 7, bish. Sätze 2 bis 4 werden Sätze 8 bis 10 durch G v. 8.4.2010 (BGBl. I S. 386); Satz 8 geänd. durch G v. 12.12.2019 (BGBl. I S. 2451).

gen ist, auf den das Abkommen über den Europäischen Wirtschaftsraum (EWR-Abkommen) Anwendung findet, und die nach § 5 Absatz 1 Nummer 9 in Verbindung mit § 5 Absatz 2 Nummer 2 zweiter Halbsatz steuerbefreit wäre, wenn sie inländische Einkünfte erzielen würde,

geleistet werden (Zuwendungsempfänger). 3 Für nicht im Inland ansässige Zuwendungsempfänger nach Satz 2 ist weitere Voraussetzung, dass durch diese Staaten Amtshilfe und Unterstützung bei der Beitreibung geleistet werden. 4 Amtshilfe ist der Auskunftsaustausch im Sinne oder entsprechend der Amtshilferichtlinie gemäß § 2 Absatz 2 des EU-Amtshilfegesetes[1]. 5 Beitreibung ist die gegenseitige Unterstützung bei der Beitreibung von Forderungen im Sinne oder entsprechend der Beitreibungsrichtlinie[2] einschließlich der in diesem Zusammenhang anzuwendenden Durchführungsbestimmungen in den für den jeweiligen Veranlagungszeitraum geltenden Fassungen oder eines entsprechenden Nachfolgerechtsaktes. 6 Werden die steuerbegünstigten Zwecke des Zuwendungsempfängers im Sinne von Satz 2 Buchstabe a nur im Ausland verwirklicht, ist für die Abziehbarkeit der Zuwendungen Voraussetzung, dass natürliche Personen, die ihren Wohnsitz oder ihren gewöhnlichen Aufenthalt im Geltungsbereich dieses Gesetzes haben, gefördert werden oder dass die Tätigkeit dieses Zuwendungsempfängers neben der Verwirklichung der steuerbegünstigten Zwecke auch zum Ansehen der Bundesrepublik Deutschland beitragen kann. 7 Abziehbar sind auch Mitgliedsbeiträge an Körperschaften, die Kunst und Kultur gemäß § 52 Absatz 2 Nummer 5 der Abgabenordnung fördern, soweit es sich nicht um Mitgliedsbeiträge nach Satz 8 Nummer 2 handelt, auch wenn den Mitgliedern Vergünstigungen gewährt werden. 8 Nicht abziehbar sind Mitgliedsbeiträge an Körperschaften,

1. die den Sport (§ 52 Absatz 2 Satz 1 Nummer 21 der Abgabenordnung),
2. die kulturelle Betätigungen, die in erster Linie der Freizeitgestaltung dienen,
3. die die Heimatpflege und Heimatkunde (§ 52 Absatz 2 Satz 1 Nummer 22 der Abgabenordnung),
4. die Zwecke im Sinne des § 52 Absatz 2 Satz 1 Nummer 23 der Abgabenordnung

fördern oder

[*ab 1.1.2020:*

5.[3] deren Zweck nach § 52 Absatz 2 Satz 2 der Abgabenordnung für gemeinnützig erklärt worden ist, weil deren Zweck die Allgemeinheit auf materiellem, geistigem oder sittlichem Gebiet entsprechend einem Zweck nach den Nummern 1 bis 4 fördert.]

9 Abziehbare Zuwendungen, die die Höchstbeträge nach Satz 1 überschreiten, sind im Rahmen der Höchstbeträge in den folgenden Veranlagungs-

---

[1] Verweis geänd. durch G v. 26.6.2013 (BGBl. I S. 1809).

[2] Geänd. mWv VZ 2012 (§ 34 Abs. 8a Satz 7) durch G v. 7.12.2011 (BGBl. I S. 2592).

[3] § 9 Abs. 1 Nr. 2 Satz 8 Nr. 5 angef. durch G v. 12.12.2019 (BGBl. I S. 2451); zur Anwendung siehe § 34 Abs. 6b.

zeiträumen abzuziehen. 10 § 10d Abs. 4 des Einkommensteuergesetzes gilt entsprechend.

(2)[1] 1 Als Einkommen im Sinne dieser Vorschrift gilt das Einkommen vor Abzug der in Absatz 1 Nr. 2 bezeichneten Zuwendungen und vor dem Verlustabzug nach § 10d des Einkommensteuergesetzes. 2 Als Zuwendung im Sinne dieser Vorschrift gilt auch die Zuwendung von Wirtschaftsgütern mit Ausnahme von Nutzungen und Leistungen. 3 Der Wert der Zuwendung ist nach § 6 Absatz 1 Nummer 4 Satz 1 und 4[2] des Einkommensteuergesetzes zu ermitteln. 4 Aufwendungen zugunsten einer Körperschaft, die zum Empfang steuerlich abziehbarer Zuwendungen berechtigt ist, sind nur abziehbar, wenn ein Anspruch auf die Erstattung der Aufwendungen durch Vertrag oder Satzung eingeräumt und auf die Erstattung verzichtet worden ist. 5 Der Anspruch darf nicht unter der Bedingung des Verzichts eingeräumt worden sein.

(3)[3] 1 Der Steuerpflichtige darf auf die Richtigkeit der Bestätigung über Spenden und Mitgliedsbeiträge vertrauen, es sei denn, dass er die Bestätigung durch unlautere Mittel oder falsche Angaben erwirkt hat oder dass ihm die Unrichtigkeit der Bestätigung bekannt oder infolge grober Fahrlässigkeit nicht bekannt war. 2 Wer vorsätzlich oder grob fahrlässig eine unrichtige Bestätigung ausstellt oder veranlasst, dass Zuwendungen nicht zu den in der Bestätigung angegebenen steuerbegünstigten Zwecken verwendet werden (Veranlasserhaftung), haftet für die entgangene Steuer; diese ist mit 30 Prozent des zugewendeten Betrags anzusetzen. 3 In den Fällen der Veranlasserhaftung ist vorrangig der Zuwendungsempfänger in Anspruch zu nehmen; die natürlichen Personen, die in diesen Fällen für den Zuwendungsempfänger handeln, sind nur in Anspruch zu nehmen, wenn die entgangene Steuer nicht nach § 47 der Abgabenordnung erloschen ist und Vollstreckungsmaßnahmen gegen den Zuwendungsempfänger nicht erfolgreich sind; § 10b Absatz 4 Satz 5 des Einkommensteuergesetzes gilt entsprechend.

§ 10[4] Nichtabziehbare Aufwendungen. Nichtabziehbar sind auch:

1. die Aufwendungen für die Erfüllung von Zwecken des Steuerpflichtigen, die durch Stiftungsgeschäft, Satzung oder sonstige Verfassung vorgeschrieben sind. 2 § 9 Abs. 1 Nr. 2 bleibt unberührt,
2. die Steuern vom Einkommen und sonstige Personensteuern sowie die Umsatzsteuer für Umsätze, die Entnahmen oder verdeckte Gewinnausschüttungen sind, und die Vorsteuerbeträge auf Aufwendungen, für die das Abzugsverbot des § 4 Abs. 5 Satz 1 Nr. 1 bis 4 und 7 oder Abs. 7 des Einkommensteuergesetzes gilt; das gilt auch für die auf diese Steuern entfallenden Nebenleistungen,

---

[1] § 9 Abs. 2 neu gef. mWv VZ 2007 durch G v. 10.10.2007 (BGBl. I S. 2332).

[2] § 9 Abs. 2 Satz 3 Zitat geänd. durch G v. 20.4.2009 (BGBl. I S. 774).

[3] § 9 Abs. 3 Satz 2 HS 2 angef. mWv 1.1.2010, Sätze 3 und 4 ersetzt durch Satz 3 durch G v. 8.4.2010 (BGBl. I S. 386).

[4] § 10 Nr. 3 geänd. mWv VZ 2018 (§ 34 Abs. 6c), Nr. 4 geänd. (kursiver Satzteil gestrichen) mWv VZ 2020 durch G v. 12.12.2019 (BGBl. I S. 2451).

3. in einem Strafverfahren festgesetzte Geldstrafen, sonstige Rechtsfolgen vermögensrechtlicher Art, bei denen der Strafcharakter überwiegt, und Leistungen zur Erfüllung von Auflagen oder Weisungen, soweit die Auflagen oder Weisungen nicht lediglich der Wiedergutmachung des durch die Tat verursachten Schadens dienen, sowie damit zusammenhängende Aufwendungen,
4. die Hälfte der Vergütungen jeder Art, die an Mitglieder des Aufsichtsrats, Verwaltungsrats, *Grubenvorstands* oder andere mit der Überwachung der Geschäftsführung beauftragte Personen gewährt werden.

§ 11 Auflösung und Abwicklung (Liquidation). (1)[1] [1]Wird ein unbeschränkt Steuerpflichtiger im Sinne des § 1 Abs. 1 Nr. 1 bis 3 nach der Auflösung abgewickelt, so ist der im Zeitraum der Abwicklung erzielte Gewinn der Besteuerung zugrunde zu legen. [2]Der Besteuerungszeitraum soll drei Jahre nicht übersteigen.

(2) Zur Ermittlung des Gewinns im Sinne des Absatzes 1 ist das Abwicklungs-Endvermögen dem Abwicklungs-Anfangsvermögen gegenüberzustellen.

(3) Abwicklungs-Endvermögen ist das zur Verteilung kommende Vermögen, vermindert um die steuerfreien Vermögensmehrungen, die dem Steuerpflichtigen in dem Abwicklungszeitraum zugeflossen sind.

(4) [1]Abwicklungs-Anfangsvermögen ist das Betriebsvermögen, das am Schluss des der Auflösung vorangegangenen Wirtschaftsjahrs der Veranlagung zur Körperschaftsteuer zugrunde gelegt worden ist. [2]Ist für den vorangegangenen Veranlagungszeitraum eine Veranlagung nicht durchgeführt worden, so ist das Betriebsvermögen anzusetzen, das im Fall einer Veranlagung nach den steuerrechtlichen Vorschriften über die Gewinnermittlung auszuweisen gewesen wäre. [3]Das Abwicklungs-Anfangsvermögen ist um den Gewinn eines vorangegangenen Wirtschaftsjahrs zu kürzen, der im Abwicklungszeitraum ausgeschüttet worden ist.

(5) War am Schluss des vorangegangenen Veranlagungszeitraums Betriebsvermögen nicht vorhanden, so gilt als Abwicklungs-Anfangsvermögen die Summe der später geleisteten Einlagen.

(6) Auf die Gewinnermittlung sind im Übrigen die sonst geltenden Vorschriften anzuwenden.

(7)[2] Unterbleibt eine Abwicklung, weil über das Vermögen des unbeschränkt Steuerpflichtigen im Sinne des § 1 Abs. 1 Nr. 1 bis 3 das Insolvenzverfahren eröffnet worden ist, sind die Absätze 1 bis 6 sinngemäß anzuwenden.

§ 12[3] Verlust oder Beschränkung des Besteuerungsrechts der Bundesrepublik Deutschland. (1) [1]Wird bei der Körperschaft, Personenvereinigung oder Vermögensmasse das Besteuerungsrecht der Bundesrepublik Deutschland hinsichtlich des Gewinns aus der Veräußerung oder der Nut-

---

[1] § 11 Abs. 1 Satz 1 geänd. mWv VZ 2006 durch G v. 7.12.2006 (BGBl. I S. 2782).
[2] § 11 Abs. 7 geänd. mWv VZ 2006 durch G v. 7.12.2006 (BGBl. I S. 2782).
[3] § 12 neu gef. durch G v. 7.12.2006 (BGBl. I S. 2782).

zung eines Wirtschaftsguts ausgeschlossen oder beschränkt, gilt dies als Veräußerung oder Überlassung des Wirtschaftsguts zum gemeinen Wert; § 4 Absatz 1 Satz 5[1)], § 4g[2)] und § 15 Abs. 1a des Einkommensteuergesetzes gelten entsprechend. [2] Ein Ausschluss oder eine Beschränkung des Besteuerungsrechts hinsichtlich des Gewinns aus der Veräußerung eines Wirtschaftsguts liegt insbesondere vor, wenn ein bisher einer inländischen Betriebsstätte einer Körperschaft, Personenvereinigung oder Vermögensmasse zuzuordnendes Wirtschaftsgut einer ausländischen Betriebsstätte dieser Körperschaft, Personenvereinigung oder Vermögensmasse zuzuordnen ist.[1)]

(2) [1] Wird das Vermögen einer beschränkt steuerpflichtigen Körperschaft, Personenvereinigung oder Vermögensmasse als Ganzes auf eine andere Körperschaft desselben ausländischen Staates durch einen Vorgang übertragen, der einer Verschmelzung im Sinne des § 2 des Umwandlungsgesetzes[3)] vom 28. Oktober 1994 (BGBl. I S. 3210, 1995 I S. 428), das zuletzt durch Artikel 10 des Gesetzes vom 9. Dezember 2004 (BGBl. I S. 3214) geändert worden ist, in der jeweils geltenden Fassung vergleichbar ist, sind die übergehenden Wirtschaftsgüter abweichend von Absatz 1 mit dem Buchwert anzusetzen, soweit

1. sichergestellt ist, dass sie später bei der übernehmenden Körperschaft der Besteuerung mit Körperschaftsteuer unterliegen,
2. das Recht der Bundesrepublik Deutschland hinsichtlich der Besteuerung der übertragenen Wirtschaftsgüter bei der übernehmenden Körperschaft nicht beschränkt wird,
3. eine Gegenleistung nicht gewährt wird oder in Gesellschaftsrechten besteht und
4. wenn der übernehmende und der übertragende Rechtsträger nicht die Voraussetzungen des § 1 Abs. 2 Satz 1 und 2 des Umwandlungssteuergesetzes vom 7. Dezember 2006 (BGBl. I S. 2782, 2791)[4)] in der jeweils geltenden Fassung erfüllen.

[2] Wird das Vermögen einer Körperschaft durch einen Vorgang im Sinne des Satzes 1 auf eine andere Körperschaft übertragen, gilt § 13 des Umwandlungssteuergesetzes für die Besteuerung der Anteilseigner der übertragenden Körperschaft entsprechend.

(3)[5)] [1] Verlegt eine Körperschaft, Vermögensmasse oder Personenvereinigung ihre Geschäftsleitung oder ihren Sitz und scheidet sie dadurch aus der unbeschränkten Steuerpflicht in einem Mitgliedstaat der Europäischen Union oder einem Staat aus, auf den das Abkommen über den Europäischen Wirtschaftsraum Anwendung findet, gilt sie als aufgelöst, und § 11 ist entsprechend anzuwenden. [2] Gleiches gilt, wenn die Körperschaft, Vermögensmasse oder Personenvereinigung auf Grund eines Abkommens zur Vermeidung der Dop-

---

[1)] § 12 Abs. 1 Satz 1 Verweis geänd., Satz 2 angef. durch G v. 8.12.2010 (BGBl. I S. 1768).

[2)] § 12 Abs. 1 geänd. durch G v. 20.12.2007 (BGBl. I S. 3150).

[3)] **Schönfelder** Nr. **52a**.

[4)] Nr. **130**.

[5)] § 12 Abs. 3 Satz 4 angef. mWv 29.3.2019 durch Brexit-StBG v. 25.3.2019 (BGBl. I S. 357).

pelbesteuerung infolge der Verlegung ihres Sitzes oder ihrer Geschäftleitung als außerhalb des Hoheitsgebietes der in Satz 1 genannten Staaten ansässig anzusehen ist. [3] An die Stelle des zur Verteilung kommenden Vermögens tritt der gemeine Wert des vorhandenen Vermögens. [***ab 29.3.2019:*** [4] Dieser Absatz ist mit der Maßgabe anzuwenden, dass allein der Austritt des Vereinigten Königreichs Großbritannien und Nordirland aus der Europäischen Union nicht dazu führt, dass eine Körperschaft, Vermögensmasse oder Personenvereinigung dadurch als aus der unbeschränkten Steuerpflicht in einem Mitgliedstaat der Europäischen Union ausgeschieden gilt oder als außerhalb der Europäischen Union ansässig anzusehen ist.

(4)[1)] Einer unbeschränkt steuerpflichtigen Körperschaft mit Sitz im Vereinigten Königreich Großbritannien und Nordirland ist nach dem Austritt des Vereinigten Königreichs Großbritannien und Nordirland aus der Europäischen Union das Betriebsvermögen ununterbrochen zuzurechnen, das ihr bereits vor dem Austritt zuzurechnen war.]

§ 13 Beginn und Erlöschen einer Steuerbefreiung. (1) Wird eine steuerpflichtige Körperschaft, Personenvereinigung oder Vermögensmasse von der Körperschaftsteuer befreit, so hat sie auf den Zeitpunkt, in dem die Steuerpflicht endet, eine Schlussbilanz aufzustellen.

(2) Wird eine von der Körperschaftsteuer befreite Körperschaft, Personenvereinigung oder Vermögensmasse steuerpflichtig und ermittelt sie ihren Gewinn durch Betriebsvermögensvergleich, so hat sie auf den Zeitpunkt, in dem die Steuerpflicht beginnt, eine Anfangsbilanz aufzustellen.

(3)[2)] In der Schlussbilanz im Sinne des Absatzes 1 und in der Anfangsbilanz im Sinne des Absatzes 2 sind die Wirtschaftsgüter vorbehaltlich des Absatzes 4 mit den Teilwerten anzusetzen.

(4)[3)] [1] Beginnt die Steuerbefreiung auf Grund des § 5 Abs. 1 Nr. 9, sind die Wirtschaftsgüter, die der Förderung steuerbegünstigter Zwecke im Sinne *des § 9 Abs. 1 Nr. 2* [***ab VZ 2020:*** der §§ 52 bis 54 der Abgabenordnung] dienen, in der Schlussbilanz mit den Buchwerten anzusetzen. [2] Erlischt die Steuerbefreiung, so ist in der Anfangsbilanz für die in Satz 1 bezeichneten Wirtschaftsgüter der Wert anzusetzen, der sich bei ununterbrochener Steuerpflicht nach den Vorschriften über die steuerliche Gewinnermittlung ergeben würde.

(5) Beginnt oder erlischt die Steuerbefreiung nur teilweise, so gelten die Absätze 1 bis 4 für den entsprechenden Teil des Betriebsvermögens.

(6) [1] Gehören Anteile an einer Kapitalgesellschaft nicht zu dem Betriebsvermögen der Körperschaft, Personenvereinigung oder Vermögensmasse, die von der Körperschaftsteuer befreit wird, so ist § 17 des Einkommensteuergesetzes auch ohne Veräußerung anzuwenden, wenn die übrigen Voraussetzungen dieser Vorschrift in dem Zeitpunkt erfüllt sind, in dem die Steuer-

---

1) § 12 Abs. 4 angef. mWv 29.3.2019 durch Brexit-StBG v. 25.3.2019 (BGBl. I S. 357).

2) § 13 Abs. 3 Sätze 2 bis 11 aufgeh. durch G v. 8.12.2010 (BGBl. I S. 1768).

3) § 13 Abs. 4 Satz 1 Verweis geänd. mWv VZ 2020 durch G v. 12.12.2019 (BGBl. I S. 2451).

pflicht endet. [2]Als Veräußerungspreis gilt der gemeine Wert der Anteile. [3]Im Falle des Beginns der Steuerpflicht gilt der gemeine Wert der Anteile als Anschaffungskosten der Anteile. [4]Die Sätze 1 und 2 gelten nicht in den Fällen des Absatzes 4 Satz 1.

Zweites Kapitel. Sondervorschriften für die Organschaft

§ 14 Aktiengesellschaft oder Kommanditgesellschaft auf Aktien als Organgesellschaft. (1)[1)] [1]Verpflichtet sich eine Europäische Gesellschaft, Aktiengesellschaft oder Kommanditgesellschaft auf Aktien mit Geschäftsleitung im Inland und Sitz in einem Mitgliedstaat der Europäischen Union oder in einem Vertragsstaat des EWR-Abkommens (Organgesellschaft) durch einen Gewinnabführungsvertrag im Sinne des § 291 Abs. 1 des Aktiengesetzes, ihren ganzen Gewinn an ein einziges anderes gewerbliches Unternehmen abzuführen, ist das Einkommen der Organgesellschaft, soweit sich aus § 16 nichts anderes ergibt, dem Träger des Unternehmens (Organträger) zuzurechnen, wenn die folgenden Voraussetzungen erfüllt sind:

1. [1]Der Organträger muss an der Organgesellschaft vom Beginn ihres Wirtschaftsjahrs an ununterbrochen in einem solchen Maße beteiligt sein, dass ihm die Mehrheit der Stimmrechte aus den Anteilen an der Organgesellschaft zusteht (finanzielle Eingliederung). [2]Mittelbare Beteiligungen sind zu berücksichtigen, wenn die Beteiligung an jeder vermittelnden Gesellschaft die Mehrheit der Stimmrechte gewährt.
2. [2)] [1]Organträger muss eine natürliche Person oder eine nicht von der Körperschaftsteuer befreite Körperschaft, Personenvereinigung oder Vermögensmasse sein. [2]Organträger kann auch eine Personengesellschaft im Sinne des § 15 Absatz 1 Satz 1 Nummer 2 des Einkommensteuergesetzes sein, wenn sie eine Tätigkeit im Sinne des § 15 Absatz 1 Satz 1 Nummer 1 des Einkommensteuergesetzes ausübt. [3]Die Voraussetzung der Nummer 1 muss im Verhältnis zur Personengesellschaft selbst erfüllt sein. [4]Die Beteiligung im Sinne der Nummer 1 an der Organgesellschaft oder, bei mittelbarer Beteiligung an der Organgesellschaft, die Beteiligung im Sinne der Nummer 1 an der vermittelnden Gesellschaft, muss ununterbrochen während der gesamten Dauer der Organschaft einer inländischen Betriebsstätte im Sinne des § 12 der Abgabenordnung des Organträgers zuzuordnen sein. [5]Ist der Organträger mittelbar über eine oder mehrere Personengesellschaften an der Organgesellschaft beteiligt, gilt Satz 4 sinngemäß. [6]Das Einkommen der Organgesellschaft ist der inländischen Betriebsstätte des Organträgers zuzurechnen, der die Beteiligung im Sinne der Nummer 1 an der Organgesellschaft oder, bei mittelbarer Beteiligung an der Organgesellschaft, die Beteiligung im Sinne der Nummer 1 an der vermittelnden Gesellschaft zuzuordnen ist. [7]Eine inländische Betriebsstätte im Sinne der vorstehenden

---

[1)] § 14 Abs. 1 geänd. mWv VZ 2006 durch G v. 7.12.2006 (BGBl. I S. 2782); Satzteil vor Nr. 1 geänd. durch G v. 20.2.2013 (BGBl. I S. 285); Satzteil vor Nr. 1 geänd. durch G v. 20.2.2013 (BGBl. I S. 285).

[2)] § 14 Abs. 1 Satz 1 Nr. 2 neu gef. mWv VZ 2012 durch G v. 20.2.2013 (BGBl. I S. 285).

Sätze ist nur gegeben, wenn die dieser Betriebsstätte zuzurechnenden Einkünfte sowohl nach innerstaatlichem Steuerrecht als auch nach einem anzuwendenden Abkommen zur Vermeidung der Doppelbesteuerung der inländischen Besteuerung unterliegen.

3.[1] [1]Der Gewinnabführungsvertrag muss auf mindestens fünf Jahre abgeschlossen und während seiner gesamten Geltungsdauer durchgeführt werden. [2]Eine vorzeitige Beendigung des Vertrags durch Kündigung ist unschädlich, wenn ein wichtiger Grund die Kündigung rechtfertigt. [3]Die Kündigung oder Aufhebung des Gewinnabführungsvertrags auf einen Zeitpunkt während des Wirtschaftsjahrs der Organgesellschaft wirkt auf den Beginn dieses Wirtschaftsjahrs zurück. [4]Der Gewinnabführungsvertrag gilt auch als durchgeführt, wenn der abgeführte Gewinn oder ausgeglichene Verlust auf einem Jahresabschluss beruht, der fehlerhafte Bilanzansätze enthält, sofern
   a) der Jahresabschluss wirksam festgestellt ist,
   b) die Fehlerhaftigkeit bei Erstellung des Jahresabschlusses unter Anwendung der Sorgfalt eines ordentlichen Kaufmanns nicht hätte erkannt werden müssen und
   c) ein von der Finanzverwaltung beanstandeter Fehler spätestens in dem nächsten nach dem Zeitpunkt der Beanstandung des Fehlers aufzustellenden Jahresabschluss der Organgesellschaft und des Organträgers korrigiert und das Ergebnis entsprechend abgeführt oder ausgeglichen wird, soweit es sich um einen Fehler handelt, der in der Handelsbilanz zu korrigieren ist.

   [5]Die Voraussetzung des Satzes 4 Buchstabe b gilt bei Vorliegen eines uneingeschränkten Bestätigungsvermerks nach § 322 Absatz 3 des Handelsgesetzbuchs zum Jahresabschluss, zu einem Konzernabschluss, in den der handelsrechtliche Jahresabschluss einbezogen worden ist, oder über die freiwillige Prüfung des Jahresabschlusses oder der Bescheinigung eines Steuerberaters oder Wirtschaftsprüfers über die Erstellung eines Jahresabschlusses mit umfassenden Beurteilungen als erfüllt.

4. Die Organgesellschaft darf Beträge aus dem Jahresüberschuss nur insoweit in die Gewinnrücklagen (§ 272 Abs. 3 des Handelsgesetzbuchs) mit Ausnahme der gesetzlichen Rücklagen einstellen, als dies bei vernünftiger kaufmännischer Beurteilung wirtschaftlich begründet ist.

5.[2] Negative Einkünfte des Organträgers oder der Organgesellschaft bleiben bei der inländischen Besteuerung unberücksichtigt, soweit sie in einem ausländischen Staat im Rahmen der Besteuerung des Organträgers, der Organgesellschaft oder einer anderen Person berücksichtigt werden.

[2]Das Einkommen der Organgesellschaft ist dem Organträger erstmals für das Kalenderjahr zuzurechnen, in dem das Wirtschaftsjahr der Organgesellschaft endet, in dem der Gewinnabführungsvertrag wirksam wird.[3]

---

[1] § 14 Nr. 3 neu gef. mWv VZ 2003 durch G v. 16.5.2003 (BGBl. I S. 660); Sätze 4 und 5 angef. durch G v. 20.2.2013 (BGBl. I S. 285).

[2] § 14 Abs. 1 Satz 1 Nr. 5 neu gef. durch G v. 20.2.2013 (BGBl. I S. 285).

[3] § 14 Abs. 1 Satz 2 angef. durch G v. 16.5.2003 (BGBl. I S. 660).

(2)[1] [1]Der ganze Gewinn gilt auch dann als abgeführt im Sinne des Absatzes 1 Satz 1, wenn über den mindestens zugesicherten Betrag im Sinne des § 304 Absatz 2 Satz 1 des Aktiengesetzes hinausgehende Ausgleichszahlungen vereinbart und geleistet werden. [2]Dies gilt nur, wenn die Ausgleichszahlungen insgesamt den dem Anteil am gezeichneten Kapital entsprechenden Gewinnanteil des Wirtschaftsjahres nicht überschreiten, der ohne Gewinnabführungsvertrag hätte geleistet werden können. [3]Der über den Mindestbetrag nach § 304 Absatz 2 Satz 1 des Aktiengesetzes hinausgehende Betrag muss nach vernünftiger kaufmännischer Beurteilung wirtschaftlich begründet sein.

(3)[2] [1]Mehrabführungen, die ihre Ursache in vororganschaftlicher Zeit haben, gelten als Gewinnausschüttungen der Organgesellschaft an den Organträger. [2]Minderabführungen, die ihre Ursache in vororganschaftlicher Zeit haben, sind als Einlage durch den Organträger in die Organgesellschaft zu behandeln. [3]Mehrabführungen nach Satz 1 und Minderabführungen nach Satz 2 gelten in dem Zeitpunkt als erfolgt, in dem das Wirtschaftsjahr der Organgesellschaft endet. [4]Der Teilwertansatz nach § 13 Abs. 3 Satz 1 ist der vororganschaftlichen Zeit zuzurechnen.

(4)[3] [1]Für Minder- und Mehrabführungen, die ihre Ursache in organschaftlicher Zeit haben, ist in der Steuerbilanz des Organträgers ein besonderer aktiver oder passiver Ausgleichsposten in Höhe des Betrags zu bilden, der dem Verhältnis der Beteiligung des Organträgers am Nennkapital der Organgesellschaft entspricht. [2]Im Zeitpunkt der Veräußerung der Organbeteiligung sind die besonderen Ausgleichsposten aufzulösen. [3]Dadurch erhöht oder verringert sich das Einkommen des Organträgers. [4]§ 3 Nr. 40, § 3c Abs. 2 des Einkommensteuergesetzes und § 8b dieses Gesetzes sind anzuwenden. [5]Der Veräußerung gleichgestellt sind insbesondere die Umwandlung der Organgesellschaft auf eine Personengesellschaft oder eine natürliche Person, die verdeckte Einlage der Beteiligung an der Organgesellschaft und die Auflösung der Organgesellschaft. [6]Minder- oder Mehrabführungen im Sinne des Satzes 1 liegen insbesondere vor, wenn der an den Organträger abgeführte Gewinn von dem Steuerbilanzgewinn der Organgesellschaft abweicht und diese Abweichung in organschaftlicher Zeit verursacht ist.

(5)[4] [1]Das dem Organträger zuzurechnende Einkommen der Organgesellschaft und damit zusammenhängende andere Besteuerungsgrundlagen werden gegenüber dem Organträger und der Organgesellschaft gesondert und einheitlich festgestellt. [2]Die Feststellungen nach Satz 1 sind für die Besteuerung des Einkommens des Organträgers und der Organgesellschaft bindend. [3]Die Sätze 1 und 2 gelten entsprechend für von der Organgesellschaft geleistete Steuern, die auf die Steuer des Organträgers anzurechnen sind. [4]Zuständig für diese Feststellungen ist das Finanzamt, das für die Besteuerung nach dem

---

[1] § 14 Abs. 2 eingef. durch G v. 11.12.2018 (BGBl. I S. 2338); zur Anwendung siehe § 34 Abs. 6d.

[2] § 14 Abs. 3 angef. durch G v. 9.12.2004 (BGBl. I S. 3310).

[3] § 14 Abs. 4 angef. durch G v. 20.12.2007 (BGBl. I S. 3150).

[4] § 14 Abs. 5 angef. durch G v. 20.2.2013 (BGBl. I S. 285).

Einkommen der Organgesellschaft zuständig ist. 5 Die Erklärung zu den gesonderten und einheitlichen Feststellungen nach den Sätzen 1 und 3 soll mit der Körperschaftsteuererklärung der Organgesellschaft verbunden werden.

§ 15 Ermittlung des Einkommens bei Organschaft. 1 Bei der Ermittlung des Einkommens bei Organschaft gilt abweichend von den allgemeinen Vorschriften Folgendes:

1.[1)] 1 Ein Verlustabzug im Sinne des § 10d des Einkommensteuergesetzes ist bei der Organgesellschaft nicht zulässig. 2 Satz 1 steht einer Anwendung von § 3a des Einkommensteuergesetzes nicht entgegen. 3 Der für § 3c Absatz 4 Satz 4 des Einkommensteuergesetzes maßgebende Betrag ist der sich nach Anwendung von Nummer 1a ergebende verminderte Sanierungsertrag.

1a.[1)] 1 Auf einen sich nach § 3a Absatz 3 Satz 4 des Einkommensteuergesetzes ergebenden verbleibenden Sanierungsertrag einer Organgesellschaft ist § 3a Absatz 3 Satz 2, 3 und 5 des Einkommensteuergesetzes beim Organträger anzuwenden. 2 Wird der Gewinn des Organträgers gesondert und einheitlich festgestellt, gilt § 3a Absatz 4 des Einkommensteuergesetzes entsprechend. 3 Die Sätze 1 und 2 gelten auch, wenn die Voraussetzungen des § 14 Absatz 1 im Sanierungsjahr nicht vorliegen und das Einkommen der Organgesellschaft in einem innerhalb der letzten fünf Jahre vor dem Sanierungsjahr liegenden Veranlagungszeitraum dem Organträger gemäß § 14 Absatz 1 Satz 1 zugerechnet worden ist.

[Fassung bis 31.12.2019:]

2.[2)] 1 § 8b Abs. 1 bis 6 dieses Gesetzes sowie § 4 Abs. 6 des Umwandlungssteuergesetzes sind bei der Organgesellschaft nicht anzuwenden. 2 Sind in dem dem Organträger zugerechneten Einkommen Bezüge, Gewinne oder Gewinnminderungen im Sinne des § 8b Abs. 1 bis 3 dieses Gesetzes oder mit solchen Beträgen zusammenhängende Ausgaben im Sinne des § 3c Abs. 2 des Einkommensteuergesetzes oder ein Übernahmeverlust im Sinne des § 4 Abs. 6 des

[Fassung ab 1.1.2020:]

2.[3)] § 8b Absatz 1 bis 6 dieses Gesetzes sowie § 4 Absatz 6 und § 12 Absatz 2 Satz 1 des Umwandlungssteuergesetzes sind bei der Organgesellschaft nicht anzuwenden. 2 Sind in dem dem Organträger zugerechneten Einkommen Bezüge, Gewinne oder Gewinnminderungen im Sinne des § 8b Absatz 1 bis 3 dieses Gesetzes oder mit solchen Beträgen zusammenhängende Ausgaben im Sinne des § 3c Absatz 2 des Einkommensteuergesetzes, ein Übernahmever-

---

[1)] § 15 Satz 1 Nr. 1 Sätze 2 und 3 angef., Nr. 1a eingef. mWv VZ 2017 durch G v. 27.6.2017 (BGBl. I S. 2074) – zum Inkrafttreten siehe Fußnote zu § 8 Abs. 8 Satz 6; zur Anwendung vor VZ 2017 siehe § 34 Abs. 3b.

[2)] § 15 Satz 1 Nr. 2 neu gef. mWv VZ 2006 durch G v. 7.12.2006 (BGBl. I S. 2782); Satz 3 angef. durch G v. 19.12.2008 (BGBl. I S. 2794); Satz 4 angef. durch G v. 21.3.2013 (BGBl. I S. 561).

[3)] § 15 Satz 1 Nr. 2 Satz 1 und 2 neu gef. durch G v. 12.12.2019 (BGBl. I S. 2451); zur Anwendung siehe § 34 Abs. 6f.

[Fassung bis 31.12.2019:]

Umwandlungssteuergesetzes enthalten, sind § 8b dieses Gesetzes, § 4 Abs. 6 des Umwandlungssteuergesetzes sowie § 3 Nr. 40 und § 3c Abs. 2 des Einkommensteuergesetzes bei der Ermittlung des Einkommens des Organträgers anzuwenden.

[Fassung ab 1.1.2020:]

lust im Sinne des § 4 Absatz 6 des Umwandlungssteuergesetzes oder ein Gewinn oder Verlust im Sinne des § 12 Absatz 2 Satz 1 des Umwandlungssteuergesetzes enthalten, sind § 8b dieses Gesetzes, § 4 Absatz 6 und § 12 Absatz 2 des Umwandlungssteuergesetzes sowie § 3 Nummer 40 und § 3c Absatz 2 des Einkommensteuergesetzes bei der Ermittlung des Einkommens des Organträgers anzuwenden; in den Fällen des § 12 Absatz 2 Satz 2 des Umwandlungssteuergesetzes sind neben § 8b dieses Gesetzes auch § 3 Nummer 40 und § 3c Absatz 2 des Einkommensteuergesetzes entsprechend anzuwenden.

[3] Satz 2 gilt nicht, soweit bei der Organgesellschaft § 8b Abs. 7, 8 oder 10 anzuwenden ist. [4] Für die Anwendung der Beteiligungsgrenze im Sinne des § 8b Absatz 4 in der Fassung des Artikels 1 des Gesetzes vom 21. März 2013 (BGBl. I S. 561) werden Beteiligungen der Organgesellschaft und Beteiligungen des Organträgers getrennt betrachtet.

2a.[1)] [1] § 20 Absatz 1 Satz 1 bis 3 und Absatz 2 bis 4, die §§ 21, 30 Absatz 2, die §§ 42 und 43 Absatz 3, § 44 sowie § 49 Absatz 1 des Investmentsteuergesetzes sind bei der Organgesellschaft nicht anzuwenden. [2] Sind im dem dem Organträger zugerechneten Einkommen Erträge im Sinne des § 16 oder § 34 des Investmentsteuergesetzes oder mit solchen Erträgen zusammenhängende Betriebsvermögensminderungen, Betriebsausgaben oder Veräußerungskosten im Sinne des § 21 oder des § 44 des Investmentsteuergesetzes enthalten, sind die §§ 20, 21, 30 Absatz 2, die §§ 42, 43 Absatz 3, § 44 sowie § 49 Absatz 1 des Investmentsteuergesetzes bei der Ermittlung des Einkommens des Organträgers anzuwenden. [3] Für Zwecke des Satzes 2 gilt der Organträger als Anleger im Sinne des § 2 Absatz 10 des Investmentsteuergesetzes. [4] Die bloße Begründung oder Beendigung einer Organschaft nach § 14 Absatz 1 Satz 1 führt nicht zu einer Veräußerung nach § 22 Absatz 1 des Investmentsteuergesetzes. [5] Die Sätze 1 bis 4 gelten nicht, soweit die Organgesellschaft die Voraussetzungen des § 20 Absatz 1 Satz 4 oder des § 30 Absatz 3 des Investmentsteuergesetzes erfüllt. [6] Für die Anwendung der Beteiligungsgrenze im Sinne des § 30 Absatz 2 Nummer 2 des Investmentsteuergesetzes werden Beteiligungen der Organgesellschaft und Beteiligungen des Organträgers getrennt betrachtet.

[1)] § 15 Satz 1 Nr. 2a eingef. mWv VZ 2018 durch G v. 11.12.2018 (BGBl. I S. 2338); zur Anwendung siehe § 34 Abs. 6e.

3.[1] [1]§ 4h des Einkommensteuergesetzes ist bei der Organgesellschaft nicht anzuwenden. [2]Organträger und Organgesellschaften gelten als ein Betrieb im Sinne des § 4h des Einkommensteuergesetzes. [3]Sind in dem dem Organträger zugerechneten Einkommen der Organgesellschaften Zinsaufwendungen und Zinserträge im Sinne des § 4h Abs. 3 des Einkommensteuergesetzes enthalten, sind diese bei Anwendung des § 4h Abs. 1 des Einkommensteuergesetzes beim Organträger einzubeziehen.

4.[2] [1]§ 8 Abs. 3 Satz 2 und Abs. 7 ist bei der Organgesellschaft auf Dauerverlustgeschäfte im Sinne des § 8 Abs. 7 Satz 2 nicht anzuwenden. [2]Sind in dem dem Organträger zugerechneten Einkommen Verluste aus Dauerverlustgeschäften im Sinne des § 8 Abs. 7 Satz 2 enthalten, ist § 8 Abs. 3 Satz 2 und Abs. 7 bei der Ermittlung des Einkommens des Organträgers anzuwenden.

5.[2] [1]§ 8 Abs. 9 ist bei der Organgesellschaft nicht anzuwenden. [2]Sind in dem dem Organträger zugerechneten Einkommen Einkommen einer Kapitalgesellschaft enthalten, auf die § 8 Abs. 7 Satz 1 Nr. 2 anzuwenden ist, ist § 8 Abs. 9 bei der Ermittlung des Einkommens des Organträgers anzuwenden.

[2]Nummer 2 gilt entsprechend für Gewinnanteile aus der Beteiligung an einer ausländischen Gesellschaft, die nach den Vorschriften eines Abkommens zur Vermeidung der Doppelbesteuerung von der Besteuerung auszunehmen sind. [3]Bei Anwendung des Satzes 2 finden § 16 Absatz 4 sowie § 43 Absatz 1 Satz 3 des Investmentsteuergesetzes beim Organträger Anwendung. [4]Für Zwecke des Satzes 3 gilt der Organträger als Anleger im Sinne des § 2 Absatz 10 des Investmentsteuergesetzes.[3]

§ 16 Ausgleichszahlungen. [1]Die Organgesellschaft hat ihr Einkommen in Höhe von $^{20}/_{17}$[4] der geleisteten Ausgleichszahlungen selbst zu versteuern. [2]Ist die Verpflichtung zum Ausgleich vom Organträger erfüllt worden, so hat die Organgesellschaft $^{20}/_{17}$[4] der geleisteten Ausgleichszahlungen anstelle des Organträgers zu versteuern.

§ 17 Andere Kapitalgesellschaften als Organgesellschaft. (1)[5] [1]Die §§ 14 bis 16 gelten entsprechend, wenn eine andere als die in § 14 Absatz 1 Satz 1 bezeichnete Kapitalgesellschaft mit Geschäftsleitung im Inland und Sitz in einem Mitgliedstaat der Europäischen Union oder in einem Vertragsstaat des EWR-Abkommens sich wirksam verpflichtet, ihren ganzen Gewinn an ein anderes Unternehmen im Sinne des § 14 abzuführen. [2]Weitere Voraussetzung ist, dass

---

[1] § 15 Satz 1 Nr. 3 angef. durch G v. 14.8.2007 (BGBl. I S. 1912).

[2] § 15 Satz 1 Nrn. 4 und 5 angef. durch G v. 19.12.2008 (BGBl. I S. 2794).

[3] § 15 Satz 2 angef. mWv VZ 2003 durch G v. 16.5.2003 (BGBl. I S. 660); Sätze 3 und 4 angef. mWv VZ 2018 durch G v. 11.12.2018 (BGBl. I S. 2338); zur Anwendung siehe § 34 Abs. 6e.

[4] Geänd. mWv VZ 2008 durch G v. 14.8.2007 (BGBl. I S. 1912).

[5] § 17 Abs. 1 geänd. durch G v. 20.2.2013 (BGBl. I S. 285).

1. eine Gewinnabführung den in § 301 des Aktiengesetzes genannten Betrag nicht überschreitet und
2.[1] eine Verlustübernahme durch Verweis auf die Vorschriften des § 302 des Aktiengesetzes in seiner jeweils gültigen Fassung vereinbart wird.

(Fortsetzung nächste Seite)

---

[1] Zur Anwendung siehe Abs. 2.

(2)[1] Für die Anwendung des Absatzes 1 Satz 2 Nummer 2 gilt § 34 Absatz 10b in der Fassung des Artikels 12 des Gesetzes vom 18. Dezember 2013 (BGBl. I S. 4318)[2] entsprechend fort.

§ 18[3] *(aufgehoben)*

§ 19[4] **Steuerabzug bei dem Organträger.** (1) Sind bei der Organgesellschaft die Voraussetzungen für die Anwendung besonderer Tarifvorschriften erfüllt, die einen Abzug von der Körperschaftsteuer vorsehen, und unterliegt der Organträger der unbeschränkten Körperschaftsteuerpflicht, sind diese Tarifvorschriften beim Organträger so anzuwenden, als wären die Voraussetzungen für ihre Anwendung bei ihm selbst erfüllt.

(2) Unterliegt der Organträger der unbeschränkten Einkommensteuerpflicht, gilt Absatz 1 entsprechend, soweit für die Einkommensteuer gleichartige Tarifvorschriften wie für die Körperschaftsteuer bestehen.

(3) Unterliegt der Organträger nicht der unbeschränkten Körperschaftsteuer- oder Einkommensteuerpflicht, gelten die Absätze 1 und 2 entsprechend, soweit die besonderen Tarifvorschriften bei beschränkt Steuerpflichtigen anwendbar sind.

(4) [1] Ist der Organträger eine Personengesellschaft, gelten die Absätze 1 bis 3 für die Gesellschafter der Personengesellschaft entsprechend. [2] Bei jedem Gesellschafter ist der Teilbetrag abzuziehen, der dem auf den Gesellschafter entfallenden Bruchteil des dem Organträger zuzurechnenden Einkommens der Organgesellschaft entspricht.

(5) Sind in dem Einkommen der Organgesellschaft Betriebseinnahmen enthalten, die einem Steuerabzug unterlegen haben, so ist die einbehaltene Steuer auf die Körperschaftsteuer oder die Einkommensteuer des Organträgers oder,

---

[1] § 17 Abs. 2 angef. durch G v. 25.7.2014 (BGBl. I S. 1266).

[2] Wortlaut:

„(10b) [1] § 17 Satz 2 Nummer 2 in der Fassung des Artikels 2 des Gesetzes vom 20. Februar 2013 (BGBl. I S. 285) ist erstmals auf Gewinnabführungsverträge anzuwenden, die nach dem Tag des Inkrafttretens dieses Gesetzes abgeschlossen oder geändert werden. [2] Enthält ein Gewinnabführungsvertrag, der vor diesem Zeitpunkt wirksam abgeschlossen wurde, keinen den Anforderungen des § 17 Satz 2 Nummer 2 in der Fassung der Bekanntmachung vom 15. Oktober 2002 (BGBl. I S. 4144), das zuletzt durch Artikel 4 des Gesetzes vom 7. Dezember 2011 (BGBl. I S. 2592) geändert worden ist, entsprechenden Verweis auf § 302 des Aktiengesetzes, steht dies der Anwendung der §§ 14 bis 16 für Veranlagungszeiträume, die vor dem 1. Januar 2015 enden, nicht entgegen, wenn eine Verlustübernahme entsprechend § 302 des Aktiengesetzes tatsächlich erfolgt ist und eine Verlustübernahme entsprechend § 17 Satz 2 Nummer 2 in der Fassung des Artikels 2 des Gesetzes vom 20. Februar 2013 (BGBl. I S. 285) bis zum Ablauf des 31. Dezember 2014 wirksam vereinbart wird. [3] Für die Anwendung des Satzes 2 ist die Vereinbarung einer Verlustübernahme entsprechend § 17 Satz 2 Nummer 2 in der Fassung des Artikels 2 des Gesetzes vom 20. Februar 2013 (BGBl. I S. 285) nicht erforderlich, wenn die steuerliche Organschaft vor dem 1. Januar 2015 beendet wurde. [4] Die Änderung im Sinne des Satzes 2 eines bestehenden Gewinnabführungsvertrags gilt für die Anwendung des § 14 Absatz 1 Satz 1 Nummer 3 nicht als Neuabschluss."

[3] § 18 aufgeh. mWv VZ 2012 durch G v. 20.2.2013 (BGBl. I S. 285).

[4] § 19 Abs. 1 bis 4 neu gef. durch G v. 25.7.2014 (BGBl. I S. 1266); zur Anwendung siehe § 34 Abs. 7.

wenn der Organträger eine Personengesellschaft ist, anteilig auf die Körperschaftsteuer oder die Einkommensteuer der Gesellschafter anzurechnen.

Drittes Kapitel. Sondervorschriften für Versicherungen und Pensionsfonds[1)]

§ 20 Schwankungsrückstellungen, Schadenrückstellungen. (1)[2)] [1]Für die Bildung der Rückstellungen zum Ausgleich des schwankenden Jahresbedarfs sind insbesondere folgende Voraussetzungen erforderlich:

1. Es muss nach den Erfahrungen in dem betreffenden Versicherungszweig mit erheblichen Schwankungen des Jahresbedarfs zu rechnen sein.
2. [1]Die Schwankungen des Jahresbedarfs dürfen nicht durch die Prämien ausgeglichen werden. [2]Sie müssen aus den am Bilanzstichtag bestehenden Versicherungsverträgen herrühren und dürfen nicht durch Rückversicherungen gedeckt sein.

[2]Auf Schwankungsrückstellungen und ähnliche Rückstellungen im Sinne des § 341h des Handelsgesetzbuchs ist § 6 Absatz 1 Nummer 3a Buchstabe e des Einkommensteuergesetzes nicht anzuwenden.

(2)[3)] [1]Bei Rückstellungen für noch nicht abgewickelte Versicherungsfälle (§ 341g des Handelsgesetzbuchs) sind die Erfahrungen im Sinne des § 6 Abs. 1 Nr. 3a Buchstabe a des Einkommensteuergesetzes für jeden Versicherungszweig zu berücksichtigen, für den nach aufsichtsrechtlichen Vorschriften eine gesonderte Gewinn- und Verlustrechnung aufzustellen ist. [2]Die Summe der einzelbewerteten Schäden des Versicherungszweiges ist um den Betrag zu mindern (Minderungsbetrag), der wahrscheinlich insgesamt nicht zur Befriedigung der Ansprüche für die Schäden benötigt wird. [3]Für Zwecke der Sätze 1 und 2 haben die Niederlassungen der Versicherungsunternehmen im Sinne des § 341 Absatz 2 Satz 2 des Handelsgesetzbuchs die auf Grund des § 55a des Versicherungsaufsichtsgesetzes in der am 31. Dezember 2015 geltenden Fassung erlassene Verordnung über die Berichterstattung von Versicherungsunternehmen gegenüber der Bundesanstalt für Finanzdienstleistungsaufsicht entsprechend anzuwenden.

§ 21 Beitragsrückerstattungen.

[Fassung bis VZ 2018:]

(1) Beitragsrückerstattungen, die für das selbst abgeschlossene Geschäft auf Grund des Jahresergebnisses oder

[Fassung ab VZ 2019:][4)]

(1) [1]Aufwendungen für Beitragsrückerstattungen und Direktgutschriften, die für das selbst abgeschlos-

---

1) Überschrift geänd. durch G v. 20.12.2016 (BGBl. I S. 3000).

2) § 20 Abs. 1 Satz 2 angef. durch G v. 2.11.2015 (BGBl. I S. 1834); zur Anwendung siehe § 34 Abs. 7a Satz 1.

3) § 20 Abs. 2 Satz 3 angef. mWv VZ 2010 durch G v. 8.12.2010 (BGBl. I S. 1768); Abs. 2 Satz 3 geänd. durch G v. 1.4.2015 (BGBl. I S. 434); zur Anwendung siehe § 34 Abs. 7a Satz 2.

4) § 21 neu gef. durch G v. 11.12.2018 (BGBl. I S. 2338); zur Anwendung (insbes. auf Antrag bereits für VZ 2018) siehe § 34 Abs. 8 Satz 2.

[Fassung bis VZ 2018:]

des versicherungstechnischen Überschusses gewährt werden, sind abziehbar

1. in der Lebens- und Krankenversicherung bis zu dem nach handelsrechtlichen Vorschriften ermittelten Jahresergebnis für das selbst abgeschlossene Geschäft, erhöht um die für Beitragsrückerstattungen aufgewendeten Beträge, soweit die Beträge das Jahresergebnis gemindert haben und die hierfür verwendeten Überschüsse dem Grunde nach steuerpflichtig und nicht steuerbefreit sind, und gekürzt um den Betrag, der sich aus der Auflösung einer Rückstellung nach Absatz 2 Satz 2 ergibt, sowie um den Nettoertrag des nach steuerlichen Vorschriften über die Gewinnermittlung anzusetzenden Betriebsvermögens am Beginn des Wirtschaftsjahrs; für Pensionsfonds gilt Entsprechendes. [2] Als Nettoertrag gilt der Ertrag aus langfristiger Kapitalanlage, der anteilig auf das Betriebsvermögen entfällt, nach Abzug der entsprechenden abziehbaren und nichtabziehbaren Betriebsausgaben;
2. in der Schaden- und Unfallversicherung bis zur Höhe des Überschusses, der sich aus der Beitragseinnahme nach Abzug aller anteiligen abziehbaren und nichtabziehbaren Betriebsausgaben einschließlich der Versicherungsleistungen, Rückstellungen und Rechnungsabgrenzungsposten ergibt. [2] Der Berechnung des Überschusses sind die auf das Wirtschaftsjahr entfallenden Beitragseinnahmen und Betriebsausgaben des einzelnen Versicherungszweiges aus dem selbst abgeschlossenen Geschäft für

[Fassung ab VZ 2019:]

sene Geschäft gewährt werden, sind abziehbar

1. in dem nach Art der Lebensversicherung betriebenen Geschäft bis zu einem Höchstbetrag, der sich auf Grundlage des nach handelsrechtlichen Vorschriften ermittelten Jahresergebnisses für das selbst abgeschlossene Geschäft ohne Berücksichtigung eines Gewinnabführungsvertrages ermittelt. [2] Diese Grundlage erhöht sich um die Beitragsrückerstattungen und Direktgutschriften aufgewendeten Beträge, soweit die Beträge das Jahresergebnis gemindert haben. [3] Sie mindert sich um den Nettoertrag des Eigenkapitals am Beginn des Wirtschaftsjahrs. [4] Als Eigenkapital gilt das nach den Vorschriften der auf Grund des § 39 des Versicherungsaufsichtsgesetzes erlassenen Verordnungen über die Berichterstattung von Versicherungsunternehmen zu ermittelnde Eigenkapital zuzüglich 10 Prozent des ungebundenen Teils der Rückstellung für Beitragsrückerstattung. [5] Als Nettoertrag gilt 70 Prozent der Differenz zwischen Erträgen und Aufwendungen aus Kapitalanlagen, die anteilig auf das Eigenkapital entfallen. [6] Dabei sind die Kapitalanlagen auszusondern, bei denen das Anlagerisiko nicht vom Versicherungsunternehmen getragen wird. [7] Als Höchstbetrag mindestens abziehbar sind die Aufwendungen, die auf Grund gesetzlicher Vorschriften zu gewähren sind. [8] Die Sätze 1 bis 7 sind für Pensionsfonds entsprechend anzuwenden,
2. in den übrigen Versicherungsgeschäften auf Grund des versicherungstechnischen Überschusses bis

[Fassung bis VZ 2018:]

eigene Rechnung zugrunde zu legen.

(2) [1]Zuführungen zu einer Rückstellung für Beitragsrückerstattung sind insoweit abziehbar, als die ausschließliche Verwendung der Rückstellung für diesen Zweck durch die Satzung oder durch geschäftsplanmäßige Erklärung gesichert ist. [2]Die Rückstellung ist vorbehaltlich des Satzes 3 aufzulösen, soweit sie höher ist als die Summe der in den folgenden Nummern 1 bis 4 bezeichneten Beträge:

1.[1)] die Zuführungen innerhalb des am Bilanzstichtag endenden Wirtschaftsjahrs und der vier vorangegangenen Wirtschaftsjahre. [2]Der Betrag nach Satz 1 darf nicht niedriger sein als der Betrag, der sich ergeben würde, wenn das am 13. Dezember 2010 geltende Recht weiter anzuwenden wäre,
2. der Betrag, dessen Ausschüttung als Beitragsrückerstattung vom Versicherungsunternehmen vor dem Bilanzstichtag verbindlich festgelegt worden ist,
3. in der Krankenversicherung der Betrag, dessen Verwendung zur Ermäßigung von Beitragserhöhungen im folgenden Geschäftsjahr vom Versicherungsunternehmen vor dem Bilanzstichtag verbindlich festgelegt worden ist,
4. in der Lebensversicherung der Betrag, der für die Finanzierung der auf die abgelaufenen Versicherungsjahre entfallenden Schlussgewinnanteile erforderlich ist; für Pensionsfonds gilt Entsprechendes.

[Fassung ab VZ 2019:]

zur Höhe des Überschusses, der sich aus den Beitragseinnahmen nach Abzug aller anteiligen abziehbaren und nichtabziehbaren Betriebsausgaben einschließlich der Versicherungsleistungen, Rückstellungen und Rechnungsabgrenzungsposten ergibt. [2]Der Berechnung des Überschusses sind die auf das Wirtschaftsjahr entfallenden Beitragseinnahmen und Betriebsausgaben des einzelnen Versicherungszweiges aus dem selbst abgeschlossenen Geschäft für eigene Rechnung zugrunde zu legen.

[2]Der nach Satz 1 Nummer 1 für den Abzug maßgebliche Betrag ist in dem Verhältnis abziehbar, wie die für die Beitragsrückerstattung maßgeblichen Überschüsse am Kapitalanlageergebnis im Geltungsbereich dieses Gesetzes dem Grunde nach steuerpflichtig und nicht steuerbefreit sind. [3]Ist maßgeblicher Betrag der sich nach Satz 1 Nummer 1 Satz 7 ergebende Betrag, ist Satz 2 nur für Aufwendungen aus dem Kapitalanlageergebnis anzuwenden.

(2) § 6 Absatz 1 Nummer 3a des Einkommensteuergesetzes ist nicht anzuwenden.

[1)] Fassung für VZ 2016–2018 gem. § 34 Abs. 8 Satz 1 idF des G v. 2.11.2015 (BGBl. I S. 1834).

[Fassung bis VZ 2018:]

[3] Eine Auflösung braucht nicht zu erfolgen, soweit an die Versicherten Kleinbeträge auszuzahlen wären und die Auszahlung dieser Beträge mit einem unverhältnismäßig hohen Verwaltungsaufwand verbunden wäre.

(3) § 6 Abs. 1 Nr. 3 a des Einkommensteuergesetzes ist nicht anzuwenden.

§ 21a Deckungsrückstellungen. (1)[1] [1] § 6 Abs. 1 Nr. 3a Buchstabe e des Einkommensteuergesetzes ist von Versicherungsunternehmen und Pensionsfonds mit der Maßgabe anzuwenden, dass Deckungsrückstellungen im Sinne des § 341f des Handelsgesetzbuchs mit dem sich für die zugrunde liegenden Verträge aus der Bestimmung in Verbindung mit § 25 der Verordnung über die Rechnungslegung von Versicherungsunternehmen oder in Verbindung mit der auf Grund des § 240 Satz 1 Nummer 10 des Versicherungsaufsichtsgesetzes erlassenen Rechtsverordnung ergebenden Höchstzinssatz oder einem niedrigeren zulässigerweise verwendeten Zinssatz abgezinst werden können. [2] Für die von Schaden- und Unfallversicherungsunternehmen gebildeten Renten-Deckungsrückstellungen kann der Höchstzinssatz, der sich auf Grund der nach § 217 Satz 1 Nummer 7 des Versicherungsaufsichtsgesetzes erlassenen Rechtsverordnung ergibt, oder ein niedrigerer zulässigerweise verwendeter Zinssatz zugrunde gelegt werden.

(2)[2] Soweit die in Absatz 1 genannten versicherungsrechtlichen Bestimmungen auf Versicherungsunternehmen mit Sitz in einem anderen Mitgliedstaat der Europäischen Union oder in einem anderen Vertragsstaat des EWR-Abkommens keine Anwendung finden, können diese entsprechend verfahren.

§ 21b[3] *(aufgehoben)*

Viertes Kapitel. Sondervorschriften für Genossenschaften

§ 22 Genossenschaftliche Rückvergütung. (1) [1] Rückvergütungen der Genossenschaften[4] an ihre Mitglieder sind nur insoweit als Betriebsausgaben abziehbar, als die dafür verwendeten Beträge im Mitgliedergeschäft erwirtschaftet worden sind. [2] Zur Feststellung dieser Beträge ist der Überschuss

1. bei Absatz- und Produktionsgenossenschaften im Verhältnis des Wareneinkaufs bei Mitgliedern zum gesamten Wareneinkauf,
2. bei den übrigen Genossenschaften[4] im Verhältnis des Mitgliederumsatzes zum Gesamtumsatz

---

[1] § 21a Abs. 1 Sätze 1 und 2 geänd. durch G v. 1.4.2015 (BGBl. I S. 434); zur Anwendung siehe § 34 Abs. 8a; ber. durch G v. 2.11.2015 (BGBl. I S. 1834).

[2] § 21a Abs. 2 geänd. durch G v. 26.6.2013 (BGBl. I S. 1809).

[3] § 21b aufgeh. mWv VZ 2016 durch G v. 20.12.2016 (BGBl. I S. 3000).

[4] Bezeichnung geänd. mWv VZ 2020 durch G v. 12.12.2019 (BGBl. I S. 2451).

aufzuteilen. [3]Der hiernach sich ergebende Gewinn aus dem Mitgliedergeschäft bildet die obere Grenze für den Abzug. [4]Überschuss im Sinne des Satzes 2 ist das um den Gewinn aus Nebengeschäften geminderte Einkommen vor Abzug der genossenschaftlichen Rückvergütungen und des Verlustabzugs.

(2) [1]Voraussetzung für den Abzug nach Absatz 1 ist, dass die genossenschaftliche Rückvergütung unter Bemessung nach der Höhe des Umsatzes zwischen den Mitgliedern und der Genossenschaft bezahlt ist und dass sie

1. auf einem durch die Satzung der Genossenschaft eingeräumten Anspruch des Mitglieds beruht oder
2. durch Beschluss der Verwaltungsorgane der Genossenschaft festgelegt und der Beschluss den Mitgliedern bekannt gegeben worden ist oder
3. in der Generalversammlung beschlossen worden ist, die den Gewinn verteilt.

[2]Nachzahlungen der Genossenschaft für Lieferungen oder Leistungen und Rückzahlungen von Unkostenbeiträgen sind wie genossenschaftliche Rückvergütungen zu behandeln.

Dritter Teil. Tarif; Besteuerung bei ausländischen Einkunftsteilen

§ 23 Steuersatz. (1) Die Körperschaftsteuer beträgt 15 Prozent[1)] des zu versteuernden Einkommens.

(2) Wird die Einkommensteuer auf Grund der Ermächtigung des § 51 Abs. 3 des Einkommensteuergesetzes herabgesetzt oder erhöht, so ermäßigt oder erhöht sich die Körperschaftsteuer entsprechend.

§ 24[2)] Freibetrag für bestimmte Körperschaften. [1]Vom Einkommen der steuerpflichtigen Körperschaften, Personenvereinigungen oder Vermögensmassen ist ein Freibetrag von 5000 Euro, höchstens jedoch in Höhe des Einkommens, abzuziehen. [2]Satz 1 gilt nicht

1. für Körperschaften und Personenvereinigungen, deren Leistungen bei den Empfängern zu den Einnahmen im Sinne des § 20 Abs. 1 Nr. 1 oder 2 des Einkommensteuergesetzes gehören,
2. für Vereine im Sinne des § 25,

[*ab VZ 2019:*

3. für Investmentfonds im Sinne des § 1 des Investmentsteuergesetzes und Spezial-Investmentfonds im Sinne des § 26 des Investmentsteuergesetzes, deren Leistungen bei den Empfängern zu den Einnahmen im Sinne des § 20 Absatz 1 Nummer 3 oder 3a des Einkommensteuergesetzes gehören.]

---

1) § 23 geänd. mWv VZ 2008 durch G v. 14.8.2007 (BGBl. I S. 1912).

2) § 24 Satz 1 geänd. mWv VZ 2009 durch G v. 17.3.2009 (BGBl. I S. 550); Satz 2 Nr. 3 angef. mWv VZ 2019 (§ 34 Abs. 8b) durch G v. 12.12.2019 (BGBl. I S. 2451).

§ 25[1] **Freibetrag für Genossenschaften sowie Vereine, die Land- und Forstwirtschaft betreiben.** (1) [1]Vom Einkommen der steuerpflichtigen Genossenschaften sowie der steuerpflichtigen Vereine, deren Tätigkeit sich auf den Betrieb der Land- und Forstwirtschaft beschränkt, ist ein Freibetrag in Höhe von 15 000 Euro, höchstens jedoch in Höhe des Einkommens, im Veranlagungszeitraum der Gründung und in den folgenden neun Veranlagungszeiträumen abzuziehen. [2]Voraussetzung ist, dass

1. die Mitglieder der Genossenschaft oder dem Verein Flächen zur Nutzung oder für die Bewirtschaftung der Flächen erforderliche Gebäude überlassen und
2. a) bei Genossenschaften das Verhältnis der Summe der Werte der Geschäftsanteile des einzelnen Mitglieds zu der Summe der Werte aller Geschäftsanteile,
   b) bei Vereinen das Verhältnis des Werts des Anteils an dem Vereinsvermögen, der im Fall der Auflösung des Vereins an das einzelne Mitglied fallen würde, zu dem Wert des Vereinsvermögens

   nicht wesentlich von dem Verhältnis abweicht, in dem der Wert der von dem einzelnen Mitglied zur Nutzung überlassenen Flächen und Gebäude zu dem Wert der insgesamt zur Nutzung überlassenen Flächen und Gebäude steht.

(2)[2] Absatz 1 Satz 1 gilt auch für steuerpflichtige Genossenschaften sowie für steuerpflichtige Vereine, die eine gemeinschaftliche Tierhaltung im Sinne des *§ 51a des Bewertungsgesetzes* [***ab VZ 2025:*** § 13b des Einkommensteuergesetzes] betreiben.

§ 26[3] **Steuerermäßigung bei ausländischen Einkünften.** (1) [1]Für die Anrechnung einer der deutschen Körperschaftsteuer entsprechenden ausländischen Steuer auf die deutsche Körperschaftsteuer und für die Berücksichtigung anderer Steuerermäßigungen bei ausländischen Einkünften gelten vorbehaltlich des Satzes 2 und des Absatzes 2 die folgenden Bestimmungen entsprechend:

1. bei unbeschränkt Steuerpflichtigen § 34c Absatz 1 bis 3 und 5 bis 7 und § 50d Absatz 10 des Einkommensteuergesetzes sowie
2. bei beschränkt Steuerpflichtigen § 50 Absatz 3 und § 50d Absatz 10 des Einkommensteuergesetzes.

[2]Dabei ist auf Bezüge im Sinne des § 8b Absatz 1 Satz 1, die auf Grund des § 8b Absatz 1 Satz 2 und 3 bei der Ermittlung des Einkommens nicht außer Ansatz bleiben, vorbehaltlich des Absatzes 2 § 34c Absatz 1 bis 3 und 6 Satz 6 des Einkommensteuergesetzes entsprechend anzuwenden.

---

[1] § 25 Überschr. geänd. durch G v. 12.12.2019 (BGBl. I S. 2451); Abs. 1 Satz 1 geänd. mWv VZ 2009 durch G v. 17.3.2009 (BGBl. I S. 550).

[2] § 25 Abs. 2 neu gef. mWv VZ 2009 durch G v. 17.3.2009 (BGBl. I S. 550); geänd. mWv VZ 2025 (§ 34 Abs. 8c) durch G v. 12.12.2019 (BGBl. I S. 2451).

[3] § 26 neu gef. durch G v. 25.7.2014 (BGBl. I S. 1266); Überschr. geänd., Abs. 1 Satz 1 geänd., Abs. 2 Satz 1 neu gef. durch G v. 22.12.2014 (BGBl. I S. 2417); zur Anwendung siehe § 34 Abs. 9.

(2) [1]Abweichend von § 34c Absatz 1 Satz 2 des Einkommensteuergesetzes ist die auf die ausländischen Einkünfte entfallende deutsche Körperschaftsteuer in der Weise zu ermitteln, dass die sich bei der Veranlagung des zu versteuernden Einkommens, einschließlich der ausländischen Einkünfte, ohne Anwendung der §§ 37 und 38 ergebende deutsche Körperschaftsteuer im Verhältnis dieser ausländischen Einkünfte zur Summe der Einkünfte aufgeteilt wird.[1)] [2]Bei der entsprechenden Anwendung von § 34c Absatz 2 des Einkommensteuergesetzes ist die ausländische Steuer abzuziehen, soweit sie auf ausländische Einkünfte entfällt, die bei der Ermittlung der Einkünfte nicht außer Ansatz bleiben. [3]§ 34c Absatz 6 Satz 3 des Einkommensteuergesetzes ist auch auf Einkünfte entsprechend anzuwenden, die auf Grund einer Verordnung oder Richtlinie der Europäischen Union in einem anderen Mitgliedstaat der Europäischen Union nicht besteuert werden.

Vierter Teil. Nicht in das Nennkapital geleistete Einlagen und Entstehung und Veranlagung

§ 27[2)] Nicht in das Nennkapital geleistete Einlagen. (1)[3)] [1]Die unbeschränkt steuerpflichtige Kapitalgesellschaft hat die nicht in das Nennkapital geleisteten Einlagen am Schluss jedes Wirtschaftsjahrs auf einem besonderen Konto (steuerliches Einlagekonto) auszuweisen. [2]Das steuerliche Einlagekonto ist ausgehend von dem Bestand am Ende des vorangegangenen Wirtschaftsjahrs um die jeweiligen Zu- und Abgänge des Wirtschaftsjahrs fortzuschreiben. [3]Leistungen der Kapitalgesellschaft mit Ausnahme der Rückzahlung von Nennkapital im Sinne des § 28 Abs. 2 Satz 2 und 3 mindern das steuerliche Einlagekonto unabhängig von ihrer handelsrechtlichen Einordnung nur, soweit sie den auf den Schluss des vorangegangenen Wirtschaftsjahrs ermittelten ausschüttbaren Gewinn übersteigen (Einlagenrückgewähr). [4]Der Bestand des steuerlichen Einlagekontos kann durch Leistungen nicht negativ werden; Absatz 6 bleibt unberührt. [5]Als ausschüttbarer Gewinn gilt das um das gezeichnete Kapital geminderte in der Steuerbilanz ausgewiesene Eigenkapital abzüglich des Bestands des steuerlichen Einlagekontos.

(2) [1]Der unter Berücksichtigung der Zu- und Abgänge des Wirtschaftsjahrs ermittelte Bestand des steuerlichen Einlagekontos wird gesondert festgestellt. [2]Der Bescheid über die gesonderte Feststellung ist Grundlagenbescheid für den Bescheid über die gesonderte Feststellung zum folgenden Feststellungszeitpunkt. [3]Bei Eintritt in die unbeschränkte Steuerpflicht ist der zum Zeitpunkt des Eintritts in die Steuerpflicht vorhandene Bestand der nicht in das Nennkapital geleisteten Einlagen gesondert festzustellen; der gesondert festgestellte Bestand gilt als Bestand des steuerlichen Einlagekontos am Ende des

---

[1)] Zur Anwendung siehe § 34 Abs. 9 Satz 2.

[2)] § 27 Abs. 1 bish. Satz 3 ersetzt durch Sätze 3 und 4, bish. Satz 6 aufgeh., Abs. 2 Satz 3 eingef., Abs. 5 und Abs. 7 neu gef., Abs. 8 angef. mWv VZ 2006 durch G v. 7.12.2006 (BGBl. I S. 2782, ber. BGBl. 2007 I S. 68).

[3)] § 27 Abs. 1 Satz 3 Zitat ergänzt durch G v. 20.12.2007 (BGBl. I S. 3150); Abs. 1 Satz 6 aufgeh. durch G v. 25.7.2014 (BGBl. I S. 1266); zur Anwendung siehe § 34 Abs. 10.

vorangegangenen Wirtschaftsjahrs. [4] Kapitalgesellschaften haben auf den Schluss jedes Wirtschaftsjahrs Erklärungen zur gesonderten Feststellung von Besteuerungsgrundlagen abzugeben. [5] Die Erklärungen sind von den in § 34 der Abgabenordnung bezeichneten Personen eigenhändig zu unterschreiben.

(3) [1] Erbringt eine Kapitalgesellschaft für eigene Rechnung Leistungen, die nach Absatz 1 Satz 3 als Abgang auf dem steuerlichen Einlagekonto zu berücksichtigen sind, so ist sie verpflichtet, ihren Anteilseignern die folgenden Angaben nach amtlich vorgeschriebenem Muster zu bescheinigen:

(Fortsetzung nächste Blatt)

1. den Namen und die Anschrift des Anteilseigners,
2. die Höhe der Leistungen, soweit das steuerliche Einlagekonto gemindert wurde,
3. den Zahlungstag.

[2]Die Bescheinigung braucht nicht unterschrieben zu werden, wenn sie in einem maschinellen Verfahren ausgedruckt worden ist und den Aussteller erkennen lässt.

(4) [1]Ist die in Absatz 1 bezeichnete Leistung einer Kapitalgesellschaft von der Vorlage eines Dividendenscheins abhängig und wird sie für Rechnung der Kapitalgesellschaft durch ein inländisches Kreditinstitut erbracht, so hat das Institut dem Anteilseigner eine Bescheinigung mit den in Absatz 3 Satz 1 bezeichneten Angaben nach amtlich vorgeschriebenem Muster zu erteilen. [2]Aus der Bescheinigung muss ferner hervorgehen, für welche Kapitalgesellschaft die Leistung erbracht wird. [3]Die Sätze 1 und 2 gelten entsprechend, wenn anstelle eines inländischen Kreditinstituts eine inländische Zweigniederlassung eines der in § 53b Absatz 1 oder 7 des Kreditwesengesetzes[1)] genannten Unternehmen die Leistung erbringt.

(5) [1]Ist für eine Leistung der Kapitalgesellschaft die Minderung des Einlagekontos zu niedrig bescheinigt worden, bleibt die der Bescheinigung zugrunde gelegte Verwendung unverändert. [2]Ist für eine Leistung bis zum Tag der Bekanntgabe der erstmaligen Feststellung im Sinne des Absatzes 2 zum Schluss des Wirtschaftsjahrs der Leistung eine Steuerbescheinigung im Sinne des Absatzes 3 nicht erteilt worden, gilt der Betrag der Einlagenrückgewähr als mit 0 Euro bescheinigt. [3]In den Fällen der Sätze 1 und 2 ist eine Berichtigung oder erstmalige Erteilung von Steuerbescheinigungen im Sinne des Absatzes 3 nicht zulässig. [4]In anderen Fällen ist die auf den überhöht ausgewiesenen Betrag der Einlagenrückgewähr entfallende Kapitalertragsteuer durch Haftungsbescheid geltend zu machen; § 44 Abs. 5 Satz 1 zweiter Halbsatz des Einkommensteuergesetzes gilt insoweit nicht. [5]Die Steuerbescheinigungen können berichtigt werden. [6]Die Feststellung im Sinne des Absatzes 2 für das Wirtschaftsjahr, in dem die entsprechende Leistung erfolgt ist, ist an die der Kapitalertragsteuerhaftung nach Satz 4 zugrunde gelegte Einlagenrückgewähr anzupassen.

(6)[2)] Minderabführungen erhöhen und Mehrabführungen mindern das Einlagekonto einer Organgesellschaft, wenn sie ihre Ursache in organschaftlicher Zeit haben.

(7) Die vorstehenden Absätze gelten sinngemäß für andere unbeschränkt steuerpflichtige Körperschaften und Personenvereinigungen, die Leistungen im Sinne des § 20 Abs. 1 Nr. 1, 9 oder Nr. 10 des Einkommensteuergesetzes gewähren können.

(8) [1]Eine Einlagenrückgewähr können auch Körperschaften oder Personenvereinigungen erbringen, die in einem anderen Mitgliedstaat der Europäischen

---

[1)] Verweis geänd. mWv VZ 2015 durch G v. 25.7.2014 (BGBl. I S. 1266).

[2)] § 27 Abs. 6 Sätze 2 bis 4 aufgeh. mWv VZ 2008 durch G v. 20.12.2007 (BGBl. I S. 3150).

Union der unbeschränkten Steuerpflicht unterliegen, wenn sie Leistungen im Sinne des § 20 Abs. 1 Nr. 1 oder 9 des Einkommensteuergesetzes gewähren können. 2 Die Einlagenrückgewähr ist in entsprechender Anwendung der Absätze 1 bis 6 und der §§ 28 und 29 zu ermitteln. 3 Der als Leistung im Sinne des Satzes 1 zu berücksichtigende Betrag wird auf Antrag der Körperschaft oder Personenvereinigung für den jeweiligen Veranlagungszeitraum gesondert festgestellt. 4 Der Antrag ist nach amtlich vorgeschriebenem Vordruck bis zum Ende des Kalenderjahrs zu stellen, das auf das Kalenderjahr folgt, in dem die Leistung erfolgt ist. 5 Zuständig für die gesonderte Feststellung ist die Finanzbehörde, die im Zeitpunkt der Abgabe des Antrags nach § 20 der Abgabenordnung für die Besteuerung nach dem Einkommen örtlich zuständig ist. 6 Bei Körperschaften oder Personenvereinigungen, für die im Zeitpunkt der Antragstellung nach § 20 der Abgabenordnung keine Finanzbehörde zuständig ist, ist abweichend von Satz 5 das Bundeszentralamt für Steuern zuständig. 7 Im Antrag sind die für die Berechnung der Einlagenrückgewähr erforderlichen Umstände darzulegen. 8 In die Bescheinigung nach Absatz 3 ist das Aktenzeichen der nach Satz 5 oder 6 zuständigen Behörde aufzunehmen. 9 Soweit Leistungen nach Satz 1 nicht gesondert festgestellt worden sind, gelten sie als Gewinnausschüttung, die beim Anteilseigner zu Einnahmen im Sinne des § 20 Abs. 1 Nr. 1 oder 9 des Einkommensteuergesetzes führen.

§ 28 Umwandlung von Rücklagen in Nennkapital und Herabsetzung des Nennkapitals. (1) 1 Wird das Nennkapital durch Umwandlung von Rücklagen erhöht, so gilt der positive Bestand des steuerlichen Einlagekontos als vor den sonstigen Rücklagen umgewandelt. 2 Maßgeblich ist dabei der sich vor Anwendung des Satzes 1 ergebende Bestand des steuerlichen Einlagekontos zum Schluss des Wirtschaftsjahrs der Rücklagenumwandlung. 3 Enthält das Nennkapital auch Beträge, die ihm durch Umwandlung von sonstigen Rücklagen mit Ausnahme von aus Einlagen der Anteilseigner stammenden Beträgen zugeführt worden sind, so sind diese Teile des Nennkapitals getrennt auszuweisen und gesondert festzustellen (Sonderausweis). 4 § 27 Abs. 2 gilt entsprechend.

(2)[1] 1 Im Fall der Herabsetzung des Nennkapitals oder der Auflösung der Körperschaft wird zunächst der Sonderausweis zum Schluss des vorangegangenen Wirtschaftsjahrs gemindert; ein übersteigender Betrag ist dem steuerlichen Einlagekonto gutzuschreiben, soweit die Einlage in das Nennkapital geleistet ist. 2 Die Rückzahlung des Nennkapitals gilt, soweit der Sonderausweis zu mindern ist, als Gewinnausschüttung, die beim Anteilseigner zu Bezügen im Sinne des § 20 Abs. 1 Nr. 2 des Einkommensteuergesetzes führt. 3 Ein den Sonderausweis übersteigender Betrag ist vom positiven Bestand des steuerlichen Einlagekontos abzuziehen. 4 Soweit der positive Bestand des steuerlichen Einlagekontos für den Abzug nach Satz 3 nicht ausreicht, gilt die Rückzahlung des Nennkapitals ebenfalls als Gewinnausschüttung, die beim Anteilseigner zu Bezügen im Sinne des § 20 Abs. 1 Nr. 2 des Einkommensteuergesetzes führt.

[1] § 28 Abs. 2 neu gef. mWv VZ 2006 durch G v. 7.12.2006 (BGBl. I S. 2782).

(3) Ein Sonderausweis zum Schluss des Wirtschaftsjahrs vermindert sich um den positiven Bestand des steuerlichen Einlagekontos zu diesem Stichtag; der Bestand des steuerlichen Einlagekontos vermindert sich entsprechend.

§ 29 Kapitalveränderungen bei Umwandlungen. (1)[1] In Umwandlungsfällen im Sinne des § 1 des Umwandlungsgesetzes gilt das Nennkapital der übertragenden Kapitalgesellschaft und bei Anwendung des Absatzes 2 Satz 3 und des Absatzes 3 Satz 3 zusätzlich das Nennkapital der übernehmenden Kapitalgesellschaft als in vollem Umfang nach § 28 Abs. 2 Satz 1 herabgesetzt.

(2) [1] Geht das Vermögen einer Kapitalgesellschaft durch Verschmelzung nach § 2 des Umwandlungsgesetzes auf eine unbeschränkt steuerpflichtige Körperschaft über, so ist der Bestand des steuerlichen Einlagekontos dem steuerlichen Einlagekonto der übernehmenden Körperschaft hinzuzurechnen. [2] Eine Hinzurechnung des Bestands des steuerlichen Einlagekontos nach Satz 1 unterbleibt im Verhältnis des Anteils des Übernehmers an dem übertragenden Rechtsträger. [3] Der Bestand des Einlagekontos des Übernehmers mindert sich anteilig im Verhältnis des Anteils des übertragenden Rechtsträgers am Übernehmer.

(3) [1] Geht Vermögen einer Kapitalgesellschaft durch Aufspaltung oder Abspaltung im Sinne des § 123 Abs. 1 und 2 des Umwandlungsgesetzes auf eine unbeschränkt steuerpflichtige Körperschaft über, so ist der Bestand des steuerlichen Einlagekontos der übertragenden Kapitalgesellschaft einer übernehmenden Körperschaft im Verhältnis der übergehenden Vermögensteile zu dem bei der übertragenden Kapitalgesellschaft vor dem Übergang bestehenden Vermögen zuzuordnen, wie es in der Regel in den Angaben zum Umtauschverhältnis der Anteile im Spaltungs- und Übernahmevertrag oder im Spaltungsplan (§ 126 Abs. 1 Nr. 3, § 136 des Umwandlungsgesetzes) zum Ausdruck kommt. [2] Entspricht das Umtauschverhältnis der Anteile nicht dem Verhältnis der übergehenden Vermögensteile zu dem bei der übertragenden Kapitalgesellschaft vor der Spaltung bestehenden Vermögen, ist das Verhältnis der gemeinen Werte der übergehenden Vermögensteile zu dem vor der Spaltung vorhandenen Vermögen maßgebend. [3] Für die Entwicklung des steuerlichen Einlagekontos des Übernehmers gilt Absatz 2 Satz 2 und 3 entsprechend. [4] Soweit das Vermögen durch Abspaltung auf eine Personengesellschaft übergeht, mindert sich das steuerliche Einlagekonto der übertragenden Kapitalgesellschaft in dem Verhältnis der übergehenden Vermögensteile zu dem vor der Spaltung bestehenden Vermögen.

(4) Nach Anwendung der Absätze 2 und 3 ist für die Anpassung des Nennkapitals der umwandlungsbeteiligten Kapitalgesellschaften § 28 Abs. 1 und 3 anzuwenden.

(5)[2] Die vorstehenden Absätze gelten sinngemäß für andere unbeschränkt steuerpflichtige Körperschaften und Personenvereinigungen, die Leistungen im Sinne des § 20 Abs. 1 Nr. 1, 9 und 10 des Einkommensteuergesetzes gewähren können.

---

[1] § 29 Abs. 1 ergänzt durch G v. 9.12.2004 (BGBl. I S. 3310).

[2] § 29 Abs. 5 neu gef., Abs. 6 angef. mWv VZ 2006 durch G v. 7.12.2006 (BGBl. I S. 2782).

(6)[1] 1 War für die übertragende Körperschaft oder Personenvereinigung ein Einlagekonto bisher nicht festzustellen, tritt für die Anwendung der vorstehenden Absätze an die Stelle des Einlagekontos der Bestand der nicht in das Nennkapital geleisteten Einlagen zum Zeitpunkt des Vermögensübergangs. 2 § 27 Abs. 8 gilt entsprechend.

§ 30 Entstehung der Körperschaftsteuer. Die Körperschaftsteuer entsteht

1. für Steuerabzugsbeträge in dem Zeitpunkt, in dem die steuerpflichtigen Einkünfte zufließen,
2. für Vorauszahlungen mit Beginn des Kalendervierteljahrs, in dem die Vorauszahlungen zu entrichten sind, oder, wenn die Steuerpflicht erst im Laufe des Kalenderjahrs begründet wird, mit Begründung der Steuerpflicht,
3. für die veranlagte Steuer mit Ablauf des Veranlagungszeitraums, soweit nicht die Steuer nach Nummer 1 oder 2 schon früher entstanden ist.

§ 31 Steuererklärungspflicht, Veranlagung und Erhebung der Körperschaftsteuer. (1)[2] 1 Auf die Durchführung der Besteuerung einschließlich der Anrechnung, Entrichtung und Vergütung der Körperschaftsteuer sowie die Festsetzung und Erhebung von Steuern, die nach der veranlagten Körperschaftsteuer bemessen werden (Zuschlagsteuern), sind die Vorschriften des Einkommensteuergesetzes entsprechend anzuwenden, soweit dieses Gesetz nichts anderes bestimmt. 2 Die sich im Zuge der Festsetzung ergebenden einzelnen Körperschaftsteuerbeträge sind jeweils zu Gunsten des Steuerpflichtigen auf volle Euro-Beträge zu runden. 3 § 37b des Einkommensteuergesetzes findet entsprechende Anwendung.

(1a)[3] 1 Die Körperschaftsteuererklärung und die Erklärung zur gesonderten Feststellung von Besteuerungsgrundlagen sind nach amtlich vorgeschriebenem Datensatz durch Datenfernübertragung zu übermitteln. 2 Auf Antrag kann die Finanzbehörde zur Vermeidung unbilliger Härten auf eine elektronische Übermittlung verzichten; in diesem Fall sind die Erklärungen nach amtlich vorgeschriebenem Vordruck abzugeben und vom gesetzlichen Vertreter des Steuerpflichtigen eigenhändig zu unterschreiben.

(2) Bei einem vom Kalenderjahr abweichenden Wirtschaftsjahr gilt § 37 Abs. 1 des Einkommensteuergesetzes mit der Maßgabe, dass die Vorauszahlungen auf die Körperschaftsteuer bereits während des Wirtschaftsjahrs zu entrichten sind, das im Veranlagungszeitraum endet.

§ 32 Sondervorschriften für den Steuerabzug. (1) Die Körperschaftsteuer für Einkünfte, die dem Steuerabzug unterliegen, ist durch den Steuerabzug abgegolten,

---

1) § 29 Abs. 5 neu gef., Abs. 6 angef. mWv VZ 2006 durch G v. 7.12.2006 (BGBl. I S. 2782).

2) § 31 Abs. 1 Satz 2 eingef. mWv VZ 2008 durch G v. 14.8.2007 (BGBl. I S. 1912) und aufgeh. mWv VZ 2015 durch G v. 25.7.2014 (BGBl. I S. 1266).

3) § 31 Abs. 1a eingef. mWv VZ 2011 durch G v. 20.12.2008 (BGBl. I S. 2850).

1. wenn die Einkünfte nach § 5 Abs. 2 Nr. 1 von der Steuerbefreiung ausgenommen sind oder
2. wenn der Bezieher der Einkünfte beschränkt steuerpflichtig ist und die Einkünfte nicht in einem inländischen gewerblichen oder land- oder forstwirtschaftlichen Betrieb angefallen sind.

(2)[1] Die Körperschaftsteuer ist nicht abgegolten,

1. wenn bei dem Steuerpflichtigen während eines Kalenderjahrs sowohl unbeschränkte Steuerpflicht als auch beschränkte Steuerpflicht im Sinne des § 2 Nr. 1 bestanden hat; in diesen Fällen sind die während der beschränkten Steuerpflicht erzielten Einkünfte in eine Veranlagung zur unbeschränkten Körperschaftsteuerpflicht einzubeziehen;
2.[2] für Einkünfte, die dem Steuerabzug nach § 50a Abs. 1 Nr. 1, 2 oder Nr. 4 des Einkommensteuergesetzes unterliegen, wenn der Gläubiger der Vergütungen eine Veranlagung zur Körperschaftsteuer beantragt;
3. soweit der Steuerpflichtige wegen der Steuerabzugsbeträge in Anspruch genommen werden kann oder
4. soweit § 38 Abs. 2 anzuwenden ist.

(3)[3] [1] Von den inländischen Einkünften im Sinne des § 2 Nr. 2 zweiter Halbsatz ist ein Steuerabzug vorzunehmen; Entsprechendes gilt, wenn die inländischen Einkünfte im Sinne des § 2 Nr. 2 zweiter Halbsatz von einer nach § 5 Abs. 1 oder nach anderen Gesetzen als dem Körperschaftsteuergesetz steuerbefreiten Körperschaft, Personenvereinigung oder Vermögensmasse erzielt werden. [2] Der Steuersatz beträgt 15 Prozent des Entgelts. [3] Die für den Steuerabzug von Kapitalerträgen im Sinne des § 43 Abs. 1 Satz 1 Nummer 1 und 1a[4] geltenden Vorschriften des Einkommensteuergesetzes mit Ausnahme des § 44 Abs. 2 und § 44a Abs. 8 des Einkommensteuergesetzes sind entsprechend anzuwenden. [4] Der Steuerabzug ist bei Einnahmen oder Bezügen im Sinne des § 2 Nr. 2 zweiter Halbsatz Buchstabe c von der anderen Körperschaft im Sinne des § 8b Abs. 10 Satz 2 vorzunehmen. [5] In Fällen des Satzes 4 hat die überlassende Körperschaft der anderen Körperschaft den zur Deckung der Kapitalertragsteuer notwendigen Betrag zur Verfügung zu stellen; § 44 Absatz 1 Satz 10 und 11[5] des Einkommensteuergesetzes gilt entsprechend.

(4)[6] [1] Absatz 2 Nr. 2 gilt nur für beschränkt steuerpflichtige Körperschaften, Personenvereinigungen oder Vermögensmassen im Sinne des § 2 Nr. 1, die nach den Rechtsvorschriften eines Mitgliedstaats der Europäischen Union

---

[1] § 32 Abs. 2 neu gef. mWv VZ 2009 durch G v. 19.12.2008 (BGBl. I S. 2794).

[2] Vgl. hierzu Art. 1 § 1 Nr. 3 der VO zur Übertragung der Zuständigkeit für das Steuerabzugs- und Veranlagungsverfahren auf das Bundeszentralamt für Steuern und zur Regelung verschiedener Anwendungszeitpunkte vom 24.6.2013 (BGBl. I S. 1679).

[3] § 32 Abs. 3 angef. durch G v. 14.8.2007 (BGBl. I S. 1912).

[4] Verweis geänd. durch G v. 22.6.2011 (BGBl. I S. 1126); zur Anwendung von § 43 Abs. 1 Satz 1 Nr. 1a siehe § 52a Abs. 16b EStG (Nr. **1**).

[5] Verweis geänd. mWv 1.1.2018 durch G v. 19.7.2016 (BGBl. I S. 1730).

[6] § 32 Abs. 4 angef. mWv VZ 2009 durch G v. 19.12.2008 (BGBl. I S. 2794); Satz 1 geänd. durch G v. 26.6.2013 (BGBl. I S. 1809).

oder nach den Rechtsvorschriften eines Staates, auf den das Abkommen über den Europäischen Wirtschaftsraum vom 3. Januar 1994 (ABl. EG Nr. L 1 S. 3), zuletzt geändert durch den Beschluss des Gemeinsamen EWR-Ausschusses Nr. 91/2007 vom 6. Juli 2007 (ABl. EU Nr. L 328 S. 40), in der jeweiligen Fassung Anwendung findet, gegründete Gesellschaften im Sinne des Artikels 54 des Vertrags über die Arbeitsweise der Europäischen Union oder des Artikels 34 des Abkommens über den Europäischen Wirtschaftsraum sind, deren Sitz und Ort der Geschäftsleitung sich innerhalb des Hoheitsgebiets eines dieser Staaten befindet. [2]Europäische Gesellschaften sowie Europäische Genossenschaften gelten für die Anwendung des Satzes 1 als nach den Rechtsvorschriften des Staates gegründete Gesellschaften, in dessen Hoheitsgebiet sich der Sitz der Gesellschaften befindet.

(5)[1)] [1]Ist die Körperschaftsteuer des Gläubigers für Kapitalerträge im Sinne des § 20 Absatz 1 Nummer 1 des Einkommensteuergesetzes nach Absatz 1 abgegolten, wird dem Gläubiger der Kapitalerträge auf Antrag die einbehaltene und abgeführte Kapitalertragsteuer nach Maßgabe des § 36 Absatz 2 Nummer 2 des Einkommensteuergesetzes erstattet, wenn

1. der Gläubiger der Kapitalerträge eine nach § 2 Nummer 1 beschränkt steuerpflichtige Gesellschaft ist, die
   a) zugleich eine Gesellschaft im Sinne des Artikels 54 des Vertrags über die Arbeitsweise der Europäischen Union oder des Artikels 34 des Abkommens über den Europäischen Wirtschaftsraum ist,
   b) ihren Sitz und Ort der Geschäftsleitung innerhalb des Hoheitsgebiets eines Mitgliedstaates der Europäischen Union oder eines Staates, auf den das Abkommen über den Europäischen Wirtschaftsraum Anwendung findet, hat,
   c) im Staat des Orts ihrer Geschäftsleitung ohne Wahlmöglichkeit einer mit § 1 vergleichbaren unbeschränkten Steuerpflicht unterliegt, ohne von dieser befreit zu sein, und
2. der Gläubiger unmittelbar am Grund- oder Stammkapital der Schuldnerin der Kapitalerträge beteiligt ist und die Mindestbeteiligungsvoraussetzung des § 43b Absatz 2 des Einkommensteuergesetzes nicht erfüllt.

[2]Satz 1 gilt nur, soweit

1. keine Erstattung der betreffenden Kapitalertragsteuer nach anderen Vorschriften vorgesehen ist,
2. die Kapitalerträge nach § 8b Absatz 1 bei der Einkommensermittlung außer Ansatz bleiben würden,
3. die Kapitalerträge aufgrund ausländischer Vorschriften keiner Person zugerechnet werden, die keinen Anspruch auf Erstattung nach Maßgabe dieses Absatzes hätte, wenn sie die Kapitalerträge unmittelbar erzielte,
4. ein Anspruch auf völlige oder teilweise Erstattung der Kapitalertragsteuer bei entsprechender Anwendung des § 50d Absatz 3 des Einkommensteuergesetzes nicht ausgeschlossen wäre und

---

[1)] § 32 Abs. 5 angef. durch G v. 21. 3. 2013 (BGBl. I S. 561).

5. die Kapitalertragsteuer nicht beim Gläubiger oder einem unmittelbar oder mittelbar am Gläubiger beteiligten Anteilseigner angerechnet oder als Betriebsausgabe oder als Werbungskosten abgezogen werden kann; die Möglichkeit eines Anrechnungsvortrags steht der Anrechnung gleich.

3 Der Gläubiger der Kapitalerträge hat die Voraussetzungen für die Erstattung nachzuweisen. 4 Er hat insbesondere durch eine Bescheinigung der Steuerbehörden seines Ansässigkeitsstaates nachzuweisen, dass er in diesem Staat als steuerlich ansässig betrachtet wird, dort unbeschränkt körperschaftsteuerpflichtig und nicht von der Körperschaftsteuer befreit sowie der tatsächliche Empfänger der Kapitalerträge ist. 5 Aus der Bescheinigung der ausländischen Steuerverwaltung muss hervorgehen, dass die deutsche Kapitalertragsteuer nicht angerechnet, nicht abgezogen oder nicht vorgetragen werden kann und inwieweit eine Anrechnung, ein Abzug oder Vortrag auch tatsächlich nicht erfolgt ist. 6 Die Erstattung der Kapitalertragsteuer erfolgt für alle in einem Kalenderjahr bezogenen Kapitalerträge im Sinne des Satzes 1 auf der Grundlage eines Freistellungsbescheids nach § 155 Absatz 1 Satz 3 der Abgabenordnung.[1)]

§ 32a[2)] Erlass, Aufhebung oder Änderung von Steuerbescheiden bei verdeckter Gewinnausschüttung oder verdeckter Einlage. (1) 1 Soweit gegenüber einer Körperschaft ein Steuerbescheid hinsichtlich der Berücksichtigung einer verdeckten Gewinnausschüttung erlassen, aufgehoben oder geändert wird, kann ein Steuerbescheid oder ein Feststellungsbescheid gegenüber dem Gesellschafter, dem die verdeckte Gewinnausschüttung zuzurechnen ist, oder einer diesem nahe stehenden Person erlassen, aufgehoben oder geändert werden. 2 Die Festsetzungsfrist endet insoweit nicht vor Ablauf eines Jahres nach Unanfechtbarkeit des Steuerbescheides der Körperschaft. 3 Die Sätze 1 und 2 gelten auch für verdeckte Gewinnausschüttungen an Empfänger von Bezügen im Sinne des § 20 Abs. 1 Nr. 9 und 10 Buchstabe a des Einkommensteuergesetzes.

(2) 1 Soweit gegenüber dem Gesellschafter ein Steuerbescheid oder ein Feststellungsbescheid hinsichtlich der Berücksichtigung einer verdeckten Einlage erlassen, aufgehoben oder geändert wird, kann ein Steuerbescheid gegenüber der Körperschaft, welcher der Vermögensvorteil zugewendet wurde, aufgehoben, erlassen oder geändert werden. 2 Absatz 1 Satz 2 gilt entsprechend.

Fünfter Teil. Ermächtigungs- und Schlussvorschriften

§ 33 Ermächtigungen. (1) Die Bundesregierung wird ermächtigt, zur Durchführung dieses Gesetzes mit Zustimmung des Bundesrates durch Rechtsverordnung

1. zur Wahrung der Gleichmäßigkeit bei der Besteuerung, zur Beseitigung von Unbilligkeiten in Härtefällen und zur Vereinfachung des Besteuerungs-

---

1) Nr. **800**.

2) § 32a eingef. durch G v. 13.12.2006 (BGBl. I S. 2878).

verfahrens den Umfang der Steuerbefreiungen nach § 5 Abs. 1 Nr. 3 und 4 näher zu bestimmen. [2]Dabei können

a) zur Durchführung des § 5 Abs. 1 Nr. 3 Vorschriften erlassen werden, nach denen die Steuerbefreiung nur eintritt,

aa) wenn die Leistungsempfänger nicht überwiegend aus dem Unternehmer oder seinen Angehörigen, bei Gesellschaften aus den Gesellschaftern und ihren Angehörigen bestehen,

bb) wenn bei Kassen mit Rechtsanspruch der Leistungsempfänger die Rechtsansprüche und bei Kassen ohne Rechtsanspruch der Leistungsempfänger die laufenden Kassenleistungen und das Sterbegeld bestimmte Beträge nicht übersteigen, die dem Wesen der Kasse als soziale Einrichtung entsprechen,

cc) wenn bei Auflösung der Kasse ihr Vermögen satzungsmäßig nur für soziale Zwecke verwendet werden darf,

dd) wenn rechtsfähige Pensions-, Sterbe- und Krankenkassen der Versicherungsaufsicht unterliegen,

ee) wenn bei rechtsfähigen Unterstützungskassen die Leistungsempfänger zu laufenden Beiträgen oder Zuschüssen nicht verpflichtet sind und die Leistungsempfänger oder die Arbeitnehmervertretungen des Betriebs oder der Dienststelle an der Verwaltung der Beträge, die der Kasse zufließen, beratend mitwirken können;

b) zur Durchführung des § 5 Abs. 1 Nr. 4 Vorschriften erlassen werden

aa) über die Höhe der für die Inanspruchnahme der Steuerbefreiung zulässigen Beitragseinnahmen,

bb) nach denen bei Versicherungsvereinen auf Gegenseitigkeit, deren Geschäftsbetrieb sich auf die Sterbegeldversicherung beschränkt, die Steuerbefreiung unabhängig von der Höhe der Beitragseinnahmen auch eintritt, wenn die Höhe des Sterbegeldes insgesamt die Leistung der nach § 5 Abs. 1 Nr. 3 steuerbefreiten Sterbekassen nicht übersteigt und wenn der Verein auch im Übrigen eine soziale Einrichtung darstellt;

2. Vorschriften zu erlassen

a)[1] *über die Kleinbeträge, um die eine Rückstellung für Beitragsrückerstattung nach § 21 Abs. 2 nicht aufgelöst zu werden braucht, wenn die Auszahlung dieser Beträge an die Versicherten mit einem unverhältnismäßig hohen Verwaltungsaufwand verbunden wäre;*

b) über die Herabsetzung oder Erhöhung der Körperschaftsteuer nach § 23 Abs. 2;

c) nach denen bei Anschaffung oder Herstellung von abnutzbaren beweglichen und bei Herstellung von abnutzbaren unbeweglichen Wirtschaftsgütern des Anlagevermögens auf Antrag ein Abzug von der Körperschaftsteuer für den Veranlagungszeitraum der Anschaffung oder Herstellung bis zur Höhe von 7,5 Prozent der Anschaffungs- oder Her-

---

[1] § 33 Abs. 1 Nr. 2 Buchst. a aufgeh. mWv 1.1.2019 durch G v. 11.12.2018 (BGBl. I S. 2338).

stellungskosten dieser Wirtschaftsgüter vorgenommen werden kann. [2]§ 51 Abs. 1 Nr. 2 Buchstabe s des Einkommensteuergesetzes gilt entsprechend;

d) nach denen Versicherungsvereine auf Gegenseitigkeit von geringerer wirtschaftlicher Bedeutung, die eine Schwankungsrückstellung nach § 20 Abs. 1 nicht gebildet haben, zum Ausgleich des schwankenden Jahresbedarfs zu Lasten des steuerlichen Gewinns Beträge der nach § 193[1)] des Versicherungsaufsichtsgesetzes zu bildenden Verlustrücklage zuführen können;

e)[2)] die die Steuerbefreiung nach § 8b Absatz 1 Satz 1 und Absatz 2 Satz 1 sowie vergleichbare Vorschriften in Abkommen zur Vermeidung der Doppelbesteuerung von der Erfüllung besonderer Nachweis- und Mitwirkungspflichten abhängig machen, wenn außerhalb des Geltungsbereichs dieses Gesetzes ansässige Beteiligte oder andere Personen nicht wie inländische Beteiligte bei Vorgängen innerhalb des Geltungsbereichs dieses Gesetzes zur Mitwirkung bei der Ermittlung des Sachverhalts herangezogen werden können. [2]Die besonderen Nachweis- und Mitwirkungspflichten können sich auf die Angemessenheit der zwischen nahestehenden Personen im Sinne des § 1 Absatz 2 des Außensteuergesetzes in ihren Geschäftsbeziehungen vereinbarten Bedingungen und die Bevollmächtigung der Finanzbehörde, im Namen des Steuerpflichtigen mögliche Auskunftsansprüche gegenüber den von der Finanzbehörde benannten Kreditinstituten außergerichtlich und gerichtlich geltend zu machen, erstrecken. [3]Die besonderen Nachweis- und Mitwirkungspflichten auf der Grundlage dieses Buchstabens gelten nicht, wenn die außerhalb des Geltungsbereichs dieses Gesetzes ansässigen Beteiligten oder anderen Personen in einem Staat oder Gebiet ansässig sind, mit dem ein Abkommen besteht, das die Erteilung von Auskünften entsprechend Artikel 26 des Musterabkommens der OECD zur Vermeidung der Doppelbesteuerung auf dem Gebiet der Steuern vom Einkommen und vom Vermögen in der Fassung von 2005 vorsieht oder der Staat oder das Gebiet Auskünfte in einem vergleichbaren Umfang erteilt oder die Bereitschaft zu einer entsprechenden Auskunftserteilung besteht.

(2) Das Bundesministerium der Finanzen wird ermächtigt,

1. im Einvernehmen mit den obersten Finanzbehörden der Länder Muster der in den §§ 27 und 37 vorgeschriebenen Bescheinigungen zu bestimmen;
2. den Wortlaut dieses Gesetzes und der zu diesem Gesetz erlassenen Durchführungsverordnungen in der jeweils geltenden Fassung mit neuem Datum, unter neuer Überschrift und in neuer Paragrafenfolge bekannt zu machen und dabei Unstimmigkeiten des Wortlauts zu beseitigen.

---

1) Verweis geänd. durch G v. 1.4.2015 (BGBl. I S. 434); zur Anwendung siehe § 34 Abs. 10a.

2) § 33 Abs. 1 Nr. 2 Buchst. e angef. mWv 1.8.2009 durch G v. 29.7.2009 (BGBl. I S. 2302). Siehe hierzu SteuerhinterziehungsbekämpfungsVO v. 18.9.2009 (Nr. **12**).

§ 34[1] **Schlussvorschriften.** (1)[2] Diese Fassung des Gesetzes gilt, soweit in den folgenden Absätzen nichts anderes bestimmt ist, erstmals für den Veranlagungszeitraum 2020.

(2)[3] [1] Genossenschaften sowie Vereine können bis zum 31. Dezember 1991, in den Fällen des § 54 Absatz 4 in der Fassung des Artikels 9 des Gesetzes vom 18. Dezember 1989 (BGBl. I S. 2212) bis zum 31. Dezember 1992 oder, wenn es sich um Genossenschaften oder Vereine in dem in Artikel 3 des Einigungsvertrages genannten Gebiet handelt, bis zum 31. Dezember 1993 durch schriftliche Erklärung auf die Steuerbefreiung nach § 5 Absatz 1 Nummer 10 und 14 des Körperschaftsteuergesetzes in der Fassung des Artikels 4 des Gesetzes vom 14. Juli 2000 (BGBl. I S. 1034) verzichten, und zwar auch für den Veranlagungszeitraum 1990. [2] Die Körperschaft ist mindestens für fünf aufeinanderfolgende Kalenderjahre an die Erklärung gebunden. [3] Die Erklärung kann nur mit Wirkung vom Beginn eines Kalenderjahrs an widerrufen werden. [4] Der Widerruf ist spätestens bis zur Unanfechtbarkeit der Steuerfestsetzung des Kalenderjahrs zu erklären, für das er gelten soll.

(2a)[4] § 5 Absatz 1 Nummer 1 in der Fassung des Artikels 6 des Gesetzes vom 12. Dezember 2019 (BGBl. I S. 2451) ist erstmals für den Veranlagungszeitraum 2019 anzuwenden.

(3)[5] [1] § 5 Absatz 1 Nummer 2 ist für die Hamburgische Investitions- und Förderbank erstmals für den Veranlagungszeitraum 2013 anzuwenden. [2] Die Steuerbefreiung nach § 5 Absatz 1 Nummer 2 in der bis zum 30. Juli 2014[6] geltenden Fassung ist für die Hamburgische Wohnungsbaukreditanstalt letztmals für den Veranlagungszeitraum 2013 anzuwenden. [3] § 5 Absatz 1 Nummer 16 Satz 1 und 2 in der am 1. Januar 2016 geltenden Fassung ist erstmals für den Veranlagungszeitraum 2015 anzuwenden. [4] § 5 Absatz 1 Nummer 24 in der am 31. Dezember 2014 geltenden Fassung ist erstmals für den Veranlagungszeitraum 2014 anzuwenden.

(3a)[7] § 5 Absatz 1 Nummer 3 Buchstabe d, Nummer 4 und 16 Satz 3 in der am 1. Januar 2016 geltenden Fassung ist erstmals für den Veranlagungszeitraum 2016 anzuwenden.

(3b)[8] § 5 Absatz 1 Nummer 10 in der Fassung des Artikels 2 des Gesetzes vom 4. August 2019 (BGBl. I S. 1122) ist erstmals für den Veranlagungszeitraum 2019 anzuwenden.

(3c)[9] § 8 Abatz 8 Satz 6, § 8 Absatz 9 Satz 9, § 8c Absatz 2, § 8d Absatz 1 Satz 9, § 15 Satz 1 Nummer 1 Satz 2 und 3 und § 15 Satz 1 Nummer 1a in

---

[1] § 34 neu gef. durch G v. 25.7.2014 (BGBl. I S. 1266).

[2] § 34 Abs. 1 geänd. durch G v. 2.11.2015 (BGBl. I S. 1834); geänd. durch G v. 27.6.2017 (BGBl. I S. 2074); geänd. durch G v. 12.12.2019 (BGBl. I S. 2451).

[3] § 34 Abs. 2 Satz 1 geänd. durch G v. 12.12.2019 (BGBl. I S. 2451).

[4] § 34 Abs. 2a eingef. durch G v. 12.12.2019 (BGBl. I S. 2451).

[5] § 34 Abs. 3 Satz 3 angef. durch G v. 22.12.2014 (BGBl. I S. 2417); Satz 3 eingef., bish. Satz 3 wird Satz 4 durch G v. 2.11.2015 (BGBl. I S. 1834).

[6] Datum des Tags der Verkündung des G v. 25.7.2014 (BGBl. I S. 1266).

[7] § 34 Abs. 3a eingef. durch G v. 1.4.2015 (BGBl. I S. 434).

[8] § 34 Abs. 3b eingef. durch G v. 4.8.2019 (BGBl. I S. 1122).

[9] § 34 Abs. 3b eingef. durch G v. 11.12.2018 (BGBl. I S. 2338); wird Abs. 3c durch G v. 4.8.2019 (BGBl. I S. 1122).

der Fassung des Artikels 3 des Gesetzes vom 27. Juni 2017 (BGBl. I S. 2074) sind auch für Veranlagungszeiträume vor 2017 anzuwenden, wenn der Steuerpflichtige einen Antrag nach § 52 Absatz 4a Satz 3 des Einkommensteuergesetzes in der Fassung des Artikels 2 des Gesetzes vom 11. Dezember 2018 (BGBl. I S. 2338) stellt.

(4) § 8a Absatz 2 und 3 ist nicht anzuwenden, wenn die Rückgriffsmöglichkeit des Dritten allein auf der Gewährträgerhaftung einer Gebietskörperschaft oder einer anderen Einrichtung des öffentlichen Rechts gegenüber den Gläubigern eines Kreditinstituts für Verbindlichkeiten beruht, die bis zum 18. Juli 2001 vereinbart waren; Gleiches gilt für bis zum 18. Juli 2005 vereinbarte Verbindlichkeiten, wenn deren Laufzeit nicht über den 31. Dezember 2015 hinausgeht.

(5)[1)] [1] § 8b Absatz 4 in der am 12. Dezember 2006 geltenden Fassung ist für Anteile weiter anzuwenden, die einbringungsgeboren im Sinne des § 21 des Umwandlungssteuergesetzes in der am 12. Dezember 2006 geltenden Fassung sind, und für Anteile im Sinne des § 8b Absatz 4 Satz 1 Nummer 2, die auf einer Übertragung bis zum 12. Dezember 2006 beruhen. [2] § 8b Absatz 4 Satz 8 in der Fassung des Artikels 6 des Gesetzes vom 12. Dezember 2019 (BGBl. I S. 2451) ist erstmals für den Veranlagungszeitraum 2018 anzuwenden. [3] § 8b Absatz 7 Satz 1 in der am 1. Januar 2017 geltenden Fassung ist erstmals für den Veranlagungszeitraum 2017 anzuwenden; § 8b Absatz 7 Satz 2 in der am 1. Januar 2017 geltenden Fassung ist anzuwenden auf Anteile, die nach dem 31. Dezember 2016 dem Betriebsvermögen zugehen.

(6)[2)] [1] § 8c Absatz 1 Satz 1 bis 3 in der Fassung des Artikels 6 des Gesetzes vom 11. Dezember 2018 (BGBl. I S. 2338) findet erstmals für den Veranlagungszeitraum 2008 und auf Anteilsübertragungen nach dem 31. Dezember 2007 Anwendung. [2] § 8c Absatz 1 Satz 4 bis 8 in der Fassung des Artikels 6 des Gesetzes vom 11. Dezember 2018 (BGBl. I S. 2338) ist erstmals auf schädliche Beteiligungserwerbe nach dem 31. Dezember 2009 anzuwenden. [3] § 8c Absatz 1a in der Fassung des Artikels 6 des Gesetzes vom 12. Dezember 2019 (BGBl. I S. 2451) ist erstmals für den Veranlagungszeitraum 2008 und auf Anteilsübertragungen nach dem 31. Dezember 2007 anzuwenden. [4] Erfüllt ein nach dem 31. Dezember 2007 erfolgter Beteiligungserwerb die Voraussetzungen des § 8c Absatz 1a, bleibt er bei der Anwendung des § 8c Absatz 1 Satz 1 unberücksichtigt.

(6a)[3)] [1] § 8d ist erstmals auf schädliche Beteiligungserwerbe im Sinne des § 8c anzuwenden, die nach dem 31. Dezember 2015 erfolgen, wenn der Geschäftsbetrieb der Körperschaft vor dem 1. Januar 2016 weder eingestellt noch ruhend gestellt war. [2] § 8d Absatz 1 Satz 2 Nummer 1 ist auf Einstellungen oder Ruhendstellungen anzuwenden, die nach dem 31. Dezember 2015 erfolgen.

---

1) § 34 Abs. 5 Satz 2 angef., bish. Text wird Satz 1 durch G v. 20.12.2016 (BGBl. I S. 3000); Satz 2 eingef., bish. Satz 2 wird Satz 3 durch G v. 12.12.2019 (BGBl. I S. 2451).

2) § 34 Abs. 6 neu gef. durch G v. 11.12.2018 (BGBl. I S. 2338); Satz 3 neu gef. durch G v. 12.12.2019 (BGBl. I S. 2451).

3) § 34 Abs. 6a eingef. durch G v. 20.12.2016 (BGBl. I S. 2998).

(6b)[1] § 9 Absatz 1 Satz 8 in der Fassung des Artikels 6 des Gesetzes vom 12. Dezember 2019 (BGBl. I S. 2451) ist erstmals auf Mitgliedsbeiträge anzuwenden, die nach dem 31. Dezember 2019 gezahlt werden.

(6c)[1] § 10 Nummer 3 in der Fassung des Artikels 6 des Gesetzes vom 12. Dezember 2019 (BGBl. I S. 2451) ist erstmals anzuwenden auf nach dem 31. Dezember 2018 festgesetzte Geldstrafen, sonstige Rechtsfolgen vermögensrechtlicher Art, bei denen der Strafcharakter überwiegt, und Leistungen zur Erfüllung von Auflagen oder Weisungen, soweit die Auflagen oder Weisungen nicht lediglich der Wiedergutmachung des durch die Tat verursachten Schadens dienen, sowie auf nach dem 31. Dezember 2018 entstandene damit zusammenhängende Aufwendungen.

(6d)[2] [1] § 14 Absatz 2 in der Fassung des Artikels 6 des Gesetzes vom 11. Dezember 2018 (BGBl. I S. 2338) ist auch für Veranlagungszeiträume vor 2017 anzuwenden. [2] Ist im Einzelfall eine vor dem 1. August 2018 bestehende Organschaft unter Berücksichtigung von Ausgleichszahlungen nach anderen Grundsätzen als denen des § 14 Absatz 2 in der Fassung des Artikels 6 des Gesetzes vom 11. Dezember 2018 (BGBl. I S. 2338) anerkannt worden, so sind diese Grundsätze insoweit letztmals für den Veranlagungszeitraum 2021 maßgebend. [3] Wird ein Gewinnabführungsvertrag im Sinne des Satzes 2 vorzeitig nach dem 1. August 2018 durch Kündigung beendet, gilt die Kündigung als durch einen wichtigen Grund im Sinne des § 14 Absatz 1 Satz 1 Nummer 3 Satz 2 gerechtfertigt. [4] Wird ein Gewinnabführungsvertrag im Sinne des Satzes 2 an die Anforderungen des § 14 Absatz 2 in der Fassung des Artikels 6 des Gesetzes vom 11. Dezember 2018 (BGBl. I S. 2338) angepasst, gilt diese Anpassung für die Anwendung des § 14 Absatz 1 Satz 1 Nummer 3 nicht als Neuabschluss.

(6e)[3] § 15 in der Fassung des Artikels 6 des Gesetzes vom 11. Dezember 2018 (BGBl. I S. 2338) ist erstmals für den Veranlagungszeitraum 2018 anzuwenden.

(6f)[4] § 15 Satz 1 Nummer 2 Satz 1 und 2 in der Fassung Artikels 6 des Gesetzes vom 12. Dezember 2019 (BGBl. I S. 2451) ist erstmals auf Umwandlungen anzuwenden, bei denen die Anmeldung zur Eintragung in das für die Wirksamkeit des jeweiligen Vorgangs maßgebende öffentliche Register nach dem 12. Dezember 2019 erfolgt ist.

(7) § 19 in der am 31. Juli 2014[5] geltenden Fassung ist erstmals für den Veranlagungszeitraum 2012 anzuwenden.

(7a)[6] [1] § 20 Absatz 1 in der am 1. Januar 2016 geltenden Fassung ist auch für Veranlagungszeiträume vor 2016 anzuwenden. [2] § 20 Absatz 2 in der am

---

[1] § 34 Abs. 6b und 6c eingef. durch G v. 12.12.2019 (BGBl. I S. 2451).

[2] § 34 Abs. 6b eingef. durch G v. 11.12.2018 (BGBl. I S. 2338); wird Abs. 6d durch G v. 12.12.2019 (BGBl. I S. 2451).

[3] § 34 Abs. 6c eingef. durch G v. 11.12.2018 (BGBl. I S. 2338); wird Abs. 6e durch G v. 12.12.2019 (BGBl. I S. 2451).

[4] § 34 Abs. 6f eingef. durch G v. 12.12.2019 (BGBl. I S. 2451).

[5] Datum des Tags nach der Verkündung des G v. 25.7.2014 (BGBl. I S. 1266).

[6] § 34 Abs. 7a eingef. durch G v. 1.4.2015 (BGBl. I S. 434); Satz 1 eingef., bish. Wortlaut wird Satz 2 durch G v. 2.11.2015 (BGBl. I S. 1834).

1. Januar 2016 geltenden Fassung ist erstmals für den Veranlagungszeitraum 2016 anzuwenden.

(8)[1] [1] § 21 Absatz 2 Satz 2 Nummer 1 ist für die Veranlagungszeiträume 2016 bis 2018 in der folgenden Fassung anzuwenden: *(dort abgedruckt)*. [2] § 21 in der Fassung des Artikels 7 des Gesetzes vom 11. Dezember 2018 (BGBl. I S. 2338) ist anzuwenden:

1. erstmals für den Veranlagungszeitraum 2019;
2. auf bis zum 30. Juni 2019 zu stellenden, unwiderruflichen Antrag bereits für den Veranlagungszeitraum 2018. [2] Der Antrag nach Satz 1 kann nur gestellt werden, wenn es im Veranlagungszeitraum 2018 sonst zu einer Auflösung der Rückstellung für Beitragsrückerstattung nach § 21 Absatz 2 Satz 2 in der zum 31. Dezember 2017 geltenden Fassung kommen würde.

(8a)[2] § 21 a Absatz 1 in der am 1. Januar 2016 geltenden Fassung ist erstmals für den Veranlagungszeitraum 2016 anzuwenden.

(8b)[3] § 24 in der Fassung des Artikels 6 des Gesetzes vom 12. Dezember 2019 (BGBl. I S. 2451) ist erstmals für den Veranlagungszeitraum 2019 anzuwenden.

(8c)[3] § 25 Absatz 2 in der Fassung des Artikels 7 des Gesetzes vom 12. Dezember 2019 (BGBl. I S. 2451) ist erstmals für den Veranlagungszeitraum 2025 anzuwenden.

(9)[4] [1] § 26 in der am 31. Dezember 2014 geltenden Fassung ist erstmals auf Einkünfte und Einkunftsteile anzuwenden, die nach dem 31. Dezember 2013 zufließen. [2] Auf vor dem 1. Januar 2014 zugeflossene Einkünfte und Einkunftsteile ist § 26 Absatz 2 Satz 1 in der am 31. Dezember 2014 geltenden Fassung in allen Fällen anzuwenden, in denen die Körperschaftsteuer noch nicht bestandskräftig festgesetzt ist.

(10) § 27 Absatz 1 Satz 6 in der Fassung des Artikels 3 Nummer 10 des Gesetzes vom 7. Dezember 2006 (BGBl. I S. 2782) gilt letztmals für den Veranlagungszeitraum 2005.

(10a)[5] § 33 Absatz 1 Nummer 2 Buchstabe d in der am 1. Januar 2016 geltenden Fassung ist erstmals für den Veranlagungszeitraum 2016 anzuwenden.

(11) § 36 ist in allen Fällen, in denen die Endbestände im Sinne des § 36 Absatz 7 noch nicht bestandskräftig festgestellt sind, in der folgenden Fassung anzuwenden:

„**§ 36 Endbestände.** (1) Auf den Schluss des letzten Wirtschaftsjahrs, das in dem Veranlagungszeitraum endet, für den das Körperschaftsteuergesetz in der Fassung der Bekanntmachung vom 22. April 1999 (BGBl. I S. 817), das durch Artikel 4 des Gesetzes

---

[1] § 34 Abs. 8 geänd. durch G v. 2.11.2015 (BGBl. I S. 1834); geänd. durch G v. 20.12.2016 (BGBl. I S. 3000); Satz 2 angef., bish. Wortlaut wird Satz 1 durch G v. 11.12.2018 (BGBl. I S. 2338).

[2] § 34 Abs. 8a eingef. durch G v. 1.4.2015 (BGBl. I S. 434).

[3] § 34 Abs. 8b und 8c eingef. durch G v. 12.12.2019 (BGBl. I S. 2451).

[4] § 34 Abs. 9 neu gef. durch G v. 22.12.2014 (BGBl. I S. 2417).

[5] § 34 Abs. 10a eingef. durch G v. 1.4.2015 (BGBl. I S. 434).

vom 14. Juli 2000 (BGBl. I S. 1034) geändert worden ist, letztmals anzuwenden ist, werden die Endbestände der Teilbeträge des verwendbaren Eigenkapitals ausgehend von den gemäß § 47 Absatz 1 Satz 1 Nummer 1 des Körperschaftsteuergesetzes in der Fassung der Bekanntmachung vom 22. April 1999 (BGBl. I S. 817), das zuletzt durch Artikel 4 des Gesetzes vom 14. Juli 2000 (BGBl. I S. 1034) geändert worden ist, festgestellten Teilbeträgen gemäß den nachfolgenden Absätzen ermittelt.

(2) [1] Die Teilbeträge sind um die Gewinnausschüttungen, die auf einem den gesellschaftsrechtlichen Vorschriften entsprechenden Gewinnverteilungsbeschluss für ein abgelaufenes Wirtschaftsjahr beruhen und die in dem in Absatz 1 genannten Wirtschaftsjahr folgenden Wirtschaftsjahr erfolgen, sowie um andere Ausschüttungen und sonstige Leistungen, die in dem in Absatz 1 genannten Wirtschaftsjahr erfolgen, zu verringern. [2] Die Regelungen des Vierten Teils des Körperschaftsteuergesetzes in der Fassung der Bekanntmachung vom 22. April 1999 (BGBl. I S. 817), das zuletzt durch Artikel 4 des Gesetzes vom 14. Juli 2000 (BGBl. I S. 1034) geändert worden ist, sind anzuwenden. [3] Der Teilbetrag im Sinne des § 54 Absatz 11 Satz 1 des Körperschaftsteuergesetzes in der Fassung der Bekanntmachung vom 22. April 1999 (BGBl. I S. 817), das zuletzt durch Artikel 4 des Gesetzes vom 14. Juli 2000 (BGBl. I S. 1034) geändert worden ist (Teilbetrag, der einer Körperschaftsteuer in Höhe von 45 Prozent unterlegen hat), erhöht sich um die Einkommensteile, die nach § 34 Absatz 12 Satz 2 bis 5 in der am 14. Dezember 2010 geltenden Fassung einer Körperschaftsteuer von 45 Prozent unterlegen haben, und der Teilbetrag, der nach dem 31. Dezember 1998 einer Körperschaftsteuer in Höhe von 40 Prozent ungemildert unterlegen hat, erhöht sich um die Beträge, die nach § 34 Absatz 12 Satz 6 bis 8 in der am 14. Dezember 2010 geltenden Fassung einer Körperschaftsteuer von 40 Prozent unterlegen haben, jeweils nach Abzug der Körperschaftsteuer, der sie unterlegen haben.

(3) (weggefallen)

(4) Ist die Summe der unbelasteten Teilbeträge im Sinne des § 30 Absatz 2 Nummer 1 bis 3 in der Fassung des Artikels 4 des Gesetzes vom 14. Juli 2000 (BGBl. I S. 1034) nach Anwendung des Absatzes 2 negativ, sind diese Teilbeträge zunächst untereinander und danach mit den mit Körperschaftsteuer belasteten Teilbeträgen in der Reihenfolge zu verrechnen, in der ihre Belastung zunimmt.

(5) [1] Ist die Summe der unbelasteten Teilbeträge im Sinne des § 30 Absatz 2 Nummer 1 bis 3 in der Fassung des Artikels 4 des Gesetzes vom 14. Juli 2000 (BGBl. I S. 1034) nach Anwendung des Absatzes 2 nicht negativ, sind zunächst die Teilbeträge im Sinne des § 30 Absatz 2 Nummer 1 und 3 in der Fassung des Artikels 4 des Gesetzes vom 14. Juli 2000 (BGBl. I S. 1034) zusammenzufassen. [2] Ein sich aus der Zusammenfassung ergebender Negativbetrag ist vorrangig mit einem positiven Teilbetrag im Sinne des § 30 Absatz 2 Nummer 2 in der Fassung des Artikels 4 des Gesetzes vom 14. Juli 2000 (BGBl. I S. 1034) zu verrechnen. [3] Ein negativer Teilbetrag im Sinne des § 30 Absatz 2 Nummer 2 in der Fassung des Artikels 4 des Gesetzes vom 14. Juli 2000 (BGBl. I S. 1034) ist vorrangig mit dem positiven zusammengefassten Teilbetrag im Sinne des Satzes 1 zu verrechnen.

(6) [1] Ist einer der belasteten Teilbeträge negativ, sind diese Teilbeträge zunächst untereinander in der Reihenfolge zu verrechnen, in der ihre Belastung zunimmt. [2] Ein sich danach ergebender Negativbetrag mindert vorrangig den nach Anwendung des Absatzes 5 verbleibenden positiven Teilbetrag im Sinne des § 30 Absatz 2 Nummer 2 in der Fassung des Artikels 4 des Gesetzes vom 14. Juli 2000 (BGBl. I S. 1034); ein darüber hinausgehender Negativbetrag mindert den positiven zusammengefassten Teilbetrag nach Absatz 5 Satz 1.

(6a) [1] Ein sich nach Anwendung der Absätze 1 bis 6 ergebender positiver Teilbetrag, der einer Körperschaftsteuer von 45 Prozent unterlegen hat, mindert in Höhe von $^{5}/_{22}$ seines Bestands einen nach Anwendung der Absätze 1 bis 6 verbleibenden positiven Bestand des Teilbetrags im Sinne des § 30 Absatz 2 Nummer 2 in der Fassung des Artikels 4 des Gesetzes vom 14. Juli 2000 (BGBl. I S. 1034) bis zu dessen Verbrauch. [2] Ein sich nach Anwendung der Absätze 1 bis 6 ergebender positiver Teilbetrag, der einer Körperschaftsteuer von 45 Prozent unterlegen hat, erhöht in Höhe von $^{27}/_{5}$ des Minderungsbetrags nach Satz 1 den nach Anwendung der Absätze 1 bis 6 verbleibenden Bestand des Teilbetrags, der nach dem 31. Dezember 1998 einer Körperschaftsteuer von 40 Prozent ungemildert unterlegen hat. [3] Der nach Satz 1 abgezogene Betrag erhöht und der nach Satz 2 hinzugerechnete Betrag vermindert den nach Anwendung der Absätze 1 bis 6 verbleibenden Bestand des Teilbetrags, der einer Körperschaftsteuer von 45 Prozent unterlegen hat.

(7) Die Endbestände sind getrennt auszuweisen und werden gesondert festgestellt; dabei sind die verbleibenden unbelasteten Teilbeträge im Sinne des § 30 Absatz 2 Nummer 1 und 3 des Körperschaftsteuergesetzes in der Fassung der Bekanntmachung vom 22. April 1999 (BGBl. I S. 817), das zuletzt durch Artikel 4 des Gesetzes vom 14. Juli 2000 (BGBl. I S. 1034) geändert worden ist, in einer Summe auszuweisen.“

(12) § 37 Absatz 1 ist in den Fällen des Absatzes 11 in der folgenden Fassung anzuwenden:

„(1) [1] Auf den Schluss des Wirtschaftsjahrs, das dem in § 36 Absatz 1 genannten Wirtschaftsjahr folgt, wird ein Körperschaftsteuerguthaben ermittelt. [2] Das Körperschaftsteuerguthaben beträgt $^{15}/_{55}$ des Endbestands des mit einer Körperschaftsteuer von 45 Prozent belasteten Teilbetrags zuzüglich $^{1}/_{6}$ des Endbestands des mit einer Körperschaftsteuer von 40 Prozent belasteten Teilbetrags.“

(13) [1] § 38 Absatz 1 in der am 19. Dezember 2006 geltenden Fassung gilt nur für Genossenschaften, die zum Zeitpunkt der erstmaligen Anwendung dieses Gesetzes in der Fassung des Artikels 3 des Gesetzes vom 23. Oktober 2000 (BGBl. I S. 1433) bereits bestanden haben. [2] Die Regelung ist auch für Veranlagungszeiträume vor 2007 anzuwenden. [3] Ist in den Fällen des § 40 Absatz 5 und 6 in der am 13. Dezember 2006 geltenden Fassung die Körperschaftsteuerfestsetzung unter Anwendung des § 38 in der am 27. Dezember 2007 geltenden Fassung vor dem 28. Dezember 2007 erfolgt, sind die §§ 38 und 40 Absatz 5 und 6 weiter anzuwenden. [4] § 38 Absatz 4 bis 9 in der am 29. Dezember 2007 geltenden Fassung ist insoweit nicht anzuwenden.

(14) [1] Die §§ 38 und 40 in der am 27. Dezember 2007 geltenden Fassung sowie § 10 des Umwandlungssteuergesetzes vom 7. Dezember 2006 (BGBl. I S. 2782, 2791) sind auf Antrag weiter anzuwenden für

1. Körperschaften oder deren Rechtsnachfolger, an denen unmittelbar oder mittelbar zu mindestens 50 Prozent
   a) juristische Personen des öffentlichen Rechts aus Mitgliedstaaten der Europäischen Union oder aus Staaten, auf die das EWR-Abkommen Anwendung findet, oder
   b) Körperschaften, Personenvereinigungen oder Vermögensmassen im Sinne des § 5 Absatz 1 Nummer 9

   alleine oder gemeinsam beteiligt sind, und

2.[1] Genossenschaften,

die ihre Umsatzerlöse überwiegend durch Verwaltung und Nutzung eigenen zu Wohnzwecken dienenden Grundbesitzes, durch Betreuung von Wohnbau-

(Fortsetzung nächstes Blatt)

---

[1] § 34 Abs. 14 Satz 1 Nr. 2 geänd. durch G v. 12.12.2019 (BGBl. I S. 2451).

ten oder durch die Errichtung und Veräußerung von Eigenheimen, Kleinsiedlungen oder Eigentumswohnungen erzielen, sowie für steuerbefreite Körperschaften. [2]Der Antrag ist unwiderruflich und kann von der Körperschaft bis zum 30. September 2008 bei dem für die Besteuerung zuständigen Finanzamt gestellt werden. [3]Die Körperschaften oder deren Rechtsnachfolger müssen die Voraussetzungen nach Satz 1 ab dem 1. Januar 2007 bis zum Ende des Zeitraums im Sinne des § 38 Absatz 2 Satz 3 erfüllen. [4]Auf den Schluss des Wirtschaftsjahres, in dem die Voraussetzungen des Satzes 1 nach Antragstellung erstmals nicht mehr vorliegen, wird der Endbetrag nach § 38 Absatz 1 letztmals ermittelt und festgestellt. [5]Die Festsetzung und Erhebung des Körperschaftsteuererhöhungsbetrags richtet sich nach § 38 Absatz 4 bis 9 in der am 29. Dezember 2007 geltenden Fassung mit der Maßgabe, dass als Zahlungszeitraum im Sinne des § 38 Absatz 6 Satz 1 die verbleibenden Wirtschaftsjahre des Zeitraums im Sinne des § 38 Absatz 2 Satz 3 gelten. [6]Die Sätze 4 und 5 gelten entsprechend, soweit das Vermögen der Körperschaft oder ihres Rechtsnachfolgers durch Verschmelzung nach § 2 des Umwandlungsgesetzes oder Auf- oder Abspaltung im Sinne des § 123 Absatz 1 und 2 des Umwandlungsgesetzes ganz oder teilweise auf eine andere Körperschaft übergeht und diese keinen Antrag nach Satz 2 gestellt hat. [7]§ 40 Absatz 6 in der am 27. Dezember 2007 geltenden Fassung ist nicht anzuwenden.

§ 35 Sondervorschriften für Körperschaften, Personenvereinigungen oder Vermögensmassen in dem in Artikel 3 des Einigungsvertrages genannten Gebiet. Soweit ein Verlust einer Körperschaft, Personenvereinigung oder Vermögensmasse, die am 31. Dezember 1990 ihre Geschäftsleitung oder ihren Sitz in dem in Artikel 3 des Einigungsvertrages genannten Gebiet und im Jahre 1990 keine Geschäftsleitung und keinen Sitz im bisherigen Geltungsbereich des Körperschaftsteuergesetzes hatte, aus dem Veranlagungszeitraum 1990 auf das Einkommen eines Veranlagungszeitraums, für das das Körperschaftsteuergesetz in der Fassung des Artikels 3 des Gesetzes vom 23. Oktober 2000 (BGBl. I S. 1433) erstmals anzuwenden ist, oder eines nachfolgenden Veranlagungszeitraums vorgetragen wird, ist das steuerliche Einlagekonto zu erhöhen.

Sechster Teil. Sondervorschriften für den Übergang vom Anrechnungsverfahren zum Halbeinkünfteverfahren

§ 36[1)] Endbestände. (1) Auf den Schluss des letzten Wirtschaftsjahrs, das in dem Veranlagungszeitraum endet, für den das Körperschaftsteuergesetz in der Fassung der Bekanntmachung vom 22. April 1999 (BGBl. I S. 817), das durch Artikel 4 des Gesetzes vom 14. Juli 2000 (BGBl. I S. 1034) geändert worden ist, letztmals anzuwenden ist, werden die Endbestände der Teilbeträge des

---

[1)] **Für Fälle, in denen die Endbestände iSd. § 36 Abs. 7 noch nicht bestandskräftig festgesetzt sind, gilt die Fassung gem. § 34 Abs. 11, die hier redaktionell berücksichtigt wird.**

verwendbaren Eigenkapitals ausgehend von den gemäß § 47 Absatz 1 Satz 1 Nummer 1 des Körperschaftsteuergesetzes in der Fassung der Bekanntmachung vom 22. April 1999 (BGBl. I S. 817), das zuletzt durch Artikel 4 des Gesetzes vom 14. Juli 2000 (BGBl. I S. 1034) geändert worden ist, festgestellten Teilbeträgen gemäß den nachfolgenden Absätzen ermittelt.

(2) [1]Die Teilbeträge sind um die Gewinnausschüttungen, die auf einem den gesellschaftsrechtlichen Vorschriften entsprechenden Gewinnverteilungsbeschluss für ein abgelaufenes Wirtschaftsjahr beruhen und die in dem in Absatz 1 genannten Wirtschaftsjahr folgenden Wirtschaftsjahr erfolgen, sowie um andere Ausschüttungen und sonstige Leistungen, die in dem in Absatz 1 genannten Wirtschaftsjahr erfolgen, zu verringern. [2]Die Regelungen des Vierten Teils des Körperschaftsteuergesetzes[1)] in der Fassung der Bekanntmachung vom 22. April 1999 (BGBl. I S. 817), das zuletzt durch Artikel 4 des Gesetzes vom 14. Juli 2000 (BGBl. I S. 1034) geändert worden ist, sind anzuwenden. [3]Der Teilbetrag im Sinne des § 54 Absatz 11 Satz 1 des Körperschaftsteuergesetzes[1)] in der Fassung der Bekanntmachung vom 22. April 1999 (BGBl. I S. 817), das zuletzt durch Artikel 4 des Gesetzes vom 14. Juli 2000 (BGBl. I S. 1034) geändert worden ist [***Fassung gem. § 34 Abs. 11:*** (Teilbetrag, der einer Körperschaftsteuer in Höhe von 45 Prozent unterlegen hat),][2)] erhöht sich um die Einkommensteile, die nach § 34 Absatz 12 Satz 2 bis 5 in der am 14. Dezember 2010 geltenden Fassung einer Körperschaftsteuer von 45 Prozent unterlegen haben, und der Teilbetrag, der nach dem 31. Dezember 1998 einer Körperschaftsteuer in Höhe von 40 Prozent ungemildert unterlegen hat, erhöht sich um die Beträge, die nach § 34 Absatz 12 Satz 6 bis 8 in der am 14. Dezember 2010 geltenden Fassung einer Körperschaftsteuer von 40 Prozent unterlegen haben, jeweils nach Abzug der Körperschaftsteuer, der sie unterlegen haben.

(3)[3)·4)] [1]*Ein positiver belasteter Teilbetrag im Sinne des § 54 Abs. 11 Satz 1 des Körperschaftsteuergesetzes in der Fassung der Bekanntmachung vom 22. April 1999 (BGBl. I S. 817), das zuletzt durch Artikel 4 des Gesetzes vom 14. Juli 2000 (BGBl. I S. 1034) geändert worden ist, ist dem Teilbetrag, der nach dem 31. Dezember 1998 einer Körperschaftsteuer in Höhe von 40 Prozent ungemildert unterlegen hat, in Höhe von $^{27}/_{22}$ seines Bestands hinzuzurechnen.* [2]*In Höhe von $^{5}/_{22}$ dieses Bestands ist der Teilbetrag im Sinne des § 30 Abs. 2 Nr. 2 des Gesetzes in der Fassung der Bekanntmachung vom 22. April 1999 (BGBl. I S. 817), das zuletzt durch Artikel 4 des Gesetzes vom 14. Juli 2000 (BGBl. I S. 1034) geändert worden ist, zu verringern.*

(4)[3)] *Ist die Summe der unbelasteten Teilbeträge im Sinne des § 30 Absatz 2 Nummer 1 bis 3 in der Fassung des Artikels 4 des Gesetzes vom 14. Juli 2000 (BGBl. I S. 1034) nach Anwendung des Absatzes 2 negativ, sind diese Teilbeträge*

---

1) Anrechnungsverfahren (§§ 27–47 KStG a. F.).

2) **Für Fälle, in denen die Endbestände iSd. § 36 Abs. 7 noch nicht bestandskräftig festgesetzt sind, gilt die Fassung gem. § 34 Abs. 11, die hier redaktionell berücksichtigt wird.**

3) Nach BVerfG v. 17.11.2009 1 BvR 2192/05, DStR 2010, 434 sind § 36 Abs. 3 und 4 KStG nicht mit Art. 3 Abs. 1 GG vereinbar.

4) § 36 Abs. 3 weggefallen gem. Fassung § 34 Abs. 11.

zunächst untereinander und danach mit den mit Körperschaftsteuer belasteten Teilbeträgen in der Reihenfolge zu verrechnen, in der ihre Belastung zunimmt.

(5) [1]Ist die Summe der unbelasteten Teilbeträge im Sinne des § 30 Absatz 2 Nummer 1 bis 3 in der Fassung des Artikels 4 des Gesetzes vom 14. Juli 2000 (BGBl. I S. 1034) nach Anwendung des Absatzes 2 nicht negativ, sind zunächst die Teilbeträge im Sinne des § 30 Absatz 2 Nummer 1 und 3 in der Fassung des Artikels 4 des Gesetzes vom 14. Juli 2000 (BGBl. I S. 1034) zusammenzufassen. [2]Ein sich aus der Zusammenfassung ergebender Negativbetrag ist vorrangig mit einem positiven Teilbetrag im Sinne des § 30 Absatz 2 Nummer 2 in der Fassung des Artikels 4 des Gesetzes vom 14. Juli 2000 (BGBl. I S. 1034) zu verrechnen. [3]Ein negativer Teilbetrag im Sinne des § 30 Absatz 2 Nummer 2 in der Fassung des Artikels 4 des Gesetzes vom 14. Juli 2000 (BGBl. I S. 1034) ist vorrangig mit dem positiven zusammengefassten Teilbetrag im Sinne des Satzes 1 zu verrechnen.

(6) [1]Ist einer der belasteten Teilbeträge negativ, sind diese Teilbeträge zunächst untereinander *zu verrechnen* [***Fassung gem. § 34 Abs. 11:*** in der Reihenfolge zu verrechnen, in der ihre Belastung zunimmt][1)]. [2]Ein sich danach ergebender Negativbetrag mindert vorrangig den nach Anwendung des Absatzes 5 verbleibenden positiven Teilbetrag im Sinne des § 30 Absatz 2 Nummer 2 in der Fassung des Artikels 4 des Gesetzes vom 14. Juli 2000 (BGBl. I S. 1034); ein darüber hinausgehender Negativbetrag mindert den positiven zusammengefassten Teilbetrag nach Absatz 5 Satz 1.

[***Fassung gem. § 34 Abs. 11:***

(6a) [1]Ein sich nach Anwendung der Absätze 1 bis 6 ergebender positiver Teilbetrag, der einer Körperschaftsteuer von 45 Prozent unterlegen hat, mindert in Höhe von $^{5}/_{22}$ seines Bestands einen nach Anwendung der Absätze 1 bis 6 verbleibenden positiven Bestand des Teilbetrags im Sinne des § 30 Absatz 2 Nummer 2 in der Fassung des Artikels 4 des Gesetzes vom 14. Juli 2000 (BGBl. I S. 1034) bis zu dessen Verbrauch. [2]Ein sich nach Anwendung der Absätze 1 bis 6 ergebender positiver Teilbetrag, der einer Körperschaftsteuer von 45 Prozent unterlegen hat, erhöht in Höhe von $^{27}/_{5}$ des Minderungsbetrags nach Satz 1 den nach Anwendung der Absätze 1 bis 6 verbleibenden Bestand des Teilbetrags, der nach dem 31. Dezember 1998 einer Körperschaftsteuer von 40 Prozent ungemildert unterlegen hat. [3]Der nach Satz 1 abgezogene Betrag erhöht und der nach Satz 2 hinzugerechnete Betrag vermindert den nach Anwendung der Absätze 1 bis 6 verbleibenden Bestand des Teilbetrags, der einer Körperschaftsteuer von 45 Prozent unterlegen hat.][1)]

(7) Die Endbestände sind getrennt auszuweisen und werden gesondert festgestellt; dabei sind die verbleibenden unbelasteten Teilbeträge im Sinne des § 30 Absatz 2 Nummer 1 und 3 des Körperschaftsteuergesetzes in der Fassung der Bekanntmachung vom 22. April 1999 (BGBl. I S. 817), das zuletzt durch Artikel 4 des Gesetzes vom 14. Juli 2000 (BGBl. I S. 1034) geändert worden ist, in einer Summe auszuweisen.

---

1) Für Fälle, in denen die Endbestände iSd. § 36 Abs. 7 noch nicht bestandskräftig festgesetzt sind, gilt die Fassung gem. § 34 Abs. 11, die hier redaktionell berücksichtigt wird.

§ 37 Körperschaftsteuerguthaben und Körperschaftsteuerminderung.

(1) [1] Auf den Schluss des Wirtschaftsjahrs, das dem in § 36 Absatz 1 genannten Wirtschaftsjahr folgt, wird ein Körperschaftsteuerguthaben ermittelt. [2] *Das Körperschaftsteuerguthaben beträgt $^1/_6$ des Endbestands des mit einer Körperschaftsteuer von 40 Prozent belasteten Teilbetrags.* [***Satz 2 idF des § 34 Abs. 12:*** [2] Das Körperschaftsteuerguthaben beträgt $^{15}/_{55}$ des Endbestands des mit einer Körperschaftsteuer von 45 Prozent belasteten Teilbetrags zuzüglich $^1/_6$ des Endbestands des mit einer Körperschaftsteuer von 40 Prozent belasteten Teilbetrags.][1)]

(2)[2)] [1] Das Körperschaftsteuerguthaben mindert sich vorbehaltlich des Absatzes 2a um jeweils $^1/_6$ der Gewinnausschüttungen, die in den folgenden Wirtschaftsjahren erfolgen und die auf einem den gesellschaftsrechtlichen Vorschriften entsprechenden Gewinnverteilungsbeschluss beruhen. [2] Satz 1 gilt für Mehrabführungen im Sinne des § 14 Abs. 3 entsprechend. [3] Die Körperschaftsteuer des Veranlagungszeitraums, in dem das Wirtschaftsjahr endet, in dem die Gewinnausschüttung erfolgt, mindert sich bis zum Verbrauch des Körperschaftsteuerguthabens um diesen Betrag, letztmalig in dem Veranlagungszeitraum, in dem das 18. Wirtschaftsjahr endet, das auf das Wirtschaftsjahr folgt, auf dessen Schluss nach Absatz 1 das Körperschaftsteuerguthaben ermittelt wird. [4] Das verbleibende Körperschaftsteuerguthaben ist auf den Schluss der jeweiligen Wirtschaftsjahre, letztmals auf den Schluss des 17. Wirtschaftsjahrs, das auf das Wirtschaftsjahr folgt, auf dessen Schluss nach Absatz 1 das Körperschaftsteuerguthaben ermittelt wird, fortzuschreiben und gesondert festzustellen. [5] § 27 Abs. 2 gilt entsprechend.

(2a)[3)] Die Minderung ist begrenzt

1. für Gewinnausschüttungen, die nach dem 11. April 2003 und vor dem 1. Januar 2006 erfolgen, jeweils auf 0 Euro;
2. für Gewinnausschüttungen, die nach dem 31. Dezember 2005 erfolgen, auf den Betrag, der auf das Wirtschaftsjahr der Gewinnausschüttung entfällt, wenn das auf den Schluss des vorangegangenen Wirtschaftsjahrs festgestellte Körperschaftsteuerguthaben gleichmäßig auf die einschließlich des Wirtschaftsjahrs der Gewinnausschüttung verbleibenden Wirtschaftsjahre verteilt wird, für die nach Absatz 2 Satz 3[4)] eine Körperschaftsteuerminderung in Betracht kommt.

(3) [1] Erhält eine unbeschränkt steuerpflichtige Körperschaft oder Personenvereinigung, deren Leistungen bei den Empfängern zu den Einnahmen im Sinne des § 20 Abs. 1 Nr. 1 oder 2 des Einkommensteuergesetzes in der Fassung des Artikels 1 des Gesetzes vom 20. Dezember 2001 (BGBl. I S. 3858) gehören, Bezüge, die nach § 8b Abs. 1 bei der Einkommensermittlung außer

---

1) **Zur Fassung von § 37 Abs. 1 für Fälle, in denen die Endbestände iSd. § 36 Abs. 7 noch nicht bestandskräftig festgesetzt sind, siehe § 34 Abs. 12 iVm. Abs. 11 (hier abgedruckt).**

2) § 37 Abs. 2 neu gef. durch G v. 16.5.2003 (BGBl. I S. 660); Satz 2 eingef. durch G v. 9.12.2004 (BGBl. I S. 3310).

3) § 37 Abs. 2a eingef. durch G v. 16.5.2003 (BGBl. I S. 660).

4) Verweis geänd. durch G v. 13.12.2006 (BGBl. I S. 2878).

Ansatz bleiben und die bei der leistenden Körperschaft zu einer Minderung der Körperschaftsteuer geführt haben, erhöht sich bei ihr die Körperschaftsteuer und das Körperschaftsteuerguthaben um den Betrag der Minderung der Körperschaftsteuer bei der leistenden Körperschaft. [2] Satz 1 gilt auch, wenn der Körperschaft oder Personenvereinigung die entsprechenden Bezüge einer Organgesellschaft zugerechnet werden, weil sie entweder Organträger ist oder an einer Personengesellschaft beteiligt ist, die Organträger ist. [3] Im Fall des § 4 des Umwandlungssteuergesetzes sind die Sätze 1 und 2 entsprechend anzuwenden. [4] Die leistende Körperschaft hat der Empfängerin die folgenden Angaben nach amtlich vorgeschriebenem Muster zu bescheinigen:

1. den Namen und die Anschrift des Anteilseigners,
2. die Höhe des in Anspruch genommenen Körperschaftsteuerminderungsbetrags,
3. den Zahlungstag.

[5] § 27 Abs. 3 Satz 2, Abs. 4 und 5 gilt entsprechend. [6] Die Sätze 1 bis 4 gelten nicht für steuerbefreite Körperschaften und Personenvereinigungen im Sinne des § 5 Abs. 1 Nr. 9, soweit die Einnahmen in einem wirtschaftlichen Geschäftsbetrieb anfallen, für den die Steuerbefreiung ausgeschlossen ist.

(4)[1)] [1] Das Körperschaftsteuerguthaben wird letztmalig auf den 31. Dezember 2006 ermittelt. [2] Geht das Vermögen einer unbeschränkt steuerpflichtigen Körperschaft durch einen der in § 1 Abs. 1 des Umwandlungssteuergesetzes vom 7. Dezember 2006 (BGBl. I S. 2782, 2791) in der jeweils geltenden Fassung genannten Vorgänge, bei denen die Anmeldung zur Eintragung in ein öffentliches Register nach dem 12. Dezember 2006 erfolgt, ganz oder teilweise auf einen anderen Rechtsträger über, wird das Körperschaftsteuerguthaben bei der übertragenden Körperschaft letztmalig auf den vor dem 31. Dezember 2006 liegenden steuerlichen Übertragungsstichtag ermittelt. [3] Wird das Vermögen einer Körperschaft oder Personenvereinigung im Rahmen einer Liquidation im Sinne des § 11 nach dem 12. Dezember 2006 und vor dem 1. Januar 2007[2)] verteilt, wird das Körperschaftsteuerguthaben letztmalig auf den Stichtag ermittelt, auf den die Liquidationsschlussbilanz erstellt wird. [4] Die Absätze 1 bis 3 sind letztmals auf Gewinnausschüttungen und als ausgeschüttet geltende Beträge anzuwenden, die vor dem 1. Januar 2007 oder bis zu dem nach Satz 2 maßgebenden Zeitpunkt erfolgt sind. [5] In Fällen der Liquidation sind die Absätze 1 bis 3 auf Abschlagszahlungen anzuwenden, die bis zum Stichtag erfolgt sind, auf den das Körperschaftsteuerguthaben letztmalig ermittelt wird.

(5)[3)] [1] Die Körperschaft hat innerhalb eines Auszahlungszeitraums von 2008 bis 2017 einen Anspruch auf Auszahlung des Körperschaftsteuerguthabens in zehn gleichen Jahresbeträgen. [2] Der Anspruch entsteht mit Ablauf des 31. Dezember 2006 oder des nach Absatz 4 Satz 2 oder Satz 3 maßgebenden Tages. [3] Der Anspruch wird für den gesamten Auszahlungszeitraum festge-

---

[1)] § 37 Abs. 4 bis 7 angef. mWv VZ 2006 durch G v. 7.12.2006 (BGBl. I S. 2782); Satz 4 ersetzt durch Sätze 4 und 5 mWv VZ 2008 durch G v. 20.12.2007 (BGBl. I S. 3150).

[2)] Datum geänd. durch G v. 20.12.2007 (BGBl. I S. 3150).

[3)] § 37 Abs. 4 bis 7 angef. mWv VZ 2006 durch G v. 7.12.2006 (BGBl. I S. 2782).

setzt. [4]Der Anspruch ist jeweils am 30. September auszuzahlen. [5]Für das Jahr der Bekanntgabe des Bescheids und die vorangegangenen Jahre ist der Anspruch innerhalb eines Monats nach Bekanntgabe des Bescheids auszuzahlen, wenn die Bekanntgabe des Bescheids nach dem 31. August 2008 erfolgt. [6]Abweichend von Satz 1 ist der festgesetzte Anspruch in einem Betrag auszuzahlen, wenn das festgesetzte Körperschaftsteuerguthaben nicht mehr als 1000 Euro beträgt.[1)] [7]Der Anspruch ist nicht verzinslich. [8]Die Festsetzungsfrist für die Festsetzung des Anspruchs läuft nicht vor Ablauf des Jahres ab, in dem der letzte Jahresbetrag fällig geworden ist oder ohne Anwendung des Satzes 6 fällig geworden wäre.[2)] [9]§ 10d Abs. 4 Satz 4 und 5 des Einkommensteuergesetzes gilt sinngemäß. [10]Auf die Abtretung oder Verpfändung des Anspruchs ist § 46 Abs. 4 der Abgabenordnung nicht anzuwenden.

(6)[3)] [1]Wird der Bescheid über die Festsetzung des Anspruchs nach Absatz 5 aufgehoben oder geändert, wird der Betrag, um den der Anspruch, der sich aus dem geänderten Bescheid ergibt, die Summe der Auszahlungen, die bis zur Bekanntgabe des neuen Bescheids geleistet worden sind, übersteigt, auf die verbleibenden Fälligkeitstermine des Auszahlungszeitraums verteilt. [2]Abweichend von Satz 1 ist der übersteigende Betrag in einer Summe auszuzahlen, wenn er nicht mehr als 1000 Euro beträgt und auf die vorangegangene Festsetzung Absatz 5 Satz 6 oder dieser Satz angewendet worden ist. [3]Ist die Summe der Auszahlungen, die bis zur Bekanntgabe des neuen Bescheids geleistet worden sind, größer als der Auszahlungsanspruch, der sich aus dem geänderten Bescheid ergibt, ist der Unterschiedsbetrag innerhalb eines Monats nach Bekanntgabe des Bescheids zu entrichten.

(7)[4)] [1]Erträge und Gewinnminderungen der Körperschaft, die sich aus der Anwendung des Absatzes 5 ergeben, gehören nicht zu den Einkünften im Sinne des Einkommensteuergesetzes. [2]Die Auszahlung ist aus den Einnahmen an Körperschaftsteuer zu leisten.

§ 38 Körperschaftsteuererhöhung. (1)[5)] [1]Ein positiver Endbetrag im Sinne des § 36 Abs. 7 aus dem Teilbetrag im Sinne des § 30 Abs. 2 Nr. 2 in der Fassung des Artikels 4 des Gesetzes vom 14. Juli 2000 (BGBl. I S. 1034) ist auch zum Schluss der folgenden Wirtschaftsjahre fortzuschreiben und gesondert festzustellen. [2]§ 27 Abs. 2 gilt entsprechend. [3]Der Betrag verringert sich jeweils, soweit er als für Leistungen verwendet gilt. [4]Er gilt als für Leistungen verwendet, soweit die Summe der Leistungen, die die Gesellschaft im Wirtschaftsjahr erbracht hat, den um den Bestand des Satzes 1 verminderten ausschüttbaren Gewinn (§ 27) übersteigt. [5]Maßgeblich sind die Bestände zum Schluss des vorangegangenen Wirtschaftsjahrs. [6]Die Rückzahlung von Ge-

---

1) § 37 Abs. 5 Satz 6 eingef., bish. Sätze 6 bis 9 werden Sätze 7 bis 10, Satz 8 ergänzt mWv Kj 2008 durch G v. 20.12.2008 (BGBl. I S. 2850).

2) § 37 Abs. 5 Satz 8 ergänzt durch G v. 20.12.2008 (BGBl. I S. 2850).

3) § 37 Abs. 4 bis 7 angef. mWv VZ 2006 durch G v. 7.12.2006 (BGBl. I S. 2782), Abs. 6 Satz 2 eingef. mWv Kj. 2008 durch G v. 20.12.2008 (BGBl. I S. 2850).

4) § 37 Abs. 4 bis 7 angef. mWv VZ 2006 durch G v. 7.12.2006 (BGBl. I S. 2782).

5) § 38 Abs. 1 Sätze 6 und 7 angef. durch G v. 13.12.2006 (BGBl. I S. 2878); zur Geltung siehe § 34 Abs. 13; Satz 7 geänd. durch G v. 25.7.2014 (BGBl. I S. 1266).

schäftsguthaben an ausscheidende Mitglieder von Genossenschaften stellt, soweit es sich dabei nicht um Nennkapital im Sinne des § 28 Abs. 2 Satz 2 handelt, keine Leistung im Sinne der Sätze 3 und 4 dar. 7 Satz 6 gilt nicht, soweit der unbelastete Teilbetrag im Sinne des Satzes 1 nach § 40 Abs. 1 oder Abs. 2 infolge der Umwandlung einer Körperschaft, die nicht Genossenschaft im Sinne des § 34 Absatz 13 ist, übergegangen ist.

(2) 1 Die Körperschaftsteuer des Veranlagungszeitraums, in dem das Wirtschaftsjahr endet, in dem die Leistungen erfolgen, erhöht sich um $^{3}/_{7}$ des Betrags der Leistungen, für die ein Teilbetrag aus dem Endbetrag im Sinne des Absatzes 1 als verwendet gilt. 2 Die Körperschaftsteuererhöhung mindert den Endbetrag im Sinne des Absatzes 1 bis zu dessen Verbrauch. 3 Satz 1 ist letztmals für den Veranlagungszeitraum anzuwenden, in dem das 18. Wirtschaftsjahr[1)] endet, das auf das Wirtschaftsjahr folgt, auf dessen Schluss nach § 37 Abs. 1 Körperschaftsteuerguthaben ermittelt werden.

(3) 1 Die Körperschaftsteuer wird nicht erhöht, soweit eine von der Körperschaftsteuer befreite Körperschaft Leistungen an einen unbeschränkt steuerpflichtigen, von der Körperschaftsteuer befreiten Anteilseigner oder an eine juristische Person des öffentlichen Rechts vornimmt. 2 Der Anteilseigner ist verpflichtet, der ausschüttenden Körperschaft seine Befreiung durch eine Bescheinigung des Finanzamts nachzuweisen, es sei denn, er ist eine juristische Person des öffentlichen Rechts. 3 Das gilt nicht, soweit die Leistung auf Anteile entfällt, die in einem wirtschaftlichen Geschäftsbetrieb gehalten werden, für den die Befreiung von der Körperschaftsteuer ausgeschlossen ist, oder in einem nicht von der Körperschaftsteuer befreiten Betrieb gewerblicher Art.

(4)[2)] 1 Der Endbetrag nach Absatz 1 wird letztmalig auf den 31. Dezember 2006 ermittelt und festgestellt. 2 Wird das Vermögen einer Körperschaft oder Personenvereinigung im Rahmen einer Liquidation im Sinne des § 11 nach dem 31. Dezember 2006 verteilt, wird der Endbetrag im Sinne des Satzes 1 letztmalig auf den Schluss des letzten vor dem 1. Januar 2007 endenden Besteuerungszeitraums festgestellt. 3 Bei über den 31. Dezember 2006 hinaus fortdauernden Liquidationen endet der Besteuerungszeitraum nach § 11 auf Antrag der Körperschaft oder Personenvereinigung mit Ablauf des 31. Dezember 2006. 4 Die Absätze 1 bis 3 sind letztmals auf Leistungen anzuwenden, die vor dem 1. Januar 2007 oder dem nach Satz 2 maßgebenden Zeitpunkt erfolgt sind.

(5)[2)] 1 Der Körperschaftsteuererhöhungsbetrag beträgt $^{3}/_{100}$ des nach Absatz 4 Satz 1 festgestellten Endbetrags. 2 Er ist begrenzt auf den Betrag, der sich nach den Absätzen 1 bis 3 als Körperschaftsteuererhöhung ergeben würde, wenn die Körperschaft oder Personenvereinigung ihr am 31. Dezember 2006 oder an dem nach Absatz 4 Satz 2 maßgebenden Zeitpunkt bestehendes Eigenkapital laut Steuerbilanz für eine Ausschüttung verwenden würde. 3 Ein Körperschaftsteuererhöhungsbetrag ist nur festzusetzen, wenn er 1000 Euro übersteigt.

[1)] Zeitraum verlängert durch G v. 16.5.2003 (BGBl. I S. 660).

[2)] § 38 Abs. 4, 5 angef. durch G v. 20.12.2007 (BGBl. I S. 3150); zur Anwendung von § 38 in der bish. Fassung siehe § 34 Abs. 13 und 14.

(6)[1] ¹Die Körperschaft oder deren Rechtsnachfolger hat den sich nach Absatz 5 ergebenden Körperschaftsteuererhöhungsbetrag innerhalb eines Zeitraums von 2008 bis 2017 in zehn gleichen Jahresbeträgen zu entrichten (Zahlungszeitraum). ²Satz 1 gilt nicht für Körperschaften oder Personenvereinigungen, die sich am 31. Dezember 2006 bereits in Liquidation befanden. ³Der Anspruch entsteht am 1. Januar 2007. ⁴Der Körperschaftsteuererhöhungsbetrag wird für den gesamten Zahlungszeitraum festgesetzt. ⁵Der Jahresbetrag ist jeweils am 30. September fällig. ⁶Für das Jahr der Bekanntgabe des Bescheids und die vorangegangenen Jahre ist der Jahresbetrag innerhalb eines Monats nach Bekanntgabe des Bescheids fällig, wenn die Bekanntgabe des Bescheids nach dem 31. August 2008 erfolgt. ⁷In den Fällen des Satzes 2 ist der gesamte Anspruch innerhalb eines Monats nach Bekanntgabe des Bescheids fällig. ⁸Der Anspruch ist nicht verzinslich. ⁹Die Festsetzungsfrist für die Festsetzung des Körperschaftsteuererhöhungsbetrags läuft nicht vor Ablauf des Jahres ab, in dem der letzte Jahresbetrag fällig geworden ist.

(7)[1] ¹Auf Antrag kann die Körperschaft oder deren Rechtsnachfolger abweichend von Absatz 6 Satz 1 den Körperschaftsteuererhöhungsbetrag in einer Summe entrichten. ²Der Antrag kann letztmals zum 30. September 2015 gestellt werden. ³Anstelle des jeweiligen Jahresbetrags ist zu dem Zahlungstermin, der auf den Zeitpunkt der Antragstellung folgt, der zu diesem Termin nach Absatz 6 Satz 4 fällige Jahresbetrag zuzüglich der noch nicht fälligen Jahresbeträge abgezinst mit einem Zinssatz von 5,5 Prozent zu entrichten. ⁴Mit der Zahlung erlischt der gesamte Anspruch. ⁵Die Sätze 3 und 4 sind in den Fällen des Absatzes 6 Satz 7,[2] des Absatzes 8 und des Absatzes 9 Satz 1 und 2 von Amts wegen anzuwenden.

(8)[1] Bei Liquidationen, die nach dem 31. Dezember 2006 beginnen, werden alle entstandenen und festgesetzten Körperschaftsteuererhöhungsbeträge an dem 30. September fällig, der auf den Zeitpunkt der Erstellung der Liquidationseröffnungsbilanz folgt.

(9)[1] ¹Geht das Vermögen einer unbeschränkt steuerpflichtigen Körperschaft oder Personenvereinigung durch einen der in § 1 Abs. 1 Nr. 1 des Umwandlungssteuergesetzes vom 7. Dezember 2006 (BGBl. I S. 2782, 2791) in der jeweils geltenden Fassung genannten Vorgänge ganz oder teilweise auf eine nicht unbeschränkt steuerpflichtige Körperschaft oder Personenvereinigung über oder verlegt eine unbeschränkt steuerpflichtige Körperschaft oder Personenvereinigung ihren Sitz oder Ort der Geschäftsleitung und endet dadurch ihre unbeschränkte Steuerpflicht, werden alle entstandenen und festgesetzten Körperschaftsteuererhöhungsbeträge an dem 30. September fällig, der auf den Zeitpunkt des Vermögensübergangs oder des Wegzugs folgt. ²Ist eine Festsetzung nach Absatz 6 noch nicht erfolgt, ist der gesamte Anspruch innerhalb eines Monats nach Bekanntgabe des Bescheids fällig. ³Satz 1 gilt nicht, wenn der übernehmende Rechtsträger in einem anderen Mitgliedstaat der Europäischen Union unbeschränkt steuerpflichtig ist oder die Körper-

---

[1] § 38 Abs. 6 bis 9 angef. durch G v. 20.12.2007 (BGBl. I S. 3150); zur Anwendung von § 38 in der bish. Fassung siehe § 34 Abs. 13 und 14.

[2] Verweis geänd. mWv VZ 2010 durch G v. 8.12.2010 (BGBl. I S. 1768).

schaft oder Personenvereinigung in den Fällen des Wegzugs in einem anderen Mitgliedstaat der Europäischen Union unbeschränkt steuerpflichtig wird.

(10)[1] § 37 Abs. 6 und 7 gilt entsprechend.

§ 39 Einlagen der Anteilseigner und Sonderausweis. (1) Ein sich nach 36 Abs. 7 ergebender positiver Endbetrag des Teilbetrags im Sinne des § 30 Abs. 2 Nr. 4 des Körperschaftsteuergesetzes in der Fassung der Bekanntmachung vom 22. April 1999 (BGBl. I S. 817), das zuletzt durch Artikel 4 des Gesetzes vom 14. Juli 2000 (BGBl. I S. 1034) geändert worden ist, wird als Anfangsbestand des steuerlichen Einlagekontos im Sinne des § 27 erfasst.

(2) Der nach § 47 Abs. 1 Satz 1 Nr. 2 in der Fassung des Artikels 4 des Gesetzes vom 14. Juli 2000 (BGBl. I S. 1034) zuletzt festgestellte Betrag wird als Anfangsbestand in die Feststellung nach § 28 Abs. 1 Satz 3[2] einbezogen.

§ 40[3] *(aufgehoben)*

---

[1] § 38 Abs. 10 angef. durch G v. 20.12.2007 (BGBl. I S. 3150); zur Anwendung von § 38 in der bish. Fassung siehe § 34 Abs. 13 und 14.

[2] Verweis geänd. durch G v. 9.12.2004 (BGBl. I S. 3310).

[3] § 40 aufgeh. mWv VZ 2008 durch G v. 20.12.2007 (BGBl. I S. 3150); zur weiteren Anwendung siehe § 34 Abs. 13 und 14.

---

[2] Überschrift geänd. durch G v. 9.12.2004 (BGBl. I S. 3310).

110. Körperschaftsteuer-Durchführungsverordnung 1994 (KStDV 1994)[1)·2)]

In der Fassung der Bekanntmachung vom 22. Februar 1996
(BGBl. I S. 365)

Geändert durch Steuer-Euroglättungsgesetz vom 19. 12. 2000 (BGBl. I S. 1790), Verordnung zur Änderung steuerlicher Verordnungen vom 17. 11. 2010 (BGBl. I S. 1544) und Gesetz zur Modernisierung der Finanzaufsicht über Versicherungen vom 1. 4. 2015 (BGBl. I S. 434)

BGBl. III/FNA 611-4-6

Zu § 5 Abs. 1 Nr. 3 des Gesetzes

§ 1 Allgemeines. Rechtsfähige Pensions-, Sterbe-, Kranken- und Unterstützungskassen sind nur dann eine soziale Einrichtung im Sinne des § 5 Abs. 1 Nr. 3 Buchstabe b des Gesetzes, wenn sie die folgenden Voraussetzungen erfüllen:

1. Die Leistungsempfänger dürfen sich in der Mehrzahl nicht aus dem Unternehmer oder dessen Angehörigen und bei Gesellschaften in der Mehrzahl nicht aus den Gesellschaftern oder deren Angehörigen zusammensetzen.
2. Bei Auflösung der Kasse darf ihr Vermögen vorbehaltlich der Regelung in § 6 des Gesetzes satzungsmäßig nur den Leistungsempfängern oder deren Angehörigen zugute kommen oder für ausschließlich gemeinnützige oder mildtätige Zwecke verwendet werden.
3. Außerdem müssen bei Kassen mit Rechtsanspruch der Leistungsempfänger die Voraussetzungen des § 2, bei Kassen ohne Rechtsanspruch der Leistungsempfänger die Voraussetzungen des § 3 erfüllt sein.

§ 2 Kassen mit Rechtsanspruch der Leistungsempfänger. (1) Bei rechtsfähigen Pensions- oder Sterbekassen, die den Leistungsempfängern einen Rechtsanspruch gewähren, dürfen die jeweils erreichten Rechtsansprüche der Leistungsempfänger vorbehaltlich des Absatzes 2 die folgenden Beträge nicht übersteigen:

als Pension	25 769	Euro[3)] jährlich,
als Witwengeld	17 179	Euro[3)] jährlich,
als Waisengeld	5 154	Euro[3)] jährlich für jede Halbwaise,
	10 308	Euro[3)] jährlich für jede Vollwaise,
als Sterbegeld	7 669	Euro[3)] als Gesamtleistung.

[1)] Neubekanntmachung der KStDV idF der Bek. v. 31. 7. 1984 (BGBl. I S. 1055) auf Grund des § 53 Abs. 2 Nr. 2 KStG idF der Bek. v. 11. 3. 1991 (BGBl. I S. 638) in der ab 18. 12. 1993 geltenden Fassung.

[2)] Vgl. die Körperschaftsteuer-Richtlinien **(Steuerrichtlinien Nr. 100).**

[3)] Beträge geänd. durch G v. 19. 12. 2000 (BGBl. I S. 1790).

(2) [1]Die jeweils erreichten Rechtsansprüche, mit Ausnahme des Anspruchs auf Sterbegeld, dürfen in nicht mehr als 12 vom Hundert aller Fälle auf höhere als die in Absatz 1 bezeichneten Beträge gerichtet sein. [2]Dies gilt in nicht mehr als 4 vom Hundert aller Fälle uneingeschränkt. [3]Im Übrigen dürfen die jeweils erreichten Rechtsansprüche die folgenden Beträge nicht übersteigen:

als Pension	38 654	Euro[1]) jährlich,
als Witwengeld	25 769	Euro[1]) jährlich,
als Waisengeld	7731	Euro[1]) jährlich für jede Halbwaise,
	15 461	Euro[1]) jährlich für jede Vollwaise.

§ 3 Kassen ohne Rechtsanspruch der Leistungsempfänger. Rechtsfähige Unterstützungskassen[2]), die den Leistungsempfängern keinen Rechtsanspruch gewähren, müssen die folgenden Voraussetzungen erfüllen:

1. Die Leistungsempfänger dürfen zu laufenden Beiträgen oder zu sonstigen Zuschüssen nicht verpflichtet sein.
2. Den Leistungsempfängern oder den Arbeitnehmervertretungen des Betriebs oder der Dienststelle muß satzungsgemäß und tatsächlich das Recht zustehen, an der Verwaltung sämtlicher Beträge, die der Kasse zufließen, beratend mitzuwirken.
3. Die laufenden Leistungen und das Sterbegeld dürfen die in § 2 bezeichneten Beträge nicht übersteigen.

Zu § 5 Abs. 1 Nr. 4 des Gesetzes

§ 4 Kleinere Versicherungsvereine. Kleinere Versicherungsvereine auf Gegenseitigkeit im Sinne des *§ 53 des Gesetzes über die Beaufsichtigung der privaten Versicherungsunternehmungen in der im Bundesgesetzblatt Teil III, Gliederungsnummer 7631-1, veröffentlichten bereinigten Fassung, zuletzt geändert durch das Gesetz vom 18. Dezember 1975 (BGBl. I S. 3139),* [***ab VZ 2016:*** § 210 des Versicherungsaufsichtsgesetzes][3]) sind von der Körperschaftsteuer befreit, wenn

1. ihre Beitragseinnahmen im Durchschnitt der letzten drei Wirtschaftsjahre einschließlich des im Veranlagungszeitraum endenden Wirtschaftsjahrs die folgenden Jahresbeträge nicht überstiegen haben:
   a) 797 615 Euro[1]) bei Versicherungsvereinen, die die Lebensversicherung oder die Krankenversicherung betreiben,
   b) 306 775 Euro[1]) bei allen übrigen Versicherungsvereinen oder

---

[1]) Beträge geänd. durch G v. 19. 12. 2000 (BGBl. I S. 1790).

[2]) Die nach dem PostpersonalrechtsG errichteten Unterstützungskassen sind ab ihrer Gründung von der Körperschaftsteuer befreit. § 4 d EStG ist nicht anzuwenden. Vgl. § 15 Abs. 3 PostpersonalrechtsG v. 14. 9. 1994 (BGBl. I S. 2325, 2353), zuletzt geänd. durch G v. 5. 2. 2009 (BGBl. I S. 160).

[3]) Verweis geänd. mWv VZ 2016 durch G v. 1. 4. 2015 (BGBl. I S. 434).

2. sich ihr Geschäftsbetrieb auf die Sterbegeldversicherung beschränkt und sie im übrigen die Voraussetzungen des § 1 erfüllen.

Zu § 26 Abs. 3 des Gesetzes

§ 5[1] *(aufgehoben)*

Schlußvorschrift

§ 6[2] **Anwendungszeitraum.** Die Körperschaftsteuer-Durchführungsverordnung in der am 1. Januar 2016 geltenden Fassung ist erstmals für den Veranlagungszeitraum 2016 anzuwenden.

§ 7[3] Inkrafttreten

Anlage (zu § 5)[1] *(aufgehoben)*

---

[1] § 5 sowie die dazugehörige Anlage aufgeh. durch VO v. 17. 11. 2010 (BGBl. I S. 1544).

[2] § 6 neu gef. durch G v. 1. 4. 2015 (BGBl. I S. 434).

[3] Die VO in ihrer ursprünglichen Fassung trat am 24. 6. 1977 in Kraft. Das Inkrafttreten der späteren Änderungen ergibt sich aus den jeweiligen Änderungsbestimmungen.

111. Verordnung über die steuerliche Begünstigung von Wasserkraftwerken

Vom 26. Oktober 1944 (RGBl. I S. 278)

Geändert durch Gesetz vom 26. 7. 1957 (BGBl. I S. 807), Steueränderungsgesetz 1968 vom 20. 2. 1969 (BGBl. I S. 141), Steueränderungsgesetz 1977 vom 16. 8. 1977 (BGBl. I S. 1586), Steuerbereinigungsgesetz 1985 vom 14. 12. 1984 (BGBl. I S. 1493) und Gesetz über die weitere Bereinigung von Bundesrecht vom 8. 12. 2010 (BGBl. I S. 1864)

BGBl. III 610-6-2

Auf Grund des § 12 der Reichsabgabenordnung wird im Einvernehmen mit dem Reichsminister des Innern und dem Generalinspektor für Wasser und Energie verordnet:

§ 1 Steuerbegünstigte Unternehmen. Unternehmen, die elektrische Arbeit durch Wasserkräfte erzeugen, werden nach Maßgabe dieser Verordnung steuerlich begünstigt.

§ 2 Steuerbegünstigte Anlagen. (1) [1]Die steuerliche Begünstigung erstreckt sich nur auf die Anlagen zur Erzeugung elektrischer Arbeit durch Wasserkräfte (Wasserkraftwerke). [2]Zu den Wasserkraftwerken gehören auch die Anlagen zur Fortleitung der erzeugten elektrischen Arbeit bis zu den Abspannketten der Fernleitungen.

(2) Die steuerliche Begünstigung kann auf Antrag auch für die Anlagen zur Fortleitung des Stroms aus steuerbegünstigten Wasserkraftwerken gewährt werden.

§ 3[1)] Voraussetzung der steuerlichen Begünstigung. Die steuerliche Begünstigung tritt nur ein, wenn der Baubeginn der Anlagen in die Zeit vom 1. Januar 1938 bis zum 31. Dezember 1990 fällt.

§ 4 Einkommensteuer und Körperschaftsteuer. (1) Die Einkommensteuer oder die Körperschaftsteuer, die auf den Gewinn aus den steuerbegünstigten Anlagen entfällt, ermäßigt sich ab dem Betriebsbeginn für die Dauer von zwanzig Jahren auf die Hälfte der gesetzlichen Beträge.

(2)[2)] Die Bundesregierung wird ermächtigt, mit Zustimmung des Bundesrates durch Rechtsverordnung Vorschriften über die Ermittlung des steuerbegünstigten Gewinns für den Fall zu erlassen, daß ein Unternehmen steuerbegünstigte und nicht steuerbegünstigte Anlagen unterhält.

[1)] § 3 neu gef. durch G v. 16. 8. 1977 (BGBl. I S. 1586) und geänd. durch G v. 14. 12. 1984 (BGBl. I S. 1493).

[2)] § 4 Abs. 2 neu gef. durch G v. 26. 7. 1957 (BGBl. I S. 807).

§ 5 Vermögensteuer und *Aufbringungsumlage.* [1]Die Vermögensteuer *und die Aufbringungsumlage,* die auf die steuerbegünstigten Anlagen entfallen, sind während der Bauzeit nicht zu entrichten. [2]Sie ermäßigen sich ab dem Betriebsbeginn für die Dauer von zwanzig Jahren auf die Hälfte der gesetzlichen Beträge.

§ 6 Gewerbesteuer. (1) Die einheitlichen Gewerbesteuermeßbeträge, die auf die steuerbegünstigten Anlagen entfallen, ermäßigen sich ab dem Betriebsbeginn für die Dauer von zwanzig Jahren auf die Hälfte der gesetzlichen Beträge.

(2)[1)] *(aufgehoben)*

§ 7[2)] Absetzung für Abnutzung. (1) Die Summe der Absetzungen für Abnutzung auf die Wirtschaftsgüter, die zu den steuerbegünstigten Anlagen gehören, muß für die gesamte Dauer der Steuerbegünstigung bei den Wasserkraftwerken mindestens 25 vom Hundert, bei den Fortleitungsanlagen (§ 2 Abs. 2) mindestens 40 vom Hundert der Anschaffungs- oder Herstellungskosten betragen.

(2) [1]Die Bundesregierung wird ermächtigt, mit Zustimmung des Bundesrates durch Rechtsverordnung zu bestimmen, wie der Gesamtbetrag der Absetzung für Abnutzung auf die einzelnen Jahre zu verteilen ist. [2]Bleibt die Summe der Absetzungen für Abnutzung eines Jahres hinter dem danach maßgebenden Betrag zurück, so tritt die steuerliche Begünstigung für dieses Jahr nicht ein.

§ 8[3)]. *(aufgehoben)*

§ 9. *(gegenstandslos)*

§ 10[4)] Anwendungsvorschriften. (1) Die Bestimmungen dieser Verordnung sind erstmalig anzuwenden:

a) bei der Veranlagung zur Einkommensteuer und zur Körperschaftsteuer für das Kalenderjahr 1943;

b) bei der Veranlagung zur Vermögensteuer und zur Aufbringungsumlage für das Rechnungsjahr 1943;

c) bei der Festsetzung der einheitlichen Gewerbesteuermeßbeträge für das Kalenderjahr 1943.

(2), (3) [Übergangsvorschrift]

---

1) § 6 Abs. 2 aufgeh. durch G v. 8. 12. 2010 (BGBl. I S. 1864).
2) § 7 Abs. 2 Satz 1 neu gef. durch G v. 26. 7. 1957 (BGBl. I S. 807).
3) § 8 aufgeh. durch G v. 14. 12. 1984 (BGBl. I S. 1493).
4) § 10 Überschrift neu gef. und Abs. 3 angef. durch G v. 14. 12. 1984 (BGBl. I S. 1493).

112. Verordnung über die Steuerbegünstigung von Stiftungen, die an die Stelle von Familienfideikommissen getreten sind

Vom 13. Februar 1926 (RGBl. I S. 101)

BGBl. III 611-4-3

Auf Grund des § 108 Abs. 2 der Reichsabgabenordnung wird mit Zustimmung des Reichsrats folgendes bestimmt:

§ 1 [Voraussetzungen] Ist eine Vermögensmasse, die zu einem standesherrlichen Hausvermögen, einem Familienfideikommiß, einem Lehen oder einem Erbstammgut gehört hat, ganz oder zum Teil nach den für die Auflösung geltenden Vorschriften in eine Stiftung umgewandelt worden, so bleiben bei der Veranlagung einer solchen Stiftung zur Körperschaftsteuer die Einkünfte außer Ansatz, die an die nach der Stiftungssatzung bezugsberechtigten, unbeschränkt einkommensteuerpflichtigen Familienmitglieder verteilt werden.

§ 2 [Anwendungsbereich] Diese Verordnung gilt erstmalig für den ersten Steuerabschnitt, für den nach dem Körperschaftsteuergesetz vom 10. August 1925 (Reichsgesetzbl. I S. 208) eine Stiftung der in § 1 bezeichneten Art zur Körperschaftsteuer zu veranlagen ist.

120. Investmentsteuergesetz 2018 (InvStG 2018)

Vom 19. Juli 2016 (BGBl. I S. 1730; ber. BGBl. I S. 3000, 3014)

Geändert durch Gesetz zur Bekämpfung der Steuerumgehung und zur Änderung weiterer steuerlicher Vorschriften (Steuerumgehungsbekämpfungsgesetz – StUmgBG) vom 23.6.2017 (BGBl. I S. 1682), Gesetz zur Vermeidung von Umsatzsteuerausfällen beim Handel mit Waren im Internet und zur Änderung weiterer steuerlicher Vorschriften vom 11.12.2018 (BGBl. I S. 2338), Gesetz zur weiteren steuerlichen Förderung der Elektromobilität und zur Änderung weiterer steuerlicher Vorschriften vom 12.12.2019 (BGBl. I S. 2451) und Jahressteuergesetz 2020 (JStG 2020) vom 21.12.2020 (BGBl. I S. 3096)

BGBl. III/FNA 610-6-18

Inhaltsübersicht

Kapitel 3. Spezial-Investmentfonds

Abschnitt 1. Voraussetzungen und Besteuerung eines Spezial-Investmentfonds

§§

Abschnitt 2. Besteuerung des Anlegers eines Spezial-Investmentfonds

Abschnitt 3. Wegfall der Voraussetzungen eines Spezial-Investmentfonds

Kapitel 4. Altersvorsorgevermögenfonds

Kapitel 5. Verschmelzung von Spezial-Investmentfonds und von Altersvorsorgevermögenfonds

Kapitel 6. Bußgeldvorschriften, Anwendungs- und Übergangsvorschriften

Kapitel 1. Allgemeine Regelungen

§ 1 Anwendungsbereich. (1) Dieses Gesetz ist anzuwenden auf Investmentfonds und deren Anleger.

(2)[1] [1]Investmentfonds sind Investmentvermögen nach § 1 Absatz 1 des Kapitalanlagegesetzbuchs. [*ab 1.1.2021:* [2]Für Zwecke dieses Gesetzes besteht keine Bindungswirkung an die aufsichtsrechtliche Entscheidung nach § 5 Absatz 3 des Kapitalanlagegesetzbuches.] [3]Als Investmentfonds im Sinne dieses Gesetzes gelten auch

1. Organismen für gemeinsame Anlagen, bei denen die Zahl der möglichen Anleger auf einen Anleger begrenzt ist, wenn die übrigen Voraussetzungen des § 1 Absatz 1 des Kapitalanlagegesetzbuchs erfüllt sind,
2. Kapitalgesellschaften, denen nach dem Recht des Staates, in dem sie ihren Sitz oder ihre Geschäftsleitung haben, eine operative unternehmerische Tätigkeit untersagt ist und die keiner Ertragsbesteuerung unterliegen oder die von der Ertragsbesteuerung befreit sind, und
3. von AIF-Kapitalverwaltungsgesellschaften verwaltete Investmentvermögen nach § 2 Absatz 3 des Kapitalanlagegesetzbuchs.

(3) [1]Keine Investmentfonds im Sinne dieses Gesetzes sind

1. Gesellschaften, Einrichtungen und Organisationen nach § 2 Absatz 1 und 2 des Kapitalanlagegesetzbuchs,
2. Investmentvermögen in der Rechtsform einer Personengesellschaft oder einer vergleichbaren ausländischen Rechtsform, es sei denn, es handelt sich um Organismen für gemeinsame Anlagen in Wertpapieren nach § 1 Absatz 2 des Kapitalanlagegesetzbuchs oder um Altersvorsorgevermögenfonds nach § 53,
3. Unternehmensbeteiligungsgesellschaften nach § 1a Absatz 1 des Gesetzes über Unternehmensbeteiligungsgesellschaften,
4. Kapitalbeteiligungsgesellschaften, die im öffentlichen Interesse mit Eigenmitteln oder mit staatlicher Hilfe Beteiligungen erwerben, und
5. REIT-Aktiengesellschaften nach § 1 Absatz 1 des REIT-Gesetzes und andere REIT-Körperschaften, -Personenvereinigungen oder -Vermögensmassen nach § 19 Absatz 5 des REIT-Gesetzes.

[2]Sondervermögen und vergleichbare ausländische Rechtsformen gelten nicht als Personengesellschaft im Sinne des Satzes 1 Nummer 2.

(4) Haftungs- und vermögensrechtlich voneinander getrennte Teile eines Investmentfonds gelten für die Zwecke dieses Gesetzes als eigenständige Investmentfonds.

§ 2 Begriffsbestimmungen. (1) Die Begriffsbestimmungen des Kapitalanlagegesetzbuchs gelten entsprechend, soweit sich keine abweichenden Begriffsbestimmungen aus diesem Gesetz ergeben.

---

[1] § 1 Abs. 2 Satz 2 eingef., bish. Satz 2 wird Satz 3 durch G v. 21.12.2020 (BGBl. I S. 3096); zur Anwendung siehe § 57 Abs. 2 Nr. 1.

(2) Ein inländischer Investmentfonds ist ein Investmentfonds, der dem inländischen Recht unterliegt.

(3) Ein ausländischer Investmentfonds ist ein Investmentfonds, der ausländischem Recht unterliegt.

(4) [1] Investmentanteil ist der Anteil an einem Investmentfonds, unabhängig von der rechtlichen Ausgestaltung des Anteils oder des Investmentfonds. [2] Spezial-Investmentanteil ist der Anteil an einem Spezial-Investmentfonds, unabhängig von der rechtlichen Ausgestaltung des Anteils oder des Spezial-Investmentfonds.

(5) [1] Ein Dach-Investmentfonds ist ein Investmentfonds, der Investmentanteile an einem anderen Investmentfonds (Ziel-Investmentfonds) hält. [2] Ein Dach-Spezial-Investmentfonds ist ein Spezial-Investmentfonds, der Spezial-Investmentanteile an einem anderen Spezial-Investmentfonds (Ziel-Spezial-Investmentfonds) hält.

[Fassung bis 10.8.2018:]

(6) Aktienfonds sind Investmentfonds, die gemäß den Anlagebedingungen fortlaufend mindestens 51 Prozent ihres Wertes in Kapitalbeteiligungen anlegen.

[Fassung ab 11.8.2018:][1)]

(6) [1] Aktienfonds sind Investmentfonds, die gemäß den Anlagebedingungen fortlaufend mehr als 50 Prozent ihres Aktivvermögens in Kapitalbeteiligungen anlegen (Aktienfonds-Kapitalbeteiligungsquote). [2] Ein Dach-Investmentfonds ist auch dann ein Aktienfonds, wenn der Dach-Investmentfonds nach seinen Anlagebedingungen verpflichtet ist, derart in Ziel-Investmentfonds zu investieren, dass fortlaufend die Aktienfonds-Kapitalbeteiligungsquote erreicht wird und die Anlagebedingungen vorsehen, dass der Dach-Investmentfonds für die Einhaltung der Aktienfonds-Kapitalbeteiligungsquote auf die bewertungstäglich von den Ziel-Investmentfonds veröffentlichten tatsächlichen Kapitalbeteiligungsquoten abstellt. [3] Satz 2 ist nur auf Ziel-Investmentfonds anzuwenden, die mindestens einmal pro Woche eine Bewertung vornehmen. [4] In dem Zeitpunkt, in dem der Investmentfonds wesentlich gegen die Anlagebedingungen verstößt und dabei die Aktienfonds-Kapitalbeteiligungsquote unterschrei-

---

[1)] § 2 Abs. 6 neu gef. durch G v. 11.12.2018 (BGBl. I S. 2338); zur Anwendung siehe § 56 Abs. 1 Satz 5 und Abs. 1a.

[Fassung bis 10.8.2018:]

(7) Mischfonds sind Investmentfonds, die gemäß den Anlagebedingungen fortlaufend mindestens 25 Prozent ihres Wertes in Kapitalbeteiligungen anlegen.

[Fassung ab 11.8.2018:]

tet, endet die Eigenschaft als Aktienfonds.

(7) [1]Mischfonds sind Investmentfonds, die gemäß den Anlagebedingungen fortlaufend mindestens 25 Prozent ihres Aktivvermögens in Kapitalbeteiligungen anlegen (Mischfonds-Kapitalbeteiligungsquote). [2]Ein Dach-Investmentfonds ist auch dann ein Mischfonds, wenn der Dach-Investmentfonds nach seinen Anlagebedingungen verpflichtet ist, derart in Ziel-Investmentfonds zu investieren, dass fortlaufend die Mischfonds-Kapitalbeteiligungsquote erreicht wird und die Anlagebedingungen vorsehen, dass der Dach-Investmentfonds für deren Einhaltung auf die bewertungstäglich von den Ziel-Investmentfonds veröffentlichten tatsächlichen Kapitalbeteiligungsquoten abstellt. [3]Satz 2 ist nur auf Ziel-Investmentfonds anzuwenden, die mindestens einmal pro Woche eine Bewertung vornehmen. [4]Absatz 6 Satz 4 ist entsprechend anzuwenden.

(8) [1]Kapitalbeteiligungen sind

1. zum amtlichen Handel an einer Börse zugelassene oder auf einem organisierten Markt notierte Anteile an einer Kapitalgesellschaft,
2. Anteile an einer Kapitalgesellschaft, die keine Immobilien-Gesellschaft ist und die
   a) in einem Mitgliedstaat der Europäischen Union oder in einem anderen Vertragsstaat des Abkommens über den Europäischen Wirtschaftsraum ansässig ist und dort der Ertragsbesteuerung für Kapitalgesellschaften unterliegt und nicht von ihr befreit ist, oder
   b) in einem Drittstaat ansässig ist und dort einer Ertragsbesteuerung für Kapitalgesellschaften in Höhe von mindestens 15 Prozent unterliegt und nicht von ihr befreit ist,
3. Investmentanteile an Aktienfonds in Höhe von 51 Prozent des Wertes des Investmentanteils oder
4. Investmentanteile an Mischfonds in Höhe von 25 Prozent des Wertes des Investmentanteils.

[Fassung bis 10.8.2018:]

2 Mit Ausnahme der Fälle des Satzes 1 Nummer 3 oder 4 gelten Investmentanteile nicht als Kapitalbeteiligungen.

[Fassung ab 11.8.2018:]

2 Sieht ein Aktienfonds in seinen Anlagebedingungen einen höheren Prozentsatz als 51 Prozent seines Aktivvermögens für die fortlaufende Mindestanlage in Kapitalbeteiligungen vor, gilt abweichend von Satz 1 Nummer 3 der Investmentanteil im Umfang dieses höheren Prozentsatzes als Kapitalbeteiligung. 3 Sieht ein Mischfonds in seinen Anlagebedingungen einen höheren Prozentsatz als 25 Prozent seines Aktivvermögens für die fortlaufende Mindestanlage in Kapitalbeteiligungen vor, gilt abweichend von Satz 1 Nummer 4 der Investmentanteil im Umfang dieses höheren Prozentsatzes als Kapitalbeteiligung. 4 Im Übrigen gelten Investmentanteile nicht als Kapitalbeteiligungen.

[*ab 1.1.2020:* 5 Auch nicht als Kapitalbeteiligungen gelten

1. Anteile an Personengesellschaften, auch wenn die Personengesellschaften Anteile an Kapitalgesellschaften halten,
2. Anteile an Kapitalgesellschaften, die nach Absatz 9 Satz 6 als Immobilien gelten,
3. Anteile an Kapitalgesellschaften, die von der Ertragsbesteuerung befreit sind, soweit sie Ausschüttungen vornehmen, es sei denn, die Ausschüttungen unterliegen einer Besteuerung von mindestens 15 Prozent und der Investmentfonds ist nicht davon befreit und
4. Anteile an Kapitalgesellschaften,
   a) deren Einnahmen unmittelbar oder mittelbar zu mehr als 10 Prozent aus Beteiligungen an Kapitalgesellschaften stammen, die nicht die Voraussetzungen des Satzes 1 Nummer 2 erfüllen oder

b) die unmittelbar oder mittelbar Beteiligungen an Kapitalgesellschaften halten, die nicht die Voraussetzungen des Satzes 1 Nummer 2 erfüllen, wenn der gemeine Wert derartiger Beteiligungen mehr als 10 Prozent des gemeinen Werts der Kapitalgesellschaften beträgt.][1]

[Fassung bis 11.8.2018:][2]

(9) [1] Immobilienfonds sind Investmentfonds, die gemäß den Anlagebedingungen fortlaufend mehr als 50 Prozent ihres Aktivvermögens in Immobilien anlegen. [2] Investmentanteile an Immobilienfonds gelten in Höhe von 51 Prozent des Wertes des Investmentanteils als Immobilien. [3] Sieht ein Immobilienfonds in seinen Anlagebedingungen einen höheren Prozentsatz als 51 Prozent seines Aktivvermögens für die fortlaufende Mindestanlage in Immobilien vor, gilt der Investmentanteil im Umfang dieses höheren Prozentsatzes als Immobilie. [4] Absatz 6 Satz 4 ist entsprechend anzuwenden.

[Fassung ab 1.1.2020:][3]

(9) [1] Immobilienfonds sind Investmentfonds, die gemäß den Anlagebedingungen fortlaufend mehr als 50 Prozent ihres Aktivvermögens in Immobilien und Immobilien-Gesellschaften anlegen (Immobilienfondsquote). [2] Auslands-Immobilienfonds sind Investmentfonds, die gemäß den Anlagebedingungen fortlaufend mehr als 50 Prozent ihres Aktivvermögens in ausländische Immobilien und Auslands-Immobiliengesellschaften anlegen (Auslands-Immobilienfondsquote). [3] Auslands-Immobiliengesellschaften sind Immobilien-Gesellschaften, die ausschließlich in ausländische Immobilien investieren. [4] Investmentanteile an Immobilienfonds oder an Auslands-Immobilienfonds gelten in Höhe von 51 Prozent des Wertes des Investmentanteils als Immobilien. [5] Sieht ein Immobilienfonds oder ein Auslands-Immobilienfonds in seinen Anlagebedingungen einen höheren Prozentsatz als 51 Prozent seines Aktivvermögens für die fortlaufende Mindestanlage in Immobilien vor, gilt der Investmentanteil im Umfang dieses höheren

[1] § 2 Abs. 8 Satz 5 angef. durch G v. 12.12.2019 (BGBl. I S. 2451); zur Anwendung siehe § 57 Abs. 1 Satz 1 Nr. 1.

[2] § 2 Abs. 9 neu gef., Abs. 9a angef. durch G v. 11.12.2018 (BGBl. I S. 2338); zur Anwendung siehe § 56 Abs. 1 Satz 5 und Abs. 1a.

[3] § 2 Abs. 9 neu gef. mWv 1.1.2020 (§ 57 Abs. 1 Satz 1 Nr. 1) durch G v. 12.12.2019 (BGBl. I S. 2451).

[Fassung ab 1.1.2020:]

Prozentsatzes als Immobilie. [6]Anteile an Körperschaften, Personenvereinigungen oder Vermögensmassen, bei denen nach gesetzlichen Bestimmungen oder nach deren Anlagebedingungen das Bruttovermögen zu mindestens 75 Prozent aus unbeweglichem Vermögen besteht, gelten in Höhe von 75 Prozent des Wertes der Anteile als Immobilien, wenn die Körperschaften, Personenvereinigungen oder Vermögensmassen einer Ertragsbesteuerung in Höhe von mindestens 15 Prozent unterliegen und nicht von ihr befreit sind oder wenn deren Ausschüttungen einer Besteuerung von mindestens 15 Prozent unterliegen und der Investmentfonds nicht davon befreit ist. [7]Absatz 6 Satz 4 ist entsprechend anzuwenden.

[***ab 11.8.2018:***

(9a)[1)] [1]Die Höhe des Aktivvermögens bestimmt sich nach dem Wert der Vermögensgegenstände des Investmentfonds ohne Berücksichtigung von Verbindlichkeiten des Investmentfonds. [2]Anstelle des Aktivvermögens darf in den Anlagebedingungen auf den Wert des Investmentfonds abgestellt werden. [3]Bei der Ermittlung des Umfangs des in Kapitalbeteiligungen angelegten Vermögens sind in den Fällen des Satzes 2 die Kredite entsprechend dem Anteil der Kapitalbeteiligungen am Wert aller Vermögensgegenstände abzuziehen. [4]Satz 3 gilt entsprechend für die Ermittlung des Umfangs des in Immobilien angelegten Vermögens.]

(10) Anleger ist derjenige, dem der Investmentanteil oder Spezial-Investmentanteil nach § 39 der Abgabenordnung zuzurechnen ist.

(11) Ausschüttungen sind die dem Anleger gezahlten oder gutgeschriebenen Beträge einschließlich des Steuerabzugs auf den Kapitalertrag.

(12) Als Anlagebedingungen gelten auch die Satzung, der Gesellschaftsvertrag oder vergleichbare konstituierende Rechtsakte eines Investmentfonds.

(13)[2)] Als Veräußerung von Investmentanteilen und Spezial-Investmentanteilen gilt auch deren Rückgabe, Abtretung, Entnahme oder verdeckte Einlage in eine Kapitalgesellschaft [***ab 1.1.2020:*** sowie eine beendete Abwicklung oder Liquidation des Investmentfonds oder Spezial-Investmentfonds].

[1)] § 2 Abs. 9a angef. durch G v. 11.12.2018 (BGBl. I S. 2338); zur Anwendung siehe § 56 Abs. 1 Satz 5 und Abs. 1a.

[2)] § 2 Abs. 13 geänd. durch G v. 12.12.2019 (BGBl. I S. 2451); zur Anwendung siehe § 57 Abs. 1 Satz 1 Nr. 1.

(14) Der Gewinnbegriff umfasst auch Verluste aus einem Rechtsgeschäft.

(15) Ein Amts- und Beitreibungshilfe leistender ausländischer Staat ist ein Mitgliedstaat der Europäischen Union oder ein Drittstaat, der

1. der Bundesrepublik Deutschland Amtshilfe gemäß der Amtshilferichtlinie im Sinne des § 2 Absatz 2 des EU-Amtshilfegesetzes oder gemäß vergleichbaren völkerrechtlichen Vereinbarungen leistet und
2. die Bundesrepublik Deutschland bei der Beitreibung von Forderungen gemäß der Beitreibungsrichtlinie im Sinne des § 2 Absatz 2 des EU-Beitreibungsgesetzes oder gemäß vergleichbaren völkerrechtlichen Vereinbarungen unterstützt.

§ 3 Gesetzlicher Vertreter. (1) [1]Die Rechte und Pflichten eines Investmentfonds nach diesem Gesetz sind von dem gesetzlichen Vertreter des Investmentfonds wahrzunehmen oder zu erfüllen. [2]Die Rechte und Pflichten gegenüber einem Investmentfonds nach diesem Gesetz sind gegenüber dem gesetzlichen Vertreter des Investmentfonds wahrzunehmen oder zu erfüllen.

(2) [1]Als gesetzlicher Vertreter von inländischen Investmentfonds gilt für die Zwecke dieses Gesetzes die Kapitalverwaltungsgesellschaft oder die inländische Betriebsstätte oder Zweigniederlassung einer ausländischen Verwaltungsgesellschaft. [2]Wird der inländische Investmentfonds von einer ausländischen Verwaltungsgesellschaft verwaltet, die über keine inländische Betriebsstätte oder Zweigniederlassung verfügt, so gilt die inländische Verwahrstelle als gesetzlicher Vertreter.

(3) Während der Abwicklung eines inländischen Investmentfonds ist die inländische Verwahrstelle oder der an ihrer Stelle bestellte Liquidator gesetzlicher Vertreter des Investmentfonds.

(4) Die Verwaltungsgesellschaft eines ausländischen Investmentfonds gilt als gesetzlicher Vertreter, sofern kein davon abweichender gesetzlicher Vertreter nachgewiesen wird.

§ 4 Zuständige Finanzbehörden, Verordnungsermächtigung. (1) Für die Besteuerung von Investmentfonds ist das Finanzamt örtlich zuständig, in dessen Bezirk sich die Geschäftsleitung des gesetzlichen Vertreters nach § 3 befindet.

(2) Befindet sich die Geschäftsleitung des gesetzlichen Vertreters außerhalb des Geltungsbereichs dieses Gesetzes, so ist für die Besteuerung des Investmentfonds zuständig

1. das Finanzamt, in dessen Bezirk sich das Vermögen des Investmentfonds oder, wenn dies für mehrere Finanzämter zutrifft, das Finanzamt, in dessen Bezirk sich der wertvollste Teil des Vermögens befindet, sofern der Investmentfonds Einkünfte nach § 6 Absatz 2 erzielt, die keinem Steuerabzug unterliegen,
2. das Bundeszentralamt für Steuern in allen übrigen Fällen.

(3) Das Bundesministerium der Finanzen kann durch Rechtsverordnung mit Zustimmung des Bundesrates die Zuständigkeit nach Absatz 2 Nummer 2 und

nach § 9 Absatz 1 Nummer 2 einer anderen Finanzbehörde oder mehreren anderen Finanzbehörden übertragen.

§ 5 Prüfung der steuerlichen Verhältnisse. (1) Die zuständige Finanzbehörde ist zur Überprüfung der steuerlichen Verhältnisse befugt.

(2) [1]Eine Prüfung nach Absatz 1 ist zulässig bei Investmentfonds zur Ermittlung

1. der steuerlichen Verhältnisse des Investmentfonds,
2. der Voraussetzungen für eine Besteuerung als Spezial-Investmentfonds und
3. der Besteuerungsgrundlagen der Anleger.

[2]Die §§ 194 bis 203 der Abgabenordnung sind entsprechend anzuwenden.

§ 5a Übertragung von Wirtschaftsgütern in einen Investmentfonds. [1]Werden ein oder mehrere Wirtschaftsgüter aus dem Betriebsvermögen eines Anlegers in das Vermögen eines Investmentfonds übertragen, so ist bei der Übertragung der Teilwert anzusetzen. [2]Die Übertragung von einem oder mehreren Wirtschaftsgütern aus dem Privatvermögen eines Anlegers in das Vermögen eines Investmentfonds gilt als Veräußerung zum gemeinen Wert. [3]Die Sätze 1 und 2 sind unabhängig davon anzuwenden, ob bei der Übertragung der Wirtschaftsgüter neue Investmentanteile ausgegeben werden.

Kapitel 2. Investmentfonds

Abschnitt 1. Besteuerung des Investmentfonds

§ 6 Körperschaftsteuerpflicht eines Investmentfonds. (1)[1)] [1]Inländische Investmentfonds gelten als Zweckvermögen nach § 1 Absatz 1 Nummer 5 des Körperschaftsteuergesetzes [***ab 1.1.2020:*** und sind unbeschränkt körperschaftsteuerpflichtig]. [2]Ausländische Investmentfonds gelten als Vermögensmassen nach § 2 Nummer 1 des Körperschaftsteuergesetzes [***ab 1.1.2020:*** und sind beschränkt körperschaftsteuerpflichtig].

[Fassung bis 31.12.2019:]

(2) [1]Investmentfonds unterliegen mit ihren inländischen Beteiligungseinnahmen, inländischen Immobilienerträgen und sonstigen inländischen Einkünften der Körperschaftsteuer. [2]Einkünfte nach Satz 1 sind zugleich inländische Einkünfte nach § 2 Nummer 1 des Körperschaftsteuergesetzes.

[Fassung ab 1.1.2020:]

(2)[2)] [1]Investmentfonds sind vorbehaltlich des Satzes 2 steuerbefreit. [2]Nicht steuerbefreit sind inländische Beteiligungseinnahmen, inländische Immobilienerträge und sonstige inländische Einkünfte. [3]Die nach Satz 2 steuerpflichtigen Einkünfte sind zugleich inländische Einkünfte nach § 2 Nummer 1 des Körperschaftsteuergesetzes.

[1)] § 6 Abs. 1 Satz 1 und 2 geänd. durch G v. 12.12.2019 (BGBl. I S. 2451); zur Anwendung siehe § 57 Abs. 1 Satz 1 Nr. 2.

[2)] § 6 Abs. 2 neu gef. durch G v. 12.12.2019 (BGBl. I S. 2451); zur Anwendung siehe § 57 Abs. 1 Satz 1 Nr. 2.

(3) [1]Inländische Beteiligungseinnahmen sind

1. Einnahmen nach § 43 Absatz 1 Satz 1 Nummer 1 und 1a des Einkommensteuergesetzes und
2. Entgelte, Einnahmen und Bezüge nach § 2 Nummer 2 Buchstabe a bis c des Körperschaftsteuergesetzes.

[2]Die Regelungen zum Steuerabzug nach § 32 Absatz 3 des Körperschaftsteuergesetzes sind entsprechend anzuwenden.

(4) [1]Inländische Immobilienerträge sind

1. Einkünfte aus der Vermietung und Verpachtung von im Inland belegenen Grundstücken oder grundstücksgleichen Rechten und
2. Gewinne aus der Veräußerung von im Inland belegenen Grundstücken oder grundstücksgleichen Rechten.

[2]Zur Ermittlung des Gewinns nach Satz 1 Nummer 2 ist § 23 Absatz 3 Satz 1 bis 4 des Einkommensteuergesetzes entsprechend anzuwenden. [3]Wertveränderungen, die vor dem 1. Januar 2018 eingetreten sind, sind steuerfrei, sofern der Zeitraum zwischen der Anschaffung und der Veräußerung mehr als zehn Jahre beträgt.

(5)[1)] [1]Sonstige inländische Einkünfte sind

1. Einkünfte nach § 49 Absatz 1 des Einkommensteuergesetzes mit Ausnahme der Einkünfte nach § 49 Absatz 1 Nummer 2 Buchstabe e des Einkommensteuergesetzes, soweit sie nicht von den Absätzen 3 oder 4 erfasst werden, und
2. bei inländischen Investmentfonds in der Rechtsform einer Investmentaktiengesellschaft darüber hinaus
   a) Einkünfte, die die Investmentaktiengesellschaft oder eines ihrer Teilgesellschaftsvermögen aus der Verwaltung ihres Vermögens erzielt, und
   b) Einkünfte, die die Investmentaktiengesellschaft oder eines ihrer Teilgesellschaftsvermögen aus der Nutzung ihres Investmentbetriebsvermögens nach § 112 Absatz 2 Satz 1 des Kapitalanlagegesetzbuchs erzielt.

[***ab 1.1.2020:*** [2]Von gewerblichen Einkünften nach § 49 Absatz 1 Nummer 2 des Einkommensteuergesetzes ist nur auszugehen, wenn der Investmentfonds seine Vermögensgegenstände aktiv unternehmerisch bewirtschaftet.]

(6) § 8b des Körperschaftsteuergesetzes ist nicht anzuwenden.

[***ab 1.1.2020:***

(6a)[2)] Die Anschaffung oder Veräußerung einer unmittelbaren oder mittelbaren Beteiligung an einer Personengesellschaft gilt als Anschaffung oder Veräußerung der anteiligen Wirtschaftsgüter.]

[1)] § 6 Abs. 5 Satz 2 angef. durch G v. 12.12.2019 (BGBl. I S. 2451); zur Anwendung siehe § 57 Abs. 1 Satz 1 Nr. 2.

[2)] § 6 Abs. 6a eingef. durch G v. 12.12.2019 (BGBl. I S. 2451); zur Anwendung siehe § 57 Abs. 1 Satz 1 Nr. 2.

(7)[1] [1]Die Einkünfte sind als Überschuss der Einnahmen über die Werbungskosten, die in einem wirtschaftlichen Zusammenhang zu den Einnahmen stehen, zu ermitteln. [2]§ 4 Absatz 5 bis 7 des Einkommensteuergesetzes gilt bei der Ermittlung der Einkünfte nach Satz 1 entsprechend. [3]Bei Einkünften, die einem Steuerabzug unterliegen, sind der Ansatz der Werbungskosten sowie eine Verrechnung mit negativen Einkünften ausgeschlossen. [***ab 1.1.2020:*** [4]Weicht das Geschäftsjahr des Investmentfonds vom Kalenderjahr ab, gelten die Einkünfte des Investmentfonds als in dem Kalenderjahr bezogen, in dem sein Geschäftsjahr endet.]

(8) [1]Nicht ausgeglichene negative Einkünfte sind in den folgenden Veranlagungszeiträumen abzuziehen. [2]§ 10d Absatz 4 des Einkommensteuergesetzes ist sinngemäß anzuwenden.

§ 7 Erhebung der Kapitalertragsteuer gegenüber Investmentfonds.

(1) [1]Bei Einkünften nach § 6 Absatz 2, die einem Steuerabzug unterliegen, beträgt die Kapitalertragsteuer 15 Prozent des Kapitalertrags. [2]Es ist keine Erstattung von Kapitalertragsteuer nach § 44a Absatz 9 Satz 1 des Einkommensteuergesetzes vorzunehmen. [3]Wird Solidaritätszuschlag erhoben, so mindert sich die Kapitalertragsteuer in der Höhe, dass die Summe aus der geminderten Kapitalertragsteuer und dem Solidaritätszuschlag 15 Prozent des Kapitalertrags beträgt. [4]Im Übrigen ist gegenüber Investmentfonds keine Kapitalertragsteuer zu erheben.

(2) Soweit Einkünfte nach § 6 Absatz 2 einem Steuerabzug unterliegen, sind die Körperschaftsteuer und der Solidaritätszuschlag durch den Steuerabzug abgegolten.

(3) [1]Absatz 1 ist nur anzuwenden, wenn der nach § 44 des Einkomensteuergesetzes zum Abzug der Kapitalertragsteuer verpflichteten Person (Entrichtungspflichtiger) eine Bescheinigung vorliegt, in der die zuständige Finanzbehörde den Status als Investmentfonds bestätigt hat (Statusbescheinigung). [2]Der Entrichtungspflichtige hat den Tag der Ausstellung der Statusbescheinigung und die darin verwendeten Identifikationsmerkmale aufzuzeichnen.

(4) [1]Die Erteilung der Statusbescheinigung erfolgt auf Antrag, der nach amtlich vorgeschriebenem Muster zu stellen ist. [2]Die Gültigkeit der Statusbescheinigung darf höchstens drei Jahre betragen. [3]Die Statusbescheinigung kann rückwirkend für einen Zeitraum von sechs Monaten vor der Antragstellung erteilt werden. [4]Die zuständige Finanzbehörde kann die Statusbescheinigung jederzeit zurückfordern. [5]Fordert die zuständige Finanzbehörde die Statusbescheinigung zurück oder erkennt der Investmentfonds, dass die Voraussetzungen für ihre Erteilung weggefallen sind, so ist die Statusbescheinigung unverzüglich zurückzugeben.

(5) [1]Wenn der Investmentfonds innerhalb von 18 Monaten nach Zufluss eines Kapitalertrags eine Statusbescheinigung vorlegt, so hat der Entrichtungspflichtige dem Investmentfonds die Kapitalertragsteuer zu erstatten, die den nach Absatz 1 vorzunehmenden Steuerabzug übersteigt. [2]Das Gleiche gilt,

---

[1] § 6 Abs. 7 Satz 4 angef. durch G v. 12.12.2019 (BGBl. I S. 2451); zur Anwendung siehe § 57 Abs. 1 Satz 1 Nr. 2.

soweit der Investmentfonds innerhalb von 18 Monaten nach Zufluss eines Kapitalertrags nachweist, dass die Voraussetzungen für eine Steuerbefreiung nach den §§ 8 bis 10 vorliegen. [3]Eine zuvor erteilte Steuerbescheinigung ist unverzüglich im Original zurückzugeben. [4]Die Erstattung darf erst nach Rückgabe einer bereits erteilten Steuerbescheinigung erfolgen.

§ 8 Steuerbefreiung aufgrund steuerbegünstigter Anleger. (1) Einkünfte nach § 6 Absatz 2 sind auf Antrag des Investmentfonds steuerbefreit, soweit

1. an dem Investmentfonds Anleger, die die Voraussetzungen des § 44a Absatz 7 Satz 1 des Einkommensteuergesetzes erfüllen, oder vergleichbare ausländische Anleger mit Sitz und Geschäftsleitung in einem Amts- und Beitreibungshilfe leistenden ausländischen Staat beteiligt sind, oder
2. die Anteile an dem Investmentfonds im Rahmen von Altersvorsorge- oder Basisrentenverträgen gehalten werden, die nach den §§ 5 oder 5a des Altersvorsorgeverträge-Zertifizierungsgesetzes zertifiziert wurden.

(2) Inländische Immobilienerträge sind auf Antrag des Investmentfonds steuerbefreit, soweit an dem Investmentfonds beteiligt sind:

1. inländische juristische Personen des öffentlichen Rechts, soweit die Investmentanteile nicht einem nicht von der Körperschaftsteuer befreiten Betrieb gewerblicher Art zuzurechnen sind, oder
2. von der Körperschaftsteuer befreite inländische Körperschaften, Personenvereinigungen oder Vermögensmassen, soweit sie nicht unter Nummer 1 fallen, oder vergleichbare ausländische Körperschaften, Personenvereinigungen oder Vermögensmassen mit Sitz und Geschäftsleitung in einem Amts- und Beitreibungshilfe leistenden ausländischen Staat.

(3) [1]Bei Einkünften, die einem Steuerabzug unterliegen, richtet sich der Umfang der Steuerbefreiung nach dem Anteil, den die steuerbegünstigten Anleger am Gesamtbestand der Investmentanteile eines Investmentfonds zum jeweiligen Zeitpunkt des Zuflusses der Einnahmen halten. [2]Bei zu veranlagenden Einkünften richtet sich der Umfang der Steuerbefreiung nach dem Anteil des durchschnittlichen Investmentanteilbesitzes von steuerbegünstigten Anlegern am durchschnittlichen Gesamtbestand der Investmentanteile während des Geschäftsjahres des Investmentfonds.

[Fassung bis 31.12.2019:]

(4) Die Steuerbefreiung nach Absatz 1 Nummer 1 oder Absatz 2 setzt voraus, dass

1. der Anleger seit mindestens drei Monaten zivilrechtlicher und wirtschaftlicher Eigentümer der Investmentanteile ist, ohne dass eine Verpflichtung zur Übertragung der

[Fassung ab 1.1.2020:]

(4)[1)] [1]Die Steuerbefreiung bei inländischen Beteiligungseinnahmen setzt voraus, dass der Investmentfonds die Voraussetzungen für eine Anrechenbarkeit von Kapitalertragsteuer nach § 36a des Einkommensteuergesetzes erfüllt. [2]Die Steuerbefreiung nach Absatz 1 Num-

---

[1)] § 8 Abs. 4 neu gef. durch G v. 12.12.2019 (BGBl. I S. 2451); zur Anwendung siehe § 57 Abs. 1 Satz 1 Nr. 3.

[Fassung bis 31.12.2019:]

Anteile auf eine andere Person besteht, und

2. der Investmentfonds die Voraussetzungen für eine Anrechenbarkeit von Kapitalertragsteuer nach § 36a des Einkommensteuergesetzes erfüllt.

[Fassung ab 1.1.2020:]

mer 1 oder Absatz 2 setzt zudem voraus, dass

1. der Anleger seit mindestens drei Monaten zivilrechtlicher und wirtschaftlicher Eigentümer der Investmentanteile ist und
2. keine Verpflichtung zur Übertragung der Anteile auf eine andere Person besteht.

§ 9 Nachweis der Steuerbefreiung. (1) Die Steuerbefreiung nach § 8 Absatz 1 Nummer 1 ist nachzuweisen durch

1. eine Bescheinigung nach § 44a Absatz 7 Satz 2 des Einkommensteuergesetzes oder
2. eine vom Bundeszentralamt für Steuern auszustellende Bescheinigung über die Vergleichbarkeit des ausländischen Anlegers mit Anlegern nach § 44a Absatz 7 Satz 1 des Einkommensteuergesetzes (Befreiungsbescheinigung) und
3. eine von der depotführenden Stelle des Anlegers nach Ablauf des Kalenderjahres nach amtlichem Muster erstellte Bescheinigung über den Umfang der durchgehend während des Kalenderjahres vom Anleger gehaltenen Investmentanteile sowie den Zeitpunkt und Umfang des Erwerbs oder der Veräußerung von Investmentanteilen während des Kalenderjahres (Investmentanteil-Bestandsnachweis).

(2) [1] Die Befreiungsbescheinigung ist nur auszustellen, wenn der ausländische Anleger die Vergleichbarkeit nachweist. [2] Eine Vergleichbarkeit setzt voraus, dass der ausländische Anleger eine Körperschaft, Personenvereinigung oder Vermögensmasse ist, die nach der Satzung, dem Stiftungsgeschäft oder der sonstigen Verfassung und nach der tatsächlichen Geschäftsführung ausschließlich und unmittelbar gemeinnützigen, mildtätigen oder kirchlichen Zwecken dient (§§ 51 bis 68 der Abgabenordnung). [3] § 7 Absatz 4 ist auf die Befreiungsbescheinigung entsprechend anzuwenden.

(3) Die Steuerbefreiung nach § 8 Absatz 1 Nummer 2 setzt voraus, dass der Anbieter eines Altersvorsorge- oder Basisrentenvertrags dem Investmentfonds innerhalb eines Monats nach dessen Geschäftsjahresende mitteilt, zu welchen Zeitpunkten und in welchem Umfang Anteile erworben oder veräußert wurden.

§ 10 Investmentfonds oder Anteilklassen für steuerbegünstigte Anleger; Nachweis der Steuerbefreiung. (1) [1] Investmentfonds oder Anteilklassen sind steuerbefreit, wenn sich nach den Anlagebedingungen nur steuerbegünstigte Anleger nach § 8 Absatz 1 beteiligen dürfen. [2] Inländische Beteiligungseinnahmen sind nur steuerbefreit, wenn der Investmentfonds die Voraussetzungen für eine Anrechenbarkeit der Kapitalertragsteuer nach § 36a des Einkommensteuergesetzes erfüllt.

(2) Inländische Immobilienerträge eines Investmentfonds oder einer Anteilklasse sind steuerbefreit, wenn sich nur steuerbegünstigte Anleger nach § 8 Absatz 1 oder 2 beteiligen dürfen.

(3) Die Steuerbefreiung nach den Absätzen 1 und 2 setzt voraus, dass die Anlagebedingungen nur eine Rückgabe von Investmentanteilen an den Investmentfonds zulassen und die Übertragung von Investmentanteilen ausgeschlossen ist.

(4) [1]Die Anleger haben ihre Steuerbefreiung gegenüber dem Investmentfonds nachzuweisen. [2]Zum Nachweis der Steuerbefreiung hat

1. ein Anleger nach § 8 Absatz 1 Nummer 1 oder Absatz 2 eine gültige Bescheinigung nach § 9 Absatz 1 an den Investmentfonds zu übermitteln und
2. der Anbieter eines Altersvorsorge- oder Basisrentenvertrags gegenüber dem Investmentfonds mitzuteilen, dass er die Investmentanteile ausschließlich im Rahmen von Altersvorsorge- und Basisrentenverträgen erwirbt.

(5)[1)] Bei der Auszahlung von Kapitalerträgen an steuerbefreite Investmentfonds oder Anteilklassen [*ab 1.1.2021:* im Sinne des Absatzes 1 Satz 1] ist kein Steuerabzug vorzunehmen.

§ 11 Erstattung von Kapitalertragsteuer an Investmentfonds durch die Finanzbehörden. (1)[2)] [1]Das Betriebsstättenfinanzamt des Entrichtungspflichtigen erstattet auf Antrag des Investmentfonds die einbehaltene Kapitalertragsteuer, wenn

[Fassung bis 31.12.2019:]

1. auf nicht nach § 6 Absatz 2 steuerpflichtige Kapitalerträge oder in über § 7 hinausgehender Höhe Kapitalertragsteuer und Solidaritätszuschlag einbehalten und abgeführt wurde und der Entrichtungspflichtige keine Erstattung vorgenommen hat oder
2. in den Fällen der §§ 8 und 10 nicht vom Steuerabzug Abstand genommen wurde.

[2]Die Erstattung nach Satz 1 Nummer 1 setzt voraus, dass eine Steuerbescheinigung und eine Erklärung des Entrichtungspflichtigen vorgelegt werden, aus der hervorgeht, dass eine Erstattung weder vorgenommen wurde noch vorgenommen wird. [3]Die

[Fassung ab 1.1.2020:]

1. auf nicht nach § 6 Absatz 2 steuerpflichtige Kapitalerträge Kapitalertragsteuer und Solidaritätszuschlag einbehalten und abgeführt wurde und der Entrichtungspflichtige keine Erstattung vorgenommen hat,
2. in über § 7 hinausgehender Höhe Kapitalertragsteuer und Solidaritätszuschlag einbehalten und abgeführt wurde und der Entrichtungspflichtige keine Erstattung vorgenommen hat oder
3. in den Fällen der §§ 8 und 10 nicht vom Steuerabzug Abstand genommen wurde

und eine Statusbescheinigung, eine Steuerbescheinigung und eine Er-

---

[1)] § 10 Abs. 5 geänd. durch G v. 21.12.2020 (BGBl. I S. 3096); zur Anwendung siehe § 57 Abs. 2 Nr. 2.

[2)] § 11 Abs. 1 neu gef. durch G v. 12.12.2019 (BGBl. I S. 2451); zur Anwendung siehe § 57 Abs. 1 Satz 1 Nr. 4.

[Fassung bis 31.12.2019:]

Erstattung nach Satz 1 Nummer 2 setzt voraus, dass die Statusbescheinigungen, die Bescheinigungen und die Mitteilungen nach den §§ 8 und 10 beigefügt werden.

[Fassung ab 1.1.2020:]

klärung des Entrichtungspflichtigen vorgelegt werden, aus der hervorgeht, dass eine Erstattung weder vorgenommen wurde noch vorgenommen wird. 2 Die Erstattung nach Satz 1 Nummer 3 setzt zusätzlich voraus, dass die Bescheinigungen und die Mitteilungen nach den §§ 8 bis 10 beigefügt werden.

(2) 1 Der Antrag auf Erstattung der Kapitalertragsteuer ist innerhalb von zwei Jahren nach Ablauf des Geschäftsjahres des Investmentfonds für das Geschäftsjahr nach amtlich vorgeschriebenem Muster zu stellen. 2 Beträgt der Zeitraum zwischen dem Zugang eines Antrags auf Erteilung einer Statusbescheinigung als Investmentfonds oder eines Antrags auf Erteilung einer Bescheinigung nach § 9 Absatz 1 und der Bestandskraft der Entscheidung über diesen Antrag mehr als sechs Monate, so verlängert sich die Antragsfrist entsprechend. 3 Im Übrigen kann die Antragsfrist nicht verlängert werden. 4 Eine Erstattung ist ausgeschlossen, wenn die Unterlagen nach Absatz 1 Satz 2 oder 3 nicht innerhalb der Antragsfrist eingereicht werden.

§ 12 Leistungspflicht gegenüber steuerbegünstigten Anlegern. (1) Der Investmentfonds hat den steuerbegünstigten Anlegern einen Betrag in Höhe der aufgrund der §§ 8 und 10 nicht erhobenen Steuer und der nach § 7 Absatz 5 oder nach § 11 Absatz 1 Satz 1 Nummer 2 erstatteten Steuer (Befreiungsbetrag) auszuzahlen.

(2) 1 Die Anbieter von Altersvorsorge- oder Basisrentenverträgen haben den Befreiungsbetrag zugunsten der Berechtigten aus den Altersvorsorge- oder Basisrentenverträgen wieder anzulegen. 2 Ein Anspruch auf Wiederanlage besteht nur, wenn zum Zeitpunkt des Zuflusses des Befreiungsbetrags an den Anbieter (Stichtag) ein Altersvorsorge- oder Basisrentenvertrag besteht. 3 Die Höhe des wieder anzulegenden Betrags richtet sich nach der Anzahl der Investmentanteile, die im Rahmen des Vertrags am Stichtag gehalten werden, im Verhältnis zum Gesamtzufluss.

§ 13 Wegfall der Steuerbefreiung eines Anlegers. (1) 1 Fallen die Voraussetzungen für eine Steuerbefreiung eines Anlegers eines Investmentfonds oder einer Anteilklasse nach § 10 weg, so ist der Anleger verpflichtet, dies dem Investmentfonds innerhalb eines Monats nach dem Wegfall der Voraussetzungen mitzuteilen. 2 Das Gleiche gilt, wenn ein Anleger seine Investmentanteile an einem Investmentfonds oder einer Anteilklasse nach § 10 auf einen anderen Anleger überträgt.

(2) Die Steuerbefreiung eines Investmentfonds oder einer Anteilklasse nach § 10 entfällt in dem Umfang, in dem bei den Anlegern des Investmentfonds die Voraussetzungen für eine Steuerbefreiung wegfallen oder die Investmentanteile auf einen anderen Anleger übertragen werden.

(3) Der Anleger hat unverzüglich die in den Fällen des Absatzes 2 zu Unrecht gewährten Befreiungsbeträge an den Investmentfonds zurückzuzahlen.

(4) [1]Der Investmentfonds hat in den Fällen des Absatzes 2 die zurückgezahlten Befreiungsbeträge und die noch nicht ausgezahlten Befreiungsbeträge unverzüglich an die nach § 4 Absatz 1 oder Absatz 2 Nummer 1 zuständige Finanzbehörde zu zahlen. [2]Fehlt eine nach § 4 Absatz 1 oder Absatz 2 Nummer 1 zuständige Finanzbehörde, so hat der Investmentfonds die zurückgezahlten Befreiungsbeträge und die noch nicht ausgezahlten Befreiungsbeträge unverzüglich an den Entrichtungspflichtigen zu zahlen.

§ 14 Haftung bei unberechtigter Steuerbefreiung oder -erstattung.

(1) [1]Der Anleger nach § 8 Absatz 1 oder 2, der zum Zeitpunkt des Zuflusses der Einnahmen bei dem Investmentfonds die Voraussetzungen für eine Steuerbefreiung nicht oder nicht mehr erfüllt, haftet für die Steuer, die einem Investmentfonds oder einer Anteilklasse zu Unrecht erstattet wurde oder bei dem Investmentfonds oder der Anteilklasse zu Unrecht nicht erhoben wurde. [2]Die Haftung ist beschränkt auf die Höhe des dem Anleger zugewendeten und nicht an den Investmentfonds zurückgezahlten Befreiungsbetrags.

(2) [1]Der Anleger nach § 8 Absatz 1 oder 2, der einen Investmentanteil an einem Investmentfonds oder an einer Anteilklasse nach § 10 auf einen Erwerber überträgt, der nicht die Voraussetzungen des § 8 Absatz 1 oder 2 erfüllt, haftet für die Steuer, die dem Investmentfonds oder der Anteilklasse zu Unrecht erstattet wurde oder bei dem Investmentfonds oder der Anteilklasse zu Unrecht nicht erhoben wurde. [2]Die Haftung ist beschränkt auf die Höhe der erstatteten oder nicht erhobenen Steuer, die auf den Erwerber entfällt und von dem Erwerber nicht an den Investmentfonds zurückgezahlt wurde.

(3) [1]Der Anbieter eines Altersvorsorge- oder Basisrentenvertrags haftet für die Steuer, die einem Investmentfonds oder einer Anteilklasse zu Unrecht erstattet wurde oder bei einem Investmentfonds oder einer Anteilklasse zu Unrecht nicht erhoben wurde. [2]Die Haftung ist beschränkt auf die Höhe der Kapitalertragsteuer, die aufgrund falscher, unterlassener oder verspäteter Mitteilungen des Anbieters zu Unrecht erstattet oder nicht erhoben wurde. [3]Die Haftung ist ausgeschlossen, wenn der Anbieter eines Altersvorsorge- oder Basisrentenvertrags nachweist, dass er nicht vorsätzlich oder grob fahrlässig gehandelt hat.

(4) Die depotführende Stelle haftet für die Steuer, die aufgrund eines falschen Investmentanteil-Bestandsnachweises einem Investmentfonds zu Unrecht erstattet wurde oder bei einem Investmentfonds zu Unrecht nicht erhoben wurde.

(5) Der gesetzliche Vertreter des Investmentfonds haftet für die Steuer, die einem Investmentfonds oder einer Anteilklasse zu Unrecht erstattet wurde oder bei einem Investmentfonds oder einer Anteilklasse zu Unrecht nicht erhoben wurde, wenn der gesetzliche Vertreter

1. bei der Geltendmachung einer Steuerbefreiung wusste oder bei Anwendung einer angemessenen Sorgfalt hätte erkennen können, dass die Voraussetzungen für die Steuerbefreiung nicht vorlagen, oder

2. zu einem späteren Zeitpunkt erkennt, dass die Voraussetzungen für eine Steuerbefreiung nicht vorlagen, aber die zuständige Finanzbehörde daraufhin nicht unverzüglich unterrichtet.

(6) [1]Soweit die Haftung reicht, sind der Investmentfonds und die Haftungsschuldner nach den Absätzen 1 bis 5 Gesamtschuldner. [2]Die zuständige Finanzbehörde kann die Steuerschuld oder Haftungsschuld nach pflichtgemäßem Ermessen gegenüber jedem Gesamtschuldner geltend machen. [3]Vorrangig in Anspruch zu nehmen sind die Haftungsschuldner nach den Absätzen 1 bis 5. [4]Sind Tatbestände der Absätze 1 bis 5 nebeneinander erfüllt, so ist vorrangig der Haftungsschuldner nach den Absätzen 1, 2 oder 3 in Anspruch zu nehmen, danach der Haftungsschuldner nach Absatz 4 und zuletzt der Haftungsschuldner nach Absatz 5. [5]Die Inanspruchnahme des Investmentfonds ist ausgeschlossen, soweit der Investmentfonds nachweist, dass er dem Anleger oder dem Anbieter eines Altersvorsorge- oder Basisrentenvertrags den zu Unrecht gewährten Befreiungsbetrag zugewendet hat und dass eine Rückforderung gegenüber dem Anleger oder dem Anbieter eines Altersvorsorge- oder Basisrentenvertrags ausgeschlossen oder uneinbringlich ist.

§ 15[1]) Gewerbesteuer. (1) Investmentfonds gelten als sonstige juristische Personen des privaten Rechts nach § 2 Absatz 3 des Gewerbesteuergesetzes.

(2) [1]Ein Investmentfonds ist von der Gewerbesteuer befreit, wenn

1. sein objektiver Geschäftszweck auf die Anlage und Verwaltung seiner Mittel für gemeinschaftliche Rechnung der *Anteils- oder Aktieninhaber* [***ab 1.1. 2020:*** Anleger] beschränkt ist und

2. er seine Vermögensgegenstände nicht in wesentlichem Umfang aktiv unternehmerisch bewirtschaftet.

[2]Satz 1 Nummer 2 ist nicht auf Beteiligungen an Immobilien-Gesellschaften nach § 1 Absatz 19 Nummer 22 des Kapitalanlagegesetzbuchs anzuwenden.

(3) Die Voraussetzungen des Absatzes 2 gelten als erfüllt, wenn die Einnahmen aus einer aktiven unternehmerischen Bewirtschaftung in einem Geschäftsjahr weniger als 5 Prozent der gesamten Einnahmen des Investmentfonds betragen.

(4) [1]Die *gewerbliche* [***ab 1.1.2020:*** aktive unternehmerische] Tätigkeit eines gewerbesteuerpflichtigen Investmentfonds bildet einen wirtschaftlichen Geschäftsbetrieb. [2]Der Gewinn des wirtschaftlichen Geschäftsbetriebs ist als Überschuss der Betriebseinnahmen über die Betriebsausgaben zu ermitteln. [3]Der so ermittelte Gewinn ist der Gewinn nach § 7 Satz 1 des Gewerbesteuergesetzes zur Ermittlung des Gewerbeertrags.

---

[1]) § 15 Abs. 2 Satz 1 Nr. 1 und Abs. 4 Satz 1 geänd. durch G v. 12.12.2019 (BGBl. I S. 2451); zur Anwendung siehe § 57 Abs. 1 Satz 1 Nr. 5.

Abschnitt 2. Besteuerung des Anlegers eines Investmentfonds

§ 16 Investmenterträge. (1) Erträge aus Investmentfonds (Investmenterträge) sind

1. Ausschüttungen des Investmentfonds nach § 2 Absatz 11,
2. Vorabpauschalen nach § 18 und
3. Gewinne aus der Veräußerung von Investmentanteilen nach § 19.

(2) [1]Investmenterträge sind nicht anzusetzen, wenn die Investmentanteile im Rahmen von Altersvorsorge- oder Basisrentenverträgen gehalten werden, die nach § 5 oder § 5a des Altersvorsorgeverträge-Zertifizierungsgesetzes zertifiziert wurden. [2]Vorabpauschalen sind nicht anzusetzen, wenn die Investmentanteile gehalten werden

1. im Rahmen der betrieblichen Altersvorsorge nach dem Betriebsrentengesetz,
2. von Versicherungsunternehmen im Rahmen von Versicherungsverträgen nach § 20 Absatz 1 Nummer 6 Satz 1 und 4 des Einkommensteuergesetzes oder
3. von Kranken- und Pflegeversicherungsunternehmen zur Sicherung von Alterungsrückstellungen.

(3) Auf Investmenterträge aus Investmentfonds sind § 3 Nummer 40 des Einkommensteuergesetzes und § 8b des Körperschaftsteuergesetzes nicht anzuwenden.

(4) [1]Ist die Ausschüttung eines ausländischen Investmentfonds nach einem Abkommen zur Vermeidung der Doppelbesteuerung von der Bemessungsgrundlage der deutschen Steuer auszunehmen, so wird die Freistellung ungeachtet des Abkommens nur gewährt, wenn

1. der Investmentfonds in dem Staat, dem nach dem Abkommen das Besteuerungsrecht zusteht, der allgemeinen Ertragsbesteuerung unterliegt und
2. die Ausschüttung zu mehr als 50 Prozent auf nichtsteuerbefreiten Einkünften des Investmentfonds beruht.

[2]Satz 1 ist auch dann anzuwenden, wenn nach dem Abkommen die Besteuerung der Ausschüttung in diesem Staat 0 Prozent nicht übersteigen darf. [3]Von einer allgemeinen Ertragsbesteuerung ist auszugehen, wenn der Anleger nachweist, dass der Investmentfonds einer Ertragsbesteuerung in Höhe von mindestens 10 Prozent unterliegt und nicht von ihr befreit ist.

§ 17 Erträge bei Abwicklung eines Investmentfonds.

[Fassung bis 31.12.2019:]

(1) [1]Während der Abwicklung eines Investmentfonds gelten Ausschüttungen nur insoweit als Ertrag, wie in

[Fassung ab 1.1.2020:]

(1)[1)] [1]Während der Abwicklung eines Investmentfonds gelten Ausschüttungen eines Kalenderjahres in-

[1)] § 17 Abs. 1 Sätze 1 bis 3 neu gef. durch G v. 12.12.2019 (BGBl. I S. 2451); zur Anwendung siehe § 57 Abs. 1 Satz 1 Nr. 6.

[Fassung bis 31.12.2019:]	*[Fassung ab 1.1.2020:]*
ihnen der Wertzuwachs eines Kalenderjahres enthalten ist. 2 Zur Ermittlung dieses Wertzuwachses ist die Summe der Ausschüttungen für ein Kalenderjahr zu ermitteln und mit dem letzten in dem Kalenderjahr festgesetzten Rücknahmepreis zusammenzurechnen. 3 Übersteigt die sich daraus ergebende Summe den ersten im Kalenderjahr festgesetzten Rücknahmepreis, so ist die Differenz der Wertzuwachs.	soweit als steuerfreie Kapitalrückzahlung, wie der letzte in diesem Kalenderjahr festgesetzte Rücknahmepreis die fortgeführten Anschaffungskosten unterschreitet. 2 Maßgeblich für die Zwecke des Satzes 1 sind bei bestandsgeschützten Alt-Anteilen die fiktiven Anschaffungskosten nach § 56 Absatz 2 Satz 2 und 3. 3 Im Übrigen ist auf die tatsächlichen Anschaffungskosten abzustellen.

4 Satz 1 ist höchstens für einen Zeitraum von fünf Kalenderjahren nach dem Kalenderjahr, in dem die Abwicklung beginnt, anzuwenden.

(2) 1 Als Beginn der Abwicklung eines inländischen Investmentfonds gilt der Zeitpunkt, zu dem das Recht der Kapitalverwaltungsgesellschaft zur Verwaltung des Investmentfonds erlischt. 2 Als Beginn der Abwicklung eines ausländischen Investmentfonds gilt der Zeitpunkt, zu dem das Recht der Verwaltungsstelle zur Verwaltung des Investmentfonds erlischt, es sei denn, der gesetzliche Vertreter des ausländischen Investmentfonds weist einen davon abweichenden Beginn der Abwicklung nach.

(3) Die Anschaffungskosten eines Investmentanteils sind um die Ausschüttungen, die nach Absatz 1 nicht zu den Erträgen gehören, zu mindern.

§ 18[1)] Vorabpauschale. (1) 1 Die Vorabpauschale ist der Betrag, um den die Ausschüttungen eines Investmentfonds innerhalb eines Kalenderjahres den Basisertrag für dieses Kalenderjahr unterschreiten. 2 Der Basisertrag wird ermittelt durch Multiplikation des Rücknahmepreises des Investmentanteils zu Beginn des Kalenderjahres mit 70 Prozent des Basiszinses nach Absatz 4. 3 Der Basisertrag ist auf den Mehrbetrag begrenzt, der sich zwischen dem ersten und dem letzten im Kalenderjahr festgesetzten Rücknahmepreis zuzüglich der Ausschüttungen innerhalb des Kalenderjahres ergibt. 4 Wird kein Rücknahmepreis festgesetzt, so tritt der Börsen- oder Marktpreis an die Stelle des Rücknahmepreises.

(2) Im Jahr des Erwerbs der Investmentanteile vermindert sich die Vorabpauschale um ein Zwölftel für jeden vollen Monat, der dem Monat des Erwerbs vorangeht.

(3) Die Vorabpauschale gilt am ersten Werktag des folgenden Kalenderjahres als zugeflossen.

(4) 1 Der Basiszins ist aus der langfristig erzielbaren Rendite öffentlicher Anleihen abzuleiten. 2 Dabei ist auf den Zinssatz abzustellen, den die Deutsche Bundesbank anhand der Zinsstrukturdaten jeweils auf den ersten Börsentag

[1)] § 18 Abs. 1 Satz 2 geänd., Abs. 4 angef. durch G v. 20.12.2016 (BGBl. I S. 3000).

des Jahres errechnet. [3]Das Bundesministerium der Finanzen veröffentlicht den maßgebenden Zinssatz im Bundessteuerblatt.

§ 19 Gewinne aus der Veräußerung von Investmentanteilen. (1) [1]Für die Ermittlung des Gewinns aus der Veräußerung von Investmentanteilen, die nicht zu einem Betriebsvermögen gehören, ist § 20 Absatz 4 des Einkommensteuergesetzes entsprechend anzuwenden. [2]§ 20 Absatz 4a des Einkommensteuergesetzes ist nicht anzuwenden. [3]Der Gewinn ist um die während der Besitzzeit angesetzten Vorabpauschalen zu vermindern. [4]Die angesetzten Vorabpauschalen sind ungeachtet einer möglichen Teilfreistellung nach § 20 in voller Höhe zu berücksichtigen.

(2) [1]Fällt ein Investmentfonds nicht mehr in den Anwendungsbereich dieses Gesetzes, so gelten seine Anteile als veräußert. [2]Als Veräußerungserlös gilt der gemeine Wert der Investmentanteile zu dem Zeitpunkt, zu dem der Investmentfonds nicht mehr in den Anwendungsbereich fällt.

§ 20 Teilfreistellung. (1)[1)] [1]Steuerfrei sind bei Aktienfonds 30 Prozent der Erträge (Aktienteilfreistellung). [2]Bei natürlichen Personen, die ihre Investmentanteile im Betriebsvermögen halten, beträgt die Aktienteilfreistellung 60 Prozent. [3]Bei Anlegern, die dem Körperschaftsteuergesetz unterliegen, beträgt die Aktienteilfreistellung 80 Prozent. [4]Die Sätze 2 und 3 gelten nicht,

[Fassung bis 31.12.2019:]

1. wenn der Anleger ein Lebens- oder Krankenversicherungsunternehmen ist und der Investmentanteil den Kapitalanlagen zuzurechnen ist oder
2. wenn der Anleger ein Institut oder Unternehmen nach § 3 Nummer 40 Satz 3 oder 4 des Einkommensteuergesetzes oder § 8b Absatz 7 des Körperschaftsteuergesetzes ist und der Investmentanteil dem Handelsbuch zuzurechnen ist oder mit dem Ziel der kurzfristigen Erzielung eines Eigenhandelserfolges erworben wurde.

[Fassung ab 1.1.2020:]

1. wenn der Anleger ein Lebens- oder Krankenversicherungsunternehmen ist und der Investmentanteil den Kapitalanlagen zuzurechnen ist oder
2. wenn der Anleger ein Institut oder Unternehmen nach § 3 Nummer 40 Satz 3 des Einkommensteuergesetzes oder nach § 8b Absatz 7 des Körperschaftsteuergesetzes ist und der Investmentanteil dem Handelsbestand im Sinne des § 340e Absatz 3 des Handelsgesetzbuchs zuzuordnen oder zum Zeitpunkt des Zugangs zum Betriebsvermögen als Umlaufvermögen auszuweisen ist.

[5]Satz 4 Nummer 1 gilt entsprechend, wenn der Anleger ein Pensionsfonds ist.

---

1) § 20 Abs. 1 Satz 4 geänd., Satz 5 angef. durch G v. 12.12.2019 (BGBl. I S. 2451); zur Anwendung siehe § 57 Abs. 1 Satz 1 Nr. 7.

(2) Bei Mischfonds ist die Hälfte der für Aktienfonds geltenden Aktienteilfreistellung anzusetzen.

[Fassung bis 31.12.2019:]

(3)[2] [1]Steuerfrei sind bei Immobilienfonds (Immobilienteilfreistellung)

1. 60 Prozent der Erträge, wenn gemäß den Anlagebedingungen fortlaufend *mindestens 51 Prozent des Wertes* [***ab 11.8.2018:*** mehr als 50 Prozent des Aktivvermögens] des Investmentfonds in Immobilien und Immobilien-Gesellschaften angelegt werden, oder
2. 80 Prozent der Erträge, wenn gemäß den Anlagebedingungen fortlaufend *mindestens 51 Prozent des Wertes* [***ab 11.8.2018:*** mehr als 50 Prozent des Aktivvermögens] des Investmentfonds in ausländischen Immobilien und Auslands-Immobiliengesellschaften angelegt werden. [2]Auslands-Immobiliengesellschaften sind Immobiliengesellschaften, die ausschließlich in ausländische Immobilien investieren.

[2]Die Anwendung der Immobilienteilfreistellung schließt die Anwendung der Aktienteilfreistellung aus.

[Fassung ab 1.1.2020:][1]

(3) [1]Bei Immobilienfonds sind 60 Prozent der Erträge steuerfrei (Immobilienteilfreistellung). [2]Bei Auslands-Immobilienfonds sind 80 Prozent der Erträge steuerfrei (Auslands-Immobilienteilfreistellung). [3]Die Anwendung der Immobilienteilfreistellung oder der Auslands-Immobilienteilfreistellung schließt die Anwendung der Aktienteilfreistellung aus.

(3a) Die Absätze 1 bis 3 gelten auch für Investmentanteile, die mittelbar über Personengesellschaften gehalten werden.

(4)[3] Weist der Anleger nach, dass der Investmentfonds die *Anlagegrenzen* [***ab 1.1.2020:*** Aktienfonds- oder Mischfonds-Kapitalbeteiligungsquote oder Immobilienfonds- oder Auslands-Immobilienfondsquote] während des Geschäftsjahres tatsächlich durchgehend überschritten hat, so ist die Teilfreistellung auf Antrag des Anlegers in der Veranlagung anzuwenden.

(5) Bei der Ermittlung des Gewerbeertrags nach § 7 des Gewerbesteuergesetzes sind die Freistellungen nach den Absätzen 1 bis 3 nur zur Hälfte zu berücksichtigen.

---

[1] § 20 Abs. 3 neu gef., Abs. 3a eingef. durch G v. 12.12.2019 (BGBl. I S. 2451); zur Anwendung siehe § 57 Abs. 1 Satz 1 Nr. 7.

[2] § 20 Abs. 3 Satz 1 Nr. 1 und 2 geänd. durch G v. 11.12.2018 (BGBl. I S. 2338); zur Anwendung siehe § 56 Abs. 1 Satz 5 und Abs. 1a.

[3] § 20 Abs. 4 geänd. durch G v. 12.12.2019 (BGBl. I S. 2451); zur Anwendung siehe § 57 Abs. 1 Satz 1 Nr. 7.

§ 21 Anteilige Abzüge aufgrund einer Teilfreistellung. [1]Betriebsvermögensminderungen, Betriebsausgaben, Veräußerungskosten oder Werbungskosten, die mit den Erträgen aus Aktien-, Misch- oder Immobilienfonds in wirtschaftlichem Zusammenhang stehen, dürfen unabhängig davon, in welchem Veranlagungszeitraum die Betriebsvermögensmehrungen oder Einnahmen anfallen, bei der Ermittlung der Einkünfte in dem prozentualen Umfang nicht abgezogen werden, wie auf die Erträge eine Teilfreistellung anzuwenden ist. [2]Entsprechendes gilt, wenn bei der Ermittlung der Einkünfte der Wert des Betriebsvermögens oder des Anteils am Betriebsvermögen oder die Anschaffungs- oder Herstellungskosten oder der an deren Stelle tretende Wert mindernd zu berücksichtigen sind. [3]Für die Anwendung der Sätze 1 und 2 ist die Absicht zur Erzielung von Betriebsvermögensmehrungen oder von Erträgen aus Aktien-, Misch- oder Immobilienfonds ausreichend.

§ 22 Änderung des anwendbaren Teilfreistellungssatzes. (1) [1]Ändert sich der anwendbare Teilfreistellungssatz oder fallen die Voraussetzungen der Teilfreistellung weg, so gilt der Investmentanteil als veräußert und an dem Folgetag als angeschafft. [2]Der Investmentanteil gilt mit Ablauf des Veranlagungszeitraums als veräußert, wenn der Anleger in dem Veranlagungszeitraum den Nachweis nach § 20 Absatz 4 erbringt und in dem folgenden Veranlagungszeitraum keinen Nachweis oder einen Nachweis für einen anderen Teilfreistellungssatz erbringt.

(2)[1)] [1]Als Veräußerungserlös und Anschaffungskosten ist

1. in den Fällen des Absatzes 1 Satz 1 der Rücknahmepreis des Tages anzusetzen, an dem die Änderung eingetreten ist oder an dem die Voraussetzungen weggefallen sind, oder
2. in den Fällen des Absatzes 1 Satz 2 der letzte festgesetzte Rücknahmepreis des Veranlagungszeitraums anzusetzen, in dem das Vorliegen der Voraussetzungen für eine Teilfreistellung oder für einen anderen Teilfreistellungssatz nachgewiesen wurde.

[2]Wird kein Rücknahmepreis festgesetzt, so tritt der Börsen- oder Marktpreis an die Stelle des Rücknahmepreises. [***ab 1.1.2021:*** [3]Ändert sich der anwendbare Teilfreistellungssatz durch die Einlage eines Investmentanteils in ein Betriebsvermögen, ist der nach den Sätzen 1 und 2 anzusetzende Wert als Einlagewert im Sinne von § 6 Absatz 1 Nummer 5 Satz 1 zweiter Halbsatz Buchstabe c des Einkommensteuergesetzes anzusetzen. [4]Der nach den Sätzen 1 bis 3 anzusetzende Wert gilt als Anschaffungskosten im Sinne von § 6 Absatz 1 Nummer 2 Satz 1 des Einkommensteuergesetzes. [5]Soweit der nach den Sätzen 1 bis 3 anzusetzende Wert höher ist als der Wert vor der fiktiven Veräußerung, sind Wertminderungen im Sinne von § 6 Absatz 1 Nummer 2 Satz 2 des Einkommensteuergesetzes erst zum Zeitpunkt der tatsächlichen Veräußerung des Investmentanteils zu berücksichtigen. [6]Wertaufholungen im Sinne des § 6 Absatz 1 Nummer 2 Satz 3 in Verbindung mit Nummer 1 Satz 4 des Einkommensteuergesetzes sind erst zum Zeitpunkt der tatsächlichen

---

[1)] § 22 Abs. 2 Sätze 3 bis 6 angef. durch G v. 21.12.2020 (BGBl. I S. 3096); zur Anwendung siehe § 57 Abs. 2 Nr. 3.

Veräußerung zu berücksichtigen, soweit auf die vorherigen Wertminderungen Satz 5 angewendet wurde und soweit der Wert vor der fiktiven Veräußerung überschritten wird.]

(3)[1] [1]Der Gewinn aus der fiktiven Veräußerung nach Absatz 1 gilt in dem Zeitpunkt als zugeflossen, in dem der Investmentanteil tatsächlich veräußert wird [***ab 1.1.2021:*** oder nach § 19 Absatz 2 als veräußert gilt. [2]Der Gewinn aus der fiktiven Veräußerung nach Absatz 1 unterliegt dem gesonderten Steuertarif für Einkünfte aus Kapitalvermögen nach § 32d des Einkommensteuergesetzes, wenn im Zeitpunkt der fiktiven Veräußerung die Voraussetzungen für eine Besteuerung nach § 20 Absatz 1 Nummer 3 des Einkommensteuergesetzes vorlagen und keine abweichende Zuordnung zu anderen Einkunftsarten nach § 20 Absatz 8 Satz 1 des Einkommensteuergesetzes vorzunehmen war].

Abschnitt 3. Verschmelzung von Investmentfonds

§ 23 Verschmelzung von Investmentfonds. (1) [1]Werden inländische Investmentfonds nach den §§ 181 bis 191 des Kapitalanlagegesetzbuchs miteinander verschmolzen, so hat

1. der übertragende Investmentfonds die zu übertragenden Vermögensgegenstände und Verbindlichkeiten, die Teil des Nettoinventars sind, mit den Anschaffungskosten abzüglich der Absetzungen für Abnutzung oder Substanzverringerung (fortgeführte Anschaffungskosten) zu seinem Geschäftsjahresende (Übertragungsstichtag) anzusetzen und
2. der übernehmende Investmentfonds die übernommenen Vermögensgegenstände und Verbindlichkeiten mit den fortgeführten Anschaffungskosten zu Beginn des dem Übertragungsstichtag folgenden Tages anzusetzen.

[2]Ein nach § 189 Absatz 2 Satz 1 des Kapitalanlagegesetzbuchs bestimmter Übertragungsstichtag gilt als Geschäftsjahresende des übertragenden Investmentfonds.

(2) Der übernehmende Investmentfonds tritt in die steuerliche Rechtsstellung des übertragenden Investmentfonds ein.

(3) [1]Die Ausgabe der Anteile am übernehmenden Investmentfonds an die Anleger des übertragenden Investmentfonds gilt nicht als Tausch. [2]Die erworbenen Anteile an dem übernehmenden Investmentfonds treten an die Stelle der Anteile an dem übertragenden Investmentfonds. [3]Erhalten die Anleger des übertragenden Investmentfonds eine Barzahlung nach § 190 des Kapitalanlagegesetzbuchs, so gilt diese als Ertrag nach § 16 Absatz 1 Nummer 1.

(4) Die Absätze 1 bis 3 gelten auch für die Verschmelzung von ausländischen Investmentfonds miteinander, die demselben Recht eines Amts- und Beitreibungshilfe leistenden ausländischen Staates unterliegen.

---

[1] § 22 Abs. 3 Satz 2 angef., bish. Text wird Satz 1 und ergänzt durch G v. 21.12.2020 (BGBl. I S. 3096); zur Anwendung siehe § 57 Abs. 2 Nr. 3.

Abschnitt 4. Verhältnis zu den Besteuerungsregelungen für Spezial-Investmentfonds

§ 24 Kein Wechsel zu den Besteuerungsregelungen für Spezial-Investmentfonds. Wenn Investmentfonds oder ihre Anleger der Besteuerung nach Kapitel 2 unterlegen haben, so ist ein Wechsel zur Besteuerung nach Kapitel 3 ausgeschlossen.

Kapitel 3. Spezial-Investmentfonds

Abschnitt 1. Voraussetzungen und Besteuerung eines Spezial-Investmentfonds

§ 25 Getrennte Besteuerungsregelungen. Die Vorschriften des Kapitels 2 sind auf Spezial-Investmentfonds und deren Anleger nicht anzuwenden, es sei denn, in Kapitel 3 werden abweichende Bestimmungen getroffen.

§ 26[1] Anlagebestimmungen. Ein Spezial-Investmentfonds ist ein Investmentfonds, der die Voraussetzungen für eine Gewerbesteuerbefreiung nach § 15 Absatz 2 und 3 erfüllt und in der Anlagepraxis nicht wesentlich gegen die nachfolgenden weiteren Voraussetzungen (Anlagebestimmungen) verstößt:

1. [1]Der Investmentfonds oder dessen Verwalter ist in seinem Sitzstaat einer Aufsicht über Vermögen zur gemeinschaftlichen Kapitalanlage unterstellt. [2]Diese Bestimmung gilt für Investmentfonds, die nach § 2 Absatz 3 des Kapitalanlagegesetzbuchs von AIF-Kapitalverwaltungsgesellschaften verwaltet werden, als erfüllt.
2. Die Anleger können mindestens einmal pro Jahr das Recht zur Rückgabe oder Kündigung ihrer Anteile, Aktien oder Beteiligung ausüben.
3. [1]Das Vermögen wird nach dem Grundsatz der Risikomischung angelegt. [2]Eine Risikomischung liegt regelmäßig vor, wenn das Vermögen in mehr als drei Vermögensgegenstände mit unterschiedlichen Anlagerisiken angelegt ist. [3]Der Grundsatz der Risikomischung gilt als gewahrt, wenn der Investmentfonds in nicht nur unerheblichem Umfang Anteile an einem oder mehreren anderen Investmentfonds hält und diese anderen Investmentfonds unmittelbar oder mittelbar nach dem Grundsatz der Risikomischung angelegt sind.
4. Das Vermögen wird zu mindestens 90 Prozent des Wertes des Investmentfonds in die folgenden Vermögensgegenstände angelegt:
   a) Wertpapiere im Sinne des § 193 des Kapitalanlagegesetzbuchs und sonstige Anlageinstrumente im Sinne des § 198 des Kapitalanlagegesetzbuchs,
   b) Geldmarktinstrumente,
   c) Derivate,

---

[1] Vgl. hierzu BMF unter Nr. **Vor 1.13**.

d) Bankguthaben,
e) Grundstücke, grundstücksgleiche Rechte und vergleichbare Rechte nach dem Recht anderer Staaten,
f) Beteiligungen an Immobilien-Gesellschaften nach § 1 Absatz 19 Nummer 22 des Kapitalanlagegesetzbuchs,
g) Betriebsvorrichtungen und andere Bewirtschaftungsgegenstände nach § 231 Absatz 3 des Kapitalanlagegesetzbuchs,
h) Investmentanteile an inländischen und ausländischen Organismen für gemeinsame Kapitalanlagen in Wertpapieren sowie an inländischen und ausländischen Investmentfonds, die die Voraussetzungen der Nummern 1 bis 7 erfüllen,
i) Spezial-Investmentanteile,
j) Beteiligungen an ÖPP-Projektgesellschaften nach § 1 Absatz 19 Nummer 28 des Kapitalanlagegesetzbuchs, wenn der Verkehrswert dieser Beteiligungen ermittelt werden kann,
k) Edelmetalle,
l) unverbriefte Darlehensforderungen und
m) Beteiligungen an Kapitalgesellschaften, wenn der Verkehrswert dieser Beteiligungen ermittelt werden kann.

5.[1] [1]Höchstens 20 Prozent des Wertes des Investmentfonds werden in Beteiligungen an Kapitalgesellschaften investiert, die weder zum Handel an einer Börse zugelassen noch in einem anderen organisierten Markt zugelassen oder in diesen einbezogen sind. [2]Investmentfonds, die nach ihren Anlagebedingungen *mindestens 51 Prozent ihres Wertes* [***ab 11.8.2018:*** mehr als 50 Prozent ihres Aktivvermögens] in Immobilien oder Immobilien-Gesellschaften anlegen, dürfen bis zu 100 Prozent ihres Wertes in Immobilien-Gesellschaften investieren. [3]Innerhalb der Grenzen des Satzes 1 dürfen auch Unternehmensbeteiligungen gehalten werden, die vor dem 28. November 2013 erworben wurden.

6. [1]Die Höhe der unmittelbaren Beteiligung oder der mittelbaren Beteiligung über eine Personengesellschaft an einer Kapitalgesellschaft liegt unter 10 Prozent des Kapitals der Kapitalgesellschaft. [2]Dies gilt nicht für Beteiligungen eines Investmentfonds an
a) Immobilien-Gesellschaften,
b) ÖPP-Projektgesellschaften und
c) Gesellschaften, deren Unternehmensgegenstand auf die Erzeugung erneuerbarer Energien nach § 5 Nummer 14 des Erneuerbare-Energien-Gesetzes gerichtet ist.

7. [1]Ein Kredit darf nur kurzfristig und nur bis zu einer Höhe von 30 Prozent des Wertes des Investmentfonds aufgenommen werden. [2]Investmentfonds, die nach den Anlagebedingungen das bei ihnen eingelegte Geld in Immo-

[1] § 26 Nr. 5 Satz 2 geänd. durch G v. 11.12.2018 (BGBl. I S. 2338); zur Anwendung siehe § 56 Abs. 1 Satz 5 und Abs. 1a.

bilien anlegen, dürfen kurzfristige Kredite bis zu einer Höhe von 30 Prozent des Wertes des Investmentfonds und im Übrigen Kredite bis zu einer Höhe von 50 Prozent des Verkehrswertes der unmittelbar oder mittelbar gehaltenen Immobilien aufnehmen.

8. [1] An dem Investmentfonds dürfen sich unmittelbar und mittelbar über Personengesellschaften insgesamt nicht mehr als 100 Anleger beteiligen. [2] Natürliche Personen dürfen nur beteiligt sein, wenn
   a) die natürlichen Personen ihre Spezial-Investmentanteile im Betriebsvermögen halten,
   b) die Beteiligung natürlicher Personen aufgrund aufsichtsrechtlicher Regelungen erforderlich ist oder
   c) die mittelbare Beteiligung von natürlichen Personen an einem Spezial-Investmentfonds vor dem 9. Juni 2016 erworben wurde. [3] Der Bestandsschutz nach Satz 2 Buchstabe c ist bei Beteiligungen, die ab dem 24. Februar 2016 erworben wurden, bis zum 1. Januar 2020 und bei Beteiligungen, die vor dem 24. Februar 2016 erworben wurden, bis zum 1. Januar 2030 anzuwenden. [4] Der Bestandsschutz nach Satz 2 Buchstabe c ist auch auf die Gesamtrechtsnachfolger von natürlichen Personen anzuwenden.
9. Der Spezial-Investmentfonds hat ein Sonderkündigungsrecht, wenn die zulässige Anlegerzahl überschritten wird oder Personen beteiligt sind, die nicht die Voraussetzungen der Nummer 8 Satz 2 erfüllen.
10. Die Anlagebestimmungen gehen aus den Anlagebedingungen hervor.

§ 27 Rechtsformen von inländischen Spezial-Investmentfonds. Inländische Spezial-Investmentfonds können gebildet werden

1. in Form eines Sondervermögens nach § 1 Absatz 10 des Kapitalanlagegesetzbuchs oder
2. in Form einer Investmentaktiengesellschaft mit veränderlichem Kapital nach § 108 des Kapitalanlagegesetzbuchs.

§ 28 Beteiligung von Personengesellschaften. (1) [1] Personengesellschaften, die unmittelbar oder mittelbar über andere Personengesellschaften Anleger eines Spezial-Investmentfonds sind, haben dem Spezial-Investmentfonds innerhalb von drei Monaten nach einem Erwerb des Spezial-Investmentanteils den Namen und die Anschrift ihrer Gesellschafter mitzuteilen. [2] Die Personengesellschaft hat dem Spezial-Investmentfonds Änderungen in ihrer Zusammensetzung innerhalb von drei Monaten anzuzeigen.

(2) Der gesetzliche Vertreter des Spezial-Investmentfonds hat die unmittelbar und mittelbar über Personengesellschaften beteiligten Anleger spätestens sechs Monate nach dem Erwerb eines Spezial-Investmentanteils in einem Anteilsregister einzutragen.

(3) Erlangt der Spezial-Investmentfonds Kenntnis von einer Überschreitung der zulässigen Anlegerzahl oder von der Beteiligung natürlicher Personen, die nicht die Voraussetzungen des § 26 Nummer 8 erfüllen, so hat er unverzüglich

sein Sonderkündigungsrecht auszuüben oder sonstige Maßnahmen zu ergreifen, um die zulässige Anlegerzahl und Anlegerzusammensetzung wiederherzustellen.

§ 29 Steuerpflicht des Spezial-Investmentfonds. (1) Die Vorschriften der §§ 6 und 7 für die Besteuerung von Investmentfonds sind auf Spezial-Investmentfonds anzuwenden, soweit sich aus den nachfolgenden Regelungen keine Abweichungen ergeben.

(2) In der Statusbescheinigung nach § 7 Absatz 3 ist der Status als Spezial-Investmentfonds zu bestätigen.

(3) [1]Bei einer Überschreitung der zulässigen Beteiligungshöhe nach § 26 Nummer 6 sind auf den Spezial-Investmentfonds keine Besteuerungsregelungen anzuwenden, die eine über dieser Grenze liegende Beteiligungshöhe voraussetzen. [2]Dies gilt auch, wenn in Abkommen zur Vermeidung der Doppelbesteuerung Abweichendes geregelt ist.

(4) Spezial-Investmentfonds sind von der Gewerbesteuer befreit.

§ 30 Inländische Beteiligungseinnahmen und sonstige inländische Einkünfte mit Steuerabzug. (1) [1]Die Körperschaftsteuerpflicht für die inländischen Beteiligungseinnahmen eines Spezial-Investmentfonds entfällt, wenn der Spezial-Investmentfonds gegenüber dem Entrichtungspflichtigen unwiderruflich erklärt, dass den Anlegern des Spezial-Investmentfonds Steuerbescheinigungen gemäß § 45a Absatz 2 des Einkommensteuergesetzes ausgestellt werden sollen (Transparenzoption). [2]Die Anleger gelten in diesem Fall als Gläubiger der inländischen Beteiligungseinnahmen und als Schuldner der Kapitalertragsteuer.

(2) § 8b des Körperschaftsteuergesetzes ist vorbehaltlich des Absatzes 3 auf die dem Anleger zugerechneten Beteiligungseinnahmen anwendbar, soweit

1. es sich um Gewinnausschüttungen einer Gesellschaft im Sinne des § 26 Nummer 6 Satz 2 handelt und
2. die auf die Spezial-Investmentanteile des Anlegers rechnerisch entfallende Beteiligung am Kapital der Gesellschaft die Voraussetzungen für eine Freistellung nach § 8b des Körperschaftsteuergesetzes erfüllt.

(3)[1)] [1]§ 3 Nummer 40 des Einkommensteuergesetzes und § 8b des Körperschaftsteuergesetzes sind auf die dem Anleger zugerechneten [*ab 1.1.2020:* inländischen] Beteiligungseinnahmen nicht anzuwenden, wenn der Anleger

1. ein Lebens- oder Krankenversicherungsunternehmen ist und der Spezial-Investmentanteil den Kapitalanlagen zuzurechnen ist oder

[Fassung bis 31.12.2019:]	*[Fassung ab 1.1.2020:]*
2. ein Institut oder Unternehmen nach § 3 Nummer 40 Satz 3 oder 4 des Einkommensteuergesetzes	2. ein Institut oder Unternehmen nach § 3 Nummer 40 Satz 3 des Einkommensteuergesetzes oder

[1)] § 30 Abs. 3 neu gef. durch G v. 12.12.2019 (BGBl. I S. 2451); zur Anwendung siehe § 57 Abs. 1 Satz 1 Nr. 8.

[Fassung bis 31.12.2019:]	***[Fassung ab 1.1.2020:]***
oder § 8b Absatz 7 des Körperschaftsteuergesetzes ist und der Spezial-Investmentfonds in wesentlichem Umfang Geschäfte tätigt, die a) dem Handelsbuch des Instituts oder Unternehmens zuzurechnen wären oder b) als mit dem Ziel der kurzfristigen Erzielung eines Eigenhandelserfolgs erworben anzusehen wären, wenn sie von dem Institut oder Unternehmen unmittelbar getätigt worden wären.	§ 8b Absatz 7 des Körperschaftsteuergesetzes ist und der Spezial-Investmentfonds in wesentlichem Umfang Anteile hält, die a) dem Handelsbestand im Sinne des § 340e Absatz 3 des Handelsgesetzbuchs zuzuordnen wären oder b) zum Zeitpunkt des Zugangs zum Betriebsvermögen als Umlaufvermögen auszuweisen wären, wenn sie von dem Institut oder Unternehmen unmittelbar erworben worden wären.

[2] Satz 1 Nummer 1 gilt entsprechend, wenn der Anleger ein Pensionsfonds ist.

(4) [1] Ist der Anleger des Spezial-Investmentfonds ein Dach-Spezial-Investmentfonds, so sind die Absätze 1 bis 3 entsprechend auf den Dach-Spezial-Investmentfonds und dessen Anleger anzuwenden. [2] Dies gilt nicht, soweit der Dach-Spezial-Investmentfonds Spezial-Investmentanteile an einem anderen Dach-Spezial-Investmentfonds hält.

(5) Die Absätze 1 bis 4 gelten entsprechend für sonstige inländische Einkünfte eines Spezial-Investmentfonds, die bei Vereinnahmung durch den Spezial-Investmentfonds einem Steuerabzug unterliegen.

§ 31 Steuerabzug und Steueranrechnung bei Ausübung der Transparenzoption. (1)[1)] [1] Nimmt ein Spezial-Investmentfonds die Transparenzoption wahr, so sind die Regelungen des Einkommensteuergesetzes zum Steuerabzug vom Kapitalertrag so anzuwenden, als ob dem jeweiligen Anleger die inländischen Beteiligungseinnahmen oder die sonstigen inländischen Einkünfte unmittelbar selbst zugeflossen wären. [2] In den Steuerbescheinigungen sind neben den nach § 45a des Einkommensteuergesetzes erforderlichen Angaben zusätzlich anzugeben:

1. Name und Anschrift des Spezial-Investmentfonds als Zahlungsempfänger,
2. *Zeitpunkt des Zuflusses des Kapitalertrags bei dem Spezial-Investmentfonds* [***ab 1.1.2020:*** Zurechnungszeitpunkt des Kapitalertrags],
3. Name und Anschrift der am Spezial-Investmentfonds beteiligten Anleger als Gläubiger der Kapitalerträge,
4. Gesamtzahl der Anteile des Spezial-Investmentfonds *zum Zeitpunkt des Zuflusses und Anzahl der Anteile der einzelnen Anleger* [***ab 1.1.2020:*** und Anzahl

---

1) § 31 Abs. 1 Satz 2 Nrn. 2 und 4 neu gef., Satz 3 angef. durch G v. 12.12.2019 (BGBl. I S. 2451); zur Anwendung siehe § 57 Abs. 1 Satz 1 Nr. 9.

der Anteile der einzelnen Anleger jeweils zum Zurechnungszeitpunkt] sowie

5. Anteile der einzelnen Anleger an der Kapitalertragsteuer.

[*ab 1.1.2020:* [3] Zurechnungszeitpunkt ist der Tag, an dem die jeweiligen Kapitalerträge dem Spezial-Investmentfonds zugerechnet werden; dies ist bei Kapitalerträgen nach § 43 Absatz 1 Satz 1 Nummer 1 und 1a des Einkommensteuergesetzes der Tag des Gewinnverteilungsbeschlusses.]

(2) Wird vom Steuerabzug Abstand genommen oder wird die Steuer erstattet, so hat der Spezial-Investmentfonds die Beträge an diejenigen Anleger auszuzahlen, bei denen die Voraussetzungen für eine Abstandnahme oder Erstattung vorliegen.

[Fassung bis 31.12.2019:]

(3) [1] Die auf inländische Beteiligungseinnahmen und sonstige inländische Einkünfte bei Ausübung der Transparenzoption erhobene Kapitalertragsteuer wird auf die Einkommen- oder Körperschaftsteuer des Anlegers angerechnet, wenn der Spezial-Investmentfonds die Voraussetzungen für eine Anrechenbarkeit nach § 36a Absatz 1 bis 3 des Einkommensteuergesetzes erfüllt. [2] Wurde für einen Anleger kein Steuerabzug vorgenommen oder ein Steuerabzug erstattet und erfüllt der Spezial-Investmentfonds nicht die Voraussetzungen nach § 36a Absatz 1 bis 3 des Einkommensteuergesetzes, ist der Anleger verpflichtet, dies gegenüber seinem zuständigen Finanzamt anzuzeigen und eine Zahlung in Höhe des unterbliebenen Steuerabzugs auf Kapitalerträge im Sinne des § 36a Absatz 1 Satz 4 und des § 43 Absatz 1 Satz 1 Nummer 1a des Einkommensteuergesetzes zu leisten. [3] § 36a Absatz 5 und 7 des Einkommensteuergesetzes bleibt unberührt.

[Fassung ab 1.1.2020:][1)]

(3) [1] Die auf Kapitalerträge im Sinne des § 43 Absatz 1 Satz 1 Nummer 1a oder des § 36a Absatz 1 Satz 4 des Einkommensteuergesetzes bei Ausübung der Transparenzoption erhobene Kapitalertragsteuer wird auf die Einkommen- oder Körperschaftsteuer des Anlegers angerechnet, wenn

1. der Spezial-Investmentfonds die Voraussetzungen für eine Anrechenbarkeit nach § 36a Absatz 1 bis 3 des Einkommensteuergesetzes erfüllt und

2. der Anleger innerhalb eines Zeitraums von 45 Tagen vor und 45 Tagen nach dem Zurechnungszeitpunkt mindestens 45 Tage ununterbrochen wirtschaftlicher Eigentümer der Spezial-Investmentanteile ist (Mindesthaltedauer), der Anleger während der Mindesthaltedauer unter Berücksichtigung von gegenläufigen Ansprüchen und von Ansprüchen nahestehender Personen ununterbrochen das volle Risiko eines sinkenden Wertes der Spezial-Investmentanteile trägt und nicht verpflichtet ist, den ihm nach § 30 Absatz 1 unmittelbar zugerechneten Kapital-

---

1) § 31 Abs. 3 neu gef. durch G v. 12.12.2019 (BGBl. I S. 2451); zur Anwendung siehe § 57 Abs. 1 Satz 1 Nr. 9.

[Fassung ab 1.1.2020:]

ertrag ganz oder überwiegend, unmittelbar oder mittelbar anderen Personen zu vergüten.

[2]Fehlen die Voraussetzungen des Satzes 1, so sind drei Fünftel der Kapitalertragsteuer nicht anzurechnen. [3]Die Sätze 1 und 2 sind nicht anzuwenden, wenn

1. die Kapitalerträge des Anlegers im Sinne des § 43 Absatz 1 Satz 1 Nummer 1a und des § 36a Absatz 1 Satz 4 des Einkommensteuergesetzes im Veranlagungszeitraum nicht mehr als 20 000 Euro betragen oder
2. der Spezial-Investmentfonds im Zurechnungszeitpunkt seit mindestens einem Jahr ununterbrochen wirtschaftlicher Eigentümer der Aktien oder Genussscheine ist und der Anleger im Zurechnungszeitpunkt seit mindestens einem Jahr ununterbrochen wirtschaftlicher Eigentümer der Spezial-Investmentanteile ist.

[4]Ein Spezial-Investmentfonds und der an ihm beteiligte Anleger gelten unabhängig von dem Beteiligungsumfang als einander nahestehende Personen im Sinne des Satzes 1 und des § 36a Absatz 3 des Einkommensteuergesetzes. [5]Wurde für einen Anleger kein Steuerabzug vorgenommen oder ein Steuerabzug erstattet und liegen die Voraussetzungen des Satzes 1 nicht vor, ist der Anleger verpflichtet,

1. dies gegenüber seinem zuständigen Finanzamt anzuzeigen,
2. Kapitalertragsteuer in Höhe von 15 Prozent der Kapitalerträge im Sinne des § 43 Absatz 1 Satz 1 Nummer 1a und des § 36a Absatz 1 Satz 4 des Einkommensteuergesetzes nach amtlich vorge-

[Fassung ab 1.1.2020:]

schriebenem Vordruck auf elektronischem Weg anzumelden und

3. die angemeldete Steuer zu entrichten.

[6] Die Anzeige, Anmeldung und Entrichtung hat bei Steuerpflichtigen, die ihren Gewinn durch Bestandsvergleich ermitteln, nach Ablauf des Wirtschaftsjahres, bei Investmentfonds nach Ablauf des Geschäftsjahres und bei anderen Steuerpflichtigen nach Ablauf des Kalenderjahres bis zum Zehnten des folgenden Monats zu erfolgen. [7] § 42 der Abgabenordnung bleibt unberührt.

§ 32 Haftung bei ausgeübter Transparenzoption. (1) [1] Der Entrichtungspflichtige haftet für die Steuer, die bei ausgeübter Transparenzoption zu Unrecht nicht erhoben oder erstattet wurde. [2] Die Haftung ist ausgeschlossen, soweit der Entrichtungspflichtige nachweist, dass er die ihm auferlegten Pflichten weder vorsätzlich noch grob fahrlässig verletzt hat.

(2) Der Anleger haftet für die Steuer, die bei ausgeübter Transparenzoption zu Unrecht nicht erhoben oder erstattet wurde, wenn die Haftung nach Absatz 1 ausgeschlossen oder die Haftungsschuld uneinbringlich ist.

(3) [1] Der gesetzliche Vertreter des Spezial-Investmentfonds haftet für die Steuer, die bei ausgeübter Transparenzoption zu Unrecht nicht erhoben oder erstattet wurde, wenn die Haftung nach den Absätzen 1 und 2 ausgeschlossen oder die Haftungsschuld uneinbringlich ist. [2] Die Haftung setzt voraus, dass der gesetzliche Vertreter zum Zeitpunkt der Abstandnahme vom Steuerabzug oder der Erstattung von Kapitalertragsteuer Kenntnis von den fehlenden Voraussetzungen für eine Abstandnahme oder Erstattung hatte und dies dem Entrichtungspflichtigen nicht mitgeteilt hat.

§ 33 Inländische Immobilienerträge und sonstige inländische Einkünfte ohne Steuerabzug. (1) Die Steuerpflicht für die inländischen Immobilienerträge eines Spezial-Investmentfonds entfällt, wenn der Spezial-Investmentfonds auf ausgeschüttete oder ausschüttungsgleiche inländische Immobilienerträge Kapitalertragsteuer gemäß § 50 erhebt, an die zuständige Finanzbehörde abführt und den Anlegern Steuerbescheinigungen gemäß § 45a Absatz 2 des Einkommensteuergesetzes ausstellt.

(2)[1)] [1] Die ausgeschütteten oder ausschüttungsgleichen inländischen Immobilienerträge gelten bei einem vereinnahmenden Investmentfonds oder Dach-

---

[1)] § 33 Abs. 2 eingef., bish. Abs. 2 wird Abs. 3 und Sätze 1 und 2 neu gef., bish. Abs. 3 wird Abs. 4 und neu gef. durch G v. 23.6.2017 (BGBl. I S. 1682).

Spezial-Investmentfonds als Einkünfte nach § 6 Absatz 4. [2]Diese unterliegen einem Steuerabzug ohne Berücksichtigung des § 7 Absatz 1 Satz 3. [3]Der Steuerabzug gegenüber einem Dach-Spezial-Investmentfonds entfällt, wenn der Dach-Spezial-Investmentfonds unwiderruflich gegenüber dem Ziel-Spezial-Investmentfonds erklärt, dass den Anlegern des Dach-Spezial-Investmentfonds Steuerbescheinigungen gemäß § 45a Absatz 2 des Einkommensteuergesetzes ausgestellt werden sollen (Immobilien-Transparenzoption). [4]Bei ausgeübter Immobilien-Transparenzoption gelten

1. beschränkt steuerpflichtigen Anlegern unmittelbar Einkünfte im Sinne des § 49 Absatz 1 Nummer 2 Buchstabe f, Nummer 6 oder 8 des Einkommensteuergesetzes,
2. Anlegern, die unbeschränkt steuerpflichtige Investmentfonds oder Dach-Spezial-Investmentfonds sind, Einkünfte nach § 6 Absatz 4 und
3. sonstigen Anlegern Spezial-Investmenterträge

als zugeflossen.

[5]§ 31 Absatz 1 und 2 sowie § 32 sind entsprechend anzuwenden. [6]Dach-Spezial-Investmentfonds, bei denen nach Satz 4 Nummer 1 oder 2 inländische Immobilienerträge zugerechnet werden, können insoweit keine Immobilien-Transparenzoption ausüben. [7]Gegenüber dem Dach-Spezial-Investmentfonds ist in den Fällen des Satzes 4 Nummer 1 oder 2 ein Steuerabzug ohne Berücksichtigung des § 7 Absatz 1 Satz 3 vorzunehmen.

(3)[1)] [1]Die ausgeschütteten oder ausschüttungsgleichen inländischen Immobilienerträge gelten bei beschränkt steuerpflichtigen Anlegern als unmittelbar bezogene Einkünfte nach § 49 Absatz 1 Nummer 2 Buchstabe f, Nummer 6 oder Nummer 8 des Einkommensteuergesetzes. [2]Satz 1 und Absatz 2 Satz 4 Nummer 1 gelten auch für die Anwendung der Regelungen in Abkommen zur Vermeidung der Doppelbesteuerung. [3]Der Abzug der Kapitalertragsteuer durch den Spezial-Investmentfonds auf die in den ausgeschütteten oder ausschüttungsgleichen Erträgen enthaltenen inländischen Immobilienerträge hat bei beschränkt steuerpflichtigen Anlegern, abweichend von § 50 Absatz 2 Satz 1 des Einkommensteuergesetzes, keine abgeltende Wirkung.

(4)[1)] [1]Die Absätze 1 bis 3 gelten entsprechend für sonstige inländische Einkünfte, die bei Vereinnahmung keinem Steuerabzug unterliegen. [2]Die sonstigen inländischen Einkünfte gelten bei beschränkt steuerpflichtigen Anlegern als unmittelbar bezogene Einkünfte nach dem Tatbestand des § 49 Absatz 1 des Einkommensteuergesetzes, der der Vereinnahmung durch den Spezial-Investmentfonds zugrunde lag.

Abschnitt 2. Besteuerung des Anlegers eines Spezial-Investmentfonds

§ 34 Spezial-Investmenterträge. (1) Erträge aus Spezial-Investmentfonds (Spezial-Investmenterträge) sind

---

1) § 33 Abs. 2 eingef., bish. Abs. 2 wird Abs. 3 und Sätze 1 und 2 neu gef., bish. Abs. 3 wird Abs. 4 und neu gef. durch G v. 23.6.2017 (BGBl. I S. 1682).

1. ausgeschüttete Erträge nach § 35,
2. ausschüttungsgleiche Erträge nach § 36 Absatz 1 und
3. Gewinne aus der Veräußerung von Spezial-Investmentanteilen nach § 49.

(2) [1] Auf Spezial-Investmenterträge sind § 2 Absatz 5b, § 20 Absatz 6 und 9, die §§ 32d und 43 Absatz 5 Satz 1 des Einkommensteuergesetzes nicht anzuwenden. [2] § 3 Nummer 40 des Einkommensteuergesetzes und § 8b des Körperschaftsteuergesetzes sind vorbehaltlich des § 42 nicht anzuwenden.

(3) [1] Die Freistellung von ausgeschütteten und ausschüttungsgleichen Erträgen aufgrund eines Abkommens zur Vermeidung der Doppelbesteuerung richtet sich nach § 43 Absatz 1. [2] Ungeachtet von Abkommen zur Vermeidung der Doppelbesteuerung wird die Freistellung von Ausschüttungen eines ausländischen Spezial-Investmentfonds nur unter den Voraussetzungen des § 16 Absatz 4 gewährt.

§ 35[1)] Ausgeschüttete Erträge und Ausschüttungsreihenfolge. (1) Ausgeschüttete Erträge sind die nach den §§ 37 bis 41 ermittelten Einkünfte, die von einem Spezial-Investmentfonds zur Ausschüttung verwendet werden.

[Fassung bis 31.12.2019:]

(2) [1] Zurechnungsbeträge und Absetzungsbeträge gelten vorrangig als ausgeschüttet. [2] Substanzbeträge gelten erst nach Ausschüttung sämtlicher Erträge des laufenden und aller vorherigen Geschäftsjahre als verwendet.

(3) Zurechnungsbeträge sind die inländischen Beteiligungseinnahmen und sonstigen inländischen Einkünfte mit Steuerabzug, wenn die Transparenzoption nach § 30 wahrgenommen wurde.

(4) Absetzungsbeträge sind die ausgeschütteten Einnahmen aus der Vermietung und Verpachtung von Grundstücken oder grundstücksgleichen Rechten, soweit auf diese Einnahmen Absetzungen für Abnutzungen oder Substanzverringerung entfallen.

(5) Substanzbeträge sind die verbleibenden Beträge einer Ausschüttung nach Abzug der ausgeschütteten

[Fassung ab 1.1.2020:]

(2) [1] Zurechnungsbeträge, Immobilien-Zurechnungsbeträge und Absetzungsbeträge gelten vorrangig als ausgeschüttet. [2] Substanzbeträge gelten erst nach Ausschüttung sämtlicher Erträge des laufenden und aller vorherigen Geschäftsjahre als verwendet.

(3) Zurechnungsbeträge sind die zugeflossenen inländischen Beteiligungseinnahmen und sonstigen inländischen Einkünfte mit Steuerabzug nach Abzug der Kapitalertragsteuer und der bundes- oder landesgesetzlich geregelten Zuschlagsteuern zur Kapitalertragsteuer, wenn die Transparenzoption nach § 30 ausgeübt wurde.

(3a) Immobilien-Zurechnungsbeträge sind die inländischen Immobilienerträge und sonstigen inländischen Einkünfte ohne Steuerabzug, für die ein Dach-Spezial-Investment-

1) § 35 Abs. 2 und 5 geänd., Abs. 3 neu gef., Abs. 3a und 7 ein- bzw. angef., Abs. 4 Satz 2 angef. durch G v. 12.12.2019 (BGBl. I S. 2451); zur Anwendung siehe § 57 Abs. 1 Satz 1 Nr. 10.

[Fassung bis 31.12.2019:]

Erträge, der ausgeschütteten ausschüttungsgleichen Erträge der Vorjahre, der Zurechnungsbeträge und der Absetzungsbeträge.

(6) Werden einem Anleger Erträge ausgeschüttet, die auf Zeiträume entfallen, in denen der Anleger nicht an dem Spezial-Investmentfonds beteiligt war, gelten insoweit Substanzbeträge als ausgeschüttet.

[Fassung ab 1.1.2020:]

fonds die Immobilien-Transparenzoption nach § 33 ausgeübt hat.

(4) [1] Absetzungsbeträge sind die ausgeschütteten Einnahmen aus der Vermietung und Verpachtung von Grundstücken oder grundstücksgleichen Rechten, soweit auf diese Einnahmen Absetzungen für Abnutzungen oder Substanzverringerung entfallen. [2] Absetzungsbeträge können nur im Geschäftsjahr ihrer Entstehung oder innerhalb von vier Monaten nach Ablauf des Geschäftsjahres ihrer Entstehung und nur zusammen mit den Einnahmen im Sinne des Satzes 1 ausgeschüttet werden.

(5) Substanzbeträge sind die verbleibenden Beträge einer Ausschüttung nach Abzug der ausgeschütteten Erträge, der ausgeschütteten ausschüttungsgleichen Erträge der Vorjahre, der steuerfrei thesaurierbaren Kapitalerträge im Sinne des § 36 Absatz 2, der Zurechnungsbeträge, der Immobilien-Zurechnungsbeträge und der Absetzungsbeträge.

(6) Werden einem Anleger Erträge ausgeschüttet, die auf Zeiträume entfallen, in denen der Anleger nicht an dem Spezial-Investmentfonds beteiligt war, gelten insoweit Substanzbeträge als ausgeschüttet.

(7) § 36 Absatz 4 Satz 1 ist entsprechend anzuwenden.

§ 36 Ausschüttungsgleiche Erträge. (1) [1] Ausschüttungsgleiche Erträge sind die folgenden nach den §§ 37 bis 41 ermittelten positiven Einkünfte, die von einem Spezial-Investmentfonds nicht zur Ausschüttung verwendet werden:

1. Kapitalerträge nach § 20 des Einkommensteuergesetzes mit Ausnahme der steuerfrei thesaurierbaren Kapitalerträge,
2. Erträge aus der Vermietung und Verpachtung von Grundstücken und grundstücksgleichen Rechten sowie Gewinne aus der Veräußerung von Grundstücken und grundstücksgleichen Rechten und
3. sonstige Erträge.

[2]Keine ausschüttungsgleichen Erträge sind die inländischen Beteiligungseinnahmen und die sonstigen inländischen Einkünfte mit Steuerabzug, wenn die Transparenzoption nach § 30 wahrgenommen wurde.

(2) Steuerfrei thesaurierbare Kapitalerträge sind

1. Erträge aus Stillhalterprämien nach § 20 Absatz 1 Nummer 11 des Einkommensteuergesetzes,
2. Gewinne nach § 20 Absatz 2 Satz 1 Nummer 1, 3 und 7 des Einkommensteuergesetzes; ausgenommen sind Erträge aus Swap-Verträgen, soweit sich die Höhe der getauschten Zahlungsströme nach Kapitalerträgen nach § 20 Absatz 1 Nummer 1 oder Nummer 7 des Einkommensteuergesetzes bestimmt, und
3. Gewinne aus der Veräußerung von Investmentanteilen und Spezial-Investmentanteilen.

(3) Sonstige Erträge sind Einkünfte, die nicht unter die §§ 20, 21 und 23 Absatz 1 Satz 1 Nummer 1 des Einkommensteuergesetzes fallen.

(4)[1] [1]Die ausschüttungsgleichen Erträge sind nach § 37 mit der Maßgabe zu ermitteln, dass Einnahmen und Werbungskosten insoweit den Anlegern zugerechnet werden, wie diese zum Zeitpunkt des Zuflusses der Einnahmen oder des Abflusses der Werbungskosten Spezial-Investmentanteile an dem Spezial-Investmentfonds halten. [2]*Die ausschüttungsgleichen Erträge gelten mit dem Ablauf des Geschäftsjahres, in dem sie vereinnahmt worden sind, als zugeflossen, und zwar ungeachtet einer vorherigen Anteilsveräußerung.* [***ab 1.1.2020:*** [2]Die ausschüttungsgleichen Erträge gelten mit Ablauf des Geschäftsjahres als zugeflossen, in dem sie vereinnahmt worden sind. [3]Bei einer Veräußerung von Spezial-Investmentanteilen vor Ablauf des Geschäftsjahres gelten die ausschüttungsgleichen Erträge im Zeitpunkt der Veräußerung als zugeflossen. [4]Bei Teilausschüttung der in den Absätzen 1 und 5 genannten Erträge innerhalb von vier Monaten nach Ablauf des Geschäftsjahres sind die ausschüttungsgleichen Erträge dem Anleger abweichend von Satz 2 im Zeitpunkt der Teilausschüttung zuzurechnen. [5]Reicht die Ausschüttung nicht aus, um die Kapitalertragsteuer gemäß § 50 einschließlich der bundes- oder landesgesetzlich geregelten Zuschlagsteuern zur Kapitalertragsteuer gegenüber sämtlichen, am Ende des Geschäftsjahres beteiligten Anlegern einzubehalten, gilt auch die Teilausschüttung den Anlegern mit dem Ablauf des Geschäftsjahres, in dem die Erträge vom Spezial-Investmentfonds erzielt worden sind, als zugeflossen und für den Steuerabzug als ausschüttungsgleicher Ertrag.]

(5) [1]Die steuerfrei thesaurierbaren Kapitalerträge gelten mit Ablauf des 15. Geschäftsjahres nach dem Geschäftsjahr der Vereinnahmung als ausschüttungsgleiche Erträge und zu diesem Zeitpunkt als zugeflossen, soweit sie die Verluste der Vorjahre übersteigen und nicht bis zum Ende des 15. Geschäftsjahres oder in den vorherigen Geschäftsjahren ausgeschüttet wurden. [2]Absatz 4 ist auf die steuerfrei thesaurierbaren Kapitalerträge nicht anzuwenden.

(6) Wird nicht spätestens vier Monate nach Ablauf des Geschäftsjahres des Spezial-Investmentfonds eine Ausschüttung der Erträge des abgelaufenen Ge-

---

[1] § 36 Abs. 4 Satz 2 ersetzt durch Sätze 2 bis 5 durch G v. 12.12.2019 (BGBl. I S. 2451); zur Anwendung siehe § 57 Abs. 1 Satz 1 Nr. 11.

schäftsjahres vorgenommen, so gelten diese Erträge als nicht zur Ausschüttung verwendet.

§ 37[1] **Ermittlung der Einkünfte.** (1) [1]Der Spezial-Investmentfonds ermittelt die Einkünfte des Spezial-Investmentfonds entsprechend § 2 Absatz 2 Satz 1 Nummer 2 und § 23 Absatz 3 des Einkommensteuergesetzes und gliedert sie nach den steuerlichen Wirkungen beim Anleger. [2]Dabei sind insbesondere die Einkünfte gesondert auszuweisen, bei denen beim Anleger die Regelungen nach den §§ 42 bis 47 zur Anwendung kommen.

[*ab 1.1.2021:*

(2) [1]Spezial-Investmenterträge, die einem Dach-Spezial-Investmentfonds zufließen oder die als zugeflossen gelten, sind nach der Art der Einkünfte des Ziel-Spezial-Investmentfonds und nach den steuerlichen Wirkungen bei den Anlegern des Dach-Spezial-Investmentfonds zu gliedern, sofern in Kapitel 3 keine abweichenden Bestimmungen getroffen werden. [2]Bei der Gliederung nach Satz 1 sind die Spezial-Investmenterträge nach § 34 Absatz 1 Nummer 1 und 2 nicht als steuerfrei thesaurierbare Kapitalerträge im Sinne des § 36 Absatz 2 anzusetzen.

(3) [1]Absetzungsbeträge, die einem Dach-Spezial-Investmentfonds zufließen, können von diesem unter den Voraussetzungen des § 35 Absatz 4 Satz 2 als Absetzungsbeträge ausgeschüttet werden. [2]Zurechnungsbeträge und Immobilien-Zurechnungsbeträge, die einem Dach-Spezial-Investmentfonds zufließen, stehen diesem nicht als solche Beträge zur Ausschüttung zur Verfügung.]

§ 38 Vereinnahmung und Verausgabung. (1) § 11 des Einkommensteuergesetzes ist nach Maßgabe der folgenden Absätze anzuwenden.

(2) Dividenden gelten bereits am Tag des Dividendenabschlags als zugeflossen.

(3) [1]Periodengerecht abzugrenzen sind

1. Zinsen und angewachsene Ansprüche einer sonstigen Kapitalforderung nach § 20 Absatz 1 Nummer 7 des Einkommensteuergesetzes, wenn die Kapitalforderung eine Emissionsrendite hat oder bei ihr das Stammrecht und der Zinsschein getrennt wurden,
2. angewachsene Ansprüche aus einem Emissions-Agio oder -Disagio und
3. Mieten.

[2]Die angewachsenen Ansprüche sind mit der Emissionsrendite anzusetzen, sofern diese leicht und eindeutig ermittelbar ist. [3]Anderenfalls ist der Unterschiedsbetrag zwischen dem Marktwert zum Ende des Geschäftsjahres und dem Marktwert zu Beginn des Geschäftsjahres oder im Falle des Erwerbs innerhalb des Geschäftsjahres der Unterschiedsbetrag zwischen dem Marktwert zum Ende des Geschäftsjahres und den Anschaffungskosten als Zins (Marktrendite) anzusetzen. [4]Die abgegrenzten Zinsen, angewachsenen Ansprüche und Mieten gelten als zugeflossen.

---

[1] § 37 Abs. 2 und 3 angef., bish. Text wird Abs. 1 durch G v. 21.12.2020 (BGBl. I S. 3096); zur Anwendung siehe § 57 Abs. 2 Nr. 4.

(4) Periodengerecht abgegrenzte Werbungskosten gelten als abgeflossen, soweit der tatsächliche Abfluss im folgenden Geschäftsjahr erfolgt.

(5) Gewinnanteile des Spezial-Investmentfonds an einer Personengesellschaft gehören zu den Erträgen des Geschäftsjahres, in dem das Wirtschaftsjahr der Personengesellschaft endet.

(6) [1] Wird ein Zinsschein oder eine Zinsforderung vom Stammrecht abgetrennt, gilt dies als Veräußerung der Schuldverschreibung und als Anschaffung der durch die Trennung entstandenen Wirtschaftsgüter. [2] Die Trennung gilt als vollzogen, wenn dem Inhaber der Schuldverschreibung die Wertpapierkennnummern für die durch die Trennung entstandenen Wirtschaftsgüter zugehen. [3] Als Veräußerungserlös der Schuldverschreibung gilt deren gemeiner Wert zum Zeitpunkt der Trennung. [4] Für die Ermittlung der Anschaffungskosten der neuen Wirtschaftsgüter ist der Wert nach Satz 3 entsprechend dem gemeinen Wert der neuen Wirtschaftsgüter aufzuteilen. [5] Die Erträge des Stammrechts sind in sinngemäßer Anwendung des Absatzes 3 periodengerecht abzugrenzen.

(7) [1] Wird eine sonstige Kapitalforderung im Sinne des § 20 Absatz 1 Nummer 7 des Einkommensteuergesetzes gegen Anteile an einer Körperschaft, Vermögensmasse oder Personenvereinigung getauscht, bemessen sich die Anschaffungskosten der Anteile nach dem gemeinen Wert der sonstigen Kapitalforderung. [2] § 20 Absatz 4a des Einkommensteuergesetzes findet keine Anwendung.

(8) Die abgegrenzten Zinsen, angewachsenen Ansprüche und Mieten sowie die Erträge nach Absatz 6 Satz 5 gehören zu den ausgeschütteten und ausschüttungsgleichen Erträgen.

§ 39 Werbungskosten, Abzug der Direktkosten. (1) [1] Werbungskosten des Spezial-Investmentfonds, die in einem unmittelbaren wirtschaftlichen Zusammenhang mit Einnahmen stehen, sind Direktkosten. [2] Zu den Direktkosten gehören auch Absetzungen für Abnutzung oder Substanzverringerung bis zur Höhe der nach § 7 des Einkommensteuergesetzes zulässigen Beträge. [3] Die übrigen Werbungskosten des Spezial-Investmentfonds sind Allgemeinkosten.

(2) [1] Direktkosten, die in einem unmittelbaren wirtschaftlichen Zusammenhang mit Einnahmen nach § 20 Absatz 1 Nummer 1 oder Absatz 2 Satz 1 Nummer 1 des Einkommensteuergesetzes stehen, sind ausschließlich den Einnahmen nach § 20 Absatz 2 Satz 1 Nummer 1 des Einkommensteuergesetzes zuzuordnen. [2] Liegen keine Einnahmen nach § 20 Absatz 2 Satz 1 Nummer 1 des Einkommensteuergesetzes vor oder sind die Einnahmen niedriger als die Werbungskosten, so hat der Spezial-Investmentfonds Verlustvorträge zu bilden.

(3) Verluste aus Finanzderivaten sind als Direktkosten bei den Einnahmen nach § 20 Absatz 2 Satz 1 Nummer 1 des Einkommensteuergesetzes abzuziehen, wenn der Spezial-Investmentfonds im Rahmen einer konzeptionellen Gestaltung Verluste aus Finanzderivaten und in gleicher oder ähnlicher Höhe Einnahmen nach § 20 Absatz 2 Satz 1 Nummer 1 des Einkommensteuergesetzes herbeigeführt hat.

(4) Die nach der Zuordnung nach den Absätzen 2 und 3 verbleibenden Direktkosten sind von den jeweiligen Einnahmen abzuziehen.

§ 40 Abzug der Allgemeinkosten. (1) [1]Die Allgemeinkosten sind zwischen den nach § 43 Absatz 1 steuerbefreiten Einkünften und allen übrigen Einkünften des Spezial-Investmentfonds aufzuteilen. [2]Der Anteil, der auf die nach § 43 Absatz 1 steuerbefreiten Einkünfte entfällt, bestimmt sich nach dem Verhältnis des durchschnittlichen Vermögens des vorangegangenen Geschäftsjahres, das Quelle dieser Einkünfte ist, zu dem durchschnittlichen Gesamtvermögen des vorangegangenen Geschäftsjahres. [3]Zur Berechnung des durchschnittlichen Vermögens sind die monatlichen Endwerte des vorangegangenen Geschäftsjahres zugrunde zu legen.

(2) [1]Die Allgemeinkosten sind innerhalb der nach § 43 Absatz 1 steuerbefreiten Einkünfte und innerhalb aller übrigen Einkünfte zwischen den laufenden Einnahmen und den sonstigen Gewinnen aufzuteilen. [2]Laufende Einnahmen sind die Einnahmen aus den in § 36 Absatz 1 Satz 1 genannten Ertragsarten mit Ausnahme der steuerfrei thesaurierbaren Kapitalertragsarten. [3]Sonstige Gewinne sind die Einnahmen und Gewinne aus den steuerfrei thesaurierbaren Kapitalertragsarten.

(3) [1]Die Aufteilung nach Absatz 2 erfolgt nach dem Verhältnis der positiven Salden der laufenden Einnahmen des vorangegangenen Geschäftsjahres einerseits und der positiven Salden der sonstigen Gewinne des vorangegangenen Geschäftsjahres. [2]Bei der Aufteilung bleiben Gewinn- und Verlustvorträge unberücksichtigt. [3]Sind die Salden der laufenden Einnahmen oder der sonstigen Gewinne negativ, so erfolgt die Zuordnung der Allgemeinkosten jeweils hälftig zu den laufenden Einnahmen sowie zu den sonstigen Gewinnen.

(4) [1]Nach der Aufteilung der Allgemeinkosten nach Absatz 3 werden die Allgemeinkosten den entsprechend § 37 gegliederten Einnahmen und Gewinnen zugeordnet. [2]Die Zuordnung erfolgt nach dem Verhältnis der entsprechenden positiven Einnahmen und Gewinne des vorangegangenen Geschäftsjahres. [3]Wenn entsprechende Einnahmen oder Gewinne im vorangegangenen Geschäftsjahr nicht positiv waren, wird diesen Einnahmen oder Gewinnen vor der Zuordnung nach den Sätzen 1 und 2 jeweils der Anteil der Allgemeinkosten zugeordnet, der bei einer Aufteilung zu gleichen Teilen rechnerisch entsteht.

(5) [1]Allgemeinkosten, die in einem mittelbaren wirtschaftlichen Zusammenhang mit Einnahmen nach § 20 Absatz 1 Nummer 1 oder Absatz 2 Satz 1 Nummer 1 des Einkommensteuergesetzes stehen, sind ausschließlich den Einnahmen nach § 20 Absatz 2 Satz 1 Nummer 1 des Einkommensteuergesetzes zuzuordnen. [2]Liegen keine Einnahmen nach § 20 Absatz 2 Satz 1 Nummer 1 des Einkommensteuergesetzes vor oder sind die Einnahmen niedriger als die Werbungskosten, so hat der Spezial-Investmentfonds Verlustvorträge zu bilden.

§ 41 Verlustverrechnung. (1) [1]Negative Erträge des Spezial-Investmentfonds sind mit positiven Erträgen gleicher Art bis zu deren Höhe auszugleichen. [2]Die Gleichartigkeit ist gegeben, wenn die gleichen steuerlichen Wirkungen beim Anleger eintreten.

(2) [1]Nicht ausgeglichene negative Erträge sind in den folgenden Geschäftsjahren abzuziehen. [2]§ 10d Absatz 4 des Einkommensteuergesetzes gilt entsprechend. [3]Nicht ausgeglichene negative Erträge sind nicht abziehbar, soweit ein Anleger seine Spezial-Investmentanteile veräußert.

§ 42 Steuerbefreiung von Beteiligungseinkünften und inländischen Immobilienerträgen. (1)[1)] [1]Soweit die ausgeschütteten und ausschüttungsgleichen Erträge Kapitalerträge nach § 43 Absatz 1 Satz 1 Nummer 6 und 9 sowie Satz 2 des Einkommensteuergesetzes enthalten, ist § 3 Nummer 40 des Einkommensteuergesetzes anzuwenden. [2]Satz 1 gilt nicht [***ab 1.1.2020:*** für Gewinne aus der Veräußerung von Anteilen an Investmentfonds im Sinne des § 16 Absatz 1 Nummer 3 in Verbindung mit § 2 Absatz 13 und] in den Fällen des § 30 Absatz 3 [***ab 1.1.2021:*** Satz 1] Nummer 1 und 2 [***ab 1.1.2021:*** sowie Satz 2].

(2)[2)] [1]Soweit die ausgeschütteten und ausschüttungsgleichen Erträge Kapitalerträge nach § 43 Absatz 1 Satz 1 Nummer 6 sowie Satz 2 des Einkommensteuergesetzes enthalten, ist § 8b des Körperschaftsteuergesetzes unter den Voraussetzungen des § 30 Absatz 2 anwendbar. [2]Soweit die ausgeschütteten und ausschüttungsgleichen Erträge Kapitalerträge nach § 43 Absatz 1 Satz 1 Nummer 9 sowie Satz 2 des Einkommensteuergesetzes enthalten, ist § 8b des Körperschaftsteuergesetzes anwendbar. [3]*Die Sätze 1 und 2 gelten nicht* [***ab 1.1.2020:*** [3]Satz 2 gilt nicht für Gewinne aus der Veräußerung von Anteilen an Investmentfonds im Sinne des § 16 Absatz 1 Nummer 3 in Verbindung mit § 2 Absatz 13 und] in den Fällen des § 30 Absatz 3 [***ab 1.1.2021:*** Satz 1] Nummer 1 und 2 [***ab 1.1.2021:*** sowie Satz 2].

(3) [1]Die Absätze 1 und 2 sind nicht anzuwenden, wenn es sich um Kapitalerträge nach § 43 Absatz 1 Satz 1 Nummer 6 und 9 sowie Satz 2 des Einkommensteuergesetzes aus einer steuerlich nicht vorbelasteten Körperschaft, Personenvereinigung oder Vermögensmasse handelt. [2]Als steuerlich nicht vorbelastet gelten Körperschaften, Personenvereinigungen oder Vermögensmassen, die keiner Ertragsbesteuerung unterliegen, von der Ertragsbesteuerung persönlich befreit sind oder sachlich insoweit von der Ertragsbesteuerung befreit sind, wie sie Ausschüttungen vornehmen. [3]Satz 1 ist nicht auf vorbelastete REIT-Dividenden nach § 19a des REIT-Gesetzes anzuwenden.

(4) [1]Sind in den ausgeschütteten oder ausschüttungsgleichen Erträgen inländische Beteiligungseinnahmen enthalten, die von dem Spezial-Investmentfonds versteuert wurden, so sind 60 Prozent dieser ausgeschütteten oder ausschüttungsgleichen Erträge steuerfrei. [2]Abweichend von Satz 1 sind die in ausgeschütteten oder ausschüttungsgleichen Erträgen enthaltenen inländischen Beteiligungseinnahmen vollständig steuerbefreit, wenn

1. der Anleger dem Körperschaftsteuergesetz unterliegt und

[1)] § 42 Abs. 1 Satz 2 geänd. durch G v. 12.12.2019 (BGBl. I S. 2451); zur Anwendung siehe § 57 Abs. 1 Satz 1 Nr. 12; Satz 2 geänd. durch G v. 21.12.2020 (BGBl. I S. 3096); zur Anwendung siehe § 57 Abs. 2 Nr. 5.

[2)] § 42 Abs. 2 Satz 3 geänd. durch G v. 12.12.2019 (BGBl. I S. 2451); zur Anwendung siehe § 57 Abs. 1 Satz 1 Nr. 12; Satz 3 geänd. durch G v. 21.12.2020 (BGBl. I S. 3096); zur Anwendung siehe § 57 Abs. 2 Nr. 5.

2. dem Spezial-Investmentfonds kein Ermäßigungsanspruch aus einem Abkommen zur Vermeidung der Doppelbesteuerung aufgrund eines Quellensteuerhöchstsatzes von unter 15 Prozent zusteht.

(5) [1] Sind in den ausgeschütteten oder ausschüttungsgleichen Erträgen inländische Immobilienerträge oder sonstige inländische Einkünfte enthalten, die von dem Spezial-Investmentfonds versteuert wurden, so sind 20 Prozent dieser ausgeschütteten oder ausschüttungsgleichen Erträge steuerfrei. [2] Absatz 4 Satz 2 ist entsprechend anzuwenden.

§ 43 Steuerbefreiung aufgrund von Abkommen zur Vermeidung der Doppelbesteuerung, der Hinzurechnungsbesteuerung und der Teilfreistellung. (1) [1] Die ausgeschütteten und ausschüttungsgleichen Erträge sind bei der Veranlagung des Anlegers insoweit von der Bemessungsgrundlage der deutschen Steuer auszunehmen, als sie aus einem ausländischen Staat stammende Einkünfte enthalten, für die die Bundesrepublik Deutschland aufgrund eines Abkommens zur Vermeidung der Doppelbesteuerung auf die Ausübung des Besteuerungsrechts verzichtet hat. [2] Satz 1 ist nicht auf Erträge nach § 20 Absatz 1 Nummer 1 und 3 des Einkommensteuergesetzes anzuwenden. [3] Satz 2 ist nicht auf Erträge nach § 20 Absatz 1 Nummer 1 des Einkommensteuergesetzes aus einer Gesellschaft im Sinne des § 26 Nummer 6 Satz 2 anzuwenden, soweit

1. der Anleger die persönlichen Voraussetzungen für eine Freistellung nach dem Abkommen zur Vermeidung der Doppelbesteuerung erfüllt und
2. die auf die Spezial-Investmentanteile des Anlegers rechnerisch entfallende Beteiligung am Kapital der Gesellschaft die Voraussetzungen für eine Freistellung nach dem Abkommen zur Vermeidung der Doppelbesteuerung erfüllt.

(2) § 3 Nummer 41 Buchstabe a des Einkommensteuergesetzes ist entsprechend anzuwenden.

(3) Auf ausgeschüttete oder ausschüttungsgleiche Erträge, die aus Ausschüttungen von Investmentfonds, Vorabpauschalen oder Gewinnen aus der Veräußerung von Investmentanteilen stammen, ist die Teilfreistellung nach § 20 entsprechend anzuwenden.

§ 44 Anteilige Abzüge aufgrund einer Steuerbefreiung. § 21 ist entsprechend auf Betriebsvermögensminderungen, Betriebsausgaben, Veräußerungskosten oder Werbungskosten anzuwenden, die mit Erträgen in wirtschaftlichem Zusammenhang stehen, die ganz oder teilweise von der Besteuerung freizustellen sind.

§ 45 Gewerbesteuer bei Spezial-Investmenterträgen. (1) [1] Bei der Ermittlung des Gewerbeertrags nach § 7 des Gewerbesteuergesetzes sind § 42 Absatz 4 sowie § 3 Nummer 40 des Einkommensteuergesetzes und § 8b des Körperschaftsteuergesetzes nicht anzuwenden auf Kapitalerträge nach § 43 Absatz 1 Satz 1 Nummer 1, 1a und 6 sowie Satz 2 des Einkommensteuergesetzes, die in den ausgeschütteten oder ausschüttungsgleichen Erträgen enthalten sind und auf inländische Beteiligungseinnahmen, die dem Anleger nach § 30 Absatz 1 Satz 2 zugerechnet werden. [2] Dies gilt nicht, wenn

1. der Schuldner der Kapitalerträge eine Gesellschaft nach § 26 Nummer 6 Satz 2 ist,
2. der Anleger dem Körperschaftsteuergesetz unterliegt und kein Institut oder Unternehmen nach § 3 Nummer 40 Satz 3 oder 4 des Einkommensteuergesetzes oder § 8b Absatz 7 oder 8 des Körperschaftsteuergesetzes ist und
3. die auf die Spezial-Investmentanteile des Anlegers rechnerisch entfallende Beteiligung am Kapital der Gesellschaft die Voraussetzungen für eine Kürzung nach § 9 Nummer 2a und 7 des Gewerbesteuergesetzes erfüllt.

(2) Die nach § 43 Absatz 3 zu gewährenden Teilfreistellungen sind bei der Ermittlung des Gewerbeertrags nach § 7 des Gewerbesteuergesetzes nur zur Hälfte zu berücksichtigen.

§ 46 Zinsschranke. (1) [1] Beim Anleger sind für Zwecke des § 4h Absatz 1 des Einkommensteuergesetzes ausgeschüttete oder ausschüttungsgleiche Erträge, die aus Zinserträgen nach § 4h Absatz 3 Satz 3 des Einkommensteuergesetzes stammen, als Zinserträge zu berücksichtigen. [2] Dies gilt nicht für ausgeschüttete Erträge, die nach § 35 Absatz 6 als Substanzbeträge gelten.

(2) Der anzusetzende Zinsertrag mindert sich um die folgenden Abzugsbeträge:

1. Direktkosten,
2. die nach § 40 den Zinserträgen zuzurechnenden Allgemeinkosten,
3. Zinsaufwendungen und
4. negative Kapitalerträge nach § 20 Absatz 1 Nummer 7 oder Absatz 2 Satz 1 Nummer 7 des Einkommensteuergesetzes.

(3) Übersteigen die Abzugsbeträge den Zinsertrag, so ist die Differenz auf die folgenden Geschäftsjahre des Spezial-Investmentfonds zu übertragen; dies mindert den Zinsertrag der folgenden Geschäftsjahre.

§ 47 Anrechnung und Abzug von ausländischer Steuer. (1) [1] Enthalten die ausgeschütteten und ausschüttungsgleichen Erträge Einkünfte aus einem ausländischen Staat, die in diesem Staat zu einer Steuer herangezogen wurden, die anrechenbar ist

1. nach § 34c Absatz 1 des Einkommensteuergesetzes,
2. nach § 26 Absatz 1 des Körperschaftsteuergesetzes oder
3. nach einem Abkommen zur Vermeidung der Doppelbesteuerung auf die Einkommensteuer oder Körperschaftsteuer,

so ist bei unbeschränkt steuerpflichtigen Anlegern die festgesetzte und gezahlte und um einen entstandenen Ermäßigungsanspruch gekürzte ausländische Steuer auf den Teil der Einkommensteuer oder Körperschaftsteuer anzurechnen, der auf diese ausländischen, um die anteilige ausländische Steuer erhöhten Einkünfte entfällt. [2] Wird von auf ausländische Spezial-Investmentanteile ausgeschütteten oder ausschüttungsgleichen Erträgen in dem Staat, in dem der ausländische Spezial-Investmentfonds ansässig ist, eine Abzugsteuer erhoben, so gilt für deren Anrechnung Satz 1 entsprechend.

(2) Zur Ermittlung des Teils der Einkommensteuer oder Körperschaftsteuer, der auf die ausländischen, um die anteilige ausländische Steuer erhöhten Einkünfte nach Absatz 1 entfällt, ist

1. bei einkommensteuerpflichtigen Anlegern der durchschnittliche Steuersatz, der sich bei der Veranlagung des zu versteuernden Einkommens, einschließlich der ausländischen Einkünfte, nach den §§ 32a, 32b, 34, 34a und 34b des Einkommensteuergesetzes ergibt, auf die ausländischen Einkünfte anzuwenden,
2. bei körperschaftsteuerpflichtigen Anlegern die deutsche Körperschaftsteuer, die sich bei der Veranlagung des zu versteuernden Einkommens, einschließlich der ausländischen Einkünfte, ohne Anwendung der §§ 37 und 38 des Körperschaftsteuergesetzes ergibt, aufzuteilen; die Aufteilung erfolgt nach dem Verhältnis der ausländischen Einkünfte zur Summe der Einkünfte.

(3) Der Höchstbetrag der anrechenbaren ausländischen Steuern aus verschiedenen Staaten ist für die ausgeschütteten und ausschüttungsgleichen Erträge aus jedem einzelnen Spezial-Investmentfonds zusammengefasst zu berechnen.

(4) [1] § 34c Absatz 1 Satz 3 und 4 sowie Absatz 2, 3 und 6 des Einkommensteuergesetzes ist entsprechend anzuwenden. [2] Der Anrechnung der ausländischen Steuer nach § 34c Absatz 1 des Einkommensteuergesetzes steht bei ausländischen Spezial-Investmentanteilen § 34c Absatz 6 Satz 1 des Einkommensteuergesetzes nicht entgegen.

(5) Ausländische Steuern, die auf ausgeschüttete und ausschüttungsgleiche Erträge entfallen, die nach § 43 Absatz 1 steuerfrei sind, sind bei der Anrechnung oder dem Abzug nach Absatz 1 nicht zu berücksichtigen.

§ 48 Fonds-Aktiengewinn, Fonds-Abkommensgewinn, Fonds-Teilfreistellungsgewinn. (1) [1] Der Spezial-Investmentfonds hat bei jeder Bewertung seines Vermögens pro Spezial-Investmentanteil den Fonds-Aktiengewinn, den Fonds-Abkommensgewinn und den Fonds-Teilfreistellungsgewinn als absolute Werte in Euro zu ermitteln und dem Anleger diese Werte bekannt zu machen. [2] Der Fonds-Aktiengewinn, der Fonds-Abkommensgewinn und der Fonds-Teilfreistellungsgewinn ändern sich nicht durch die Ausgabe und Rücknahme von Spezial-Investmentanteilen.

(2) [1] Die Steuerbefreiung nach § 42 Absatz 1 bis 3 ist nur anzuwenden, wenn der Spezial-Investmentfonds den Fonds-Aktiengewinn ermittelt und bekannt macht oder wenn der Anleger den Fonds-Aktiengewinn nachweist. [2] Die Steuerbefreiung nach § 43 Absatz 1 ist nur anzuwenden, wenn der Spezial-Investmentfonds den Fonds-Abkommensgewinn ermittelt und bekannt macht oder wenn der Anleger den Fonds-Abkommensgewinn nachweist. [3] Die Teilfreistellung nach § 43 Absatz 3 ist nur anzuwenden, wenn der Spezial-Investmentfonds die Fonds-Teilfreistellungsgewinne ermittelt und bekannt macht oder wenn der Anleger die Fonds-Teilfreistellungsgewinne nachweist.

(3) [1]Der Fonds-Aktiengewinn ist der Teil des Wertes eines Spezial-Investmentanteils, der auf folgende Erträge, die nicht ausgeschüttet wurden und nicht als ausgeschüttet gelten, sowie auf folgende Wertveränderungen entfällt:

1. Gewinne aus der Veräußerung von Anteilen an Körperschaften, Personenvereinigungen und Vermögensmassen, deren Leistungen beim Empfänger zu den Einnahmen nach § 20 Absatz 1 Nummer 1 des Einkommensteuergesetzes gehören,
2. Wertveränderungen von Anteilen an Körperschaften, Personenvereinigungen und Vermögensmassen, deren Leistungen beim Empfänger zu den Einnahmen im Sinne des § 20 Absatz 1 Nummer 1 des Einkommensteuergesetzes gehören,
3. Anleger-Aktiengewinne eines Dach-Spezial-Investmentfonds aus der Veräußerung eines Spezial-Investmentanteils an einem Ziel-Spezial-Investmentfonds und
4. Anleger-Aktiengewinne eines Dach-Spezial-Investmentfonds aus dem Besitz eines Spezial-Investmentanteils an einem Ziel-Spezial-Investmentfonds, die bei der Bewertung des Dach-Spezial-Investmentfonds ermittelt werden.

[2]Satz 1 gilt nur für Bestandteile, die nicht bereits von Absatz 5 erfasst werden.

(4) [1]Gewinne aus der Veräußerung sowie Wertveränderungen von Anteilen an Körperschaften, Personenvereinigungen und Vermögensmassen sind nicht in den Fonds-Aktiengewinn einzubeziehen, wenn die Körperschaft, Personenvereinigung oder Vermögensmasse

1. keiner Ertragsbesteuerung unterliegt,
2. von der Ertragsbesteuerung persönlich befreit ist oder
3. sachlich insoweit von der Ertragsbesteuerung befreit ist, wie sie eine Ausschüttung vornimmt.

[2]Verluste aus Finanzderivaten mindern den Fonds-Aktiengewinn, wenn der Spezial-Investmentfonds im Rahmen einer konzeptionellen Gestaltung Verluste aus Finanzderivaten und in gleicher oder ähnlicher Höhe Wertveränderungen nach Absatz 3 Nummer 2 herbeigeführt hat.

(5) Der Fonds-Abkommensgewinn ist der Teil des Wertes eines Spezial-Investmentanteils, der auf folgende Erträge, die nicht ausgeschüttet wurden und nicht als ausgeschüttet gelten, sowie auf folgende Wertveränderungen entfällt:

1. Erträge, die aufgrund eines Abkommens zur Vermeidung der Doppelbesteuerung nach § 43 Absatz 1 von der Besteuerung freizustellen sind,
2. Wertveränderungen von Vermögensgegenständen, auf die bei einer Veräußerung § 43 Absatz 1 anwendbar wäre,
3. Anleger-Abkommensgewinne eines Dach-Spezial-Investmentfonds aus der Veräußerung eines Spezial-Investmentanteils an einem Ziel-Spezial-Investmentfonds und
4. Anleger-Abkommensgewinne eines Dach-Spezial-Investmentfonds aus dem Besitz eines Spezial-Investmentanteils an einem Ziel-Spezial-Investmentfonds, die bei der Bewertung des Dach-Spezial-Investmentfonds ermittelt werden.

(6) [1]Der Fonds-Teilfreistellungsgewinn ist jeweils getrennt für die in § 20 Absatz 1 genannten Arten von Anlegern zu ermitteln. [2]Der Fonds-Teilfreistellungsgewinn ist der Teil des Wertes eines Spezial-Investmentanteils, der auf folgende Erträge, die nicht ausgeschüttet wurden und nicht als ausgeschüttet gelten, sowie auf folgende Wertveränderungen entfällt:

1. Erträge aus einem Investmentanteil, soweit diese nach § 20 von der Besteuerung freizustellen sind,
2. Wertveränderungen von Investmentanteilen, soweit auf diese bei einer Veräußerung § 20 anwendbar wäre,
3. Anleger-Teilfreistellungsgewinne eines Dach-Spezial-Investmentfonds aus der Veräußerung eines Spezial-Investmentanteils an einem Ziel-Spezial-Investmentfonds und
4. Anleger-Teilfreistellungsgewinne eines Dach-Spezial-Investmentfonds aus dem Besitz eines Spezial-Investmentanteils an einem Ziel-Spezial-Investmentfonds, die bei der Bewertung des Dach-Spezial-Investmentfonds ermittelt werden.

§ 49 Veräußerung von Spezial-Investmentanteilen, Teilwertansatz.

(1) [1]Wird der Spezial-Investmentanteil veräußert oder wird ein Gewinn aus dem Spezial-Investmentanteil in sonstiger Weise realisiert, so sind

1. auf den Anleger-Aktiengewinn § 3 Nummer 40 des Einkommensteuergesetzes, § 8b des Körperschaftsteuergesetzes und § 44 anzuwenden,
2. der Anleger-Abkommensgewinn von der Besteuerung freizustellen und § 44 anzuwenden und
3. der Anleger-Teilfreistellungsgewinn von der Besteuerung freizustellen und § 44 anzuwenden.

[2]Satz 1 ist bei bilanziellem Ansatz der Spezial-Investmentanteile mit einem niedrigeren Teilwert nach § 6 Absatz 1 Nummer 2 Satz 2 des Einkommensteuergesetzes und bei einer Teilwertzuschreibung nach § 6 Absatz 1 Nummer 2 Satz 3 des Einkommensteuergesetzes auf die Anschaffungskosten der Spezial-Investmentanteile entsprechend anzuwenden. [***ab 1.1.2021:*** [3]Für die Anwendung des § 3 Nummer 40 des Einkommensteuergesetzes und des § 8b des Körperschaftsteuergesetzes gilt § 30 Absatz 3 entsprechend.][1)]

(2) [1]Der Anleger-Aktiengewinn pro Spezial-Investmentanteil ist, vorbehaltlich einer Berichtigung nach Satz 4 oder 5, der Unterschiedsbetrag zwischen dem Fonds-Aktiengewinn zu dem Zeitpunkt, zu dem der Spezial-Investmentanteil veräußert wird oder zu dem ein Gewinn aus dem Spezial-Investmentanteil in sonstiger Weise realisiert wird oder zu dem er zu bewerten ist, und dem Fonds-Aktiengewinn bei der Anschaffung des Spezial-Investmentanteils. [2]Satz 1 gilt entsprechend für die Ermittlung des Anleger-Abkommensgewinns und des Anleger-Teilfreistellungsgewinns. [3]Bei bilanziellem Ansatz der Spezial-Investmentanteile mit einem niedrigeren Teilwert nach § 6 Absatz 1 Nummer 2 Satz 2 des Einkommensteuergesetzes sind die nach Satz 1 oder 2 ermit-

---

[1)] § 49 Abs. 1 Satz 3 angef. durch G v. 21.12.2020 (BGBl. I S. 3096); zur Anwendung siehe § 57 Abs. 2 Nr. 6.

telten Unterschiedsbeträge, vorbehaltlich einer Berichtigung nach Satz 4 oder 5, auf die Auswirkung auf den Bilanzansatz begrenzt. [4]Die nach den Sätzen 1 bis 3 ermittelten Unterschiedsbeträge sind jeweils um den zum Schluss des vorangegangenen Wirtschaftsjahres angesetzten Anleger-Aktiengewinn, Anleger-Abkommensgewinn oder Anleger-Teilfreistellungsgewinn zu berichtigen. [5]Die Berichtigungen nach Satz 4 sind bei einer bilanziellen Teilwertzuschreibung nach § 6 Absatz 1 Nummer 2 Satz 3 des Einkommensteuergesetzes auf die Anschaffungskosten der Spezial-Investmentanteile entsprechend anzuwenden. [6]Der nach den Sätzen 1 bis 5 ermittelte Anleger-Aktiengewinn, Anleger-Abkommensgewinn oder Anleger-Teilfreistellungsgewinn kann positiv oder negativ sein.

(3)[1)] [1]Für die Ermittlung des Gewinns aus der Veräußerung von Spezial-Investmentanteilen, die nicht zu einem Betriebsvermögen gehören, gilt § 20 Absatz 4 des Einkommensteuergesetzes entsprechend. [2]Der Gewinn aus der Veräußerung von Spezial-Investmentanteilen ist

1. um die während der Besitzzeit bereits besteuerten ausschüttungsgleichen Erträge zu mindern sowie
2. um die auf diese Erträge gezahlten inländischen und ausländischen Steuern, vermindert um die erstattete inländische und ausländische Steuer des Geschäftsjahres oder früherer Geschäftsjahre, zu erhöhen.

[3]Ausschüttungsgleiche Erträge, die in einem späteren Geschäftsjahr innerhalb der Besitzzeit ausgeschüttet wurden, sind dem Veräußerungserlös hinzuzurechnen. [4]Des Weiteren ist der Gewinn aus der Veräußerung um die während der Besitzzeit des Anlegers zugeflossenen Substanzbeträge und Absetzungsbeträge zu erhöhen. [5]*Inländische Beteiligungseinnahmen und sonstige inländische Einkünfte, die nach § 30 Absatz 1 dem Anleger unmittelbar zugerechnet und nicht ausgeschüttet wurden.* [***ab 18.12.2019:*** [5]Zurechnungsbeträge und Immobilien-Zurechnungsbeträge, die nicht an den Anleger ausgeschüttet wurden,] mindern den Gewinn aus der Veräußerung.

(4) § 15b des Einkommensteuergesetzes ist auf Verluste aus der Veräußerung von Spezial-Investmentanteilen sowie auf Verluste durch Ansatz des niedrigeren Teilwertes bei Spezial-Investmentanteilen entsprechend anzuwenden.

§ 50 Kapitalertragsteuer. (1) [1]Ein inländischer Spezial-Investmentfonds hat als Entrichtungspflichtiger 15 Prozent Kapitalertragsteuer einzubehalten und abzuführen. [2]Dem Steuerabzug unterliegen

1. die ausgeschütteten und ausschüttungsgleichen Erträge, mit Ausnahme der nach § 43 Absatz 1 und 2 steuerfreien Erträge, und
2. der Gewinn aus der Veräußerung eines Spezial-Investmentanteils.

(2) [1]Der Entrichtungspflichtige hat ausländische Steuern nach Maßgabe des § 47 zu berücksichtigen. [2]Die Vorschriften des Einkommensteuergesetzes, die für den Steuerabzug von Kapitalerträgen nach § 43 Absatz 1 Satz 1 Nummer 7 und Satz 2 des Einkommensteuergesetzes gelten, sind entsprechend anzuwenden.

[1)] § 49 Abs. 3 Satz 5 neu gef. mWv 18.12.2019 durch G v. 12.12.2019 (BGBl. I S. 2451).

(3) Soweit die ausgeschütteten Erträge Kapitalerträge nach § 43 Absatz 1 Satz 1 Nummer 6 und 8 bis 12 des Einkommensteuergesetzes enthalten, gilt § 43 Absatz 2 Satz 3 bis 8 des Einkommensteuergesetzes entsprechend.

§ 51 Feststellung der Besteuerungsgrundlagen. (1) Die Besteuerungsgrundlagen nach den §§ 29 bis 49, die nicht ausgeglichenen negativen Erträge nach § 41 und die positiven Erträge, die nicht zu einer Ausschüttung verwendet wurden, sind gegenüber dem Spezial-Investmentfonds und dem Anleger gesondert und einheitlich festzustellen.

(2) [1]Eine Erklärung zur gesonderten und einheitlichen Feststellung der Besteuerungsgrundlagen ist der zuständigen Finanzbehörde innerhalb von vier Monaten nach Ablauf des Geschäftsjahres eines Spezial-Investmentfonds nach amtlich vorgeschriebenem Vordruck abzugeben. [2]Wird innerhalb von vier Monaten nach Ablauf des Geschäftsjahres ein Beschluss über eine Ausschüttung gefasst, so ist die Erklärung innerhalb von vier Monaten nach dem Tag des Beschlusses abzugeben.

(3) Die Erklärung zur gesonderten und einheitlichen Feststellung hat abzugeben:

1. bei einem inländischen Spezial-Investmentfonds die Kapitalverwaltungsgesellschaft, die inländische Betriebsstätte oder Zweigniederlassung der ausländischen Verwaltungsgesellschaft oder die inländische Verwahrstelle oder
2. bei einem ausländischen Spezial-Investmentfonds die inländische oder ausländische Verwaltungsgesellschaft oder der inländische Anleger.

(4) Der Erklärung zur gesonderten und einheitlichen Feststellung sind folgende Unterlagen beizufügen:

1. der Jahresbericht oder der Jahresabschluss und der Lagebericht jeweils für das abgelaufene Geschäftsjahr,
2. im Falle einer Ausschüttung ein verbindlicher Beschluss der Verwaltungsgesellschaft über die Verwendung der Erträge,
3. der Verkaufsprospekt, sofern ein Verkaufsprospekterstellt wurde,
4. das Anteilsregister,
5. die Überleitungsrechnung, aus der hervorgeht, wie die Besteuerungsgrundlagen aus der handels- oder investmentrechtlichen Rechnungslegung ermittelt wurden,
6. die Summen- und Saldenlisten, aus denen sich die Zusammensetzung der Einnahmen und Werbungskosten des Spezial-Investmentfonds ergibt, und
7. die Unterlagen zur Aufteilung der Einkünfte auf die einzelnen Anleger.

(5)[1)] [1]Die Erklärung zur gesonderten und einheitlichen Feststellung steht einer gesonderten und einheitlichen Feststellung unter dem Vorbehalt der Nachprüfung gemäß § 164 der Abgabenordnung gleich. [***ab 11.8.2018:*** [2]Eine berichtigte Feststellungserklärung gilt als Antrag auf Änderung.]

[1)] § 51 Abs. 5 Satz 2 angef., bish. Wortlaut wird Satz 1 durch G v. 11.12.2018 (BGBl. I S. 2338); zur Anwendung siehe § 56 Abs. 1 Satz 5.

Abschnitt 3. Wegfall der Voraussetzungen eines Spezial-Investmentfonds

§ 52 Wegfall der Voraussetzungen eines Spezial-Investmentfonds. (1) [1] Ein Spezial-Investmentfonds gilt als aufgelöst, wenn der Spezial-Investmentfonds seine Anlagebedingungen in der Weise ändert, dass die Voraussetzungen des § 26 nicht mehr erfüllt sind oder ein wesentlicher Verstoß gegen die Anlagebestimmungen des § 26 vorliegt. [2] Liegen zugleich die Voraussetzungen eines Investmentfonds weiterhin vor, so gilt mit der Auflösung ein Investmentfonds als neu aufgelegt. [3] Entfallen die Voraussetzungen des § 26 zu einem anderen Zeitpunkt als zum Ende des Geschäftsjahres, so gilt für steuerliche Zwecke ein Rumpfgeschäftsjahr als beendet.

(2) [1] Die Anteile an dem Spezial-Investmentfonds gelten zu dem Zeitpunkt als veräußert, zu dem die Voraussetzungen nach § 26 entfallen. [2] Als Veräußerungserlös ist der Rücknahmepreis am Ende des Geschäftsjahres oder Rumpfgeschäftsjahres anzusetzen. [3] Wird kein Rücknahmepreis festgesetzt, so tritt der Börsen- oder Marktpreis an die Stelle des Rücknahmepreises. [4] *Die festgesetzte Steuer gilt bis zur tatsächlichen Veräußerung des Anteils als zinslos gestundet.*[1)]

(3) [1] Zu dem Zeitpunkt, zu dem die Voraussetzungen des § 26 entfallen, gelten unter den Voraussetzungen des Absatzes 1 zugleich die Investmentanteile an dem Investmentfonds als angeschafft. [2] Als Anschaffungskosten der Investmentanteile ist der nach Absatz 2 Satz 2 oder 3 anwendbare Wert anzusetzen.

Kapitel 4. Altersvorsorgevermögenfonds

§ 53 Altersvorsorgevermögenfonds. (1) Ein Altersvorsorgevermögenfonds ist eine offene Investmentkommanditgesellschaft,

1. deren Gesellschaftszweck unmittelbar und ausschließlich auf die Abdeckung von betrieblichen Altersvorsorgeverpflichtungen ihrer Anleger gerichtet ist und
2. die die Voraussetzungen eines Spezial-Investmentfonds erfüllt.

(2) [1] Die Anleger haben der offenen Investmentkommanditgesellschaft schriftlich nach amtlichem Muster zu bestätigen, dass sie ihren Anteil unmittelbar und ausschließlich zur Abdeckung betrieblicher Altersvorsorgeverpflichtungen halten. [2] Liegt diese Bestätigung bei im Ausland ansässigen Anlegern vor, so gilt die Voraussetzung des Absatzes 1 Nummer 1 als erfüllt. [3] Im Übrigen gilt diese Voraussetzung als nicht erfüllt, wenn der Wert der Anteile, die ein Anleger erwirbt, den Wert seiner betrieblichen Altersvorsorgeverpflichtung übersteigt.

(3) [1] Die Vorschriften für Spezial-Investmentfonds und deren Anleger sind entsprechend auf Altersvorsorgevermögenfonds und deren Anleger anzuwenden. [2] Bei einem Wegfall der Voraussetzungen des Absatzes 1 ist § 52 sinnge-

---

1) § 52 Abs. 2 Satz 4 aufgeh. durch G v. 12.12.2019 (BGBl. I S. 2451); zur Anwendung siehe § 57 Abs. 1 Satz 1 Nr. 13 iVm Satz 2.

mäß anzuwenden. [3]Für die Bewertung eines Anteils an einem Altersvorsorgevermögenfonds gilt § 6 Absatz 1 Nummer 2 des Einkommensteuergesetzes entsprechend.

(4) [1]Die Beteiligung an einem Altersvorsorgevermögenfonds führt nicht zur Begründung oder anteiligen Zurechnung einer Betriebsstätte des Anteilseigners. [2]Die Einkünfte des Altersvorsorgevermögenfonds gelten als nicht gewerblich. [3]§ 9 Nummer 2 des Gewerbesteuergesetzes ist auf Anteile am Gewinn eines Altersvorsorgevermögenfonds nicht anzuwenden.

Kapitel 5. Verschmelzung von Spezial-Investmentfonds und von Altersvorsorgevermögenfonds

§ 54 Verschmelzung von Spezial-Investmentfonds und Altersvorsorgevermögenfonds. (1) [1]Bei einer Verschmelzung von inländischen Spezial-Investmentfonds miteinander gilt § 23 Absatz 1 bis 3 entsprechend. [2]Satz 1 ist nicht anzuwenden, wenn ein Sondervermögen nach § 1 Absatz 10 des Kapitalanlagegesetzbuchs oder ein Teilinvestmentvermögen eines solchen Sondervermögens mit einer Investmentaktiengesellschaft mit veränderlichem Kapital nach § 108 des Kapitalanlagegesetzbuchs oder einem Teilgesellschaftsvermögen einer solchen Investmentaktiengesellschaft verschmolzen wird.

(2) [1]Bei einer Verschmelzung von ausländischen Spezial-Investmentfonds miteinander gilt § 23 Absatz 4 entsprechend. [2]Satz 1 ist nicht anzuwenden, wenn ein ausländischer Spezial-Investmentfonds in einer Rechtsform, die mit einem Sondervermögen oder einem Teilinvestmentvermögen vergleichbar ist, mit einem ausländischen Spezial-Investmentfonds in einer Rechtsform, die mit einer Investmentaktiengesellschaft mit veränderlichem Kapital oder einem Teilgesellschaftsvermögen vergleichbar ist, verschmolzen wird.

(3) Bei einer Verschmelzung von inländischen Altersvorsorgevermögenfonds miteinander gilt § 23 Absatz 1 bis 3 entsprechend.

(4) Bei einer Verschmelzung von ausländischen Altersvorsorgevermögenfonds miteinander gilt § 23 Absatz 4 entsprechend.

Kapitel 6. Bußgeldvorschriften, Anwendungs- und Übergangsvorschriften

§ 55 Bußgeldvorschriften. (1) Ordnungswidrig handelt, wer vorsätzlich oder leichtfertig

1. entgegen § 7 Absatz 4 Satz 5, auch in Verbindung mit § 29 Absatz 1, eine Statusbescheinigung nicht oder nicht rechtzeitig zurückgibt,
2. entgegen § 28 Absatz 1 Satz 1 eine Mitteilung nicht, nicht richtig, nicht vollständig oder nicht rechtzeitig macht,
3. entgegen § 28 Absatz 1 Satz 2 eine Anzeige nicht, nicht richtig, nicht vollständig oder nicht rechtzeitig erstattet,
4. entgegen § 28 Absatz 2 einen Anleger nicht, nicht richtig, nicht vollständig oder nicht rechtzeitig einträgt oder

5. entgegen § 28 Absatz 3 eine dort genannte Maßnahme nicht oder nicht rechtzeitig ergreift.

(2) Die Ordnungswidrigkeit kann mit einer Geldbuße bis zu zehntausend Euro geahndet werden.

(3) Verwaltungsbehörde im Sinne des § 36 Absatz 1 Nummer 1 des Gesetzes über Ordnungswidrigkeiten ist die in § 4 genannte Finanzbehörde.

§ 56[1)] Anwendungs- und Übergangsvorschriften zum Investmentsteuerreformgesetz. (1)[2)] [1]Die Vorschriften dieses Gesetzes in der am 1. Januar 2018 geltenden Fassung sind ab dem 1. Januar 2018 anzuwenden. [2]Für die Zeit vor dem 1. Januar 2018 und für Unterschiedsbeträge nach § 5 Absatz 1 Satz 1 Nummer 5 und § 13 Absatz 4 des Investmentsteuergesetzes in der am 31. Dezember 2017 geltenden Fassung, die für vor dem 1. Januar 2018 endende Geschäftsjahre veröffentlicht werden, ist weiterhin das Investmentsteuergesetz in der am 31. Dezember 2017 geltenden Fassung anzuwenden. [3]Bei Investmentfonds und Kapital-Investitionsgesellschaften nach dem Investmentsteuergesetz in der am 31. Dezember 2017 geltenden Fassung mit einem vom Kalenderjahr abweichenden Geschäftsjahr gilt für steuerliche Zwecke ein Rumpfgeschäftsjahr zum 31. Dezember 2017 als beendet. [4]Für Rumpfgeschäftsjahre nach Satz 3 verlängert sich die Frist für die Veröffentlichung der Besteuerungsgrundlagen nach § 5 Absatz 1 Satz 1 Nummer 3 Satz 1 des Investmentsteuergesetzes in der am 31. Dezember 2017 geltenden Fassung bis zum 31. Dezember 2018. [5]Abweichend von Satz 1 sind die Vorschriften dieses Gesetzes in der durch Artikel 15 des Gesetzes vom 11. Dezember 2018 (BGBl. I S. 2338) geänderten Fassung anzuwenden auf Investmenterträge, die nach dem 10. August 2018 zufließen oder als zugeflossen gelten sowie auf Bewertungen nach § 6 des Einkommensteuergesetzes, die nach diesem Zeitpunkt vorzunehmen sind.

(1a)[3)] [1]Für Investmentfonds, die vor dem 1. Januar 2019 aufgelegt wurden, gelten Anlagebedingungen, die die Voraussetzungen des § 2 Absatz 6 in der Fassung des Artikels 1 des Gesetzes vom 19. Juli 2016 (BGBl. I S. 1730) erfüllen, als Anlagebedingungen, die die Voraussetzungen des § 2 Absatz 6 in der Fassung des Artikels 15 des Gesetzes vom 11. Dezember 2018 (BGBl. I S. 2338) erfüllen. [2]Satz 1 ist entsprechend anzuwenden auf Investmentfonds, die vor dem 1. Januar 2019 aufgelegt wurden und die Voraussetzungen des § 2 Absatz 7 oder 9 erfüllen.

(2)[4)] [1]Anteile an Investmentfonds, an Kapital-Investitionsgesellschaften nach dem Investmentsteuergesetz in der am 31. Dezember 2017 geltenden Fassung oder an Organismen, die zum 1. Januar 2018 erstmals in den Anwendungsbereich dieses Gesetzes fallen (Alt-Anteile), gelten mit Ablauf des 31. Dezember 2017 als veräußert und mit Beginn des 1. Januar 2018 als angeschafft. [2]Als Veräußerungserlös und Anschaffungskosten ist der letzte im Kalenderjahr 2017 festgesetzte Rücknahmepreis anzusetzen. [3]Wird kein Rücknahmepreis festgesetzt, tritt der Börsen- oder Marktpreis an die Stelle des Rücknahmepreises.

---

1) § 56 Überschr. geänd. durch G v. 12.12.2019 (BGBl. I S. 2451).

2) § 56 Abs. 1 Satz 4 neu gef. durch G v. 23.6.2017 (BGBl. I S. 1682); Satz 5 angef. durch G v. 11.12.2018 (BGBl. I S. 2338).

3) § 56 Abs. 1a eingef. durch G v. 11.12.2018 (BGBl. I S. 2338).

4) § 56 Abs. 2 Sätze 4 bis 7 angef. durch G v. 11.12.2018 (BGBl. I S. 2338).

[4]Der nach den Sätzen 2 und 3 ermittelte Wert der Alt-Anteile gilt als Anschaffungskosten im Sinne von § 6 Absatz 1 Nummer 2 Satz 1 des Einkommensteuergesetzes. [5]Soweit der nach den Sätzen 2 und 3 ermittelte Wert der Alt-Anteile höher ist als der Buchwert der Alt-Anteile am 31. Dezember 2017, sind Wertminderungen im Sinne von § 6 Absatz 1 Nummer 2 Satz 2 des Einkommensteuergesetzes erst zum Zeitpunkt der tatsächlichen Veräußerung der Alt-Anteile zu berücksichtigen. [6]Wertaufholungen im Sinne des § 6 Absatz 1 Nummer 2 Satz 3 in Verbindung mit Nummer 1 Satz 4 des Einkommensteuergesetzes sind erst zum Zeitpunkt der tatsächlichen Veräußerung der Alt-Anteile zu berücksichtigen, soweit auf die vorherigen Wertminderungen Satz 5 angewendet wurde und soweit der Buchwert der Alt-Anteile zum 31. Dezember 2017 überschritten wird. [7]Der Buchwert der Alt-Anteile zum 31. Dezember 2017 ist ohne Berücksichtigung der fiktiven Veräußerung nach Satz 1 zu ermitteln.

(3)[1] [1]Der nach den am 31. Dezember 2017 geltenden Vorschriften ermittelte Gewinn aus der fiktiven Veräußerung nach Absatz 2 Satz 1 einschließlich außerbilanzieller Hinzurechnungen und Abrechnungen ist zu dem Zeitpunkt zu berücksichtigen, zu dem der Alt-Anteil tatsächlich veräußert wird. [2]Bei der tatsächlichen Veräußerung von Alt-Anteilen gelten die zuerst angeschafften Anteile als zuerst veräußert. [3]Der Gewinn aus der fiktiven Veräußerung nach Absatz 2 Satz 1 unterliegt zum Zeitpunkt der tatsächlichen Veräußerung des Alt-Anteils dem Steuerabzug nach § 43 Absatz 1 Satz 1 Nummer 9 des Einkommensteuergesetzes. [4]Kann der Gewinn aus der fiktiven Veräußerung nicht ermittelt werden, so sind 30 Prozent des Rücknahmepreises oder, wenn kein Rücknahmepreis festgesetzt ist, des Börsen- oder Marktpreises als Bemessungsgrundlage für den Steuerabzug anzusetzen (Ersatzbemessungsgrundlage). [5]Bei Ansatz der Ersatzbemessungsgrundlage ist die Abgeltungswirkung nach § 43 Absatz 5 Satz 1 erster Halbsatz des Einkommensteuergesetzes ausgeschlossen und der Entrichtungspflichtige ist verpflichtet, eine Steuerbescheinigung nach § 45a Absatz 2 des Einkommensteuergesetzes auszustellen, in der er den Ansatz der Ersatzbemessungsgrundlage kenntlich zu machen hat. [6]Die als zugeflossen geltenden, aber noch nicht dem Steuerabzug unterworfenen Erträge nach § 7 Absatz 1 Satz 1 Nummer 3 in der bis zum 31. Dezember 2017 geltenden Fassung und der Zwischengewinn nach § 7 Absatz 1 Satz 1 Nummer 4 in der bis zum 31. Dezember 2017 geltenden Fassung unterliegen zum Zeitpunkt der tatsächlichen Veräußerung des Alt-Anteils dem Steuerabzug nach § 43 Absatz 1 Satz 1 Nummer 5 des Einkommensteuergesetzes. [7]Die vorstehenden Sätze sind nicht auf den Gewinn aus der fiktiven Veräußerung nach Absatz 2 Satz 1 anzuwenden, wenn der Gewinn einem Investmentfonds oder einem Spezial-Investmentfonds zuzurechnen ist.

[***ab 1.1.2020:***

(3a)[2] Für die Zwecke der Absätze 2 und 3 steht eine fiktive Veräußerung nach § 19 Absatz 2 oder § 52 Absatz 2 einer tatsächlichen Veräußerung gleich.]

---

[1] § 56 Abs. 3 Satz 1 geänd., Satz 7 angef. durch G v. 23.6.2017 (BGBl. I S. 1682); siehe auch Abs. 5.

[2] § 56 Abs. 3a eingef. durch G v. 12.12.2019 (BGBl. I S. 2451); zur Anwendung siehe § 57 Abs. 1 Satz 1 Nr. 14.

(4) [1]Die inländische Stelle, die die Alt-Anteile verwahrt oder verwaltet, hat bis zum 31. Dezember 2020 Folgendes zu ermitteln und bis zur tatsächlichen Veräußerung vorzuhalten:

1. den Gewinn aus der fiktiven Veräußerung nach Absatz 2 Satz 1 und
2. die Erträge nach § 7 Absatz 1 Satz 1 Nummer 3 und 4 des Investmentsteuergesetzes in der bis zum 31. Dezember 2017 geltenden Fassung.

[2]Die inländische Stelle hat dem Steuerpflichtigen auf Antrag die Angaben nach Satz 1 Nummer 1 mitzuteilen. [3]Überträgt der Anleger die Alt-Anteile auf ein anderes Depot, so hat die abgebende inländische Stelle der übernehmenden inländischen Stelle die Angaben nach Satz 1 mitzuteilen.

(5)[1)] [1]Der Gewinn nach Absatz 3 Satz 1 ist gesondert festzustellen, wenn die Alt-Anteile zum Betriebsvermögen des Anlegers gehören. [2]Für die Zwecke des Satzes 1 gilt eine Mitunternehmerschaft als Anleger. [3]Bei einer Gesamthand, die keine Mitunternehmerschaft ist, gelten für die Zwecke des Satzes 1 deren Beteiligte als Anleger. [4]Der Anleger hat eine Erklärung zur gesonderten Feststellung des Gewinns nach Absatz 3 Satz 1 frühestens nach dem 31. Dezember 2019 und spätestens bis zum 31. Dezember 2022 nach amtlich vorgeschriebenem Datensatz durch Datenfernübertragung zu übermitteln. [5]Der Anleger hat in der Feststellungserklärung den Gewinn nach Absatz 3 Satz 1 selbst zu ermitteln. [6]Die Feststellungserklärung steht einer gesonderten Feststellung unter dem Vorbehalt der Nachprüfung gleich; eine berichtigte Feststellungserklärung gilt als Antrag auf Änderung. [7]Die für Steueranmeldungen geltenden Vorschriften der Abgabenordnung gelten entsprechend. [8]Auf Antrag kann die Finanzbehörde zur Vermeidung unbilliger Härten auf eine elektronische Übermittlung verzichten; in diesem Fall ist die Erklärung zur gesonderten Feststellung nach amtlich vorgeschriebenem Vordruck abzugeben und vom Anleger eigenhändig zu unterschreiben. [9]Zuständig für die gesonderte Feststellung des Gewinns nach Absatz 3 Satz 1 ist das Finanzamt, das für die Besteuerung des Anlegers nach dem Einkommen zuständig ist. [10]In den Fällen des § 180 Absatz 1 Satz 1 Nummer 2 der Abgabenordnung ist für die gesonderte Feststellung des Gewinns nach Absatz 3 Satz 1 das Finanzamt zuständig, das für die gesonderte Feststellung nach § 18 der Abgabenordnung zuständig ist. [11]Für Alt-Anteile, die vor dem 1. Januar 2023 und vor der Abgabe der Feststellungserklärung veräußert wurden, ist keine Erklärung abzugeben und keine Feststellung vorzunehmen. [12]§ 180 Absatz 3 Satz 1 Nummer 2 sowie Satz 2 und 3 der Abgabenordnung ist entsprechend anzuwenden.

(6)[2)] [1]Bei Alt-Anteilen, die vor dem 1. Januar 2009 erworben wurden und seit der Anschaffung nicht im Betriebsvermögen gehalten wurden (bestandsgeschützte Alt-Anteile), sind

1. Wertveränderungen, die zwischen dem Anschaffungszeitpunkt und dem 31. Dezember 2017 eingetreten sind, steuerfrei und

---

[1)] § 56 Abs. 5 neu gef. durch G v. 11.12.2018 (BGBl. I S. 2338).

[2)] § 56 Abs. 6 Sätze 4 und 5 aufgeh., bish. Satz 6 wird Satz 4 durch G v. 11.12.2018 (BGBl. I S. 2338); Satz 4 Verweis geänd. mWv 1.1.2020 (§ 57 Abs. 1 Satz 1 Nr. 14) durch G v. 12.12.2019 (BGBl. I S. 2451); Satz 3 eingef., bish. Satz 3 wird Satz 4, Satz 5 eingef., bish. Satz 4 wird Satz 6 und geänd. durch G v. 21.12.2020 (BGBl. I S. 3096); zur Anwendung siehe § 57 Abs. 2 Nr. 7.

2. Wertveränderungen, die ab dem 1. Januar 2018 eingetreten sind, steuerpflichtig, soweit der Gewinn aus der Veräußerung von bestandsgeschützten Alt-Anteilen 100 000 Euro übersteigt.

[2] Der am Schluss des Veranlagungszeitraums verbleibende Freibetrag nach Satz 1 Nummer 2 ist bis zu seinem vollständigen Verbrauch jährlich gesondert festzustellen. [***ab 1.1.2021:*** [3] Verbleibender Freibetrag ist im Jahr der erstmaligen Inanspruchnahme der Betrag von 100 000 Euro vermindert um den bei der Ermittlung der Einkünfte berücksichtigten Freibetrag nach Satz 1 Nummer 2; verbleibender Freibetrag ist in den Folgejahren der zum Schluss des vorangegangenen Veranlagungszeitraums festgestellte verbleibende Freibetrag vermindert um den bei der Ermittlung der Einkünfte berücksichtigten Freibetrag nach Satz 1 Nummer 2.] [4] Zuständig für die gesonderte Feststellung des verbleibenden Freibetrags ist das Finanzamt, das für die Besteuerung des Anlegers nach dem Einkommen zuständig ist. [***ab 1.1.2021:*** [5] § 10d Absatz 4 Satz 4 bis 6 des Einkommensteuergesetzes ist entsprechend anzuwenden.] [6] Anteile im Sinne des § 21 Absatz 2a und 2b des Investmentsteuergesetzes in der bis zum 31. Dezember 2017 geltenden Fassung sind keine bestandsgeschützten Alt-Anteile im Sinne der Sätze 1 bis *3* [***ab 1.1.2021:*** 5].

(7)[1)] [1] Ordentliche Alterträge gelten mit Ablauf des Geschäftsjahres, in dem sie vereinnahmt wurden, als den Anlegern zugeflossene ausschüttungsgleiche Erträge, wenn sie nicht ausgeschüttet werden und den Anlegern vor dem 1. Januar 2018 zufließen. [2] Soweit ein Anleger einen Anteil an einem Spezial-Investmentfonds von dem Tag, an dem das Geschäftsjahr des Spezial-Investmentfonds nach dem 30. Juni 2017 geendet hat, bis zum 2. Januar 2018 ununterbrochen hält, gelten die darauf entfallenden ausschüttungsgleichen Erträge nach Satz 1, die in einem nach dem 30. Juni 2017 endenden Geschäftsjahr vereinnahmt wurden, als am 1. Januar 2018 zugeflossen. [3] Die ausschüttungsgleichen Erträge nach den Sätzen 1 und 2 unterliegen der Besteuerung nach dem Investmentsteuergesetz in der am 31. Dezember 2017 geltenden Fassung und nach dem Einkommensteuergesetz in der am 26. Juli 2016 geltenden Fassung. [4] Die ausschüttungsgleichen Erträge nach Satz 2 können als ausschüttungsgleiche Erträge der Vorjahre im Sinne des § 35 Absatz 5 ausgeschüttet werden. [5] Ordentliche Alterträge sind Erträge der in § 1 Absatz 3 Satz 3 Nummer 1 und 2 sowie Satz 4 des Investmentsteuergesetzes in der am 31. Dezember 2017 geltenden Fassung bezeichneten Art, die der Investmentfonds oder der Spezial-Investmentfonds vor dem 1. Januar 2018 vereinnahmt.

(8)[1)] [1] Außerordentliche Alterträge, ausschüttungsgleiche Erträge, die vor dem 1. Januar 2018 als zugeflossen gelten, Absetzungsbeträge, die auf Zeiträume vor dem 1. Januar 2018 entfallen, nicht ausgeglichene negative Erträge nach § 3 Absatz 4 Satz 2 des Investmentsteuergesetzes in der am 31. Dezember 2017 geltenden Fassung und sonstige für die Zeiträume vor dem 1. Januar 2018 ermittelte Werte sind für die Anwendung dieses Gesetzes in der am 1. Januar 2018 geltenden Fassung nicht zu berücksichtigen. [2] Außerordentliche Alterträge sind Erträge, deren Art nicht unter § 1 Absatz 3 Satz 3 Nummer 1 und 2 sowie Satz 4 des Investmentsteuergesetzes in der am 31. Dezember 2017 geltenden Fassung fällt

---

1) § 56 Abs. 7 und Abs. 8 angef. durch G v. 23.6.2017 (BGBl. I S. 1682).

und von dem Investmentfonds oder dem Spezial-Investmentfonds vor dem 1. Januar 2018 vereinnahmt wurden. 3 Bei der Ermittlung des Fonds-Aktiengewinns, des Fonds-Abkommensgewinns und des Fonds-Teilfreistellungsgewinns sind die vor dem 1. Januar 2018 vereinnahmten Gewinne, eingetretenen Wertveränderungen und die vereinnahmten Erträge nicht zu berücksichtigen.

(9)[1] 1 Substanzbeträge gelten als Spezial-Investmenterträge nach § 34 Absatz 1 Nummer 1, soweit bei dem Anleger ein positiver Gewinn nach Absatz 3 Satz 1 vorhanden ist. 2 Sie unterliegen nicht dem Steuerabzug nach § 50.

§ 57[2] Anwendungsvorschriften. (1) 1 Ab dem 1. Januar 2020 anzuwenden sind:

1. § 2 Absatz 8 Satz 5, Absatz 9 und 13,
2. § 6 Absatz 1, 2, 4 Satz 1, Absatz 5 Satz 2, Absatz 6a und 7 Satz 4,
3. § 8 Absatz 4,
4. § 11 Absatz 1,
5. § 15 Absatz 2 Satz 1 und Absatz 4,
6. § 17 Absatz 1 Satz 1 bis 3,
7. § 20 Absatz 1, 3, 3a und 4,
8. § 30 Absatz 3,
9. § 31 Absatz 1 und 3,
10. § 35,
11. § 36 Absatz 4,
12. § 42 Absatz 1 und 2,
13. § 52 Absatz 2,
14. § 56 Absatz 3a und 6 Satz 4

in der Fassung des Artikels 17 des Gesetzes vom 12. Dezember 2019 (BGBl. I S. 2451). 2 Bis einschließlich 31. Dezember 2019 gewährte Stundungen nach § 52 Absatz 2 Satz 4 in der am 17. Dezember 2019 geltenden Fassung bleiben unberührt.

(2) Ab dem 1. Januar 2021 anzuwenden sind:

1. § 1 Absatz 2 Satz 2,
2. § 10 Absatz 5,
3. § 22 Absatz 2 Satz 3 bis 6 und Absatz 3,
4. § 37 Absatz 2 und 3,
5. § 42 Absatz 1 Satz 2 und Absatz 2 Satz 3,
6. § 49 Absatz 1 Satz 3,
7. § 56 Absatz 6 Satz 3 bis 6

in der Fassung des Artikels 10 des Gesetzes vom 21. Dezember 2020 (BGBl. I S. 3096).

---

[1] § 56 Abs. 9 angef. durch G v. 23.6.2017 (BGBl. I S. 1682).

[2] § 57 angef. durch G v. 12.12.2019 (BGBl. I S. 2451); Abs. 2 angef., bish. Wortlaut wird Abs. 1 durch G v. 21.12.2020 (BGBl. I S. 3096).

125. Gesetz über deutsche Immobilien-Aktiengesellschaften mit börsennotierten Anteilen (REIT-Gesetz – REITG)[1)]

Vom 28. Mai 2007 (BGBl. I S. 914)[2) · 3)]

Geändert durch Jahressteuergesetz 2009 vom 19.12.2008 (BGBl. I S. 2794), OGAW-IV-Umsetzungsgesetz (OGAW-IV-UmsG) vom 22.6.2011 (BGBl. I S. 1126), Gesetz zur Modernisierung des Besteuerungsverfahrens vom 18.7.2016 (BGBl. I S. 1679), CSR-Richtlinie-Umsetzungsgesetz vom 11.4.2017 (BGBl. I S. 802) und Zweites Gesetz zur Novellierung von Finanzmarktvorschriften auf Grund europäischer Rechtsakte (Zweites Finanzmarktnovellierungsgesetz – 2. FiMaNoG) vom 23.6.2017 (BGBl. I S. 1693)

BGBl. III/FNA 4121-5

Abschnitt 1. Allgemeine Vorschriften

§ 1 Wesen der REIT-Aktiengesellschaften. (1) REIT-Aktiengesellschaften sind Aktiengesellschaften, deren Unternehmensgegenstand sich darauf beschränkt,

1. Eigentum oder dingliche Nutzungsrechte an
   a) inländischem unbeweglichen Vermögen mit Ausnahme von Bestandsmietwohnimmobilien,
   b) ausländischem unbeweglichen Vermögen, soweit dies im Belegenheitsstaat im Eigentum einer REIT-Körperschaft, -Personenvereinigung oder -Vermögensmasse oder einer einem REIT vergleichbaren Körperschaft, Personenvereinigung oder Vermögensmasse stehen darf und
   c) anderen Vermögensgegenständen im Sinne des § 3 Abs. 7

   zu erwerben, zu halten, im Rahmen der Vermietung, der Verpachtung und des Leasings einschließlich notwendiger immobiliennaher Hilfstätigkeiten zu verwalten und zu veräußern,
2. Anteile an Immobilienpersonengesellschaften zu erwerben, zu halten, zu verwalten und zu veräußern,
3. Anteile an REIT-Dienstleistungsgesellschaften zu erwerben, zu halten, zu verwalten und zu veräußern,
4. Anteile an Auslandsobjektgesellschaften zu erwerben, zu halten, zu verwalten und zu veräußern sowie
5. Anteile an Kapitalgesellschaften zu erwerben, zu halten, zu verwalten und zu veräußern, die persönlich haftende Gesellschafter einer Gesellschaft im Sinne der Nummer 2 und an dieser vermögensmäßig nicht beteiligt sind

---

[1)] Das REITG ist als Art. 1 des G zur Schaffung deutscher Immobilien-Aktiengesellschaften mit börsennotierten Anteilen verkündet worden.

[2)] In Kraft ab 1.1.2007.

[3)] Zum Anwendungsbereich siehe § 23.

und deren Aktien zum Handel an einem organisierten Markt im Sinne von § 2 *Abs. 5* [***ab 3.1.2018:*** Absatz 11][1] des Wertpapierhandelsgesetzes in einem Mitgliedstaat der Europäischen Union oder in einem anderen Vertragsstaat des Abkommens über den Europäischen Wirtschaftsraum zugelassen sind.

(2) Entgeltliche Nebentätigkeiten für Dritte darf die REIT-Aktiengesellschaft ausschließlich über eine REIT-Dienstleistungsgesellschaft erbringen.

(3) REIT-Aktiengesellschaften unterliegen den allgemeinen für Aktiengesellschaften geltenden Vorschriften, soweit dieses Gesetz nichts Abweichendes bestimmt.

(4) [1]Der Abschlussprüfer des Jahresabschlusses hat im Rahmen der Jahresabschlussprüfung festzustellen, ob die Berechnung der Streubesitzquote und des maximalen Anteilsbesitzes je Aktionär nach § 11 Abs. 1 und 4 durch die REIT-Aktiengesellschaft mit den Meldungen nach § 11 Abs. 5 zum Bilanzstichtag übereinstimmt. [2]Er hat auch Feststellungen zur Einhaltung des § 13 zu treffen, hinsichtlich des § 13 Abs. 1 beziehen sich diese auf die im Geschäftsjahr für das vorangegangene Geschäftsjahr vorgenommene Ausschüttung. [3]Für Zwecke des § 19 Abs. 3 und des § 19a sind auch Feststellungen zur Zusammensetzung der Erträge hinsichtlich vorbelasteter und nicht vorbelasteter Erträge zu treffen.[2] [4]Sofern kein Konzernabschluss aufgestellt wird, hat der Abschlussprüfer außerdem festzustellen, ob die §§ 12, 14 und 15 zum Bilanzstichtag eingehalten waren. [5]Das Ergebnis seiner Prüfungshandlungen hat der Abschlussprüfer in einem besonderen Vermerk zusammenzufassen. [6]Der Konzernabschlussprüfer hat im Rahmen der Konzernabschlussprüfung zu prüfen, ob die Anforderungen der §§ 12, 14 und 15 zum Bilanzstichtag eingehalten waren und darüber einen besonderen Vermerk anzufertigen. [7]Auf den besonderen Vermerk des Abschlussprüfers oder Konzernabschlussprüfers ist § 323 des Handelsgesetzbuchs entsprechend anzuwenden.

§ 2 Vor-REIT. [1]Ein Vor-REIT ist eine Aktiengesellschaft mit Sitz im Geltungsbereich dieses Gesetzes, die beim Bundeszentralamt für Steuern als Vor-REIT registriert ist. [2]Zum Ende des auf die Registrierung folgenden Geschäftsjahres hat der Vor-REIT gegenüber dem Bundeszentralamt für Steuern nachzuweisen, dass sein Unternehmensgegenstand im Sinne des § 1 Abs. 1 erster Halbsatz beschränkt ist. [3]Zum Ende des dem Jahr der Anmeldung folgenden und jedes darauf folgenden Geschäftsjahres hat der Vor-REIT auf Aufforderung des Bundeszentralamts für Steuern innerhalb einer in der Aufforderung bestimmten Frist durch Vorlage von geeigneten, von einem Wirtschaftsprüfer testierten Unterlagen nachzuweisen, dass er die Voraussetzungen des § 12 erfüllt. [4]Erfüllt der Vor-REIT zum Ende des dem Jahr der Anmeldung folgenden oder eines späteren Geschäftsjahres die Voraussetzungen des § 12 und des § 1 Abs. 1 erster Halbsatz nicht oder nicht mehr, entfällt der Status als Vor-REIT zum Ende dieses Geschäftsjahres.

---

[1] Verweis geänd. mWv 3.1.2018 durch G v. 23.6.2017 (BGBl. I S. 1693).

[2] § 1 Abs. 4 Satz 3 eingef. mWv Kj. 2008 durch G v. 19.12.2008 (BGBl. I S. 2794).

§ 3 Begriffsbestimmung. (1) Immobilienpersonengesellschaften sind Personengesellschaften, deren Unternehmensgegenstand im Sinne des § 1 Abs. 1 Nr. 1 und 2 beschränkt ist und die nach dem Gesellschaftsvertrag nur Vermögensgegenstände im Sinne des Absatzes 7 mit Ausnahme von Beteiligungen an Auslandsobjektgesellschaften und REIT-Dienstleistungsgesellschaften erwerben dürfen.

(2) REIT-Dienstleistungsgesellschaften sind Kapitalgesellschaften, deren sämtliche Anteile von der REIT-Aktiengesellschaft gehalten werden und deren Unternehmensgegenstand darauf beschränkt ist, entgeltliche immobiliennahe Nebentätigkeiten im Auftrag der REIT-Aktiengesellschaft für Dritte zu erbringen.

(3) Auslandsobjektgesellschaften sind Kapitalgesellschaften, deren sämtliche Anteile von der REIT-Aktiengesellschaft gehalten werden und deren unbewegliches Vermögen

1. mindestens 90 Prozent ihres Gesamtvermögens ausmacht,
2. ausschließlich außerhalb des Geltungsbereiches dieses Gesetzes belegen ist und
3. nur solche Vermögensgegenstände umfasst, die im Belegenheitsstaat im Eigentum einer REIT-Körperschaft, -Personenvereinigung oder -Vermögensmasse oder einer einem REIT vergleichbaren Körperschaft, Personenvereinigung oder Vermögensmasse stehen dürfen.

(4) Hilfstätigkeiten sind Tätigkeiten, die der Haupttätigkeit, also dem eigenen Anlagebestand dienen.

(5) Nebentätigkeiten sind Tätigkeiten, die einem fremden Anlagebestand dienen.

(6) Immobiliennah sind solche Tätigkeiten, die der Verwaltung, Pflege und Fortentwicklung von Immobilienbeständen dienen (insbesondere technische und kaufmännische Bestandsverwaltung, Mietbestandsverwaltung, Vermittlungstätigkeit, Projektsteuerung und Projektentwicklung).

(7) Vermögensgegenstände im Sinne dieses Gesetzes sind unbewegliches Vermögen im Sinne des Absatzes 8, ferner zu dessen Bewirtschaftung erforderliche Gegenstände sowie Bankguthaben, Geldmarktinstrumente, Forderungen und Verbindlichkeiten, die aus der Nutzung oder Veräußerung des unbeweglichen Vermögens stammen oder zum Zwecke der Wertsicherung, Bewirtschaftung oder Bestandsveränderung dieser Vermögensgegenstände bereitgehalten, eingegangen oder begründet werden, sowie Beteiligungen an Immobilienpersonengesellschaften, Auslandsobjektgesellschaften, REIT-Dienstleistungsgesellschaften sowie Kapitalgesellschaften im Sinne des § 1 Abs. 1 Nr. 5.

(8) [1] Unbewegliches Vermögen sind Grundstücke und grundstücksgleiche Rechte sowie vergleichbare Rechte nach dem Recht anderer Staaten. [2] Schiffe und Luftfahrzeuge gelten nicht als unbewegliches Vermögen.

(9) Bestandsmietwohnimmobilien sind Immobilien, die überwiegend Wohnzwecken dienen, sofern diese vor dem 1. Januar 2007 erbaut worden sind.

§ 4 Mindestnennbetrag des Grundkapitals. Der Mindestnennbetrag des Grundkapitals einer REIT-Aktiengesellschaft ist 15 Millionen Euro.

§ 5 Form der Aktien. (1) [1]Sämtliche Aktien der REIT-Aktiengesellschaft müssen als stimmberechtigte Aktien gleicher Gattung begründet werden. [2]Sie dürfen nur gegen volle Leistung des Ausgabebetrages ausgegeben werden.

(2) Ein Anspruch des Aktionärs auf Verbriefung seines Anteils besteht nicht.

§ 6 Firma. Die Firma einer REIT-Aktiengesellschaft muss, auch wenn sie nach § 22 des Handelsgesetzbuchs oder nach anderen gesetzlichen Vorschriften fortgeführt wird, die Bezeichnung „REIT-Aktiengesellschaft" oder „REIT-AG" enthalten.

§ 7 Bezeichnungsschutz. Eine Gesellschaft, die ihren Sitz im Geltungsbereich dieses Gesetzes hat, darf die Bezeichnung „REIT-Aktiengesellschaft" oder eine Bezeichnung, in der der Begriff „Real Estate Investment Trust" oder die Abkürzung „REIT" allein oder im Zusammenhang mit anderen Worten vorkommt, in der Firma oder als Zusatz zur Firma nur führen, wenn sie eine REIT-Aktiengesellschaft im Sinne dieses Gesetzes ist und die Voraussetzungen der §§ 8 bis 15 erfüllt.

Abschnitt 2. Qualifikation als REIT-Aktiengesellschaft

§ 8 Anmeldung als REIT-Aktiengesellschaft. Die Firma der REIT-Aktiengesellschaft (§ 6) ist bei dem zuständigen Gericht zur Eintragung in das Handelsregister anzumelden.

§ 9 Sitz. Die REIT-Aktiengesellschaft muss ihren Sitz und ihre Geschäftsleitung im Inland haben.

§ 10 Börsenzulassung. (1) Die Aktien der REIT-Aktiengesellschaft müssen zum Handel an einem organisierten Markt im Sinne des § 2 *Abs. 5* [*ab 3.1.2018:* Absatz 11][1)] des Wertpapierhandelsgesetzes in einem Mitgliedstaat der Europäischen Union oder in einem anderen Vertragsstaat des Abkommens über den Europäischen Wirtschaftsraum zugelassen sein.

(2) [1]Der Antrag auf Zulassung gemäß Absatz 1 muss innerhalb von drei Jahren nach Anmeldung der Aktiengesellschaft als Vor-REIT beantragt werden. [2]Die Frist des Satzes 1 kann auf Antrag von der Bundesanstalt für Finanzdienstleistungsaufsicht *um* [*ab 1.1.2011:* bis zu zwei Mal um jeweils][2)] ein Jahr verlängert werden, wenn Umstände außerhalb des Verantwortungsbereichs des Vor-REIT eine solche Verlängerung rechtfertigen.

(3) [1]Wird innerhalb der nach Absatz 2 maßgeblichen Frist kein Antrag gestellt oder wird ein innerhalb dieser Frist gestellter Antrag bestandskräftig abgelehnt, so verliert die Gesellschaft ihren Status als Vor-REIT. [2]Der Status lebt wieder auf, wenn die Zulassung erneut beantragt wird.

---

1) Verweis geänd. mWv 3.1.2018 durch G v. 23.6.2017 (BGBl. I S. 1693).

2) § 10 Abs. 2 Satz 2 geänd. durch G v. 22.6.2011 (BGBl. I S. 1126); zur Anwendung siehe § 23 Abs. 11 Satz 1.

Ablauf des zweiten auf das Jahr der Einstellung folgenden Geschäftsjahres aufzulösen und erhöht den ausschüttungsfähigen Betrag nach Absatz 1, soweit die Rücklage nicht von den Anschaffungs- oder Herstellungskosten von im ersten oder zweiten auf das Jahr der Einstellung folgenden Geschäftsjahres angeschafften oder hergestellten unbeweglichen Vermögens abgezogen worden ist. [3] Gehörte das veräußerte unbewegliche Vermögen bereits zum Beginn der Steuerbefreiung zum Betriebsvermögen der REIT-Aktiengesellschaft, ist der Veräußerungsgewinn als Summe aus dem Veräußerungsgewinn I und dem Veräußerungsgewinn II zu ermitteln. [4] Veräußerungsgewinn I ist die Differenz zwischen dem Buchwert in der Handelsbilanz und dem im Rahmen von steuerlichen Gewinnermittlun-gen vor dem Beginn der Steuerbefreiung für den Grund und Boden oder das Gebäude angesetzten Wert. [5] Der restliche Veräußerungsgewinn bildet den Veräußerungsgewinn II. [6] Für die Rücklage nach Satz 1 darf nur der Veräußerungsgewinn II verwendet werden.

§ 14 Ausschluss des Immobilienhandels. (1) Die REIT-Aktiengesellschaft darf keinen Handel mit ihrem unbeweglichen Vermögen betreiben.

(2) [1] Ein Handel im Sinne von Absatz 1 findet nur statt, wenn die REIT-Aktiengesellschaft sowie ihre in einen Konzernabschluss einzubeziehenden Tochterunternehmen innerhalb der letzten fünf Geschäftsjahre Erlöse aus der Veräußerung von unbeweglichem Vermögen erzielt haben, die mehr als die Hälfte des Wertes des durchschnittlichen Bestandes an unbeweglichem Vermögen innerhalb desselben Zeitraums ausmachen. [2] Zur Ermittlung des durchschnittlichen Bestandes ist auf die Bestände abzustellen, die im Einzel- bzw. Konzernabschluss gemäß § 12 Abs. 1 der REIT-Aktiengesellschaft am Ende jener Geschäftsjahre, die in den Fünfjahreszeitraum einzubeziehen sind, ausgewiesen werden. [3] Besteht die REIT-Aktiengesellschaft noch nicht fünf Jahre, ist auf die Einzel- bzw. Konzernabschlüsse der bisherigen Geschäftsjahre abzustellen.

§ 15[1)] Mindesteigenkapital. [1] Das am Ende eines Geschäftsjahres im Einzel- bzw. Konzernabschluss nach § 12 Abs. 1 ausgewiesene Eigenkapital der REIT-Aktiengesellschaft darf 45 Prozent des Betrages, mit dem das unbewegliche Vermögen im Einzel- bzw. Konzernabschluss nach § 12 Abs. 1 angesetzt ist, nicht unterschreiten. [2] Nicht dem Mutterunternehmen gehörende und als Fremdkapital ausgewiesene Anteile an in den Konzernabschluss nach § *315a* [***ab 1.1.2017:*** § 315e][2)] des Handelsgesetzbuchs einbezogenen Tochterunternehmen gelten für die Berechnung des Mindesteigenkapitals als Eigenkapital.

Abschnitt 3. Steuerliche Regelungen

§ 16 Steuerbefreiung der REIT-Aktiengesellschaft. (1) [1] Eine REIT-Aktiengesellschaft, die die Voraussetzungen der §§ 8 bis 15 erfüllt, unbe-

[1)] § 15 Satz 2 angef. mWv Kj. 2008 durch G v. 19.12.2008 (BGBl. I S. 2794).

[2)] Verweis geänd. durch G v. 11.4.2017 (BGBl. I S. 802); zur genauen Anwendung siehe § 23 Abs. 13.

schränkt körperschaftsteuerpflichtig ist und nicht im Sinne eines Doppelbesteuerungsabkommens als in dem anderen Vertragsstaat ansässig gilt, ist von der Körperschaftsteuer befreit. 2 Eine REIT-Aktiengesellschaft, die die Voraussetzungen der §§ 8 bis 15 erfüllt, ist von der Gewerbesteuer befreit.

(2) 1 Sind einem Anteilseigner nach § 20 des Einkommensteuergesetzes direkt Gesellschaftsanteile in Höhe von 10 Prozent des Kapitals oder mehr zuzurechnen, entfällt entgegen Absatz 1 die Steuerbefreiung der REIT-Aktiengesellschaft nicht. 2 Der Anteilseigner verliert deswegen auch nicht seinen Anspruch auf Dividende oder sein Stimmrecht, er kann aber aus seiner Beteiligung im Übrigen nur die Rechte geltend machen, die ihm aus einer Beteiligung von weniger als 10 Prozent zustehen würden. 3 Dies gilt auch für die Anwendung der Doppelbesteuerungsabkommen. 4 Die Vorschriften des Wertpapierhandelsgesetzes bleiben unberührt.

(3) 1 Besteht das gesamte Vermögen der inländischen REIT-Aktiengesellschaft zum Ende eines Wirtschaftsjahres zu weniger als 75 Prozent aus unbeweglichem Vermögen gemäß der Berechnung nach § 12, setzt die zuständige Finanzbehörde eine Zahlung gegen die Aktiengesellschaft fest. 2 Die Zahlung beträgt mindestens 1 Prozent und höchstens 3 Prozent des Betrages, um den der Anteil des unbeweglichen Vermögens hinter dem Anteil von 75 Prozent zurückbleibt. 3 Bei der Festsetzung der Zahlung berücksichtigt die Finanzbehörde, ob und wie oft bereits in früheren Wirtschaftsjahren das unbewegliche Vermögen hinter der Vorgabe von 75 Prozent zurückgeblieben ist. 4 Eine Zahlung nach diesem Absatz kann auch neben einer Zahlung nach Absatz 4 oder 5 festgesetzt werden, wenn jeweils die Voraussetzungen für die Zahlung erfüllt sind.

(4) 1 Stammen in einem Wirtschaftsjahr weniger als 75 Prozent der Bruttoerträge der inländischen REIT-Aktiengesellschaft aus der Vermietung und Verpachtung oder der Veräußerung von unbeweglichem Vermögen gemäß der Berechnung nach § 12, setzt die zuständige Finanzbehörde eine Zahlung gegen die Aktiengesellschaft fest. 2 Die Zahlung beträgt mindestens 10 Prozent und höchstens 20 Prozent des Betrages, um den die Bruttoerträge aus der Vermietung und Verpachtung oder der Veräußerung von unbeweglichem Vermögen hinter der Vorgabe von 75 Prozent der Bruttoerträge zurückbleiben. 3 Absatz 3 Satz 3 und 4 ist entsprechend anzuwenden.

(5) 1 Schüttet eine inländische REIT-Aktiengesellschaft bis zum Ende des folgenden Wirtschaftsjahres weniger als 90 Prozent des Jahresüberschusses gemäß der Berechnung nach § 13 Abs. 1 an die Anteilseigner aus, setzt die zuständige Finanzbehörde eine Zahlung gegen die Kapitalgesellschaft fest. 2 Die Zahlung beträgt mindestens 20 Prozent und höchstens 30 Prozent des Betrages, um den die tatsächliche Ausschüttung hinter der Vorgabe von 90 Prozent des nach § 13 Abs. 1 berechneten Jahresüberschusses zurückbleibt. 3 Absatz 3 Satz 3 und 4 ist entsprechend anzuwenden.

(6) 1 Erbringt die REIT-Aktiengesellschaft oder eine ihr nachgeordnete Immobilienpersonengesellschaft entgeltliche Nebentätigkeiten für Dritte,

setzt die zuständige Finanzbehörde eine Zahlung gegen die Aktiengesellschaft fest. [2]Die Zahlung beträgt mindestens 20 Prozent und höchstens 30 Prozent der durch die entgeltliche Nebentätigkeit erzielten Einnahmen. [3]Absatz 3 Satz 3 und 4 ist entsprechend anzuwenden.

§ 17 Beginn der Steuerbefreiung. (1) Die Steuerbefreiung tritt zu Beginn des Wirtschaftsjahres ein, in dem die REIT-Aktiengesellschaft nach der Anmeldung gemäß § 8 unter einer Firma gemäß § 6 in das Handelsregister eingetragen wird.

(2) Bei Anwendung des § 13 Abs. 1 und 3 Satz 1 des Körperschaftsteuergesetzes gelten § 3 Nr. 70 Satz 1 Buchstabe b, Satz 2, 3 und § 3c Abs. 3 des Einkommensteuergesetzes entsprechend.

(3) [1]Hält die steuerpflichtige Aktiengesellschaft Beteiligungen an Immobilienpersonengesellschaften, ist das unbewegliche Vermögen der Immobilienpersonengesellschaften, soweit es der Beteiligung der Aktiengesellschaft entspricht, mit dem Teilwert anzusetzen. [2]Maßgebend ist der Zeitpunkt der Schlussbilanz der Aktiengesellschaft im Sinne des § 13 Abs. 1 und 3 Satz 1 des Körperschaftsteuergesetzes. [3]Eine mittelbare Beteiligung über eine oder mehrere Personengesellschaften steht der unmittelbaren Beteiligung gleich, § 15 Abs. 1 Satz 1 Nr. 2 Satz 2 des Einkommensteuergesetzes gilt sinngemäß.

(4) Nach einem Verlust der Steuerbefreiung im Sinne des § 18 kann die Steuerbefreiung nicht vor Ablauf von vier Jahren seit dem Verlust wieder aufleben oder beginnen.

§ 18 Ende der Steuerbefreiung. (1) Die Steuerbefreiung nach § 16 Abs. 1 endet zum Ende des Wirtschaftsjahres, das dem Verlust der Börsenzulassung nach § 10 vorausgeht.

(2) Betreibt die REIT-Aktiengesellschaft im Sinne des § 14 Handel mit unbeweglichem Vermögen, entfällt die Steuerbefreiung erstmals für das Wirtschaftsjahr, in dem die Grenze nach § 14 Abs. 2 überschritten wird.

(3) [1]Befinden sich während dreier aufeinander folgender Wirtschaftsjahre weniger als 15 Prozent der Aktien der REIT-Aktiengesellschaft im Streubesitz, so endet die Steuerbefreiung mit Ablauf des dritten Wirtschaftsjahres. [2]Wird während dreier aufeinander folgender Wirtschaftsjahre gegen die Vorschrift über die Höchstbeteiligung nach § 11 Abs. 4 verstoßen, so endet die Steuerbefreiung mit Ablauf des dritten Wirtschaftsjahres. [3]Solange die REIT-Aktiengesellschaft aus den Meldungen nach dem Wertpapierhandelsgesetz den Verstoß nicht entnehmen kann, ist Satz 1 und 2 nicht anzuwenden. [4]Nach Aufdeckung eines Verstoßes gegen die Vorschriften über den Streubesitz oder die Höchstbeteiligung muss die REIT-Aktiengesellschaft bis zum Ende des auf die Aufdeckung des Verstoßes folgenden Wirtschaftsjahres die Einhaltung der Vorschriften über den Streubesitz und die Höchstbeteiligung erreichen. [5]Gelingt ihr dies nicht, endet die Steuerbefreiung rückwirkend zum Ende des Wirtschaftsjahres, in dem der Verstoß aufgedeckt wurde.

(4) Sind die Voraussetzungen des § 15 in drei aufeinander folgenden Wirtschaftsjahren nicht erfüllt, so endet die Steuerbefreiung mit Ablauf des dritten Wirtschaftsjahres.

(5) [1]Sind bei einer REIT-Aktiengesellschaft für drei aufeinander folgende Wirtschaftsjahre die Voraussetzungen desselben Absatzes des § 16 Abs. 3 bis 6 erfüllt, endet die Steuerbefreiung mit Ablauf des dritten Wirtschaftsjahres. [2]Sind bei einer REIT-Aktiengesellschaft die Voraussetzungen verschiedener, für fünf aufeinander folgende Wirtschaftsjahre aber jeweils mindestens einer der Absätze 3 bis 6 des § 16 erfüllt, endet die Steuerbefreiung mit Ablauf des fünften Wirtschaftsjahres. [3]Die zuständige Finanzbehörde kann ausnahmsweise bestimmen, dass die Steuerbefreiung nicht entfällt; in diesem Falle setzt sie die höchstmöglichen Zahlungen nach § 16 Abs. 3 bis 6 fest.

(6) In den Fällen der Absätze 1 bis 4 sowie des Absatzes 5 Satz 1 und 2 ist § 13 Abs. 2 des Körperschaftsteuergesetzes mit der Maßgabe anzuwenden, dass in der Anfangsbilanz die Wirtschaftsgüter mit dem Wert anzusetzen sind, der sich ausgehend von der Anfangsbilanz der inländischen REIT-Aktiengesellschaft bei ununterbrochener Steuerpflicht nach den Vorschriften über die steuerliche Gewinnermittlung ergeben würde.

(7) In den Fällen der Absätze 1 bis 4 sowie des Absatzes 5 Satz 1 und 2 ist die Rücklage nach § 13 Abs. 3 aufzulösen und erhöht zusammen mit den nicht ausgeschütteten Teilen des nach § 13 Abs. 1 berechneten Jahresüberschusses der Geschäftsjahre, für die die Steuerbefreiung der inländischen REIT-Aktiengesellschaft galt, den Gewinn der steuerpflichtigen Aktiengesellschaft im Jahr der erstmaligen Steuerpflicht.

§ 19[1)] Besteuerung der Anteilsinhaber. (1) [1]Die Ausschüttungen der REIT-Aktiengesellschaft und anderer REIT-Körperschaften, -Personenvereinigungen oder -Vermögensmassen sowie sonstige Vorteile, die neben oder an Stelle der Ausschüttungen gewährt werden, gehören zu den Einkünften aus Kapitalvermögen im Sinne des § 20 Abs. 1 Nr. 1 des Einkommensteuergesetzes, wenn sie nicht Betriebseinnahmen des Anteilseigners sind. [2]§ 20 Abs. 1 Nr. 2 des Einkommensteuergesetzes ist entsprechend, § 20 Abs. 2 Satz 1 Nr. 2 Buchstabe a des Einkommensteuergesetzes ist nicht anzuwenden.

(2) Auf die Veräußerung von Aktien an REIT-Aktiengesellschaften und Anteilen an anderen REIT-Körperschaften, -Personenvereinigungen oder -Vermögensmassen, die nicht Bestandteil eines Betriebsvermögens sind, sind § 17 sowie *§ 22 Nr. 2 und § 23 Abs. 1 Satz 1 Nr. 2* [***ab 1. 1. 2009:*** § 20 Abs. 2 Satz 1 Nr. 1][2)] des Einkommensteuergesetzes anzuwenden, anderenfalls ist der Gewinn nach § 4 oder § 5 des Einkommensteuergesetzes zu ermitteln.

[1)] Zur Anwendung von § 19 siehe § 23 Abs. 2 bis 9.

[2)] § 19 Abs. 2 geänd. durch G v. 19. 12. 2008 (BGBl. I S. 2497); zur erstmaligen Anwendung siehe § 23 Abs. 6.

(3) [Vorbehaltlich des § 19a][1] sind § 3 Nr. 40 des Einkommensteuergesetzes und § 8b des Körperschaftsteuergesetzes nicht anzuwenden.

(4) *Betriebsvermögensminderungen, Betriebsausgaben oder Veräußerungskosten* [*ab 1. 1. 2009:* Betriebsvermögensminderungen oder Betriebsausgaben][2], die mit Aktien einer REIT-Aktiengesellschaft oder Anteilen an anderen REIT-Körperschaften, -Personenvereinigungen oder -Vermögensmassen in wirtschaftlichem Zusammenhang stehen, dürfen nur mit *Betriebsvermögensmehrungen, Betriebseinnahmen oder Einnahmen* [*ab 1. 1. 2009:* Betriebsvermögensmehrungen oder Betriebseinnahmen][2] aus der Veräußerung von Aktien einer REIT-Aktiengesellschaft oder Anteilen an anderen REIT-Körperschaften, -Personenvereinigungen oder -Vermögensmassen ausgeglichen werden; § 10d des Einkommensteuergesetzes gilt entsprechend.

(5) Andere REIT-Körperschaften, -Personenvereinigungen oder -Vermögensmassen im Sinne dieser Vorschrift sind alle Körperschaften, Personenvereinigungen oder Vermögensmassen, die nicht im Inland ansässig sind, deren Bruttovermögen zu mehr als zwei Dritteln aus unbeweglichem Vermögen besteht, deren Bruttoerträge zu mehr als zwei Dritteln aus der Vermietung und Verpachtung und der Veräußerung von unbeweglichem Vermögen stammen, die in ihrem Sitzstaat keiner Investmentaufsicht unterliegen, deren Anteile im Rahmen eines geregelten Marktes gehandelt werden und deren [*ab 1. 1. 2008:* aus Immobilien stammenden][3] Ausschüttungen an ihre Anleger nicht mit einer der deutschen Körperschaftsteuer vergleichbaren ausländischen Steuer in ihrem Sitzstaat vorbelastet sind.

(6)[4] Bezieht eine unbeschränkt steuerpflichtige Gesellschaft von einer anderen REIT-Körperschaft, -Personenvereinigung oder -Vermögensmasse Gewinne oder Dividenden, die auf Grund eines Doppelbesteuerungsabkommens von Deutschland als Ansässigkeitsstaat freizustellen sind, ist insoweit die Doppelbesteuerung unbeschadet des Abkommens nicht durch Freistellung, sondern durch Anrechnung der auf diese Einkünfte erhobenen ausländischen Steuer zu vermeiden.

§ 19 a[5] Berücksichtigung von Vorbelastungen bei der Besteuerung der Anteilsinhaber. (1) [1]Abweichend von § 19 Abs. 3 sind § 3 Nr. 40 und § 3c Abs. 2 des Einkommensteuergesetzes sowie § 8b des Körperschaftsteuergesetzes anzuwenden, soweit die Dividenden einer REIT-Aktiengesellschaft oder einer anderen REIT-Körperschaft, -Personenvereinigung oder -Vermögensmasse aus vorbelasteten Teilen des Gewinns stammen. [2]Auf die Wertminderung einer Beteiligung an einer

---

[1] Text in Klammern eingef. durch G v. 19. 12. 2008 (BGBl. I S. 2794).

[2] § 19 Abs. 4 geänd. durch G v. 19. 12. 2008 (BGBl. I S. 2497); zur Anwendung siehe § 23 Abs. 7 und 8.

[3] § 19 Abs. 5 Klammerzusatz eingef. durch G v. 19. 12. 2008 (BGBl. I S. 2794).

[4] § 19 Abs. 6 angef. durch G v. 19. 12. 2008 (BGBl. I S. 2794); zur erstmaligen Anwendung siehe § 23 Abs. 9.

[5] § 19 a eingef. durch G v. 19. 12. 2008 (BGBl. I S. 2794); zur Anwendung siehe § 23.

REIT-Aktiengesellschaft oder anderen Körperschaft, Personenvereinigung oder Vermögensmasse ist § 8b des Körperschaftsteuergesetzes oder § 3c Abs. 2 des Einkommensteuergesetzes anzuwenden, soweit sie auf Dividenden im Sinne von Satz 1 beruht.

(2) [1]Dividenden stammen im Sinne des Absatzes 1 aus vorbelasteten Teilen des Gewinns, wenn hierfür Einkünfte der REIT-Aktiengesellschaft oder der anderen REIT-Körperschaft, -Personenvereinigung oder -Vermögensmasse als verwendet gelten, die mit mindestens 15 Prozent deutscher Körperschaftsteuer oder einer mit dieser vergleichbaren ausländischen Steuer für den jeweiligen Veranlagungszeitraum belastet sind. [2]Die Steuerbelastung ist dabei für jede Beteiligung an einer Kapitalgesellschaft oder einer Immobilienpersonengesellschaft und für jede Immobilie im Sinne des § 1 Abs. 1 Nr. 1 Buchstabe a und b getrennt zu ermitteln. [3]Abzustellen ist für jede Beteiligung an einer Immobilienpersonengesellschaft oder jede einzelne Immobilie im Sinne des § 1 Abs. 1 Nr. 1 Buchstabe a und b auf die jeweilige Steuerbelastung der Einkünfte in dem Wirtschaftsjahr, das dem Jahr der Ausschüttung der REIT-Aktiengesellschaft oder der anderen REIT-Körperschaft, -Personenvereinigung oder -Vermögensmasse vorangeht. [4]Dividenden oder sonstige Bezüge aus einer Beteiligung an einer Kapitalgesellschaft gelten nur als vorbelastete Teile des Gewinns, wenn sie von der Kapitalgesellschaft in dem ersten Wirtschaftsjahr, das dem Wirtschaftsjahr nachfolgt, dessen Gewinn ausgeschüttet wird, an die REIT-Aktiengesellschaft oder die andere REIT-Körperschaft, -Personenvereinigung oder -Vermögensmasse ausgeschüttet werden. [5]Die vorbelasteten Teile des Gewinns der REIT-Aktiengesellschaft oder anderen REIT-Körperschaft, -Personenvereinigung oder -Vermögensmasse gelten als vorrangig ausgeschüttet.

(3) [1]Der aus vorbelasteten Gewinnen stammende Teil der Dividende oder der sonstigen Bezüge ist in der Steuerbescheinigung nach § 45a des Einkommensteuergesetzes gesondert auszuweisen. [2]Veranlasst die REIT-Aktiengesellschaft einen zu hohen Ausweis des aus vorbelasteten Gewinnen stammenden Teils der Dividende oder der sonstigen Bezüge, ist die Steuerbescheinigung nach § 45a des Einkommensteuergesetzes nicht zu ändern. [3]Gegen die REIT-Aktiengesellschaft ist bei einem zu hohen Ausweis des aus vorbelasteten Gewinnen stammenden Teils der Dividende von der zuständigen Finanzbehörde entsprechend dem mutmaßlichen Steuerausfall auf der Ebene ihrer Aktionäre eine Zahlung von mindestens 20 Prozent und höchstens 30 Prozent des Betrags festzusetzen, um den die tatsächlich vorbelasteten Gewinne hinter dem Betrag zurückbleiben, von dem bei der Erteilung der Bescheinigung ausgegangen worden ist.

(4) Die Absätze 1 und 2 sind bei der Besteuerung von Dividenden und sonstigen Bezügen aus anderen REIT-Körperschaften, -Personenvereinigungen oder -Vermögensmassen nur anzuwenden, wenn der Anleger nachweist, dass für die Dividenden oder sonstigen Bezüge vorbelastete Gewinne der anderen REIT-Körperschaft, -Personenvereinigung oder -Vermögensmasse verwendet worden sind.

§ 20 Kapitalertragsteuerabzug

[Fassung bis 31. 12. 2008]

(1) 1Von den Ausschüttungen, sonstigen Vorteilen und Bezügen nach Kapitalherabsetzung oder Auflösung einer inländischen REIT-Aktiengesellschaft wird die Einkommensteuer oder Körperschaftsteuer durch Abzug vom Kapitalertrag (Kapitalertragsteuer) erhoben. 2Die für den Steuerabzug vom Kapitalertrag nach § 43 Abs. 1 Satz 1 Nr. 1 und Satz 2 des Einkommensteuergesetzes geltenden Vorschriften des Einkommensteuergesetzes sind entsprechend anzuwenden.

[Fassung ab 1. 1. 2009][1]

(1) 1Von den Ausschüttungen, sonstigen Vorteilen und Bezügen nach Kapitalherabsetzung oder Auflösung einer inländischen REIT-Aktiengesellschaft oder einer anderen REIT-Körperschaft, -Personenvereinigung oder -Vermögensmasse und von den Gewinnen aus der Veräußerung von Aktien an REIT-Aktiengesellschaften oder Anteilen an anderen REIT-Körperschaften, -Personenvereinigungen oder -Vermögensmassen wird die Einkommensteuer oder Körperschaftsteuer durch Abzug vom Kapitalertrag erhoben. 2Die für die Kapitalertragsteuer nach § 43 Absatz 1 Satz 1 Nummer 1 [***ab 1. 1. 2012:***, 1 a], 6, 9 und Satz 2 des Einkommensteuergesetzes geltenden Vorschriften des Einkommensteuergesetzes sind entsprechend anzuwenden.

(2)[2] 1*Abweichend von § 43 a Abs. 1 Nr. 1 des Einkommensteuergesetzes beträgt die Kapitalertragsteuer 25 Prozent des Kapitalertrags, wenn der Gläubiger die Kapitalertragsteuer trägt und 33$^1/_3$ Prozent des tatsächlich ausgezahlten Betrags, wenn der Schuldner die Kapitalertragsteuer übernimmt.* 2*Bei Gläubigern im Sinne des § 44 a Abs. 8 des Einkommensteuergesetzes ist § 45 b des Einkommensteuergesetzes mit der Maßgabe anzuwenden, dass $^2/_5$ der in Satz 1 vorgeschriebenen Kapitalertragsteuer erstattet wird.*

(3) In der Steuerbescheinigung nach § 45 a des Einkommensteuergesetzes ist anzugeben, dass es sich um Bezüge von einer REIT-Aktiengesellschaft handelt.

(4) 1Für die Anrechnung der einbehaltenen und abgeführten Kapitalertragsteuer nach § 36 Abs. 2 des Einkommensteuergesetzes oder deren Erstattung nach § 50 d des Einkommensteuergesetzes gelten die Vorschriften des Einkommensteuergesetzes entsprechend. 2Werden 10 Prozent oder mehr der Aktien, der stimmberechtigten Aktien oder der Stimmrechte indirekt gehalten oder kontrolliert, so wird im Fall der Anwendung eines Doppelbesteuerungsabkommens ungeachtet darin enthaltener oder für seine Anwendung vereinbar-

---

[1] § 20 Abs. 1 neu gef. durch G v. 19. 12. 2008 (BGBl. I S. 2794); zur erstmaligen Anwendung siehe § 23 Abs. 10 Satz 1; Abs. 1 Satz 2 Zitat ergänzt durch G v. 22. 6. 2011 (BGBl. I S. 1126), zur Anwendung siehe § 23 Abs. 11 Satz 2.

[2] § 20 Abs. 2 aufgeh. durch G v. 19. 12. 2008 (BGBl. I S. 2794); zur letztmaligen Anwendung siehe § 23 Abs. 10 Satz 2.

ter weitergehender Vergünstigungen die deutsche Quellensteuer auf die Ausschüttungen stets mit dem Satz erhoben, den das Doppelbesteuerungsabkommen für Fälle des indirekten Haltens oder der Kontrolle von weniger als 10 Prozent der Aktien, der stimmberechtigten Aktien oder der Stimmrechte vorsieht. [3]Satz 2 gilt ebenfalls, wenn weniger als 10 Prozent der Aktien, der stimmberechtigten Aktien oder der Stimmrechte indirekt gehalten oder kontrolliert werden und dem Anteilseigner zugleich direkt Aktien nach Maßgabe des § 16 Abs. 2 zuzurechnen sind und bei Zusammenrechnung 10 Prozent oder mehr der Aktien, der stimmberechtigten Aktien oder der Stimmrechte gehalten oder kontrolliert werden.

§ 21 Verfahrensvorschriften. (1) [1]Auf die Zahlungen nach §§ 16 und 19 a[1)] sind die für die Körperschaftsteuer geltenden Vorschriften der Abgabenordnung entsprechend anzuwenden. [2]In öffentlich-rechtlichen Streitigkeiten wegen einer Zahlung ist der Finanzrechtsweg gegeben. [3]Das Aufkommen aus der Zahlung steht je zur Hälfte dem Bund und dem Land zu, in dem die REIT-Aktiengesellschaft ihren Sitz hat.

(2)[2)] [1]Die REIT-Aktiengesellschaft hat für den abgelaufenen Veranlagungszeitraum eine Steuererklärung abzugeben. [2]In dieser sind neben den Voraussetzungen für die Steuerbefreiung auch Angaben zum Einhalten der Vorgaben über die Zusammensetzung des Vermögens und der Erträge, der Erfüllung der Mindestausschüttungsverpflichtung und der Höhe des Eigenkapitals im Vergleich zum unbeweglichen Vermögen und zur Zusammensetzung der Erträge hinsichtlich vorbelasteter und nicht vorbelasteter Erträge zu machen. [3]§ 152 der Abgabenordnung ist mit der Maßgabe anzuwenden, dass ein Verspätungszuschlag auch bei Vorliegen der Voraussetzungen für die Steuerbefreiung festgesetzt werden kann. [4]Bemessungsgrundlage im Sinne des § 152 *Abs. 2* ***[ab 1. 1. 2017:*** Absatz 5 Satz 2] der Abgabenordnung ist der nach § 13 Absatz 1 ermittelte auszuschüttende Betrag. [5]Eine beglaubigte Abschrift des besonderen Vermerks nach § 1 Absatz 4 ist der Steuererklärung beizufügen.

(3) [1]Nach Aufforderung durch die Finanzbehörde hat die REIT-Aktiengesellschaft die Ermittlung der Angaben nach Absatz 2 darzulegen. [2]Art und Umfang bestimmt die Finanzbehörde. [3]Die Finanzbehörde kann verlangen, dass der jeweilige Abschlussprüfer die Richtigkeit einzelner Angaben bestätigt. [4]Unberührt bleibt das Recht der Finanzbehörde, weitere Sachaufklärung zu betreiben, insbesondere eine Außenprüfung anzuordnen oder Sachverständige hinzuzuziehen.

Abschnitt 4. Schlussvorschriften

§ 22 Übergangsregelung zu § 7. [1]Abweichend von § 7 darf eine Gesellschaft die Bezeichnung „REIT-Aktiengesellschaft" oder eine Bezeichnung, in der der Begriff „Real Estate Investment Trust" oder die Abkürzung „REIT"

---

1) Verweis auf § 19 a eingef. durch G v. 19. 12. 2008 (BGBl. I S. 2794).

2) § 21 Abs. 2 Satz 2 ergänzt durch G v. 19. 12. 2008 (BGBl. I S. 2794); Sätze 4 und 5 geänd. durch G v. 18. 7. 2016 (BGBl. I S. 1679); zur Anwendung von Satz 4 vgl. § 23 Abs. 12.

allein oder im Zusammenhang mit anderen Worten vorkommt, in der Firma oder als Zusatz zur Firma nur bis zum 31. Dezember 2007 führen, wenn am 23. März 2007 die zulässige Eintragung der Firma in das Handelsregister bewirkt war. [2]Nach dem 31. Dezember 2007 ist die Eintragung unzulässig im Sinne des § 142 Abs. 1 Satz 1 des Gesetzes über die Angelegenheiten der freiwilligen Gerichtsbarkeit und kann nach dieser Vorschrift gelöscht werden.

§ 23[1)] **Anwendungsvorschriften.** (1) Diese Fassung des Gesetzes ist vorbehaltlich der nachfolgenden Absätze erstmals für das Kalenderjahr 2008 anzuwenden.

(2) [1]Die §§ 19 und 19a sind erstmals auf Bezüge anzuwenden, die dem Anteilseigner nach dem Beginn der Steuerbefreiung der REIT-Aktiengesellschaft zufließen. [2]Abweichend von Satz 1 sind auf Gewinnausschüttungen, die auf einem den gesellschaftsrechtlichen Vorschriften entsprechenden Gewinnverteilungsbeschluss für ein abgelaufenes Wirtschaftsjahr beruhen, im ersten Wirtschaftsjahr der steuerbefreiten REIT-Aktiengesellschaft die §§ 19 und 19a noch nicht anzuwenden.

(3) § 19 Abs. 1 bis 4 und § 19a sind erstmals auf Bezüge von oder auf Gewinne aus der Veräußerung eines Anteils an einer anderen REIT-Körperschaft, -Personenvereinigung oder -Vermögensmasse anzuwenden, die der Anteilseigner nach dem 31. Dezember 2007 erzielt.

(4) Bei Wegfall der Steuerbefreiung sind auf Gewinnausschüttungen, die auf einem den gesellschaftsrechtlichen Vorschriften entsprechenden Gewinnverteilungsbeschluss für ein abgelaufenes Wirtschaftsjahr beruhen, für das noch die Steuerbefreiung der REIT-Aktiengesellschaft galt, die §§ 19 und 19a anzuwenden.

(5) Die §§ 19 und 19a sind nicht mehr auf Bezüge anzuwenden, die dem Anleger nach dem Ende des Wirtschaftsjahres zufließen, in dem die ausländische Körperschaft, Personenvereinigung oder Vermögensmasse nicht mehr die Voraussetzungen des § 19 Abs. 5 erfüllt.

(6) § 19 Abs. 2 in der Fassung des Artikels 37 des Gesetzes vom 19. Dezember 2008 (BGBl. I S. 2794) ist erstmals anzuwenden auf die Veräußerung von Aktien an REIT-Aktiengesellschaften und Anteilen an anderen REIT-Körperschaften, -Personenvereinigungen oder -Vermögensmassen, die nach dem 31. Dezember 2008 erworben werden.

(7) Auf Veräußerungen oder die Bewertung von Anteilen an einer REIT-Aktiengesellschaft oder anderen REIT-Körperschaft, -Personenvereinigung oder -Vermögensmasse ist § 19 Abs. 4 anzuwenden, solange die REIT-Aktiengesellschaft steuerbefreit ist oder die andere REIT-Körperschaft, -Personenvereinigung oder -Vermögensmasse die Voraussetzungen des § 19 Abs. 5 erfüllt.

(8) § 19 Abs. 4 in der Fassung des Artikels 37 des Gesetzes vom 19. Dezember 2008 (BGBl. I S. 2794) ist erstmals anzuwenden auf Aktien an REIT-Aktiengesellschaften und Anteilen an anderen REIT-Körperschaften, -Perso-

---

[1)] § 23 neu gef. durch G v. 19.12.2008 (BGBl. I S. 2794).

nenvereinigungen oder -Vermögensmassen, die nach dem 31. Dezember 2008 veräußert werden.

(9) § 19 Abs. 6 ist erstmals auf nach dem 31. Dezember 2008 zufließende Dividenden anzuwenden.

(10) [1] § 20 Abs. 1 in der Fassung des Artikels 37 des Gesetzes vom 19. Dezember 2008 (BGBl. I S. 2794) ist erstmals auf Kapitalerträge anzuwenden, die dem Gläubiger nach dem 31. Dezember 2008 zufließen, und auf Veräußerungen von Aktien an REIT-Aktiengesellschaften oder Anteilen an anderen REIT-Körperschaften, -Personenvereinigungen oder -Vermögensmassen, die nach dem 31. Dezember 2008 erworben werden. [2] § 20 Abs. 2 in der am 1. Januar 2007 geltenden Fassung ist letztmals auf Veräußerungen von Aktien an REIT-Aktiengesellschaften oder Anteilen an anderen REIT-Körperschaften, -Personenvereinigungen oder -Vermögensmassen anzuwenden, die vor dem 1. Januar 2009 erworben werden.

(11)[1)] [1] § 10 Absatz 2 Satz 2 in der Fassung des Artikels 11 des Gesetzes vom 22. Juni 2011 (BGBl. I S. 1126) ist erstmals ab dem 1. Januar 2011 anzuwenden. [2] § 20 Absatz 1 Satz 2 in der Fassung des Artikels 11 des Gesetzes vom 22. Juni 2011 (BGBl. I S. 1126) ist erstmals auf Kapitalerträge anzuwenden, die dem Gläubiger nach dem 31. Dezember 2011 zufließen.

(12)[2)] § 21 Absatz 2 Satz 4 in der am 1. Januar 2017 geltenden Fassung ist erstmals ab dem 1. Januar 2017 anzuwenden.

(13)[3)] [1] Die §§ 12 und 15 in der Fassung des CSR-Richtlinie-Umsetzungsgesetzes vom 11. April 2017 (BGBl. I S. 802) sind erstmals auf Jahres- und Konzernabschlüsse, Lage und Konzernlageberichte für das nach dem 31. Dezember 2016 beginnende Geschäftsjahr anzuwenden. [2] Die §§ 12 und 15 in der bis zum 18. April 2017 geltenden Fassung sind letztmals anzuwenden auf Lage- und Konzernlageberichte für das vor dem 1. Januar 2017 beginnende Geschäftsjahr.

---

1) § 23 Abs. 11 angef. durch G v. 22.6.2011 (BGBl. I S. 1126).
2) § 23 Abs. 12 angef. durch G v. 18.7.2016 (BGBl. I S. 1679).
3) § 23 Abs. 13 angef. durch G v. 11.4.2017 (BGBl. I S. 802).

130. Umwandlungssteuergesetz[1) · 2) · 3)]

Vom 7. Dezember 2006 (BGBl. I S. 2782/2791)

Geändert durch Unternehmensteuerreformgesetz 2008 vom 14.8.2007 (BGBl. I S. 1912), Jahressteuergesetz 2008 vom 20.12.2007 (BGBl. I S. 3150), Jahressteuergesetz 2009 vom 19.12.2008 (BGBl. I S. 2794), Wachstumsbeschleunigungsgesetz vom 22.12.2009 (BGBl. I S. 3950), Gesetz zur Umsetzung des EuGH-Urteils vom 20. Oktober 2011 in der Rechtssache C-284/09 vom 21.3.2013 (BGBl. I S. 561), Amtshilferichtlinie-Umsetzungsgesetz (AmtshilfeRLUmsG) vom 26. Juni 2013 (BGBl. I S. 1809), Gesetz zur Anpassung des nationalen Steuerrechts an den Beitritt Kroatiens zur EU und zur Änderung weiterer steuerlicher Vorschriften vom 25.7.2014 (BGBl. I S. 1266), Steueränderungsgesetz 2015 vom 2.11.2015 (BGBl. I S. 1834), Gesetz über steuerliche und weitere Begleitregelungen zum Austritt des Vereinigten Königreichs Großbritannien und Nordirland aus der Europäischen Union (Brexit-Steuerbegleitgesetz – Brexit-StBG) vom 25.3.2019 (BGBl. I S. 357) und Gesetz zur Umsetzung steuerlicher Hilfsmaßnahmen zur Bewältigung der Corona-Krise (Corona-Steuerhilfegesetz) vom 19.6.2020 (BGBl. I S. 1385)

BGBl. III/FNA 610-6-16

Inhaltsübersicht

---

1) Das Umwandlungssteuergesetz wurde verkündet als Art. 6 des Gesetzes über steuerliche Begleitmaßnahmen zur Einführung der Europäischen Gesellschaft und zur Änderung weiterer steuerrechtlicher Vorschriften (SEStEG) vom 7.12.2006 (BGBl. I S. 2782).

2) Das UmwStG in dieser Fassung gilt für **nach dem 12.12.2006** erfolgte Umwandlungen und Einbringungen (§ 27 Abs. 1). Für **vom 1.1.1995 bis 12.12.2006** erfolgte Umwandlungen und Einbringungen siehe UmwStG idF der Bek. v. 15.10.2002 (BGBl. I S. 4133, ber. BGBl. I 2003 S. 738), zuletzt geänd. durch G v. 16.5.2003 (BGBl. I S. 660).

3) Das Umwandlungsgesetz abgedr. im **Schönfelder** Nr. **52a.**

Erster Teil. Allgemeine Vorschriften

§ 1 Anwendungsbereich und Begriffsbestimmungen. (1) [1]Der Zweite bis Fünfte Teil gilt nur für

1. die Verschmelzung, Aufspaltung und Abspaltung im Sinne der §§ 2, 123 Abs. 1 und 2 des Umwandlungsgesetzes von Körperschaften oder vergleichbare ausländische Vorgänge sowie des Artikels 17 der Verordnung (EG) Nr. 2157/2001 und des Artikels 19 der Verordnung (EG) Nr. 1435/2003;
2. den Formwechsel einer Kapitalgesellschaft in eine Personengesellschaft im Sinne des § 190 Abs. 1 des Umwandlungsgesetzes oder vergleichbare ausländische Vorgänge;
3. die Umwandlung im Sinne des § 1 Abs. 2 des Umwandlungsgesetzes, soweit sie einer Umwandlung im Sinne des § 1 Abs. 1 des Umwandlungsgesetzes entspricht sowie
4. die Vermögensübertragung im Sinne des § 174 des Umwandlungsgesetzes vom 28. Oktober 1994 (BGBl. I S. 3210, 1995 I S. 428), das zuletzt durch Artikel 10 des Gesetzes vom 9. Dezember 2004 (BGBl. I S. 3214) geändert worden ist, in der jeweils geltenden Fassung.

[2]Diese Teile gelten nicht für die Ausgliederung im Sinne des § 123 Abs. 3 des Umwandlungsgesetzes.

(2)[1] [1]Absatz 1 findet nur Anwendung, wenn

1. beim Formwechsel der umwandelnde Rechtsträger oder bei den anderen Umwandlungen die übertragenden und die übernehmenden Rechtsträger nach den Rechtsvorschriften eines Mitgliedstaats der Europäischen Union oder eines Staates, auf den das Abkommen über den Europäischen Wirtschaftsraum Anwendung findet, gegründete Gesellschaften im Sinne des Artikels 54 des Vertrags über die Arbeitsweise der Europäischen Union[2] oder des Artikels 34 des Abkommens über den Europäischen Wirtschaftsraum sind, deren Sitz und Ort der Geschäftsleitung sich innerhalb des Hoheitsgebiets eines dieser Staaten befinden oder
2. übertragender Rechtsträger eine Gesellschaft im Sinne der Nummer 1 und übernehmender Rechtsträger eine natürliche Person ist, deren Wohnsitz oder gewöhnlicher Aufenthalt sich innerhalb des Hoheitsgebiets eines der Staaten im Sinne der Nummer 1 befindet und die nicht auf Grund eines Abkommens zur Vermeidung der Doppelbesteuerung mit einem dritten Staat als außerhalb des Hoheitsgebiets dieser Staaten ansässig angesehen wird.

[2]Eine Europäische Gesellschaft im Sinne der Verordnung (EG) Nr. 2157/2001 und eine Europäische Genossenschaft im Sinne der Verordnung (EG) Nr. 1435/2003 gelten für die Anwendung des Satzes 1 als eine nach den Rechtsvorschriften des Staates gegründete Gesellschaft, in dessen Hoheitsgebiet sich der Sitz der Gesellschaft befindet. [***ab 29.3.2019:*** [3]Eine übertragende Gesellschaft, auf die § 122m des Umwandlungsgesetzes Anwendung findet, gilt als Gesellschaft mit Sitz und Ort der Geschäftsleitung innerhalb des Hoheitsgebiets eines Mitgliedstaats der Europäischen Union.]

(3) Der Sechste bis Achte Teil gilt nur für

1. die Verschmelzung, Aufspaltung und Abspaltung im Sinne der §§ 2 und 123 Abs. 1 und 2 des Umwandlungsgesetzes von Personenhandelsgesellschaften und Partnerschaftsgesellschaften oder vergleichbare ausländische Vorgänge;
2. die Ausgliederung von Vermögensteilen im Sinne des § 123 Abs. 3 des Umwandlungsgesetzes oder vergleichbare ausländische Vorgänge;
3. den Formwechsel einer Personengesellschaft in eine Kapitalgesellschaft oder Genossenschaft im Sinne des § 190 Abs. 1 des Umwandlungsgesetzes oder vergleichbare ausländische Vorgänge;
4. die Einbringung von Betriebsvermögen durch Einzelrechtsnachfolge in eine Kapitalgesellschaft, eine Genossenschaft oder Personengesellschaft sowie
5. den Austausch von Anteilen.

(4) [1]Absatz 3 gilt nur, wenn

1. der übernehmende Rechtsträger eine Gesellschaft im Sinne von Absatz 2 Satz 1 Nr. 1 ist und
2. in den Fällen des Absatzes 3 Nr. 1 bis 4

---

[1] § 1 Abs. 2 Satz 3 angef. mWv 29.3.2019 durch Brexit-StBG v. 25.3.2019 (BGBl. I S. 357).
[2] Verweis geänd. durch G v. 26.6.2013 (BGBl. I S. 1809).

a) beim Formwechsel der umwandelnde Rechtsträger, bei der Einbringung durch Einzelrechtsnachfolge der einbringende Rechtsträger oder bei den anderen Umwandlungen der übertragende Rechtsträger
   aa) eine Gesellschaft im Sinne von Absatz 2 Satz 1 Nr. 1 ist und, wenn es sich um eine Personengesellschaft handelt, soweit an dieser Körperschaften, Personenvereinigungen, Vermögensmassen oder natürliche Personen unmittelbar oder mittelbar über eine oder mehrere Personengesellschaften beteiligt sind, die die Voraussetzungen im Sinne von Absatz 2 Satz 1 Nr. 1 und 2 erfüllen, oder
   bb) eine natürliche Person im Sinne von Absatz 2 Satz 1 Nr. 2 ist

   oder
b) das Recht der Bundesrepublik Deutschland hinsichtlich der Besteuerung des Gewinns aus der Veräußerung der erhaltenen Anteile nicht ausgeschlossen oder beschränkt ist.

[2] Satz 1 ist in den Fällen der Einbringung eines Betriebs, Teilbetriebs oder Mitunternehmeranteils in eine Personengesellschaft nach § 24 nicht anzuwenden.

(5) Soweit dieses Gesetz nichts anderes bestimmt, ist

1.[1)] Richtlinie 2009/133/EG
die Richtlinie 2009/133/EG des Rates vom 19. Oktober 2009 über das gemeinsame Steuersystem für Fusionen, Spaltungen, Abspaltungen, die Einbringung von Unternehmensteilen und den Austausch von Anteilen, die Gesellschaften verschiedener Mitgliedstaaten betreffen, sowie für die Verlegung des Sitzes einer Europäischen Gesellschaft oder einer Europäischen Genossenschaft von einem Mitgliedstaat in einen anderen Mitgliedstaat (ABl. L 310 vom 25.11.2009, S. 34), die zuletzt durch die Richtlinie 2013/13/EU (ABl. L 141 vom 28.5.2013, S. 30) geändert worden ist, in der zum Zeitpunkt des steuerlichen Übertragungsstichtags jeweils geltenden Fassung;

2. Verordnung (EG) Nr. 2157/2001
die Verordnung (EG) Nr. 2157/2001 des Rates vom 8. Oktober 2001 über das Statut der Europäischen Gesellschaft (SE) (ABl. EG Nr. L 294 S. 1), zuletzt geändert durch die Verordnung (EG) Nr. 885/2004 des Rates vom 26. April 2004 (ABl. EU Nr. L 168 S. 1), in der zum Zeitpunkt des steuerlichen Übertragungsstichtags jeweils geltenden Fassung;

3. Verordnung (EG) Nr. 1435/2003
die Verordnung (EG) Nr. 1435/2003 des Rates vom 22. Juli 2003 über das Statut der Europäischen Genossenschaften (SCE) (ABl. EU Nr. L 207 S. 1) in der zum Zeitpunkt des steuerlichen Übertragungsstichtags jeweils geltenden Fassung;

4. Buchwert
der Wert, der sich nach den steuerrechtlichen Vorschriften über die Gewinnermittlung in einer für den steuerlichen Übertragungsstichtag aufzustellenden Steuerbilanz ergibt oder ergäbe.

[1)] § 1 Abs. 5 Nr. 1 neu gef. mWv 31.7.2014 durch G v. 25.7.2014 (BGBl. I S. 1266).

§ 2 Steuerliche Rückwirkung. (1) 1Das Einkommen und das Vermögen der übertragenden Körperschaft sowie des übernehmenden Rechtsträgers sind so zu ermitteln, als ob das Vermögen der Körperschaft mit Ablauf des Stichtags der Bilanz, die dem Vermögensübergang zu Grunde liegt (steuerlicher Übertragungsstichtag), ganz oder teilweise auf den übernehmenden Rechtsträger übergegangen wäre. 2Das Gleiche gilt für die Ermittlung der Bemessungsgrundlagen bei der Gewerbesteuer.

(2) Ist die Übernehmerin eine Personengesellschaft, gilt Absatz 1 Satz 1 für das Einkommen und das Vermögen der Gesellschafter.

(3) Die Absätze 1 und 2 sind nicht anzuwenden, soweit Einkünfte auf Grund abweichender Regelungen zur Rückbeziehung eines in § 1 Abs. 1 bezeichneten Vorgangs in einem anderen Staat der Besteuerung entzogen werden.

(4)[1] 1Der Ausgleich oder die Verrechnung eines Übertragungsgewinns mit verrechenbaren Verlusten, verbleibenden Verlustvorträgen, nicht ausgeglichenen negativen Einkünften, einem Zinsvortrag nach § 4h Absatz 1 Satz 5 des Einkommensteuergesetzes und einem EBITDA-Vortrag nach § 4h Absatz 1 Satz 3 des Einkommensteuergesetzes (Verlustnutzung) des übertragenden Rechtsträgers ist nur zulässig, wenn dem übertragenden Rechtsträger die Verlustnutzung auch ohne Anwendung der Absätze 1 und 2 möglich gewesen wäre. 2Satz 1 gilt für negative Einkünfte des übertragenden Rechtsträgers im Rückwirkungszeitraum entsprechend. 3Der Ausgleich oder die Verrechnung von positiven Einkünften des übertragenden Rechtsträgers im Rückwirkungszeitraum mit verrechenbaren Verlusten, verbleibenden Verlustvorträgen, nicht ausgeglichenen negativen Einkünften und einem Zinsvortrag nach § 4h Absatz 1 Satz 5 des Einkommensteuergesetzes des übernehmenden Rechtsträgers ist nicht zulässig. 4Ist übernehmender Rechtsträger eine Organgesellschaft, gilt Satz 3 auch für einen Ausgleich oder eine Verrechnung beim Organträger entsprechend. 5Ist übernehmender Rechtsträger eine Personengesellschaft, gilt Satz 3 auch für einen Ausgleich oder eine Verrechnung bei den Gesellschaftern entsprechend. 6Die Sätze 3 bis 5 gelten nicht, wenn übertragender Rechtsträger und übernehmender Rechtsträger vor Ablauf des steuerlichen Übertragungsstichtags verbundene Unternehmen im Sinne des § 271 Absatz 2 des Handelsgesetzbuches sind.[2]

Zweiter Teil. Vermögensübergang bei Verschmelzung auf eine Personengesellschaft oder auf eine natürliche Person und Formwechsel einer Kapitalgesellschaft in eine Personengesellschaft

§ 3 Wertansätze in der steuerlichen Schlussbilanz der übertragenden Körperschaft. (1) 1Bei einer Verschmelzung auf eine Personengesell-

[1] § 2 Abs. 4 angef. durch G v. 19.12.2008 (BGBl. I S. 2794); zur Anwendung siehe § 27 Abs. 9; Satz 1 geänd. durch G v. 22.12.2009 (BGBl. I S. 3950); zur Anwendung siehe § 27 Abs. 10.

[2] § 2 Abs. 4 Sätze 3 bis 6 angef. durch G v. 26.6.2013 (BGBl. I S. 1809); zur Anwendung siehe § 27 Abs. 12.

schaft oder natürliche Person sind die übergehenden Wirtschaftsgüter, einschließlich nicht entgeltlich erworbener und selbst geschaffener immaterieller Wirtschaftsgüter, in der steuerlichen Schlussbilanz der übertragenden Körperschaft mit dem gemeinen Wert anzusetzen. [2]Für die Bewertung von Pensionsrückstellungen gilt § 6a des Einkommensteuergesetzes.

(2) [1]Auf Antrag können die übergehenden Wirtschaftsgüter abweichend von Absatz 1 einheitlich mit dem Buchwert oder einem höheren Wert, höchstens jedoch mit dem Wert nach Absatz 1, angesetzt werden, soweit

1. sie Betriebsvermögen der übernehmenden Personengesellschaft oder natürlichen Person werden und sichergestellt ist, dass sie später der Besteuerung mit Einkommensteuer oder Körperschaftsteuer unterliegen, und
2. das Recht der Bundesrepublik Deutschland hinsichtlich der Besteuerung des Gewinns aus der Veräußerung der übertragenen Wirtschaftsgüter bei den Gesellschaftern der übernehmenden Personengesellschaft oder bei der natürlichen Person nicht ausgeschlossen oder beschränkt wird und
3. eine Gegenleistung nicht gewährt wird oder in Gesellschaftsrechten besteht.

[2]Der Antrag ist spätestens bis zur erstmaligen Abgabe der steuerlichen Schlussbilanz bei dem für die Besteuerung der übertragenden Körperschaft zuständigen Finanzamt zu stellen.

(3) [1]Haben die Mitgliedstaaten der Europäischen Union bei Verschmelzung einer unbeschränkt steuerpflichtigen Körperschaft Artikel 10 der Richtlinie 2009/133/EG anzuwenden, ist die Körperschaftsteuer auf den Übertragungsgewinn gemäß § 26 des Körperschaftsteuergesetzes um den Betrag ausländischer Steuer zu ermäßigen, der nach den Rechtsvorschriften eines anderen Mitgliedstaats der Europäischen Union erhoben worden wäre, wenn die übertragenen Wirtschaftsgüter zum gemeinen Wert veräußert worden wären. [2]Satz 1 gilt nur, soweit die übertragenen Wirtschaftsgüter einer Betriebsstätte der übertragenden Körperschaft in einem anderen Mitgliedstaat der Europäischen Union zuzurechnen sind und die Bundesrepublik Deutschland die Doppelbesteuerung bei der übertragenden Körperschaft nicht durch Freistellung vermeidet.

§ 4 Auswirkungen auf den Gewinn des übernehmenden Rechtsträgers. (1) [1]Der übernehmende Rechtsträger hat die auf ihn übergegangenen Wirtschaftsgüter mit dem in der steuerlichen Schlussbilanz der übertragenden Körperschaft enthaltenen Wert im Sinne des § 3 zu übernehmen. [2]Die Anteile an der übertragenden Körperschaft sind bei dem übernehmenden Rechtsträger zum steuerlichen Übertragungsstichtag mit dem Buchwert, erhöht um Abschreibungen, die in früheren Jahren steuerwirksam vorgenommen worden sind, sowie um Abzüge nach § 6b des Einkommensteuergesetzes und ähnliche Abzüge, höchstens mit dem gemeinen Wert, anzusetzen. [3]Auf einen sich daraus ergebenden Gewinn finden § 8b Abs. 2 Satz 4 und 5 des Körperschaftsteuergesetzes sowie § 3 Nr. 40 Satz 1 Buchstabe a Satz 2 und 3 des Einkommensteuergesetzes Anwendung.

(2)[1] [1]Der übernehmende Rechtsträger tritt in die steuerliche Rechtsstellung der übertragenden Körperschaft ein, insbesondere bezüglich der Bewertung der übernommenen Wirtschaftsgüter, der Absetzungen für Abnutzung und der den steuerlichen Gewinn mindernden Rücklagen. [2]Verrechenbare Verluste, verbleibende Verlustvorträge, vom übertragenden Rechtsträger nicht ausgeglichene negative Einkünfte *und ein Zinsvortrag nach § 4h Abs. 1 Satz 2 des Einkommensteuergesetzes* [***neue Fassung:*** , ein Zinsvortrag nach § 4h Absatz 1 Satz 5 des Einkommensteuergesetzes und ein EBITDA-Vortrag nach § 4h Absatz 1 Satz 3 des Einkommensteuergesetzes] gehen nicht über. [3]Ist die Dauer der Zugehörigkeit eines Wirtschaftsguts zum Betriebsvermögen für die Besteuerung bedeutsam, so ist der Zeitraum seiner Zugehörigkeit zum Betriebsvermögen der übertragenden Körperschaft dem übernehmenden Rechtsträger anzurechnen. [4]Ist die übertragende Körperschaft eine Unterstützungskasse, erhöht sich der laufende Gewinn des übernehmenden Rechtsträgers in dem Wirtschaftsjahr, in das der Umwandlungsstichtag fällt, um die von ihm, seinen Gesellschaftern oder seinen Rechtsvorgängern an die Unterstützungskasse geleisteten Zuwendungen nach § 4d des Einkommensteuergesetzes; § 15 Abs. 1 Satz 1 Nr. 2 Satz 2 des Einkommensteuergesetzes gilt sinngemäß. [5]In Höhe der nach Satz 4 hinzugerechneten Zuwendungen erhöht sich der Buchwert der Anteile an der Unterstützungskasse.

(3) Sind die übergegangenen Wirtschaftsgüter in der steuerlichen Schlussbilanz der übertragenden Körperschaft mit einem über dem Buchwert liegenden Wert angesetzt, sind die Absetzungen für Abnutzung bei dem übernehmenden Rechtsträger in den Fällen des § 7 Abs. 4 Satz 1 und Abs. 5 des Einkommensteuergesetzes nach der bisherigen Bemessungsgrundlage, in allen anderen Fällen nach dem Buchwert, jeweils vermehrt um den Unterschiedsbetrag zwischen dem Buchwert der einzelnen Wirtschaftsgüter und dem Wert, mit dem die Körperschaft die Wirtschaftsgüter in der steuerlichen Schlussbilanz angesetzt hat, zu bemessen.

(4) [1]Infolge des Vermögensübergangs ergibt sich ein Übernahmegewinn oder Übernahmeverlust in Höhe des Unterschiedsbetrags zwischen dem Wert, mit dem die übergegangenen Wirtschaftsgüter zu übernehmen sind, abzüglich der Kosten für den Vermögensübergang und dem Wert der Anteile an der übertragenden Körperschaft (Absätze 1 und 2, § 5 Abs. 2 und 3). [2]Für die Ermittlung des Übernahmegewinns oder Übernahmeverlusts sind abweichend von Satz 1 die übergegangenen Wirtschaftsgüter der übertragenden Körperschaft mit dem Wert nach § 3 Abs. 1 anzusetzen, soweit an ihnen kein Recht der Bundesrepublik Deutschland zur Besteuerung des Gewinns aus einer Veräußerung bestand. [3]Bei der Ermittlung des Übernahmegewinns oder des Übernahmeverlusts bleibt der Wert der übergegangenen Wirtschaftsgüter außer Ansatz, soweit er auf Anteile an der übertragenden Körperschaft entfällt, die am steuerlichen Übertragungsstichtag nicht zum Betriebsvermögen des übernehmenden Rechtsträgers gehören.

---

[1] § 4 Abs. 2 Satz 2 geänd. durch G v. 14.8.2007 (BGBl. I S. 1912); zur erstmaligen Anwendung siehe § 27 Abs. 5; geänd. durch G v. 22.12.2009 (BGBl. I S. 3950); zur Anwendung siehe § 27 Abs. 10.

(5) [1]Ein Übernahmegewinn erhöht sich und ein Übernahmeverlust verringert sich um einen Sperrbetrag im Sinne des *§ 50c des Einkommensteuergesetzes,*[1)] soweit die Anteile an der übertragenden Körperschaft am steuerlichen Übertragungsstichtag zum Betriebsvermögen des übernehmenden Rechtsträgers gehören. [2]Ein Übernahmegewinn vermindert sich oder ein Übernahmeverlust erhöht sich um die Bezüge, die nach § 7 zu den Einkünften aus Kapitalvermögen im Sinne des § 20 Abs. 1 Nr. 1 des Einkommensteuergesetzes gehören.

(6) [1]Ein Übernahmeverlust bleibt außer Ansatz, soweit er auf eine Körperschaft, Personenvereinigung oder Vermögensmasse als Mitunternehmerin der Personengesellschaft entfällt. [2]Satz 1 gilt nicht für Anteile an der übertragenden Gesellschaft, die die Voraussetzungen des § 8b Abs. 7 oder des Abs. 8 Satz 1 des Körperschaftsteuergesetzes erfüllen. [3]In den Fällen des Satzes 2 ist der Übernahmeverlust bis zur Höhe der Bezüge im Sinne des § 7 zu berücksichtigen. [4]In den übrigen Fällen ist er in Höhe von 60 Prozent, höchstens jedoch in Höhe von 60 Prozent[2)] der Bezüge im Sinne des § 7 zu berücksichtigen; ein danach verbleibender Übernahmeverlust bleibt außer Ansatz. [[5]Satz 4 gilt nicht für Anteile an der übertragenden Gesellschaft, die die Voraussetzungen des § 3 Nr. 40 Satz 3 und 4 des Einkommensteuergesetzes erfüllen; in diesen Fällen gilt Satz 3 entsprechend.][3)] [6]Ein Übernahmeverlust bleibt abweichend von den Sätzen 2 bis 5[3)] außer Ansatz, soweit bei Veräußerung der Anteile an der übertragenden Körperschaft ein Veräußerungsverlust nach § 17 Abs. 2 Satz 6[3)] des Einkommensteuergesetzes nicht zu berücksichtigen wäre oder soweit die Anteile an der übertragenden Körperschaft innerhalb der letzten fünf Jahre vor dem steuerlichen Übertragungsstichtag entgeltlich erworben wurden.

(7)[3)] [1]Soweit der Übernahmegewinn auf eine Körperschaft, Personenvereinigung oder Vermögensmasse als Mitunternehmerin der Personengesellschaft entfällt, ist § 8b des Körperschaftsteuergesetzes anzuwenden. [2]In den übrigen Fällen ist § 3 Nr. 40 sowie § 3c des Einkommensteuergesetzes anzuwenden.

§ 5 Besteuerung der Anteilseigner der übertragenden Körperschaft.

(1) Hat der übernehmende Rechtsträger Anteile an der übertragenden Körperschaft nach dem steuerlichen Übertragungsstichtag angeschafft oder findet er einen Anteilseigner ab, so ist sein Gewinn so zu ermitteln, als hätte er die Anteile an diesem Stichtag angeschafft.

(2) Anteile an der übertragenden Körperschaft im Sinne des § 17 des Einkommensteuergesetzes, die an dem steuerlichen Übertragungsstichtag nicht zu einem Betriebsvermögen eines Gesellschafters der übernehmenden Personengesellschaft oder einer natürlichen Person gehören, gelten für die Ermittlung des Gewinns als an diesem Stichtag in das Betriebsvermögen des übernehmenden Rechtsträgers mit den Anschaffungskosten eingelegt.

---

1) § 50c EStG ist mWv 1.9.2009 weggefallen.

2) § 4 Abs. 6 Satz 4 geänd. durch G v. 19.12.2008 (BGBl. I S. 2794); zur Anwendung siehe § 27 Abs. 8.

3) § 4 Abs. 6 Satz 5 eingef., bish. Satz 5 wird Satz 6 und geänd., Abs. 7 Satz 2 geänd. durch G v. 19.12.2008 (BGBl. I S. 2794); zur Anwendung siehe § 27 Abs. 8.

(3) [1]Gehören an dem steuerlichen Übertragungsstichtag Anteile an der übertragenden Körperschaft zum Betriebsvermögen eines Anteilseigners, ist der Gewinn so zu ermitteln, als seien die Anteile an diesem Stichtag zum Buchwert, erhöht um Abschreibungen sowie um Abzüge nach § 6b des Einkommensteuergesetzes und ähnliche Abzüge, die in früheren Jahren steuerwirksam vorgenommen worden sind, höchstens mit dem gemeinen Wert, in das Betriebsvermögen des übernehmenden Rechtsträgers überführt worden. [2]§ 4 Abs. 1 Satz 3 gilt entsprechend.

§ 6 Gewinnerhöhung durch Vereinigung von Forderungen und Verbindlichkeiten. (1) [1]Erhöht sich der Gewinn des übernehmenden Rechtsträgers dadurch, dass der Vermögensübergang zum Erlöschen von Forderungen und Verbindlichkeiten zwischen der übertragenden Körperschaft und dem übernehmenden Rechtsträger oder zur Auflösung von Rückstellungen führt, so darf der übernehmende Rechtsträger insoweit eine den steuerlichen Gewinn mindernde Rücklage bilden. [2]Die Rücklage ist in den auf ihre Bildung folgenden drei Wirtschaftsjahren mit mindestens je einem Drittel gewinnerhöhend aufzulösen.

(2) [1]Absatz 1 gilt entsprechend, wenn sich der Gewinn eines Gesellschafters des übernehmenden Rechtsträgers dadurch erhöht, dass eine Forderung oder Verbindlichkeit der übertragenden Körperschaft auf den übernehmenden Rechtsträger übergeht oder dass infolge des Vermögensübergangs eine Rückstellung aufzulösen ist. [2]Satz 1 gilt nur für Gesellschafter, die im Zeitpunkt der Eintragung des Umwandlungsbeschlusses in das öffentliche Register an dem übernehmenden Rechtsträger beteiligt sind.

(3) [1]Die Anwendung der Absätze 1 und 2 entfällt rückwirkend, wenn der übernehmende Rechtsträger den auf ihn übergegangenen Betrieb innerhalb von fünf Jahren nach dem steuerlichen Übertragungsstichtag in eine Kapitalgesellschaft einbringt oder ohne triftigen Grund veräußert oder aufgibt. [2]Bereits erteilte Steuerbescheide, Steuermessbescheide, Freistellungsbescheide oder Feststellungsbescheide sind zu ändern, soweit sie auf der Anwendung der Absätze 1 und 2 beruhen.

§ 7 Besteuerung offener Rücklagen. [1]Dem Anteilseigner ist der Teil des in der Steuerbilanz ausgewiesenen Eigenkapitals abzüglich des Bestands des steuerlichen Einlagekontos im Sinne des § 27 des Körperschaftsteuergesetzes, der sich nach Anwendung des § 29 Abs. 1 des Körperschaftsteuergesetzes ergibt, in dem Verhältnis der Anteile zum Nennkapital der übertragenden Körperschaft als Einnahmen aus Kapitalvermögen im Sinne des § 20 Abs. 1 Nr. 1 des Einkommensteuergesetzes zuzurechnen. [2]Dies gilt unabhängig davon, ob für den Anteilseigner ein Übernahmegewinn oder Übernahmeverlust nach § 4 oder § 5 ermittelt wird.

§ 8 Vermögensübergang auf einen Rechtsträger ohne Betriebsvermögen. (1) [1]Wird das übertragene Vermögen nicht Betriebsvermögen des übernehmenden Rechtsträgers, sind die infolge des Vermögensübergangs entstehenden Einkünfte bei diesem oder den Gesellschaftern des übernehmenden Rechtsträgers zu ermitteln. [2]Die §§ 4, 5 und 7 gelten entsprechend.

(2) In den Fällen des Absatzes 1 sind § 17 Abs. 3 und § 22 Nr. 2 des Einkommensteuergesetzes nicht anzuwenden.

§ 9[1)] **Formwechsel in eine Personengesellschaft.** [1]Im Falle des Formwechsels einer Kapitalgesellschaft in eine Personengesellschaft sind die §§ 3 bis 8 und 10 entsprechend anzuwenden. [2]Die Kapitalgesellschaft hat für steuerliche Zwecke auf den Zeitpunkt, in dem der Formwechsel wirksam wird, eine Übertragungsbilanz, die Personengesellschaft eine Eröffnungsbilanz aufzustellen. [3]Die Bilanzen nach Satz 2 können auch für einen Stichtag aufgestellt werden, der höchstens acht Monate vor der Anmeldung des Formwechsels zur Eintragung in ein öffentliches Register liegt (Übertragungsstichtag); § 2 Absatz 3 und 4[2)] gilt entsprechend.

§ 10.[3)] *(aufgehoben)*

Dritter Teil. Verschmelzung oder Vermögensübertragung (Vollübertragung) auf eine andere Körperschaft

§ 11 Wertansätze in der steuerlichen Schlussbilanz der übertragenden Körperschaft. (1) [1]Bei einer Verschmelzung oder Vermögensübertragung (Vollübertragung) auf eine andere Körperschaft sind die übergehenden Wirtschaftsgüter, einschließlich nicht entgeltlich erworbener oder selbst geschaffener immaterieller Wirtschaftsgüter, in der steuerlichen Schlussbilanz der übertragenden Körperschaft mit dem gemeinen Wert anzusetzen. [2]Für die Bewertung von Pensionsrückstellungen gilt § 6a des Einkommensteuergesetzes.

(2) [1]Auf Antrag können die übergehenden Wirtschaftsgüter abweichend von Absatz 1 einheitlich mit dem Buchwert oder einem höheren Wert, höchstens jedoch mit dem Wert nach Absatz 1, angesetzt werden, soweit

1. sichergestellt ist, dass sie später bei der übernehmenden Körperschaft der Besteuerung mit Körperschaftsteuer unterliegen und
2. das Recht der Bundesrepublik Deutschland hinsichtlich der Besteuerung des Gewinns aus der Veräußerung der übertragenen Wirtschaftsgüter bei der übernehmenden Körperschaft nicht ausgeschlossen oder beschränkt wird und
3. eine Gegenleistung nicht gewährt wird oder in Gesellschaftsrechten besteht.

[2]Anteile an der übernehmenden Körperschaft sind mindestens mit dem Buchwert, erhöht um Abschreibungen sowie um Abzüge nach § 6b des Einkommensteuergesetzes und ähnliche Abzüge, die in früheren Jahren steuerwirksam vorgenommen worden sind, höchstens mit dem gemeinen Wert,

---

1) Zur Anwendung siehe § 27 Abs. 15.

2) Verweis geänd. durch G v. 22.12.2009 (BGBl. I S. 3950); zur Anwendung siehe § 27 Abs. 10.

3) § 10 aufgeh. durch G v. 20.12 2007 (BGBl. I S. 3150); zur Anwendung siehe § 27 Abs. 6.

anzusetzen. [3]Auf einen sich daraus ergebenden Gewinn findet § 8b Abs. 2 Satz 4 und 5 des Körperschaftsteuergesetzes Anwendung.

(3) § 3 Abs. 2 Satz 2 und Abs. 3 gilt entsprechend.

§ 12 Auswirkungen auf den Gewinn der übernehmenden Körperschaft. (1) [1]Die übernehmende Körperschaft hat die auf sie übergegangenen Wirtschaftsgüter mit dem in der steuerlichen Schlussbilanz der übertragenden Körperschaft enthaltenen Wert im Sinne des § 11 zu übernehmen. [2]§ 4 Abs. 1 Satz 2 und 3 gilt entsprechend.

(2) [1]Bei der übernehmenden Körperschaft bleibt ein Gewinn oder ein Verlust in Höhe des Unterschieds zwischen dem Buchwert der Anteile an der übertragenden Körperschaft und dem Wert, mit dem die übergegangenen Wirtschaftsgüter zu übernehmen sind, abzüglich der Kosten für den Vermögensübergang, außer Ansatz. [2]§ 8b des Körperschaftsteuergesetzes ist anzuwenden, soweit der Gewinn im Sinne des Satzes 1 abzüglich der anteilig darauf entfallenden Kosten für den Vermögensübergang, dem Anteil der übernehmenden Körperschaft an der übertragenden Körperschaft entspricht. [3]§ 5 Abs. 1 gilt entsprechend.

(3) Die übernehmende Körperschaft tritt in die steuerliche Rechtsstellung der übertragenden Körperschaft ein; § 4 Abs. 2 und 3 gilt entsprechend.

(4) § 6 gilt sinngemäß für den Teil des Gewinns aus der Vereinigung von Forderungen und Verbindlichkeiten, der der Beteiligung der übernehmenden Körperschaft am Grund- oder Stammkapital der übertragenden Körperschaft entspricht.

(5) Im Falle des Vermögensübergangs in den nicht steuerpflichtigen oder steuerbefreiten Bereich der übernehmenden Körperschaft gilt das in der Steuerbilanz ausgewiesene Eigenkapital abzüglich des Bestands des steuerlichen Einlagekontos im Sinne des § 27 des Körperschaftsteuergesetzes, der sich nach Anwendung des § 29 Abs. 1 des Körperschaftsteuergesetzes ergibt, als Einnahme im Sinne des § 20 Abs. 1 Nr. 1 des Einkommensteuergesetzes.

§ 13 Besteuerung der Anteilseigner der übertragenden Körperschaft. (1) Die Anteile an der übertragenden Körperschaft gelten als zum gemeinen Wert veräußert und die an ihre Stelle tretenden Anteile an der übernehmenden Körperschaft gelten als mit diesem Wert angeschafft.

(2) [1]Abweichend von Absatz 1 sind auf Antrag die Anteile an der übernehmenden Körperschaft mit dem Buchwert der Anteile an der übertragenden Körperschaft anzusetzen, wenn

1. das Recht der Bundesrepublik Deutschland hinsichtlich der Besteuerung des Gewinns aus der Veräußerung der Anteile an der übernehmenden Körperschaft nicht ausgeschlossen oder beschränkt wird oder
2. die Mitgliedstaaten der Europäischen Union bei einer Verschmelzung Artikel 8 der Richtlinie 2009/133/EG anzuwenden haben; in diesem Fall ist der Gewinn aus einer späteren Veräußerung der erworbenen Anteile ungeachtet der Bestimmungen eines Abkommens zur Vermeidung der Doppelbesteuerung in der gleichen Art und Weise zu besteuern, wie die Veräuße-

rung der Anteile an der übertragenden Körperschaft zu besteuern wäre. [2]§ 15 Abs. 1a Satz 2 des Einkommensteuergesetzes ist entsprechend anzuwenden.

[2]Die Anteile an der übernehmenden Körperschaft treten steuerlich an die Stelle der Anteile an der übertragenden Körperschaft. [3]Gehören die Anteile an der übertragenden Körperschaft nicht zu einem Betriebsvermögen, treten an die Stelle des Buchwerts die Anschaffungskosten.

§ 14. (weggefallen)

Vierter Teil. Aufspaltung, Abspaltung und Vermögensübertragung (Teilübertragung)

§ 15 Aufspaltung, Abspaltung und Teilübertragung auf andere Körperschaften. (1) [1]Geht Vermögen einer Körperschaft durch Aufspaltung oder Abspaltung oder durch Teilübertragung auf andere Körperschaften über, gelten die §§ 11 bis 13 vorbehaltlich des Satzes 2 und des § 16 entsprechend. [2]§ 11 Abs. 2 und § 13 Abs. 2 sind nur anzuwenden, wenn auf die Übernehmerinnen ein Teilbetrieb übertragen wird und im Falle der Abspaltung oder Teilübertragung bei der übertragenden Körperschaft ein Teilbetrieb verbleibt. [3]Als Teilbetrieb gilt auch ein Mitunternehmeranteil oder die Beteiligung an einer Kapitalgesellschaft, die das gesamte Nennkapital der Gesellschaft umfasst.

(2) [1]§ 11 Abs. 2 ist auf Mitunternehmeranteile und Beteiligungen im Sinne des Absatzes 1 nicht anzuwenden, wenn sie innerhalb eines Zeitraums von drei Jahren vor dem steuerlichen Übertragungsstichtag durch Übertragung von Wirtschaftsgütern, die kein Teilbetrieb sind, erworben oder aufgestockt worden sind. [2]§ 11 Abs. 2 ist ebenfalls nicht anzuwenden, wenn durch die Spaltung die Veräußerung an außenstehende Personen vollzogen wird. [3]Das Gleiche gilt, wenn durch die Spaltung die Voraussetzungen für eine Veräußerung geschaffen werden. [4]Davon ist auszugehen, wenn innerhalb von fünf Jahren nach dem steuerlichen Übertragungsstichtag Anteile an einer an der Spaltung beteiligten Körperschaft, die mehr als 20 Prozent der vor Wirksamwerden der Spaltung an der Körperschaft bestehenden Anteile ausmachen, veräußert werden. [5]Bei der Trennung von Gesellschafterstämmen setzt die Anwendung des § 11 Abs. 2 außerdem voraus, dass die Beteiligungen an der übertragenden Körperschaft mindestens fünf Jahre vor dem steuerlichen Übertragungsstichtag bestanden haben.

(3)[1)] Bei einer Abspaltung mindern sich verrechenbare Verluste, verbleibende Verlustvorträge, nicht ausgeglichene negative Einkünfte, ein Zinsvortrag nach § 4h Absatz 1 Satz 5 des Einkommensteuergesetzes und ein EBITDA-Vortrag nach § 4h Absatz 1 Satz 3 des Einkommensteuergesetzes der übertragenden Körperschaft in dem Verhältnis, in dem bei Zugrundelegung des gemeinen Werts das Vermögen auf eine andere Körperschaft übergeht.

---

1) § 15 Abs. 3 neu gef. durch G v. 22.12.2009 (BGBl. I S. 3950); zur Anwendung siehe § 27 Abs. 10.

§ 16 Aufspaltung oder Abspaltung auf eine Personengesellschaft.

[1]Soweit Vermögen einer Körperschaft durch Aufspaltung oder Abspaltung auf eine Personengesellschaft übergeht, gelten die §§ 3 bis 8, 10 und 15 entsprechend. [2]§ 10 ist für den in § 40 Abs. 2 Satz 3 des Körperschaftsteuergesetzes bezeichneten Teil des Betrags im Sinne des § 38 des Körperschaftsteuergesetzes anzuwenden.

Fünfter Teil. Gewerbesteuer

§ 17. (weggefallen)

§ 18 Gewerbesteuer bei Vermögensübergang auf eine Personengesellschaft oder auf eine natürliche Person sowie bei Formwechsel in eine Personengesellschaft. (1) [1]Die §§ 3 bis 9 und 16 gelten bei Vermögensübergang auf eine Personengesellschaft oder auf eine natürliche Person sowie bei Formwechsel in eine Personengesellschaft auch für die Ermittlung des Gewerbeertrags. [2]Der maßgebende Gewerbeertrag der übernehmenden Personengesellschaft oder natürlichen Person kann nicht um Fehlbeträge des laufenden Erhebungszeitraums und die vortragsfähigen Fehlbeträge der übertragenden Körperschaft im Sinne des § 10a des Gewerbesteuergesetzes gekürzt werden.

(2) [1]Ein Übernahmegewinn oder Übernahmeverlust ist nicht zu erfassen. [2]In Fällen des § 5 Abs. 2 ist ein Gewinn nach § 7 nicht zu erfassen.

(3)[1)] [1]Wird der Betrieb der Personengesellschaft oder der natürlichen Person innerhalb von fünf Jahren nach der Umwandlung aufgegeben oder veräußert, unterliegt ein Aufgabe- oder Veräußerungsgewinn der Gewerbesteuer, auch soweit er auf das Betriebsvermögen entfällt, das bereits vor der Umwandlung im Betrieb der übernehmenden Personengesellschaft oder der natürlichen Person vorhanden war. [2]Satz 1 gilt entsprechend, soweit ein Teilbetrieb oder ein Anteil an der Personengesellschaft aufgegeben oder veräußert wird. [3]Der auf den Aufgabe- oder Veräußerungsgewinnen im Sinne der Sätze 1 und 2 beruhende Teil des Gewerbesteuer-Messbetrags ist bei der Ermäßigung der Einkommensteuer nach § 35 des Einkommensteuergesetzes nicht zu berücksichtigen.

§ 19 Gewerbesteuer bei Vermögensübergang auf eine andere Körperschaft. (1) Geht das Vermögen der übertragenden Körperschaft auf eine andere Körperschaft über, gelten die §§ 11 bis 15 auch für die Ermittlung des Gewerbeertrags.

(2) Für die vortragsfähigen Fehlbeträge der übertragenden Körperschaft im Sinne des § 10a des Gewerbesteuergesetzes gelten § 12 Abs. 3 und § 15 Abs. 3 entsprechend.

---

1) § 18 Abs. 3 Satz 1 ergänzt durch G v. 20.12.2007 (BGBl. I S. 3150); zur erstmaligen Anwendung siehe § 27 Abs. 7.

Sechster Teil. Einbringung von Unternehmensteilen in eine Kapitalgesellschaft oder Genossenschaft und Anteilstausch

§ 20 Einbringung von Unternehmensteilen in eine Kapitalgesellschaft oder Genossenschaft. (1) Wird ein Betrieb oder Teilbetrieb oder ein Mitunternehmeranteil in eine Kapitalgesellschaft oder eine Genossenschaft (übernehmende Gesellschaft) eingebracht und erhält der Einbringende dafür neue Anteile an der Gesellschaft (Sacheinlage), gelten für die Bewertung des eingebrachten Betriebsvermögens und der neuen Gesellschaftsanteile die nachfolgenden Absätze.

(2) [1]Die übernehmende Gesellschaft hat das eingebrachte Betriebsvermögen mit dem gemeinen Wert anzusetzen; für die Bewertung von Pensionsrückstellungen gilt § 6a des Einkommensteuergesetzes. [2]Abweichend von Satz 1 kann das übernommene Betriebsvermögen auf Antrag einheitlich mit dem Buchwert oder einem höheren Wert, höchstens jedoch mit dem Wert im Sinne des Satzes 1, angesetzt werden, soweit

1. sichergestellt ist, dass es später bei der übernehmenden Körperschaft der Besteuerung mit Körperschaftsteuer unterliegt,
2. die Passivposten des eingebrachten Betriebsvermögens die Aktivposten nicht übersteigen; dabei ist das Eigenkapital nicht zu berücksichtigen,
3. das Recht der Bundesrepublik Deutschland hinsichtlich der Besteuerung des Gewinns aus der Veräußerung des eingebrachten Betriebsvermögens bei der übernehmenden Gesellschaft nicht ausgeschlossen oder beschränkt wird und
4.[1)] der gemeine Wert von sonstigen Gegenleistungen, die neben den neuen Gesellschaftsanteilen gewährt werden, nicht mehr beträgt als
   a) 25 Prozent des Buchwerts des eingebrachten Betriebsvermögens oder
   b) 500 000 Euro, höchstens jedoch den Buchwert des eingebrachten Betriebsvermögens.

[3]Der Antrag ist spätestens bis zur erstmaligen Abgabe der steuerlichen Schlussbilanz bei dem für die Besteuerung der übernehmenden Gesellschaft zuständigen Finanzamt zu stellen. [4]Erhält der Einbringende neben den neuen Gesellschaftsanteilen auch sonstige Gegenleistungen, ist das eingebrachte Betriebsvermögen abweichend von Satz 2 mindestens mit dem gemeinen Wert der sonstigen Gegenleistungen anzusetzen, wenn dieser den sich nach Satz 2 ergebenden Wert übersteigt.[2)]

(3) [1]Der Wert, mit dem die übernehmende Gesellschaft das eingebrachte Betriebsvermögen ansetzt, gilt für den Einbringenden als Veräußerungspreis und als Anschaffungskosten der Gesellschaftsanteile. [2]Ist das Recht der Bun-

---

[1)] § 20 Abs. 2 Satz 2 Nr. 4 angef. durch G v. 2.11.2015 (BGBl. I S. 1834); zur Anwendung siehe § 27 Abs. 14.

[2)] § 20 Abs. 2 Satz 4 neu gef. durch G v. 2.11.2015 (BGBl. I S. 1834); zur Anwendung siehe § 27 Abs. 14.

desrepublik Deutschland hinsichtlich der Besteuerung des Gewinns aus der Veräußerung des eingebrachten Betriebsvermögens im Zeitpunkt der Einbringung ausgeschlossen und wird dieses auch nicht durch die Einbringung begründet, gilt für den Einbringenden insoweit der gemeine Wert des Betriebsvermögens im Zeitpunkt der Einbringung als Anschaffungskosten der Anteile. [3]Soweit neben den Gesellschaftsanteilen auch andere Wirtschaftsgüter gewährt werden, ist deren gemeiner Wert bei der Bemessung der Anschaffungskosten der Gesellschaftsanteile von dem sich nach den Sätzen 1 und 2 ergebenden Wert abzuziehen. [4]Umfasst das eingebrachte Betriebsvermögen auch einbringungsgeborene Anteile im Sinne von § 21 Abs. 1 in der Fassung der Bekanntmachung vom 15. Oktober 2002 (BGBl. I S. 4133, 2003 I S. 738), geändert durch Artikel 3 des Gesetzes vom 16. Mai 2003 (BGBl. I S. 660), gelten die erhaltenen Anteile insoweit auch als einbringungsgeboren im Sinne von § 21 Abs. 1 in der Fassung der Bekanntmachung vom 15. Oktober 2002 (BGBl. I S. 4133, 2003 I S. 738), geändert durch Artikel 3 des Gesetzes vom 16. Mai 2003 (BGBl. I S. 660).

(4) [1]Auf einen bei der Sacheinlage entstehenden Veräußerungsgewinn ist § 16 Abs. 4 des Einkommensteuergesetzes nur anzuwenden, wenn der Einbringende eine natürliche Person ist, es sich nicht um die Einbringung von Teilen eines Mitunternehmeranteils handelt und die übernehmende Gesellschaft das eingebrachte Betriebsvermögen mit dem gemeinen Wert ansetzt. [2]In diesen Fällen ist § 34 Abs. 1 und 3 des Einkommensteuergesetzes nur anzuwenden, soweit der Veräußerungsgewinn nicht nach § 3 Nr. 40 Satz 1 in Verbindung mit § 3c Abs. 2 des Einkommensteuergesetzes teilweise steuerbefreit ist.

(5) [1]Das Einkommen und das Vermögen des Einbringenden und der übernehmenden Gesellschaft sind auf Antrag so zu ermitteln, als ob das eingebrachte Betriebsvermögen mit Ablauf des steuerlichen Übertragungsstichtags (Absatz 6) auf die Übernehmerin übergegangen wäre. [2]Dies gilt hinsichtlich des Einkommens und des Gewerbeertrags nicht für Entnahmen und Einlagen, die nach dem steuerlichen Übertragungsstichtag erfolgen. [3]Die Anschaffungskosten der Anteile (Absatz 3) sind um den Buchwert der Entnahmen zu vermindern und um den sich nach § 6 Abs. 1 Nr. 5 des Einkommensteuergesetzes ergebenden Wert der Einlagen zu erhöhen.

(6)[1)] [1]Als steuerlicher Übertragungsstichtag (Einbringungszeitpunkt) darf in den Fällen der Sacheinlage durch Verschmelzung im Sinne des § 2 des Umwandlungsgesetzes der Stichtag angesehen werden, für den die Schlussbilanz jedes der übertragenden Unternehmen im Sinne des § 17 Abs. 2 des Umwandlungsgesetzes aufgestellt ist; dieser Stichtag darf höchstens acht Monate vor der Anmeldung der Verschmelzung zur Eintragung in das Handelsregister liegen. [2]Entsprechendes gilt, wenn Vermögen im Wege der Sacheinlage durch Aufspaltung, Abspaltung oder Ausgliederung nach § 123 des Umwandlungsgesetzes auf die übernehmende Gesellschaft übergeht. [3]In anderen Fällen der Sacheinlage darf die Einbringung auf einen Tag zurückbezogen werden, der höchstens acht Monate vor dem Tag des Abschlusses des Einbringungsvertrags

---

1) Zur Anwendung siehe § 27 Abs. 15.

liegt und höchstens acht Monate vor dem Zeitpunkt liegt, an dem das eingebrachte Betriebsvermögen auf die übernehmende Gesellschaft übergeht. [4] § 2 Abs. 3 und 4[1)] gilt entsprechend.

(7) § 3 Abs. 3 ist entsprechend anzuwenden.

(8) Ist eine gebietsfremde einbringende oder erworbene Gesellschaft im Sinne von Artikel 3 der Richtlinie 2009/133/EG[2)] als steuerlich transparent anzusehen, ist auf Grund Artikel 11[2)] der Richtlinie 2009/133/EG die ausländische Steuer, die nach den Rechtsvorschriften des anderen Mitgliedstaats der Europäischen Union erhoben worden wäre, wenn die einer in einem anderen Mitgliedstaat belegenen Betriebsstätte zuzurechnenden eingebrachten Wirtschaftsgüter zum gemeinen Wert veräußert worden wären, auf die auf den Einbringungsgewinn entfallende Körperschaftsteuer oder Einkommensteuer unter entsprechender Anwendung von § 26 *Abs. 6*[3)] des Körperschaftsteuergesetzes und von den §§ 34c und 50 Absatz 3[3)] des Einkommensteuergesetzes anzurechnen.

(9)[4)] Ein Zinsvortrag nach § 4h Abs. 1 Satz 5 des Einkommensteuergesetzes und ein EBITDA-Vortrag nach § 4h Absatz 1 Satz 3 des Einkommensteuergesetzes des eingebrachten Betriebs gehen nicht auf die übernehmende Gesellschaft über.

§ 21 Bewertung der Anteile beim Anteilstausch. (1)[5)] [1] Werden Anteile an einer Kapitalgesellschaft oder einer Genossenschaft (erworbene Gesellschaft) in eine Kapitalgesellschaft oder Genossenschaft (übernehmende Gesellschaft) gegen Gewährung neuer Anteile an der übernehmenden Gesellschaft eingebracht (Anteilstausch), hat die übernehmende Gesellschaft die eingebrachten Anteile mit dem gemeinen Wert anzusetzen. [2] Abweichend von Satz 1 können die eingebrachten Anteile auf Antrag mit dem Buchwert oder einem höheren Wert, höchstens jedoch mit dem gemeinen Wert, angesetzt werden, wenn

1. die übernehmende Gesellschaft nach der Einbringung auf Grund ihrer Beteiligung einschließlich der eingebrachten Anteile nachweisbar unmittelbar die Mehrheit der Stimmrechte an der erworbenen Gesellschaft hat (qualifizierter Anteilstausch) und soweit
2. der gemeine Wert von sonstigen Gegenleistungen, die neben den neuen Anteilen gewährt werden, nicht mehr beträgt als
   a) 25 Prozent des Buchwerts der eingebrachten Anteile oder

---

1) § 20 Abs. 6 Satz 4 Hinweis auf § 2 Abs. 4 eingef. durch G v. 19.12.2008 (BGBl. I S. 2794); zur Anwendung siehe § 27 Abs. 9.

2) Verweise geänd. durch G v. 25.7.2014 (BGBl. I S. 1266); zur Anwendung siehe § 27 Abs. 13.

3) Verweise geänd. durch G v. 25.7.2014 (BGBl. I S. 1266); zur Anwendung siehe § 27 Abs. 13.

4) § 20 Abs. 9 neu gef. durch G v. 22.12.2009 (BGBl. I S. 3950); zur Anwendung siehe § 27 Abs. 10.

5) § 21 Abs. 1 Sätze 2 und 3 neu gef., Satz 4 angef. durch G v. 2.11.2015 (BGBl. I S. 1834); zur Anwendung siehe § 27 Abs. 14.

b) 500 000 Euro, höchstens jedoch den Buchwert der eingebrachten Anteile.

[3] § 20 Absatz 2 Satz 3 gilt entsprechend. [4] Erhält der Einbringende neben den neuen Gesellschaftsanteilen auch sonstige Gegenleistungen, sind die eingebrachten Anteile abweichend von Satz 2 mindestens mit dem gemeinen Wert der sonstigen Gegenleistungen anzusetzen, wenn dieser den sich nach Satz 2 ergebenden Wert übersteigt.

(2) [1] Der Wert, mit dem die übernehmende Gesellschaft die eingebrachten Anteile ansetzt, gilt für den Einbringenden als Veräußerungspreis der eingebrachten Anteile und als Anschaffungskosten der erhaltenen Anteile. [2] Abweichend von Satz 1 gilt für den Einbringenden der gemeine Wert der eingebrachten Anteile als Veräußerungspreis und als Anschaffungskosten der erhaltenen Anteile, wenn für die eingebrachten Anteile nach der Einbringung das Recht der Bundesrepublik Deutschland hinsichtlich der Besteuerung des Gewinns aus der Veräußerung dieser Anteile ausgeschlossen oder beschränkt ist; dies gilt auch, wenn das Recht der Bundesrepublik Deutschland hinsichtlich der Besteuerung des Gewinns aus der Veräußerung der erhaltenen Anteile ausgeschlossen oder beschränkt ist. [3] Auf Antrag gilt in den Fällen des Satzes 2 unter den Voraussetzungen des Absatzes 1 Satz 2 der Buchwert oder ein höherer Wert, höchstens der gemeine Wert, als Veräußerungspreis der eingebrachten Anteile und als Anschaffungskosten der erhaltenen Anteile, wenn

1. das Recht der Bundesrepublik Deutschland hinsichtlich der Besteuerung des Gewinns aus der Veräußerung der erhaltenen Anteile nicht ausgeschlossen oder beschränkt ist oder
2. der Gewinn aus dem Anteilstausch auf Grund Artikel 8 der Richtlinie 2009/133/EG nicht besteuert werden darf; in diesem Fall ist der Gewinn aus einer späteren Veräußerung der erhaltenen Anteile ungeachtet der Bestimmungen eines Abkommens zur Vermeidung der Doppelbesteuerung in der gleichen Art und Weise zu besteuern, wie die Veräußerung der Anteile an der erworbenen Gesellschaft zu besteuern gewesen wäre; § 15 Abs. 1a Satz 2 des Einkommensteuergesetzes ist entsprechend anzuwenden.

[4] Der Antrag ist spätestens bis zur erstmaligen Abgabe der Steuererklärung bei dem für die Besteuerung des Einbringenden zuständigen Finanzamt zu stellen. [5] Haben die eingebrachten Anteile beim Einbringenden nicht zu einem Betriebsvermögen gehört, treten an die Stelle des Buchwerts die Anschaffungskosten. [6] § 20 Abs. 3 Satz 3 und 4 gilt entsprechend.

(3) [1] Auf den beim Anteilstausch entstehenden Veräußerungsgewinn ist § 17 Abs. 3 des Einkommensteuergesetzes nur anzuwenden, wenn der Einbringende eine natürliche Person ist und die übernehmende Gesellschaft die eingebrachten Anteile nach Absatz 1 Satz 1 oder in den Fällen des Absatzes 2 Satz 2 der Einbringende mit dem gemeinen Wert ansetzt; dies gilt für die Anwendung von § 16 Abs. 4 des Einkommensteuergesetzes unter der Voraussetzung, dass eine im Betriebsvermögen gehaltene Beteiligung an einer Kapitalgesellschaft eingebracht wird, die das gesamte Nennkapital der Kapitalgesellschaft umfasst. [2] § 34 Abs. 1 des Einkommensteuergesetzes findet keine Anwendung.

§ 22[1)] Besteuerung des Anteilseigners. (1) [1]Soweit in den Fällen einer Sacheinlage unter dem gemeinen Wert (§ 20 Abs. 2 Satz 2) der Einbringende die erhaltenen Anteile innerhalb eines Zeitraums von sieben Jahren nach dem Einbringungszeitpunkt veräußert, ist der Gewinn aus der Einbringung rückwirkend im Wirtschaftsjahr der Einbringung als Gewinn des Einbringenden im Sinne von § 16 des Einkommensteuergesetzes zu versteuern (Einbringungsgewinn I); § 16 Abs. 4 und § 34 des Einkommensteuergesetzes sind nicht anzuwenden. [2]Die Veräußerung der erhaltenen Anteile gilt insoweit als rückwirkendes Ereignis im Sinne von § 175 Abs. 1 Satz 1 Nr. 2 der Abgabenordnung. [3]Einbringungsgewinn I ist der Betrag, um den der gemeine Wert des eingebrachten Betriebsvermögens im Einbringungszeitpunkt nach Abzug der Kosten für den Vermögensübergang den Wert, mit dem die übernehmende Gesellschaft dieses eingebrachte Betriebsvermögen angesetzt hat, übersteigt, vermindert um jeweils ein Siebtel für jedes seit dem Einbringungszeitpunkt abgelaufene Zeitjahr. [4]Der Einbringungsgewinn I gilt als nachträgliche Anschaffungskosten der erhaltenen Anteile. [5]Umfasst das eingebrachte Betriebsvermögen auch Anteile an Kapitalgesellschaften oder Genossenschaften, ist insoweit § 22 Abs. 2 anzuwenden; ist in diesen Fällen das Recht der Bundesrepublik Deutschland hinsichtlich der Besteuerung des Gewinns aus der Veräußerung der erhaltenen Anteile ausgeschlossen oder beschränkt, sind daneben auch die Sätze 1 bis 4 anzuwenden. [6]Die Sätze 1 bis 5 gelten entsprechend, wenn

1. der Einbringende die erhaltenen Anteile unmittelbar oder mittelbar unentgeltlich auf eine Kapitalgesellschaft oder eine Genossenschaft überträgt,
2.[2)] der Einbringende die erhaltenen Anteile entgeltlich überträgt, es sei denn, er weist nach, dass die Übertragung durch einen Vorgang im Sinne des § 20 Absatz 1 oder § 21 Absatz 1 oder auf Grund vergleichbarer ausländischer Vorgänge zu Buchwerten erfolgte und keine sonstigen Gegenleistungen erbracht wurden, die die Grenze des § 20 Absatz 2 Satz 2 Nummer 4 oder die Grenze des § 21 Absatz 1 Satz 2 Nummer 2 übersteigen,
3. die Kapitalgesellschaft, an der die Anteile bestehen, aufgelöst und abgewickelt wird oder das Kapital dieser Gesellschaft herabgesetzt und an die Anteilseigner zurückgezahlt wird oder Beträge aus dem steuerlichen Einlagekonto im Sinne des § 27 des Körperschaftsteuergesetzes ausgeschüttet oder zurückgezahlt werden,
4.[3)] der Einbringende die erhaltenen Anteile durch einen Vorgang im Sinne des § 21 Absatz 1 oder einen Vorgang im Sinne des § 20 Absatz 1 oder auf Grund vergleichbarer ausländischer Vorgänge zum Buchwert in eine Kapitalgesellschaft oder eine Genossenschaft eingebracht hat und diese Anteile anschließend unmittelbar oder mittelbar veräußert oder durch einen Vorgang im Sinne der Nummern 1 oder 2 unmittelbar oder mittelbar übertragen werden, es sei denn, er weist nach, dass diese Anteile zu Buchwerten übertragen wurden

---

1) Zur Anwendung siehe § 27 Abs. 4.

2) § 22 Abs. 1 Satz 6 Nr. 2 geänd. durch G v. 2.11.2015 (BGBl. I S. 1834); zur Anwendung siehe § 27 Abs. 14.

3) § 22 Abs. 1 Satz 6 Nr. 4 geänd. durch G v. 2.11.2015 (BGBl. I S. 1834); zur Anwendung siehe § 27 Abs. 14.

und keine sonstigen Gegenleistungen erbracht wurden, die die Grenze des § 20 Absatz 2 Satz 2 Nummer 4 oder die Grenze des § 21 Absatz 1 Satz 2 Nummer 2 übersteigen (Ketteneinbringung),

5.[1] der Einbringende die erhaltenen Anteile in eine Kapitalgesellschaft oder eine Genossenschaft durch einen Vorgang im Sinne des § 20 Absatz 1 oder einen Vorgang im Sinne des § 21 Absatz 1 oder auf Grund vergleichbarer ausländischer Vorgänge zu Buchwerten einbringt und die aus dieser Einbringung erhaltenen Anteile anschließend unmittelbar oder mittelbar veräußert oder durch einen Vorgang im Sinne der Nummern 1 oder 2 unmittelbar oder mittelbar übertragen werden, es sei denn, er weist nach, dass die Einbringung zu Buchwerten erfolgte und keine sonstigen Gegenleistungen erbracht wurden, die die Grenze des § 20 Absatz 2 Satz 2 Nummer 4 oder die Grenze des § 21 Absatz 1 Satz 2 Nummer 2 übersteigen, oder

6.[2] für den Einbringenden oder die übernehmende Gesellschaft im Sinne der Nummer 4 die Voraussetzungen im Sinne von § 1 Abs. 4 nicht mehr erfüllt sind.

[7]Satz 4 gilt in den Fällen des Satzes 6 Nr. 4 und 5 auch hinsichtlich der Anschaffungskosten der auf einer Weitereinbringung dieser Anteile (§ 20 Abs. 1 und § 21 Abs. 1 Satz 2) zum Buchwert beruhenden Anteile.

(2)[3] [1]Soweit im Rahmen einer Sacheinlage (§ 20 Abs. 1) oder eines Anteilstausches (§ 21 Abs. 1) unter dem gemeinen Wert eingebrachte Anteile innerhalb eines Zeitraums von sieben Jahren nach dem Einbringungszeitpunkt durch die übernehmende Gesellschaft unmittelbar oder mittelbar veräußert werden und soweit beim Einbringenden der Gewinn aus der Veräußerung dieser Anteile im Einbringungszeitpunkt nicht nach § 8b Abs. 2 des Körperschaftsteuergesetzes steuerfrei gewesen wäre, ist der Gewinn aus der Einbringung im Wirtschaftsjahr der Einbringung rückwirkend als Gewinn des Einbringenden aus der Veräußerung von Anteilen zu versteuern (Einbringungsgewinn II); § 16 Abs. 4 und § 34 des Einkommensteuergesetzes sind nicht anzuwenden. [2]Absatz 1 Satz 2 gilt entsprechend. [3]Einbringungsgewinn II ist der Betrag, um den der gemeine Wert der eingebrachten Anteile im Einbringungszeitpunkt nach Abzug der Kosten für den Vermögensübergang den Wert, mit dem der Einbringende die erhaltenen Anteile angesetzt hat, übersteigt, vermindert um jeweils ein Siebtel für jedes seit dem Einbringungszeitpunkt abgelaufene Zeitjahr. [4]Der Einbringungsgewinn II gilt als nachträgliche Anschaffungskosten der erhaltenen Anteile. [5]Sätze 1 bis 4 sind nicht anzuwenden, soweit der Einbringende die erhaltenen Anteile veräußert hat; dies gilt auch in den Fällen von § 6 des Außensteuergesetzes vom 8. September 1972 (BGBl. I S. 1713), das zuletzt durch Artikel 7 des Gesetzes vom 7. Dezember 2006 (BGBl. I S. 2782) geändert worden ist, in der jeweils geltenden Fassung, wenn und soweit die Steuer nicht gestundet wird. [6]Sätze 1 bis 5 gelten ent-

---

[1] § 22 Abs. 1 Satz 6 Nr. 5 geänd. durch G v. 2.11.2015 (BGBl. I S. 1834); zur Anwendung siehe § 27 Abs. 14.

[2] Vgl. hierzu Abs. 8.

[3] § 22 Abs. 2 Satz 1 neu gef. durch G v. 19.12.2008 (BGBl. I S. 2794); vgl. hierzu auch Abs. 8.

sprechend, wenn die übernehmende Gesellschaft die eingebrachten Anteile ihrerseits durch einen Vorgang nach Absatz 1 Satz 6 Nr. 1 bis 5 weiter überträgt oder für diese die Voraussetzungen nach § 1 Abs. 4 nicht mehr erfüllt sind. 7 Absatz 1 Satz 7 ist entsprechend anzuwenden.

(3) 1 Der Einbringende hat in den dem Einbringungszeitpunkt folgenden sieben Jahren jährlich spätestens bis zum 31. Mai den Nachweis darüber zu erbringen, wem mit Ablauf des Tages, der dem maßgebenden Einbringungszeitpunkt entspricht,

1. in den Fällen des Absatzes 1 die erhaltenen Anteile und die auf diesen Anteilen beruhenden Anteile und
2. in den Fällen des Absatzes 2 die eingebrachten Anteile und die auf diesen Anteilen beruhenden Anteile

zuzurechnen sind. 2 Erbringt er den Nachweis nicht, gelten die Anteile im Sinne des Absatzes 1 oder des Absatzes 2 an dem Tag, der dem Einbringungszeitpunkt folgt oder der in den Folgejahren diesem Kalendertag entspricht, als veräußert.

(4) Ist der Veräußerer von Anteilen nach Absatz 1

1. eine juristische Person des öffentlichen Rechts, gilt in den Fällen des Absatzes 1 der Gewinn aus der Veräußerung der erhaltenen Anteile als in einem Betrieb gewerblicher Art dieser Körperschaft entstanden,
2. von der Körperschaftsteuer befreit, gilt in den Fällen des Absatzes 1 der Gewinn aus der Veräußerung der erhaltenen Anteile als in einem wirtschaftlichen Geschäftsbetrieb dieser Körperschaft entstanden.

(5) Das für den Einbringenden zuständige Finanzamt bescheinigt der übernehmenden Gesellschaft auf deren Antrag die Höhe des zu versteuernden Einbringungsgewinns, die darauf entfallende festgesetzte Steuer und den darauf entrichteten Betrag; nachträgliche Minderungen des versteuerten Einbringungsgewinns sowie die darauf entfallende festgesetzte Steuer und der darauf entrichtete Betrag sind dem für die übernehmende Gesellschaft zuständigen Finanzamt von Amts wegen mitzuteilen.

(6) In den Fällen der unentgeltlichen Rechtsnachfolge gilt der Rechtsnachfolger des Einbringenden als Einbringender im Sinne der Absätze 1 bis 5 und der Rechtsnachfolger der übernehmenden Gesellschaft als übernehmende Gesellschaft im Sinne des Absatzes 2.

(7) Werden in den Fällen einer Sacheinlage (§ 20 Abs. 1) oder eines Anteilstauschs (§ 21 Abs. 1) unter dem gemeinen Wert stille Reserven auf Grund einer Gesellschaftsgründung oder Kapitalerhöhung von den erhaltenen oder eingebrachten Anteilen oder von auf diesen Anteilen beruhenden Anteilen auf andere Anteile verlagert, gelten diese Anteile insoweit auch als erhaltene oder eingebrachte Anteile oder als auf diesen Anteilen beruhende Anteile im Sinne des Absatzes 1 oder 2 (Mitverstrickung von Anteilen).

[***ab 29.3.2019:*** (8)[1] 1 Absatz 1 Satz 6 Nummer 6 und Absatz 2 Satz 6 sind mit der Maßgabe anzuwenden, dass allein der Austritt des Vereinigten König-

---

[1] § 22 Abs. 8 angef. mWv 29.3.2019 durch Brexit-StBG v. 25.3.2019 (BGBl. I S. 357).

reichs Großbritannien und Nordirland aus der Europäischen Union nicht dazu führt, dass die Voraussetzungen des § 1 Absatz 4 nicht mehr erfüllt sind. [2]Satz 1 gilt nur für Einbringungen, bei denen in den Fällen der Gesamtrechtsnachfolge der Umwandlungsbeschluss vor dem Zeitpunkt, ab dem das Vereinigte Königreich Großbritannien und Nordirland nicht mehr Mitgliedstaat der Europäischen Union ist und auch nicht wie ein solcher zu behandeln ist, erfolgt oder, in den anderen Fällen, in denen die Einbringung nicht im Wege der Gesamtrechtsnachfolge erfolgt, der Einbringungsvertrag vor diesem Zeitpunkt geschlossen worden ist.]

§ 23[1)] Auswirkungen bei der übernehmenden Gesellschaft.

(1) Setzt die übernehmende Gesellschaft das eingebrachte Betriebsvermögen mit einem unter dem gemeinen Wert liegenden Wert (§ 20 Abs. 2 Satz 2, § 21 Abs. 1 Satz 2[2)]) an, gelten § 4 Abs. 2 Satz 3 und § 12 Abs. 3 erster Halbsatz entsprechend.

(2) [1]In den Fällen des § 22 Abs. 1 kann die übernehmende Gesellschaft auf Antrag den versteuerten Einbringungsgewinn im Wirtschaftsjahr der Veräußerung der Anteile oder eines gleichgestellten Ereignisses (§ 22 Abs. 1 Satz 1 und Satz 6 Nr. 1 bis 6) als Erhöhungsbetrag ansetzen, soweit der Einbringende die auf den Einbringungsgewinn entfallende Steuer entrichtet hat und dies durch Vorlage einer Bescheinigung des zuständigen Finanzamts im Sinne von § 22 Abs. 5 nachgewiesen wurde; der Ansatz des Erhöhungsbetrags bleibt ohne Auswirkung auf den Gewinn. [2]Satz 1 ist nur anzuwenden, soweit das eingebrachte Betriebsvermögen in den Fällen des § 22 Abs. 1 noch zum Betriebsvermögen der übernehmenden Gesellschaft gehört, es sei denn, dieses wurde zum gemeinen Wert übertragen. [3]Wurden die veräußerten Anteile auf Grund einer Einbringung von Anteilen nach § 20 Abs. 1 oder § 21 Abs. 1 (§ 22 Abs. 2) erworben, erhöhen sich die Anschaffungskosten der eingebrachten Anteile in Höhe des versteuerten Einbringungsgewinns, soweit der Einbringende die auf den Einbringungsgewinn entfallende Steuer entrichtet hat; Satz 1 und § 22 Abs. 1 Satz 7 gelten entsprechend.

(3) [1]Setzt die übernehmende Gesellschaft das eingebrachte Betriebsvermögen mit einem über dem Buchwert, aber unter dem gemeinen Wert liegenden Wert an, gilt § 12 Abs. 3 erster Halbsatz entsprechend mit der folgenden Maßgabe:

1. Die Absetzungen für Abnutzung oder Substanzverringerung nach § 7 Abs. 1, 4, 5 und 6 des Einkommensteuergesetzes sind vom Zeitpunkt der Einbringung an nach den Anschaffungs- oder Herstellungskosten des Einbringenden, vermehrt um den Unterschiedsbetrag zwischen dem Buchwert der einzelnen Wirtschaftsgüter und dem Wert, mit dem die Kapitalgesellschaft die Wirtschaftsgüter ansetzt, zu bemessen.
2. Bei den Absetzungen für Abnutzung nach § 7 Abs. 2 des Einkommensteuergesetzes tritt im Zeitpunkt der Einbringung an die Stelle des Buch-

---

1) Zur Anwendung siehe § 27 Abs. 4.

2) § 23 Abs. 1 Hinweis auf § 21 Abs. 1 Satz 2 eingef. durch G v. 19.12.2008 (BGBl. I S. 2794).

werts der einzelnen Wirtschaftsgüter der Wert, mit dem die Kapitalgesellschaft die Wirtschaftsgüter ansetzt.

2 Bei einer Erhöhung der Anschaffungskosten oder Herstellungskosten auf Grund rückwirkender Besteuerung des Einbringungsgewinns (Absatz 2) gilt dies mit der Maßgabe, dass an die Stelle des Zeitpunkts der Einbringung der Beginn des Wirtschaftsjahrs tritt, in welches das die Besteuerung des Einbringungsgewinns auslösende Ereignis fällt.

(4) Setzt die übernehmende Gesellschaft das eingebrachte Betriebsvermögen mit dem gemeinen Wert an, gelten die eingebrachten Wirtschaftsgüter als im Zeitpunkt der Einbringung von der Kapitalgesellschaft angeschafft, wenn die Einbringung des Betriebsvermögens im Wege der Einzelrechtsnachfolge erfolgt; erfolgt die Einbringung des Betriebsvermögens im Wege der Gesamtrechtsnachfolge nach den Vorschriften des Umwandlungsgesetzes, gilt Absatz 3 entsprechend.

(5) Der maßgebende Gewerbeertrag der übernehmenden Gesellschaft kann nicht um die vortragsfähigen Fehlbeträge des Einbringenden im Sinne des § 10a des Gewerbesteuergesetzes gekürzt werden.

(6) § 6 Abs. 1 und 3 gilt entsprechend.

Siebter Teil. Einbringung eines Betriebs, Teilbetriebs oder Mitunternehmeranteils in eine Personengesellschaft

§ 24 Einbringung von Betriebsvermögen in eine Personengesellschaft. (1) Wird ein Betrieb oder Teilbetrieb oder ein Mitunternehmeranteil in eine Personengesellschaft eingebracht und wird der Einbringende Mitunternehmer der Gesellschaft, gelten für die Bewertung des eingebrachten Betriebsvermögens die Absätze 2 bis 4.

(2)[1] 1 Die Personengesellschaft hat das eingebrachte Betriebsvermögen in ihrer Bilanz einschließlich der Ergänzungsbilanzen für ihre Gesellschafter mit dem gemeinen Wert anzusetzen; für die Bewertung von Pensionsrückstellungen gilt § 6a des Einkommensteuergesetzes. 2 Abweichend von Satz 1 kann das übernommene Betriebsvermögen auf Antrag mit dem Buchwert oder einem höheren Wert, höchstens jedoch mit dem Wert im Sinne des Satzes 1, angesetzt werden, soweit

1. das Recht der Bundesrepublik Deutschland hinsichtlich der Besteuerung des eingebrachten Betriebsvermögens nicht ausgeschlossen oder beschränkt wird und
2. der gemeine Wert von sonstigen Gegenleistungen, die neben den neuen Gesellschaftsanteilen gewährt werden, nicht mehr beträgt als
   a) 25 Prozent des Buchwerts des eingebrachten Betriebsvermögens oder
   b) 500 000 Euro, höchstens jedoch den Buchwert des eingebrachten Betriebsvermögens.

---

[1] § 24 Abs. 2 Satz 2 neu gef., Satz 4 angef. durch G v. 2.11.2015 (BGBl. I S. 1834); zur Anwendung siehe § 27 Abs. 14.

[3] § 20 Abs. 2 Satz 3 gilt entsprechend. [4] Erhält der Einbringende neben den neuen Gesellschaftsanteilen auch sonstige Gegenleistungen, ist das eingebrachte Betriebsvermögen abweichend von Satz 2 mindestens mit dem gemeinen Wert der sonstigen Gegenleistungen anzusetzen, wenn dieser den sich nach Satz 2 ergebenden Wert übersteigt.

(3) [1] Der Wert, mit dem das eingebrachte Betriebsvermögen in der Bilanz der Personengesellschaft einschließlich der Ergänzungsbilanzen für ihre Gesellschafter angesetzt wird, gilt für den Einbringenden als Veräußerungspreis. [2] § 16 Abs. 4 des Einkommensteuergesetzes ist nur anzuwenden, wenn das eingebrachte Betriebsvermögen mit dem gemeinen Wert angesetzt wird und es sich nicht um die Einbringung von Teilen eines Mitunternehmeranteils handelt; in diesen Fällen ist § 34 Abs. 1 und 3 des Einkommensteuergesetzes anzuwenden, soweit der Veräußerungsgewinn nicht nach § 3 Nr. 40 Satz 1 Buchstabe b in Verbindung mit § 3c Abs. 2 des Einkommensteuergesetzes teilweise steuerbefreit ist. [3] In den Fällen des Satzes 2 gilt § 16 Abs. 2 Satz 3 des Einkommensteuergesetzes entsprechend.

(4) § 23 Abs. 1, 3, 4 und 6 gilt entsprechend; in den Fällen der Einbringung in eine Personengesellschaft im Wege der Gesamtrechtsnachfolge gilt auch § 20 Abs. 5 und 6 entsprechend.

(5)[1)] Soweit im Rahmen einer Einbringung nach Absatz 1 unter dem gemeinen Wert eingebrachte Anteile an einer Körperschaft, Personenvereinigung oder Vermögensmasse innerhalb eines Zeitraums von sieben Jahren nach dem Einbringungszeitpunkt durch die übernehmende Personengesellschaft veräußert oder durch einen Vorgang nach § 22 Absatz 1 Satz 6 Nummer 1 bis 5 weiter übertragen werden und soweit beim Einbringenden der Gewinn aus der Veräußerung dieser Anteile im Einbringungszeitpunkt nicht nach § 8b Absatz 2 des Körperschaftsteuergesetzes steuerfrei gewesen wäre, ist § 22 Absatz 2, 3 und 5 bis 7 insoweit entsprechend anzuwenden, als der Gewinn aus der Veräußerung der eingebrachten Anteile auf einen Mitunternehmer entfällt, für den insoweit § 8b Absatz 2 des Körperschaftsteuergesetzes Anwendung findet.[2)]

(6)[3)] § 20 Abs. 9 gilt entsprechend.

Achter Teil. Formwechsel einer Personengesellschaft in eine Kapitalgesellschaft oder Genossenschaft

§ 25 Entsprechende Anwendung des Sechsten Teils. [1] In den Fällen des Formwechsels einer Personengesellschaft in eine Kapitalgesellschaft oder Genossenschaft im Sinne des § 190 des Umwandlungsgesetzes vom 28. Oktober 1994 (BGBl. I S. 3210, 1995 I S. 428), das zuletzt durch Artikel 10 des Geset-

---

[1)] Zur Anwendung siehe § 27 Abs. 4.

[2)] § 24 Abs. 5 geänd. mWv 29.3.2013 durch G v. 21.3.2013 (BGBl. I S. 561).

[3)] § 24 Abs. 6 angef. durch G v. 14.8.2007 (BGBl. I S. 1912); zur erstmaligen Anwendung siehe § 27 Abs. 5.

zes vom 9. Dezember 2004 (BGBl. I S. 3214) geändert worden ist, in der jeweils geltenden Fassung oder auf Grund vergleichbarer ausländischer Vorgänge gelten §§ 20 bis 23 entsprechend. [2] § 9 Satz 2 und 3 ist entsprechend anzuwenden.

Neunter Teil. Verhinderung von Missbräuchen

§ 26. (weggefallen)

Zehnter Teil. Anwendungsvorschriften und Ermächtigung

§ 27 Anwendungsvorschriften. (1) [1] Diese Fassung des Gesetzes ist erstmals auf Umwandlungen und Einbringungen anzuwenden, bei denen die Anmeldung zur Eintragung in das für die Wirksamkeit des jeweiligen Vorgangs maßgebende öffentliche Register nach dem 12. Dezember 2006 erfolgt ist. [2] Für Einbringungen, deren Wirksamkeit keine Eintragung in ein öffentliches Register voraussetzt, ist diese Fassung des Gesetzes erstmals anzuwenden, wenn das wirtschaftliche Eigentum an den eingebrachten Wirtschaftsgütern nach dem 12. Dezember 2006 übergegangen ist.

(2) [1] Das Umwandlungssteuergesetz in der Fassung der Bekanntmachung vom 15. Oktober 2002 (BGBl. I S. 4133, 2003 I S. 738), geändert durch Artikel 3 des Gesetzes vom 16. Mai 2003 (BGBl. I S. 660), ist letztmals auf Umwandlungen und Einbringungen anzuwenden, bei denen die Anmeldung zur Eintragung in das für die Wirksamkeit des jeweiligen Vorgangs maßgebende öffentliche Register bis zum 12. Dezember 2006 erfolgt ist. [2] Für Einbringungen, deren Wirksamkeit keine Eintragung in ein öffentliches Register voraussetzt, ist diese Fassung letztmals anzuwenden, wenn das wirtschaftliche Eigentum an den eingebrachten Wirtschaftsgütern bis zum 12. Dezember 2006 übergegangen ist.

(3) Abweichend von Absatz 2 ist

1. § 5 Abs. 4 für einbringungsgeborene Anteile im Sinne von § 21 Abs. 1 mit der Maßgabe weiterhin anzuwenden, dass die Anteile zu dem Wert im Sinne von § 5 Abs. 2 oder Abs. 3 in der Fassung des Absatzes 1 als zum steuerlichen Übertragungsstichtag in das Betriebsvermögen des übernehmenden Rechtsträgers überführt gelten,
2. § 20 Abs. 6 in der am 21. Mai 2003 geltenden Fassung für die Fälle des Ausschlusses des Besteuerungsrechts (§ 20 Abs. 3) weiterhin anwendbar, wenn auf die Einbringung Absatz 2 anzuwenden war,
3. § 21 in der am 21. Mai 2003 geltenden Fassung *ist*[1] für einbringungsgeborene Anteile im Sinne von § 21 Abs. 1, die auf einem Einbringungsvorgang beruhen, auf den Absatz 2 anwendbar war, weiterhin anzuwenden. [2] Für

[1] Redaktionelles Versehen – „ist" müsste wegfallen.

§ 21 Abs. 2 Satz 1 Nr. 2 in der am 21. Mai 2003 geltenden Fassung gilt dies mit der Maßgabe, dass eine Stundung der Steuer gemäß § 6 Abs. 5 des Außensteuergesetzes in der Fassung des Gesetzes vom 7. Dezember 2006 (BGBl. I S. 2782) unter den dort genannten Voraussetzungen erfolgt, wenn die Einkommensteuer noch nicht bestandskräftig festgesetzt ist; § 6 Abs. 6 und 7 des Außensteuergesetzes ist entsprechend anzuwenden.

(4) Abweichend von Absatz 1 sind §§ 22, 23 und 24 Abs. 5 nicht anzuwenden, soweit hinsichtlich des Gewinns aus der Veräußerung der Anteile oder einem gleichgestellten Ereignis im Sinne von § 22 Abs. 1 die Steuerfreistellung nach § 8b Abs. 4 des Körperschaftsteuergesetzes in der am 12. Dezember 2006 geltenden Fassung oder nach § 3 Nr. 40 Satz 3 und 4 des Einkommensteuergesetzes in der am 12. Dezember 2006 geltenden Fassung ausgeschlossen ist.

(5)[1] [1] § 4 Abs. 2 Satz 2, § 15 Abs. 3, § 20 Abs. 9 und § 24 Abs. 6 in der Fassung des Artikels 5 des Gesetzes vom 14. August 2007 (BGBl. I S. 1912) sind erstmals auf Umwandlungen und Einbringungen anzuwenden, bei denen die Anmeldung zur Eintragung in das für die Wirksamkeit des jeweiligen Vorgangs maßgebende öffentliche Register nach dem 31. Dezember 2007 erfolgt ist. [2] Für Einbringungen, deren Wirksamkeit keine Eintragung in ein öffentliches Register voraussetzt, ist diese Fassung des Gesetzes erstmals anzuwenden, wenn das wirtschaftliche Eigentum an den eingebrachten Wirtschaftsgütern nach dem 31. Dezember 2007 übergegangen ist.

(6)[2] [1] § 10 ist letztmals auf Umwandlungen anzuwenden, bei denen der steuerliche Übertragungsstichtag vor dem 1. Januar 2007 liegt. [2] § 10 ist abweichend von Satz 1 weiter anzuwenden in den Fällen, in denen ein Antrag nach § 34 Abs. 16 des Körperschaftsteuergesetzes in der Fassung des Artikels 3 des Gesetzes vom 20. Dezember 2007 (BGBl. I S. 3150) gestellt wurde.

(7)[2] § 18 Abs. 3 Satz 1 in der Fassung des Artikels 4 des Gesetzes vom 20. Dezember 2007 (BGBl. I S. 3150) ist erstmals auf Umwandlungen anzuwenden, bei denen die Anmeldung zur Eintragung in das für die Wirksamkeit der Umwandlung maßgebende öffentliche Register nach dem 31. Dezember 2007 erfolgt ist.

(8)[3] § 4 Abs. 6 Satz 4 bis 6 sowie § 4 Abs. 7 Satz 2 in der Fassung des Artikels 6 des Gesetzes vom 19. Dezember 2008 (BGBl. I S. 2794) sind erstmals auf Umwandlungen anzuwenden, bei denen § 3 Nr. 40 des Einkommensteuergesetzes in der durch Artikel 1 Nr. 3 des Gesetzes vom 14. August 2007 (BGBl. I S. 1912) geänderten Fassung für die Bezüge im Sinne des § 7 anzuwenden ist.

(9)[3] [1] § 2 Abs. 4 und § 20 Abs. 6 Satz 4 in der Fassung des Artikels 6 des Gesetzes vom 19. Dezember 2008 (BGBl. I S. 2794) sind erstmals auf Umwandlungen und Einbringungen anzuwenden, bei denen der schädliche Beteiligungserwerb oder ein anderes die Verlustnutzung ausschließendes Ereignis nach dem 28. November 2008 eintritt. [2] § 2 Abs. 4 und § 20 Abs. 6 Satz 4 in

---

[1] § 27 Abs. 5 angef. durch G v. 14.8.2007 (BGBl. I S. 1912).
[2] § 27 Abs. 6 und 7 angef. durch G v. 20.12.2007 (BGBl. I S. 3150).
[3] § 27 Abs. 8 und 9 angef. durch G v. 19.12.2008 (BGBl. I S. 2794).

der Fassung des Artikels 6 des Gesetzes vom 19. Dezember 2008 (BGBl. I S. 2794) gelten nicht, wenn sich der Veräußerer und der Erwerber am 28. November 2008 über den später vollzogenen schädlichen Beteiligungserwerb oder ein anderes die Verlustnutzung ausschließendes Ereignis einig sind, der übernehmende Rechtsträger dies anhand schriftlicher Unterlagen nachweist und die Anmeldung zur Eintragung in das für die Wirksamkeit des Vorgangs maßgebende öffentliche Register bzw. bei Einbringungen der Übergang des wirtschaftlichen Eigentums bis zum 31. Dezember 2009 erfolgt.

(10)[1] § 2 Absatz 4 Satz 1, § 4 Absatz 2 Satz 2, § 9 Satz 3, § 15 Absatz 3 und § 20 Absatz 9 in der Fassung des Artikels 4 des Gesetzes vom 22. Dezember 2009 (BGBl. I S. 3950) sind erstmals auf Umwandlungen und Einbringungen anzuwenden, deren steuerlicher Übertragungsstichtag in einem Wirtschaftsjahr liegt, für das § 4h Absatz 1, 4 Satz 1 und Absatz 5 Satz 1 und 2 des Einkommensteuergesetzes in der Fassung des Artikels 1 des Gesetzes vom 22. Dezember 2009 (BGBl. I S. 3950) erstmals anzuwenden ist.

(11)[2] Für Bezüge im Sinne des § 8b Absatz 1 des Körperschaftsteuergesetzes aufgrund einer Umwandlung ist § 8b Absatz 4 des Körperschaftsteuergesetzes in der Fassung des Artikels 1 des Gesetzes vom 21. März 2013 (BGBl. I S. 561) abweichend von § 34 Absatz 7a Satz 2 des Körperschaftsteuergesetzes bereits erstmals vor dem 1. März 2013 anzuwenden, wenn die Anmeldung zur Eintragung in das für die Wirksamkeit des jeweiligen Vorgangs maßgebende öffentliche Register nach dem 28. Februar 2013 erfolgt.

(12)[3] [1]§ 2 Absatz 4 Satz 3 bis 6 in der Fassung des Artikels 9 des Gesetzes vom 26. Juni 2013 (BGBl. I S. 1809) ist erstmals auf Umwandlungen und Einbringungen anzuwenden, bei denen die Anmeldung zur Eintragung in das für die Wirksamkeit des jeweiligen Vorgangs maßgebende öffentliche Register nach dem 6. Juni 2013 erfolgt. [2]Für Einbringungen, deren Wirksamkeit keine Eintragung in ein öffentliches Register voraussetzt, ist § 2 in der Fassung des Artikels 9 des Gesetzes vom 26. Juni 2013 (BGBl. I S. 1809) erstmals anzuwenden, wenn das wirtschaftliche Eigentum an den eingebrachten Wirtschaftsgütern nach dem 6. Juni 2013[4] übergegangen ist.

(13)[5] § 20 Absatz 8 in der am 31. Juli 2014[6] geltenden Fassung ist erstmals bei steuerlichen Übertragungsstichtagen nach dem 31. Dezember 2013 anzuwenden.

(14)[7] § 20 Absatz 2, § 21 Absatz 1, § 22 Absatz 1 Satz 6 Nummer 2, 4 und 5 sowie § 24 Absatz 2 in der am 6. November 2015[8] geltenden Fassung

---

[1] § 27 Abs. 10 angef. durch G v. 22.12.2009 (BGBl. I S. 3950).

[2] § 27 Abs. 11 angef. durch G v. 21.3.2013 (BGBl. I S. 561).

[3] § 27 Abs. 12 angef. durch G v. 26.6.2013 (BGBl. I S. 1809); geänd. durch G v. 25.7.2014 (BGBl. I S. 1266).

[4] Datum des Tages des Beschlusses des Deutschen Bundestages über die Beschlussempfehlung des Vermittlungsausschusses über das vorliegende Änderungsgesetz.

[5] § 27 Abs. 13 eingef. durch G v. 25.7.2014 (BGBl. I S. 1266).

[6] Datum des Tags nach der Verkündung des G v. 25.7.2014 (BGBl. I S. 1266).

[7] § 27 Abs. 14 eingef. durch G v. 2.11.2015 (BGBl. I S. 1834).

[8] Tag nach der Verkündung des G v. 2.11.2015 (BGBl. I S. 1834).

sind erstmals auf Einbringungen anzuwenden, wenn in den Fällen der Gesamtrechtsnachfolge der Umwandlungsbeschluss nach dem 31. Dezember 2014 erfolgt ist oder in den anderen Fällen der Einbringungsvertrag nach dem 31. Dezember 2014 geschlossen worden ist.

(15)[1] [1]§ 9 Satz 3 sowie § 20 Absatz 6 Satz 1 und 3 sind mit der Maßgabe anzuwenden, dass an die Stelle des Zeitraums von acht Monaten ein Zeitraum von zwölf Monaten tritt, wenn die Anmeldung zur Eintragung oder der Abschluss des Einbringungsvertrags im Jahr 2020 erfolgt. [2]Erlässt das Bundesministerium der Justiz und für Verbraucherschutz eine Rechtsverordnung auf Grundlage des § 8 in Verbindung mit § 4 des Gesetzes über Maßnahmen im Gesellschafts-, Genossenschafts-, Vereins-, Stiftungs- und Wohnungseigentumsrecht zur Bekämpfung der Auswirkungen der COVID-19-Pandemie vom 27. März 2020 (BGBl. I S. 569, 570), wird das Bundesministerium der Finanzen ermächtigt, durch Rechtsverordnung mit Zustimmung des Bundesrates die Geltung des Satzes 1 für Anmeldungen zur Eintragung und Einbringungsvertragsabschlüsse zu verlängern, die bis zu dem Tag erfolgen, der in der Rechtsverordnung des Bundesministeriums der Justiz und für Verbraucherschutz festgelegt wurde.

§ 28 Bekanntmachungserlaubnis. Das Bundesministerium der Finanzen wird ermächtigt, den Wortlaut dieses Gesetzes und der zu diesem Gesetz erlassenen Rechtsverordnungen in der jeweils geltenden Fassung satzweise nummeriert mit neuem Datum und in neuer Paragraphenfolge bekannt zu machen und dabei Unstimmigkeiten im Wortlaut zu beseitigen.

---

[1] § 27 Abs. 15 angef. durch G v. 19.6.2020 (BGBl. I S. 1385).

135. Richtlinie 2009/133/EG des Rates vom 19. Oktober 2009 über das gemeinsame Steuersystem für Fusionen, Spaltungen, Abspaltungen, die Einbringung von Unternehmensteilen und den Austausch von Anteilen, die Gesellschaften verschiedener Mitgliedstaaten betreffen, sowie für die Verlegung des Sitzes einer Europäischen Gesellschaft oder einer Europäischen Genossenschaft von einem Mitgliedstaat in einen anderen Mitgliedstaat

Vom 19. Oktober 2009 (ABl. EG Nr. L 310 S. 34)

Geändert durch RL 2013/13/EU vom 13. 5. 2013 (ABl. EU Nr. L 141 S. 30)

Kapitel I. Allgemeine Vorschriften

Art. 1[1] **[Anwendungsbereich]** Jeder Mitgliedstaat wendet diese Richtlinie auf folgende Vorgänge an:

a) Fusionen, Spaltungen, Abspaltungen, die Einbringung von Unternehmensteilen und den Austausch von Anteilen, wenn daran Gesellschaften aus zwei oder mehr Mitgliedstaaten beteiligt sind;

b) Verlegungen des Sitzes einer Europäischen Gesellschaft (Societas Europaea – SE) im Sinne der Verordnung (EG) Nr. 2157/2001 des Rates vom 8. Oktober 2001 über das Statut der Europäischen Gesellschaft (SE)[2] oder einer Europäischen Genossenschaft (SCE) im Sinne der Verordnung (EG) Nr. 1435/2003 des Rates vom 22. Juli 2003 über das Statut der Europäischen Genossenschaft (SCE)[3] von einem Mitgliedstaat in einen anderen.

Art. 2 **[Definitionen]** Im Sinne dieser Richtlinie ist

a) „Fusion“ der Vorgang, durch den
   i) eine oder mehrere Gesellschaften zum Zeitpunkt ihrer Auflösung ohne Abwicklung ihr gesamtes Aktiv- und Passivvermögen auf eine bereits bestehende Gesellschaft gegen Gewährung von Anteilen am Gesellschaftskapital der anderen Gesellschaft an ihre eigenen Gesellschafter und gegebenenfalls einer baren Zuzahlung übertragen; letztere darf 10% des Nennwerts oder – bei Fehlen eines solchen – des rechnerischen Werts dieser Anteile nicht überschreiten;

---

[1] Art. 1 neugef. durch RL 2005/19/EG v. 17. 2. 2005 (ABl. EG Nr. L 58 S. 19).
[2] **Amtl. Anm.:** ABl. L 294 vom 10. 11. 2001, S. 1.
[3] **Amtl. Anm.:** ABl. L 207 vom 18. 8. 2003, S. 1.

ii) zwei oder mehrere Gesellschaften zum Zeitpunkt ihrer Auflösung ohne Abwicklung ihr gesamtes Aktiv- und Passivvermögen auf eine von ihnen gegründete Gesellschaft gegen Gewährung von Anteilen am Gesellschaftskapital der neuen Gesellschaft an ihre eigenen Gesellschafter und gegebenenfalls einer baren Zuzahlung übertragen; letztere darf 10% des Nennwerts oder – bei Fehlen eines solchen – des rechnerischen Werts dieser Anteile nicht überschreiten;

iii) eine Gesellschaft zum Zeitpunkt ihrer Auflösung ohne Abwicklung ihr gesamtes Aktiv- und Passivvermögen auf die Gesellschaft überträgt, die sämtliche Anteile an ihrem Gesellschaftskapital besitzt;

b) „Spaltung" der Vorgang, durch den eine Gesellschaft zum Zeitpunkt ihrer Auflösung ohne Abwicklung ihr gesamtes Aktiv- und Passivvermögen auf zwei oder mehr bereits bestehende oder neu gegründete Gesellschaften gegen Gewährung von Anteilen am Gesellschaftskapital der übernehmenden Gesellschaften an ihre eigenen Gesellschafter, und gegebenenfalls einer baren Zuzahlung, anteilig überträgt; letztere darf 10% des Nennwerts oder – bei Fehlen eines solchen – des rechnerischen Werts dieser Anteile nicht überschreiten;

c) „Abspaltung" der Vorgang, durch den eine Gesellschaft, ohne sich aufzulösen, einen oder mehrere Teilbetriebe auf eine oder mehr bereits bestehende oder neu gegründete Gesellschaften gegen Gewährung von Anteilen am Gesellschaftskapital der übernehmenden Gesellschaften an ihre eigenen Gesellschafter, und gegebenenfalls einer baren Zuzahlung, anteilig überträgt, wobei mindestens ein Teilbetrieb in der einbringenden Gesellschaft verbleiben muss; die Zuzahlung darf 10% des Nennwerts oder – bei Fehlen eines solchen – des rechnerischen Werts dieser Anteile nicht überschreiten;

d) „Einbringung von Unternehmensteilen" der Vorgang, durch den eine Gesellschaft, ohne aufgelöst zu werden, ihren Betrieb insgesamt oder einen oder mehrere Teilbetriebe in eine andere Gesellschaft gegen Gewährung von Anteilen am Gesellschaftskapital der übernehmenden Gesellschaft einbringt;

e) „Austausch von Anteilen" der Vorgang, durch den eine Gesellschaft am Gesellschaftskapital einer anderen Gesellschaft eine Beteiligung, die ihr die Mehrheit der Stimmrechte verleiht, oder – sofern sie die Mehrheit der Stimmrechte bereits hält – eine weitere Beteiligung dadurch erwirbt, dass die Gesellschafter der anderen Gesellschaft im Austausch für ihre Anteile Anteile am Gesellschaftskapital der erwerbenden Gesellschaft und gegebenenfalls eine bare Zuzahlung erhalten; letztere darf 10% des Nennwerts oder – bei Fehlen eines Nennwerts – des rechnerischen Werts der im Zuge des Austauschs ausgegebenen Anteile nicht überschreiten;

f) „einbringende Gesellschaft" die Gesellschaft, die ihr Aktiv- und Passivvermögen überträgt oder einen oder mehrere Teilbetriebe einbringt;

g) „übernehmende Gesellschaft" die Gesellschaft, die das Aktiv- und Passivvermögen oder einen oder mehrere Teilbetriebe von der einbringenden Gesellschaft übernimmt;

h) „erworbene Gesellschaft" die Gesellschaft, an der beim Austausch von Anteilen eine Beteiligung erworben wurde;

i) „erwerbende Gesellschaft" die Gesellschaft, die beim Austausch von Anteilen eine Beteiligung erwirbt;

j) „Teilbetrieb" die Gesamtheit der in einem Unternehmensteil einer Gesellschaft vorhandenen aktiven und passiven Wirtschaftsgüter, die in organisatorischer Hinsicht einen selbständigen Betrieb, d.h. eine aus eigenen Mitteln funktionsfähige Einheit, darstellen;

k) „Sitzverlegung" der Vorgang, durch den eine SE oder eine SCE ihren Sitz von einem Mitgliedstaat in einen anderen Mitgliedstaat verlegt, ohne dass dies zu ihrer Auflösung oder zur Gründung einer neuen juristischen Person führt.

Art. 3 [Begriff der Gesellschaft] Im Sinne dieser Richtlinie ist eine „Gesellschaft eines Mitgliedstaats" jede Gesellschaft,

a) die eine der im Anhang I Teil A aufgeführten Formen aufweist;

b) die nach dem Steuerrecht eines Mitgliedstaats als in diesem Mitgliedstaate ansässig und nicht aufgrund eines Doppelbesteuerungsabkommens mit einem Drittstaat als außerhalb der Gemeinschaft ansässig angesehen wird; und

c) die ferner ohne Wahlmöglichkeit einer der in Anhang I Teil B aufgeführten Steuern oder irgendeiner Steuer, die eine dieser Steuern ersetzt, unterliegt, ohne davon befreit zu sein.

Kapitel II. Regeln für Fusionen, Spaltungen, Abspaltungen, die Einbringung von Unternehmensteilen und den Austausch von Anteilen

Art. 4 [Stille Reserven] (1) Die Fusion, Spaltung oder Abspaltung darf keine Besteuerung des Veräußerungsgewinns auslösen, der sich aus dem Unterschied zwischen dem tatsächlichen Wert des übertragenen Aktiv- und Passivvermögens und dessen steuerlichem Wert ergibt.

(2) Für die Zwecke dieses Artikels gilt als

a) „steuerlicher Wert" der Wert, auf dessen Grundlage ein etwaiger Gewinn oder Verlust für die Zwecke der Besteuerung des Veräußerungsgewinns der einbringenden Gesellschaft ermittelt worden wäre, wenn das Aktiv- und Passivvermögen gleichzeitig mit der Fusion, Spaltung oder Abspaltung, aber unabhängig davon, veräußert worden wäre;

b) „übertragenes Aktiv- und Passivvermögen" das Aktiv- und Passivvermögen der einbringenden Gesellschaft, das nach der Fusion, Spaltung oder Abspaltung tatsächlich einer Betriebsstätte der übernehmenden Gesellschaft im Mitgliedstaat der einbringenden Gesellschaft zugerechnet wird und zur Erzielung des steuerlich zu berücksichtigenden Ergebnisses dieser Betriebsstätte beiträgt.

(3) Findet Absatz 1 Anwendung und betrachtet ein Mitgliedstaat eine gebietsfremde einbringende Gesellschaft aufgrund seiner Beurteilung ihrer juristischen Merkmale, die sich aus dem Recht, nach dem sie gegründet wurde, ergeben, als steuerlich transparent und besteuert daher die Gesellschafter nach ihrem Anteil an den ihnen zuzurechnenden Gewinnen der einbringenden Gesellschaft im Zeitpunkt der Zurechnung, so besteuert dieser Mitgliedstaat Veräußerungsgewinne, die sich aus der Differenz zwischen dem tatsächlichen Wert des eingebrachten Aktiv- und Passivvermögens und dessen steuerlichem Wert ergeben, nicht.

(4) Die Absätze 1 und 3 finden nur dann Anwendung, wenn die übernehmende Gesellschaft neue Abschreibungen und spätere Wertsteigerungen oder Wertminderungen des übertragenen Aktiv- und Passivvermögens so berechnet, wie die einbringende Gesellschaft sie ohne die Fusion, Spaltung oder Abspaltung berechnet hätte.

(5) Darf die übernehmende Gesellschaft nach dem Recht des Mitgliedstaats der einbringenden Gesellschaft neue Abschreibungen und spätere Wertsteigerungen oder Wertminderungen des übertragenen Aktiv- und Passivvermögens abweichend von Absatz 4 berechnen, so findet Absatz 1 keine Anwendung auf das Vermögen, für das die übernehmende Gesellschaft von diesem Recht Gebrauch macht.

Art. 5 [Rückstellungen, Rücklagen] Die Mitgliedstaaten treffen die notwendigen Regelungen, damit die von der einbringenden Gesellschaft unter völliger oder teilweiser Steuerbefreiung zulässigerweise gebildeten Rückstellungen oder Rücklagen – soweit sie nicht von Betriebsstätten im Ausland stammen – unter den gleichen Voraussetzungen von den im Mitgliedstaat der einbringenden Gesellschaft gelegenen Betriebsstätten der übernehmenden Gesellschaft ausgewiesen werden können, wobei die übernehmende Gesellschaft in die Rechte und Pflichten der einbringenden Gesellschaft eintritt.

Art. 6 [Übernahme von Verlusten] Wenden die Mitgliedstaaten für den Fall, dass die in Artikel 1 Buchstabe a genannten Vorgänge zwischen Gesellschaften des Mitgliedstaats der einbringenden Gesellschaft erfolgen, Vorschriften an, die die Übernahme der bei der einbringenden Gesellschaft steuerlich noch nicht berücksichtigten Verluste durch die übernehmende Gesellschaft gestatten, so dehnen sie diese Vorschriften auf die Übernahme der bei der einbringenden Gesellschaft steuerlich noch nicht berücksichtigten Verluste durch die in ihrem Hoheitsgebiet gelegenen Betriebsstätten der übernehmenden Gesellschaft aus.

Art. 7 [Kapitalbeteiligung] (1) Wenn die übernehmende Gesellschaft am Kapital der einbringenden Gesellschaft eine Beteiligung besitzt, so unterliegen die bei der übernehmenden Gesellschaft möglicherweise entstehenden Wertsteigerungen beim Untergang ihrer Beteiligung am Kapital der einbringenden Gesellschaft keiner Besteuerung.

(2) Die Mitgliedstaaten können von Absatz 1 abweichen, wenn der Anteil der übernehmenden Gesellschaft am Kapital der einbringenden Gesellschaft weniger als 15% beträgt.

Ab 1. Januar 2009 beträgt der Mindestanteil 10%.

Art. 8 [Zuteilung von Kapitalanteilen] (1) Die Zuteilung von Anteilen am Gesellschaftskapital der übernehmenden oder erwerbenden Gesellschaft an einen Gesellschafter der einbringenden oder erworbenen Gesellschaft gegen Anteile an deren Gesellschaftskapital aufgrund einer Fusion, einer Spaltung oder des Austauschs von Anteilen darf für sich allein keine Besteuerung des Veräußerungsgewinns dieses Gesellschafters auslösen.

(2) Die Zuteilung von Anteilen am Gesellschaftskapital der übernehmenden Gesellschaft an einen Gesellschafter der einbringenden Gesellschaft aufgrund einer Abspaltung darf für sich allein keine Besteuerung des Veräußerungsgewinns dieses Gesellschafters auslösen.

(3) Betrachtet ein Mitgliedstaat einen Gesellschafter aufgrund seiner Beurteilung von dessen juristischen Merkmalen, die sich aus dem Recht, nach dem dieser gegründet wurde, ergeben, als steuerlich transparent und besteuert daher die an diesem Gesellschafter beteiligten Personen nach ihrem Anteil an den ihnen zuzurechnenden Gewinnen des Gesellschafters im Zeitpunkt der Zurechnung, so besteuert dieser Mitgliedstaat den Veräußerungsgewinn dieser Personen aus der Zuteilung von Anteilen am Gesellschaftskapital der übernehmenden oder erwerbenden Gesellschaft an den Gesellschafter nicht.

(4) Die Absätze 1 und 3 finden nur dann Anwendung, wenn der Gesellschafter den erworbenen Anteilen keinen höheren steuerlichen Wert beimisst, als den in Tausch gegebenen Anteilen unmittelbar vor der Fusion, der Spaltung oder dem Austausch der Anteile beigemessen war.

(5) Die Absätze 2 und 3 finden nur dann Anwendung, wenn der Gesellschafter der Summe der erworbenen Anteile und seiner Anteile an der einbringenden Gesellschaft keinen höheren steuerlichen Wert beimisst, als den Anteilen an der einbringenden Gesellschaft unmittelbar vor der Abspaltung beigemessen war.

(6) Die Anwendung der Absätze 1, 2 und 3 hindert die Mitgliedstaaten nicht, den Gewinn aus einer späteren Veräußerung der erworbenen Anteile in gleicher Weise zu besteuern wie den Gewinn aus einer Veräußerung der vor dem Erwerb vorhandenen Anteile.

(7) Für die Zwecke dieses Artikels ist der „steuerliche Wert" der Wert, auf dessen Grundlage ein etwaiger Gewinn oder Verlust für die Zwecke der Besteuerung des Veräußerungsgewinns eines Gesellschafters ermittelt würde.

(8) Darf ein Gesellschafter nach dem Recht seines Wohnsitzstaats oder Sitzstaats eine von den Absätzen 4 und 5 abweichende steuerliche Behandlung wählen, so finden die Absätze 1, 2 und 3 keine Anwendung auf die Anteile, für die der Gesellschafter von diesem Recht Gebrauch macht.

(9) Die Absätze 1, 2 und 3 hindern die Mitgliedstaaten nicht, eine bare Zuzahlung aufgrund einer Fusion, einer Spaltung, einer Abspaltung oder eines Austausches von Anteilen an die Gesellschafter zu besteuern.

Art. 9 [Regeln für die Einbringung von Unternehmensteilen] Die Artikel 4, 5 und 6 gelten entsprechend für die Einbringung von Unternehmensteilen.

Kapitel III. Sonderfall der Einbringung einer Betriebsstätte

Art. 10 [Sonderfall der Einbringung einer Betriebsstätte] (1) Wenn sich unter den bei einer Fusion, Spaltung, Abspaltung oder Einbringung von Unternehmensteilen eingebrachten Wirtschaftsgütern eine in einem anderen Mitgliedstaat als dem der einbringenden Gesellschaft liegende Betriebsstätte befindet, so verzichtet der Mitgliedstaat der einbringenden Gesellschaft endgültig auf seine Rechte zur Besteuerung dieser Betriebsstätte.

Der Mitgliedstaat der einbringenden Gesellschaft kann bei der Ermittlung des steuerbaren Gewinns dieser Gesellschaft frühere Verluste dieser Betriebsstätte, die von dem in diesem Mitgliedstaat steuerbaren Gewinn der Gesellschaft abgezogen wurden und noch nicht ausgeglichen worden sind, hinzurechnen.

Der Mitgliedstaat, in dem sich die Betriebsstätte befindet, und der Mitgliedstaat der übernehmenden Gesellschaft wenden auf diese Einbringung die Bestimmungen dieser Richtlinie an, als ob der Mitgliedstaat der Betriebsstätte mit dem Mitgliedstaat der einbringenden Gesellschaft identisch wäre.

Dieser Absatz gilt auch für den Fall, dass die Betriebsstätte in dem Mitgliedstaat gelegen ist, in dem die übernehmende Gesellschaft ansässig ist.

(2) Abweichend von Absatz 1 ist der Mitgliedstaat der einbringenden Gesellschaft, sofern er ein System der Weltgewinnbesteuerung anwendet, berechtigt, die durch die Fusion, Spaltung, Abspaltung oder Einbringung von Unternehmensteilen entstehenden Veräußerungsgewinne der Betriebsstätte zu besteuern, vorausgesetzt, er rechnet die Steuer, die ohne die Bestimmungen dieser Richtlinie auf diese Veräußerungsgewinne im Staat der Betriebsstätte erhoben worden wäre, in gleicher Weise und mit dem gleichen Betrag an, wie wenn diese Steuer tatsächlich erhoben worden wäre.

Kapitel IV. Sonderfall steuerlich transparenter Gesellschaften

Art. 11 [Sonderfall steuerlich transparenter Gesellschaften] (1) Betrachtet ein Mitgliedstaat eine gebietsfremde einbringende oder erworbene Gesellschaft aufgrund seiner Beurteilung ihrer juristischen Merkmale, die sich aus dem Recht, nach dem sie gegründet wurde, ergeben, als steuerlich transparent, so ist er berechtigt, die Bestimmungen dieser Richtlinie bei der Besteuerung der Veräußerungsgewinne eines unmittelbaren oder mittelbaren Gesellschafters dieser Gesellschaft nicht anzuwenden.

(2) Macht ein Mitgliedstaat von seinem Recht gemäß Absatz 1 Gebrauch, so rechnet er die Steuer, die ohne die Bestimmungen dieser Richtlinie auf die

Veräußerungsgewinne der steuerlich transparenten Gesellschaft erhoben worden wäre, in gleicher Weise und mit dem gleichen Betrag an, wie wenn diese Steuer tatsächlich erhoben worden wäre.

(3) Betrachtet ein Mitgliedstaat eine gebietsfremde übernehmende oder erwerbende Gesellschaft aufgrund seiner Beurteilung ihrer juristischen Merkmale, die sich aus dem Recht, nach dem sie gegründet wurde, ergeben, als steuerlich transparent, so ist er berechtigt, Artikel 8 Absätze 1, 2 und 3 nicht anzuwenden.

(4) Betrachtet ein Mitgliedstaat eine gebietsfremde übernehmende Gesellschaft aufgrund seiner Beurteilung ihrer juristischen Merkmale, die sich aus dem Recht, nach dem sie gegründet wurde, ergeben, als steuerlich transparent, so kann er jedem unmittelbaren oder mittelbaren Gesellschafter die gleiche steuerliche Behandlung zuteil werden lassen, wie wenn die übernehmende Gesellschaft in seinem Gebiet ansässig wäre.

Kapitel V. Regeln für die Sitzverlegung einer SE oder einer SCE

Art. 12 [Sitzverlegung einer SE/SCE, Besteuerung des Veräußerungsgewinns] (1) Wenn

a) eine SE oder SCE ihren Sitz von einem Mitgliedstaat in einen anderen verlegt, oder

b) eine SE oder SCE, die in einem Mitgliedstaat ansässig ist, infolge der Verlegung ihres Sitzes von diesem Mitgliedstaat in einen anderen Mitgliedstaat ihren Steuersitz in diesem Mitgliedstaat aufgibt und in einem anderen Mitgliedstaat ansässig wird,

darf diese Verlegung des Sitzes oder die Aufgabe des Steuersitzes in dem Mitgliedstaat, aus dem der Sitz verlegt wurde, keine Besteuerung des nach Artikel 4 Absatz 1 berechneten Veräußerungsgewinns aus dem Aktiv- und Passivvermögen einer SE oder SCE auslösen, das in der Folge tatsächlich einer Betriebsstätte der SE bzw. der SCE in dem Mitgliedstaat, von dem der Sitz verlegt wurde, zugerechnet bleibt, und das zur Erzielung des steuerlich zu berücksichtigenden Ergebnisses beiträgt.

(2) Absatz 1 findet nur dann Anwendung, wenn die SE bzw. die SCE neue Abschreibungen und spätere Wertsteigerungen oder Wertminderungen des Aktiv- und Passivvermögens, das tatsächlich dieser Betriebsstätte zugerechnet bleibt, so berechnet, als habe keine Sitzverlegung stattgefunden, oder als habe die SE oder SCE ihren steuerlichen Sitz nicht aufgegeben.

(3) Darf die SE bzw. die SCE nach dem Recht des Mitgliedstaats, aus dem der Sitz verlegt wurde, neue Abschreibungen oder spätere Wertsteigerungen oder Wertminderungen des in jenem Mitgliedstaat verbleibenden Aktiv- und Passivvermögens abweichend von Absatz 2 berechnen, so findet Absatz 1 keine Anwendung auf das Vermögen, für das die Gesellschaft von diesem Recht Gebrauch macht.

Art. 13 [Sitzverlegung einer SE/SCE; Bildung von Rückstellungen, Rücklagen] (1) Wenn

a) eine SE oder SCE ihren Sitz von einem Mitgliedstaat in einen anderen verlegt oder

b) eine SE oder SCE, die in einem Mitgliedstaat ansässig ist, infolge der Verlegung ihres Sitzes von diesem Mitgliedstaat in einen anderen Mitgliedstaat ihren Steuersitz in diesem Mitgliedstaat aufgibt und in einem anderen Mitgliedstaat ansässig wird,

treffen die Mitgliedstaaten die erforderlichen Maßnahmen, um sicherzustellen, dass Rückstellungen und Rücklagen, die von der SE oder SCE vor der Verlegung des Sitzes ordnungsgemäß gebildet wurden und ganz oder teilweise steuerbefreit sind sowie nicht aus Betriebsstätten im Ausland stammen, von einer Betriebsstätte der SE oder SCE im Hoheitsgebiet des Mitgliedstaats, von dem der Sitz verlegt wurde, mit der gleichen Steuerbefreiung übernommen werden können.

(2) Insofern als eine Gesellschaft, die ihren Sitz innerhalb des Hoheitsgebietes eines Mitgliedstaats verlegt, das Recht hätte, steuerlich noch nicht berücksichtigte Verluste vor- oder rückzutragen, gestattet der betreffende Mitgliedstaat auch der in seinem Hoheitsgebiet gelegenen Betriebsstätte der SE oder SCE, die ihren Sitz verlegt, die Übernahme der steuerlich noch nicht berücksichtigten Verluste der SE bzw. der SCE, vorausgesetzt, die Vor- oder Rückübertragung der Verluste wäre für ein Unternehmen, das weiterhin seinen Sitz oder seinen steuerlichen Sitz in diesem Mitgliedstaat hat, zu vergleichbaren Bedingungen möglich gewesen.

Art. 14 [Sitzverlegung einer SE/SCE, Besteuerung des Veräußerungsgewinns] (1) Die Verlegung des Sitzes einer SE bzw. einer SCE darf für sich allein keine Besteuerung des Veräußerungsgewinns der Gesellschafter auslösen.

(2) Die Anwendung des Absatzes 1 hindert die Mitgliedstaaten nicht, den Gewinn aus einer späteren Veräußerung der Anteile am Gesellschaftskapital der ihren Sitz verlegenden SE bzw. SCE zu besteuern.

Kapitel VI. Schlussbestimmungen

Art. 15 [Versagungsgründe] (1) Ein Mitgliedstaat kann die Anwendung der Artikel 4 bis 14 ganz oder teilweise versagen oder rückgängig machen, wenn eine der in Artikel 1 genannten Vorgänge

a) als hauptsächlichen Beweggrund oder als einen der hauptsächlichen Beweggründe die Steuerhinterziehung oder -umgehung hat; vom Vorliegen eines solchen Beweggrundes kann ausgegangen werden, wenn der Vorgang nicht auf vernünftigen wirtschaftlichen Gründen – insbesondere der Umstrukturierung oder der Rationalisierung der beteiligten Gesellschaften – beruht;

b) dazu führt, dass eine an dem Vorgang beteiligte Gesellschaft oder eine an dem Vorgang nicht beteiligte Gesellschaft die Voraussetzungen für die bis zu dem Vorgang bestehende Vertretung der Arbeitnehmer in den Organen der Gesellschaft nicht mehr erfüllt.

(2) Absatz 1 Buchstabe b ist so lange und so weit anwendbar, wie auf die von dieser Richtlinie erfassten Gesellschaften keine Vorschriften des Gemeinschaftsrechts anwendbar sind, die gleichwertige Bestimmungen über die Vertretung der Arbeitnehmer in den Gesellschaftsorganen enthalten.

Art. 16 [Umsetzungsfrist] Die Mitgliedstaaten teilen der Kommission den Wortlaut der wichtigsten innerstaatlichen Vorschriften mit, die sie auf dem unter diese Richtlinie fallenden Gebiet erlassen.

Art. 17 [RL 90/434/EWG] Die Richtlinie 90/434/EWG, in der Fassung der in Anhang II Teil A aufgeführten Rechtsakte, wird unbeschadet der Verpflichtung der Mitgliedstaaten hinsichtlich der in Anhang II Teil B genannten Fristen für die Umsetzung in innerstaatliches Recht und für die Anwendung aufgehoben.

Bezugnahmen auf die aufgehobene Richtlinie gelten als Bezugnahmen auf die vorliegende Richtlinie und sind nach Maßgabe der Entsprechungstabelle in Anhang III zu lesen.

Art. 18 [Inkrafttreten] Diese Richtlinie tritt am zwangisten Tag nach ihrer Veröffentlichung im Amtsblatt der Europäischen Union in Kraft.

Art. 19 [Adressat] Diese Richtlinie ist an die Mitgliedstaaten gerichtet.

Anhang I

Teil A

Liste der Gesellschaften im Sinne von Artikel 3 Buchstabe a

a) Die gemäß der Verordnung (EG) Nr. 2157/2001 und der Richtlinie 2001/86/EG des Rates vom 8. Oktober 2001 zur Ergänzung des Statuts der Europäischen Gesellschaft hinsichtlich der Beteiligung der Arbeitnehmer[1] gegründeten Gesellschaften (SE) sowie die gemäß der Verordnung (EG) Nr. 1435/2003 und der Richtlinie 2003/72/EG des Rates vom 22. Juli 2003 zur Ergänzung des Statuts der Europäischen Genossenschaft hinsichtlich der Beteiligung der Arbeitnehmer[2] gegründeten Genossenschaften (SCE);

b) die Gesellschaften belgischen Rechts mit der Bezeichnung „société anonyme"/„naamloze vennootschap", „société en commandite par actions"/„commanditaire vennootschap op aandelen", „société privée à responsabilité limitée"/„besloten vennootschap met beperkte aansprakelijkheid", „société coopérative à responsabilité limitée"/„coöperatieve vennootschap

[1] **Amtl. Anm.:** ABl. L 294 vom 10. 11. 2001, S. 22.
[2] **Amtl. Anm.:** ABl. L 207 vom 18. 8. 2003, S. 25.

met beperkte aansprakelijkheid", „société coopérative à responsabilité illimitée"/„coöperatieve vennootschap met onbeperkte aansprakelijkheid", „société en nom collectif"/„vennotschap onder firma", „société en commandite simple"/„gewone commanditaire vennotschap", öffentliche Unternehmen, die eine der genannten Rechtsformen angenommen haben und andere nach belgischem Recht gegründete Gesellschaften, die der belgischen Körperschaftsteuer unterliegen;

c) Gesellschaften bulgarischen Rechts mit der Bezeichnung „събирателното дружество", „командитното дружество", „дружеството с ограничена отговорност", „акционерното дружество", „командитното дружество с акции", „кооперации", „кооперативни съюози" und „държавни предприятия", die nach bulgarischem Recht gegründet wurden und gewerbliche Tätigkeiten ausüben;

d) die Gesellschaften tschechischen Rechts mit der Bezeichnung „akciová spole nost", „spole nost s ru ením omezeným";

e) die Gesellschaften dänischen Rechts mit der Bezeichnung „aktieselskab" und „anpartsselskab"; weitere nach dem Körperschaftsteuergesetz steuerpflichtige Unternehmen, soweit ihr steuerbarer Gewinn nach den allgemeinen steuerrechtlichen Bestimmungen für „aktieselskaber" ermittelt und besteuert wird;

f) die Gesellschaften deutschen Rechts mit der Bezeichnung „Aktiengesellschaft", „Kommanditgesellschaft auf Aktien", „Gesellschaft mit beschränkter Haftung", „Versicherungsverein auf Gegenseitigkeit", „Erwerbs- und Wirtschaftsgenossenschaft", „Betriebe gewerblicher Art von juristischen Personen des öffentlichen Rechts" und andere nach deutschem Recht gegründete Gesellschaften, die der deutschen Körperschaftsteuer unterliegen;

g) die Gesellschaften estnischen Rechts mit der Bezeichnung „täisühing", „usaldusühing", „osaühing", „aktsiaselts" und „tulundusühistu";

h) nach irischem Recht gegründete oder eingetragene Gesellschaften, gemäß dem Industrial and Provident Societies Act eingetragene Körperschaften, gemäß den Building Societies ACTS gegründete „building societies" und „trustee savings banks" im Sinne des Trustee Savings Banks Act von 1989;

i) die Gesellschaften griechischen Rechts mit der Bezeichnung „ανώνυμη εταιρεία", „εταιρεία περιορισμένης ευδύνης (Ε. Π. Ε.)";

j) die Gesellschaften spanischen Rechts mit der Bezeichnung „sociedad anónima", „sociedad comanditaria por acciones" und „sociedad de responsabilidad limitada" sowie die öffentlich-rechtlichen Körperschaften, deren Tätigkeit unter das Privatrecht fällt;

k) die Gesellschaften französischen Rechts mit der Bezeichnung „société anonyme", „société en commandite par actions" und „société à responsabilité limitée", „sociétés par actions simplifiées", „sociétés d'assurances mutuelles", „caisses d'épargne et de prévoyance", „sociétés civiles", die automatisch der Körperschaftsteuer unterliegen, „coopératives", „unions de coopératives", die öffentlichen Industrie- und Handelsbetriebe und

-unternehmen und andere nach französischem Recht gegründete Gesellschaften, die der französischen Körperschaftsteuer unterliegen;

ka)[1] die Gesellschaften kroatischen Rechts mit der Bezeichnung „diončko društvo" oder „društvo s ograničenom odgovornošću" und andere nach kroatischem Recht gegründete Gesellschaften, die der kroatischen Gewinnsteuer unterliegen;

l) die Gesellschaften italienischen Rechts mit der Bezeichnung „società per azioni", „società in accomandita per azioni", „società a responsabilità limitata", „società cooperative", „società di mutua assicurazione" sowie öffentliche und private Körperschaften, deren Tätigkeit ganz oder überwiegend handelsgewerblicher Art ist;

m) die nach zyprischem Recht gegründeten Gesellschaften: „εταιρείες" gemäß der Begriffsbestimmung in den Einkommensteuergesetzen;

n) die Gesellschaften lettischen Rechts mit der Bezeichnung „akciju sabiedrība", „sabiedrība ar ierobežotu atbildību";

o) die nach litauischem Recht gegründeten Gesellschaften;

p) die Gesellschaften luxemburgischen Rechts mit der Bezeichnung „société anonyme", „société en commandite par actions", „société à responsabilité limitée", „société coopérative", „société coopérative organisée comme une société anonyme", „association d'assurances mutuelles", „association d'épargne-pension", „entreprise de nature commerciale, industrielle ou minière de l'État, des communes, des syndicats de communes, des établissements publics et des autres personnes morales de droit public" sowie andere nach luxemburgischem Recht gegründete Gesellschaften, die der luxemburgischen Körperschaftsteuer unterliegen;

q) die Gesellschaften ungarischen Rechts mit der Bezeichnung „közkereseti társaság", „betéti társaság", „közös vállalat", „korlátolt felelősségű társaság", „részvénytársaság", „egyesülés", „közhasznú társaság" und „szövetkezet";

r) die Gesellschaften maltesischen Rechts mit der Bezeichnung „Kumpaniji ta' Responsabilita Limitata", „Soċjetajiet en commandite li l-kapital tagħhom maqsum f'azzjonijiet";

s) die Gesellschaften niederländischen Rechts mit der Bezeichnung „naamloze vennootschap", „besloten vennootschap met beperkte aansprakelijkheid", „open commanditaire vennootschap", „coöperatie", „onderlinge waarborgmaatschappij", „fonds voor gemene rekening", „vereniging op coöperatieve grondslag" und „vereniging welke op onderlinge grondslag als verzekeraar of kredietinstelling optreedt" sowie andere nach niederländischem Recht gegründete Gesellschaften, die der niederländischen Körperschaftsteuer unterliegen;

t) die Gesellschaften österreichischen Rechts mit der Bezeichnung „Aktiengesellschaft", „Gesellschaft mit beschränkter Haftung" und „Erwerbs- und Wirtschaftsgenossenschaft";

---

[1] Eingef. mWv 1. 7. 2013 durch RL 2013/13/EU v. 13. 5. 2013 (ABl. EU Nr. L 141 S. 30).

u) die Gesellschaften polnischen Rechts mit der Bezeichnung „spółka akcyjna“ und „spółka z ograniczoną odpowiedzialnością“;

v) die nach portugiesischem Recht gegründeten Handelsgesellschaften und zivilrechtlichen Handelsgesellschaften sowie andere nach portugiesischem Recht gegründete juristische Personen, die Industrie- oder Handelsunternehmen sind;

w) Gesellschaften rumänischen Rechts mit der Bezeichnung „societăţi pe acţiuni“, „societăţi în comandită pe acţiuni“ und „societăţi cu răspundere limitată“;

x) die Gesellschaften slowenischen Rechts mit der Bezeichnung „delniška družba“, „komanditna družba“ und „družba z omejeno odgovornostjo“;

y) die Gesellschaften slowakischen Rechts mit der Bezeichnung „akciová spoločnosť“, „spoločnosť s ručením obmedzeným“ und „komanditná spoločnosť“;

z) die Gesellschaften finnischen Rechts mit der Bezeichnung „osakeyhtiö“/„aktiebolag“, „osuuskunta“/„andelslag“, „säästöpankki“/„sparbank“ und „vakuutusyhtiö“/„försäkringsbolag“;

aa) die Gesellschaften schwedischen Rechts mit der Bezeichnung „aktiebolag“, „bankaktiebolag“ „försäkringsaktiebolag“, „ekonomiska föreningar“, „sparbanker“, „ömsesidiga försäkringsbolag“;

ab) die nach dem Recht des Vereinigten Königreichs gegründeten Gesellschaften.

Teil B

Liste der Steuern im Sinne von Artikel 3 Buchstabe c

– vennootschapsbelasting/impôt des sociétés in Belgien,
– корпоративен данък in Bulgarien,
– daň z příjmů právnických osob in der Tschechischen Republik,
– selskabsskat in Dänemark,
– Körperschaftsteuer in Deutschland,
– tulumaks in Estland,
– corporation tax in Irland,
– φόρος εισοδήματος νομικών προσώπων κερδοσκοπικού χαρακτήρα in Griechenland,
– impuesto sobre sociedades in Spanien,
– impôt sur les sociétés in Frankreich,
– porez na dobit in Kroatien,[1]
– imposta sul reddito delle società in Italien,
– φόρος εισοδήματος in Zypern,
– uzņēmumu ienākuma nodoklis in Lettland,

[1] Eingef. mWv 1. 7. 2013 durch RL 2013/13/EU v. 13. 5. 2013 (ABl. EU Nr. L 141 S. 30).

– pelno mokestis in Litauen,
– impôt sur le revenu des collectivités in Luxemburg,
– társasági adó in Ungarn,
– taxxa fuq l-income in Malta,
– vennootschapsbelasting in den Niederlanden,
– Körperschaftsteuer in Österreich,
– podatek dochodowy od osób prawnych in Polen,
– imposto sobre o rendimento das pessoas colectivas in Portugal,
– impozit pe profit in Rumänien,
– davek od dobička pravnih oseb in Slowenien,
– daň z príjmov právnických osôb in der Slowakei,

(Fortsetzung nächstes Blatt)

– yhteisöjen tulovero/inkomstskatten för samfund in Finnland,
– statlig inkomstskatt in Schweden,
– corporation tax im Vereinigten Königreich.

Anhang II

Teil A

Aufgehobene Richtlinie mit Liste ihrer nachfolgenden Änderungen

(gemäß Artikel 17)

Richtlinie 90/434/EWG des Rates (ABl. L 225 vom 20. 8. 1990, S. 1).	
Beitrittsakte von 1994 Anhang I Nr. XI. B. I.2 (ABl. C 241 vom 29. 8. 1994, S. 196).	
Beitrittsakte von 2003 Anhang II Nr. 9.7 (ABl. L 236 vom 23. 9. 2003, S. 559).	
Richtlinie 2005/19/EG des Rates (ABl. L 58 vom 4. 3. 2005, S. 19).	
Richtlinie 2006/98/EG des Rates (ABl. L 363 vom 20. 12. 2006, S. 129).	nur Nummer 6 des Anhangs

Teil B

Fristen für die Umsetzung in innerstaatliches Recht und für die Anwendung (gemäß Artikel 17)

Richtlinie	Umsetzungsfrist	Datum der Anwendung
90/434/EWG	1. Januar 1992	1. Januar 1993[1)]
2005/19/EG	1. Januar 2006[2)] 1. Januar 2007[3)]	–
2006/98/EG	1. Januar 2007	–

1) **Amtl. Anm.:** Betrifft ausschließlich die Portugiesische Republik.

2) **Amtl. Anm.:** Bezüglich der in Artikel 2 Absatz 1 der Richtlinie genannten Bestimmungen.

3) **Amtl. Anm.:** Bezüglich der in Artikel 2 Absatz 2 der Richtlinie genannten Bestimmungen.

Anhang III

Entsprechungstabelle

Richtlinie 90/434/EWG	Vorliegende Richtlinie
Artikel 1	*Artikel 1*
Artikel 2 Buchstabe a erster Gedankenstrich	Artikel 2 Buchstabe a Ziffer i
Artikel 2 Buchstabe a zweiter Gedankenstrich	Artikel 2 Buchstabe a Ziffer ii
Artikel 2 Buchstabe a dritter Gedankenstrich	Artikel 2 Buchstabe a Ziffer iii
Artikel 2 Buchstabe b	Artikel 2 Buchstabe b
Artikel 2 Buchstabe ba	Artikel 2 Buchstabe c
Artikel 2 Buchstabe c	Artikel 2 Buchstabe d
Artikel 2 Buchstabe d	Artikel 2 Buchstabe e
Artikel 2 Buchstabe e	Artikel 2 Buchstabe f
Artikel 2 Buchstabe f	Artikel 2 Buchstabe g
Artikel 2 Buchstabe g	Artikel 2 Buchstabe h
Artikel 2 Buchstabe h	Artikel 2 Buchstabe i
Artikel 2 Buchstabe i	Artikel 2 Buchstabe j
Artikel 2 Buchstabe j	Artikel 2 Buchstabe k
Artikel 3 Buchstabe a	Artikel 3 Buchstabe a
Artikel 3 Buchstabe b	Artikel 3 Buchstabe b
Artikel 3 Buchstabe c einleitender Satz zu Absätzen 1 und 2	Artikel 3 Buchstabe c
Artikel 3 Buchstabe c Absatz 1 erster bis siebenundzwanzigster Gedankenstrich	Anhang I Teil B
Artikel 4 Absatz 1 Unterabsatz 1	Artikel 4 Absatz 1
Artikel 4 Absatz 1 Unterabsatz 2	Artikel 4 Absatz 2
Artikel 4 Absatz 2	Artikel 4 Absatz 3
Artikel 4 Absatz 3	Artikel 4 Absatz 4
Artikel 4 Absatz 4	Artikel 4 Absatz 5
Artikel 5 und 6	Artikel 5 und 6
Artikel 7 Absatz 1	Artikel 7 Absatz 1
Artikel 7 Absatz 2 Unterabsatz 1	Artikel 7 Absatz 2 Unterabsatz 1
Artikel 7 Absatz 2 Unterabsatz 2 Satz 1	–

Richtlinie 90/434/EWG	Vorliegende Richtlinie
Artikel 7 Absatz 2 Unterabsatz 2 Satz 2	Artikel 7 Absatz 2 Unterabsatz 2
Artikel 8, 9 und 10	Artikel 8, 9 und 10
Artikel 10 a	*Artikel 11*
Artikel 10 b	*Artikel 12*
Artikel 10 c	*Artikel 13*
Artikel 10 d	*Artikel 14*
Artikel 11	*Artikel 15*
Artikel 12 Absatz 1	–
Artikel 12 Absatz 2	–
Artikel 12 Absatz 3	*Artikel 16*
–	*Artikel 17*
–	*Artikel 18*
Artikel 13	*Artikel 19*
Anhang	Anhang I Teil A
–	Anhang II
–	Anhang III

141. Gesetz über steuerrechtliche Maßnahmen bei Erhöhung des Nennkapitals aus Gesellschaftsmitteln[1) 2)]

In der Fassung der Bekanntmachung vom 10. Oktober 1967 (BGBl. I S. 977)[3)]

Geändert durch Gesetze vom 23. 12. 1971 (BGBl. I S. 2134), vom 6. 9. 1976 (BGBl. I S. 2641), vom 14. 12. 1976 (BGBl. I S. 3341), vom 22. 12. 1981 (BGBl. I S. 1523), vom 22. 12. 1983 (BGBl. I S. 1592), vom 25. 3. 1998 (BGBl. I S. 590), vom 23. 10. 2000 (BGBl. I S. 1433), vom 20. 12. 2001 (BGBl. I S. 3858) und Gesetz über steuerliche Begleitmaßnahmen zur Einführung der Europäischen Gesellschaft und zur Änderung weiterer steuerrechtlicher Vorschriften (SEStEG) vom 7. 12. 2006 (BGBl. I S. 2782)

BGBl. III/FNA 610-6-4

§ 1[4)] **Steuern vom Einkommen und Ertrag der Anteilseigner.** Erhöht eine Kapitalgesellschaft im Sinne des § 1 Abs. 1 Nr. 1 des Körperschaftsteuergesetzes[5)] ihr Nennkapital durch Umwandlung von Rücklagen in Nennkapital, so gehört der Wert der neuen Anteilsrechte bei den Anteilseignern nicht zu den Einkünften im Sinne des § 2 Abs. 1 des Einkommensteuergesetzes[6)].

§ 2[7)]**.** *(aufgehoben)*

§ 3[4)] **Anschaffungskosten nach Kapitalerhöhung.** Als Anschaffungskosten der vor der Erhöhung des Nennkapitals erworbenen Anteilsrechte und der auf sie entfallenen neuen Anteilsrechte gelten die Beträge, die sich für die einzelnen Anteilsrechte ergeben, wenn die Anschaffungskosten der vor der Erhöhung des Nennkapitals erworbenen Anteilsrechte auf diese und auf die auf sie entfallenen neuen Anteilsrechte nach dem Verhältnis *der Nennbeträge* [***ab 1. 4. 1998:*** der Anteile am Nennkapital][8)] verteilt werden.

§ 4[9)] **Mitteilung der Erhöhung des Nennkapitals an das Finanzamt.** Die Kapitalgesellschaft hat die Erhöhung des Nennkapitals innerhalb von zwei Wochen nach der Eintragung des Beschlusses über die Erhöhung des Nennkapitals in das Handelsregister dem Finanzamt mitzuteilen und

---

1) Neubekanntmachung des G idF der Bek. v. 2. 11. 1961 (BGBl. I S. 1917) auf Grund Art. 2 des G v. 10. 8. 1967 (BGBl. I S. 889) in der ab 1. 1. 1966 geltenden Fassung.

2) Überschrift geänd. durch G v. 22. 12. 1983 (BGBl. I S. 1592).

3) **Zum Anwendungsbereich vgl. § 10.**

4) § 1 und Überschrift zu § 3 neugef. durch G v. 6. 9. 1976 (BGBl. I S. 2641).

5) Nr. **100**.

6) Nr. **1**.

7) § 2 aufgeh. durch G v. 23. 12. 1971 (BGBl. I S. 2134).

8) § 3 kursiver Satzteil ersetzt durch Klammerzusatz durch G v. 25. 3. 1998 (BGBl. I S. 590).

9) Bish. § 5 wird § 4 durch G v. 6. 9. 1976 (BGBl. I S. 2641).

eine Abschrift des Beschlusses über die Erhöhung des Nennkapitals einzureichen.

§ 5[1) 2)] **Herabsetzung des Nennkapitals.** *(1) [1]Gilt für die Erhöhung des Nennkapitals eine Rücklage als verwendet, die aus dem Gewinn eines vor dem 1. Januar 1977 abgelaufenen Wirtschaftsjahrs gebildet worden ist, und setzt die Kapitalgesellschaft das Nennkapital innerhalb von fünf Jahren nach Erhöhung herab, so gilt die Rückzahlung dieses Teils des Nennkapitals als Gewinnanteil. [2]§ 41 Abs. 2 des Körperschaftsteuergesetzes*[3)] *ist anzuwenden.*

(2) [1]Die auf die Gewinnanteile (Dividenden) im Sinn des Absatzes 1 entfallenden Steuern vom Einkommen der Gesellschafter werden im Wege der Pauschbesteuerung erhoben. [2]Die Steuer ist von der Kapitalgesellschaft zu entrichten. [3]Sie beträgt dreißig vom Hundert der Gewinnanteile. [4]Sie ist bei der Ermittlung des Einkommens nicht abziehbar und bei der Ermittlung der Teilbeträge des verwendbaren Eigenkapitals dem Teilbetrag im Sinne des § 30 Abs. 2 Nr. 3 des Körperschaftsteuergesetzes[3)] *zuzuordnen. [5]§ 27 des Körperschaftsteuergesetzes*[3)] *und die Vorschriften über die Anrechnung und Vergütung von Körperschaftsteuer sind nicht anzuwenden.*

(3) [1]§ 5[4)] *gilt entsprechend. [2]Die Mitteilung der Herabsetzung des Nennkapitals gilt als Steuererklärung im Sinne des § 150 der Abgabenordnung*[5)].

(4) [1]Das Finanzamt setzt durch Steuerbescheid die Steuer fest. [2]Die Steuer ist innerhalb eines Monats nach Bekanntgabe des Steuerbescheids zu entrichten.

(5) (aufgehoben)

§ 6[6)] **Anschaffungskosten nach Kapitalherabsetzung innerhalb von fünf Jahren.** *Setzt eine Kapitalgesellschaft innerhalb von fünf Jahren nach Erhöhung des Nennkapitals (§ 1) das Nennkapital herab und zahlt sie die dadurch frei werdenden Mittel ganz oder teilweise an die Gesellschafter zurück, so gelten als Anschaffungskosten der nach der Kapitalherabsetzung verbleibenden Anteilsrechte die Beträge, die sich für die einzelnen Anteilsrechte ergeben, wenn die Anschaffungskosten der vor der Kapitalherabsetzung vorhandenen gesamten Anteilsrechte auf die nach der Kapitalherabsetzung verbleibenden Anteilsrechte nach dem Verhältnis ihrer Nennbeträge [**ab 1. 4. 1998:** Anteile am Nennkapital]*[7)] *verteilt werden.*

§ 7[8)] **Anteilsrechte an ausländischen Gesellschaften.** (1) [1]§ 1 ist auf den Wert neuer Anteilsrechte an ausländischen Gesellschaften anzuwenden, wenn

---

[1)] Bish. § 6 wird § 5, Abs. 1 neugef., Abs. 2 geänd. und Abs. 5 aufgeh. durch G v. 6. 9. 1976 (BGBl. I S. 2641); Abs. 3 und Abs. 4 geänd. durch G v. 14. 12. 1976 (BGBl. I S. 3341).

[2)] § 5 aufgeh. durch G v. 23. 10. 2000 (BGBl. I S. 1433); zur letztmaligen Anwendung siehe § 8 a Abs. 2.

[3)] Nr. **100 a**.

[4)] Müsste „§ 4" lauten.

[5)] Nr. **800**.

[6)] § 6 eingef. durch G v. 6. 9. 1976 (BGBl. I S. 2641) und aufgeh. durch G v. 23. 10. 2000 (BGBl. I S. 1433); zur letztmaligen Anwendung siehe § 8 a Abs. 2.

[7)] § 6 geänd. durch G v. 25. 3. 1998 (BGBl. I S. 590).

[8)] § 7 neugef. durch G v. 6. 9. 1976 (BGBl. I S. 2641).

1. die ausländische Gesellschaft einer Aktiengesellschaft, einer Kommanditgesellschaft auf Aktien oder einer Gesellschaft mit beschränkter Haftung vergleichbar ist,
2. die neuen Anteilsrechte auf Maßnahmen beruhen, die einer Kapitalerhöhung aus Gesellschaftsmitteln nach den Vorschriften der §§ 207 bis 220 des Aktiengesetzes[1] oder nach den Vorschriften *des Gesetzes über die Kapitalerhöhung aus Gesellschaftsmitteln und über die Gewinn- und Verlustrechung vom 23. Dezember 1959 (Bundesgesetzbl. I S. 789), zuletzt geändert durch das Einführungsgesetz zum Strafgesetzbuch vom 2. März 1974 (Bundesgesetzbl. I S. 469)*[2], entsprechen und
3. die neuen Anteilsrechte wirtschaftlich den Anteilsrechten entsprechen, die nach den in Nummer 2 bezeichneten Vorschriften ausgegeben werden.

[2] Der Erwerber der Anteilsrechte hat nachzuweisen, daß die Voraussetzungen der Nummern 1 bis 3 erfüllt sind.

(2)[3] [1] Setzt die ausländische Gesellschaft in den Fällen des Absatzes 1 innerhalb von fünf Jahren nach Ausgabe der neuen Anteilsrechte ihr Kapital herab und zahlt sie die dadurch freiwerdenden Mittel ganz oder teilweise zurück, so gelten die zurückgezahlten Beträge bei den Anteilseignern insoweit als Einkünfte aus Kapitalvermögen im Sinne des § 20 Abs. 1 Ziff. 1 des Einkommensteuergesetzes[4], als sie den Betrag der Erhöhung des Kapitals nicht übersteigen. [2] Das gleiche gilt, wenn die ausländische Gesellschaft Maßnahmen trifft, die den in Satz 1 bezeichneten Maßnahmen vergleichbar sind. [3] Die Sätze 1 und 2 sind in den Fällen des § 27 Abs. 8 des Körperschaftsteuergesetzes in der Fassung des Artikels 3 des Gesetzes vom 7. Dezember 2006 (BGBl. I S. 2782) nicht anzuwenden.

§ 8[5] Einkommensteuer (Lohnsteuer) bei Überlassung von eigenen Aktien an Arbeitnehmer zu einem Vorzugskurs. (1) [1] *Überläßt eine Aktiengesellschaft oder eine Kommanditgesellschaft auf Aktien ihren Arbeitnehmern eigene Aktien zu einem unter dem Börsenkurs liegenden Kurs (Vorzugskurs) und wird hierbei vereinbart, daß die Aktien innerhalb von fünf Jahren nicht veräußert werden dürfen (Sperrfrist), so gehört der Vorteil, der sich aus dem Unterschied zwischen dem am Tag der Beschlußfassung maßgebenden Börsenkurs und dem Vorzugskurs (Kursunterschied) errechnet, außer in den Fällen der Sätze 2 und 3 nicht zu den Einkünften aus nichtselbständiger Arbeit.* [2] *Soweit der Unterschied höher ist als die Hälfte des Börsenkurses, gehört der Vorteil aus dem Kursunterschied in voller Höhe zu den Einkünften aus nichtselbständiger Arbeit.* [3] *Das gleiche gilt, soweit der Vorteil aus den Kursunterschieden für den einzelnen Arbeitnehmer 300 Deutsche Mark*[6] *im Kalenderjahr übersteigt.* [4] *Bei Aktien, die nicht zum Handel an der Börse*

---

[1] **Schönfelder Nr. 51.**

[2] KapErhG aufgeh. durch G v. 28. 10. 1994 (BGBl. I S. 3267); nunmehr geregelt in §§ 57 c bis 57 o GmbHG **(Schönfelder Nr. 52)**.

[3] § 7 Abs. 2 Satz 3 angef. durch G v. 7. 12. 2006 (BGBl. I S. 2782).

[4] Nr. **1**.

[5] § 8 aufgeh. durch G v. 22. 12. 1983 (BGBl. I S. 1592); zur weiteren Anwendung von Abs. 1 siehe § 10 Satz 2.

[6] § 8 Abs. 1 Satz 3 geänd. mWv 1. 1. 1982 durch G v. 22. 12. 1981 (BGBl. I S. 1523).

oder im geregelten Freiverkehr zugelassen sind, tritt an die Stelle des Börsenkurses der gemeine Wert. [5] *Wird außer im Falle des Todes des Arbeitnehmers oder des Eintritts seiner völligen Erwerbsunfähigkeit die Sperrfrist nicht eingehalten, so wird eine Nachversteuerung durchgeführt.*

(2) *(aufgehoben)*

§ 8a[1)] **Schlußvorschriften.** (1) [1] Dieses Gesetz ist erstmals auf Kapitalerhöhungen anzuwenden, die in einem nach dem 31. Dezember 1976 abgelaufenen Wirtschaftsjahr der Kapitalgesellschaft wirksam werden. [2] Ist eine Kapitalerhöhung in einem früheren Wirtschaftsjahr wirksam geworden, so treten in den Fällen der §§ 6 und 7 Abs. 2 des Gesetzes in der Fassung der Bekanntmachung vom 10. Oktober 1967 (Bundesgesetzbl. I S. 977) die in diesen Vorschriften bezeichneten Rechtsfolgen ein.

(2) Die §§ 5 und 6 sind letztmals auf die Rückzahlung von Nennkapital anzuwenden, wenn das Nennkapital in dem letzten Wirtschaftsjahr erhöht worden ist, in dem bei der Kapitalgesellschaft das Körperschaftsteuergesetz in der Fassung der Bekanntmachung vom 22. April 1999 (BGBl. I S. 817), das zuletzt durch Artikel 4 des Gesetzes vom 14. Juli 2000 (BGBl. I S. 1034) geändert worden ist, anzuwenden ist, soweit dafür eine Rücklage als verwendet gilt, die aus Gewinnen eines vor dem 1. Januar 1977 abgelaufenen Wirtschaftsjahrs gebildet worden ist.

§ 9 Anwendung im Land Berlin. *(gegenstandslos)*

§ 10[2)] **Anwendungszeitraum.** [1] Die vorstehende Fassung dieses Gesetzes ist erstmals ab 1. Januar 1984 anzuwenden. [2] Auf Aktien, die vor dem 1. Januar 1984 an Arbeitnehmer überlassen worden sind, ist § 8 Abs. 1 dieses Gesetzes in der vor dem 1. Januar 1984 jeweils geltenden Fassung weiter anzuwenden.

§ 11[2)] **Inkrafttreten.**[3)] Dieses Gesetz tritt am Tage nach seiner Verkündung[4)] in Kraft.

[1)] § 8 a eingef. durch G v. 6. 9. 1976 (BGBl. I S. 2641), Abs. 2 angef. durch G v. 23. 10. 2000 (BGBl. I S. 1433) und neugef. durch G v. 20. 12. 2001 (BGBl. I S. 3858).

[2)] § 10 eingef., bish. § 10 wird § 11 durch G v. 22. 12. 1981 (BGBl. I S. 1522), jetziger § 10 neugef. durch G v. 22. 12. 1983 (BGBl. I S. 1592).

[3)] **Amtl. Anm.:** Diese Vorschrift betrifft das Inkrafttreten des G in der ursprünglichen Fassung v. 30. 12. 1959 (BGBl. I S. 834).

Das Inkrafttreten der späteren Änderungen ergibt sich aus den jeweiligen Änderungsgesetzen.

[4)] Verkündet am 31. 12. 1959.

200. Bewertungsgesetz (BewG)

In der Fassung der Bekanntmachung vom 1. Februar 1991
(BGBl. I S. 230)[1)·2)·3)]

Geändert durch Steueränderungsgesetz 1991 vom 24.6.1991 (BGBl. I S. 1322), Steueränderungsgesetz 1992 vom 25.2.1992 (BGBl. I S. 297), Zinsabschlaggesetz vom 9.11.1992 (BGBl. I S. 1853), Gesetz zur Umsetzung des Föderalen Konsolidierungsprogramms vom 23.6.1993 (BGBl. I S. 944), Standortsicherungsgesetz vom 13.9.1993 (BGBl. I S. 1569), Mißbrauchsbekämpfungs- und Steuerbereinigungsgesetz vom 21.12.1993 (BGBl. I S. 2310), Pflege-Versicherungsgesetz vom 26.5.1994 (BGBl. I. S. 1014), Agrarsozialreformgesetz 1995 vom 29.7.1994 (BGBl. I S. 1890), Postneuordnungsgesetz vom 14.9.1994 (BGBl. I S. 2325), Entschädigungs- und Ausgleichsleistungsgesetz vom 27.9.1994 (BGBl. I S. 2624), Jahressteuergesetz 1996 vom 11.10.1995 (BGBl. I S. 1250), Gesetz zur Neuregelung der steuerrechtlichen Wohneigentumsförderung vom 15.12.1995 (BGBl. I S. 1783), Jahressteuergesetz 1997 vom 20.12.1996 (BGBl. I S. 2049), Gesetz zur Fortsetzung der Unternehmenssteuerreform vom 29.10.1997 (BGBl. I S. 2590), Gesetz zur Anpassung steuerlicher Vorschriften der Land- und Forstwirtschaft vom 29.6.1998 (BGBl. I S. 1692), Steuer-Euroglättungsgesetz vom 19.12.2000 (BGBl. I S. 1790), Gesetz zur Reform des Wohnungsbaurechts vom 13.9.2001 (BGBl. I S. 2376), Siebente Zuständigkeitsanpassungs-Verordnung vom 29.10.2001 (BGBl. I S. 2785), Gesetz zur Änderung des Bewertungsgesetzes vom 10.12.2001 (BGBl. I S. 3435), Steueränderungsgesetz 2001 vom 20.12.2001 (BGBl. I S. 3794), Neunte ZuständigkeitsanpassungsVO vom 31.10.2006 (BGBl. I S. 2407), Gesetz über steuerliche Begleitmaßnahmen zur Einführung der Europäischen Gesellschaft und zur Änderung weiterer steuerrechtlicher Vorschriften (SEStEG) vom 7.12.2006 (BGBl. I S. 2782), Jahressteuergesetz 2007 vom 13.12.2006 (BGBl. I S. 2878), Finanzmarktrichtlinie-Umsetzungsgesetz vom 16.7.2007 (BGBl. I S. 1330), Jahressteuergesetz 2008 vom 20.12.2007 (BGBl. I S. 3150), Erbschaftsteuerreformgesetz vom 24.12.2008 (BGBl. I S. 3018), Jahressteuergesetz 2010 (JStG 2010) vom 8.12.2010 (BGBl. I S. 1768), Steuervereinfachungsgesetz 2011 vom 1.11.2011 (BGBl. I S. 2131), Beitreibungsrichtlinie-Umsetzungsgesetz (BeitrRLUmsG) vom 7.12.2011 (BGBl. I S. 2592), LSV-Neuordnungsgesetz vom 12.4.2012 (BGBl. I S. 579), Amtshilferichtlinie-Umsetzungsgsetz (AmtshilfeRLUmsG) vom 26.6.2013 (BGBl. I S. 1809), Gesetz zur Anpassung des Investmentsteuergesetzes und anderer Gesetze an das AIFM-Umsetzungsgesetz (AIFM-Steuer-Anpassungsgesetz – AIFM-StAnpG) vom 18.12.2013 (BGBl. I S. 4318), Gesetz zur Anpassung steuerlicher Regelungen an die Rechtsprechung des Bundesverfassungsgerichts vom 18.7.2014 (BGBl. I S. 1042), Zehnte Zuständigkeitsanpassungsverordnung vom 31.8.2015 (BGBl. I S. 1474), Steueränderungsgesetz 2015 vom 2.11.2015 (BGBl. I S. 1834), Gesetz zur Anpassung des Erbschaftsteuer- und Schenkungsteuergesetzes an die Rechtsprechung des Bundesverfassungsgerichts vom 4.11.2016 (BGBl. I S. 2464), Gesetz zur Reform des Grundsteuer- und Bewertungsrechts (Grundsteuer-Reformgesetz – GrStRefG) vom 26.11.2019 (BGBl. I S. 1794)[4)], Gesetz zur weiteren steuerlichen Förderung der Elektromobilität und zur Änderung weiterer steuerlicher Vorschriften vom 12.12.2019 (BGBl. I S. 2451) und Jahressteuergesetz 2020 (JStG 2020) vom 21.12.2020 (BGBl. I S. 3096)

BGBl. III/FNA 610-7

---

1) Neubekanntmachung des BewG idF der Bek. v. 30.5.1985 (BGBl. I S. 845) auf Grund des § 123 Abs. 2 des BewG idF der Bek. v. 30.5.1985 in der ab 1.1.1991 geltenden Fassung.

2) **Zum Anwendungsbereich vgl. § 265.**

3) Zur Bewertung von Vermögen im Gebiet der ehem. DDR siehe §§ 125 ff.

4) **[Anm. des Lektorats:] Die Reform des GrStG tritt zum 1.1.2022 bzw. 1.1.2025 in Kraft. Bitte achten Sie auf die Fußnotenhinweise.**

Inhaltsübersicht

Erster Teil. Allgemeine Bewertungsvorschriften

Zweiter Teil. Besondere Bewertungsvorschriften

Erster Abschnitt: Einheitsbewertung

A. Allgemeines

B. Land- und forstwirtschaftliches Vermögen

I. Allgemeines

Dritter Abschnitt: Vorschriften für die Bewertung von Vermögen in dem in Artikel 3 des Einigungsvertrages genannten Gebiet

Vierter Abschnitt: Vorschriften für die Bewertung von Grundbesitz für die Grunderwerbsteuer ab 1. Januar 1997

Fünfter Abschnitt: Gesonderte Feststellungen

Anlagen

Erster Teil. Allgemeine Bewertungsvorschriften

§ 1 Geltungsbereich. (1) Die allgemeinen Bewertungsvorschriften (§§ 2 bis 16) gelten für alle öffentlich-rechtlichen Abgaben, die durch Bundesrecht geregelt sind, soweit sie durch Bundesfinanzbehörden oder durch Landesfinanzbehörden verwaltet werden.

(2) Die allgemeinen Bewertungsvorschriften gelten nicht, soweit im Zweiten Teil dieses Gesetzes oder in anderen Steuergesetzen besondere Bewertungsvorschriften enthalten sind.

§ 2 Wirtschaftliche Einheit. (1) [1]Jede wirtschaftliche Einheit ist für sich zu bewerten. [2]Ihr Wert ist im ganzen festzustellen. [3]Was als wirtschaftliche Einheit zu gelten hat, ist nach den Anschauungen des Verkehrs zu entscheiden. [4]Die örtliche Gewohnheit, die tatsächliche Übung, die Zweckbestimmung und die wirtschaftliche Zusammengehörigkeit der einzelnen Wirtschaftsgüter sind zu berücksichtigen.

(2) Mehrere Wirtschaftsgüter kommen als wirtschaftliche Einheit nur insoweit in Betracht, als sie demselben Eigentümer gehören.

(3) Die Vorschriften der Absätze 1 und 2 gelten nicht, soweit eine Bewertung der einzelnen Wirtschaftsgüter vorgeschrieben ist.

§ 3 Wertermittlung bei mehreren Beteiligten. [1]Steht ein Wirtschaftsgut mehreren Personen zu, so ist sein Wert im ganzen zu ermitteln. [2]Der Wert ist auf die Beteiligten nach dem Verhältnis ihrer Anteile zu verteilen, soweit nicht nach dem maßgebenden Steuergesetz die Gemeinschaft selbständig steuerpflichtig ist.

§ 3a.[1] *(aufgehoben)*

§ 4 Aufschiebend bedingter Erwerb. Wirtschaftsgüter, deren Erwerb vom Eintritt einer aufschiebenden Bedingung abhängt, werden erst berücksichtigt, wenn die Bedingung eingetreten ist.

§ 5 Auflösend bedingter Erwerb. (1) [1]Wirtschaftsgüter, die unter einer auflösenden Bedingung erworben sind, werden wie unbedingt erworbene behandelt. [2]Die Vorschriften über die Berechnung des Kapitalwerts der Nutzungen von unbestimmter Dauer (§ 13 Abs. 2 und 3, § 14, § 15 Abs. 3) bleiben unberührt.

---

[1] § 3a aufgeh. durch G v. 20.12.1996 (BGBl. I S. 2049).

(2) [1]Tritt die Bedingung ein, so ist die Festsetzung der nicht laufend veranlagten Steuern auf Antrag nach dem tatsächlichen Wert des Erwerbs zu berichtigen. [2]Der Antrag ist bis zum Ablauf des Jahres zu stellen, das auf den Eintritt der Bedingung folgt.

§ 6 Aufschiebend bedingte Lasten. (1) Lasten, deren Entstehung vom Eintritt einer aufschiebenden Bedingung abhängt, werden nicht berücksichtigt.

(2) Für den Fall des Eintritts der Bedingung gilt § 5 Abs. 2 entsprechend.

§ 7 Auflösend bedingte Lasten. (1) Lasten, deren Fortdauer auflösend bedingt ist, werden, soweit nicht ihr Kapitalwert nach § 13 Abs. 2 und 3, § 14, § 15 Abs. 3 zu berechnen ist, wie unbedingte abgezogen.

(2) Tritt die Bedingung ein, so ist die Festsetzung der nicht laufend veranlagten Steuern entsprechend zu berichtigen.

§ 8 Befristung auf einen unbestimmten Zeitpunkt. Die §§ 4 bis 7 gelten auch, wenn der Erwerb des Wirtschaftsguts oder die Entstehung oder der Wegfall der Last von einem Ereignis abhängt, bei dem nur der Zeitpunkt ungewiß ist.

§ 9 Bewertungsgrundsatz, gemeiner Wert. (1) Bei Bewertungen ist, soweit nichts anderes vorgeschrieben ist, der gemeine Wert zugrunde zu legen.

(2) [1]Der gemeine Wert wird durch den Preis bestimmt, der im gewöhnlichen Geschäftsverkehr nach der Beschaffenheit des Wirtschaftsgutes bei einer Veräußerung zu erzielen wäre. [2]Dabei sind alle Umstände, die den Preis beeinflussen, zu berücksichtigen. [3]Ungewöhnliche oder persönliche Verhältnisse sind nicht zu berücksichtigen.

(3) [1]Als persönliche Verhältnisse sind auch Verfügungsbeschränkungen anzusehen, die in der Person des Steuerpflichtigen oder eines Rechtsvorgängers begründet sind. [2]Das gilt insbesondere für Verfügungsbeschränkungen, die auf letztwilligen Anordnungen beruhen.

§ 10[1)] Begriff des Teilwerts. [1]Wirtschaftsgüter, die einem Unternehmen dienen, sind, soweit nichts anderes vorgeschrieben ist, mit dem Teilwert anzusetzen. [2]Teilwert ist der Betrag, den ein Erwerber des ganzen Unternehmens im Rahmen des Gesamtkaufpreises für das einzelne Wirtschaftsgut ansetzen würde. [3]Dabei ist davon auszugehen, daß der Erwerber das Unternehmen fortführt.

§ 11 Wertpapiere und Anteile. (1)[2)] [1]Wertpapiere und Schuldbuchforderungen, die am Stichtag an einer deutschen Börse zum Handel im regulierten Markt zugelassen sind, werden mit dem niedrigsten am Stichtag für sie im

---

1) § 10 Satz 1 geänd. durch G v. 25.2.1992 (BGBl. I S. 297).
2) § 11 Abs. 1 geänd. mWv 1.11.2007 durch G v. 16.7.2007 (BGBl. I S. 1330).

regulierten Markt notierten Kurs angesetzt. 2 Liegt am Stichtag eine Notierung nicht vor, so ist der letzte innerhalb von 30 Tagen vor dem Stichtag im regulierten Markt notierte Kurs maßgebend. 3 Entsprechend sind die Wertpapiere zu bewerten, die in den Freiverkehr einbezogen sind.

(2)[1] 1 Anteile an Kapitalgesellschaften, die nicht unter Absatz 1 fallen, sind mit dem gemeinen Wert anzusetzen. 2 Lässt sich der gemeine Wert nicht aus Verkäufen unter fremden Dritten ableiten, die weniger als ein Jahr zurückliegen, so ist er unter Berücksichtigung der Ertragsaussichten der Kapitalgesellschaft oder einer anderen anerkannten, auch im gewöhnlichen Geschäftsverkehr für nichtsteuerliche Zwecke üblichen Methode zu ermitteln; dabei ist die Methode anzuwenden, die ein Erwerber der Bemessung des Kaufpreises zu Grunde legen würde. 3 Die Summe der gemeinen Werte der zum Betriebsvermögen gehörenden Wirtschaftsgüter und sonstigen aktiven Ansätze abzüglich der zum Betriebsvermögen gehörenden Schulden und sonstigen Abzüge (Substanzwert) der Gesellschaft darf nicht unterschritten werden; die §§ 99 und 103 sind anzuwenden. 4 Die §§ 199 bis 203 sind zu berücksichtigen.

(2a)[2] *(aufgehoben)*

(3) Ist der gemeine Wert einer Anzahl von Anteilen an einer Kapitalgesellschaft, die einer Person gehören, infolge besonderer Umstände (z. B. weil die Höhe der Beteiligung die Beherrschung der Kapitalgesellschaft ermöglicht) höher als der Wert, der sich auf Grund der Kurswerte (Absatz 1) oder der gemeinen Werte (Absatz 2) für die einzelnen Anteile insgesamt ergibt, so ist der gemeine Wert der Beteiligung maßgebend.

(4)[3] Anteile oder Aktien, die Rechte an einem Investmentvermögen im Sinne des Kapitalanlagegesetzbuchs verbriefen, sind mit dem Rücknahmepreis anzusetzen.

§ 12 Kapitalforderungen und Schulden. (1)[4] 1 Kapitalforderungen, die nicht in § 11 bezeichnet sind, und Schulden sind mit dem Nennwert anzusetzen, wenn nicht besondere Umstände einen höheren oder geringeren Wert begründen. 2 Liegen die besonderen Umstände in einer hohen, niedrigen oder fehlenden Verzinsung, ist bei der Bewertung vom Mittelwert einer jährlich vorschüssigen und jährlich nachschüssigen Zahlungsweise auszugehen.

(2) Forderungen, die uneinbringlich sind, bleiben außer Ansatz.

(3) 1 Der Wert unverzinslicher Forderungen oder Schulden, deren Laufzeit mehr als ein Jahr beträgt und die zu einem bestimmten Zeitpunkt fällig sind, ist der Betrag, der vom Nennwert nach Abzug von Zwischenzinsen unter Berücksichtigung von Zinseszinsen verbleibt. 2 Dabei ist von einem Zinssatz von 5,5 Prozent auszugehen.

---

[1] § 11 Abs. 2 neu gef. mWv 1.1.2009 durch G v. 24.12.2008 (BGBl. I S. 3018).

[2] § 11 Abs. 2a eingef. durch G v. 20.12.1996 (BGBl. I S. 2049) und aufgeh. mWv 1.1.1998 durch G v. 29.10.1997 (BGBl. I S. 2590).

[3] § 11 Abs. 4 neu gef. durch G v. 18.12.2013 (BGBl. I S. 4318); zur Anwendung siehe § 265 Abs. 5.

[4] § 12 Abs. 1 Satz 2 angef. mWv 1.1.1993 durch G v. 9.11.1992 (BGBl. I S. 1853).

(4)[1] [1]Noch nicht fällige Ansprüche aus Lebens-, Kapital- oder Rentenversicherungen werden mit dem Rückkaufswert bewertet. [2]Rückkaufswert ist der Betrag, den das Versicherungsunternehmen dem Versicherungsnehmer im Falle der vorzeitigen Aufhebung des Vertragsverhältnisses zu erstatten hat. [3]Die Berechnung des Werts, insbesondere die Berücksichtigung von ausgeschütteten und gutgeschriebenen Gewinnanteilen kann durch Rechtsverordnung geregelt werden.

§ 13[2] Kapitalwert von wiederkehrenden Nutzungen und Leistungen.

(1) [1]Der Kapitalwert von Nutzungen oder Leistungen, die auf bestimmte Zeit beschränkt sind, ist mit dem aus Anlage 9a zu entnehmenden Vielfachen des Jahreswerts anzusetzen. [2]Ist die Dauer des Rechts außerdem durch das Leben einer oder mehrerer Personen bedingt, darf der nach § 14 zu berechnende Kapitalwert nicht überschritten werden.

(2) Immerwährende Nutzungen oder Leistungen sind mit dem 18,6fachen des Jahreswerts, Nutzungen oder Leistungen von unbestimmter Dauer vorbehaltlich des § 14 mit dem 9,3fachen des Jahreswerts zu bewerten.

(3) [1]Ist der gemeine Wert der gesamten Nutzungen oder Leistungen nachweislich geringer oder höher, so ist der nachgewiesene gemeine Wert zugrunde zu legen. [2]Der Ansatz eines geringeren oder höheren Werts kann jedoch nicht darauf gestützt werden, daß mit einem anderen Zinssatz als 5,5 Prozent oder mit einer anderen als mittelschüssigen Zahlungsweise zu rechnen ist.

§ 14 Lebenslängliche Nutzungen und Leistungen.

(1)[3] [1]Der Kapitalwert von lebenslänglichen Nutzungen und Leistungen ist mit dem Vielfachen des Jahreswerts nach Maßgabe der Sätze 2 bis 4 anzusetzen. [2]Die Vervielfältiger sind nach der Sterbetafel des Statistischen Bundesamtes zu ermitteln und ab dem 1. Januar des auf die Veröffentlichung der Sterbetafel durch das Statistische Bundesamt folgenden Kalenderjahres anzuwenden. [3]Der Kapitalwert ist unter Berücksichtigung von Zwischenzinsen und Zinseszinsen mit einem Zinssatz von 5,5 Prozent als Mittelwert zwischen dem Kapitalwert für jährlich vorschüssige und jährlich nachschüssige Zahlungsweise zu berechnen. [4]Das Bundesministerium der Finanzen stellt die Vervielfältiger für den Kapitalwert einer lebenslänglichen Nutzung oder Leistung im Jahresbetrag von einem Euro nach Lebensalter und Geschlecht der Berechtigten in einer Tabelle zusammen und veröffentlicht diese zusammen mit dem Datum der Veröffentlichung der Sterbetafel im Bundessteuerblatt.[4]

(2) [1]Hat eine nach Absatz 1 bewertete Nutzung oder Leistung bei einem Alter

---

[1] § 12 Abs. 4 neu gef. mWv 1.1.2009 durch G v. 24.12.2008 (BGBl. I S. 3018).

[2] § 13 Abs. 1 neu gef., Abs. 2 geänd. und Abs. 3 Satz 2 angef. mWv 1.1.1993 durch G v. 9.11.1992 (BGBl. I S. 1853).

[3] § 14 Abs. 1 neu gef. mWv 1.1.2009 durch G v. 24.12.2008 (BGBl. I S. 3018).

[4] **Ab dem 1.1.2021:** BMF v. 28.10.2020 (BStBl. I S. 1048).

1. bis zu 30 Jahren nicht mehr als 10 Jahre,
2. von mehr als 30 Jahren bis zu 50 Jahren nicht mehr als 9 Jahre,
3. von mehr als 50 Jahren bis zu 60 Jahren nicht mehr als 8 Jahre,
4. von mehr als 60 Jahren bis zu 65 Jahren nicht mehr als 7 Jahre,
5. von mehr als 65 Jahren bis zu 70 Jahren nicht mehr als 6 Jahre,
6. von mehr als 70 Jahren bis zu 75 Jahren nicht mehr als 5 Jahre,
7. von mehr als 75 Jahren bis zu 80 Jahren nicht mehr als 4 Jahre,
8. von mehr als 80 Jahren bis zu 85 Jahren nicht mehr als 3 Jahre,
9. von mehr als 85 Jahren bis zu 90 Jahren nicht mehr als 2 Jahre,
10. von mehr als 90 Jahren nicht mehr als 1 Jahr

bestanden und beruht der Wegfall auf dem Tod des Berechtigten oder Verpflichteten, so ist die Festsetzung der nicht laufend veranlagten Steuern auf Antrag nach der wirklichen Dauer der Nutzung oder Leistung zu berichtigen. [2] § 5 Abs. 2 Satz 2 gilt entsprechend. [3] Ist eine Last weggefallen, so bedarf die Berichtigung keines Antrags.

(3) Hängt die Dauer der Nutzung oder Leistung von der Lebenszeit mehrerer Personen ab und erlischt das Recht mit dem Tod des zuletzt Sterbenden, so ist das Lebensalter und das Geschlecht derjenigen Person maßgebend, für die sich der höchste Vervielfältiger ergibt; erlischt das Recht mit dem Tod des zuerst Sterbenden, so ist das Lebensalter und Geschlecht derjenigen Person maßgebend, für die sich der niedrigste Vervielfältiger ergibt.

(4)[1)] [1] Ist der gemeine Wert der gesamten Nutzungen oder Leistungen nachweislich geringer oder höher als der Wert, der sich nach Absatz 1 ergibt, so ist der nachgewiesene gemeine Wert zugrunde zu legen. [2] Der Ansatz eines geringeren oder höheren Werts kann jedoch nicht darauf gestützt werden, daß mit einer kürzeren oder längeren Lebensdauer, mit einem anderen Zinssatz als 5,5 Prozent oder mit einer anderen als mittelschüssigen Zahlungsweise zu rechnen ist.

§ 15 Jahreswert von Nutzungen und Leistungen. (1) Der einjährige Betrag der Nutzung einer Geldsumme ist, wenn kein anderer Wert feststeht, zu 5,5 Prozent anzunehmen.

(2) Nutzungen oder Leistungen, die nicht in Geld bestehen (Wohnung, Kost, Waren und sonstige Sachbezüge), sind mit den üblichen Mittelpreisen des Verbrauchsorts anzusetzen.

(3) Bei Nutzungen oder Leistungen, die in ihrem Betrag ungewiß sind oder schwanken, ist als Jahreswert der Betrag zugrunde zu legen, der in Zukunft im Durchschnitt der Jahre voraussichtlich erzielt werden wird.

§ 16[2)] Begrenzung des Jahreswerts von Nutzungen. Bei der Ermittlung des Kapitalwerts der Nutzungen eines Wirtschaftsguts kann der Jahreswert dieser Nutzungen höchstens den Wert betragen, der sich ergibt, wenn der für

---

1) § 14 Abs. 4 Satz 2 neu gef. mWv 1.1.1993 durch G v. 9.11.1992 (BGBl. I S. 1853).
2) § 16 neu gef. mWv 1.1.1993 durch G v. 9.11.1992 (BGBl. I S. 1853).

das genutzte Wirtschaftsgut nach den Vorschriften des Bewertungsgesetzes anzusetzende Wert durch 18,6 geteilt wird.

Zweiter Teil. Besondere Bewertungsvorschriften

§ 17[1] **Geltungsbereich.** (1) Die besonderen Bewertungsvorschriften sind nach Maßgabe der jeweiligen Einzelsteuergesetze anzuwenden.

[Fassung bis 31.12.2024:]

(2)[3] Die §§ 18 bis 94, 122 und 125 bis 132 gelten für die Grundsteuer und die §§ 121a und 133 zusätzlich für die Gewerbesteuer.

(3) [1] Soweit sich nicht aus den §§ 19 bis 150 etwas anderes ergibt, finden neben diesen auch die Vorschriften des Ersten Teils des Gesetzes (§§ 1 bis 16) Anwendung. [2] § 16 findet auf die Grunderwerbsteuer keine Anwendung.

[Fassung ab 1.1.2025:][2]

(2) [1] Soweit sich nicht aus den §§ 20 bis 266 etwas anderes ergibt, finden neben diesen auch die Vorschriften des Ersten Teils des Gesetzes (§§ 1 bis 16) Anwendung. [2] § 16 findet auf die Grunderwerbsteuer keine Anwendung.

§ 18 Vermögensarten. Das Vermögen, das nach den Vorschriften des Zweiten Teils dieses Gesetzes zu bewerten ist, umfaßt die folgenden Vermögensarten:

1. Land- und forstwirtschaftliches Vermögen *(§§ 33 bis 67, § 31)*[4],
2. Grundvermögen *(§§ 68 bis 94, § 31)*[4],
3. Betriebsvermögen *(§§ 95 bis 109, § 31)*[4].
4.[5] *(aufgehoben)*

Erster Abschnitt: Einheitsbewertung

A. Allgemeines

§ 19[6] ***Feststellung von Einheitswerten.*** *(1) Einheitswerte werden für inländischen Grundbesitz, und zwar für Betriebe der Land- und Forstwirtschaft (§§ 33, 48a und 51a), für Grundstücke (§§ 68 und 70) und für Betriebsgrundstücke (§ 99) festgestellt (§ 180 Abs. 1 Nr. 1 der Abgabenordnung).*

---

[1] § 17 neu gef. durch G v. 20.12.1996 (BGBl. I S. 2049).

[2] § 17 Abs. 2 wird aufgeh., bish. Abs. 3 wird Abs. 2 und geänd. **mWv 1.1.2025** durch G v. 26.11.2019 (BGBl. I S. 1794).

[3] § 17 Abs. 2 geänd. mWv 1.1.1998 durch G v. 29.10.1997 (BGBl. I S. 2590).

[4] § 18 Nrn. 1 bis 3 kursive Verweisklammern werden aufgeh. **mWv 1.1.2025** durch G v. 26.11.2019 (BGBl. I S. 1794).

[5] § 18 Nr. 4 aufgeh. durch G v. 20.12.1996 (BGBl. I S. 2049).

[6] § 19 wird aufgeh. **mWv 1.1.2025** durch G v. 26.11.2019 (BGBl. I S. 1794).

(2)[1] (aufgehoben)

(3) In dem Feststellungsbescheid (§ 179 der Abgabenordnung) sind auch Feststellungen zu treffen

1.[2] über die Art der wirtschaftlichen Einheit und bei Grundstücken auch über die Grundstücksart (§§ 72, 74 und 75) oder die Grundstückshauptgruppe (§ 32 der weiter anzuwendenden Durchführungsverordnung zum Reichsbewertungsgesetz vom 2. Februar 1935, RGBl. I S. 81, zuletzt geändert durch die Verordnung zur Änderung der Durchführungsverordnung zum Vermögensteuergesetz, der Durchführungsverordnung zum Reichsbewertungsgesetz und der Aufbringungsumlage-Verordnung vom 8. Dezember 1944, RGBl. I S. 338);

2. über die Zurechnung der wirtschaftlichen Einheit und bei mehreren Beteiligten über die Höhe ihrer Anteile.

(4)[3] Feststellungen nach den Absätzen 1 und 3 erfolgen nur, wenn und soweit sie für die Besteuerung von Bedeutung sind.

[Fassung bis 31.12.2024:]

§ 20[5] **Ermittlung des Einheitswerts.** [1]Die Einheitswerte werden nach den Vorschriften dieses Abschnitts ermittelt. [2]Bei der Ermittlung der Einheitswerte ist § 163 der Abgabenordnung[6] nicht anzuwenden; dies gilt nicht für Übergangsregelungen, die die oberste Finanzbehörde eines Landes im Einvernehmen mit den obersten Finanzbehörden der übrigen Länder trifft.

[Fassung ab 1.1.2025:][4]

§ 20 Abweichende Feststellung von Besteuerungsgrundlagen aus Billigkeitsgründen. Bei der Bewertung ist § 163 der Abgabenordnung[6] nicht anzuwenden; dies gilt nicht für Übergangsregelungen, die die oberste Finanzbehörde eines Landes im Einvernehmen mit den obersten Finanzbehörden der übrigen Länder trifft.

§ 21[7] ***Hauptfeststellung.*** *(1) Die Einheitswerte werden in Zeitabständen von je sechs Jahren allgemein festgestellt (Hauptfeststellung).*

(2) [1]Der Hauptfeststellung werden die Verhältnisse zu Beginn des Kalenderjahrs (Hauptfeststellungszeitpunkt) zugrunde gelegt. [2]Die Vorschriften in § 35 Abs. 2 und den §§ 54 und 59 über die Zugrundelegung eines anderen Zeitpunkts bleiben unberührt.

§ 22[8] ***Fortschreibungen.*** *(1) Der Einheitswert wird neu festgestellt (Wertfortschreibung), wenn der in Deutscher Mark ermittelte und auf volle hundert Deutsche Mark*

---

[1] § 19 Abs. 2 aufgeh. mWv 1.1.2002 durch G v. 20.12.2001 (BGBl. I S. 3794).
[2] § 19 Abs. 3 Nr. 1 neu gef. mWv 1.1.2009 durch G v. 8.12.2010 (BGBl. S. 1768).
[3] § 19 Abs. 4 Verweis geänd. mWv 1.1.2002 durch G v. 20.12.2001 (BGBl. I S. 3794).
[4] § 20 neu gef. **mWv 1.1.2025** durch G v. 26.11.2019 (BGBl. I S. 1794).
[5] § 20 Satz 2 HS 2 angef. mWv 1.1.1993 durch G v. 25.2.1992 (BGBl. I S. 297).
[6] Nr. **800**.
[7] § 21 wird aufgeh. **mWv 1.1.2025** durch G v. 26.11.2019 (BGBl. I S. 1794).
[8] § 22 wird aufgeh. **mWv 1.1.2025** durch G v. 26.11.2019 (BGBl. I S. 1794).

abgerundete Wert, der sich für den Beginn eines Kalenderjahrs ergibt, von dem entsprechenden Wert des letzten Feststellungszeitpunkts nach oben um mehr als den zehnten Teil, mindestens aber um 5000 Deutsche Mark, oder um mehr als 100 000 Deutsche Mark, nach unten um mehr als den zehnten Teil, mindestens aber um 500 Deutsche Mark, oder um mehr als 5000 Deutsche Mark, abweicht.

(2) Über die Art oder Zurechnung des Gegenstandes (§ 19 Abs. 3 Nr. 1 und 2) wird eine neue Feststellung getroffen (Artfortschreibung oder Zurechnungsfortschreibung), wenn sie von der zuletzt getroffenen Feststellung abweicht und es für die Besteuerung von Bedeutung ist.

(3) [1] Eine Fortschreibung nach Absatz 1 oder Absatz 2 findet auch zur Beseitigung eines Fehlers der letzten Feststellung statt. [2] § 176 der Abgabenordnung ist hierbei entsprechend anzuwenden. [3] Dies gilt jedoch nur für die Feststellungszeitpunkte, die vor der Verkündung der maßgeblichen Entscheidung eines obersten Gerichts des Bundes liegen.

(4)[1)] [1] Eine Fortschreibung ist vorzunehmen, wenn dem Finanzamt bekannt wird, daß die Voraussetzungen für sie vorliegen. [2] Der Fortschreibung werden vorbehaltlich des § 27 die Verhältnisse im Fortschreibungszeitpunkt zugrunde gelegt. [3] Fortschreibungszeitpunkt ist

1. bei einer Änderung der tatsächlichen Verhältnisse der Beginn des Kalenderjahrs, das auf die Änderung folgt;

2. in den Fällen des Absatzes 3 der Beginn des Kalenderjahrs, in dem der Fehler dem Finanzamt bekannt wird, bei einer Erhöhung des Einheitswerts jedoch frühestens der Beginn des Kalenderjahrs, in dem der Feststellungsbescheid erteilt wird.

[4] Die Vorschriften in § 35 Abs. 2 und den §§ 54 und 59 über die Zugrundelegung eines anderen Zeitpunkts bleiben unberührt.

§ 23[2)] ***Nachfeststellung.*** *(1) Für wirtschaftliche Einheiten, für die ein Einheitswert festzustellen ist, wird der Einheitswert nachträglich festgestellt (Nachfeststellung), wenn nach dem Hauptfeststellungszeitpunkt (§ 21 Abs. 2)*

1. die wirtschaftliche Einheit neu entsteht;

2. eine bereits bestehende wirtschaftliche Einheit erstmals zu einer Steuer herangezogen werden soll.

3. (aufgehoben)

(2) [1] Der Nachfeststellung werden vorbehaltlich des § 27 die Verhältnisse im Nachfeststellungszeitpunkt zugrunde gelegt. [2] Nachfeststellungszeitpunkt ist in den Fällen des Absatzes 1 Nr. 1 der Beginn des Kalenderjahrs, das auf die Entstehung der wirtschaftlichen Einheit folgt, und in den Fällen des Absatzes 1 Nr. 2 der Beginn des Kalenderjahrs, in dem der Einheitswert erstmals der Besteuerung zugrunde gelegt wird. [3] Die Vorschriften in § 35 Abs. 2 und den §§ 54 und 59 über die Zugrundelegung eines anderen Zeitpunkts bleiben unberührt.

---

1) § 22 Abs. 4 Satz 3 Nr. 1 bish. Satz 2 aufgeh., Satz 4 neu gef. mWv 1.1.1998 durch G v. 29.10.1997 (BGBl. I S. 2590).

2) § 23 wird aufgeh. **mWv 1.1.2025** durch G v. 26.11.2019 (BGBl. I S. 1794).

§ 24[1] ***Aufhebung des Einheitswerts.*** *(1) Der Einheitswert wird aufgehoben, wenn dem Finanzamt bekannt wird, daß*

1. die wirtschaftliche Einheit wegfällt;

2. der Einheitswert der wirtschaftlichen Einheit infolge von Befreiungsgründen der Besteuerung nicht mehr zugrunde gelegt wird.

3. (aufgehoben)

(2) Aufhebungszeitpunkt ist in den Fällen des Absatzes 1 Nr. 1 der Beginn des Kalenderjahrs, das auf den Wegfall der wirtschaftlichen Einheit folgt, und in den Fällen des Absatzes 1 Nr. 2 der Beginn des Kalenderjahrs, in dem der Einheitswert erstmals der Besteuerung nicht mehr zugrunde gelegt wird.

§ 24a[2] ***Änderung von Feststellungsbescheiden.*** *[1] Bescheide über Fortschreibungen oder Nachfeststellungen von Einheitswerten des Grundbesitzes können schon vor dem maßgebenden Feststellungszeitpunkt erteilt werden. [2] Sie sind zu ändern oder aufzuheben, wenn sich bis zu diesem Zeitpunkt Änderungen ergeben, die zu einer abweichenden Feststellung führen.*

§ 25[3] ***Nachholung einer Feststellung.*** *(1) [1] Ist die Feststellungsfrist (§ 181 der Abgabenordnung) bereits abgelaufen, kann eine Fortschreibung (§ 22) oder Nachfeststellung (§ 23) unter Zugrundelegung der Verhältnisse vom Fortscheibungs- oder Nachfeststellungszeitpunkt mit Wirkung für einen späteren Feststellungszeitpunkt vorgenommen werden, für den diese Frist noch nicht abgelaufen ist. [2] § 181 Abs. 5 der Abgabenordnung bleibt unberührt.*

(2) Absatz 1 ist bei der Aufhebung des Einheitswerts (§ 24) entsprechend anzuwenden.

§ 26[4] ***Umfang der wirtschaftlichen Einheit bei Ehegatten oder Lebenspartnern.*** *Die Zurechnung mehrerer Wirtschaftsgüter zu einer wirtschaftlichen Einheit (§ 2) wird beim Grundbesitz im Sinne der §§ 33 bis 94, 99 und 125 bis 133 nicht dadurch ausgeschlossen, daß die Wirtschaftsgüter zum Teil dem einen, zum Teil dem anderen Ehegatten oder Lebenspartner gehören.*

§ 27[5] ***Wertverhältnisse bei Fortschreibungen und Nachfeststellungen.*** *Bei Fortschreibungen und bei Nachfeststellungen der Einheitswerte für Grundbesitz sind die Wertverhältnisse im Hauptfeststellungszeitpunkt zugrunde zu legen.*

§ 28[6] ***Erklärungspflicht.*** *(1) Erklärungen zur Feststellung des Einheitswerts sind auf jeden Hauptfeststellungszeitpunkt abzugeben.*

(2) [1] Die Erklärungen sind innerhalb der Frist abzugeben, die das Bundesministerium der Finanzen im Einvernehmen mit den obersten Finanzbehörden der Länder bestimmt. [2] Die Frist ist im Bundesanzeiger bekanntzumachen. [3] Fordert die Finanzbehörde zur Abgabe einer Erklärung auf einen Hauptfeststellungszeitpunkt oder auf einen

---

[1] § 24 wird aufgeh. **mWv 1.1.2025** durch G v. 26.11.2019 (BGBl. I S. 1794).
[2] § 24a wird aufgeh. **mWv 1.1.2025** durch G v. 26.11.2019 (BGBl. I S. 1794).
[3] § 25 wird aufgeh. **mWv 1.1.2025** durch G v. 26.11.2019 (BGBl. I S. 1794).
[4] § 26 wird aufgeh. **mWv 1.1.2025** durch G v. 26.11.2019 (BGBl. I S. 1794).
[5] § 27 wird aufgeh. **mWv 1.1.2025** durch G v. 26.11.2019 (BGBl. I S. 1794).
[6] § 28 wird aufgeh. **mWv 1.1.2025** durch G v. 26.11.2019 (BGBl. I S. 1794).

anderen Feststellungszeitpunkt besonders auf (§ 149 Abs. 1 Satz 2 der Abgabenordnung), hat sie eine besondere Frist zu bestimmen, die mindestens einen Monat betragen soll.

(3) [1] Erklärungspflichtig ist derjenige, dem Grundbesitz zuzurechnen ist. [2] Er hat die Steuererklärung eigenhändig zu unterschreiben.

§ 29[1)] ***Auskünfte, Erhebungen und Mitteilungen.*** *(1) [1] Die Eigentümer von Grundbesitz haben der Finanzbehörde auf Anforderung alle Angaben zu machen, die sie für die Sammlung der Kauf-, Miet- und Pachtpreise braucht. [2] Bei dieser Erklärung ist zu versichern, daß die Angaben nach bestem Wissen und Gewissen gemacht sind.*

(2) [1] Die Finanzbehörden können zur Vorbereitung einer Hauptfeststellung und zur Durchführung von Feststellungen der Einheitswerte des Grundbesitzes örtliche Erhebungen über die Bewertungsgrundlagen anstellen. [2] Das Grundrecht der Unverletzlichkeit der Wohnung (Artikel 13 des Grundgesetzes) wird insoweit eingeschränkt.

(3)[2)] [1] Die nach Bundes- oder Landesrecht zuständigen Behörden haben den Finanzbehörden die rechtlichen und tatsächlichen Umstände mitzuteilen, die ihnen im Rahmen ihrer Aufgabenerfüllung bekannt geworden sind und die für die Feststellung von Einheitswerten des Grundbesitzes, für die Feststellung von Grundbesitzwerten oder für die Grundsteuer von Bedeutung sein können; mitzuteilen sind auch diejenigen Umstände, die für die Erbschaftsteuer oder die Grunderwerbsteuer von Bedeutung sein können, sofern die Finanzbehörden dies anordnen. [2] Den Behörden stehen die Stellen gleich, die für die Sicherung der Zweckbestimmung der Wohnungen zuständig sind, die auf der Grundlage des Zweiten Wohnungsbaugesetzes, des Wohnungsbaugesetzes für das Saarland oder auf der Grundlage des Wohnraumförderungsgesetzes gefördert worden sind.

*(4)[3)] [1] Die Grundbuchämter teilen den für die Feststellung des Einheitswerts [**ab 18.12.2019:** und den für die Feststellung des Grundbesitzwerts] zuständigen Finanzbehörden für die in Absatz 3 bezeichneten Zwecke mit*

1. *die Eintragung eines neuen Eigentümers oder Erbbauberechtigten sowie bei einem anderen als rechtsgeschäftlichen Erwerb auch die Anschrift des neuen Eigentümers oder Erbbauberechtigten; dies gilt nicht für die Fälle des Erwerbs nach den Vorschriften des Zuordnungsrechts,*
2. *die Eintragung der Begründung von Wohnungseigentum oder Teileigentum,*
3. *die Eintragung der Begründung eines Erbbaurechts, Wohnungserbbaurechts oder Teilerbbaurechts.*

*[2] In den Fällen der Nummern 2 und 3 ist gleichzeitig der Tag des Eingangs des Eintragungsantrags beim Grundbuchamt mitzuteilen. [3] Bei einer Eintragung aufgrund Erbfolge ist das Jahr anzugeben, in dem der Erblasser verstorben ist. [4] Die Mitteilungen können [**ab 18.12.2019:** sollen] der Finanzbehörde über die für die Führung des*

---

1) § 29 wird aufgeh. **mWv 1.1.2025** durch G v. 26.11.2019 (BGBl. I S. 1794).

2) § 29 Abs. 3 Satz 1 HS 2 angef. mWv 1.1.2002 durch G v. 20.12.2001 (BGBl. I S. 3794).

3) § 29 Abs. 4 Satz 1 und Satz 4 geänd. mWv 18.12.2019 durch G v. 12.12.2019 (BGBl. I S. 2451).

Liegenschaftskatasters zuständige Behörde oder über eine sonstige Behörde, die das amtliche Verzeichnis der Grundstücke (§ 2 Abs. 2 der Grundbuchordnung) führt, zugeleitet werden.

(5) 1 Die mitteilungspflichtige Stelle hat die Betroffenen vom Inhalt der Mitteilung zu unterrichten. 2 Eine Unterrichtung kann unterbleiben, soweit den Finanzbehörden Umstände aus dem Grundbuch, den Grundakten oder aus dem Liegenschaftskataster mitgeteilt werden.

*[**ab 18.12.2019:***

(6)[1] 1 Die nach den Absätzen 3 oder 4 verpflichteten Behörden und Stellen übermitteln die Mitteilungen den Finanzbehörden nach amtlich vorgeschriebenem Datensatz durch Datenfernübertragung. 2 Die Grundbuchämter und die für die Führung des Liegenschaftskatasters zuständigen Behörden übermitteln die bei ihnen geführten Daten laufend, mindestens alle drei Monate. 3 Das Bundesministerium der Finanzen legt im Einvernehmen mit den obersten Finanzbehörden der Länder und den obersten Vermessungs- und Katasterbehörden der Länder die Einzelheiten und den Beginn der elektronischen Übermittlung in einem Schreiben fest. 4 Dieses Schreiben ist im Bundesanzeiger und im Bundessteuerblatt zu veröffentlichen.]

§ 30[2] **Abrundung.** 1 Die in Deutscher Mark ermittelten Einheitswerte werden auf volle hundert Deutsche Mark nach unten abgerundet und danach in Euro umgerechnet. 2 Der umgerechnete Betrag wird auf volle Euro abgerundet.

§ 31 Bewertung von ausländischem Sachvermögen. (1) 1 Für die Bewertung des ausländischen land- und forstwirtschaftlichen Vermögens, Grundvermögens und Betriebsvermögens gelten die Vorschriften des Ersten Teils dieses Gesetzes, insbesondere § 9 (gemeiner Wert). 2 Nach diesen Vorschriften sind auch die ausländischen Teile einer wirtschaftlichen Einheit zu bewerten, die sich sowohl auf das Inland als auch auf das Ausland erstreckt.

(2) 1 Bei der Bewertung von ausländischem Grundbesitz sind Bestandteile und Zubehör zu berücksichtigen. 2 Zahlungsmittel, Geldforderungen, Wertpapiere und Geldschulden sind nicht einzubeziehen.

§ 32[3] ***Bewertung von inländischem Sachvermögen.*** *1 Für die Bewertung des inländischen land- und forstwirtschaftlichen Vermögens, Grundvermögens und Betriebsvermögens gelten die Vorschriften der §§ 33 bis 109. 2 Nach diesen Vorschriften sind auch die inländischen Teile einer wirtschaftlichen Einheit zu bewerten, die sich sowohl auf das Inland als auch auf das Ausland erstreckt.*

---

[1] § 29 Abs. 6 angef. mWv 18.12.2019 durch G v. 12.12.2019 (BGBl. I S. 2451).

[2] § 30 neu gef. mWv 1.1.2002 durch G v. 19.12.2000 (BGBl. I S. 1790).

[3] § 32 Satz 1 Zitat geänd. durch G v. 20.12.2001 (BGBl. I S. 3794); wird insgesamt aufgeh. **mWv 1.1.2025** durch G v. 26.11.2019 (BGBl. I S. 1794).

B. Land- und forstwirtschaftliches Vermögen

I. Allgemeines

§ 33[1] ***Begriff des land- und forstwirtschaftlichen Vermögens.***

(1) [1] Zum land- und forstwirtschaftlichen Vermögen gehören alle Wirtschaftsgüter, die einem Betrieb der Land- und Forstwirtschaft dauernd zu dienen bestimmt sind. [2] Betrieb der Land- und Forstwirtschaft ist die wirtschaftliche Einheit des land- und forstwirtschaftlichen Vermögens.

(2) Zu den Wirtschaftsgütern, die einem Betrieb der Land- und Forstwirtschaft dauernd zu dienen bestimmt sind, gehören insbesondere der Grund und Boden, die Wohn- und Wirtschaftsgebäude, die stehenden Betriebsmittel und ein normaler Bestand an umlaufenden Betriebsmitteln; als normaler Bestand gilt ein solcher, der zur gesicherten Fortführung des Betriebes erforderlich ist.

(3) Zum land- und forstwirtschaftlichen Vermögen gehören nicht

1. Zahlungsmittel, Geldforderungen, Geschäftsguthaben und Wertpapiere,

2. Geldschulden,

3. über den normalen Bestand hinausgehende Bestände (Überbestände) an umlaufenden Betriebsmitteln,

4. Tierbestände oder Zweige des Tierbestands und die hiermit zusammenhängenden Wirtschaftsgüter (z. B. Gebäude und abgrenzbare Gebäudeteile mit den dazugehörenden Flächen, Betriebsmittel), wenn die Tiere weder nach § 51 oder § 51a zur landwirtschaftlichen Nutzung noch nach § 62 zur sonstigen land- und forstwirtschaftlichen Nutzung gehören. [2] Die Zugehörigkeit der landwirtschaftlich genutzten Flächen zum land- und forstwirtschaftlichen Vermögen wird hierdurch nicht berührt.

§ 34[2] ***Betrieb der Land- und Forstwirtschaft.*** *(1) Ein Betrieb der Land- und Forstwirtschaft umfaßt*

1. den Wirtschaftsteil,

2. den Wohnteil.

(2) Der Wirtschaftsteil eines Betriebs der Land- und Forstwirtschaft umfaßt

1. die land- und forstwirtschaftlichen Nutzungen:

a) die landwirtschaftliche Nutzung,

b) die forstwirtschaftliche Nutzung,

c) die weinbauliche Nutzung,

d) die gärtnerische Nutzung,

e) die sonstige land- und forstwirtschaftliche Nutzung;

2. die folgenden nicht zu einer Nutzung nach Nummer 1 gehörenden Wirtschaftsgüter:

a) Abbauland (§ 43),

b) Geringstland (§ 44),

---

[1] § 33 wird aufgeh. **mWv 1.1.2025** durch G v. 26.11.2019 (BGBl. I S. 1794).
[2] § 34 wird aufgeh. **mWv 1.1.2025** durch G v. 26.11.2019 (BGBl. I S. 1794).

c) Unland (§ 45);

3. die Nebenbetriebe (§ 42).

(3) Der Wohnteil eines Betriebs der Land- und Forstwirtschaft umfaßt die Gebäude und Gebäudeteile, soweit sie dem Inhaber des Betriebs, den zu seinem Haushalt gehörenden Familienangehörigen und den Altenteilern zu Wohnzwecken dienen.

(4) In den Betrieb sind auch dem Eigentümer des Grund und Bodens nicht gehörende Gebäude, die auf dem Grund und Boden des Betriebs stehen, und dem Eigentümer des Grund und Bodens nicht gehörende Betriebsmittel, die der Bewirtschaftung des Betriebs dienen, einzubeziehen.

(5) Ein Anteil des Eigentümers eines Betriebs der Land- und Forstwirtschaft an einem Wirtschaftsgut ist in den Betrieb einzubeziehen, wenn es mit dem Betrieb zusammen genutzt wird.

(6) In einem Betrieb der Land- und Forstwirtschaft, der von einer Gesellschaft oder Gemeinschaft des bürgerlichen Rechts betrieben wird, sind auch die Wirtschaftsgüter einzubeziehen, die einem oder mehreren Beteiligten gehören und dem Betrieb zu dienen bestimmt sind.

(6a) Einen Betrieb der Land- und Forstwirtschaft bildet auch die gemeinschaftliche Tierhaltung (§ 51a) einschließlich der hiermit zusammenhängenden Wirtschaftsgüter.

(7) [1] Einen Betrieb der Land- und Forstwirtschaft bilden auch Stückländereien. [2] Stückländereien sind einzelne land- und forstwirtschaftlich genutzte Flächen, bei denen die Wirtschaftsgebäude oder die Betriebsmittel oder beide Arten von Wirtschaftsgütern nicht dem Eigentümer des Grund und Bodens gehören.

§ 35[1)] ***Bewertungsstichtag.*** *(1) Für die Größe des Betriebs sowie für den Umfang und den Zustand der Gebäude und der stehenden Betriebsmittel sind die Verhältnisse im Feststellungszeitpunkt maßgebend.*

(2) Für die umlaufenden Betriebsmittel ist der Stand am Ende des Wirtschaftsjahres maßgebend, das dem Feststellungszeitpunkt vorangegangen ist.

§ 36[2)] ***Bewertungsgrundsätze.*** *(1) Bei der Bewertung ist unbeschadet der Regelung, die in § 47 für den Wohnungswert getroffen ist, der Ertragswert zugrunde zu legen.*

(2) [1] Bei der Ermittlung des Ertragswerts ist von der Ertragsfähigkeit auszugehen. [2] Ertragsfähigkeit ist der bei ordnungsmäßiger und schuldenfreier Bewirtschaftung mit entlohnten fremden Arbeitskräften gemeinhin und nachhaltig erzielbare Reinertrag. [3] Ertragswert ist das Achtzehnfache dieses Reinertrags.

(3) Bei der Beurteilung der Ertragsfähigkeit sind die Ertragsbedingungen zu berücksichtigen, soweit sie nicht unwesentlich sind.

§ 37[3)] ***Ermittlung des Ertragswerts.*** *(1) [1] Der Ertragswert der Nutzungen wird durch ein vergleichendes Verfahren (§§ 38 bis 41) ermittelt. [2] Das vergleichende Verfahren kann auch auf Nutzungsteile angewendet werden.*

---

1) § 35 wird aufgeh. **mWv 1.1.2025** durch G v. 26.11.2019 (BGBl. I S. 1794).
2) § 36 wird aufgeh. **mWv 1.1.2025** durch G v. 26.11.2019 (BGBl. I S. 1794).
3) § 37 wird aufgeh. **mWv 1.1.2025** durch G v. 26.11.2019 (BGBl. I S. 1794).

(2) Kann ein vergleichendes Verfahren nicht durchgeführt werden, so ist der Ertragswert nach der Ertragsfähigkeit der Nutzung unmittelbar zu ermitteln (Einzelertragswertverfahren).

§ 38[1] ***Vergleichszahl, Ertragsbedingungen.*** *(1) Die Unterschiede der Ertragsfähigkeit der gleichen Nutzung in den verschiedenen Betrieben werden durch Vergleich der Ertragsbedingungen beurteilt und vorbehaltlich der §§ 55 und 62 durch Zahlen ausgedrückt, die dem Verhältnis der Reinerträge entsprechen (Vergleichszahlen).*

(2) Bei dem Vergleich der Ertragsbedingungen sind zugrunde zu legen

1. die tatsächlichen Verhältnisse für:

a) die natürlichen Ertragsbedingungen, insbesondere Bodenbeschaffenheit, Geländegestaltung, klimatische Verhältnisse,

b) die folgenden wirtschaftlichen Ertragsbedingungen:

aa) innere Verkehrslage (Lage für die Bewirtschaftung der Betriebsfläche),

bb) äußere Verkehrslage (insbesondere Lage für die Anfuhr der Betriebsmittel und die Abfuhr der Erzeugnisse),

cc) Betriebsgröße;

2. die in der Gegend als regelmäßig anzusehenden Verhältnisse für die in Nummer 1 Buchstabe b nicht bezeichneten wirtschaftlichen Ertragsbedingungen, insbesondere Preise und Löhne, Betriebsorganisation, Betriebsmittel.

(3) Bei Stückländereien sind die wirtschaftlichen Ertragsbedingungen nach Absatz 2 Nr. 1 Buchstabe b mit den regelmäßigen Verhältnissen der Gegend anzusetzen.

§ 39[2] ***Bewertungsstützpunkte.*** *(1)*[3] *[1] Zur Sicherung der Gleichmäßigkeit der Bewertung werden in einzelnen Betrieben mit gegendüblichen Ertragsbedingungen die Vergleichszahlen von Nutzungen und Nutzungsteilen vorweg ermittelt (Hauptbewertungsstützpunkte). [2] Die Vergleichszahlen der Hauptbewertungsstützpunkte werden vom Bewertungsbeirat (§§ 63 bis 66) vorgeschlagen und durch Rechtsverordnung festgesetzt. [3] Die Vergleichszahlen der Nutzungen und Nutzungsteile in den übrigen Betrieben werden durch Vergleich mit den Vergleichszahlen der Hauptbewertungsstützpunkte ermittelt. [4] § 55 bleibt unberührt.*

(2) [1] Die Hauptbewertungsstützpunkte können durch Landes-Bewertungsstützpunkte und Orts-Bewertungsstützpunkte als Bewertungsbeispiele ergänzt werden. [2] Die Vergleichszahlen der Landes-Bewertungsstützpunkte werden vom Gutachterausschuß (§ 67), die Vergleichszahlen der Orts-Bewertungsstützpunkte von den Landesfinanzbehörden ermittelt. [3] Die Vergleichszahlen der Landes-Bewertungsstützpunkte und Orts-Bewertungsstützpunkte können bekanntgegeben werden.

(3) [1] Zugepachtete Flächen, die zusammen mit einem Bewertungsstützpunkt bewirtschaftet werden, können bei der Ermittlung der Vergleichszahlen mit berücksichtigt werden. [2] Bei der Feststellung des Einheitswerts eines Betriebs, der als Bewertungsstützpunkt dient, sind zugepachtete Flächen nicht zu berücksichtigen (§ 2 Abs. 2).

---

[1] § 38 wird aufgeh. **mWv 1.1.2025** durch G v. 26.11.2019 (BGBl. I S. 1794).

[2] § 39 wird aufgeh. **mWv 1.1.2025** durch G v. 26.11.2019 (BGBl. I S. 1794).

[3] Siehe hierzu 1. VO zur Durchführung des § 39 Abs. 1 des BewG v. 30.8.1967 (BGBl. I S. 937, ber. S. 1184), 2. VO v. 24.11.1967 (BGBl. I S. 1191) und 3. VO v. 7.12.1967 (BGBl. I S. 1199).

§ 40[1)] ***Ermittlung des Vergleichswerts.*** *(1) [1] Zum Hauptfeststellungszeitpunkt wird für die landwirtschaftliche, die weinbauliche und die gärtnerische Nutzung oder für deren Teile der 100 Vergleichszahlen entsprechende Ertragswert vorbehaltlich Absatz 2 durch besonderes Gesetz festgestellt. [2] Aus diesem Ertragswert wird der Ertragswert für die einzelne Nutzung oder den Nutzungsteil in den Betrieben mit Hilfe der Vergleichszahlen abgeleitet (Vergleichswert). [3] Der auf einen Hektar bezogene Vergleichswert ist der Hektarwert.*

(2) Für die Hauptfeststellung auf den Beginn des Kalenderjahres 1964 betragen die 100 Vergleichszahlen entsprechenden Ertragswerte bei

der landwirtschaftlichen Nutzung	
ohne Hopfen und Spargel	*37,26 DM*[2)]
Hopfen	*254,00 DM*[2)]
Spargel	*76,50 DM*[2)]
der weinbaulichen Nutzung	*200,00 DM*[2)]
den gärtnerischen Nutzungsteilen	
Gemüse-, Blumen- und Zierpflanzenbau	*108,00 DM*[2)]
Obstbau	*72,00 DM*[2)]
Baumschulen	*221,40 DM*[2)]*.*

(3) [1] Die Hoffläche und die Gebäudefläche des Betriebs sind in die einzelne Nutzung einzubeziehen, soweit sie ihr dienen. [2] Hausgärten bis zur Größe von 10 Ar sind zur Hof- und Gebäudefläche zu rechnen. [3] Wirtschaftswege, Hecken, Gräben, Grenzraine und dergleichen sind in die Nutzung einzubeziehen, zu der sie gehören; dies gilt auch für Wasserflächen, soweit sie nicht Unland sind oder zur sonstigen land- und forstwirtschaftlichen Nutzung (§ 62) gehören.

(4) Das Finanzamt hat bei Vorliegen eines rechtlichen Interesses dem Steuerpflichtigen Bewertungsgrundlagen und Bewertungsergebnisse der Nutzung oder des Nutzungsteils von Bewertungsstützpunkten, die bei der Ermittlung der Vergleichswerte seines Betriebs herangezogen worden sind, anzugeben.

(5) Zur Berücksichtigung der rückläufigen Reinerträge sind die nach Absätzen 1 und 2 ermittelten Vergleichswerte für Hopfen um 80 Prozent, für Spargel um 50 Prozent und für Obstbau um 60 Prozent zu vermindern; es ist jedoch jeweils mindestens ein Hektarwert von 1200 Deutsche Mark[2)] *anzusetzen.*

§ 41[3)] ***Abschläge und Zuschläge.*** *(1) Ein Abschlag oder ein Zuschlag am Vergleichswert ist zu machen,*

1. *soweit die tatsächlichen Verhältnisse bei einer Nutzung oder einem Nutzungsteil von den bei der Bewertung unterstellten regelmäßigen Verhältnissen der Gegend (§ 38 Abs. 2 Nr. 2) um mehr als 20 Prozent abweichen und*
2. *wenn die Abweichung eine Änderung des Vergleichswerts der Nutzung oder des Nutzungsteils um mehr als den fünften Teil, mindestens aber um 1000 Deutsche Mark*[2)]*, oder um mehr als 10 000 Deutsche Mark*[2)] *bewirkt.*

[1)] § 40 wird aufgeh. **mWv 1.1.2025** durch G v. 26.11.2019 (BGBl. I S. 1794).
[2)] Zur Anwendung siehe § 265 Abs. 2.
[3)] § 41 wird aufgeh. **mWv 1.1.2025** durch G v. 26.11.2019 (BGBl. I S. 1794).

(2) Der Abschlag oder der Zuschlag ist nach der durch die Abweichung bedingten Minderung oder Steigerung der Ertragsfähigkeit zu bemessen.

(2a)[1] *Der Zuschlag wegen Abweichung des tatsächlichen Tierbestands von den unterstellten regelmäßigen Verhältnissen der Gegend ist bei Fort-schreibungen (§ 22) oder Nachfeststellungen (§ 23) um 50 Prozent zu vermindern.*

(3) Bei Stückländereien sind weder Abschläge für fehlende Betriebsmittel beim Eigentümer des Grund und Bodens noch Zuschläge für Überbestand an diesen Wirtschaftsgütern bei deren Eigentümern zu machen.

§ 42[2] ***Nebenbetriebe.*** *(1) Nebenbetriebe sind Betriebe, die dem Hauptbetrieb zu dienen bestimmt sind und nicht einen selbständigen gewerblichen Betrieb darstellen.*

(2) Die Nebenbetriebe sind gesondert mit dem Einzelertragswert zu bewerten.

§ 43[3] ***Abbauland.*** *(1) Zum Abbauland gehören die Betriebsflächen, die durch Abbau der Bodensubstanz überwiegend für den Betrieb nutzbar gemacht werden (Sand-, Kies-, Lehmgruben, Steinbrüche, Torfstiche und dergleichen).*

(2) Das Abbauland ist gesondert mit dem Einzelertragswert zu bewerten.

§ 44[4] ***Geringstland.*** *(1) Zum Geringstland gehören die Betriebsflächen geringster Ertragsfähigkeit, für die nach dem Bodenschätzungsgesetz keine Wertzahlen festzustellen sind.*

(2) Geringstland ist mit einem Hektarwert von 50 Deutschen Mark[5] *zu bewerten.*

§ 45[6] ***Unland.*** *(1) Zum Unland gehören die Betriebsflächen, die auch bei geordneter Wirtschaftsweise keinen Ertrag abwerfen können.*

(2) Unland wird nicht bewertet.

§ 46[7] ***Wirtschaftswert.*** *¹Aus den Vergleichswerten (§ 40 Abs. 1) und den Abschlägen und Zuschlägen (§ 41), aus den Einzelertragswerten sowie aus den Werten der nach den §§ 42 bis 44 gesondert zu bewertenden Wirtschaftsgüter wird der Wert für den Wirtschaftsteil (Wirtschaftswert) gebildet. ²Für seine Ermittlung gelten außer den Bestimmungen in den §§ 35 bis 45 auch die besonderen Vorschriften in den §§ 50 bis 62.*

§ 47[8] ***Wohnungswert.*** *¹Der Wert für den Wohnteil (Wohnungswert) wird nach den Vorschriften ermittelt, die beim Grundvermögen für die Bewertung der Mietwohngrundstücke im Ertragswertverfahren (§§ 71, 78 bis 82 und 91) gelten. ²Bei der Schätzung der üblichen Miete (§ 79 Abs. 2) sind die Besonderheiten, die sich aus der*

---

[1] § 41 Abs. 2a Satz 1 geänd., bish. Satz 2 aufgeh. durch G v. 20.12.2001 (BGBl. I S. 3794).
[2] § 42 wird aufgeh. **mWv 1.1.2025** durch G v. 26.11.2019 (BGBl. I S. 1794).
[3] § 43 wird aufgeh. **mWv 1.1.2025** durch G v. 26.11.2019 (BGBl. I S. 1794).
[4] § 44 wird aufgeh. **mWv 1.1.2025** durch G v. 26.11.2019 (BGBl. I S. 1794).
[5] Siehe hierzu § 265 Abs. 2.
[6] § 45 wird aufgeh. **mWv 1.1.2025** durch G v. 26.11.2019 (BGBl. I S. 1794).
[7] § 46 wird aufgeh. **mWv 1.1.2025** durch G v. 26.11.2019 (BGBl. I S. 1794).
[8] § 47 wird aufgeh. **mWv 1.1.2025** durch G v. 26.11.2019 (BGBl. I S. 1794).

Lage der Gebäude oder Gebäudeteile im Betrieb ergeben, zu berücksichtigen. [3] Der ermittelte Betrag ist um 15 Prozent zu vermindern.

§ 48[1)] ***Zusammensetzung des Einheitswerts.*** *Der Wirtschaftswert und der Wohnungswert bilden zusammen den Einheitswert des Betriebs.*

§ 48a[2)] ***Einheitswert bestimmter intensiv genutzter Flächen.*** *[1] Werden Betriebsflächen durch einen anderen Nutzungsberechtigten als den Eigentümer bewirtschaftet, so ist*

1. bei der Sonderkultur Spargel (§ 52),
2. bei den gärtnerischen Nutzungsteilen Gemüse-, Blumen- und Zierpflanzenbau sowie Baumschulen (§ 61),
3. bei der Saatzucht (§ 62 Abs. 1 Nr. 6)

der Unterschiedsbetrag zwischen dem für landwirtschaftliche Nutzung maßgebenden Vergleichswert und dem höheren Vergleichswert, der durch die unter den Nummern 1 bis 3 bezeichneten Nutzungen bedingt ist, bei der Feststellung des Einheitswerts des Eigentümers nicht zu berücksichtigen und für den Nutzungsberechtigten als selbständiger Einheitswert festzustellen. [2] Ist ein Einheitswert für land- und forstwirtschaftliches Vermögen des Nutzungsberechtigten festzustellen, so ist der Unterschiedsbetrag in diesen Einheitswert einzubeziehen. [3] Die Sätze 1 und 2 gelten nicht, wenn der Eigentümer die Flächen bereits intensiv im Sinne der Nummern 1 bis 3 genutzt hat.[3)]

§ 49.[4)] *(aufgehoben)*

II. Besondere Vorschriften

a) Landwirtschaftliche Nutzung

§ 50[5)] ***Ertragsbedingungen.*** *(1) [1] Bei der Beurteilung der natürlichen Ertragsbedingungen (§ 38 Abs. 2 Nr. 1 Buchstabe a) ist von den Ergebnissen der Bodenschätzung nach dem Bodenschätzungsgesetz auszugehen. [2] Dies gilt auch für das Bodenartenverhältnis.*

(2) Ist durch die natürlichen Verhältnisse ein anderes als das in der betreffenden Gegend regelmäßige Kulturartenverhältnis bedingt, so ist abweichend von § 38 Abs. 2 Nr. 2 das tatsächliche Kulturartenverhältnis maßgebend.

§ 51[6)] ***Tierbestände.*** (1) *(aufgehoben)*

(1a) [1] Für Feststellungszeitpunkte ab dem 1. Januar 1999 gehören Tierbestände in vollem Umfang zur landwirtschaftlichen Nutzung, wenn im Wirtschaftsjahr

---

1) § 48 wird aufgeh. **mWv 1.1.2025** durch G v. 26.11.2019 (BGBl. I S. 1794).

2) § 48a wird aufgeh. **mWv 1.1.2025** durch G v. 26.11.2019 (BGBl. I S. 1794).

3) § 48a Satz 3 angef. durch G v. 26.6.2013 (BGBl. I S. 1809); zur Anwendung siehe § 265 Abs. 6.

4) § 49 aufgeh. mWv 1.1.2002 durch G v. 20.12.2001 (BGBl. I S. 3794); für Fälle der Erbschaftsteuer ab 1.1.2002 siehe § 142 Abs. 4.

5) § 50 wird aufgeh. **mWv 1.1.2025** durch G v. 26.11.2019 (BGBl. I S. 1794).

6) § 51 wird aufgeh. **mWv 1.1.2025** durch G v. 26.11.2019 (BGBl. I S. 1794).

für die ersten 20 Hektar	*nicht mehr als 10*	*Vieheinheiten,*
für die nächsten 10 Hektar	*nicht mehr als 7*	*Vieheinheiten,*
für die nächsten 20 Hektar	*nicht mehr als 6*	*Vieheinheiten,*
für die nächsten 50 Hektar	*nicht mehr als 3*	*Vieheinheiten*
und für die weitere Fläche	*nicht mehr als 1,5*	*Vieheinheiten*

je Hektar der vom Inhaber des Betriebs regelmäßig landwirtschaftlich genutzten Flächen erzeugt oder gehalten werden. 2 Die Tierbestände sind nach dem Futterbedarf in Vieheinheiten umzurechnen. 3 Diese Zuordnung der Tierbestände steht einer Änderung der tatsächlichen Verhältnisse gleich, die im Kalenderjahr 1998 eingetreten ist; § 27 ist insoweit nicht anzuwenden.

(2) 1 Übersteigt die Anzahl der Vieheinheiten nachhaltig die in Absatz 1a[1] *bezeichnete Grenze, so gehören nur die Zweige des Tierbestands zur landwirtschaftlichen Nutzung, deren Vieheinheiten zusammen diese Grenze nicht überschreiten. 2 Zunächst sind mehr flächenabhängige Zweige des Tierbestands und danach weniger flächenabhängige Zweige des Tierbestands zur landwirtschaftlichen Nutzung zu rechnen. 3 Innerhalb jeder dieser Gruppe sind zuerst Zweige des Tierbestands mit der geringeren Anzahl von Vieheinheiten und dann Zweige mit der größeren Anzahl von Vieheinheiten zur landwirtschaftlichen Nutzung zu rechnen. 4 Der Tierbestand des einzelnen Zweiges wird nicht aufgeteilt.*

(3) 1 Als Zweig des Tierbestands gilt bei jeder Tierart für sich

1. das Zugvieh,

2. das Zuchtvieh,

3. das Mastvieh,

4. das übrige Nutzvieh.

2 Das Zuchtvieh einer Tierart gilt nur dann als besonderer Zweig des Tierbestands, wenn die erzeugten Jungtiere überwiegend zum Verkauf bestimmt sind. 3 Ist das nicht der Fall, so ist das Zuchtvieh dem Zweig des Tierbestands zuzurechnen, dem es überwiegend dient.

(4) 1 Der Umrechnungsschlüssel für Tierbestände in Vieheinheiten sowie die Gruppen der mehr oder weniger flächenabhängigen Zweige des Tierbestands sind aus den Anlagen 1 und 2 zu entnehmen. 2 Für die Zeit von einem nach dem 1. Januar 1964 liegenden Hauptfeststellungszeitpunkt an können der Umrechnungsschlüssel für Tierbestände in Vieheinheiten sowie die Gruppen der mehr oder weniger flächenabhängigen Zweige des Tierbestands durch Rechtsverordnung Änderungen der wirtschaftlichen Gegebenheiten, auf denen sie beruhen, angepaßt werden.

(5) 1 Die Absätze 1a bis 4[2] *gelten nicht für Pelztiere. 2 Pelztiere gehören nur dann zur landwirtschaftlichen Nutzung, wenn die erforderlichen Futtermittel überwiegend von den vom Inhaber des Betriebs landwirtschaftlich genutzten Flächen gewonnen sind.*

§ 51a[3] ***Gemeinschaftliche Tierhaltung.*** *(1) 1 Zur landwirtschaftlichen Nutzung gehört auch die Tierzucht und Tierhaltung von Erwerbs- und Wirtschaftsgenossenschaf-*

---

[1] Verweis geänd. durch G v. 29.6.1998 (BGBl. I S. 1692) und G v. 20.12.2001 (BGBl. I S. 3794).

[2] Verweis geänd. durch G v. 20.12.2001 (BGBl. I S. 3794).

[3] § 51a wird aufgeh. **mWv 1.1.2025** durch G v. 26.11.2019 (BGBl. I S. 1794).

ten (§ 97 Abs. 1 Nr. 2), von Gesellschaften, bei denen die Gesellschafter als Unternehmer (Mitunternehmer) anzusehen sind (§ 97 Abs. 1 Nr. 5), oder von Vereinen (§ 97 Abs. 2), wenn

1. alle Gesellschafter oder Mitglieder

a) Inhaber eines Betriebs der Land- und Forstwirtschaft mit selbstbewirtschafteten regelmäßig landwirtschaftlich genutzten Flächen sind,

b) nach dem Gesamtbild der Verhältnisse hauptberuflich Land- und Forstwirte sind,

c)[1] *Landwirte im Sinne des § 1 Abs. 2 des Gesetzes über die Alterssicherung der Landwirte sind und dies durch eine Bescheinigung der landwirtschaftlichen Alterskasse nachgewiesen wird und*

d) die sich nach § 51 Abs. 1a[2] *für sie ergebende Möglichkeit zur landwirtschaftlichen Tiererzeugung oder Tierhaltung in Vieheinheiten ganz oder teilweise auf die Genossenschaft, die Gesellschaft oder den Verein übertragen haben;*

2. die Anzahl der von der Genossenschaft, der Gesellschaft oder dem Verein im Wirtschaftsjahr erzeugten oder gehaltenen Vieheinheiten keine der nachfolgenden Grenzen nachhaltig überschreitet:

a) die Summe der sich nach Nummer 1 Buchstabe d ergebenden Vieheinheiten und

b) die Summe der Vieheinheiten, die sich nach § 51 Abs. 1a[2] *auf der Grundlage der Summe der von den Gesellschaftern oder Mitgliedern regelmäßig landwirtschaftlich genutzten Flächen ergibt;*

3. die Betriebe der Gesellschafter oder Mitglieder nicht mehr als 40 km von der Produktionsstätte der Genossenschaft, der Gesellschaft oder des Vereins entfernt liegen.

[2] *Die Voraussetzungen der Nummer 1 Buchstabe d und der Nummer 2 sind durch besondere, laufend zu führende Verzeichnisse nachzuweisen.*

(2) Der Anwendung des Absatzes 1 steht es nicht entgegen, wenn die dort bezeichneten Genossenschaften, Gesellschaften oder Vereine die Tiererzeugung oder Tierhaltung ohne regelmäßig landwirtschaftlich genutzte Flächen betreiben.

(3) Von den in Absatz 1 bezeichneten Genossenschaften, Gesellschaften oder Vereinen regelmäßig landwirtschaftlich genutzte Flächen sind bei der Ermittlung der nach Absatz 1 Nr. 2 maßgebenden Grenzen wie Flächen von Gesellschaftern oder Mitgliedern zu behandeln, die ihre Möglichkeit zur landwirtschaftlichen Tiererzeugung oder Tierhaltung im Sinne des Absatzes 1 Nr. 1 Buchstabe d auf die Genossenschaft, die Gesellschaft oder den Verein übertragen haben.

(4) Bei dem einzelnen Gesellschafter oder Mitglied der in Absatz 1 bezeichneten Genossenschaften, Gesellschaften oder Vereine ist § 51 Abs. 1a[2] *mit der Maßgabe anzuwenden, daß die in seinem Betrieb erzeugten oder gehaltenen Vieheinheiten mit den Vieheinheiten zusammenzurechnen sind, die im Rahmen der nach Absatz 1 Nr. 1 Buchstabe d übertragenen Möglichkeiten erzeugt oder gehalten werden.*

(5) Die Vorschriften des § 51 Abs. 2 bis 4 sind entsprechend anzuwenden.

---

[1] § 51a Abs. 1 Nr. 1 Buchst. c geänd. durch G v. 29.7.1994 (BGBl. I S. 1890); geänd. mWv 1.1.2013 durch G v. 12.4.2012 (BGBl. I S. 579).

[2] § 51a Abs. 1 Nr. 1 Buchst. d, Abs. 1 Nr. 2 Buchst. b und Abs. 4 Verweis geänd. durch G v. 29.6.1998 (BGBl. I S. 1692) und durch G v. 20.12.2001 (BGBl. I S. 3794).

§ 52[1] ***Sonderkulturen.*** *Hopfen, Spargel und andere Sonderkulturen sind als landwirtschaftliche Nutzungsteile (§ 37 Abs. 1) zu bewerten.*

b) Forstwirtschaftliche Nutzung

§ 53[2] ***Umlaufende Betriebsmittel.*** *Eingeschlagenes Holz gehört zum normalen Bestand an umlaufenden Betriebsmitteln, soweit es den jährlichen Nutzungssatz nicht übersteigt; bei Betrieben, die nicht jährlich einschlagen (aussetzende Betriebe), tritt an die Stelle des jährlichen Nutzungssatzes ein den Betriebsverhältnissen entsprechender mehrjähriger Nutzungssatz.*

§ 54[3] ***Bewertungsstichtag.*** *Abweichend von § 35 Abs. 1 sind für den Umfang und den Zustand des Bestandes an nicht eingeschlagenem Holz die Verhältnisse am Ende des Wirtschaftsjahres zugrunde zu legen, das dem Feststellungszeitpunkt vorangegangen ist.*

§ 55[4] ***Ermittlung des Vergleichswerts.*** *(1) Das vergleichende Verfahren ist auf Hochwald als Nutzungsteil (§ 37 Abs. 1) anzuwenden.*

(2) Die Ertragsfähigkeit des Hochwaldes wird vorweg für Nachhaltsbetriebe mit regelmäßigem Alters- oder Vorratsklassenverhältnis ermittelt und durch Normalwerte ausgedrückt.

(3)[5] *[1] Normalwert ist der für eine Holzart unter Berücksichtigung des Holzertrags auf einen Hektar bezogene Ertragswert eines Nachhaltsbetriebs mit regelmäßigem Alters- oder Vorratsklassenverhältnis. [2] Die Normalwerte werden für Bewertungsgebiete vom Bewertungsbeirat vorgeschlagen und durch Rechtsverordnung festgesetzt. [3] Der Normalwert beträgt für die Hauptfeststellung auf den Beginn des Kalenderjahres 1964 höchstens 3200 Deutsche Mark*[6] *(Fichte, Ertragsklasse I A, Bestockungsgrad 1,0).*

(4)[5] *[1] Die Anteile der einzelnen Alters- oder Vorratsklassen an den Normalwerten werden durch Prozentsätze ausgedrückt. [2] Für jede Alters- oder Vorratsklasse ergibt sich der Prozentsatz aus dem Verhältnis ihres Abtriebswerts zum Abtriebswert des Nachhaltsbetriebs mit regelmäßigem Alters- oder Vorratsklassenverhältnis. [3] Die Prozentsätze werden einheitlich für alle Bewertungsgebiete durch Rechtsverordnung festgesetzt. [4] Sie betragen für die Hauptfeststellung auf den Beginn des Kalenderjahres 1964 höchstens 260 Prozent der Normalwerte.*

(5) [1] Ausgehend von den nach Absatz 3 festgesetzten Normalwerten wird für die forstwirtschaftliche Nutzung des einzelnen Betriebs der Ertragswert (Vergleichswert) abgeleitet. [2] Dabei werden die Prozentsätze auf die Alters- oder Vorratsklassen angewendet.

(6) Der Wert der einzelnen Alters- oder Vorratsklasse beträgt mindestens 50 Deutsche Mark[6] *je Hektar.*

---

[1] § 52 wird aufgeh. **mWv 1.1.2025** durch G v. 26.11.2019 (BGBl. I S. 1794).

[2] § 53 wird aufgeh. **mWv 1.1.2025** durch G v. 26.11.2019 (BGBl. I S. 1794).

[3] § 54 wird aufgeh. **mWv 1.1.2025** durch G v. 26.11.2019 (BGBl. I S. 1794).

[4] § 55 wird aufgeh. **mWv 1.1.2025** durch G v. 26.11.2019 (BGBl. I S. 1794).

[5] Siehe hierzu VO zur Durchführung des § 55 Abs. 3 und 4 des BewG v. 27.7.1967 (Nr. **203**).

[6] Siehe hierzu § 265 Abs. 2.

(7) Mittelwald und Niederwald sind mit 50 Deutsche Mark[1] je Hektar anzusetzen.

(8)[2] Zur Förderung der Gleichmäßigkeit der Bewertung wird, ausgehend von den Normalwerten des Bewertungsgebiets nach Absatz 3, durch den Bewertungsbeirat (§§ 63 bis 66) für den forstwirtschaftlichen Nutzungsteil Hochwald in einzelnen Betrieben mit gegendüblichen Ertragsbedingungen (Hauptbewertungsstützpunkte) der Vergleichswert vorgeschlagen und durch Rechtsverordnung festgesetzt.

(9) Zur Berücksichtigung der rückläufigen Reinerträge sind die nach Absatz 5 ermittelten Ertragswerte (Vergleichswerte) um 40 Prozent zu vermindern; die Absätze 6 und 7 bleiben unberührt.

c) Weinbauliche Nutzung

§ 56[3] ***Umlaufende Betriebsmittel.*** *(1) 1 Bei ausbauenden Betrieben zählen die Vorräte an Weinen aus der letzten und der vorletzten Ernte vor dem Bewertungsstichtag zum normalen Bestand an umlaufenden Betriebsmitteln. 2 Für die Weinvorräte aus der vorletzten Ernte vor dem Bewertungsstichtag gilt dies jedoch nur, soweit sie nicht auf Flaschen gefüllt sind.*

(2) 1 Für Feststellungszeitpunkte ab dem 1. Januar 1996 zählen bei ausbauenden Betrieben die Vorräte an Weinen aus den Ernten der letzten fünf Jahre vor dem Bewertungsstichtag zum normalen Bestand an umlaufenden Betriebsmitteln. 2 Diese Zuordnung der Weinvorräte steht einer Änderung der tatsächlichen Verhältnisse gleich, die im Kalenderjahr 1995 eingetreten ist; § 27 ist insoweit nicht anzuwenden.

(3) Abschläge für Unterbestand an Weinvorräten sind nicht zu machen.

§ 57[4] ***Bewertungsstützpunkte.*** *Als Bewertungsstützpunkte dienen Weinbaulagen oder Teile von Weinbaulagen.*

§ 58[5] ***Innere Verkehrslage.*** *Bei der Berücksichtigung der inneren Verkehrslage sind abweichend von § 38 Abs. 2 Nr. 1 nicht die tatsächlichen Verhältnisse, sondern die in der Weinbaulage regelmäßigen Verhältnisse zugrunde zu legen; § 41 ist entsprechend anzuwenden.*

d) Gärtnerische Nutzung

§ 59[6] ***Bewertungsstichtag.*** *(1) Die durch Anbau von Baumschulgewächsen genutzte Betriebsfläche wird abweichend von § 35 Abs. 1 nach den Verhältnissen an dem 15. September bestimmt, der dem Feststellungszeitpunkt vorangegangen ist.*

(2) Die durch Anbau von Gemüse, Blumen und Zierpflanzen genutzte Betriebsfläche wird abweichend von § 35 Abs. 1 nach den Verhältnissen an dem 30. Juni bestimmt, der dem Feststellungszeitpunkt vorangegangen ist.

---

1) Siehe hierzu § 265 Abs. 2.
2) Siehe hierzu VO zur Durchführung des § 55 Abs. 8 des BewG v. 11.8.1967 (Nr. **204**).
3) § 56 wird aufgeh. **mWv 1.1.2025** durch G v. 26.11.2019 (BGBl. I S. 1794).
4) § 57 wird aufgeh. **mWv 1.1.2025** durch G v. 26.11.2019 (BGBl. I S. 1794).
5) § 58 wird aufgeh. **mWv 1.1.2025** durch G v. 26.11.2019 (BGBl. I S. 1794).
6) § 59 wird aufgeh. **mWv 1.1.2025** durch G v. 26.11.2019 (BGBl. I S. 1794).

§ 60[1] ***Ertragsbedingungen.*** *(1) Bei der Beurteilung der natürlichen Ertragsbedingungen (§ 38 Abs. 2 Nr. 1 Buchstabe a) ist von den Ergebnissen der Bodenschätzung nach dem Bodenschätzungsgesetz auszugehen.*

(2) Hinsichtlich der ertragsteigernden Anlagen, insbesondere der überdachten Anbauflächen, sind – abweichend von § 38 Abs. 2 Nr. 2 – die tatsächlichen Verhältnisse des Betriebs zugrunde zu legen.

§ 61[2] ***Anwendung des vergleichenden Verfahrens.*** *Das vergleichende Verfahren ist auf Gemüse-, Blumen- und Zierpflanzenbau, auf Obstbau und auf Baumschulen als Nutzungsteile (§ 37 Abs. 1 Satz 2) anzuwenden.*

e) Sonstige land- und forstwirtschaftliche Nutzung

§ 62[3] ***Arten und Bewertung der sonstigen land- und forstwirtschaftlichen Nutzung.*** *(1) Zur sonstigen land- und forstwirtschaftlichen Nutzung gehören insbesondere*

1. die Binnenfischerei,

2. die Teichwirtschaft,

3. die Fischzucht für Binnenfischerei und Teichwirtschaft,

4. die Imkerei,

5. die Wanderschäferei,

6. die Saatzucht.

(2) Für die Arten der sonstigen land- und forstwirtschaftlichen Nutzung werden im vergleichenden Verfahren abweichend von § 38 Abs. 1 keine Vergleichszahlen, sondern unmittelbare Vergleichswerte ermittelt.

III. Bewertungsbeirat, Gutachterausschuß

§ 63[4] ***Bewertungsbeirat.*** *(1) Beim Bundesministerium der Finanzen wird ein Bewertungsbeirat gebildet.*

(2)[5] [1] *Der Bewertungsbeirat gliedert sich in eine landwirtschaftliche Abteilung, eine forstwirtschaftliche Abteilung, eine Weinbauabteilung und eine Gartenbauabteilung.* [2] *Die Gartenbauabteilung besteht aus den Unterabteilungen für Gemüse-, Blumen- und Zierpflanzenbau, für Obstbau und für Baumschulen.*

(3)[6] *(aufgehoben)*

§ 64[7] ***Mitglieder.*** *(1) Dem Bewertungsbeirat gehören an*

1. in jeder Abteilung und Unterabteilung:

---

[1] § 60 wird aufgeh. **mWv 1.1.2025** durch G v. 26.11.2019 (BGBl. I S. 1794).
[2] § 61 wird aufgeh. **mWv 1.1.2025** durch G v. 26.11.2019 (BGBl. I S. 1794).
[3] § 62 wird aufgeh. **mWv 1.1.2025** durch G v. 26.11.2019 (BGBl. I S. 1794).
[4] § 63 wird aufgeh. **mWv 1.1.2025** durch G v. 26.11.2019 (BGBl. I S. 1794).
[5] § 63 Abs. 2 Satz 2 geänd. durch G v. 21.12.1993 (BGBl. I S. 2310).
[6] § 63 Abs. 3 aufgeh. mWv 1.1.2008 durch G v. 20.12.2007 (BGBl. I S. 3150).
[7] § 64 wird aufgeh. **mWv 1.1.2025** durch G v. 26.11.2019 (BGBl. I S. 1794).

a) ein Beamter des Bundesministeriums der Finanzen als Vorsitzender,

b) ein Beamter des Bundesministeriums für Ernährung und Landwirtschaft[1]*;*

2. in der landwirtschaftlichen Abteilung und in der forstwirtschaftlichen Abteilung je zehn Mitglieder;

3. in der Weinbauabteilung acht Mitglieder;

4. in der Gartenbauabteilung vier Mitglieder mit allgemeiner Sachkunde, zu denen für jede Unterabteilung drei weitere Mitglieder mit besonderer Fachkenntnis hinzutreten.

(2) Nach Bedarf können weitere Mitglieder berufen werden.

(3)[2] *[1]Die Mitglieder nach Absatz 1 Nr. 2 bis 4 und nach Absatz 2 werden auf Vorschlag der obersten Finanzbehörden der Länder durch das Bundesministerium der Finanzen im Einvernehmen mit dem Bundesministerium für Ernährung und Landwirtschaft*[1] *berufen. [2]Die Berufung kann mit Zustimmung der obersten Finanzbehörden der Länder zurückgenommen werden. [3]Scheidet eines der nach Absatz 1 Nr. 2 bis 4 berufenen Mitglieder aus, so ist ein neues Mitglied zu berufen. [4]Die Mitglieder müssen sachkundig sein.*

(4) [1]Die nach Absatz 3 berufenen Mitglieder haben bei den Verhandlungen des Bewertungsbeirats ohne Rücksicht auf Sonderinteressen nach bestem Wissen und Gewissen zu verfahren. [2]Sie dürfen den Inhalt der Verhandlungen des Bewertungsbeirats sowie die Verhältnisse der Steuerpflichtigen, die ihnen im Zusammenhang mit ihrer Tätigkeit auf Grund dieses Gesetzes bekanntgeworden sind, nicht unbefugt offenbaren und Geheimnisse, insbesondere Betriebs- oder Geschäftsgeheimnisse, nicht unbefugt verwerten. [3]Sie werden bei Beginn ihrer Tätigkeit von dem Vorsitzenden des Bewertungsbeirats durch Handschlag verpflichtet, diese Obliegenheiten gewissenhaft zu erfüllen. [4]Über diese Verpflichtung ist eine Niederschrift aufzunehmen, die von dem Verpflichteten mit unterzeichnet wird. [5]Auf Zuwiderhandlungen sind die Vorschriften über das Steuergeheimnis und die Strafbarkeit seiner Verletzung entsprechend anzuwenden.

§ 65[3] ***Aufgaben.*** *Der Bewertungsbeirat hat die Aufgabe, Vorschläge zu machen*

1. für die durch besonderes Gesetz festzusetzenden Ertragswerte (§ 40 Abs. 1),

2. für die durch Rechtsverordnung festzusetzenden Vergleichszahlen (§ 39 Abs. 1) und Vergleichswerte (§ 55 Abs. 8) der Hauptbewertungsstützpunkte,

3. für die durch Rechtsverordnung festzusetzenden Normalwerte der forstwirtschaftlichen Nutzung für Bewertungsgebiete (§ 55 Abs. 3).

§ 66[4] ***Geschäftsführung.*** *(1) [1]Der Vorsitzende führt die Geschäfte des Bewertungsbeirats und leitet die Verhandlungen. [2]Das Bundesministerium der Finanzen kann eine Geschäftsordnung für den Bewertungsbeirat erlassen.*

(2) [1]Die einzelnen Abteilungen und Unterabteilungen des Bewertungsbeirats sind beschlußfähig, wenn mindestens zwei Drittel der Mitglieder anwesend sind. [2]Bei Ab-

---

[1] Bezeichnung geänd. durch VO v. 31.8.2015 (BGBl. I S. 1474).

[2] § 64 Abs. 3 Sätze 1 und 2 neu gef. mWv 1.1.1995 durch G v. 11.10.1995 (BGBl. I S. 1250).

[3] § 65 wird aufgeh. **mWv 1.1.2025** durch G v. 26.11.2019 (BGBl. I S. 1794).

[4] § 66 wird aufgeh. **mWv 1.1.2025** durch G v. 26.11.2019 (BGBl. I S. 1794).

stimmung entscheidet die Stimmenmehrheit, bei Stimmengleichheit die Stimme des Vorsitzenden.

(3) [1] Der Bewertungsbeirat hat seinen Sitz am Sitz des Bundesministeriums der Finanzen. [2] Er hat bei Durchführung seiner Aufgaben die Ermittlungsbefugnisse, die den Finanzämtern nach der Abgabenordnung zustehen.

(4) [1] Die Verhandlungen des Bewertungsbeirats sind nicht öffentlich. [2] Der Bewertungsbeirat kann nach seinem Ermessen Sachverständige hören; § 64 Abs. 4 gilt entsprechend.

§ 67[1] ***Gutachterausschuß.*** *(1) [1] Zur Förderung der Gleichmäßigkeit der Bewertung des land- und forstwirtschaftlichen Vermögens in den Ländern, insbesondere durch Bewertung von Landes-Bewertungsstützpunkten, wird bei jeder Oberfinanzdirektion ein Gutachterausschuß gebildet. [2] Bei jedem Gutachterausschuß ist eine landwirtschaftliche Abteilung zu bilden. [3] Weitere Abteilungen können nach Bedarf entsprechend der Gliederung des Bewertungsbeirats (§ 63) gebildet werden.*

(2) Die landwirtschaftliche Abteilung des Gutachterausschusses übernimmt auch die Befugnisse des Landesschätzungsbeirats nach dem Bodenschätzungsgesetz.

(3) Dem Gutachterausschuß oder jeder seiner Abteilungen gehören an

1. *der Oberfinanzpräsident oder ein von ihm beauftragter Angehöriger seiner Behörde als Vorsitzender,*
2. *ein von der für die Land- und Forstwirtschaft zuständigen obersten Landesbehörde beauftragter Beamter,*
3. *fünf sachkundige Mitglieder, die durch die für die Finanzverwaltung zuständige oberste Landesbehörde im Einvernehmen mit der für die Land- und Forstwirtschaft zuständigen obersten Landesbehörde berufen werden. [2] Die Berufung kann zurückgenommen werden. [3] § 64 Abs. 2 und 4 gilt entsprechend. [4] Die Landesregierungen werden ermächtigt, durch Rechtsverordnung die zuständigen Behörden abweichend von Satz 1 zu bestimmen. [5] Sie können diese Ermächtigung auf oberste Landesbehörden übertragen.*

(4) [1] Der Vorsitzende führt die Geschäfte des Gutachterausschusses und leitet die Verhandlungen. [2] Die Verhandlungen sind nicht öffentlich. [3] Für die Beschlußfähigkeit und die Abstimmung gilt § 66 Abs. 2 entsprechend.

C. Grundvermögen

I. Allgemeines

§ 68[2] ***Begriff des Grundvermögens.*** *(1) Zum Grundvermögen gehören*

1. *der Grund und Boden, die Gebäude, die sonstigen Bestandteile und das Zubehör,*
2. *das Erbbaurecht,*
3. *das Wohnungseigentum, Teileigentum, Wohnungserbbaurecht und Teilerbbaurecht nach dem Wohnungseigentumsgesetz,*

---

[1] § 67 wird aufgeh. **mWv 1.1.2025** durch G v. 26.11.2019 (BGBl. I S. 1794).
[2] § 68 wird aufgeh. **mWv 1.1.2025** durch G v. 26.11.2019 (BGBl. I S. 1794).

soweit es sich nicht um land- und forstwirtschaftliches Vermögen (§ 33) oder um Betriebsgrundstücke (§ 99) handelt.

(2) [1] In das Grundvermögen sind nicht einzubeziehen

1. Bodenschätze[1)],

2. die Maschinen und sonstigen Vorrichtungen aller Art, die zu einer Betriebsanlage gehören (Betriebsvorrichtungen), auch wenn sie wesentliche Bestandteile sind.

[2] Einzubeziehen sind jedoch die Verstärkungen von Decken und die nicht ausschließlich zu einer Betriebsanlage gehörenden Stützen und sonstigen Bauteile wie Mauervorlagen und Verstrebungen.

§ 69[2)] ***Abgrenzung des Grundvermögens vom land- und forstwirtschaftlichen Vermögen.*** *(1) Land- und forstwirtschaftlich genutzte Flächen sind dem Grundvermögen zuzurechnen, wenn nach ihrer Lage, den im Feststellungszeitpunkt bestehenden Verwertungsmöglichkeiten oder den sonstigen Umständen anzunehmen ist, daß sie in absehbarer Zeit anderen als land- und forstwirtschaftlichen Zwecken, insbesondere als Bauland, Industrieland oder Land für Verkehrszwecke, dienen werden.*

(2) Bildet ein Betrieb der Land- und Forstwirtschaft die Existenzgrundlage des Betriebsinhabers, so sind dem Betriebsinhaber gehörende Flächen, die von einer Stelle aus ordnungsgemäß nachhaltig bewirtschaftet werden, dem Grundvermögen nur dann zuzurechnen, wenn mit großer Wahrscheinlichkeit anzunehmen ist, daß sie spätestens nach zwei Jahren anderen als land- und forstwirtschaftlichen Zwecken dienen werden.

(3) [1] Flächen sind stets dem Grundvermögen zuzurechnen, wenn sie in einem Bebauungsplan als Bauland festgesetzt sind, ihre sofortige Bebauung möglich ist und die Bebauung innerhalb des Plangebiets in benachbarten Bereichen begonnen hat oder schon durchgeführt ist. [2] Satz 1 gilt nicht für die Hofstelle und für andere Flächen in unmittelbarem räumlichem Zusammenhang mit der Hofstelle bis zu einer Größe von insgesamt einem Hektar.

(4) Absatz 2 findet in den Fällen des § 55 Abs. 5 Satz 1 des Einkommensteuergesetzes keine Anwendung.

§ 70 Grundstück. (1) Jede wirtschaftliche Einheit des Grundvermögens bildet ein Grundstück im Sinne dieses Gesetzes.

(2) [1] Ein Anteil des Eigentümers eines Grundstücks an anderem Grundvermögen (z.B. an gemeinschaftlichen Hofflächen oder Garagen) ist in das Grundstück einzubeziehen, wenn alle Anteile an dem gemeinschaftlichen Grundvermögen Eigentümern von Grundstücken gehören, die ihren Anteil jeweils zusammen mit ihrem Grundstück nutzen. [2] Das gilt nicht, wenn das gemeinschaftliche Grundvermögen nach den Anschauungen des Verkehrs als selbständige wirtschaftliche Einheit anzusehen ist (§ 2 Abs. 1 Satz 3 und 4).

(3) Als Grundstück im Sinne dieses Gesetzes gilt auch ein Gebäude, das auf fremdem Grund und Boden errichtet oder in sonstigen Fällen einem anderen als dem Eigentümer des Grund und Bodens zuzurechnen ist, selbst wenn es wesentlicher Bestandteil des Grund und Bodens geworden ist.

---

1) § 68 Abs. 2 Nr. 1 geänd. mWv 1.1.1993 durch G v. 9.11.1992 (BGBl. I S. 1853).
2) § 69 wird aufgeh. **mWv 1.1.2025** durch G v. 26.11.2019 (BGBl. I S. 1794).

§ 71[1] ***Gebäude und Gebäudeteile für den Zivilschutz***[2]***.*** *Gebäude, Teile von Gebäuden und Anlagen, die zum Schutz der Bevölkerung sowie lebens- und verteidigungswichtiger Sachgüter vor der Wirkung von Angriffswaffen geschaffen worden sind, bleiben bei der Ermittlung des Einheitswerts außer Betracht, wenn sie im Frieden nicht oder nur gelegentlich oder geringfügig für andere Zwecke benutzt werden.*

II. Unbebaute Grundstücke

§ 72[3] ***Begriff.*** *(1) [1] Unbebaute Grundstücke sind Grundstücke, auf denen sich keine benutzbaren Gebäude befinden. [2] Die Benutzbarkeit beginnt im Zeitpunkt der Bezugsfertigkeit. [3] Gebäude sind als bezugsfertig anzusehen, wenn den zukünftigen Bewohnern oder sonstigen Benutzern zugemutet werden kann, sie zu benutzen; die Abnahme durch die Bauaufsichtsbehörde ist nicht entscheidend.*

(2) Befinden sich auf einem Grundstück Gebäude, deren Zweckbestimmung und Wert gegenüber der Zweckbestimmung und dem Wert des Grund und Bodens von untergeordneter Bedeutung sind, so gilt das Grundstück als unbebaut.

(3) Als unbebautes Grundstück gilt auch ein Grundstück, auf dem infolge der Zerstörung oder des Verfalls der Gebäude auf die Dauer benutzbarer Raum nicht mehr vorhanden ist.

§ 73[4] ***Baureife Grundstücke.*** *(1) Innerhalb der unbebauten Grundstücke bilden die baureifen Grundstücke eine besondere Grundstücksart.*

(2) [1] Baureife Grundstücke sind unbebaute Grundstücke, wenn sie in einem Bebauungsplan als Bauland festgesetzt sind, ihre sofortige Bebauung möglich ist und die Bebauung innerhalb des Plangebiets in benachbarten Bereichen begonnen hat oder schon durchgeführt ist. [2] Zu den baureifen Grundstücken gehören nicht Grundstücke, die für den Gemeinbedarf vorgesehen sind.

III. Bebaute Grundstücke

a) Begriff und Bewertung

§ 74[5] ***Begriff.*** *[1] Bebaute Grundstücke sind Grundstücke, auf denen sich benutzbare Gebäude befinden, mit Ausnahme der in § 72 Abs. 2 und 3 bezeichneten Grundstücke. [2] Wird ein Gebäude in Bauabschnitten errichtet, so ist der fertiggestellte und bezugsfertige Teil als benutzbares Gebäude anzusehen.*

§ 75[6] ***Grundstücksarten.*** *(1) Bei der Bewertung bebauter Grundstücke sind die folgenden Grundstücksarten zu unterscheiden:*

1. Mietwohngrundstücke,

2. Geschäftsgrundstücke,

---

[1] § 71 wird aufgeh. **mWv 1.1.2025** durch G v. 26.11.2019 (BGBl. I S. 1794).
[2] § 71 Überschrift geänd. durch G v. 20.12.2001 (BGBl. I S. 3794).
[3] § 72 wird aufgeh. **mWv 1.1.2025** durch G v. 26.11.2019 (BGBl. I S. 1794).
[4] § 73 wird aufgeh. **mWv 1.1.2025** durch G v. 26.11.2019 (BGBl. I S. 1794).
[5] § 74 wird aufgeh. **mWv 1.1.2025** durch G v. 26.11.2019 (BGBl. I S. 1794).
[6] § 75 wird aufgeh. **mWv 1.1.2025** durch G v. 26.11.2019 (BGBl. I S. 1794).

3. gemischtgenutzte Grundstücke,

4. Einfamilienhäuser,

5. Zweifamilienhäuser,

6. sonstige bebaute Grundstücke.

(2) Mietwohngrundstücke sind Grundstücke, die zu mehr als achtzig Prozent, berechnet nach der Jahresrohmiete (§ 79), Wohnzwecken dienen mit Ausnahme der Einfamilienhäuser und Zweifamilienhäuser (Absätze 5 und 6).

(3) Geschäftsgrundstücke sind Grundstücke, die zu mehr als achtzig Prozent, berechnet nach der Jahresrohmiete (§ 79), eigenen oder fremden gewerblichen oder öffentlichen Zwecken dienen.

(4) Gemischtgenutzte Grundstücke sind Grundstücke, die teils Wohnzwecken, teils eigenen oder fremden gewerblichen oder öffentlichen Zwecken dienen und nicht Mietwohngrundstücke, Geschäftsgrundstücke, Einfamilienhäuser oder Zweifamilienhäuser sind.

(5) [1] Einfamilienhäuser sind Wohngrundstücke, die nur eine Wohnung enthalten. [2] Wohnungen des Hauspersonals (Pförtner, Heizer, Gärtner, Kraftwagenführer, Wächter usw.) sind nicht mitzurechnen. [3] Eine zweite Wohnung steht, abgesehen von Satz 2, dem Begriff „Einfamilienhaus" entgegen, auch wenn sie von untergeordneter Bedeutung ist. [4] Ein Grundstück gilt auch dann als Einfamilienhaus, wenn es zu gewerblichen oder öffentlichen Zwecken mitbenutzt wird und dadurch die Eigenart als Einfamilienhaus nicht wesentlich beeinträchtigt wird.

(6) [1] Zweifamilienhäuser sind Wohngrundstücke, die nur zwei Wohnungen enthalten. [2] Die Sätze 2 bis 4 von Absatz 5 sind entsprechend anzuwenden.

(7) Sonstige bebaute Grundstücke sind solche Grundstücke, die nicht unter die Absätze 2 bis 6 fallen.

§ 76[1)] ***Bewertung.*** *(1) Der Wert des Grundstücks ist vorbehaltlich des Absatzes 3 im Wege des Ertragswertverfahrens (§§ 78 bis 82) zu ermitteln für*

1. Mietwohngrundstücke,

2. Geschäftsgrundstücke,

3. gemischtgenutzte Grundstücke,

4. Einfamilienhäuser,

5. Zweifamilienhäuser.

(2) Für die sonstigen bebauten Grundstücke ist der Wert im Wege des Sachwertverfahrens (§§ 83 bis 90) zu ermitteln.

(3) Das Sachwertverfahren ist abweichend von Absatz 1 anzuwenden

1. bei Einfamilienhäusern und Zweifamilienhäusern, die sich durch besondere Gestaltung oder Ausstattung wesentlich von den nach Absatz 1 zu bewertenden Einfamilienhäusern und Zweifamilienhäusern unterscheiden;

2. bei solchen Gruppen von Geschäftsgrundstücken und in solchen Einzelfällen bebauter Grundstücke der in § 75 Abs. 1 Nr. 1 bis 3 bezeichneten Grundstücksarten, für

[1)] § 76 wird aufgeh. **mWv 1.1.2025** durch G v. 26.11.2019 (BGBl. I S. 1794).

die weder eine Jahresrohmiete ermittelt noch die übliche Miete nach § 79 Abs. 2 geschätzt werden kann;

3. *bei Grundstücken mit Behelfsbauten und bei Grundstücken mit Gebäuden in einer Bauart oder Bauausführung, für die ein Vervielfältiger (§ 80) in den Anlagen 3 bis 8 nicht bestimmt ist.*

§ 77[1)·2)] ***Mindestwert.*** [1] *Der für ein bebautes Grundstück anzusetzende Wert darf nicht geringer sein als der Wert, mit dem der Grund und Boden allein als unbebautes Grundstück zu bewerten wäre.* [2] *Müssen Gebäude oder Gebäudeteile wegen ihres baulichen Zustands abgebrochen werden, so sind die Abbruchkosten zu berücksichtigen.*

b) Verfahren

1. Ertragswertverfahren

§ 78[3)] ***Grundstückswert.*** [1] *Der Grundstückswert umfaßt den Bodenwert, den Gebäudewert und den Wert der Außenanlagen.* [2] *Er ergibt sich durch Anwendung eines Vervielfältigers (§ 80) auf die Jahresrohmiete (§ 79) unter Berücksichtigung der §§ 81 und 82.*

§ 79[4)] ***Jahresrohmiete.*** *(1)* [1] *Jahresrohmiete ist das Gesamtentgelt, das die Mieter (Pächter) für die Benutzung des Grundstücks auf Grund vertraglicher Vereinbarungen nach dem Stand im Feststellungszeitpunkt für ein Jahr zu entrichten haben.* [2] *Umlagen und alle sonstigen Leistungen des Mieters sind einzubeziehen.* [3] *Zur Jahresrohmiete gehören auch Betriebskosten (z. B. Gebühren der Gemeinde), die durch die Gemeinde von den Mietern unmittelbar erhoben werden.* [4] *Nicht einzubeziehen sind Untermietzuschläge, Kosten des Betriebs der zentralen Heizungs-, Warmwasserversorgungs- und Brennstoffversorgungsanlage sowie des Fahrstuhls, ferner alle Vergütungen für außergewöhnliche Nebenleistungen des Vermieters, die nicht die Raumnutzung betreffen (z. B. Bereitstellung von Wasserkraft, Dampfkraft, Preßluft, Kraftstrom und dergleichen), sowie Nebenleistungen des Vermieters, die nur einzelnen Mietern zugute kommen.*

(2) [1] *Statt des Betrags nach Absatz 1 gilt die übliche Miete als Jahresrohmiete für solche Grundstücke oder Grundstücksteile,*

1. *die eigengenutzt, ungenutzt, zu vorübergehendem Gebrauch oder unentgeltlich überlassen sind,*
2. *die der Eigentümer dem Mieter zu einer um mehr als zwanzig Prozent von der üblichen Miete abweichenden tatsächlichen Miete überlassen hat.*

[2] *Die übliche Miete ist in Anlehnung an die Jahresrohmiete zu schätzen, die für Räume gleicher oder ähnlicher Art, Lage und Ausstattung regelmäßig gezahlt wird.*

---

1) **Amtl. Anm.:** Nach Artikel 7 des Steueränderungsgesetzes 1969 vom 18. August 1969 (Bundesgesetzbl. I S. 1211) ist § 77 im Hauptfeststellungszeitraum 1964 in folgender Fassung anzuwenden:

„Der für ein bebautes Grundstück anzusetzende Wert darf nicht geringer sein als 50 vom Hundert des Werts, mit dem der Grund und Boden allein als unbebautes Grundstück zu bewerten wäre."

2) § 77 wird aufgeh. **mWv 1.1.2025** durch G v. 26.11.2019 (BGBl. I S. 1794).

3) § 78 wird aufgeh. **mWv 1.1.2025** durch G v. 26.11.2019 (BGBl. I S. 1794).

4) § 79 wird aufgeh. **mWv 1.1.2025** durch G v. 26.11.2019 (BGBl. I S. 1794).

(3), (4)[1] *(aufgehoben)*

(5) Bei Fortschreibungen und Nachfeststellungen gelten für die Höhe der Miete die Wertverhältnisse im Hauptfeststellungszeitpunkt.

§ 80[2] ***Vervielfältiger.*** *(1) 1 Die Zahl, mit der die Jahresrohmiete zu vervielfachen ist (Vervielfältiger), ist aus den Anlagen 3 bis 8 zu entnehmen. 2 Der Vervielfältiger bestimmt sich nach der Grundstücksart, der Bauart und Bauausführung, dem Baujahr des Gebäudes sowie nach der Einwohnerzahl der Belegenheitsgemeinde im Hauptfeststellungszeitpunkt. 3 Erstreckt sich ein Grundstück über mehrere Gemeinden, so ist Belegenheitsgemeinde die Gemeinde, in der der wertvollste Teil des Grundstücks belegen ist. 4 Bei Umgemeindungen nach dem Hauptfeststellungszeitpunkt sind weiterhin die Einwohnerzahlen zugrunde zu legen, die für die betroffenen Gemeinden oder Gemeindeteile im Hauptfeststellungszeitpunkt maßgebend waren.*

(2) Die Landesregierungen werden ermächtigt, durch Rechtsverordnung zu bestimmen, daß Gemeinden oder Gemeindeteile in eine andere Gemeindegrößenklasse eingegliedert werden, als es ihrer Einwohnerzahl entspricht, wenn die Vervielfältiger wegen der besonderen wirtschaftlichen Verhältnisse in diesen Gemeinden oder Gemeindeteilen abweichend festgesetzt werden müssen (z. B. in Kurorten und Randgemeinden).

(3) Ist die Lebensdauer eines Gebäudes gegenüber der nach seiner Bauart und Bauausführung in Betracht kommenden Lebensdauer infolge baulicher Maßnahmen wesentlich verlängert oder infolge nicht behebbarer Baumängel und Bauschäden wesentlich verkürzt, so ist der Vervielfältiger nicht nach dem tatsächlichen Baujahr des Gebäudes, sondern nach dem um die entsprechende Zeit späteren oder früheren Baujahr zu ermitteln.

(4) 1 Befinden sich auf einem Grundstück Gebäude oder Gebäudeteile, die eine verschiedene Bauart oder Bauausführung aufweisen oder die in verschiedenen Jahren bezugsfertig geworden sind, so sind für die einzelnen Gebäude oder Gebäudeteile die nach der Bauart und Bauausführung sowie nach dem Baujahr maßgebenden Vervielfältiger anzuwenden. 2 Können die Werte der einzelnen Gebäude oder Gebäudeteile nur schwer ermittelt werden, so kann für das ganze Grundstück ein Vervielfältiger nach einem durchschnittlichen Baujahr angewendet werden.

§ 81[3), 4] ***Außergewöhnliche Grundsteuerbelastung.*** *1 Weicht im Hauptfeststellungzeitpunkt*[5] *die Grundsteuerbelastung in einer Gemeinde erheblich von der in den Vervielfältigern berücksichtigten Grundsteuerbelastung ab, so sind die Grundstückswerte in diesen Gemeinden bis zu 10 Prozent zu ermäßigen oder zu erhöhen. 2 Die Prozentsätze werden durch Rechtsverordnung bestimmt.*

§ 82[6] ***Ermäßigung und Erhöhung.*** *(1) 1 Liegen wertmindernde Umstände vor, die weder in der Höhe der Jahresrohmiete noch in der Höhe des Vervielfältigers berücksichtigt sind, so ist der sich nach den §§ 78 bis 81 ergebende Grundstückswert zu ermäßigen. 2 Als solche Umstände kommen z. B. in Betracht*

---

1) § 79 Abs. 3 und 4 aufgeh. durch G v. 20.12.2001 (BGBl. I S. 3794).
2) § 80 wird aufgeh. **mWv 1.1.2025** durch G v. 26.11.2019 (BGBl. I S. 1794).
3) Zu § 81 vgl. die DVO v. 2.9.1966 (Nr. **201**).
4) § 81 wird aufgeh. **mWv 1.1.2025** durch G v. 26.11.2019 (BGBl. I S. 1794).
5) Siehe lt. BGBl.
6) § 82 wird aufgeh. **mWv 1.1.2025** durch G v. 26.11.2019 (BGBl. I S. 1794).

1. ungewöhnlich starke Beeinträchtigungen durch Lärm, Rauch oder Gerüche,

2. behebbare Baumängel und Bauschäden und

3. die Notwendigkeit baldigen Abbruchs.

(2) [1] Liegen werterhöhende Umstände vor, die in der Höhe der Jahresrohmiete nicht berücksichtigt sind, so ist der sich nach den §§ 78 bis 81 ergebende Grundstückswert zu erhöhen. [2] Als solche Umstände kommen nur in Betracht

1. die Größe der nicht bebauten Fläche, wenn sich auf dem Grundstück keine Hochhäuser befinden; ein Zuschlag unterbleibt, wenn die gesamte Fläche bei Einfamilienhäusern oder Zweifamilienhäusern nicht mehr als 1500 qm, bei den übrigen Grundstücksarten nicht mehr als das Fünffache der bebauten Fläche beträgt,

2. die nachhaltige Ausnutzung des Grundstücks für Reklamezwecke gegen Entgelt.

(3) [1] Die Ermäßigung nach Absatz 1 Nr. 1 und 2 oder die Erhöhung nach Absatz 2 darf insgesamt dreißig Prozent des Grundstückswerts (§§ 78 bis 81) nicht übersteigen. [2] Treffen die Voraussetzungen für die Ermäßigung nach Absatz 1 Nr. 1 und 2 und für die Erhöhung nach Absatz 2 zusammen, so ist der Höchstsatz nur auf das Ergebnis des Ausgleichs anzuwenden.

2. Sachwertverfahren

§ 83[1)] ***Grundstückswert.*** *[1] Bei der Ermittlung des Grundstückswertes ist vom Bodenwert (§ 84), vom Gebäudewert (§§ 85 bis 88) und vom Wert der Außenanlagen (§ 89) auszugehen (Ausgangswert). [2] Der Ausgangswert ist an den gemeinen Wert anzugleichen (§ 90).*

§ 84[2)] ***Bodenwert.*** *Der Grund und Boden ist mit dem Wert anzusetzen, der sich ergeben würde, wenn das Grundstück unbebaut wäre.*

§ 85[3)] ***Gebäudewert.*** *[1] Bei der Ermittlung des Gebäudewertes ist zunächst ein Wert auf der Grundlage von durchschnittlichen Herstellungskosten nach den Baupreisverhältnissen des Jahres 1958 zu errechnen. [2] Dieser Wert ist nach den Baupreisverhältnissen im Hauptfeststellungszeitpunkt umzurechnen (Gebäudenormalherstellungswert). [3] Der Gebäudenormalherstellungswert ist wegen des Alters des Gebäudes im Hauptfeststellungszeitpunkt (§ 86) und wegen etwa vorhandener baulicher Mängel und Schäden (§ 87) zu mindern (Gebäudesachwert). [4] Der Gebäudesachwert kann in besonderen Fällen ermäßigt oder erhöht werden (§ 88).*

§ 86[4)] ***Wertminderung wegen Alters.*** *(1) [1] Die Wertminderung wegen Alters bestimmt sich nach dem Alter des Gebäudes im Hauptfeststellungszeitpunkt und der gewöhnlichen Lebensdauer von Gebäuden gleicher Art und Nutzung. [2] Sie ist in einem Prozentsatz des Gebäudenormalherstellungswertes auszudrücken. [3] Dabei ist von einer gleichbleibenden jährlichen Wertminderung auszugehen.*

---

1) § 83 wird aufgeh. **mWv 1.1.2025** durch G v. 26.11.2019 (BGBl. I S. 1794).
2) § 84 wird aufgeh. **mWv 1.1.2025** durch G v. 26.11.2019 (BGBl. I S. 1794).
3) § 85 wird aufgeh. **mWv 1.1.2025** durch G v. 26.11.2019 (BGBl. I S. 1794).
4) § 86 wird aufgeh. **mWv 1.1.2025** durch G v. 26.11.2019 (BGBl. I S. 1794).

(2) Als Alter des Gebäudes gilt die Zeit zwischen dem Beginn des Jahres, in dem das Gebäude bezugsfertig geworden ist, und dem Hauptfeststellungszeitpunkt.

(3) 1 Als Wertminderung darf insgesamt kein höherer Betrag abgesetzt werden, als sich bei einem Alter von siebzig Prozent der Lebensdauer ergibt. 2 Dieser Betrag kann nur überschritten werden, wenn eine außergewöhnliche Wertminderung vorliegt.

(4) Ist die restliche Lebensdauer eines Gebäudes infolge baulicher Maßnahmen verlängert, so ist der nach dem tatsächlichen Alter errechnete Prozentsatz entsprechend zu mindern.

§ 87[1] ***Wertminderung wegen baulicher Mängel und Schäden.*** *1 Für bauliche Mängel und Schäden, die weder bei der Ermittlung des Gebäudenormalherstellungswertes noch bei der Wertminderung wegen Alters berücksichtigt worden sind, ist ein Abschlag zu machen. 2 Die Höhe des Abschlags richtet sich nach Bedeutung und Ausmaß der Mängel und Schäden.*

§ 88[2] ***Ermäßigung und Erhöhung.*** *(1) Der Gebäudesachwert kann ermäßigt oder erhöht werden, wenn Umstände tatsächlicher Art vorliegen, die bei seiner Ermittlung nicht berücksichtigt worden sind.*

(2) Eine Ermäßigung kann insbesondere in Betracht kommen, wenn Gebäude wegen der Lage des Grundstücks, wegen unorganischen Aufbaus oder wirtschaftlicher Überalterung in ihrem Wert gemindert sind.

(3) Ein besonderer Zuschlag ist zu machen, wenn ein Grundstück nach- haltig gegen Entgelt für Reklamezwecke genutzt wird.

§ 89[3] ***Wert der Außenanlagen.*** *1 Der Wert der Außenanlagen (z. B. Umzäunungen, Wege- oder Platzbefestigungen) ist aus durchschnittlichen Herstellungskosten nach den Baupreisverhältnissen des Jahres 1958 zu errechnen und nach den Baupreisverhältnissen im Hauptfeststellungszeitpunkt umzurechnen. 2 Dieser Wert ist wegen des Alters der Außenanlagen im Hauptfeststellungszeitpunkt und wegen etwaiger baulicher Mängel und Schäden zu mindern; die Vorschriften der §§ 86 bis 88 gelten sinngemäß.*

§ 90[4]·[5] ***Angleichung an den gemeinen Wert.*** *(1) Der Ausgangswert (§ 83) ist durch Anwendung einer Wertzahl an den gemeinen Wert anzugleichen.*

(2) 1 Die Wertzahlen werden durch Rechtsverordnung unter Berücksichtigung der wertbeeinflussenden Umstände, insbesondere der Zweckbestimmung und Verwendbarkeit der Grundstücke innerhalb bestimmter Wirtschaftszweige und der Gemeindegrößen, im Rahmen von 85 bis 50 Prozent des Ausgangswertes festgesetzt. 2 Dabei können für einzelne Grundstücksarten oder Grundstücksgruppen oder Untergruppen in bestimmten Gebieten, Gemeinden oder Gemeindeteilen besondere Wertzahlen festgesetzt werden, wenn es die örtlichen Verhältnisse auf dem Grundstücksmarkt erfordern.

---

1) § 87 wird aufgeh. **mWv 1.1.2025** durch G v. 26.11.2019 (BGBl. I S. 1794).
2) § 88 wird aufgeh. **mWv 1.1.2025** durch G v. 26.11.2019 (BGBl. I S. 1794).
3) § 89 wird aufgeh. **mWv 1.1.2025** durch G v. 26.11.2019 (BGBl. I S. 1794).
4) Zu § 90 vgl. DVO v. 2.9.1966 (Nr. **202**).
5) § 90 wird aufgeh. **mWv 1.1.2025** durch G v. 26.11.2019 (BGBl. I S. 1794).

IV. Sondervorschriften

§ 91[1)] ***Grundstücke im Zustand der Bebauung.*** *(1) Bei Grundstücken, die sich am Feststellungszeitpunkt im Zustand der Bebauung befinden, bleiben die nicht bezugsfertigen Gebäude oder Gebäudeteile (z. B. Anbauten oder Zubauten) bei der Ermittlung des Wertes außer Betracht.*

(2)[2)] *(aufgehoben)*

§ 92[3)] ***Erbbaurecht.*** *(1) [1] Ist ein Grundstück mit einem Erbbaurecht belastet, so ist sowohl für die wirtschaftliche Einheit des Erbbaurechts als auch für die wirtschaftliche Einheit des belasteten Grundstücks jeweils ein Einheitswert festzustellen. [2] Bei der Ermittlung der Einheitswerte ist von einem Gesamtwert auszugehen, der für den Grund und Boden einschließlich der Gebäude und Außenanlagen festzustellen wäre, wenn die Belastung nicht bestünde. [3] Wird der Gesamtwert nach den Vorschriften über die Bewertung der bebauten Grundstücke ermittelt, so gilt jede wirtschaftliche Einheit als bebautes Grundstück der Grundstücksart, von der bei der Ermittlung des Gesamtwerts ausgegangen wird.*

(2) Beträgt die Dauer des Erbbaurechts in dem für die Bewertung maßgebenden Zeitpunkt noch 50 Jahre oder mehr, so entfällt der Gesamtwert (Absatz 1) allein auf die wirtschaftliche Einheit des Erbbaurechts.

(3) [1] Beträgt die Dauer des Erbbaurechts in dem für die Bewertung maßgebenden Zeitpunkt weniger als 50 Jahre, so ist der Gesamtwert (Absatz 1) entsprechend der restlichen Dauer des Erbbaurechts zu verteilen. [2] Dabei entfallen auf

1. die wirtschaftliche Einheit des Erbbaurechts:
der Gebäudewert und ein Anteil am Bodenwert; dieser beträgt bei einer Dauer des Erbbaurechts

unter 50 bis zu 40 Jahren	*95 Prozent,*
unter 40 bis zu 35 Jahren	*90 Prozent,*
unter 35 bis zu 30 Jahren	*85 Prozent,*
unter 30 bis zu 25 Jahren	*80 Prozent,*
unter 25 bis zu 20 Jahren	*70 Prozent,*
unter 20 bis zu 15 Jahren	*60 Prozent,*
unter 15 bis zu 10 Jahren	*45 Prozent,*
unter 10 bis zu 5 Jahren	*25 Prozent,*
unter 5 Jahren	*0 Prozent;*

2. die wirtschaftliche Einheit des belasteten Grundstücks:
der Anteil am Bodenwert, der nach Abzug des in Nummer 1 genannten Anteils verbleibt.

[3] Abweichend von den Nummern 1 und 2 ist in die wirtschaftliche Einheit des belasteten Grundstücks ein Anteil am Gebäudewert einzubeziehen, wenn besondere Vereinbarungen es rechtfertigen. [4] Das gilt insbesondere, wenn bei Erlöschen des Erbbaurechts

---

1) § 91 wird aufgeh. **mWv 1.1.2025** durch G v. 26.11.2019 (BGBl. I S. 1794).
2) § 91 Abs. 2 aufgeh. durch G v. 20.12.1996 (BGBl. I S. 2049).
3) § 92 wird aufgeh. **mWv 1.1.2025** durch G v. 26.11.2019 (BGBl. I S. 1794).

durch Zeitablauf der Eigentümer des belasteten Grundstücks keine dem Gebäudewert entsprechende Entschädigung zu leisten hat. 5 Geht das Eigentum an dem Gebäude bei Erlöschen des Erbbaurechts durch Zeitablauf entschädigungslos auf den Eigentümer des belasteten Grundstücks über, so ist der Gebäudewert entsprechend der in den Nummern 1 und 2 vorgesehenen Verteilung des Bodenwertes zu verteilen. 6 Beträgt die Entschädigung für das Gebäude beim Übergang nur einen Teil des Gebäudewertes, so ist der dem Eigentümer des belasteten Grundstücks entschädigungslos zufallende Anteil entsprechend zu verteilen. 7 Eine in der Höhe des Erbbauzinses zum Ausdruck kommende Entschädigung für den Gebäudewert bleibt außer Betracht. 8 Der Wert der Außenanlagen wird wie der Gebäudewert behandelt.

(4) Hat sich der Erbbauberechtigte durch Vertrag mit dem Eigentümer des belasteten Grundstücks zum Abbruch des Gebäudes bei Beendigung des Erbbaurechts verpflichtet, so ist dieser Umstand durch einen entsprechenden Abschlag zu berücksichtigen; der Abschlag unterbleibt, wenn vorauszusehen ist, daß das Gebäude trotz der Verpflichtung nicht abgebrochen werden wird.

(5)[1] *Das Recht auf den Erbbauzins ist nicht als Bestandteil des Grundstücks und die Verpflichtung zur Zahlung des Erbbauzinses nicht bei der Bewertung des Erbbaurechts zu berücksichtigen.*

(6) 1 Bei Wohnungserbbaurechten oder Teilerbbaurechten ist der Gesamtwert (Absatz 1) in gleicher Weise zu ermitteln, wie wenn es sich um Wohnungseigentum oder um Teileigentum handeln würde. 2 Die Verteilung des Gesamtwertes erfolgt entsprechend Absatz 3.

(7) 1 Wertfortschreibungen für die wirtschaftlichen Einheiten des Erbbaurechts und des belasteten Grundstücks sind abweichend von § 22 Abs. 1[2] *nur vorzunehmen, wenn der Gesamtwert, der sich für den Beginn eines Kalenderjahres ergibt, vom Gesamtwert des letzten Feststellungszeitpunkts um das in § 22 Abs. 1*[2] *bezeichnete Ausmaß abweicht. 2 § 30*[2] *ist entsprechend anzuwenden. 3 Bei einer Änderung der Verteilung des Gesamtwerts nach Absatz 3 sind die Einheitswerte für die wirtschaftlichen Einheiten des Erbbaurechts und des belasteten Grundstücks ohne Beachtung von Wertfortschreibungsgrenzen fortzuschreiben.*

§ 93[3] ***Wohnungseigentum und Teileigentum.*** *(1) 1 Jedes Wohnungseigentum und Teileigentum bildet eine wirtschaftliche Einheit. 2 Für die Bestimmung der Grundstücksart (§ 75) ist die Nutzung des auf das Wohnungseigentum und Teileigentum entfallenden Gebäudeteils maßgebend. 3 Die Vorschriften der §§ 76 bis 91 finden Anwendung, soweit sich nicht aus den Absätzen 2 und 3 etwas anderes ergibt.*

(2) 1 Das zu mehr als achtzig Prozent Wohnzwecken dienende Wohnungseigentum ist im Wege des Ertragswertverfahrens nach den Vorschriften zu bewerten, die für Mietwohngrundstücke maßgebend sind. 2 Wohnungseigentum, das zu nicht mehr als achtzig Prozent, aber zu nicht weniger als zwanzig Prozent Wohnzwecken dient, ist im Wege des Ertragswertverfahrens nach den Vorschriften zu bewerten, die für gemischtgenutzte Grundstücke maßgebend sind.

---

[1] § 92 Abs. 5 neu gef. durch G v. 20.12.2001 (BGBl. I S. 3794).
[2] § 92 Abs. 7 Sätze 1 und 2 Zitate geänd. durch G v. 20.12.2001 (BGBl. I S. 3794).
[3] § 93 wird aufgeh. **mWv 1.1.2025** durch G v. 26.11.2019 (BGBl. I S. 1794).

(3) [1] Entsprechen die im Grundbuch eingetragenen Miteigentumsanteile an dem gemeinschaftlichen Eigentum nicht dem Verhältnis der Jahresrohmiete zueinander, so kann dies bei der Feststellung des Wertes entsprechend berücksichtigt werden. [2] Sind einzelne Räume, die im gemeinschaftlichen Eigentum stehen, vermietet, so ist ihr Wert nach den im Grundbuch eingetragenen Anteilen zu verteilen und bei den einzelnen wirtschaftlichen Einheiten zu erfassen.

§ 94[1)] ***Gebäude auf fremdem Grund und Boden.*** *(1) [1] Bei Gebäuden auf fremdem Grund und Boden ist der Bodenwert dem Eigentümer des Grund und Bodens und der Gebäudewert dem wirtschaftlichen Eigentümer des Gebäudes zuzurechnen. [2] Außenanlagen (z. B. Umzäunungen, Wegebefestigungen), auf die sich das wirtschaftliche Eigentum am Gebäude erstreckt, sind unbeschadet der Vorschriften in § 68 Abs. 2 in die wirtschaftliche Einheit des Gebäudes einzubeziehen. [3] Für die Grundstücksart des Gebäudes ist § 75 maßgebend; der Grund und Boden, auf dem das Gebäude errichtet ist, gilt als bebautes Grundstück derselben Grundstücksart.*

(2) Für den Grund und Boden ist der Wert nach den für unbebaute Grundstücke geltenden Grundsätzen zu ermitteln; beeinträchtigt die Nutzungsbehinderung, welche sich aus dem Vorhandensein des Gebäudes ergibt, den Wert, so ist dies zu berücksichtigen.

(3) [1] Die Bewertung der Gebäude erfolgt nach § 76. [2] Wird das Gebäude nach dem Ertragswertverfahren bewertet, so ist von dem sich nach den §§ 78 bis 80 ergebenden Wert der auf den Grund und Boden entfallende Anteil abzuziehen. [3] Ist vereinbart, daß das Gebäude nach Ablauf der Miet- oder Pachtzeit abzubrechen ist, so ist dieser Umstand durch einen entsprechenden Abschlag zu berücksichtigen; der Abschlag unterbleibt, wenn vorauszusehen ist, daß das Gebäude trotz der Verpflichtung nicht abgebrochen werden wird.

D. Betriebsvermögen

§ 95[2)] **Begriff des Betriebsvermögens.** (1) Das Betriebsvermögen umfasst alle Teile eines Gewerbebetriebs im Sinne des § 15 Abs. 1 und 2 des Einkommensteuergesetzes, die bei der steuerlichen Gewinnermittlung zum Betriebsvermögen gehören.[3)]

(2) Als Gewerbebetrieb gilt unbeschadet des § 97 nicht die Land- und Forstwirtschaft, wenn sie den Hauptzweck des Unternehmens bildet.

(3) *(aufgehoben)*

§ 96[4)] **Freie Berufe.** Dem Gewerbebetrieb steht die Ausübung eines freien Berufs im Sinne des § 18 Abs. 1 Nr. 1 des Einkommensteuergesetzes gleich; dies gilt auch für die Tätigkeit als Einnehmer einer staatlichen Lotterie, soweit die Tätigkeit nicht schon im Rahmen eines Gewerbebetriebs ausgeübt wird.

[1)] § 94 wird aufgeh. **mWv 1.1.2025** durch G v. 26.11.2019 (BGBl. I S. 1794).

[2)] § 95 neu gef. mWv 1.1.1993 durch G v. 25.2.1992 (BGBl. I S. 297), Abs. 3 neu gef. mWv 1.1.1993 durch G v. 9.11.1993 (BGBl. I S. 1853), Abs. 1 Satz 1 Halbsatz 2 geänd. mWv 1.1.1993 durch G v. 13.9.1993 (BGBl. I S. 1569), Abs. 1 Satz 1 zweiter Halbsatz geänd. und Abs. 3 aufgeh. durch G v. 20.12.2001 (BGBl. I S. 3794).

[3)] § 95 Abs. 1 Satz 1 HS 2 und Satz 2 aufgeh. mWv 1.1.2009 durch G v. 24.12.2008 (BGBl. I S. 3018).

[4)] § 96 neu gef. mWv 1.1.1993 durch G v. 25.2.1992 (BGBl. I S. 297).

§ 97[1] **Betriebsvermögen von Körperschaften, Personenvereinigungen und Vermögensmassen.** (1) [1]Einen Gewerbebetrieb bilden insbesondere alle Wirtschaftsgüter, die den folgenden Körperschaften, Personenvereinigungen und Vermögensmassen gehören, wenn diese ihre Geschäftsleitung oder ihren Sitz im Inland haben:

1.[2] Kapitalgesellschaften (Aktiengesellschaften, Kommanditgesellschaften auf Aktien, Gesellschaften mit beschränkter Haftung, Europäische Gesellschaften[3]);

2. Erwerbs- und Wirtschaftsgenossenschaften;

3. Versicherungsvereinen auf Gegenseitigkeit;

4. Kreditanstalten des öffentlichen Rechts;

5.[4] Gesellschaften im Sinne des § 15 Absatz 1 Satz 1 Nummer 2 und Absatz 3 oder § 18 Absatz 4 Satz 2 des Einkommensteuergesetzes. [2]Zum Gewerbebetrieb einer solchen Gesellschaft gehören auch die Wirtschaftsgüter, die im Eigentum eines Gesellschafters, mehrerer oder aller Gesellschafter stehen, und Schulden eines Gesellschafters, mehrerer oder aller Gesellschafter, soweit die Wirtschaftsgüter und Schulden bei der steuerlichen Gewinnermittlung zum Betriebsvermögen der Gesellschaft gehören (§ 95); diese Zurechnung geht anderen Zurechnungen vor.

[2]*§ 34 Abs. 6a und § 51a bleiben unberührt.*[5]

(1a)[6] Der gemeine Wert eines Anteils am Betriebsvermögen einer in § 97 Abs. 1 Satz 1 Nr. 5 genannten Personengesellschaft ist wie folgt zu ermitteln und aufzuteilen:

1. Der nach § 109 Abs. 2 ermittelte gemeine Wert des der Personengesellschaft gehörenden Betriebsvermögens (Gesamthandsvermögen) ist wie folgt aufzuteilen:
   a) die Kapitalkonten aus der Gesamthandsbilanz sind dem jeweiligen Gesellschafter vorweg zuzurechnen;
   b) der verbleibende Wert ist nach dem für die Gesellschaft maßgebenden Gewinnverteilungsschlüssel auf die Gesellschafter aufzuteilen; Vorabgewinnanteile sind nicht zu berücksichtigen.

2. [1]Für die Wirtschaftsgüter und Schulden des Sonderbetriebsvermögens eines Gesellschafters ist der gemeine Wert zu ermitteln. [2]Er ist dem jeweiligen Gesellschafter zuzurechnen.

---

[1] § 97 geänd. mWv 1.1.1993 durch G v. 25.2.1992 (BGBl. I S. 297).
[2] § 97 Abs. 1 Nr. 1 geänd. durch G v. 20.12.2001 (BGBl. I S. 3794).
[3] § 97 Abs. 1 Satz 1 Nr. 1 ergänzt mWv 1.1.2006 (§ 158 Abs. 3 a. F.) durch G v. 7.12.2006 (BGBl. I S. 2782).
[4] § 97 Abs. 1 Satz 1 Nr. 5 neu gef. mWv 1.1.2002 durch G v. 20.12.2001 (BGBl. I S. 3794); Satz 1 Verweise ber. durch G v. 12.12.2019 (BGBl. I S. 2451).
[5] § 97 Abs. 1 Satz 2 wird aufgeh. **mWv 1.1.2025** durch G v. 26.11.2019 (BGBl. I S. 1794).
[6] § 97 Abs. 1a neu gef., Abs. 1b eingef. mWv 1.1.2009 durch G v. 24.12.2008 (BGBl. I S. 3018).

3. Der Wert des Anteils eines Gesellschafters ergibt sich als Summe aus dem Anteil am Gesamthandsvermögen nach Nummer 1 und dem Wert des Sonderbetriebsmögens nach Nummer 2.

(1b)[1)] [1]Der gemeine Wert eines Anteils an einer in § 97 Abs. 1 Satz 1 Nr. 1 genannten Kapitalgesellschaft bestimmt sich nach dem Verhältnis des Anteils am Nennkapital (Grund- oder Stammkapital) der Gesellschaft zum gemeinen Wert des Betriebsvermögens der Kapitalgesellschaft im Bewertungsstichtag. [2]Dies gilt auch, wenn das Nennkapital noch nicht vollständig eingezahlt ist. [3]Richtet sich die Beteiligung am Vermögen und am Gewinn der Gesellschaft aufgrund einer ausdrücklichen Vereinbarung der Gesellschafter nach der jeweiligen Höhe des eingezahlten Nennkapitals, bezieht sich der gemeine Wert nur auf das tatsächlich eingezahlte Nennkapital. [4]Abweichend von Satz 1 sind bei der Wertermittlung des Anteils vorbehaltlich des § 9 Absatz 2 und 3 Regelungen zu berücksichtigen, die sich auf den Wert des Anteils auswirken, wie insbesondere eine vom Verhältnis des Anteils am Nennkapital (Grund- oder Stammkapital) abweichende Gewinnverteilung.

(2) Einen Gewerbebetrieb bilden auch die Wirtschaftsgüter, die den sonstigen juristischen Personen des privaten Rechts, den nichtrechtsfähigen Vereinen, Anstalten, Stiftungen und anderen Zweckvermögen gehören, soweit sie einem wirtschaftlichen Geschäftsbetrieb (ausgenommen Land- und Forstwirtschaft) dienen.

(3)[2)] *(aufgehoben)*

§ 98.[3)] *(aufgehoben)*

§ 98a.[4)] *(aufgehoben)*

§ 99[5)] **Betriebsgrundstücke.** (1) Betriebsgrundstück im Sinne dieses Gesetzes ist der zu einem Gewerbebetrieb gehörige Grundbesitz, soweit er, losgelöst von seiner Zugehörigkeit zu dem Gewerbebetrieb,

1. zum Grundvermögen gehören würde oder
2. einen Betrieb der Land- und Forstwirtschaft bilden würde.

(2)[6)] *(aufgehoben)*

(3) Betriebsgrundstücke im Sinne des Absatzes 1 Nr. 1 sind wie Grundvermögen, Betriebsgrundstücke im Sinne des Absatzes 1 Nr. 2 wie land- und forstwirtschaftliches Vermögen zu bewerten.

---

1) § 97 Abs. 1b Satz 4 angef. durch G v. 2.11.2015 (BGBl. I S. 1834); zur Anwendung siehe § 265 Abs. 8.

2) § 97 Abs. 3 aufgeh. mWv 1.1.2009 durch G v. 24.12.2008 (BGBl. I S. 3018).

3) § 98 aufgeh. mWv 1.1.2002 durch G v. 20.12.2001 (BGBl. I S. 3794).

4) § 98a aufgeh. mWv 1.1.2009 durch G v. 24.12.2008 (BGBl. I S. 3018).

5) § 99 Abs. 1 und 2 geänd. mWv 1.1.1993 durch G v. 25.2.1992 (BGBl. I S. 297).

6) § 99 Abs. 2 aufgeh. mWv 1.1.2009 durch G v. 24.12.2008 (BGBl. I S. 3018).

§§ 100 bis 102.[1) 2)] *(aufgehoben)*

§ 103[3)] **Schulden und sonstige Abzüge.** (1) Schulden und sonstige Abzüge, die nach § 95 Abs. 1 zum Betriebsvermögen gehören, werden vorbehaltlich des Absatzes 3 berücksichtigt, soweit sie mit der Gesamtheit oder einzelnen Teilen des Betriebsvermögens im Sinne dieses Gesetzes in wirtschaftlichem Zusammenhang stehen.

(2) Weist ein Gesellschafter in der Steuerbilanz Gewinnansprüche gegen eine von ihm beherrschte Gesellschaft aus, ist bei dieser ein Schuldposten in entsprechender Höhe abzuziehen.

(3) Rücklagen sind nur insoweit abzugsfähig, als ihr Abzug bei der Bewertung des Betriebsvermögens für Zwecke der Erbschaftsteuer durch Gesetz ausdrücklich zugelassen ist.

§ 103a.[4)] *(aufgehoben)*

§ 104.[5)] *(aufgehoben)*

§§ 105 bis 107.[6)] *(aufgehoben)*

§ 108. (weggefallen)

§ 109[7)] **Bewertung.** (1) [1]Das Betriebsvermögen von Gewerbebetrieben im Sinne des § 95 und das Betriebsvermögen von freiberuflich Tätigen im Sinne des § 96 ist jeweils mit dem gemeinen Wert anzusetzen. [2]Für die Ermittlung des gemeinen Werts gilt § 11 Abs. 2 entsprechend.

(2) [1]Der Wert eines Anteils am Betriebsvermögen einer in § 97 genannten Körperschaft, Personenvereinigung oder Vermögensmasse ist mit dem gemeinen Wert anzusetzen. [2]Für die Ermittlung des gemeinen Werts gilt § 11 Abs. 2 entsprechend.

(3), (4) *(aufgehoben)*

§ 109a.[8)] *(aufgehoben)*

---

1) § 100 aufgeh. mWv 1.1.1993 durch G v. 9.11.1992 (BGBl. I S. 1853).
2) §§ 101 und 102 aufgeh. mWv 1.1.1998 durch G v. 29.10.1997 (BGBl. I S. 2590).
3) § 103 neu gef. mWv 1.1.1993 durch G v. 25.2.1992 (BGBl. I S. 297), Abs. 1 neu gef. mWv 1.1.1993 durch G v. 13.9.1993 (BGBl. I S. 1569), Abs. 3 geänd. durch G v. 20.12.2001 (BGBl. I S. 3794).
4) § 103a aufgeh. mWv 1.1.1993 durch G v. 25.2.1992 (BGBl. I S. 297).
5) § 104 aufgeh. mWv 1.1.2009 durch G v. 24.12.2008 (BGBl. I S. 3018).
6) § 105 aufgeh. mWv 1.1.1993 durch G v. 25.2.1992 (BGBl. I S. 297), §§ 106 und 107 aufgeh. mWv 1.1.1998 durch G v. 29.10.1997 (BGBl. I S. 2590).
7) § 109 neu gef. mWv 1.1.2009 durch G v. 24.12.2008 (BGBl. I S. 3018).
8) § 109a aufgeh. mWv 1.1.1998 durch G v. 29.10.1997 (BGBl. I S. 2590).

Zweiter Abschnitt: Sondervorschriften und Ermächtigungen[1)]

§§ 110 bis 120.[1) · 2)] *(aufgehoben)*

§ 121[3)] **Inlandsvermögen.** Zum Inlandsvermögen gehören:

1. das inländische land- und forstwirtschaftliche Vermögen;
2. das inländische Grundvermögen;
3. das inländische Betriebsvermögen. [2]Als solches gilt das Vermögen, das einem im Inland betriebenen Gewerbe dient, wenn hierfür im Inland eine Betriebsstätte unterhalten wird oder ein ständiger Vertreter bestellt ist;
4. Anteile an einer Kapitalgesellschaft, wenn die Gesellschaft Sitz oder Geschäftsleitung im Inland hat und der Gesellschafter entweder allein oder zusammen mit anderen ihm nahestehenden Personen im Sinne des § 1 Abs. 2 des Außensteuergesetzes in der jeweils geltenden Fassung am Grund- oder Stammkapital der Gesellschaft mindestens zu einem Zehntel unmittelbar oder mittelbar beteiligt ist;
5. nicht unter Nummer 3 fallende Erfindungen, Gebrauchsmuster und Topographien, die in ein inländisches Buch oder Register eingetragen sind;
6. Wirtschaftsgüter, die nicht unter die Nummern 1, 2 und 5 fallen und einem inländischen Gewerbebetrieb überlassen, insbesondere an diesen vermietet oder verpachtet sind;
7. Hypotheken, Grundschulden, Rentenschulden und andere Forderungen oder Rechte, wenn sie durch inländischen Grundbesitz, durch inländische grundstücksgleiche Rechte oder durch Schiffe, die in ein inländisches Schiffsregister eingetragen sind, unmittelbar oder mittelbar gesichert sind. [2]Ausgenommen sind Anleihen und Forderungen, über die Teilschuldverschreibungen ausgegeben sind;
8. Forderungen aus der Beteiligung an einem Handelsgewerbe als stiller Gesellschafter und aus partiarischen Darlehen, wenn der Schuldner Wohnsitz oder gewöhnlichen Aufenthalt, Sitz oder Geschäftsleitung im Inland hat;
9. Nutzungsrechte an einem der in den Nummern 1 bis 8 genannten Vermögensgegenstände.

§ 121a[4)] ***Sondervorschrift für die Anwendung der Einheitswerte 1964.*** *Während der Geltungsdauer der auf den Wertverhältnissen am 1. Januar 1964 beruhenden*

---

1) Abschnittsüberschrift neu gef., §§ 116–120 aufgeh. mWv 1.1.1997 durch G v. 20.12. 1996 (BGBl. I S. 2049).

2) §§ 110, 111 und 114 aufgeh. mWv 1.1.1997 durch G v. 20.12.1996 (BGBl. I S. 2049); §§ 112, 113, 113a und 115 aufgeh. mWv 1.1.1998 durch G v. 29.10.1997 (BGBl. I S. 2590).

3) § 121 neu gef. mWv 1.1.1997 durch G v. 20.12.1996 (BGBl. I S. 2049), Nr. 4 geänd. durch G v. 20.12.2001 (BGBl. I S. 3794).

4) § 121a wird aufgeh. **mWv 1.1.2025** durch G v. 26.11.2019 (BGBl. I S. 1794).

Einheitswerte des Grundbesitzes sind Grundstücke (§ 70) und Betriebsgrundstücke im Sinne des § 99 Abs. 1 Nr. 1 für die Gewerbesteuer mit 140 Prozent des Einheitswerts anzusetzen.

§ 121b.[1] *(aufgehoben)*

§ 122[2] ***Besondere Vorschriften für Berlin (West).*** *[1] § 50 Abs. 1, § 60 Abs. 1 und § 67 gelten nicht für den Grundbesitz in Berlin (West). [2] Bei der Beurteilung der natürlichen Ertragsbedingungen und des Bodenartenverhältnisses ist das Bodenschätzungsgesetz sinngemäß anzuwenden.*

§ 123[3] **Ermächtigungen.** Die Bundesregierung wird ermächtigt, mit Zustimmung des Bundesrates die in § 12 *Abs. 4, § 21 Abs. 1, § 39 Abs. 1, § 51 Abs. 4, § 55 Abs. 3, 4 und 8, den §§ 81 und 90 Abs. 2 vorgesehenen Rechtsverordnungen* [***ab 1.1.2025:*** Absatz 4 Satz 3 vorgesehene Rechtsverordnung] zu erlassen.

§ 124.[4] *(aufgehoben)*

Dritter Abschnitt: Vorschriften für die Bewertung von Vermögen in dem in Artikel 3 des Einigungsvertrages genannten Gebiet

A. Land- und forstwirtschaftliches Vermögen[5]

§ 125[6] ***Land- und forstwirtschaftliches Vermögen.*** *(1) Einheitswerte, die für Betriebe der Land- und Forstwirtschaft nach den Wertverhältnissen vom 1. Januar 1935 festgestellt worden sind, werden ab dem 1. Januar 1991 nicht mehr angewendet.*

(2) [1] Anstelle der Einheitswerte für Betriebe der Land- und Forstwirtschaft werden abweichend von § 19 Abs. 1 Ersatzwirtschaftswerte für das in Absatz 3 bezeichnete Vermögen ermittelt und ab 1. Januar 1991 der Besteuerung zugrunde gelegt. [2] Der Bildung des Ersatzwirtschaftswerts ist abweichend von § 2 und § 34 Abs. 1, 3 bis 6 und 7 eine Nutzungseinheit zugrunde zu legen, in die alle von derselben Person (Nutzer) regelmäßig selbstgenutzten Wirtschaftsgüter des land- und forstwirtschaftlichen Vermögens im Sinne des § 33 Abs. 2 einbezogen werden, auch wenn der Nutzer nicht Eigentümer ist. [3] § 26 ist sinngemäß anzuwenden. [4] Grundbesitz im Sinne des § 3 Abs. 1 Satz 1 Nr. 6 und Satz 2 des Grundsteuergesetzes wird bei der Bildung des Ersatzwirtschaftswerts nicht berücksichtigt.

(3) [1] Zum land- und forstwirtschaftlichen Vermögen gehören abweichend von § 33 Abs. 2 nicht die Wohngebäude einschließlich des dazugehörigen Grund und Bodens.

---

[1] § 121b aufgeh. durch G v. 20.12.1996 (BGBl. I S. 2049).

[2] § 122 wird aufgeh. **mWv 1.1.2025** durch G v. 26.11.2019 (BGBl. I S. 1794).

[3] § 123 neu gef. durch G v. 20.12.1996 (BGBl. I S. 2049); geänd. durch G v. 20.12.2001 (BGBl. I S. 3794); geänd. **mWv 1.1.2025** durch G v. 26.11.2019 (BGBl. I S. 1794).

[4] § 124 aufgeh. durch G v. 20.12.1996 (BGBl. I S. 2049).

[5] Unterabschnittsüberschrift eingef. durch G v. 29.10.1997 (BGBl. I S. 2590).

[6] § 125 wird aufgeh. **mWv 1.1.2025** durch G v. 26.11.2019 (BGBl. I S. 1794).

[2] *Wohngrundstücke sind dem Grundvermögen zuzurechnen und nach den dafür geltenden Vorschriften zu bewerten.*

(4)[1)] [1] *Der Ersatzwirtschaftswert wird unter sinngemäßer Anwendung der §§ 35, 36, 38, 40, 42 bis 45, 50 bis 54, 56, 59, 60 Abs. 2 und § 62 in einem vereinfachten Verfahren ermittelt.* [2] *Bei dem Vergleich der Ertragsbedingungen sind abweichend von § 38 Abs. 2 Nr. 1 ausschließlich die in der Gegend als regelmäßig anzusehenden Verhältnisse zugrunde zu legen.*

(5) Für die Ermittlung des Ersatzwirtschaftswerts sind die Wertverhältnisse maßgebend, die bei der Hauptfeststellung der Einheitswerte des land- und forstwirtschaftlichen Vermögens in der Bundesrepublik Deutschland auf den 1. Januar 1964 zugrunde gelegt worden sind.

(6) [1] *Aus den Vergleichszahlen der Nutzungen und Nutzungsteile, ausgenommen die forstwirtschaftliche Nutzung und die sonstige land- und forstwirtschaftliche Nutzung, werden unter Anwendung der Ertragswerte des § 40 die Ersatzvergleichswerte als Bestandteile des Ersatzwirtschaftswerts ermittelt.* [2] *Für die Nutzungen und Nutzungsteile gelten die folgenden Vergleichszahlen:*

1. Landwirtschaftliche Nutzung

a) Landwirtschaftliche Nutzung ohne Hopfen und Spargel
Die landwirtschaftliche Vergleichszahl in 100 je Hektar errechnet sich auf der Grundlage der Ergebnisse der Bodenschätzung unter Berücksichtigung weiterer natürlicher und wirtschaftlicher Ertragsbedingungen.

b) Hopfen
Hopfenbau-Vergleichszahl je Ar *40*

c) Spargel
Spargelbau-Vergleichszahl je Ar *70*

2. Weinbauliche Nutzung
Weinbau-Vergleichszahlen je Ar:

a) Traubenerzeugung (Nichtausbau) *22*
b) Faßweinausbau *25*
c) Flaschenweinausbau *30*

3. Gärtnerische Nutzung
Gartenbau-Vergleichszahlen je Ar:

a) Nutzungsteil Gemüse-, Blumen- und Zierpflanzenbau:
aa) Gemüsebau *50*
bb) Blumen- und Zierpflanzenbau *100*

b) Nutzungsteil Obstbau *50*
c) Nutzungsteil Baumschulen *60*
d) Für Nutzungsflächen unter Glas und Kunststoffplatten, ausgenommen Niederglas, erhöhen sich die vorstehenden Vergleichszahlen bei

---

[1)] § 125 Abs. 4 bish. Satz 3 aufgeh durch G v. 20.12.2001 (BGBl. I S. 3794).

aa) Gemüsebau
nicht heizbar .... *um das 6fache,*
heizbar .... *um das 8fache,*

bb) Blumen- und Zierpflanzenbau, Baumschulen
nicht heizbar .... *um das 4fache,*
heizbar .... *um das 8fache.*

(7) Für die folgenden Nutzungen werden unmittelbar Ersatzvergleichswerte angesetzt:

1. Forstwirtschaftliche Nutzung
Der Ersatzvergleichswert beträgt 125 Deutsche Mark[1] je Hektar.

2. Sonstige land- und forstwirtschaftliche Nutzung
Der Ersatzvergleichswert beträgt bei

a) Binnenfischerei .... *2 Deutsche Mark[1] je kg des nachhaltigen Jahresfangs,*

b) Teichwirtschaft
aa) Forellenteichwirtschaft .... *20 000 Deutsche Mark[1] je Hektar,*
bb) übrige Teichwirtschaft .... *1000 Deutsche Mark[1] je Hektar,*

c) Fischzucht für Binnenfischerei und Teichwirtschaft
aa) für Forellenteichwirtschaft .... *30 000 Deutsche Mark[1] je Hektar,*
bb) für übrige Binnenfischerei und Teichwirtschaft .... *1500 Deutsche Mark[1] je Hektar,*

d) Imkerei .... *10 Deutsche Mark[1] je Bienenkasten,*

e) Wanderschäferei .... *20 Deutsche Mark[1] je Mutterschaf,*

f) Saatzucht .... *15 Prozent der nachhaltigen Jahreseinnahmen,*

g) Weihnachtsbaumkultur .... *3000 Deutsche Mark[1] je Hektar,*

h) Pilzanbau .... *25 Deutsche Mark[1] je Quadratmeter,*

i) Besamungsstationen .... *20 Prozent der nachhaltigen Jahreseinnahmen.*

---

[1] Siehe hierzu § 265 Abs. 2.

§ 126[1] ***Geltung des Ersatzwirtschaftswerts.*** *(1) [1] Der sich nach § 125 ergebende Ersatzwirtschaftswert gilt für die Grundsteuer; er wird im Steuermeßbetragsverfahren ermittelt. [2] Für eine Neuveranlagung des Grundsteuermeßbetrags wegen Änderung des Ersatzwirtschaftswerts gilt § 22 Abs. 1 sinngemäß.*

(2) [1] Für andere Steuern ist bei demjenigen, dem Wirtschaftsgüter des land- und forstwirtschaftlichen Vermögens zuzurechnen sind, der Ersatzwirtschaftswert oder ein entsprechender Anteil an diesem Wert anzusetzen. [2] Die Eigentumsverhältnisse und der Anteil am Ersatzwirtschaftswert sind im Festsetzungsverfahren der jeweiligen Steuer zu ermitteln.

§ 127[2] ***Erklärung zum Ersatzwirtschaftswert.*** *(1) [1] Der Nutzer des land- und forstwirtschaftlichen Vermögens (§ 125 Abs. 2 Satz 2) hat dem Finanzamt, in dessen Bezirk das genutzte Vermögen oder sein wertvollster Teil liegt, eine Erklärung zum Ersatzwirtschaftswert abzugeben. [2] Der Nutzer hat die Steuererklärung eigenhändig zu unterschreiben.*

(2) [1] Die Erklärung ist erstmals für das Kalenderjahr 1991 nach den Verhältnissen zum 1. Januar 1991 abzugeben. [2] § 28 Abs. 2 gilt entsprechend.

§ 128[3] ***Auskünfte, Erhebungen, Mitteilungen, Abrundung.*** *§ 29 und § 30 gelten bei der Ermittlung des Ersatzwirtschaftswerts sinngemäß.*

B. Grundvermögen

§ 129[4] ***Grundvermögen.*** *(1) Für Grundstücke gelten die Einheitswerte, die nach den Wertverhältnissen am 1. Januar 1935 festgestellt sind oder noch festgestellt werden (Einheitswerte 1935).*

(2) Vorbehaltlich der §§ 129a bis 131 werden für die Ermittlung der Einheitswerte 1935 statt der §§ 27, 68 bis 94

1. *§§ 10, 11 Abs. 1 und 2 und Abs. 3 Satz 2, §§ 50 bis 53 des Bewertungsgesetzes der Deutschen Demokratischen Republik in der Fassung vom 18. September 1970 (Sonderdruck Nr. 674 des Gesetzblattes),*
2. *§ 3a Abs. 1, §§ 32 bis 46 der Durchführungsverordnung zum Reichsbewertungsgesetz vom 2. Februar 1935 (RGBl. I S. 81), zuletzt geändert durch die Verordnung zur Änderung der Durchführungsverordnung zum Vermögensteuergesetz, der Durchführungsverordnung zum Reichsbewertungsgesetz und der Aufbringungsumlage-Verordnung vom 8. Dezember 1944 (RGBl. I S. 338), und*
3. *die Rechtsverordnungen der Präsidenten der Landesfinanzämter über die Bewertung bebauter Grundstücke vom 17. Dezember 1934 (Reichsministerialblatt S. 785ff.), soweit Teile des in Artikel 3 des Einigungsvertrages genannten Gebietes in ihrem Geltungsbereich liegen,*

weiter angewandt.

---

[1] § 126 wird aufgeh. **mWv 1.1.2025** durch G v. 26.11.2019 (BGBl. I S. 1794).
[2] § 127 wird aufgeh. **mWv 1.1.2025** durch G v. 26.11.2019 (BGBl. I S. 1794).
[3] § 128 wird aufgeh. **mWv 1.1.2025** durch G v. 26.11.2019 (BGBl. I S. 1794).
[4] § 129 wird aufgeh. **mWv 1.1.2025** durch G v. 26.11.2019 (BGBl. I S. 1794).

§ 129a[1] ***Abschläge bei Bewertung mit einem Vielfachen der Jahresrohmiete.*** *(1) Ist eine Ermäßigung wegen des baulichen Zustandes des Gebäudes (§ 37 Abs. 1, 3 und 4 der weiter anzuwendenden Durchführungsverordnung zum Reichsbewertungsgesetz) zu gewähren, tritt der Höchstsatz 50 Prozent anstelle des Höchstsatzes von 30 Prozent.*

(2) [1] Der Wert eines Grundstücks, der sich aus dem Vielfachen der Jahresrohmiete ergibt, ist ohne Begrenzung auf 30 Prozent (§ 37 Abs. 3 der weiter anzuwendenden Durchführungsverordnung zum Reichsbewertungsgesetz) zu ermäßigen, wenn die Notwendigkeit baldigen Abbruchs besteht. [2] Gleiches gilt, wenn derjenige, der ein Gebäude auf fremdem Grund und Boden oder aufgrund eines Erbbaurechts errichtet hat, vertraglich zum vorzeitigen Abbruch verpflichtet ist.

§ 130[2] ***Nachkriegsbauten.*** *(1) Nachkriegsbauten sind Grundstücke mit Gebäuden, die nach dem 20. Juni 1948 bezugsfertig geworden sind.*

(2) [1] Soweit Nachkriegsbauten mit einem Vielfachen der Jahresrohmiete zu bewerten sind, ist für Wohnraum die ab Bezugsfertigkeit preisrechtlich zulässige Miete als Jahresrohmiete vom 1. Januar 1935 anzusetzen. [2] Sind Nachkriegsbauten nach dem 30. Juni 1990 bezugsfertig geworden, ist die Miete anzusetzen, die bei unverändertem Fortbestand der Mietpreisgesetzgebung ab Bezugsfertigkeit preisrechtlich zulässig gewesen wäre. [3] Enthält die preisrechtlich zulässige Miete Bestandteile, die nicht zur Jahresrohmiete im Sinne des § 34 der weiter anzuwendenden Durchführungsverordnung zum Reichsbewertungsgesetz gehören, sind sie auszuscheiden.

(3) Für Nachkriegsbauten der Mietwohngrundstücke, der gemischtgenutzten Grundstücke und der mit einem Vielfachen der Jahresrohmiete zu bewertenden Geschäftsgrundstücke gilt einheitlich der Vervielfältiger neun.

§ 131[3] ***Wohnungseigentum und Teileigentum, Wohnungserbbaurecht und Teilerbbaurecht.*** *(1) [1] Jedes Wohnungseigentum und Teileigentum bildet eine wirtschaftliche Einheit. [2] Für die Bestimmung der Grundstückshauptgruppe ist die Nutzung des auf das Wohnungseigentum und Teileigentum entfallenden Gebäudeteils maßgebend. [3] Die Vorschriften zur Ermittlung der Einheitswerte 1935 bei bebauten Grundstücken finden Anwendung, soweit sich nicht aus den Absätzen 2 und 3 etwas anderes ergibt.*

(2) [1] Das zu mehr als 80 Prozent Wohnzwecken dienende Wohnungseigentum ist mit dem Vielfachen der Jahresrohmiete nach den Vorschriften zu bewerten, die für Mietwohngrundstücke maßgebend sind. [2] Wohnungseigentum, das zu nicht mehr als 80 Prozent, aber zu nicht weniger als 20 Prozent Wohnzwecken dient, ist mit dem Vielfachen der Jahresrohmiete nach den Vorschriften zu bewerten, die für gemischtgenutzte Grundstücke maßgebend sind.

(3) [1] Entsprechen die im Grundbuch eingetragenen Miteigentumsanteile an dem gemeinschaftlichen Eigentum nicht dem Verhältnis der Jahresrohmiete zueinander, so kann dies bei der Feststellung des Wertes entsprechend berücksichtigt werden. [2] Sind einzelne Räume, die im gemeinschaftlichen Eigentum stehen, vermietet, so ist ihr Wert nach den

---

[1] § 129a wird aufgeh. **mWv 1.1.2025** durch G v. 26.11.2019 (BGBl. I S. 1794).
[2] § 130 wird aufgeh. **mWv 1.1.2025** durch G v. 26.11.2019 (BGBl. I S. 1794).
[3] § 131 wird aufgeh. **mWv 1.1.2025** durch G v. 26.11.2019 (BGBl. I S. 1794).

im Grundbuch eingetragenen Anteilen zu verteilen und bei den einzelnen wirtschaftlichen Einheiten zu erfassen.

(4) [1] Bei Wohnungserbbaurechten oder Teilerbbaurechten gilt § 46 der weiter anzuwendenden Durchführungsverordnung zum Reichsbewertungsgesetz sinngemäß. [2] Der Gesamtwert ist in gleicher Weise zu ermitteln, wie wenn es sich um Wohnungseigentum oder um Teileigentum handelte. [3] Er ist auf den Wohnungserbbauberechtigten und den Bodeneigentümer entsprechend zu verteilen.

§ 132[1)] ***Fortschreibung und Nachfeststellung der Einheitswerte 1935.*** *(1) Fortschreibungen und Nachfeststellungen der Einheitswerte 1935 werden erstmals auf den 1. Januar 1991 vorgenommen, soweit sich aus den Absätzen 2 bis 4 nichts Abweichendes ergibt.*

(2) [1] Für Mietwohngrundstücke und Einfamilienhäuser im Sinne des § 32 der weiter anzuwendenden Durchführungsverordnung zum Reichsbewertungsgesetz unterbleibt eine Feststellung des Einheitswerts auf den 1. Januar 1991, wenn eine ab diesem Zeitpunkt wirksame Feststellung des Einheitswerts für die wirtschaftliche Einheit nicht vorliegt und der Einheitswert nur für die Festsetzung der Grundsteuer erforderlich wäre. [2] Der Einheitswert für Mietwohngrundstücke und Einfamilienhäuser wird nachträglich auf einen späteren Feststellungszeitpunkt festgestellt, zu dem der Einheitswert erstmals für die Festsetzung anderer Steuern als der Grundsteuer erforderlich ist.

(3) Wird für Grundstücke im Sinne des Absatzes 2 ein Einheitswert festgestellt, gilt er für die Grundsteuer von dem Kalenderjahr an, das der Bekanntgabe des Feststellungsbescheids folgt.

(4) Änderungen der tatsächlichen Verhältnisse, die sich nur auf den Wert des Grundstücks auswirken, werden erst durch Fortschreibung auf den 1. Januar 1994 berücksichtigt, es sei denn, daß eine Feststellung des Einheitswerts zu einem früheren Zeitpunkt für die Festsetzung anderer Steuern als der Grundsteuer erforderlich ist.

§ 133[2)] ***Sondervorschrift für die Anwendung der Einheitswerte 1935.*** *[1] Die Einheitswerte 1935 der Betriebsgrundstücke sind für die Gewerbesteuer wie folgt anzusetzen:*

1. Mietwohngrundstücke mit 100 Prozent des Einheitswerts 1935,

2. Geschäftsgrundstücke mit 400 Prozent des Einheitswerts 1935,

3. gemischtgenutzte Grundstücke, Einfamilienhäuser und sonstige bebaute Grundstücke mit 250 Prozent des Einheitswerts 1935,

4. unbebaute Grundstücke mit 600 Prozent des Einheitswerts 1935.

[2] Bei Grundstücken im Zustand der Bebauung bestimmt sich die Grundstückshauptgruppe für den besonderen Einheitswert im Sinne des § 33a Abs. 3 der weiter anzuwendenden Durchführungsverordnung zum Reichsbewertungsgesetz nach dem tatsächlichen Zustand, der nach Fertigstellung des Gebäudes besteht.

---

1) § 132 wird aufgeh. **mWv 1.1.2025** durch G v. 26.11.2019 (BGBl. I S. 1794).
2) § 133 wird aufgeh. **mWv 1.1.2025** durch G v. 26.11.2019 (BGBl. I S. 1794).

C. Betriebsvermögen[1)]

§§ 134 bis 136.[2)·3)·4)] *(aufgehoben)*

§ 137[5)] ***Bilanzposten nach dem D-Markbilanzgesetz.*** *Nicht zum Betriebsvermögen gehören folgende Bilanzposten nach dem D-Markbilanzgesetz:*

1. das Sonderverlustkonto,

2. das Kapitalentwertungskonto und

3. das Beteiligungsentwertungskonto.

Vierter Abschnitt: Vorschriften für die Bewertung von Grundbesitz für die Grunderwerbsteuer ab 1. Januar 1997[6)]

A. Allgemeines

§ 138[7)] ***Feststellung von Grundbesitzwerten.*** *(1) [1] Grundbesitzwerte werden unter Berücksichtigung der tatsächlichen Verhältnisse und der Wertverhältnisse zum Besteuerungszeitpunkt festgestellt. [2] § 29 Abs. 2 und 3 gilt sinngemäß.*

(2) Für die wirtschaftlichen Einheiten des land- und forstwirtschaftlichen Vermögens und für Betriebsgrundstücke im Sinne des § 99 Abs. 1 Nr. 2 sind die Grundbesitzwerte unter Anwendung der §§ 139 bis 144 zu ermitteln.

(3) [1] Für die wirtschaftlichen Einheiten des Grundvermögens und für Betriebsgrundstücke im Sinne des § 99 Abs. 1 Nr. 1 sind die Grundbesitzwerte unter Anwendung der §§ 68, 69 und 99 Abs. 2 und der §§ 139 und 145 bis 150 zu ermitteln. [2] § 70 gilt mit der Maßgabe, dass der Anteil des Eigentümers eines Grundstücks an anderem Grundvermögen (beispielsweise an gemeinschaftlichen Hofflächen oder Garagen) abweichend von Absatz 2 Satz 1 dieser Vorschrift in das Grundstück einzubeziehen ist, wenn der Anteil zusammen mit dem Grundstück genutzt wird. [3] § 20 Satz 2 ist entsprechend anzuwenden.

(4) Weist der Steuerpflichtige nach, dass der gemeine Wert der wirtschaftlichen Einheit im Besteuerungszeitpunkt niedriger ist als der nach den §§ 143, 145 bis 149 ermittelte Wert, ist der gemeine Wert als Grundbesitzwert festzustellen.

§ 139[8)] ***Abrundung.*** *Die Grundbesitzwerte werden auf volle fünfhundert Euro*[9)] *nach unten abgerundet.*

---

1) Unterabschnittsüberschrift eingef. durch G v. 29.10.1997 (BGBl. I S. 2590).

2) § 134 aufgeh. durch G v. 24.6.1991 (BGBl. I S. 1322).

3) § 135 aufgeh. mWv 1.1.1997 durch G v. 20.12.1996 (BGBl. I S. 2049).

4) § 136 aufgeh. durch G v. 20.12.2001 (BGBl. I S. 3794).

5) § 137 wird aufgeh. **mWv 1.1.2025** durch G v. 26.11.2019 (BGBl. I S. 1794).

6) Vierter Abschnitt (§§ 138–150) eingef. durch G v. 20.12.1996 (BGBl. I S. 2049), kursive Worte weggefallen mWv 1.1.2009 durch G v. 24.12.2008 (BGBl. I S. 3018).

7) § 138 neu gef. mWv 1.1.2007 durch G v. 13.12.2006 (BGBl. I S. 2878) und wird aufgeh. **mWv 1.1.2025** durch G v. 26.11.2019 (BGBl. I S. 1794).

8) Vierter Abschnitt (§§ 138–150) eingef. durch G v. 20.12.1996 (BGBl. I S. 2049); § 139 wird aufgeh. **mWv 1.1.2025** durch G v. 26.11.2019 (BGBl. I S. 1794).

9) Betrag geänd. mWv 1.1.2002 durch G v. 20.12.2001 (BGBl. I S. 3794).

B. Land- und forstwirtschaftliches Vermögen

§ 140[1)·2)] ***Wirtschaftliche Einheit und Umfang des land- und forstwirtschaftlichen Vermögens.*** *(1) [1]Der Begriff der wirtschaftlichen Einheit und der Umfang des land- und forstwirtschaftlichen Vermögens richten sich nach § 33. [2]Dazu gehören auch immaterielle Wirtschaftsgüter (zum Beispiel Brennrechte, Milchlieferrechte, Jagdrechte und Zuckerrübenlieferrechte), soweit sie einem Betrieb der Land- und Forstwirtschaft dauernd zu dienen bestimmt sind.*

(2) Zu den Geldschulden im Sinne des § 33 Abs. 3 Nr. 2 gehören auch Pensionsverpflichtungen.

§ 141[1)·3)] ***Umfang des Betriebs der Land- und Forstwirtschaft.***

(1) Der Betrieb der Land- und Forstwirtschaft umfaßt

1. den Betriebsteil,

2. die Betriebswohnungen,

3. den Wohnteil.

(2) [1]Der Betriebsteil umfaßt den Wirtschaftsteil eines Betriebs der Land- und Forstwirtschaft (§ 34 Abs. 2), jedoch ohne die Betriebswohnungen (Absatz 3). [2]§ 34 Abs. 4 bis 7 ist bei der Ermittlung des Umfangs des Betriebsteils anzuwenden.

(3) Betriebswohnungen sind Wohnungen einschließlich des dazugehörigen Grund und Bodens, die einem Betrieb der Land- und Forstwirtschaft zu dienen bestimmt, aber nicht dem Wohnteil zuzurechnen sind.

(4) Der Wohnteil umfaßt die Gebäude und Gebäudeteile im Sinne des § 34 Abs. 3 und den dazugehörigen Grund und Boden.

§ 142[1)·4)] ***Betriebswert.*** (1)[5)] *[1]Der Wert des Betriebsteils (Betriebswert) wird unter sinngemäßer Anwendung der §§ 35 und 36 Abs. 1 und 2, der §§ 42, 43 und 44 Abs. 1 und der §§ 45, 48a, 51, 51a, 53, 54, 56, 59 und 62 Abs. 1 ermittelt. [2]Abweichend von § 36 Abs. 2 Satz 3 ist der Ertragswert das 18,6fache des Reinertrags.*

(2) Der Betriebswert setzt sich zusammen aus den Einzelertragswerten für Nebenbetriebe (§ 42), das Abbauland (§ 43), die gemeinschaftliche Tierhaltung (§ 51a) und die in Nummer 5 nicht genannten Nutzungsteile der sonstigen land- und forstwirtschaftlichen Nutzung sowie den folgenden Ertragswerten:

1. landwirtschaftliche Nutzung:

a) landwirtschaftliche Nutzung ohne Hopfen und Spargel:
[2]Der Ertragswert ist auf der Grundlage der Ergebnisse der Bodenschätzung nach dem Bodenschätzungsgesetz zu ermitteln. [3]Er beträgt 0,35 Euro[6)] je Ertragsmesszahl;

---

1) Vierter Abschnitt (§§ 138–150) eingef. durch G v. 20.12.1996 (BGBl. I S. 2049).
2) § 140 wird aufgeh. **mWv 1.1.2025** durch G v. 26.11.2019 (BGBl. I S. 1794).
3) § 141 wird aufgeh. **mWv 1.1.2025** durch G v. 26.11.2019 (BGBl. I S. 1794).
4) § 142 wird aufgeh. **mWv 1.1.2025** durch G v. 26.11.2019 (BGBl. I S. 1794).
5) § 142 Abs. 1 Satz 1 geänd. durch G v. 20.12.2001 (BGBl. I S. 3794).
6) Betrag geänd. mWv 1.1.2002 durch G v. 20.12.2001 (BGBl. I S. 3794).

b) Nutzungsteil Hopfen 57 Euro[1] *je Ar;*

c) Nutzungsteil Spargel 76 Euro[1] *je Ar;*

2\. *forstwirtschaftliche Nutzung:*

a) Nutzungsgrößen bis zu 10 Hektar, Nichtwirtschaftswald, Baumartengruppe Kiefer, Baumartengruppe Fichte bis zu 60 Jahren, Baumartengruppe Buche und sonstiges Laubholz bis zu 100 Jahren und Eiche bis zu 140 Jahren 0,26 Euro[1] *je Ar;*

b) Baumartengruppe Fichte über 60 Jahren bis zu 80 Jahren und Plenterwald 7,50 Euro[1] *je Ar;*

c) Baumartengruppe Fichte über 80 bis zu 100 Jahren 15 Euro[1] *je Ar;*

d) Baumartengruppe Fichte über 100 Jahre 20 Euro[1] *je Ar;*

e) Baumartengruppe Buche und sonstiges Laubholz über 100 Jahre 5 Euro[1] *je Ar;*

f) Eiche über 140 Jahre 10 Euro[1] *je Ar;*

3\. *weinbauliche Nutzung:*

a) Traubenerzeugung und Fassweinausbau:

aa) in den Weinbaugebieten Ahr, Franken und Württemberg 36 Euro[1] *je Ar;*

bb) in den übrigen Weinbaugebieten 18 Euro[1] *je Ar;*

b) Flaschenweinausbau:

aa) in den Weinbaugebieten Ahr, Baden, Franken, Rheingau und Württemberg 82 Euro[1] *je Ar;*

bb) in den übrigen Weinbaugebieten 36 Euro[1] *je Ar;*

4\. *gärtnerische Nutzung:*

a) Nutzungsteil Gemüse-, Blumen- und Zierpflanzenbau:

aa) Gemüsebau:

– Freilandflächen 56 Euro[1] *je Ar;*

– Flächen unter Glas und Kunststoffen 511 Euro[1] *je Ar;*

bb) Blumen- und Zierpflanzenbau:

– Freilandflächen 184 Euro[1] *je Ar;*

– beheizbare Flächen unter Glas und Kunststoffen 1841 Euro[1] *je Ar;*

– nichtbeheizbare Flächen unter Glas und Kunststoffen 920 Euro[1] *je Ar;*

b) Nutzungsteil Obstbau 20 Euro[1] *je Ar;*

c) Nutzungsteil Baumschulen:

– Freilandflächen 164 Euro[1] *je Ar;*

– Flächen unter Glas und Kunststoffen 1329 Euro[1] *je Ar;*

5\. *sonstige land- und forstwirtschaftliche Nutzung:*

a) Nutzungsteil Wanderschäferei 10 Euro[1] *je Mutterschaf;*

b) Nutzungsteil Weihnachtsbaumkultur 133 Euro[1] *je Ar;*

---

[1] Beträge geänd. mWv 1.1.2002 durch G v. 20.12.2001 (BGBl. I S. 3794).

6. Geringstland:

2 Der Ertragswert für Geringstland beträgt 0,26 Euro[1] je Ar.

(3) 1 Für die nach § 13a des Erbschaftsteuergesetzes begünstigten Betriebe der Land- und Forstwirtschaft kann beantragt werden, den Betriebswert abweichend von Absatz 2 Nr. 1 bis 6 insgesamt als Einzelertragswert zu ermitteln. 2 Der Antrag ist bei Abgabe der Feststellungserklärung schriftlich zu stellen. 3 Die dafür notwendigen Bewertungsgrundlagen sind vom Steuerpflichtigen nachzuweisen.

(4)[2] 1 In den Fällen des § 34 Abs. 4 ist der Betriebswert nach § 19 Abs. 3 Nr. 2 zu verteilen. 2 Bei der Verteilung wird für einen anderen Beteiligten als den Eigentümer des Grund und Bodens ein Anteil nicht festgestellt, wenn er weniger als 500 Euro beträgt. 3 Die Verteilung unterbleibt, wenn die Anteile der anderen Beteiligten zusammen weniger als 500 Euro betragen. 4 In den Fällen des § 34 Abs. 6 gelten die Sätze 1 bis 3 entsprechend. 5 Soweit der Betriebswert des Eigentümers des Grund und Bodens unter Berücksichtigung von § 48a festgestellt ist, findet in den Fällen des § 34 Abs. 4 eine Verteilung nicht statt.

§ 143[3), 4)] ***Wert der Betriebswohnungen und des Wohnteils.*** *(1) Der Wert der Betriebswohnungen (§ 141 Abs. 3) und der Wert des Wohnteils (§ 141 Abs. 4) sind nach den Vorschriften zu ermitteln, die beim Grundvermögen für die Bewertung von Wohngrundstücken gelten (§§ 146 bis 150).*

(2) In den Fällen des § 146 Abs. 6 ist für die Betriebswohnungen und für den Wohnteil bei Vorliegen der Voraussetzungen des Absatzes 3 jeweils höchstens das Fünffache der bebauten Fläche zugrunde zu legen.

(3) Zur Berücksichtigung von Besonderheiten, die sich im Falle einer räumlichen Verbindung der Betriebswohnungen und des Wohnteils mit der Hofstelle ergeben, sind deren Werte (§§ 146 bis 149) jeweils um 15 Prozent zu ermäßigen.

§ 144[3), 5)] ***Zusammensetzung des land- und forstwirtschaftlichen Grundbesitzwerts.*** *Der Betriebswert, der Wert der Betriebswohnungen und der Wert des Wohnteils bilden zusammen den land- und forstwirtschaftlichen Grundbesitzwert.*

C. Grundvermögen

I. Unbebaute Grundstücke[3)]

§ 145[6)] ***Unbebaute Grundstücke.*** *(1) 1 Unbebaute Grundstücke sind Grundstücke, auf denen sich keine benutzbaren Gebäude befinden. 2 Die Benutzbarkeit beginnt im Zeitpunkt der Bezugsfertigkeit. 3 Gebäude sind als bezugsfertig anzusehen, wenn den zukünftigen Bewohnern oder sonstigen Benutzern zugemutet werden kann, sie zu benutzen; die Abnahme durch die Bauaufsichtsbehörde ist nicht entscheidend.*

---

1) Beträge geänd. mWv 1.1.2002 durch G v. 20.12.2001 (BGBl. I S. 3794).
2) § 142 Abs. 4 angef. mWv 1.1.2002 durch G v. 20.12.2001 (BGBl. I S. 3794).
3) Vierter Abschnitt (§§ 138–150) eingef. durch G v. 20.12.1996 (BGBl. I S. 2049).
4) § 143 wird aufgeh. **mWv 1.1.2025** durch G v. 26.11.2019 (BGBl. I S. 1794).
5) § 144 wird aufgeh. **mWv 1.1.2025** durch G v. 26.11.2019 (BGBl. I S. 1794).
6) § 145 Abs. 1 Satz 1 geänd., Satz 4 aufgeh., Abs. 2 Satz 1 geänd., Abs. 3 neu gef. mWv 1.1.2007 durch G v. 13.12.2006 (BGBl. I S. 2878).
§ 145 wird aufgeh. **mWv 1.1.2025** durch G v. 26.11.2019 (BGBl. I S. 1794).

(2)[1] 1 Befinden sich auf dem Grundstück Gebäude, die auf Dauer keiner oder nur einer unbedeutenden Nutzung zugeführt werden können, gilt das Grundstück als unbebaut; als unbedeutend gilt eine Nutzung, wenn die hierfür erzielte Jahresmiete (§ 146 Abs. 2) oder die übliche Miete (§ 146 Abs. 3) weniger als 1 Prozent des nach Absatz 3 anzusetzenden Werts beträgt. 2 Als unbebautes Grundstück gilt auch ein Grundstück, auf dem infolge der Zerstörung oder des Verfalls der Gebäude auf Dauer benutzbarer Raum nicht mehr vorhanden ist.

(3)[1], [2] 1 Der Wert eines unbebauten Grundstücks bestimmt sich regelmäßig nach seiner Fläche und dem um 20 Prozent ermäßigten Bodenrichtwert (§ 196 des Baugesetzbuchs in der jeweils geltenden Fassung). 2 Die Bodenrichtwerte sind von den Gutachterausschüssen nach dem Baugesetzbuch zu ermitteln und den Finanzämtern mitzuteilen. 3 Bei der Wertermittlung ist stets der Bodenrichtwert anzusetzen, der vom Gutachterausschuss zuletzt zu ermitteln war. 4 Wird von den Gutachterausschüssen kein Bodenrichtwert ermittelt, ist der Bodenwert aus den Werten vergleichbarer Flächen abzuleiten und um 20 Prozent zu ermäßigen.

II. Bebaute Grundstücke

§ 146[3], [4] ***Bebaute Grundstücke.*** *(1) Grundstücke, auf die die in § 145 Abs. 1 genannten Merkmale nicht zutreffen, sind bebaute Grundstücke.*

(2)[4] 1 Der Wert eines bebauten Grundstücks ist das 12,5fache der im Besteuerungszeitpunkt vereinbarten Jahresmiete, vermindert um die Wertminderung wegen des Alters des Gebäudes (Absatz 4). 2 Jahresmiete ist das Gesamtentgelt, das die Mieter (Pächter) für die Nutzung der bebauten Grundstücke aufgrund vertraglicher Vereinbarungen für den Zeitraum von zwölf Monaten zu zahlen haben. 3 Betriebskosten sind nicht einzubeziehen.

(3)[4] 1 An die Stelle der Jahresmiete tritt die übliche Miete für solche Grundstücke oder Grundstücksteile,

1. *die eigengenutzt, ungenutzt, zu vorübergehendem Gebrauch oder unentgeltlich überlassen sind,*
2. *die der Eigentümer dem Mieter zu einer um mehr als 20 Prozent von der üblichen Miete abweichenden tatsächlichen Miete überlassen hat.*

2 Die übliche Miete ist die Miete, die für nach Art, Lage, Größe, Ausstattung und Alter vergleichbare, nicht preisgebundene Grundstücke von fremden Mietern bezahlt wird; Betriebskosten (Absatz 2 Satz 3) sind hierbei nicht einzubeziehen. 3 Ungewöhnliche oder persönliche Verhältnisse bleiben dabei außer Betracht.

(4) 1 Die Wertminderung wegen Alters des Gebäudes beträgt für jedes Jahr, das seit Bezugsfertigkeit des Gebäudes bis zum Besteuerungszeitpunkt vollendet worden ist,

---

[1] § 145 Abs. 1 Satz 1 geänd., Satz 4 aufgeh., Abs. 2 Satz 1 geänd., Abs. 3 neu gef. mWv 1.1.2007 durch G v. 13.12.2006 (BGBl. I S. 2878).
§ 145 wird aufgeh. **mWv 1.1.2025** durch G v. 26.11.2019 (BGBl. I S. 1794).

[2] § 145 Abs. 3 Satz 1 und Satz 4 geänd. durch G v. 7.12.2011 (BGBl. I S. 2592); zur Anwendung siehe § 265 Abs. 3.

[3] Vierter Abschnitt (§§ 138–150) eingef. durch G v. 20.12.1996 (BGBl. I S. 2049).

[4] § 146 Abs. 2 und Abs. 3 Satz 1 neu gef. mWv 1.1.2007 durch G v. 13.12.2006 (BGBl. I S. 2878).
§ 146 wird aufgeh. **mWv 1.1.2025** durch G v. 26.11.2019 (BGBl. I S. 1794).

0,5 Prozent, höchstens jedoch 25 Prozent des Werts nach den Absätzen 2 und 3. 2 Sind nach Bezugsfertigkeit des Gebäudes bauliche Maßnahmen durchgeführt worden, die die gewöhnliche Nutzungsdauer des Gebäudes um mindestens 25 Jahre verlängert haben, ist bei der Wertminderung wegen Alters von einer der Verlängerung der gewöhnlichen Nutzungsdauer entsprechenden Bezugsfertigkeit auszugehen.

(5) Enthält ein bebautes Grundstück, das ausschließlich Wohnzwecken dient, nicht mehr als zwei Wohnungen, ist der nach den Absätzen 1 bis 4 ermittelte Wert um 20 Prozent zu erhöhen.

(6) Der für ein bebautes Grundstück nach den Absätzen 2 bis 5 anzusetzende Wert darf nicht geringer sein als der Wert, mit dem der Grund und Boden allein als unbebautes Grundstück nach § 145 Abs. 3 zu bewerten wäre.

(7)[1] *Die Vorschriften gelten entsprechend für Wohnungseigentum und Teileigentum.*

§ 147[2), 3)] ***Sonderfälle.*** *(1) 1 Läßt sich für bebaute Grundstücke die übliche Miete (§ 146 Abs. 3) nicht ermitteln, bestimmt sich der Wert abweichend von § 146 nach der Summe des Werts des Grund und Bodens und des Werts der Gebäude. 2 Dies gilt insbesondere, wenn die Gebäude zur Durchführung bestimmter Fertigungsverfahren, zu Spezialnutzungen oder zur Aufnahme bestimmter technischer Einrichtungen errichtet worden sind und nicht oder nur mit erheblichem Aufwand für andere Zwecke nutzbar gemacht werden können.*

(2) 1 Der Wert des Grund und Bodens ist gemäß § 145 mit der Maßgabe zu ermitteln, daß an Stelle des in § 145 Abs. 3 vorgesehenen Abschlags von 20 Prozent ein solcher von 30 Prozent tritt. 2 Der Wert der Gebäude bestimmt sich nach den ertragsteuerlichen Bewertungsvorschriften; maßgebend ist der Wert im Besteuerungszeitpunkt.

§ 148[2), 4)] ***Erbbaurecht.*** *(1) Ist das Grundstück mit einem Erbbaurecht belastet, ist bei der Ermittlung der Grundbesitzwerte für die wirtschaftliche Einheit des belasteten Grundstücks und für die wirtschaftliche Einheit des Erbbaurechts von dem Gesamtwert auszugehen, der sich für den Grund und Boden einschließlich der Gebäude vor Anwendung des § 139 ergäbe, wenn die Belastung nicht bestünde.*

(2) Der Wert des Grund und Bodens entfällt auf die wirtschaftliche Einheit des belasteten Grundstücks.

(3) 1 Der Gebäudewert entfällt allein auf die wirtschaftliche Einheit des Erbbaurechts, wenn die Dauer dieses Rechts im Besteuerungszeitpunkt mindestens 40 Jahre beträgt oder der Eigentümer des belasteten Grundstücks bei Erlöschen des Erbbaurechts durch Zeitablauf eine dem Wert des Gebäudes entsprechende Entschädigung zu leisten hat. 2 Beträgt die Dauer des Erbbaurechts im Besteuerungszeitpunkt weniger als 40 Jahre und ist eine Entschädigung ausgeschlossen, ist der Gebäudewert zu verteilen. 3 Dabei entfallen auf die wirtschaftliche Einheit des Erbbaurechts bei einer Dauer dieses Rechts von

---

[1] § 146 Abs. 7 aufgeh., bish. Abs. 8 wird Abs. 7 mWv 1.1.2007 durch G v. 13.12.2006 (BGBl. I S. 2878).

[2] Vierter Abschnitt (§§ 138–150) eingef. durch G v. 20.12.1996 (BGBl. I S. 2049).

[3] § 147 wird aufgeh. **mWv 1.1.2025** durch G v. 26.11.2019 (BGBl. I S. 1794).

[4] § 148 neu gef. mWv 1.1.2007 durch G v. 13.12.2006 (BGBl. I S. 2878) und wird aufgeh. **mWv 1.1.2025** durch G v. 26.11.2019 (BGBl. I S. 1794).

unter 40 bis zu 35 Jahren	*90 Prozent*
unter 35 bis zu 30 Jahren	*85 Prozent*
unter 30 bis zu 25 Jahren	*80 Prozent*
unter 25 bis zu 20 Jahren	*70 Prozent*
unter 20 bis zu 15 Jahren	*60 Prozent*
unter 15 bis zu 10 Jahren	*50 Prozent*
unter 10 bis zu 8 Jahren	*40 Prozent*
unter 8 bis zu 7 Jahren	*35 Prozent*
unter 7 bis zu 6 Jahren	*30 Prozent*
unter 6 bis zu 5 Jahren	*25 Prozent*
unter 5 bis zu 4 Jahren	*20 Prozent*
unter 4 bis zu 3 Jahren	*15 Prozent*
unter 3 bis zu 2 Jahren	*10 Prozent*
unter 2 Jahren bis zu 1 Jahr	*5 Prozent*
unter 1 Jahr	*0 Prozent.*

[4] Auf die wirtschaftliche Einheit des belasteten Grundstücks entfällt der verbleibende Teil des Gebäudewerts. [5] Beträgt die Entschädigung für das Gebäude beim Übergang nur einen Teil des gemeinen Werts, ist der dem Eigentümer des belasteten Grundstücks entschädigungslos zufallende Anteil entsprechend zu verteilen. [6] Eine in der Höhe des Erbbauzinses zum Ausdruck kommende Entschädigung für den gemeinen Wert des Gebäudes bleibt außer Betracht.

(4) [1] Bei den nach § 146 zu bewertenden Grundstücken beträgt der Gebäudewert 80 Prozent des nach § 146 Abs. 2 bis 5 ermittelten Werts; der verbleibende Teil des Gesamtwerts entspricht dem Wert des Grund und Bodens. [2] Bei bebauten Grundstücken im Sinne des § 147 Abs. 1 ist der Wert des Grund und Bodens nach § 147 Abs. 2 Satz 1 und der Gebäudewert nach § 147 Abs. 2 Satz 2 zu ermitteln.

(5) Für Wohnungserbbaurechte oder Teilerbbaurechte gelten die Absätze 1 bis 4 entsprechend.

(6) Das Recht auf den Erbbauzins wird weder als Bestandteil des Grundstücks noch als gesondertes Recht angesetzt; die Verpflichtung zur Zahlung des Erbbauzinses ist weder bei der Bewertung des Erbbaurechts noch als gesonderte Verpflichtung abzuziehen.

§ 148a[1) · 2)] ***Gebäude auf fremdem Grund und Boden.*** *(1) [1] Bei Gebäuden auf fremdem Grund und Boden ist § 148 Abs. 1 entsprechend anzuwenden. [2] Der Bodenwert ist dem Eigentümer des Grund und Bodens, der Gebäudewert dem Eigentümer des Gebäudes zuzurechnen.*

(2) § 148 Abs. 4 und 6 ist entsprechend anzuwenden.

§ 149[1) · 3)] ***Grundstücke im Zustand der Bebauung.*** *(1) [1] Ein Grundstück im Zustand der Bebauung liegt vor, wenn mit den Bauarbeiten begonnen wurde und Ge-*

[1)] Vierter Abschnitt (§§ 138–150) eingef. durch G v. 20.12.1996 (BGBl. I S. 2049).

[2)] § 148a eingef. mWv 1.1.2007 durch G v. 13.12.2006 (BGBl. I S. 2878) und wird aufgeh. **mWv 1.1.2025** durch G v. 26.11.2019 (BGBl. I S. 1794).

[3)] § 149 neu gef. mWv 1.1.2007 durch G v. 13.12.2006 (BGBl. I S. 2878) und wird aufgeh. **mWv 1.1.2025** durch G v. 26.11.2019 (BGBl. I S. 1794).

bäude oder Gebäudeteile noch nicht bezugsfertig sind. [2]Der Zustand der Bebauung beginnt mit den Abgrabungen oder der Einbringung von Baustoffen, die zur planmäßigen Errichtung des Gebäudes führen.

(2) [1]Der Wert ist entsprechend § 146 unter Zugrundelegung der üblichen Miete zu ermitteln, die nach Bezugsfertigkeit des Gebäudes zu erzielen wäre. [2]Von diesem Wert sind 80 Prozent als Gebäudewert anzusetzen. [3]Dem Grundstückswert ohne Berücksichtigung der nicht bezugsfertigen Gebäude oder Gebäudeteile, ermittelt bei unbebauten Grundstücken nach § 145 Abs. 3 und bei bereits bebauten Grundstücken nach § 146, sind die nicht bezugsfertigen Gebäude oder Gebäudeteile mit dem Betrag als Gebäudewert hinzuzurechnen, der dem Verhältnis der bis zum Besteuerungszeitpunkt entstandenen Herstellungskosten zu den gesamten Herstellungskosten entspricht. [4]Dieser Wert darf den Wert des Grundstücks, der nach Bezugsfertigkeit des Gebäudes anzusetzen wäre, nicht übersteigen.

(3) Ist die übliche Miete nicht zu ermitteln, ist der Wert entsprechend § 147 zu ermitteln.

§ 150[1)] ***Gebäude und Gebäudeteile für den Zivilschutz.*** *Gebäude, Teile von Gebäuden und Anlagen, die wegen der in § 1 des Zivilschutzgesetzes*[2)] *bezeichneten Zwecke geschaffen worden sind und im Frieden nicht oder nur gelegentlich oder geringfügig für andere Zwecke benutzt werden, bleiben bei der Ermittlung des Grundstückswerts außer Betracht.*

Fünfter Abschnitt:[3)] Gesonderte Feststellungen

§ 151[3)] **Gesonderte Feststellungen.** (1)[4)] [1]Gesondert festzustellen (§ 179 der Abgabenordnung) sind

1. Grundbesitzwerte (*§§ 138, 157* [***ab 1.1.2025:*** § 157]),
2. der Wert des Betriebsvermögens oder des Anteils am Betriebsvermögen (§§ 95, 96, 97),
3. der Wert von Anteilen an Kapitalgesellschaften im Sinne des § 11 Abs. 2,
4.[5)] der Anteil am Wert von anderen als in den Nummern 1 bis 3 genannten Vermögensgegenständen und von Schulden, die mehreren Personen zustehen,

wenn die Werte für die Erbschaftsteuer oder eine andere Feststellung im Sinne dieser Vorschrift von Bedeutung sind. [2]Die Entscheidung über eine Bedeutung für die Besteuerung trifft das für die Festsetzung der Erbschaftsteuer oder die Feststellung nach Satz 1 Nr. 2 bis 4 zuständige Finanzamt.

[1)] § 150 wird aufgeh. **mWv 1.1.2025** durch G v. 26.11.2019 (BGBl. I S. 1794).

[2)] Vgl. **Sartorius I Nr. 680.**

[3)] Fünfter Abschnitt (§§ 151–156) eingef. mWv 1.1.2007 durch G v. 13.12.2006 (BGBl. I S. 2878).

[4)] § 151 Abs. 1 Satz 1 Nrn. 1 und 2 neu gef. mWv 1.1.2009 durch G v. 24.12.2008 (BGBl. I S. 3018); Nr. 1 Verweis auf § 138 wird aufgeh. **mWv 1.1.2025** durch G v. 26.11.2019 (BGBl. I S. 1794).

[5)] § 151 Abs. 1 Satz 1 Nr. 4 geänd. mWv 1.1.2009 durch G v. 8.12.2010 (BGBl. I S. 1768).

(2) In dem Feststellungsbescheid für Grundbesitzwerte sind auch Feststellungen zu treffen

1.[1] über die Art der wirtschaftlichen Einheit;

2. über die Zurechnung der wirtschaftlichen Einheit und bei mehreren Beteiligten über die Höhe des Anteils, der für die Besteuerung oder eine andere Feststellung von Bedeutung ist; beim Erwerb durch eine Erbengemeinschaft erfolgt die Zurechnung in Vertretung der Miterben[2] auf die Erbengemeinschaft. [2] Entsprechendes gilt für die Feststellungen nach Absatz 1 Satz 1 Nr. 2 bis 4.[2]

(3) [1] Gesondert festgestellte Werte im Sinne des Absatzes 1 Satz 1 Nummer 1 bis 4[3] sind einer innerhalb einer Jahresfrist folgenden Feststellung für dieselbe wirtschaftliche Einheit unverändert zu Grunde zu legen, wenn sich die für die erste Bewertung maßgeblichen Stichtagsverhältnisse nicht wesentlich geändert haben. [2] Der Erklärungspflichtige kann eine von diesem Wert abweichende Feststellung nach den Verhältnissen am Bewertungsstichtag[3] durch Abgabe einer Feststellungserklärung beantragen.

(4) Ausländisches Vermögen unterliegt nicht der gesonderten Feststellung.

(5) [1] Grundbesitzwerte (Absatz 1 Satz 1 Nr. 1) sind auch festzustellen, wenn sie für die Grunderwerbsteuer von Bedeutung sind. [2] Absatz 1 Satz 2 gilt entsprechend. [3] Absatz 2 ist nicht anzuwenden.

§ 152[4] Örtliche Zuständigkeit. Für die gesonderten Feststellungen ist örtlich zuständig:

1. in den Fällen des § 151 Abs. 1 Satz 1 Nr. 1 das Finanzamt, in dessen Bezirk das Grundstück, das Betriebsgrundstück oder der Betrieb der Land- und Forstwirtschaft oder, wenn sich das Grundstück, das Betriebsgrundstück oder der Betrieb der Land- und Forstwirtschaft auf die Bezirke mehrerer Finanzämter erstreckt, der wertvollste Teil liegt;
2. in den Fällen des § 151 Abs. 1 Satz 1 Nr. 2 das Finanzamt, in dessen Bezirk sich die Geschäftsleitung des Gewerbebetriebs, bei Gewerbebetrieben ohne Geschäftsleitung im Inland das Finanzamt, in dessen Bezirk eine Betriebsstätte – bei mehreren Betriebsstätten die wirtschaftlich bedeutendste – unterhalten wird, und bei freiberuflicher Tätigkeit das Finanzamt, von dessen Bezirk aus die Berufstätigkeit vorwiegend ausgeübt wird;
3. in den Fällen des § 151 Abs. 1 Satz 1 Nr. 3 das Finanzamt, in dessen Bezirk sich die Geschäftsleitung der Kapitalgesellschaft befindet, bei Kapitalgesellschaften ohne Geschäftsleitung im Inland oder, wenn sich der Ort der Ge-

---

[1] § 151 Abs. 2 Nr. 1 geänd. mWv 1.1.2009 durch G v. 24.12.2008 (BGBl. I S. 3018).

[2] § 151 Abs. 2 Nr. 2 Satz 1 ergänzt und Satz 2 angef. mWv 1.1.2009 durch G v. 24.12.2008 (BGBl. I S. 3018).

[3] § 151 Abs. 3 Satz 1 und Satz 2 geänd. mWv 1.1.2009 durch G v. 24.12.2008 S. 3018); Satz 1 Verweis geänd. mWv 1.7.2011 durch G v. 1.11.2011 (BGBl. I S. 2131).

[4] Fünfter Abschnitt (§§ 151–156) eingef. mWv 1.1.2007 durch G v. 13.12.2006 (BGBl. I S. 2878).

schäftsleitung nicht feststellen lässt, das Finanzamt, in dessen Bezirk die Kapitalgesellschaft ihren Sitz hat;

4. in den Fällen des § 151 Abs. 1 Satz 1 Nr. 4 das Finanzamt, von dessen Bezirk die Verwaltung des Vermögens ausgeht, oder, wenn diese im Inland nicht feststellbar ist, das Finanzamt, in dessen Bezirk sich der wertvollste Teil des Vermögens befindet.

§ 153[1)] Erklärungspflicht, Verfahrensvorschriften für die gesonderte Feststellung, Feststellungsfrist. (1) [1]Das Finanzamt kann von jedem, für dessen Besteuerung eine gesonderte Feststellung von Bedeutung ist, die Abgabe einer Feststellungserklärung verlangen. [2]Die Frist zur Abgabe der Feststellungserklärung muss mindestens einen Monat betragen.

(2)[2)] [1]Ist der Gegenstand der Feststellung mehreren Personen zuzurechnen oder ist eine Personengesellschaft oder Kapitalgesellschaft dessen Eigentümer, kann das Finanzamt auch von der Gemeinschaft oder Gesellschaft die Abgabe einer Feststellungserklärung verlangen. [2]Dies gilt auch, wenn Gegenstand der Feststellung ein Anteil am Betriebsvermögen ist. [3]Das Finanzamt kann in Erbbaurechtsfällen die Abgabe einer Feststellungserklärung vom Erbbauberechtigten und vom Erbbauverpflichteten verlangen. [4]Absatz 4 Satz 2 ist nicht anzuwenden.[3)]

(3) In den Fällen des § 151 Abs. 1 Satz 1 Nr. 3 kann das Finanzamt nur von der Kapitalgesellschaft die Abgabe einer Feststellungserklärung verlangen.

(4) [1]Der Erklärungspflichtige hat die Erklärung eigenhändig zu unterschreiben. [2]Hat ein Erklärungspflichtiger eine Erklärung zur gesonderten Feststellung abgegeben, sind andere Beteiligte insoweit von der Erklärungspflicht befreit.

(5) § 181 Abs. 1 und 5 der Abgabenordnung ist entsprechend anzuwenden.

§ 154[1)] Beteiligte am Feststellungsverfahren. (1)[4)] [1]Am Feststellungsverfahren sind beteiligt

1. diejenigen, denen der Gegenstand der Feststellung zuzurechnen ist,
2. diejenigen, die das Finanzamt zur Abgabe einer Feststellungserklärung aufgefordert hat;
3.[5)] diejenigen, die eine Steuer als Schuldner oder Gesamtschuldner schulden und für deren Festsetzung die Feststellung von Bedeutung ist.

[2]Gegenüber mehreren Beteiligten nach Satz 1 erfolgt eine gesonderte und einheitliche Feststellung (§ 179 Absatz 2 Satz 2 der Abgabenordnung).

---

1) Fünfter Abschnitt (§§ 151–156) eingef. mWv 1.1.2007 durch G v. 13.12.2006 (BGBl. I S. 2878).

2) § 153 Abs. 2 Satz 2 geänd. mWv 1.1.2009 durch G v. 24.12.2008 (BGBl. I S. 3018).

3) § 153 Abs. 2 Sätze 3 und 4 angef. mWv 1.7.2011 durch G v. 1.11.2011 (BGBl. I S. 2131).

4) § 154 Abs. 1 Satz 2 angef. durch G v. 2.11.2015 (BGBl. I S. 1834); zur Anwendung siehe § 265 Abs. 9.

5) § 154 Abs. 1 Satz 1 Nr. 3 neu gef. durch G v. 2.11.2015 (BGBl. I S. 1834); zur Anwendung siehe § 265 Abs. 9.

(2) In den Fällen des § 151 Abs. 1 Satz 1 Nr. 3 ist der Feststellungsbescheid auch der Kapitalgesellschaft bekannt zu geben.

(3)[1] [1]Soweit der Gegenstand der Feststellung einer Erbengemeinschaft in Vertretung der Miterben zuzurechnen ist, ist § 183 der Abgabenordnung entsprechend anzuwenden. [2]Bei der Bekanntgabe des Feststellungsbescheids ist darauf hinzuweisen, dass die Bekanntgabe mit Wirkung für und gegen alle Miterben erfolgt.

§ 155[2), 3)] Rechtsbehelfsbefugnis. [1]Zur Einlegung von Rechtsbehelfen gegen den Feststellungsbescheid sind die Beteiligten im Sinne des § 154 Abs. 1 sowie diejenigen befugt, für deren Besteuerung nach dem Grunderwerbsteuergesetz der Feststellungsbescheid von Bedeutung ist. [2]Soweit der Gegenstand der Feststellung einer Erbengemeinschaft in Vertretung der Miterben zuzurechnen ist, sind § 352 der Abgabenordnung und § 48 der Finanzgerichtsordnung entsprechend anzuwenden.

§ 156[4)] Außenprüfung. Eine Außenprüfung zur Ermittlung der Besteuerungsgrundlagen ist bei jedem Beteiligten (§ 154 Abs. 1) zulässig.

Sechster Abschnitt:[5)] Vorschriften für die Bewertung von Grundbesitz, von nicht notierten Anteilen an Kapitalgesellschaften und von Betriebsvermögen für die Erbschaftsteuer ab 1. Januar 2009

A. Allgemeines

§ 157[5)] Feststellung von Grundbesitzwerten, von Anteilswerten und von Betriebsvermögenswerten. (1)[6)] [1]Grundbesitzwerte werden unter Berücksichtigung der tatsächlichen Verhältnisse und der Wertverhältnisse zum Bewertungsstichtag [***ab 1.1.2025:*** für inländischen Grundbesitz, und zwar für Betriebe der Land- und Forstwirtschaft, für Grundstücke und für Betriebsgrundstücke,] festgestellt. [2]*§ 29 Abs. 2 und 3 gilt* [***ab 1.1.2025:*** [2]§ 229 gilt für die Grundbesitzbewertung] sinngemäß.

(2) Für die wirtschaftlichen Einheiten des land- und forstwirtschaftlichen Vermögens und für Betriebsgrundstücke im Sinne des § 99 Abs. 1 Nr. 2 sind die Grundbesitzwerte unter Anwendung der §§ 158 bis 175 zu ermitteln.

[1)] § 154 Abs. 3 angef. mWv 1.1.2009 durch G v. 24.12.2008 (BGBl. I S. 3018).

[2)] Fünfter Abschnitt (§§ 151–156) eingef. mWv 1.1.2007 durch G v. 13.12.2006 (BGBl. I S. 2878).

[3)] § 155 Satz 2 neu gef. mWv 1.1.2009 durch G v. 24.12.2008 (BGBl. I S. 3018).

[4)] Fünfter Abschnitt (§§ 151–156) eingef. mWv 1.1.2007 durch G v. 13.12.2006 (BGBl. I S. 2878).

[5)] Sechster Abschnitt (§§ 157–203) eingef. mWv 1.1.2009 durch G v. 24.12.2008 (BGBl. I S. 3018).

[6)] § 157 Abs. 1 Satz 1 geänd., Satz 2 neu gef. **mWv 1.1.2025** durch G v. 26.11.2019 (BGBl. I S. 1794).

(3) [1]Für die wirtschaftlichen Einheiten des Grundvermögens und für Betriebsgrundstücke im Sinne des § 99 Abs. 1 Nr. 1 sind die Grundbesitzwerte unter Anwendung der §§ 159 und 176 bis 198 zu ermitteln. [2]§ 70 gilt mit der Maßgabe, dass der Anteil des Eigentümers eines Grundstücks an anderem Grundvermögen (zum Beispiel an gemeinschaftlichen Hofflächen oder Garagen) abweichend von Absatz 2 Satz 1 dieser Vorschrift in das Grundstück einzubeziehen ist, wenn der Anteil zusammen mit dem Grundstück genutzt wird. [3]§ 20 *Satz 2*[1)] ist entsprechend anzuwenden.

(4) [1]Der Wert von Anteilen an Kapitalgesellschaften im Sinne des § 11 Abs. 2 Satz 2 (Anteilswert) wird unter Berücksichtigung der tatsächlichen Verhältnisse und der Wertverhältnisse zum Bewertungsstichtag festgestellt. [2]Der Anteilswert ist unter Anwendung des § 11 Abs. 2 zu ermitteln.

(5) [1]Der Wert von Betriebsvermögen oder des Anteils am Betriebsvermögen im Sinne der §§ 95, 96 und 97 (Betriebsvermögenswert) wird unter Berücksichtigung der tatsächlichen Verhältnisse und der Wertverhältnisse zum Bewertungsstichtag festgestellt. [2]Der Betriebsvermögenswert ist unter Anwendung des § 109 Abs. 1 und 2 in Verbindung mit § 11 Abs. 2 zu ermitteln.

B. Land- und forstwirtschaftliches Vermögen

I. Allgemeines

§ 158[2)] Begriff des land- und forstwirtschaftlichen Vermögens.

(1) [1]Land- und Forstwirtschaft ist die planmäßige Nutzung der natürlichen Kräfte des Bodens zur Erzeugung von Pflanzen und Tieren sowie die Verwertung der dadurch selbst gewonnenen Erzeugnisse. [2]Zum land- und forstwirtschaftlichen Vermögen gehören alle Wirtschaftgüter, die einem Betrieb der Land- und Forstwirtschaft zu diesem Zweck auf Dauer zu dienen bestimmt sind.

(2) [1]Die wirtschaftliche Einheit des land- und forstwirtschaftlichen Vermögens ist der Betrieb der Land- und Forstwirtschaft. [2]Wird ein Betrieb der Land- und Forstwirtschaft in Form einer Personengesellschaft oder Gemeinschaft geführt, sind in die wirtschaftliche Einheit auch die Wirtschaftsgüter einzubeziehen, die einem oder mehreren Beteiligten gehören, wenn sie dem Betrieb der Land- und Forstwirtschaft auf Dauer zu dienen bestimmt sind.

(3) [1]Zu den Wirtschaftsgütern, die der wirtschaftlichen Einheit Betrieb der Land- und Forstwirtschaft zu dienen bestimmt sind, gehören insbesondere

1. der Grund und Boden,
2. die Wirtschaftsgebäude,
3. die stehenden Betriebsmittel,
4. der normale Bestand an umlaufenden Betriebsmitteln,
5. die immateriellen Wirtschaftsgüter,
6. die Wohngebäude und der dazu gehörende Grund und Boden.

---

1) Verweis wird gestrichen **mWv 1.1.2025** durch G v. 26.11.2019 (BGBl. I S. 1794).

2) Sechster Abschnitt (§§ 157–203) eingef. mWv 1.1.2009 durch G v. 24.12.2008 (BGBl. I S. 3018).

[2] Als normaler Bestand an umlaufenden Betriebsmitteln gilt ein solcher, der zur gesicherten Fortführung des Betriebs erforderlich ist.

(4) Zum land- und forstwirtschaftlichen Vermögen gehören nicht

1. Grund und Boden sowie Gebäude und Gebäudeteile, die nicht land- und forstwirtschaftlichen Zwecken dienen,
2. Kleingartenland und Dauerkleingartenland,
3. Geschäftsguthaben, Wertpapiere und Beteiligungen,
4. über den normalen Bestand hinausgehende Bestände an umlaufenden Betriebsmitteln,
5. Tierbestände oder Zweige des Tierbestands und die hiermit zusammenhängenden Wirtschaftsgüter (zum Beispiel Gebäude und abgrenzbare Gebäudeteile mit den dazugehörenden Flächen, Betriebsmittel), wenn die Tiere weder zur landwirtschaftlichen Nutzung noch nach § 175 zu den übrigen land- und forstwirtschaftlichen Nutzungen gehören. [2] Die Zugehörigkeit der landwirtschaftlich genutzten Flächen zum land- und forstwirtschaftlichen Vermögen wird hierdurch nicht berührt,
6. Geldforderungen und Zahlungsmittel,
7. Pensionsverpflichtungen.

(5) Verbindlichkeiten gehören zum land- und forstwirtschaftlichen Vermögen, soweit sie nicht im unmittelbaren wirtschaftlichen Zusammenhang mit den in Absatz 4 genannten Wirtschaftsgütern stehen.

§ 159[1)] **Abgrenzung land- und forstwirtschaftlich genutzter Flächen zum Grundvermögen.** (1) Land- und forstwirtschaftlich genutzte Flächen sind dem Grundvermögen zuzurechnen, wenn nach ihrer Lage, den am Bewertungsstichtag bestehenden Verwertungsmöglichkeiten oder den sonstigen Umständen anzunehmen ist, dass sie in absehbarer Zeit anderen als land- und forstwirtschaftlichen Zwecken, insbesondere als Bauland, Industrieland oder Land für Verkehrszwecke, dienen werden.

(2) Bildet ein Betrieb der Land- und Forstwirtschaft die Existenzgrundlage des Betriebsinhabers, so sind dem Betriebsinhaber gehörende Flächen, die von einer Stelle aus ordnungsgemäß nachhaltig bewirtschaftet werden, dem Grundvermögen nur dann zuzurechnen, wenn mit großer Wahrscheinlichkeit anzunehmen ist, dass sie spätestens nach zwei Jahren anderen als land- und forstwirtschaftlichen Zwecken dienen werden.

(3) [1] Flächen sind stets dem Grundvermögen zuzurechnen, wenn sie in einem Bebauungsplan als Bauland festgesetzt sind, ihre sofortige Bebauung möglich ist und die Bebauung innerhalb des Plangebiets in benachbarten Bereichen begonnen hat oder schon durchgeführt ist. [2] Satz 1 gilt nicht für die Hofstelle und für andere Flächen in unmittelbarem räumlichen Zusammenhang mit der Hofstelle bis zu einer Größe von insgesamt 1 Hektar.

§ 160[1)] **Betrieb der Land- und Forstwirtschaft.** (1) Ein Betrieb der Land- und Forstwirtschaft umfasst

---

[1)] Sechster Abschnitt (§§ 157–203) eingef. mWv 1.1.2009 durch G v. 24.12.2008 (BGBl. I S. 3018).

1. den Wirtschaftsteil,
2. die Betriebswohnungen und
3. den Wohnteil.

(2) [1]Der Wirtschaftsteil eines Betriebs der Land- und Forstwirtschaft umfasst

1. die land- und forstwirtschaftlichen Nutzungen:
   a) die landwirtschaftliche Nutzung,
   b) die forstwirtschaftliche Nutzung,
   c) die weinbauliche Nutzung,
   d) die gärtnerische Nutzung,
   e) die übrigen land- und forstwirtschaftlichen Nutzungen,
2. die Nebenbetriebe,
3. die folgenden nicht zu einer Nutzung nach den Nummern 1 und 2 gehörenden Wirtschaftsgüter:
   a) Abbauland,
   b) Geringstland,
   c) Unland.

[2]Der Anbau von Hopfen, Tabak und Spargel gehört nur zu den Sondernutzungen, wenn keine landwirtschaftliche Nutzung im Sinne des Satzes 1 Nr. 1 Buchstabe a vorliegt.

(3) Nebenbetriebe sind Betriebe, die dem Hauptbetrieb zu dienen bestimmt sind und nicht einen selbständigen gewerblichen Betrieb darstellen.

(4) Zum Abbauland gehören die Betriebsflächen, die durch Abbau der Bodensubstanz überwiegend für den Betrieb der Land- und Forstwirtschaft nutzbar gemacht werden (Sand-, Kies-, Lehmgruben, Steinbrüche, Torfstiche und dergleichen).

(5) Zum Geringstland gehören die Betriebsflächen geringster Ertragsfähigkeit, für die nach dem Bodenschätzungsgesetz vom 20. Dezember 2007 (BGBl. I S. 3150, 3176) keine Wertzahlen festzustellen sind.

(6) Zum Unland gehören die Betriebsflächen, die auch bei geordneter Wirtschaftsweise keinen Ertrag abwerfen können.

(7) [1]Einen Betrieb der Land- und Forstwirtschaft bilden auch Stückländereien, die als gesonderte wirtschaftliche Einheit zu bewerten sind. [2]Stückländereien sind einzelne land- und forstwirtschaftlich genutzte Flächen, bei denen die Wirtschaftsgebäude oder die Betriebsmittel oder beide Arten von Wirtschaftsgütern nicht dem Eigentümer des Grund und Bodens gehören, sondern am Bewertungsstichtag für mindestens 15 Jahre einem anderen Betrieb der Land- und Forstwirtschaft zu dienen bestimmt sind.

(8) Betriebswohnungen sind Wohnungen, die einem Betrieb der Land- und Forstwirtschaft zu dienen bestimmt, aber nicht dem Wohnteil zuzurechnen sind.

(9) Der Wohnteil eines Betriebs der Land- und Forstwirtschaft umfasst die Gebäude und Gebäudeteile, die dem Inhaber des Betriebs, den zu seinem

Haushalt gehörenden Familienangehörigen und den Altenteilern zu Wohnzwecken dienen.

§ 161[1] **Bewertungsstichtag.** (1) Für die Größe des Betriebs, für den Umfang und den Zustand der Gebäude sowie für die stehenden Betriebsmittel sind die Verhältnisse am Bewertungsstichtag maßgebend.

(2) Für die umlaufenden Betriebsmittel ist der Stand am Ende des Wirtschaftsjahres maßgebend, das dem Bewertungsstichtag vorangegangen ist.

§ 162[1] **Bewertung des Wirtschaftsteils.** (1) [1]Bei der Bewertung des Wirtschaftsteils ist der gemeine Wert zu Grunde zu legen. [2]Dabei ist davon auszugehen, dass der Erwerber den Betrieb der Land- und Forstwirtschaft fortführt. [3]Bei der Ermittlung des gemeinen Werts für den Wirtschaftsteil sind die land- und forstwirtschaftlichen Nutzungen, die Nebenbetriebe, das Abbau-, Geringst- und Unland jeweils gesondert mit ihrem Wirtschaftswert (§ 163) zu bewerten. [4]Dabei darf ein Mindestwert nicht unterschritten werden (§ 164).

(2) Der Wert des Wirtschaftsteils für einen Betrieb der Land- und Forstwirtschaft im Sinne des § 160 Abs. 7 wird nach § 164 ermittelt.

(3) [1]Wird ein Betrieb der Land- und Forstwirtschaft oder ein Anteil im Sinne des § 158 Abs. 2 Satz 2 innerhalb eines Zeitraums von 15 Jahren nach dem Bewertungsstichtag veräußert, erfolgt die Bewertung der wirtschaftlichen Einheit abweichend von den §§ 163 und 164 mit dem Liquidationswert nach § 166. [2]Dies gilt nicht, wenn der Veräußerungserlös innerhalb von sechs Monaten ausschließlich zum Erwerb eines anderen Betriebs der Land- und Forstwirtschaft oder eines Anteils im Sinne des § 158 Abs. 2 Satz 2 verwendet wird.

(4) [1]Sind wesentliche Wirtschaftsgüter (§ 158 Abs. 3 Satz 1 Nr. 1 bis 3 und 5) dem Betrieb der Land- und Forstwirtschaft innerhalb eines Zeitraumes von 15 Jahren nicht mehr auf Dauer zu dienen bestimmt, erfolgt die Bewertung der Wirtschaftsgüter abweichend von den §§ 163 und 164 mit dem jeweiligen Liquidationswert nach § 166. [2]Dies gilt nicht, wenn der Veräußerungserlös innerhalb von sechs Monaten ausschließlich im betrieblichen Interesse verwendet wird.

§ 163[1] **Ermittlung der Wirtschaftswerte.** (1) [1]Bei der Ermittlung der jeweiligen Wirtschaftswerte ist von der nachhaltigen Ertragsfähigkeit land- und forstwirtschaftlicher Betriebe auszugehen. [2]Ertragsfähigkeit ist der bei ordnungsmäßiger Bewirtschaftung gemeinhin und nachhaltig erzielbare Reingewinn. [3]Dabei sind alle Umstände zu berücksichtigen, die bei einer Selbstbewirtschaftung den Wirtschaftserfolg beeinflussen.

(2) [1]Der Reingewinn umfasst das ordentliche Ergebnis abzüglich eines angemessenen Lohnansatzes für die Arbeitsleistung des Betriebsinhabers und der

[1] Sechster Abschnitt (§§ 157–203) eingef. mWv 1.1.2009 durch G v. 24.12.2008 (BGBl. I S. 3018).

nicht entlohnten Arbeitskräfte. [2]Die im unmittelbaren wirtschaftlichen Zusammenhang mit einem Betrieb der Land- und Forstwirtschaft stehenden Verbindlichkeiten sind durch den Ansatz der Zinsaufwendungen abgegolten. [3]Zur Berücksichtigung der nachhaltigen Ertragsfähigkeit ist der Durchschnitt der letzten fünf abgelaufenen Wirtschaftsjahre vor dem Bewertungsstichtag zu Grunde zu legen.

(3) [1]Der Reingewinn für die landwirtschaftliche Nutzung bestimmt sich nach der Region, der maßgeblichen Nutzungsart (Betriebsform) und der Betriebsgröße nach der Europäischen Größeneinheit (EGE). [2]Zur Ermittlung der maßgeblichen Betriebsform ist das Klassifizierungssystem nach der Entscheidung 85/377/EWG der Kommission vom 7. Juni 1985 zur Errichtung eines gemeinschaftlichen Klassifizierungssystems der landwirtschaftlichen Betriebe (ABl. EG Nr. L 220 S. 1), zuletzt geändert durch Entscheidung der Kommission vom 16. Mai 2003 (ABl. EU Nr. L 127 S. 48), in der jeweils geltenden Fassung heranzuziehen. [3]Hierzu sind die Standarddeckungsbeiträge der selbst bewirtschafteten Flächen und der Tiereinheiten der landwirtschaftlichen Nutzung zu ermitteln und daraus die Betriebsform zu bestimmen. [4]Die Summe der Standarddeckungsbeiträge ist durch 1 200 Euro zu dividieren, so dass sich die Betriebsgröße in EGE ergibt, die einer der folgenden Betriebsgrößenklassen zuzuordnen ist:

1. Kleinbetriebe von	0 bis unter 40 EGE,
2. Mittelbetriebe von	40 bis 100 EGE,
3. Großbetriebe über	100 EGE.

[5]Das Bundesministerium der Finanzen veröffentlicht die maßgeblichen Standarddeckungsbeiträge im Bundessteuerblatt. [6]Der entsprechende Reingewinn ergibt sich aus der Spalte 4 der Anlage 14 in Euro pro Hektar landwirtschaftlich genutzter Fläche (EUR/ha LF).

(4) [1]Der Reingewinn für die forstwirtschaftliche Nutzung bestimmt sich nach den Flächen der jeweiligen Nutzungsart (Baumartengruppe) und den Ertragsklassen. [2]Die jeweilige Nutzungsart umfasst:

1. Die Baumartengruppe Buche, zu der auch sonstiges Laubholz einschließlich der Roteiche gehört,
2. die Baumartengruppe Eiche, zu der auch alle übrigen Eichenarten gehören,
3. die Baumartengruppe Fichte, zu der auch alle übrigen Nadelholzarten mit Ausnahme der Kiefer und der Lärche gehören,
4. die Baumartengruppe Kiefer und Lärchen mit Ausnahme der Weymouthskiefer,
5. die übrige Fläche der forstwirtschaftlichen Nutzung.

[3]Die Ertragsklassen bestimmen sich für

1. die Baumartengruppe Buche nach der von Schober für mäßige Durchforstung veröffentlichten Ertragstafel,
2. die Baumartengruppe Eiche nach der von Jüttner für mäßige Durchforstung veröffentlichten Ertragstafel,

3. die Baumartengruppe Fichte nach der von Wiedemann für mäßige Durchforstung veröffentlichten Ertragstafel,
4. die Baumartengruppe Kiefer nach der von Wiedemann für mäßige Durchforstung veröffentlichten Ertragstafel.

4 Der nach den Sätzen 2 und 3 maßgebliche Reingewinn ergibt sich aus der Spalte 4 der Anlage 15 in Euro pro Hektar (EUR/ha).

(5) 1 Der Reingewinn für die weinbauliche Nutzung bestimmt sich nach den Flächen der jeweiligen Nutzungsart (Verwertungsform). 2 Er ergibt sich aus der Spalte 3 der Anlage 16.

(6) 1 Der Reingewinn für die gärtnerische Nutzung bestimmt sich nach dem maßgeblichen Nutzungsteil, der Nutzungsart und den Flächen. 2 Er ergibt sich aus der Spalte 4 der Anlage 17.

(7) Der Reingewinn für die Sondernutzungen Hopfen, Spargel, Tabak ergibt sich aus der Spalte 3 der Anlage 18.

(8) 1 Der Reingewinn für die sonstigen land- und forstwirtschaftlichen Nutzungen, für Nebenbetriebe sowie für Abbauland ist im Einzelertragswertverfahren zu ermitteln, soweit für die jeweilige Region nicht auf einen durch statistische Erhebungen ermittelten pauschalierten Reingewinn zurückgegriffen werden kann. 2 Der Einzelertragswert ermittelt sich aus dem betriebsindividuellen Ergebnis und dem Kapitalisierungszinssatz nach Absatz 11.

(9) Der Reingewinn für das Geringstland wird pauschal mit 5,40 Euro pro Hektar festgelegt.

(10) Der Reingewinn für das Unland beträgt 0 Euro.

(11) 1 Der jeweilige Reingewinn ist zu kapitalisieren. 2 Der Kapitalisierungszinssatz beträgt 5,5 Prozent und der Kapitalisierungsfaktor beträgt 18,6.

(12) Der kapitalisierte Reingewinn für die landwirtschaftliche, die forstwirtschaftliche, die weinbauliche, die gärtnerische Nutzung oder für deren Nutzungsteile, die Sondernutzungen und das Geringstland ist mit der jeweiligen Eigentumsfläche des Betriebs zum Bewertungsstichtag zu vervielfältigen, der dieser Nutzung zuzurechnen ist.

(13) 1 Die Hofflächen und die Flächen der Wirtschaftsgebäude sind dabei anteilig in die einzelnen Nutzungen einzubeziehen. 2 Wirtschaftswege, Hecken, Gräben, Grenzraine und dergleichen sind in die Nutzung einzubeziehen, zu der sie gehören; dies gilt auch für Wasserflächen soweit sie nicht Unland sind oder zu den übrigen land- und forstwirtschaftlichen Nutzungen gehören.

(14) Das Bundesministerium der Finanzen wird ermächtigt, durch Rechtsverordnung mit Zustimmung des Bundesrates die Anlagen 14 bis 18 zu diesem Gesetz dadurch zu ändern, dass es die darin aufgeführten Reingewinne turnusmäßig an die Ergebnisse der Erhebungen nach § 2 des Landwirtschaftsgesetzes anpasst.

§ 164[1] Mindestwert. (1) Der Mindestwert des Wirtschaftsteils setzt sich aus dem Wert für den Grund und Boden sowie dem Wert der übrigen Wirtschaftsgüter zusammen und wird nach den Absätzen 2 bis 4 ermittelt.

(2) [1]Der für den Wert des Grund und Bodens im Sinne des § 158 Abs. 3 Satz 1 Nr. 1 zu ermittelnde Pachtpreis pro Hektar (ha) bestimmt sich nach der Nutzung, dem Nutzungsteil und der Nutzungsart des Grund und Bodens. [2]Bei der landwirtschaftlichen Nutzung ist dabei die Betriebsgröße in EGE nach § 163 Abs. 3 Satz 4 Nr. 1 bis 3 zu berücksichtigen. [3]Der danach maßgebliche Pachtpreis ergibt sich jeweils aus der Spalte 5 der Anlagen 14, 15 und 17 sowie aus der Spalte 4 der Anlagen 16 und 18 und ist mit den Eigentumsflächen zu vervielfältigen.

(3) Der Kapitalisierungszinssatz des regionalen Pachtpreises beträgt 5,5 Prozent und der Kapitalisierungsfaktor beträgt 18,6.

(4) [1]Der Wert für die übrigen Wirtschaftsgüter im Sinne des § 158 Abs. 3 Satz 1 Nr. 2 bis 5 (Besatzkapital) bestimmt sich nach der Nutzung, dem Nutzungsteil und der Nutzungsart des Grund und Bodens. [2]Bei der landwirtschaftlichen Nutzung ist dabei die Betriebsgröße in EGE nach § 163 Abs. 3 Satz 4 Nr. 1 bis 3 zu berücksichtigen. [3]Der danach maßgebliche Wert für das Besatzkapital ergibt sich jeweils aus der Spalte 6 der Anlagen 14, 15a und 17 sowie aus der Spalte 5 der Anlagen 16 und 18 und ist mit den selbst bewirtschafteten Flächen zu vervielfältigen.

(5) Der Kapitalisierungszinssatz für die übrigen Wirtschaftsgüter (§ 158 Abs. 3 Satz 1 Nr. 2 bis 5) beträgt 5,5 Prozent und der Kapitalisierungsfaktor beträgt 18,6.

(6) [1]Der kapitalisierte Wert für den Grund und Boden und der kapitalisierte Wert für die übrigen Wirtschaftsgüter sind um die damit in wirtschaftlichem Zusammenhang stehenden Verbindlichkeiten zu mindern. [2]Der Mindestwert, der sich hiernach ergibt, darf nicht weniger als 0 Euro betragen.

(7) Das Bundesministerium der Finanzen wird ermächtigt, durch Rechtsverordnung mit Zustimmung des Bundesrates die Anlagen 14 bis 18 zu diesem Gesetz dadurch zu ändern, dass es die darin aufgeführten Pachtpreise und Werte für das Besatzkapital turnusmäßig an die Ergebnisse der Erhebungen nach § 2 des Landwirtschaftsgesetzes anpasst.

§ 165[1] Bewertung des Wirtschaftsteils mit dem Fortführungswert. (1) Der Wert des Wirtschaftsteils wird aus der Summe der nach § 163 zu ermittelnden Wirtschaftswerte gebildet.

(2) Der für einen Betrieb der Land- und Forstwirtschaft anzusetzende Wert des Wirtschaftsteils darf nicht geringer sein als der nach § 164 ermittelte Mindestwert.

(3) Weist der Steuerpflichtige nach, dass der gemeine Wert des Wirtschaftsteils niedriger ist als der nach den Absätzen 1 und 2 ermittelte Wert, ist dieser Wert anzusetzen; § 166 ist zu beachten.

---

[1] Sechster Abschnitt (§§ 157–203) eingef. mWv 1.1.2009 durch G v. 24.12.2008 (BGBl. I S. 3018).

§ 166[1] Bewertung des Wirtschaftsteils mit dem Liquidationswert.

(1) Im Falle des § 162 Abs. 3 oder Abs. 4 ist der Liquidationswert nach Absatz 2 zu ermitteln und tritt mit Wirkung für die Vergangenheit an die Stelle des bisherigen Wertansatzes.

(2)[2] [1] Bei der Ermittlung des jeweiligen Liquidationswerts nach Absatz 1

1. ist der Grund und Boden im Sinne des § 158 Abs. 3 Satz 1 Nr. 1 mit den zuletzt vor dem Bewertungsstichtag ermittelten Bodenrichtwerten zu bewerten. [2] § 179 Satz 2 bis 4 gilt entsprechend. [3] Zur Berücksichtigung der Liquidationskosten ist der ermittelte Bodenwert um 10 Prozent zu mindern;
2. sind die übrigen Wirtschaftsgüter im Sinne des § 158 Abs. 3 Satz 1 Nr. 2 bis 5 mit ihrem gemeinen Wert zu bewerten. [2] Zur Berücksichtigung der Liquidationskosten sind die ermittelten Werte um 10 Prozent zu mindern.

§ 167[1] Bewertung der Betriebswohnungen und des Wohnteils.

(1) Die Bewertung der Betriebswohnungen und des Wohnteils erfolgt nach den Vorschriften, die für die Bewertung von Wohngrundstücken im Grundvermögen (§§ 182 bis 196) gelten.

(2) Für die Abgrenzung der Betriebswohnungen und des Wohnteils vom Wirtschaftsteil ist höchstens das Fünffache der jeweils bebauten Fläche zu Grunde zu legen.

(3) Zur Berücksichtigung von Besonderheiten, die sich im Falle einer engen räumlichen Verbindung von Wohnraum mit dem Betrieb ergeben, ist der Wert des Wohnteils und der Wert der Betriebswohnungen nach den Absätzen 1 und 2 um 15 Prozent zu ermäßigen.

(4) [1] Weist der Steuerpflichtige nach, dass der gemeine Wert des Wohnteils oder der Betriebswohnungen niedriger ist als der sich nach den Absätzen 1 bis 3 ergebende Wert, ist der gemeine Wert anzusetzen. [2] Für den Nachweis des niedrigeren gemeinen Werts gelten grundsätzlich die auf Grund des § 199 Abs. 1 des Baugesetzbuchs erlassenen Vorschriften.

§ 168[1] Grundbesitzwert des Betriebs der Land- und Forstwirtschaft. (1) Der Grundbesitzwert eines Betriebs der Land- und Forstwirtschaft besteht aus

1. dem Wert des Wirtschaftsteils (§ 160 Abs. 2),
2. dem Wert der Betriebswohnungen (§ 160 Abs. 8) abzüglich der damit im unmittelbaren wirtschaftlichen Zusammenhang stehenden Verbindlichkeiten,
3. dem Wert des Wohnteils (§ 160 Abs. 9) abzüglich der damit im unmittelbaren wirtschaftlichen Zusammenhang stehenden Verbindlichkeiten.

(2) Der Grundbesitzwert für Stückländereien als Betrieb der Land- und Forstwirtschaft (§ 160 Abs. 7) besteht nur aus dem Wert des Wirtschaftsteils.

---

[1] Sechster Abschnitt (§§ 157–203) eingef. mWv 1.1.2009 durch G v. 24.12.2008 (BGBl. I S. 3018).

[2] § 166 Abs. 2 Nr. 1 Satz 2 eingef., bish. Satz 2 wird Satz 3 durch G v. 7.12.2011 (BGBl. I S. 2592); zur Anwendung siehe § 265 Abs. 3.

(3) Der Grundbesitzwert für einen Anteil an einem Betrieb der Land- und Forstwirtschaft im Sinne des § 158 Abs. 2 Satz 2 ist nach den Absätzen 4 bis 6 aufzuteilen.

(4) 1 Der Wert des Wirtschafteils ist nach den beim Mindestwert (§ 164) zu Grunde gelegten Verhältnissen aufzuteilen. 2 Dabei ist

1. der Wert des Grund und Bodens und der Wirtschaftsgebäude oder ein Anteil daran (§ 158 Abs. 3 Satz 1 Nr. 1 und 2) dem jeweiligen Eigentümer zuzurechnen. 2 Im Falle des Gesamthandseigentums ist der Wert des Grund und Bodens nach der Höhe der gesellschaftsrechtlichen Beteiligung aufzuteilen;
2. der Wert der übrigen Wirtschaftsgüter (§ 158 Abs. 3 Satz 1 Nr. 3 bis 5) nach dem Wertverhältnis der dem Betrieb zur Verfügung gestellten Wirtschaftsgüter aufzuteilen. 2 Im Falle des Gesamthandseigentums ist der Wert der übrigen Wirtschaftsgüter nach der Höhe der gesellschaftsrechtlichen Beteiligung aufzuteilen;
3. der Wert der zu berücksichtigenden Verbindlichkeiten (§ 164 Abs. 4) dem jeweiligen Schuldner zuzurechnen. 2 Im Falle des Gesamthandseigentums ist der Wert der zu berücksichtigenden Verbindlichkeiten nach der Höhe der gesellschaftsrechtlichen Beteiligung aufzuteilen.

(5) 1 Der Wert für die Betriebswohnungen ist dem jeweiligen Eigentümer zuzurechnen. 2 Im Falle des Gesamthandseigentums ist der Wert nach der Höhe der gesellschaftsrechtlichen Beteiligung aufzuteilen.

(6) 1 Der Wert für den Wohnteil ist dem jeweiligen Eigentümer zuzurechnen. 2 Im Falle des Gesamthandseigentums ist der Wert nach der Höhe der gesellschaftsrechtlichen Beteiligung aufzuteilen.

II. Besonderer Teil

a) Landwirtschaftliche Nutzung

§ 169[1] Tierbestände. (1) 1 Tierbestände gehören in vollem Umfang zur landwirtschaftlichen Nutzung, wenn im Wirtschaftsjahr

für die ersten 20 Hektar	nicht mehr als	10 Vieheinheiten
für die nächsten 10 Hektar	nicht mehr als	7 Vieheinheiten
für die nächsten 20 Hektar	nicht mehr als	6 Vieheinheiten
für die nächsten 50 Hektar	nicht mehr als	3 Vieheinheiten
und für die weitere Fläche	nicht mehr als	1,5 Vieheinheiten

je Hektar der vom Inhaber des Betriebs regelmäßig landwirtschaftlich genutzten Flächen erzeugt oder gehalten werden. 2 Die Tierbestände sind nach dem Futterbedarf in Vieheinheiten umzurechnen.

(2) 1 Übersteigt die Anzahl der Vieheinheiten nachhaltig die in Absatz 1 bezeichnete Grenze, so gehören nur die Zweige des Tierbestands zur landwirt-

[1] Sechster Abschnitt (§§ 157–203) eingef. mWv 1.1.2009 durch G v. 24.12.2008 (BGBl. I S. 3018).

schaftlichen Nutzung, deren Vieheinheiten zusammen diese Grenze nicht überschreiten. 2 Zunächst sind mehr flächenabhängige Zweige des Tierbestands und danach weniger flächenabhängige Zweige des Tierbestands zur landwirtschaftlichen Nutzung zu rechnen. 3 Innerhalb jeder dieser Gruppen sind zuerst Zweige des Tierbestands mit der geringeren Anzahl von Vieheinheiten und dann Zweige mit der größeren Anzahl von Vieheinheiten zur landwirtschaftlichen Nutzung zu rechnen. 4 Der Tierbestand des einzelnen Zweiges wird nicht aufgeteilt.

(3) 1 Als Zweig des Tierbestands gilt bei jeder Tierart für sich

1. das Zugvieh,
2. das Zuchtvieh,
3. das Mastvieh und
4. das übrige Nutzvieh.

2 Das Zuchtvieh einer Tierart gilt nur dann als besonderer Zweig des Tierbestands, wenn die erzeugten Jungtiere überwiegend zum Verkauf bestimmt sind. 3 Ist das nicht der Fall, so ist das Zuchtvieh dem Zweig des Tierbestands zuzurechnen, dem es überwiegend dient.

(4) 1 Die Absätze 1 bis 3 gelten nicht für Pelztiere. 2 Pelztiere gehören nur dann zur landwirtschaftlichen Nutzung, wenn die erforderlichen Futtermittel überwiegend von den vom Inhaber des Betriebs landwirtschaftlich genutzter Flächen gewonnen werden.

(5) 1 Für die Umrechnung der Tierbestände in Vieheinheiten sowie für die Gruppen der mehr flächenabhängigen oder weniger flächenabhängigen Zweige des Tierbestands sind die in den Anlagen 19 und 20 aufgeführten Werte maßgebend. 2 Das Bundesministerium der Finanzen wird ermächtigt, durch Rechtsverordnung mit Zustimmung des Bundesrates die Anlagen 19 und 20 zu diesem Gesetz dadurch zu ändern, dass der darin aufgeführte Umrechnungsschlüssel und die Gruppen der Zweige eines Tierbestands an geänderte wirtschaftliche oder technische Entwicklungen angepasst werden können.

§ 170[1)] Umlaufende Betriebsmittel. Bei landwirtschaftlichen Betrieben zählen die umlaufenden Betriebsmittel nur soweit zum normalen Bestand als der Durchschnitt der letzten fünf Jahre nicht überschritten wird.

b) Forstwirtschaftliche Nutzung

§ 171[1)] Umlaufende Betriebsmittel. 1 Eingeschlagenes Holz gehört zum normalen Bestand an umlaufenden Betriebsmitteln, soweit es den jährlichen Nutzungssatz nicht übersteigt. 2 Bei Betrieben, die nicht jährlich einschlagen (aussetzende Betriebe), tritt an die Stelle des jährlichen Nutzungssatzes ein den Betriebsverhältnissen entsprechender mehrjähriger Nutzungssatz.

---

1) Sechster Abschnitt (§§ 157–203) eingef. mWv 1.1.2009 durch G v. 24.12.2008 (BGBl. I S. 3018).

§ 172[1)] Abweichender Bewertungsstichtag. Bei der forstwirtschaftlichen Nutzung sind abweichend von § 161 Abs. 1 für den Umfang und den Zustand des Bestands an nicht eingeschlagenem Holz die Verhältnisse am Ende des Wirtschaftsjahres zu Grunde zu legen, das dem Bewertungsstichtag vorangegangen ist.

c) Weinbauliche Nutzung

§ 173[1)] Umlaufende Betriebsmittel. (1) Bei ausbauenden Betrieben zählen die Vorräte an Weinen aus den Ernten der letzten fünf Jahre vor dem Bewertungsstichtag zum normalen Bestand an umlaufenden Betriebsmitteln.

(2) Abschläge für Unterbestand an Weinvorräten sind nicht zu machen.

d) Gärtnerische Nutzung

§ 174[1)] Abweichende Bewertungsverhältnisse. (1) [1]Die durch Anbau von Baumschulgewächsen genutzte Betriebsfläche wird nach § 161 Abs. 1 bestimmt. [2]Dabei sind die zum 15. September feststellbaren Bewirtschaftungsverhältnisse zu Grunde zu legen, die dem Bewertungsstichtag vorangegangen sind.

(2) [1]Die durch Anbau von Gemüse, Blumen und Zierpflanzen genutzte Betriebsfläche wird nach § 161 Abs. 1 bestimmt. [2]Dabei sind die zum 30. Juni feststellbaren Bewirtschaftungsverhältnisse zu Grunde zu legen, die dem Bewertungsstichtag vorangegangen sind.

(3) Sind die Bewirtschaftungsverhältnisse nicht feststellbar, richtet sich die Einordnung der Flächen nach der vorgesehenen Nutzung.

e) Übrige land- und forstwirtschaftliche Nutzungen

§ 175[1)] Übrige land- und forstwirtschaftliche Nutzungen. (1) Zu den übrigen land- und forstwirtschaftlichen Nutzungen gehören
1. die Sondernutzungen Hopfen, Spargel, Tabak und andere Sonderkulturen,
2. die sonstigen land- und forstwirtschaftlichen Nutzungen.

(2) Zu den sonstigen land- und forstwirtschaftlichen Nutzungen gehören insbesondere
1. die Binnenfischerei,
2. die Teichwirtschaft,
3. die Fischzucht für Binnenfischerei und Teichwirtschaft,
4. die Imkerei,
5. die Wanderschäferei,
6. die Saatzucht,
7. der Pilzanbau,
8. die Produktion von Nützlingen,
9. die Weihnachtsbaumkulturen.

[1)] Sechster Abschnitt (§§ 157–203) eingef. mWv 1.1.2009 durch G v. 24.12.2008 (BGBl. I S. 3018).

C. Grundvermögen

I. Allgemeines

§ 176[1)] Grundvermögen. (1) Zum Grundvermögen gehören

1. der Grund und Boden, die Gebäude, die sonstigen Bestandteile und das Zubehör,
2. das Erbbaurecht,
3. das Wohnungseigentum, Teileigentum, Wohnungserbbaurecht und Teilerbbaurecht nach dem Wohnungseigentumsgesetz,

soweit es sich nicht um land- und forstwirtschaftliches Vermögen (§§ 158 und 159) oder um Betriebsgrundstücke (§ 99) handelt.

(2) In das Grundvermögen sind nicht einzubeziehen

1. Bodenschätze,
2. die Maschinen und sonstigen Vorrichtungen aller Art, die zu einer Betriebsanlage gehören (Betriebsvorrichtungen), auch wenn sie wesentliche Bestandteile sind. [2]Einzubeziehen sind jedoch die Verstärkungen von Decken und die nicht ausschließlich zu einer Betriebsanlage gehörenden Stützen und sonstigen Bauteile wie Mauervorlagen und Verstrebungen.

§ 177[1)] Bewertung. Den Bewertungen nach den §§ 179 und 182 bis 196 ist der gemeine Wert (§ 9) zu Grunde zu legen.

II. Unbebaute Grundstücke

§ 178[1)] Begriff der unbebauten Grundstücke. (1) [1]Unbebaute Grundstücke sind Grundstücke, auf denen sich keine benutzbaren Gebäude befinden. [2]Die Benutzbarkeit beginnt im Zeitpunkt der Bezugsfertigkeit. [3]Gebäude sind als bezugsfertig anzusehen, wenn den zukünftigen Bewohnern oder sonstigen Benutzern zugemutet werden kann, sie zu benutzen; die Abnahme durch die Bauaufsichtsbehörde ist nicht entscheidend.

(2) [1]Befinden sich auf dem Grundstück Gebäude, die auf Dauer keiner Nutzung zugeführt werden können, gilt das Grundstück als unbebaut. [2]Als unbebaut gilt auch ein Grundstück, auf dem infolge von Zerstörung oder Verfall der Gebäude auf Dauer kein benutzbarer Raum mehr vorhanden ist.

§ 179[1)] Bewertung der unbebauten Grundstücke. [1]Der Wert unbebauter Grundstücke bestimmt sich regelmäßig nach ihrer Fläche und den Bodenrichtwerten (§ 196 des Baugesetzbuchs). [2]Die Bodenrichtwerte sind von den Gutachterausschüssen nach dem Baugesetzbuch zu ermitteln und den Finanzämtern mitzuteilen. [3]Bei der Wertermittlung ist stets der Bodenrichtwert anzusetzen, der vom Gutachterausschuss zuletzt zu ermitteln war. [4]Wird von

---

[1)] Sechster Abschnitt (§§ 157–203) eingef. mWv 1.1.2009 durch G v. 24.12.2008 (BGBl. I S. 3018).

den Gutachterausschüssen kein Bodenrichtwert ermittelt, ist der Bodenwert aus den Werten vergleichbarer Flächen abzuleiten.[1)]

III. Bebaute Grundstücke

§ 180[2)] Begriff der bebauten Grundstücke. (1) [1]Bebaute Grundstücke sind Grundstücke, auf denen sich benutzbare Gebäude befinden. [2]Wird ein Gebäude in Bauabschnitten errichtet, ist der fertiggestellte Teil als benutzbares Gebäude anzusehen.

(2) Als Grundstück im Sinne des Absatzes 1 gilt auch ein Gebäude, das auf fremdem Grund und Boden errichtet oder in sonstigen Fällen einem anderen als dem Eigentümer des Grund und Bodens zuzurechnen ist, selbst wenn es wesentlicher Bestandteil des Grund und Bodens geworden ist.

§ 181[2)] Grundstücksarten. (1) Bei der Bewertung bebauter Grundstücke sind die folgenden Grundstücksarten zu unterscheiden:
1. Ein- und Zweifamilienhäuser,
2. Mietwohngrundstücke,
3. Wohnungs- und Teileigentum,
4. Geschäftsgrundstücke,
5. gemischt genutzte Grundstücke und
6. sonstige bebaute Grundstücke.

(2) [1]Ein- und Zweifamilienhäuser sind Wohngrundstücke, die bis zu zwei Wohnungen enthalten und kein Wohnungseigentum sind. [2]Ein Grundstück gilt auch dann als Ein- oder Zweifamilienhaus, wenn es zu weniger als 50 Prozent, berechnet nach der Wohn- oder Nutzfläche, zu anderen als Wohnzwecken mitbenutzt und dadurch die Eigenart als Ein- oder Zweifamilienhaus nicht wesentlich beeinträchtigt wird.

(3) Mietwohngrundstücke sind Grundstücke, die zu mehr als 80 Prozent, berechnet nach der Wohn- oder Nutzfläche, Wohnzwecken dienen, und nicht Ein- und Zweifamilienhäuser oder Wohnungseigentum sind.

(4) Wohnungseigentum ist das Sondereigentum an einer Wohnung in Verbindung mit dem Miteigentumsanteil an dem gemeinschaftlichen Eigentum, zu dem es gehört.

(5) Teileigentum ist das Sondereigentum an nicht zu Wohnzwecken dienenden Räumen eines Gebäudes in Verbindung mit dem Miteigentum an dem gemeinschaftlichen Eigentum, zu dem es gehört.

(6) Geschäftsgrundstücke sind Grundstücke, die zu mehr als 80 Prozent, berechnet nach der Wohn- und Nutzfläche, eigenen oder fremden betrieblichen oder öffentlichen Zwecken dienen und nicht Teileigentum sind.

[1)] § 179 Satz 4 geänd. durch G v. 7.12.2011 (BGBl. I S. 2592); zur Anwendung siehe § 265 Abs. 3.

[2)] Sechster Abschnitt (§§ 157–203) eingef. mWv 1.1.2009 durch G v. 24.12.2008 (BGBl. I S. 3018).

(7) Gemischt genutzte Grundstücke sind Grundstücke, die teils Wohnzwecken, teils eigenen oder fremden betrieblichen oder öffentlichen Zwecken dienen und nicht Ein- und Zweifamilienhäuser, Mietwohngrundstücke, Wohnungseigentum, Teileigentum oder Geschäftsgrundstücke sind.

(8) Sonstige bebaute Grundstücke sind solche Grundstücke, die nicht unter die Absätze 2 bis 7 fallen.

(9) [1]Eine Wohnung ist die Zusammenfassung einer Mehrheit von Räumen, die in ihrer Gesamtheit so beschaffen sein müssen, dass die Führung eines selbständigen Haushalts möglich ist. [2]Die Zusammenfassung einer Mehrheit von Räumen muss eine von anderen Wohnungen oder Räumen, insbesondere Wohnräumen, baulich getrennte, in sich abgeschlossene Wohneinheit bilden und einen selbständigen Zugang haben. [3]Außerdem ist erforderlich, dass die für die Führung eines selbständigen Haushalts notwendigen Nebenräume (Küche, Bad oder Dusche, Toilette) vorhanden sind. [4]Die Wohnfläche muss mindestens 23 Quadratmeter (m^2) betragen.

§ 182[1)] Bewertung der bebauten Grundstücke. (1) Der Wert der bebauten Grundstücke ist nach dem Vergleichswertverfahren (Absatz 2 und § 183), dem Ertragswertverfahren (Absatz 3 und §§ 184 bis 188) oder dem Sachwertverfahren (Absatz 4 und §§ 189 bis 191) zu ermitteln.

(2) Im Vergleichswertverfahren sind grundsätzlich zu bewerten

1. Wohnungseigentum,
2. Teileigentum,
3. Ein- und Zweifamilienhäuser.

(3) Im Ertragswertverfahren sind zu bewerten

1. Mietwohngrundstücke,
2. Geschäftsgrundstücke und gemischt genutzte Grundstücke, für die sich auf dem örtlichen Grundstücksmarkt eine übliche Miete ermitteln lässt.

(4) Im Sachwertverfahren sind zu bewerten

1. Grundstücke im Sinne des Absatzes 2, wenn kein Vergleichswert vorliegt,
2. Geschäftsgrundstücke und gemischt genutzte Grundstücke mit Ausnahme der in Absatz 3 Nr. 2 genannten Grundstücke,
3. sonstige bebaute Grundstücke.

§ 183[1)] Bewertung im Vergleichswertverfahren. (1) [1]Bei Anwendung des Vergleichswertverfahrens sind Kaufpreise von Grundstücken heranzuziehen, die hinsichtlich der ihren Wert beeinflussenden Merkmale mit dem zu bewertenden Grundstück hinreichend übereinstimmen (Vergleichsgrundstücke). [2]Grundlage sind vorrangig die von den Gutachterausschüssen im Sinne der §§ 192ff. des Baugesetzbuchs mitgeteilten Vergleichspreise.

[1)] Sechster Abschnitt (§§ 157–203) eingef. mWv 1.1.2009 durch G v. 24.12.2008 (BGBl. I S. 3018).

(2) 1 Anstelle von Preisen für Vergleichsgrundstücke können von den Gutachterausschüssen für geeignete Bezugseinheiten, insbesondere Flächeneinheiten des Gebäudes, ermittelte und mitgeteilte Vergleichsfaktoren herangezogen werden. 2 Bei Verwendung von Vergleichsfaktoren, die sich nur auf das Gebäude beziehen, ist der Bodenwert nach § 179 gesondert zu berücksichtigen.

(3) Besonderheiten, insbesondere die den Wert beeinflussenden Belastungen privatrechtlicher und öffentlich-rechtlicher Art, werden im Vergleichswertverfahren nach den Absätzen 1 und 2 nicht berücksichtigt.

§ 184[1)] Bewertung im Ertragswertverfahren. (1) Bei Anwendung des Ertragswertverfahrens ist der Wert der Gebäude (Gebäudeertragswert) getrennt von dem Bodenwert auf der Grundlage des Ertrags nach § 185 zu ermitteln.

(2) Der Bodenwert ist der Wert des unbebauten Grundstücks nach § 179.

(3) 1 Der Bodenwert und der Gebäudeertragswert (§ 185) ergeben den Ertragswert des Grundstücks. 2 Es ist mindestens der Bodenwert anzusetzen. 3 Sonstige bauliche Anlagen, insbesondere Außenanlagen, sind regelmäßig mit dem Ertragswert des Gebäudes abgegolten.

§ 185[1)] Ermittlung des Gebäudeertragswerts. (1) 1 Bei der Ermittlung des Gebäudeertragswerts ist von dem Reinertrag des Grundstücks auszugehen. 2 Dieser ergibt sich aus dem Rohertrag des Grundstücks (§ 186) abzüglich der Bewirtschaftungskosten (§ 187).

(2) 1 Der Reinertrag des Grundstücks ist um den Betrag zu vermindern, der sich durch eine angemessene Verzinsung des Bodenwerts ergibt; dies ergibt den Gebäudereinertrag. 2 Der Verzinsung des Bodenwerts ist der Liegenschaftszinssatz (§ 188) zugrunde zu legen. 3 Ist das Grundstück wesentlich größer, als es einer den Gebäuden angemessenen Nutzung entspricht, und ist eine zusätzliche Nutzung oder Verwertung einer Teilfläche zulässig und möglich, ist bei der Berechnung des Verzinsungsbetrags der Bodenwert dieser Teilfläche nicht zu berücksichtigen.

(3) 1 Der Gebäudereinertrag ist mit dem sich aus der Anlage 21 ergebenden Vervielfältiger zu kapitalisieren. 2 Maßgebend für den Vervielfältiger sind der Liegenschaftszinssatz und die Restnutzungsdauer des Gebäudes. 3 Die Restnutzungsdauer wird grundsätzlich aus dem Unterschiedsbetrag zwischen der wirtschaftlichen Gesamtnutzungsdauer, die sich aus der Anlage 22 ergibt, und dem Alter des Gebäudes am Bewertungsstichtag ermittelt. 4 Sind nach Bezugsfertigkeit des Gebäudes Veränderungen eingetreten, die die wirtschaftliche Gesamtnutzungsdauer des Gebäudes verlängert oder verkürzt haben, ist von einer der Verlängerung oder Verkürzung entsprechenden Restnutzungsdauer auszugehen. 5 Die Restnutzungsdauer eines noch nutzbaren Gebäudes beträgt regelmäßig mindestens 30 Prozent der wirtschaftlichen Gesamtnutzungsdauer.

---

1) Sechster Abschnitt (§§ 157–203) eingef. mWv 1.1.2009 durch G v. 24.12.2008 (BGBl. I S. 3018).

§ 186[1)] Rohertrag des Grundstücks. (1) [1]Rohertrag ist das Entgelt, das für die Benutzung des bebauten Grundstücks nach den am Bewertungsstichtag geltenden vertraglichen Vereinbarungen für den Zeitraum von zwölf Monaten zu zahlen ist. [2]Umlagen, die zur Deckung der Betriebskosten gezahlt werden, sind nicht anzusetzen.

(2) [1]Für Grundstücke oder Grundstücksteile,

1. die eigengenutzt, ungenutzt, zu vorübergehendem Gebrauch oder unentgeltlich überlassen sind,
2. die der Eigentümer dem Mieter zu einer um mehr als 20 Prozent von der üblichen Miete abweichenden tatsächlichen Miete überlassen hat,

ist die übliche Miete anzusetzen. [2]Die übliche Miete ist in Anlehnung an die Miete zu schätzen, die für Räume gleicher oder ähnlicher Art, Lage und Ausstattung regelmäßig gezahlt wird. [3]Betriebskosten sind nicht einzubeziehen.

§ 187[1)] Bewirtschaftungskosten. (1) Bewirtschaftungskosten sind die bei gewöhnlicher Bewirtschaftung nachhaltig entstehenden Verwaltungskosten, Betriebskosten, Instandhaltungskosten und das Mietausfallwagnis; durch Umlagen gedeckte Betriebskosten bleiben unberücksichtigt.

(2) [1]Die Bewirtschaftungskosten sind nach Erfahrungssätzen anzusetzen. [2]Soweit von den Gutachterausschüssen im Sinne der §§ 192 ff. des Baugesetzbuchs keine geeigneten Erfahrungssätze zur Verfügung stehen, ist von den pauschalierten Bewirtschaftungskosten nach Anlage 23 auszugehen.

§ 188[1)] Liegenschaftszinssatz. (1) Der Liegenschaftszinssatz ist der Zinssatz, mit dem der Verkehrswert von Grundstücken im Durchschnitt marktüblich verzinst wird.

(2) [1]Anzuwenden sind die von den Gutachterausschüssen im Sinne der §§ 192 ff. des Baugesetzbuchs ermittelten örtlichen Liegenschaftszinssätze. [2]Soweit von den Gutachterausschüssen keine geeigneten Liegenschaftszinssätze zur Verfügung stehen, gelten die folgenden Zinssätze:

1. 5 Prozent für Mietwohngrundstücke,
2. 5,5 Prozent für gemischt genutzte Grundstücke mit einem gewerblichen Anteil von bis zu 50 Prozent, berechnet nach der Wohn- und Nutzfläche,
3. 6 Prozent für gemischt genutzte Grundstücke mit einem gewerblichen Anteil von mehr als 50 Prozent, berechnet nach der Wohn- und Nutzfläche, und
4. 6,5 Prozent für Geschäftsgrundstücke.

§ 189[1)] Bewertung im Sachwertverfahren. (1) [1]Bei Anwendung des Sachwertverfahrens ist der Wert der Gebäude (Gebäudesachwert) getrennt vom Bodenwert nach § 190 zu ermitteln. [2]Sonstige bauliche Anlagen, insbe-

[1)] Sechster Abschnitt (§§ 157–203) eingef. mWv 1.1.2009 durch G v. 24.12.2008 (BGBl. I S. 3018).

sondere Außenanlagen, und der Wert der sonstigen Anlagen sind regelmäßig mit dem Gebäudewert und dem Bodenwert abgegolten.

(2) Der Bodenwert ist der Wert des unbebauten Grundstücks nach § 179.

(3) [1]Der Bodenwert und der Gebäudesachwert (§ 190) ergeben den vorläufigen Sachwert des Grundstücks. [2]Dieser ist zur Anpassung an den gemeinen Wert mit einer Wertzahl nach § 191 zu multiplizieren.

§ 190[1)·2)] **Ermittlung des Gebäudesachwerts.** (1) [1]Bei der Ermittlung des Gebäudesachwerts ist von den Regelherstellungskosten des Gebäudes auszugehen. [2]Regelherstellungskosten sind die gewöhnlichen Herstellungskosten je Flächeneinheit. [3]Durch Multiplikation der jeweiligen nach Absatz 2 an den Bewertungsstichtag angepassten Regelherstellungskosten mit der Brutto-Grundfläche des Gebäudes ergibt sich der Gebäuderegelherstellungswert. [4]Die Regelherstellungskosten sind in der Anlage 24 enthalten.

(2) [1]Die Anpassung der Regelherstellungskosten erfolgt anhand der vom Statistischen Bundesamt veröffentlichten Baupreisindizes. [2]Dabei ist auf die Preisindizes für die Bauwirtschaft abzustellen, die das Statistische Bundesamt für den Neubau in konventioneller Bauart von Wohn- und Nichtwohngebäuden jeweils als Jahresdurchschnitt ermittelt. [3]Diese Preisindizes sind für alle Bewertungsstichtage des folgenden Kalenderjahres anzuwenden. [4]Das Bundesministerium der Finanzen veröffentlicht die maßgebenden Baupreisindizes im Bundessteuerblatt.[3)]

(3) Das Bundesministerium der Finanzen wird ermächtigt, durch Rechtsverordnung mit Zustimmung des Bundesrates die Anlage 24 zu diesem Gesetz dadurch zu ändern, dass es die darin aufgeführten Regelherstellungskosten nach Maßgabe marktüblicher gewöhnlicher Herstellungskosten aktualisiert, soweit dies zur Ermittlung des gemeinen Werts erforderlich ist.

(4) [1]Vom Gebäuderegelherstellungswert ist eine Alterswertminderung abzuziehen. [2]Diese wird regelmäßig nach dem Verhältnis des Alters des Gebäudes am Bewertungsstichtag zur wirtschaftlichen Gesamtnutzungsdauer nach Anlage 22 bestimmt. [3]Sind nach Bezugsfertigkeit des Gebäudes Veränderungen eingetreten, die die wirtschaftliche Gesamtnutzungsdauer des Gebäudes verlängert haben, so ist von einem entsprechenden späteren Baujahr auszugehen. [4]Bei bestehender Abbruchverpflichtung für das Gebäude ist bei der Ermittlung der Alterswertminderung von der tatsächlichen Gesamtnutzungsdauer des Gebäudes auszugehen. [5]Der nach Abzug der Alterswertminderung verbleibende Gebäudewert ist regelmäßig mit mindestens 30 Prozent des Gebäuderegelherstellungswerts anzusetzen.

§ 191[1)] **Wertzahlen.** (1) Als Wertzahlen im Sinne des § 189 Abs. 3 sind die Sachwertfaktoren anzuwenden, die von den Gutachterausschüssen im Sinne

---

[1)] Sechster Abschnitt (§§ 157–203) eingef. mWv 1.1.2009 durch G v. 24.12.2008 (BGBl. I S. 3018).

[2)] § 190 neu gef. durch G v. 2.11.2015 (BGBl. I S. 1834); zur Anwendung siehe § 265 Abs. 10.

[3)] Für das Kj. 2019: BStBl. I 2019 S. 207.

der §§ 192ff. des Baugesetzbuchs für das Sachwertverfahren bei der Verkehrswertermittlung abgeleitet wurden.

(2) Soweit von den Gutachterausschüssen keine geeigneten Sachwertfaktoren zur Verfügung stehen, sind die in der Anlage 25 bestimmten Wertzahlen zu verwenden.

IV. Sonderfälle

§ 192[1)] Bewertung in Erbbaurechtsfällen. [1]Ist das Grundstück mit einem Erbbaurecht belastet, sind die Werte für die wirtschaftliche Einheit Erbbaurecht (§ 193) und für die wirtschaftliche Einheit des belasteten Grundstücks (§ 194) gesondert zu ermitteln. [2]Mit der Bewertung des Erbbaurechts (§ 193) ist die Verpflichtung zur Zahlung des Erbbauzinses und mit der Bewertung des Erbbaurechtsgrundstücks (§ 194) ist das Recht auf den Erbbauzins abgegolten; die hiernach ermittelten Grundbesitzwerte dürfen nicht weniger als 0 Euro betragen.[2)]

§ 193[1)] Bewertung des Erbbaurechts. (1) Der Wert des Erbbaurechts ist im Vergleichswertverfahren nach § 183 zu ermitteln, wenn für das zu bewertende Erbbaurecht Vergleichskaufpreise oder aus Kaufpreisen abgeleitete Vergleichsfaktoren vorliegen.

(2) In allen anderen Fällen setzt sich der Wert des Erbbaurechts zusammen aus einem Bodenwertanteil nach Absatz 3 und einem Gebäudewertanteil nach Absatz 5.

(3) [1]Der Bodenwertanteil ergibt sich aus der Differenz zwischen

1. dem angemessenen Verzinsungsbetrag des Bodenwerts des unbelasteten Grundstücks nach Absatz 4 und
2. dem vertraglich vereinbarten jährlichen Erbbauzins.

[2]Der so ermittelte Unterschiedsbetrag ist über die Restlaufzeit des Erbbaurechts mit dem sich aus Anlage 21 ergebenden Vervielfältiger zu kapitalisieren.

(4) [1]Der angemessene Verzinsungsbetrag des Bodenwerts des unbelasteten Grundstücks ergibt sich durch Anwendung des Liegenschaftszinssatzes, der von den Gutachterausschüssen im Sinne der §§ 192ff. des Baugesetzbuchs ermittelt wurde, auf den Bodenwert nach § 179. [2]Soweit von den Gutachterausschüssen keine geeigneten Liegenschaftszinssätze zur Verfügung stehen, gelten die folgenden Zinssätze:

1. 3 Prozent für Ein- und Zweifamilienhäuser und Wohnungseigentum, das wie Ein- und Zweifamilienhäuser gestaltet ist,
2. 5 Prozent für Mietwohngrundstücke und Wohnungseigentum, das nicht unter Nummer 1 fällt,

---

1) Sechster Abschnitt (§§ 157–203) eingef. mWv 1.1.2009 durch G v. 24.12.2008 (BGBl. I S. 3018).

2) § 192 Satz 2 angef. durch G v. 7.12.2011 (BGBl. I S. 2592); zur Anwendung siehe § 265 Abs. 3.

3. 5,5 Prozent für gemischt genutzte Grundstücke mit einem gewerblichen Anteil von bis zu 50 Prozent, berechnet nach der Wohn- und Nutzfläche, sowie sonstige bebaute Grundstücke,
4. 6 Prozent für gemischt genutzte Grundstücke mit einem gewerblichen Anteil von mehr als 50 Prozent, berechnet nach der Wohn- und Nutzfläche, und
5. 6,5 Prozent für Geschäftsgrundstücke und Teileigentum.

(5) [1]Der Gebäudewertanteil ist bei der Bewertung des bebauten Grundstücks im Ertragswertverfahren der Gebäudeertragswert nach § 185, bei der Bewertung im Sachwertverfahren der Gebäudesachwert nach § 190. [2]Ist der bei Ablauf des Erbbaurechts verbleibende Gebäudewert nicht oder nur teilweise zu entschädigen, ist der Gebäudewertanteil des Erbbaurechts um den Gebäudewertanteil des Erbbaugrundstücks nach § 194 Abs. 4 zu mindern.

§ 194[1)] Bewertung des Erbbaugrundstücks. (1) Der Wert des Erbbaugrundstücks ist im Vergleichswertverfahren nach § 183 zu ermitteln, wenn für das zu bewertende Grundstück Vergleichskaufpreise oder aus Kaufpreisen abgeleitete Vergleichsfaktoren vorliegen.

(2) [1]In allen anderen Fällen bildet der Bodenwertanteil nach Absatz 3 den Wert des Erbbaugrundstücks. [2]Dieser ist um einen Gebäudewertanteil nach Absatz 4 zu erhöhen, wenn der Wert des Gebäudes vom Eigentümer des Erbbaugrundstücks nicht oder nur teilweise zu entschädigen ist.

(3) [1]Der Bodenwertanteil ist die Summe des über die Restlaufzeit des Erbbaurechts abgezinsten Bodenwerts nach § 179 und der über diesen Zeitraum kapitalisierten Erbbauzinsen. [2]Der Abzinsungsfaktor für den Bodenwert wird in Abhängigkeit vom Zinssatz nach § 193 Abs. 4 und der Restlaufzeit des Erbbaurechts ermittelt; er ist Anlage 26 zu entnehmen. [3]Als Erbbauzinsen sind die am Bewertungsstichtag vereinbarten jährlichen Erbbauzinsen anzusetzen; sie sind mit dem sich aus Anlage 21 ergebenden Vervielfältiger zu kapitalisieren.

(4) Der Gebäudewertanteil des Erbbaugrundstücks entspricht dem Gebäudewert oder dem anteiligen Gebäudewert, der dem Eigentümer des Erbbaugrundstücks bei Beendigung des Erbbaurechts durch Zeitablauf entschädigungslos zufällt; er ist nach Maßgabe der Anlage 26 auf den Bewertungsstichtag abzuzinsen.

§ 195[1)] Gebäude auf fremdem Grund und Boden. (1) In Fällen von Gebäuden auf fremdem Grund und Boden sind die Werte für die wirtschaftliche Einheit des Gebäudes auf fremdem Grund und Boden (Absatz 2) und die wirtschaftliche Einheit des belasteten Grundstücks (Absatz 3) gesondert zu ermitteln.

(2) [1]Das Gebäude auf fremdem Grund und Boden wird bei einer Bewertung im Ertragswertverfahren mit dem Gebäudeertragswert nach § 185, bei

---

[1)] Sechster Abschnitt (§§ 157–203) eingef. mWv 1.1.2009 durch G v. 24.12.2008 (BGBl. I S. 3018).

einer Bewertung im Sachwertverfahren mit dem Gebäudesachwert nach § 190 bewertet. [2]Ist der Nutzer verpflichtet, das Gebäude bei Ablauf des Nutzungsrechts zu beseitigen, ist bei der Ermittlung des Gebäudeertragswerts der Vervielfältiger nach Anlage 21 anzuwenden, der sich für die am Bewertungsstichtag verbleibende Nutzungsdauer ergibt. [3]§ 185 Abs. 3 Satz 5 ist nicht anzuwenden. [4]Ist in diesen Fällen der Gebäudesachwert zu ermitteln, bemisst sich die Alterswertminderung im Sinne des § 190 Absatz 4[1)] Satz 1 bis 3 nach dem Alter des Gebäudes am Bewertungsstichtag und der tatsächlichen Gesamtnutzungsdauer. [5]§ 190 Absatz 4 Satz 5[1)] ist nicht anzuwenden.

(3) [1]Der Wert des belasteten Grundstücks ist der auf den Bewertungsstichtag abgezinste Bodenwert nach § 179 zuzüglich des über die Restlaufzeit des Nutzungsrechts kapitalisierten Entgelts. [2]Der Abzinsungsfaktor für den Bodenwert wird in Abhängigkeit vom Zinssatz nach § 193 Abs. 4 und der Restlaufzeit des Nutzungsverhältnisses ermittelt; er ist Anlage 26 zu entnehmen. [3]Das über die Restlaufzeit des Nutzungsrechts kapitalisierte Entgelt ergibt sich durch Anwendung des Vervielfältigers nach Anlage 21 auf das zum Bewertungsstichtag vereinbarte jährliche Entgelt.

§ 196[2)] Grundstücke im Zustand der Bebauung. (1) [1]Ein Grundstück im Zustand der Bebauung liegt vor, wenn mit den Bauarbeiten begonnen wurde und Gebäude und Gebäudeteile noch nicht bezugsfertig sind. [2]Der Zustand der Bebauung beginnt mit den Abgrabungen oder der Einbringung von Baustoffen, die zur planmäßigen Errichtung des Gebäudes führen.

(2) Die Gebäude oder Gebäudeteile im Zustand der Bebauung sind mit den bereits am Bewertungsstichtag entstandenen Herstellungskosten dem Wert des bislang unbebauten oder bereits bebauten Grundstücks hinzuzurechnen.

§ 197[2)] Gebäude und Gebäudeteile für den Zivilschutz. Gebäude, Teile von Gebäuden und Anlagen, die wegen der in § 1 des Zivilschutzgesetzes vom 25. März 1997 (BGBl. I S. 726), das zuletzt durch Artikel 2 des Gesetzes vom 27. April 2004 (BGBl. I S. 630) geändert worden ist, in der jeweils geltenden Fassung bezeichneten Zwecke geschaffen worden sind und im Frieden nicht oder nur gelegentlich oder geringfügig für andere Zwecke benutzt werden, bleiben bei der Ermittlung des Grundbesitzwerts außer Betracht.

V. Nachweis des niedrigeren gemeinen Werts

§ 198[2)] Nachweis des niedrigeren gemeinen Werts. [1]Weist der Steuerpflichtige nach, dass der gemeine Wert der wirtschaftlichen Einheit am Bewertungsstichtag niedriger ist als der nach den §§ 179, 182 bis 196 ermittelte Wert, so ist dieser Wert anzusetzen. [2]Für den Nachweis des niedrigeren gemeinen Werts gelten grundsätzlich die auf Grund des § 199 Abs. 1 des Baugesetzbuchs erlassenen Vorschriften.

---

1) Verweis geänd. durch G v. 2.11.2015 (BGBl. I S. 1834); zur Anwendung siehe § 265 Abs. 10.

2) Sechster Abschnitt (§§ 157–203) eingef. mWv 1.1.2009 durch G v. 24.12.2008 (BGBl. I S. 3018).

D. Nicht notierte Anteile an Kapitalgesellschaften und Betriebsvermögen

§ 199[1)] Anwendung des vereinfachten Ertragswertverfahrens. (1) Ist der gemeine Wert von Anteilen an einer Kapitalgesellschaft nach § 11 Abs. 2 Satz 2 unter Berücksichtigung der Ertragsaussichten der Kapitalgesellschaft zu ermitteln, kann das vereinfachte Ertragswertverfahren (§ 200) angewendet werden, wenn dieses nicht zu offensichtlich unzutreffenden Ergebnissen führt.

(2) Ist der gemeine Wert des Betriebsvermögens oder eines Anteils am Betriebsvermögen nach § 109 Abs. 1 und 2 in Verbindung mit § 11 Abs. 2 Satz 2 unter Berücksichtigung der Ertragsaussichten des Gewerbebetriebs oder der Gesellschaft zu ermitteln, kann das vereinfachte Ertragswertverfahren (§ 200) angewendet werden, wenn dieses nicht zu offensichtlich unzutreffenden Ergebnissen führt.

§ 200[1)] Vereinfachtes Ertragswertverfahren. (1) Zur Ermittlung des Ertragswerts ist vorbehaltlich der Absätze 2 bis 4 der zukünftig nachhaltig erzielbare Jahresertrag (§§ 201 und 202) mit dem Kapitalisierungsfaktor (§ 203) zu multiplizieren.

(2) Können Wirtschaftsgüter und mit diesen in wirtschaftlichem Zusammenhang stehende Schulden aus dem zu bewertenden Unternehmen im Sinne des § 199 Abs. 1 oder 2 herausgelöst werden, ohne die eigentliche Unternehmenstätigkeit zu beeinträchtigen (nicht betriebsnotwendiges Vermögen), so werden diese Wirtschaftsgüter und Schulden neben dem Ertragswert mit dem eigenständig zu ermittelnden gemeinen Wert oder Anteil am gemeinen Wert angesetzt.

(3) Hält ein zu bewertendes Unternehmen im Sinne des § 199 Abs. 1 oder 2 Beteiligungen an anderen Gesellschaften, die nicht unter Absatz 2 fallen, so werden diese Beteiligungen neben dem Ertragswert mit dem eigenständig zu ermittelnden gemeinen Wert angesetzt.

(4) Innerhalb von zwei Jahren vor dem Bewertungsstichtag eingelegte Wirtschaftsgüter, die nicht unter die Absätze 2 und 3 fallen, und mit diesen im wirtschaftlichen Zusammenhang stehende Schulden werden neben dem Ertragswert mit dem eigenständig zu ermittelnden gemeinen Wert angesetzt.

§ 201[1)] Ermittlung des Jahresertrags. (1) [1]Die Grundlage für die Bewertung bildet der zukünftig nachhaltig zu erzielende Jahresertrag. [2]Für die Ermittlung dieses Jahresertrags bietet der in der Vergangenheit tatsächlich erzielte Durchschnittsertrag eine Beurteilungsgrundlage.

(2) [1]Der Durchschnittsertrag ist regelmäßig aus den Betriebsergebnissen (§ 202) der letzten drei vor dem Bewertungsstichtag abgelaufenen Wirtschaftsjahre herzuleiten. [2]Das gesamte Betriebsergebnis eines am Bewertungsstichtag

---

[1)] Sechster Abschnitt (§§ 157–203) eingef. mWv 1.1.2009 durch G v. 24.12.2008 (BGBl. I S. 3018).

noch nicht abgelaufenen Wirtschaftsjahres ist anstelle des drittletzten abgelaufenen Wirtschaftsjahres einzubeziehen, wenn es für die Herleitung des künftig zu erzielenden Jahresertrags von Bedeutung ist. [3]Die Summe der Betriebsergebnisse ist durch drei zu dividieren und ergibt den Durchschnittsertrag. [4]Das Ergebnis stellt den Jahresertrag dar.

(3) [1]Hat sich im Dreijahreszeitraum der Charakter des Unternehmens nach dem Gesamtbild der Verhältnisse nachhaltig verändert oder ist das Unternehmen neu entstanden, ist von einem entsprechend verkürzten Ermittlungszeitraum auszugehen. [2]Bei Unternehmen, die durch Umwandlung, durch Einbringung von Betrieben oder Teilbetrieben oder durch Umstrukturierungen entstanden sind, ist bei der Ermittlung des Durchschnittsertrags von den früheren Betriebsergebnissen des Gewerbebetriebs oder der Gesellschaft auszugehen. [3]Soweit sich die Änderung der Rechtsform auf den Jahresertrag auswirkt, sind die früheren Betriebsergebnisse entsprechend zu korrigieren.

§ 202[1)] Betriebsergebnis. (1) [1]Zur Ermittlung des Betriebsergebnisses ist von dem Gewinn im Sinne des § 4 Abs. 1 Satz 1 des Einkommensteuergesetzes auszugehen (Ausgangswert); dabei bleiben bei einem Anteil am Betriebsvermögen Ergebnisse aus den Sonderbilanzen und Ergänzungsbilanzen unberücksichtigt. [2]Der Ausgangswert ist noch wie folgt zu korrigieren:

1. Hinzuzurechnen sind
   a) Investitionsabzugsbeträge, Sonderabschreibungen oder erhöhte Absetzungen, Bewertungsabschläge, Zuführungen zu steuerfreien Rücklagen sowie Teilwertabschreibungen. [2]Es sind nur die normalen Absetzungen für Abnutzung zu berücksichtigen. [3]Diese sind nach den Anschaffungs- oder Herstellungskosten bei gleichmäßiger Verteilung über die gesamte betriebsgewöhnliche Nutzungsdauer zu bemessen. [4]Die normalen Absetzungen für Abnutzung sind auch dann anzusetzen, wenn für die Absetzungen in der Steuerbilanz vom Restwert auszugehen ist, der nach Inanspruchnahme der Sonderabschreibungen oder erhöhten Absetzungen verblieben ist;
   b) Absetzungen auf den Geschäfts- oder Firmenwert oder auf firmenwertähnliche Wirtschaftsgüter;
   c) einmalige Veräußerungsverluste sowie außerordentliche Aufwendungen;
   d) im Gewinn nicht enthaltene Investitionszulagen, soweit in Zukunft mit weiteren zulagebegünstigten Investitionen in gleichem Umfang gerechnet werden kann;
   e) der Ertragsteueraufwand (Körperschaftsteuer, Zuschlagsteuern und Gewerbesteuer);
   f) Aufwendungen, die im Zusammenhang stehen mit Vermögen im Sinne des § 200 Abs. 2 und 4, und übernommene Verluste aus Beteiligungen im Sinne des § 200 Abs. 2 bis 4;

---

1) Sechster Abschnitt (§§ 157–203) eingef. mWv 1.1.2009 durch G v. 24.12.2008 (BGBl. I S. 3018).

2. abzuziehen sind

   a) gewinnerhöhende Auflösungsbeträge steuerfreier Rücklagen sowie Gewinne aus der Anwendung des § 6 Abs. 1 Nr. 1 Satz 4 und Nr. 2 Satz 3 des Einkommensteuergesetzes;

   b) einmalige Veräußerungsgewinne sowie außerordentliche Erträge;

   c) im Gewinn enthaltene Investitionszulagen, soweit in Zukunft nicht mit weiteren zulagebegünstigten Investitionen in gleichem Umfang gerechnet werden kann;

   d) ein angemessener Unternehmerlohn, soweit in der bisherigen Ergebnisrechnung kein solcher berücksichtigt worden ist. [2] Die Höhe des Unternehmerlohns wird nach der Vergütung bestimmt, die eine nicht beteiligte Geschäftsführung erhalten würde. [3] Neben dem Unternehmerlohn kann auch fiktiver Lohnaufwand für bislang unentgeltlich tätige Familienangehörige des Eigentümers berücksichtigt werden;

   e) Erträge aus der Erstattung von Ertragsteuern (Körperschaftsteuer, Zuschlagsteuern und Gewerbesteuer);

   f) Erträge, die im Zusammenhang stehen mit Vermögen im Sinne des § 200 Abs. 2 bis 4;

3. hinzuzurechnen oder abzuziehen sind auch sonstige wirtschaftlich nicht begründete Vermögensminderungen oder -erhöhungen mit Einfluss auf den zukünftig nachhaltig zu erzielenden Jahresertrag und mit gesellschaftsrechtlichem Bezug, soweit sie nicht nach den Nummern 1 und 2 berücksichtigt wurden.

(2) [1] In den Fällen des § 4 Abs. 3 des Einkommensteuergesetzes ist vom Überschuss der Betriebseinnahmen über die Betriebsausgaben auszugehen. [2] Absatz 1 Satz 2 Nr. 1 bis 3 gilt entsprechend.

(3) Zur Abgeltung des Ertragsteueraufwands ist ein positives Betriebsergebnis nach Absatz 1 oder Absatz 2 um 30 Prozent zu mindern.

§ 203[1) · 2)] **Kapitalisierungsfaktor.** (1) Der in diesem Verfahren anzuwendende Kapitalisierungsfaktor beträgt 13,75.

(2) Das Bundesministerium der Finanzen wird ermächtigt, durch Rechtsverordnung mit Zustimmung des Bundesrates den Kapitalisierungsfaktor an die Entwicklung der Zinsstrukturdaten anzupassen.

(3) Der Kapitalisierungsfaktor ist der Kehrwert des Kapitalisierungszinssatzes.

§§ 204–217 *(unbesetzt)*

---

1) Sechster Abschnitt (§§ 157–203) eingef. mWv 1.1.2009 durch G v. 24.12.2008 (BGBl. I S. 3018).

2) § 203 neu gef. durch G v. 4.11.2016 (BGBl. I S. 2464); zur Anwendung siehe § 265 Abs. 11.

Siebenter Abschnitt:[1)]
Bewertung des Grundbesitzes für die Grundsteuer ab 1. Januar 2022

A. Allgemeines

§ 218[1)] Vermögensarten. [1]Für Vermögen, das nach diesem Abschnitt zu bewerten ist, erfolgt abweichend von § 18 eine Unterscheidung in folgende Vermögensarten:

1. Land- und forstwirtschaftliches Vermögen (§ 232),
2. Grundvermögen (§ 243).

[2]Betriebsgrundstücke im Sinne des § 99 Absatz 1 Nummer 2 werden dem land- und forstwirtschaftlichen Vermögen zugeordnet und sind wie land- und forstwirtschaftliches Vermögen zu bewerten. [3]Betriebsgrundstücke im Sinne des § 99 Absatz 1 Nummer 1 werden dem Grundvermögen zugeordnet und sind wie Grundvermögen zu bewerten.

§ 219[1)] Feststellung von Grundsteuerwerten. (1) Grundsteuerwerte werden für inländischen Grundbesitz, und zwar für Betriebe der Land- und Forstwirtschaft (§§ 232 bis 234, 240) und für Grundstücke (§§ 243 und 244) gesondert festgestellt (§ 180 Absatz 1 Satz 1 Nummer 1 der Abgabenordnung).

(2) In dem Feststellungsbescheid (§ 179 der Abgabenordnung) sind auch Feststellungen zu treffen über:

1. die Vermögensart und beim Grundvermögen auch über die Grundstücksart (§ 249) sowie
2. die Zurechnung der wirtschaftlichen Einheit und bei mehreren Beteiligten über die Höhe ihrer Anteile.

(3) Die Feststellungen nach den Absätzen 1 und 2 erfolgen nur, soweit sie für die Besteuerung von Bedeutung sind.

§ 220[1)] Ermittlung der Grundsteuerwerte. [1]Die Grundsteuerwerte werden nach den Vorschriften dieses Abschnitts ermittelt. [2]Bei der Ermittlung der Grundsteuerwerte ist § 163 der Abgabenordnung nicht anzuwenden; hiervon unberührt bleiben Übergangsregelungen, die die oberste Finanzbehörde eines Landes im Einvernehmen mit den obersten Finanzbehörden der übrigen Länder trifft.

§ 221[1)] Hauptfeststellung. (1) Die Grundsteuerwerte werden in Zeitabständen von je sieben Jahren allgemein festgestellt (Hauptfeststellung).

(2) Der Hauptfeststellung werden die Verhältnisse zu Beginn des Kalenderjahres (Hauptfeststellungszeitpunkt) zugrunde gelegt.

[1)] Siebenter Abschnitt des Zweiten Teils (§§ 218 bis 263) angefügt durch G. v. 26.11.2019 (BGBl. I S. 1794); zur Anwendung siehe § 266.

§ 222[1] Fortschreibungen. (1) Der Grundsteuerwert wird neu festgestellt (Wertfortschreibung), wenn der in Euro ermittelte und auf volle 100 Euro abgerundete Wert, der sich für den Beginn eines Kalenderjahres ergibt, von dem entsprechenden Wert des letzten Feststellungszeitpunkts nach oben oder unten um mehr als 15 000 Euro abweicht.

(2) Über die Art oder Zurechnung der wirtschaftlichen Einheit (§ 219 Absatz 2) wird eine neue Feststellung getroffen (Artfortschreibung oder Zurechnungsfortschreibung), wenn sie von der zuletzt getroffenen Feststellung abweicht und es für die Besteuerung von Bedeutung ist.

(3) [1] Eine Fortschreibung nach Absatz 1 oder 2 findet auch zur Beseitigung eines Fehlers der letzten Feststellung statt. [2] § 176 der Abgabenordnung über den Vertrauensschutz bei der Aufhebung und Änderung von Steuerbescheiden ist hierbei entsprechend anzuwenden. [3] Satz 2 gilt nur für die Feststellungszeitpunkte, die vor der Verkündung der maßgeblichen Entscheidung eines der in § 176 der Abgabenordnung genannten Gerichte liegen.

(4) [1] Eine Fortschreibung ist vorzunehmen, wenn dem Finanzamt bekannt wird, dass die Voraussetzungen für sie vorliegen. [2] Der Fortschreibung werden vorbehaltlich des § 227 die Verhältnisse im Fortschreibungszeitpunkt zugrunde gelegt. [3] Fortschreibungszeitpunkt ist:

1. bei einer Änderung der tatsächlichen Verhältnisse der Beginn des Kalenderjahres, das auf die Änderung folgt, und
2. in den Fällen des Absatzes 3 der Beginn des Kalenderjahres, in dem der Fehler dem Finanzamt bekannt wird, bei einer Erhöhung des Grundsteuerwerts jedoch frühestens der Beginn des Kalenderjahres, in dem der Feststellungsbescheid erteilt wird.

§ 223[1] Nachfeststellung. (1) Für wirtschaftliche Einheiten, für die ein Grundsteuerwert festzustellen ist, wird der Grundsteuerwert nachträglich festgestellt (Nachfeststellung), wenn nach dem Hauptfeststellungszeitpunkt:

1. die wirtschaftliche Einheit neu entsteht oder
2. eine bereits bestehende wirtschaftliche Einheit erstmals zur Grundsteuer herangezogen werden soll.

(2) [1] Der Nachfeststellung werden vorbehaltlich des § 227 die Verhältnisse im Nachfeststellungszeitpunkt zugrunde gelegt. [2] Nachfeststellungszeitpunkt ist:

1. in den Fällen des Absatzes 1 Nummer 1 der Beginn des Kalenderjahres, das auf die Entstehung der wirtschaftlichen Einheit folgt, und
2. in den Fällen des Absatzes 1 Nummer 2 der Beginn des Kalenderjahres, in dem der Grundsteuerwert erstmals der Besteuerung zugrunde gelegt wird.

§ 224[1] Aufhebung des Grundsteuerwerts. (1) Der Grundsteuerwert wird aufgehoben, wenn dem Finanzamt bekannt wird, dass:

---

[1] Siebenter Abschnitt des Zweiten Teils (§§ 218 bis 263) angefügt durch G. v. 26.11.2019 (BGBl. I S. 1794); zur Anwendung siehe § 266.

1. die wirtschaftliche Einheit wegfällt oder
2. der Grundsteuerwert der wirtschaftlichen Einheit infolge von Befreiungsgründen der Besteuerung nicht mehr zugrunde gelegt wird.

(2) Aufhebungszeitpunkt ist:

1. in den Fällen des Absatzes 1 Nummer 1 der Beginn des Kalenderjahres, das auf den Wegfall der wirtschaftlichen Einheit folgt, und
2. in den Fällen des Absatzes 1 Nummer 2 der Beginn des Kalenderjahres, in dem der Grundsteuerwert erstmals der Besteuerung nicht mehr zugrunde gelegt wird.

§ 225[1)] Änderung von Feststellungsbescheiden. [1]Bescheide über Fortschreibungen oder über Nachfeststellungen von Grundsteuerwerten können schon vor dem maßgeblichen Feststellungszeitpunkt erteilt werden. [2]Sie sind zu ändern oder aufzuheben, wenn sich bis zu diesem Zeitpunkt Änderungen ergeben, die zu einer abweichenden Feststellung führen.

§ 226[1)] Nachholung einer Feststellung. (1) [1]Ist die Feststellungsfrist (§ 181 der Abgabenordnung) abgelaufen, kann eine Fortschreibung (§ 222) oder Nachfeststellung (§ 223) unter Zugrundelegung der Verhältnisse vom Fortschreibungs- oder Nachfeststellungszeitpunkt mit Wirkung für einen späteren Feststellungszeitpunkt vorgenommen werden, für den diese Frist noch nicht abgelaufen ist. [2]§ 181 Absatz 5 der Abgabenordnung bleibt hiervon unberührt.

(2) Absatz 1 ist bei der Aufhebung des Grundsteuerwerts (§ 224) entsprechend anzuwenden.

§ 227[1)] Wertverhältnisse bei Fortschreibungen und Nachfeststellungen. Bei Fortschreibungen und bei Nachfeststellungen der Grundsteuerwerte sind die Wertverhältnisse im Hauptfeststellungszeitpunkt zugrunde zu legen.

§ 228[1)] Erklärungs- und Anzeigepflicht. (1) [1]Die Steuerpflichtigen haben Erklärungen zur Feststellung der Grundsteuerwerte für den Hauptfeststellungszeitpunkt oder einen anderen Feststellungszeitpunkt abzugeben, wenn sie hierzu durch die Finanzbehörde aufgefordert werden (§ 149 Absatz 1 Satz 2 der Abgabenordnung). [2]Fordert die Finanzbehörde zur Abgabe einer Erklärung auf, hat sie eine Frist zur Abgabe der Erklärung zu bestimmen, die mindestens einen Monat betragen soll. [3]Die Aufforderung zur Abgabe einer Erklärung kann vom Bundesministerium der Finanzen im Einvernehmen mit den obersten Finanzbehörden der Länder durch öffentliche Bekanntmachung erfolgen.

(2) [1]Eine Änderung der tatsächlichen Verhältnisse, die sich auf die Höhe des Grundsteuerwerts, die Vermögensart oder die Grundstücksart auswirken oder zu einer erstmaligen Feststellung führen kann, ist auf den Beginn des folgen-

---

[1)] Siebenter Abschnitt des Zweiten Teils (§§ 218 bis 263) angefügt durch G. v. 26.11.2019 (BGBl. I S. 1794); zur Anwendung siehe § 266.

den Kalenderjahres anzuzeigen. [2]Gleiches gilt, wenn das Eigentum oder das wirtschaftliche Eigentum an einem auf fremdem Grund und Boden errichteten Gebäude übergegangen ist. [3]Die Frist für die Abgabe dieser Anzeige beträgt einen Monat und beginnt mit Ablauf des Kalenderjahres, in dem sich die tatsächlichen Verhältnisse geändert haben oder das Eigentum oder das wirtschaftliche Eigentum an einem auf fremdem Grund und Boden errichteten Gebäude übergegangen ist.

(3) Die Erklärung nach Absatz 1 und die Anzeige nach Absatz 2 sind abzugeben

1. von dem Steuerpflichtigen, dem die wirtschaftliche Einheit zuzurechnen ist,
2. bei einem Grundstück, das mit einem Erbbaurecht belastet ist, vom Erbbauberechtigten unter Mitwirkung des Erbbauverpflichteten oder
3. bei einem Gebäude auf fremdem Grund und Boden vom Eigentümer des Grund und Bodens unter Mitwirkung des Eigentümers oder des wirtschaftlichen Eigentümers des Gebäudes.

(4) Die Erklärungen nach Absatz 1 und die Anzeigen nach Absatz 2 sind bei dem für die gesonderte Feststellung zuständigen Finanzamt abzugeben.

(5) Die Erklärungen nach Absatz 1 und die Anzeigen nach Absatz 2 sind Steuererklärungen im Sinne der Abgabenordnung, die eigenhändig zu unterschreiben sind.

(6) [1]Die Erklärungen nach Absatz 1 und die Anzeigen nach Absatz 2 sind nach amtlich vorgeschriebenem Datensatz durch Datenfernübertragung zu übermitteln. [2]Auf Antrag kann die Finanzbehörde zur Vermeidung unbilliger Härten auf eine Übermittlung durch Datenfernübertragung verzichten. [3]Für die Entscheidung über den Antrag gilt § 150 Absatz 8 der Abgabenordnung.

§ 229[1)] Auskünfte, Erhebungen und Mitteilungen. (1) [1]Die Eigentümer von Grundbesitz haben der Finanzbehörde auf Anforderung alle Angaben zu machen, die sie für die Sammlung der Kauf-, Miet- und Pachtpreise braucht. [2]Dabei haben sie zu versichern, dass sie die Angaben nach bestem Wissen und Gewissen gemacht haben.

(2) [1]Die Finanzbehörden können zur Vorbereitung einer Hauptfeststellung und zur Durchführung von Feststellungen der Grundsteuerwerte örtliche Erhebungen über die Bewertungsgrundlagen anstellen. [2]Das Grundrecht der Unverletzlichkeit der Wohnung (Artikel 13 des Grundgesetzes) wird insoweit eingeschränkt.

(3) Die nach Bundes- oder Landesrecht zuständigen Behörden haben den Finanzbehörden die rechtlichen und tatsächlichen Umstände mitzuteilen, die ihnen im Rahmen ihrer Aufgabenerfüllung bekannt geworden sind und die für die Feststellung von Grundsteuerwerten oder für die Grundsteuer von Bedeutung sein können.

[1)] Siebenter Abschnitt des Zweiten Teils (§§ 218 bis 263) angefügt durch G. v. 26.11.2019 (BGBl. I S. 1794); zur Anwendung siehe § 266.

(4) [1]Die Grundbuchämter haben den für die Feststellung des Grundsteuerwerts zuständigen Finanzbehörden mitzuteilen:

1. die Eintragung eines neuen Eigentümers oder Erbbauberechtigten sowie bei einem anderen als einem rechtsgeschäftlichen Erwerb zusätzlich die Anschrift des neuen Eigentümers oder Erbbauberechtigten; dies gilt nicht für die Fälle des Erwerbs nach den Vorschriften des Zuordnungsrechts,
2. die Eintragung der Begründung von Wohnungseigentum oder Teileigentum,
3. die Eintragung der Begründung eines Erbbaurechts, Wohnungserbbaurechts oder Teilerbbaurechts.

[2]In den Fällen des Satzes 1 Nummer 2 und 3 ist gleichzeitig der Tag des Eingangs des Eintragungsantrags beim Grundbuchamt mitzuteilen. [3]Bei einer Eintragung aufgrund Erbfolge ist das Jahr anzugeben, in dem der Erblasser verstorben ist. [4]Die Mitteilungen sollen der Finanzbehörde über die für die Führung des Liegenschaftskatasters zuständige Behörde oder über eine sonstige Behörde, die das amtliche Verzeichnis der Grundstücke (§ 2 Absatz 2 der Grundbuchordnung) führt, zugeleitet werden.

(5) [1]Die nach den Absätzen 3 oder 4 mitteilungspflichtige Stelle hat die betroffenen Personen vom Inhalt der Mitteilung zu unterrichten. [2]Eine Unterrichtung kann unterbleiben, soweit den Finanzbehörden Umstände aus dem Grundbuch, den Grundakten oder aus dem Liegenschaftskataster mitgeteilt werden.

(6) [1]Die nach den Absätzen 3 oder 4 mitteilungspflichtigen Stellen übermitteln die Mitteilungen den Finanzbehörden nach amtlich vorgeschriebenem Datensatz über die amtlich bestimmte Schnittstelle. [2]Die Grundbuchämter und die für die Führung des Liegenschaftskatasters zuständigen Behörden übermitteln die bei ihnen geführten Daten laufend, mindestens alle drei Monate. [3]Das Bundesministerium der Finanzen legt im Einvernehmen mit den obersten Finanzbehörden der Länder und den obersten Vermessungs- und Katasterbehörden der Länder die Einzelheiten der elektronischen Übermittlung und deren Beginn in einem Schreiben fest. [4]Dieses Schreiben ist im Bundesanzeiger und im Bundessteuerblatt zu veröffentlichen.

§ 230[1)] Abrundung. Die ermittelten Grundsteuerwerte werden auf volle 100 Euro nach unten abgerundet.

§ 231[1)] Abgrenzung von in- und ausländischem Vermögen. (1) [1]Für die Bewertung des inländischen nach diesem Abschnitt zu bewertenden Vermögens gelten die §§ 232 bis 262. [2]Nach diesen Vorschriften sind auch die inländischen Teile einer wirtschaftlichen Einheit zu bewerten, die sich sowohl auf das Inland als auch auf das Ausland erstrecken.

(2) Die ausländischen Teile einer wirtschaftlichen Einheit unterliegen nicht der gesonderten Feststellung nach § 219.

[1)] Siebenter Abschnitt des Zweiten Teils (§§ 218 bis 263) angefügt durch G. v. 26.11.2019 (BGBl. I S. 1794); zur Anwendung siehe § 266.

B. Land- und forstwirtschaftliches Vermögen

I. Allgemeines

§ 232[1)] Begriff des land- und forstwirtschaftlichen Vermögens.

(1) [1]Land- und Forstwirtschaft ist die planmäßige Nutzung der natürlichen Kräfte des Bodens zur Erzeugung von Pflanzen und Tieren sowie die Verwertung der dadurch selbst gewonnenen Erzeugnisse. [2]Zum land- und forstwirtschaftlichen Vermögen gehören alle Wirtschaftsgüter, die einem Betrieb der Land- und Forstwirtschaft dauernd zu dienen bestimmt sind.

(2) [1]Die wirtschaftliche Einheit des land- und forstwirtschaftlichen Vermögens ist der Betrieb der Land- und Forstwirtschaft. [2]Wird der Betrieb der Land- und Forstwirtschaft oder werden Teile davon einem anderen Berechtigten zur Erzeugung von Pflanzen und Tieren sowie zur Verwertung der dadurch selbst gewonnenen Erzeugnisse überlassen, so gilt dies als Fortsetzung der land- und forstwirtschaftlichen Tätigkeit des Überlassenden.

(3) [1]Zu den Wirtschaftsgütern, die dem Betrieb der Land- und Forstwirtschaft dauernd zu dienen bestimmt sind, gehören insbesondere:
1. der Grund und Boden,
2. die Wirtschaftsgebäude,
3. die stehenden Betriebsmittel,
4. der normale Bestand an umlaufenden Betriebsmitteln,
5. die immateriellen Wirtschaftsgüter.

[2]Als normaler Bestand an umlaufenden Betriebsmitteln gilt ein Bestand, der zur gesicherten Fortführung des Betriebs erforderlich ist.

(4) Nicht zum land- und forstwirtschaftlichen Vermögen gehören:
1. Grund und Boden sowie Gebäude und Gebäudeteile, die Wohnzwecken oder anderen nicht land- und forstwirtschaftlichen Zwecken dienen,
2. Tierbestände oder Zweige des Tierbestands und die hiermit zusammenhängenden Wirtschaftsgüter (zum Beispiel Gebäude und abgrenzbare Gebäudeteile mit den dazugehörenden Flächen, stehende und umlaufende Betriebsmittel), wenn die Tiere weder nach § 241 zur landwirtschaftlichen Nutzung noch nach § 242 Absatz 2 zu den sonstigen land- und forstwirtschaftlichen Nutzungen gehören; die Zugehörigkeit der landwirtschaftlich genutzten Flächen zum land- und forstwirtschaftlichen Vermögen wird hierdurch nicht berührt,
3. Zahlungsmittel, Geldforderungen, Geschäftsguthaben, Wertpapiere und Beteiligungen sowie
4. Geldschulden und Pensionsverpflichtungen.

§ 233[1)] Abgrenzung des land- und forstwirtschaftlichen Vermögens vom Grundvermögen in Sonderfällen. (1) Dienen im Umgriff einer

---

[1)] Siebenter Abschnitt des Zweiten Teils (§§ 218 bis 263) angefügt durch G. v. 26.11.2019 (BGBl. I S. 1794); zur Anwendung siehe § 266.

Windenergieanlage Flächen einem Betrieb der Land- und Forstwirtschaft, sind abweichend von § 232 Absatz 4 Nummer 1 die Standortflächen der Windenergieanlage und der dazugehörenden Betriebsvorrichtungen (abgegrenzte Standortfläche der Windenergieanlage) dem land- und forstwirtschaftlichen Vermögen zuzurechnen.

(2) Land- und forstwirtschaftlich genutzte Flächen sind dem Grundvermögen zuzurechnen, wenn nach ihrer Lage, den am Feststellungszeitpunkt bestehenden Verwertungsmöglichkeiten oder den sonstigen Umständen anzunehmen ist, dass sie innerhalb eines Zeitraums von sieben Jahren anderen als land- und forstwirtschaftlichen Zwecken, insbesondere als Bau-, Gewerbe- oder Industrieland oder als Land für Verkehrszwecke, dienen werden.

(3) [1]Flächen sind stets dem Grundvermögen zuzurechnen, wenn sie in einem Bebauungsplan als Bauland festgesetzt sind, ihre sofortige Bebauung möglich ist und die Bebauung innerhalb des Plangebiets in benachbarten Bereichen begonnen hat oder schon durchgeführt ist. [2]Satz 1 gilt nicht für die Hofstelle.

§ 234[1)] Betrieb der Land- und Forstwirtschaft. (1) Ein Betrieb der Land- und Forstwirtschaft umfasst:

1. die land- und forstwirtschaftlichen Nutzungen:
   a) die landwirtschaftliche Nutzung,
   b) die forstwirtschaftliche Nutzung,
   c) die weinbauliche Nutzung,
   d) die gärtnerische Nutzung,
      aa) Nutzungsteil Gemüsebau,
      bb) Nutzungsteil Blumen- und Zierpflanzenbau,
      cc) Nutzungsteil Obstbau,
      dd) Nutzungsteil Baumschulen,
   e) die übrigen land- und forstwirtschaftlichen Nutzungen,
2. die Nutzungsarten:
   a) Abbauland,
   b) Geringstland,
   c) Unland,
   d) Hofstelle,
3. die Nebenbetriebe.

(2) Die land- und forstwirtschaftlichen Betriebsflächen sind einer Nutzung, innerhalb der gärtnerischen Nutzung einem Nutzungsteil, oder einer Nutzungsart zuzuordnen (gesetzliche Klassifizierung).

(3) Zum Abbauland gehören die Betriebsflächen, die durch Abbau der Bodensubstanz überwiegend für den Betrieb der Land- und Forstwirtschaft nutz-

---

1) Siebenter Abschnitt des Zweiten Teils (§§ 218 bis 263) angefügt durch G. v. 26.11.2019 (BGBl. I S. 1794); zur Anwendung siehe § 266.

bar gemacht werden, zum Beispiel Steinbrüche, Torfstiche, Sand-, Kies- und Lehmgruben.

(4) Zum Geringstland gehören die Betriebsflächen geringster Ertragsfähigkeit, für die nach dem Bodenschätzungsgesetz keine Wertzahlen festzustellen sind.

(5) Zum Unland gehören die Betriebsflächen, die auch bei geordneter Wirtschaftsweise keinen Ertrag abwerfen können.

(6) Zur Hofstelle gehören alle Hof- und Wirtschaftsgebäudeflächen einschließlich der Nebenflächen, wenn von dort land- und forstwirtschaftliche Flächen nachhaltig bewirtschaftet werden.

(7) Als Nebenbetrieb gilt ein Betrieb, der dem Hauptbetrieb zu dienen bestimmt ist und nicht einen selbständigen gewerblichen Betrieb darstellt.

§ 235[1)] Bewertungsstichtag. (1) Für die Größe des Betriebs sowie für den Umfang und den Zustand der Gebäude sind die Verhältnisse im Feststellungszeitpunkt maßgebend.

(2) Für die stehenden und umlaufenden Betriebsmittel ist der Stand am Ende des Wirtschaftsjahres maßgebend, das dem Feststellungszeitpunkt vorangegangen ist.

§ 236[1)] Bewertungsgrundsätze. (1) Der Bewertung eines Betriebs der Land- und Forstwirtschaft ist der Ertragswert zugrunde zu legen.

(2) [1]Bei der Ermittlung des Ertragswerts ist von der Ertragsfähigkeit auszugehen. [2]Ertragsfähigkeit ist der bei ordnungsmäßiger Bewirtschaftung gemeinhin und nachhaltig erzielbare Reinertrag eines pacht- und schuldenfreien Betriebs mit entlohnten fremden Arbeitskräften (Reinertrag). [3]Er ermittelt sich aus dem Betriebseinkommen abzüglich des Lohnaufwands für die entlohnten Arbeitskräfte und des angemessenen Anteils für die Arbeitsleistung des Betriebsleiters sowie der nicht entlohnten Arbeitskräfte. [4]Hierbei sind alle Umstände zu berücksichtigen, die bei einer Selbstbewirtschaftung des Betriebs den Wirtschaftserfolg beeinflussen.

(3) [1]Der Reinertrag wird aus den Erhebungen nach § 2 des Landwirtschaftsgesetzes oder aus Erhebungen der Finanzverwaltung für jede gesetzliche Klassifizierung gesondert ermittelt. [2]Bei der Ermittlung des jeweiligen Reinertrags ist zur Berücksichtigung der nachhaltigen Ertragsfähigkeit ein Durchschnitt aus den letzten zehn vorliegenden Wirtschaftsjahren zu bilden, die vor dem Hauptfeststellungszeitpunkt geendet haben.

(4) Der Ertragswert ist das 18,6fache der Summe der Reinerträge des Betriebs.

§ 237[1)] Bewertung des Betriebs der Land- und Forstwirtschaft.

(1) [1]Bei der Ermittlung des Ertragswerts für einen Betrieb der Land- und Forstwirtschaft sind die land- und forstwirtschaftlichen Nutzungen, Nutzungs-

---

[1)] Siebenter Abschnitt des Zweiten Teils (§§ 218 bis 263) angefügt durch G. v. 26.11.2019 (BGBl. I S. 1794); zur Anwendung siehe § 266.

arten und die Nebenbetriebe (§ 234 Absatz 1) mit ihrem jeweiligen Reinertrag nach den Absätzen 2 bis 8 zu bewerten. 2 Mit dem Ansatz des jeweiligen Reinertrags sind auch dem Eigentümer des Grund und Bodens nicht gehörende stehende und umlaufende Betriebsmittel, die der Bewirtschaftung des Betriebs dienen, abgegolten.

(2)[1] 1 Der Reinertrag der landwirtschaftlichen Nutzung ermittelt sich aus der Summe der Flächenwerte. 2 Der jeweilige Flächenwert ist das Produkt aus der Größe der gesetzlich klassifizierten Eigentumsfläche des Betriebs und den Bewertungsfaktoren der Anlage 27. 3 Die Bewertungsfaktoren Grundbetrag und Ertragsmesszahl nach § 9 des Bodenschätzungsgesetzes sind für jede Eigentumsfläche gesondert zu ermitteln.

(3)[2] 1 Der Reinertrag der forstwirtschaftlichen Nutzung ermittelt sich aus der Summe der Flächenwerte. 2 Der jeweilige Flächenwert ist das Produkt aus der Größe der gesetzlich klassifizierten Eigentumsfläche des Betriebs und dem jeweiligen gegendüblichen Bewertungsfaktor gemäß Anlage 28. 3 Die gegendüblichen Bewertungsfaktoren bestimmen sich nach den forstwirtschaftlichen Wuchsgebieten und deren Baumartenanteilen nach der zuletzt vor dem Hauptfeststellungszeitpunkt durchgeführten Bundeswaldinventur (§ 41a des Bundeswaldgesetzes). 4 Abweichend hiervon werden klassifizierte Eigentumsflächen mit katastermäßig nachgewiesenen Bewirtschaftungsbeschränkungen als Geringstland bewertet, wenn infolge der Bewirtschaftungsbeschränkungen eine nachhaltige forstwirtschaftliche Nutzung unterbleibt.

(4)[3] 1 Der Reinertrag der weinbaulichen Nutzung ermittelt sich aus der Summe der Flächenwerte. 2 Der jeweilige Flächenwert ist das Produkt aus der Größe der gesetzlich klassifizierten Eigentumsfläche des Betriebs und dem Bewertungsfaktor für die Verwertungsform Traubenerzeugung gemäß Anlage 29.

(5)[4] 1 Der Reinertrag der gärtnerischen Nutzung ist gegliedert nach den Nutzungsteilen zu ermitteln. 2 Der Reinertrag eines Nutzungsteils ermittelt sich aus der Summe der Flächenwerte. 3 Der jeweilige Flächenwert ist das Produkt aus der gesetzlich klassifizierten Eigentumsfläche des Betriebs und dem jeweiligen Bewertungsfaktor gemäß Anlage 30. 4 Abweichend hiervon wird der Nutzungsteil Gemüsebau wie eine landwirtschaftliche Nutzung bewertet, wenn im Wechsel landwirtschaftliche und gärtnerische Erzeugnisse gewonnen werden und keine Bewässerungsmöglichkeiten bestehen.

(6)[5] 1 Der Reinertrag für die übrigen land- und forstwirtschaftlichen Nutzungen ist für jede Nutzung nach § 242 gesondert zu ermitteln. 2 Der Reinertrag einer übrigen land- und forstwirtschaftlichen Nutzung ermittelt sich aus der Summe der Flächenwerte. 3 Der jeweilige Flächenwert ist das Produkt aus der Größe der gesetzlich klassifizierten Eigentumsfläche des Betriebs und dem jeweiligen Bewertungsfaktor einschließlich des Zuschlags gemäß Anlage 31.

---

1) Siehe Anlage 27.
2) Siehe Anlage 28.
3) Siehe Anlage 29.
4) Siehe Anlage 30.
5) Siehe Anlage 31.

[4]Für die sonstigen land- und forstwirtschaftlichen Nutzungen, für die kein Bewertungsfaktor festgelegt wurde, ist der Reinertrag der jeweiligen Nutzung durch Multiplikation der Bruttogrundflächen der nachhaltig genutzten Wirtschaftsgebäude mit dem Zwölffachen des Werts gemäß Anlage 31 und für den dazu gehörenden Grund und Boden nach Absatz 8 zu ermitteln; dies gilt unabhängig von einer gesetzlichen Klassifizierung als Hofstelle.

(7)[1)] [1]Der Reinertrag für die Nutzungsarten Abbauland, Geringstland und Unland ermittelt sich aus der Summe der Flächenwerte der jeweiligen Nutzungsart. [2]Der jeweilige Flächenwert ist das Produkt aus der Größe der gesetzlich klassifizierten Eigentumsfläche des Betriebs und dem jeweiligen Bewertungsfaktor gemäß Anlage 31.

(8)[2)] [1]Der Reinertrag für die Hofflächen und die Nebenbetriebe ermittelt sich aus der Summe der Flächenwerte. [2]Der Flächenwert ist das Produkt aus der jeweils als Hofstelle gesetzlich klassifizierten Eigentumsfläche des Betriebs und dem dreifachen Bewertungsfaktor gemäß Anlage 32.

§ 238[3)] Zuschläge zum Reinertrag. (1) Ein Zuschlag zum Reinertrag einer Nutzung oder Nutzungsart ist vorzunehmen,

1. bei der landwirtschaftlichen Nutzung gemäß Anlage 27, wenn der tatsächliche Tierbestand am maßgeblichen Bewertungsstichtag (§ 235) die in Anlage 27 genannte Grenze nachhaltig überschreitet,
2. bei der gärtnerischen Nutzung gemäß Anlage 30, wenn in einem Nutzungsteil Flächen unter Glas und Kunststoffen dem Betrieb zu dienen bestimmt sind. [2]Zu den Flächen unter Glas und Kunststoffen gehören insbesondere mit Gewächshäusern, begehbaren Folientunneln, Foliengewächshäusern und anderen Kulturräumen überbaute Bruttogrundflächen. [3]Unerheblich ist, ob die Flächen unter Glas und Kunststoffen neben der Erzeugung auch zur Lagerung oder zum Vertrieb der Erzeugnisse zu dienen bestimmt sind,
3. bei der Nutzungsart Hofstelle gemäß Anlage 32 für die weinbauliche Nutzung und für Nebenbetriebe. [2]Der Zuschlag ermittelt sich durch Multiplikation der Bruttogrundflächen der nachhaltig genutzten Wirtschaftsgebäude mit dem Zwölffachen des jeweiligen Bewertungsfaktors. [3]Unerheblich ist, ob die Wirtschaftsgebäude neben der Erzeugung auch zur Lagerung oder zum Vertrieb der Erzeugnisse zu dienen bestimmt sind.

(2)[4)] [1]Der Reinertrag einer Nutzung oder Nutzungsart ist um einen Zuschlag zu erhöhen, wenn die Eigentumsflächen des Betriebs zugleich der Stromerzeugung aus Windenergie dienen. [2]Der Zuschlag ermittelt sich aus dem Produkt der abgegrenzten Standortfläche der Windenergieanlage und dem Bewertungsfaktor gemäß Anlage 33.

[1)] Siehe Anlage 31.
[2)] Siehe Anlage 32.
[3)] Siebenter Abschnitt des Zweiten Teils (§§ 218 bis 263) angefügt durch G. v. 26.11.2019 (BGBl. I S. 1794); zur Anwendung siehe § 266.
[4)] Siehe Anlage 33.

§ 239[1] **Grundsteuerwert des Betriebs der Land- und Forstwirtschaft.** (1) Die Summe der Reinerträge des Betriebs einschließlich der Zuschläge (§§ 237, 238) ist zur Ermittlung des Ertragswerts mit dem Faktor 18,6 zu kapitalisieren und ergibt den Grundsteuerwert des Betriebs der Land- und Forstwirtschaft.

(2) [1]Die Summe der Reinerträge einschließlich der Zuschläge (§§ 237, 238) eines Betriebs der Land- und Forstwirtschaft ist für jede Gemeinde gesondert zu ermitteln, wenn sich die wirtschaftliche Einheit über mehrere Gemeinden erstreckt. [2]Der auf eine Gemeinde entfallende Anteil am Grundsteuerwert berechnet sich aus der jeweils für eine Gemeinde gesondert ermittelten Summe der Reinerträge im Verhältnis zur Gesamtsumme der Reinerträge des Betriebs der Land- und Forstwirtschaft.

§ 240[1] **Kleingartenland und Dauerkleingartenland.** (1) Als Betrieb der Land- und Forstwirtschaft gelten auch Kleingartenland und Dauerkleingartenland im Sinne des Bundeskleingartengesetzes.

(2) [1]Bei der Ermittlung des Ertragswerts für Kleingartenland und Dauerkleingartenland ist abweichend von § 237 der Reinertrag für den Nutzungsteil Gemüsebau anzusetzen. [2]Der Reinertrag ergibt sich aus der Summe der Produkte der jeweils gesetzlich klassifizierten Eigentumsfläche und dem Reinertrag für das Freiland gemäß Anlage 30.

(3) [1]Gartenlauben von mehr als 30 Quadratmetern Brutto-Grundfläche gelten als Wirtschaftsgebäude. [2]§ 237 Absatz 8 findet entsprechende Anwendung.

(4) Die Summe der Reinerträge nach den Absätzen 2 und 3 ist zur Ermittlung des Ertragswerts mit dem Faktor 18,6 zu kapitalisieren und ergibt den Grundsteuerwert des Betriebs der Land- und Forstwirtschaft.

II. Besondere Vorschriften

a) Landwirtschaftliche Nutzung

§ 241[1] **Tierbestände.** (1) [1]Tierbestände gehören in vollem Umfang zur landwirtschaftlichen Nutzung, wenn im Wirtschaftsjahr

für die ersten 20 Hektar	nicht mehr als	10 Vieheinheiten,
für die nächsten 10 Hektar	nicht mehr als	7 Vieheinheiten,
für die nächsten 20 Hektar	nicht mehr als	6 Vieheinheiten,
für die nächsten 50 Hektar	nicht mehr als	3 Vieheinheiten,
und für die weitere Fläche	nicht mehr als	1,5 Vieheinheiten

je Hektar der vom Inhaber des Betriebs selbst bewirtschafteten Flächen der landwirtschaftlichen Nutzung erzeugt oder gehalten werden. [2]Zu den selbst bewirtschafteten Flächen gehören die Eigentumsflächen und die zur Nutzung überlassenen Flächen. [3]Die Tierbestände sind nach dem Futterbedarf in Vieheinheiten umzurechnen.

[1] Siebenter Abschnitt des Zweiten Teils (§§ 218 bis 263) angefügt durch G. v. 26.11.2019 (BGBl. I S. 1794); zur Anwendung siehe § 266.

(2) [1]Übersteigt die Anzahl der Vieheinheiten nachhaltig die in Absatz 1 bezeichnete Grenze, so gehören nur die Zweige des Tierbestands zur landwirtschaftlichen Nutzung, deren Vieheinheiten zusammen diese Grenze nicht überschreiten. [2]Zunächst sind mehr flächenabhängige Zweige des Tierbestands und danach weniger flächenabhängige Zweige des Tierbestands zur landwirtschaftlichen Nutzung zu rechnen. [3]Innerhalb jeder dieser Gruppen sind zuerst Zweige des Tierbestands mit der geringeren Anzahl von Vieheinheiten und dann Zweige mit der größeren Anzahl von Vieheinheiten zur landwirtschaftlichen Nutzung zu rechnen. [4]Der Tierbestand des einzelnen Zweiges wird nicht aufgeteilt.

(3) [1]Als Zweig des Tierbestands gilt bei jeder Tierart für sich:

1. das Zugvieh,
2. das Zuchtvieh,
3. das Mastvieh,
4. das übrige Nutzvieh.

[2]Das Zuchtvieh einer Tierart gilt nur dann als besonderer Zweig des Tierbestands, wenn die erzeugten Jungtiere überwiegend zum Verkauf bestimmt sind. [3]Ist das nicht der Fall, so ist das Zuchtvieh dem Zweig des Tierbestands zuzurechnen, dem es überwiegend dient.

(4) [1]Die Absätze 1 bis 3 gelten nicht für Pelztiere. [2]Pelztiere gehören nur dann zur landwirtschaftlichen Nutzung, wenn die erforderlichen Futtermittel überwiegend von den vom Inhaber des Betriebs landwirtschaftlich genutzten Flächen gewonnen werden.

(5)[1)] Der Umrechnungsschlüssel für Tierbestände in Vieheinheiten sowie die Gruppen der mehr oder weniger flächenabhängigen Zweige des Tierbestands sind den Anlagen 34 und 35 zu entnehmen.

b) Übrige land- und forstwirtschaftliche Nutzungen

§ 242[2)] Übrige land- und forstwirtschaftliche Nutzungen. (1) Zu den übrigen land- und forstwirtschaftlichen Nutzungen gehören:

1. Hopfen, Spargel und andere Sonderkulturen,
2. die sonstigen land- und forstwirtschaftlichen Nutzungen.

(2) Zu den sonstigen land- und forstwirtschaftlichen Nutzungen gehören insbesondere:

1. die Binnenfischerei,
2. die Teichwirtschaft,
3. die Fischzucht für Binnenfischerei und Teichwirtschaft,
4. die Imkerei,
5. die Wanderschäferei,
6. die Saatzucht,

---

1) Siehe Anlage 34 und 35.

2) Siebenter Abschnitt des Zweiten Teils (§§ 218 bis 263) angefügt durch G. v. 26.11.2019 (BGBl. I S. 1794); zur Anwendung siehe § 266.

7. der Pilzanbau,
8. die Produktion von Nützlingen,
9. die Weihnachtsbaumkulturen,
10. die Kurzumtriebsplantagen.

C. Grundvermögen

I. Allgemeines

§ 243[1)] Begriff des Grundvermögens. (1) Zum Grundvermögen gehören, soweit es sich nicht um land- und forstwirtschaftliches Vermögen (§§ 232 bis 242) handelt:

1. der Grund und Boden, die Gebäude, die sonstigen Bestandteile und das Zubehör,
2. das Erbbaurecht,
3. das Wohnungseigentum und das Teileigentum,
4. das Wohnungserbbaurecht und das Teilerbbaurecht nach § 30 Absatz 1 des Wohnungseigentumsgesetzes.

(2) In das Grundvermögen sind nicht einzubeziehen:

1. Bodenschätze,
2. die Maschinen und sonstigen Vorrichtungen aller Art, die zu einer Betriebsanlage gehören (Betriebsvorrichtungen), auch wenn sie wesentliche Bestandteile sind.

(3) Einzubeziehen sind jedoch die Verstärkungen von Decken und die nicht ausschließlich zu einer Betriebsanlage gehörenden Stützen und sonstigen Bauteile wie Mauervorlagen und Verstrebungen.

§ 244[1)] Grundstück. (1) Jede wirtschaftliche Einheit des Grundvermögens bildet ein Grundstück im Sinne dieses Abschnitts.

(2) [1]Ein Anteil des Eigentümers eines Grundstücks an anderem Grundvermögen (zum Beispiel an gemeinschaftlichen Hofflächen oder Garagen) ist in die wirtschaftliche Einheit Grundstück einzubeziehen, wenn der Anteil zusammen mit dem Grundstück genutzt wird. [2]Das gilt nicht, wenn das gemeinschaftliche Grundvermögen nach den Anschauungen des Verkehrs als selbständige wirtschaftliche Einheit anzusehen ist (§ 2 Absatz 1 Satz 3 und 4).

(3) Als Grundstück gelten auch:

1. das Erbbaurecht zusammen mit dem Erbbaurechtsgrundstück,
2. ein Gebäude auf fremdem Grund und Boden zusammen mit dem dazugehörenden Grund und Boden,
3. jedes Wohnungseigentum und Teileigentum nach dem Wohnungseigentumsgesetz sowie

---

[1)] Siebenter Abschnitt des Zweiten Teils (§§ 218 bis 263) angefügt durch G. v. 26.11.2019 (BGBl. I S. 1794); zur Anwendung siehe § 266.

4.[1] *beim Wohnungserbbaurecht und beim Teilerbbaurecht das Erbbaurecht zusammen mit dem* [***ab 29.12.2020:*** jedes Wohnungserbbaurecht und Teilerbbaurecht zusammen mit dem anteiligen] belasteten Grund und Boden.

§ 245[2] **Gebäude, Gebäudeteile und Anlagen für den Zivilschutz.** Gebäude, Gebäudeteile und Anlagen, die wegen der in § 1 des Zivilschutz- und Katastrophenhilfegesetzes bezeichneten Zwecke geschaffen worden sind und im Frieden nicht oder nur gelegentlich oder geringfügig für andere Zwecke benutzt werden, bleiben bei der Ermittlung des Grundsteuerwerts außer Betracht.

II. Unbebaute Grundstücke

§ 246[2] **Begriff der unbebauten Grundstücke.** (1) [1]Unbebaute Grundstücke sind Grundstücke, auf denen sich keine benutzbaren Gebäude befinden. [2]Die Benutzbarkeit beginnt zum Zeitpunkt der Bezugsfertigkeit. [3]Gebäude sind als bezugsfertig anzusehen, wenn den zukünftigen Bewohnern oder sonstigen vorgesehenen Benutzern die bestimmungsgemäße Gebäudenutzung zugemutet werden kann. [4]Nicht entscheidend für den Zeitpunkt der Bezugsfertigkeit ist die Abnahme durch die Bauaufsichtsbehörde.

(2) [1]Befinden sich auf dem Grundstück Gebäude, die auf Dauer keiner Nutzung zugeführt werden können, so gilt das Grundstück als unbebaut. [2]Als unbebaut gilt auch ein Grundstück, auf dem infolge von Zerstörung oder Verfall der Gebäude auf Dauer kein benutzbarer Raum mehr vorhanden ist.

§ 247[2] **Bewertung der unbebauten Grundstücke.** (1) Der Grundsteuerwert unbebauter Grundstücke ermittelt sich regelmäßig durch Multiplikation ihrer Fläche mit dem jeweiligen Bodenrichtwert (§ 196 des Baugesetzbuchs).

(2) Die Bodenrichtwerte sind von den Gutachterausschüssen im Sinne der §§ 192 ff. des Baugesetzbuchs auf den Hauptfeststellungzeitpunkt zu ermitteln, zu veröffentlichen und nach amtlich vorgeschriebenem Datensatz durch Datenfernübertragung an die zuständigen Finanzbehörden zu übermitteln.

(3) Wird von den Gutachterausschüssen im Sinne der §§ 192 ff. des Baugesetzbuchs kein Bodenrichtwert ermittelt, ist der Wert des unbebauten Grundstücks aus den Werten vergleichbarer Flächen abzuleiten.

III. Bebaute Grundstücke

§ 248[2] **Begriff der bebauten Grundstücke.** [1]Bebaute Grundstücke sind Grundstücke, auf denen sich benutzbare Gebäude befinden. [2]Wird ein Gebäude in Bauabschnitten errichtet, ist der bezugsfertige Teil als benutzbares Gebäude anzusehen.

§ 249[2] **Grundstücksarten.** (1) Bei der Bewertung bebauter Grundstücke sind die folgenden Grundstücksarten zu unterscheiden:

---

[1] § 244 Abs. 3 Nr. 4 neu gef. mWv 29.12.2020 durch G v. 21.12.2020 (BGBl. I S. 3096).

[2] Siebenter Abschnitt des Zweiten Teils (§§ 218 bis 263) angefügt durch G. v. 26.11.2019 (BGBl. I S. 1794); zur Anwendung siehe § 266.

1. Einfamilienhäuser,
2. Zweifamilienhäuser,
3. Mietwohngrundstücke,
4. Wohnungseigentum,
5. Teileigentum,
6. Geschäftsgrundstücke,
7. gemischt genutzte Grundstücke und
8. sonstige bebaute Grundstücke.

(2) [1] Einfamilienhäuser sind Wohngrundstücke, die eine Wohnung enthalten und kein Wohnungseigentum sind. [2] Ein Grundstück gilt auch dann als Einfamilienhaus, wenn es zu weniger als 50 Prozent der Wohn- und Nutzfläche zu anderen als Wohnzwecken mitbenutzt und dadurch die Eigenart als Einfamilienhaus nicht wesentlich beeinträchtigt wird.

(3) [1] Zweifamilienhäuser sind Wohngrundstücke, die zwei Wohnungen enthalten und kein Wohnungseigentum sind. [2] Ein Grundstück gilt auch dann als Zweifamilienhaus, wenn es zu weniger als 50 Prozent der Wohn- und Nutzfläche zu anderen als Wohnzwecken mitbenutzt und dadurch die Eigenart als Zweifamilienhaus nicht wesentlich beeinträchtigt wird.

(4) Mietwohngrundstücke sind Grundstücke, die zu mehr als 80 Prozent der Wohn- und Nutzfläche Wohnzwecken dienen und nicht Ein- und Zweifamilienhäuser oder Wohnungseigentum sind.

(5) Wohnungseigentum ist das Sondereigentum an einer Wohnung in Verbindung mit dem Miteigentumsanteil an dem gemeinschaftlichen Eigentum, zu dem es gehört.

(6) Teileigentum ist das Sondereigentum an nicht zu Wohnzwecken dienenden Räumen eines Gebäudes in Verbindung mit dem Miteigentum an dem gemeinschaftlichen Eigentum, zu dem es gehört.

(7) Geschäftsgrundstücke sind Grundstücke, die zu mehr als 80 Prozent der Wohn- und Nutzfläche eigenen oder fremden betrieblichen oder öffentlichen Zwecken dienen und nicht Teileigentum sind.

(8) Gemischt genutzte Grundstücke sind Grundstücke, die teils Wohnzwecken, teils eigenen oder fremden betrieblichen oder öffentlichen Zwecken dienen und nicht Ein- und Zweifamilienhäuser, Mietwohngrundstücke, Wohnungseigentum, Teileigentum oder Geschäftsgrundstücke sind.

(9) Sonstige bebaute Grundstücke sind solche Grundstücke, die nicht unter die Absätze 2 bis 8 fallen.

(10) [1] Eine Wohnung ist in der Regel die Zusammenfassung mehrerer Räume, die in ihrer Gesamtheit so beschaffen sein müssen, dass die Führung eines selbständigen Haushalts möglich ist. [2] Die Zusammenfassung der Räume muss eine von anderen Wohnungen oder Räumen, insbesondere Wohnräumen, baulich getrennte, in sich abgeschlossene Wohneinheit bilden und einen selbständigen Zugang haben. [3] Daneben ist erforderlich, dass die für die Führung eines selbständigen Haushalts notwendigen Nebenräume (Küche, Bad

oder Dusche, Toilette) vorhanden sind. [4]Die Wohnfläche soll mindestens 20 Quadratmeter betragen.

§ 250[1)·2)] Bewertung der bebauten Grundstücke. (1) Der Grundsteuerwert bebauter Grundstücke ist nach dem Ertragswertverfahren (Absatz 2) oder dem Sachwertverfahren (Absatz 3) zu ermitteln.

(2) Im Ertragswertverfahren nach den §§ 252 bis 257 sind zu bewerten:

1. Einfamilienhäuser,
2. Zweifamilienhäuser,
3. Mietwohngrundstücke,
4. Wohnungseigentum.

(3) Im Sachwertverfahren nach den §§ 258 bis 260 sind zu bewerten:

1. Geschäftsgrundstücke,
2. gemischt genutzte Grundstücke,
3. Teileigentum,
4. sonstige bebaute Grundstücke.

§ 251[1)] Mindestwert. [1]Der für ein bebautes Grundstück anzusetzende Wert darf nicht geringer sein als 75 Prozent des Werts, mit dem der Grund und Boden allein als unbebautes Grundstück zu bewerten wäre (§ 247). [2]Bei der Bewertung von Ein- und Zweifamilienhäusern im Sinne des § 249 Absatz 2 und 3 ist bei der Ermittlung des Mindestwerts § 257 Absatz 1 Satz 2 anzuwenden.

§ 252[1)] Bewertung im Ertragswertverfahren. [1]Im Ertragswertverfahren ermittelt sich der Grundsteuerwert aus der Summe des kapitalisierten Reinertrags nach § 253 (Barwert des Reinertrags) und des abgezinsten Bodenwerts nach § 257. [2]Mit dem Grundsteuerwert sind die Werte für den Grund und Boden, die Gebäude, die baulichen Anlagen, insbesondere Außenanlagen, und die sonstigen Anlagen abgegolten.

§ 253[1)] Ermittlung des kapitalisierten Reinertrags. (1) [1]Zur Ermittlung des kapitalisierten Reinertrags ist vom Reinertrag des Grundstücks auszugehen. [2]Dieser ergibt sich aus dem Rohertrag des Grundstücks (§ 254) abzüglich der Bewirtschaftungskosten (§ 255).

(2)[3)] [1]Der Reinertrag des Grundstücks ist mit dem sich aus Anlage 37 ergebenden Vervielfältiger zu kapitalisieren. [2]Maßgebend für den Vervielfältiger sind der Liegenschaftszinssatz nach § 256 und die Restnutzungsdauer des Gebäudes. [3]Die Restnutzungsdauer ist grundsätzlich der Unterschiedsbetrag zwischen der wirtschaftlichen Gesamtnutzungsdauer, die sich aus Anlage 38 er-

---

[1)] Siebenter Abschnitt des Zweiten Teils (§§ 218 bis 263) angefügt durch G. v. 26.11.2019 (BGBl. I S. 1794); zur Anwendung siehe § 266.

[2)] Siehe Anlage 36.

[3)] Siehe Anlage 37 und 38.

gibt, und dem Alter des Gebäudes am Bewertungsstichtag. [4]Sind nach der Bezugsfertigkeit des Gebäudes Veränderungen eingetreten, die die wirtschaftliche Gesamtnutzungsdauer des Gebäudes wesentlich verlängert haben, ist von einer der Verlängerung entsprechenden Restnutzungsdauer auszugehen. [5]Die Restnutzungsdauer eines noch nutzbaren Gebäudes beträgt mindestens 30 Prozent der wirtschaftlichen Gesamtnutzungsdauer. [6]Bei einer bestehenden Abbruchverpflichtung für das Gebäude ist die Restnutzungsdauer abweichend von den Sätzen 3 bis 5 auf den Unterschiedsbetrag zwischen der tatsächlichen Gesamtnutzungsdauer und dem Alter des Gebäudes am Bewertungsstichtag begrenzt.

§ 254[1)·2)] Rohertrag des Grundstücks. Der jährliche Rohertrag des Grundstücks ergibt sich aus den in Anlage 39 nach Land, Gebäudeart, Wohnfläche und Baujahr des Gebäudes angegebenen monatlichen Nettokaltmieten je Quadratmeter Wohnfläche einschließlich der in Abhängigkeit der Mietniveaustufen festgelegten Zu- und Abschläge.

§ 255[1)·3)] Bewirtschaftungskosten. [1]Als Bewirtschaftungskosten werden die bei ordnungsgemäßer Bewirtschaftung und zulässiger Nutzung marktüblich entstehenden jährlichen Verwaltungskosten, Betriebskosten, Instandhaltungskosten und das Mietausfallwagnis berücksichtigt, die nicht durch Umlagen oder sonstige Kostenübernahmen gedeckt sind. [2]Sie ergeben sich aus den pauschalierten Erfahrungssätzen nach Anlage 40.

§ 256[1)] Liegenschaftszinssätze. (1) [1]Liegenschaftszinssätze sind die Zinssätze, mit denen der Wert von Grundstücken abhängig von der Grundstücksart durchschnittlich und marktüblich verzinst wird. [2]Bei der Bewertung bebauter Grundstücke gelten die folgenden Zinssätze:

1. 2,5 Prozent für Ein- und Zweifamilienhäuser,
2. 3,0 Prozent für Wohnungseigentum,
3. 4,0 Prozent für Mietwohngrundstücke mit bis zu sechs Wohnungen,
4. 4,5 Prozent für Mietwohngrundstücke mit mehr als sechs Wohnungen.

(2) [1]Bei der Bewertung von Ein- und Zweifamilienhäusern im Sinne des § 249 Absatz 2 und 3 verringert sich der Zinssatz nach Absatz 1 Satz 2 Nummer 1 um jeweils 0,1 Prozentpunkte für jede vollen 100 Euro, die der Bodenrichtwert oder der Bodenwert nach § 247 Absatz 3 je Quadratmeter den Betrag von 500 Euro je Quadratmeter übersteigt. [2]Ab einem Bodenrichtwert oder Bodenwert nach § 247 Absatz 3 je Quadratmeter in Höhe von 1 500 Euro je Quadratmeter beträgt der Zinssatz für Ein- und Zweifamilienhäuser einheitlich 1,5 Prozent.

(3) [1]Bei der Bewertung von Wohnungseigentum im Sinne des § 249 Absatz 5 verringert sich der Zinssatz nach Absatz 1 Satz 2 Nummer 1 um jeweils

---

1) Siebenter Abschnitt des Zweiten Teils (§§ 218 bis 263) angefügt durch G. v. 26.11.2019 (BGBl. I S. 1794); zur Anwendung siehe § 266.

2) Siehe Anlage 39.

3) Siehe Anlage 40.

0,1 Prozentpunkte für jede vollen 100 Euro, die der Bodenrichtwert oder der Bodenwert nach § 247 Absatz 3 je Quadratmeter den Betrag von 2000 Euro je Quadratmeter übersteigt. 2 Ab einem Bodenrichtwert oder Bodenwert nach § 247 Absatz 3 je Quadratmeter in Höhe von 3000 Euro je Quadratmeter beträgt der Zinssatz für Wohnungseigentum einheitlich 2 Prozent.

§ 257[1] Ermittlung des abgezinsten Bodenwerts. (1)[2] 1 Zur Ermittlung des abgezinsten Bodenwerts ist vom Bodenwert nach § 247 auszugehen. 2 Bei der Bewertung von Ein- und Zweifamilienhäusern im Sinne des § 249 Absatz 2 und 3 sind zur Berücksichtigung abweichender Grundstücksgrößen beim Bodenwert die Umrechnungskoeffizienten nach Anlage 36 anzuwenden.

(2)[3] 1 Der Bodenwert nach Absatz 1 ist mit Ausnahme des Werts von selbständig nutzbaren Teilflächen nach Absatz 3 mit dem sich aus Anlage 41 ergebenden Abzinsungsfaktor abzuzinsen. 2 Der jeweilige Abzinsungsfaktor bestimmt sich nach dem Liegenschaftszinssatz nach § 256 und der Restnutzungsdauer des Gebäudes nach § 253 Absatz 2 Satz 3 bis 6.

(3) Eine selbständig nutzbare Teilfläche ist ein Teil eines Grundstücks, der für die angemessene Nutzung der Gebäude nicht benötigt wird und selbständig genutzt oder verwertet werden kann.

§ 258[1] Bewertung im Sachwertverfahren. (1) Bei Anwendung des Sachwertverfahrens ist der Wert der Gebäude (Gebäudesachwert) getrennt vom Bodenwert zu ermitteln.

(2) Der Bodenwert ist der Wert des unbebauten Grundstücks nach § 247.

(3) 1 Die Summe aus Bodenwert (§ 247) und Gebäudesachwert (§ 259) ergibt den vorläufigen Sachwert des Grundstücks. 2 Dieser ist zur Ermittlung des Grundsteuerwerts im Sachwertverfahren mit der Wertzahl nach § 260 zu multiplizieren. 3 Mit dem Grundsteuerwert sind die Werte für den Grund und Boden, die Gebäude, die baulichen Anlagen, insbesondere Außenanlagen, und die sonstigen Anlagen abgegolten.

§ 259[1] Ermittlung des Gebäudesachwerts. (1)[4] Bei der Ermittlung des Gebäudesachwerts ist von den Normalherstellungskosten des Gebäudes in Anlage 42 auszugehen.

(2) Der Gebäudenormalherstellungswert ergibt sich durch Multiplikation der jeweiligen nach Absatz 3 an den Hauptfeststellungszeitpunkt angepassten Normalherstellungskosten mit der Brutto-Grundfläche des Gebäudes.

(3) 1 Die Anpassung der Normalherstellungskosten erfolgt anhand der vom Statistischen Bundesamt veröffentlichten Baupreisindizes. 2 Dabei ist auf die Preisindizes für die Bauwirtschaft abzustellen, die das Statistische Bundesamt für den Neubau in konventioneller Bauart von Wohn- und Nichtwohngebäuden jeweils für das Vierteljahr vor dem Hauptfeststellungzeitpunkt ermittelt

---

[1] Siebenter Abschnitt des Zweiten Teils (§§ 218 bis 263) angefügt durch G. v. 26.11.2019 (BGBl. I S. 1794); zur Anwendung siehe § 266.

[2] Siehe Anlage 36.

[3] Siehe Anlage 41.

[4] Siehe Anlage 42.

hat. [3]Diese Preisindizes sind für alle Bewertungsstichtage des folgenden Hauptfeststellungszeitraums anzuwenden. [4]Das Bundesministerium der Finanzen veröffentlicht die maßgebenden Baupreisindizes im Bundessteuerblatt.

(4)[1)] [1]Vom Gebäudenormalherstellungswert ist eine Alterswertminderung abzuziehen. [2]Die Alterswertminderung ergibt sich durch Multiplikation des Gebäudenormalherstellungswerts mit dem Verhältnis des Alters des Gebäudes am Bewertungsstichtag zur wirtschaftlichen Gesamtnutzungsdauer nach Anlage 38. [3]Sind nach Bezugsfertigkeit des Gebäudes Veränderungen eingetreten, die die wirtschaftliche Gesamtnutzungsdauer des Gebäudes wesentlich verlängert haben, ist von einem der Verlängerung entsprechenden späteren Baujahr auszugehen. [4]Der nach Abzug der Alterswertminderung verbleibende Gebäudewert ist mit mindestens 30 Prozent des Gebäudenormalherstellungswerts anzusetzen. [5]Bei bestehender Abbruchverpflichtung für das Gebäude ist die Alterswertminderung abweichend von den Sätzen 2 bis 4 auf das Verhältnis des Alters des Gebäudes am Bewertungsstichtag zur tatsächlichen Gesamtnutzungsdauer begrenzt.

§ 260[2)· 3)] **Wertzahlen.** Zur Ermittlung des Grundsteuerwerts ist der vorläufige Sachwert des Grundstücks im Sinne des § 258 Absatz 3 mit der sich aus Anlage 43 ergebenden Wertzahl zu multiplizieren.

IV. Sonderfälle

§ 261[2)] **Erbbaurecht.** [1]Bei Erbbaurechten ist für das Erbbaurecht und das Erbbaurechtsgrundstück ein Gesamtwert nach den §§ 243 bis 260 zu ermitteln, der festzustellen wäre, wenn die Belastung mit dem Erbbaurecht nicht bestünde. [2]Der ermittelte Wert ist dem Erbbauberechtigten zuzurechnen. [***ab 29.12.2020:*** [3]Für Wohnungserbbaurechte und Teilerbbaurechte gelten die Sätze 1 und 2 entsprechend.][4)]

§ 262[2)] **Gebäude auf fremdem Grund und Boden.** [1]Bei einem Gebäude auf fremdem Grund und Boden ist für den Grund und Boden sowie für das Gebäude auf fremdem Grund und Boden ein Gesamtwert nach den §§ 243 bis 260 zu ermitteln. [2]Der ermittelte Wert ist dem Eigentümer des Grund und Bodens zuzurechnen.

V. Ermächtigungen

§ 263[2)] **Ermächtigungen.** (1) [1]Das Bundesministerium der Finanzen wird ermächtigt, durch Rechtsverordnung mit Zustimmung des Bundesrates die folgenden Anlagen zu ändern:

1. die Anlagen 27 bis 33 durch Anpassung der darin aufgeführten Bewertungsfaktoren und Zuschläge zum Reinertrag an die Ergebnisse der Erhebungen nach § 2 des Landwirtschaftsgesetzes oder an die Erhebungen der Finanzverwaltung zum nächsten Feststellungszeitpunkt,

---

[1)] Siehe Anlage 38.

[2)] Siebenter Abschnitt des Zweiten Teils (§§ 218 bis 263) angefügt durch G. v. 26.11.2019 (BGBl. I S. 1794); zur Anwendung siehe § 266.

[3)] Siehe Anlage 43.

[4)] § 261 Satz 3 angef. mWv 29.12.2020 durch G v. 21.12.2020 (BGBl. I S. 3096).

2. im Einvernehmen mit dem Bundesministerium für Ernährung und Landwirtschaft die Anlagen 34 und 35 durch Anpassung des darin aufgeführten Umrechnungsschlüssels und der Gruppen der Zweige eines Tierbestands an geänderte wirtschaftliche oder technische Entwicklungen und
3. die Anlagen 36 bis 43 durch Anpassung der darin aufgeführten Bewertungsfaktoren des Ertrags- und Sachwertverfahrens an geänderte wirtschaftliche oder technische Verhältnisse.

2 In der jeweiligen Rechtsverordnung kann das Bundesministerium der Finanzen zur Sicherstellung der Gleichmäßigkeit der Besteuerung, insbesondere zur Sicherstellung einer relations- und realitätsgerechten Abbildung der Grundsteuerwerte, anordnen, dass ab dem nächsten Feststellungszeitpunkt Grundsteuerwerte unter Berücksichtigung der tatsächlichen Verhältnisse und der geänderten Wertverhältnisse durch Anwendung der jeweils angepassten Anlagen 27 bis 43 festgestellt werden.

(2) Das Bundesministerium der Finanzen wird ermächtigt, durch Rechtsverordnung mit Zustimmung des Bundesrates die gemeindebezogene Einordnung in die jeweilige Mietniveaustufe zur Ermittlung der Zu- und Abschläge nach § 254 in Verbindung mit Anlage 39 Teil II auf der Grundlage der Einordnung nach § 12 des Wohngeldgesetzes in Verbindung mit § 1 Absatz 3 und der Anlage der Wohngeldverordnung für steuerliche Zwecke herzuleiten.

Dritter Teil.[1] Schlussbestimmungen

§ 264[2] Bekanntmachung. Das Bundesministerium der Finanzen wird ermächtigt, den Wortlaut dieses Gesetzes und der zu diesem Gesetz erlassenen Rechtsverordnungen in der jeweils geltenden Fassung satzweise nummeriert bekannt zu machen.

§ 265[2] Anwendungsvorschriften. (1)[3] Dieses Gesetz in der Fassung des Artikels 7 des Gesetzes vom 1. November 2011 (BGBl. I S. 2131) ist auf Bewertungsstichtage nach dem 30. Juni 2011 anzuwenden.

(2) Soweit die §§ 40, 41, 44, 55 und 125 Beträge in Deutscher Mark enthalten, gelten diese nach dem 31. Dezember 2001 als Berechnungsgrößen fort.

(3)[4] § 145 Absatz 3 Satz 1 und 4, § 166 Absatz 2 Nummer 1, § 179 Satz 4 und § 192 Satz 2 in der Fassung des Artikels 10 des Gesetzes vom 7. Dezember 2011 (BGBl. I S. 2592) sind auf Bewertungsstichtage nach dem 13. Dezember 2011 anzuwenden.

(4)[4] Anlage 1, Anlage 19 und Teil II der Anlage 24 in der Fassung des Artikels 10 des Gesetzes vom 7. Dezember 2011 (BGBl. I S. 2592) sind auf Bewertungsstichtage nach dem 31. Dezember 2011 anzuwenden.

---

[1] Dritter Teil eingef. durch G v. 20.12.1996 (BGBl. I S. 2049).

[2] Bish. §§ 157, 158 werden §§ 204, 205 und neu gef. durch G v. 24.12.2008 (BGBl. I S. 3018); werden §§ 264, 265 durch Gesetz vom 26.11.2019 (BGBl. I S. 1794).

[3] § 265 Abs. 1 geänd. durch G v. 1.11.2011 (BGBl. I S. 2131).

[4] § 265 Abs. 3 und 4 angef. durch G v. 7.12.2011 (BGBl. I S. 2592).

(5)[1] § 11 Absatz 4 in der Fassung des Artikels 3 des Gesetzes vom 18. Dezember 2013 (BGBl. I S. 4318) ist auf Bewertungsstichtage ab dem 22. Juli 2013[2] anzuwenden.

(6)[3] § 48a in der Fassung des Artikels 20 des Gesetzes vom 26. Juni 2013 (BGBl. I S. 1809) ist auf Bewertungsstichtage ab dem 1. Januar 2014 anzuwenden.

(7)[4] § 26 in der Fassung des Artikels 6 des Gesetzes vom 18. Juli 2014 (BGBl. I S. 1042) ist auf Bewertungsstichtage ab dem 1. August 2001 anzuwenden, soweit Feststellungsbescheide noch nicht bestandskräftig sind.

(8)[5] § 97 Absatz 1b Satz 4 in der am 6. November 2015 geltenden Fassung ist auf Bewertungsstichtage nach dem 31. Dezember 2015 anzuwenden.

(9)[5] § 154 Absatz 1 Satz 1 Nummer 3 und Satz 2 in der am 6. November 2015 geltenden Fassung ist auf Bewertungsstichtage nach dem 31. Dezember 2015 anzuwenden.

(10)[6] Die §§ 190, 195 Absatz 2 Satz 4 und 5 sowie die Anlagen 22, 24 und 25 in der am 6. November 2015 geltenden Fassung sind auf Bewertungsstichtage nach dem 31. Dezember 2015 anzuwenden.

(11)[7] § 203 in der Fassung des Artikels 2 des Gesetzes vom 4. November 2016 (BGBl. I S. 2464) ist auf Bewertungsstichtage nach dem 31. Dezember 2015 anzuwenden.

§ 266[8] Erstmalige Anwendung des Siebenten Abschnitts des Zweiten Teils. (1) Die erste Hauptfeststellung für die Grundsteuerwerte nach § 221 wird auf den 1. Januar 2022 für die Hauptveranlagung auf den 1. Januar 2025 durchgeführt.

(2) [1] Für die Anwendung des § 219 Absatz 3 bei der Hauptfeststellung nach Absatz 1 ist zu unterstellen, dass anstelle von Einheitswerten Grundsteuerwerte für die Besteuerung nach dem Grundsteuergesetz in der am 1. Januar 2022 geltenden Fassung von Bedeutung sind. [2] Die Steuerbefreiungen des Grundsteuergesetzes in der am 1. Januar 2022 gültigen Fassung sind bei der Hauptfeststellung nach Absatz 1 zu beachten. [3] Bei Artfortschreibungen und Zurechnungsfortschreibungen nach § 222 Absatz 2 ist von der Hauptfeststellung auf den 1. Januar 2022 bis zum 1. Januar 2025 zu unterstellen, dass anstelle von Einheitswerten Grundsteuerwerte nach dem Grundsteuergesetz in der jeweils geltenden Fassung von Bedeutung sind.

(3) Werden der Finanzbehörde durch eine Erklärung im Sinne des § 228 auf den 1. Januar 2022 für die Bewertung eines Betriebs der Land- und Forstwirtschaft oder eines Grundstücks vor dem 1. Januar 2022 eingetretene Ände-

---

[1] § 265 Abs. 5 eingef. durch G v. 18.12.2013 (BGBl. I S. 4318).
[2] Datum des Inkrafttretens des Kapitalanlagegesetzbuchs.
[3] § 265 Abs. 6 angef. durch G v. 26.6.2013 (BGBl. I S. 1809).
[4] § 265 Abs. 7 angef. durch G v. 18.7.2014 (BGBl. I S. 1042).
[5] § 265 Abs. 8 und 9 angef. durch G v. 2.11.2015 (BGBl. I S. 1834).
[6] § 265 Abs. 10 angef. durch G v. 2.11.2015 (BGBl. I S. 1834).
[7] § 265 Abs. 11 angef. durch G v. 4.11.2015 (BGBl. I S. 2464
[8] § 266 eingef. durch G v. 26.11.2019 (BGBl. I S. 1794).

rungen der tatsächlichen Verhältnisse erstmals bekannt, sind diese bei Fortschreibungen nach § 22 und Nachfeststellungen nach § 23 auf Feststellungszeitpunkte vor dem 1. Januar 2022 nicht zu berücksichtigen.

(4) Einheitswertbescheide, Grundsteuermessbescheide und Grundsteuerbescheide, die vor dem 1. Januar 2025 erlassen wurden, werden kraft Gesetzes zum 31. Dezember 2024 mit Wirkung für die Zukunft aufgehoben, soweit sie auf den §§ 19 bis 23, 27, 76, 79 Absatz 5, § 93 Absatz 1 Satz 2 des Bewertungsgesetzes in Verbindung mit Artikel 2 Absatz 1 Satz 1 und 3 des Gesetzes zur Änderung des Bewertungsgesetzes in der Fassung des Artikels 2 des Gesetzes vom 22. Juli 1970 (BGBl. I S. 1118) beruhen.

Anlage 1[1]
(zu § 51)

Umrechnungsschlüssel für Tierbestände in Vieheinheiten nach dem Futterbedarf[2]

Tierart	*1 Tier*
Alpakas	*0,08 VE*
Damtiere	
Damtiere unter 1 Jahr	*0,04 VE*
Damtiere 1 Jahr und älter	*0,08 VE*
Geflügel	
Legehennen (einschließlich einer normalen Aufzucht zur Ergänzung des Bestandes)	*0,02 VE*
Legehennen aus zugekauften Junghennen	*0,0183 VE*
Zuchtputen, -enten, -gänse	*0,04 VE*
Kaninchen	
Zucht- und Angorakaninchen	*0,025 VE*
Lamas	*0,1 VE*
Pferde	
Pferde unter 3 Jahren und Kleinpferde	*0,7 VE*
Pferde 3 Jahre und älter	*1,1 VE*
Rindvieh	
Kälber und Jungvieh unter 1 Jahr (einschließlich Mastkälber, Starterkälber und Fresser)	*0,3 VE*
Jungvieh 1 bis 2 Jahre alt	*0,7 VE*
Färsen (älter als 2 Jahre)	*1 VE*
Masttiere (Mastdauer weniger als 1 Jahr)	*1 VE*
Kühe (einschließlich Mutter- und Ammenkühe mit den dazugehörigen Saugkälbern)	*1 VE*
Zuchtbullen, Zugochsen	*1,2 VE*
Schafe	
Schafe unter 1 Jahr einschließlich Mastlämmer	*0,05 VE*
Schafe 1 Jahr und älter	*0,1 VE*

[1] Anlage 1 wird aufgeh. **mWv 1.1.2025** durch G v. 26.11.2019 (BGBl. I S. 1794).
[2] Zur Anwendung siehe § 265 Abs. 4.

Tierart	*1 Tier*
Schweine	
Zuchtschweine (einschließlich Jungzuchtschweine über etwa 90 kg)	*0,33 VE*
Strauße	
Zuchttiere 14 Monate und älter	*0,32 VE*
Jungtiere/Masttiere unter 14 Monate	*0,25 VE*
Ziegen	*0,08 VE*
Geflügel	
Jungmasthühner	
(bis zu 6 Durchgänge je Jahr – schwere Tiere)	*0,0017 VE*
(mehr als 6 Durchgänge je Jahr – leichte Tiere)	*0,0013 VE*
Junghennen	*0,0017 VE*
Mastenten	*0,0033 VE*
Mastenten in der Aufzuchtphase	*0,0011 VE*
Mastenten in der Mastphase	*0,0022 VE*
Mastputen aus selbst erzeugten Jungputen	*0,0067 VE*
Mastputen aus zugekauften Jungputen	*0,005 VE*
Jungputen (bis etwa 8 Wochen)	*0,0017 VE*
Mastgänse	*0,0067 VE*
Kaninchen	
Mastkaninchen	*0,0025 VE*
Rindvieh	
Masttiere (Mastdauer 1 Jahr und mehr)	*1 VE*
Schweine	
Leichte Ferkel (bis etwa 12 kg)	*0,01 VE*
Ferkel (über etwa 12 bis etwa 20 kg)	*0,02 VE*
Schwere Ferkel und leichte Läufer (über etwa 20 bis etwa 30 kg)	*0,04 VE*
Läufer (über etwa 30 bis etwa 45 kg)	*0,06 VE*
Schwere Läufer (über etwa 45 bis etwa 60 kg)	*0,08 VE*
Mastschweine	*0,16 VE*
Jungzuchtschweine bis etwa 90 kg	*0,12 VE*

Anlage 2[1)]
(zu § 51)

Gruppen der Zweige des Tierbestands nach der Flächenabhängigkeit

1. *Mehr flächenabhängige Zweige des Tierbestands*
   Pferdehaltung,
   Pferdezucht,
   Schafzucht,
   Schafhaltung,
   Rindviehzucht,
   Milchviehhaltung,
   Rindviehmast.
2. *Weniger flächenabhängige Zweige des Tierbestands*
   Schweinezucht,
   Schweinemast,
   Hühnerzucht,
   Entenzucht,
   Gänsezucht,
   Putenzucht,
   Legehennenhaltung,
   Junghühnermast,
   Entenmast,
   Gänsemast,
   Putenmast.

---

1) Anlage 2 wird aufgeh. **mWv 1.1.2025** durch G v. 26.11.2019 (BGBl. I S. 1794).

Anlage 3[1)]

Mietwohngrundstücke

Vervielfältiger

A. bei Massivbauten mit Mauerwerk aus Ziegelsteinen, Natursteinen, Kalksandsteinen, Schwemmsteinen oder ähnlichen Steinen sowie bei Stahl- und Stahlbetonskelettbauten außer bei solchen Bauten, die unter B fallen

	Gemeindegrößenklassen							
	bis 2000	über 2000 bis 5000	über 5000 bis 10 000	über 10 000 bis 50 000	über 50 000 bis 100 000	über 100 000 bis 200 000	über 200 000 bis 500 000	über 500 000 Einwohner
Altbauten								
vor 1895	7,2	6,9	5,8	5,8	5,7	5,5	5,4	5,3
1895 bis 1899	7,4	7,1	6,0	5,9	5,8	5,7	5,5	5,4
1900 bis 1904	7,8	7,5	6,2	6,2	6,0	5,9	5,7	5,6
1905 bis 1915	8,3	7,9	6,6	6,5	6,3	6,2	6,0	5,8
1916 bis 31.3.1924	8,7	8,4	6,9	6,7	6,5	6,4	6,2	6,1
Neubauten								
1.4.1924 bis 31.12.1934	9,8	9,5	8,3	8,2	8,0	7,8	7,7	7,5
1.1.1935 bis 20.6.1948	10,2	9,8	8,6	8,4	8,2	8,0	7,9	7,7
Nachkriegsbauten								
nach dem 20.6.1948	9,8	9,7	9,5	9,2	9,0	9,0	9,0	9,1

B. bei Holzfachwerkbauten mit Ziegelsteinausmauerung, Gebäuden aus großformatigen Bimsbetonplatten oder ähnlichen Platten sowie bei anderen eingeschossigen massiven Gebäuden in leichter Bauausführung

Altbauten								
vor 1908	6,6	6,3	5,3	5,4	5,3	5,2	5,1	5,0
1908 bis 1915	6,9	6,6	5,6	5,6	5,5	5,4	5,3	5,1
1916 bis 31.3.1924	7,7	7,4	6,1	6,1	6,0	5,8	5,7	5,5
Neubauten								
1.4.1924 bis 31.12.1934	9,0	8,7	7,7	7,6	7,5	7,3	7,2	7,0
1.1.1935 bis 20.6.1948	9,6	9,3	8,2	8,0	7,8	7,7	7,5	7,4
Nachkriegsbauten								
nach dem 20.6.1948	9,5	9,4	9,2	8,9	8,7	8,7	8,7	8,8

C. bei Holzfachwerkbauten mit Lehmausfachung und besonders haltbaren Holzbauten mit massiven Fundamenten

Altbauten								
vor dem 1.4.1924	5,7	5,5	4,7	4,9	4,8	4,7	4,6	4,5
Neubauten								
1.4.1924 bis 31.12.1934	7,3	7,0	6,4	6,4	6,3	6,2	6,1	6,0
1.1.1935 bis 20.6.1948	8,5	8,2	7,3	7,2	7,1	7,0	6,8	6,7
Nachkriegsbauten								
nach dem 20.6.1948	8,9	8,7	8,6	8,3	8,1	8,1	8,1	8,3

[1)] Anlage 3 wird aufgeh. **mWv 1.1.2025** durch G v. 26.11.2019 (BGBl. I S. 1794).

Anlage 4[1)]

Gemischtgenutzte Grundstücke mit einem gewerblichen Anteil an der Jahresrohmiete bis zu 50 v. H.

Vervielfältiger

A. bei Massivbauten mit Mauerwerk aus Ziegelsteinen, Natursteinen, Kalksandsteinen, Schwemmsteinen oder ähnlichen Steinen sowie bei Stahl- und Stahlbetonskelettbauten außer bei solchen Bauten, die unter B fallen

	Gemeindegrößenklassen							
	bis 2000	über 2000 bis 5000	über 5000 bis 10 000	über 10 000 bis 50 000	über 50 000 bis 100 000	über 100 000 bis 200 000	über 200 000 bis 500 000	über 500 000 Einwohner
Altbauten								
vor 1895	7,6	7,3	6,4	6,4	6,1	6,0	5,9	6,1
1895 bis 1899	7,8	7,6	6,6	6,5	6,3	6,2	6,0	6,3
1900 bis 1904	8,2	7,9	6,9	6,8	6,5	6,4	6,3	6,4
1905 bis 1915	8,7	8,4	7,2	7,1	6,8	6,7	6,5	6,7
1916 bis 31.3.1924	9,1	8,8	7,6	7,4	7,1	6,9	6,8	6,9
Neubauten								
1.4.1924 bis 31.12.1934	10,2	9,6	8,4	8,1	8,0	7,8	7,7	7,8
1.1.1935 bis 20.6.1948	10,5	9,8	8,6	8,3	8,2	8,0	7,9	7,9
Nachkriegsbauten								
nach dem 20.6.1948	9,9	9,6	9,2	9,1	9,0	9,0	9,0	9,0

B. bei Holzfachwerkbauten mit Ziegelsteinausmauerung, Gebäuden aus großformatigen Bimsbetonplatten oder ähnlichen Platten sowie bei anderen eingeschossigen massiven Gebäuden in leichter Bauausführung

Altbauten								
vor 1908	7,0	6,7	5,9	6,0	5,7	5,6	5,5	5,8
1908 bis 1915	7,3	7,0	6,2	6,2	5,9	5,8	5,7	6,0
1916 bis 31.3.1924	8,1	7,8	6,8	6,7	6,4	6,3	6,2	6,4
Neubauten								
1.4.1924 bis 31.12.1934	9,3	8,8	7,7	7,6	7,5	7,3	7,2	7,3
1.1.1935 bis 20.6.1948	9,9	9,3	8,2	8,0	7,8	7,7	7,5	7,6
Nachkriegsbauten								
nach dem 20.6.1948	9,6	9,3	9,0	8,9	8,7	8,7	8,7	8,8

C. bei Holzfachwerkbauten mit Lehmausfachung und besonders haltbaren Holzbauten mit massiven Fundamenten

Altbauten								
vor dem 1.4.1924	6,1	5,9	5,2	5,4	5,2	5,1	5,0	5,4
Neubauten								
1.4.1924 bis 31.12.1934	7,7	7,2	6,4	6,5	6,4	6,3	6,1	6,4
1.1.1935 bis 20.6.1948	8,8	8,3	7,3	7,3	7,1	7,0	6,9	7,1
Nachkriegsbauten								
nach dem 20.6.1948	9,0	8,7	8,4	8,4	8,2	8,2	8,2	8,4

[1)] Anlage 4 wird aufgeh. **mWv 1.1.2025** durch G v. 26.11.2019 (BGBl. I S. 1794).

Anlage 5[1)]

Gemischtgenutzte Grundstücke mit einem gewerblichen Anteil an der Jahresrohmiete von mehr als 50 v. H. Vervielfältiger

A. bei Massivbauten mit Mauerwerk aus Ziegelsteinen, Natursteinen, Kalksandsteinen, Schwemmsteinen oder ähnlichen Steinen sowie bei Stahl- und Stahlbetonskelettbauten außer bei solchen Bauten, die unter B fallen

	Gemeindegrößenklassen							
	bis 2000	über 2000 bis 5000	über 5000 bis 10 000	über 10 000 bis 50 000	über 50 000 bis 100 000	über 100 000 bis 200 000	über 200 000 bis 500 000	über 500 000 Einwohner
Altbauten								
vor 1895	7,6	7,2	6,4	6,6	6,4	6,4	6,4	6,4
1895 bis 1899	7,8	7,4	6,6	6,8	6,5	6,5	6,5	6,5
1900 bis 1904	8,2	7,8	6,8	7,0	6,7	6,7	6,7	6,7
1905 bis 1915	8,6	8,2	7,1	7,2	7,0	7,0	7,0	7,0
1916 bis 31.3.1924	9,0	8,6	7,4	7,5	7,2	7,2	7,2	7,2
Neubauten								
1.4.1924 bis 31.12.1934	9,7	9,1	8,0	8,1	7,9	7,9	7,9	7,9
1.1.1935 bis 20.6.1948	10,0	9,4	8,2	8,3	8,1	8,1	8,1	8,1
Nachkriegsbauten								
nach dem 20.6.1948	9,6	9,3	8,9	8,9	8,7	8,8	8,8	8,8

B. bei Holzfachwerkbauten mit Ziegelsteinausmauerung, Gebäuden aus großformatigen Bimsbetonplatten oder ähnlichen Platten sowie bei anderen eingeschossigen massiven Gebäuden in leichter Bauausführung

Altbauten								
vor 1908	7,0	6,7	6,0	6,3	6,1	6,1	6,1	6,1
1908 bis 1915	7,3	7,0	6,2	6,5	6,2	6,2	6,2	6,2
1916 bis 31.3.1924	8,1	7,7	6,7	6,9	6,7	6,7	6,7	6,7
Neubauten								
1.4.1924 bis 31.12.1934	9,0	8,4	7,5	7,6	7,5	7,5	7,5	7,5
1.1.1935 bis 20.6.1948	9,5	8,9	7,8	7,9	7,8	7,8	7,8	7,8
Nachkriegsbauten								
nach dem 20.6.1948	9,3	9,0	8,6	8,7	8,5	8,6	8,6	8,6

C. bei Holzfachwerkbauten mit Lehmausfachung und besonders haltbaren Holzbauten mit massiven Fundamenten

Altbauten								
vor dem 1.4.1924	6,2	5,9	5,5	5,8	5,6	5,6	5,6	5,6
Neubauten								
1.4.1924 bis 31.12.1934	7,4	7,0	6,4	6,7	6,5	6,5	6,5	6,5
1.1.1935 bis 20.6.1948	8,5	8,0	7,2	7,3	7,2	7,2	7,2	7,2
Nachkriegsbauten								
nach dem 20.6.1948	8,8	8,5	8,1	8,2	8,1	8,2	8,2	8,2

[1)] Anlage 5 wird aufgeh. **mWv 1.1.2025** durch G v. 26.11.2019 (BGBl. I S. 1794).

Anlage 6[1]

Geschäftsgrundstücke

Vervielfältiger

A. bei Massivbauten mit Mauerwerk aus Ziegelsteinen, Natursteinen, Kalksandsteinen, Schwemmsteinen oder ähnlichen Steinen sowie bei Stahl- und Stahlbetonskelettbauten außer bei solchen Bauten, die unter B fallen

	Gemeindegrößenklassen							
	bis 2000	über 2000 bis 5000	über 5000 bis 10 000	über 10 000 bis 50 000	über 50 000 bis 100 000	über 100 000 bis 200 000	über 200 000 bis 500 000	über 500 000 Einwohner
Altbauten								
vor 1895	7,8	7,5	6,7	6,9	6,8	6,8	6,8	6,8
1895 bis 1899	8,0	7,7	6,9	7,0	7,0	7,0	7,0	7,0
1900 bis 1904	8,3	7,9	7,1	7,2	7,1	7,1	7,1	7,1
1905 bis 1915	8,7	8,3	7,4	7,5	7,4	7,4	7,4	7,4
1916 bis 31.3.1924	9,0	8,6	7,7	7,8	7,6	7,6	7,6	7,6
Neubauten								
1.4.1924 bis 31.12.1934	9,4	9,0	8,0	8,0	8,0	8,0	8,0	8,0
1.1.1935 bis 20.6.1948	9,6	9,2	8,1	8,2	8,1	8,1	8,1	8,1
Nachkriegsbauten								
nach dem 20.6.1948	9,4	9,2	9,0	9,0	8,9	8,9	8,9	8,9

B. bei Holzfachwerkbauten mit Ziegelsteinausmauerung, Gebäuden aus großformatigen Bimsbetonplatten oder ähnlichen Platten sowie bei anderen eingeschossigen massiven Gebäuden in leichter Bauausführung

Altbauten								
vor 1908	7,3	7,0	6,3	6,5	6,5	6,5	6,5	6,5
1908 bis 1915	7,6	7,2	6,5	6,7	6,7	6,7	6,7	6,7
1916 bis 31.3.1924	8,2	7,8	7,0	7,2	7,1	7,1	7,1	7,1
Neubauten								
1.4.1924 bis 31.12.1934	8,8	8,4	7,5	7,6	7,6	7,6	7,6	7,6
1.1.1935 bis 20.6.1948	9,2	8,8	7,8	7,9	7,8	7,8	7,8	7,8
Nachkriegsbauten								
nach dem 20.6.1948	9,1	9,0	8,7	8,8	8,7	8,7	8,7	8,7

C. bei Holzfachwerkbauten mit Lehmausfachung und besonders haltbaren Holzbauten mit massiven Fundamenten

Altbauten								
vor dem 1.4.1924	6,6	6,3	5,7	6,0	6,1	6,1	6,1	6,1
Neubauten								
1.4.1924 bis 31.12.1934	7,5	7,2	6,5	6,7	6,8	6,8	6,8	6,8
1.1.1935 bis 20.6.1948	8,4	8,0	7,2	7,3	7,3	7,3	7,3	7,3
Nachkriegsbauten								
nach dem 20.6.1948	8,7	8,6	8,3	8,4	8,3	8,3	8,4	8,4

[1] Anlage 6 wird aufgeh. **mWv 1.1.2025** durch G v. 26.11.2019 (BGBl. I S. 1794).

Anlage 7[1)]

Einfamilienhäuser

Vervielfältiger

A. bei Massivbauten mit Mauerwerk aus Ziegelsteinen, Natursteinen, Kalksandsteinen, Schwemmsteinen oder ähnlichen Steinen sowie bei Stahl- und Stahlbetonskelettbauten außer bei solchen Bauten, die unter B fallen

	Gemeindegrößenklassen							
	bis 2000	über 2000 bis 5000	über 5000 bis 10 000	über 10 000 bis 50 000	über 50 000 bis 100 000	über 100 000 bis 200 000	über 200 000 bis 500 000	über 500 000 Einwohner
Altbauten								
vor 1895	9,5	9,0	7,7	7,4	7,8	7,8	7,8	7,8
1895 bis 1899	9,8	9,3	7,9	7,6	8,0	8,0	8,0	8,0
1900 bis 1904	10,3	9,8	8,3	7,9	8,2	8,2	8,2	8,2
1905 bis 1915	11,0	10,4	8,7	8,4	8,6	8,6	8,6	8,6
1916 bis 31.3.1924	11,6	11,0	9,1	8,8	8,9	8,9	8,9	8,9
Neubauten								
1.4.1924 bis 31.12.1934	13,1	12,4	10,8	10,2	10,2	10,2	10,2	10,2
1.1.1935 bis 20.6.1948	13,5	12,9	10,9	10,5	10,4	10,4	10,4	10,4
Nachkriegsbauten								
nach dem 20.6.1948	13,0	12,4	12,0	11,8	11,8	11,8	11,8	11,9

B. bei Holzfachwerkbauten mit Ziegelsteinausmauerung, Gebäuden aus großformatigen Bimsbetonplatten oder ähnlichen Platten sowie bei anderen eingeschossigen massiven Gebäuden in leichter Bauausführung

Altbauten								
vor 1908	8,7	8,3	7,1	6,8	7,3	7,3	7,3	7,3
1908 bis 1915	9,1	8,7	7,4	7,1	7,6	7,6	7,6	7,6
1916 bis 31.3.1924	10,2	9,6	8,1	7,8	8,1	8,1	8,1	8,1
Neubauten								
1.4.1924 bis 31.12.1934	11,9	11,3	9,7	9,4	9,4	9,4	9,4	9,4
1.1.1935 bis 20.6.1948	12,7	12,1	10,3	9,9	9,9	9,9	9,9	9,9
Nachkriegsbauten								
nach dem 20.6.1948	12,5	11,9	11,5	11,4	11,4	11,4	11,4	11,5

C. bei Holzfachwerkbauten mit Lehmausfachung und besonders haltbaren Holzbauten mit massiven Fundamenten

Altbauten								
vor dem 1.4.1924	7,7	7,3	6,3	6,1	6,7	6,7	6,7	6,7
Neubauten								
1.4.1924 bis 31.12.1934	9,6	9,1	8,0	7,7	8,0	8,0	8,0	8,0
1.1.1935 bis 20.6.1948	11,1	10,6	9,2	8,9	9,0	9,0	9,0	6,0
Nachkriegsbauten								
nach dem 20.6.1948	11,5	10,9	10,6	10,6	10,6	10,6	10,6	10,8

[1)] Anlage 7 wird aufgeh. **mWv 1.1.2025** durch G v. 26.11.2019 (BGBl. I S. 1794).

Anlage 8[1]

Zweifamilienhäuser

Vervielfältiger

A. bei Massivbauten mit Mauerwerk aus Ziegelsteinen, Natursteinen, Kalksandsteinen, Schwemmsteinen oder ähnlichen Steinen sowie bei Stahl- und Stahlbetonskelettbauten außer bei solchen Bauten, die unter B fallen

	Gemeindegrößenklassen							
	bis 2000	über 2000 bis 5000	über 5000 bis 10 000	über 10 000 bis 50 000	über 50 000 bis 100 000	über 100 000 bis 200 000	über 200 000 bis 500 000	über 500 000 Einwohner
Altbauten								
vor 1895	8,6	8,1	6,9	6,7	7,0	6,8	6,8	6,8
1895 bis 1899	8,8	8,4	7,1	6,9	7,1	7,0	7,0	7,0
1900 bis 1904	9,3	8,8	7,4	7,1	7,4	7,2	7,2	7,2
1905 bis 1915	9,8	9,3	7,8	7,5	7,7	7,5	7,5	7,5
1916 bis 31.3.1924	10,3	9,7	8,2	7,8	8,0	7,8	7,8	7,8
Neubauten								
1.4.1924 bis 31.12.1934	11,6	11,0	9,5	9,1	9,0	9,0	9,0	9,0
1.1.1935 bis 20.6.1948	11,9	11,3	9,7	9,3	9,2	9,2	9,2	9,2
Nachkriegsbauten								
nach dem 20.6.1948	11,4	11,0	10,6	10,5	10,5	10,5	10,5	10,5

B. bei Holzfachwerkbauten mit Ziegelsteinausmauerung, Gebäuden aus großformatigen Bimsbetonplatten oder ähnlichen Platten sowie bei anderen eingeschossigen massiven Gebäuden in leichter Bauausführung

Altbauten								
vor 1908	7,9	7,5	6,4	6,2	6,6	6,5	6,5	6,5
1908 bis 1915	8,3	7,8	6,7	6,4	6,8	6,7	6,7	6,7
1916 bis 31.3.1924	9,1	8,6	7,3	7,0	7,3	7,1	7,1	7,1
Neubauten								
1.4.1924 bis 31.12.1934	10,6	10,1	8,7	8,4	8,5	8,5	8,5	8,5
1.1.1935 bis 20.6.1948	11,2	10,7	9,2	8,9	8,8	8,8	8,8	8,8
Nachkriegsbauten								
nach dem 20.6.1948	11,0	10,6	10,2	10,1	10,1	10,1	10,1	10,2

C. bei Holzfachwerkbauten mit Lehmausfachung und besonders haltbaren Holzbauten mit massiven Fundamenten

Altbauten								
vor dem 1.4.1924	7,0	6,7	5,8	5,6	6,1	6,0	6,0	6,0
Neubauten								
1.4.1924 bis 31.12.1934	8,7	8,3	7,3	7,0	7,3	7,3	7,3	7,3
1.1.1935 bis 20.6.1948	10,0	9,5	8,3	8,0	8,1	8,1	8,1	8,1
Nachkriegsbauten								
nach dem 20.6.1948	10,2	9,8	9,5	9,5	9,5	9,5	9,5	9,7

[1] Anlage 8 wird aufgeh. **mWv 1.1.2025** durch G v. 26.11.2019 (BGBl. I S. 1794).

Anlage 9[1]
(zu § 14)
(aufgehoben)

[1] Anlage 9 neu gef. mWv 1.1.1995 durch G v. 23.6.1993 (BGBl. I S. 944), **aufgeh. mWv 1.1.2009** (§ 205 Abs. 1) durch G v. 24.12.2008 (BGBl. I S. 3018) – siehe nunmehr § 14 BewG neue Fassung.

Anlage 9 a
(zu § 13)

**Kapitalwert
einer wiederkehrenden, zeitlich beschränkten Nutzung oder Leistung
im Jahresbetrag von einem Euro[1)]**

Der Kapitalwert ist unter Berücksichtigung von Zwischenzinsen und Zinseszinsen mit 5,5 Prozent errechnet worden. Er ist der Mittelwert zwischen dem Kapitalwert für jährlich vorschüssige und jährlich nachschüssige Zahlungsweise.

Laufzeit in Jahren	Kapitalwert	Laufzeit in Jahren	Kapitalwert
1	0,974	46	17,090
2	1,897[2)]	47	17,173
3	2,772	48	17,252
4	3,602	49	17,326
5	4,388	50	17,397
6	5,133	51	17,464
7	5,839	52	17,528
8	6,509	53	17,588
9	7,143	54	17,645
10	7,745	55	17,699
11	8,315	56	17,750
12	8,856	57	17,799
13	9,368	58	17,845
14	9,853	59	17,888
15	10,314	60	17,930
16	10,750	61	17,969
17	11,163	62	18,006
18	11,555	63	18,041
19	11,927	64	18,075
20	12,279	65	18,106
21	12,613	66	18,136
22	12,929	67	18,165
23	13,229	68	18,192
24	13,513	69	18,217
25	13,783	70	18,242
26	14,038	71	18,264
27	14,280	72	18,286
28	14,510	73	18,307
29	14,727	74	18,326
30	14,933	75	18,345
31	15,129	76	18,362
32	15,314	77	18,379
33	15,490	78	18,395
34	15,656	79	18,410
35	15,814	80	18,424
36	15,963	81	18,437
37	16,105	82	18,450
38	16,239	83	18,462
39	16,367	84	18,474
40	16,487	85	18,485
41	16,602	86	18,495
42	16,710	87	18,505
43	16,813	88	18,514
44	16,910	89	18,523
45	17,003	90	18,531

1) Bezeichnung geänd. durch G v. 19.12.2000 (BGBl. I S. 1790).
2) Geänd. mWv 1.1.1993 durch G v. 13.9.1993 (BGBl. I S. 1569).

Laufzeit in Jahren	Kapitalwert
91	18,539
92	18,546
93	18,553
94	18,560
95	18,566
96	18,572
97	18,578
98	18,583
99	18,589
100	18,593
101	18,596
mehr als 101	18,600

Anlagen 10 bis 13[1)]

(zu § 104)

(aufgehoben)

[1)] Anlagen 10–13 aufgeh. **mWv 1.1.2009** durch G v. 8.12.2010 (BGBl. I S. 1768).

Anlage 14
(zu § 163 Abs. 3,
§ 164 Abs. 2 und 4)[1]

Landwirtschaftliche Nutzung

1	2	3	4	5	6
Region Land/Reg.bezirk	**Nutzungsart Betriebsform**	**Betriebsgröße**	**Reingewinn EUR/ha LF**	**Pachtpreis EUR/ha LF**	**Wert für das Besatzkapital EUR/ha LF**
Schleswig-Holstein	Ackerbau	Kleinbetriebe 0 bis unter 40 EGE	- 428	240	129
		Mittelbetriebe 40 bis 100 EGE	- 19	286	90
		Großbetriebe über 100 EGE	124	338	78
	Milchvieh	Kleinbetriebe 0 bis unter 40 EGE	- 572	161	241
		Mittelbetriebe 40 bis 100 EGE	- 98	201	238
		Großbetriebe über 100 EGE	143	235	203
	Sonstiger Futterbau	Kleinbetriebe 0 bis unter 40 EGE	- 535	122	160
		Mittelbetriebe 40 bis 100 EGE	- 143	162	142
		Großbetriebe über 100 EGE	73	250	152
	Veredlung	Kleinbetriebe 0 bis unter 40 EGE	- 917	338	343
		Mittelbetriebe 40 bis 100 EGE	- 124	388	358
		Großbetriebe über 100 EGE	224	389	313
	Pflanzenbau-Verbund	Kleinbetriebe 0 bis unter 40 EGE	- 586	201	161
		Mittelbetriebe 40 bis 100 EGE	- 169	245	150
		Großbetriebe über 100 EGE	77	301	148
	Vieh-Verbund	Kleinbetriebe 0 bis unter 40 EGE	- 833	214	188
		Mittelbetriebe 40 bis 100 EGE	- 253	263	222
		Großbetriebe über 100 EGE	66	348	238
	Pflanzen- und Viehverbund	Kleinbetriebe 0 bis unter 40 EGE	- 648	202	169
		Mittelbetriebe 40 bis 100 EGE	- 136	243	172
		Großbetriebe über 100 EGE	68	302	153
Braunschweig	Ackerbau	Kleinbetriebe 0 bis unter 40 EGE	- 456	226	121
		Mittelbetriebe 40 bis 100 EGE	- 20	270	84
		Großbetriebe über 100 EGE	116	318	72
	Milchvieh	Kleinbetriebe 0 bis unter 40 EGE	- 564	164	244
		Mittelbetriebe 40 bis 100 EGE	- 96	203	241
		Großbetriebe über 100 EGE	144	238	205
	Sonstiger Futterbau	Kleinbetriebe 0 bis unter 40 EGE	- 532	122	161
		Mittelbetriebe 40 bis 100 EGE	- 143	162	143
		Großbetriebe über 100 EGE	73	250	152
	Veredlung	Kleinbetriebe 0 bis unter 40 EGE	-1 001	312	315
		Mittelbetriebe 40 bis 100 EGE	- 136	354	326
		Großbetriebe über 100 EGE	206	359	287
	Pflanzenbau-Verbund	Kleinbetriebe 0 bis unter 40 EGE	- 617	190	153
		Mittelbetriebe 40 bis 100 EGE	- 176	234	144
		Großbetriebe über 100 EGE	74	288	141
	Vieh-Verbund	Kleinbetriebe 0 bis unter 40 EGE	- 868	205	180
		Mittelbetriebe 40 bis 100 EGE	- 268	249	209
		Großbetriebe über 100 EGE	62	330	224
	Pflanzen- und Viehverbund	Kleinbetriebe 0 bis unter 40 EGE	- 687	190	160
		Mittelbetriebe 40 bis 100 EGE	- 146	227	160
		Großbetriebe über 100 EGE	64	281	142

[1] Anlage 14 angef. mWv 1.1.2009 durch G v. 24.12.2008 (BGBl. I S. 3018).

1	2	3	4	5	6
Region Land/Reg.bezirk	**Nutzungsart Betriebsform**	**Betriebsgröße**	**Rein-gewinn EUR/ha LF**	**Pacht-preis EUR/ha LF**	**Wert für das Besatzkapital EUR/ha LF**
Hannover	Ackerbau	Kleinbetriebe 0 bis unter 40 EGE	- 461	224	119
		Mittelbetriebe 40 bis 100 EGE	- 21	268	83
		Großbetriebe über 100 EGE	114	315	71
	Milchvieh	Kleinbetriebe 0 bis unter 40 EGE	- 565	163	244
		Mittelbetriebe 40 bis 100 EGE	- 97	203	240
		Großbetriebe über 100 EGE	144	237	205
	Sonstiger Futterbau	Kleinbetriebe 0 bis unter 40 EGE	- 534	122	160
		Mittelbetriebe 40 bis 100 EGE	- 143	161	142
		Großbetriebe über 100 EGE	73	249	152
	Veredlung	Kleinbetriebe 0 bis unter 40 EGE	-1 006	310	313
		Mittelbetriebe 40 bis 100 EGE	- 137	352	325
		Großbetriebe über 100 EGE	205	357	286
	Pflanzenbau-Verbund	Kleinbetriebe 0 bis unter 40 EGE	- 622	189	152
		Mittelbetriebe 40 bis 100 EGE	- 178	234	143
		Großbetriebe über 100 EGE	73	286	140
	Vieh-Verbund	Kleinbetriebe 0 bis unter 40 EGE	- 872	204	179
		Mittelbetriebe 40 bis 100 EGE	- 269	248	208
		Großbetriebe über 100 EGE	62	328	223
	Pflanzen- und Viehverbund	Kleinbetriebe 0 bis unter 40 EGE	- 691	189	159
		Mittelbetriebe 40 bis 100 EGE	- 147	226	159
		Großbetriebe über 100 EGE	63	279	141
Lüneburg	Ackerbau	Kleinbetriebe 0 bis unter 40 EGE	- 478	216	115
		Mittelbetriebe 40 bis 100 EGE	- 21	258	80
		Großbetriebe über 100 EGE	110	304	69
	Milchvieh	Kleinbetriebe 0 bis unter 40 EGE	- 578	160	238
		Mittelbetriebe 40 bis 100 EGE	- 99	198	234
		Großbetriebe über 100 EGE	140	231	199
	Sonstiger Futterbau	Kleinbetriebe 0 bis unter 40 EGE	- 536	121	160
		Mittelbetriebe 40 bis 100 EGE	- 145	160	141
		Großbetriebe über 100 EGE	72	245	150
	Veredlung	Kleinbetriebe 0 bis unter 40 EGE	-1 011	309	311
		Mittelbetriebe 40 bis 100 EGE	- 138	350	323
		Großbetriebe über 100 EGE	204	355	284
	Pflanzenbau-Verbund	Kleinbetriebe 0 bis unter 40 EGE	- 632	186	149
		Mittelbetriebe 40 bis 100 EGE	- 181	230	140
		Großbetriebe über 100 EGE	72	281	138
	Vieh-Verbund	Kleinbetriebe 0 bis unter 40 EGE	- 880	202	178
		Mittelbetriebe 40 bis 100 EGE	- 272	246	206
		Großbetriebe über 100 EGE	61	325	221
	Pflanzen- und Viehverbund	Kleinbetriebe 0 bis unter 40 EGE	- 699	187	157
		Mittelbetriebe 40 bis 100 EGE	- 149	222	156
		Großbetriebe über 100 EGE	62	275	139
Weser-Ems	Ackerbau	Kleinbetriebe 0 bis unter 40 EGE	- 476	217	116
		Mittelbetriebe 40 bis 100 EGE	- 21	261	81
		Großbetriebe über 100 EGE	113	315	71
	Milchvieh	Kleinbetriebe 0 bis unter 40 EGE	- 577	160	239
		Mittelbetriebe 40 bis 100 EGE	- 99	198	235
		Großbetriebe über 100 EGE	140	232	200
	Sonstiger Futterbau	Kleinbetriebe 0 bis unter 40 EGE	- 540	120	158
		Mittelbetriebe 40 bis 100 EGE	- 145	159	140
		Großbetriebe über 100 EGE	72	245	149

1	2	3	4	5	6
Region Land/Reg.bezirk	**Nutzungsart Betriebsform**	**Betriebsgröße**	**Reingewinn EUR/ha LF**	**Pachtpreis EUR/ha LF**	**Wert für das Besatzkapital EUR/ha LF**
	Veredlung	Kleinbetriebe 0 bis unter 40 EGE	- 966	323	326
		Mittelbetriebe 40 bis 100 EGE	- 131	367	339
		Großbetriebe über 100 EGE	213	372	298
	Pflanzenbau-Verbund	Kleinbetriebe 0 bis unter 40 EGE	- 622	190	152
		Mittelbetriebe 40 bis 100 EGE	- 178	233	143
		Großbetriebe über 100 EGE	74	288	142
	Vieh-Verbund	Kleinbetriebe 0 bis unter 40 EGE	- 862	207	181
		Mittelbetriebe 40 bis 100 EGE	- 264	253	213
		Großbetriebe über 100 EGE	63	335	228
	Pflanzen- und Viehverbund	Kleinbetriebe 0 bis unter 40 EGE	- 684	192	160
		Mittelbetriebe 40 bis 100 EGE	- 144	230	162
		Großbetriebe über 100 EGE	64	286	144
Düsseldorf	Ackerbau	Kleinbetriebe 0 bis unter 40 EGE	- 443	233	124
		Mittelbetriebe 40 bis 100 EGE	- 20	281	87
		Großbetriebe über 100 EGE	123	338	77
	Milchvieh	Kleinbetriebe 0 bis unter 40 EGE	- 548	169	251
		Mittelbetriebe 40 bis 100 EGE	- 94	209	247
		Großbetriebe über 100 EGE	147	244	210
	Sonstiger Futterbau	Kleinbetriebe 0 bis unter 40 EGE	- 492	132	174
		Mittelbetriebe 40 bis 100 EGE	- 131	176	155
		Großbetriebe über 100 EGE	79	268	165
	Veredlung	Kleinbetriebe 0 bis unter 40 EGE	- 964	323	327
		Mittelbetriebe 40 bis 100 EGE	- 131	368	340
		Großbetriebe über 100 EGE	214	373	299
	Pflanzenbau-Verbund	Kleinbetriebe 0 bis unter 40 EGE	- 593	198	159
		Mittelbetriebe 40 bis 100 EGE	- 171	242	148
		Großbetriebe über 100 EGE	77	301	149
	Vieh-Verbund	Kleinbetriebe 0 bis unter 40 EGE	- 824	215	190
		Mittelbetriebe 40 bis 100 EGE	- 256	261	219
		Großbetriebe über 100 EGE	65	345	235
	Pflanzen- und Viehverbund	Kleinbetriebe 0 bis unter 40 EGE	- 658	199	167
		Mittelbetriebe 40 bis 100 EGE	- 140	237	167
		Großbetriebe über 100 EGE	66	294	149
Köln	Ackerbau	Kleinbetriebe 0 bis unter 40 EGE	- 432	239	127
		Mittelbetriebe 40 bis 100 EGE	- 19	288	90
		Großbetriebe über 100 EGE	127	348	80
	Milchvieh	Kleinbetriebe 0 bis unter 40 EGE	- 566	163	243
		Mittelbetriebe 40 bis 100 EGE	- 97	202	239
		Großbetriebe über 100 EGE	142	235	203
	Sonstiger Futterbau	Kleinbetriebe 0 bis unter 40 EGE	- 493	132	174
		Mittelbetriebe 40 bis 100 EGE	- 132	174	154
		Großbetriebe über 100 EGE	78	264	163
	Veredlung	Kleinbetriebe 0 bis unter 40 EGE	- 962	324	327
		Mittelbetriebe 40 bis 100 EGE	- 131	369	340
		Großbetriebe über 100 EGE	215	374	300
	Pflanzenbau-Verbund	Kleinbetriebe 0 bis unter 40 EGE	- 586	200	161
		Mittelbetriebe 40 bis 100 EGE	- 169	244	150
		Großbetriebe über 100 EGE	79	305	151
	Vieh-Verbund	Kleinbetriebe 0 bis unter 40 EGE	- 829	214	189
		Mittelbetriebe 40 bis 100 EGE	- 257	259	218
		Großbetriebe über 100 EGE	65	343	234

1	2	3	4	5	6
Region Land/Reg.bezirk	**Nutzungsart Betriebsform**	**Betriebsgröße**	**Reingewinn EUR/ha LF**	**Pachtpreis EUR/ha LF**	**Wert für das Besatzkapital EUR/ha LF**
	Pflanzen- und Viehverbund	Kleinbetriebe 0 bis unter 40 EGE	- 655	200	167
		Mittelbetriebe 40 bis 100 EGE	- 139	238	168
		Großbetriebe über 100 EGE	67	296	149
Münster	Ackerbau	Kleinbetriebe 0 bis unter 40 EGE	- 460	223	120
		Mittelbetriebe 40 bis 100 EGE	- 21	264	83
		Großbetriebe über 100 EGE	113	309	70
	Milchvieh	Kleinbetriebe 0 bis unter 40 EGE	- 554	167	249
		Mittelbetriebe 40 bis 100 EGE	- 95	206	244
		Großbetriebe über 100 EGE	145	240	207
	Sonstiger Futterbau	Kleinbetriebe 0 bis unter 40 EGE	- 493	132	174
		Mittelbetriebe 40 bis 100 EGE	- 132	174	154
		Großbetriebe über 100 EGE	79	265	163
	Veredlung	Kleinbetriebe 0 bis unter 40 EGE	-1 014	308	310
		Mittelbetriebe 40 bis 100 EGE	- 138	349	322
		Großbetriebe über 100 EGE	203	354	284
	Pflanzenbau-Verbund	Kleinbetriebe 0 bis unter 40 EGE	- 613	191	154
		Mittelbetriebe 40 bis 100 EGE	- 177	234	143
		Großbetriebe über 100 EGE	73	285	139
	Vieh-Verbund	Kleinbetriebe 0 bis unter 40 EGE	- 848	208	184
		Mittelbetriebe 40 bis 100 EGE	- 266	251	211
		Großbetriebe über 100 EGE	62	332	226
	Pflanzen- und Viehverbund	Kleinbetriebe 0 bis unter 40 EGE	- 680	192	161
		Mittelbetriebe 40 bis 100 EGE	- 147	225	159
		Großbetriebe über 100 EGE	63	278	141
Detmold	Ackerbau	Kleinbetriebe 0 bis unter 40 EGE	- 450	229	122
		Mittelbetriebe 40 bis 100 EGE	- 20	274	85
		Großbetriebe über 100 EGE	117	321	73
	Milchvieh	Kleinbetriebe 0 bis unter 40 EGE	- 552	167	250
		Mittelbetriebe 40 bis 100 EGE	- 95	207	245
		Großbetriebe über 100 EGE	146	241	208
	Sonstiger Futterbau	Kleinbetriebe 0 bis unter 40 EGE	- 493	132	174
		Mittelbetriebe 40 bis 100 EGE	- 132	174	154
		Großbetriebe über 100 EGE	79	265	164
	Veredlung	Kleinbetriebe 0 bis unter 40 EGE	-1 014	308	311
		Mittelbetriebe 40 bis 100 EGE	- 138	349	322
		Großbetriebe über 100 EGE	204	355	284
	Pflanzenbau-Verbund	Kleinbetriebe 0 bis unter 40 EGE	- 607	192	155
		Mittelbetriebe 40 bis 100 EGE	- 175	237	145
		Großbetriebe über 100 EGE	74	290	142
	Vieh-Verbund	Kleinbetriebe 0 bis unter 40 EGE	- 847	209	185
		Mittelbetriebe 40 bis 100 EGE	- 265	252	211
		Großbetriebe über 100 EGE	62	333	226
	Pflanzen- und Viehverbund	Kleinbetriebe 0 bis unter 40 EGE	- 677	193	162
		Mittelbetriebe 40 bis 100 EGE	- 146	227	160
		Großbetriebe über 100 EGE	64	281	143
Arnsberg	Ackerbau	Kleinbetriebe 0 bis unter 40 EGE	- 439	235	126
		Mittelbetriebe 40 bis 100 EGE	- 20	282	88
		Großbetriebe über 100 EGE	121	332	76
	Milchvieh	Kleinbetriebe 0 bis unter 40 EGE	- 564	164	244
		Mittelbetriebe 40 bis 100 EGE	- 97	202	240
		Großbetriebe über 100 EGE	143	235	204

1	2	3	4	5	6
Region Land/Reg.bezirk	**Nutzungsart Betriebsform**	**Betriebsgröße**	**Reinge-winn EUR/ha LF**	**Pacht-preis EUR/ha LF**	**Wert für das Besatzkapital EUR/ha LF**
	Sonstiger Futterbau	Kleinbetriebe 0 bis unter 40 EGE	- 493	132	174
		Mittelbetriebe 40 bis 100 EGE	- 132	174	154
		Großbetriebe über 100 EGE	78	263	163
	Veredlung	Kleinbetriebe 0 bis unter 40 EGE	-1 013	308	311
		Mittelbetriebe 40 bis 100 EGE	- 138	349	322
		Großbetriebe über 100 EGE	204	355	284
	Pflanzenbau-Verbund	Kleinbetriebe 0 bis unter 40 EGE	- 601	194	157
		Mittelbetriebe 40 bis 100 EGE	- 173	239	147
		Großbetriebe über 100 EGE	75	294	144
	Vieh-Verbund	Kleinbetriebe 0 bis unter 40 EGE	- 850	208	184
		Mittelbetriebe 40 bis 100 EGE	- 266	251	210
		Großbetriebe über 100 EGE	62	331	226
	Pflanzen- und Viehverbund	Kleinbetriebe 0 bis unter 40 EGE	- 674	194	163
		Mittelbetriebe 40 bis 100 EGE	- 145	228	161
		Großbetriebe über 100 EGE	64	283	143
Darmstadt	Ackerbau	Kleinbetriebe 0 bis unter 40 EGE	- 485	215	114
		Mittelbetriebe 40 bis 100 EGE	- 21	261	80
		Großbetriebe über 100 EGE	113	318	71
	Milchvieh	Kleinbetriebe 0 bis unter 40 EGE	- 607	152	227
		Mittelbetriebe 40 bis 100 EGE	- 105	187	222
		Großbetriebe über 100 EGE	132	218	188
	Sonstiger Futterbau	Kleinbetriebe 0 bis unter 40 EGE	- 537	121	159
		Mittelbetriebe 40 bis 100 EGE	- 146	158	139
		Großbetriebe über 100 EGE	71	242	148
	Veredlung	Kleinbetriebe 0 bis unter 40 EGE	- 926	336	340
		Mittelbetriebe 40 bis 100 EGE	- 125	385	355
		Großbetriebe über 100 EGE	223	387	310
	Pflanzenbau-Verbund	Kleinbetriebe 0 bis unter 40 EGE	- 617	193	153
		Mittelbetriebe 40 bis 100 EGE	- 177	236	144
		Großbetriebe über 100 EGE	75	292	144
	Vieh-Verbund	Kleinbetriebe 0 bis unter 40 EGE	- 850	210	184
		Mittelbetriebe 40 bis 100 EGE	- 257	258	218
		Großbetriebe über 100 EGE	64	342	233
	Pflanzen- und Viehverbund	Kleinbetriebe 0 bis unter 40 EGE	- 672	196	163
		Mittelbetriebe 40 bis 100 EGE	- 141	236	166
		Großbetriebe über 100 EGE	65	293	146
Gießen	Ackerbau	Kleinbetriebe 0 bis unter 40 EGE	- 492	212	112
		Mittelbetriebe 40 bis 100 EGE	- 22	256	78
		Großbetriebe über 100 EGE	106	301	66
	Milchvieh	Kleinbetriebe 0 bis unter 40 EGE	- 591	156	233
		Mittelbetriebe 40 bis 100 EGE	- 102	193	228
		Großbetriebe über 100 EGE	136	225	194
	Sonstiger Futterbau	Kleinbetriebe 0 bis unter 40 EGE	- 535	122	160
		Mittelbetriebe 40 bis 100 EGE	- 145	159	141
		Großbetriebe über 100 EGE	72	245	150
	Veredlung	Kleinbetriebe 0 bis unter 40 EGE	- 929	335	339
		Mittelbetriebe 40 bis 100 EGE	- 125	384	354
		Großbetriebe über 100 EGE	221	384	309
	Pflanzenbau-Verbund	Kleinbetriebe 0 bis unter 40 EGE	- 624	191	151
		Mittelbetriebe 40 bis 100 EGE	- 179	234	142
		Großbetriebe über 100 EGE	72	286	138

1	2	3	4	5	6
Region Land/Reg.bezirk	Nutzungsart Betriebsform	Betriebsgröße	Reingewinn EUR/ha LF	Pachtpreis EUR/ha LF	Wert für das Besatzkapital EUR/ha LF
	Vieh-Verbund	Kleinbetriebe 0 bis unter 40 EGE	- 846	211	185
		Mittelbetriebe 40 bis 100 EGE	- 256	260	219
		Großbetriebe über 100 EGE	64	343	234
	Pflanzen- und Viehverbund	Kleinbetriebe 0 bis unter 40 EGE	- 673	196	163
		Mittelbetriebe 40 bis 100 EGE	- 142	235	165
		Großbetriebe über 100 EGE	65	290	145
Kassel	Ackerbau	Kleinbetriebe 0 bis unter 40 EGE	- 488	213	113
		Mittelbetriebe 40 bis 100 EGE	- 22	256	79
		Großbetriebe über 100 EGE	108	304	67
	Milchvieh	Kleinbetriebe 0 bis unter 40 EGE	- 584	158	236
		Mittelbetriebe 40 bis 100 EGE	- 100	195	231
		Großbetriebe über 100 EGE	138	228	197
	Sonstiger Futterbau	Kleinbetriebe 0 bis unter 40 EGE	- 534	122	160
		Mittelbetriebe 40 bis 100 EGE	- 144	160	141
		Großbetriebe über 100 EGE	72	247	151
	Veredlung	Kleinbetriebe 0 bis unter 40 EGE	- 928	335	339
		Mittelbetriebe 40 bis 100 EGE	- 125	385	355
		Großbetriebe über 100 EGE	222	385	309
	Pflanzenbau-Verbund	Kleinbetriebe 0 bis unter 40 EGE	- 621	192	152
		Mittelbetriebe 40 bis 100 EGE	- 178	235	142
		Großbetriebe über 100 EGE	73	287	139
	Vieh-Verbund	Kleinbetriebe 0 bis unter 40 EGE	- 843	212	185
		Mittelbetriebe 40 bis 100 EGE	- 255	260	219
		Großbetriebe über 100 EGE	65	344	235
	Pflanzen- und Viehverbund	Kleinbetriebe 0 bis unter 40 EGE	- 671	196	163
		Mittelbetriebe 40 bis 100 EGE	- 141	236	165
		Großbetriebe über 100 EGE	65	291	146
Rheinland-Pfalz	Ackerbau	Kleinbetriebe 0 bis unter 40 EGE	- 501	208	110
		Mittelbetriebe 40 bis 100 EGE	- 22	253	77
		Großbetriebe über 100 EGE	109	306	68
	Milchvieh	Kleinbetriebe 0 bis unter 40 EGE	- 588	157	234
		Mittelbetriebe 40 bis 100 EGE	- 101	194	229
		Großbetriebe über 100 EGE	136	226	195
	Sonstiger Futterbau	Kleinbetriebe 0 bis unter 40 EGE	- 535	122	160
		Mittelbetriebe 40 bis 100 EGE	- 145	159	141
		Großbetriebe über 100 EGE	72	244	149
	Veredlung	Kleinbetriebe 0 bis unter 40 EGE	-1 003	311	314
		Mittelbetriebe 40 bis 100 EGE	- 136	356	328
		Großbetriebe über 100 EGE	206	357	287
	Pflanzenbau-Verbund	Kleinbetriebe 0 bis unter 40 EGE	- 641	185	147
		Mittelbetriebe 40 bis 100 EGE	- 182	229	139
		Großbetriebe über 100 EGE	72	282	138
	Vieh-Verbund	Kleinbetriebe 0 bis unter 40 EGE	- 879	203	178
		Mittelbetriebe 40 bis 100 EGE	- 269	247	208
		Großbetriebe über 100 EGE	61	326	222
	Pflanzen- und Viehverbund	Kleinbetriebe 0 bis unter 40 EGE	- 703	187	156
		Mittelbetriebe 40 bis 100 EGE	- 148	224	157
		Großbetriebe über 100 EGE	62	277	139
Stuttgart	Ackerbau	Kleinbetriebe 0 bis unter 40 EGE	- 481	216	115
		Mittelbetriebe 40 bis 100 EGE	- 21	261	80
		Großbetriebe über 100 EGE	107	302	67

1	2	3	4	5	6
Region Land/Reg.bezirk	**Nutzungsart Betriebsform**	**Betriebsgröße**	**Reingewinn EUR/ha LF**	**Pachtpreis EUR/ha LF**	**Wert für das Besatzkapital EUR/ha LF**
	Milchvieh	Kleinbetriebe 0 bis unter 40 EGE	- 567	163	243
		Mittelbetriebe 40 bis 100 EGE	- 98	201	238
		Großbetriebe über 100 EGE	141	233	202
	Sonstiger Futterbau	Kleinbetriebe 0 bis unter 40 EGE	- 501	130	171
		Mittelbetriebe 40 bis 100 EGE	- 135	171	151
		Großbetriebe über 100 EGE	77	259	160
	Veredlung	Kleinbetriebe 0 bis unter 40 EGE	-1 017	306	309
		Mittelbetriebe 40 bis 100 EGE	- 138	350	323
		Großbetriebe über 100 EGE	203	352	282
	Pflanzenbau-Verbund	Kleinbetriebe 0 bis unter 40 EGE	- 628	187	150
		Mittelbetriebe 40 bis 100 EGE	- 180	232	141
		Großbetriebe über 100 EGE	71	282	136
	Vieh-Verbund	Kleinbetriebe 0 bis unter 40 EGE	- 858	206	182
		Mittelbetriebe 40 bis 100 EGE	- 267	250	210
		Großbetriebe über 100 EGE	62	329	224
	Pflanzen- und Viehverbund	Kleinbetriebe 0 bis unter 40 EGE	- 690	190	159
		Mittelbetriebe 40 bis 100 EGE	- 148	224	158
		Großbetriebe über 100 EGE	62	276	139
Karlsruhe	Ackerbau	Kleinbetriebe 0 bis unter 40 EGE	- 500	208	110
		Mittelbetriebe 40 bis 100 EGE	- 22	250	77
		Großbetriebe über 100 EGE	103	290	64
	Milchvieh	Kleinbetriebe 0 bis unter 40 EGE	- 577	160	239
		Mittelbetriebe 40 bis 100 EGE	- 100	197	233
		Großbetriebe über 100 EGE	138	229	197
	Sonstiger Futterbau	Kleinbetriebe 0 bis unter 40 EGE	- 503	129	170
		Mittelbetriebe 40 bis 100 EGE	- 136	169	150
		Großbetriebe über 100 EGE	76	256	158
	Veredlung	Kleinbetriebe 0 bis unter 40 EGE	-1 020	306	309
		Mittelbetriebe 40 bis 100 EGE	- 138	349	322
		Großbetriebe über 100 EGE	202	351	282
	Pflanzenbau-Verbund	Kleinbetriebe 0 bis unter 40 EGE	- 638	185	148
		Mittelbetriebe 40 bis 100 EGE	- 183	228	138
		Großbetriebe über 100 EGE	69	276	133
	Vieh-Verbund	Kleinbetriebe 0 bis unter 40 EGE	- 864	205	181
		Mittelbetriebe 40 bis 100 EGE	- 268	248	209
		Großbetriebe über 100 EGE	61	326	222
	Pflanzen- und Viehverbund	Kleinbetriebe 0 bis unter 40 EGE	- 697	188	157
		Mittelbetriebe 40 bis 100 EGE	- 150	222	156
		Großbetriebe über 100 EGE	61	272	137
Freiburg	Ackerbau	Kleinbetriebe 0 bis unter 40 EGE	- 499	208	110
		Mittelbetriebe 40 bis 100 EGE	- 22	251	77
		Großbetriebe über 100 EGE	105	295	65
	Milchvieh	Kleinbetriebe 0 bis unter 40 EGE	- 586	157	235
		Mittelbetriebe 40 bis 100 EGE	- 101	193	229
		Großbetriebe über 100 EGE	136	224	193
	Sonstiger Futterbau	Kleinbetriebe 0 bis unter 40 EGE	- 503	129	170
		Mittelbetriebe 40 bis 100 EGE	- 136	168	149
		Großbetriebe über 100 EGE	76	255	157
	Veredlung	Kleinbetriebe 0 bis unter 40 EGE	-1 020	306	309
		Mittelbetriebe 40 bis 100 EGE	- 138	349	322
		Großbetriebe über 100 EGE	202	351	282

1	2	3	4	5	6
Region Land/Reg.bezirk	**Nutzungsart Betriebsform**	**Betriebsgröße**	**Reingewinn EUR/ha LF**	**Pachtpreis EUR/ha LF**	**Wert für das Besatzkapital EUR/ha LF**
	Pflanzenbau-Verbund	Kleinbetriebe 0 bis unter 40 EGE	- 637	185	148
		Mittelbetriebe 40 bis 100 EGE	- 183	229	138
		Großbetriebe über 100 EGE	70	278	135
	Vieh-Verbund	Kleinbetriebe 0 bis unter 40 EGE	- 867	204	180
		Mittelbetriebe 40 bis 100 EGE	- 269	247	208
		Großbetriebe über 100 EGE	61	325	222
	Pflanzen- und Viehverbund	Kleinbetriebe 0 bis unter 40 EGE	- 698	188	157
		Mittelbetriebe 40 bis 100 EGE	- 150	222	155
		Großbetriebe über 100 EGE	61	273	137
Tübingen	Ackerbau	Kleinbetriebe 0 bis unter 40 EGE	- 484	215	114
		Mittelbetriebe 40 bis 100 EGE	- 22	258	79
		Großbetriebe über 100 EGE	106	298	66
	Milchvieh	Kleinbetriebe 0 bis unter 40 EGE	- 559	165	246
		Mittelbetriebe 40 bis 100 EGE	- 96	204	241
		Großbetriebe über 100 EGE	144	237	205
	Sonstiger Futterbau	Kleinbetriebe 0 bis unter 40 EGE	- 499	130	172
		Mittelbetriebe 40 bis 100 EGE	- 134	172	152
		Großbetriebe über 100 EGE	77	261	161
	Veredlung	Kleinbetriebe 0 bis unter 40 EGE	-1 018	306	309
		Mittelbetriebe 40 bis 100 EGE	- 138	350	323
		Großbetriebe über 100 EGE	202	352	282
	Pflanzenbau-Verbund	Kleinbetriebe 0 bis unter 40 EGE	- 630	187	150
		Mittelbetriebe 40 bis 100 EGE	- 181	232	140
		Großbetriebe über 100 EGE	70	280	135
	Vieh-Verbund	Kleinbetriebe 0 bis unter 40 EGE	- 855	207	183
		Mittelbetriebe 40 bis 100 EGE	- 266	251	211
		Großbetriebe über 100 EGE	62	330	225
	Pflanzen- und Viehverbund	Kleinbetriebe 0 bis unter 40 EGE	- 690	190	159
		Mittelbetriebe 40 bis 100 EGE	- 148	224	157
		Großbetriebe über 100 EGE	62	276	139
Oberbayern	Ackerbau	Kleinbetriebe 0 bis unter 40 EGE	- 476	220	116
		Mittelbetriebe 40 bis 100 EGE	- 21	268	81
		Großbetriebe über 100 EGE	109	312	68
	Milchvieh	Kleinbetriebe 0 bis unter 40 EGE	- 556	166	248
		Mittelbetriebe 40 bis 100 EGE	- 96	205	243
		Großbetriebe über 100 EGE	144	239	206
	Sonstiger Futterbau	Kleinbetriebe 0 bis unter 40 EGE	- 493	132	174
		Mittelbetriebe 40 bis 100 EGE	- 132	174	154
		Großbetriebe über 100 EGE	79	266	164
	Veredlung	Kleinbetriebe 0 bis unter 40 EGE	- 942	330	334
		Mittelbetriebe 40 bis 100 EGE	- 127	379	350
		Großbetriebe über 100 EGE	219	380	305
	Pflanzenbau-Verbund	Kleinbetriebe 0 bis unter 40 EGE	- 610	194	155
		Mittelbetriebe 40 bis 100 EGE	- 176	240	144
		Großbetriebe über 100 EGE	73	292	140
	Vieh-Verbund	Kleinbetriebe 0 bis unter 40 EGE	- 819	217	191
		Mittelbetriebe 40 bis 100 EGE	- 251	265	223
		Großbetriebe über 100 EGE	66	349	238

1	2	3	4	5	6
Region Land/Reg.bezirk	**Nutzungsart Betriebsform**	**Betriebsgröße**	**Reinge-winn EUR/ha LF**	**Pacht-preis EUR/ha LF**	**Wert für das Besatzkapital EUR/ha LF**
	Pflanzen- und Viehverbund	Kleinbetriebe 0 bis unter 40 EGE	- 660	200	166
		Mittelbetriebe 40 bis 100 EGE	- 140	238	167
		Großbetriebe über 100 EGE	66	293	147
Niederbayern	Ackerbau	Kleinbetriebe 0 bis unter 40 EGE	- 468	224	118
		Mittelbetriebe 40 bis 100 EGE	- 21	273	83
		Großbetriebe über 100 EGE	112	320	70
	Milchvieh	Kleinbetriebe 0 bis unter 40 EGE	- 564	163	244
		Mittelbetriebe 40 bis 100 EGE	- 97	202	239
		Großbetriebe über 100 EGE	142	235	203
	Sonstiger Futterbau	Kleinbetriebe 0 bis unter 40 EGE	- 493	132	174
		Mittelbetriebe 40 bis 100 EGE	- 132	174	154
		Großbetriebe über 100 EGE	78	265	163
	Veredlung	Kleinbetriebe 0 bis unter 40 EGE	- 941	330	334
		Mittelbetriebe 40 bis 100 EGE	- 127	380	350
		Großbetriebe über 100 EGE	219	380	305
	Pflanzenbau-Verbund	Kleinbetriebe 0 bis unter 40 EGE	- 606	195	156
		Mittelbetriebe 40 bis 100 EGE	- 174	241	146
		Großbetriebe über 100 EGE	74	295	142
	Vieh-Verbund	Kleinbetriebe 0 bis unter 40 EGE	- 821	216	191
		Mittelbetriebe 40 bis 100 EGE	- 252	264	223
		Großbetriebe über 100 EGE	65	348	237
	Pflanzen- und Viehverbund	Kleinbetriebe 0 bis unter 40 EGE	- 658	200	167
		Mittelbetriebe 40 bis 100 EGE	- 139	239	168
		Großbetriebe über 100 EGE	66	295	148
Oberpfalz	Ackerbau	Kleinbetriebe 0 bis unter 40 EGE	- 484	217	114
		Mittelbetriebe 40 bis 100 EGE	- 21	265	80
		Großbetriebe über 100 EGE	108	309	67
	Milchvieh	Kleinbetriebe 0 bis unter 40 EGE	- 563	164	245
		Mittelbetriebe 40 bis 100 EGE	- 97	202	239
		Großbetriebe über 100 EGE	142	235	203
	Sonstiger Futterbau	Kleinbetriebe 0 bis unter 40 EGE	- 495	131	173
		Mittelbetriebe 40 bis 100 EGE	- 133	173	153
		Großbetriebe über 100 EGE	78	264	163
	Veredlung	Kleinbetriebe 0 bis unter 40 EGE	- 944	330	334
		Mittelbetriebe 40 bis 100 EGE	- 127	379	349
		Großbetriebe über 100 EGE	218	379	304
	Pflanzenbau-Verbund	Kleinbetriebe 0 bis unter 40 EGE	- 615	193	153
		Mittelbetriebe 40 bis 100 EGE	- 177	238	143
		Großbetriebe über 100 EGE	73	291	140
	Vieh-Verbund	Kleinbetriebe 0 bis unter 40 EGE	- 823	216	190
		Mittelbetriebe 40 bis 100 EGE	- 252	264	222
		Großbetriebe über 100 EGE	65	347	237
	Pflanzen- und Viehverbund	Kleinbetriebe 0 bis unter 40 EGE	- 664	199	165
		Mittelbetriebe 40 bis 100 EGE	- 141	237	166
		Großbetriebe über 100 EGE	65	292	146
Oberfranken	Ackerbau	Kleinbetriebe 0 bis unter 40 EGE	- 519	201	106
		Mittelbetriebe 40 bis 100 EGE	- 23	242	74
		Großbetriebe über 100 EGE	100	286	63
	Milchvieh	Kleinbetriebe 0 bis unter 40 EGE	- 556	166	248
		Mittelbetriebe 40 bis 100 EGE	- 96	205	242
		Großbetriebe über 100 EGE	144	238	205

1	2	3	4	5	6
Region Land/Reg.bezirk	**Nutzungsart Betriebsform**	**Betriebsgröße**	**Reingewinn EUR/ha LF**	**Pachtpreis EUR/ha LF**	**Wert für das Besatzkapital EUR/ha LF**
	Sonstiger Futterbau	Kleinbetriebe 0 bis unter 40 EGE	- 496	131	172
		Mittelbetriebe 40 bis 100 EGE	- 133	173	153
		Großbetriebe über 100 EGE	78	264	162
	Veredlung	Kleinbetriebe 0 bis unter 40 EGE	- 947	329	332
		Mittelbetriebe 40 bis 100 EGE	- 128	377	348
		Großbetriebe über 100 EGE	217	377	303
	Pflanzenbau-Verbund	Kleinbetriebe 0 bis unter 40 EGE	- 631	188	150
		Mittelbetriebe 40 bis 100 EGE	- 182	231	139
		Großbetriebe über 100 EGE	70	280	135
	Vieh-Verbund	Kleinbetriebe 0 bis unter 40 EGE	- 824	215	190
		Mittelbetriebe 40 bis 100 EGE	- 253	263	222
		Großbetriebe über 100 EGE	65	347	236
	Pflanzen- und Viehverbund	Kleinbetriebe 0 bis unter 40 EGE	- 674	196	163
		Mittelbetriebe 40 bis 100 EGE	- 143	233	163
		Großbetriebe über 100 EGE	64	286	144
Mittelfranken	Ackerbau	Kleinbetriebe 0 bis unter 40 EGE	- 507	207	109
		Mittelbetriebe 40 bis 100 EGE	- 23	251	76
		Großbetriebe über 100 EGE	101	292	63
	Milchvieh	Kleinbetriebe 0 bis unter 40 EGE	- 552	167	250
		Mittelbetriebe 40 bis 100 EGE	- 95	207	244
		Großbetriebe über 100 EGE	145	241	207
	Sonstiger Futterbau	Kleinbetriebe 0 bis unter 40 EGE	- 495	131	173
		Mittelbetriebe 40 bis 100 EGE	- 133	173	153
		Großbetriebe über 100 EGE	78	265	163
	Veredlung	Kleinbetriebe 0 bis unter 40 EGE	- 946	329	333
		Mittelbetriebe 40 bis 100 EGE	- 128	378	348
		Großbetriebe über 100 EGE	218	378	304
	Pflanzenbau-Verbund	Kleinbetriebe 0 bis unter 40 EGE	- 626	190	151
		Mittelbetriebe 40 bis 100 EGE	- 180	234	141
		Großbetriebe über 100 EGE	71	283	136
	Vieh-Verbund	Kleinbetriebe 0 bis unter 40 EGE	- 822	216	190
		Mittelbetriebe 40 bis 100 EGE	- 252	264	222
		Großbetriebe über 100 EGE	65	348	237
	Pflanzen- und Viehverbund	Kleinbetriebe 0 bis unter 40 EGE	- 671	197	163
		Mittelbetriebe 40 bis 100 EGE	- 142	235	164
		Großbetriebe über 100 EGE	65	288	145
Unterfranken	Ackerbau	Kleinbetriebe 0 bis unter 40 EGE	- 488	214	113
		Mittelbetriebe 40 bis 100 EGE	- 22	258	79
		Großbetriebe über 100 EGE	105	300	66
	Milchvieh	Kleinbetriebe 0 bis unter 40 EGE	- 549	168	251
		Mittelbetriebe 40 bis 100 EGE	- 94	208	246
		Großbetriebe über 100 EGE	146	242	209
	Sonstiger Futterbau	Kleinbetriebe 0 bis unter 40 EGE	- 494	132	173
		Mittelbetriebe 40 bis 100 EGE	- 132	174	154
		Großbetriebe über 100 EGE	79	267	164
	Veredlung	Kleinbetriebe 0 bis unter 40 EGE	- 943	330	334
		Mittelbetriebe 40 bis 100 EGE	- 127	379	349
		Großbetriebe über 100 EGE	218	379	304
	Pflanzenbau-Verbund	Kleinbetriebe 0 bis unter 40 EGE	- 616	192	153
		Mittelbetriebe 40 bis 100 EGE	- 178	236	143
		Großbetriebe über 100 EGE	72	287	138

1	2	3	4	5	6
Region Land/Reg.bezirk	Nutzungsart Betriebsform	Betriebsgröße	Reingewinn EUR/ha LF	Pachtpreis EUR/ha LF	Wert für das Besatzkapital EUR/ha LF
	Vieh-Verbund	Kleinbetriebe 0 bis unter 40 EGE	- 818	217	191
		Mittelbetriebe 40 bis 100 EGE	- 251	265	223
		Großbetriebe über 100 EGE	66	349	238
	Pflanzen- und Viehverbund	Kleinbetriebe 0 bis unter 40 EGE	- 664	198	165
		Mittelbetriebe 40 bis 100 EGE	- 141	237	166
		Großbetriebe über 100 EGE	65	291	146
Schwaben	Ackerbau	Kleinbetriebe 0 bis unter 40 EGE	- 466	224	118
		Mittelbetriebe 40 bis 100 EGE	- 21	273	83
		Großbetriebe über 100 EGE	113	320	71
	Milchvieh	Kleinbetriebe 0 bis unter 40 EGE	- 546	169	252
		Mittelbetriebe 40 bis 100 EGE	- 94	210	248
		Großbetriebe über 100 EGE	148	244	211
	Sonstiger Futterbau	Kleinbetriebe 0 bis unter 40 EGE	- 491	133	174
		Mittelbetriebe 40 bis 100 EGE	- 131	176	156
		Großbetriebe über 100 EGE	79	269	165
	Veredlung	Kleinbetriebe 0 bis unter 40 EGE	- 941	330	335
		Mittelbetriebe 40 bis 100 EGE	- 127	380	350
		Großbetriebe über 100 EGE	219	380	305
	Pflanzenbau-Verbund	Kleinbetriebe 0 bis unter 40 EGE	- 604	196	156
		Mittelbetriebe 40 bis 100 EGE	- 174	242	146
		Großbetriebe über 100 EGE	74	296	143
	Vieh-Verbund	Kleinbetriebe 0 bis unter 40 EGE	- 814	218	192
		Mittelbetriebe 40 bis 100 EGE	- 250	266	224
		Großbetriebe über 100 EGE	66	351	239
	Pflanzen- und Viehverbund	Kleinbetriebe 0 bis unter 40 EGE	- 656	201	167
		Mittelbetriebe 40 bis 100 EGE	- 139	240	168
		Großbetriebe über 100 EGE	67	296	149
Saarland	Ackerbau	Kleinbetriebe 0 bis unter 40 EGE	- 531	198	104
		Mittelbetriebe 40 bis 100 EGE	- 24	240	73
		Großbetriebe über 100 EGE	98	284	61
	Milchvieh	Kleinbetriebe 0 bis unter 40 EGE	- 589	157	234
		Mittelbetriebe 40 bis 100 EGE	- 101	193	229
		Großbetriebe über 100 EGE	136	225	194
	Sonstiger Futterbau	Kleinbetriebe 0 bis unter 40 EGE	- 538	121	159
		Mittelbetriebe 40 bis 100 EGE	- 146	158	139
		Großbetriebe über 100 EGE	71	243	149
	Veredlung	Kleinbetriebe 0 bis unter 40 EGE	- 953	327	330
		Mittelbetriebe 40 bis 100 EGE	- 129	375	345
		Großbetriebe über 100 EGE	216	375	301
	Pflanzenbau-Verbund	Kleinbetriebe 0 bis unter 40 EGE	- 648	185	146
		Mittelbetriebe 40 bis 100 EGE	- 185	228	137
		Großbetriebe über 100 EGE	69	277	133
	Vieh-Verbund	Kleinbetriebe 0 bis unter 40 EGE	- 860	208	182
		Mittelbetriebe 40 bis 100 EGE	- 261	255	215
		Großbetriebe über 100 EGE	63	337	229
	Pflanzen- und Viehverbund	Kleinbetriebe 0 bis unter 40 EGE	- 694	190	158
		Mittelbetriebe 40 bis 100 EGE	- 146	229	160
		Großbetriebe über 100 EGE	63	281	141
Brandenburg	Ackerbau	Kleinbetriebe 0 bis unter 40 EGE	- 566	88	97
		Mittelbetriebe 40 bis 100 EGE	- 25	97	68
		Großbetriebe über 100 EGE	92	126	57

1	2	3	4	5	6
Region Land/Reg.bezirk	**Nutzungsart Betriebsform**	**Betriebsgröße**	**Reingewinn EUR/ha LF**	**Pachtpreis EUR/ha LF**	**Wert für das Besatzkapital EUR/ha LF**
	Milchvieh	Kleinbetriebe 0 bis unter 40 EGE	- 605	63	228
		Mittelbetriebe 40 bis 100 EGE	- 104	74	223
		Großbetriebe über 100 EGE	133	97	190
	Sonstiger Futterbau	Kleinbetriebe 0 bis unter 40 EGE	- 584	54	147
		Mittelbetriebe 40 bis 100 EGE	- 160	44	127
		Großbetriebe über 100 EGE	66	51	137
	Veredlung	Kleinbetriebe 0 bis unter 40 EGE	- 926	92	340
		Mittelbetriebe 40 bis 100 EGE	- 125	92	355
		Großbetriebe über 100 EGE	222	92	310
	Pflanzenbau-Verbund	Kleinbetriebe 0 bis unter 40 EGE	- 666	97	142
		Mittelbetriebe 40 bis 100 EGE	- 189	81	134
		Großbetriebe über 100 EGE	68	104	131
	Vieh-Verbund	Kleinbetriebe 0 bis unter 40 EGE	- 875	90	179
		Mittelbetriebe 40 bis 100 EGE	- 261	34	214
		Großbetriebe über 100 EGE	63	86	230
	Pflanzen- und Viehverbund	Kleinbetriebe 0 bis unter 40 EGE	- 704	59	156
		Mittelbetriebe 40 bis 100 EGE	- 147	70	159
		Großbetriebe über 100 EGE	63	102	140
Mecklenburg-Vorpommern	Ackerbau	Kleinbetriebe 0 bis unter 40 EGE	- 506	99	109
		Mittelbetriebe 40 bis 100 EGE	- 23	111	76
		Großbetriebe über 100 EGE	102	146	64
	Milchvieh	Kleinbetriebe 0 bis unter 40 EGE	- 601	64	229
		Mittelbetriebe 40 bis 100 EGE	- 103	75	225
		Großbetriebe über 100 EGE	135	98	192
	Sonstiger Futterbau	Kleinbetriebe 0 bis unter 40 EGE	- 569	54	150
		Mittelbetriebe 40 bis 100 EGE	- 155	45	132
		Großbetriebe über 100 EGE	68	53	141
	Veredlung	Kleinbetriebe 0 bis unter 40 EGE	- 919	91	342
		Mittelbetriebe 40 bis 100 EGE	- 124	91	358
		Großbetriebe über 100 EGE	223	91	312
	Pflanzenbau-Verbund	Kleinbetriebe 0 bis unter 40 EGE	- 635	100	148
		Mittelbetriebe 40 bis 100 EGE	- 182	84	140
		Großbetriebe über 100 EGE	71	111	136
	Vieh-Verbund	Kleinbetriebe 0 bis unter 40 EGE	- 862	91	181
		Mittelbetriebe 40 bis 100 EGE	- 258	34	217
		Großbetriebe über 100 EGE	64	87	232
	Pflanzen- und Viehverbund	Kleinbetriebe 0 bis unter 40 EGE	- 682	62	161
		Mittelbetriebe 40 bis 100 EGE	- 143	74	164
		Großbetriebe über 100 EGE	65	108	144
Chemnitz	Ackerbau	Kleinbetriebe 0 bis unter 40 EGE	- 475	105	116
		Mittelbetriebe 40 bis 100 EGE	- 21	118	81
		Großbetriebe über 100 EGE	113	157	71
	Milchvieh	Kleinbetriebe 0 bis unter 40 EGE	- 584	65	236
		Mittelbetriebe 40 bis 100 EGE	- 100	76	232
		Großbetriebe über 100 EGE	138	100	197
	Sonstiger Futterbau	Kleinbetriebe 0 bis unter 40 EGE	- 538	56	159
		Mittelbetriebe 40 bis 100 EGE	- 145	47	141
		Großbetriebe über 100 EGE	72	56	150
	Veredlung	Kleinbetriebe 0 bis unter 40 EGE	- 887	96	355
		Mittelbetriebe 40 bis 100 EGE	- 120	96	370
		Großbetriebe über 100 EGE	232	96	324

1	2	3	4	5	6
Region Land/Reg.bezirk	**Nutzungsart Betriebsform**	**Betriebsgröße**	**Reinge-winn EUR/ha LF**	**Pacht-preis EUR/ha LF**	**Wert für das Besatzkapital EUR/ha LF**
	Pflanzenbau-Verbund	Kleinbetriebe 0 bis unter 40 EGE	- 605	103	156
		Mittelbetriebe 40 bis 100 EGE	- 174	86	146
		Großbetriebe über 100 EGE	76	116	145
	Vieh-Verbund	Kleinbetriebe 0 bis unter 40 EGE	- 825	98	189
		Mittelbetriebe 40 bis 100 EGE	- 249	35	225
		Großbetriebe über 100 EGE	67	90	242
	Pflanzen- und Viehverbund	Kleinbetriebe 0 bis unter 40 EGE	- 654	66	168
		Mittelbetriebe 40 bis 100 EGE	- 136	78	171
		Großbetriebe über 100 EGE	68	112	152
Dresden	Ackerbau	Kleinbetriebe 0 bis unter 40 EGE	- 497	100	111
		Mittelbetriebe 40 bis 100 EGE	- 22	112	78
		Großbetriebe über 100 EGE	107	148	67
	Milchvieh	Kleinbetriebe 0 bis unter 40 EGE	- 583	65	236
		Mittelbetriebe 40 bis 100 EGE	- 100	77	232
		Großbetriebe über 100 EGE	139	101	198
	Sonstiger Futterbau	Kleinbetriebe 0 bis unter 40 EGE	- 543	56	158
		Mittelbetriebe 40 bis 100 EGE	- 146	47	139
		Großbetriebe über 100 EGE	71	55	149
	Veredlung	Kleinbetriebe 0 bis unter 40 EGE	- 890	95	354
		Mittelbetriebe 40 bis 100 EGE	- 121	95	369
		Großbetriebe über 100 EGE	231	95	323
	Pflanzenbau-Verbund	Kleinbetriebe 0 bis unter 40 EGE	- 618	101	153
		Mittelbetriebe 40 bis 100 EGE	- 177	85	143
		Großbetriebe über 100 EGE	74	113	142
	Vieh-Verbund	Kleinbetriebe 0 bis unter 40 EGE	- 830	96	188
		Mittelbetriebe 40 bis 100 EGE	- 250	35	225
		Großbetriebe über 100 EGE	66	89	241
	Pflanzen- und Viehverbund	Kleinbetriebe 0 bis unter 40 EGE	- 662	64	165
		Mittelbetriebe 40 bis 100 EGE	- 138	76	169
		Großbetriebe über 100 EGE	67	110	150
Leipzig	Ackerbau	Kleinbetriebe 0 bis unter 40 EGE	- 488	102	113
		Mittelbetriebe 40 bis 100 EGE	- 22	115	79
		Großbetriebe über 100 EGE	109	151	68
	Milchvieh	Kleinbetriebe 0 bis unter 40 EGE	- 566	68	243
		Mittelbetriebe 40 bis 100 EGE	- 97	80	240
		Großbetriebe über 100 EGE	144	104	205
	Sonstiger Futterbau	Kleinbetriebe 0 bis unter 40 EGE	- 540	56	158
		Mittelbetriebe 40 bis 100 EGE	- 145	47	140
		Großbetriebe über 100 EGE	73	56	151
	Veredlung	Kleinbetriebe 0 bis unter 40 EGE	- 889	95	354
		Mittelbetriebe 40 bis 100 EGE	- 120	95	369
		Großbetriebe über 100 EGE	232	95	323
	Pflanzenbau-Verbund	Kleinbetriebe 0 bis unter 40 EGE	- 613	102	154
		Mittelbetriebe 40 bis 100 EGE	- 176	86	144
		Großbetriebe über 100 EGE	74	114	143
	Vieh-Verbund	Kleinbetriebe 0 bis unter 40 EGE	- 823	97	190
		Mittelbetriebe 40 bis 100 EGE	- 248	36	226
		Großbetriebe über 100 EGE	67	91	243
	Pflanzen- und Viehverbund	Kleinbetriebe 0 bis unter 40 EGE	- 658	65	166
		Mittelbetriebe 40 bis 100 EGE	- 137	78	171
		Großbetriebe über 100 EGE	68	113	151

1	2	3	4	5	6
Region Land/Reg.bezirk	**Nutzungsart Betriebsform**	**Betriebsgröße**	**Reingewinn EUR/ha LF**	**Pachtpreis EUR/ha LF**	**Wert für das Besatzkapital EUR/ha LF**
Dessau	Ackerbau	Kleinbetriebe 0 bis unter 40 EGE	- 506	99	109
		Mittelbetriebe 40 bis 100 EGE	- 23	111	76
		Großbetriebe über 100 EGE	104	146	65
	Milchvieh	Kleinbetriebe 0 bis unter 40 EGE	- 595	65	232
		Mittelbetriebe 40 bis 100 EGE	- 102	76	228
		Großbetriebe über 100 EGE	136	100	195
	Sonstiger Futterbau	Kleinbetriebe 0 bis unter 40 EGE	- 573	54	149
		Mittelbetriebe 40 bis 100 EGE	- 155	44	131
		Großbetriebe über 100 EGE	68	53	141
	Veredlung	Kleinbetriebe 0 bis unter 40 EGE	- 876	95	359
		Mittelbetriebe 40 bis 100 EGE	- 118	95	376
		Großbetriebe über 100 EGE	234	95	327
	Pflanzenbau-Verbund	Kleinbetriebe 0 bis unter 40 EGE	- 625	102	151
		Mittelbetriebe 40 bis 100 EGE	- 179	85	142
		Großbetriebe über 100 EGE	72	112	139
	Vieh-Verbund	Kleinbetriebe 0 bis unter 40 EGE	- 840	95	186
		Mittelbetriebe 40 bis 100 EGE	- 249	35	225
		Großbetriebe über 100 EGE	66	90	241
	Pflanzen- und Viehverbund	Kleinbetriebe 0 bis unter 40 EGE	- 665	63	165
		Mittelbetriebe 40 bis 100 EGE	- 138	75	170
		Großbetriebe über 100 EGE	67	109	150
Halle	Ackerbau	Kleinbetriebe 0 bis unter 40 EGE	- 477	105	115
		Mittelbetriebe 40 bis 100 EGE	- 21	118	81
		Großbetriebe über 100 EGE	112	156	70
	Milchvieh	Kleinbetriebe 0 bis unter 40 EGE	- 598	64	230
		Mittelbetriebe 40 bis 100 EGE	- 102	75	226
		Großbetriebe über 100 EGE	136	99	193
	Sonstiger Futterbau	Kleinbetriebe 0 bis unter 40 EGE	- 564	55	152
		Mittelbetriebe 40 bis 100 EGE	- 152	45	134
		Großbetriebe über 100 EGE	69	54	143
	Veredlung	Kleinbetriebe 0 bis unter 40 EGE	- 873	95	360
		Mittelbetriebe 40 bis 100 EGE	- 118	95	377
		Großbetriebe über 100 EGE	235	95	328
	Pflanzenbau-Verbund	Kleinbetriebe 0 bis unter 40 EGE	- 609	103	155
		Mittelbetriebe 40 bis 100 EGE	- 175	86	145
		Großbetriebe über 100 EGE	75	116	144
	Vieh-Verbund	Kleinbetriebe 0 bis unter 40 EGE	- 835	97	187
		Mittelbetriebe 40 bis 100 EGE	- 248	35	226
		Großbetriebe über 100 EGE	67	90	242
	Pflanzen- und Viehverbund	Kleinbetriebe 0 bis unter 40 EGE	- 654	64	167
		Mittelbetriebe 40 bis 100 EGE	- 135	77	172
		Großbetriebe über 100 EGE	68	111	152
Magdeburg	Ackerbau	Kleinbetriebe 0 bis unter 40 EGE	- 500	100	110
		Mittelbetriebe 40 bis 100 EGE	- 22	112	77
		Großbetriebe über 100 EGE	107	147	67
	Milchvieh	Kleinbetriebe 0 bis unter 40 EGE	- 611	62	225
		Mittelbetriebe 40 bis 100 EGE	- 105	73	221
		Großbetriebe über 100 EGE	132	96	189
	Sonstiger Futterbau	Kleinbetriebe 0 bis unter 40 EGE	- 572	54	150
		Mittelbetriebe 40 bis 100 EGE	- 155	45	131
		Großbetriebe über 100 EGE	67	52	140

1	2	3	4	5	6
Region Land/Reg.bezirk	**Nutzungsart Betriebsform**	**Betriebsgröße**	**Reingewinn EUR/ha LF**	**Pachtpreis EUR/ha LF**	**Wert für das Besatzkapital EUR/ha LF**
	Veredlung	Kleinbetriebe 0 bis unter 40 EGE	- 876	95	359
		Mittelbetriebe 40 bis 100 EGE	- 118	95	376
		Großbetriebe über 100 EGE	235	95	327
	Pflanzenbau-Verbund	Kleinbetriebe 0 bis unter 40 EGE	- 622	102	152
		Mittelbetriebe 40 bis 100 EGE	- 178	85	142
		Großbetriebe über 100 EGE	73	112	141
	Vieh-Verbund	Kleinbetriebe 0 bis unter 40 EGE	- 844	96	185
		Mittelbetriebe 40 bis 100 EGE	- 250	34	224
		Großbetriebe über 100 EGE	66	89	240
	Pflanzen- und Viehverbund	Kleinbetriebe 0 bis unter 40 EGE	- 664	63	165
		Mittelbetriebe 40 bis 100 EGE	- 137	74	170
		Großbetriebe über 100 EGE	67	107	150
Thüringen	Ackerbau	Kleinbetriebe 0 bis unter 40 EGE	- 469	106	117
		Mittelbetriebe 40 bis 100 EGE	- 21	119	82
		Großbetriebe über 100 EGE	114	158	72
	Milchvieh	Kleinbetriebe 0 bis unter 40 EGE	- 587	65	235
		Mittelbetriebe 40 bis 100 EGE	- 101	76	230
		Großbetriebe über 100 EGE	138	100	197
	Sonstiger Futterbau	Kleinbetriebe 0 bis unter 40 EGE	- 537	56	159
		Mittelbetriebe 40 bis 100 EGE	- 144	47	141
		Großbetriebe über 100 EGE	72	56	151
	Veredlung	Kleinbetriebe 0 bis unter 40 EGE	- 839	99	375
		Mittelbetriebe 40 bis 100 EGE	- 113	99	393
		Großbetriebe über 100 EGE	245	99	342
	Pflanzenbau-Verbund	Kleinbetriebe 0 bis unter 40 EGE	- 591	105	160
		Mittelbetriebe 40 bis 100 EGE	- 171	88	148
		Großbetriebe über 100 EGE	77	117	148
	Vieh-Verbund	Kleinbetriebe 0 bis unter 40 EGE	- 801	101	195
		Mittelbetriebe 40 bis 100 EGE	- 239	36	235
		Großbetriebe über 100 EGE	69	93	252
	Pflanzen- und Viehverbund	Kleinbetriebe 0 bis unter 40 EGE	- 632	66	173
		Mittelbetriebe 40 bis 100 EGE	- 131	79	179
		Großbetriebe über 100 EGE	70	112	157
Stadtstaaten	Ackerbau	Kleinbetriebe 0 bis unter 40 EGE	- 487	213	113
		Mittelbetriebe 40 bis 100 EGE	- 22	256	79
		Großbetriebe über 100 EGE	110	307	69
	Milchvieh	Kleinbetriebe 0 bis unter 40 EGE	- 593	155	232
		Mittelbetriebe 40 bis 100 EGE	- 102	192	228
		Großbetriebe über 100 EGE	136	225	194
	Sonstiger Futterbau	Kleinbetriebe 0 bis unter 40 EGE	- 554	117	155
		Mittelbetriebe 40 bis 100 EGE	- 150	154	136
		Großbetriebe über 100 EGE	70	238	145
	Veredlung	Kleinbetriebe 0 bis unter 40 EGE	- 965	323	326
		Mittelbetriebe 40 bis 100 EGE	- 131	368	340
		Großbetriebe über 100 EGE	214	372	298
	Pflanzenbau-Verbund	Kleinbetriebe 0 bis unter 40 EGE	- 630	188	150
		Mittelbetriebe 40 bis 100 EGE	- 180	231	141
		Großbetriebe über 100 EGE	73	284	140
	Vieh-Verbund	Kleinbetriebe 0 bis unter 40 EGE	- 874	205	179
		Mittelbetriebe 40 bis 100 EGE	- 266	251	211
		Großbetriebe über 100 EGE	62	332	226

1	2	3	4	5	6
Region Land/Reg.bezirk	**Nutzungsart Betriebsform**	**Betriebsgröße**	**Reingewinn EUR/ha LF**	**Pachtpreis EUR/ha LF**	**Wert für das Besatzkapital EUR/ha LF**
	Pflanzen- und Viehverbund	Kleinbetriebe 0 bis unter 40 EGE	- 691	190	159
		Mittelbetriebe 40 bis 100 EGE	- 145	228	161
		Großbetriebe über 100 EGE	64	283	142

Anlage 15
(zu § 163 Abs. 4 und § 164 Abs. 2)[1)]

Forstwirtschaftliche Nutzung

1	2	3	4	5	6
Land	**Nutzungsart Baumartengruppe**	**Ertragsklasse**	**Reingewinn EUR/ha**	**Pachtpreis EUR/ha**	**Wert für das Besatzkapital EUR/ha**
Deutschland	Baumartengruppe Buche	I. Ertragsklasse und besser	78	5,40	Anlage 15 a
		II. Ertragsklasse	51		
		III. Ertragsklasse und schlechter	25		
	Baumartengruppe Eiche	I. Ertragsklasse und besser	90	5,40	Anlage 15 a
		II. Ertragsklasse	58		
		III. Ertragsklasse und schlechter	17		
	Baumartengruppe Fichte	I. Ertragsklasse und besser	105	5,40	Anlage 15 a
		II. Ertragsklasse	75		
		III. Ertragsklasse und schlechter	49		
	Baumartengruppe Kiefer	I. Ertragsklasse und besser	26	5,40	Anlage 15 a
		II. Ertragsklasse	11		
		III. Ertragsklasse und schlechter	11		
	übrige Fläche der forstwirtschaftlichen Nutzung		11	5,40	Anlage 15 a

1) Anlage 15 angef. mWv 1.1.2009 durch G v. 24.12.2008 (BGBl. I S. 3018); geänd. mWv 1.1.2009 durch G v. 8.12.2010 (BGBl. I S. 1768).

Anlage 15a
(zu § 164 Abs. 4)[1)]

Forstwirtschaftliche Nutzung

6												
Werte für das Besatzkapital nach Altersklassen in €/ha												
Altersklasse			I.	II.	III.	IV.	V.	VI.	VII.	VIII.	IX.	X.
Jahre			1–20	21–40	41–60	61–80	81–100	101–120	121–140	141–160	161–180	> 180
Buche	I. und	EKL. besser	32,30	32,30	39,70	61,90	99,70	147,60	179,00	167,30	167,30	167,30
Buche	II.	EKL.	19,30	19,30	22,20	34,60	54,80	83,30	104,20	99,60	99,60	99,60
Buche	III. und	EKL. schlechter	6,70	6,70	7,00	12,20	21,30	33,70	45,10	44,60	44,60	44,60
Eiche	I. und	EKL. besser	38,30	38,50	45,90	60,90	80,20	102,50	129,30	155,40	177,70	200,40
Eiche	II.	EKL.	22,80	22,80	25,60	33,80	45,50	58,90	76,30	93,80	107,30	120,90
Eiche	III. und	EKL. schlechter	5,40	5,40	5,50	8,00	12,00	17,20	23,00	29,90	37,50	44,20
Fichte	I. und	EKL. besser	45,20	61,50	112,50	158,60	186,20	186,20	186,20	186,20	186,20	186,20
Fichte	II.	EKL.	30,70	35,90	68,30	102,60	123,80	133,60	133,60	133,60	133,60	133,60
Fichte	III. und	EKL. schlechter	18,40	18,90	34,90	59,20	77,70	88,40	88,40	88,40	88,40	88,40
Kiefer	I. und	EKL. besser	7,10	7,70	15,20	23,10	29,10	34,40	37,60	37,60	37,60	37,60
Kiefer	II.	EKL.	0,00	0,10	2,40	6,10	9,00	11,30	12,70	12,70	12,70	12,70
Kiefer	III. und	EKL. schlechter	0,00	0,00	1,10	5,20	8,80	11,20	12,70	12,70	12,70	12,70

1) Anlage 15a angef. mWv 1.1.2009 durch G v. 24.12.2008 (BGBl. I S. 3018).

Anlage 16
(zu § 163 Abs. 5 und
§ 164 Abs. 2 und 4)[1]

Weinbauliche Nutzung

1	2	3	4	5
Land	**Nutzungsart Verwertungsform**	**Reingewinn EUR/ha LF**	**Pachtpreis EUR/ha LF**	**Wert für das Besatzkapital EUR/ha LF**
Deutschland	Flaschenweinerzeuger	- 193	970	1 522
	Fassweinerzeuger	- 759	589	588
	Traubenerzeuger	-1 252	859	509

Anlage 17
(zu § 163 Abs. 6 und
§ 164 Abs. 2 und 4)[1]

Gärtnerische Nutzung

1	2	3	4	5	6
Land	**Nutzungsteil**	**Nutzungsart**	**Rein-gewinn EUR/ha LF**	**Pacht-preis EUR/ha LF**	**Wert für das Besatzkapital EUR/ha LF**
Deutschland	Gemüsebau	Freilandflächen	-1 365	657	484
		Flächen unter Glas und Kunststoffen	6 098	2 414	2 750
	Blumen- und Zierpflanzenbau	Freilandflächen	- 108	1 044	1 393
		Flächen unter Glas und Kunststoffen	-6 640	5 516	6 895
	Baumschulen		894	223	2 359
	Obstbau		- 379	325	426

Anlage 18
(zu § 163 Abs. 7 und
§ 164 Abs. 2 und 4)[1]

Sondernutzungen

1	2	3	4	5
Land	**Nutzungen**	**Reingewinn EUR/ha LF**	**Pachtpreis EUR/ha LF**	**Wert für das Besatzkapital Euro/ha LF**
Deutschland	Hopfen	- 414	492	348
	Spargel	-1 365	657	612
	Tabak	- 820	492	129

[1] Anlage 16–18 angef. mWv 1.1.2009 durch G v. 24.12.2008 (BGBl. I S. 3018).

Anlage 19
(zu § 169)

Umrechnungsschlüssel für Tierbestände in Vieheinheiten nach dem Futterbedarf[1)]

Tierart	1 Tier
Alpakas	0,08 VE
Damtiere	
Damtiere unter 1 Jahr	0,04 VE
Damtiere 1 Jahr und älter	0,08 VE
Geflügel	
Legehennen (einschließlich einer normalen Aufzucht zur Ergänzung des Bestandes)	0,02 VE
Legehennen aus zugekauften Junghennen	0,0183 VE
Zuchtputen, -enten, -gänse	0,04 VE
Kaninchen	
Zucht- und Angorakaninchen	0,025 VE
Lamas	0,1 VE
Pferde	
Pferde unter 3 Jahren und Kleinpferde	0,7 VE
Pferde 3 Jahre und älter	1,1 VE
Rindvieh	
Kälber und Jungvieh unter 1 Jahr (einschließlich Mastkälber, Starterkälber und Fresser)	0,3 VE
Jungvieh 1 bis 2 Jahre alt	0,7 VE
Färsen (älter als 2 Jahre)	1 VE
Masttiere (Mastdauer weniger als 1 Jahr)	1 VE
Kühe (einschließlich Mutter- und Ammenkühe mit den dazugehörigen Saugkälbern)	1 VE
Zuchtbullen, Zugochsen	1,2 VE
Schafe	
Schafe unter 1 Jahr einschließlich Mastlämmer	0,05 VE
Schafe 1 Jahr und älter	0,1 VE

1) Zur Anwendung siehe § 205 Abs. 4.

Tierart	1 Tier
Schweine	
Zuchtschweine (einschließlich Jungzuchtschweine über etwa 90 kg)	0,33 VE
Strauße	
Zuchttiere 14 Monate und älter	0,32 VE
Jungtiere/Masttiere unter 14 Monate	0,25 VE
Ziegen	0,08 VE
Geflügel	
Jungmasthühner	
(bis zu 6 Durchgänge je Jahr – schwere Tiere)	0,0017 VE
(mehr als 6 Durchgänge je Jahr – leichte Tiere)	0,0013 VE
Junghennen	0,0017 VE
Mastenten	0,0033 VE
Mastenten in der Aufzuchtphase	0,0011 VE
Mastenten in der Mastphase	0,0022 VE
Mastputen aus selbst erzeugten Jungputen	0,0067 VE
Mastputen aus zugekauften Jungputen	0,005 VE
Jungputen (bis etwa 8 Wochen)	0,0017 VE
Mastgänse	0,0067 VE
Kaninchen	
Mastkaninchen	0,0025 VE
Rindvieh	
Masttiere (Mastdauer 1 Jahr und mehr)	1 VE
Schweine	
Leichte Ferkel (bis etwa 12 kg)	0,01 VE
Ferkel (über etwa 12 bis etwa 20 kg)	0,02 VE
Schwere Ferkel und leichte Läufer (über etwa 20 bis etwa 30 kg)	0,04 VE
Läufer (über etwa 30 bis etwa 45 kg)	0,06 VE
Schwere Läufer (über etwa 45 bis etwa 60 kg)	0,08 VE
Mastschweine	0,16 VE
Jungzuchtschweine bis etwa 90 kg	0,12 VE

Anlage 20
(zu § 169 Abs. 5)[1)]

Gruppen der Zweige des Tierbestands nach der Flächenabhängigkeit

1. Mehr flächenabhängige Zweige des Tierbestands
   Pferdehaltung,
   Pferdezucht,
   Schafzucht,
   Schafhaltung,
   Rindviehzucht,
   Milchviehhaltung,
   Rindviehmast.

2. Weniger flächenabhängige Zweige des Tierbestands
   Schweinezucht,
   Schweinemast,
   Hühnerzucht,
   Entenzucht,
   Gänsezucht,
   Putenzucht,
   Legehennenhaltung,
   Junghühnermast,
   Entenmast,
   Gänsemast,
   Putenmast.

[1)] Anlage 20 angef. mWv 1.1.2009 durch G v. 24.12.2008 (BGBl. I S. 3018).

Anlage 21
(zu § 185 Abs. 3 Satz 1, § 193 Abs. 3 Satz 2, § 194 Abs. 3 Satz 3 und § 195 Abs. 2 Satz 2 und Abs. 3 Satz 3)[1)]

Vervielfältiger

Restnutzungsdauer; Restlaufzeit des Erbbaurechts bzw. des Nutzungsrechts (in Jahren)	Zinssatz										
	3%	3,5%	4%	4,5%	5%	5,5%	6%	6,5%	7%	7,5%	8%
1	0,97	0,97	0,96	0,96	0,95	0,95	0,94	0,94	0,93	0,93	0,93
2	1,91	1,90	1,89	1,87	1,86	1,85	1,83	1,82	1,81	1,80	1,78
3	2,83	2,80	2,78	2,75	2,72	2,70	2,67	2,65	2,62	2,60	2,58
4	3,72	3,67	3,63	3,59	3,55	3,51	3,47	3,43	3,39	3,35	3,31
5	4,58	4,52	4,45	4,39	4,33	4,27	4,21	4,16	4,10	4,05	3,99
6	5,42	5,33	5,24	5,16	5,08	5,00	4,92	4,84	4,77	4,69	4,62
7	6,23	6,11	6,00	5,89	5,79	5,68	5,58	5,48	5,39	5,30	5,21
8	7,02	6,87	6,73	6,60	6,46	6,33	6,21	6,09	5,97	5,86	5,75
9	7,79	7,61	7,44	7,27	7,11	6,95	6,80	6,66	6,52	6,38	6,25
10	8,53	8,32	8,11	7,91	7,72	7,54	7,36	7,19	7,02	6,86	6,71
11	9,25	9,00	8,76	8,53	8,31	8,09	7,89	7,69	7,50	7,32	7,14
12	9,95	9,66	9,39	9,12	8,86	8,62	8,38	8,16	7,94	7,74	7,54
13	10,63	10,30	9,99	9,68	9,39	9,12	8,85	8,60	8,36	8,13	7,90
14	11,30	10,92	10,56	10,22	9,90	9,59	9,29	9,01	8,75	8,49	8,24
15	11,94	11,52	11,12	10,74	10,38	10,04	9,71	9,40	9,11	8,83	8,56
16	12,56	12,09	11,65	11,23	10,84	10,46	10,11	9,77	9,45	9,14	8,85
17	13,17	12,65	12,17	11,71	11,27	10,86	10,48	10,11	9,76	9,43	9,12
18	13,75	13,19	12,66	12,16	11,69	11,25	10,83	10,43	10,06	9,71	9,37
19	14,32	13,71	13,13	12,59	12,09	11,61	11,16	10,73	10,34	9,96	9,60
20	14,88	14,21	13,59	13,01	12,46	11,95	11,47	11,02	10,59	10,19	9,82
21	15,42	14,70	14,03	13,40	12,82	12,28	11,76	11,28	10,84	10,41	10,02
22	15,94	15,17	14,45	13,78	13,16	12,58	12,04	11,54	11,06	10,62	10,20
23	16,44	15,62	14,86	14,15	13,49	12,88	12,30	11,77	11,27	10,81	10,37

1) Anlage 21 angef. mWv 1.1.2009 durch G v. 24.12.2008 (BGBl. I S. 3018).

Restnutzungsdauer; Restlaufzeit des Erbbaurechts bzw. des Nutzungsrechts (in Jahren)	Zinssatz										
	3%	3,5%	4%	4,5%	5%	5,5%	6%	6,5%	7%	7,5%	8%
24	16,94	16,06	15,25	14,50	13,80	13,15	12,55	11,99	11,47	10,98	10,53
25	17,41	16,48	15,62	14,83	14,09	13,41	12,78	12,20	11,65	11,15	10,67
26	17,88	16,89	15,98	15,15	14,38	13,66	13,00	12,39	11,83	11,30	10,81
27	18,33	17,29	16,33	15,45	14,64	13,90	13,21	12,57	11,99	11,44	10,94
28	18,76	17,67	16,66	15,74	14,90	14,12	13,41	12,75	12,14	11,57	11,05
29	19,19	18,04	16,98	16,02	15,14	14,33	13,59	12,91	12,28	11,70	11,16
30	19,60	18,39	17,29	16,29	15,37	14,53	13,76	13,06	12,41	11,81	11,26
31	20,00	18,74	17,59	16,54	15,59	14,72	13,93	13,20	12,53	11,92	11,35
32	20,39	19,07	17,87	16,79	15,80	14,90	14,08	13,33	12,65	12,02	11,43
33	20,77	19,39	18,15	17,02	16,00	15,08	14,23	13,46	12,75	12,11	11,51
34	21,13	19,70	18,41	17,25	16,19	15,24	14,37	13,58	12,85	12,19	11,59
35	21,49	20,00	18,66	17,46	16,37	15,39	14,50	13,69	12,95	12,27	11,65
36	21,83	20,29	18,91	17,67	16,55	15,54	14,62	13,79	13,04	12,35	11,72
37	22,17	20,57	19,14	17,86	16,71	15,67	14,74	13,89	13,12	12,42	11,78
38	22,49	20,84	19,37	18,05	16,87	15,80	14,85	13,98	13,19	12,48	11,83
39	22,81	21,10	19,58	18,23	17,02	15,93	14,95	14,06	13,26	12,54	11,88
40	23,11	21,36	19,79	18,40	17,16	16,05	15,05	14,15	13,33	12,59	11,92
41	23,41	21,60	19,99	18,57	17,29	16,16	15,14	14,22	13,39	12,65	11,97
42	23,70	21,83	20,19	18,72	17,42	16,26	15,22	14,29	13,45	12,69	12,01
43	23,98	22,06	20,37	18,87	17,55	16,36	15,31	14,36	13,51	12,74	12,04
44	24,25	22,28	20,55	19,02	17,66	16,46	15,38	14,42	13,56	12,78	12,08
45	24,52	22,50	20,72	19,16	17,77	16,55	15,46	14,48	13,61	12,82	12,11
46	24,78	22,70	20,88	19,29	17,88	16,63	15,52	14,54	13,65	12,85	12,14
47	25,02	22,90	21,04	19,41	17,98	16,71	15,59	14,59	13,69	12,89	12,16
48	25,27	23,09	21,20	19,54	18,08	16,79	15,65	14,64	13,73	12,92	12,19
49	25,50	23,28	21,34	19,65	18,17	16,86	15,71	14,68	13,77	12,95	12,21
50	25,73	23,46	21,48	19,76	18,26	16,93	15,76	14,72	13,80	12,97	12,23
51	25,95	23,63	21,62	19,87	18,34	17,00	15,81	14,76	13,83	13,00	12,25
52	26,17	23,80	21,75	19,97	18,42	17,06	15,86	14,80	13,86	13,02	12,27

Restnutzungsdauer; Restlaufzeit des Erbbaurechts bzw. des Nutzungsrechts (in Jahren)	Zinssatz										
	3%	3,5%	4%	4,5%	5%	5,5%	6%	6,5%	7%	7,5%	8%
53	26,37	23,96	21,87	20,07	18,49	17,12	15,91	14,84	13,89	13,04	12,29
54	26,58	24,11	21,99	20,16	18,57	17,17	15,95	14,87	13,92	13,06	12,30
55	26,77	24,26	22,11	20,25	18,63	17,23	15,99	14,90	13,94	13,08	12,32
56	26,97	24,41	22,22	20,33	18,70	17,28	16,03	14,93	13,96	13,10	12,33
57	27,15	24,55	22,33	20,41	18,76	17,32	16,06	14,96	13,98	13,12	12,34
58	27,33	24,69	22,43	20,49	18,82	17,37	16,10	14,99	14,00	13,13	12,36
59	27,51	24,82	22,53	20,57	18,88	17,41	16,13	15,01	14,02	13,15	12,37
60	27,68	24,94	22,62	20,64	18,93	17,45	16,16	15,03	14,04	13,16	12,38
61	27,84	25,07	22,71	20,71	18,98	17,49	16,19	15,05	14,06	13,17	12,39
62	28,00	25,19	22,80	20,77	19,03	17,52	16,22	15,07	14,07	13,18	12,39
63	28,16	25,30	22,89	20,83	19,08	17,56	16,24	15,09	14,08	13,19	12,40
64	28,31	25,41	22,97	20,89	19,12	17,59	16,27	15,11	14,10	13,20	12,41
65	28,45	25,52	23,05	20,95	19,16	17,62	16,29	15,13	14,11	13,21	12,42
66	28,60	25,62	23,12	21,01	19,20	17,65	16,31	15,14	14,12	13,22	12,42
67	28,73	25,72	23,19	21,06	19,24	17,68	16,33	15,16	14,13	13,23	12,43
68	28,87	25,82	23,26	21,11	19,28	17,70	16,35	15,17	14,14	13,24	12,43
69	29,00	25,91	23,33	21,16	19,31	17,73	16,37	15,19	14,15	13,24	12,44
70	29,12	26,00	23,39	21,20	19,34	17,75	16,38	15,20	14,16	13,25	12,44
71	29,25	26,09	23,46	21,25	19,37	17,78	16,40	15,21	14,17	13,25	12,45
72	29,37	26,17	23,52	21,29	19,40	17,80	16,42	15,22	14,18	13,26	12,45
73	29,48	26,25	23,57	21,33	19,43	17,82	16,43	15,23	14,18	13,27	12,45
74	29,59	26,33	23,63	21,37	19,46	17,84	16,44	15,24	14,19	13,27	12,46
75	29,70	26,41	23,68	21,40	19,48	17,85	16,46	15,25	14,20	13,27	12,46
76	29,81	26,48	23,73	21,44	19,51	17,87	16,47	15,26	14,20	13,28	12,46
77	29,91	26,55	23,78	21,47	19,53	17,89	16,48	15,26	14,21	13,28	12,47
78	30,01	26,62	23,83	21,50	19,56	17,90	16,49	15,27	14,21	13,29	12,47
79	30,11	26,68	23,87	21,54	19,58	17,92	16,50	15,28	14,22	13,29	12,47
80	30,20	26,75	23,92	21,57	19,60	17,93	16,51	15,28	14,22	13,29	12,47
81	30,29	26,81	23,96	21,59	19,62	17,94	16,52	15,29	14,23	13,30	12,48

Restnutzungsdauer; Restlaufzeit des Erbbaurechts bzw. des Nutzungsrechts (in Jahren)	Zinssatz										
	3%	3,5%	4%	4,5%	5%	5,5%	6%	6,5%	7%	7,5%	8%
82	30,38	26,87	24,00	21,62	19,63	17,96	16,53	15,30	14,23	13,30	12,48
83	30,47	26,93	24,04	21,65	19,65	17,97	16,53	15,30	14,23	13,30	12,48
84	30,55	26,98	24,07	21,67	19,67	17,98	16,54	15,31	14,24	13,30	12,48
85	30,63	27,04	24,11	21,70	19,68	17,99	16,55	15,31	14,24	13,30	12,48
86	30,71	27,09	24,14	21,72	19,70	18,00	16,56	15,32	14,24	13,31	12,48
87	30,79	27,14	24,18	21,74	19,71	18,01	16,56	15,32	14,25	13,31	12,48
88	30,86	27,19	24,21	21,76	19,73	18,02	16,57	15,32	14,25	13,31	12,49
89	30,93	27,23	24,24	21,78	19,74	18,03	16,57	15,33	14,25	13,31	12,49
90	31,00	27,28	24,27	21,80	19,75	18,03	16,58	15,33	14,25	13,31	12,49
91	31,07	27,32	24,30	21,82	19,76	18,04	16,58	15,33	14,26	13,31	12,49
92	31,14	27,37	24,32	21,83	19,78	18,05	16,59	15,34	14,26	13,32	12,49
93	31,20	27,41	24,35	21,85	19,79	18,06	16,59	15,34	14,26	13,32	12,49
94	31,26	27,45	24,37	21,87	19,80	18,06	16,60	15,34	14,26	13,32	12,49
95	31,32	27,48	24,40	21,88	19,81	18,07	16,60	15,35	14,26	13,32	12,49
96	31,38	27,52	24,42	21,90	19,82	18,08	16,60	15,35	14,26	13,32	12,49
97	31,44	27,56	24,44	21,91	19,82	18,08	16,61	15,35	14,27	13,32	12,49
98	31,49	27,59	24,46	21,92	19,83	18,09	16,61	15,35	14,27	13,32	12,49
99	31,55	27,62	24,49	21,94	19,84	18,09	16,61	15,35	14,27	13,32	12,49
100	31,60	27,66	24,50	21,95	19,85	18,10	16,62	15,36	14,27	13,32	12,49

In den Fällen anderer Zinssätze der Gutachterausschüsse ist der Vervielfältiger nach folgender Formel zu bilden:

$$V \text{ (Vervielfältiger)} = \frac{1}{q^n} \times \frac{q^n - 1}{q - 1}$$

q = Zinsfaktor = 1 + p : 100

p = Zinssatz

n = Restnutzungsdauer/Restlaufzeit

Anlage 22
(zu § 185 Absatz 3 Satz 3,
§ 190 Absatz 4 Satz 2)[1]

Wirtschaftliche Gesamtnutzungsdauer

Ein- und Zweifamilienhäuser	70	Jahre
Mietwohngrundstücke, Mehrfamilienhäuser	70	Jahre
Wohnungseigentum	70	Jahre
Geschäftsgrundstücke, gemischt genutzte Grundstücke und sonstige bebaute Grundstücke:		
Gemischt genutzte Grundstücke (Wohnhäuser mit Mischnutzung)	70	Jahre
Museen, Theater, Sakralbauten, Friedhofsgebäude	70	Jahre
Bürogebäude/Verwaltungsgebäude	60	Jahre
Banken und ähnliche Geschäftshäuser	60	Jahre
Einzelgaragen/Mehrfachgaragen	60	Jahre
Kindergärten (Kindertagesstätten), Allgemeinbildende und Berufsbildende Schulen, Hochschulen, Sonderschulen	50	Jahre
Wohnheime/Internate, Alten-/Pflegeheime	50	Jahre
Kauf-/Warenhäuser	50	Jahre
Krankenhäuser, Tageskliniken, Ärztehäuser	40	Jahre
Gemeindezentren, Saalbauten/Veranstaltungsgebäude, Vereinsheime	40	Jahre
Beherbergungsstätten, Hotels, Verpflegungseinrichtungen	40	Jahre
Sport-/Tennishallen, Freizeitbäder/Kur- und Heilbäder	40	Jahre
Tief-, Hoch- und Nutzfahrzeuggaragen als Einzelbauwerke, Carports	40	Jahre
Betriebs-/Werkstätten, Industrie-/Produktionsgebäude	40	Jahre
Lager-/Versandgebäude	40	Jahre
Verbrauchermärkte, Autohäuser	30	Jahre
Reithallen, ehemalige landwirtschaftliche Mehrzweckhallen, u. Ä.	30	Jahre

Teileigentum ist in Abhängigkeit von der baulichen Gestaltung den vorstehenden Gebäudearten zuzuordnen.

---

[1] Anlage 22 angef. mWv 1.1.2009 durch G v. 24.12.2008 (BGBl. I S. 3018) und neu gef. durch G v. 2 11. 2015 (BGBl. I S. 1834); zur Anwendung siehe § 205 Abs. 10.

Anlage 23
(zu § 187 Abs. 2 Satz 2)[1)]

Pauschalierte Bewirtschaftungskosten für Verwaltung, Instandhaltung und Mietausfallwagnis in Prozent der Jahresmiete oder üblichen Miete (ohne Betriebskosten)

<table>
<tr><th rowspan="3">Restnutzungs-dauer</th><th colspan="4">Grundstücksart</th></tr>
<tr><th>1</th><th>2</th><th>3</th><th>4</th></tr>
<tr><th>Mietwohn-grundstück</th><th>gemischt genutztes Grundstück mit einem gewerblichen Anteil von bis zu 50% (berechnet nach der Wohn- bzw. Nutzfläche)</th><th>gemischt genutztes Grundstück mit einem gewerblichen Anteil von mehr als 50% (berechnet nach der Wohn- bzw. Nutzfläche)</th><th>Geschäfts-grundstück</th></tr>
<tr><td>≥ 60 Jahre</td><td>21</td><td colspan="2">21</td><td>18</td></tr>
<tr><td>40 bis 59 Jahre</td><td>23</td><td colspan="2">22</td><td>20</td></tr>
<tr><td>20 bis 39 Jahre</td><td>27</td><td colspan="2">24</td><td>22</td></tr>
<tr><td>< 20 Jahre</td><td>29</td><td colspan="2">26</td><td>23</td></tr>
</table>

Anlage 24
(zu § 190 Absatz 1 Satz 4 und Absatz 3)[1) · 2)]

Ermittlung des Gebäuderegelherstellungswerts

I. Begriff der Brutto-Grundfläche (BGF)

1. Die BGF ist die Summe der bezogen auf die jeweilige Gebäudeart marktüblich nutzbaren Grundflächen aller Grundrissebenen eines Bauwerks. In Anlehnung an die DIN 277-1:2005-02 sind bei den Grundflächen folgende Bereiche zu unterscheiden:
   Bereich a: überdeckt und allseitig in voller Höhe umschlossen,
   Bereich b: überdeckt, jedoch nicht allseitig in voller Höhe umschlossen,
   Bereich c: nicht überdeckt.
   Für die Anwendung der Regelherstellungskosten (RHK) sind im Rahmen der Ermittlung der BGF nur die Grundflächen der Bereiche a und b zugrunde zu legen. Balkone, auch wenn sie überdeckt sind, sind dem Bereich c zuzuordnen.
   Für die Ermittlung der BGF sind die äußeren Maße der Bauteile einschließlich Bekleidung, z. B. Putz und Außenschalen mehrschaliger Wandkonstruktionen, in Höhe der Bodenbelagsoberkanten anzusetzen.
2. Nicht zur BGF gehören z. B. Flächen von Spitzböden und Kriechkellern, Flächen, die ausschließlich der Wartung, Inspektion und Instandsetzung von Baukonstruktionen und technischen Anlagen dienen sowie Flächen unter konstruktiven Hohlräumen, z. B. über abgehängten Decken.

---

1) Anlage 23 und 24 angef. mWv 1.1.2009 durch G v. 24.12.2008 (BGBl. I S. 3018).

2) Anlage 24 neu gef. durch G v. 2.11.2015 (BGBl. I S. 1834); zur Anwendung siehe § 265 Abs. 10.

II. Regelherstellungskosten (RHK)

Regelherstellungskosten

auf Grundlage der Normalherstellungskosten 2010 (NHK 2010) in Euro/m² BGF einschließlich Baunebenkosten und Umsatzsteuer für die jeweilige Gebäudeart (Kostenstand 2010)

1–3	Ein- und Zweifamilienhäuser						
			Standardstufe				
Keller- und Erdgeschoss			1	2	3	4	5
	Dachgeschoss ausgebaut						
	1.01	freistehende Einfamilienhäuser	655	725	835	1005	1260
	1.011	freistehende Zweifamilienhäuser[1)]	688	761	877	1055	1323
	2.01	Doppel- und Reihenendhäuser	615	685	785	945	1180
	3.01	Reihenmittelhäuser	575	640	735	885	1105
	Dachgeschoss nicht ausgebaut						
	1.02	freistehende Einfamilienhäuser	545	605	695	840	1050
	1.021	freistehende Zweifamilienhäuser[1)]	572	635	730	882	1103
	2.02	Doppel- und Reihenendhäuser	515	570	655	790	985
	3.02	Reihenmittelhäuser	480	535	615	740	925
	Flachdach oder flach geneigtes Dach						
	1.03	freistehende Einfamilienhäuser	705	785	900	1085	1360
	1.031	freistehende Zweifamilienhäuser[1)]	740	824	945	1139	1428
	2.03	Doppel- und Reihenendhäuser	665	735	845	1020	1275
	3.03	Reihenmittelhäuser	620	690	795	955	1195

1) **[Amtl. Anm.:]** ermittelt mit Korrekturfaktor 1,05 bezogen auf die Regelherstellungskosten für freistehende Einfamilienhäuser.

Keller-, Erd- und Obergeschoss			Standardstufe 1	2	3	4	5
	Dachgeschoss ausgebaut						
	1.11	freistehende Einfamilienhäuser	655	725	835	1005	1260
	1.111	freistehende Zweifamilienhäuser[1)]	688	761	877	1055	1323
	2.11	Doppel- und Reihenendhäuser	615	685	785	945	1180
	3.11	Reihenmittelhäuser	575	640	735	885	1105
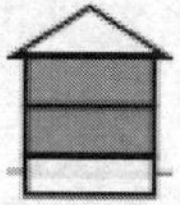	Dachgeschoss nicht ausgebaut						
	1.12	freistehende Einfamilienhäuser	570	635	730	880	1100
	1.121	freistehende Zweifamilienhäuser[1)]	599	667	767	924	1155
	2.12	Doppel- und Reihenendhäuser	535	595	685	825	1035
	3.12	Reihenmittelhäuser	505	560	640	775	965
	Flachdach oder flach geneigtes Dach						
	1.13	freistehende Einfamilienhäuser	665	740	850	1025	1285
	1.131	freistehende Zweifamilienhäuser[1)]	698	777	893	1076	1349
	2.13	Doppel- und Reihenendhäuser	625	695	800	965	1205
	3.13	Reihenmittelhäuser	585	650	750	905	1130

[1)] **[Amtl. Anm.:]** ermittelt mit Korrekturfaktor 1,05 bezogen auf die Regelherstellungskosten für freistehende Einfamilienhäuser.

Erdgeschoss, nicht unterkellert			Standardstufe 1	2	3	4	5
	**Dachgeschoss ausgebaut**						
	1.21	**freistehende Einfamilienhäuser**	**790**	**875**	**1005**	**1215**	**1515**
	1.211	**freistehende Zweifamilienhäuser**[1)]	**830**	**919**	**1055**	**1276**	**1591**
	2.21	**Doppel- und Reihenendhäuser**	**740**	**825**	**945**	**1140**	**1425**
	3.21	**Reihenmittelhäuser**	**695**	**770**	**885**	**1065**	**1335**
	**Dachgeschoss nicht ausgebaut**						
	1.22	**freistehende Einfamilienhäuser**	**585**	**650**	**745**	**900**	**1125**
	1.221	**freistehende Zweifamilienhäuser**[1)]	**614**	**683**	**782**	**945**	**1181**
	2.22	**Doppel- und Reihenendhäuser**	**550**	**610**	**700**	**845**	**1055**
	3.22	**Reihenmittelhäuser**	**515**	**570**	**655**	**790**	**990**
	**Flachdach oder flach geneigtes Dach**						
	1.23	**freistehende Einfamilienhäuser**	**920**	**1025**	**1180**	**1420**	**1775**
	1.231	**freistehende Zweifamilienhäuser**[1)]	**966**	**1076**	**1239**	**1491**	**1864**
	2.23	**Doppel- und Reihenendhäuser**	**865**	**965**	**1105**	**1335**	**1670**
	3.23	**Reihenmittelhäuser**	**810**	**900**	**1035**	**1250**	**1560**

1) **[Amtl. Anm.:]** ermittelt mit Korrekturfaktor 1,05 bezogen auf die Regelherstellungskosten für freistehende Einfamilienhäuser.

Erd- und Obergeschoss, nicht unterkellert			Standardstufe 1	2	3	4	5
	Dachgeschoss ausgebaut						
	1.31	freistehende Einfamilienhäuser	720	800	920	1105	1385
	1.311	freistehende Zweifamilienhäuser[1)]	756	840	966	1160	1454
	2.31	Doppel- und Reihenendhäuser	675	750	865	1040	1300
	3.31	Reihenmittelhäuser	635	705	810	975	1215
	Dachgeschoss nicht ausgebaut						
	1.32	freistehende Einfamilienhäuser	620	690	790	955	1190
	1.321	freistehende Zweifamilienhäuser[1)]	651	725	830	1003	1250
	2.32	Doppel- und Reihenendhäuser	580	645	745	895	1120
	3.32	Reihenmittelhäuser	545	605	695	840	1050
	Flachdach oder flach geneigtes Dach						
	1.33	freistehende Einfamilienhäuser	785	870	1000	1205	1510
	1.331	freistehende Zweifamilienhäuser[1)]	824	914	1050	1265	1586
	2.33	Doppel- und Reihenendhäuser	735	820	940	1135	1415
	3.33	Reihenmittelhäuser	690	765	880	1060	1325

[1)] **[Amtl. Anm.:]** ermittelt mit Korrekturfaktor 1,05 bezogen auf die Regelherstellungskosten für freistehende Einfamilienhäuser.

4	**Wohnungseigentum und vergleichbares Teileigentum in Mehrfamilienhäusern (ohne Tiefgaragenplatz)/Mehrfamilienhäuser** Für Wohnungseigentum in Gebäuden, die wie Ein- und Zweifamilienhäuser im Sinne des § 181 Absatz 2 des Bewertungsgesetzes gestaltet sind, werden die Regelherstellungskosten der Ein- und Zweifamilienhäuser zugrunde gelegt. Umrechnungsfaktor hinsichtlich der Brutto-Grundfläche (BGF) für Wohnungseigentum in Mehrfamilienhäusern BGF = 1,55 × Wohnfläche

		Standardstufe				
		1	2	3	4	5
4.1	**Mehrfamilienhäuser mit bis zu 6 WE**	650	720	825	985	1190
4.2	**Mehrfamilienhäuser mit 7 bis 20 WE**	600	665	765	915	1105
4.3	**Mehrfamilienhäuser mit mehr als 20 WE**	590	655	755	900	1090

5–18	**Gemischt genutzte Grundstücke, Geschäftsgrundstücke und sonstige bebaute Grundstücke**

		Standardstufe				
		1	2	3	4	5
5.1	**Gemischt genutzte Grundstücke (Wohnhäuser mit Mischnutzung)**	605	675	860	1085	1375
5.2	**Banken und ähnliche Geschäftshäuser mit Wohnanteil**[1)]	625	695	890	1375	1720
5.3	**Banken und ähnliche Geschäftshäuser ohne Wohnanteil**	655	730	930	1520	1900

		Standardstufe				
		1	2	3	4	5
6.1	**Bürogebäude/Verwaltungsgebäude**	735	815	1040	1685	1900

[1)] **[Amtl. Anm.:]** Anteil der Wohnfläche bis 20 Prozent.

		Standardstufe				
		1	2	3	4	5
7.1	**Gemeindezentren/Vereinsheime**	795	885	1130	1425	1905
7.2	**Saalbauten/Veranstaltungsgebäude**	955	1060	1355	1595	2085

		Standardstufe				
		1	2	3	4	5
8.1	**Kindergärten**	915	1020	1300	1495	1900
8.2	**Allgemeinbildende Schulen, Berufsbildende Schulen, Hochschulen**	1020	1135	1450	1670	2120
8.3	**Sonderschulen**	1115	1240	1585	1820	2315

		Standardstufe				
		1	2	3	4	5
9.1	**Wohnheime/Internate**	705	785	1000	1225	1425
9.2	**Alten-/Pflegeheime**	825	915	1170	1435	1665

		Standardstufe				
		1	2	3	4	5
10.1	**Krankenhäuser/Kliniken**	1210	1345	1720	2080	2765
10.2	**Tageskliniken/Ärztehäuser**	1115	1240	1585	1945	2255

		Standardstufe				
		1	2	3	4	5
11.1	**Beherbergungsstätten/Hotels/Verpflegungseinrichtungen**	975	1085	1385	1805	2595

		Standardstufe				
		1	2	3	4	5
12.1	**Sporthallen (Einfeldhallen)**	930	1035	1320	1670	1955
12.2	**Sporthallen (Dreifeldhallen/Mehrzweckhallen)**	1050	1165	1490	1775	2070
12.3	**Tennishallen**	710	790	1010	1190	1555
12.4	**Freizeitbäder/Kur- und Heilbäder**	1725	1920	2450	2985	3840

		Standardstufe				
		1	2	3	4	5
13.1	**Verbrauchermärkte**	510	565	720	870	1020
13.2	**Kauf-/Warenhäuser**	930	1035	1320	1585	1850
13.3	**Autohäuser ohne Werkstatt**	665	735	940	1240	1480

		Standardstufe				
		1	2	3	4	5
14.1	**Einzelgaragen/Mehrfachgaragen**[1)]		245		485	780
14.2	**Hochgaragen**[2)]		480		655	780
14.3	**Tiefgaragen**[2)]		560		715	850
14.4	**Nutzfahrzeuggaragen**		530		680	810
14.5	**Carports**			190		

1) **[Amtl. Anm.:]** Standardstufe 1–3: Fertiggaragen; Standardstufe 4: Garagen in Massivbauweise; Standardstufe 5: individuelle Garagen in Massivbauweise mit besonderen Ausführungen wie Ziegeldach, Gründach, Bodenbeläge, Fliesen o. ä., Wasser, Abwasser und Heizung.

2) **[Amtl. Anm.:]** Umrechnungsfaktor hinsichtlich der Brutto-Grundfläche (BGF) für Tief- und Hochgaragen: BGF = tatsächliche Stellplatzfläche (Länge × Breite) × 1,55.

		Standardstufe				
		1	2	3	4	5
15.1	**Betriebs-/Werkstätten, eingeschossig**	**685**	**760**	**970**	**1165**	**1430**
15.2	**Betriebs-/Werkstätten, mehrgeschossig ohne Hallenanteil**	**640**	**715**	**910**	**1090**	**1340**
15.3	**Betriebs-/Werkstätten, mehrgeschossig, hoher Hallenanteil**	**435**	**485**	**620**	**860**	**1070**
15.4	**Industrielle Produktionsgebäude, Massivbauweise**	**670**	**745**	**950**	**1155**	**1440**
15.5	**Industrielle Produktionsgebäude, überwiegend Skelettbauweise**	**495**	**550**	**700**	**965**	**1260**

		Standardstufe				
		1	2	3	4	5
16.1	**Lagergebäude ohne Mischnutzung, Kaltlager**	**245**	**275**	**350**	**490**	**640**
16.2	**Lagergebäude mit bis zu 25% Mischnutzung[1)]**	**390**	**430**	**550**	**690**	**880**
16.3	**Lagergebäude mit mehr als 25% Mischnutzung[1)]**	**625**	**695**	**890**	**1095**	**1340**

		Standardstufe				
		1	2	3	4	5
17.1	**Museen**	**1325**	**1475**	**1880**	**2295**	**2670**
17.2	**Theater**	**1460**	**1620**	**2070**	**2625**	**3680**
17.3	**Sakralbauten**	**1185**	**1315**	**1510**	**2060**	**2335**
17.4	**Friedhofsgebäude**	**1035**	**1150**	**1320**	**1490**	**1720**

[1)] **[Amtl. Anm.:]** Lagergebäude mit Mischnutzung sind Gebäude mit einem überwiegenden Anteil an Lagernutzung und einem geringeren Anteil an anderen Nutzungen wie Büro, Sozialräume, Ausstellungs- oder Verkaufsflächen etc.

		Standardstufe				
		1	2	3	4	5
18.1	**Reithallen**		235		260	310
18.2	**ehemalige landwirtschaftliche Mehrzweckhallen, Scheunen, u. Ä.**		245		270	350

19	**Teileigentum** Teileigentum ist in Abhängigkeit von der baulichen Gestaltung den vorstehenden Gebäudearten zuzuordnen.
20	**Auffangklausel** Regelherstellungskosten für nicht aufgeführte Gebäudearten sind aus den Regelherstellungskosten vergleichbarer Gebäudearten abzuleiten.

III. Beschreibung der Gebäudestandards

Die Beschreibung der Gebäudestandards ist beispielhaft und dient der Orientierung. Sie kann nicht alle in der Praxis auftretenden Standardmerkmale aufführen. Es müssen nicht alle aufgeführten Merkmale zutreffen. Die in der Tabelle angegebenen Jahreszahlen beziehen sich auf die im jeweiligen Zeitraum gültigen Wärmeschutzanforderungen; in Bezug auf das konkrete Bewertungsobjekt ist zu prüfen, ob von diesen Wärmeschutzanforderungen abgewichen wird. Die Beschreibung der Gebäudestandards basiert auf dem Bezugsjahr der Normalherstellungskosten (2010).

1–5.1	**① 1.01–3.33**	**Ein- und Zweifamilienhäuser**
	② 4.1–5.1	**Wohnungseigentum und vergleichbares Teileigentum in Mehrfamilienhäusern (ohne Tiefgaragenplatz)/Mehrfamilienhäuser sowie gemischt genutzte Grundstücke (Wohnhäuser mit Mischnutzung)**

	Standardstufe					**Wägungsanteil**
	1	**2**	**3**	**4**	**5**	
	nicht zeitgemäß		**zeitgemäß**			
	einfachst	**einfach**	**Basis**	**gehoben**	**aufwendig**	
Außenwände	Holzfachwerk, Ziegelmauerwerk; Fugenglattstrich, Putz, Verkleidung mit Faserzementplatten, Bitumenschindeln oder einfachen Kunststoffplatten; kein oder deutlich nicht zeitgemäßer Wärmeschutz (vor ca. 1980)	ein-/zweischaliges Mauerwerk, z. B. Gitterziegel oder Hohlblocksteine; verputzt und gestrichen oder Holzverkleidung; nicht zeitgemäßer Wärmeschutz (vor ca. 1995)	ein-/zweischaliges Mauerwerk, z. B. aus Leichtziegeln, Kalksandsteinen, Gasbetonsteinen; Edelputz; Wärmedämmverbundsystem oder Wärmedämmputz (nach ca. 1995)	Verblendmauerwerk, zweischalig, hinterlüftet, Vorhangfassade (z. B. Naturschiefer); Wärmedämmung (nach ca. 2005)	aufwendig gestaltete Fassaden mit konstruktiver Gliederung (Säulenstellungen, Erker etc.), Sichtbeton-Fertigteile, Natursteinfassade, Elemente aus Kupfer-/Eloxalblech, mehrgeschossige Glasfassaden; hochwertigste Dämmung (z. B. Passivhausstandard)	23

	Standardstufe					Wägungs-anteil
	1	2	3	4	5	
	nicht zeitgemäß		zeitgemäß			
	einfachst	einfach	Basis	gehoben	aufwendig	
Dach	Dachpappe, Faserzementplatten/Wellplatten; keine bis geringe Dachdämmung	einfache Betondachsteine oder Tondachziegel, Bitumenschindeln; nicht zeitgemäße Dachdämmung (vor ca. 1995)	Faserzement-Schindeln, beschichtete Betondachsteine und Tondachziegel, Folienabdichtung; Dachdämmung (nach ca. 1995); Rinnen und Fallrohre aus Zinkblech;	glasierte Tondachziegel, Flachdachausbildung tlw. als Dachterrassen; Konstruktion in Brettschichtholz, schweres Massivflachdach; besondere Dachformen, z. B. Mansarden-, Walmdach; Aufsparrendämmung, überdurchschnittliche Dämmung (nach ca. 2005)	hochwertige Eindeckung, z. B. aus Schiefer oder Kupfer, Dachbegrünung, befahrbares Flachdach; hochwertigste Dämmung (z. B. Passivhausstandard); Rinnen und Fallrohre aus Kupfer ① aufwendig gegliederte Dachlandschaft, sichtbare Bogendachkonstruktionen	15
Fenster und Außentüren	Einfachverglasung; einfache Holztüren	Zweifachverglasung (vor ca. 1995); Haustür mit nicht zeitgemäßem Wärmeschutz (vor ca. 1995)	Zweifachverglasung (nach ca. 1995), Rollläden (manuell); Haustür mit zeitgemäßem Wärmeschutz (nach ca. 1995)	Dreifachverglasung, Sonnenschutzglas, aufwendigere Rahmen, Rollläden (elektr.); höherwertige Türanlage z. B. mit Seitenteil, besonderer Einbruchschutz	große, feststehende Fensterflächen, Spezialverglasung (Schall- und Sonnenschutz); Außentüren in hochwertigen Materialien	11

	Standardstufe					Wägungsanteil
	1	2	3	4	5	
	nicht zeitgemäß		zeitgemäß			
	einfachst	**einfach**	**Basis**	**gehoben**	**aufwendig**	
Innenwände und -türen	Fachwerkwände, einfache Putze/Lehmputze, einfache Kalkanstriche; Füllungstüren, gestrichen, mit einfachen Beschlägen ohne Dichtungen	massive tragende Innenwände, nicht tragende Wände in Leichtbauweise (z. B. Holzständerwände mit Gipskarton), Gipsdielen; leichte Türen, Stahlzargen	nicht tragende Innenwände in massiver Ausführung bzw. mit Dämmmaterial gefüllte Ständerkonstruktionen; schwere Türen ① Holzzargen	Sichtmauerwerk; Massivholztüren, Schiebetürelemente, Glastüren, strukurierte Türblätter ① Wandvertäfelungen (Holzpaneele)	gestaltete Wandabläufe (z. B. Pfeilervorlagen, abgesetzte oder geschwungene Wandpartien); Brandschutzverkleidung; raumhohe aufwendige Türelemente ① Vertäfelungen (Edelholz, Metall), Akkustikputz	11
Deckenkonstruktion und Treppen	Holzbalkendecken ohne Füllung, Spalierputz; Weichholztreppen in einfacher Art und Ausführung; kein Trittschallschutz ① Weichholztreppen in einfacher Art und Ausführung; kein Trittsschallschutz	Holzbalkendecken mit Füllung, Kappendecken; Stahl- oder Hartholztreppen in einfacher Art und Ausführung ① Stahl- oder Hartholztreppen in einfacher Art und Ausführung	① Beton- und Holzbalkendecken mit Tritt- und Luftschallschutz (z. B. schwimmender Estrich); geradläufige Treppen aus Stahlbeton oder Stahl, Harfentreppe, Trittschallschutz ② Betondecken mit Tritt- und Luftschallschutz (z. B. schwimmender Estrich); einfacher Putz	① Decken mit größerer Spannweite, Deckenverkleidung (Holzpaneele/Kassetten); gewendelte Treppen aus Stahlbeton oder Stahl, Hartholztreppenanlage in besserer Art und Ausführung ② zusätzlich Deckenverkleidung	Deckenvertäfelungen (Edelholz, Metall) ① Decken mit großen Spannweiten, gegliedert; breite Stahlbeton-, Metall- oder Hartholztreppenanlage mit hochwertigem Geländer	11

	Standardstufe					Wägungsanteil
	1	2	3	4	5	
	nicht zeitgemäß		zeitgemäß			
	einfachst	**einfach**	**Basis**	**gehoben**	**aufwendig**	
Fußböden	ohne Belag	Linoleum-, Teppich-, Laminat- und PVC-Böden einfacher Art und Ausführung	Linoleum-, Teppich-, Laminat- und PVC-Böden besserer Art und Ausführung, Fliesen, Kunststeinplatten	Natursteinplatten, Fertigparkett, hochwertige Fliesen, Terrazzobelag, hochwertige Massivholzböden auf gedämmter Unterkonstruktion	hochwertiges Parkett, hochwertige Natursteinplatten, hochwertige Edelholzböden auf gedämmter Unterkonstruktion	5
Sanitäreinrichtungen	einfaches Bad mit Stand-WC; Installation auf Putz; Ölfarbenanstrich, einfache PVC-Bodenbeläge	1 Bad mit WC, Dusche oder Badewanne; einfache Wand- und Bodenfliesen, teilweise gefliest	Wand- und Bodenfliesen, raumhoch gefliest; Dusche und Badewanne ① 1 Bad mit WC, Gäste-WC ② 1 Bad mit WC je Wohneinheit	1–2 Bäder (② je Wohneinheit) mit tlw. zwei Waschbecken, tlw. Bidet/Urinal, Gäste-WC, bodengleiche Dusche; Wand- und Bodenfliesen; jeweils in gehobener Qualität	hochwertige Wand- und Bodenplatten (oberflächenstrukturiert, Einzel- und Flächendekors) ① mehrere großzügige, hochwertige Bäder, Gäste-WC; ② 2 und mehr Bäder je Wohneinheit	9
Heizung	Einzelöfen, Schwerkraftheizung	Fern- oder Zentralheizung, einfache Warmluftheizung, einzelne Gasaußenwandthermen, Nachstromspeicher-, Fußbodenheizung (vor ca. 1995)	elektronisch gesteuerte Fern- oder Zentralheizung, Niedertemperatur- oder Brennwertkessel	Fußbodenheizung, Solarkollektoren für Warmwassererzeugung ① zusätzlicher Kaminanschluss	Solarkollektoren für Warmwassererzeugung und Heizung, Blockheizkraftwerk, Wärmepumpe, Hybrid-Systeme ① aufwendige zusätzliche Kaminanlage	9

	Standardstufe					Wägungsanteil
	1	2	3	4	5	
	nicht zeitgemäß		zeitgemäß			
	einfachst	**einfach**	**Basis**	**gehoben**	**aufwendig**	
Sonstige technische Ausstattung	sehr wenige Steckdosen, Schalter und Sicherungen, kein Fehlerstromschutzschalter (FI-Schalter), Leitungen teilweise auf Putz	wenige Steckdosen, Schalter und Sicherungen	zeitgemäße Anzahl an Steckdosen und Lichtauslässen, Zählerschrank (ab ca. 1985) mit Unterverteilung und Kippsicherungen	zahlreiche Steckdosen und Lichtauslässe, hochwertige Abdeckungen, dezentrale Lüftung mit Wärmetauscher, mehrere LAN- und Fernsehanschlüsse ② Personenaufzugsanlagen	Video- und zentrale Alarmanlage, zentrale Lüftung mit Wärmetauscher, Klimaanlage, Bussystem ② aufwendige Personenaufzugsanlagen	6

5.2–17.4	③ 5.2–6.1	**Banken und ähnliche Geschäftshäuser, Bürogebäude/Verwaltungsgebäude**
	④ 7.1–8.3	**Gemeindezentren/Vereinsheime, Saalbauten/Veranstaltungsgebäude, Kindergärten, Schulen**
	⑤ 9.1–11.1	**Wohnheime, Alten-/Pflegeheime, Krankenhäuser, Tageskliniken, Beherbergungsstätten, Hotels, Verpflegungseinrichtungen**
	⑥ 12.1–12.4	**Sporthallen, Tennishallen, Freizeitbäder/Kur- und Heilbäder**
	⑦ 13.1–13.3	**Verbrauchermärkte, Kauf-/Warenhäuser, Autohäuser**
	⑧ 15.1–16.3	**Betriebs-/Werkstätten, Produktionsgebäude, Lagergebäude**
	⑨ 17.1–17.4	**Museen, Theater, Sakralbauten, Friedhofsgebäude**

	Standardstufe				
	1	2	3	4	5
	nicht zeitgemäß		zeitgemäß		
	einfachst	**einfach**	**Basis**	**gehoben**	**aufwendig**
Außenwände	Mauerwerk mit Putz oder mit Fugenglattstrich und Anstrich; einfache Wände, Holz-, Blech-, Faserzementbekleidung, Bitumenschindeln oder einfache Kunststoffplatten; kein oder deutlich nicht zeitgemäßer Wärmeschutz (vor ca. 1980)	ein-/zweischaliges Mauerwerk, z. B. Gitterziegel oder Hohlblocksteine; verputzt und gestrichen oder Holzverkleidung; einfache Metall-Sandwichelemente; nicht zeitgemäßer Wärmeschutz (vor ca. 1995)	Wärmedämmverbundsystem oder Wärmedämmputz (nach ca. 1995); ein-/zweischalige Konstruktion, z. B. Mauerwerk aus Leichtziegeln, Kalksandsteinen, Gasbetonsteinen; Edelputz; gedämmte Metall-Sandwichelemente	Verblendmauerwerk, zweischalig, hinterlüftet, Vorhangfassade (z. B. Naturschiefer); Wärmedämmung (nach ca. 2005)	Sichtbeton-Fertigteile, Natursteinfassade, Elemente aus Kupfer-/Eloxalblech, mehrgeschossige Glasfassaden; stark überdurchschnittliche Dämmung ③ ④ ⑤ ⑥ ⑦ aufwendig gestaltete Fassaden mit konstruktiver Gliederung (Säulenstellungen, Erker etc.) ③ Vorhangfassade aus Glas
Konstruktion⑧	Holzkonstruktion in nicht zeitgemäßer statischer Ausführung	Mauerwerk, Stahl- oder Stahlbetonkonstruktion in nicht zeitgemäßer statischer Ausführung	Stahl- und Betonfertigteile	überwiegend Betonfertigteile; große stützenfreie Spannweiten; hohe Deckenhöhen; hohe Belastbarkeit der Decken und Böden	größere stützenfreie Spannweiten; hohe Deckenhöhen; höhere Belastbarkeit der Decken und Böden

	Standardstufe				
	1	2	3	4	5
	nicht zeitgemäß		zeitgemäß		
	einfachst	**einfach**	**Basis**	**gehoben**	**aufwendig**
Dach	Dachpappe, Faserzementplatten/Wellplatten, Blecheindeckung; kein Unterdach; keine bis geringe Dachdämmung	einfache Betondachsteine oder Tondachziegel, Bitumenschindeln; nicht zeitgemäße Dachdämmung (vor ca. 1995)	Faserzement-Schindeln, beschichtete Betondachsteine und Tondachziegel, Folienabdichtung; Dachdämmung (nach ca. 1995); Rinnen und Fallrohre aus Zinkblech	besondere Dachformen; überdurchschnittliche Dämmung (nach ca. 2005) ③ ④ ⑤ ⑥ ⑦ glasierte Tondachziegel ③ ⑧ schweres Massivflachdach ⑨ Biberschwänze	hochwertige Eindeckung z. B. aus Schiefer oder Kupfer; Dachbegrünung; aufwendig gegliederte Dachlandschaft ③ ④ ⑤ befahrbares Flachdach ③ ④ stark überdurchschnittliche Dämmung ⑤ ⑥ ⑦ ⑧ hochwertigste Dämmung
Fenster- und Außentüren	Einfachverglasung; einfache Holztüren	Isolierverglasung, Zweifachverglasung (vor ca. 1995); Eingangstüren mit nicht zeitgemäßem Wärmeschutz (vor ca. 1995)	Zweifachverglasung (nach ca. 1995) ⑤ nur Wohnheime, Altenheime, Pflegeheime, Krankenhäuser und Tageskliniken: Automatik-Eingangstüren ⑨ kunstvoll gestaltetes farbiges Fensterglas, Ornamentglas	Dreifachverglasung, Sonnenschutzglas, aufwendigere Rahmen ③ ④ ⑥ ⑦ ⑧ höherwertige Türanlagen ⑤ nur Beherbergungsstätten und Verpflegungseinrichtungen: Automatik-Eingangstüren ⑨ besonders große kunstvoll gestaltete farbige Fensterflächen	große, feststehende Fensterflächen, Spezialverglasung (Schall- und Sonnenschutz) ③ ④ ⑦ ⑧ Außentüren in hochwertigen Materialien ③ Automatiktüren ⑥ Automatik-Eingangstüren ⑨ Bleiverglasung mit Schutzglas, farbige Maßfenster

	Standardstufe				
	1	2	3	4	5
	nicht zeitgemäß		zeitgemäß		
	einfachst	**einfach**	**Basis**	**gehoben**	**aufwendig**
Innenwände und -türen	Fachwerkwände, einfache Putze/Lehmputze, einfache Kalkanstriche; Füllungstüren, gestrichen, mit einfachen Beschlägen ohne Dichtungen	massive tragende Innenwände, nicht tragende Wände in Leichtbauweise (z. B. Holzständerwände mit Gipskarton), Gipsdielen; leichte Türen, Kunststoff-/Holztürblätter, Stahlzargen	④ ⑤ ⑥ ⑦ nicht tragende Innenwände in massiver Ausführung bzw. mit Dämmmaterial gefüllte Ständerkonstruktionen ⑤ ⑥ ⑦ schwere Türen ③ nicht tragende Innenwände in massiver Ausführung; schwere Türen ④ schwere und große Türen ⑤ nur Wohnheime, Altenheime, Pflegeheime, Krankenhäuser und Tageskliniken: Automatik-Flurzwischentüren; rollstuhlgerechte Bedienung ⑧ Anstrich	③ ④ ⑤ ⑥ ⑦ Sichtmauerwerk ③ ④ Massivholztüren, Schiebetürelemente, Glastüren ③ Innenwände für flexible Raumkonzepte (größere statische Spannweiten der Decken) ⑤ nur Beherbergungsstätten und Verpflegungseinrichtungen: Automatik-Flurzwischentüren; rollstuhlgerechte Bedienung ⑥ rollstuhlgerechte Bedienung ⑧ tlw. gefliest, Sichtmauerwerk; Schiebetürelemente, Glastüren ⑨ schmiedeeiserne Türen	③ ④ ⑤ ⑥ ⑦ gestaltete Wandabläufe (z. B. Pfeilervorlagen, abgesetzte oder geschwungene Wandpartien) ④ Vertäfelungen (Edelholz, Metall), Akkustikputz ③ Wände aus großformatigen Glaselementen, Akustikputz, tlw. Automatiktüren, rollstuhlgerechte Bedienung ④ raumhohe aufwendige Türelemente; tlw. Automatiktüren, rollstuhlgerechte Bedienung ⑤ ⑥ ⑦ Akustikputz, raumhohe aufwendige Türelemente ⑦ rollstuhlgerechte Bedienung, Automatiktüren ⑧ überwiegend gefliest; Sichtmauerwerk; gestaltete Wandabläufe

	Standardstufe				
	1	2	3	4	5
	nicht zeitgemäß		zeitgemäß		
	einfachst	**einfach**	**Basis**	**gehoben**	**aufwendig**
Deckenkonstruktion und Treppen (nicht bei ⑧)[1]	Weichholztreppen in einfacher Art und Ausführung; kein Trittschallschutz ③ ④ ⑤ Holzbalkendecken ohne Füllung, Spalierputz	Stahl- oder Hartholztreppen in einfacher Art und Ausführung ③ ④ ⑤ ⑦ ⑨ Holzbalkendecken mit Füllung, Kappendecken	③ ④ ⑤ ⑦ Betondecken mit Tritt- und Luftschallschutz; einfacher Putz ③ ④ abgehängte Decken ⑤ ⑦ Deckenverkleidung ⑥ Betondecke	③ höherwertige abgehängte Decken ④ ⑤ ⑥ ⑦ Decken mit großen Spannweiten ④ Deckenverkleidung	hochwertige breite Stahlbeton-/Metalltreppenanlage mit hochwertigem Geländer ③ ⑦ Deckenvertäfelungen (Edelholz, Metall) ④ ⑤ ⑥ ⑦ Decken mit größeren Spannweiten
Fußböden	ohne Belag	Linoleum-, Teppich-, Laminat- und PVC-Böden einfacher Art und Ausführung ⑨ Holzdielen	③ ④ ⑤ ⑦ Fliesen, Kunststeinplatten ③ ④ Linoleum- oder Teppich-Böden besserer Art und Ausführung ⑤ ⑦ Linoleum- oder PVC-Böden besserer Art und Ausführung ⑥ nur Sporthallen: Beton, Asphaltbeton, Estrich oder Gussasphalt auf Beton; Teppichbelag, PVC; nur Freizeitbäder/Heilbäder: Fliesenbelag ⑧ Beton ⑨ Betonwerkstein, Sandstein	③ ⑤ ⑦ Natursteinplatten, hochwertige Fliesen, Terrazzobelag, hochwertige Massivholzböden auf gedämmter Unterkonstruktion ③ ⑦ Fertigparkett ⑥ nur Sporthallen: hochwertigere flächenstatische Fußbodenkonstruktion, Spezialteppich mit Gummigranulatauflage; hochwertigerer Schwingboden ⑧ Estrich, Gussasphalt	③ ④ ⑤ ⑦ hochwertiges Parkett, hochwertige Natursteinplatten, hochwertige Edelholzböden auf gedämmter Unterkonstruktion ⑥ nur Sporthallen: hochwertigste flächenstatische Fußbodenkonstruktion, Spezialteppich mit Gummigranulatauflage; hochwertigster Schwingboden; nur Freizeitbäder/Heilbäder: hochwertiger Fliesenbelag und Natursteinboden ⑧ beschichteter Beton oder Estrichboden;

[1] Geänd. durch G v. 12.12.2019 (BGBl. I S. 2451).

	Standardstufe				
	1	2	3	4	5
	nicht zeitgemäß		zeitgemäß		
	einfachst	**einfach**	**Basis**	**gehoben**	**aufwendig**
Fußböden					Betonwerkstein, Verbundpflaster ⑨ Marmor, Granit
Sanitäreinrichtungen	einfache Toilettenanlagen (Stand-WC); Installation auf Putz; Ölfarbenanstrich, einfache PVC-Bodenbeläge, WC und Bäderanlage geschossweise	Toilettenanlagen in einfacher Qualität; Installation unter Putz; WCs und Duschräume je Geschoss; einfache Wand- und Bodenfliesen, tlw. gefliest	Sanitäreinrichtung in Standard-Ausführung ③ ④ ausreichende Anzahl von Toilettenräumen ⑤ mehrere WCs und Duschbäder je Geschoss; Waschbecken im Raum ⑥ wenige Toilettenräume und Duschräume bzw. Waschräume ⑦ ⑧ wenige Toilettenräume	Sanitäreinrichtung in besserer Qualität ③ ④ höhere Anzahl Toilettenräume ⑤ je Raum ein Duschbad mit WC nur Wohnheime, Altenheime, Pflegeheime, Krankenhäuser und Tageskliniken: behindertengerecht ⑥ ausreichende Anzahl von Toilettenräumen und Duschräumen ⑦ ⑧ ausreichende Anzahl von Toilettenräumen	Sanitäreinrichtung in gehobener Qualität ③ ④ großzügige Toilettenanlagen jeweils mit Sanitäreinrichtung in gehobener Qualität ⑤ je Raum ein Duschbad mit WC in guter Ausstattung; nur Wohnheime, Altenheime, Pflegeheime, Krankenhäuser und Tageskliniken: behindertengerecht ⑥ großzügige Toilettenanlagen und Duschräume mit Sanitäreinrichtung in gehobener Qualität ⑦ großzügige Toilettenanlagen mit Sanitäreinrichtung in gehobener Qualität ⑧ großzügige Toilettenanlagen

	Standardstufe				
	1	2	3	4	5
	nicht zeitgemäß		zeitgemäß		
	einfachst	**einfach**	**Basis**	**gehoben**	**aufwendig**
Heizung	Einzelöfen, Schwerkraftheizung, dezentrale Warmwasserversorgung ⑨ Elektroheizung im Gestühl	Zentralheizung mit Radiatoren (Schwerkraftheizung); einfache Warmluftheizung, mehrere Ausblasöffnungen; Lufterhitzer mit Wärmetauscher mit zentraler Kesselanlage, Fußbodenheizung (vor ca. 1995) ⑨ einfache Warmluftheizung, eine Ausblasöffnung	elektronisch gesteuerte Fern- oder Zentralheizung, Niedertemperatur- oder Brennwertkessel	Solarkollektoren für Warmwassererzeugung ③ ④ ⑥ ⑦ ⑧ Fußbodenheizung ⑧ zusätzlicher Kaminanschluss	Solarkollektoren für Warmwassererzeugung und Heizung, Blockheizkraftwerk, Wärmepumpe, Hybrid-Systeme ③ ④ ⑤ ⑦ Klimaanlage ⑧ Kaminanlage
Sonstige technische Ausstattung	sehr wenige Steckdosen, Schalter und Sicherungen, kein Fehlerstromschutzschalter (FI-Schalter), Leitungen auf Putz, einfache Leuchten	wenige Steckdosen, Schalter und Sicherungen, Installation unter Putz	③ ④ ⑦ zeitgemäße Anzahl an Steckdosen und Lichtauslässen, Zählerschrank (ab ca. 1985) mit Unterverteilung und Kippsicherungen; Kabelkanäle; Blitzschutz ⑤ ⑥ ⑧ zeitgemäße Anzahl an Steckdosen und Lichtauslässen; Blitzschutz ⑤ ⑦ Personenaufzugsanlagen ⑧ Teeküchen	zahlreiche Steckdosen und Lichtauslässe, hochwertige Abdeckungen ③ ④ ⑤ ⑦ ⑧ dezentrale Lüftung mit Wärmetauscher ⑥ Lüftung mit Wärmetauscher ③ ⑤ mehrere LAN- und Fernsehanschlüsse ③ ④ ⑦ hochwertige Beleuchtung; Doppelboden mit Bodentanks zur Verkabelung; ausreichende Anzahl von LAN-Anschlüssen	Video- und zentrale Alarmanlage, Klimaanlage, Bussystem ③ ④ ⑤ ⑦ ⑧ zentrale Lüftung mit Wärmetauscher ⑦ Doppelboden mit Bodentanks zur Verkabelung ③ aufwendige Personenaufzugsanlagen ⑤ ⑦ ⑧ aufwendige Aufzugsanlagen ⑧ Küchen, Kantinen

	Standardstufe				
	1	2	3	4	5
	nicht zeitgemäß		zeitgemäß		
	einfachst	einfach	Basis	gehoben	aufwendig
				③ Messverfahren von Verbrauch, Regelung von Raumtemperatur und Raumfeuchte ③ ④ ⑦ Sonnenschutzsteuerung ③ ④ elektronische Zugangskontrolle; Personenaufzugsanlagen ④ ⑦ Messverfahren von Raumtemperatur, Raumfeuchte, Verbrauch, Einzelraumregelung ⑧ Kabelkanäle; kleinere Einbauküchen mit Kochgelegenheit, Aufenthaltsräume; Aufzugsanlagen	

14.2–14.4	14.2–14.4 **Hoch-, Tief- und Nutzfahrzeuggaragen**		
	Standardstufe		
	1–3	**4**	**5**
	Basis	**gehoben**	**aufwendig**
Außenwände	offene Konstruktion	Einschalige Konstruktion	aufwendig gestaltete Fassaden mit konstruktiver Gliederung (Säulenstellungen, Erker etc.)
Konstruktion	Stahl- und Betonfertigteile	überwiegend Betonfertigteile; große stützenfreie Spannweiten	größere stützenfreie Spannweiten
Dach	Flachdach, Folienabdichtung	Flachdachausbildung; Wärmedämmung	befahrbares Flachdach (Parkdeck)
Fenster und Außentüren	einfache Metallgitter	begrünte Metallgitter, Glasbausteine	Außentüren in hochwertigen Materialien
Fußböden	Beton	Estrich, Gussasphalt	beschichteter Beton oder Estrichboden
Sonstige technische Ausstattung	Strom- und Wasseranschluss; Löschwasseranlage; Treppenhaus; Brandmelder	Sprinkleranlage; Rufanlagen; Rauch- und Wärmeabzugsanlagen; mechanische Be- und Entlüftungsanlagen; Parksysteme für zwei PKWs übereinander; Personenaufzugsanlagen	Video- und zentrale Alarmanlage; Beschallung; Parksysteme für drei oder mehr PKWs übereinander; aufwendigere Aufzugsanlagen

18.1–18.2	⑩ 18.1 **Reithallen**
	⑪ 18.2 **Ehemalige landwirtschaftliche Mehrzweckhallen, Scheunen u. Ä.**

	Standardstufe		
	1–3	**4**	**5**
	Basis	**gehoben**	**aufwendig**
Außenwände	Holzfachwerkwand; Holzstützen, Vollholz; Brettschalung oder Profilblech auf Holz-Unterkonstruktion	Kalksandstein- oder Ziegel-Mauerwerk; Metallstützen, Profil; Holz-Blockbohlen zwischen Stützen, Wärmedämmverbundsystem, Putz	Betonwand, Fertigteile, mehrschichtig; Stahlbetonstützen, Fertigteil; Kalksandstein-Vormauerung oder Klinkerverblendung mit Dämmung
Dach	Holzkonstruktionen, Nagelbrettbinder; Bitumenwellplatten, Profilblech	Stahlrahmen mit Holzpfetten; Faserzementwellplatten; Hartschaumplatten	Brettschichtholzbinder; Betondachsteine oder Dachziegel; Dämmung mit Profilholz oder Paneelen
Fenster und Außentüren bzw. -tore	Lichtplatten aus Kunststoff ⑩ Holz-Brettertüren ⑪ Holztore	Kunststofffenster ⑩ Windnetze aus Kunststoff, Jalousien mit Motorantrieb ⑪ Metall-Sektionaltore	Türen und Tore mehrschichtig mit Wärmedämmung, Holzfenster, hoher Fensteranteil
Innenwände	keine	tragende bzw. nicht tragende Innenwände aus Holz; Anstrich	tragende bzw. nicht tragende Innenwände als Mauerwerk; Sperrholz, Gipskarton, Fliesen
Deckenkonstruktionen	keine	Holzkonstruktionen über Nebenräumen; Hartschaumplatten	Stahlbetonplatte über Nebenräumen; Dämmung mit Profilholz oder Paneelen
Fußböden	⑩ Tragschicht: Schotter Trennschicht: Vlies, Tretschicht: Sand ⑪ Beton-Verbundsteinpflaster	⑩ zusätzlich/alternativ: Tragschicht: Schotter, Trennschicht: Kunststoffgewebe, Tretschicht: Sand und Holzspäne ⑪ zusätzlich/alternativ: Stahlbetonplatte	⑩ Estrich auf Dämmung, Fliesen oder Linoleum in Nebenräumen; zusätzlich/alternativ: Tragschicht: Schotter, Trennschicht: Kunststoffplatten, Tretschicht: Sand und Textilflocken, Betonplatte im Bereich der Nebenräume ⑪ zusätzlich/alternativ: Oberfläche maschinell geglättet, Anstrich

	Standardstufe		
	1–3	4	5
	Basis	**gehoben**	**aufwendig**
baukonstruktive Einbauten ⑩	⑩ Reithallenbande aus Nadelholz zur Abgrenzung der Reitfläche	⑩ zusätzlich/alternativ: Vollholztafeln fest eingebaut	⑩ zusätzlich/alternativ: Vollholztafeln, Fertigteile zum Versetzen
Abwasser-, Wasser-, Gasanlagen	Regenwasserableitung	zusätzlich/alternativ: Abwasserleitungen, Sanitärobjekte (einfache Qualität)	zusätzlich/alternativ: Sanitärobjekte (gehobene Qualität), Gasanschluss
Wärmeversorgungsanlagen	keine	Raumheizflächen in Nebenräumen, Anschluss an Heizsystem	zusätzlich/alternativ: Heizkessel
lufttechnische Anlagen	keine	Firstentlüftung	Be- und Entlüftungsanlage
Starkstrom-Anlage	Leitungen, Schalter, Dosen, Langfeldleuchten	zusätzlich/alternativ: Sicherungen und Verteilerschrank	zusätzlich/alternativ: Metall-Dampfleuchten
nutzungsspezifische Anlagen	keine	⑩ Reitbodenbewässerung (einfache Ausführung) ⑪ Schüttwände aus Holz zwischen Stahlstützen, Trocknungsanlage für Getreide	⑩ Reitbodenbewässerung (komfortable Ausführung) ⑪ Schüttwände aus Beton-Fertigteilen

Anlage 25
(zu § 191 Absatz 2)[1)]

Wertzahlen für Ein- und Zweifamilienhäuser nach § 181 Absatz 1 Nummer 1 BewG und Wohnungseigentum nach § 181 Absatz 1 Nummer 3 BewG

Vorläufiger Sachwert § 189 Absatz 3		Bodenrichtwert bis 15 EUR/m²	Bodenrichtwert bis 30 EUR/m²	Bodenrichtwert bis 50 EUR/m²	Bodenrichtwert bis 100 EUR/m²	Bodenrichtwert bis 150 EUR/m²
bis	50 000 EUR	1,0	1,1	1,2	1,2	1,2
	100 000 EUR	0,8	0,9	1,0	1,1	1,1
	150 000 EUR	0,8	0,9	0,9	1,0	1,0
	200 000 EUR	0,7	0,8	0,8	0,9	0,9
	300 000 EUR	0,6	0,7	0,7	0,8	0,8
	400 000 EUR	0,5	0,6	0,7	0,7	0,8
	500 000 EUR	0,5	0,6	0,6	0,7	0,8
über	500 000 EUR	0,5	0,5	0,5	0,6	0,7

Vorläufiger Sachwert § 189 Absatz 3		Bodenrichtwert bis 200 EUR/m²	Bodenrichtwert bis 300 EUR/m²	Bodenrichtwert bis 400 EUR/m²	Bodenrichtwert bis 500 EUR/m²	Bodenrichtwert über 500 EUR/m²
bis	50 000 EUR	1,3	1,3	1,4	1,4	1,5
	100 000 EUR	1,1	1,2	1,2	1,3	1,3
	150 000 EUR	1,0	1,1	1,1	1,2	1,2
	200 000 EUR	1,0	1,1	1,1	1,2	1,2
	300 000 EUR	0,9	1,0	1,0	1,1	1,2
	400 000 EUR	0,8	0,9	1,0	1,0	1,1
	500 000 EUR	0,8	0,9	1,0	1,0	1,1
über	500 000 EUR	0,7	0,8	0,9	0,9	1,0

[1)] Anlage 25 angef. mWv 1.1.2009 durch G v. 24.12.2008 (BGBl. I S. 3018) und neu gef. durch G v. 2.11.2015 (BGBl. I S. 1834); zur Anwendung siehe § 205 Abs. 10.

Wertzahlen für Teileigentum, Geschäftsgrundstücke, gemischt genutzte Grundstücke und sonstige bebaute Grundstücke nach § 181 Absatz 1 Nummer 3 bis 6 BewG

Vorläufiger Sachwert § 189 Absatz 3		
bis	500 000 EUR	0,90
	750 000 EUR	0,85
	1 000 000 EUR	0,80
	1 500 000 EUR	0,75
	2 000 000 EUR	0,70
	3 000 000 EUR	0,65
über	3 000 000 EUR	0,60

Anlage 26
(zu § 194 Abs. 3 Satz 2 und Abs. 4 sowie § 195 Abs. 3 Satz 2)[1]

Abzinsungsfaktoren

Restlaufzeit des Erbbaurechts bzw. des Nutzungsrechts (in Jahren)	Zinssatz										
	3%	3,5%	4%	4,5%	5%	5,5%	6%	6,5%	7%	7,5%	8%
1	0,9709	0,9662	0,9615	0,9569	0,9524	0,9479	0,9434	0,9390	0,9346	0,9302	0,9259
2	0,9426	0,9335	0,9246	0,9157	0,9070	0,8985	0,8900	0,8817	0,8734	0,8653	0,8573
3	0,9151	0,9019	0,8890	0,8763	0,8638	0,8516	0,8396	0,8278	0,8163	0,8050	0,7938
4	0,8885	0,8714	0,8548	0,8386	0,8227	0,8072	0,7921	0,7773	0,7629	0,7488	0,7350
5	0,8626	0,8420	0,8219	0,8025	0,7835	0,7651	0,7473	0,7299	0,7130	0,6966	0,6806
6	0,8375	0,8135	0,7903	0,7679	0,7462	0,7252	0,7050	0,6853	0,6663	0,6480	0,6302
7	0,8131	0,7860	0,7599	0,7348	0,7107	0,6874	0,6651	0,6435	0,6227	0,6028	0,5835
8	0,7894	0,7594	0,7307	0,7032	0,6768	0,6516	0,6274	0,6042	0,5820	0,5607	0,5403
9	0,7664	0,7337	0,7026	0,6729	0,6446	0,6176	0,5919	0,5674	0,5439	0,5216	0,5002
10	0,7441	0,7089	0,6756	0,6439	0,6139	0,5854	0,5584	0,5327	0,5083	0,4852	0,4632
11	0,7224	0,6849	0,6496	0,6162	0,5847	0,5549	0,5268	0,5002	0,4751	0,4513	0,4289

[1] Anlage 26 angef. mWv 1.1.2009 durch G v. 24.12.2008 (BGBl. I S. 3018); geänd. durch G v. 8.12.2010 (BGBl. I S. 1768).

Restlaufzeit des Erbbaurechts bzw. des Nutzungsrechts (in Jahren)	Zinssatz										
	3%	3,5%	4%	4,5%	5%	5,5%	6%	6,5%	7%	7,5%	8%
12	0,7014	0,6618	0,6246	0,5897	0,5568	0,5260	0,4970	0,4697	0,4440	0,4199	0,3971
13	0,6810	0,6394	0,6006	0,5643	0,5303	0,4986	0,4688	0,4410	0,4150	0,3906	0,3677
14	0,6611	0,6178	0,5775	0,5400	0,5051	0,4726	0,4423	0,4141	0,3878	0,3633	0,3405
15	0,6419	0,5969	0,5553	0,5167	0,4810	0,4479	0,4173	0,3888	0,3624	0,3380	0,3152
16	0,6232	0,5767	0,5339	0,4945	0,4581	0,4246	0,3936	0,3651	0,3387	0,3144	0,2919
17	0,6050	0,5572	0,5134	0,4732	0,4363	0,4024	0,3714	0,3428	0,3166	0,2925	0,2703
18	0,5874	0,5384	0,4936	0,4528	0,4155	0,3815	0,3503	0,3219	0,2959	0,2720	0,2502
19	0,5703	0,5202	0,4746	0,4333	0,3957	0,3616	0,3305	0,3022	0,2765	0,2531	0,2317
20	0,5537	0,5026	0,4564	0,4146	0,3769	0,3427	0,3118	0,2838	0,2584	0,2354	0,2145
21	0,5375	0,4856	0,4388	0,3968	0,3589	0,3249	0,2942	0,2665	0,2415	0,2190	0,1987
22	0,5219	0,4692	0,4220	0,3797	0,3418	0,3079	0,2775	0,2502	0,2257	0,2037	0,1839
23	0,5067	0,4533	0,4057	0,3634	0,3256	0,2919	0,2618	0,2349	0,2109	0,1895	0,1703
24	0,4919	0,4380	0,3901	0,3477	0,3101	0,2767	0,2470	0,2206	0,1971	0,1763	0,1577
25	0,4776	0,4231	0,3751	0,3327	0,2953	0,2622	0,2330	0,2071	0,1842	0,1640	0,1460
26	0,4637	0,4088	0,3607	0,3184	0,2812	0,2486	0,2198	0,1945	0,1722	0,1525	0,1352
27	0,4502	0,3950	0,3468	0,3047	0,2678	0,2356	0,2074	0,1826	0,1609	0,1419	0,1252
28	0,4371	0,3817	0,3335	0,2916	0,2551	0,2233	0,1956	0,1715	0,1504	0,1320	0,1159
29	0,4243	0,3687	0,3207	0,2790	0,2429	0,2117	0,1846	0,1610	0,1406	0,1228	0,1073
30	0,4120	0,3563	0,3083	0,2670	0,2314	0,2006	0,1741	0,1512	0,1314	0,1142	0,0994
31	0,4000	0,3442	0,2965	0,2555	0,2204	0,1902	0,1643	0,1420	0,1228	0,1063	0,0920
32	0,3883	0,3326	0,2851	0,2445	0,2099	0,1803	0,1550	0,1333	0,1147	0,0988	0,0852
33	0,3770	0,3213	0,2741	0,2340	0,1999	0,1709	0,1462	0,1252	0,1072	0,0919	0,0789
34	0,3660	0,3105	0,2636	0,2239	0,1904	0,1620	0,1379	0,1175	0,1002	0,0855	0,0730
35	0,3554	0,3000	0,2534	0,2143	0,1813	0,1535	0,1301	0,1103	0,0937	0,0796	0,0676
36	0,3450	0,2898	0,2437	0,2050	0,1727	0,1455	0,1227	0,1036	0,0875	0,0740	0,0626
37	0,3350	0,2800	0,2343	0,1962	0,1644	0,1379	0,1158	0,0973	0,0818	0,0688	0,0580
38	0,3252	0,2706	0,2253	0,1878	0,1566	0,1307	0,1092	0,0914	0,0765	0,0640	0,0537
39	0,3158	0,2614	0,2166	0,1797	0,1491	0,1239	0,1031	0,0858	0,0715	0,0596	0,0497
40	0,3066	0,2526	0,2083	0,1719	0,1420	0,1175	0,0972	0,0805	0,0668	0,0554	0,0460

Restlaufzeit des Erbbaurechts bzw. des Nutzungsrechts (in Jahren)	Zinssatz										
	3%	3,5%	4%	4,5%	5%	5,5%	6%	6,5%	7%	7,5%	8%
41	0,2976	0,2440	0,2003	0,1645	0,1353	0,1113	0,0917	0,0756	0,0624	0,0516	0,0426
42	0,2890	0,2358	0,1926	0,1574	0,1288	0,1055	0,0865	0,0710	0,0583	0,0480	0,0395
43	0,2805	0,2278	0,1852	0,1507	0,1227	0,1000	0,0816	0,0667	0,0545	0,0446	0,0365
44	0,2724	0,2201	0,1780	0,1442	0,1169	0,0948	0,0770	0,0626	0,0509	0,0415	0,0338
45	0,2644	0,2127	0,1712	0,1380	0,1113	0,0899	0,0727	0,0588	0,0476	0,0386	0,0313
46	0,2567	0,2055	0,1646	0,1320	0,1060	0,0852	0,0685	0,0552	0,0445	0,0359	0,0290
47	0,2493	0,1985	0,1583	0,1263	0,1009	0,0807	0,0647	0,0518	0,0416	0,0334	0,0269
48	0,2420	0,1918	0,1522	0,1209	0,0961	0,0765	0,0610	0,0487	0,0389	0,0311	0,0249
49	0,2350	0,1853	0,1463	0,1157	0,0916	0,0725	0,0575	0,0457	0,0363	0,0289	0,0230
50	0,2281	0,1791	0,1407	0,1107	0,0872	0,0688	0,0543	0,0429	0,0339	0,0269	0,0213
51	0,2215	0,1730	0,1353	0,1059	0,0831	0,0652	0,0512	0,0403	0,0317	0,0250	0,0197
52	0,2150	0,1671	0,1301	0,1014	0,0791	0,0618	0,0483	0,0378	0,0297	0,0233	0,0183
53	0,2088	0,1615	0,1251	0,0970	0,0753	0,0586	0,0456	0,0355	0,0277	0,0216	0,0169
54	0,2027	0,1560	0,1203	0,0928	0,0717	0,0555	0,0430	0,0334	0,0259	0,0201	0,0157
55	0,1968	0,1508	0,1157	0,0888	0,0683	0,0526	0,0406	0,0313	0,0242	0,0187	0,0145
56	0,1910	0,1457	0,1112	0,0850	0,0651	0,0499	0,0383	0,0294	0,0226	0,0174	0,0134
57	0,1855	0,1407	0,1069	0,0814	0,0620	0,0473	0,0361	0,0276	0,0211	0,0162	0,0124
58	0,1801	0,1360	0,1028	0,0778	0,0590	0,0448	0,0341	0,0259	0,0198	0,0151	0,0115
59	0,1748	0,1314	0,0989	0,0745	0,0562	0,0425	0,0321	0,0243	0,0185	0,0140	0,0107
60	0,1697	0,1269	0,0951	0,0713	0,0535	0,0403	0,0303	0,0229	0,0173	0,0130	0,0099
61	0,1648	0,1226	0,0914	0,0682	0,0510	0,0382	0,0286	0,0215	0,0161	0,0121	0,0091
62	0,1600	0,1185	0,0879	0,0653	0,0486	0,0362	0,0270	0,0202	0,0151	0,0113	0,0085
63	0,1553	0,1145	0,0845	0,0625	0,0462	0,0343	0,0255	0,0189	0,0141	0,0105	0,0078
64	0,1508	0,1106	0,0813	0,0598	0,0440	0,0325	0,0240	0,0178	0,0132	0,0098	0,0073
65	0,1464	0,1069	0,0781	0,0572	0,0419	0,0308	0,0227	0,0167	0,0123	0,0091	0,0067
66	0,1421	0,1033	0,0751	0,0547	0,0399	0,0292	0,0214	0,0157	0,0115	0,0085	0,0062
67	0,1380	0,0998	0,0722	0,0524	0,0380	0,0277	0,0202	0,0147	0,0107	0,0079	0,0058
68	0,1340	0,0964	0,0695	0,0501	0,0362	0,0262	0,0190	0,0138	0,0100	0,0073	0,0053
69	0,1301	0,0931	0,0668	0,0480	0,0345	0,0249	0,0179	0,0130	0,0094	0,0068	0,0049

Restlaufzeit des Erbbaurechts bzw. des Nutzungsrechts (in Jahren)	Zinssatz										
	3%	3,5%	4%	4,5%	5%	5,5%	6%	6,5%	7%	7,5%	8%
70	0,1263	0,0900	0,0642	0,0459	0,0329	0,0236	0,0169	0,0122	0,0088	0,0063	0,0046
71	0,1226	0,0869	0,0617	0,0439	0,0313	0,0223	0,0160	0,0114	0,0082	0,0059	0,0042
72	0,1190	0,0840	0,0594	0,0420	0,0298	0,0212	0,0151	0,0107	0,0077	0,0055	0,0039
73	0,1156	0,0812	0,0571	0,0402	0,0284	0,0201	0,0142	0,0101	0,0072	0,0051	0,0036
74	0,1122	0,0784	0,0549	0,0385	0,0270	0,0190	0,0134	0,0095	0,0067	0,0047	0,0034
75	0,1089	0,0758	0,0528	0,0368	0,0258	0,0180	0,0126	0,0089	0,0063	0,0044	0,0031
76	0,1058	0,0732	0,0508	0,0353	0,0245	0,0171	0,0119	0,0083	0,0058	0,0041	0,0029
77	0,1027	0,0707	0,0488	0,0337	0,0234	0,0162	0,0113	0,0078	0,0055	0,0038	0,0027
78	0,0997	0,0683	0,0469	0,0323	0,0222	0,0154	0,0106	0,0074	0,0051	0,0035	0,0025
79	0,0968	0,0660	0,0451	0,0309	0,0212	0,0146	0,0100	0,0069	0,0048	0,0033	0,0023
80	0,0940	0,0638	0,0434	0,0296	0,0202	0,0138	0,0095	0,0065	0,0045	0,0031	0,0021
81	0,0912	0,0616	0,0417	0,0283	0,0192	0,0131	0,0089	0,0061	0,0042	0,0029	0,0020
82	0,0886	0,0596	0,0401	0,0271	0,0183	0,0124	0,0084	0,0057	0,0039	0,0027	0,0018
83	0,0860	0,0575	0,0386	0,0259	0,0174	0,0118	0,0079	0,0054	0,0036	0,0025	0,0017
84	0,0835	0,0556	0,0371	0,0248	0,0166	0,0111	0,0075	0,0050	0,0034	0,0023	0,0016
85	0,0811	0,0537	0,0357	0,0237	0,0158	0,0106	0,0071	0,0047	0,0032	0,0021	0,0014
86	0,0787	0,0519	0,0343	0,0227	0,0151	0,0100	0,0067	0,0044	0,0030	0,0020	0,0013
87	0,0764	0,0501	0,0330	0,0217	0,0143	0,0095	0,0063	0,0042	0,0028	0,0019	0,0012
88	0,0742	0,0484	0,0317	0,0208	0,0137	0,0090	0,0059	0,0039	0,0026	0,0017	0,0011
89	0,0720	0,0468	0,0305	0,0199	0,0130	0,0085	0,0056	0,0037	0,0024	0,0016	0,0011
90	0,0699	0,0452	0,0293	0,0190	0,0124	0,0081	0,0053	0,0035	0,0023	0,0015	0,0010
91	0,0679	0,0437	0,0282	0,0182	0,0118	0,0077	0,0050	0,0032	0,0021	0,0014	0,0009
92	0,0659	0,0422	0,0271	0,0174	0,0112	0,0073	0,0047	0,0030	0,0020	0,0013	0,0008
93	0,0640	0,0408	0,0261	0,0167	0,0107	0,0069	0,0044	0,0029	0,0019	0,0012	0,0008
94	0,0621	0,0394	0,0251	0,0160	0,0102	0,0065	0,0042	0,0027	0,0017	0,0011	0,0007
95	0,0603	0,0381	0,0241	0,0153	0,0097	0,0062	0,0039	0,0025	0,0016	0,0010	0,0007
96	0,0586	0,0368	0,0232	0,0146	0,0092	0,0059	0,0037	0,0024	0,0015	0,0010	0,0006
97	0,0569	0,0355	0,0223	0,0140	0,0088	0,0056	0,0035	0,0022	0,0014	0,0009	0,0006
98	0,0552	0,0343	0,0214	0,0134	0,0084	0,0053	0,0033	0,0021	0,0013	0,0008	0,0005

Restlaufzeit des Erbbaurechts bzw. des Nutzungsrechts (in Jahren)	Zinssatz										
	3%	3,5%	4%	4,5%	5%	5,5%	6%	6,5%	7%	7,5%	8%
99	0,0536	0,0332	0,0206	0,0128	0,0080	0,0050	0,0031	0,0020	0,0012	0,0008	0,0005
100	0,0520	0,0321	0,0198	0,0123	0,0076	0,0047	0,0029	0,0018	0,0012	0,0007	0,0005

In den Fällen anderer Zinssätze der Gutachterausschüsse ist der Abzinsungsfaktor nach folgender Formel zu bilden:

$$\text{Abzinsungsfaktor} = \frac{1}{q^n}$$

q = Zinsfaktor = 1 + p : 100

p = Zinssatz

n = Restlaufzeit

Anlage 27[1)]
(zu § 237 Absatz 2)

Landwirtschaftliche Nutzung

Bewertungsfaktoren	**Bezugseinheit**	**in EUR**
Grundbetrag	pro Ar	2,32
Ertragsmesszahl	pro Ertragsmesszahl (Produkt aus Acker-/Grünlandzahl und Ar)	0,044
Zuschläge für	**Bezugseinheit**	**in EUR**
Verstärkte Tierhaltung	je Vieheinheit über einem Besatz von 2,0 Vieheinheiten je Hektar selbst bewirtschafteter Fläche der landwirtschaftlichen Nutzung	75,00

[1)] Anlage 27 eingef. durch G v. 26.11.2019 (BGBl. I S. 1794); zur Anwendung siehe § 266.

Anlage 28[1)]
(zu § 237 Absatz 3)

Forstwirtschaftliche Nutzung

Bewertungsfaktor für Wuchsgebiet		**in EUR/ha**
1	Schleswig-Holstein Nordwest	90,21
2	Jungmoränenlandschaft Schleswig-Holstein Ost/Nordwest-Mecklenburg	88,14
3	Schleswig-Holstein Südwest	93,87
4	Mecklenburg-Westvorpommersches Küstenland	69,56
5	Ostholsteinisch-Westmecklenburger Jungmoränenland	77,43
6	(Mittel-)Mecklenburger Jungmoränenland	59,19
7	Ostmecklenburg-Vorpommersches Jungmoränenland	84,34
8	Ostvorpommersches Küstenland	55,58
9	Nordostbrandenburger Jungmoränenland (Mittelbrandenburger Jungmoränenland)	52,77
10	Ostmecklenburg-Nordbrandenburger Jungmoränenland (Nordbrandenburger Jungmoränenland)	52,32
11	Ostniedersächsisch-Altmärkisches Altmoränenland (Westprignitz-Altmärkisches Altmoränenland)	42,88
12	Südost-Holsteinisch-Südwestmecklenburger Altmoränenland	55,14
13	Ostniedersächsisches Tiefland	63,54
14	Niedersächsischer Küstenraum	82,39
15	Mittelwestniedersächsisches Tiefland	68,36
16	Westfälische Bucht	75,20
17	Weserbergland	108,98
18	Nordwestdeutsche Berglandschwelle	81,14
19	Nordwestliches Harzvorland	71,78
20	Nordöstliche Harzvorländer	48,29
21	Sachsen-Anhaltinische Löss-Ebene	60,07
22	Mittleres nordostdeutsches Altmoränenland	35,16
23	Hoher Fläming	43,39
24	Mittelbrandenburger Talsand- und Moränenland	33,31
25	Düben-Niederlausitzer Altmoränenland	33,62
26	Lausitzer Löss-Hügelland	87,47
27	Zittauer Gebirge	156,50
28	Oberlausitzer Bergland	155,76
29	Elbsandsteingebirge	121,95
30	Westlausitzer Platte und Elbtalzone	73,78
31	Sächsisch-Thüringisches Löss-Hügelland	69,49
32	Leipziger Sandlöss-Ebene	59,14
33	Ostthüringisches Trias-Hügelland	70,99

[1)] Anlage 28 eingef. durch G v. 26.11.2019 (BGBl. I S. 1794); zur Anwendung siehe § 266.

Bewertungsfaktor für Wuchsgebiet		in EUR/ha
34	Thüringer Becken	72,26
35	Nordthüringisches Trias-Hügelland	67,97
36	Harz	144,55
37	Mitteldeutsches Trias-Berg- und Hügelland	104,94
38	Nordwesthessisches Bergland	93,33
39	Nördliches hessisches Schiefergebirge	105,61
40	Sauerland	147,91
41	Bergisches Land	120,10
42	Niederrheinisches Tiefland	74,91
43	Niederrheinische Bucht	78,04
44	Nordwesteifel	138,40
45	Osteifel	104,16
46	Mittelrheintal	70,72
47	Westerwald	120,19
48	Taunus	101,50
49	Wetterau und Gießener Becken	82,59
50	Vogelsberg und östlich angrenzende Sandsteingebiete	107,27
51	Rhön	102,51
52	Südthüringisches-Oberfränkisches Trias-Hügelland	106,16
53	Thüringer Gebirge	160,33
54	Vogtland	137,59
55	Erzgebirgsvorland	96,99
56	Erzgebirge	169,27
57	Frankenwald, Fichtelgebirge und Steinwald	179,61
58	Oberpfälzer Wald	142,13
59	Oberpfälzer Becken- und Hügelland	72,43
60	Frankenalb und Oberpfälzer Jura	107,55
61	Fränkischer Keuper und Albvorland	73,32
62	Fränkische Platte	74,44
63	Spessart	109,62
64	Odenwald	127,68
65	Oberrheinisches Tiefland und Rhein-Main-Ebene	69,24
66	Hunsrück	121,95
67	Moseltal	95,10
68	Gutland	104,10
69	Saarländisch-Pfälzisches Muschelkalkgebiet	86,87
70	Saar-Nahe-Bergland	83,61
71	Westricher Moorniederung	76,37
72	Pfälzerwald	80,25
73	Schwarzwald	180,18
74	Baar-Wutach	169,52
75	Neckarland	123,36

Bewertungsfaktor für Wuchsgebiet		in EUR/ha
76	Schwäbische Alb	129,11
77	Südwestdeutsches Alpenvorland	179,19
78	Tertiäres Hügelland	165,05
79	Bayerischer Wald	160,93
80	Schwäbisch-Bayerische Schotterplatten- und Altmoränenlandschaft	165,76
81	Schwäbisch-Bayerische Jungmoräne und Molassevorberge	158,43
82	Bayerische Alpen	135,72

Anlage 29[1)]
(zu § 237 Absatz 4)

Weinbauliche Nutzung

Bewertungsfaktor für	Flächeneinheit	in EUR
Traubenerzeugung	pro Ar	12,15

1) Anlage 29 eingef. durch G v. 26.11.2019 (BGBl. I S. 1794); zur Anwendung siehe § 266.

Anlage 30[1)]
(zu § 237 Absatz 5)

Gärtnerische Nutzung

Nutzungsteil Gemüsebau		
Bewertungsfaktor für	**Flächeneinheit**	**in EUR**
Flächen im Freiland und für Kleingarten- und Dauerkleingartenland	pro Ar	13,21
Zuschläge für	**Flächeneinheit**	**in EUR**
Flächen unter Glas und Kunststoffen	pro Ar	44,14
Nutzungsteil Blumen-/Zierpflanzenbau		
Bewertungsfaktor für	**Flächeneinheit**	**in EUR**
Flächen im Freiland	pro Ar	28,13
Zuschläge für	**Flächeneinheit**	**in EUR**
Flächen unter Glas und Kunststoffen	pro Ar	64,77
Nutzungsteil Obstbau		
Bewertungsfaktor für	**Flächeneinheit**	**in EUR**
Flächen im Freiland	pro Ar	10,18
Zuschläge für	**Flächeneinheit**	**in EUR**
Flächen unter Glas und Kunststoffen	pro Ar	44,14
Nutzungsteil Baumschulen		
Bewertungsfaktor für	**Flächeneinheit**	**in EUR**
Flächen im Freiland	pro Ar	21,52
Zuschläge für	**Flächeneinheit**	**in EUR**
Flächen unter Glas und Kunststoffen	pro Ar	64,77

1) Anlage 30 eingef. durch G v. 26.11.2019 (BGBl. I S. 1794); zur Anwendung siehe § 266.

Anlage 31[1)]
(zu § 237 Absatz 6 und 7)

Übrige land- und forstwirtschaftliche Nutzungen sowie Abbauland, Geringstland und Unland

Sondernutzungen		
Bewertungsfaktor für	**Flächeneinheit**	**in EUR**
Hopfen	pro Ar	13,94
Spargel	pro Ar	13,83
Sonstige land- und forstwirtschaftliche Nutzungen		
Bewertungsfaktor für	**Bezugseinheit**	**in EUR**
Wasserflächen	pro Ar	1,00
Zuschläge für stehende Gewässer		
Wasserflächen für Binnenfischerei, Teichwirtschaft und Fischzucht für Binnenfischerei und Teichwirtschaft	ab 1,00 kg bis 4,00 kg Fischertrag/Ar pro Ar	36,00
Wasserflächen für Binnenfischerei, Teichwirtschaft und Fischzucht für Binnenfischerei und Teichwirtschaft	über 4,00 kg Fischertrag/Ar pro Ar	45,00
Zuschläge für fließende Gewässer		
Binnenfischerei, Teichwirtschaft und Fischzucht für Binnenfischerei und Teichwirtschaft	bis 500 Liter/Sekunde Durchfluss pro Liter/Sekunde	12,50
Binnenfischerei, Teichwirtschaft und Fischzucht für Binnenfischerei und Teichwirtschaft	über 500 Liter/Sekunde Durchfluss pro Liter/Sekunde	15,00
Saatzucht	pro Ar	Anlage 27
Weihnachtsbaumkulturen	pro Ar	19,40
Kurzumtriebsplantagen	pro Ar	Anlage 27
Sonstige land- und forstwirtschaftliche Nutzungen, für die kein Bewertungsfaktor festgelegt wurde		
Wirtschaftsgebäude	pro Quadratmeter Bruttogrundfläche und Monat	1,23
Nutzungsarten Abbauland, Geringstland und Unland		
Bewertungsfaktor für	**Flächeneinheit**	**in EUR**
Abbauland	pro Ar	1,00
Geringstland	pro Ar	0,33
Unland	pro Ar	0,00

[1)] Anlage 31 eingef. durch G v. 26.11.2019 (BGBl. I S. 1794); zur Anwendung siehe § 266.

Anlage 32[1)]
(zu § 237 Absatz 8)

Nutzungsart Hofstelle

Bewertungsfaktor für	**Flächeneinheit**	**in EUR**
Hofflächen	pro Ar	6,72
Zuschläge für	**Flächeneinheit**	**in EUR**
Wirtschaftsgebäude der weinbaulichen Nutzung bei Fass- und Flaschenweinerzeugung	pro Quadratmeter Bruttogrundfläche und Monat	1,23
Wirtschaftsgebäude der Nebenbetriebe	pro Quadratmeter Bruttogrundfläche und Monat	1,23

Anlage 33[2)]
(zu § 238 Absatz 2)

Weitere den Ertragswert erhöhende Umstände

Bewertungsfaktor für	**Flächeneinheit**	**in EUR**
Abgegrenzte Standortfläche der Windenergieanlage	pro Ar	84,24

1) Anlage 32 eingef. durch G v. 26.11.2019 (BGBl. I S. 1794); zur Anwendung siehe § 266.
2) Anlage 33 eingef. durch G v. 26.11.2019 (BGBl. I S. 1794); zur Anwendung siehe § 266.

Anlage 34[1)]
(zu § 241 Absatz 5)

Umrechnungsschlüssel für Tierbestände in Vieheinheiten (VE) nach dem Futterbedarf

Tierart	**1 Tier**	
Nach dem Durchschnittsbestand in Stück:		
Alpakas	0,08	VE
Damtiere		
Damtiere unter 1 Jahr	0,04	VE
Damtiere 1 Jahr und älter	0,08	VE
Geflügel		
Legehennen (einschließlich einer normalen Aufzucht zur Ergänzung des Bestandes)	0,02	VE
Legehennen aus zugekauften Junghennen	0,0183	VE
Zuchtputen, -enten, -gänse	0,04	VE
Kaninchen		
Zucht- und Angorakaninchen	0,025	VE
Lamas	0,1	VE
Pferde		
Pferde unter 3 Jahren und Kleinpferde	0,7	VE
Pferde 3 Jahre und älter	1,1	VE
Rindvieh		
Kälber und Jungvieh unter 1 Jahr (einschließlich Mastkälber, Starterkälber und Fresser)	0,3	VE
Jungvieh 1 bis 2 Jahre alt	0,7	VE
Färsen (älter als 2 Jahre)	1	VE
Masttiere (Mastdauer weniger als 1 Jahr)	1	VE
Kühe (einschließlich Mutter- und Ammenkühe mit den dazugehörigen Saugkälbern)	1	VE
Zuchtbullen, Zugochsen	1,2	VE
Schafe		
Schafe unter 1 Jahr (einschließlich Mastlämmer)	0,05	VE
Schafe 1 Jahr und älter	0,1	VE
Schweine		
Zuchtschweine (einschließlich Jungzuchtschweine über etwa 90 kg)	0,33	VE
Strauße		
Zuchttiere 14 Monate und älter	0,32	VE
Jungtiere/Masttiere unter 14 Monate	0,25	VE
Ziegen	0,08	VE
Nach der Erzeugung in Stück:		
Geflügel		
Jungmasthühner (bis zu 6 Durchgänge je Jahr – schwere Tiere)	0,0017	VE

[1)] Anlage 34 eingef. durch G v. 26.11.2019 (BGBl. I S. 1794); zur Anwendung siehe § 266.

Tierart	1 Tier	
(mehr als 6 Durchgänge je Jahr – leichte Tiere)	0,0013	VE
Junghennen	0,0017	VE
Mastenten	0,0033	VE
Mastenten in der Aufzuchtphase	0,0011	VE
Mastenten in der Mastphase	0,0022	VE
Mastputen aus selbst erzeugten Jungputen	0,0067	VE
Mastputen aus zugekauften Jungputen	0,005	VE
Jungputen (bis etwa 8 Wochen)	0,0017	VE
Mastgänse	0,0067	VE
Kaninchen		
Mastkaninchen	0,0025	VE
Rindvieh		
Masttiere (Mastdauer 1 Jahr und mehr)	1	VE
Schweine		
Leichte Ferkel (bis etwa 12 kg)	0,01	VE
Ferkel (über etwa 12 bis etwa 20 kg)	0,02	VE
Schwere Ferkel und leichte Läufer (über etwa 20 bis etwa 30 kg)	0,04	VE
Läufer (über etwa 30 bis etwa 45 kg)	0,06	VE
Schwere Läufer (über etwa 45 bis etwa 60 kg)	0,08	VE
Mastschweine	0,16	VE
Jungzuchtschweine bis etwa 90 kg	0,12	VE

Anlage 35[1)]
(zu § 241 Absatz 5)

Gruppen der Zweige des Tierbestands nach der Flächenabhängigkeit

1. Mehr flächenabhängige Zweige des Tierbestands:
   Pferdehaltung,
   Pferdezucht,
   Schafzucht,
   Schafhaltung,
   Rindviehzucht,
   Milchviehhaltung,
   Rindviehmast.
2. Weniger flächenabhängige Zweige des Tierbestands:
   Schweinezucht,
   Schweinemast,
   Hühnerzucht,
   Entenzucht,
   Gänsezucht,
   Putenzucht,
   Legehennenhaltung,
   Junghühnermast,
   Entenmast,
   Gänsemast,
   Putenmast.

1) Anlage 35 eingef. durch G v. 26.11.2019 (BGBl. I S. 1794); zur Anwendung siehe § 266.

Anlage 36[1])
(zu den §§ 251 und 257 Absatz 1)

Umrechnungskoeffizienten zur Berücksichtigung abweichender Grundstücksgrößen beim Bodenwert von Ein- und Zweifamilienhäusern

Grundstücksgröße	Umrechnungskoeffizient
$< 250m^2$	1,24
$\geq 250m^2$	1,19
$\geq 300m^2$	1,14
$\geq 350m^2$	1,10
$\geq 400m^2$	1,06
$\geq 450m^2$	1,03
$\geq 500m^2$	1,00
$\geq 550m^2$	0,98
$\geq 600m^2$	0,95
$\geq 650m^2$	0,94
$\geq 700m^2$	0,92
$\geq 750m^2$	0,90
$\geq 800m^2$	0,89
$\geq 850m^2$	0,87
$\geq 900m^2$	0,86
$\geq 950m^2$	0,85
$\geq 1\,000m^2$	0,84
$\geq 1\,050m^2$	0,83
$\geq 1\,100m^2$	0,82
$\geq 1\,150m^2$	0,81
$\geq 1\,200m^2$	0,80
$\geq 1\,250m^2$	0,79
$\geq 1\,300m^2$	0,78
$\geq 1\,350m^2$	0,77
$\geq 1\,400m^2$	0,76
$\geq 1\,450m^2$	0,75
$\geq 1\,500m^2$	0,74
$\geq 1\,550m^2$	0,73
$\geq 1\,600m^2$	0,72
$\geq 1\,650m^2$	0,71
$\geq 1\,700m^2$	0,70
$\geq 1\,750m^2$	0,69
$\geq 1\,800m^2$	0,68
$\geq 1\,850m^2$	0,67
$\geq 1\,900m^2$	0,66
$\geq 1\,950m^2$	0,65
$\geq 2\,000m^2$	0,64

[1]) Anlage 36 eingef. durch G v. 26.11.2019 (BGBl. I S. 1794); zur Anwendung siehe § 266.

Anlage 37[1)]
(zu § 253 Absatz 2)

Vervielfältiger

Rest-nutzungs-dauer (Jahre)	**Zinssatz**										
	1,5 %	**1,6 %**	**1,7 %**	**1,8 %**	**1,9 %**	**2,0 %**	**2,1 %**	**2,2 %**	**2,3 %**	**2,4 %**	**2,5 %**
1	0,99	0,98	0,98	0,98	0,98	0,98	0,98	0,98	0,98	0,98	0,98
2	1,96	1,95	1,95	1,95	1,94	1,94	1,94	1,94	1,93	1,93	1,93
3	2,91	2,91	2,90	2,90	2,89	2,88	2,88	2,87	2,87	2,86	2,86
4	3,85	3,84	3,84	3,83	3,82	3,81	3,80	3,79	3,78	3,77	3,76
5	4,78	4,77	4,75	4,74	4,73	4,71	4,70	4,69	4,67	4,66	4,65
6	5,70	5,68	5,66	5,64	5,62	5,60	5,58	5,56	5,55	5,53	5,51
7	6,60	6,57	6,55	6,52	6,50	6,47	6,45	6,42	6,40	6,37	6,35
8	7,49	7,45	7,42	7,39	7,36	7,33	7,29	7,26	7,23	7,20	7,17
9	8,36	8,32	8,28	8,24	8,20	8,16	8,12	8,08	8,05	8,01	7,97
10	9,22	9,17	9,13	9,08	9,03	8,98	8,94	8,89	8,84	8,80	8,75
11	10,07	10,01	9,96	9,90	9,84	9,79	9,73	9,68	9,62	9,57	9,51
12	10,91	10,84	10,77	10,71	10,64	10,58	10,51	10,45	10,38	10,32	10,26
13	11,73	11,65	11,58	11,50	11,42	11,35	11,27	11,20	11,13	11,05	10,98
14	12,54	12,45	12,37	12,28	12,19	12,11	12,02	11,94	11,85	11,77	11,69
15	13,34	13,24	13,14	13,04	12,95	12,85	12,75	12,66	12,57	12,47	12,38
16	14,13	14,02	13,91	13,80	13,69	13,58	13,47	13,37	13,26	13,16	13,06
17	14,91	14,78	14,66	14,53	14,41	14,29	14,17	14,06	13,94	13,83	13,71
18	15,67	15,53	15,40	15,26	15,12	14,99	14,86	14,73	14,60	14,48	14,35
19	16,43	16,27	16,12	15,97	15,82	15,68	15,53	15,39	15,25	15,12	14,98
20	17,17	17,00	16,83	16,67	16,51	16,35	16,19	16,04	15,89	15,74	15,59
21	17,90	17,72	17,54	17,36	17,18	17,01	16,84	16,67	16,51	16,35	16,18
22	18,62	18,42	18,23	18,03	17,84	17,66	17,47	17,29	17,11	16,94	16,77
23	19,33	19,12	18,91	18,70	18,49	18,29	18,09	17,90	17,71	17,52	17,33
24	20,03	19,80	19,57	19,35	19,13	18,91	18,70	18,49	18,29	18,08	17,88
25	20,72	20,47	20,23	19,99	19,75	19,52	19,30	19,07	18,85	18,64	18,42
26	21,40	21,13	20,87	20,62	20,37	20,12	19,88	19,64	19,41	19,18	18,95
27	22,07	21,79	21,51	21,24	20,97	20,71	20,45	20,20	19,95	19,70	19,46
28	22,73	22,43	22,13	21,84	21,56	21,28	21,01	20,74	20,48	20,22	19,96
29	23,38	23,06	22,75	22,44	22,14	21,84	21,56	21,27	20,99	20,72	20,45
30	24,02	23,68	23,35	23,02	22,71	22,40	22,09	21,79	21,50	21,21	20,93
31	24,65	24,29	23,94	23,60	23,27	22,94	22,62	22,30	21,99	21,69	21,40
32	25,27	24,89	24,52	24,17	23,81	23,47	23,13	22,80	22,48	22,16	21,85
33	25,88	25,48	25,10	24,72	24,35	23,99	23,63	23,29	22,95	22,62	22,29
34	26,48	26,07	25,66	25,27	24,88	24,50	24,13	23,77	23,41	23,06	22,72

[1)] Anlage 37 eingef. durch G v. 26.11.2019 (BGBl. I S. 1794); zur Anwendung siehe § 266.

Restnutzungsdauer (Jahre)	Zinssatz										
	1,5 %	1,6 %	1,7 %	1,8 %	1,9 %	2,0 %	2,1 %	2,2 %	2,3 %	2,4 %	2,5 %
35	27,08	26,64	26,22	25,80	25,40	25,00	24,61	24,23	23,86	23,50	23,15
36	27,66	27,21	26,76	26,33	25,90	25,49	25,08	24,69	24,30	23,93	23,56
37	28,24	27,76	27,30	26,84	26,40	25,97	25,55	25,14	24,73	24,34	23,96
38	28,81	28,31	27,82	27,35	26,89	26,44	26,00	25,57	25,16	24,75	24,35
39	29,36	28,85	28,34	27,85	27,37	26,90	26,45	26,00	25,57	25,14	24,73
40	29,92	29,38	28,85	28,34	27,84	27,36	26,88	26,42	25,97	25,53	25,10
41	30,46	29,90	29,35	28,82	28,30	27,80	27,31	26,83	26,36	25,91	25,47
42	30,99	30,41	29,85	29,29	28,76	28,23	27,73	27,23	26,75	26,28	25,82
43	31,52	30,92	30,33	29,76	29,20	28,66	28,14	27,62	27,12	26,64	26,17
44	32,04	31,41	30,81	30,21	29,64	29,08	28,54	28,01	27,49	26,99	26,50
45	32,55	31,90	31,27	30,66	30,07	29,49	28,93	28,38	27,85	27,34	26,83
46	33,06	32,39	31,73	31,10	30,49	29,89	29,31	28,75	28,20	27,67	27,15
47	33,55	32,86	32,19	31,54	30,90	30,29	29,69	29,11	28,55	28,00	27,47
48	34,04	33,33	32,63	31,96	31,31	30,67	30,06	29,46	28,88	28,32	27,77
49	34,52	33,79	33,07	32,38	31,70	31,05	30,42	29,81	29,21	28,63	28,07
50	35,00	34,24	33,50	32,79	32,09	31,42	30,77	30,14	29,53	28,94	28,36
51	35,47	34,68	33,92	33,19	32,48	31,79	31,12	30,47	29,84	29,24	28,65
52	35,93	35,12	34,34	33,58	32,85	32,14	31,46	30,79	30,15	29,53	28,92
53	36,38	35,55	34,75	33,97	33,22	32,50	31,79	31,11	30,45	29,81	29,19
54	36,83	35,98	35,15	34,35	33,58	32,84	32,12	31,42	30,74	30,09	29,46
55	37,27	36,39	35,55	34,73	33,94	33,17	32,44	31,72	31,03	30,36	29,71
56	37,71	36,81	35,94	35,10	34,29	33,50	32,75	32,02	31,31	30,63	29,96
57	38,13	37,21	36,32	35,46	34,63	33,83	33,05	32,31	31,58	30,88	30,21
58	38,56	37,61	36,70	35,82	34,97	34,15	33,35	32,59	31,85	31,14	30,45
59	38,97	38,00	37,07	36,16	35,29	34,46	33,65	32,87	32,11	31,38	30,68
60	39,38	38,39	37,43	36,51	35,62	34,76	33,93	33,14	32,37	31,63	30,91
61	39,78	38,77	37,79	36,84	35,94	35,06	34,22	33,40	32,62	31,86	31,13
62	40,18	39,14	38,14	37,17	36,25	35,35	34,49	33,66	32,86	32,09	31,35
63	40,57	39,51	38,48	37,50	36,55	35,64	34,76	33,92	33,10	32,31	31,56
64	40,96	39,87	38,82	37,82	36,85	35,92	35,03	34,16	33,33	32,53	31,76
65	41,34	40,23	39,16	38,13	37,15	36,20	35,28	34,41	33,56	32,75	31,96
66	41,71	40,58	39,49	38,44	37,43	36,47	35,54	34,64	33,78	32,96	32,16
67	42,08	40,92	39,81	38,74	37,72	36,73	35,79	34,88	34,00	33,16	32,35
68	42,44	41,26	40,13	39,04	38,00	36,99	36,03	35,11	34,22	33,36	32,54
69	42,80	41,60	40,44	39,33	38,27	37,25	36,27	35,33	34,42	33,56	32,72
70	43,15	41,93	40,75	39,62	38,54	37,50	36,50	35,55	34,63	33,75	32,90
71	43,50	42,25	41,05	39,90	38,80	37,74	36,73	35,76	34,83	33,93	33,07
72	43,84	42,57	41,35	40,18	39,06	37,98	36,95	35,97	35,02	34,11	33,24
73	44,18	42,88	41,64	40,45	39,31	38,22	37,17	36,17	35,21	34,29	33,40
74	44,51	43,19	41,93	40,72	39,56	38,45	37,39	36,37	35,40	34,46	33,57

Restnutzungsdauer (Jahre)	Zinssatz										
	1,5 %	**1,6 %**	**1,7 %**	**1,8 %**	**1,9 %**	**2,0 %**	**2,1 %**	**2,2 %**	**2,3 %**	**2,4 %**	**2,5 %**
75	44,84	43,50	42,21	40,98	39,80	38,68	37,60	36,57	35,58	34,63	33,72
76	45,16	43,79	42,49	41,24	40,04	38,90	37,81	36,76	35,76	34,80	33,88
77	45,48	44,09	42,76	41,49	40,28	39,12	38,01	36,95	35,93	34,96	34,03
78	45,79	44,38	43,03	41,74	40,51	39,33	38,21	37,13	36,10	35,11	34,17
79	46,10	44,66	43,29	41,98	40,73	39,54	38,40	37,31	36,27	35,27	34,31
80	46,41	44,95	43,55	42,22	40,96	39,74	38,59	37,48	36,43	35,42	34,45
81	46,71	45,22	43,81	42,46	41,17	39,95	38,77	37,66	36,59	35,56	34,59
82	47,00	45,49	44,06	42,69	41,39	40,14	38,96	37,82	36,74	35,71	34,72
83	47,29	45,76	44,31	42,92	41,60	40,34	39,13	37,99	36,89	35,85	34,85
84	47,58	46,03	44,55	43,14	41,80	40,53	39,31	38,15	37,04	35,98	34,97
85	47,86	46,29	44,79	43,36	42,00	40,71	39,48	38,31	37,19	36,12	35,10
86	48,14	46,54	45,02	43,58	42,20	40,89	39,65	38,46	37,33	36,25	35,22
87	48,41	46,79	45,25	43,79	42,40	41,07	39,81	38,61	37,47	36,37	35,33
88	48,68	47,04	45,48	44,00	42,59	41,25	39,97	38,76	37,60	36,50	35,45
89	48,95	47,28	45,70	44,20	42,77	41,42	40,13	38,90	37,73	36,62	35,56
90	49,21	47,52	45,92	44,40	42,96	41,59	40,28	39,04	37,86	36,74	35,67
91	49,47	47,76	46,14	44,60	43,14	41,75	40,43	39,18	37,99	36,85	35,77
92	49,72	47,99	46,35	44,79	43,32	41,91	40,58	39,32	38,11	36,97	35,87
93	49,97	48,22	46,56	44,98	43,49	42,07	40,73	39,45	38,23	37,08	35,98
94	50,22	48,44	46,76	45,17	43,66	42,23	40,87	39,58	38,35	37,18	36,07
95	50,46	48,67	46,96	45,35	43,83	42,38	41,01	39,70	38,47	37,29	36,17
96	50,70	48,88	47,16	45,53	43,99	42,53	41,14	39,83	38,58	37,39	36,26
97	50,94	49,10	47,36	45,71	44,15	42,68	41,28	39,95	38,69	37,49	36,35
98	51,17	49,31	47,55	45,89	44,31	42,82	41,41	40,07	38,80	37,59	36,44
99	51,40	49,52	47,74	46,06	44,47	42,96	41,53	40,18	38,90	37,68	36,53
100	51,62	49,72	47,92	46,22	44,62	43,10	41,66	40,30	39,00	37,78	36,61

Restnutzungsdauer (Jahre)	Zinssatz							
	2,6 %	**2,7 %**	**2,8 %**	**2,9 %**	**3,0 %**	**3,5 %**	**4 %**	**4,5 %**
1	0,97	0,97	0,97	0,97	0,97	0,97	0,96	0,96
2	1,92	1,92	1,92	1,92	1,91	1,90	1,89	1,87
3	2,85	2,85	2,84	2,83	2,83	2,80	2,78	2,75
4	3,75	3,74	3,73	3,73	3,72	3,67	3,63	3,59
5	4,63	4,62	4,61	4,59	4,58	4,52	4,45	4,39
6	5,49	5,47	5,45	5,44	5,42	5,33	5,24	5,16
7	6,33	6,30	6,28	6,25	6,23	6,11	6,00	5,89
8	7,14	7,11	7,08	7,05	7,02	6,87	6,73	6,60
9	7,93	7,90	7,86	7,82	7,79	7,61	7,44	7,27

Restnutzungsdauer (Jahre)	Zinssatz							
	2,6 %	2,7 %	2,8 %	2,9 %	3,0 %	3,5 %	4 %	4,5 %
10	8,71	8,66	8,62	8,57	8,53	8,32	8,11	7,91
11	9,46	9,41	9,36	9,30	9,25	9,00	8,76	8,53
12	10,20	10,13	10,07	10,01	9,95	9,66	9,39	9,12
13	10,91	10,84	10,77	10,70	10,63	10,30	9,99	9,68
14	11,61	11,53	11,45	11,37	11,30	10,92	10,56	10,22
15	12,29	12,20	12,11	12,02	11,94	11,52	11,12	10,74
16	12,95	12,85	12,76	12,66	12,56	12,09	11,65	11,23
17	13,60	13,49	13,38	13,27	13,17	12,65	12,17	11,71
18	14,23	14,11	13,99	13,87	13,75	13,19	12,66	12,16
19	14,84	14,71	14,58	14,45	14,32	13,71	13,13	12,59
20	15,44	15,30	15,16	15,02	14,88	14,21	13,59	13,01
21	16,03	15,87	15,72	15,56	15,42	14,70	14,03	13,40
22	16,59	16,43	16,26	16,10	15,94	15,17	14,45	13,78
23	17,15	16,97	16,79	16,62	16,44	15,62	14,86	14,15
24	17,69	17,50	17,31	17,12	16,94	16,06	15,25	14,50
25	18,22	18,01	17,81	17,61	17,41	16,48	15,62	14,83
26	18,73	18,51	18,30	18,08	17,88	16,89	15,98	15,15
27	19,23	19,00	18,77	18,55	18,33	17,29	16,33	15,45
28	19,72	19,47	19,23	19,00	18,76	17,67	16,66	15,74
29	20,19	19,93	19,68	19,43	19,19	18,04	16,98	16,02
30	20,65	20,38	20,12	19,86	19,60	18,39	17,29	16,29
31	21,11	20,82	20,54	20,27	20,00	18,74	17,59	16,54
32	21,55	21,25	20,96	20,67	20,39	19,07	17,87	16,79
33	21,97	21,66	21,36	21,06	20,77	19,39	18,15	17,02
34	22,39	22,07	21,75	21,44	21,13	19,70	18,41	17,25
35	22,80	22,46	22,13	21,80	21,49	20,00	18,66	17,46
36	23,20	22,84	22,50	22,16	21,83	20,29	18,91	17,67
37	23,58	23,22	22,86	22,51	22,17	20,57	19,14	17,86
38	23,96	23,58	23,21	22,85	22,49	20,84	19,37	18,05
39	24,33	23,93	23,55	23,17	22,81	21,10	19,58	18,23
40	24,69	24,28	23,88	23,49	23,11	21,36	19,79	18,40
41	25,03	24,61	24,20	23,80	23,41	21,60	19,99	18,57
42	25,37	24,94	24,52	24,10	23,70	21,83	20,19	18,72
43	25,71	25,26	24,82	24,40	23,98	22,06	20,37	18,87
44	26,03	25,57	25,12	24,68	24,25	22,28	20,55	19,02
45	26,34	25,87	25,41	24,96	24,52	22,50	20,72	19,16
46	26,65	26,16	25,69	25,23	24,78	22,70	20,88	19,29
47	26,95	26,45	25,96	25,49	25,02	22,90	21,04	19,41
48	27,24	26,73	26,23	25,74	25,27	23,09	21,20	19,54
49	27,53	27,00	26,48	25,99	25,50	23,28	21,34	19,65

Rest-nutzungs-dauer (Jahre)	Zinssatz							
	2,6 %	2,7 %	2,8 %	2,9 %	3,0 %	3,5 %	4 %	4,5 %
50	27,80	27,26	26,74	26,23	25,73	23,46	21,48	19,76
51	28,07	27,52	26,98	26,46	25,95	23,63	21,62	19,87
52	28,34	27,77	27,22	26,68	26,17	23,80	21,75	19,97
53	28,59	28,01	27,45	26,90	26,37	23,96	21,87	20,07
54	28,84	28,25	27,68	27,12	26,58	24,11	21,99	20,16
55	29,09	28,48	27,89	27,33	26,77	24,26	22,11	20,25
56	29,33	28,71	28,11	27,53	26,97	24,41	22,22	20,33
57	29,56	28,93	28,31	27,72	27,15	24,55	22,33	20,41
58	29,78	29,14	28,52	27,91	27,33	24,69	22,43	20,49
59	30,00	29,35	28,71	28,10	27,51	24,82	22,53	20,57
60	30,22	29,55	28,90	28,28	27,68	24,94	22,62	20,64
61	30,43	29,75	29,09	28,45	27,84	25,07	22,71	20,71
62	30,63	29,94	29,27	28,62	28,00	25,19	22,80	20,77
63	30,83	30,12	29,44	28,79	28,16	25,30	22,89	20,83
64	31,02	30,31	29,61	28,95	28,31	25,41	22,97	20,89
65	31,21	30,48	29,78	29,10	28,45	25,52	23,05	20,95
66	31,39	30,65	29,94	29,26	28,60	25,62	23,12	21,01
67	31,57	30,82	30,10	29,40	28,73	25,72	23,19	21,06
68	31,75	30,99	30,25	29,55	28,87	25,82	23,26	21,11
69	31,92	31,14	30,40	29,69	29,00	25,91	23,33	21,16
70	32,08	31,30	30,55	29,82	29,12	26,00	23,39	21,20
71	32,24	31,45	30,69	29,95	29,25	26,09	23,46	21,25
72	32,40	31,60	30,82	30,08	29,37	26,17	23,52	21,29
73	32,56	31,74	30,96	30,20	29,48	26,25	23,57	21,33
74	32,71	31,88	31,09	30,32	29,59	26,33	23,63	21,37
75	32,85	32,02	31,21	30,44	29,70	26,41	23,68	21,40
76	32,99	32,15	31,34	30,56	29,81	26,48	23,73	21,44
77	33,13	32,28	31,45	30,67	29,91	26,55	23,78	21,47
78	33,27	32,40	31,57	30,77	30,01	26,62	23,83	21,50
79	33,40	32,52	31,68	30,88	30,11	26,68	23,87	21,54
80	33,53	32,64	31,79	30,98	30,20	26,75	23,92	21,57
81	33,65	32,76	31,90	31,08	30,29	26,81	23,96	21,59
82	33,77	32,87	32,00	31,17	30,38	26,87	24,00	21,62
83	33,89	32,98	32,11	31,27	30,47	26,93	24,04	21,65
84	34,01	33,09	32,20	31,36	30,55	26,98	24,07	21,67
85	34,12	33,19	32,30	31,45	30,63	27,04	24,11	21,70
86	34,23	33,29	32,39	31,53	30,71	27,09	24,14	21,72
87	34,34	33,39	32,48	31,62	30,79	27,14	24,18	21,74
88	34,44	33,49	32,57	31,70	30,86	27,19	24,21	21,76
89	34,54	33,58	32,66	31,77	30,93	27,23	24,24	21,78

Rest-nutzungs-dauer (Jahre)	Zinssatz							
	2,6 %	2,7 %	2,8 %	2,9 %	3,0 %	3,5 %	4 %	4,5 %
90	34,64	33,67	32,74	31,85	31,00	27,28	24,27	21,80
91	34,74	33,76	32,82	31,93	31,07	27,32	24,30	21,82
92	34,84	33,84	32,90	32,00	31,14	27,37	24,32	21,83
93	34,93	33,93	32,98	32,07	31,20	27,41	24,35	21,85
94	35,02	34,01	33,05	32,14	31,26	27,45	24,37	21,87
95	35,10	34,09	33,12	32,20	31,32	27,48	24,40	21,88
96	35,19	34,17	33,19	32,27	31,38	27,52	24,42	21,90
97	35,27	34,24	33,26	32,33	31,44	27,56	24,44	21,91
98	35,35	34,32	33,33	32,39	31,49	27,59	24,46	21,92
99	35,43	34,39	33,39	32,45	31,55	27,62	24,49	21,94
100	35,51	34,46	33,46	32,51	31,60	27,66	24,50	21,95

Berechnungsvorschrift für die Vervielfältiger (Barwertfaktoren für die Kapitalisierung):

$$\text{Vervielfältiger} = \frac{q^n - 1}{q^n \times (q-1)}$$

$$q = 1 + LZ \text{ wobei } LZ = \frac{p}{100}$$

LZ = Zinssatz (Liegenschaftszinssatz)
n = Restnutzungsdauer
p = Zinsfuß

Anlage 38[1)]
(zu § 253 Absatz 2 und § 259 Absatz 4)

Wirtschaftliche Gesamtnutzungsdauer

Ein- und Zweifamilienhäuser	80 Jahre
Mietwohngrundstücke, Mehrfamilienhäuser	80 Jahre
Wohnungseigentum	80 Jahre
Geschäftsgrundstücke, gemischt genutzte Grundstücke und sonstige bebaute Grundstücke:	
Gemischt genutzte Grundstücke (Wohnhäuser mit Mischnutzung)	80 Jahre
Museen, Theater, Sakralbauten	70 Jahre
Bürogebäude, Verwaltungsgebäude	60 Jahre
Banken und ähnliche Geschäftshäuser	60 Jahre
Einzelgaragen und Mehrfachgaragen	60 Jahre
Kindergärten (Kindertagesstätten), allgemeinbildende Schulen und berufsbildende Schulen, Hochschulen, Sonderschulen	50 Jahre
Wohnheime, Internate, Alten- und Pflegeheime	50 Jahre
Kauf-/Warenhäuser	50 Jahre
Krankenhäuser, Kliniken, Tageskliniken, Ärztehäuser	40 Jahre
Gemeindezentren, Saalbauten, Veranstaltungsgebäude, Vereinsheime	40 Jahre
Beherbergungsstätten, Hotels, Verpflegungseinrichtungen	40 Jahre
Sport- und Tennishallen, Freizeitbäder, Kur- und Heilbäder	40 Jahre
Tief-, Hoch- und Nutzfahrzeuggaragen als Einzelbauwerke, Carports	40 Jahre
Betriebs- und Werkstätten, Industrie- und Produktionsgebäude	40 Jahre
Lager- und Versandgebäude	40 Jahre
Verbrauchermärkte, Autohäuser	30 Jahre
Reithallen, ehemalige landwirtschaftliche Mehrzweckhallen, Scheunen und Ähnliches	30 Jahre

Teileigentum ist in Abhängigkeit von der baulichen Gestaltung den vorstehenden Gebäudearten zuzuordnen.

Auffangklausel
Für nicht aufgeführte Gebäudearten ist die wirtschaftliche Gesamtnutzungsdauer aus der wirtschaftlichen Gesamtnutzungsdauer vergleichbarer Gebäudearten abzuleiten.

---

1) Anlage 38 eingef. durch G v. 26.11.2019 (BGBl. I S. 1794); zur Anwendung siehe § 266.

Anlage 39[1)]
(zu § 254)

Ermittlung des Rohertrags

I. Monatliche Nettokaltmieten in EUR/Quadratmeter Wohnfläche (Wertverhältnisse/Stand: 1. Januar 2022)**

Land	Gebäudeart*	Wohnfläche** (je Wohnung)	Baujahr des Gebäudes bis 1948	1949 bis 1978	1979 bis 1990	1991 bis 2000	ab 2001
Baden-Württemberg	Einfamilienhaus	unter 60 m²	6,60	6,79	6,86	7,12	7,44
		von 60 m² bis unter 100 m²	5,72	5,87	5,94	6,16	6,44
		100 m² und mehr	5,74	5,90	5,96	6,18	6,46
	Zweifamilienhaus	unter 60 m²	6,73	6,93	7,01	7,26	7,58
		von 60 m² bis unter 100 m²	5,70	5,87	5,94	6,15	6,43
		100 m² und mehr	5,50	5,66	5,72	5,92	6,20
	Mietwohngrundstück	unter 60 m²	7,16	7,38	7,45	7,73	8,07
		von 60 m² bis unter 100 m²	6,44	6,64	6,71	6,95	7,26
		100 m² und mehr	6,34	6,54	6,60	6,84	7,15
Bayern	Einfamilienhaus	unter 60 m²	7,23	7,56	7,55	7,40	8,34
		von 60 m² bis unter 100 m²	6,26	6,54	6,53	6,41	7,22
		100 m² und mehr	6,28	6,56	6,55	6,43	7,24
	Zweifamilienhaus	unter 60 m²	7,01	7,32	7,30	7,18	8,07
		von 60 m² bis unter 100 m²	5,95	6,20	6,19	6,08	6,84
		100 m² und mehr	5,72	5,98	5,97	5,86	6,60
	Mietwohngrundstück	unter 60 m²	8,24	8,60	8,59	8,43	9,49
		von 60 m² bis unter 100 m²	7,41	7,74	7,73	7,58	8,54
		100 m² und mehr	7,30	7,61	7,61	7,47	8,42
Berlin	Einfamilienhaus	unter 60 m²	7,55	7,48	7,27	8,75	9,00
		von 60 m² bis unter 100 m²	6,53	6,47	6,28	7,58	7,79
		100 m² und mehr	6,55	6,49	6,31	7,60	7,81
	Zweifamilienhaus	unter 60 m²	7,50	7,43	7,22	8,70	8,95
		von 60 m² bis unter 100 m²	6,36	6,31	6,13	7,37	7,58
		100 m² und mehr	6,13	6,07	5,91	7,10	7,31
	Mietwohngrundstück	unter 60 m²	6,90	6,84	6,65	8,00	8,23
		von 60 m² bis unter 100 m²	6,21	6,15	5,98	7,19	7,40
		100 m² und mehr	6,12	6,06	5,88	7,09	7,29

1) Anlage 39 eingef. durch G v. 26.11.2019 (BGBl. I S. 1794); zur Anwendung siehe § 266.

Land	Gebäudeart*	Wohnfläche** (je Wohnung)	Baujahr des Gebäudes bis 1948	1949 bis 1978	1979 bis 1990	1991 bis 2000	ab 2001
Brandenburg	Einfamilienhaus	unter 60 m^2	6,87	6,66	6,59	8,15	8,85
		von 60 m^2 bis unter 100 m^2	5,94	5,76	5,70	7,05	7,66
		100 m^2 und mehr	5,96	5,78	5,72	7,08	7,68
	Zweifamilienhaus	unter 60 m^2	6,46	6,26	6,20	7,66	8,32
		von 60 m^2 bis unter 100 m^2	5,46	5,29	5,24	6,49	7,04
		100 m^2 und mehr	5,27	5,10	5,06	6,26	6,79
	Mietwohngrundstück	unter 60 m^2	6,41	6,21	6,15	7,61	8,26
		von 60 m^2 bis unter 100 m^2	5,76	5,59	5,54	6,84	7,44
		100 m^2 und mehr	5,68	5,51	5,45	6,75	7,32
Bremen	Einfamilienhaus	unter 60 m^2	7,09	6,97	7,60	7,78	8,14
		von 60 m^2 bis unter 100 m^2	6,14	6,04	6,57	6,73	7,04
		100 m^2 und mehr	6,17	6,06	6,59	6,76	7,07
	Zweifamilienhaus	unter 60 m^2	7,55	7,41	8,08	8,29	8,67
		von 60 m^2 bis unter 100 m^2	6,40	6,28	6,85	7,02	7,34
		100 m^2 und mehr	6,17	6,05	6,59	6,77	7,08
	Mietwohngrundstück	unter 60 m^2	6,79	6,67	7,26	7,45	7,79
		von 60 m^2 bis unter 100 m^2	6,11	6,01	6,54	6,70	7,01
		100 m^2 und mehr	6,02	5,91	6,44	6,59	6,91
Hamburg	Einfamilienhaus	unter 60 m^2	7,39	6,95	7,20	7,19	7,55
		von 60 m^2 bis unter 100 m^2	6,39	6,02	6,22	6,21	6,53
		100 m^2 und mehr	6,42	6,04	6,25	6,24	6,55
	Zweifamilienhaus	unter 60 m^2	7,73	7,28	7,54	7,54	7,91
		von 60 m^2 bis unter 100 m^2	6,55	6,17	6,38	6,38	6,70
		100 m^2 und mehr	6,31	5,94	6,15	6,15	6,46
	Mietwohngrundstück	unter 60 m^2	7,16	6,73	6,97	6,97	7,32
		von 60 m^2 bis unter 100 m^2	6,44	6,07	6,27	6,27	6,59
		100 m^2 und mehr	6,35	5,96	6,18	6,18	6,48
Hessen	Einfamilienhaus	unter 60 m^2	6,64	6,74	6,54	6,86	7,17
		von 60 m^2 bis unter 100 m^2	5,75	5,84	5,66	5,94	6,20
		100 m^2 und mehr	5,77	5,86	5,68	5,97	6,22
	Zweifamilienhaus	unter 60 m^2	6,77	6,87	6,65	7,00	7,29
		von 60 m^2 bis unter 100 m^2	5,73	5,82	5,64	5,92	6,18
		100m^2 und mehr	5,52	5,61	5,44	5,72	5,96
	Mietwohngrundstück	unter 60m^2	7,54	7,66	7,42	7,79	8,14
		von 60 m^2 bis unter 100 m^2	6,79	6,89	6,68	7,02	7,33
		100 m^2 und mehr	6,69	6,79	6,57	6,90	7,21

Land	Gebäudeart*	Wohnfläche** (je Wohnung)	Baujahr des Gebäudes				
			bis 1948	1949 bis 1978	1979 bis 1990	1991 bis 2000	ab 2001
Mecklenburg-Vorpommern	Einfamilienhaus	unter 60 m²	6,43	6,28	5,95	6,87	7,38
		von 60 m² bis unter 100 m²	5,57	5,44	5,15	5,95	6,38
		100 m² und mehr	5,59	5,46	5,17	5,97	6,40
	Zweifamilienhaus	unter 60 m²	6,87	6,72	6,36	7,35	7,88
		von 60 m² bis unter 100 m²	5,81	5,68	5,38	6,23	6,68
		100 m² und mehr	5,61	5,48	5,19	6,00	6,44
	Mietwohngrundstück	unter 60 m²	6,85	6,70	6,34	7,33	7,86
		von 60 m² bis unter 100 m²	6,16	6,04	5,70	6,59	7,08
		100 m² und mehr	6,07	5,94	5,61	6,49	6,97
Niedersachsen	Einfamilienhaus	unter 60 m²	6,18	6,52	6,47	6,62	6,85
		von 60 m² bis unter 100 m²	5,35	5,65	5,60	5,73	5,92
		100 m² und mehr	5,37	5,67	5,62	5,76	5,94
	Zweifamilienhaus	unter 60 m²	6,40	6,75	6,70	6,85	7,09
		von 60 m² bis unter 100 m²	5,42	5,71	5,67	5,81	6,01
		100 m² und mehr	5,23	5,52	5,47	5,59	5,79
	Mietwohngrundstück	unter 60 m²	6,88	7,28	7,21	7,38	7,64
		von 60 m² bis unter 100 m²	6,19	6,54	6,49	6,64	6,87
		100 m² und mehr	6,11	6,44	6,39	6,54	6,76
Nordrhein-Westfalen	Einfamilienhaus	unter 60 m²	6,29	6,52	6,54	6,63	6,95
		von 60 m² bis unter 100 m²	5,45	5,64	5,66	5,74	6,00
		100 m² und mehr	5,47	5,66	5,69	5,76	6,03
	Zweifamilienhaus	unter 60 m²	6,42	6,64	6,66	6,76	7,07
		von 60 m² bis unter 100 m²	5,43	5,62	5,64	5,72	5,99
		100 m² und mehr	5,25	5,42	5,45	5,52	5,77
	Mietwohngrundstück	unter 60m²	6,59	6,82	6,84	6,94	7,25
		von 60 m² bis unter 100 m²	5,93	6,13	6,15	6,24	6,53
		100 m² und mehr	5,83	6,04	6,06	6,15	6,43
Rheinland-Pfalz	Einfamilienhaus	unter 60 m²	6,32	6,73	6,91	6,97	7,45
		von 60 m² bis unter 100 m²	5,48	5,83	5,98	6,03	6,44
		100 m² und mehr	5,50	5,85	6,00	6,05	6,46
	Zweifamilienhaus	unter 60 m²	6,24	6,65	6,84	6,88	7,37
		von 60 m² bis unter 100 m²	5,29	5,63	5,78	5,84	6,24
		100 m² und mehr	5,10	5,43	5,59	5,62	6,01
	Mietwohngrundstück	unter 60 m²	6,88	7,33	7,54	7,60	8,11
		von 60 m² bis unter 100 m²	6,19	6,60	6,78	6,84	7,30
		100 m² und mehr	6,10	6,50	6,67	6,73	7,19

Land	Gebäudeart*	Wohnfläche** (je Wohnung)	Baujahr des Gebäudes bis 1948	1949 bis 1978	1979 bis 1990	1991 bis 2000	ab 2001
Saarland	Einfamilienhaus	unter 60 m²	6,54	6,65	6,84	6,86	7,07
		von 60 m² bis unter 100 m²	5,67	5,75	5,92	5,94	6,11
		100 m² und mehr	5,69	5,77	5,94	5,96	6,13
	Zweifamilienhaus	unter 60 m²	6,99	7,09	7,31	7,34	7,55
		von 60 m² bis unter 100 m²	5,93	6,01	6,20	6,22	6,39
		100 m² und mehr	5,71	5,80	5,97	5,99	6,17
	Mietwohngrundstück	unter 60 m²	7,27	7,36	7,59	7,62	7,84
		von 60 m² bis unter 100 m²	6,54	6,62	6,83	6,86	7,05
		100 m² und mehr	6,44	6,53	6,72	6,75	6,95
Sachsen	Einfamilienhaus	unter 60 m²	6,19	6,17	5,97	6,81	7,10
		von 60 m² bis unter 100 m²	5,37	5,34	5,17	5,89	6,14
		100 m² und mehr	5,39	5,37	5,19	5,91	6,16
	Zweifamilienhaus	unter 60 m²	6,20	6,18	5,98	6,82	7,11
		von 60 m² bis unter 100 m²	5,25	5,23	5,06	5,77	6,03
		100 m² und mehr	5,07	5,05	4,88	5,56	5,82
	Mietwohngrundstück	unter 60 m²	6,47	6,43	6,22	7,09	7,41
		von 60 m² bis unter 100 m²	5,82	5,78	5,60	6,39	6,66
		100 m² und mehr	5,73	5,70	5,52	6,29	6,56
Sachsen-Anhalt	Einfamilienhaus	unter 60 m²	6,25	6,33	6,17	6,74	7,24
		von 60 m² bis unter 100 m²	5,42	5,48	5,34	5,83	6,26
		100 m² und mehr	5,44	5,50	5,36	5,86	6,28
	Zweifamilienhaus	unter 60 m²	6,16	6,22	6,07	6,64	7,13
		von 60 m² bis unter 100 m²	5,21	5,27	5,14	5,62	6,04
		100 m² und mehr	5,03	5,09	4,96	5,43	5,81
	Mietwohngrundstück	unter 60 m²	6,37	6,44	6,27	6,86	7,37
		von 60 m² bis unter 100 m²	5,74	5,80	5,65	6,18	6,64
		100 m² und mehr	5,64	5,71	5,57	6,08	6,53
Schleswig-Holstein	Einfamilienhaus	unter 60 m²	6,57	6,90	7,00	7,20	7,64
		von 60 m² bis unter 100 m²	5,69	5,97	6,05	6,23	6,62
		100 m² und mehr	5,71	5,99	6,08	6,25	6,64
	Zweifamilienhaus	unter 60 m²	6,79	7,12	7,24	7,45	7,90
		von 60 m² bis unter 100 m²	5,75	6,04	6,13	6,31	6,69
		100 m² und mehr	5,55	5,82	5,91	6,08	6,45
	Mietwohngrundstück	unter 60 m²	6,80	7,15	7,26	7,46	7,92
		von 60 m² bis unter 100 m²	6,12	6,43	6,53	6,71	7,12
		100 m² und mehr	6,03	6,33	6,43	6,61	7,03

Land	Gebäudeart*	Wohnfläche** (je Wohnung)	Baujahr des Gebäudes				
			bis 1948	1949 bis 1978	1979 bis 1990	1991 bis 2000	ab 2001
Thüringen	Einfamilienhaus	unter 60 m²	6,63	6,54	6,32	6,84	7,47
		von 60 m² bis unter 100 m²	5,74	5,67	5,47	5,92	6,46
		100 m² und mehr	5,76	5,69	5,49	5,94	6,48
	Zweifamilienhaus	unter 60 m²	6,48	6,39	6,17	6,69	7,29
		von 60 m² bis unter 100 m²	5,48	5,41	5,23	5,68	6,18
		100 m² und mehr	5,29	5,21	5,04	5,47	5,95
	Mietwohngrundstück	unter 60 m²	6,64	6,55	6,33	6,85	7,48
		von 60 m² bis unter 100 m²	5,98	5,89	5,70	6,17	6,73
		100 m² und mehr	5,89	5,80	5,61	6,07	6,62

* Für Wohnungseigentum gelten die Nettokaltmieten für Mietwohngrundstücke.

** Flächen, die zu anderen als Wohnzwecken genutzt werden, gelten als Wohnfläche. Für diese Flächen ist bei Mietwohngrundstücken die für Wohnungen mit einer Fläche unter 60m² geltende monatliche Nettokaltmiete in Euro je Quadratmeter Nutzfläche (ohne Zubehörräume) anzusetzen. Bei Ein- und Zweifamilienhäusern sind diese Flächen zu der jeweiligen Wohnfläche zu addieren.

Nettokaltmiete – Festwert – für einen Garagenstellplatz (Einzelgarage/Tiefgarage)	35 EUR/Monat

II. Mietniveaustufen

Zur Berücksichtigung von Mietniveauunterschieden zwischen Gemeinden eines Landes sind die Nettokaltmieten zu I. durch folgende Ab- oder Zuschläge anzupassen:

Mietniveaustufe 1	– 22,5 %
Mietniveaustufe 2	– 10,0 %
Mietniveaustufe 3	+/– 0 %
Mietniveaustufe 4	+ 10,0 %
Mietniveaustufe 5	+ 20,0 %
Mietniveaustufe 6 und höher	+ 32,5 %

Die gemeindebezogene Einordnung in die Mietniveaustufen ergibt sich aus der Rechtsverordnung zur Durchführung des § 254 des Bewertungsgesetzes in der jeweils aktuellen Fassung.

Anlage 40[1)]
(zu § 255)

Bewirtschaftungskosten

Pauschalierte Bewirtschaftungskosten für Verwaltung, Instandhaltung und Mietausfallwagnis in Prozent des Rohertrags des Grundstücks nach § 254

Restnutzungsdauer	Grundstücksart		
	1	2	3
	Ein- und Zwei- familienhäuser	Wohnungs- eigentum	Mietwohn- grundstück
≥ 60 Jahre	18	23	21
40 bis 59 Jahre	21	25	23
20 bis 39 Jahre	25	29	27
< 20 Jahre	27	31	29

[1)] Anlage 40 eingef. durch G v. 26.11.2019 (BGBl. I S. 1794); zur Anwendung siehe § 266; geänd. durch G v. 21.12.2020 (BGBl. I S. 3096).

Anlage 41[1)]

(zu § 257 Absatz 2)

Abzinsungsfaktoren

Restnutzungsdauer (Jahre)	Zinssatz										
	1,5 %	1,6 %	1,7 %	1,8 %	1,9 %	2,0 %	2,1 %	2,2 %	2,3 %	2,4 %	2,5 %
1	0,9852	0,9843	0,9833	0,9823	0,9814	0,9804	0,9794	0,9785	0,9775	0,9766	0,9756
2	0,9707	0,9688	0,9668	0,9649	0,9631	0,9612	0,9593	0,9574	0,9555	0,9537	0,9518
3	0,9563	0,9535	0,9507	0,9479	0,9451	0,9423	0,9396	0,9368	0,9341	0,9313	0,9286
4	0,9422	0,9385	0,9348	0,9311	0,9275	0,9238	0,9202	0,9166	0,9131	0,9095	0,9060
5	0,9283	0,9237	0,9192	0,9147	0,9102	0,9057	0,9013	0,8969	0,8925	0,8882	0,8839
6	0,9145	0,9092	0,9038	0,8985	0,8932	0,8880	0,8828	0,8776	0,8725	0,8674	0,8623
7	0,9010	0,8948	0,8887	0,8826	0,8766	0,8706	0,8646	0,8587	0,8528	0,8470	0,8413
8	0,8877	0,8807	0,8738	0,8670	0,8602	0,8535	0,8468	0,8402	0,8337	0,8272	0,8207
9	0,8746	0,8669	0,8592	0,8517	0,8442	0,8368	0,8294	0,8221	0,8149	0,8078	0,8007
10	0,8617	0,8532	0,8449	0,8366	0,8284	0,8203	0,8123	0,8044	0,7966	0,7889	0,7812
11	0,8489	0,8398	0,8307	0,8218	0,8130	0,8043	0,7956	0,7871	0,7787	0,7704	0,7621
12	0,8364	0,8266	0,8169	0,8073	0,7978	0,7885	0,7793	0,7702	0,7612	0,7523	0,7436
13	0,8240	0,8135	0,8032	0,7930	0,7830	0,7730	0,7632	0,7536	0,7441	0,7347	0,7254
14	0,8118	0,8007	0,7898	0,7790	0,7684	0,7579	0,7475	0,7374	0,7273	0,7175	0,7077
15	0,7999	0,7881	0,7766	0,7652	0,7540	0,7430	0,7322	0,7215	0,7110	0,7006	0,6905
16	0,7880	0,7757	0,7636	0,7517	0,7400	0,7284	0,7171	0,7060	0,6950	0,6842	0,6736
17	0,7764	0,7635	0,7508	0,7384	0,7262	0,7142	0,7024	0,6908	0,6794	0,6682	0,6572
18	0,7649	0,7515	0,7383	0,7253	0,7126	0,7002	0,6879	0,6759	0,6641	0,6525	0,6412
19	0,7536	0,7396	0,7259	0,7125	0,6993	0,6864	0,6738	0,6614	0,6492	0,6372	0,6255
20	0,7425	0,7280	0,7138	0,6999	0,6863	0,6730	0,6599	0,6471	0,6346	0,6223	0,6103
21	0,7315	0,7165	0,7019	0,6875	0,6735	0,6598	0,6463	0,6332	0,6203	0,6077	0,5954
22	0,7207	0,7052	0,6901	0,6754	0,6609	0,6468	0,6330	0,6196	0,6064	0,5935	0,5809
23	0,7100	0,6941	0,6786	0,6634	0,6486	0,6342	0,6200	0,6062	0,5927	0,5796	0,5667
24	0,6995	0,6832	0,6673	0,6517	0,6365	0,6217	0,6073	0,5932	0,5794	0,5660	0,5529
25	0,6892	0,6724	0,6561	0,6402	0,6247	0,6095	0,5948	0,5804	0,5664	0,5527	0,5394
26	0,6790	0,6619	0,6451	0,6289	0,6130	0,5976	0,5825	0,5679	0,5536	0,5398	0,5262
27	0,6690	0,6514	0,6344	0,6177	0,6016	0,5859	0,5706	0,5557	0,5412	0,5271	0,5134
28	0,6591	0,6412	0,6238	0,6068	0,5904	0,5744	0,5588	0,5437	0,5290	0,5148	0,5009
29	0,6494	0,6311	0,6133	0,5961	0,5794	0,5631	0,5473	0,5320	0,5171	0,5027	0,4887
30	0,6398	0,6211	0,6031	0,5856	0,5686	0,5521	0,5361	0,5206	0,5055	0,4909	0,4767
31	0,6303	0,6114	0,5930	0,5752	0,5580	0,5412	0,5251	0,5094	0,4941	0,4794	0,4651
32	0,6210	0,6017	0,5831	0,5650	0,5476	0,5306	0,5143	0,4984	0,4830	0,4682	0,4538
33	0,6118	0,5923	0,5733	0,5550	0,5373	0,5202	0,5037	0,4877	0,4722	0,4572	0,4427

1) Anlage 41 eingef. durch G v. 26.11.2019 (BGBl. I S. 1794); zur Anwendung siehe § 266.

Rest-nutzungs-dauer (Jahre)	Zinssatz										
	1,5 %	**1,6 %**	**1,7 %**	**1,8 %**	**1,9 %**	**2,0 %**	**2,1 %**	**2,2 %**	**2,3 %**	**2,4 %**	**2,5 %**
34	0,6028	0,5829	0,5638	0,5452	0,5273	0,5100	0,4933	0,4772	0,4616	0,4465	0,4319
35	0,5939	0,5737	0,5543	0,5356	0,5175	0,5000	0,4832	0,4669	0,4512	0,4360	0,4214
36	0,5851	0,5647	0,5451	0,5261	0,5078	0,4902	0,4732	0,4568	0,4410	0,4258	0,4111
37	0,5764	0,5558	0,5360	0,5168	0,4984	0,4806	0,4635	0,4470	0,4311	0,4158	0,4011
38	0,5679	0,5471	0,5270	0,5077	0,4891	0,4712	0,4540	0,4374	0,4214	0,4061	0,3913
39	0,5595	0,5385	0,5182	0,4987	0,4800	0,4619	0,4446	0,4280	0,4120	0,3966	0,3817
40	0,5513	0,5300	0,5095	0,4899	0,4710	0,4529	0,4355	0,4188	0,4027	0,3873	0,3724
41	0,5431	0,5216	0,5010	0,4812	0,4622	0,4440	0,4265	0,4097	0,3936	0,3782	0,3633
42	0,5351	0,5134	0,4926	0,4727	0,4536	0,4353	0,4178	0,4009	0,3848	0,3693	0,3545
43	0,5272	0,5053	0,4844	0,4644	0,4452	0,4268	0,4092	0,3923	0,3761	0,3607	0,3458
44	0,5194	0,4974	0,4763	0,4561	0,4369	0,4184	0,4007	0,3838	0,3677	0,3522	0,3374
45	0,5117	0,4895	0,4683	0,4481	0,4287	0,4102	0,3925	0,3756	0,3594	0,3440	0,3292
46	0,5042	0,4818	0,4605	0,4402	0,4207	0,4022	0,3844	0,3675	0,3513	0,3359	0,3211
47	0,4967	0,4742	0,4528	0,4324	0,4129	0,3943	0,3765	0,3596	0,3434	0,3280	0,3133
48	0,4894	0,4668	0,4452	0,4247	0,4052	0,3865	0,3688	0,3518	0,3357	0,3203	0,3057
49	0,4821	0,4594	0,4378	0,4172	0,3976	0,3790	0,3612	0,3443	0,3282	0,3128	0,2982
50	0,4750	0,4522	0,4305	0,4098	0,3902	0,3715	0,3538	0,3369	0,3208	0,3055	0,2909
51	0,4680	0,4451	0,4233	0,4026	0,3829	0,3642	0,3465	0,3296	0,3136	0,2983	0,2838
52	0,4611	0,4381	0,4162	0,3955	0,3758	0,3571	0,3394	0,3225	0,3065	0,2913	0,2769
53	0,4543	0,4312	0,4093	0,3885	0,3688	0,3501	0,3324	0,3156	0,2996	0,2845	0,2702
54	0,4475	0,4244	0,4024	0,3816	0,3619	0,3432	0,3255	0,3088	0,2929	0,2778	0,2636
55	0,4409	0,4177	0,3957	0,3749	0,3552	0,3365	0,3188	0,3021	0,2863	0,2713	0,2572
56	0,4344	0,4111	0,3891	0,3682	0,3485	0,3299	0,3123	0,2956	0,2799	0,2650	0,2509
57	0,4280	0,4046	0,3826	0,3617	0,3420	0,3234	0,3059	0,2893	0,2736	0,2588	0,2448
58	0,4217	0,3983	0,3762	0,3553	0,3357	0,3171	0,2996	0,2830	0,2674	0,2527	0,2388
59	0,4154	0,3920	0,3699	0,3490	0,3294	0,3109	0,2934	0,2769	0,2614	0,2468	0,2330
60	0,4093	0,3858	0,3637	0,3429	0,3233	0,3048	0,2874	0,2710	0,2555	0,2410	0,2273
61	0,4032	0,3797	0,3576	0,3368	0,3172	0,2988	0,2815	0,2652	0,2498	0,2353	0,2217
62	0,3973	0,3738	0,3516	0,3309	0,3113	0,2929	0,2757	0,2594	0,2442	0,2298	0,2163
63	0,3914	0,3679	0,3458	0,3250	0,3055	0,2872	0,2700	0,2539	0,2387	0,2244	0,2111
64	0,3856	0,3621	0,3400	0,3193	0,2998	0,2816	0,2645	0,2484	0,2333	0,2192	0,2059
65	0,3799	0,3564	0,3343	0,3136	0,2942	0,2761	0,2590	0,2430	0,2281	0,2140	0,2009
66	0,3743	0,3508	0,3287	0,3081	0,2887	0,2706	0,2537	0,2378	0,2230	0,2090	0,1960
67	0,3688	0,3452	0,3232	0,3026	0,2834	0,2653	0,2485	0,2327	0,2179	0,2041	0,1912
68	0,3633	0,3398	0,3178	0,2973	0,2781	0,2601	0,2434	0,2277	0,2130	0,1993	0,1865
69	0,3580	0,3345	0,3125	0,2920	0,2729	0,2550	0,2384	0,2228	0,2082	0,1947	0,1820
70	0,3527	0,3292	0,3073	0,2869	0,2678	0,2500	0,2335	0,2180	0,2036	0,1901	0,1776
71	0,3475	0,3240	0,3021	0,2818	0,2628	0,2451	0,2287	0,2133	0,1990	0,1857	0,1732
72	0,3423	0,3189	0,2971	0,2768	0,2579	0,2403	0,2239	0,2087	0,1945	0,1813	0,1690
73	0,3373	0,3139	0,2921	0,2719	0,2531	0,2356	0,2193	0,2042	0,1901	0,1771	0,1649

Restnutzungsdauer (Jahre)	Zinssatz										
	1,5 %	**1,6 %**	**1,7 %**	**1,8 %**	**1,9 %**	**2,0 %**	**2,1 %**	**2,2 %**	**2,3 %**	**2,4 %**	**2,5 %**
74	0,3323	0,3089	0,2872	0,2671	0,2484	0,2310	0,2148	0,1998	0,1859	0,1729	0,1609
75	0,3274	0,3041	0,2824	0,2624	0,2437	0,2265	0,2104	0,1955	0,1817	0,1689	0,1569
76	0,3225	0,2993	0,2777	0,2577	0,2392	0,2220	0,2061	0,1913	0,1776	0,1649	0,1531
77	0,3178	0,2946	0,2731	0,2532	0,2347	0,2177	0,2018	0,1872	0,1736	0,1610	0,1494
78	0,3131	0,2899	0,2685	0,2487	0,2304	0,2134	0,1977	0,1832	0,1697	0,1573	0,1457
79	0,3084	0,2854	0,2640	0,2443	0,2261	0,2092	0,1936	0,1792	0,1659	0,1536	0,1422
80	0,3039	0,2809	0,2596	0,2400	0,2219	0,2051	0,1896	0,1754	0,1622	0,1500	0,1387
81	0,2994	0,2764	0,2553	0,2357	0,2177	0,2011	0,1857	0,1716	0,1585	0,1465	0,1353
82	0,2950	0,2721	0,2510	0,2316	0,2137	0,1971	0,1819	0,1679	0,1550	0,1430	0,1320
83	0,2906	0,2678	0,2468	0,2275	0,2097	0,1933	0,1782	0,1643	0,1515	0,1397	0,1288
84	0,2863	0,2636	0,2427	0,2235	0,2058	0,1895	0,1745	0,1607	0,1481	0,1364	0,1257
85	0,2821	0,2594	0,2386	0,2195	0,2019	0,1858	0,1709	0,1573	0,1447	0,1332	0,1226
86	0,2779	0,2554	0,2346	0,2156	0,1982	0,1821	0,1674	0,1539	0,1415	0,1301	0,1196
87	0,2738	0,2513	0,2307	0,2118	0,1945	0,1786	0,1640	0,1506	0,1383	0,1270	0,1167
88	0,2698	0,2474	0,2269	0,2081	0,1908	0,1751	0,1606	0,1473	0,1352	0,1241	0,1138
89	0,2658	0,2435	0,2231	0,2044	0,1873	0,1716	0,1573	0,1442	0,1322	0,1211	0,1111
90	0,2619	0,2396	0,2193	0,2008	0,1838	0,1683	0,1541	0,1411	0,1292	0,1183	0,1084
91	0,2580	0,2359	0,2157	0,1972	0,1804	0,1650	0,1509	0,1380	0,1263	0,1155	0,1057
92	0,2542	0,2322	0,2121	0,1937	0,1770	0,1617	0,1478	0,1351	0,1234	0,1128	0,1031
93	0,2504	0,2285	0,2085	0,1903	0,1737	0,1586	0,1447	0,1321	0,1207	0,1102	0,1006
94	0,2467	0,2249	0,2050	0,1869	0,1705	0,1554	0,1418	0,1293	0,1179	0,1076	0,0982
95	0,2431	0,2214	0,2016	0,1836	0,1673	0,1524	0,1389	0,1265	0,1153	0,1051	0,0958
96	0,2395	0,2179	0,1982	0,1804	0,1642	0,1494	0,1360	0,1238	0,1127	0,1026	0,0934
97	0,2359	0,2144	0,1949	0,1772	0,1611	0,1465	0,1332	0,1211	0,1102	0,1002	0,0912
98	0,2324	0,2111	0,1917	0,1741	0,1581	0,1436	0,1305	0,1185	0,1077	0,0979	0,0889
99	0,2290	0,2077	0,1885	0,1710	0,1552	0,1408	0,1278	0,1160	0,1053	0,0956	0,0868
100	0,2256	0,2045	0,1853	0,1680	0,1523	0,1380	0,1251	0,1135	0,1029	0,0933	0,0846

Restnutzungsdauer (Jahre)	Zinssatz							
	2,6 %	**2,7 %**	**2,8 %**	**2,9 %**	**3,0 %**	**3,5 %**	**4 %**	**4,5 %**
1	0,9747	0,9737	0,9728	0,9718	0,9709	0,9662	0,9615	0,9569
2	0,9500	0,9481	0,9463	0,9444	0,9426	0,9335	0,9246	0,9157
3	0,9259	0,9232	0,9205	0,9178	0,9151	0,9019	0,8890	0,8763
4	0,9024	0,8989	0,8954	0,8919	0,8885	0,8714	0,8548	0,8386
5	0,8796	0,8753	0,8710	0,8668	0,8626	0,8420	0,8219	0,8025
6	0,8573	0,8523	0,8473	0,8424	0,8375	0,8135	0,7903	0,7679
7	0,8355	0,8299	0,8242	0,8186	0,8131	0,7860	0,7599	0,7348
8	0,8144	0,8080	0,8018	0,7956	0,7894	0,7594	0,7307	0,7032

Rest-nutzungs-dauer (Jahre)	Zinssatz						
	2,6 %	**2,7 %**	**2,8 %**	**2,9 %**	**3,0 %**	**3,5 %**	**4 %**	**4,5 %**
9	0,7937	0,7868	0,7799	0,7731	0,7664	0,7337	0,7026	0,6729
10	0,7736	0,7661	0,7587	0,7514	0,7441	0,7089	0,6756	0,6439
11	0,7540	0,7460	0,7380	0,7302	0,7224	0,6849	0,6496	0,6162
12	0,7349	0,7264	0,7179	0,7096	0,7014	0,6618	0,6246	0,5897
13	0,7163	0,7073	0,6984	0,6896	0,6810	0,6394	0,6006	0,5643
14	0,6981	0,6887	0,6794	0,6702	0,6611	0,6178	0,5775	0,5400
15	0,6804	0,6706	0,6609	0,6513	0,6419	0,5969	0,5553	0,5167
16	0,6632	0,6529	0,6429	0,6329	0,6232	0,5767	0,5339	0,4945
17	0,6464	0,6358	0,6253	0,6151	0,6050	0,5572	0,5134	0,4732
18	0,6300	0,6191	0,6083	0,5978	0,5874	0,5384	0,4936	0,4528
19	0,6140	0,6028	0,5917	0,5809	0,5703	0,5202	0,4746	0,4333
20	0,5985	0,5869	0,5756	0,5645	0,5537	0,5026	0,4564	0,4146
21	0,5833	0,5715	0,5599	0,5486	0,5375	0,4856	0,4388	0,3968
22	0,5685	0,5565	0,5447	0,5332	0,5219	0,4692	0,4220	0,3797
23	0,5541	0,5419	0,5299	0,5181	0,5067	0,4533	0,4057	0,3634
24	0,5401	0,5276	0,5154	0,5035	0,4919	0,4380	0,3901	0,3477
25	0,5264	0,5137	0,5014	0,4893	0,4776	0,4231	0,3751	0,3327
26	0,5131	0,5002	0,4877	0,4756	0,4637	0,4088	0,3607	0,3184
27	0,5001	0,4871	0,4744	0,4622	0,4502	0,3950	0,3468	0,3047
28	0,4874	0,4743	0,4615	0,4491	0,4371	0,3817	0,3335	0,2916
29	0,4750	0,4618	0,4490	0,4365	0,4243	0,3687	0,3207	0,2790
30	0,4630	0,4497	0,4367	0,4242	0,4120	0,3563	0,3083	0,2670
31	0,4513	0,4378	0,4248	0,4122	0,4000	0,3442	0,2965	0,2555
32	0,4398	0,4263	0,4133	0,4006	0,3883	0,3326	0,2851	0,2445
33	0,4287	0,4151	0,4020	0,3893	0,3770	0,3213	0,2741	0,2340
34	0,4178	0,4042	0,3911	0,3783	0,3660	0,3105	0,2636	0,2239
35	0,4072	0,3936	0,3804	0,3677	0,3554	0,3000	0,2534	0,2143
36	0,3969	0,3832	0,3700	0,3573	0,3450	0,2898	0,2437	0,2050
37	0,3869	0,3732	0,3600	0,3472	0,3350	0,2800	0,2343	0,1962
38	0,3771	0,3633	0,3502	0,3375	0,3252	0,2706	0,2253	0,1878
39	0,3675	0,3538	0,3406	0,3279	0,3158	0,2614	0,2166	0,1797
40	0,3582	0,3445	0,3313	0,3187	0,3066	0,2526	0,2083	0,1719
41	0,3491	0,3354	0,3223	0,3097	0,2976	0,2440	0,2003	0,1645
42	0,3403	0,3266	0,3135	0,3010	0,2890	0,2358	0,1926	0,1574
43	0,3316	0,3180	0,3050	0,2925	0,2805	0,2278	0,1852	0,1507
44	0,3232	0,3097	0,2967	0,2843	0,2724	0,2201	0,1780	0,1442
45	0,3150	0,3015	0,2886	0,2763	0,2644	0,2127	0,1712	0,1380
46	0,3071	0,2936	0,2807	0,2685	0,2567	0,2055	0,1646	0,1320
47	0,2993	0,2859	0,2731	0,2609	0,2493	0,1985	0,1583	0,1263
48	0,2917	0,2784	0,2657	0,2535	0,2420	0,1918	0,1522	0,1209

Rest-nutzungs-dauer (Jahre)	Zinssatz							
	2,6 %	2,7 %	2,8 %	2,9 %	3,0 %	3,5 %	4 %	4,5 %
49	0,2843	0,2710	0,2584	0,2464	0,2350	0,1853	0,1463	0,1157
50	0,2771	0,2639	0,2514	0,2395	0,2281	0,1791	0,1407	0,1107
51	0,2701	0,2570	0,2445	0,2327	0,2215	0,1730	0,1353	0,1059
52	0,2632	0,2502	0,2379	0,2262	0,2150	0,1671	0,1301	0,1014
53	0,2566	0,2437	0,2314	0,2198	0,2088	0,1615	0,1251	0,0970
54	0,2501	0,2372	0,2251	0,2136	0,2027	0,1560	0,1203	0,0928
55	0,2437	0,2310	0,2190	0,2076	0,1968	0,1508	0,1157	0,0888
56	0,2375	0,2249	0,2130	0,2017	0,1910	0,1457	0,1112	0,0850
57	0,2315	0,2190	0,2072	0,1960	0,1855	0,1407	0,1069	0,0814
58	0,2257	0,2133	0,2016	0,1905	0,1801	0,1360	0,1028	0,0778
59	0,2199	0,2077	0,1961	0,1851	0,1748	0,1314	0,0989	0,0745
60	0,2144	0,2022	0,1907	0,1799	0,1697	0,1269	0,0951	0,0713
61	0,2089	0,1969	0,1855	0,1748	0,1648	0,1226	0,0914	0,0682
62	0,2036	0,1917	0,1805	0,1699	0,1600	0,1185	0,0879	0,0653
63	0,1985	0,1867	0,1756	0,1651	0,1553	0,1145	0,0845	0,0625
64	0,1935	0,1818	0,1708	0,1605	0,1508	0,1106	0,0813	0,0598
65	0,1885	0,1770	0,1661	0,1560	0,1464	0,1069	0,0781	0,0572
66	0,1838	0,1723	0,1616	0,1516	0,1421	0,1033	0,0751	0,0547
67	0,1791	0,1678	0,1572	0,1473	0,1380	0,0998	0,0722	0,0524
68	0,1746	0,1634	0,1529	0,1431	0,1340	0,0964	0,0695	0,0501
69	0,1702	0,1591	0,1488	0,1391	0,1301	0,0931	0,0668	0,0480
70	0,1658	0,1549	0,1447	0,1352	0,1263	0,0900	0,0642	0,0459
71	0,1616	0,1508	0,1408	0,1314	0,1226	0,0869	0,0617	0,0439
72	0,1575	0,1469	0,1369	0,1277	0,1190	0,0840	0,0594	0,0420
73	0,1535	0,1430	0,1332	0,1241	0,1156	0,0812	0,0571	0,0402
74	0,1497	0,1392	0,1296	0,1206	0,1122	0,0784	0,0549	0,0385
75	0,1459	0,1356	0,1260	0,1172	0,1089	0,0758	0,0528	0,0368
76	0,1422	0,1320	0,1226	0,1139	0,1058	0,0732	0,0508	0,0353
77	0,1386	0,1286	0,1193	0,1107	0,1027	0,0707	0,0488	0,0337
78	0,1351	0,1252	0,1160	0,1075	0,0997	0,0683	0,0469	0,0323
79	0,1316	0,1219	0,1129	0,1045	0,0968	0,0660	0,0451	0,0309
80	0,1283	0,1187	0,1098	0,1016	0,0940	0,0638	0,0434	0,0296
81	0,1250	0,1156	0,1068	0,0987	0,0912	0,0616	0,0417	0,0283
82	0,1219	0,1125	0,1039	0,0959	0,0886	0,0596	0,0401	0,0271
83	0,1188	0,1096	0,1011	0,0932	0,0860	0,0575	0,0386	0,0259
84	0,1158	0,1067	0,0983	0,0906	0,0835	0,0556	0,0371	0,0248
85	0,1128	0,1039	0,0956	0,0880	0,0811	0,0537	0,0357	0,0237
86	0,1100	0,1011	0,0930	0,0856	0,0787	0,0519	0,0343	0,0227
87	0,1072	0,0985	0,0905	0,0832	0,0764	0,0501	0,0330	0,0217
88	0,1045	0,0959	0,0880	0,0808	0,0742	0,0484	0,0317	0,0208

Rest-nutzungs-dauer (Jahre)	Zinssatz							
	2,6 %	2,7 %	2,8 %	2,9 %	3,0 %	3,5 %	4 %	4,5 %
89	0,1018	0,0934	0,0856	0,0785	0,0720	0,0468	0,0305	0,0199
90	0,0993	0,0909	0,0833	0,0763	0,0699	0,0452	0,0293	0,0190
91	0,0967	0,0885	0,0810	0,0742	0,0679	0,0437	0,0282	0,0182
92	0,0943	0,0862	0,0788	0,0721	0,0659	0,0422	0,0271	0,0174
93	0,0919	0,0839	0,0767	0,0700	0,0640	0,0408	0,0261	0,0167
94	0,0896	0,0817	0,0746	0,0681	0,0621	0,0394	0,0251	0,0160
95	0,0873	0,0796	0,0726	0,0662	0,0603	0,0381	0,0241	0,0153
96	0,0851	0,0775	0,0706	0,0643	0,0586	0,0368	0,0232	0,0146
97	0,0829	0,0755	0,0687	0,0625	0,0569	0,0355	0,0223	0,0140
98	0,0808	0,0735	0,0668	0,0607	0,0552	0,0343	0,0214	0,0134
99	0,0788	0,0715	0,0650	0,0590	0,0536	0,0332	0,0206	0,0128
100	0,0768	0,0697	0,0632	0,0573	0,0520	0,0321	0,0198	0,0123

Berechnungsvorschrift für die Abzinsungsfaktoren (Barwertfaktoren für die Abzinsung):

$$\text{Abzinsungsfaktor} = \frac{1}{q^n}$$

$$q = 1 + LZ \text{ wobei } LZ = \frac{p}{100}$$

LZ = Zinssatz (Liegenschaftszinssatz)
n = Restnutzungsdauer
p = Zinsfuß

Anlage 42[1)]
(zu § 259 Absatz 1)

Normalherstellungskosten

I. Begriff der Brutto-Grundfläche (BGF)

1. Die BGF ist die Summe der bezogen auf die jeweilige Gebäudeart marktüblich nutzbaren Grundflächen aller Grundrissebenen eines Bauwerks. In Anlehnung an die DIN 277-1:2005-02 sind bei den Grundflächen folgende Bereiche zu unterscheiden:
   Bereich a: überdeckt und allseitig in voller Höhe umschlossen,
   Bereich b: überdeckt, jedoch nicht allseitig in voller Höhe umschlossen,
   Bereich c: nicht überdeckt.
   Für die Anwendung der Normalherstellungskosten (NHK) sind im Rahmen der Ermittlung der BGF nur die Grundflächen der Bereiche a und b zugrunde zu legen. Balkone, auch wenn sie überdeckt sind, sind dem Bereich c zuzuordnen.
   Für die Ermittlung der BGF sind die äußeren Maße der Bauteile einschließlich Bekleidung, z. B. Putz und Außenschalen mehrschaliger Wandkonstruktionen, in Höhe der Bodenbelagsoberkanten anzusetzen.
2. Nicht zur BGF gehören z. B. Flächen von Spitzböden und Kriechkellern, Flächen, die ausschließlich der Wartung, Inspektion und Instandsetzung von Baukonstruktionen und technischen Anlagen dienen, sowie Flächen unter konstruktiven Hohlräumen, z. B. über abgehängten Decken.

II. Normalherstellungskosten (NHK)

Normalherstellungskosten in Euro/m² BGF auf der Grundlage der Normalherstellungskosten 2010 (NHK 2010), einschließlich Baunebenkosten und Umsatzsteuer für die jeweilige Gebäudeart (Kostenstand 2010) sowie eines pauschalen Zuschlages für bauliche Anlagen, insbesondere Außenanlagen, und sonstige Anlagen (3 %)

	Gebäudeart	Baujahrgruppe		
		vor 1995	1995–2004	ab 2005
1	Gemischt genutzte Grundstücke (Wohnhäuser mit Mischnutzung)	695	886	1118
2	Banken und ähnliche Geschäftshäuser	736	937	1494
3	Bürogebäude, Verwaltungsgebäude	839	1071	1736
4	Gemeindezentren, Vereinsheime, Saalbauten, Veranstaltungsgebäude	1004	1282	1555
5	Kindergärten (Kindertagesstätten), allgemeinbildende Schulen, berufsbildende Schulen, Hochschulen, Sonderschulen	1164	1488	1710
6	Wohnheime, Internate, Alten-, Pflegeheime	876	1118	1370
7	Krankenhäuser, Kliniken, Tageskliniken, Ärztehäuser	1334	1705	2075
8	Beherbergungsstätten, Hotels, Verpflegungseinrichtungen	1118	1427	1859
9.1	Sporthallen	1133	1447	1777
9.2	Tennishallen	814	1040	1226

1) Anlage 42 eingef. durch G v. 26.11.2019 (BGBl. I S. 1794); zur Anwendung siehe § 266.

Gebäudeart		Baujahrgruppe		
		vor 1995	1995–2004	ab 2005
9.3	Freizeitbäder, Kur- und Heilbäder	1978	2524	3075
10.1	Verbrauchermärkte	582	742	896
10.2	Kauf- und Warenhäuser	1066	1360	1633
10.3	Autohäuser ohne Werkstatt	757	968	1277
11.1	Betriebs- und Werkstätten eingeschossig oder mehrgeschossig ohne Hallenanteil; industrielle Produktionsgebäude, Massivbauweise	762	973	1200
11.2	Betriebs- und Werkstätten, mehrgeschossig, hoher Hallenanteil; industrielle Produktionsgebäude, überwiegend Skelettbauweise	536	680	942
12.1	Lagergebäude ohne Mischnutzung, Kaltlager	283	361	505
12.2	Lagergebäude mit bis zu 25 Prozent Mischnutzung	443	567	711
12.3	Lagergebäude mit mehr als 25 Prozent Mischnutzung	716	917	1128
13	Museen, Theater, Sakralbauten	1514	1875	2395
14	Reithallen, ehemalige landwirtschaftliche Mehrzweckhallen, Scheunen und Ähnliches		263	
15	Stallbauten		422	
16	Hochgaragen, Tiefgaragen und Nutzfahrzeuggaragen		623	
17	Einzelgaragen, Mehrfachgaragen		500	
18	Carports und Ähnliches		196	
19	**Teileigentum** Teileigentum ist in Abhängigkeit von der baulichen Gestaltung den vorstehenden Gebäudearten zuzuordnen.			
20	**Auffangklausel** Normalherstellungskosten für nicht aufgeführte Gebäudearten sind aus den Normalherstellungskosten vergleichbarer Gebäudearten abzuleiten.			

Anlage 43[1)]
(zu § 260)

Wertzahlen

für Teileigentum, Geschäftsgrundstücke, gemischt genutzte Grundstücke und sonstige bebaute Grundstücke nach § 249 Absatz 1 Nummer 5 bis 8

		Bodenrichtwert		
Vorläufiger Sachwert		**bis 100 EUR/m²**	**bis 300 EUR/m²**	**über 300 EUR/m²**
bis	500 000 EUR	0,80	0,90	1,00
	750 000 EUR	0,75	0,85	0,95
	1 000 000 EUR	0,70	0,80	0,90
	1 500 000 EUR	0,65	0,75	0,85
	2 000 000 EUR	0,60	0,70	0,80
	3 000 000 EUR	0,55	0,65	0,75
über	3 000 000 EUR	0,50	0,60	0,70

1) Anlage 43 eingef. durch G v. 26.11.2019 (BGBl. I S. 1794); zur Anwendung siehe § 266.

201. Verordnung zur Durchführung des § 81 des Bewertungsgesetzes

Vom 2. September 1966 (BGBl. I S. 550)

BGBl. III 610–7–5

Auf Grund des § 81 und des § 123 Abs. 1 des Bewertungsgesetzes in der Fassung vom 10. Dezember 1965 (Bundesgesetzbl. I S. 1861) verordnet die Bundesregierung mit Zustimmung des Bundesrates:

§ 1 [Außergewöhnliche Grundsteuerbelastung] In den Fällen, in denen die Einheitswerte der bebauten Grundstücke im Ertragswertverfahren zu ermitteln und die Wertverhältnisse vom 1. Januar 1964 zugrunde zu legen sind, sind außergewöhnliche Grundsteuerbelastungen im Sinne von § 81 des Gesetzes nach Maßgabe der §§ 2 bis 4 zu berücksichtigen.

§ 2 [Belastungszahl] (1) [1]Die Grundsteuerbelastung in jeder Gemeinde wird durch eine Belastungszahl ausgedrückt. [2]Die Belastungszahl ergibt sich durch die Anwendung eines Vervielfältigers auf die Zahl, die am Hauptfeststellungszeitpunkt die Höhe des Hebesatzes bei der Grundsteuer für Grundstücke bestimmt hat.

(2) [1]Der Vervielfältiger ergibt sich aus der nachstehenden Tabelle:

Gebiet der ehemaligen Landesfinanzämter

	Darmstadt		Düsseldorf		Hamburg			Hannover		
	a	b	a	b	a	b	c	a	b	c
I	–	55	67,5	63,5	–	–	56	–	59,5	–
II	–	63,5	76,5	72	–	–	60	–	68	–
III	76,5	72	90	85	72	–	64	72	68	–
IV	81	76,5	99	–	–	80,5	76	81	76,5	76
V	90	–			76,5	72	–	90	85	80
VI	99	–			90	–	80	108	–	92
VII	103,5	–								
VIII										

Gebiet der ehemaligen Landesfinanzämter

	Karlsruhe		Kassel		Köln		Magdeburg
	a	b	a	b	a	b	a
I	–	55	–	55	67,5	63,5	–
II	–	63,5		68	85,5	80,5	–
III	–	68	81	76,5	85,5[1]	80,5	–
IV	72	68	94,5	–	94,5[2]	89	81
V	76,5	72	103,5	–	103,5	–	94,5
VI	81	76,5					103,5
VII	90	–					
VIII	99						

[1] einschl. Idar-Oberstein.
[2] einschl. Birkenfeld.

Gebiet der ehemaligen Landesfinanzämter

	Münster		Nordmark			Saarland		Stuttgart	
	a	b	a	b	c	a	b	a	b
I	72	68	–	59,5	–	–	68	–	72
II	81	76,5	67,5	63,5	–	81	76,5	–	76,5
III	90	85	72	68	–	90	–	85,5	80,5
IV	99	–	81	–	80	99	–	94,5	89
V			85,5	–	–			103,5	–
VI			99	–	–				
VII			103,5	–	92				
VIII									

Gebiet der ehemaligen Landesfinanzämter

	Thüringen	Weser-Ems		München, Nürnberg, Würzburg		Berlin
	a	a	b	a	b	c
I	–	–	51	–	55	52
II	–	63	59,5	67,5	63,5	
III	94,5	72	68	–	68	
IV	103,5	76,5	72	76,5	72	
V		90	85	81	76,5	
VI		99	–	85,5	80,5	
VII				94,5	–	
VIII				103,5	–	

2 Bei Anwendung der Tabelle ist von dem Gebiet des Landesfinanzamts und dem Bezirk auszugehen, zu denen die Gemeinde nach den Verordnungen der Präsidenten der Landesfinanzämter über die Bewertung bebauter Grundstücke vom 17. Dezember 1934 (Reichssteuerbl. 1934 I

S. 1641 ff.) oder der Verordnung des Präsidenten des Landesfinanzamts Würzburg über die Bewertung bebauter Grundstücke im Saarland vom 29. Februar 1936 (Reichssteuerbl. 1936 S. 193) gehört hat; die Bezirke sind mit römischen Ziffern bezeichnet. [3] Mit den Buchstaben a, b oder c ist die Gemeindegruppe bezeichnet, zu der die Gemeinde nach den §§ 29 und 30 der Grundsteuer-Durchführungsverordnung in der Fassung vom 29. Januar 1952 (Bundesgesetzbl. I S. 79), zuletzt geändert durch Art. I der Verordnung zur Änderung grundsteuerlicher Vorschriften vom 31. Juli 1961 (Bundesgesetzbl. I S. 1118) gehört. [4] Ist die Grundsteuer am Hauptfeststellungszeitpunkt abweichend von der nach den §§ 29 und 30 der Grundsteuer-Durchführungsverordnung anzuwendenden Gemeindegruppe erhoben worden, so ist die Gemeindegruppe maßgebend, die der Erhebung der Steuer zugrunde gelegt worden ist. [5] Waren Bezirke in den Verordnungen der Präsidenten der Landesfinanzämter durch Buchstabenzusätze oder Untergruppen unterteilt, so gelten die Zahlen der Tabelle für den ganzen Bezirk.

(3) [1] Gehört eine Gemeinde am Hauptfeststellungszeitpunkt zu verschiedenen Bezirken oder Gemeindegruppen oder war der Hebesatz innerhalb der Gemeinde unterschiedlich, so ist für die Gemeinde nur eine Belastungszahl anzusetzen; diese ergibt sich als Durchschnitt der zunächst besonders berechneten Belastungszahlen. [2] Bei der Bildung des Durchschnitts sind die Einwohnerzahlen am Hauptfeststellungszeitpunkt zu berücksichtigen.

§ 3 [Ermäßigungen] Bei den in einer Gemeinde belegenen bebauten Grundstücken, die im Ertragswertverfahren zu bewerten sind und nicht zu den in § 79 Abs. 3 und 4 des Gesetzes bezeichneten Grundstücken gehören, ist der Grundstückswert oder der Wert des entsprechenden Grundstücksteils

1. um 10 vom Hundert zu ermäßigen,
   wenn die Belastungszahl mehr als 29000 beträgt,
2. um 5 vom Hundert zu ermäßigen,
   wenn die Belastungszahl nicht mehr als 29000, aber mehr als 23000 beträgt,
3. um 5 vom Hundert zu erhöhen,
   wenn die Belastungszahl nicht mehr als 11000, aber mehr als 5000 beträgt,
4. um 10 vom Hundert zu erhöhen,
   wenn die Belastungszahl nicht mehr als 5000 beträgt.

§ 4 [Betriebe der Land- und Forstwirtschaft] [1] Die Belastungszahl (§ 2) bestimmt auch die Grundsteuerbelastung des Wohnteils der Betriebe der Land- und Forstwirtschaft (§ 34 des Gesetzes) in einer Gemeinde. [2] § 3 ist bei der Ermittlung des Wohnungswerts (§ 47 des Gesetzes) anzuwenden.

§ 5. *(gegenstandslos)*

§ 6 [Inkrafttreten] Diese Verordnung tritt am Tage nach ihrer Verkündung[1] in Kraft.

---

[1] Die VO wurde am 10. 9. 1966 verkündet.

202. Verordnung zur Durchführung des § 90 des Bewertungsgesetzes

Vom 2. September 1966 (BGBl. I S. 553)

Geändert durch VO vom 25. 2. 1970 (BGBl. I S. 216) und Steuer-Euroglättungsgesetz vom 19. 12. 2000 (BGBl. I S. 1790)

BGBl. III/FNA 610-7-6

Auf Grund des § 90 Abs. 2 und des § 123 Abs. 1 des Bewertungsgesetzes in der Fassung vom 10. Dezember 1965 (Bundesgesetzbl. I S. 1861) verordnet die Bundesregierung mit Zustimmung des Bundesrates:

§ 1 [Einheitswertermittlung im Sachwertverfahren] In den Fällen, in denen die Einheitswerte der bebauten Grundstücke im Sachwertverfahren zu ermitteln und die Wertverhältnisse vom 1. Januar 1964 zugrunde zu legen sind, ist nach den §§ 2 bis 4 zu verfahren.

§ 2 [Wertzahl] (1) [1]Die Wertzahl zur Angleichung des Ausgangswerts (§ 83 des Gesetzes) an den gemeinen Wert wird in einem Hundertsatz ausgedrückt. [2]Sie ergibt sich aus der nachstehenden Übersicht:

Grundstücksart und Grundstücksgruppe	Wertzahl in v.H.
A. Geschäftsgrundstücke	
1. Fabriken und Werkstätten des Handwerks	
mit einem Ausgangswert bis zu 500 000 DM	
Altbauten	70
Neubauten	75
Nachkriegsbauten	80
mit einem Ausgangswert über 500 000 DM bis zu 1 000 000 DM	
Altbauten	70
Neubauten	75
Nachkriegsbauten	75
mit einem Ausgangswert über 1 000 000 DM	70
2. Lagerhäuser	80
3. Warenhäuser	
Altbauten	75
Neubauten	80
Nachkriegsbauten	85
4. Hotels und Kinderheime	
Betriebe, die mindestens 3 Monate im Jahr geschlossen sind	65
übrige Betriebe	70

Grundstücksart und Grundstücksgruppe	Wertzahl in v.H.
5. Grundstücke, die unmittelbar und nicht nur vorübergehend der Gewinnung, Lieferung und Verteilung von Wasser zur öffentlichen Versorgung dienen	60
6. Grundstücke, die unmittelbar dem öffentlichen Verkehr mit Luftfahrzeugen,[1] Schienenbahnen, Oberleitungsomnibussen und Kraftomnibussen dienen	50
7.[1] Grundstücke, die unmittelbar dem Betrieb, der Erhaltung und der Verwaltung eines öffentlichen Hafens dienen	50
8. Geld- und Kreditinstitute	
Altbauten	60
Neubauten	65
Nachkriegsbauten	75
9. Lichtspielhäuser und Theater	
in Gemeinden bis 10 000 Einwohner	60
in Gemeinden über 10 000 bis 100 000 Einwohner	65
in Gemeinden über 100 000 Einwohner	60
10. übrige Geschäftsgrundstücke	
Altbauten	70
Neubauten	75
Nachkriegsbauten	80
B. Mietwohngrundstücke und gemischtgenutzte Grundstücke	
Altbauten	70
Neubauten	75
Nachkriegsbauten	80
C. Einfamilienhäuser und Zweifamilienhäuser	
Altbauten	60
Neubauten	65
Nachkriegsbauten	75
D. Sonstige bebaute Grundstücke	
Altbauten	60
Neubauten	70
Nachkriegsbauten	75

(2) Als Hotels gelten auch Fremdenheime und andere Grundstücke, die dem Beherbergungsgewerbe dienen.

(3) Bei Lichtspielhäusern und Theatern ist die Einwohnerzahl der Belegenheitsgemeinde im Hauptfeststellungszeitpunkt maßgebend; § 80 Abs. 1 Sätze 3 und 4 des Gesetzes sind entsprechend anzuwenden.

[1] § 2 Abs. 1 Nr. 6 geänd. und Nr. 7 eingef. durch VO v. 25. 2. 1970 (BGBl. I S. 216).

(4) [1]Es sind anzuwenden die Wertzahlen für

1. Altbauten, wenn die Gebäude bis zum 31. März 1924 bezugsfertig geworden sind,
2. Neubauten, wenn die Gebäude in der Zeit vom 1. April 1924 bis zum 20. Juni 1948 bezugsfertig geworden sind,
3. Nachkriegsbauten, wenn die Gebäude nach dem 20. Juni 1948 bezugsfertig geworden sind.

[2]Bei Grundstücken mit Gebäuden oder Gebäudeteilen verschiedener Baujahrgruppen, für die die Wertminderung wegen Alters (§ 86 des Gesetzes) getrennt berechnet worden ist, ist für das ganze Grundstück eine durchschnittliche Wertzahl zu bilden. [3]Dabei ist von dem Verhältnis der auf die verschiedenen Baujahrgruppen entfallenden Gebäudewerte oder Teile des Gebäudewerts auszugehen. [4]Die errechnete Zahl ist auf die durch die Zahl 5 teilbare Zahl abzurunden, die ihr am nächsten kommt.

(5) [1]Gehören Teile eines Geschäftsgrundstücks zu verschiedenen Grundstücksgruppen, so ist für das ganze Grundstück eine durchschnittliche Wertzahl zu bilden. [2]Dabei ist von dem Verhältnis der auf die verschiedenen Grundstücksgruppen entfallenden Gebäudewerte oder Teile des Gebäudewerts auszugehen. [3]Die errechnete Zahl ist auf die durch die Zahl 5 teilbare Zahl abzurunden, die ihr am nächsten kommt. [4]Dies gilt nicht für Teile eines Fabrikgrundstücks.

§ 3 [Ermäßigungen für Fabrikgrundstücke] Für Fabrikgrundstücke, bei denen der gesamte Betrieb stilliegt, gilt folgendes:

1. Läßt sich das Grundstück nicht mehr für einen Fabrikbetrieb, aber noch für andere Zwecke verwenden, so ermäßigt sich die Wertzahl um 10.
2. Läßt sich das Grundstück noch für einen Fabrikbetrieb verwenden, steht aber nicht fest, daß der Betrieb spätestens nach zwei Jahren wieder aufgenommen wird, so ermäßigt sich die Wertzahl um 5.
3. Steht fest, daß ein Fabrikbetrieb spätestens nach zwei Jahren wieder aufgenommen wird, so bestimmt sich die Wertzahl nach § 2.

§ 4 [Zonenrandgebiet] (1) [1]Für Geschäftsgrundstücke und für gemischtgenutzte Grundstücke im Zonenrandgebiet ermäßigt sich die Wertzahl, die sich nach den §§ 2 und 3 ergibt, um 10. [2]Als Zonenrandgebiet im Sinne dieser Verordnung sind anzusehen

1. im Land Schleswig-Holstein

die kreisfreien Städte	Flensburg, Kiel, Neumünster und Lübeck,
die Landkreise	Flensburg, Schleswig, Eckernförde, Rendsburg, Plön, Oldenburg, Eutin, Segeberg, Stormarn und Lauenburg;

2. im Land Niedersachsen

die kreisfreien Städte	Lüneburg und Wolfsburg,
die Landkreise	Lüneburg, Lüchow-Dannenberg, Uelzen und Gifhorn,

die kreisfreien Städte	Braunschweig, Salzgitter und Goslar,
die Landkreise	Helmstedt, Braunschweig, Wolfenbüttel, Goslar, Gandersheim und Restkreis Blankenburg,
die kreisfreie Stadt	Hildesheim und die frühere kreisfreie Stadt Göttingen,
die Landkreise	Peine, Hildesheim-Marienburg, Zellerfeld, Osterode, Einbeck, Northeim, Duderstadt, Göttingen und Münden;

3. im Land Hessen

die kreisfreien Städte	Kassel und Fulda,
die Landkreise	Hofgeismar, Kassel, Witzenhausen, Eschwege, Melsungen, Rotenburg, Hersfeld, Hünfeld, Lauterbach, Fulda und Schlüchtern;

4. im Land Bayern

die kreisfreien Städte	Bad Kissingen und Schweinfurt,
die Landkreise	Mellrichstadt, Bad Neustadt/Saale, Brückenau, Königshofen/Grabfeld, Bad Kissingen, Hofheim, Ebern, Schweinfurt und Haßfurt,
die kreisfreien Städte	Coburg, Neustadt b. Coburg, Hof, Selb, Kulmbach, Marktredwitz, Bayreuth und Bamberg,
die Landkreise	Coburg, Staffelstein, Bamberg, Lichtenfels, Kronach, Stadtsteinach, Kulmbach, Naila, Münchberg, Hof, Rehau, Wunsiedel und Bayreuth,
die kreisfreie Stadt	Weiden,
die Landkreise	Tirschenreuth, Kemnath, Neustadt a. d. Waldnaab, Vohenstrauß, Nabburg, Oberviechtach, Waldmünchen, Neunburg v. W., Cham und Roding
die kreisfreien Städte	Deggendorf und Passau,
die Landkreise	Kötzting, Viechtach, Regen, Bogen, Grafenau, Deggendorf, Wolfstein, Wegscheid und Passau.

(2) Durch die Ermäßigung nach Absatz 1 darf sich keine geringere Wertzahl als 50 vom Hundert ergeben.

§ 5.[1] Die in dieser Verordnung genannten Beträge in Deutscher Mark gelten nach dem 31. Dezember 2001 als Berechnungsgrößen fort.

§ 6 [Inkrafttreten] Diese Verordnung tritt am Tage nach ihrer Verkündung[2] in Kraft.

---

[1] § 5 neugef. durch G v. 19. 12. 2000 (BGBl. I S. 1790).
[2] Verkündet am 2. 9. 1966.

203. Verordnung zur Durchführung des § 55 Abs. 3 und 4 des Bewertungsgesetzes

Vom 27. Juli 1967 (BGBl. I S. 805, 1184)

Geändert durch Steuer-Euroglättungsgesetz vom 19. 12. 2000 (BGBl. I S. 1790)

BGBl. III/FNA 610-7-8

Auf Grund des § 55 Abs. 3 und 4 und des § 123 Abs. 1 des Bewertungsgesetzes in der Fassung vom 10. Dezember 1965 (Bundesgesetzbl. I S. 1861) verordnet die Bundesregierung mit Zustimmung des Bundesrates:

§ 1 [Normalwert] (1) [1]Für die Holzarten Fichte, Kiefer und Pappel werden für die in Absatz 3 bestimmten Bewertungsgebiete Normalwerte festgesetzt. [2]Der Holzart Kiefer ist die Lärche, der Holzart Fichte sind die Weymouthskiefer und alle übrigen Nadelholzarten gleichzusetzen. [3]Die Normalwerte sind vorbehaltlich des Absatzes 2 und des § 2 Abs. 2 und 3 aus der Anlage 1[1)] zu entnehmen.

(2) Für alle Holzarten und Ertragsklassen, die in der Anlage 1 nicht aufgeführt sind, werden die Normalwerte auf Null DM festgesetzt.

(3) Die Zusammensetzung der Bewertungsgebiete nach Finanzamtsbezirken und Gemeinden ergibt sich aus der Anlage 2[1)].

§ 2 [Abzugsbeträge] (1) Die in der Anlage 1 festgesetzten Normalwerte gelten bei der Bewertung forstwirtschaftlicher Nutzungen, deren Gesamtfläche 30 ha übersteigt.

(2) [1]Für die Bewertung forstwirtschaftlicher Nutzungen, deren Gesamtfläche größer ist als 2 ha, jedoch 30 ha nicht übersteigt, werden Normalwerte festgesetzt, die aus den in der Anlage 1[1)] festgesetzten Normalwerten durch Abzug der folgenden Beträge zu berechnen sind:

---

1) Hier nicht abgedruckt.

Ertragsklasse	Holzart		
	Fichte	Kiefer	Pappel
	abzuziehender Betrag in DM/ha		
I A	130	–	–
I A 25	125	–	–
I A 50	120	–	–
I A 75	115	–	–
I	110	70	130
I 25	105	66	123
I 50	100	62	117
I 75	95	58	111
II	90	55	105
II 25	85	51	98
II 50	80	47	92
II 75	75	43	86
III	70	40	80
III 25	65	–	–
III 50	60	–	–
III 75	55	–	–
IV	50	–	–

2Die so berechneten Normalwerte werden auf Null DM festgesetzt, wenn sie geringer sind als 50,– DM.

(3) Für die Bewertung forstwirtschaftlicher Nutzungen, deren Gesamtfläche 2 ha nicht übersteigt, werden die Normalwerte auf Null DM festgesetzt.

§ 3 [Hundertsätze] Die Hundertsätze für die Anteile der einzelnen Alters- oder Vorratsklassen an den Normalwerten werden einheitlich für alle Bewertungsgebiete in der aus Anlage 3 zu ersehenden Höhe festgesetzt.

§ 4[1)] Die in dieser Verordnung genannten Beträge in Deutscher Mark gelten nach dem 31. Dezember 2001 als Berechnungsgrößen fort.

§ 5 [Inkrafttreten] Diese Verordnung tritt am Tage nach ihrer Verkündung[2)] in Kraft.

1) § 4 neugef. durch G v. 19. 12. 2000 (BGBl. I S. 1790).
2) Verkündet am 2. 8. 1967.

Anlage 3
(zu § 3)

Hundertsätze des Altersklassenwaldes

Fichte

Altersklasse Jahre	Ertragsklasse I und besser	I,25	I,50	I,75	II	II,25	II,50	II,75	III und schlechter
1–20	–	–	–	–	–	–	–	–	–
21–40	22	20	18	16	15	13	11	10	8
41–60	84	83	81	80	78	76	73	70	67
61–80	164	164	165	165	165	165	165	165	165
über 80	230	233	236	239	242	246	251	255	260

Kiefer

Altersklasse Jahre	Ertragsklasse I	I,25	I,50	I,75	II	II,25	II,50	II,75	III
1– 20	–	–	–	–	–	–	–	–	–
21– 40	20	17	15	13	10	7	4	2	–
41– 60	65	65	64	64	64	64	64	64	63
61– 80	118	118	118	118	118	118	118	118	118
81–100	175	175	176	176	177	177	178	178	179
über 100	222	225	227	229	231	234	236	238	240

Pappel

Altersklasse Jahre	Ertragsklasse I	I,25	I,50	I,75	II	II,25	II,50	II,75	III
1–10	–	–	–	–	–	–	–	–	–
11–20	26	25	24	23	21	18	15	12	9
21–30	94	92	90	87	84	81	78	75	71
31–40	167	167	167	168	168	168	168	168	169
über 40	213	216	219	222	227	233	239	245	251

Hundertsätze des Fichte-Tanne-Plenterwaldes

Vorratsklasse Vorrats-festmeter (Vfm)	Ertragsklasse I und besser	I,25	I,50	I,75	II	II,25	II,50	II,75	III und schlechter
bis 200	30	33	36	39	42	47	53	59	65
201–250	41	45	49	53	58	65	73	81	89
251–300	52	57	62	68	74	83	93	103	113
301–350	65	71	77	84	91	103	115	128	141
351–400	78	86	94	102	110	124	139	154	169
401–450	93	102	111	120	130	147	165	173	201
451–500	108	119	130	141	152	172	192	213	234
501–550	124	136	149	162	175	198	221	245	260
551–600	142	156	170	184	199	226	248		
601–650	161	176	192	208	224				
651–700	180	198	216						
über 700	200								

204. Verordnung zur Durchführung des § 55 Abs. 8 des Bewertungsgesetzes

Vom 11. August 1967 (BGBl. I S. 906)

Geändert durch Steuer-Euroglättungsgesetz vom 19. 12. 2000 (BGBl. I S. 1790)

BGBl. III/FNA 610-7-9

Auf Grund des § 55 Abs. 8 und des § 123 Abs. 1 des Bewertungsgesetzes in der Fassung vom 10. Dezember 1965 (Bundesgesetzbl. I S. 1861) verordnet die Bundesregierung mit Zustimmung des Bundesrates:

§ 1 [Vergleichswerte der Hauptbewertungsstützpunkte] (1) Die Vergleichswerte der Hauptbewertungsstützpunkte für den forstwirtschaftlichen Nutzungsteil Hochwald werden auf den 1. Januar 1964 in der nachstehenden Höhe festgesetzt:

Hauptbewertungsstützpunkte			Vergleichswerte der Hauptbewertungsstützpunkte DM
Lfd. Nr.	Belegenheitsfinanzamt	Bewertungsgebiet Nr.	
1	Meschede	3101	68 811
2	Geldern	3202	16 875
3	Gummersbach	3301	123 922
4	Schopfheim	7202	1 820 751
5	Freudenstadt	7303	1 034 748
6	Öhringen	7304	897 024
7	Wunsiedel	8107	2 001 118
8	Krumbach	8204	1 547 012

(2) Die in der Tabelle bezeichneten Bewertungsgebiete ergeben sich aus der Anlage 2 der Verordnung zur Durchführung des § 55 Abs. 3 und 4 des Bewertungsgesetzes vom 27. Juli 1967 (Bundesgesetzbl. I S. 805).

§ 2[1] Die in dieser Verordnung genannten Beträge in Deutscher Mark gelten nach dem 31. Dezember 2001 als Berechnungsgrößen fort.

§ 3 [Inkrafttreten] Diese Verordnung tritt am Tage nach ihrer Verkündung[2] in Kraft.

---

[1] § 2 neugef. durch G v. 19. 12. 2000 (BGBl. I S. 1790).
[2] Verkündet am 18. 8. 1967.

210. Gesetz zur Schätzung des landwirtschaftlichen Kulturbodens (Bodenschätzungsgesetz – BodSchätzG)[1]

Vom 20. Dezember 2007 (BGBl. I S. 3150, 3176)

Zuletzt geändert durch Zehnte Zuständigkeitsanpassungsverordnung vom 31.8.2015 (BGBl. I S. 1474) und Gesetz zur Reform des Grundsteuer- und Bewertungsrechts (Grundsteuer-Reformgesetz – GrStRefG) vom 26.11.2019 (BGBl. I S. 1794)

BGBl. III/FNA 610-8-5

Abschnitt 1. Allgemeines

§ 1 Umfang und Zweck. (1) [1]Zweck der Bodenschätzung ist es, für die Besteuerung der landwirtschaftlich nutzbaren Flächen des Bundesgebiets einheitliche Bewertungsgrundlagen zu schaffen. [2]Die Bodenschätzung dient auch nichtsteuerlichen Zwecken, insbesondere der Agrarordnung, dem Bodenschutz und Bodeninformationssystemen.

(2) [1]Die Bodenschätzung im Sinne dieses Gesetzes umfasst:

1. die Untersuchung des Bodens nach seiner Beschaffenheit,
2. die Beschreibung des Bodens in Schätzungsbüchern sowie die räumliche Abgrenzung in Schätzungskarten und
3. die Feststellung der Ertragsfähigkeit auf Grund der natürlichen Ertragsbedingungen; das sind Bodenbeschaffenheit, Geländegestaltung, klimatische Verhältnisse und Wasserverhältnisse.

[2]Die Ergebnisse der Bodenschätzung sollen automatisiert verarbeitet werden.

§ 2 Begriffsbestimmungen. (1) Zu den landwirtschaftlich nutzbaren Flächen im Sinne des § 1 gehören die folgenden Nutzungsarten:

1. Ackerland,
2. Grünland.

(2) [1]Bei der Feststellung der Nutzungsarten ist von einer der natürlichen Ertragsfähigkeit entsprechenden gemeinüblichen Bewirtschaftung auszugehen; abweichende Bewirtschaftungsformen bleiben unberücksichtigt. [2]Bei einem regelmäßigen Wechsel verschiedener Nutzungsarten auf derselben Fläche (Wechselland) ist die vorherrschende Nutzungsart anzunehmen. [3]Die Bezeichnung der abweichenden Nutzungsart ist zusätzlich in den Schätzungsbüchern und -karten festzuhalten.

(3) Die Nutzungsarten werden durch die folgenden Merkmale bestimmt:

---

[1] Das BodenschätzungsG ist **mWv 1.1.2008** als Art. 20 des JStG 2008 verkündet worden. Gleichzeitig treten außer Kraft das Bodenschätzungsgesetz vom 16.10.1934, die Durchführungsbestimmungen und die Durchführungsverordnungen.

1. das Ackerland umfasst die Bodenflächen zum feldmäßigen Anbau von Getreide, Hülsen- und Ölfrüchten, Hackfrüchten, Futterpflanzen, Obst- und Sonderkulturen sowie Gartengewächsen. 2 Zum Ackerland gehört auch das Acker-Grünland, das durch einen Wechsel in der Nutzung von Ackerland und Gründland gekennzeichnet ist. 3 Hierbei überwiegt die Ackernutzung.
2. das Grünland umfasst die Dauergrasflächen, die in der Regel gemäht oder geweidet werden. 2 Zum Grünland gehört auch der Grünland-Acker, der durch einen Wechsel in der Nutzung von Grünland und Ackerland gekennzeichnet ist. 3 Hierbei überwiegt die Grünlandnutzung. 4 Besonders zu bezeichnen sind:
   a) als Grünland-Wiese diejenigen Dauergrasflächen, die infolge ihrer feuchten Lage nur gemäht werden können (absolutes Dauergrünland),
   b) als Grünland-Streuwiese diejenigen stark vernässten Dauergrünlandflächen, die ausschließlich oder in der Hauptsache durch Entnahme von Streu genutzt werden können,
   c) als Grünland-Hutung diejenigen Flächen geringer Ertragsfähigkeit, die nicht bestellt werden können und im Allgemeinen nur eine Weidennutzung zulassen.

Abschnitt 2. Besondere Schätzungsvorschriften

§ 3 Schätzungsrahmen. 1 Grundlage für eine einheitliche Beurteilung der natürlichen Ertragsfähigkeit der Böden im Bundesgebiet ist
1. für Ackerland der Ackerschätzungsrahmen (Anlage 1)[1] und
2. für Grünland der Grünlandschätzungsrahmen (Anlage 2)[1].

2 Die Schätzungsrahmen weisen Wertzahlen aus, die als Verhältniszahlen die Unterschiede im Reinertrag bei gemeinüblicher und ordnungsgemäßer Bewirtschaftung zum Ausdruck bringen.

§ 4 Wertzahlen. (1) Bei der Ermittlung der Wertzahlen sind alle die natürliche Ertragsfähigkeit beeinflussenden Umstände, insbesondere beim Ackerland Bodenart, Zustandsstufe und Entstehung und beim Grünland Bodenart, Bodenstufe, Klima- und Wasserverhältnisse zu berücksichtigen.

(2) 1 Für das Ackerland werden als Wertzahlen Bodenzahl und Ackerzahl festgelegt. 2 Die Bodenzahl bringt die durch Bodenbeschaffenheit bedingten Unterschiede der natürlichen Ertragsfähigkeit zum Ausdruck. 3 Die Ackerzahl berücksichtigt außerdem Ertragsunterschiede, die auf Klima, Geländegestaltung und andere natürliche Ertragsbedingungen zurückzuführen sind, durch prozentuale Zu- und Abrechnungen an der Bodenzahl.

(3) 1 Für das Grünland werden als Wertzahlen Grünlandgrundzahl und Gründlandzahl festgelegt. 2 Die Grünlandgrundzahl bringt die durch Bo-

[1] Hier nicht abgedruckt.

denbeschaffenheit, Klima- und Wasserverhältnisse bedingten Unterschiede der natürlichen Ertragsfähigkeit zum Ausdruck. [3]Die Grünlandzahl berücksichtigt außerdem die Ertragsunterschiede, die auf Geländegestaltung und andere natürliche Ertragsbedingungen zurückzuführen sind, durch prozentuale Abrechnungen an der Grünlandgrundzahl. [4]Bei der Schätzung von Gründland-Hutungen und Grünland-Streuwiesen werden nur die Grünlandzahlen festgelegt.

§ 5 Klassen-, Klassenabschnitts- und Sonderflächen der Bodenschätzung. [1]Flächen, die sich in Bodenbeschaffenheit, Geländegestaltung, klimatischen Verhältnissen und Wasserverhältnissen wesentlich unterscheiden, sind als Klassenflächen voneinander abzugrenzen. [2]Innerhalb der Klassenflächen können bei Abweichungen der Bodenbeschaffenheit oder der Wasserverhältnisse Klassenabschnittsflächen gebildet werden. [3]Wesentliche Abweichungen der übrigen natürlichen Ertragsbedingungen werden durch die Abgrenzung von Sonderflächen berücksichtigt.

§ 6 Musterstücke. (1) [1]Zur Sicherung der Gleichmäßigkeit der Bodenschätzung werden ausgewählte Bodenflächen als Musterstücke geschätzt. [2]Die Gesamtheit der Musterstücke soll einen Querschnitt über die im Bundesgebiet hauptsächlich vorhandenen Böden hinsichtlich ihrer natürlichen Ertragsfähigkeit darstellen.

(2) Die natürliche Ertragsfähigkeit der Musterstücke ist auf der Grundlage der Schätzungsrahmen (§ 3) einzustufen.

(3)[1)] Das Bundesministerium der Finanzen wird ermächtigt, zur Sicherung der Gleichmäßigkeit der Besteuerung und des Steueraufkommens durch Rechtsverordnung, ohne Zustimmung des Bundesrates, die in Absatz 1 genannten Musterstücke im Bundesgesetzblatt bekannt zu machen.

§ 7 Vergleichsstücke. [1]In jeder Gemarkung sind für die wichtigsten und besonders typischen Böden Vergleichsstücke auszuwählen und zu beschreiben. [2]Die Schätzung der Vergleichsstücke ist in Anlehnung an die Bewertung der Musterstücke durchzuführen.

§ 8 Bodenprofile. [1]Die Bodenbeschaffenheit der Klassen- und Klassenabschnittsflächen ist anhand eines für die jeweilige Klasse und den jeweiligen Klassenabschnitt typischen Bodenprofils – bestimmendes Grabloch – zu beschreiben. [2]Ihre Ertragsfähigkeit ist in Anlehnung an Musterstücke und Vergleichstücke zu schätzen.

§ 9 Ertragsmesszahl. (1) [1]Die Ertragsmesszahl drückt die natürliche Ertragsfähigkeit einer bodengeschätzten Fläche aus. [2]Sie ist das Produkt einer Fläche in Ar und der Acker- oder Grünlandzahl (Wertzahlen).

(2) Bestehen innerhalb einer Fläche mehrere Teilflächen mit verschiedenen Acker- oder Grünlandzahlen, so bildet die Summe der Produkte der einzelnen Teilflächen in Ar und der jeweiligen Wertzahl die Ertragsmesszahl der Gesamtfläche.

---

1) VO vom 23. 2. 2012 (BGBl. I S. 311 ff.).

§ 10 Schätzungsbücher und -karten. (1) In den Schätzungsbüchern sind festzuhalten:

1. die Belegenheitsgemeinde oder -gemarkung,
2. das Datum der Schätzung,
3. die Bezeichnung der für die Schätzung maßgeblichen Nutzungsart,
4. die Bezeichnung der Klassen-, Klassenabschnitts- und Sonderflächen,
5. die Beschreibung der Bodenprofile (bestimmende und nicht bestimmende Grablöcher),
6. die Wertzahlen.

(2) In den Schätzungskarten sind festzuhalten:

1. die räumliche Abgrenzung der Klassen-, Klassenabschnitts- und Sonderflächen und deren Bezeichnung,
2. die Wertzahlen,
3. die Lage und Nummer der Bodenprofile einschließlich der Kennzeichnung der bestimmenden und nicht bestimmenden Grablöcher.

(3) Musterstücke und Vergleichstücke sind in Schätzungsbüchern und -karten darzustellen.

§ 11 Nachschätzung. (1) Wenn sich die natürlichen Ertragsbedingungen, die den Bodenschätzungsergebnissen einzelner Bodenflächen zugrunde liegen, durch natürliche Ereignisse oder durch künstliche Maßnahmen wesentlich und nachhaltig verändert haben oder sich die Nutzungsart (§ 2) nachhaltig geändert hat, ist eine Nachschätzung durchzuführen.

(2) [1]Im Rahmen der Nachschätzung sind Flächen auszuscheiden, die nicht mehr zur landwirtschaftlichen Nutzung gehören. [2]Bisher nicht einer Bodenschätzung unterliegende Flächen, für die sich jetzt eine landwirtschaftliche Nutzung ergibt, sind zu erfassen.

Abschnitt 3. Verfahrensvorschriften

§ 12 Anwendung der Abgabenordnung. [1]Sofern dieses Gesetz keine andere Regelung trifft, finden der Dritte Abschnitt des Ersten Teils (§§ 16 bis 29), der Dritte Teil (§§ 78 bis 133) und der Siebente Teil (§§ 347 bis 368) der Abgabenordnung Anwendung. [2]Die Vorschriften über die gesonderte Feststellung von Einheitswerten (§§ 180 bis 183 der Abgabenordnung) sind entsprechend anzuwenden.

§ 13 Offenlegung der Bodenschätzungsergebnisse. (1) Die Ergebnisse der Bodenschätzung sind den Eigentümern und Nutzungsberechtigten durch Offenlegung bekannt zu geben.

(2) [1]Die Offenlegungsfrist beträgt einen Monat. [2]Ihr Beginn ist regelmäßig nach § 122 Abs. 3 und 4 der Abgabenordnung öffentlich bekannt zu geben.

(3) [1]Mit dem Ablauf der Offenlegungsfrist treten die Rechtswirkungen eines Feststellungsbescheids über die Ergebnisse der Bodenschätzung ein. [2]Als Bekanntgabe gilt der letzte Tag der Offenlegungsfrist.

(4) Die Offenlegung hat regelmäßig zu den üblichen Dienstzeiten in den Räumen des Finanzamts stattzufinden.

§ 14 Übernahme in das Liegenschaftskataster. (1) Nach Bestandskraft sind die Bodenschätzungsergebnisse sowie die Lage und Bezeichnung der Bodenprofile (§ 8) unverzüglich in das Liegenschaftskataster zu übernehmen.

(2) Die mit der Führung des Liegenschaftskatasters beauftragten Behörden berechnen nach § 9 für jedes Flurstück anlassbezogen die Ertragsmesszahl.

(3) Die Musterstücke und Vergleichsstücke sind im Liegenschaftskataster besonders zu kennzeichnen.

§ 15 Betreten von Grundstücken. [1]Die Eigentümer und Nutzungsberechtigten der Grundstücke sind verpflichtet, den mit der Durchführung dieses Gesetzes Beauftragten jederzeit das Betreten der Grundstücke zu gestatten und die erforderlichen Maßnahmen, insbesondere Aufgrabungen, zu dulden. [2]Für nicht vorsätzlich verursachte Schäden besteht kein Anspruch auf Schadensersatz. [3]Die Durchführung von Bodenschätzungsarbeiten in einer Gemarkung ist in ortsüblicher Weise bekannt zu geben.

§ 16 Aufgaben anderer Behörden. Zur Durchführung der Bodenschätzung sind die nach Landesrecht zuständigen Behörden verpflichtet, die erforderlichen Grundlagen bereitzustellen.

Abschnitt 4. Schätzungsbeirat, Schätzungsausschüsse

§ 17 Schätzungsbeirat. (1) Zur Schätzung der Musterstücke und zur Vorbereitung der Bekanntgabe in einer Rechtsverordnung (§ 6 Abs. 3) wird beim Bundesministerium der Finanzen ein Schätzungsbeirat gebildet.

(2)[1)] [1]Dem Schätzungsbeirat des Bundes gehören an

1. ein Vertreter/eine Vertreterin des Bundesministeriums der Finanzen als Vorsitzende/r,
2. ein Vertreter/eine Vertreterin des Bundesministeriums für Ernährung und Landwirtschaft[2)],
3. zehn weitere Mitglieder mit besonderer Sachkenntnis auf dem Gebiet der Landwirtschaft und der Bodenkunde.

[2]Das Bundesministerium der Finanzen beruft im Benehmen mit dem Bundesministerium für Ernährung und Landwirtschaft[2)] die Mitglieder nach Satz 1 Nr. 3 auf Vorschlag der obersten Finanzbehörden der Länder. [3]Die Berufung kann mit Zustimmung der obersten Finanzbehörden der Länder zurückgenommen werden. [4]Scheidet ein nach Satz 1 Nummer 3 berufenes Mitglied aus, so ist ein neues sachkundiges Mitglied zu berufen.

---

1) § 17 Abs. 2 Satz 4 angef. mWv 3.12.2019 durch G v. 26.11.2019 (BGBl. I S. 1794).
2) Bezeichnung geänd. durch VO v. 31.8.2015 (BGBl. I S. 1474).

(3)[1] [1]Die nach Absatz 2 Satz 1 Nummer 3 berufenen Mitglieder des Schätzungsbeirats werden als Amtsträger im Sinne des § 7 Nummer 3 der Abgabenordnung tätig. [2]Sie dürfen den Inhalt der Verhandlungen des Schätzungsbeirats sowie die Verhältnisse der Steuerpflichtigen, die ihnen im Zusammenhang mit ihrer Tätigkeit auf Grund dieses Gesetzes bekanntgeworden sind, nicht unbefugt offenbaren und Geheimnisse, insbesondere Betriebs- oder Geschäftsgeheimnisse, nicht unbefugt verwerten. [3]Auf Zuwiderhandlungen sind die Vorschriften über das Steuergeheimnis und die Strafbarkeit seiner Verletzung entsprechend anzuwenden. [4]Die für die Bodenschätzung maßgebenden natürlichen Ertragsbedingungen unterliegen nicht der Geheimhaltungspflicht.

(4)[1] Der Schätzungsbeirat gibt sich eine Geschäftsordnung, in der Einzelheiten der Mitwirkung, der Geschäftsführung, der Beschlussfassung sowie Rechte und Pflichten der Mitglieder geregelt werden.

(5)[1] Das Bundesministerium der Finanzen wird ermächtigt, durch Rechtsverordnung ohne Zustimmung des Bundesrates die Geschäftsordnung für den Schätzungsbeirat und die Entschädigung der Mitglieder sowie die Sachausgaben des Schätzungsbeirats allgemeinverbindlich zu regeln.

§ 18 Schätzungsausschüsse. (1) [1]Zur Durchführung der Bodenschätzung und Ermittlung der Schätzungsergebnisse werden bei den Finanzämtern Schätzungsausschüsse gebildet. [2]Für mehrere Finanzämter kann auch ein gemeinsamer Schätzungsausschuss eingerichtet werden.

(2) [1]Einem Schätzungsausschuss gehören an

1. ein Amtlicher Landwirtschaftlicher Sachverständiger oder eine Amtliche Landwirtschaftliche Sachverständige der Finanzverwaltung als Vorsitzender oder Vorsitzende und
2. von der Finanzverwaltung zu berufende Ehrenamtliche Bodenschätzer mit Kenntnissen auf den Gebieten der Landwirtschaft und der Bodenkunde.

[2]Der Schätzungsausschuss wird unterstützt durch einen Mitarbeiter oder eine Mitarbeiterin zur Durchführung der vermessungstechnischen Arbeiten.

(3) Der Schätzungsausschuss wirkt bei der Schätzung der Vergleichsstücke (§ 7) mit, die verantwortlich von der zuständigen Landesbehörde vor Durchführung der eigentlichen Schätzungsarbeiten ausgewählt und eingestuft werden.

Abschnitt 5. Schlussvorschriften

§ 19 Nutzung der Ergebnisse der Bodenschätzung durch andere Behörden. [1]Die Ergebnisse und Daten der Bodenschätzung können anderen Behörden zur Erfüllung ihrer Aufgaben übermittelt und von ihnen genutzt werden. [2]Die Weitergabe an andere Nutzer erfolgt nach landesrechtlichen Bestimmungen.

---

[1] § 17 Abs. 3 eingef., bish. Abs. 3 wird Abs. 4, Abs. 5 angef. mWv 3.12.2019 durch G v. 26.11.2019 (BGBl. I S. 1794).

§ 20 Fortgeltung bisherigen Rechts. Die in der Anlage zu § 1 der Verordnung vom 20. April 2000 (BGBl. I S. 642) aufgeführten Musterstücke behalten bis zum Erlass einer Rechtsverordnung nach § 6 Abs. 3 und der Bekanntgabe neuer Musterstücke auf diesem Weg auch nach dem 1. Januar 2008 ihre Gültigkeit.

220. Vermögensteuergesetz (VStG)

In der Fassung der Bekanntmachung vom 14. November 1990 (BGBl. I S. 2467)[1) 2) 3)]

Geändert durch Kultur- und Stiftungsförderungsgesetz vom 13. 12. 1990 (BGBl. I S. 2775), Steueränderungsgesetz 1991 vom 24. 6. 1991 (BGBl. I S. 1322), Steueränderungsgesetz 1992 vom 25. 2. 1992 (BGBl. I S. 297), Zinsabschlaggesetz vom 9. 11. 1992 (BGBl. I S. 1853), Gesetz zur Umsetzung des Föderalen Konsolidierungsprogramms vom 23. 6. 1993 (BGBl. I S. 944), Standortsicherungsgesetz vom 13. 9. 1993 (BGBl. I S. 1569), FÖJ – Förderungsgesetz vom 17. 12. 1993 (BGBl. I S. 2118), Mißbrauchsbekämpfungs- und Steuerbereinigungsgesetz vom 21. 12. 1993 (BGBl. I S. 2310), Eisenbahnneuordnungsgesetz vom 27. 12. 1993 (BGBl. I S. 2378), Postneuordnungsgesetz vom 14. 9. 1994 (BGBl. I S. 2325), Jahressteuergesetz 1996 vom 11. 10. 1995 (BGBl. I S. 1250), Jahressteuer-Ergänzungsgesetz 1996 vom 18. 12. 1995 (BGBl. I S. 1959), Drittes Finanzmarktförderungsgesetz vom 24. 3. 1998 (BGBl. I S. 529) und Siebente Zuständigkeitsanpassungs-Verordnung vom 29. 10. 2001 (BGBl. I S. 2785)

BGBl. III/FNA 611-6-3-2

Nichtamtliche Übersicht

---

1) Neubekanntmachung des VStG idF der Bek. v. 14. 3. 1985 (BGBl. I S. 558) auf Grund des § 24 des VStG in der ab 1. 1. 1991 geltenden Fassung.

Zum Anwendungsbereich vgl. § 25.

2) **Das VStG tritt im Beitrittsgebiet am 1. 1. 1991 in Kraft** (vgl. Anlage I Kap. IV Sachgebiet B Abschn. II Nr. 14 des Einigungsvertrags). Im besonderen siehe §§ 24 b und 24 c.

3) **Aufgrund des Beschlusses des BVerfG vom 22. 6. 1995 (siehe Anm. zu § 10 Nr. 1) kann die Vermögensteuer wegen ihrer teilweisen Verfassungswidrigkeit ab 1997 nicht mehr erhoben werden.**

I. Steuerpflicht, Bemessungsgrundlage

§ 1 Unbeschränkte Steuerpflicht. (1) Unbeschränkt vermögensteuerpflichtig sind

1. natürliche Personen, die im Inland einen Wohnsitz oder ihren gewöhnlichen Aufenthalt haben;
2. die folgenden Körperschaften, Personenvereinigungen und Vermögensmassen, die im Inland ihre Geschäftsleitung oder ihren Sitz haben:
   a) Kapitalgesellschaften (Aktiengesellschaften, Kommanditgesellschaften auf Aktien, Gesellschaften mit beschränkter Haftung, bergrechtliche Gewerkschaften);
   b) Erwerbs- und Wirtschaftsgenossenschaften;
   c) Versicherungsvereine auf Gegenseitigkeit;
   d)[1] sonstige juristische Personen des privaten Rechts;
   e) nichtrechtsfähige Vereine, Stiftungen und andere Zweckvermögen des privaten Rechts;
   f) Kreditanstalten des öffentlichen Rechts;
   g) Gewerbebetriebe im Sinne des Gewerbesteuergesetzes von juristischen Personen des öffentlichen Rechts, soweit sie nicht bereits unter den Buchstaben f fallen. [2]Als Gewerbebetrieb gelten auch die Verpachtung eines Gewerbebetriebs sowie Anteile an einer offenen Handelsgesellschaft, einer Kommanditgesellschaft oder einer ähnlichen Gesellschaft, bei der die Gesellschafter als Unternehmer (Mitunternehmer) anzusehen sind.

(2) [1]Unbeschränkt vermögensteuerpflichtig sind auch deutsche Staatsangehörige, die

---

[1]) § 1 Absatz 1 Nummer 2 Buchstabe d, § 3 Absatz 1 Nummer 10 Satz 1 Vermögensteuergesetz (VStG), jeweils in der für den Stichtag 1. Januar 1989 und die folgenden Stichtage geltenden Fassung, waren insoweit mit dem Recht auf Chancengleichheit (Artikel 3 Absatz 1 in Verbindung mit Artikel 9 Absatz 1, Artikel 28 Absatz 1 Satz 2 des Grundgesetzes) unvereinbar und nichtig, als hiernach kommunale Wählervereinigungen und ihre Dachverbände – anders als politische Parteien und deren Gebietsverbände – bis zum 31. Dezember 1996 vermögensteuerpflichtig waren (Beschluß des Bundesverfassungsgerichts v. 29. 9. 1998 – 2 BvL 64/93 –, BGBl. I S. 3682).

1. im Inland weder einen Wohnsitz noch ihren gewöhnlichen Aufenthalt haben und
2. zu einer inländischen juristischen Person des öffentlichen Rechts in einem Dienstverhältnis stehen und dafür Arbeitslohn aus einer inländischen öffentlichen Kasse beziehen,

sowie zu ihrem Haushalt gehörende Angehörige, die die deutsche Staatsangehörigkeit besitzen. [2]Dies gilt nur für natürliche Personen, die in dem Staat, in dem sie ihren Wohnsitz oder ihren gewöhnlichen Aufenthalt haben, lediglich in einem der beschränkten Steuerpflicht ähnlichen Umfang zu Personensteuern herangezogen werden.

(3) Die unbeschränkte Vermögensteuerpflicht erstreckt sich auf das Gesamtvermögen.

(4) Zum Inland im Sinne dieses Gesetzes gehört auch der der Bundesrepublik Deutschland zustehende Anteil am Festlandsockel, soweit dort Naturschätze des Meeresgrundes und des Meeresuntergrundes erforscht oder ausgebeutet werden.

§ 2 Beschränkte Steuerpflicht. (1) Beschränkt steuerpflichtig sind

1. natürliche Personen, die im Inland weder einen Wohnsitz noch ihren gewöhnlichen Aufenthalt haben;
2. Körperschaften, Personenvereinigungen und Vermögensmassen, die im Inland weder ihre Geschäftsleitung noch ihren Sitz haben.

(2) Die beschränkte Steuerpflicht erstreckt sich nur auf Vermögen der in § 121 des Bewertungsgesetzes genannten Art, das auf das Inland entfällt.

(3) [1]Abweichend von Absatz 2 erstreckt sich die beschränkte Steuerpflicht eines Steuerpflichtigen mit Wohnsitz oder gewöhnlichem Aufenthalt, Sitz oder Ort der Geschäftsleitung in einem ausländischen Staat nicht auf das inländische Betriebsvermögen, das dem Betrieb von eigenen oder gecharterten Seeschiffen oder Luftfahrzeugen eines Unternehmens dient, dessen Geschäftsleitung sich in dem ausländischen Staat befindet. [2]Voraussetzung für die Steuerbefreiung ist, daß dieser ausländische Staat Steuerpflichtigen mit Wohnsitz oder gewöhnlichem Aufenthalt, Sitz oder Ort der Geschäftsleitung im Inland eine entsprechende Steuerbefreiung für derartiges Vermögen gewährt und daß das Bundesministerium für Verkehr, Bau- und Wohnungswesen[1)] die Steuerbefreiung für verkehrspolitisch unbedenklich erklärt hat.

§ 3 Befreiungen. (1) Von der Vermögensteuer sind befreit

1.[2)] [***letztmals für Kj. 1994:*** die Deutsche Bundespost] [***für Kj. 1995:*** die Deutsche Post AG, die Deutsche Postbank AG, die Deutsche Telekom AG], das Bundeseisenbahnvermögen, die Monopolverwaltungen des Bundes, die staatlichen Lotterieunternehmen und der Erdölbevorratungsverband nach § 2 Abs. 1 des Erdölbevorratungsgesetzes in der Fassung der Bekanntmachung vom 8. Dezember 1987 (BGBl. I S. 2510);

[1)] Bezeichnung geänd. durch VO v. 29. 10. 2001 (BGBl. I S. 2785).

[2)] § 3 Abs. 1 Nr. 1 geänd. durch G v. 27. 12. 1993 (BGBl. I S. 2378) und v. 14. 9. 1994 (BGBl. I S. 2325); zur Anwendung siehe § 25 Abs. 7 und 8.

1 a.[1] *(aufgehoben);*

2.[2] die Deutsche Bundesbank, die Kreditanstalt für Wiederaufbau, die Deutsche Ausgleichsbank, die Landwirtschaftliche Rentenbank, die Bayerische Landesanstalt für Aufbaufinanzierung, die Hessische Landesentwicklungs- und Treuhandgesellschaft mit beschränkter Haftung, die Niedersächsische Gesellschaft für öffentliche Finanzierungen mit beschränkter Haftung, die Finanzierungs-Aktiengesellschaft Rheinland-Pfalz, die Hanseatische Gesellschaft für öffentliche Finanzierungen mit beschränkter Haftung Bremen, die Landeskreditbank Baden-Württemberg-Förderungsanstalt, die Bayerische Landesbodenkreditanstalt, die Investitionsbank Berlin – Anstalt der Landesbank Berlin-Girozentrale –, die Hamburgische Wohnungsbaukreditanstalt, die Niedersächsische Landestreuhandstelle für den Wohnungs- und Städtebau, die Wohnungsbauförderungsanstalt Nordrhein-Westfalen – Anstalt der Westdeutschen Landesbank Girozentrale –, die Niedersächsische Landestreuhandstelle für Wirtschaftsförderung Norddeutsche Landesbank, die Landestreuhandstelle für Agrarförderung Norddeutsche Landesbank, die Saarländische Investitionskreditbank Aktiengesellschaft, die Investitionsbank Schleswig-Holstein – Zentralbereich der Landesbank Schleswig-Holstein Girozentrale –, die Investitionsbank des Landes Brandenburg, die Sächsische Aufbaubank, die Sächsische Aufbaubank GmbH, die Thüringer Aufbaubank, das Landesförderinstitut Sachsen-Anhalt – Geschäftsbereich der Norddeutschen Landesbank Girozentrale Mitteldeutsche Landesbank –, die Investitions- und Strukturbank Rheinland-Pfalz, das Landesförderinstitut Mecklenburg-Vorpommern – Geschäftsbereich der Norddeutschen Landesbank Girozentrale – und die Liquiditäts-Konsortialbank Gesellschaft mit beschränkter Haftung;

2 a. die Staatsbank Berlin, die Treuhandanstalt;

3. Unternehmen, die durch Staatsverträge verpflichtet sind, die Erträge ihres Vermögens zur Aufbringung der Mittel für die Errichtung von Bundeswasserstraßen zu verwenden, sowie Unternehmen, deren Erträge ganz oder teilweise einem solchen Unternehmen zufließen, solange und soweit das Vermögen der Unternehmen ausschließlich diesem Zweck dient; § 101 des Bewertungsgesetzes findet keine Anwendung;

4. Einrichtungen, die unmittelbar dem Unterrichts-, Erziehungs- und Bildungswesen, der körperlichen Ertüchtigung, der Kranken-, Gesundheits-, Wohlfahrts- und Jugendpflege dienen, ohne Rücksicht auf die Rechtsform, in der sie bestehen, wenn sie gehören

   a) dem Bund, einem Land, einer Gemeinde, einem Gemeindeverband, einem Zweckverband oder Sozialversicherungsträgern,

---

[1] § 3 Abs. 1 Nr. 1 a aufgeh. mWv Kj. 1994 (§ 25 Abs. 7) durch G v. 27. 12. 1993 (BGBl. I S. 2378).

[2] § 3 Abs. 1 Nr. 2 neugef. durch G v. 13. 9. 1993 (BGBl. I S. 1569), geänd. durch G v. 21. 12. 1993 (BGBl. I S. 2310), v. 18. 12. 1995 (BGBl. I S. 1959) und v. 24. 3. 1998 (BGBl. I S. 529); zur Anwendung von Nr. 2 siehe § 25 Abs. 4 Satz 1 und Abs. 5 Sätze 1 und 2.

b) den Religionsgesellschaften, die Körperschaften des öffentlichen Rechts sind, sowie ihren Einrichtungen;

5. rechtsfähige Pensions-, Sterbe-, Kranken- und Unterstützungskassen im Sinne des § 5 Abs. 1 Nr. 3 des Körperschaftsteuergesetzes, soweit sie die für eine Befreiung von der Körperschaftsteuer erforderlichen Voraussetzungen erfüllen. [2]In den Fällen des § 6 Abs. 1, 3 und 5 des Körperschaftsteuergesetzes besteht Steuerpflicht jeweils für das Kalenderjahr, das einem Kalenderjahr folgt, für das die Kasse körperschaftsteuerpflichtig ist. [3]In diesen Fällen werden bei der Ermittlung des Betriebsvermögens oder des Gesamtvermögens noch nicht erbrachte Leistungen der Kasse nicht abgezogen. [4]Von dem Gesamtvermögen ist der Teil anzusetzen, der dem Verhältnis entspricht, in dem der übersteigende Betrag im Sinne des § 6 Abs. 1 oder 5 des Körperschaftsteuergesetzes zu dem Vermögen im Sinne des § 5 Abs. 1 Nr. 3 Buchstabe d oder e des Körperschaftsteuergesetzes steht;

6. kleinere Versicherungsvereine auf Gegenseitigkeit im Sinne des § 53 des Versicherungsaufsichtsgesetzes, wenn sie die für eine Befreiung von der Körperschaftsteuer erforderlichen Voraussetzungen erfüllen;

6a. der Pensions-Sicherungs-Verein Versicherungsverein auf Gegenseitigkeit, wenn er die für eine Befreiung von der Körperschaftsteuer erforderlichen Voraussetzungen erfüllt;

7.[1)] Erwerbs- und Wirtschaftsgenossenschaften sowie Vereine im Sinne des § 5 Abs. 1 Nr. 14 des Körperschaftsteuergesetzes, soweit sie von der Körperschaftsteuer befreit sind. [2]In den Fällen des Verzichts nach § 54 Abs. 5 Satz 1 des Körperschaftsteuergesetzes besteht die Steuerpflicht jeweils für das Kalenderjahr, für das auf die Steuerbefreiung verzichtet wird. [3]In den Fällen des Widerrufs nach § 54 Abs. 5 Satz 3 des Körperschaftsteuergesetzes tritt die Steuerbefreiung für das Kalenderjahr ein, für das er gelten soll;

7a. landwirtschaftliche Produktionsgenossenschaften und deren Rechtsnachfolger in der Rechtsform der Genossenschaft, wenn sie von der Gewerbesteuer befreit sind;

8.[2)] Berufsverbände ohne öffentlich-rechtlichen Charakter sowie kommunale Spitzenverbände auf Bundes- oder Landesebene einschließlich ihrer Zusammenschlüsse, wenn der Zweck dieser Verbände nicht auf einen wirtschaftlichen Geschäftsbetrieb gerichtet ist. [2]Die Steuerbefreiung ist ausgeschlossen,

a) soweit die Körperschaften oder Personenvereinigungen einen wirtschaftlichen Geschäftsbetrieb unterhalten oder

---

[1)] § 3 Abs. 1 Nr. 7 neugef. mit erstmaliger Wirkung für die VSt des Kj. 1990 durch G v. 13. 12. 1990 (BGBl. I S. 2775).

[2)] § 3 Abs. 1 Nr. 8 neugef. mit erstmaliger Wirkung für die VSt des Kj. 1991 durch G v. 25. 2. 1992 (BGBl. I S. 297), neugef. mit erstmaliger Wirkung für die VSt des Kj. 1995 durch G v. 11. 10. 1995 (BGBl. I S. 1250).

b) wenn die Berufsverbände Mittel von mehr als 10 vom Hundert der Einnahmen für die unmittelbare oder mittelbare Unterstützung oder Förderung politischer Parteien verwenden.

[3]Die Sätze 1 und 2 gelten auch für Zusammenschlüsse von juristischen Personen des öffentlichen Rechts, die wie die Berufsverbände allgemeine ideelle und wirtschaftliche Interessen ihrer Mitglieder wahrnehmen;

9. Körperschaften oder Personenvereinigungen, deren Hauptzweck die Verwaltung des Vermögens für einen nichtrechtsfähigen Berufsverband der in Nummer 8 bezeichneten Art ist, sofern ihre Erträge im wesentlichen aus dieser Vermögensverwaltung herrühren und ausschließlich dem Berufsverband zufließen;

10.[1)] politische Parteien im Sinne des § 2 des Parteiengesetzes und ihre Gebietsverbände. [2]Wird ein wirtschaftlicher Geschäftsbetrieb unterhalten, so ist die Steuerbefreiung insoweit ausgeschlossen;

11.[2)] öffentlich-rechtliche Versicherungs- und Versorgungseinrichtungen von Berufsgruppen, deren Angehörige auf Grund einer durch Gesetz angeordneten oder auf Gesetz beruhenden Verpflichtung Mitglieder dieser Einrichtungen sind, wenn die Satzung der Einrichtung die Zahlung keiner höheren jährlichen Beiträge zuläßt als das Zwölffache der Beiträge, die sich bei einer Beitragsbemessungsgrundlage in Höhe der doppelten monatlichen Beitragsbemessungsgrenze in der Rentenversicherung der Arbeiter und Angestellten ergeben würden. [2]Ermöglicht die Satzung der Einrichtung nur Pflichtmitgliedschaften sowie freiwillige Mitgliedschaften, die unmittelbar an eine Pflichtmitgliedschaft anschließen, so steht dies der Steuerbefreiung nicht entgegen, wenn die Satzung die Zahlung keiner höheren jährlichen Beiträge zuläßt als das Fünfzehnfache der Beiträge, die sich bei einer Beitragsbemessungsgrundlage in Höhe der doppelten monatlichen Beitragsbemessungsgrenze in der Rentenversicherung der Arbeiter und Angestellten ergeben würden;

12. Körperschaften, Personenvereinigungen und Vermögensmassen, die nach der Satzung, dem Stiftungsgeschäft oder der sonstigen Verfassung und nach der tatsächlichen Geschäftsführung ausschließlich und unmittelbar gemeinnützigen, mildtätigen oder kirchlichen Zwecken dienen. [2]Wird ein wirtschaftlicher Geschäftsbetrieb unterhalten, ist die Steuerfreiheit insoweit ausgeschlossen. [3]Satz 2 gilt nicht für die selbstbewirtschaftete forstwirtschaftliche Nutzung eines Betriebs der Land- und

---

[1)] § 1 Absatz 1 Nummer 2 Buchstabe d, § 3 Absatz 1 Nummer 10 Satz 1 Vermögensteuergesetz (VStG), jeweils in der für den Stichtag 1. Januar 1989 und die folgenden Stichtage geltenden Fassung, waren insoweit mit dem Recht auf Chancengleichheit (Artikel 3 Absatz 1 in Verbindung mit Artikel 9 Absatz 1, Artikel 28 Absatz 1 Satz 2 des Grundgesetzes) unvereinbar und nichtig, als hiernach kommunale Wählervereinigungen und ihre Dachverbände – anders als politische Parteien und deren Gebietsverbände – bis zum 31. Dezember 1996 vermögensteuerpflichtig waren (Beschluß des Bundesverfassungsgerichts v. 29. 9. 1998 – 2 BvL 64/93 – BGBl. I S. 3682).

[2)] Erstmals anzuwenden auf die VSt des Kj. 1992 (§ 25 Abs. 5 Satz 3).

Forstwirtschaft (§ 34 des Bewertungsgesetzes) und für Nebenbetriebe im Sinne des § 42 des Bewertungsgesetzes, die dieser Nutzung dienen;[1]

13. Erwerbs- und Wirtschaftsgenossenschaften sowie Vereine im Sinne des § 5 Abs. 1 Nr. 10 des Körperschaftsteuergesetzes, soweit sie von der Körperschaftsteuer befreit sind. [2] In den Fällen des Verzichts nach § 54 Abs. 5 Satz 1 des Körperschaftsteuergesetzes besteht die Steuerpflicht jeweils für das Kalenderjahr, für das auf die Steuerbefreiung verzichtet wird. [3] In den Fällen des Widerrufs nach § 54 Abs. 5 Satz 3 des Körperschaftsteuergesetzes tritt die Steuerbefreiung für das Kalenderjahr ein, für das er gelten soll;
14. (weggefallen)
15. die von den zuständigen Landesbehörden begründeten oder anerkannten gemeinnützigen Siedlungsunternehmen im Sinne des Reichssiedlungsgesetzes in der im Bundesgesetzblatt Teil III, Gliederungsnummer 2331-1, veröffentlichten bereinigten Fassung, zuletzt geändert durch

(Fortsetzung nächstes Blatt)

---

[1] Zur erstmaligen Anwendung von Satz 3 siehe § 25 Abs. 2.

Artikel 2 Nr. 24 des Gesetzes vom 8. Dezember 1986 (BGBl. I S. 2191), und im Sinne der Bodenreformgesetze der Länder, soweit die Unternehmen im ländlichen Raum Siedlungs-, Agrarstrukturverbesserungs- und Landentwicklungsmaßnahmen mit Ausnahme des Wohnungsbaus durchführen. [2]Die Steuerbefreiung ist ausgeschlossen, wenn die Einnahmen des Unternehmens aus den in Satz 1 nicht bezeichneten Tätigkeiten die Einnahmen aus den in Satz 1 bezeichneten Tätigkeiten übersteigen;

16.[1)] Bürgschaftsbanken (Kreditgarantiegemeinschaften) im Sinne des § 5 Abs. 1 Nr. 17 des Körperschaftsteuergesetzes, wenn sie die für eine Befreiung von der Körperschaftsteuer erforderlichen Voraussetzungen erfüllen;

17. Körperschaften, Personenvereinigungen und Vermögensmassen, die als Sicherungseinrichtung eines Verbandes der Kreditinstitute nach ihrer Satzung oder sonstigen Verfassung ausschließlich den Zweck haben, bei Gefahr für die Erfüllung der Verpflichtungen eines Kreditinstituts Hilfe zu leisten. [2]Voraussetzung ist, daß das Vermögen und etwa erzielte Überschüsse nur zur Erreichung des satzungsmäßigen Zwecks verwendet werden. [3]Die Sätze 1 und 2 gelten entsprechend für Einrichtungen zur Sicherung von Spareinlagen bei Unternehmen, die am 31. Dezember 1989 als gemeinnützige Wohnungsunternehmen anerkannt waren;

18.[2)] die folgenden Kapitalbeteiligungsgesellschaften für die mittelständische Wirtschaft, soweit sich deren Geschäftsbetrieb darauf beschränkt, im öffentlichen Interesse mit Eigenmitteln oder mit staatlicher Hilfe Beteiligungen zu erwerben, wenn der von ihnen erzielte Gewinn ausschließlich und unmittelbar für die satzungsmäßigen Zwecke der Beteiligungsfinanzierung verwendet wird:
Mittelständische Beteiligungsgesellschaft Baden-Württemberg GmbH, Kapitalbeteiligungsgesellschaft für die mittelständische Wirtschaft Bayerns mbH, MBG Mittelständische Beteiligungsgesellschaft Hessen GmbH, Mittelständische Beteiligungsgesellschaft Niedersachsen (MBG) mbH, Kapitalbeteiligungsgesellschaft für die mittelständische Wirtschaft in Nordrhein-Westfalen mbH, Mittelständische Beteiligungs- und Wagnisfinanzierungsgesellschaft Rheinland-Pfalz mbH, Saarländische Kapitalbeteiligungsgesellschaft mbH, *Schleswig-Holsteinische Gesellschaft für Wagniskapital mbH*, [***ab Kj. 1996:*** Gesellschaft für Wagniskapital Mittelständische Beteiligungsgesellschaft Schleswig-Holstein Gesellschaft mit beschränkter Haftung – MBG –],[3)] Technologie-Beteiligungs-Gesellschaft mbH der Deutschen Ausgleichsbank [***ab Kj. 1994:*** bgb Beteiligungsgesellschaft Berlin mbH für kleine und mittlere Betriebe, Mittelständische Beteiligungsgesellschaft Berlin-Brandenburg mbH, Mittelständische Beteiligungsgesellschaft Mecklenburg-Vorpommern mbH, Mittelständische Beteiligungsgesellschaft Sachsen

---

[1)] § 3 Abs. 1 Nr. 16 eingef. mWv Kj. 1991 (§ 25 Abs. 4 Satz 2) durch G v. 25. 2. 1992 (BGBl. I S. 297).

[2)] § 3 Abs. 1 Nr. 18 eingef. mWv Kj. 1992 (§ 25 Abs. 5 Satz 5) durch G v. 25. 2. 1992 (BGBl. I S. 297).

[3)] § 3 Abs. 1 Nr. 18 kursiver Satzteil ersetzt durch Klammerzusatz mWv Kj. 1996 (§ 25 Abs. 9 Sätze 3 und 4) durch G v. 11. 10. 1995 (BGBl. I S. 1250).

mbH, Mittelständische Beteiligungsgesellschaft Sachsen-Anhalt mbH, Mittelständische Beteiligungsgesellschaft Thüringen (MBG) mbH][1];

19. Unternehmensbeteiligungsgesellschaften, die nach dem Gesetz über Unternehmensbeteiligungsgesellschaften vom 17. Dezember 1986 (BGBl. I S. 2488) in dem Kalenderjahr, das dem Veranlagungszeitpunkt vorangeht, anerkannt sind. [2]Der Widerruf der Anerkennung und der Verzicht auf die Anerkennung haben Wirkung für die Vergangenheit, wenn nicht Aktien der Unternehmensbeteiligungsgesellschaft öffentlich angeboten worden sind. [3]Bescheide über die Anerkennung, die Rücknahme oder den Widerruf der Anerkennung und über die Feststellung, ob Aktien der Unternehmensbeteiligungsgesellschaft öffentlich angeboten worden sind, sind Grundlagenbescheide im Sinne der Abgabenordnung;

20.[2] Wirtschaftsförderungsgesellschaften, wenn sie von der Körperschaftsteuer befreit sind;

21.[2] Gesamthafenbetriebe im Sinne des § 1 des Gesetzes über die Schaffung eines besonderen Arbeitgebers für Hafenarbeiter vom 3. August 1950 (BGBl. I S. 352), soweit sie von der Körperschaftsteuer befreit sind;

22.[3] Zusammenschlüsse im Sinne des § 5 Abs. 1 Nr. 20 des Körperschaftsteuergesetzes, soweit sie von der Körperschaftsteuer befreit sind;

23.[4] die Arbeitsgemeinschaften Medizinischer Dienst der Krankenversicherung im Sinne des § 278 des Fünften Buches Sozialgesetzbuch und der Medizinische Dienst der Spitzenverbände der Krankenkassen im Sinne des § 282 des Fünften Buches Sozialgesetzbuch, soweit sie von der Körperschaftsteuer befreit sind.

(2) Die Befreiungen nach Absatz 1 sind auf beschränkt Steuerpflichtige (§ 2) nicht anzuwenden.

§ 4 Bemessungsgrundlage. (1) Der Vermögensteuer unterliegt

1. bei unbeschränkt Steuerpflichtigen das Gesamtvermögen (§§ 114 bis 120 des Bewertungsgesetzes);
2. bei beschränkt Steuerpflichtigen das Inlandsvermögen (§ 121 des Bewertungsgesetzes).

(2) Der Wert des Gesamtvermögens oder des Inlandsvermögens wird auf volle tausend Deutsche Mark nach unten abgerundet.

§ 5 Stichtag für die Festsetzung der Vermögensteuer; Entstehung der Steuer. (1) Die Vermögensteuer wird nach den Verhältnissen zu Beginn des Kalenderjahrs (Veranlagungszeitpunkt, §§ 15 bis 17) festgesetzt.

(2) Die Steuer entsteht mit Beginn des Kalenderjahrs, für das die Steuer festzusetzen ist.

---

[1] § 3 Abs. 1 Nr. 18 Klammerzusatz angef. mWv Kj. 1994 (§ 25 Abs. 5 Satz 5) durch G v. 21. 12. 1993 (BGBl. I S. 2310).

[2] § 3 Abs. 1 Nrn. 20 und 21 angef. mWv Kj. 1993 (§ 25 Abs. 5 Satz 4) durch G v. 13. 9. 1993 (BGBl. I S. 1569).

[3] § 3 Abs. 1 Nr. 22 angef. mWv Kj. 1993 (§ 25 Abs. 5 Satz 4) durch G v. 21. 12. 1993 (BGBl. I S. 2310).

[4] § 3 Abs. 1 Nr. 23 angef. mWv Kj. 1991 (§ 25 Abs. 4 Satz 2) durch G v. 18. 12. 1995 (BGBl. I S. 1959).

II. Steuerberechnung

§ 6 Freibeträge für natürliche Personen. (1) Bei der Veranlagung einer unbeschränkt steuerpflichtigen natürlichen Person bleiben *70000 Deutsche Mark* [*ab Kj. 1995:* 120000 Deutsche Mark][1)] und im Falle der Zusammenveranlagung von Ehegatten *140000 Deutsche Mark* [*ab Kj. 1995:* 240000 Deutsche Mark][1)] vermögensteuerfrei.

(2) [1] Für jedes Kind, das mit einem Steuerpflichtigen oder mit Ehegatten zusammen veranlagt wird, sind weitere *70000 Deutsche Mark* [*ab Kj. 1995:* 120000 Deutsche Mark][2)] vermögensteuerfrei. [2] Kinder im Sinne des Gesetzes sind eheliche Kinder, für ehelich erklärte Kinder, nichteheliche Kinder, Stiefkinder, Adoptivkinder und Pflegekinder.

(3)[3)] [1] Weitere 50000 Deutsche Mark sind steuerfrei, wenn der Steuerpflichtige das 60. Lebensjahr vollendet hat oder voraussichtlich für mindestens drei Jahre behindert im Sinne des Schwerbehindertengesetzes mit einem Grad der Behinderung von 100 ist. [2] Werden mehrere Steuerpflichtige zusammen veranlagt (§ 14 des Vermögensteuergesetzes), wird der Freibetrag mit der Zahl der zusammen veranlagten Steuerpflichtigen, bei denen die Voraussetzungen des Satzes 1 vorliegen, vervielfacht.

(4)[4)] *(aufgehoben)*

§ 7 Freibetrag für Erwerbs- und Wirtschaftsgenossenschaften sowie Vereine, die Land- und Forstwirtschaft betreiben. (1) [1] Bei der Veranlagung der inländischen Erwerbs- und Wirtschaftsgenossenschaften sowie der inländischen Vereine, deren Tätigkeit sich auf den Betrieb der Land- und Forstwirtschaft beschränkt, bleiben 100000 Deutsche Mark in den der Gründung folgenden zehn Kalenderjahren vermögensteuerfrei. [2] Voraussetzung ist, daß

1. die Mitglieder der Genossenschaft oder dem Verein Flächen zur Nutzung oder für die Bewirtschaftung der Flächen erforderliche Gebäude überlassen und
2. a) bei Genossenschaften das Verhältnis der Summe der Werte der Geschäftsanteile des einzelnen Mitglieds zu der Summe der Werte aller Geschäftsanteile,

   b) bei Vereinen das Verhältnis des Werts des Anteils an dem Vereinsvermögen, der im Falle der Auflösung des Vereins an das einzelne Mitglied fallen würde, zu dem Wert des Vereinsvermögens

   nicht wesentlich von dem Verhältnis abweicht, in dem der Wert der von dem einzelnen Mitglied zur Nutzung überlassenen Flächen und Gebäude zu dem Wert der insgesamt zur Nutzung überlassenen Flächen und Gebäude steht.

---

1) § 6 Abs. 1 Freibeträge geänd. durch G v. 23. 6. 1993 (BGBl. I S. 944).

2) § 6 Abs. 2 Freibetrag geänd. durch G v. 23. 6. 1993 (BGBl. I S. 944).

3) § 6 Abs. 3 neugef. mWv Kj. 1993 durch G v. 9. 11. 1992 (BGBl. I S. 1853).

4) § 6 Abs. 4 aufgeh. mit erstmaliger Wirkung für die VSt des Kj. 1993 durch G v. 9. 11. 1992 (BGBl. I S. 1853).

(2) Absatz 1 Satz 1 gilt auch für inländische Erwerbs- und Wirtschaftsgenossenschaften sowie für inländische Vereine, die eine gemeinschaftliche Tierhaltung im Sinne des § 51 a des Bewertungsgesetzes betreiben.

§ 8 Besteuerungsgrenze bei Körperschaften und bei beschränkt Steuerpflichtigen. (1) Von den unbeschränkt steuerpflichtigen Körperschaften, Personenvereinigungen und Vermögensmassen im Sinne des § 1 Abs. 1 Nr. 2 wird die Vermögensteuer nur erhoben, wenn das Gesamtvermögen (§ 4) mindestens 20 000 Deutsche Mark beträgt.

(2) Von den beschränkt Steuerpflichtigen wird die Vermögensteuer nur erhoben, wenn das Inlandsvermögen (§ 4) mindestens 20 000 Deutsche Mark beträgt.

§ 9 Steuerpflichtiges Vermögen. Steuerpflichtiges Vermögen ist

1. bei unbeschränkt Steuerpflichtigen
   a) bei natürlichen Personen der Vermögensbetrag, der nach Abzug der Freibeträge (§ 6) vom Gesamtvermögen (§ 4) verbleibt,
   b) bei Körperschaften, Personenvereinigungen und Vermögensmassen (§ 1 Abs. 1 Nr. 2) mit mindestens 20 000 Deutsche Mark Gesamtvermögen das Gesamtvermögen (§ 4);
2. bei beschränkt Steuerpflichtigen mit mindestens 20 000 Deutsche Mark Inlandsvermögen das Inlandsvermögen (§ 4).

§ 10 Steuersatz. Die Vermögensteuer beträgt jährlich

1.[1] [2] für natürliche Personen *0,5 vom Hundert des steuerpflichtigen Vermögens und* [*ab Kj. 1995:* 1 vom Hundert des steuerpflichtigen Vermögens. [2]Sie beträgt 0,5 vom Hundert des steuerpflichtigen Vermögens, soweit in dem steuerpflichtigen Vermögen land- und forstwirtschaftliches Vermögen, Betriebsvermögen und Wirtschaftsgüter im Sinne des § 110 Abs. 1 Nr. 3 des Bewertungsgesetzes enthalten sind; der Wert dieses Vermögens ist auf volle tausend Deutsche Mark nach oben aufzurunden;]

---

[1] § 10 Nr. 1 neugef. durch G v. 23. 6. 1993 (BGBl. I S. 944).

[2] Siehe Beschluß des BVerfG v. 22. 6. 1995 – 2 BvL 37/91 (BGBl. I S. 1191, BStBl. II S. 655):

§ 10 Nummer 1 des Vermögensteuergesetzes vom 17. 4. 1974 (BGBl. I S. 949) in der Fassung der Bekanntmachung vom 14. 11. 1990 (BGBl. I S. 2467), zuletzt geändert durch Gesetz vom 14. 9. 1994 (BGBl. I S. 2325), ist jedenfalls seit dem Veranlagungszeitraum 1983 in allen seinen seitherigen Fassungen mit Art. 3 Abs. 1 des Grundgesetzes insofern unvereinbar, als er den einheitswertgebundenen Grundbesitz, dessen Bewertung der Wertentwicklung seit 1964/74 nicht mehr angepaßt worden ist, und das zu Gegenwartswerten erfaßte Vermögen mit demselben Steuersatz belastet.

Der Gesetzgeber ist verpflichtet, eine Neuregelung spätestens bis zum 31. Dezember 1996 zu treffen. Längstens bis zu diesem Zeitpunkt ist das bisherige Recht weiterhin anwendbar.

Setzt die Neuregelung eine allgemeine Neubewertung von Besteuerungsgrundlagen voraus, so kann der Gesetzgeber für deren Dauer – längstens für fünf Jahre seit der Verkündung des Gesetzes – Übergangsregelungen treffen, die die vermögensteuerliche Belastung an die verfassungsrechtlichen Maßstäbe dieser Entscheidung annähern; dabei darf er eine teilweise Fortgeltung der bisherigen Vorschriften anordnen.

2. für die in § 1 Abs. 1 Nr. 2 und § 2 Abs. 1 Nr. 2 bezeichneten Körperschaften, Personenvereinigungen und Vermögensmassen 0,6 vom Hundert des steuerpflichtigen Vermögens.

§ 11 Anrechnung ausländischer Steuern. (1) [1]Bei unbeschränkt Steuerpflichtigen, die in einem ausländischen Staat mit ihrem in diesem Staat belegenen Vermögen (Auslandsvermögen) zu einer der inländischen Vermögensteuer entsprechenden Steuer (ausländische Steuer) herangezogen werden, ist, sofern nicht die Vorschriften eines Abkommens zur Vermeidung der Doppelbesteuerung anzuwenden sind, die festgesetzte und gezahlte und keinem Ermäßigungsanspruch unterliegende ausländische Steuer auf den Teil der Vermögensteuer anzurechnen, der auf dieses Auslandsvermögen entfällt. [2]Dieser Teil ist in der Weise zu ermitteln, daß die sich bei der Veranlagung des Gesamtvermögens (einschließlich des Auslandsvermögens) ergebende Vermögensteuer im Verhältnis des Auslandsvermögens zum Gesamtvermögen aufgeteilt wird. [3]Ist das Auslandsvermögen in verschiedenen ausländischen Staaten belegen, so ist dieser Teil für jeden einzelnen ausländischen Staat gesondert zu berechnen. [4]Die ausländische Steuer ist insoweit anzurechnen, als sie auf das Kalenderjahr entfällt, das mit dem jeweiligen Veranlagungszeitpunkt beginnt.

(2) Als Auslandsvermögen im Sinne des Absatzes 1 gelten alle Wirtschaftsgüter der in § 121 Abs. 2 des Bewertungsgesetzes genannten Art, die auf einen ausländischen Staat entfallen, unter Berücksichtigung der nach § 121 Abs. 3 des Bewertungsgesetzes abzugsfähigen Schulden und Lasten.

(3)[1] *(aufgehoben)*

(4) [1]Der Steuerpflichtige hat den Nachweis über die Höhe des Auslandsvermögens und über die Festsetzung und Zahlung der ausländischen Steuern durch Vorlage entsprechender Urkunden zu führen. [2]Sind diese Urkunden in einer fremden Sprache abgefaßt, so kann eine beglaubigte Übersetzung in die deutsche Sprache verlangt werden.

(5) Sind nach einem Abkommen zur Vermeidung der Doppelbesteuerung in einem ausländischen Staat erhobene Steuern auf die Vermögensteuer anzurechnen, so sind die Absätze 1 bis 4 entsprechend anzuwenden.

(6) Die Absätze 1 bis 4 sind bei Vermögen, das in einem ausländischen Staat belegen ist und das zum inländischen land- und forstwirtschaftlichen Vermögen oder zum inländischen Betriebsvermögen eines beschränkt Steuerpflichtigen gehört, entsprechend anzuwenden, soweit darin nicht Vermögen enthalten ist, mit dem der beschränkt Steuerpflichtige dort in einem der unbeschränkten Steuerpflicht ähnlichen Umfang zu einer Steuer vom Vermögen herangezogen wird.

§ 12 Steuerermäßigung bei Auslandsvermögen. (1) [1]Anstelle einer Anrechnung ausländischer Steuern nach § 11 Abs. 1 bis 4 ist auf Antrag des Steuerpflichtigen die auf ausländisches Betriebsvermögen entfallende

---

[1] § 11 Abs. 3 aufgeh. mWv Kj. 1995 (§ 25 Abs. 1) durch G v. 11. 10. 1995 (BGBl. I S. 1250).

Vermögensteuer (§ 11 Abs. 1 Satz 2 und 3) auf die Hälfte zu ermäßigen. [2]Satz 1 gilt für

1. das Betriebsvermögen, das einer in einem ausländischen Staat belegenen Betriebsstätte dient, wenn in dem Wirtschaftsjahr, das dem Bewertungsstichtag (§ 106 des Bewertungsgesetzes) vorangeht, die Bruttoerträge dieser Betriebsstätte ausschließlich oder fast ausschließlich aus unter § 8 Abs. 1 Nr. 1 bis 6 des Außensteuergesetzes fallenden Tätigkeiten erzielt werden, und
2. die zum Betriebsvermögen eines inländischen Gewerbebetriebs gehörende Beteiligung an einer Personengesellschaft (§ 97 Abs. 1 Nr. 5 des Bewertungsgesetzes) oder Arbeitsgemeinschaft (§ 98 des Bewertungsgesetzes), soweit die Beteiligung auf Betriebsvermögen entfällt, das einer in einem ausländischen Staat belegenen Betriebsstätte im Sinne der Nummer 1 dient.

[3]Der Ermäßigungsantrag muß das gesamte Vermögen im Sinne des Satzes 2 Nr. 1 und 2 umfassen; er kann auf das in einem ausländischen Staat oder mehreren ausländischen Staaten belegene Vermögen begrenzt werden.

(2) [1]Wenn das in einem ausländischen Staat belegene Betriebsvermögen dem Betrieb von Handelsschiffen im internationalen Verkehr dient, setzt die Steuerermäßigung nach Absatz 1 voraus, daß das Bundesministerium für Verkehr, Bau- und Wohnungswesen[1)] sie für verkehrspolitisch unbedenklich erklärt hat. [2]Der Ermäßigungsantrag muß das gesamte in ausländischen Staaten belegene Betriebsvermögen umfassen. [3]Schiffe, die in ein inländisches Schiffsregister eingetragen sind, gehören nicht zu dem in einem ausländischen Staat belegenen Betriebsvermögen. [4]Die Vorschriften dieses Absatzes sind auch anzuwenden, wenn mit dem Staat, in dem das Betriebsvermögen belegen ist, ein Abkommen zur Vermeidung der Doppelbesteuerung besteht.

(3)[2)] Die obersten Finanzbehörden der Länder oder die von ihnen beauftragten Finanzbehörden können im Einvernehmen mit dem Bundesministerium der Finanzen die auf Auslandsvermögen entfallende deutsche Vermögensteuer ganz oder zum Teil erlassen oder in einem Pauschbetrag festsetzen, wenn es aus volkswirtschaftlichen Gründen zweckmäßig oder die Anwendung von § 11 Abs. 1 besonders schwierig ist.

(4)[3)] *(aufgehoben)*

§ 13[4)] Pauschbesteuerung bei beschränkter Steuerpflicht. Die obersten Finanzbehörden der Länder oder die von ihnen beauftragten Finanzbehörden können im Einvernehmen mit dem Bundesministerium der Finanzen die Vermögensteuer bei beschränkt Steuerpflichtigen ganz oder zum Teil erlassen oder in einem Pauschbetrag festsetzen, wenn es aus volkswirtschaftlichen Gründen zweckmäßig oder die Ermittlung der Vermögensteuer besonders schwierig ist.

---

1) Bezeichnung geänd. durch VO v. 29. 10. 2001 (BGBl. I S. 2785).
2) § 12 Abs. 3 geänd. mWv Kj. 1993 durch G v. 25. 2. 1992 (BGBl. I S. 297).
3) § 12 Abs. 4 aufgeh. mWv Kj. 1995 (§ 25 Abs. 1) durch G v. 11. 10. 1995 (BGBl. I S. 1250).
4) § 13 neugef. mWv Kj. 1993 durch G v. 25. 2. 1992 (BGBl. I S. 297).

III. Veranlagung

§ 14 Zusammenveranlagung. (1) Bei unbeschränkter Steuerpflicht aller Beteiligten werden zusammen veranlagt

1. Ehegatten, wenn sie nicht dauernd getrennt leben,
2. Ehegatten und Kinder (§ 6 Abs. 2 Satz 2) oder Einzelpersonen und Kinder, wenn diese eine Haushaltsgemeinschaft bilden und die Kinder das 18. Lebensjahr noch nicht vollendet haben.

(2) Auf gemeinsamen Antrag werden bei unbeschränkter Steuerpflicht aller Beteiligten ferner Ehegatten oder Einzelpersonen zusammen veranlagt

1. mit unverheirateten oder von ihren Ehegatten dauernd getrennt lebenden Kindern, die das 18., aber noch nicht das 27. Lebensjahr vollendet haben, wenn die Antragsteller eine Haushaltsgemeinschaft bilden und die Kinder sich noch in der Berufsausbildung befinden oder ein freiwilliges soziales Jahr im Sinne des Gesetzes zur Förderung eines freiwilligen sozialen Jahres [***ab Kj. 1994:*** oder ein freiwilliges ökologisches Jahr nach dem Gesetz zur Förderung eines freiwilligen ökologischen Jahres][1] ableisten. [2]Die Zusammenveranlagung wird nicht dadurch ausgeschlossen, daß die Berufsausbildung durch die Einberufung zum gesetzlichen Grundwehrdienst oder Zivildienst unterbrochen ist. [3]Haben die Kinder das 27. Lebensjahr vollendet, so ist die Zusammenveranlagung nur zulässig, wenn der Abschluß der Berufsausbildung durch Umstände verzögert worden ist, die keiner der Antragsteller zu vertreten hat. [4]Als ein solcher Umstand ist stets die Ableistung des gesetzlichen Grundwehrdienstes oder Zivildienstes anzusehen;

2.[2] mit Kindern, wenn diese wegen körperlicher, geistiger oder seelischer Behinderung dauernd außerstande sind, sich selbst zu unterhalten.

§ 15 Hauptveranlagung. (1)[3][4] [1]Die Vermögensteuer wird für drei Kalenderjahre allgemein festgesetzt (Hauptveranlagung). [2]Der Zeitraum, für

---

[1] § 14 Abs. 2 Nr. 1 Satz 1 Klammerzusatz eingef. mWv Kj. 1994 (§ 25 Abs. 6) durch G v. 17. 12. 1993 (BGBl. I S. 2118).

[2] § 14 Abs. 2 Nr. 2 neugef. mWv Kj. 1993 durch G v. 25. 2. 1992 (BGBl. I S. 297).

[3] Abweichend von § 15 Abs. 1 Satz 1 siehe § 2 G v. 24. 6. 1991 (BGBl. I S. 1322, 1336):

„§ 2 Verlängerung des Hauptveranlagungszeitraums für die Vermögensteuer. (1) Abweichend von § 15 Abs. 1 Satz 1 des Vermögensteuergesetzes findet die nächste Hauptveranlagung der Vermögensteuer auf den 1. Januar 1993 statt.

(2) [1]Ist ein Bescheid über die Vermögensteuer für das Kalenderjahr 1992 nicht erteilt worden, gilt die Steuer für dieses Kalenderjahr in Höhe der für das Kalenderjahr 1991 festgesetzten Jahressteuer als festgesetzt und ist ohne besondere Aufforderung nach dem IV. Abschnitt des Vermögensteuergesetzes zu entrichten. [2]§ 16 sowie §§ 18 und 19 des Vermögensteuergesetzes bleiben unberührt." [Abs. 2 angef. durch G v. 25. 2. 1992 (BGBl. I S. 297)].

[4] Abweichend von § 15 Abs. 1 Satz 1 siehe § 2 G v. 23. 6. 1993 (BGBl. I S. 944, 973):

„§ 2 Änderung des Hauptveranlagungszeitraums für die Vermögensteuer. Abweichend von § 15 Abs. 1 Satz 1 des Vermögensteuergesetzes findet die nächste Hauptveranlagung der Vermögensteuer auf den 1. Januar 1995 und die darauffolgende Hauptveranlagung der Vermögensteuer auf den 1. Januar 1999 statt."

den die Hauptveranlagung gilt, ist der Hauptveranlagungszeitraum; der Beginn dieses Zeitraums ist der Hauptveranlagungszeitpunkt.

(2) Die Bundesregierung wird ermächtigt, durch Rechtsverordnung mit Zustimmung des Bundesrates aus Gründen der Verwaltungsvereinfachung den Hauptveranlagungszeitraum um ein Jahr zu verkürzen oder zu verlängern.

(3) Ist die Festsetzungsfrist (§ 169 der Abgabenordnung) bereits abgelaufen, so kann die Hauptveranlagung unter Zugrundelegung der Verhältnisse des Hauptveranlagungszeitpunkts mit Wirkung für einen späteren Veranlagungszeitpunkt vorgenommen werden, für den diese Frist noch nicht abgelaufen ist.

§ 16 Neuveranlagung. (1) Die Vermögensteuer wird neu veranlagt, wenn dem Finanzamt bekannt wird,

[Fassung bis Kj. 1994]	***[Fassung ab Kj. 1995]***[1]
1. daß der nach § 4 Abs. 2 abgerundete Wert des Gesamtvermögens oder des Inlandsvermögens, der sich für den Beginn eines Kalenderjahres ergibt, entweder um mehr als ein Fünftel oder um mehr als 150 000 Deutsche Mark von dem nach § 4 Abs. 2 abgerundeten Wert des letzten Veranlagungszeitpunkts abweicht. [2]Weicht der Wert nach oben ab, so muß die Wertabweichung mindestens 50 000 Deutsche Mark betragen; weicht der Wert nach unten ab, so muß die Wertabweichung mindestens 10 000 Deutsche Mark betragen;	1. daß sich die Verhältnisse für die Zusammenveranlagung ändern;
2. daß sich die Verhältnisse für die Gewährung von Freibeträgen oder für die Zusammenveranlagung ändern; eine neue Ermittlung des Gesamtvermögens wird nur vorgenommen, wenn die Wertgrenzen der Nummer 1 überschritten sind.	2. daß sich vorbehaltlich der Nummer 1 die Verhältnisse für die Ermittlung der Vermögensteuer gegenüber den Verhältnissen geändert haben, die bei der zuletzt festgesetzten Vermögensteuer zugrunde gelegt worden sind, und die Vermögensteuer nach oben um mindestens 1000 Deutsche Mark oder nach unten um mindestens 250 Deutsche Mark von der zuletzt festgesetzten Vermögensteuer abweicht.

1) § 16 Abs. 1 Nrn. 1 und 2 neugef. durch G v. 23. 6. 1993 (BGBl. I S. 944).

(2) [1]Durch eine Neuveranlagung nach Absatz 1 können auch Fehler der letzten Veranlagung beseitigt werden. [2]§ 176 der Abgabenordnung ist hierbei entsprechend anzuwenden. [3]Dies gilt jedoch nur für Veranlagungszeitpunkte, die vor der Verkündung der maßgeblichen Entscheidung eines obersten Gerichts des Bundes liegen.

(3) [1]Neuveranlagt wird

[Fassung bis Kj. 1994]	*[Fassung ab Kj. 1995]*[1)]
1. in den Fällen des Absatzes 1 Nr. 1 mit Wirkung vom Beginn des Kalenderjahrs an, für den sich die Wertabweichung ergibt;	1. in den Fällen des Absatzes 1 Nr. 1 mit Wirkung vom Beginn des Kalenderjahrs an, das der Änderung der Verhältnisse für die Zusammenveranlagung folgt;
2. in den Fällen des Absatzes 1 Nr. 2 mit Wirkung vom Beginn des Kalenderjahrs an, der der Änderung der Verhältnisse für die Gewährung von Freibeträgen oder für die Zusammenveranlagung folgt;	2. in den Fällen des Absatzes 1 Nr. 2 mit Wirkung vom Beginn des Kalenderjahrs an, für den sich die Abweichung bei der Vermögensteuer ergibt;

3.[2)] in den Fällen des Absatzes 2 mit Wirkung vom Beginn des Kalenderjahrs an, in dem der Fehler dem Finanzamt bekannt wird, bei einer Erhöhung der Vermögensteuer jedoch frühestens vom Beginn des Kalenderjahrs an, in dem der Steuerbescheid erteilt wird.

[2]Der Beginn des maßgebenden Kalenderjahrs ist der Neuveranlagungszeitpunkt. [3]§ 15 Abs. 3 ist entsprechend anzuwenden.

§ 17 Nachveranlagung. (1) Die Vermögensteuer wird nachträglich festgesetzt (Nachveranlagung), wenn nach dem Hauptveranlagungszeitpunkt
1. die persönliche Steuerpflicht neu begründet wird oder
2. ein persönlicher Befreiungsgrund wegfällt oder
3. ein beschränkt Steuerpflichtiger unbeschränkt steuerpflichtig oder ein unbeschränkt Steuerpflichtiger beschränkt steuerpflichtig wird.

(2) [1]Nachveranlagt wird mit Wirkung vom Beginn des Kalenderjahrs an, der dem maßgebenden Ereignis folgt. [2]Der Beginn dieses Kalenderjahrs ist der Nachveranlagungszeitpunkt. [3]§ 15 Abs. 3 ist entsprechend anzuwenden.

§ 18 Aufhebung der Veranlagung. (1) Wird dem Finanzamt bekannt, daß
1. die Steuerpflicht erloschen oder ein persönlicher Befreiungsgrund eingetreten ist oder
2. die Veranlagung fehlerhaft ist,

so ist die Veranlagung aufzuheben.

[1)] § 16 Abs. 3 Nrn. 1 und 2 neugef. durch G v. 23. 6. 1993 (BGBl. I S. 944).
[2)] § 16 Abs. 3 Nr. 3 geänd. durch G v. 9. 11. 1992 (BGBl. I S. 1853).

(2) [1]Die Veranlagung wird aufgehoben

1. in den Fällen des Absatzes 1 Nr. 1 mit Wirkung vom Beginn des Kalenderjahrs an, der auf den Eintritt des maßgebenden Ereignisses folgt;
2. in den Fällen des Absatzes 1 Nr. 2 mit Wirkung vom Beginn des Kalenderjahrs an, in dem der Fehler dem Finanzamt bekannt wird.

[2]Der Beginn des maßgebenden Kalenderjahrs ist der Aufhebungszeitpunkt. [3]§ 15 Abs. 3 ist entsprechend anzuwenden.

§ 19 Pflicht zur Abgabe von Vermögensteuererklärungen.

(1) [1]Vermögensteuererklärungen sind auf jeden Hauptveranlagungszeitpunkt abzugeben. [2]Für andere Veranlagungszeitpunkte hat eine Erklärung abzugeben, wer von der Finanzbehörde dazu aufgefordert wird (§ 149 der Abgabenordnung). [3]Die Vermögensteuererklärung ist vom Vermögensteuerpflichtigen eigenhändig zu unterschreiben.

(2) Von den unbeschränkt Vermögensteuerpflichtigen haben eine Vermögensteuererklärung über ihr Gesamtvermögen abzugeben

1. natürliche Personen,
   a) die allein veranlagt werden, wenn ihr Gesamtvermögen *70 000 Deutsche Mark* [***ab Kj. 1995:*** 120 000 Deutsche Mark][1] übersteigt,
   b) die mit anderen Personen zusammen veranlagt werden (§ 14), wenn das Gesamtvermögen der zusammen veranlagten Personen den Betrag übersteigt, der sich ergibt, wenn für jede der zusammen veranlagten Personen *70 000 Deutsche Mark* [***ab Kj. 1995:*** 120 000 Deutsche Mark][1] angesetzt werden;
2. die in § 1 Abs. 1 Nr. 2 bezeichneten Körperschaften, Personenvereinigungen und Vermögensmassen, wenn ihr Gesamtvermögen mindestens 20 000 Deutsche Mark beträgt.

(3) Beschränkt Vermögensteuerpflichtige haben eine Vermögensteuererklärung über ihr Inlandsvermögen abzugeben, wenn dieses mindestens 20 000 Deutsche Mark beträgt.

(4) [1]Die Erklärungen sind innerhalb der Frist abzugeben, die das Bundesministerium der Finanzen im Einvernehmen mit den obersten Finanzbehörden der Länder bestimmt. [2]Die Frist ist im Bundesanzeiger bekanntzumachen. [3]Fordert die Finanzbehörde zur Abgabe einer Erklärung zur Hauptveranlagung oder zu einer anderen Veranlagung besonders auf (§ 149 Abs. 1 Satz 2 der Abgabenordnung), hat sie eine besondere Frist zu bestimmen, die mindestens einen Monat betragen soll.

IV. Steuerentrichtung

§ 20 Entrichtung der Jahressteuer. (1) [1]Die Steuer wird zu je einem Viertel der Jahressteuer am 10. Februar, 10. Mai, 10. August und 10. No-

[1] § 19 Abs. 2 Freibeträge geänd. durch G v. 23. 6. 1993 (BGBl. I S. 944).

vember fällig. [2]Eine Jahressteuer bis zu 500 Deutsche Mark ist in einem Betrag am 10. November zu entrichten.

(2) Von der Festsetzung der Vermögensteuer ist abzusehen, wenn die Jahressteuer den Betrag von 50 Deutsche Mark nicht übersteigt.

§ 21 Vorauszahlungen. (1) Der Steuerpflichtige hat, solange die Jahressteuer noch nicht bekanntgegeben worden ist, Vorauszahlungen auf die Jahressteuer zu entrichten.

(2) [1]Die Vorauszahlungen betragen ein Viertel der zuletzt festgesetzten Jahressteuer. [2]Sie sind am 10. Februar, 10. Mai, 10. August und 10. November zu entrichten. [3]Beträgt die Jahressteuer nicht mehr als 500 Deutsche Mark, so sind die Vorauszahlungen in einem Betrag am 10. November zu entrichten.

(3) Das Finanzamt kann die Vorauszahlungen der Steuer anpassen, die sich für das Kalenderjahr voraussichtlich ergeben wird.

§ 22 Abrechnung über die Vorauszahlungen. (1) [1]Ist die Summe der Vorauszahlungen, die bis zur Bekanntgabe des Steuerbescheids zu entrichten waren (§ 21), geringer als die Steuer, die sich nach dem bekanntgegebenen Steuerbescheid für die vorangegangenen Fälligkeitstage ergibt (§ 20), so ist der Unterschiedsbetrag innerhalb eines Monats nach Bekanntgabe des Steuerbescheids zu entrichten (Nachzahlung). [2]Die Verpflichtung, rückständige Vorauszahlungen schon früher zu entrichten, bleibt unberührt.

(2) Ist die Summe der Vorauszahlungen, die bis zur Bekanntgabe des Steuerbescheids entrichtet worden sind, höher als die Steuer, die sich nach dem bekanntgegebenen Steuerbescheid für die vorangegangenen Fälligkeitstage ergibt, so wird der Unterschiedsbetrag nach Bekanntgabe des Steuerbescheids durch Aufrechnung oder Zurückzahlung ausgeglichen.

(3) Die Absätze 1 und 2 gelten entsprechend, wenn der Steuerbescheid aufgehoben oder geändert wird.

§ 23 Nachentrichtung der Steuer. Hatte der Steuerpflichtige bis zur Bekanntgabe der Jahressteuer keine Vorauszahlungen nach § 21 zu entrichten, so hat er die Steuer, die sich nach dem bekanntgegebenen Steuerbescheid für die vorangegangenen Fälligkeitstage ergibt (§ 20), innerhalb eines Monats nach Bekanntgabe des Steuerbescheids zu entrichten.

V. Schlußvorschriften

§ 24 Neufassung. Das Bundesministerium der Finanzen wird ermächtigt, den Wortlaut dieses Gesetzes in der jeweils geltenden Fassung mit neuem Datum, unter neuer Überschrift und in neuer Paragraphenfolge bekanntzumachen und dabei offenbare Unrichtigkeiten und Unstimmigkeiten im Wortlaut zu beseitigen.

§ 24 a.[1] *(aufgehoben)*

[1] § 24 a aufgeh. durch G v. 24. 6. 1991 (BGBl. I S. 1322).

§ 24b[1)] Verzicht auf die Vermögensteuer der umgewandelten ehemaligen volkseigenen Kombinate, Betriebe und Einrichtungen für das zweite Halbjahr 1990. [1]Bei ehemaligen volkseigenen Kombinaten, Betrieben und Einrichtungen, die auf Grund des Treuhandgesetzes vom 17. Juni 1990 (GBl. I Nr. 33 S. 300)[2)] in Aktiengesellschaften oder Gesellschaften mit beschränkter Haftung umgewandelt worden sind, wird die Vermögensteuer auf den 1. Juli 1990 nicht nachträglich festgesetzt. [2]§ 1 Abs. 2 sowie § 2 Abs. 1 und Abs. 5 der Verordnung über die Zahlung von Steuern der in Kapitalgesellschaften umgewandelten ehemaligen volkseigenen Kombinate, Betriebe und Einrichtungen im 2. Halbjahr 1990 vom 27. Juni 1990 (GBl. I Nr. 41 S. 618)[2)] sind nicht anzuwenden, soweit dort Regelungen zur Festsetzung und Erhebung der Vermögensteuer für das zweite Halbjahr 1990 getroffen worden sind.

§ 24c[3)] Zeitlich befristete Sondervorschrift für die Besteuerung nach dem Vermögen in dem in Artikel 3 des Einigungsvertrages genannten Gebiet. Für die Vermögensteuer der Kalenderjahre 1996 bis 1998[4)] gilt in dem in Artikel 3 des Einigungsvertrages genannten Gebiet folgendes:

1. [1]Von der Vermögensteuer sind vorbehaltlich des Satzes 3 befreit
   a) natürliche Personen mit Wohnsitz oder gewöhnlichem Aufenthalt,
   b) Körperschaften, Personenvereinigungen und Vermögensmassen im Sinne des § 1 Abs. 1 Nr. 2 mit Geschäftsleitung

   in dem in Artikel 3 des Einigungsvertrages genannten Gebiet. [2]§ 19 Abs. 1 Satz 2 und § 20 Abs. 2 der Abgabenordnung gelten sinngemäß. [*Für Kj. 1996–1998:* [3]Nicht befreit sind die Wirtschaftsgüter eines Gewerbebetriebs, soweit hierfür in dem außerhalb des in Artikel 3 des Einigungsvertrages genannten Gebiet der Bundesrepublik Deutschland eine Betriebsstätte unterhalten wird oder ein ständiger Vertreter bestellt ist. [4]§ 136 Nr. 3 Buchstabe a Satz 2 des Bewertungsgesetzes gilt entsprechend. [5]Für die Besteuerung nach dem Vermögen ist abweichend von den §§ 19 und 20 der Abgabenordnung das Finanzamt in dem außerhalb des in Artikel 3 des Einigungsvertrages genannten Gebiet der Bundesrepublik Deutschland zuständig, in dessen Bezirk sich das Betriebsvermögen, und, wenn dies für mehrere Finanzämter zutrifft, das Finanzamt, in dessen Bezirk sich der wertvollste Teil des Betriebsvermögens befindet.]
2. Von der Vermögensteuer sind auch befreit deutsche Staatsangehörige, die

---

[1)] § 24b eingef. mit erstmaliger Wirkung für das zweite Halbjahr 1990 (§ 25 Abs. 3) durch G v. 24. 6. 1991 (BGBl. I S. 1322). Siehe hierzu Art. 97a § 3 EGAO (Nr. **800a**).

[2)] GBl. der DDR.

[3)] § 24c eingef. durch G v. 24. 6. 1991 (BGBl. I S. 1322), erster Halbsatz geänd. durch G v. 13. 9. 1993 (BGBl. I S. 1569), erster Halbsatz geänd. und Nr. 1 Sätze 3 bis 5 angef. durch G v. 11. 10. 1995 (BGBl. I S. 1250); zur erstmaligen Anwendung siehe § 25 Abs. 9 Satz 2.

[4)] Für die VSt der Kj. 1991 bis 1995 gilt § 24 c mit Ausnahme von Nr. 1 Sätze 3 bis 5.

a) im Inland weder einen Wohnsitz noch ihren gewöhnlichen Aufenthalt haben und

b) zu einer juristischen Person des öffentlichen Rechts in dem in Artikel 3 des Einigungsvertrages genannten Gebiet in einem Dienstverhältnis stehen und dafür Arbeitslohn aus einer inländischen öffentlichen Kasse beziehen,

sowie zu ihrem Haushalt gehörende Angehörige, die die deutsche Staatsangehörigkeit besitzen.

3. Die Nummern 1 und 2 gelten nicht für Steuerpflichtige, die nach dem 31. Dezember 1990 in dem in Artikel 3 des Einigungsvertrages genannten Gebiet einen Wohnsitz begründet haben oder dort erstmals ihren gewöhnlichen Aufenthalt, ihre Geschäftsleitung oder in den Fällen der Nummer 1 Satz 2 ihren Sitz haben.
4. Die beschränkte Steuerpflicht erstreckt sich nur auf Vermögen der in § 121 des Bewertungsgesetzes genannten Art, das auf das Inland mit Ausnahme des in Artikel 3 des Einigungsvertrages genannten Gebietes entfällt.

§ 25[1)] Anwendung des Gesetzes. (1) Die vorstehende Fassung des Gesetzes ist, soweit in den folgenden Absätzen nichts anderes bestimmt ist, erstmals auf die Vermögensteuer des Kalenderjahres 1995[2)] anzuwenden.

(2) § 3 Abs. 1 Nr. 12 Satz 3 ist auch auf die Vermögensteuer der Kalenderjahre vor 1990 anzuwenden, soweit Bescheide noch nicht bestandskräftig sind oder unter dem Vorbehalt der Nachprüfung stehen.

(3) § 24 b ist für das zweite Halbjahr 1990 anzuwenden.

(4)[3)] [1] § 3 Abs. 1 Nr. 2 ist für die Investitionsbank Schleswig-Holstein – Zentralbereich der Landesbank Schleswig-Holstein Girozentrale –, die Investitionsbank des Landes Brandenburg, die Sächsische Aufbaubank und die Thüringer Aufbaubank erstmals auf die Vermögensteuer des Kalenderjahrs 1991, für das Landesförderinstitut Sachsen-Anhalt – Geschäftsbereich der Norddeutschen Landesbank Girozentrale Mitteldeutsche Landesbank – erstmals auf die Vermögensteuer des Kalenderjahrs 1993, für die Investitions- und Strukturbank Rheinland-Pfalz erstmals auf die Vermögensteuer des Kalenderjahrs 1994 und für die Sächsische Aufbaubank GmbH erstmals auf die Vermögensteuer des Kalenderjahrs 1996 anzuwenden. [2] § 3 Abs. 1 Nr. 16 und 23 ist erstmals auf die Vermögensteuer des Kalenderjahres 1991 anzuwenden.

(5)[3)] [1] § 3 Abs. 1 Nr. 2 ist für die Wohnungsbauförderungsanstalt Nordrhein-Westfalen – Anstalt der Westdeutschen Landesbank Girozentrale – erstmals auf die Vermögensteuer des Kalenderjahrs 1992 und für die Investitionsbank Berlin – Anstalt der Landesbank Berlin-Girozentrale – erstmals auf die Vermögensteuer des Kalenderjahrs 1993 anzuwenden. [2] § 3 Abs. 1 Nr. 2 in der Fassung der Bekanntmachung vom 14. November 1990 (BGBl. I S. 2467) ist für die Wohnungsbauförderungsanstalt des Landes Nordrhein-Westfalen letztmals für die

---

[1)] § 25 neugef. durch G v. 25. 2. 1992 (BGBl. I S. 297).

[2)] Geänd. durch G v. 23. 6. 1993 (BGBl. I S. 944).
Die für die VSt des Kj. 1993 anzuwendende Fassung ist ebenfalls wiedergegeben.

[3)] § 25 Abs. 4 und 5 neugef. durch G v. 13. 9. 1993 (BGBl. I S. 1569), Abs. 4 Satz 1 sowie Abs. 5 Satz 3 geänd., Satz 4 neugef. und Satz 5 angef. durch G v. 21. 12. 1993 (BGBl. I S. 2310), Abs. 4 Satz 2 geänd. durch G v. 11. 10. 1995 (BGBl. I S. 1250) und v. 18. 12. 1995 (BGBl. I S. 1959), Abs. 4 Satz 1 geänd. durch G v. 24. 3. 1998 (BGBl. I S. 529).

Vermögensteuer des Kalenderjahrs 1991 und für die Wohnungsbau-Kreditanstalt Berlin letztmals für die Vermögensteuer des Kalenderjahrs 1992 anzuwenden. [3] § 3 Abs. 1 Nr. 11 ist erstmals auf die Vermögensteuer des Kalenderjahres 1992 anzuwenden. [4] § 3 Abs. 1 Nr. 20 und 21 in der Fassung des Artikels 10 des Gesetzes vom 13. September 1993 (BGBl. I S. 1569) sowie § 3 Abs. 1 Nr. 22 in der Fassung des Artikels 17 des Gesetzes vom 21. Dezember 1993 (BGBl. I S. 2310) sind erstmals auf die Vermögensteuer des Kalenderjahrs 1993 anzuwenden. [5] § 3 Abs. 1 Nr. 18 ist in der Fassung des Artikels 15 des Gesetzes vom 25. Februar 1992 (BGBl. I S. 297) erstmals auf die Vermögensteuer des Kalenderjahrs 1992 und für die bgb Beteiligungsgesellschaft Berlin mbH für kleine und mittlere Betriebe, Mittelständische Beteiligungsgesellschaft Berlin-Brandenburg mbH, Mittelständische Beteiligungsgesellschaft Mecklenburg-Vorpommern mbH, Mittelständische Beteiligungsgesellschaft Sachsen mbH, Mittelständische Beteiligungsgesellschaft Sachsen-Anhalt mbH, Mittelständische Beteiligungsgesellschaft Thüringen (MBG) mbH erstmals auf die Vermögensteuer des Kalenderjahrs 1994 anzuwenden.

(6)[1)] § 14 Abs. 2 Nr. 1 in der Fassung des Artikels 3 Abs. 5 Nr. 1 des Gesetzes vom 17. Dezember 1993 (BGBl. I S. 2118) ist erstmals auf die Vermögensteuer des Kalenderjahres 1994 anzuwenden.

(7)[2)] [1] § 3 Abs. 1 Nr. 1 ist für das Bundeseisenbahnvermögen erstmals auf die Vermögensteuer des Kalenderjahrs 1994 anzuwenden. [2] § 3 Abs. 1 Nr. 1 a ist letztmals für die Vermögensteuer des Kalenderjahrs 1993 anzuwenden.

(8)[3)] [1] § 3 Abs. 1 Nr. 1 ist für die Deutsche Post AG, die Deutsche Postbank AG und die Deutsche Telekom AG nur für die Vermögensteuer des Kalenderjahres 1995 anzuwenden. [2] § 3 Abs. 1 Nr. 1 in der Fassung des Artikels 6 Abs. 55 des Gesetzes vom 27. Dezember 1993 (BGBl. I S. 2378) ist für die Deutsche Bundespost letztmals für die Vermögensteuer des Jahres 1994 anzuwenden.

(9)[4)] [1] § 24 c in der Fassung des Artikels 10 des Gesetzes vom 13. September 1993 (BGBl. I S. 1569) ist für die Vermögensteuer der Kalenderjahre 1991 bis 1995 anzuwenden. [2] § 24 c in der Fassung des Artikels 23 des Gesetzes vom 11. Oktober 1995 (BGBl. I S. 1250) ist erstmals auf die Vermögensteuer des Kalenderjahres 1996 anzuwenden. [3] § 3 Abs. 1 Nr. 18 in der Fassung des Artikels 23 des Gesetzes vom 11. Oktober 1995 (BGBl. I S. 1250) ist für die Gesellschaft für Wagniskapital Mittelständische Beteiligungsgesellschaft Schleswig-Holstein Gesellschaft mit beschränkter Haftung – MBG – erstmals auf die Vermögensteuer des Kalenderjahres 1996 anzuwenden. [4] § 3 Abs. 1 Nr. 18 in der Fassung des Artikels 17 des Gesetzes vom 21. Dezember 1993 (BGBl. I S. 2310) ist für die Schleswig-Holsteinische Gesellschaft für Wagniskapital mbH letztmals für die Vermögensteuer des Kalenderjahres 1995 anzuwenden.

§ 26.[5)] *(aufgehoben)*

[1)] § 25 Abs. 6 angef. durch G v. 17. 12. 1993 (BGBl. I S. 2118).
[2)] § 25 Abs. 7 angef. durch G v. 27. 12. 1993 (BGBl. I S. 2378).
[3)] § 25 Abs. 8 angef. durch G v. 14. 9. 1994 (BGBl. I S. 2325).
[4)] § 25 Abs. 9 angef. durch G v. 11. 10. 1995 (BGBl. I S. 1250).
[5)] § 26 aufgeh. durch G v. 25. 2. 1992 (BGBl. I S. 297).

250. Erbschaftsteuer- und Schenkungsteuergesetz (ErbStG)[1)·2)]

In der Fassung der Bekanntmachung vom 27. Februar 1997
(BGBl. I S. 378)

Geändert durch Steuerentlastungsgesetz 1999/2000/2002 vom 24.3.1999 (BGBl. I S. 402), Gesetz zur weiteren steuerlichen Förderung von Stiftungen vom 14.7.2000 (BGBl. I S. 1034), Steuer-Euroglättungsgesetz vom 19.12.2000 (BGBl. I S. 1790), Steueränderungsgesetz 2001 vom 20.12.2001 (BGBl. I S. 3794), Gesetz zur Modernisierung des Stiftungsrechts vom 15.7.2002 (BGBl. I S. 2634), Drittes Gesetz zur Änderungverwaltungsverfahrensrechtlicher Vorschriften vom 21.8.2002 (BGBl. I S. 3322), Haushaltsbegleitgesetz 2004 vom 29.12.2003 (BGBl. I S. 3076), Gesetz zur weiteren Stärkung des bürgerschaftlichen Engagements vom 10.10.2007 (BGBl. I S. 2332), Erbschaftsteuerreformgesetz vom 24.12.2008 (BGBl. I S. 3018)[3)], Wachstumsbeschleunigungsgesetz vom 22.12.2009 (BGBl. I S. 3950), Jahressteuergesetz 2010 (JStG 2010) vom 8.12.2010 (BGBl. I S. 1768), Steuervereinfachungsgesetz 2011 vom 1.11.2011 (BGBl. I S. 2131), Betreibungsrichtlinie-Umsetzungsgesetz (BeitrRLUmsG) vom 7.12.2011 (BGBl. I S. 2592), Gesetz zu dem Abkommen vom 4.2.2010 zwischen der Bundesrepublik Deutschland und der Französischen Republik über den Güterstand der Wahl-Zugewinngemeinschaft vom 15.3.2012 (BGBl. II S. 178), Amtshilferichtlinie-Umsetzungs-

---

[1)] Neubekanntmachung des Erbschaft- und Schenkungsteuergesetzes idF der Bek. v. 19.2. 1991 (BGBl. I S. 468) auf Grund des § 36 Abs. 2 ErbStG idF der Bek. v. 19.2.1991 (BGBl. I S. 468) in der ab 28.12.1996 geltenden Fassung.

[2)] **Zum Anwendungsbereich vgl. § 37.**

Zur Anwendung im Beitrittsgebiet ab 1.1.1991 siehe § 37a.

[3)] Siehe **Übergangsregelung in Art. 3 des ErbStRG:**

„**Art. 3 Rückwirkende Anwendung des durch dieses Gesetz geänderten Erbschaftsteuer- und Bewertungsrechts.** (1) Ein Erwerber kann bis zur Unanfechtbarkeit der Steuerfestsetzung beantragen, dass die durch dieses Gesetz geänderten Vorschriften des Erbschaftsteuer- und Schenkungsteuergesetzes, mit Ausnahme des § 16 des Erbschaftsteuer- und Schenkungsteuergesetzes, und des Bewertungsgesetzes auf Erwerbe von Todes wegen anzuwenden sind, für die die Steuer nach dem 31. Dezember 2006 und vor dem 1. Januar 2009 entstanden ist. In diesem Fall ist § 16 des Erbschaftsteuer- und Schenkungsteuergesetzes in der Fassung der Bekanntmachung vom 27. Februar 1997 (BGBl. I S. 378), der zuletzt durch Artikel 19 Nr. 4 des Gesetzes vom 19. Dezember 2000 (BGBl. I S. 1790) geändert worden ist, anzuwenden.*)

(2) Ist die Steuer, die auf einen Erwerb von Todes wegen nach dem 31. Dezember 2006 und vor dem 1. Januar 2009 entstanden ist, vor dem 1. Januar 2009 festgesetzt worden, kann der Antrag innerhalb von sechs Monaten nach Inkrafttreten des Gesetzes gestellt werden; in diesem Fall kann die Steuerfestsetzung entsprechend geändert werden.

(3) Der Erwerber kann den Antrag nicht widerrufen, wenn die Steuerfestsetzung nachträglich deshalb geändert wird, weil er gegen die Verschonungsvoraussetzungen (§§ 13a, 19a des Erbschaftsteuer- und Schenkungsteuergesetzes in der Fassung des Artikels 1 des Gesetzes vom 24. Dezember 2008, BGBl. I S. 3018) verstoßen hat.*)"

Art. 3 tritt am 1.7.2009 außer Kraft (Art. 6 Abs. 3 ErbStRG).

*) **Vgl. zu Abs. 1 auch Wachstumsbeschleunigungsgesetz Art. 14: „Anwendung des Artikels 3 des Erbschaftsteuerreformgesetzes:** Hat ein Erwerber einen Antrag nach Artikel 3 Absatz 1 des Erbschaftsteuerreformgesetzes vom 24. Dezember 2008 (BGBl. I S. 3018) gestellt, ist Artikel 3 Absatz 1 und 3 des Erbschaftsteuerreformgesetzes mit der Maßgabe anzuwenden, dass an die Stelle der §§ 13a und 19a des Erbschaftsteuer- und Schenkungsteuergesetzes in der Fassung des Artikels 1 des Gesetzes vom 24. Dezember 2008 (BGBl. I S. 3018) die §§ 13a und 19a des Erbschaftsteuer- und Schenkungsteuergesetzes in der Fassung des Artikels 6 des Gesetzes vom 22. Dezember 2009 (BGBl. I S. 3950) treten."

Art. 14 tritt am 1.7.2010 außer Kraft (Art. 15 Abs. 5 Wachstumsbeschleunigungsgesetz).

gesetz (AmtshilfeRLUmsG) vom 26. Juni 2013 (BGBl. I S. 1809), Gesetz zum Internationalen Erbrecht und zur Änderung von Vorschriften zum Erbschein sowie zur Änderung sonstiger Vorschriften vom 29.6.2015 (BGBl. I S. 1042), Steueränderungsgesetz 2015 vom 2.11.2015 (BGBl. I S. 1834), Gesetz zur Neuregelung des Kulturgutschutzrechts vom 31.7.2016 (BGBl. I S. 1914), Gesetz zur Anpassung des Erbschaftsteuer- und Schenkungsteuergesetzes an die Rechtsprechung des Bundesverfassungsgerichts vom 4.11.2016 (BGBl. I S. 2464), Gesetz zur Bekämpfung der Steuerumgehung und zur Änderung weiterer steuerlicher Vorschriften (Steuerumgehungsbekämpfungsgesetz – StUmgBG) vom 23.6.2017 (BGBl. I S. 1682), Gesetz zum Ausschluss verfassungsfeindlicher Parteien von der Parteienfinanzierung vom 18.7.2017 (BGBl. I S. 2730), Gesetz zur Vermeidung von Umsatzsteuerausfällen beim Handel mit Waren im Internet und zur Änderung weiterer steuerlicher Vorschriften vom 11.12.2018 (BGBl. I S. 2338), Gesetz über steuerliche und weitere Begleitregelungen zum Austritt des Vereinigten Königreichs Großbritannien und Nordirland aus der Europäischen Union (Brexit-Steuerbegleitgesetz – Brexit-StBG) vom 25.3.2019 (BGBl. I S. 357), Gesetz zur Reform des Grundsteuer- und Bewertungsrechts (Grundsteuer-Reformgesetz – GrStRefG) vom 26.11.2019 (BGBl. I S. 1794) und Jahressteuergesetz 2020 (JStG 2020) vom 21.12.2020 (BGBl. I S. 3096).

BGBl. III/FNA 611-8-2-2

Inhaltsübersicht

Abschnitt 1. Steuerpflicht §§

Abschnitt 2. Wertermittlung

Abschnitt 3. Berechnung der Steuer

Abschnitt 4. Steuerfestsetzung und Erhebung

Abschnitt 1. Steuerpflicht

§ 1 Steuerpflichtige Vorgänge. (1) Der Erbschaftsteuer (Schenkungsteuer) unterliegen

1. der Erwerb von Todes wegen;
2. die Schenkungen unter Lebenden;
3. die Zweckzuwendungen;
4. das Vermögen einer Stiftung, sofern sie wesentlich im Interesse einer Familie oder bestimmter Familien errichtet ist, und eines Vereins, dessen Zweck wesentlich im Interesse einer Familie oder bestimmter Familien auf die Bindung von Vermögen gerichtet ist, in Zeitabständen von je 30 Jahren seit dem in § 9 Abs. 1 Nr. 4 bestimmten Zeitpunkt.

(2) Soweit nichts anderes bestimmt ist, gelten die Vorschriften dieses Gesetzes über die Erwerbe von Todes wegen auch für Schenkungen und Zweckzuwendungen, die Vorschriften über Schenkungen auch für Zweckzuwendungen unter Lebenden.

§ 2 Persönliche Steuerpflicht. (1) Die Steuerpflicht tritt ein

1.[1] in den Fällen des § 1 Abs. 1 Nr. 1 bis 3, wenn der Erblasser zur Zeit seines Todes, der Schenker zur Zeit der Ausführung der Schenkung oder der Erwerber zur Zeit der Entstehung der Steuer (§ 9) ein Inländer ist, für den gesamten Vermögensanfall (unbeschränkte Steuerpflicht). [2] Als Inländer gelten

   a) natürliche Personen, die im Inland einen Wohnsitz oder ihren gewöhnlichen Aufenthalt haben,

[1] § 2 Abs. 1 Nr. 1 Satzteil vor Satz 2 geänd. durch G v. 7.12.2011 (BGBl. I S. 2592); zur Anwendung siehe § 37 Abs. 7.

b) deutsche Staatsangehörige, die sich nicht länger als fünf Jahre[1] dauernd im Ausland aufgehalten haben, ohne im Inland einen Wohnsitz zu haben,

c) unabhängig von der Fünfjahresfrist nach Buchstabe b deutsche Staatsangehörige, die

aa) im Inland weder einen Wohnsitz noch ihren gewöhnlichen Aufenthalt haben und

bb) zu einer inländischen juristischen Person des öffentlichen Rechts in einem Dienstverhältnis stehen und dafür Arbeitslohn aus einer inländischen öffentlichen Kasse beziehen,

sowie zu ihrem Haushalt gehörende Angehörige, die die deutsche Staatsangehörigkeit besitzen. [2]Dies gilt nur für Personen, deren Nachlaß oder Erwerb in dem Staat, in dem sie ihren Wohnsitz oder ihren gewöhnlichen Aufenthalt haben, lediglich in einem der Steuerpflicht nach Nummer 3 ähnlichen Umfang zu einer Nachlaß- oder Erbanfallsteuer herangezogen wird,

d) Körperschaften, Personenvereinigungen und Vermögensmassen, die ihre Geschäftsleitung oder ihren Sitz im Inland haben;

2. in den Fällen des § 1 Abs. 1 Nr. 4, wenn die Stiftung oder der Verein die Geschäftsleitung oder den Sitz im Inland hat;

3.[2] in allen anderen Fällen, *vorbehaltlich des Absatzes 3,* für den Vermögensanfall, der in Inlandsvermögen im Sinne des § 121 des Bewertungsgesetzes besteht (beschränkte Steuerpflicht). [2]Bei Inlandsvermögen im Sinne des § 121 Nr. 4 des Bewertungsgesetzes ist es ausreichend, wenn der Erblasser zur Zeit seines Todes oder der Schenker zur Zeit der Ausführung der Schenkung entsprechend der Vorschrift am Grund- oder Stammkapital der inländischen Kapitalgesellschaft beteiligt ist. [3]Wird nur ein Teil einer solchen Beteiligung durch Schenkung zugewendet, gelten die weiteren Erwerbe aus der Beteiligung, soweit die Voraussetzungen des § 14 erfüllt sind, auch dann als Erwerb von Inlandsvermögen, wenn im Zeitpunkt ihres Erwerbs die Beteiligung des Erblassers oder Schenkers weniger als ein Zehntel des Grund- oder Stammkapitals der Gesellschaft beträgt.

(2) Zum Inland im Sinne dieses Gesetzes gehört auch der der Bundesrepublik Deutschland zustehende Anteil am Festlandsockel, soweit dort Naturschätze des Meeresgrundes und des Meeresuntergrundes erforscht oder ausgebeutet werden.

(3)[3] (*aufgehoben*)

---

[1] Abweichend „zehn Jahre" bei Wegzug in die USA, vgl. Art. 3 des Zustimmungsgesetzes vom 15.9.2000 zum Ergänzungsprotokoll DBA – USA/Deutschland – ErbSt v. 14.9.1998 (BGBl. II S. 1170).

[2] § 2 Abs. 1 Nr. 3 Satzteil vor Satz 2 geänd. durch G v. 7.12.2011 (BGBl. I S. 2592), zur Anwendung siehe § 37 Abs. 7; kursiver Satzteil im Satzteil vor Satz 2 aufgeh. durch G v. 23.6.2017 (BGBl. I S. 1682), zur Anwendung siehe § 37 Abs. 14.

[3] § 2 Abs. 3 aufgeh. mWv 25.6.2017 durch G v. 23.6.2017 (BGBl. I S. 1682).

§ 3 Erwerb von Todes wegen. (1) Als Erwerb von Todes wegen gilt

1.[1] der Erwerb durch Erbanfall (§ 1922 des Bürgerlichen Gesetzbuchs), durch Vermächtnis (§§ 2147 ff. des Bürgerlichen Gesetzbuchs) oder auf Grund eines geltend gemachten Pflichtteilsanspruchs (§§ 2303 ff. des Bürgerlichen Gesetzbuchs);

2.[2] der Erwerb durch Schenkung auf den Todesfall (§ 2301 des Bürgerlichen Gesetzbuchs). [2] Als Schenkung auf den Todesfall gilt auch der auf dem Ausscheiden eines Gesellschafters beruhende Übergang des Anteils oder des Teils eines Anteils eines Gesellschafters einer Personengesellschaft oder Kapitalgesellschaft bei dessen Tod auf die anderen Gesellschafter oder die Gesellschaft, soweit der Wert, der sich für seinen Anteil zur Zeit seines Todes nach § 12 ergibt, Abfindungsansprüche Dritter übersteigt. [3] Wird auf Grund einer Regelung im Gesellschaftsvertrag einer Gesellschaft mit beschränkter Haftung der Geschäftsanteil eines Gesellschafters bei dessen Tod eingezogen und übersteigt der sich nach § 12 ergebende Wert seines Anteils zur Zeit seines Todes Abfindungsansprüche Dritter, gilt die insoweit bewirkte Werterhöhung der Geschäftsanteile der verbleibenden Gesellschafter als Schenkung auf den Todesfall;

3. die sonstigen Erwerbe, auf die die für Vermächtnisse geltenden Vorschriften des bürgerlichen Rechts Anwendung finden;

4. jeder Vermögensvorteil, der auf Grund eines vom Erblasser geschlossenen Vertrags bei dessen Tode von einem Dritten unmittelbar erworben wird.

(2) Als vom Erblasser zugewendet gilt auch

1.[3] der Übergang von Vermögen auf eine vom Erblasser angeordnete Stiftung. [2] Dem steht gleich die vom Erblasser angeordnete Bildung oder Ausstattung einer Vermögensmasse ausländischen Rechts, deren Zweck auf die Bindung von Vermögen gerichtet ist;

2. was jemand infolge Vollziehung einer vom Erblasser angeordneten Auflage oder infolge Erfüllung einer vom Erblasser gesetzten Bedingung erwirbt, es sei denn, daß eine einheitliche Zweckzuwendung vorliegt;

3. was jemand dadurch erlangt, daß bei Genehmigung einer Zuwendung des Erblassers Leistungen an andere Personen angeordnet oder zur Erlangung der Genehmigung freiwillig übernommen werden;

4.[4] was als Abfindung für einen Verzicht auf den entstandenen Pflichtteilsanspruch oder für die Ausschlagung einer Erbschaft, eines Erbersatzanspruchs oder eines Vermächtnisses oder für die Zurückweisung eines Rechts aus einem Vertrag des Erblassers zugunsten Dritter auf den Todesfall oder anstelle eines anderen in Absatz 1 genannten Erwerbs oder dafür gewährt wird, dass eine Rechtsstellung, insbesondere eine Erbenstellung, oder ein Recht oder ein An-

---

[1] § 3 Abs. 1 Nr. 1 neu gef. durch G v. 24.12.2008 (BGBl. I S. 3018).

[2] § 3 Abs. 1 Nr. 2 Satz 2 geänd., Satz 3 angef. mWv 5.3.1999 durch G v. 24.3.1999 (BGBl. I S. 402).

[3] § 3 Abs. 2 Nr. 1 Satz 2 angef. mWv 5.3.1999 durch G v. 24.3.1999 (BGBl. I S. 402).

[4] § 3 Abs. 2 Nr. 4 neu gef. mWv 1.1.2009 durch G v. 24.12.2008 (BGBl. I S. 3018); geänd. durch G v. 23.6.2017 (BGBl. I S. 1682), zur Anwendung siehe § 37 Abs. 14.

spruch, die zu einem Erwerb nach Absatz 1 führen würden, nicht mehr oder nur noch teilweise geltend gemacht werden;

5.[1] was als Abfindung für ein aufschiebend bedingtes, betagtes oder befristetes Vermächtnis, *für das die Ausschlagungsfrist abgelaufen ist* [***ab 29.12.2020:*** das der Vermächtnisnehmer angenommen hat], vor dem Zeitpunkt des Eintritts der Bedingung oder des Ereignisses gewährt wird;

6. was als Entgelt für die Übertragung der Anwartschaft eines Nacherben gewährt wird;

7.[2] was der Vertragserbe oder der Schlusserbe eines gemeinschaftlichen Testaments oder der Vermächtnisnehmer wegen beeinträchtigender Schenkungen des Erblassers (§§ 2287, 2288 Abs. 2 des Bürgerlichen Gesetzbuchs) von dem Beschenkten nach den Vorschriften über die ungerechtfertigte Bereicherung erlangt.

§ 4 Fortgesetzte Gütergemeinschaft. (1)[3] Wird die Gütergemeinschaft beim Tod eines Ehegatten oder beim Tod eines Lebenspartners fortgesetzt (§§ 1483 ff. des Bürgerlichen Gesetzbuchs), wird dessen Anteil am Gesamtgut so behandelt, als wäre er ausschließlich den anteilsberechtigten Abkömmlingen angefallen.

(2) [1] Beim Tode eines anteilsberechtigten Abkömmlings gehört dessen Anteil am Gesamtgut zu seinem Nachlaß. [2] Als Erwerber des Anteils gelten diejenigen, denen der Anteil nach § 1490 Satz 2 und 3 des Bürgerlichen Gesetzbuchs zufällt.

§ 5 Zugewinngemeinschaft. (1)[4] [1] Wird der Güterstand der Zugewinngemeinschaft (§ 1363 des Bürgerlichen Gesetzbuchs, § 6 des Lebenspartnerschaftsgesetzes[4]) durch den Tod eines Ehegatten oder den Tod eines Lebenspartners[4] beendet und der Zugewinn nicht nach § 1371 Abs. 2 des Bürgerlichen Gesetzbuchs ausgeglichen, gilt beim überlebenden Ehegatten oder beim überlebenden Lebenspartner[4] der Betrag, den er nach Maßgabe des § 1371 Abs. 2 des Bürgerlichen Gesetzbuchs als Ausgleichsforderung geltend machen könnte, nicht als Erwerb im Sinne des § 3. [2] Bei der Berechnung dieses Betrags bleiben von den Vorschriften der §§ 1373 bis 1383 und 1390 des Bürgerlichen Gesetzbuchs abweichende güterrechtliche Vereinbarungen unberücksichtigt. [3] Die Vermutung des § 1377 Abs. 3 des Bürgerlichen Gesetzbuchs findet keine Anwendung. [4] Wird der Güterstand der Zugewinngemeinschaft durch Ehevertrag oder Lebenspartnerschaftsvertrag[4] vereinbart, gilt als Zeitpunkt des Eintritts des Güterstandes (§ 1374 Abs. 1 des Bürgerlichen Gesetzbuchs) der Tag des Vertragsabschlusses. [5] Soweit das Endvermögen[4] des Erblassers bei der Ermittlung des als Ausgleichsforderung steuerfreien Betrags mit einem höheren Wert als dem nach den steuerlichen Bewertungsgrundsätzen maßgebenden

---

[1] § 3 Abs. 2 Nr. 5 geänd. durch G v. 21.12.2020 (BGBl. I S. 3096); zur Anwendung siehe § 37 Abs. 18.

[2] § 3 Abs. 2 Nr. 7 neu gef. mWv 1.1.2009 durch G v. 24.12.2008 (BGBl. I S. 3018).

[3] § 4 Abs. 1 neu gef. mWv 1.1.2009 durch G v. 24.12.2008 (BGBl. I S. 3018).

[4] § 5 Abs. 1 Sätze 1, 4 und 5 geänd. bzw. ergänzt mWv 1.1.2009 durch G v. 24.12.2008 (BGBl. I S. 3018); Satz 6 angef. durch G v. 21.12.2020 (BGBl. I S. 3096); zur Anwendung siehe § 37 Abs. 18.

Wert angesetzt worden ist, gilt höchstens der dem Steuerwert des Endvermögens[1] entsprechende Betrag nicht als Erwerb im Sinne des § 3. [*ab 29.12.2020:* [6] Sind bei der Ermittlung der Bereicherung des überlebenden Ehegatten oder des überlebenden Lebenspartners Steuerbefreiungen berücksichtigt worden, gilt die Ausgleichsforderung im Verhältnis des um den Wert des steuerbefreiten Vermögens geminderten Werts des Endvermögens zum ungeminderten Wert des Endvermögens des Erblassers nicht als Erwerb im Sinne des § 3.]

(2)[2] Wird der Güterstand der Zugewinngemeinschaft in anderer Weise als durch den Tod eines Ehegatten oder eines Lebenspartners[2] beendet oder wird der Zugewinn nach § 1371 Abs. 2 des Bürgerlichen Gesetzbuchs ausgeglichen, gehört die Ausgleichsforderung (§ 1378 des Bürgerlichen Gesetzbuchs) nicht zum Erwerb im Sinne der §§ 3 und 7.

(3)[2] Wird der Güterstand der Wahl-Zugewinngemeinschaft (§ 1519 des Bürgerlichen Gesetzbuchs) beendet und der Zugewinn ausgeglichen, so gehört die Ausgleichsforderung (Artikel 12 Absatz 1 des Abkommens vom 4. Februar 2010 zwischen der Bundesrepublik Deutschland und der Französischen Republik über den Güterstand der Wahl-Zugewinngemeinschaft) nicht zum Erwerb im Sinne der §§ 3 und 7.

§ 6 Vor- und Nacherbschaft. (1) Der Vorerbe gilt als Erbe.

(2) [1] Bei Eintritt der Nacherbfolge haben diejenigen, auf die das Vermögen übergeht, den Erwerb als vom Vorerben stammend zu versteuern. [2] Auf Antrag ist der Versteuerung das Verhältnis des Nacherben zum Erblasser zugrunde zu legen. [3] Geht in diesem Fall auch eigenes Vermögen des Vorerben auf den Nacherben über, sind beide Vermögensanfälle hinsichtlich der Steuerklasse getrennt zu behandeln. [4] Für das eigene Vermögen des Vorerben kann ein Freibetrag jedoch nur gewährt werden, soweit der Freibetrag für das der Nacherbfolge unterliegende Vermögen nicht verbraucht ist. [5] Die Steuer ist für jeden Erwerb jeweils nach dem Steuersatz zu erheben, der für den gesamten Erwerb gelten würde.

(3) [1] Tritt die Nacherbfolge nicht durch den Tod des Vorerben ein, gilt die Vorerbfolge als auflösend bedingter, die Nacherbfolge als aufschiebend bedingter Anfall. [2] In diesem Fall ist dem Nacherben die vom Vorerben entrichtete Steuer abzüglich desjenigen Steuerbetrags anzurechnen, welcher der tatsächlichen Bereicherung des Vorerben entspricht.

(4) Nachvermächtnisse und beim Tod des Beschwerten fällige Vermächtnisse oder Auflagen[3] stehen den Nacherbschaften gleich.

§ 7 Schenkungen unter Lebenden. (1) Als Schenkungen unter Lebenden gelten

---

[1] § 5 Abs. 1 Sätze 1, 4 und 5 geänd. bzw. ergänzt mWv 1.1.2009 durch G v. 24.12.2008 (BGBl. I S. 3018); Satz 6 angef. durch G v. 21.12.2020 (BGBl. I S. 3096); zur Anwendung siehe § 37 Abs. 18.

[2] § 5 Abs. 2 geänd. bzw. ergänzt, Abs. 3 angef. durch G v. 15.3.2012 (BGBl. II S. 178); nach Art. 6 Abs. 1 des G tritt er jedoch erst dann in Kraft, wenn das Abkommen v. 4.2.2010 in Kraft tritt. Dies geschah mWv 1.5.2013.

[3] § 6 Abs. 4 ergänzt mWv 1.1.2009 durch G v. 24.12.2008 (BGBl. I S. 3018).

1. jede freigebige Zuwendung unter Lebenden, soweit der Bedachte durch sie auf Kosten des Zuwendenden bereichert wird;
2. was infolge Vollziehung einer von dem Schenker angeordneten Auflage oder infolge Erfüllung einer einem Rechtsgeschäft unter Lebenden beigefügten Bedingung ohne entsprechende Gegenleistung erlangt wird, es sei denn, daß eine einheitliche Zweckzuwendung vorliegt;
3. was jemand dadurch erlangt, daß bei Genehmigung einer Schenkung Leistungen an andere Personen angeordnet oder zur Erlangung der Genehmigung freiwillig übernommen werden;
4.[1] die Bereicherung, die ein Ehegatte oder ein Lebenspartner[2] bei Vereinbarung der Gütergemeinschaft (§ 1415 des Bürgerlichen Gesetzbuchs) erfährt;
5. was als Abfindung für einen Erbverzicht (§§ 2346 und 2352 des Bürgerlichen Gesetzbuchs) gewährt wird;
6.[3] *(aufgehoben)*
7. was ein Vorerbe dem Nacherben mit Rücksicht auf die angeordnete Nacherbschaft vor ihrem Eintritt herausgibt;
8.[4] der Übergang von Vermögen auf Grund eines Stiftungsgeschäfts unter Lebenden. [2]Dem steht gleich die Bildung oder Ausstattung einer Vermögensmasse ausländischen Rechts, deren Zweck auf die Bindung von Vermögen gerichtet ist;
9.[5] was bei Aufhebung einer Stiftung oder bei Auflösung eines Vereins, dessen Zweck auf die Bindung von Vermögen gerichtet ist, erworben wird. [2]Dem steht gleich der Erwerb bei Auflösung einer Vermögensmasse ausländischen Rechts, deren Zweck auf die Bindung von Vermögen gerichtet ist, sowie der Erwerb durch Zwischenberechtigte während des Bestehens der Vermögensmasse. [3]Wie eine Auflösung wird auch der Formwechsel eines rechtsfähigen Vereins, dessen Zweck wesentlich im Interesse einer Familie oder bestimmter Familien auf die Bindung von Vermögen gerichtet ist, in eine Kapitalgesellschaft behandelt;
10. was als Abfindung für aufschiebend bedingt, betagt oder befristet erworbene Ansprüche, soweit es sich nicht um einen Fall des § 3 Abs. 2 Nr. 5 handelt, vor dem Zeitpunkt des Eintritts der Bedingung oder des Ereignisses gewährt wird.

(2) [1]Im Fall des Absatzes 1 Nr. 7 ist der Versteuerung auf Antrag das Verhältnis des Nacherben zum Erblasser zugrunde zu legen. [2]§ 6 Abs. 2 Satz 3 bis 5 gilt entsprechend.

(3) Gegenleistungen, die nicht in Geld veranschlagt werden können, werden bei der Feststellung, ob eine Bereicherung vorliegt, nicht berücksichtigt.

---

[1] Wegen der Sonderregelung bei der Vereinbarung der Gütergemeinschaft vgl. Art. 5 G zur Reform des Erbschaftsteuer- und Schenkungsteuerrechts v. 17.4.1974 (BGBl. I S. 933).

[2] § 7 Abs. 1 Nr. 4 ergänzt mWv 1.1.2009 durch G v. 24.12.2008 (BGBl. I S. 3018).

[3] § 7 Abs. 1 Nr. 6 aufgeh. mWv 1.1.2009 durch G v. 24.12.2008 (BGBl. I S. 3018).

[4] § 7 Abs. 1 Nr. 8 Satz 2 angef. mWv 5.3.1999 durch G v. 24.3.1999 (BGBl. I S. 402).

[5] § 7 Abs. 1 Nr. 9 Satz 2 angef. mWv 5.3.1999 durch G v. 24.3.1999 (BGBl. I S. 402), Nr. 9 Satz 3 angef. mWv 1.1.2009 durch G v. 24.12.2008 (BGBl. I S. 3018).

(4) Die Steuerpflicht einer Schenkung wird nicht dadurch ausgeschlossen, daß sie zur Belohnung oder unter einer Auflage gemacht oder in die Form eines lästigen Vertrags gekleidet wird.

(5) [1] Ist Gegenstand der Schenkung eine Beteiligung an einer Personengesellschaft, in deren Gesellschaftsvertrag bestimmt ist, daß der neue Gesellschafter bei Auflösung der Gesellschaft oder im Fall eines vorherigen Ausscheidens nur den Buchwert seines Kapitalanteils erhält, werden diese Bestimmungen bei der Feststellung der Bereicherung nicht berücksichtigt. [2] Soweit die Bereicherung den Buchwert des Kapitalanteils übersteigt, gilt sie als auflösend bedingt erworben.

(6) Wird eine Beteiligung an einer Personengesellschaft mit einer Gewinnbeteiligung ausgestattet, die insbesondere der Kapitaleinlage, der Arbeits- oder der sonstigen Leistung des Gesellschafters für die Gesellschaft nicht entspricht oder die einem fremden Dritten üblicherweise nicht eingeräumt würde, gilt das Übermaß an Gewinnbeteiligung als selbständige Schenkung, die mit dem Kapitalwert anzusetzen ist.

(7)[1)] [1] Als Schenkung gilt auch der auf dem Ausscheiden eines Gesellschafters beruhende Übergang des Anteils oder des Teils eines Anteils eines Gesellschafters einer Personengesellschaft oder Kapitalgesellschaft auf die anderen Gesellschafter oder die Gesellschaft, soweit der Wert, der sich für seinen Anteil zur Zeit seines Ausscheidens nach § 12 ergibt, den Abfindungsanspruch übersteigt. [2] Wird auf Grund einer Regelung im Gesellschaftsvertrag einer Gesellschaft mit beschränkter Haftung der Geschäftsanteil eines Gesellschafters bei dessen Ausscheiden eingezogen und übersteigt der sich nach § 12 ergebende Wert seines Anteils zur Zeit seines Ausscheidens den Abfindungsanspruch, gilt die insoweit bewirkte Werterhöhung der Anteile der verbleibenden Gesellschafter als Schenkung des ausgeschiedenen Gesellschafters. [3] Bei Übertragungen im Sinne des § 10 Abs. 10 gelten die Sätze 1 und 2 sinngemäß.

(8)[2)] [1] Als Schenkung gilt auch die Werterhöhung von Anteilen an einer Kapitalgesellschaft, die eine an der Gesellschaft unmittelbar oder mittelbar beteiligte natürliche Person oder Stiftung (Bedachte) durch die Leistung einer anderen Person (Zuwendender) an die Gesellschaft erlangt. [2] Freigebig sind auch Zuwendungen zwischen Kapitalgesellschaften, soweit sie in der Absicht getätigt werden, Gesellschafter zu bereichern und soweit an diesen Gesellschaften nicht unmittelbar oder mittelbar dieselben Gesellschafter zu gleichen Anteilen beteiligt sind. [3] Die Sätze 1 und 2 gelten außer für Kapitalgesellschaften auch für Genossenschaften.

§ 8 Zweckzuwendungen. Zweckzuwendungen sind Zuwendungen von Todes wegen oder freigebige Zuwendungen unter Lebenden, die mit der Auflage verbunden sind, zugunsten eines bestimmten Zwecks verwendet zu werden, oder die von der Verwendung zugunsten eines bestimmten Zwecks abhängig sind, soweit hierdurch die Bereicherung des Erwerbers gemindert wird.

---

1) § 7 Abs. 7 Satz 1 geänd., Satz 2 angef. mWv 5.3.1999 durch G v. 24.3.1999 (BGBl. I S. 402), Satz 3 angef. mWv 1.1.2009 durch G v. 24.12.2008 (BGBl. I S. 3018).

2) § 7 Abs. 8 angef. durch G v. 7.12.2011 (BGBl. I S. 2592); zur Anwendung siehe § 37 Abs. 7 Satz 1.

§ 9 Entstehung der Steuer. (1) Die Steuer entsteht

1. bei Erwerben von Todes wegen mit dem Tode des Erblassers, jedoch
   a) für den Erwerb des unter einer aufschiebenden Bedingung, unter einer Betagung oder Befristung Bedachten sowie für zu einem Erwerb gehörende aufschiebend bedingte, betagte oder befristete Ansprüche mit dem Zeitpunkt des Eintritts der Bedingung oder des Ereignisses,
   b)[1] für den Erwerb eines geltend gemachten Pflichtteilsanspruchs mit dem Zeitpunkt der Geltendmachung,
   c) im Fall des § 3 Abs. 2 Nr. 1 Satz 1 mit dem Zeitpunkt der Anerkennung der Stiftung als rechtsfähig und im Fall des § 3 Abs. 2 Nr. 1 Satz 2 mit dem Zeitpunkt der Bildung oder Ausstattung der Vermögensmasse[2],
   d) in den Fällen des § 3 Abs. 2 Nr. 2 mit dem Zeitpunkt der Vollziehung der Auflage oder der Erfüllung der Bedingung,
   e) in den Fällen des § 3 Abs. 2 Nr. 3 mit dem Zeitpunkt der Genehmigung,
   f)[3] in den Fällen des § 3 Absatz 2 Nummer 4 mit dem Zeitpunkt des Verzichts, der Ausschlagung, der Zurückweisung oder der Erklärung über das Nichtgeltendmachen,
   g) im Fall des § 3 Abs. 2 Nr. 5 mit dem Zeitpunkt der Vereinbarung über die Abfindung,
   h) für den Erwerb des Nacherben mit dem Zeitpunkt des Eintritts der Nacherbfolge,
   i) im Fall des § 3 Abs. 2 Nr. 6 mit dem Zeitpunkt der Übertragung der Anwartschaft,
   j) im Fall des § 3 Abs. 2 Nr. 7 mit dem Zeitpunkt der Geltendmachung des Anspruchs;
2. bei Schenkungen unter Lebenden mit dem Zeitpunkt der Ausführung der Zuwendung;
3. bei Zweckzuwendungen mit dem Zeitpunkt des Eintritts der Verpflichtung des Beschwerten;
4. in den Fällen des § 1 Abs. 1 Nr. 4 in Zeitabständen von je 30 Jahren seit dem Zeitpunkt des ersten Übergangs von Vermögen auf die Stiftung oder auf den Verein. [2]Fällt bei Stiftungen oder Vereinen der Zeitpunkt des ersten Übergangs von Vermögen auf den 1. Januar 1954 oder auf einen früheren Zeitpunkt, entsteht die Steuer erstmals am 1. Januar 1984. [3]Bei Stiftungen und Vereinen, bei denen die Steuer erstmals am 1. Januar 1984 entsteht, richtet sich der Zeitraum von 30 Jahren nach diesem Zeitpunkt.

(2) In den Fällen der Aussetzung der Versteuerung nach § 25 Abs. 1 Buchstabe a[4] gilt die Steuer für den Erwerb des belasteten Vermögens als mit dem Zeitpunkt des Erlöschens der Belastung entstanden.

---

[1] § 9 Abs. 1 Nr. 1 Buchst. b geänd. mWv 1.1.2009 durch G v. 24.12.2008 (BGBl. I S. 3018).

[2] § 9 Abs. 1 Nr. 1 Buchst. c ergänzt durch G v. 24.3.1999 (BGBl. I S. 402) und geänd. durch G v. 15.7.2002 (BGBl. I S. 2634).

[3] § 9 Abs. 1 Nr. 1 Buchst. f neu gef. durch G v. 23.6.2017 (BGBl. I S. 1682); zur Anwendung siehe § 37 Abs. 14.

[4] § 25 Abs. 1 Buchst. a idF des G v. 17.4.1974 (BGBl. I S. 933) gilt in Steuerfällen, die bis zum 30.8.1980 eingetreten waren (§ 37 Abs. 2).

Abschnitt 2. Wertermittlung

§ 10 Steuerpflichtiger Erwerb. (1)[1] [1]Als steuerpflichtiger Erwerb gilt die Bereicherung des Erwerbers, soweit sie nicht steuerfrei ist (§§ 5, 13, 13a, 13c, 13d,[2] 16, 17 und 18). [2]In den Fällen des § 3 gilt unbeschadet Absatz 10 als Bereicherung der Betrag, der sich ergibt, wenn von dem nach § 12 zu ermittelnden Wert des gesamten Vermögensanfalls, soweit er der Besteuerung nach diesem Gesetz unterliegt, die nach den Absätzen 3 bis 9 abzugsfähigen Nachlassverbindlichkeiten mit ihrem nach § 12 zu ermittelnden Wert abgezogen werden. [3]*Steuererstattungsansprüche des Erblassers sind zu berücksichtigen, wenn sie rechtlich entstanden sind (§ 37 Abs. 2 der Abgabenordnung).*[3][***ab 29.12.2020:*** [3]Die vom Erblasser herrührenden Steuererstattungsansprüche sind bei der Ermittlung der Bereicherung zu berücksichtigen, auch wenn sie rechtlich erst nach dem Tod des Erblassers entstanden sind.] [4]Der unmittelbare oder mittelbare Erwerb einer Beteiligung an einer Personengesellschaft oder einer anderen Gesamthandsgemeinschaft, die nicht unter § 97 Abs. 1 Satz 1 Nr. 5 des Bewertungsgesetzes fällt, gilt als Erwerb der anteiligen Wirtschaftsgüter; die dabei übergehenden Schulden und Lasten der Gesellschaft sind bei der Ermittlung der Bereicherung des Erwerbers wie eine Gegenleistung zu behandeln.[4] [5]Bei der Zweckzuwendung tritt an die Stelle des Vermögensanfalls die Verpflichtung des Beschwerten. [6]Der steuerpflichtige Erwerb wird auf volle 100 Euro[5] nach unten abgerundet. [7]In den Fällen des § 1 Abs. 1 Nr. 4 tritt an die Stelle des Vermögensanfalls das Vermögen der Stiftung oder des Vereins.

(2) Hat der Erblasser die Entrichtung der von dem Erwerber geschuldeten Steuer einem anderen auferlegt oder hat der Schenker die Entrichtung der vom Beschenkten geschuldeten Steuer selbst übernommen oder einem anderen auferlegt, gilt als Erwerb der Betrag, der sich bei einer Zusammenrechnung des Erwerbs nach Absatz 1 mit der aus ihm errechneten Steuer ergibt.

(3) Die infolge des Anfalls durch Vereinigung von Recht und Verbindlichkeit oder von Recht und Belastung erloschenen Rechtsverhältnisse gelten als nicht erloschen.

(4) Die Anwartschaft eines Nacherben gehört nicht zu seinem Nachlaß.

(5) Von dem Erwerb sind, soweit sich nicht aus den Absätzen 6 bis 9 etwas anderes ergibt, als Nachlaßverbindlichkeiten abzugsfähig

1.[6] die vom Erblasser herrührenden Schulden, soweit sie nicht mit einem zum Erwerb gehörenden Gewerbebetrieb, Anteil an einem Gewerbebetrieb, Betrieb der Land- und Forstwirtschaft oder Anteil an einem Betrieb der Land- und Forstwirtschaft in wirtschaftlichem Zusammenhang stehen und bereits bei der Bewertung der wirtschaftlichen Einheit berücksichtigt worden sind;

---

[1] § 10 Abs. 1 Sätze 1 und 2 ergänzt mWv 1.1.2009 durch G v. 24.12.2008 (BGBl. I S. 3018).

[2] § 10 Abs. 1 Satz 1 ergänzt mWv 1.7.2016 (§ 37 Abs. 12 Satz 1) durch G v. 4.11.2016 (BGBl. I S. 2464); Satz 3 neu gef. durch G v. 21.12.2020 (BGBl. I S. 3096); zur Anwendung siehe § 37 Abs. 18.

[3] § 10 Abs. 1 Satz 3 eingef. mWv 1.1.2009 durch G v. 24.12.2008 (BGBl. I S. 3018).

[4] § 10 Abs. 1 Satz 4 neu gef. mWv 1.1.2009 durch G v. 24.12.2008 (BGBl. I S. 3018).

[5] Betrag geänd. mWv 1.1.2002 durch G v. 19.12.2000 (BGBl. I S. 1790).

[6] § 10 Abs. 5 Nr. 1 neu gef. mWv 1.1.2009 durch G v. 24.12.2008 (BGBl. I S. 3018).

2. Verbindlichkeiten aus Vermächtnissen, Auflagen und geltend gemachten Pflichtteilen und Erbersatzansprüchen;
3. die Kosten der Bestattung des Erblassers, die Kosten für ein angemessenes Grabdenkmal, die Kosten für die übliche Grabpflege mit ihrem Kapitalwert für eine unbestimmte Dauer sowie die Kosten, die dem Erwerber unmittelbar im Zusammenhang mit der Abwicklung, Regelung oder Verteilung des Nachlasses oder mit der Erlangung des Erwerbs entstehen. [2]Für diese Kosten wird insgesamt ein Betrag von 10 300 Euro[1)] ohne Nachweis abgezogen. [3]Kosten für die Verwaltung des Nachlasses sind nicht abzugsfähig.

(6)[2)] [1]Nicht abzugsfähig sind Schulden und Lasten, soweit sie in wirtschaftlichem Zusammenhang mit Vermögensgegenständen stehen, die nicht der Besteuerung nach diesem Gesetz unterliegen. [2]Beschränkt sich die Besteuerung auf einzelne Vermögensgegenstände (§ 2 Abs. 1 Nr. 3, § 19 Abs. 2), sind nur die damit in wirtschaftlichem Zusammenhang stehenden Schulden und Lasten abzugsfähig. [3]Schulden *und Lasten, die mit teilweise befreiten Vermögensgegenständen in wirtschaftlichem Zusammenhang stehen, sind nur mit dem Betrag abzugsfähig, der dem steuerpflichtigen Teil entspricht.* [***ab 29.12.2020:*** und Lasten sind nicht abzugsfähig, soweit die Vermögensgegenstände, mit denen diese in wirtschaftlichem Zusammenhang stehen, steuerbefreit sind.] [4]Schulden und Lasten, die mit nach den §§ 13a und 13c befreitem Vermögen in wirtschaftlichem Zusammenhang stehen, sind nur mit dem Betrag abzugsfähig, der dem Verhältnis des nach Anwendung der §§ 13a und 13c anzusetzenden Werts dieses Vermögens zu dem Wert vor Anwendung der §§ 13a und 13c entspricht.

[Fassung bis 28.12.2020:]

[5]Schulden und Lasten, die mit nach § 13d befreitem Vermögen in wirtschaftlichem Zusammenhang stehen, sind nur mit dem Betrag abzugsfähig, der dem Verhältnis des nach Anwendung des § 13d anzusetzenden Werts dieses Vermögens zu dem Wert vor Anwendung des § 13d entspricht. [6]Haben sich Nutzungsrechte als Grundstücksbelastungen bei der Ermittlung des gemeinen Werts einer wirtschaftlichen Einheit des Grundbesitzes ausgewirkt, ist deren Abzug bei der Erbschaftsteuer ausgeschlossen.

[Fassung ab 29.12.2020:]

[5]Schulden und Lasten, die nicht in wirtschaftlichem Zusammenhang mit einzelnen Vermögensgegenständen des Erwerbs stehen, sind anteilig allen Vermögensgegenständen des Erwerbs zuzurechnen. [6]Dies gilt nicht für Kosten im Sinne des Absatzes 5 Nummer 3. [7]Der jeweilige Anteil bemisst sich nach dem Verhältnis des Werts des Vermögensgegenstands nach Abzug der mit diesem Vermögensgegenstand in wirtschaftlichem Zusammenhang stehenden Schulden und Lasten zum Gesamtwert der Vermögensgegenstände nach Abzug aller mit diesen Vermögensgegen-

---

1) Betrag geänd. mWv 1.1.2002 durch G v. 19.12.2000 (BGBl. I S. 1790).

2) § 10 Abs. 6 Sätze 4 und 5 neu gef., Satz 6 angef. mWv 1.1.2009 durch G v. 24.12.2008 (BGBl. I S. 3018); Sätze 4 und 5 geänd. mWv 1.7.2016 (§ 37 Abs. 12 Satz 1) durch G v. 4.11.2016 (BGBl. I S. 2464); Satz 3 neu gef., Satz 5 ersetzt durch Sätze 5 bis 10, bish. Satz 6 wird Satz 11 durch G v. 21.12.2020 (BGBl. I S. 3096); zur Anwendung siehe § 37 Abs. 18.

[Fassung ab 29.12.2020:]

ständen in wirtschaftlichem Zusammenhang stehenden Schulden und Lasten. [8]In den Fällen einer Steuerbefreiung nach den §§ 13a und 13c ist bei Anwendung der Sätze 5 bis 7 nicht auf den einzelnen Vermögensgegenstand, sondern auf die Summe der begünstigten Vermögen im Sinne des § 13b Absatz 2 abzustellen. [9]Der auf den einzelnen Vermögensgegenstand entfallende Anteil an den Schulden und Lasten im Sinne des Satzes 5 ist nicht abzugsfähig, soweit dieser Vermögensgegenstand steuerbefreit ist. [10]Die auf das nach den §§ 13a und 13c befreite Vermögen entfallenden Schulden und Lasten im Sinne der Sätze 5 bis 8 sind nur mit dem Betrag abzugsfähig, der dem Verhältnis des nach Anwendung der §§ 13a und 13c anzusetzenden Werts dieses Vermögens zu dem Wert vor Anwendung der §§ 13a und 13c entspricht. [11]Haben sich Nutzungsrechte als Grundstücksbelastungen bei der Ermittlung des gemeinen Werts einer wirtschaftlichen Einheit des Grundbesitzes ausgewirkt, ist deren Abzug bei der Erbschaftsteuer ausgeschlossen.

(7) In den Fällen des § 1 Abs. 1 Nr. 4 sind Leistungen an die nach der Stiftungsurkunde oder nach der Vereinssatzung Berechtigten nicht abzugsfähig.

(8)[1)] [1]Die von dem Erwerber zu entrichtende eigene Erbschaftsteuer ist nicht abzugsfähig. [***ab 29.12.2020:*** [2]Satz 1 gilt in den Fällen des § 1 Absatz 1 Nummer 4 entsprechend.]

(9) Auflagen, die dem Beschwerten selbst zugute kommen, sind nicht abzugsfähig.

(10)[2)] [1]Überträgt ein Erbe ein auf ihn von Todes wegen übergegangenes Mitgliedschaftsrecht an einer Personengesellschaft unverzüglich nach dessen Erwerb auf Grund einer im Zeitpunkt des Todes des Erblassers bestehenden Regelung im Gesellschaftsvertrag an die Mitgesellschafter und ist der Wert, der sich für seinen Anteil zur Zeit des Todes des Erblassers nach § 12 ergibt,

---

[1)] § 10 Abs. 8 Satz 2 angef. durch G v. 21.12.2020 (BGBl. I S. 3096); zur Anwendung siehe § 37 Abs. 18.

[2)] § 10 Abs. 10 angef. mWv 1.1.2009 durch G v. 24.12.2008 (BGBl. I S. 3018).

höher als der gesellschaftsvertraglich festgelegte Abfindungsanspruch, so gehört nur der Abfindungsanspruch zum Vermögensanfall im Sinne des Absatzes 1 Satz 2. [2] Überträgt ein Erbe einen auf ihn von Todes wegen übergegangenen Geschäftsanteil an einer Gesellschaft mit beschränkter Haftung unverzüglich nach dessen Erwerb auf Grund einer im Zeitpunkt des Todes des Erblassers bestehenden Regelung im Gesellschaftsvertrag an die Mitgesellschafter oder wird der Geschäftsanteil auf Grund einer im Zeitpunkt des Todes des Erblassers bestehenden Regelung im Gesellschaftsvertrag von der Gesellschaft eingezogen und ist der Wert, der sich für seinen Anteil zur Zeit des Todes des Erblassers nach § 12 ergibt, höher als der gesellschaftsvertraglich festgelegte Abfindungsanspruch, so gehört nur der Abfindungsanspruch zum Vermögensanfall im Sinne des Absatzes 1 Satz 2.

§ 11 Bewertungsstichtag. Für die Wertermittlung ist, soweit in diesem Gesetz nichts anderes bestimmt ist, der Zeitpunkt der Entstehung der Steuer maßgebend.

§ 12[1] **Bewertung.** (1) Die Bewertung richtet sich, soweit nicht in den Absätzen 2 bis 7 etwas anderes bestimmt ist, nach den Vorschriften des Ersten Teils des Bewertungsgesetzes (Allgemeine Bewertungsvorschriften) in der Fassung der Bekanntmachung vom 1. Februar 1991 (BGBl. I S. 230), zuletzt geändert durch Artikel 2 des Gesetzes vom 24. Dezember 2008 (BGBl. I S. 3018), in der jeweils geltenden Fassung.

(2) Anteile an Kapitalgesellschaften, für die ein Wert nach § 151 Abs. 1 Satz 1 Nr. 3 des Bewertungsgesetzes festzustellen ist, sind mit dem auf den Bewertungsstichtag (§ 11) festgestellten Wert anzusetzen.

(3)[2] Grundbesitz (*§ 19 Abs. 1* [***ab 1.1.2025:*** § 157 Absatz 1 Satz 1] des Bewertungsgesetzes) ist mit dem nach § 151 Abs. 1 Satz 1 Nr. 1 des Bewertungsgesetzes auf den Bewertungsstichtag (§ 11) festgestellten Wert anzusetzen.

(4) Bodenschätze, die nicht zum Betriebsvermögen gehören, werden angesetzt, wenn für sie Absetzungen für Substanzverringerung bei der Einkunftsermittlung vorzunehmen sind; sie werden mit ihren ertragsteuerlichen Werten angesetzt.

(5) Inländisches Betriebsvermögen, für das ein Wert nach § 151 Abs. 1 Satz 1 Nr. 2 des Bewertungsgesetzes festzustellen ist, ist mit dem auf den Bewertungsstichtag (§ 11) festgestellten Wert anzusetzen.

(6) Gehört zum Erwerb ein Anteil an Wirtschaftsgütern und Schulden, für die ein Wert nach § 151 Abs. 1 Satz 1 Nr. 4 des Bewertungsgesetzes festzustellen ist, ist der darauf entfallende Teilbetrag des auf den Bewertungsstichtag (§ 11) festgestellten Werts anzusetzen.

(7) Ausländischer Grundbesitz und ausländisches Betriebsvermögen werden nach § 31 des Bewertungsgesetzes bewertet.

---

[1] § 12 neu gef. mWv 1.1.2009 durch G v. 24.12.2008 (BGBl. I S. 3018).
[2] § 12 Abs. 3 geänd. mWv 1.1.2025 durch G v. 26.11.2019 (BGBl. I S. 1794).

§ 13 Steuerbefreiungen. (1) Steuerfrei bleiben

1.[1] a) Hausrat einschließlich Wäsche und Kleidungsstücke beim Erwerb durch Personen der Steuerklasse I, soweit der Wert insgesamt 41 000 Euro[2] nicht übersteigt,

b) andere bewegliche körperliche Gegenstände, die nicht nach Nummer 2 befreit sind, beim Erwerb durch Personen der Steuerklasse I, soweit der Wert insgesamt 12 000 Euro[3] nicht übersteigt,

c) Hausrat einschließlich Wäsche und Kleidungsstücke und andere bewegliche körperliche Gegenstände, die nicht nach Nummer 2 befreit sind, beim Erwerb durch Personen der Steuerklassen II und III, soweit der Wert insgesamt 12 000 Euro[3] nicht übersteigt.

[2]Die Befreiung gilt nicht für Gegenstände, die zum land- und forstwirtschaftlichen Vermögen, zum Grundvermögen oder zum Betriebsvermögen gehören, für Zahlungsmittel, Wertpapiere, Münzen, Edelmetalle, Edelsteine und Perlen;[4]

2. Grundbesitz oder Teile von Grundbesitz, Kunstgegenstände, Kunstsammlungen, wissenschaftliche Sammlungen, Bibliotheken und Archive

a) mit 60 Prozent ihres Werts, jedoch Grundbesitz und Teile von Grundbesitz mit 85 Prozent ihres Werts,[5] wenn die Erhaltung dieser Gegenstände wegen ihrer Bedeutung für Kunst, Geschichte oder Wissenschaft im öffentlichen Interesse liegt, die jährlichen Kosten in der Regel die erzielten Einnahmen übersteigen und die Gegenstände in einem den Verhältnissen entsprechenden Umfang den Zwecken der Forschung oder der Volksbildung nutzbar gemacht sind oder werden,

b)[6] in vollem Umfang, wenn die Voraussetzungen des Buchstabens a erfüllt sind und ferner

aa) der Steuerpflichtige bereit ist, die Gegenstände den geltenden Bestimmungen der Denkmalspflege zu unterstellen,

bb) die Gegenstände sich seit mindestens 20 Jahren im Besitz der Familie befinden oder in ein Verzeichnis national wertvollen Kulturgutes nach § 7 Absatz 1 des Kulturgutschutzgesetzes vom 31. Juli 2016 (BGBl. I S. 1914) in der jeweils geltenden Fassung eingetragen sind.

[2]Die Steuerbefreiung fällt mit Wirkung für die Vergangenheit weg, wenn die Gegenstände innerhalb von zehn Jahren nach dem Erwerb veräußert werden oder die Voraussetzungen für die Steuerbefreiung innerhalb dieses Zeitraums entfallen;

---

[1] § 13 Abs. 1 Nr. 1 Satz 1 Buchst. b Beträge geänd., Satz 2 eingef. mWv 1.1.2009 durch G v. 24.12.2008 (BGBl. I S. 3018).

[2] Betrag geänd. mWv 1.1.2002 durch G v. 19.12.2000 (BGBl. I S. 1790).

[3] § 13 Abs. 1 Nr. 1 Satz 1 Buchst. b und c Beträge geänd. mWv 1.1.2009 durch G v. 24.12.2008 (BGBl. I S. 3018).

[4] § 13 Abs. 1 Nr. 1 Satz 2 aufgeh., bish. Satz 3 wird Satz 2 durch G v. 8.12.2010 (BGBl. I S. 1768); zur Anwendung siehe § 37 Abs. 4.

[5] § 13 Abs. 1 Nr. 2 Buchst. a ergänzt mWv 1.1.2009 durch G v. 24.12.2008 (BGBl. I S. 3018).

[6] § 13 Abs. 1 Nr. 2 Buchst. b Doppelbuchst. bb geänd. durch G v. 24.12.2008 (BGBl. I S. 3018); geänd. durch G v. 31.7.2016 (BGBl. I S. 1914); zur Anwendung siehe § 37 Abs. 11.

3. Grundbesitz oder Teile von Grundbesitz, der für Zwecke der Volkswohlfahrt der Allgemeinheit ohne gesetzliche Verpflichtung zur Benutzung zugänglich gemacht ist und dessen Erhaltung im öffentlichen Interesse liegt, wenn die jährlichen Kosten in der Regel die erzielten Einnahmen übersteigen. [2]Die Steuerbefreiung fällt mit Wirkung für die Vergangenheit weg, wenn der Grundbesitz oder Teile des Grundbesitzes innerhalb von zehn Jahren nach dem Erwerb veräußert werden oder die Voraussetzungen für die Steuerbefreiung innerhalb dieses Zeitraums entfallen;
4. ein Erwerb nach § 1969 des Bürgerlichen Gesetzbuchs;

4a.[1)] Zuwendungen unter Lebenden, mit denen ein Ehegatte dem anderen Ehegatten Eigentum oder Miteigentum an einem im Inland oder in einem Mitgliedstaat der Europäischen Union oder einem Staat des Europäischen Wirtschaftsraums belegenen bebauten Grundstück im Sinne des § 181 Abs. 1 Nr. 1 bis 5 des Bewertungsgesetzes verschafft, soweit darin eine Wohnung zu eigenen Wohnzwecken genutzt wird (Familienheim), oder den anderen Ehegatten von eingegangenen Verpflichtungen im Zusammenhang mit der Anschaffung oder der Herstellung des Familienheims freistellt. [2]Entsprechendes gilt, wenn ein Ehegatte nachträglichen Herstellungs- oder Erhaltungsaufwand für ein Familienheim trägt, das im gemeinsamen Eigentum der Ehegatten oder im Eigentum des anderen Ehegatten steht. [3]Die Sätze 1 und 2 gelten für Zuwendungen zwischen Lebenspartnern entsprechend;

4b.[2)] der Erwerb von Todes wegen des Eigentums oder Miteigentums an einem im Inland oder in einem Mitgliedstaat der Europäischen Union oder einem Staat des Europäischen Wirtschaftsraums belegenen bebauten Grundstück im Sinne des § 181 Abs. 1 Nr. 1 bis 5 des Bewertungsgesetzes durch den überlebenden Ehegatten oder den überlebenden Lebenspartner, soweit der Erblasser darin bis zum Erbfall eine Wohnung zu eigenen Wohnzwecken genutzt hat oder bei der er aus zwingenden Gründen an einer Selbstnutzung zu eigenen Wohnzwecken gehindert war und die beim Erwerber unverzüglich zur Selbstnutzung zu eigenen Wohnzwecken bestimmt ist (Familienheim). [2]Ein Erwerber kann die Steuerbefreiung nicht in Anspruch nehmen, soweit er das begünstigte Vermögen auf Grund einer letztwilligen Verfügung des Erblassers oder einer rechtsgeschäftlichen Verfügung des Erblassers auf einen Dritten übertragen muss. [3]Gleiches gilt, wenn ein Erbe im Rahmen der Teilung des Nachlasses begünstigtes Vermögen auf einen Miterben überträgt. [4]Überträgt ein Erbe erworbenes begünstigtes Vermögen im Rahmen der Teilung des Nachlasses auf einen Dritten und gibt der Dritte dabei diesem Erwerber nicht begünstigtes Vermögen hin, das er vom Erblasser erworben hat, erhöht sich insoweit der Wert des begünstigten Vermögens des Dritten um den Wert des hingegebenen Vermögens, höchstens jedoch um den Wert des übertragenen Vermögens. [5]Die Steuerbefreiung fällt mit Wirkung für die Vergangenheit weg, wenn der Erwerber das Familienheim innerhalb von zehn Jahren nach dem

---

[1)] § 13 Abs. 1 Nr. 4a neu gef. mWv 1.1.2009 durch G v. 24.12.2008 (BGBl. I S. 3018).
[2)] § 13 Abs. 1 Nr. 4b eingef. mWv 1.1.2009 durch G v. 24.12.2008 (BGBl. I S. 3018).

Erwerb nicht mehr zu Wohnzwecken selbst nutzt, es sei denn, er ist aus zwingenden Gründen an einer Selbstnutzung zu eigenen Wohnzwecken gehindert;

4c.[1] der Erwerb von Todes wegen des Eigentums oder Miteigentums an einem im Inland oder in einem Mitgliedstaat der Europäischen Union oder einem Staat des Europäischen Wirtschaftsraums belegenen bebauten Grundstück im Sinne des § 181 Abs. 1 Nr. 1 bis 5 des Bewertungsgesetzes durch Kinder im Sinne der Steuerklasse I Nr. 2 und der Kinder verstorbener Kinder im Sinne der Steuerklasse I Nr. 2, soweit der Erblasser darin bis zum Erbfall eine Wohnung zu eigenen Wohnzwecken genutzt hat oder bei der er aus zwingenden Gründen an einer Selbstnutzung zu eigenen Wohnzwecken gehindert war, die beim Erwerber unverzüglich zur Selbstnutzung zu eigenen Wohnzwecken bestimmt ist (Familienheim) und soweit die Wohnfläche der Wohnung 200 Quadratmeter nicht übersteigt. [2]Ein Erwerber kann die Steuerbefreiung nicht in Anspruch nehmen, soweit er das begünstigte Vermögen auf Grund einer letztwilligen Verfügung des Erblassers oder einer rechtgeschäftlichen Verfügung des Erblassers auf einen Dritten übertragen muss. [3]Gleiches gilt, wenn ein Erbe im Rahmen der Teilung des Nachlasses begünstigtes Vermögen auf einen Miterben überträgt. [4]Überträgt ein Erbe erworbenes begünstigtes Vermögen im Rahmen der Teilung des Nachlasses auf einen Dritten und gibt der Dritte dabei diesem Erwerber nicht begünstigtes Vermögen hin, das er vom Erblasser erworben hat, erhöht sich insoweit der Wert des begünstigten Vermögens des Dritten um den Wert des hingegebenen Vermögens, höchstens jedoch um den Wert des übertragenen Vermögens. [5]Die Steuerbefreiung fällt mit Wirkung für die Vergangenheit weg, wenn der Erwerber das Familienheim innerhalb von zehn Jahren nach dem Erwerb nicht mehr zu Wohnzwecken selbst nutzt, es sei denn, er ist aus zwingenden Gründen an einer Selbstnutzung zu eigenen Wohnzwecken gehindert;

5. die Befreiung von einer Schuld gegenüber dem Erblasser, sofern die Schuld durch Gewährung von Mitteln zum Zweck des angemessenen Unterhalts oder zur Ausbildung des Bedachten begründet worden ist oder der Erblasser die Befreiung mit Rücksicht auf die Notlage des Schuldners angeordnet hat und diese auch durch die Zuwendung nicht beseitigt wird. [2]Die Steuerbefreiung entfällt, soweit die Steuer aus der Hälfte einer neben der erlassenen Schuld dem Bedachten anfallenden Zuwendung gedeckt werden kann;

6. ein Erwerb, der Eltern, Adoptiveltern, Stiefeltern oder Großeltern des Erblassers anfällt, sofern der Erwerb zusammen mit dem übrigen Vermögen des Erwerbers 41 000 Euro[2] nicht übersteigt und der Erwerber infolge körperlicher oder geistiger Gebrechen und unter Berücksichtigung seiner bisherigen Lebensstellung als erwerbsunfähig anzusehen ist oder durch die Führung eines gemeinsamen Hausstands mit erwerbsunfähigen oder in der Ausbildung befindlichen Abkömmlingen an der Ausübung einer Erwerbs-

---

[1] § 13 Abs. 1 Nr. 4c eingef. mWv 1.1.2009 durch G v. 24.12.2008 (BGBl. I S. 3018).

[2] Betrag geänd. mWv 1.1.2002 durch G v. 19.12.2000 (BGBl. I S. 1790).

tätigkeit gehindert ist. [2]Übersteigt der Wert des Erwerbs zusammen mit dem übrigen Vermögen des Erwerbers den Betrag von 41 000 Euro[1)], wird die Steuer nur insoweit erhoben, als sie aus der Hälfte des die Wertgrenze übersteigenden Betrags gedeckt werden kann;

7.[2)] Ansprüche nach den folgenden Gesetzen in der jeweils geltenden Fassung:

a) Lastenausgleichsgesetz,

b) Flüchtlingshilfegesetz in der Fassung der Bekanntmachung vom 15. Mai 1971 (BGBl. I S. 681), zuletzt geändert durch Artikel 6a des Gesetzes vom 21. Juli 2004 (BGBl. I S. 1742),

c) Allgemeines Kriegsfolgengesetz in der im Bundesgesetzblatt Teil III, Gliederungsnummer 653-1, veröffentlichten bereinigten Fassung, zuletzt geändert durch Artikel 127 der Verordnung vom 31. Oktober 2006 (BGBl. I S. 2407),

d) Gesetz zur Regelung der Verbindlichkeiten nationalsozialistischer Einrichtungen und der Rechtsverhältnisse an deren Vermögen vom 17. März 1965 (BGBl. I S. 79), zuletzt geändert durch Artikel 2 Abs. 17 des Gesetzes vom 12. August 2005 (BGBl. I S. 2354),

e) Häftlingshilfegesetz, Strafrechtliches Rehabilitierungsgesetz sowie Bundesvertriebenengesetz,

f) Vertriebenenzuwendungsgesetz vom 27. September 1994 (BGBl. I S. 2624, 2635), zuletzt geändert durch Artikel 4 Abs. 43 des Gesetzes vom 22. September 2005 (BGBl. I S. 2809),

g) Verwaltungsrechtliches Rehabilitierungsgesetz in der Fassung der Bekanntmachung vom 1. Juli 1997 (BGBl. I S. 1620), zuletzt geändert durch Artikel 2 des Gesetzes vom 21. August 2007 (BGBl. I S. 2118), und

h) Berufliches Rehabilitierungsgesetz in der Fassung der Bekanntmachung vom 1. Juli 1997 (BGBl. I S. 1625), zuletzt geändert durch Artikel 3 des Gesetzes vom 21. August 2007 (BGBl. I S. 2118);

8.[2)] Ansprüche auf Entschädigungsleistungen nach den folgenden Gesetzen in der jeweils geltenden Fassung:

a) Bundesentschädigungsgesetz in der im Bundesgesetzblatt Teil III, Gliederungsnummer 251-1, veröffentlichten bereinigten Fassung, zuletzt geändert durch Artikel 7 Abs. 4 des Gesetzes vom 26. März 2007 (BGBl. I S. 358), sowie

b) Gesetz über Entschädigungen für Opfer des Nationalsozialismus im Beitrittsgebiet vom 22. April 1992 (BGBl. I S. 906);

9. ein steuerpflichtiger Erwerb bis zu 20 000 Euro[3)], der Personen anfällt, die dem Erblasser unentgeltlich oder gegen unzureichendes Entgelt Pflege oder Unterhalt gewährt haben, soweit das Zugewendete als angemessenes Entgelt anzusehen ist;

[1)] Betrag geänd. mWv 1.1.2002 durch G v. 19.12.2000 (BGBl. I S. 1790).

[2)] § 13 Abs. 1 Nr. 7 und 8 neu gef. durch G v. 24.12.2008 (BGBl. I S. 3018).

[3)] § 13 Abs. 1 Nr. 9 Betrag geänd. mWv 1.1.2009 durch G v. 24.12.2008 (BGBl. I S. 3018).

9a.[1] Geldzuwendungen unter Lebenden, die eine Pflegeperson für Leistungen *zur Grundpflege oder hauswirtschaftlichen Versorgung* [***ab 29.12.2020:*** für körperbezogene Pflegemaßnahmen und pflegerische Betreuungsmaßnahmen sowie Hilfen bei der Haushaltsführung] vom Pflegebedürftigen erhält, bis zur Höhe des nach § 37 des Elften Buches Sozialgesetzbuch gewährten Pflegegeldes oder eines entsprechenden Pflegegeldes aus privaten Versicherungsverträgen nach den Vorgaben des Elften Buches Sozialgesetzbuch (private Pflegepflichtversicherung) oder einer Pauschalbeihilfe nach den Beihilfevorschriften für häusliche Pflege;

10. Vermögensgegenstände, die Eltern oder Voreltern ihren Abkömmlingen durch Schenkung oder Übergabevertrag zugewandt hatten und die an diese Personen von Todes wegen zurückfallen;

11. der Verzicht auf die Geltendmachung des Pflichtteilsanspruchs oder des Erbersatzanspruchs;

12. Zuwendungen unter Lebenden zum Zwecke des angemessenen Unterhalts oder zur Ausbildung des Bedachten;

13. Zuwendungen an Pensions- und Unterstützungskassen im Sinne des § 5 Abs. 1 Nr. 3 des Körperschaftsteuergesetzes, wenn sie die für eine Befreiung von der Körperschaftsteuer erforderlichen Voraussetzungen erfüllen. [2]Ist eine Kasse nach § 6 des Körperschaftsteuergesetzes teilweise steuerpflichtig, ist auch die Zuwendung im gleichen Verhältnis steuerpflichtig. [3]Die Befreiung fällt mit Wirkung für die Vergangenheit weg, wenn die Voraussetzungen des § 5 Abs. 1 Nr. 3 des Körperschaftsteuergesetzes innerhalb von zehn Jahren nach der Zuwendung entfallen;

14. die üblichen Gelegenheitsgeschenke;

15. Anfälle an den Bund, ein Land oder eine inländische Gemeinde (Gemeindeverband) sowie solche Anfälle, die ausschließlich Zwecken des Bundes, eines Landes oder einer inländischen Gemeinde (Gemeindeverband) dienen;

16. Zuwendungen

    a) an inländische Religionsgesellschaften des öffentlichen Rechts oder an inländische jüdische Kultusgemeinden,

    b)[2], [3] an inländische Körperschaften, Personenvereinigungen und Vermögensmassen, die nach der Satzung, dem Stiftungsgeschäft oder der sonstigen Verfassung und nach ihrer tatsächlichen Geschäftsführung ausschließlich und unmittelbar kirchlichen, gemeinnützigen oder mildtätigen Zwecken im Sinne der §§ 52 bis 54 der Abgabenordnung dienen. [2]Die Befreiung fällt mit Wirkung für die Vergangenheit weg, wenn die Voraussetzungen für die Anerkennung der Körperschaft, Per-

---

[1] § 13 Abs. 1 Nr. 9a geänd. durch G v. 21.12.2020 (BGBl. I S. 3096); zur Anwendung siehe § 37 Abs. 18.

[2] Nach § 3 Abs. 4 des Gesetzes vom 2.8.2000 (BGBl. I S. 1263) sind Zuwendungen an die Stiftung „Erinnerung, Verantwortung und Zukunft" von der Erbschaft- und Schenkungsteuer befreit.

[3] § 13 Abs. 1 Nr. 16 Buchst. b Satz 1 geänd. durch G v. 2.11.2015 (BGBl. I S. 1834); zur Anwendung siehe § 37 Abs. 10 Sätze 1 und 2.

sonenvereinigung oder Vermögensmasse als kirchliche, gemeinnützige oder mildtätige Institution innerhalb von zehn Jahren nach der Zuwendung entfallen und das Vermögen nicht begünstigten Zwecken zugeführt wird,

c)[1] an ausländische Religionsgesellschaften, Körperschaften, Personenvereinigungen und Vermögensmassen der in den Buchstaben a und b bezeichneten Art, die nach § 5 Absatz 1 Nummer 9 des Körperschaftsteuergesetzes in Verbindung mit § 5 Absatz 2 Nummer 2 zweiter Halbsatz des Körperschaftsteuergesetzes steuerbefreit wären, wenn sie inländische Einkünfte erzielen würden, und wenn durch die Staaten, in denen die Zuwendungsempfänger belegen sind, Amtshilfe und Unterstützung bei der Beitreibung geleistet werden. [2]Amtshilfe ist der Auskunftsaustausch im Sinne oder entsprechend der Amtshilferichtlinie gemäß § 2 Absatz 11 des EU-Amtshilfegesetzes in der für den jeweiligen Stichtag der Steuerentstehung geltenden Fassung oder eines entsprechenden Nachfolgerechtsaktes. [3]Beitreibung ist die gegenseitige Unterstützung bei der Beitreibung von Forderungen im Sinne oder entsprechend der Beitreibungsrichtlinie einschließlich der in diesem Zusammenhang anzuwendenden Durchführungsbestimmungen in den für den jeweiligen Stichtag der Steuerentstehung geltenden Fassungen oder eines entsprechenden Nachfolgerechtsaktes. [4]Werden die steuerbegünstigten Zwecke des Zuwendungsempfängers im Sinne des Satzes 1 nur im Ausland verwirklicht, ist für die Steuerbefreiung Voraussetzung, dass natürliche Personen, die ihren Wohnsitz oder ihren gewöhnlichen Aufenthalt im Geltungsbereich dieses Gesetzes haben, gefördert werden oder dass die Tätigkeit dieses Zuwendungsempfängers neben der Verwirklichung der steuerbegünstigten Zwecke auch zum Ansehen der Bundesrepublik Deutschland beitragen kann. [5]Buchstabe b Satz 2 gilt entsprechend;

17. Zuwendungen, die ausschließlich kirchlichen, gemeinnützigen oder mildtätigen Zwecken gewidmet sind, sofern die Verwendung zu dem bestimmten Zweck gesichert ist;

18.[2] Zuwendungen an

a) politische Parteien im Sinne des § 2 des Parteiengesetzes, sofern die jeweilige Partei nicht gemäß § 18 Absatz 7 des Parteiengesetzes von der staatlichen Teilfinanzierung ausgeschlossen ist,

b) Vereine ohne Parteicharakter, wenn

aa) der Zweck des Vereins ausschließlich darauf gerichtet ist, durch Teilnahme mit eigenen Wahlvorschlägen an Wahlen auf Bundes-, Landes- oder Kommunalebene bei der politischen Willensbildung mitzuwirken, und

bb) der Verein auf Bundes-, Landes- oder Kommunalebene bei der jeweils letzten Wahl wenigstens ein Mandat errungen oder der zustän-

---

[1] § 13 Abs. 1 Nr. 16 Buchst. c neu gef. durch G v. 2.11.2015 (BGBl. I S. 1834), zur Anwendung siehe § 37 Abs. 10 Sätze 1 und 2; Satz 2 ergänzt durch G v. 23.6.2017 (BGBl. I S. 1682), zur Anwendung siehe § 37 Abs. 14.

[2] § 13 Abs. 1 Nr. 18 Buchst. b angef. mWv 1.1.2009 durch G v. 24.12.2008 (BGBl. I S. 3018); Buchst. a geänd. durch G v. 18.7.2017 (BGBl. I S. 2730), zur Anwendung siehe § 37 Abs. 15.

digen Wahlbehörde oder dem zuständigen Wahlorgan angezeigt hat, dass er mit eigenen Wahlvorschlägen auf Bundes-, Landes- oder Kommunalebene an der jeweils nächsten Wahl teilnehmen will.

[2]Die Steuerbefreiung fällt mit Wirkung für die Vergangenheit weg, wenn der Verein an der jeweils nächsten Wahl nach der Zuwendung nicht teilnimmt, es sei denn, dass der Verein sich ernsthaft um eine Teilnahme bemüht hat.

(2) [1]Angemessen im Sinne des Absatzes 1 Nr. 5 und 12 ist eine Zuwendung, die den Vermögensverhältnissen und der Lebensstellung des Bedachten entspricht. [2]Eine dieses Maß übersteigende Zuwendung ist in vollem Umfang steuerpflichtig.

(3) [1]Jede Befreiungsvorschrift ist für sich anzuwenden. [2]In den Fällen des Absatzes 1 Nr. 2 und 3 kann der Erwerber der Finanzbehörde bis zur Unanfechtbarkeit der Steuerfestsetzung erklären, daß er auf die Steuerbefreiung verzichtet.

§ 13a[1)] Steuerbefreiung für Betriebsvermögen, Betriebe der Land- und Forstwirtschaft und Anteile an Kapitalgesellschaften. (1) [1]Begünstigtes Vermögen im Sinne des § 13b Absatz 2 bleibt vorbehaltlich der folgenden Absätze zu 85 Prozent steuerfrei (Verschonungsabschlag), wenn der Erwerb begünstigten Vermögens im Sinne des § 13b Absatz 2 zuzüglich der Erwerbe im Sinne des Satzes 2 insgesamt 26 Millionen Euro nicht übersteigt. [2]Bei mehreren Erwerben begünstigten Vermögens im Sinne des § 13b Absatz 2 von derselben Person innerhalb von zehn Jahren werden bei der Anwendung des Satzes 1 die früheren Erwerbe nach ihrem früheren Wert dem letzten Erwerb hinzugerechnet. [3]Wird die Grenze von 26 Millionen Euro durch mehrere innerhalb von zehn Jahren von derselben Person anfallende Erwerbe überschritten, entfällt die Steuerbefreiung für die bis dahin nach Satz 1 oder Absatz 10 als steuerfrei behandelten früheren Erwerbe mit Wirkung für die Vergangenheit.[2)] [4]Die Festsetzungsfrist für die Steuer der früheren Erwerbe endet nicht vor dem Ablauf des vierten Jahres, nachdem das für die Erbschaftsteuer zuständige Finanzamt von dem letzten Erwerb Kenntnis erlangt.[2)]

(2) [1]Der nach Anwendung des Absatzes 1 verbleibende Teil des begünstigten Vermögens bleibt außer Ansatz, soweit der Wert dieses Vermögens insgesamt 150 000 Euro nicht übersteigt (Abzugsbetrag). [2]Der Abzugsbetrag von 150 000 Euro verringert sich, soweit der Wert dieses Vermögens insgesamt die Wertgrenze von 150 000 Euro übersteigt, um 50 Prozent des diese Wertgrenze übersteigenden Betrags. [3]Der Abzugsbetrag kann innerhalb von zehn Jahren für von derselben Person anfallende Erwerbe begünstigten Vermögens nur einmal berücksichtigt werden.

(3) [1]Voraussetzung für die Gewährung des Verschonungsabschlags nach Absatz 1 ist, dass die Summe der maßgebenden jährlichen Lohnsummen (Sätze 6 bis 13) des Betriebs, bei Beteiligungen an einer Personengesellschaft oder Anteilen an einer Kapitalgesellschaft des Betriebs der jeweiligen Gesellschaft

---

[1)] § 13a neu gef. durch G v. 4.11.2016 (BGBl. I S. 2464); zur Anwendung siehe grds. § 37 Abs. 12 Satz 1.

[2)] Zur Anwendung von § 13a Abs. 1 Sätze 3 und 4 siehe § 37 Abs. 12 Satz 2.

innerhalb von fünf Jahren nach dem Erwerb (Lohnsummenfrist) insgesamt 400 Prozent der Ausgangslohnsumme nicht unterschreitet (Mindestlohnsumme). [2]Ausgangslohnsumme ist die durchschnittliche Lohnsumme der letzten fünf vor dem Zeitpunkt der Entstehung der Steuer (§ 9) endenden Wirtschaftsjahre. [3]Satz 1 ist nicht anzuwenden, wenn

1. die Ausgangslohnsumme 0 Euro beträgt oder
2. der Betrieb unter Einbeziehung der in den Sätzen 11 bis 13 genannten Beteiligungen und Gesellschaften sowie der nach Maßgabe dieser Bestimmung anteilig einzubeziehenden Beschäftigten nicht mehr als fünf Beschäftigte hat.

[4]An die Stelle der Mindestlohnsumme von 400 Prozent tritt bei

1. mehr als fünf, aber nicht mehr als zehn Beschäftigten eine Mindestlohnsumme von 250 Prozent,
2. mehr als zehn, aber nicht mehr als 15 Beschäftigten eine Mindestlohnsumme von 300 Prozent.

[5]Unterschreitet die Summe der maßgebenden jährlichen Lohnsummen die Mindestlohnsumme, vermindert sich der nach Absatz 1 zu gewährende Verschonungsabschlag mit Wirkung für die Vergangenheit in demselben prozentualen Umfang, wie die Mindestlohnsumme unterschritten wird. [6]Die Lohnsumme umfasst alle Vergütungen (Löhne und Gehälter und andere Bezüge und Vorteile), die im maßgebenden Wirtschaftsjahr an die auf den Lohn- und Gehaltslisten erfassten Beschäftigten gezahlt werden. [7]Außer Ansatz bleiben Vergütungen an solche Beschäftigte,

1. die sich im Mutterschutz im Sinne des Mutterschutzgesetzes in der Fassung der Bekanntmachung vom 20. Juni 2002 (BGBl. I S. 2318), das zuletzt durch Artikel 6 des Gesetzes vom 23. Oktober 2012 (BGBl. I S. 2246) geändert worden ist, befinden oder
2. die sich in einem Ausbildungsverhältnis befinden oder
3. die Krankengeld im Sinne des § 44 des Fünften Buches Sozialgesetzbuch – Gesetzliche Krankenversicherung – (Artikel 1 des Gesetzes vom 20. Dezember 1988, BGBl. I S. 2477, 2482), das zuletzt durch Artikel 3 des Gesetzes vom 30. Mai 2016 (BGBl. I S. 1254) geändert worden ist, beziehen oder
4. die Elterngeld im Sinne des Bundeselterngeld- und Elternzeitgesetzes in der Fassung der Bekanntmachung vom 27. Januar 2015 (BGBl. I S. 33) beziehen oder
5. die nicht ausschließlich oder überwiegend in dem Betrieb tätig sind (Saisonarbeiter);

diese im Zeitpunkt der Entstehung der Steuer (§ 9) einem Betrieb zuzurechnenden Beschäftigten bleiben bei der Anzahl der Beschäftigten des Betriebs im Sinne der Sätze 3 und 4 unberücksichtigt. [8]Zu den Vergütungen zählen alle Geld- oder Sachleistungen für die von den Beschäftigten erbrachte Arbeit, unabhängig davon, wie diese Leistungen bezeichnet werden und ob es sich um regelmäßige oder unregelmäßige Zahlungen handelt. [9]Zu den Löhnen und Gehältern gehören alle von den Beschäftigten zu entrichtenden Sozialbeiträge, Einkommensteuern und Zuschlagsteuern auch dann, wenn sie vom Arbeitgeber einbehalten und von ihm im Namen des Beschäftigten direkt an den Sozialversicherungsträger und die Steuerbehörde abgeführt werden. [10] Zu den Löhnen und Gehältern zählen alle von den Beschäftigten empfangenen Sondervergütungen, Prämien, Gratifikationen, Abfindungen, Zuschüsse zu Lebenshaltungskosten, Familienzulagen, Provisionen, Teilnehmergebühren und vergleichbare Vergütungen. [11] Gehören zum Betriebsvermögen des Betriebs, bei Beteiligungen an einer Personengesellschaft und Anteilen an einer Kapitalgesellschaft des Betriebs der jeweiligen Gesellschaft, unmittelbar oder mittelbar Beteiligungen an Personengesellschaften, die ihren Sitz oder ihre Geschäftsleitung im Inland, in einem Mitgliedstaat der Europäischen Union oder in einem Staat des Europäischen Wirtschaftsraums haben, sind die Lohnsummen und die Anzahl der Beschäftigten dieser Gesellschaften einzubeziehen zu dem Anteil, zu dem die unmittelbare oder mittelbare Beteiligung besteht. [12] Satz 11 gilt für Anteile an Kapitalgesellschaften entsprechend, wenn die unmittelbare oder mittelbare Beteiligung mehr als 25 Prozent beträgt. [13] Im Fall einer Betriebsaufspaltung sind die Lohnsummen und die Anzahl der Beschäftigten der Besitzgesellschaft und der Betriebsgesellschaft zusammenzuzählen.

(4) [1] Das für die Bewertung der wirtschaftlichen Einheit örtlich zuständige Finanzamt im Sinne des § 152 Nummer 1 bis 3 des Bewertungsgesetzes stellt die Ausgangslohnsumme, die Anzahl der Beschäftigten und die Summe der maßgebenden jährlichen Lohnsummen gesondert fest, wenn diese Angaben für die Erbschaftsteuer oder eine andere Feststellung im Sinne dieser Vorschrift von Bedeutung sind. [2] Bei Anteilen an Kapitalgesellschaften, die nach § 11 Absatz 1 des Bewertungsgesetzes zu bewerten sind, trifft die Feststellungen des Satzes 1 das örtlich zuständige Finanzamt entsprechend § 152 Nummer 3 des Bewertungsgesetzes. [3] Die Entscheidung über die Bedeutung trifft das Finanzamt, das für die Festsetzung der Erbschaftsteuer oder die Feststellung nach § 151 Absatz 1 Satz 1 Nummer 1 bis 3 des Bewertungsgesetzes zuständig ist. [4] § 151 Absatz 3 und die §§ 152 bis 156 des Bewertungsgesetzes sind auf die Sätze 1 bis 3 entsprechend anzuwenden.

(5) [1] Ein Erwerber kann den Verschonungsabschlag (Absatz 1) und den Abzugsbetrag (Absatz 2) nicht in Anspruch nehmen, soweit er begünstigtes Vermögen im Sinne des § 13b Absatz 2 auf Grund einer letztwilligen Verfügung des Erblassers oder einer rechtsgeschäftlichen Verfügung des Erblassers oder Schenkers auf einen Dritten übertragen muss. [2] Gleiches gilt, wenn ein Erbe im Rahmen der Teilung des Nachlasses begünstigtes Vermögen im Sinne des § 13b Absatz 2 auf einen Miterben überträgt. [3] Überträgt ein Erbe erworbenes begünstigtes Vermögen im Sinne des § 13b Absatz 2 im Rahmen der Teilung des Nachlasses auf einen Dritten und gibt der Dritte dabei diesem Erwerber nicht begünstigtes Vermögen hin, das er vom Erblasser erworben hat, erhöht sich insoweit der Wert des begünstigten Vermögens des Dritten um den Wert des hingegebenen Vermögens, höchstens jedoch um den Wert des übertragenen Vermögens.

(6) [1] Der Verschonungsabschlag (Absatz 1) und der Abzugsbetrag (Absatz 2) fallen nach Maßgabe des Satzes 2 mit Wirkung für die Vergangenheit weg, soweit der Erwerber innerhalb von fünf Jahren (Behaltensfrist)

1. einen Gewerbebetrieb oder einen Teilbetrieb, eine Beteiligung an einer Gesellschaft im Sinne des § 15 Absatz 1 Satz 1 Nummer 2 und Absatz 3 oder § 18 Absatz 4 Satz 2 des Einkommensteuergesetzes, einen Anteil eines per-

sönlich haftenden Gesellschafters einer Kommanditgesellschaft auf Aktien oder einen Anteil daran veräußert; als Veräußerung gilt auch die Aufgabe des Gewerbebetriebs. 2Gleiches gilt, wenn wesentliche Betriebsgrundlagen eines Gewerbebetriebs veräußert oder in das Privatvermögen überführt oder anderen betriebsfremden Zwecken zugeführt werden oder wenn Anteile an einer Kapitalgesellschaft veräußert werden, die der Veräußerer durch eine Sacheinlage (§ 20 Absatz 1 des Umwandlungssteuergesetzes vom 7. Dezember 2006 (BGBl. I S. 2782, 2791), zuletzt geändert durch Artikel 6 des Gesetzes vom 2. November 2015 (BGBl. I S. 1834), in der jeweils geltenden Fassung) aus dem Betriebsvermögen im Sinne des § 13b erworben hat oder wenn eine Beteiligung an einer Gesellschaft im Sinne des § 15 Absatz 1 Satz 1 Nummer 2 und Absatz 3 oder § 18 Absatz 4 Satz 2 des Einkommensteuergesetzes oder ein Anteil daran veräußert wird, den der Veräußerer durch eine Einbringung des Betriebsvermögens im Sinne des § 13b in eine Personengesellschaft (§ 24 Absatz 1 des Umwandlungssteuergesetzes) erworben hat;

2. das land- und forstwirtschaftliche Vermögen im Sinne des § 168 Absatz 1 Nummer 1 des Bewertungsgesetzes und selbst bewirtschaftete Grundstücke im Sinne des § 159 des Bewertungsgesetzes veräußert. 2Gleiches gilt, wenn das land- und forstwirtschaftliche Vermögen einem Betrieb der Land- und Forstwirtschaft nicht mehr dauernd zu dienen bestimmt ist oder wenn der bisherige Betrieb innerhalb der Behaltensfrist als Stückländerei zu qualifizieren wäre oder Grundstücke im Sinne des § 159 des Bewertungsgesetzes nicht mehr selbst bewirtschaftet werden;
3. als Inhaber eines Gewerbebetriebs, als Gesellschafter einer Gesellschaft im Sinne des § 15 Absatz 1 Satz 1 Nummer 2 und Absatz 3 oder § 18 Absatz 4 Satz 2 des Einkommensteuergesetzes oder als persönlich haftender Gesellschafter einer Kommanditgesellschaft auf Aktien bis zum Ende des letzten in die Fünfjahresfrist fallenden Wirtschaftsjahres Entnahmen tätigt, die die Summe seiner Einlagen und der ihm zuzurechnenden Gewinne oder Gewinnanteile seit dem Erwerb um mehr als 150 000 Euro übersteigen; Verluste bleiben unberücksichtigt. 2Gleiches gilt für Inhaber eines begünstigten Betriebs der Land- und Forstwirtschaft oder eines Teilbetriebs oder eines Anteils an einem Betrieb der Land- und Forstwirtschaft. 3Bei Ausschüttungen an Gesellschafter einer Kapitalgesellschaft ist sinngemäß zu verfahren;
4. Anteile an Kapitalgesellschaften im Sinne des § 13b Absatz 1 Nummer 3 ganz oder teilweise veräußert; eine verdeckte Einlage der Anteile in eine Kapitalgesellschaft steht der Veräußerung der Anteile gleich. 2Gleiches gilt, wenn die Kapitalgesellschaft innerhalb der Frist aufgelöst oder ihr Nennkapital herabgesetzt wird, wenn diese wesentliche Betriebsgrundlagen veräußert und das Vermögen an die Gesellschafter verteilt wird; Satz 1 Nummer 1 Satz 2 gilt entsprechend;
5. im Fall des § 13b Absatz 1 Nummer 3 Satz 2 die Verfügungsbeschränkung oder die Stimmrechtsbündelung aufgehoben wird.

2Der rückwirkende Wegfall des Verschonungsabschlags beschränkt sich in den Fällen des Satzes 1 Nummer 1, 2, 4 und 5 auf den Teil, der dem Verhältnis der im Zeitpunkt der schädlichen Verfügung verbleibenden Behaltensfrist einschließlich des Jahres, in dem die Verfügung erfolgt, zur gesamten Behaltensfrist entspricht. [3]In den Fällen des Satzes 1 Nummer 1, 2 und 4 ist von einer rückwirkenden Besteuerung abzusehen, wenn der Veräußerungserlös innerhalb der jeweils nach § 13b Absatz 1 begünstigungsfähigen Vermögensart verbleibt. [4]Hiervon ist auszugehen, wenn der Veräußerungserlös innerhalb von sechs Monaten in entsprechendes Vermögen investiert wird, das zum begünstigten Vermögen im Sinne des § 13b Absatz 2 gehört.

(7) [1]Der Erwerber ist verpflichtet, dem für die Erbschaftsteuer zuständigen Finanzamt innerhalb einer Frist von sechs Monaten nach Ablauf der Lohnsummenfrist das Unterschreiten der Mindestlohnsumme (Absatz 3 Satz 1) anzuzeigen. [2]In den Fällen des Absatzes 6 ist der Erwerber verpflichtet, dem für die Erbschaftsteuer zuständigen Finanzamt den entsprechenden Sachverhalt innerhalb einer Frist von einem Monat, nachdem der jeweilige Tatbestand verwirklicht wurde, anzuzeigen. [3]Die Festsetzungsfrist für die Steuer endet nicht vor dem Ablauf des vierten Jahres, nachdem das für die Erbschaftsteuer zuständige Finanzamt von dem Unterschreiten der Mindestlohnsumme (Absatz 3 Satz 1) oder dem Verstoß gegen die Behaltensregelungen (Absatz 6) Kenntnis erlangt. [4]Die Anzeige ist eine Steuererklärung im Sinne der Abgabenordnung. [5]Sie ist schriftlich abzugeben. [6]Die Anzeige hat auch dann zu erfolgen, wenn der Vorgang zu keiner Besteuerung führt.

(8) Soweit nicht inländisches Vermögen zum begünstigten Vermögen im Sinne des § 13b Absatz 2 gehört, hat der Steuerpflichtige nachzuweisen, dass die Voraussetzungen für eine Steuerbefreiung im Zeitpunkt der Entstehung der Steuer (§ 9) und während der gesamten in den Absätzen 3 und 6 genannten Zeiträume bestehen.

(9) [1]Für begünstigtes Vermögen im Sinne des § 13b Absatz 2 wird vor Anwendung des Absatzes 1 ein Abschlag gewährt, wenn der Gesellschaftsvertrag oder die Satzung Bestimmungen enthält, die

1. die Entnahme oder Ausschüttung auf höchstens 37,5 Prozent des um die auf den Gewinnanteil oder die Ausschüttungen aus der Gesellschaft entfallenden Steuern vom Einkommen gekürzten Betrages des steuerrechtlichen Gewinns beschränken; Entnahmen zur Begleichung der auf den Gewinnanteil oder die Ausschüttungen aus der Gesellschaft entfallenden Steuern vom Einkommen bleiben von der Beschränkung der Entnahme oder Ausschüttung unberücksichtigt und
2. die Verfügung über die Beteiligung an der Personengesellschaft oder den Anteil an der Kapitalgesellschaft auf Mitgesellschafter, auf Angehörige im Sinne des § 15 der Abgabenordnung oder auf eine Familienstiftung (§ 1 Absatz 1 Nummer 4) beschränken und
3. für den Fall des Ausscheidens aus der Gesellschaft eine Abfindung vorsehen, die unter dem gemeinen Wert der Beteiligung an der Personengesellschaft oder des Anteils an der Kapitalgesellschaft liegt,

und die Bestimmungen den tatsächlichen Verhältnissen entsprechen. [2]Gelten die in Satz 1 genannten Bestimmungen nur für einen Teil des begünstigten Vermögens im Sinne des § 13b Absatz 2, ist der Abschlag nur für diesen Teil des begünstigten Vermögens zu gewähren. [3]Die Höhe des Abschlags entspricht der im Gesellschaftsvertrag oder in der Satzung vorgesehenen prozentualen Minderung der Abfindung gegenüber dem gemeinen Wert (Satz 1 Nummer 3) und darf 30 Prozent nicht übersteigen. [4]Die Voraussetzungen des Satzes 1 müssen zwei Jahre vor dem Zeitpunkt der Entstehung der Steuer (§ 9) vorliegen. [5]Die Steuerbefreiung entfällt mit Wirkung für die Vergangenheit, wenn die Voraussetzungen des Satzes 1 nicht über einen Zeitraum von 20 Jahren nach dem Zeitpunkt der Entstehung der Steuer (§ 9) eingehalten werden; die §§ 13c und 28a bleiben unberührt. [6]In den Fällen des Satzes 1

1. ist der Erwerber verpflichtet, dem für die Erbschaftsteuer zuständigen Finanzamt die Änderungen der genannten Bestimmungen oder der tatsächlichen Verhältnisse innerhalb einer Frist von einem Monat anzuzeigen,
2. endet die Festsetzungsfrist für die Steuer nicht vor dem Ablauf des vierten Jahres, nachdem das für die Erbschaftsteuer zuständige Finanzamt von der Änderung einer der in Satz 1 genannten Bestimmungen oder der tatsächlichen Verhältnisse Kenntnis erlangt.

[*ab 29.12.2020:*

(9a)[1] [1]Das für die Bewertung der wirtschaftlichen Einheit örtlich zuständige Finanzamt im Sinne des § 152 Nummer 2 und 3 des Bewertungsgesetzes stellt das Vorliegen der Voraussetzungen für den Abschlag nach Absatz 9 und dessen Höhe auf den Zeitpunkt der Entstehung der Steuer (§ 9) gesondert fest, wenn diese Angaben für die Erbschaftsteuer von Bedeutung sind. [2]Die Entscheidung über die Bedeutung trifft das Finanzamt, das für die Festsetzung der Erbschaftsteuer zuständig ist. [3]§ 151 Absatz 3 und die §§ 152 bis 156 des Bewertungsgesetzes sind auf die Sätze 1 und 2 entsprechend anzuwenden.]

(10) [1]Der Erwerber kann unwiderruflich erklären, dass die Steuerbefreiung nach den Absätzen 1 bis 9 in Verbindung mit § 13b nach folgender Maßgabe gewährt wird:

1. In Absatz 1 Satz 1 tritt an die Stelle des Verschonungsabschlags von 85 Prozent ein Verschonungsabschlag von 100 Prozent;
2. in Absatz 3 Satz 1 tritt an die Stelle der Lohnsummenfrist von fünf Jahren eine Lohnsummenfrist von sieben Jahren;
3. in Absatz 3 Satz 1 und 4 tritt an die Stelle der Mindestlohnsumme von 400 Prozent eine Mindestlohnsumme von 700 Prozent;
4. in Absatz 3 Satz 4 Nummer 1 tritt an die Stelle der Mindestlohnsumme von 250 Prozent eine Mindestlohnsumme von 500 Prozent;
5. in Absatz 3 Satz 4 Nummer 2 tritt an die Stelle der Mindestlohnsumme von 300 Prozent eine Mindestlohnsumme von 565 Prozent;
6. in Absatz 6 tritt an die Stelle der Behaltensfrist von fünf Jahren eine Behaltensfrist von sieben Jahren.

[2]Voraussetzung für die Gewährung der Steuerbefreiung nach Satz 1 ist, dass das begünstigungsfähige Vermögen nach § 13b Absatz 1 nicht zu mehr als 20 Prozent aus Verwaltungsvermögen nach § 13b Absatz 3 und 4 besteht. [3]Der Anteil des

[1] § 13a Abs. 9a eingef. durch G v. 21.12.2020 (BGBl. I S. 3096); zur Anwendung siehe § 37 Abs. 18.

Verwaltungsvermögens am gemeinen Wert des Betriebs bestimmt sich nach dem Verhältnis der Summe der gemeinen Werte der Einzelwirtschaftsgüter des Verwaltungsvermögens nach § 13b Absatz 3 und 4 zum gemeinen Wert des Betriebs.

(11) Die Absätze 1 bis 10 gelten in den Fällen des § 1 Absatz 1 Nummer 4 entsprechend.

§ 13b[1)] Begünstigtes Vermögen. (1) Zum begünstigungsfähigen Vermögen gehören

1. der inländische Wirtschaftsteil des land- und forstwirtschaftlichen Vermögens (§ 168 Absatz 1 Nummer 1 des Bewertungsgesetzes) mit Ausnahme der Stückländereien (§ 160 Absatz 7 des Bewertungsgesetzes) und selbst bewirtschaftete Grundstücke im Sinne des § 159 des Bewertungsgesetzes sowie entsprechendes land- und forstwirtschaftliches Vermögen, das einer Betriebsstätte in einem Mitgliedstaat der Europäischen Union oder in einem Staat des Europäischen Wirtschaftsraums dient;
2. inländisches Betriebsvermögen (§§ 95 bis 97 Absatz 1 Satz 1 des Bewertungsgesetzes) beim Erwerb eines ganzen Gewerbebetriebs oder Teilbetriebs, einer Beteiligung an einer Gesellschaft im Sinne des § 15 Absatz 1 Satz 1 Nummer 2 und Absatz 3 oder § 18 Absatz 4 Satz 2 des Einkommensteuergesetzes, eines Anteils eines persönlich haftenden Gesellschafters einer Kommanditgesellschaft auf Aktien oder Anteils daran und entsprechendes Betriebsvermögen, das einer Betriebsstätte in einem Mitgliedstaat der Europäischen Union oder in einem Staat des Europäischen Wirtschaftsraums dient;
3. Anteile an einer Kapitalgesellschaft, wenn die Kapitalgesellschaft im Zeitpunkt der Entstehung der Steuer (§ 9) Sitz oder Geschäftsleitung im Inland oder in einem Mitgliedstaat der Europäischen Union oder in einem Staat des Europäischen Wirtschaftsraums hat und der Erblasser oder Schenker am Nennkapital dieser Gesellschaft unmittelbar zu mehr als 25 Prozent beteiligt war (Mindestbeteiligung). [2] Ob der Erblasser oder Schenker die Mindestbeteiligung erfüllt, ist nach der Summe der dem Erblasser oder Schenker unmittelbar zuzurechnenden Anteile und der Anteile weiterer Gesellschafter zu bestimmen, wenn der Erblasser oder Schenker und die weiteren Gesellschafter untereinander verpflichtet sind, über die Anteile nur einheitlich zu verfügen oder ausschließlich auf andere derselben Verpflichtung unterliegende Anteilseigner zu übertragen und das Stimmrecht gegenüber nichtgebundenen Gesellschaftern einheitlich auszuüben.

(2) [1] Das begünstigungsfähige Vermögen ist begünstigt, soweit sein gemeiner Wert den um das unschädliche Verwaltungsvermögen im Sinne des Absatzes 7 gekürzten Nettowert des Verwaltungsvermögens im Sinne des Absatzes 6 übersteigt (begünstigtes Vermögen). [2] Abweichend von Satz 1 ist der Wert des begünstigungsfähigen Vermögens vollständig nicht begünstigt, wenn das Verwaltungsvermögen nach Absatz 4 vor der Anwendung des Absatzes 3 Satz 1,

---

[1)] § 13b neu gef. durch G v. 4.11.2016 (BGBl. I S. 2464); zur Anwendung siehe § 37 Abs. 12 Satz 1.

soweit das Verwaltungsvermögen nicht ausschließlich und dauerhaft der Erfüllung von Schulden aus durch Treuhandverhältnisse abgesicherten Altersversorgungsverpflichtungen dient und dem Zugriff aller übrigen nicht aus diesen Altersversorgungsverpflichtungen unmittelbar berechtigten Gläubiger entzogen ist, sowie der Schuldenverrechnung und des Freibetrags nach Absatz 4 Nummer 5 sowie der Absätze 6 und 7 mindestens 90 Prozent des gemeinen Werts des begünstigungsfähigen Vermögens beträgt.

(3) [1] Teile des begünstigungsfähigen Vermögens, die ausschließlich und dauerhaft der Erfüllung von Schulden aus Altersversorgungsverpflichtungen dienen und dem Zugriff aller übrigen nicht aus den Altersversorgungsverpflichtungen unmittelbar berechtigten Gläubiger entzogen sind, gehören bis zur Höhe des gemeinen Werts der Schulden aus Altersversorgungsverpflichtungen nicht zum Verwaltungsvermögen im Sinne des Absatzes 4 Nummer 1 bis 5. [2] Soweit Finanzmittel und Schulden bei Anwendung von Satz 1 berücksichtigt wurden, bleiben sie bei der Anwendung des Absatzes 4 Nummer 5 und des Absatzes 6 außer Betracht.

(4) Zum Verwaltungsvermögen gehören

1. Dritten zur Nutzung überlassene Grundstücke, Grundstücksteile, grundstücksgleiche Rechte und Bauten. [2] Eine Nutzungsüberlassung an Dritte ist nicht anzunehmen, wenn
   a) der Erblasser oder Schenker sowohl im überlassenden Betrieb als auch im nutzenden Betrieb allein oder zusammen mit anderen Gesellschaftern einen einheitlichen geschäftlichen Betätigungswillen durchsetzen konnte oder als Gesellschafter einer Gesellschaft im Sinne des § 15 Absatz 1 Satz 1 Nummer 2 und Absatz 3 oder § 18 Absatz 4 des Einkommensteuergesetzes den Vermögensgegenstand der Gesellschaft zur Nutzung überlassen hatte, und diese Rechtsstellung auf den Erwerber übergegangen ist, soweit keine Nutzungsüberlassung an einen weiteren Dritten erfolgt;
   b) die Nutzungsüberlassung im Rahmen der Verpachtung eines ganzen Betriebs erfolgt, welche beim Verpächter zu Einkünften nach § 2 Absatz 1 Satz 1 Nummer 2 und 3 des Einkommensteuergesetzes führt und
      aa) der Verpächter des Betriebs im Zusammenhang mit einer unbefristeten Verpachtung den Pächter durch eine letztwillige Verfügung oder eine rechtsgeschäftliche Verfügung als Erben eingesetzt hat oder
      bb) die Verpachtung an einen Dritten erfolgt, weil der Beschenkte im Zeitpunkt der Entstehung der Steuer (§ 9) den Betrieb noch nicht führen kann, und die Verpachtung auf höchstens zehn Jahre befristet ist; hat der Beschenkte das 18. Lebensjahr noch nicht vollendet, beginnt die Frist mit der Vollendung des 18. Lebensjahres.

      [2] Dies gilt nicht für verpachtete Betriebe, soweit sie vor ihrer Verpachtung die Voraussetzungen als begünstigtes Vermögen nach Absatz 2 nicht erfüllt haben und für verpachtete Betriebe, deren Hauptzweck in der Überlassung von Grundstücken, Grundstücksteilen, grundstücksgleichen Rechten und Bauten an Dritte zur Nutzung besteht, die nicht unter Buchstabe d fallen;

c) sowohl der überlassende Betrieb als auch der nutzende Betrieb zu einem Konzern im Sinne des § 4h des Einkommensteuergesetzes gehören, soweit keine Nutzungsüberlassung an einen weiteren Dritten erfolgt;

d) die überlassenen Grundstücke, Grundstücksteile, grundstücksgleichen Rechte und Bauten zum Betriebsvermögen, zum gesamthänderisch gebundenen Betriebsvermögen einer Personengesellschaft oder zum Vermögen einer Kapitalgesellschaft gehören und der Hauptzweck des Betriebs in der Vermietung von Wohnungen im Sinne des § 181 Absatz 9 des Bewertungsgesetzes besteht, dessen Erfüllung einen wirtschaftlichen Geschäftsbetrieb (§ 14 der Abgabenordnung) erfordert;

e) die Grundstücke, Grundstücksteile, grundstücksgleichen Rechte und Bauten vorrangig überlassen werden, um im Rahmen von Lieferungsverträgen dem Absatz von eigenen Erzeugnissen und Produkten zu dienen;

f) die Grundstücke, Grundstücksteile, grundstücksgleichen Rechte und Bauten an Dritte zur land- und forstwirtschaftlichen Nutzung überlassen werden;

2. Anteile an Kapitalgesellschaften, wenn die unmittelbare Beteiligung am Nennkapital dieser Gesellschaften 25 Prozent oder weniger beträgt und sie nicht dem Hauptzweck des Gewerbebetriebs eines Kreditinstitutes oder eines Finanzdienstleistungsinstitutes im Sinne des § 1 Absatz 1 und 1a des Kreditwesengesetzes in der Fassung der Bekanntmachung vom 9. September 1998 (BGBl. I S. 2776), das zuletzt durch Artikel 14 des Gesetzes vom 10. Mai 2016 (BGBl. I S. 1142) geändert worden ist, oder eines Versicherungsunternehmens, das der Aufsicht nach § 1 Absatz 1 Nummer 1 des Versicherungsaufsichtsgesetzes in der Fassung der Bekanntmachung vom 1. April 2015 (BGBl. I S. 434), das zuletzt durch Artikel 13 des Gesetzes vom 10. Mai 2016 (BGBl. I S. 1142) geändert worden ist, unterliegt, zuzurechnen sind. [2]Ob diese Grenze unterschritten wird, ist nach der Summe der dem Betrieb unmittelbar zuzurechnenden Anteile und der Anteile weiterer Gesellschafter zu bestimmen, wenn die Gesellschafter untereinander verpflichtet sind, über die Anteile nur einheitlich zu verfügen oder sie ausschließlich auf andere derselben Verpflichtung unterliegende Anteilseigner zu übertragen und das Stimmrecht gegenüber nichtgebundenen Gesellschaftern nur einheitlich auszuüben;

3. Kunstgegenstände, Kunstsammlungen, wissenschaftliche Sammlungen, Bibliotheken und Archive, Münzen, Edelmetalle und Edelsteine, Briefmarkensammlungen, Oldtimer, Yachten, Segelflugzeuge sowie sonstige typischerweise der privaten Lebensführung dienende Gegenstände, wenn der Handel mit diesen Gegenständen, deren Herstellung oder Verarbeitung oder die entgeltliche Nutzungsüberlassung an Dritte nicht der Hauptzweck des Betriebs ist;

4. Wertpapiere sowie vergleichbare Forderungen, wenn sie nicht dem Hauptzweck des Gewerbebetriebs eines Kreditinstitutes oder eines Finanzdienstleistungsinstitutes im Sinne des § 1 Absatz 1 und 1a des Kreditwesengesetzes in der Fassung der Bekanntmachung vom 9. September 1998 (BGBl. I S. 2776), das zuletzt durch Artikel 14 des Gesetzes vom 10. Mai 2016

(BGBl. I S. 1142) geändert worden ist, oder eines Versicherungsunternehmens, das der Aufsicht nach § 1 Absatz 1 Nummer 1 des Versicherungsaufsichtsgesetzes in der Fassung der Bekanntmachung vom 1. April 2015 (BGBl. I S. 434), das zuletzt durch Artikel 13 des Gesetzes vom 10. Mai 2016 (BGBl. I S. 1142) geändert worden ist, unterliegt, zuzurechnen sind;

5. der gemeine Wert des nach Abzug des gemeinen Werts der Schulden verbleibenden Bestands an Zahlungsmitteln, Geschäftsguthaben, Geldforderungen und anderen Forderungen (Finanzmittel), soweit er 15 Prozent des anzusetzenden Werts des Betriebsvermögens des Betriebs oder der Gesellschaft übersteigt. [2]Der gemeine Wert der Finanzmittel ist um den positiven Saldo der eingelegten und der entnommenen Finanzmittel zu verringern, welche dem Betrieb im Zeitpunkt der Entstehung der Steuer (§ 9) weniger als zwei Jahre zuzurechnen waren (junge Finanzmittel); junge Finanzmittel sind Verwaltungsvermögen. [3]Satz 1 gilt nicht, wenn die genannten Wirtschaftsgüter dem Hauptzweck des Gewerbebetriebs eines Kreditinstitutes oder eines Finanzdienstleistungsinstitutes im Sinne des § 1 Absatz 1 und 1a des Kreditwesengesetzes in der Fassung der Bekanntmachung vom 9. September 1998 (BGBl. I S. 2776), das zuletzt durch Artikel 14 des Gesetzes vom 10. Mai 2016 (BGBl. I S. 1142) geändert worden ist, oder eines Versicherungsunternehmens, das der Aufsicht nach § 1 Absatz 1 Nummer 1 des Versicherungsaufsichtsgesetzes in der Fassung der Bekanntmachung vom 1. April 2015 (BGBl. I S. 434), das zuletzt durch Artikel 13 des Gesetzes vom 10. Mai 2016 (BGBl. I S. 1142) geändert worden ist, unterliegt, zuzurechnen sind. [4]Voraussetzung für die Anwendung des Prozentsatzes von 15 Prozent des Satzes 1 ist, dass das nach Absatz 1 begünstigungsfähige Vermögen des Betriebs oder der nachgeordneten Gesellschaften nach seinem Hauptzweck einer Tätigkeit im Sinne des § 13 Absatz 1, des § 15 Absatz 1 Satz 1 Nummer 1, des § 18 Absatz 1 Nummer 1 und 2 des Einkommensteuergesetzes dient. [5]Die Voraussetzungen des Satzes 4 sind auch erfüllt, wenn die Tätigkeit durch Gesellschaften im Sinne des § 13 Absatz 7, des § 15 Absatz 1 Satz 1 Nummer 2 oder des § 18 Absatz 4 Satz 2 des Einkommensteuergesetzes ausgeübt wird.

(5) [1]Beim Erwerb von Todes wegen entfällt die Zurechnung von Vermögensgegenständen zum Verwaltungsvermögen im Sinne des Absatzes 4 Nummer 1 bis 5 rückwirkend zum Zeitpunkt der Entstehung der Steuer (§ 9), wenn der Erwerber innerhalb von zwei Jahren ab dem Zeitpunkt der Entstehung der Steuer (§ 9) diese Vermögensgegenstände in Vermögensgegenstände innerhalb des vom Erblasser erworbenen, begünstigungsfähigen Vermögens im Sinne des Absatzes 1 investiert hat, die unmittelbar einer Tätigkeit im Sinne von § 13 Absatz 1, § 15 Absatz 1 Satz 1 Nummer 1 oder § 18 Absatz 1 Nummer 1 und 2 des Einkommensteuergesetzes dienen und kein Verwaltungsvermögen sind. [2]Voraussetzung hierfür ist, dass die Investition auf Grund eines im Zeitpunkt der Entstehung der Steuer (§ 9) vorgefassten Plans des Erblassers erfolgt und keine anderweitige Ersatzbeschaffung von Verwaltungsvermögen vorgenommen wird oder wurde. [3]Beim Erwerb von Todes wegen entfällt die Zurechnung von Finanzmitteln zum Verwaltungsvermögen im Sinne des Absatzes 4 Nummer 5 Satz 1 rückwirkend zum Zeitpunkt der Entstehung der

Steuer (§ 9), soweit der Erwerber diese Finanzmittel innerhalb von zwei Jahren ab dem Zeitpunkt der Entstehung der Steuer (§ 9) verwendet, um bei auf Grund wiederkehrender saisonaler Schwankungen fehlenden Einnahmen die Vergütungen im Sinne des § 13a Absatz 3 Satz 6 bis 10 zu zahlen. 4Satz 2 gilt entsprechend. 5Der Erwerber hat das Vorliegen der Voraussetzungen der Sätze 1 bis 4 nachzuweisen.

(6) 1Der Nettowert des Verwaltungsvermögens ergibt sich durch Kürzung des gemeinen Werts des Verwaltungsvermögens um den nach Anwendung der Absätze 3 und 4 verbleibenden anteiligen gemeinen Wert der Schulden. 2Die anteiligen Schulden nach Satz 1 bestimmen sich nach dem Verhältnis des gemeinen Werts des Verwaltungsvermögens zum gemeinen Wert des Betriebsvermögens des Betriebs oder der Gesellschaft zuzüglich der nach Anwendung der Absätze 3 und 4 verbleibenden Schulden.

(7) 1Der Nettowert des Verwaltungsvermögens wird vorbehaltlich des Satzes 2 wie begünstigtes Vermögen behandelt, soweit er 10 Prozent des um den Nettowert des Verwaltungsvermögens gekürzten gemeinen Werts des Betriebsvermögens nicht übersteigt (unschädliches Verwaltungsvermögen). 2Verwaltungsvermögen, das dem Betrieb im Zeitpunkt der Entstehung der Steuer (§ 9) weniger als zwei Jahre zuzurechnen war (junges Verwaltungsvermögen), und junge Finanzmittel im Sinne des Absatzes 4 Nummer 5 Satz 2 sind kein unschädliches Verwaltungsvermögen.

(8) 1Eine Saldierung mit Schulden nach Absatz 6 findet für junge Finanzmittel im Sinne des Absatzes 4 Nummer 5 Satz 2 und junges Verwaltungsvermögen im Sinne des Absatzes 7 Satz 2 nicht statt. 2Eine Verrechnung von Schulden mit Verwaltungsvermögen ist bei wirtschaftlich nicht belastenden Schulden und darüber hinaus ausgeschlossen, soweit die Summe der Schulden den durchschnittlichen Schuldenstand der letzten drei Jahre vor dem Zeitpunkt der Entstehung der Steuer (§ 9) übersteigt; dies gilt nicht, soweit die Erhöhung des Schuldenstands durch die Betriebstätigkeit veranlasst ist. 3Als Nettowert des Verwaltungsvermögens ist mindestens der gemeine Wert des jungen Verwaltungsvermögens und der jungen Finanzmittel anzusetzen.

(9) 1Gehören zum begünstigungsfähigen Vermögen im Sinne des Absatzes 1 Nummer 2 und 3 unmittelbar oder mittelbar Beteiligungen an Personengesellschaften oder Beteiligungen an entsprechenden Gesellschaften mit Sitz oder Geschäftsleitung im Ausland oder unmittelbar oder mittelbar Anteile an Kapitalgesellschaften oder Anteile an entsprechenden Kapitalgesellschaften mit Sitz oder Geschäftsleitung im Ausland, sind bei der Anwendung der Absätze 2 bis 8 anstelle der Beteiligungen oder Anteile die gemeinen Werte der diesen Gesellschaften zuzurechnenden Vermögensgegenstände nach Maßgabe der Sätze 2 bis 5 mit dem Anteil einzubeziehen, zu dem die unmittelbare oder mittelbare Beteiligung besteht. 2Die unmittelbar oder mittelbar gehaltenen Finanzmittel, die Vermögensgegenstände des Verwaltungsvermögens im Sinne des Absatzes 4 Nummer 1 bis 4 sowie die Schulden sind jeweils zusammenzufassen (Verbundvermögensaufstellung); junge Finanzmittel und junges Verwaltungsvermögen sind gesondert aufzuführen. 3Soweit sich in der Verbundvermögensaufstellung Forderungen und Verbindlichkeiten zwischen den Gesellschaften untereinander oder im Verhältnis zu dem übertragenen Betrieb oder der übertragenen

Gesellschaft gegenüberstehen, sind diese nicht anzusetzen. 4 Absatz 4 Nummer 5 und die Absätze 6 bis 8 sind auf die Werte in der Verbund-vermögensaufstellung anzuwenden. 5 Die Sätze 1 bis 4 sind auf Anteile im Sinne von Absatz 4 Nummer 2 sowie auf wirtschaftlich nicht belastende Schulden nicht anzuwenden; diese Anteile sind als Verwaltungsvermögen anzusetzen.

(10)[1] 1 Das für die Bewertung der wirtschaftlichen Einheit örtlich zuständige Finanzamt im Sinne des § 152 Nummer 1 bis 3 des Bewertungsgesetzes stellt die Summen der gemeinen Werte der Finanzmittel im Sinne des Absatzes 4 Nummer 5 Satz 1, der jungen Finanzmittel im Sinne des Absatzes 4 Nummer 5 Satz 2, der Vermögensgegenstände des Verwaltungsvermögens im Sinne des Absatzes 4 Nummer 1 bis 4, der *Schulden und des jungen Verwaltungsvermögens im Sinne des Absatzes 7 Satz 2* [***ab 29.12.2020:*** Schulden, des jungen Verwaltungsvermögens im Sinne des Absatzes 7 Satz 2, des Betriebsvermögens, das einer weder in einem Mitgliedstaat der Europäischen Union noch in einem Staat des Europäischen Wirtschaftsraums belegenen Betriebsstätte dient, und das Vorliegen der Voraussetzungen des Absatzes 4 Nummer 5 Satz 4 und 5] gesondert fest, wenn und soweit diese Werte für die Erbschaftsteuer oder eine andere Feststellung im Sinne dieser Vorschrift von Bedeutung sind. 2 Dies gilt entsprechend, wenn nur ein Anteil am Betriebsvermögen im Sinne des Absatzes 1 Nummer 2 übertragen wird. 3 Die Entscheidung, ob die Werte von Bedeutung sind, trifft das für die Festsetzung der Erbschaftsteuer oder für die Feststellung nach § 151 Absatz 1 Satz 1 Nummer 1 bis 3 des Bewertungsgesetzes zuständige Finanzamt. 4 Bei Anteilen an Kapitalgesellschaften, die nach § 11 Absatz 1 des Bewertungsgesetzes zu bewerten sind, trifft die Feststellungen des Satzes 1 das örtlich zuständige Finanzamt entsprechend § 152 Nummer 3 des Bewertungsgesetzes. 5 § 151 Absatz 3 und die §§ 152 bis 156 des Bewertungsgesetzes sind auf die Sätze 1 bis 4 entsprechend anzuwenden.

§ 13c[2] Verschonungsabschlag bei Großerwerben von begünstigtem Vermögen (1) 1 Überschreitet der Erwerb von begünstigtem Vermögen im Sinne des § 13b Absatz 2 die Grenze des § 13a Absatz 1 Satz 1 von 26 Millionen Euro, verringert sich auf Antrag des Erwerbers der Verschonungsabschlag nach § 13a Absatz 1 oder Absatz 10 um jeweils einen Prozentpunkt für jede vollen 750 000 Euro, die der Wert des begünstigten Vermögens im Sinne des § 13b Absatz 2 den Betrag von 26 Millionen Euro übersteigt. 2 Im Fall des § 13a Absatz 10 wird ab einem Erwerb von begünstigtem Vermögen im Sinne des § 13b Absatz 2 in Höhe von 90 Millionen Euro ein Verschonungsabschlag nicht mehr gewährt.

(2)[3] 1 § 13a Absatz 3 bis 9 findet auf Absatz 1 entsprechende Anwendung. 2 Bei mehreren Erwerben begünstigten Vermögens im Sinne des § 13b Absatz 2 von derselben Person innerhalb von zehn Jahren werden für die Bestimmung des Verschonungsabschlags für den letzten Erwerb nach Absatz 1 die

---

[1] § 13b Abs. 10 Satz 1 geänd. durch G v. 21.12.2020 (BGBl. I S. 3096); zur Anwendung siehe § 37 Abs. 18.

[2] § 13c eingef. durch G v. 4.11.2016 (BGBl. I S. 2464); zur Anwendung siehe grds. § 37 Abs. 12 Satz 1.

[3] Zur Anwendung von § 13c Abs. 2 Satz 3 bis 5 siehe § 37 Abs. 12 Satz 3.

früheren Erwerbe nach ihrem früheren Wert dem letzten Erwerb hinzugerechnet. [3]Der nach Satz 2 ermittelte Verschonungsabschlag für den letzten Erwerb findet auf die früheren Erwerbe Anwendung, wenn die Steuerbefreiung für den früheren Erwerb nach § 13a Absatz 1 Satz 3 wegfällt oder dies bei dem jeweiligen Erwerb zu einem geringeren Verschonungsabschlag führt, es sei denn, für den früheren Erwerb wurde ein Antrag nach § 28a Absatz 1 gestellt. [4]Die bis dahin für frühere Erwerbe gewährte Steuerbefreiung entfällt insoweit mit Wirkung für die Vergangenheit. [5]§ 13a Absatz 1 Satz 4 findet Anwendung. [6]Der Antrag nach Absatz 1 ist unwiderruflich und schließt einen Antrag nach § 28a Absatz 1 für denselben Erwerb aus.

(3) Die Absätze 1 und 2 gelten in den Fällen des § 1 Absatz 1 Nummer 4 entsprechend.

§ 13d[1]) Steuerbefreiung für zu Wohnzwecken vermietete Grundstücke. (1) Grundstücke im Sinne des Absatzes 3 sind mit 90 Prozent ihres Werts anzusetzen.

(2) [1]Ein Erwerber kann den verminderten Wertansatz nicht in Anspruch nehmen, soweit er erworbene Grundstücke auf Grund einer letztwilligen Verfügung des Erblassers oder einer rechtsgeschäftlichen Verfügung des Erblassers oder Schenkers auf einen Dritten übertragen muss. [2]Gleiches gilt, wenn ein Erbe im Rahmen der Teilung des Nachlasses Vermögen im Sinne des Absatzes 3 auf einen Miterben überträgt. [3]Überträgt ein Erbe erworbenes begünstigtes Vermögen im Rahmen der Teilung des Nachlasses auf einen Dritten und gibt der Dritte dabei diesem Erwerber nicht begünstigtes Vermögen hin, das er vom Erblasser erworben hat, erhöht sich insoweit der Wert des begünstigten Vermögens des Dritten um den Wert des hingegebenen Vermögens, höchstens jedoch um den Wert des übertragenen Vermögens.

(3)[2]) Der verminderte Wertansatz gilt für bebaute Grundstücke oder Grundstücksteile, die

1. zu Wohnzwecken vermietet werden,
2. im Inland, in einem Mitgliedstaat der Europäischen Union oder in einem Staat des Europäischen Wirtschaftsraums belegen sind,
3. nicht zum begünstigten Betriebsvermögen oder begünstigten Vermögen eines Betriebs der Land- und Forstwirtschaft im Sinne des § 13a gehören.

(4) Die Absätze 1 bis 3 gelten in den Fällen des § 1 Abs. 1 Nr. 4 entsprechend.

Abschnitt 3. Berechnung der Steuer

§ 14[3]) · [4]) Berücksichtigung früherer Erwerbe. (1) [1]Mehrere innerhalb von zehn Jahren von derselben Person anfallende Vermögensvorteile werden in der Weise zusammengerechnet, daß dem letzten Erwerb die früheren Er-

---

[1]) § 13c eingef. mWv 1.1.2009 durch G v. 24.12.2008 (BGBl. I S. 3018); § 13c wird § 13d mWv. 1.7.2016 (§ 37 Abs. 12 Satz 1) durch G v. 4.11.2016 (BGBl. I S. 2464).

[2]) Zur Stundung s. § 28 Abs. 3.

[3]) Zur Anwendung im Beitrittsgebiet siehe § 37a Abs. 4.

[4]) § 14 Abs. 1 Satz 4 und Abs. 2 eingef. mWv 1.1.2009 durch G v. 24.12.2008 (BGBl. I S. 3018).

werbe nach ihrem früheren Wert zugerechnet werden. [2]Von der Steuer für den Gesamtbetrag wird die Steuer abgezogen, die für die früheren Erwerbe nach den persönlichen Verhältnissen des Erwerbers und auf der Grundlage der geltenden Vorschriften zur Zeit des letzten Erwerbs zu erheben gewesen wäre. [3]Anstelle der Steuer nach Satz 2 ist die tatsächlich für die in die Zusammenrechnung einbezogenen früheren Erwerbe zu entrichtende Steuer abzuziehen, wenn diese höher ist. [4]Die Steuer, die sich für den letzten Erwerb ohne Zusammenrechnung mit früheren Erwerben ergibt, darf durch den Abzug der Steuer nach Satz 2 oder Satz 3 nicht unterschritten werden. [5]Erwerbe, für die sich nach den steuerlichen Bewertungsgrundsätzen kein positiver Wert ergeben hat, bleiben unberücksichtigt.

[Fassung bis 28.12.2020:]

(2) [1]Führt der Eintritt eines Ereignisses mit Wirkung für die Vergangenheit zu einer Veränderung des Werts eines früheren, in die Zusammenrechnung einzubeziehenden Erwerbs, endet die Festsetzungsfrist für die Änderung des Bescheids über die Steuerfestsetzung für den späteren Erwerb nach § 175 Abs. 1 Satz 1 Nr. 2 der Abgabenordnung[2)] nicht vor dem Ende der für eine Änderung des Bescheids für den früheren Erwerb maßgebenden Festsetzungsfrist. [2]Dasselbe gilt für den Eintritt eines Ereignisses mit Wirkung für die Vergangenheit, soweit es lediglich zu einer Änderung der anrechenbaren Steuer führt.

[Fassung ab 29.12.2020:]

(2)[1)] [1]Führt der Eintritt eines Ereignisses mit Wirkung für die Vergangenheit zu einer Veränderung des Werts eines früheren, in die Zusammenrechnung nach Absatz 1 einzubeziehenden Erwerbs, gilt dies auch für den späteren Erwerb als Ereignis mit Wirkung für die Vergangenheit nach § 175 Absatz 1 Satz 1 Nummer 2 der Abgabenordnung[2)] (rückwirkendes Ereignis). [2]Für den späteren Erwerb gelten auch der erstmalige Erlass, die Änderung und die Aufhebung eines Steuerbescheids für einen früheren, in die Zusammenrechnung einzubeziehenden Erwerb als rückwirkendes Ereignis. [3]Dasselbe gilt auch, soweit eine Änderung der Steuerfestsetzung für den früheren Erwerb lediglich zu einer geänderten anrechenbaren Steuer führt.

(3) Die durch jeden weiteren Erwerb veranlaßte Steuer darf nicht mehr betragen als 50 Prozent dieses Erwerbs.

§ 15 Steuerklassen. (1) Nach dem persönlichen Verhältnis des Erwerbers zum Erblasser oder Schenker werden die folgenden drei Steuerklassen unterschieden:

Steuerklasse I:

1.[3)] der Ehegatte und der Lebenspartner,

[1)] § 14 Abs. 2 neu gef. durch G v. 21.12.2020 (BGBl. I S. 3096); zur Anwendung siehe § 37 Abs. 18.

[2)] Nr. **800**.

[3)] § 15 Abs. 1 Nr. 1 geänd. durch G v. 8.12.2010 (BGBl. I S. 1768); zur Anwendung siehe § 37 Abs. 4 und Abs. 5 Nr. 1.

2. die Kinder und Stiefkinder,
3. die Abkömmlinge der in Nummer 2 genannten Kinder und Stiefkinder,
4. die Eltern und Voreltern bei Erwerben von Todes wegen;

Steuerklasse II:

1. die Eltern und Voreltern, soweit sie nicht zur Steuerklasse I gehören,
2. die Geschwister,
3. die Abkömmlinge ersten Grades von Geschwistern,
4. die Stiefeltern,
5. die Schwiegerkinder,
6. die Schwiegereltern,
7.[1] der geschiedene Ehegatte und der Lebenspartner einer aufgehobenen Lebenspartnerschaft;

Steuerklasse III:

alle übrigen Erwerber und die Zweckzuwendungen.

(1a) Die Steuerklassen I und II Nr. 1 bis 3 gelten auch dann, wenn die Verwandtschaft durch Annahme als Kind bürgerlich-rechtlich erloschen ist.

(2)[2] [1]In den Fällen des § 3 Abs. 2 Nr. 1 und des § 7 Abs. 1 Nr. 8 ist der Besteuerung das Verwandtschaftsverhältnis des nach der Stiftungsurkunde entferntest Berechtigten zu dem Erblasser oder Schenker zugrunde zu legen, sofern die Stiftung wesentlich im Interesse einer Familie oder bestimmter Familien im Inland errichtet ist. [2]In den Fällen des § 7 Abs. 1 Nr. 9 Satz 1 gilt als Schenker der Stifter oder derjenige, der das Vermögen auf den Verein übertragen hat und in den Fällen des § 7 Abs. 1 Nr. 9 Satz 2 derjenige, der die Vermögensmasse im Sinne des § 3 Abs. 2 Nr. 1 Satz 2 oder § 7 Abs. 1 Nr. 8 Satz 2 gebildet oder ausgestattet hat. [3]In den Fällen des § 1 Abs. 1 Nr. 4 wird der doppelte Freibetrag nach § 16 Abs. 1 Nr. 2 gewährt; die Steuer ist nach dem Prozentsatz der Steuerklasse I zu berechnen, der für die Hälfte des steuerpflichtigen Vermögens gelten würde.

(3)[3] [1]Im Falle des § 2269 des Bürgerlichen Gesetzbuchs und soweit der überlebende Ehegatte oder der überlebende Lebenspartner an die Verfügung gebunden ist, ist auf Antrag der Versteuerung das Verhältnis des Schlusserben oder Vermächtnisnehmers zum zuerst verstorbenen Ehegatten oder dem zuerst verstorbenen Lebenspartner zugrunde zu legen, soweit sein Vermögen beim Tod des überlebenden Ehegatten oder des überlebenden Lebenspartners noch vorhanden ist. [2]§ 6 Abs. 2 Satz 3 bis 5 gilt entsprechend.

(4)[4] [1]Bei einer Schenkung durch eine Kapitalgesellschaft oder Genossenschaft ist der Besteuerung das persönliche Verhältnis des Erwerbers zu derjenigen unmittelbar oder mittelbar beteiligten natürlichen Person oder Stiftung

---

[1] § 15 Abs. 1 Nr. 7 geänd. durch G v. 8.12.2010 (BGBl. I S. 1768); zur Anwendung siehe § 37 Abs. 4 und Abs. 5 Nr. 1.

[2] § 15 Abs. 2 Satz 2 ergänzt mWv 5.3.1999 durch G v. 24.3.1999 (BGBl. I S. 402).

[3] § 15 Abs. 3 geänd. mWv 1.1.2009 durch G v. 24.12.2008 (BGBl. I S. 3018).

[4] § 15 Abs. 4 angef. durch G v 7.12.2011 (BGBl. I S. 2592); zur Anwendung siehe § 37 Abs. 7 Satz 1.

zugrunde zu legen, durch die sie veranlasst ist. [2] In diesem Fall gilt die Schenkung bei der Zusammenrechnung früherer Erwerbe (§ 14) als Vermögensvorteil, der dem Bedachten von dieser Person anfällt.

§ 16 Freibeträge. (1)[1)] Steuerfrei bleibt in den Fällen der unbeschränkten Steuerpflicht (§ 2 Absatz 1 Nummer 1)[2)] der Erwerb

1. des Ehegatten und des Lebenspartners[3)] in Höhe von 500 000[4)] Euro;
2. der Kinder im Sinne der Steuerklasse I Nr. 2 und der Kinder verstorbener Kinder im Sinne der Steuerklasse I Nr. 2 in Höhe von 400 000 Euro;
3. der Kinder der Kinder im Sinne der Steuerklasse I Nr. 2 in Höhe von 200 000 Euro;
4. der übrigen Personen der Steuerklasse I in Höhe von 100 000 Euro;
5. der Personen der Steuerklasse II in Höhe von 20 000 Euro;
6.[5)] *(aufgehoben)*
7. der übrigen Personen der Steuerklasse III in Höhe von 20 000 Euro.

(2)[6)] [1] In den Fällen der beschränkten Steuerpflicht (§ 2 Absatz 1 Nummer 3) wird der Freibetrag nach Absatz 1 um einen Teilbetrag gemindert. [2] Dieser Teilbetrag entspricht dem Verhältnis der Summe der Werte des in demselben Zeitpunkt erworbenen, nicht der beschränkten Steuerpflicht unterliegenden Vermögens und derjenigen, nicht der beschränkten Steuerpflicht unterliegenden Vermögensvorteile, die innerhalb von zehn Jahren von derselben Person angefallen sind, zum Wert des Vermögens, das insgesamt innerhalb von zehn Jahren von derselben Person angefallen ist. [3] Die früheren Erwerbe sind mit ihrem früheren Wert anzusetzen.

§ 17 Besonderer Versorgungsfreibetrag. (1)[7)] [1] Neben dem Freibetrag nach § 16[8)] wird dem überlebenden Ehegatten und dem überlebenden Lebenspartner ein besonderer Versorgungsfreibetrag von 256 000 Euro[9)·10)] gewährt. [2] Der Freibetrag wird bei Ehegatten oder bei Lebenspartnern, denen aus Anlass des Todes des Erblassers nicht der Erbschaftsteuer unterliegende Versorgungsbe-

---

[1)] § 16 Abs. 1 neu gef. mWv 1.1.2009 durch G v. 24.12.2008 (BGBl. I S. 3018).

[2)] § 16 Abs. 1 Satzteil vor Nr. 1 geänd. durch G v 7.12.2011 (BGBl. I S. 2592), zur Anwendung siehe § 37 Abs. 7; Klammerzusatz geänd. durch G v. 23.6.2017 (BGBl. I S. 1682); zur Anwendung siehe § 37 Abs. 14.

[3)] § 16 Abs. 1 Nr. 1 geänd. durch G v. 8.12.2010 (BGBl. I S. 1768); zur Anwendung siehe § 37 Abs. 4 und Abs. 5 Nrn. 2 und 3.

[4)] Vgl. hierzu **§ 37 Abs. 5 Nr. 2 und 3**.

[5)] § 16 Abs. 1 Nr. 6 aufgeh. durch G v. 8.12.2010 (BGBl. I S. 1768); zur Anwendung siehe § 37 Abs. 4.

[6)] § 16 Abs. 2 neu gef. durch G v. 23.6.2017 (BGBl. I S. 1682); zur Anwendung siehe § 37 Abs. 14.

[7)] § 17 Abs. 1 ergänzt mWv 1.1.2009 durch G v. 24.12.2008 (BGBl. I S. 3018); aber **kursiver Satzteil aufgeh.** durch G v. 8.12.2010 (BGBl. I S. 1768), zur Anwendung siehe § 37 Abs. 4 und Abs. 5 Nrn. 4 und 5.

[8)] Verweis geänd. durch G v. 23.6.2017 (BGBl. I S. 1682); zur Anwendung siehe § 37 Abs. 13.

[9)] Beträge geänd. mWv 1.1.2002 durch G v. 19.12.2000 (BGBl. I S. 1790).

[10)] Vgl. für Erwerbe von Lebenspartnern § 37 Abs. 5 Nr. 5.

züge zustehen, um den nach § 14 des Bewertungsgesetzes zu ermittelnden Kapitalwert dieser Versorgungsbezüge gekürzt.

(2) [1] Neben dem Freibetrag nach § 16[1)] wird Kindern im Sinne der Steuerklasse I Nr. 2 (§ 15 Abs. 1) für Erwerbe von Todes wegen ein besonderer Versorgungsfreibetrag in folgender Höhe gewährt:

1. bei einem Alter bis zu 5 Jahren in Höhe von 52 000 Euro[2)];
2. bei einem Alter von mehr als 5 bis zu 10 Jahren in Höhe von 41 000 Euro[2)];
3. bei einem Alter von mehr als 10 bis zu 15 Jahren in Höhe von 30 700 Euro[2)];
4. bei einem Alter von mehr als 15 bis zu 20 Jahren in Höhe von 20 500 Euro[2)];
5. bei einem Alter von mehr als 20 Jahren bis zur Vollendung des 27. Lebensjahres in Höhe von 10 300 Euro[2)].

[2] Stehen dem Kind aus Anlaß des Todes des Erblassers nicht der Erbschaftsteuer unterliegende Versorgungsbezüge zu, wird der Freibetrag um den nach § 13 Abs. 1 des Bewertungsgesetzes zu ermittelnden Kapitalwert dieser Versorgungsbezüge gekürzt. [3] Bei der Berechnung des Kapitalwerts ist von der nach den Verhältnissen am Stichtag (§ 11) voraussichtlichen Dauer der Bezüge auszugehen.

(3)[3)] [1] In den Fällen der beschränkten Steuerpflicht (§ 2 Absatz 1 Nummer 3) wird der besondere Versorgungsfreibetrag nach Absatz 1 oder 2 gewährt, wenn durch die Staaten, in denen der Erblasser ansässig war oder der Erwerber ansässig ist, Amtshilfe geleistet wird. [2] Amtshilfe ist der Auskunftsaustausch im Sinne oder entsprechend der Amtshilferichtlinie gemäß § 2 Absatz 11 des EU-Amtshilfegesetzes in der für den jeweiligen Stichtag der Steuerentstehung geltenden Fassung oder eines entsprechenden Nachfolgerechtsaktes.

§ 18 Mitgliederbeiträge. [1] Beiträge an Personenvereinigungen, die nicht lediglich die Förderung ihrer Mitglieder zum Zweck haben, sind steuerfrei, soweit die von einem Mitglied im Kalenderjahr der Vereinigung geleisteten Beiträge 300 Euro[4)] nicht übersteigen. [2] § 13 Abs. 1 Nr. 16 und 18 bleibt unberührt.

§ 19 Steuersätze. (1)[5)] Die Erbschaftsteuer wird nach folgenden Prozentsätzen erhoben:

(Fortsetzung nächstes Blatt)

[1)] Verweis geänd. durch G v. 23.6.2017 (BGBl. I S. 1682); zur Anwendung siehe § 37 Abs. 13.

[2)] Beträge geänd. mWv 1.1.2002 durch G v. 19.12.2000 (BGBl. I S. 1790).

[3)] § 17 Abs. 3 angef. durch G v. 23.6.2017 (BGBl. I S. 1682); zur Anwendung siehe § 37 Abs. 13.

[4)] Bezeichnung bzw. Beträge geänd. mWv 1.1.2002 durch G v. 19.12.2000 (BGBl. I S. 1790).

[5)] § 19 Abs. 1 neu gef. mWv 1.1.2010 durch G v. 22.12.2009 (BGBl. I S. 3950).

Wert des steuerpflichtigen Erwerbs (§ 10) bis einschließlich … Euro	Prozentsatz in der Steuerklasse		
	I	II	III
75 000	7	15	30
300 000	11	20	30
600 000	15	25	30
6 000 000	19	30	30
13 000 000	23	35	50
26 000 000	27	40	50
über 26 000 000	30	43	50.

(2) Ist im Fall des § 2 Absatz 1 Nummer 1 *und Absatz 3* [1] ein Teil des Vermögens der inländischen Besteuerung auf Grund eines Abkommens zur Vermeidung der Doppelbesteuerung entzogen, ist die Steuer nach dem Steuersatz zu erheben, der für den ganzen Erwerb gelten würde.

(3) Der Unterschied zwischen der Steuer, die sich bei Anwendung des Absatzes 1 ergibt, und der Steuer, die sich berechnen würde, wenn der Erwerb die letztvorhergehende Wertgrenze nicht überstiegen hätte, wird nur insoweit erhoben, als er

a) bei einem Steuersatz bis zu 30 Prozent aus der Hälfte,

b) bei einem Steuersatz über 30 Prozent aus drei Vierteln,

des die Wertgrenze übersteigenden Betrags gedeckt werden kann.

§ 19a[2] Tarifbegrenzung beim Erwerb von Betriebsvermögen, von Betrieben der Land- und Forstwirtschaft und von Anteilen an Kapitalgesellschaften. (1) Sind in dem steuerpflichtigen Erwerb einer natürlichen Person der Steuerklasse II oder III Betriebsvermögen, land- und forstwirtschaftliches Vermögen oder Anteile an Kapitalgesellschaften im Sinne des Absatzes 2 enthalten, ist von der tariflichen Erbschaftsteuer ein Entlastungsbetrag nach Absatz 4 abzuziehen.

(2)[3] [1]Der Entlastungsbetrag gilt für den nicht unter § 13a Absatz 1 oder § 13c fallenden Teil des Vermögens im Sinne des § 13b Absatz 2. [2]Ein Erwerber kann den Entlastungsbetrag nicht in Anspruch nehmen, soweit er Vermögen im Sinne des Satzes 1 auf Grund einer letztwilligen Verfügung des Erblassers oder einer rechtsgeschäftlichen Verfügung des Erblassers oder Schenkers auf einen Dritten übertragen muss. [3]Gleiches gilt, wenn ein Erbe im Rahmen der Teilung des Nachlasses Vermögen im Sinne des Satzes 1 auf einen Miterben überträgt.

[1] Verweis geänd. durch G v. 7.12.2011 (BGBl. I S. 2592), zur Anwendung siehe § 37 Abs. 7; kursiver Verweisteil aufgeh. mWv 25.6.2017 durch G v. 23.6.2017 (BGBl. I S. 1682).

[2] Zur Anwendung von § 19a siehe auch **S. 1 Fn. 3**.

[3] § 19a Abs. 2 neu gef. mWv 1.1.2009 durch G v. 24.12.2008 (BGBl. I S. 3018); Satz 1 geänd. mWv 1.7.2016 (§ 37 Abs. 12 Satz 1) durch G v. 4.11.2016 (BGBl. I S. 2464).

(3)[1] Der auf das Vermögen im Sinne des Absatzes 2 entfallende Anteil an der tariflichen Erbschaftsteuer bemisst sich nach dem Verhältnis des Werts dieses Vermögens nach Anwendung des § 13a oder § 13c[2] und nach Abzug der mit diesem Vermögen in wirtschaftlichem Zusammenhang stehenden abzugsfähigen Schulden und Lasten (§ 10 Absatz 5 und 6) zum Wert des gesamten Vermögensanfalls im Sinne des § 10 Absatz 1 Satz 1 und 2 nach Abzug der mit diesem Vermögen in wirtschaftlichem Zusammenhang stehenden abzugsfähigen Schulden und Lasten (§ 10 Absatz 5 und 6).

(4)[3] 1 Zur Ermittlung des Entlastungsbetrags ist für den steuerpflichtigen Erwerb zunächst die Steuer nach der tatsächlichen Steuerklasse des Erwerbers zu berechnen und nach Maßgabe des Absatzes 3 aufzuteilen. 2 Für den steuerpflichtigen Erwerb ist dann die Steuer nach Steuerklasse I zu berechnen und nach Maßgabe des Absatzes 3 aufzuteilen. 3 Der Entlastungsbetrag ergibt sich als Unterschiedsbetrag zwischen der auf Vermögen im Sinne des Absatzes 2 entfallenden Steuer nach den Sätzen 1 und 2.

(5)[4] 1 Der Entlastungsbetrag fällt mit Wirkung für die Vergangenheit weg, soweit der Erwerber innerhalb von fünf[5] Jahren gegen die Behaltensregelungen des § 13a verstößt. 2 In den Fällen des § 13a Absatz 10 [***ab 15.12.2018:*** und des § 28a Absatz 1] tritt an die Stelle der Frist nach Satz 1 eine Frist von sieben[5] Jahren. 3 Die Festsetzungsfrist für die Steuer endet nicht vor dem Ablauf des vierten Jahres, nachdem die Finanzbehörde von dem Verstoß gegen die Behaltensregelungen Kenntnis erlangt. 4 § 13a Absatz 7 Satz 4 bis 6 gilt entsprechend.

IV. Steuerfestsetzung und Erhebung

§ 20 Steuerschuldner. (1) 1 Steuerschuldner ist der Erwerber, bei einer Schenkung auch der Schenker, bei einer Zweckzuwendung der mit der Ausführung der Zuwendung Beschwerte und in den Fällen des § 1 Abs. 1 Nr. 4 die Stiftung oder der Verein. 2 In den Fällen des § 3 Abs. 2 Nr. 1 Satz 2 und § 7 Abs. 1 Nr. 8 Satz 2 ist die Vermögensmasse Erwerber und Steuerschuldner, in den Fällen des § 7 Abs. 1 Nr. 8 Satz 2 ist Steuerschuldner auch derjenige, der die Vermögensmasse gebildet oder ausgestattet hat.[6]

---

[1] § 19a Abs. 3 ergänzt mWv 1.1.2009 durch G v. 24.12.2008 (BGBl. I S. 3018); ergänzt mWv 1.1.2010 durch G v. 22.12.2009 (BGBl. I S. 3950). Siehe auch **Seite 1 Fn. 3**.

[2] Verweis ergänzt durch G v. 4.11.2016 (BGBl. I S. 2464); zur Anwendung siehe § 37 Abs. 12 Satz 1.

[3] § 19a Abs. 4 Satz 3 geänd. durch G v. 29.12.2003 (BGBl. I S. 3076); geänd. mWv 1.1.2009 durch G v. 24.12.2008 (BGBl. I S. 3018).

[4] § 19a Abs. 5 neu gef. mWv 1.1.2009 durch G v. 24.12.2008 (BGBl. I S. 3018); Abs. 5 Satz 2 und 4 geänd. mWv 1.7.2016 (§ 37 Abs. 12 Satz 1) durch G v. 4.11.2016 (BGBl. I S. 2464); Abs. 5 Satz 2 Verweise ergänzt mWv 15.12.2018 (§ 37 Abs. 16 Satz 1 iVm Satz 2) durch G v. 11.12.2018 (BGBl. I S. 2338).

[5] Frist geänd. durch G v. 22.12.2009 (BGBl. I S. 3950); zur Anwendung siehe § 37 Abs. 3 Satz 1. Siehe auch **Seite 1 Fn. 3**.

[6] § 20 Abs. 1 Satz 2 angef. mWv 5.3.1999 durch G v. 24.3.1999 (BGBl. I S. 402).

(2) Im Falle des § 4 sind die Abkömmlinge im Verhältnis der auf sie entfallenden Anteile, der überlebende Ehegatte oder der überlebende Lebenspartner[1)] für den gesamten Steuerbetrag Steuerschuldner.

(3) Der Nachlaß haftet bis zur Auseinandersetzung (§ 2042 des Bürgerlichen Gesetzbuchs) für die Steuer der am Erbfall Beteiligten.

(4) Der Vorerbe hat die durch die Vorerbschaft veranlaßte Steuer aus den Mitteln der Vorerbschaft zu entrichten.

(5) Hat der Steuerschuldner den Erwerb oder Teile desselben vor Entrichtung der Erbschaftsteuer einem anderen unentgeltlich zugewendet, haftet der andere in Höhe des Werts der Zuwendung persönlich für die Steuer.

(6) [1] Versicherungsunternehmen, die vor Entrichtung oder Sicherstellung der Steuer die von ihnen zu zahlende Versicherungssumme oder Leibrente in ein Gebiet außerhalb des Geltungsbereichs dieses Gesetzes zahlen oder außerhalb des Geltungsbereichs dieses Gesetzes wohnhaften Berechtigten zur Verfügung stellen, haften in Höhe des ausgezahlten Betrags für die Steuer. [2] Das gleiche gilt für Personen, in deren Gewahrsam sich Vermögen des Erblassers befindet, soweit sie das Vermögen vorsätzlich oder fahrlässig vor Entrichtung oder Sicherstellung der Steuer in ein Gebiet außerhalb des Geltungsbereichs dieses Gesetzes bringen oder außerhalb des Geltungsbereichs dieses Gesetzes wohnhaften Berechtigten zur Verfügung stellen.

(7) Die Haftung nach Absatz 6 ist nicht geltend zu machen, wenn der in einem Steuerfall in ein Gebiet außerhalb des Geltungsbereichs dieses Gesetzes gezahlte oder außerhalb des Geltungsbereichs dieses Gesetzes wohnhaften Berechtigten zur Verfügung gestellte Betrag 600 Euro[2)] nicht übersteigt.

§ 21 Anrechnung ausländischer Erbschaftsteuer. (1)[3)] [1] Bei Erwerbern, die in einem ausländischen Staat mit ihrem Auslandsvermögen zu einer der deutschen Erbschaftsteuer entsprechenden Steuer – ausländische Steuer – herangezogen werden, ist in den Fällen des § 2 Absatz 1 Nummer 1, sofern nicht die Vorschriften eines Abkommens zur Vermeidung der Doppelbesteuerung anzuwenden sind, auf Antrag die festgesetzte, auf den Erwerber entfallende, gezahlte und keinem Ermäßigungsanspruch unterliegende ausländische Steuer insoweit auf die deutsche Erbschaftsteuer anzurechnen, als das Auslandsvermögen auch der deutschen Erbschaftsteuer unterliegt. [2] Besteht der Erwerb nur zum Teil aus Auslandsvermögen, ist der darauf entfallende Teilbetrag der deutschen Erbschaftsteuer in der Weise zu ermitteln, daß die für das steuerpflichtige Gesamtvermögen einschließlich des steuerpflichtigen Auslandsvermögens sich ergebende Erbschaftsteuer im Verhältnis des steuerpflichtigen Auslandsvermögens zum steuerpflichtigen Gesamtvermögen aufgeteilt wird. [3] Ist das Auslandsvermögen in verschiedenen ausländischen Staaten belegen, ist dieser Teil für jeden einzelnen ausländischen Staat gesondert zu berechnen. [4] Die ausländische Steuer ist nur anrechenbar, wenn die deutsche Erbschaftsteuer für

---

[1)] § 20 Abs. 2 ergänzt mWv 1.1.2009 durch G v. 24.12.2008 (BGBl. I S. 3018).

[2)] Betrag geänd. mWv 1.1.2002 durch G v. 19.12.2000 (BGBl. I S. 1790).

[3)] § 21 Abs. 1 Satz 1 geänd. durch G v. 7.12.2011 (BGBl. I S. 2592); zur Anwendung siehe § 37 Abs. 7; geänd. mWv 25.6.2017 durch G v. 23.6.2017 (BGBl. I S. 1682).

das Auslandsvermögen innerhalb von fünf Jahren seit dem Zeitpunkt der Entstehung der ausländischen Erbschaftsteuer entstanden ist.

(2) Als Auslandsvermögen im Sinne des Absatzes 1 gelten,

1. wenn der Erblasser zur Zeit seines Todes Inländer war: alle Vermögensgegenstände der in § 121 des Bewertungsgesetzes genannten Art, die auf einen ausländischen Staat entfallen, sowie alle Nutzungsrechte an diesen Vermögensgegenständen;
2. wenn der Erblasser zur Zeit seines Todes kein Inländer war: alle Vermögensgegenstände mit Ausnahme des Inlandsvermögens im Sinne des § 121 des Bewertungsgesetzes sowie alle Nutzungsrechte an diesen Vermögensgegenständen.

(3) [1]Der Erwerber hat den Nachweis über die Höhe des Auslandsvermögens und über die Festsetzung und Zahlung der ausländischen Steuer durch Vorlage entsprechender Urkunden zu führen. [2]Sind diese Urkunden in einer fremden Sprache abgefaßt, kann eine beglaubigte Übersetzung in die deutsche Sprache verlangt werden.

(4) Ist nach einem Abkommen zur Vermeidung der Doppelbesteuerung die in einem ausländischen Staat erhobene Steuer auf die Erbschaftsteuer anzurechnen, sind die Absätze 1 bis 3 entsprechend anzuwenden.

§ 22 Kleinbetragsgrenze. Von der Festsetzung der Erbschaftsteuer ist abzusehen, wenn die Steuer, die für den einzelnen Steuerfall festzusetzen ist, den Betrag von 50 Euro[1] nicht übersteigt.

§ 23 Besteuerung von Renten, Nutzungen und Leistungen.
(1) [1]Steuern, die von dem Kapitalwert von Renten oder anderen wiederkehrenden Nutzungen oder Leistungen zu entrichten sind, können nach Wahl des Erwerbers statt vom Kapitalwert jährlich im voraus von dem Jahreswert entrichtet werden. [2]Die Steuer wird in diesem Fall nach dem Steuersatz erhoben, der sich nach § 19 für den gesamten Erwerb einschließlich des Kapitalwerts der Renten oder anderen wiederkehrenden Nutzungen oder Leistungen ergibt.

(2) [1]Der Erwerber hat das Recht, die Jahressteuer zum jeweils nächsten Fälligkeitstermin mit ihrem Kapitalwert abzulösen. [2]Für die Ermittlung des Kapitalwerts im Ablösungszeitpunkt sind die Vorschriften der §§ 13 und 14 des Bewertungsgesetzes anzuwenden. [3]Der Antrag auf Ablösung der Jahressteuer ist spätestens bis zum Beginn des Monats zu stellen, der dem Monat vorausgeht, in dem die nächste Jahressteuer fällig wird.

§ 24 Verrentung der Steuerschuld in den Fällen des § 1 Abs. 1 Nr. 4.
[1]In den Fällen des § 1 Abs. 1 Nr. 4 kann der Steuerpflichtige verlangen, daß die Steuer in 30 gleichen jährlichen Teilbeträgen (Jahresbeträgen) zu entrichten ist. [2]Die Summe der Jahresbeträge umfaßt die Tilgung und die Verzinsung der Steuer; dabei ist von einem Zinssatz von 5,5 Prozent auszugehen.

---

[1] Betrag geänd. mWv 1.1.2002 durch G v. 19.12.2000 (BGBl. I S. 1790).

§ 25[1)·2)] Besteuerung bei Nutzungs- und Rentenlast. *(1) [1] Der Erwerb von Vermögen, dessen Nutzungen dem Schenker oder dem Ehegatten des Erblassers (Schenkers) zustehen oder das mit einer Rentenverpflichtung oder mit der Verpflichtung zu sonstigen wiederkehrenden Leistungen zugunsten dieser Personen belastet ist, wird ohne Berücksichtigung dieser Belastungen besteuert. [2] Die Steuer, die auf den Kapitalwert dieser Belastungen entfällt, ist jedoch bis zu deren Erlöschen zinslos zu stunden. [3] Die gestundete Steuer kann auf Antrag des Erwerbers jederzeit mit ihrem Barwert nach § 12 Abs. 3 des Bewertungsgesetzes abgelöst werden.*

(2) Veräußert der Erwerber das belastete Vermögen vor dem Erlöschen der Belastung ganz oder teilweise, endet insoweit die Stundung mit dem Zeitpunkt der Veräußerung.

§ 26 Ermäßigung der Steuer bei Aufhebung einer Familienstiftung oder Auflösung eines Vereins. In den Fällen des § 7 Abs. 1 Nr. 9 ist auf die nach § 15 Abs. 2 Satz 2 zu ermittelnde Steuer die nach § 15 Abs. 2 Satz 3 festgesetzte Steuer anteilsmäßig anzurechnen

a) mit 50 Prozent, wenn seit der Entstehung der anrechenbaren Steuer nicht mehr als zwei Jahre,

b) mit 25 Prozent, wenn seit der Entstehung der anrechenbaren Steuer mehr als zwei Jahre, aber nicht mehr als vier Jahre vergangen sind.

§ 27[2)] Mehrfacher Erwerb desselben Vermögens. (1) Fällt Personen der Steuerklasse I von Todes wegen Vermögen an, das in den letzten zehn Jahren vor dem Erwerb bereits von Personen dieser Steuerklasse erworben worden ist und für das nach diesem Gesetz eine Steuer zu erheben war, ermäßigt sich der auf dieses Vermögen entfallende Steuerbetrag vorbehaltlich des Absatzes 3 wie folgt:

um … Prozent	wenn zwischen den beiden Zeitpunkten der Entstehung der Steuer liegen
50	nicht mehr als 1 Jahr
45	mehr als 1 Jahr, aber nicht mehr als 2 Jahre
40	mehr als 2 Jahre, aber nicht mehr als 3 Jahre
35	mehr als 3 Jahre, aber nicht mehr als 4 Jahre
30	mehr als 4 Jahre, aber nicht mehr als 5 Jahre
25	mehr als 5 Jahre, aber nicht mehr als 6 Jahre
20	mehr als 6 Jahre, aber nicht mehr als 8 Jahre
10	mehr als 8 Jahre, aber nicht mehr als 10 Jahre

(2) Zur Ermittlung des Steuerbetrags, der auf das begünstigte Vermögen entfällt, ist die Steuer für den Gesamterwerb in dem Verhältnis aufzuteilen, in dem der Wert des begünstigten Vermögens zu dem Wert des steuerpflichtigen Gesamterwerbs ohne Abzug des dem Erwerber zustehenden Freibetrags steht.

---

1) § 25 aufgeh. mWv 1.1.2009 durch G v. 24.12.2008 (BGBl. I S. 3018); zur weiteren Anwendung von § 25 Abs. 1 Satz 3 und Abs. 2 siehe § 37 Abs. 2 Satz 2.

2) Zur Anwendung im Beitrittsgebiet siehe § 37 a Abs. 5.

(3) Die Ermäßigung nach Absatz 1 darf den Betrag nicht überschreiten, der sich bei Anwendung der in Absatz 1 genannten Prozentsätze auf die Steuer ergibt, die der Vorerwerber für den Erwerb desselben Vermögens entrichtet hat.

§ 28[1)] **Stundung.** (1)[2)] [1]Gehört zum Erwerb von Todes wegen begünstigtes Vermögen im Sinne des § 13b Absatz 2, ist dem Erwerber die darauf entfallende Erbschaftsteuer auf Antrag bis zu sieben Jahre zu stunden. [2]Der erste Jahresbetrag ist ein Jahr nach der Festsetzung der Steuer fällig und bis dahin zinslos zu stunden. [3]Für die weiteren zu entrichtenden Jahresbeträge sind die §§ 234 und 238 der Abgabenordnung ab dem zweiten Jahr nach der Festsetzung der Steuer anzuwenden. [4]§ 222 der Abgabenordnung bleibt unberührt. [5]Die Stundung endet, sobald der Erwerber, ausgehend vom Zeitpunkt der Entstehung der Steuer (§ 9), den Tatbestand nach § 13a Absatz 3 nicht einhält oder einen der Tatbestände nach § 13a Absatz 6 erfüllt. [6]Wurde ein Antrag nach § 13a Absatz 10 oder nach § 28a Absatz 1 gestellt, ist bei der Anwendung des *Satzes 3* [***ab 15.12.2018:*** Satzes 5][3)] § 13a Absatz 10 entsprechend anzuwenden. [7]Satz 1 ist nicht auf die Erbschaftsteuer anzuwenden, die der Erwerber zu entrichten hat, weil er den Tatbestand nach § 13a Absatz 3 nicht eingehalten oder einen der Tatbestände nach § 13a Absatz 6 erfüllt hat. [8]Die Stundung endet, sobald der Erwerber den Betrieb oder den Anteil daran überträgt oder aufgibt.

(2) Absatz 1 findet in den Fällen des § 1 Abs. 1 Nr. 4 entsprechende Anwendung.

(3)[4)] [1]Gehört zum Erwerb begünstigtes Vermögen im Sinne des § 13d Absatz 3, ist dem Erwerber die darauf entfallende Erbschaftsteuer auf Antrag bis zu zehn Jahren zu stunden, soweit er die Steuer nur durch Veräußerung dieses Vermögens aufbringen kann. [2]Satz 1 gilt entsprechend, wenn zum Erwerb ein Ein- oder Zweifamilienhaus oder Wohneigentum gehört, das der Erwerber nach dem Erwerb zu eigenen Wohnzwecken nutzt, längstens für die Dauer der Selbstnutzung. [3]Nach Aufgabe der Selbstnutzung ist die Stundung unter den Voraussetzungen des Satzes 1 weiter zu gewähren. [4]Die Stundung endet in den Fällen der Sätze 1 bis 3, soweit das erworbene Vermögen Gegenstand einer Schenkung im Sinne des § 7 ist. [5]*Absatz 1 Satz 2 und 3 gilt entsprechend.* [***ab 15.12.2018:*** [5]Die §§ 234 und 238 der Abgabenordnung sind anzuwenden; bei Erwerben von Todes wegen erfolgt diese Stundung zinslos. [6]§ 222 der Abgabenordnung bleibt unberührt.]

---

1) Zur Anwendung im Beitrittsgebiet siehe § 37 a Abs. 6.

2) § 28 Abs. 1 neu gef. durch G v. 4.11.2016 (BGBl. I S. 2464); zur Anwendung siehe § 37 Abs. 12 Satz 1.

3) Verweis geänd. mWv 15.12.2018 (§ 37 Abs. 16 Satz 1 iVm Satz 2) durch G v. 11.12.2018 (BGBl. I S. 2338).

4) § 28 Abs. 3 angef. mWv 1.1.2009 durch G v. 24.12.2008 (BGBl. I S. 3018); Abs. 3 Satz 1 geänd. mWv 1.7.2016 (§ 37 Abs. 12 Satz 1) durch G v. 4.11.2016 (BGBl. I S. 2464); Abs. 3 Satz 5 neu gef., Satz 6 angef. mWv 15.12.2018 (§ 37 Abs. 16 Satz 1) durch G v. 11.12.2018 (BGBl. I S. 2338).

§ 28a[1)] Verschonungsbedarfsprüfung. (1) [1]Überschreitet der Erwerb von begünstigtem Vermögen im Sinne des § 13b Absatz 2 die Grenze des § 13a Absatz 1 Satz 1 von 26 Millionen Euro, ist die auf das begünstigte Vermögen entfallende Steuer auf Antrag des Erwerbers zu erlassen, soweit er nachweist, dass er persönlich nicht in der Lage ist, die Steuer aus seinem verfügbaren Vermögen im Sinne des Absatzes 2 zu begleichen. [2]Ein Erwerber kann den Erlass nicht in Anspruch nehmen, soweit er begünstigtes Vermögen im Sinne des § 13b Absatz 2 auf Grund einer letztwilligen Verfügung des Erblassers oder einer rechtsgeschäftlichen Verfügung des Erblassers oder Schenkers auf einen Dritten übertragen muss. [3]Satz 2 gilt entsprechend, wenn ein Erbe im Rahmen der Teilung des Nachlasses begünstigtes Vermögen auf einen Miterben überträgt. [4]Überträgt ein Erbe erworbenes begünstigtes Vermögen im Sinne des § 13b Absatz 2 im Rahmen der Teilung des Nachlasses auf einen Dritten und gibt der Dritte dabei diesem Erwerber nicht begünstigtes Vermögen hin, das er vom Erblasser erworben hat, erhöht sich insoweit der Wert des begünstigten Vermögens des Dritten um den Wert des hingegebenen Vermögens, höchstens jedoch um den Wert des übertragenen Vermögens.

(2) Zu dem verfügbaren Vermögen gehören 50 Prozent der Summe der gemeinen Werte des

1. mit der Erbschaft oder Schenkung zugleich übergegangenen Vermögens, das nicht zum begünstigten Vermögen im Sinne des § 13b Absatz 2 gehört, und
2. dem Erwerber im Zeitpunkt der Entstehung der Steuer (§ 9) gehörenden Vermögens, das nicht zum begünstigten Vermögen im Sinne des § 13b Absatz 2 gehören würde.

(3) [1]Die nach Anwendung des Absatzes 1 Satz 1 verbleibende Steuer kann ganz oder teilweise bis zu sechs Monate gestundet werden, wenn die Einziehung bei Fälligkeit eine erhebliche Härte für den Erwerber bedeuten würde und der Anspruch nicht gefährdet erscheint. [2]Eine erhebliche Härte liegt insbesondere vor, wenn der Erwerber einen Kredit aufnehmen oder verfügbares Vermögen im Sinne des Absatzes 2 veräußern muss, um die Steuer entrichten zu können. [3]Die §§ 234 und 238 der Abgabenordnung sind anzuwenden. [4]§ 222 der Abgabenordnung und § 28 bleiben unberührt.

(4)[2)] [1]Der Erlass der Steuer nach Absatz 1 Satz 1 steht unter der auflösenden Bedingung, dass

1. die Summe der maßgebenden jährlichen Lohnsummen des Betriebs, bei Beteiligungen an einer Personengesellschaft oder Anteilen an einer Kapitalgesellschaft des Betriebs der jeweiligen Gesellschaft, innerhalb von sieben Jahren nach dem Erwerb (Lohnsummenfrist) insgesamt die Mindestlohnsumme nach § 13a Absatz 10 Nummer 3 bis 5 unterschreitet. [2]§ 13a Absatz 3 Satz 2 und 6 bis 13 gilt entsprechend. [3]Unterschreitet die Summe der

---

[1)] § 28a eingef. durch G v. 4.11.2016 (BGBl. I S. 2464); zur Anwendung siehe § 37 Abs. 12 Satz 1.

[2)] § 28a Abs. 4 Satz 1 Nr. 4–6 angef. durch G v. 11.12.2018 (BGBl. I S. 2338); zur Anwendung siehe § 37 Abs. 16 Satz 2.

maßgebenden jährlichen Lohnsummen die Mindestlohnsumme, vermindert sich der nach Absatz 1 Satz 1 zu gewährende Erlass der Steuer mit Wirkung für die Vergangenheit in demselben prozentualen Umfang, wie die Mindestlohnsumme unterschritten wird;

2. der Erwerber innerhalb von sieben Jahren (Behaltensfrist) gegen die Behaltensbedingungen entsprechend § 13a Absatz 6 Satz 1 verstößt. [2]§ 13a Absatz 6 Satz 2 bis 4 gilt entsprechend;

3. der Erwerber innerhalb von zehn Jahren nach dem Zeitpunkt der Entstehung der Steuer (§ 9) weiteres Vermögen durch Schenkung oder von Todes wegen erhält, das verfügbares Vermögen im Sinne des Absatzes 2 darstellt. [2]Der Erwerber kann erneut einen Antrag nach Absatz 1 stellen. [3]Das verfügbare Vermögen nach Absatz 2 ist um 50 Prozent des gemeinen Werts des weiteren erworbenen Vermögens zu erhöhen;

[*ab 15.12.2018:*

4. die den Erwerb oder Teile des Erwerbs oder das in Nummer 3 oder Absatz 2 Nummer 2 bezeichnete Vermögen oder Teile dieses Vermögens betreffenden Feststellungsbescheide im Sinne des § 151 Absatz 1 Satz 1 des Bewertungsgesetzes oder des § 13b Absatz 10 Satz 1 geändert werden oder erstmals ergehen und die festgestellten Werte von den dem Erlass zugrunde gelegten Werten abweichen. [2]Gleiches gilt im Fall der Aufhebung eines Feststellungsbescheids. [3]Der Erwerber kann erneut einen Antrag nach Absatz 1 stellen;

5. die dem Erlass zugrunde liegende Steuerfestsetzung geändert wird und dabei von den dem Erlass zugrunde gelegten Werten abgewichen wird. [2]Der Erwerber kann erneut einen Antrag nach Absatz 1 stellen;

6. der Erlass gemäß Absatz 1 Satz 2 oder 3 ganz oder teilweise nicht mehr in Anspruch genommen werden kann. [2]Der Erwerber kann erneut einen Antrag nach Absatz 1 stellen.]

[2]Der Verwaltungsakt nach Absatz 1 Satz 1 steht unter dem Vorbehalt des Widerrufs (§ 120 Absatz 2 Nummer 3 der Abgabenordnung). [3]Der Verwaltungsakt über den Erlass nach Absatz 1 Satz 1 ist bei Eintritt der auflösenden Bedingung nach Satz 1 mit Wirkung für die Vergangenheit ganz oder teilweise zu widerrufen; § 131 Absatz 4 der Abgabenordnung gilt entsprechend.

(5) [1]Der Erwerber ist verpflichtet, dem für die Erbschaftsteuer zuständigen Finanzamt innerhalb einer Frist von sechs Monaten nach Ablauf der Lohnsummenfrist das Unterschreiten der Mindestlohnsumme (Absatz 4 Satz 1 Nummer 1) anzuzeigen. [2]In den Fällen des Absatzes 4 Satz 1 Nummer 2 und 3 ist der Erwerber verpflichtet, dem für die Erbschaftsteuer zuständigen Finanzamt den entsprechenden Sachverhalt innerhalb einer Frist von einem Monat, nachdem der jeweilige Tatbestand verwirklicht wurde, anzuzeigen. [3]Die Anzeige ist eine Steuererklärung im Sinne der Abgabenordnung. [4]Sie ist schriftlich abzugeben. [5]Die Anzeige hat auch dann zu erfolgen, wenn der Vorgang nur teilweise zum Widerruf des Verwaltungsaktes nach Absatz 4 führt.

(6)[1] [1]Die Zahlungsverjährungsfrist für die nach Anwendung des Absatzes 1 Satz 1 verbleibende Steuer endet nicht vor dem Ablauf des fünften Jahres, nachdem das für die Erbschaftsteuer zuständige Finanzamt von dem Unterschreiten der Mindestlohnsumme (Absatz 4 Satz 1 Nummer 1) oder dem Verwirklichen eines Tatbestands nach Absatz 4 Satz 1 *Nummer 2 und 3* [***ab 15.12.2018:*** Nummer 2, 3 und 6] Kenntnis erlangt. [***ab 15.12.2018:*** [2]In den Fällen des Absatzes 4 Satz 1 Nummer 4 und 5 endet die Zahlungsverjährungsfrist nicht vor dem Ablauf des zweiten Jahres nach Bekanntgabe des Feststellungsbescheids oder des Steuerbescheids.]

(7) Die Absätze 1 bis 6 gelten in den Fällen des § 1 Absatz 1 Nummer 4 entsprechend.

(8) Die Absätze 1 bis 7 gelten nicht, wenn ein Antrag nach § 13c gestellt wurde.

§ 29 Erlöschen der Steuer in besonderen Fällen. (1) Die Steuer erlischt mit Wirkung für die Vergangenheit,

1. soweit ein Geschenk wegen eines Rückforderungsrechts herausgegeben werden mußte;
2. soweit die Herausgabe gemäß § 528 Abs. 1 Satz 2 des Bürgerlichen Gesetzbuchs abgewendet worden ist;
3.[2] soweit in den Fällen des § 5 Abs. 2 unentgeltliche Zuwendungen auf die Ausgleichsforderung angerechnet worden sind (§ 1380 Abs. 1 des Bürgerlichen Gesetzbuchs). [2]Entsprechendes gilt, wenn unentgeltliche Zuwendungen bei der Berechnung des nach § 5 Abs. 1 steuerfreien Betrags berücksichtigt werden;
4.[3] soweit Vermögensgegenstände, die von Todes wegen (§ 3) oder durch Schenkung unter Lebenden (§ 7) erworben worden sind, innerhalb von 24 Monaten nach dem Zeitpunkt der Entstehung der Steuer (§ 9) dem Bund, einem Land, einer inländischen Gemeinde (Gemeindeverband) oder einer inländischen Stiftung zugewendet werden, die nach der Satzung, dem Stiftungsgeschäft oder der sonstigen Verfassung und nach ihrer tatsächlichen Geschäftsführung ausschließlich und unmittelbar als gemeinnützig anzuerkennenden steuerbegünstigten Zwecken im Sinne der §§ 52 bis 54 der Abgabenordnung mit Ausnahme der Zwecke, die nach § 52 Abs. 2 Nr. 23[4] der Abgabenordnung gemeinnützig sind, dient. [2]Dies gilt nicht, wenn die Stiftung Leistungen im Sinne des § 58 Nummer 6 der Abgabenordnung an den Erwerber oder seine nächsten Angehörigen zu erbringen hat oder soweit für die Zuwendung die Vergünstigung nach § 10b des Einkommensteuergesetzes, § 9 Abs. 1 Nr. 2 des Körperschaftsteuergesetzes oder § 9 Nr. 5 des Gewerbesteuergesetzes in Anspruch genommen

---

[1] § 28a Abs. 6 Satz 2 angef., bish. Text wird Satz 1 und geänd. durch G v. 11.12.2018 (BGBl. I S. 2338); zur Anwendung siehe § 37 Abs. 16 Satz 2.

[2] § 29 Abs. 1 Nr. 3 Satz 2 angef. mWv 1.1.2009 durch G v. 24.12.2008 (BGBl. I S. 3018).

[3] § 29 Abs. 1 Nr. 4 Satz 1 geänd. mWv 1.1.2000 durch G v. 14.7.2000 (BGBl. I S. 1034); Satz 2 geänd. durch G v. 21.12.2020 (BGBl. I S. 3096); zur Anwendung siehe § 37 Abs. 18.

[4] Verweis geänd. durch G v. 10.10.2007 (BGBl. I S. 2332).

wird. [3]Für das Jahr der Zuwendung ist bei der Einkommensteuer oder Körperschaftsteuer und bei der Gewerbesteuer unwiderruflich zu erklären, in welcher Höhe die Zuwendung als Spende zu berücksichtigen ist. [4]Die Erklärung ist für die Festsetzung der Erbschaftsteuer oder Schenkungsteuer bindend.

(2) Der Erwerber ist für den Zeitraum, für den ihm die Nutzungen des zugewendeten Vermögens zugestanden haben, wie ein Nießbraucher zu behandeln.

§ 30 Anzeige des Erwerbs. (1)[1)] Jeder der Erbschaftsteuer unterliegende Erwerb (§ 1) ist vom Erwerber, bei einer Zweckzuwendung vom Beschwerten binnen einer Frist von drei Monaten nach erlangter Kenntnis von dem Anfall oder von dem Eintritt der Verpflichtung dem für die Verwaltung der Erbschaftsteuer zuständigen Finanzamt schriftlich anzuzeigen.

(2) Erfolgt der steuerpflichtige Erwerb durch ein Rechtsgeschäft unter Lebenden, ist zur Anzeige auch derjenige verpflichtet, aus dessen Vermögen der Erwerb stammt.

(3)[2)] [1]Einer Anzeige bedarf es nicht, wenn der Erwerb auf einer von einem deutschen Gericht, einem deutschen Notar oder einem deutschen Konsul eröffneten Verfügung von Todes wegen beruht und sich aus der Verfügung das Verhältnis des Erwerbers zum Erblasser unzweifelhaft ergibt; das gilt nicht, wenn zum Erwerb Grundbesitz, Betriebsvermögen, Anteile an Kapitalgesellschaften, die nicht der Anzeigepflicht nach § 33 unterliegen, oder Auslandsvermögen gehört. [2]Einer Anzeige bedarf es auch nicht, wenn eine Schenkung unter Lebenden oder eine Zweckzuwendung gerichtlich oder notariell beurkundet ist.

(4) Die Anzeige soll folgende Angaben enthalten:

1.[3)] Vorname und Familienname, Identifikationsnummer (§ 139b der Abgabenordnung), Beruf, Wohnung des Erblassers oder Schenkers und des Erwerbers;
2. Todestag und Sterbeort des Erblassers oder Zeitpunkt der Ausführung der Schenkung;
3. Gegenstand und Wert des Erwerbs;
4. Rechtsgrund des Erwerbs wie gesetzliche Erbfolge, Vermächtnis, Ausstattung;
5. persönliches Verhältnis des Erwerbers zum Erblasser oder zum Schenker wie Verwandtschaft, Schwägerschaft, Dienstverhältnis;
6. frühere Zuwendungen des Erblassers oder Schenkers an den Erwerber nach Art, Wert und Zeitpunkt der einzelnen Zuwendung.

---

1) § 30 Abs. 1 geänd. mWv 28.8.2002 durch G v. 21.8.2002 (BGBl. I S. 3322).

2) § 30 Abs. 3 neu gef. mWv 1.1.2009 durch G v. 24.12.2008 (BGBl. I S. 3018).

3) § 30 Abs. 4 Nr. 1 ergänzt durch G v. 2.11.2015 (BGBl. I S. 1834); zur Anwendung siehe § 37 Abs. 10 Satz 1.

[*ab 29.12.2020:*

(5)[1] [1]In den Fällen des § 1 Absatz 1 Nummer 4 ist von der Stiftung oder dem Verein binnen einer Frist von drei Monaten nach dem Zeitpunkt des ersten Übergangs von Vermögen auf die Stiftung oder auf den Verein der Vermögensübergang dem nach § 35 Absatz 4 zuständigen Finanzamt schriftlich anzuzeigen. [2]Die Anzeige soll folgende Angaben enthalten:

1. Name, Ort der Geschäftsleitung und des Sitzes der Stiftung oder des Vereins,
2. Name und Anschrift des gesetzlichen Vertreters der Stiftung oder des Vereins,
3. Zweck der Stiftung oder des Vereins,
4. Zeitpunkt des ersten Vermögensübergangs auf die Stiftung oder den Verein,
5. Wert und Zusammensetzung des Vermögens.]

§ 31 Steuererklärung. (1)[2] [1]Das Finanzamt kann von jedem an einem Erbfall, an einer Schenkung oder an einer Zweckzuwendung Beteiligten ohne Rücksicht darauf, ob er selbst steuerpflichtig ist, die Abgabe einer Erklärung innerhalb einer von ihm zu bestimmenden Frist verlangen. [2]Die Frist muß mindestens einen Monat betragen. [*ab 29.12.2020:* [3]In den Fällen des § 1 Absatz 1 Nummer 4 kann das Finanzamt von der Stiftung oder dem Verein sowie von jedem Familienmitglied im Sinne des § 1 Absatz 1 Nummer 4 und jedem Mitglied des Vereins die Abgabe einer Erklärung innerhalb einer von ihm zu bestimmenden Frist verlangen. [4]Satz 2 gilt entsprechend.]

(2) Die Erklärung hat ein Verzeichnis der zum Nachlaß gehörenden Gegenstände und die sonstigen für die Feststellung des Gegenstands und des Werts des Erwerbs erforderlichen Angaben zu enthalten.

(3) In den Fällen der fortgesetzten Gütergemeinschaft kann das Finanzamt die Steuererklärung allein von dem überlebenden Ehegatten oder dem überlebenden Lebenspartner[3] verlangen.

(4) [1]Sind mehrere Erben vorhanden, sind sie berechtigt, die Steuererklärung gemeinsam abzugeben. [2]In diesem Fall ist die Steuererklärung von allen Beteiligten zu unterschreiben. [3]Sind an dem Erbfall außer den Erben noch weitere Personen beteiligt, können diese im Einverständnis mit den Erben in die gemeinsame Steuererklärung einbezogen werden.

(5) [1]Ist ein Testamentsvollstrecker oder Nachlaßverwalter vorhanden, ist die Steuererklärung von diesem abzugeben. [2]Das Finanzamt kann verlangen, daß die Steuererklärung auch von einem oder mehreren Erben mitunterschrieben wird.

(6) Ist ein Nachlaßpfleger bestellt, ist dieser zur Abgabe der Steuererklärung verpflichtet.

---

[1] § 30 Abs. 5 angef. durch G v. 21.12.2020 (BGBl. I S. 3096); zur Anwendung siehe § 37 Abs. 18.

[2] § 31 Abs. 1 Sätze 3 und 4 angef. durch G v. 21.12.2020 (BGBl. I S. 3096); zur Anwendung siehe § 37 Abs. 18.

[3] § 31 Abs. 3 ergänzt mWv 1.1.2009 durch G v. 24.12.2008 (BGBl. I S. 3018).

(7) [1]Das Finanzamt kann verlangen, daß eine Steuererklärung auf einem Vordruck nach amtlich bestimmtem Muster abzugeben ist, in der der Steuerschuldner die Steuer selbst zu berechnen hat. [2]Der Steuerschuldner hat die selbstberechnete Steuer innerhalb eines Monats nach Abgabe der Steuererklärung zu entrichten.

§ 32 Bekanntgabe des Steuerbescheids an Vertreter. (1) [1]In den Fällen des § 31 Abs. 5 ist der Steuerbescheid abweichend von § 122 Abs. 1 Satz 1 der Abgabenordnung dem Testamentsvollstrecker oder Nachlaßverwalter bekanntzugeben. [2]Diese Personen haben für die Bezahlung der Erbschaftsteuer zu sorgen. [3]Auf Verlangen des Finanzamts ist aus dem Nachlaß Sicherheit zu leisten.

(2) [1]In den Fällen des § 31 Abs. 6 ist der Steuerbescheid dem Nachlaßpfleger bekanntzugeben. [2]Absatz 1 Satz 2 und 3 ist entsprechend anzuwenden.

§ 33 Anzeigepflicht der Vermögensverwahrer, Vermögensverwalter und Versicherungsunternehmen. (1)[1)] [1]Wer sich geschäftsmäßig mit der Verwahrung oder Verwaltung fremden Vermögens befaßt, hat diejenigen in seinem Gewahrsam befindlichen Vermögensgegenstände und diejenigen gegen ihn gerichteten Forderungen, die beim Tod eines Erblassers zu dessen Vermögen gehörten oder über die dem Erblasser zur Zeit seines Todes die Verfügungsmacht zustand, dem für die Verwaltung der Erbschaftsteuer zuständigen Finanzamt schriftlich anzuzeigen. [2]Die Anzeige ist zu erstatten:

1. in der Regel: innerhalb eines Monats, seitdem der Todesfall dem Verwahrer oder Verwalter bekanntgeworden ist;
2. wenn der Erblasser zur Zeit seines Todes Angehöriger eines ausländischen Staats war und nach einer Vereinbarung mit diesem Staat der Nachlaß einem konsularischen Vertreter auszuhändigen ist: spätestens bei der Aushändigung des Nachlasses.

(2)[2)] Wer auf den Namen lautende Aktien oder Schuldverschreibungen ausgegeben hat, hat dem Finanzamt schriftlich von dem Antrag, solche Wertpapiere eines Verstorbenen auf den Namen anderer umzuschreiben, vor der Umschreibung Anzeige zu erstatten.

(3)[3)] Versicherungsunternehmen haben, bevor sie Versicherungssummen oder Leibrenten einem anderen als dem Versicherungsnehmer auszahlen oder zur Verfügung stellen, hiervon dem Finanzamt schriftlich Anzeige zu erstatten.

(4) Zuwiderhandlungen gegen diese Pflichten werden als Steuerordnungswidrigkeit mit Geldbuße geahndet.

§ 34 Anzeigepflicht der Gerichte, Behörden, Beamten und Notare. (1)[3)] Die Gerichte, Behörden, Beamten und Notare haben dem für die Verwaltung der Erbschaftsteuer zuständigen Finanzamt schriftlich Anzeige zu

---

[1)] § 33 Abs. 1 Satz 1 geänd. mWv 28.8.2002 durch G v. 21.8.2002 (BGBl. I S. 3322).

[2)] § 33 Abs. 2 geänd. mWv 28.8.2002 durch G v. 21.8.2002 (BGBl. I S. 3322).

[3)] § 33 Abs. 3 sowie § 34 Abs. 1 geänd. mWv 28.8.2002 durch G v. 21.8.2002 (BGBl. I S. 3322).

erstatten über diejenigen Beurkundungen, Zeugnisse und Anordnungen, die für die Festsetzung einer Erbschaftsteuer von Bedeutung sein können.

(2)[1] Insbesondere haben anzuzeigen:

1. die Standesämter:
   die Sterbefälle;
2. die Gerichte und die Notare:
   die Erteilung von Erbscheinen, Europäischen Nachlasszeugnissen, Testamentsvollstreckerzeugnissen und Zeugnissen über die Fortsetzung der Gütergemeinschaft, die Beschlüsse über Todeserklärungen sowie die Anordnung von Nachlaßpflegschaften und Nachlaßverwaltungen;
3. die Gerichte, die Notare und die deutschen Konsuln:
   die eröffneten Verfügungen von Todes wegen, die abgewickelten Erbauseinandersetzungen, die beurkundeten Vereinbarungen der Gütergemeinschaft und die beurkundeten Schenkungen und Zweckzuwendungen.

§ 35 Örtliche Zuständigkeit. (1) [1]Örtlich zuständig für die Steuerfestsetzung ist in den Fällen, in denen der Erblasser zur Zeit seines Todes oder der Schenker zur Zeit der Ausführung der Zuwendung ein Inländer war, das Finanzamt, das sich bei sinngemäßer Anwendung des § 19 Absatz 1 und des § 20 der Abgabenordnung ergibt. [2]Im Fall der Steuerpflicht nach § 2 Absatz 1 Nummer 1 Buchstabe b richtet sich die Zuständigkeit nach dem letzten inländischen Wohnsitz oder gewöhnlichen Aufenthalt des Erblassers oder Schenkers.

(2) Die örtliche Zuständigkeit bestimmt sich nach den Verhältnissen des Erwerbers, bei Zweckzuwendungen nach den Verhältnissen des Beschwerten, zur Zeit des Erwerbs, wenn

1. bei einer Schenkung unter Lebenden der Erwerber, bei einer Zweckzuwendung unter Lebenden der Beschwerte, eine Körperschaft, Personenvereinigung oder Vermögensmasse ist oder
2. der Erblasser zur Zeit seines Todes oder der Schenker zur Zeit der Ausführung der Zuwendung kein Inländer war. [2]Sind an einem Erbfall mehrere inländische Erwerber mit Wohnsitz oder gewöhnlichem Aufenthalt in verschiedenen Finanzamtsbezirken beteiligt, ist das Finanzamt örtlich zuständig, das zuerst mit der Sache befaßt wird.

(3)[2] [1]Bei Schenkungen und Zweckzuwendungen unter Lebenden von einer Erbengemeinschaft ist das Finanzamt zuständig, das für die Bearbeitung des Erbfalls zuständig ist. [2]Satz 1 gilt auch, wenn eine Erbengemeinschaft aus zwei Erben besteht und der eine Miterbe bei der Auseinandersetzung eine Schenkung an den anderen Miterben ausführt.

---

[1] § 34 Abs. 2 Nr. 2 geänd. durch G v. 29.6.2015 (BGBl.I S. 1042); zur Anwendung siehe § 37 Abs. 9.

[2] § 35 Abs. 3 Satz 2 angef. mWv 1.1.2009 durch G v. 24.12.2008 (BGBl. I S. 3018).

[*ab 29.12.2020:*

(4)[1] In den Fällen der Steuerpflicht nach § 2 Absatz 1 Nummer 2 ist das Finanzamt zuständig, das sich bei sinngemäßer Anwendung des § 20 Absatz 1 und 2 der Abgabenordnung ergibt.]

(5)[2] In den Fällen des § 2 Absatz 1 Nummer 3 *und Absatz 3*[3] ist das Finanzamt örtlich zuständig, das sich bei sinngemäßer Anwendung des § 19 Absatz 2 der Abgabenordnung ergibt.

Abschnitt 5. Ermächtigungs- und Schlußvorschriften

§ 36 Ermächtigungen. (1) Die Bundesregierung wird ermächtigt, mit Zustimmung des Bundesrates

1. zur Durchführung dieses Gesetzes Rechtsverordnungen zu erlassen, soweit dies zur Wahrung der Gleichmäßigkeit bei der Besteuerung, zur Beseitigung von Unbilligkeiten in Härtefällen oder zur Vereinfachung des Besteuerungsverfahrens erforderlich ist, und zwar über
   a) die Abgrenzung der Steuerpflicht,
   b) die Feststellung und die Bewertung des Erwerbs von Todes wegen, der Schenkungen unter Lebenden und der Zweckzuwendungen, auch soweit es sich um den Inhalt von Schließfächern handelt,
   c) die Steuerfestsetzung, die Anwendung der Tarifvorschriften und die Steuerentrichtung,
   d) die Anzeige- und Erklärungspflicht der Steuerpflichtigen,
   e) die Anzeige-, Mitteilungs- und Übersendungspflichten der Gerichte, Behörden, Beamten und Notare, der Versicherungsunternehmen, der Vereine und Berufsverbände, die mit einem Versicherungsunternehmen die Zahlung einer Versicherungssumme für den Fall des Todes ihrer Mitglieder vereinbart haben, der geschäftsmäßigen Verwahrer und Verwalter fremden Vermögens, auch soweit es sich um in ihrem Gewahrsam befindliche Vermögensgegenstände des Erblassers handelt, sowie derjenigen, die auf den Namen lautende Aktien oder Schuldverschreibungen ausgegeben haben;
2. Vorschriften durch Rechtsverordnung zu erlassen über die sich aus der Aufhebung oder Änderung von Vorschriften dieses Gesetzes ergebenden Rechtsfolgen, soweit dies zur Wahrung der Gleichmäßigkeit der Besteuerung oder zur Beseitigung von Unbilligkeiten in Härtefällen erforderlich ist.

(2) Das Bundesministerium der Finanzen wird ermächtigt, den Wortlaut dieses Gesetzes und der zu diesem Gesetz erlassenen Durchführungsverordnung in der jeweils geltenden Fassung satzweise numeriert mit neuem Da-

---

[1] § 35 Abs. 4 eingef. durch G v. 21.12.2020 (BGBl. I S. 3096); zur Anwendung siehe § 37 Abs. 18.

[2] § 35 Abs. 4 geänd. durch G v. 7.12.2011 (BGBl. I S. 2592); zur Anwendung siehe § 37 Abs. 7; Abs. 4 wird Abs. 5 durch G v. 21.12.2020 (BGBl. I S. 3096); zur Anwendung siehe § 37 Abs. 18.

[3] Kursiver Verweisteil aufgeh. mWv 25.6.2017 durch G v. 23.6.2017 (BGBl. I S. 1682).

tum und neuer Paragraphenfolge bekanntzumachen und dabei Unstimmigkeiten des Wortlauts zu beseitigen.

§ 37[1] **Anwendung des Gesetzes.** (1) Dieses Gesetz in der Fassung des Artikels 6 des Gesetzes vom 22. Dezember 2009 (BGBl. I S. 3950) findet auf Erwerbe Anwendung, für die die Steuer nach dem 31. Dezember 2009 entsteht.

(2) [1] In Erbfällen, die vor dem 31. August 1980 eingetreten sind, und für Schenkungen, die vor diesem Zeitpunkt ausgeführt worden sind, ist weiterhin § 25 in der Fassung des Gesetzes vom 17. April 1974[2] (BGBl. I S. 933) anzuwenden, auch wenn die Steuer infolge Aussetzung der Versteuerung nach § 25 Abs. 1 Buchstabe a erst nach dem 30. August 1980 entstanden ist oder entsteht. [2] In Erbfällen, die vor dem 1. Januar 2009 eingetreten sind, und für Schenkungen, die vor diesem Zeitpunkt ausgeführt worden sind, ist weiterhin § 25 Abs. 1 Satz 3 und Abs. 2 in der Fassung der Bekanntmachung vom 27. Februar 1997 (BGBl. I S. 378) anzuwenden.

(3)[3] [1] Die §§ 13a und 19a Absatz 5 in der Fassung des Artikels 6 des Gesetzes vom 22. Dezember 2009 (BGBl. I S. 3950) finden auf Erwerbe Anwendung, für die die Steuer nach dem 31. Dezember 2008 entsteht. [2] § 13a in der Fassung des Artikels 6 des Gesetzes vom 22. Dezember 2009 (BGBl. I S. 3950) ist nicht anzuwenden, wenn das begünstigte Vermögen vor dem 1. Januar 2011 von Todes wegen oder durch Schenkung unter Lebenden er-

---

[1] § 37 Abs. 1 neu gef. durch G v. 22.12.2009 (BGBl. I S. 3950).

[2] § 25 hat folgenden Wortlaut:

„§ 25 Aussetzung der Versteuerung. (1) Beim Erwerb von Vermögen, dessen Nutzungen einem anderen als dem Erwerber zustehen oder das mit einer Rentenverpflichtung oder mit der Verpflichtung zu einer sonstigen Leistung belastet ist, ist die Versteuerung nach der Wahl des Erwerbers

a) bis zum Erlöschen der Belastung, höchstens jedoch zu dem Vomhundertsatz auszusetzen, zu dem der Jahresertrag des Vermögens durch die Belastung gemindert ist oder

b) nach den Verhältnissen im Zeitpunkt des Erwerbs ohne Berücksichtigung dieser Belastungen durchzuführen. In diesem Fall ist die Steuer bis zum Erlöschen der Belastungen insoweit zinslos zu stunden, als sie auf den Kapitalwert der Belastungen entfällt.

(2) Geht im Fall des Absatzes 1 Buchstabe a das belastete Vermögen vor dem Erlöschen der Belastung durch Erbfolge auf einen anderen über, so wird die Steuer für diesen Übergang nicht erhoben; vielmehr tritt die gleiche Behandlung ein, wie wenn derjenige, dem das Vermögen zur Zeit des Erlöschens gehört, das Vermögen unmittelbar von dem ursprünglichen Erblasser oder Schenker erworben hätte.

(3) Überträgt der Erwerber im Fall des Absatzes 1 Buchstabe a das belastete Vermögen vor dem Erlöschen der Belastung unentgeltlich, so endet für ihn insoweit die Aussetzung der Versteuerung mit dem Zeitpunkt der Ausführung der Zuwendung. Die Steuer für seinen Erwerb bemißt sich nach dem Wert, der sich für das übertragene Vermögen nach Abzug der Belastung nach Absatz 1 in diesem Zeitpunkt ergibt. Bei der Ermittlung der Belastung nach Absatz 1 kann als Jahreswert der Nutzung höchstens der achtzehnte Teil des Wertes angesetzt werden, der sich nach den Vorschriften des Bewertungsgesetzes für das belastete Vermögen, vermindert um sonstige Belastungen, ergibt, als abzugsfähiger Jahresbetrag der Rente höchstens der Betrag, der dem Verhältnis des Jahreswertes der Rente zum Jahresertrag des belasteten Vermögens entspricht.

(4) Veräußert der Erwerber das belastete Vermögen vor dem Erlöschen der Belastung ganz oder teilweise, so endet insoweit die Aussetzung der Versteuerung oder die Stundung mit dem Zeitpunkt der Veräußerung."

[3] § 37 Abs. 3 neu gef. durch G v. 22.12.2009 (BGBl. I S. 3950).

worben wird, bereits Gegenstand einer vor dem 1. Januar 2007 ausgeführten Schenkung desselben Schenkers an dieselbe Person war und wegen eines vertraglichen Rückforderungsrechts nach dem 11. November 2005 herausgegeben werden musste.

(4)[1] § 13 Absatz 1 Nummer 1, § 13b Absatz 2 Satz 6 und 7 und Absatz 3, § 15 Absatz 1, § 16 Absatz 1 und § 17 Absatz 1 Satz 1 in der Fassung des Artikels 14 des Gesetzes vom 8. Dezember 2010 (BGBl. I S. 1768) sind auf Erwerbe anzuwenden, für die die Steuer nach dem 13. Dezember 2010[2] entsteht.

(5)[3] Soweit Steuerbescheide für Erwerbe von Lebenspartnern noch nicht bestandskräftig sind, ist

1. § 15 Absatz 1 in der Fassung des Artikels 13 des Gesetzes vom 8. Dezember 2010 (BGBl. I S. 1768) auf Erwerbe, für die die Steuer nach dem 31. Juli 2001 entstanden ist, anzuwenden;
2. § 16 Absatz 1 Nummer 1 in der Fassung des Artikels 14 des Gesetzes vom 8. Dezember 2010 (BGBl. I S. 1768) auf Erwerbe, für die die Steuer nach dem 31. Dezember 2001 und vor dem 1. Januar 2009 entstanden ist, mit der Maßgabe anzuwenden, dass an die Stelle des Betrages von 500 000 Euro ein Betrag von 307 000 Euro tritt;
3. § 16 Absatz 1 Nummer 1 in der Fassung des Artikels 14 des Gesetzes vom 8. Dezember 2010 (BGBl. I S. 1768) auf Erwerbe, für die die Steuer nach dem 31. Juli 2001 und vor dem 1. Januar 2002 entstanden ist, mit der Maßgabe anzuwenden, dass an die Stelle des Betrages von 500 000 Euro ein Betrag von 600 000 Deutsche Mark tritt;
4. § 17 Absatz 1 in der Fassung des Artikels 14 des Gesetzes vom 8. Dezember 2010 (BGBl. I S. 1768) auf Erwerbe, für die die Steuer nach dem 31. Dezember 2001 und vor dem 1. Januar 2009 entstanden ist, anzuwenden;
5. § 17 Absatz 1 in der Fassung des Artikels 14 des Gesetzes vom 8. Dezember 2010 (BGBl. I S. 1768) auf Erwerbe, für die die Steuer nach dem 31. Juli 2001 und vor dem 1. Januar 2002 entstanden ist, mit der Maßgabe anzuwenden, dass an die Stelle des Betrages von 256 000 Euro ein Betrag von 500 000 Deutsche Mark tritt.

(6)[4] § 13a Absatz 1a und § 13b Absatz 2 und 2a in der Fassung des Artikels 8 des Gesetzes vom 1. November 2011 (BGBl. I S. 2131) sind auf Erwerbe anzuwenden, für die die Steuer nach dem 30. Juni 2011 entsteht.

(7)[5] [1] § 2 Absatz 1 Nummer 1 und 3 und Absatz 3, § 7 Absatz 8, § 15 Absatz 4, § 16 Absatz 1 und 2, § 19 Absatz 2, § 21 Absatz 1 und § 35 Absatz 4 in der Fassung des Artikels 11 des Gesetzes vom 7. Dezember 2011 (BGBl. I S. 2592) finden auf Erwerbe Anwendung, für die die Steuer nach dem 13. Dezember 2011 entsteht. [2] § 2 Absatz 1 Nummer 1 und 3 und Absatz 3,

---

[1] § 37 Abs. 4 eingef. durch G v. 8.12.2010 (BGBl. I S. 1768).
[2] Tag der Verkündung des G v. 8.12.2010 (BGBl. I S. 1768).
[3] § 37 Abs. 5 eingef. durch G v. 8.12.2010 (BGBl. I S. 1768).
[4] § 37 Abs. 6 angef. durch G v. 1.11.2011 (BGBl. I S. 2131).
[5] § 37 Abs. 7 angef. durch G v. 7.12.2011 (BGBl. I S. 2592).

§ 16 Absatz 1 und 2, § 19 Absatz 2, § 21 Absatz 1 und § 35 *Absatz 4*[1)] in der Fassung des Artikels 11 des Gesetzes vom 7. Dezember 2011 (BGBl. I S. 2592) finden auf Antrag auch auf Erwerbe Anwendung, für die die Steuer vor dem 14. Dezember 2011 entsteht, soweit Steuerbescheide noch nicht bestandskräftig sind.

(8)[2)] § 13a Absatz 1 Satz 4, Absatz 4 Satz 5 und § 13b Absatz 2 in der Fassung des Artikels 30 des Gesetzes vom 26. Juni 2013 (BGBl. I S. 1809) sind auf Erwerbe anzuwenden, für die die Steuer nach dem 6. Juni 2013[3)] entsteht.

(9)[4)] § 34 Absatz 2 Nummer 2 in der Fassung des Artikels 17 des Gesetzes vom 29. Juni 2015 (BGBl. I S. 1042) ist auf Erwerbe anzuwenden, für die die Steuer nach dem 16. August 2015 entsteht.

(10)[5)] [1] § 13 Absatz 1 Nummer 16 Buchstabe b und c und § 30 Absatz 4 Nummer 1 in der am 6. November 2015[6)] geltenden Fassung sind auf Erwerbe anzuwenden, für die die Steuer nach dem 5. November 2015[7)] entstanden ist. [2] § 13 Absatz 1 Nummer 16 Buchstabe b und c in der am 6. November 2015[6)] geltenden Fassung ist auch auf Erwerbe anzuwenden, für die die Steuer vor dem 6. November 2015[6)] entsteht, soweit Steuerbescheide noch nicht bestandskräftig sind.

(11)[8)] § 13 Absatz 1 Nummer 2 Buchstabe b Doppelbuchstabe bb in der am 6. August 2016 geltenden Fassung ist auf Erwerbe anzuwenden, für die die Steuer nach dem 5. August 2016 entstanden ist.

(12)[9)] [1] Die §§ 10, 13a bis 13d, 19a, 28 und 28a in der Fassung des Artikels 1 des Gesetzes vom 4. November 2016 (BGBl. I S. 2464) finden auf Erwerbe Anwendung, für die die Steuer nach dem 30. Juni 2016 entsteht. [2] § 13a Absatz 1 Satz 3 und 4 in der Fassung des Artikels 1 des Gesetzes vom 4. November 2016 (BGBl. I S. 2464) findet auf frühere Erwerbe Anwendung, für die die Steuer nach dem 30. Juni 2016 entsteht. [3] § 13c Absatz 2 Satz 3 bis 5 in der Fassung des Artikels 1 des Gesetzes vom 4. November 2016 (BGBl. I S. 2464) findet auf frühere Erwerbe Anwendung, für die die Steuer nach dem 30. Juni 2016 entsteht.

(13)[10)] [1] § 17 in der am 25. Juni 2017 geltenden Fassung ist auf Erwerbe anzuwenden, für die die Steuer nach dem 24. Juni 2017 entsteht. [2] § 17 in der am 25. Juni 2017 geltenden Fassung ist auch auf Erwerbe anzuwenden, für die die Steuer vor dem 25. Juni 2017 entstanden ist, soweit Steuerbescheide noch nicht bestandskräftig sind.

---

1) Jetzt Absatz 5.

2) § 37 Abs. 8 angef. durch G v. 26.6.2013 (BGBl. I S. 1809).

3) Tag des Beschlusses des Deutschen Bundestages über die Empfehlung des Vermittlungsausschusses zum AmtshilfeRLUmsG.

4) § 37 Abs. 9 angef. durch G v. 29.6.2015 (BGBl. I S. 1042).

5) § 37 Abs. 10 angef. durch G v. 2.11.2015 (BGBl. I S. 1834).

6) Tag *nach* Verkündung des G v. 2.11.2015 (BGBl. I S. 1834).

7) Tag *der* Verkündung des G v. 2.11.2015 (BGBl. I S. 1834).

8) § 37 Abs. 11 angef. durch G v. 31.7.2016 (BGBl. I S. 1914).

9) § 37 Abs. 12 angefügt durch Gesetz vom 4.11.2016 (BGBl. I S. 2464).

10) § 37 Abs. 13 angef. durch G v. 23.6.2017 (BGBl. I S. 1682).

(14)[1] § 2 Absatz 1 Nummer 3, § 3 Absatz 2 Nummer 4, § 9 Absatz 1 Nummer 1 Buchstabe f, § 13 Absatz 1 Nummer 16 Buchstabe c Satz 2 und § 16 Absatz 1 und 2 in der am 25. Juni 2017 geltenden Fassung sind auf Erwerbe anzuwenden, für die die Steuer nach dem 24. Juni 2017 entsteht.

(15)[2] § 13 Absatz 1 Nummer 18 Buchstabe a in der Fassung des Artikels 6 des Gesetzes vom 18. Juli 2017 (BGBl. I S. 2730) ist auf Erwerbe anzuwenden, für die die Steuer nach dem 29. Juli 2017 entsteht.

(16)[3] [1]Die §§ 19a und 28 in der Fassung des Artikels 18 des Gesetzes vom 11. Dezember 2018 (BGBl. I S. 2338) finden auf Erwerbe Anwendung, für die die Steuer nach dem 14. Dezember 2018[4] entsteht. [2]§ 28a in der Fassung des Artikels 18 des Gesetzes vom 11. Dezember 2018 (BGBl. I S. 2338) findet auf Erwerbe Anwendung, für die ein Erlass erstmals nach dem 14. Dezember 2018[4] ausgesprochen wurde.

(17)[5] Auf Erwerbe, für die die Steuer vor dem Zeitpunkt entstanden ist, ab dem das Vereinigte Königreich Großbritannien und Nordirland nicht mehr Mitgliedstaat der Europäischen Union ist und auch nicht wie ein solcher zu behandeln ist, ist dieses Gesetz mit der Maßgabe anzuwenden, dass das Vereinigte Königreich Großbritannien und Nordirland weiterhin als Mitgliedstaat der Europäischen Union gilt.

(18)[6] § 3 Absatz 2 Nummer 5, § 5 Absatz 1 Satz 6, § 10 Absatz 1 Satz 3 sowie Absatz 6 und 8, § 13 Absatz 1 Nummer 9a, § 13a Absatz 9a, § 13b Absatz 10 Satz 1, § 14 Absatz 2, § 29 Absatz 1 Nummer 4 Satz 2, § 30 Absatz 5, § 31 Absatz 1 sowie § 35 Absatz 1, 4 und 5 in der am 29. Dezember 2020[7] geltenden Fassung sind auf Erwerbe anzuwenden, für die die Steuer nach dem 28. Dezember 2020[8] entsteht.

§ 37a Sondervorschriften aus Anlaß der Herstellung der Einheit Deutschlands. (1) (weggefallen)

(2) [1]Für den Zeitpunkt der Entstehung der Steuerschuld ist § 9 Abs. 1 Nr. 1 auch dann maßgebend, wenn der Erblasser in dem in Artikel 3 des Einigungsvertrages genannten Gebiet vor dem 1. Januar 1991 verstorben ist, es sei denn, daß die Steuer nach dem Erbschaftsteuergesetz der Deutschen Demokratischen Republik vor dem 1. Januar 1991 entstanden ist. [2]§ 9 Abs. 2 gilt entsprechend, wenn die Versteuerung nach § 34 des Erbschaftsteuergesetzes (ErbStG) der Deutschen Demokratischen Republik in der Fassung vom 18. September 1970 (Sonderdruck Nr. 678 des Gesetzblattes) ausgesetzt wurde.

(3) (weggefallen)

---

[1] § 37 Abs. 14 angef. durch G v. 23.6.2017 (BGBl. I S. 1682).
[2] § 37 Abs. 15 angef. durch G v. 18.7.2017 (BGBl. I S. 2730).
[3] § 37 Abs. 16 angef. durch G v. 11.12.2018 (BGBl. I S. 2338).
[4] Tag der Verkündung des G v. 11.12.2018 (BGBl. I S. 2338).
[5] § 37 Abs. 17 angef. mWv 29.3.2019 durch Brexit-StBG v. 25.3.2019 (BGBl. I S. 357).
[6] § 37 Abs. 18 angef. durch G v. 21.12.2020 (BGBl. I S. 3096).
[7] Tag *nach* Verkündung des G v. 21.12.2020 (BGBl. I S. 3096).
[8] Tag *der* Verkündung des G v. 21.12.2020 (BGBl. I S. 3096).

(4) Als frühere Erwerbe im Sinne des § 14 gelten auch solche, die vor dem 1. Januar 1991 dem Erbschaftsteuerrecht der Deutschen Demokratischen Republik unterlegen haben.

(5) Als frühere Erwerbe desselben Vermögens im Sinne des § 27 gelten auch solche, für die eine Steuer nach dem Erbschaftsteuerrecht der Deutschen Demokratischen Republik erhoben wurde, wenn der Erwerb durch Personen im Sinne des § 15 Abs. 1 Steuerklasse I erfolgte.

(6) § 28 ist auch anzuwenden, wenn eine Steuer nach dein Erbschaftsteuerrecht der Deutschen Demokratischen Republik erhoben wird.

(7) [1] Ist in dem in Artikel 3 des Einigungsvertrages genannten Gebiet eine Steuerfestsetzung nach § 33 des Erbschaftsteuergesetzes der Deutschen Demokratischen Republik in der Weise erfolgt, daß die Steuer jährlich im voraus von dem Jahreswert von Renten, Nutzungen oder Leistungen zu entrichten ist, kann nach Wahl des Erwerbers die Jahressteuer zum jeweils nächsten Fälligkeitstermin mit ihrem Kapitalwert abgelöst werden. [2] § 23 Abs. 2 ist entsprechend anzuwenden.

(8) Wurde in Erbfällen, die vor dem 1. Januar 1991 eingetreten sind, oder für Schenkungen, die vor diesem Zeitpunkt ausgeführt worden sind, die Versteuerung nach § 34 des Erbschaftsteuergesetzes der Deutschen Demokratischen Republik ausgesetzt, ist diese Vorschrift weiterhin anzuwenden, auch wenn die Steuer infolge der Aussetzung der Versteuerung erst nach dem 31. Dezember 1990 entsteht.

§§ 38 und 39. (weggefallen)

260. Erbschaftsteuer-Durchführungsverordnung (ErbStDV)

Vom 8. September 1998 (BGBl. I S. 2658)

Geändert durch Steuer-Euroglättungsgesetz vom 19.12.2000 (BGBl. I S. 1790), Gesetz zur Modernisierung des Stiftungsrechts vom 15.7.2002 (BGBl. I S. 2634), Drittes Gesetz zur Änderung verwaltungsverfahrensrechtlicher Vorschriften vom 21.8.2002 (BGBl. I S. 3322), Verordnung zur Änderung der Erbschaftsteuer-Durchführungsverordnung vom 2.11.2005 (BGBl. I S. 3126), Personenstandsrechtsreformgesetz vom 19.2.2007 (BGBl. I S. 122), Verordnung zur Änderung steuerlicher Verordnungen vom 17.11.2010 (BGBl. I S. 1544), Jahressteuergesetz 2010 (JStG 2010) vom 8.12.2010 (BGBl. I S. 1768), Gesetz zur Anpassung steuerlicher Regelungen an die Rechtsprechung des Bundesverfassungsgerichts vom 18.7.2014 (BGBl. I S. 1042), Verordnung zur Änderung steuerlicher Verordnungen und weiterer Vorschriften vom 22.12.2014 (BGBl. I S. 2392), Gesetz zum Internationalen Erbrecht und zur Änderung von Vorschriften zum Erbschein sowie zur Änderung sonstiger Vorschriften vom 29.6.2015 (BGBl. I S. 1042), Gesetz zur Reform des Grundsteuer- und Bewertungsrechts (Grundsteuer-Reformgesetz – GrStRefG) vom 26.11.2019 (BGBl. I S. 1794) und Fünfte Verordnung zur Änderung steuerlicher Verordnungen vom 25.6.2020 (BGBl. I S. 1495)

BGBl. III/FNA 611-8-2-2-1

Zu § 33 ErbStG

§ 1 Anzeigepflicht der Vermögensverwahrer und der Vermögensverwalter. (1) [1]Wer zur Anzeige über die Verwahrung oder Verwaltung von Vermögen eines Erblassers verpflichtet ist, hat die Anzeige nach § 33 Abs. 1 des Gesetzes mit einem Vordruck nach Muster 1 zu erstatten. [2]Wird die Anzeige in einem maschinellen Verfahren erstellt, kann auf eine Unterschrift verzichtet werden. [3]Die Anzeigepflicht bezieht sich auch auf die für das Jahr des Todes bis zum Todestag errechneten Zinsen für Guthaben, Forderungen und Wertpapiere (Stückzinsen). [4]Die Anzeige ist bei dem für die Verwaltung der Erbschaftsteuer zuständigen Finanzamt (§ 35 des Gesetzes) einzureichen.

(2) Die Anzeigepflicht besteht auch dann, wenn an dem in Verwahrung oder Verwaltung befindlichen Wirtschaftsgut außer dem Erblasser auch noch andere Personen beteiligt sind.

(3) Befinden sich am Todestag des Erblassers bei dem Anzeigepflichtigen Wirtschaftsgüter in Gewahrsam, die vom Erblasser verschlossen oder unter Mitverschluß gehalten wurden (z. B. in Schließfächern), genügt die Mitteilung über das Bestehen eines derartigen Gewahrsams und, soweit er dem Anzeigepflichtigen bekannt ist, die Mitteilung des Versicherungswerts.

(4) Die Anzeige darf nur unterbleiben,

1. wenn es sich um Wirtschaftsgüter handelt, über die der Erblasser nur die Verfügungsmacht hatte, insbesondere als gesetzlicher Vertreter, Betreuer, Liquidator, Verwalter oder Testamentsvollstrecker, oder
2. wenn der Wert der anzuzeigenden Wirtschaftsgüter 5000 Euro[1] nicht übersteigt.

[1] Betrag geänd. mWv 1.1.2011 durch VO v. 17.11.2010 (BGBl. I S. 1544).

§ 2 Anzeigepflicht derjenigen, die auf den Namen lautende Aktien oder Schuldverschreibungen ausgegeben haben. [1]Wer auf den Namen lautende Aktien oder Schuldverschreibungen ausgegeben hat, hat unverzüglich nach dem Eingang eines Antrags auf Umschreibung der Aktien oder Schuldverschreibungen eines Verstorbenen dem für die Verwaltung der Erbschaftsteuer zuständigen Finanzamt (§ 35 des Gesetzes) unter Hinweis auf § 33 Abs. 2 des Gesetzes anzuzeigen:

1. die Wertpapier-Kennummer, die Stückzahl und den Nennbetrag der Aktien oder Schuldverschreibungen,
2.[1)] die letzte Anschrift und die Identifikationsnummer des Erblassers, auf dessen Namen die Wertpapiere lauten,
3. den Todestag des Erblassers und – wenn dem Anzeigepflichtigen bekannt – das Standesamt, bei dem der Sterbefall beurkundet worden ist,
4.[1)] den Namen, die Identifikationsnummer, die Anschrift und, soweit dem Anzeigepflichtigen bekannt, das persönliche Verhältnis (Verwandtschaftsverhältnis, Ehegatte oder Lebenspartner) der Person, auf deren Namen die Wertpapiere umgeschrieben werden sollen.

[2]Die Anzeige darf nur unterbleiben, wenn der Wert der anzuzeigenden Wertpapiere 5000 Euro nicht übersteigt.[2)]

§ 3 Anzeigepflicht der Versicherungsunternehmen. (1) [1]Zu den Versicherungsunternehmen, die Anzeigen nach § 33 Abs. 3 des Gesetzes zu erstatten haben, gehören auch die Sterbekassen von Berufsverbänden, Vereinen und anderen Anstalten, soweit sie die Lebens-(Sterbegeld-) oder Leibrenten-Versicherung betreiben. [2]Die Anzeigepflicht besteht auch für Vereine und Berufsverbände, die mit einem Versicherungsunternehmen die Zahlung einer Versicherungssumme (eines Sterbegeldes) für den Fall des Todes ihrer Mitglieder vereinbart haben, wenn der Versicherungsbetrag an die Hinterbliebenen der Mitglieder weitergeleitet wird. [3]Ortskrankenkassen gelten nicht als Versicherungsunternehmen im Sinne der genannten Vorschrift.

(2)[3)] [1]Dem für die Verwaltung der Erbschaftsteuer zuständigen Finanzamt (§ 35 des Gesetzes) sind mit einem Vordruck nach Muster 2 alle Versicherungssummen oder Leibrenten, die einem anderen als dem Versicherungsnehmer auszuzahlen oder zur Verfügung zu stellen sind, und, soweit dem Anzeigepflichtigen bekannt, das persönliche Verhältnis (Verwandtschaftsverhältnis, Ehegatte oder Lebenspartner) der Person, an die die Auszahlung oder Zurverfügungstellung erfolgt, anzuzeigen. [2]Zu den Versicherungssummen rechnen insbesondere auch Versicherungsbeträge aus Sterbegeld-, Aussteuer- und ähnlichen Versicherungen. [3]Bei einem Wechsel des Versicherungsnehmers vor Eintritt des Versicherungsfalls sind der Rückkaufswert der Versicherung sowie

---

[1)] § 2 Nr. 2 geänd. mWv 30.12.2014 (§ 12 Abs. 3) durch VO v. 22.12.2014 (BGBl. I S. 2392); Nr. 4 geänd. mWv 1.1.2011 durch VO v. 17.11.2010 (BGBl. I S. 1544); geänd. mWv 30.12.2014 (§ 12 Abs. 3) durch VO v. 22.12.2014 (BGBl. I S. 2392).

[2)] § 2 Satz 2 angef. mWv 1.1.2011 durch VO v. 17.11.2010 (BGBl. I S. 1544).

[3)] § 3 Abs. 2 Satz 1 geänd., Satz 3 geänd. mWv 1.1.2011 durch VO v. 17.11.2010 (BGBl. I S. 1544); geänd. mWv 30.12.2014 (§ 12 Abs. 3) durch VO v. 22.12.2014 (BGBl. I S. 2392).

der Name, die Identifikationsnummer, die Anschrift und das Geburtsdatum des neuen Versicherungsnehmers anzuzeigen.

(3) [1]Die Anzeige unterbleibt bei solchen Versicherungssummen, die auf Grund eines von einem Arbeitgeber für seine Arbeitnehmer abgeschlossenen Versicherungsvertrages bereits zu Lebzeiten des Versicherten (Arbeitnehmers) fällig und an diesen ausgezahlt werden. [2]Die Anzeige darf bei Kapitalversicherungen unterbleiben, wenn der auszuzahlende Betrag 5000 Euro[1)] nicht übersteigt.

Zu § 34 ErbStG

§ 4 Anzeigepflicht der Standesämter. (1) [1]Die Standesämter haben für jeden Kalendermonat die Sterbefälle jeweils durch Übersendung der Sterbeurkunde[2)] in zweifacher Ausfertigung binnen zehn Tagen nach Ablauf des Monats dem für die Verwaltung der Erbschaftsteuer zuständigen Finanzamt, in dessen Bezirk sich der Sitz des Standesamtes befindet, anzuzeigen. [2]Dabei ist die Ordnungsnummer (§ 5 Abs. 2) anzugeben, die das Finanzamt dem Standesamt zugeteilt hat. [3]Die in Satz 1 genannten Urkunden sind um Angaben zu den in Muster 3 genannten Fragen zu ergänzen, soweit diese Angaben bekannt sind.

(2) Sind in dem vorgeschriebenen Zeitraum Sterbefälle nicht beurkundet oder bekannt geworden, hat das Standesamt innerhalb von zehn Tagen nach Ablauf des Zeitraumes unter Angabe der Nummer der letzten Eintragung in das Sterberegister[2)] eine Fehlanzeige mit einem Vordruck nach Muster 4 zu übersenden.

(3) Die Oberfinanzdirektion kann anordnen,

1. daß die Anzeigen von einzelnen Standesämtern für einen längeren oder kürzeren Zeitraum als einen Monat übermittelt werden können,
2. daß die Standesämter die Sterbefälle statt der Anzeigen nach Absatz 1 und 2 durch eine Totenliste (Absatz 4) nach Muster 3 anzeigen können,
3. daß auf die zweite Ausfertigung der Sterbeurkunde verzichtet werden kann.

(4) [1]Totenlisten nach Absatz 3 Nr. 2 sind vorbehaltlich des Absatzes 3 Nr. 1 für jeden Kalendermonat aufzustellen. [2]In die Totenlisten sind einzutragen:

1. die Sterbefälle nach der Reihenfolge der Eintragungen in das Sterberegister[2)],
2. die dem Standesamt sonst bekanntgewordenen Sterbefälle von Personen, die im Ausland verstorben sind und bei ihrem Tod einen Wohnsitz oder ihren gewöhnlichen Aufenthalt oder Vermögen im Bezirk des Standesamtes gehabt haben.

[3]Das Standesamt hat die Totenliste binnen zehn Tagen nach dem Ablauf des Zeitraumes, für den sie aufgestellt ist, nach der in dem Muster 3 vorgeschriebenen Anleitung abzuschließen und dem für die Verwaltung der Erbschaftsteuer zuständigen Finanzamt, in dessen Bezirk sich der Sitz des Standesamtes befindet, einzusenden. [4]Dabei ist die Ordnungsnummer (§ 5 Abs. 2) anzugeben, die das Finanzamt dem Standesamt zugeteilt hat. [5]Sind in dem vorge-

---

[1)] Betrag geänd. mWv 1.1.2011 durch VO v. 17.11.2010 (BGBl. I S. 1544).

[2)] § 4 Abs. 1 Satz 1, Abs. 2, Abs. 4 Satz 2 Nr. 1 geänd. durch G v. 19.2.2007 (BGBl. I S. 122).

schriebenen Zeitraum Sterbefälle nicht beurkundet worden oder bekanntgeworden, hat das Standesamt innerhalb von zehn Tagen nach Ablauf des Zeitraumes diesem Finanzamt eine Fehlanzeige nach Muster 4 zu übersenden. 6 In der Fehlanzeige ist auch die Nummer der letzten Eintragung in das Sterberegister[1)] anzugeben.

§ 5 Verzeichnis der Standesämter. (1) 1 Die Landesregierungen oder die von ihnen bestimmten Stellen teilen den für ihr Gebiet zuständigen Oberfinanzdirektionen Änderungen des Bestandes oder der Zuständigkeit der Standesämter mit. 2 Von diesen Änderungen geben die Oberfinanzdirektionen den in Betracht kommenden Finanzämtern Kenntnis.

(2) Die Finanzämter geben jedem Standesamt ihres Bezirks eine Ordnungsnummer, die sie dem Standesamt mitteilen.

§ 6 Anzeigepflicht der Gerichte bei Todeserklärungen. (1) 1 Die Gerichte haben dem für die Verwaltung der Erbschaftsteuer zuständigen Finanzamt (§ 35 des Gesetzes) eine beglaubigte Abschrift der Beschlüsse über die Todeserklärung Verschollener oder über die Feststellung des Todes und der Todeszeit zu übersenden. 2 Wird ein solcher Beschluß angefochten oder eine Aufhebung beantragt, hat das Gericht dies dem Finanzamt anzuzeigen.

(2) Die Übersendung der in Absatz 1 genannten Abschriften kann bei Erbfällen von Kriegsgefangenen und ihnen gleichgestellten Personen sowie bei Erbfällen von Opfern der nationalsozialistischen Verfolgung unterbleiben, wenn der Zeitpunkt des Todes vor dem 1. Januar 1946 liegt.

§ 7[2)] Anzeigepflicht der Gerichte, Notare und sonstigen Urkundspersonen in Erbfällen. (1) 1 Die Gerichte haben dem für die Verwaltung der Erbschaftsteuer zuständigen Finanzamt (§ 35 des Gesetzes) beglaubigte Abschriften folgender Verfügungen und Schriftstücke mit einem Vordruck nach Muster 5 zu übersenden:

1. eröffnete Verfügungen von Todes wegen mit einer Mehrausfertigung der Niederschrift über die Eröffnungsverhandlung,
2. Erbscheine,

2a.[3)] Europäische Nachlasszeugnisse,

3. Testamentsvollstreckerzeugnisse,
4. Zeugnisse über die Fortsetzung von Gütergemeinschaften,
5. Beschlüsse über die Einleitung oder Aufhebung einer Nachlaßpflegschaft oder Nachlaßverwaltung,
6. beurkundete Vereinbarungen über die Abwicklung von Erbauseinandersetzungen.

2 Eine elektronische Übermittlung der Anzeige ist ausgeschlossen. 3 Die Anzeige hat unverzüglich nach dem auslösenden Ereignis zu erfolgen. 4 Auf der Ur-

---

1) § 4 Abs. 4 Satz 6 geänd. durch G v. 19.2.2007 (BGBl. I S. 122).

2) § 7 Abs. 1 Satz 2 eingef. (mit erstmaliger Wirkung für Erwerbe, für die die Steuer nach dem 27.8.2002 entstanden ist) durch G v. 21.8.2002 (BGBl. I S. 3322).

3) § 7 Abs. 1 Satz 1 Nr. 2a eingef. durch G v. 29.6.2015 (BGBl. I S. 1042); zur Anwendung siehe § 12 Abs. 4.

schrift der Mitteilung oder Anzeige ist zu vermerken, wann und an welches Finanzamt die Abschrift übersandt worden ist.

(2)[1] Jede Mitteilung oder Übersendung soll die folgenden Angaben enthalten:

1. den Namen, die Identifikationsnummer, den Geburtstag, die letzte Anschrift, den Todestag und den Sterbeort des Erblassers,
2. das Standesamt, bei dem der Sterbefall beurkundet worden ist, und die Nummer des Sterberegisters.

(3) Soweit es den Gerichten bekannt ist, haben sie mitzuteilen:

1. den Beruf und den Familienstand des Erblassers,
2.[2] den Güterstand bei verheirateten oder in einer Lebenspartnerschaft lebenden Erblassern,
3.[3] die Anschriften und die Identifikationsnummern der Beteiligten sowie das persönliche Verhältnis (Verwandtschaftsverhältnis, Ehegatte oder Lebenspartner) zum Erblasser,
4. die Höhe und die Zusammensetzung des Nachlasses in Form eines Verzeichnisses,
5. später bekanntgewordene Veränderungen in der Person der Erben oder Vermächtnisnehmer, insbesondere durch Fortfall von vorgesehenen Erben oder Vermächtnisnehmern.

(4)[4] Die Übersendung der in Absatz 1 erwähnten Abschriften und die Erstattung der dort vorgesehenen Anzeigen dürfen unterbleiben,

1. wenn die Annahme berechtigt ist, dass außer Hausrat (einschließlich Wäsche und Kleidungsstücke) im Wert von höchstens 12 000 Euro nur noch anderes Vermögen im reinen Wert von höchstens 20 000 Euro vorhanden ist,
2. bei Erbfällen von Kriegsgefangenen und ihnen gleichgestellten Personen sowie bei Erbfällen von Opfern der nationalsozialistischen Verfolgung, wenn der Zeitpunkt des Todes vor dem 1. Januar 1946 liegt,
3. wenn der Erbschein lediglich zur Geltendmachung von Ansprüchen auf Grund des Lastenausgleichsgesetzes beantragt und dem Ausgleichsamt unmittelbar übersandt worden ist,
4. wenn seit dem Zeitpunkt des Todes des Erblassers mehr als zehn Jahre vergangen sind. [2]Das gilt nicht für Anzeigen über die Abwicklung von Erbauseinandersetzungen.

(5) Die vorstehenden Vorschriften gelten entsprechend für Notare (Bezirksnotare) und sonstige Urkundspersonen, soweit ihnen Geschäfte des Nachlaßgerichtes übertragen sind.

---

[1] § 7 Abs. 2 Nr. 2 geänd. durch G v. 19.2.2007 (BGBl. I S. 122); Nr. 1 geänd. mWv 30.12.2014 (§ 12 Abs. 3) durch VO v. 22.12.2014 (BGBl. I S. 2392).

[2] § 7 Abs. 3 Nr. 2 geänd. mWv 24.7.2014 (§ 12 Abs. 2) durch G v. 18.7.2014 (BGBl. I S. 1042).

[3] § 7 Abs. 3 Nr. 3 geänd. mWv 1.1.2011 durch VO v. 17.11.2010 (BGBl. I S. 1544); Nr. 3 geänd. mWv 30.12.2014 (§ 12 Abs. 3) durch VO v. 22.12.2014 (BGBl. I S. 2392).

[4] § 7 Abs. 4 Nr. 1 geänd. mWv 1.1.2011 durch VO v. 17.11.2010 (BGBl. I S. 1544)

§ 8[1)] **Anzeigepflicht der Gerichte, Notare und sonstigen Urkundspersonen bei Schenkungen und Zweckzuwendungen unter Lebenden.** (1) [1]Die Gerichte haben dem für die Verwaltung der Erbschaftsteuer zuständigen Finanzamt (§ 35 des Gesetzes) eine beglaubigte Abschrift der Urkunde über eine Schenkung (§ 7 des Gesetzes) oder eine Zweckzuwendung unter Lebenden (§ 8 des Gesetzes) unter Angabe des der Kostenberechnung zugrunde gelegten Werts mit einem Vordruck nach Muster 6 zu übersenden. [2]Eine elektronische Übermittlung der Anzeige ist ausgeschlossen. [3]Enthält die Urkunde keine Angaben darüber, sind die Beteiligten über

1.[2)] das persönliche Verhältnis (Verwandtschaftsverhältnis, Ehegatte oder Lebenspartner) des Erwerbers zum Schenker und

2. den Wert der Zuwendung

zu befragen und die Angaben in der Anzeige mitzuteilen. [4]Die Anzeige hat unverzüglich nach der Beurkundung zu erfolgen. [5]Auf der Urschrift der Urkunde ist zu vermerken, wann und an welches Finanzamt die Abschrift übersandt worden ist. [6]Die Gerichte haben bei der Beurkundung von Schenkungen und Zweckzuwendungen unter Lebenden die Beteiligten auf die mögliche Steuerpflicht hinzuweisen.

(2) Die Verpflichtungen nach Absatz 1 erstrecken sich auch auf Urkunden über Rechtsgeschäfte, die zum Teil oder der Form nach entgeltlich sind, bei denen aber Anhaltspunkte dafür vorliegen, daß eine Schenkung oder Zweckzuwendung unter Lebenden vorliegt.

(3)[3)] Die Übersendung einer beglaubigten Abschrift von Schenkungs- und Übergabeverträgen und die Mitteilung der in Absatz 1 vorgesehenen Angaben darf unterbleiben, wenn Gegenstand der Schenkung nur Hausrat (einschließlich Wäsche und Kleidungsstücke) im Wert von höchstens 12 000 Euro und anderes Vermögen im reinen Wert von höchstens 20 000 Euro ist.

(4) Die vorstehenden Vorschriften gelten entsprechend für Notare (Bezirksnotare) und sonstige Urkundspersonen.

§ 9[4)] **Anzeigepflicht der Auslandsstellen.** [1]Die diplomatischen Vertreter und Konsuln des Bundes haben dem Bundeszentralamt für Steuern anzuzeigen:

1. die ihnen bekannt gewordenen Sterbefälle von Deutschen ihres Amtsbezirks,

---

[1)] § 8 Abs. 1 Satz 2 eingef. (mit erstmaliger Wirkung für Erwerbe, für die die Steuer nach dem 27.8.2002 entstanden ist) durch G v. 21.8.2002 (BGBl. I S. 3322).

[2)] § 8 Abs. 1 Satz 3 Nr. 1 Klammerzusatz geänd. mWv 1.1.2011 durch VO v. 17.11.2010 (BGBl. I S. 1544).

[3)] § 8 Abs. 3 geänd. mWv 1.1.2011 durch VO v. 17.11.2010 (BGBl. I S. 1544).

[4)] § 9 Satz 2 angef. (mit erstmaliger Wirkung für Erwerbe, für die die Steuer nach dem 27.8.2002 entstanden ist) durch G v. 21.8.2002 (BGBl. I S. 3322); Satz 1 geänd. mWv 1.1.2009 durch G v. 19.2.2007 (BGBl. I S. 122); Satz 1 geänd. mWv 14.12.2010 durch G v. 8.12.2010 (BGBl. I S. 1768).

2. die ihnen bekannt gewordenen Zuwendungen ausländischer Erblasser oder Schenker an Personen, die im Inland einen Wohnsitz oder ihren gewöhnlichen Aufenthalt haben.

2 Eine elektronische Übermittlung der Anzeige ist ausgeschlossen.

§ 10[1] **Anzeigepflicht der Genehmigungsbehörden.** 1 Die Behörden, die Stiftungen anerkennen oder Zuwendungen von Todes wegen und unter Lebenden an juristische Personen und dergleichen genehmigen, haben dem für die Verwaltung der Erbschaftsteuer zuständigen Finanzamt (§ 35 des Gesetzes) über solche innerhalb eines Kalendervierteljahres erteilten Anerkennungen oder Genehmigungen unmittelbar nach Ablauf des Vierteljahres eine Nachweisung zu übersenden. 2 Eine elektronische Übermittlung der Anzeige ist ausgeschlossen. 3 Die Verpflichtung erstreckt sich auch auf Rechtsgeschäfte der in § 8 Abs. 2 bezeichneten Art. 4 In der Nachweisung sind bei einem Anerkennungs- oder Genehmigungsfall anzugeben:

1. der Tag der Anerkennung oder Genehmigung,
2.[2] die Anschriften und die Identifikationsnummern des Erblassers (Schenkers) und des Erwerbers (bei einer Zweckzuwendung die Anschrift und die Identifikationsnummer des mit der Durchführung der Zweckzuwendung Beschwerten),
3. die Höhe des Erwerbs (der Zweckzuwendung),
4. bei Erwerben von Todes wegen der Todestag und der Sterbeort des Erblassers,
5. bei Anerkennung einer Stiftung als rechtsfähig der Name, der Sitz (der Ort der Geschäftsleitung), der Zweck der Stiftung und der Wert des ihr gewidmeten Vermögens,
6.[3] wenn bei der Anerkennung oder Genehmigung dem Erwerber Leistungen an andere Personen oder zu bestimmten Zwecken auferlegt oder wenn von dem Erwerber solche Leistungen zur Erlangung der Anerkennung oder Genehmigung freiwillig übernommen werden: Art und Wert der Leistungen, die begünstigten Personen oder Zwecke und das persönliche Verhältnis (Verwandtschaftsverhältnis, Ehegatte oder Lebenspartner) der begünstigten Personen zum Erblassers (Schenker).

5 Als Nachweisung kann eine beglaubigte Abschrift der der Stiftung zugestellten Urkunde über die Anerkennung als rechtsfähig dienen, wenn aus ihr die genannten Angaben zu ersehen sind.

---

[1] § 10 Sätze 1, 4 und 5 geänd. bzw. ergänzt durch G v. 15.7.2002 (BGBl. I S. 2634); Satz 2 eingef. (mit erstmaliger Wirkung für Erwerbe, für die die Steuer nach dem 27.8.2002 entstanden ist) durch G v. 21.8.2002 (BGBl. I S. 3322).

[2] § 10 Satz 4 Nr. 2 geänd. mWv 30.12.2014 (§ 12 Abs. 3) durch VO v. 22.12.2014 (BGBl. I S. 2392).

[3] § 10 Satz 4 Nr. 6 Klammerzusatz geänd. mWv 1.1.2011 durch VO v. 17.11.2010 (BGBl. I S. 1544).

§ 11 Anzeigen im automatisierten Verfahren. Die oberste Finanzbehörde eines Landes kann anordnen, daß die Anzeigen den Finanzämtern ihres Zuständigkeitsbereichs in einem automatisierten Verfahren erstattet werden können, soweit die Übermittlung der jeweils aufgeführten Angaben gewährleistet und die Richtigkeit der Datenübermittlung sichergestellt ist.

Schlußvorschriften

§ 12[1] Anwendung der Verordnung. (1) Diese Verordnung in der Fassung des Artikels 5 der Verordnung vom 17. November 2010 (BGBl. I S. 1544) ist auf Erwerbe anzuwenden, für die die Steuer nach dem 31. Dezember 2010 entsteht.

(2) § 7 Absatz 3 Nummer 2 und die Muster 3 und Muster 5 in der Fassung des Artikels 16 des Gesetzes vom 18. Juli 2014 (BGBl. I S. 1042) sind auf Erwerbe anzuwenden, für die die Steuer nach dem 23. Juli 2014[2] entsteht.

(3) § 2 Satz 1 Nummer 2 und 4, § 3 Absatz 2 Satz 3, § 7 Absatz 2 Nummer 1 und Absatz 3 Nummer 3, § 10 Satz 4 Nummer 2 sowie die Muster 1, 2, 5 und 6 in der am 30. Dezember 2014 geltenden Fassung sind auf Erwerbe anzuwenden, für die die Steuer nach dem 29. Dezember 2014 entsteht.

(4) § 7 Absatz 1 Satz 1 Nummer 2a und Muster 5 in der Fassung des Artikels 18 des Gesetzes vom 29. Juni 2015 (BGBl. I S. 1042) sind auf Erwerbe anzuwenden, für die die Steuer nach dem 16. August 2015 entsteht.

§ 13 Inkrafttreten, Außerkrafttreten. [1]Diese Verordnung tritt am 1. August 1998 in Kraft. [2]Gleichzeitig tritt die Erbschaftsteuer-Durchführungsverordnung in der im Bundesgesetzblatt Teil III, Gliederungsnummer 611-8-1, veröffentlichten bereinigten Fassung, zuletzt geändert durch Artikel 3 des Gesetzes vom 20. Dezember 1996 (BGBl. I S. 2049), außer Kraft.

---

[1] § 12 neu gef. durch G v. 18.7.2014 (BGBl. I S. 1042); Abs. 3 angef. durch VO v. 22.12.2014 (BGBl. I S. 2392); Abs. 4 angef. durch G v. 29.6.2015 (BGBl. I S. 1042).

[2] Datum der Verkündung des G v. 18.7.2014 (BGBl. I S. 1042).

Muster 1
(§ 1 ErbStDV)

....
Firma

Erbschaftsteuer

An das
Finanzamt ....
– Erbschaftsteuerstelle –

____

Anzeige
über die Verwahrung oder Verwaltung fremden Vermögens (§ 33 Abs. 1 ErbStG und § 1 ErbStDV)

1. Erblasser Name, Vorname, Identifikationsnummer[1) ....
Geburtstag ....
Anschrift ....
Todestag .... Sterbeort ....
Standesamt .... Sterberegister-Nr.[2)] ....

2. Guthaben und andere Forderungen, auch Gemeinschaftskonten

IBAN[1)]	Nennbetrag am Todestag ohne Zinsen für das Jahr des Todes (volle EUR)	Aufgelaufene Zinsen bis zum Todestag (volle EUR)	Hat der Kontoinhaber mit dem Kreditinstitut vereinbart, daß die Guthaben oder eines derselben mit seinem Tod auf eine stimmte Person übergehen? Wenn ja: Name und genaue Anschrift dieser Person
1	2	3	4

Von den Angaben in Spalte 1 entfallen auf unselbständige Zweigniederlassungen im Ausland:
IBAN:[1) 3)]

3. Wertpapiere, Anteile, Genußscheine und dergleichen, auch solche in Gemeinschaftsdepots

Bezeichnung der Wertpapiere usw. Wertpapierkenn-Nr.	Nennbetrag am Todestag (volle EUR)	Kurswert bzw. Rücknahmepreis am Todestag (volle EUR)	Stückzinsen bis zum Todestag (volle EUR)	Bemerkungen
1	2	3	4	5

Von den Angaben in Spalte 1 entfallen auf unselbständige Zweigniederlassungen im Ausland:
Bezeichnung der Wertpapiere usw., Wertpapierkenn-Nr.:[3)]

4. Der Verstorbene hatte **kein – ein Schließfach/ ... Schließfächer** Versicherungswert EUR

5. Bemerkungen (z.B. über Schulden des Erblassers beim Kreditinstitut): ....
....
....

....
Ort, Datum Unterschrift

[1)] Geänd. durch VO v. 22.12.2014 (BGBl. I S. 2392).
[2)] Geänd. durch G v. 19.2.2007 (BGBl. I S. 122).
[3)] Eingef. mWv 1.1.2011 durch VO v. 17.11.2010 (BGBl. I S. 1544).

Muster 2
(§ 3 ErbStDV)

....
Firma

Erbschaftsteuer

An das
Finanzamt ....
– Erbschaftsteuerstelle –

Anzeige
über die Auszahlung oder Zurverfügungstellung von Versicherungssummen oder Leibrenten an einen anderen als den Versicherungsnehmer (§ 33 Abs. 3 ErbStG und § 3 ErbStDV)

1. Versicherter	**und Versicherungsnehmer** (wenn er ein anderer ist als der Versicherte)
a) Name und Vorname, Identifikationsnummer [1]	
b) Geburtsdatum	
c) Anschrift	
d) Todestag	
e) Sterbeort	
f) Standesamt und Sterberegister-Nr.[2]	

Zeitpunkt der Auszahlung beziehungsweise Zuverfügungstellung in Fällen, in denen der Versicherungsnehmer nicht verstorben ist:[3]

2. Versicherungsschein-Nr. ....

3. a)[4] **Bei Kapitalversicherung**
Auszuzahlender Versicherungsbetrag vor Abzug von einzubehaltender Kapitalertargsteuer, Solidaritätszuschlag, Kirchensteuer (einschließlich Dividenden und dergleichen abzüglich noch geschuldeter Prämien, vor der Fälligkeit der Versicherungssumme gewährter Darlehen, Vorschüsse und dergleichen) .... EUR

b) Bei Rentenversicherung
Jahresbetrag .... EUR Dauer der Rente ....

4. Zahlungsempfänger ist ....

- ☐ als Inhaber des Versicherungsscheins *
- ☐ als Bevollmächtigter, gesetzlicher Vertreter des * ....
- ☐ als Begünstigter *
- ☐ aus einem anderen Grund (Abtretung, Verpfändung, gesetzliches Erbrecht, Testament und dergleichen) und welchem? * ....

* Zutreffendes ist anzukreuzen

5. Nach der **Auszahlungsbestimmung des Versicherungsnehmers**, die als Bestandteil des Versicherungsvertrags anzusehen ist, ist/sind bezugsberechtigt ....

6.[5] Bei **Wechsel des Versicherungsnehmers**
Neuer Versicherungsnehmer ist ....
Rückkaufswert .... EUR

7. Bemerkungen (z.B. persönliches Verhältnis – Verwandtschaftsverhältnis, Ehegatte oder Lebenspartner[5] – der Beteiligten) ....

....

Ort, Datum Unterschrift

1) Angefügt durch VO v. 22.12.2014 (BGBl. I S. 2392).
2) Geänd. durch G v. 19.2.2007 (BGBl. I S. 122).
3) Eingef. mWv 1.1.2011 durch VO v. 17.11.2010 (BGBl. I S. 1544).
4) Nr. 3 Buchst. a geänd. mWv 30.6.2020 durch VO v. 25.6.2020 (BGBl. I S. 1495).
5) Nrn. 6 und 7 geänd. mWv 1.1.2011 durch VO v. 17.11.2010 (BGBl. I S. 1544).

Muster 3
(§ 4 ErbStDV)

....
Standesamt und Ordnungsnummer

Erbschaftsteuer
Totenliste

des Standesamtsbezirks ....
für den Zeitraum von .... bis .... einschließlich
Sitz des Standesamts ....

Anleitung für die Aufstellung und Einsendung der Totenliste

1. Die Totenliste ist für den Zeitraum eines Monats aufzustellen, sofern nicht die Oberfinanzdirektion die Aufstellung für einen kürzeren oder längeren Zeitraum angeordnet hat. Sie ist **beim Beginn des Zeitraums** anzulegen. Die einzelnen Sterbefälle sind darin **sofort nach ihrer Beurkundung** einzutragen.
2. In die Totenliste sind aufzunehmen
   a) alle beurkundeten Sterbefälle nach der Reihenfolge der Eintragungen im Sterberegister[1)],
   b) die dem Standesbeamten glaubhaft bekanntgewordenen Sterbefälle im Ausland, und zwar von Deutschen und Ausländern, wenn sie beim Tod einen Wohnsitz oder ihren gewöhnlichen Aufenthalt oder Vermögen im Bezirk des Standesamtes hatten.
3. Ausfüllen der Spalten:
   a) Spalte 1 muß **alle Nummern des Sterberegisters**[1)] in ununterbrochener Reihenfolge nachweisen. Die Auslassung einzelner Nummern ist in Spalte 7 zu erläutern. Auch der Sterbefall eines Unbekannten ist in der Totenliste anzugeben.
   b) In den Spalten 5 und 6 ist der Antwort stets der Buchstabe der Frage voranzusetzen, auf die sich die Antwort bezieht.
   c) Fragen, über die das Sterberegister[1)] keine Auskunft gibt, sind zu beantworten, soweit sie der Standesbeamte aus eigenem Wissen oder nach Befragen des Anmeldenden beantworten kann.
   d) Bezugnahmen auf vorhergehende Angaben durch „desgl." oder durch Strichzeiten (") usw. sind zu vermeiden.
   e) Spalte 8 ist nicht auszufüllen.
4. Einlagebogen sind in den Titelbogen einzuheften.
5. Abschluß der Liste:
   a) Die Totenliste ist hinter der letzten Eintragung mit Orts- und Zeitangabe und der Unterschrift des Standesbeamten abzuschließen.
   b) Sind Sterbefälle der unter Nummer 2 Buchstabe b bezeichneten Art nicht bekanntgeworden, ist folgende Bescheinigung zu unterschreiben:

      Im Ausland eingetretene Sterbefälle von Deutschen und Ausländern, die beim Tod einen Wohnsitz oder ihren gewöhnlichen Aufenthalt oder Vermögen im Bezirk des Standesamtes hatten, sind mir nicht bekanntgeworden.

      ....
      Ort, Datum (Standesbeamter/Standesbeamtin)

   c) Binnen **zehn Tagen** nach Ablauf des Zeitraums, für den die Liste aufzustellen ist, ist sie dem Finanzamt einzureichen. Sind in dem Zeitraum Sterbefälle **nicht** anzugeben, ist dem Finanzamt binnen zehn Tagen nach Ablauf des Zeitraums eine Fehlanzeige nach besonderem Muster zu erstatten.

An das

Finanzamt ....

– Erbschaftsteuerstelle –

---

1) Geänd. durch G v. 19. 2. 2007 (BGBl. I S. 122).

(Seite 2)

Nummer des Sterberegisters[1)]	a) Familienname ggf. auch Geburtsname b) Vornamen c) Beruf d) Anschrift e) Bei minderjährigen Kindern Name, Beruf und Anschrift (soweit von d) abweichend) des Vaters und der Mutter	a) Todestag b) Geburtstag c) Geburtsort	a) Familienstand b)[2)] bei Verheirateten oder bei Lebenspartnern Name, Beruf, Geburtstag, ggf. abweichende Anschrift des anderen Ehegatten oder Lebenspartners c)[2)] bei Verwitweten oder bei hinterbliebenen Lebenspartnern Beruf des verstorbenen Ehegatten oder Lebenspartners
	des Verstorbenen		
1	2	3	4

(Seite 3)

Lebten von dem Verstorbenen am Todestag a) Kinder ? Wie viele ? b) Abkömmlinge von verstorbenen Kindern ? Wie viele ? c) Eltern oder Geschwister ? (Nur angeben, wenn a) und b) verneint wird) d) Sonstige Verwandte oder Verschwägerte ? (Nur angeben, wenn a) bis c) verneint wird) e) Wer kann Auskunft geben ? Zu a) bis e) bitte Name und Anschrift angeben	Worin besteht der Nachlaß und welchen Wert hat er ? (kurze Angabe) a) Land- und forstw. Vermögen (bitte Lage und Größe der bewirtschafteten Fläche angeben) b) Grundvermögen (bitte Lage angeben) c) Betriebsvermögen (bitte die Firma und Art des Betriebs, z.B. Einzelhandelsgeschäft, Großhandel, Handwerksbetrieb, Fabrik angeben) d) Übriges Vermögen	Bemerkungen	Nummer und Jahrgang der Steuerliste
5	6	7	8

1) Geänd. durch G v. 19. 2. 2007 (BGBl. I S. 122).
2) Geänd. durch G v. 18. 7. 2014 (BGBl. I S. 1042); zur Anwendung siehe § 12 Abs. 2.

Muster 4
(§ 4 ErbStDV)

....
Standesamt und Ordnungsnummer

Erbschaftsteuer

An das
Finanzamt ....
– Erbschaftsteuerstelle –

Fehlanzeige

Im Standesamtsbezirk ....
sind für die Zeit vom .... bis .... einschließlich
Sterbefälle nicht anzugeben.
Der letzte Sterbefall ist beurkundet im Sterberegister[1] unter Nr. ....

Im Ausland eingetretene Sterbefälle von Deutschen und von Ausländern, die beim Tod einen Wohnsitz oder ihren gewöhnlichen Aufenthalt oder Vermögen im Bezirk des Standesamtes hatten, sind mir nicht bekanntgeworden.

Bemerkungen ....
....

....
Ort, Datum Unterschrift

1) Geänd. durch G v. 19. 2. 2007 (BGBl. I S. 122).

Muster 5
(§ 7 ErbStDV)

....
Amtsgericht/Notariat

Erbschaftsteuer

An das
Finanzamt ....
– Erbschaftsteuerstelle –

Die anliegende … beglaubigte … Abschrift…/Ablichtung … wird/werden mit folgenden Bemerkungen übersandt:

Erblasser Name, Vorname,
Identifikationsnummer[1] ....
Geburtstag ....
letzte Anschrift ....
Beruf ....
Familienstand ....
Güterstand (bei Verheirateten oder bei Lebenspartnern[2]) ....
Todestag und Sterbeort ....
Standesamt und Sterberegister-Nr.[3] ....
Testament/Erbvertrag vom ....
Tag der Eröffnung ....

Die **Gebühr** für die	**Errichtung**	**Verwahrung**	**Erteilung eines Erbscheins**[1]
ist berechnet nach einem Wert von	EUR	EUR	EUR

Grund der Übersendung

Eröffnung einer ☐ Verfügung von Todes wegen *

Erteilung eines ☐ Erbscheins * ☐ Europäischen Nachlaßzeugnisses*[4] ☐ Testamentsvollstreckerzeugnisses * ☐ Zeugnisses über die Fortsetzung von Gütergemeinschaften *

Beurkundung einer ☐ Erbauseinandersetzung

Beschluß über die ☐ Einleitung oder Aufhebung einer Nachlaßpflegschaft * ☐ Einleitung oder Aufhebung einer Nachlaßverwaltung *

Die Namen und Anschriften der Beteiligten und das persönliche Verhältnis (Verwandtschaftsverhältnis, Ehegatte oder Lebenspartner[5]) zum Erblasser sowie Veränderungen in der Person der Erben, Vermächtnisnehmer, Testamentsvollstrecker usw. (durch Tod, Eintritt eines Ersatzerben, Ausschlagung, Amtsniederlegung des Testamentsvollstreckers und dergleichen) und Änderungen in den Verhältnissen dieser Personen (Namens-, Berufs-, Anschriftenänderungen und dergleichen)

☐ ergeben sich aus der beiliegenden Abschrift der Eröffnungsverhandlung. *

☐ sind auf einem gesonderten Blatt angegeben. *

☐ Zur Höhe und Zusammensetzung des Nachlasses ist dem Gericht/Notariat folgendes bekanntgeworden: *

....

....

☐ Ein Verzeichnis der Nachlaßgegenstände ist beigefügt. *

* Zutreffendes ist anzukreuzen

....
Ort, Datum Unterschrift

1) Geänd. durch VO v. 22. 12. 2014 (BGBl. I S. 2392).
2) Geänd. durch G v. 18. 7. 2014 (BGBl. I S. 1042); zur Anwendung siehe § 12 Abs. 2.
3) Geänd. durch G v. 19. 2. 2007 (BGBl. I S. 122).
4) Eingef. durch G v. 29. 6. 2015 (BGBl. I S. 1042); zur Anwendung siehe § 12 Abs. 4.
5) Klammerzusatz geänd. mWv 1. 1. 2011 durch VO v. 17. 11. 2010 (BGBl. I S. 1544).

Muster 6
(§ 8 ErbStDV)

....
Amtsgericht/Notariat

Schenkungsteuer

An das
Finanzamt ....
– Erbschaftsteuerstelle –

Die anliegende beglaubigte Abschrift/Ablichtung wird mit folgenden Bemerkungen übersandt:

1. **Schenker** Name, Vorname, Identifikationsnummer[1] ....
   Geburtstag ....
   Anschrift ....

2. **Beschenkter** Name, Vorname, Identifikationsnummer[1] ....
   Geburtstag ....
   Anschrift ....

3. **Vertrag** vom .... Urkundenrolle-Nr. ....

4.[2] **Ergänzende Angaben** (§ 34 ErbStG, § 8 ErbStDV)
   Persönliches Verhältnis (Verwandtschaftsverhältnis, Ehegatte oder Lebenspartner) des Erwerbers zum Schenker (z.B. Kind, Geschwisterkind, Bruder der Mutter, nicht verwandt) ....

Verkehrswert des übertragenen Vermögens	Bei Grundbesitz letzter *Einheitswert* [***ab 1.1.2025:*** Grundsteuerwert]/Grundbesitzwert (Nichtzutreffendes ist zu streichen)	Wert, der der Kostenberechnung zugrunde liegt
EUR	EUR	EUR

5. **Sonstige Angaben**
   Zur Verfahrensvereinfachung und Vermeidung von Rückfragen werden mit Einverständnis der Urkundsparteien folgende Angaben gemacht, soweit sie nicht bereits aus dem Vertrag ersichtlich sind:

Valutastand der übernommenen Verbindlichkeiten am Tag der Schenkung	Jahreswert von Gegenleistungen wie z.B. Nießbrauch	Höhe der Notargebühren
EUR	EUR	EUR

....
Ort, Datum Unterschrift

---

[1] Geänd. durch VO v. 22.12.2014 (BGBl. I S. 2392).

[2] Nr. 4 Klammerzusätze geänd. mWv 1.1.2011 durch VO v. 17.11.2010 (BGBl. I S. 1544); Spalte 2 geänd. **mWv 1.1.2025** durch G v. 26.11.2019 (BGBl. I S. 1794).

420. Grundsteuergesetz (GrStG)[1), 2)]

Vom 7. August 1973 (BGBl. I S. 965)

Geändert durch Einführungsgesetz zur Abgabenordnung vom 14. 12. 1976 (BGBl. I S. 3341), Einigungsvertrag vom 31. 8. 1990 (BGBl. II S. 889, 986), Standortsicherungsgesetz vom 13. 9. 1993 (BGBl. I S. 1569), Eisenbahnneuordnungsgesetz vom 27. 12. 1993 (BGBl. I S. 2378), Postneuordnungsgesetz vom 14. 9. 1994 (BGBl. I S. 2325), Gesetz zur Fortsetzung der Unternehmenssteuerreform vom 29. 10. 1997 (BGBl. I S. 2590), Gesetz zur Änderung des Einführungsgesetzes zur Insolvenzordnung und anderer Gesetze vom 19. 12. 1998 (BGBl. I S. 3836), Steuerbereinigungsgesetz 1999 vom 22. 12. 1999 (BGBl. I S. 2601), Steuer-Euroglättungsgesetz vom 19. 12. 2000 (BGBl. I S. 1790), Gesetz zur Umbenennung des Bundesgrenzschutzes in Bundespolizei vom 21. 6. 2005 (BGBl. I S. 1818), Gesetz zur Beschleunigung der Umsetzung von Öffentlich Privaten Partnerschaften und zur Verbesserung gesetzlicher Rahmenbedingungen für Öffentlich Private Partnerschaften vom 1. 9. 2005 (BGBl. I S. 2676) und Jahressteuergesetz 2009 vom 19. 12. 2008 (BGBl. I S. 2794)

BGBl. III/FNA 611-7

Nichtamtliche Inhaltsübersicht

Abschnitt I. Steuerpflicht §§

Abschnitt II. Bemessung der Grundsteuer

Abschnitt III. Festsetzung und Entrichtung der Grundsteuer

---

1) Das Grundsteuergesetz wurde verkündet als Art. 1 des Gesetzes zur Reform des Grundsteuerrechts.

2) **[Anmerkung des Lektorats:] Die Änderungen des GrStG, die ab 2025 in Kraft treten, sind unter Nr. 420a abgebildet.**

Der Bundestag hat mit Zustimmung des Bundesrates das folgende Gesetz beschlossen:

Abschnitt I. Steuerpflicht

§ 1 Heberecht. (1) Die Gemeinde bestimmt, ob von dem in ihrem Gebiet liegenden Grundbesitz Grundsteuer zu erheben ist.

(2) Bestehen in einem Land keine Gemeinden, so stehen das Recht des Absatzes 1 und die in diesem Gesetz bestimmten weiteren Rechte dem Land zu.

(3) Für den in gemeindefreien Gebieten liegenden Grundbesitz bestimmt die Landesregierung durch Rechtsverordnung, wer die nach diesem Gesetz den Gemeinden zustehenden Befugnisse ausübt.

§ 2 Steuergegenstand. Steuergegenstand ist der Grundbesitz im Sinne des Bewertungsgesetzes:

1. die Betriebe der Land- und Forstwirtschaft (§§ 33, 48 a und 51 a des Bewertungsgesetzes[1]). [2]Diesen stehen die in § 99 Abs. 1 Nr. 2 des Bewertungsgesetzes bezeichneten Betriebsgrundstücke gleich;

---
[1] Nr. **200**.

2. die Grundstücke (§§ 68, 70 des Bewertungsgesetzes[1]). [2]Diesen stehen die in § 99 Abs. 1 Nr. 1 des Bewertungsgesetzes bezeichneten Betriebsgrundstücke gleich.

§ 3[2] Steuerbefreiung für Grundbesitz bestimmter Rechtsträger. (1) [1]Von der Grundsteuer sind befreit

1. Grundbesitz, der von einer inländischen juristischen Person des öffentlichen Rechts für einen öffentlichen Dienst oder Gebrauch benutzt wird. [2]Ausgenommen ist der Grundbesitz, der von Berufsvertretungen und Berufsverbänden sowie von Kassenärztlichen Vereinigungen und Kassenärztlichen Bundesvereinigungen benutzt wird;

1 a.[3] *(aufgehoben)*

2. Grundbesitz, der vom Bundeseisenbahnvermögen[4] für Verwaltungszwecke benutzt wird;
3. Grundbesitz, der von
   a) einer inländischen juristischen Person des öffentlichen Rechts,
   b) einer inländischen Körperschaft, Personenvereinigung oder Vermögensmasse, die nach der Satzung, dem Stiftungsgeschäft oder der sonstigen Verfassung und nach ihrer tatsächlichen Geschäftsführung ausschließlich und unmittelbar gemeinnützigen oder mildtätigen Zwecken dient,

   für gemeinnützige oder mildtätige Zwecke benutzt wird;
4. Grundbesitz, der von einer Religionsgesellschaft, die Körperschaft des öffentlichen Rechts ist, einem ihrer Orden, einer ihrer religiösen Genossenschaften oder einem ihrer Verbände für Zwecke der religiösen Unterweisung, der Wissenschaft, des Unterrichts, der Erziehung oder für Zwecke der eigenen Verwaltung benutzt wird. [2]Den Religionsgesellschaften stehen die jüdischen Kultusgemeinden gleich, die nicht Körperschaften des öffentlichen Rechts sind;
5. Dienstwohnungen der Geistlichen und Kirchendiener der Religionsgesellschaften, die Körperschaften des öffentlichen Rechts sind, und der jüdischen Kultusgemeinden. [2]§ 5 ist insoweit nicht anzuwenden;
6. Grundbesitz der Religionsgesellschaften, die Körperschaften des öffentlichen Rechts sind, und der jüdischen Kultusgemeinden, der am 1. Januar 1987 und im Veranlagungszeitpunkt zu einem nach Kirchenrecht gesonderten Vermögen, insbesondere einem Stellenfonds gehört, dessen Erträge ausschließlich für die Besoldung und Versorgung der Geistlichen und Kirchendiener sowie ihrer Hinterbliebenen bestimmt sind. [2]Ist in

---

[1] Nr. **200**.

[2] § 3 Abs. 1 Satz 1 Nr. 5 neugef., Nr. 6 angef. und Satz 2 geänd. durch G v. 13. 9. 1993 (BGBl. I S. 1569), Abs. 1 Satz 3 angef. mWv 8. 9. 2005 durch G v. 1. 9. 2005 (BGBl. I S. 2676).

[3] § 3 Abs. 1 Nr. 1a eingef. mWv Kj. 1995 durch G v. 14. 9. 1994 (BGBl. I S. 2325) und aufgeh. mWv Kj. 2000 durch G v. 22. 12. 1999 (BGBl. I S. 2601).

[4] § 3 Abs. 1 Nr. 2 geänd. mWv Kj. 1994 durch G v. 27. 12. 1993 (BGBl. I S. 2378).

dem in Artikel 3 des Einigungsvertrages genannten Gebiet die Zugehörigkeit des Grundbesitzes zu einem gesonderten Vermögen im Sinne des Satzes 1 am 1. Januar 1987 nicht gegeben, reicht es insoweit aus, daß der Grundbesitz zu einem Zeitpunkt vor dem 1. Januar 1987 zu einem gesonderten Vermögen im Sinne des Satzes 1 gehörte. [3]Die §§ 5 und 6 sind insoweit nicht anzuwenden.

[2]Der Grundbesitz muß ausschließlich demjenigen, der ihn für die begünstigten Zwecke benutzt, oder einem anderen nach den Nummern 1 bis 6 begünstigten Rechtsträger zuzurechnen sein. [3]Satz 2 gilt nicht, wenn der Grundbesitz von einem nicht begünstigten Rechtsträger im Rahmen einer Öffentlich Privaten Partnerschaft einer juristischen Person des öffentlichen Rechts für einen öffentlichen Dienst oder Gebrauch überlassen wird und die Übertragung auf den Nutzer am Ende des Vertragszeitraums vereinbart ist.

(2) [1]Öffentlicher Dienst oder Gebrauch im Sinne dieses Gesetzes ist die hoheitliche Tätigkeit oder der bestimmungsgemäße Gebrauch durch die Allgemeinheit. [2]Ein Entgelt für den Gebrauch durch die Allgemeinheit darf nicht in der Absicht, Gewinn zu erzielen, gefordert werden.

(3) Öffentlicher Dienst oder Gebrauch im Sinne dieses Gesetzes ist nicht anzunehmen bei Betrieben gewerblicher Art von juristischen Personen[1)] des öffentlichen Rechts im Sinne des Körperschaftsteuergesetzes[2)].

§ 4 Sonstige Steuerbefreiungen. Soweit sich nicht bereits eine Befreiung nach § 3 ergibt, sind von der Grundsteuer befreit

1. Grundbesitz, der dem Gottesdienst einer Religionsgesellschaft, die Körperschaft des öffentlichen Rechts ist, oder einer jüdischen Kultusgemeinde gewidmet ist;
2. Bestattungsplätze;
3. a) die dem öffentlichen Verkehr dienenden Straßen, Wege, Plätze, Wasserstraßen, Häfen und Schienenwege sowie die Grundflächen mit den diesem Verkehr unmittelbar dienenden Bauwerken und Einrichtungen, zum Beispiel Brücken, Schleuseneinrichtungen, Signalstationen, Stellwerke, Blockstellen;

   b)[3)] auf Verkehrsflughäfen und Verkehrslandeplätzen alle Flächen, die unmittelbar zur Gewährleistung eines ordnungsgemäßen Flugbetriebes notwendig sind und von Hochbauten und sonstigen Luftfahrthindernissen freigehalten werden müssen, die Grundflächen mit den Bauwerken und Einrichtungen, die unmittelbar diesem Betrieb dienen, sowie die Grundflächen ortsfester Flugsicherungsanlagen einschließlich der Flächen, die für einen einwandfreien Betrieb dieser Anlagen erforderlich sind;

[1)] Bezeichnung geänd. durch G v. 22. 12. 1999 (BGBl. I S. 2601).
[2)] Nr. **100**.
[3)] § 4 Nr. 3 Buchst. b geänd. durch G v. 22. 12. 1999 (BGBl. I S. 2601).

c) die fließenden Gewässer und die ihren Abfluß regelnden Sammelbecken, soweit sie nicht unter Buchstabe a fallen;

4. die Grundflächen mit den im Interesse der Ordnung und Verbesserung der Wasser- und Bodenverhältnisse unterhaltenen Einrichtungen der öffentlich-rechtlichen Wasser- und Bodenverbände und die im öffentlichen Interesse staatlich unter Schau gestellten Privatdeiche;
5. Grundbesitz, der für Zwecke der Wissenschaft, des Unterrichts oder der Erziehung benutzt wird, wenn durch die Landesregierung oder die von ihr beauftragte Stelle anerkannt ist, daß der Benutzungszweck im Rahmen der öffentlichen Aufgaben liegt. [2]Der Grundbesitz muß ausschließlich demjenigen, der ihn benutzt, oder einer juristischen Person des öffentlichen Rechts zuzurechnen sein;
6.[1] Grundbesitz, der für die Zwecke eines Krankenhauses benutzt wird, wenn das Krankenhaus in dem Kalenderjahr, das dem Veranlagungszeitpunkt (§ 13 Abs. 1) vorangeht, die Voraussetzungen des § 67 Abs. 1 oder 2 der Abgabenordnung[2] erfüllt hat. [2]Der Grundbesitz muß ausschließlich demjenigen, der ihn benutzt, oder einer juristischen Person des öffentlichen Rechts zuzurechnen sein.

§ 5 Zu Wohnzwecken benutzter Grundbesitz. (1) Dient Grundbesitz, der für steuerbegünstigte Zwecke (§§ 3 und 4) benutzt wird, zugleich Wohnzwecken, gilt die Befreiung nur für

1. Gemeinschaftsunterkünfte der Bundeswehr, der ausländischen Streitkräfte, der internationalen militärischen Hauptquartiere, der Bundespolizei[3], der Polizei und des sonstigen Schutzdienstes des Bundes und der Gebietskörperschaften sowie ihrer Zusammenschlüsse;
2. Wohnräume in Schülerheimen, Ausbildungs- und Erziehungsheimen sowie Prediger- und Priesterseminaren, wenn die Unterbringung in ihnen für die Zwecke des Unterrichts, der Ausbildung oder der Erziehung erforderlich ist. [2]Wird das Heim oder Seminar nicht von einem der nach § 3 Abs. 1 Nr. 1, 3 oder 4 begünstigten Rechtsträger unterhalten, so bedarf es einer Anerkennung der Landesregierung oder der von ihr beauftragten Stelle, daß die Unterhaltung des Heims oder Seminars im Rahmen der öffentlichen Aufgaben liegt;
3. Wohnräume, wenn der steuerbegünstigte Zweck im Sinne des § 3 Abs. 1 Nr. 1, 3 oder 4 nur durch ihre Überlassung erreicht werden kann;
4. Räume, in denen sich Personen für die Erfüllung der steuerbegünstigten Zwecke ständig bereithalten müssen (Bereitschaftsräume), wenn sie nicht zugleich die Wohnung des Inhabers darstellen.

(2) Wohnungen sind stets steuerpflichtig, auch wenn die Voraussetzungen des Absatzes 1 vorliegen.

---

[1] § 4 Nr. 6 neugef. mWv 1. 1. 1977 durch G v. 14. 12. 1976 (BGBl. I S. 3341).
[2] Nr. **800**.
[3] Umbenennung mWv 1. 7. 2005 durch G v. 21. 6. 2005 (BGBl. I S. 1818).

§ 6 Land- und forstwirtschaftlich genutzter Grundbesitz. Wird Grundbesitz, der für steuerbegünstigte Zwecke (§§ 3 und 4) benutzt wird, zugleich land- und forstwirtschaftlich genutzt, so gilt die Befreiung nur für

1. Grundbesitz, der Lehr- oder Versuchszwecken dient;
2. Grundbesitz, der von der Bundeswehr, den ausländischen Streitkräften, den internationalen militärischen Hauptquartieren oder den in § 5 Abs. 1 Nr. 1 bezeichneten Schutzdiensten als Übungsplatz oder Flugplatz benutzt wird;
3. Grundbesitz, der unter § 4 Nr. 1 bis 4 fällt.

§ 7 Unmittelbare Benutzung für einen steuerbegünstigten Zweck. [1]Die Befreiung nach den §§ 3 und 4 tritt nur ein, wenn der Steuergegenstand für den steuerbegünstigten Zweck unmittelbar benutzt wird. [2]Unmittelbare Benutzung liegt vor, sobald der Steuergegenstand für den steuerbegünstigten Zweck hergerichtet wird.

§ 8 Teilweise Benutzung für einen steuerbegünstigten Zweck.

(1) Wird ein räumlich abgegrenzter Teil des Steuergegenstandes für steuerbegünstigte Zwecke (§§ 3 und 4) benutzt, so ist nur dieser Teil des Steuergegenstandes steuerfrei.

(2) Dient der Steuergegenstand oder ein Teil des Steuergegenstandes (Absatz 1) sowohl steuerbegünstigten Zwecken (§§ 3 und 4) als auch anderen Zwecken, ohne daß eine räumliche Abgrenzung für die verschiedenen Zwecke möglich ist, so ist der Steuergegenstand oder der Teil des Steuergegenstandes nur befreit, wenn die steuerbegünstigten Zwecke überwiegen.

§ 9 Stichtag für die Festsetzung der Grundsteuer; Entstehung der Steuer. (1) Die Grundsteuer wird nach den Verhältnissen zu Beginn des Kalenderjahres festgesetzt.

(2) Die Steuer entsteht mit dem Beginn des Kalenderjahres, für das die Steuer festzusetzen ist.

§ 10 Steuerschuldner. (1) Schuldner der Grundsteuer ist derjenige, dem der Steuergegenstand bei der Feststellung des Einheitswerts zugerechnet ist.

(2) Derjenige, dem ein Erbbaurecht, ein Wohnungserbbaurecht oder ein Teilerbbaurecht zugerechnet ist, ist auch Schuldner der Grundsteuer für die wirtschaftliche Einheit des belasteten Grundstücks.

(3) Ist der Steuergegenstand mehreren Personen zugerechnet, so sind sie Gesamtschuldner.

§ 11 Persönliche Haftung. (1) Neben dem Steuerschuldner haften der Nießbraucher des Steuergegenstandes und derjenige, dem ein dem Nießbrauch ähnliches Recht zusteht.

(2)[1] [1]Wird ein Steuergegenstand ganz oder zu einem Teil einer anderen Person übereignet, so haftet der Erwerber neben dem früheren Eigentümer für die auf den Steuergegenstand oder Teil des Steuergegenstandes entfallende Grundsteuer, die für die Zeit seit dem Beginn des letzten vor der Übereignung liegenden Kalenderjahres zu entrichten ist. [2]Das gilt nicht für Erwerbe aus einer Insolvenzmasse und für Erwerbe im Vollstreckungsverfahren.

§ 12 Dingliche Haftung. Die Grundsteuer ruht auf dem Steuergegenstand als öffentliche Last.

Abschnitt II. Bemessung der Grundsteuer

§ 13 Steuermeßzahl und Steuermeßbetrag. (1) [1]Bei der Berechnung der Grundsteuer ist von einem Steuermeßbetrag auszugehen. [2]Dieser ist durch Anwendung eines Tausendsatzes (Steuermeßzahl) auf den Einheits-

(Fortsetzung nächstes Blatt)

---

[1] § 11 Abs. 2 Satz 2 geänd. mWv 1. 1. 1999 durch G v. 19. 12. 1998 (BGBl. I S. 3836).

wert oder seinen steuerpflichtigen Teil zu ermitteln, der nach dem Bewertungsgesetz im Veranlagungszeitpunkt (§ 16 Abs. 1, § 17 Abs. 3, § 18 Abs. 3) für den Steuergegenstand maßgebend ist.

(2)[1] *(aufgehoben)*

(3) In den Fällen des § 10 Abs. 2 ist der Berechnung des Steuermeßbetrags die Summe der beiden Einheitswerte zugrunde zu legen, die nach § 92 des Bewertungsgesetzes festgestellt werden.

§ 14 Steuermeßzahl für Betriebe der Land- und Forstwirtschaft. Für Betriebe der Land- und Forstwirtschaft beträgt die Steuermeßzahl 6 vom Tausend.

§ 15 Steuermeßzahl für Grundstücke. (1) Die Steuermeßzahl beträgt 3,5 vom Tausend.

(2) Abweichend von Absatz 1 beträgt die Steuermeßzahl

1. für Einfamilienhäuser im Sinne des § 75 Abs. 5 des Bewertungsgesetzes[2] mit Ausnahme des Wohnungseigentums und des Wohnungserbbaurechts einschließlich des damit belasteten Grundstücks 2,6 vom Tausend für die ersten *75 000 Deutsche Mark* [***ab 1. 1. 2002:*** 38 346,89 Euro][3] des Einheitswerts oder seines steuerpflichtigen Teils und 3,5 vom Tausend für den Rest des Einheitswerts oder seines steuerpflichtigen Teils;
2. für Zweifamilienhäuser im Sinne des § 75 Abs. 6 des Bewertungsgesetzes[2] 3,1 vom Tausend.

§ 16[4] Hauptveranlagung. (1) [1]Die Steuermeßbeträge werden auf den Hauptfeststellungszeitpunkt (§ 21 Abs. 2 des Bewertungsgesetzes[2]) allgemein festgesetzt (Hauptveranlagung). [2]Dieser Zeitpunkt ist der Hauptveranlagungszeitpunkt.

(2) [1]Der bei der Hauptveranlagung festgesetzte Steuermeßbetrag gilt vorbehaltlich der §§ 17 und 20 von dem Kalenderjahr an, das zwei Jahre nach dem Hauptveranlagungszeitpunkt beginnt. [2]Dieser Steuermeßbetrag bleibt unbeschadet der §§ 17 und 20 bis zu dem Zeitpunkt maßgebend, von dem an die Steuermeßbeträge der nächsten Hauptveranlagung wirksam werden. [3]Der sich nach den Sätzen 1 und 2 ergebende Zeitraum ist der Hauptveranlagungszeitraum.

(3) Ist die Festsetzungsfrist (§ 169 der Abgabenordnung[5]) bereits abgelaufen, so kann die Hauptveranlagung unter Zugrundelegung der Verhältnisse vom Hauptveranlagungszeitpunkt mit Wirkung für einen späteren Veranlagungszeitpunkt vorgenommen werden, für den diese Frist noch nicht abgelaufen ist.

---

[1] § 13 Abs. 2 aufgeh. mWv Kj. 1994 durch G v. 27. 12. 1993 (BGBl. I S. 2378).
[2] Nr. **200**.
[3] Betrag geänd. durch G v. 19. 12. 2000 (BGBl. I S. 1790).
[4] § 16 Abs. 3 neugef. mWv 1. 1. 1977 durch G v. 14. 12. 1976 (BGBl. I S. 3341).
[5] Nr. **800**.

§ 17[1] **Neuveranlagung.** (1) Wird eine Wertfortschreibung (§ 22 Abs. 1 des Bewertungsgesetzes[2]) oder eine Artfortschreibung oder Zurechnungsfortschreibung (§ 22 Abs. 2 des Bewertungsgesetzes[2]) durchgeführt, so wird der Steuermeßbetrag auf den Fortschreibungszeitpunkt neu festgesetzt (Neuveranlagung).

(2) Der Steuermeßbetrag wird auch dann neu festgesetzt, wenn dem Finanzamt bekannt wird, daß

1. Gründe, die im Feststellungsverfahren über den Einheitswert nicht zu berücksichtigen sind, zu einem anderen als dem für den letzten Veranlagungszeitpunkt festgesetzten Steuermeßbetrag führen oder
2. die letzte Veranlagung fehlerhaft ist; § 176 der Abgabenordnung[3] ist hierbei entsprechend anzuwenden; das gilt jedoch nur für Veranlagungszeitpunkte, die vor der Verkündung der maßgeblichen Entscheidung eines obersten Gerichts des Bundes liegen.

(3) [1] Der Neuveranlagung werden die Verhältnisse im Neuveranlagungszeitpunkt zugrunde gelegt. [2] Neuveranlagungszeitpunkt ist

1. in den Fällen des Absatzes 1 der Beginn des Kalenderjahres, auf den die Fortschreibung durchgeführt wird;
2. in den Fällen des Absatzes 2 Nr. 1 der Beginn des Kalenderjahres, auf den sich erstmals ein abweichender Steuermeßbetrag ergibt. [2] § 16 Abs. 3 ist entsprechend anzuwenden;
3. in den Fällen des Absatzes 2 Nr. 2 der Beginn des Kalenderjahres, in dem der Fehler dem Finanzamt bekannt wird, bei einer Erhöhung des Steuermeßbetrags jedoch frühestens der Beginn des Kalenderjahres, in dem der Steuermeßbescheid erteilt wird.

(4) Treten die Voraussetzungen für eine Neuveranlagung während des Zeitraums zwischen dem Hauptveranlagungszeitpunkt und dem Zeitpunkt des Wirksamwerdens der Steuermeßbeträge (§ 16 Abs. 2) ein, so wird die Neuveranlagung auf den Zeitpunkt des Wirksamwerdens der Steuermeßbeträge vorgenommen.

§ 18 Nachveranlagung. (1) Wird eine Nachfeststellung (§ 23 Abs. 1 des Bewertungsgesetzes) durchgeführt, so wird der Steuermeßbetrag auf den Nachfeststellungszeitpunkt nachträglich festgesetzt (Nachveranlagung).

(2) Der Steuermeßbetrag wird auch dann nachträglich festgesetzt, wenn der Grund für die Befreiung des Steuergegenstandes von der Grundsteuer wegfällt, der für die Berechnung der Grundsteuer maßgebende Einheitswert (§ 13 Abs. 1) aber bereits festgestellt ist.

---

[1] § 17 Abs. 2 Nr. 2 neugef. und bish. Satz 2 aufgeh. mWv 1. 1. 1977 durch G v. 14. 12. 1976 (BGBl. I S. 3341).

[2] Nr. **200**.

[3] Nr. **800**.

(3) [1]Der Nachveranlagung werden die Verhältnisse im Nachveranlagungszeitpunkt zugrunde gelegt. [2]Nachveranlagungszeitpunkt ist

1. in den Fällen des Absatzes 1 der Beginn des Kalenderjahres, auf den der Einheitswert nachträglich festgestellt wird;
2. in den Fällen des Absatzes 2 der Beginn des Kalenderjahres, der auf den Wegfall des Befreiungsgrundes folgt. [2]§ 16 Abs. 3 ist entsprechend anzuwenden.

(4) Treten die Voraussetzungen für eine Nachveranlagung während des Zeitraums zwischen dem Hauptveranlagungszeitpunkt und dem Zeitpunkt des Wirksamwerdens der Steuermeßbeträge (§ 16 Abs. 2) ein, so wird die Nachveranlagung auf den Zeitpunkt des Wirksamwerdens der Steuermeßbeträge vorgenommen.

§ 19 Anzeigepflicht. [1]Jede Änderung in der Nutzung oder in den Eigentumsverhältnissen eines ganz oder teilweise von der Grundsteuer befreiten Steuergegenstandes hat derjenige anzuzeigen, der nach § 10 als Steuerschuldner in Betracht kommt. [2]Die Anzeige ist innerhalb von drei Monaten nach Eintritt der Änderung bei dem Finanzamt zu erstatten, das für die Festsetzung des Steuermeßbetrags zuständig ist.

§ 20[1] Aufhebung des Steuermeßbetrags. (1) Der Steuermeßbetrag wird aufgehoben,

1. wenn der Einheitswert aufgehoben wird oder
2. wenn dem Finanzamt bekannt wird, daß
   a) für den ganzen Steuergegenstand ein Befreiungsgrund eingetreten ist oder
   b) der Steuermeßbetrag fehlerhaft festgesetzt worden ist.

(2) Der Steuermeßbetrag wird aufgehoben

1. in den Fällen des Absatzes 1 Nr. 1 mit Wirkung vom Aufhebungszeitpunkt (§ 24 Abs. 2 des Bewertungsgesetzes)[2] an;
2. in den Fällen des Absatzes 1 Nr. 2 Buchstabe a mit Wirkung vom Beginn des Kalenderjahres an, der auf den Eintritt des Befreiungsgrundes folgt. [2]§ 16 Abs. 3 ist entsprechend anzuwenden;
3. in den Fällen des Absatzes 1 Nr. 2 Buchstabe b mit Wirkung vom Beginn des Kalenderjahres an, in dem der Fehler dem Finanzamt bekannt wird.

(3) Treten die Voraussetzungen für eine Aufhebung während des Zeitraums zwischen dem Hauptveranlagungszeitpunkt und dem Zeitpunkt des Wirksamwerdens der Steuermeßbeträge (§ 16 Abs. 2) ein, so wird die Aufhebung auf den Zeitpunkt des Wirksamwerdens der Steuermeßbeträge vorgenommen.

---

[1] § 20 Abs. 1 Nr. 2 geänd. mWv 1. 1. 1977 durch G v. 14. 12. 1976 (BGBl. I S. 3341).

[2] Nr. **200**.

§ 21 Änderung von Steuermeßbescheiden. [1]Bescheide über die Neuveranlagung oder die Nachveranlagung von Steuermeßbeträgen können schon vor dem maßgebenden Veranlagungszeitpunkt erteilt werden. [2]Sie sind zu ändern oder aufzuheben, wenn sich bis zu diesem Zeitpunkt Änderungen ergeben, die zu einer abweichenden Festsetzung führen.

§ 22 Zerlegung des Steuermeßbetrags. (1) [1]Erstreckt sich der Steuergegenstand über mehrere Gemeinden, so ist der Steuermeßbetrag vorbehaltlich des § 24 in die auf die einzelnen Gemeinden entfallenden Anteile zu zerlegen (Zerlegungsanteile). [2]Für den Zerlegungsmaßstab gilt folgendes:

1. [1]Bei Betrieben der Land- und Forstwirtschaft ist der auf den Wohnungswert entfallende Teil des Steuermeßbetrags der Gemeinde zuzuweisen, in der sich der Wohnteil oder dessen wertvollster Teil befindet. [2]Der auf den Wirtschaftswert entfallende Teil des Steuermeßbetrags ist in dem Verhältnis zu zerlegen, in dem die auf die einzelnen Gemeinden entfallenden Flächengrößen zueinander stehen.
2. [1]Bei Grundstücken ist der Steuermeßbetrag in dem Verhältnis zu zerlegen, in dem die auf die einzelnen Gemeinden entfallenden Flächengrößen zueinander stehen. [2]Führt die Zerlegung nach Flächengrößen zu einem offenbar unbilligen Ergebnis, so hat das Finanzamt auf Antrag einer Gemeinde die Zerlegung nach dem Maßstab vorzunehmen, der nach bisherigem Recht zugrunde gelegt wurde. [3]Dies gilt nur so lange, als keine wesentliche Änderung der tatsächlichen Verhältnisse eintritt; im Falle einer wesentlichen Änderung ist nach einem Maßstab zu zerlegen, der den tatsächlichen Verhältnissen besser Rechnung trägt.

[3]Einigen sich die Gemeinden mit dem Steuerschuldner über die Zerlegungsanteile, so sind diese maßgebend.

(2) Entfällt auf eine Gemeinde ein Zerlegungsanteil von weniger als *fünfzig Deutsche Mark* [***ab 1. 1. 2002:*** fünfundzwanzig Euro][1)] , so ist dieser Anteil der Gemeinde zuzuweisen, der nach Absatz 1 der größte Zerlegungsanteil zusteht.

§ 23 Zerlegungsstichtag. (1) Der Zerlegung des Steuermeßbetrags werden die Verhältnisse in dem Feststellungszeitpunkt zugrunde gelegt, auf den der für die Festsetzung des Steuermeßbetrags maßgebende Einheitswert festgestellt worden ist.

(2) Ändern sich die Grundlagen für die Zerlegung, ohne daß der Einheitswert fortgeschrieben oder nachträglich festgestellt wird, so sind die Zerlegungsanteile nach dem Stand vom 1. Januar des folgenden Jahres neu zu ermitteln, wenn wenigstens bei einer Gemeinde der neue Anteil um mehr als ein Zehntel, mindestens aber um *zwanzig Deutsche Mark* [***ab 1. 1. 2002:*** zehn Euro][1)] von ihrem bisherigen Anteil abweicht.

§ 24 Ersatz der Zerlegung durch Steuerausgleich. [1]Die Landesregierung kann durch Rechtsverordnung bestimmen, daß bei Betrieben der

---

[1)] Beträge geänd. durch G v. 19. 12. 2000 (BGBl. I S. 1790).

Land- und Forstwirtschaft, die sich über mehrere Gemeinden erstrecken, aus Vereinfachungsgründen an Stelle der Zerlegung ein Steuerausgleich stattfindet. [2]Beim Steuerausgleich wird der gesamte Steuermeßbetrag der Gemeinde zugeteilt, in der der wertvollste Teil des Steuergegenstandes liegt (Sitzgemeinde); an dem Steueraufkommen der Sitzgemeinde werden die übrigen Gemeinden beteiligt. [3]Die Beteiligung soll annähernd zu dem Ergebnis führen, das bei einer Zerlegung einträte.

Abschnitt III. Festsetzung und Entrichtung der Grundsteuer

§ 25 Festsetzung des Hebesatzes. (1) Die Gemeinde bestimmt, mit welchem Hundertsatz des Steuermeßbetrags oder des Zerlegungsanteils die Grundsteuer zu erheben ist (Hebesatz).

(2) Der Hebesatz ist für ein oder mehrere Kalenderjahre, höchstens jedoch für den Hauptveranlagungszeitraum der Steuermeßbeträge festzusetzen.

(3) [1]Der Beschluß über die Festsetzung oder Änderung des Hebesatzes ist bis zum 30. Juni eines Kalenderjahres mit Wirkung vom Beginn dieses Kalenderjahres zu fassen. [2]Nach diesem Zeitpunkt kann der Beschluß über die Festsetzung des Hebesatzes gefaßt werden, wenn der Hebesatz die Höhe der letzten Festsetzung nicht überschreitet.

(4) [1]Der Hebesatz muß jeweils einheitlich sein

1. für die in einer Gemeinde liegenden Betriebe der Land- und Forstwirtschaft;
2. für die in einer Gemeinde liegenden Grundstücke.

[2]Wird das Gebiet von Gemeinden geändert, so kann die Landesregierung oder die von ihr bestimmte Stelle für die von der Änderung betroffenen Gebietsteile auf eine bestimmte Zeit verschiedene Hebesätze zulassen.

§ 26[1] Koppelungsvorschriften und Höchsthebesätze. In welchem Verhältnis die Hebesätze für die Grundsteuer der Betriebe der Land- und Forstwirtschaft, für die Grundsteuer der Grundstücke und für die Gewerbesteuer zueinander stehen müssen, welche Höchstsätze nicht überschritten werden dürfen und inwieweit mit Genehmigung der Gemeindeaufsichtsbehörde Ausnahmen zugelassen werden können, bleibt einer landesrechtlichen Regelung vorbehalten.

§ 27 Festsetzung der Grundsteuer. (1) [1]Die Grundsteuer wird für das Kalenderjahr festgesetzt. [2]Ist der Hebesatz für mehr als ein Kalenderjahr festgesetzt, kann auch die jährlich zu erhebende Grundsteuer für die einzelnen Kalenderjahre dieses Zeitraums festgesetzt werden.

(2) Wird der Hebesatz geändert (§ 25 Abs. 3), so ist die Festsetzung nach Absatz 1 zu ändern.

---

[1] § 26 geänd. durch G v. 29. 10. 1997 (BGBl. I S. 2590).

(3) [1] Für diejenigen Steuerschuldner, die für das Kalenderjahr die gleiche Grundsteuer wie im Vorjahr zu entrichten haben, kann die Grundsteuer durch öffentliche Bekanntmachung festgesetzt werden. [2] Für die Steuerschuldner treten mit dem Tage der öffentlichen Bekanntmachung die gleichen Rechtswirkungen ein, wie wenn ihnen an diesem Tage ein schriftlicher Steuerbescheid zugegangen wäre.

§ 28 Fälligkeit. (1) Die Grundsteuer wird zu je einem Viertel ihres Jahresbetrags am 15. Februar, 15. Mai, 15. August und 15. November fällig.

(2) Die Gemeinden können bestimmen, daß Kleinbeträge wie folgt fällig werden:

1. am 15. August mit ihrem Jahresbetrag, wenn dieser *dreißig Deutsche Mark* [***ab 1. 1. 2002:*** fünfzehn Euro][1] nicht übersteigt;
2. am 15. Februar und 15. August zu je einer Hälfte ihres Jahresbetrags, wenn dieser *sechzig Deutsche Mark* [***ab 1. 1. 2002:*** dreißig Euro][1] nicht übersteigt.

(3) [1] Auf Antrag des Steuerschuldners kann die Grundsteuer abweichend vom Absatz 1 oder Absatz 2 Nr. 2 am 1. Juli in einem Jahresbetrag entrichtet werden. [2] Der Antrag muß spätestens bis zum 30. September des vorangehenden Kalenderjahres gestellt werden. [3] Die beantragte Zahlungsweise bleibt so lange maßgebend, bis ihre Änderung beantragt wird; die Änderung muß spätestens bis zum 30. September des vorangehenden Jahres beantragt werden.

§ 29 Vorauszahlungen. Der Steuerschuldner hat bis zur Bekanntgabe eines neuen Steuerbescheids zu den bisherigen Fälligkeitstagen Vorauszahlungen unter Zugrundelegung der zuletzt festgesetzten Jahressteuer zu entrichten.

§ 30 Abrechnung über die Vorauszahlungen. (1) [1] Ist die Summe der Vorauszahlungen, die bis zur Bekanntgabe des neuen Steuerbescheids zu entrichten waren (§ 29), kleiner als die Steuer, die sich nach dem bekanntgegebenen Steuerbescheid für die vorausgegangenen Fälligkeitstage ergibt (§ 28), so ist der Unterschiedsbetrag innerhalb eines Monats nach Bekanntgabe des Steuerbescheids zu entrichten. [2] Die Verpflichtung, rückständige Vorauszahlungen schon früher zu entrichten, bleibt unberührt.

(2) Ist die Summe der Vorauszahlungen, die bis zur Bekanntgabe des neuen Steuerbescheids entrichtet worden sind, größer als die Steuer, die sich nach dem bekanntgegebenen Steuerbescheid für die vorangegangenen Fälligkeitstage ergibt, so wird der Unterschiedsbetrag nach Bekanntgabe des Steuerbescheids durch Aufrechnung oder Zurückzahlung ausgeglichen.

(3) Die Absätze 1 und 2 gelten entsprechend, wenn der Steuerbescheid aufgehoben oder geändert wird.

---

[1] Beträge geänd. durch G v. 19. 12. 2000 (BGBl. I S. 1790).

§ 31 Nachentrichtung der Steuer. Hatte der Steuerschuldner bis zur Bekanntgabe der Jahressteuer keine Vorauszahlungen nach § 29 zu entrichten, so hat er die Steuer, die sich nach dem bekanntgegebenen Steuerbescheid für die vorangegangenen Fälligkeitstage ergibt (§ 28), innerhalb eines Monats nach Bekanntgabe des Steuerbescheids zu entrichten.

Abschnitt IV. Erlaß der Grundsteuer

§ 32 Erlaß für Kulturgut und Grünanlagen. (1) Die Grundsteuer ist zu erlassen

1. für Grundbesitz oder Teile von Grundbesitz, dessen Erhaltung wegen seiner Bedeutung für Kunst, Geschichte, Wissenschaft oder Naturschutz im öffentlichen Interesse liegt, wenn die erzielten Einnahmen und die sonstigen Vorteile (Rohertrag) in der Regel unter den jährlichen Kosten liegen. [2]Bei Park- und Gartenanlagen von geschichtlichem Wert ist der Erlaß von der weiteren Voraussetzung abhängig, daß sie in dem billigerweise zu fordernden Umfang der Öffentlichkeit zugänglich gemacht sind;
2. für öffentliche Grünanlagen, Spiel- und Sportplätze, wenn die jährlichen Kosten in der Regel den Rohertrag übersteigen.

(2) [1]Ist der Rohertrag für Grundbesitz, in dessen Gebäuden Gegenstände von wissenschaftlicher, künstlerischer oder geschichtlicher Bedeutung, insbesondere Sammlungen oder Bibliotheken, dem Zweck der Forschung oder Volksbildung nutzbar gemacht sind, durch die Benutzung zu den genannten Zwecken nachhaltig gemindert, so ist von der Grundsteuer der Hundertsatz zu erlassen, um den der Rohertrag gemindert ist. [2]Das gilt nur, wenn die wissenschaftliche, künstlerische oder geschichtliche Bedeutung der untergebrachten Gegenstände durch die Landesregierung oder die von ihr beauftragte Stelle anerkannt ist.

§ 33 Erlaß wegen wesentlicher Ertragsminderung. (1)[1)] [1]Ist bei Betrieben der Land- und Forstwirtschaft und bei bebauten Grundstücken der normale Rohertrag des Steuergegenstandes um mehr als 50 Prozent gemindert und hat der Steuerschuldner die Minderung des Rohertrags nicht zu vertreten, so wird die Grundsteuer in Höhe von 25 Prozent erlassen. [2]Beträgt die Minderung des normalen Rohertrags 100 Prozent, ist die Grundsteuer in Höhe von 50 Prozent zu erlassen. [3]Bei Betrieben der Land- und Forstwirtschaft und bei eigengewerblich genutzten bebauten Grundstücken wird der Erlass nur gewährt, wenn die Einziehung der Grundsteuer nach den wirtschaftlichen Verhältnissen des Betriebs unbillig wäre. [3]Normaler Rohertrag ist

---

[1)] § 33 Abs. 1 neugef. mit erstmaliger Wirkung für die GrSt des Jahres 2008 durch G v. 19. 12. 2008 (BGBl. I S. 2794).

1. bei Betrieben der Land- und Forstwirtschaft der Rohertrag, der nach den Verhältnissen zu Beginn des Erlasszeitraums bei ordnungsmäßiger Bewirtschaftung gemeinhin und nachhaltig erzielbar wäre;
2. bei bebauten Grundstücken die nach den Verhältnissen zu Beginn des Erlasszeitraums geschätzte übliche Jahresrohmiete.

(2) Bei eigengewerblich genutzten bebauten Grundstücken gilt als Minderung des normalen Rohertrags die Minderung der Ausnutzung des Grundstücks.

(3) Umfaßt der Wirtschaftsteil eines Betriebs der Land- und Forstwirtschaft nur die forstwirtschaftliche Nutzung, so ist die Ertragsminderung danach zu bestimmen, in welchem Ausmaß eingetretene Schäden den Ertragswert der forstwirtschaftlichen Nutzung bei einer Wertfortschreibung mindern würden.

(4) [1]Wird nur ein Teil des Grundstücks eigengewerblich genutzt, so ist die Ertragsminderung für diesen Teil nach Absatz 2, für den übrigen Teil nach Absatz 1 zu bestimmen. [2]Umfaßt der Wirtschaftsteil eines Betriebs der Land- und Forstwirtschaft nur zu einem Teil die forstwirtschaftliche Nutzung, so ist die Ertragsminderung für diesen Teil nach Absatz 3, für den übrigen Teil nach Absatz 1 zu bestimmen. [3]In den Fällen der Sätze 1 und 2 ist für den ganzen Steuergegenstand ein einheitlicher Hundertsatz der Ertragsminderung nach dem Anteil der einzelnen Teile am Einheitswert des Grundstücks oder am Wert des Wirtschaftsteils des Betriebs der Land- und Forstwirtschaft zu ermitteln.

(5) Eine Ertragsminderung ist kein Erlaßgrund, wenn sie für den Erlaßzeitraum durch Fortschreibung des Einheitswerts berücksichtigt werden kann oder bei rechtzeitiger Stellung des Antrags auf Fortschreibung hätte berücksichtigt werden können.

§ 34 Verfahren. (1) [1]Der Erlaß wird jeweils nach Ablauf eines Kalenderjahres für die Grundsteuer ausgesprochen, die für das Kalenderjahr festgesetzt worden ist (Erlaßzeitraum). [2]Maßgebend für die Entscheidung über den Erlaß sind die Verhältnisse des Erlaßzeitraums.

(2) [1]Der Erlaß wird nur auf Antrag gewährt. [2]Der Antrag ist bis zu dem auf den Erlaßzeitraum folgenden 31. März zu stellen.

(3) [1]In den Fällen des § 32 bedarf es keiner jährlichen Wiederholung des Antrags. [2]Der Steuerschuldner ist verpflichtet, eine Änderung der maßgeblichen Verhältnisse der Gemeinde binnen drei Monaten nach Eintritt der Änderung anzuzeigen.

Abschnitt V. Übergangs- und Schlußvorschriften

§ 35.[1] *(aufgehoben)*

§ 36 Steuervergünstigung für abgefundene Kriegsbeschädigte. (1)[2] [1]Der Veranlagung der Steuermeßbeträge für Grundbesitz solcher Kriegsbeschädigten, die zum Erwerb oder zur wirtschaftlichen Stärkung ihres Grundbesitzes eine Kapitalabfindung auf Grund des Bundesversorgungsgesetzes in der Fassung der Bekanntmachung vom 22. Januar 1982 (BGBl. I S. 21), zuletzt geändert durch die Verordnung vom 15. Juni 1999 (BGBl. I S. 1328), erhalten haben, ist der um die Kapitalabfindung verminderte Einheitswert zugrunde zu legen. [2]Die Vergünstigung wird nur so lange gewährt, als die Versorgungsgebührnisse wegen der Kapitalabfindung in der gesetzlichen Höhe gekürzt werden.

(2) Die Steuervergünstigung nach Absatz 1 ist auch für ein Grundstück eines gemeinnützigen Wohnungs- oder Siedlungsunternehmens zu gewähren, wenn die folgenden Voraussetzungen sämtlich erfüllt sind:

1. Der Kriegsbeschädigte muß für die Zuweisung des Grundstücks die Kapitalabfindung an das Wohnungs- oder Siedlungsunternehmen bezahlt haben.
2. Er muß entweder mit dem Unternehmen einen Mietvertrag mit Kaufanwartschaft in der Weise abgeschlossen haben, daß er zur Miete wohnt, bis das Eigentum an dem Grundstück von ihm erworben ist, oder seine Rechte als Mieter müssen durch den Mietvertrag derart geregelt sein, daß das Mietverhältnis dem Eigentumserwerb fast gleichkommt.
3. Es muß sichergestellt sein, daß die Steuervergünstigung in vollem Umfang dem Kriegsbeschädigten zugute kommt.

(3) [1]Lagen die Voraussetzungen des Absatzes 1 oder des Absatzes 2 bei einem verstorbenen Kriegsbeschädigten zur Zeit seines Todes vor und hat seine Witwe das Grundstück ganz oder teilweise geerbt, so ist auch der Witwe die Steuervergünstigung zu gewähren, wenn sie in dem Grundstück wohnt. [2]Verheiratet sich die Witwe wieder, so fällt die Steuervergünstigung weg.

§ 37[3] **Sondervorschriften für die Hauptveranlagung 1974.** (1) Auf den 1. Januar 1974 findet eine Hauptveranlagung der Grundsteuermeßbeträge statt (Hauptveranlagung 1974).

(2) [1]Die Hauptveranlagung 1974 gilt mit Wirkung von dem am 1. Januar 1974 beginnenden Kalenderjahr an. [2]Der Beginn dieses Kalenderjahres ist der Hauptveranlagungszeitpunkt.

(3) Bei der Hauptveranlagung 1974 gilt Artikel 1 des Bewertungsänderungsgesetzes 1971 vom 27. Juli 1971 (Bundesgesetzbl. I S. 1157).

(4) *(aufgehoben)*

---

[1] § 35 aufgeh. durch G v. 22. 12. 1999 (BGBl. I S. 2601).

[2] § 36 Abs. 1 Satz 1 geänd. durch G v. 22. 12. 1999 (BGBl. I S. 2601).

[3] § 37 Abs. 1 Satz 2 und Abs. 4 aufgeh. durch G v. 22. 12. 1999 (BGBl. I S. 2601).

§ 38[1)] Anwendung des Gesetzes. Diese Fassung des Gesetzes gilt erstmals für die Grundsteuer des Kalenderjahres 2008.

§ 39.[1)] *(aufgehoben)*

Abschnitt VI.[2)] Grundsteuer für Steuergegenstände in dem in Artikel 3 des Einigungsvertrages genannten Gebiet ab dem Kalenderjahr 1991

§ 40[2)] Land- und forstwirtschaftliches Vermögen. [1]Anstelle der Betriebe der Land- und Forstwirtschaft im Sinne des § 2 tritt das zu einer Nutzungseinheit zusammengefaßte Vermögen im Sinne des § 125 Abs. 3 des Bewertungsgesetzes[3)]. [2]Schuldner der Grundsteuer ist abweichend von § 10 der Nutzer des land- und forstwirtschaftlichen Vermögens (§ 125 Abs. 2 des Bewertungsgesetzes[3)]). [3]Mehrere Nutzer des Vermögens sind Gesamtschuldner.

§ 41[2)] Bemessung der Grundsteuer für Grundstücke nach dem Einheitswert. [1]Ist ein im Veranlagungszeitpunkt für die Grundsteuer maßgebender Einheitswert 1935 festgestellt oder festzustellen (§ 132 des Bewertungsgesetzes[3)]), gelten bei der Festsetzung des Steuermeßbetrags abweichend von § 15 die Steuermeßzahlen der weiter anwendbaren §§ 29 bis 33 der Grundsteuerdurchführungsverordnung vom 1. Juli 1937 (RGBl. I S. 733)[4)]. [2]Die ermäßigten Steuermeßzahlen für Einfamilienhäuser gelten

---

1) § 38 neugef. und § 39 aufgeh. durch G v. 22. 12. 1999 (BGBl. I S. 2601), § 38 neugef. durch G v. 19. 12. 2008 (BGBl. I S. 2794).

2) Abschnitt VI (§§ 40–46) angef. durch Vertrag v. 31. 8. 1990 (BGBl. II S. 889, 986).

3) Nr. **200**.

4) §§ 29–33 GrStDVO lauten wie folgt:

b) Bebaute Grundstücke

§ 29 Abstufung der Steuermeßzahlen. Für bebaute Grundstücke gelten die folgenden Steuermeßzahlen:

Grundstücksgruppen zw. Wertgruppen	Gemeindegruppen		
	a	b	c
	bis 25 000 Einwohner	über 25 000 bis 1 000 000 Einwohner	über 1 000 000 Einwohner
	vom Tausend		
I. Altbauten (bei Einfamilienhäusern nur für den Teil des Einheitswerts, der 15 338,76 Euro übersteigt)	10	10	10

(Fortsetzung der Fußnote nächstes Blatt)

nicht für das Wohnungseigentum und das Wohnungserbbaurecht einschließlich des damit belasteten Grundstücks.

(Fortsetzung der Fußnote)

II. Einfamilienhäuser der Altbauten für die ersten angefangenen oder vollen 15 338,76 Euro des Einheitswerts	10	8	6
III. Neubauten (bei Einfamilienhäusern nur für den Teil des Einheitswerts, der 15 338,76 Euro übersteigt)	8	7	6
IV. Einfamilienhäuser der Neubauten für die ersten angefangenen oder vollen 15 338,76 Euro des Einheitswerts	8	6	5

Der Reichsminister der Finanzen wird ermächtigt, mit Zustimmung des Reichsministers des Innern und des Reichsarbeitsministers für Gemeinden von mehr als 500 000, jedoch nicht mehr als 1 000 000 Einwohnern auf Antrag des Bürgermeisters für die Gruppen II, III und IV andere Meßzahlen als die für die Gemeindegruppe b bestimmten festzusetzen. Diese Meßzahlen müssen spätestens innerhalb eines Zeitraums von vier Jahren in Stufen auf die für die Gemeindegruppe b bestimmten Meßzahlen zurückgeführt werden.

§ 30 Einwohnerzahl. (1) Für die Frage, welcher der im § 29 bezeichneten Gemeindegruppen eine Gemeinde zuzurechnen ist, ist das Ergebnis der allgemeinen Volkszählung vom 16. Juni 1933 maßgebend.

(2) Bei Umgemeindungen, die zwischen dem 16. Juni 1933 und dem 1. Januar 1935 rechtswirksam geworden sind, ist auf Grund des Ergebnisses der allgemeinen Volkszählung 1933 zu ermitteln, wieviel Einwohner auf die Gemeinde in ihrem Gebietsumfang vom 1. Januar 1935 entfallen; im Zweifelsfall entscheidet hierüber die Gemeindeaufsichtsbehörde.

(3) Bei Umgemeindungen, die nach dem 1. Januar 1935 rechtswirksam geworden sind, rechnen die betroffenen Gemeinden oder Gemeindeteile weiterhin zu der Gemeindegruppe, der sie ohne die Umgemeindung nach den Absätzen 1 und 2 zuzurechnen sind.

(4) Absätze 1 bis 3 gelten für das Saarland mit der Abweichung, daß das Ergebnis der Volkszählung vom 25. Juni 1935 maßgebend ist und an die Stelle des 1. Januar 1935 jeweils der 1. Januar 1936 zu setzen ist.

§ 31 Altbauten, Neubauten. (1) Zu den Altbauten (§ 29 I und II) gehören die Grundstücke, deren Gebäude bis zum 31. März 1924 bezugsfertig geworden sind.

(2) Zu den Neubauten (§ 29 III und IV) gehören die Grundstücke, deren Gebäude nach dem 31. März 1924 bezugsfertig geworden sind.

(3) Ob auf ein Grundstück, auf dem sich sowohl Altbauten als auch Neubauten befinden, die Steuermeßzahl für Altbauten oder die Meßzahl für Neubauten anzuwenden ist, ist danach zu entscheiden, welcher Teil wertmäßig überwiegt.

(4) Für die Frage, ob ein Gebäude bis zum oder nach dem 31. März 1924 bezugsfertig geworden ist, ist die Entscheidung zu übernehmen, die zuletzt für die bisherige Grundsteuer maßgebend gewesen ist.

§ 32 Einfamilienhäuser. Ob auf ein Grundstück, auf dem sich sowohl ein Einfamilienhaus als auch ein Gebäude einer anderen Grundstücksgruppe befinden, die Steuermeßzahlen für Einfamilienhäuser oder die Meßzahl für die andere Grundstücksgruppe anzuwenden sind, ist danach zu entscheiden, welcher Teil wertmäßig überwiegt.

c) Unbebaute Grundstücke

§ 33 [Unbebaute Grundstücke] Für unbebaute Grundstücke beträgt die Steuermeßzahl einheitlich 10 vom Tausend.

§ 42[1)] Bemessung der Grundsteuer für Mietwohngrundstücke und Einfamilienhäuser nach der Ersatzbemessungsgrundlage. (1) Bei Mietwohngrundstücken und Einfamilienhäusern, für die ein im Veranlagungszeitpunkt für die Grundsteuer maßgebender Einheitswert 1935 nicht festgestellt oder festzustellen ist (§ 132 des Bewertungsgesetzes)[2)], bemißt sich der Jahresbetrag der Grundsteuer nach der Wohnfläche und bei anderweitiger Nutzung nach der Nutzfläche (Ersatzbemessungsgrundlage).

(2) [1]Bei einem Hebesatz von 300 vom Hundert für Grundstücke beträgt der Jahresbetrag der Grundsteuer für das Grundstück

a) für Wohnungen, die mit Bad, Innen-WC und Sammelheizung ausgestattet sind,
   1 Euro[3)] je m² Wohnfläche,

b) für andere Wohnungen
   75 Cent[3)] je m² Wohnfläche,

c) je Abstellplatz für Personenkraftwagen in einer Garage
   5 Euro[3)].

[2]Für Räume, die anderen als Wohnzwecken dienen, ist der Jahresbetrag je m² Nutzfläche anzusetzen, der für die auf dem Grundstück befindlichen Wohnungen maßgebend ist.

(3) [1]Wird der Hebesatz abweichend von Absatz 2 festgesetzt, erhöhen oder vermindern sich die Jahresbeträge des Absatzes 2 in dem Verhältnis, in dem der festgesetzte Hebesatz für Grundstücke zu dem Hebesatz von 300 vom Hundert steht. [2]Der sich danach ergebende Jahresbetrag je m² Wohn- oder Nutzfläche wird auf volle Cent[3)] nach unten abgerundet.

(4) [1]Steuerschuldner ist derjenige, dem das Gebäude bei einer Feststellung des Einheitswerts gemäß § 10 zuzurechnen wäre. [2]Das gilt auch dann, wenn der Grund und Boden einem anderen gehört.

§ 43[1)] Steuerfreiheit für neugeschaffene Wohnungen. (1) [1]Für Grundstücke mit neugeschaffenen Wohnungen, die nach dem 31. Dezember 1980 und vor dem 1. Januar 1992 bezugsfertig geworden sind oder bezugsfertig werden, gilt folgendes:

1. Grundstücke mit Wohnungen, die vor dem 1. Januar 1990 bezugsfertig geworden sind, bleiben für den noch nicht abgelaufenen Teil eines zehnjährigen Befreiungszeitraums steuerfrei, der mit dem 1. Januar des Kalenderjahres beginnt, das auf das Jahr der Bezugsfertigkeit des Gebäudes folgt;
2. Grundstücke mit Wohnungen, die im Kalenderjahr 1990 bezugsfertig geworden sind, sind bis zum 31. Dezember 2000 steuerfrei;
3. Grundstücke mit Wohnungen, die im Kalenderjahr 1991 bezugsfertig werden, sind bis zum 31. Dezember 2001 steuerfrei.

[1)] Abschnitt VI (§§ 40–46) angef. durch Vertrag v. 31. 8. 1990 (BGBl. II S. 889, 986).
[2)] Nr. **200**.
[3)] Beträge bzw. Bezeichnung geänd. durch G v. 19. 12. 2000 (BGBl. I S. 1790).

[2]Dies gilt auch, wenn vor dem 1. Januar 1991 keine Steuerfreiheit gewährt wurde.

(2) Befinden sich auf einem Grundstück nur zum Teil steuerfreie Wohnungen im Sinne des Absatzes 1, gilt folgendes:

1. [1]Wird die Grundsteuer nach dem Einheitswert bemessen (§ 41), bemißt sich der Steuermeßbetrag für den sich aus Absatz 1 ergebenden Befreiungszeitraum nur nach dem Teil des jeweils maßgebenden Einheitswerts, der auf die steuerpflichtigen Wohnungen und Räume einschließlich zugehörigen Grund und Bodens entfällt. [2]Der steuerpflichtige Teil des Einheitswerts wird im Steuermeßbetragsverfahren ermittelt.
2. Ist die Ersatzbemessungsgrundlage Wohn- oder Nutzfläche maßgebend (§ 42), bleibt während der Dauer des sich aus Absatz 1 ergebenden Befreiungszeitraums die Wohnfläche der befreiten Wohnungen bei Anwendung des § 42 außer Ansatz.

(3) [1]Einer Wohnung stehen An-, Aus- oder Umbauten gleich, die der Vergrößerung oder Verbesserung von Wohnungen dienen. [2]Voraussetzung ist, daß die Baumaßnahmen zu einer Wertfortschreibung geführt haben oder führen.

§ 44[1)] Steueranmeldung. (1) Soweit die Grundsteuer nach der Wohn- oder Nutzfläche zu bemessen ist, hat der Steuerschuldner eine Steuererklärung nach amtlich vorgeschriebenem Vordruck abzugeben, in der er die Grundsteuer nach § 42 selbst berechnet (Steueranmeldung).

(2) [1]Der Steuerschuldner hat der Berechnung der Grundsteuer den Hebesatz zugrunde zu legen, den die Gemeinde bis zum Beginn des Kalenderjahres bekannt gemacht hat, für das die Grundsteuer erhoben wird. [2]Andernfalls hat er die Grundsteuer nach dem Hebesatz des Vorjahres zu berechnen; für das Kalenderjahr 1991 gilt insoweit ein Hebesatz von 300 vom Hundert.

(3) [1]Die Steueranmeldung ist für jedes Kalenderjahr nach den Verhältnissen zu seinem Beginn bis zu dem Fälligkeitstag abzugeben, zu dem Grundsteuer für das Kalenderjahr nach § 28 erstmals fällig ist. [2]Für die Entrichtung der Grundsteuer gilt § 28 entsprechend.

§ 45[1)] Fälligkeit von Kleinbeträgen. Hat der Rat der Stadt oder Gemeinde vor dem 1. Januar 1991 für kleinere Beträge eine Zahlungsweise zugelassen, die von § 28 Abs. 2 und 3 abweicht, bleibt die Regelung bestehen, bis sie aufgehoben wird.

§ 46[1)] Zuständigkeit der Gemeinden. Die Festsetzung und Erhebung der Grundsteuer obliegt bis zu einer anderen landesrechtlichen Regelung den Gemeinden.

[1)] Abschnitt VI (§§ 40–46) angef. durch Vertrag v. 31. 8. 1990 (BGBl. II S. 889, 986).

420a. Grundsteuergesetz 2025 (GrStG 2025)[1)]

Vom 7. August 1973 (BGBl. I S. 965)

Geändert durch Einführungsgesetz zur Abgabenordnung vom 14.12.1976 (BGBl. I S. 3341), Einigungsvertrag vom 31.8.1990 (BGBl. II S. 889, 986), Standortsicherungsgesetz vom 13.9.1993 (BGBl. I S. 1569), Eisenbahnneuordnungsgesetz vom 27.12.1993 (BGBl. I S. 2378), Postneuordnungsgesetz vom 14.9.1994 (BGBl. I S. 2325), Gesetz zur Fortsetzung der Unternehmenssteuerreform vom 29.10.1997 (BGBl. I S. 2590), Gesetz zur Änderung des Einführungsgesetzes zur Insolvenzordnung und anderer Gesetze vom 19.12.1998 (BGBl. I S. 3836), Steuerbereinigungsgesetz 1999 vom 22.12.1999 (BGBl. I S. 2601), Steuer-Euroglättungsgesetz vom 19.12.2000 (BGBl. I S. 1790), Gesetz zur Umbenennung des Bundesgrenzschutzes in Bundespolizei vom 21.6.2005 (BGBl. I S. 1818), Gesetz zur Beschleunigung der Umsetzung von Öffentlich Privaten Partnerschaften und zur Verbesserung gesetzlicher Rahmenbedingungen für Öffentlich Private Partnerschaften vom 1.9.2005 (BGBl. I S. 2676), Jahressteuergesetz 2009 vom 19.12.2008 (BGBl. I S. 2794), Gesetz zur Reform des Grundsteuer- und Bewertungsrechts (Grundsteuer-Reformgesetz – GrStRefG) vom 26.11.2019 (BGBl. I S. 1794), Gesetz zur Änderung des Grundsteuergesetzes zur Mobilisierung von baureifen Grundstücken für die Bebauung vom 30.11.2019 (BGBl. I S. 1875) und Jahressteuergesetz 2020 (JStG 2020) vom 21.12.2020 (BGBl. I S. 3096)

BGBl. III/FNA 611-7

Inhaltsübersicht

Abschnitt I. Steuerpflicht §§

Abschnitt II. Bemessung der Grundsteuer

[1)] Das Grundsteuergesetz wurde verkündet als Art. 1 des Gesetzes zur Reform des Grundsteuerrechts. **Die hier abgedruckte Fassung berücksichtigt die Grundsteuer-Reform zum 1.1.2025 (siehe § 37). Die bis zum 31.12.2024 gültige Fassung ist abgedruckt unter Nr. 420.**

Der Bundestag hat mit Zustimmung des Bundesrates das folgende Gesetz beschlossen:

Abschnitt I. Steuerpflicht

§ 1 Heberecht. (1) Die Gemeinde bestimmt, ob von dem in ihrem Gebiet liegenden Grundbesitz Grundsteuer zu erheben ist.

(2) Bestehen in einem Land keine Gemeinden, so stehen das Recht des Absatzes 1 und die in diesem Gesetz bestimmten weiteren Rechte dem Land zu.

(3) Für den in gemeindefreien Gebieten liegenden Grundbesitz bestimmt die Landesregierung durch Rechtsverordnung, wer die nach diesem Gesetz den Gemeinden zustehenden Befugnisse ausübt.

§ 2[1] Steuergegenstand. Steuergegenstand ist der inländische Grundbesitz im Sinne des Bewertungsgesetzes:

1. die Betriebe der Land- und Forstwirtschaft (§§ 232 bis 234, § 240 des Bewertungsgesetzes); diesen stehen die in § 218 Satz 2 des Bewertungsgesetzes[2] bezeichneten Betriebsgrundstücke gleich;
2. die Grundstücke (§§ 243, 244 des Bewertungsgesetzes[2]); diesen stehen die in § 218 Satz 3 des Bewertungsgesetzes[2] bezeichneten Betriebsgrundstücke gleich.

---

[1] § 2 geänd. **mWv 1.1.2025** (§ 37 Abs. 1) durch G v. 26.11.2019 (BGBl. I S. 1794); § 2 Nr. 1 geänd. durch G v. 21.12.2020 (BGBl. I S. 3096).

[2] Nr. **200**.

§ 3[1] Steuerbefreiung für Grundbesitz bestimmter Rechtsträger.

(1) [1] Von der Grundsteuer sind befreit

1. Grundbesitz, der von einer inländischen juristischen Person des öffentlichen Rechts für einen öffentlichen Dienst oder Gebrauch benutzt wird. [2] Ausgenommen ist der Grundbesitz, der von Berufsvertretungen und Berufsverbänden sowie von Kassenärztlichen Vereinigungen und Kassenärztlichen Bundesvereinigungen benutzt wird;

1 a.[2] *(aufgehoben)*

2. Grundbesitz, der vom Bundeseisenbahnvermögen[3] für Verwaltungszwecke benutzt wird;

3. Grundbesitz, der von
   a) einer inländischen juristischen Person des öffentlichen Rechts,
   b) einer inländischen Körperschaft, Personenvereinigung oder Vermögensmasse, die nach der Satzung, dem Stiftungsgeschäft oder der sonstigen Verfassung und nach ihrer tatsächlichen Geschäftsführung ausschließlich und unmittelbar gemeinnützigen oder mildtätigen Zwecken dient,

   für gemeinnützige oder mildtätige Zwecke benutzt wird;

4. Grundbesitz, der von einer Religionsgesellschaft, die Körperschaft des öffentlichen Rechts ist, einem ihrer Orden, einer ihrer religiösen Genossenschaften oder einem ihrer Verbände für Zwecke der religiösen Unterweisung, der Wissenschaft, des Unterrichts, der Erziehung oder für Zwecke der eigenen Verwaltung benutzt wird. [2] Den Religionsgesellschaften stehen die jüdischen Kultusgemeinden gleich, die nicht Körperschaften des öffentlichen Rechts sind;

5. Dienstwohnungen der Geistlichen und Kirchendiener der Religionsgesellschaften, die Körperschaften des öffentlichen Rechts sind, und der jüdischen Kultusgemeinden. [2] § 5 ist insoweit nicht anzuwenden;

6. Grundbesitz der Religionsgesellschaften, die Körperschaften des öffentlichen Rechts sind, und der jüdischen Kultusgemeinden, der am 1. Januar 1987 und im Veranlagungszeitpunkt zu einem nach Kirchenrecht gesonderten Vermögen, insbesondere einem Stellenfonds gehört, dessen Erträge ausschließlich für die Besoldung und Versorgung der Geistlichen und Kirchendiener sowie ihrer Hinterbliebenen bestimmt sind. [2] Ist in dem in Artikel 3 des Einigungsvertrages genannten Gebiet die Zugehörigkeit des Grundbesitzes zu einem gesonderten Vermögen im Sinne des Satzes 1 am 1. Januar 1987 nicht gegeben, reicht es insoweit aus, daß der Grundbesitz zu einem Zeitpunkt vor dem 1. Januar 1987 zu einem gesonderten Vermögen im Sinne des Satzes 1 gehörte. [3] Die §§ 5 und 6 sind insoweit nicht anzuwenden.

---

[1] § 3 Abs. 1 Satz 1 Nr. 5 neu gef., Nr. 6 angef. und Satz 2 geänd. durch G v. 13.9.1993 (BGBl. I S. 1569), Abs. 1 Satz 3 angef. mWv 8.9.2005 durch G v. 1.9.2005 (BGBl. I S. 2676).

[2] § 3 Abs. 1 Nr. 1a eingef. mWv Kj. 1995 durch G v. 14.9.1994 (BGBl. I S. 2325) und aufgeh. mWv Kj. 2000 durch G v. 22.12.1999 (BGBl. I S. 2601).

[3] § 3 Abs. 1 Nr. 2 geänd. mWv Kj. 1994 durch G v. 27.12.1993 (BGBl. I S. 2378).

²Der Grundbesitz muß ausschließlich demjenigen, der ihn für die begünstigten Zwecke benutzt, oder einem anderen nach den Nummern 1 bis 6 begünstigten Rechtsträger zuzurechnen sein. ³Satz 2 gilt nicht, wenn der Grundbesitz von einem nicht begünstigten Rechtsträger im Rahmen einer Öffentlich Privaten Partnerschaft einer juristischen Person des öffentlichen Rechts für einen öffentlichen Dienst oder Gebrauch überlassen wird und die Übertragung auf den Nutzer am Ende des Vertragszeitraums vereinbart ist.

(2) ¹Öffentlicher Dienst oder Gebrauch im Sinne dieses Gesetzes ist die hoheitliche Tätigkeit oder der bestimmungsgemäße Gebrauch durch die Allgemeinheit. ²Ein Entgelt für den Gebrauch durch die Allgemeinheit darf nicht in der Absicht, Gewinn zu erzielen, gefordert werden.

(3) Öffentlicher Dienst oder Gebrauch im Sinne dieses Gesetzes ist nicht anzunehmen bei Betrieben gewerblicher Art von juristischen Personen[1] des öffentlichen Rechts im Sinne des Körperschaftsteuergesetzes[2].

§ 4 Sonstige Steuerbefreiungen. Soweit sich nicht bereits eine Befreiung nach § 3 ergibt, sind von der Grundsteuer befreit

1. Grundbesitz, der dem Gottesdienst einer Religionsgesellschaft, die Körperschaft des öffentlichen Rechts ist, oder einer jüdischen Kultusgemeinde gewidmet ist;
2. Bestattungsplätze;
3. a) die dem öffentlichen Verkehr dienenden Straßen, Wege, Plätze, Wasserstraßen, Häfen und Schienenwege sowie die Grundflächen mit den diesem Verkehr unmittelbar dienenden Bauwerken und Einrichtungen, zum Beispiel Brücken, Schleuseneinrichtungen, Signalstationen, Stellwerke, Blockstellen;

   b)[3] auf Verkehrsflughäfen und Verkehrslandeplätzen alle Flächen, die unmittelbar zur Gewährleistung eines ordnungsgemäßen Flugbetriebes notwendig sind und von Hochbauten und sonstigen Luftfahrthindernissen freigehalten werden müssen, die Grundflächen mit den Bauwerken und Einrichtungen, die unmittelbar diesem Betrieb dienen, sowie die Grundflächen ortsfester Flugsicherungsanlagen einschließlich der Flächen, die für einen einwandfreien Betrieb dieser Anlagen erforderlich sind;

   c) die fließenden Gewässer und die ihren Abfluß regelnden Sammelbecken, soweit sie nicht unter Buchstabe a fallen;
4. die Grundflächen mit den im Interesse der Ordnung und Verbesserung der Wasser- und Bodenverhältnisse unterhaltenen Einrichtungen der öffentlich-rechtlichen Wasser- und Bodenverbände und die im öffentlichen Interesse staatlich unter Schau gestellten Privatdeiche;
5. Grundbesitz, der für Zwecke der Wissenschaft, des Unterrichts oder der Erziehung benutzt wird, wenn durch die Landesregierung oder die von ihr

---

[1] Bezeichnung geänd. durch G v. 22.12.1999 (BGBl. I S. 2601).
[2] Nr. **100**.
[3] § 4 Nr. 3 Buchst. b geänd. durch G v. 22.12.1999 (BGBl. I S. 2601).

beauftragte Stelle anerkannt ist, daß der Benutzungszweck im Rahmen der öffentlichen Aufgaben liegt. [2]Der Grundbesitz muß ausschließlich demjenigen, der ihn benutzt, oder einer juristischen Person des öffentlichen Rechts zuzurechnen sein;

6.[1] Grundbesitz, der für die Zwecke eines Krankenhauses benutzt wird, wenn das Krankenhaus in dem Kalenderjahr, das dem Veranlagungszeitpunkt (§ 13 Abs. 1) vorangeht, die Voraussetzungen des § 67 Abs. 1 oder 2 der Abgabenordnung[2] erfüllt hat. [2]Der Grundbesitz muß ausschließlich demjenigen, der ihn benutzt, oder einer juristischen Person des öffentlichen Rechts zuzurechnen sein.

§ 5 Zu Wohnzwecken benutzter Grundbesitz. (1) Dient Grundbesitz, der für steuerbegünstigte Zwecke (§§ 3 und 4) benutzt wird, zugleich Wohnzwecken, gilt die Befreiung nur für

1. Gemeinschaftsunterkünfte der Bundeswehr, der ausländischen Streitkräfte, der internationalen militärischen Hauptquartiere, der Bundespolizei[3], der Polizei und des sonstigen Schutzdienstes des Bundes und der Gebietskörperschaften sowie ihrer Zusammenschlüsse;
2. Wohnräume in Schülerheimen, Ausbildungs- und Erziehungsheimen sowie Prediger- und Priesterseminaren, wenn die Unterbringung in ihnen für die Zwecke des Unterrichts, der Ausbildung oder der Erziehung erforderlich ist. [2]Wird das Heim oder Seminar nicht von einem der nach § 3 Abs. 1 Nr. 1, 3 oder 4 begünstigten Rechtsträger unterhalten, so bedarf es einer Anerkennung der Landesregierung oder der von ihr beauftragten Stelle, daß die Unterhaltung des Heims oder Seminars im Rahmen der öffentlichen Aufgaben liegt;
3. Wohnräume, wenn der steuerbegünstigte Zweck im Sinne des § 3 Abs. 1 Nr. 1, 3 oder 4 nur durch ihre Überlassung erreicht werden kann;
4. Räume, in denen sich Personen für die Erfüllung der steuerbegünstigten Zwecke ständig bereithalten müssen (Bereitschaftsräume), wenn sie nicht zugleich die Wohnung des Inhabers darstellen.

(2) Wohnungen sind stets steuerpflichtig, auch wenn die Voraussetzungen des Absatzes 1 vorliegen.

§ 6 Land- und forstwirtschaftlich genutzter Grundbesitz. Wird Grundbesitz, der für steuerbegünstigte Zwecke (§§ 3 und 4) benutzt wird, zugleich land- und forstwirtschaftlich genutzt, so gilt die Befreiung nur für

1. Grundbesitz, der Lehr- oder Versuchszwecken dient;
2. Grundbesitz, der von der Bundeswehr, den ausländischen Streitkräften, den internationalen militärischen Hauptquartieren oder den in § 5 Abs. 1 Nr. 1 bezeichneten Schutzdiensten als Übungsplatz oder Flugplatz benutzt wird;
3. Grundbesitz, der unter § 4 Nr. 1 bis 4 fällt.

---

[1] § 4 Nr. 6 neu gef. mWv 1.1.1977 durch G v. 14.12.1976 (BGBl. I S. 3341).
[2] Nr. **800**.
[3] Umbenennung mWv 1.7.2005 durch G v. 21.6.2005 (BGBl. I S. 1818).

§ 7 Unmittelbare Benutzung für einen steuerbegünstigten Zweck. [1]Die Befreiung nach den §§ 3 und 4 tritt nur ein, wenn der Steuergegenstand für den steuerbegünstigten Zweck unmittelbar benutzt wird. [2]Unmittelbare Benutzung liegt vor, sobald der Steuergegenstand für den steuerbegünstigten Zweck hergerichtet wird.

§ 8 Teilweise Benutzung für einen steuerbegünstigten Zweck.

(1) Wird ein räumlich abgegrenzter Teil des Steuergegenstandes für steuerbegünstigte Zwecke (§§ 3 und 4) benutzt, so ist nur dieser Teil des Steuergegenstandes steuerfrei.

(2) Dient der Steuergegenstand oder ein Teil des Steuergegenstandes (Absatz 1) sowohl steuerbegünstigten Zwecken (§§ 3 und 4) als auch anderen Zwecken, ohne daß eine räumliche Abgrenzung für die verschiedenen Zwecke möglich ist, so ist der Steuergegenstand oder der Teil des Steuergegenstandes nur befreit, wenn die steuerbegünstigten Zwecke überwiegen.

§ 9 Stichtag für die Festsetzung der Grundsteuer; Entstehung der Steuer. (1) Die Grundsteuer wird nach den Verhältnissen zu Beginn des Kalenderjahres festgesetzt.

(2) Die Steuer entsteht mit dem Beginn des Kalenderjahres, für das die Steuer festzusetzen ist.

§ 10 Steuerschuldner. (1)[1)] Schuldner der Grundsteuer ist derjenige, dem der Steuergegenstand bei der Feststellung des Grundsteuerwerts zugerechnet ist.

(2) Ist der Steuergegenstand mehreren Personen zugerechnet, so sind sie Gesamtschuldner.

§ 11 Persönliche Haftung. (1) Neben dem Steuerschuldner haften der Nießbraucher des Steuergegenstandes und derjenige, dem ein dem Nießbrauch ähnliches Recht zusteht.

(2)[2)] [1]Wird ein Steuergegenstand ganz oder zu einem Teil einer anderen Person übereignet, so haftet der Erwerber neben dem früheren Eigentümer für die auf den Steuergegenstand oder Teil des Steuergegenstandes entfallende Grundsteuer, die für die Zeit seit dem Beginn des letzten vor der Übereignung liegenden Kalenderjahres zu entrichten ist. [2]Das gilt nicht für Erwerbe aus einer Insolvenzmasse und für Erwerbe im Vollstreckungsverfahren.

§ 12 Dingliche Haftung. Die Grundsteuer ruht auf dem Steuergegenstand als öffentliche Last.

---

1) § 10 Abs. 1 geänd., Abs. 2 aufgeh., bish. Abs. 3 wird Abs. 2 **mWv 1.1.2025** (§ 37 Abs. 1) durch G v. 26.11.2019 (BGBl. I S. 1794).

2) § 11 Abs. 2 Satz 2 geänd. mWv 1.1.1999 durch G v. 19.12.1998 (BGBl. I S. 3836).

Abschnitt II. Bemessung der Grundsteuer

§ 13[1)] Steuermesszahl und Steuermessbetrag. [1]Bei der Berechnung der Grundsteuer ist von einem Steuermessbetrag auszugehen. [2]Dieser ist durch Anwendung eines Promillesatzes (Steuermesszahl) auf den Grundsteuerwert oder seinen steuerpflichtigen Teil zu ermitteln, der nach dem Bewertungsgesetz im Veranlagungszeitpunkt (§ 16 Absatz 1, § 17 Absatz 3, § 18 Absatz 3) für den Steuergegenstand maßgebend ist.

§ 14[2)] Steuermesszahl für Betriebe der Land- und Forstwirtschaft. Für Betriebe der Land- und Forstwirtschaft beträgt die Steuermeßzahl 0,55 Promille.

§ 15[3)] Steuermesszahl für Grundstücke. (1) Die Steuermesszahl beträgt

1. für unbebaute Grundstücke im Sinne des § 246 des Bewertungsgesetzes[4)] 0,34 Promille,
2. für bebaute Grundstücke
   a) im Sinne des § 249 Absatz 1 Nummer 1 bis 4 des Bewertungsgesetzes[4)] 0,34 Promille,
   b) im Sinne des § 249 Absatz 1 Nummer 5 bis 8 des Bewertungsgesetzes[4)] 0,34 Promille.

(2) Die Steuermesszahl nach Absatz 1 Nummer 2 Buchstabe a wird um 25 Prozent ermäßigt, wenn

1. für das Grundstück nach § 13 Absatz 3 des Wohnraumförderungsgesetzes vom 13. September 2001 (BGBl. I S. 2376), das zuletzt durch Artikel 3 des Gesetzes vom 2. Oktober 2015 (BGBl. I S. 1610) geändert worden ist, eine Förderzusage durch schriftlichen Verwaltungsakt erteilt wurde und
2. die sich aus der Förderzusage ergebenden Bestimmungen im Sinne des § 13 Absatz 2 des Wohnraumförderungsgesetzes für jeden Erhebungszeitraum innerhalb des Hauptveranlagungszeitraums eingehalten werden.

(3) Für nach Wohnraumförderungsgesetzen der Länder geförderte Grundstücke gilt Absatz 2 entsprechend.

(4) [1]Liegen für ein Grundstück weder die Voraussetzungen des Absatzes 2 noch des Absatzes 3 vor, wird die Steuermesszahl nach Absatz 1 Nummer 2 Buchstabe a um 25 Prozent ermäßigt, wenn das jeweilige Grundstück

1. einer Wohnungsbaugesellschaft zugerechnet wird, deren Anteile mehrheitlich von einer oder mehreren Gebietskörperschaften gehalten werden und zwischen der Wohnungsbaugesellschaft und der Gebietskörperschaft oder den Gebietskörperschaften ein Gewinnabführungsvertrag besteht,

---

1) § 13 neu gef. **mWv 1.1.2025** (§ 37 Abs. 1) durch G v. 26.11.2019 (BGBl. I S. 1794).
2) § 14 geänd. **mWv 1.1.2025** (§ 37 Abs. 1) durch G v. 26.11.2019 (BGBl. I S. 1794).
3) § 15 neu gef. **mWv 1.1.2025** (§ 37 Abs. 1) durch G v. 26.11.2019 (BGBl. I S. 1794).
4) Nr. **200**.

2. einer Wohnungsbaugesellschaft zugerechnet wird, die als gemeinnützig im Sinne des § 52 der Abgabenordnung anerkannt ist, oder
3. einer Genossenschaft oder einem Verein zugerechnet wird, der seine Geschäftstätigkeit auf die in § 5 Absatz 1 Nummer 10 Buchstabe a und b des Körperschaftsteuergesetzes[1] genannten Bereiche beschränkt und von der Körperschaftsteuer befreit ist.

2 Der Abschlag auf die Steuermesszahl nach Satz 1 wird auf Antrag für jeden Erhebungszeitraum innerhalb des Hauptveranlagungszeitraums gewährt, wenn nachgewiesen wird, dass die jeweiligen Voraussetzungen am Hauptveranlagungsstichtag vorlagen. 3 Entfallen die Voraussetzungen des Satzes 1 während des Hauptveranlagungszeitraums, ist dies nach § 19 Absatz 2 anzuzeigen.

(5) 1 Die Steuermesszahl nach Absatz 1 Nummer 2 wird für bebaute Grundstücke um 10 Prozent ermäßigt, wenn sich auf dem Grundstück Gebäude befinden, die Baudenkmäler im Sinne des jeweiligen Landesdenkmalschutzgesetzes sind. 2 Stehen auf einem Grundstück nur ein Teil der Gebäude oder nur Teile eines Gebäudes im Sinne des jeweiligen Landesdenkmalschutzgesetzes unter Denkmalschutz, so ist die Ermäßigung der Steuermesszahl entsprechend anteilig zu gewähren.

§ 16 Hauptveranlagung. (1)[2] 1 Die Steuermeßbeträge werden auf den Hauptfeststellungszeitpunkt (§ 221 Absatz 2 des Bewertungsgesetzes[3]) allgemein festgesetzt (Hauptveranlagung). 2 Dieser Zeitpunkt ist der Hauptveranlagungszeitpunkt.

(2) 1 Der bei der Hauptveranlagung festgesetzte Steuermeßbetrag gilt vorbehaltlich der §§ 17 und 20 von dem Kalenderjahr an, das zwei Jahre nach dem Hauptveranlagungszeitpunkt beginnt. 2 Dieser Steuermeßbetrag bleibt unbeschadet der §§ 17 und 20 bis zu dem Zeitpunkt maßgebend, von dem an die Steuermeßbeträge der nächsten Hauptveranlagung wirksam werden. 3 Der sich nach den Sätzen 1 und 2 ergebende Zeitraum ist der Hauptveranlagungszeitraum.

(3) Ist die Festsetzungsfrist (§ 169 der Abgabenordnung[4]) bereits abgelaufen, so kann die Hauptveranlagung unter Zugrundelegung der Verhältnisse vom Hauptveranlagungszeitpunkt mit Wirkung für einen späteren Veranlagungszeitpunkt vorgenommen werden, für den diese Frist noch nicht abgelaufen ist.

§ 17[5] **Neuveranlagung.** (1) Wird eine Wertfortschreibung (§ 222 Absatz 1 des Bewertungsgesetzes[3]) oder eine Artfortschreibung oder Zurechnungsfortschreibung (§ 222 Absatz 2 des Bewertungsgesetzes[3]) durchgeführt, so wird

---

[1] Nr. **100**.

[2] § 16 Abs. 1 Satz 1 geänd. **mWv 1.1.2025** (§ 37 Abs. 1) durch G v. 26.11.2019 (BGBl. I S. 1794); siehe auch **§ 36 Abs. 3**.

[3] Nr. **200**.

[4] Nr. **800**.

[5] § 17 Abs. 1 geänd. **mWv 1.1.2025** (§ 37 Abs. 1) durch G v. 26.11.2019 (BGBl. I S. 1794).

der Steuermeßbetrag auf den Fortschreibungszeitpunkt neu festgesetzt (Neuveranlagung).

(2) Der Steuermeßbetrag wird auch dann neu festgesetzt, wenn dem Finanzamt bekannt wird, daß

1. Gründe, die im Feststellungsverfahren über den Grundsteuerwert[1] nicht zu berücksichtigen sind, zu einem anderen als dem für den letzten Veranlagungszeitpunkt festgesetzten Steuermeßbetrag führen oder
2. die letzte Veranlagung fehlerhaft ist; § 176 der Abgabenordnung[2] ist hierbei entsprechend anzuwenden; das gilt jedoch nur für Veranlagungszeitpunkte, die vor der Verkündung der maßgeblichen Entscheidung eines obersten Gerichts des Bundes liegen.

(3) [1] Der Neuveranlagung werden die Verhältnisse im Neuveranlagungszeitpunkt zugrunde gelegt. [2] Neuveranlagungszeitpunkt ist

1. in den Fällen des Absatzes 1 der Beginn des Kalenderjahres, auf den die Fortschreibung durchgeführt wird;
2. in den Fällen des Absatzes 2 Nr. 1 der Beginn des Kalenderjahres, auf den sich erstmals ein abweichender Steuermeßbetrag ergibt. [2] § 16 Abs. 3 ist entsprechend anzuwenden;
3. in den Fällen des Absatzes 2 Nr. 2 der Beginn des Kalenderjahres, in dem der Fehler dem Finanzamt bekannt wird, bei einer Erhöhung des Steuermeßbetrags jedoch frühestens der Beginn des Kalenderjahres, in dem der Steuermeßbescheid erteilt wird.

(4) Treten die Voraussetzungen für eine Neuveranlagung während des Zeitraums zwischen dem Hauptveranlagungszeitpunkt und dem Zeitpunkt des Wirksamwerdens der Steuermeßbeträge (§ 16 Abs. 2) ein, so wird die Neuveranlagung auf den Zeitpunkt des Wirksamwerdens der Steuermeßbeträge vorgenommen.

§ 18 Nachveranlagung. (1)[3] Wird eine Nachfeststellung (§ 223 Absatz 1 des Bewertungsgesetzes[4]) durchgeführt, so wird der Steuermeßbetrag auf den Nachfeststellungszeitpunkt nachträglich festgesetzt (Nachveranlagung).

(2) Der Steuermeßbetrag wird auch dann nachträglich festgesetzt, wenn der Grund für die Befreiung des Steuergegenstandes von der Grundsteuer wegfällt, der für die Berechnung der Grundsteuer maßgebende Grundsteuerwert[1] (§ 13 Abs. 1) aber bereits festgestellt ist.

(3) [1] Der Nachveranlagung werden die Verhältnisse im Nachveranlagungszeitpunkt zugrunde gelegt. [2] Nachveranlagungszeitpunkt ist

1. in den Fällen des Absatzes 1 der Beginn des Kalenderjahres, auf den der Grundsteuerwert[1] nachträglich festgestellt wird;
2. in den Fällen des Absatzes 2 der Beginn des Kalenderjahres, der auf den Wegfall des Befreiungsgrundes folgt. [2] § 16 Abs. 3 ist entsprechend anzuwenden.

---

[1] Korrigiert durch G v. 21.12.2020 (BGBl. I S. 3096).

[2] Nr. **800**.

[3] § 18 Abs. 1 geänd. **mWv 1.1.2025** (§ 37 Abs. 1) durch G v. 26.11.2019 (BGBl. I S. 1794).

[4] Nr. **200**.

(4) Treten die Voraussetzungen für eine Nachveranlagung während des Zeitraums zwischen dem Hauptveranlagungszeitpunkt und dem Zeitpunkt des Wirksamwerdens der Steuermeßbeträge (§ 16 Abs. 2) ein, so wird die Nachveranlagung auf den Zeitpunkt des Wirksamwerdens der Steuermeßbeträge vorgenommen.

§ 19[1)] **Anzeigepflicht.** (1) [1]Jede Änderung in der Nutzung oder in den Eigentumsverhältnissen eines ganz oder teilweise von der Grundsteuer befreiten Steuergegenstandes hat derjenige anzuzeigen, der nach § 10 als Steuerschuldner in Betracht kommt. [2]Die Anzeige ist innerhalb von drei Monaten nach Eintritt der Änderung bei dem Finanzamt zu erstatten, das für die Festsetzung des Steuermeßbetrags zuständig ist.

(2) [1]Den Wegfall der Voraussetzungen für die ermäßigte Steuermesszahl nach § 15 Absatz 4 hat derjenige anzuzeigen, der nach § 10 als Steuerschuldner in Betracht kommt. [2]Die Anzeige ist innerhalb von drei Monaten nach dem Wegfall der Voraussetzungen bei dem Finanzamt zu erstatten, das für die Festsetzung des Steuermessbetrags zuständig ist.

§ 20[2)] **Aufhebung des Steuermeßbetrags.** (1) Der Steuermeßbetrag wird aufgehoben,
1. wenn der Grundsteuerwert aufgehoben wird oder
2. wenn dem Finanzamt bekannt wird, daß
   a) für den ganzen Steuergegenstand ein Befreiungsgrund eingetreten ist oder
   b) der Steuermeßbetrag fehlerhaft festgesetzt worden ist.

(2) Der Steuermeßbetrag wird aufgehoben
1. in den Fällen des Absatzes 1 Nr. 1 mit Wirkung vom Aufhebungszeitpunkt (§ 224 Absatz 2 des Bewertungsgesetzes)[3)] an;
2. in den Fällen des Absatzes 1 Nr. 2 Buchstabe a mit Wirkung vom Beginn des Kalenderjahres an, der auf den Eintritt des Befreiungsgrundes folgt. [2]§ 16 Abs. 3 ist entsprechend anzuwenden;
3. in den Fällen des Absatzes 1 Nr. 2 Buchstabe b mit Wirkung vom Beginn des Kalenderjahres an, in dem der Fehler dem Finanzamt bekannt wird.

(3) Treten die Voraussetzungen für eine Aufhebung während des Zeitraums zwischen dem Hauptveranlagungszeitpunkt und dem Zeitpunkt des Wirksamwerdens der Steuermeßbeträge (§ 16 Abs. 2) ein, so wird die Aufhebung auf den Zeitpunkt des Wirksamwerdens der Steuermeßbeträge vorgenommen.

§ 21 Änderung von Steuermessbescheiden. [1]Bescheide über die Neuveranlagung oder die Nachveranlagung von Steuermessbeträgen können schon

---

[1)] § 19 Abs. 2 angef., bish. Wortlaut wird Abs. 1 **mWv 1.1.2025** (§ 37 Abs. 1) durch G v. 26.11.2019 (BGBl. I S. 1794).

[2)] § 20 Abs. 1 Nr. 2 geänd. mWv 1.1.1977 durch G v. 14.12.1976 (BGBl. I S. 3341); Abs. 1 Nr. 1, Abs. 2 Nr. 1 geänd. **mWv 1.1.2025** (§ 37 Abs. 1) durch G v. 26.11.2019 (BGBl. I S. 1794).

[3)] Nr. **200**.

vor dem maßgebenden Veranlagungszeitpunkt erteilt werden. [2]Sie sind zu ändern oder aufzuheben, wenn sich bis zu diesem Zeitpunkt Änderungen ergeben, die zu einer abweichenden Festsetzung führen.

§ 22[1)] Zerlegung des Steuermessbetrags. (1) Erstreckt sich der Steuergegenstand über mehrere Gemeinden, so ist der Steuermessbetrag vorbehaltlich des § 24 anteilig in die auf die einzelnen Gemeinden entfallenden Anteile zu zerlegen (Zerlegungsanteile).

(2) Zerlegungsmaßstab ist bei Betrieben der Land- und Forstwirtschaft der nach § 239 Absatz 2 des Bewertungsgesetzes ermittelte Gemeindeanteil am Grundsteuerwert des Betriebs der Land- und Forstwirtschaft.

(3) [1]Zerlegungsmaßstab ist bei Grundstücken das Verhältnis, in dem die auf die einzelnen Gemeinden entfallenden Flächengrößen zueinander stehen. [2]Führt die Zerlegung nach Flächengrößen zu einem offenbar unbilligen Ergebnis, sind die Zerlegungsanteile maßgebend, auf die sich die Gemeinden mit dem Steuerschuldner einigen.

(4) Entfällt auf eine Gemeinde ein Zerlegungsanteil von weniger als 25 Euro, so ist dieser Anteil der Gemeinde zuzuweisen, der nach Absatz 2 oder 3 der größte Zerlegungsanteil zusteht.

§ 23[2)] Zerlegungsstichtag. (1) Der Zerlegung des Steuermeßbetrags werden die Verhältnisse in dem Feststellungszeitpunkt zugrunde gelegt, auf den der für die Festsetzung des Steuermeßbetrags maßgebende Grundsteuerwert festgestellt worden ist.

(2) Ändern sich die Grundlagen für die Zerlegung, ohne daß der Grundsteuerwert fortgeschrieben oder nachträglich festgestellt wird, so sind die Zerlegungsanteile nach dem Stand vom 1. Januar des folgenden Jahres neu zu ermitteln, wenn wenigstens bei einer Gemeinde der neue Anteil um mehr als ein Zehntel, mindestens aber um zehn Euro von ihrem bisherigen Anteil abweicht.

§ 24 Ersatz der Zerlegung durch Steuerausgleich. [1]Die Landesregierung kann durch Rechtsverordnung bestimmen, daß bei Betrieben der Land- und Forstwirtschaft, die sich über mehrere Gemeinden erstrecken, aus Vereinfachungsgründen an Stelle der Zerlegung ein Steuerausgleich stattfindet. [2]Beim Steuerausgleich wird der gesamte Steuermeßbetrag der Gemeinde zugeteilt, in der der wertvollste Teil des Steuergegenstandes liegt (Sitzgemeinde); an dem Steueraufkommen der Sitzgemeinde werden die übrigen Gemeinden beteiligt. [3]Die Beteiligung soll annähernd zu dem Ergebnis führen, das bei einer Zerlegung einträte.

---

1) § 22 neu gef. **mWv 1.1.2025** (§ 37 Abs. 1) durch G v. 26.11.2019 (BGBl. I S. 1794).

2) § 23 Abs. 1 und 2 geänd. **mWv 1.1.2025** (§ 37 Abs. 1) durch G v. 26.11.2019 (BGBl. I S. 1794).

Abschnitt III. Festsetzung und Entrichtung der Grundsteuer

§ 25 Festsetzung des Hebesatzes. (1) Die Gemeinde bestimmt, mit welchem Hundertsatz des Steuermeßbetrags oder des Zerlegungsanteils die Grundsteuer zu erheben ist (Hebesatz).

(2) Der Hebesatz ist für ein oder mehrere Kalenderjahre, höchstens jedoch für den Hauptveranlagungszeitraum der Steuermeßbeträge festzusetzen.

(3) [1]Der Beschluß über die Festsetzung oder Änderung des Hebesatzes ist bis zum 30. Juni eines Kalenderjahres mit Wirkung vom Beginn dieses Kalenderjahres zu fassen. [2]Nach diesem Zeitpunkt kann der Beschluß über die Festsetzung des Hebesatzes gefaßt werden, wenn der Hebesatz die Höhe der letzten Festsetzung nicht überschreitet.

(4)[1)] [1]Der Hebesatz muss vorbehaltlich des Absatzes 5 jeweils einheitlich sein

1. für die in einer Gemeinde liegenden Betriebe der Land- und Forstwirtschaft und
2. für die in einer Gemeinde liegenden Grundstücke.

[2]Werden Gemeindegebiete geändert, so kann die Landesregierung oder die von ihr bestimmte Stelle für die von der Änderung betroffenen Gebietsteile für eine bestimmte Zeit verschiedene Hebesätze zulassen.

(5)[1)] [1]Die Gemeinde kann aus städtebaulichen Gründen baureife Grundstücke als besondere Grundstücksgruppe innerhalb der unbebauten Grundstücke im Sinne des § 246 des Bewertungsgesetzes bestimmen und abweichend von Absatz 4 Satz 1 Nummer 2 für die Grundstücksgruppe der baureifen Grundstücke einen gesonderten Hebesatz festsetzen. [2]Baureife Grundstücke sind unbebaute Grundstücke im Sinne des § 246 des Bewertungsgesetzes, die nach Lage, Form und Größe und ihrem sonstigen tatsächlichen Zustand sowie nach öffentlich-rechtlichen Vorschriften sofort bebaut werden könnten. [3]Eine erforderliche, aber noch nicht erteilte Baugenehmigung sowie zivilrechtliche Gründe, die einer sofortigen Bebauung entgegenstehen, sind unbeachtlich. [4]Als städtebauliche Gründe kommen insbesondere die Deckung eines erhöhten Bedarfs an Wohn- und Arbeitsstätten sowie Gemeinbedarfs- und Folgeeinrichtungen, die Nachverdichtung bestehender Siedlungsstrukturen oder die Stärkung der Innenentwicklung in Betracht. [5]Die Gemeinde hat den gesonderten Hebesatz auf einen bestimmten Gemeindeteil zu beschränken, wenn nur für diesen Gemeindeteil die städtebaulichen Gründe vorliegen. [6]Der Gemeindeteil muss mindestens 10 Prozent des gesamten Gemeindegebiets umfassen und in dem Gemeindeteil müssen mehrere baureife Grundstücke belegen sein. [7]Die genaue Bezeichnung der baureifen Grundstücke, deren Lage sowie das Gemeindegebiet, auf das sich der gesonderte Hebesatz bezieht, sind jeweils nach den Verhältnissen zu Beginn eines Kalenderjahres von der Gemeinde zu bestimmen, in einer Karte nachzuweisen und im Wege einer Allgemeinverfügung öffentlich bekannt zu geben. [8]In der Allgemeinverfügung sind die städ-

---

[1)] § 25 Abs. 4 neu gef., Abs. 5 angef. **mWv 1.1.2025** durch G v. 30.11.2019 (BGBl. I S. 1875); zur Anwendung siehe § 37 Abs. 3.

tebaulichen Erwägungen nachvollziehbar darzulegen und die Wahl des Gemeindegebiets, auf das sich der gesonderte Hebesatz beziehen soll, zu begründen. [9] Hat eine Gemeinde die Grundstücksgruppe baureifer Grundstücke bestimmt und für die Grundstücksgruppe der baureifen Grundstücke einen gesonderten Hebesatz festgesetzt, muss dieser Hebesatz für alle in der Gemeinde oder dem Gemeindeteil liegenden baureifen Grundstücke einheitlich und höher als der einheitliche Hebesatz für die übrigen in der Gemeinde liegenden Grundstücke sein.

§ 26[1)] Koppelungsvorschriften und Höchsthebesätze. In welchem Verhältnis die Hebesätze für die Grundsteuer der Betriebe der Land- und Forstwirtschaft, für die Grundsteuer der Grundstücke und für die Gewerbesteuer zueinander stehen müssen, welche Höchstsätze nicht überschritten werden dürfen und inwieweit mit Genehmigung der Gemeindeaufsichtsbehörde Ausnahmen zugelassen werden können, bleibt einer landesrechtlichen Regelung vorbehalten.

§ 27 Festsetzung der Grundsteuer. (1) [1] Die Grundsteuer wird für das Kalenderjahr festgesetzt. [2] Ist der Hebesatz für mehr als ein Kalenderjahr festgesetzt, kann auch die jährlich zu erhebende Grundsteuer für die einzelnen Kalenderjahre dieses Zeitraums festgesetzt werden.

(2) Wird der Hebesatz geändert (§ 25 Abs. 3), so ist die Festsetzung nach Absatz 1 zu ändern.

(3) [1] Für diejenigen Steuerschuldner, die für das Kalenderjahr die gleiche Grundsteuer wie im Vorjahr zu entrichten haben, kann die Grundsteuer durch öffentliche Bekanntmachung festgesetzt werden. [2] Für die Steuerschuldner treten mit dem Tage der öffentlichen Bekanntmachung die gleichen Rechtswirkungen ein, wie wenn ihnen an diesem Tage ein schriftlicher Steuerbescheid zugegangen wäre.

§ 28 Fälligkeit. (1) Die Grundsteuer wird zu je einem Viertel ihres Jahresbetrags am 15. Februar, 15. Mai, 15. August und 15. November fällig.

(2) Die Gemeinden können bestimmen, daß Kleinbeträge wie folgt fällig werden:

1. am 15. August mit ihrem Jahresbetrag, wenn dieser fünfzehn Euro[2)] nicht übersteigt;
2. am 15. Februar und 15. August zu je einer Hälfte ihres Jahresbetrags, wenn dieser dreißig Euro[2)] nicht übersteigt.

(3) [1] Auf Antrag des Steuerschuldners kann die Grundsteuer abweichend vom Absatz 1 oder Absatz 2 Nr. 2 am 1. Juli in einem Jahresbetrag entrichtet werden. [2] Der Antrag muß spätestens bis zum 30. September des vorangehenden Kalenderjahres gestellt werden. [3] Die beantragte Zahlungsweise bleibt so lange maßgebend, bis ihre Änderung beantragt wird; die Änderung

---

[1)] § 26 geänd. durch G v. 29.10.1997 (BGBl. I S. 2590).

[2)] Beträge geänd. durch G v. 19.12.2000 (BGBl. I S. 1790).

muß spätestens bis zum 30. September des vorangehenden Jahres beantragt werden.

§ 29 Vorauszahlungen. Der Steuerschuldner hat bis zur Bekanntgabe eines neuen Steuerbescheids zu den bisherigen Fälligkeitstagen Vorauszahlungen unter Zugrundelegung der zuletzt festgesetzten Jahressteuer zu entrichten.

§ 30 Abrechnung über die Vorauszahlungen. (1) [1]Ist die Summe der Vorauszahlungen, die bis zur Bekanntgabe des neuen Steuerbescheids zu entrichten waren (§ 29), kleiner als die Steuer, die sich nach dem bekanntgegebenen Steuerbescheid für die vorausgegangenen Fälligkeitstage ergibt (§ 28), so ist der Unterschiedsbetrag innerhalb eines Monats nach Bekanntgabe des Steuerbescheids zu entrichten. [2]Die Verpflichtung, rückständige Vorauszahlungen schon früher zu entrichten, bleibt unberührt.

(2) Ist die Summe der Vorauszahlungen, die bis zur Bekanntgabe des neuen Steuerbescheids entrichtet worden sind, größer als die Steuer, die sich nach dem bekanntgegebenen Steuerbescheid für die vorangegangenen Fälligkeitstage ergibt, so wird der Unterschiedsbetrag nach Bekanntgabe des Steuerbescheids durch Aufrechnung oder Zurückzahlung ausgeglichen.

(3) Die Absätze 1 und 2 gelten entsprechend, wenn der Steuerbescheid aufgehoben oder geändert wird.

§ 31 Nachentrichtung der Steuer. Hatte der Steuerschuldner bis zur Bekanntgabe der Jahressteuer keine Vorauszahlungen nach § 29 zu entrichten, so hat er die Steuer, die sich nach dem bekanntgegebenen Steuerbescheid für die vorangegangenen Fälligkeitstage ergibt (§ 28), innerhalb eines Monats nach Bekanntgabe des Steuerbescheids zu entrichten.

Abschnitt IV. Erlaß der Grundsteuer

§ 32 Erlaß für Kulturgut und Grünanlagen. (1) Die Grundsteuer ist zu erlassen

1. für Grundbesitz oder Teile von Grundbesitz, dessen Erhaltung wegen seiner Bedeutung für Kunst, Geschichte, Wissenschaft oder Naturschutz im öffentlichen Interesse liegt, wenn die erzielten Einnahmen und die sonstigen Vorteile (Rohertrag) in der Regel unter den jährlichen Kosten liegen. [2]Bei Park- und Gartenanlagen von geschichtlichem Wert ist der Erlaß von der weiteren Voraussetzung abhängig, daß sie in dem billigerweise zu fordernden Umfang der Öffentlichkeit zugänglich gemacht sind;
2. für öffentliche Grünanlagen, Spiel- und Sportplätze, wenn die jährlichen Kosten in der Regel den Rohertrag übersteigen.

(2) [1]Ist der Rohertrag für Grundbesitz, in dessen Gebäuden Gegenstände von wissenschaftlicher, künstlerischer oder geschichtlicher Bedeutung, insbesondere Sammlungen oder Bibliotheken, dem Zweck der Forschung oder Volksbildung nutzbar gemacht sind, durch die Benutzung zu den genannten

Zwecken nachhaltig gemindert, so ist von der Grundsteuer der Hundertsatz zu erlassen, um den der Rohertrag gemindert ist. [2]Das gilt nur, wenn die wissenschaftliche, künstlerische oder geschichtliche Bedeutung der untergebrachten Gegenstände durch die Landesregierung oder die von ihr beauftragte Stelle anerkannt ist.

§ 33[1)] Erlass wegen wesentlicher Reinertragsminderung bei Betrieben der Land- und Forstwirtschaft. (1) [1]Die Grundsteuer wird in Höhe von 25 Prozent erlassen, wenn bei Betrieben der Land- und Forstwirtschaft der tatsächliche Reinertrag des Steuergegenstandes um mehr als 50 Prozent gemindert ist und der Steuerschuldner die Minderung des tatsächlichen Reinertrags nicht zu vertreten hat. [2]Beträgt die vom Steuerschuldner nicht zu vertretende Minderung des tatsächlichen Reinertrags 100 Prozent, ist die Grundsteuer abweichend von Satz 1 in Höhe von 50 Prozent zu erlassen. [3]Der tatsächliche Reinertrag eines Betriebs der Land- und Forstwirtschaft ermittelt sich nach den Grundsätzen des § 236 Absatz 3 Satz 1 und 2 des Bewertungsgesetzes für ein Wirtschaftsjahr. [4]Er gilt als in dem Erlasszeitraum bezogen, in dem das für den Betrieb der Land- und Forstwirtschaft maßgebliche Wirtschaftsjahr endet.

(2) [1]Der Erlass nach Absatz 1 wird nur gewährt, wenn die Einziehung der Grundsteuer nach den wirtschaftlichen Verhältnissen des Betriebs unbillig wäre. [2]Ein Erlass nach Absatz 1 ist insbesondere ausgeschlossen, wenn für den Betrieb der Land und Forstwirtschaft nach § 4 Absatz 1, § 4 Absatz 3 oder § 13a des Einkommensteuergesetzes für dasjenige Wirtschaftsjahr ein Gewinn ermittelt wurde, das im Erlasszeitraum bei der Ermittlung des tatsächlichen Reinertrags nach Absatz 1 zugrunde zu legen ist.

(3) Eine Ertragsminderung ist kein Erlassgrund, wenn sie für den Erlasszeitraum durch Fortschreibung des Grundsteuerwerts berücksichtigt werden kann oder bei rechtzeitiger Stellung des Antrags auf Fortschreibung hätte berücksichtigt werden können.

§ 34[2)] Erlass wegen wesentlicher Ertragsminderung bei bebauten Grundstücken. (1) [1]Die Grundsteuer wird in Höhe von 25 Prozent erlassen, wenn bei bebauten Grundstücken der normale Rohertrag des Steuergegenstandes um mehr als 50 Prozent gemindert ist und der Steuerschuldner die Minderung des normalen Rohertrags nicht zu vertreten hat. [2]Beträgt die vom Steuerschuldner nicht zu vertretende Minderung des normalen Rohertrags 100 Prozent, ist die Grundsteuer abweichend von Satz 1 in Höhe von 50 Prozent zu erlassen. [3]Normaler Rohertrag ist bei bebauten Grundstücken die nach den Verhältnissen zu Beginn des Erlasszeitraums geschätzte übliche Jahresmiete. [4]Die übliche Jahresmiete ist in Anlehnung an die Miete zu ermitteln, die für Räume gleicher oder ähnlicher Art, Lage und Ausstattung regelmäßig gezahlt wird. [5]Betriebskosten sind nicht einzubeziehen.

(2) [1]Bei eigengewerblich genutzten bebauten Grundstücken gilt als Minderung des normalen Rohertrags die Minderung der Ausnutzung des Grund-

---

[1)] § 33 neu gef. **mWv 1.1.2025** (§ 37 Abs. 1) durch G v. 26.11.2019 (BGBl. I S. 1794).

[2)] § 34 eingef. **mWv 1.1.2025** (§ 37 Abs. 1) durch G v. 26.11.2019 (BGBl. I S. 1794).

stücks. 2 In diesen Fällen wird der Erlass nach Absatz 1 nur gewährt, wenn die Einziehung der Grundsteuer nach den wirtschaftlichen Verhältnissen des Betriebs unbillig wäre.

(3) 1 Wird nur ein Teil des Grundstücks eigengewerblich genutzt, so ist die Ertragsminderung für diesen Teil nach Absatz 2, für den übrigen Teil nach Absatz 1 zu bestimmen. 2 In diesen Fällen ist für den ganzen Steuergegenstand ein einheitlicher Prozentsatz der Ertragsminderung nach dem Anteil der einzelnen Teile am Grundsteuerwert des Grundstücks zu ermitteln.

(4) Eine Ertragsminderung ist kein Erlassgrund, wenn sie für den Erlasszeitraum durch Fortschreibung des Grundsteuerwerts berücksichtigt werden kann oder bei rechtzeitiger Stellung des Antrags auf Fortschreibung hätte berücksichtigt werden können.

§ 35[1)] Verfahren. (1) 1 Der Erlaß wird jeweils nach Ablauf eines Kalenderjahres für die Grundsteuer ausgesprochen, die für das Kalenderjahr festgesetzt worden ist (Erlaßzeitraum). 2 Maßgebend für die Entscheidung über den Erlaß sind die Verhältnisse des Erlaßzeitraums.

(2) 1 Der Erlaß wird nur auf Antrag gewährt. 2 Der Antrag ist bis zu dem auf den Erlaßzeitraum folgenden 31. März zu stellen.

(3) 1 In den Fällen des § 32 bedarf es keiner jährlichen Wiederholung des Antrags. 2 Der Steuerschuldner ist verpflichtet, eine Änderung der maßgeblichen Verhältnisse der Gemeinde binnen drei Monaten nach Eintritt der Änderung anzuzeigen.

Abschnitt V. Übergangs- und Schlussvorschriften

§ 36[2)] Sondervorschriften für die Hauptveranlagung 2025. (1) Auf den 1. Januar 2025 findet eine Hauptveranlagung der Grundsteuermessbeträge statt (Hauptveranlagung 2025).

(2) 1 Die in der Hauptveranlagung 2025 festgesetzten Steuermessbeträge gelten abweichend von § 16 Absatz 2 vorbehaltlich der §§ 17 bis 20 mit Wirkung von dem am 1. Januar 2025 beginnenden Kalenderjahr an. 2 Der Beginn dieses Kalenderjahres ist der Hauptveranlagungszeitpunkt.

(3) 1 Bescheide über die Hauptveranlagung können schon vor dem Hauptveranlagungszeitpunkt erteilt werden. 2 § 21 Satz 2 ist entsprechend anzuwenden.

§ 37[3)] Anwendung des Gesetzes. (1) Diese Fassung des Gesetzes gilt erstmals für die Grundsteuer des Kalenderjahres 2025.

---

1) § 34 wird § 35 **mWv 1.1.2025** (§ 37 Abs. 1) durch G v. 26.11.2019 (BGBl. I S. 1794).

2) § 36 neu gef. durch G v. 26.11.2019 (BGBl. I S. 1794); Abs. 3 angef. durch G v. *21.12.2020 (BGBl. I S. 3096).*

3) § 38 wird § 37, bish. Wortlaut wird Abs. 1 und geänd., Abs. 2 angef. durch G v. 26.11.2019 (BGBl. I S. 1794).

(2) Für die Grundsteuer bis einschließlich zum Kalenderjahr 2024 findet das Grundsteuergesetz in der Fassung vom 7. August 1973 (BGBl. I S. 965), das zuletzt durch Artikel 38 des Gesetzes vom 19. Dezember 2008 (BGBl. I S. 2794) geändert worden ist, weiter Anwendung.[1]

(3)[2] § 25 Absatz 4 und 5 in der am 1. Januar 2025 geltenden Fassung ist erstmals bei der Hauptveranlagung auf den 1. Januar 2025 anzuwenden.

§ 38[3] **Bekanntmachung.** Das Bundesministerium der Finanzen wird ermächtigt, den Wortlaut dieses Gesetzes in der jeweils geltenden Fassung bekannt zu machen.

---

[1] Abgedruckt unter Nr. **420**.
[2] § 37 Abs. 3 angef. durch G v. 30.11.2019 (BGBl. I S. 1875).
[3] § 38 eingef. durch G v. 26.11.2019 (BGBl. I S. 1794).

443. Verordnung über wohnungswirtschaftliche Berechnungen (Zweite Berechnungsverordnung – II. BV)

In der Fassung der Bekanntmachung vom 12. Oktober 1990 (BGBl. I S. 2178)[1)]

Zuletzt geändert durch Zweites Gesetz über die Bereinigung von Bundesrecht im Zuständigkeitsbereich des BMJ vom 23. 11. 2007 (BGBl. I S. 2614)

BGBl. III/FNA 2330-2-2

– Auszug –

Teil II. Wirtschaftlichkeitsberechnung

§ 27 Betriebskosten. (1) [1]Betriebskosten sind die Kosten, die dem Eigentümer (Erbbauberechtigten) durch das Eigentum am Grundstück (Erbbaurecht) oder durch den bestimmungsmäßigen Gebrauch des Gebäudes oder der Wirtschaftseinheit, der Nebengebäude, Anlagen, Einrichtungen und des Grundstücks laufend entstehen. [2]Der Ermittlung der Betriebskosten ist die Betriebskostenverordnung vom 25. November 2003[2)] (BGBl. I S. 2346, 2347)[3)] zugrunde zu legen.

(2) [1]Sach- und Arbeitsleistungen des Eigentümers (Erbbauberechtigten), durch die Betriebskosten erspart werden, dürfen mit dem Betrage angesetzt werden, der für eine gleichwertige Leistung eines Dritten, insbesondere eines Unternehmers, angesetzt werden könnte. [2]Die Umsatzsteuer des Dritten darf nicht angesetzt werden.

(3) Im öffentlich geförderten sozialen Wohnungsbau und im steuerbegünstigten oder freifinanzierten Wohnungsbau, der mit Wohnungsfürsorgemitteln gefördert worden ist, dürfen die Betriebskosten nicht in der Wirtschaftlichkeitsberechnung angesetzt werden.

(4) (weggefallen)

[1)] Neubekanntmachung der II. BV idF der Bek. v. 5. 4. 1984 (BGBl. I S. 553) auf Grund Art. 3 der Dritten VO zur Änd. wohnungsrechtlicher Vorschriften v. 20. 8. 1990 (BGBl. I S. 1813) in der ab 29. 8. 1990 geltenden Fassung.

[2)] Nr. **445**.

[3)] § 27 Abs. 1 Satz 2 geänd. mWv 1. 1. 2004 durch VO v. 25. 11. 2003 (BGBl. I S. 2346).

Teil IV. Wohnflächenberechnung

§ 42 Wohnfläche

[alte Fassung]

(1) Die Wohnfläche einer Wohnung ist die Summe der anrechenbaren Grundflächen der Räume, die ausschließlich zu der Wohnung gehören.

(2) [1]Die Wohnfläche eines einzelnen Wohnraumes besteht aus dessen anrechenbarer Grundfläche; hinzuzurechnen ist die anrechenbare Grundfläche der Räume, die ausschließlich zu diesem einzelnen Wohnraum gehören. [2]Die Wohnfläche eines untervermieteten Teils einer Wohnung ist entsprechend zu berechnen.

(3) Die Wohnfläche eines Wohnheimes ist die Summe der anrechenbaren Grundflächen der Räume, die zur alleinigen und gemeinschaftlichen Benutzung durch die Bewohner bestimmt sind.

(4) Zur Wohnfläche gehört nicht die Grundfläche von

1. Zubehörräumen; als solche kommen in Betracht: Keller, Waschküchen, Abstellräume außerhalb der Wohnung, Dachböden, Trockenräume, Schuppen (Holzlegen), Garagen und ähnliche Räume;
2. Wirtschaftsräumen; als solche kommen in Betracht: Futterküchen, Vorratsräume, Backstuben, Räucherkammern, Ställe, Scheunen, Abstellräume und ähnliche Räume;

[neue Fassung][1)]

[1]Ist die Wohnfläche bis zum 31. Dezember 2003 nach dieser Verordnung berechnet worden, bleibt es bei dieser Berechnung. [2]Soweit in den in Satz 1 genannten Fällen nach dem 31. Dezember 2003 bauliche Änderungen an dem Wohnraum vorgenommen werden, die eine Neuberechnung der Wohnfläche erforderlich machen, sind die Vorschriften der Wohnflächenverordnung vom 25. November 2003 (BGBl. I S. 2346)[2)] anzuwenden.

---

1) § 42 neugef. durch VO v. 25. 11. 2003 (BGBl. I S. 2346).
2) Nr. **444**.

[alte Fassung]

3. Räumen, die den nach ihrer Nutzung zu stellenden Anforderungen des Bauordnungsrechtes nicht genügen;
4. Geschäftsräumen.

§ 43[1)] Berechnung der Grundfläche. *(1) [1] Die Grundfläche eines Raumes ist nach Wahl des Bauherrn aus den Fertigmaßen oder den Rohbaumaßen zu ermitteln. [2] Die Wahl bleibt für alle späteren Berechnungen maßgebend.*

(2) Fertigmaße sind die lichten Maße zwischen den Wänden ohne Berücksichtigung von Wandgliederungen, Wandbekleidungen, Scheuerleisten, Öfen, Heizkörpern, Herden und dergleichen.

(3) Werden die Rohbaumaße zugrunde gelegt, so sind die errechneten Grundflächen um 3 vom Hundert zu kürzen.

(4) Von den errechneten Grundflächen sind abzuziehen die Grundflächen von

1. *Schornsteinen und anderen Mauervorlagen, freistehenden Pfeilern und Säulen, wenn sie in der ganzen Raumhöhe durchgehen und ihre Grundfläche mehr als 0,1 Quadratmeter beträgt,*
2. *Treppen mit über drei Steigungen und deren Treppenabsätze.*

(5) [1] Zu den errechneten Grundflächen sind hinzuzurechnen die Grundflächen von

1. *Fenster- und offenen Wandnischen, die bis zum Fußboden herunterreichen und mehr als 0,13 Meter tief sind,*
2. *Erkern und Wandschränken, die eine Grundfläche von mindestens 0,5 Quadratmeter haben,*
3. *Raumteilen unter Treppen, soweit die lichte Höhe mindestens 2 Meter ist.*

[2] Nicht hinzuzurechnen sind die Grundflächen der Türnischen.

(6) [1] Wird die Grundfläche auf Grund der Bauzeichnung nach den Rohbaumaßen ermittelt, so bleibt die hiernach berechnete Wohnfläche maßgebend, außer wenn von der Bauzeichnung abweichend gebaut ist. [2] Ist von der Bauzeichnung abweichend gebaut worden, so ist die Grundfläche auf Grund der berichtigten Bauzeichnung zu ermitteln.

§ 44[1)] Anrechenbare Grundfläche. *(1) Zur Ermittlung der Wohnfläche sind anzurechnen*

1. *voll*
   die Grundflächen von Räumen und Raumteilen mit einer lichten Höhe von mindestens 2 Metern;
2. *zur Hälfte*
   die Grundflächen von Räumen und Raumteilen mit einer lichten Höhe von

[1)] §§ 43 und 44 aufgeh. mWv 1. 1. 2004 durch VO v. 25. 11. 2003 (BGBl. I S. 2346).

mindestens 1 Meter und weniger als 2 Metern und von Wintergärten, Schwimmbädern und ähnlichen, nach allen Seiten geschlossenen Räumen;

3. nicht
die Grundflächen von Räumen oder Raumteilen mit einer lichten Höhe von weniger als 1 Meter.

(2) Gehören ausschließlich zu dem Wohnraum Balkone, Loggien, Dachgärten oder gedeckte Freisitze, so können deren Grundflächen zur Ermittlung der Wohnfläche bis zur Hälfte angerechnet werden.

(3) Zur Ermittlung der Wohnfläche können abgezogen werden

1. bei einem Wohngebäude mit einer Wohnung bis zu 10 vom Hundert der ermittelten Grundfläche der Wohnung,
2. bei einem Wohngebäude mit zwei nicht abgeschlossenen Wohnungen bis zu 10 vom Hundert der ermittelten Grundfläche beider Wohnungen,
3. bei einem Wohngebäude mit einer abgeschlossenen und einer nicht abgeschlossenen Wohnung bis zu 10 vom Hundert der ermittelten Grundfläche der nicht abgeschlossenen Wohnung.

(4) [1] Die Bestimmung über die Anrechnung oder den Abzug nach Absatz 2 oder 3 kann nur für das Gebäude oder die Wirtschaftseinheit einheitlich getroffen werden. [2] Die Bestimmung bleibt für alle späteren Berechnungen maßgebend.

Anlage 3 (zu § 27 Abs. 1)[1)] *(aufgehoben)*

---

1) Anlage 3 aufgeh. mWv 1. 1. 2004 durch VO v. 25. 11. 2003 (BGBl. I S. 2346); siehe nunmehr § 2 BetrKV (Nr. **445**).

444. Verordnung zur Berechnung der Wohnfläche (Wohnflächenverordnung – WoFlV)

Vom 25. November 2003 (BGBl. I S. 2346)[1]

BGBl. III/FNA 2330–32–1

§ 1 Anwendungsbereich, Berechnung der Wohnfläche. (1) Wird nach dem Wohnraumförderungsgesetz die Wohnfläche berechnet, sind die Vorschriften dieser Verordnung anzuwenden.

(2) Zur Berechnung der Wohnfläche sind die nach § 2 zur Wohnfläche gehörenden Grundflächen nach § 3 zu ermitteln und nach § 4 auf die Wohnfläche anzurechnen.

§ 2 Zur Wohnfläche gehörende Grundflächen. (1) [1]Die Wohnfläche einer Wohnung umfasst die Grundflächen der Räume, die ausschließlich zu dieser Wohnung gehören. [2]Die Wohnfläche eines Wohnheims umfasst die Grundflächen der Räume, die zur alleinigen und gemeinschaftlichen Nutzung durch die Bewohner bestimmt sind.

(2) Zur Wohnfläche gehören auch die Grundflächen von

1. Wintergärten, Schwimmbädern und ähnlichen nach allen Seiten geschlossenen Räumen sowie
2. Balkonen, Loggien, Dachgärten und Terrassen,

wenn sie ausschließlich zu der Wohnung oder dem Wohnheim gehören.

(3) Zur Wohnfläche gehören nicht die Grundflächen folgender Räume:

1. Zubehörräume, insbesondere:
   a) Kellerräume,
   b) Abstellräume und Kellerersatzräume außerhalb der Wohnung,
   c) Waschküchen,
   d) Bodenräume,
   e) Trockenräume,
   f) Heizungsräume und
   g) Garagen,
2. Räume, die nicht den an ihre Nutzung zu stellenden Anforderungen des Bauordnungsrechts der Länder genügen, sowie
3. Geschäftsräume.

§ 3 Ermittlung der Grundfläche. (1) [1]Die Grundfläche ist nach den lichten Maßen zwischen den Bauteilen zu ermitteln; dabei ist von der Vorderkante der Bekleidung der Bauteile auszugehen. [2]Bei fehlen-

[1] In Kraft ab 1. 1. 2004. Siehe Überleitungsvorschrift in § 5.

den begrenzenden Bauteilen ist der bauliche Abschluss zu Grunde zu legen.

(2) Bei der Ermittlung der Grundfläche sind namentlich einzubeziehen die Grundflächen von

1. Tür- und Fensterbekleidungen sowie Tür- und Fensterumrahmungen,
2. Fuß-, Sockel- und Schrammleisten,
3. fest eingebauten Gegenständen, wie z. B. Öfen, Heiz- und Klimageräten, Herden, Bade- oder Duschwannen,
4. freiliegenden Installationen,
5. Einbaumöbeln und
6. nicht ortsgebundenen,versetzbaren Raumteilern.

(3) Bei der Ermittlung der Grundflächen bleiben außer Betracht die Grundflächen von

1. Schornsteinen, Vormauerungen, Bekleidungen, freistehenden Pfeilern und Säulen, wenn sie eine Höhe von mehr als 1,50 Meter aufweisen und ihre Grundfläche mehr als 0,1 Quadratmeter beträgt,
2. Treppen mit über drei Steigungen und deren Treppenabsätze,
3. Türnischen und
4. Fenster- und offenen Wandnischen, die nicht bis zum Fußboden herunterreichen oder bis zum Fußboden herunterreichen und 0,13 Meter oder weniger tief sind.

(4) [1] Die Grundfläche ist durch Ausmessung im fertig gestellten Wohnraum oder auf Grund einer Bauzeichnung zu ermitteln. [2] Wird die Grundfläche auf Grund einer Bauzeichnung ermittelt, muss diese

1. für ein Genehmigungs-, Anzeige-, Genehmigungsfreistellungs- oder ähnliches Verfahren nach dem Bauordnungsrecht der Länder gefertigt oder, wenn ein bauordnungsrechtliches Verfahren nicht erforderlich ist, für ein solches geeignet sein und
2. die Ermittlung der lichten Maße zwischen den Bauteilen im Sinne des Absatzes 1 ermöglichen.

[3] Ist die Grundfläche nach einer Bauzeichnung ermittelt worden und ist abweichend von dieser Bauzeichnung gebaut worden, ist die Grundfläche durch Ausmessung im fertig gestellten Wohnraum oder auf Grund einer berichtigten Bauzeichnung neu zu ermitteln.

§ 4 Anrechnung der Grundflächen. Die Grundflächen

1. von Räumen und Raumteilen mit einer lichten Höhe von mindestens zwei Metern sind vollständig,
2. von Räumen und Raumteilen mit einer lichten Höhe von mindestens einem Meter und weniger als zwei Metern sind zur Hälfte,
3. von unbeheizbaren Wintergärten, Schwimmbädern und ähnlichen nach allen Seiten geschlossenen Räumen sind zur Hälfte,

4. von Balkonen, Loggien, Dachgärten und Terrassen sind in der Regel zu einem Viertel, höchstens jedoch zur Hälfte

anzurechnen.

§ 5 Überleitungsvorschrift. [1] Ist die Wohnfläche bis zum 31. Dezember 2003 nach der Zweiten Berechnungsverordnung in der Fassung der Bekanntmachung vom 12. Oktober 1990 (BGBl. I S. 2178),[1)] zuletzt geändert durch Artikel 3 der Verordnung vom 25. November 2003 (BGBl. I S. 2346), in der jeweils geltenden Fassung berechnet worden, bleibt es bei dieser Berechnung. [2] Soweit in den in Satz 1 genannten Fällen nach dem 31. Dezember 2003 bauliche Änderungen an dem Wohnraum vorgenommen werden, die eine Neuberechnung der Wohnfläche erforderlich machen, sind die Vorschriften dieser Verordnung anzuwenden.

---

1) Nr. **443**.

445. Verordnung über die Aufstellung von Betriebskosten (Betriebskostenverordnung – BetrKV)

Vom 25. November 2003 (BGBl. I S. 2346)[1]

BGBl. III/FNA 2330-32-2

Geändert durch Gesetz zur Änderung telekommunikationsrechtlicher Regelungen vom 3. 5. 2012 (BGBl. I S. 958)

§ 1 Betriebskosten. (1) [1]Betriebskosten sind die Kosten, die dem Eigentümer oder Erbbauberechtigten durch das Eigentum oder Erbbaurecht am Grundstück oder durch den bestimmungsmäßigen Gebrauch des Gebäudes, der Nebengebäude, Anlagen, Einrichtungen und des Grundstücks laufend entstehen. [2]Sach- und Arbeitsleistungen des Eigentümers oder Erbbauberechtigten dürfen mit dem Betrag angesetzt werden, der für eine gleichwertige Leistung eines Dritten, insbesondere eines Unternehmers, angesetzt werden könnte; die Umsatzsteuer des Dritten darf nicht angesetzt werden.

(2) Zu den Betriebskosten gehören nicht:

1. die Kosten der zur Verwaltung des Gebäudes erforderlichen Arbeitskräfte und Einrichtungen, die Kosten der Aufsicht, der Wert der vom Vermieter persönlich geleisteten Verwaltungsarbeit, die Kosten für die gesetzlichen oder freiwilligen Prüfungen des Jahresabschlusses und die Kosten für die Geschäftsführung (Verwaltungskosten),
2. die Kosten, die während der Nutzungsdauer zur Erhaltung des bestimmungsmäßigen Gebrauchs aufgewendet werden müssen, um die durch Abnutzung, Alterung und Witterungseinwirkung entstehenden baulichen oder sonstigen Mängel ordnungsgemäß zu beseitigen (Instandhaltungs- und Instandsetzungskosten).

§ 2 Aufstellung der Betriebskosten. Betriebskosten im Sinne von § 1 sind:

1. die laufenden öffentlichen Lasten des Grundstücks,
   hierzu gehört namentlich die Grundsteuer;
2. die Kosten der Wasserversorgung,
   hierzu gehören die Kosten des Wasserverbrauchs, die Grundgebühren, die Kosten der Anmietung oder anderer Arten der Gebrauchsüberlassung von Wasserzählern sowie die Kosten ihrer Verwendung einschließlich der Kosten der Eichung sowie der Kosten der Berechnung und Aufteilung, die Kosten der Wartung von Wassermengenreglern, die Kosten des Betriebs einer hauseigenen Wasserversorgungsanlage und einer Wasseraufbereitungsanlage einschließlich der Aufbereitungsstoffe;

[1] In Kraft ab 1. 1. 2004.

3. die Kosten der Entwässerung,
hierzu gehören die Gebühren für die Haus- und Grundstücksentwässerung, die Kosten des Betriebs einer entsprechenden nicht öffentlichen Anlage und die Kosten des Betriebs einer Entwässerungspumpe;
4. die Kosten
   a) des Betriebs der zentralen Heizungsanlage einschließlich der Abgasanlage,
   hierzu gehören die Kosten der verbrauchten Brennstoffe und ihrer Lieferung, die Kosten des Betriebsstroms, die Kosten der Bedienung, Überwachung und Pflege der Anlage, der regelmäßigen Prüfung ihrer Betriebsbereitschaft und Betriebssicherheit einschließlich der Einstellung durch eine Fachkraft, der Reinigung der Anlage und des Betriebsraums, die Kosten der Messungen nach dem Bundes-Immissionsschutzgesetz, die Kosten der Anmietung oder anderer Arten der Gebrauchsüberlassung einer Ausstattung zur Verbrauchserfassung sowie die Kosten der Verwendung einer Ausstattung zur Verbrauchserfassung einschließlich der Kosten der Eichung sowie der Kosten der Berechnung und Aufteilung
   oder
   b) des Betriebs der zentralen Brennstoffversorgungsanlage,
   hierzu gehören die Kosten der verbrauchten Brennstoffe und ihrer Lieferung, die Kosten des Betriebsstroms und die Kosten der Überwachung sowie die Kosten der Reinigung der Anlage und des Betriebsraums
   oder
   c) der eigenständig gewerblichen Lieferung von Wärme, auch aus Anlagen im Sinne des Buchstabens a,
   hierzu gehören das Entgelt für die Wärmelieferung und die Kosten des Betriebs der zugehörigen Hausanlagen entsprechend Buchstabe a
   oder
   d) der Reinigung und Wartung von Etagenheizungen und Gaseinzelfeuerstätten,
   hierzu gehören die Kosten der Beseitigung von Wasserablagerungen und Verbrennungsrückständen in der Anlage, die Kosten der regelmäßigen Prüfung der Betriebsbereitschaft und Betriebssicherheit und der damit zusammenhängenden Einstellung durch eine Fachkraft sowie die Kosten der Messungen nach dem Bundes-Immissionsschutzgesetz;
5. die Kosten
   a) des Betriebs der zentralen Warmwasserversorgungsanlage,
   hierzu gehören die Kosten der Wasserversorgung entsprechend Nummer 2, soweit sie nicht dort bereits berücksichtigt sind, und die Kosten der Wassererwärmung entsprechend Nummer 4 Buchstabe a
   oder
   b) der eigenständig gewerblichen Lieferung von Warmwasser, auch aus Anlagen im Sinne des Buchstabens a,

hierzu gehören das Entgelt für die Lieferung des Warmwassers und die Kosten des Betriebs der zugehörigen Hausanlagen entsprechend Nummer 4 Buchstabe a

oder

c) der Reinigung und Wartung von Warmwassergeräten,
hierzu gehören die Kosten der Beseitigung von Wasserablagerungen und Verbrennungsrückständen im Innern der Geräte sowie die Kosten der regelmäßigen Prüfung der Betriebsbereitschaft und Betriebssicherheit und der damit zusammenhängenden Einstellung durch eine Fachkraft;

6. die Kosten verbundener Heizungs- und Warmwasserversorgungsanlagen
   a) bei zentralen Heizungsanlagen entsprechend Nummer 4 Buchstabe a und entsprechend Nummer 2, soweit sie nicht dort bereits berücksichtigt sind,

   oder

   b) bei der eigenständig gewerblichen Lieferung von Wärme entsprechend Nummer 4 Buchstabe c und entsprechend Nummer 2, soweit sie nicht dort bereits berücksichtigt sind,

   oder

   c) bei verbundenen Etagenheizungen und Warmwasserversorgungsanlagen entsprechend Nummer 4 Buchstabe d und entsprechend Nummer 2, soweit sie nicht dort bereits berücksichtigt sind;
7. die Kosten des Betriebs des Personen- oder Lastenaufzugs,
   hierzu gehören die Kosten des Betriebsstroms, die Kosten der Beaufsichtigung, der Bedienung, Überwachung und Pflege der Anlage, der regelmäßigen Prüfung ihrer Betriebsbereitschaft und Betriebssicherheit einschließlich der Einstellung durch eine Fachkraft sowie die Kosten der Reinigung der Anlage;
8. die Kosten der Straßenreinigung und Müllbeseitigung,
   zu den Kosten der Straßenreinigung gehören die für die öffentliche Straßenreinigung zu entrichtenden Gebühren und die Kosten entsprechender nicht öffentlicher Maßnahmen; zu den Kosten der Müllbeseitigung gehören namentlich die für die Müllabfuhr zu entrichtenden Gebühren, die Kosten entsprechender nicht öffentlicher Maßnahmen, die Kosten des Betriebs von Müllkompressoren, Müllschluckern, Müllabsauganlagen sowie des Betriebs von Müllmengenerfassungsanlagen einschließlich der Kosten der Berechnung und Aufteilung;
9. die Kosten der Gebäudereinigung und Ungezieferbekämpfung,
   zu den Kosten der Gebäudereinigung gehören die Kosten für die Säuberung der von den Bewohnern gemeinsam genutzten Gebäudeteile, wie Zugänge, Flure, Treppen, Keller, Bodenräume, Waschküchen, Fahrkorb des Aufzugs;
10. die Kosten der Gartenpflege,
   hierzu gehören die Kosten der Pflege gärtnerisch angelegter Flächen einschließlich der Erneuerung von Pflanzen und Gehölzen, der Pflege von

Spielplätzen einschließlich der Erneuerung von Sand und der Pflege von Plätzen, Zugängen und Zufahrten, die dem nicht öffentlichen Verkehr dienen;

11. die Kosten der Beleuchtung,
hierzu gehören die Kosten des Stroms für die Außenbeleuchtung und die Beleuchtung der von den Bewohnern gemeinsam genutzten Gebäudeteile, wie Zugänge, Flure, Treppen, Keller, Bodenräume, Waschküchen;
12. die Kosten der Schornsteinreinigung,
hierzu gehören die Kehrgebühren nach der maßgebenden Gebührenordnung, soweit sie nicht bereits als Kosten nach Nummer 4 Buchstabe a berücksichtigt sind;
13. die Kosten der Sach- und Haftpflichtversicherung,
hierzu gehören namentlich die Kosten der Versicherung des Gebäudes gegen Feuer-, Sturm-, Wasser- sowie sonstige Elementarschäden, der Glasversicherung, der Haftpflichtversicherung für das Gebäude, den Öltank und den Aufzug;
14. die Kosten für den Hauswart,
hierzu gehören die Vergütung, die Sozialbeiträge und alle geldwerten Leistungen, die der Eigentümer oder Erbbauberechtigte dem Hauswart für seine Arbeit gewährt, soweit diese nicht die Instandhaltung, Instandsetzung, Erneuerung, Schönheitsreparaturen oder die Hausverwaltung betrifft; soweit Arbeiten vom Hauswart ausgeführt werden, dürfen Kosten für Arbeitsleistungen nach den Nummern 2 bis 10 und 16 nicht angesetzt werden;
15. die Kosten
    a) des Betriebs der Gemeinschafts-Antennenanlage,
    hierzu gehören die Kosten des Betriebsstroms und die Kosten der regelmäßigen Prüfung ihrer Betriebsbereitschaft einschließlich der Einstellung durch eine Fachkraft oder das Nutzungsentgelt für eine nicht zu dem Gebäude gehörende Antennenanlage sowie die Gebühren, die nach dem Urheberrechtsgesetz für die Kabelweitersendung entstehen,
    oder
    b)[1] des Betriebs der mit einem Breitbandnetz verbundenen privaten Verteilanlage; hierzu gehören die Kosten entsprechend Buchstabe a, ferner die laufenden monatlichen Grundgebühren für Breitbandanschlüsse;
16. die Kosten des Betriebs der Einrichtungen für die Wäschepflege,
hierzu gehören die Kosten des Betriebsstroms, die Kosten der Überwachung, Pflege und Reinigung der Einrichtungen, der regelmäßigen

(Fortsetzung nächste Seite)

---

[1] § 2 Nr. 15 Buchst. b geänd. durch G v. 3. 5. 2012 (BGBl. I S. 958).

Prüfung ihrer Betriebsbereitschaft und Betriebssicherheit sowie die Kosten der Wasserversorgung entsprechend Nummer 2, soweit sie nicht dort bereits berücksichtigt sind;

17. sonstige Betriebskosten,
hierzu gehören Betriebskosten im Sinne des § 1, die von den Nummern 1 bis 16 nicht erfasst sind.

450. Gewerbesteuergesetz (GewStG)

In der Fassung der Bekanntmachung vom 15. Oktober 2002 (BGBl. I S. 4167)[1)·2)]

Geändert durch Steuervergünstigungsabbaugesetz vom 16.5.2003 (BGBl. I S. 660), Kleinunternehmerförderungsgesetz vom 31.7.2003 (BGBl. I S. 1550), Förderbankenneustrukturierungsgesetz vom 15.8.2003 (BGBl. I S. 1657), Steueränderungsgesetz 2003 vom 15.12.2003 (BGBl. I S. 2645), Gesetz zur Umsetzung der Protokollerklärung der Bundesregierung zur Vermittlungsempfehlung zum Steuervergünstigungsabbaugesetz vom 22.12.2003 (BGBl. I S. 2840), Gesetz zur Änderung des Gewerbesteuergesetzes und anderer Gesetze vom 23.12. 2003 (BGBl. I S. 2922), Gesetz zur Einordnung des Sozialhilferechts in das Sozialgesetzbuch vom 27.12.2003 (BGBl. I S. 3022), Haushaltsbegleitgesetz 2004 vom 29.12.2003 (BGBl. I S. 3076), Gesetz zur Organisationsreform in der gesetzlichen Rentenversicherung vom 9.12. 2004 (BGBl. I S. 3242), EURichtlinien-Umsetzungsgesetz vom 9.12.2004 (BGBl. I S. 3310), Gesetz zum 3. Zusatzprotokoll vom 4.7.2004 zum Abkommen vom 16.6.1959 zwischen der Bundesrepublik Deutschland und dem Königreich der Niederlande vom 15.12.2004 (BGBl. II S. 1653), Gesetz über steuerliche Begleitmaßnahmen zur Einführung der Europäischen Gesellschaft und zur Änderung weiterer steuerrechtlicher Vorschriften (SEStEG) vom 7.12.2006 (BGBl. I S. 2782), Jahressteuergesetz 2007 vom 13.12.2006 (BGBl. I S. 2878), Unternehmensteuerreformgesetz 2008 vom 14.8.2007 (BGBl. I S. 1912), Gesetz zur weiteren Stärkung des bürgerschaftlichen Engagements vom 10.10.2007 (BGBl. I S. 2332), Jahressteuergesetz 2008 vom 20.12.2007 (BGBl. I S. 3150), Gesetz zur Modernisierung der Rahmenbedingungen für Kapitalbeteiligungen vom 12.8.2008 (BGBl. I S. 1672), Jahressteuergesetz 2009 vom 19.12. 2008 (BGBl. I S. 2794), Steuerbürokratieabbaugesetz vom 20.12.2008 (BGBl. I S. 2850), Drittes Mittelstandsentlastungsgesetz v. 17.3.2009 (BGBl. I S. 550), Wachstumsbeschleunigungsgesetz vom 22.12.2009 (BGBl. I S. 3950), Gesetz zur Umsetzung steuerlicher EU-Vorgaben sowie zur Änderung steuerlicher Vorschriften vom 8.4.2010 (BGBl. I S. 386), Jahressteuergesetz 2010 (JStG 2010) vom 8.12.2010 (BGBl. I S. 1768), Beitreibungsrichtlinie-Umsetzungsgesetz (BeitrRLUmsG) vom 7.12.2011 (BGBl. I S. 2592), Gesetz zur Änderung und Vereinfachung der Unternehmensbesteuerung und des steuerlichen Reisekostenrechts vom 20.2.2013 (BGBl. I S. 285), Ehrenamtstärkungsgesetz vom 21.3.2013 (BGBl. I S. 556), Amtshilferichtlinie-Umsetzungsgesetz (AmtshilfeRL-UmsG) vom 26.6.2013 (BGBl. I S. 1809), Gesetz zur Anpassung des nationalen Steuerrechts an den Beitritt Kroatiens zur EU und zur Änderung weiterer steuerlicher Vorschriften vom 25.7.2014 (BGBl. I S. 1266), Gesetz zur Anpassung der Abgabenordnung an den Zollkodex der Union und zur Änderung weiterer steuerlicher Vorschriften vom 22.12.2014 (BGBl. I S. 2417), Gesetz zur Modernisierung der Finanzaufsicht über Versicherungen vom 1.4.2015 (BGBl. I S. 434), Steueränderungsgesetz 2015 vom 2.11.2015 (BGBl. I S. 1834), Gesetz zur Weiterentwicklung der steuerlichen Verlustverrechnung bei Körperschaften vom 20.12.2016 (BGBl. I S. 2998), Gesetz zur Umsetzung der Änderungen der EU-Amtshilferichtlinie und von weiteren Maßnahmen gegen Gewinnkürzungen und -verlagerungen vom 20.12.2016 (BGBl. I S. 3000), Drittes Gesetz zur Stärkung der pflegerischen Versorgung und zur Änderung weiterer Vorschriften (Drittes Pflegestärkungsgesetz – PSG III) vom 23.12.2016 (BGBl. I S. 3192), Gesetz gegen schädliche Steuerpraktiken im Zusammenhang mit Rechteüberlassungen vom 27.6.2017 (BGBl. I S. 2074), Gesetz zur Vermeidung von Umsatzsteuerausfällen beim Handel mit Waren im Internet und zur Änderung weiterer steuerlicher Vorschriften vom 11.12.2018 (BGBl. I S. 2338), Gesetz zur Reform des Grundsteuer- und Bewertungsrechts (Grundsteuer-Reformgesetz – GrStRefG) vom 26.11. 2019 (BGBl. I S. 1794), Gesetz zur weiteren steuerlichen Förderung der Elektromobilität und zur Änderung weiterer steuerlicher Vorschriften vom 12.12.2019 (BGBl. I S. 2451), Zweites

---

[1)] Neubekanntmachung des Gewerbesteuergesetzes idF der Bek. v. 19.5.1999 (BGBl. I S. 1990, 1491) auf Grund § 35c Abs. 2 GewStG eingef. durch G v. 22.12.1999 (BGBl. I S. 2601), in der ab 27.7.2002 geltenden Fassung.

[2)] Vgl. hierzu die GewStDV (Nr. **460**) und die Gewerbesteuer-Richtlinien **(Steuerrichtlinien Nr. 450)**.

Zum Erhebungszeitraum vgl. § 36.

Gesetz zur Umsetzung steuerlicher Hilfsmaßnahmen zur Bewältigung der Corona-Krise (Zweites Corona-Steuerhilfegesetz) vom 29.6.2020 (BGBl. I S. 1512), Gesetz zur Förderung der Elektromobilität und zur Modernisierung des Wohnungseigentumsgesetzes und zur Änderung von kosten- und grundbuchrechtlichen Vorschriften (Wohnungseigentumsmodernisierungsgesetz – WEMoG) vom 16.10.2020 (BGBl. I S. 2187) und Jahressteuergesetz 2020 (JStG 2020) vom 21.12.2020 (BGBl. I S. 3096)

BGBl. III/FNA 611-5

Inhaltsübersicht

Abschnitt I. Allgemeines

§ 1[1] **Steuerberechtigte.** Die Gemeinden erheben eine Gewerbesteuer als Gemeindesteuer.

§ 2 Steuergegenstand. (1) [1]Der Gewerbesteuer unterliegt jeder stehende Gewerbebetrieb, soweit er im Inland betrieben wird. [2]Unter Gewerbebetrieb ist ein gewerbliches Unternehmen im Sinne des Einkommensteuergesetzes zu verstehen. [3]Im Inland betrieben wird ein Gewerbebetrieb, soweit für ihn im Inland oder auf einem in einem inländischen Schiffsregister eingetragenen Kauffahrteischiff eine Betriebsstätte unterhalten wird.

(2)[2] [1]Als Gewerbebetrieb gilt stets und in vollem Umfang die Tätigkeit der Kapitalgesellschaften (insbesondere Europäische Gesellschaften, Aktiengesellschaften, Kommanditgesellschaften auf Aktien, Gesellschaften mit beschränkter Haftung), Genossenschaften einschließlich Europäischer Genossenschaften sowie der Versicherungs- und Pensionsfondsvereine auf Gegenseitigkeit. [2]Ist eine Kapitalgesellschaft Organgesellschaft im Sinne der § 14 oder § 17[3] des Körperschaftsteuergesetzes, so gilt sie als Betriebsstätte des Organträgers.

(3) Als Gewerbebetrieb gilt auch die Tätigkeit der sonstigen juristischen Personen des privaten Rechts und der nichtrechtsfähigen Vereine, soweit sie einen wirtschaftlichen Geschäftsbetrieb (ausgenommen Land- und Forstwirtschaft) unterhalten.

(4) Vorübergehende Unterbrechungen im Betrieb eines Gewerbes, die durch die Art des Betriebs veranlasst sind, heben die Steuerpflicht für die Zeit bis zur Wiederaufnahme des Betriebs nicht auf.

(5) [1]Geht ein Gewerbebetrieb im Ganzen auf einen anderen Unternehmer über, so gilt der Gewerbebetrieb als durch den bisherigen Unternehmer eingestellt. [2]Der Gewerbebetrieb gilt als durch den anderen Unternehmer neu gegründet, wenn er nicht mit einem bereits bestehenden Gewerbebetrieb vereinigt wird.

---

[1] § 1 neu gef. durch G v. 23.12.2003 (BGBl. I S. 2922).

[2] § 2 Abs. 2 Satz 1 neu gef. mWv EZ 2006 durch G v. 7.12.2006 (BGBl. I S. 2782) und geänd. mWv EZ 2006 durch G v. 13.12.2006 (BGBl. I S. 2878); Satz 3 aufgeh. mWv EZ 2003 durch G v. 16.5.2003 (BGBl. I S. 660).

[3] Zitat geänd. mWv EZ 2014 durch G v. 20.2.2013 (BGBl. I S. 285).

(6) Inländische Betriebsstätten von Unternehmen, deren Geschäftsleitung sich in einem ausländischen Staat befindet, mit dem kein Abkommen zur Vermeidung der Doppelbesteuerung besteht, unterliegen nicht der Gewerbesteuer, wenn und soweit

1. die Einkünfte aus diesen Betriebsstätten im Rahmen der beschränkten Einkommensteuerpflicht steuerfrei sind und
2. der ausländische Staat Unternehmen, deren Geschäftsleitung sich im Inland befindet, eine entsprechende Befreiung von den der Gewerbesteuer ähnlichen oder ihr entsprechenden Steuern gewährt, oder in dem ausländischen Staat keine der Gewerbesteuer ähnlichen oder ihr entsprechenden Steuern bestehen.

(7)[1] Zum Inland im Sinne dieses Gesetzes gehört auch der der Bundesrepublik Deutschland zustehende Anteil

1. an der ausschließlichen Wirtschaftszone, soweit dort
   a) die lebenden und nicht lebenden natürlichen Ressourcen der Gewässer über dem Meeresboden, des Meeresbodens und seines Untergrunds erforscht, ausgebeutet, erhalten oder bewirtschaftet werden,
   b) andere Tätigkeiten zur wirtschaftlichen Erforschung oder Ausbeutung der ausschließlichen Wirtschaftszone ausgeübt werden, wie beispielsweise die Energieerzeugung aus Wasser, Strömung und Wind oder
   c) künstliche Inseln errichtet oder genutzt werden und Anlagen und Bauwerke für die in den Buchstaben a und b genannten Zwecke errichtet oder genutzt werden, und
2. am Festlandsockel, soweit dort
   a) dessen natürliche Ressourcen erforscht oder ausgebeutet werden; natürliche Ressourcen in diesem Sinne sind die mineralischen und sonstigen nicht lebenden Ressourcen des Meeresbodens und seines Untergrunds sowie die zu den sesshaften Arten gehörenden Lebewesen, die im nutzbaren Stadium entweder unbeweglich auf oder unter dem Meeresboden verbleiben oder sich nur in ständigem körperlichen Kontakt mit dem Meeresboden oder seinem Untergrund fortbewegen können; oder
   b) künstliche Inseln errichtet oder genutzt werden und Anlagen und Bauwerke für die in Buchstabe a genannten Zwecke errichtet oder genutzt werden, und
3. der nicht zur Bundesrepublik Deutschland gehörende Teil eines grenzüberschreitenden Gewerbegebiets, das nach den Vorschriften eines Abkommens zur Vermeidung der Doppelbesteuerung als solches bestimmt ist.

§ 2a Arbeitsgemeinschaften. [1] Als Gewerbebetrieb gilt nicht die Tätigkeit der Arbeitsgemeinschaften, deren alleiniger Zweck in der Erfüllung eines einzigen Werkvertrags oder Werklieferungsvertrags besteht. [2] Die Betriebsstätten der Arbeitsgemeinschaften gelten insoweit anteilig als Betriebsstätten der Beteiligten.

---

[1] § 2 Abs. 7 neu gef. mWv EZ 2016 durch G v. 2.11.2015 (BGBl. I S. 1834).

§ 3 Befreiungen. Von der Gewerbesteuer sind befreit

1.[1] das Bundeseisenbahnvermögen, die staatlichen Lotterieunternehmen, die zugelassenen öffentlichen Spielbanken mit ihren der Spielbankabgabe unterliegenden Tätigkeiten und der Erdölbevorratungsverband nach § 2 Absatz 1 des Erdölbevorratungsgesetzes vom 16. Januar 2012 (BGBl. I S. 74) in der jeweils geltenden Fassung;

2.[2] die Deutsche Bundesbank, die Kreditanstalt für Wiederaufbau, die Landwirtschaftliche Rentenbank, die Bayerische Landesanstalt für Aufbaufinanzierung, die Niedersächsische Gesellschaft für öffentliche Finanzierungen mit beschränkter Haftung, die Bremer Aufbau-Bank GmbH, die Landeskreditbank Baden-Württemberg – Förderbank, die Bayerische Landesbodenkreditanstalt, die Investitionsbank Berlin, die Hamburgische Investitions- und Förderbank, die NRW.Bank, die Investitions- und Förderbank Niedersachsen, die Saarländische Investitionskreditbank Aktiengesellschaft, die Investitionsbank Schleswig-Holstein, die Investitionsbank des Landes Brandenburg, die Sächsische Aufbaubank – Förderbank –, die Thüringer Aufbaubank, die Investitionsbank Sachsen-Anhalt – Anstalt der Norddeutschen Landesbank – Girozentrale –, die Investitions- und Strukturbank Rheinland-Pfalz, das Landesförderinstitut Mecklenburg-Vorpommern – Geschäftsbereich der Norddeutschen Landesbank Girozentrale –, die Wirtschafts- und Infrastrukturbank Hessen – rechtlich unselbständige Anstalt in der Landesbank Hessen-Thüringen Girozentrale[3] und die Liquiditäts-Konsortialbank Gesellschaft mit beschränkter Haftung;

3. die Bundesanstalt für vereinigungsbedingte Sonderaufgaben;

4. (weggefallen)

5. Hauberg-, Wald-, Forst- und Laubgenossenschaften und ähnliche Realgemeinden. [2]Unterhalten sie einen Gewerbebetrieb, der über den Rahmen eines Nebenbetriebs hinausgeht, so sind sie insoweit steuerpflichtig;

6. Körperschaften, Personenvereinigungen und Vermögensmassen, die nach der Satzung, dem Stiftungsgeschäft oder der sonstigen Verfassung und nach der tatsächlichen Geschäftsführung ausschließlich und unmittelbar gemeinnützigen, mildtätigen oder kirchlichen Zwecken dienen (§§ 51 bis 68 der Abgabenordnung). [2]Wird ein wirtschaftlicher Geschäftsbetrieb – ausgenommen Land- und Forstwirtschaft – unterhalten, ist die Steuerfreiheit insoweit ausgeschlossen;

7. Hochsee- und Küstenfischerei, wenn sie mit weniger als sieben im Jahresdurchschnitt beschäftigten Arbeitnehmern oder mit Schiffen betrieben wird, die eine eigene Triebkraft von weniger als 100 Pferdekräften haben;

---

[1] § 3 Nr. 1 geänd. durch G v. 12.12.2019 (BGBl. I S. 2451); zur Anwendung siehe § 36 Abs. 2 Satz 1.

[2] § 3 Nr. 2 geänd. durch G v. 15.8.2000 (BGBl. I S. 1657), G v. 15.12.2003 (BGBl. I S. 2645), G v. 9.12.2004 (BGBl. I S. 3310), G v. 13.12.2006 (BGBl. I S. 2878), G v. 19.12.2008 (BGBl. I S. 2794) geänd. durch G v. 25.7.2014 (BGBl. I S. 1266); zur Anwendung siehe § 36 Abs. 2.

[3] Geändert mWv EZ 2009 durch G v. 8.12.2010 (BGBl. I S. 1768).

8.[1] Genossenschaften sowie Vereine im Sinne des § 5 Abs. 1 Nr. 14 des Körperschaftsteuergesetzes[2], soweit sie von der Körperschaftsteuer befreit sind;

9. rechtsfähige Pensions-, Sterbe-, Kranken- und Unterstützungskassen[3] im Sinne des § 5 Abs. 1 Nr. 3 des Körperschaftsteuergesetzes,[4] soweit sie die für eine Befreiung von der Körperschaftsteuer erforderlichen Voraussetzungen erfüllen;

10. Körperschaften oder Personenvereinigungen, deren Hauptzweck die Verwaltung des Vermögens für einen nichtrechtsfähigen Berufsverband im Sinne des § 5 Abs. 1 Nr. 5 des Körperschaftsteuergesetzes[4] ist, wenn ihre Erträge im Wesentlichen aus dieser Vermögensverwaltung herrühren und ausschließlich dem Berufsverband zufließen;

11. öffentlich-rechtliche Versicherungs- und Versorgungseinrichtungen von Berufsgruppen, deren Angehörige auf Grund einer durch Gesetz angeordneten oder auf Gesetz beruhenden Verpflichtung Mitglieder dieser Einrichtungen sind, wenn die Satzung der Einrichtung die Zahlung keiner höheren jährlichen Beiträge zulässt als das Zwölffache der Beiträge, die sich bei einer Beitragsbemessungsgrundlage in Höhe der doppelten monatlichen Beitragsbemessungsgrenze in der allgemeinen Rentenversicherung[5] ergeben würden. [2]Sind nach der Satzung der Einrichtung nur Pflichtmitgliedschaften sowie freiwillige Mitgliedschaften, die unmittelbar an eine Pflichtmitgliedschaft anschließen, möglich, so steht dies der Steuerbefreiung nicht entgegen, wenn die Satzung die Zahlung keiner höheren jährlichen Beiträge zulässt als das Fünfzehnfache der Beiträge, die sich bei einer Beitragsbemessungsgrundlage in Höhe der doppelten monatlichen Beitragsbemessungsgrenze in der allgemeinen Rentenversicherung[3] ergeben würden;

12.[6] Gesellschaften, bei denen die Gesellschafter als Unternehmer (Mitunternehmer) anzusehen sind, sowie Genossenschaften, soweit die Gesellschaften und die Genossenschaften eine gemeinschaftliche Tierhaltung im Sinne des *§ 51a des Bewertungsgesetzes* [***ab EZ 2025:*** § 13b des Einkommensteuergesetzes][6] betreiben;

13.[7] private Schulen und andere allgemeinbildende oder berufsbildende Einrichtungen, soweit unmittelbar dem Schul- und Bildungszweck dienende Leistungen erbracht werden, wenn sie

---

[1] § 3 Nr. 8 geänd. mWv EZ 2020 durch G v. 12.12.2019 (BGBl. I S. 2451).

[2] Nr. **100**.

[3] Die nach dem PostpersonalrechtsG errichteten Unterstützungskassen sind ab ihrer Gründung von der Gewerbesteuer befreit. § 4d EStG ist nicht anzuwenden. Vgl. § 15 Abs. 2 PostpersonalrechtsG v. 14.9.1994 (BGBl. I S. 2325, 2353) idF des G v. 9.11.2004 (BGBl. I S. 2774).

[4] Nr. **100**.

[5] Bezeichnung geänd. mWv EZ 2005 durch G v. 9.12.2004 (BGBl. I S. 3242).

[6] § 3 Nr. 12 geänd. mWv EZ 2020 durch Art. 8 des G v. 12.12.2019 (BGBl. I S. 2451); geänd. durch Art. 9 mWv 1.1.2025 (§ 36 Abs. 2 Satz 2 idF ab 1.1.2025) durch G v. 12.12.2019 (BGBl. I S. 2451).

[7] § 3 Nr. 13 neu gef. durch G v. 12.12.2019 (BGBl. I S. 2451); zur Anwendung ab EZ 2015 siehe § 36 Abs. 2 Satz 2 (ab 1.1.2025: Satz 3).

a) als Ersatzschulen gemäß Artikel 7 Absatz 4 des Grundgesetzes staatlich genehmigt oder nach Landesrecht erlaubt sind oder

b) auf einen Beruf oder eine vor einer juristischen Person des öffentlichen Rechts abzulegende Prüfung ordnungsgemäß vorbereiten;

14.[1] Genossenschaften sowie Vereine, deren Tätigkeit sich auf den Betrieb der Land- und Forstwirtschaft beschränkt, wenn die Mitglieder der Genossenschaft oder dem Verein Flächen zur Nutzung oder für die Bewirtschaftung der Flächen erforderliche Gebäude überlassen und

a) bei Genossenschaften das Verhältnis der Summe der Werte der Geschäftsanteile des einzelnen Mitglieds zu der Summe der Werte aller Geschäftsanteile,

b) bei Vereinen das Verhältnis des Werts des Anteils an dem Vereinsvermögen, der im Fall der Auflösung des Vereins an das einzelne Mitglied fallen würde, zu dem Wert des Vereinsvermögens

nicht wesentlich von dem Verhältnis abweicht, in dem der Wert der von dem einzelnen Mitglied zur Nutzung überlassenen Flächen und Gebäude zu dem Wert der insgesamt zur Nutzung überlassenen Flächen und Gebäude steht;

15.[2] Genossenschaften sowie Vereine im Sinne des § 5 Abs. 1 Nr. 10 des Körperschaftsteuergesetzes, soweit sie von der Körperschaftsteuer befreit sind;

16. (weggefallen)

17.[3] die von den zuständigen Landesbehörden begründeten oder anerkannten gemeinnützigen Siedlungsunternehmen im Sinne des Reichssiedlungsgesetzes in der jeweils aktuellen Fassung oder entsprechender Landesgesetze, soweit diese Landesgesetze nicht wesentlich von den Bestimmungen des Reichssiedlungsgesetzes abweichen, und im Sinne der Bodenreformgesetze der Länder, soweit die Unternehmen im ländlichen Raum Siedlungs-, Agrarstrukturverbesserungs- und Landentwicklungsmaßnahmen mit Ausnahme des Wohnungsbaus durchführen. [2]Die Steuerbefreiung ist ausgeschlossen, wenn die Einnahmen des Unternehmens aus den in Satz 1 nicht bezeichneten Tätigkeiten die Einnahmen aus den in Satz 1 bezeichneten Tätigkeiten übersteigen;

18. (weggefallen)

19. der Pensions-Sicherungs-Verein Versicherungsverein auf Gegenseitigkeit, wenn er die für eine Befreiung von der Körperschaftsteuer erforderlichen Voraussetzungen erfüllt;

20.[4] Krankenhäuser, Altenheime, Altenwohnheime, Pflegeheime, Einrichtungen zur vorübergehenden Aufnahme pflegebedürftiger Personen und Einrichtungen zur ambulanten Pflege kranker und pflegebedürftiger Personen sowie Einrichtungen zur ambulanten oder stationären Rehabilitation, wenn

---

[1] § 3 Nr. 14 geänd. mWv EZ 2020 durch G v. 12.12.2019 (BGBl. I S. 2451).

[2] § 3 Nr. 15 geänd. mWv EZ 2020 durch G v. 12.12.2019 (BGBl. I S. 2451).

[3] § 3 Nr. 17 geänd. mWv EZ 2008 durch G v. 19.12.2008 (BGBl. I S. 2794).

[4] § 3 Nr. 20 Satzteil vor Buchst. a ergänzt, Buchst. e angef. mWv EZ 2015 durch G v. 25.7.2014 (BGBl. I S. 1266).

a) diese Einrichtungen von juristischen Personen des öffentlichen Rechts betrieben werden oder

b) bei Krankenhäusern im Erhebungszeitraum die in § 67 Abs. 1 oder 2 der Abgabenordnung bezeichneten Voraussetzungen erfüllt worden sind oder

c) bei Altenheimen, Altenwohnheimen und Pflegeheimen im Erhebungszeitraum mindestens 40 Prozent der Leistungen den in § 61a[1)] des Zwölften Buches Sozialgesetzbuch[2)] oder den in § 53 Nr. 2 der Abgabenordnung[3)] genannten Personen zugute gekommen sind oder

d) bei Einrichtungen zur vorübergehenden Aufnahme pflegebedürftiger Personen und bei Einrichtungen zur ambulanten Pflege kranker und pflegebedürftiger Personen im Erhebungszeitraum die Pflegekosten in mindestens 40 Prozent der Fälle von den gesetzlichen Trägern der Sozialversicherung oder Sozialhilfe ganz oder zum überwiegenden Teil getragen worden sind oder

e) bei Einrichtungen zur ambulanten oder stationären Rehabilitation die Behandlungskosten in mindestens 40 Prozent der Fälle von den gesetzlichen Trägern der Sozialversicherung oder Sozialhilfe ganz oder zum überwiegenden Teil getragen worden sind. [2]Satz 1 ist nur anzuwenden, soweit die Einrichtung Leistungen im Rahmen der verordneten ambulanten oder stationären Rehabilitation im Sinne des Sozialrechts einschließlich der Beihilfevorschriften des Bundes und der Länder erbringt;

21. Entschädigungs- und Sicherungseinrichtungen im Sinne des § 5 Abs. 1 Nr. 16 des Körperschaftsteuergesetzes, soweit sie von der Körperschaftsteuer befreit sind;

22. Bürgschaftsbanken (Kreditgarantiegemeinschaften), wenn sie von der Körperschaftsteuer befreit sind;

23. Unternehmensbeteiligungsgesellschaften, die nach dem Gesetz über Unternehmensbeteiligungsgesellschaften anerkannt sind. [2]Für Unternehmensbeteiligungsgesellschaften im Sinne des § 25 Abs. 1 des Gesetzes über Unternehmensbeteiligungsgesellschaften haben der Widerruf der Anerkennung und der Verzicht auf die Anerkennung Wirkung für die Vergangenheit, wenn nicht Aktien der Unternehmensbeteiligungsgesellschaft öffentlich angeboten worden sind; Entsprechendes gilt, wenn eine solche Gesellschaft nach § 25 Abs. 3 des Gesetzes über Unternehmensbeteiligungsgesellschaften die Anerkennung als Unternehmensbeteiligungsgesellschaft verliert. [3]Für offene Unternehmensbeteiligungsgesellschaften im Sinne des § 1a Abs. 2 Satz 1[4)] des Gesetzes über Unternehmensbeteiligungsgesellschaften haben der Widerruf der Anerkennung und der Verzicht auf die Anerkennung innerhalb der in § 7 Abs. 1 Satz 1 des Gesetzes über Unternehmensbeteiligungsgesellschaften genannten Frist Wirkung für die Ver-

---

1) Verweis geänd. durch G v. 11.12.2018 (BGBl. I S. 2338); zur Anwendung siehe § 36 Abs. 2 Satz 3.

2) Verweis geänd. durch G v. 27.12.2003 (BGBl. I S. 3022).

3) Nr. **800**.

4) § 3 Nr. 23 Satz 3 Verweis geänd. durch G v. 12.8.2008 (BGBl. I S. 1672).

gangenheit. [4]Bescheide über die Anerkennung, die Rücknahme oder den Widerruf der Anerkennung und über die Feststellung, ob Aktien der Unternehmensbeteiligungsgesellschaft im Sinne des § 25 Abs. 1 des Gesetzes über Unternehmensbeteiligungsgesellschaften öffentlich angeboten worden sind, sind Grundlagenbescheide im Sinne der Abgabenordnung; die Bekanntmachung der Aberkennung der Eigenschaft als Unternehmensbeteiligungsgesellschaft nach § 25 Abs. 3 des Gesetzes über Unternehmensbeteiligungsgesellschaften steht einem Grundlagenbescheid gleich;

24. die folgenden Kapitalbeteiligungsgesellschaften für die mittelständische Wirtschaft, soweit sich deren Geschäftsbetrieb darauf beschränkt, im öffentlichen Interesse mit Eigenmitteln oder mit staatlicher Hilfe Beteiligungen zu erwerben, wenn der von ihnen erzielte Gewinn ausschließlich und unmittelbar für die satzungsmäßigen Zwecke der Beteiligungsfinanzierung verwendet wird: Mittelständische Beteiligungsgesellschaft Baden-Württemberg GmbH, Mittelständische Beteiligungsgesellschaft Bremen mbH,[1] BTG Beteiligungsgesellschaft Hamburg mbH,[2] MBG Mittelständische Beteiligungsgesellschaft Hessen GmbH, Mittelständische Beteiligungsgesellschaft Niedersachsen (MBG) mbH, Kapitalbeteiligungsgesellschaft für die mittelständische Wirtschaft in Nordrhein-Westfalen mbH, MBG Mittelständische Beteiligungsgesellschaft Rheinland-Pfalz mbH, Wagnisfinanzierungsgesellschaft für Technologieförderung in Rheinland-Pfalz mbH (WFT), Saarländische Kapitalbeteiligungsgesellschaft mbH, Gesellschaft für Wagniskapital Mittelständische Beteiligungsgesellschaft Schleswig-Holstein Gesellschaft mit beschränkter Haftung – MBG, Technologie-Beteiligungs-Gesellschaft mbH der Deutschen Ausgleichsbank, bgb Beteiligungsgesellschaft Berlin mbH für kleine und mittlere Betriebe, Mittelständische Beteiligungsgesellschaft Berlin-Brandenburg mbH, Mittelständische Beteiligungsgesellschaft Mecklenburg-Vorpommern mbH, Mittelständische Beteiligungsgesellschaft Sachsen mbH, Mittelständische Beteiligungsgesellschaft Sachsen-Anhalt mbH, Wagnisbeteiligungsgesellschaft Sachsen-Anhalt mbH, IBG Beteiligungsgesellschaft Sachsen-Anhalt mbH[3], Mittelständische Beteiligungsgesellschaft Thüringen (MBG) mbH;
25. Wirtschaftsförderungsgesellschaften, wenn sie von der Körperschaftsteuer befreit sind;
26. Gesamthafenbetriebe im Sinne des § 1 des Gesetzes über die Schaffung eines besonderen Arbeitgebers für Hafenarbeiter vom 3. August 1950 (BGBl. S. 352), soweit sie von der Körperschaftsteuer befreit sind;
27. Zusammenschlüsse im Sinne des § 5 Abs. 1 Nr. 20 des Körperschaftsteuergesetzes, soweit sie von der Körperschaftsteuer befreit sind;
28. die Arbeitsgemeinschaften Medizinischer Dienst der Krankenversicherung im Sinne des § 278 des Fünften Buches Sozialgesetzbuch und der Medizinische Dienst der Spitzenverbände der Krankenkassen im Sinne des § 282

---

[1] Eingef. mWv EZ 2019 durch G v. 12.12.2019 (BGBl. I S. 2451); zur Anwendung siehe § 36 Abs. 2 Satz 3 (ab 1.1.2025: Satz 4).

[2] Geänd. mWv EZ 2019 durch G v. 11.12.2018 (BGBl. I S. 2338).

[3] Eingef. mWv EZ 2000 durch G v. 15.12.2003 (BGBl. I S. 2645).

des Fünften Buches Sozialgesetzbuch, soweit sie von der Körperschaftsteuer befreit sind;

29. gemeinsame Einrichtungen im Sinne des § 5 Abs. 1 Nr. 22 des Körperschaftsteuergesetzes, soweit sie von der Körperschaftsteuer befreit sind;

30.[1] die Auftragsforschung im Sinne des § 5 Abs. 1 Nr. 23 des Körperschaftsteuergesetzes, soweit sie von der Körperschaftsteuer befreit ist;

31.[2] die Global Legal Entity Identifier Stiftung, soweit sie von der Körperschaftsteuer befreit ist;

32.[3] stehende Gewerbebetriebe von Anlagenbetreibern im Sinne des § 3 Nummer 2 des Erneuerbare-Energien-Gesetzes, wenn sich deren Tätigkeit ausschließlich auf die Erzeugung und Vermarktung von Strom aus einer auf, an oder in einem Gebäude angebrachten Solaranlage bis zu einer installierten Leistung von 10 Kilowatt beschränkt.

§ 4 Hebeberechtigte Gemeinde. (1) [1]Die stehenden Gewerbebetriebe unterliegen der Gewerbesteuer in der Gemeinde, in der eine Betriebsstätte zur Ausübung des stehenden Gewerbes unterhalten wird. [2]Befinden sich Betriebsstätten desselben Gewerbebetriebs in mehreren Gemeinden oder erstreckt sich eine Betriebsstätte über mehrere Gemeinden, so wird die Gewerbesteuer in jeder Gemeinde nach dem Teil des Steuermessbetrags erhoben, der auf sie entfällt.

(2)[4] [1]Für Betriebsstätten in gemeindefreien Gebieten bestimmt die Landesregierung durch Rechtsverordnung, wer die nach diesem Gesetz den Gemeinden zustehenden Befugnisse ausübt. [2]Der in § 2 Absatz 7 Nummer 1 und 2 bezeichnete Anteil am Festlandsockel und an der ausschließlichen Wirtschaftszone ist gemeindefreies Gebiet. [3]In Fällen von Satz 2 bestimmt sich die zuständige Landesregierung im Sinne des Satzes 1 unter entsprechender Anwendung des § 22a der Abgabenordnung.

(3)[5] [1]Für Betriebsstätten im nicht zur Bundesrepublik Deutschland gehörenden Teil eines grenzüberschreitenden Gewerbegebiets im Sinne des § 2 Absatz 7 Nummer 3 ist die Gemeinde hebeberechtigt, in der der zur Bundesrepublik Deutschland gehörende Teil des grenzüberschreitenden Gewerbegebiets liegt. [2]Liegt der zur Bundesrepublik Deutschland gehörende Teil in mehreren Gemeinden, gilt Absatz 2 entsprechend.

§ 5 Steuerschuldner. (1)[6] [1]Steuerschuldner ist der Unternehmer. [2]Als Unternehmer gilt der, für dessen Rechnung das Gewerbe betrieben wird. [3]Ist die

---

[1] § 3 Nr. 30 angef. durch G v. 15.12.2003 (BGBl. I S. 2645).

[2] § 3 Nr. 31 angef. durch G v. 22.12.2014 (BGBl. I S. 2417).

[3] § 3 Nr. 32 angef. mWv EZ 2019 durch G v. 12.12.2019 (BGBl. I S. 2451); zur Anwendung siehe § 36 Abs. 2 Satz 4 idF ab 1.1.2020 (Satz 5 idF ab 1.1.2025).

[4] § 4 Abs. 2 Sätze 2 und 3 angef. mWv EZ 2015 durch G v. 25.7.2014 (BGBl. I S. 1266); Satz 2 geänd. durch G v. 20.12.2016 (BGBl. I S. 3000).

[5] § 4 Abs. 3 angef. mWv EZ 2004 durch G v. 15.12.2004 (BGBl. II S. 1653); Verweis geänd. mWv EZ 2016 durch G v. 2.11.2015 (BGBl. I S. 1834).

[6] § 5 Abs. 1 Satz 4 geänd. durch G v. 8.12.2010 (BGBl. I S. 1768).

Tätigkeit einer Personengesellschaft Gewerbebetrieb, so ist Steuerschuldner die Gesellschaft. [4]Wird das Gewerbe in der Rechtsform einer Europäischen wirtschaftlichen Interessenvereinigung mit Sitz im Geltungsbereich der Verordnung (EWG) Nr. 2137/85 des Rates vom 25. Juli 1985 über die Schaffung einer Europäischen wirtschaftlichen Interessenvereinigung (EWIV) (ABl. L 199 vom 31.7.1985, S. 1) betrieben, sind abweichend von Satz 3 die Mitglieder Gesamtschuldner.

(2) [1]Geht ein Gewerbebetrieb im Ganzen auf einen anderen Unternehmer über (§ 2 Abs. 5), so ist der bisherige Unternehmer bis zum Zeitpunkt des Übergangs Steuerschuldner. [2]Der andere Unternehmer ist von diesem Zeitpunkt an Steuerschuldner.

§ 6 Besteuerungsgrundlage. Besteuerungsgrundlage für die Gewerbesteuer ist der Gewerbeertrag.

Abschnitt II. Bemessung der Gewerbesteuer

§ 7[1)] Gewerbeertrag. [1]Gewerbeertrag ist der nach den Vorschriften des Einkommensteuergesetzes oder des Körperschaftsteuergesetzes zu ermittelnde Gewinn aus dem Gewerbebetrieb, der bei der Ermittlung des Einkommens für den dem Erhebungszeitraum (§ 14) entsprechenden Veranlagungszeitraum zu berücksichtigen ist, vermehrt und vermindert um die in den §§ 8 und 9 bezeichneten Beträge. [2]Zum Gewerbeertrag gehört auch der Gewinn aus der Veräußerung oder Aufgabe

1. des Betriebs oder eines Teilbetriebs einer Mitunternehmerschaft,
2. des Anteils eines Gesellschafters, der als Unternehmer (Mitunternehmer) des Betriebs einer Mitunternehmerschaft anzusehen ist,
3. des Anteils eines persönlich haftenden Gesellschafters einer Kommanditgesellschaft auf Aktien,

soweit er nicht auf eine natürliche Person als unmittelbar beteiligter Mitunternehmer entfällt. [3]Der nach § 5a des Einkommensteuergesetzes ermittelte Gewinn einschließlich der Hinzurechnungen nach § 5a Absatz 4 und 4a des Einkommensteuergesetzes und das nach § 8 Absatz 1 Satz *3* [***für EZ 2008:*** 2][2)] des Körperschaftsteuergesetzes ermittelte Einkommen gelten als Gewerbeertrag nach Satz 1. [4]§ 3 Nr. 40 und § 3c Abs. 2 des Einkommensteuergesetzes sind bei der Ermittlung des Gewerbeertrags einer Mitunternehmerschaft anzuwenden, soweit an der Mitunternehmerschaft natürliche Personen unmittelbar oder mittelbar über eine oder mehrere Personengesellschaften beteiligt sind; im Übrigen ist § 8b des Körperschaftsteuergesetzes anzuwenden. [5]Bei der Ermittlung des Gewerbeertrags einer Kapitalgesellschaft, auf die § 8 Abs. 7

[1)] § 7 Satz 4 angef. mWv EZ 2004 durch G v. 9.12.2004 (BGBl. I S. 3310); Satz 5 angef. mWv EZ 2009 durch G v. 19.12.2008 (BGBl. I S. 2794); Satz 6 angef. mWv EZ 2009 durch G v. 19.12.2008 (BGBl. I S. 2794); Sätze 7 bis 9 angef. (vgl. hierzu BFH v. 11.3.2015, BStBl. II S. 1049) durch G v. 20.12.2016 (BGBl. I S. 3000).

[2)] § 7 Satz 3 geänd. durch G v. 12.12.2019 (BGBl. I S. 2451); zur Anwendung siehe § 36 Abs. 3 Satz 1 (bzw. zur Fassung für EZ 2008: Satz 2).

Satz 1 Nr. 2 des Körperschaftsteuergesetzes anzuwenden ist, ist § 8 Abs. 9 Satz 1 bis 3 des Körperschaftssteuergesetzes entsprechend anzuwenden; ein sich danach bei der jeweiligen Sparte im Sinne des § 8 Abs. 9 Satz 1 des Körperschaftsteuergesetzes ergebender negativer Gewerbeertrag darf nicht mit einem positiven Gewerbeertrag aus einer anderen Sparte im Sinne des § 8 Abs. 9 Satz 1 des Körperschaftsteuergesetzes ausgeglichen werden. 6 § 50d Abs. 10 des Einkommensteuergesetzes ist bei der Ermittlung des Gewerbeertrags entsprechend anzuwenden. 7 Hinzurechnungsbeträge im Sinne des § 10 Absatz 1 des Außensteuergesetzes sind Einkünfte, die in einer inländischen Betriebsstätte anfallen.[1] 8 Einkünfte im Sinne des § 20 Absatz 2 Satz 1 des Außensteuergesetzes gelten als in einer inländischen Betriebsstätte erzielt; das gilt auch, wenn sie nicht von einem Abkommen zur Vermeidung der Doppelbesteuerung erfasst werden oder das Abkommen zur Vermeidung der Doppelbesteuerung selbst die Steueranrechnung anordnet. 9 Satz 8 ist nicht anzuwenden, soweit auf die Einkünfte, würden sie in einer Zwischengesellschaft im Sinne des § 8 des Außensteuergesetzes erzielt, § 8 Absatz 2 des Außensteuergesetzes zur Anwendung käme.

§ 7a[2] Sonderregelung bei der Ermittlung des Gewerbeertrags einer Organgesellschaft. (1) 1 Bei der Ermittlung des Gewerbeertrags einer Organgesellschaft ist § 9 Nummer 2a, 7 und 8 nicht anzuwenden. 2 In den Fällen des Satzes 1 ist § 8 Nummer 1 bei Aufwendungen, die im unmittelbaren Zusammenhang mit Gewinnen aus Anteilen im Sinne des § 9 Nummer 2a, 7 oder 8 stehen, nicht anzuwenden.

(2) 1 Sind im Gewinn einer Organgesellschaft

1. Gewinne aus Anteilen im Sinne des § 9 Nummer 2a, 7 oder 8 oder
2. in den Fällen der Nummer 1 auch Aufwendungen, die im unmittelbaren Zusammenhang mit diesen Gewinnen aus Anteilen stehen,

enthalten, sind § 15 Satz 1 Nummer 2 Satz 2 bis 4 des Körperschaftsteuergesetzes und § 8 Nummer 1 und 5 sowie § 9 Nummer 2a, 7 und 8 bei der Ermittlung des Gewerbeertrags der Organgesellschaft entsprechend anzuwenden. 2 Der bei der Ermittlung des Gewerbeertrags der Organgesellschaft berücksichtigte Betrag der Hinzurechnungen nach § 8 Nummer 1 ist dabei unter Berücksichtigung der Korrekturbeträge nach Absatz 1 und 2 Satz 1 zu berechnen.

(3) Die Absätze 1 und 2 gelten in den Fällen des § 15 Satz 2 des Körperschaftsteuergesetzes entsprechend.

§ 7b[3] Sonderregelung bei der Ermittlung des Gewerbeertrags bei unternehmensbezogener Sanierung. (1) Die §§ 3a und 3c Absatz 4 des Einkommensteuergesetzes sind vorbehaltlich der nachfolgenden Absätze bei der Ermittlung des Gewerbeertrags entsprechend anzuwenden.

---

[1] Zur Anwendung von § 7 Satz 7 siehe § 36 Abs. 3 Satz 3.

[2] § 7a eingef. mWv 1.1.2017 (§ 36 Abs. 2b) durch G v. 20.12.2016 (BGBl. I S. 3000).

[3] § 7b eingef. durch G v. 27.6.2017 (BGBl. I S. 2074); zur Anwendung siehe § 36 Abs. 2c (insbes. Satz 3).

(2) [1]Der nach Anwendung des § 3a Absatz 3 Satz 2 Nummer 1 des Einkommensteuergesetzes verbleibende geminderte Sanierungsertrag im Sinne des § 3a Absatz 3 Satz 1 des Einkommensteuergesetzes mindert nacheinander

1. den negativen Gewerbeertrag des Sanierungsjahrs des zu sanierenden Unternehmens,
2. Fehlbeträge im Sinne des § 10a Satz 3 und
3. im Sanierungsjahr ungeachtet des § 10a Satz 2 die nach § 10a Satz 6 zum Ende des vorangegangenen Erhebungszeitraums gesondert festgestellten Fehlbeträge; die in § 10a Satz 1 und 2 genannten Beträge werden der Minderung entsprechend aufgebraucht.

[2]Ein nach Satz 1 verbleibender Sanierungsertrag mindert die Beträge nach Satz 1 Nummer 1 bis 3 eines anderen Unternehmens, wenn dieses die erlassenen Schulden innerhalb eines Zeitraums von fünf Jahren vor dem Schuldenerlass auf das zu sanierende Unternehmen übertragen hat und soweit die entsprechenden Beträge zum Ablauf des Wirtschaftsjahrs der Übertragung bereits entstanden waren. [3]Der verbleibende Sanierungsertrag nach Satz 2 ist zunächst um den Minderungsbetrag nach § 3a Absatz 3 Satz 2 Nummer 13 des Einkommensteuergesetzes zu kürzen. [4]Bei der Minderung nach Satz 1 ist § 10a Satz 4 und 5 entsprechend anzuwenden. [5]In Fällen des § 10a Satz 9 ist § 8 Absatz 9 Satz 9 des Körperschaftsteuergesetzes entsprechend anzuwenden. [6]An den Feststellungen der vortragsfähigen Fehlbeträge nehmen nur die nach Anwendung der Sätze 1 und 2 verbleibenden Beträge teil.

(3) [1]In den Fällen des § 2 Absatz 2 Satz 2 ist § 15 Satz 1 Nummer 1a des Körperschaftsteuergesetzes entsprechend anzuwenden. [2]Absatz 2 Satz 3 gilt entsprechend.

§ 8 Hinzurechnungen. Dem Gewinn aus Gewerbebetrieb (§ 7) werden folgende Beträge wieder hinzugerechnet, soweit sie bei der Ermittlung des Gewinns abgesetzt worden sind:

1.[1)] Ein Viertel der Summe aus

a) Entgelten für Schulden. [2]Als Entgelt gelten auch der Aufwand aus nicht dem gewöhnlichen Geschäftsverkehr entsprechenden gewährten Skonti oder wirtschaftlich vergleichbaren Vorteilen im Zusammenhang mit der Erfüllung von Forderungen aus Lieferungen und Leistungen vor Fälligkeit sowie die Diskontbeträge bei der Veräußerung von Wechsel- und anderen Geldforderungen. [3]Soweit Gegenstand der Veräußerung eine Forderung aus einem schwebenden Vertragsverhältnis ist, gilt die Differenz zwischen dem Wert der Forderung aus dem schwebenden Vertragsverhältnis, wie ihn die Vertragsparteien im Zeitpunkt des Vertragsschlusses der Veräußerung zugrunde gelegt haben, und dem vereinbarten Veräußerungserlös als bei der Ermittlung des Gewinns abgesetzt,

b) Renten und dauernden Lasten. [2]Pensionszahlungen auf Grund einer unmittelbar vom Arbeitgeber erteilten Versorgungszusage gelten nicht als dauernde Last im Sinne des Satzes 1,

[1)] § 8 Nr. 1 neu gef. mWv EZ 2008 durch G v. 14.8.2007 (BGBl. I S. 1912).

c) Gewinnanteilen des stillen Gesellschafters,

d)[1] einem Fünftel der Miet- und Pachtzinsen (einschließlich Leasingraten) für die Benutzung von beweglichen Wirtschaftsgütern des Anlagevermögens, die im Eigentum eines anderen stehen. [***EZ 2020–EZ 2030:*** [2]Eine Hinzurechnung nach Satz 1 ist nur zur Hälfte vorzunehmen bei

aa) Fahrzeugen mit Antrieb ausschließlich durch Elektromotoren, die ganz oder überwiegend aus mechanischen oder elektrochemischen Energiespeichern oder aus emissionsfrei betriebenen Energiewandlern gespeist werden (Elektrofahrzeuge),

bb) extern aufladbaren Hybridelektrofahrzeugen, für die sich aus der Übereinstimmungsbescheinigung nach Anhang IX der Richtlinie 2007/46/EG oder aus der Übereinstimmungsbescheinigung nach Artikel 38 der Verordnung (EU) Nr. 168/2013 ergibt, dass das Fahrzeug eine Kohlendioxidemission von höchstens 50 Gramm je gefahrenen Kilometer hat oder die Reichweite des Fahrzeugs unter ausschließlicher Nutzung der elektrischen Antriebsmaschine mindestens 80 Kilometer[2] beträgt, und

cc) Fahrrädern, die keine Kraftfahrzeuge sind,]

e) der Hälfte[3] der Miet- und Pachtzinsen (einschließlich Leasingraten) für die Benutzung der unbeweglichen Wirtschaftsgüter des Anlagevermögens, die im Eigentum eines anderen stehen, und

f) einem Viertel der Aufwendungen für die zeitlich befristete Überlassung von Rechten (insbesondere Konzessionen und Lizenzen, mit Ausnahme von Lizenzen, die ausschließlich dazu berechtigen, daraus abgeleitete Rechte Dritten zu überlassen). [2]Eine Hinzurechnung nach Satz 1 ist nicht vorzunehmen auf Aufwendungen, die nach § 25 des Künstlersozialversicherungsgesetzes Bemessungsgrundlage für die Künstlersozialabgabe sind,

soweit die Summe den Betrag von *100 000 Euro* [**ab 1.7.2020:** 200 000 Euro][4] übersteigt;

2., 3.[5] *(aufgehoben)*

4. die Gewinnanteile, die an persönlich haftende Gesellschafter einer Kommanditgesellschaft auf Aktien auf ihre nicht auf das Grundkapital gemachten Einlagen oder als Vergütung (Tantieme) für die Geschäftsführung verteilt worden sind;

5. die nach § 3 Nr. 40 des Einkommensteuergesetzes oder § 8b Abs. 1 des Körperschaftsteuergesetzes[6] außer Ansatz bleibenden Gewinnanteile (Dividenden) und die diesen gleichgestellten Bezüge und erhaltenen Leistungen aus Anteilen an einer Körperschaft, Personenvereinigung oder Vermögensmasse im Sinne des Körperschaftsteuergesetzes, soweit sie nicht die

[1] § 8 Nr. 1 Buchst. d Satz 2 angef. durch G v. 12.12.2019 (BGBl. I S. 2451); zur Anwendung siehe § 36 Abs. 4.

[2] Siehe hierzu § 36 Abs. 4 Satz 2.

[3] § 8 Nr. 1 Buchst. e geänd. mWv EZ 2010 durch G v. 22.12.2009 (BGBl. I S. 3950).

[4] Betrag geänd. mWv 1.7.2020 durch G v. 29.6.2020 (BGBl. I S. 1512).

[5] § 8 Nrn. 2, 3 aufgeh. mWv EZ 2008 durch G v. 14.8.2007 (BGBl. I S. 1912).

[6] Nr. **100**.

Voraussetzungen des § 9 Nr. 2a oder 7 erfüllen, nach Abzug der mit diesen Einnahmen, Bezügen und erhaltenen Leistungen in wirtschaftlichem Zusammenhang stehenden Betriebsausgaben, soweit sie nach § 3c Abs. 2[1] des Einkommensteuergesetzes und § 8b Abs. 5 und 10[2] des Körperschaftsteuergesetzes unberücksichtigt bleiben. [2]Dies gilt nicht für Gewinnausschüttungen, die unter § 3 Nr. 41 Buchstabe a des Einkommensteuergesetzes fallen;

6. (weggefallen)
7.[3] *(aufgehoben)*
8.[4] die Anteile am Verlust einer in- oder ausländischen offenen Handelsgesellschaft, einer Kommanditgesellschaft oder einer anderen Gesellschaft, bei der die Gesellschafter als Unternehmer (Mitunternehmer) des Gewerbebetriebs anzusehen sind. [***ab EZ 2020:*** [2]Satz 1 ist bei Lebens- und Krankenversicherungsunternehmen nicht anzuwenden; für Pensionsfonds gilt Entsprechendes];
9. die Ausgaben im Sinne des § 9 Abs. 1 Nr. 2 des Körperschaftsteuergesetzes[5];
10. Gewinnminderungen, die
    a) durch Ansatz des niedrigeren Teilwerts des Anteils an einer Körperschaft oder
    b) durch Veräußerung oder Entnahme des Anteils an einer Körperschaft oder bei Auflösung oder Herabsetzung des Kapitals der Körperschaft

    entstanden sind, soweit der Ansatz des niedrigeren Teilwerts oder die sonstige Gewinnminderung auf Gewinnausschüttungen der Körperschaft, um die der Gewerbeertrag nach § 9 Nr. 2a, 7 oder 8 zu kürzen ist, oder organschaftliche Gewinnabführungen der Körperschaft zurückzuführen ist;
11. (weggefallen)
12. ausländische Steuern, die nach § 34c des Einkommensteuergesetzes[4] oder nach einer Bestimmung, die § 34c des Einkommensteuergesetzes für entsprechend anwendbar erklärt, bei der Ermittlung der Einkünfte abgezogen werden, soweit sie auf Gewinne oder Gewinnanteile entfallen, die bei der Ermittlung des Gewerbeertrags außer Ansatz gelassen oder nach § 9 gekürzt werden.

§ 8a.[6] *(aufgehoben)*

§ 9[7] **Kürzungen.** Die Summe des Gewinns und der Hinzurechnungen wird gekürzt um

---

[1] Verweis geänd. mWv EZ 2004 durch G v. 22.12.2003 (BGBl. I S. 2840).
[2] Verweis ergänzt durch G v. 14.8.2007 (BGBl. I S. 1912).
[3] § 8 Nr. 7 aufgeh. mWv EZ 2008 durch G v. 14.8.2007 (BGBl. I S. 1912).
[4] § 8 Nr. 8 Satz 2 angef. mWv EZ 2020 durch G v. 21.12.2020 (BGBl. I S. 3096).
[5] Nr. **100**.
[6] § 8a eingef. mWv EZ 2003 durch G v. 16.5.2003 (BGBl. I S. 660) und aufgeh. mWv EZ 2004 durch G v. 23.12.2003 (BGBl. I S. 2922).
[7] § 9 Nr. 1 bish. Satz 5 ersetzt durch Sätze 5 und 6 mWv EZ 2004 durch G v. 9.12.2004 (BGBl. I S. 3310).

1.[1] *1,2 Prozent des Einheitswerts* [***ab 1.1.2025:*** 0,11 Prozent des Grundsteuerwerts] des zum Betriebsvermögen des Unternehmers gehörenden und nicht von der Grundsteuer befreiten Grundbesitzes; maßgebend ist der Einheitswert, der auf den letzten Feststellungszeitpunkt (Hauptfeststellungs-, Fortschreibungs- oder Nachfeststellungszeitpunkt) vor dem Ende des Erhebungszeitraums (§ 14) lautet. [2] An Stelle der Kürzung nach Satz 1 tritt auf Antrag bei Unternehmen, die ausschließlich eigenen Grundbesitz oder neben eigenem Grundbesitz eigenes Kapitalvermögen verwalten und nutzen oder daneben Wohnungsbauten betreuen oder Einfamilienhäuser, Zweifamilienhäuser oder Eigentumswohnungen im Sinne des Wohnungseigentumsgesetzes in der jeweils geltenden Fassung, errichten und veräußern, die Kürzung um den Teil des Gewerbeertrags, der auf die Verwaltung und Nutzung des eigenen Grundbesitzes entfällt. [3] Satz 2 gilt entsprechend, wenn in Verbindung mit der Errichtung und Veräußerung von Eigentumswohnungen Teileigentum im Sinne des Wohnungseigentumsgesetzes errichtet und veräußert wird und das Gebäude zu mehr als 66 2/3 Prozent Wohnzwecken dient. [4] Betreut ein Unternehmen auch Wohnungsbauten oder veräußert es auch Einfamilienhäuser, Zweifamilienhäuser oder Eigentumswohnungen, so ist Voraussetzung für die Anwendung des Satzes 2, dass der Gewinn aus der Verwaltung und Nutzung des eigenen Grundbesitzes gesondert ermittelt wird. [5] Die Sätze 2 und 3 gelten nicht,

1. wenn der Grundbesitz ganz oder zum Teil dem Gewerbebetrieb eines Gesellschafters oder Genossen dient,

1a.[2] soweit der Gewerbeertrag Vergütungen im Sinne des § 15 Absatz 1 Satz 1 Nummer 2 Satz 1 des Einkommensteuergesetzes enthält, die der Gesellschafter von der Gesellschaft für seine Tätigkeit im Dienst der Gesellschaft oder für die Hingabe von Darlehen oder für die Überlassung von Wirtschaftsgütern, mit Ausnahme der Überlassung von Grundbesitz, bezogen hat. [2] Satz 1 ist auch auf Vergütungen anzuwenden, die vor dem 19. Juni 2008 erstmals vereinbart worden sind, wenn die Vereinbarung nach diesem Zeitpunkt wesentlich geändert wird, oder

2. soweit der Gewerbeertrag Gewinne aus der Aufdeckung stiller Reserven aus dem Grundbesitz enthält, der innerhalb von drei Jahren vor der Aufdeckung der stillen Reserven zu einem unter dem Teilwert liegenden Wert in das Betriebsvermögen des aufdeckenden Gewerbebetriebs überführt oder übertragen worden ist, und soweit diese Gewinne auf bis zur Überführung oder Übertragung entstandenen stillen Reserven entfallen.

[6] Eine Kürzung nach den Sätzen 2 und 3 ist ausgeschlossen für den Teil des Gewerbeertrags, der auf Veräußerungs- oder Aufgabegewinne im Sinne des § 7 Satz 2 Nr. 2 und 3 entfällt;

---

1) § 9 Nr. 1 Satz 1 geänd. mWv EZ 2008 durch G v. 14.8.2007 (BGBl. I S. 1912); geänd. mWv 1.1.2025 durch G v. 26.11.2019 (BGBl. I S. 1794); Satz 2 geänd. mWv 1.12.2020 durch G v. 16.10.2020 (BGBl. I S. 2187).

2) § 9 Nr. 1 Satz 5 Nr. 1a eingef. durch G v. 19.12.2008 (BGBl. I S. 2794); Satz 2 angef. mWv EZ 2015 durch G v. 25.7.2014 (BGBl. I S. 1266).

2.[1] die Anteile am Gewinn einer in- oder ausländischen offenen Handelsgesellschaft, einer Kommanditgesellschaft oder einer anderen Gesellschaft, bei der die Gesellschafter als Unternehmer (Mitunternehmer) des Gewerbebetriebs anzusehen sind, wenn die Gewinnanteile bei der Ermittlung des Gewinns angesetzt worden sind. [2]Satz 1 ist bei Lebens- und Krankenversicherungsunternehmen nicht anzuwenden; für Pensionsfonds und für Einkünfte im Sinne des § 7 Satz 8 gilt Entsprechendes;

2a.[2] die Gewinne aus Anteilen an einer nicht steuerbefreiten inländischen Kapitalgesellschaft im Sinne des § 2 Abs. 2, einer Kredit- oder Versicherungsanstalt des öffentlichen Rechts, einer *Genossenschaften*[3] oder einer Unternehmensbeteiligungsgesellschaft im Sinne des § 3 Nr. 23, wenn die Beteiligung zu Beginn des Erhebungszeitraums mindestens 15 Prozent des Grund- oder Stammkapitals beträgt und die Gewinnanteile bei Ermittlung des Gewinns (§ 7) angesetzt worden sind. [2]Ist ein Grund- oder Stammkapital nicht vorhanden, so ist die Beteiligung an dem Vermögen, bei Genossenschaften die Beteiligung an der Summe der Geschäftsguthaben, maßgebend. [3]Im unmittelbaren Zusammenhang mit Gewinnanteilen stehende Aufwendungen mindern den Kürzungsbetrag, soweit entsprechende Beteiligungserträge zu berücksichtigen sind; insoweit findet § 8 Nr. 1 keine Anwendung. [4]Nach § 8b Abs. 5 des Körperschaftsteuergesetzes nicht abziehbare Betriebsausgaben sind keine Gewinne aus Anteilen im Sinne des Satzes 1. [5]Satz 1 ist bei Lebens- und Krankenversicherungsunternehmen auf Gewinne aus Anteilen, die den Kapitalanlagen zuzurechnen sind, nicht anzuwenden; für Pensionsfonds gilt Entsprechendes;

2b. die nach § 8 Nr. 4 dem Gewerbeertrag einer Kommanditgesellschaft auf Aktien hinzugerechneten Gewinnanteile, wenn sie bei der Ermittlung des Gewinns (§ 7) angesetzt worden sind;

3.[4] den Teil des Gewerbeertrags eines inländischen Unternehmens, der auf eine nicht im Inland belegene Betriebsstätte dieses Unternehmens entfällt; dies gilt nicht für Einkünfte im Sinne des § 7 Satz 8. [2]Bei Unternehmen, die ausschließlich den Betrieb von eigenen oder gecharterten Handelsschiffen im internationalen Verkehr zum Gegenstand haben, gelten 80 Prozent des Gewerbeertrags als auf eine nicht im Inland belegene Betriebsstätte entfallend. [3]Ist Gegenstand eines Betriebs nicht ausschließlich der Betrieb von Handelsschiffen im internationalen Verkehr, so gelten 80 Prozent des Teils des Gewerbeertrags, der auf den Betrieb von Handels-

---

[1] § 9 Nr. 2 Satz 1 geänd. mWv EZ 2003 durch G v. 16.5.2003 (BGBl. I S. 660), Satz 1 HS 2 aufgeh. mWv EZ 2004 durch G v. 23.12.2003 (BGBl. I S. 2922), Satz 2 angef. mWv EZ 2004 durch G v. 22.12.2003 (BGBl. I S. 2840); Satz 2 geänd. durch G v. 20.12.2016 (BGBl. I S. 3000), zur Anwendung von § 7 Satz 8 siehe § 36 Abs. 2a.

[2] § 9 Nr. 2a Satz 3 (jetziger Satz 5) angef. mWv EZ 2004 durch G v. 22.12.2003 (BGBl. I S. 2840); Sätze 3 und 4 eingef. mWv EZ 2006 durch G v. 13.12.2006 (BGBl. I S. 2878); Satz 1 geänd. mWv EZ 2008 durch G v. 19.12.2008 (BGBl. I S. 2794); Satz 1 geänd. mWv EZ 2008 durch G v. 14.8.2007 (BGBl. I S. 1912); Satz 1 und 2 geänd. mWv EZ 2020 durch G v. 12.12.2019 (BGBl. I S. 2451).

[3] Wohl: Genossenschaft.

[4] § 9 Nr. 3 Satz 1 geänd., 2. HS angef. durch G v. 20.12.2016 (BGBl. I S. 3000); zur Anwendung siehe § 36 Abs. 5 Satz 1.

schiffen im internationalen Verkehr entfällt, als auf eine nicht im Inland belegene Betriebsstätte entfallend; in diesem Fall ist Voraussetzung, dass dieser Teil gesondert ermittelt wird. [4]Handelsschiffe werden im internationalen Verkehr betrieben, wenn eigene oder gecharterte Handelsschiffe im Wirtschaftsjahr überwiegend zur Beförderung von Personen und Gütern im Verkehr mit oder zwischen ausländischen Häfen, innerhalb eines ausländischen Hafens oder zwischen einem ausländischen Hafen und der freien See eingesetzt werden. [5]Für die Anwendung der Sätze 2 bis 4 gilt § 5a Abs. 2 Satz 2 des Einkommensteuergesetzes entsprechend;

4.[1)] *(aufgehoben)*

5.[2)] die aus den Mitteln des Gewerbebetriebs geleisteten Zuwendungen (Spenden und Mitgliedsbeiträge) zur Förderung steuerbegünstigter Zwecke im Sinne der §§ 52 bis 54 der Abgabenordnung[3)] bis zur Höhe von insgesamt 20 Prozent des um die Hinzurechnungen nach § 8 Nummer 9 erhöhten Gewinns aus Gewerbebetrieb (§ 7) oder 4 Promille der Summe der gesamten Umsätze und der im Wirtschaftsjahr aufgewendeten Löhne und Gehälter. [2]Voraussetzung für die Kürzung ist, dass diese Zuwendungen

a) an eine juristische Person des öffentlichen Rechts oder an eine öffentliche Dienststelle, die in einem Mitgliedstaat der Europäischen Union oder in einem Staat belegen ist, auf den das Abkommen über den Europäischen Wirtschaftsraum (EWR-Abkommen) Anwendung findet, oder

b) an eine nach § 5 Absatz 1 Nummer 9 des Körperschaftsteuergesetzes[4)] steuerbefreite Körperschaft, Personenvereinigung oder Vermögensmasse oder

c) an eine Körperschaft, Personenvereinigung oder Vermögensmasse, die in einem Mitgliedstaat der Europäischen Union oder in einem Staat belegen ist, auf den das Abkommen über den Europäischen Wirtschaftsraum (EWR-Abkommen) Anwendung findet, und die nach § 5 Absatz 1 Nummer 9 des Körperschaftsteuergesetzes[4)] in Verbindung mit § 5 Absatz 2 Nummer 2 zweiter Halbsatz des Körperschaftsteuergesetzes[4)] steuerbefreit wäre, wenn sie inländische Einkünfte erzielen würde,

geleistet werden (Zuwendungsempfänger). [3]Für nicht im Inland ansässige Zuwendungsempfänger nach Satz 2 ist weitere Voraussetzung, dass durch diese Staaten Amtshilfe und Unterstützung bei der Beitreibung geleistet werden. [4]Amtshilfe ist der Auskunftsaustausch im Sinne oder entsprechend der Amtshilferichtlinie gemäß § 2 Absatz 2 des EU-Amtshilfegesetzes.[5)] [5]Beitreibung ist die gegenseitige Unterstützung bei der Beitreibung von

---

[1)] § 9 Nr. 4 aufgeh. durch G v. 14.8.2007 (BGBl. I S. 1912); Nr. 4 ist letztmals für EZ 2007 anzuwenden.

[2)] § 9 Nr. 5 neu gef. durch G v. 8.4.2010 (BGBl. I S. 386).

[3)] Nr. **800**.

[4)] Nr. **100**.

[5)] § 9 Nr. 5 Satz 13 geänd. mWv EZ 2013 durch G v. 21.3.2013 (BGBl. I S. 556); Satz 4 geänd. mWv EZ 2013 durch G v. 26.6.2013 (BGBl. I S. 1809).

Forderungen im Sinne oder entsprechend der Beitreibungsrichtlinie[1] einschließlich der in diesem Zusammenhang anzuwendenden Durchführungsbestimmungen in den für den jeweiligen Veranlagungszeitraum geltenden Fassungen oder eines entsprechenden Nachfolgerechtsaktes. 6 Werden die steuerbegünstigten Zwecke des Zuwendungsempfängers im Sinne von Satz 2 Buchstabe a nur im Ausland verwirklicht, ist für eine Kürzung nach Satz 1 Voraussetzung, dass natürliche Personen, die ihren Wohnsitz oder ihren gewöhnlichen Aufenthalt im Geltungsbereich dieses Gesetzes haben, gefördert werden oder dass die Tätigkeit dieses Zuwendungsempfängers neben der Verwirklichung der steuerbegünstigten Zwecke auch zum Ansehen der Bundesrepublik Deutschland beitragen kann.[2] 7 In die Kürzung nach Satz 1 sind auch Mitgliedsbeiträge an Körperschaften einzubeziehen, die Kunst und Kultur gemäß § 52 Absatz 2 Nummer 5 der Abgabenordnung fördern, soweit es sich nicht um Mitgliedsbeiträge nach Satz 12 Buchstabe b[3] handelt, auch wenn den Mitgliedern Vergünstigungen gewährt werden. 8 Überschreiten die geleisteten Zuwendungen die Höchstsätze nach Satz 1, kann die Kürzung im Rahmen der Höchstsätze nach Satz 1 in den folgenden Erhebungszeiträumen vorgenommen werden. 9 Einzelunternehmen und Personengesellschaften können auf Antrag neben der Kürzung nach Satz 1 eine Kürzung um die im Erhebungszeitraum in das zu erhaltende Vermögen (Vermögensstock) einer Stiftung, die die Voraussetzungen der Sätze 2 bis 6 erfüllt, geleisteten Spenden in diesem und in den folgenden neun Erhebungszeiträumen bis zu einem Betrag von 1 Million Euro vornehmen.[4] 10 Nicht abzugsfähig nach Satz 9 sind Spenden in das verbrauchbare Vermögen einer Stiftung.[5] 11 Der besondere Kürzungsbetrag nach Satz 9 kann der Höhe nach innerhalb des Zehnjahreszeitraums nur einmal in Anspruch genommen werden. 12 Eine Kürzung nach den Sätzen 1 bis 10 ist ausgeschlossen, soweit auf die geleisteten Zuwendungen § 8 Absatz 3 des Körperschaftsteuergesetzes[6] anzuwenden ist oder soweit Mitgliedsbeiträge an Körperschaften geleistet werden,

a) die den Sport (§ 52 Absatz 2 Satz 1 Nummer 21 der Abgabenordnung),
b) die kulturelle Betätigungen, die in erster Linie der Freizeitgestaltung dienen,
c) die Heimatpflege und Heimatkunde (§ 52 Absatz 2 Satz 1 Nummer 22 der Abgabenordnung),
d) die Zwecke im Sinne des § 52 Absatz 2 Satz 1 Nummer 23 der Abgabenordnung[7]

[1] Bezeichnung geänd. mWv EZ 2012 durch G v. 7.12.2011 (BGBl. I S. 2592).
[2] Zur Anwendung von § 9 Nr. 5 Satz 6 ab EZ 2010 siehe § 36 Abs. 8b Satz 6 a. F.
[3] Verweis geänd. durch G v. 12.12.2019 (BGBl. I S. 2451); red. ber. durch G v. 21.12.2020 (BGBl. I S. 3096).
[4] § 9 Nr. 5 Satz 9 geänd. mWv EZ 2013 durch G v. 21.3.2013 (BGBl. I S. 556).
[5] § 9 Nr. 5 Satz 10 eingef., bish. Sätze 11 bis 17 werden Sätze 12 bis 18 mWv EZ 2013 durch G v. 21.3.2013 (BGBl. I S. 556).
[6] Nr. **100**.
[7] Nr. **800**.

[*ab 1.1.2020:*
fördern oder
e)[1] deren Zweck nach § 52 Absatz 2 Satz 2 der Abgabenordnung für gemeinnützig erklärt worden ist, weil deren Zweck die Allgemeinheit auf materiellem, geistigem oder sittlichem Gebiet entsprechend einem Zweck nach den Buchstaben a bis d fördert.]

13 § 10b Absatz 3 und 4 Satz 1 sowie § 10d Absatz 4 des Einkommensteuergesetzes[2] und § 9 Absatz 2 Satz 2 bis 5 und Absatz 3 Satz 1 des Körperschaftsteuergesetzes[3], sowie die einkommensteuerrechtlichen Vorschriften zur Abziehbarkeit von Zuwendungen gelten entsprechend. 14 Wer vorsätzlich oder grob fahrlässig eine unrichtige Bestätigung über Spenden und Mitgliedsbeiträge ausstellt oder veranlasst, dass entsprechende Zuwendungen nicht zu den in der Bestätigung angegebenen steuerbegünstigten Zwecken verwendet werden (Veranlasserhaftung), haftet für die entgangene Gewerbesteuer. 15 In den Fällen der Veranlasserhaftung ist vorrangig der Zuwendungsempfänger in Anspruch zu nehmen; die natürlichen Personen, die in diesen Fällen für den Zuwendungsempfänger handeln, sind nur in Anspruch zu nehmen, wenn die entgangene Steuer nicht nach § 47 der Abgabenordnung[4] erloschen ist und Vollstreckungsmaßnahmen gegen den Zuwendungsempfänger nicht erfolgreich sind; § 10b Absatz 4 Satz 5 des Einkommensteuergesetzes[2] gilt entsprechend. 16 Der Haftungsbetrag ist mit 15 Prozent der Zuwendungen anzusetzen und fließt der für den Spendenempfänger zuständigen Gemeinde zu, die durch sinngemäße Anwendung des § 20 der Abgabenordnung bestimmt wird. 17 Der Haftungsbetrag wird durch Haftungsbescheid des Finanzamts festgesetzt; die Befugnis der Gemeinde zur Erhebung der entgangenen Gewerbesteuer bleibt unberührt. 18 § 184 Abs. 3 der Abgabenordnung[4] gilt sinngemäß.

6. (weggefallen)

7.[5] die Gewinne aus Anteilen an einer Kapitalgesellschaft mit Geschäftsleitung und Sitz außerhalb des Geltungsbereichs dieses Gesetzes, wenn die Beteiligung zu Beginn des Erhebungszeitraums mindestens 15 Prozent des Nennkapitals beträgt und die Gewinnanteile bei der Ermittlung des Gewinns (§ 7) angesetzt worden sind. 2 § 9 Nummer 2a Satz 3 bis 5 gilt entsprechend;

8.[6], [7] die Gewinne aus Anteilen an einer ausländischen Gesellschaft, die nach einem Abkommen zur Vermeidung der Doppelbesteuerung unter

---

[1] § 9 Nr. 5 Satz 12 Buchst. e angef. durch G v. 12.12.2019 (BGBl. I S. 2451); zur Anwendung siehe § 36 Abs. 5 Satz 2.

[2] Nr. **1**.

[3] Nr. **100**.

[4] Nr. **800**.

[5] § 9 Nr. 7 neu gef. entspr. den europarechtl. Vorgaben der Kapitalverkehrsfreiheit mWv EZ 2020 durch G v. 12.12.2019 (BGBl. I S. 2451).

[6] § 9 Nr. 8 Satz 2 (jetzt Satz 4) angef. mWv EZ 2004 durch G v. 22.12.2003 (BGBl. I S. 2840).

[7] § 9 Nr. 8 Sätze 2 und 3 eingef. durch G v. 13.12.2006 (BGBl. I S. 2878); Satz 1 geänd. mWv EZ 2008 durch G v. 14.8.2007 (BGBl. I S. 1912).

der Voraussetzung einer Mindestbeteiligung von der Gewerbesteuer befreit sind, wenn die Beteiligung mindestens 15 Prozent beträgt und die Gewinnanteile bei der Ermittlung des Gewinns (§ 7) angesetzt worden sind; ist in einem Abkommen zur Vermeidung der Doppelbesteuerung eine niedrigere Mindestbeteiligungsgrenze vereinbart, ist diese maßgebend. 2 § 9 Nr. 2a Satz 3 gilt entsprechend. 3 § 9 Nr. 2a Satz 4 gilt entsprechend. 4 Satz 1 ist bei Lebens- und Krankenversicherungsunternehmen auf Gewinne aus Anteilen, die den Kapitalanlagen zuzurechnen sind, nicht anzuwenden; für Pensionsfonds gilt Entsprechendes.

9. (weggefallen)

10.[1] *(aufgehoben)*

§ 10 Maßgebender Gewerbeertrag. (1) Maßgebend ist der Gewerbeertrag, der in dem Erhebungszeitraum bezogen worden ist, für den der Steuermessbetrag (§ 14) festgesetzt wird.

(2) Weicht bei Unternehmen, die Bücher nach den Vorschriften des Handelsgesetzbuchs zu führen verpflichtet sind, das Wirtschaftsjahr, für das sie regelmäßig Abschlüsse machen, vom Kalenderjahr ab, so gilt der Gewerbeertrag als in dem Erhebungszeitraum bezogen, in dem das Wirtschaftsjahr endet.

§ 10a[2] Gewerbeverlust. 1 Der maßgebende Gewerbeertrag wird bis zu einem Betrag in Höhe von 1 Million Euro um die Fehlbeträge gekürzt, die sich bei der Ermittlung des maßgebenden Gewerbeertrags für die vorangegangenen Erhebungszeiträume nach den Vorschriften der §§ 7 bis 10 ergeben haben, soweit die Fehlbeträge nicht bei der Ermittlung des Gewerbeertrags für die vorangegangenen Erhebungszeiträume berücksichtigt worden sind. 2 Der 1 Million Euro übersteigende maßgebende Gewerbeertrag ist bis zu 60 Prozent um nach Satz 1 nicht berücksichtigte Fehlbeträge der vorangegangenen Erhebungszeiträume zu kürzen. 3 Im Fall des § 2 Abs. 2 Satz 2 kann die Organgesellschaft den maßgebenden Gewerbeertrag nicht um Fehlbeträge kürzen, die sich vor dem rechtswirksamen Abschluss des Gewinnabführungsvertrags ergeben haben. 4 Bei einer Mitunternehmerschaft ist der sich für die Mitunternehmerschaft insgesamt ergebende Fehlbetrag den Mitunternehmern entsprechend dem sich aus dem Gesellschaftsvertrag ergebenden allgemeinen Gewinnverteilungsschlüssel zuzurechnen; Vorabgewinnanteile sind nicht zu berücksichtigen. 5 Für den Abzug der den Mitunternehmern zugerechneten Fehlbeträge nach Maßgabe der Sätze 1 und 2 ist der sich für die Mitunternehmerschaft insgesamt ergebende maßgebende Gewerbeertrag sowie der Höchstbetrag nach Satz 1 den Mitunternehmern entsprechend dem sich aus dem Gesellschaftsvertrag für das Abzugsjahr ergebenden allgemeinen Gewinnverteilungsschlüssel zuzurechnen; Vorabgewinnanteile sind

---

[1] § 9 Nr. 10 aufgeh. mWv EZ 2004 durch G v. 23.12.2003 (BGBl. I S. 2922).

[2] § 10a Satz 1 ersetzt durch Sätze 1 bis 3 mWv EZ 2004 durch G v. 23.12.2003 (BGBl. I S. 2922); Sätze 4 und 5 eingef. durch G v. 13.12.2006 (BGBl. I S. 2878); Satz 7 eingef. durch G v. 20.12.2007 (BGBl. I S. 3150).

nicht zu berücksichtigen. [6]Die Höhe der vortragsfähigen Fehlbeträge ist gesondert festzustellen. [7]Vortragsfähige Fehlbeträge sind die nach der Kürzung des maßgebenden Gewerbeertrags nach Satz 1 und 2 zum Schluss des Erhebungszeitraums verbleibenden Fehlbeträge. [8]Im Fall des § 2 Abs. 5 kann der andere Unternehmer den maßgebenden Gewerbeertrag nicht um die Fehlbeträge kürzen, die sich bei der Ermittlung des maßgebenden Gewerbeertrags des übergegangenen Unternehmens ergeben haben. [9]§ 8 Abs. 8 und 9 Satz 5 bis 8[1)] des Körperschaftsteuergesetzes ist entsprechend anzuwenden.[2)] [10]Auf die Fehlbeträge ist § 8c des Körperschaftsteuergesetzes entsprechend anzuwenden; dies gilt auch für den Fehlbetrag einer Mitunternehmerschaft, soweit dieser

1. einer Körperschaft unmittelbar oder
2. einer Mitunternehmerschaft, soweit an dieser eine Körperschaft unmittelbar oder mittelbar über eine oder mehrere Personengesellschaften beteiligt ist,

zuzurechnen ist. [11]Auf die Fehlbeträge ist § 8d des Körperschaftsteuergesetzes entsprechend anzuwenden, wenn ein fortführungsgebundener Verlustvortrag nach § 8d des Körperschaftsteuergesetzes gesondert festgestellt worden ist. [12]Unterbleibt eine Feststellung nach § 8d Absatz 1 Satz 8 des Körperschaftsteuergesetzes, weil keine nicht genutzten Verluste nach § 8c Absatz 1 Satz 1 des Körperschaftsteuergesetzes vorliegen, ist auf Antrag auf die Fehlbeträge § 8d des Körperschaftsteuergesetzes entsprechend anzuwenden; für die Form und die Frist dieses Antrags gilt § 8d Absatz 1 Satz 5 des Körperschaftsteuergesetzes entsprechend.[3)]

(Fortsetzung nächste Seite)

[1)] Verweis geänd. durch G v. 8.12.2010 (BGBl. I S. 1768).
[2)] § 10a Satz 9 eingef. mWv EZ 2009 durch G v. 19.12.2008 (BGBl. I S. 2794).
[3)] § 10a Satz 10 neu gef. durch G v. 19.12.2008 (BGBl. I S. 2794); Satz 10 geänd., Sätze 11 und 12 angef. durch G v. 21.12.2020 (BGBl. I S. 3096); zur Anwendung siehe § 36 Abs. 5a.

§ 11 Steuermesszahl und Steuermessbetrag. (1)[1] [1]Bei der Berechnung der Gewerbesteuer ist von einem Steuermessbetrag auszugehen. [2]Dieser ist durch Anwendung eines Prozentsatzes (Steuermesszahl) auf den Gewerbeertrag zu ermitteln. [3]Der Gewerbeertrag ist auf volle 100 Euro nach unten abzurunden und

1. bei natürlichen Personen sowie bei Personengesellschaften um einen Freibetrag in Höhe von 24 500 Euro,
2. bei Unternehmen im Sinne des § 2 Abs. 3 und des § 3 Nr. 5, 6, 8, 9, 15, 17, 21, 26, 27, 28 und 29 sowie bei Unternehmen von juristischen Personen des öffentlichen Rechts um einen Freibetrag in Höhe von 5000 Euro[2]),

höchstens jedoch in Höhe des abgerundeten Gewerbeertrags, zu kürzen.

(2)[3] Die Steuermesszahl für den Gewerbeertrag beträgt 3,5 Prozent.

(3)[4] [1]Die Steuermesszahl ermäßigt sich auf 56 Prozent bei Hausgewerbetreibenden und ihnen nach § 1 Abs. 2 Buchstabe b und d des Heimarbeitsgesetzes[5] in der im Bundesgesetzblatt Teil III, Gliederungsnummer 804-1, veröffentlichten bereinigten Fassung, zuletzt geändert durch Artikel 4 des Gesetzes vom 13. Juli 1988 (BGBl. I S. 1034), gleichgestellten Personen. [2]Das Gleiche gilt für die nach § 1 Abs. 2 Buchstabe c des Heimarbeitsgesetzes gleichgestellten Personen, deren Entgelte (§ 10 Abs. 1 des Umsatzsteuergesetzes[6]) aus der Tätigkeit unmittelbar für den Absatzmarkt im Erhebungszeitraum 25 000 Euro nicht übersteigen.

Abschnitt III

§§ 12 und 13. (weggefallen)

Abschnitt IV. Steuermessbetrag

§ 14 Festsetzung des Steuermessbetrags. [1]Der Steuermessbetrag wird für den Erhebungszeitraum nach dessen Ablauf festgesetzt. [2]Erhebungszeitraum ist das Kalenderjahr. [3]Besteht die Gewerbesteuerpflicht nicht während eines ganzen Kalenderjahrs, so tritt an die Stelle des Kalenderjahrs der Zeitraum der Steuerpflicht (abgekürzter Erhebungszeitraum).

§ 14a[7] Steuererklärungspflicht. [1]Der Steuerschuldner (§ 5) hat für steuerpflichtige Gewerbebetriebe eine Erklärung zur Festsetzung des Steuermess-

[1] § 11 Abs. 1 Satz 2 geänd. durch G v. 9.12.2004 (BGBl. I S. 3310).
[2] § 11 Abs. 1 Satz 3 Nr. 2 Betrag geänd. mWv EZ 2009 durch G v. 17.3.2009 (BGBl. I S. 550).
[3] § 11 Abs. 2 neu gef. mWv EZ 2008 durch G v. 14.8.2007 (BGBl. I S. 1912).
[4] § 11 Abs. 3 Satz 1 geänd. durch G v. 29.12.2003 (BGBl. I S. 3076); geänd. mWv EZ 2010 durch G v. 8.12.2010 (BGBl. I S. 1768).
[5] **Nipperdey I Nr. 450.**
[6] Nr. **500**.
[7] § 14a neu gef. mWv EZ 2011 durch G v. 20.12.2008 (BGBl. I S. 2850).

betrags und in den Fällen des § 28 außerdem eine Zerlegungserklärung nach amtlich vorgeschriebenem Datensatz durch Datenfernübertragung zu übermitteln. [2]Auf Antrag kann die Finanzbehörde zur Vermeidung unbilliger Härten auf eine elektronische Übermittlung verzichten; in diesem Fall ist die Erklärung nach amtlich vorgeschriebenem Vordruck abzugeben und vom Steuerschuldner oder von den in § 34 der Abgabenordnung[1)] bezeichneten Personen eigenhändig zu unterschreiben.

§ 14b Verspätungszuschlag. [1]Ein nach § 152 der Abgabenordnung[1)] zu entrichtender Verspätungszuschlag fließt der Gemeinde zu. [2]Sind mehrere Gemeinden an der Gewerbesteuer beteiligt, so fließt der Verspätungszuschlag der Gemeinde zu, in der sich die Geschäftsleitung am Ende des Erhebungszeitraums befindet. [3]Befindet sich die Geschäftsleitung im Ausland, so fließt der Verspätungszuschlag der Gemeinde zu, in der sich die wirtschaftlich bedeutendste Betriebsstätte befindet. [4]Auf den Verspätungszuschlag ist der Hebesatz der Gemeinde nicht anzuwenden.

§ 15 Pauschfestsetzung. Wird die Einkommensteuer oder die Körperschaftsteuer in einem Pauschbetrag festgesetzt, so kann die für die Festsetzung zuständige Behörde im Einvernehmen mit der Landesregierung oder der von ihr bestimmten Behörde auch den Steuermessbetrag in einem Pauschbetrag festsetzen.

Abschnitt V. Entstehung, Festsetzung und Erhebung der Steuer

§ 16 Hebesatz. (1) Die Steuer wird auf Grund des Steuermessbetrags (§ 14) mit einem Prozentsatz (Hebesatz) festgesetzt und erhoben, der von der hebeberechtigten Gemeinde (§§ 4, 35a) zu bestimmen ist.

(2) Der Hebesatz kann für ein Kalenderjahr oder mehrere Kalenderjahre festgesetzt werden.

(3) [1]Der Beschluss über die Festsetzung oder Änderung des Hebesatzes ist bis zum 30. Juni eines Kalenderjahrs mit Wirkung vom Beginn dieses Kalenderjahrs zu fassen. [2]Nach diesem Zeitpunkt kann der Beschluss über die Festsetzung des Hebesatzes gefasst werden, wenn der Hebesatz die Höhe der letzten Festsetzung nicht überschreitet.

(4)[2)] [1]Der Hebesatz muss für alle in der Gemeinde vorhandenen Unternehmen der gleiche sein. [2]Er beträgt 200 Prozent, wenn die Gemeinde nicht einen höheren Hebesatz bestimmt hat. [3]Wird das Gebiet von Gemeinden geändert, so kann die Landesregierung oder die von ihr bestimmte Stelle für die von der Änderung betroffenen Gebietsteile auf eine bestimmte Zeit verschiedene Hebesätze zulassen. [4]In den Fällen des Satzes 3 sind die §§ 28 bis 34

---

1) Nr. **800**.

2) § 16 Abs. 4 Satz 2 eingef. mWv EZ 2004 durch G v. 23.12.2003 (BGBl. I S. 2922), Satz 4 angef. mWv EZ 2009 durch G v. 19.12.2008 (BGBl. I S. 2794).

mit der Maßgabe anzuwenden, dass an die Stelle mehrerer Gemeinden die Gebietsteile der Gemeinde mit verschiedenen Hebesätzen treten.

(5) In welchem Verhältnis die Hebesätze für die Grundsteuer der Betriebe der Land- und Forstwirtschaft, für die Grundsteuer der Grundstücke und für die Gewerbesteuer zueinander stehen müssen, welche Höchstsätze nicht überschritten werden dürfen und inwieweit mit Genehmigung der Gemeindeaufsichtsbehörde Ausnahmen zugelassen werden können, bleibt einer landesrechtlichen Regelung vorbehalten.

§ 17. (weggefallen)

§ 18 Entstehung der Steuer. Die Gewerbesteuer entsteht, soweit es sich nicht um Vorauszahlungen (§ 21) handelt, mit Ablauf des Erhebungszeitraums, für den die Festsetzung vorgenommen wird.

§ 19 Vorauszahlungen. (1) [1]Der Steuerschuldner hat am 15. Februar, 15. Mai, 15. August und 15. November Vorauszahlungen zu entrichten. [2]Gewerbetreibende, deren Wirtschaftsjahr vom Kalenderjahr abweicht, haben die Vorauszahlungen während des Wirtschaftsjahrs zu entrichten, das im Erhebungszeitraum endet. [3]Satz 2 gilt nur, wenn der Gewerbebetrieb nach dem 31. Dezember 1985 gegründet worden oder infolge Wegfalls eines Befreiungsgrundes in die Steuerpflicht eingetreten ist oder das Wirtschaftsjahr nach diesem Zeitpunkt auf einen vom Kalenderjahr abweichenden Zeitraum umgestellt worden ist.

(2) Jede Vorauszahlung beträgt grundsätzlich ein Viertel der Steuer, die sich bei der letzten Veranlagung ergeben hat.

(3)[1), 2)] [1]Die Gemeinde kann die Vorauszahlungen der Steuer anpassen, die sich für den Erhebungszeitraum (§ 14) voraussichtlich ergeben wird. [2]Die Anpassung kann bis zum Ende des 15. auf den Erhebungszeitraum folgenden Kalendermonats vorgenommen werden; bei einer nachträglichen Erhöhung der Vorauszahlungen ist der Erhöhungsbetrag innerhalb eines Monats nach Bekanntgabe des Vorauszahlungsbescheids zu entrichten. [3]Das Finanzamt kann bis zum Ende des 15. auf den Erhebungszeitraum folgenden Kalendermonats für Zwecke der Gewerbesteuer-Vorauszahlungen den Steuermessbetrag festsetzen, der sich voraussichtlich ergeben wird. [4]An diese Festsetzung ist die Gemeinde bei der Anpassung der Vorauszahlungen nach den Sätzen 1 und 2 gebunden.

(4) Wird im Laufe des Erhebungszeitraums ein Gewerbebetrieb neu gegründet oder tritt ein bereits bestehender Gewerbebetrieb infolge Wegfalls des Befreiungsgrundes in die Steuerpflicht ein, so gilt für die erstmalige Festsetzung der Vorauszahlungen Absatz 3 entsprechend.

(5) [1]Die einzelne Vorauszahlung ist auf den nächsten vollen Betrag in Euro nach unten abzurunden. [2]Sie wird nur festgesetzt, wenn sie mindestens 50 Euro beträgt.

[1)] § 19 Abs. 3 Satz 5 angef. mWv EZ 2008 durch G v. 14.8.2007 (BGBl. I S. 1912) und aufgeh. mWv EZ 2015 durch G v. 25.7.2014 (BGBl. I S. 1266).

[2)] Siehe hierzu BMF unter Nr. **Vor 1.11.**

§ 20 Abrechnung über die Vorauszahlungen. (1) Die für einen Erhebungszeitraum (§ 14) entrichteten Vorauszahlungen werden auf die Steuerschuld für diesen Erhebungszeitraum angerechnet.

(2) Ist die Steuerschuld größer als die Summe der anzurechnenden Vorauszahlungen, so ist der Unterschiedsbetrag, soweit er den im Erhebungszeitraum und nach § 19 Abs. 3 Satz 2 nach Ablauf des Erhebungszeitraums fällig gewordenen, aber nicht entrichteten Vorauszahlungen entspricht, sofort, im Übrigen innerhalb eines Monats nach Bekanntgabe des Steuerbescheids zu entrichten (Abschlusszahlung).

(3) Ist die Steuerschuld kleiner als die Summe der anzurechnenden Vorauszahlungen, so wird der Unterschiedsbetrag nach Bekanntgabe des Steuerbescheids durch Aufrechnung oder Zurückzahlung ausgeglichen.

§ 21 Entstehung der Vorauszahlungen. Die Vorauszahlungen auf die Gewerbesteuer entstehen mit Beginn des Kalendervierteljahrs, in dem die Vorauszahlungen zu entrichten sind, oder, wenn die Steuerpflicht erst im Laufe des Kalendervierteljahrs begründet wird, mit Begründung der Steuerpflicht.

§§ 22 bis 27. (weggefallen)

Abschnitt VI. Zerlegung

§ 28 Allgemeines. (1) [1]Sind im Erhebungszeitraum Betriebsstätten zur Ausübung des Gewerbes in mehreren Gemeinden unterhalten worden, so ist der Steuermessbetrag in die auf die einzelnen Gemeinden entfallenden Anteile (Zerlegungsanteile) zu zerlegen. [2]Das gilt auch in den Fällen, in denen eine Betriebsstätte sich über mehrere Gemeinden erstreckt hat oder eine Betriebsstätte innerhalb eines Erhebungszeitraums von einer Gemeinde in eine andere Gemeinde verlegt worden ist.

(2) [1]Bei der Zerlegung sind die Gemeinden nicht zu berücksichtigen, in denen

1. Verkehrsunternehmen lediglich Gleisanlagen unterhalten,
2. sich nur Anlagen befinden, die der Weiterleitung fester, flüssiger oder gasförmiger Stoffe sowie elektrischer Energie dienen, ohne dass diese dort abgegeben werden,
3. Bergbauunternehmen keine oberirdischen Anlagen haben, in welchen eine gewerbliche Tätigkeit entfaltet wird.
4.[1)] *(aufgehoben)*

[2]Dies gilt nicht, wenn dadurch auf keine Gemeinde ein Zerlegungsanteil oder der Steuermessbetrag entfallen würde.

[1)] § 28 Abs. 2 Nr. 4 angef. mWv EZ 2003 durch G v. 16.5.2003 (BGBl. I S. 660) und aufgeh. mWv EZ 2004 durch G v. 23.12.2003 (BGBl. I S. 2922).

§ 29 Zerlegungsmaßstab

(1)[1] Zerlegungsmaßstab ist

1. vorbehaltlich der Nummer 2 das Verhältnis, in dem die Summe der Arbeitslöhne, die an die bei allen Betriebsstätten (§ 28) beschäftigten Arbeitnehmer gezahlt worden sind, zu den Arbeitslöhnen steht, die an die bei den Betriebsstätten der einzelnen Gemeinden beschäftigten Arbeitnehmer gezahlt worden sind;

2.[2] bei Betrieben, die ausschließlich Anlagen zur Erzeugung von Strom und anderen Energieträgern sowie Wärme aus Windenergie und solarer Strahlungsenergie betreiben,

   a) vorbehaltlich des Buchstabens b zu drei Zehnteln das in Nummer 1 bezeichnete Verhältnis und zu sieben Zehnteln das Verhältnis, in dem die Summe der steuerlich maßgebenden Ansätze des Sachanlagevermögens mit Ausnahme der Betriebs- und Geschäftsausstattung, der geleisteten Anzahlungen und der Anlagen im Bau in allen Betriebsstätten (§ 28) zu dem Ansatz in den einzelnen Betriebsstätten steht,

   b) für die Erhebungszeiträume 2014 bis 2023 bei Betrieben, die ausschließlich Anlagen zur Erzeugung von Strom und anderen Energieträgern sowie Wärme aus solarer Strahlungsenergie betreiben,

      aa) für den auf Neuanlagen im Sinne von Satz 3 entfallenden Anteil am Steuermessbetrag zu drei Zehnteln das in Nummer 1 bezeichnete Verhältnis und zu sieben Zehnteln das Verhältnis, in dem die Summe der steuerlich maßgebenden Ansätze des Sachanlagevermögens mit Ausnahme der Betriebs- und Geschäftsausstattung, der geleisteten Anzahlungen und der Anlagen im Bau (maßgebendes Sachanlagevermögen) in allen Betriebsstätten (§ 28) zu dem Ansatz in den einzelnen Betriebsstätten steht, und

      bb) für den auf die übrigen Anlagen im Sinne von Satz 4 entfallenden Anteil am Steuermessbetrag das in Nummer 1 bezeichnete Verhältnis.

   ²Der auf Neuanlagen und auf übrige Anlagen jeweils entfallende Anteil am Steuermessbetrag ermittelt sich aus dem Verhältnis, in dem

      aa) die Summe des maßgebenden Sachanlagevermögens für Neuanlagen und

      bb) die Summe des übrigen maßgebenden Sachanlagevermögens für die übrigen Anlagen

   zum gesamten maßgebenden Sachanlagevermögen des Betriebs steht. ³Neuanlagen sind Anlagen, die nach dem 30. Juni 2013 zur Erzeugung von Strom und anderen Energieträgern sowie Wärme aus solarer Strahlungsenergie genehmigt wurden. ⁴Die übrigen Anlagen umfassen das übrige maßgebende Sachanlagevermögen des Betriebs.

(2) Bei der Zerlegung nach Absatz 1 sind die Arbeitslöhne anzusetzen, die in den Betriebsstätten der beteiligten Gemeinden (§ 28) während des Erhebungszeitraums (§ 14) erzielt oder gezahlt worden sind.

---

[1] § 29 Abs. 1 neu gef. mWv EZ 2009 durch G v. 19.12.2008 (BGBl. I S. 2794).
[2] § 29 Abs. 1 Nr. 2 neu gef. mWv EZ 2015 durch G v. 25.7.2014 (BGBl. I S. 1266).

(3) Bei Ermittlung der Verhältniszahlen sind die Arbeitslöhne auf volle 1000 Euro abzurunden.

§ 30 Zerlegung bei mehrgemeindlichen Betriebsstätten. Erstreckt sich die Betriebsstätte auf mehrere Gemeinden, so ist der Steuermessbetrag oder Zerlegungsanteil auf die Gemeinden zu zerlegen, auf die sich die Betriebsstätte erstreckt, und zwar nach der Lage der örtlichen Verhältnisse unter Berücksichtigung der durch das Vorhandensein der Betriebsstätte erwachsenden Gemeindelasten.

§ 31 Begriff der Arbeitslöhne für die Zerlegung. (1) [1] Arbeitslöhne sind vorbehaltlich der Absätze 2 bis 5 die Vergütungen im Sinne des § 19 Abs. 1 Nr. 1 des Einkommensteuergesetzes[1)], soweit sie nicht durch andere Rechtsvorschriften von der Einkommensteuer befreit sind. [2] Zuschläge für Mehrarbeit und für Sonntags-, Feiertags- und Nachtarbeit gehören unbeschadet der einkommensteuerlichen Behandlung zu den Arbeitslöhnen.

(2) Zu den Arbeitslöhnen gehören nicht Vergütungen, die an Personen gezahlt worden sind, die zu ihrer Berufsausbildung beschäftigt werden.

(3) In den Fällen des § 3 Nr. 5, 6, 8, 9, 12, 13, 15, 17, 21, 26, 27, 28 und 29 bleiben die Vergütungen an solche Arbeitnehmer außer Ansatz, die nicht ausschließlich oder überwiegend in dem steuerpflichtigen Betrieb oder Teil des Betriebs tätig sind.

(4) [1] Nach dem Gewinn berechnete einmalige Vergütungen (z. B. Tantiemen, Gratifikationen) sind nicht anzusetzen. [2] Das Gleiche gilt für sonstige Vergütungen, soweit sie bei dem einzelnen Arbeitnehmer 50 000 Euro übersteigen.

(5) Bei Unternehmen, die nicht von einer juristischen Person betrieben werden, sind für die im Betrieb tätigen Unternehmer (Mitunternehmer) insgesamt 25 000 Euro jährlich anzusetzen.

§ 32. (weggefallen)

§ 33 Zerlegung in besonderen Fällen. (1) [1] Führt die Zerlegung nach den §§ 28 bis 31 zu einem offenbar unbilligen Ergebnis, so ist nach einem Maßstab zu zerlegen, der die tatsächlichen Verhältnisse besser berücksichtigt. [2] In dem Zerlegungsbescheid hat das Finanzamt darauf hinzuweisen, dass bei der Zerlegung Satz 1 angewendet worden ist.

(2) Einigen sich die Gemeinden mit dem Steuerschuldner über die Zerlegung, so ist der Steuermessbetrag nach Maßgabe der Einigung zu zerlegen.

§ 34 Kleinbeträge. (1) [1] Übersteigt der Steuermessbetrag nicht den Betrag von 10 Euro, so ist er in voller Höhe der Gemeinde zuzuweisen, in der sich die Geschäftsleitung befindet. [2] Befindet sich die Geschäftsleitung im Ausland, so ist der Steuermessbetrag der Gemeinde zuzuweisen, in der sich die wirtschaftlich bedeutendste der zu berücksichtigenden Betriebsstätten befindet.

[1)] Nr. **1**.

(2) [1]Übersteigt der Steuermessbetrag zwar den Betrag von 10 Euro, würde aber nach den Zerlegungsvorschriften einer Gemeinde ein Zerlegungsanteil von nicht mehr als 10 Euro zuzuweisen sein, so ist dieser Anteil der Gemeinde zuzuweisen, in der sich die Geschäftsleitung befindet. [2]Absatz 1 Satz 2 ist entsprechend anzuwenden.

(3) [1]Wird der Zerlegungsbescheid geändert oder berichtigt, würde sich dabei aber der Zerlegungsanteil einer Gemeinde um nicht mehr als 10 Euro erhöhen oder ermäßigen, so ist der Betrag der Erhöhung oder Ermäßigung bei dem Zerlegungsanteil der Gemeinde zu berücksichtigen, in der sich die Geschäftsleitung befindet. [2]Absatz 2 Satz 2 ist entsprechend anzuwenden.

§ 35. (weggefallen)

Abschnitt VII. Gewerbesteuer der Reisegewerbebetriebe

§ 35a Gewerbesteuer der Reisegewerbebetriebe. (1) Der Gewerbesteuer unterliegen auch die Reisegewerbebetriebe, soweit sie im Inland betrieben werden.

(2)[1)] [1]Reisegewerbebetrieb im Sinne dieses Gesetzes ist ein Gewerbebetrieb, dessen Inhaber nach den Vorschriften der Gewerbeordnung und den dazugehörigen Ausführungsbestimmungen einer Reisegewerbekarte bedarf. [2]Wird im Rahmen eines einheitlichen Gewerbebetriebs sowohl ein stehendes Gewerbe als auch ein Reisegewerbe betrieben, so ist der Betrieb in vollem Umfang als stehendes Gewerbe zu behandeln.

(3) Hebeberechtigt ist die Gemeinde, in der sich der Mittelpunkt der gewerblichen Tätigkeit befindet.

(4) Ist im Laufe des Erhebungszeitraums der Mittelpunkt der gewerblichen Tätigkeit von einer Gemeinde in eine andere Gemeinde verlegt worden, so hat das Finanzamt den Steuermessbetrag nach den zeitlichen Anteilen (Kalendermonaten) auf die beteiligten Gemeinden zu zerlegen.

Abschnitt VIII. Änderung des Gewerbesteuermessbescheids von Amts wegen

§ 35b Änderung des Gewerbesteuermessbescheids von Amts wegen. (1) [1]Der Gewerbesteuermessbescheid oder Verlustfeststellungsbescheid ist von Amts wegen aufzuheben oder zu ändern, wenn der Einkommensteuerbescheid, der Körperschaftsteuerbescheid oder ein Feststellungsbescheid aufgehoben oder geändert wird und die Aufhebung oder Änderung den Gewinn aus Gewerbebetrieb berührt. [2]Die Änderung des Gewinns aus Gewerbebetrieb ist insoweit zu berücksichtigen, als sie die Höhe des Gewerbeertrags oder des

---

1) § 35a Abs. 2 Satz 1 geänd. mWv EZ 2010 durch G v. 8.12.2010 (BGBl. I S. 1768).

vortragsfähigen Gewerbeverlustes beeinflusst. [3] § 171 Abs. 10 der Abgabenordnung[1)] gilt sinngemäß.

(2)[2)] [1] Zuständig für die Feststellung des vortragsfähigen Gewerbeverlustes ist das für den Erlass des Gewerbesteuermessbescheids zuständige Finanzamt. [2] Bei der Feststellung des vortragsfähigen Gewerbeverlustes sind die Besteuerungsgrundlagen so zu berücksichtigen, wie sie der Festsetzung des Steuermessbetrags für den Erhebungszeitraum, auf dessen Schluss der vortragsfähige Gewerbeverlust festgestellt wird, zu Grunde gelegt worden sind; § 171 Absatz 10, § 175 Absatz 1 Satz 1 Nummer 1 und § 351 Absatz 2 der Abgabenordnung sowie § 42 der Finanzgerichtsordnung gelten entsprechend. [3] Die Besteuerungsgrundlagen dürfen bei der Feststellung nur insoweit abweichend von Satz 2 berücksichtigt werden, wie die Aufhebung, Änderung oder Berichtigung des Gewerbesteuermessbescheids ausschließlich mangels Auswirkung auf die Höhe des festzusetzenden Steuermessbetrags unterbleibt.[3)] [4] Die Feststellungsfrist endet nicht, bevor die Festsetzungsfrist für den Erhebungszeitraum abgelaufen ist, auf dessen Schluss der vortragsfähige Gewerbeverlust gesondert festzustellen ist; § 181 Abs. 5 der Abgabenordnung ist nur anzuwenden, wenn die zuständige Finanzbehörde die Feststellung des vortragsfähigen Gewerbeverlustes pflichtwidrig unterlassen hat.[4)]

Abschnitt IX. Durchführung

§ 35c Ermächtigung. (1) Die Bundesregierung wird ermächtigt, mit Zustimmung des Bundesrates

1. zur Durchführung des Gewerbesteuergesetzes Rechtsverordnungen zu erlassen
   a) über die Abgrenzung der Steuerpflicht,
   b) über die Ermittlung des Gewerbeertrags,
   c) über die Festsetzung der Steuermessbeträge, soweit dies zur Wahrung der Gleichmäßigkeit der Besteuerung und zur Vermeidung von Unbilligkeiten in Härtefällen erforderlich ist,
   d) über die Zerlegung des Steuermessbetrags,
   e) über die Abgabe von Steuererklärungen unter Berücksichtigung von Freibeträgen und Freigrenzen;
2. Vorschriften durch Rechtsverordnung zu erlassen
   a) über die sich aus der Aufhebung oder Änderung von Vorschriften dieses Gesetzes ergebenden Rechtsfolgen, soweit dies zur Wahrung der Gleichmäßigkeit bei der Besteuerung oder zur Beseitigung von Unbilligkeiten in Härtefällen erforderlich ist,

---

1) Nr. **800**.

2) § 35b Abs. 2 Satz 1 geänd. mWv EZ 2004 durch G v. 23.12.2003 (BGBl. I S. 2922); geänd. G v. 20.12.2007 (BGBl. I S. 3150).

3) § 35b Abs. 2 Sätze 2 und 3 neu gef. durch G v. 8.12.2010 (BGBl. I S. 1768).

4) § 35b Abs. 2 Satz 4 angef. durch G v. 13.12.2006 (BGBl. I S. 2878).

b) (weggefallen)

c) über die Steuerbefreiung der Einnehmer einer staatlichen Lotterie,

d)[1] über die Steuerbefreiung bei bestimmten kleineren Versicherungsvereinen auf Gegenseitigkeit im Sinne des § 210 des Versicherungsaufsichtsgesetzes, wenn sie von der Körperschaftsteuer befreit sind,

e)[2] über die Beschränkung der Hinzurechnung von Entgelten für Schulden und ihnen gleichgestellte Beträge (§ 8 Nr. 1 Buchstabe a) bei Kreditinstituten nach dem Verhältnis des Eigenkapitals zu Teilen der Aktivposten und bei Gewerbebetrieben, die nachweislich ausschließlich unmittelbar oder mittelbar Kredite oder Kreditrisiken, die einem Kreditinstitut oder einem in § 3 Nr. 2 genannten Gewerbebetrieb aus Bankgeschäften entstanden sind, erwerben und Schuldtitel zur Refinanzierung des Kaufpreises für den Erwerb solcher Kredite oder zur Refinanzierung von für die Risikoübernahmen zu stellenden Sicherheiten ausgeben,

f)[3] über die Beschränkung der Hinzurechnung von Entgelten für Schulden und ihnen gleichgestellte Beträge (§ 8 Nummer 1 Buchstabe a) bei

aa) Finanzdienstleistungsinstituten, soweit sie Finanzdienstleistungen im Sinne des § 1 Absatz 1a Satz 2 des Kreditwesengesetzes tätigen,

bb) Zahlungsinstituten, soweit sie Zahlungsdienste im Sinne des § 1 Absatz 1 Satz 2 Nummer 3 Buchstabe b und Nummer 6 des Zahlungsdiensteaufsichtsgesetzes erbringen.

[2]Voraussetzung für die Umsetzung von Satz 1 ist, dass die Umsätze des Finanzdienstleistungsinstituts zu mindestens 50 Prozent auf Finanzdienstleistungen und die Umsätze des Zahlungsinstituts zu mindestens 50 Prozent auf Zahlungsdienste entfallen,

g) über die Festsetzung abweichender Vorauszahlungstermine.

(2) Das Bundesministerium der Finanzen wird ermächtigt, den Wortlaut dieses Gesetzes und der zu diesem Gesetz erlassenen Rechtsverordnungen in der jeweils geltenden Fassung satzweise nummeriert mit neuem Datum und in neuer Paragrafenfolge bekannt zu machen und dabei Unstimmigkeiten im Wortlaut zu beseitigen.

Abschnitt X. Schlussvorschriften

§ 36[4] **Zeitlicher Anwendungsbereich.** (1) Die vorstehende Fassung dieses Gesetzes ist, soweit in den folgenden Absätzen nichts anderes bestimmt ist, erstmals für den Erhebungszeitraum 2020 anzuwenden.

---

[1] § 35c Abs. 1 Nr. 2 Buchst. d geänd. durch G v. 1.4.2015 (BGBl. I S. 434); zur Anwendung siehe § 36 Abs. 3.

[2] § 35c Abs. 1 Nr. 2 Buchst. e ergänzt durch G v. 31.7.2003 (BGBl. I S. 1550); geänd. mWv EZ 2008 durch G v. 14.8.2007 (BGBl. I S. 1912).

[3] § 35c Abs. 1 Nr. 2 Buchst. f Satz 1 neu gef. mWv VZ 2009 durch G v. 26.6.2013 (BGBl. I S. 1809), Satz 2 angef. mWv EZ 2011 durch G v. 8.4.2010 (BGBl. I S. 386) und geänd. mWv EZ 2011 durch G v. 26.6.2013 (BGBl. I S. 1809); Satz 1 Doppelbuchst. bb geänd. mWv EZ 2018 (§ 36 Abs. 6) durch G v. 12.12.2019 (BGBl. I S. 2451).

[4] § 36 neu gef. durch G v. 12.12.2019 (BGBl. I S. 2451).

[Fassung bis 31.12.2024:]

(2) 1 § 3 Nummer 1 in der Fassung des Artikels 8 des Gesetzes vom vom 12. Dezember 2019 (BGBl. I S. 2451) ist erstmals für den Erhebungszeitraum 2019 anzuwenden. 2 § 3 Nummer 13 in der Fassung des Artikels 8 des Gesetzes vom 12. Dezember 2019 (BGBl. I S. 2451) ist erstmals für den Erhebungszeitraum 2015 anzuwenden. 3 § 3 Nummer 24 in der Fassung des Artikels 8 des Gesetzes vom 12. Dezember 2019 (BGBl. I S. 2451) ist erstmals für den Erhebungszeitraum 2019 anzuwenden. 4 § 3 Nummer 32 in der Fassung des Artikels 8 des Gesetzes vom 12. Dezember 2019 (BGBl. I S. 2451) ist erstmals für den Erhebungszeitraum 2019 anzuwenden.

[Fassung ab 1.1.2025:]

(2)[1] 1 § 3 Nummer 1 in der Fassung des Artikels 8 des Gesetzes vom 12. Dezember 2019 (BGBl. I S. 2451) ist erstmals für den Erhebungszeitraum 2019 anzuwenden. 2 § 3 Nummer 12 in der Fassung des Artikels 9 des Gesetzes vom 12. Dezember 2019 (BGBl. I S. 2451) ist erstmals für den Erhebungszeitraum 2025 anzuwenden. 3 § 3 Nummer 13 in der Fassung des Artikels 8 des Gesetzes vom 12. Dezember 2019 (BGBl. I S. 2451) ist erstmals für den Erhebungszeitraum 2015 anzuwenden. 4 § 3 Nummer 24 in der Fassung des Artikels 8 des Gesetzes vom 12. Dezember 2019 (BGBl. I S. 2451) ist erstmals für den Erhebungszeitraum 2019 anzuwenden. 5 § 3 Nummer 32 in der Fassung des Artikels 8 des Gesetzes vom 12. Dezember 2019 (BGBl. I S. 2451) ist erstmals für den Erhebungszeitraum 2019 anzuwenden.

(3)[2] 1 § 7 Satz 3 in der durch Artikel 8 des Gesetzes vom 12. Dezember 2019 (BGBl. I S. 2451) geänderten Fassung ist erstmals für den Erhebungszeitraum 2009 anzuwenden. 2 Für den Erhebungszeitraum 2008 ist § 7 Satz 3 in folgender Fassung anzuwenden:

„3 Der nach § 5a des Einkommensteuergesetzes ermittelte Gewinn einschließlich der Hinzurechnungen nach § 5a Absatz 4 und 4a des Einkommensteuergesetzes und das nach § 8 Absatz 1 Satz 2 des Körperschaftsteuergesetzes ermittelte Einkommen gelten als Gewerbeertrag nach Satz 1."

3 § 7 Satz 7 in der Fassung des Artikels 16 des Gesetzes vom 20. Dezember 2016 (BGBl. I S. 3000) ist erstmals für den Erhebungszeitraum 2017 anzuwenden.

(4) 1 § 8 Nummer 1 Buchstabe d Satz 2 ist nur auf Entgelte anzuwenden, die auf Verträgen beruhen, die nach dem 31. Dezember 2019 abgeschlossen worden sind. 2 Dabei ist bei Verträgen, die vor dem 1. Januar 2025 abgeschlossen werden, statt einer Reichweite von 80 Kilometern eine Reichweite von 60 Kilometern ausreichend. 3 § 8 Nummer 1 Buchstabe d Satz 2 ist letztmals für den Erhebungszeitraum 2030 anzuwenden.

(5)[3] 1 § 9 Nummer 3 Satz 1 erster Halbsatz in der Fassung des Artikels 16 des Gesetzes vom 20. Dezember 2016 (BGBl. I S. 3000) ist erstmals für den

---

[1] § 36 Abs. 2 Satz 2 eingef. mWv 1.1.2025 durch G v. 12.12.2019 (BGBl. I S. 2451).

[2] § 36 Abs. 3 Satz 3 angef. durch G v. 21.12.2020 (BGBl. I S. 3096).

[3] § 36 Abs. 5 Satz 1 eingef., bish. Wortlaut wird Satz 2 durch G v. 21.12.2020 (BGBl. I S. 3096).

Erhebungszeitraum 2017 anzuwenden. [2] § 9 Nummer 5 Satz 12 in der Fassung des Artikels 8 des Gesetzes vom 12. Dezember 2019 (BGBl. I S. 2451) ist erstmals für Zuwendungen anzuwenden, die nach dem 31. Dezember 2019 geleistet werden.

(5a)[1)] § 10a in der Fassung des Artikels 9 des Gesetzes vom 21. Dezember 2020 (BGBl. I S. 3096) ist auch für Erhebungszeiträume vor 2020 anzuwenden.

(6) § 35c Absatz 1 Nummer 2 Buchstabe f Satz 1 Doppelbuchstabe bb in der Fassung des Artikels 8 des Gesetzes vom 12. Dezember 2019 (BGBl. I S. 2451) ist erstmals für den Erhebungszeitraum 2018 anzuwenden.

§ 37. (weggefallen)

[1)] § 36 Abs. 5a eingef. durch G v. 21.12.2020 (BGBl. I S. 3096).

460. Gewerbesteuer-Durchführungsverordnung (GewStDV)[1)]

In der Fassung der Bekanntmachung vom 15. Oktober 2002
(BGBl. I S. 4180)[2)·3)]

Geändert durch Steuervergünstigungsabbaugesetz vom 16.5.2003 (BGBl. I S. 660), Kleinunternehmerförderungsgesetz vom 31.7.2003 (BGBl. I S. 1550), Gesetz über steuerliche Begleitmaßnahmen zur Einführung der Europäischen Gesellschaft und zur Änderung weiterer steuerrechtlicher Vorschriften (SEStEG) vom 7.12.2006 (BGBl. I S. 2782), Jahressteuergesetz 2007 vom 13.12.2006 (BGBl. I S. 2878), Unternehmensteuerreformgesetz 2008 vom 14.8.2007 (BGBl. I S. 1912), Jahressteuergesetz 2008 vom 20.12.2007 (BGBl. I S. 3150), Jahressteuergesetz 2009 vom 19.12.2008 (BGBl. I S. 2794), Drittes Mittelstandsentlastungsgesetz vom 17.3.2009 (BGBl. I S. 550), Bürgerentlastungs gesetz Krankenversicherung vom 16.7.2009 (BGBl. I S. 1959), Gesetz zur Umsetzung steuerlicher EU-Vorgaben sowie zur Änderung steuerlicher Vorschriften vom 8.4.2010 (BGBl. I S. 386), Verordnung zur Änderung steuerlicher Verordnungen vom 17.11.2010 (BGBl. I S. 1544), Amtshilferichtlinie-Umsetzungsgesetz (AmtshilfeRLUmsG) vom 26.6.2013 (BGBl. I S. 1809), Gesetz zur Modernisierung der Finanzaufsicht über Versicherungen vom 1.4.2015 (BGBl. I S. 434), Gesetz zur Reform des Grundsteuer- und Bewertungsrechts (Grundsteuer-Reformgesetz – GrStRefG) vom 26.11.2019 (BGBl. I S. 1794), Gesetz zur weiteren steuerlichen Förderung der Elektromobilität und zur Änderung weiterer steuerlicher Vorschriften vom 12.12.2019 (BGBl. I S. 2451) und Fünfte Verordnung zur Änderung seuerlicher Verordnungen vom 25.6.2020 (BGBl. I S. 1495)

BGBl. III/FNA 611-5-1

Zu § 2 des Gesetzes

§ 1 Stehender Gewerbebetrieb. Stehender Gewerbebetrieb ist jeder Gewerbebetrieb, der kein Reisegewerbebetrieb im Sinne des § 35a Abs. 2 des Gesetzes ist.

§ 2 Betriebe der öffentlichen Hand. (1)[4)] [1]Unternehmen von juristischen Personen des öffentlichen Rechts sind gewerbesteuerpflichtig, wenn sie als stehende Gewerbebetriebe anzusehen sind; für den Umfang des Unternehmens ist § 4 Abs. 6 Satz 1 des Körperschaftsteuergesetzes entsprechend anzuwenden. [2]Das gilt auch für Unternehmen, die der Versorgung der Bevölkerung mit Wasser, Gas, Elektrizität oder Wärme, dem öffentlichen Verkehr oder dem Hafenbetrieb dienen.

(2) [1]Unternehmen von juristischen Personen des öffentlichen Rechts, die überwiegend der Ausübung der öffentlichen Gewalt dienen (Hoheitsbetriebe), gehören unbeschadet der Vorschrift des Absatzes 1 Satz 2 nicht zu den Gewerbebetrieben. [2]Für die Annahme eines Hoheitsbetriebs reichen Zwangs- oder Monopolrechte nicht aus.

---

1) Neubekanntmachung der Gewerbesteuer-Durchführungsverordnung idF der Bek. v. 21.3.1991 (BGBl. I S. 831) auf Grund des § 35c GewStG idF der Bek. v. 15.10.2002 (BGBl. I S. 4167) in der ab 27.7.2002 geltenden Fassung.

2) Vgl. auch die Gewerbesteuer-Richtlinien **(Steuerrichtlinien Nr. 450).**

3) **Zum Erhebungszeitraum vgl. § 36.**

4) § 2 Abs. 1 Satz 1 HS 2 angef. durch G v. 19.12.2008 (BGBl. I S. 2794).

§ 3. (weggefallen)

§ 4 Aufgabe, Auflösung und Insolvenz. (1) Ein Gewerbebetrieb, der aufgegeben oder aufgelöst wird, bleibt Steuergegenstand bis zur Beendigung der Aufgabe oder Abwicklung.

(2) Die Gewerbesteuerpflicht wird durch die Eröffnung des Insolvenzverfahrens über das Vermögen des Unternehmers nicht berührt.

§ 5 Betriebsstätten auf Schiffen. Ein Gewerbebetrieb wird gewerbesteuerlich insoweit nicht im Inland betrieben, als für ihn eine Betriebsstätte auf einem Kauffahrteischiff unterhalten wird, das im sogenannten regelmäßigen Liniendienst ausschließlich zwischen ausländischen Häfen verkehrt, auch wenn es in einem inländischen Schiffsregister eingetragen ist.

§ 6 Binnen- und Küstenschifffahrtsbetriebe. Bei Binnen- und Küstenschifffahrtsbetrieben, die feste örtliche Anlagen oder Einrichtungen zur Ausübung des Gewerbes nicht unterhalten, gilt eine Betriebsstätte in dem Ort als vorhanden, der als Heimathafen (Heimatort) im Schiffsregister eingetragen ist.

§ 7. (weggefallen)

§ 8 Zusammenfassung mehrerer wirtschaftlicher Geschäftsbetriebe. Werden von einer sonstigen juristischen Person des privaten Rechts oder einem nichtrechtsfähigen Verein (§ 2 Abs. 3 des Gesetzes) mehrere wirtschaftliche Geschäftsbetriebe unterhalten, so gelten sie als ein einheitlicher Gewerbebetrieb.

§ 9. (weggefallen)

Zu § 3 des Gesetzes

§§ 10 bis **12.** (weggefallen)

§ 12a Kleinere Versicherungsvereine. Kleinere Versicherungsvereine auf Gegenseitigkeit im Sinne des § 210[1] des Versicherungsaufsichtsgesetzes sind von der Gewerbesteuer befreit, wenn sie nach § 5 Abs. 1 Nr. 4 des Körperschaftsteuergesetzes von der Körperschaftsteuer befreit sind.

§ 13 Einnehmer einer staatlichen Lotterie. Die Tätigkeit der Einnehmer einer staatlichen Lotterie unterliegt auch dann nicht der Gewerbesteuer, wenn sie im Rahmen eines Gewerbebetriebs ausgeübt wird.

Zu § 4 des Gesetzes

§ 14. (weggefallen)

[1] § 12a Verweis geänd. durch G v. 1.4.2015 (BGBl. I S. 434).

§ 15 Hebeberechtigte Gemeinde bei Gewerbebetrieben auf Schiffen und bei Binnen- und Küstenschifffahrtsbetrieben. Hebeberechtigte Gemeinde für die Betriebsstätten auf Kauffahrteischiffen, die in einem inländischen Schiffsregister eingetragen sind und nicht im sogenannten regelmäßigen Liniendienst ausschließlich zwischen ausländischen Häfen verkehren, und für die in § 6 bezeichneten Binnen- und Küstenschiffahrtsbetriebe ist die Gemeinde, in der der inländische Heimathafen (Heimatort) des Schiffes liegt.

Zu den §§ 7, 8 und 9 des Gesetzes

§ 16 Gewerbeertrag bei Abwicklung und Insolvenz. (1) Der Gewerbeertrag, der bei einem in der Abwicklung befindlichen Gewerbebetrieb im Sinne des § 2 Abs. 2 des Gesetzes im Zeitraum der Abwicklung entstanden ist, ist auf die Jahre des Abwicklungszeitraums zu verteilen.

(2) Das gilt entsprechend für Gewerbebetriebe, wenn über das Vermögen des Unternehmens ein Insolvenzverfahren eröffnet worden ist.

§§ 17 und **18.** (weggefallen)

Zu § 8 des Gesetzes

§ 19[1] **Schulden bestimmter Unternehmen.** (1) [1]Bei Kreditinstituten im Sinne des § 1 Absatz 1 [***ab EZ 2021:*** in Verbindung mit § 2 Absatz 1] des Kreditwesengesetzes[2] sind nur Entgelte für Schulden und den Entgelten gleichgestellte Beträge anzusetzen, die dem Betrag der Schulden entsprechen, um den der Ansatz der zum Anlagevermögen gehörenden Grundstücke, Gebäude, Betriebs- und Geschäftsausstattung, Schiffe, Anteile an Kreditinstituten und sonstigen Unternehmen sowie der Forderungen aus Vermögenseinlagen als stiller Gesellschafter und aus Genussrechten das Eigenkapital überschreitet; hierunter fallen nicht Gegenstände, über die Leasingverträge abgeschlossen worden sind. [2]Dem Anlagevermögen nach Satz 1 sind Forderungen gegen ein Unternehmen hinzuzurechnen, mit dem eine organschaftliche Verbindung nach § 2 Abs. 2 Satz 2 des Gesetzes besteht und das nicht zu den Kreditinstituten oder Unternehmen gehört, auf die Satz 1 und die Absätze 2 bis 4[3] anzuwenden sind.

(2) [1]Voraussetzung für die Anwendung des Absatzes 1 ist, dass im Durchschnitt aller Monatsausweise des Wirtschaftsjahrs des Kreditinstituts nach § 25 des Kreditwesengesetzes[4] oder entsprechender Statistiken die Aktivposten aus Bankgeschäften und dem Erwerb von Geldforderungen die Aktivposten aus anderen Geschäften überwiegen. [2]In den Vergleich sind Aktivposten aus Anlagen nach Absatz 1 nicht einzubeziehen.

---

[1] § 19 neu gef. mWv EZ 2008 durch G v. 19.12.2008 (BGBl. I S. 2794).

[2] Verweis geänd. mWv EZ 2008 durch VO v. 17.11.2010 (BGBl. I S. 1544); geänd. mWv EZ 2021 durch VO vom 25.6.2020 (BGBl. I S. 1495); abgedruckt in **Wirtschaftsgesetze Nr. 145.**

[3] Verweis geänd. mWv EZ 2008 durch VO v. 17.11.2010 (BGBl. I S. 1544).

[4] Verweis geänd. durch VO v. 17.11.2010 (BGBl. I S. 1544).

(3) Die vorstehenden Bestimmungen gelten entsprechend

1. für Pfandleiher im Sinne der Pfandleiherverordnung in der Fassung der Bekanntmachung vom 1. Juni 1976 (BGBl. I S. 1334) in der jeweils geltenden Fassung;
2. für Gewerbebetriebe, die nachweislich ausschließlich unmittelbar oder mittelbar Kredite oder Kreditrisiken aus Bankgeschäften im Sinne des § 1 Abs. 1 Satz 2 Nr. 2, 3 und 8 des Kreditwesengesetzes in der Fassung des Artikels 27 des Gesetzes vom 19. Dezember 2008 (BGBl. I S. 2794) von Kreditinstituten im Sinne des § 1 des Kreditwesengesetzes oder von in § 3 Nr. 2 des Gesetzes genannten Gewerbebetrieben erwerben und Schuldtitel zur Refinanzierung des Kaufpreises für den Erwerb solcher Kredite oder zur Refinanzierung von für die Risikoübernahmen zu stellenden Sicherheiten ausgeben; die Refinanzierung durch Aufnahme von Darlehen von Gewerbebetrieben im Sinne der Nummer 3 an der Stelle der Ausgabe von Schuldtiteln ist unschädlich, und
3. für Gewerbebetriebe, die nachweislich ausschließlich Schuldtitel bezogen auf die in Nummer 2 bezeichneten Kredite oder Kreditrisiken ausgeben und an Gewerbebetriebe im Sinne der Nummer 2 Darlehen gewähren.
4.[1] *(aufgehoben)*

(4)[2] [1]Bei Finanzdienstleistungsinstituten im Sinne des § 1 Absatz 1a des Kreditwesengesetzes, die mit Ausnahme der Unternehmen im Sinne des § 2 Absatz 6 Nummer 17 des Kreditwesengesetzes nicht der Ausnahmeregelung des § 2 Absatz 6 des Kreditwesengesetzes unterliegen, sowie bei Zahlungsinstituten im Sinne des § 1 Absatz 1 Satz 1 Nummer 1 des Zahlungsdiensteaufsichtsgesetzes unterbleibt eine Hinzurechnung von Entgelten für Schulden und ihnen gleichgestellten Beträgen nach § 8 Nummer 1 Buchstabe a des Gesetzes, soweit die Entgelte und ihnen gleichgestellten Beträge unmittelbar auf Finanzdienstleistungen im Sinne des § 1 Absatz 1a Satz 2 des Kreditwesengesetzes oder Zahlungsdienste im Sinne des § 1 Absatz 1 Satz 2 Nummer 3 Buchstabe b und Nummer 6 des Zahlungsdiensteaufsichtsgesetzes entfallen. [2]Satz 1 ist nur anzuwenden, wenn die Umsätze des Finanzdienstleistungsinstituts zu mindestens 50 Prozent auf Finanzdienstleistungen und die Umsätze des Zahlungsinstituts zu mindestens 50 Prozent auf Zahlungsdienste entfallen.

Zu § 9 des Gesetzes

§ 20 Grundbesitz. (1) [1]Die Frage, ob und inwieweit im Sinne des § 9 Nr. 1 des Gesetzes Grundbesitz zum Betriebsvermögen des Unternehmers gehört, ist nach den Vorschriften des Einkommensteuergesetzes oder des Körperschaftsteuergesetzes zu entscheiden. [2]Maßgebend ist dabei der Stand zu Beginn des Kalenderjahrs.

---

[1] § 19 Abs. 3 Nr. 4 aufgeh. mWv EZ 2008 durch G v. 8.4.2010 (BGBl. I S. 386).

[2] § 19 Abs. 4 angef. durch G v. 8.4.2010 (BGBl. I S. 386) und geänd. durch G v. 26.6.2013 (BGBl. I S. 1809); Abs. 4 Satz 1 neu gef. mWv EZ 2009 durch G v. 26.6.2013 (BGBl. I S. 1809); Satz 1 geänd. mWv EZ 2018 (§ 36 Abs. 3) durch G v. 12.12.2019 (BGBl. I S. 2451).

(2)[1] Gehört der Grundbesitz nur zum Teil zum Betriebsvermögen im Sinne des Absatzes 1, so ist der Kürzung nach § 9 Nr. 1 des Gesetzes nur der entsprechende Teil des *Einheitswerts* [***ab 1.1.2025:*** Grundsteuerwerts] zugrunde zu legen.

§ 21. (weggefallen)

Zu § 11 des Gesetzes

§ 22 Hausgewerbetreibende und ihnen gleichgestellte Personen. [1]Betreibt ein Hausgewerbetreibender oder eine ihm gleichgestellte Person noch eine andere gewerbliche Tätigkeit und sind beide Tätigkeiten als eine Einheit anzusehen, so ist § 11 Abs. 3 des Gesetzes nur anzuwenden, wenn die andere Tätigkeit nicht überwiegt. [2]Die Vergünstigung gilt in diesem Fall für den gesamten Gewerbeertrag.

§§ 23 und **24.** (weggefallen)

Zu § 14a des Gesetzes

§ 25 Gewerbesteuererklärung. (1) Eine Gewerbesteuererklärung ist abzugeben

1. für alle gewerbesteuerpflichtigen Unternehmen, deren Gewerbeertrag im Erhebungszeitraum den Betrag von 24 500 Euro überstiegen hat;
2. für Kapitalgesellschaften (Aktiengesellschaften, Kommanditgesellschaften auf Aktien, Gesellschaften mit beschränkter Haftung), wenn sie nicht von der Gewerbesteuer befreit sind;
3.[2] für Genossenschaften einschließlich Europäischer Genossenschaften und für Versicherungsvereine auf Gegenseitigkeit, wenn sie nicht von der Gewerbesteuer befreit sind. [2]Für sonstige juristische Personen des privaten Rechts und für nichtrechtsfähige Vereine ist eine Gewerbesteuererklärung nur abzugeben, soweit diese Unternehmen einen wirtschaftlichen Geschäftsbetrieb – ausgenommen Land- und Forstwirtschaft – unterhalten, dessen Gewerbeertrag im Erhebungszeitraum den Betrag von 5000 Euro[3] überstiegen hat;
4. für Unternehmen von juristischen Personen des öffentlichen Rechts, wenn sie als stehende Gewerbebetriebe anzusehen sind und ihr Gewerbeertrag im Erhebungszeitraum den Betrag von 5000 Euro[3] überstiegen hat;
5. für Unternehmen im Sinne des § 3 Nr. 5, 6, 8, 9, 15, 17, 21, 26, 27, 28 und 29 des Gesetzes nur, wenn sie neben der von der Gewerbesteuer befreiten Tätigkeit auch eine der Gewerbesteuer unterliegende Tätigkeit ausgeübt

---

[1] § 20 Abs. 2 geänd. mWv 1.1.2025 durch G v. 26.11.2019 (BGBl. I S. 1794).

[2] § 25 Abs. 1 Nr. 3 Satz 1 geänd. mWv EZ 2006 durch G v. 7.12.2006 (BGBl. I S. 2782).

[3] § 25 Abs. 1 Nrn. 3 bis 5 Beträge geänd. mWv EZ 2009 durch G v. 17.3.2009 (BGBl. I S. 550).

haben und ihr steuerpflichtiger Gewerbeertrag im Erhebungszeitraum den Betrag von 5000 Euro[1] überstiegen hat;

6. für Unternehmen, für die zum Schluss des vorangegangenen Erhebungszeitraums vortragsfähige Fehlbeträge gesondert festgestellt worden sind;
7. für alle gewerbesteuerpflichtigen Unternehmen, für die vom Finanzamt eine Gewerbesteuererklärung besonders verlangt wird.

(2)[2] [1]Die Steuererklärung ist spätestens an dem von den obersten Finanzbehörden der Länder bestimmten Zeitpunkt abzugeben. [2]*Für die Erklärung sind die amtlichen Vordrucke zu verwenden.* [2]Das Recht des Finanzamts, schon vor diesem Zeitpunkt Angaben zu verlangen, die für die Besteuerung von Bedeutung sind, bleibt unberührt.

§§ 26 bis **28.** (weggefallen)

Zu § 19 des Gesetzes

§ 29 Anpassung und erstmalige Festsetzung der Vorauszahlungen.

(1) [1]Setzt das Finanzamt nach § 19 Abs. 3 Satz 3 des Gesetzes einen Steuermessbetrag für Zwecke der Gewerbesteuer-Vorauszahlungen fest, so braucht ein Zerlegungsbescheid nicht erteilt zu werden. [2]Die hebeberechtigten Gemeinden können an dem Steuermessbetrag in demselben Verhältnis beteiligt werden, nach dem die Zerlegungsanteile in dem unmittelbar vorangegangenen Zerlegungsbescheid festgesetzt sind. [3]Das Finanzamt hat in diesem Fall gleichzeitig mit der Festsetzung des Steuermessbetrags den hebeberechtigten Gemeinden mitzuteilen

1. den Prozentsatz, um den sich der Steuermessbetrag gegenüber dem in der Mitteilung über die Zerlegung (§ 188 Abs. 1 der Abgabenordnung) angegebenen Steuermessbetrag erhöht oder ermäßigt, oder den Zerlegungsanteil,
2. den Erhebungszeitraum, für den die Änderung erstmals gilt.

(2)[3] [1]In den Fällen des § 19 Abs. 4 des Gesetzes hat das Finanzamt erforderlichenfalls den Steuermessbetrag für Zwecke der Gewerbesteuer-Vorauszahlungen zu zerlegen. [2]Das Gleiche gilt in den Fällen des § 19 Abs. 3 des Gesetzes, wenn an den Vorauszahlungen nicht dieselben Gemeinden beteiligt sind, die nach dem unmittelbar vorangegangenen Zerlegungsbescheid beteiligt waren. [3]Bei der Zerlegung sind die mutmaßlichen Arbeitslöhne des Erhebungszeitraums anzusetzen, für den die Festsetzung der Vorauszahlungen erstmals gilt.

§ 30 Verlegung von Betriebsstätten. [1]Wird eine Betriebsstätte in eine andere Gemeinde verlegt, so sind die Vorauszahlungen in dieser Gemeinde von dem auf die Verlegung folgenden Fälligkeitstag ab zu entrichten. [2]Das gilt

---

[1] § 25 Abs. 1 Nrn. 3 bis 5 Beträge geänd. mWv EZ 2009 durch G v. 17.3.2009 (BGBl. I S. 550).

[2] § 25 Abs. 2 Satz 2 aufgeh., bish. Satz 3 wird Satz 2 mWv EZ 2021 durch VO vom 25.6.2020 (BGBl. I S. 1495).

[3] § 29 Abs. 2 Satz 3 geänd. durch G v. 13.12.2006 (BGBl. I S. 2878).

nicht, wenn in der Gemeinde, aus der die Betriebsstätte verlegt wird, mindestens eine Betriebsstätte des Unternehmens bestehen bleibt.

§§ 31 bis **33**. (weggefallen)

Zu § 34 des Gesetzes

§ 34 Kleinbeträge bei Verlegung der Geschäftsleitung. Hat das Unternehmen die Geschäftsleitung im Laufe des Erhebungszeitraums in eine andere Gemeinde verlegt, so ist der Kleinbetrag der Gemeinde zuzuweisen, in der sich die Geschäftsleitung am Ende des Erhebungszeitraums befindet.

Zu § 35a des Gesetzes

§ 35 Reisegewerbebetriebe. (1) [1] Der Mittelpunkt der gewerblichen Tätigkeit befindet sich in der Gemeinde, von der aus die gewerbliche Tätigkeit vorwiegend ausgeübt wird. [2] Das ist in der Regel die Gemeinde, in der sich der Wohnsitz des Reisegewerbetreibenden befindet. [3] In Ausnahmefällen ist Mittelpunkt eine auswärtige Gemeinde, wenn die gewerbliche Tätigkeit von dieser Gemeinde (z.B. von einem Büro oder Warenlager) aus vorwiegend ausgeübt wird. [4] Ist der Mittelpunkt der gewerblichen Tätigkeit nicht feststellbar, so ist die Gemeinde hebeberechtigt, in der der Unternehmer polizeilich gemeldet oder meldepflichtig ist.

(2) Eine Zerlegung des Steuermessbetrags auf die Gemeinden, in denen das Gewerbe ausgeübt worden ist, unterbleibt.

(3) [1] Der Steuermessbetrag ist im Fall des § 3a Abs. 4 des Gesetzes nach dem Anteil der Kalendermonate auf die hebeberechtigten Gemeinden zu zerlegen. [2] Kalendermonate, in denen die Steuerpflicht nur während eines Teils bestanden hat, sind voll zu rechnen. [3] Der Anteil für den Kalendermonat, in dem der Mittelpunkt der gewerblichen Tätigkeit verlegt worden ist, ist der Gemeinde zuzuteilen, in der sich der Mittelpunkt in diesem Kalendermonat die längste Zeit befunden hat.

Schlussvorschriften

§ 36[1)] Zeitlicher Anwendungsbereich. Die vorstehende Fassung dieser Verordnung ist erstmals für den Erhebungszeitraum 2021 anzuwenden.

[1)] § 36 neu gef. durch VO v. 25.6.2020 (BGBl. I S. 1495).

500. Umsatzsteuergesetz (UStG)

In der Fassung der Bekanntmachung vom 21. Februar 2005
(BGBl. I S. 386)[1)]

Geändert durch Gesetz zur Neuorganisation der Bundesfinanzverwaltung und zur Schaffung eines Refinanzierungsregisters vom 22.9.2005 (BGBl. I S. 2809), Gesetz zur steuerlichen Förderung von Wachstum und Beschäftigung vom 26.4.2006 (BGBl. I S. 1091), Gesetz zur Eindämmung missbräuchlicher Steuergestaltungen vom 28.4.2006 (BGBl. I S. 1095), Haushaltsbegleitgesetz 2006 vom 29.6.2006 (BGBl. I S. 1402), Erstes Gesetz zum Abbau bürokratischer Hemmnisse insbesondere in der mittelständischen Wirtschaft vom 22.8.2006 (BGBl. I S. 1970), Jahressteuergesetz 2007 vom 13.12.2006 (BGBl. I S. 2878), Zweites Gesetz zum Abbau bürokratischer Hemmnisse insbesondere in der mittelständischen Wirtschaft vom 7.9.2007 (BGBl. I S. 2246), Gesetz zur weiteren Stärkung des bürgerschaftlichen Engagements vom 10.10.2007 (BGBl. I S. 2332), Jahressteuergesetz 2008 vom 20.12.2007 (BGBl. I S. 3150), Jahressteuergesetz 2009 vom 19.12.2008 (BGBl. I S. 2794), Steuerbürokratieabbaugesetz vom 20.12.2008 (BGBl. I S. 2850), Bürgerentlastungsgesetz Krankenversicherung vom 16.7.2009 (BGBl. I S. 1959), Wachstumsbeschleunigungsgesetz vom 22.12.2009 (BGBl. I S. 3950), Gesetz zur Umsetzung steuerlicher EU-Vorgaben sowie zur Änderung steuerlicher Vorschriften vom 8.4.2010 (BGBl. I S. 386), Gesetz zur Weiterentwicklung der Organisation der Grundsicherung für Arbeitsuchende vom 3.8.2010 (BGBl. I S. 1112), Jahressteuergesetz 2010 (JStG 2010) vom 8.12.2010 (BGBl. I S. 1768), Gesetz zur Ermittlung von Regelbedarfen und zur Änderung des Zweiten und Zwölften Buches Sozialgesetzbuch vom 24.3.2011 (BGBl. I S. 453), Gesetz zur bestätigenden Regelung verschiedener steuerlicher und verkehrsrechtlicher Vorschriften des Haushaltsbegleitgesetzes 2004 vom 5.4.2011 (BGBl. I S. 554), Sechstes Gesetz zur Änderung von Verbrauchsteuergesetzen vom 16.6.2011 (BGBl. I S. 1090), Gesetz zur Anpassung der Rechtsgrundlagen für die Fortentwicklung des Emissionshandels vom 21.7. 2011 (BGBl. I S. 1475), Steuervereinfachungsgesetz 2011 vom 1.11.2011 (BGBl. I S. 2131), Drittes Gesetz zur Änderung des Umsatzsteuergesetzes vom 6.12.2011 (BGBl. I S. 2562), Beitreibungsrichtlinie-Umsetzungsgesetz (BeitrRLUmsG) vom 7.12.2011 (BGBl. I S. 2592), Gesetz zur Änderung des Gemeindefinanzreformgesetzes und von steuerlichen Vorschriften vom 8.5.2012 (BGBl. I S. 1030), Amtshilferichtlinie-Umsetzungsgesetz (AmtshilfeRLUmsG) vom 26.6.2013 (BGBl. I S. 1809), Gesetz zur Anpassung des Investmentsteuergesetzes und anderer Gesetze an das AIFM-Umsetzungsgesetz (AIFM-Steuer-Anpassungsgesetz – AIFM-StAnpG) vom 18.12.2013 (BGBl. I S. 4318), Gesetz zur Anpassung des nationalen Steuerrechts an den Beitritt Kroatiens zur EU und zur Änderung weiterer steuerlicher Vorschriften vom 25.7.2014 (BGBl. I S. 1266), Gesetz zur Anpassung der Abgabenordnung an den Zollkodex der Union und zur Änderung weiterer steuerlicher Vorschriften vom 22.12.2014 (BGBl. I S. 2417), Steueränderungsgesetz 2015 vom 2.11.2015 (BGBl. I S. 1834), Gesetz zur Modernisierung des Besteuerungsverfahrens vom 18.7.2016 (BGBl. I S. 1679), Gesetz zur Reform der Investmentbesteuerung (Investmentsteuerreformgesetz – InvStRefG) vom 19.7. 2016 (BGBl. I S. 1730), Drittes Gesetz zur Stärkung der pflegerischen Versorgung und zur Änderung weiterer Vorschriften (Drittes Pflegestärkungsgesetz – PSG III) vom 23.12.2016 (BGBl. I S. 3191), Gesetz zur Stärkung der Teilhabe und Selbstbestimmung von Menschen mit Behinderungen (Bundesteilhabegesetz – BTHG) vom 23.12.2016 (BGBl. I S. 3234), Branntweinmonopolverwaltung-Auflösungsgesetz (BfBAG) vom 10.3.2017 (BGBl. I S. 420), Gesetz zur Umsetzung der Vierten EU-Geldwäscherichtlinie, zur Ausführung der EU-Geldtransferverordnung und zur Neuorganisation der Zentralstelle für Finanztransaktionsuntersuchungen vom 23.6.2017 (BGBl. I S. 1822), Zweites Gesetz zur Entlastung insbesondere der mittelständischen Wirtschaft von Bürokratie (Zweites Bürokratieentlastungsgesetz) vom 30.6.2017 (BGBl. I S. 2143), Gesetz zum Ausschluss verfassungsfeindlicher Parteien von der Parteienfinanzierung vom 18.7.2017 (BGBl. I S. 2730), Gesetz zur Durchführung der Verordnung (EU) Nr. 910/2014 des Europäischen Parlaments und des Rates vom 23. Juli 2014 über elektronische Identifizierung und Vertrauensdienste für elektronische Transaktionen im Bin-

---

[1)] Neubekanntmachung des UStG idF der Bek. v. 9.6.1999 (BGBl. I S. 1270) auf Grund des § 26 Abs. 6 UStG in der ab 1.1.2005 geltenden Fassung.

nenmarkt, zur Aufhebung der Richtlinie 1999/93/EG (elDAS-Durchführungsgesetz) vom 18.7.2017 (BGBl. I S. 2745), Gesetz zur Vermeidung von Umsatzsteuerausfällen beim Handel mit Waren im Internet und zur Änderung weiterer steuerlicher Vorschriften vom 11.12.2018 (BGBl. I S. 2338), Zweites Gesetz zur Anpassung des Datenschutzrechts an die Verordnung (EU) 2016/679 und zur Umsetzung der Richtlinie (EU) 2016/680 (Zweites Datenschutz-Anpassungs- und Umsetzungsgesetz EU – 2. DSAnpUG-EU) vom 20.11.2019 (BGBl. I S. 1626), Drittes Gesetz zur Entlastung insbesondere der mittelständischen Wirtschaft von Bürokratie (Drittes Bürokratieentlastungsgesetz) vom 22.11.2019 (BGBl. I S. 1746), Gesetz zur Reform des Grundsteuer- und Bewertungsrechts (Grundsteuer-Reformgesetz – GrStRefG) vom 26.11.2019 (BGBl. I S. 1794), Gesetz zur weiteren steuerlichen Förderung der Elektromobilität und zur Änderung weiterer steuerlicher Vorschriften vom 12.12.2019 (BGBl. I S. 2451), Gesetz zur Regelung des Sozialen Entschädigungsrechts vom 12.12.2019 (BGBl. I S. 2652), Gesetz zur Einführung einer Pflicht zur Mitteilung grenzüberschreitender Steuergestaltungen vom 21.12.2019 (BGBl. I S. 2875), Gesetz zur Umsetzung des Klimaschutzprogramms 2030 im Steuerrecht vom 21.12.2019 (BGBl. I S. 2886), Gesetz zur Umsetzung steuerlicher Hilfsmaßnahmen zur Bewältigung der Corona-Krise (Corona-Steuerhilfegesetz) vom 19.6.2020 (BGBl. I S. 1385), Zweites Gesetz zur Umsetzung steuerlicher Hilfsmaßnahmen zur Bewältigung der Corona-Krise (Zweites Corona-Steuerhilfegesetz) vom 29.6.2020 (BGBl. I S. 1512), Jahressteuergesetz 2020 (JStG 2020) vom 21.12.2020 (BGBl. I S. 3096) und Drittes Gesetz zur Umsetzung steuerlicher Hilfsmaßnahmen zur Bewältigung der Corona-Krise (Drittes Corona-Steuerhilfegesetz) vom 10.3.2021 (BGBl. I S. 330)

BGBl. III/FNA 611-10-14

Inhaltsübersicht

III. Bemessungsgrundlagen

IV. Steuer und Vorsteuer

V. Besteuerung

Erster Abschnitt. Steuergegenstand und Geltungsbereich

§ 1 Steuerbare Umsätze. (1) Der Umsatzsteuer unterliegen die folgenden Umsätze:

1. die Lieferungen und sonstigen Leistungen, die ein Unternehmer im Inland gegen Entgelt im Rahmen seines Unternehmens ausführt. [2]Die Steuerbarkeit entfällt nicht, wenn der Umsatz auf Grund gesetzlicher oder behördlicher Anordnung ausgeführt wird oder nach gesetzlicher Vorschrift als ausgeführt gilt;
2. und 3. (weggefallen)
4. die Einfuhr von Gegenständen im Inland oder in den österreichischen Gebieten Jungholz und Mittelberg (Einfuhrumsatzsteuer);
5. der innergemeinschaftliche Erwerb im Inland gegen Entgelt.

(1a) [1]Die Umsätze im Rahmen einer Geschäftsveräußerung an einen anderen Unternehmer für dessen Unternehmen unterliegen nicht der Umsatzsteuer. [2]Eine Geschäftsveräußerung liegt vor, wenn ein Unternehmen oder ein in der Gliederung eines Unternehmens gesondert geführter Betrieb im Ganzen entgeltlich oder unentgeltlich übereignet oder in eine Gesellschaft eingebracht wird. [3]Der erwerbende Unternehmer tritt an die Stelle des Veräußerers.

(2)[1)] [1]Inland im Sinne dieses Gesetzes ist das Gebiet der Bundesrepublik Deutschland mit Ausnahme des Gebiets von Büsingen, der Insel Helgoland, der Freizonen *des Kontrolltyps I nach § 1 Abs. 1 Satz 1 des Zollverwaltungsgesetzes* [***ab 1.1.2021:*** im Sinne des Artikels 243 des Zollkodex der Union] (Freihäfen), der Gewässer und Watten zwischen der Hoheitsgrenze und der jeweiligen Strandlinie sowie der deutschen Schiffe und der deutschen Luftfahrzeuge in Gebieten, die zu keinem Zollgebiet gehören. [2]Ausland im Sinne dieses Gesetzes ist das Gebiet, das danach nicht Inland ist. [3]Wird ein Umsatz im Inland ausgeführt, so kommt es für die Besteuerung nicht darauf an, ob der Unternehmer deutscher Staatsangehöriger ist, seinen Wohnsitz oder Sitz im Inland hat, im Inland eine Betriebsstätte unterhält, die Rechnung erteilt oder die Zahlung empfängt. [***ab 1.1.2021:*** [4]Zollkodex der Union bezeichnet die Verordnung (EU) Nr. 952/2013 des Europäischen Parlaments und des Rates vom 9. Oktober 2013 zur Festlegung des Zollkodex der Union (ABl. L 269 vom 10.10.2013, S. 1; L 287 vom 20.10.2013, S. 90) in der jeweils geltenden Fassung.]

(2a) [1]Das Gemeinschaftsgebiet im Sinne dieses Gesetzes umfasst das Inland im Sinne des Absatzes 2 Satz 1 und die Gebiete der übrigen Mitgliedstaaten der Europäischen Union[2)], die nach dem Gemeinschaftsrecht als Inland dieser Mitgliedstaaten gelten (übriges Gemeinschaftsgebiet). [2]Das Fürstentum Monaco gilt als Gebiet der Französischen Republik; die Insel Man gilt als Gebiet des Vereinigten Königreichs Großbritannien und Nordirland. [3]Drittlandsgebiet im Sinne dieses Gesetzes ist das Gebiet, das nicht Gemeinschaftsgebiet ist.

(3) [1]Folgende Umsätze, die in den Freihäfen und in den Gewässern und Watten zwischen der Hoheitsgrenze und der jeweiligen Strandlinie bewirkt werden, sind wie Umsätze im Inland zu behandeln:

1.[3)] die Lieferungen und die innergemeinschaftlichen Erwerbe von Gegenständen, die zum Gebrauch oder Verbrauch in den bezeichneten Gebieten oder zur Ausrüstung oder Versorgung eines Beförderungsmittels bestimmt sind, wenn die Gegenstände
   a) nicht für das Unternehmen des Abnehmers erworben werden, oder
   b) vom Abnehmer ausschließlich oder zum Teil für eine nach § 4 *Nr. 8 bis 27* [***ab 1.1.2020:*** Nummer 8 bis 27 und 29][4)] steuerfreie Tätigkeit verwendet werden;

2.[3)] die sonstigen Leistungen, die

[1)] § 1 Abs. 2 Satz 1 geänd., Satz 4 angef. mWv 1.1.2021 durch G v. 21.12.2020 (BGBl. I S. 3096).

[2)] Geänd. durch G v. 26.6.2013 (BGBl. I S. 1809).

[3)] § 1 Abs. 3 Satz 1 Nrn. 1 und 2 neu gef., Nr. 6 aufgeh. mWv 19.12.2006 durch G v. 13.12.2006 (BGBl. I S. 2878).

[4)] Verweis geänd. mWv 1.1.2020 durch G v. 12.12.2019 (BGBl. I S. 2451).

a) nicht für das Unternehmen des Leistungsempfängers ausgeführt werden, oder

b) vom Leistungsempfänger ausschließlich oder zum Teil für eine nach § 4 *Nr. 8 bis 27* [***ab 1.1.2020:*** Nummer 8 bis 27 und 29][1)] steuerfreie Tätigkeit verwendet werden;

3. die Lieferungen im Sinne des § 3 Abs. 1b und die sonstigen Leistungen im Sinne des § 3 Abs. 9a;

4. die Lieferungen von Gegenständen, die sich im Zeitpunkt der Lieferung

a) in einem zollamtlich bewilligten Freihafen-Veredelungsverkehr oder in einer zollamtlich besonders zugelassenen Freihafenlagerung oder

b) einfuhrumsatzsteuerrechtlich im freien Verkehr befinden;

5. die sonstigen Leistungen, die im Rahmen eines Veredelungsverkehrs oder einer Lagerung im Sinne der Nummer 4 Buchstabe a ausgeführt werden;

6.[2)] *(aufgehoben)*

7. der innergemeinschaftliche Erwerb eines neuen Fahrzeugs durch die in § 1a Abs. 3 und § 1b Abs. 1 genannten Erwerber.

[2] Lieferungen und sonstige Leistungen an juristische Personen des öffentlichen Rechts sowie deren innergemeinschaftlicher Erwerb in den bezeichneten Gebieten sind als Umsätze im Sinne der Nummern 1 und 2[3)] anzusehen, soweit der Unternehmer nicht anhand von Aufzeichnungen und Belegen das Gegenteil glaubhaft macht.

§ 1a Innergemeinschaftlicher Erwerb. (1) Ein innergemeinschaftlicher Erwerb gegen Entgelt liegt vor, wenn die folgenden Voraussetzungen erfüllt sind:

1. Ein Gegenstand gelangt bei einer Lieferung an den Abnehmer (Erwerber) aus dem Gebiet eines Mitgliedstaates in das Gebiet eines anderen Mitgliedstaates oder aus dem übrigen Gemeinschaftsgebiet in die in § 1 Abs. 3 bezeichneten Gebiete, auch wenn der Lieferer den Gegenstand in das Gemeinschaftsgebiet eingeführt hat,

2. der Erwerber ist

a) ein Unternehmer, der den Gegenstand für sein Unternehmen erwirbt, oder

b) eine juristische Person, die nicht Unternehmer ist oder die den Gegenstand nicht für ihr Unternehmen erwirbt,

und

3. die Lieferung an den Erwerber

a) wird durch einen Unternehmer gegen Entgelt im Rahmen seines Unternehmens ausgeführt und

---

[1)] Verweis geänd. mWv 1.1.2020 durch G v. 12.12.2019 (BGBl. I S. 2451).

[2)] § 1 Abs. 3 Satz 1 Nrn. 1 und 2 neu gef., Nr. 6 aufgeh. mWv 19.12.2006 durch G v. 13.12.2006 (BGBl. I S. 2878).

[3)] Verweis geänd. durch G v. 20.12.2007 (BGBl. I S. 3150).

b) ist nach dem Recht des Mitgliedstaates, der für die Besteuerung des Lieferers zuständig ist, nicht auf Grund der Sonderregelung für Kleinunternehmer steuerfrei.

(2) 1 Als innergemeinschaftlicher Erwerb gegen Entgelt gilt das Verbringen eines Gegenstands des Unternehmens aus dem übrigen Gemeinschaftsgebiet in das Inland durch einen Unternehmer zu seiner Verfügung, ausgenommen zu einer nur vorübergehenden Verwendung, auch wenn der Unternehmer den Gegenstand in das Gemeinschaftsgebiet eingeführt hat. 2 Der Unternehmer gilt als Erwerber.

[***ab 1.1.2020:***

(2a)[1] Ein innergemeinschaftlicher Erwerb im Sinne des Absatzes 2 liegt nicht vor in den Fällen des § 6b.]

(3) Ein innergemeinschaftlicher Erwerb im Sinne der Absätze 1 und 2 liegt nicht vor, wenn die folgenden Voraussetzungen erfüllt sind:

1. Der Erwerber ist
   a) ein Unternehmer, der nur steuerfreie Umsätze ausführt, die zum Ausschluss vom Vorsteuerabzug führen,
   b) ein Unternehmer, für dessen Umsätze Umsatzsteuer nach § 19 Abs. 1 nicht erhoben wird,
   c) ein Unternehmer, der den Gegenstand zur Ausführung von Umsätzen verwendet, für die die Steuer nach den Durchschnittssätzen des § 24 festgesetzt ist, oder
   d) eine juristische Person, die nicht Unternehmer ist oder die den Gegenstand nicht für ihr Unternehmen erwirbt,

   und
2. der Gesamtbetrag der Entgelte für Erwerbe im Sinne des Absatzes 1 Nr. 1 und des Absatzes 2 hat den Betrag von 12 500 Euro im vorangegangenen Kalenderjahr nicht überstiegen und wird diesen Betrag im laufenden Kalenderjahr voraussichtlich nicht übersteigen (Erwerbsschwelle).

(4)[2] 1 Der Erwerber kann auf die Anwendung des Absatzes 3 verzichten. 2 Als Verzicht gilt die Verwendung einer dem Erwerber erteilten Umsatzsteuer-Identifikationsnummer gegenüber dem Lieferer. 3 Der Verzicht bindet den Erwerber mindestens für zwei Kalenderjahre.

(5) 1 Absatz 3 gilt nicht für den Erwerb neuer Fahrzeuge und verbrauchsteuerpflichtiger Waren. 2 Verbrauchsteuerpflichtige Waren im Sinne dieses Gesetzes sind Mineralöle, Alkohol und alkoholische Getränke sowie Tabakwaren.

§ 1b Innergemeinschaftlicher Erwerb neuer Fahrzeuge. (1) Der Erwerb eines neuen Fahrzeugs durch einen Erwerber, der nicht zu den in § 1a Abs. 1 Nr. 2 genannten Personen gehört, ist unter den Voraussetzungen des § 1a Abs. 1 Nr. 1 innergemeinschaftlicher Erwerb.

---

[1] § 1a Abs. 2a eingef. mWv 1.1.2020 durch G v. 12.12.2019 (BGBl. I S. 2451).

[2] § 1a Abs. 4 Satz 2 ersetzt durch Sätze 2 und 3 mWv 1.1.2011 durch G v. 8.12.2010 (BGBl. I S. 1768).

(2) [1]Fahrzeuge im Sinne dieses Gesetzes sind

1. motorbetriebene Landfahrzeuge mit einem Hubraum von mehr als 48 Kubikzentimetern oder einer Leistung von mehr als 7,2 Kilowatt;
2. Wasserfahrzeuge mit einer Länge von mehr als 7,5 Metern;
3. Luftfahrzeuge, deren Starthöchstmasse mehr als 1550 Kilogramm beträgt.

[2]Satz 1 gilt nicht für die in § 4 Nr. 12 Satz 2 und Nr. 17 Buchstabe b bezeichneten Fahrzeuge.

(3) Ein Fahrzeug gilt als neu, wenn das

1. Landfahrzeug nicht mehr als 6000 Kilometer zurückgelegt hat oder wenn seine erste Inbetriebnahme im Zeitpunkt des Erwerbs nicht mehr als sechs Monate zurückliegt;
2. Wasserfahrzeug nicht mehr als 100 Betriebsstunden auf dem Wasser zurückgelegt hat oder wenn seine erste Inbetriebnahme im Zeitpunkt des Erwerbs nicht mehr als drei Monate zurückliegt;
3. Luftfahrzeug nicht länger als 40 Betriebsstunden genutzt worden ist oder wenn seine erste Inbetriebnahme im Zeitpunkt des Erwerbs nicht mehr als drei Monate zurückliegt.

§ 1c Innergemeinschaftlicher Erwerb durch diplomatische Missionen, zwischenstaatliche Einrichtungen und Streitkräfte der Vertragsparteien des Nordatlantikvertrags. (1) [1]Ein innergemeinschaftlicher Erwerb im Sinne des § 1a liegt nicht vor, wenn ein Gegenstand bei einer Lieferung aus dem Gebiet eines anderen Mitgliedstaates in das Inland gelangt und die Erwerber folgende Einrichtungen sind, soweit sie nicht Unternehmer sind oder den Gegenstand nicht für ihr Unternehmen erwerben:

1. im Inland ansässige ständige diplomatische Missionen und berufskonsularische Vertretungen,
2. im Inland ansässige zwischenstaatliche Einrichtungen,
3. im Inland stationierte Streitkräfte anderer Vertragsparteien des Nordatlantikvertrags oder

[*ab 1.7.2022:*

4.[1)] im Inland stationierte Streitkräfte anderer Mitgliedstaaten, die an einer Verteidigungsanstrengung teilnehmen, die zur Durchführung einer Tätigkeit der Union im Rahmen der Gemeinsamen Sicherheits- und Verteidigungspolitik unternommen wird.]

[2]Diese Einrichtungen gelten nicht als Erwerber im Sinne des § 1a Abs. 1 Nr. 2. [3]§ 1b bleibt unberührt.

(2) Als innergemeinschaftlicher Erwerb gegen Entgelt im Sinne des § 1a Abs. 2 gilt das Verbringen eines Gegenstands durch die deutschen Streitkräfte aus dem übrigen Gemeinschaftsgebiet in das Inland für den Gebrauch oder Verbrauch dieser Streitkräfte oder ihres zivilen Begleitpersonals, wenn die Lieferung des Gegenstands an die deutschen Streitkräfte im übrigen Gemein-

---

[1)] § 1c Abs. 1 Satz 1 Nr. 4 angef. mWv 1.7.2022 durch G v. 21.12.2020 (BGBl. I S. 3096).

schaftsgebiet oder die Einfuhr durch diese Streitkräfte nicht der Besteuerung unterlegen hat.

§ 2 Unternehmer, Unternehmen. (1) [1]Unternehmer ist, wer eine gewerbliche oder berufliche Tätigkeit selbständig ausübt. [2]Das Unternehmen umfasst die gesamte gewerbliche oder berufliche Tätigkeit des Unternehmers. [3]Gewerblich oder beruflich ist jede nachhaltige Tätigkeit zur Erzielung von Einnahmen, auch wenn die Absicht, Gewinn zu erzielen, fehlt oder eine Personenvereinigung nur gegenüber ihren Mitgliedern tätig wird.

(2) Die gewerbliche oder berufliche Tätigkeit wird nicht selbständig ausgeübt,

1. soweit natürliche Personen, einzeln oder zusammengeschlossen, einem Unternehmen so eingegliedert sind, dass sie den Weisungen des Unternehmers zu folgen verpflichtet sind,
2. wenn eine juristische Person nach dem Gesamtbild der tatsächlichen Verhältnisse finanziell, wirtschaftlich und organisatorisch in das Unternehmen des Organträgers eingegliedert ist (Organschaft). [2]Die Wirkungen der Organschaft sind auf Innenleistungen zwischen den im Inland gelegenen Unternehmensteilen beschränkt. [3]Diese Unternehmensteile sind als ein Unternehmen zu behandeln. [4]Hat der Organträger seine Geschäftsleitung im Ausland, gilt der wirtschaftlich bedeutendste Unternehmensteil im Inland als der Unternehmer.

(3)[1)] [1]*Die juristischen Personen des öffentlichen Rechts sind nur im Rahmen ihrer Betriebe gewerblicher Art (§ 1 Abs. 1 Nr. 6, § 4 des Körperschaftsteuergesetzes) und ihrer land- oder forstwirtschaftlichen Betriebe gewerblich oder beruflich tätig.* [2]*Auch wenn die Voraussetzungen des Satzes 1 nicht gegeben sind, gelten als gewerbliche oder berufliche Tätigkeit im Sinne dieses Gesetzes*

1. *(weggefallen)*
2. *die Tätigkeit der Notare im Landesdienst und der Ratschreiber im Land Baden-Württemberg, soweit Leistungen ausgeführt werden, für die nach der Bundesnotarordnung die Notare zuständig sind;*
3. *die Abgabe von Brillen und Brillenteilen einschließlich der Reparaturarbeiten durch Selbstabgabestellen der gesetzlichen Träger der Sozialversicherung;*
4. *die Leistungen der Vermessungs- und Katasterbehörden bei der Wahrnehmung von Aufgaben der Landesvermessung und des Liegenschaftskatasters mit Ausnahme der Amtshilfe;*
5. *die Tätigkeit der Bundesanstalt für Landwirtschaft und Ernährung, soweit Aufgaben der Marktordnung, der Vorratshaltung und der Nahrungsmittelhilfe wahrgenommen werden.*

§ 2a Fahrzeuglieferer. [1]Wer im Inland ein neues Fahrzeug liefert, das bei der Lieferung in das übrige Gemeinschaftsgebiet gelangt, wird, wenn er nicht Unternehmer im Sinne des § 2 ist, für diese Lieferung wie ein Unternehmer

---

[1)] § 2 Abs. 3 aufgeh. mWv 1.1.2016 durch G v. 2.11.2015 (BGBl. I S. 1834); siehe jetzt § 2b; zur weiteren Anwendung von § 2 Abs. 3 siehe § 27 Abs. 22 Sätze 1 und 3 bis 6 und Abs. 22a.

behandelt. [2]Dasselbe gilt, wenn der Lieferer eines neuen Fahrzeugs Unternehmer im Sinne des § 2 ist und die Lieferung nicht im Rahmen des Unternehmens ausführt.

§ 2b[1)] Juristische Personen des öffentlichen Rechts. (1) [1]Vorbehaltlich des Absatzes 4 gelten juristische Personen des öffentlichen Rechts nicht als Unternehmer im Sinne des § 2, soweit sie Tätigkeiten ausüben, die ihnen im Rahmen der öffentlichen Gewalt obliegen, auch wenn sie im Zusammenhang mit diesen Tätigkeiten Zölle, Gebühren, Beiträge oder sonstige Abgaben erheben. [2]Satz 1 gilt nicht, sofern eine Behandlung als Nichtunternehmer zu größeren Wettbewerbsverzerrungen führen würde.

(2) Größere Wettbewerbsverzerrungen liegen insbesondere nicht vor, wenn

1. der von einer juristischen Person des öffentlichen Rechts im Kalenderjahr aus gleichartigen Tätigkeiten erzielte Umsatz voraussichtlich 17 500 Euro jeweils nicht übersteigen wird oder
2. vergleichbare, auf privatrechtlicher Grundlage erbrachte Leistungen ohne Recht auf Verzicht (§ 9) einer Steuerbefreiung unterliegen.

(3) Sofern eine Leistung an eine andere juristische Person des öffentlichen Rechts ausgeführt wird, liegen größere Wettbewerbsverzerrungen insbesondere nicht vor, wenn

1. die Leistungen aufgrund gesetzlicher Bestimmungen nur von juristischen Personen des öffentlichen Rechts erbracht werden dürfen oder
2. die Zusammenarbeit durch gemeinsame spezifische öffentliche Interessen bestimmt wird. [2]Dies ist regelmäßig der Fall, wenn
   a) die Leistungen auf langfristigen öffentlich-rechtlichen Vereinbarungen beruhen,
   b) die Leistungen dem Erhalt der öffentlichen Infrastruktur und der Wahrnehmung einer allen Beteiligten obliegenden öffentlichen Aufgabe dienen,
   c) die Leistungen ausschließlich gegen Kostenerstattung erbracht werden und
   d) der Leistende gleichartige Leistungen im Wesentlichen an andere juristische Personen des öffentlichen Rechts erbringt.

(4) Auch wenn die Voraussetzungen des Absatzes 1 Satz 1 gegeben sind, gelten juristische Personen des öffentlichen Rechts bei Vorliegen der übrigen Voraussetzungen des § 2 Absatz 1 mit der Ausübung folgender Tätigkeiten stets als Unternehmer:

1.[2)] *die Tätigkeit der Notare im Landesdienst und der Ratschreiber im Land Baden-Württemberg, soweit Leistungen ausgeführt werden, für die nach der Bundesnotarordnung die Notare zuständig sind;*

[1)] § 2b eingef. durch G v. 2.11.2015 (BGBl. I S. 1834); zur Anwendung ab 1.1.2017 siehe § 27 Abs. 22 Satz 2 (bis dahin § 2 Abs. 3 iVm § 27 Abs. 22 Sätze 1 und 3 bis 6).

[2)] § 2b Abs. 4 Nrn. 1 und 2 aufgeh. mWv 18.12.2019 durch G v. 12.12.2019 (BGBl. I S. 2451).

2.[1] *die Abgabe von Brillen und Brillenteilen einschließlich der Reparaturarbeiten durch Selbstabgabestellen der gesetzlichen Träger der Sozialversicherung;*

3. die Leistungen der Vermessungs- und Katasterbehörden bei der Wahrnehmung von Aufgaben der Landesvermessung und des Liegenschaftskatasters mit Ausnahme der Amtshilfe;

4. die Tätigkeit der Bundesanstalt für Landwirtschaft und Ernährung, soweit Aufgaben der Marktordnung, der Vorratshaltung und der Nahrungsmittelhilfe wahrgenommen werden;

5. Tätigkeiten, die in Anhang I der Richtlinie 2006/112/EG des Rates vom 28. November 2006 über das gemeinsame Mehrwertsteuersystem (ABl. L 347 vom 11.12.2006, S. 1) in der jeweils gültigen Fassung genannt sind, sofern der Umfang dieser Tätigkeiten nicht unbedeutend ist.

§ 3 Lieferung, sonstige Leistung. (1) Lieferungen eines Unternehmers sind Leistungen, durch die er oder in seinem Auftrag ein Dritter den Abnehmer oder in dessen Auftrag einen Dritten befähigt, im eigenen Namen über einen Gegenstand zu verfügen (Verschaffung der Verfügungsmacht).

(1a)[2] [1]Als Lieferung gegen Entgelt gilt das Verbringen eines Gegenstands des Unternehmens aus dem Inland in das übrige Gemeinschaftsgebiet durch einen Unternehmer zu seiner Verfügung, ausgenommen zu einer nur vorübergehenden Verwendung, auch wenn der Unternehmer den Gegenstand in das Inland eingeführt hat. [2]Der Unternehmer gilt als Lieferer. [***ab 1.1.2020:*** [3]Die Sätze 1 und 2 gelten nicht in den Fällen des § 6b.]

(1b) [1]Einer Lieferung gegen Entgelt werden gleichgestellt

1. die Entnahme eines Gegenstands durch einen Unternehmer aus seinem Unternehmen für Zwecke, die außerhalb des Unternehmens liegen;
2. die unentgeltliche Zuwendung eines Gegenstands durch einen Unternehmer an sein Personal für dessen privaten Bedarf, sofern keine Aufmerksamkeiten vorliegen;
3. jede andere unentgeltliche Zuwendung eines Gegenstands, ausgenommen Geschenke von geringem Wert und Warenmuster für Zwecke des Unternehmens.

[2]Voraussetzung ist, dass der Gegenstand oder seine Bestandteile zum vollen oder teilweisen Vorsteuerabzug berechtigt haben.

(2) (weggefallen)

(3) [1]Beim Kommissionsgeschäft (§ 383 des Handelsgesetzbuchs) liegt zwischen dem Kommittenten und dem Kommissionär eine Lieferung vor. [2]Bei der Verkaufskommission gilt der Kommissionär, bei der Einkaufskommission der Kommittent als Abnehmer.

---

[1] § 2b Abs. 4 Nrn. 1 und 2 aufgeh. mWv 18.12.2019 durch G v. 12.12.2019 (BGBl. I S. 2451).

[2] § 3 Abs. 1a Satz 3 angef. mWv 1.1.2020 durch G v. 12.12.2019 (BGBl. I S. 2451).

[*ab 1.7.2021:*

(3a)[1] [1]Ein Unternehmer, der mittels seiner elektronischen Schnittstelle die Lieferung eines Gegenstands, dessen Beförderung oder Versendung im Gemeinschaftsgebiet beginnt und endet, durch einen nicht im Gemeinschaftsgebiet ansässigen Unternehmer an einen Empfänger nach § 3a Absatz 5 Satz 1 unterstützt, wird behandelt, als ob er diesen Gegenstand für sein Unternehmen selbst erhalten und geliefert hätte. [2]Dies gilt auch in den Fällen, in denen der Unternehmer mittels seiner elektronischen Schnittstelle den Fernverkauf von aus dem Drittlandsgebiet eingeführten Gegenständen in Sendungen mit einem Sachwert von höchstens 150 Euro unterstützt. [3]Eine elektronische Schnittstelle im Sinne der Sätze 1 und 2 ist ein elektronischer Marktplatz, eine elektronische Plattform, ein elektronisches Portal oder Ähnliches. [4]Ein Fernverkauf im Sinne des Satzes 2 ist die Lieferung eines Gegenstands, der durch den Lieferer oder für dessen Rechnung aus dem Drittlandsgebiet an einen Erwerber in einem Mitgliedstaat befördert oder versendet wird, einschließlich jener Lieferung, an deren Beförderung oder Versendung der Lieferer indirekt beteiligt ist. [5]Erwerber im Sinne des Satzes 4 ist ein in § 3a Absatz 5 Satz 1 bezeichneter Empfänger oder eine in § 1a Absatz 3 Nummer 1 genannte Person, die weder die maßgebende Erwerbsschwelle überschreitet noch auf ihre Anwendung verzichtet; im Fall der Beendigung der Beförderung oder Versendung im Gebiet eines anderen Mitgliedstaates ist die von diesem Mitgliedstaat festgesetzte Erwerbsschwelle maßgebend. [6]Satz 2 gilt nicht für die Lieferung neuer Fahrzeuge und eines Gegenstandes, der mit oder ohne probeweise Inbetriebnahme durch den Lieferer oder für dessen Rechnung montiert oder installiert geliefert wird.]

(4) [1]Hat der Unternehmer die Bearbeitung oder Verarbeitung eines Gegenstands übernommen und verwendet er hierbei Stoffe, die er selbst beschafft, so ist die Leistung als Lieferung anzusehen (Werklieferung), wenn es sich bei den Stoffen nicht nur um Zutaten oder sonstige Nebensachen handelt. [2]Das gilt auch dann, wenn die Gegenstände mit dem Grund und Boden fest verbunden werden.

(5) [1]Hat ein Abnehmer dem Lieferer die Nebenerzeugnisse oder Abfälle, die bei der Bearbeitung oder Verarbeitung des ihm übergebenen Gegenstands entstehen, zurückzugeben, so beschränkt sich die Lieferung auf den Gehalt des Gegenstands an den Bestandteilen, die dem Abnehmer verbleiben. [2]Das gilt auch dann, wenn der Abnehmer an Stelle der bei der Bearbeitung oder Verarbeitung entstehenden Nebenerzeugnisse oder Abfälle Gegenstände gleicher Art zurückgibt, wie sie in seinem Unternehmen regelmäßig anfallen.

(5a) Der Ort der Lieferung richtet sich vorbehaltlich der §§ 3c, 3e, *3f*[2] und 3g nach den Absätzen 6 bis 8.

(6) [1]Wird der Gegenstand der Lieferung durch den Lieferer, den Abnehmer oder einen vom Lieferer oder vom Abnehmer beauftragten Dritten befördert oder versendet, gilt die Lieferung dort als ausgeführt, wo die Beförderung

---

[1] § 3 Abs. 3a eingef. durch G v. 21.12.2020 (BGBl. I S. 3096); zur Anwendung siehe § 27 Abs. 34 Satz 1.

[2] Verweis auf § 3f aufgeh. mWv 18.12.2019 durch G v. 12.12.2019 (BGBl. I S. 2451).

oder Versendung an den Abnehmer oder in dessen Auftrag an einen Dritten beginnt. [2]Befördern ist jede Fortbewegung eines Gegenstands. [3]Versenden liegt vor, wenn jemand die Beförderung durch einen selbständigen Beauftragten ausführen oder besorgen lässt. [4]Die Versendung beginnt mit der Übergabe des Gegenstands an den Beauftragten. [***Fassung bis 31.12.2019:*** [5]*Schließen mehrere Unternehmer über denselben Gegenstand Liefergeschäfte ab und gelangt dieser Gegenstand bei der Beförderung oder Versendung unmittelbar vom ersten Unternehmer an den letzten Abnehmer, ist die Beförderung oder Versendung des Gegenstands nur einer der Lieferungen zuzuordnen.* [6]*Wird der Gegenstand der Lieferung dabei durch einen Abnehmer befördert oder versendet, der zugleich Lieferer ist, ist die Beförderung oder Versendung der Lieferung an ihn zuzuordnen, es sei denn, er weist nach, dass er den Gegenstand als Lieferer befördert oder versendet hat.*][1)]

[***ab 1.1.2020:***

(6a)[2)] [1]Schließen mehrere Unternehmer über denselben Gegenstand Liefergeschäfte ab und gelangt dieser Gegenstand bei der Beförderung oder Versendung unmittelbar vom ersten Unternehmer an den letzten Abnehmer (Reihengeschäft), so ist die Beförderung oder Versendung des Gegenstands nur einer der Lieferungen zuzuordnen. [2]Wird der Gegenstand der Lieferung dabei durch den ersten Unternehmer in der Reihe befördert oder versendet, ist die Beförderung oder Versendung seiner Lieferung zuzuordnen. [3]Wird der Gegenstand der Lieferung durch den letzten Abnehmer befördert oder versendet, ist die Beförderung oder Versendung der Lieferung an ihn zuzuordnen. [4]Wird der Gegenstand der Lieferung durch einen Abnehmer befördert oder versendet, der zugleich Lieferer ist (Zwischenhändler), ist die Beförderung oder Versendung der Lieferung an ihn zuzuordnen, es sei denn, er weist nach, dass er den Gegenstand als Lieferer befördert oder versendet hat. [5]Gelangt der Gegenstand der Lieferung aus dem Gebiet eines Mitgliedstaates in das Gebiet eines anderen Mitgliedstaates und verwendet der Zwischenhändler gegenüber dem leistenden Unternehmer bis zum Beginn der Beförderung oder Versendung eine Umsatzsteuer-Identifikationsnummer, die ihm vom Mitgliedstaat des Beginns der Beförderung oder Versendung erteilt wurde, ist die Beförderung oder Versendung seiner Lieferung zuzuordnen. [6]Gelangt der Gegenstand der Lieferung in das Drittlandsgebiet, ist von einem ausreichenden Nachweis nach Satz 4 auszugehen, wenn der Zwischenhändler gegenüber dem leistenden Unternehmer bis zum Beginn der Beförderung oder Versendung eine Umsatzsteuer-Identifikationsnummer oder Steuernummer verwendet, die ihm vom Mitgliedstaat des Beginns der Beförderung oder Versendung erteilt wurde. [7]Gelangt der Gegenstand der Lieferung vom Drittlandsgebiet in das Gemeinschaftsgebiet, ist von einem ausreichenden Nachweis nach Satz 4 auszugehen, wenn der Gegenstand der Lieferung im Namen des Zwischenhändlers oder im Rahmen der indirekten Stellvertretung (Artikel 18 der Verordnung (EU) Nr. 952/2013 des Europäischen Parlaments und des Rates vom 9. Oktober 2013 zur Festlegung des Zollkodex der Union, ABl. L 269 vom 10.10.2013, S. 1) für seine Rechnung zum zoll- und steuerrechtlich freien Verkehr angemeldet wird.]

---

1) § 3 Abs. 6 Sätze 5 und 6 aufgeh. mWv 1.1.2020 durch G v. 12.12.2019 (BGBl. I S. 2451).

2) § 3 Abs. 6a eingef. mWv 1.1.2020 durch G v. 12.12.2019 (BGBl. I S. 2451).

[***ab 1.7.2021:***

(6b)[1] Wird ein Unternehmer gemäß Absatz 3a behandelt, als ob er einen Gegenstand selbst erhalten und geliefert hätte, wird die Beförderung oder Versendung des Gegenstands der Lieferung durch diesen Unternehmer zugeschrieben.]

(7) [1] Wird der Gegenstand der Lieferung nicht befördert oder versendet, wird die Lieferung dort ausgeführt, wo sich der Gegenstand zur Zeit der Verschaffung der Verfügungsmacht befindet. [2] In den Fällen *des Absatzes 6 Satz 5* [***ab 1.1.2020:*** *des Absatzes 6a*][2] [***ab 1.7.2021:*** der Absätze 6a und 6b][3] gilt Folgendes:

1. Lieferungen, die der Beförderungs- oder Versendungslieferung vorangehen, gelten dort als ausgeführt, wo die Beförderung oder Versendung des Gegenstands beginnt.
2. Lieferungen, die der Beförderungs- oder Versendungslieferung folgen, gelten dort als ausgeführt, wo die Beförderung oder Versendung des Gegenstands endet.

(8) Gelangt der Gegenstand der Lieferung bei der Beförderung oder Versendung aus dem Drittlandsgebiet in das Inland, gilt der Ort der Lieferung dieses Gegenstands als im Inland gelegen, wenn der Lieferer oder sein Beauftragter Schuldner der Einfuhrumsatzsteuer ist.

(8a) (weggefallen)

(9)[4] [1] Sonstige Leistungen sind Leistungen, die keine Lieferungen sind. [2] Sie können auch in einem Unterlassen oder im Dulden einer Handlung oder eines Zustands bestehen.

(9a)[5] Einer sonstigen Leistung gegen Entgelt werden gleichgestellt

1.[6] die Verwendung eines dem Unternehmen zugeordneten Gegenstands, der zum vollen oder teilweisen Vorsteuerabzug berechtigt hat, durch einen Unternehmer für Zwecke, die außerhalb des Unternehmens liegen, oder für den privaten Bedarf seines Personals, sofern keine Aufmerksamkeiten vorliegen; dies gilt nicht, wenn der Vorsteuerabzug nach § 15 Absatz 1b ausgeschlossen oder wenn eine Vorsteuerberichtigung nach § 15a Absatz 6a durchzuführen ist;
2. die unentgeltliche Erbringung einer anderen sonstigen Leistung durch den Unternehmer für Zwecke, die außerhalb des Unternehmens liegen, oder für den privaten Bedarf seines Personals, sofern keine Aufmerksamkeiten vorliegen.

---

[1] § 3 Abs. 6b eingef. durch G v. 21.12.2020 (BGBl. I S. 3096); zur Anwendung siehe § 27 Abs. 34 Satz 1.

[2] Verweis geänd. mWv 1.1.2020 durch G v. 12.12.2019 (BGBl. I S. 2451).

[3] Verweis geänd. durch G v. 21.12.2020 (BGBl. I S. 3096); zur Anwendung siehe § 27 Abs. 34 Satz 1.

[4] § 3 Abs. 9 Sätze 4 und 5 aufgeh. durch G v. 20.12.2007 (BGBl. I S. 3150); Satz 3 aufgeh. mWv 1.1.2019 durch G v. 11.12.2018 (BGBl. I S. 2338).

[5] § 3 Abs. 9a Satz 2 aufgeh. mWv 1.1.2004 – zur Übergangsregelung für Altfahrzeuge siehe § 27 Abs. 5.

[6] § 3 Abs. 9a Nr. 1 Klammerzusatz angef. durch G v. 8.12.2010 (BGBl. I S. 1768); zur Anwendung siehe § 27 Abs. 16.

(10) Überlässt ein Unternehmer einem Auftraggeber, der ihm einen Stoff zur Herstellung eines Gegenstands übergeben hat, an Stelle des herzustellenden Gegenstands einen gleichartigen Gegenstand, wie er ihn in seinem Unternehmen aus solchem Stoff herzustellen pflegt, so gilt die Leistung des Unternehmers als Werkleistung, wenn das Entgelt für die Leistung nach Art eines Werklohns unabhängig vom Unterschied zwischen dem Marktpreis des empfangenen Stoffs und dem des überlassenen Gegenstands berechnet wird.

(11) Wird ein Unternehmer in die Erbringung einer sonstigen Leistung eingeschaltet und handelt er dabei im eigenen Namen, jedoch für fremde Rechnung, gilt diese Leistung als an ihn und von ihm erbracht.

(11a)[1] [1] Wird ein Unternehmer in die Erbringung einer sonstigen Leistung, die über ein Telekommunikationsnetz, eine Schnittstelle oder ein Portal erbracht wird, eingeschaltet, gilt er im Sinne von Absatz 11 als im eigenen Namen und für fremde Rechnung handelnd. [2] Dies gilt nicht, wenn der Anbieter dieser sonstigen Leistung von dem Unternehmer als Leistungserbringer ausdrücklich benannt wird und dies in den vertraglichen Vereinbarungen zwischen den Parteien zum Ausdruck kommt. [3] Diese Bedingung ist erfüllt, wenn

1. in den von jedem an der Erbringung beteiligten Unternehmer ausgestellten oder verfügbar gemachten Rechnungen die sonstige Leistung im Sinne des Satzes 2 und der Erbringer dieser Leistung angegeben sind;
2. in den dem Leistungsempfänger ausgestellten oder verfügbar gemachten Rechnungen die sonstige Leistung im Sinne des Satzes 2 und der Erbringer dieser Leistung angegeben sind.

[4] Die Sätze 2 und 3 finden keine Anwendung, wenn der Unternehmer hinsichtlich der Erbringung der sonstigen Leistung im Sinne des Satzes 2

1. die Abrechnung gegenüber dem Leistungsempfänger autorisiert,
2. die Erbringung der sonstigen Leistung genehmigt oder
3. die allgemeinen Bedingungen der Leistungserbringung festlegt.

[5] Die Sätze 1 bis 4 gelten nicht, wenn der Unternehmer lediglich Zahlungen in Bezug auf die erbrachte sonstige Leistung im Sinne des Satzes 2 abwickelt und nicht an der Erbringung dieser sonstigen Leistung beteiligt ist.

(12) [1] Ein Tausch liegt vor, wenn das Entgelt für eine Lieferung in einer Lieferung besteht. [2] Ein tauschähnlicher Umsatz liegt vor, wenn das Entgelt für eine sonstige Leistung in einer Lieferung oder sonstigen Leistung besteht.

(13) [1] Ein Gutschein (Einzweck- oder Mehrzweck-Gutschein) ist ein Instrument, bei dem

1. die Verpflichtung besteht, es als vollständige oder teilweise Gegenleistung für eine Lieferung oder sonstige Leistung anzunehmen und
2. der Liefergegenstand oder die sonstige Leistung oder die Identität des leistenden Unternehmers entweder auf dem Instrument selbst oder in damit zusammenhängenden Unterlagen, einschließlich der Bedingungen für die Nutzung dieses Instruments, angegeben sind.

---

[1] § 3 Abs. 11a eingef. mWv 1.1.2015 durch G v. 25.7.2014 (BGBl. I S. 1266).

2 Instrumente, die lediglich zu einem Preisnachlass berechtigen, sind keine Gutscheine im Sinne des Satzes 1.

(14)[1] 1 Ein Gutschein im Sinne des Absatzes 13, bei dem der Ort der Lieferung oder der sonstigen Leistung, auf die sich der Gutschein bezieht, und die für diese Umsätze geschuldete Steuer zum Zeitpunkt der Ausstellung des Gutscheins feststehen, ist ein Einzweck-Gutschein. 2 Überträgt ein Unternehmer einen Einzweck-Gutschein im eigenen Namen, gilt die Übertragung des Gutscheins als die Lieferung des Gegenstands oder die Erbringung der sonstigen Leistung, auf die sich der Gutschein bezieht. 3 Überträgt ein Unternehmer einen Einzweck-Gutschein im Namen eines anderen Unternehmers, gilt diese Übertragung als Lieferung des Gegenstands oder Erbringung der sonstigen Leistung, auf die sich der Gutschein bezieht, durch den Unternehmer, in dessen Namen die Übertragung des Gutscheins erfolgt. 4 Wird die im Einzweck-Gutschein bezeichnete Leistung von einem anderen Unternehmer erbracht als dem, der den Gutschein im eigenen Namen ausgestellt hat, wird der leistende Unternehmer so behandelt, als habe er die im Gutschein bezeichnete Leistung an den Aussteller erbracht. 5 Die tatsächliche Lieferung oder die tatsächliche Erbringung der sonstigen Leistung, für die ein Einzweck-Gutschein als Gegenleistung angenommen wird, gilt in den Fällen der Sätze 2 bis 4 nicht als unabhängiger Umsatz.

(15)[2] 1 Ein Gutschein im Sinne des Absatzes 13, bei dem es sich nicht um einen Einzweck-Gutschein handelt, ist ein Mehrzweck-Gutschein. 2 Die tatsächliche Lieferung oder die tatsächliche Erbringung der sonstigen Leistung, für die der leistende Unternehmer einen Mehrzweck-Gutschein als vollständige oder teilweise Gegenleistung annimmt, unterliegt der Umsatzsteuer nach § 1 Absatz 1, wohingegen jede vorangegangene Übertragung dieses Mehrzweck-Gutscheins nicht der Umsatzsteuer unterliegt.

§ 3a[3] Ort der sonstigen Leistung. (1) 1 Eine sonstige Leistung wird vorbehaltlich der Absätze 2 bis 8[4] und der *§§ 3b, 3e und 3f* [***ab 18.12.2019:*** §§ 3b und 3e][5] an dem Ort ausgeführt, von dem aus der Unternehmer sein Unternehmen betreibt. 2 Wird die sonstige Leistung von einer Betriebsstätte ausgeführt, gilt die Betriebsstätte als der Ort der sonstigen Leistung.

(2) 1 Eine sonstige Leistung, die an einen Unternehmer für dessen Unternehmen ausgeführt wird, wird vorbehaltlich der Absätze 3 bis 8[4] und der *§§ 3b, 3e und 3f* [***ab 18.12.2019:*** §§ 3b und 3e][5] an dem Ort ausgeführt, von dem aus der Empfänger sein Unternehmen betreibt. 2 Wird die sonstige Leistung an die Betriebsstätte eines Unternehmers ausgeführt, ist stattdessen der Ort der Betriebsstätte maßgebend. 3 Die Sätze 1 und 2 gelten entsprechend bei

---

[1] § 3 Abs. 13 und 14 angef. durch G v. 11.12.2018 (BGBl. I S. 2338); zur Anwendung siehe § 27 Abs. 23.

[2] § 3 Abs. 15 angef. durch G v. 11.12.2018 (BGBl. I S. 2338); zur Anwendung siehe § 27 Abs. 23.

[3] § 3a neu gef. mWv 1.1.2010 durch G v. 19.12.2008 (BGBl. I S. 2794).

[4] Verweis geänd. mWv 1.1.2011 durch G v. 8.12.2010 (BGBl. I S. 1768).

[5] Verweis geänd. mWv 18.12.2019 durch G v. 12.12.2019 (BGBl. I S. 2451).

einer sonstigen Leistung an eine ausschließlich[1] nicht unternehmerisch tätige juristische Person, der eine Umsatzsteuer-Identifikationsnummer erteilt worden ist, und bei einer sonstigen Leistung an eine juristische Person, die sowohl unternehmerisch als auch nicht unternehmerisch tätig ist; dies gilt nicht für sonstige Leistungen, die ausschließlich für den privaten Bedarf des Personals oder eines Gesellschafters bestimmt sind.

(3) Abweichend von den Absätzen 1 und 2 gilt:

1. [1] Eine sonstige Leistung im Zusammenhang mit einem Grundstück wird dort ausgeführt, wo das Grundstück liegt. [2] Als sonstige Leistungen im Zusammenhang mit einem Grundstück sind insbesondere anzusehen:
   a) sonstige Leistungen der in § 4 Nr. 12 bezeichneten Art,
   b) sonstige Leistungen im Zusammenhang mit der Veräußerung oder dem Erwerb von Grundstücken,
   c) sonstige Leistungen, die der Erschließung von Grundstücken oder der Vorbereitung, Koordinierung oder Ausführung von Bauleistungen dienen.
2.[2] [1] Die kurzfristige Vermietung eines Beförderungsmittels wird an dem Ort ausgeführt, an dem dieses Beförderungsmittel dem Empfänger tatsächlich zur Verfügung gestellt wird. [2] Als kurzfristig im Sinne des Satzes 1 gilt eine Vermietung über einen ununterbrochenen Zeitraum
   a) von nicht mehr als 90 Tagen bei Wasserfahrzeugen,
   b) von nicht mehr als 30 Tagen bei anderen Beförderungsmitteln.

   [3] Die Vermietung eines Beförderungsmittels, die nicht als kurzfristig im Sinne des Satzes 2 anzusehen ist, an einen Empfänger, der weder ein Unternehmer ist, für dessen Unternehmen die Leistung bezogen wird, noch eine nicht unternehmerisch tätige juristische Person, der eine Umsatzsteuer-Identifikationsnummer erteilt worden ist, wird an dem Ort erbracht, an dem der Empfänger seinen Wohnsitz oder Sitz hat. [4] Handelt es sich bei dem Beförderungsmittel um ein Sportboot, wird abweichend von Satz 3 die Vermietungsleistung an dem Ort ausgeführt, an dem das Sportboot dem Empfänger tatsächlich zur Verfügung gestellt wird, wenn sich auch der Sitz, die Geschäftsleitung oder eine Betriebsstätte des Unternehmers, von wo aus diese Leistung tatsächlich erbracht wird, an diesem Ort befindet.
3. Die folgenden sonstigen Leistungen werden dort ausgeführt, wo sie vom Unternehmer tatsächlich erbracht werden:
   a)[3] kulturelle, künstlerische, wissenschaftliche, unterrichtende, sportliche, unterhaltende oder ähnliche Leistungen, wie Leistungen im Zusammenhang mit Messen und Ausstellungen, einschließlich der Leistungen der jeweiligen Veranstalter sowie die damit zusammenhängenden Tätigkeiten, die für die Ausübung der Leistungen unerlässlich sind, an einen Empfän-

---

[1] § 3a Abs. 2 geänd. mWv 30.6.2013 durch G v. 26.6.2013 (BGBl. I S. 1809).

[2] § 3a Abs. 3 Nr. 2 Sätze 3 und 4 angef. mWv 30.6.2013 durch G v. 26.6.2013 (BGBl. I S. 1809).

[3] § 3a Abs. 3 Nr. 3 Buchst. a letzter HS angef. mWv 1.1.2011 durch G v. 8.12.2010 (BGBl. I S. 1768).

ger, der weder ein Unternehmer ist, für dessen Unternehmen die Leistung bezogen wird, noch eine nicht unternehmerisch tätige juristische Person, der eine Umsatzsteuer-Identifikationsnummer erteilt worden ist,

b) die Abgabe von Speisen und Getränken zum Verzehr an Ort und Stelle (Restaurationsleistung), wenn diese Abgabe nicht an Bord eines Schiffs, in einem Luftfahrzeug oder in einer Eisenbahn während einer Beförderung innerhalb des Gemeinschaftsgebiets erfolgt,

c) Arbeiten an beweglichen körperlichen Gegenständen und die Begutachtung dieser Gegenstände für einen Empfänger, der weder ein Unternehmer ist, für dessen Unternehmen die Leistung ausgeführt wird, noch eine nicht unternehmerisch tätige juristische Person, der eine Umsatzsteuer-Identifikationsnummer erteilt worden ist.

4. Eine Vermittlungsleistung an einen Empfänger, der weder ein Unternehmer ist, für dessen Unternehmen die Leistung bezogen wird, noch eine nicht unternehmerisch tätige juristische Person, der eine Umsatzsteuer-Identifikationsnummer erteilt worden ist, wird an dem Ort erbracht, an dem der vermittelte Umsatz als ausgeführt gilt.

5.[1] Die Einräumung der Eintrittsberechtigung zu kulturellen, künstlerischen, wissenschaftlichen, unterrichtenden, sportlichen, unterhaltenden oder ähnlichen Veranstaltungen, wie Messen und Ausstellungen, sowie die damit zusammenhängenden sonstigen Leistungen an einen Unternehmer für dessen Unternehmen oder an eine nicht unternehmerisch tätige juristische Person, der eine Umsatzsteuer-Identifikationsnummer erteilt worden ist, wird an dem Ort erbracht, an dem die Veranstaltung tatsächlich durchgeführt wird.

(4) [1] Ist der Empfänger einer der in Satz 2 bezeichneten sonstigen Leistungen weder ein Unternehmer, für dessen Unternehmen die Leistung bezogen wird, noch eine nicht unternehmerisch tätige juristische Person, der eine Umsatzsteuer-Identifikationsnummer erteilt worden ist, und hat er seinen Wohnsitz oder Sitz im Drittlandsgebiet, wird die sonstige Leistung an seinem Wohnsitz oder Sitz ausgeführt. [2] Sonstige Leistungen im Sinne des Satzes 1 sind:

1. die Einräumung, Übertragung und Wahrnehmung von Patenten, Urheberrechten, Markenrechten und ähnlichen Rechten;
2. die sonstigen Leistungen, die der Werbung oder der Öffentlichkeitsarbeit dienen, einschließlich der Leistungen der Werbungsmittler und der Werbeagenturen;
3. die sonstigen Leistungen aus der Tätigkeit als Rechtsanwalt, Patentanwalt, Steuerberater, Steuerbevollmächtigter, Wirtschaftsprüfer, vereidigter Buchprüfer, Sachverständiger, Ingenieur, Aufsichtsratsmitglied, Dolmetscher und Übersetzer sowie ähnliche Leistungen anderer Unternehmer, insbesondere die rechtliche, wirtschaftliche und technische Beratung;
4. die Datenverarbeitung;
5. die Überlassung von Informationen einschließlich gewerblicher Verfahren und Erfahrungen;

---

[1] § 3a Abs. 3 Nr. 5 angef. mWv 1.1.2011 durch G v. 8.12.2010 (BGBl. I S. 1768).

6. a)[1] Bank- und Finanzumsätze, insbesondere der in § 4 Nummer 8 Buchstabe a bis h bezeichneten Art und die Verwaltung von Krediten und Kreditsicherheiten, sowie Versicherungsumsätze der in § 4 Nummer 10 bezeichneten Art,

   b) die sonstigen Leistungen im Geschäft mit Gold, Silber und Platin. [2]Das gilt nicht für Münzen und Medaillen aus diesen Edelmetallen;

7. die Gestellung von Personal;
8. der Verzicht auf Ausübung eines der in Nummer 1 bezeichneten Rechte;
9. der Verzicht, ganz oder teilweise eine gewerbliche oder berufliche Tätigkeit auszuüben;
10. die Vermietung beweglicher körperlicher Gegenstände, ausgenommen Beförderungsmittel;

11.–13.[2] *(aufgehoben)*

14.[3] die Gewährung des Zugangs zum Erdgasnetz, zum Elektrizitätsnetz oder zu Wärme- oder Kältenetzen und die Fernleitung, die Übertragung oder Verteilung über diese Netze sowie die Erbringung anderer damit unmittelbar zusammenhängender sonstiger Leistungen.

(5)[4] [1]Ist der Empfänger einer der in Satz 2 bezeichneten sonstigen Leistungen

1. kein Unternehmer, für dessen Unternehmen die Leistung bezogen wird,
2. keine ausschließlich nicht unternehmerisch tätige juristische Person, der eine Umsatzsteuer-Identifikationsnummer erteilt worden ist,
3. keine juristische Person, die sowohl unternehmerisch als auch nicht unternehmerisch tätig ist, bei der die Leistung nicht ausschließlich für den privaten Bedarf des Personals oder eines Gesellschafters bestimmt ist,

wird die sonstige Leistung an dem Ort ausgeführt, an dem der Leistungsempfänger seinen Wohnsitz, seinen gewöhnlichen Aufenthaltsort oder seinen Sitz hat. [2]Sonstige Leistungen im Sinne des Satzes 1 sind:

1. die sonstigen Leistungen auf dem Gebiet der Telekommunikation;
2. die Rundfunk- und Fernsehdienstleistungen;
3. die auf elektronischem Weg erbrachten sonstigen Leistungen.

[3]Satz 1 ist nicht anzuwenden, wenn der leistende Unternehmer seinen Sitz, seine Geschäftsleitung, eine Betriebsstätte oder in Ermangelung eines Sitzes, einer Geschäftsleitung oder einer Betriebsstätte seinen Wohnsitz oder gewöhnlichen Aufenthalt in nur einem Mitgliedstaat hat und der Gesamtbetrag der Entgelte der in Satz 2 bezeichneten sonstigen Leistungen an in Satz 1 bezeichnete Empfänger mit Wohnsitz, gewöhnlichem Aufenthalt oder Sitz in anderen

---

[1] § 3a Abs. 4 Satz 2 Nr. 6 Buchst. a neu gef. mWv 31.12.2014 durch G v. 22.12.2014 (BGBl. I S. 2417).

[2] § 3a Abs. 4 Satz 2 Nrn. 11 bis 13 aufgeh. mWv 1.1.2015 durch G v. 25.7.2014 (BGBl. I S. 1266).

[3] § 3a Abs. 4 Satz 2 Nr. 14 geänd. mWv 1.1.2011 durch G v. 8.12.2010 (BGBl. I S. 1768).

[4] § 3a Abs. 5 neu gef. mWv 1.1.2015 durch G v. 25.7.2014 (BGBl. I S. 1266); Sätze 3 bis 5 angef. mWv 1.1.2019 (§ 27 Abs. 24 Satz 1) durch G v. 11.12.2018 (BGBl. I S. 2338).

Mitgliedstaaten [*ab 1.7.2021:* sowie der innergemeinschaftlichen Fernverkäufe nach § 3c Absatz 1 Satz 2 und 3][1)] insgesamt 10 000 Euro im vorangegangenen Kalenderjahr nicht überschritten hat und im laufenden Kalenderjahr nicht überschreitet. [4]Der leistende Unternehmer kann dem Finanzamt erklären, dass er auf die Anwendung des Satzes 3 verzichtet. [5]Die Erklärung bindet den Unternehmer mindestens für zwei Kalenderjahre.

(6) [1]Erbringt ein Unternehmer, der sein Unternehmen von einem im Drittlandsgebiet liegenden Ort aus betreibt,

1. eine in Absatz 3 Nr. 2 bezeichnete Leistung oder die langfristige Vermietung eines Beförderungsmittels,
2.[2)] eine in Absatz 4 Satz 2 Nummer 1 bis 10 bezeichnete sonstige Leistung an eine im Inland ansässige juristische Person des öffentlichen Rechts oder
3.[3)] eine in Absatz 5 Satz 2 Nummer 1 und 2 bezeichnete Leistung,

ist diese Leistung abweichend von Absatz 1, Absatz 3 Nummer 2, Absatz 4 Satz 1 oder Absatz 5[4)] als im Inland ausgeführt zu behandeln, wenn sie dort genutzt oder ausgewertet wird. [2]Wird die Leistung von einer Betriebsstätte eines Unternehmers ausgeführt, gilt Satz 1 entsprechend, wenn die Betriebsstätte im Drittlandsgebiet liegt.

(7) [1]Vermietet ein Unternehmer, der sein Unternehmen vom Inland aus betreibt, kurzfristig ein Schienenfahrzeug, einen Kraftomnibus oder ein ausschließlich zur Beförderung von Gegenständen bestimmtes Straßenfahrzeug, ist diese Leistung abweichend von Absatz 3 Nr. 2 als im Drittlandsgebiet ausgeführt zu behandeln, wenn die Leistung an einen im Drittlandsgebiet ansässigen Unternehmer erbracht wird, das Fahrzeug für dessen Unternehmen bestimmt ist und im Drittlandsgebiet genutzt wird. [2]Wird die Vermietung des Fahrzeugs von einer Betriebsstätte eines Unternehmers ausgeführt, gilt Satz 1 entsprechend, wenn die Betriebsstätte im Inland liegt.

(8)[5)] [1]Erbringt ein Unternehmer eine Güterbeförderungsleistung, ein Beladen, Entladen, Umschlagen oder ähnliche mit der Beförderung eines Gegenstandes im Zusammenhang stehende Leistungen im Sinne des § 3b Absatz 2, eine Arbeit an beweglichen körperlichen Gegenständen oder eine Begutachtung dieser Gegenstände, eine Reisevorleistung im Sinne des § 25 Absatz 1 Satz 5 oder eine Veranstaltungsleistung im Zusammenhang mit Messen und Ausstellungen, ist diese Leistung abweichend von Absatz 2 als im Drittlandsgebiet ausgeführt zu behandeln, wenn die Leistung dort genutzt oder ausgewertet wird. [2]Satz 1 gilt nicht, wenn die dort genannten Leistungen in einem der in § 1 Absatz 3 genannten Gebiete tatsächlich ausgeführt werden.

---

1) § 3a Abs. 5 Satz 3 geänd. durch G v. 21.12.2020 (BGBl. I 3096); zur Anwendung siehe § 27 Abs. 34 Satz 1.

2) § 3a Abs. 6 Satz 1 Nr. 2 Klammerzusatz eingef., Satzteile aufgeh. mWv 1.1.2011 durch G v. 8.12.2010 (BGBl. I S. 1768).

3) § 3a Abs. 6 Satz 1 Nr. 3 Verweis geänd. mWv 1.1.2015 durch G v. 25.7.2014 (BGBl. I S. 1266); berichtigt durch G v. 22.12.2014 (BGBl. I S. 2417).

4) Verweis geänd. mWv 1.1.2015 durch G v. 25.7.2014 (BGBl. I S. 1266).

5) § 3a Abs. 8 angef. mWv 1.1.2011 durch G v. 8.12.2010 (BGBl. I S. 1768); Abs. 8 Satz 1 geänd. mWv 1.7.2011 durch G v. 7.12.2011 (BGBl. I S. 2592); Satz 2 aufgeh., bish. Satz 3 wird Satz 2 und neu gef. mWv 1.1.2015 durch G v. 25.7.2014 (BGBl. I S. 1266).

§ 3b[1] Ort der Beförderungsleistungen und der damit zusammenhängenden sonstigen Leistungen. (1) [1]Eine Beförderung einer Person wird dort ausgeführt, wo die Beförderung bewirkt wird. [2]Erstreckt sich eine solche Beförderung nicht nur auf das Inland, fällt nur der Teil der Leistung unter dieses Gesetz, der auf das Inland entfällt. [3]Die Sätze 1 und 2 gelten entsprechend für die Beförderung von Gegenständen, die keine innergemeinschaftliche Beförderung eines Gegenstands im Sinne des Absatzes 3 ist, wenn der Empfänger weder ein Unternehmer, für dessen Unternehmen die Leistung bezogen wird, noch eine nicht unternehmerisch tätige juristische Person ist, der eine Umsatzsteuer-Identifikationsnummer erteilt worden ist. [4]Die Bundesregierung kann mit Zustimmung des Bundesrates durch Rechtsverordnung zur Vereinfachung des Besteuerungsverfahrens bestimmen, dass bei Beförderungen, die sich sowohl auf das Inland als auch auf das Ausland erstrecken (grenzüberschreitende Beförderungen),

1. kurze inländische Beförderungsstrecken als ausländische und kurze ausländische Beförderungsstrecken als inländische angesehen werden;
2. Beförderungen über kurze Beförderungsstrecken in den in § 1 Abs. 3 bezeichneten Gebieten nicht wie Umsätze im Inland behandelt werden.

(2) Das Beladen, Entladen, Umschlagen und ähnliche mit der Beförderung eines Gegenstands im Zusammenhang stehende Leistungen an einen Empfänger, der weder ein Unternehmer ist, für dessen Unternehmen die Leistung bezogen wird, noch eine nicht unternehmerisch tätige juristische Person ist, der eine Umsatzsteuer-Identifikationsnummer erteilt worden ist, werden dort ausgeführt, wo sie vom Unternehmer tatsächlich erbracht werden.

(3) Die Beförderung eines Gegenstands, die in dem Gebiet eines Mitgliedstaates beginnt und in dem Gebiet eines anderen Mitgliedstaates endet (innergemeinschaftliche Beförderung eines Gegenstands), an einen Empfänger, der weder ein Unternehmer ist, für dessen Unternehmen die Leistung bezogen wird, noch eine nicht unternehmerisch tätige juristische Person, der eine Umsatzsteuer-Identifikationsnummer erteilt worden ist, wird an dem Ort ausgeführt, an dem die Beförderung des Gegenstands beginnt.

[Fassung bis 30.6.2021:]

§ 3c Ort der Lieferung in besonderen Fällen. (1) [1]Wird bei einer Lieferung der Gegenstand durch den Lieferer oder einen von ihm beauftragten Dritten aus dem Gebiet eines Mitgliedstaates in das Gebiet eines anderen Mitgliedstaates oder aus dem übrigen Gemeinschaftsgebiet in die in § 1 Abs. 3 bezeichneten Gebiete befördert oder versendet, so gilt die

[Fassung ab 1.7.2021:]

§ 3c[2] Ort der Lieferung beim Fernverkauf. (1) [1]Als Ort der Lieferung eines innergemeinschaftlichen Fernverkaufs gilt der Ort, an dem sich der Gegenstand bei Beendigung der Beförderung oder Versendung an den Erwerber befindet. [2]Ein innergemeinschaftlicher Fernverkauf ist die Lieferung eines Gegenstands, der durch den Lieferer oder für dessen

---

[1] § 3b neu gef. mWv 1.1.2010 durch G v. 19.12.2008 (BGBl. I S. 2794).

[2] § 3c neu gef. durch G v. 21.12.2020 (BGBl. I S. 3096); zur Anwendung siehe § 27 Abs. 34 Satz 1.

[Fassung bis 30.6.2021:]

Lieferung nach Maßgabe der Absätze 2 bis 5 dort als ausgeführt, wo die Beförderung oder Versendung endet. [2]Das gilt auch, wenn der Lieferer den Gegenstand in das Gemeinschaftsgebiet eingeführt hat.

(2) Absatz 1 ist anzuwenden, wenn der Abnehmer

1. nicht zu den in § 1a Abs. 1 Nr. 2 genannten Personen gehört oder
2. a) ein Unternehmer ist, der nur steuerfreie Umsätze ausführt, die zum Ausschluss vom Vorsteuerabzug führen, oder
   b) ein Kleinunternehmer ist, der nach dem Recht des für die Besteuerung zuständigen Mitgliedstaates von der Steuer befreit ist oder auf andere Weise von der Besteuerung ausgenommen ist, oder
   c) ein Unternehmer ist, der nach dem Recht des für die Besteuerung zuständigen Mitgliedstaates die Pauschalregelung für landwirtschaftliche Erzeuger anwendet, oder
   d) eine juristische Person ist, die nicht Unternehmer ist oder die den Gegenstand nicht für ihr Unternehmen erwirbt,

   und als einer der in den Buchstaben a bis d genannten Abnehmer weder die maßgebende Erwerbsschwelle überschreitet noch auf ihre Anwendung verzichtet. [2]Im Fall der Beendigung der Beförderung oder Versendung im Gebiet eines anderen Mitgliedstaates ist die von diesem Mitgliedstaat festgesetzte Erwerbsschwelle maßgebend.

(3) [1]Absatz 1 ist nicht anzuwenden, wenn bei dem Lieferer der Gesamtbetrag der Entgelte, der den

[Fassung ab 1.7.2021:]

Rechnung aus dem Gebiet eines Mitgliedstaates in das Gebiet eines anderen Mitgliedstaates oder aus dem übrigen Gemeinschaftsgebiet in die in § 1 Absatz 3 bezeichneten Gebiete an den Erwerber befördert oder versandt wird, einschließlich jener Lieferung, an deren Beförderung oder Versendung der Lieferer indirekt beteiligt ist. [3]Erwerber im Sinne des Satzes 2 ist ein in § 3a Absatz 5 Satz 1 bezeichneter Empfänger oder eine in § 1a Absatz 3 Nummer 1 genannte Person, die weder die maßgebende Erwerbsschwelle überschreitet noch auf ihre Anwendung verzichtet; im Fall der Beendigung der Beförderung oder Versendung im Gebiet eines anderen Mitgliedstaates ist die von diesem Mitgliedstaat festgesetzte Erwerbsschwelle maßgebend.

(2) [1]Als Ort der Lieferung eines Fernverkaufs eines Gegenstands, der aus dem Drittlandsgebiet in einen anderen Mitgliedstaat als den, in dem die Beförderung oder Versendung des Gegenstands an den Erwerber endet, eingeführt wird, gilt der Ort, an dem sich der Gegenstand bei Beendigung der Beförderung oder Versendung an den Erwerber befindet. [2]§ 3 Absatz 3a Satz 4 und 5 gilt entsprechend.

(3) [1]Der Ort der Lieferung beim Fernverkauf eines Gegenstands, der aus dem Drittlandsgebiet in den Mitgliedstaat, in dem die Beförderung oder Versendung der Gegenstände an den Erwerber endet, eingeführt wird, gilt als in diesem Mitgliedstaat gelegen, sofern die Steuer auf diesen Gegenstand gemäß dem besonderen Besteuerungsverfahren nach § 18k zu erklären ist. [2]§ 3 Absatz 3a Satz 4 und 5 gilt entsprechend. [3]Bei einem Fernverkauf nach § 3 Absatz 3a Satz 2 gilt Satz 1 für die Lieferung, der die

[Fassung bis 30.6.2021:]

Lieferungen in einen Mitgliedstaat zuzurechnen ist, die maßgebliche Lieferschwelle im laufenden Kalenderjahr nicht überschreitet und im vorangegangenen Kalenderjahr nicht überschritten hat. 2 Maßgebende Lieferschwelle ist

1. im Fall der Beendigung der Beförderung oder Versendung im Inland oder in den in § 1 Abs. 3 bezeichneten Gebieten der Betrag von 100 000 Euro;
2. im Fall der Beendigung der Beförderung oder Versendung im Gebiet eines anderen Mitgliedstaates der von diesem Mitgliedstaat festgesetzte Betrag.

(4) 1 Wird die maßgebende Lieferschwelle nicht überschritten, gilt die Lieferung auch dann am Ort der Beendigung der Beförderung oder Versendung als ausgeführt, wenn der Lieferer auf die Anwendung des Absatzes 3 verzichtet. 2 Der Verzicht ist gegenüber der zuständigen Behörde zu erklären. 3 Er bindet den Lieferer mindestens für zwei Kalenderjahre.

(5) 1 Die Absätze 1 bis 4 gelten nicht für die Lieferung neuer Fahrzeuge. 2 Absatz 2 Nr. 2 und Absatz 3 gelten nicht für die Lieferung verbrauchsteuerpflichtiger Waren.

[Fassung ab 1.7.2021:]

Beförderung oder Versendung des Gegenstandes gemäß § 3 Absatz 6b zugeschrieben wird, entsprechend, auch wenn die Steuer auf diesen Gegenstand nicht gemäß dem besonderen Besteuerungsverfahren nach § 18k zu erklären ist und ein Unternehmer oder dessen Beauftragter Schuldner der Einfuhrumsatzsteuer für die Einfuhr des Gegenstands ist.

(4) 1 Absatz 1 ist nicht anzuwenden, wenn der leistende Unternehmer seinen Sitz, seine Geschäftsleitung, eine Betriebsstätte oder in Ermangelung eines Sitzes, einer Geschäftsleitung oder einer Betriebsstätte seinen Wohnsitz oder gewöhnlichen Aufenthalt in nur einem Mitgliedstaat hat und der Gesamtbetrag der Entgelte der in § 3a Absatz 5 Satz 2 bezeichneten sonstigen Leistungen an in § 3a Absatz 5 Satz 1 bezeichnete Empfänger mit Wohnsitz, gewöhnlichem Aufenthalt oder Sitz in anderen Mitgliedstaaten sowie der innergemeinschaftlichen Fernverkäufe nach Absatz 1 Satz 2 und 3 insgesamt 10 000 Euro im vorangegangenen Kalenderjahr nicht überschritten hat und im laufenden Kalenderjahr nicht überschreitet. 2 Der leistende Unternehmer kann dem Finanzamt erklären, dass er auf die Anwendung des Satzes 1 verzichtet. 3 Die Erklärung bindet den Unternehmer mindestens für zwei Kalenderjahre.

(5) 1 Die Absätze 1 bis 3 gelten nicht für

1. die Lieferung neuer Fahrzeuge,
2. die Lieferung eines Gegenstands, der mit oder ohne probeweise Inbetriebnahme durch den Lieferer oder für dessen Rechnung montiert oder installiert geliefert wird, und für

[Fassung ab 1.7.2021:]

3. die Lieferung eines Gegenstands, auf die die Differenzbesteuerung nach § 25a Absatz 1 oder 2 angewendet wird.

[2] Bei verbrauchsteuerpflichtigen Waren gelten die Absätze 1 bis 3 nicht für Lieferungen an eine in § 1a Absatz 3 Nummer 1 genannte Person.

§ 3d Ort des innergemeinschaftlichen Erwerbs. [1] Der innergemeinschaftliche Erwerb wird in dem Gebiet des Mitgliedstaates bewirkt, in dem sich der Gegenstand am Ende der Beförderung oder Versendung befindet. [2] Verwendet der Erwerber gegenüber dem Lieferer eine ihm von einem anderen Mitgliedstaat erteilte Umsatzsteuer-Identifikationsnummer, gilt der Erwerb so lange in dem Gebiet dieses Mitgliedstaates als bewirkt, bis der Erwerber nachweist, dass der Erwerb durch den in Satz 1 bezeichneten Mitgliedstaat besteuert worden ist oder nach § 25b Abs. 3 als besteuert gilt, sofern der erste Abnehmer seiner Erklärungspflicht nach § 18a Absatz 7 Satz 1 Nummer 4[1] nachgekommen ist.

§ 3e[2] Ort der Lieferungen und Restaurationsleistungen während einer Beförderung an Bord eines Schiffs, in einem Luftfahrzeug oder in einer Eisenbahn. (1) Wird ein Gegenstand an Bord eines Schiffs, in einem Luftfahrzeug oder in einer Eisenbahn während einer Beförderung innerhalb des Gemeinschaftsgebiets geliefert oder dort eine sonstige Leistung ausgeführt, die in der Abgabe von Speisen und Getränken zum Verzehr an Ort und Stelle (Restaurationsleistung) besteht, gilt der Abgangsort des jeweiligen Beförderungsmittels im Gemeinschaftsgebiet als Ort der Lieferung oder der sonstigen Leistung.

(2) [1] Als Beförderung innerhalb des Gemeinschaftsgebiets im Sinne des Absatzes 1 gilt die Beförderung oder der Teil der Beförderung zwischen dem Abgangsort und dem Ankunftsort des Beförderungsmittels im Gemeinschaftsgebiet ohne Zwischenaufenthalt außerhalb des Gemeinschaftsgebiets. [2] Abgangsort im Sinne des Satzes 1 ist der erste Ort innerhalb des Gemeinschaftsgebiets, an dem Reisende in das Beförderungsmittel einsteigen können. [3] Ankunftsort im Sinne des Satzes 1 ist der letzte Ort innerhalb des Gemeinschaftsgebiets, an dem Reisende das Beförderungsmittel verlassen können. [4] Hin- und Rückfahrt gelten als gesonderte Beförderungen.

§ 3f[3] ***Ort der unentgeltlichen Lieferungen und sonstigen Leistungen.*** *[1] Lieferungen im Sinne des § 3 Abs. 1b und sonstige Leistungen im Sinne des § 3 Abs. 9a werden an dem Ort ausgeführt, von dem aus der Unternehmer sein Unternehmen be-*

---

[1] Verweis geänd. mWv 1.7.2010 durch G v. 8.4.2010 (BGBl. I S. 386).

[2] § 3e neu gef. mWv 1.1.2010 durch G v. 19.12.2008 (BGBl. I S. 2794).

[3] § 3f aufgeh. mWv 18.12.2019 durch G v. 12.12.2019 (BGBl. I S. 2451).

treibt. [2] *Werden diese Leistungen von einer Betriebsstätte ausgeführt, gilt die Betriebsstätte als Ort der Leistungen.*

§ 3g[1)] Ort der Lieferung von Gas, Elektrizität, Wärme oder Kälte.

(1) [1] Bei einer Lieferung von Gas über das Erdgasnetz, von Elektrizität oder von Wärme oder Kälte über Wärme- oder Kältenetze an einen Unternehmer, dessen Haupttätigkeit in Bezug auf den Erwerb dieser Gegenstände in deren Lieferung besteht und dessen eigener Verbrauch dieser Gegenstände von untergeordneter Bedeutung ist, gilt als Ort dieser Lieferung der Ort, an dem der Abnehmer sein Unternehmen betreibt. [2] Wird die Lieferung an die Betriebsstätte eines Unternehmers im Sinne des Satzes 1 ausgeführt, so ist stattdessen der Ort der Betriebsstätte maßgebend.

(2) [1] Bei einer Lieferung von Gas über das Erdgasnetz, von Elektrizität oder von Wärme oder Kälte über Wärme- oder Kältenetze an andere als die in Absatz 1 bezeichneten Abnehmer gilt als Ort der Lieferung der Ort, an dem der Abnehmer die Gegenstände tatsächlich nutzt oder verbraucht. [2] Soweit die Gegenstände von diesem Abnehmer nicht tatsächlich genutzt oder verbraucht werden, gelten sie als an dem Ort genutzt oder verbraucht, an dem der Abnehmer seinen Sitz, eine Betriebsstätte, an die die Gegenstände geliefert werden, oder seinen Wohnsitz hat.

(3) Auf Gegenstände, deren Lieferungsort sich nach Absatz 1 oder Absatz 2 bestimmt, sind die Vorschriften des § 1a Abs. 2 und § 3 Abs. 1a nicht anzuwenden.

Zweiter Abschnitt. Steuerbefreiungen und Steuervergütungen

§ 4 Steuerbefreiungen bei Lieferungen und sonstigen Leistungen. Von den unter § 1 Abs. 1 Nr. 1 fallenden Umsätzen sind steuerfrei:

1. a) die Ausfuhrlieferungen (§ 6) und die Lohnveredelungen an Gegenständen der Ausfuhr (§ 7),

   b)[2)] die innergemeinschaftlichen Lieferungen (§ 6a); [***ab 1.1.2020:*** dies gilt nicht, wenn der Unternehmer seiner Pflicht zur Abgabe der Zusammenfassenden Meldung (§ 18a) nicht nachgekommen ist oder soweit er diese im Hinblick auf die jeweilige Lieferung unrichtig oder unvollständig abgegeben hat. [2] § 18a Absatz 10 bleibt unberührt;]
2. die Umsätze für die Seeschifffahrt und für die Luftfahrt (§ 8);
3. die folgenden sonstigen Leistungen:

   a) die grenzüberschreitenden Beförderungen von Gegenständen, die Beförderungen im internationalen Eisenbahnfrachtverkehr und andere sonstige Leistungen, wenn sich die Leistungen

---

[1)] § 3g Überschr. geänd., Abs. 1 Satz 1, Abs. 2 Satz 1 und Satz 2 geänd. mWv 1.1.2011 durch G v. 8.12.2010 (BGBl. I S. 1768).

[2)] § 4 Nr. 1 Buchst. b HS 2 und Satz 2 angef. mWv 1.1.2020 durch G v. 12.12.2019 (BGBl. I S. 2451).

aa) unmittelbar auf Gegenstände der Ausfuhr beziehen oder auf eingeführte Gegenstände beziehen, die im externen Versandverfahren in das Drittlandsgebiet befördert werden, oder

bb) auf Gegenstände der Einfuhr in das Gebiet eines Mitgliedstaates der Europäischen Union[1] beziehen und die Kosten für die Leistungen in der Bemessungsgrundlage für diese Einfuhr enthalten sind. 2 Nicht befreit sind die Beförderungen der in § 1 Abs. 3 Nr. 4 Buchstabe a bezeichneten Gegenstände aus einem Freihafen in das Inland,

b) die Beförderungen von Gegenständen nach und von den Inseln, die die autonomen Regionen Azoren und Madeira bilden,

c) sonstige Leistungen, die sich unmittelbar auf eingeführte Gegenstände beziehen, für die zollamtlich eine vorübergehende Verwendung in den in § 1 Abs. 1 Nr. 4 bezeichneten Gebieten bewilligt worden ist, wenn der Leistungsempfänger ein ausländischer Auftraggeber (§ 7 Abs. 2) ist. 2 Dies gilt nicht für sonstige Leistungen, die sich auf Beförderungsmittel, Paletten und Container beziehen.

2 Die Vorschrift gilt nicht für die in den Nummern 8, 10 und 11 bezeichneten Umsätze und für die Bearbeitung oder Verarbeitung eines Gegenstands einschließlich der Werkleistung im Sinne des § 3 Abs. 10. 3 Die Voraussetzungen der Steuerbefreiung müssen vom Unternehmer nachgewiesen sein. 4 Das Bundesministerium der Finanzen kann mit Zustimmung des Bundesrates durch Rechtsverordnung bestimmen, wie der Unternehmer den Nachweis zu führen hat;

4. die Lieferungen von Gold an Zentralbanken;

4a. die folgenden Umsätze:

a) die Lieferungen der in der Anlage 1 bezeichneten Gegenstände an einen Unternehmer für sein Unternehmen, wenn der Gegenstand der Lieferung im Zusammenhang mit der Lieferung in ein Umsatzsteuerlager eingelagert wird oder sich in einem Umsatzsteuerlager befindet. 2 Mit der Auslagerung eines Gegenstands aus einem Umsatzsteuerlager entfällt die Steuerbefreiung für die der Auslagerung vorangegangene Lieferung, den der Auslagerung vorangegangenen innergemeinschaftlichen Erwerb oder die der Auslagerung vorangegangene Einfuhr; dies gilt nicht, wenn der Gegenstand im Zusammenhang mit der Auslagerung in ein anderes Umsatzsteuerlager im Inland eingelagert wird. 3 Eine Auslagerung ist die endgültige Herausnahme eines Gegenstands aus einem Umsatzsteuerlager. 4 Der endgültigen Herausnahme steht gleich der sonstige Wegfall der Voraussetzungen für die Steuerbefreiung sowie die Erbringung einer nicht nach Buchstabe b begünstigten Leistung an den eingelagerten Gegenständen,

b) die Leistungen, die mit der Lagerung, der Erhaltung, der Verbesserung der Aufmachung und Handelsgüte oder der Vorbereitung des Vertriebs oder Weiterverkaufs der eingelagerten Gegenstände unmittelbar zusammenhängen. 2 Dies gilt nicht, wenn durch die Leistungen die Gegen-

[1] Geänd. durch G v. 26.6.2013 (BGBl. I S. 1809).

stände so aufbereitet werden, dass sie zur Lieferung auf der Einzelhandelsstufe geeignet sind.

[2]Die Steuerbefreiung gilt nicht für Leistungen an Unternehmer, die diese zur Ausführung von Umsätzen verwenden, für die die Steuer nach den Durchschnittssätzen des § 24 festgesetzt ist. [3]Die Voraussetzungen der Steuerbefreiung müssen vom Unternehmer eindeutig und leicht nachprüfbar nachgewiesen sein. [4]Umsatzsteuerlager kann jedes Grundstück oder Grundstücksteil im Inland sein, das zur Lagerung der in Anlage 1 genannten Gegenstände dienen soll und von einem Lagerhalter betrieben wird. [5]Es kann mehrere Lagerorte umfassen. [6]Das Umsatzsteuerlager bedarf der Bewilligung des für den Lagerhalter zuständigen Finanzamts. [7]Der Antrag ist schriftlich zu stellen. [8]Die Bewilligung ist zu erteilen, wenn ein wirtschaftliches Bedürfnis für den Betrieb des Umsatzsteuerlagers besteht und der Lagerhalter die Gewähr für dessen ordnungsgemäße Verwaltung bietet;

4b. die einer Einfuhr vorangehende Lieferung von Gegenständen, wenn der Abnehmer oder dessen Beauftragter den Gegenstand der Lieferung einführt. [2]Dies gilt entsprechend für Lieferungen, die den in Satz 1 genannten Lieferungen vorausgegangen sind. [3]Die Voraussetzungen der Steuerbefreiung müssen vom Unternehmer eindeutig und leicht nachprüfbar nachgewiesen sein;

[***ab 1.7.2021:***

4c.[1)] die Lieferung von Gegenständen an einen Unternehmer für sein Unternehmen, die dieser nach § 3 Absatz 3a Satz 1 im Gemeinschaftsgebiet weiterliefert;]

5. die Vermittlung
   a) der unter die Nummer 1 Buchstabe a, Nummern 2 bis 4b und Nummern 6 und 7 fallenden Umsätze,
   b) der grenzüberschreitenden Beförderungen von Personen mit Luftfahrzeugen oder Seeschiffen,
   c) der Umsätze, die ausschließlich im Drittlandsgebiet bewirkt werden,
   d) der Lieferungen, die nach § 3 Abs. 8 als im Inland ausgeführt zu behandeln sind.

   [2]Nicht befreit ist die Vermittlung von Umsätzen durch Reisebüros für Reisende. [3]Die Voraussetzungen der Steuerbefreiung müssen vom Unternehmer nachgewiesen sein. [4]Das Bundesministerium der Finanzen kann mit Zustimmung des Bundesrates durch Rechtsverordnung bestimmen, wie der Unternehmer den Nachweis zu führen hat;

6. a) die Lieferungen und sonstigen Leistungen der Eisenbahnen des Bundes auf Gemeinschaftsbahnhöfen, Betriebswechselbahnhöfen, Grenzbetriebsstrecken und Durchgangsstrecken an Eisenbahnverwaltungen mit Sitz im Ausland,
   b) (weggefallen)

[1)] § 4 Nr. 4c eingef. durch G v. 21.12.2020 (BGBl. I S. 3096); zur Anwendung siehe § 27 Abs. 34 Satz 1.

c) die Lieferungen von eingeführten Gegenständen an im Drittlandsgebiet, ausgenommen Gebiete nach § 1 Abs. 3, ansässige Abnehmer, soweit für die Gegenstände zollamtlich eine vorübergehende Verwendung in den in § 1 Abs. 1 Nr. 4 bezeichneten Gebieten bewilligt worden ist und diese Bewilligung auch nach der Lieferung gilt. [2] Nicht befreit sind die Lieferungen von Beförderungsmitteln, Paletten und Containern,

d) Personenbeförderungen im Passagier- und Fährverkehr mit Wasserfahrzeugen für die Seeschifffahrt, wenn die Personenbeförderungen zwischen inländischen Seehäfen und der Insel Helgoland durchgeführt werden,

e)[1] die Abgabe von Speisen und Getränken zum Verzehr an Ort und Stelle im Verkehr mit Wasserfahrzeugen für die Seeschifffahrt zwischen einem inländischen und ausländischen Seehafen und zwischen zwei ausländischen Seehäfen. [2] Inländische Seehäfen im Sinne des Satzes 1 sind auch die Freihäfen und Häfen auf der Insel Helgoland;

7. die Lieferungen, ausgenommen Lieferungen neuer Fahrzeuge im Sinne des § 1b Abs. 2 und 3, und die sonstigen Leistungen

a) an andere Vertragsparteien des Nordatlantikvertrags, die nicht unter die in § 26 Abs. 5 bezeichneten Steuerbefreiungen fallen, wenn die Umsätze für den Gebrauch oder Verbrauch durch die Streitkräfte dieser Vertragsparteien, ihr ziviles Begleitpersonal oder für die Versorgung ihrer Kasinos oder Kantinen bestimmt sind und die Streitkräfte der gemeinsamen Verteidigungsanstrengung dienen,

b) an die in dem Gebiet eines anderen Mitgliedstaates stationierten Streitkräfte der Vertragsparteien des Nordatlantikvertrags, soweit sie nicht an die Streitkräfte dieses Mitgliedstaates ausgeführt werden,

c) an die in dem Gebiet eines anderen Mitgliedstaates ansässigen ständigen diplomatischen Missionen und berufskonsularischen Vertretungen sowie deren Mitglieder,

d) an die in dem Gebiet eines anderen Mitgliedstaates ansässigen zwischenstaatlichen Einrichtungen sowie deren Mitglieder,

[***ab 1.7.2022:***[2]

e) an Streitkräfte eines anderen Mitgliedstaates, wenn die Umsätze für den Gebrauch oder Verbrauch durch die Streitkräfte, ihres zivilen Begleitpersonals oder für die Versorgung ihrer Kasinos oder Kantinen bestimmt sind und die Streitkräfte an einer Verteidigungsanstrengung teilnehmen, die zur Durchführung einer Tätigkeit der Union im Rahmen der Gemeinsamen Sicherheits- und Verteidigungspolitik unternommen wird und

f) an die in dem Gebiet eines anderen Mitgliedstaates stationierten Streitkräfte eines Mitgliedstaates, wenn die Umsätze nicht an die Streitkräfte des anderen Mitgliedstaates ausgeführt werden, die Umsätze für den

---

[1] § 4 Nr. 6 Buchst. e geänd. durch G v. 20.12.2007 (BGBl. I S. 3150).

[2] § 4 Nr. 7 Buchst. e und f angef. mWv 1.7.2022 durch G v. 21.12.2020 (BGBl. I S. 3096).

Gebrauch oder Verbrauch durch die Streitkräfte, ihres zivilen Begleitpersonals oder für die Versorgung ihrer Kasinos oder Kantinen bestimmt sind und die Streitkräfte an einer Verteidigungsanstrengung teilnehmen, die zur Durchführung einer Tätigkeit der Union im Rahmen der Gemeinsamen Sicherheits- und Verteidigungspolitik unternommen wird.]

2 Der Gegenstand der Lieferung muss in den Fällen des Satzes 1 Buchstabe b bis d [*ab 1.7.2022:* und f][1] in das Gebiet des anderen Mitgliedstaates befördert oder versendet werden. 3 Für die Steuerbefreiungen nach Satz 1 Buchstabe b bis d [*ab 1.7.2022:* und f][1] sind die in dem anderen Mitgliedstaat geltenden Voraussetzungen maßgebend. 4 Die Voraussetzungen der Steuerbefreiungen müssen vom Unternehmer nachgewiesen sein. 5 Bei den Steuerbefreiungen nach Satz 1 Buchstabe b bis d [*ab 1.7.2022:* und f][1] hat der Unternehmer die in dem anderen Mitgliedstaat geltenden Voraussetzungen dadurch nachzuweisen, dass ihm der Abnehmer eine von der zuständigen Behörde des anderen Mitgliedstaates oder, wenn er hierzu ermächtigt ist, eine selbst ausgestellte Bescheinigung nach amtlich vorgeschriebenem Muster aushändigt. 6 Das Bundesministerium der Finanzen kann mit Zustimmung des Bundesrates durch Rechtsverordnung bestimmen, wie der Unternehmer die übrigen Voraussetzungen nachzuweisen hat;

8. a) die Gewährung und die Vermittlung von Krediten,
   b) die Umsätze und die Vermittlung der Umsätze von gesetzlichen Zahlungsmitteln. 2 Das gilt nicht, wenn die Zahlungsmittel wegen ihres Metallgehalts oder ihres Sammlerwerts umgesetzt werden,
   c) die Umsätze im Geschäft mit Forderungen, Schecks und anderen Handelspapieren sowie die Vermittlung dieser Umsätze, ausgenommen die Einziehung von Forderungen,
   d) die Umsätze und die Vermittlung der Umsätze im Einlagengeschäft, im Kontokorrentverkehr, im Zahlungs- und Überweisungsverkehr und das Inkasso von Handelspapieren,
   e) die Umsätze im Geschäft mit Wertpapieren und die Vermittlung dieser Umsätze, ausgenommen die Verwahrung und die Verwaltung von Wertpapieren,
   f) die Umsätze und die Vermittlung der Umsätze von Anteilen an Gesellschaften und anderen Vereinigungen,
   g) die Übernahme von Verbindlichkeiten, von Bürgschaften und anderen Sicherheiten sowie die Vermittlung dieser Umsätze,
   h)[2] die Verwaltung von Organismen für gemeinsame Anlagen in Wertpapieren im Sinne des § 1 Absatz 2 des Kapitalanlagegesetzbuchs, die Verwaltung von mit diesen vergleichbaren alternativen Investmentfonds im Sinne des § 1 Absatz 3 des Kapitalanlagegesetzbuchs und die Verwal-

---

[1] Verweise geänd. durch G v. 19.12.2008 (BGBl. I S. 2794); geänd. mWv 1.7.2022 durch G v. 21.12.2020 (BGBl. I S. 3096).

[2] § 4 Nr. 8 Buchst. h neu gef. mWv 1.1.2018 durch G v. 18.7.2016 (BGBl. I S. 1730).

tung von Versorgungseinrichtungen im Sinne des Versicherungsaufsichtsgesetzes,

i) die Umsätze der im Inland gültigen amtlichen Wertzeichen zum aufgedruckten Wert;

j) (weggefallen)

k) (weggefallen)

9. a) die Umsätze, die unter das Grunderwerbsteuergesetz fallen,

b)[1] die Umsätze, die unter das Rennwett- und Lotteriegesetz fallen. [2]Nicht befreit sind die unter das Rennwett- und Lotteriegesetz fallenden Umsätze, die von der Rennwett- und Lotteriesteuer befreit sind oder von denen diese Steuer allgemein nicht erhoben wird;

10. a) die Leistungen auf Grund eines Versicherungsverhältnisses im Sinne des Versicherungsteuergesetzes. [2]Das gilt auch, wenn die Zahlung des Versicherungsentgelts nicht der Versicherungsteuer unterliegt,

b) die Leistungen, die darin bestehen, dass anderen Personen Versicherungsschutz verschafft wird;

11. die Umsätze aus der Tätigkeit als Bausparkassenvertreter, Versicherungsvertreter und Versicherungsmakler;

11a. die folgenden vom 1. Januar 1993 bis zum 31. Dezember 1995 ausgeführten Umsätze der Deutschen Bundespost TELEKOM und der Deutsche Telekom AG:

a) die Überlassung von Anschlüssen des Telefonnetzes und des diensteintegrierenden digitalen Fernmeldenetzes sowie die Bereitstellung der von diesen Anschlüssen ausgehenden Verbindungen innerhalb dieser Netze und zu Mobilfunkendeinrichtungen,

b) die Überlassung von Übertragungswegen im Netzmonopol des Bundes,

c) die Ausstrahlung und Übertragung von Rundfunksignalen einschließlich der Überlassung der dazu erforderlichen Sendeanlagen und sonstigen Einrichtungen sowie das Empfangen und Verteilen von Rundfunksignalen in Breitbandverteilnetzen einschließlich der Überlassung von Kabelanschlüssen;

11b.[2] Universaldienstleistungen nach Artikel 3 Absatz 4 der Richtlinie 97/67/EG des Europäischen Parlaments und des Rates vom 15. Dezember 1997 über gemeinsame Vorschriften für die Entwicklung des Binnenmarktes der Postdienste der Gemeinschaft und die Verbesserung der Dienstequalität (ABl. L 15 vom 21.1.1998, S. 14, L 23 vom 30.1.1998, S. 39), die zuletzt durch die Richtlinie 2008/6/EG (ABl. L 52 vom 27.2.2008, S. 3) geändert worden ist, in der jeweils geltenden Fassung. [2]Die Steuerbefreiung setzt voraus, dass der Unternehmer sich entsprechend einer Bescheinigung des Bundeszentralamtes für Steuern gegenüber dieser Behörde verpflichtet hat, flächendeckend im gesamten Gebiet der Bundesrepublik Deutschland die Gesamtheit der Universaldienstleistungen oder einen Teil-

---

[1] § 4 Nr. 9 Buchst. b Satz 1 geänd. mWv 6.5.2006 durch G v. 28.4.2006 (BGBl. I S. 1095).
[2] § 4 Nr. 11b neu gef. mWv 1.7.2010 durch G v. 8.4.2010 (BGBl. I S. 386).

bereich dieser Leistungen nach Satz 1 anzubieten. [3]Die Steuerbefreiung gilt nicht für Leistungen, die der Unternehmer erbringt

a) auf Grund individuell ausgehandelter Vereinbarungen oder

b) auf Grund allgemeiner Geschäftsbedingungen zu abweichenden Qualitätsbedingungen oder zu günstigeren Preisen als den nach den allgemein für jedermann zugänglichen Tarifen oder als den nach § 19 des Postgesetzes vom 22. Dezember 1997 (BGBl. I S. 3294), das zuletzt durch Artikel 272 der Verordnung vom 31. Oktober 2006 (BGBl. I S. 2407) geändert worden ist, in der jeweils geltenden Fassung, genehmigten Entgelten;

12. a)[1] die Vermietung und die Verpachtung von Grundstücken, von Berechtigungen, für die die Vorschriften des bürgerlichen Rechts über Grundstücke gelten, und von staatlichen Hoheitsrechten, die Nutzungen von Grund und Boden betreffen,

b) die Überlassung von Grundstücken und Grundstücksteilen zur Nutzung auf Grund eines auf Übertragung des Eigentums gerichteten Vertrags oder Vorvertrags,

c) die Bestellung, die Übertragung und die Überlassung der Ausübung von dinglichen Nutzungsrechten an Grundstücken.

[2]Nicht befreit sind die Vermietung von Wohn- und Schlafräumen, die ein Unternehmer zur kurzfristigen Beherbergung von Fremden bereithält, die Vermietung von Plätzen für das Abstellen von Fahrzeugen, die kurzfristige Vermietung auf Campingplätzen und die Vermietung und die Verpachtung von Maschinen und sonstigen Vorrichtungen aller Art, die zu einer Betriebsanlage gehören (Betriebsvorrichtungen), auch wenn sie wesentliche Bestandteile eines Grundstücks sind;

13. die Leistungen, die die Gemeinschaften der Wohnungseigentümer im Sinne des Wohnungseigentumsgesetzes in der im Bundesgesetzblatt Teil III, Gliederungsnummer 403-1, veröffentlichten bereinigten Fassung, in der jeweils geltenden Fassung an die Wohnungseigentümer und Teileigentümer erbringen, soweit die Leistungen in der Überlassung des gemeinschaftlichen Eigentums zum Gebrauch, seiner Instandhaltung, Instandsetzung und sonstigen Verwaltung sowie der Lieferung von Wärme und ähnlichen Gegenständen bestehen;

14.[2] a) Heilbehandlungen im Bereich der Humanmedizin, die im Rahmen der Ausübung der Tätigkeit als Arzt, Zahnarzt, Heilpraktiker, Physiotherapeut, Hebamme oder einer ähnlichen heilberuflichen Tätigkeit durchgeführt werden. [2]Satz 1 gilt nicht für die Lieferung oder Wiederherstellung von Zahnprothesen (aus Unterpositionen 9021 21 und 9021 29 00 des Zolltarifs) und kieferorthopädischen Apparaten (aus Unterposition 9021 10 des Zolltarifs), soweit sie der Unternehmer in seinem Unternehmen hergestellt oder wiederhergestellt hat;

---

[1] Zur Übergangsregelung für die Nutzung von Sportanlagen siehe § 27 Abs. 6.

[2] § 4 Nr. 14 neu gef. mWv 1.1.2009 durch G v. 19.12.2008 (BGBl. I S. 2794); zur Übergangsregelung für Sprachheilpädagogen vgl. § 27 Abs. 1a.

b) Krankenhausbehandlungen und ärztliche Heilbehandlungen einschließlich der Diagnostik, Befunderhebung, Vorsorge, Rehabilitation, Geburtshilfe und Hospizleistungen sowie damit eng verbundene Umsätze, die von Einrichtungen des öffentlichen Rechts erbracht werden. [2]Die in Satz 1 bezeichneten Leistungen sind auch steuerfrei, wenn sie von

aa)[1)] zugelassenen Krankenhäusern nach § 108 des Fünften Buches Sozialgesetzbuch [***ab 1.1.2020:*** oder anderen Krankenhäusern, die ihre Leistungen in sozialer Hinsicht unter vergleichbaren Bedingungen wie die Krankenhäuser erbringen, die in öffentlich-rechtlicher Trägerschaft stehen oder nach § 108 des Fünften Buches Sozialgesetzbuch zugelassen sind; in sozialer Hinsicht vergleichbare Bedingungen liegen vor, wenn das Leistungsangebot des Krankenhauses den von Krankenhäusern in öffentlich-rechtlicher Trägerschaft oder nach § 108 des Fünften Buches Sozialgesetzbuch zugelassenen Krankenhäusern erbrachten Leistungen entspricht und die Kosten voraussichtlich in mindestens 40 Prozent der jährlichen Belegungs- oder Berechnungstage auf Patienten entfallen, bei denen für die Krankenhausleistungen kein höheres Entgelt als für allgemeine Krankenhausleistungen nach dem Krankenhausentgeltgesetz oder der Bundespflegesatzverordnung berechnet wurde oder voraussichtlich mindestens 40 Prozent der Leistungen den in § 4 Nummer 15 Buchstabe b genannten Personen zugutekommen, dabei ist grundsätzlich auf die Verhältnisse im vorangegangenen Kalenderjahr abzustellen],

bb) Zentren für ärztliche Heilbehandlung und Diagnostik oder Befunderhebung, die an der vertragsärztlichen Versorgung nach § 95 des Fünften Buches Sozialgesetzbuch teilnehmen oder für die Regelungen nach § 115 des Fünften Buches Sozialgesetzbuch gelten,

cc) Einrichtungen, die von den Trägern der gesetzlichen Unfallversicherung nach § 34 des Siebten Buches Sozialgesetzbuch an der Versorgung beteiligt worden sind,

dd) Einrichtungen, mit denen Versorgungsverträge nach den §§ 111 und 111a des Fünften Buches Sozialgesetzbuch bestehen,

ee) Rehabilitationseinrichtungen, mit denen Verträge nach § 38[2)] des Neunten Buches Sozialgesetzbuch bestehen,

ff) Einrichtungen zur Geburtshilfe, für die Verträge nach § 134a des Fünften Buches Sozialgesetzbuch gelten,

gg) Hospizen, mit denen Verträge nach § 39a Abs. 1 des Fünften Buches Sozialgesetzbuch bestehen, oder

hh)[3)] Einrichtungen, mit denen Verträge nach § 127 in Verbindung mit § 126 Absatz 3 des Fünften Buches Sozialgesetzbuch über die Erbringung nichtärztlicher Dialyseleistungen bestehen,

---

[1)] § 4 Nr. 14 Buchst. b Satz 2 Doppelbuchst. aa neu gef. mWv 1.1.2020 durch G v. 12.12. 2019 (BGBl. I S. 2451).

[2)] Verweis geänd. mWv 1.1.2018 durch G v. 23.12.2016 (BGBl. I S. 3234).

[3)] § 4 Nr. 14 Buchst. b Doppelbuchst. hh angef., bish. Doppelbuchst. hh wird Doppelbuchst. ii mWv 1.1.2015 durch G v. 22.12.2014 (BGBl. I S. 2417).

erbracht werden und es sich ihrer Art nach um Leistungen handelt, auf die sich die Zulassung, der Vertrag oder die Regelung nach dem Sozialgesetzbuch jeweils bezieht, oder

ii)[1] von Einrichtungen nach § 138 Abs. 1 Satz 1 des Strafvollzugsgesetzes erbracht werden;

c)[2] Leistungen nach den Buchstaben a und b, die [***ab 1.1.2020:*** im Rahmen der hausarztzentrierten Versorgung nach § 73b des Fünften Buches Sozialgesetzbuch oder der besonderen Versorgung nach § 140a des Fünften Buches Sozialgesetzbuch von Einrichtungen erbracht werden, mit denen entsprechende Verträge bestehen, sowie Leistungen zur Sicherstellung der ambulanten Versorgung in stationären Pflegeeinrichtungen die durch Einrichtungen erbracht werden, mit denen Verträge nach § 119b des Fünften Buches Sozialgesetzbuch bestehen];

d)[3] *sonstige Leistungen von Gemeinschaften, deren Mitglieder Angehörige der in Buchstabe a bezeichneten Berufe oder Einrichtungen im Sinne des Buchstaben b sind, gegenüber ihren Mitgliedern, soweit diese Leistungen für unmittelbare Zwecke der Ausübung der Tätigkeiten nach Buchstabe a oder Buchstabe b verwendet werden und die Gemeinschaft von ihren Mitgliedern lediglich die genaue Erstattung des jeweiligen Anteils an den gemeinsamen Kosten fordert,*

e)[4] die zur Verhütung von nosokomialen Infektionen und zur Vermeidung der Weiterverbreitung von Krankheitserregern, insbesondere solcher mit Resistenzen, erbrachten Leistungen eines Arztes oder einer Hygienefachkraft, an in den Buchstaben *a, b und d* [***ab 1.1.2020:*** a und b] genannte Einrichtungen, die diesen dazu dienen, ihre Heilbehandlungsleistungen ordnungsgemäß unter Beachtung der nach dem Infektionsschutzgesetz und den Rechtsverordnungen der Länder nach § 23 Absatz 8 des Infektionsschutzgesetzes bestehenden Verpflichtungen zu erbringen;

[***ab 1.1.2021:***

f)[5] die eng mit der Förderung des öffentlichen Gesundheitswesens verbundenen Leistungen, die erbracht werden von

aa) juristischen Personen des öffentlichen Rechts,

bb) Sanitäts- und Rettungsdiensten, die die landesrechtlichen Voraussetzungen erfüllen, oder

cc) Einrichtungen, die nach § 75 des Fünften Buches Sozialgesetzbuch die Durchführung des ärztlichen Notdienstes sicherstellen;]

15.[6] die Umsätze der gesetzlichen Träger der Sozialversicherung, der gesetzlichen Träger der Grundsicherung für Arbeitsuchende nach dem Zweiten

---

[1] § 4 Nr. 14 Buchst. b Doppelbuchst. hh angef., bish. Doppelbuchst. hh wird Doppelbuchst. ii mWv 1.1.2015 durch G v. 22.12.2014 (BGBl. I S. 2417).

[2] § 4 Nr. 14 Buchst. c neu gef. mWv 1.1.2020 durch G v. 12.12.2019 (BGBl. I S. 2451).

[3] § 4 Nr. 14 Buchst. d aufgeh. mWv 1.1.2020 durch G v. 12.12.2019 (BGBl. I S. 2451).

[4] § 4 Nr. 14 Buchst. e angef. mWv 1.7.2013 durch G v. 26.6.2013 (BGBl. I S. 1809); Verweis geänd. mWv 1.1.2020 durch G v. 12.12.2019 (BGBl. I S. 2451).

[5] § 4 Nr. 14 Buchst. f angef. mWv 1.1.2021 durch G v. 21.12.2020 (BGBl. I S. 3096).

[6] § 4 Nr. 15 Buchst. b Satz 2 aufgeh. mWv 18.12.2019 durch G v. 12.12.2019 (BGBl. I S. 2451); Nr. 15 geänd. mWv 1.1.2024 durch G v. 12.12.2019 (BGBl. I S. 2652); zur weiteren Anwendung siehe § 27 Abs. 26 (idF ab 1.1.2024 d. G v. 12.12.2019, BGBl. I S. 2652).

Buch Sozialgesetzbuch sowie der gemeinsamen Einrichtungen[1] nach § 44b Abs. 1 des Zweiten Buches Sozialgesetzbuch, der örtlichen und überörtlichen Träger der Sozialhilfe sowie der *Verwaltungsbehörden und sonstigen Stellen der Kriegsopferversorgung einschließlich der Träger der Kriegsopferfürsorge* [***ab 1.1.2024:*** nach Bundes- oder Landesrecht zur Durchführung des Vierzehnten Buchs Sozialgesetzbuch zuständigen Verwaltungsbehörden]

a) untereinander,

b) an die Versicherten, die Bezieher von Leistungen nach dem Zweiten Buch Sozialgesetzbuch, die Empfänger von Sozialhilfe oder die *Versorgungsberechtigten;* [***ab 1.1.2024:*** Berechtigten der Sozialen Entschädigung;] [2] *Das gilt nicht für die Abgabe von Brillen und Brillenteilen einschließlich der Reparaturarbeiten durch Selbstabgabestellen der gesetzlichen Träger der Sozialversicherung;*

15a.[2] die auf Gesetz beruhenden Leistungen der Medizinischen Dienste *der Krankenversicherung* (§ 278 SGB V) und des Medizinischen Dienstes *der Spitzenverbände der Krankenkassen (§ 282 SGB V)* [***neue Fassung:*** Bund (§ 281 SGB V)] untereinander und für die gesetzlichen Träger der Sozialversicherung und deren Verbände und für die Träger der Grundsicherung für Arbeitsuchende nach dem Zweiten Buch Sozialgesetzbuch sowie die gemeinsamen Einrichtungen nach § 44b des Zweiten Buches Sozialgesetzbuch;

15b.[3] Eingliederungsleistungen nach dem Zweiten Buch Sozialgesetzbuch, Leistungen der aktiven Arbeitsförderung nach dem Dritten Buch Sozialgesetzbuch und vergleichbare Leistungen, die von Einrichtungen des öffentlichen Rechts oder anderen Einrichtungen mit sozialem Charakter erbracht werden. [2] Andere Einrichtungen mit sozialem Charakter im Sinne dieser Vorschrift sind Einrichtungen,

a) die nach § 178 des Dritten Buches Sozialgesetzbuch zugelassen sind,

b) die für ihre Leistungen nach Satz 1 Verträge mit den gesetzlichen Trägern der Grundsicherung für Arbeitsuchende nach dem Zweiten Buch Sozialgesetzbuch geschlossen haben oder

c) die für Leistungen, die denen nach Satz 1 vergleichbar sind, Verträge mit juristischen Personen des öffentlichen Rechts, die diese Leistungen mit dem Ziel der Eingliederung in den Arbeitsmarkt durchführen, geschlossen haben;

15c.[4] Leistungen zur Teilhabe am Arbeitsleben nach § 49 des Neunten Buches Sozialgesetzbuch, die von Einrichtungen des öffentlichen Rechts oder anderen Einrichtungen mit sozialem Charakter erbracht werden. [2] Andere Einrichtungen mit sozialem Charakter im Sinne dieser Vorschrift sind Re-

---

[1] Bezeichnung geänd. mWv 1.1.2011 durch G v. 3.8.2010 (BGBl. I S. 1112).

[2] § 4 Nr. 15a geänd. mWv 1.1.2011 durch G v. 24.3.2011 (BGBl. I S. 453); geänd. (kursiver Satzteil aufgeh., Klammerzusatz ersetzt kursiven Satzteil) durch G v. 12.12.2019 (BGBl. I S. 2451); zur Anwendung siehe § 27 Abs. 27.

[3] § 4 Nr. 15b eingef. mWv 1.1.2015 durch G v. 25.7.2015 (BGBl. I S. 1266).

[4] § 4 Nr. 15c eingef. mWv 1.1.2017 und geänd. mWv 1.1.2018 durch G v. 23.12.2016 (BGBl. I S. 3234).

habilitationsdienste und -einrichtungen nach den §§ 36 und 51 des Neunten Buches Sozialgesetzbuch, mit denen Verträge nach § 38 des Neunten Buches Sozialgesetzbuch abgeschlossen worden sind;

16.[1] die *mit dem Betrieb von Einrichtungen zur Betreuung oder Pflege körperlich, geistig oder seelisch hilfsbedürftiger Personen eng verbundenen Leistungen, die von* [***ab 1.1.2021:*** eng mit der Betreuung oder Pflege körperlich, kognitiv oder psychisch hilfsbedürftiger Personen verbundenen Leistungen, die erbracht werden von]

a) juristischen Personen des öffentlichen Rechts,

b) Einrichtungen, mit denen ein Vertrag nach § 132 des Fünften Buches Sozialgesetzbuch besteht,

c) Einrichtungen, mit denen ein Vertrag nach § 132a des Fünften Buches Sozialgesetzbuch, § 72 oder § 77 des Elften Buches Sozialgesetzbuch besteht oder die Leistungen zur häuslichen Pflege oder zur Heimpflege erbringen und die hierzu nach § 26 Abs. 5 in Verbindung mit § 44 des Siebten Buches Sozialgesetzbuch bestimmt sind,

d) Einrichtungen, die Leistungen der häuslichen Krankenpflege oder Haushaltshilfe erbringen und die hierzu nach § 26 Abs. 5 in Verbindung mit den §§ 32 und 42 des Siebten Buches Sozialgesetzbuch bestimmt sind,

e) Einrichtungen, mit denen eine Vereinbarung nach § 194[2] des Neunten Buches Sozialgesetzbuch besteht,

f) Einrichtungen, die nach § 225[2] des Neunten Buches Sozialgesetzbuch anerkannt sind,

g)[3] Einrichtungen, soweit sie Leistungen erbringen, die landesrechtlich als Angebote zur Unterstützung im Alltag nach § 45a des Elften Buches Sozialgesetzbuch anerkannt sind,

h)[4] Einrichtungen, mit denen eine Vereinbarung nach § 123 des Neunten Buches Sozialgesetzbuch oder nach § 76 des Zwölften Buches Sozialgesetzbuch besteht,

i)[5] Einrichtungen, mit denen ein Vertrag nach § 8 Absatz 3 des Gesetzes zur Errichtung der Sozialversicherung für Landwirtschaft, Forsten und Gartenbau über die Gewährung von häuslicher Krankenpflege oder Haushaltshilfe nach den §§ 10 und 11 des Zweiten Gesetzes über die Krankenversicherung der Landwirte, § 10 des Gesetzes über die Alterssicherung der Landwirte oder nach § 54 Absatz 2 des Siebten Buches Sozialgesetzbuch besteht,

---

[1] § 4 Nr. 16 neu gef. mWv 1.1.2009 durch G v. 19.12.2008 (BGBl. I S. 2794); Sätze 1 und 2 geänd. mWv 1.1.2021 durch G v. 21.12.2020 (BGBl. I S. 3096).

[2] Verweis geänd. mWv 1.1.2018 durch G v. 23.12.2016 (BGBl. I S. 3234).

[3] § 4 Nr. 16 Satz 1 Buchst. g geänd. mWv 1.1.2016 durch G v. 2.11.2015 (BGBl. I S. 1834); geänd mWv 1.1.2017 durch G v. 23.12.2016 (BGBl. I S. 3191).

[4] § 4 Nr. 16 Satz 1 Buchst. h geänd. mWv 1.1.2018 durch G v. 23.12.2016 (BGBl. I S. 3234).

[5] § 4 Nr. 16 Satz 1 Buchst. i neu gef. mWv 30.6.2013 durch G v. 26.6.2013 (BGBl. I S. 1809).

j) Einrichtungen, die aufgrund einer Landesrahmenempfehlung nach § 2 der Frühforderungsverordnung als fachlich geeignete interdisziplinäre Frühförderstellen anerkannt sind,

k)[1] Einrichtungen, die als Betreuer nach § 1896 Absatz 1 des Bürgerlichen Gesetzbuchs bestellt worden sind, sofern es sich nicht um Leistungen handelt, die nach § 1908i Absatz 1 in Verbindung mit § 1835 Absatz 3 des Bürgerlichen Gesetzbuchs vergütet werden,

[***ab 1.1.2021:***

l)[2] Einrichtungen, mit denen eine Vereinbarung zur Pflegeberatung nach § 7a des Elften Buches Sozialgesetzbuch besteht, oder]

[Fassung bis 31.12.2020:]

l)[3] Einrichtungen, bei denen im vorangegangenen Kalenderjahr die Betreuungs- oder Pflegekosten in mindestens 25 Prozent der Fälle von den gesetzlichen Trägern der Sozialversicherung *oder der Sozialhilfe* [***ab 1.1.2020:*** , den Trägern der Sozialhilfe, den Trägern der Eingliederungshilfe nach § 94 des Neunten Buches Sozialgesetzbuch] oder der für die Durchführung der Kriegsopferversorgung zuständigen Versorgungsverwaltung einschließlich der Träger der Kriegsopferfürsorge ganz oder zum überwiegenden Teil vergütet worden sind,

erbracht werden.

[Fassung ab 1.1.2021:]

m)[4] Einrichtungen, bei denen die Betreuungs- oder Pflegekosten oder die Kosten für eng mit der Betreuung oder Pflege verbundene Leistungen in mindestens 25 Prozent der Fälle von den gesetzlichen Trägern der Sozialversicherung, den Trägern der Sozialhilfe, den Trägern der Eingliederungshilfe nach § 94 des Neunten Buches Sozialgesetzbuch oder *der für die Durchführung der Kriegsopferversorgung zuständigen Versorgungsverwaltung einschließlich der Träger der Kriegsopferfürsorge* [***ab 1.1.2024:*** den nach Bundes- oder Landesrecht zur Durchführung des Vierzehnten Buches Sozialgesetzbuch zuständigen Stellen] ganz oder zum überwiegenden Teil vergütet werden.

[2] Leistungen im Sinne des Satzes 1, die von Einrichtungen nach den Buchstaben b bis *l* [***ab 1.1.2021:*** m] erbracht werden, sind befreit, soweit es sich ihrer Art nach um Leistungen handelt, auf die sich die Anerkennung, der Vertrag oder die Vereinbarung nach Sozialrecht oder die Vergütung jeweils bezieht;

---

[1] § 4 Nr. 16 Satz 1 Buchst. k eingef., bish. Buchst. k wird Buchst. l und geändert mWv 1.7.2013 durch G v. 26.6.2013 (BGBl. I S. 1809).

[2] § 4 Nr. 16 Satz 1 Buchst. l eingef. mWv 1.1.2021 durch G v. 21.12.2020 (BGBl. I S. 3096).

[3] § 4 Nr. 16 Satz 1 Buchst. k eingef., bish. Buchst. k wird Buchst. l mWv 1.7.2013 durch G v. 26.6.2013 (BGBl. I S. 1809); geänd. mWv 1.1.2020 durch G v. 23.12.2016 (BGBl. I S. 3234).

[4] § 4 Nr. 16 Satz 1 Buchst. l wird Buchst. m und neu gef. mWv 1.1.2021 durch G v. 21.12.2020 (BGBl. I S. 3096); geänd. mWv 1.1.2024 durch G v. 12.12.2019 (BGBl. I S. 2652); zur weiteren Anwendung der alten Fassung siehe § 27 Abs. 26.

17. a) die Lieferungen von menschlichen Organen, menschlichem Blut und Frauenmilch,

    b) die Beförderungen von kranken und verletzten Personen mit Fahrzeugen, die hierfür besonders eingerichtet sind;

[Fassung bis 31.12.2019:]

18. die Leistungen der amtlich anerkannten Verbände der freien Wohlfahrtspflege und der der freien Wohlfahrtspflege dienenden Körperschaften, Personenvereinigungen und Vermögensmassen, die einem Wohlfahrtsverband als Mitglied angeschlossen sind, wenn

    a) diese Unternehmer ausschließlich und unmittelbar gemeinnützigen, mildtätigen oder kirchlichen Zwecken dienen,

    b) die Leistungen unmittelbar dem nach der Satzung, Stiftung oder sonstigen Verfassung begünstigten Personenkreis zugute kommen und

    c) die Entgelte für die in Betracht kommenden Leistungen hinter den durchschnittlich für gleichartige Leistungen von Erwerbsunternehmen verlangten Entgelten zurückbleiben.

    2 Steuerfrei sind auch die Beherbergung, Beköstigung und die üblichen Naturalleistungen, die diese Unternehmer den Personen, die bei den Leistungen nach Satz 1 tätig sind, als Vergütung für die geleisteten Dienste gewähren;

[Fassung ab 1.1.2020:]

18.[1] eng mit der Sozialfürsorge und der sozialen Sicherheit verbundene Leistungen, wenn diese Leistungen von Einrichtungen des öffentlichen Rechts oder anderen Einrichtungen, die keine systematische Gewinnerzielung anstreben, erbracht werden. 2 Etwaige Gewinne, die trotzdem anfallen, dürfen nicht verteilt, sondern müssen zur Erhaltung oder Verbesserung der durch die Einrichtung erbrachten Leistungen verwendet werden. 3 Für in anderen Nummern des § 4 bezeichnete Leistungen kommt die Steuerbefreiung nur unter den dort genannten Voraussetzungen in Betracht;

18a.[2] die Leistungen zwischen den selbständigen Gliederungen einer politischen Partei, soweit diese Leistungen im Rahmen der satzungsgemäßen Aufgaben gegen Kostenerstattung ausgeführt werden, und sofern die jeweilige Partei nicht gemäß § 18 Absatz 7 des Parteiengesetzes von der staatlichen Teilfinanzierung ausgeschlossen ist;

---

[1] § 4 Nr. 18 neu gef. mWv 1.1.2020 durch G v. 12.12.2019 (BGBl. I S. 2451).

[2] § 4 Nr. 18a 2. HS angef. mWv 29.7.2017 durch G v. 18.7.2017 (BGBl. I S. 2730).

19\. a)[1] die Umsätze der Blinden, die nicht mehr als zwei Arbeitnehmer beschäftigen. [2]Nicht als Arbeitnehmer gelten der Ehegatte, der eingetragene Lebenspartner, die minderjährigen Abkömmlinge, die Eltern des Blinden und die Lehrlinge. [3]Die Blindheit ist nach den für die Besteuerung des Einkommens maßgebenden Vorschriften nachzuweisen. [4]Die Steuerfreiheit gilt nicht für die Lieferungen von Energieerzeugnissen im Sinne des § 1 Abs. 2 und 3 des Energiesteuergesetzes und von *Alkohol* [***ab 18.12.2019:*** Alkoholerzeugnissen] im Sinne des Alkoholsteuergesetzes, wenn der Blinde für diese Erzeugnisse Energiesteuer oder Alkoholsteuer zu entrichten hat, und für Lieferungen im Sinne der Nummer 4a Satz 1 Buchstabe a Satz 2,

b)[2] die folgenden Umsätze der nicht unter Buchstabe a fallenden Inhaber von anerkannten Blindenwerkstätten und der anerkannten Zusammenschlüsse von Blindenwerkstätten im Sinne des § 226 des Neunten Buches Sozialgesetzbuch:
aa) die Lieferungen von Blindenwaren und Zusatzwaren,
bb) die sonstigen Leistungen, soweit bei ihrer Ausführung ausschließlich Blinde mitgewirkt haben;

20\. a)[3] die Umsätze folgender Einrichtungen des Bundes, der Länder, der Gemeinden oder der Gemeindeverbände: Theater, Orchester, Kammermusikensembles, Chöre, Museen, botanische Gärten, zoologische Gärten, Tierparks, Archive, Büchereien sowie Denkmäler der Bau- und Gartenbaukunst. [2]Das Gleiche gilt für die Umsätze gleichartiger Einrichtungen anderer Unternehmer, wenn die zuständige Landesbehörde bescheinigt, dass sie die gleichen kulturellen Aufgaben wie die in Satz 1 bezeichneten Einrichtungen erfüllen. [3]Steuerfrei sind auch die Umsätze von Bühnenregisseuren und Bühnenchoreographen an Einrichtungen im Sinne der Sätze 1 und 2, wenn die zuständige Landesbehörde bescheinigt, dass deren künstlerische Leistungen diesen Einrichtungen unmittelbar dienen. [4]Museen im Sinne dieser Vorschrift sind wissenschaftliche Sammlungen und Kunstsammlungen,

b) die Veranstaltung von Theatervorführungen und Konzerten durch andere Unternehmer, wenn die Darbietungen von den unter Buchstabe a bezeichneten Theatern, Orchestern, Kammermusikensembles oder Chören erbracht werden;

---

[1] § 4 Nr. 19 Buchst. a Satz 4 neu gef. durch G v. 13.12.2006 (BGBl. I S. 2878); Satz 2 geänd. mWv 30.6.2013 durch G v. 26.6.2013 (BGBl. I S. 1809); Satz 4 geänd. mWv 1.1.2018 durch G v. 10.3.2017 (BGBl. I S. 420); Satz 4 geänd. mWv 18.12.2019 durch G v. 12.12.2019 (BGBl. I S. 2451).

[2] § 4 Nr. 19 Buchst. b geänd., Verweis auf Blindenwarenvertriebsgesetz weggefallen mWv 14.9.2007 durch G v. 7.9.2007 (BGBl. I S. 2246); geänd. mWv 1.1.2018 durch G v. 23.12.2016 (BGBl. I S. 3234).

[3] § 4 Nr. 20 Buchst. a Satz 3 eingef., Sätze 3 und 4 (eingef. mWv 1.1.2011 durch G v. 8.12.2010, BGBl. I S. 1768) werden Sätze 4 und 5 mWv 1.7.2013 durch G v. 26.6.2013 (BGBl. I S. 1809); Satz 4 aufgeh., bish. Satz 5 wird Satz 4 mWv 1.1.2015 durch G v. 22.12.2014 (BGBl. I S. 2417).

21. a) die unmittelbar dem Schul- und Bildungszweck dienenden Leistungen privater Schulen und anderer allgemeinbildender oder berufsbildender Einrichtungen,
    aa) wenn sie als Ersatzschulen gemäß Artikel 7 Abs. 4 des Grundgesetzes staatlich genehmigt oder nach Landesrecht erlaubt sind oder
    bb) wenn die zuständige Landesbehörde bescheinigt, dass sie auf einen Beruf oder eine vor einer juristischen Person des öffentlichen Rechts abzulegende Prüfung ordnungsgemäß vorbereiten,

    b) die unmittelbar dem Schul- und Bildungszweck dienenden Unterrichtsleistungen selbständiger Lehrer
    aa) an Hochschulen im Sinne der §§ 1 und 70 des Hochschulrahmengesetzes und öffentlichen allgemeinbildenden oder berufsbildenden Schulen oder
    bb) an privaten Schulen und anderen allgemeinbildenden oder berufsbildenden Einrichtungen, soweit diese die Voraussetzungen des Buchstabens a erfüllen;

21a.[1] (weggefallen)

22. a) die Vorträge, Kurse und anderen Veranstaltungen wissenschaftlicher oder belehrender Art, die von juristischen Personen des öffentlichen Rechts, von Verwaltungs- und Wirtschaftsakademien, von Volkshochschulen oder von Einrichtungen, die gemeinnützigen Zwecken oder dem Zweck eines Berufsverbandes dienen, durchgeführt werden, wenn die Einnahmen überwiegend zur Deckung der Kosten verwendet werden,

    b) andere kulturelle und sportliche Veranstaltungen, die von den in Buchstabe a genannten Unternehmern durchgeführt werden, soweit das Entgelt in Teilnehmergebühren besteht;

[Fassung bis 31.12.2019:]

23.[2] die Gewährung von Beherbergung, Beköstigung und der üblichen Naturalleistungen durch Einrichtungen, wenn sie überwiegend Jugendliche für Erziehungs-, Ausbildungs- oder Fortbildungszwecke oder für Zwecke der Säuglingspflege bei sich aufnehmen, soweit die Leistungen an die Jugendlichen oder an die bei ihrer Erziehung, Ausbildung, Fortbildung oder Pflege tätigen Personen ausgeführt werden.

[Fassung ab 1.1.2020:]

23.[3] a) die Erziehung von Kindern und Jugendlichen und damit eng verbundene Lieferungen und sonstige Leistungen, die durch Einrichtungen des öffentlichen Rechts, die mit solchen Aufgaben betraut sind, oder durch andere Einrichtungen erbracht werden, deren Zielsetzung mit der einer Einrichtung des öffentlichen Rechts vergleichbar ist und die keine systematische Ge-

---

[1] Zur Übergangsregelung von § 4 Nr. 21a siehe § 27 Abs. 10.

[2] § 4 Nr. 23 Satz 1 geänd; Satz 4 angef. mWv 1.1.2008 durch G v. 20.12.2007 (BGBl. I S. 3150).

[3] § 4 Nr. 23 neu gef. mWv 1.1.2020 durch G v. 12.12.2019 (BGBl. I S. 2451).

[Fassung bis 31.12.2019:]

[2]Jugendliche im Sinne dieser Vorschrift sind alle Personen vor Vollendung des 27. Lebensjahres. [3]Steuerfrei sind auch die Beherbergung, Beköstigung und die üblichen Naturalleistungen, die diese Unternehmer den Personen, die bei den Leistungen nach Satz 1 tätig sind, als Vergütung für die geleisteten Dienste gewähren. [4]Die Sätze 1 bis 3 gelten nicht, soweit eine Leistung der Jugendhilfe des Achten Buches Sozialgesetzbuch erbracht wird;

[Fassung ab 1.1.2020:]

winnerzielung anstreben; etwaige Gewinne, die trotzdem anfallen, dürfen nicht verteilt, sondern müssen zur Erhaltung oder Verbesserung der durch die Einrichtung erbrachten Leistungen verwendet werden,

b) eng mit der Betreuung von Kindern und Jugendlichen verbundene Lieferungen und sonstige Leistungen, die durch Einrichtungen des öffentlichen Rechts oder durch andere als Einrichtungen mit sozialem Charakter anerkannte Einrichtungen erbracht werden. [2]Andere Einrichtungen mit sozialem Charakter im Sinne dieser Vorschrift sind Einrichtungen, soweit sie
   aa) auf Grund gesetzlicher Regelungen im Bereich der sozialen Sicherheit tätig werden oder
   bb) Leistungen erbringen, die im vorangegangenen Kalenderjahr ganz oder zum überwiegenden Teil durch Einrichtungen des öffentlichen Rechts vergütet wurden,

[***bis 31.12.2020:***

c) Verpflegungsdienstleistungen gegenüber Studierenden und Schülern an Hochschulen im Sinne der Hochschulgesetze der Länder, an einer staatlichen oder staatlich anerkannten Berufsakademie, an öffentlichen Schulen und an Ersatzschulen, die gemäß Artikel 7 Absatz 4 des Grundgesetzes staatlich genehmigt oder nach Landesrecht erlaubt sind, sowie an staatlich anerkannten Ergänzungsschulen durch Einrichtungen des öffentlichen Rechts oder durch

[Fassung ab 1.1.2020:]

[***Fass. bis 31.12.2020:***]
andere Einrichtungen, die keine systematische Gewinnerzielung anstreben; etwaige Gewinne, die trotzdem anfallen, dürfen nicht verteilt, sondern müssen zur Erhaltung oder Verbesserung der durch die Einrichtung erbrachten Leistungen verwendet werden.]

[***ab 1.1.2021:***
c)[1] Verpflegungsdienstleistungen und Beherbergungsleistungen gegenüber Kindern in Kindertageseinrichtungen, Studierenden und Schülern an Hochschulen im Sinne der Hochschulgesetze der Länder, an einer staatlichen oder staatlich anerkannten Berufsakademie, an öffentlichen Schulen und an Ersatzschulen, die gemäß Artikel 7 Absatz 4 des Grundgesetzes staatlich genehmigt oder nach Landesrecht erlaubt sind, sowie an staatlich anerkannten Ergänzungsschulen und an Berufsschulheimen durch Einrichtungen des öffentlichen Rechts oder durch andere Einrichtungen, die keine systematische Gewinnerzielung anstreben; etwaige Gewinne, die trotzdem anfallen, dürfen nicht verteilt, sondern müssen zur Erhaltung oder Verbesserung der durch die Einrichtung erbrachten Leistungen verwendet werden.]

[2]Steuerfrei sind auch die Beherbergung, Beköstigung und die üblichen Naturalleistungen, die die Unternehmer den Personen, die bei der Erbringung der Leis-

[1] § 4 Nr. 23 Buchst. c neu gef. mWv 1.1.2021 durch G v. 21.12.2020 (BGBl. I S. 3096).

[Fassung ab 1.1.2020:]

tungen nach Satz 1 Buchstabe a und b beteiligt sind, als Vergütung für die geleisteten Dienste gewähren. [3]Kinder und Jugendliche im Sinne von Satz 1 Buchstabe a und b sind alle Personen, die noch nicht 27 Jahre alt sind. [4]Für die in den Nummern 15b, 15c, 21, 24 und 25 bezeichneten Leistungen kommt die Steuerbefreiung nur unter den dort genannten Voraussetzungen in Betracht;

24. die Leistungen des Deutschen Jugendherbergswerkes, Hauptverband für Jugendwandern und Jugendherbergen e. V., einschließlich der diesem Verband angeschlossenen Untergliederungen, Einrichtungen und Jugendherbergen, soweit die Leistungen den Satzungszwecken unmittelbar dienen oder Personen, die bei diesen Leistungen tätig sind, Beherbergung, Beköstigung und die üblichen Naturalleistungen als Vergütung für die geleisteten Dienste gewährt werden. [2]Das Gleiche gilt für die Leistungen anderer Vereinigungen, die gleiche Aufgaben unter denselben Voraussetzungen erfüllen;

25.[1)] Leistungen der Jugendhilfe nach § 2 Absatz 2 des Achten Buches Sozialgesetzbuch *und die Inobhutnahme nach § 42 des Achten Buches Sozialgesetzbuch,* [***ab 1.1.2020:*** , die Inobhutnahme nach § 42 des Achten Buches Sozialgesetzbuch und Leistungen der Adoptionsvermittlung nach dem Adoptionsvermittlungsgesetz,] wenn diese Leistungen von Trägern der öffentlichen Jugendhilfe oder anderen Einrichtungen mit sozialem Charakter erbracht werden. [2]Andere Einrichtungen mit sozialem Charakter im Sinne dieser Vorschrift sind

a) von der zuständigen Jugendbehörde anerkannte Träger der freien Jugendhilfe, die Kirchen und Religionsgemeinschaften des öffentlichen Rechts *sowie die amtlich anerkannten Verbände der freien Wohlfahrtspflege,*

b) Einrichtungen, soweit sie

aa) für ihre Leistungen eine im Achten Buch Sozialgesetzbuch geforderte Erlaubnis besitzen oder nach § 44 oder § 45 Abs. 1 Nr. 1 und
2 des Achten Buches Sozialgesetzbuch einer Erlaubnis nicht bedürfen,

bb) Leistungen erbringen, die im vorangegangenen Kalenderjahr ganz oder zum überwiegenden Teil durch Träger der öffentlichen Jugendhilfe oder Einrichtungen nach Buchstabe a vergütet wurden,

---

[1)] § 4 Nr. 25 neu gef. durch G v. 20.12.2007 (BGBl. I S. 3150); Satz 1 geänd., Satz 2 Buchst. a kursiver Satzteil aufgeh. und Buchst. b Doppelbuchst. dd angef. mWv 1.1.2020 durch G v. 12.12.2019 (BGBl. I S. 2451).

cc)[1] Leistungen der Kindertagespflege erbringen, für die sie nach § 23 Absatz 3 des Achten Buches Sozialgesetzbuch geeignet sind, oder

[*ab 1.1.2020:*

dd) Leistungen der Adoptionsvermittlung erbringen, für die sie nach § 4 Absatz 1 des Adoptionsvermittlungsgesetzes anerkannt oder nach § 4 Absatz 2 des Adoptionsvermittlungsgesetzes zugelassen sind.]

³Steuerfrei sind auch

a) die Durchführung von kulturellen und sportlichen Veranstaltungen, wenn die Darbietungen von den von der Jugendhilfe begünstigten Personen selbst erbracht oder die Einnahmen überwiegend zur Deckung der Kosten verwendet werden und diese Leistungen in engem Zusammenhang mit den in Satz 1 bezeichneten Leistungen stehen,

b) die Beherbergung, Beköstigung und die üblichen Naturalleistungen, die diese Einrichtungen den Empfängern der Jugendhilfeleistungen und Mitarbeitern in der Jugendhilfe sowie den bei den Leistungen nach Satz 1 tätigen Personen als Vergütung für die geleisteten Dienste gewähren,

c)[2] Leistungen, die von Einrichtungen erbracht werden, die als Vormünder nach § 1773 des Bürgerlichen Gesetzbuchs oder als Ergänzungspfleger nach § 1909 des Bürgerlichen Gesetzbuchs bestellt worden sind, sofern es sich nicht um Leistungen handelt, die nach § 1835 Absatz 3 des Bürgerlichen Gesetzbuchs vergütet werden,

[*ab 1.1.2021:*

d)[3] Einrichtungen, die als Verfahrensbeistand nach den §§ 158, 174 oder 191 des Gesetzes über das Verfahren in Familiensachen und in den Angelegenheiten der freiwilligen Gerichtsbarkeit bestellt worden sind, wenn die Preise, die diese Einrichtungen verlangen, von den zuständigen Behörden genehmigt sind oder die genehmigten Preise nicht übersteigen; bei Umsätzen, für die eine Preisgenehmigung nicht vorgesehen ist, müssen die verlangten Preise unter den Preisen liegen, die der Mehrwertsteuer unterliegende gewerbliche Unternehmen für entsprechende Umsätze fordern;]

26. die ehrenamtliche Tätigkeit,

a) wenn sie für juristische Personen des öffentlichen Rechts ausgeübt wird oder

b) wenn das Entgelt für diese Tätigkeit nur in Auslagenersatz und einer angemessenen Entschädigung für Zeitversäumnis besteht;

27. a)[4] die Gestellung von Personal durch religiöse und weltanschauliche Einrichtungen für die in Nummer 14 Buchstabe b, in den Nummern 16,

---

[1] § 4 Nr. 25 Satz 2 Buchst. b Doppelbuchst. cc geänd. mWv 31.7.2014 durch G v. 25.7. 2014 (BGBl. I S. 1266).

[2] § 4 Nr. 25 Satz 3 Buchst. c angef. mWv 30.6.2013 durch G v. 26.6.2013 (BGBl. I S. 1809).

[3] § 4 Nr. 25 Satz 3 Buchst. d angef. mWv 1.1.2021 durch G v. 21.12.2020 (BGBl. I S. 3096).

[4] § 4 Nr. 27 Buchst. a neu gef. mWv 1.1.2015 durch G v. 25.7.2014 (BGBl. I S. 1266); geänd. mWv 18.12.2019 durch G v. 12.12.2019 (BGBl. I S. 2451).

18, 21, 22 Buchstabe a sowie in den Nummern 23 und 25 genannten Tätigkeiten und für Zwecke *geistigen* [***ab 18.12.2019:*** geistlichen] Beistands,

b) die Gestellung von land- und forstwirtschaftlichen Arbeitskräften durch juristische Personen des privaten oder des öffentlichen Rechts für land- und forstwirtschaftliche Betriebe (§ 24 Abs. 2) mit höchstens drei Vollarbeitskräften zur Überbrückung des Ausfalls des Betriebsinhabers oder dessen voll mitarbeitenden Familienangehörigen wegen Krankheit, Unfalls, Schwangerschaft, eingeschränkter Erwerbsfähigkeit oder Todes sowie die Gestellung von Betriebshelfern an die gesetzlichen Träger der Sozialversicherung;

28.[1] die Lieferungen von Gegenständen, für die der Vorsteuerabzug nach § 15 Abs. 1a ausgeschlossen ist oder wenn der Unternehmer die gelieferten Gegenstände ausschließlich für eine nach den Nummern 8 bis 27 [***ab 1.1.2020:*** und 29] steuerfreie Tätigkeit verwendet hat;

[***ab 1.1.2020:***

29.[2] sonstige Leistungen von selbständigen, im Inland ansässigen Zusammenschlüssen von Personen, deren Mitglieder eine dem Gemeinwohl dienende nichtunternehmerische Tätigkeit oder eine dem Gemeinwohl dienende Tätigkeit ausüben, die nach den Nummern 11b, 14 bis 18, 20 bis 25 oder 27 von der Steuer befreit ist, gegenüber ihren im Inland ansässigen Mitgliedern, soweit diese Leistungen für unmittelbare Zwecke der Ausübung dieser Tätigkeiten verwendet werden und der Zusammenschluss von seinen Mitgliedern lediglich die genaue Erstattung des jeweiligen Anteils an den gemeinsamen Kosten fordert, vorausgesetzt, dass diese Befreiung nicht zu einer Wettbewerbsverzerrung führt.]

§ 4a Steuervergütung. (1) [1] Körperschaften, die ausschließlich und unmittelbar gemeinnützige, mildtätige oder kirchliche Zwecke verfolgen (§§ 51 bis 68 der Abgabenordnung)[3], und juristischen Personen des öffentlichen Rechts wird auf Antrag eine Steuervergütung zum Ausgleich der Steuer gewährt, die auf der an sie bewirkten Lieferung eines Gegenstands, seiner Einfuhr oder seinem innergemeinschaftlichen Erwerb lastet, wenn die folgenden Voraussetzungen erfüllt sind:

1. Die Lieferung, die Einfuhr oder der innergemeinschaftliche Erwerb des Gegenstands muss steuerpflichtig gewesen sein.
2. Die auf die Lieferung des Gegenstands entfallende Steuer muss in einer nach § 14 ausgestellten Rechnung gesondert ausgewiesen und mit dem Kaufpreis bezahlt worden sein.
3. Die für die Einfuhr oder den innergemeinschaftlichen Erwerb des Gegenstands geschuldete Steuer muss entrichtet worden sein.
4. Der Gegenstand muss in das Drittlandsgebiet gelangt sein.

---

[1] § 4 Nr. 28 Verweis geänd. durch G v. 20.12.2007 (BGBl. I S. 3150); Verweis ergänzt mWv 1.1.2020 durch G v. 12.12.2019 (BGBl. I S. 2451).

[2] § 4 Nr. 29 angef. mWv 1.1.2020 durch G v. 12.12.2019 (BGBl. I S. 2451).

[3] Nr. **800**.

5. Der Gegenstand muss im Drittlandsgebiet zu humanitären, karitativen oder erzieherischen Zwecken verwendet werden.
6.[1] Der Erwerb oder die Einfuhr des Gegenstands und seine Ausfuhr dürfen von einer Körperschaft, die steuerbegünstigte Zwecke verfolgt, nicht im Rahmen eines wirtschaftlichen Geschäftsbetriebs und von einer juristischen Person des öffentlichen Rechts nicht im Rahmen ihres Unternehmens vorgenommen worden sein.
7. Die vorstehenden Voraussetzungen müssen nachgewiesen sein.

[2]Der Antrag ist nach amtlich vorgeschriebenem Vordruck zu stellen, in dem der Antragsteller die zu gewährende Vergütung selbst zu berechnen hat.

(2) Das Bundesministerium der Finanzen kann mit Zustimmung des Bundesrates durch Rechtsverordnung näher bestimmen,
1. wie die Voraussetzungen für den Vergütungsanspruch nach Absatz 1 Satz 1 nachzuweisen sind und
2. in welcher Frist die Vergütung zu beantragen ist.

§ 4b Steuerbefreiung beim innergemeinschaftlichen Erwerb von Gegenständen. Steuerfrei ist der innergemeinschaftliche Erwerb
1. der in § 4 Nr. 8 Buchstabe e und Nr. 17 Buchstabe a sowie der in § 8 Abs. 1 Nr. 1 und 2 bezeichneten Gegenstände;
2. der in § 4 Nr. 4 bis 4b und Nr. 8 Buchstabe b und i sowie der in § 8 Abs. 2 Nr. 1 und 2 bezeichneten Gegenstände unter den in diesen Vorschriften bezeichneten Voraussetzungen;
3. der Gegenstände, deren Einfuhr (§ 1 Abs. 1 Nr. 4) nach den für die Einfuhrumsatzsteuer geltenden Vorschriften steuerfrei wäre;
4. der Gegenstände, die zur Ausführung von Umsätzen verwendet werden, für die der Ausschluss vom Vorsteuerabzug nach § 15 Abs. 3 nicht eintritt.

§ 5 Steuerbefreiungen bei der Einfuhr. (1) Steuerfrei ist die Einfuhr
1. der in § 4 Nr. 8 Buchstabe e und Nr. 17 Buchstabe a sowie der in § 8 Abs. 1 Nr. 1, 2 und 3 bezeichneten Gegenstände;
2. der in § 4 Nr. 4 und Nr. 8 Buchstabe b und i sowie der in § 8 Abs. 2 Nr. 1, 2 und 3 bezeichneten Gegenstände unter den in diesen Vorschriften bezeichneten Voraussetzungen;
3.[2] der Gegenstände, die von einem Schuldner der Einfuhrumsatzsteuer im Anschluss an die Einfuhr unmittelbar zur Ausführung von innergemeinschaftlichen Lieferungen (§ 4 Nummer 1 Buchstabe b, § 6a) verwendet werden; der Schuldner der Einfuhrumsatzsteuer hat zum Zeitpunkt der Einfuhr
   a) seine im Geltungsbereich dieses Gesetzes erteilte Umsatzsteuer-Identifikationsnummer oder die im Geltungsbereich dieses Gesetzes erteilte Umsatzsteuer-Identifikationsnummer seines Fiskalvertreters und

---
[1] § 4a Abs. 1 Satz 1 Nr. 6 geänd. mWv 1.1.2016 durch G v. 2.11.2015 (BGBl. I S. 1834).
[2] § 5 Abs. 1 Nr. 3 neu gef. mWv 1.1.2011 durch G v. 8.12.2010 (BGBl. I S. 1768).

b) die im anderen Mitgliedstaat erteilte Umsatzsteuer-Identifikationsnummer des Abnehmers mitzuteilen sowie

c) nachzuweisen, dass die Gegenstände zur Beförderung oder Versendung in das übrige Gemeinschaftsgebiet bestimmt sind;

4. der in der Anlage 1 bezeichneten Gegenstände, die im Anschluss an die Einfuhr zur Ausführung von steuerfreien Umsätzen nach § 4 Nr. 4a Satz 1 Buchstabe a Satz 1 verwendet werden sollen; der Schuldner der Einfuhrumsatzsteuer hat die Voraussetzungen der Steuerbefreiung nachzuweisen;

5. der in der Anlage 1 bezeichneten Gegenstände, wenn die Einfuhr im Zusammenhang mit einer Lieferung steht, die zu einer Auslagerung im Sinne des § 4 Nr. 4a Satz 1 Buchstabe a Satz 2 führt und der Lieferer oder sein Beauftragter Schuldner der Einfuhrumsatzsteuer ist; der Schuldner der Einfuhrumsatzsteuer hat die Voraussetzungen der Steuerbefreiung nachzuweisen;

6.[1] von Erdgas über das Erdgasnetz oder von Erdgas, das von einem Gastanker aus in das Erdgasnetz oder ein vorgelagertes Gasleitungsnetz eingespeist wird, von Elektrizität oder von Wärme oder Kälte über Wärme- oder Kältenetze;

[*ab 1.7.2021:*

7.[2] von aus dem Drittlandsgebiet eingeführten Gegenständen in Sendungen mit einem Sachwert von höchstens 150 Euro, für die die Steuer im Rahmen des besonderen Besteuerungsverfahrens nach § 18k zu erklären ist und für die in der Anmeldung zur Überlassung in den freien Verkehr die nach Artikel 369q der Richtlinie 2006/112/EG des Rates vom 28. November 2006 über das gemeinsame Mehrwertsteuersystem (ABl. L 347 vom 11.12.2006, S. 1) in der jeweils geltenden Fassung von einem Mitgliedstaat der Europäischen Union erteilte individuelle Identifikationsnummer des Lieferers oder die dem in seinem Auftrag handelnden Vertreter für diesen Lieferer erteilte individuelle Identifikationsnummer angegeben wird;]

[*ab 1.7.2022:*

8.[3] von Gegenständen durch die Streitkräfte anderer Mitgliedstaaten für den eigenen Gebrauch oder Verbrauch oder für den ihres zivilen Begleitpersonals oder für die Versorgung ihrer Kasinos oder Kantinen, wenn diese Streitkräfte an einer Verteidigungsanstrengung teilnehmen, die zur Durchführung einer Tätigkeit der Union im Rahmen der Gemeinsamen Sicherheits- und Verteidigungspolitik unternommen wird.]

(2) Das Bundesministerium der Finanzen kann durch Rechtsverordnung, die nicht der Zustimmung des Bundesrates bedarf, zur Erleichterung des Warenverkehrs über die Grenze und zur Vereinfachung der Verwaltung Steuerfreiheit oder Steuerermäßigung anordnen

1. für Gegenstände, die nicht oder nicht mehr am Güterumsatz und an der Preisbildung teilnehmen;
2. für Gegenstände in kleinen Mengen oder von geringem Wert;

---

[1] § 5 Abs. 1 Nr. 6 geänd. mWv 1.1.2011 durch G v. 8.12.2010 (BGBl. I S. 1768).

[2] § 5 Abs. 1 Nr. 7 angef. durch G v. 21.12.2020 (BGBl. I S. 3096); zur Anwendung siehe § 27 Abs. 34 Satz 1.

[3] § 5 Abs. 1 Nr. 8 angef. mWv 1.7.2022 durch G v. 21.12.2020 (BGBl. I S. 3096).

3. für Gegenstände, die nur vorübergehend ausgeführt worden waren, ohne ihre Zugehörigkeit oder enge Beziehung zur inländischen Wirtschaft verloren zu haben;
4. für Gegenstände, die nach zollamtlich bewilligter Veredelung in Freihäfen eingeführt werden;
5. für Gegenstände, die nur vorübergehend eingeführt und danach unter zollamtlicher Überwachung wieder ausgeführt werden;
6. für Gegenstände, für die nach zwischenstaatlichem Brauch keine Einfuhrumsatzsteuer erhoben wird;
7. für Gegenstände, die an Bord von Verkehrsmitteln als Mundvorrat, als Brenn-, Treib- oder Schmierstoffe, als technische Öle oder als Betriebsmittel eingeführt werden;
8. für Gegenstände, die weder zum Handel noch zur gewerblichen Verwendung bestimmt und insgesamt nicht mehr wert sind, als in Rechtsakten des Rates der Europäischen Union oder der Europäischen Kommission[1] über die Verzollung zum Pauschalsatz festgelegt ist, soweit dadurch schutzwürdige Interessen der inländischen Wirtschaft nicht verletzt werden und keine unangemessenen Steuervorteile entstehen. [2]Es hat dabei Rechtsakte des Rates der Europäischen Union oder der Europäischen Kommission[1] zu berücksichtigen.

(3) Das Bundesministerium der Finanzen kann durch Rechtsverordnung, die nicht der Zustimmung des Bundesrates bedarf, anordnen, dass unter den sinngemäß anzuwendenden Voraussetzungen von Rechtsakten des Rates der Europäischen Union oder der Europäischen Kommission[1] über die Erstattung oder den Erlass von Einfuhrabgaben die Einfuhrumsatzsteuer ganz oder teilweise erstattet oder erlassen wird.

§ 6 Ausfuhrlieferung. (1) [1]Eine Ausfuhrlieferung (§ 4 Nr. 1 Buchstabe a) liegt vor, wenn bei einer Lieferung

1. der Unternehmer den Gegenstand der Lieferung in das Drittlandsgebiet, ausgenommen Gebiete nach § 1 Abs. 3, befördert oder versendet hat oder
2. der Abnehmer den Gegenstand der Lieferung in das Drittlandsgebiet, ausgenommen Gebiete nach § 1 Abs. 3, befördert oder versendet hat und ein ausländischer Abnehmer ist oder
3. der Unternehmer oder der Abnehmer den Gegenstand der Lieferung in die in § 1 Abs. 3 bezeichneten Gebiete befördert oder versendet hat und der Abnehmer
   a)[2] ein Unternehmer ist, der den Gegenstand für sein Unternehmen erworben hat und dieser nicht ausschließlich oder nicht zum Teil für eine nach § 4 Nummer 8 bis 27 [*__ab 1.1.2020:__* und 29] steuerfreie Tätigkeit verwendet werden soll, oder

---

[1] Bezeichnungen geänd. durch G v. 26.6.2013 (BGBl. I S. 1809).

[2] § 6 Abs. 1 Satz 1 Nr. 3 Buchst. a ergänzt mWv 25.12.2008 durch G v. 19.12.2008 (BGBl. I S. 2794); Verweis geänd. mWv 1.1.2020 durch G v. 12.12.2019 (BGBl. I S. 2451).

b) ein ausländischer Abnehmer, aber kein Unternehmer ist und der Gegenstand in das übrige Drittlandsgebiet gelangt.

2 Der Gegenstand der Lieferung kann durch Beauftragte vor der Ausfuhr bearbeitet oder verarbeitet worden sein.

(2) 1 Ausländischer Abnehmer im Sinne des Absatzes 1 Satz 1 Nr. 2 und 3 ist

1. ein Abnehmer, der seinen Wohnort oder Sitz im Ausland, ausgenommen die in § 1 Abs. 3 bezeichneten Gebiete, hat, oder
2. eine Zweigniederlassung eines im Inland oder in den in § 1 Abs. 3 bezeichneten Gebieten ansässigen Unternehmers, die ihren Sitz im Ausland, ausgenommen die bezeichneten Gebiete, hat, wenn sie das Umsatzgeschäft im eigenen Namen abgeschlossen hat.

2 Eine Zweigniederlassung im Inland oder in den in § 1 Abs. 3 bezeichneten Gebieten ist kein ausländischer Abnehmer.

(3) Ist in den Fällen des Absatzes 1 Satz 1 Nr. 2 und 3 der Gegenstand der Lieferung zur Ausrüstung oder Versorgung eines Beförderungsmittels bestimmt, so liegt eine Ausfuhrlieferung nur vor, wenn

1. der Abnehmer ein ausländischer Unternehmer ist und
2. das Beförderungsmittel den Zwecken des Unternehmens des Abnehmers dient.

(3a)[1] 1 Wird in den Fällen des Absatzes 1 Satz 1 Nr. 2 und 3 der Gegenstand der Lieferung nicht für unternehmerische Zwecke erworben und durch den Abnehmer im persönlichen Reisegepäck ausgeführt, liegt eine Ausfuhrlieferung nur vor, wenn

1. der Abnehmer seinen Wohnort oder Sitz im Drittlandsgebiet, ausgenommen Gebiete nach § 1 Abs. 3, hat,
2. der Gegenstand der Lieferung vor Ablauf des dritten Kalendermonats, der auf den Monat der Lieferung folgt, ausgeführt wird und

[***ab 1.1.2020:***

3. der Gesamtwert der Lieferung einschließlich Umsatzsteuer 50 Euro übersteigt.

2 Nummer 3 tritt zum Ende des Jahres außer Kraft, in dem die Ausfuhr- und Abnehmernachweise in Deutschland erstmals elektronisch erteilt werden.]

(4) 1 Die Voraussetzungen der Absätze 1, 3 und 3a sowie die Bearbeitung oder Verarbeitung im Sinne des Absatzes 1 Satz 2 müssen vom Unternehmer nachgewiesen sein. 2 Das Bundesministerium der Finanzen kann mit Zustimmung des Bundesrates durch Rechtsverordnung bestimmen, wie der Unternehmer die Nachweise zu führen hat.

(5) Die Absätze 1 bis 4 gelten nicht für die Lieferungen im Sinne des § 3 Abs. 1b.

---

[1] § 6 Abs. 3a Satz 1 Nr. 3 und Satz 2 angef. mWv 1.1.2020 durch G v. 12.12.2019 (BGBl. I S. 2451).

§ 6a Innergemeinschaftliche Lieferung. (1)[1)] [1]Eine innergemeinschaftliche Lieferung (§ 4 Nummer 1 Buchstabe b) liegt vor, wenn bei einer Lieferung die folgenden Voraussetzungen erfüllt sind:

1. Der Unternehmer oder der Abnehmer hat den Gegenstand der Lieferung in das übrige Gemeinschaftsgebiet befördert oder versendet,

[Fassung bis 31.12.2019:]

2. der Abnehmer ist
   a) ein Unternehmer, der den Gegenstand der Lieferung für sein Unternehmen erworben hat,
   b) eine juristische Person, die nicht Unternehmer ist oder die den Gegenstand der Lieferung nicht für ihr Unternehmen erworben hat, oder
   c) bei der Lieferung eines neuen Fahrzeugs auch jeder andere Erwerber

   und
3. der Erwerb des Gegenstands der Lieferung unterliegt beim Abnehmer in einem anderen Mitgliedstaat den Vorschriften der Umsatzbesteuerung.

[Fassung ab 1.1.2020:]

2. der Abnehmer ist
   a) ein in einem anderen Mitgliedstaat für Zwecke der Umsatzsteuer erfasster Unternehmer, der den Gegenstand der Lieferung für sein Unternehmen erworben hat,
   b) eine in einem anderen Mitgliedstaat für Zwecke der Umsatzsteuer erfasste juristische Person, die nicht Unternehmer ist oder die den Gegenstand der Lieferung nicht für ihr Unternehmen erworben hat, oder
   c) bei der Lieferung eines neuen Fahrzeugs auch jeder andere Erwerber,
3. der Erwerb des Gegenstands der Lieferung unterliegt beim Abnehmer in einem anderen Mitgliedstaat den Vorschriften der Umsatzbesteuerung und
4. der Abnehmer im Sinne der Nummer 2 Buchstabe a oder b hat gegenüber dem Unternehmer eine ihm von einem anderen Mitgliedstaat erteilte gültige Umsatzsteuer-Identifikationsnummer verwendet.

[2]Der Gegenstand der Lieferung kann durch Beauftragte vor der Beförderung oder Versendung in das übrige Gemeinschaftsgebiet bearbeitet oder verarbeitet worden sein.

(2) Als innergemeinschaftliche Lieferung gilt auch das einer Lieferung gleichgestellte Verbringen eines Gegenstands (§ 3 Abs. 1a).

(3) [1]Die Voraussetzungen der Absätze 1 und 2 müssen vom Unternehmer nachgewiesen sein. [2]Das Bundesministerium der Finanzen kann mit Zustim-

---

1) § 6a Abs. 1 Satz 1 Nr. 2 neu gef., Nr. 4 angef. mWv 1.1.2020 durch G v. 12.12.2019 (BGBl. I S. 2451).

mung des Bundesrates durch Rechtsverordnung bestimmen, wie der Unternehmer den Nachweis zu führen hat.

(4) [1] Hat der Unternehmer eine Lieferung als steuerfrei behandelt, obwohl die Voraussetzungen nach Absatz 1 nicht vorliegen, so ist die Lieferung gleichwohl als steuerfrei anzusehen, wenn die Inanspruchnahme der Steuerbefreiung auf unrichtigen Angaben des Abnehmers beruht und der Unternehmer die Unrichtigkeit dieser Angaben auch bei Beachtung der Sorgfalt eines ordentlichen Kaufmanns nicht erkennen konnte. [2] In diesem Fall schuldet der Abnehmer die entgangene Steuer.

[*ab 1.1.2020:*

§ 6b[1)] Konsignationslagerregelung. (1) Für die Beförderung oder Versendung eines Gegenstandes aus dem Gebiet eines Mitgliedstaates in das Gebiet eines anderen Mitgliedstaates für Zwecke einer Lieferung des Gegenstandes nach dem Ende dieser Beförderung oder Versendung an einen Erwerber gilt eine Besteuerung nach Maßgabe der nachfolgenden Vorschriften, wenn folgende Voraussetzungen erfüllt sind:

1. Der Unternehmer oder ein vom Unternehmer beauftragter Dritter befördert oder versendet einen Gegenstand des Unternehmens aus dem Gebiet eines Mitgliedstaates (Abgangsmitgliedstaat) in das Gebiet eines anderen Mitgliedstaates (Bestimmungsmitgliedstaat) zu dem Zweck, dass nach dem Ende dieser Beförderung oder Versendung die Lieferung (§ 3 Absatz 1) gemäß einer bestehenden Vereinbarung an einen Erwerber bewirkt werden soll, dessen vollständiger Name und dessen vollständige Anschrift dem Unternehmer zum Zeitpunkt des Beginns der Beförderung oder Versendung des Gegenstands bekannt ist und der Gegenstand im Bestimmungsland verbleibt.
2. Der Unternehmer hat in dem Bestimmungsmitgliedstaat weder seinen Sitz noch seine Geschäftsleitung oder eine Betriebsstätte oder in Ermangelung eines Sitzes, einer Geschäftsleitung oder einer Betriebsstätte seinen Wohnsitz oder gewöhnlichen Aufenthalt.
3. Der Erwerber im Sinne der Nummer 1, an den die Lieferung bewirkt werden soll, hat gegenüber dem Unternehmer bis zum Beginn der Beförderung oder Versendung die ihm vom Bestimmungsmitgliedstaat erteilte Umsatzsteuer-Identifikationsnummer verwendet.
4. Der Unternehmer zeichnet die Beförderung oder Versendung des Gegenstandes im Sinne der Nummer 1 nach Maßgabe des § 22 Absatz 4f gesondert

   auf und kommt seiner Pflicht nach § 18a Absatz 1 in Verbindung mit Absatz 6 Nummer 3 und Absatz 7 Nummer 2a rechtzeitig, richtig und vollständig nach.

(2) Wenn die Voraussetzungen nach Absatz 1 erfüllt sind, gilt zum Zeitpunkt der Lieferung des Gegenstandes an den Erwerber, sofern diese Lieferung innerhalb der Frist nach Absatz 3 bewirkt wird, Folgendes:

---

1) § 6b eingef. mWv 1.1.2020 durch G v. 12.12.2019 (BGBl. I S. 2451).

1. Die Lieferung an den Erwerber wird einer im Abgangsmitgliedstaat steuerbaren und steuerfreien innergemeinschaftlichen Lieferung (§ 6a) gleichgestellt.

2. Die Lieferung an den Erwerber wird einem im Bestimmungsmitgliedstaat steuerbaren innergemeinschaftlichen Erwerb (§ 1a Absatz 1) gleichgestellt.

(3) Wird die Lieferung an den Erwerber nicht innerhalb von zwölf Monaten nach dem Ende der Beförderung oder Versendung des Gegenstandes im Sinne des Absatzes 1 Nummer 1 bewirkt und ist keine der Voraussetzungen des Absatzes 6 erfüllt, so gilt am Tag nach Ablauf des Zeitraums von zwölf Monaten die Beförderung oder Versendung des Gegenstandes als das einer innergemeinschaftlichen Lieferung gleichgestellte Verbringen (§ 6a Absatz 2[1]) in Verbindung mit § 3 Absatz 1a).

(4) Absatz 3 ist nicht anzuwenden, wenn folgende Voraussetzungen vorliegen:

1. Die nach Absatz 1 Nummer 1 beabsichtigte Lieferung wird nicht bewirkt und der Gegenstand gelangt innerhalb von zwölf Monaten nach dem Ende der Beförderung oder Versendung aus dem Bestimmungsmitgliedstaat in den Abgangsmitgliedstaat zurück.

2. Der Unternehmer zeichnet das Zurückgelangen des Gegenstandes nach Maßgabe des § 22 Absatz 4f gesondert auf.

(5) Tritt innerhalb von zwölf Monaten nach dem Ende der Beförderung oder Versendung des Gegenstandes im Sinne des Absatzes 1 Nummer 1 und vor dem Zeitpunkt der Lieferung ein anderer Unternehmer an die Stelle des Erwerbers im Sinne des Absatzes 1 Nummer 1, gilt in dem Zeitpunkt, in dem der andere Unternehmer an die Stelle des Erwerbers tritt, Absatz 4 sinngemäß, wenn folgende Voraussetzungen vorliegen:

1. Der andere Unternehmer hat gegenüber dem Unternehmer die ihm vom Bestimmungsmitgliedstaat erteilte Umsatzsteuer-Identifikationsnummer verwendet.

2. Der vollständige Name und die vollständige Anschrift des anderen Unternehmers sind dem Unternehmer bekannt.

3. Der Unternehmer zeichnet den Erwerberwechsel nach Maßgabe des § 22 Absatz 4f gesondert auf.

(6) [1] Fällt eine der Voraussetzungen nach den Absätzen 1 und 5 innerhalb von zwölf Monaten nach dem Ende der Beförderung oder Versendung des Gegenstandes im Sinne des Absatzes 1 Nummer 1 und vor dem Zeitpunkt der Lieferung weg, so gilt am Tag des Wegfalls der Voraussetzung die Beförderung oder Versendung des Gegenstandes als das einer innergemeinschaftlichen Lieferung gleichgestellte Verbringen (§ 6a Absatz 2[1]) in Verbindung mit § 3 Absatz 1a). [2] Wird die Lieferung an einen anderen Erwerber als einen Erwerber nach Absatz 1 Nummer 1 oder Absatz 5 bewirkt, gelten die Voraussetzungen nach den Absätzen 1 und 5 an dem Tag vor der Lieferung als nicht mehr er-

---

[1]) Verweis red. ber. mWv 29.12.2020 durch G v. 21.12.2020 (BGBl. I S. 3096).

füllt. [3]Satz 2 gilt sinngemäß, wenn der Gegenstand vor der Lieferung oder bei der Lieferung in einen anderen Mitgliedstaat als den Abgangsmitgliedstaat oder in das Drittlandsgebiet befördert oder versendet wird. [4]Im Fall der Zerstörung, des Verlustes oder des Diebstahls des Gegenstandes nach dem Ende der Beförderung oder Versendung des Gegenstandes im Sinne des Absatzes 1 Nummer 1 und vor dem Zeitpunkt der Lieferung gelten die Voraussetzungen nach den Absätzen 1 und 5 an dem Tag, an dem die Zerstörung, der Verlust oder der Diebstahl festgestellt wird, als nicht mehr erfüllt.]

§ 7 Lohnveredelung an Gegenständen der Ausfuhr. (1) [1]Eine Lohnveredelung an einem Gegenstand der Ausfuhr (§ 4 Nr. 1 Buchstabe a) liegt vor, wenn bei einer Bearbeitung oder Verarbeitung eines Gegenstands der Auftraggeber den Gegenstand zum Zweck der Bearbeitung oder Verarbeitung in das Gemeinschaftsgebiet eingeführt oder zu diesem Zweck in diesem Gebiet erworben hat und

1. der Unternehmer den bearbeiteten oder verarbeiteten Gegenstand in das Drittlandsgebiet, ausgenommen Gebiete nach § 1 Abs. 3, befördert oder versendet hat oder
2. der Auftraggeber den bearbeiteten oder verarbeiteten Gegenstand in das Drittlandsgebiet befördert oder versendet hat und ein ausländischer Auftraggeber ist oder
3. der Unternehmer den bearbeiteten oder verarbeiteten Gegenstand in die in § 1 Abs. 3 bezeichneten Gebiete befördert oder versendet hat und der Auftraggeber
   a) ein ausländischer Auftraggeber ist oder
   b) ein Unternehmer ist, der im Inland oder in den bezeichneten Gebieten ansässig ist und den bearbeiteten oder verarbeiteten Gegenstand für Zwecke seines Unternehmens verwendet.

[2]Der bearbeitete oder verarbeitete Gegenstand kann durch weitere Beauftragte vor der Ausfuhr bearbeitet oder verarbeitet worden sein.

(2) Ausländischer Auftraggeber im Sinne des Absatzes 1 Satz 1 Nr. 2 und 3 ist ein Auftraggeber, der die für den ausländischen Abnehmer geforderten Voraussetzungen (§ 6 Abs. 2) erfüllt.

(3) Bei Werkleistungen im Sinne des § 3 Abs. 10 gilt Absatz 1 entsprechend.

(4) [1]Die Voraussetzungen des Absatzes 1 sowie die Bearbeitung oder Verarbeitung im Sinne des Absatzes 1 Satz 2 müssen vom Unternehmer nachgewiesen sein. [2]Das Bundesministerium der Finanzen kann mit Zustimmung des Bundesrates durch Rechtsverordnung bestimmen, wie der Unternehmer die Nachweise zu führen hat.

(5) Die Absätze 1 bis 4 gelten nicht für die sonstigen Leistungen im Sinne des § 3 Abs. 9a Nr. 2.

§ 8 Umsätze für die Seeschifffahrt und für die Luftfahrt. (1) Umsätze für die Seeschifffahrt (§ 4 Nr. 2) sind:

1. die Lieferungen, Umbauten, Instandsetzungen, Wartungen, Vercharterungen und Vermietungen von Wasserfahrzeugen für die Seeschifffahrt, die dem Erwerb durch die Seeschifffahrt oder der Rettung Schiffbrüchiger zu dienen bestimmt sind (aus Positionen 8901 und 8902 00, aus Unterposition 8903 92 10, aus Position 8904 00 und aus Unterposition 8906 90 10 des Zolltarifs)[1)];
2. die Lieferungen, Instandsetzungen, Wartungen und Vermietungen von Gegenständen, die zur Ausrüstung der in Nummer 1 bezeichneten Wasserfahrzeuge bestimmt sind;
3. die Lieferungen von Gegenständen, die zur Versorgung der in Nummer 1 bezeichneten Wasserfahrzeuge bestimmt sind. [2]Nicht befreit sind die Lieferungen von Bordproviant zur Versorgung von Wasserfahrzeugen der Küstenfischerei;
4. die Lieferungen von Gegenständen, die zur Versorgung von Kriegsschiffen (Unterposition 8906 10 00 des Zolltarifs)[1)] auf Fahrten bestimmt sind, bei denen ein Hafen oder ein Ankerplatz im Ausland und außerhalb des Küstengebiets im Sinne des Zollrechts angelaufen werden soll;
5. andere als die in den Nummern 1 und 2 bezeichneten sonstigen Leistungen, die für den unmittelbaren Bedarf der in Nummer 1 bezeichneten Wasserfahrzeuge, einschließlich ihrer Ausrüstungsgegenstände und ihrer Ladungen, bestimmt sind.

(2) Umsätze für die Luftfahrt (§ 4 Nr. 2) sind:

1.[2)] die Lieferungen, Umbauten, Instandsetzungen, Wartungen, Vercharterungen und Vermietungen von Luftfahrzeugen, die zur Verwendung durch Unternehmer bestimmt sind, die im entgeltlichen Luftverkehr überwiegend grenzüberschreitende Beförderungen oder Beförderungen auf ausschließlich im Ausland gelegenen Strecken und nur in unbedeutendem Umfang nach § 4 Nummer 17 Buchstabe b steuerfreie, auf das Inland beschränkte Beförderungen durchführen;
2. die Lieferungen, Instandsetzungen, Wartungen und Vermietungen von Gegenständen, die zur Ausrüstung der in Nummer 1 bezeichneten Luftfahrzeuge bestimmt sind;
3. die Lieferungen von Gegenständen, die zur Versorgung der in Nummer 1 bezeichneten Luftfahrzeuge bestimmt sind;
4. andere als die in den Nummern 1 und 2 bezeichneten sonstigen Leistungen, die für den unmittelbaren Bedarf der in Nummer 1 bezeichneten Luftfahrzeuge, einschließlich ihrer Ausrüstungsgegenstände und ihrer Ladungen, bestimmt sind.

(3) [1]Die in den Absätzen 1 und 2 bezeichneten Voraussetzungen müssen vom Unternehmer nachgewiesen sein. [2]Das Bundesministerium der Finanzen kann mit Zustimmung des Bundesrates durch Rechtsverordnung bestimmen, wie der Unternehmer den Nachweis zu führen hat.

---

1) Klammerzusatz geänd. durch G v. 13.12.2006 (BGBl. I S. 2878).
2) § 8 Abs. 2 Nr. 1 geänd. mWv 1.7.2013 durch G v. 26.6.2013 (BGBl. I S. 1809).

§ 9 Verzicht auf Steuerbefreiungen. (1) Der Unternehmer kann einen Umsatz, der nach § 4 Nr. 8 Buchstabe a bis g, Nr. 9 Buchstabe a, Nr. 12, 13 oder 19 steuerfrei ist, als steuerpflichtig behandeln, wenn der Umsatz an einen anderen Unternehmer für dessen Unternehmen ausgeführt wird.

(2)[1] [1]Der Verzicht auf Steuerbefreiung nach Absatz 1 ist bei der Bestellung und Übertragung von Erbbaurechten (§ 4 Nr. 9 Buchstabe a), bei der Vermietung oder Verpachtung von Grundstücken (§ 4 Nr. 12 Satz 1 Buchstabe a) und bei den in § 4 Nr. 12 Satz 1 Buchstabe b und c bezeichneten Umsätzen nur zulässig, soweit der Leistungsempfänger das Grundstück ausschließlich für Umsätze verwendet oder zu verwenden beabsichtigt, die den Vorsteuerabzug nicht ausschließen. [2]Der Unternehmer hat die Voraussetzungen nachzuweisen.

(3)[2] [1]Der Verzicht auf Steuerbefreiung nach Absatz 1 ist bei Lieferungen von Grundstücken (§ 4 Nr. 9 Buchstabe a) im Zwangsversteigerungsverfahren durch den Vollstreckungsschuldner an den Ersteher bis zur Aufforderung zur Abgabe von Geboten im Versteigerungstermin zulässig. [2]Bei anderen Umsätzen im Sinne von § 4 Nummer 9 Buchstabe a kann der Verzicht auf Steuerbefreiung nach Absatz 1 nur in dem gemäß § 311b Absatz 1 des Bürgerlichen Gesetzbuchs notariell zu beurkundenden Vertrag erklärt werden.

Dritter Abschnitt. Bemessungsgrundlagen

§ 10 Bemessungsgrundlage für Lieferungen, sonstige Leistungen und innergemeinschaftliche Erwerbe. (1)[3] [1]Der Umsatz wird bei Lieferungen und sonstigen Leistungen (§ 1 Abs. 1 Nr. 1 Satz 1) und bei dem innergemeinschaftlichen Erwerb (§ 1 Abs. 1 Nr. 5) nach dem Entgelt bemessen. [2]Entgelt ist alles, was den Wert der Gegenleistung bildet, die der leistende Unternehmer vom Leistungsempfänger oder von einem anderen als dem Leistungsempfänger für die Leistung erhält oder erhalten soll, einschließlich der unmittelbar mit dem Preis dieser Umsätze zusammenhängenden Subventionen, jedoch abzüglich der für diese Leistung gesetzlich geschuldeten Umsatzsteuer. [3]Bei dem innergemeinschaftlichen Erwerb sind Verbrauchsteuern, die vom Erwerber geschuldet oder entrichtet werden, in die Bemessungsgrundlage einzubeziehen. [4]Bei Lieferungen und dem innergemeinschaftlichen Erwerb im Sinne des § 4 Nr. 4a Satz 1 Buchstabe a Satz 2 sind die Kosten für die Leistungen im Sinne des § 4 Nr. 4a Satz 1 Buchstabe b und die vom Auslagerer geschuldeten oder entrichteten Verbrauchsteuern in die Bemessungsgrundlage einzubeziehen. [5]Die Beträge, die der Unternehmer im Namen und für Rechnung eines anderen vereinnahmt und verausgabt (durchlaufende Posten), gehören nicht zum Entgelt. [6]Liegen bei der Entgegennahme eines Mehrzweckgutscheins (§ 3 Absatz 15) keine Angaben über die Höhe der für den Gutschein erhaltenen Gegenleistung nach Satz 2 vor, so wird das Entgelt nach dem Gutscheinwert selbst oder nach dem in den damit zusammenhängenden

---

[1] Zur besonderen Anwendung von § 9 Abs. 2 siehe § 27 Abs. 2.

[2] § 9 Abs. 3 Satz 2 bestätigt durch G v. 5.4.2011 (BGBl. I S. 554).

[3] § 10 Abs. 1 Satz 2 neu gef., Satz 3 aufgeh., bish. Sätze 4 bis 6 werden Sätze 3 bis 5 mWv 1.1.2019 durch G v. 11.12.2018 (BGBl. I S. 2338).

Unterlagen angegebenen Geldwert bemessen, abzüglich der Umsatzsteuer, die danach auf die gelieferten Gegenstände oder die erbrachten Dienstleistungen entfällt.[1)]

(2) [1]Werden Rechte übertragen, die mit dem Besitz eines Pfandscheins verbunden sind, so gilt als vereinbartes Entgelt der Preis des Pfandscheins zuzüglich der Pfandsumme. [2]Beim Tausch (§ 3 Abs. 12 Satz 1), bei tauschähnlichen Umsätzen (§ 3 Abs. 12 Satz 2) und bei Hingabe an Zahlungs statt gilt der Wert jedes Umsatzes als Entgelt für den anderen Umsatz. [3]Die Umsatzsteuer gehört nicht zum Entgelt.

(3) (weggefallen)

(4) [1]Der Umsatz wird bemessen

1. bei dem Verbringen eines Gegenstands im Sinne des § 1a Abs. 2 und des § 3 Abs. 1a sowie bei Lieferungen im Sinne des § 3 Abs. 1b nach dem Einkaufspreis zuzüglich der Nebenkosten für den Gegenstand oder für einen gleichartigen Gegenstand oder mangels eines Einkaufspreises nach den Selbstkosten, jeweils zum Zeitpunkt des Umsatzes;
2. bei sonstigen Leistungen im Sinne des § 3 Abs. 9a Nr. 1 nach den bei der Ausführung dieser Umsätze entstandenen Ausgaben, soweit sie zum vollen oder teilweisen Vorsteuerabzug berechtigt haben. [2]Zu diesen Ausgaben gehören auch die Anschaffungs- oder Herstellungskosten eines Wirtschaftsguts, soweit das Wirtschaftsgut dem Unternehmen zugeordnet ist und für die Erbringung der sonstigen Leistung verwendet wird. [3]Betragen die Anschaffungs- oder Herstellungskosten mindestens 500 Euro, sind sie gleichmäßig auf einen Zeitraum zu verteilen, der dem für das Wirtschaftsgut maßgeblichen Berichtigungszeitraum nach § 15a entspricht;
3. bei sonstigen Leistungen im Sinne des § 3 Abs. 9a Nr. 2 nach den bei der Ausführung dieser Umsätze entstandenen Ausgaben. [2]Satz 1 Nr. 2 Sätze 2 und 3 gilt entsprechend.

[2]Die Umsatzsteuer gehört nicht zur Bemessungsgrundlage.

(5)[2)] [1]Absatz 4 gilt entsprechend für

1. Lieferungen und sonstige Leistungen, die Körperschaften und Personenvereinigungen im Sinne des § 1 Abs. 1 Nr. 1 bis 5 des Körperschaftsteuergesetzes[3)], nichtrechtsfähige Personenvereinigungen sowie Gemeinschaften im Rahmen ihres Unternehmens an ihre Anteilseigner, Gesellschafter, Mitglieder, Teilhaber oder diesen nahe stehende Personen sowie Einzelunternehmer an ihnen nahe stehende Personen ausführen;
2. Lieferungen und sonstige Leistungen, die ein Unternehmer an sein Personal oder dessen Angehörige auf Grund des Dienstverhältnisses ausführt,

wenn die Bemessungsgrundlage nach Absatz 4 das Entgelt nach Absatz 1 übersteigt; der Umsatz ist jedoch höchstens nach dem marktüblichen Entgelt zu

---

[1)] § 10 Abs. 1 Satz 6 angef. durch G v. 11.12.2018 (BGBl. I S. 2338); zur Anwendung siehe § 27 Abs. 23.

[2)] § 10 Abs. 5 Satz 1 HS 2 angef., Satz 2 angef. mWv 31.7.2014 durch G v. 25.7.2014 (BGBl. I S. 1266).

[3)] Nr. **100**.

bemessen. 2Übersteigt das Entgelt nach Absatz 1 das marktübliche Entgelt, gilt Absatz 1.

(6) 1Bei Beförderungen von Personen im Gelegenheitsverkehr mit Kraftomnibussen, die nicht im Inland zugelassen sind, tritt in den Fällen der Beförderungseinzelbesteuerung (§ 16 Abs. 5) an die Stelle des vereinbarten Entgelts ein Durchschnittsbeförderungsentgelt. 2Das Durchschnittsbeförderungsentgelt ist nach der Zahl der beförderten Personen und der Zahl der Kilometer der Beförderungsstrecke im Inland (Personenkilometer) zu berechnen. 3Das Bundesministerium der Finanzen kann mit Zustimmung des Bundesrates durch Rechtsverordnung das Durchschnittsbeförderungsentgelt je Personenkilometer festsetzen. 4Das Durchschnittsbeförderungsentgelt muss zu einer Steuer führen, die nicht wesentlich von dem Betrag abweicht, der sich nach diesem Gesetz ohne Anwendung des Durchschnittsbeförderungsentgelts ergeben würde.

§ 11 Bemessungsgrundlage für die Einfuhr. (1) Der Umsatz wird bei der Einfuhr (§ 1 Abs. 1 Nr. 4) nach dem Wert des eingeführten Gegenstands nach den jeweiligen Vorschriften über den Zollwert bemessen.

(2) 1Ist ein Gegenstand ausgeführt, in einem Drittlandsgebiet für Rechnung des Ausführers veredelt und von diesem oder für ihn wieder eingeführt worden, so wird abweichend von Absatz 1 der Umsatz bei der Einfuhr nach dem für die Veredelung zu zahlenden Entgelt oder, falls ein solches Entgelt nicht gezahlt wird, nach der durch die Veredelung eingetretenen Wertsteigerung bemessen. 2Das gilt auch, wenn die Veredelung in einer Ausbesserung besteht und an Stelle eines ausgebesserten Gegenstands ein Gegenstand eingeführt wird, der ihm nach Menge und Beschaffenheit nachweislich entspricht. 3Ist der eingeführte Gegenstand vor der Einfuhr geliefert worden und hat diese Lieferung nicht der Umsatzsteuer unterlegen, so gilt Absatz 1.

(3) Dem Betrag nach Absatz 1 oder 2 sind hinzuzurechnen, soweit sie darin nicht enthalten sind:

1. die im Ausland für den eingeführten Gegenstand geschuldeten Beträge an Einfuhrabgaben, Steuern und sonstigen Abgaben;
2. [1] die auf Grund der Einfuhr im Zeitpunkt des Entstehens der Einfuhrumsatzsteuer auf den Gegenstand entfallenden Beträge an Einfuhrabgaben und an Verbrauchsteuern außer der Einfuhrumsatzsteuer, soweit die Steuern unbedingt entstanden sind;
3. die auf den Gegenstand entfallenden Kosten für die Vermittlung der Lieferung und die Kosten der Beförderung sowie für andere sonstige Leistungen bis zum ersten Bestimmungsort im Gemeinschaftsgebiet;
4. die in Nummer 3 bezeichneten Kosten bis zu einem weiteren Bestimmungsort im Gemeinschaftsgebiet, sofern dieser im Zeitpunkt des Entstehens der Einfuhrumsatzsteuer bereits feststeht.

(4) Zur Bemessungsgrundlage gehören nicht Preisermäßigungen und Vergütungen, die sich auf den eingeführten Gegenstand beziehen und die im Zeitpunkt des Entstehens der Einfuhrumsatzsteuer feststehen.

---

[1] § 11 Abs. 3 Nr. 2 geänd. mWv 1.1.2021 durch G v. 21.12.2020 durch (BGBl. I S. 3096).

(5) Für die Umrechnung von Werten in fremder Währung gelten die entsprechenden Vorschriften über den Zollwert der Waren, die in Rechtsakten des Rates der Europäischen Union oder der Europäischen Kommission[1] festgelegt sind.

Vierter Abschnitt. Steuer und Vorsteuer

§ 12 Steuersätze. (1)[2] Die Steuer beträgt für jeden steuerpflichtigen Umsatz 19 Prozent[3] der Bemessungsgrundlage (§§ 10, 11, 25 Abs. 3 und § 25a Abs. 3 und 4).

(2)[4] Die Steuer ermäßigt sich auf 7 Prozent für die folgenden Umsätze:

1.[5] die Lieferungen, die Einfuhr und der innergemeinschaftliche Erwerb der in Anlage 2 bezeichneten Gegenstände mit Ausnahme der in der Nummer 49 Buchstabe f, den Nummern 53 und 54 bezeichneten Gegenstände;

2.[5] die Vermietung der in Anlage 2 bezeichneten Gegenstände mit Ausnahme der in der Nummer 49 Buchstabe f, den Nummern 53 und 54 bezeichneten Gegenstände;

3. die Aufzucht und das Halten von Vieh, die Anzucht von Pflanzen und die Teilnahme an Leistungsprüfungen für Tiere;

4. die Leistungen, die unmittelbar der Vatertierhaltung, der Förderung der Tierzucht, der künstlichen Tierbesamung oder der Leistungs- und Qualitätsprüfung in der Tierzucht und in der Milchwirtschaft dienen;

5. (weggefallen)

6.[6] die Leistungen aus der Tätigkeit als Zahntechniker sowie die in § 4 Nr. 14 Buchstabe a Satz 2 bezeichneten Leistungen der Zahnärzte;

7. a) die Eintrittsberechtigung für Theater, Konzerte und Museen sowie die den Theatervorführungen und Konzerten vergleichbaren Darbietungen ausübender Künstler,

   b) die Überlassung von Filmen zur Auswertung und Vorführung sowie die Filmvorführungen, soweit die Filme nach § 6 Abs. 3 Nr. 1 bis 5 des Gesetzes zum Schutze der Jugend in der Öffentlichkeit oder nach § 14 Abs. 2 Nr. 1 bis 5 des Jugendschutzgesetzes vom 23. Juli 2002 (BGBl. I S. 2730, 2003 I S. 476) in der jeweils geltenden Fassung gekennzeichnet sind oder vor dem 1. Januar 1970 erstaufgeführt wurden,

   c) die Einräumung, Übertragung und Wahrnehmung von Rechten, die sich aus dem Urheberrechtsgesetz ergeben,

   d) die Zirkusvorführungen, die Leistungen aus der Tätigkeit als Schausteller sowie die unmittelbar mit dem Betrieb der zoologischen Gärten verbundenen Umsätze;

---

[1] Bezeichnungen geänd. durch G v. 26.6.2013 (BGBl. I S. 1809).
[2] Zur geänderten befristeten Anwendung siehe § 28 Abs. 1 sowie Nr. **Vor 1.17.**
[3] Steuersatz geänd. mWv 1.1.2007 durch G v. 29.6.2006 (BGBl. I S. 1402).
[4] Zur geänderten befristeten Anwendung siehe § 28 Abs. 2 sowie Nr. **Vor 1.17.**
[5] § 12 Abs. 2 Nrn. 1 und 2 geänd. mWv 1.1.2014 durch G v. 26.6.2013 (BGBl. I S. 1809).
[6] § 12 Abs. 2 Nr. 6 geänd. mWv 1.1.2009 durch G v. 19.12.2008 (BGBl. I S. 2794).

8. a)[1] die Leistungen der Körperschaften, die ausschließlich und unmittelbar gemeinnützige, mildtätige oder kirchliche Zwecke verfolgen (§§ 51 bis 68 der Abgabenordnung). [2]Das gilt nicht für Leistungen, die im Rahmen eines wirtschaftlichen Geschäftsbetriebs ausgeführt werden. [3]Für Leistungen, die im Rahmen eines Zweckbetriebs ausgeführt werden, gilt Satz 1 nur, wenn der Zweckbetrieb nicht in erster Linie der Erzielung zusätzlicher Einnahmen durch die Ausführung von Umsätzen dient, die in unmittelbarem Wettbewerb mit dem allgemeinen Steuersatz unterliegenden Leistungen anderer Unternehmer ausgeführt werden, oder wenn die Körperschaft mit diesen Leistungen ihrer in den §§ 66 bis 68 der Abgabenordnung bezeichneten Zweckbetriebe ihre steuerbegünstigten satzungsgemäßen Zwecke selbst verwirklicht,
   b) die Leistungen der nichtrechtsfähigen Personenvereinigungen und Gemeinschaften der in Buchstabe a Satz 1 bezeichneten Körperschaften, wenn diese Leistungen, falls die Körperschaften sie anteilig selbst ausführten, insgesamt nach Buchstabe a ermäßigt besteuert würden;
9. die unmittelbar mit dem Betrieb der Schwimmbäder verbundenen Umsätze sowie die Verabreichung von Heilbädern. [2]Das Gleiche gilt für die Bereitstellung von Kureinrichtungen, soweit als Entgelt eine Kurtaxe zu entrichten ist;
10.[2] die Beförderungen von Personen
   a) im Schienenbahnverkehr,
   b) im Verkehr mit Oberleitungsomnibussen, im genehmigten Linienverkehr mit Kraftfahrzeugen, im Verkehr mit Taxen, mit Drahtseilbahnen und sonstigen mechanischen Aufstiegshilfen aller Art und im genehmigten Linienverkehr mit Schiffen sowie die Beförderungen im Fährverkehr
      aa) innerhalb einer Gemeinde oder
      bb) wenn die Beförderungsstrecke nicht mehr als 50 Kilometer beträgt;
11.[3] die Vermietung von Wohn- und Schlafräumen, die ein Unternehmer zur kurzfristigen Beherbergung von Fremden bereithält, sowie die kurzfristige Vermietung von Campingflächen. [2]Satz 1 gilt nicht für Leistungen, die nicht unmittelbar der Vermietung dienen, auch wenn diese Leistungen mit dem Entgelt für die Vermietung abgegolten sind;
12.[4] die Einfuhr der in Nummer 49 Buchstabe f, den Nummern 53 und 54 der Anlage 2 bezeichneten Gegenstände;
13.[4] die Lieferungen und der innergemeinschaftliche Erwerb der in Nummer 53 der Anlage 2 bezeichneten Gegenstände, wenn die Lieferungen

---

[1] § 12 Abs. 2 Nr. 8 Buchst. a Satz 3 angef. mWv 19.12.2006 durch G v. 13.12.2006 (BGBl. I S. 2878).

[2] § 12 Abs. 2 Nr. 10 neu gef. mWv 1.1.2020 durch G v. 21.12.2019 (BGBl. I S. 2886).

[3] § 12 Abs. 2 Nr. 11 angef. mWv 1.1.2010 durch G v. 22.12 2009 (BGBl. I S. 3950).

[4] § 12 Abs. 2 Nrn. 12 und 13 angef. mWv 1.1.2014 durch G v. 26.6.2013 (BGBl. I S. 1809).

a) vom Urheber der Gegenstände oder dessen Rechtsnachfolger bewirkt werden oder

b) von einem Unternehmer bewirkt werden, der kein Wiederverkäufer (§ 25a Absatz 1 Nummer 1 Satz 2) ist, und die Gegenstände

aa) vom Unternehmer in das Gemeinschaftsgebiet eingeführt wurden,

bb) von ihrem Urheber oder dessen Rechtsnachfolger an den Unternehmer geliefert wurden oder

cc) den Unternehmer zum vollen Vorsteuerabzug berechtigt haben;

[*ab 18.12.2019:*

14.[1] die Überlassung der in Nummer 49 Buchstabe a bis e und Nummer 50 der Anlage 2 bezeichneten Erzeugnisse in elektronischer Form, unabhängig davon, ob das Erzeugnis auch auf einem physischen Träger angeboten wird, mit Ausnahme der Veröffentlichungen, die vollständig oder im Wesentlichen aus Videoinhalten oder hörbarer Musik bestehen. [2]Ebenfalls ausgenommen sind Erzeugnisse, für die Beschränkungen als jugendgefährdende Trägermedien oder Hinweispflichten nach § 15 Absatz 1 bis 3 und 6 des Jugendschutzgesetzes in der jeweils geltenden Fassung bestehen, sowie Veröffentlichungen, die vollständig oder im Wesentlichen Werbezwecken, einschließlich Reisewerbung, dienen. [3]Begünstigt ist auch die Bereitstellung eines Zugangs zu Datenbanken, die eine Vielzahl von elektronischen Büchern, Zeitungen oder Zeitschriften oder Teile von diesen enthalten;]

15.[2] die nach dem 30. Juni 2020 und vor dem 1. Januar 2023 erbrachten Restaurant- und Verpflegungsdienstleistungen, mit Ausnahme der Abgabe von Getränken.

§ 13 Entstehung der Steuer. (1) Die Steuer entsteht

1. für Lieferungen und sonstige Leistungen

a) bei der Berechnung der Steuer nach vereinbarten Entgelten (§ 16 Abs. 1 Satz 1) mit Ablauf des Voranmeldungszeitraums, in dem die Leistungen ausgeführt worden sind. [2]Das gilt auch für Teilleistungen. [3]Sie liegen vor, wenn für bestimmte Teile einer wirtschaftlich teilbaren Leistung das Entgelt gesondert vereinbart wird. [4]Wird das Entgelt oder ein Teil des Entgelts vereinnahmt, bevor die Leistung oder die Teilleistung ausgeführt worden ist, so entsteht insoweit die Steuer mit Ablauf des Voranmeldungszeitraums, in dem das Entgelt oder das Teilentgelt vereinnahmt worden ist,

b) bei der Berechnung der Steuer nach vereinnahmten Entgelten (§ 20) mit Ablauf des Voranmeldungszeitraums, in dem die Entgelte vereinnahmt worden sind,

c) in den Fällen der Beförderungseinzelbesteuerung nach § 16 Abs. 5 in dem Zeitpunkt, in dem der Kraftomnibus in das Inland gelangt,

---

[1] § 12 Abs. 2 Nr. 14 angef. mWv 18.12.2019 durch G v. 12.12.2019 (BGBl. I S. 2451).

[2] § 12 Abs. 2 Nr. 15 angef. durch G v. 19.6.2020 (BGBl. I S. 1385); geänd. durch G v. 10.3.2021 (BGBl. I S. 330).

d)[1] in den Fällen des § 18 Abs. 4c mit Ablauf des Besteuerungszeitraums nach § 16 Abs. 1a Satz 1, in dem die Leistungen ausgeführt worden sind,

e)[2] in den Fällen des § 18 Absatz 4e mit Ablauf des Besteuerungszeitraums nach § 16 Absatz 1b Satz 1, in dem die Leistungen ausgeführt worden sind,

[*ab 1.7.2021:*[3]

f) in den Fällen des § 18i mit Ablauf des Besteuerungszeitraums nach § 16 Absatz 1c Satz 1, in dem die Leistungen ausgeführt worden sind,

g) in den Fällen des § 18j vorbehaltlich des Buchstabens i mit Ablauf des Besteuerungszeitraums nach § 16 Absatz 1d Satz 1, in dem die Leistungen ausgeführt worden sind,

h) in den Fällen des § 18k mit Ablauf des Besteuerungszeitraums nach § 16 Absatz 1e Satz 1, in dem die Lieferungen ausgeführt worden sind; die Gegenstände gelten als zu dem Zeitpunkt geliefert, zu dem die Zahlung angenommen wurde,

i) in den Fällen des § 3 Absatz 3a zu dem Zeitpunkt, zu dem die Zahlung angenommen wurde;]

2. für Leistungen im Sinne des § 3 Abs. 1b und 9a mit Ablauf des Voranmeldungszeitraums, in dem diese Leistungen ausgeführt worden sind;

3.[4] in den Fällen des § 14c im Zeitpunkt der Ausgabe der Rechnung;

4.[4] *(aufgehoben)*

5. im Fall des § 17 Abs. 1 Satz 6 mit Ablauf des Voranmeldungszeitraums, in dem die Änderung der Bemessungsgrundlage eingetreten ist;

6. für den innergemeinschaftlichen Erwerb im Sinne des § 1a mit Ausstellung der Rechnung, spätestens jedoch mit Ablauf des dem Erwerb folgenden Kalendermonats;

7. für den innergemeinschaftlichen Erwerb von neuen Fahrzeugen im Sinne des § 1b am Tag des Erwerbs;

8. im Fall des § 6a Abs. 4 Satz 2 in dem Zeitpunkt, in dem die Lieferung ausgeführt wird;

9. im Fall des § 4 Nr. 4a Satz 1 Buchstabe a Satz 2 mit Ablauf des Voranmeldungszeitraums, in dem der Gegenstand aus einem Umsatzsteuerlager ausgelagert wird.

(2) Für die Einfuhrumsatzsteuer gilt § 21 Abs. 2.

(3) (weggefallen)

---

[1] Zur letztmaligen Anwendung siehe § 27 Abs. 34 Satz 2.

[2] § 13 Abs. 1 Nr. 1 Buchst. e angef. mWv 1.1.2015 durch G v. 25.7.2014 (BGBl. I S. 1266); zur letztmaligen Anwendung siehe § 27 Abs. 34 Satz 2.

[3] § 13 Abs. 1 Nr. 1 Buchst. f bis i eingef. durch G v. 21.12.2020 (BGBl. I S. 3096); zur Anwendung siehe § 27 Abs. 34 Satz 1.

[4] § 13 Abs. 1 Nr. 3 neu gef., Nr. 4 aufgeh. mWv 6.11.2015 durch G v. 2.11.2015 (BGBl. I S. 1834).

§ 13a Steuerschuldner. (1) Steuerschuldner ist in den Fällen

1. des § 1 Abs. 1 Nr. 1 und des § 14c Abs. 1 der Unternehmer;
2. des § 1 Abs. 1 Nr. 5 der Erwerber;
3. des § 6a Abs. 4 der Abnehmer;
4. des § 14c Abs. 2 der Aussteller der Rechnung;
5. des § 25b Abs. 2 der letzte Abnehmer;
6. des § 4 Nr. 4a Satz 1 Buchstabe a Satz 2 der Unternehmer, dem die Auslagerung zuzurechnen ist (Auslagerer); daneben auch der Lagerhalter als Gesamtschuldner, wenn er entgegen § 22 Abs. 4c Satz 2 die inländische Umsatzsteuer-Identifikationsnummer des Auslagerers oder dessen Fiskalvertreters nicht oder nicht zutreffend aufzeichnet;

[*ab 1.7.2021:*

7.[1)] des § 18k neben dem Unternehmer der im Gemeinschaftsgebiet ansässige Vertreter, sofern ein solcher vom Unternehmer vertraglich bestellt und dies der Finanzbehörde nach § 18k Absatz 1 Satz 2 angezeigt wurde. [2]Der Vertreter ist gleichzeitig Empfangsbevollmächtigter für den Unternehmer und dadurch ermächtigt, alle Verwaltungsakte und Mitteilungen der Finanzbehörde in Empfang zu nehmen, die mit dem Besteuerungsverfahren nach § 18k und einem außergerichtlichen Rechtsbehelfsverfahren nach dem Siebenten Teil der Abgabenordnung zusammenhängen. [3]Bei der Bekanntgabe an den Vertreter ist darauf hinzuweisen, dass sie auch mit Wirkung für und gegen den Unternehmer erfolgt. [4]Die Empfangsbevollmächtigung des Vertreters kann nur nach Beendigung des Vertragsverhältnisses und mit Wirkung für die Zukunft widerrufen werden. [5]Der Widerruf wird gegenüber der Finanzbehörde erst wirksam, wenn er ihr zugegangen ist.]

(2) Für die Einfuhrumsatzsteuer gilt § 21 Abs. 2.

§ 13b[2)] Leistungsempfänger als Steuerschuldner. (1) Für nach § 3a Absatz 2 im Inland steuerpflichtige sonstige Leistungen eines im übrigen Gemeinschaftsgebiet ansässigen Unternehmers entsteht die Steuer mit Ablauf des Voranmeldungszeitraums, in dem die Leistungen ausgeführt worden sind.

(2) Für folgende steuerpflichtige Umsätze entsteht die Steuer mit Ausstellung der Rechnung, spätestens jedoch mit Ablauf des der Ausführung der Leistung folgenden Kalendermonats:

1. Werklieferungen und nicht unter Absatz 1 fallende sonstige Leistungen eines im Ausland ansässigen Unternehmers;
2. Lieferungen sicherungsübereigneter Gegenstände durch den Sicherungsgeber an den Sicherungsnehmer außerhalb des Insolvenzverfahrens;
3. Umsätze, die unter das Grunderwerbsteuergesetz fallen;
4.[3)] Bauleistungen, einschließlich Werklieferungen und sonstigen Leistungen im Zusammenhang mit Grundstücken, die der Herstellung, Instandset-

---

[1)] § 13a Abs. 1 Nr. 7 angef. mWv 1.7.2021 durch G v. 21.12.2020 (BGBl. I S. 3096).

[2)] § 13b neu gef. mWv 1.7.2010 durch G v. 8.4.2010 (BGBl. I S. 386); siehe auch **§ 27 Abs. 19**.

[3)] § 13b Abs. 2 Nr. 4 neu gef. mWv 6.11.2015 durch G v. 2.11.2015 (BGBl. I S. 1834).

zung, Instandhaltung, Änderung oder Beseitigung von Bauwerken dienen, mit Ausnahme von Planungs- und Überwachungsleistungen. [2]Als Grundstücke gelten insbesondere auch Sachen, Ausstattungsgegenstände und Maschinen, die auf Dauer in einem Gebäude oder Bauwerk installiert sind und die nicht bewegt werden können, ohne das Gebäude oder Bauwerk zu zerstören oder zu verändern. [3]Nummer 1 bleibt unberührt;

5.[1)] Lieferungen

a) der in § 3g Absatz 1 Satz 1 genannten Gegenstände eines im Ausland ansässigen Unternehmers unter den Bedingungen des § 3g und

b) von Gas über das Erdgasnetz und von Elektrizität, die nicht unter Buchstabe a fallen;

[Fassung bis 31.12.2019:]

6.[2)] Übertragung von Berechtigungen nach § 3 Nummer 3 des Treibhausgas-Emissionshandelsgesetzes, Emmissionsreduktionseinheiten nach § 2 Nummer 20 des Projekt-Mechanismen-Gesetzes und zertifizierten Emissionsreduktionen nach § 2 Nummer 21 des Projekt-Mechanismen-Gesetzes;

[Fassung ab 1.1.2020:]

6.[3)] Übertragung von Berechtigungen nach § 3 Nummer 3 des Treibhausgas-Emissionshandelsgesetzes, Emissionsreduktionseinheiten nach § 2 Nummer 20 des Projekt-Mechanismen-Gesetzes, zertifizierten Emissionsreduktionen nach § 2 Nummer 21 des Projekt-Mechanismen-Gesetzes sowie Gas- und Elektrizitätszertifikaten;

7.[4)] Lieferungen der in der Anlage 3[5)] bezeichneten Gegenstände;

8.[4)] Reinigen von Gebäuden und Gebäudeteilen. [2]Nummer 1 bleibt unberührt;

9.[6)] Lieferungen von Gold mit einem Feingehalt von mindestens 325 Tausendstel, in Rohform oder als Halbzeug (aus Position 7108 des Zolltarifs) und von Goldplattierungen mit einem Goldfeingehalt von mindestens 325 Tausendstel (aus Position 7109);

10.[7)] Lieferungen von Mobilfunkgeräten, Tablet-Computern und Spielekonsolen sowie von integrierten Schaltkreisen vor Einbau in einen zur Lieferung auf der Einzelhandelsstufe geeigneten Gegenstand, wenn die Summe der für sie in Rechnung zu stellenden Entgelte im Rahmen eines wirtschaftlichen Vorgangs mindestens 5000 Euro beträgt; nachträgliche Minderungen des Entgelts bleiben dabei unberücksichtigt;

[1)] § 13b Abs. 2 Nr. 5 wird neu gef. durch G v. 26.6.2013 (BGBl. I S. 1809); zur Anwendung siehe Art. 31 Abs. 5 des G v. 26.6.2013 iVm der Bekanntmachung vom 26.7.2013 (BGBl. II S. 1120).

[2)] § 13b Abs. 2 Nr. 6 geänd. mWv 28.7.2011 durch G v. 21.7.2011 (BGBl. I S. 1475).

[3)] § 13b Abs. 2 Nr. 6 neu gef. mWv 1.1.2020 durch G v. 12.12.2019 (BGBl. I S. 2451).

[4)] § 13b Abs. 2 Nr. 7 und 8 angef. mWv 1.1.2011 durch G v. 8.12.2010 (BGBl. I S. 1768).

[5)] Abgedruckt im Anschluss des Gesetzes.

[6)] § 13b Abs. 2 Nr. 9 angef. mWv 1.1.2011 durch G v. 8.12.2010 (BGBl. I S. 1768).

[7)] § 13b Abs. 2 Nr. 10 angef. mWv 1.7.2011 durch G v. 16.6.2011 (BGBl. I S. 1090); geänd. mWv 1.10.2014 durch G v. 25.7.2014 (BGBl. I S. 1266).

11.[1] Lieferungen der in der Anlage 4[2] bezeichneten Gegenstände, wenn die Summe der für sie in Rechnung zu stellenden Entgelte im Rahmen eines wirtschaftlichen Vorgangs mindestens 5000 Euro beträgt; nachträgliche Minderungen des Entgelts bleiben dabei unberücksichtigt;[3]

[***ab 1.1.2021:***

12.[4] sonstige Leistungen auf dem Gebiet der Telekommunikation. [2]Nummer 1 bleibt unberührt.]

(3) Abweichend *von den Absatz*[5] 1 und 2 Nummer 1 entsteht die Steuer für sonstige Leistungen, die dauerhaft über einen Zeitraum von mehr als einem Jahr erbracht werden, spätestens mit Ablauf eines jeden Kalenderjahres, in dem sie tatsächlich erbracht werden.

(4) [1]Bei der Anwendung der Absätze 1 bis 3 gilt § 13 Absatz 1 Nummer 1 Buchstabe a Satz 2 und 3 entsprechend. [2]Wird in den in den Absätzen 1 bis 3 sowie in den in Satz 1 genannten Fällen das Entgelt oder ein Teil des Entgelts vereinnahmt, bevor die Leistung oder die Teilleistung ausgeführt worden ist, entsteht insoweit die Steuer mit Ablauf des Voranmeldungszeitraums, in dem das Entgelt oder das Teilentgelt vereinnahmt worden ist.

(5)[6] [1]In den in den Absätzen 1 und 2 Nummer 1 bis 3 genannten Fällen schuldet der Leistungsempfänger die Steuer, wenn er ein Unternehmer oder eine juristische Person ist; in den in Absatz 2 Nummer 5 Buchstabe a, Nummer 6, 7, 9 bis 11 genannten Fällen schuldet der Leistungsempfänger die Steuer, wenn er ein Unternehmer ist. [2]In den in Absatz 2 Nummer 4 Satz 1 genannten Fällen schuldet der Leistungsempfänger die Steuer unabhängig davon, ob er sie für eine von ihm erbrachte Leistung im Sinne des Absatzes 2 Nummer 4 Satz 1 verwendet, wenn er ein Unternehmer ist, der nachhaltig entsprechende Leistungen erbringt; davon ist auszugehen, wenn ihm das zuständige Finanzamt eine im Zeitpunkt der Ausführung des Umsatzes gültige auf längstens drei Jahre befristete Bescheinigung, die nur mit Wirkung für die Zukunft widerrufen oder zurückgenommen werden kann, darüber erteilt hat, dass er ein Unternehmer ist, der entsprechende Leistungen erbringt. [3]Bei den in Absatz 2 Nummer 5 Buchstabe b genannten Lieferungen von Erdgas schuldet der Leistungsempfänger die Steuer, wenn er ein Wiederverkäufer von Erdgas im Sinne des § 3g ist. [4]Bei den in Absatz 2 Nummer 5 Buchstabe b genannten Lieferungen von Elektrizität schuldet der Leistungsempfänger in den Fällen die Steuer, in denen der liefernde Unternehmer und der Leistungsempfänger Wiederverkäufer von Elektrizität im Sinne des § 3g sind. [5]In den in Absatz 2

---

[1] § 13b Abs. 2 Nr. 11 angef. mWv 1.10.2014 durch G v. 25.7.2014 (BGBl. I S. 1266).

[2] Abgedruckt im Anschluss des Gesetzes.

[3] § 13b Abs. 2 Nr. 11 erweitert mWv 1.1.2015 durch G v. 22.12.2014 (BGBl. I S. 2417).

[4] § 13b Abs. 2 Nr. 12 angef. mWv 1.1.2021 durch G v. 21.12.2020 (BGBl. I S. 3096).

[5] Red. Fehler des Gesetzgebers; muss wohl lauten „von den Absätzen“ oder „von Absatz“.

[6] § 13b Abs. 5 neu gef. durch G v. 26.6.2013 (BGBl. I S. 1809); zur Anwendung siehe Art. 31 Abs. 5 des G v. 26.6.2013 iVm der Bekanntmachung vom 26.7.2013 (BGBl. II S. 1120); Satz 1 geänd., Satz 2 neu gef., Satz 5 neu gef., Satz 7 eingef., bish. Satz 7 wird Satz 8, Satz 9 angef. mWv 1.10.2014 durch G v. 25.7.2014 (BGBl. I S. 1266); Satz 3 geänd. mWv 31.12.2014 durch G v. 22.12.2014 (BGBl. I S. 2417); Satz 6 geänd., Satz 10 angef. mWv 6.11.2015 durch G v. 2.11.2015 (BGBl. I S. 1834); Satz 6 eingef., bish. Sätze 6 bis 10 werden Sätze 7 bis 11 und geänd. mWv 1.1.2021 durch G v. 21.12.2020 (BGBl. I S. 3096).

Nummer 8 Satz 1 genannten Fällen schuldet der Leistungsempfänger die Steuer unabhängig davon, ob er sie für eine von ihm erbrachte Leistung im Sinne des Absatzes 2 Nummer 8 Satz 1 verwendet, wenn er ein Unternehmer ist, der nachhaltig entsprechende Leistungen erbringt; davon ist auszugehen, wenn ihm das zuständige Finanzamt eine im Zeitpunkt der Ausführung des Umsatzes gültige auf längstens drei Jahre befristete Bescheinigung, die nur mit Wirkung für die Zukunft widerrufen oder zurückgenommen werden kann, darüber erteilt hat, dass er ein Unternehmer ist, der entsprechende Leistungen erbringt. [***ab 1.1.2021:*** [6]Bei den in Absatz 2 Nummer 12 Satz 1 genannten Leistungen schuldet der Leistungsempfänger die Steuer, wenn er ein Unternehmer ist, dessen Haupttätigkeit in Bezug auf den Erwerb dieser Leistungen in deren Erbringung besteht und dessen eigener Verbrauch dieser Leistungen von untergeordneter Bedeutung ist; davon ist auszugehen, wenn ihm das zuständige Finanzamt eine im Zeitpunkt der Ausführung des Umsatzes gültige auf längstens drei Jahre befristete Bescheinigung, die nur mit Wirkung für die Zukunft widerrufen oder zurückgenommen werden kann, darüber erteilt hat, dass er ein Unternehmer ist, der entsprechende Leistungen erbringt.] [7]Die Sätze 1 bis 6 gelten vorbehaltlich des Satzes *10*[1)] auch, wenn die Leistung für den nichtunternehmerischen Bereich bezogen wird. [8]Sind Leistungsempfänger und leistender Unternehmer in Zweifelsfällen übereinstimmend vom Vorliegen der Voraussetzungen des Absatzes 2 Nummer 4, 5 Buchstabe b, Nummer 7 bis 12 ausgegangen, obwohl dies nach der Art der Umsätze unter Anlegung objektiver Kriterien nicht zutreffend war, gilt der Leistungsempfänger dennoch als Steuerschuldner, sofern dadurch keine Steuerausfälle entstehen. [9]Die Sätze 1 bis 7 gelten nicht, wenn bei dem Unternehmer, der die Umsätze ausführt, die Steuer nach § 19 Absatz 1 nicht erhoben wird. [10]Die Sätze 1 bis 9 gelten nicht, wenn ein in Absatz 2 Nummer 2, 7 oder 9 bis 11 genannter Gegenstand von dem Unternehmer, der die Lieferung bewirkt, unter den Voraussetzungen des § 25a geliefert wird. [11]In den in Absatz 2 Nummer 4, 5 Buchstabe b und Nummer 7 bis 12 genannten Fällen schulden juristische Personen des öffentlichen Rechts die Steuer nicht, wenn sie die Leistung für den nichtunternehmerischen Bereich beziehen.

(6) Die Absätze 1 bis 5 finden keine Anwendung, wenn die Leistung des im Ausland ansässigen Unternehmers besteht

1. in einer Personenbeförderung, die der Beförderungseinzelbesteuerung (§ 16 Absatz 5) unterlegen hat,
2.[2)] in einer Personenbeförderung, die mit einem Fahrzeug im Sinne des § 1b Absatz 2 Satz 1 Nummer 1 durchgeführt worden ist,
3. in einer grenzüberschreitenden Personenbeförderung im Luftverkehr,
4. in der Einräumung der Eintrittsberechtigung für Messen, Ausstellungen und Kongresse im Inland,
5. in einer sonstigen Leistung einer Durchführungsgesellschaft an im Ausland ansässige Unternehmer, soweit diese Leistung im Zusammenhang mit der Veranstaltung von Messen und Ausstellungen im Inland steht, oder

---

[1)] Richtig wohl nunmehr: „Satzes 11“.

[2)] § 13b Abs. 6 Nr. 2 geänd. mWv 30.6.2013 durch G v. 26.6.2013 (BGBl. I S. 1809).

6.[1)] in der Abgabe von Speisen und Getränken zum Verzehr an Ort und Stelle (Restaurationsleistung), wenn diese Abgabe an Bord eines Schiffs, in einem Luftfahrzeug oder in einer Eisenbahn erfolgt.

(7)[2)] [1]Ein im Ausland ansässiger Unternehmer im Sinne des Absatzes 2 Nummer 1 und 5 ist ein Unternehmer, der im Inland, auf der Insel Helgoland und in einem der in § 1 Absatz 3 bezeichneten Gebiete weder einen Wohnsitz, seinen gewöhnlichen Aufenthalt, seinen Sitz, seine Geschäftsleitung noch eine Betriebsstätte hat; dies gilt auch, wenn der Unternehmer ausschließlich einen Wohnsitz oder einen gewöhnlichen Aufenthaltsort im Inland, aber seinen Sitz, den Ort der Geschäftsleitung oder eine Betriebsstätte im Ausland hat. [2]Ein im übrigen Gemeinschaftsgebiet ansässiger Unternehmer ist ein Unternehmer, der in den Gebieten der übrigen Mitgliedstaaten der Europäischen Union, die nach dem Gemeinschaftsrecht als Inland dieser Mitgliedstaaten gelten, einen Wohnsitz, seinen gewöhnlichen Aufenthalt, seinen Sitz, seine Geschäftsleitung oder eine Betriebsstätte hat; dies gilt nicht, wenn der Unternehmer ausschließlich einen Wohnsitz oder einen gewöhnlichen Aufenthaltsort in den Gebieten der übrigen Mitgliedstaaten der Europäischen Union, die nach dem Gemeinschaftsrecht als Inland dieser Mitgliedstaaten gelten, aber seinen Sitz, den Ort der Geschäftsleitung oder eine Betriebsstätte im Drittlandsgebiet hat. [3]Hat der Unternehmer im Inland eine Betriebsstätte und führt er einen Umsatz nach Absatz 1 oder Absatz 2 Nummer 1 oder Nummer 5 aus, gilt er hinsichtlich dieses Umsatzes als im Ausland oder im übrigen Gemeinschaftsgebiet ansässig, wenn die Betriebsstätte an diesem Umsatz nicht beteiligt ist. [4]Maßgebend ist der Zeitpunkt, in dem die Leistung ausgeführt wird. [5]Ist es zweifelhaft, ob der Unternehmer diese Voraussetzungen erfüllt, schuldet der Leistungsempfänger die Steuer nur dann nicht, wenn ihm der Unternehmer durch eine Bescheinigung des nach den abgabenrechtlichen Vorschriften für die Besteuerung seiner Umsätze zuständigen Finanzamts nachweist, dass er kein Unternehmer im Sinne der Sätze 1 und 2 ist.[3)]

(8) Bei der Berechnung der Steuer sind die §§ 19 und 24 nicht anzuwenden.

(9) Das Bundesministerium der Finanzen kann mit Zustimmung des Bundesrates durch Rechtsverordnung bestimmen, unter welchen Voraussetzungen zur Vereinfachung des Besteuerungsverfahrens in den Fällen, in denen ein anderer als der Leistungsempfänger ein Entgelt gewährt (§ 10 Absatz 1 Satz 3), der andere an Stelle des Leistungsempfängers Steuerschuldner nach Absatz 5 ist.

(10)[4)] [1]Das Bundesministerium der Finanzen kann mit Zustimmung des Bundesrates durch Rechtsverordnung den Anwendungsbereich der Steuerschuldnerschaft des Leistungsempfängers nach den Absätzen 2 und 5 auf weitere Umsätze erweitern, wenn im Zusammenhang mit diesen Umsätzen in vielen Fällen der Verdacht auf Steuerhinterziehung in einem besonders schwe-

---

[1)] § 13b Abs. 6 Nr. 6 angef. mWv 14.12.2010 durch G v. 8.12.2010 (BGBl. I S. 1768).

[2)] § 13b Abs. 7 Sätze 1 und 2 ersetzt durch Sätze 1 bis 3, bish. Sätze 3 und 4 werden Sätze 4 und 5 mWv 30.6.2013 durch G v. 26.6.2013 (BGBl. I S. 1809).

[3)] § 13b Abs. 7 Satz 5 Verweis geänd. durch G v. 25.7.2014 (BGBl. I S. 1266).

[4)] § 13b Abs. 10 angef. mWv 1.1.2015 durch G v. 22.12.2014 (BGBl. I S. 2417).

ren Fall aufgetreten ist, die voraussichtlich zu erheblichen und unwiederbringlichen Steuermindereinnahmen führen. [2]Voraussetzungen für eine solche Erweiterung sind, dass

1. die Erweiterung frühestens zu dem Zeitpunkt in Kraft treten darf, zu dem die Europäische Kommission entsprechend Artikel 199b Absatz 3 der Richtlinie 2006/112/EG des Rates vom 28. November 2006 über das gemeinsame Mehrwertsteuersystem (ABl. L 347 vom 11.12.2006, S. 1) in der Fassung von Artikel 1 Nummer 1 der Richtlinie 2013/42/EU (ABl. L 201 vom 26.7.2013, S. 1) mitgeteilt hat, dass sie keine Einwände gegen die Erweiterung erhebt;
2. die Bundesregierung einen Antrag auf eine Ermächtigung durch den Rat entsprechend Artikel 395 der Richtlinie 2006/112/EG in der Fassung von Artikel 1 Nummer 2 der Richtlinie 2013/42/EG (ABl. L 201 vom 26.7. 2013, S. 1) gestellt hat, durch die die Bundesrepublik Deutschland ermächtigt werden soll, in Abweichung von Artikel 193 der Richtlinie 2006/112/EG, die zuletzt durch die Richtlinie 2013/61/EU (ABl. L 353 vom 28.12. 2013, S. 5) geändert worden ist, die Steuerschuldnerschaft des Leistungsempfängers für die von der Erweiterung nach Nummer 1 erfassten Umsätze zur Vermeidung von Steuerhinterziehungen einführen zu dürfen;
3. die Verordnung nach neun Monaten außer Kraft tritt, wenn die Ermächtigung nach Nummer 2 nicht erteilt worden ist; wurde die Ermächtigung nach Nummer 2 erteilt, tritt die Verordnung außer Kraft, sobald die gesetzliche Regelung, mit der die Ermächtigung in nationales Recht umgesetzt wird, in Kraft tritt.

§ 13c[1)] Haftung bei Abtretung, Verpfändung oder Pfändung von Forderungen. (1)[2)] [1]Soweit der leistende Unternehmer den Anspruch auf die Gegenleistung für einen steuerpflichtigen Umsatz im Sinne des § 1 Abs. 1 Nr. 1 an einen anderen Unternehmer abgetreten und die festgesetzte Steuer, bei deren Berechnung dieser Umsatz berücksichtigt worden ist, bei Fälligkeit nicht oder nicht vollständig entrichtet hat, haftet der Abtretungsempfänger nach Maßgabe des Absatzes 2 für die in der Forderung enthaltene Umsatzsteuer, soweit sie im vereinnahmten Betrag enthalten ist. [2]Ist die Vollziehung der Steuerfestsetzung in Bezug auf die in der abgetretenen Forderung enthaltene Umsatzsteuer gegenüber dem leistenden Unternehmer ausgesetzt, gilt die Steuer insoweit als nicht fällig. [3]Soweit der Abtretungsempfänger die Forderung an einen Dritten abgetreten hat, gilt sie in voller Höhe als vereinnahmt. [4]Die Forderung gilt durch den Abtretungsempfänger nicht als vereinnahmt, soweit der leistende Unternehmer für die Abtretung der Forderung eine Gegenleistung in Geld vereinnahmt. [5]Voraussetzung ist, dass dieser Geldbetrag tatsächlich in den Verfügungsbereich des leistenden Unternehmers gelangt; davon ist nicht auszugehen, soweit dieser Geldbetrag auf ein Konto gezahlt wird, auf das der Abtretungsempfänger die Möglichkeit des Zugriffs hat.

---

1) Zur Anwendung siehe § 27 Abs. 7.

2) § 13c Abs. 1 Sätze 4 und 5 angef. mWv 1.1.2017 durch G v. 30.6.2017 (BGBl. I S. 2143).

(2) [1]Der Abtretungsempfänger ist ab dem Zeitpunkt in Anspruch zu nehmen, in dem die festgesetzte Steuer fällig wird, frühestens ab dem Zeitpunkt der Vereinnahmung der abgetretenen Forderung. [2]Bei der Inanspruchnahme nach Satz 1 besteht abweichend von § 191 der Abgabenordnung kein Ermessen. [3]Die Haftung ist der Höhe nach begrenzt auf die im Zeitpunkt der Fälligkeit nicht entrichtete Steuer. [4]Soweit der Abtretungsempfänger auf die nach Absatz 1 Satz 1 festgesetzte Steuer Zahlungen im Sinne des § 48 der Abgabenordnung geleistet hat, haftet er nicht.

(3) [1]Die Absätze 1 und 2 gelten bei der Verpfändung oder der Pfändung von Forderungen entsprechend. [2]An die Stelle des Abtretungsempfängers tritt im Fall der Verpfändung der Pfandgläubiger und im Fall der Pfändung der Vollstreckungsgläubiger.

§ 13d.[1)] *(aufgehoben)*

§ 14 Ausstellung von Rechnungen. (1)[2)] [1]Rechnung ist jedes Dokument, mit dem über eine Lieferung oder sonstige Leistung abgerechnet wird, gleichgültig, wie dieses Dokument im Geschäftsverkehr bezeichnet wird. [2]Die Echtheit der Herkunft der Rechnung, die Unversehrtheit ihres Inhalts und ihre Lesbarkeit müssen gewährleistet werden. [3]Echtheit der Herkunft bedeutet die Sicherheit der Identität des Rechnungsausstellers. [4]Unversehrtheit des Inhalts bedeutet, dass die nach diesem Gesetz erforderlichen Angaben nicht geändert wurden. [5]Jeder Unternehmer legt fest, in welcher Weise die Echtheit der Herkunft, die Unversehrtheit des Inhalts und die Lesbarkeit der Rechnung gewährleistet werden. [6]Dies kann durch jegliche innerbetriebliche Kontrollverfahren erreicht werden, die einen verlässlichen Prüfpfad zwischen Rechnung und Leistung schaffen können. [7]Rechnungen sind auf Papier oder vorbehaltlich der Zustimmung des Empfängers elektronisch zu übermitteln. [8]Eine elektronische Rechnung ist eine Rechnung, die in einem elektronischen Format ausgestellt und empfangen wird.

(2) [1]Führt der Unternehmer eine Lieferung oder eine sonstige Leistung nach § 1 Abs. 1 Nr. 1 aus, gilt Folgendes:

1. führt der Unternehmer eine steuerpflichtige Werklieferung (§ 3 Abs. 4 Satz 1) oder sonstige Leistung im Zusammenhang mit einem Grundstück aus, ist er verpflichtet, innerhalb von sechs Monaten nach Ausführung der Leistung eine Rechnung auszustellen;
2.[3)] führt der Unternehmer eine andere als die in Nummer 1 genannte Leistung aus, ist er berechtigt, eine Rechnung auszustellen. [2]Soweit er einen Umsatz an einen anderen Unternehmer für dessen Unternehmen oder an eine juristische Person, die nicht Unternehmer ist, ausführt, ist er verpflichtet, innerhalb von sechs Monaten nach Ausführung der Leistung eine

---

[1)] § 13d aufgeh. mWv 1.1.2008 durch G v. 20.12.2007 (BGBl. I S. 3150).

[2)] § 14 Abs. 1 neu gef. durch G v. 1.11.2011 (BGBl. I S. 2131); zur Anwendung siehe § 27 Abs. 18.

[3)] § 14 Abs. 2 Satz 1 Nr. 2 neu gef. mWv 1.1.2009 (§ 27 Abs. 15) durch G v. 20.12.2008 (BGBl. I S. 2850); Satz 3 Verweis geänd. mWv 1.1.2020 durch G v. 12.12.2019 (BGBl. I S. 2451).

Rechnung auszustellen. 3 Eine Verpflichtung zur Ausstellung einer Rechnung besteht nicht, wenn der Umsatz nach § 4 *Nr. 8 bis 28* [***ab 1.1.2020:*** Nummer 8 bis 29] steuerfrei ist. 4 § 14a bleibt unberührt.

2 Unbeschadet der Verpflichtungen nach Satz 1 Nr. 1 und 2 Satz 2 kann eine Rechnung von einem in Satz 1 Nr. 2 bezeichneten Leistungsempfänger für eine Lieferung oder sonstige Leistung des Unternehmers ausgestellt werden, sofern dies vorher vereinbart wurde (Gutschrift). 3 Die Gutschrift verliert die Wirkung einer Rechnung, sobald der Empfänger der Gutschrift dem ihm übermittelten Dokument widerspricht. 4 Eine Rechnung kann im Namen und für Rechnung des Unternehmers oder eines in Satz 1 Nr. 2 bezeichneten Leistungsempfängers von einem Dritten ausgestellt werden.

(3)[1] Unbeschadet anderer nach Absatz 1 zulässiger Verfahren gelten bei einer elektronischen Rechnung die Echtheit der Herkunft und die Unversehrtheit des Inhalts als gewährleistet durch

1. eine qualifizierte elektronische Signatur oder
2. elektronischen Datenaustausch (EDI) nach Artikel 2 der Empfehlung 94/820/EG der Kommission vom 19. Oktober 1994 über die rechtlichen Aspekte des elektronischen Datenaustausches (ABl. L 338 vom 28.12.1994, S. 98), wenn in der Vereinbarung über diesen Datenaustausch der Einsatz von Verfahren vorgesehen ist, die die Echtheit der Herkunft und die Unversehrtheit der Daten gewährleisten.

(4) 1 Eine Rechnung muss folgende Angaben enthalten:

1. den vollständigen Namen und die vollständige Anschrift des leistenden Unternehmers und des Leistungsempfängers,
2. die dem leistenden Unternehmer vom Finanzamt erteilte Steuernummer oder die ihm vom Bundeszentralamt für Steuern[2] erteilte Umsatzsteuer-Identifikationsnummer,
3. das Ausstellungsdatum,
4. eine fortlaufende Nummer mit einer oder mehreren Zahlenreihen, die zur Identifizierung der Rechnung vom Rechnungsaussteller einmalig vergeben wird (Rechnungsnummer),
5. die Menge und die Art (handelsübliche Bezeichnung) der gelieferten Gegenstände oder den Umfang und die Art der sonstigen Leistung,
6.[3] den Zeitpunkt der Lieferung oder sonstigen Leistung; in den Fällen des Absatzes 5 Satz 1 den Zeitpunkt der Vereinnahmung des Entgelts oder eines Teils des Entgelts, sofern der Zeitpunkt der Vereinnahmung feststeht und nicht mit dem Ausstellungsdatum der Rechnung übereinstimmt,
7. das nach Steuersätzen und einzelnen Steuerbefreiungen aufgeschlüsselte Entgelt für die Lieferung oder sonstige Leistung (§ 10) sowie jede im Voraus vereinbarte Minderung des Entgelts, sofern sie nicht bereits im Entgelt berücksichtigt ist,

---

[1] § 14 Abs. 3 neu gef. durch G v. 1.11.2011 (BGBl. I S. 2131); zur Anwendung siehe § 27 Abs. 18; Nr. 1 geänd. mWv 29.7.2017 durch G v. 18.7.2017 (BGBl. I S. 2745).
[2] Bezeichnung geänd. durch G v. 22.9.2005 (BGBl. I S. 2809).
[3] § 14 Abs. 4 Satz 1 Nr. 6 neu gef. durch G v. 13.12.2006 (BGBl. I S. 2878).

8. den anzuwendenden Steuersatz sowie den auf das Entgelt entfallenden Steuerbetrag oder im Fall einer Steuerbefreiung einen Hinweis darauf, dass für die Lieferung oder sonstige Leistung eine Steuerbefreiung gilt,
9. in den Fällen des § 14b Abs. 1 Satz 5 einen Hinweis auf die Aufbewahrungspflicht des Leistungsempfängers und
10.[1] in den Fällen der Ausstellung der Rechnung durch den Leistungsempfänger oder durch einen von ihm beauftragten Dritten gemäß Absatz 2 Satz 2 die Angabe „Gutschrift".

[2] In den Fällen des § 10 Abs. 5 sind die Nummern 7 und 8 mit der Maßgabe anzuwenden, dass die Bemessungsgrundlage für die Leistung (§ 10 Abs. 4) und der darauf entfallende Steuerbetrag anzugeben sind. [3] Unternehmer, die § 24 Abs. 1 bis 3 anwenden, sind jedoch auch in diesen Fällen nur zur Angabe des Entgelts und des darauf entfallenden Steuerbetrags berechtigt. [***ab 29.12.2020:*** [4] Die Berichtigung einer Rechnung um fehlende oder unzutreffende Angaben ist kein rückwirkendes Ereignis im Sinne von § 175 Absatz 1 Satz 1 Nummer 2 und § 233a Absatz 2a der Abgabenordnung.][2]

(5) [1] Vereinnahmt der Unternehmer das Entgelt oder einen Teil des Entgelts für eine noch nicht ausgeführte Lieferung oder sonstige Leistung, gelten die Absätze 1 bis 4 sinngemäß. [2] Wird eine Endrechnung erteilt, sind in ihr die vor Ausführung der Lieferung oder sonstigen Leistung vereinnahmten Teilentgelte und die auf sie entfallenden Steuerbeträge abzusetzen, wenn über die Teilentgelte Rechnungen im Sinne der Absätze 1 bis 4 ausgestellt worden sind.

(6) Das Bundesministerium der Finanzen kann mit Zustimmung des Bundesrates zur Vereinfachung des Besteuerungsverfahrens durch Rechtsverordnung bestimmen, in welchen Fällen und unter welchen Voraussetzungen

1. Dokumente als Rechnungen anerkannt werden können,
2. die nach Absatz 4 erforderlichen Angaben in mehreren Dokumenten enthalten sein können,
3. Rechnungen bestimmte Angaben nach Absatz 4 nicht enthalten müssen,
4. eine Verpflichtung des Unternehmers zur Ausstellung von Rechnungen mit gesondertem Steuerausweis (Absatz 4) entfällt oder
5. Rechnungen berichtigt werden können.

(7)[3] [1] Führt der Unternehmer einen Umsatz im Inland aus, für den der Leistungsempfänger die Steuer nach § 13b schuldet, und hat der Unternehmer im Inland weder seinen Sitz noch seine Geschäftsleitung, eine Betriebsstätte, von der aus der Umsatz ausgeführt wird oder die an der Erbringung dieses Umsatzes beteiligt ist, oder in Ermangelung eines Sitzes seinen Wohnsitz oder gewöhnlichen Aufenthalt im Inland, so gelten abweichend von den Absätzen 1 bis 6 für die Rechnungserteilung die Vorschriften des Mitgliedstaats, in dem der Unternehmer seinen Sitz, seine Geschäftsleitung, eine Betriebsstätte, von

---

[1] § 14 Abs. 4 Satz 1 Nr. 10 angef. mWv 30.6.2013 durch G v. 26.6.2013 (BGBl. I S. 1809).

[2] § 14 Abs. 4 Satz 4 angef. mWv 29.12.2020 durch G v. 21.12.2020 (BGBl. I S. 3096).

[3] § 14 Abs. 7 angef. mWv 30.6.2013 durch G v. 26.6.2013 (BGBl. I S. 1809); Abs. 7 Satz 3 angef. durch G v. 11.12.2018 (BGBl. I S. 2338); zur Anwendung siehe § 27 Abs. 24 Satz 1.

der aus der Umsatz ausgeführt wird, oder in Ermangelung eines Sitzes seinen Wohnsitz oder gewöhnlichen Aufenthalt hat. [2]Satz 1 gilt nicht, wenn eine Gutschrift gemäß Absatz 2 Satz 2 vereinbart worden ist. [3]Nimmt der Unternehmer in einem anderen Mitgliedstaat an einem der besonderen Besteuerungsverfahren entsprechend Titel XII Kapitel 6 der Richtlinie 2006/112/EG des Rates vom 28. November 2006 über das gemeinsame Mehrwertsteuersystem (ABl. L 347 vom 11.12.2006, S. 1) in der jeweils gültigen Fassung teil, so gelten für die in den besonderen Besteuerungsverfahren zu erklärenden Umsätze abweichend von den Absätzen 1 bis 6 für die Rechnungserteilung die Vorschriften des Mitgliedstaates, in dem der Unternehmer seine Teilnahme anzeigt.

§ 14a Zusätzliche Pflichten bei der Ausstellung von Rechnungen in besonderen Fällen. (1)[1)] [1]Hat der Unternehmer seinen Sitz, seine Geschäftsleitung, eine Betriebsstätte, von der aus der Umsatz ausgeführt wird, oder in Ermangelung eines Sitzes seinen Wohnsitz oder gewöhnlichen Aufenthalt im Inland und führt er einen Umsatz in einem anderen Mitgliedstaat aus, an dem eine Betriebsstätte in diesem Mitgliedstaat nicht beteiligt ist, so ist er zur Ausstellung einer Rechnung mit der Angabe „Steuerschuldnerschaft des Leistungsempfängers" verpflichtet, wenn die Steuer in dem anderen Mitgliedstaat von dem Leistungsempfänger geschuldet wird und keine Gutschrift gemäß § 14 Absatz 2 Satz 2 vereinbart worden ist. [2]Führt der Unternehmer eine sonstige Leistung im Sinne des § 3a Absatz 2 in einem anderen Mitgliedstaat aus, so ist die Rechnung bis zum fünfzehnten Tag des Monats, der auf den Monat folgt, in dem der Umsatz ausgeführt worden ist, auszustellen. [3]In dieser Rechnung sind die Umsatzsteuer-Identifikationsnummer des Unternehmers und die des Leistungsempfängers anzugeben. [4]Wird eine Abrechnung durch Gutschrift gemäß § 14 Absatz 2 Satz 2 über eine sonstige Leistung im Sinne des § 3a Absatz 2 vereinbart, die im Inland ausgeführt wird und für die der Leistungsempfänger die Steuer nach § 13b Absatz 1 und 5 schuldet, sind die Sätze 2 und 3 und Absatz 5 entsprechend anzuwenden.

(2)[2)] [1]Führt der Unternehmer eine Lieferung im Sinne des § 3c [***ab 1.7. 2021:*** Absatz 1] im Inland aus, ist er zur Ausstellung einer Rechnung verpflichtet. [***ab 1.7.2021:*** [2]Satz 1 gilt nicht, wenn der Unternehmer an dem besonderen Besteuerungsverfahren nach § 18j teilnimmt.]

(3)[3)] [1]Führt der Unternehmer eine innergemeinschaftliche Lieferung aus, ist er zur Ausstellung einer Rechnung bis zum fünfzehnten Tag des Monats, der auf den Monat folgt, in dem der Umsatz ausgeführt worden ist, verpflichtet. [2]In der Rechnung sind auch die Umsatzsteuer-Identifikationsnummer des Unternehmers und die des Leistungsempfängers anzugeben. [3]Satz 1 gilt auch für Fahrzeuglieferer (§ 2a). [4]Satz 2 gilt nicht in den Fällen der §§ 1b und 2a.

[1)] § 14a Abs. 1 neu gef. mWv 30.6.2013 durch G v. 26.6.2013 (BGBl. I S. 1809); Satz 4 geänd. mWv 31.7.2014 durch G v. 25.7.2014 (BGBl. I S. 1266).

[2)] § 14a Abs. 2 neu gef. durch G v. 21.12.2020 (BGBl. I S. 3096); zur Anwendung siehe § 27 Abs. 34 Satz 1.

[3)] § 14a Abs. 3 Sätze 1 und 2 geänd. mWv 30.6.2013 durch G v. 26.6.2013 (BGBl. I S. 1809).

(4) [1] Eine Rechnung über die innergemeinschaftliche Lieferung eines neuen Fahrzeugs muss auch die in § 1b Abs. 2 und 3 bezeichneten Merkmale enthalten. [2] Das gilt auch in den Fällen des § 2a.

(5)[1)] [1] Führt der Unternehmer eine Leistung im Sinne des § 13b Absatz 2 aus, für die der Leistungsempfänger nach § 13b Absatz 5[2)] die Steuer schuldet, ist er zur Ausstellung einer Rechnung mit der Angabe „Steuerschuldnerschaft des Leistungsempfängers" verpflichtet; Absatz 1 bleibt unberührt. [2] Die Vorschrift über den gesonderten Steuerausweis in einer Rechnung nach § 14 Absatz 4 Satz 1 Nummer 8 wird nicht angewendet.

(6)[3)] [1] In den Fällen der Besteuerung von Reiseleistungen nach § 25 hat die Rechnung die Angabe „Sonderregelung für Reisebüros" und in den Fällen der Differenzbesteuerung nach § 25a die Angabe „Gebrauchtgegenstände/Sonderregelung", „Kunstgegenstände/Sonderregelung" oder „Sammlungsstücke und Antiquitäten/Sonderregelung" zu enthalten. [2] In den Fällen des § 25 Abs. 3 und des § 25a Abs. 3 und 4 findet die Vorschrift über den gesonderten Steuerausweis in einer Rechnung (§ 14 Abs. 4 Satz 1 Nr. 8) keine Anwendung.

(7) [1] Wird in einer Rechnung über eine Lieferung im Sinne des § 25b Abs. 2 abgerechnet, ist auch auf das Vorliegen eines innergemeinschaftlichen Dreiecksgeschäfts und die Steuerschuldnerschaft des letzten Abnehmers hinzuweisen. [2] Dabei sind die Umsatzsteuer-Identifikationsnummer des Unternehmers und die des Leistungsempfängers anzugeben. [3] Die Vorschrift über den gesonderten Steuerausweis in einer Rechnung (§ 14 Abs. 4 Satz 1 Nr. 8) findet keine Anwendung.

§ 14b Aufbewahrung von Rechnungen. (1) [1] Der Unternehmer hat ein Doppel der Rechnung, die er selbst oder ein Dritter in seinem Namen und für seine Rechnung ausgestellt hat, sowie alle Rechnungen, die er erhalten oder die ein Leistungsempfänger oder in dessen Namen und für dessen Rechnung ein Dritter ausgestellt hat, zehn Jahre aufzubewahren. [2] Die Rechnungen müssen für den gesamten Zeitraum die Anforderungen des § 14 Absatz 1 Satz 2 erfüllen.[4)] [3] Die Aufbewahrungsfrist beginnt mit dem Schluss des Kalenderjahres, in dem die Rechnung ausgestellt worden ist; § 147 Abs. 3 der Abgabenordnung bleibt unberührt. [4] Die Sätze 1 bis 3 gelten auch

1. für Fahrzeuglieferer (§ 2a);
2. in den Fällen, in denen der letzte Abnehmer die Steuer nach § 13a Abs. 1 Nr. 5 schuldet, für den letzten Abnehmer;
3. in den Fällen, in denen der Leistungsempfänger die Steuer nach § 13b Absatz 5[2)] schuldet, für den Leistungsempfänger.

[1)] § 14a Abs. 5 Satz 1 neu gef., Satz 2 aufgeh., bish. Satz 3 wird Satz 2 und geänd. mWv 30.6.2013 durch G v. 26.6.2013 (BGBl. I S. 1809).

[2)] Verweis geänd. mWv 1.7.2010 durch G v. 8.4.2010 (BGBl. I S. 386).

[3)] § 14a Abs. 6 Satz 1 neu gef. mWv 30.6.2013 durch G v. 26.6.2013 (BGBl. I S. 1809).

[4)] § 14b Abs. 1 Satz 2 geänd. durch G v. 1.11.2011 (BGBl. I S. 2131); zur Anwendung von § 14 Abs. 1 Satz 2 siehe § 27 Abs. 18.

[5]In den Fällen des § 14 Abs. 2 Satz 1 Nr. 1 hat der Leistungsempfänger die Rechnung, einen Zahlungsbeleg oder eine andere beweiskräftige Unterlage zwei Jahre gemäß den Sätzen 2 und 3 aufzubewahren, soweit er

1. nicht Unternehmer ist oder
2. Unternehmer ist, aber die Leistung für seinen nichtunternehmerischen Bereich verwendet.

(2) [1]Der im Inland oder in einem der in § 1 Abs. 3 bezeichneten Gebiete ansässige Unternehmer hat alle Rechnungen im Inland oder in einem der in § 1 Abs. 3 bezeichneten Gebiete aufzubewahren. [2]Handelt es sich um eine elektronische Aufbewahrung, die eine vollständige Fernabfrage (Online-Zugriff) der betreffenden Daten und deren Herunterladen und Verwendung gewährleistet, darf der Unternehmer die Rechnungen auch im übrigen Gemeinschaftsgebiet, in einem der in § 1 Abs. 3 bezeichneten Gebiete, im Gebiet von Büsingen oder auf der Insel Helgoland aufbewahren. [3]Der Unternehmer hat dem Finanzamt den Aufbewahrungsort mitzuteilen, wenn er die Rechnungen nicht im Inland oder in einem der in § 1 Abs. 3 bezeichneten Gebiete aufbewahrt. [4]Der nicht im Inland oder in einem der in § 1 Abs. 3 bezeichneten Gebiete ansässige Unternehmer hat den Aufbewahrungsort der nach Absatz 1 aufzubewahrenden Rechnungen im Gemeinschaftsgebiet, in den in § 1 Abs. 3 bezeichneten Gebieten, im Gebiet von Büsingen oder auf der Insel Helgoland zu bestimmen. [5]In diesem Fall ist er verpflichtet, dem Finanzamt auf dessen Verlangen alle aufzubewahrenden Rechnungen und Daten oder die an deren Stelle tretenden Bild- und Datenträger unverzüglich zur Verfügung zu stellen. [6]Kommt er dieser Verpflichtung nicht oder nicht rechtzeitig nach, kann das Finanzamt verlangen, dass er die Rechnungen im Inland oder in einem der in § 1 Abs. 3 bezeichneten Gebiete aufbewahrt.

(3) Ein im Inland oder in einem der in § 1 Abs. 3 bezeichneten Gebiete ansässiger Unternehmer ist ein Unternehmer, der in einem dieser Gebiete einen Wohnsitz, seinen Sitz, seine Geschäftsleitung oder eine Zweigniederlassung hat.

(4) [1]Bewahrt ein Unternehmer die Rechnungen im übrigen Gemeinschaftsgebiet elektronisch auf, können die zuständigen Finanzbehörden die Rechnungen für Zwecke der Umsatzsteuerkontrolle über Online-Zugriff einsehen, herunterladen und verwenden. [2]Es muss sichergestellt sein, dass die zuständigen Finanzbehörden die Rechnungen unverzüglich über Online-Zugriff einsehen, herunterladen und verwenden können.

(5)[1)] Will der Unternehmer die Rechnungen außerhalb des Gemeinschaftsgebiets elektronisch aufbewahren, gilt § 146 *Abs. 2a* [***ab 29.12.2020:*** Absatz 2b] der Abgabenordnung.

§ 14c Unrichtiger oder unberechtigter Steuerausweis. (1) [1]Hat der Unternehmer in einer Rechnung für eine Lieferung oder sonstige Leistung einen höheren Steuerbetrag, als er nach diesem Gesetz für den Umsatz schuldet, gesondert ausgewiesen (unrichtiger Steuerausweis), schuldet er auch den

[1)] § 14b Abs. 5 angef. mWv 25.12.2008 durch G v. 19.12.2008 (BGBl. I S. 2794); Verweis geänd. mWv 29.12.2020 durch G v. 21.12.2020 (BGBl. I S. 3096).

Mehrbetrag. [2]Berichtigt er den Steuerbetrag gegenüber dem Leistungsempfänger, ist § 17 Abs. 1 entsprechend anzuwenden. [3]In den Fällen des § 1 Abs. 1a und in den Fällen der Rückgängigmachung des Verzichts auf die Steuerbefreiung nach § 9 gilt Absatz 2 Satz 3 bis 5 entsprechend.

(2) [1]Wer in einer Rechnung einen Steuerbetrag gesondert ausweist, obwohl er zum gesonderten Ausweis der Steuer nicht berechtigt ist (unberechtigter Steuerausweis), schuldet den ausgewiesenen Betrag. [2]Das Gleiche gilt, wenn jemand wie ein leistender Unternehmer abrechnet und einen Steuerbetrag gesondert ausweist, obwohl er nicht Unternehmer ist oder eine Lieferung oder sonstige Leistung nicht ausführt. [3]Der nach den Sätzen 1 und 2 geschuldete Steuerbetrag kann berichtigt werden, soweit die Gefährdung des Steueraufkommens beseitigt worden ist. [4]Die Gefährdung des Steueraufkommens ist beseitigt, wenn ein Vorsteuerabzug beim Empfänger der Rechnung nicht durchgeführt oder die geltend gemachte Vorsteuer an die Finanzbehörde zurückgezahlt worden ist. [5]Die Berichtigung des geschuldeten Steuerbetrags ist beim Finanzamt gesondert schriftlich zu beantragen und nach dessen Zustimmung in entsprechender Anwendung des § 17 Abs. 1 für den Besteuerungszeitraum vorzunehmen, in dem die Voraussetzungen des Satzes 4 eingetreten sind.

§ 15 Vorsteuerabzug. (1) [1]Der Unternehmer kann die folgenden Vorsteuerbeträge abziehen:

1. die gesetzlich geschuldete Steuer für Lieferungen und sonstige Leistungen, die von einem anderen Unternehmer für sein Unternehmen ausgeführt worden sind. [2]Die Ausübung des Vorsteuerabzugs setzt voraus, dass der Unternehmer eine nach den §§ 14, 14a ausgestellte Rechnung besitzt. [3]Soweit der gesondert ausgewiesene Steuerbetrag auf eine Zahlung vor Ausführung dieser Umsätze entfällt, ist er bereits abziehbar, wenn die Rechnung vorliegt und die Zahlung geleistet worden ist;
2.[1] die entstandene Einfuhrumsatzsteuer für Gegenstände, die für sein Unternehmen nach § 1 Absatz 1 Nummer 4 eingeführt worden sind;
3.[1] die Steuer für den innergemeinschaftlichen Erwerb von Gegenständen für sein Unternehmen, wenn der innergemeinschaftliche Erwerb nach § 3d Satz 1 im Inland bewirkt wird;
4. die Steuer für Leistungen im Sinne des § 13b Absatz 1 und 2,[2] die für sein Unternehmen ausgeführt worden sind. [2]Soweit die Steuer auf eine Zahlung vor Ausführung dieser Leistungen entfällt, ist sie abziehbar, wenn die Zahlung geleistet worden ist;
5. die nach § 13a Abs. 1 Nr. 6 geschuldete Steuer für Umsätze, die für sein Unternehmen ausgeführt worden sind.

[2]Nicht als für das Unternehmen ausgeführt gilt die Lieferung, die Einfuhr oder der innergemeinschaftliche Erwerb eines Gegenstands, den der Unternehmer zu weniger als 10 Prozent für sein Unternehmen nutzt.

---

[1] § 15 Abs. 1 Satz 1 Nrn. 2 und 3 geänd. mWv 30.6.2013 durch G v. 26.6.2013 (BGBl. I S. 1809).

[2] Verweis geänd. mWv 1.7.2010 durch G v. 8.4.2010 (BGBl. I S. 386).

(1a)[1] [1]Nicht abziehbar sind Vorsteuerbeträge, die auf Aufwendungen, für die das Abzugsverbot des § 4 Abs. 5 Satz 1 Nr. 1 bis 4, 7 oder des § 12 Nr. 1 des Einkommensteuergesetzes gilt, entfallen. [2]Dies gilt nicht für Bewirtungsaufwendungen, soweit § 4 Abs. 5 Satz 1 Nr. 2 des Einkommensteuergesetzes einen Abzug angemessener und nachgewiesener Aufwendungen ausschließt.

(1b)[2] [1]Verwendet der Unternehmer ein Grundstück sowohl für Zwecke seines Unternehmens als auch für Zwecke, die außerhalb des Unternehmens liegen, oder für den privaten Bedarf seines Personals, ist die Steuer für die Lieferungen, die Einfuhr und den innergemeinschaftlichen Erwerb sowie für die sonstigen Leistungen im Zusammenhang mit diesem Grundstück vom Vorsteuerabzug ausgeschlossen, soweit sie nicht auf die Verwendung des Grundstücks für Zwecke des Unternehmens entfällt. [2]Bei Berechtigungen, für die die Vorschriften des bürgerlichen Rechts über Grundstücke gelten, und bei Gebäuden auf fremdem Grund und Boden ist Satz 1 entsprechend anzuwenden.

(2) [1]Vom Vorsteuerabzug ausgeschlossen ist die Steuer für die Lieferungen, die Einfuhr und den innergemeinschaftlichen Erwerb von Gegenständen sowie für die sonstigen Leistungen, die der Unternehmer zur Ausführung folgender Umsätze verwendet:

1. steuerfreie Umsätze;
2. Umsätze im Ausland, die steuerfrei wären, wenn sie im Inland ausgeführt würden.
3.[3] *(aufgehoben)*

[2]Gegenstände oder sonstige Leistungen, die der Unternehmer zur Ausführung einer Einfuhr oder eines innergemeinschaftlichen Erwerbs verwendet, sind den Umsätzen zuzurechnen, für die der eingeführte oder innergemeinschaftlich erworbene Gegenstand verwendet wird.

(3) Der Ausschluss vom Vorsteuerabzug nach Absatz 2 tritt nicht ein, wenn die Umsätze

1. in den Fällen des Absatzes 2 Satz 1 Nr. 1
   a) nach § 4 Nr. 1 bis 7, § 25 Abs. 2 oder nach den in § 26 Abs. 5 bezeichneten Vorschriften steuerfrei sind oder
   b)[4] nach § 4 Nummer 8 Buchstabe a bis g, Nummer 10 oder Nummer 11 steuerfrei sind und sich unmittelbar auf Gegenstände beziehen, die in das Drittlandsgebiet ausgeführt werden;
2. in den Fällen des Absatzes 2 Satz 1 Nr. 2[5]
   a) nach § 4 Nr. 1 bis 7, § 25 Abs. 2 oder nach den in § 26 Abs. 5 bezeichneten Vorschriften steuerfrei wären oder

---

[1] § 15 Abs. 1a neu gef. mWv 19.12.2006 durch G v. 13.12.2006 (BGBl. I S. 2878).

[2] § 15 Abs. 1b eingef. durch G v. 8.12.2010 (BGBl. I S. 1768); zur Anwendung siehe § 27 Abs. 16.

[3] § 15 Abs. 2 Nr. 3 aufgeh. mWv 19.12.2006 durch G v. 13.12.2006 (BGBl. I S. 2878).

[4] § 15 Abs. 3 Nr. 1 Buchst. b geänd. mWv 30.6.2013 durch G v. 26.6.2013 (BGBl. I S. 1809).

[5] Verweis geänd. mWv 19.12.2006 durch G v. 13.12.2006 (BGBl. I S. 2878).

b)[1] nach § 4 Nummer 8 Buchstabe a bis g, Nummer 10 oder Nummer 11 steuerfrei wären und der Leistungsempfänger im Drittlandsgebiet ansässig ist oder diese Umsätze sich unmittelbar auf Gegenstände beziehen, die in das Drittlandsgebiet ausgeführt werden.

(4) [1] Verwendet der Unternehmer einen für sein Unternehmen gelieferten, eingeführten oder innergemeinschaftlich erworbenen Gegenstand oder eine von ihm in Anspruch genommene sonstige Leistung nur zum Teil zur Ausführung von Umsätzen, die den Vorsteuerabzug ausschließen, so ist der Teil der jeweiligen Vorsteuerbeträge nicht abziehbar, der den zum Ausschluss vom Vorsteuerabzug führenden Umsätzen wirtschaftlich zuzurechnen ist. [2] Der Unternehmer kann die nicht abziehbaren Teilbeträge im Wege einer sachgerechten Schätzung ermitteln. [3] Eine Ermittlung des nicht abziehbaren Teils der Vorsteuerbeträge nach dem Verhältnis der Umsätze, die den Vorsteuerabzug ausschließen, zu den Umsätzen, die zum Vorsteuerabzug berechtigten, ist nur zulässig, wenn keine andere wirtschaftliche Zurechnung möglich ist. [4] In den Fällen des Absatzes 1b gelten die Sätze 1 bis 3 entsprechend.[2]

(4a) Für Fahrzeuglieferer (§ 2a) gelten folgende Einschränkungen des Vorsteuerabzugs:

1. Abziehbar ist nur die auf die Lieferung, die Einfuhr oder den innergemeinschaftlichen Erwerb des neuen Fahrzeugs entfallende Steuer.
2. Die Steuer kann nur bis zu dem Betrag abgezogen werden, der für die Lieferung des neuen Fahrzeugs geschuldet würde, wenn die Lieferung nicht steuerfrei wäre.
3. Die Steuer kann erst in dem Zeitpunkt abgezogen werden, in dem der Fahrzeuglieferer die innergemeinschaftliche Lieferung des neuen Fahrzeugs ausführt.

(4b)[3] Für Unternehmer, die nicht im Gemeinschaftsgebiet ansässig sind und die nur Steuer nach § 13b Absatz 5 [***ab 1.1.2020:*** , nur Steuer nach § 13b Absatz 5 und § 13a Absatz 1 Nummer 1 in Verbindung mit § 14c Absatz 1 oder nur Steuer nach § 13b Absatz 5 und § 13a Absatz 1 Nummer 4] schulden, gelten die Einschränkungen des § 18 *Abs. 9 Sätze 4 und 5* [***ab 1.1.2020:*** Absatz 9 Satz 5 und 6] entsprechend.

(5) Das Bundesministerium der Finanzen kann mit Zustimmung des Bundesrates durch Rechtsverordnung nähere Bestimmungen darüber treffen,

1. in welchen Fällen und unter welchen Voraussetzungen zur Vereinfachung des Besteuerungsverfahrens für den Vorsteuerabzug auf eine Rechnung im Sinne des § 14 oder auf einzelne Angaben in der Rechnung verzichtet werden kann,
2. unter welchen Voraussetzungen, für welchen Besteuerungszeitraum und in welchem Umfang zur Vereinfachung oder zur Vermeidung von Härten in-

---

[1] § 15 Abs. 3 Nr. 2 Buchst. b geänd. mWv 30.6.2013 durch G v. 26.6.2013 (BGBl. I S. 1809).

[2] § 15 Abs. 4 Satz 4 angef. durch G v. 8.12.2010 (BGBl. I S. 1768); zur Anwendung von § 15 Abs. 1b siehe § 27 Abs. 16.

[3] § 15 Abs. 4b geänd. mWv 1.1.2010 durch G v. 19.12.2008 (BGBl. I S. 2794); geänd. mWv 1.7.2010 durch G v. 8.4.2010 (BGBl. I S. 386); neu gef. mWv 1.1.2020 (§ 27 Abs. 28) durch G v. 12.12.2019 (BGBl. I S. 2451).

den Fällen, in denen ein anderer als der Leistungsempfänger ein Entgelt gewährt (§ 10 Abs. 1 Satz 3), der andere den Vorsteuerabzug in Anspruch nehmen kann, und

3. wann in Fällen von geringer steuerlicher Bedeutung zur Vereinfachung oder zur Vermeidung von Härten bei der Aufteilung der Vorsteuerbeträge (Absatz 4) Umsätze, die den Vorsteuerabzug ausschließen, unberücksichtigt bleiben können oder von der Zurechnung von Vorsteuerbeträgen zu diesen Umsätzen abgesehen werden kann.

§ 15a[1)] Berichtigung des Vorsteuerabzugs. (1) [1]Ändern sich bei einem Wirtschaftsgut, das nicht nur einmalig zur Ausführung von Umsätzen verwendet wird, innerhalb von fünf Jahren ab dem Zeitpunkt der erstmaligen Verwendung die für den ursprünglichen Vorsteuerabzug maßgebenden Verhältnisse, ist für jedes Kalenderjahr der Änderung ein Ausgleich durch eine Berichtigung des Abzugs der auf die Anschaffungs- oder Herstellungskosten entfallenden Vorsteuerbeträge vorzunehmen. [2]Bei Grundstücken einschließlich ihrer wesentlichen Bestandteile, bei Berechtigungen, für die die Vorschriften des bürgerlichen Rechts über Grundstücke gelten, und bei Gebäuden auf fremdem Grund und Boden tritt an die Stelle des Zeitraums von fünf Jahren ein Zeitraum von zehn Jahren.

(2) [1]Ändern sich bei einem Wirtschaftsgut, das nur einmalig zur Ausführung eines Umsatzes verwendet wird, die für den ursprünglichen Vorsteuerabzug maßgebenden Verhältnisse, ist eine Berichtigung des Vorsteuerabzugs vorzunehmen. [2]Die Berichtigung ist für den Besteuerungszeitraum vorzunehmen, in dem das Wirtschaftsgut verwendet wird.

(3) [1]Geht in ein Wirtschaftsgut nachträglich ein anderer Gegenstand ein und verliert dieser Gegenstand dabei seine körperliche und wirtschaftliche Eigenart endgültig oder wird an einem Wirtschaftsgut eine sonstige Leistung ausgeführt, gelten im Fall der Änderung der für den ursprünglichen Vorsteuerabzug maßgebenden Verhältnisse die Absätze 1 und 2 entsprechend. [2]Soweit im Rahmen einer Maßnahme in ein Wirtschaftsgut mehrere Gegenstände eingehen oder an einem Wirtschaftsgut mehrere sonstige Leistungen ausgeführt werden, sind diese zu einem Berichtigungsobjekt zusammenzufassen.[2)] [3]Eine Änderung der Verhältnisse liegt dabei auch vor, wenn das Wirtschaftsgut für Zwecke, die außerhalb des Unternehmens liegen, aus dem Unternehmen entnommen wird, ohne dass dabei nach § 3 Abs. 1b eine unentgeltliche Wertabgabe zu besteuern ist.

(4) [1]Die Absätze 1 und 2 sind auf sonstige Leistungen, die nicht unter Absatz 3 Satz 1 fallen, entsprechend anzuwenden. [2]Die Berichtigung ist auf solche sonstigen Leistungen zu beschränken, für die in der Steuerbilanz ein Aktivierungsgebot bestünde. [3]Dies gilt jedoch nicht, soweit es sich um sonstige Leistungen handelt, für die der Leistungsempfänger bereits für einen Zeitraum vor Ausführung der sonstigen Leistung den Vorsteuerabzug vornehmen konn-

---

1) Zur erstmaligen Anwendung siehe § 27 Abs. 11.

2) § 15a Abs. 3 Satz 2 eingef. durch G v. 22.8.2006 (BGBl. I S. 1970); zur erstmaligen Anwendung siehe § 27 Abs. 12.

te. [4]Unerheblich ist, ob der Unternehmer nach den §§ 140, 141 der Abgabenordnung tatsächlich zur Buchführung verpflichtet ist.[1)]

(5) [1]Bei der Berichtigung nach Absatz 1 ist für jedes Kalenderjahr der Änderung in den Fällen des Satzes 1 von einem Fünftel und in den Fällen des Satzes 2 von einem Zehntel der auf das Wirtschaftsgut entfallenden Vorsteuerbeträge auszugehen. [2]Eine kürzere Verwendungsdauer ist entsprechend zu berücksichtigen. [3]Die Verwendungsdauer wird nicht dadurch verkürzt, dass das Wirtschaftsgut in ein anderes einbezogen wird.

(6) Die Absätze 1 bis 5 sind auf Vorsteuerbeträge, die auf nachträgliche Anschaffungs- oder Herstellungskosten entfallen, sinngemäß anzuwenden.

(6a)[2)] Eine Änderung der Verhältnisse liegt auch bei einer Änderung der Verwendung im Sinne des § 15 Absatz 1b vor.

(7) Eine Änderung der Verhältnisse im Sinne der Absätze 1 bis 3 ist auch beim Übergang von der allgemeinen Besteuerung zur Nichterhebung der Steuer nach § 19 Abs. 1 und umgekehrt und beim Übergang von der allgemeinen Besteuerung zur Durchschnittssatzbesteuerung nach den §§ 23, 23a oder 24 und umgekehrt gegeben.

(8) [1]Eine Änderung der Verhältnisse liegt auch vor, wenn das noch verwendungsfähige Wirtschaftsgut, das nicht nur einmalig zur Ausführung eines Umsatzes verwendet wird, vor Ablauf des nach den Absätzen 1 und 5 maßgeblichen Berichtigungszeitraums veräußert oder nach § 3 Abs. 1b geliefert wird und dieser Umsatz anders zu beurteilen ist als die für den ursprünglichen Vorsteuerabzug maßgebliche Verwendung. [2]Dies gilt auch für Wirtschaftsgüter, für die der Vorsteuerabzug nach § 15 Absatz 1b teilweise ausgeschlossen war.[3)]

(9) Die Berichtigung nach Absatz 8 ist so vorzunehmen, als wäre das Wirtschaftsgut in der Zeit von der Veräußerung oder Lieferung im Sinne des § 3 Abs. 1b bis zum Ablauf des maßgeblichen Berichtigungszeitraums unter entsprechend geänderten Verhältnissen weiterhin für das Unternehmen verwendet worden.

(10) [1]Bei einer Geschäftsveräußerung (§ 1 Abs. 1a) wird der nach den Absätzen 1 und 5 maßgebliche Berichtigungszeitraum nicht unterbrochen. [2]Der Veräußerer ist verpflichtet, dem Erwerber die für die Durchführung der Berichtigung erforderlichen Angaben zu machen.

(11) Das Bundesministerium der Finanzen kann mit Zustimmung des Bundesrates durch Rechtsverordnung nähere Bestimmungen darüber treffen,

1. wie der Ausgleich nach den Absätzen 1 bis 9 durchzuführen ist und in welchen Fällen er zur Vereinfachung des Besteuerungsverfahrens, zur Vermeidung von Härten oder nicht gerechtfertigten Steuervorteilen zu unterbleiben hat;

[1)] § 15a Abs. 4 Sätze 2 bis 4 angef. durch G v. 22.8.2006 (BGBl. I S. 1970); zur erstmaligen Anwendung siehe § 27 Abs. 12.

[2)] § 15a Abs. 6a eingef. durch G v. 8.12.2010 (BGBl. I S. 1768); zur Anwendung siehe § 27 Abs. 16.

[3)] § 15a Abs. 8 Satz 2 angef. durch G v. 8.12.2010 (BGBl. I S. 1678); zur Anwendung siehe § 27 Abs. 16.

2. dass zur Vermeidung von Härten oder eines nicht gerechtfertigten Steuervorteils bei einer unentgeltlichen Veräußerung oder Überlassung eines Wirtschaftsguts
   a) eine Berichtigung des Vorsteuerabzugs in entsprechender Anwendung der Absätze 1 bis 9 auch dann durchzuführen ist, wenn eine Änderung der Verhältnisse nicht vorliegt,
   b) der Teil des Vorsteuerbetrags, der bei einer gleichmäßigen Verteilung auf den in Absatz 9 bezeichneten Restzeitraum entfällt, vom Unternehmer geschuldet wird,
   c) der Unternehmer den nach den Absätzen 1 bis 9 oder Buchstabe b geschuldeten Betrag dem Leistungsempfänger wie eine Steuer in Rechnung stellen und dieser den Betrag als Vorsteuer abziehen kann.

Fünfter Abschnitt. Besteuerung

§ 16 Steuerberechnung, Besteuerungszeitraum und Einzelbesteuerung. (1) [1]Die Steuer ist, soweit nicht § 20 gilt, nach vereinbarten Entgelten zu berechnen. [2]Besteuerungszeitraum ist das Kalenderjahr. [3]Bei der Berechnung der Steuer ist von der Summe der Umsätze nach § 1 Abs. 1 Nr. 1 und 5 auszugehen, soweit für sie die Steuer in dem Besteuerungszeitraum entstanden und die Steuerschuldnerschaft gegeben ist. [4]Der Steuer sind die nach § 6a Abs. 4 Satz 2, nach § 14c sowie nach § 17 Abs. 1 Satz 6 geschuldeten Steuerbeträge hinzuzurechnen.

(1a)[1)] [1]Macht ein nicht im Gemeinschaftsgebiet ansässiger Unternehmer von § 18 Abs. 4c Gebrauch, ist Besteuerungszeitraum das Kalendervierteljahr. [2]Bei der Berechnung der Steuer ist von der Summe der Umsätze nach § 3a Abs. 5[2)] auszugehen, die im Gemeinschaftsgebiet steuerbar sind, soweit für sie in dem Besteuerungszeitraum die Steuer entstanden und die Steuerschuldnerschaft gegeben ist. [3]Absatz 2 ist nicht anzuwenden.

(1b)[3)] [1]Macht ein im übrigen Gemeinschaftsgebiet ansässiger Unternehmer (§ 13b Absatz 7 Satz 2) von § 18 Absatz 4e Gebrauch, ist Besteuerungszeitraum das Kalendervierteljahr. [2]Bei der Berechnung der Steuer ist von der Summe der Umsätze nach § 3a Absatz 5 auszugehen, die im Inland steuerbar sind, soweit für sie in dem Besteuerungszeitraum die Steuer entstanden und die Steuerschuldnerschaft gegeben ist. [3]Absatz 2 ist nicht anzuwenden.

[*ab 1.7.2021:*

(1c)[4)] [1]Macht ein nicht im Gemeinschaftsgebiet ansässiger Unternehmer von § 18i Gebrauch, ist Besteuerungszeitraum das Kalendervierteljahr. [2]Sofern

---

[1)] Zur letztmaligen Anwendung von § 16 Abs. 1a siehe § 27 Abs. 34 Satz 2.

[2)] § 16 Abs. 1a Satz 2 Verweis geänd. mWv 1.1.2010 durch G v. 19.12.2008 (BGBl. I S. 2794).

[3)] § 16 Abs. 1b eingef. mWv 1.1.2015 durch G v. 25.7.2014 (BGBl. I S. 1266); zur letztmaligen Anwendung siehe § 27 Abs. 34 Satz 2.

[4)] § 16 Abs. 1c eingef. durch G v. 21.12.2020 (BGBl. I S. 3096); zur Anwendung siehe § 27 Abs. 34 Satz 1.

die Teilnahme an dem Verfahren nach § 18i im Inland angezeigt wurde, ist bei der Berechnung der Steuer von der Summe der sonstigen Leistungen an Empfänger nach § 3a Absatz 5 Satz 1 auszugehen, die im Gemeinschaftsgebiet steuerbar sind, soweit für sie in dem Besteuerungszeitraum die Steuer entstanden und die Steuerschuldnerschaft gegeben ist. 3 Sofern die Teilnahme an dem Verfahren nach § 18i in einem anderen Mitgliedstaat der Europäischen Union angezeigt wurde, ist bei der Berechnung der Steuer von der Summe der sonstigen Leistungen an Empfänger nach § 3a Absatz 5 Satz 1 auszugehen, die im Inland steuerbar sind, soweit für sie in dem Besteuerungszeitraum die Steuer entstanden und die Steuerschuldnerschaft gegeben ist. 4 Absatz 2 ist nicht anzuwenden.

(1d)[1] 1 Macht ein Unternehmer von § 18j Gebrauch, ist Besteuerungszeitraum das Kalendervierteljahr. 2 Sofern die Teilnahme an dem Verfahren nach § 18j im Inland angezeigt wurde, ist bei der Berechnung der Steuer von der Summe der Lieferungen nach § 3 Absatz 3a Satz 1 innerhalb eines Mitgliedstaates und der innergemeinschaftlichen Fernverkäufe nach § 3c Absatz 1 Satz 2 und 3, die im Gemeinschaftsgebiet steuerbar sind, sowie der sonstigen Leistungen an Empfänger nach § 3a Absatz 5 Satz 1, die in einem anderen Mitgliedstaat der Europäischen Union steuerbar sind, auszugehen, soweit für sie in dem Besteuerungszeitraum die Steuer entstanden und die Steuerschuldnerschaft gegeben ist. 3 Sofern die Teilnahme an dem Verfahren nach § 18j in einem anderen Mitgliedstaat der Europäischen Union angezeigt wurde, ist bei der Berechnung der Steuer von der Summe der Lieferungen nach § 3 Absatz 3a Satz 1 innerhalb eines Mitgliedstaates, der innergemeinschaftlichen Fernverkäufe nach § 3c Absatz 1 Satz 2 und 3 und der sonstigen Leistungen an Empfänger nach § 3a Absatz 5 Satz 1 auszugehen, die im Inland steuerbar sind, soweit für sie in dem Besteuerungszeitraum die Steuer entstanden und die Steuerschuldnerschaft gegeben ist. 4 Absatz 2 ist nicht anzuwenden.

(1e)[2] 1 Macht ein Unternehmer oder ein in seinem Auftrag handelnder Vertreter von § 18k Gebrauch, ist Besteuerungszeitraum der Kalendermonat. 2 Sofern die Teilnahme an dem Verfahren nach § 18k im Inland angezeigt wurde, ist bei der Berechnung der Steuer von der Summe der Fernverkäufe nach § 3 Absatz 3a Satz 2 und § 3c Absatz 2 und 3, die im Gemeinschaftsgebiet steuerbar sind, auszugehen, soweit für sie in dem Besteuerungszeitraum die Steuer entstanden und die Steuerschuldnerschaft gegeben ist. 3 Sofern die Teilnahme an dem Verfahren nach § 18k in einem anderen Mitgliedstaat der Europäischen Union angezeigt wurde, ist bei der Berechnung der Steuer von der Summe der Fernverkäufe nach § 3 Absatz 3a Satz 2 und § 3c Absatz 2 und 3 auszugehen, die im Inland steuerbar sind, soweit für sie in dem Besteuerungszeitraum die Steuer entstanden und die Steuerschuldnerschaft gegeben ist. 4 Absatz 2 ist nicht anzuwenden.]

---

[1] § 16 Abs. 1d eingef. durch G v. 21.12.2020 (BGBl. I S. 3096); zur Anwendung siehe § 27 Abs. 34 Satz 1.

[2] § 16 Abs. 1e eingef. durch G v. 21.12.2020 (BGBl. I S. 3096); zur Anwendung siehe § 27 Abs. 34 Satz 1.

(2)[1] [1]Von der nach Absatz 1 berechneten Steuer sind [*ab* ***1.1.2020:*** vorbehaltlich des § 18 Absatz 9 Satz 3] die in den Besteuerungszeitraum fallenden, nach § 15 abziehbaren Vorsteuerbeträge abzusetzen. [2]§ 15a ist zu berücksichtigen.

(3) Hat der Unternehmer seine gewerbliche oder berufliche Tätigkeit nur in einem Teil des Kalenderjahres ausgeübt, so tritt dieser Teil an die Stelle des Kalenderjahres.

(4) Abweichend von den Absätzen 1, 2 und 3 kann das Finanzamt einen kürzeren Besteuerungszeitraum bestimmen, wenn der Eingang der Steuer gefährdet erscheint oder der Unternehmer damit einverstanden ist.

(5) [1]Bei Beförderungen von Personen im Gelegenheitsverkehr mit Kraftomnibussen, die nicht im Inland zugelassen sind, wird die Steuer, abweichend von Absatz 1, für jeden einzelnen steuerpflichtigen Umsatz durch die zuständige Zolldienststelle berechnet (Beförderungseinzelbesteuerung), wenn eine Grenze zum Drittlandsgebiet überschritten wird. [2]Zuständige Zolldienststelle ist die Eingangszollstelle oder Ausgangszollstelle, bei der der Kraftomnibus in das Inland gelangt oder das Inland verlässt. [3]Die zuständige Zolldienststelle handelt bei der Beförderungseinzelbesteuerung für das Finanzamt, in dessen Bezirk sie liegt (zuständiges Finanzamt). [4]Absatz 2 und § 19 Abs. 1 sind bei der Beförderungseinzelbesteuerung nicht anzuwenden.

(5a) Beim innergemeinschaftlichen Erwerb neuer Fahrzeuge durch andere Erwerber als die in § 1a Abs. 1 Nr. 2 genannten Personen ist die Steuer abweichend von Absatz 1 für jeden einzelnen steuerpflichtigen Erwerb zu berechnen (Fahrzeugeinzelbesteuerung).

(5b) [1]Auf Antrag des Unternehmers ist nach Ablauf des Besteuerungszeitraums an Stelle der Beförderungseinzelbesteuerung (Absatz 5) die Steuer nach den Absätzen 1 und 2 zu berechnen. [2]Die Absätze 3 und 4 gelten entsprechend.

(6)[2] [1]Werte in fremder Währung sind zur Berechnung der Steuer und der abziehbaren Vorsteuerbeträge auf Euro nach den Durchschnittskursen umzurechnen, die das Bundesministerium der Finanzen für den Monat öffentlich bekannt gibt, in dem die Leistung ausgeführt oder das Entgelt oder ein Teil des Entgelts vor Ausführung der Leistung (§ 13 Abs. 1 Nr. 1 Buchstabe a Satz 4) vereinnahmt wird. [2]Ist dem leistenden Unternehmer die Berechnung der Steuer nach vereinnahmten Entgelten gestattet (§ 20), so sind die Entgelte nach den Durchschnittskursen des Monats umzurechnen, in dem sie vereinnahmt werden. [3]Das Finanzamt kann die Umrechnung nach dem Tageskurs, der durch Bankmitteilung oder Kurszettel nachzuweisen ist, gestatten.

---

[1] § 16 Abs. 2 Sätze 3 und 4 aufgeh. mWv 30.6.2013 durch G v. 26.6.2013 (BGBl. I S. 1809); Satz 1 ergänzt mWv 1.1.2020 (§ 27 Abs. 28) durch G v. 12.12.2019 (BGBl. I S. 2451).

[2] § 16 Abs. 6 Satz 4 HS 2 angef., Satz 5 geänd. mWv 1.1.2015 durch G v. 25.7.2014 (BGBl. I S. 1266).

[Fassung bis 30.6.2021:]

4 Macht ein nicht im Gemeinschaftsgebiet ansässiger Unternehmer von § 18 Absatz 4c Gebrauch, hat er zur Berechnung der Steuer Werte in fremder Währung nach den Kursen umzurechnen, die für den letzten Tag des Besteuerungszeitraums nach Absatz 1a Satz 1 von der Europäischen Zentralbank festgestellt worden sind; macht ein im übrigen Gemeinschaftsgebiet (§ 13b Absatz 7 Satz 2) ansässiger Unternehmer von § 18 Absatz 4e Gebrauch, hat er zur Berechnung der Steuer Werte in fremder Währung nach den Kursen umzurechnen, die für den letzten Tag des Besteuerungszeitraums nach Absatz 1b Satz 1 von der Europäischen Zentralbank festgestellt worden sind. 5 Sind für die in Satz 4 genannten Tage keine Umrechnungskurse festgestellt worden, hat der Unternehmer die Steuer nach den für den nächsten Tag nach Ablauf des Besteuerungszeitraums nach Absatz 1a Satz 1 oder Absatz 1b Satz 1 von der Europäischen Zentralbank festgestellten Umrechnungskursen umzurechnen.

[Fassung ab 1.7.2021:][1)]

4 Macht ein Unternehmer von § 18 Absatz 4c oder 4e oder den §§ 18i, 18j oder 18k Gebrauch, hat er zur Berechnung der Steuer Werte in fremder Währung nach den Kursen umzurechnen, die für den letzten Tag des Besteuerungszeitraums nach Absatz 1a Satz 1, Absatz 1b Satz 1, Absatz 1c Satz 1, Absatz 1d Satz 1 oder Absatz 1e Satz 1 von der Europäischen Zentralbank festgestellt worden sind. 5 Sind für die in Satz 4 genannten Tage keine Umrechnungskurse festgestellt worden, hat der Unternehmer die Steuer nach den für den nächsten Tag nach Ablauf des Besteuerungszeitraums nach Absatz 1a Satz 1, Absatz 1b Satz 1, Absatz 1c Satz 1, Absatz 1d Satz 1 oder Absatz 1e Satz 1 von der Europäischen Zentralbank festgestellten Umrechnungskursen umzurechnen.

(7) Für die Einfuhrumsatzsteuer gelten § 11 Abs. 5 und § 21 Abs. 2.

§ 17 Änderung der Bemessungsgrundlage. (1)[2)] 1 Hat sich die Bemessungsgrundlage für einen steuerpflichtigen Umsatz im Sinne des § 1 Abs. 1 Nr. 1 geändert, hat der Unternehmer, der diesen Umsatz ausgeführt hat, den dafür geschuldeten Steuerbetrag zu berichtigen. 2 Ebenfalls ist der Vorsteuerabzug bei dem Unternehmer, an den dieser Umsatz ausgeführt wurde, zu berichtigen. 3 Dies gilt nicht, soweit er durch die Änderung der Bemessungsgrundlage wirtschaftlich nicht begünstigt wird. 4 Wird in diesen Fällen ein anderer Unternehmer durch die Änderung der Bemessungsgrundlage wirtschaftlich begünstigt, hat dieser Unternehmer seinen Vorsteuerabzug zu berichtigen. 5 Die Sätze 1 bis 4 gelten in den Fällen des § 1 Abs. 1 Nr. 5 und des § 13b sinngemäß. [***ab 29.12.2020:*** 6 Bei Preisnachlässen und Preiserstattungen eines Unternehmers in einer Leistungskette an einen in dieser Leistungskette

---

1) § 16 Abs. 6 Sätze 4 und 5 neu gef. mWv 1.7.2021 durch G v. 21.12.2020 (BGBl. I S. 3096).

2) § 17 Abs. 1 Satz 6 eingef., bish. Sätze 6 bis 8 werden Sätze 7 bis 9 mWv 29.12.2020 durch G v. 21.12.2020 (BGBl. I S. 3096).

nicht unmittelbar nachfolgenden Abnehmer liegt eine Minderung der Bemessungsgrundlage nach Satz 1 nur vor, wenn der Leistungsbezug dieses Abnehmers im Rahmen der Leistungskette im Inland steuerpflichtig ist.] 7 Die Berichtigung des Vorsteuerabzugs kann unterbleiben, soweit ein dritter Unternehmer den auf die Minderung des Entgelts entfallenden Steuerbetrag an das Finanzamt entrichtet; in diesem Fall ist der dritte Unternehmer Schuldner der Steuer. 8 Die Berichtigungen nach den Sätzen 1 und 2 sind für den Besteuerungszeitraum vorzunehmen, in dem die Änderung der Bemessungsgrundlage eingetreten ist. 9 Die Berichtigung nach Satz 4 ist für den Besteuerungszeitraum vorzunehmen, in dem der andere Unternehmer wirtschaftlich begünstigt wird.

(2) Absatz 1 gilt sinngemäß, wenn

1. das vereinbarte Entgelt für eine steuerpflichtige Lieferung, sonstige Leistung oder einen steuerpflichtigen innergemeinschaftlichen Erwerb uneinbringlich geworden ist. 2 Wird das Entgelt nachträglich vereinnahmt, sind Steuerbetrag und Vorsteuerabzug erneut zu berichtigen;
2. für eine vereinbarte Lieferung oder sonstige Leistung ein Entgelt entrichtet, die Lieferung oder sonstige Leistung jedoch nicht ausgeführt worden ist;
3. eine steuerpflichtige Lieferung, sonstige Leistung oder ein steuerpflichtiger innergemeinschaftlicher Erwerb rückgängig gemacht worden ist;
4. der Erwerber den Nachweis im Sinne des § 3d Satz 2 führt;
5. Aufwendungen im Sinne des § 15 Abs. 1a[1] getätigt werden.

(3) 1 Ist Einfuhrumsatzsteuer, die als Vorsteuer abgezogen worden ist, herabgesetzt, erlassen oder erstattet worden, so hat der Unternehmer den Vorsteuerabzug entsprechend zu berichtigen. 2 Absatz 1 Satz 7 gilt sinngemäß.

(4) Werden die Entgelte für unterschiedlich besteuerte Lieferungen oder sonstige Leistungen eines bestimmten Zeitabschnitts gemeinsam geändert (z. B. Jahresboni, Jahresrückvergütungen), so hat der Unternehmer dem Leistungsempfänger einen Beleg zu erteilen, aus dem zu ersehen ist, wie sich die Änderung der Entgelte auf die unterschiedlich besteuerten Umsätze verteilt.

§ 18 Besteuerungsverfahren. (1)[2] 1 Der Unternehmer hat [***ab 1.7.2021:*** vorbehaltlich des § 18i Absatz 3, des § 18j Absatz 4 und des § 18k Absatz 4] bis zum zehnten Tag nach Ablauf jedes Voranmeldungszeitraums eine Voranmeldung nach amtlich vorgeschriebenem Datensatz durch Datenfernübertragung zu übermitteln, in der er die Steuer für den Voranmeldungszeitraum (Vorauszahlung) selbst zu berechnen hat. 2 Auf Antrag kann das Finanzamt zur Vermeidung von unbilligen Härten auf eine elektronische Übermittlung verzichten; in diesem Fall hat der Unternehmer eine Voranmeldung nach amtlich vorgeschriebenem Vordruck abzugeben. 3 § 16 Abs. 1 und 2 und § 17 sind entsprechend anzuwenden. 4 Die Vorauszahlung ist am zehnten Tag nach Ab-

---

[1] § 17 Abs. 2 Nr. 5 Verweis geänd. durch G v. 19.12.2008 (BGBl. I S. 2794).

[2] § 18 Abs. 1 neu gef. mWv 1.1.2009 durch G v. 20.12.2008 (BGBl. I S. 2850); geänd. mWv 1.1.2017 durch G v. 18.7.2016 (BGBl. I S. 1679); Sätze 1 und 4 geänd. duch G v. 21.12.2020 (BGBl. I S. 3096), zur Anwendung siehe § 27 Abs. 34 Satz 1.

lauf des Voranmeldungszeitraums fällig [***ab 1.7.2021:*** und bis dahin vom Unternehmer zu entrichten].

(2)[1] [1]Voranmeldungszeitraum ist das Kalendervierteljahr. [2]Beträgt die Steuer für das vorangegangene Kalenderjahr mehr als 7500 Euro[2], ist der Kalendermonat Voranmeldungszeitraum. [3]Beträgt die Steuer für das vorangegangene Kalenderjahr nicht mehr als 1000 Euro[2], kann das Finanzamt den Unternehmer von der Verpflichtung zur Abgabe der Voranmeldungen und Entrichtung der Vorauszahlungen befreien. [4]Nimmt der Unternehmer seine berufliche oder gewerbliche Tätigkeit auf, ist im laufenden und folgenden Kalenderjahr Voranmeldungszeitraum der Kalendermonat. *[5]Satz 4 gilt entsprechend in folgenden Fällen* [***ab 1.1.2021:*** [5]Daneben ist im laufenden und folgendem Kalenderjahr in folgenden Fällen Voranmeldungszeitraum der Kalendermonat]:

1. bei im Handelsregister eingetragenen, noch nicht gewerblich oder beruflich tätig gewesenen juristischen Personen oder Personengesellschaften, die objektiv belegbar die Absicht haben, eine gewerbliche oder berufliche Tätigkeit selbständig auszuüben (Vorratsgesellschaften), und zwar ab dem Zeitpunkt des Beginns der tatsächlichen Ausübung dieser Tätigkeit, und
2. bei der Übernahme von juristischen Personen oder Personengesellschaften, die bereits gewerblich oder beruflich tätig gewesen sind und zum Zeitpunkt der Übernahme ruhen oder nur geringfügig gewerblich oder beruflich tätig sind (Firmenmantel), und zwar ab dem Zeitpunkt der Übernahme.

[***ab 1.1.2021:*** [6]Für die Besteuerungszeiträume 2021 bis 2026 ist abweichend von Satz 4 in den Fällen, in denen der Unternehmer seine gewerbliche oder berufliche Tätigkeit nur in einem Teil des vorangegangenen Kalenderjahres ausgeübt hat, die tatsächliche Steuer in eine Jahressteuer umzurechnen und in den Fällen, in denen der Unternehmer seine gewerbliche oder berufliche Tätigkeit im laufenden Kalenderjahr aufnimmt, die voraussichtliche Steuer des laufenden Kalenderjahres maßgebend.]

(2a)[3] [1]Der Unternehmer kann an Stelle des Kalendervierteljahres den Kalendermonat als Voranmeldungszeitraum wählen, wenn sich für das vorangegangene Kalenderjahr ein Überschuss zu seinen Gunsten von mehr als 7500 Euro ergibt. [2]In diesem Fall hat der Unternehmer bis zum 10. Februar des laufenden Kalenderjahres eine Voranmeldung für den ersten Kalendermonat abzugeben. [3]Die Ausübung des Wahlrechts bindet den Unternehmer für dieses Kalenderjahr. [***ab 1.1.2021:*** [4]Absatz 2 Satz 6 gilt entsprechend.]

(3)[4] [1]Der Unternehmer hat [***ab 1.7.2021:*** vorbehaltlich des § 18i Absatz 3, des § 18j Absatz 4 und des § 18k Absatz 4] für das Kalenderjahr oder für den

---

[1] § 18 Abs. 2 Satz 5 angef. durch G v. 22.12.2014 (BGBl. I S. 2417); zur Anwendung siehe § 27 Abs. 21; Satz 5 geänd., Satz 6 angef. mWv 1.1.2021 durch G v. 22.11.2019 (BGBl. I S. 1746).

[2] § 18 Abs. 2 Sätze 2 und 3 Beträge geänd. mWv 1.1.2009 durch G v. 20.12.2008 (BGBl. I S. 2850).

[3] § 18 Abs. 2a Satz 1 Beträge geänd. mWv 1.1.2009 durch G v. 20.12.2008 (BGBl. I S. 2850); Satz 4 angef. mWv 1.1.2021 durch G v. 22.11.2019 (BGBl. I S. 1746).

[4] § 18 Abs. 3 neu gef. durch G v. 8.12.2010 (BGBl. I S. 1768); zur Anwendung siehe § 27 Abs. 17; Satz 1 geänd. mWv 1.1.2017 durch G v. 18.7.2016 (BGBl. I S. 1679); Satz 1 geänd. durch G v. 21.12.2020 (BGBl. I S. 3096), zur Anwendung siehe § 27 Abs. 34 Satz 1.

kürzeren Besteuerungszeitraum eine Steuererklärung nach amtlich vorgeschriebenem Datensatz durch Datenfernübertragung zu übermitteln, in der er die zu entrichtende Steuer oder den Überschuss, der sich zu seinen Gunsten ergibt, nach § 16 Absatz 1 bis 4 und § 17 selbst zu berechnen hat (Steueranmeldung). [2]In den Fällen des § 16 Absatz 3 und 4 ist die Steueranmeldung binnen einem Monat nach Ablauf des kürzeren Besteuerungszeitraums zu übermitteln. [3]Auf Antrag kann das Finanzamt zur Vermeidung von unbilligen Härten auf eine elektronische Übermittlung verzichten; in diesem Fall hat der Unternehmer eine Steueranmeldung nach amtlich vorgeschriebenem Vordruck abzugeben und eigenhändig zu unterschreiben.

(4)[1)] [1]Berechnet der Unternehmer die zu entrichtende Steuer oder den Überschuss in der Steueranmeldung für das Kalenderjahr abweichend von der Summe der Vorauszahlungen, so ist der Unterschiedsbetrag zugunsten des Finanzamts einen Monat nach dem Eingang der Steueranmeldung fällig [***ab 1.7.2021:*** und bis dahin vom Unternehmer zu entrichten]. [2]Setzt das Finanzamt die zu entrichtende Steuer oder den Überschuss abweichend von der Steueranmeldung für *das Kalenderjahr fest, so ist der Unterschiedsbetrag zugunsten des Finanzamts einen Monat nach der Bekanntgabe des Steuerbescheids fällig* [***ab 1.7.2021:*** den Voranmeldungszeitraum oder für das Kalenderjahr oder auf Grund unterbliebener Abgabe der Steueranmeldung fest, so ist der Unterschiedsbetrag zugunsten des Finanzamts einen Monat nach der Bekanntgabe des Steuerbescheids fällig und bis dahin vom Unternehmer zu entrichten.] [3]Die Fälligkeit rückständiger Vorauszahlungen (Absatz 1) bleibt von den Sätzen 1 und 2 unberührt.

(4a) [1]Voranmeldungen (Absätze 1 und 2) und eine Steuererklärung (Absätze 3 und 4) haben auch die Unternehmer und juristischen Personen abzugeben, die ausschließlich Steuer für Umsätze nach § 1 Abs. 1 Nr. 5, § 13b Absatz 5[2)] oder § 25b Abs. 2 zu entrichten haben, sowie Fahrzeuglieferer (§ 2a). [2]Voranmeldungen sind nur für die Voranmeldungszeiträume abzugeben, in denen die Steuer für diese Umsätze zu erklären ist. [3]Die Anwendung des Absatzes 2a ist ausgeschlossen.

(4b) Für Personen, die keine Unternehmer sind und Steuerbeträge nach § 6a Abs. 4 Satz 2 oder nach § 14c Abs. 2 schulden, gilt Absatz 4a entsprechend.

[Fassung bis 30.6.2021:]

(4c)[3)] [1]Ein nicht im Gemeinschaftsgebiet ansässiger Unternehmer, der als Steuerschuldner Umsätze nach § 3a Absatz 5 im Gemeinschaftsgebiet erbringt, kann abweichend von

[Fassung ab 1.7.2021:]

(4c)[4)] [1]Ein nicht im Gemeinschaftsgebiet ansässiger Unternehmer, der vor dem 1. Juli 2021 als Steuerschuldner Umsätze nach § 3a Absatz 5 im Gemeinschaftsgebiet er-

---

1) § 18 Abs. 4 Sätze 1 und 2 geänd. mWv 1.7.2021 durch G v. 21.12.2020 (BGBl. I S. 3096).

2) Verweis geänd. mWv 1.7.2010 durch G v. 8.4.2010 (BGBl. I S. 386).

3) § 18 Abs. 4c Sätze 1 und 3 geänd. mWv 1.1.2010 durch G v. 19.12.2008 (BGBl. I S. 2794); Satz 1 neu gef. (kursive Satzteile aufgeh., 2. HS geänd.) durch G v. 11.12.2018 (BGBl. I S. 2338); zur Anwendung siehe § 27 Abs. 24 Satz 2; zur letztmaligen Anwendung siehe § 27 Abs. 34 Satz 2.

4) § 18 Abs. 4c Sätze 1 und 2 neu gef. mWv 1.7.2021 durch G v. 21.12.2020 (BGBl. I S. 3096).

[Fassung bis 30.6.2021:]

den Absätzen 1 bis 4 für jeden Besteuerungszeitraum (§ 16 Absatz 1a Satz 1) eine Steuererklärung nach amtlich vorgeschriebenem Datensatz durch Datenfernübertragung bis zum 20. Tag nach Ablauf jedes Besteuerungszeitraums dem Bundeszentralamt für Steuern übermitteln, in der er die Steuer für die vorgenannten Umsätze selbst zu berechnen hat. [2]Die Steuer ist am 20. Tag nach Ablauf des Besteuerungszeitraums fällig.

[Fassung ab 1.7.2021:]

bringt, kann abweichend von den Absätzen 1 bis 4 für jeden Besteuerungszeitraum (§ 16 Absatz 1a Satz 1) eine Steuererklärung nach amtlich vorgeschriebenem Datensatz durch Datenfernübertragung bis zum 20. Tag nach Ablauf jedes Besteuerungszeitraums dem Bundeszentralamt für Steuern übermitteln, in der er die Steuer für die vorgenannten Umsätze selbst zu berechnen hat (Steueranmeldung). [2]Die Steuer ist am 20. Tag nach Ablauf des Besteuerungszeitraums fällig und bis dahin vom Unternehmer zu entrichten.

[3]Die Ausübung des Wahlrechts hat der Unternehmer auf dem amtlich vorgeschriebenen, elektronisch zu übermittelnden Dokument dem Bundeszentralamt für Steuern[1)] anzuzeigen, bevor er Umsätze nach § 3a Abs. 5 im Gemeinschaftsgebiet erbringt. [4]Das Wahlrecht kann nur mit Wirkung vom Beginn eines Besteuerungszeitraums an widerrufen werden. [5]Der Widerruf ist vor Beginn des Besteuerungszeitraums, für den er gelten soll, gegenüber dem Bundeszentralamt für Steuern[1)] auf elektronischem Weg zu erklären. [6]Kommt der Unternehmer seinen Verpflichtungen nach den Sätzen 1 bis 3 oder § 22 Abs. 1 wiederholt nicht oder nicht rechtzeitig nach, schließt ihn das Bundeszentralamt für Steuern[1)] von dem Besteuerungsverfahren nach Satz 1 aus. [7]Der Ausschluss gilt ab dem Besteuerungszeitraum, der nach dem Zeitpunkt der Bekanntgabe des Ausschlusses gegenüber dem Unternehmer beginnt.

[Fassung bis 30.6.2021:]

(4d)[2)] Für nicht im Gemeinschaftsgebiet ansässige Unternehmer, die im Inland im Besteuerungszeitraum (§ 16 Absatz 1 Satz 2) als Steuerschuldner Umsätze nach § 3a Absatz 5 erbringen und diese Umsätze in einem anderen Mitgliedstaat erklären sowie die darauf entfallende Steuer entrichten, gelten insoweit die Absätze 1 bis 4 nicht.

[Fassung ab 1.7.2021:]

(4d)[3)] Für nicht im Gemeinschaftsgebiet ansässige Unternehmer, die vor dem 1. Juli 2021 im Inland im Besteuerungszeitraum (§ 16 Absatz 1 Satz 2) als Steuerschuldner Umsätze nach § 3a Absatz 5 erbringen und diese Umsätze in einem anderen Mitgliedstaat erklären sowie die darauf entfallende Steuer entrichten, gelten insoweit die Absätze 1 bis 4 nicht.

---

1) Bezeichnung geänd. durch G v. 22.9.2005 (BGBl. I S. 2809).

2) § 18 Abs. 4d neu gef. durch G v. 11.12.2018 (BGBl. I S. 2338); zur erstmaligen Anwendung siehe § 27 Abs. 24 Satz 2; zur letztmaligen Anwendung siehe § 27 Abs. 34 Satz 2.

3) § 18 Abs. 4d neu gef. mWv 1.7.2021 durch G v. 21.12.2020 (BGBl. I S. 3096).

(4e)[1] [1]Ein im übrigen Gemeinschaftsgebiet ansässiger Unternehmer (§ 13b Absatz 7 Satz 2), der [***ab 1.7.2021:*** vor dem 1. Juli 2021][2] als Steuerschuldner Umsätze nach § 3a Absatz 5 im Inland erbringt, kann abweichend von den Absätzen 1 bis 4 für jeden Besteuerungszeitraum (§ 16 Absatz 1b Satz 1) eine Steuererklärung nach amtlich vorgeschriebenem Datensatz durch Datenfernübertragung bis zum 20. Tag nach Ablauf jedes Besteuerungszeitraums übermitteln, in der er die Steuer für die vorgenannten Umsätze selbst zu berechnen hat; dies gilt nur, wenn der Unternehmer im Inland, auf der Insel Helgoland und in einem der in § 1 Absatz 3 bezeichneten Gebiete weder seinen Sitz, seine Geschäftsleitung noch eine Betriebsstätte hat. [2]Die Steuererklärung ist der zuständigen Steuerbehörde des Mitgliedstaates der Europäischen Union zu übermitteln, in dem der Unternehmer ansässig ist; diese Steuererklärung ist ab dem Zeitpunkt eine Steueranmeldung im Sinne des § 150 Absatz 1 Satz 3 und des § 168 der Abgabenordnung, zu dem die in ihr enthaltenen Daten von der zuständigen Steuerbehörde des Mitgliedstaates der Europäischen Union, an die der Unternehmer die Steuererklärung übermittelt hat, dem Bundeszentralamt für Steuern übermittelt und dort in bearbeitbarer Weise aufgezeichnet wurden. [3]Satz 2 gilt für die Berichtigung einer Steuererklärung entsprechend. [4]Die Steuer ist am 20. Tag nach Ablauf des Besteuerungszeitraums fällig [***ab 1.7.2021:*** und bis dahin vom Unternehmer zu entrichten].[3] [5]Die Ausübung des Wahlrechts nach Satz 1 hat der Unternehmer in dem amtlich vorgeschriebenen, elektronisch zu übermittelnden Dokument der Steuerbehörde des Mitgliedstaates der Europäischen Union, in dem der Unternehmer ansässig ist, vor Beginn des Besteuerungszeitraums anzuzeigen, ab dessen Beginn er von dem Wahlrecht Gebrauch macht. [6]Das Wahlrecht kann nur mit Wirkung vom Beginn eines Besteuerungszeitraums an widerrufen werden. [7]Der Widerruf ist vor Beginn des Besteuerungszeitraums, für den er gelten soll, gegenüber der Steuerbehörde des Mitgliedstaates der Europäischen Union, in dem der Unternehmer ansässig ist, auf elektronischem Weg zu erklären. [8]Kommt der Unternehmer seinen Verpflichtungen nach den Sätzen 1 bis 5 oder § 22 Absatz 1 wiederholt nicht oder nicht rechtzeitig nach, schließt ihn die zuständige Steuerbehörde des Mitgliedstaates der Europäischen Union, in dem der Unternehmer ansässig ist, von dem Besteuerungsverfahren nach Satz 1 aus. [9]Der Ausschluss gilt ab dem Besteuerungszeitraum, der nach dem Zeitpunkt der Bekanntgabe des Ausschlusses gegenüber dem Unternehmer beginnt. [10]Die Steuererklärung nach Satz 1 gilt als fristgemäß übermittelt, wenn sie bis zum 20. Tag nach Ablauf des Besteuerungszeitraums (§ 16 Absatz 1b Satz 1) der zuständigen Steuerbehörde des Mitgliedstaates der Europäischen Union übermittelt worden ist, in dem der Unternehmer ansässig ist, und dort in bearbeitbarer Weise aufgezeichnet wurde. [11]Die Entrichtung der Steuer erfolgt entsprechend Satz 4 fristgemäß, wenn die Zahlung bis zum 20. Tag nach Ablauf des Besteuerungszeitraums (§ 16 Absatz 1b Satz 1) bei der zuständigen Steuerbehörde des Mitgliedstaates der Europäischen Union, in

---

[1] § 18 Abs. 4e eingef. mWv 1.1.2015 durch G v. 25.7.2014 (BGBl. I S. 1266); zur letztmaligen Anwendung siehe § 27 Abs. 34 Satz 2.

[2] § 18 Abs. 4e Satz 1 geänd. mWv 1.7.2021 durch G v. 21.12.2020 (BGBl. I S. 3096).

[3] § 18 Abs. 4c Satz 4 geänd. mWv 1.7.2021 durch G v. 21.12.2020 (BGBl. I S. 3096).

dem der Unternehmer ansässig ist, eingegangen ist. 12 § 240 der Abgabenordnung ist mit der Maßgabe anzuwenden, dass eine Säumnis frühestens mit Ablauf des 10. Tages nach Ablauf des auf den Besteuerungszeitraum (§ 16 Absatz 1b Satz 1) folgenden übernächsten Monats eintritt.

[***ab 1.1.2021:***

(4f)[1] 1 Soweit Organisationseinheiten der Gebietskörperschaften Bund und Länder durch ihr Handeln eine Erklärungspflicht begründen, obliegen der jeweiligen Organisationseinheit für die Umsatzbesteuerung alle steuerlichen Rechte und Pflichten. 2 In den in § 30 Absatz 2 Nummer 1 Buchstabe a und b der Abgabenordnung genannten Verfahren tritt die Organisationseinheit insoweit an die Stelle der Gebietskörperschaft. 3 § 2 Absatz 1 Satz 2 bleibt unberührt. 4 Die Organisationseinheiten können jeweils für ihren Geschäftsbereich durch Organisationsentscheidungen weitere untergeordnete Organisationseinheiten mit Wirkung für die Zukunft bilden. 5 Einer Organisationseinheit übergeordnete Organisationseinheiten können durch Organisationsentscheidungen mit Wirkung für die Zukunft die in Satz 1 genannten Rechte und Pflichten der untergeordneten Organisationseinheit wahrnehmen oder mehrere Organisationseinheiten zu einer Organisationseinheit zusammenschließen. 6 Die in § 1a Absatz 3 Nummer 2, § 2b Absatz 2 Nummer 1, § 3a Absatz 5 Satz 3, [***ab 1.7.2021:*** § 3c Absatz 4 Satz 1,][2] § 18 Absatz 2 Satz 2, § 18a Absatz 1 Satz 2, § 19 Absatz 1 und § 20 Absatz 1 Satz 1 Nummer 1 genannten Betragsgrenzen gelten für Organisationseinheiten stets als überschritten. 7 Wahlrechte, deren Rechtsfolgen das gesamte Unternehmen der Gebietskörperschaft erfassen, können nur einheitlich ausgeübt werden. 8 Die Gebietskörperschaft kann gegenüber dem für sie zuständigen Finanzamt mit Wirkung für die Zukunft erklären, dass die Sätze 1 bis 5 nicht zur Anwendung kommen sollen; ein Widerruf ist nur mit Wirkung für die Zukunft möglich.

(4g)[3] 1 Die oberste Landesfinanzbehörde oder die von ihr beauftragte Landesfinanzbehörde kann anordnen, dass eine andere als die nach § 21 Absatz 1 der Abgabenordnung örtlich zuständige Finanzbehörde die Besteuerung einer Organisationseinheit des jeweiligen Landes übernimmt. 2 Die oberste Landesfinanzbehörde oder die von ihr beauftragte Landesfinanzbehörde kann mit der obersten Finanzbehörde eines anderen Landes oder einer von dieser beauftragten Landesfinanzbehörde vereinbaren, dass eine andere als die nach § 21 Absatz 1 der Abgabenordnung zuständige Finanzbehörde die Besteuerung einer Organisationseinheit des Landes der zuständigen Finanzbehörde übernimmt. 3 Die Senatsverwaltung für Finanzen von Berlin oder eine von ihr beauftragte Landesfinanzbehörde kann mit der obersten Finanzbehörde eines anderen Landes oder mit einer von dieser beauftragten Landesfinanzbehörde vereinbaren, dass eine andere als die nach § 21 Absatz 1 der Abgabenordnung zuständige Finanzbehörde die Besteuerung für eine Organisationseinheit der Gebietskörperschaft Bund übernimmt.]

---

[1] § 18 Abs. 4f eingef. durch G v. 21.12.2020 (BGBl. I S. 3096); zur Anwendung siehe § 27 Abs. 22 Satz 7 iVm Satz 3.

[2] Verweis eingef. mWv 1.7.2021 durch G v. 21.12.2020 (BGBl. I S. 3096).

[3] § 18 Abs. 4g eingef. durch G v. 21.12.2020 (BGBl. I S. 3096); zur Anwendung siehe § 27 Abs. 22 Satz 7 iVm Satz 3.

(5) In den Fällen der Beförderungseinzelbesteuerung (§ 16 Abs. 5) ist abweichend von den Absätzen 1 bis 4 wie folgt zu verfahren:

1. Der Beförderer hat für jede einzelne Fahrt eine Steuererklärung nach amtlich vorgeschriebenem Vordruck in zwei Stücken bei der zuständigen Zolldienststelle abzugeben.
2. [1]Die zuständige Zolldienststelle setzt für das zuständige Finanzamt die Steuer auf beiden Stücken der Steuererklärung fest und gibt ein Stück dem Beförderer zurück, der die Steuer gleichzeitig zu entrichten hat. [2]Der Beförderer hat dieses Stück mit der Steuerquittung während der Fahrt mit sich zu führen.
3. [1]Der Beförderer hat bei der zuständigen Zolldienststelle, bei der er die Grenze zum Drittlandsgebiet überschreitet, eine weitere Steuererklärung in zwei Stücken abzugeben, wenn sich die Zahl der Personenkilometer (§ 10 Abs. 6 Satz 2), von der bei der Steuerfestsetzung nach Nummer 2 ausgegangen worden ist, geändert hat. [2]Die Zolldienststelle setzt die Steuer neu fest. [3]Gleichzeitig ist ein Unterschiedsbetrag zugunsten des Finanzamts zu entrichten oder ein Unterschiedsbetrag zugunsten des Beförderers zu erstatten. [4]Die Sätze 2 und 3 sind nicht anzuwenden, wenn der Unterschiedsbetrag weniger als 2,50 Euro beträgt. [5]Die Zolldienststelle kann in diesen Fällen auf eine schriftliche Steuererklärung verzichten.

(5a)[1)] [1]In den Fällen der Fahrzeugeinzelbesteuerung (§ 16 Abs. 5a) hat der Erwerber, abweichend von den Absätzen 1 bis 4, spätestens bis zum 10. Tag nach Ablauf des Tages, an dem die Steuer entstanden ist, eine Steuererklärung nach amtlich vorgeschriebenem Vordruck abzugeben, in der er die zu entrichtende Steuer selbst zu berechnen hat (Steueranmeldung). [2]Die Steueranmeldung muss vom Erwerber eigenhändig unterschrieben sein. [3]Gibt der Erwerber die Steueranmeldung nicht ab oder hat er die Steuer nicht richtig berechnet, so kann das Finanzamt die Steuer festsetzen. [4]Die Steuer ist am zehnten Tag nach Ablauf des Tages fällig, an dem sie entstanden ist, [***ab 1.7.2021:*** und ist bis dahin vom Erwerber zu entrichten.]

(5b) [1]In den Fällen des § 16 Abs. 5b ist das Besteuerungsverfahren nach den Absätzen 3 und 4 durchzuführen. [2]Die bei der Beförderungseinzelbesteuerung (§ 16 Abs. 5) entrichtete Steuer ist auf die nach Absatz 3 Satz 1 zu entrichtende Steuer anzurechnen.

(6) [1]Zur Vermeidung von Härten kann das Bundesministerium der Finanzen mit Zustimmung des Bundesrates durch Rechtsverordnung die Fristen für die Voranmeldungen und Vorauszahlungen um einen Monat verlängern und das Verfahren näher bestimmen. [2]Dabei kann angeordnet werden, dass der Unternehmer eine Sondervorauszahlung auf die Steuer für das Kalenderjahr zu entrichten hat.

(7) [1]Zur Vereinfachung des Besteuerungsverfahrens kann das Bundesministerium der Finanzen mit Zustimmung des Bundesrates durch Rechtsverordnung bestimmen, dass und unter welchen Voraussetzungen auf die Erhebung der Steuer für Lieferungen von Gold, Silber und Platin sowie sonstige Leis-

---

1) § 18 Abs. 5a Satz 4 geänd. mWv 1.7.2021 durch G v. 21.12.2020 (BGBl. I S. 3096).

tungen im Geschäft mit diesen Edelmetallen zwischen Unternehmern, die an einer Wertpapierbörse im Inland mit dem Recht zur Teilnahme am Handel zugelassen sind, verzichtet werden kann. 2Das gilt nicht für Münzen und Medaillen aus diesen Edelmetallen.

(8) (weggefallen)

(9)[1] 1Zur Vereinfachung des Besteuerungsverfahrens kann das Bundesministerium der Finanzen mit Zustimmung des Bundesrates durch Rechtsverordnung die Vergütung der Vorsteuerbeträge (§ 15) an im Ausland ansässige Unternehmer, abweichend von § 16 und von den Absätzen 1 bis 4, in einem besonderen Verfahren regeln. 2Dabei kann auch angeordnet werden,

1. dass die Vergütung nur erfolgt, wenn sie eine bestimmte Mindesthöhe erreicht,
2. innerhalb welcher Frist der Vergütungsantrag zu stellen ist,
3. in welchen Fällen der Unternehmer den Antrag eigenhändig zu unterschreiben hat,
4. wie und in welchem Umfang Vorsteuerbeträge durch Vorlage von Rechnungen und Einfuhrbelegen nachzuweisen sind,
5. dass der Bescheid über die Vergütung der Vorsteuerbeträge elektronisch erteilt wird,
6. wie und in welchem Umfang der zu vergütende Betrag zu verzinsen ist.

[Fassung bis 31.12.2019:]

3Einem Unternehmer, der im Gemeinschaftsgebiet ansässig ist und Umsätze ausführt, die zum Teil den Vorsteuerabzug ausschließen, wird die Vorsteuer höchstens in der Höhe vergütet, in der er in dem Mitgliedstaat, in dem er ansässig ist, bei Anwendung eines Pro-rata-Satzes zum Vorsteuerabzug berechtigt wäre. 4Einem Unternehmer, der nicht im Gemeinschaftsgebiet ansässig ist, wird die Vorsteuer nur vergütet, wenn in dem Land, in dem der Unternehmer seinen Sitz hat, keine Umsatzsteuer oder ähnliche Steuer erhoben oder im Fall der Erhebung im Inland ansässigen Unternehmern vergütet wird. 5Von der Vergütung ausgeschlossen sind bei Unternehmern, die nicht im Gemeinschaftsgebiet ansässig

[Fassung ab 1.1.2020:]

3Sind die durch die Rechtsverordnung nach den Sätzen 1 und 2 geregelten Voraussetzungen des besonderen Verfahrens erfüllt und schuldet der im Ausland ansässige Unternehmer ausschließlich Steuer nach § 13a Absatz 1 Nummer 1 in Verbindung mit § 14c Absatz 1 oder § 13a Absatz 1 Nummer 4, kann die Vergütung der Vorsteuerbeträge nur in dem besonderen Verfahren durchgeführt werden. 4Einem Unternehmer, der im Gemeinschaftsgebiet ansässig ist und Umsätze ausführt, die zum Teil den Vorsteuerabzug ausschließen, wird die Vorsteuer höchstens in der Höhe vergütet, in der er in dem Mitgliedstaat, in dem er ansässig ist, bei Anwendung eines Pro-rata-Satzes zum Vorsteuerabzug berechtigt wäre.

---

[1] § 18 Abs. 9 neu gef. durch G v. 19.12.2008 (BGBl. I S. 2794); zur erstmaligen Anwendung siehe § 27 Abs. 14; neuer Satz 3 eingef., bish. Sätze 3 bis 6 werden Sätze 4 bis 7 und neuer Satz 7 neu gef. mWv 1.1.2020 (§ 27 Abs. 28) durch G v. 12.12.2019 (BGBl. I S. 2451).

[Fassung bis 31.12.2019:]

sind, die Vorsteuerbeträge, die auf den Bezug von Kraftstoffen entfallen. [6]Die Sätze 4 und 5 gelten nicht für Unternehmer, die nicht im Gemeinschaftsgebiet ansässig sind, soweit sie im Besteuerungszeitraum (§ 16 Abs. 1 Satz 2) als Steuerschuldner ausschließlich elektronische Leistungen nach § 3a Abs. 5 im Gemeinschaftsgebiet erbracht und für diese Umsätze von § 18 Abs. 4c Gebrauch gemacht haben oder diese Umsätze in einem anderen Mitgliedstaat erklärt sowie die darauf entfallende Steuer entrichtet haben; Voraussetzung ist, dass die Vorsteuerbeträge im Zusammenhang mit elektronischen Leistungen nach § 3a Abs. 5 stehen.

[Fassung ab 1.1.2020:]

[5]Einem Unternehmer, der nicht im Gemeinschaftsgebiet ansässig ist, wird die Vorsteuer nur vergütet, wenn in dem Land, in dem der Unternehmer seinen Sitz hat, keine Umsatzsteuer oder ähnliche Steuer erhoben oder im Fall der Erhebung im Inland ansässigen Unternehmern vergütet wird. [6]Von der Vergütung ausgeschlossen sind bei Unternehmern, die nicht im Gemeinschaftsgebiet ansässig sind, die Vorsteuerbeträge, die auf den Bezug von Kraftstoffen entfallen. [7]Die Sätze 5 und 6 gelten nicht für Unternehmer, die nicht im Gemeinschaftsgebiet ansässig sind, soweit sie im Besteuerungszeitraum (§ 16 Absatz 1 Satz 2) [***ab 1.7.2021:*** vor dem 1. Juli 2021][1)] als Steuerschuldner Umsätze nach § 3a Absatz 5 im Gemeinschaftsgebiet erbracht und für diese Umsätze von § 18 Absatz 4c Gebrauch gemacht haben oder diese Umsätze in einem anderen Mitgliedstaat erklärt sowie die darauf entfallende Steuer entrichtet haben; Voraussetzung ist, dass die Vorsteuerbeträge im Zusammenhang mit Umsätzen nach § 3a Absatz 5 stehen. [***ab 1.7.2021:*** [8]Die Sätze 5 und 6 gelten auch nicht für Unternehmer, die nicht im Gemeinschaftsgebiet ansässig sind, soweit sie im Besteuerungszeitraum (§ 16 Absatz 1 Satz 2) nach dem 30. Juni 2021 als Steuerschuldner Lieferungen nach § 3 Absatz 3a Satz 1 innerhalb eines Mitgliedstaates, Fernverkäufe nach § 3 Absatz 3a Satz 2, innergemeinschaftliche Fernverkäufe nach § 3c Absatz 1 Satz 2 und 3, Fernverkäufe nach § 3c Absatz 2 oder 3 oder sonstige Leistungen an Empfänger nach § 3a Ab-

---

[1)] § 18 Abs. 9 Satz 7 geänd. durch G v. 21.12.2020 (BGBl. I S. 3096); zur Anwendung siehe § 27 Abs. 34 Satz 1.

[Fassung ab 1.1.2020/1.7.2021:]
satz 5 Satz 1 im Gemeinschaftsgebiet erbracht und für diese Umsätze von den §§ 18i, 18j oder 18k Gebrauch gemacht haben; Voraussetzung ist, dass die Vorsteuerbeträge mit Lieferungen nach § 3 Absatz 3a Satz 1 innerhalb eines Mitgliedstaates, Fernverkäufen nach § 3 Absatz 3a Satz 2, innergemeinschaftlichen Fernverkäufen nach § 3c Absatz 1 Satz 2 und 3, Fernverkäufen nach § 3c Absatz 2 oder 3 oder sonstigen Leistungen an Empfänger nach § 3a Absatz 5 Satz 1 im Zusammenhang stehen.][1]

(10) Zur Sicherung des Steueranspruchs in Fällen des innergemeinschaftlichen Erwerbs neuer motorbetriebener Landfahrzeuge und neuer Luftfahrzeuge (§ 1b Abs. 2 und 3) gilt Folgendes:

1. Die für die Zulassung oder die Registrierung von Fahrzeugen zuständigen Behörden sind verpflichtet, den für die Besteuerung des innergemeinschaftlichen Erwerbs neuer Fahrzeuge zuständigen Finanzbehörden ohne Ersuchen Folgendes mitzuteilen:
   a)[2] bei neuen motorbetriebenen Landfahrzeugen die erstmalige Ausgabe von Zulassungsbescheinigungen Teil II oder die erstmalige Zuteilung eines amtlichen Kennzeichens bei zulassungsfreien Fahrzeugen. [2]Gleichzeitig sind die in Nummer 2 Buchstabe a bezeichneten Daten und das zugeteilte amtliche Kennzeichen oder, wenn dieses noch nicht zugeteilt worden ist, die Nummer der Zulassungsbescheinigung Teil II zu übermitteln,
   b) bei neuen Luftfahrzeugen die erstmalige Registrierung dieser Luftfahrzeuge. [2]Gleichzeitig sind die in Nummer 3 Buchstabe a bezeichneten Daten und das zugeteilte amtliche Kennzeichen zu übermitteln. [3]Als Registrierung im Sinne dieser Vorschrift gilt nicht die Eintragung eines Luftfahrzeugs in das Register für Pfandrechte an Luftfahrzeugen.
2.[3] In den Fällen des innergemeinschaftlichen Erwerbs neuer motorbetriebener Landfahrzeuge (§ 1b Absatz 2 Satz 1 Nummer 1 und Absatz 3 Nummer 1) gilt Folgendes:
   a) [1]Bei der erstmaligen Ausgabe einer Zulassungsbescheinigung Teil II im Inland oder bei der erstmaligen Zuteilung eines amtlichen Kennzeichens für zulassungsfreie Fahrzeuge im Inland hat der Antragsteller die folgenden Angaben zur Übermittlung an die Finanzbehörden zu machen:

---

[1] § 18 Abs. 9 Satz 8 angef. durch G v. 21.12.2020 (BGBl. I S. 3096); zur Anwendung siehe § 27 Abs. 34 Satz 1.

[2] § 18 Abs. 10 Nr. 1 Buchst. a neu gef. mWv 14.12.2010 durch G v. 8.12.2010 (BGBl. I S. 1768).

[3] § 18 Abs. 10 Nr. 2 Satzteil vor Buchst. a sowie Buchst. a selbst geänd. mWv 14.12.2010 durch G v. 8.12.2010 (BGBl. I S. 1768).

aa) den Namen und die Anschrift des Antragstellers sowie das für ihn zuständige Finanzamt (§ 21 der Abgabenordnung)[1],
bb) den Namen und die Anschrift des Lieferers,
cc) den Tag der Lieferung,
dd) den Tag der ersten Inbetriebnahme,
ee) den Kilometerstand am Tag der Lieferung,
ff) die Fahrzeugart, den Fahrzeughersteller, den Fahrzeugtyp und die Fahrzeug-Identifizierungsnummer,
gg) den Verwendungszweck.

[2]Der Antragsteller ist zu den Angaben nach den Doppelbuchstaben[2] aa und bb auch dann verpflichtet, wenn er nicht zu den in § 1a Absatz 1 Nummer 2 und § 1b Absatz 1 genannten Personen gehört oder wenn Zweifel daran bestehen, dass die Eigenschaften als neues Fahrzeug im Sinne des § 1b Absatz 3 Nummer 1 vorliegen. [3]Die Zulassungsbehörde darf die Zulassungsbescheinigung Teil II oder bei zulassungsfreien Fahrzeugen, die nach § 4 Absatz 2 und 3 der Fahrzeug-Zulassungsverordnung ein amtliches Kennzeichen führen, die Zulassungsbescheinigung Teil I erst aushändigen, wenn der Antragsteller die vorstehenden Angaben gemacht hat.

b)[3] [1]Ist die Steuer für den innergemeinschaftlichen Erwerb nicht entrichtet worden, hat die Zulassungsbehörde auf Antrag des Finanzamts die Zulassungsbescheinigung Teil I für ungültig zu erklären und das amtliche Kennzeichen zu entstempeln. [2]Die Zulassungsbehörde trifft die hierzu erforderlichen Anordnungen durch schriftlichen Verwaltungsakt (Abmeldungsbescheid). [3]Das Finanzamt kann die Abmeldung von Amts wegen auch selbst durchführen, wenn die Zulassungsbehörde das Verfahren noch nicht eingeleitet hat. [4]Satz 2 gilt entsprechend. [5]Das Finanzamt teilt die durchgeführte Abmeldung unverzüglich der Zulassungsbehörde mit und händigt dem Fahrzeughalter die vorgeschriebene Bescheinigung über die Abmeldung aus. [6]Die Durchführung der Abmeldung von Amts wegen richtet sich nach dem Verwaltungsverfahrensgesetz. [7]Für Streitigkeiten über Abmeldungen von Amts wegen ist der Verwaltungsrechtsweg gegeben.

3. In den Fällen des innergemeinschaftlichen Erwerbs neuer Luftfahrzeuge (§ 1b Abs. 2 Satz 1 Nr. 3 und Abs. 3 Nr. 3) gilt Folgendes:

a) [1]Bei der erstmaligen Registrierung in der Luftfahrzeugrolle hat der Antragsteller die folgenden Angaben zur Übermittlung an die Finanzbehörden zu machen:
aa) den Namen und die Anschrift des Antragstellers sowie das für ihn zuständige Finanzamt (§ 21 der Abgabenordnung),
bb) den Namen und die Anschrift des Lieferers,
cc) den Tag der Lieferung,

---

[1] Nr. **800**.

[2] Verweis geänd. mWv 25.12.2008 durch G v. 19.12.2008 (BGBl. I S. 2794); geänd. mWv 14.12.2010 durch G v. 8.12.2010 (BGBl. I S. 1768).

[3] § 18 Abs. 10 Nr. 2 Buchst. b neu gef. mWv 14.12.2010 durch G v. 8.12.2010 (BGBl. I S. 1768).

dd) das Entgelt (Kaufpreis),
ee) den Tag der ersten Inbetriebnahme,
ff) die Starthöchstmasse,
gg) die Zahl der bisherigen Betriebsstunden am Tag der Lieferung,
hh) den Flugzeughersteller und den Flugzeugtyp,
ii) den Verwendungszweck.

[2]Der Antragsteller ist zu den Angaben nach Satz 1 Doppelbuchstabe aa und bb[1]) auch dann verpflichtet, wenn er nicht zu den in § 1a Abs. 1 Nr. 2 und § 1b Abs. 1 genannten Personen gehört oder wenn Zweifel daran bestehen, ob die Eigenschaften als neues Fahrzeug im Sinne des § 1b Abs. 3 Nr. 3 vorliegen. [3]Das Luftfahrt-Bundesamt darf die Eintragung in der Luftfahrzeugrolle erst vornehmen, wenn der Antragsteller die vorstehenden Angaben gemacht hat.

b) [1]Ist die Steuer für den innergemeinschaftlichen Erwerb nicht entrichtet worden, so hat das Luftfahrt-Bundesamt auf Antrag des Finanzamts die Betriebserlaubnis zu widerrufen. [2]Es trifft die hierzu erforderlichen Anordnungen durch schriftlichen Verwaltungsakt (Abmeldungsbescheid). [3]Die Durchführung der Abmeldung von Amts wegen richtet sich nach dem Verwaltungsverfahrensgesetz. [4]Für Streitigkeiten über Abmeldungen von Amts wegen ist der Verwaltungsrechtsweg gegeben.

(11) [1]Die für die Steueraufsicht zuständigen Zolldienststellen wirken an der umsatzsteuerlichen Erfassung von Personenbeförderungen mit nicht im Inland zugelassenen Kraftomnibussen mit. [2]Sie sind berechtigt, im Rahmen von zeitlich und örtlich begrenzten Kontrollen die nach ihrer äußeren Erscheinung nicht im Inland zugelassenen Kraftomnibusse anzuhalten und die tatsächlichen und rechtlichen Verhältnisse festzustellen, die für die Umsatzsteuer maßgebend sind, und die festgestellten Daten den zuständigen Finanzbehörden zu übermitteln.

(12)[2]) [1]Im Ausland ansässige Unternehmer (§ 13b Absatz 7), die grenzüberschreitende Personenbeförderungen mit nicht im Inland zugelassenen Kraftomnibussen durchführen, haben dies vor der erstmaligen Ausführung derartiger auf das Inland entfallender Umsätze (§ 3b Abs. 1 Satz 2) bei dem für die Umsatzbesteuerung zuständigen Finanzamt anzuzeigen, soweit diese Umsätze nicht der Beförderungseinzelbesteuerung (§ 16 Abs. 5) unterliegen. [2]Das Finanzamt erteilt hierüber eine Bescheinigung. [3]Die Bescheinigung ist während jeder Fahrt mitzuführen und auf Verlangen den für die Steueraufsicht zuständigen Zolldienststellen vorzulegen. [4]Bei Nichtvorlage der Bescheinigung können diese Zolldienststellen eine Sicherheitsleistung nach den abgabenrechtlichen Vorschriften in Höhe der für die einzelne Beförderungsleistung voraussichtlich zu entrichtenden Steuer verlangen. [5]Die entrichtete Sicherheitsleistung ist auf die nach Absatz 3 Satz 1 zu entrichtende Steuer anzurechnen.

---

[1]) § 18 Abs. 10 Nr. 3 Buchst. a Satz 2 geänd. mWv 25.12.2008 durch G v. 19.12.2008 (BGBl. I S. 2794).

[2]) § 18 Abs. 12 Satz 1 geänd. mWv 1.7.2010 durch G v. 8.4.2010 (BGBl. I S. 386); geänd. mWv 31.7.2014 durch G v. 25.7.2014 (BGBl. I S. 1266).

§ 18a[1] Zusammenfassende Meldung. (1)[2] [1]Der Unternehmer im Sinne des § 2 hat bis zum 25. Tag nach Ablauf jedes Kalendermonats (Meldezeitraum), in dem er innergemeinschaftliche Warenlieferungen oder Lieferungen im Sinne des § 25b Absatz 2 ausgeführt hat, dem Bundeszentralamt für Steuern eine Meldung (Zusammenfassende Meldung) nach amtlich vorgeschriebenem Datensatz durch Datenfernübertragung zu übermitteln, in der er die Angaben nach Absatz 7 Satz 1 Nummer *1, 2 und 4* [***ab 1.1.2020:*** 1, 2, 2a und 4] zu machen hat. [2]Soweit die Summe der Bemessungsgrundlagen für innergemeinschaftliche Warenlieferungen und für Lieferungen im Sinne des § 25b Absatz 2 weder für das laufende Kalendervierteljahr noch für eines der vier vorangegangenen Kalendervierteljahre jeweils mehr als 50 000 Euro beträgt, kann die Zusammenfassende Meldung bis zum 25. Tag nach Ablauf des Kalendervierteljahres übermittelt werden. [3]Übersteigt die Summe der Bemessungsgrundlage für innergemeinschaftliche Warenlieferungen und für Lieferungen im Sinne des § 25b Absatz 2 im Laufe eines Kalendervierteljahres 50 000 Euro, hat der Unternehmer bis zum 25. Tag nach Ablauf des Kalendermonats, in dem dieser Betrag überschritten wird, eine Zusammenfassende Meldung für diesen Kalendermonat und die bereits abgelaufenen Kalendermonate dieses Kalendervierteljahres zu übermitteln. [4]Nimmt der Unternehmer die in Satz 2 enthaltene Regelung nicht in Anspruch, hat er dies gegenüber dem Bundeszentralamt für Steuern anzuzeigen. [5]Vom 1. Juli 2010 bis zum 31. Dezember 2011 gelten die Sätze 2 und 3 mit der Maßgabe, dass an die Stelle des Betrages von 50 000 Euro der Betrag von 100 000 Euro tritt.

(2)[2] [1]Der Unternehmer im Sinne des § 2 hat bis zum 25. Tag nach Ablauf jedes Kalendervierteljahres (Meldezeitraum), in dem er im übrigen Gemeinschaftsgebiet steuerpflichtige sonstige Leistungen im Sinne des § 3a Absatz 2, für die der in einem anderen Mitgliedstaat ansässige Leistungsempfänger die Steuer dort schuldet, ausgeführt hat, dem Bundeszentralamt für Steuern eine Zusammenfassende Meldung nach amtlich vorgeschriebenem Datensatz durch Datenfernübertragung zu übermitteln, in der er die Angaben nach Absatz 7 Satz 1 Nummer 3 zu machen hat. [2]Soweit der Unternehmer bereits nach Absatz 1 zur monatlichen Übermittlung einer Zusammenfassenden Meldung verpflichtet ist, hat er die Angaben im Sinne von Satz 1 in der Zusammenfassenden Meldung für den letzten Monat des Kalendervierteljahres zu machen.

(3) [1]Soweit der Unternehmer im Sinne des § 2 die Zusammenfassende Meldung entsprechend Absatz 1 bis zum 25. Tag nach Ablauf jedes Kalendermonats übermittelt, kann er die nach Absatz 2 vorgesehenen Angaben in der Meldung für den jeweiligen Meldezeitraum aufnehmen. [2]Nimmt der Unternehmer die in Satz 1 enthaltene Regelung in Anspruch, hat er dies gegenüber dem Bundeszentralamt für Steuern anzuzeigen.

(4) Die Absätze 1 bis 3 gelten nicht für Unternehmer, die § 19 Absatz 1 anwenden.

---

[1] § 18a neu gef. mWv 1.7.2010 durch G v. 8.4.2010 (BGBl. I S. 386).

[2] § 18a Abs. 1 Satz 1 und Abs. 2 Satz 1 geänd. mWv 1.1.2017 durch G v. 18.7.2016 (BGBl. I S. 1679); Abs. 1 Satz 1 Verweis geänd. mWv 1.1.2020 durch G v. 12.12.2019 (BGBl. I S. 2451).

(5)[1] [1]Auf Antrag kann das Finanzamt zur Vermeidung unbilliger Härten auf eine elektronische Übermittlung verzichten; in diesem Fall hat der Unternehmer eine Meldung nach amtlich vorgeschriebenem Vordruck abzugeben. [2]§ 150 Absatz 8 der Abgabenordnung gilt entsprechend. [3]Soweit das Finanzamt nach § 18 Absatz 1 Satz 2 auf eine elektronische Übermittlung der Voranmeldung verzichtet hat, gilt dies auch für die Zusammenfassende Meldung. [4]Für die Anwendung dieser Vorschrift gelten auch nichtselbständige juristische Personen im Sinne des § 2 Absatz 2 Nummer 2 als Unternehmer. [5]§ 18 Absatz 4f[2] ist entsprechend anzuwenden. [6]Die Landesfinanzbehörden übermitteln dem Bundeszentralamt für Steuern die erforderlichen Angaben zur Bestimmung der Unternehmer, die nach den Absätzen 1 und 2 zur Abgabe der Zusammenfassenden Meldung verpflichtet sind. [7]Diese Angaben dürfen nur zur Sicherstellung der Abgabe der Zusammenfassenden Meldung verarbeitet werden. [8]Das Bundeszentralamt für Steuern übermittelt den Landesfinanzbehörden die Angaben aus den Zusammenfassenden Meldungen, soweit diese für steuerliche Kontrollen benötigt werden.

(6)[3] Eine innergemeinschaftliche Warenlieferung im Sinne dieser Vorschrift ist

1. eine innergemeinschaftliche Lieferung im Sinne des § 6a Absatz 1 mit Ausnahme der Lieferungen neuer Fahrzeuge an Abnehmer ohne Umsatzsteuer-Identifikationsnummer;
2. eine innergemeinschaftliche Lieferung im Sinne des § 6a Absatz 2;

[***ab 1.1.2020:***
3. eine Beförderung oder Versendung im Sinne des § 6b Absatz 1 {***ab 29.12. 2020:*** oder 4 oder ein Erwerberwechsel nach § 6b Absatz 5}].

(7) [1]Die Zusammenfassende Meldung muss folgende Angaben enthalten:

1. für innergemeinschaftliche Warenlieferungen im Sinne des Absatzes 6 Nummer 1:
   a) die Umsatzsteuer-Identifikationsnummer jedes Erwerbers, die ihm in einem anderen Mitgliedstaat erteilt worden ist und unter der die innergemeinschaftlichen Warenlieferungen an ihn ausgeführt worden sind, und
   b) für jeden Erwerber die Summe der Bemessungsgrundlagen der an ihn ausgeführten innergemeinschaftlichen Warenlieferungen;
2. für innergemeinschaftliche Warenlieferungen im Sinne des Absatzes 6 Nummer 2;
   a) die Umsatzsteuer-Identifikationsnummer des Unternehmers in den Mitgliedstaaten, in die er Gegenstände verbracht hat, und
   b) die darauf entfallende Summe der Bemessungsgrundlagen;

---

[1] § 18a Abs. 5 Satz 6 geänd. mWv 26.11.2019 durch G v. 20.11.2019 (BGBl. I S. 1626); Satz 5 eingef. durch G v. 21.12.2020 (BGBl. I S. 3096).

[2] Zur Anwendung von § 4f vgl. § 27 Abs. 22 Sätze 7 und 3.

[3] § 18a Abs. 6 Nr. 3 angef. mWv 1.1.2020 durch G v. 12.12.2019 (BGBl. I S. 2451); geänd. mWv 29.12.2020 durch G v. 21.12.2020 (BGBl. I S. 3096).

[Fassung ab 1.1.2020:][1)]

2a. für Beförderungen oder Versendungen im Sinne des Absatzes 6 Nummer 3: die Umsatzsteuer-Identifikationsnummer des Erwerbers im Sinne des § 6b Absatz 1 Nummer 1 und 3 oder des § 6b Absatz 5;

[Fassung ab 29.12.2020:][2)]

2a. für Beförderungen oder Versendungen oder einen Erwerberwechsel im Sinne des Absatzes 6 Nummer 3:
   a) in den Fällen des § 6b Absatz 1 die Umsatzsteuer-Identifikationsnummer des Erwerbers im Sinne des § 6b Absatz 1 Nummer 1 und 3,
   b) in den Fällen des § 6b Absatz 4 die Umsatzsteuer-Identifikationsnummer des ursprünglich vorgesehenen Erwerbers im Sinne des § 6b Absatz 1 Nummer 1 und 3 oder
   c) in den Fällen des § 6b Absatz 5 die Umsatzsteuer-Identifikationsnummer des ursprünglich vorgesehenen Erwerbers im Sinne des § 6b Absatz 1 Nummer 1 und 3 sowie die des neuen Erwerbers;

3. für im übrigen Gemeinschaftsgebiet ausgeführte steuerpflichtige sonstige Leistungen im Sinne des § 3a Absatz 2, für die der in einem anderen Mitgliedstaat ansässige Leistungsempfänger die Steuer dort schuldet:
   a) die Umsatzsteuer-Identifikationsnummer jedes Leistungsempfängers, die ihm in einem anderen Mitgliedstaat erteilt worden ist und unter der die steuerpflichtigen sonstigen Leistungen an ihn erbracht wurden,
   b) für jeden Leistungsempfänger die Summe der Bemessungsgrundlagen der an ihn erbrachten steuerpflichtigen sonstigen Leistungen und
   c) einen Hinweis auf das Vorliegen einer im übrigen Gemeinschaftsgebiet ausgeführten steuerpflichtigen sonstigen Leistung im Sinne des § 3a Absatz 2, für die der in einem anderen Mitgliedstaat ansässige Leistungsempfänger die Steuer dort schuldet;
4. für Lieferungen im Sinne des § 25b Absatz 2:
   a) die Umsatzsteuer-Identifikationsnummer eines jeden letzten Abnehmers, die diesem in dem Mitgliedstaat erteilt worden ist, in dem die Versendung oder Beförderung beendet worden ist,
   b) für jeden letzten Abnehmer die Summe der Bemessungsgrundlagen der an ihn ausgeführten Lieferungen und

---

1) § 18a Abs. 7 Nr. 2a eingef. mWv 1.1.2020 durch G v. 12.12.2019 (BGBl. I S. 2451).
2) § 18a Abs. 7 Nr. 2a neu gef. mWv 29.12.2020 durch G v. 21.12.2020 (BGBl. I S. 3096).

c) einen Hinweis auf das Vorliegen eines innergemeinschaftlichen Dreiecksgeschäfts.

2 § 16 Absatz 6 und § 17 sind sinngemäß anzuwenden.

(8) 1 Die Angaben nach Absatz 7 Satz 1 Nummer 1 und 2 sind für den Meldezeitraum zu machen, in dem die Rechnung für die innergemeinschaftliche Warenlieferung ausgestellt wird, spätestens jedoch für den Meldezeitraum, in dem der auf die Ausführung der innergemeinschaftlichen Warenlieferung folgende Monat endet. 2 Die Angaben nach Absatz 7 Satz 1 Nummer 3 und 4 sind für den Meldezeitraum zu machen, in dem die im übrigen Gemeinschaftsgebiet steuerpflichtige sonstige Leistung im Sinne des § 3a Absatz 2, für die der in einem anderen Mitgliedstaat ansässige Leistungsempfänger die Steuer dort schuldet, und die Lieferungen nach § 25b Absatz 2 ausgeführt worden sind.

(9) 1 Hat das Finanzamt den Unternehmer von der Verpflichtung zur Abgabe der Voranmeldungen und Entrichtung der Vorauszahlungen befreit (§ 18 Absatz 2 Satz 3), kann er die Zusammenfassende Meldung abweichend von den Absätzen 1 und 2 bis zum 25. Tag nach Ablauf jedes Kalenderjahres abgeben, in dem er innergemeinschaftliche Warenlieferungen ausgeführt hat oder im übrigen Gemeinschaftsgebiet steuerpflichtige sonstige Leistungen im Sinne des § 3a Absatz 2 ausgeführt hat, für die der in einem anderen Mitgliedstaat ansässige Leistungsempfänger die Steuer dort schuldet, wenn

1. die Summe seiner Lieferungen und sonstigen Leistungen im vorangegangenen Kalenderjahr 200 000 Euro nicht überstiegen hat und im laufenden Kalenderjahr voraussichtlich nicht übersteigen wird,
2. die Summe seiner innergemeinschaftlichen Warenlieferungen oder im übrigen Gemeinschaftsgebiet ausgeführten steuerpflichtigen Leistungen im Sinne des § 3a Absatz 2, für die der in einem anderen Mitgliedstaat ansässige Leistungsempfänger die Steuer dort schuldet, im vorangegangenen Kalenderjahr 15 000 Euro nicht überstiegen hat und im laufenden Kalenderjahr voraussichtlich nicht übersteigen wird und
3. es sich bei den in Nummer 2 bezeichneten Warenlieferungen nicht um Lieferungen neuer Fahrzeuge an Abnehmer mit Umsatzsteuer-Identifikationsnummer handelt.

2 Absatz 8 gilt entsprechend.

(10) Erkennt der Unternehmer nachträglich, dass eine von ihm abgegebene Zusammenfassende Meldung unrichtig oder unvollständig ist, so ist er verpflichtet, die ursprüngliche Zusammenfassende Meldung innerhalb eines Monats zu berichtigen.

(11)[1] Auf die Zusammenfassende Meldung sind mit Ausnahme von § 152 der Abgabenordnung ergänzend die für Steuererklärungen geltenden Vorschriften der Abgabenordnung anzuwenden.

(12)[2] 1 Zur Erleichterung und Vereinfachung der Abgabe und Verarbeitung der Zusammenfassenden Meldung kann das Bundesministerium der Finanzen

---

[1] § 18a Abs. 11 neu gef. mWv 1.1.2017 durch G v. 18.7.2016 (BGBl. I S. 1679).

[2] § 18a Abs. 12 Satz 2 Nr. 5 geänd. mWv. 26.11.2019 durch G v. 20.11.2019 (BGBl. I S. 1626).

durch Rechtsverordnung[1] mit Zustimmung des Bundesrates bestimmen, dass die Zusammenfassende Meldung auf maschinell verwertbaren Datenträgern oder durch Datenfernübertragung übermittelt werden kann. 2Dabei können insbesondere geregelt werden:

1. die Voraussetzungen für die Anwendung des Verfahrens;
2. das Nähere über Form, Inhalt, Verarbeitung und Sicherung der zu übermittelnden Daten;
3. die Art und Weise der Übermittlung der Daten;
4. die Zuständigkeit für die Entgegennahme der zu übermittelnden Daten;
5. die Mitwirkungspflichten Dritter bei der Verarbeitung der Daten;
6. der Umfang und die Form der für dieses Verfahren erforderlichen besonderen Erklärungspflichten des Unternehmers.

3Zur Regelung der Datenübermittlung kann in der Rechtsverordnung auf Veröffentlichungen sachverständiger Stellen verwiesen werden; hierbei sind das Datum der Veröffentlichung, die Bezugsquelle und eine Stelle zu bezeichnen, bei der die Veröffentlichung archivmäßig gesichert niedergelegt ist.

§ 18b[2] Gesonderte Erklärung innergemeinschaftlicher Lieferungen und bestimmter sonstiger Leistungen im Besteuerungsverfahren. 1Der Unternehmer im Sinne des § 2 hat für jeden Voranmeldungs- und Besteuerungszeitraum in den amtlich vorgeschriebenen Vordrucken (§ 18 Abs. 1 bis 4) die Bemessungsgrundlagen folgender Umsätze gesondert zu erklären:

1. seiner innergemeinschaftlichen Lieferungen,
2. seiner im übrigen Gemeinschaftsgebiet ausgeführten steuerpflichtigen sonstigen Leistungen im Sinne des § 3a Absatz 2,[3] für die der in einem anderen Mitgliedstaat ansässige Leistungsempfänger die Steuer dort schuldet, und
3. seiner Lieferungen im Sinne des § 25b Abs. 2.

2Die Angaben für einen in Satz 1 Nummer 1 genannten Umsatz sind in dem Voranmeldungszeitraum zu machen, in dem die Rechnung für diesen[4] Umsatz ausgestellt wird, spätestens jedoch in dem Voranmeldungszeitraum, in dem der auf die Ausführung dieses Umsatzes folgende Monat endet. 3Die Angaben für Umsätze im Sinne des Satzes 1 Nummer 2 und 3[4] sind in dem Voranmeldungszeitraum zu machen, in dem diese Umsätze[4] ausgeführt worden sind. 4§ 16 Abs. 6 und § 17 sind sinngemäß anzuwenden. 5Erkennt der Unternehmer nachträglich vor Ablauf der Festsetzungsfrist, dass in einer von ihm abgegebenen Voranmeldung (§ 18 Abs. 1) die Angaben zu Umsätzen im Sinne des Satzes 1 unrichtig oder unvollständig sind, ist er verpflichtet, die ursprüngliche Voranmeldung unverzüglich zu berichtigen. 6Die Sätze 2 bis 5 gelten für die Steuererklärung (§ 18 Abs. 3 und 4) entsprechend.

---

[1] Steuerdaten-Übermittlungsverordnung vom 28.1.2003 (BGBl. I S. 139); diese jedoch aufgeh. mWv 1.1.2017 durch G v. 18.7.2016 (BGBl. I S. 1679).

[2] § 18b neu gef. mWv 1.1.2010 durch G v. 19.12.2008 (BGBl. I S. 2794).

[3] § 18b Satz 1 Nr. 2 Verweis eingef. mWv 1.7.2010 durch G v. 8.4.2010 (BGBl. I S. 386).

[4] § 18b Sätze 2 und 3 geänd. mWv 1.7.2010 durch G v. 8.4.2010 (BGBl. I S. 386).

§ 18c Meldepflicht bei der Lieferung neuer Fahrzeuge. [1]Zur Sicherung des Steueraufkommens durch einen Austausch von Auskünften mit anderen Mitgliedstaaten kann das Bundesministerium der Finanzen mit Zustimmung des Bundesrates durch Rechtsverordnung[1)] bestimmen, dass Unternehmer (§ 2) und Fahrzeuglieferer (§ 2a) der Finanzbehörde ihre innergemeinschaftlichen Lieferungen neuer Fahrzeuge an Abnehmer ohne Umsatzsteuer-Identifikationsnummer melden müssen. [2]Dabei können insbesondere geregelt werden:

1. die Art und Weise der Meldung;
2. der Inhalt der Meldung;
3. die Zuständigkeit der Finanzbehörden;
4. der Abgabezeitpunkt der Meldung.
5. (weggefallen)

§ 18d[2)] Vorlage von Urkunden. [1]Die Finanzbehörden sind zur Erfüllung der Auskunftsverpflichtung nach der Verordnung (EU) Nr. 904/2010 des Rates vom 7. Oktober 2010 über die Zusammenarbeit der Verwaltungsbehörden und die Betrugsbekämpfung auf dem Gebiet der Mehrwertsteuer (ABl. L 268 vom 12.10.2010, S. 1)[3)] berechtigt, von Unternehmern die Vorlage der jeweils erforderlichen Bücher, Aufzeichnungen, Geschäftspapiere und anderen Urkunden zur Einsicht und Prüfung zu verlangen. [2]§ 97 Absatz 2 der Abgabenordnung gilt entsprechend. [3]Der Unternehmer hat auf Verlangen der Finanzbehörde die in Satz 1 bezeichneten Unterlagen vorzulegen.

§ 18e Bestätigungsverfahren. Das Bundeszentralamt für Steuern[4)] bestätigt auf Anfrage

1. dem Unternehmer im Sinne des § 2 die Gültigkeit einer Umsatzsteuer-Identifikationsnummer sowie den Namen und die Anschrift der Person, der die Umsatzsteuer-Identifikationsnummer von einem anderen Mitgliedstaat erteilt wurde;
2. dem Lagerhalter im Sinne des § 4 Nr. 4a die Gültigkeit der inländischen Umsatzsteuer-Identifikationsnummer sowie den Namen und die Anschrift des Auslagerers oder dessen Fiskalvertreters;

[*ab 1.7.2021:*

3.[5)] dem Betreiber im Sinne des § 25e Absatz 1 die Gültigkeit einer inländischen Umsatzsteuer-Identifikationsnummer sowie den Namen und die Anschrift des liefernden Unternehmers im Sinne des § 25e Absatz 2 Satz 1.]

§ 18f Sicherheitsleistung. [1]Bei Steueranmeldungen im Sinne von § 18 Abs. 1 und 3 kann die Zustimmung nach § 168 Satz 2 der Abgabenordnung im Einvernehmen mit dem Unternehmer von einer Sicherheitsleistung ab-

[1)] Ab 1.7.2010 siehe Fahrzeuglieferungs-MeldepflichtVO v. 18.3.2009 (Nr. **512**).
[2)] § 18d geänd. mWv 30.6.2013 durch G v. 26.6.2013 (BGBl. I S. 1809).
[3)] **Zölle und Verbrauchsteuern Nr. 530.**
[4)] Bezeichnung geänd. durch G v. 22.9.2005 (BGBl. I S. 2809).
[5)] § 18e Nr. 3 angef. mWv 1.7.2021 durch G v. 21.12.2020 (BGBl. I S. 3096).

hängig gemacht werden. [2] Satz 1 gilt entsprechend für die Festsetzung nach § 167 Abs. 1 Satz 1 der Abgabenordnung, wenn sie zu einer Erstattung führt.

§ 18g[1)] Abgabe des Antrags auf Vergütung von Vorsteuerbeträgen in einem anderen Mitgliedstaat. [1] Ein im Inland ansässiger Unternehmer, der Anträge auf Vergütung von Vorsteuerbeträgen entsprechend der Richtlinie 2008/9/EG[2)] des Rates vom 12. Februar 2008 zur Regelung der Erstattung der Mehrwertsteuer gemäß der Richtlinie 2006/112/EG an nicht im Mitgliedstaat der Erstattung, sondern in einem anderen Mitgliedstaat ansässige Steuerpflichtige (ABl. EU Nr. L 44 S. 23) in einem anderen Mitgliedstaat stellen kann, hat diesen Antrag nach amtlich vorgeschriebenem Datensatz durch Datenfernübertragung dem Bundeszentralamt für Steuern zu übermitteln. [2] In diesem hat er die Steuer für den Vergütungszeitraum selbst zu berechnen. [3] § 18 Absatz 4f[3)] ist entsprechend anzuwenden.

§ 18h[4)] Verfahren der Abgabe der Umsatzsteuererklärung für einen anderen Mitgliedstaat. (1)[5)] [1] Ein im Inland ansässiger Unternehmer, der [***ab 1.7.2021:*** vor dem 1. Juli 2021] in einem anderen Mitgliedstaat der Europäischen Union Umsätze nach § 3a Absatz 5 erbringt, für die er dort die Steuer schuldet und Umsatzsteuererklärungen abzugeben hat, hat gegenüber dem Bundeszentralamt für Steuern nach amtlich vorgeschriebenem Datensatz durch Datenfernübertragung anzuzeigen, wenn er an dem besonderen Besteuerungsverfahren entsprechend Titel XII Kapitel 6 Abschnitt 3 der Richtlinie 2006/112/EG des Rates in der Fassung von Artikel 5 Nummer 15 der Richtlinie 2008/8/EG des Rates vom 12. Februar 2008 zur Änderung der Richtlinie 2006/112/EG bezüglich des Ortes der Dienstleistung (ABl. L 44 vom 20.2.2008, S. *23*[6)]) teilnimmt. [2] Eine Teilnahme im Sinne des Satzes 1 ist dem Unternehmer nur einheitlich für alle Mitgliedstaaten der Europäischen Union möglich, in denen er weder einen Sitz noch eine Betriebsstätte hat. [3] Die Anzeige nach Satz 1 hat vor Beginn des Besteuerungszeitraums zu erfolgen, ab dessen Beginn der Unternehmer von dem besonderen Besteuerungsverfahren Gebrauch macht. [4] Die Anwendung des besonderen Besteuerungsverfahrens kann nur mit Wirkung vom Beginn eines Besteuerungszeitraums an widerrufen werden. [5] Der Widerruf ist vor Beginn des Besteuerungszeitraums, für den er gelten soll, gegenüber dem Bundeszentralamt für Steuern nach amtlich vorgeschriebenem Datensatz auf elektronischem Weg zu erklären.

(2) Erfüllt der Unternehmer die Voraussetzungen für die Teilnahme an dem besonderen Besteuerungsverfahren nach Absatz 1 nicht, stellt das Bundes-

---

1) § 18g eingef. durch G v. 19.12.2008 (BGBl. I S. 2794); zur erstmaligen Anwendung siehe § 27 Abs. 14; Satz 1 geänd. mWv 1.1.2017 durch G v. 18.7.2016 (BGBl. I S. 1649); Satz 3 angef. durch G v. 21.12.2020 (BGBl. I S. 3096).

2) Nr. **550b**.

3) Zur Anwendung von § 4f vgl. § 27 Abs. 22 Sätze 7 und 3.

4) § 18h eingef. mWv 1.10.2014 durch G v. 25.7.2014 (BGBl. I S. 1266); zur Anwendung von Abs. 3 und 4 siehe jedoch § 27 Abs. 20. Zur letztmaligen Anwendung siehe § 27 Abs. 34 Satz 2.

5) § 18h Abs. 1 Satz 1 geänd. mWv 1.1.2017 durch G v. 18.7.2016 (BGBl. I S. 1679); geänd. mWv 1.7.2021 durch G v. 21.12.2020 (BGBl. I S. 3096).

6) Richtig wohl S. 11.

zentralamt für Steuern dies durch Verwaltungsakt gegenüber dem Unternehmer fest.

(3)[1), 2)] [1]Ein Unternehmer, der das in Absatz 1 genannte besondere Besteuerungsverfahren anwendet, hat seine hierfür abzugebenden Umsatzsteuererklärungen bis zum 20. Tag nach Ablauf jedes Besteuerungszeitraums nach amtlich vorgeschriebenem Datensatz durch Datenfernübertragung dem Bundeszentralamt für Steuern zu übermitteln. [2]In dieser Erklärung hat er die Steuer für den Besteuerungszeitraum selbst zu berechnen. [3]Die berechnete Steuer ist an das Bundeszentralamt für Steuern zu entrichten.

(4)[2)] [1]Kommt der Unternehmer seinen Verpflichtungen nach Absatz 3 oder den von ihm in einem anderen Mitgliedstaat der Europäischen Union zu erfüllenden Aufzeichnungspflichten entsprechend Artikel 369k der Richtlinie 2006/112/EG des Rates in der Fassung des Artikels 5 Nummer 15 der Richtlinie 2008/8/EG des Rates vom 12. Februar 2008 zur Änderung der Richtlinie 2006/112/EG bezüglich des Ortes der Dienstleistung (ABl. L 44 vom 20.2.2008, S. 11) wiederholt nicht oder nicht rechtzeitig nach, schließt ihn das Bundeszentralamt für Steuern von dem besonderen Besteuerungsverfahren nach Absatz 1 durch Verwaltungsakt aus. [2]Der Ausschluss gilt ab dem Besteuerungszeitraum, der nach dem Zeitpunkt der Bekanntgabe des Ausschlusses gegenüber dem Unternehmer beginnt.

(5) Ein Unternehmer ist im Inland im Sinne des Absatzes 1 Satz 1 ansässig, wenn er im Inland seinen Sitz oder seine Geschäftsleitung hat oder, für den Fall, dass er im Drittlandsgebiet ansässig ist, im Inland eine Betriebsstätte hat.

(6) Auf das Verfahren sind, soweit es vom Bundszentralamt für Steuern durchgeführt wird, die §§ 30, 80 und 87a und der Zweite Abschnitt des Dritten Teils und der Siebente Teil der Abgabenordnung sowie die Finanzgerichtsordnung anzuwenden.

(7)[3)] § 18 Absatz 4f ist entsprechend anzuwenden.

[*ab 1.4.2021:*]

§ 18i[4)] Besonderes Besteuerungsverfahren für von nicht im Gemeinschaftsgebiet ansässigen Unternehmern erbrachte sonstige Leistungen. (1) [1]Ein nicht im Gemeinschaftsgebiet ansässiger Unternehmer, der nach dem 30. Juni 2021 als Steuerschuldner sonstige Leistungen an Empfänger nach § 3a Absatz 5 Satz 1 im Gemeinschaftsgebiet erbringt, für die er dort die Steuer schuldet und Umsatzsteuererklärungen abzugeben hat, hat anzuzeigen, wenn er an dem besonderen Besteuerungsverfahren entsprechend Titel XII Kapitel 6 Abschnitt 2 der Richtlinie 2006/112/EG des Rates in der Fassung von Artikel 2 Nummer 14 bis 20 der Richtlinie (EU) 2017/2455 des Rates vom 5. Dezember 2017 zur Änderung der Richtlinie 2006/112/EG und der Richtlinie 2009/132/EG in Bezug auf bestimmte mehrwertsteuerliche Pflichten für

---

1) § 18h Abs. 3 Satz 1 geänd. mWv 1.1.2017 durch G v. 18.7.2016 (BGBl. I S. 1679).

2) Zur Anwendung siehe § 27 Abs. 20.

3) § 18h Abs. 7 angef. durch G v. 21.12.2020 (BGBl. I S. 3096); zur Anwendung von § 4f vgl. § 27 Abs. 22 Satz 7 iVm Satz 3.

4) § 18i eingef. mWv 1.4.2021 durch G v. 21.12.2020 (BGBl. I S. 3096); zur Anwendung siehe auch § 27 Abs. 33.

die Erbringung von Dienstleistungen und für Fernverkäufe von Gegenständen (ABl. L 348 vom 29.12.2017, S. 7) teilnimmt. [2]Die Anzeige ist der zuständigen Finanzbehörde eines Mitgliedstaates der Europäischen Union nach amtlich vorgeschriebenem Datensatz durch Datenfernübertragung zu übermitteln; zuständige Finanzbehörde im Inland ist insoweit das Bundeszentralamt für Steuern. [3]Die Anzeige hat vor Beginn des Besteuerungszeitraums (§ 16 Absatz 1c Satz 1) zu erfolgen, ab dessen Beginn der Unternehmer von dem besonderen Besteuerungsverfahren Gebrauch macht. [4]Eine Teilnahme an dem besonderen Besteuerungsverfahren ist dem Unternehmer nur einheitlich für alle Mitgliedstaaten der Europäischen Union und alle sonstigen Leistungen an Empfänger nach § 3a Absatz 5 Satz 1 im Gemeinschaftsgebiet möglich. [5]Die Anwendung des besonderen Besteuerungsverfahrens kann nur mit Wirkung vom Beginn eines Besteuerungszeitraums an widerrufen werden. [6]Der Widerruf ist vor Beginn des Besteuerungszeitraums, für den er gelten soll, gegenüber der Finanzbehörde nach Satz 2 nach amtlich vorgeschriebenem Datensatz durch Datenfernübertragung zu erklären.

(2) Erfolgt die Anzeige nach Absatz 1 Satz 1 im Inland und erfüllt der Unternehmer die Voraussetzungen für die Teilnahme an dem besonderen Besteuerungsverfahren nicht, stellt das Bundeszentralamt für Steuern dies gegenüber dem Unternehmer fest und lehnt dessen Teilnahme an dem besonderen Besteuerungsverfahren ab.

[***ab 1.7.2021:***

(3)[1)] [1]Ein Unternehmer, der das in Absatz 1 genannte besondere Besteuerungsverfahren anwendet, hat der Finanzbehörde, bei der er die Teilnahme an dem besonderen Besteuerungsverfahren angezeigt hat, eine Steuererklärung innerhalb eines Monats nach Ablauf jedes Besteuerungszeitraums (§ 16 Absatz 1c Satz 1) nach amtlich vorgeschriebenem Datensatz durch Datenfernübertragung zu übermitteln. [2]In der Steuererklärung hat er die Steuer für den Besteuerungszeitraum selbst zu berechnen. [3]Die berechnete Steuer ist am letzten Tag des auf den Besteuerungszeitraum folgenden Monats fällig und bis dahin vom Unternehmer an die Finanzbehörde zu entrichten, bei der der Unternehmer die Teilnahme an dem besonderen Besteuerungsverfahren angezeigt hat. [4]Soweit der Unternehmer im Inland Leistungen nach Absatz 1 Satz 1 erbringt, ist § 18 Absatz 1 bis 4 nicht anzuwenden. [5]Berichtigungen einer Steuererklärung, die innerhalb von drei Jahren nach dem letzten Tag des Zeitraums nach Satz 1 vorgenommen werden, sind mit einer späteren Steuererklärung unter Angabe des zu berichtigenden Besteuerungszeitraums anzuzeigen.]

(4) [1]Die Steuererklärung nach Absatz 3 Satz 1 und 2, die der Unternehmer der zuständigen Finanzbehörde eines anderen Mitgliedstaates der Europäischen Union übermittelt hat, ist ab dem Zeitpunkt eine Steueranmeldung im Sinne des § 150 Absatz 1 Satz 3 und des § 168 der Abgabenordnung, zu dem die in ihr enthaltenen Daten von der zuständigen Finanzbehörde des anderen Mitgliedstaates der Europäischen Union dem Bundeszentralamt für Steuern übermittelt und dort in bearbeitbarer Weise aufgezeichnet wurden. [2]Dies gilt für die Berichtigung einer Steuererklärung entsprechend. [3]Die Steuererklärung

---

1) Zur Anwendung von § 18i Abs. 3 siehe § 27 Abs. 33 Satz 1.

nach Satz 1 gilt als fristgemäß übermittelt, wenn sie bis zum letzten Tag der Frist nach Absatz 3 Satz 1 der zuständigen Finanzbehörde des anderen Mitgliedstaates der Europäischen Union übermittelt worden ist und dort in bearbeitbarer Weise aufgezeichnet wurde. 4 Die Entrichtung der Steuer erfolgt im Falle der Steuererklärung nach Satz 1 fristgemäß, wenn die Zahlung bis zum letzten Tag der Frist nach Absatz 3 Satz 3 bei der zuständigen Finanzbehörde des anderen Mitgliedstaates der Europäischen Union eingegangen ist. 5 § 240 der Abgabenordnung ist in diesen Fällen mit der Maßgabe anzuwenden, dass eine Säumnis frühestens mit Ablauf des zehnten Tages nach Ablauf des zweiten auf den Besteuerungszeitraum folgenden Monats eintritt.

(5) 1 Kommt der Unternehmer seinen Verpflichtungen nach Absatz 3 oder § 22 Absatz 1 oder den von ihm in einem anderen Mitgliedstaat der Europäischen Union zu erfüllenden Aufzeichnungspflichten entsprechend Artikel 369 der Richtlinie 2006/112/EG wiederholt nicht oder nicht rechtzeitig nach, schließt ihn die Finanzbehörde, bei der der Unternehmer die Teilnahme an dem Verfahren nach Absatz 1 Satz 2 angezeigt hat, von dem besonderen Besteuerungsverfahren nach Absatz 1 aus. 2 Der Ausschluss gilt ab dem Besteuerungszeitraum, der nach dem Zeitpunkt der Bekanntgabe des Ausschlusses gegenüber dem Unternehmer beginnt; ist der Ausschluss jedoch auf eine Änderung des Ortes des Sitzes oder der Betriebsstätte zurückzuführen, ist der Ausschluss ab dem Tag dieser Änderung wirksam. 3 Der Ausschluss wegen eines wiederholten Verstoßes gegen die in Satz 1 genannten Verpflichtungen hat auch den Ausschluss von den besonderen Besteuerungsverfahren nach den §§ 18j und 18k zur Folge.

[*ab 1.7.2021:*

(6)[1] Auf das besondere Besteuerungsverfahren sind, soweit die Anzeige nach Absatz 1 Satz 1 gegenüber dem Bundeszentralamt für Steuern erfolgt und dieses die Steuererklärungen den zuständigen Finanzbehörden der anderen Mitgliedstaaten der Europäischen Union übermittelt, die §§ 2a, 29b bis 30, 32a bis 32j, 80, 87a, 87b und der Zweite Abschnitt des Dritten Teils und der Siebente Teil der Abgabenordnung sowie die Finanzgerichtsordnung anzuwenden.]

[*ab 1.4.2021:*]

§ 18j[2] Besonderes Besteuerungsverfahren für den innergemeinschaftlichen Fernverkauf, für Lieferungen innerhalb eines Mitgliedstaates über eine elektronische Schnittstelle und für von im Gemeinschaftsgebiet, nicht aber im Mitgliedstaat des Verbrauchs ansässigen Unternehmern erbrachte sonstige Leistungen. (1) 1 Ein Unternehmer, der

1. nach dem 30. Juni 2021 Lieferungen nach § 3 Absatz 3a Satz 1 innerhalb eines Mitgliedstaates oder innergemeinschaftliche Fernverkäufe nach § 3c Absatz 1 Satz 2 und 3 im Gemeinschaftsgebiet erbringt oder

[1] Zur Anwendung von § 18i Abs. 6 siehe § 27 Abs. 33 Satz 1.

[2] § 18j eingef. mWv 1.4.2021 durch G v. 21.12.2020 (BGBl. I S. 3096); zur Anwendung siehe § 27 Abs. 33.

2. im Gemeinschaftsgebiet ansässig ist und nach dem 30. Juni 2021 in einem anderen Mitgliedstaat der Europäischen Union sonstige Leistungen an Empfänger nach § 3a Absatz 5 Satz 1 ausführt,

für die er dort die Steuer schuldet und Umsatzsteuererklärungen abzugeben hat, hat anzuzeigen, wenn er an dem besonderen Besteuerungsverfahren entsprechend Titel XII Kapitel 6 Abschnitt 3 der Richtlinie 2006/112/EG des Rates in der Fassung von Artikel 1 Nummer 8 bis 13 der Richtlinie (EU) 2019/1995 des Rates vom 21. November 2019 zur Änderung der Richtlinie 2006/112/EG des Rates vom 28. November 2006 in Bezug auf Vorschriften für Fernverkäufe von Gegenständen und bestimmte inländische Lieferungen von Gegenständen (ABl. L 310 vom 2.12.2019, S. 1) teilnimmt. [2]Die Anzeige ist der zuständigen Finanzbehörde des nach Artikel 369a Nummer 2 der Richtlinie 2006/112/EG des Rates in der Fassung von Artikel 1 Nummer 9 der Richtlinie (EU) 2019/1995 zuständigen Mitgliedstaates der Europäischen Union nach amtlich vorgeschriebenem Datensatz durch Datenfernübertragung zu übermitteln; zuständige Finanzbehörde im Inland ist insoweit das Bundeszentralamt für Steuern. [3]Die Anzeige hat vor Beginn des Besteuerungszeitraums (§ 16 Absatz 1d Satz 1) zu erfolgen, ab dessen Beginn der Unternehmer von dem besonderen Besteuerungsverfahren Gebrauch macht. [4]Eine Teilnahme an dem besonderen Besteuerungsverfahren ist dem Unternehmer nur einheitlich für alle Mitgliedstaaten der Europäischen Union und alle Umsätze nach Satz 1 möglich; dies gilt hinsichtlich sonstiger Leistungen an Empfänger nach § 3a Absatz 5 Satz 1 nur für die Mitgliedstaaten der Europäischen Union, in denen der Unternehmer weder einen Sitz noch eine Betriebsstätte hat. [5]Die Anwendung des besonderen Besteuerungsverfahrens kann nur mit Wirkung vom Beginn eines Besteuerungszeitraums an widerrufen werden. [6]Der Widerruf ist vor Beginn des Besteuerungszeitraums, für den er gelten soll, gegenüber der Finanzbehörde nach Satz 2 nach amtlich vorgeschriebenem Datensatz durch Datenfernübertragung zu erklären.

(2) [1]Im übrigen Gemeinschaftsgebiet ansässige Unternehmer (§ 13b Absatz 7 Satz 2) können die Teilnahme an dem besonderen Besteuerungsverfahren nur in dem Mitgliedstaat der Europäischen Union, in dem sie ansässig sind, anzeigen; hinsichtlich sonstiger Leistungen an Empfänger nach § 3a Absatz 5 Satz 1 im Inland ist eine Teilnahme jedoch nur zulässig, soweit der Unternehmer im Inland, auf der Insel Helgoland und in einem der in § 1 Absatz 3 bezeichneten Gebiete weder seinen Sitz, seine Geschäftsleitung noch eine Betriebsstätte hat. [2]Im Inland ansässige Unternehmer können die Teilnahme an dem besonderen Besteuerungsverfahren nur im Inland anzeigen; dies gilt nicht in Fällen des Satzes 4. [3]Ein Unternehmer ist im Inland ansässig, wenn er im Inland seinen Sitz oder seine Geschäftsleitung hat oder, für den Fall, dass er im Drittlandsgebiet ansässig ist, im Inland eine Betriebsstätte hat. [4]Hat ein im Drittlandsgebiet ansässiger Unternehmer neben der Betriebsstätte im Inland noch mindestens eine weitere Betriebsstätte im übrigen Gemeinschaftsgebiet, kann er sich für die Anzeige der Teilnahme an dem besonderen Besteuerungsverfahren im Inland entscheiden. [5]Hat ein im Drittlandsgebiet ansässiger Unternehmer keine Betriebsstätte im Gemeinschaftsgebiet, hat er die Teilnahme an dem besonderen Besteuerungsverfahren im Inland anzuzei-

gen, wenn die Beförderung oder Versendung der Gegenstände im Inland beginnt. [6]Beginnt die Beförderung oder Versendung der Gegenstände teilweise im Inland und teilweise im übrigen Gemeinschaftsgebiet, kann sich der im Drittlandsgebiet ansässige Unternehmer, der keine Betriebsstätte im Gemeinschaftsgebiet hat, für die Anzeige der Teilnahme an dem besonderen Besteuerungsverfahren im Inland entscheiden. [7]Der im Drittlandsgebiet ansässige Unternehmer ist an seine Entscheidung nach Satz 4 oder 6 für das betreffende Kalenderjahr und die beiden darauffolgenden Kalenderjahre gebunden.

(3) Erfolgt die Anzeige nach Absatz 1 Satz 1 im Inland und erfüllt der Unternehmer die Voraussetzungen für die Teilnahme an dem besonderen Besteuerungsverfahren nicht, stellt das Bundeszentralamt für Steuern dies gegenüber dem Unternehmer fest und lehnt dessen Teilnahme an dem besonderen Besteuerungsverfahren ab.

[***ab 1.7.2021:***

(4)[1)] [1]Ein Unternehmer, der das in Absatz 1 genannte besondere Besteuerungsverfahren anwendet, hat der Finanzbehörde nach Absatz 1 Satz 2 in Verbindung mit Absatz 2 eine Steuererklärung innerhalb eines Monats nach Ablauf jedes Besteuerungszeitraums (§ 16 Absatz 1d Satz 1) nach amtlich vorgeschriebenem Datensatz durch Datenfernübertragung zu übermitteln. [2]In der Steuererklärung hat er die Steuer für den Besteuerungszeitraum selbst zu berechnen. [3]Die berechnete Steuer ist am letzten Tag des auf den Besteuerungszeitraum folgenden Monats fällig und bis dahin vom Unternehmer an die Finanzbehörde nach Absatz 1 Satz 2 zu entrichten. [4]Soweit der Unternehmer im Inland Leistungen nach Absatz 1 Satz 1 erbringt, ist § 18 Absatz 1 bis 4 nicht anzuwenden. [5]Berichtigungen einer Steuererklärung, die innerhalb von drei Jahren nach dem letzten Tag des Zeitraums nach Satz 1 vorgenommen werden, sind mit einer späteren Steuererklärung unter Angabe des zu berichtigenden Besteuerungszeitraums anzuzeigen.]

(5) [1]Die Steuererklärung nach Absatz 4 Satz 1 und 2, die der Unternehmer der zuständigen Finanzbehörde eines anderen Mitgliedstaates der Europäischen Union übermittelt hat, ist ab dem Zeitpunkt eine Steueranmeldung im Sinne des § 150 Absatz 1 Satz 3 und des § 168 der Abgabenordnung, zu dem die in ihr enthaltenen Daten von der zuständigen Finanzbehörde des anderen Mitgliedstaates der Europäischen Union dem Bundeszentralamt für Steuern übermittelt und dort in bearbeitbarer Weise aufgezeichnet wurden. [2]Dies gilt für die Berichtigung einer Steuererklärung entsprechend. [3]Die Steuererklärung nach Satz 1 gilt als fristgemäß übermittelt, wenn sie bis zum letzten Tag der Frist nach Absatz 4 Satz 1 der zuständigen Finanzbehörde des anderen Mitgliedstaates der Europäischen Union übermittelt worden ist und dort in bearbeitbarer Weise aufgezeichnet wurde. [4]Die Entrichtung der Steuer erfolgt im Falle der Steuererklärung nach Satz 1 fristgemäß, wenn die Zahlung bis zum letzten Tag der Frist nach Absatz 4 Satz 3 bei der zuständigen Finanzbehörde des anderen Mitgliedstaates der Europäischen Union eingegangen ist. [5]§ 240 der Abgabenordnung ist in diesen Fällen mit der Maßgabe anzuwen-

---

1) Zur Anwendung von § 18j Abs. 4 siehe § 27 Abs. 33 Satz 1.

den, dass eine Säumnis frühestens mit Ablauf des zehnten Tages nach Ablauf des zweiten auf den Besteuerungszeitraum folgenden Monats eintritt.

(6) [1]Kommt der Unternehmer seinen Verpflichtungen nach Absatz 4 oder § 22 Absatz 1 oder den von ihm in einem anderen Mitgliedstaat der Europäischen Union zu erfüllenden Aufzeichnungspflichten entsprechend Artikel 369k der Richtlinie 2006/112/EG wiederholt nicht oder nicht rechtzeitig nach, schließt ihn die Finanzbehörde nach Absatz 1 Satz 2 von dem besonderen Besteuerungsverfahren nach Absatz 1 aus. [2]Der Ausschluss gilt ab dem Besteuerungszeitraum, der nach dem Zeitpunkt der Bekanntgabe des Ausschlusses gegenüber dem Unternehmer beginnt; ist der Ausschluss jedoch auf eine Änderung des Ortes des Sitzes oder der Betriebsstätte oder des Ortes zurückzuführen, von dem aus die Beförderung oder Versendung von Gegenständen ausgeht, ist der Ausschluss ab dem Tag dieser Änderung wirksam. [3]Der Ausschluss wegen eines wiederholten Verstoßes gegen die in Satz 1 genannten Verpflichtungen hat auch den Ausschluss von den besonderen Besteuerungsverfahren nach den §§ 18i und 18k zur Folge.

[*ab 1.7.2021:*
(7)[1)] Auf das besondere Besteuerungsverfahren sind, soweit die Anzeige nach Absatz 1 Satz 1 gegenüber dem Bundeszentralamt für Steuern erfolgt und dieses die Steuererklärungen der zuständigen Finanzbehörde eines anderen Mitgliedstaates der Europäischen Union übermittelt, die §§ 2a, 29b bis 30, 32a bis 32j, 80, 87a, 87b und der Zweite Abschnitt des Dritten Teils und der Siebente Teil der Abgabenordnung sowie die Finanzgerichtsordnung anzuwenden.]

(8) § 18 Absatz 4f[2)] ist entsprechend anzuwenden.

§ 18k[3)] Besonderes Besteuerungsverfahren für Fernverkäufe von aus dem Drittlandsgebiet eingeführten Gegenständen in Sendungen mit einem Sachwert von höchstens 150 Euro. (1) [1]Ein Unternehmer, der nach dem 30. Juni 2021 als Steuerschuldner Fernverkäufe nach § 3 Absatz 3a Satz 2 oder § 3c Absatz 2 oder 3 in Sendungen mit einem Sachwert von höchstens 150 Euro im Gemeinschaftsgebiet erbringt, für die er dort die Steuer schuldet und Umsatzsteuererklärungen abzugeben hat, oder ein in seinem Auftrag handelnder im Gemeinschaftsgebiet ansässiger Vertreter hat anzuzeigen, wenn er an dem besonderen Besteuerungsverfahren entsprechend Titel XII Kapitel 6 Abschnitt 4 der Richtlinie 2006/112/EG des Rates in der Fassung von Artikel 2 Nummer 30 der Richtlinie (EU) 2017/2455 des Rates vom 5. Dezember 2017 zur Änderung der Richtlinie 2006/112/EG und der Richtlinie 2009/132/EG in Bezug auf bestimmte mehrwertsteuerliche Pflichten für die Erbringung von Dienstleistungen und für Fernverkäufe von Gegenständen (ABl. L 348 vom 29.12.2017, S. 7) teilnimmt. [2]Die Anzeige ist der zuständigen Finanzbehörde des unter den Voraussetzungen des Artikels 369l Unterabsatz 2 Nummer 3 der Richtlinie 2006/112/EG zuständigen Mitgliedstaates der Europäischen Union vor Beginn des Besteuerungszeitraums (§ 16 Absatz 1e Satz 1) nach amtlich vorgeschriebenem Datensatz durch Datenfernübertragung zu übermitteln; zu-

---

1) Zur Anwendung von § 18j Abs. 7 siehe § 27 Abs. 33 Satz 1.
2) Zur Anwendung von § 18 Abs. 4f siehe § 27 Abs. 22 Satz 7 iVm Satz 3.
3) § 18k eingef. durch G v. 21.12.2020 (BGBl. I S. 3096); zur Anwendung siehe § 27 Abs. 33.

ständige Finanzbehörde im Inland ist insoweit das Bundeszentralamt für Steuern. [3]Eine Teilnahme an dem besonderen Besteuerungsverfahren ist für nicht im Gemeinschaftsgebiet ansässige Unternehmer nur zulässig, wenn das Drittland, in dem sie ansässig sind, in der Durchführungsverordnung entsprechend Artikel 369m Absatz 3 der Richtlinie 2006/112/EG aufgeführt ist, oder wenn sie einen im Gemeinschaftsgebiet ansässigen Vertreter vertraglich bestellt und dies der Finanzbehörde nach Satz 2 angezeigt haben. [4]Satz 1 gilt nicht für Sendungen, die verbrauchsteuerpflichtige Waren enthalten. [5]Eine Teilnahme an dem besonderen Besteuerungsverfahren ist nur einheitlich für alle Mitgliedstaaten der Europäischen Union und für alle Fernverkäufe im Sinne des Satzes 1 möglich; sie gilt ab dem Tag, an dem dem Unternehmer oder dem im Auftrag handelnden Vertreter die nach Artikel 369q Absatz 1 oder 3 der Richtlinie 2006/112/EG erteilte individuelle Identifikationsnummer des Unternehmers bekannt gegeben wurde. [6]Die Anwendung des besonderen Besteuerungsverfahrens kann nur mit Wirkung vom Beginn eines Besteuerungszeitraums an widerrufen werden. [7]Der Widerruf ist vor Beginn des Besteuerungszeitraums, für den er gelten soll, gegenüber der Finanzbehörde nach Satz 2 nach amtlich vorgeschriebenem Datensatz durch Datenfernübertragung zu erklären.

(2) [1]Im übrigen Gemeinschaftsgebiet ansässige Unternehmer (§ 13b Absatz 7 Satz 2) oder im Auftrag handelnde Vertreter können die Teilnahme an dem besonderen Besteuerungsverfahren nur in dem Mitgliedstaat der Europäischen Union, in dem sie ansässig sind, anzeigen. [2]Im Inland ansässige Unternehmer oder im Auftrag handelnde Vertreter können die Teilnahme an dem besonderen Besteuerungsverfahren nur im Inland anzeigen; dies gilt nicht in Fällen des Satzes 4. [3]Ein Unternehmer oder ein im Auftrag handelnder Vertreter ist im Inland ansässig, wenn er im Inland seinen Sitz oder seine Geschäftsleitung hat oder, für den Fall, dass er im Drittlandsgebiet ansässig ist, im Inland eine Betriebsstätte hat. [4]Hat der im Drittlandsgebiet ansässige Unternehmer oder im Auftrag handelnde Vertreter neben der Betriebsstätte im Inland noch mindestens eine weitere Betriebsstätte im übrigen Gemeinschaftsgebiet, kann er sich für die Anzeige der Teilnahme an dem besonderen Besteuerungsverfahren im Inland entscheiden. [5]Der Unternehmer oder im Auftrag handelnde Vertreter ist an seine Entscheidung nach Satz 4 für das betreffende Kalenderjahr und die beiden darauffolgenden Kalenderjahre gebunden.

(3) Erfolgt die Anzeige nach Absatz 1 Satz 1 im Inland und erfüllt der Unternehmer die Voraussetzungen für die Teilnahme an dem besonderen Besteuerungsverfahren nicht, stellt das Bundeszentralamt für Steuern dies gegenüber dem Unternehmer fest und lehnt dessen Teilnahme an dem besonderen Besteuerungsverfahren ab.

[***ab 1.7.2021:***

(4)[1)] [1]Ein Unternehmer oder im Auftrag handelnder Vertreter, der das in Absatz 1 genannte besondere Besteuerungsverfahren anwendet, hat der Finanzbehörde nach Absatz 1 Satz 2 in Verbindung mit Absatz 2 eine Steuererklärung innerhalb eines Monats nach Ablauf jedes Besteuerungszeitraums (§ 16 Absatz 1e Satz 1) nach amtlich vorgeschriebenem Datensatz durch Da-

---

1) Zur Anwendung von § 18k Abs. 4 siehe § 27 Abs. 33 Satz 1.

tenfernübertragung zu übermitteln. [2]In der Steuererklärung hat er die Steuer für den Besteuerungszeitraum selbst zu berechnen. [3]Die berechnete Steuer ist am letzten Tag des auf den Besteuerungszeitraum folgenden Monats fällig und bis dahin vom Unternehmer oder vom im Auftrag handelnden Vertreter an die Finanzbehörde nach Absatz 1 Satz 2 zu entrichten. [4]Soweit der Unternehmer im Inland Lieferungen nach Absatz 1 Satz 1 erbringt, ist § 18 Absatz 1 bis 4 nicht anzuwenden. [5]Berichtigungen einer Steuererklärung, die innerhalb von drei Jahren nach dem letzten Tag des Zeitraums nach Satz 1 vorgenommen werden, sind mit einer späteren Steuererklärung unter Angabe des zu berichtigenden Besteuerungszeitraums anzuzeigen.]

(5) [1]Die Steuererklärung nach Absatz 4 Satz 1 und 2, die der Unternehmer der zuständigen Finanzbehörde eines anderen Mitgliedstaates der Europäischen Union übermittelt hat, ist ab dem Zeitpunkt eine Steueranmeldung im Sinne des § 150 Absatz 1 Satz 3 und des § 168 der Abgabenordnung, zu dem die in ihr enthaltenen Daten von der zuständigen Finanzbehörde des anderen Mitgliedstaates der Europäischen Union dem Bundeszentralamt für Steuern übermittelt und dort in bearbeitbarer Weise aufgezeichnet wurden. [2]Dies gilt für die Berichtigung einer Steuererklärung entsprechend. [3]Die Steuererklärung nach Satz 1 gilt als fristgemäß übermittelt, wenn sie bis zum letzten Tag der Frist nach Absatz 4 Satz 1 der zuständigen Finanzbehörde des anderen Mitgliedstaates der Europäischen Union übermittelt worden ist und dort in bearbeitbarer Weise aufgezeichnet wurde. [4]Die Entrichtung der Steuer erfolgt im Falle der Steuererklärung nach Satz 1 fristgemäß, wenn die Zahlung bis zum letzten Tag der Frist nach Absatz 4 Satz 3 bei der zuständigen Finanzbehörde des anderen Mitgliedstaates der Europäischen Union eingegangen ist. [5]§ 240 der Abgabenordnung ist in diesen Fällen mit der Maßgabe anzuwenden, dass eine Säumnis frühestens mit Ablauf des zehnten Tages nach Ablauf des zweiten auf den Besteuerungszeitraum folgenden Monats eintritt.

(6) [1]Kommt der Unternehmer oder der im Auftrag handelnde Vertreter seinen Verpflichtungen nach Absatz 4 oder § 22 Absatz 1 oder den von ihm in einem anderen Mitgliedstaat der Europäischen Union zu erfüllenden Aufzeichnungspflichten entsprechend Artikel 369x der Richtlinie 2006/112/EG wiederholt nicht oder nicht rechtzeitig nach, schließt ihn die Finanzbehörde nach Absatz 1 Satz 2 von dem besonderen Besteuerungsverfahren nach Absatz 1 aus. [2]Ein Ausschluss des im Auftrag handelnden Vertreters bewirkt auch den Ausschluss des von ihm vertretenen Unternehmers. [3]Der Ausschluss wegen eines wiederholten Verstoßes gegen die in Satz 1 genannten Verpflichtungen gilt ab dem Tag, der auf den Zeitpunkt der Bekanntgabe des Ausschlusses gegenüber dem Unternehmer oder dem im Auftrag handelnden Vertreter folgt; ist der Ausschluss jedoch auf eine Änderung des Ortes des Sitzes oder der Betriebsstätte zurückzuführen, ist der Ausschluss ab dem Tag dieser Änderung wirksam; erfolgt der Ausschluss aus anderen Gründen gilt er ab dem Besteuerungszeitraum, der nach dem Zeitpunkt der Bekanntgabe des Ausschlusses gegenüber dem Unternehmer oder dem im Auftrag handelnden Vertreter beginnt. [4]Der Ausschluss wegen eines wiederholten Verstoßes gegen die in Satz 1 genannten Verpflichtungen hat auch den Ausschluss von den besonderen Besteuerungsverfahren nach den §§ 18i und 18j zur Folge; es sei denn, der Ausschluss des Un-

ternehmers war bedingt durch einen wiederholten Verstoß gegen die in Satz 1 genannten Verpflichtungen durch den im Auftrag handelnden Vertreter.

[*ab 1.7.2021:*

(7)[1] Auf das besondere Besteuerungsverfahren sind, soweit die Anzeige nach Absatz 1 Satz 1 gegenüber dem Bundeszentralamt für Steuern erfolgt und dieses die Steuererklärungen der zuständigen Finanzbehörde eines anderen Mitgliedstaates der Europäischen Union übermittelt, die §§ 2a, 29b bis 30, 32a bis 32j, 80, 87a, 87b und der Zweite Abschnitt des Dritten Teils und der Siebente Teil der Abgabenordnung sowie die Finanzgerichtsordnung anzuwenden.]

(8) § 18 Absatz 4f[2] ist entsprechend anzuwenden.

§ 19 Besteuerung der Kleinunternehmer. (1) [1]Die für Umsätze im Sinne des § 1 Abs. 1 Nr. 1 geschuldete Umsatzsteuer wird von Unternehmern, die im Inland oder in den in § 1 Abs. 3 bezeichneten Gebieten ansässig sind, nicht erhoben, wenn der in Satz 2 bezeichnete Umsatz zuzüglich der darauf entfallenden Steuer im vorangegangenen Kalenderjahr *17 500 Euro* [***ab 1.1.2020:*** 22 000 Euro][3] nicht überstiegen hat und im laufenden Kalenderjahr 50 000 Euro voraussichtlich nicht übersteigen wird. [2]Umsatz im Sinne des Satzes 1 ist der nach vereinnahmten Entgelten bemessene Gesamtumsatz, gekürzt um die darin enthaltenen Umsätze von Wirtschaftsgütern des Anlagevermögens. [3]Satz 1 gilt nicht für die nach § 13a Abs. 1 Nr. 6, § 13b Absatz 5[4], § 14c Abs. 2 und § 25b Abs. 2 geschuldete Steuer. [4]In den Fällen des Satzes 1 finden die Vorschriften über die Steuerbefreiung innergemeinschaftlicher Lieferungen (§ 4 Nr. 1 Buchstabe b, § 6a), über den Verzicht auf Steuerbefreiungen (§ 9), über den gesonderten Ausweis der Steuer in einer Rechnung (§ 14 Abs. 4), über die Angabe der Umsatzsteuer-Identifikationsnummern in einer Rechnung (§ 14a Abs. 1, 3 und 7) und über den Vorsteuerabzug (§ 15) keine Anwendung.

(2) [1]Der Unternehmer kann dem Finanzamt bis zur Unanfechtbarkeit der Steuerfestsetzung (§ 18 Abs. 3 und 4) erklären, dass er auf die Anwendung des Absatzes 1 verzichtet. [2]Nach Eintritt der Unanfechtbarkeit der Steuerfestsetzung bindet die Erklärung den Unternehmer mindestens für fünf Kalenderjahre. [3]Sie kann nur mit Wirkung vom Beginn eines Kalenderjahres an widerrufen werden. [4]Der Widerruf ist spätestens bis zur Unanfechtbarkeit der Steuerfestsetzung des Kalenderjahres, für das er gelten soll, zu erklären.

(3) [1]Gesamtumsatz ist die Summe der vom Unternehmer ausgeführten steuerbaren Umsätze im Sinne des § 1 Abs. 1 Nr. 1 abzüglich folgender Umsätze:

1.[5] der Umsätze, die nach § 4 Nr. 8 Buchstabe i, Nr. 9 Buchstabe b und Nummer 11 bis *28* [***ab 1.1.2020:*** 29] steuerfrei sind;
2. der Umsätze, die nach § 4 Nr. 8 Buchstabe a bis h, Nr. 9 Buchstabe a und Nr. 10 steuerfrei sind, wenn sie Hilfsumsätze sind.

---

[1] Zur Anwendung von § 18k Abs. 7 siehe § 27 Abs. 33 Satz 1.
[2] Zur Anwendung von § 18 Abs. 4f siehe § 27 Abs. 22 Satz 7 iVm Satz 3.
[3] Betrag geänd. mWv 1.1.2020 durch G v. 22.11.2019 (BGBl. I S. 1746).
[4] Verweis geänd. mWv 1.7.2010 durch G v. 8.4.2010 (BGBl. I S. 386).
[5] § 19 Abs. 3 Satz 1 Nr. 1 Verweis geänd. mWv 1.1.2020 durch G v. 12.12.2019 (BGBl. I S. 2451).

[2]Soweit der Unternehmer die Steuer nach vereinnahmten Entgelten berechnet (§ 13 Abs. 1 Nr. 1 Buchstabe a Satz 4 oder § 20), ist auch der Gesamtumsatz nach diesen Entgelten zu berechnen. [3]Hat der Unternehmer seine gewerbliche oder berufliche Tätigkeit nur in einem Teil des Kalenderjahres ausgeübt, so ist der tatsächliche Gesamtumsatz in einen Jahresgesamtumsatz umzurechnen. [4]Angefangene Kalendermonate sind bei der Umrechnung als volle Kalendermonate zu behandeln, es sei denn, dass die Umrechnung nach Tagen zu einem niedrigeren Jahresgesamtumsatz führt.

(4) [1]Absatz 1 gilt nicht für die innergemeinschaftlichen Lieferungen neuer Fahrzeuge. [2]§ 15 Abs. 4a ist entsprechend anzuwenden.

§ 20[1)] Berechnung der Steuer nach vereinnahmten Entgelten.

[1]Das Finanzamt kann auf Antrag gestatten, dass ein Unternehmer,

1. dessen Gesamtumsatz (§ 19 Abs. 3) im vorangegangenen Kalenderjahr nicht mehr als *500 000* [***ab 1.1.2020:*** 600 000][2)] Euro betragen hat, oder
2. der von der Verpflichtung, Bücher zu führen und auf Grund jährlicher Bestandsaufnahmen regelmäßig Abschlüsse zu machen, nach § 148 der Abgabenordnung[3)] befreit ist, oder
3. soweit er Umsätze aus einer Tätigkeit als Angehöriger eines freien Berufs im Sinne des § 18 Abs. 1 Nr. 1 des Einkommensteuergesetzes[4)] ausführt,

die Steuer nicht nach den vereinbarten Entgelten (§ 16 Abs. 1 Satz 1), sondern nach den vereinnahmten Entgelten berechnet. [2]Erstreckt sich die Befreiung nach Satz 1 Nr. 2 nur auf einzelne Betriebe des Unternehmers und liegt die Voraussetzung nach Satz 1 Nr. 1 nicht vor, so ist die Erlaubnis zur Berechnung der Steuer nach den vereinnahmten Entgelten auf diese Betriebe zu beschränken. [3]Wechselt der Unternehmer die Art der Steuerberechnung, so dürfen Umsätze nicht doppelt erfasst werden oder unversteuert bleiben.

§ 21 Besondere Vorschriften für die Einfuhrumsatzsteuer. (1) Die Einfuhrumsatzsteuer ist eine Verbrauchsteuer im Sinne der Abgabenordnung.

(2) Für die Einfuhrumsatzsteuer gelten die Vorschriften für Zölle sinngemäß; ausgenommen sind die Vorschriften *über den aktiven Veredelungsverkehr nach dem Verfahren der Zollrückvergütung und*[5)] über den passiven Veredelungsverkehr.

(2a) [1]Abfertigungsplätze im Ausland, auf denen dazu befugte deutsche Zollbedienstete Amtshandlungen nach Absatz 2 vornehmen, gehören insoweit zum Inland. [2]Das Gleiche gilt für ihre Verbindungswege mit dem Inland, soweit auf ihnen einzuführende Gegenstände befördert werden.

(3) Die Zahlung der Einfuhrumsatzsteuer kann ohne Sicherheitsleistung aufgeschoben werden, wenn die zu entrichtende Steuer nach § 15 Abs. 1 Satz 1 Nr. 2 in voller Höhe als Vorsteuer abgezogen werden kann.

---

1) § 20 Abs. 2 aufgeh., verbleibender Text geänd. mWv 1.1.2012 durch G v. 6.12.2011 (BGBl. I S. 2562).

2) Betrag geänd. mWv 1.1.2020 durch G v. 21.12.2019 (BGBl. I S. 2875).

3) Nr. **800**.

4) Nr. **1**.

5) § 21 Abs. 2 kursiver Satzteil gestrichen mWv 1.1.2021 durch G v. 21.12.2020 (BGBl. I S. 3096).

(3a)[1] Einfuhrumsatzsteuer, für die ein Zahlungsaufschub gemäß Artikel 110 Buchstabe b oder c der Verordnung (EU) Nr. 952/2013 des Europäischen Parlaments und des Rates vom 9. Oktober 2013 zur Festlegung des Zollkodex der Union (Unionszollkodex) bewilligt ist, ist abweichend von den zollrechtlichen Vorschriften am 26. des zweiten auf den betreffenden Monat folgenden Kalendermonats fällig.

(4) [1]Entsteht für den eingeführten Gegenstand nach dem Zeitpunkt des Entstehens der Einfuhrumsatzsteuer eine Zollschuld oder eine Verbrauchsteuer oder wird für den eingeführten Gegenstand nach diesem Zeitpunkt eine Verbrauchsteuer unbedingt, so entsteht gleichzeitig eine weitere Einfuhrumsatzsteuer. [2]Das gilt auch, wenn der Gegenstand nach dem in Satz 1 bezeichneten Zeitpunkt bearbeitet oder verarbeitet worden ist. [3]Bemessungsgrundlage ist die entstandene Zollschuld oder die entstandene oder unbedingt gewordene Verbrauchsteuer. [4]Steuerschuldner ist, wer den Zoll oder die Verbrauchsteuer zu entrichten hat. [5]Die Sätze 1 bis 4 gelten nicht, wenn derjenige, der den Zoll oder die Verbrauchsteuer zu entrichten hat, hinsichtlich des eingeführten Gegenstands nach § 15 Abs. 1 Satz 1 Nr. 2 zum Vorsteuerabzug berechtigt ist.

(5) Die Absätze 2 bis 4 gelten entsprechend für Gegenstände, die nicht Waren im Sinne des Zollrechts sind und für die keine Zollvorschriften bestehen.

[*ab 1.7.2021:*

§ 21a[2] Sonderregelungen bei der Einfuhr von Sendungen mit einem Sachwert von höchstens 150 Euro. (1) [1]Bei der Einfuhr von Gegenständen in Sendungen mit einem Sachwert von höchstens 150 Euro aus dem Drittlandsgebiet, für die eine Steuerbefreiung nach § 5 Absatz 1 Nummer 7 nicht in Anspruch genommen wird, kann die Person, die die Gegenstände im Inland für Rechnung der Person, für die die Gegenstände bestimmt sind (Sendungsempfänger), bei einer Zollstelle gestellt (gestellende Person), auf Antrag die Sonderregelung nach den Absätzen 2 bis 6 in Anspruch nehmen, sofern

1. die Voraussetzungen für die Bewilligung eines Zahlungsaufschubs gemäß Artikel 110 Buchstabe b des Zollkodex der Union erfüllt sind,
2. die Beförderung oder Versendung im Inland endet und
3. die Sendung keine verbrauchsteuerpflichtigen Waren enthält.

[2]Der Antrag ist zusammen mit der Anmeldung zur Überlassung in den freien Verkehr zu stellen.

(2) [1]Die gestellende Person hat die Waren nach Maßgabe des Artikels 63d Unterabsatz 2 der Verordnung (EU) Nr. 282/2011 zur Festlegung von Durchführungsvorschriften zur Richtlinie 2006/112/EG über das gemeinsame Mehrwertsteuersystem (ABl. L 77 vom 23.3.2011, S. 1) in der jeweils geltenden Fassung für Rechnung des Sendungsempfängers, zur Überlassung in den zollrechtlich freien Verkehr anzumelden. [2]Für die Anmeldung ist entweder eine Standard-Zollanmeldung zu verwenden oder, soweit zulässig, eine Zollanmel-

[1] § 21 Abs. 3a eingef. durch G v. 29.6.2020 (BGBl. I S. 1512); zur Anwendung siehe § 27 Abs. 31.

[2] § 21a eingef. durch G v. 21.12.2020 (BGBl. I S. 3096); zur Anwendung siehe § 27 Abs. 34 Satz 1.

dung für Sendungen von geringem Wert gemäß Artikel 143a der Delegierten Verordnung (EU) 2015/2446 der Kommission vom 28. Juli 2015 zur Ergänzung der Verordnung (EU) Nr. 952/2013 des Europäischen Parlaments und des Rates mit Einzelheiten zur Präzisierung von Bestimmungen des Zollkodex der Union (ABl. L 343 vom 29.12.2015, S. 1) in der jeweils geltenden Fassung.

(3) [1]Die entstandene Einfuhrumsatzsteuer wird in entsprechender Anwendung von Artikel 110 Buchstabe b des Zollkodex der Union aufgeschoben und dem Aufschubkonto der gestellenden Person belastet. [2]Eine Sicherheitsleistung ist nicht erforderlich, wenn die gestellende Person Zugelassener Wirtschaftsbeteiligter für zollrechtliche Vereinfachungen gemäß Artikel 38 Absatz 2 Buchstabe a des Zollkodex der Union ist oder die Voraussetzungen erfüllt für die Reduzierung einer Gesamtsicherheit gemäß Artikel 95 Absatz 2 des Zollkodex der Union in Verbindung mit Artikel 84 Absatz 1 der Delegierten Verordnung (EU) 2015/2446 der Kommission vom 28. Juli 2015 zur Ergänzung der Verordnung (EU) Nr. 952/2013 des Europäischen Parlaments und des Rates mit Einzelheiten zur Präzisierung von Bestimmungen des Zollkodex der Union.

(4) [1]Bei der Auslieferung hat der Sendungsempfänger die Einfuhrumsatzsteuer an die gestellende Person zu entrichten. [2]Die gestellende Person, sofern sie nicht bereits Steuerschuldner ist, haftet für die Einfuhrumsatzsteuer, die auf Sendungen lastet, die ausgeliefert werden, ohne dass die Einfuhrumsatzsteuer vom Sendungsempfänger erhoben wurde. [3]Dies gilt entsprechend für die Einfuhrumsatzsteuer auf Sendungen, deren Verbleib die gestellende Person nicht nachweisen kann (abhandengekommene Sendungen).

(5) [1]Bis zum zehnten Tag des auf die Einfuhr folgenden Monats teilt die gestellende Person der zuständigen Zollstelle nach amtlich vorgeschriebenem Datensatz auf elektronischem Weg und unter Angabe der Registriernummern der jeweiligen Zollanmeldungen mit,

1. welche Sendungen im abgelaufenen Kalendermonat an die jeweiligen Sendungsempfänger ausgeliefert wurden (ausgelieferte Sendungen),
2. die je Sendung vereinnahmten Beträge an Einfuhrumsatzsteuer,
3. den Gesamtbetrag der vereinnahmten Einfuhrumsatzsteuer,
4. welche Sendungen, die im abgelaufenen Kalendermonat und gegebenenfalls davor eingeführt wurden, bis zum Ende des abgelaufenen Kalendermonats nicht ausgeliefert werden konnten und sich noch in der Verfügungsgewalt der gestellenden Person befinden (noch nicht zugestellte Sendungen),
5. welche Sendungen, bei denen es nicht möglich war, sie dem Sendungsempfänger zu übergeben, im abgelaufenen Kalendermonat wiederausgeführt oder unter zollamtlicher Überwachung zerstört oder anderweitig verwertet wurden (nicht zustellbare Sendungen), sowie
6. welche Sendungen abhandengekommen sind und die darauf lastende Einfuhrumsatzsteuer.

[2]Auf Verlangen der zuständigen Zollbehörden hat die gestellende Person den Verbleib der Sendungen nachzuweisen. [3]Die Mitteilung nach Satz 1 hat die Wirkung einer Steueranmeldung nach § 168 der Abgabenordnung, wobei die gestellende Person hinsichtlich des Gesamtbetrages nach Satz 1 Nummer 3 als

Steuerschuldner gilt. [4]Dieser ist zu dem für den Zahlungsaufschub gemäß Artikel 110 Buchstabe b des Zollkodex der Union geltenden Termin fällig und durch die gestellende Person an die Zollverwaltung zu entrichten.

(6) [1]Einfuhrumsatzsteuer für noch nicht zugestellte Sendungen bleibt dem Aufschubkonto belastet und wird in den folgenden Aufschubzeitraum vorgetragen. [2]Einfuhrumsatzsteuer für nicht zustellbare Sendungen gilt als nicht entstanden und wird aus dem Aufschubkonto ausgebucht, wenn ausgeschlossen ist, dass die Waren im Inland in den Wirtschaftskreislauf eingehen. [3]Einfuhrumsatzsteuer, die auf abhandengekommene Sendungen lastet, wird ebenfalls aus dem Aufschubkonto ausgebucht und vom zuständigen Hauptzollamt per Haftungsbescheid gegenüber der gestellenden Person geltend gemacht. [4]Für Einfuhrumsatzsteuer, die auf ausgelieferten Sendungen lastet, ohne dass Einfuhrumsatzsteuer vom Sendungsempfänger der Sendung erhoben wurde, gilt Satz 3 entsprechend.]

§ 22 Aufzeichnungspflichten.

[Fassung bis 30.6.2021:]

(1)[1)] [1]Der Unternehmer ist verpflichtet, zur Feststellung der Steuer und der Grundlagen ihrer Berechnung Aufzeichnungen zu machen. [2]Diese Verpflichtung gilt in den Fällen des § 13a Abs. 1 Nr. 2 und 5, des § 13b Absatz 5[3)] und des § 14c Abs. 2 auch für Personen, die nicht Unternehmer sind. [3]Ist ein land- und forstwirtschaftlicher Betrieb nach § 24 Abs. 3 als gesondert geführter Betrieb zu behandeln, so hat der Unternehmer Aufzeichnungspflichten für diesen Betrieb gesondert zu erfüllen. [4]In den Fällen des § 18 Abs. 4c und 4d sind die erforderlichen Aufzeichnungen auf Anfrage des Bundeszentralamtes für Steuern[4)] auf elektronischem Weg zur Verfügung zu stellen; in den Fällen des § 18 Absatz 4e sind die erforderlichen Aufzeichnungen auf Anfrage der für das Besteuerungsverfahren zuständigen Finanzbehörde auf elektronischem Weg zur Verfügung zu stellen.

[Fassung ab 1.7.2021:]

(1)[2)] [1]Der Unternehmer ist verpflichtet, zur Feststellung der Steuer und der Grundlagen ihrer Berechnung Aufzeichnungen zu machen. [2]Diese Verpflichtung gilt in den Fällen des § 13a Absatz 1 Nummer 2 und 5, des § 13b Absatz 5 und des § 14c Absatz 2 auch für Personen, die nicht Unternehmer sind, in den Fällen des § 18k auch für den im Auftrag handelnden Vertreter und in den Fällen des § 21a für die gestellende Person. [3]Ist ein land- und forstwirtschaftlicher Betrieb nach § 24 Absatz 3 als gesondert geführter Betrieb zu behandeln, hat der Unternehmer Aufzeichnungspflichten für diesen Betrieb gesondert zu erfüllen. [4]In den Fällen des § 18 Absatz 4c und 4d sind die erforderlichen Aufzeichnungen vom Ende des Jahres an, in dem der Umsatz bewirkt wurde, zehn Jahre lang aufzubewahren und auf Anfrage des Bundeszentralamtes für Steuern auf elektronischem Weg zur

---

1) § 22 Abs. 1 Satz 4 HS 2 angef. mWv 1.1.2015 durch G v. 25.7.2014 (BGBl. I S. 1266).

2) § 22 Abs. 1 neu gef. durch G v. 21.12.2020 (BGBl. I S. 3096); zur Anwendung siehe § 27 Abs. 34 Satz 1.

3) Verweis geänd. mWv 1.7.2010 durch G v. 8.4.2010 (BGBl. I S. 386).

4) Bezeichnung geänd. durch G v. 22.9.2005 (BGBl. I S. 2809).

[Fassung ab 1.7.2021:]

Verfügung zu stellen; in den Fällen des § 18 Absatz 4e sind die erforderlichen Aufzeichnungen vom Ende des Jahres an, in dem der Umsatz bewirkt wurde, zehn Jahre lang aufzubewahren und auf Anfrage der für das Besteuerungsverfahren zuständigen Finanzbehörde auf elektronischem Weg zur Verfügung zu stellen; in den Fällen der §§ 18i, 18j, 18k und 21a sind die erforderlichen Aufzeichnungen vom Ende des Jahres an, in dem der Umsatz oder Geschäftsvorgang bewirkt wurde, zehn Jahre lang aufzubewahren und auf Anfrage der im Inland oder im übrigen Gemeinschaftsgebiet für das besondere Besteuerungsverfahren oder für die Sonderregelung zuständigen Finanzbehörde auf elektronischem Weg zur Verfügung zu stellen.

(2) Aus den Aufzeichnungen müssen zu ersehen sein:

1. die vereinbarten Entgelte für die vom Unternehmer ausgeführten Lieferungen und sonstigen Leistungen. [2] Dabei ist ersichtlich zu machen, wie sich die Entgelte auf die steuerpflichtigen Umsätze, getrennt nach Steuersätzen, und auf die steuerfreien Umsätze verteilen. [3] Dies gilt entsprechend für die Bemessungsgrundlagen nach § 10 Abs. 4, wenn Lieferungen im Sinne des § 3 Abs. 1b, sonstige Leistungen im Sinne des § 3 Abs. 9a sowie des § 10 Abs. 5 ausgeführt werden. [4] Aus den Aufzeichnungen muss außerdem hervorgehen, welche Umsätze der Unternehmer nach § 9 als steuerpflichtig behandelt. [5] Bei der Berechnung der Steuer nach vereinnahmten Entgelten (§ 20) treten an die Stelle der vereinbarten Entgelte die vereinnahmten Entgelte. [6] Im Fall des § 17 Abs. 1 Satz 6 hat der Unternehmer, der die auf die Minderung des Entgelts entfallende Steuer an das Finanzamt entrichtet, den Betrag der Entgeltsminderung gesondert aufzuzeichnen;
2. die vereinnahmten Entgelte und Teilentgelte für noch nicht ausgeführte Lieferungen und sonstige Leistungen. [2] Dabei ist ersichtlich zu machen, wie sich die Entgelte und Teilentgelte auf die steuerpflichtigen Umsätze, getrennt nach Steuersätzen, und auf die steuerfreien Umsätze verteilen. [3] Nummer 1 Satz 4 gilt entsprechend;
3. die Bemessungsgrundlage für Lieferungen im Sinne des § 3 Abs. 1b und für sonstige Leistungen im Sinne des § 3 Abs. 9a Nr. 1. [2] Nummer 1 Satz 2 gilt entsprechend;
4. die wegen unrichtigen Steuerausweises nach § 14c Abs. 1 und wegen unberechtigten Steuerausweises nach § 14c Abs. 2 geschuldeten Steuerbeträge;

5. die Entgelte für steuerpflichtige Lieferungen und sonstige Leistungen, die an den Unternehmer für sein Unternehmen ausgeführt worden sind, und die vor Ausführung dieser Umsätze gezahlten Entgelte und Teilentgelte, soweit für diese Umsätze nach § 13 Abs. 1 Nr. 1 Buchstabe a Satz 4 die Steuer entsteht, sowie die auf die Entgelte und Teilentgelte entfallenden Steuerbeträge;

6.[1] die Bemessungsgrundlagen für die Einfuhr von Gegenständen (§ 11), die für das Unternehmen des Unternehmers eingeführt worden sind, sowie die dafür entstandene Einfuhrumsatzsteuer;

7. die Bemessungsgrundlagen für den innergemeinschaftlichen Erwerb von Gegenständen sowie die hierauf entfallenden Steuerbeträge;

8. in den Fällen des § 13b Absatz 1 bis 5[2] beim Leistungsempfänger die Angaben entsprechend den Nummern 1 und 2. [2]Der Leistende hat die Angaben nach den Nummern 1 und 2 gesondert aufzuzeichnen;

9. die Bemessungsgrundlage für Umsätze im Sinne des § 4 Nr. 4a Satz 1 Buchstabe a Satz 2 sowie die hierauf entfallenden Steuerbeträge;

[***ab 1.7.2021:***

10.[3] in den Fällen des § 21a Namen und Anschriften der Versender und der Sendungsempfänger, die Bemessungsgrundlagen für die Einfuhr von Gegenständen (§ 11), die hierzu von den Versendern, Sendungsempfängern und Dritten erhaltenen Informationen, sowie die Sendungen, die im abgelaufenen Kalendermonat an die jeweiligen Sendungsempfänger ausgeliefert wurden, die je Sendung vereinnahmten Beträge an Einfuhrumsatzsteuer, die Sendungen, die noch nicht ausgeliefert werden konnten und sich noch in der Verfügungsgewalt der gestellenden Person befinden, sowie die Sendungen, die wiederausgeführt oder unter zollamtlicher Überwachung zerstört oder anderweitig verwertet wurden.]

(3) [1]Die Aufzeichnungspflichten nach Absatz 2 Nr. 5 und 6 entfallen, wenn der Vorsteuerabzug ausgeschlossen ist (§ 15 Abs. 2 und 3). [2]Ist der Unternehmer nur teilweise zum Vorsteuerabzug berechtigt, so müssen aus den Aufzeichnungen die Vorsteuerbeträge eindeutig und leicht nachprüfbar zu ersehen sein, die den zum Vorsteuerabzug berechtigenden Umsätzen ganz oder teilweise zuzurechnen sind. [3]Außerdem hat der Unternehmer in diesen Fällen die Bemessungsgrundlagen für die Umsätze, die nach § 15 Abs. 2 und 3 den Vorsteuerabzug ausschließen, getrennt von den Bemessungsgrundlagen der übrigen Umsätze, ausgenommen die Einfuhren und die innergemeinschaftlichen Erwerbe, aufzuzeichnen. [4]Die Verpflichtung zur Trennung der Bemessungsgrundlagen nach Absatz 2 Nr. 1 Satz 2, Nr. 2 Satz 2 und Nr. 3 Satz 2 bleibt unberührt.

(4) In den Fällen des § 15a hat der Unternehmer die Berechnungsgrundlagen für den Ausgleich aufzuzeichnen, der von ihm in den in Betracht kommenden Kalenderjahren vorzunehmen ist.

---

[1] § 22 Abs. 2 Nr. 6 geänd. mWv 31.7.2014 durch G v. 25.7.2014 (BGBl. I S. 1266).

[2] Verweis geänd. mWv 1.7.2010 durch G v. 8.4.2010 (BGBl. I S. 386).

[3] § 22 Abs. 2 Nr. 10 angef. durch G. 21.12.2020 (BGBl. I S. 3096); zur Anwendung siehe § 27 Abs. 34 Satz 1.

(4a) Gegenstände, die der Unternehmer zu seiner Verfügung vom Inland in das übrige Gemeinschaftsgebiet verbringt, müssen aufgezeichnet werden, wenn
1. an den Gegenständen im übrigen Gemeinschaftsgebiet Arbeiten ausgeführt werden,
2. es sich um eine vorübergehende Verwendung handelt, mit den Gegenständen im übrigen Gemeinschaftsgebiet sonstige Leistungen ausgeführt werden und der Unternehmer in dem betreffenden Mitgliedstaat keine Zweigniederlassung hat oder
3. es sich um eine vorübergehende Verwendung im übrigen Gemeinschaftsgebiet handelt und in entsprechenden Fällen die Einfuhr der Gegenstände aus dem Drittlandsgebiet vollständig steuerfrei wäre.

(4b) Gegenstände, die der Unternehmer von einem im übrigen Gemeinschaftsgebiet ansässigen Unternehmer mit Umsatzsteuer-Identifikationsnummer zur Ausführung einer sonstigen Leistung im Sinne des § 3a Abs. 3[1] Nr. 3 Buchstabe c erhält, müssen aufgezeichnet werden.

(4c) [1] Der Lagerhalter, der ein Umsatzsteuerlager im Sinne des § 4 Nr. 4a betreibt, hat Bestandsaufzeichnungen über die eingelagerten Gegenstände und Aufzeichnungen über Leistungen im Sinne des § 4 Nr. 4a Satz 1 Buchstabe b Satz 1 zu führen. [2] Bei der Auslagerung eines Gegenstands aus dem Umsatzsteuerlager muss der Lagerhalter Name, Anschrift und die inländische Umsatzsteuer-Identifikationsnummer des Auslagerers oder dessen Fiskalvertreters aufzeichnen.

(4d) [1] Im Fall der Abtretung eines Anspruchs auf die Gegenleistung für einen steuerpflichtigen Umsatz an einen anderen Unternehmer (§ 13c) hat
1. der leistende Unternehmer den Namen und die Anschrift des Abtretungsempfängers sowie die Höhe des abgetretenen Anspruchs auf die Gegenleistung aufzuzeichnen;
2. der Abtretungsempfänger den Namen und die Anschrift des leistenden Unternehmers, die Höhe des abgetretenen Anspruchs auf die Gegenleistung sowie die Höhe der auf den abgetretenen Anspruch vereinnahmten Beträge aufzuzeichnen. [2] Sofern der Abtretungsempfänger die Forderung oder einen Teil der Forderung an einen Dritten abtritt, hat er zusätzlich den Namen und die Anschrift des Dritten aufzuzeichnen.

[2] Satz 1 gilt entsprechend bei der Verpfändung oder der Pfändung von Forderungen. [3] An die Stelle des Abtretungsempfängers tritt im Fall der Verpfändung der Pfandgläubiger und im Fall der Pfändung der Vollstreckungsgläubiger.

(4e) [1] Wer in den Fällen des § 13c[2] Zahlungen nach § 48 der Abgabenordnung leistet, hat Aufzeichnungen über die entrichteten Beträge zu führen. [2] Dabei sind auch Name, Anschrift und die Steuernummer des Schuldners der Umsatzsteuer aufzuzeichnen.

[***ab 1.1.2020:***

(4f)[3] [1] Der Unternehmer, der nach Maßgabe des § 6b einen Gegenstand aus dem Gebiet eines Mitgliedstaates in das Gebiet eines anderen Mitgliedstaates

---

[1] Verweis geänd. mWv 1.1.2010 durch G v. 19.12.2008 (BGBl. I S. 2794).
[2] Hinweis auf § 13d aufgeh. durch G v. 20.12.2007 (BGBl. I S. 3150).
[3] § 22 Abs. 4f eingef. mWv 1.1.2020 durch G v. 12.12.2019 (BGBl. I S. 2451).

befördert oder versendet, hat über diese Beförderung oder Versendung gesondert Aufzeichnungen zu führen. [2]Diese Aufzeichnungen müssen folgende Angaben enthalten:

1. den vollständigen Namen und die vollständige Anschrift des Erwerbers im Sinne des § 6b Absatz 1 Nummer 1 oder des § 6b Absatz 5;
2. den Abgangsmitgliedstaat;
3. den Bestimmungsmitgliedstaat;
4. den Tag des Beginns der Beförderung oder Versendung im Abgangsmitgliedstaat;
5. die von dem Erwerber im Sinne des § 6b Absatz 1 oder des § 6b Absatz 5 verwendete Umsatzsteuer-Identifikationsnummer;
6. den vollständigen Namen und die vollständige Anschrift des Lagers, in das der Gegenstand im Rahmen der Beförderung oder Versendung in den Bestimmungsmitgliedstaat gelangt;
7. den Tag des Endes der Beförderung oder Versendung im Bestimmungsmitgliedstaat;
8. die Umsatzsteuer-Identifikationsnummer eines Dritten als Lagerhalter;
9. die Bemessungsgrundlage nach § 10 Absatz 4 Satz 1 Nummer 1, die handelsübliche Bezeichnung und Menge der im Rahmen der Beförderung oder Versendung in das Lager gelangten Gegenstände;
10. den Tag der Lieferung im Sinne des § 6b Absatz 2;
11. das Entgelt für die Lieferung nach Nummer 10 sowie die handelsübliche Bezeichnung und Menge der gelieferten Gegenstände;
12. die von dem Erwerber für die Lieferung nach Nummer 10 verwendete Umsatzsteuer-Identifikationsnummer;
13. das Entgelt sowie die handelsübliche Bezeichnung und Menge der Gegenstände im Fall des einer innergemeinschaftlichen Lieferung gleichgestellten Verbringens im Sinne des § 6b Absatz 3;
14. die Bemessungsgrundlage der nach § 6b Absatz 4 Nummer 1 in den Abgangsmitgliedstaat zurückgelangten Gegenstände und den Tag des Beginns dieser Beförderung oder Versendung.]

[*ab 1.1.2020:*

(4g)[1] [1]Der Unternehmer, an den der Gegenstand nach Maßgabe des § 6b geliefert werden soll, hat über diese Lieferung gesondert Aufzeichnungen zu führen. [2]Diese Aufzeichnungen müssen folgende Angaben enthalten:

1. die von dem Unternehmer im Sinne des § 6b Absatz 1 Nummer 1 verwendete Umsatzsteuer-Identifikationsnummer;
2. die handelsübliche Bezeichnung und Menge der für den Unternehmer als Erwerber im Sinne des § 6b Absatz 1 oder des § 6b Absatz 5 bestimmten Gegenstände;
3. den Tag des Endes der Beförderung oder Versendung der für den Unternehmer als Erwerber im Sinne des § 6b Absatz 1 oder des § 6b Absatz 5 bestimmten Gegenstände im Bestimmungsmitgliedstaat;

---

[1] § 22 Abs. 4g eingef. mWv 1.1.2020 durch G v. 12.12.2019 (BGBl. I S. 2451).

4. das Entgelt für die Lieferung an den Unternehmer sowie die handelsübliche Bezeichnung und Menge der gelieferten Gegenstände;
5. den Tag des innergemeinschaftlichen Erwerbs im Sinne des § 6b Absatz 2 Nummer 2;
6. die handelsübliche Bezeichnung und Menge der auf Veranlassung des Unternehmers im Sinne des § 6b Absatz 1 Nummer 1 aus dem Lager entnommenen Gegenstände;
7. die handelsübliche Bezeichnung der im Sinne des § 6b Absatz 6 Satz 4 zerstörten oder fehlenden Gegenstände und den Tag der Zerstörung, des Verlusts oder des Diebstahls der zuvor in das Lager gelangten Gegenstände oder den Tag, an dem die Zerstörung oder das Fehlen der Gegenstände festgestellt wurde.

3 Wenn der Inhaber des Lagers, in das der Gegenstand im Sinne des § 6b Absatz 1 Nummer 1 befördert oder versendet wird, nicht mit dem Erwerber im Sinne des § 6b Absatz 1 Nummer 1 oder des § 6b Absatz 5 identisch ist, ist der Unternehmer von den Aufzeichnungen nach Satz 1 Nummer 3, 6 und 7 entbunden.]

(5) Ein Unternehmer, der ohne Begründung einer gewerblichen Niederlassung oder außerhalb einer solchen von Haus zu Haus oder auf öffentlichen Straßen oder an anderen öffentlichen Orten Umsätze ausführt oder Gegenstände erwirbt, hat ein Steuerheft nach amtlich vorgeschriebenem Vordruck zu führen.

(6) Das Bundesministerium der Finanzen kann mit Zustimmung des Bundesrates durch Rechtsverordnung

1. nähere Bestimmungen darüber treffen, wie die Aufzeichnungspflichten zu erfüllen sind und in welchen Fällen Erleichterungen bei der Erfüllung dieser Pflichten gewährt werden können, sowie
2. Unternehmer im Sinne des Absatzes 5 von der Führung des Steuerhefts befreien, sofern sich die Grundlagen der Besteuerung aus anderen Unterlagen ergeben, und diese Befreiung an Auflagen knüpfen.

§ 22a Fiskalvertretung. (1) Ein Unternehmer, der weder im Inland noch in einem der in § 1 Abs. 3 genannten Gebiete seinen Wohnsitz, seinen Sitz, seine Geschäftsleitung oder eine Zweigniederlassung hat und im Inland ausschließlich steuerfreie Umsätze ausführt und keine Vorsteuerbeträge abziehen kann, kann sich im Inland durch einen Fiskalvertreter vertreten lassen.

(2) Zur Fiskalvertretung sind die in § 3 Nr. 1 bis 3 und § 4 Nr. 9 Buchstabe c des Steuerberatungsgesetzes[1)] genannten Personen befugt.

(3) Der Fiskalvertreter bedarf der Vollmacht des im Ausland ansässigen Unternehmers.

§ 22b Rechte und Pflichten des Fiskalvertreters. (1) 1 Der Fiskalvertreter hat die Pflichten des im Ausland ansässigen Unternehmers nach diesem Gesetz als eigene zu erfüllen. 2 Er hat die gleichen Rechte wie der Vertretene.

---

1) Nr. **840**.

[Fassung bis 31.12.2019:]

(2) [1]Der Fiskalvertreter hat unter der ihm nach § 22d Abs. 1 erteilten Steuernummer eine Steuererklärung (§ 18 Abs. 3 und 4) abzugeben, in der er die Besteuerungsgrundlagen für jeden von ihm vertretenen Unternehmer zusammenfasst. [2]Dies gilt für die Zusammenfassende Meldung entsprechend.

[Fassung ab 1.1.2020:][1)]

(2) [1]Der Fiskalvertreter hat unter der ihm nach § 22d Absatz 1 erteilten Steuernummer vierteljährlich Voranmeldungen (§ 18 Absatz 1) sowie eine Steuererklärung (§ 18 Absatz 3 und 4) abzugeben, in der er die Besteuerungsgrundlagen für jeden von ihm vertretenen Unternehmer zusammenfasst. [2]Der Steuererklärung hat der Fiskalvertreter als Anlage eine Aufstellung beizufügen, die die von ihm vertretenen Unternehmer mit deren jeweiligen Besteuerungsgrundlagen enthält.

(2a) Der Fiskalvertreter hat unter der ihm nach § 22d Absatz 1 erteilten Umsatzsteuer-Identifikationsnummer nach § 27a eine Zusammenfassende Meldung nach Maßgabe des § 18a abzugeben.

(3) [1]Der Fiskalvertreter hat die Aufzeichnungen im Sinne des § 22 für jeden von ihm vertretenen Unternehmer gesondert zu führen. [2]Die Aufzeichnungen müssen Namen und Anschrift der von ihm vertretenen Unternehmer enthalten.

§ 22c Ausstellung von Rechnungen im Fall der Fiskalvertretung. Die Rechnung hat folgende Angaben zu enthalten:

1. den Hinweis auf die Fiskalvertretung;
2. den Namen und die Anschrift des Fiskalvertreters;
3. die dem Fiskalvertreter nach § 22d Abs. 1 erteilte Umsatzsteuer-Identifikationsnummer.

§ 22d Steuernummer und zuständiges Finanzamt. (1) Der Fiskalvertreter erhält für seine Tätigkeit eine gesonderte Steuernummer und eine gesonderte Umsatzsteuer-Identifikationsnummer nach § 27a, unter der er für alle von ihm vertretenen im Ausland ansässigen Unternehmen auftritt.

(2) Der Fiskalvertreter wird bei dem Finanzamt geführt, das für seine Umsatzbesteuerung zuständig ist.

§ 22e Untersagung der Fiskalvertretung. (1) Die zuständige Finanzbehörde kann die Fiskalvertretung der in § 22a Abs. 2 mit Ausnahme der in

1) § 22b Abs. 2 ersetzt durch Abs. 2 und 2a durch G v. 12.12.2019 (BGBl. I S. 2451); zur Anwendung siehe § 27 Abs. 29.

§ 3 des Steuerberatungsgesetzes genannten Person untersagen, wenn der Fiskalvertreter wiederholt gegen die ihm auferlegten Pflichten nach § 22b verstößt oder ordnungswidrig im Sinne des § 26a handelt.

(2) Für den vorläufigen Rechtsschutz gegen die Untersagung gelten § 361 Abs. 4 der Abgabenordnung und § 69 Abs. 5 der Finanzgerichtsordnung.

[Fassung bis 30.6.2021:]

§ 22f[1] Besondere Pflichten für Betreiber eines elektronischen Marktplatzes. (1) [1]Der Betreiber eines elektronischen Marktplatzes im Sinne des § 25e Absatz 5 und 6 hat für Lieferungen eines Unternehmers, die auf dem von ihm bereitgestellten Marktplatz rechtlich begründet worden sind und bei denen die Beförderung oder Versendung im Inland beginnt oder endet, Folgendes aufzuzeichnen:

1. den vollständigen Namen und die vollständige Anschrift des liefernden Unternehmers,
2. die dem liefernden Unternehmer von dem nach § 21 der Abgabenordnung zuständigen Finanzamt erteilte Steuernummer und soweit vorhanden die ihm vom Bundeszentralamt für Steuern erteilte Umsatzsteuer-Identifikationsnummer,
3. das Beginn- und Enddatum der Gültigkeit der Bescheinigung nach Satz 2,
4. den Ort des Beginns der Beförderung oder Versendung sowie den Bestimmungsort und
5. den Zeitpunkt und die Höhe des Umsatzes.

[2]Der Nachweis über die Angaben nach Satz 1 Nummer 1 bis 3 ist vom

[Fassung ab 1.7.2021:]

§ 22f[2] Besondere Pflichten für Betreiber einer elektronischen Schnittstelle. (1) [1]In den Fällen des § 25e Absatz 1 hat der Betreiber für Lieferungen eines Unternehmers, bei denen die Beförderung oder Versendung im Inland beginnt oder endet, Folgendes aufzuzeichnen:

1. den vollständigen Namen und die vollständige Anschrift des liefernden Unternehmers,
2. die elektronische Adresse oder Website des liefernden Unternehmers,
3. die dem liefernden Unternehmer vom Bundeszentralamt für Steuern nach § 27a erteilte Umsatzsteuer-Identifikationsnummer,
4. soweit bekannt, die dem liefernden Unternehmer von dem nach § 21 der Abgabenordnung zuständigen Finanzamt erteilte Steuernummer,
5. soweit bekannt, die Bankverbindung oder Nummer des virtuellen Kontos des Lieferers,
6. den Ort des Beginns der Beförderung oder Versendung sowie den Bestimmungsort,
7. den Zeitpunkt und die Höhe des Umsatzes,
8. eine Beschreibung der Gegenstände und

---

[1] § 22f eingef. durch G v. 11.12.2018 (BGBl. I S. 2338); zur Anwendung siehe Abs. 4 sowie § 27 Abs. 25; Abs. 1 Satz 7 red. ber. durch G v. 12.12.2019 (BGBl. I S. 2451).

[2] § 22f neu gef. durch G v. 21.12.2020 (BGBl. I S. 3069); zur Anwendung siehe § 27 Abs. 34 Satz 1.

[Fassung bis 30.6.2021:]

Betreiber durch eine im Zeitpunkt der Lieferung des Unternehmers gültige, auf längstens drei Jahre befristete Bescheinigung über die steuerliche Erfassung des für den liefernden Unternehmer zuständigen Finanzamts zu führen. [3]Die Bescheinigung wird auf Antrag des liefernden Unternehmers vom zuständigen Finanzamt erteilt. [4]Unternehmer ohne Wohnsitz oder gewöhnlichen Aufenthalt, Sitz oder Geschäftsleitung im Inland, einem anderen Mitgliedstaat der Europäischen Union oder in einem Staat, auf den das Abkommen über den Europäischen Wirtschaftsraum anwendbar ist, haben spätestens mit der Antragstellung nach Satz 3 einen Empfangsbevollmächtigten im Inland (§ 123 der Abgabenordnung) zu benennen. [5]§ 123 Satz 4 der Abgabenordnung gilt nicht. [6]Die für den liefernden Unternehmer örtlich zuständige Finanzbehörde speichert die Daten nach Satz 1 Nummer 1 bis 3 und stellt diese zum Datenabruf bereit. [7]Der Antragsteller ist über die Verarbeitung der in Satz 1 Nummer 1 bis 3 genannten Daten durch die Finanzbehörde nach Satz 6 zu informieren.

(2) [1]Erfolgt die Registrierung auf dem elektronischen Marktplatz des Betreibers nicht als Unternehmer, gilt Absatz 1 Satz 1 Nummer 1, 4 und 5 entsprechend. [2]Zusätzlich ist das Geburtsdatum aufzuzeichnen.

(3) [1]Der Betreiber hat die Unterlagen nach den Absätzen 1 und 2 auf Anforderung des Finanzamts elektronisch zu übermitteln. [2]Stellt die Finanzbehörde ein Sammelauskunftsersuchen (§ 93 Absatz 1a Satz 1 der Abgabenordnung), findet § 93 Ab-

[Fassung ab 1.7.2021:]

9. soweit bekannt, die Bestellnummer oder die eindeutige Transaktionsnummer.

[2]Unternehmer ohne Wohnsitz oder gewöhnlichen Aufenthalt, Sitz oder Geschäftsleitung im Inland, in einem anderen Mitgliedstaat der Europäischen Union oder in einem Staat, auf den das Abkommen über den Europäischen Wirtschaftsraum anwendbar ist, haben mit der Antragstellung auf steuerliche Erfassung einen Empfangsbevollmächtigten im Inland zu benennen. [3]§ 123 Satz 2 und 3 der Abgabenordnung bleibt unberührt.

(2) [1]Erfolgt die Registrierung auf der elektronischen Schnittstelle nicht als Unternehmer, gilt Absatz 1 Satz 1 Nummer 1 und 6 bis 9 entsprechend. [2]Zusätzlich ist das Geburtsdatum aufzuzeichnen.

(3)[1)] [1]Wer mittels einer elektronischen Schnittstelle die Erbringung einer sonstigen Leistung an einen Empfänger nach § 3a Absatz 5 Satz 1 unterstützt, hat Aufzeichnungen nach Artikel 54c der Durchführungsverordnung (EU) Nr. 282/2011 des Rates vom 15. März 2011 (ABl. L 77 vom 23.3.2011, S. 1) zu führen. [2]Das Gleiche gilt in den Fällen des § 3 Absatz 3a.

(4) [1]Die nach den Absätzen 1 bis 3 vorzuhaltenden Aufzeichnungen sind vom Ende des Jahres an, in dem der Umsatz bewirkt wurde, zehn Jahre lang aufzubewahren und auf Anforderung des Finanzamtes elektronisch zu übermitteln. [2]Stellt die Finanzbehörde ein Sammelauskunftsersuchen (§ 93 Absatz 1a Satz 1 der Abgabenordnung), findet § 93 Absatz 1a

---

[1)] Zur Anwendung siehe § 27 Abs. 25 Satz 2.

[Fassung bis 30.6.2021:]

satz 1a Satz 2 der Abgabenordnung keine Anwendung.

(4) Das Bundesministerium der Finanzen wird ermächtigt, durch Rechtsverordnung mit Zustimmung des Bundesrates Vorschriften zur Ausgestaltung des Datenabrufverfahren nach Absatz 1 Satz 6, zur Verarbeitung und Weiterverarbeitung der in diesem Verfahren erhobenen Daten sowie zum Datenübermittlungsverfahren nach Absatz 3 zu erlassen.

[Fassung ab 1.7.2021:]

Satz 2 der Abgabenordnung keine Anwendung.

(5)[1)] Das Bundesministerium der Finanzen wird ermächtigt, durch Rechtsverordnung mit Zustimmung des Bundesrates Vorschriften zum Datenübermittlungsverfahren nach Absatz 4 Satz 1 zu erlassen.

Sechster Abschnitt. Sonderregelungen

§ 23 Allgemeine Durchschnittssätze. (1) Das Bundesministerium der Finanzen kann mit Zustimmung des Bundesrates zur Vereinfachung des Besteuerungsverfahrens für Gruppen von Unternehmern, bei denen hinsichtlich der Besteuerungsgrundlagen annähernd gleiche Verhältnisse vorliegen und die nicht verpflichtet sind, Bücher zu führen und auf Grund jährlicher Bestandsaufnahmen regelmäßig Abschlüsse zu machen, durch Rechtsverordnung Durchschnittssätze festsetzen für

1. die nach § 15 abziehbaren Vorsteuerbeträge oder die Grundlagen ihrer Berechnung oder
2. die zu entrichtende Steuer oder die Grundlagen ihrer Berechnung.

(2) Die Durchschnittssätze müssen zu einer Steuer führen, die nicht wesentlich von dem Betrag abweicht, der sich nach diesem Gesetz ohne Anwendung der Durchschnittssätze ergeben würde.

(3) [1]Der Unternehmer, bei dem die Voraussetzungen für eine Besteuerung nach Durchschnittssätzen im Sinne des Absatzes 1 gegeben sind, kann beim Finanzamt bis zur Unanfechtbarkeit der Steuerfestsetzung (§ 18 Abs. 3 und 4) beantragen, nach den festgesetzten Durchschnittssätzen besteuert zu werden. [2]Der Antrag kann nur mit Wirkung vom Beginn eines Kalenderjahres an widerrufen werden. [3]Der Widerruf ist spätestens bis zur Unanfechtbarkeit der Steuerfestsetzung des Kalenderjahres, für das er gelten soll, zu erklären. [4]Eine erneute Besteuerung nach Durchschnittssätzen ist frühestens nach Ablauf von fünf Kalenderjahren zulässig.

§ 23a Durchschnittssatz für Körperschaften, Personenvereinigungen und Vermögensmassen im Sinne des § 5 Abs. 1 Nr. 9 des Körperschaftsteuergesetzes. (1) [1]Zur Berechnung der abziehbaren Vorsteuerbeträge (§ 15) wird für Körperschaften, Personenvereinigungen und Vermögensmassen im Sinne des § 5 Abs. 1 Nr. 9 des Körperschaftsteuergesetzes[2)], die

---

[1)] Zur Anwendung vgl. § 27 Abs. 25 Satz 1.

[2)] Nr. **100**.

nicht verpflichtet sind, Bücher zu führen und auf Grund jährlicher Bestandsaufnahmen regelmäßig Abschlüsse zu machen, ein Durchschnittssatz von 7 Prozent des steuerpflichtigen Umsatzes, mit Ausnahme der Einfuhr und des innergemeinschaftlichen Erwerbs, festgesetzt. 2 Ein weiterer Vorsteuerabzug ist ausgeschlossen.

(2) Der Unternehmer, dessen steuerpflichtiger Umsatz, mit Ausnahme der Einfuhr und des innergemeinschaftlichen Erwerbs, im vorangegangenen Kalenderjahr 35 000 Euro[1] überstiegen hat, kann den Durchschnittssatz nicht in Anspruch nehmen.

(3) 1 Der Unternehmer, bei dem die Voraussetzungen für die Anwendung des Durchschnittssatzes gegeben sind, kann dem Finanzamt spätestens bis zum 10. Tag nach Ablauf des ersten Voranmeldungszeitraums eines Kalenderjahres erklären, dass er den Durchschnittssatz in Anspruch nehmen will. 2 Die Erklärung bindet den Unternehmer mindestens für fünf Kalenderjahre. 3 Sie kann nur mit Wirkung vom Beginn eines Kalenderjahres an widerrufen werden. 4 Der Widerruf ist spätestens bis zum 10. Tag nach Ablauf des ersten Voranmeldungszeitraums dieses Kalenderjahres zu erklären. 5 Eine erneute Anwendung des Durchschnittssatzes ist frühestens nach Ablauf von fünf Kalenderjahren zulässig.

§ 24 Durchschnittssätze für land- und forstwirtschaftliche Betriebe.

[Fassung bis 31.12.2021:]

(1) 1 Für die im Rahmen eines land- und forstwirtschaftlichen Betriebs ausgeführten Umsätze wird die Steuer vorbehaltlich der Sätze 2 bis 4 wie folgt festgesetzt:

1. für die Lieferungen von forstwirtschaftlichen Erzeugnissen, ausgenommen Sägewerkserzeugnisse, auf 5,5 Prozent[3],
2. [4] für die Lieferungen der in der Anlage 2 nicht aufgeführten Sägewerkserzeugnisse und Getränke sowie von alkoholischen Flüssigkeiten, ausgenommen die Lieferungen in das Ausland und die im Ausland bewirkten Umsätze, und für sonstige Leistungen, soweit in der Anlage 2 nicht aufgeführte Ge-

[Fassung ab 1.1.2022:]

(1)[2] 1 Hat der Gesamtumsatz des Unternehmers (§ 19 Absatz 3) im vorangegangenen Kalenderjahr nicht mehr als 600 000 Euro betragen, wird die Steuer für die im Rahmen eines land- und forstwirtschaftlichen Betriebs ausgeführten Umsätze vorbehaltlich der Sätze 2 bis 4 wie folgt festgesetzt:

1. für die Lieferungen von forstwirtschaftlichen Erzeugnissen, ausgenommen Sägewerkserzeugnisse, auf 5,5 Prozent,
2. für die Lieferungen der in der Anlage 2 nicht aufgeführten Sägewerkserzeugnisse und Getränke sowie von alkoholischen Flüssigkeiten, ausgenommen die Liefe-

---

[1] § 23a Abs. 2 Betrag geänd. mWv 1.1.2008 durch G v. 10.10.2007 (BGBl. I S. 2332).

[2] § 24 Abs. 1 Satz 1 neu gef. durch G v. 21.12.2020 (BGBl. I S. 3096); zur Anwendung siehe § 27 Abs. 32.

[3] Beträge geänd. mWv 1.1.2007 durch G v. 29.6.2006 (BGBl. I S. 1402).

[4] § 24 Abs. 1 Satz 1 Nr. 2 geänd. durch G v. 20.12.2007 (BGBl. I S. 3150). **Zur geänderten befristeten Anwendung siehe § 28 Abs. 3** sowie Nr. **Vor 1.18**.

[Fassung bis 31.12.2021:]

tränke abgegeben werden, auf 19 Prozent[1]),

3. für die übrigen Umsätze im Sinne des § 1 Abs. 1 Nr. 1 auf 10,7 Prozent[1])

der Bemessungsgrundlage.

[Fassung ab 1.1.2022:]

rungen in das Ausland und die im Ausland bewirkten Umsätze, und für sonstige Leistungen, soweit in der Anlage 2 nicht aufgeführte Getränke abgegeben werden, auf 19 Prozent,

3. für die übrigen Umsätze im Sinne des § 1 Absatz 1 Nummer 1 auf 10,7 Prozent

der Bemessungsgrundlage.

[2]Die Befreiungen nach § 4 mit Ausnahme der Nummern 1 bis 7 bleiben unberührt; § 9 findet keine Anwendung. [3]Die Vorsteuerbeträge werden, soweit sie den in Satz 1 Nr. 1 bezeichneten Umsätzen zuzurechnen sind, auf 5,5 Prozent[1]), in den übrigen Fällen des Satzes 1 auf 10,7 Prozent[1]) der Bemessungsgrundlage für diese Umsätze festgesetzt. [4]Ein weiterer Vorsteuerabzug entfällt. [5]§ 14 ist mit der Maßgabe anzuwenden, dass der für den Umsatz maßgebliche Durchschnittssatz in der Rechnung zusätzlich anzugeben ist.

(2) [1]Als land- und forstwirtschaftlicher Betrieb gelten

1. die Landwirtschaft, die Forstwirtschaft, der Wein-, Garten-, Obst- und Gemüsebau, die Baumschulen, alle Betriebe, die Pflanzen und Pflanzenteile mit Hilfe der Naturkräfte gewinnen, die Binnenfischerei, die Teichwirtschaft, die Fischzucht für die Binnenfischerei und Teichwirtschaft, die Imkerei, die Wanderschäferei sowie die Saatzucht;
2. Tierzucht- und Tierhaltungsbetriebe, soweit ihre Tierbestände nach *den §§ 51 und 51a* [***ab 1.1.2025:*** § 241][2]) des Bewertungsgesetzes[3]) zur landwirtschaftlichen Nutzung gehören [***ab 1.1.2025:*** oder diese die Voraussetzungen des § 13 Absatz 1 Nummer 1 Satz 2 des Einkommensteuergesetzes in Verbindung mit § 13b des Einkommensteuergesetzes erfüllen.][4])

[2]Zum land- und forstwirtschaftlichen Betrieb gehören auch die Nebenbetriebe, die dem land- und forstwirtschaftlichen Betrieb zu dienen bestimmt sind. *[3]Ein Gewerbebetrieb kraft Rechtsform gilt auch dann nicht als land- und forstwirtschaftlicher Betrieb, wenn im Übrigen die Merkmale eines land- und forstwirtschaftlichen Betriebs vorliegen.*[5])

(3) Führt der Unternehmer neben den in Absatz 1 bezeichneten Umsätzen auch andere Umsätze aus, so ist der land- und forstwirtschaftliche Betrieb als ein in der Gliederung des Unternehmens gesondert geführter Betrieb zu behandeln.

(4) [1]Der Unternehmer kann spätestens bis zum 10. Tag eines Kalenderjahres gegenüber dem Finanzamt erklären, dass seine Umsätze vom Beginn des

---

[1]) Beträge geänd. mWv 1.1.2007 durch G v. 29.6.2006 (BGBl. I S. 1402).
[2]) Verweis geänd. mWv 1.1.2025 durch G v. 26.11.2019 (BGBl. I S. 1794).
[3]) Nr. **200**.
[4]) Klammerzusatz angef. mWv 1.1.2025 durch G v. 12.12.2019 (BGBl. I S. 2451).
[5]) § 24 Abs. 2 Satz 3 aufgeh. mWv 29.12.2020 durch G v. 21.12.2020 (BGBl. I S. 3096).

vorangegangenen Kalenderjahres an nicht nach den Absätzen 1 bis 3, sondern nach den allgemeinen Vorschriften dieses Gesetzes besteuert werden sollen. [2]Die Erklärung bindet den Unternehmer mindestens für fünf Kalenderjahre; im Fall der Geschäftsveräußerung ist der Erwerber an diese Frist gebunden. [3]Sie kann mit Wirkung vom Beginn eines Kalenderjahres an widerrufen werden. [4]Der Widerruf ist spätestens bis zum 10. Tag nach Beginn dieses Kalenderjahres zu erklären. [5]Die Frist nach Satz 4 kann verlängert werden. [6]Ist die Frist bereits abgelaufen, so kann sie rückwirkend verlängert werden, wenn es unbillig wäre, die durch den Fristablauf eingetretenen Rechtsfolgen bestehen zu lassen.

§ 25 Besteuerung von Reiseleistungen. (1)[1)] [1]Die nachfolgenden Vorschriften gelten für Reiseleistungen eines Unternehmers, [***bis 17.12.2019:*** *die nicht für das Unternehmen des Leistungsempfängers bestimmt sind,*] soweit der Unternehmer dabei gegenüber dem Leistungsempfänger im eigenen Namen auftritt und Reisevorleistungen in Anspruch nimmt. [2]Die Leistung des Unternehmers ist als sonstige Leistung anzusehen. [3]Erbringt der Unternehmer an einen Leistungsempfänger im Rahmen einer Reise mehrere Leistungen dieser Art, so gelten sie als eine einheitliche sonstige Leistung. [4]Der Ort der sonstigen Leistung bestimmt sich nach § 3a Abs. 1. [5]Reisevorleistungen sind Lieferungen und sonstige Leistungen Dritter, die den Reisenden unmittelbar zugute kommen.

(2) [1]Die sonstige Leistung ist steuerfrei, soweit die ihr zuzurechnenden Reisevorleistungen im Drittlandsgebiet bewirkt werden. [2]Die Voraussetzung der Steuerbefreiung muss vom Unternehmer nachgewiesen sein. [3]Das Bundesministerium der Finanzen kann mit Zustimmung des Bundesrates durch Rechtsverordnung bestimmen, wie der Unternehmer den Nachweis zu führen hat.

(3) [1]Die sonstige Leistung bemisst sich nach dem Unterschied zwischen dem Betrag, den der Leistungsempfänger aufwendet, um die Leistung zu erhalten, und dem Betrag, den der Unternehmer für die Reisevorleistungen aufwendet. [2]Die Umsatzsteuer gehört nicht zur Bemessungsgrundlage. [3]*Der Unternehmer kann die Bemessungsgrundlage statt für jede einzelne Leistung entweder für Gruppen von Leistungen oder für die gesamten innerhalb des Besteuerungszeitraums erbrachten Leistungen ermitteln.*[2)]

(4) [1]Abweichend von § 15 Abs. 1 ist der Unternehmer nicht berechtigt, die ihm für die Reisevorleistungen gesondert in Rechnung gestellten sowie die nach § 13b geschuldeten Steuerbeträge als Vorsteuer abzuziehen. [2]Im Übrigen bleibt § 15 unberührt.

(5) Für die sonstigen Leistungen gilt § 22 mit der Maßgabe, dass aus den Aufzeichnungen des Unternehmers zu ersehen sein müssen:
1. der Betrag, den der Leistungsempfänger für die Leistung aufwendet,
2. die Beträge, die der Unternehmer für die Reisevorleistungen aufwendet,

---

1) § 25 Abs. 1 Satz 1 kursiver Satzteil aufgeh. mWv 18.12.2019 durch G v. 12.12.2019 (BGBl. I S. 2451).

2) § 25 Abs. 3 Satz 3 aufgeh. **mWv 1.1.2022** (§ 27 Abs. 26 idF des G v. 12.12.2019, BGBl. I S. 2451) durch G v. 12.12.2019 (BGBl. I S. 2451).

3. die Bemessungsgrundlage nach Absatz 3 und
4. wie sich die in den Nummern 1 und 2 bezeichneten Beträge und die Bemessungsgrundlage nach Absatz 3 auf steuerpflichtige und steuerfreie Leistungen verteilen.

§ 25a Differenzbesteuerung. (1) Für die Lieferungen im Sinne des § 1 Abs. 1 Nr. 1 von beweglichen körperlichen Gegenständen gilt eine Besteuerung nach Maßgabe der nachfolgenden Vorschriften (Differenzbesteuerung), wenn folgende Voraussetzungen erfüllt sind:

1. [1]Der Unternehmer ist ein Wiederverkäufer. [2]Als Wiederverkäufer gilt, wer gewerbsmäßig mit beweglichen körperlichen Gegenständen handelt oder solche Gegenstände im eigenen Namen öffentlich versteigert.
2. [1]Die Gegenstände wurden an den Wiederverkäufer im Gemeinschaftsgebiet geliefert. [2]Für diese Lieferung wurde
   a) Umsatzsteuer nicht geschuldet oder nach § 19 Abs. 1 nicht erhoben oder
   b) die Differenzbesteuerung vorgenommen.
3. Die Gegenstände sind keine Edelsteine (aus Positionen 7102 und 7103 des Zolltarifs) oder Edelmetalle (aus Positionen 7106, 7108, 7110 und 7112 des Zolltarifs).

(2) [1]Der Wiederverkäufer kann spätestens bei Abgabe der ersten Voranmeldung eines Kalenderjahres gegenüber dem Finanzamt erklären, dass er die Differenzbesteuerung von Beginn dieses Kalenderjahres an auch auf folgende Gegenstände anwendet:

1. Kunstgegenstände (Nummer 53 der Anlage 2)[1)], Sammlungsstücke (Nummer 49 Buchstabe f und Nummer 54 der Anlage 2) oder Antiquitäten (Position 9706 00 00 des Zolltarifs)[2)], die er selbst eingeführt hat, oder
2. Kunstgegenstände, wenn die Lieferung an ihn steuerpflichtig war und nicht von einem Wiederverkäufer ausgeführt wurde.

[2]Die Erklärung bindet den Wiederverkäufer für mindestens zwei Kalenderjahre.

(3)[3)] [1]Der Umsatz wird nach dem Betrag bemessen, um den der Verkaufspreis den Einkaufspreis für den Gegenstand übersteigt; bei Lieferungen im Sinne des § 3 Abs. 1b und in den Fällen des § 10 Abs. 5 tritt an die Stelle des Verkaufspreises der Wert nach § 10 Abs. 4 Satz 1 Nr. 1. [2]Lässt sich der Einkaufspreis eines Kunstgegenstandes (Nummer 53 der Anlage 2) nicht ermitteln oder ist der Einkaufspreis unbedeutend, wird der Betrag, nach dem sich der Umsatz bemisst, mit 30 Prozent des Verkaufspreises angesetzt. [3]Die Umsatzsteuer gehört nicht zur Bemessungsgrundlage. [4]Im Fall des Absatzes 2 Satz 1 Nr. 1 gilt als Einkaufspreis der Wert im Sinne des § 11 Abs. 1 zuzüglich der Einfuhrumsatzsteuer. [5]Im Fall des Absatzes 2 Satz 1 Nr. 2 schließt der Einkaufspreis die Umsatzsteuer des Lieferers ein.

[1)] Abgedruckt im Anschluss an dieses Gesetz.

[2)] Klammerzusatz geänd. durch G v. 13.12.2006 (BGBl. I S. 2878).

[3)] § 25a Abs. 3 Satz 2 eingef., bish. Sätze 2 bis 4 werden Sätze 3 bis 5 mWv 1.1.2014 durch G v. 26.6.2013 (BGBl. I S. 1809).

(4) [1]Der Wiederverkäufer kann die gesamten innerhalb eines Besteuerungszeitraums ausgeführten Umsätze nach dem Gesamtbetrag bemessen, um den die Summe der Verkaufspreise und der Werte nach § 10 Abs. 4 Satz 1 Nr. 1 die Summe der Einkaufspreise dieses Zeitraums übersteigt (Gesamtdifferenz). [2]Die Besteuerung nach der Gesamtdifferenz ist nur bei solchen Gegenständen zulässig, deren Einkaufspreis 500 Euro nicht übersteigt. [3]Im Übrigen gilt Absatz 3 entsprechend.

(5)[1)] [1]Die Steuer ist mit dem allgemeinen Steuersatz nach § 12 Abs. 1 zu berechnen. [2]Die Steuerbefreiungen, ausgenommen die Steuerbefreiung für innergemeinschaftliche Lieferungen (§ 4 Nr. 1 Buchstabe b, § 6a), bleiben unberührt. [3]Abweichend von § 15 Abs. 1 ist der Wiederverkäufer in den Fällen des Absatzes 2 nicht berechtigt, die entstandene Einfuhrumsatzsteuer, die gesondert ausgewiesene Steuer oder die nach § 13b Absatz 5 geschuldete Steuer für die an ihn ausgeführte Lieferung als Vorsteuer abzuziehen.

(6) [1]§ 22 gilt mit der Maßgabe, dass aus den Aufzeichnungen des Wiederverkäufers zu ersehen sein müssen

1. die Verkaufspreise oder die Werte nach § 10 Abs. 4 Satz 1 Nr. 1,
2. die Einkaufspreise und
3. die Bemessungsgrundlagen nach den Absätzen 3 und 4.

[2]Wendet der Wiederverkäufer neben der Differenzbesteuerung die Besteuerung nach den allgemeinen Vorschriften an, hat er getrennte Aufzeichnungen zu führen.

(7) Es gelten folgende Besonderheiten:

1. Die Differenzbesteuerung findet keine Anwendung
   a) auf die Lieferungen eines Gegenstands, den der Wiederverkäufer innergemeinschaftlich erworben hat, wenn auf die Lieferung des Gegenstands an den Wiederverkäufer die Steuerbefreiung für innergemeinschaftliche Lieferungen im übrigen Gemeinschaftsgebiet angewendet worden ist,
   b) auf die innergemeinschaftliche Lieferung eines neuen Fahrzeugs im Sinne des § 1b Abs. 2 und 3.
2. Der innergemeinschaftliche Erwerb unterliegt nicht der Umsatzsteuer, wenn auf die Lieferung der Gegenstände an den Erwerber im Sinne des § 1a Abs. 1 die Differenzbesteuerung im übrigen Gemeinschaftsgebiet angewendet worden ist.
3. Die Anwendung des § 3c und die Steuerbefreiung für innergemeinschaftliche Lieferungen (§ 4 Nr. 1 Buchstabe b, § 6a) sind bei der Differenzbesteuerung ausgeschlossen.

(8) [1]Der Wiederverkäufer kann bei jeder Lieferung auf die Differenzbesteuerung verzichten, soweit er Absatz 4 nicht anwendet. [2]Bezieht sich der Verzicht auf die in Absatz 2 bezeichneten Gegenstände, ist der Vorsteuerabzug frühestens in dem Voranmeldungszeitraum möglich, in dem die Steuer für die Lieferung entsteht.

[1)] § 25a Abs. 5 Satz 3 geänd. mWv 1.7.2010 durch G v. 8.4.2010 (BGBl. I S. 386); Satz 3 geänd. mWv 31.7.2014 durch G v. 25.7.2014 (BGBl. I S. 1266).

§ 25b Innergemeinschaftliche Dreiecksgeschäfte. (1) [1]Ein innergemeinschaftliches Dreiecksgeschäft liegt vor, wenn

1. drei Unternehmer über denselben Gegenstand Umsatzgeschäfte abschließen und dieser Gegenstand unmittelbar vom ersten Lieferer an den letzten Abnehmer gelangt,
2. die Unternehmer in jeweils verschiedenen Mitgliedstaaten für Zwecke der Umsatzsteuer erfasst sind,
3. der Gegenstand der Lieferungen aus dem Gebiet eines Mitgliedstaates in das Gebiet eines anderen Mitgliedstaates gelangt und
4. der Gegenstand der Lieferungen durch den ersten Lieferer oder den ersten Abnehmer befördert oder versendet wird.

[2]Satz 1 gilt entsprechend, wenn der letzte Abnehmer eine juristische Person ist, die nicht Unternehmer ist oder den Gegenstand nicht für ihr Unternehmen erwirbt und die in dem Mitgliedstaat für Zwecke der Umsatzsteuer erfasst ist, in dem sich der Gegenstand am Ende der Beförderung oder Versendung befindet.

(2) Im Fall des Absatzes 1 wird die Steuer für die Lieferung an den letzten Abnehmer von diesem geschuldet, wenn folgende Voraussetzungen erfüllt sind:

1. Der Lieferung ist ein innergemeinschaftlicher Erwerb vorausgegangen,
2. der erste Abnehmer ist in dem Mitgliedstaat, in dem die Beförderung oder Versendung endet, nicht ansässig. [2]Er verwendet gegenüber dem ersten Lieferer und dem letzten Abnehmer dieselbe Umsatzsteuer-Identifikationsnummer, die ihm von einem anderen Mitgliedstaat erteilt worden ist als dem, in dem die Beförderung oder Versendung beginnt oder endet,
3. der erste Abnehmer erteilt dem letzten Abnehmer eine Rechnung im Sinne des § 14a Abs. 7, in der die Steuer nicht gesondert ausgewiesen ist, und
4. der letzte Abnehmer verwendet eine Umsatzsteuer-Identifikationsnummer des Mitgliedstaates, in dem die Beförderung oder Versendung endet.

(3) Im Fall des Absatzes 2 gilt der innergemeinschaftliche Erwerb des ersten Abnehmers als besteuert.

(4) Für die Berechnung der nach Absatz 2 geschuldeten Steuer gilt die Gegenleistung als Entgelt.

(5) Der letzte Abnehmer ist unter den übrigen Voraussetzungen des § 15 berechtigt, die nach Absatz 2 geschuldete Steuer als Vorsteuer abzuziehen.

(6) [1]§ 22 gilt mit der Maßgabe, dass aus den Aufzeichnungen zu ersehen sein müssen

1. beim ersten Abnehmer, der eine inländische Umsatzsteuer-Identifikationsnummer verwendet, das vereinbarte Entgelt für die Lieferung im Sinne des Absatzes 2 sowie der Name und die Anschrift des letzten Abnehmers;
2. beim letzten Abnehmer, der eine inländische Umsatzsteuer-Identifikationsnummer verwendet:

a) die Bemessungsgrundlage der an ihn ausgeführten Lieferung im Sinne des Absatzes 2 sowie die hierauf entfallenden Steuerbeträge,

b) der Name und die Anschrift des ersten Abnehmers.

[2] Beim ersten Abnehmer, der eine Umsatzsteuer-Identifikationsnummer eines anderen Mitgliedstaates verwendet, entfallen die Aufzeichnungspflichten nach § 22, wenn die Beförderung oder Versendung im Inland endet.

§ 25c Besteuerung von Umsätzen mit Anlagegold. (1) [1] Die Lieferung, die Einfuhr und der innergemeinschaftliche Erwerb von Anlagegold, einschließlich Anlagegold in Form von Zertifikaten über sammel- oder einzelverwahrtes Gold und über Goldkonten gehandeltes Gold, insbesondere auch Golddarlehen und Goldswaps, durch die ein Eigentumsrecht an Anlagegold oder ein schuldrechtlicher Anspruch auf Anlagegold begründet wird, sowie Terminkontrakte und im Freiverkehr getätigte Terminabschlüsse mit Anlagegold, die zur Übertragung eines Eigentumsrechts an Anlagegold oder eines schuldrechtlichen Anspruchs auf Anlagegold führen, sind steuerfrei. [2] Satz 1 gilt entsprechend für die Vermittlung der Lieferung von Anlagegold.

(2) Anlagegold im Sinne dieses Gesetzes sind:

1. Gold in Barren- oder Plättchenform mit einem von den Goldmärkten akzeptierten Gewicht und einem Feingehalt von mindestens 995 Tausendstel;
2. Goldmünzen, die einen Feingehalt von mindestens 900 Tausendstel aufweisen, nach dem Jahr 1800 geprägt wurden, in ihrem Ursprungsland gesetzliches Zahlungsmittel sind oder waren und üblicherweise zu einem Preis verkauft werden, der den Offenmarktwert ihres Goldgehalts um nicht mehr als 80 Prozent übersteigt.

(3) [1] Der Unternehmer, der Anlagegold herstellt oder Gold in Anlagegold umwandelt, kann eine Lieferung, die nach Absatz 1 Satz 1 steuerfrei ist, als steuerpflichtig behandeln, wenn sie an einen anderen Unternehmer für dessen Unternehmen ausgeführt wird. [2] Der Unternehmer, der üblicherweise Gold zu gewerblichen Zwecken liefert, kann eine Lieferung von Anlagegold im Sinne des Absatzes 2 Nr. 1, die nach Absatz 1 Satz 1 steuerfrei ist, als steuerpflichtig behandeln, wenn sie an einen anderen Unternehmer für dessen Unternehmen ausgeführt wird. [3] Ist eine Lieferung nach den Sätzen 1 oder 2 als steuerpflichtig behandelt worden, kann der Unternehmer, der diesen Umsatz vermittelt hat, die Vermittlungsleistung ebenfalls als steuerpflichtig behandeln.

(4) Bei einem Unternehmer, der steuerfreie Umsätze nach Absatz 1 ausführt, ist die Steuer für folgende an ihn ausgeführte Umsätze abweichend von § 15 Abs. 2 nicht vom Vorsteuerabzug ausgeschlossen:

1. die Lieferungen von Anlagegold durch einen anderen Unternehmer, der diese Lieferungen nach Absatz 3 Satz 1 oder 2 als steuerpflichtig behandelt;
2. die Lieferungen, die Einfuhr und der innergemeinschaftliche Erwerb von Gold, das anschließend von ihm oder für ihn in Anlagegold umgewandelt wird;

3. die sonstigen Leistungen, die in der Veränderung der Form, des Gewichts oder des Feingehalts von Gold, einschließlich Anlagegold, bestehen.

(5) Bei einem Unternehmer, der Anlagegold herstellt oder Gold in Anlagegold umwandelt und anschließend nach Absatz 1 Satz 1 steuerfrei liefert, ist die Steuer für an ihn ausgeführte Umsätze, die in unmittelbarem Zusammenhang mit der Herstellung oder Umwandlung des Goldes stehen, abweichend von § 15 Abs. 2 nicht vom Vorsteuerabzug ausgeschlossen.

(6)[1] Bei Umsätzen mit Anlagegold gelten zusätzlich zu den Aufzeichnungspflichten nach § 22 die Identifizierungs-, Aufzeichnungs- und Aufbewahrungspflichten des Geldwäschegesetzes entsprechend.

§ 25d[2] ***Haftung für die schuldhaft nicht abgeführte Steuer.*** *(1) [1] Der Unternehmer haftet für die Steuer aus einem vorangegangenen Umsatz, soweit diese in einer nach § 14 ausgestellten Rechnung ausgewiesen wurde, der Aussteller der Rechnung entsprechend seiner vorgefassten Absicht die ausgewiesene Steuer nicht entrichtet oder sich vorsätzlich außer Stande gesetzt hat, die ausgewiesene Steuer zu entrichten und der Unternehmer bei Abschluss des Vertrags über seinen Eingangsumsatz davon Kenntnis hatte oder nach der Sorgfalt eines ordentlichen Kaufmanns hätte haben müssen. [2] Trifft dies auf mehrere Unternehmer zu, so haften diese als Gesamtschuldner.*

(2) [1] Von der Kenntnis oder dem Kennenmüssen ist insbesondere auszugehen, wenn der Unternehmer für seinen Umsatz einen Preis in Rechnung stellt, der zum Zeitpunkt des Umsatzes unter dem marktüblichen Preis liegt. [2] Dasselbe gilt, wenn der ihm in Rechnung gestellte Preis unter dem marktüblichen Preis oder unter dem Preis liegt, der seinem Lieferanten oder anderen Lieferanten, die am Erwerb der Ware beteiligt waren, in Rechnung gestellt wurde. [3] Weist der Unternehmer nach, dass die Preisgestaltung betriebswirtschaftlich begründet ist, finden die Sätze 1 und 2 keine Anwendung.

(3) [1] Örtlich zuständig für den Erlass des Haftungsbescheides ist das Finanzamt, das für die Besteuerung des Unternehmers zuständig ist. [2] Im Fall des Absatzes 1 Satz 2 ist jedes Finanzamt örtlich zuständig, bei dem der Vorsteueranspruch geltend gemacht wird.

(4) [1] Das zuständige Finanzamt hat zu prüfen, ob die Voraussetzungen für den Erlass des Haftungsbescheides vorliegen. [2] Bis zum Abschluss dieser Prüfung kann die Erteilung der Zustimmung im Sinne von § 168 Satz 2 der Abgabenordnung versagt werden. [3] Satz 2 gilt entsprechend für die Festsetzung nach § 167 Abs. 1 Satz 1 der Abgabenordnung, wenn sie zu einer Erstattung führt.

(5) Für den Erlass des Haftungsbescheides gelten die allgemeinen Grundsätze, mit Ausnahme des § 219 der Abgabenordnung.

---

[1] § 25c Abs. 6 geänd. mWv 26.6.2017 durch G v. 23.6.2017 (BGBl. I S. 1822).
[2] § 25d aufgeh. mWv 1.1.2020 durch G v. 12.12.2019 (BGBl. I S. 2451).

[Fassung bis 30.6.2021:]

§ 25e[1)] Haftung beim Handel auf einem elektronischen Marktplatz. (1) Der Betreiber eines elektronischen Marktplatzes (Betreiber) haftet für die nicht entrichtete Steuer aus der Lieferung eines Unternehmers, die auf dem von ihm bereitgestellten Marktplatz rechtlich begründet worden ist.

(2) [1]Der Betreiber haftet nicht nach Absatz 1, wenn er eine Bescheinigung nach § 22f Absatz 1 Satz 2 oder eine elektronische Bestätigung nach § 22f Absatz 1 Satz 6 vorlegt. [2]Dies gilt nicht, wenn er Kenntnis davon hatte oder nach der Sorgfalt eines ordentlichen Kaufmanns hätte haben müssen, dass der liefernde Unternehmer seinen steuerlichen Verpflichtungen nicht oder nicht im vollen Umfang nachkommt.

(3) [1]Der Betreiber haftet des Weiteren nicht nach Absatz 1, wenn die Registrierung auf dem elektronischen Marktplatz des Betreibers nicht als Unternehmer erfolgt ist und der Betreiber die Anforderungen nach § 22f Absatz 2 erfüllt. [2]Dies gilt nicht, wenn nach Art, Menge oder Höhe der erzielten Umsätze davon auszugehen ist, dass der Betreiber Kenntnis davon hatte oder nach der Sorgfalt eines ordentlichen Kaufmanns hätte haben müssen, dass die Umsätze im Rahmen eines Unternehmens erbracht werden.

(4) [1]Kommt der liefernde Unternehmer seinen steuerlichen Pflichten nicht oder nicht in wesentlichem

[Fassung ab 1.7.2021:]

§ 25e[2)] Haftung beim Handel über eine elektronische Schnittstelle. (1) Wer mittels einer elektronischen Schnittstelle die Lieferung eines Gegenstandes unterstützt (Betreiber), haftet für die nicht entrichtete Steuer aus dieser Lieferung; dies gilt nicht in den Fällen des § 3 Absatz 3a.

(2) [1]Der Betreiber haftet nicht nach Absatz 1, wenn der liefernde Unternehmer im Sinne von § 22f Absatz 1 Satz 1 Nummer 3 im Zeitpunkt der Lieferung über eine gültige, ihm vom Bundeszentralamt für Steuern nach § 27a erteilte Umsatzsteuer-Identifikationsnummer verfügt. [2]Dies gilt nicht, wenn er Kenntnis davon hatte oder nach der Sorgfalt eines ordentlichen Kaufmanns hätte haben müssen, dass der liefernde Unternehmer seinen steuerlichen Verpflichtungen nicht oder nicht im vollen Umfang nachkommt.

(3) [1]Der Betreiber haftet des Weiteren nicht nach Absatz 1, wenn die Registrierung auf der elektronischen Schnittstelle des Betreibers nicht als Unternehmer erfolgt ist und der Betreiber die Anforderungen nach § 22f Absatz 2 erfüllt. [2]Dies gilt nicht, wenn nach Art, Menge oder Höhe der erzielten Umsätze davon auszugehen ist, dass der Betreiber Kenntnis davon hatte oder nach der Sorgfalt eines ordentlichen Kaufmanns hätte haben müssen, dass die Umsätze im Rahmen eines Unternehmens erbracht werden.

---

1) § 25e eingef. durch G v. 11.12.2018 (BGBl. I S. 2338); Abs. 5 bis 8 gelten mWv 1.1.2019; zur Anwendung von Abs. 1 bis 4 siehe § 27 Abs. 25 Satz 3.

2) § 25e Überschr. geänd., Abs. 1 neu gef., Abs. 2 Satz 1 neu gef., Abs. 3 Satz 1 geänd., Abs. 4 Satz 3 geänd., Abs. 5 und 6 neu gef. durch G v. 21.12.2020 (BGBl. I S. 3096); zur Anwendung siehe § 27 Abs. 34 Satz 1.

[Fassung bis 30.6.2021:]

Umfang nach, ist das für den liefernden Unternehmer zuständige Finanzamt berechtigt, dies dem Betreiber mitzuteilen, wenn andere Maßnahmen keinen unmittelbaren Erfolg versprechen. [2]Nach Zugang der Mitteilung haftet der Betreiber in den Fällen des Absatzes 2 für die Steuer auf Umsätze im Sinne des Absatzes 1, soweit das dem Umsatz zugrunde liegende Rechtsgeschäft nach dem Zugang der Mitteilung abgeschlossen worden ist. [3]Eine Inanspruchnahme des Betreibers nach Satz 2 erfolgt nicht, wenn der Betreiber innerhalb einer vom Finanzamt im Rahmen der Mitteilung nach Satz 1 gesetzten Frist nachweist, dass der liefernde Unternehmer über seinen elektronischen Marktplatz keine Waren mehr anbieten kann. [4]Die Sätze 1 bis 3 sind in den Fällen des Absatzes 3 entsprechend anzuwenden.

(5) Ein elektronischer Marktplatz im Sinne dieser Vorschrift ist eine Website oder jedes andere Instrument, mit dessen Hilfe Informationen über das Internet zur Verfügung gestellt werden, die es einem Dritten, der nicht Betreiber des Marktplatzes ist, ermöglicht, Umsätze auszuführen.

(6) Betreiber im Sinne dieser Vorschrift ist, wer einen elektronischen Marktplatz unterhält und es Dritten ermöglicht, auf diesem Marktplatz Umsätze auszuführen.

(7) Örtlich zuständig für den Erlass des Haftungsbescheides ist das Finanzamt, das für die Besteuerung des liefernden Unternehmers zuständig ist.

(8) Hat der liefernde Unternehmer keinen Wohnsitz oder gewöhnlichen Aufenthalt, Sitz oder Ge-

[Fassung ab 1.7.2021:]

(4) [1]Kommt der liefernde Unternehmer seinen steuerlichen Pflichten nicht oder nicht in wesentlichem Umfang nach, ist das für den liefernden Unternehmer zuständige Finanzamt berechtigt, dies dem Betreiber mitzuteilen, wenn andere Maßnahmen keinen unmittelbaren Erfolg versprechen. [2]Nach Zugang der Mitteilung haftet der Betreiber in den Fällen des Absatzes 2 für die Steuer auf Umsätze im Sinne des Absatzes 1, soweit das dem Umsatz zugrunde liegende Rechtsgeschäft nach dem Zugang der Mitteilung abgeschlossen worden ist. [3]Eine Inanspruchnahme des Betreibers nach Satz 2 erfolgt nicht, wenn der Betreiber innerhalb einer vom Finanzamt im Rahmen der Mitteilung nach Satz 1 gesetzten Frist nachweist, dass der liefernde Unternehmer über seine elektronische Schnittstelle keine Waren mehr anbieten kann. [4]Die Sätze 1 bis 3 sind in den Fällen des Absatzes 3 entsprechend anzuwenden.

(5) Eine elektronische Schnittstelle im Sinne dieser Vorschrift ist ein elektronischer Marktplatz, eine elektronische Plattform, ein elektronisches Portal oder Ähnliches.

(6) [1]Unterstützen im Sinne dieser Vorschrift bezeichnet die Nutzung einer elektronischen Schnittstelle, um es einem Leistungsempfänger und einem liefernden Unternehmer, der über eine elektronische Schnittstelle Gegenstände zum Verkauf anbietet, zu ermöglichen, in Kontakt zu treten, woraus eine Lieferung von Gegenständen an diesen Leistungsempfänger resultiert. [2]Der Betreiber einer elektronischen Schnittstelle unterstützt die Lieferung von Gegenständen jedoch dann nicht im Sinne dieser Vorschrift,

[Fassung bis 30.6.2021:]

schäftsleitung im Inland, einen anderen Mitgliedstaat der Europäischen Union oder in einem Staat, auf den das Abkommen über den europäischen Wirtschaftsraum anzuwenden ist, ist § 219 der Abgabenordnung nicht anzuwenden.

[Fassung ab 1.7.2021:]

wenn er weder unmittelbar noch mittelbar

1. irgendeine der Bedingungen für die Lieferung der Gegenstände festlegt,
2. an der Autorisierung der Abrechnung mit dem Leistungsempfänger bezüglich der getätigten Zahlungen beteiligt ist und
3. an der Bestellung oder Lieferung der Gegenstände beteiligt ist.

[3]Ein Unterstützen im Sinne dieser Vorschrift liegt auch dann nicht vor, wenn der Betreiber der elektronischen Schnittstelle lediglich eine der folgenden Leistungen anbietet:

1. die Verarbeitung von Zahlungen im Zusammenhang mit der Lieferung von Gegenständen,
2. die Auflistung von Gegenständen oder die Werbung für diese, oder
3. die Weiterleitung oder Vermittlung von Leistungsempfängern an andere elektronische Schnittstellen, über die Gegenstände zum Verkauf angeboten werden, ohne dass eine weitere Einbindung in die Lieferung besteht.

(7) Örtlich zuständig für den Erlass des Haftungsbescheides ist das Finanzamt, das für die Besteuerung des liefernden Unternehmers zuständig ist.

(8) Hat der liefernde Unternehmer keinen Wohnsitz oder gewöhnlichen Aufenthalt, Sitz oder Geschäftsleitung im Inland, einen anderen Mitgliedstaat der Europäischen Union oder in einem Staat, auf den das Abkommen über den europäischen Wirtschaftsraum anzuwenden ist, ist § 219 der Abgabenordnung nicht anzuwenden.

[*ab 1.1.2020:*
§ 25f[1)] **Versagung des Vorsteuerabzugs und der Steuerbefreiung bei Beteiligung an einer Steuerhinterziehung.** (1) Sofern der Unternehmer wusste oder hätte wissen müssen, dass er sich mit der von ihm erbrachten Leistung oder seinem Leistungsbezug an einem Umsatz beteiligt, bei dem der Leistende oder ein anderer Beteiligter auf einer vorhergehenden oder nachfolgenden Umsatzstufe in eine begangene Hinterziehung von Umsatzsteuer oder Erlangung eines nicht gerechtfertigten Vorsteuerabzugs im Sinne des § 370 der Abgabenordnung oder in eine Schädigung des Umsatzsteueraufkommens im Sinne der *§§ 26b, 26c* [*ab 1.7.2021:* §§ 26a, 26c][2)] einbezogen war, ist Folgendes zu versagen:

1. die Steuerbefreiung nach § 4 Nummer 1 Buchstabe b in Verbindung mit § 6a,
2. der Vorsteuerabzug nach § 15 Absatz 1 Satz 1 Nummer 1,
3. der Vorsteuerabzug nach § 15 Absatz 1 Satz 1 Nummer 3 sowie
4. der Vorsteuerabzug nach § 15 Absatz 1 Satz 1 Nummer 4.

(2) § 25b Absatz 3 und 5 ist in den Fällen des Absatzes 1 nicht anzuwenden.]

Siebenter Abschnitt. Durchführung, Bußgeld-, Straf-, Verfahrens-, Übergangs- und Schlussvorschriften

§ 26[3)] **Durchführung, Erstattung in Sonderfällen.** (1) [1]Die Bundesregierung kann mit Zustimmung des Bundesrates durch Rechtsverordnung zur Wahrung der Gleichmäßigkeit bei der Besteuerung, zur Beseitigung von Unbilligkeiten in Härtefällen oder zur Vereinfachung des Besteuerungsverfahrens den Umfang der in diesem Gesetz enthaltenen Steuerbefreiungen, Steuerermäßigungen und des Vorsteuerabzugs näher bestimmen sowie die zeitlichen Bindungen nach § 19 Abs. 2, § 23 Abs. 3 und § 24 Abs. 4 verkürzen. [2]Bei der näheren Bestimmung des Umfangs der Steuerermäßigung nach § 12 Abs. 2 Nr. 1 kann von der zolltariflichen Abgrenzung abgewichen werden.

(2) Das Bundesministerium der Finanzen kann mit Zustimmung des Bundesrates durch Rechtsverordnung den Wortlaut derjenigen Vorschriften des Gesetzes und der auf Grund dieses Gesetzes erlassenen Rechtsverordnungen, in denen auf den Zolltarif hingewiesen wird, dem Wortlaut des Zolltarifs in der jeweils geltenden Fassung anpassen.

(3) [1]Das Bundesministerium der Finanzen kann unbeschadet der Vorschriften der §§ 163 und 227 der Abgabenordnung[4)] anordnen, dass die Steuer für grenzüberschreitende Beförderungen von Personen im Luftverkehr niedriger festgesetzt oder ganz oder zum Teil erlassen wird, soweit der Unternehmer

---

1) § 25f eingef. durch G v. 12.12.2019 (BGBl. I S. 2451); zur Anwendung siehe § 27 Abs. 30.
2) Verweis geänd. mWv 1.7.2021 durch G v. 21.12.2020 (BGBl. I S. 3096).
3) § 26 Überschrift geänd. durch G v. 26.6.2013 (BGBl. I S. 1809).
4) Nr. **800**.

keine Rechnungen mit gesondertem Ausweis der Steuer (§ 14 Abs. 4) erteilt hat. [2]Bei Beförderungen durch ausländische Unternehmer kann die Anordnung davon abhängig gemacht werden, dass in dem Land, in dem der ausländische Unternehmer seinen Sitz hat, für grenzüberschreitende Beförderungen im Luftverkehr, die von Unternehmern mit Sitz in der Bundesrepublik Deutschland durchgeführt werden, eine Umsatzsteuer oder ähnliche Steuer nicht erhoben wird.

(4)[1)] [1]Die Umsatzsteuer wird einem Konsortium, das auf der Grundlage der Verordnung (EG) Nr. 723/2009 des Rates vom 25. Juni 2009 über den gemeinschaftlichen Rechtsrahmen für ein Konsortium für eine europäische Forschungsinfrastruktur (ABl. L 206 vom 8.8.2009, S. 1) durch einen Beschluss der Kommission gegründet wurde, vom Bundeszentralamt für Steuern vergütet, wenn

1. das Konsortium seinen satzungsgemäßen Sitz im Inland hat,
2. es sich um die gesetzlich geschuldete Umsatzsteuer handelt, die in Rechnung gestellt und gesondert ausgewiesen wurde,
3. es sich um Umsatzsteuer für Lieferungen und sonstige Leistungen handelt, die das Konsortium für seine satzungsgemäße und nichtunternehmerische Tätigkeit in Anspruch genommen hat,
4. der Steuerbetrag je Rechnung insgesamt 25 Euro übersteigt und
5. die Steuer gezahlt wurde.

[2]Satz 1 gilt entsprechend für die von einem Konsortium nach § 13b Absatz 5 geschuldete und von ihm entrichtete Umsatzsteuer, wenn diese je Rechnung insgesamt 25 Euro übersteigt. [3]Die Sätze 1 und 2 sind auf ein Konsortium mit satzungsgemäßem Sitz in einem anderen Mitgliedstaat sinngemäß anzuwenden, wenn die Voraussetzungen für die Vergütung durch die in § 4 Nummer 7 Satz 5 genannte Bescheinigung nachgewiesen wird. [4]Mindert sich die Bemessungsgrundlage nachträglich, hat das Konsortium das Bundeszentralamt für Steuern davon zu unterrichten und den zu viel vergüteten Steuerbetrag zurückzuzahlen. [5]Wird ein Gegenstand, den ein Konsortium für seine satzungsgemäße Tätigkeit erworben hat und für dessen Erwerb eine Vergütung der Umsatzsteuer gewährt worden ist, entgeltlich oder unentgeltlich abgegeben, vermietet oder übertragen, ist der Teil der vergüteten Umsatzsteuer, der dem Veräußerungspreis oder bei unentgeltlicher Abgabe oder Übertragung dem Zeitwert des Gegenstands entspricht, an das Bundeszentralamt für Steuern zu entrichten. [6]Der zu entrichtende Steuerbetrag kann aus Vereinfachungsgründen durch Anwendung des im Zeitpunkt der Abgabe oder Übertragung des Gegenstands geltenden Steuersatzes ermittelt werden.

(5) Das Bundesministerium der Finanzen kann mit Zustimmung des Bundesrates durch Rechtsverordnung näher bestimmen, wie der Nachweis bei den folgenden Steuerbefreiungen zu führen ist:

1. Artikel III Nr. 1 des Abkommens zwischen der Bundesrepublik Deutschland und den Vereinigten Staaten von Amerika über die von der Bundesrepublik zu gewährenden Abgabenvergünstigungen für die von den Ver-

---

[1)] § 26 Abs. 4 neu gef. mWv 30.6.2013 durch G v. 26.6.2013 (BGBl. I S. 1809).

einigten Staaten im Interesse der gemeinsamen Verteidigung geleisteten Ausgaben (BGBl. 1955 II S. 823);

2. Artikel 67 Abs. 3 des Zusatzabkommens zu dem Abkommen zwischen den Parteien des Nordatlantikvertrags über die Rechtsstellung ihrer Truppen hinsichtlich der in der Bundesrepublik Deutschland stationierten ausländischen Truppen (BGBl. 1961 II S. 1183, 1218);

3. Artikel 14 Abs. 2 Buchstabe b und d des Abkommens zwischen der Bundesrepublik Deutschland und dem Obersten Hauptquartier der Alliierten Mächte, Europa, über die besonderen Bedingungen für die Einrichtung und den Betrieb internationaler militärischer Hauptquartiere in der Bundesrepublik Deutschland (BGBl. 1969 II S. 1997, 2009).

(6) Das Bundesministerium der Finanzen kann dieses Gesetz und die auf Grund dieses Gesetzes erlassenen Rechtsverordnungen in der jeweils geltenden Fassung mit neuem Datum und unter neuer Überschrift im Bundesgesetzblatt bekannt machen.

§ 26a Bußgeldvorschriften.

[Fassung bis 30.6.2021:]

(1) Ordnungswidrig handelt, wer vorsätzlich oder leichtfertig

1. entgegen § 14 Abs. 2 Satz 1 Nr. 1 oder 2 Satz 2 eine Rechnung nicht oder nicht rechtzeitig ausstellt,
2. entgegen § 14b Abs. 1 Satz 1, auch in Verbindung mit Satz 4, ein dort bezeichnetes Doppel oder eine dort bezeichnete Rechnung nicht oder nicht mindestens zehn Jahre aufbewahrt,
3. entgegen § 14b Abs. 1 Satz 5 eine dort bezeichnete Rechnung, einen Zahlungsbeleg oder eine andere beweiskräftige Unterlage nicht oder nicht mindestens zwei Jahre aufbewahrt,
4. entgegen § 18 Abs. 12 Satz 3 die dort bezeichnete Bescheinigung nicht oder nicht rechtzeitig vorlegt,
5.[2] entgegen § 18a Absatz 1 bis 3 in Verbindung mit Absatz 7 Satz 1,

[Fassung ab 1.7.2021:][1]

(1) Ordnungswidrig handelt, wer entgegen § 18 Absatz 1 Satz 4, Absatz 4 Satz 1 oder 2, Absatz 4c Satz 2, Absatz 4e Satz 4 oder Absatz 5a Satz 4, § 18i Absatz 3 Satz 3, § 18j Absatz 4 Satz 3 oder § 18k Absatz 4 Satz 3 eine Vorauszahlung, einen Unterschiedsbetrag oder eine festgesetzte Steuer nicht, nicht vollständig oder nicht rechtzeitig entrichtet.

(2) Ordnungswidrig handelt, wer vorsätzlich oder leichtfertig

1. entgegen § 14 Abs. 2 Satz 1 Nr. 1 oder 2 Satz 2 eine Rechnung nicht oder nicht rechtzeitig ausstellt,
2. entgegen § 14b Abs. 1 Satz 1, auch in Verbindung mit Satz 4, ein dort bezeichnetes Doppel oder eine dort bezeichnete Rechnung nicht oder nicht mindestens zehn Jahre aufbewahrt,

[1] § 26a Abs. 1 eingef., bish. Abs. 1 bis 3 werden Abs. 2 bis 4, neuer Abs. 3 neu gef., neuer Abs. 4 geänd. mWv 1.7.2021 durch G v. 21.12.2020 (BGBl. I S. 3096).

[2] § 26a Abs. 1 Nr. 5 neu gef. mWv 1.7.2010 durch G v. 8.4.2010 (BGBl. I S. 386).

[Fassung bis 30.6.2021:]

Absatz 8 oder Absatz 9 eine Zusammenfassende Meldung nicht, nicht richtig, nicht vollständig oder nicht rechtzeitig abgibt oder entgegen § 18a Absatz 10 eine Zusammenfassende Meldung nicht oder nicht rechtzeitig berichtigt,

6. einer Rechtsverordnung nach § 18c zuwiderhandelt, soweit sie für einen bestimmten Tatbestand auf die Bußgeldvorschrift verweist, oder
7. entgegen § 18d Satz 3 die dort bezeichneten Unterlagen nicht, nicht vollständig oder nicht rechtzeitig vorlegt.

(2) Die Ordnungswidrigkeit kann in den Fällen des Absatzes 1 Nr. 3 mit einer Geldbuße bis zu fünfhundert Euro, in den übrigen Fällen mit einer Geldbuße bis zu fünftausend Euro geahndet werden.

(3)[2] Verwaltungsbehörde im Sinne des § 36 Absatz 1 Nummer 1 des Gesetzes über Ordnungswidrigkeiten ist in den Fällen des Absatzes 1 Nummer 5 und 6 das Bundeszentralamt für Steuern.

[Fassung ab 1.7.2021:]

3. entgegen § 14b Abs. 1 Satz 5 eine dort bezeichnete Rechnung, einen Zahlungsbeleg oder eine andere beweiskräftige Unterlage nicht oder nicht mindestens zwei Jahre aufbewahrt,
4. entgegen § 18 Abs. 12 Satz 3 die dort bezeichnete Bescheinigung nicht oder nicht rechtzeitig vorlegt,
5.[1] entgegen § 18a Absatz 1 bis 3 in Verbindung mit Absatz 7 Satz 1, Absatz 8 oder Absatz 9 eine Zusammenfassende Meldung nicht, nicht richtig, nicht vollständig oder nicht rechtzeitig abgibt oder entgegen § 18a Absatz 10 eine Zusammenfassende Meldung nicht oder nicht rechtzeitig berichtigt,
6. einer Rechtsverordnung nach § 18c zuwiderhandelt, soweit sie für einen bestimmten Tatbestand auf die Bußgeldvorschrift verweist, oder
7. entgegen § 18d Satz 3 die dort bezeichneten Unterlagen nicht, nicht vollständig oder nicht rechtzeitig vorlegt.

(3) Die Ordnungswidrigkeit kann in den Fällen des Absatzes 1 mit einer Geldbuße bis zu dreißigtausend Euro, in den Fällen des Absatzes 2 Nummer 3 mit einer Geldbuße bis zu tausend Euro, in den übrigen Fällen des Absatzes 2 mit einer Geldbuße bis zu fünftausend Euro geahndet werden.

(4) Verwaltungsbehörde im Sinne des § 36 Absatz 1 Nummer 1 des Gesetzes über Ordnungswidrigkeiten ist in den Fällen des Absatzes 2 Nummer 5 und 6 das Bundeszentralamt für Steuern.

---

[1] § 26a Abs. 1 Nr. 5 neu gef. mWv 1.7.2010 durch G v. 8.4.2010 (BGBl. I S. 386).
[2] § 26a Abs. 3 angef. mWv 31.7.2014 durch G v. 25.7.2014 (BGBl. I S. 1266).

§ 26b[1] ***Schädigung des Umsatzsteueraufkommens.*** *(1) Ordnungswidrig handelt, wer die in einer Rechnung im Sinne von § 14 ausgewiesene Umsatzsteuer zu einem in § 18 Absatz 1 Satz 4*[2] *oder Abs. 4 Satz 1 oder 2 genannten Fälligkeitszeitpunkt nicht oder nicht vollständig entrichtet.*

(2) Die Ordnungswidrigkeit kann mit einer Geldbuße bis zu fünfzigtausend Euro geahndet werden.

§ 26c[3] ***Gewerbsmäßige oder bandenmäßige Schädigung des Umsatzsteueraufkommens*** [***ab 1.7.2021:*** **Strafvorschriften**]. Mit Freiheitsstrafe bis zu fünf Jahren oder mit Geldstrafe wird bestraft, wer in den Fällen des *§ 26b* [***ab 1.7. 2021:*** § 26a Absatz 1] gewerbsmäßig oder als Mitglied einer Bande, die sich zur fortgesetzten Begehung solcher Handlungen verbunden hat, handelt.

§ 27 Allgemeine Übergangsvorschriften. (1) [1]Änderungen dieses Gesetzes sind, soweit nichts anderes bestimmt ist, auf Umsätze im Sinne des § 1 Abs. 1 Nr. 1 und 5 anzuwenden, die ab dem Inkrafttreten der maßgeblichen Änderungsvorschrift ausgeführt werden. [2]Das gilt für Lieferungen und sonstige Leistungen auch insoweit, als die Steuer dafür nach § 13 Abs. 1 Nr. 1 Buchstabe a Satz 4, Buchstabe b oder § 13b Absatz 4 Satz 2[4] vor dem Inkrafttreten der Änderungsvorschrift entstanden ist. [3]Die Berechnung dieser Steuer ist für den Voranmeldungszeitraum zu berichtigen, in dem die Lieferung oder sonstige Leistung ausgeführt wird.

(1a) [1]§ 4 Nr. 14 ist auf Antrag auf vor dem 1. Januar 2000 erbrachte Umsätze aus der Tätigkeit als Sprachheilpädagoge entsprechend anzuwenden, soweit der Sprachheilpädagoge gemäß § 124 Abs. 2 des Fünften Buches Sozialgesetzbuch von den zuständigen Stellen der gesetzlichen Krankenkassen umfassend oder für bestimmte Teilgebiete der Sprachtherapie zur Abgabe von sprachtherapeutischen Heilmitteln zugelassen ist und die Voraussetzungen des § 4 Nr. 14 spätestens zum 1. Januar 2000 erfüllt. [2]Bestandskräftige Steuerfestsetzungen können insoweit aufgehoben oder geändert werden.

(2) § 9 Abs. 2 ist nicht anzuwenden, wenn das auf dem Grundstück errichtete Gebäude

1. Wohnzwecken dient oder zu dienen bestimmt ist und vor dem 1. April 1985 fertig gestellt worden ist,
2. anderen nichtunternehmerischen Zwecken dient oder zu dienen bestimmt ist und vor dem 1. Januar 1986 fertig gestellt worden ist,
3. anderen als in den Nummern 1 und 2 bezeichneten Zwecken dient oder zu dienen bestimmt ist und vor dem 1. Januar 1998 fertig gestellt worden ist,

---

[1] § 26b aufgeh. mWv 1.7.2021 durch G v. 21.12.2020 (BGBl. I S. 3096).

[2] Verweis geänd. durch G v. 26.6.2013 (BGBl. I S. 1809).

[3] § 26c Überschr. und Wortlaut geänd. mWv 1.7.2021 durch G v. 21.12.2020 (BGBl. I S. 3096).

[4] Verweis eingef. mWv 1.7.2006 durch G v. 29.6.2006 (BGBl. I S. 1402); geänd. mWv 1.7.2010 durch G v. 8.4.2010 (BGBl. I S. 386).

und wenn mit der Errichtung des Gebäudes in den Fällen der Nummern 1 und 2 vor dem 1. Juni 1984 und in den Fällen der Nummer 3 vor dem 11. November 1993 begonnen worden ist.

(3) § 14 Abs. 1a in der bis zum 31. Dezember 2003 geltenden Fassung ist auf Rechnungen anzuwenden, die nach dem 30. Juni 2002 ausgestellt werden, sofern die zugrunde liegenden Umsätze bis zum 31. Dezember 2003 ausgeführt wurden.

(4) [1] Die §§ 13b, 14 Abs. 1, § 14a Abs. 4 und 5 Satz 3 Nr. 3, § 15 Abs. 1 Satz 1 Nr. 4 und Abs. 4b, § 17 Abs. 1 Satz 1, § 18 Abs. 4a Satz 1, § 19 Abs. 1 Satz 3, § 22 Abs. 1 Satz 2 und Abs. 2 Nr. 8, § 25a Abs. 5 Satz 3 in der jeweils bis zum 31. Dezember 2003 geltenden Fassung sind auch auf Umsätze anzuwenden, die vor dem 1. Januar 2002 ausgeführt worden sind, soweit das Entgelt für diese Umsätze erst nach dem 31. Dezember 2001 gezahlt worden ist. [2] Soweit auf das Entgelt oder Teile des Entgelts für nach dem 31. Dezember 2001 ausgeführte Umsätze vor dem 1. Januar 2002 das Abzugsverfahren nach § 18 Abs. 8 in der bis zum 31. Dezember 2001 geltenden Fassung angewandt worden ist, mindert sich die vom Leistungsempfänger nach § 13b geschuldete Steuer um die bisher im Abzugsverfahren vom leistenden Unternehmer geschuldete Steuer.

(5) [1] § 3 Abs. 9a Satz 2, § 15 Abs. 1b, § 15a Abs. 3 Nr. 2 und § 15a Abs. 4 Satz 2 in der jeweils bis 31. Dezember 2003 geltenden Fassung sind auf Fahrzeuge anzuwenden, die nach dem 31. März 1999 und vor dem 1. Januar 2004 angeschafft oder hergestellt, eingeführt, innergemeinschaftlich erworben oder gemietet worden sind und für die der Vorsteuerabzug nach § 15 Abs. 1b vorgenommen worden ist. [2] Dies gilt nicht für nach dem 1. Januar 2004 anfallende Vorsteuerbeträge, die auf die Miete oder den Betrieb dieser Fahrzeuge entfallen.

(6) Umsätze aus der Nutzungsüberlassung von Sportanlagen können bis zum 31. Dezember 2004 in eine steuerfreie Grundstücksüberlassung und in eine steuerpflichtige Überlassung von Betriebsvorrichtungen aufgeteilt werden.

(7)[1)] § 13c ist anzuwenden auf Forderungen, die nach dem 7. November 2003 abgetreten, verpfändet oder gepfändet worden sind.

(8) § 15a Abs. 1 Satz 1 und Abs. 4 Satz 1 in der Fassung des Gesetzes vom 20. Dezember 2001 (BGBl. I S. 3794) ist auch für Zeiträume vor dem 1. Januar 2002 anzuwenden, wenn der Unternehmer den Vorsteuerabzug im Zeitpunkt des Leistungsbezugs auf Grund der von ihm erklärten Verwendungsabsicht in Anspruch genommen hat und die Nutzung ab dem Zeitpunkt der erstmaligen Verwendung mit den für den Vorsteuerabzug maßgebenden Verhältnissen nicht übereinstimmt.

(9) § 18 Abs. 1 Satz 1 ist erstmals auf Voranmeldungszeiträume anzuwenden, die nach dem 31. Dezember 2004 enden.

(10) § 4 Nr. 21a in der bis 31. Dezember 2003 geltenden Fassung ist auf Antrag auf vor dem 1. Januar 2005 erbrachte Umsätze der staatlichen Hoch-

---

[1)] § 27 Abs. 7 Satz 2 aufgeh. mWv 1.1.2008 durch G v. 20.12.2007 (BGBl. I S. 3150).

schulen aus Forschungstätigkeit anzuwenden, wenn die Leistungen auf einem Vertrag beruhen, der vor dem 3. September 2003 abgeschlossen worden ist.

(11) § 15a in der Fassung des Artikels 5 des Gesetzes vom 9. Dezember 2004 (BGBl. I S. 3310) ist auf Vorsteuerbeträge anzuwenden, deren zugrunde liegende Umsätze im Sinne des § 1 Abs. 1 nach dem 31. Dezember 2004 ausgeführt werden.

(12)[1] Auf Vorsteuerbeträge, deren zugrunde liegende Umsätze im Sinne des § 1 Abs. 1 nach dem 31. Dezember 2006 ausgeführt werden, ist § 15a Abs. 3 und 4 in der am 1. Januar 2007 geltenden Fassung anzuwenden.

(13)[2] § 18a Abs. 1 Satz 1, 4 und 5 in der Fassung des Artikels 7 des Gesetzes vom 13. Dezember 2006 (BGBl. I S. 2878) ist erstmals auf Meldezeiträume anzuwenden, die nach dem 31. Dezember 2006 enden.

(14)[3] § 18 Abs. 9 in der Fassung des Artikels 7 des Gesetzes vom 19. Dezember 2008 (BGBl. I S. 2794) und § 18g sind auf Anträge auf Vergütung von Vorsteuerbeträgen anzuwenden, die nach dem 31. Dezember 2009 gestellt werden.

(15)[4] § 14 Abs. 2 Satz 1 Nr. 2 und § 14 Abs. 3 Nr. 2 in der jeweils ab 1. Januar 2009 geltenden Fassung sind auf alle Rechnungen über Umsätze anzuwenden, die nach dem 31. Dezember 2008 ausgeführt werden.

(16)[5] [1] § 3 Absatz 9a Nummer 1, § 15 Absatz 1b, § 15a Absatz 6a und 8 Satz 2 in der Fassung des Artikels 4 des Gesetzes vom 8. Dezember 2010 (BGBl. I S. 1768) sind nicht anzuwenden auf Wirtschaftsgüter im Sinne des § 15 Absatz 1b, die auf Grund eines vor dem 1. Januar 2011 rechtswirksam abgeschlossenen obligatorischen Vertrags oder gleichstehenden Rechtsakts angeschafft worden sind oder mit deren Herstellung vor dem 1. Januar 2011 begonnen worden ist. [2] Als Beginn der Herstellung gilt bei Gebäuden, für die eine Baugenehmigung erforderlich ist, der Zeitpunkt, in dem der Bauantrag gestellt wird; bei baugenehmigungsfreien Gebäuden, für die Bauunterlagen einzureichen sind, der Zeitpunkt, in dem die Bauunterlagen eingereicht werden.

(17)[5] § 18 Absatz 3 in der Fassung des Artikels 4 des Gesetzes vom 8. Dezember 2010 (BGBl. I S. 1768) ist erstmals auf Besteuerungszeiträume anzuwenden, die nach dem 31. Dezember 2010 enden.

(18)[5] § 14 Absatz 1 und 3 ist in der ab 1. Juli 2011 geltenden Fassung auf alle Rechnungen über Umsätze anzuwenden, die nach dem 30. Juni 2011 ausgeführt werden.

(19)[6] [1] Sind Unternehmer und Leistungsempfänger davon ausgegangen, dass der Leistungsempfänger die Steuer nach § 13b auf eine vor dem 15. Feb-

---

[1] § 27 Abs. 12 angef. durch G v. 22.8.2006 (BGBl. I S. 1970).
[2] § 27 Abs. 13 angef. durch G v. 13.12.2006 (BGBl. I S. 2878).
[3] § 27 Abs. 14 angef. durch G v. 19.12.2008 (BGBl. I S. 2794).
[4] § 27 Abs. 15 angef. durch G v. 20.12.2008 (BGBl. I S. 2850).
[5] § 27 Abs. 16 und 17 angef. durch G v. 8.12.2010 (BGBl. I S. 1768); Abs. 18 angef. durch G v. 1.11.2011 (BGBl. I S. 2131).
[6] § 27 Abs. 19 angef. durch G v. 25.7.2014 (BGBl. I S. 1266).

ruar 2014 erbrachte steuerpflichtige Leistung schuldet, und stellt sich diese Annahme als unrichtig heraus, ist die gegen den leistenden Unternehmer wirkende Steuerfestsetzung zu ändern, soweit der Leistungsempfänger die Erstattung der Steuer fordert, die er in der Annahme entrichtet hatte, Steuerschuldner zu sein. [2] § 176 der Abgabenordnung steht der Änderung nach Satz 1 nicht entgegen. [3] Das für den leistenden Unternehmer zuständige Finanzamt kann auf Antrag zulassen, dass der leistende Unternehmer dem Finanzamt den ihm gegen den Leistungsempfänger zustehenden Anspruch auf Zahlung der gesetzlich entstandenen Umsatzsteuer abtritt, wenn die Annahme der Steuerschuld des Leistungsempfängers im Vertrauen auf eine Verwaltungsanweisung beruhte und der leistende Unternehmer bei der Durchsetzung des abgetretenen Anspruchs mitwirkt. [4] Die Abtretung wirkt an Zahlungs statt, wenn

1. der leistende Unternehmer dem Leistungsempfänger eine erstmalige oder geänderte Rechnung mit offen ausgewiesener Umsatzsteuer ausstellt,
2. die Abtretung an das Finanzamt wirksam bleibt,
3. dem Leistungsempfänger diese Abtretung unverzüglich mit dem Hinweis angezeigt wird, dass eine Zahlung an den leistenden Unternehmer keine schuldbefreiende Wirkung mehr hat, und
4. der leistende Unternehmer seiner Mitwirkungspflicht nachkommt.

(20)[1)] § 18h Absatz 3 und 4 in der Fassung des Artikels 8 des Gesetzes vom 25. Juli 2014 (BGBl. I S. 1266) ist erstmals auf Besteuerungszeiträume anzuwenden, die nach dem 31. Dezember 2014 enden.

(21)[2)] § 18 Absatz 2 in der am 1. Januar 2015 geltenden Fassung ist erstmals auf Voranmeldungszeiträume anzuwenden, die nach dem 31. Dezember 2014 enden.

(22)[3)] [1] § 2 Absatz 3 in der am 31. Dezember 2015 geltenden Fassung ist auf Umsätze, die nach dem 31. Dezember 2015 und vor dem 1. Januar 2017 ausgeführt werden, weiterhin anzuwenden. [2] § 2b in der am 1. Januar 2016 geltenden Fassung ist auf Umsätze anzuwenden, die nach dem 31. Dezember 2016 ausgeführt werden. [3] Die juristische Person des öffentlichen Rechts kann dem Finanzamt gegenüber einmalig erklären, dass sie § 2 Absatz 3 in der am 31. Dezember 2015 geltenden Fassung für sämtliche nach dem 31. Dezember 2016 und vor dem 1. Januar 2021 ausgeführte Leistungen weiterhin anwendet.[4)] [4] Eine Beschränkung der Erklärung auf einzelne Tätigkeitsbereiche oder Leistungen ist nicht zulässig. [5] Die Erklärung ist bis zum 31. Dezember 2016 abzugeben. [6] Sie kann nur mit Wirkung vom Beginn eines auf die Abgabe folgenden Kalenderjahres an widerrufen werden. [7] § 18 Absatz 4f und 4g ist erstmals auf Besteuerungszeiträume anzuwenden, die nicht der Erklärung nach Satz 3 unterliegen.

---

1) § 27 Abs. 20 angef. durch G v. 25.7.2014 (BGBl. I S. 1266).

2) § 27 Abs. 21 angef. durch G v. 22.12.2014 (BGBl. I S. 2417).

3) § 27 Abs. 22 angef. durch G v. 2.11.2015 (BGBl. I S. 1834); Satz 7 angef. duch G v. 21.12.2020 (BGBl. I S. 3096).

4) Siehe hierzu Abs. 22a.

(22a)[1] [1]Hat eine juristische Person des öffentlichen Rechts gegenüber dem Finanzamt gemäß Absatz 22 Satz 3 erklärt, dass sie § 2 Absatz 3 in der am 31. Dezember 2015 geltenden Fassung für sämtliche nach dem 31. Dezember 2016 und vor dem 1. Januar 2021 ausgeführte Leistungen weiterhin anwendet und die Erklärung für vor dem 1. Januar 2021 endende Zeiträume nicht widerrufen, gilt die Erklärung auch für sämtliche Leistungen, die nach dem 31. Dezember 2020 und vor dem 1. Januar 2023 ausgeführt werden. [2]Die Erklärung nach Satz 1 kann auch für Zeiträume nach dem 31. Dezember 2020 nur mit Wirkung vom Beginn eines auf die Abgabe folgenden Kalenderjahres an widerrufen werden. [3]Es ist nicht zulässig, den Widerruf auf einzelne Tätigkeitsbereiche oder Leistungen zu beschränken.

(23)[2] § 3 Absatz 13 bis 15 sowie § 10 Absatz 1 Satz 6 in der Fassung des Artikels 9 des Gesetzes vom 11. Dezember 2018 (BGBl. I S. 2338) sind erstmals auf Gutscheine anzuwenden, die nach dem 31. Dezember 2018 ausgestellt werden.

(24)[3] [1]§ 3a Absatz 5 Satz 3 bis 5 und § 14 Absatz 7 Satz 3 in der Fassung des Artikels 9 des Gesetzes vom 11. Dezember 2018 (BGBl. I S. 2338) sind auf Umsätze anzuwenden, die nach dem 31. Dezember 2018 ausgeführt werden. [2]§ 18 Absatz 4c Satz 1 und Absatz 4d in der Fassung des Artikels 9 des Gesetzes vom 11. Dezember 2018 (BGBl. I S. 2338) ist auf Besteuerungszeiträume anzuwenden, die nach dem 31. Dezember 2018 enden.

(25)[4] [1]Das Bundesministerium der Finanzen teilt den Beginn, ab dem Daten nach § 22f Absatz 5 auf Anforderung zu übermitteln sind, durch ein im Bundessteuerblatt zu veröffentlichendes Schreiben mit. [2]Gleiches gilt für die Festlegung des Kalenderjahres, ab dem Daten nach § 22f Absatz 3 auf Anforderung zu übermitteln sind. [3]§ 25e Absatz 1 bis Absatz 4 in der Fassung des Artikels 9 des Gesetzes vom 11. Dezember 2018 (BGBl. I S. 2338) ist für die in § 22f Absatz 1 Satz 4 in der am 1. Januar 2019 geltenden Fassung genannten Unternehmer ab 1. März 2019 und für andere als die in § 22f Absatz 1 Satz 4 in der am 1. Januar 2019 geltenden Fassung genannten Unternehmer ab 1. Oktober 2019 anzuwenden.

[***ab 1.1.2024:***

(25a)[5] Für Personen, die Leistungen nach dem Soldatenversorgungsgesetz in der Fassung der Bekanntmachung vom 16. September 2009 (BGBl. I S. 3054), das zuletzt durch Artikel 19 des Gesetzes vom 4. August 2019 (BGBl. I S. 1147) geändert worden ist, in Verbindung mit dem Bundesversorgungsgesetz in der Fassung der Bekanntmachung vom 22. Januar 1982 (BGBl. I S. 21), das zuletzt durch Artikel 1 der Verordnung vom 13. Juni 2019 (BGBl. I S. 793) geändert worden ist, erhalten, gelten die Vorschriften des § 4

---

[1] § 27 Abs. 22a eingef. durch G v. 19.6.2020 (BGBl. I S. 1385).

[2] § 27 Abs. 23 angef. durch G v. 11.12.2018 (BGBl. I S. 2338).

[3] § 27 Abs. 24 angef. durch G v. 11.12.2018 (BGBl. I S. 2338).

[4] § 27 Abs. 25 angef. durch G v. 11.12.2018 (BGBl. I S. 2338); Satz 1 neu gef., Satz 3 aufgeh. und bish. Satz 4 wird Satz 3 durch G v. 21.12.2020 (BGBl. I S. 3096).

[5] § 27 Abs. 25a als Abs. 26 eingef. **mWv 1.1.2024** durch G v. 12.12.2019 (BGBl. I S. 2652); Absatzzählung geänd. durch Art. 38 G v. 21.12.2020 (BGBl. I S. 3096).

Nummer 15 Buchstabe b Satz 1 und Nummer 16 *Buchstabe l*[1] in der am 31. Dezember 2023 geltenden Fassung weiter.]

(26)[2] § 25 Absatz 3 in der Fassung des Artikels 11 des Gesetzes vom 12. Dezember 2019 (BGBl. I S. 2451) ist erstmals auf Umsätze anzuwenden, die nach dem 31. Dezember 2021 bewirkt werden.

(27)[2] § 4 Nummer 15a in der bis zum 31. Dezember 2019 geltenden Fassung gilt bis zu den Zeitpunkten nach § 328 Absatz 1 Satz 4 des Fünften Buches Sozialgesetzbuch sowie § 328 Absatz 5 Satz 4 in Verbindung mit § 328 Absatz 1 Satz 4 des Fünften Buches Sozialgesetzbuch fort.

(28)[2] § 15 Absatz 4b, § 16 Absatz 2 Satz 1 und § 18 Absatz 9 in der Fassung des Artikels 12 des Gesetzes vom 12. Dezember 2019 (BGBl. I S. 2451) sind erstmals auf Voranmeldungs-, Besteuerungs- und Vergütungszeiträume anzuwenden, die nach dem 31. Dezember 2019 enden.

(29)[2] § 22b Absatz 2 und 2a in der Fassung des Artikels 12 des Gesetzes vom 12. Dezember 2019 (BGBl. I S. 2451) ist erstmals auf Voranmeldungs-, Besteuerungs- und Meldezeiträume anzuwenden, die nach dem 31. Dezember 2019 enden.

(30)[2] § 25f in der Fassung des Artikels 12 des Gesetzes vom 12. Dezember 2019 (BGBl. I S. 2451) ist erstmals auf Voranmeldungs- und Besteuerungszeiträume anzuwenden, die nach dem 31. Dezember 2019 enden.

(31)[3] Der Termin, ab dem § 21 Absatz 3a in der Fassung des Artikels 3 des Gesetzes vom 29. Juni 2020 (BGBl. I S. 1512) erstmals anzuwenden ist, wird mit einem Schreiben des Bundesministeriums der Finanzen bekanntgegeben.

(32)[4] § 24 Absatz 1 in der Fassung des Artikels 8 des Gesetzes vom 21. Dezember 2020 (BGBl. I S. 3096) ist erstmals auf Umsätze anzuwenden, die nach dem 31. Dezember 2021 bewirkt werden.

(33)[5] [1] § 18i Absatz 3 und 6, § 18j Absatz 4 und 7, § 18k Absatz 4 und 7 in der Fassung des Artikels 13 des Gesetzes vom 21. Dezember 2020 (BGBl. I S. 3096) sind erstmals auf Umsätze anzuwenden, die nach dem 30. Juni 2021 ausgeführt werden. [2] Die in den §§ 18i, 18j und 18k enthaltenen Verweise auf die §§ 3, 3a, 3c, 16, 18i, 18j, 18k und 22 beziehen sich auf die jeweilige Fassung der Artikel 13 und 14 des vorgenannten Gesetzes.

(34)[6] [1] Die §§ 3 und 3a Absatz 5, die §§ 3c, 4, 5, 11, 13 Absatz 1 Nummer 1 Buchstabe f bis i, § 14a Absatz 2, § 16 Absatz 1c bis 1e, § 18 Absatz 1, 3 und 9, die §§ 21a, 22, 22f und 25e in der Fassung des Artikels 14 des Gesetzes vom 21. Dezember 2020 (BGBl. I S. 3096) sind erstmals auf Umsätze und Einfuhren anzuwenden, die nach dem 30. Juni 2021 ausgeführt werden. [2] § 13 Absatz 1 Nummer 1 Buchstabe d und e, § 16 Absatz 1a und 1b, § 18 Ab-

---

[1] Richtig wohl: „Buchstabe m".
[2] § 27 Abs. 26 bis 30 angef. durch G v. 12.12.2019 (BGBl. I S. 2451).
[3] § 27 Abs. 31 angef. durch G v. 29.6.2020 (BGBl. I S. 1512); zum Aufschubzeitraum vgl. BMF v. 6.10.2020, BStBl. I S. 984.
[4] § 27 Abs. 32 angef. durch G v. 21.12.2020 (BGBl. I S. 3096).
[5] § 27 Abs. 33 angef. durch G v. 21.12.2020 (BGBl. I S. 3096).
[6] § 27 Abs. 34 eingef. durch G v. 21.12.2020 (BGBl. I S. 3096).

satz 4c bis 4e und § 18h sind letztmalig auf Umsätze anzuwenden, die vor dem 1. Juli 2021 ausgeführt werden.

§ 27a Umsatzsteuer-Identifikationsnummer. (1)[1] [1]Das Bundeszentralamt für Steuern[2] erteilt Unternehmern im Sinne des § 2 auf Antrag eine Umsatzsteuer-Identifikationsnummer. [2]Das Bundeszentralamt für Steuern[2] erteilt auch juristischen Personen, die nicht Unternehmer sind oder die Gegenstände nicht für ihr Unternehmen erwerben, eine Umsatzsteuer-Identifikationsnummer, wenn sie diese für innergemeinschaftliche Erwerbe benötigen. [3]Im Fall der Organschaft wird auf Antrag für jede juristische Person eine eigene Umsatzsteuer-Identifikationsnummer erteilt. [4]Der Antrag auf Erteilung einer Umsatzsteuer-Identifikationsnummer nach den Sätzen 1 bis 3 ist schriftlich zu stellen. [5]In dem Antrag sind Name, Anschrift und Steuernummer, unter der der Antragsteller umsatzsteuerlich geführt wird, anzugeben.

[*ab 1.1.2021:*

(1a)[3] [1]Das nach § 21 der Abgabenordnung für die Umsatzbesteuerung des Unternehmers zuständige Finanzamt kann die nach Absatz 1 Satz 1 bis 3 erteilte Umsatzsteuer-Identifikationsnummer begrenzen, wenn ernsthafte Anzeichen vorliegen oder nachgewiesen ist, dass die Umsatzsteuer-Identifikationsnummer zur Gefährdung des Umsatzsteueraufkommens verwendet wird. [2]Dies gilt auch, soweit das Umsatzsteueraufkommen anderer Mitgliedstaaten gefährdet wird.]

(2)[4] [1]Die Landesfinanzbehörden übermitteln dem Bundeszentralamt für Steuern[2] die für die Erteilung der Umsatzsteuer-Identifikationsnummer nach Absatz 1 erforderlichen Angaben über die bei ihnen umsatzsteuerlich geführten natürlichen und juristischen Personen und Personenvereinigungen. [2]Diese Angaben dürfen nur für die Erteilung einer Umsatzsteuer-Identifikationsnummer, für Zwecke der Verordnung (EU) Nr. 904/2010 des Rates vom 7. Oktober 2010 über die Zusammenarbeit der Verwaltungsbehörden und die Betrugsbekämpfung auf dem Gebiet der Mehrwertsteuer (ABl. L 268 vom 12.10.2010, S. 1)[5], für die Umsatzsteuerkontrolle, für Zwecke der Amtshilfe zwischen den zuständigen Behörden anderer Staaten in Umsatzsteuersachen sowie für Übermittlungen an das Statistische Bundesamt nach § 2a des Statistikregistergesetzes verarbeitet werden. [*ab 1.1.2021:* [3]Außerdem übermitteln die Landesfinanzbehörden dem Bundeszentralamt für Steuern die nach Absatz 1a erforderlichen Daten.] [4]Bundeszentralamt für Steuern[2] übermittelt den Landesfinanzbehörden die erteilten Umsatzsteuer-Identifikationsnummern und die Daten, die sie für die Umsatzsteuerkontrolle benötigen.

---

[1] § 27a Abs. 1 Sätze 2 und 3 ersetzt durch Satz 2, bish. Sätze 4 bis 6 werden Sätze 3 bis 5, neuer Satz 4 Verweis geänd. mWv 1.1.2010 durch G v. 8.4.2010 (BGBl. I S. 386).

[2] Bezeichnung geänd. durch G v. 22.9.2005 (BGBl. I S. 2809).

[3] § 27a Abs. 1a eingef. mWv 1.1.2021 durch G v. 21.12.2020 (BGBl. I S. 3096).

[4] § 27a Abs. 2 Satz 2 geänd. mWv 26.11.2019 durch G v. 20.11.2019 (BGBl. I S. 1626); Satz 3 eingef., bish. Satz 3 wird Satz 4 mWv 1.1.2021 durch G v. 21.12.2020 (BGBl. I S. 3096).

[5] Verweis geänd. durch G v. 26.6.2013 (BGBl. I S. 1809); **Zölle und Verbrauchsteuern Nr. 530.**

§ 27b Umsatzsteuer-Nachschau. (1) [1] Zur Sicherstellung einer gleichmäßigen Festsetzung und Erhebung der Umsatzsteuer können die damit betrauten Amtsträger der Finanzbehörde ohne vorherige Ankündigung und außerhalb einer Außenprüfung Grundstücke und Räume von Personen, die eine gewerbliche oder berufliche Tätigkeit selbständig ausüben, während der Geschäfts- und Arbeitszeiten betreten, um Sachverhalte festzustellen, die für die Besteuerung erheblich sein können (Umsatzsteuer-Nachschau). [2] Wohnräume dürfen gegen den Willen des Inhabers nur zur Verhütung dringender Gefahren für die öffentliche Sicherheit und Ordnung betreten werden.

(2)[1)] [1] Soweit dies zur Feststellung einer steuerlichen Erheblichkeit zweckdienlich ist, haben die von der Umsatzsteuer-Nachschau betroffenen Personen den damit betrauten Amtsträgern auf Verlangen Aufzeichnungen, Bücher, Geschäftspapiere und andere Urkunden über die der Umsatzsteuer-Nachschau unterliegenden Sachverhalte vorzulegen und Auskünfte zu erteilen. [2] Wurden die in Satz 1 genannten Unterlagen mit Hilfe eines Datenverarbeitungssystems erstellt, können die mit der Umsatzsteuer-Nachschau betrauten Amtsträger auf Verlangen die gespeicherten Daten über die der Umsatzsteuer-Nachschau unterliegenden Sachverhalte einsehen und soweit erforderlich hierfür das Datenverarbeitungssystem nutzen. [3] Dies gilt auch für elektronische Rechnungen nach § 14 Absatz 1 Satz 8.

(3) [1] Wenn die bei der Umsatzsteuer-Nachschau getroffenen Feststellungen hierzu Anlass geben, kann ohne vorherige Prüfungsanordnung (§ 196 der Abgabenordnung) zu einer Außenprüfung nach § 193 der Abgabenordnung übergegangen werden. [2] Auf den Übergang zur Außenprüfung wird schriftlich hingewiesen.

(4) Werden anlässlich der Umsatzsteuer-Nachschau Verhältnisse festgestellt, die für die Festsetzung und Erhebung anderer Steuern als der Umsatzsteuer erheblich sein können, so ist die Auswertung der Feststellungen insoweit zulässig, als ihre Kenntnis für die Besteuerung der in Absatz 1 genannten Personen oder anderer Personen von Bedeutung sein kann.

§ 28[2)] Zeitlich begrenzte Fassungen einzelner Gesetzesvorschriften. (1) § 12 Absatz 1 ist vom 1. Juli 2020 bis 31. Dezember 2020 mit der Maßgabe anzuwenden, dass die Steuer für jeden steuerpflichtigen Umsatz 16 Prozent der Bemessungsgrundlage (§§ 10, 11, 25 Absatz 3 und § 25a Absatz 3 und 4) beträgt.

(2) § 12 Absatz 2 ist vom 1. Juli 2020 bis 31. Dezember 2020 mit der Maßgabe anzuwenden, dass sich die Steuer für die in den Nummern 1 bis 15 genannten Umsätze auf 5 Prozent ermäßigt.

(3) § 24 Absatz 1 Satz 1 Nummer 2 ist vom 1. Juli 2020 bis 31. Dezember 2020 mit der Maßgabe anzuwenden, dass die Steuer für die Lieferungen der in der Anlage 2 nicht aufgeführten Sägewerkserzeugnisse und Getränke sowie von alkoholischen Flüssigkeiten, ausgenommen die Lieferungen in das Ausland und

---

[1)] § 27b Abs. 2 Sätze 2 und 3 angef. mWv 1.7.2011 durch G v. 1.11.2011 (BGBl. I S. 2131).

[2)] § 28 Abs. 1 bis 3 eingef. durch G v. 29.6.2020 (BGBl. I S. 1512); siehe auch Nrn. **Vor 1.17** und **Vor 1.18**.

die im Ausland bewirkten Umsätze, und für sonstige Leistungen, soweit in der Anlage 2 nicht aufgeführte Getränke abgegeben werden, 16 Prozent beträgt.

(4) § 12 Abs. 2 Nr. 10 gilt bis zum 31. Dezember 2011[1] in folgender Fassung:

10. a) die Beförderungen von Personen mit Schiffen,
 b) die Beförderungen von Personen im Schienenbahnverkehr, im Verkehr mit Oberleitungsomnibussen, im genehmigten Linienverkehr mit Kraftfahrzeugen, im Verkehr mit Taxen, mit Drahtseilbahnen und sonstigen mechanischen Aufstiegshilfen aller Art und die Beförderungen im Fährverkehr
  aa) innerhalb einer Gemeinde oder
  bb) wenn die Beförderungsstrecke nicht mehr als 50 Kilometer beträgt.

§ 29 Umstellung langfristiger Verträge. (1) [1]Beruht die Leistung auf einem Vertrag, der nicht später als vier Kalendermonate vor dem Inkrafttreten dieses Gesetzes[2] abgeschlossen worden ist, so kann, falls nach diesem Gesetz ein anderer Steuersatz anzuwenden ist, der Umsatz steuerpflichtig, steuerfrei oder nicht steuerbar wird, der eine Vertragsteil von dem anderen einen angemessenen Ausgleich der umsatzsteuerlichen Mehr- oder Minderbelastung verlangen. [2]Satz 1 gilt nicht, soweit die Parteien etwas anderes vereinbart haben. [3]Ist die Höhe der Mehr- oder Minderbelastung streitig, so ist § 287 Abs. 1 der Zivilprozessordnung[3] entsprechend anzuwenden.

(2) Absatz 1 gilt sinngemäß bei einer Änderung dieses Gesetzes.

Anlage 1 (zu § 4 Nr. 4a)[4]

Liste der Gegenstände, die der Umsatzsteuerlagerregelung unterliegen können

Lfd. Nr.	Warenbezeichnung	Zolltarif (Kapitel, Position, Unterposition)
1	Kartoffeln, frisch oder gekühlt	Position 0701
2	Oliven, vorläufig haltbar gemacht (z. B. durch Schwefeldioxid oder in Wasser, dem Salz, Schwefeldioxid oder andere vorläufig konservierend wirkende Stoffe zugesetzt sind), zum unmittelbaren Genuss nicht geeignet	Unterposition 0711 20
3	Schalenfrüchte, frisch oder getrocknet, auch ohne Schalen oder enthäutet	Positionen 0801 und 0802
4	Kaffee, nicht geröstet, nicht entkoffeiniert, entkoffeiniert	Unterpositionen 0901 11 00 und 0901 12 00

[1] Frist verlängert durch G v. 20.12.2007 (BGBl. I S. 3150).
[2] D. h. „4 Monate vor einer Gesetzesänderung".
[3] **Schönfelder Nr. 100.**
[4] Anlage 1 neu gef. mWv 19.12.2006 durch G v. 13.12.2006 (BGBl. I S. 2878).

Lfd. Nr.	Warenbezeichnung	Zolltarif (Kapitel, Position, Unterposition)
5	Tee, auch aromatisiert	Position 0902
6	Getreide	Positionen 1001 bis 1005, 1007 00 und 1008
7	Rohreis (Paddy-Reis)	Unterposition 1006 10
8	Ölsamen und ölhaltige Früchte	Positionen 1201 00 bis 1207
9	Pflanzliche Fette und Öle und deren Fraktionen, roh, auch raffiniert, jedoch nicht chemisch modifiziert	Positionen 1507 bis 1515
10	Rohzucker	Unterpositionen 1701 11 und 1701 12
11	Kakaobohnen und Kakaobohnenbruch, roh oder geröstet	Position 1801 00 00
12	Mineralöle (einschließlich Propan und Butan sowie Rohöle aus Erdöl)	Positionen 2709 00, 2710, Unterpositionen 2711 12 und 2711 13
13	Erzeugnisse der chemischen Industrie	Kapitel 28 und 29
14	Kautschuk, in Primärformen oder in Platten, Blättern oder Streifen	Positionen 4001 und 4002
15	Chemische Halbstoffe aus Holz, ausgenommen solche zum Auflösen; Halbstoffe aus Holz, durch Kombination aus mechanischem und chemischem Aufbereitungsverfahren hergestellt	Positionen 4703 bis 4705 00 00
16	Wolle, weder gekrempelt noch gekämmt	Position 5101
17	Silber, in Rohform oder Pulver	aus Position 7106
18	Gold, in Rohform oder als Pulver, zu nicht monetären Zwecken	Unterpositionen 7108 11 00 und 7108 12 00
19	Platin, in Rohform oder als Pulver	aus Position 7110
20	Eisen- und Stahlerzeugnisse	Positionen 7207 bis 7212, 7216, 7219, 7220, 7225 und 7226
21	Nicht raffiniertes Kupfer und Kupferanoden zum elektrolytischen Raffinieren; raffiniertes Kupfer und Kupferlegierungen, in Rohform; Kupfervorlegierungen; Draht aus Kupfer	Positionen 7402 00 00, 7403, 7405 00 00 und 7408
22	Nickel in Rohform	Position 7502
23	Aluminium in Rohform	Position 7601
24	Blei in Rohform	Position 7801
25	Zink in Rohform	Position 7901
26	Zinn in Rohform	Position 8001
27	Andere unedle Metalle, ausgenommen Waren daraus und Abfälle und Schrott	aus Positionen 8101 bis 8112

Die Gegenstände dürfen nicht für die Lieferung auf der Einzelhandelsstufe aufgemacht sein.

Anlage 2 (zu § 12 Absatz 2 Nummer 1, 2, 12, 13 und 14)[1)]

Liste der dem ermäßigten Steuersatz unterliegenden Gegenstände

Lfd. Nr.	Warenbezeichnung	Zolltarif (Kapitel, Position, Unterposition)
1	Lebende Tiere, und zwar	
	a) Pferde einschließlich reinrassiger Zuchttiere, ausgenommen Wildpferde,	*aus Position 0101*[2)]
	b) Maultiere und Maulesel,	aus Position 0101
	c) Hausrinder einschließlich reinrassiger Zuchttiere,	aus Position 0102
	d) Hausschweine einschließlich reinrassiger Zuchttiere,	aus Position 0103
	e) Hausschafe einschließlich reinrassiger Zuchttiere,	aus Position 0104
	f) Hausziegen einschließlich reinrassiger Zuchttiere,	aus Position 0104
	g) Hausgeflügel (Hühner, Enten, Gänse, Truthühner und Perlhühner),	Position 0105
	h) Hauskaninchen,	aus Position 0106
	i) Haustauben,	aus Position 0106
	j) Bienen,	aus Position 0106
	k) ausgebildete Blindenführhunde	aus Position 0106
2	Fleisch und genießbare Schlachtnebenerzeugnisse	Kapitel 2
3	Fische und Krebstiere, Weichtiere und andere wirbellose Wassertiere, ausgenommen Zierfische, Langusten, Hummer, Austern und Schnecken	aus Kapitel 3
4	Milch und Milcherzeugnisse; Vogeleier und Eigelb, ausgenommen ungenießbare Eier ohne Schale und ungenießbares Eigelb; natürlicher Honig	aus Kapitel 4
5	Andere Waren tierischen Ursprungs, und zwar	
	a) Mägen von Hausrindern und Hausgeflügel,	aus Position 0504 00 00
	b) (weggefallen)	
	c) rohe Knochen	aus Position 0506
6	Bulben, Zwiebeln, Knollen, Wurzelknollen und Wurzelstöcke, ruhend, im Wachstum oder in Blüte; Zichorienpflanzen und -wurzeln	Position 0601
7	Andere lebende Pflanzen einschließlich ihrer Wurzeln, Stecklinge und Pfropfreiser; Pilzmyzel	Position 0602
8	Blumen und Blüten sowie deren Knospen, geschnitten, zu Binde- oder Zierzwecken, frisch	aus Position 0603
9	Blattwerk, Blätter, Zweige und andere Pflanzenteile, ohne Blüten und Blütenknospen, sowie Gräser, Moose und Flechten, zu Binde- oder Zierzwecken, frisch	aus Position 0604
10	Gemüse, Pflanzen, Wurzeln und Knollen, die zu Ernährungszwecken verwendet werden, und zwar	
	a) Kartoffeln, frisch oder gekühlt,	Position 0701
	b) Tomaten, frisch oder gekühlt,	Position 0702 00 00
	c) Speisezwiebeln, Schalotten, Knoblauch, Porree/Lauch und andere Gemüse der Allium-Arten, frisch oder gekühlt,	Position 0703

[1)] Anlage 2 neu gef. mWv 19.12.2006 durch G v. 13.12.2006 (BGBl. I S. 2878); Klammerzusatz geänd. mWv 18.12.2019 durch G v. 12.12.2019 (BGBl. I S. 2451).

[2)] Nr. 1 Buchst. a der Anl. 2 aufgeh. mWv 1.7.2012 durch G v. 8.5.2012 (BGBl. I S. 1030).

Lfd. Nr.	Warenbezeichnung	Zolltarif (Kapitel, Position, Unterposition)
	d) Kohl, Blumenkohl/Karfiol, Kohlrabi, Wirsingkohl und ähnliche genießbare Kohlarten der Gattung Brassica, frisch oder gekühlt,	Position 0704
	e) Salate (Lactuca sativa) und Chicorée (Cichorium-Arten), frisch oder gekühlt,	Position 0705
	f) Karotten und Speisemöhren, Speiserüben, Rote Rüben, Schwarzwurzeln, Knollensellerie, Rettiche und ähnliche genießbare Wurzeln, frisch oder gekühlt,	Position 0706
	g) Gurken und Cornichons, frisch oder gekühlt,	Position 0707 00
	h) Hülsenfrüchte, auch ausgelöst, frisch oder gekühlt,	Position 0708
	i) anderes Gemüse, frisch oder gekühlt,	Position 0709
	j) Gemüse, auch in Wasser oder Dampf gekocht, gefroren,	Position 0710
	k) Gemüse, vorläufig haltbar gemacht (z. B. durch Schwefeldioxid oder in Wasser, dem Salz, Schwefeldioxid oder andere vorläufig konservierend wirkende Stoffe zugesetzt sind), zum unmittelbaren Genuss nicht geeignet,	Position 0711
	l) Gemüse, getrocknet, auch in Stücke oder Scheiben geschnitten, als Pulver oder sonst zerkleinert, jedoch nicht weiter zubereitet,	Position 0712
	m) getrocknete, ausgelöste Hülsenfrüchte, auch geschält oder zerkleinert,	Position 0713
	n) Topinambur	aus Position 0714
11	Genießbare Früchte und Nüsse	Positionen 0801 bis 0813
12	Kaffee, Tee, Mate und Gewürze	Kapitel 9
13	Getreide	Kapitel 10
14	Müllereierzeugnisse, und zwar	Positionen
	a) Mehl von Getreide,	1101 00 und 1102
	b) Grobgrieß, Feingrieß und Pellets von Getreide,	Position 1103
	c) Getreidekörner, anders bearbeitet; Getreidekeime, ganz, gequetscht, als Flocken oder gemahlen	Position 1104
15	Mehl, Grieß, Pulver, Flocken, Granulat und Pellets von Kartoffeln	Position 1105
16	Mehl, Grieß und Pulver von getrockneten Hülsenfrüchten sowie Mehl, Grieß und Pulver von genießbaren Früchten	aus Position 1106
17	Stärke	aus Position 1108
18	Ölsamen und ölhaltige Früchte sowie Mehl hiervon	Positionen 1201 00 bis 1208
19	Samen, Früchte und Sporen, zur Aussaat	Position 1209
20	(weggefallen)	
21	Rosmarin, Beifuß und Basilikum in Aufmachungen für den Küchengebrauch sowie Dost, Minzen, Salbei, Kamilleblüten und Haustee	aus Position 1211
22	Johannisbrot und Zuckerrüben, frisch oder getrocknet, auch gemahlen; Steine und Kerne von Früchten sowie andere pflanzliche Waren (einschließlich nichtgerösteter Zichorienwurzeln der Varietät Cichorium intybus sativum) der hauptsächlich zur menschlichen Ernährung verwendeten Art, anderweit weder genannt noch inbegriffen; ausgenommen Algen, Tange und Zuckerrohr	aus Position 1212

Lfd. Nr.	Warenbezeichnung	Zolltarif (Kapitel, Position, Unterposition)
23	Stroh und Spreu von Getreide sowie verschiedene zur Fütterung verwendete Pflanzen	Positionen 1213 00 00 und 1214
24	Pektinstoffe, Pektinate und Pektate	Unterposition 1302 20
25	(weggefallen)	
26	Genießbare tierische und pflanzliche Fette und Öle, auch verarbeitet, und zwar	
	a) Schweineschmalz, anderes Schweinefett und Geflügelfett,	aus Position 1501 00
	b) Fett von Rindern, Schafen oder Ziegen, ausgeschmolzen oder mit Lösungsmitteln ausgezogen,	aus Position 1502 00
	c) Oleomargarin,	aus Position 1503 00
	d) fette pflanzliche Öle und pflanzliche Fette sowie deren Fraktionen, auch raffiniert,	aus Positionen 1507 bis 1515
	e) tierische und pflanzliche Fette und Öle sowie deren Fraktionen, ganz oder teilweise hydriert, umgeestert, wiederverestert oder elaidiniert, auch raffiniert, jedoch nicht weiterverarbeitet, ausgenommen hydriertes Rizinusöl (sog. Opalwachs),	aus Position 1516
	f) Margarine; genießbare Mischungen und Zubereitungen von tierischen oder pflanzlichen Fetten und Ölen sowie von Fraktionen verschiedener Fette und Öle, ausgenommen Form- und Trennöle	aus Position 1517
27	(weggefallen)	
28	Zubereitungen von Fleisch, Fischen oder von Krebstieren, Weichtieren und anderen wirbellosen Wassertieren, ausgenommen Kaviar sowie zubereitete oder haltbar gemachte Langusten, Hummer, Austern und Schnecken	aus Kapitel 16
29	Zucker und Zuckerwaren	Kapitel 17
30	Kakaopulver ohne Zusatz von Zucker oder anderen Süßmitteln sowie Schokolade und andere kakaohaltige Lebensmittelzubereitungen	Positionen 1805 00 00 und 1806
31	Zubereitungen aus Getreide, Mehl, Stärke oder Milch; Backwaren	Kapitel 19
32	Zubereitungen von Gemüse, Früchten, Nüssen oder anderen Pflanzenteilen, ausgenommen Frucht- und Gemüsesäfte	Positionen 2001 bis 2008
33	Verschiedene Lebensmittelzubereitungen	Kapitel 21
34	Wasser, ausgenommen – Trinkwasser, einschließlich Quellwasser und Tafelwasser, das in zur Abgabe an den Verbraucher bestimmten Fertigpackungen in den Verkehr gebracht wird, – Heilwasser und – Wasserdampf	aus Unterposition 2201 90 00
35	Milchmischgetränke mit einem Anteil an Milch oder Milcherzeugnissen (z. B. Molke) von mindestens 75 Prozent des Fertigerzeugnisses	aus Position 2202
36	Speiseessig	Position 2209 00
37	Rückstände und Abfälle der Lebensmittelindustrie; zubereitetes Futter	Kapitel 23
38	(weggefallen)	
39	Speisesalz, nicht in wässriger Lösung	aus Position 2501 00

Lfd. Nr.	Warenbezeichnung	Zolltarif (Kapitel, Position, Unterposition)
40	a) Handelsübliches Ammoniumcarbonat und andere Ammoniumcarbonate, b) Natriumhydrogencarbonat (Natriumbicarbonat)	Unterposition 2836 99 17[1)] Unterposition 2836 30 00
41	D-Glucitol (Sorbit), auch mit Zusatz von Saccharin oder dessen Salzen	Unterpositionen 2905 44 und 2106 90
42	Essigsäure	Unterposition 2915 21 00
43	Natriumsalz und Kaliumsalz des Saccharins	aus Unterposition 2925 11 00
44	(weggefallen)	
45	Tierische oder pflanzliche Düngemittel mit Ausnahme von Guano, auch untereinander gemischt, jedoch nicht chemisch behandelt; durch Mischen von tierischen oder pflanzlichen Erzeugnissen gewonnene Düngemittel	aus Position 3101 00 00
46	Mischungen von Riechstoffen und Mischungen (einschließlich alkoholischer Lösungen) auf der Grundlage eines oder mehrerer dieser Stoffe, in Aufmachungen für den Küchengebrauch	aus Unterposition 3302 10
47	Gelatine	aus Position 3503 00
48	Holz, und zwar a) Brennholz in Form von Rundlingen, Scheiten, Zweigen, Reisigbündeln oder ähnlichen Formen, b) Sägespäne, Holzabfälle und Holzausschuss, auch zu Pellets, Briketts, Scheiten oder ähnlichen Formen zusammengepresst	 Unterposition 4401 10 00 Unterposition 4401 30
49	Bücher, Zeitungen und andere Erzeugnisse des grafischen Gewerbes mit Ausnahme der Erzeugnisse, für die Beschränkungen als jugendgefährdende Trägermedien bzw. Hinweispflichten nach § 15 Abs. 1 bis 3 und 6 des Jugendschutzgesetzes in der jeweils geltenden Fassung bestehen, sowie der Veröffentlichungen, die überwiegend Werbezwecken (einschließlich Reisewerbung) dienen, und zwar a) Bücher, Broschüren und ähnliche Drucke, auch in Teilheften, losen Bogen oder Blättern, zum Broschieren, Kartonieren oder Binden bestimmt, sowie Zeitungen und andere periodische Druckschriften kartoniert, gebunden oder in Sammlungen mit mehr als einer Nummer in gemeinsamem Umschlag (ausgenommen solche, die überwiegend Werbung enthalten), b) Zeitungen und andere periodische Druckschriften, auch mit Bildern oder Werbung enthaltend (ausgenommen Anzeigenblätter, Annoncen-Zeitungen und dergleichen, die überwiegend Werbung enthalten), c) Bilderalben, Bilderbücher und Zeichen- oder Malbücher, für Kinder,	 aus Positionen 4901, 9705 00 00 und 9706 00 00 aus Position 4902 aus Position 4903 00 00

[1)] Geänd. durch G v. 20.12.2007 (BGBl. I S. 3150).

Lfd. Nr.	Warenbezeichnung	Zolltarif (Kapitel, Position, Unterposition)
	d) Noten, handgeschrieben oder gedruckt, auch mit Bildern, auch gebunden,	aus Position 4904 00 00
	e) kartografische Erzeugnisse aller Art, einschließlich Wandkarten, topographischer Pläne und Globen, gedruckt,	aus Position 4905
	f) Briefmarken und dergleichen (z. B. Ersttagsbriefe, Ganzsachen) als Sammlungsstücke	aus Positionen 4907 00 und 9704 00 00
50[1]	Platten, Bänder, nicht flüchtige Halbleiterspeichervorrichtungen, „intelligente Karten (smart cards)" und andere Tonträger oder ähnliche Aufzeichnungsträger, die ausschließlich die Tonaufzeichnung der Lesung eines Buches enthalten, mit Ausnahme der Erzeugnisse, für die Beschränkungen als jugendgefährdende Trägermedien bzw. Hinweispflichten nach § 15 Absatz 1 bis 3 und 6 des Jugendschutzgesetzes in der jeweils geltenden Fassung bestehen	aus Position 8523
51	Rollstühle und andere Fahrzeuge für Behinderte, auch mit Motor oder anderer Vorrichtung zur mechanischen Fortbewegung	Position 8713
52	Körperersatzstücke, orthopädische Apparate und andere orthopädische Vorrichtungen sowie Vorrichtungen zum Beheben von Funktionsschäden oder Gebrechen, für Menschen, und zwar	
	a) künstliche Gelenke, ausgenommen Teile und Zubehör,	aus Unterposition 9021 31 00
	b) orthopädische Apparate und andere orthopädische Vorrichtungen einschließlich Krücken sowie medizinisch-chirurgischer Gürtel und Bandagen, ausgenommen Teile und Zubehör,	aus Unterposition 9021 10
	c) Prothesen, ausgenommen Teile und Zubehör,	aus Unterpositionen 9021 21, 9021 29 00 und 9021 39
	d) Schwerhörigengeräte, Herzschrittmacher und andere Vorrichtungen zum Beheben von Funktionsschäden oder Gebrechen, zum Tragen in der Hand oder am Körper oder zum Einpflanzen in den Organismus, ausgenommen Teile und Zubehör	Unterpositionen 9021 40 00 und 9021 50 00, aus Unterposition 9021 90
53	Kunstgegenstände, und zwar	
	a) Gemälde und Zeichnungen, vollständig mit der Hand geschaffen, sowie Collagen und ähnliche dekorative Bildwerke,	Position 9701
	b) Originalstiche, -schnitte und -steindrucke,	Position 9702 00 00
	c) Originalerzeugnisse der Bildhauerkunst, aus Stoffen aller Art	Position 9703 00 00
54	Sammlungsstücke,	
	a) zoologische, botanische, mineralogische oder anatomische, und Sammlungen dieser Art,	aus Position 9705 00 00
	b) von geschichtlichem, archäologischem, paläontologischem oder völkerkundlichem Wert,	aus Position 9705 00 00
	c) von münzkundlichem Wert, und zwar	

[1] Nr. 50 eingef. mWv 1.1.2015 durch G v. 25.7.2014 (BGBl. I S. 1266).

Lfd. Nr.	Warenbezeichnung	Zolltarif (Kapitel, Position, Unterposition)
	aa) kursungültige Banknoten einschließlich Briefmarkengeld und Papiernotgeld,	aus Position 9705 00 00
	bb) Münzen aus unedlen Metallen,	aus Position 9705 00 00
	cc) Münzen und Medaillen aus Edelmetallen, wenn die Bemessungsgrundlage für die Umsätze dieser Gegenstände mehr als 250 Prozent des unter Zugrundelegung des Feingewichts berechneten Metallwerts ohne Umsatzsteuer beträgt	aus Positionen 7118, 9705 00 00 und 9706 00 00.
55[1]	Erzeugnisse für Zwecke der Monatshygiene, und zwar	
	a) hygienische Binden (Einlagen) und Tampons aus Stoffen aller Art,	aus Position 9619
	b) Hygienegegenstände aus Kunststoffen (Menstruationstassen, Menstruationsschwämmchen),	aus Unterposition 3924 90
	c) Waren zu hygienischen Zwecken aus Weichkautschuk (Menstruationstassen),	aus Unterposition 4014 90
	d) natürliche Schwämme tierischen Ursprungs (Menstruationsschwämmchen),	aus Unterposition 0511 99 39
	e) Periodenhosen (Slips und andere Unterhosen mit einer eingearbeiteten saugfähigen Einlage, zur mehrfachen Verwendung),	aus Position 9619

Anlage 3 (zu § 13b Absatz 2 Nummer 7)[2]

Liste der Gegenstände im Sinne des § 13b Absatz 2 Nummer 7

Lfd. Nr.	Warenbezeichnung	Zolltarif (Kapitel, Position, Unterposition)
1	Granulierte Schlacke (Schlackensand) aus der Eisen- und Stahlherstellung	Unterposition 2618 00 00
2	Schlacken (ausgenommen granulierte Schlacke), Zunder und andere Abfälle der Eisen- und Stahlherstellung	Unterposition 2619 00
3	Schlacken, Aschen und Rückstände (ausgenommen solche der Eisen- und Stahlherstellung), die Metalle, Arsen oder deren Verbindungen enthalten	Position 2620
4	Abfälle, Schnitzel und Bruch von Kunststoffen	Position 3915
5	Abfälle, Bruch und Schnitzel von Weichkautschuk, auch zu Pulver oder Granulat zerkleinert	Unterposition 4004 00 00
6	Bruchglas und andere Abfälle und Scherben von Glas	Unterposition 7001 00 10
7	Abfälle und Schrott von Edelmetallen oder Edelmetallplattierungen; andere Abfälle und Schrott, Edelmetalle oder Edelmetallverbindungen enthaltend, von der hauptsächlich zur Wiedergewinnung von Edelmetallen verwendeten Art	Position 7112
8	Abfälle und Schrott, aus Eisen oder Stahl; Abfallblöcke aus Eisen oder Stahl	Position 7204
9	Abfälle und Schrott, aus Kupfer	Position 7404
10	Abfälle und Schrott, aus Nickel	Position 7503

[1] Nr. 55 eingef. mWv 1.1.2020 durch G v. 12.12.2019 (BGBl. I S. 2451).
[2] Anlage 3 eingef. mWv 1.1.2011 durch G v. 8.12.2010 (BGBl. I S. 1768).

Lfd. Nr.	Warenbezeichnung	Zolltarif (Kapitel, Position, Unterposition)
11	Abfälle und Schrott, aus Aluminium	Position 7602
12	Abfälle und Schrott, aus Blei	Position 7802
13	Abfälle und Schrott, aus Zink	Position 7902
14	Abfälle und Schrott, aus Zinn	Position 8002
15	Abfälle und Schrott, aus anderen unedlen Metallen	aus Positionen 8101 bis 8113
16	Abfälle und Schrott, von elektrischen Primärelementen, Primärbatterien und Akkumulatoren; ausgebrauchte elektrische Primärelemente, Primärbatterien und Akkumulatoren	Unterposition 8548 10

Anlage 4 (zu § 13b Absatz 2 Nummer 11)[1)]

Liste der Gegenstände, für deren Lieferung der Leistungsempfänger die Steuer schuldet

Lfd. Nr.	Warenbezeichnung	Zolltarif (Kapitel, Position, Unterposition)
1	Silber, in Rohform oder als Halbzeug oder Pulver; Silberplattierungen auf unedlen Metallen, in Rohform oder als Halbzeug	Positionen 7106 und 7107
2	Platin, in Rohform oder als Halbzeug oder Pulver; Platinplattierungen auf unedlen Metallen, auf Silber oder auf Gold, in Rohform oder als Halbzeug	Position 7110 und Unterposition 7111 00 00
3	Roheisen oder Spiegeleisen, in Masseln, Blöcken oder anderen Rohformen; Körner und Pulver aus Roheisen, Spiegeleisen, Eisen oder Stahl; Rohblöcke und andere Rohformen aus Eisen oder Stahl; Halbzeug aus Eisen oder Stahl	Positionen 7201, 7205 bis 7207, 7218 und 7224
4	Nicht raffiniertes Kupfer und Kupferanoden zum elektrolytischen Raffinieren; raffiniertes Kupfer und Kupferlegierungen, in Rohform; Kupfervorlegierungen; Pulver und Flitter aus Kupfer	Positionen 7402, 7403, 7405 und 7406
5	Nickelmatte, Nickeloxidsinter und andere Zwischenerzeugnisse der Nickelmetallurgie; Nickel in Rohform; Pulver und Flitter, aus Nickel	Positionen 7501, 7502 und 7504
6	Aluminium in Rohform; Pulver und Flitter, aus Aluminium	Positionen 7601 und 7603
7	Blei in Rohform; Pulver und Flitter, aus Blei	Position 7801; aus Position 7804
8	Zink in Rohform; Staub, Pulver und Flitter, aus Zink	Positionen 7901 und 7903
9	Zinn in Rohform	Position 8001
10	Andere unedle Metalle in Rohform oder als Pulver	aus Positionen 8101 bis 8112
11	Cermets in Rohform	Unterposition 81 113 00 20

1) Anlage 4 eingef. mWv 1.10.2014 durch G v. 25.7.2014 (BGBl. I S. 1266); neu gef. mWv 1.1.2015 durch G v. 22.12.2014 (BGBl. I S. 2417); Nr. 3 geänd. durch G v. 2.11.2015 (BGBl. I S. 1834).

510. Umsatzsteuer-Durchführungsverordnung (UStDV)

In der Fassung der Bekanntmachung vom 21. Februar 2005 (BGBl. I S. 434)[1]

Geändert durch Gesetz zur Neuorganisation der Bundesfinanzverwaltung und zur Schaffung eines Refinanzierungsregisters vom 22.9.2005 (BGBl. I S. 2809), Erstes Gesetz zum Abbau bürokratischer Hemmnisse insbesondere in der mittelständischen Wirtschaft vom 22.8.2006 (BGBl. I S. 1970), Jahressteuergesetz 2007 vom 13.12.2006 (BGBl. I S. 2878), Jahressteuergesetz 2008 vom 20.12.2007 (BGBl. I S. 3150), Jahressteuergesetz 2009 vom 19.12.2008 (BGBl. I S. 2794), Steuerbürokratieabbaugesetz vom 20.12.2008 (BGBl. I S. 2850), Drittes Mittelstandsentlastungsgesetz vom 17.3.2009 (BGBl. I S. 550), Gesetz zur Umsetzung steuerlicher EU-Vorgaben sowie zur Änderung steuerlicher Vorschriften vom 8.4.2010 (BGBl. I S. 386), Verordnung zur Änderung steuerlicher Verordnungen vom 17.11.2010 (BGBl. I S. 1544), Zweite Verordnung zur Änderung steuerlicher Verordnungen vom 2.12.2011 (BGBl. I S. 2416), Verordnung zum Erlass und zur Änderung steuerlicher Verordnungen vom 11.12.2012 (BGBl. I S. 2637), Elfte Verordnung zur Änderung der Umsatzsteuer-Durchführungsverordnung vom 25.3.2013 (BGBl. I S. 602), Gesetz zur Anpassung des nationalen Steuerrechts an den Beitritt Kroatiens zur EU und zur Änderung weiterer steuerlicher Vorschriften vom 25.7.2014 (BGBl. I S. 1266), Verordnung zur Änderung steuerlicher Verordnungen und weiterer Vorschriften vom 22.12.2014 (BGBl. I S. 2392), Gesetz zur Modernisierung des Besteuerungsverfahrens vom 18.7.2016 (BGBl. I S. 1679), Dritte Verordnung zur Änderung steuerlicher Verordnungen vom 18.7.2016 (BGBl. I S. 1722), Zweites Gesetz zur Entlastung insbesondere der mittelständischen Wirtschaft von Bürokratie (Zweites Bürokratieentlastungsgesetz) vom 30.6.2017 (BGBl. I S. 2143), Vierte Verordnung zur Änderung Steuerlicher Verordnungen vom 12.7.2017 (BGBl. I S. 2360), Gesetz zur weiteren steuerlichen Förderung der Elektromobilität und zur Änderung weiterer steuerlicher Vorschriften vom 12.12.2019 (BGBl. I S. 2451), Gesetz zur Umsetzung des Klimaschutzprogramms 2030 im Steuerrecht vom 21.12.2019 (BGBl. I S. 2886), Fünfte Verordnung zur Änderung steuerlicher Verordnungen vom 25.6.2020 (BGBl. I S. 1495) und Jahressteuergesetz 2020 (JStG 2020) vom 21.12.2020 (BGBl. I S. 3096)

BGBl. III/FNA 611-10-14-1

Inhaltsübersicht

[1] Neubekanntmachung der UStDV idF der Bek. v. 9.6.1999 (BGBl. I S. 1308) auf Grund des § 26 Abs. 6 UStG in der ab 1.1.2005 geltenden Fassung.

Zu § 3a des Gesetzes

§ 1[1] *(aufgehoben)*

Zu § 3b des Gesetzes

§ 2 Verbindungsstrecken im Inland. [1]Bei grenzüberschreitenden Beförderungen ist die Verbindungsstrecke zwischen zwei Orten im Ausland, die über das Inland führt, als ausländische Beförderungsstrecke anzusehen, wenn diese Verbindungsstrecke den nächsten oder verkehrstechnisch günstigsten Weg darstellt und der inländische Streckenanteil nicht länger als 30 Kilometer ist. [2]Dies gilt nicht für Personenbeförderungen im Linienverkehr mit Kraftfahrzeugen. [3]§ 7 bleibt unberührt.

§ 3 Verbindungsstrecken im Ausland. [1]Bei grenzüberschreitenden Beförderungen ist die Verbindungsstrecke zwischen zwei Orten im Inland, die über das Ausland führt, als inländische Beförderungsstrecke anzusehen, wenn der ausländische Streckenanteil nicht länger als zehn Kilometer ist. [2]Dies gilt nicht für Personenbeförderungen im Linienverkehr mit Kraftfahrzeugen. [3]§ 7 bleibt unberührt.

§ 4 Anschlussstrecken im Schienenbahnverkehr. Bei grenzüberschreitenden Personenbeförderungen mit Schienenbahnen sind anzusehen:

(Fortsetzung nächstes Blatt)

[1] § 1 aufgeh. **mWv 1.1.2010** durch G v. 19.12.2008 (BGBl. I S. 2794) – siehe nunmehr § 3a Abs. 6 und 7 UStG (Nr. **500**).

1. als inländische Beförderungsstrecken die Anschlussstrecken im Ausland, die von Eisenbahnverwaltungen mit Sitz im Inland betrieben werden, sowie Schienenbahnstrecken in den in § 1 Abs. 3 des Gesetzes bezeichneten Gebieten;
2. als ausländische Beförderungsstrecken die inländischen Anschlussstrecken, die von Eisenbahnverwaltungen mit Sitz im Ausland betrieben werden.

§ 5[1] ***Kurze Straßenstrecken im Inland.*** *[1] Bei grenzüberschreitenden Personenbeförderungen im Gelegenheitsverkehr mit Kraftfahrzeugen sind inländische Streckenanteile, die in einer Fahrtrichtung nicht länger als zehn Kilometer sind, als ausländische Beförderungsstrecken anzusehen. [2] § 6 bleibt unberührt.*

§ 6 Straßenstrecken in den in § 1 Abs. 3 des Gesetzes bezeichneten Gebieten. Bei grenzüberschreitenden Personenbeförderungen mit Kraftfahrzeugen von und zu den in § 1 Abs. 3 des Gesetzes bezeichneten Gebieten sowie zwischen diesen Gebieten sind die Streckenanteile in diesen Gebieten als inländische Beförderungsstrecken anzusehen.

§ 7 Kurze Strecken im grenzüberschreitenden Verkehr mit Wasserfahrzeugen. (1) Bei grenzüberschreitenden Beförderungen im Passagier- und Fährverkehr mit Wasserfahrzeugen, die sich ausschließlich auf das Inland und die in § 1 Abs. 3 des Gesetzes bezeichneten Gebiete erstrecken, sind die Streckenanteile in den in § 1 Abs. 3 des Gesetzes bezeichneten Gebieten als inländische Beförderungsstrecken anzusehen.

(2) [1] Bei grenzüberschreitenden Beförderungen im Passagier- und Fährverkehr mit Wasserfahrzeugen, die in inländischen Häfen beginnen und enden, sind

1. ausländische Streckenanteile als inländische Beförderungsstrecken anzusehen, wenn die ausländischen Streckenanteile nicht länger als zehn Kilometer sind, und
2. inländische Streckenanteile als ausländische Beförderungsstrecken anzusehen, wenn
   a) die ausländischen Streckenanteile länger als zehn Kilometer und
   b) die inländischen Streckenanteile nicht länger als 20 Kilometer sind.

[2] Streckenanteile in den in § 1 Abs. 3 des Gesetzes bezeichneten Gebieten sind in diesen Fällen als inländische Beförderungsstrecken anzusehen.

(3) Bei grenzüberschreitenden Beförderungen im Passagier- und Fährverkehr mit Wasserfahrzeugen für die Seeschifffahrt, die zwischen ausländischen Seehäfen oder zwischen einem inländischen Seehafen und einem ausländischen Seehafen durchgeführt werden, sind inländische Streckenanteile als ausländische Beförderungsstrecken anzusehen und Beförderungen in den in § 1 Abs. 3 des Gesetzes bezeichneten Gebieten nicht wie Umsätze im Inland zu behandeln.

(4) Inländische Häfen im Sinne dieser Vorschrift sind auch Freihäfen und die Insel Helgoland.

---

[1] § 5 aufgeh. mWv 1.7.2021 durch G v. 21.12.2020 (BGBl. I S. 3096).

(5) Bei grenzüberschreitenden Beförderungen im Fährverkehr über den Rhein, die Donau, die Elbe, die Neiße und die Oder sind die inländischen Streckenanteile als ausländische Beförderungsstrecken anzusehen.

Zu § 4 Nr. 1 Buchstabe a und den §§ 6 und 7 des Gesetzes

Ausfuhrnachweis und buchmäßiger Nachweis bei Ausfuhrlieferungen und Lohnveredelungen an Gegenständen der Ausfuhr

§ 8 Grundsätze für den Ausfuhrnachweis bei Ausfuhrlieferungen. (1) [1]Bei Ausfuhrlieferungen (§ 6 des Gesetzes) muss der Unternehmer im Geltungsbereich des Gesetzes[1)] durch Belege nachweisen, dass er oder der Abnehmer den Gegenstand der Lieferung in das Drittlandsgebiet befördert oder versendet hat (Ausfuhrnachweis). [2]Die Voraussetzung muss sich aus den Belegen eindeutig und leicht nachprüfbar ergeben.

(2) Ist der Gegenstand der Lieferung durch Beauftragte vor der Ausfuhr bearbeitet oder verarbeitet worden (§ 6 Abs. 1 Satz 2 des Gesetzes), so muss sich auch dies aus den Belegen nach Absatz 1 eindeutig und leicht nachprüfbar ergeben.

§ 9[2)] Ausfuhrnachweis bei Ausfuhrlieferungen in Beförderungsfällen. (1)[3)] [1]Hat der Unternehmer oder der Abnehmer den Gegenstand der Lieferung in das Drittlandsgebiet befördert, hat der Unternehmer den Ausfuhrnachweis durch folgenden Beleg zu führen:

1. bei Ausfuhranmeldung im elektronischen Ausfuhrverfahren nach Artikel 326 der Durchführungsverordnung zum Zollkodex der Union mit der durch die zuständige Ausfuhrzollstelle auf elektronischem Weg übermittelten Bestätigung, dass der Gegenstand ausgeführt wurde (Ausgangsvermerk);
2.[4)] bei allen anderen Ausfuhranmeldungen durch einen Beleg in Papierform oder einen elektronisch zur Verfügung gestellten Beleg, der folgende Angaben zu enthalten hat:
   a) den Namen und die Anschrift des liefernden Unternehmers,
   b) die Menge des ausgeführten Gegenstands und die handelsübliche Bezeichnung,
   c) den Ort und den Tag der Ausfuhr sowie

---

1) Geänd. durch VO v. 22.12.2014 (BGBl. I S. 2392).

2) § 9 neu gef. mWv 1.1.2012 durch VO v. 2.12.2011 (BGBl. I S. 2416).

3) § 9 Abs. 1 Satz 1 Nr. 1 geänd. mWv 20.7.2017 durch VO v. 12.7.2017 (BGBl. I S. 2360).

4) § 9 Abs. 1 Satz 1 Nr. 2 Satzteil vor Buchst. a geänd. mWv 30.6.2020 durch VO v. 25.6.2020 (BGBl. I S. 1495).

d) eine Ausfuhrbestätigung der Grenzzollstelle eines Mitgliedstaates, die den Ausgang des Gegenstands aus dem Gemeinschaftsgebiet überwacht.

[2] Hat der Unternehmer statt des Ausgangsvermerks eine von der Ausfuhrzollstelle auf elektronischem Weg übermittelte alternative Bestätigung, dass der Gegenstand ausgeführt wurde (Alternativ-Ausgangsvermerk), gilt diese als Ausfuhrnachweis.

(Fortsetzung nächstes Blatt)

(2)[1] [1]Bei der Ausfuhr von Fahrzeugen im Sinne des § 1b Absatz 2 Satz 1 Nummer 1 des Gesetzes, die zum bestimmungsmäßigen Gebrauch im Straßenverkehr einer Zulassung bedürfen, muss

1. der Beleg nach Absatz 1 auch die Fahrzeug-Identifikationsnummer im Sinne des § 6 Absatz 5 Nummer 5 der Fahrzeug-Zulassungsverordnung enthalten und
2. der Unternehmer zusätzlich über eine Bescheinigung über die Zulassung, die Verzollung oder die Einfuhrbesteuerung im Drittland verfügen.

[2]Satz 1 Nummer 2 gilt nicht in den Fällen, in denen das Fahrzeug mit einem Ausfuhrkennzeichen ausgeführt wird, wenn aus dem Beleg nach Satz 1 Nummer 1 die Nummer des Ausfuhrkennzeichens ersichtlich ist, oder in denen das Fahrzeug nicht im Sinne der Fahrzeug-Zulassungsverordnung vom 3. Februar 2011 (BGBl. I S. 139), die durch Artikel 3 der Verordnung vom 10. Mai 2012 (BGBl. I S. 1086) geändert worden ist, in der jeweils geltenden Fassung auf öffentlichen Straßen in Betrieb gesetzt worden ist und nicht auf eigener Achse in das Drittlandsgebiet ausgeführt wird.

(3)[2] [1]An die Stelle der Ausfuhrbestätigung nach Absatz 1 Satz 1 Nummer 2 Buchstabe d tritt bei einer Ausfuhr im gemeinsamen Versandverfahren oder im Unionsversandverfahren oder bei einer Ausfuhr mit Carnets TIR, wenn diese Verfahren nicht bei einer Grenzzollstelle beginnen, eine Ausfuhrbestätigung der Abgangsstelle. [2]Diese Ausfuhrbestätigung wird nach Eingang des Beendigungsnachweises für das Versandverfahren erteilt, sofern sich aus ihr die Ausfuhr ergibt.

(4)[3] Im Sinne dieser Verordnung gilt als Durchführungsverordnung zum Zollkodex der Union die Durchführungsverordnung (EU) 2015/2447 der Kommission vom 24. November 2015 mit Einzelheiten zur Umsetzung von Bestimmungen der Verordnung (EU) Nr. 952/2013 des Europäischen Parlaments und des Rates zur Festlegung des Zollkodex der Union (ABl. L 343 vom 29.12.2015, S. 558) in der jeweils geltenden Fassung.

§ 10[4] Ausfuhrnachweis bei Ausfuhrlieferungen in Versendungsfällen. (1)[5] [1]Hat der Unternehmer oder der Abnehmer den Gegenstand der Lieferung in das Drittlandsgebiet versendet, hat der Unternehmer den Ausfuhrnachweis durch folgenden Beleg zu führen:

1. bei Ausfuhranmeldung im elektronischen Ausfuhrverfahren nach Artikel 326 der Durchführungsverordnung zum Zollkodex der Union mit dem Ausgangsvermerk;
2. bei allen anderen Ausfuhranmeldungen:
   a) mit einem Versendungsbeleg, insbesondere durch handelsrechtlichen Frachtbrief, der vom Auftraggeber des Frachtführers unterzeichnet ist, mit einem Konnossement, mit einem Einlieferungsschein für im Postverkehr beförderte Sendungen oder deren Doppelstücke, oder

[1] § 9 Abs. 2 Satz 1 geänd., Satz 2 neu gef. mWv 20.12.2012 durch VO v. 11.12.2012 (BGBl. I S. 2637).

[2] § 9 Abs. 3 Satz 1 geänd. mWv 20.7.2017 durch VO v. 12.7.2017 (BGBl. I S. 2360).

[3] § 9 Abs. 4 neu gef. mWv 20.7.2017 durch VO v. 12.7.2017 (BGBl. I S. 2360).

[4] § 10 neu gef. mWv 1.1.2012 durch VO v. 2.12.2011 (BGBl. I S. 2416).

[5] § 10 Abs. 1 Satz 1 Nr. 1 geänd. mWv 20.7.2017 durch VO v. 12.7.2017 (BGBl. I S. 2360).

b)[1] mit einem anderen handelsüblichen Beleg als den Belegen nach Buchstabe a, insbesondere mit einer Bescheinigung des beauftragten Spediteurs; dieser Beleg hat folgende Angaben zu enthalten:
aa) den Namen und die Anschrift des mit der Beförderung beauftragten Unternehmers sowie das Ausstellungsdatum,
bb) den Namen und die Anschrift des liefernden Unternehmers und des Auftraggebers der Versendung,
cc) die Menge und die Art (handelsübliche Bezeichnung) des ausgeführten Gegenstands,
dd) den Ort und den Tag der Ausfuhr oder den Ort und den Tag der Versendung des ausgeführten Gegenstands in das Drittlandsgebiet,
ee) den Empfänger des ausgeführten Gegenstands und den Bestimmungsort im Drittlandsgebiet,
ff) eine Versicherung des mit der Beförderung beauftragten Unternehmers darüber, dass die Angaben im Beleg auf der Grundlage von Geschäftsunterlagen gemacht wurden, die im Gemeinschaftsgebiet nachprüfbar sind, sowie
gg) die Unterschrift des mit der Beförderung beauftragten Unternehmers.

[2]Hat der Unternehmer statt des Ausgangsvermerks einen Alternativ-Ausgangsvermerk, gilt dieser als Ausfuhrnachweis.

(2)[2] [1]Bei der Ausfuhr von Fahrzeugen im Sinne des § 1b Absatz 2 Satz 1 Nummer 1 des Gesetzes, die zum bestimmungsmäßigen Gebrauch im Straßenverkehr einer Zulassung bedürfen, muss

1. der Beleg nach Absatz 1 auch die Fahrzeug-Identifikationsnummer enthalten und
2. der Unternehmer zusätzlich über eine Bescheinigung über die Zulassung, die Verzollung oder die Einfuhrbesteuerung im Drittland verfügen.

[2]Satz 1 Nummer 2 gilt nicht in den Fällen, in denen das Fahrzeug mit einem Ausfuhrkennzeichen ausgeführt wird, wenn aus dem Beleg nach Satz 1 Nummer 1 die Nummer des Ausfuhrkennzeichens ersichtlich ist, oder in denen das Fahrzeug nicht im Sinne der Fahrzeug-Zulassungsverordnung auf öffentlichen Straßen in Betrieb gesetzt worden ist und nicht auf eigener Achse in das Drittlandsgebiet ausgeführt wird.

(3)[3] [1]Ist eine Ausfuhr elektronisch angemeldet worden und ist es dem Unternehmer nicht möglich oder nicht zumutbar, den Ausfuhrnachweis nach Absatz 1 Satz 1 Nummer 1 zu führen, kann dieser die Ausfuhr mit den in Absatz 1 Satz 1 Nummer 2 genannten Belegen nachweisen. [2]In den Fällen nach Satz 1 muss der Beleg zusätzlich zu den Angaben nach Absatz 1 Satz 1 Nummer 2 die Versendungsbezugsnummer der Ausfuhranmeldung nach Artikel 226 der Durchführungsverordnung zum Zollkodex der Union (Master Reference Number – MRN) enthalten.

---

[1] § 10 Abs. 1 Satz 1 Nr. 2 Buchst. b, DBuchst. aa, ff und gg geänd. durch VO v. 18.7.2016 (BGBl. I S. 1722).

[2] § 10 Abs. 2 Satz 1 geänd., Satz 2 neu gef. mWv 20.12.2012 durch VO v. 11.12.2012 (BGBl. I S. 2637).

[3] § 10 Abs. 3 Satz 2 geänd. mWv 20.7.2017 durch VO v. 12.7.2017 (BGBl. I S. 2360).

(4) Ist es dem Unternehmer nicht möglich oder nicht zumutbar, den Ausfuhrnachweis nach Absatz 1 Satz 1 Nummer 2 zu führen, kann er die Ausfuhr wie in Beförderungsfällen nach § 9 Absatz 1 Satz 1 Nummer 2 nachweisen.

§ 11[1)] Ausfuhrnachweis bei Ausfuhrlieferungen in Bearbeitungs- und Verarbeitungsfällen. (1) Hat ein Beauftragter den Gegenstand der Lieferung vor der Ausfuhr bearbeitet oder verarbeitet, hat der liefernde Unternehmer den Ausfuhrnachweis durch einen Beleg nach § 9 oder § 10 zu führen, der zusätzlich folgende Angaben zu enthalten hat:

1. den Namen und die Anschrift des Beauftragten,
2. die Menge und die handelsübliche Bezeichnung des Gegenstands, der an den Beauftragten übergeben oder versendet wurde,
3. den Ort und den Tag der Entgegennahme des Gegenstands durch den Beauftragten sowie
4. die Bezeichnung des Auftrags sowie die Bezeichnung der Bearbeitung oder Verarbeitung, die vom Beauftragten vorgenommen wurde.

(2) Haben mehrere Beauftragte den Gegenstand der Lieferung bearbeitet oder verarbeitet, hat der liefernde Unternehmer die in Absatz 1 genannten Angaben für jeden Beauftragten, der die Bearbeitung oder Verarbeitung vornimmt, zu machen.

§ 12 Ausfuhrnachweis bei Lohnveredelungen an Gegenständen der Ausfuhr. Bei Lohnveredelungen an Gegenständen der Ausfuhr (§ 7 des Gesetzes) sind die Vorschriften über die Führung des Ausfuhrnachweises bei Ausfuhrlieferungen (§§ 8 bis 11) entsprechend anzuwenden.

§ 13[2)] Buchmäßiger Nachweis bei Ausfuhrlieferungen und Lohnveredelungen an Gegenständen der Ausfuhr. (1) [1]Bei Ausfuhrlieferungen und Lohnveredelungen an Gegenständen der Ausfuhr (§§ 6 und 7 des Gesetzes) hat der Unternehmer im Geltungsbereich des Gesetzes die Voraussetzungen der Steuerbefreiung buchmäßig nachzuweisen. [2]Die Voraussetzungen müssen eindeutig und leicht nachprüfbar aus der Buchführung zu ersehen sein.

(2)[3)] Der Unternehmer hat regelmäßig Folgendes aufzuzeichnen:

1. die Menge des Gegenstands der Lieferung oder die Art und den Umfang der Lohnveredelung sowie die handelsübliche Bezeichnung einschließlich der Fahrzeug-Identifikationsnummer bei Fahrzeugen im Sinne des § 1b Absatz 2 des Gesetzes,
2. den Namen und die Anschrift des Abnehmers oder Auftraggebers,
3. den Tag der Lieferung oder der Lohnveredelung,

[1)] § 11 neu gef. mWv 1.1.2012 durch VO v. 2.12.2011 (BGBl. I S. 2416).
[2)] § 13 neu gef. mWv 1.1.2012 durch VO v. 2.12.2011 (BGBl. I S. 2416).
[3)] § 13 Abs. 2 Nr. 7 geänd. mWv 20.7.2017 durch VO v. 12.7.2017 (BGBl. I S. 2360).

4. das vereinbarte Entgelt oder bei der Besteuerung nach vereinnahmten Entgelten das vereinnahmte Entgelt und den Tag der Vereinnahmung,
5. die Art und den Umfang einer Bearbeitung oder Verarbeitung vor der Ausfuhr (§ 6 Absatz 1 Satz 2, § 7 Absatz 1 Satz 2 des Gesetzes),
6. den Tag der Ausfuhr sowie
7. in den Fällen des § 9 Absatz 1 Satz 1 Nummer 1, des § 10 Absatz 1 Satz 1 Nummer 1 und des § 10 Absatz 3 die Master Reference Number – MRN.

(3) In den Fällen des § 6 Absatz 1 Satz 1 Nummer 1 des Gesetzes, in denen der Abnehmer kein ausländischer Abnehmer ist, hat der Unternehmer zusätzlich zu den Angaben nach Absatz 2 aufzuzeichnen:

1. die Beförderung oder Versendung durch ihn selbst sowie
2. den Bestimmungsort.

(4) In den Fällen des § 6 Absatz 1 Satz 1 Nummer 3 des Gesetzes hat der Unternehmer zusätzlich zu den Angaben nach Absatz 2 aufzuzeichnen:

1. die Beförderung oder Versendung,
2. den Bestimmungsort sowie
3. in den Fällen, in denen der Abnehmer ein Unternehmer ist, auch den Gewerbezweig oder Beruf des Abnehmers und den Erwerbszweck.

(5) In den Fällen des § 6 Absatz 1 Satz 1 Nummer 2 und 3 des Gesetzes, in denen der Abnehmer ein Unternehmer ist und er oder sein Beauftragter den Gegenstand der Lieferung im persönlichen Reisegepäck ausführt, hat der Unternehmer zusätzlich zu den Angaben nach Absatz 2 auch den Gewerbezweig oder Beruf des Abnehmers und den Erwerbszweck aufzuzeichnen.

(6) In den Fällen des § 6 Absatz 3 des Gesetzes hat der Unternehmer zusätzlich zu den Angaben nach Absatz 2 Folgendes aufzuzeichnen:

1. den Gewerbezweig oder Beruf des Abnehmers sowie
2. den Verwendungszweck des Beförderungsmittels.

(7) [1] In den Fällen des § 7 Absatz 1 Satz 1 Nummer 1 des Gesetzes, in denen der Auftraggeber kein ausländischer Auftraggeber ist, ist Absatz 3 entsprechend anzuwenden. [2] In den Fällen des § 7 Absatz 1 Satz 1 Nummer 3 Buchstabe b des Gesetzes ist Absatz 4 entsprechend anzuwenden.

§§ 14 bis **16.** (weggefallen)

§ 17[1)] **Abnehmernachweis bei Ausfuhrlieferungen im nichtkommerziellen Reiseverkehr.** In den Fällen des § 6 Absatz 3a des Gesetzes hat der Beleg nach § 9 zusätzlich folgende Angaben zu enthalten:

1. den Namen und die Anschrift des Abnehmers sowie
2. eine Bestätigung der Grenzzollstelle eines Mitgliedstaates, die den Ausgang des Gegenstands der Lieferung aus dem Gemeinschaftsgebiet überwacht, dass die nach Nummer 1 gemachten Angaben mit den Eintragungen in dem vorgelegten Pass oder sonstigen Grenzübertrittspapier desjenigen übereinstimmen, der den Gegenstand in das Drittlandsgebiet verbringt.

1) § 17 neu gef. mWv 1.1.2012 durch VO v. 2.12.2011 (BGBl. I S. 2416).

Zu § 4 Nr. 1 Buchstabe b und § 6a des Gesetzes

§ 17a[1] **Gelangensvermutung bei innergemeinschaftlichen Lieferungen in Beförderungs- und Versendungsfällen.** (1) Für die Zwecke der Anwendung der Steuerbefreiung für innergemeinschaftliche Lieferungen (§ 4 Nummer 1 Buchstabe b des Gesetzes) wird vermutet, dass der Gegenstand der Lieferung in das übrige Gemeinschaftsgebiet befördert oder versendet wurde, wenn eine der folgenden Voraussetzungen erfüllt ist:

1. Der liefernde Unternehmer gibt an, dass der Gegenstand der Lieferung von ihm oder von einem von ihm beauftragten Dritten in das übrige Gemeinschaftsgebiet befördert oder versendet wurde und ist im Besitz folgender einander nicht widersprechenden[2] Belege, welche jeweils von unterschiedlichen Parteien ausgestellt wurden, die voneinander, vom liefernden Unternehmer und vom Abnehmer unabhängig sind:
   a) mindestens zwei Belege nach Absatz 2 Nummer 1 oder
   b) einem Beleg nach Absatz 2 Nummer 1 und einem Beleg nach Absatz 2 Nummer 2, mit dem die Beförderung oder die Versendung in das übrige Gemeinschaftsgebiet bestätigt wird.
2. Der liefernde Unternehmer ist im Besitz folgender Belege:
   a) einer Gelangensbestätigung (§ 17b Absatz 2 Satz 1 Nummer 2), die der Abnehmer dem liefernden Unternehmer spätestens am zehnten Tag des auf die Lieferung folgenden Monats vorlegt und
   b) folgender einander nicht widersprechenden Belege, welche jeweils von unterschiedlichen Parteien ausgestellt wurden, die voneinander, vom liefernden Unternehmer und vom Abnehmer unabhängig sind:
      aa) mindestens zwei Belege nach Absatz 2 Nummer 1 oder
      bb) einem Beleg nach Absatz 2 Nummer 1 und einem Beleg nach Absatz 2 Nummer 2, mit dem die Beförderung oder der Versendung in das übrige Gemeinschaftsgebiet bestätigt wird.

(2) Belege im Sinne des Absatzes 1 Nummer 1 und 2 sind:

1. Beförderungsbelege (§ 17b Absatz 3 Satz 1 Nummer 3) oder Versendungsbelege (§ 17b Absatz 3 Satz 1 Nummer 1 Buchstabe a);
2. folgende sonstige Belege:
   a) eine Versicherungspolice für die Beförderung oder die Versendung des Gegenstands der Lieferung in das übrige Gemeinschaftsgebiet oder Bankunterlagen, die die Bezahlung der Beförderung oder der Versendung des Gegenstands der Lieferung in das übrige Gemeinschaftsgebiet belegen;
   b) ein von einer öffentlicher[2] Stelle (z.B. Notar) ausgestelltes offizielles Dokument, das die Ankunft des Gegenstands der Lieferung im übrigen Gemeinschaftsgebiet bestätigt;

---

[1] § 17a eingef. mWv 1.1.2020 durch G v. 12.12.2019 (BGBl. I S. 2451); Abs. 1 Nr. 1 Buchst. b und Nr. 2 Buchst. b Doppelbuchst. bb geänd., Abs. 2 Nr. 2 Buchst. a neu gef. mWv 30.6.2020 durch VO v. 25.6.2020 (BGBl. I S. 1495).

[2] So lt. BGBl.

c) eine Bestätigung eines Lagerinhabers im übrigen Gemeinschaftsgebiet, dass die Lagerung des Gegenstands der Lieferung dort erfolgt.

(3) Das Finanzamt kann eine nach Absatz 1 bestehende Vermutung widerlegen.

§ 17b[1)] Gelangensnachweis bei innergemeinschaftlichen Lieferungen in Beförderungs- und Versendungsfällen. (1) [1]Besteht keine Vermutung nach § 17a Absatz 1, hat der Unternehmer bei innergemeinschaftlichen Lieferungen (§ 6a Absatz 1 des Gesetzes) im Geltungsbereich des Gesetzes durch Belege nachzuweisen, dass er oder der Abnehmer den Gegenstand der Lieferung in das übrige Gemeinschaftsgebiet befördert oder versendet hat. [2]Die Voraussetzung muss sich aus den Belegen eindeutig und leicht nachprüfbar ergeben.

(2) Als eindeutig und leicht nachprüfbar nach Absatz 1 gilt insbesondere ein Nachweis, der wie folgt geführt wird:

1. durch das Doppel der Rechnung (§§ 14 und 14a des Gesetzes) und
2. durch eine Bestätigung des Abnehmers, dass der Gegenstand der Lieferung in das übrige Gemeinschaftsgebiet gelangt ist (Gelangensbestätigung), die folgende Angaben zu enthalten hat:
   a) den Namen und die Anschrift des Abnehmers,
   b) die Menge des Gegenstands der Lieferung und die handelsübliche Bezeichnung einschließlich der Fahrzeug-Identifikationsnummer bei Fahrzeugen im Sinne von § 1b Absatz 2 des Gesetzes,
   c) im Fall der Beförderung oder Versendung durch den Unternehmer oder im Fall der Versendung durch den Abnehmer den Ort und den Monat des Erhalts des Gegenstands im übrigen Gemeinschaftsgebiet und im Fall der Beförderung des Gegenstands durch den Abnehmer den Ort und den Monat des Endes der Beförderung des Gegenstands im übrigen Gemeinschaftsgebiet,
   d) das Ausstellungsdatum der Bestätigung sowie
   e) die Unterschrift des Abnehmers oder eines von ihm zur Abnahme Beauftragten. [2]Bei einer elektronischen Übermittlung der Gelangensbestätigung ist eine Unterschrift nicht erforderlich, sofern erkennbar ist, dass die elektronische Übermittlung im Verfügungsbereich des Abnehmers oder des Beauftragten begonnen hat.

   [2]Die Gelangensbestätigung kann als Sammelbestätigung ausgestellt werden. [3]In der Sammelbestätigung können Umsätze aus bis zu einem Quartal zusammengefasst werden. [4]Die Gelangensbestätigung kann in jeder die erforderlichen Angaben enthaltenden Form erbracht werden; sie kann auch aus mehreren Dokumenten bestehen, aus denen sich die geforderten Angaben insgesamt ergeben.

---

1) § 17a neu gef. durch VO v. 25.3.2013 (BGBl. I S. 602); zur Anwendung siehe § 74a Abs. 3; wird § 17b und Überschr. geänd., Satz 1 neu gef. mWv 1.1.2020 durch G v. 12.12.2019 (BGBl. I S. 2451).

(3) [1]In folgenden Fällen kann der Unternehmer den Nachweis auch durch folgende andere Belege als die in Absatz 2 Nummer 2 genannte Gelangensbestätigung führen:

1. bei der Versendung des Gegenstands der Lieferung durch den Unternehmer oder Abnehmer:
   a) durch einen Versendungsbeleg, insbesondere durch
      aa) einen handelsrechtlichen Frachtbrief, der vom Auftraggeber des Frachtführers unterzeichnet ist und die Unterschrift des Empfängers als Bestätigung des Erhalts des Gegenstands der Lieferung enthält,
      bb) ein Konnossement oder
      cc) Doppelstücke des Frachtbriefs oder Konnossements,
   b) durch einen anderen handelsüblichen Beleg als den Belegen nach Buchstabe a, insbesondere mit einer Bescheinigung des beauftragten Spediteurs, der folgende Angaben zu enthalten hat:
      aa) den Namen und die Anschrift des mit der Beförderung beauftragten Unternehmers sowie das Ausstellungsdatum,
      bb) den Namen und die Anschrift des liefernden Unternehmers sowie des Auftraggebers der Versendung,
      cc) die Menge des Gegenstands der Lieferung und dessen handelsübliche Bezeichnung,
      dd) den Empfänger des Gegenstands der Lieferung und den Bestimmungsort im übrigen Gemeinschaftsgebiet,
      ee) den Monat, in dem die Beförderung des Gegenstands der Lieferung im übrigen Gemeinschaftsgebiet geendet hat,
      ff) eine Versicherung des mit der Beförderung beauftragten Unternehmers, dass die Angaben in dem Beleg auf Grund von Geschäftsunterlagen gemacht wurden, die im Gemeinschaftsgebiet nachprüfbar sind, sowie
      gg) die Unterschrift des mit der Beförderung beauftragten Unternehmers.

      [2]Bei einer elektronischen Übermittlung des Belegs an den liefernden Unternehmer ist eine Unterschrift des mit der Beförderung beauftragten Unternehmers nicht erforderlich, sofern erkennbar ist, dass die elektronische Übermittlung im Verfügungsbereich des mit der Beförderung beauftragten Unternehmers begonnen hat,
   c) durch eine schriftliche oder elektronische Auftragserteilung und ein von dem mit der Beförderung Beauftragten erstelltes Protokoll, das den Transport lückenlos bis zur Ablieferung beim Empfänger nachweist, oder
   d) in den Fällen von Postsendungen, in denen eine Belegnachweisführung nach Buchstabe c nicht möglich ist: durch eine Empfangsbescheinigung eines Postdienstleisters über die Entgegennahme der an den Abnehmer adressierten Postsendung und den Nachweis über die Bezahlung der Lieferung;
2. bei der Versendung des Gegenstands der Lieferung durch den Abnehmer durch einen Nachweis über die Entrichtung der Gegenleistung für die Lieferung des Gegenstands von einem Bankkonto des Abnehmers sowie durch

eine Bescheinigung des beauftragten Spediteurs, die folgende Angaben zu enthalten hat:

a) den Namen und die Anschrift des mit der Beförderung beauftragten Unternehmers sowie das Ausstellungsdatum,

b) den Namen und die Anschrift des liefernden Unternehmers sowie des Auftraggebers der Versendung,

c) die Menge des Gegenstands der Lieferung und die handelsübliche Bezeichnung,

d) den Empfänger des Gegenstands der Lieferung und den Bestimmungsort im übrigen Gemeinschaftsgebiet,

e) eine Versicherung des mit der Beförderung beauftragten Unternehmers, den Gegenstand der Lieferung an den Bestimmungsort im übrigen Gemeinschaftsgebiet zu befördern, sowie

f) die Unterschrift des mit der Beförderung beauftragten Unternehmers,

3.[1] bei der Beförderung im Unionsversandverfahren in das übrige Gemeinschaftsgebiet durch eine Bestätigung der Abgangsstelle über die innergemeinschaftliche Lieferung, die nach Eingang des Beendigungsnachweises für das Versandverfahren erteilt wird, sofern sich daraus die Lieferung in das übrige Gemeinschaftsgebiet ergibt;

4. bei der Lieferung verbrauchsteuerpflichtiger Waren:

a) bei der Beförderung verbrauchsteuerpflichtiger Waren unter Steueraussetzung und Verwendung des IT-Verfahrens EMCS (Excise Movement and Control System – EDV-gestütztes Beförderungs- und Kontrollsystem für verbrauchsteuerpflichtige Waren) durch die von der zuständigen Behörde des anderen Mitgliedstaats validierte EMCS-Eingangsmeldung,

b) bei der Beförderung verbrauchsteuerpflichtiger Waren des steuerrechtlich freien Verkehrs durch die dritte Ausfertigung des vereinfachten Begleitdokuments, das dem zuständigen Hauptzollamt für Zwecke der Verbrauchsteuerentlastung vorzulegen ist;

5. bei der Lieferung von Fahrzeugen, die durch den Abnehmer befördert werden und für die eine Zulassung für den Straßenverkehr erforderlich ist, durch einen Nachweis über die Zulassung des Fahrzeugs auf den Erwerber im Bestimmungsmitgliedstaat der Lieferung.

[2]Der Beleg nach Satz 1 muss bei der Lieferung eines Fahrzeugs im Sinne des § 1b Absatz 2 des Gesetzes zusätzlich dessen Fahrzeug-Identifikationsnummer enthalten. [3]In den Fällen von Satz 1 Nummer 1 gilt Absatz 2 Nummer 2 Satz 2 bis 4[2] entsprechend. [4]Bestehen in den Fällen des Satzes 1 Nummer 2 begründete Zweifel, dass der Liefergegenstand tatsächlich in das übrige Gemeinschaftsgebiet gelangt ist, hat der Unternehmer den Nachweis nach Absatz 1 oder mit den übrigen Belegen nach den Absätzen 2 oder 3 zu führen.

---

[1] § 17a Abs. 3 Satz 1 Nr. 3 geänd. mWv 20.7.2017 durch VO v. 12.7.2017 (BGBl. I S. 2360).

[2] Verweis ergänzt durch VO v. 22.12.2014 (BGBl. I S. 2392).

§ 17c[1)] Nachweis bei innergemeinschaftlichen Lieferungen in Bearbeitungs- oder Verarbeitungsfällen. [1]Ist der Gegenstand der Lieferung vor der Beförderung oder Versendung in das übrige Gemeinschaftsgebiet durch einen Beauftragten bearbeitet oder verarbeitet worden (§ 6a Absatz 1 Satz 2 des Gesetzes), hat der Unternehmer dies durch Belege eindeutig und leicht nachprüfbar nachzuweisen. [2]Der Nachweis ist durch Belege nach § 17b zu führen, die zusätzlich die in § 11 Absatz 1 Nummer 1 bis 4 bezeichneten Angaben enthalten. [3]Ist der Gegenstand durch mehrere Beauftragte bearbeitet oder verarbeitet worden, ist § 11 Absatz 2 entsprechend anzuwenden.

§ 17d[2)] Buchmäßiger Nachweis bei innergemeinschaftlichen Lieferungen. (1) [1]Bei innergemeinschaftlichen Lieferungen (§ 6a Absatz 1 und 2 des Gesetzes) hat der Unternehmer im Geltungsbereich des Gesetzes die Voraussetzungen der Steuerbefreiung einschließlich der ausländischen Umsatzsteuer-Identifikationsnummer des Abnehmers buchmäßig nachzuweisen. [2]Die Voraussetzungen müssen eindeutig und leicht nachprüfbar aus der Buchführung zu ersehen sein.

(2) Der Unternehmer hat Folgendes aufzuzeichnen:

1. den Namen und die Anschrift des Abnehmers,
2. den Namen und die Anschrift des Beauftragten des Abnehmers bei einer Lieferung, die im Einzelhandel oder in einer für den Einzelhandel gebräuchlichen Art und Weise erfolgt,
3. den Gewerbezweig oder Beruf des Abnehmers,
4. die Menge des Gegenstands der Lieferung und dessen handelsübliche Bezeichnung einschließlich der Fahrzeug-Identifikationsnummer bei Fahrzeugen im Sinne des § 1b Absatz 2 des Gesetzes,
5. den Tag der Lieferung,
6. das vereinbarte Entgelt oder bei der Besteuerung nach vereinnahmten Entgelten das vereinnahmte Entgelt und den Tag der Vereinnahmung,
7. die Art und den Umfang einer Bearbeitung oder Verarbeitung vor der Beförderung oder der Versendung in das übrige Gemeinschaftsgebiet (§ 6a Absatz 1 Satz 2 des Gesetzes),
8. die Beförderung oder Versendung in das übrige Gemeinschaftsgebiet sowie
9. den Bestimmungsort im übrigen Gemeinschaftsgebiet.

(3) In den einer Lieferung gleichgestellten Verbringungsfällen (§ 6a Absatz 2 des Gesetzes) hat der Unternehmer Folgendes aufzuzeichnen:

1. die Menge des verbrachten Gegenstands und seine handelsübliche Bezeichnung einschließlich der Fahrzeug-Identifikationsnummer bei Fahrzeugen im Sinne des § 1b Absatz 2 des Gesetzes,

---

1) § 17b neu gef. mWv 1.1.2012 durch VO v. 2.12.2011 (BGBl. I S. 2416); wird § 17c und Satz 2 geänd. mWv 1.1.2020 durch G v. 12.12.2019 (BGBl. I S. 2451).

2) § 17c neu gef. mWv 1.1.2012 durch VO v. 2.12.2011 (BGBl. I S. 2416); wird § 17d mWv 1.1.2020 durch G v. 12.12.2019 (BGBl. I S. 2451).

2. die Anschrift und die Umsatzsteuer-Identifikationsnummer des im anderen Mitgliedstaat belegenen Unternehmensteils,
3. den Tag des Verbringens sowie
4. die Bemessungsgrundlage nach § 10 Absatz 4 Satz 1 Nummer 1 des Gesetzes.

(4) Werden neue Fahrzeuge an Abnehmer ohne Umsatzsteuer-Identifikationsnummer in das übrige Gemeinschaftsgebiet geliefert, hat der Unternehmer Folgendes aufzuzeichnen:

1. den Namen und die Anschrift des Erwerbers,
2. die handelsübliche Bezeichnung des gelieferten Fahrzeugs einschließlich der Fahrzeug-Identifikationsnummer,
3. den Tag der Lieferung,
4. das vereinbarte Entgelt oder bei der Besteuerung nach vereinnahmten Entgelten das vereinnahmte Entgelt und den Tag der Vereinnahmung,
5. die in § 1b Absatz 2 und 3 des Gesetzes genannten Merkmale,
6. die Beförderung oder Versendung in das übrige Gemeinschaftsgebiet sowie
7. den Bestimmungsort im übrigen Gemeinschaftsgebiet.

Zu § 4 Nr. 2 und § 8 des Gesetzes

§ 18 Buchmäßiger Nachweis bei Umsätzen für die Seeschifffahrt und für die Luftfahrt. [1]Bei Umsätzen für die Seeschifffahrt und für die Luftfahrt (§ 8 des Gesetzes) ist § 13 Abs. 1 und 2 Nr. 1 bis 4 entsprechend anzuwenden. [2]Zusätzlich soll der Unternehmer aufzeichnen, für welchen Zweck der Gegenstand der Lieferung oder die sonstige Leistung bestimmt ist.

Zu § 4 Nr. 3 des Gesetzes

§ 19. (weggefallen)

§ 20 Belegmäßiger Nachweis bei steuerfreien Leistungen, die sich auf Gegenstände der Ausfuhr oder Einfuhr beziehen. (1) [1]Bei einer Leistung, die sich unmittelbar auf einen Gegenstand der Ausfuhr bezieht oder auf einen eingeführten Gegenstand bezieht, der im externen Versandverfahren in das Drittlandsgebiet befördert wird (§ 4 Nr. 3 Satz 1 Buchstabe a Doppelbuchstabe aa des Gesetzes), muss der Unternehmer durch Belege die Ausfuhr oder Wiederausfuhr des Gegenstands nachweisen. [2]Die Voraussetzung muss sich aus den Belegen eindeutig und leicht nachprüfbar ergeben. [3]Die Vorschriften über den Ausfuhrnachweis in den §§ 9 bis 11 sind entsprechend anzuwenden.

(2) Bei einer Leistung, die sich auf einen Gegenstand der Einfuhr in das Gebiet eines Mitgliedstaates der Europäischen Union[1] bezieht (§ 4 Nr. 3

[1] Begriff geänd. durch VO v. 11.12.2012 (BGBl. I S. 2637).

Satz 1 Buchstabe a Doppelbuchstabe bb des Gesetzes), muss der Unternehmer durch Belege nachweisen, dass die Kosten für diese Leistung in der Bemessungsgrundlage für die Einfuhr enthalten sind.

(3) Der Unternehmer muss die Nachweise im Geltungsbereich des Gesetzes[1] führen.

§ 21 Buchmäßiger Nachweis bei steuerfreien Leistungen, die sich auf Gegenstände der Ausfuhr oder Einfuhr beziehen. [1]Bei einer Leistung, die sich auf einen Gegenstand der Ausfuhr, auf einen Gegenstand der Einfuhr in das Gebiet eines Mitgliedstaates der Europäischen Union[2] oder auf einen eingeführten Gegenstand bezieht, der im externen Versandverfahren in das Drittlandsgebiet befördert wird (§ 4 Nr. 3 Satz 1 Buchstabe a des Gesetzes), ist § 13 Abs. 1 und Abs. 2 Nr. 1 bis 4 entsprechend anzuwenden. [2]Zusätzlich soll der Unternehmer aufzeichnen:

1. bei einer Leistung, die sich auf einen Gegenstand der Ausfuhr bezieht oder auf einen eingeführten Gegenstand bezieht, der im externen Versandverfahren in das Drittlandsgebiet befördert wird, dass der Gegenstand ausgeführt oder wiederausgeführt worden ist;
2. bei einer Leistung, die sich auf einen Gegenstand der Einfuhr in das Gebiet eines Mitgliedstaates der Europäischen Union[2] bezieht, dass die Kosten für die Leistung in der Bemessungsgrundlage für die Einfuhr enthalten sind.

Zu § 4 Nr. 5 des Gesetzes

§ 22 Buchmäßiger Nachweis bei steuerfreien Vermittlungen. (1) Bei Vermittlungen im Sinne des § 4 Nr. 5 des Gesetzes ist § 13 Abs. 1 entsprechend anzuwenden.

(2) Der Unternehmer soll regelmäßig Folgendes aufzeichnen:

1. die Vermittlung und den vermittelten Umsatz;
2. den Tag der Vermittlung;
3. den Namen und die Anschrift des Unternehmers, der den vermittelten Umsatz ausgeführt hat;
4. das für die Vermittlung vereinbarte Entgelt oder bei der Besteuerung nach vereinnahmten Entgelten das für die Vermittlung vereinnahmte Entgelt und den Tag der Vereinnahmung.

Zu § 4 Nr. 18 des Gesetzes

§ 23[3] *(aufgehoben)*

---

[1] Geänd. durch VO v. 22.12.2014 (BGBl. I S. 2392).
[2] Begriff geänd. durch VO v. 11.12.2012 (BGBl. I S. 2637).
[3] § 23 aufgeh. mWv 1.1.2020 durch G v. 12.12.2019 (BGBl. I S. 2451).

Zu § 4 a des Gesetzes

§ 24 Antragsfrist für die Steuervergütung und Nachweis der Voraussetzungen. (1) [1] Die Steuervergütung ist bei dem zuständigen Finanzamt bis zum Ablauf des Kalenderjahres zu beantragen, das auf das Kalenderjahr folgt, in dem der Gegenstand in das Drittlandsgebiet gelangt. [2] Ein Antrag kann mehrere Ansprüche auf die Steuervergütung umfassen.

(2) Der Nachweis, dass der Gegenstand in das Drittlandsgebiet gelangt ist, muss in der gleichen Weise wie bei Ausfuhrlieferungen geführt werden (§§ 8 bis 11).

(3) [1] Die Voraussetzungen für die Steuervergütung sind im Geltungsbereich des Gesetzes[1)] buchmäßig nachzuweisen. [2] Regelmäßig sollen aufgezeichnet werden:

1. die handelsübliche Bezeichnung und die Menge des ausgeführten Gegenstands;
2. der Name und die Anschrift des Lieferers;
3. der Name und die Anschrift des Empfängers;
4. der Verwendungszweck im Drittlandsgebiet;
5. der Tag der Ausfuhr des Gegenstands;
6. die mit dem Kaufpreis für die Lieferung des Gegenstands bezahlte Steuer oder die für die Einfuhr oder den innergemeinschaftlichen Erwerb des Gegenstands entrichtete Steuer.

Zu § 10 Abs. 6 des Gesetzes

§ 25 Durchschnittsbeförderungsentgelt. Das Durchschnittsbeförderungsentgelt wird auf 4,43 Cent je Personenkilometer festgesetzt.

Zu § 12 Abs. 2 Nr. 1 des Gesetzes

§§ 26 bis **29.** (weggefallen)

Zu § 12 Abs. 2 Nr. 7 Buchstabe d des Gesetzes

§ 30 Schausteller. Als Leistungen aus der Tätigkeit als Schausteller gelten Schaustellungen, Musikaufführungen, unterhaltende Vorstellungen oder sonstige Lustbarkeiten auf Jahrmärkten, Volksfesten, Schützenfesten oder ähnlichen Veranstaltungen.

---

1) Geänd. durch VO v. 22.12.2014 (BGBl. I S. 2392).

Zu § 13b des Gesetzes

§ 30a Steuerschuldnerschaft bei unfreien Versendungen. [1]Lässt ein Absender einen Gegenstand durch einen im Ausland ansässigen Frachtführer oder Verfrachter unfrei zum Empfänger der Frachtsendung befördern oder eine solche Beförderung durch einen im Ausland ansässigen Spediteur unfrei besorgen, ist der Empfänger der Frachtsendung an Stelle des Leistungsempfängers Steuerschuldner nach § 13b Absatz 5[1)] des Gesetzes, wenn

1. er ein Unternehmer oder eine juristische Person des öffentlichen Rechts ist,
2. er die Entrichtung des Entgelts für die Beförderung oder für ihre Besorgung übernommen hat und
3. aus der Rechnung über die Beförderung oder ihre Besorgung auch die in Nummer 2 bezeichnete Voraussetzung zu ersehen ist.

[2]Dies gilt auch, wenn die Leistung für den nichtunternehmerischen Bereich bezogen wird.

Zu § 14 des Gesetzes

§ 31 Angaben in der Rechnung. (1) [1]Eine Rechnung kann aus mehreren Dokumenten bestehen, aus denen sich die nach § 14 Abs. 4 des Gesetzes geforderten Angaben insgesamt ergeben. [2]In einem dieser Dokumente sind das Entgelt und der darauf entfallende Steuerbetrag jeweils zusammengefasst anzugeben und alle anderen Dokumente zu bezeichnen, aus denen sich die übrigen Angaben nach § 14 Abs. 4 des Gesetzes ergeben. [3]Die Angaben müssen leicht und eindeutig nachprüfbar sein.

(2) Den Anforderungen des § 14 Abs. 4 Satz 1 Nr. 1 des Gesetzes ist genügt, wenn sich auf Grund der in die Rechnung aufgenommenen Bezeichnungen der Name und die Anschrift sowohl des leistenden Unternehmers als auch des Leistungsempfängers eindeutig feststellen lassen.

(3) [1]Für die in § 14 Abs. 4 Satz 1 Nr. 1 und 5 des Gesetzes vorgeschriebenen Angaben können Abkürzungen, Buchstaben, Zahlen oder Symbole verwendet werden, wenn ihre Bedeutung in der Rechnung oder in anderen Unterlagen eindeutig festgelegt ist. [2]Die erforderlichen anderen Unterlagen müssen sowohl beim Aussteller als auch beim Empfänger der Rechnung vorhanden sein.

(4) Als Zeitpunkt der Lieferung oder sonstigen Leistung (§ 14 Abs. 4 Satz 1 Nr. 6 des Gesetzes) kann der Kalendermonat angegeben werden, in dem die Leistung ausgeführt wird.

(5) [1]Eine Rechnung kann berichtigt werden, wenn

a) sie nicht alle Angaben nach § 14 Abs. 4 oder § 14a des Gesetzes enthält oder
b) Angaben in der Rechnung unzutreffend sind.

---

1) Verweis geänd. durch G v. 8.4.2010 (BGBl. I S. 386).

[2]Es müssen nur die fehlenden oder unzutreffenden Angaben durch ein Dokument, das spezifisch und eindeutig auf die Rechnung bezogen ist, übermittelt werden. [3]Es gelten die gleichen Anforderungen an Form und Inhalt wie in § 14 des Gesetzes.

§ 32 Rechnungen über Umsätze, die verschiedenen Steuersätzen unterliegen. Wird in einer Rechnung über Lieferungen oder sonstige Leistungen, die verschiedenen Steuersätzen unterliegen, der Steuerbetrag durch Maschinen automatisch ermittelt und durch diese in der Rechnung angegeben, ist der Ausweis des Steuerbetrags in einer Summe zulässig, wenn für die einzelnen Posten der Rechnung der Steuersatz angegeben wird.

§ 33 Rechnungen über Kleinbeträge. [1]Eine Rechnung, deren Gesamtbetrag 250 Euro[1)] nicht übersteigt, muss mindestens folgende Angaben enthalten:

1. den vollständigen Namen und die vollständige Anschrift des leistenden Unternehmers,
2. das Ausstellungsdatum,
3. die Menge und die Art der gelieferten Gegenstände oder den Umfang und die Art der sonstigen Leistung und
4. das Entgelt und den darauf entfallenden Steuerbetrag für die Lieferung oder sonstige Leistung in einer Summe sowie den anzuwendenden Steuersatz oder im Fall einer Steuerbefreiung einen Hinweis darauf, dass für die Lieferung oder sonstige Leistung eine Steuerbefreiung gilt.

[2]Die §§ 31 und 32 sind entsprechend anzuwenden. [3]Die Sätze 1 und 2 gelten nicht für Rechnungen über Leistungen im Sinne der §§ 3c, 6a und 13b des Gesetzes.

§ 34 Fahrausweise als Rechnungen. (1)[2)] Fahrausweise, die für die Beförderung von Personen ausgegeben werden, gelten als Rechnungen im Sinne des § 14 des Gesetzes, wenn sie mindestens die folgenden Angaben enthalten:

1. den vollständigen Namen und die vollständige Anschrift des Unternehmers, der die Beförderungsleistung ausführt. [2]§ 31 Abs. 2 ist entsprechend anzuwenden,
2. das Ausstellungsdatum,
3. das Entgelt und den darauf entfallenden Steuerbetrag in einer Summe,
4. den anzuwendenden Steuersatz, wenn die Beförderungsleistung nicht dem ermäßigten Steuersatz nach § 12 Abs. 2 Nr. 10 des Gesetzes unterliegt, und
5. im Fall der Anwendung des § 26 Abs. 3 des Gesetzes einen Hinweis auf die grenzüberschreitende Beförderung von Personen im Luftverkehr.

[1)] § 33 Satz 1 Betrag geänd. durch G v. 22.8.2006 (BGBl. I S. 1970); geänd. durch G v. 30.6.2017 (BGBl. I S. 2143).

[2)] § 34 Abs. 1 Satz 2 aufgeh. mWv 1.1.2020 durch G v. 21.12.2019 (BGBl. I S. 2886).

(2) [1]Fahrausweise für eine grenzüberschreitende Beförderung im Personenverkehr und im internationalen Eisenbahn-Personenverkehr gelten nur dann als Rechnung im Sinne des § 14 des Gesetzes, wenn eine Bescheinigung des Beförderungsunternehmers oder seines Beauftragten darüber vorliegt, welcher Anteil des Beförderungspreises auf die Strecke im Inland entfällt. [2]In der Bescheinigung ist der Steuersatz anzugeben, der auf den auf das Inland entfallenden Teil der Beförderungsleistung anzuwenden ist.

(3) Die Absätze 1 und 2 gelten für Belege im Reisegepäckverkehr entsprechend.

Zu § 15 des Gesetzes

§ 35 Vorsteuerabzug bei Rechnungen über Kleinbeträge und bei Fahrausweisen. (1) Bei Rechnungen im Sinne des § 33 kann der Unternehmer den Vorsteuerabzug in Anspruch nehmen, wenn er den Rechnungsbetrag in Entgelt und Steuerbetrag aufteilt.

(2)[1)] [1]Absatz 1 ist für Rechnungen im Sinne des § 34 entsprechend anzuwenden. [2]Bei der Aufteilung in Entgelt und Steuerbetrag ist der Steuersatz nach § 12 Absatz 1 des Gesetzes anzuwenden, wenn in der Rechnung dieser Steuersatz angegeben ist. [3]Bei den übrigen Rechnungen ist der Steuersatz nach § 12 Abs. 2 des Gesetzes anzuwenden. [4]Bei Fahrausweisen im Luftverkehr kann der Vorsteuerabzug nur in Anspruch genommen werden, wenn der Steuersatz nach § 12 Abs. 1 des Gesetzes im Fahrausweis angegeben ist.

§§ 36 bis **39a.** (weggefallen)

§ 40 Vorsteuerabzug bei unfreien Versendungen. (1) [1]Lässt ein Absender einen Gegenstand durch einen Frachtführer oder Verfrachter unfrei zu einem Dritten befördern oder eine solche Beförderung durch einen Spediteur unfrei besorgen, so ist für den Vorsteuerabzug der Empfänger der Frachtsendung als Auftraggeber dieser Leistungen anzusehen. [2]Der Absender darf die Steuer für diese Leistungen nicht als Vorsteuer abziehen. [3]Der Empfänger der Frachtsendung kann diese Steuer unter folgenden Voraussetzungen abziehen:

1. Er muss im Übrigen hinsichtlich der Beförderung oder ihrer Besorgung zum Abzug der Steuer berechtigt sein (§ 15 Abs. 1 Satz 1 Nr. 1 des Gesetzes).
2. Er muss die Entrichtung des Entgelts zuzüglich der Steuer für die Beförderung oder für ihre Besorgung übernommen haben.
3. [1]Die in Nummer 2 bezeichnete Voraussetzung muss aus der Rechnung über die Beförderung oder ihre Besorgung zu ersehen sein. [2]Die Rechnung ist vom Empfänger der Frachtsendung aufzubewahren.

(2) Die Vorschriften des § 22 des Gesetzes sowie des § 35 Abs. 1 und § 63 dieser Verordnung gelten für den Empfänger der Frachtsendung entsprechend.

---

1) § 35 Abs. 2 Satz 2 neu gef. mWv 1.1.2020 durch G v. 21.12.2019 (BGBl. I S. 2886).

§§ 41 bis **42.** (weggefallen)

§ 43 Erleichterungen bei der Aufteilung der Vorsteuern. Die den folgenden steuerfreien Umsätzen zuzurechnenden Vorsteuerbeträge sind nur dann vom Vorsteuerabzug ausgeschlossen, wenn sie diesen Umsätzen ausschließlich zuzurechnen sind:

1. Umsätze von Geldforderungen, denen zum Vorsteuerabzug berechtigende Umsätze des Unternehmers zugrunde liegen;
2. Umsätze von Wechseln, die der Unternehmer von einem Leistungsempfänger erhalten hat, weil er den Leistenden als Bürge oder Garantiegeber befriedigt. [2]Das gilt nicht, wenn die Vorsteuern, die dem Umsatz dieses Leistenden zuzurechnen sind, vom Vorsteuerabzug ausgeschlossen sind;
3.[1)] sonstige Leistungen, die im Austausch von gesetzlichen Zahlungsmitteln bestehen, Lieferungen von im Inland gültigen amtlichen Wertzeichen sowie Einlagen bei Kreditinstituten, wenn diese Umsätze als Hilfsumsätze anzusehen sind.

Zu § 15a des Gesetzes

§ 44 Vereinfachungen bei der Berichtigung des Vorsteuerabzugs.
(1) Eine Berichtigung des Vorsteuerabzugs nach § 15a des Gesetzes entfällt, wenn die auf die Anschaffungs- oder Herstellungskosten eines Wirtschaftsguts entfallende Vorsteuer 1000 Euro nicht übersteigt.

(2) [1]Haben sich bei einem Wirtschaftsgut in einem Kalenderjahr die für den ursprünglichen Vorsteuerabzug maßgebenden Verhältnisse um weniger als 10 Prozentpunkte geändert, entfällt bei diesem Wirtschaftsgut für dieses Kalenderjahr die Berichtigung des Vorsteuerabzugs. [2]Das gilt nicht, wenn der Betrag, um den der Vorsteuerabzug für dieses Kalenderjahr zu berichtigen ist, 1000 Euro übersteigt.

(3)[2)] [1]Übersteigt der Betrag, um den der Vorsteuerabzug bei einem Wirtschaftsgut für das Kalenderjahr zu berichtigen ist, nicht 6000 Euro, so ist die Berichtigung des Vorsteuerabzugs nach § 15a des Gesetzes abweichend von § 18 Abs. 1 und 2 des Gesetzes erst im Rahmen der Steuerfestsetzung für den Besteuerungszeitraum durchzuführen, in dem sich die für den ursprünglichen Vorsteuerabzug maßgebenden Verhältnisse geändert haben. [2]Wird das Wirtschaftsgut während des maßgeblichen Berichtigungszeitraums veräußert oder nach § 3 Abs. 1b des Gesetzes geliefert, so ist die Berichtigung des Vorsteuerabzugs für das Kalenderjahr der Lieferung und die folgenden Kalenderjahre des Berichtungszeitraums abweichend von Satz 1 bereits bei der Berechnung der Steuer für den Voranmeldungszeitraum (§ 18 Abs. 1 und 2 des Gesetzes) durchzuführen, in dem die Lieferung stattgefunden hat.

[1)] § 43 Nr. 3 neu gef. mWv 1.1.2012 durch VO v. 2.12.2011 (BGBl. I S. 2416).

[2)] § 44 Abs. 3 aufgeh., bish. Abs. 4 wird Abs. 3 und Satz 2 aufgeh., neuer Satz 2 geänd., bish. Abs. 5 wird Abs. 4 und geänd. mWv 1.1.2012 durch VO v. 2.12.2011 (BGBl. I S. 2416); zur Anwendung siehe § 74a Abs. 2.

(4)[1] Die Absätze 1 bis 3 sind bei einer Berichtigung der auf nachträgliche Anschaffungs- oder Herstellungskosten und auf die in § 15a Abs. 3 und 4 des Gesetzes bezeichneten Leistungen entfallenden Vorsteuerbeträge entsprechend anzuwenden.

§ 45 Maßgebliches Ende des Berichtigungszeitraums. [1]Endet der Zeitraum, für den eine Berichtigung des Vorsteuerabzugs nach § 15 a des Gesetzes durchzuführen ist, vor dem 16. eines Kalendermonats, so bleibt dieser Kalendermonat für die Berichtigung unberücksichtigt. [2]Endet er nach dem 15. eines Kalendermonats, so ist dieser Kalendermonat voll zu berücksichtigen.

Zu den §§ 16 und 18 des Gesetzes

Dauerfristverlängerung

§ 46[2] Fristverlängerung. [1]Das Finanzamt hat dem Unternehmer auf Antrag die Fristen für die Übermittlung der Voranmeldungen und für die Entrichtung der Vorauszahlungen (§ 18 Abs. 1, 2 und 2 a des Gesetzes) um einen Monat zu verlängern. [2]Das Finanzamt hat den Antrag abzulehnen oder eine bereits gewährte Fristverlängerung zu widerrufen, wenn der Steueranspruch gefährdet erscheint.

§ 47 Sondervorauszahlung. (1)[3] [1]Die Fristverlängerung ist bei einem Unternehmer, der die Voranmeldungen monatlich zu übermitteln hat, unter der Auflage zu gewähren, dass dieser eine Sondervorauszahlung auf die Steuer eines jeden Kalenderjahres entrichtet. [2]Die Sondervorauszahlung beträgt ein Elftel der Summe der Vorauszahlungen für das vorangegangene Kalenderjahr.

(2) [1]Hat der Unternehmer seine gewerbliche oder berufliche Tätigkeit nur in einem Teil des vorangegangenen Kalenderjahres ausgeübt, so ist die Summe der Vorauszahlungen dieses Zeitraums in eine Jahressumme umzurechnen. [2]Angefangene Kalendermonate sind hierbei als volle Kalendermonate zu behandeln.

(3) Hat der Unternehmer seine gewerbliche oder berufliche Tätigkeit im laufenden Kalenderjahr begonnen, so ist die Sondervorauszahlung auf der Grundlage der zu erwartenden Vorauszahlungen dieses Kalenderjahres zu berechnen.

§ 48[4] Verfahren. (1)[5] [1]Der Unternehmer hat die Fristverlängerung für die Übermittlung der Voranmeldungen bis zu dem Zeitpunkt zu beantragen, an dem die Voranmeldung, für die die Fristverlängerung erstmals gelten soll, nach § 18 Abs. 1, 2 und 2 a des Gesetzes zu übermitteln ist. [2]Der Antrag ist nach

---

[1] § 44 Abs. 3 aufgeh., bish. Abs. 4 wird Abs. 3 und Satz 2 aufgeh., neuer Satz 2 geänd., bish. Abs. 5 wird Abs. 4 und geänd. mWv 1.1.2012 durch VO v. 2.12.2011 (BGBl. I S. 2416); zur Anwendung siehe § 74a Abs. 2.

[2] § 46 Satz 1 geänd. mWv 30.12.2014 durch VO v. 22.12.2014 (BGBl. I S. 2392).

[3] § 47 Abs. 1 Satz 1 geänd. mWv 30.12.2014 durch VO v. 22.12.2014 (BGBl. I S. 2392).

[4] § 48 Abs. 1 Satz 2 ersetzt durch Sätze 2 und 3, bish. Sätze 3 und 4 werden Sätze 4 und 5, Abs. 2 Satz 2 Verweis geänd. mWv 1.1.2011 durch G v. 20.12.2008 (BGBl. I S. 2850); Abs. 1 Sätze 1 und 4, Abs. 2 Satz 1 geänd. mWv 30.12.2014 durch VO v. 22.12.2014 (BGBl. I S. 2392).

[5] § 48 Abs. 1 Satz 2 geänd. mWv 1.1.2017 durch G v. 18.7.2016 (BGBl. I S. 1679).

amtlich vorgeschriebenem Datensatz durch Datenfernübertragung zu übermitteln. [3] Auf Antrag kann das Finanzamt zur Vermeidung von unbilligen Härten auf eine elektronische Übermittlung verzichten; in diesem Fall hat der Unternehmer einen Antrag nach amtlich vorgeschriebenem Vordruck zu stellen. [4] In dem Antrag hat der Unternehmer, der die Voranmeldungen monatlich zu übermitteln hat, die Sondervorauszahlung (§ 47) selbst zu berechnen und anzumelden. [5] Gleichzeitig hat er die angemeldete Sondervorauszahlung zu entrichten.

(2) [1] Während der Geltungsdauer der Fristverlängerung hat der Unternehmer, der die Voranmeldungen monatlich zu übermitteln hat, die Sondervorauszahlung für das jeweilige Kalenderjahr bis zum gesetzlichen Zeitpunkt der Übermittlung der ersten Voranmeldung zu berechnen, anzumelden und zu entrichten. [2] Absatz 1 Satz 2 und 3 gilt entsprechend.

(3) Das Finanzamt kann die Sondervorauszahlung festsetzen, wenn sie vom Unternehmer nicht oder nicht richtig berechnet wurde oder wenn die Anmeldung zu einem offensichtlich unzutreffenden Ergebnis führt.

(4)[1)] [1] Die festgesetzte Sondervorauszahlung ist bei der Festsetzung der Vorauszahlung für den letzten Voranmeldungszeitraum des Besteuerungszeitraums zu berücksichtigen, für den die Fristverlängerung gilt. [2] Ein danach verbleibender Erstattungsanspruch ist mit Ansprüchen aus dem Steuerschuldverhältnis aufzurechnen (§ 226 der Abgabenordnung), im Übrigen zu erstatten.

Verzicht auf die Steuererhebung

§ 49 Verzicht auf die Steuererhebung im Börsenhandel mit Edelmetallen. Auf die Erhebung der Steuer für die Lieferungen von Gold, Silber und Platin sowie für die sonstigen Leistungen im Geschäft mit diesen Edelmetallen wird verzichtet, wenn

1. die Umsätze zwischen Unternehmern ausgeführt werden, die an einer Wertpapierbörse im Inland mit dem Recht zur Teilnahme am Handel zugelassen sind,
2. die bezeichneten Edelmetalle zum Handel an einer Wertpapierbörse im Inland zugelassen sind und
3. keine Rechnungen mit gesondertem Ausweis der Steuer erteilt werden.

§§ 50 bis **58.** (weggefallen)

Vergütung der Vorsteuerbeträge in einem besonderen Verfahren

§ 59[2)] Vergütungsberechtigte Unternehmer. [1] Die Vergütung der abziehbaren Vorsteuerbeträge (§ 15 des Gesetzes) an im Ausland ansässige Unter-

---

1) § 48 Abs. 4 neu gef. durch VO v. 18.7.2016 (BGBl. I S. 1722).

2) § 59 Satz 1 geänd., Satz 2 angef. durch G v. 19.12.2008 (BGBl. I S. 2794); zur erstmaligen Anwendung siehe § 74a; § 59 Satz 2 neu gef., Satz 3 angef. mWv 20.12.2012 durch VO

(Fortsetzung der Fußnote nächstes Blatt)

nehmer ist abweichend von § 16 und § 18 Abs. 1 bis 4 des Gesetzes nach den §§ 60 bis 61a durchzuführen, wenn der Unternehmer im Vergütungszeitraum

1. im Inland keine Umsätze im Sinne des § 1 Abs. 1 Nr. 1 und 5 des Gesetzes oder nur steuerfreie Umsätze im Sinne des § 4 Nr. 3 des Gesetzes ausgeführt hat,
2. nur Umsätze ausgeführt hat, für die der Leistungsempfänger die Steuer schuldet (§ 13b des Gesetzes) oder die der Beförderungseinzelbesteuerung (§ 16 Abs. 5 und § 18 Abs. 5 des Gesetzes) unterlegen haben,
3. im Inland nur innergemeinschaftliche Erwerbe und daran anschließende Lieferungen im Sinne des § 25b Abs. 2 des Gesetzes ausgeführt hat,

[Fassung bis 30.6.2021:]

4. im Inland als Steuerschuldner nur Umsätze im Sinne des § 3a Abs. 5 des Gesetzes erbracht hat und von dem Wahlrecht nach § 18 Abs. 4c des Gesetzes Gebrauch gemacht hat oder diese Umsätze in einem anderen Mitgliedstaat erklärt sowie die darauf entfallende Steuer entrichtet hat oder

5.[2] im Inland als Steuerschuldner nur Umsätze im Sinne des § 3a Absatz 5 des Gesetzes erbracht hat und von dem Wahlrecht nach § 18 Absatz 4e des Gesetzes Gebrauch gemacht hat.

[Fassung ab 1.7.2021:][1]

4. im Inland als Steuerschuldner vor dem 1. Juli 2021 nur Umsätze im Sinne des § 3a Absatz 5 des Gesetzes erbracht und von dem Wahlrecht nach § 18 Absatz 4c des Gesetzes Gebrauch gemacht hat oder diese Umsätze in einem anderen Mitgliedstaat erklärt sowie die darauf entfallende Steuer entrichtet hat oder nach dem 30. Juni 2021 nur sonstige Leistungen an Empfänger nach § 3a Absatz 5 Satz 1 des Gesetzes erbracht und von dem Wahlrecht nach § 18i des Gesetzes Gebrauch gemacht hat,

5. im Inland als Steuerschuldner vor dem 1. Juli 2021 nur Umsätze im Sinne des § 3a Absatz 5 des Gesetzes erbracht und von dem Wahlrecht nach § 18 Absatz 4e des Gesetzes Gebrauch gemacht hat oder nach dem 30. Juni 2021 nur Lieferungen nach § 3 Absatz 3a Satz 1 des Gesetzes innerhalb eines Mitgliedstaates, innergemeinschaftliche Fernverkäufe

---

(Fortsetzung der Fußnote)

v. 11.12.2012 (BGBl. I S. 2637); Satz 2 neu gef. mWv 30.12.2014 durch VO v. 22.12. 2014 (BGBl. I S. 2392); Satz 2 neu gef. mWv 1.1.2020 durch G v. 12.12.2019 (BGBl. I S. 2451).

[1] § 59 Satz 1 Nrn. 4 und 5 ersetzt durch Nrn. 4 bis 6 **mWv 1.7.2021** durch G v. 21.12.2020 (BGBl. I S. 3096).

[2] § 59 Satz 1 Nr. 5 angef. mWv 1.1.2015 durch G v. 25.7.2014 (BGBl. I S. 1266).

[Fassung bis 30.6.2021:]

[Fassung ab 1.7.2021:][1)]

nach § 3c Absatz 1 Satz 2 und 3 des Gesetzes sowie sonstige Leistungen an Empfänger nach § 3a Absatz 5 Satz 1 des Gesetzes erbracht und von dem Wahlrecht nach § 18j des Gesetzes Gebrauch gemacht hat oder

6. im Inland als Steuerschuldner nur Fernverkäufe nach § 3 Absatz 3a Satz 2 und § 3c Absatz 2 und 3 des Gesetzes erbracht und von dem Wahlrecht nach § 18k des Gesetzes Gebrauch gemacht hat.

[2] Ein im Ausland ansässiger Unternehmer im Sinne des Satzes 1 ist ein Unternehmer, der im Inland, auf der Insel Helgoland und in einem der in § 1 Absatz 3 des Gesetzes bezeichneten Gebiete weder einen Wohnsitz, seinen gewöhnlichen Aufenthalt, seinen Sitz, seine Geschäftsleitung noch eine Betriebsstätte hat, von der aus im Inland steuerbare Umsätze ausgeführt werden; ein im Ausland ansässiger Unternehmer ist auch ein Unternehmer, der ausschließlich einen Wohnsitz oder seinen gewöhnlichen Aufenthalt im Inland, aber im Ausland seinen Sitz, seine Geschäftsleitung oder eine Betriebsstätte hat, von der aus Umsätze ausgeführt werden. [3] Maßgebend für die Ansässigkeit ist der jeweilige Vergütungszeitraum im Sinne des § 60, für den der Unternehmer eine Vergütung beantragt.

§ 60[2)] **Vergütungszeitraum.** [1] Vergütungszeitraum ist nach Wahl des Unternehmers ein Zeitraum von mindestens drei Monaten bis zu höchstens einem Kalenderjahr. [2] Der Vergütungszeitraum kann weniger als drei Monate umfassen, wenn es sich um den restlichen Zeitraum des Kalenderjahres handelt. [3] In den Vergütungsantrag für den Zeitraum nach den Sätzen 1 und 2 können auch abziehbare Vorsteuerbeträge aufgenommen werden, die in vor vorangegangene Vergütungszeiträume des betreffenden Jahres fallen. [4] Hat der Unternehmer einen Vergütungsantrag für das Kalenderjahr oder für den letzten Zeitraum des Kalenderjahres gestellt, kann er für das betreffende Jahr einmalig einen weiteren Vergütungsantrag stellen, in welchem ausschließlich abziehbare Vorsteuerbeträge aufgenommen werden dürfen, die in den Vergütungsanträgen für die Zeiträume nach den Sätzen 1 und 2 nicht enthalten sind; § 61 Absatz 3 Satz 3 und § 61a Absatz 3 Satz 3 gelten entsprechend.

---

1) § 59 Satz 1 Nrn. 4 und 5 ersetzt durch Nrn. 4 bis 6 durch G v. 21.12.2020 (BGBl. I S. 3096).

2) § 60 Satz 3 eingef., bish. Satz 3 wird Satz 4, neuer Satz 4 geänd. mWv 30.12.2014 durch VO v. 22.12.2014 (BGBl. I S. 2392); Satz 3 und 4 neu gef. mWv 20.7.2017 durch VO v. 12.7.2017 (BGBl. I S. 2360).

§ 61[1] **Vergütungsverfahren für im übrigen Gemeinschaftsgebiet ansässige Unternehmer.** (1)[2] [1]Der im übrigen Gemeinschaftsgebiet ansässige Unternehmer hat den Vergütungsantrag nach amtlich vorgeschriebenem Datensatz durch Datenfernübertragung über das in dem Mitgliedstaat, in dem der Unternehmer ansässig ist, eingerichtete elektronische Portal dem Bundeszentralamt für Steuern zu übermitteln. [2]Der Vergütungsantrag gilt nur dann als vorgelegt, wenn der Unternehmer

1. alle Angaben gemacht hat, die in den Artikeln 8 und 9 Absatz 1 der Richtlinie 2008/9/EG des Rates vom 12. Februar 2008 zur Regelung der Erstattung der Mehrwertsteuer gemäß der Richtlinie 2006/112/EG an nicht im Mitgliedstaat der Erstattung, sondern in einem anderen Mitgliedstaat ansässige Steuerpflichtige (ABl. L 44 vom 20.2.2008, S. 23), die durch die Richtlinie 2010/66/EU (ABl. L 275 vom 20.10.2010, S. 1) geändert worden ist, in der jeweils geltenden Fassung gefordert werden, sowie
2. eine Beschreibung seiner Geschäftstätigkeit anhand harmonisierter Codes vorgenommen hat, die gemäß Artikel 34a Absatz 3 Unterabsatz 2 der Verordnung (EG) Nr. 1798/2003 des Rates vom 7. Oktober 2003 über die Zusammenarbeit der Verwaltungsbehörden auf dem Gebiet der Mehrwertsteuer und zur Aufhebung der Verordnung (EWG) Nr. 218/92 (ABl. L 264 vom 15.10.2003, S. 1), die zuletzt durch die Verordnung (EU) Nr. 904/2010 (ABl. L 268 vom 12.10.2010, S. 1) geändert worden ist, in der jeweils geltenden Fassung bestimmt werden.

(2) [1]Die Vergütung ist binnen neun Monaten nach Ablauf des Kalenderjahres, in dem der Vergütungsanspruch entstanden ist, zu beantragen. [2]Der Unternehmer hat die Vergütung selbst zu berechnen. [3]Dem Vergütungsantrag sind die Rechnungen und Einfuhrbelege als eingescannte Originale vollständig beizufügen, wenn das Entgelt für den Umsatz oder die Einfuhr mindestens 1000 Euro, bei Rechnungen über den Bezug von Kraftstoffen mindestens 250 Euro beträgt. [4]Bei begründeten Zweifeln an dem Recht auf Vorsteuerabzug in der beantragten Höhe kann das Bundeszentralamt für Steuern verlangen, dass die Vorsteuerbeträge durch Vorlage von Rechnungen und Einfuhrbelegen im Original nachgewiesen werden.

(3) [1]Die beantragte Vergütung muss mindestens 400 Euro betragen. [2]Das gilt nicht, wenn der Vergütungszeitraum das Kalenderjahr oder der letzte Zeitraum des Kalenderjahres ist. [3]Für diese Vergütungszeiträume muss die beantragte Vergütung mindestens 50 Euro betragen.

(4) [1]Der Bescheid über die Vergütung von Vorsteuerbeträgen ist durch Bereitstellung zum Datenabruf nach § 122a in Verbindung mit § 87a Absatz 8 der Abgabenordnung bekannt zu geben. [2]Hat der Empfänger des Bescheids der Bekanntgabe durch Bereitstellung zum Datenabruf nach Satz 1 nicht zugestimmt, ist der Bescheid schriftlich zu erteilen.

---

[1] § 61 neu gef. durch G v. 19.12.2008 (BGBl. I S. 2794); zur erstmaligen Anwendung siehe § 74a; Abs. 2 Satz 3, Abs. 5 Satz 3 geänd., Satz 9 angef. mWv 30.12.2014 durch VO v. 22.12.2014 (BGBl. I S. 2392); Abs. 1 Satz 2 angef., Abs. 2 Satz 3 neu gef., Abs. 4 neu gef., Abs. 5 Satz 4 neu gef. mWv 20.7.2017 durch VO v. 12.7.2017 (BGBl. I S. 2360).

[2] § 61 Abs. 1 geänd. mWv 1.1.2017 durch G v. 18.7.2016 (BGBl. I S. 1679).

(5)[1] [1]Der nach § 18 Abs. 9 des Gesetzes zu vergütende Betrag ist zu verzinsen. [2]Der Zinslauf beginnt mit Ablauf von vier Monaten und zehn Arbeitstagen nach Eingang des Vergütungsantrags beim Bundeszentralamt für Steuern. [3]Übermittelt der Antragsteller Rechnungen oder Einfuhrbelege als eingescannte Originale abweichend von Absatz 2 Satz 3 nicht zusammen mit dem Vergütungsantrag, sondern erst zu einem späteren Zeitpunkt, beginnt der Zinslauf erst mit Ablauf von vier Monaten und zehn Arbeitstagen nach Eingang dieser eingescannten Originale beim Bundeszentralamt für Steuern. [4]Hat das Bundeszentralamt für Steuern zusätzliche oder weitere zusätzliche Informationen angefordert, beginnt der Zinslauf erst mit Ablauf von zehn Arbeitstagen nach Ablauf der Fristen in Artikel 21 der Richtlinie 2008/9/EG. [5]Der Zinslauf endet mit erfolgter Zahlung des zu vergütenden Betrages; die Zahlung gilt als erfolgt mit dem Tag der Fälligkeit, es sei denn, der Unternehmer weist nach, dass er den zu vergütenden Betrag später erhalten hat. [6]Wird die Festsetzung oder Anmeldung der Steuervergütung geändert, ist eine bisherige Zinsfestsetzung zu ändern; § 233a Abs. 5 der Abgabenordnung[2] gilt entsprechend. [7]Für die Höhe und Berechnung der Zinsen gilt § 238 der Abgabenordnung. [8]Auf die Festsetzung der Zinsen ist § 239 der Abgabenordnung entsprechend anzuwenden. [9]Bei der Festsetzung von Prozesszinsen nach § 236 der Abgabenordnung sind Zinsen anzurechnen, die für denselben Zeitraum nach den Sätzen 1 bis 5 festgesetzt wurden.

(6) Ein Anspruch auf Verzinsung nach Absatz 5 besteht nicht, wenn der Unternehmer einer Mitwirkungspflicht nicht innerhalb einer Frist von einem Monat nach Zugang einer entsprechenden Aufforderung des Bundeszentralamtes für Steuern nachkommt.

§ 61a[3] Vergütungsverfahren für nicht im Gemeinschaftsgebiet ansässige Unternehmer. (1)[4] [1]Der nicht im Gemeinschaftsgebiet ansässige Unternehmer hat den Vergütungsantrag nach amtlich vorgeschriebenem Datensatz durch Datenfernübertragung an das Bundeszentralamt für Steuern zu übermitteln. [2]Auf Antrag kann das Bundeszentralamt für Steuern zur Vermeidung von unbilligen Härten auf eine elektronische Übermittlung verzichten. [3]In diesem Fall hat der nicht im Gemeinschaftsgebiet ansässige Unternehmer die Vergütung nach amtlich vorgeschriebenem Vordruck beim Bundeszentralamt für Steuern zu beantragen und den Vergütungsantrag eigenhändig zu unterschreiben.

(Fortsetzung nächste Seite)

[1] § 61 Abs. 5 Sätze 2 bis 4 neu gef. mWv 1.1.2020 durch G v. 12.12.2019 (BGBl. I S. 2451).

[2] Nr. **800**.

[3] § 61a eingef. mWv 1.1.2010 durch G v. 19.12.2008 (BGBl. I S. 2794); zur erstmaligen Anwendung siehe § 74a.

[4] § 61a Abs. 1 Satz 1 geänd. mWv 1.1.2017 durch G v. 18.7.2016 (BGBl. I S. 1679).

(2) [1]Die Vergütung ist binnen sechs Monaten nach Ablauf des Kalenderjahres, in dem der Vergütungsanspruch entstanden ist, zu beantragen. [2]Der Unternehmer hat die Vergütung selbst zu berechnen. [3]Die Vorsteuerbeträge sind durch Vorlage von Rechnungen und Einfuhrbelegen im Original nachzuweisen.

(3) [1]Die beantragte Vergütung muss mindestens 1000 Euro betragen. [2]Das gilt nicht, wenn der Vergütungszeitraum das Kalenderjahr oder der letzte Zeitraum des Kalenderjahres ist. [3]Für diese Vergütungszeiträume muss die beantragte Vergütung mindestens 500 Euro betragen.

(4) Der Unternehmer muss der zuständigen Finanzbehörde durch behördliche Bescheinigung des Staates, in dem er ansässig ist, nachweisen, dass er als Unternehmer unter einer Steuernummer eingetragen ist.

Sondervorschriften für die Besteuerung bestimmter Unternehmer

§ 62 Berücksichtigung von Vorsteuerbeträgen, Belegnachweis.

(1) Ist bei den in § 59 genannten Unternehmern die Besteuerung nach § 16 und § 18 Abs. 1 bis 4 des Gesetzes durchzuführen, so sind hierbei die Vorsteuerbeträge nicht zu berücksichtigen, die nach § 59 vergütet worden sind.

(2) Die abziehbaren Vorsteuerbeträge sind in den Fällen des Absatzes 1 durch Vorlage der Rechnungen und Einfuhrbelege im Original nachzuweisen.

Zu § 22 des Gesetzes

§ 63 Aufzeichnungspflichten. (1) Die Aufzeichnungen müssen so beschaffen sein, dass es einem sachverständigen Dritten innerhalb einer angemessenen Zeit möglich ist, einen Überblick über die Umsätze des Unternehmers und die abziehbaren Vorsteuern zu erhalten und die Grundlagen für die Steuerberechnung festzustellen.

(2) [1]Entgelte, Teilentgelte, Bemessungsgrundlagen nach § 10 Abs. 4 und 5 des Gesetzes, nach § 14c des Gesetzes geschuldete Steuerbeträge sowie Vorsteuerbeträge sind am Schluss jedes Voranmeldungszeitraums zusammenzurechnen. [2]Im Fall des § 17 Abs. 1 Satz 6 des Gesetzes sind die Beträge der Entgeltsminderungen am Schluss jedes Voranmeldungszeitraums zusammenzurechnen.

(3) [1]Der Unternehmer kann die Aufzeichnungspflichten nach § 22 Abs. 2 Nr. 1 Satz 1, 3, 5 und 6, Nr. 2 Satz 1 und Nr. 3 Satz 1 des Gesetzes in folgender Weise erfüllen:

1. Das Entgelt oder Teilentgelt und der Steuerbetrag werden in einer Summe statt des Entgelts oder des Teilentgelts aufgezeichnet.
2. Die Bemessungsgrundlage nach § 10 Abs. 4 und 5 des Gesetzes und der darauf entfallende Steuerbetrag werden in einer Summe statt der Bemessungsgrundlage aufgezeichnet.
3. Bei der Anwendung des § 17 Abs. 1 Satz 6 des Gesetzes werden die Entgeltsminderung und die darauf entfallende Minderung des Steuerbetrags in einer Summe statt der Entgeltsminderung aufgezeichnet.

[2] § 22 Abs. 2 Nr. 1 Satz 2, Nr. 2 Satz 2 und Nr. 3 Satz 2 des Gesetzes gilt entsprechend. [3] Am Schluss jedes Voranmeldungszeitraums hat der Unternehmer die Summe der Entgelte und Teilentgelte, der Bemessungsgrundlagen nach § 10 Abs. 4 und 5 des Gesetzes sowie der Entgeltsminderungen im Fall des § 17 Abs. 1 Satz 6 des Gesetzes zu errechnen und aufzuzeichnen.

(4) [1] Dem Unternehmer, dem wegen der Art und des Umfangs des Geschäfts eine Trennung der Entgelte und Teilentgelte nach Steuersätzen (§ 22 Abs. 2 Nr. 1 Satz 2 und Nr. 2 Satz 2 des Gesetzes) in den Aufzeichnungen nicht zuzumuten ist, kann das Finanzamt auf Antrag gestatten, dass er die Entgelte und Teilentgelte nachträglich auf der Grundlage der Wareneingänge oder, falls diese hierfür nicht verwendet werden können, nach anderen Merkmalen trennt. [2] Entsprechendes gilt für die Trennung nach Steuersätzen bei den Bemessungsgrundlagen nach § 10 Abs. 4 und 5 des Gesetzes (§ 22 Abs. 2 Nr. 1 Satz 3 und Nr. 3 Satz 2 des Gesetzes). [3] Das Finanzamt darf nur ein Verfahren zulassen, dessen steuerliches Ergebnis nicht wesentlich von dem Ergebnis einer nach Steuersätzen getrennten Aufzeichnung der Entgelte, Teilentgelte und sonstigen Bemessungsgrundlagen abweicht. [4] Die Anwendung des Verfahrens kann auf einen in der Gliederung des Unternehmens gesondert geführten Betrieb beschränkt werden.

(5) [1] Der Unternehmer kann die Aufzeichnungspflicht nach § 22 Abs. 2 Nr. 5 des Gesetzes in der Weise erfüllen, dass er die Entgelte oder Teilentgelte und die auf sie entfallenden Steuerbeträge (Vorsteuern) jeweils in einer Summe, getrennt nach den in den Eingangsrechnungen angewandten Steuersätzen, aufzeichnet. [2] Am Schluss jedes Voranmeldungszeitraums hat der Unternehmer die Summe der Entgelte und Teilentgelte und die Summe der Vorsteuerbeträge zu errechnen und aufzuzeichnen.

§ 64[1] **Aufzeichnung im Fall der Einfuhr.** Der Aufzeichnungspflicht nach § 22 Absatz 2 Nummer 6 des Gesetzes ist genügt, wenn die entstandene Einfuhrumsatzsteuer mit einem Hinweis auf einen entsprechenden zollamtlichen Beleg aufgezeichnet wird.

§ 65 Aufzeichnungspflichten der Kleinunternehmer. [1] Unternehmer, auf deren Umsätze § 19 Abs. 1 Satz 1 des Gesetzes anzuwenden ist, haben an Stelle der nach § 22 Abs. 2 bis 4 des Gesetzes vorgeschriebenen Angaben Folgendes aufzuzeichnen:

1. die Werte der erhaltenen Gegenleistungen für die von ihnen ausgeführten Lieferungen und sonstigen Leistungen;
2. die sonstigen Leistungen im Sinne des § 3 Abs. 9a Nr. 2 des Gesetzes. [2] Für ihre Bemessung gilt Nummer 1 entsprechend.

[2] Die Aufzeichnungspflichten nach § 22 Abs. 2 Nr. 4, 7, 8 und 9 des Gesetzes bleiben unberührt.

---

[1] § 64 neu gef. mWv 31. 7. 2014 durch G v. 25. 7. 2014 (BGBl. I S. 1266).

§ 66 Aufzeichnungspflichten bei der Anwendung allgemeiner Durchschnittssätze. Der Unternehmer ist von den Aufzeichnungspflichten nach § 22 Abs. 2 Nr. 5 und 6 des Gesetzes befreit, soweit er die abziehbaren Vorsteuerbeträge nach einem Durchschnittssatz (§§ 69 und 70) berechnet.

§ 66 a Aufzeichnungspflichten bei der Anwendung des Durchschnittssatzes für Körperschaften, Personenvereinigungen und Vermögensmassen im Sinne des § 5 Abs. 1 Nr. 9 des Körperschaftsteuergesetzes. Der Unternehmer ist von den Aufzeichnungspflichten nach § 22 Abs. 2 Nr. 5 und 6 des Gesetzes befreit, soweit er die abziehbaren Vorsteuerbeträge nach dem in § 23 a des Gesetzes festgesetzten Durchschnittssatz berechnet.

§ 67 Aufzeichnungspflichten bei der Anwendung der Durchschnittssätze für land- und forstwirtschaftliche Betriebe. [1] Unternehmer, auf deren Umsätze § 24 des Gesetzes anzuwenden ist, sind für den land- und forstwirtschaftlichen Betrieb von den Aufzeichnungspflichten nach § 22 des Gesetzes befreit. [2] Ausgenommen hiervon sind die Bemessungsgrundlagen für die Umsätze im Sinne des § 24 Abs. 1 Satz 1 Nr. 2 des Gesetzes. [3] Die Aufzeichnungspflichten nach § 22 Abs. 2 Nr. 4, 7 und 8 des Gesetzes bleiben unberührt.

§ 68 Befreiung von der Führung des Steuerhefts. (1) Unternehmer im Sinne des § 22 Abs. 5 des Gesetzes sind von der Verpflichtung, ein Steuerheft zu führen, befreit,

1. wenn sie im Inland eine gewerbliche Niederlassung besitzen und ordnungsmäßige Aufzeichnungen nach § 22 des Gesetzes in Verbindung mit den §§ 63 bis 66 dieser Verordnung führen;
2. soweit ihre Umsätze nach den Durchschnittssätzen für land- und forstwirtschaftliche Betriebe (§ 24 Abs. 1 Satz 1 Nr. 1 und 3 des Gesetzes) besteuert werden;
3. soweit sie mit Zeitungen und Zeitschriften handeln;
4.[1] soweit sie auf Grund gesetzlicher Vorschriften verpflichtet sind, Bücher zu führen, oder ohne eine solche Verpflichtung Bücher führen.

(2) In den Fällen des Absatzes 1 Nr. 1 stellt das Finanzamt dem Unternehmer eine Bescheinigung über die Befreiung von der Führung des Steuerhefts aus.

Zu § 23 des Gesetzes

§ 69 Festsetzung allgemeiner Durchschnittssätze. (1) [1] Zur Berechnung der abziehbaren Vorsteuerbeträge nach allgemeinen Durchschnittssätzen (§ 23 des Gesetzes) werden die in der Anlage bezeichneten Prozentsätze des Umsatzes als Durchschnittssätze festgesetzt. [2] Die Durchschnittssätze gelten jeweils für die bei ihnen angegebenen Berufs- und Gewerbezweige.

---

[1] § 68 Abs. 1 Nr. 4 angef. durch 3. MittelstandsentlastungsG.

(2) Umsatz im Sinne des Absatzes 1 ist der Umsatz, den der Unternehmer im Rahmen der in der Anlage bezeichneten Berufs- und Gewerbezweige im Inland ausführt, mit Ausnahme der Einfuhr, des innergemeinschaftlichen Erwerbs und der in § 4 Nr. 8, 9 Buchstabe a, Nr. 10 und 21 des Gesetzes bezeichneten Umsätze.

(3) Der Unternehmer, dessen Umsatz (Absatz 2) im vorangegangenen Kalenderjahr 61 356 Euro überstiegen hat, kann die Durchschnittssätze nicht in Anspruch nehmen.

§ 70 Umfang der Durchschnittssätze. (1) [1]Die in Abschnitt A der Anlage bezeichneten Durchschnittssätze gelten für sämtliche Vorsteuerbeträge, die mit der Tätigkeit der Unternehmer in den in der Anlage bezeichneten Berufs- und Gewerbezweigen zusammenhängen. [2]Ein weiterer Vorsteuerabzug ist insoweit ausgeschlossen.

(2) [1]Neben den Vorsteuerbeträgen, die nach den in Abschnitt B der Anlage bezeichneten Durchschnittssätzen berechnet werden, können unter den Voraussetzungen des § 15 des Gesetzes abgezogen werden:

1. die Vorsteuerbeträge für Gegenstände, die der Unternehmer zur Weiterveräußerung erworben oder eingeführt hat, einschließlich der Vorsteuerbeträge für Rohstoffe, Halberzeugnisse, Hilfsstoffe und Zutaten;
2. die Vorsteuerbeträge
   a) für Lieferungen von Gebäuden, Grundstücken und Grundstücksteilen,
   b) für Ausbauten, Einbauten, Umbauten und Instandsetzungen bei den in Buchstabe a bezeichneten Gegenständen,
   c) für Leistungen im Sinne des § 4 Nr. 12 des Gesetzes.

[2]Das gilt nicht für Vorsteuerbeträge, die mit Maschinen und sonstigen Vorrichtungen aller Art in Zusammenhang stehen, die zu einer Betriebsanlage gehören, auch wenn sie wesentliche Bestandteile eines Grundstücks sind.

Zu § 24 Abs. 4 des Gesetzes

§ 71 Verkürzung der zeitlichen Bindungen für land- und forstwirtschaftliche Betriebe. [1]Der Unternehmer, der eine Erklärung nach § 24 Abs. 4 Satz 1 des Gesetzes abgegeben hat, kann von der Besteuerung des § 19 Abs. 1 des Gesetzes zur Besteuerung nach § 24 Abs. 1 bis 3 des Gesetzes mit Wirkung vom Beginn eines jeden folgenden Kalenderjahres an übergehen. [2]Auf den Widerruf der Erklärung ist § 24 Abs. 4 Satz 4 des Gesetzes anzuwenden.

Zu § 25 Abs. 2 des Gesetzes

§ 72 Buchmäßiger Nachweis bei steuerfreien Reiseleistungen.

(1) Bei Leistungen, die nach § 25 Abs. 2 des Gesetzes ganz oder zum Teil steuerfrei sind, ist § 13 Abs. 1 entsprechend anzuwenden.

(2) Der Unternehmer soll regelmäßig Folgendes aufzeichnen:

1. die Leistung, die ganz oder zum Teil steuerfrei ist;
2. den Tag der Leistung;
3. die der Leistung zuzurechnenden einzelnen Reisevorleistungen im Sinne des § 25 Abs. 2 des Gesetzes und die dafür von dem Unternehmer aufgewendeten Beträge;
4. den vom Leistungsempfänger für die Leistung aufgewendeten Betrag;
5. die Bemessungsgrundlage für die steuerfreie Leistung oder für den steuerfreien Teil der Leistung.

(3)[1)] *Absatz 2 gilt entsprechend für die Fälle, in denen der Unternehmer die Bemessungsgrundlage nach § 25 Abs. 3 Satz 3 des Gesetzes ermittelt.*

Zu § 26 Abs. 5 des Gesetzes

§ 73 Nachweis der Voraussetzungen der in bestimmten Abkommen enthaltenen Steuerbefreiungen. (1) Der Unternehmer hat die Voraussetzungen der in § 26 Abs. 5 des Gesetzes bezeichneten Steuerbefreiungen wie folgt nachzuweisen:

1. bei Lieferungen und sonstigen Leistungen, die von einer amtlichen Beschaffungsstelle in Auftrag gegeben worden sind, durch eine Bescheinigung der amtlichen Beschaffungsstelle nach amtlich vorgeschriebenem Vordruck (Abwicklungsschein);
2. bei Lieferungen und sonstigen Leistungen, die von einer deutschen Behörde für eine amtliche Beschaffungsstelle in Auftrag gegeben worden sind, durch eine Bescheinigung der deutschen Behörde.

(2) [1]Zusätzlich zu Absatz 1 muss der Unternehmer die Voraussetzungen der Steuerbefreiungen im Geltungsbereich des Gesetzes[2)] buchmäßig nachweisen. [2]Die Voraussetzungen müssen eindeutig und leicht nachprüfbar aus den Aufzeichnungen zu ersehen sein. [3]In den Aufzeichnungen muss auf die in Absatz 1 bezeichneten Belege hingewiesen sein.

(3) Das Finanzamt kann auf die in Absatz 1 Nr. 1 bezeichnete Bescheinigung verzichten, wenn die vorgeschriebenen Angaben aus anderen Belegen und aus den Aufzeichnungen des Unternehmers eindeutig und leicht nachprüfbar zu ersehen sind.

(4) Bei Beschaffungen oder Baumaßnahmen, die von deutschen Behörden durchgeführt und von den Entsendestaaten oder den Hauptquartieren nur zu einem Teil finanziert werden, gelten Absatz 1 Nr. 2 und Absatz 2 hinsichtlich der anteiligen Steuerbefreiung entsprechend.

---

1) § 72 Abs. 3 aufgeh. mWv 18.12.2019 durch G v. 12.12.2019 (BGBl. I S. 2451); zur weiteren Anwendung vgl. § 74a Abs. 5.

2) Geänd. durch VO v. 22.12.2014 (BGBl. I S. 2392).

Übergangs- und Schlussvorschriften

§ 74. (Änderungen der §§ 34, 67 und 68)

§ 74 a[1)] Übergangsvorschriften. (1) Die §§ 59 bis 61 in der Fassung des Artikels 8 des Gesetzes vom 19. Dezember 2008 (BGBl. I S. 2794) und § 61a sind auf Anträge auf Vergütung von Vorsteuerbeträgen anzuwenden, die nach dem 31. Dezember 2009 gestellt werden.

(2) Für Wirtschaftsgüter, die vor dem 1. Januar 2012 angeschafft oder hergestellt worden sind, ist § 44 Absatz 3 und 4 in der am 31. Dezember 2011 geltenden Fassung weiterhin anzuwenden.

(3)[2)] Für bis zum 30. September 2013 ausgeführte innergemeinschaftliche Lieferungen kann der Unternehmer den Nachweis der Steuerbefreiung gemäß den §§ 17a bis 17c in der am 31. Dezember 2011 geltenden Fassung führen.

(4)[3)] § 61a Absatz 1 und 2 in der am 30. Dezember 2014 geltenden Fassung ist auf Anträge auf Vergütung von Vorsteuerbeträgen anzuwenden, die nach dem 30. Juni 2016 gestellt werden.

(5)[4)] § 72 in der am 17. Dezember 2019 geltenden Fassung ist weiterhin auf Umsätze anzuwenden, die vor dem 1. Januar 2022 bewirkt werden.

§ 75 Berlin-Klausel. (weggefallen)

§ 76. (Inkrafttreten)[5)]

---

1) § 74a eingef. durch G v. 19.12.2008 (BGBl. I S. 2794) und neu gef. durch VO v. 2.12.2011 (BGBl. I S. 2416).

2) § 74a Abs. 3 eingef. durch VO v. 25.3.2013 (BGBl. I S. 602).

3) § 74a Abs. 4 angef. durch VO v. 22.12.2014 (BGBl. I S. 2392).

4) § 74a Abs. 5 angef. durch G v. 12.12.2019 (BGBl. I S. 2451).

5) § 76 betrifft das Inkrafttreten der VO in der ursprünglichen Fassung v. 21.12.1979. Das Inkrafttreten der späteren Änderungen ergibt sich aus den jeweiligen Änderungsgesetzen bzw. -verordnungen.

Anlage (zu den §§ 69 und 70)

Abschnitt A
Durchschnittssätze für die Berechnung sämtlicher Vorsteuerbeträge (§ 70 Abs. 1)

I. Handwerk

1. Bäckerei: 5,4% des Umsatzes

Handwerksbetriebe, die Frischbrot, Pumpernickel, Knäckebrot, Brötchen, sonstige Frischbackwaren, Semmelbrösel, Paniermehl und Feingebäck, darunter Kuchen, Torten, Tortenböden, herstellen und die Erzeugnisse überwiegend an Endverbraucher absetzen. Die Caféumsätze dürfen 10 Prozent des Umsatzes nicht übersteigen.

2. Bau- und Möbeltischlerei: 9,0% des Umsatzes

Handwerksbetriebe, die Bauelemente und Bauten aus Holz, Parkett, Holzmöbel und sonstige Tischlereierzeugnisse herstellen und reparieren, ohne dass bestimmte Erzeugnisse klar überwiegen.

3. Beschlag-, Kunst- und Reparaturschmiede: 7,5% des Umsatzes

Handwerksbetriebe, die Beschlag- und Kunstschmiedearbeiten einschließlich der Reparaturarbeiten ausführen.

4. Buchbinderei: 5,2% des Umsatzes

Handwerksbetriebe, die Buchbindearbeiten aller Art ausführen.

5. Druckerei: 6,4% des Umsatzes

Handwerksbetriebe, die folgende Arbeiten ausführen:
1. Hoch-, Flach-, Licht-, Sieb- und Tiefdruck;
2. Herstellung von Weichpackungen, Bild-, Abreiß- und Monatskalendern, Spielen und Spielkarten, nicht aber von kompletten Gesellschafts- und Unterhaltungsspielen;
3. Zeichnerische Herstellung von Landkarten, Bauskizzen, Kleidermodellen u. ä. für Druckzwecke.

6. Elektroinstallation: 9,1% des Umsatzes

Handwerksbetriebe, die die Installation von elektrischen Leitungen sowie damit verbundener Geräte einschließlich der Reparatur- und Unterhaltungsarbeiten ausführen.

7. Fliesen- und Plattenlegerei, sonstige Fußbodenlegerei und -kleberei: 8,6% des Umsatzes

Handwerksbetriebe, die Fliesen, Platten, Mosaik und Fußböden aus Steinholz, Kunststoffen, Terazzo und ähnlichen Stoffen verlegen, Estricharbeiten ausführen sowie Fußböden mit Linoleum und ähnlichen Stoffen bekleben, einschließlich der Reparatur- und Instandhaltungsarbeiten.

8. Friseure: 4,5% des Umsatzes

Damenfriseure, Herrenfriseure sowie Damen- und Herrenfriseure.

9. Gewerbliche Gärtnerei: 5,8% des Umsatzes

Ausführung gärtnerischer Arbeiten im Auftrage anderer, wie Veredeln, Landschaftsgestaltung, Pflege von Gärten und Friedhöfen, Binden von Kränzen und Blumen, wobei diese Tätigkeiten nicht überwiegend auf der Nutzung von Bodenflächen beruhen.

10. Glasergewerbe: 9,2% des Umsatzes

Handwerksbetriebe, die Glaserarbeiten ausführen, darunter Bau-, Auto-, Bilder- und Möbelarbeiten.

11. Hoch- und Ingenieurhochbau: 6,3 % des Umsatzes

Handwerksbetriebe, die Hoch- und Ingenieurhochbauten, aber nicht Brücken- und Spezialbauten, ausführen, einschließlich der Reparatur- und Unterhaltungsarbeiten.

12. Klempnerei, Gas- und Wasserinstallation: 8,4 % des Umsatzes

Handwerksbetriebe, die Bauklempnerarbeiten und die Installation von Gas- und Flüssigkeitsleitungen sowie damit verbundener Geräte einschließlich der Reparatur- und Unterhaltungsarbeiten ausführen.

13. Maler- und Lackierergewerbe, Tapezierer: 3,7 % des Umsatzes

Handwerksbetriebe, die folgende Arbeiten ausführen:
1. Maler- und Lackiererarbeiten, einschließlich Schiffsmalerei und Entrostungsarbeiten. Nicht dazu gehört das Lackieren von Straßenfahrzeugen;
2. Aufkleben von Tapeten, Kunststofffolien und Ähnlichem.

14. Polsterei- und Dekorateurgewerbe: 9,5 % des Umsatzes

Handwerksbetriebe, die Polsterer- und Dekorateurarbeiten einschließlich Reparaturarbeiten ausführen. Darunter fallen auch die Herstellung von Möbelpolstern und Matratzen mit fremdbezogenen Vollpolstereinlagen, Federkernen oder Schaumstoff- bzw. Schaumgummikörpern, die Polsterung fremdbezogener Möbelgestelle sowie das Anbringen von Dekorationen, ohne Schaufensterdekorationen.

15. Putzmacherei: 12,2 % des Umsatzes

Handwerksbetriebe, die Hüte aus Filz, Stoff und Stroh für Damen, Mädchen und Kinder herstellen und umarbeiten. Nicht dazu gehört die Herstellung und Umarbeitung von Huthalbfabrikaten aus Filz.

16. Reparatur von Kraftfahrzeugen: 9,1 % des Umsatzes

Handwerksbetriebe, die Kraftfahrzeuge, ausgenommen Ackerschlepper, reparieren.

17. Schlosserei und Schweißerei: 7,9 % des Umsatzes

Handwerksbetriebe, die Schlosser- und Schweißarbeiten einschließlich der Reparaturarbeiten ausführen.

18. Schneiderei: 6,0 % des Umsatzes

Handwerksbetriebe, die folgende Arbeiten ausführen:
1. Maßfertigung von Herren- und Knabenoberbekleidung, von Uniformen und Damen-, Mädchen- und Kinderoberbekleidung, aber nicht Maßkonfektion;
2. Reparatur- und Hilfsarbeiten an Erzeugnissen des Bekleidungsgewerbes.

19. Schuhmacherei: 6,5 % des Umsatzes

Handwerksbetriebe, die Maßschuhe, darunter orthopädisches Schuhwerk, herstellen und Schuhe reparieren.

20. Steinbildhauerei und Steinmetzerei: 8,4 % des Umsatzes

Handwerksbetriebe, die Steinbildhauer- und Steinmetzerzeugnisse herstellen, darunter Grabsteine, Denkmäler und Skulpturen einschließlich der Reparaturarbeiten.

21. Stukkateurgewerbe: 4,4 % des Umsatzes

Handwerksbetriebe, die Stukkateur-, Gipserei- und Putzarbeiten, darunter Herstellung von Rabitzwänden, ausführen.

22. Winder und Scherer: 2,0 % des Umsatzes

In Heimarbeit Beschäftigte, die in eigener Arbeitsstätte mit nicht mehr als zwei Hilfskräften im Auftrag von Gewerbetreibenden Garne in Lohnarbeit umspulen.

23. Zimmerei: 8,1 % des Umsatzes

Handwerksbetriebe, die Bauholz zurichten, Dachstühle und Treppen aus Holz herstellen sowie Holzbauten errichten und entsprechende Reparatur- und Unterhaltungsarbeiten ausführen.

II. Einzelhandel

1. **Blumen und Pflanzen:** 5,7% des Umsatzes

   Einzelhandelsbetriebe, die überwiegend Blumen, Pflanzen, Blattwerk, Wurzelstücke und Zweige vertreiben.

2. **Brennstoffe:** 12,5% des Umsatzes

   Einzelhandelsbetriebe, die überwiegend Brennstoffe vertreiben.

3. **Drogerien:** 10,9% des Umsatzes

   Einzelhandelsbetriebe, die überweigend vertreiben:
   Heilkräuter, pharmazeutische Spezialitäten und Chemikalien, hygienische Artikel, Desinfektionsmittel, Körperpflegemittel, kosmetische Artikel, diätetische Nahrungsmittel, Säuglings- und Krankenpflegebedarf, Reformwaren, Schädlingsbekämpfungsmittel, Fotogeräte und Fotozubehör.

4. **Elektrotechnische Erzeugnisse, Leuchten, Rundfunk-, Fernseh- und Phonogeräte:** 11,7% des Umsatzes

   Einzelhandelsbetriebe, die überwiegend vertreiben:
   Elektrotechnische Erzeugnisse, darunter elektrotechnisches Material, Glühbirnen und elektrische Haushalts- und Verbrauchergeräte, Leuchten, Rundfunk-, Fernseh-, Phono-, Tonaufnahme- und -wiedergabegeräte, deren Teile und Zubehör, Schallplatten und Tonbänder.

5. **Fahrräder und Mopeds:** 12,2% des Umsatzes

   Einzelhandelsbetriebe, die überwiegend Fahrräder, deren Teile und Zubehör, Mopeds und Fahrradanhänger vertreiben.

6. **Fische und Fischerzeugnisse:** 6,6% des Umsatzes

   Einzelhandelsbetriebe, die überwiegend Fische, Fischerzeugnisse, Krebse, Muscheln und ähnliche Waren vertreiben.

7. **Kartoffeln, Gemüse, Obst und Südfrüchte:** 6,4% des Umsatzes

   Einzelhandelsbetriebe, die überwiegend Speisekartoffeln, Gemüse, Obst, Früchte (auch Konserven) sowie Obst- und Gemüsesäfte vertreiben.

8. **Lacke, Farben und sonstiger Anstrichbedarf:** 11,2% des Umsatzes

   Einzelhandelsbetriebe, die überwiegend Lacke, Farben, sonstigen Anstrichbedarf, darunter Malerwerkzeuge, Tapeten, Linoleum, sonstigen Fußbodenbelag, aber nicht Teppiche, vertreiben.

9. **Milch, Milcherzeugnisse, Fettwaren und Eier:** 6,4% des Umsatzes

   Einzelhandelsbetriebe, die überwiegend Milch, Milcherzeugnisse, Fettwaren und Eier vertreiben.

10. **Nahrungs- und Genussmittel:** 8,3% des Umsatzes

    Einzelhandelsbetriebe, die überwiegend Nahrungs- und Genussmittel aller Art vertreiben, ohne dass bestimmte Warenarten klar überwiegen.

11. **Oberbekleidung:** 12,3% des Umsatzes

    Einzelhandelsbetriebe, die überwiegend vertreiben:
    Oberbekleidung für Herren, Knaben, Damen, Mädchen und Kinder, auch in sportlichem Zuschnitt, darunter Berufs- und Lederbekleidung, aber nicht gewirkte und gestrickte Oberbekleidung, Sportbekleidung, Blusen, Hausjacken, Morgenröcke und Schürzen.

12. **Reformwaren:** 8,5% des Umsatzes

    Einzelhandelsbetriebe, die überwiegend vertreiben:

Reformwaren, darunter Reformnahrungsmittel, diätetische Lebensmittel, Kurmittel, Heilkräuter, pharmazeutische Extrakte und Spezialitäten.

13. Schuhe und Schuhwaren: 11,8% des Umsatzes

Einzelhandelsbetriebe, die überwiegend Schuhe aus verschiedenen Werkstoffen sowie Schuhwaren vertreiben.

14. Süßwaren: 6,6% des Umsatzes

Einzelhandelsbetriebe, die überwiegend Süßwaren vertreiben.

15. Textilwaren verschiedener Art: 12,3% des Umsatzes

Einzelhandelsbetriebe, die überwiegend Textilwaren vertreiben, ohne dass bestimmte Warenarten klar überwiegen.

16. Tiere und zoologischer Bedarf: 8,8% des Umsatzes

Einzelhandelsbetriebe, die überwiegend lebende Haus- und Nutztiere, zoologischen Bedarf, Bedarf für Hunde- und Katzenhaltung und dergleichen vertreiben.

17. Unterhaltungszeitschriften und Zeitungen: 6,3% des Umsatzes

Einzelhandelsbetriebe, die überwiegend Unterhaltungszeitschriften, Zeitungen und Romanhefte vertreiben.

18. Wild und Geflügel: 6,4% des Umsatzes

Einzelhandelsbetriebe, die überwiegend Wild, Geflügel und Wildgeflügel vertreiben.

III. Sonstige Gewerbebetriebe

1. Eisdielen: 5,8% des Umsatzes

Betriebe, die überwiegend erworbenes oder selbst hergestelltes Speiseeis zum Verzehr auf dem Grundstück des Verkäufers abgeben.

2. Fremdenheime und Pensionen: 6,7% des Umsatzes

Unterkunftsstätten, in denen jedermann beherbergt und häufig auch verpflegt wird.

3. Gast- und Speisewirtschaften: 8,7% des Umsatzes

Gast- und Speisewirtschaften mit Ausschank alkoholischer Getränke (ohne Bahnhofswirtschaften).

4. Gebäude- und Fensterreinigung: 1,6% des Umsatzes

Betriebe für die Reinigung von Gebäuden, Räumen und Inventar, einschließlich Teppichreinigung, Fensterputzen, Schädlingsbekämpfung und Schiffsreinigung. Nicht dazu gehören die Betriebe für Hausfassadenreinigung.

5. Personenbeförderung mit Personenkraftwagen: 6,0% des Umsatzes

Betriebe zur Beförderung von Personen mit Taxis oder Mietwagen.

6. Wäschereien: 6,5% des Umsatzes

Hierzu gehören auch Mietwaschküchen, Wäschedienst, aber nicht Wäscheverleih.

IV. Freie Berufe

1. a) **Bildhauer:** 7,0% des Umsatzes

   b) **Grafiker** (nicht Gebrauchsgrafiker): 5,2% des Umsatzes

   c) **Kunstmaler:** 5,2% des Umsatzes

2. Selbständige Mitarbeiter bei Bühne, Film, Funk, Fernsehen und Schallplattenproduzenten: 3,6 % des Umsatzes

Natürliche Personen, die auf den Gebieten der Bühne, des Films, des Hörfunks, des Fernsehens, der Schallplatten-, Bild- und Tonträgerproduktion selbständig Leistungen in Form von eigenen Darbietungen oder Beiträge zu Leistungen Dritter erbringen.

3. **Hochschullehrer:** 2,9% des Umsatzes

   Umsätze aus freiberuflicher Tätigkeit zur unselbständig ausgeübten wissenschaftlichen Tätigkeit.

4. **Journalisten:** 4,8% des Umsatzes

   Freiberuflich tätige Unternehmer, die in Wort und Bild überwiegend aktuelle politische, kulturelle und wirtschaftliche Ereignisse darstellen.

5. **Schriftsteller:** 2,6% des Umsatzes

   Freiberuflich tätige Unternehmer, die geschriebene Werke mit überwiegend wissenschaftlichem, unterhaltendem oder künstlerischem Inhalt schaffen.

Abschnitt B

Durchschnittssätze für die Berechnung eines Teils der Vorsteuerbeträge (§ 70 Abs. 2)

1. **Architekten:** 1,9% des Umsatzes

   Architektur-, Bauingenieur- und Vermessungsbüros, darunter Baubüros, statische Büros und Bausachverständige, aber nicht Film- und Bühnenarchitekten.

2. **Hausbandweber:** 3,2% des Umsatzes

   In Heimarbeit Beschäftigte, die in eigener Arbeitsstätte mit nicht mehr als zwei Hilfskräften im Auftrag von Gewerbetreibenden Schmalbänder in Lohnarbeit weben oder wirken.

3. **Patentanwälte:** 1,7% des Umsatzes

   Patentanwaltspraxis, aber nicht die Lizenz- und Patentverwertung.

4. **Rechtsanwälte und Notare:** 1,5% des Umsatzes

   Rechtsanwaltspraxis mit und ohne Notariat sowie das Notariat, nicht aber die Patentanwaltspraxis.

5. **Schornsteinfeger:** 1,6% des Umsatzes

6. **Wirtschaftliche Unternehmensberatung, Wirtschaftsprüfung:** 1,7% des Umsatzes

   Wirtschaftsprüfer, vereidigte Buchprüfer, Steuerberater und Steuerbevollmächtigte. Nicht dazu gehören Treuhandgesellschaften für Vermögensverwaltung.

512. Fahrzeuglieferungs-Meldepflichtverordnung (FzgLiefgMeldV)

Vom 18. März 2009 (BGBl. I S. 630)

Geändert durch Gesetz zur Modernisierung des Besteuerungsverfahrens vom 18. 7. 2016 (BGBl. I S. 1679)

BGBl. III/FNA 611-10-14-6

Auf Grund des § 18c Satz 1 und 2 Nr. 1 bis 4 des Umsatzsteuergesetzes in der Fassung der Bekanntmachung vom 21. Februar 2005 (BGBl. I S. 386) verordnet das Bundesministerium der Finanzen:

§ 1 Gegenstand, Form und Frist der Meldung. (1) [1]Die in § 3 genannten Verpflichteten haben die innergemeinschaftliche Lieferung (§ 6a Abs. 1 und 2 des Umsatzsteuergesetzes) eines neuen Fahrzeuges im Sinne des § 1b Abs. 2 und 3 des Umsatzsteuergesetzes bis zum zehnten Tag nach Ablauf des Kalendervierteljahres, in dem die Lieferung ausgeführt worden ist (Meldezeitraum), dem Bundeszentralamt für Steuern nach § 2 zu melden, sofern der Abnehmer der Lieferung keine Umsatzsteuer-Identifikationsnummer eines anderen Mitgliedstaates der Europäischen Union verwendet. [2]Die Meldung erfolgt nach amtlich vorgeschriebenem Datensatz für jedes gelieferte Fahrzeug jeweils gesondert. [3]Sind einem Unternehmer die Fristen für die Abgabe der Voranmeldungen um einen Monat verlängert worden (§§ 46 bis 48 der Umsatzsteuer-Durchführungsverordnung) gilt diese Fristverlängerung auch für die Anzeigepflichten im Rahmen dieser Verordnung.

(2) Für die Form der Mitteilung gilt:

1. Unternehmer im Sinne des § 2 des Umsatzsteuergesetzes haben die Meldungen nach Absatz 1 nach amtlich vorgeschriebenem Datensatz durch Datenfernübertragung *nach Maßgabe der Steuerdaten-Übermittlungsverordnung*[1)] zu übermitteln; auf Antrag kann das Finanzamt zur Vermeidung unbilliger Härten auf eine elektronische Übermittlung verzichten;
2. Fahrzeuglieferer nach § 2a des Umsatzsteuergesetzes können die Meldung nach Absatz 1 auf elektronischem Weg *nach Maßgabe der Steuerdaten-Übermittlungsverordnung*[1)] übermitteln oder in Papierform abgeben.

§ 2 Inhalt der Meldung. Die abzugebende Meldung muss folgende Angaben enthalten:

1. den Namen und die Anschrift des Lieferers,

[1)] § 1 Abs. 2 Nr. 1 und 2 geänd. (kursive Satzteile aufgeh.) mWv 1. 1. 2017 durch G v. 18. 7. 2016 (BGBl. I S. 1679). Steuerdaten-Übermittlungsverordnung aufgeh. mWv 1. 1. 2017 durch G v. 18. 7. 2016 (BGBl. I S. 1679).

2. die Steuernummer und bei Unternehmern im Sinne des § 2 des Umsatzsteuergesetzes zusätzlich die Umsatzsteuer-Identifikationsnummer des Lieferers,
3. den Namen und die Anschrift des Erwerbers,
4. das Datum der Rechnung,
5. den Bestimmungsmitgliedstaat,
6. das Entgelt (Kaufpreis),
7. die Art des Fahrzeugs (Land-, Wasser- oder Luftfahrzeug),
8. den Fahrzeughersteller,
9. den Fahrzeugtyp (Typschlüsselnummer),
10. das Datum der ersten Inbetriebnahme, wenn dieses vor dem Rechnungsdatum liegt,
11. den Kilometerstand (bei motorbetriebenen Landfahrzeugen), die Zahl der bisherigen Betriebsstunden auf dem Wasser (bei Wasserfahrzeugen) oder die Zahl der bisherigen Flugstunden (bei Luftfahrzeugen), wenn diese am Tag der Lieferung über Null liegen,
12. die Kraftfahrzeug-Identifizierungs-Nummer (bei motorbetriebenen Landfahrzeugen), die Schiffs-Identifikations-Nummer (bei Wasserfahrzeugen) oder die Werknummer (bei Luftfahrzeugen).

§ 3 Meldepflichtiger. Zur Meldung verpflichtet ist der Unternehmer (§ 2 des Umsatzsteuergesetzes) oder Fahrzeuglieferer (§ 2 a des Umsatzsteuergesetzes), der die Lieferung des Fahrzeugs ausführt.

§ 4 Ordnungswidrigkeit. Ordnungswidrig im Sinne des § 26 a Abs. 1 Nr. 6 des Umsatzsteuergesetzes handelt, wer vorsätzlich oder leichtfertig entgegen § 1 Abs. 1 Satz 1 eine Meldung nicht, nicht richtig, nicht vollständig oder nicht rechtzeitig macht.

§ 5 Inkrafttreten. Diese Verordnung tritt am 1. Juli 2010 in Kraft.

518. Einfuhrumsatzsteuer-Befreiungsverordnung

Vom 11. August 1992 (BGBl. I S. 1526)

Geändert durch VOen vom 9.2.1994 (BGBl. I S. 302, ber. S. 523), vom 22.12.2003 (BGBl. I 2004 S. 21), vom 24.11.2008 (BGBl. I S. 2232), G v. 3.12.2015 (BGBl. I S. 2178) und Jahressteuergesetz 2020 (JStG 2020) vom 21.12.2020 (BGBl. I S. 3096)

BGBl. III/FNA 611-10-14-4

Auf Grund des Artikels 3 des Vierzehnten Gesetzes zur Änderung des Zollgesetzes vom 3. August 1973 (BGBl. I S. 933), der durch Artikel 2 Abs. 2 des Gesetzes vom 12. September 1980 (BGBl. I S. 1695) neu gefaßt worden ist, verordnet der Bundesminister der Finanzen:

§ 1[1] Allgemeines. (1) Einfuhrumsatzsteuerfrei ist, vorbehaltlich der §§ *1a* [***ab 1.7.2021:*** 2] bis 10, die Einfuhr von Gegenständen, die nach Kapitel I und III der Verordnung (EWG) Nr. 918/83 des Rates vom 28. März 1983 über das gemeinschaftliche System der Zollbefreiungen (ABl. EG Nr. L 105 S. 1, Nr. L 274 S. 40, 1984 Nr. L 308 S. 64, 1985 Nr. L 256 S. 47, 1986 Nr. L 271 S. 31), die zuletzt durch die Verordnung (EG) Nr. 274/2008 vom 17. März 2008 (ABl. EU Nr. L 85 S. 1) geändert worden ist, zollfrei eingeführt werden können, in entsprechender Anwendung dieser Vorschriften sowie der Durchführungsvorschriften dazu; ausgenommen sind die Artikel *29* [***ab 1.7.2021:*** 27] bis 31, 45, 52 bis 59b, 63a und 63b der Verordnung (EWG) Nr. 918/83.

(1a) [1] Im Sinne dieser Verordnung gilt als Zollkodex die Verordnung (EWG) Nr. 2913/92[2] des Rates vom 12. Oktober 1992 zur Festlegung des Zollkodex der Gemeinschaften (ABl. EG Nr. L 302 S. 1, 1993 Nr. L 79 S. 84, 1996 Nr. L 97 S. 387), zuletzt geändert durch die Verordnung (EG) Nr. 2700/2000 des Europäischen Parlaments und des Rates vom 16. November 2000 (ABl. EG Nr. L 311 S. 17), in der jeweils geltenden Fassung. [2] Im Sinne dieser Verordnung gilt als Durchführungsverordnung zum Zollkodex die Verordnung (EWG) Nr. 2454/93[3] der Kommission vom 2. Juli 1993 mit Durchführungsvorschriften zu der Verordnung (EWG) Nr. 2913/92 des Rates vom 12. Oktober 1992 zur Festlegung des Zollkodex der Gemeinschaften (ABl. EG Nr. L 253 S. 1, 1994 Nr. L 268 S. 32, 1996 Nr. L 180 S. 34, 1997 Nr. L 156 S. 59, 1999 Nr. L 111 S. 88), zuletzt geändert durch die Verordnung (EG) Nr. 1335/2003 der Kommission vom 25. Juli 2003 (ABl. EU Nr. L 187 S. 16), in der jeweils geltenden Fassung.

---

[1] § 1 Abs. 2 und Abs. 3 neu gef.; Abs. 2a eingef. mWv 1.1.1994 durch VO v. 9.2.1994 (BGBl. I S. 302); Abs. 1a eingef. und Abs. 2 Nr. 1 neu gef. mWv 10.1.2004 durch VO v. 22.12.2003 (BGBl. 2004 I S. 21); Abs. 1 neu gef. mWv 1.12.2008 durch VO v. 24.11.2008 (BGBl. I S. 2232); Abs. 1 geänd. mWv 1.7.2021 durch G v. 21.12.2020 (BGBl. I S. 3096).

[2] **Zölle und Verbrauchsteuern Nr. 10.**

[3] **Zölle und Verbrauchsteuern Nr. 11.**

(2) Einfuhrumsatzsteuerfrei ist, vorbehaltlich des § 11, die vorübergehende Einfuhr von Gegenständen, die

1. nach den Artikeln 137 bis 144 des Zollkodex frei von Einfuhrabgaben im Sinne des Artikels 4 Nr. 10 des Zollkodex[1] eingeführt werden können oder die
2. gelegentlich und ohne gewerbliche Absicht eingeführt werden, sofern der Verwender hinsichtlich dieser Gegenstände nicht oder nicht in vollem Umfang nach § 15 Abs. 1 Nr. 2 des Gesetzes zum Vorsteuerabzug berechtigt ist,

in sinngemäßer Anwendung der genannten Vorschriften sowie der Durchführungsvorschriften dazu; ausgenommen sind die Vorschriften über die vorübergehende Verwendung bei teilweiser Befreiung von Einfuhrabgaben im Sinne des Artikels 4 Nr. 10 Zollkodex.

(2a) [1]Einfuhrumsatzsteuerfrei ist, vorbehaltlich des § 12, die Einfuhr der Gegenstände, die nach den Artikeln 185 bis 187 Zollkodex als Rückwaren frei von Einfuhrabgaben im Sinne des Artikels 4 Nr. 10 Zollkodex eingeführt werden können, in sinngemäßer Anwendung dieser Vorschriften sowie der Durchführungsvorschriften dazu. [2]Die Steuerfreiheit gilt auch für die Gegenstände, die in Artikel 185 Abs. 2 Buchstabe b Zollkodex aufgeführt sind.

(3) Einfuhrumsatzsteuerfrei ist ferner die Einfuhr der Gegenstände, die nach den §§ 12, 14 bis 22 der Zollverordnung vom 23. Dezember 1993 (BGBl. I S. 2449) in der jeweils geltenden Fassung frei von Einfuhrabgaben im Sinne des Artikels 4 Nr. 10 Zollkodex eingeführt werden können, in sinngemäßer Anwendung dieser Vorschriften.

§ 1a[2] ***Sendungen von geringem Wert.*** *Die Einfuhrumsatzsteuerfreiheit für Sendungen von Waren mit geringem Wert im Sinne des Artikels 27 der Verordnung (EWG) Nr. 918/83 ist auf Waren beschränkt, deren Gesamtwert 22 Euro je Sendung nicht übersteigt.*

§ 2 Investitionsgüter und andere Ausrüstungsgegenstände. Die Einfuhrumsatzsteuerfreiheit für Investitionsgüter und andere Ausrüstungsgegenstände (Artikel 32 bis 38 der in § 1 Abs. 1 genannten Verordnung) ist ausgeschlossen für Gegenstände, die

1. ganz oder teilweise zur Ausführung von Umsätzen verwendet werden, die nach § 15 Abs. 2 und 3 des Gesetzes den Vorsteuerabzug ausschließen,
2. von einer juristischen Person des öffentlichen Rechts für ihren nichtunternehmerischen Bereich eingeführt werden oder
3. von einem Unternehmer eingeführt werden, der die Vorsteuerbeträge nach Durchschnittssätzen (§§ 23 und 24 des Gesetzes) ermittelt.

---

[1] **Zölle und Verbrauchsteuern Nr. 10.**

[2] § 1a eingef. mWv 1.12.2008 durch VO v. 24.11.2008 (BGBl. I S. 2232) und aufgeh. mWv 1.7.2021 durch G v. 21.12.2020 (BGBl. I S. 3096).

§ 3[1] Landwirtschaftliche Erzeugnisse. Die Einfuhrumsatzsteuerfreiheit für bestimmte landwirtschaftliche Erzeugnisse (Artikel 39 bis 42 der in § 1 Abs. 1 genannten Verordnung) gilt auch für reinrassige Pferde, die nicht älter als sechs Monate und im Drittlandsgebiet von einem Tier geboren sind, das im Inland oder in den österreichischen Gebieten Jungholz und Mittelberg befruchtet und danach vorübergehend ausgeführt worden war.

(Fortsetzung nächstes Blatt)

---

[1] § 3 geänd. mWv 1.1.1994 durch VO v. 9.2.1994 (BGBl. I S. 302).

§ 4 Gegenstände erzieherischen, wissenschaftlichen oder kulturellen Charakters. [1]Die Einfuhrumsatzsteuerfreiheit für Gegenstände erzieherischen, wissenschaftlichen oder kulturellen Charakters im Sinne der Artikel 50 und 51 der in § 1 Abs. 1 genannten Verordnung ist auf die von den Buchstaben B der Anhänge I und II der Verordnung erfaßten Einfuhren beschränkt. [2]Die Steuerfreiheit für Sammlungsstücke und Kunstgegenstände (Artikel 51 der Verordnung) hängt davon ab, daß die Gegenstände

1. unentgeltlich eingeführt werden oder
2. nicht von einem Unternehmer geliefert werden; als Lieferer gilt nicht, wer für die begünstigte Einrichtung tätig wird.

§ 5 Tiere für Laborzwecke. Die Einfuhrumsatzsteuerfreiheit für Tiere für Laborzwecke (Artikel 60 Abs. 1 Buchstabe a und Abs. 2 der in § 1 Abs. 1 genannten Verordnung) hängt davon ab, daß die Tiere unentgeltlich eingeführt werden.

§ 6 Gegenstände für Organisationen der Wohlfahrtspflege. (1) Die Einfuhrumsatzsteuerfreiheit für lebenswichtige Gegenstände (Artikel 65 Abs. 1 Buchstabe a der in § 1 Abs. 1 genannten Verordnung) hängt davon ab, daß die Gegenstände unentgeltlich eingeführt werden.

(2) [1]Die Einfuhrumsatzsteuerfreiheit für Gegenstände für Behinderte (Artikel 70 bis 78 der in § 1 Abs. 1 genannten Verordnung) hängt davon ab, daß die Gegenstände unentgeltlich eingeführt werden. [2]Sie hängt nicht davon ab, daß gleichwertige Gegenstände gegenwärtig in der Gemeinschaft nicht hergestellt werden. [3]Die Steuerfreiheit ist ausgeschlossen für Gegenstände, die von Behinderten selbst eingeführt werden.

§ 7 Werbedrucke. (1) Die Einfuhrumsatzsteuerfreiheit für Werbedrucke (Artikel 92 Buchstabe b der in § 1 Abs. 1 genannten Verordnung) gilt für Werbedrucke, in denen Dienstleistungen angeboten werden, allgemein, sofern diese Angebote von einer in einem anderen Mitgliedstaat der Europäischen Gemeinschaften ansässigen Person ausgehen.

(2) Bei Werbedrucken, die zur kostenlosen Verteilung eingeführt werden, hängt die Steuerfreiheit abweichend von Artikel 93 Buchstabe b und c der in § 1 Abs. 1 genannten Verordnung nur davon ab, daß die in den Drucken enthaltenen Angebote von einer in einem anderen Mitgliedstaat der Europäischen Gemeinschaften ansässigen Person ausgehen.

§ 8 Werbemittel für den Fremdenverkehr. Die Einfuhrumsatzsteuerfreiheit für Werbematerial für den Fremdenverkehr (Artikel 108 Buchstabe a und b der in § 1 Abs. 1 genannten Verordnung) gilt auch dann, wenn darin Werbung für in einem Mitgliedstaat der Europäischen Gemeinschaften ansässige Unternehmen enthalten ist, sofern der Gesamtanteil der Werbung 25 vom Hundert nicht übersteigt.

§ 9 Amtliche Veröffentlichungen, Wahlmaterialien. Einfuhrumsatzsteuerfrei ist die Einfuhr der amtlichen Veröffentlichungen, mit denen das Ausfuhrland und die dort niedergelassenen Organisationen, öffentlichen Körperschaften und öffentlich-rechtlichen Einrichtungen Maßnahmen öffentlicher Gewalt bekanntmachen, sowie die Einfuhr der Drucksachen, die die in den Mitgliedstaaten der Europäischen Gemeinschaften als solche offiziell anerkannten ausländischen politischen Organisationen anläßlich der Wahlen zum Europäischen Parlament oder anläßlich nationaler Wahlen, die vom Herkunftsland aus organisiert werden, verteilen.

§ 10 BehältnisseundVerpackungen. (1) Die Einfuhrumsatzsteuerfreiheit von Verpackungsmitteln (Artikel 110 der in § 1 Abs. 1 genannten Verordnung) hängt davon ab, daß ihr Wert in die Bemessungsgrundlage für die Einfuhr (§ 11 des Gesetzes) einbezogen wird.

(2) Die Steuerfreiheit nach Absatz 1 gilt auch für die Einfuhr von Behältnissen und befüllten Verpackungen, wenn sie für die mit ihnen gestellten oder in ihnen verpackten Waren üblich sind oder unabhängig von ihrer Verwendung als Behältnis oder Verpackung keinen dauernden selbständigen Gebrauchswert haben.

§ 11[1)] Vorübergehende Verwendung. (1) Artikel 572 Abs. 1 der Durchführungsverordnung zum Zollkodex gilt mit der Maßgabe, dass die hergestellten Gegenstände aus dem Zollgebiet der Gemeinschaft auszuführen sind.

(2) In den Fällen des § 1 Abs. 2 Nr. 2 beträgt die Verwendungsfrist längstens sechs Monate; sie darf nicht verlängert werden.

(3) Werden die in Artikel 576 der Durchführungsverordnung zum Zollkodex bezeichneten Gegenstände verkauft, so ist bei der Ermittlung der Bemessungsgrundlage von dem Kaufpreis auszugehen, den der erste Käufer im Inland oder in den österreichischen Gebieten Jungholz und Mittelberg gezahlt oder zu zahlen hat.

(4) Auf die Leistung einer Sicherheit für die Einfuhrumsatzsteuer kann verzichtet werden.

§ 12[2)] Rückwaren. [1]Die Einfuhrumsatzsteuerfreiheit von Rückwaren (Artikel 185 bis 187 Zollkodex) ist ausgeschlossen, wenn der eingeführte Gegenstand

1. vor der Einfuhr geliefert worden ist,
2. im Rahmen einer steuerfreien Lieferung (§ 4 Nr. 1 des Gesetzes) ausgeführt worden ist oder
3. im Rahmen des § 4a des Gesetzes von der Umsatzsteuer entlastet worden ist.

[1)] § 11 Abs. 3 neugef., Abs. 2 geänd. mWv 1. 1. 1994 durch VO v. 9. 2. 1994 (BGBl. I S. 302), Abs. 1 neugef. und Abs. 3 geänd. mWv 10. 1. 2004 durch VO v. 22. 12. 2003 (BGBl. 2004 I S. 21).

[2)] § 12 bish. Abs. 1 aufgeh., bish. Abs. 2 wird Abs. 1 und geänd. mWv 1. 1. 1994 durch VO v. 9. 2. 1994 (BGBl. I S. 302).

[2]Satz 1 Nr. 2 gilt nicht, wenn derjenige, der die Lieferung bewirkt hat, den Gegenstand zurückerhält und hinsichtlich dieses Gegenstandes in vollem Umfang nach § 15 Abs. 1 Nr. 2 des Gesetzes zum Vorsteuerabzug berechtigt ist.

§ 12 a[1)] Freihafenlagerung. (1) [1]Einfuhrumsatzsteuerfrei ist die Einfuhr von Gegenständen, die als Gemeinschaftswaren ausgeführt und in einem Freihafen vorübergehend gelagert worden sind. [2]Die Steuerfreiheit hängt davon ab, daß die nachfolgenden Vorschriften eingehalten sind.

(2) [1]Die Lagerung bedarf einer besonderen Zulassung; sie wird grundsätzlich nur zugelassen, wenn im Freihafen vorhandene Anlagen sonst nicht wirtschaftlich ausgenutzt werden können und der Freihafen durch die Lagerung seinem Zweck nicht entfremdet wird. [2]Für die Zulassung ist das von der Generalzolldirektion[2)] dafür bestimmte Hauptzollamt zuständig. [3]Der Antrag auf Zulassung ist vom Lagerhalter schriftlich zu stellen. [4]Die Zulassung wird schriftlich erteilt.

(3) [1]Die Gegenstände sind vor der Ausfuhr zu gestellen und mit dem Antrag anzumelden, die Ausfuhr in den Freihafen zollamtlich zu überwachen. [2]Unter bestimmten Voraussetzungen und Bedingungen kann zugelassen werden, daß die Gegenstände ohne Gestellung ausgeführt werden.

(4) [1]Für die Wiedereinfuhr der Gegenstände wird eine Frist gesetzt; dabei werden die zugelassene Lagerdauer und die erforderlichen Beförderungszeiten berücksichtigt. [2]Die Zollstelle erteilt dem Antragsteller einen Zwischenschein und überwacht die Ausfuhr.

(5) [1]Die Gegenstände dürfen im Freihafen nur wie zugelassen gelagert werden. [2]Die Lagerdauer darf ohne Zustimmung des Hauptzollamts nach Absatz 2 Satz 2 nicht überschritten werden. [3]Die Frist für die Wiedereinfuhr der Gegenstände darf nur aus zwingendem Anlaß überschritten werden; der Anlaß ist nachzuweisen.

(6) Für die Überführung der Gegenstände in den freien Verkehr nach der Wiedereinfuhr ist der Zwischenschein als Steueranmeldung zu verwenden.

§ 12 b[1)] Freihafen-Veredelung. (1) [1]Einfuhrumsatzsteuerfrei ist die Einfuhr von Gegenständen, die in einem Freihafen veredelt worden sind, sofern die bei der Veredelung verwendeten Gegenstände als Gemeinschaftswaren ausgeführt worden sind. [2]Anstelle der ausgeführten Gegenstände können auch Gegenstände veredelt werden, die den ausgeführten Gegenständen nach Menge und Beschaffenheit entsprechen. [3]Die Steuerfreiheit hängt davon ab, daß die nachfolgenden Vorschriften eingehalten sind.

(2) [1]Die Freihafen-Veredelung bedarf einer Bewilligung; sie wird nur erteilt, wenn der Freihafen dadurch seinem Zweck nicht entfremdet wird. [2]Für die Bewilligung ist die von der Generalzolldirektion[2)] dafür bestimmte Zoll-

---

[1)] §§ 12 a und 12 b eingef. mWv 1. 1. 1994 durch VO v. 9. 2. 1994 (BGBl. I S. 302).
[2)] Geänd. mWv 1. 1. 2016 durch G v. 3. 12. 2015 (BGBl. I S. 2178).

stelle zuständig. 3 Der Antrag auf Bewilligung ist vom Inhaber des Freihafenbetriebs schriftlich zu stellen. 4 Die Bewilligung wird schriftlich erteilt; sie kann jederzeit widerrufen werden. 5 In der Bewilligung wird bestimmt, welche Zollstelle die Veredelung überwacht (überwachende Zollstelle), welcher Zollstelle die unveredelten Gegenstände zu gestellen sind und bei welcher Zollstelle der Antrag auf Überführung der veredelt eingeführten Gegenstände in den freien Verkehr zu stellen ist.

(3) 1 Die unveredelten Gegenstände sind vor der Ausfuhr zu gestellen und mit dem Antrag anzumelden, sie für die Freihafen-Veredelung zur Ausfuhr abzufertigen. 2 Wenn die zollamtliche Überwachung anders als durch die Gestellung gesichert erscheint, kann die überwachende Zollstelle unter bestimmten Voraussetzungen und Bedingungen zulassen, daß die unveredelten Gegenstände durch Anschreibung in die Freihafen-Veredelung übergeführt werden; die Zulassung kann jederzeit widerrufen werden.

(4) 1 Die Zollstelle sichert die Nämlichkeit der unveredelten Gegenstände, sofern die Veredelung von Gegenständen, die den ausgeführten Gegenständen nach Menge und Beschaffenheit entsprechen, nicht zugelassen ist. 2 Sie erteilt dem Veredeler einen Veredelungsschein, in dem die zur Feststellung der Nämlichkeit getroffenen Maßnahmen und die Frist für die Einfuhr der veredelten Gegenstände vermerkt werden.

(5) Der Antrag auf Überführung der veredelten Gegenstände in den freien Verkehr ist vom Veredeler bei der in der Bewilligung bestimmten Zollstelle zu stellen.

§ 13 Fänge deutscher Fischer. (1) Einfuhrumsatzsteuerfrei ist die Einfuhr von Fängen von Fischern, die in der Bundesrepublik Deutschland wohnen und von deutschen Schiffen aus auf See fischen, sowie die aus diesen Fängen auf deutschen Schiffen hergestellten Erzeugnisse.

(2) 1 Die Steuerfreiheit hängt davon ab, daß die Gegenstände auf einem deutschen Schiff und für ein Unternehmen der Seefischerei eingeführt werden. 2 Sie ist ausgeschlossen, wenn die Gegenstände vor der Einfuhr geliefert worden sind.

§ 14[1] Erstattung oder Erlaß. (1) Die Einfuhrumsatzsteuer wird erstattet oder erlassen in den Artikeln 235 bis 242 Zollkodex bezeichneten Fällen in sinngemäßer Anwendung dieser Vorschriften und der Durchführungsvorschriften dazu.

(2) 1 Die Erstattung oder der Erlaß hängt davon ab, daß der Antragsteller hinsichtlich der Gegenstände nicht oder nicht in vollem Umfang nach § 15 Abs. 1 Nr. 2 des Gesetzes zum Vorsteuerabzug berechtigt ist. 2 Satz 1 gilt nicht für die Fälle des Artikels 236 Zollkodex.

---

[1] § 14 Abs. 1 und Abs. 2 Satz 2 neu gef. mWv 1. 1. 1994 durch VO v. 9. 2. 1994 (BGBl. I S. 302).

§ 15[1] **Absehen von der Festsetzung der Steuer.** Die Einfuhrumsatzsteuer wird nicht festgesetzt für Gegenstände, die nur der Einfuhrumsatzsteuer unterliegen, wenn sie weniger als 10 Euro beträgt und nach § 15 Abs. 1 Nr. 2 des Gesetzes als Vorsteuer abgezogen werden könnte.

§ 16 Inkrafttreten, abgelöste Vorschrift. [1]Diese Verordnung tritt am 1. Januar 1993 in Kraft. [2]Gleichzeitig tritt die Einfuhrumsatzsteuer-Befreiungsverordnung vom 5. Juni 1984 (BGBl. I S. 747, 750), zuletzt geändert durch Artikel 1 der Verordnung vom 20. Juni 1990 (BGBl. I S. 1119), außer Kraft.

---

[1] § 15 neugef. mWv 10. 1. 2004 durch VO v. 22. 12. 2003 (BGBl. 2004 I S. 21).

518a. Verordnung über die Erstattung von Umsatzsteuer an ausländische ständige diplomatische Missionen und berufskonsularische Vertretungen sowie an ihre ausländischen Mitglieder (Umsatzsteuererstattungsverordnung – UStErstV)[1]

In der Fassung der Bekanntmachung vom 3. Oktober 1988 (BGBl. I S. 1780)[2]

Geändert durch Steuer-Euroglättungsgesetz vom 19. 12. 2000 (BGBl. I S. 1790), Steueränderungsgesetz 2001 vom 20. 12. 2001 (BGBl. I S. 3794), Steueränderungsgesetz 2003 vom 15. 12. 2003 (BGBl. I S. 2645), Gesetz zur Neuorganisation der Bundesfinanzverwaltung und zur Schaffung eines Refinanzierungsregisters vom 22. 9. 2005 (BGBl. I S. 2809) und Gesetz zur Umsetzung steuerlicher EU-Vorgaben sowie zur Änderung steuerlicher Vorschriften vom 8. 4. 2010 (BGBl. I S. 386)

BGBl. III/FNA 611-10-10

§ 1 [Erstattung] (1)[3] Hat eine im Geltungsbereich dieser Verordnung errichtete ausländische ständige diplomatische Mission oder ausländische ständige berufskonsularische Vertretung für ihren amtlichen Gebrauch Gegenstände erworben oder sonstige Leistungen in Anspruch genommen, wird ihr auf Antrag aus dem Aufkommen der Umsatzsteuer

1. die von dem Unternehmer nach § 14 des Umsatzsteuergesetzes in Rechnung gestellte und von ihr bezahlte Umsatzsteuer erstattet, wenn der Rechnungsbetrag einschließlich der Steuer 100 Euro übersteigt;
2. die von ihr nach § 13b *Abs. 2* [***ab 1. 7. 2010:*** Absatz 5][4] des Umsatzsteuergesetzes geschuldete und von ihr entrichtete Umsatzsteuer erstattet, wenn der Rechnungsbetrag zuzüglich der Steuer 100 Euro übersteigt.

(2) Die Vergünstigung nach Absatz 1 ist auf der Grundlage besonderer Vereinbarung mit dem Entsendestaat nach Maßgabe der Gegenseitigkeit zu gewähren.

§ 2 [Begünstigte, Begrenzung] (1) § 1 gilt zugunsten eines Mitglieds der Mission oder der berufskonsularischen Vertretung, das weder Angehöriger der Bundesrepublik Deutschland noch in ihr ständig ansässig ist, auch wenn die Gegenstände oder die sonstigen Leistungen für seinen persönlichen Gebrauch bestimmt sind.

---

[1] Kurzbezeichnung ergänzt durch G v. 19. 12. 2000 (BGBl. I S. 1790).

[2] Neubekanntmachung der UStErstV v. 3. 4. 1970 (BGBl. I S. 316) auf Grund Art. 3 VO v. 23. 9. 1988 (BGBl. I S. 1777) in der ab 1. 1. 1989 geltenden Fassung.

[3] § 1 Abs. 1 neu gef. mWv 1. 1. 2004 durch G v. 15. 12. 2003 (BGBl. I S. 2645).

[4] Verweis geänd. durch G v. 8. 4. 2010 (BGBl. I S. 386).

(2) [1]Die Erstattungen dürfen für das Kalenderjahr den Gesamtbetrag von 1200 Euro[1)] nicht übersteigen. [2]Der Erwerb eines Kraftfahrzeuges ist hierbei nicht zu berücksichtigen.

§ 3 [Ausnahmen, Ersatzbeschaffungen] (1)[2)] Die §§ 1 und 2 gelten nicht für den Erwerb von Lebensmitteln und Tabakerzeugnissen sowie die Abgabe von Speisen und Getränken zum Verzehr an Ort und Stelle.

(2) Wird ein Gegenstand während seiner gewöhnlichen Nutzungsdauer nicht oder nur zeitweise zu Zwecken im Sinne der §§ 1 und 2 genutzt, ist die Erstattung zu versagen oder der Erstattungsbetrag angemessen zu kürzen.

§ 4 [Antrag] (1) [1]Der Antrag auf Erstattung ist unter Beifügung der in Betracht kommenden Rechnungen nach einem vom Bundesminister der Finanzen zu bestimmenden Muster beim Auswärtigen Amt einzureichen. [2]In ihm hat der Missionschef oder der Leiter der berufskonsularischen Vertretung zu versichern, daß die Gegenstände oder die sonstigen Leistungen für den nach § 1 oder 2 vorgesehenen Gebrauch bestimmt sind. [3]Das Auswärtige Amt sendet den Antrag mit einer Stellungnahme an das Bundeszentralamt für Steuern[3)], das die Angaben des Antragstellers prüft und über den Antrag entscheidet.

(2) [1]Der Antrag ist bis zum Ablauf des Kalenderjahres zu stellen, das auf das Kalenderjahr folgt, in dem der Umsatz an den Antragsteller bewirkt worden ist. [2]Der Antrag muß alle Erstattungsansprüche eines Abrechnungszeitraums, der mindestens ein Kalendervierteljahr beträgt, umfassen.

(3) Dem Antragsteller ist ein schriftlicher Bescheid zu erteilen, wenn dem Antrag nicht entsprochen wird.

(4) [1]Mindert sich der Steuerbetrag, so hat der Antragsteller das Auswärtige Amt unverzüglich zu unterrichten. [2]Der zuviel erhaltene Erstattungsbetrag ist innerhalb eines Monats nach Bekanntwerden der Minderung zurückzuzahlen. [3]Er kann mit den Erstattungsansprüchen auf Grund eines in diesem Zeitraum abgegebenen Antrags verrechnet werden.

§ 5 [Anwendungszeitpunkt] Diese Verordnung ist auf Steuerbeträge anzuwenden, denen Lieferungen und sonstige Leistungen zugrunde liegen, die nach dem 31. Dezember 1988 bewirkt worden sind.

§ 6. *(gegenstandslos)*

§ 7. (Inkrafttreten)[4)]

---

1) Betrag geänd. mWv 1. 1. 2002 durch G v. 19. 12. 2000 (BGBl. I S. 1790).

2) § 3 neu gef. mWv 1. 1. 2002 durch G v. 20. 12. 2001 (BGBl. I S. 3794).

3) Bezeichnung geänd. durch G v. 22. 9. 2005 (BGBl. I S. 2809).

4) Die VO in ihrer ursprünglichen Fassung ist am 1. 1. 1970 in Kraft getreten. Das Inkrafttreten der späteren Änderungen ergibt sich aus den jeweiligen Änderungsgesetzen.

519. Verordnung über die örtliche Zuständigkeit für die Umsatzsteuer im Ausland ansässiger Unternehmer (Umsatzsteuerzuständigkeitsverordnung – UStZustV)[1]

Vom 20. Dezember 2001 (BGBl. I S. 3794/3814)

Geändert durch Steuervergünstigungsabbaugesetz vom 16.5.2003 (BGBl. I S. 660), Gesetz zur Neuorganisation der Bundesverwaltung und zur Schaffung eines Refinanzierungsregisters vom 22.9.2005 (BGBl. I S. 2809), Jahressteuergesetz 2007 vom 13.12.2006 (BGBl. I S. 2878), Gesetz zur Bereinigung von Bundesrecht im Zuständigkeitsbereich des BMF vom 8.5.2008 (BGBl. I S. 810, ber. I S. 1715), Jahressteuergesetz 2010 vom 8.12.2010 (BGBl. I S. 1768), Gesetz zur Anpassung des nationalen Steuerrechts an den Beitritt Kroatiens zur EU und zur Änderung weiterer steuerlicher Vorschriften vom 25.7.2014 (BGBl. I S. 1266), Verordnung zur Änderung steuerlicher Verordnungen und weiterer Vorschriften vom 22.12.2014 (BGBl. I S. 2392), Dritte Verordnung zur Änderung steuerlicher Verordnungen vom 18.7. 2016 (BGBl. I S. 1722), Vierte Verordnung zur Änderung Steuerlicher Verordnungen vom 12.7.2017 (BGBl. I S. 2360) und Jahressteuergesetz 2020 (JStG 2020) vom 21.12.2020 (BGBl. I S. 3096)

BGBl. III/FNA 610-1-13

§ 1[2] **[Zuständige Finanzämter]** (1) [1] Für die Umsatzsteuer der Unternehmer im Sinne des § 21 Abs. 1 Satz 2 der Abgabenordnung sind folgende Finanzämter örtlich zuständig:

1. das Finanzamt Trier für im Königreich Belgien ansässige Unternehmer,
2. das Finanzamt Neuwied für in der Republik Bulgarien ansässige Unternehmer,
3. das Finanzamt Flensburg für im Königreich Dänemark ansässige Unternehmer,
4. das Finanzamt Rostock für in der Republik Estland ansässige Unternehmer,
5. das Finanzamt Bremen für in der Republik Finnland ansässige Unternehmer,
6. das Finanzamt Offenburg für in der Französischen Republik und im Fürstentum Monaco ansässige Unternehmer,
7. das Finanzamt Hannover-Nord für im Vereinigten Königreich Großbritannien und Nordirland sowie auf der Insel Man ansässige Unternehmer,

[1] Die VO ist als Art. 21 des Steueränderungsgesetzes 2001 vom 20.12.2001 (BGBl. I S. 3794) verkündet worden.

[2] § 1 Abs. 1 Nrn. 4, 6, 8, 9, 11, 16, 21, 24, 27 und Abs. 2 geänd. mWv 19.12.2006 durch G v. 13.12.2006 (BGBl. I S. 2878); Nrn. 10, 19, 23, 31 und 33 geänd. mWv 14.12.2010 durch G v. 8.12.2010 (BGBl. I S. 1768); Nrn. 5, 12 und 18 geänd. mWv 31.7.2014 durch G v. 25.7.2014 (BGBl. I S. 1266); Nrn. 6 und 7 geänd. mWv 20.7.2017 durch VO v. 12.7.2017 (BGBl. I S. 2360).

8. das Finanzamt Berlin Neukölln für in der Griechischen Republik ansässige Unternehmer,
9. das Finanzamt Hamburg-Nord für in der Republik Irland ansässige Unternehmer,
10. das Finanzamt München für in der Italienischen Republik ansässige Unternehmer,
11. das Finanzamt Kassel-Hofgeismar für in der Republik Kroatien ansässige Unternehmer,
12. das Finanzamt Bremen für in der Republik Lettland ansässige Unternehmer,
13. das Finanzamt Konstanz für im Fürstentum Liechtenstein ansässige Unternehmer,
14. das Finanzamt Mühlhausen für in der Republik Litauen ansässige Unternehmer,
15. das Finanzamt Saarbrücken Am Stadtgraben für im Großherzogtum Luxemburg ansässige Unternehmer,
16. das Finanzamt Berlin Neukölln für in der Republik Mazedonien ansässige Unternehmer,
17. das Finanzamt Kleve für im Königreich der Niederlande ansässige Unternehmer,
18. das Finanzamt Bremen für im Königreich Norwegen ansässige Unternehmer,
19. das Finanzamt München für in der Republik Österreich ansässige Unternehmer,

20.[1] für in der Republik Polen ansässige Unternehmer
   a) das Finanzamt Hameln, wenn der Nachname oder der Firmenname des Unternehmers mit den Buchstaben A bis G beginnt;
   b) das Finanzamt Oranienburg, wenn der Nachname oder der Firmenname des Unternehmers mit den Anfangsbuchstaben H bis Ł beginnt;
   c) das Finanzamt Cottbus, wenn der Nachname oder der Firmenname des Unternehmers mit den Anfangsbuchstaben M bis R beginnt;
   d) das Finanzamt Nördlingen, wenn der Nachname oder der Firmenname des Unternehmers mit den Anfangsbuchstaben S bis Ż beginnt;
   e)[2] ungeachtet der Regelungen in den Buchstaben a bis d das Finanzamt Cottbus für alle Unternehmer, auf die das Verfahren nach § 18 Absatz 4e [***ab 1.7.2021:*** , § 18j oder § 18k] des Umsatzsteuergesetzes anzuwenden ist,

21. das Finanzamt Kassel-Hofgeismar für in der Portugiesischen Republik ansässige Unternehmer,

---

[1] § 1 Abs. 1 Nr. 20 neu gef. durch VO v. 18.7.2016 (BGBl. I S. 1722); zum Inkrafttreten vgl. Art. 11 Abs. 4 der VO iVm Bekanntmachung vom 4.5.2018 (BGBl. I S. 557): Die Zuständigkeit gilt ab 1.6.2018.

[2] § 1 Abs. 1 Nr. 20 Buchst. e geänd. mWv 1.7.2021 durch G v. 21.12.2020 (BGBl. I S. 3096).

22. das Finanzamt Chemnitz-Süd für in Rumänien ansässige Unternehmer,
23. das Finanzamt Magdeburg für in der Russischen Föderation ansässige Unternehmer,
24. das Finanzamt Hamburg-Nord für im Königreich Schweden ansässige Unternehmer,
25. das Finanzamt Konstanz für in der Schweizerischen Eidgenossenschaft ansässige Unternehmer,
26. das Finanzamt Chemnitz-Süd für in der Slowakischen Republik ansässige Unternehmer,
27. das Finanzamt Kassel-Hofgeismar für im Königreich Spanien ansässige Unternehmer,
28. das Finanzamt Oranienburg für in der Republik Slowenien ansässige Unternehmer,
29. das Finanzamt Chemnitz-Süd für in der Tschechischen Republik ansässige Unternehmer,
30. das Finanzamt Dortmund-Unna für in der Republik Türkei ansässige Unternehmer,
31. das Finanzamt Magdeburg für in der Ukraine ansässige Unternehmer,
32. das Zentralfinanzamt Nürnberg für in der Republik Ungarn ansässige Unternehmer,
33. das Finanzamt Magdeburg für in der Republik Weißrussland ansässige Unternehmer,
34. das Finanzamt Bonn-Innenstadt für in den Vereinigten Staaten von Amerika ansässige Unternehmer.

[***ab 1.7.2021:***

[2] Die örtliche Zuständigkeit nach § 61 Absatz 1 Satz 1 und § 61a Absatz 1 der Umsatzsteuer-Durchführungsverordnung für die Vergütung der abziehbaren Vorsteuerbeträge an im Ausland ansässige Unternehmer bleibt unberührt.][1)]

(2) Für die Umsatzsteuer der Unternehmer im Sinne des § 21 Abs. 1 Satz 2 der Abgabenordnung, die nicht von Absatz 1 erfasst werden, ist das Finanzamt Berlin Neukölln zuständig.

(2a)[2)] Abweichend von den Absätzen 1 und 2 ist für die Unternehmer, die von § 18 Abs. 4c des Umsatzsteuergesetzes Gebrauch machen, das Bundeszentralamt für Steuern[3)] zuständig.

(3)[4)] Die örtliche Zuständigkeit nach § 61 Absatz 1 Satz 1 [***ab 1.7.2021:*** und *§ 61a Absatz 1*] der Umsatzsteuer-Durchführungsverordnung für die Vergütung der abziehbaren Vorsteuerbeträge an im Ausland ansässige Unternehmer bleibt unberührt.

[1)] § 1 Abs. 1 Satz 2 angef. mWv 1.7.2021 durch G v. 21.12.2020 (BGBl. I S. 3096).

[2)] § 1 Abs. 2a eingef. mWv 1.7.2003 durch G v. 16.5.2003 (BGBl. I S. 660).

[3)] Bezeichnung geänd. durch G v. 22.9.2005 (BGBl. I S. 2809).

[4)] § 1 Abs. 3 geänd. mWv 1.7.2021 durch G v. 21.12.2020 (BGBl. I S. 3096).

§ 2 [Inkrafttreten] [1]Diese Verordnung tritt am Tage nach ihrer Verkündung[1)] in Kraft. [2]Gleichzeitig tritt die Umsatzsteuerzuständigkeitsverordnung vom 21. Februar 1995 (BGBl. I S. 225), zuletzt geändert durch Artikel 3 des Gesetzes vom 30. August 2001 (BGBl. I S. 2267), außer Kraft.

---

1) Verkündet am 22.12.2001.

550. Richtlinie 2006/112/EG des Rates vom 28. November 2006 über das gemeinsame Mehrwertsteuersystem

(ABl. L 347 S. 1, ber. ABl. 2007 L 335 S. 60 und ABl. 2017 L 336 S. 60)

Celex-Nr. 3 2006 L 0112

geänd. durch Art. 1 ÄndRL 2006/138/EG v. 19.12.2006 (ABl. L 384 S. 92), Art. 1 ÄndRL 2007/75/EG v. 20.12.2007 (ABl. L 346 S. 13), Art. 1, 2, 3, 4 und 5 ÄndRL 2008/8/EG v. 12.2.2008 (ABl. L 44 S. 11), Art. 1 ÄndRL 2008/117/EG v. 16.12.2008 (ABl. 2009 L 14 S. 7), Art. 1 ÄndRL 2009/47/EG v. 5.5.2009 (ABl. L 116 S. 18), Art. 1 ÄndRL 2009/69/EG v. 25.6.2009 (ABl. L 175 S. 12), Art. 1 ÄndRL 2009/162/EU v. 22.12.2009 (ABl. 2010 L 10 S. 14), Art. 1 ÄndRL 2010/23/EU v. 16.3.2010 (ABl. L 72 S. 1), Art. 1 ÄndRL 2010/45/EU v. 13.7.2010 (ABl. L 189 S. 1, ber. ABl. L 299 S. 46), Art. 1 ÄndRL 2010/88/EU v. 7.12.2010 (ABl. L 326 S. 1), Anh. III 6.1 und Anh. V 8.2 ÄndEU-BeitrAkt2013 v. 9.12.2011 (ABl. 2012 L 112 S. 21), Art. 1 ÄndRL 2013/42/EU v. 22.7.2013 (ABl. L 201 S. 1), Art. 1 ÄndRL 2013/43/EU v. 22.7.2013 (ABl. L 201 S. 4), Art. 1 ÄndRL 2013/61/EU v. 17.12.2013 (ABl. L 353 S. 5), Art. 1 ÄndRL (EU) 2016/856 v. 25.5.2016 (ABl. L 142 S. 12), Art. 1 ÄndRL (EU) 2016/1065 v. 27.6.2016 (ABl. L 177 S. 9), Art. 1 und 2 ÄndRL (EU) 2017/2455 v. 5.12.2017 (ABl. L 348 S. 7, ber. ABl. 2018 L 190 S. 21, L 225 S. 1 und ABl. 2019 L 245 S. 9, geänd. durch ABl. 2020 L 244 S. 3), Art. 1 ÄndRL (EU) 2018/912 v. 22.6.2018 (ABl. L 162 S. 1), Art. 1 ÄndRL (EU) 2018/1695 v. 6.11.2018 (ABl. L 282 S. 5, ber. 2018 L 329 S. 53), Art. 1 ÄndRL (EU) 2018/1713 v. 6.11.2018 (ABl. L 286 S. 20), Art. 1 ÄndRL (EU) 2018/1910 v. 4.12.2018 (ABl. L 311 S. 3), Art. 1 ÄndRL (EU) 2018/2057 v. 20.12.2018 (ABl. L 329 S. 3), Art. 1 ÄndRL (EU) 2019/475 v. 18.2.2019 (ABl. L 83 S. 42), Art. 1 RL (EU) 2019/1995 v. 21.11.2019 (ABl. L 310 S. 1, geänd. durch ABl. 2020 L 244 S. 3), Art. 1 RL (EU) 2019/2235 v. 16.12.2019 (ABl. L 336 S. 10), Art. 1 RL (EU) 2020/284 v. 18.2.2020 (ABl. L 62 S. 7), Art. 1 RL (EU) 2020/285 v. 18.2.2020 (ABl. L 62 S. 13), Art. 1 RL (EU) 2020/1756 v. 20.11.2020 (ABl. L 396 S. 1), Art. 1 RL (EU) 2020/2020 v. 7.12.2020 (ABl. L 419 S. 1)[1]

DER RAT DER EUROPÄISCHEN UNION –

gestützt auf den Vertrag zur Gründung der Europäischen Gemeinschaft, insbesondere auf Artikel 93,

auf Vorschlag der Kommission,

nach Stellungnahme des Europäischen Parlaments,

nach Stellungnahme des Europäischen Wirtschafts- und Sozialausschusses,

in Erwägung nachstehender Gründe:

(1) Die Richtlinie 77/388/EWG des Rates vom 17. Mai 1977 zur Harmonisierung der Rechtsvorschriften der Mitgliedstaaten über die Umsatzsteuern – Gemeinsames Mehrwertsteuersystem: einheitliche steuerpflichtige Bemessungsgrundlage[2] wurde mehrfach erheblich geändert. Anlässlich neuerlicher Änderungen empfiehlt sich aus Gründen der Klarheit und Wirtschaftlichkeit eine Neufassung.

(2) Bei dieser Neufassung sollten die noch geltenden Bestimmungen der Richtlinie 67/227/EWG des Rates vom 11. April 1967 zur Harmonisierung der Rechtsvorschriften der Mitgliedstaaten über die Umsatzsteuer[3] übernommen werden. Die genannte Richtlinie sollte daher aufgehoben werden.

---

[1] **Die redaktionellen Hinweise zur „Anwendung“ beziehen sich auf die jeweiligen Umsetzungs- und Anwendungsfristen für die Mitgliedstaaten, die in den Änderungsrichtlinien jeweils festgelegt sind.**

[2] **Amtl. Anm.:** ABl. L 145 vom 13.6.1977, S. 1. Zuletzt geändert durch die Richtlinie 2006/98/EG (ABl. L 363 vom 20.12.2006 S. 129).

[3] **Amtl. Anm.:** ABl. 71 vom 14.4.1967, S. 1301/67. Zuletzt geändert durch die Richtlinie 77/388/EWG.

(3) Im Einklang mit dem Grundsatz besserer Rechtsetzung sollten zur Gewährleistung der Klarheit und Wirtschaftlichkeit der Bestimmungen die Struktur und der Wortlaut der Richtlinie neu gefasst werden; dies sollte jedoch grundsätzlich nicht zu inhaltlichen Änderungen des geltenden Rechts führen. Einige inhaltliche Änderungen ergeben sich jedoch notwendigerweise im Rahmen der Neufassung und sollten dennoch vorgenommen werden. Soweit sich solche Änderungen ergeben, sind sie in den Bestimmungen über die Umsetzung und das Inkrafttreten der Richtlinie erschöpfend aufgeführt.

(4) Voraussetzung für die Verwirklichung des Ziels, einen Binnenmarkt zu schaffen ist, dass in den Mitgliedstaaten Rechtsvorschriften über die Umsatzsteuern angewandt werden, durch die die Wettbewerbsbedingungen nicht verfälscht und der freie Waren- und Dienstleistungsverkehr nicht behindert werden. Es ist daher erforderlich, eine Harmonisierung der Rechtsvorschriften über die Umsatzsteuern im Wege eines Mehrwertsteuersystems vorzunehmen, um soweit wie möglich die Faktoren auszuschalten, die geeignet sind, die Wettbewerbsbedingungen sowohl auf nationaler Ebene als auch auf Gemeinschaftsebene zu verfälschen.

(5) Die größte Einfachheit und Neutralität eines Mehrwertsteuersystems wird erreicht, wenn die Steuer so allgemein wie möglich erhoben wird und wenn ihr Anwendungsbereich alle Produktions- und Vertriebsstufen sowie den Bereich der Dienstleistungen umfasst. Es liegt folglich im Interesse des Binnenmarktes und der Mitgliedstaaten, ein gemeinsames System anzunehmen, das auch auf den Einzelhandel Anwendung findet.

(6) Es ist notwendig, schrittweise vorzugehen, da die Harmonisierung der Umsatzsteuern in den Mitgliedstaaten zu Änderungen der Steuerstruktur führt und merkliche Folgen auf budgetärem, wirtschaftlichem und sozialem Gebiet hat.

(7) Das gemeinsame Mehrwertsteuersystem sollte, selbst wenn die Sätze und Befreiungen nicht völlig harmonisiert werden, eine Wettbewerbsneutralität in dem Sinne bewirken, dass gleichartige Gegenstände und Dienstleistungen innerhalb des Gebiets der einzelnen Mitgliedstaaten ungeachtet der Länge des Produktions- und Vertriebswegs steuerlich gleich belastet werden.

(8) In Durchführung des Beschlusses 2000/597/EG, Euratom des Rates vom 29. September 2000 über das System der Eigenmittel der Europäischen Gemeinschaften[1)] wird der Haushalt der Europäischen Gemeinschaften, unbeschadet der sonstigen Einnahmen, vollständig aus eigenen Mitteln der Gemeinschaften finanziert. Diese Mittel umfassen unter anderem Einnahmen aus der Mehrwertsteuer, die sich aus der Anwendung eines gemeinsamen Satzes auf eine Bemessungsgrundlage ergeben, die einheitlich nach Gemeinschaftsvorschriften bestimmt wird.

(9) Es ist unerlässlich, einen Übergangszeitraum vorzusehen, der eine schrittweise Anpassung der nationalen Rechtsvorschriften in den betreffenden Bereichen ermöglicht.

(10) Während dieser Übergangszeit sollten in den Bestimmungsmitgliedstaaten die innergemeinschaftlichen Umsätze anderer Steuerpflichtiger als derjenigen, die steuerbefreit sind, zu den Sätzen und Bedingungen dieser Mitgliedstaaten besteuert werden.

(11) Ferner sollten in dieser Übergangszeit in den Bestimmungsmitgliedstaaten der innergemeinschaftliche Erwerb, der von steuerbefreiten Steuerpflichtigen oder von nichtsteuerpflichtigen juristischen Personen in Höhe eines bestimmten Betrags getätigt wird, sowie bestimmte innergemeinschaftliche Versandgeschäfte und Lieferungen neuer Fahrzeuge, die an Privatpersonen oder an steuerbefreite oder nichtsteuerpflichtige Einrichtungen bewirkt werden, zu den Sätzen und Bedingungen dieser Mitgliedstaaten insofern besteuert werden, als die Behandlung dieser Umsätze ohne besondere Bestimmungen zu erheblichen Wettbewerbsverzerrungen zwischen den Mitgliedstaaten führen könnten.

(12) Aufgrund ihrer geografischen, wirtschaftlichen und sozialen Lage sollten bestimmte Gebiete vom Anwendungsbereich dieser Richtlinie ausgenommen werden.

(13) Der Begriff des Steuerpflichtigen sollte in einer Weise definiert werden, dass die Mitgliedstaaten zur Gewährleistung größtmöglicher Steuerneutralität auch Personen einbeziehen können, die gelegentlich Umsätze bewirken.

(14) Der Begriff des steuerbaren Umsatzes kann insbesondere hinsichtlich der diesem Umsatz gleichgestellten Umsätze zu Schwierigkeiten führen. Diese Begriffe sollten deshalb genauer definiert werden.

(15) Um den innergemeinschaftlichen Handelsverkehr im Bereich der Bearbeitung beweglicher körperlicher Gegenstände zu erleichtern, sollten die Einzelheiten der Besteuerung

---

[1)] **Amtl. Anm.:** ABl. L 253 vom 7.10.2000, S. 42.

dieser Umsätze festgelegt werden, wenn diese für einen Dienstleistungsempfänger erbracht wurden, der eine Mehrwertsteuer-Identifikationsnummer in einem anderen Mitgliedstaat als dem hat, in dem der Umsatz tatsächlich bewirkt wurde.

(16) Der innergemeinschaftlichen Güterbeförderung sollte eine innerhalb des Gebiets eines Mitgliedstaats erbrachte, unmittelbar mit einer Beförderung zwischen Mitgliedstaaten zusammenhängende Beförderung gleichgestellt werden, um nicht nur die Grundsätze und Einzelheiten der Besteuerung für diese Beförderungsleistungen im Inland, sondern auch die Regeln für Nebentätigkeiten zu diesen Beförderungen und Dienstleistungen von Vermittlern, die sich bei der Erbringung dieser einzelnen Dienstleistungen einschalten, zu vereinfachen.

(17) Die Bestimmung des Ortes des steuerbaren Umsatzes kann insbesondere in Bezug auf Lieferungen von Gegenständen mit Montage und Dienstleistungen zu Kompetenzkonflikten zwischen den Mitgliedstaaten führen. Wenn auch als Ort der Dienstleistung grundsätzlich der Ort gelten sollte, an dem der Dienstleistende den Sitz seiner wirtschaftlichen Tätigkeit hat, ist es doch angebracht, dass insbesondere für bestimmte zwischen Steuerpflichtigen erbrachte Dienstleistungen, deren Kosten in den Preis der Gegenstände eingehen, als Ort der Dienstleistung der Mitgliedstaat des Dienstleistungsempfängers gilt.

(18) Der Ort der Besteuerung bestimmter Umsätze, die an Bord eines Schiffes, eines Flugzeugs oder in einer Eisenbahn während einer Personenbeförderung innerhalb der Gemeinschaft bewirkt werden, sollte genauer definiert werden.

(19) Elektrizität und Gas werden für die Zwecke der Mehrwertsteuer als Gegenstände behandelt. Es ist jedoch äußerst schwierig, den Ort der Lieferung zu bestimmen. Zur Vermeidung von Doppel- oder Nichtbesteuerung und zur Erzielung eines echten Gas- und Elektrizitätsbinnenmarkts ohne Behinderung durch die Mehrwertsteuer sollte daher als Ort der Lieferung von Gas – über das Erdgasverteilungsnetz – und von Elektrizität vor der Stufe des Endverbrauchs der Ort gelten, an dem der Erwerber den Sitz seiner wirtschaftlichen Tätigkeit hat. Die Lieferung von Elektrizität und Gas auf der Stufe des Endverbrauchs, vom Unternehmer und Verteiler an den Endverbraucher, sollte an dem Ort besteuert werden, an dem der Erwerber die Gegenstände tatsächlich nutzt und verbraucht.

(20) Die Anwendung der allgemeinen Regel, nach der Dienstleistungen in dem Mitgliedstaat besteuert werden, in dem der Dienstleistungserbringer ansässig ist, kann bei der Vermietung eines beweglichen körperlichen Gegenstandes zu erheblichen Wettbewerbsverzerrungen führen, wenn Vermieter und Mieter in verschiedenen Mitgliedstaaten ansässig sind und die Steuersätze in diesen Mitgliedstaaten unterschiedlich hoch sind. Daher sollte festgelegt werden, dass der Ort der Dienstleistung der Ort ist, an dem der Dienstleistungsempfänger den Sitz seiner wirtschaftlichen Tätigkeit oder eine feste Niederlassung hat, für die die Dienstleistung erbracht worden ist, oder in Ermangelung eines solchen Sitzes oder einer solchen Niederlassung sein Wohnsitz oder sein gewöhnlicher Aufenthaltsort.

(21) Bei der Vermietung von Beförderungsmitteln sollte diese allgemeine Regel jedoch aus Kontrollgründen strikt angewandt werden und somit als Ort der Dienstleistung der Ort anzusehen sein, an dem der Dienstleistungserbringer ansässig ist.

(22) Sämtliche Telekommunikationsdienstleistungen, die in der Gemeinschaft in Anspruch genommen werden, sollten besteuert werden, um Wettbewerbsverzerrungen in diesem Bereich vorzubeugen. Um dieses Ziel zu erreichen, sollten Telekommunikationsdienstleistungen, die an in der Gemeinschaft ansässige Steuerpflichtige oder an in Drittländern ansässige Dienstleistungsempfänger erbracht werden, grundsätzlich an dem Ort besteuert werden, an dem der Dienstleistungsempfänger ansässig ist. Damit Telekommunikationsdienstleistungen, die von in Drittgebieten oder Drittländern ansässigen Steuerpflichtigen an in der Gemeinschaft ansässige Nichtsteuerpflichtige erbracht und in der Gemeinschaft tatsächlich genutzt oder ausgewertet werden, einheitlich besteuert werden, sollten die Mitgliedstaaten jedoch festlegen, dass sich *der Ort der Dienst*leistungen in der Gemeinschaft befindet.

(23) Ebenfalls um Wettbewerbsverzerrungen vorzubeugen sollten Rundfunk- und Fernsehdienstleistungen sowie elektronisch erbrachte Dienstleistungen, die aus Drittgebieten oder Drittländern an in der Gemeinschaft ansässige Personen oder aus der Gemeinschaft an in Drittgebieten oder Drittländern ansässige Dienstleistungsempfänger erbracht werden, an dem Ort besteuert werden, an dem der Dienstleistungsempfänger ansässig ist.

(24) Die Begriffe „Steuertatbestand" und „Steueranspruch" sollten harmonisiert werden, damit die Anwendung und die späteren Änderungen des gemeinsamen Mehrwertsteuersystems in allen Mitgliedstaaten zum gleichen Zeitpunkt wirksam werden.

(25) Die Steuerbemessungsgrundlage sollte harmonisiert werden, damit die Anwendung der Mehrwertsteuer auf die steuerbaren Umsätze in allen Mitgliedstaaten zu vergleichbaren Ergebnissen führt.

(26) Um zu gewährleisten, dass die Einschaltung verbundener Personen zur Erzielung von Steuervorteilen nicht zu Steuerausfällen führt, sollten die Mitgliedstaaten die Möglichkeit haben, unter bestimmten, genau festgelegten Umständen hinsichtlich des Wertes von Lieferungen von Gegenständen, Dienstleistungen und innergemeinschaftlichen Erwerben von Gegenständen tätig zu werden.

(27) Zur Vermeidung von Steuerhinterziehung oder -umgehung sollten die Mitgliedstaaten die Möglichkeit haben, in die Steuerbemessungsgrundlage eines Umsatzes, der die Verarbeitung von Anlagegold umfasst, das von einem Leistungsempfänger zur Verfügung gestellt wird, auch den Wert dieses Anlagegolds einzubeziehen, wenn es durch die Verarbeitung seinen Status als Anlagegold verliert. Bei Anwendung dieser Regelungen sollte den Mitgliedstaaten ein gewisser Ermessensspielraum eingeräumt werden.

(28) Die Abschaffung der Steuerkontrollen an den Grenzen erfordert, dass zur Vermeidung von Wettbewerbsverzerrungen neben einer einheitlichen Mehrwertsteuer-Bemessungsgrundlage auch die Steuersätze hinsichtlich ihrer Anzahl und ihrer Höhe zwischen den Mitgliedstaaten hinreichend aneinander angenähert werden.

(29) Der in den Mitgliedstaaten derzeit geltende Normalsatz der Mehrwertsteuer gewährleistet in Verbindung mit den Mechanismen der Übergangsregelung, dass diese Regelung in akzeptabler Weise funktioniert. Um zu verhindern, dass Unterschiede zwischen den von den Mitgliedstaaten angewandten Mehrwertsteuer-Normalsätzen zu strukturellen Ungleichgewichten innerhalb der Gemeinschaft und zu Wettbewerbsverzerrungen in bestimmten Wirtschaftszweigen führen, sollte ein zu überprüfender Mindestnormalsatz von 15% festgesetzt werden.

(30) Um die Neutralität der Mehrwertsteuer zu erhalten, sollten die von den Mitgliedstaaten angewandten Steuersätze den normalen Abzug der Steuerbelastung der vorausgehenden Umsatzstufe ermöglichen.

(31) Während der Übergangszeit sollten bestimmte Ausnahmen hinsichtlich der Anzahl und der Höhe der Sätze möglich sein.

(32) Zur besseren Bewertung der Auswirkung der ermäßigten Sätze muss die Kommission einen Bericht vorlegen, in dem sie die Auswirkung der auf lokal erbrachte Dienstleistungen angewandten ermäßigten Sätze bewertet, insbesondere in Bezug auf die Schaffung von Arbeitsplätzen, das Wirtschaftswachstum und das reibungslose Funktionieren des Binnenmarkts.

(33) Zur Bekämpfung der Arbeitslosigkeit sollte den Mitgliedstaaten, die dies wünschen, die Möglichkeit eingeräumt werden, zu erproben, wie sich eine Ermäßigung der Mehrwertsteuer auf arbeitsintensive Dienstleistungen auf die Schaffung von Arbeitsplätzen auswirkt. Diese Ermäßigung könnte für die Unternehmen zudem den Anreiz mindern, sich in der Schattenwirtschaft zu betätigen.

(34) Eine derartige Ermäßigung des Steuersatzes könnte allerdings das reibungslose Funktionieren des Binnenmarktes und die Steuerneutralität gefährden. Daher sollte ein Verfahren zur Erteilung von Ermächtigungen für einen festen Zeitraum vorgesehen werden, der ausreichend lang ist, um die Auswirkungen der auf lokal erbrachte Dienstleistungen angewandten ermäßigten Steuersätze einschätzen zu können, und der Anwendungsbereich einer solchen Maßnahme genau definiert werden, um zu gewährleisten, dass sie überprüfbar und begrenzt ist.

(35) Im Hinblick auf eine gleichmäßige Erhebung der Eigenmittel in allen Mitgliedstaaten sollte ein gemeinsames Verzeichnis der Steuerbefreiungen aufgestellt werden.

(36) Zum Vorteil der Steuerschuldner sowie der zuständigen Verwaltungen sollten die Verfahren für die Anwendung der Mehrwertsteuer auf bestimmte innergemeinschaftliche Lieferungen und Erwerbe verbrauchsteuerpflichtiger Waren an die Verfahren und Erklärungspflichten für den Fall der Beförderung derartiger Waren in einen anderen Mitgliedstaat angeglichen werden, die in der Richtlinie 92/12/EWG des Rates vom 25. Februar 1992 über das allgemeine System, den Besitz, die Beförderung und die Kontrolle verbrauchsteuerpflichtiger Waren[1)] geregelt sind.

[1)] **Amtl. Anm.:** ABl. L 76 vom 23.3.1992, S. 1. Zuletzt geändert durch die Richtlinie 2004/106/EG (ABl. L 359 vom 4.2.2004, S. 30).

(37) Die Lieferung von Gas – über das Erdgasverteilungsnetz – und von Elektrizität, wird am Ort des Erwerbers besteuert. Um eine Doppelbesteuerung zu vermeiden, sollte die Einfuhr derartiger Waren daher von der Mehrwertsteuer befreit werden.

(38) Für steuerbare Umsätze, einschließlich Reihengeschäften, im Zusammenhang mit dem innergemeinschaftlichen Handelsverkehr, die während der Übergangszeit im inneren Anwendungsbereich der Steuer von Steuerpflichtigen bewirkt werden, die nicht im Gebiet des Mitgliedstaats des innergemeinschaftlichen Erwerbs der Gegenstände ansässig sind, ist es erforderlich, Vereinfachungsmaßnahmen vorzusehen, die eine gleichartige Behandlung in allen Mitgliedstaaten gewährleisten. Hierzu sollten die Vorschriften über die steuerliche Behandlung dieser Umsätze und zur Bestimmung des Steuerschuldners für diese Umsätze harmonisiert werden. Von der Anwendung dieser Regelungen sollten jedoch grundsätzlich Gegenstände ausgenommen werden, die zur Lieferung auf der Einzelhandelsstufe bestimmt sind.

(39) Der Vorsteuerabzug sollte insoweit harmonisiert werden, als er die tatsächliche Höhe der Besteuerung beeinflusst, und die Pro-rata-Sätze des Vorsteuerabzugs sollten in allen Mitgliedstaaten auf gleiche Weise berechnet werden.

(40) Die Regelung, die eine Berichtigung des Vorsteuerabzugs für Investitionsgüter entsprechend ihrer tatsächlichen Nutzungsdauer vorsieht, sollte auch auf Dienstleistungen, die die Merkmale von Investitionsgütern aufweisen, Anwendung finden.

(41) Es sollte festgelegt werden, wer Steuerschuldner ist, insbesondere bei bestimmten Dienstleistungen, bei denen der Dienstleistungserbringer nicht in dem Mitgliedstaat ansässig ist, in dem die Steuer geschuldet wird.

(42) Die Mitgliedstaaten sollten in die Lage versetzt werden, in bestimmten Fällen den Erwerber von Gegenständen oder den Dienstleistungsempfänger als Steuerschuldner zu bestimmen. Dies würde es den Mitgliedstaaten erlauben, die Vorschriften zu vereinfachen und die Steuerhinterziehung und -umgehung in bestimmten Sektoren oder bei bestimmten Arten von Umsätzen zu bekämpfen.

(43) Die Mitgliedstaaten sollten den Einfuhrsteuerschuldner nach freiem Ermessen bestimmen können.

(44) Die Mitgliedstaaten sollten auch Regelungen treffen können, nach denen eine andere Person als der Steuerschuldner gesamtschuldnerisch für die Entrichtung der Steuer haftet.

(45) Die Pflichten der Steuerpflichtigen sollten soweit wie möglich harmonisiert werden, um die erforderliche Gleichmäßigkeit bei der Steuererhebung in allen Mitgliedstaaten sicherzustellen.

(46) Die Verwendung elektronischer Rechnungstellung sollte den Steuerverwaltungen ermöglichen, ihre Kontrollen durchzuführen. Um ein reibungsloses Funktionieren des Binnenmarkts zu gewährleisten, sollte daher ein harmonisiertes Verzeichnis der Angaben erstellt werden, die jede Rechnung enthalten muss; ferner sollten eine Reihe gemeinsamer Modalitäten für die elektronische Rechnungstellung, die elektronische Aufbewahrung der Rechnungen, die Erstellung von Gutschriften und die Verlagerung der Rechnungstellung auf Dritte festgelegt werden.

(47) Vorbehaltlich der von ihnen festzulegenden Bedingungen sollten die Mitgliedstaaten die elektronische Einreichung von bestimmten Meldungen und Erklärungen zulassen und die elektronische Übermittlung vorschreiben können.

(48) Das notwendige Streben nach einer Erleichterung der Verwaltungs- und Statistikformalitäten für die Unternehmen, insbesondere für kleine und mittlere Unternehmen, sollte mit der Durchführung wirksamer Kontrollmaßnahmen und mit der sowohl aus wirtschaftlichen als steuerlichen Gründen unerlässlichen Wahrung der Qualität der gemeinschaftlichen Statistikinstrumente in Einklang gebracht werden.

(49) In Bezug auf Kleinunternehmen sollte den Mitgliedstaaten gestattet werden, ihre Sonderregelungen gemäß gemeinsamen Bestimmungen im Hinblick auf eine weiter gehende *Harmonisierung* beizubehalten.

(50) In Bezug auf die Landwirte sollten die Mitgliedstaaten die Möglichkeit haben, eine Sonderregelung anzuwenden, die zugunsten der Landwirte, die nicht unter die normale Regelung fallen, einen Pauschalausgleich für die Vorsteuerbelastung enthält. Diese Regelung sollte in ihren wesentlichen Grundsätzen festgelegt werden, und für die Erfordernisse der Erhebung der Eigenmittel sollte ein gemeinsames Verfahren für die Bestimmung des von diesen Landwirten erzielten Mehrwerts definiert werden.

(51) Es sollte eine gemeinschaftliche Regelung für die Besteuerung auf dem Gebiet der Gebrauchtgegenstände, Kunstgegenstände, Antiquitäten und Sammlungsstücke erlassen wer-

den, um Doppelbesteuerungen und Wettbewerbsverzerrungen zwischen Steuerpflichtigen zu vermeiden.

(52) Die Anwendung der normalen Steuerregelung auf Gold ist ein großes Hindernis für seine Verwendung als Finanzanlage, weshalb die Anwendung einer besonderen Steuerregelung, auch im Hinblick auf die Verbesserung der internationalen Wettbewerbsfähigkeit des gemeinschaftlichen Goldmarktes, gerechtfertigt ist.

(53) Lieferungen von Gold zu Anlagezwecken entsprechen ihrer Art nach anderen Finanzanlagen, die von der Steuer befreit sind. Die Steuerbefreiung erscheint daher als die geeignetste steuerliche Behandlung der Umsätze von Anlagegold.

(54) Die Definition von Anlagegold sollte Goldmünzen einbeziehen, deren Wert in erster Linie auf dem Preis des in ihnen enthaltenen Goldes beruht. Aus Gründen der Transparenz und der Rechtssicherheit für die mit derartigen Münzen handelnden Wirtschaftsbeteiligten sollte alljährlich ein Verzeichnis der Münzen erstellt werden, auf die die Regelung für Anlagegold anzuwenden ist. Ein solches Verzeichnis schließt die Steuerbefreiung von Münzen, die in dem Verzeichnis nicht enthalten sind, aber die Kriterien dieser Richtlinie erfüllen, nicht aus.

(55) Um Steuerhinterziehungen zu verhindern, gleichzeitig aber die mit der Lieferung von Gold ab einem bestimmten Feingehalt verbundenen Finanzierungskosten zu verringern, ist es gerechtfertigt, den Mitgliedstaaten zu gestatten, den Erwerber als Steuerschuldner zu bestimmen.

(56) Um Wirtschaftsbeteiligten, die elektronisch erbrachte Dienstleistungen anbieten und weder in der Gemeinschaft ansässig sind noch für die Zwecke der Mehrwertsteuer dort erfasst sein müssen, die Erfüllung ihrer steuerlichen Pflichten zu erleichtern, sollte eine Sonderregelung festgelegt werden. In Anwendung dieser Regelung kann ein Wirtschaftsbeteiligter, der an Nichtsteuerpflichtige in der Gemeinschaft derartige elektronische Dienstleistungen erbringt, sich für eine Registrierung in einem einzigen Mitgliedstaat entscheiden, falls er nicht in anderer Weise in der Gemeinschaft für die Zwecke der Mehrwertsteuer erfasst ist.

(57) Die Bestimmungen über Rundfunk- und Fernsehdienstleistungen sowie bestimmte elektronisch erbrachte Dienstleistungen sollten befristet werden und nach kurzer Zeit anhand der gesammelten Erfahrungen überprüft werden.

(58) Die koordinierte Anwendung dieser Richtlinie sollte gefördert werden und hierzu ist es unerlässlich, einen Beratenden Ausschuss für die Mehrwertsteuer einzusetzen, der es ermöglicht, eine enge Zusammenarbeit zwischen den Mitgliedstaaten und der Kommission in diesem Bereich herbeizuführen.

(59) Es ist in bestimmten Grenzen und unter bestimmten Bedingungen angebracht, dass die Mitgliedstaaten von dieser Richtlinie abweichende Sondermaßnahmen ergreifen oder weiter anwenden können, um die Steuererhebung zu vereinfachen oder bestimmte Formen der Steuerhinterziehung oder -umgehung zu verhüten.

(60) Um zu verhindern, dass ein Mitgliedstaat im Ungewissen darüber bleibt, wie die Kommission mit seinem Antrag auf Ermächtigung zu einer Ausnahmeregelung zu verfahren beabsichtigt, sollte eine Frist vorgesehen werden, innerhalb derer die Kommission dem Rat entweder einen Vorschlag zur Ermächtigung oder eine Mitteilung über ihre Einwände vorlegen muss.

(61) Eine einheitliche Anwendung des Mehrwertsteuersystems ist von grundlegender Bedeutung. Zur Erreichung dieses Ziels sollten Durchführungsmaßnahmen erlassen werden.

(62) Insbesondere sollten diese Maßnahmen das Problem der Doppelbesteuerung grenzüberschreitender Umsätze behandeln, das durch eine unterschiedliche Anwendung der Regeln für den Ort der steuerbaren Umsätze durch die Mitgliedstaaten auftreten kann.

(63) Trotz des begrenzten Anwendungsbereichs der Durchführungsmaßnahmen haben solche Maßnahmen Auswirkungen auf den Haushalt, die für einen oder mehrere Mitgliedstaaten bedeutend sein könnten. Durch die Auswirkungen dieser Maßnahmen auf den Haushalt der Mitgliedstaaten ist es gerechtfertigt, dass sich der Rat die Durchführungsbefugnisse vorbehält.

(64) Angesichts ihres begrenzten Anwendungsbereichs sollte vorgesehen werden, dass diese Durchführungsmaßnahmen vom Rat auf Vorschlag der Kommission einstimmig angenommen werden.

(65) Da die Ziele dieser Richtlinie aus den dargelegten Gründen auf Ebene der Mitgliedstaaten nicht ausreichend verwirklicht werden können und daher besser auf Gemeinschaftsebene zu verwirklichen sind, kann die Gemeinschaft im Einklang mit dem in Artikel 5 des Vertrags niedergelegten Subsidiaritätsprinzip tätig werden. Entsprechend dem in demselben

Artikel genannten Grundsatz der Verhältnismäßigkeit geht diese Richtlinie nicht über das zum Erreichen dieser Ziele erforderliche Maß hinaus.

(66) Die Pflicht zur Umsetzung dieser Richtlinie in nationales Recht sollte nur jene Bestimmungen erfassen, die im Vergleich zu den bisherigen Richtlinien inhaltlich geändert wurden. Die Pflicht zur Umsetzung der inhaltlich unveränderten Bestimmungen ergibt sich aus den bisherigen Richtlinien.

(67) Diese Richtlinie sollte die Verpflichtung der Mitgliedstaaten hinsichtlich der Fristen für die Umsetzung in nationales Recht der in Anhang XI Teil B aufgeführten Richtlinie unberührt lassen –

HAT FOLGENDE RICHTLINIE ERLASSEN:

Inhaltsübersicht

Titel I. Zielsetzung und Anwendungsbereich

Art. 1 [Gemeinsames Mehrwertsteuersystem] (1) Diese Richtlinie legt das gemeinsame Mehrwertsteuersystem fest.

(2) *[1]* Das gemeinsame Mehrwertsteuersystem beruht auf dem Grundsatz, dass auf Gegenstände und Dienstleistungen, ungeachtet der Zahl der Umsätze, die auf den vor der Besteuerungsstufe liegenden Produktions- und Vertriebsstufen bewirkt wurden, eine allgemeine, zum Preis der Gegenstände und Dienstleistungen genau proportionale Verbrauchsteuer anzuwenden ist.

[2] Bei allen Umsätzen wird die Mehrwertsteuer, die nach dem auf den Gegenstand oder die Dienstleistung anwendbaren Steuersatz auf den Preis des Gegenstands oder der Dienstleistung errechnet wird, abzüglich des Mehr-

wertsteuerbetrags geschuldet, der die verschiedenen Kostenelemente unmittelbar belastet hat.

(3) Das gemeinsame Mehrwertsteuersystem wird bis zur Einzelhandelsstufe, diese eingeschlossen, angewandt.

Art. 2[1] **[Steueranwendungsbereich]** (1) Der Mehrwertsteuer unterliegen folgende Umsätze:

a) Lieferungen von Gegenständen, die ein Steuerpflichtiger als solcher im Gebiet eines Mitgliedstaats gegen Entgelt tätigt;

b) der innergemeinschaftliche Erwerb von Gegenständen im Gebiet eines Mitgliedstaats gegen Entgelt

[Anwendung bis 31.12.2024:]

i) durch einen Steuerpflichtigen, der als solcher handelt, oder durch eine nichtsteuerpflichtige juristische Person, wenn der Verkäufer ein Steuerpflichtiger ist, der als solcher handelt, für den die Mehrwertsteuerbefreiung für Kleinunternehmen gemäß den Artikeln 282 bis 292 nicht gilt und der nicht unter Artikel 33 oder 36 fällt;

[Anwendung ab 1.1.2025:]

i) durch einen Steuerpflichtigen, der als solcher handelt, oder durch eine nichtsteuerpflichtige juristische Person, wenn der Verkäufer ein Steuerpflichtiger ist, der als solcher handelt, für den die Mehrwertsteuerbefreiung für Kleinunternehmen gemäß Artikel 284 nicht gilt und der nicht unter Artikel 33 oder 36 fällt;

ii) wenn der betreffende Gegenstand ein neues Fahrzeug ist, durch einen Steuerpflichtigen oder eine nichtsteuerpflichtige juristische Person, deren übrige Erwerbe gemäß Artikel 3 Absatz 1 nicht der Mehrwertsteuer unterliegen, oder durch jede andere nichtsteuerpflichtige Person;

iii) wenn die betreffenden Gegenstände verbrauchsteuerpflichtige Waren sind, bei denen die Verbrauchsteuer nach der Richtlinie 92/12/EWG im Gebiet des Mitgliedstaats entsteht, durch einen Steuerpflichtigen oder eine nichtsteuerpflichtige juristische Person, deren übrige Erwerbe gemäß Artikel 3 Absatz 1 nicht der Mehrwertsteuer unterliegen;

c) Dienstleistungen, die ein Steuerpflichtiger als solcher im Gebiet eines Mitgliedstaats gegen Entgelt erbringt;

d) die Einfuhr von Gegenständen.

(2)

a) Für Zwecke des Absatzes 1 Buchstabe b Ziffer ii gelten als „Fahrzeug" folgende Fahrzeuge zur Personen- oder Güterbeförderung:

i) motorbetriebene Landfahrzeuge mit einem Hubraum von mehr als 48 Kubikzentimetern oder einer Leistung von mehr als 7,2 Kilowatt;

---

[1] Art. 2 Abs. 3 neu gef. mWv 15.1.2010 durch RL v. 22.12.2009 (ABl. 2010 L 10 S. 14); Abs. 1 Buchst. b Ziffer i neu gef. mWv 22.3.2020 durch RL v. 18.2.2020 (ABl. L 62 S. 13); zur **Anwendung durch die Mitgliedstaaten ab 1.1.2025** siehe Art. 3 Abs. 1 UAbs. 2 RL 2020/285/EU.

ii) Wasserfahrzeuge mit einer Länge von mehr als 7,5 Metern, ausgenommen Wasserfahrzeuge, die auf hoher See im entgeltlichen Passagierverkehr, zur Ausübung einer Handelstätigkeit, für gewerbliche Zwecke oder zur Fischerei eingesetzt werden, Bergungs- und Rettungsschiffe auf See sowie Küstenfischereifahrzeuge;

iii) Luftfahrzeuge mit einem Gesamtgewicht beim Aufstieg von mehr als 1 550 Kilogramm, ausgenommen Luftfahrzeuge, die von Luftfahrtgesellschaften eingesetzt werden, die hauptsächlich im entgeltlichen internationalen Verkehr tätig sind.

b) Diese Fahrzeuge gelten in folgenden Fällen als „neu“:

i) motorbetriebene Landfahrzeuge: wenn die Lieferung innerhalb von sechs Monaten nach der ersten Inbetriebnahme erfolgt oder wenn das Fahrzeug höchstens 6 000 Kilometer zurückgelegt hat;

ii) Wasserfahrzeuge: wenn die Lieferung innerhalb von drei Monaten nach der ersten Inbetriebnahme erfolgt oder wenn das Fahrzeug höchstens 100 Stunden zu Wasser zurückgelegt hat;

iii) Luftfahrzeuge: wenn die Lieferung innerhalb von drei Monaten nach der ersten Inbetriebnahme erfolgt oder wenn das Fahrzeug höchstens 40 Stunden in der Luft zurückgelegt hat.

c) Die Mitgliedstaaten legen fest, unter welchen Voraussetzungen die in Buchstabe b genannten Angaben als gegeben gelten.

(3) Als „verbrauchsteuerpflichtige Waren“ gelten Energieerzeugnisse, Alkohol und alkoholische Getränke sowie Tabakwaren, jeweils im Sinne der geltenden Gemeinschaftsvorschriften, nicht jedoch Gas, das über ein Erdgasnetz im Gebiet der Gemeinschaft oder jedes an ein solches Netz angeschlossene Netz geliefert wird.

Art. 3 [Nichtbesteuerung innergemeinschaftlicher Erwerbe durch bestimmte Personen] (1) Abweichend von Artikel 2 Absatz 1 Buchstabe b Ziffer i unterliegen folgende Umsätze nicht der Mehrwertsteuer:

a) der innergemeinschaftliche Erwerb von Gegenständen durch einen Steuerpflichtigen oder durch eine nichtsteuerpflichtige juristische Person, wenn die Lieferung im Gebiet des Mitgliedstaats nach den Artikeln 148 und 151 steuerfrei wäre;

b) der innergemeinschaftliche Erwerb von Gegenständen, ausgenommen der Erwerb von Gegenständen im Sinne des Buchstabens a und des Artikels 4, von neuen Fahrzeugen und von verbrauchsteuerpflichtigen Waren, durch einen Steuerpflichtigen für Zwecke seines landwirtschaftlichen, forstwirtschaftlichen oder fischereiwirtschaftlichen Betriebs, der der gemeinsamen Pauschalregelung für Landwirte unterliegt, oder durch einen Steuerpflichtigen, der nur Lieferungen von Gegenständen bewirkt oder Dienstleistungen erbringt, für die kein Recht auf Vorsteuerabzug besteht, oder durch eine nichtsteuerpflichtige juristische Person.

(2) *[1]* Absatz 1 Buchstabe b gilt nur, wenn folgende Voraussetzungen erfüllt sind:

a) im laufenden Kalenderjahr überschreitet der Gesamtbetrag der innergemeinschaftlichen Erwerbe von Gegenständen nicht den von den Mitgliedstaaten festzulegenden Schwellenwert, der nicht unter 10 000 EUR oder dem Gegenwert in Landeswährung liegen darf;

b) im vorangegangenen Kalenderjahr hat der Gesamtbetrag der innergemeinschaftlichen Erwerbe von Gegenständen den in Buchstabe a geregelten Schwellenwert nicht überschritten.

[2] Maßgeblich als Schwellenwert ist der Gesamtbetrag der in Absatz 1 Buchstabe b genannten innergemeinschaftlichen Erwerbe von Gegenständen ohne die Mehrwertsteuer, der im Mitgliedstaat des Beginns der Versendung oder Beförderung geschuldet oder entrichtet wurde.

(3) *[1]* Die Mitgliedstaaten räumen den Steuerpflichtigen und den nichtsteuerpflichtigen juristischen Personen, auf die Absatz 1 Buchstabe b gegebenenfalls Anwendung findet, das Recht ein, die in Artikel 2 Absatz 1 Buchstabe b Ziffer i vorgesehene allgemeine Regelung anzuwenden.

[2] Die Mitgliedstaaten legen die Modalitäten fest, unter denen die in Unterabsatz 1 genannte Regelung in Anspruch genommen werden kann; die Inanspruchnahme erstreckt sich über einen Zeitraum von mindestens zwei Kalenderjahren.

Art. 4 [Nichtbesteuerung innergemeinschaftlicher Erwerbe bestimmter Gebrauchtgegenstände] Neben den in Artikel 3 genannten Umsätzen unterliegen folgende Umsätze nicht der Mehrwertsteuer:

a) der innergemeinschaftliche Erwerb von Gebrauchtgegenständen, Kunstgegenständen, Sammlungsstücken und Antiquitäten im Sinne des Artikels 311 Absatz 1 Nummern 1 bis 4, wenn der Verkäufer ein steuerpflichtiger Wiederverkäufer ist, der als solcher handelt, und der erworbene Gegenstand im Mitgliedstaat des Beginns der Versendung oder Beförderung gemäß der Regelung über die Differenzbesteuerung nach Artikel 312 bis 325 besteuert worden ist;

b) der innergemeinschaftliche Erwerb von Gebrauchtfahrzeugen im Sinne des Artikels 327 Absatz 3, wenn der Verkäufer ein steuerpflichtiger Wiederverkäufer ist, der als solcher handelt, und das betreffende Gebrauchtfahrzeug im Mitgliedstaat des Beginns der Versendung oder Beförderung gemäß der Übergangsregelung für Gebrauchtfahrzeuge besteuert worden ist;

c) der innergemeinschaftliche Erwerb von Gebrauchtgegenständen, Kunstgegenständen, Sammlungsstücken oder Antiquitäten im Sinne des Artikels 311 Absatz 1 Nummern 1 bis 4, wenn der Verkäufer ein Veranstalter von öffentlichen Versteigerungen ist, der als solcher handelt, und der erworbene Gegenstand im Mitgliedstaat des Beginns der Versendung oder Beförderung gemäß der Regelung für öffentliche Versteigerungen besteuert worden ist.

Titel II. Räumlicher Anwendungsbereich

Art. 5 [Definition von Gebieten] Im Sinne dieser Richtlinie bezeichnet der Ausdruck:

(1) „Gemeinschaft“ und „Gebiet der Gemeinschaft“ das Gebiet aller Mitgliedstaaten im Sinne der Nummer 2;

(2) „Mitgliedstaat“ und „Gebiet eines Mitgliedstaats“ das Gebiet jedes Mitgliedstaats der Gemeinschaft, auf den der Vertrag zur Gründung der Europäischen Gemeinschaft gemäß dessen Artikel 299 Anwendung findet, mit Ausnahme der in Artikel 6 dieser Richtlinie genannten Gebiete;

(3) „Drittgebiete“ die in Artikel 6 genannten Gebiete;

(4) „Drittland“ jeder Staat oder jedes Gebiet, auf den/das der Vertrag keine Anwendung findet.

Art. 6[1] **[Ausschluss bestimmter Gebiete vom räumlichen Anwendungsbereich]** (1) Diese Richtlinie gilt nicht für folgende Gebiete, die Teil des Zollgebiets der Gemeinschaft sind:

a) Berg Athos;

b) Kanarische Inseln;

c) französische Gebiete, die in Artikel 349 und Artikel 355 Absatz 1 des Vertrags über die Arbeitsweise der Europäischen Union[2] genannt sind;

d) Åland-Inseln;

e) Kanalinseln;

f) Campione d Italia;

g) der zum italienischen Gebiet gehörende Teil des Luganer Sees.

(2) Diese Richtlinie gilt nicht für folgende Gebiete, die nicht Teil des Zollgebiets der Gemeinschaft sind:

a) Insel Helgoland;

b) Gebiet von Büsingen;

c) Ceuta;

d) Melilla;

e) Livigno.

Art. 7 [Territoriale Sonderregelung für Monaco, Insel Man und Akrotiri und Dhekelia] (1) Angesichts der Abkommen und Verträge, die sie mit Frankreich, mit dem Vereinigten Königreich und mit Zypern geschlossen haben, gelten das Fürstentum Monaco, die Insel Man und die Hoheitszonen des Vereinigten Königreichs Akrotiri und Dhekelia für die Zwecke der Anwendung dieser Richtlinie nicht als Drittland.

(2) Die Mitgliedstaaten treffen die erforderlichen Vorkehrungen, damit Umsätze, deren Ursprungs- oder Bestimmungsort im Fürstentum Monaco liegt, wie Umsätze behandelt werden, deren Ursprungs- oder Bestimmungsort in Frankreich liegt, und Umsätze, deren Ursprungs- oder Bestimmungsort auf

---

[1] Art. 6 Abs. 1 Buchst. c neu gef. mWv 1.1.2014 durch RL v. 17.12.2013 (ABl. L 353 S. 5); Abs. 1 Buchst. f und g angef., Abs. 2 Buchst. f und g aufgeh. mWv 14.4.2019 durch RL v. 18.2.2019 (ABl. L 83 S. 42).

[2] Nr. **3**.

der Insel Man liegt, wie Umsätze behandelt werden, deren Ursprungs- oder Bestimmungsort im Vereinigten Königreich liegt, und Umsätze, deren Ursprungs- oder Bestimmungsort in den Hoheitszonen des Vereinigten Königreichs Akrotiri und Dhekelia liegt, wie Umsätze behandelt werden, deren Ursprungs- oder Bestimmungsort in Zypern liegt.

Art. 8 [Auftrag an EU-Kommission zur Überprüfung des Status der Gebiete nach den Artikeln 6 und 7] Ist die Kommission der Ansicht, dass die Bestimmungen der Artikel 6 und 7 insbesondere in Bezug auf die Wettbewerbsneutralität oder die Eigenmittel nicht mehr gerechtfertigt sind, unterbreitet sie dem Rat geeignete Vorschläge.

Titel III. Steuerpflichtiger

Art. 9 [Wirtschaftliche Tätigkeit; gelegentliche Lieferung eines neuen Fahrzeugs] (1) *[1]* Als „Steuerpflichtiger" gilt, wer eine wirtschaftliche Tätigkeit unabhängig von ihrem Ort, Zweck und Ergebnis selbstständig ausübt. *[2]* 1 Als „wirtschaftliche Tätigkeit" gelten alle Tätigkeiten eines Erzeugers, Händlers oder Dienstleistenden einschließlich der Tätigkeiten der Urproduzenten, der Landwirte sowie der freien Berufe und der diesen gleichgestellten Berufe. 2 Als wirtschaftliche Tätigkeit gilt insbesondere die Nutzung von körperlichen oder nicht körperlichen Gegenständen zur nachhaltigen Erzielung von Einnahmen.

(2) Neben den in Absatz 1 genannten Personen gilt als Steuerpflichtiger jede Person, die gelegentlich ein neues Fahrzeug liefert, das durch den Verkäufer oder durch den Erwerber oder für ihre Rechnung an den Erwerber nach einem Ort außerhalb des Gebiets eines Mitgliedstaats, aber im Gebiet der Gemeinschaft versandt oder befördert wird.

Art. 10 [Lohn- und Gehaltsempfänger] Die selbstständige Ausübung der wirtschaftlichen Tätigkeit im Sinne des Artikels 9 Absatz 1 schließt Lohn- und Gehaltsempfänger und sonstige Personen von der Besteuerung aus, soweit sie an ihren Arbeitgeber durch einen Arbeitsvertrag oder ein sonstiges Rechtsverhältnis gebunden sind, das hinsichtlich der Arbeitsbedingungen und des Arbeitsentgelts sowie der Verantwortlichkeit des Arbeitgebers ein Verhältnis der Unterordnung schafft.

Art. 11 [Kannbestimmung: Organschaft] *[1]* Nach Konsultation des Beratenden Ausschusses für die Mehrwertsteuer (nachstehend „Mehrwertsteuerausschuss" genannt) kann jeder Mitgliedstaat in seinem Gebiet ansässige Personen, die zwar rechtlich unabhängig, aber durch gegenseitige finanzielle, wirtschaftliche und organisatorische Beziehungen eng miteinander verbunden sind, zusammen als einen Steuerpflichtigen behandeln.

[2] Ein Mitgliedstaat, der die in Absatz 1 vorgesehene Möglichkeit in Anspruch nimmt, kann die erforderlichen Maßnahmen treffen, um Steuerhinter-

ziehungen oder -umgehungen durch die Anwendung dieser Bestimmung vorzubeugen.

Art. 12 [Kannbestimmung: Gelegentliche Grundstückslieferungen]

(1) Die Mitgliedstaaten können Personen als Steuerpflichtige betrachten, die gelegentlich eine der in Artikel 9 Absatz 1 Unterabsatz 2 genannten Tätigkeiten ausüben und insbesondere einen der folgenden Umsätze bewirken:

a) Lieferung von Gebäuden oder Gebäudeteilen und dem dazugehörigen Grund und Boden, wenn sie vor dem Erstbezug erfolgt;

b) Lieferung von Baugrundstücken.

(2) *[1]* Als „Gebäude" im Sinne des Absatzes 1 Buchstabe a gilt jedes mit dem Boden fest verbundene Bauwerk.

[2] Die Mitgliedstaaten können die Einzelheiten der Anwendung des in Absatz 1 Buchstabe a genannten Kriteriums des Erstbezugs auf Umbauten von Gebäuden und den Begriff „dazugehöriger Grund und Boden" festlegen.

[3] Die Mitgliedstaaten können andere Kriterien als das des Erstbezugs bestimmen, wie etwa den Zeitraum zwischen der Fertigstellung des Gebäudes und dem Zeitpunkt seiner ersten Lieferung, oder den Zeitraum zwischen dem Erstbezug und der späteren Lieferung, sofern diese Zeiträume fünf bzw. zwei Jahre nicht überschreiten.

(3) Als „Baugrundstück" im Sinne des Absatzes 1 Buchstabe b gelten erschlossene oder unerschlossene Grundstücke entsprechend den Begriffsbestimmungen der Mitgliedstaaten.

Art. 13[1)] [Einrichtungen des öffentlichen Rechts] (1) *[1]* Staaten, Länder, Gemeinden und sonstige Einrichtungen des öffentlichen Rechts gelten nicht als Steuerpflichtige, soweit sie die Tätigkeiten ausüben oder Umsätze bewirken, die ihnen im Rahmen der öffentlichen Gewalt obliegen, auch wenn sie im Zusammenhang mit diesen Tätigkeiten oder Umsätzen Zölle, Gebühren, Beiträge oder sonstige Abgaben erheben.

[2] Falls sie solche Tätigkeiten ausüben oder Umsätze bewirken, gelten sie für diese Tätigkeiten oder Umsätze jedoch als Steuerpflichtige, sofern eine Behandlung als Nichtsteuerpflichtige zu größeren Wettbewerbsverzerrungen führen würde.

[3] Die Einrichtungen des öffentlichen Rechts gelten in Bezug auf die in Anhang I genannten Tätigkeiten in jedem Fall als Steuerpflichtige, sofern der Umfang dieser Tätigkeiten nicht unbedeutend ist.

(2) Die Mitgliedstaaten können die Tätigkeiten von Einrichtungen des öffentlichen Rechts, die nach den Artikeln 132, 135, 136 und 371, den Artikeln 374 bis 377, dem Artikel 378 Absatz 2, dem Artikel 379 Absatz 2 oder den Artikeln 380 bis 390c von der Mehrwertsteuer befreit sind, als Tätigkeiten behandeln, die ihnen im Rahmen der öffentlichen Gewalt obliegen.

[1)] Art. 13 Abs. 2 neu gef. mWv 15.1.2010 durch RL v. 22.12.2009 (ABl. 2010 L 10 S. 14); Abs. 2 neu gef. mWv 1.7.2013 durch Akte v. 9.12.2011 (ABl. 2012 L 112 S. 21).

Titel IV. Steuerbarer Umsatz

Kapitel 1. Lieferung von Gegenständen

Art. 14[1)] [Definition der Lieferung von Gegenständen sowie innergemeinschaftliche Fernverkäufe und Fernverkäufe aus Drittgebieten]

(1) Als „Lieferung von Gegenständen" gilt die Übertragung der Befähigung, wie ein Eigentümer über einen körperlichen Gegenstand zu verfügen.

(2) Neben dem in Absatz 1 genannten Umsatz gelten folgende Umsätze als Lieferung von Gegenständen:

a) die Übertragung des Eigentums an einem Gegenstand gegen Zahlung einer Entschädigung auf Grund einer behördlichen Anordnung oder kraft Gesetzes;

b) die Übergabe eines Gegenstands aufgrund eines Vertrags, der die Vermietung eines Gegenstands während eines bestimmten Zeitraums oder den Ratenverkauf eines Gegenstands vorsieht, der die Klausel enthält, dass das Eigentum unter normalen Umständen spätestens mit Zahlung der letzten fälligen Rate erworben wird;

c) die Übertragung eines Gegenstands auf Grund eines Vertrags über eine Einkaufs- oder Verkaufskommission.

(3) Die Mitgliedstaaten können die Erbringung bestimmter Bauleistungen als Lieferung von Gegenständen betrachten.

[*ab 1.7.2021:*

(4) Für die Zwecke dieser Richtlinie gelten folgende Begriffsbestimmungen:

1. „innergemeinschaftliche Fernverkäufe von Gegenständen": Lieferungen von Gegenständen, die durch den Lieferer oder für dessen Rechnung von einem anderen Mitgliedstaat als dem der Beendigung der Versendung oder Beförderung an den Erwerber aus versandt oder befördert werden, einschließlich jene, an deren Beförderung oder Versendung der Lieferer indirekt beteiligt ist, sofern folgende Bedingungen erfüllt sind:
   a) die Lieferung der Gegenstände erfolgt an einen Steuerpflichtigen oder eine nichtsteuerpflichtige juristische Person, deren innergemeinschaftliche Erwerbe von Gegenständen gemäß Artikel 3 Absatz 1 nicht der Mehrwertsteuer unterliegen, oder an eine andere nichtsteuerpflichtige Person;
   b) die gelieferten Gegenstände sind weder neue Fahrzeuge noch Gegenstände, die mit oder ohne probeweise Inbetriebnahme durch den Lieferer oder für dessen Rechnung montiert oder installiert geliefert werden;
2. „Fernverkäufe von aus Drittgebieten oder Drittländern eingeführten Gegenständen": Lieferungen von Gegenständen, die durch den Lieferer oder für dessen Rechnung von einem Drittgebiet oder Drittland aus an einen

[1)] Art. 14 Abs. 4 angef. **mWv 1.7.2021** durch RL v. 5.12.2017 (ABl. L 348 S. 7, geänd. durch ABl. 2020 L 244 S. 3).

Erwerber in einem Mitgliedstaat versandt oder befördert werden, einschließlich jene, an deren Beförderung oder Versendung der Lieferer indirekt beteiligt ist, sofern folgende Bedingungen erfüllt sind:

a) die Lieferung der Gegenstände erfolgt an einen Steuerpflichtigen oder eine nichtsteuerpflichtige juristische Person, deren innergemeinschaftliche Erwerbe von Gegenständen gemäß Artikel 3 Absatz 1 nicht der Mehrwertsteuer unterliegen, oder an eine andere nichtsteuerpflichtige Person;

b) die gelieferten Gegenstände sind weder neue Fahrzeuge noch Gegenstände, die mit oder ohne probeweise Inbetriebnahme durch den Lieferer oder für dessen Rechnung montiert oder installiert geliefert werden.]

[*ab 1.7.2021:*

Art. 14a[1)] [Fernverkäufe aus Drittgebieten und innergemeinschaftliche Lieferungen über elektronische Schnittstellen] (1) Steuerpflichtige, die Fernverkäufe von aus Drittgebieten oder Drittländern eingeführten Gegenständen in Sendungen mit einem Sachwert von höchstens 150 EUR durch die Nutzung einer elektronischen Schnittstelle, beispielsweise eines Marktplatzes, einer Plattform, eines Portals oder Ähnlichem, unterstützen, werden behandelt, als ob sie diese Gegenstände selbst erhalten und geliefert hätten.

(2) Steuerpflichtige, die die Lieferung von Gegenständen innerhalb der Gemeinschaft durch einen nicht in der Gemeinschaft ansässigen Steuerpflichtigen an eine nicht steuerpflichtige Person durch die Nutzung einer elektronischen Schnittstelle, beispielsweise eines Marktplatzes, einer Plattform, eines Portals oder Ähnlichem, unterstützen, werden behandelt, als ob sie diese Gegenstände selbst erhalten und geliefert hätten.]

Art. 15[2)] [Behandlung wie körperlicher Gegenstand] (1) Einem körperlichen Gegenstand gleichgestellt sind Elektrizität, Gas, Wärme oder Kälte und ähnliche Sachen.

(2) Die Mitgliedstaaten können als körperlichen Gegenstand betrachten:

a) bestimmte Rechte an Grundstücken;

b) dingliche Rechte, die ihrem Inhaber ein Nutzungsrecht an Grundstücken geben;

c) Anteilrechte und Aktien, deren Besitz rechtlich oder tatsächlich das Eigentums- oder Nutzungsrecht an einem Grundstück oder Grundstücksteil begründet.

***Art. 16* [Entnahme eines Gegenstands]** *[1]* Einer Lieferung von Gegenständen gegen Entgelt gleichgestellt ist die Entnahme eines Gegenstands durch einen Steuerpflichtigen aus seinem Unternehmen für seinen privaten Bedarf oder für den Bedarf seines Personals oder als unentgeltliche Zuwendung oder

---

[1)] Art. 14a eingef. **mWv 1.7.2021** durch RL v. 5.12.2017 (ABl. L 348 S. 7, ber. ABl. 2018 L 190 S. 21, geänd. durch ABl. 2020 L 244 S. 3).

[2)] Art. 15 Abs. 1 neu gef. mWv 15.1.2010 durch RL v. 22.12.2009 (ABl. 2010 L 10 S. 14).

allgemein für unternehmensfremde Zwecke, wenn dieser Gegenstand oder seine Bestandteile zum vollen oder teilweisen Vorsteuerabzug berechtigt haben.

[2] Jedoch werden einer Lieferung von Gegenständen gegen Entgelt nicht gleichgestellt Entnahmen für Geschenke von geringem Wert und für Warenmuster für die Zwecke des Unternehmens.

Art. 17[1)] [Verbringung eines Gegenstands in einen anderen Mitgliedsstaat; Behandlung wie Lieferung] (1) *[1]* Einer Lieferung von Gegenständen gegen Entgelt gleichgestellt ist die von einem Steuerpflichtigen vorgenommene Verbringung eines Gegenstands seines Unternehmens in einen anderen Mitgliedstaat.

[2] Als „Verbringung in einen anderen Mitgliedstaat" gelten die Versendung oder Beförderung eines im Gebiet eines Mitgliedstaats befindlichen beweglichen körperlichen Gegenstands durch den Steuerpflichtigen oder für seine Rechnung für die Zwecke seines Unternehmens nach Orten außerhalb dieses Gebiets, aber innerhalb der Gemeinschaft.

(2) Nicht als Verbringung in einen anderen Mitgliedstaat gelten die Versendung oder Beförderung eines Gegenstands für die Zwecke eines der folgenden Umsätze:

a) Lieferung dieses Gegenstands durch den Steuerpflichtigen im Gebiet des Mitgliedstaats der Beendigung der Versendung oder Beförderung unter den Bedingungen des Artikels 33;

b) Lieferung dieses Gegenstands durch den Steuerpflichtigen zum Zwecke seiner Installation oder Montage durch den Lieferer oder für dessen Rechnung im Gebiet des Mitgliedstaats der Beendigung der Versendung oder Beförderung unter den Bedingungen des Artikels 36;

c) Lieferung dieses Gegenstands durch den Steuerpflichtigen an Bord eines Schiffes, eines Flugzeugs oder in einer Eisenbahn während einer Personenbeförderung unter den Bedingungen des Artikels 37;

d) Lieferung von Gas über ein Erdgasnetz im Gebiet der Gemeinschaft oder ein an ein solches Netz angeschlossenes Netz, Lieferung von Elektrizität oder Lieferung von Wärme oder Kälte über Wärme- oder Kältenetze unter den Bedingungen der Artikel 38 und 39;

e) Lieferung dieses Gegenstands durch den Steuerpflichtigen im Gebiet des Mitgliedstaats unter den Bedingungen der Artikel 138, 146, 147, 148, 151 und 152;

f) Erbringung einer Dienstleistung an den Steuerpflichtigen, die in der Begutachtung von oder Arbeiten an diesem Gegenstand besteht, die im Gebiet des Mitgliedstaats der Beendigung der Versendung oder Beförderung des Gegenstands tatsächlich ausgeführt werden, sofern der Gegenstand nach der Begutachtung oder Bearbeitung wieder an den Steuerpflichtigen in dem

---

1) Art. 17 Abs. 2 Buchst. d neu gef. mWv 15.1.2010 durch RL v. 22.12.2009 (ABl. 2010 L 10 S. 14); Abs. 2 Buchst. f neu gef. mWv 11.8.2010 durch RL v. 13.7.2010 (ABl. L 189 S. 1).

Mitgliedstaat zurückgesandt wird, von dem aus er ursprünglich versandt oder befördert worden war;

g) vorübergehende Verwendung dieses Gegenstands im Gebiet des Mitgliedstaats der Beendigung der Versendung oder Beförderung zum Zwecke der Erbringung von Dienstleistungen durch den im Mitgliedstaat des Beginns der Versendung oder Beförderung ansässigen Steuerpflichtigen;

h) vorübergehende Verwendung dieses Gegenstands während eines Zeitraums von höchstens 24 Monaten im Gebiet eines anderen Mitgliedstaats, in dem für die Einfuhr des gleichen Gegenstands aus einem Drittland im Hinblick auf eine vorübergehende Verwendung die Regelung über die vollständige Befreiung von Einfuhrabgaben bei der vorübergehenden Einfuhr gelten würde.

(3) [1]Liegt eine der Voraussetzungen für die Inanspruchnahme des Absatzes 2 nicht mehr vor, gilt der Gegenstand als in einen anderen Mitgliedstaat verbracht. [2]In diesem Fall gilt die Verbringung als zu dem Zeitpunkt erfolgt, zu dem die betreffende Voraussetzung nicht mehr vorliegt.

Art. 17a[1)] [Konsignationslagerregelung] (1) Die Verbringung von Gegenständen seines Unternehmens durch einen Steuerpflichtigen in einen anderen Mitgliedstaat im Rahmen einer Konsignationslagerregelung gilt nicht als einer Lieferung von Gegenständen gegen Entgelt gleichgestellt.

(2) Für den Zweck dieses Artikels wird davon ausgegangen, dass eine Konsignationslagerregelung vorliegt, wenn folgende Voraussetzungen erfüllt sind:

a) Gegenstände werden von einem Steuerpflichtigen oder auf seine Rechnung von einem Dritten in einen anderen Mitgliedstaat im Hinblick darauf versandt oder befördert, zu einem späteren Zeitpunkt und nach der Ankunft an einen anderen Steuerpflichtigen geliefert zu werden, der gemäß einer bestehenden Vereinbarung zwischen den beiden Steuerpflichtigen zur Übernahme des Eigentums an diesen Gegenständen berechtigt ist;

b) der Steuerpflichtige, der die Gegenstände versendet oder befördert, hat in dem Mitgliedstaat, in den die Gegenstände versandt oder befördert werden, weder den Sitz seiner wirtschaftlichen Tätigkeit noch eine feste Niederlassung;

c) der Steuerpflichtige, an den die Gegenstände geliefert werden sollen, hat eine Mehrwertsteuer-Identifikationsnummer in dem Mitgliedstaat, in den die Gegenstände versandt oder befördert werden, und sowohl seine Identität als auch die ihm von diesem Mitgliedstaat zugewiesene Mehrwertsteuer-Identifikationsnummer sind dem unter Buchstabe b genannten Steuerpflichtigen zum Zeitpunkt des Beginns der Versendung oder Beförderung bekannt;

d) der Steuerpflichtige, der die Gegenstände versendet oder befördert, trägt die Verbringung der Gegenstände in das in Artikel 243 Absatz 3 vorgesehene Register ein und nimmt die Identität des Steuerpflichtigen, der die Gegenstände erwirbt, sowie die Mehrwertsteuer-Identifikationsnummer, die ihm von dem Mitgliedstaat, in den die Gegenstände versandt oder befördert

[1)] Art. 17a eingef. mWv 27.12.2018 durch RL v. 4.12.2018 (ABl. L 311 S. 3).

werden, zugewiesen wurde, gemäß Artikel 262 Absatz 2 in die zusammenfassende Meldung auf.

(3) Wenn die Voraussetzungen gemäß Absatz 2 erfüllt sind, gelten zum Zeitpunkt der Übertragung der Befähigung, wie ein Eigentümer über die Gegenstände zu verfügen, an den Steuerpflichtigen gemäß Absatz 2 Buchstabe c folgende Bestimmungen, sofern die Übertragung innerhalb der in Absatz 4 genannten Frist erfolgt:

a) eine Lieferung von Gegenständen gemäß Artikel 138 Absatz 1 gilt als von dem Steuerpflichtigen vorgenommen, der die Gegenstände entweder selbst oder auf seine Rechnung durch einen Dritten in dem Mitgliedstaat versandt oder befördert hat, von dem aus die Gegenstände versandt oder befördert wurden;

b) ein innergemeinschaftlicher Erwerb von Gegenständen gilt als von dem Steuerpflichtigen vorgenommen, an den diese Gegenstände in dem Mitgliedstaat geliefert werden, in den die Gegenstände versandt oder befördert wurden.

(4) Wurden die Gegenstände innerhalb von 12 Monaten nach ihrer Ankunft in dem Mitgliedstaat, in den sie versandt oder befördert wurden, nicht an den Steuerpflichtigen geliefert, für den sie nach Absatz 2 Buchstabe c und Absatz 6 bestimmt waren, und ist keiner der in Absatz 7 genannten Umstände eingetreten, so gilt eine Verbringung im Sinne des Artikels 17 als am Tag nach Ablauf des Zeitraums von 12 Monaten erfolgt.

(5) Keine Verbringung im Sinne des Artikels 17 gilt als erfolgt, wenn die folgenden Voraussetzungen erfüllt sind:

a) die Befähigung, wie ein Eigentümer über die Gegenstände zu verfügen, wurde nicht übertragen und die Gegenstände werden innerhalb der in Absatz 4 genannten Frist in den Mitgliedstaat zurückgesandt, von dem aus sie versandt oder befördert wurden, und

b) der Steuerpflichtige, der die Gegenstände versandt oder befördert hat, trägt deren Rückversand in das in Artikel 243 Absatz 3 vorgesehene Register ein.

(6) Wird der Steuerpflichtige nach Absatz 2 Buchstabe c innerhalb des in Absatz 4 genannten Zeitraums durch einen anderen Steuerpflichtigen ersetzt, so gilt zum Zeitpunkt der Ersetzung keine Verbringung im Sinne von Artikel 17 als erfolgt, sofern

a) alle anderen maßgeblichen Voraussetzungen gemäß Absatz 2 erfüllt sind und

b) der Steuerpflichtige nach Absatz 2 Buchstabe b die Ersetzung in das in Artikel 243 Absatz 3 vorgesehene Register einträgt.

(7) *[1]* Ist eine der Voraussetzungen gemäß den Absätzen 2 und 6 innerhalb der in Absatz 4 genannten Frist nicht mehr erfüllt, so gilt eine Verbringung von Gegenständen gemäß Artikel 17 als zu dem Zeitpunkt erfolgt, zu dem die betreffende Voraussetzung nicht mehr erfüllt ist.

[2] Werden die Gegenstände an eine andere Person als den Steuerpflichtigen nach Absatz 2 Buchstabe c oder Absatz 6 geliefert, so gelten die Voraussetzungen gemäß den Absätzen 2 und 6 unmittelbar vor einer solchen Lieferung als nicht mehr erfüllt.

[3] Werden die Gegenstände in ein anderes Land als den Mitgliedstaat, aus dem sie ursprünglich verbracht wurden, versandt oder befördert, so gelten die Voraussetzungen gemäß den Absätzen 2 und 6 unmittelbar vor dem Beginn einer solchen Versendung oder Beförderung als nicht mehr erfüllt.

[4] Im Falle von Zerstörung, Verlust oder Diebstahl gelten die Voraussetzungen gemäß den Absätzen 2 und 6 an dem Tag, an dem die Gegenstände tatsächlich abhandenkamen oder zerstört wurden, oder – falls ein solcher Tag nicht bestimmt werden kann – an dem Tag, an dem die Zerstörung oder das Fehlen der Gegenstände festgestellt wurde, als nicht mehr erfüllt.

Art. 18 [Kannbestimmung: Behandlung unternehmensinterner Verwendungen wie Lieferungen] Die Mitgliedstaaten können der Lieferung von Gegenständen gegen Entgelt folgende Vorgänge gleichstellen:

a) die Verwendung – durch einen Steuerpflichtigen – eines im Rahmen seines Unternehmens hergestellten, gewonnenen, be- oder verarbeiteten, gekauften oder eingeführten Gegenstands zu seinem Unternehmen, falls ihn der Erwerb eines solchen Gegenstands von einem anderen Steuerpflichtigen nicht zum vollen Vorsteuerabzug berechtigen würde;

b) die Verwendung eines Gegenstands durch einen Steuerpflichtigen zu einem nicht besteuerten Tätigkeitsbereich, wenn dieser Gegenstand bei seiner Anschaffung oder seiner Zuordnung gemäß Buchstabe a zum vollen oder teilweisen Vorsteuerabzug berechtigt hat;

c) mit Ausnahme der in Artikel 19 genannten Fälle der Besitz von Gegenständen durch einen Steuerpflichtigen oder seine Rechtsnachfolger bei Aufgabe seiner der Steuer unterliegenden wirtschaftlichen Tätigkeit, wenn diese Gegenstände bei ihrer Anschaffung oder bei ihrer Verwendung nach Buchstabe a zum vollen oder teilweisen Vorsteuerabzug berechtigt haben.

Art. 19 [Kannbestimmung: Geschäftsveräußerungen im Ganzen – Lieferungen] *[1]* Die Mitgliedstaaten können die Übertragung eines Gesamt- oder Teilvermögens, die entgeltlich oder unentgeltlich oder durch Einbringung in eine Gesellschaft erfolgt, behandeln, als ob keine Lieferung von Gegenständen vorliegt, und den Begünstigten der Übertragung als Rechtsnachfolger des Übertragenden ansehen.

[2] [1]Die Mitgliedstaaten können die erforderlichen Maßnahmen treffen, um Wettbewerbsverzerrungen für den Fall zu vermeiden, dass der Begünstigte nicht voll steuerpflichtig ist. [2]Sie können ferner die erforderlichen Maßnahmen treffen, um Steuerhinterziehungen oder -umgehungen durch die Anwendung dieses Artikels vorzubeugen.

Kapitel 2. Innergemeinschaftlicher Erwerb von Gegenständen

Art. 20 [Definition des innergemeinschaftlichen Erwerbs von Gegenständen] *[1]* Als „innergemeinschaftlicher Erwerb von Gegenständen" gilt die Erlangung der Befähigung, wie ein Eigentümer über einen beweglichen körperlichen Gegenstand zu verfügen, der durch den Verkäufer oder durch den Erwerber oder für ihre Rechnung nach einem anderen Mitgliedstaat als dem, in dem sich der Gegenstand zum Zeitpunkt des Beginns der Versendung oder Beförderung befand, an den Erwerber versandt oder befördert wird.

[2] [1] Werden von einer nichtsteuerpflichtigen juristischen Person erworbene Gegenstände von einem Drittgebiet oder einem Drittland aus versandt oder befördert und von dieser nichtsteuerpflichtigen juristischen Person in einen anderen Mitgliedstaat als den der Beendigung der Versendung oder Beförderung eingeführt, gelten die Gegenstände als vom Einfuhrmitgliedstaat aus versandt oder befördert. [2] Dieser Mitgliedstaat gewährt dem Importeur, der gemäß Artikel 201 als Steuerschuldner bestimmt oder anerkannt wurde, die Erstattung der Mehrwertsteuer für die Einfuhr, sofern der Importeur nachweist, dass der Erwerb dieser Gegenstände im Mitgliedstaat der Beendigung der Versendung oder Beförderung der Gegenstände besteuert worden ist.

Art. 21 [Unternehmensinterne Verwendung eines Gegenstands – Behandlung wie innergemeinschaftlicher Erwerb] Einem innergemeinschaftlichen Erwerb von Gegenständen gegen Entgelt gleichgestellt ist die Verwendung eines Gegenstands durch den Steuerpflichtigen in seinem Unternehmen, der von einem Steuerpflichtigen oder für seine Rechnung aus einem anderen Mitgliedstaat, in dem der Gegenstand von dem Steuerpflichtigen im Rahmen seines in diesem Mitgliedstaat gelegenen Unternehmens hergestellt, gewonnen, be- oder verarbeitet, gekauft, im Sinne des Artikels 2 Absatz 1 Buchstabe b erworben oder eingeführt worden ist, versandt oder befördert wurde.

Art. 22 [Verwendung von Gegenständen durch NATO-Streitkräfte – Behandlung wie innergemeinschaftlicher Erwerb]

[Anwendung bis 30.6.2022:[1])]

Einem innergemeinschaftlichen Erwerb von Gegenständen gegen Entgelt gleichgestellt ist die Verwendung von Gegenständen, die nicht gemäß den allgemeinen Besteuerungsbedingungen des Binnenmarkts eines Mitgliedstaats gekauft wurden, durch die Streitkräfte von Staaten, die Vertragsparteien des Nordatlantikvertrags sind, zum Gebrauch oder Verbrauch durch diese Streitkräfte oder ihr ziviles Begleitpersonal, sofern für die Einfuhr dieser Gegen-

[Anwendung ab 1.7.2022:[2])]

(1) Einem innergemeinschaftlichen Erwerb von Gegenständen gegen Entgelt gleichgestellt ist die Verwendung von Gegenständen, die nicht gemäß den allgemeinen Besteuerungsbedingungen des Binnenmarkts eines Mitgliedstaats gekauft wurden, durch die Streitkräfte eines Mitgliedstaats, die an einer Verteidigungsanstrengung teilnehmen, die zur Durchführung einer Tätigkeit der Union im Rahmen der Gemeinsamen Sicherheits- und Verteidigungs-

---

[1]) Art. 22 neu gef. mWv 24.7.2009 durch RL v. 25.6.2009 (ABl. L 175 S. 12).

[2]) Art. 22 neu gef. mWv 24.7.2009 durch RL v. 25.6.2009 (ABl. L 175 S. 12); Abs. 1 eingef., bish. Wortlaut wird Abs. 2 mWv 19.1.2020 durch RL v. 16.12.2019 (ABl. L 336 S. 10); zur **Anwendung durch die Mitgliedstaaten ab 1.7.2022** siehe Art. 3 Abs. 1 UAbs. 2 RL 2019/2235/EU.

[Anwendung bis 30.6.2022:[1])]
stände nicht die Steuerbefreiung nach Artikel 143 Absatz 1 Buchstabe h in Anspruch genommen werden kann.

[Anwendung ab 1.7.2022:[2])]
politik unternommen wird, zum Gebrauch oder Verbrauch dieser Streitkräfte oder ihres zivilen Begleitpersonals, sofern für die Einfuhr dieser Gegenstände nicht die Steuerbefreiung nach Artikel 143 Absatz 1 Buchstabe ga in Anspruch genommen werden kann.

(2) Einem innergemeinschaftlichen Erwerb von Gegenständen gegen Entgelt gleichgestellt ist die Verwendung von Gegenständen, die nicht gemäß den allgemeinen Besteuerungsbedingungen des Binnenmarkts eines Mitgliedstaats gekauft wurden, durch die Streitkräfte von Staaten, die Vertragsparteien des Nordatlantikvertrags sind, zum Gebrauch oder Verbrauch durch diese Streitkräfte oder ihr ziviles Begleitpersonal, sofern für die Einfuhr dieser Gegenstände nicht die Steuerbefreiung nach Artikel 143 Absatz 1 Buchstabe h in Anspruch genommen werden kann.

Art. 23 [Einstufung von Umsätzen als innergemeinschaftlicher Erwerb, die im Erwerbsstaat als Lieferungen eingestuft würden] Die Mitgliedstaaten treffen Maßnahmen, die sicherstellen, dass Umsätze als „innergemeinschaftlicher Erwerb von Gegenständen" eingestuft werden, die als „Lieferung von Gegenständen" eingestuft würden, wenn sie in ihrem Gebiet von einem Steuerpflichtigen, der als solcher handelt, getätigt worden wären.

Kapitel 3. Dienstleistungen

Art. 24 [Definition einer Dienstleistung und Telekommunikationsdienstleistung] (1) Als „Dienstleistung" gilt jeder Umsatz, der keine Lieferung von Gegenständen ist.

(2) Als „Telekommunikationsdienstleistung" gelten Dienstleistungen zum Zweck der Übertragung, Ausstrahlung oder des Empfangs von Signalen,

---

[1]) Art. 22 neu gef. mWv 24.7.2009 durch RL v. 25.6.2009 (ABl. L 175 S. 12).

[2]) Art. 22 neu gef. mWv 24.7.2009 durch RL v. 25.6.2009 (ABl. L 175 S. 12); Abs. 1 eingef., bish. Wortlaut wird Abs. 2 mWv 19.1.2020 durch RL v. 16.12.2019 (ABl. L 336 S. 10); zur **Anwendung durch die Mitgliedstaaten ab 1.7.2022** siehe Art. 3 Abs. 1 UAbs. 2 RL 2019/2235/EU.

Schrift, Bild und Ton oder Informationen jeglicher Art über Draht, Funk, optische oder andere elektromagnetische Medien, einschließlich der damit im Zusammenhang stehenden Abtretung oder Einräumung von Nutzungsrechten an Einrichtungen zur Übertragung, Ausstrahlung oder zum Empfang, einschließlich der Bereitstellung des Zugangs zu globalen Informationsnetzen.

Art. 25 [Abtretung, Duldung, Befolgen einer Anordnung als Dienstleistung] Eine Dienstleistung kann unter anderem in einem der folgenden Umsätze bestehen:

a) Abtretung eines nicht körperlichen Gegenstands, gleichgültig, ob in einer Urkunde verbrieft oder nicht;

b) Verpflichtung, eine Handlung zu unterlassen oder eine Handlung oder einen Zustand zu dulden;

c) Erbringung einer Dienstleistung auf Grund einer behördlichen Anordnung oder kraft Gesetzes.

Art. 26 [Verwendung eines Gegenstands und unentgeltliche Dienstleistung für unternehmensfremde Zwecke] (1) Einer Dienstleistung gegen Entgelt gleichgestellt sind folgende Umsätze:

a) Verwendung eines dem Unternehmen zugeordneten Gegenstands für den privaten Bedarf des Steuerpflichtigen, für den Bedarf seines Personals oder allgemein für unternehmensfremde Zwecke, wenn dieser Gegenstand zum vollen oder teilweisen Vorsteuerabzug berechtigt hat;

b) unentgeltliche Erbringung von Dienstleistungen durch den Steuerpflichtigen für seinen privaten Bedarf, für den Bedarf seines Personals oder allgemein für unternehmensfremde Zwecke.

(2) Die Mitgliedstaaten können Abweichungen von Absatz 1 vorsehen, sofern solche Abweichungen nicht zu Wettbewerbsverzerrungen führen.

Art. 27 [Kannbestimmung: Behandlung einer Innendienstleistung wie eine Dienstleistung] Um Wettbewerbsverzerrungen vorzubeugen, können die Mitgliedstaaten nach Konsultation des Mehrwertsteuerausschusses auch die Erbringung einer Dienstleistung durch einen Steuerpflichtigen für das eigene Unternehmen einer Dienstleistung gegen Entgelt gleichstellen, falls ihn die Erbringung einer derartigen Dienstleistung durch einen anderen Steuerpflichtigen nicht zum vollen Vorsteuerabzug berechtigen würde.

Art. 28 [Dienstleistungskommission] Steuerpflichtige, die bei der Erbringung von Dienstleistungen im eigenen Namen, aber für Rechnung Dritter tätig werden, werden behandelt, als ob sie diese Dienstleistungen selbst erhalten und erbracht hätten.

Art. 29 [Kannbestimmung: Geschäftsveräußerungen im Ganzen – Dienstleistungen] Artikel 19 gilt unter den gleichen Voraussetzungen für Dienstleistungen.

Kapitel 4. Einfuhr von Gegenständen

Art. 30 [Definition der Einfuhr eines Gegenstands] *[1]* Als „Einfuhr eines Gegenstands" gilt die Verbringung eines Gegenstands, der sich nicht im freien Verkehr im Sinne des Artikels 24 des Vertrags befindet, in die Gemeinschaft.

[2] Neben dem in Absatz 1 genannten Umsatz gilt als Einfuhr eines Gegenstands auch die Verbringung eines im freien Verkehr befindlichen Gegenstands mit Herkunft aus einem Drittgebiet, das Teil des Zollgebiets der Gemeinschaft ist, in die Gemeinschaft.

Kapitel 5.[1)] Gemeinsame Bestimmungen zu den Kapiteln 1 und 3

Art. 30a[1) · 2)] [Begriffsbestimmungen „Gutschein"] Für die Zwecke dieser Richtlinie gelten folgende Begriffsbestimmungen:

1. „Gutschein" ist ein Instrument, bei dem die Verpflichtung besteht, es als Gegenleistung oder Teil einer solchen für eine Lieferung von Gegenständen oder eine Erbringung von Dienstleistungen anzunehmen und bei dem die zu liefernden Gegenstände oder zu erbringenden Dienstleistungen oder die Identität der möglichen Lieferer oder Dienstleistungserbringer entweder auf dem Instrument selbst oder in damit zusammenhängenden Unterlagen, einschließlich der Bedingungen für die Nutzung dieses Instruments, angegeben sind;
2. „Einzweck-Gutschein" ist ein Gutschein, bei dem der Ort der Lieferung der Gegenstände oder der Erbringung der Dienstleistungen, auf die sich der Gutschein bezieht, und die für diese Gegenstände oder Dienstleistungen geschuldete Mehrwertsteuer zum Zeitpunkt der Ausstellung des Gutscheins feststehen;
3. „Mehrzweck-Gutschein" ist ein Gutschein, bei dem es sich nicht um einen Einzweck-Gutschein handelt.

Art. 30b[1) · 2)] [Übertragung und Lieferung] (1) *[1]* [1]Jede Übertragung eines Einzweck-Gutscheins durch einen Steuerpflichtigen, der im eigenen Namen handelt, gilt als eine Lieferung der Gegenstände oder Erbringung der Dienstleistungen, auf die sich der Gutschein bezieht. [2]Die tatsächliche Übergabe der Gegenstände oder die tatsächliche Erbringung der Dienstleistungen, für die ein Einzweck-Gutschein als Gegenleistung oder Teil einer solchen von dem Lieferer oder Dienstleistungserbringer angenommen wird, gilt nicht als unabhängiger Umsatz.

[2] Erfolgt eine Übertragung eines Einzweck-Gutscheins durch einen Steuerpflichtigen, der im Namen eines anderen Steuerpflichtigen handelt,

---

1) Kapitel 5 (Art. 30a, 30b) angef. mWv 2.7.2016 durch RL v. 27.6.2016 (ABl. L 177 S. 9).

2) Zur Anwendung siehe Art. 410a und 410b.

gilt diese Übertragung als eine Lieferung der Gegenstände oder Erbringung der Dienstleistungen, auf die sich der Gutschein bezieht, durch den anderen Steuerpflichtigen, in dessen Namen der Steuerpflichtige handelt.

[3] Handelt es sich bei dem Lieferer von Gegenständen oder dem Erbringer von Dienstleistungen nicht um den Steuerpflichtigen, der, im eigenen Namen handelnd, den Einzweck-Gutschein ausgestellt hat, so wird dieser Lieferer von Gegenständen bzw. Erbringer von Dienstleistungen dennoch so behandelt, als habe er diesem Steuerpflichtigen die Gegenstände oder Dienstleistungen in Bezug auf diesen Gutschein geliefert oder erbracht.

(2) *[1]* Die tatsächliche Übergabe der Gegenstände oder die tatsächliche Erbringung der Dienstleistungen, für die der Lieferer der Gegenstände oder Erbringer der Dienstleistungen einen Mehrzweck-Gutschein als Gegenleistung oder Teil einer solchen annimmt, unterliegt der Mehrwertsteuer gemäß Artikel 2, wohingegen jede vorangegangene Übertragung dieses Mehrzweck-Gutscheins nicht der Mehrwertsteuer unterliegt.

[2] Wird ein Mehrzweck-Gutschein von einem anderen Steuerpflichtigen als dem Steuerpflichtigen, der den gemäß Unterabsatz 1 der Mehrwertsteuer unterliegenden Umsatz erbringt, übertragen, so unterliegen alle bestimmbaren Dienstleistungen wie etwa Vertriebs- oder Absatzförderungsleistungen der Mehrwertsteuer.

Titel V. Ort des steuerbaren Umsatzes

Kapitel 1. Ort der Lieferung von Gegenständen

Abschnitt 1. Lieferung von Gegenständen ohne Beförderung

Art. 31 [Ort der Lieferung ohne Beförderung] Wird der Gegenstand nicht versandt oder befördert, gilt als Ort der Lieferung der Ort, an dem sich der Gegenstand zum Zeitpunkt der Lieferung befindet.

Abschnitt 2. Lieferung von Gegenständen mit Beförderung

Art. 32 [Ort der Lieferung mit Beförderung] *[1]* Wird der Gegenstand vom Lieferer, vom Erwerber oder von einer dritten Person versandt oder befördert, gilt als Ort der Lieferung der Ort, an dem sich der Gegenstand zum Zeitpunkt des Beginns der Versendung oder Beförderung an den Erwerber befindet.

[2] Liegt der Ort, von dem aus die Gegenstände versandt oder befördert werden, in einem Drittgebiet oder in einem Drittland, gelten der Ort der Lieferung, die durch den Importeur bewirkt wird, der gemäß Artikel 201 als Steuerschuldner bestimmt oder anerkannt wurde, sowie der Ort etwaiger anschließender Lieferungen jedoch als in dem Mitgliedstaat gelegen, in den die Gegenstände eingeführt werden.

[Fassung bis 30.6.2021:]

Art. 33 [Ort der Versandhandelslieferung – Grundsatz]

(1) Abweichend von Artikel 32 gilt als Ort einer Lieferung von Gegenständen, die durch den Lieferer oder für dessen Rechnung von einem anderen Mitgliedstaat als dem der Beendigung der Versendung oder Beförderung aus versandt oder befördert werden, der Ort, an dem sich die Gegenstände bei Beendigung der Versendung oder Beförderung an den Erwerber befinden, sofern folgende Bedingungen erfüllt sind:

a) die Lieferung der Gegenstände erfolgt an einen Steuerpflichtigen oder eine nichtsteuerpflichtige juristische Person, deren innergemeinschaftliche Erwerbe von Gegenständen gemäß Artikel 3 Absatz 1 nicht der Mehrwertsteuer unterliegen, oder an eine andere nichtsteuerpflichtige Person;

b) die gelieferten Gegenstände sind weder neue Fahrzeuge noch Gegenstände, die mit oder ohne probeweise Inbetriebnahme durch den Lieferer oder für dessen Rechnung montiert oder installiert geliefert werden.

(2) Werden die gelieferten Gegenstände von einem Drittgebiet oder einem Drittland aus versandt oder befördert und vom Lieferer in einen

[Fassung ab 1.7.2021:[1])]

Art. 33 [Ort des innergemeinschaftlichen Fernverkaufs sowie des Fernverkaufs aus Drittgebieten]

Abweichend von Artikel 32 gilt Folgendes:

a) Als Ort der Lieferung eines innergemeinschaftlichen Fernverkaufs von Gegenständen gilt der Ort, an dem sich die Gegenstände bei Beendigung der Versendung oder Beförderung an den Erwerber befinden.

b) Als Ort der Lieferung eines Fernverkaufs von Gegenständen, die aus Drittgebieten oder Drittländern in einen anderen Mitgliedstaat als den, in dem die Versendung oder Beförderung der Gegenstände an den Erwerber endet, eingeführt werden, gilt der Ort, an dem sich die Gegenstände bei Beendigung der Versendung oder Beförderung an den Erwerber befinden.

c) Der Ort der Lieferung eines Fernverkaufs von Gegenständen, die aus Drittgebieten oder Drittländern in den Mitgliedstaat, in dem die Versendung oder Beförderung der Gegenstände an den Erwerber endet, eingeführt werden, gilt als in diesem Mitgliedstaat gelegen, sofern die Mehrwertsteuer auf diese Gegenstände gemäß der Sonderregelung nach Titel XII Kapitel 6 Abschnitt 4 zu erklären ist.

[1]) Art. 33 neu gef. **mWv 1.7.2021** durch RL v. 5.12.2017 (ABl. L 348 S. 7, geänd. durch ABl. 2020 L 244 S. 3).

[Fassung bis 30.6.2021:]

anderen Mitgliedstaat als den der Beendigung der Versendung oder Beförderung an den Erwerber eingeführt, gelten sie als vom Einfuhrmitgliedstaat aus versandt oder befördert.

Art. 34[1)] ***[Ort der Versandhandelslieferung – Lieferschwelle]*** *(1) Artikel 33 gilt nicht für Lieferungen von Gegenständen, die in ein und denselben Mitgliedstaat der Beendigung des Versands oder der Beförderung versandt oder befördert werden, sofern folgende Bedingungen erfüllt sind:*

a) die gelieferten Gegenstände sind keine verbrauchsteuerpflichtigen Waren;

b) der Gesamtbetrag – ohne Mehrwertsteuer – der Lieferungen in den Mitgliedstaat unter den Bedingungen des Artikels 33 überschreitet im laufenden Kalenderjahr nicht 100 000 EUR oder den Gegenwert in Landeswährung;

c) der Gesamtbetrag – ohne Mehrwertsteuer – der Lieferungen in den Mitgliedstaat unter den Bedingungen des Artikels 33 von anderen Gegenständen als verbrauchsteuerpflichtigen Waren hat im vorangegangenen Kalenderjahr 100 000 EUR oder den Gegenwert in Landeswährung nicht überschritten.

(2) [1] Der Mitgliedstaat, in dessen Gebiet sich die Gegenstände bei Beendigung der Versendung oder Beförderung an den Erwerber befinden, kann den in Absatz 1 genannten Schwellenwert auf 35 000 EUR oder den Gegenwert in Landeswährung begrenzen, falls er befürchtet, dass der Schwellenwert von 100 000 EUR zu schwerwiegenden Wettbewerbsverzerrungen führt. [2] Mitgliedstaaten, die von der Möglichkeit nach Unterabsatz 1 Gebrauch machen, treffen die erforderlichen Maßnahmen zur Unterrichtung der zuständigen Behörden des Mitgliedstaats, von dem aus die Gegenstände versandt oder befördert werden.

(3) Die Kommission unterbreitet dem Rat so bald wie möglich einen Bericht, gegebenenfalls zusammen mit geeigneten Vorschlägen, über die Anwendung und Wirkung des in Absatz 2 genannten besonderen Schwellenwerts von 35 000 EUR.

(4) [1] Der Mitgliedstaat, in dessen Gebiet sich die Gegenstände bei Beginn der Versendung oder Beförderung befinden, räumt den Steuerpflichtigen, auf deren Lieferungen Absatz 1 gegebenenfalls Anwendung findet, das Recht ein, sich dafür zu entscheiden, dass der Ort dieser Lieferungen gemäß Artikel 33 bestimmt wird.

[2] Die betreffenden Mitgliedstaaten legen fest, unter welchen Modalitäten die in Unterabsatz 1 genannte Wahlmöglichkeit in Anspruch genommen werden kann; die Inanspruchnahme dieser Regelung erstreckt sich über einen Zeitraum von mindestens zwei Kalenderjahren.

1) Art. 34 aufgeh. **mWv 1.7.2021** durch RL v. 5.12.2017 (ABl. L 348 S. 7, geänd. durch ABl. 2020 L 244 S. 3).

Art. 35[1] **[Nichtanwendung der** ***Versandhandelslieferortbestimmungen*** **[*ab 1.7.20121:* Fernverkaufsortbestimmungen] bei Gegenständen der Differenzbesteuerung]** *Die Artikel 33 und 34 gelten* [***ab 1.7.20121:*** Artikel 33 gilt] nicht für die Lieferung von Gebrauchtgegenständen, Kunstgegenständen, Sammlungsstücken und Antiquitäten im Sinne des Artikels 311 Absatz 1 Nummern 1 bis 4 sowie für die Lieferung von Gebrauchtfahrzeugen im Sinne des Artikels 327 Absatz 3, die der Mehrwertsteuer gemäß den Sonderregelungen für diese Bereiche unterliegen.

Art. 36 [Ort einer Montagelieferung] *[1]* Wird der vom Lieferer, vom Erwerber oder von einer dritten Person versandte oder beförderte Gegenstand mit oder ohne probeweise Inbetriebnahme durch den Lieferer oder für dessen Rechnung installiert oder montiert, gilt als Ort der Lieferung der Ort, an dem die Installation oder Montage vorgenommen wird.

[2] Wird der Gegenstand in einem anderen Mitgliedstaat als dem des Lieferers installiert oder montiert, trifft der Mitgliedstaat, in dessen Gebiet die Installation oder Montage vorgenommen wird, die zur Vermeidung einer Doppelbesteuerung in diesem Mitgliedstaat erforderlichen Maßnahmen.

Art. 36a[2] **[Zwischenhändler]** (1) Werden dieselben Gegenstände nacheinander geliefert und werden diese Gegenstände aus einem Mitgliedstaat in einen anderen Mitgliedstaat unmittelbar vom ersten Lieferer bis zum letzten Erwerber in der Reihe versandt oder befördert, so wird die Versendung oder Beförderung nur der Lieferung an den Zwischenhändler zugeschrieben.

(2) Abweichend von Absatz 1 wird die Versendung oder Beförderung nur der Lieferung von Gegenständen durch den Zwischenhändler zugeschrieben, wenn der Zwischenhändler seinem Lieferer die Mehrwertsteuer-Identifikationsnummer mitgeteilt hat, die ihm vom Mitgliedstaat, aus dem die Gegenstände versandt oder befördert werden, erteilt wurde.

(3) Für die Zwecke dieses Artikels bezeichnet der Ausdruck „Zwischenhändler" einen Lieferer innerhalb der Reihe (mit Ausnahme des ersten Lieferers in der Reihe), der die Gegenstände selbst oder auf seine Rechnung durch einen Dritten versendet oder befördert.

(4) Dieser Artikel gilt nicht für Fälle nach Artikel 14a.

[***Anwendung ab 1.7.2021:***

Art. 36b[3] **[Versendung oder Beförderung im Fall des Art. 14a]** Wird ein Steuerpflichtiger gemäß Artikel 14a behandelt, als ob er Gegenstände erhalten und geliefert hätte, wird die Versendung oder Beförderung der Gegenstände der Lieferung durch diesen Steuerpflichtigen zugeschrieben.]

---

[1] Art. 35 neu gef. **mWv 1.7.2021** durch RL v. 5.12.2017 (ABl. L 348 S. 7, geänd. durch ABl. 2020 L 244 S. 3).

[2] Art. 36a eingef. mWv 27.12.2018 durch RL v. 4.12.2018 (ABl. L 311 S. 3).

[3] Art. 36b eingef. mWv 22.12.2019 durch RL v. 21.11.2019 (ABl. L 310 S. 1, geänd. durch ABl. 2020 L 244 S. 3); zur **Anwendung durch die Mitgliedstaaten ab 1.7.2021** siehe Art. 2 Beschl. v. 20.7.2020 (ABl. 2020 L 244 S. 3).

Abschnitt 3. Lieferung von Gegenständen an Bord eines Schiffes, eines Flugzeugs oder in einer Eisenbahn

Art. 37 [Ort einer Lieferung an Bord eines Personenbeförderungsmittels] (1) Erfolgt die Lieferung von Gegenständen an Bord eines Schiffes, eines Flugzeugs oder in einer Eisenbahn während des innerhalb der Gemeinschaft stattfindenden Teils einer Personenbeförderung, gilt als Ort dieser Lieferung der Abgangsort der Personenbeförderung.

(2) *[1]* Für die Zwecke des Absatzes 1 gilt als „innerhalb der Gemeinschaft stattfindender Teil einer Personenbeförderung" der Teil einer Beförderung zwischen dem Abgangsort und dem Ankunftsort einer Personenbeförderung, der ohne Zwischenaufenthalt außerhalb der Gemeinschaft erfolgt.

[2] „Abgangsort einer Personenbeförderung" ist der erste Ort innerhalb der Gemeinschaft, an dem Reisende in das Beförderungsmittel einsteigen können, gegebenenfalls nach einem Zwischenaufenthalt außerhalb der Gemeinschaft.

[3] „Ankunftsort einer Personenbeförderung" ist der letzte Ort innerhalb der Gemeinschaft, an dem in der Gemeinschaft zugestiegene Reisende das Beförderungsmittel verlassen können, gegebenenfalls vor einem Zwischenaufenthalt außerhalb der Gemeinschaft.

[4] Im Fall einer Hin- und Rückfahrt gilt die Rückfahrt als gesonderte Beförderung.

(3) *[1]* Die Kommission unterbreitet dem Rat möglichst rasch einen Bericht, gegebenenfalls zusammen mit geeigneten Vorschlägen, über den Ort der Besteuerung der Lieferung von Gegenständen, die zum Verbrauch an Bord bestimmt sind, und der Dienstleistungen, einschließlich Bewirtung, die an Reisende an Bord eines Schiffes, eines Flugzeugs oder in einer Eisenbahn erbracht werden.

[2] Bis zur Annahme der in Unterabsatz 1 genannten Vorschläge können die Mitgliedstaaten die Lieferung von Gegenständen, die zum Verbrauch an Bord bestimmt sind und deren Besteuerungsort gemäß Absatz 1 festgelegt wird, mit Recht auf Vorsteuerabzug von der Steuer befreien oder weiterhin befreien.

Abschnitt 4.[1] Lieferung von Gas über ein Erdgasnetz, von Elektrizität und von Wärme oder Kälte über Wärme- und Kältenetze

Art. 38[1] [Ort der Lieferung von Gas und Elektrizität an Wiederverkäufer] (1) Bei Lieferung von Gas über ein Erdgasnetz im Gebiet der Gemeinschaft oder jedes an ein solches Netz angeschlossene Netz, von Elektrizität oder von Wärme oder Kälte über Wärme- oder Kältenetze an einen steuerpflichtigen Wiederverkäufer gilt als Ort der Lieferung der Ort, an dem dieser steuerpflichtige Wiederverkäufer den Sitz seiner wirtschaftlichen Tätigkeit oder eine feste Niederlassung hat, für die die Gegenstände geliefert wer-

[1] Abschnitt 4 (Art. 38, 39) neu gef. mWv 15.1.2010 durch RL v. 22.12.2009 (ABl. 2010 L 10 S. 14).

den, oder in Ermangelung eines solchen Sitzes oder einer solchen festen Niederlassung sein Wohnsitz oder sein gewöhnlicher Aufenthaltsort.

(2) Für die Zwecke des Absatzes 1 ist ein „steuerpflichtiger Wiederverkäufer" ein Steuerpflichtiger, dessen Haupttätigkeit in Bezug auf den Kauf von Gas, Elektrizität, Wärme oder Kälte im Wiederverkauf dieser Erzeugnisse besteht und dessen eigener Verbrauch dieser Erzeugnisse zu vernachlässigen ist.

Art. 39[1)] **[Ort der Lieferung von Gas und Elektrizität an andere Abnehmer]** *[1]* Für den Fall, dass die Lieferung von Gas über ein Erdgasnetz im Gebiet der Gemeinschaft oder jedes an ein solches Netz angeschlossene Netz, die Lieferung von Elektrizität oder die Lieferung von Wärme oder Kälte über Wärme- oder Kältenetze nicht unter Artikel 38 fällt, gilt als Ort der Lieferung der Ort, an dem der Erwerber die Gegenstände tatsächlich nutzt und verbraucht.

[2] [1] Falls die Gesamtheit oder ein Teil des Gases, der Elektrizität oder der Wärme oder Kälte von diesem Erwerber nicht tatsächlich verbraucht wird, wird davon ausgegangen, dass diese nicht verbrauchten Gegenstände an dem Ort genutzt und verbraucht worden sind, an dem er den Sitz seiner wirtschaftlichen Tätigkeit oder eine feste Niederlassung hat, für die die Gegenstände geliefert werden. [2] In Ermangelung eines solchen Sitzes oder solchen festen Niederlassung wird davon ausgegangen, dass er die Gegenstände an seinem Wohnsitz oder seinem gewöhnlichen Aufenthaltsort genutzt und verbraucht hat.

Kapitel 2. Ort des innergemeinschaftlichen Erwerbs von Gegenständen

Art. 40 [Ort des innergemeinschaftlichen Erwerbs – Grundsatz] Als Ort eines innergemeinschaftlichen Erwerbs von Gegenständen gilt der Ort, an dem sich die Gegenstände zum Zeitpunkt der Beendigung der Versendung oder Beförderung an den Erwerber befinden.

Art. 41 [Ort des innergemeinschaftlichen Erwerbs – Folge aus Verwendung der Mehrwertsteuer-Identifikationsnummer] *[1]* Unbeschadet des Artikels 40 gilt der Ort eines innergemeinschaftlichen Erwerbs von Gegenständen im Sinne des Artikels 2 Absatz 1 Buchstabe b Ziffer i als im Gebiet des Mitgliedstaats gelegen, der dem Erwerber die von ihm für diesen Erwerb verwendete Mehrwertsteuer-Identifikationsnummer erteilt hat, sofern der Erwerber nicht nachweist, dass dieser Erwerb im Einklang mit Artikel 40 besteuert worden ist.

[2] Wird der Erwerb gemäß Artikel 40 im Mitgliedstaat der Beendigung der Versendung oder Beförderung der Gegenstände besteuert, nachdem er gemäß Absatz 1 besteuert wurde, wird die Steuerbemessungsgrundlage in dem Mitgliedstaat, der dem Erwerber die von ihm für diesen Erwerb verwendete Mehrwertsteuer-Identifikationsnummer erteilt hat, entsprechend gemindert.

---

1) Abschnitt 4 (Art. 38, 39) neu gef. mWv 15.1.2010 durch RL v. 22.12.2009 (ABl. 2010 L 10 S. 14).

Art. 42 [Ort des innergemeinschaftlichen Erwerbs – Erwerb für Zwecke einer anschließenden innergemeinschaftlichen Lieferung] Artikel 41 Absatz 1 ist nicht anzuwenden und der innergemeinschaftliche Erwerb von Gegenständen gilt als gemäß Artikel 40 besteuert, wenn folgende Bedingungen erfüllt sind:

a) der Erwerber weist nach, dass er diesen Erwerb für die Zwecke einer anschließenden Lieferung getätigt hat, die im Gebiet des gemäß Artikel 40 bestimmten Mitgliedstaats bewirkt wurde und für die der Empfänger der Lieferung gemäß Artikel 197 als Steuerschuldner bestimmt worden ist;

b) der Erwerber ist der Pflicht zur Abgabe der zusammenfassenden Meldung gemäß Artikel 265 nachgekommen.

Kapitel 3.[1] Ort der Dienstleistung

Abschnitt 1. Begriffsbestimmungen

Art. 43[1] [Ort der Dienstleistung – Fiktion Steuerpflichtiger als Leistungsempfänger] Für die Zwecke der Anwendung der Regeln für die Bestimmung des Ortes der Dienstleistung gilt

1. ein Steuerpflichtiger, der auch Tätigkeiten ausführt oder Umsätze bewirkt, die nicht als steuerbare Lieferungen von Gegenständen oder Dienstleistungen im Sinne des Artikels 2 Absatz 1 angesehen werden, in Bezug auf alle an ihn erbrachten Dienstleistungen als Steuerpflichtiger;
2. eine nicht steuerpflichtige juristische Person mit Mehrwertsteuer-Identifikationsnummer als Steuerpflichtiger.

Abschnitt 2. Allgemeine Bestimmungen

Art. 44[1] [Ort der Dienstleistung – Grundregel B2B-Umsätze] [1] Als Ort einer Dienstleistung an einen Steuerpflichtigen, der als solcher handelt, gilt der Ort, an dem dieser Steuerpflichtige den Sitz seiner wirtschaftlichen Tätigkeit hat. [2] Werden diese Dienstleistungen jedoch an eine feste Niederlassung des Steuerpflichtigen, die an einem anderen Ort als dem des Sitzes seiner wirtschaftlichen Tätigkeit gelegen ist, erbracht, so gilt als Ort dieser Dienstleistungen der Sitz der festen Niederlassung. [3] In Ermangelung eines solchen Sitzes oder einer solchen festen Niederlassung gilt als Ort der Dienstleistung der Wohnsitz oder der gewöhnliche Aufenthaltsort des steuerpflichtigen Dienstleistungsempfängers.

Art. 45[1] [Ort der Dienstleistung – Grundregel B2C-Umsätze] [1] Als Ort einer Dienstleistung an einen Nichtsteuerpflichtigen gilt der Ort, an dem der Dienstleistungserbringer den Sitz seiner wirtschaftlichen Tätigkeit hat. [2] Werden diese Dienstleistungen jedoch von der festen Niederlassung des Dienstleistungserbringers, die an einem anderen Ort als dem des Sitzes seiner

[1] Kapitel 3 (Art. 43–59b) neu gef. mWv 1.1.2010 durch RL v. 12.2.2008 (ABl. L 44 S. 11).

wirtschaftlichen Tätigkeit gelegen ist, aus erbracht, so gilt als Ort dieser Dienstleistungen der Sitz der festen Niederlassung. [3] In Ermangelung eines solchen Sitzes oder einer solchen festen Niederlassung gilt als Ort der Dienstleistung der Wohnsitz oder der gewöhnliche Aufenthaltsort des Dienstleistungserbringers.

Abschnitt 3. Besondere Bestimmungen

Unterabschnitt 1. Von Vermittlern erbrachte Dienstleistungen an Nichtsteuerpflichtige

Art. 46[1)] [Ort der Dienstleistung – Vermittlungsleistungen B2C] Als Ort einer Dienstleistung an einen Nichtsteuerpflichtigen, die von einem Vermittler im Namen und für Rechnung eines Dritten erbracht wird, gilt der Ort, an dem der vermittelte Umsatz gemäß den Bestimmungen dieser Richtlinie erbracht wird.

Unterabschnitt 2. Dienstleistungen im Zusammenhang mit Grundstücken

Art. 47[1)] [Ort der Dienstleistung – grundstücksbezogene Leistungen] Als Ort einer Dienstleistung im Zusammenhang mit einem Grundstück, einschließlich der Dienstleistungen von Sachverständigen und Grundstücksmaklern, der Beherbergung in der Hotelbranche oder in Branchen mit ähnlicher Funktion, wie zum Beispiel in Ferienlagern oder auf einem als Campingplatz hergerichteten Gelände, der Einräumung von Rechten zur Nutzung von Grundstücken sowie von Dienstleistungen zur Vorbereitung und Koordinierung von Bauleistungen, wie z.B. die Leistungen von Architekten und Bauaufsichtsunternehmen, gilt der Ort, an dem das Grundstück gelegen ist.

Unterabschnitt 3. Beförderungsleistungen

Art. 48[1)] [Ort der Dienstleistung – Personenbeförderungen] Als Ort einer Personenbeförderungsleistung gilt der Ort, an dem die Beförderung nach Maßgabe der zurückgelegten Beförderungsstrecke jeweils stattfindet.

Art. 49[1)] [Ort der Dienstleistung – Güterbeförderungen B2C, nicht innergemeinschaftlich] Als Ort einer Güterbeförderungsleistung an Nichtsteuerpflichtige, die keine innergemeinschaftliche Güterbeförderung darstellt, gilt der Ort, an dem die Beförderung nach Maßgabe der zurückgelegten Beförderungsstrecke jeweils stattfindet.

Art. 50[1)] [Ort der Dienstleistung – Güterbeförderungen B2C, innergemeinschaftlich] Als Ort einer innergemeinschaftlichen Güterbeförderungsleistung an Nichtsteuerpflichtige gilt der Abgangsort der Beförderung.

Art. 51[1)] [Ort der Dienstleistung – Begriff der innergemeinschaftlichen Güterbeförderung] *[1]* Als „innergemeinschaftliche Güterbeförde-

---

[1)] Kapitel 3 (Art. 43–59b) neu gef. mWv 1.1.2010 durch RL v. 12.2.2008 (ABl. L 44 S. 11).

rung“ gilt die Beförderung von Gegenständen, bei der Abgangs- und Ankunftsort in zwei verschiedenen Mitgliedstaaten liegen.

[2] „Abgangsort“ ist der Ort, an dem die Güterbeförderung tatsächlich beginnt, ungeachtet der Strecken, die bis zu dem Ort zurückzulegen sind, an dem sich die Gegenstände befinden, und „Ankunftsort“ ist der Ort, an dem die Güterbeförderung tatsächlich endet.

Art. 52[1]) [Kannbestimmung: Nichtberücksichtigung von Strecken über Drittlandsgewässer bei innergemeinschaftlichen Güterbeförderungen B2C] Die Mitgliedstaaten haben die Möglichkeit, keine Mehrwertsteuer auf den Teil der innergemeinschaftlichen Güterbeförderung an Nichtsteuerpflichtige zu erheben, der den Beförderungsstrecken über Gewässer entspricht, die nicht zum Gebiet der Gemeinschaft gehören.

Unterabschnitt 4. Dienstleistungen auf dem Gebiet der Kultur, der Künste, des Sports, der Wissenschaft, des Unterrichts, der Unterhaltung und ähnliche Veranstaltungen, Nebentätigkeiten zur Beförderung, Begutachtung von beweglichen Gegenständen und Arbeiten an solchen Gegenständen

Art. 53[2]) [Ort der Dienstleistung – Tätigkeiten der Kultur, des Sports usw.] Als Ort einer Dienstleistung an einen Steuerpflichtigen betreffend die Eintrittsberechtigung sowie die damit zusammenhängenden Dienstleistungen für Veranstaltungen auf dem Gebiet der Kultur, der Künste, des Sports, der Wissenschaft, des Unterrichts, der Unterhaltung oder für ähnliche Veranstaltungen wie Messen und Ausstellungen gilt der Ort, an dem diese Veranstaltungen tatsächlich stattfinden.

Art. 54[3]) [Ort der Dienstleistung – Nebentätigkeiten zur Beförderung und Arbeiten an beweglichen körperlichen Gegenständen, B2C]

(1) Als Ort einer Dienstleistung sowie der damit zusammenhängenden Dienstleistungen an einen Nichtsteuerpflichtigen betreffend Tätigkeiten auf dem Gebiet der Kultur, der Künste, des Sports, der Wissenschaft, des Unterrichts, der Unterhaltung oder ähnliche Veranstaltungen wie Messen und Ausstellungen, einschließlich der Erbringung von Dienstleistungen der Veranstalter solcher Tätigkeiten, gilt der Ort, an dem diese Tätigkeiten tatsächlich ausgeübt werden.

(2) Als Ort der folgenden Dienstleistungen an Nichtsteuerpflichtige gilt der Ort, an dem sie tatsächlich erbracht werden:

a) Nebentätigkeiten zur Beförderung wie Beladen, Entladen, Umschlag und ähnliche Tätigkeiten;
b) Begutachtung von beweglichen körperlichen Gegenständen und Arbeiten an solchen Gegenständen.

---

[1]) Kapitel 3 (Art. 43–59b) neu gef. mWv 1.1.2010 durch RL v. 12.2.2008 (ABl. L 44 S. 11).
[2]) Art. 53 neu gef. mWv 1.1.2011 durch RL v. 12.2.2008 (ABl. L 44 S. 11).
[3]) Art. 54 neu gef. mWv 1.1.2011 durch RL v. 12.2.2008 (ABl. L 44 S. 11).

Unterabschnitt 5. Restaurant- und Verpflegungsdienstleistungen

Art. 55[1)] [Ort der Dienstleistung – Restaurant- und Verpflegungsumsätze nicht an Bord eines Beförderungsmittels] Als Ort von Restaurant- und Verpflegungsdienstleistungen, die nicht an Bord eines Schiffes oder eines Flugzeugs oder in der Eisenbahn während des innerhalb der Gemeinschaft stattfindenden Teils einer Personenbeförderung tatsächlich erbracht werden, gilt der Ort, an dem die Dienstleistungen tatsächlich erbracht werden.

Unterabschnitt 6. Vermietung von Beförderungsmitteln

Art. 56[2)] [Ort der Dienstleistung – kurzfristige Vermietung eines Beförderungsmittels] (1) Als Ort der Vermietung eines Beförderungsmittels über einen kürzeren Zeitraum gilt der Ort, an dem das Beförderungsmittel dem Dienstleistungsempfänger tatsächlich zur Verfügung gestellt wird.

(2) *[1]* Als Ort der Vermietung eines Beförderungsmittels an Nichtsteuerpflichtige, ausgenommen die Vermietung über einen kürzeren Zeitraum, gilt der Ort, an dem der Dienstleistungsempfänger ansässig ist oder seinen Wohnsitz oder seinen gewöhnlichen Aufenthaltsort hat.

[2] Jedoch gilt als Ort der Vermietung eines Sportboots an einen Nichtsteuerpflichtigen, ausgenommen die Vermietung über einen kürzeren Zeitraum, der Ort, an dem das Sportboot dem Dienstleistungsempfänger tatsächlich zur Verfügung gestellt wird, sofern der Dienstleistungserbringer diese Dienstleistung tatsächlich vom Sitz seiner wirtschaftlichen Tätigkeit oder von einer festen Niederlassung an diesem Ort aus erbringt.

(3) Als „kürzerer Zeitraum" im Sinne der Absätze 1 und 2 gilt der Besitz oder die Verwendung des Beförderungsmittels während eines ununterbrochenen Zeitraums von nicht mehr als 30 Tagen und bei Wasserfahrzeugen von nicht mehr als 90 Tagen.

Unterabschnitt 7. Für den Verbrauch bestimmte Restaurant- und Verpflegungsdienstleistungen an Bord eines Schiffes, eines Flugzeugs oder in der Eisenbahn

Art. 57[1)] [Ort der Dienstleistung – Restaurant- und Verpflegungsumsätze an Bord eines Beförderungsmittels] (1) Der Ort von Restaurant- und Verpflegungsdienstleistungen, die an Bord eines Schiffes oder eines Flugzeugs oder in der Eisenbahn während des innerhalb der Gemeinschaft stattfindenden Teils einer Personenbeförderung tatsächlich erbracht werden, ist der Abgangsort der Personenbeförderung.

(2) *[1]* Für die Zwecke des Absatzes 1 gilt als „innerhalb der Gemeinschaft stattfindender Teil einer Personenbeförderung" der Teil einer Beförderung zwischen dem Abgangsort und dem Ankunftsort einer Personenbeförderung, der ohne Zwischenaufenthalt außerhalb der Gemeinschaft erfolgt.

[1)] Kapitel 3 (Art. 43–59b) neu gef. mWv 1.1.2010 durch RL v. 12.2.2008 (ABl. L 44 S. 11).

[2)] Art. 56 neu gef. mWv 1.1.2010, Abs. 2 neu gef. und Abs. 3 angef. mWv 1.1.2013 durch RL v. 12.2.2008 (ABl. L 44 S. 11).

[2] „Abgangsort einer Personenbeförderung" ist der erste Ort innerhalb der Gemeinschaft, an dem Reisende in das Beförderungsmittel einsteigen können, gegebenenfalls nach einem Zwischenaufenthalt außerhalb der Gemeinschaft.

[3] „Ankunftsort einer Personenbeförderung" ist der letzte Ort innerhalb der Gemeinschaft, an dem in der Gemeinschaft zugestiegene Reisende das Beförderungsmittel verlassen können, gegebenenfalls vor einem Zwischenaufenthalt außerhalb der Gemeinschaft.

[4] Im Falle einer Hin- und Rückfahrt gilt die Rückfahrt als gesonderte Beförderung.

Unterabschnitt 8.[1] Telekommunikationsdienstleistungen, Rundfunk- und Fernsehdienstleistungen und elektronisch erbrachte Dienstleistungen an Nichtsteuerpflichtige

Art. 58[2] [Ort der Dienstleistung – elektronische Dienstleistungen, Telekommunikationsdienstleistungen sowie Rundfunk- und Fernsehdienstleistungen]

(1) [1] Als Ort der folgenden Dienstleistungen an Nichtsteuerpflichtige gilt der Ort, an dem dieser Nichtsteuerpflichtige ansässig ist, seinen Wohnsitz oder seinen gewöhnlichen Aufenthaltsort hat:

a) Telekommunikationsdienstleistungen;
b) Rundfunk- und Fernsehdienstleistungen;
c) elektronisch erbrachte Dienstleistungen, insbesondere die in Anhang II genannten Dienstleistungen.

[2] Kommunizieren Dienstleistungserbringer und Dienstleistungsempfänger über E-Mail miteinander, bedeutet dies allein noch nicht, dass die erbrachte Dienstleistung eine elektronisch erbrachte Dienstleistung wäre.

(2) *Absatz 1 gilt nicht in den Fällen, in denen die folgenden Voraussetzungen erfüllt sind:*

a) der Dienstleistungserbringer ist in nur einem Mitgliedstaat ansässig oder hat, in Ermangelung eines Sitzes der wirtschaftlichen Tätigkeit oder einer festen Niederlassung, seinen Wohnsitz oder seinen gewöhnlichen Aufenthaltsort in nur einem Mitgliedstaat, und

b) die Dienstleistungen werden an nichtsteuerpflichtige Personen erbracht, die in einem anderen als dem unter Buchstabe a genannten Mitgliedstaat ansässig sind, dort ihren Wohnsitz oder gewöhnlichen Aufenthaltsort haben, und

c) der Gesamtbetrag – ohne Mehrwertsteuer – der Dienstleistungen nach Buchstabe b überschreitet im laufenden Kalenderjahr nicht 10 000 EUR bzw. den Gegenwert in Landeswährung und hat dies auch im vorangegangenen Kalenderjahr nicht getan.

(3) Wird in einem Kalenderjahr der Schwellenwert gemäß Absatz 2 Buchstabe c überschritten, so gilt ab diesem Zeitpunkt Absatz 1.

---

[1] Kapitel 3 (Art. 43–59b) neu gef. mWv 1.1.2015 durch RL v. 12.2.2008 (ABl. L 44 S. 11).

[2] Art. 58 neu gef. mWv 1.1.2019, Abs. 2–6 aufgeh. **mWv 1.7.2021** durch RL v. 5.12. 2017 (ABl. L 348 S. 7, geänd. durch ABl. 2020 L 244 S. 3).

(4) Der Mitgliedstaat, in dessen Gebiet die in Absatz 2 genannten Dienstleistungserbringer ansässig sind oder, in Ermangelung eines Sitzes der wirtschaftlichen Tätigkeit oder einer festen Niederlassung, ihren Wohnsitz oder ihren gewöhnlichen Aufenthaltsort haben, gewährt diesen Dienstleistungserbringern das Recht, sich für die Bestimmung des Orts der Dienstleistungserbringung gemäß Absatz 1 zu entscheiden; diese Entscheidung erstreckt sich in jedem Fall auf zwei Kalenderjahre.

(5) Die Mitgliedstaaten treffen zweckdienliche Maßnahmen, um die Einhaltung der in den Absätzen 2, 3 und 4 genannten Bedingungen durch den Steuerpflichtigen zu überprüfen.

(6) Der Gegenwert in Landeswährung des in Absatz 2 Buchstabe c genannten Betrags wird unter Anwendung des von der Europäischen Zentralbank zum Tag der Annahme der Richtlinie (EU) 2017/2455[1] des Rates veröffentlichten Wechselkurses berechnet.

Unterabschnitt 9. Dienstleistungen an Nichtsteuerpflichtige außerhalb der Gemeinschaft

Art. 59[2] [Ort der Dienstleistung – Katalogleistungen B2C] Als Ort der folgenden Dienstleistungen an einen Nichtsteuerpflichtigen, der außerhalb der Gemeinschaft ansässig ist oder seinen Wohnsitz oder seinen gewöhnlichen Aufenthaltsort außerhalb der Gemeinschaft hat, gilt der Ort, an dem dieser Nichtsteuerpflichtige ansässig ist oder seinen Wohnsitz oder seinen gewöhnlichen Aufenthaltsort hat:

a) Abtretung und Einräumung von Urheberrechten, Patentrechten, Lizenzrechten, Fabrik- und Warenzeichen sowie ähnlichen Rechten;

b) Dienstleistungen auf dem Gebiet der Werbung;

c) Dienstleistungen von Beratern, Ingenieuren, Studienbüros, Anwälten, Buchprüfern und sonstige ähnliche Dienstleistungen sowie die Datenverarbeitung und die Überlassung von Informationen;

d) Verpflichtungen, eine berufliche Tätigkeit ganz oder teilweise nicht auszuüben oder ein in diesem Artikel genanntes Recht nicht wahrzunehmen;

e) Bank-, Finanz- und Versicherungsumsätze, einschließlich Rückversicherungsumsätze, ausgenommen die Vermietung von Schließfächern;

f) Gestellung von Personal;

g) Vermietung beweglicher körperlicher Gegenstände, ausgenommen jegliche Beförderungsmittel;

h) Gewährung des Zugangs zu einem Erdgasnetz im Gebiet der Gemeinschaft oder zu *einem an* ein solches Netz angeschlossenes Netz, zum Elektrizitäts-

---

[1] **Amtl. Anm.:** Richtlinie (EU) 2017/2455 des Rates vom 5. Dezember 2017 zur Änderung der Richtlinie 2006/112/EG und der Richtlinie 2009/132/EG in Bezug auf bestimmte mehrwertsteuerliche Pflichten für die Erbringung von Dienstleistungen und für Fernverkäufe von Gegenständen (ABl. L 348 vom 29.12.2017, S. 7).

[2] Art. 59 neu gef. mWv 1.1.2010 durch RL v. 12.2.2008 (ABl. L 44 S. 11); UAbs. 1 Buchst. i, j, k und UAbs. 2 aufgeh. mWv 1.1.2015 durch RL v. 12.2.2008 (ABl. L 44 S. 11); Buchst. h neu gef. mWv 15.1.2010 durch RL v. 22.12.2009 (ABl. 2010 L 10 S. 14).

netz oder zu Wärme- oder Kältenetzen sowie Fernleitung, Übertragung oder Verteilung über diese Netze und Erbringung anderer unmittelbar damit verbundener Dienstleistungen.

Unterabschnitt 10. Vermeidung der Doppelbesteuerung und der Nichtbesteuerung

Art. 59a[1)] [Kannbestimmung: Verlagerung des Dienstleistungsorts an den Ort der tatsächlichen Nutzung oder Auswertung] Um Doppelbesteuerung, Nichtbesteuerung und Wettbewerbsverzerrungen zu vermeiden, können die Mitgliedstaaten bei Dienstleistungen, deren Erbringungsort sich gemäß den Artikeln 44, 45, 56, 58 und 59 bestimmt,

a) den Ort einer oder aller dieser Dienstleistungen, der in ihrem Gebiet liegt, so behandeln, als läge er außerhalb der Gemeinschaft, wenn die tatsächliche Nutzung oder Auswertung außerhalb der Gemeinschaft erfolgt;

b) den Ort einer oder aller dieser Dienstleistungen, der außerhalb der Gemeinschaft liegt, so behandeln, als läge er in ihrem Gebiet, wenn in ihrem Gebiet die tatsächliche Nutzung oder Auswertung erfolgt.

Art. 59b[2)] *(aufgehoben)*

[*ab 1.7.2021:*

Kapitel 3a.[3)] Schwellenwert für Steuerpflichtige, die Lieferungen von Gegenständen gemäß Artikel 33 Buchstabe a tätigen und Dienstleistungen gemäß Artikel 58 erbringen

Art. 59c[3)] [Schwellenwert für Lieferungen und Leistungen nach Artikel 33 und 58] (1) Artikel 33 Buchstabe a und Artikel 58 gelten nicht in den Fällen, in denen die folgenden Voraussetzungen erfüllt sind:

a) Der Lieferer oder Dienstleistungserbringer ist in nur einem Mitgliedstaat ansässig oder hat, in Ermangelung eines Sitzes der wirtschaftlichen Tätigkeit oder einer festen Niederlassung, seinen Wohnsitz oder seinen gewöhnlichen Aufenthaltsort in nur einem Mitgliedstaat;

b) die Dienstleistungen werden an nichtsteuerpflichtige Personen erbracht, die in einem anderen als dem unter Buchstabe a genannten Mitgliedstaat ansässig sind, dort ihren Wohnsitz oder gewöhnlichen Aufenthaltsort haben, oder die Gegenstände werden in einen anderen als den unter Buchstabe a genannten Mitgliedstaat geliefert und

c) der Gesamtbetrag – ohne Mehrwertsteuer – der Lieferungen oder Dienstleistungen nach Buchstabe b überschreitet im laufenden Kalenderjahr nicht 10 000 EUR bzw. den Gegenwert in Landeswährung und hat dies auch im vorangegangenen Kalenderjahr nicht getan.

---

1) Art. 59a neu gef. mWv 1.1.2015 durch RL v. 12.2.2008 (ABl. L 44 S. 11).

2) Art. 59b aufgeh. mWv 1.1.2015 durch RL v. 12.2.2008 (ABl. L 44 S. 11).

3) Kapitel 3a (Art. 59c) eingef. **mWv 1.7.2021** durch RL v. 5.12.2017 (ABl. L 348 S. 7, geänd. durch ABl. 2020 L 244 S. 3).

(2) Wird in einem Kalenderjahr der Schwellenwert gemäß Absatz 1 Buchstabe c überschritten, so gelten ab diesem Zeitpunkt Artikel 33 Buchstabe a und Artikel 58.

(3) Der Mitgliedstaat, in dessen Gebiet sich die Gegenstände bei Beginn der Versendung oder Beförderung befinden oder in dem die Steuerpflichtigen, die Telekommunikationsdienstleistungen, Rundfunk- und Fernsehdienstleistungen und elektronische Dienstleistungen erbringen, ansässig sind, gewährt den Steuerpflichtigen, auf deren Lieferungen oder Dienstleistungen Absatz 1 gegebenenfalls Anwendung findet, das Recht, sich dafür zu entscheiden, dass der Ort dieser Lieferungen oder Dienstleistungen gemäß Artikel 33 Buchstabe a bzw. Artikel 58 bestimmt wird; diese Entscheidung erstreckt sich in jedem Fall auf zwei Kalenderjahre.

(4) Die Mitgliedstaaten treffen zweckdienliche Maßnahmen, um die Einhaltung der in den Absätzen 1, 2 und 3 genannten Bedingungen durch den Steuerpflichtigen zu überprüfen.

(5) Der Gegenwert in Landeswährung des in Absatz 1 Buchstabe c genannten Betrags wird unter Anwendung des von der Europäischen Zentralbank am Tag der Annahme der Richtlinie (EU) 2017/2455 veröffentlichten Wechselkurses berechnet.]

Kapitel 4. Ort der Einfuhr von Gegenständen

Art. 60 [Ort der Einfuhr – Grundsatz] Die Einfuhr von Gegenständen erfolgt in dem Mitgliedstaat, in dessen Gebiet sich der Gegenstand zu dem Zeitpunkt befindet, in dem er in die Gemeinschaft verbracht wird.

Art. 61 [Ort der Einfuhr – Gegenstand nicht im freien Verkehr]

[1] Abweichend von Artikel 60 erfolgt bei einem Gegenstand, der sich nicht im freien Verkehr befindet und der vom Zeitpunkt seiner Verbringung in die Gemeinschaft einem Verfahren oder einer sonstigen Regelung im Sinne des Artikels 156, der Regelung der vorübergehenden Verwendung bei vollständiger Befreiung von Einfuhrabgaben oder dem externen Versandverfahren unterliegt, die Einfuhr in dem Mitgliedstaat, in dessen Gebiet der Gegenstand nicht mehr diesem Verfahren oder der sonstigen Regelung unterliegt.

[2] Unterliegt ein Gegenstand, der sich im freien Verkehr befindet, vom Zeitpunkt seiner Verbringung in die Gemeinschaft einem Verfahren oder einer sonstigen Regelung im Sinne der Artikel 276 und 277, erfolgt die Einfuhr in dem Mitgliedstaat, in dessen Gebiet der Gegenstand nicht mehr diesem Verfahren oder der sonstigen Regelung unterliegt.

Titel VI. Steuertatbestand und Steueranspruch

Kapitel 1. Allgemeine Bestimmungen

Art. 62 [Definition von Steuertatbestand und Steueranspruch] Für die Zwecke dieser Richtlinie gilt

(1) als „Steuertatbestand" der Tatbestand, durch den die gesetzlichen Voraussetzungen für den Steueranspruch verwirklicht werden;

(2) als „Steueranspruch" der Anspruch auf Zahlung der Steuer, den der Fiskus kraft Gesetzes gegenüber dem Steuerschuldner von einem bestimmten Zeitpunkt an geltend machen kann, selbst wenn Zahlungsaufschub gewährt werden kann.

Kapitel 2. Lieferung von Gegenständen und Dienstleistungen

Art. 63 [Zeitpunkt des Eintritts des Steuertatbestands und Steueranspruchs bei Leistungen] Steuertatbestand und Steueranspruch treten zu dem Zeitpunkt ein, zu dem die Lieferung von Gegenständen bewirkt oder die Dienstleistung erbracht wird.

Art. 64[1] [Dauerleistungen – Vollendung mit Ablauf der jeweiligen Abrechnungsperiode] (1) Geben Lieferungen von Gegenständen, die nicht die Vermietung eines Gegenstands oder den Ratenverkauf eines Gegenstands im Sinne des Artikels 14 Absatz 2 Buchstabe b betreffen, und Dienstleistungen zu aufeinander folgenden Abrechnungen oder Zahlungen Anlass, gelten sie jeweils als mit Ablauf des Zeitraums bewirkt, auf den sich diese Abrechnungen oder Zahlungen beziehen.

(2) *[1]* Kontinuierlich über einen Zeitraum von mehr als einem Kalendermonat durchgeführte Lieferungen von Gegenständen, die der Steuerpflichtige für Zwecke seines Unternehmens in einen anderen Mitgliedstaat als den des Beginns der Versendung oder Beförderung versendet oder befördert und deren Lieferung oder Verbringung in einen anderen Mitgliedstaat nach Artikel 138 von der Steuer befreit ist, gelten als mit Ablauf eines jeden Kalendermonats bewirkt, solange die Lieferung nicht eingestellt wird.

[2] Dienstleistungen, für die nach Artikel 196 der Leistungsempfänger die Steuer schuldet, die kontinuierlich über einen längeren Zeitraum als ein Jahr erbracht werden und die in diesem Zeitraum nicht zu Abrechnungen oder Zahlungen Anlass geben, gelten als mit Ablauf eines jeden Kalenderjahres bewirkt, solange die Dienstleistung nicht eingestellt wird.

[3] In bestimmten, nicht von den Unterabsätzen 1 und 2 erfassten Fällen können die Mitgliedstaaten vorsehen, dass kontinuierliche Lieferungen von Gegenständen und Dienstleistungen, die sich über einen bestimmten Zeitraum erstrecken, mindestens jährlich als bewirkt gelten.

Art. 65 [Entstehung des Steueranspruchs bei Anzahlungen] Werden Anzahlungen geleistet, bevor die Lieferung von Gegenständen bewirkt oder die Dienstleistung erbracht ist, entsteht der Steueranspruch zum Zeitpunkt der Vereinnahmung entsprechend dem vereinnahmten Betrag.

---

[1] Art. 64 Abs. 2 neu gef. mWv 21.1.2009 durch RL v. 16.12.2008 (ABl. 2009 L 14 S. 7); Abs. 2 neu gef. mWv 11.8.2010 durch RL v. 13.7.2010 (ABl. L 189 S. 1).

Art. 66[1)] **[Kannbestimmung: Entstehung des Steueranspruchs nach Rechnungsausstellung oder Vereinnahmung des Entgelts]** *[1]* Abweichend von den Artikeln 63, 64 und 65 können die Mitgliedstaaten vorsehen, dass der Steueranspruch für bestimmte Umsätze oder Gruppen von Steuerpflichtigen zu einem der folgenden Zeitpunkte entsteht:

a) spätestens bei der Ausstellung der Rechnung;

b) spätestens bei der Vereinnahmung des Preises;

c) im Falle der Nichtausstellung oder verspäteten Ausstellung der Rechnung binnen einer bestimmten Frist spätestens nach Ablauf der von den Mitgliedstaaten gemäß Artikel 222 Absatz 2 gesetzten Frist für die Ausstellung der Rechnung oder, falls von den Mitgliedstaaten eine solche Frist nicht gesetzt wurde, binnen einer bestimmten Frist nach dem Eintreten des Steuertatbestands.

[2] Die Ausnahme nach Absatz 1 gilt jedoch nicht für Dienstleistungen, für die der Dienstleistungsempfänger nach Artikel 196 die Mehrwertsteuer schuldet, und für Lieferungen oder Verbringungen von Gegenständen gemäß Artikel 67.

[***ab 1.7.2021:***

Art. 66a[2)] **[Maßgeblicher Zeitpunkt]** Abweichend von den Artikeln 63, 64 und 65 treten der Steuertatbestand und der Steueranspruch in Bezug auf die Lieferung von Gegenständen durch einen Steuerpflichtigen, der nach Artikel 14a behandelt wird, als ob er diese Gegenstände erhalten und geliefert hätte, sowie in Bezug auf die Lieferung von Gegenständen an diesen Steuerpflichtigen zu dem Zeitpunkt ein, zu dem die Zahlung angenommen wurde.]

Art. 67[3)] **[Zeitpunkt des Eintritts des Steueranspruchs bei steuerfreien innergemeinschaftlichen Lieferungen]** *[1]* Werden Gegenstände, die in einen anderen Mitgliedstaat als den des Beginns der Versendung oder Beförderung versandt oder befördert wurden, mehrwertsteuerfrei geliefert oder werden Gegenstände von einem Steuerpflichtigen für Zwecke seines Unternehmens mehrwertsteuerfrei in einen anderen Mitgliedstaat verbracht, so gilt, dass der Steueranspruch unter den Voraussetzungen des Artikels 138 bei der Ausstellung der Rechnung oder bei Ablauf der Frist nach Artikel 222 Absatz 1, wenn bis zu diesem Zeitpunkt keine Rechnung ausgestellt worden ist, eintritt.

[2] Artikel 64 Absatz 1, Artikel 64 Absatz 2 Unterabsatz 3 und Artikel 65 und finden keine Anwendung auf die in Absatz 1 genannten Lieferungen und Verbringungen.

[1)] Art. 66 Abs. 2 angef. mWv 21.1.2009 durch RL v. 16.12.2008 (ABl. 2009 L 14 S. 7); Abs. 1 Buchst. c und UAbs. 2 neu gef. mWv 11.8.2010 durch RL v. 13.7.2010 (ABl. L 189 S. 1).

[2)] Art. 66a neu gef. mWv 22.12.2019 durch RL v. 21.11.2019 (ABl. L 310 S. 1, geänd. durch ABl. 2020 L 244 S. 3); zur **Anwendung ab 1.7.2021** siehe Art. 2 Beschl. v. 20.7.2020 (ABl. 2020 L 244 S. 3).

[3)] Art. 67 neu gef. mWv 11.8.2010 durch RL v. 13.7.2010 (ABl. L 189 S. 1).

Kapitel 3. Innergemeinschaftlicher Erwerb von Gegenständen

Art. 68 [Zeitpunkt des Steuertatbestands beim innergemeinschaftlichen Erwerb] *[1]* Der Steuertatbestand tritt zu dem Zeitpunkt ein, zu dem der innergemeinschaftliche Erwerb von Gegenständen bewirkt wird.

[2] Der innergemeinschaftliche Erwerb von Gegenständen gilt als zu dem Zeitpunkt bewirkt, zu dem die Lieferung gleichartiger Gegenstände innerhalb des Mitgliedstaats als bewirkt gilt.

Art. 69[1)] [Zeitpunkt des Steueranspruchs beim innergemeinschaftlichen Erwerb] Beim innergemeinschaftlichen Erwerb von Gegenständen tritt der Steueranspruch bei der Ausstellung der Rechnung, oder bei Ablauf der Frist nach Artikel 222 Absatz 1, wenn bis zu diesem Zeitpunkt keine Rechnung ausgestellt worden ist, ein.

Kapitel 4. Einfuhr von Gegenständen

Art. 70 [Zeitpunkt des Steuertatbestands und Steueranspruchs bei Einfuhren – Grundsatz] Steuertatbestand und Steueranspruch treten zu dem Zeitpunkt ein, zu dem die Einfuhr des Gegenstands erfolgt.

Art. 71 [Zeitpunkt des Steuertatbestands und Steueranspruchs bei Einfuhren unter bestimmten Zollverfahren] (1) *[1]* Unterliegen Gegenstände vom Zeitpunkt ihrer Verbringung in die Gemeinschaft einem Verfahren oder einer sonstigen Regelung im Sinne der Artikel 156, 276 und 277, der Regelung der vorübergehenden Verwendung bei vollständiger Befreiung von Einfuhrabgaben oder dem externen Versandverfahren, treten Steuertatbestand und Steueranspruch erst zu dem Zeitpunkt ein, zu dem die Gegenstände diesem Verfahren oder dieser sonstigen Regelung nicht mehr unterliegen.

[2] Unterliegen die eingeführten Gegenstände Zöllen, landwirtschaftlichen Abschöpfungen oder im Rahmen einer gemeinsamen Politik eingeführten Abgaben gleicher Wirkung, treten Steuertatbestand und Steueranspruch zu dem Zeitpunkt ein, zu dem Tatbestand und Anspruch für diese Abgaben entstehen.

(2) In den Fällen, in denen die eingeführten Gegenstände keiner der Abgaben im Sinne des Absatzes 1 Unterabsatz 2 unterliegen, wenden die Mitgliedstaaten in Bezug auf Steuertatbestand und Steueranspruch die für Zölle geltenden Vorschriften an.

---

1) Art. 69 neu gef. mWv 11.8.2010 durch RL v. 13.7.2010 (ABl. L 189 S. 1).

Titel VII. Steuerbemessungsgrundlage

Kapitel 1. Begriffsbestimmung

Art. 72 [Steuerbemessungsgrundlage – Definition des Normalwerts]

[1] Für die Zwecke dieser Richtlinie gilt als „Normalwert" der gesamte Betrag, den ein Empfänger einer Lieferung oder ein Dienstleistungsempfänger auf derselben Absatzstufe, auf der die Lieferung der Gegenstände oder die Dienstleistung erfolgt, an einen selbständigen Lieferer oder Dienstleistungserbringer in dem Mitgliedstaat, in dem der Umsatz steuerpflichtig ist, zahlen müsste, um die betreffenden Gegenstände oder Dienstleistungen zu diesem Zeitpunkt unter den Bedingungen des freien Wettbewerbs zu erhalten.

[2] Kann keine vergleichbare Lieferung von Gegenständen oder Erbringung von Dienstleistungen ermittelt werden, ist der Normalwert wie folgt zu bestimmen:

(1) bei Gegenständen, ein Betrag nicht unter dem Einkaufspreis der Gegenstände oder gleichartiger Gegenstände oder mangels eines Einkaufspreises nicht unter dem Selbstkostenpreis, und zwar jeweils zu den Preisen, die zum Zeitpunkt der Bewirkung dieser Umsätze festgestellt werden;

(2) bei Dienstleistungen, ein Betrag nicht unter dem Betrag der Ausgaben des Steuerpflichtigen für die Erbringung der Dienstleistung.

Kapitel 2. Lieferung von Gegenständen und Dienstleistungen

Art. 73 [Steuerbemessungsgrundlage bei Lieferungen und Dienstleistungen – Grundsatz] Bei der Lieferung von Gegenständen und Dienstleistungen, die nicht unter die Artikel 74 bis 77 fallen, umfasst die Steuerbemessungsgrundlage alles, was den Wert der Gegenleistung bildet, die der Lieferer oder Dienstleistungserbringer für diese Umsätze vom Erwerber oder Dienstleistungsempfänger oder einem Dritten erhält oder erhalten soll, einschließlich der unmittelbar mit dem Preis dieser Umsätze zusammenhängenden Subventionen.

Art. 73a[1), 2)] [Steuerbemessungsgrundlage bei Mehrzweck-Gutscheinen]Bei der Lieferung von Gegenständen oder bei der Erbringung von Dienstleistungen, die in Bezug auf einen Mehrzweck-Gutschein erfolgt, entspricht die Steuerbemessungsgrundlage unbeschadet des Artikels 73 der für den Gutschein gezahlten Gegenleistung oder, in Ermangelung von Informationen über diese Gegenleistung, dem auf dem Mehrzweck-Gutschein selbst oder in den damit zusammenhängenden Unterlagen angegebenen Geldwert, abzüglich des Betrags der auf die gelieferten Gegenstände oder die erbrachten Dienstleistungen erhobenen Mehrwertsteuer.

---

1) Art. 73a eingef. mWv 2.7.2016 durch RL v. 27.6.2016 (ABl. L 177 S. 9).

2) Zur Anwendung siehe Art. 410a und 410b.

Art. 74 [Steuerbemessungsgrundlage bei der Entnahme von Gegenständen] Bei den in den Artikeln 16 und 18 genannten Umsätzen in Form der Entnahme oder der Zuordnung eines Gegenstands des Unternehmens durch einen Steuerpflichtigen oder beim Besitz von Gegenständen durch einen Steuerpflichtigen oder seine Rechtsnachfolger im Fall der Aufgabe seiner steuerbaren wirtschaftlichen Tätigkeit ist die Steuerbemessungsgrundlage der Einkaufspreis für diese oder gleichartige Gegenstände oder mangels eines Einkaufspreises der Selbstkostenpreis, und zwar jeweils zu den Preisen, die zum Zeitpunkt der Bewirkung dieser Umsätze festgestellt werden.

Art. 75 [Steuerbemessungsgrundlage bei der unternehmensfremden Verwendung eines Gegenstands] Bei Dienstleistungen in Form der Verwendung eines dem Unternehmen zugeordneten Gegenstands für den privaten Bedarf und unentgeltlich erbrachten Dienstleistungen im Sinne des Artikels 26 ist die Steuerbemessungsgrundlage der Betrag der Ausgaben des Steuerpflichtigen für die Erbringung der Dienstleistung.

Art. 76 [Steuerbemessungsgrundlage beim innergemeinschaftlichen Verbringen von Gegenständen] Bei der Lieferung von Gegenständen in Form der Verbringung in einen anderen Mitgliedstaat ist die Steuerbemessungsgrundlage der Einkaufspreis der Gegenstände oder gleichartiger Gegenstände oder mangels eines Einkaufspreises der Selbstkostenpreis, und zwar jeweils zu den Preisen, die zum Zeitpunkt der Bewirkung dieser Umsätze festgestellt werden.

Art. 77 [Steuerbemessungsgrundlage bei Innendienstleistungen] Bei der Erbringung einer Dienstleistung durch einen Steuerpflichtigen für das eigene Unternehmen im Sinne des Artikels 27 ist die Steuerbemessungsgrundlage der Normalwert des betreffenden Umsatzes.

Art. 78 [Einbeziehung von Abgaben und Nebenkosten in die Steuerbemessungsgrundlage] *[1]* In die Steuerbemessungsgrundlage sind folgende Elemente einzubeziehen:

a) Steuern, Zölle, Abschöpfungen und Abgaben mit Ausnahme der Mehrwertsteuer selbst;

b) Nebenkosten wie Provisions-, Verpackungs-, Beförderungs- und Versicherungskosten, die der Lieferer oder Dienstleistungserbringer vom Erwerber oder Dienstleistungsempfänger fordert.

[2] Die Mitgliedstaaten können als Nebenkosten im Sinne des Absatzes 1 Buchstabe b Kosten ansehen, die Gegenstand einer gesonderten Vereinbarung sind.

Art. 79 [Minderung der Steuerbemessungsgrundlage durch Preisnachlässe] *[1]* In die Steuerbemessungsgrundlage sind folgende Elemente nicht einzubeziehen:

a) Preisnachlässe durch Skonto für Vorauszahlungen;

b) Rabatte und Rückvergütungen auf den Preis, die dem Erwerber oder Dienstleistungsempfänger eingeräumt werden und die er zu dem Zeitpunkt erhält, zu dem der Umsatz bewirkt wird;

c) Beträge, die ein Steuerpflichtiger vom Erwerber oder vom Dienstleistungsempfänger als Erstattung der in ihrem Namen und für ihre Rechnung verauslagten Beträge erhält und die in seiner Buchführung als durchlaufende Posten behandelt sind.

[2] Der Steuerpflichtige muss den tatsächlichen Betrag der in Absatz 1 Buchstabe c genannten Auslagen nachweisen und darf die Mehrwertsteuer, die auf diese Auslagen gegebenenfalls erhoben worden ist, nicht als Vorsteuer abziehen.

Art. 80[1)] [Kannbestimmung: Mindeststeuerbemessungsgrundlage bei Umsätzen mit eng verbundenen Personen] (1) *[1]* Zur Vorbeugung gegen Steuerhinterziehung oder -umgehung können die Mitgliedstaaten in jedem der folgenden Fälle Maßnahmen treffen, um sicherzustellen, dass die Steuerbemessungsgrundlage für die Lieferungen von Gegenständen oder für Dienstleistungen, an Empfänger, zu denen familiäre oder andere enge persönliche Bindungen, Bindungen aufgrund von Leitungsfunktionen oder Mitgliedschaften, sowie eigentumsrechtliche, finanzielle oder rechtliche Bindungen, gemäß der Definition des Mitgliedstaats, bestehen, der Normalwert ist:

a) sofern die Gegenleistung niedriger als der Normalwert ist und der Erwerber oder Dienstleistungsempfänger nicht zum vollen Vorsteuerabzug gemäß den Artikeln 167 bis 171 sowie 173 bis 177 berechtigt ist;

b) sofern die Gegenleistung niedriger als der Normalwert ist, der Lieferer oder Dienstleistungserbringer nicht zum vollen Vorsteuerabzug gemäß den Artikeln 167 bis 171 sowie 173 bis 177 berechtigt ist und der Umsatz einer Befreiung gemäß den Artikeln 132, 135, 136, 371, 375, 376, 377, des Artikels 378 Absatz 2, des Artikels 379 Absatz 2 sowie der Artikel 380 bis 390c unterliegt;

c) sofern die Gegenleistung höher als der Normalwert ist und der Lieferer oder Dienstleistungserbringer nicht zum vollen Vorsteuerabzug gemäß den Artikeln 167 bis 171 sowie 173 bis 177 berechtigt ist.

[2] Für die Zwecke des Unterabsatzes 1 kann als rechtliche Bindung auch die Beziehung zwischen Arbeitgeber und Arbeitnehmer, der Familie des Arbeitnehmers oder anderen diesem nahe stehenden Personen, gelten.

(2) Machen die Mitgliedstaaten von der in Absatz 1 vorgesehenen Möglichkeit Gebrauch, können sie festlegen, für welche Kategorien von Lieferern und Dienstleistungserbringern sowie von Erwerbern oder Dienstleistungsempfängern sie von diesen Maßnahmen Gebrauch machen.

---

1) Art. 80 Abs. 1 UAbs. 1 Buchst. b geänd. mWv 15.1.2010 durch RL v. 22.12.2009 (ABl. 2010 L 10 S. 14); Abs. 1 UAbs. 1 Buchst. b neu gef. mWv 1.7.2013 durch Akte v. 9.12.2011 (ABl. 2012 L 112 S. 21).

(3) Die Mitgliedstaaten unterrichten den Mehrwertsteuerausschuss von nationalen Maßnahmen, die sie im Sinne des Absatzes 1 erlassen, sofern diese nicht Maßnahmen sind, die vom Rat vor dem 13. August 2006 gemäß Artikel 27 Absätze 1 bis 4 der Richtlinie 77/388/EWG genehmigt wurden und gemäß Absatz 1 des vorliegenden Artikels weitergeführt werden.

Art. 81 [Kannbestimmung: Steuerbemessungsgrundlage bei Lieferungen von Kunstgegenständen ohne Anwendung eines ermäßigten Steuersatzes] *[1]* Die Mitgliedstaaten, die am 1. Januar 1993 nicht von der Möglichkeit der Anwendung eines ermäßigten Steuersatzes gemäß Artikel 98 Gebrauch gemacht haben, können vorsehen, dass die Steuerbemessungsgrundlage bei der Inanspruchnahme der Möglichkeit nach Artikel 89 für die Lieferung von Kunstgegenständen im Sinne des Artikels 103 Absatz 2 gleich einem Bruchteil des gemäß den Artikeln 73, 74, 76, 78 und 79 ermittelten Betrags ist.

[2] Der Bruchteil im Sinne des Absatzes 1 wird so festgelegt, dass sich die dergestalt geschuldete Mehrwertsteuer auf mindestens 5% des gemäß den Artikeln 73, 74, 76, 78 und 79 ermittelten Betrags beläuft.

Art. 82 [Kannbestimmung: Einbeziehung des Werts von Anlagegold in die Steuerbemessungsgrundlage der Leistungen unter Verarbeitung von Anlagegold] [1]Die Mitgliedstaaten können vorsehen, dass der Wert von steuerfreiem Anlagegold im Sinne des Artikels 346 in die Steuerbemessungsgrundlage bei der Lieferung von Gegenständen und bei Dienstleistungen einzubeziehen ist, wenn es vom Erwerber oder Dienstleistungsempfänger zur Verfügung gestellt und für die Verarbeitung verwendet wird und infolgedessen bei der Lieferung der Gegenstände oder der Erbringung der Dienstleistungen seinen Status als von der Mehrwertsteuer befreites Anlagegold verliert. [2]Der zugrunde zu legende Wert ist der Normalwert des Anlagegoldes zum Zeitpunkt der Lieferung der Gegenstände oder der Erbringung der Dienstleistungen.

Kapitel 3. Innergemeinschaftlicher Erwerb von Gegenständen

Art. 83 [Steuerbemessungsgrundlage beim innergemeinschaftlichen Erwerb] [1]Beim innergemeinschaftlichen Erwerb von Gegenständen setzt sich die Steuerbemessungsgrundlage aus denselben Elementen zusammen wie denen, die zur Bestimmung der Steuerbemessungsgrundlage für die Lieferung derselben Gegenstände innerhalb des Gebiets des Mitgliedstaats gemäß Kapitel 2 dienen. [2]Bei Umsätzen, die dem innergemeinschaftlichen Erwerb von Gegenständen im Sinne der Artikel 21 und 22 gleichgestellt sind, ist die Steuerbemessungsgrundlage der Einkaufspreis der Gegenstände oder gleichartiger Gegenstände oder mangels eines Einkaufspreises der Selbstkostenpreis, und zwar jeweils zu den Preisen, die zum Zeitpunkt der Bewirkung dieser Umsätze festgestellt werden.

Art. **84 [Einbeziehung von Verbrauchsteuern in die Steuerbemessungsgrundlage beim innergemeinschaftlichen Erwerb]** (1) Die Mitgliedstaaten treffen die erforderlichen Maßnahmen, um sicherzustellen, dass die Verbrauchsteuern, die von der Person geschuldet oder entrichtet werden, die den innergemeinschaftlichen Erwerb eines verbrauchsteuerpflichtigen Erzeugnisses tätigt, gemäß Artikel 78 Absatz 1 Buchstabe a in die Steuerbemessungsgrundlage einbezogen werden.

(2) Erhält der Erwerber nach dem Zeitpunkt der Bewirkung des innergemeinschaftlichen Erwerbs von Gegenständen Verbrauchsteuern zurück, die in dem Mitgliedstaat, von dem aus die Gegenstände versandt oder befördert worden sind, entrichtet wurden, wird die Steuerbemessungsgrundlage im Mitgliedstaat des innergemeinschaftlichen Erwerbs entsprechend gemindert.

Kapitel 4. Einfuhr von Gegenständen

Art. 85 [Steuerbemessungsgrundlage bei der Einfuhr – Grundsatz]
Bei der Einfuhr von Gegenständen ist die Steuerbemessungsgrundlage der Betrag, der durch die geltenden Gemeinschaftsvorschriften als Zollwert bestimmt ist.

Art. 86 [Einbeziehung von Abgaben und Nebenkosten in die Steuerbemessungsgrundlage bei der Einfuhr] (1) In die Steuerbemessungsgrundlage sind – soweit nicht bereits darin enthalten – folgende Elemente einzubeziehen:

a) die außerhalb des Einfuhrmitgliedstaats geschuldeten Steuern, Zölle, Abschöpfungen und sonstigen Abgaben, sowie diejenigen, die aufgrund der Einfuhr geschuldet werden, mit Ausnahme der zu erhebenden Mehrwertsteuer;

b) die Nebenkosten – wie Provisions-, Verpackungs-, Beförderungs- und Versicherungskosten –, die bis zum ersten Bestimmungsort der Gegenstände im Gebiet des Einfuhrmitgliedstaats entstehen sowie diejenigen, die sich aus der Beförderung nach einem anderen Bestimmungsort in der Gemeinschaft ergeben, der zum Zeitpunkt, zu dem der Steuertatbestand eintritt, bekannt ist.

(2) [1] Für Zwecke des Absatzes 1 Buchstabe b gilt als „erster Bestimmungsort" der Ort, der auf dem Frachtbrief oder einem anderen Begleitpapier, unter dem die Gegenstände in den Einfuhrmitgliedstaat verbracht werden, angegeben ist. [2] Fehlt eine solche Angabe, gilt als erster Bestimmungsort der Ort, an dem die erste Umladung im Einfuhrmitgliedstaat erfolgt.

***Art. 87* [Minderung bei der Steuerbemessungsgrundlage bei Einfuhren durch Preisnachlässe]** In die Steuerbemessungsgrundlage sind folgende Elemente nicht einzubeziehen:

a) Preisnachlässe durch Skonto für Vorauszahlungen;

b) Rabatte und Rückvergütungen auf den Preis, die dem Erwerber eingeräumt werden und die er zu dem Zeitpunkt erhält, zu dem die Einfuhr erfolgt.

Art. 88 [Sicherung der Steuerbemessungsgrundlage bei Wiedereinfuhren nach Be- oder Verarbeitungen] Für vorübergehend aus der Gemeinschaft ausgeführte Gegenstände, die wieder eingeführt werden, nachdem sie außerhalb der Gemeinschaft in Stand gesetzt, umgestaltet oder be- oder verarbeitet worden sind, treffen die Mitgliedstaaten Maßnahmen, die sicherstellen, dass die mehrwertsteuerliche Behandlung des fertigen Gegenstands die gleiche ist, wie wenn die genannten Arbeiten in ihrem jeweiligen Gebiet durchgeführt worden wären.

Art. 89 [Kannbestimmung: Steuerbemessungsgrundlage bei Einfuhren von Kunstgegenständen ohne Anwendung eines ermäßigten Steuersatzes] *[1]* Die Mitgliedstaaten, die am 1. Januar 1993 nicht von der Möglichkeit der Anwendung eines ermäßigten Steuersatzes gemäß Artikel 98 Gebrauch gemacht haben, können vorsehen, dass die Steuerbemessungsgrundlage bei der Einfuhr von Kunstgegenständen, Sammlungsstücken oder Antiquitäten im Sinne des Artikels 311 Absatz 1 Nummern 2, 3 und 4 einem Bruchteil des gemäß den Artikeln 85, 86 und 87 ermittelten Betrags entspricht.

[2] Der Bruchteil im Sinne des Absatzes 1 wird so festgelegt, dass sich die dergestalt für die Einfuhr geschuldete Mehrwertsteuer auf mindestens 5% des gemäß den Artikeln 85, 86 und 87 ermittelten Betrags beläuft.

Kapitel 5. Verschiedene Bestimmungen

Art. 90 [Berichtigung der Steuerbemessungsgrundlage bei Uneinbringlichkeit des Entgelts u. Ä.]

(1) Im Falle der Annullierung, der Rückgängigmachung, der Auflösung, der vollständigen oder teilweisen Nichtbezahlung oder des Preisnachlasses nach der Bewirkung des Umsatzes wird die Steuerbemessungsgrundlage unter den von den Mitgliedstaaten festgelegten Bedingungen entsprechend vermindert.

(2) Die Mitgliedstaaten können im Falle der vollständigen oder teilweisen Nichtbezahlung von Absatz 1 abweichen.

Art. 91[1)] [Anwendung von Umrechnungskursen bei der Ermittlung der Steuerbemessungsgrundlage] (1) Sind die zur Ermittlung der Steuerbemessungsgrundlage bei der Einfuhr dienenden Elemente in einer anderen Währung als der des Mitgliedstaats ausgedrückt, in dem die Steuerbemessungsgrundlage ermittelt wird, wird der Umrechnungskurs gemäß den Gemeinschaftsvorschriften zur Berechnung des Zollwerts festgesetzt.

(2) *[1]* Sind die zur Ermittlung der Steuerbemessungsgrundlage eines anderen Umsatzes als der Einfuhr von Gegenständen dienenden Elemente in einer anderen Währung als der des Mitgliedstaats ausgedrückt, in dem die Steuer-

---

1) Art. 91 Abs. 2 UAbs. 2 neu gef., UAbs. 3 angef. mWv 11.8.2010 durch RL v. 13.7.2010 (ABl. L 189 S. 1).

bemessungsgrundlage ermittelt wird, gilt als Umrechnungskurs der letzte Verkaufskurs, der zu dem Zeitpunkt, zu dem der Steueranspruch entsteht, an dem oder den repräsentativsten Devisenmärkten des betreffenden Mitgliedstaats verzeichnet wurde, oder ein Kurs, der mit Bezug auf diesen oder diese Devisenmärkte entsprechend den von diesem Mitgliedstaat festgelegten Einzelheiten festgesetzt wurde.

[2] [1]Die Mitgliedstaaten akzeptieren stattdessen auch die Anwendung des letzten Umrechnungskurses, der von der Europäischen Zentralbank zu dem Zeitpunkt, zu dem der Steueranspruch eintritt, veröffentlicht wird. [2]Die Umrechnung zwischen nicht auf Euro lautenden Währungen erfolgt anhand des Euro-Umrechnungskurses jeder der Währungen. [3]Die Mitgliedstaaten können vorschreiben, dass der Steuerpflichtige ihnen mitteilen muss, wenn er von dieser Möglichkeit Gebrauch macht.

[3] Bei bestimmten Umsätzen im Sinne des Unterabsatzes 1 oder bei bestimmten Gruppen von Steuerpflichtigen können Mitgliedstaaten jedoch den Umrechnungskurs anwenden, der gemäß den Gemeinschaftsvorschriften zur Berechnung des Zollwerts festgesetzt worden ist.

Art. 92 [Kannbestimmung: vereinfachende Verfahren für die Behandlung von Pfandgeldern bei der Ermittlung der Steuerbemessungsgrundlage] In Bezug auf die Kosten von zurückzugebenden Warenumschließungen können die Mitgliedstaaten wie folgt verfahren:

a) sie können sie bei der Ermittlung der Steuerbemessungsgrundlage unberücksichtigt lassen, müssen gleichzeitig aber die erforderlichen Vorkehrungen treffen, damit die Steuerbemessungsgrundlage berichtigt wird, wenn diese Umschließungen nicht zurückgegeben werden;

b) sie können sie bei der Ermittlung der Steuerbemessungsgrundlage berücksichtigen, müssen aber gleichzeitig die erforderlichen Vorkehrungen treffen, damit die Steuerbemessungsgrundlage berichtigt wird, wenn diese Umschließungen tatsächlich zurückgegeben werden.

Titel VIII. Steuersätze

Kapitel 1. Anwendung der Steuersätze

Art. 93 [Maßgeblichkeit des Steuersatzes bei Eintritt des Steuertatbestands] *[1]* Auf die steuerpflichtigen Umsätze ist der Steuersatz anzuwenden, der zu dem Zeitpunkt gilt, zu dem der Steuertatbestand eintritt.

[2] In folgenden Fällen ist jedoch der Steuersatz anzuwenden, der zu dem Zeitpunkt gilt, zu dem der Steueranspruch entsteht:

a) die in den Artikeln 65 und 66 genannten Fälle;

b) innergemeinschaftlicher Erwerb von Gegenständen;

c) Einfuhr der in Artikel 71 Absatz 1 Unterabsatz 2 und Absatz 2 genannten Gegenstände.

Art. 94 [Gleichbehandlung innergemeinschaftlicher Erwerbe und Einfuhren mit Inlandslieferungen bei Anwendung des Steuersatzes]
(1) Beim innergemeinschaftlichen Erwerb von Gegenständen ist der gleiche Steuersatz anzuwenden wie der, der für die Lieferung gleicher Gegenstände innerhalb des Gebiets des Mitgliedstaats gelten würde.

(2) Vorbehaltlich der in Artikel 103 Absatz 1 genannten Möglichkeit, auf die Einfuhr von Kunstgegenständen, Sammlungsstücken und Antiquitäten einen ermäßigten Steuersatz anzuwenden, ist bei der Einfuhr von Gegenständen der gleiche Steuersatz anzuwenden, der für die Lieferung gleicher Gegenstände innerhalb des Gebiets des Mitgliedstaats gilt.

Art. 95 [Kannbestimmung: Berichtigung des Steueranspruchs in den Fällen der Anzahlung und der Istversteuerung bei Änderung des Steuersatzes] *[1]* Ändert sich der Steuersatz, können die Mitgliedstaaten in den in Artikel 65 und 66 geregelten Fällen eine Berichtigung vornehmen, um dem Steuersatz Rechnung zu tragen, der zum Zeitpunkt der Lieferung der Gegenstände oder der Erbringung der Dienstleistungen anzuwenden ist.

[2] Die Mitgliedstaaten können außerdem alle geeigneten Übergangsmaßnahmen treffen.

Kapitel 2. Struktur und Höhe der Steuersätze

Abschnitt 1. Normalsatz

Art. 96 [Anwendung des Mehrwertsteuer-Normalsatzes] Die Mitgliedstaaten wenden einen Mehrwertsteuer-Normalsatz an, den jeder Mitgliedstaat als Prozentsatz der Bemessungsgrundlage festsetzt und der für die Lieferungen von Gegenständen und für Dienstleistungen gleich ist.

Art. 97[1)] [Höhe des Mehrwertsteuer-Normalsatzes] Der Normalsatz muss mindestens 15% betragen.

Abschnitt 2. Ermäßigte Steuersätze

Art. 98[2)] [Kannbestimmung: Anwendung bis zu zwei ermäßigter Steuersätze] (1) Die Mitgliedstaaten können einen oder zwei ermäßigte Steuersätze anwenden.

(2) *[1]* Die ermäßigten Steuersätze sind nur auf die Lieferungen von Gegenständen und die Dienstleistungen der in Anhang III genannten Kategorien anwendbar.

[2] Die ermäßigten Steuersätze sind nicht anwendbar auf elektronisch erbrachte Dienstleistungen mit Ausnahme der unter Anhang III Nummer 6 fallenden Dienstleistungen.

[1)] Art. 97 neu gef. mWv 17.7.2018 durch RL v. 22.6.2018 (ABl. L 162 S. 1).
[2)] Art. 98 Abs. 2 UAbs. 2 neu gef. mWv 1.1.2010 durch RL v. 12.2.2008 (ABl. L 44 S. 11); Abs. 2 UAbs. 2 neu gef. mWv 4.12.2018 durch RL v. 6.11.2018 (ABl. L 286 S. 20).

(3) Zur Anwendung der ermäßigten Steuersätze im Sinne des Absatzes 1 auf Kategorien von Gegenständen können die Mitgliedstaaten die betreffenden Kategorien anhand der Kombinierten Nomenklatur genau abgrenzen.

Art. 99[1] **[Ermäßigte Steuersätze – Mindestsatz 5 %]** (1) Die ermäßigten Steuersätze werden als Prozentsatz der Bemessungsgrundlage festgesetzt, der mindestens 5 % betragen muss.

(2) Jeder ermäßigte Steuersatz wird so festgesetzt, dass es normalerweise möglich ist, von dem Mehrwertsteuerbetrag, der sich bei Anwendung dieses Steuersatzes ergibt, die gesamte nach den Artikeln 167 bis 171 sowie 173 bis 177 abziehbare Vorsteuer abzuziehen.

(3) Abweichend von den Absätzen 1 und 2 dieses Artikels und neben den in Artikel 98 Absatz 1 genannten Steuersätzen können Mitgliedstaaten, die zum 1. Januar 2017 im Einklang mit dem Unionsrecht auf die Lieferung bestimmter, in Anhang III Nummer 6 genannter Gegenstände ermäßigte Steuersätze anwandten, die unter dem in diesem Artikel festgelegten Mindestsatz liegen, oder für diese Lieferung Steuerbefreiungen mit Recht auf Vorsteuerabzug gewährten, die gleiche mehrwertsteuerliche Behandlung auch dann zur Anwendung bringen, wenn diese Lieferung auf elektronischem Wege erfolgt, wie in Anhang III Nummer 6 genannt.

Art. 100 [Regelmäßige Überprüfung des Anwendungsbereichs der ermäßigten Steuersätze auf Vorlage von Berichten der EU-Kommission] *[1]* Der Rat wird auf der Grundlage eines Berichts der Kommission erstmals 1994 und später alle zwei Jahre den Anwendungsbereich der ermäßigten Steuersätze überprüfen.

[2] Der Rat kann gemäß Artikel 93 des Vertrags beschließen, das Verzeichnis von Gegenständen und Dienstleistungen in Anhang III zu ändern.

Art. 101 [Auftrag an EU-Kommission – Bericht zur Bewertung ermäßigter Steuersätze bei lokalen Dienstleistungen] Die Kommission legt dem Europäischen Parlament und dem Rat spätestens am 30. Juni 2007 auf der Grundlage der von einer unabhängigen Expertengruppe für Wirtschaftsfragen durchgeführten Untersuchung einen globalen Bewertungsbericht über die Auswirkungen der auf lokal erbrachte Dienstleistungen – einschließlich Bewirtung – angewandten ermäßigten Sätze vor, insbesondere in Bezug auf die Schaffung von Arbeitsplätzen, das Wirtschaftswachstum und das reibungslose Funktionieren des Binnenmarkts.

Abschnitt 3. Besondere Bestimmungen

Art. 102[2] **[Kannbestimmung: Anwendung eines ermäßigten Steuersatzes auf Energielieferungen]** Nach Konsultation des Mehrwertsteuerausschusses kann jeder Mitgliedstaat auf Lieferungen von Erdgas, Elektrizität oder Fernwärme einen ermäßigten Steuersatz anwenden.

---

[1] Art. 99 Abs. 3 angef. mWv 4.12.2018 durch RL v. 6.11.2018 (ABl. L 286 S. 20).
[2] Art. 102 neu gef. mWv 15.1.2010 durch RL v. 22.12.2009 (ABl. 2010 L 10 S. 14).

Art. 103 [Kannbestimmung: Anwendung eines ermäßigten Steuersatzes bei Einfuhren von Gegenständen im Sinne der Differenzbesteuerung] (1) Die Mitgliedstaaten können vorsehen, dass der ermäßigte oder ein ermäßigter Steuersatz, den sie gemäß den Artikeln 98 und 99 anwenden, auch auf die Einfuhr von Kunstgegenständen, Sammlungsstücken und Antiquitäten im Sinne des Artikels 311 Absatz 1 Nummern 2, 3 und 4 anwendbar ist.

(2) Wenn die Mitgliedstaaten von der in Absatz 1 genannten Möglichkeit Gebrauch machen, können sie diesen ermäßigten Steuersatz auch auf folgende Lieferungen anwenden:

a) die Lieferung von Kunstgegenständen durch ihren Urheber oder dessen Rechtsnachfolger;

b) die Lieferung von Kunstgegenständen, die von einem Steuerpflichtigen, der kein steuerpflichtiger Wiederverkäufer ist, als Gelegenheitslieferung bewirkt wird, wenn die Kunstgegenstände von diesem Steuerpflichtigen selbst eingeführt wurden oder ihm von ihrem Urheber oder dessen Rechtsnachfolgern geliefert wurden oder ihm das Recht auf vollen Vorsteuerabzug eröffnet haben.

Art. 104 [Kannbestimmung: zweiter Mehrwertsteuer-Normalsatz in den Gemeinden Jungholz und Mittelberg] Österreich kann in den Gemeinden Jungholz und Mittelberg (Kleines Walsertal) einen zweiten Normalsatz anwenden, der niedriger als der entsprechende, im restlichen Österreich angewandte Steuersatz ist, jedoch nicht unter 15% liegen darf.

Art. 104a[1)] [Kannbestimmung: Zypern – ermäßigter Steuersatz auf Flüssiggas in Flaschen] Zypern darf auf die Lieferung von Flüssiggas (LPG) in Flaschen einen der zwei ermäßigten Steuersätze gemäß Artikel 98 anwenden.

Art. 105[2)] [Kannbestimmung: Portugal] (1) Portugal kann auf die Mautgebühren an Brücken im Raum Lissabon einen der zwei ermäßigten Steuersätze gemäß Artikel 98 anwenden.

(2) Portugal kann auf die in den autonomen Regionen Azoren und Madeira bewirkten Umsätze und auf die direkten Einfuhren in diese Regionen Steuersätze anwenden, die unter den entsprechenden, im Mutterland angewandten Steuersätzen liegen.

Kapitel 3.[3)] *(aufgehoben)*

Art. 106–108[3)] *(aufgehoben)*

---

1) Art. 104a eingef. mWv 1.6.2009 durch RL v. 5.5.2009 (ABl. L 116 S. 18).

2) Art. 105 neu gef. mWv 1.6.2009 durch RL v. 5.5.2009 (ABl. L 116 S. 18).

3) Kapitel 3 (Art. 106–108) aufgeh. mWv 1.6.2009 durch RL v. 5.5.2009 (ABl. L 116 S. 18).

Kapitel 4. Bis zur Einführung der endgültigen Mehrwertsteuerregelung geltende besondere Bestimmungen

Art. 109 [Geltungsdauer der Übergangsbestimmungen zur Anwendung von Steuersätzen] Die Bestimmungen dieses Kapitels gelten bis zur Einführung der in Artikel 402 genannten endgültigen Regelung.

Art. 110 [Kannbestimmung: Fortgeltung von am 1.1.1991 angewandten Nullsätzen oder stark ermäßigten Steuersätzen] *[1]* Die Mitgliedstaaten, die am 1. Januar 1991 Steuerbefreiungen mit Recht auf Vorsteuerabzug oder ermäßigte Steuersätze angewandt haben, die unter dem in Artikel 99 festgelegten Mindestsatz lagen, können diese Regelungen weiterhin anwenden.

[2] Die in Absatz 1 genannten Steuerbefreiungen und -ermäßigungen müssen mit dem Gemeinschaftsrecht vereinbar sein und dürfen nur aus genau definierten sozialen Gründen und zugunsten des Endverbrauchers erlassen worden sein.

Art. 111[1] **[Kannbestimmung: Fortgeltung von Nullsätzen in Schweden und Finnland]** Unter den Voraussetzungen des Artikels 110 Absatz 2 können Steuerbefreiungen mit Recht auf Vorsteuerabzug weiterhin angewandt werden von

a) Finnland auf die Lieferungen von Zeitungen und Zeitschriften im Rahmen eines Abonnements und auf den Druck von Veröffentlichungen zur Verteilung an die Mitglieder gemeinnütziger Vereinigungen;

b) Schweden auf die Lieferungen von Zeitungen, einschließlich gesprochener Zeitungen (über Hörfunk und auf Kassetten) für Sehbehinderte, auf an Krankenhäuser oder auf Rezept verkaufte Arzneimittel und auf die Herstellung regelmäßig erscheinender Veröffentlichungen gemeinnütziger Organisationen und damit verbundene andere Dienstleistungen;

c) Malta auf die Lieferungen von Lebensmitteln für den menschlichen Gebrauch und von Arzneimitteln.

Art. 112 [Kannbestimmung: Irland – Steuerermäßigung von Heizenergielieferungen] *[1]* Sollte Artikel 110 in Irland zu Wettbewerbsverzerrungen bei der Lieferung von Energieerzeugnissen für Heiz- und Beleuchtungszwecke führen, kann Irland auf Antrag von der Kommission ermächtigt werden, auf die Lieferungen dieser Erzeugnisse gemäß den Artikeln 98 und 99 einen ermäßigten Steuersatz anzuwenden.

[2] [1]Ergeben sich Wettbewerbsverzerrungen, unterbreitet Irland der Kommission einen entsprechenden Antrag, dem alle notwendigen Informationen beigefügt sind. [2]Hat die Kommission binnen drei Monaten nach Eingang des Antrags keinen Beschluss gefasst, gilt Irland als zur Anwendung der vorgeschlagenen ermäßigten Steuersätze ermächtigt.

---

1) Art. 111 Buchst. c angef. mWv 1.1.2011 durch RL v. 5.5.2009 (ABl. L 116 S. 18).

Art. 113 [Kannbestimmung: Fortgeltung des am 1.1.1991 geltenden Nullsatzes für andere Umsätze als nach Anhang III] Mitgliedstaaten, die am 1. Januar 1991 im Einklang mit den Gemeinschaftsvorschriften auf andere Lieferungen von Gegenständen und Dienstleistungen als die des Anhangs III Steuerbefreiungen mit Recht auf Vorsteuerabzug oder ermäßigte Sätze angewandt haben, die unter dem in Artikel 99 festgelegten Mindestsatz lagen, können auf die Lieferungen dieser Gegenstände und auf diese Dienstleistungen den ermäßigten Satz oder einen der beiden ermäßigten Sätze des Artikels 98 anwenden.

Art. 114[1] [Kannbestimmung: Anwendbarkeit eines stark ermäßigten Steuersatzes auf Umsätze nach Anhang III] (1) *[1]* Mitgliedstaaten, die am 1. Januar 1993 verpflichtet waren, den von ihnen am 1. Januar 1991 angewandten Normalsatz um mehr als 2% heraufzusetzen, können auf die Lieferungen von Gegenständen und auf Dienstleistungen der in Anhang III genannten Kategorien einen ermäßigten Satz anwenden, der unter dem in Artikel 99 festgelegten Mindestsatz liegt. *[2]* Ferner können die in Unterabsatz 1 genannten Mitgliedstaaten einen solchen Satz auf Kinderbekleidung und Kinderschuhe sowie auf Wohnungen anwenden.

(2) Die Mitgliedstaaten dürfen auf der Grundlage des Absatzes 1 keine Steuerbefreiungen mit Recht auf Vorsteuerabzug vorsehen.

Art. 115[2] [Kannbestimmung: Fortgeltung einer am 1.1.1991 angewandten Steuerermäßigung auf Kinderbekleidung und Wohnungen] Mitgliedstaaten, die am 1. Januar 1991 auf Kinderbekleidung und Kinderschuhe sowie auf Wohnungen einen ermäßigten Satz angewandt haben, können diesen Satz weiter anwenden.

Art. 116[3] *(aufgehoben)*

Art. 117[4] [Kannbestimmung: Österreich – Zwischensatz auf Grundstücksvermietungen] Österreich darf auf die Vermietung von Grundstücken für Wohnzwecke einen der beiden ermäßigten Sätze des Artikels 98 anwenden, sofern dieser Satz mindestens 10% beträgt.

Art. 118 [Kannbestimmung: Fortgeltung einer am 1.1.1991 angewandten Steuerermäßigung für andere Umsätze als nach Anhang III in Form eines Zwischensatzes] *[1]* Mitgliedstaaten, die am 1. Januar 1991 auf nicht in Anhang III genannte Lieferungen von Gegenständen und Dienstleistungen einen ermäßigten Satz angewandt haben, können auf diese Umsätze den ermäßigten Satz oder einen der beiden ermäßigten Sätze des Artikels 98 anwenden, sofern dieser Satz mindestens 12% beträgt.

---

[1] Art. 114 Abs. 1 UAbs. 2 neu gef. mWv 1.6.2009 durch RL v. 5.5.2009 (ABl. L 116 S. 18).
[2] Art. 115 neu gef. mWv 1.6.2009 durch RL v. 5.5.2009 (ABl. L 116 S. 18).
[3] Art. 116 aufgeh. mWv 1.6.2009 durch RL v. 5.5.2009 (ABl. L 116 S. 18).
[4] Art. 117 Abs. 1 aufgeh. mWv 1.6.2009 durch RL v. 5.5.2009 (ABl. L 116 S. 18).

[2] Absatz 1 gilt nicht für die Lieferungen von Gebrauchtgegenständen, Kunstgegenständen, Sammlungsstücken und Antiquitäten im Sinne des Artikels 311 Absatz 1 Nummern 1 bis 4, die gemäß der Regelung für die Differenzbesteuerung der Artikel 312 bis 325 oder der Regelung für öffentliche Versteigerungen der Mehrwertsteuer unterliegen.

Art. 119 [Kannbestimmung: Österreich – Zwischensatz für eigenerzeugten Wein] Für die Zwecke der Anwendung des Artikels 118 darf Österreich auf die Lieferung von Wein aus eigener Erzeugung durch Weinbauern einen ermäßigten Satz anwenden, sofern dieser Satz mindestens 12% beträgt.

Art. 120 [Kannbestimmung: Griechenland – besondere Steuerermäßigungen in bestimmten Regionen] Griechenland darf in den Verwaltungsbezirken Lesbos, Chios, Samos, Dodekanes, Kykladen und auf den Inseln Thassos, Nördliche Sporaden, Samothrake und Skyros Sätze anwenden, die bis zu 30% unter den entsprechenden, auf dem griechischen Festland geltenden Sätzen liegen.

Art. 121 [Kannbestimmung: Steuersatz auf am 1.1.1993 wie Lieferungen behandelte Werkleistungen] *[1]* Mitgliedstaaten, die am 1. Januar 1993 die Ablieferung eines aufgrund eines Werkvertrags hergestellten beweglichen Gegenstands als Lieferung von Gegenständen betrachtet haben, können auf solche Lieferungen den Steuersatz anwenden, der auf den Gegenstand nach Durchführung der Arbeiten anwendbar ist.

[2] Für die Zwecke der Anwendung des Absatzes 1 gilt als „Ablieferung eines aufgrund eines Werkvertrags hergestellten beweglichen Gegenstands" die Übergabe eines beweglichen Gegenstands an den Auftraggeber, den der Auftragnehmer aus Stoffen oder Gegenständen hergestellt oder zusammengestellt hat, die der Auftraggeber ihm zu diesem Zweck ausgehändigt hatte, wobei unerheblich ist, ob der Auftragnehmer hierfür einen Teil des verwandten Materials selbst beschafft hat.

Art. 122 [Kannbestimmung: ermäßigter Steuersatz auf Lieferungen von Pflanzen und Brennholz] Die Mitgliedstaaten können auf Lieferungen von lebenden Pflanzen und sonstigen Erzeugnissen des Pflanzenanbaus, einschließlich Knollen, Wurzeln und ähnlichen Erzeugnissen, Schnittblumen und Pflanzenteilen zu Binde- oder Zierzwecken, sowie auf Lieferungen von Brennholz einen ermäßigten Satz anwenden.

Kapitel 5. Befristete Bestimmungen

Art. 123[1] [Kannbestimmung: Übergangsregelung ermäßigter Steuersatz – Tschechien] Die Tschechische Republik darf bis zum 31. Dezember 2010 weiterhin einen ermäßigten Satz von nicht weniger als 5% auf Bau-

[1] Art. 123 neu gef. mWv 1.1.2008 durch RL v. 20.12.2007 (ABl. L 346 S. 13).

leistungen für den Wohnungsbau in einem nicht sozialpolitischen Kontext, ausgenommen Baumaterial, beibehalten.

Art. 124[1] *(aufgehoben)*

Art. 125[2] **[Kannbestimmung: Übergangsregelung Nullsatz – Zypern]** Zypern darf bis zum 31. Dezember 2010 eine Steuerbefreiung mit Recht auf Vorsteuerabzug auf Arzneimittel und Lebensmittel für den menschlichen Gebrauch ausgenommen Speiseeis, Eis am Stiel, gefrorenen Joghurt, Wassereis und gleichwertige Erzeugnisse sowie Gesalzenes und Pikantes (Kartoffelchips/-stäbchen, „Puffs" und verpackte gleichwertige, nicht weiter zubereitete Erzeugnisse für den menschlichen Verzehr) beibehalten.

Art. 126[3] *(aufgehoben)*

Art. 127[4] *(aufgehoben)*

Art. 128[5] **[Kannbestimmung: Übergangsregelung Nullsatz und ermäßigter Steuersatz – Polen]** (1) Polen darf bis zum 31. Dezember 2010 eine Steuerbefreiung mit Recht auf Vorsteuerabzug auf die Lieferungen von bestimmten Büchern und Fachzeitschriften gewähren.

(2) (aufgehoben)

(3) Polen darf bis zum 31. Dezember 2010 einen ermäßigten Satz von nicht weniger als 3% auf die in Anhang III Nummer 1 genannte Lieferung von Nahrungsmitteln beibehalten.

(4) Polen darf bis zum 31. Dezember 2010 einen ermäßigten Satz von nicht weniger als 7% auf die Erbringung von Dienstleistungen für die Errichtung, die Renovierung und den Umbau von Wohnungen in einem nicht sozialpolitischen Kontext, ausgenommen Baumaterial, und auf die Lieferung der in Artikel 12 Absatz 1 Buchstabe a genannten Wohngebäude oder Teile von Wohngebäuden, die vor dem Erstbezug geliefert werden, beibehalten.

Art. 129[6] **[Kannbestimmung: Übergangsregelung ermäßigter Steuersatz – Slowenien]** Slowenien darf bis zum 31. Dezember 2010 einen ermäßigten Satz von mindestens 5% auf die Errichtung, Renovierung und Instandhaltung von Wohngebäuden in einem nicht sozialpolitischen Kontext, ausgenommen Baumaterial, beibehalten.

---

[1] Art. 124 aufgeh. mWv 1.1.2008 durch RL v. 20.12.2007 (ABl. L 346 S. 13).

[2] Art. 125 Abs. 1 und 2 geänd. mWv 1.1.2008 durch RL v. 20.12.2007 (ABl. L 346 S. 13); Abs. 2 aufgeh. mWv 1.6.2009 durch RL v. 5.5.2009 (ABl. L 116 S. 18).

[3] Art. 126 aufgeh. mWv 1.1.2008 durch RL v. 20.12.2007 (ABl. L 346 S. 13).

[4] Art. 127 aufgeh. mWv 1.1.2011 durch RL v. 5.5.2009 (ABl. L 116 S. 18)

[5] Art. 128 neu gef. mWv 1.1.2008 durch RL v. 20.12.2007 (ABl. L 346 S. 13); Abs. 2 aufgeh. mWv 1.6.2009 durch RL v. 5.5.2009 (ABl. L 116 S. 18).

[6] Art. 129 Abs. 1 und 2 geänd. mWv 1.1.2008 durch RL v. 20.12.2007 (ABl. L 346 S. 13); Abs. 1 aufgeh. mWv 1.6.2009 durch RL v. 5.5.2009 (ABl. L 116 S. 18).

Art. 129a[1] **[Kannbestimmung: Übergangsregelung Nullsatz und ermäßigter Steuersatz – COVID-19-Impfstoffe und -In-vitro-Diagnostika]** (1) *[1]* Die Mitgliedstaaten können eine der folgenden Maßnahmen ergreifen:

a) einen ermäßigten Satz auf die Lieferung von COVID-19-In-vitro-Diagnostika und auf die Erbringung von eng mit diesen Diagnostika zusammenhängenden Dienstleistungen anwenden;

b) eine Steuerbefreiung mit Recht auf Vorsteuerabzug auf die Lieferung von COVID-19-In-vitro-Diagnostika und auf die Erbringung von eng mit diesen Diagnostika zusammenhängenden Dienstleistungen gewähren.

[2] Lediglich COVID-19-In-vitro-Diagnostika, die den in der Richtlinie 98/79/EG des Europäischen Parlaments und des Rates[2] und der Verordnung (EU) 2017/746 des Europäischen Parlaments und des Rates[3] festgelegten geltenden Anforderungen sowie sonstigen anwendbaren Rechtsvorschriften der Union entsprechen, kommen für die in Unterabsatz 1 genannten Maßnahmen infrage.

(2) *[1]* Die Mitgliedstaaten können eine Steuerbefreiung mit Recht auf Vorsteuerabzug auf die Lieferung von COVID-19-Impfstoffen und auf die Erbringung von eng mit diesen Impfstoffen zusammenhängenden Dienstleistungen gewähren.

[2] Lediglich COVID-19-Impfstoffe, die von der Kommission oder von Mitgliedstaaten zugelassen wurden, kommen für die in Unterabsatz 1 genannte Steuerbefreiung infrage.

(3) Dieser Artikel gilt bis zum 31. Dezember 2022.

Art. 130[4] *(aufgehoben)*

Titel IX. Steuerbefreiungen

Kapitel 1. Allgemeine Bestimmungen

Art. 131 [Steuerbefreiungen unter Bedingungen zur Verhinderung von Steuerbetrug] Die Steuerbefreiungen der Kapitel 2 bis 9 werden unbeschadet sonstiger Gemeinschaftsvorschriften und unter den Bedingungen angewandt, die die Mitgliedstaaten zur Gewährleistung einer korrekten und einfachen Anwendung dieser Befreiungen und zur Verhinderung von Steuerhinterziehung, Steuerumgehung oder Missbrauch festlegen.

---

[1] Art. 129a eingef. mWv 12.12.2020 durch RL v. 7.12.2020 (ABl. L 419 S. 1).

[2] **Amtl. Anm.:** Richtlinie 98/79/EG des Europäischen Parlaments und des Rates vom 27. Oktober 1998 über In-vitro-Diagnostika (ABl. L 331 vom 7.12.1998, S. 1).

[3] **Amtl. Anm.:** Verordnung (EU) 2017/746 des Europäischen Parlaments und des Rates vom 5. April 2017 über In-vitro-Diagnostika und zur Aufhebung der Richtlinie 98/79/EG und des Beschlusses 2010/227/EU der Kommission (ABl. L 117 vom 5.5.2017, S. 176).

[4] Art. 130 aufgeh. mWv 1.1.2008 durch RL v. 20.12.2007 (ABl. L 346 S. 13).

Kapitel 2. Steuerbefreiungen für bestimmte, dem Gemeinwohl dienende Tätigkeiten

Art. 132 [Steuerbefreiungen dem Gemeinwohl dienender Umsätze]

(1) Die Mitgliedstaaten befreien folgende Umsätze von der Steuer:

a) von öffentlichen Posteinrichtungen erbrachte Dienstleistungen und dazugehörende Lieferungen von Gegenständen mit Ausnahme von Personenbeförderungs- und Telekommunikationsdienstleistungen;

b) Krankenhausbehandlungen und ärztliche Heilbehandlungen sowie damit eng verbundene Umsätze, die von Einrichtungen des öffentlichen Rechts oder unter Bedingungen, welche mit den Bedingungen für diese Einrichtungen in sozialer Hinsicht vergleichbar sind, von Krankenanstalten, Zentren für ärztliche Heilbehandlung und Diagnostik und anderen ordnungsgemäß anerkannten Einrichtungen gleicher Art durchgeführt beziehungsweise bewirkt werden;

c) Heilbehandlungen im Bereich der Humanmedizin, die im Rahmen der Ausübung der von dem betreffenden Mitgliedstaat definierten ärztlichen und arztähnlichen Berufe durchgeführt werden;

d) Lieferung von menschlichen Organen, menschlichem Blut und Frauenmilch;

e) Dienstleistungen, die Zahntechniker im Rahmen ihrer Berufsausübung erbringen, sowie Lieferungen von Zahnersatz durch Zahnärzte und Zahntechniker;

f) Dienstleistungen, die selbstständige Zusammenschlüsse von Personen, die eine Tätigkeit ausüben, die von der Steuer befreit ist oder für die sie nicht Steuerpflichtige sind, an ihre Mitglieder für unmittelbare Zwecke der Ausübung dieser Tätigkeit erbringen, soweit diese Zusammenschlüsse von ihren Mitgliedern lediglich die genaue Erstattung des jeweiligen Anteils an den gemeinsamen Kosten fordern, vorausgesetzt, dass diese Befreiung nicht zu einer Wettbewerbsverzerrung führt;

g) eng mit der Sozialfürsorge und der sozialen Sicherheit verbundene Dienstleistungen und Lieferungen von Gegenständen, einschließlich derjenigen, die durch Altenheime, Einrichtungen des öffentlichen Rechts oder andere von dem betreffenden Mitgliedstaat als Einrichtungen mit sozialem Charakter anerkannte Einrichtungen bewirkt werden;

h) eng mit der Kinder- und Jugendbetreuung verbundene Dienstleistungen und Lieferungen von Gegenständen durch Einrichtungen des öffentlichen Rechts oder andere von dem betreffenden Mitgliedstaat als Einrichtungen mit sozialem Charakter anerkannte Einrichtungen;

i) Erziehung von Kindern und Jugendlichen, Schul- und Hochschulunterricht, Aus- und Fortbildung sowie berufliche Umschulung und damit eng verbundene Dienstleistungen und Lieferungen von Gegenständen durch Einrichtungen des öffentlichen Rechts, die mit solchen Aufgaben betraut sind, oder andere Einrichtungen mit von dem betreffenden Mitgliedstaat anerkannter vergleichbarer Zielsetzung;

j) von Privatlehrern erteilter Schul- und Hochschulunterricht;

k) Gestellung von Personal durch religiöse und weltanschauliche Einrichtungen für die unter den Buchstaben b, g, h und i genannten Tätigkeiten und für Zwecke geistlichen Beistands;

l) Dienstleistungen und eng damit verbundene Lieferungen von Gegenständen, die Einrichtungen ohne Gewinnstreben, welche politische, gewerkschaftliche, religiöse, patriotische, weltanschauliche, philanthropische oder staatsbürgerliche Ziele verfolgen, an ihre Mitglieder in deren gemeinsamen Interesse gegen einen satzungsgemäß festgelegten Beitrag erbringen, vorausgesetzt, dass diese Befreiung nicht zu einer Wettbewerbsverzerrung führt;

m) bestimmte, in engem Zusammenhang mit Sport und Körperertüchtigung stehende Dienstleistungen, die Einrichtungen ohne Gewinnstreben an Personen erbringen, die Sport oder Körperertüchtigung ausüben;

n) bestimmte kulturelle Dienstleistungen und eng damit verbundene Lieferungen von Gegenständen, die von Einrichtungen des öffentlichen Rechts oder anderen von dem betreffenden Mitgliedstaat anerkannten kulturellen Einrichtungen erbracht werden;

o) Dienstleistungen und Lieferungen von Gegenständen bei Veranstaltungen durch Einrichtungen, deren Umsätze nach den Buchstaben b, g, h, i, l, m und n befreit sind, wenn die Veranstaltungen dazu bestimmt sind, den Einrichtungen eine finanzielle Unterstützung zu bringen und ausschließlich zu ihrem Nutzen durchgeführt werden, vorausgesetzt, dass diese Befreiung nicht zu einer Wettbewerbsverzerrung führt;

p) von ordnungsgemäß anerkannten Einrichtungen durchgeführte Beförderung von kranken und verletzten Personen in dafür besonders eingerichteten Fahrzeugen;

q) Tätigkeiten öffentlicher Rundfunk- und Fernsehanstalten, ausgenommen Tätigkeiten mit gewerblichem Charakter.

(2) Für die Zwecke des Absatzes 1 Buchstabe o können die Mitgliedstaaten alle erforderlichen Beschränkungen, insbesondere hinsichtlich der Anzahl der Veranstaltungen und der Höhe der für eine Steuerbefreiung in Frage kommenden Einnahmen, vorsehen.

Art. 133 [Kannbestimmung: Bedingungen für Steuerbefreiungen dem Gemeinwohl dienender Umsätze] *[1]* Die Mitgliedstaaten können die Gewährung der Befreiungen nach Artikel 132 Absatz 1 Buchstaben b, g, h, i, l, m und n für Einrichtungen, die keine Einrichtungen des öffentlichen Rechts sind, im Einzelfall von der Erfüllung einer oder mehrerer der folgenden Bedingungen abhängig machen:

a) Die betreffenden Einrichtungen dürfen keine systematische Gewinnerzielung anstreben; etwaige Gewinne, die trotzdem anfallen, dürfen nicht verteilt, sondern müssen zur Erhaltung oder Verbesserung der erbrachten Leistungen verwendet werden.

b) Leitung und Verwaltung dieser Einrichtungen müssen im Wesentlichen ehrenamtlich durch Personen erfolgen, die weder selbst noch über zwischengeschaltete Personen ein unmittelbares oder mittelbares Interesse am wirtschaftlichen Ergebnis der betreffenden Tätigkeiten haben.

c) Die Preise, die diese Einrichtungen verlangen, müssen von den zuständigen Behörden genehmigt sein oder die genehmigten Preise nicht übersteigen; bei Umsätzen, für die eine Preisgenehmigung nicht vorgesehen ist, müssen die verlangten Preise unter den Preisen liegen, die der Mehrwertsteuer unterliegende gewerbliche Unternehmen für entsprechende Umsätze fordern.

d) Die Befreiungen dürfen nicht zu einer Wettbewerbsverzerrung zum Nachteil von der Mehrwertsteuer unterliegenden gewerblichen Unternehmen führen.

[2] Die Mitgliedstaaten, die am 1. Januar 1989 gemäß Anhang E der Richtlinie 77/388/EWG die Mehrwertsteuer auf die in Artikel 132 Absatz 1 Buchstaben m und n genannten Umsätze erhoben, können die unter Absatz 1 Buchstabe d des vorliegenden Artikels genannten Bedingungen auch anwenden, wenn für diese Lieferung von Gegenständen oder Dienstleistungen durch Einrichtungen des öffentlichen Rechts eine Befreiung gewährt wird.

Art. 134 [Gründe des Ausschlusses von Steuerbefreiungen dem Gemeinwohl dienender Umsätze] In folgenden Fällen sind Lieferungen von Gegenständen und Dienstleistungen von der Steuerbefreiung des Artikels 132 Absatz 1 Buchstaben b, g, h, i, l, m und n ausgeschlossen:

a) sie sind für die Umsätze, für die die Steuerbefreiung gewährt wird, nicht unerlässlich;

b) sie sind im Wesentlichen dazu bestimmt, der Einrichtung zusätzliche Einnahmen durch Umsätze zu verschaffen, die in unmittelbarem Wettbewerb mit Umsätzen von der Mehrwertsteuer unterliegenden gewerblichen Unternehmen bewirkt werden.

Kapitel 3. Steuerbefreiungen für andere Tätigkeiten

Art. 135 [Steuerbefreiungen für Finanz-, Glücksspiel- und Grundstücksumsätze] (1) Die Mitgliedstaaten befreien folgende Umsätze von der Steuer:

a) Versicherungs- und Rückversicherungsumsätze einschließlich der dazugehörigen Dienstleistungen, die von Versicherungsmaklern und -vertretern erbracht werden;

b) die Gewährung und Vermittlung von Krediten und die Verwaltung von Krediten durch die Kreditgeber;

c) die Vermittlung und Übernahme von Verbindlichkeiten, Bürgschaften und anderen Sicherheiten und Garantien sowie die Verwaltung von Kreditsicherheiten durch die Kreditgeber;

d) Umsätze – einschließlich der Vermittlung – im Einlagengeschäft und Kontokorrentverkehr, im Zahlungs- und Überweisungsverkehr, im Geschäft mit Forderungen, Schecks und anderen Handelspapieren, mit Ausnahme der Einziehung von Forderungen;

e) Umsätze – einschließlich der Vermittlung –, die sich auf Devisen, Banknoten und Münzen beziehen, die gesetzliches Zahlungsmittel sind, mit Ausnahme von Sammlerstücken, d. h. Münzen aus Gold, Silber oder anderem Metall sowie Banknoten, die normalerweise nicht als gesetzliches Zahlungsmittel verwendet werden oder die von numismatischem Interesse sind;

f) Umsätze – einschließlich der Vermittlung, jedoch nicht der Verwahrung und der Verwaltung –, die sich auf Aktien, Anteile an Gesellschaften und Vereinigungen, Schuldverschreibungen oder sonstige Wertpapiere beziehen, mit Ausnahme von Warenpapieren und der in Artikel 15 Absatz 2 genannten Rechte und Wertpapiere;

g) die Verwaltung von durch die Mitgliedstaaten als solche definierten Sondervermögen;

h) Lieferung von in ihrem jeweiligen Gebiet gültigen Postwertzeichen, von Steuerzeichen und von sonstigen ähnlichen Wertzeichen zum aufgedruckten Wert;

i) Wetten, Lotterien und sonstige Glücksspiele mit Geldeinsatz unter den Bedingungen und Beschränkungen, die von jedem Mitgliedstaat festgelegt werden;

j) Lieferung von anderen Gebäuden oder Gebäudeteilen und dem dazugehörigen Grund und Boden als den in Artikel 12 Absatz 1 Buchstabe a genannten;

k) Lieferung unbebauter Grundstücke mit Ausnahme von Baugrundstücken im Sinne des Artikels 12 Absatz 1 Buchstabe b;

l) Vermietung und Verpachtung von Grundstücken.

(2) *[1]* Die folgenden Umsätze sind von der Befreiung nach Absatz 1 Buchstabe l ausgeschlossen:

a) Gewährung von Unterkunft nach den gesetzlichen Bestimmungen der Mitgliedstaaten im Rahmen des Hotelgewerbes oder in Sektoren mit ähnlicher Zielsetzung, einschließlich der Vermietung in Ferienlagern oder auf Grundstücken, die als Campingplätze erschlossen sind;

b) Vermietung von Plätzen für das Abstellen von Fahrzeugen;

c) Vermietung von auf Dauer eingebauten Vorrichtungen und Maschinen;

d) Vermietung von Schließfächern.

[2] Die Mitgliedstaaten können weitere Ausnahmen von der Befreiung nach Absatz 1 Buchstabe l vorsehen.

Art. 136[1)] [Steuerbefreiung für Lieferungen vom Vorsteuerabzug ausgeschlossener Gegenstände] Die Mitgliedstaaten befreien folgende Umsätze von der Steuer:

a) die Lieferungen von Gegenständen, die ausschließlich für eine auf Grund der Artikel 132, 135, 371, 375, 376, 377, des Artikels 378 Absatz 2, des Ar-

---

1) Art. 136 Buchst. a geänd. mWv 15.1.2010 durch RL v. 22.12.2009 (ABl. 2010 L 10 S. 14); Buchst. a neu gef. mWv 1.7.2013 durch Akte v. 9.12.2011 (ABl. 2012 L 112 S. 21).

tikels 379 Absatz 2 sowie der Artikel 380 bis 390c von der Steuer befreite Tätigkeit bestimmt waren, wenn für diese Gegenstände kein Recht auf Vorsteuerabzug bestanden hat;

b) die Lieferungen von Gegenständen, deren Anschaffung oder Zuordnung gemäß Artikel 176 vom Vorsteuerabzug ausgeschlossen war.

[*ab 1.7.2021:*
Art. 136a[1] **[Steuerbefreiung durch die Mitgliedstaaten]** Wird ein Steuerpflichtiger gemäß Artikel 14a Absatz 2 behandelt, als ob er Gegenstände erhalten und geliefert hätte, befreien die Mitgliedstaaten die Lieferung dieser Gegenstände an diesen Steuerpflichtigen von der Steuer.]

Art. 137 [Kannbestimmung: Einräumung des Optionsrechts zur Steuerpflicht] (1) Die Mitgliedstaaten können ihren Steuerpflichtigen das Recht einräumen, sich bei folgenden Umsätzen für eine Besteuerung zu entscheiden:

a) die in Artikel 135 Absatz 1 Buchstaben b bis g genannten Finanzumsätze;

b) Lieferung von anderen Gebäuden oder Gebäudeteilen und dem dazugehörigen Grund und Boden als den in Artikel 12 Absatz 1 Buchstabe a genannten;

c) Lieferung unbebauter Grundstücke mit Ausnahme von Baugrundstücken im Sinne des Artikels 12 Absatz 1 Buchstabe b;

d) Vermietung und Verpachtung von Grundstücken.

(2) *[1]* Die Mitgliedstaaten legen die Einzelheiten für die Inanspruchnahme des Wahlrechts nach Absatz 1 fest.

[2] Die Mitgliedstaaten können den Umfang dieses Wahlrechts einschränken.

Kapitel 4. Steuerbefreiungen bei innergemeinschaftlichen Umsätzen

Abschnitt 1. Steuerbefreiungen bei der Lieferung von Gegenständen

Art. 138[2] **[Steuerbefreiung innergemeinschaftlicher Lieferungen (einschließlich neuer Fahrzeuge und verbrauchsteuerpflichtiger Waren)]** (1) Die Mitgliedstaaten befreien die Lieferung von Gegenständen, die durch den Verkäufer, den Erwerber oder auf deren Rechnung an einen Ort außerhalb ihres jeweiligen Gebiets, aber innerhalb der Gemeinschaft versandt oder befördert werden, von der Steuer, wenn die folgenden Voraussetzungen erfüllt sind:

---

[1] Art. 136a eingef. mWv 22.12.2019 durch RL v. 21.11.2019 (ABl. L 310 S. 1, geänd. durch ABl. 2020 L 244 S. 3); zur **Anwendung ab 1.7.2021** siehe Art. 2 Beschl. v. 20.7.2020 (ABl. 2020 L 244 S. 3).

[2] Art. 138 Abs. 1 neu gef., Abs. 1a eingef. mWv 27.12.2018 durch RL v. 4.12.2018 (ABl. L 311 S. 3).

a) die Gegenstände werden an einen anderen Steuerpflichtigen oder an eine nichtsteuerpflichtige juristische Person geliefert, die als solche in einem anderen Mitgliedstaat als dem Mitgliedstaat handeln, in dem die Versendung oder Beförderung beginnt;

b) der Steuerpflichtige oder die nichtsteuerpflichtige juristische Person, für den bzw. die die Lieferung erfolgt, ist für Mehrwertsteuerzwecke in einem anderen Mitgliedstaat als dem Mitgliedstaat registriert, in dem die Versendung oder Beförderung der Gegenstände beginnt, und hat dem Lieferer diese Mehrwertsteuer-Identifikationsnummer mitgeteilt.

(1a) Die Befreiung gemäß Absatz 1 gilt nicht, wenn der Lieferer der Verpflichtung zur Abgabe einer zusammenfassenden Meldung nach den Artikeln 262 und 263 nicht nachgekommen ist oder die zusammenfassende Meldung nicht die gemäß Artikel 264 erforderlichen korrekten Angaben zur Lieferung enthält, es sei denn, der Lieferer kann sein Versäumnis zur Zufriedenheit der zuständigen Behörden ordnungsgemäß begründen.

(2) Außer den in Absatz 1 genannten Lieferungen befreien die Mitgliedstaaten auch folgende Umsätze von der Steuer:

a) die Lieferungen neuer Fahrzeuge, die durch den Verkäufer, den Erwerber oder für ihre Rechnung an den Erwerber nach Orten außerhalb ihres jeweiligen Gebiets, aber innerhalb der Gemeinschaft versandt oder befördert werden, wenn die Lieferungen an Steuerpflichtige oder nichtsteuerpflichtige juristische Personen, deren innergemeinschaftliche Erwerbe von Gegenständen gemäß Artikel 3 Absatz 1 nicht der Mehrwertsteuer unterliegen, oder an eine andere nichtsteuerpflichtige Person bewirkt werden;

b) die Lieferungen verbrauchsteuerpflichtiger Waren, die durch den Verkäufer, den Erwerber oder für ihre Rechnung an den Erwerber nach Orten außerhalb ihres jeweiligen Gebiets, aber innerhalb der Gemeinschaft versandt oder befördert werden, wenn die Lieferungen an Steuerpflichtige oder nichtsteuerpflichtige juristische Personen bewirkt werden, deren innergemeinschaftliche Erwerbe von Gegenständen, die keine verbrauchsteuerpflichtigen Waren sind, gemäß Artikel 3 Absatz 1 nicht der Mehrwertsteuer unterliegen, und wenn die Versendung oder Beförderung dieser Waren gemäß Artikel 7 Absätze 4 und 5 oder Artikel 16 der Richtlinie 92/12/EWG durchgeführt wird;

c) die Lieferungen von Gegenständen in Form der Verbringung in einen anderen Mitgliedstaat, die gemäß Absatz 1 und den Buchstaben a und b des vorliegenden Absatzes von der Mehrwertsteuer befreit wäre, wenn sie an einen anderen Steuerpflichtigen bewirkt würde.

Art. 139[1)] [Ausnahme von der Steuerbefreiung innergemeinschaftlicher Lieferungen (einschließlich neuer Fahrzeuge und verbrauchsteuerpflichtiger Waren)] (1) *[1]* Die Steuerbefreiung nach Artikel 138 Absatz 1

[1)] Art. 139 Abs. 1 UAbs. 1 und Abs. 2 neu gef. mWv 22.3.2020 durch RL v. 18.2.2020 (ABl. L 62 S. 13), zur **Anwendung durch die Mitgliedstaaten ab 1.1.2025** siehe Art. 3 Abs. 1 UAbs. 2 RL 2020/285/EU.

gilt nicht für die Lieferungen von Gegenständen durch Steuerpflichtige, *die unter die Steuerbefreiung für Kleinunternehmen nach Maßgabe der Artikel 282 bis 292* [***ab 1.1.2025:*** die in dem Mitgliedstaat, in dem die Lieferung bewirkt wird, unter die Steuerbefreiung für Kleinunternehmen nach Maßgabe des Artikels 284] fallen.

[2] Ferner gilt die Steuerbefreiung nicht für die Lieferungen von Gegenständen an Steuerpflichtige oder nichtsteuerpflichtige juristische Personen, deren innergemeinschaftliche Erwerbe von Gegenständen gemäß Artikel 3 Absatz 1 nicht der Mehrwertsteuer unterliegen.

(2) Die Steuerbefreiung nach Artikel 138 Absatz 2 Buchstabe b gilt nicht für die Lieferungen verbrauchsteuerpflichtiger Waren durch Steuerpflichtige, *die unter die Steuerbefreiung für Kleinunternehmen nach Maßgabe der Artikel 282 bis 292* [***ab 1.1.2025:*** die in dem Mitgliedstaat, in dem die Lieferung bewirkt wird, unter die Steuerbefreiung für Kleinunternehmen nach Maßgabe des Artikels 284] fallen.

(3) *[1]* Die Steuerbefreiung nach Artikel 138 Absatz 1 und Absatz 2 Buchstaben b und c gilt nicht für die Lieferungen von Gegenständen, die nach der Sonderregelung über die Differenzbesteuerung der Artikel 312 bis 325 oder der Regelung für öffentliche Versteigerungen der Mehrwertsteuer unterliegen.

[2] Die Steuerbefreiung nach Artikel 138 Absatz 1 und Absatz 2 Buchstabe c gilt nicht für die Lieferungen von Gebrauchtfahrzeugen im Sinne des Artikels 327 Absatz 3, die nach der Übergangsregelung für Gebrauchtfahrzeuge der Mehrwertsteuer unterliegen.

Abschnitt 2. Steuerbefreiungen beim innergemeinschaftlichen Erwerb von Gegenständen

Art. 140[1)] [Steuerbefreiung des innergemeinschaftlichen Erwerbs]

Die Mitgliedstaaten befreien folgende Umsätze von der Steuer:

a) den innergemeinschaftlichen Erwerb von Gegenständen, deren Lieferung durch Steuerpflichtige in ihrem jeweiligen Gebiet in jedem Fall mehrwertsteuerfrei ist;

b) den innergemeinschaftlichen Erwerb von Gegenständen, deren Einfuhr gemäß Artikel 143 Absatz 1 Buchstaben a, b und c sowie Buchstaben e bis l in jedem Fall mehrwertsteuerfrei ist;

c) den innergemeinschaftlichen Erwerb von Gegenständen, für die der Erwerber gemäß den Artikeln 170 und 171 in jedem Fall das Recht auf volle Erstattung der Mehrwertsteuer hat, die gemäß Artikel 2 Absatz 1 Buchstabe b geschuldet würde.

Art. 141 [Nichtbesteuerung des innergemeinschaftlichen Erwerbs im Fall eines innergemeinschaftlichen Dreiecksgeschäfts] Jeder Mit-

1) Art. 140 Buchst. b geänd. durch RL v. 25.6.2009 (ABl. L 175 S. 12).

gliedstaat trifft besondere Maßnahmen, damit ein innergemeinschaftlicher Erwerb von Gegenständen, der nach Artikel 40 als in seinem Gebiet bewirkt gilt, nicht mit der Mehrwertsteuer belastet wird, wenn folgende Voraussetzungen erfüllt sind:

a) der Erwerb von Gegenständen wird von einem Steuerpflichtigen bewirkt, der nicht in diesem Mitgliedstaat niedergelassen ist, aber in einem anderen Mitgliedstaat für Mehrwertsteuerzwecke erfasst ist;

b) der Erwerb von Gegenständen erfolgt für die Zwecke einer anschließenden Lieferung dieser Gegenstände durch den unter Buchstabe a genannten Steuerpflichtigen in diesem Mitgliedstaat;

c) die auf diese Weise von dem Steuerpflichtigen im Sinne von Buchstabe a erworbenen Gegenstände werden von einem anderen Mitgliedstaat aus als dem, in dem der Steuerpflichtige für Mehrwertsteuerzwecke erfasst ist, unmittelbar an die Person versandt oder befördert, an die er die anschließende Lieferung bewirkt;

d) Empfänger der anschließenden Lieferung ist ein anderer Steuerpflichtiger oder eine nichtsteuerpflichtige juristische Person, der bzw. die in dem betreffenden Mitgliedstaat für Mehrwertsteuerzwecke erfasst ist;

e) der Empfänger der Lieferung im Sinne des Buchstaben d ist gemäß Artikel 197 als Schuldner der Steuer für die Lieferung bestimmt worden, die von dem Steuerpflichtigen bewirkt wird, der nicht in dem Mitgliedstaat ansässig ist, in dem die Steuer geschuldet wird.

Abschnitt 3. Steuerbefreiungen für bestimmte Beförderungsleistungen

Art. 142 [Steuerbefreiung innergemeinschaftlicher Güterbeförderungen nach und von den Azoren und Madeira] Die Mitgliedstaaten befreien die innergemeinschaftliche Güterbeförderung nach oder von den Inseln, die die autonomen Regionen Azoren und Madeira bilden, sowie die Güterbeförderung zwischen diesen Inseln von der Steuer.

Kapitel 5. Steuerbefreiungen bei der Einfuhr

Art. 143[1)] [Steuerbefreiung bestimmter Einfuhren] (1) Die Mitgliedstaaten befreien folgende Umsätze von der Steuer:

a) die endgültige Einfuhr von Gegenständen, deren Lieferung durch Steuerpflichtige in ihrem jeweiligen Gebiet in jedem Fall mehrwertsteuerfrei ist;

[1)] Art. 143 Abs. 2 eingef., bish. Wortlaut wird Abs. 1 durch RL v. 25.6.2009 (ABl. L 175 S. 12); Abs. 1 Buchst. fa eingef., Buchst. g und l neu gef. durch RL v. 22.12.2009 (ABl. 2010 L 10 S. 14); Abs. 1 Buchst. ca eingef. **mWv 1.7.2021** durch RL v. 5.12.2017 (ABl. L 348 S. 7, geänd. durch ABl. 2020 L 244 S. 3); Abs. 1 Buchst. ga eingef. mWv 19.1.2020 durch RL v. 16.12.2019 (ABl. L 336 S. 10); zur **Anwendung durch die Mitgliedstaaten ab 1.7.2022** siehe Art. 3 Abs. 1 UAbs. 2 RL 2019/2235/EU.

b) die endgültige Einfuhr von Gegenständen, die in den Richtlinien 69/169/EWG[1]) 83/181/EWG[2]) und 2006/79/EG[3]) des Rates geregelt ist;

c) die endgültige Einfuhr von Gegenständen aus Drittgebieten, die Teil des Zollgebiets der Gemeinschaft sind, im freien Verkehr, die unter die Steuerbefreiung nach Buchstabe b fallen würde, wenn die Gegenstände gemäß Artikel 30 Absatz 1 eingeführt worden wären;

[***Anwendung ab 1.7.2021:***

ca) die Einfuhr von Gegenständen, für die die Mehrwertsteuer im Rahmen der Sonderregelung gemäß Titel XII Kapitel 6 Abschnitt 4 zu erklären ist und für die spätestens bei der Einreichung der Einfuhranmeldung die gemäß Artikel 369q zugeteilte individuelle Mehrwertsteuer-Identifikationsnummer des Lieferers oder des in seinem Auftrag handelnden Vermittlers für die Anwendung der Sonderregelung der zuständigen Zollstelle im Mitgliedstaat der Einfuhr vorgelegt wurde;]

d) die Einfuhr von Gegenständen, die von einem Drittgebiet oder einem Drittland aus in einen anderen Mitgliedstaat als den Mitgliedstaat der Beendigung der Versendung oder Beförderung versandt oder befördert werden, sofern die Lieferung dieser Gegenstände durch den gemäß Artikel 201 als Steuerschuldner bestimmten oder anerkannten Importeur bewirkt wird und gemäß Artikel 138 befreit ist;

e) die Wiedereinfuhr von unter eine Zollbefreiung fallenden Gegenständen durch denjenigen, der sie ausgeführt hat, und zwar in dem Zustand, in dem sie ausgeführt wurden;

f) die Einfuhr von Gegenständen im Rahmen der diplomatischen und konsularischen Beziehungen, für die eine Zollbefreiung gilt;

fa) die Einfuhr von Gegenständen durch die Europäische Gemeinschaft, die Europäische Atomgemeinschaft, die Europäische Zentralbank oder die Europäische Investitionsbank oder die von den Europäischen Gemeinschaften geschaffenen Einrichtungen, auf die das Protokoll vom 8. April 1965 über die Vorrechte und Befreiungen der Europäischen Gemeinschaften anwendbar ist, und zwar in den Grenzen und zu den Bedingungen, die in diesem Protokoll und den Übereinkünften zu seiner Umsetzung oder in den Abkommen über ihren Sitz festgelegt sind, sofern dies nicht zu Wettbewerbsverzerrungen führt;

---

1) **Amtl. Anm.:** Richtlinie 69/169/EWG des Rates vom 28. Mai 1969 zur Harmonisierung der Rechts- und Verwaltungsvorschriften über die Befreiung von den Umsatzsteuern und Sonderverbrauchsteuern bei der Einfuhr im grenzüberschreitenden Reiseverkehr (ABl. L 133 vom 4.6.1969, S. 6). Zuletzt geändert durch die Richtlinie 2005/93/EG (ABl. L 346 vom 29.12.2005, S. 16).

2) **Amtl. Anm.:** Richtlinie 83/181/EWG des Rates vom 28. März 1983 zur Festlegung des Anwendungsbereichs von Artikel 14 Absatz 1 Buchstabe d der Richtlinie 77/388/EWG hinsichtlich der Mehrwertsteuerbefreiung bestimmter endgültiger Einfuhren von Gegenständen (ABl. L 105 vom 23.4.1983, S. 38). Zuletzt geändert durch die Beitrittsakte von 1994.

3) **Amtl. Anm.:** Richtlinie 2006/79/EG des Rates vom 5. Oktober 2006 über die Steuerbefreiungen bei der Einfuhr von Waren in Kleinsendungen nichtkommerzieller Art mit Herkunft aus Drittländern (kodifizierte Fassung) (ABl. L 286 vom 17.10.2006, S. 15).

g) die Einfuhr von Gegenständen durch internationale Einrichtungen, die nicht unter Buchstabe fa genannt sind und die von den Behörden des Aufnahmemitgliedstaats als internationale Einrichtungen anerkannt sind, sowie durch Angehörige dieser Einrichtungen, und zwar in den Grenzen und zu den Bedingungen, die in den internationalen Übereinkommen über die Gründung dieser Einrichtungen oder in den Abkommen über ihren Sitz festgelegt sind;

[***Anwendung ab 1.7.2022:***

ga) die Einfuhr von Gegenständen in Mitgliedstaaten durch die Streitkräfte anderer Mitgliedstaaten für den eigenen Gebrauch oder Verbrauch oder für den ihres zivilen Begleitpersonals oder für die Versorgung ihrer Kasinos oder Kantinen, wenn diese Streitkräfte an einer Verteidigungsanstrengung teilnehmen, die zur Durchführung einer Tätigkeit der Union im Rahmen der Gemeinsamen Sicherheits- und Verteidigungspolitik unternommen wird;]

h) die Einfuhr von Gegenständen in den Mitgliedstaaten, die Vertragsparteien des Nordatlantikvertrags sind, durch die Streitkräfte anderer Parteien dieses Vertrags für den Gebrauch oder Verbrauch durch diese Streitkräfte oder ihr ziviles Begleitpersonal oder für die Versorgung ihrer Kasinos oder Kantinen, wenn diese Streitkräfte der gemeinsamen Verteidigungsanstrengung dienen;

i) die Einfuhr von Gegenständen, die von den gemäß dem Vertrag zur Gründung der Republik Zypern vom 16. August 1960 auf der Insel Zypern stationierten Streitkräften des Vereinigten Königreichs durchgeführt wird, wenn sie für den Gebrauch oder Verbrauch durch diese Streitkräfte oder ihr ziviles Begleitpersonal oder für die Versorgung ihrer Kasinos oder Kantinen bestimmt ist;

j) die durch Unternehmen der Seefischerei in Häfen durchgeführte Einfuhr von Fischereierzeugnissen, die noch nicht Gegenstand einer Lieferung gewesen sind, in unbearbeitetem Zustand oder nach Haltbarmachung für Zwecke der Vermarktung;

k) die Einfuhr von Gold durch Zentralbanken;

l) die Einfuhr von Gas über ein Erdgasnetz oder jedes an ein solches Netz angeschlossene Netz oder von Gas, das von einem Gastanker aus in ein Erdgasnetz oder ein vorgelagertes Gasleitungsnetz eingespeist wird, von Elektrizität oder von Wärme oder Kälte über Wärme- oder Kältenetze.

(2) *[1]* Die Steuerbefreiung gemäß Absatz 1 Buchstabe d ist in den Fällen, in denen auf die Einfuhr von Gegenständen eine Lieferung von Gegenständen folgt, die gemäß Artikel 138 Absatz 1 und Absatz 2 Buchstabe c von der Steuer befreit ist, nur anzuwenden, wenn der Importeur zum Zeitpunkt der Einfuhr den zuständigen Behörden des Einfuhrmitgliedstaats mindestens die folgenden Angaben hat zukommen lassen:

a) seine im Einfuhrmitgliedstaat erteilte MwSt.-Identifikationsnummer oder die im Einfuhrmitgliedstaat erteilte MwSt.-Identifikationsnummer seines Steuervertreters, der die Steuer schuldet;

b) die in einem anderen Mitgliedstaat erteilte MwSt.-Identifikationsnummer des Erwerbers, an den die Gegenstände gemäß Artikel 138 Absatz 1 geliefert werden, oder seine eigene MwSt.-Identifikationsnummer, die in dem Mitgliedstaat erteilt wurde, in dem die Versendung oder Beförderung der Gegenstände endet, wenn die Gegenstände gemäß Artikel 138 Absatz 2 Buchstabe c verbracht werden;

c) den Nachweis, aus dem hervorgeht, dass die eingeführten Gegenstände dazu bestimmt sind, aus dem Einfuhrmitgliedstaat in einen anderen Mitgliedstaat befördert oder versandt zu werden.

[2] Allerdings können die Mitgliedstaaten festlegen, dass der Nachweis nach Buchstabe c den zuständigen Behörden lediglich auf Ersuchen vorzulegen ist.

Art. 144 [Steuerbefreiung in der Steuerbemessungsgrundlage für Einfuhren bereits enthaltener Dienstleistungen] Die Mitgliedstaaten befreien Dienstleistungen, die sich auf die Einfuhr von Gegenständen beziehen und deren Wert gemäß Artikel 86 Absatz 1 Buchstabe b in der Steuerbemessungsgrundlage enthalten ist.

Art. 145 [Stand-Still-Klausel zum Anwendungsbereich der Steuerbefreiung bestimmter Einfuhren – Auftrag an EU-Kommission zur Überprüfung] (1) Falls erforderlich, unterbreitet die Kommission dem Rat so rasch wie möglich Vorschläge zur genauen Festlegung des Anwendungsbereichs der Befreiungen der Artikel 143 und 144 und der praktischen Einzelheiten ihrer Anwendung.

(2) *[1]* Bis zum Inkrafttreten der in Absatz 1 genannten Bestimmungen können die Mitgliedstaaten die geltenden nationalen Vorschriften beibehalten.

[2] Die Mitgliedstaaten können ihre nationalen Vorschriften anpassen, um Wettbewerbsverzerrungen zu verringern und insbesondere die Nicht- oder Doppelbesteuerung innerhalb der Gemeinschaft zu vermeiden.

[3] Die Mitgliedstaaten können die Verwaltungsverfahren anwenden, die ihnen zur Durchführung der Steuerbefreiung am geeignetsten erscheinen.

(3) Die Mitgliedstaaten teilen der Kommission ihre bereits geltenden nationalen Vorschriften mit, sofern diese noch nicht mitgeteilt wurden, und die Vorschriften, die sie im Sinne des Absatzes 2 erlassen; die Kommission unterrichtet hiervon die übrigen Mitgliedstaaten.

Kapitel 6. Steuerbefreiungen bei der Ausfuhr

Art. 146 [Steuerbefreiung von Ausfuhrumsätzen] (1) Die Mitgliedstaaten befreien folgende Umsätze von der Steuer:

a) die Lieferungen von Gegenständen, die durch den Verkäufer oder für dessen Rechnung nach Orten außerhalb der Gemeinschaft versandt oder befördert werden;

b) die Lieferungen von Gegenständen, die durch den nicht in ihrem jeweiligen Gebiet ansässigen Erwerber oder für dessen Rechnung nach Orten außerhalb der Gemeinschaft versandt oder befördert werden, mit Ausnahme der vom Erwerber selbst beförderten Gegenstände zur Ausrüstung oder

Versorgung von Sportbooten und Sportflugzeugen sowie von sonstigen Beförderungsmitteln, die privaten Zwecken dienen;

c) die Lieferungen von Gegenständen an zugelassene Körperschaften, die diese im Rahmen ihrer Tätigkeit auf humanitärem, karitativem oder erzieherischem Gebiet nach Orten außerhalb der Gemeinschaft ausführen;

d) Dienstleistungen in Form von Arbeiten an beweglichen körperlichen Gegenständen, die zwecks Durchführung dieser Arbeiten in der Gemeinschaft erworben oder eingeführt worden sind und die vom Dienstleistungserbringer oder dem nicht in ihrem jeweiligen Gebiet ansässigen Dienstleistungsempfänger oder für deren Rechnung nach Orten außerhalb der Gemeinschaft versandt oder befördert werden;

e) Dienstleistungen, einschließlich Beförderungsleistungen und Nebentätigkeiten zur Beförderung, ausgenommen die gemäß den Artikeln 132 und 135 von der Steuer befreiten Dienstleistungen, wenn sie in unmittelbarem Zusammenhang mit der Ausfuhr oder der Einfuhr von Gegenständen stehen, für die Artikel 61 oder Artikel 157 Absatz 1 Buchstabe a gilt.

(2) Die Steuerbefreiung des Absatzes 1 Buchstabe c kann im Wege einer Mehrwertsteuererstattung erfolgen.

Art. 147 [Voraussetzungen der Steuerbefreiung von Ausfuhrlieferungen im nichtkommerziellen Reiseverkehr] (1) *[1]* Betrifft die in Artikel 146 Absatz 1 Buchstabe b genannte Lieferung Gegenstände zur Mitführung im persönlichen Gepäck von Reisenden, gilt die Steuerbefreiung nur, wenn die folgenden Voraussetzungen erfüllt sind:

a) der Reisende ist nicht in der Gemeinschaft ansässig;

b) die Gegenstände werden vor Ablauf des dritten auf die Lieferung folgenden Kalendermonats nach Orten außerhalb der Gemeinschaft befördert;

c) der Gesamtwert der Lieferung einschließlich Mehrwertsteuer übersteigt 175 EUR oder den Gegenwert in Landeswährung; der Gegenwert in Landeswährung wird alljährlich anhand des am ersten Arbeitstag im Oktober geltenden Umrechnungskurses mit Wirkung zum 1. Januar des folgenden Jahres festgelegt.

[2] Die Mitgliedstaaten können jedoch eine Lieferung, deren Gesamtwert unter dem in Unterabsatz 1 Buchstabe c vorgesehenen Betrag liegt, von der Steuer befreien.

(2) *[1]* [1]Für die Zwecke des Absatzes 1 gilt ein Reisender als „nicht in der Gemeinschaft ansässig", wenn sein Wohnsitz oder sein gewöhnlicher Aufenthaltsort nicht in der Gemeinschaft liegt. [2]Dabei gilt als „Wohnsitz oder gewöhnlicher Aufenthaltsort" der Ort, der im Reisepass, im Personalausweis oder in einem sonstigen Dokument eingetragen ist, das in dem Mitgliedstaat, in dessen Gebiet die Lieferung bewirkt wird, als Identitätsnachweis anerkannt ist.

[2] Der Nachweis der Ausfuhr wird durch Rechnungen oder entsprechende Belege erbracht, die mit dem Sichtvermerk der Ausgangszollstelle der Gemeinschaft versehen sein müssen.

[3] [1]Jeder Mitgliedstaat übermittelt der Kommission ein Muster des Stempelabdrucks, den er für die Erteilung des Sichtvermerks im Sinne des Unterabsatzes 2 verwendet. [2]Die Kommission leitet diese Information an die Steuerbehörden der übrigen Mitgliedstaaten weiter.

Kapitel 7. Steuerbefreiungen bei grenzüberschreitenden Beförderungen

Art. 148 [Steuerbefreiung von Vorumsätzen in der Seeschifffahrt und in der Luftfahrt] Die Mitgliedstaaten befreien folgende Umsätze von der Steuer:

a) die Lieferungen von Gegenständen zur Versorgung von Schiffen, die auf hoher See im entgeltlichen Passagierverkehr, zur Ausübung einer Handelstätigkeit, für gewerbliche Zwecke oder zur Fischerei sowie als Bergungs- oder Rettungsschiffe auf See oder zur Küstenfischerei eingesetzt sind, wobei im letztgenannten Fall die Lieferungen von Bordverpflegung ausgenommen sind;

b) die Lieferungen von Gegenständen zur Versorgung von Kriegsschiffen im Sinne des Codes der Kombinierten Nomenklatur (KN) 8906 10 00, die ihr Gebiet verlassen, um einen Hafen oder Ankerplatz außerhalb des Mitgliedstaats anzulaufen;

c) Lieferung, Umbau, Reparatur, Wartung, Vercharterung und Vermietung der unter Buchstabe a genannten Schiffe, sowie Lieferung, Vermietung, Reparatur und Wartung von Gegenständen, die in diese Schiffe eingebaut sind – einschließlich der Ausrüstung für die Fischerei –, oder die ihrem Betrieb dienen;

d) Dienstleistungen, die nicht unter Buchstabe c fallen und die unmittelbar für den Bedarf der unter Buchstabe a genannten Schiffe und ihrer Ladung erbracht werden;

e) die Lieferungen von Gegenständen zur Versorgung von Luftfahrzeugen, die von Luftfahrtgesellschaften verwendet werden, die hauptsächlich im entgeltlichen internationalen Verkehr tätig sind;

f) Lieferung, Umbau, Reparatur, Wartung, Vercharterung und Vermietung der unter Buchstabe e genannten Luftfahrzeuge, sowie Lieferung, Vermietung, Reparatur und Wartung von Gegenständen, die in diese Luftfahrzeuge eingebaut sind oder ihrem Betrieb dienen;

g) Dienstleistungen, die nicht unter Buchstabe f fallen und die unmittelbar für den Bedarf der unter Buchstabe e genannten Luftfahrzeuge und ihrer Ladung erbracht werden.

Art. 149 [Kannbestimmung: Portugal – See- und Luftverkehrsbeförderungen zwischen den Azoren und Madeira] Portugal kann Beförderungen im See- und Luftverkehr zwischen den Inseln, die die autonomen Regionen Azoren und Madeira bilden, sowie zwischen diesen Regionen und dem Mutterland grenzüberschreitenden Beförderungen gleichstellen.

Art. 150 [Auftrag an EU-Kommission zur Überprüfung des Anwendungsbereichs der Steuerbefreiung von Vorumsätzen in der Seeschifffahrt und in der Luftfahrt] (1) Falls erforderlich unterbreitet die Kommission dem Rat so rasch wie möglich Vorschläge zur genauen Festlegung des Anwendungsbereichs der Befreiungen des Artikels 148 und der praktischen Einzelheiten ihrer Anwendung.

(2) Bis zum Inkrafttreten der in Absatz 1 genannten Bestimmungen können die Mitgliedstaaten den Anwendungsbereich der Befreiungen nach Artikel 148 Buchstaben a und b beschränken.

Kapitel 8. Steuerbefreiungen bei bestimmten, Ausfuhren gleichgestellten Umsätzen

Art. 151[1)] [Steuerbefreiungen von Umsätzen an diplomatische Vertretungen, internationale Einrichtungen und NATO-Streitkräfte]

(1) *[1]* Die Mitgliedstaaten befreien folgende Umsätze von der Steuer:

a) Lieferungen von Gegenständen und Dienstleistungen, die im Rahmen der diplomatischen und konsularischen Beziehungen bewirkt werden;

aa) Lieferungen von Gegenständen und Dienstleistungen, die für die Europäische Gemeinschaft, die Europäische Atomgemeinschaft, die Europäische Zentralbank oder die Europäische Investitionsbank oder die von den Europäischen Gemeinschaften geschaffenen Einrichtungen, auf die das Protokoll vom 8. April 1965 über die Vorrechte und Befreiungen der Europäischen Gemeinschaften anwendbar ist, bestimmt sind, und zwar in den Grenzen und zu den Bedingungen, die in diesem Protokoll und den Übereinkünften zu seiner Umsetzung oder in den Abkommen über ihren Sitz festgelegt sind, sofern dies nicht zu Wettbewerbsverzerrungen führt;

b) Lieferungen von Gegenständen und Dienstleistungen, die für nicht unter Buchstabe aa genannte internationale Einrichtungen, die vom Aufnahmemitgliedstaat als internationale Einrichtungen anerkannt sind, sowie für die Angehörigen dieser Einrichtungen bestimmt sind, und zwar in den Grenzen und zu den Bedingungen, die in den internationalen Übereinkommen über die Gründung dieser Einrichtungen oder in den Abkommen über ihren Sitz festgelegt sind;

[***Anwendung ab 1.7.2022:***

ba) Lieferungen von Gegenständen und Dienstleistungen in einem Mitgliedstaat, die entweder für den Gebrauch oder Verbrauch durch die Streitkräfte anderer Mitgliedstaaten oder ihr ziviles Begleitpersonal oder für die Versorgung ihrer Kasinos oder Kantinen bestimmt sind, wenn diese Streitkräfte an einer Verteidigungsanstrengung teilnehmen, die zur Durchführung einer Tätigkeit der Union im Rahmen der Gemeinsamen Sicherheits- und Verteidigungspolitik unternommen wird;

---

1) Art. 151 Abs. 1 UAbs. 1 Buchst. aa eingef., Buchst. b neu gef. mWv 15.1.2010 durch RL v. 22.12.2009 (ABl. 2010 L 10 S. 14); Abs. 1 UAbs. 1 Buchst. ba und bb eingef. mWv 19.1.2020 durch RL v. 16.12.2019 (ABl. L 336 S. 10); zur **Anwendung durch die Mitgliedstaaten ab 1.7.2022** siehe Art. 3 Abs. 1 UAbs. 2 RL 2019/2235/EU.

bb) Lieferungen von Gegenständen und Dienstleistungen in einen anderen Mitgliedstaat, die, für den Gebrauch oder Verbrauch durch die Streitkräfte eines anderen Mitgliedstaats als die des Bestimmungsmitgliedstaats selbst oder ihr ziviles Begleitpersonal oder für die Versorgung ihrer Kasinos oder Kantinen bestimmt sind, wenn diese Streitkräfte an einer Verteidigungsanstrengung teilnehmen, die zur Durchführung einer Tätigkeit der Union im Rahmen der Gemeinsamen Sicherheits- und Verteidigungspolitik unternommen wird;]

c) Lieferungen von Gegenständen und Dienstleistungen, die in den Mitgliedstaaten, die Vertragsparteien des Nordatlantikvertrags sind, an die Streitkräfte anderer Vertragsparteien bewirkt werden, wenn diese Umsätze für den Gebrauch oder Verbrauch durch diese Streitkräfte oder ihr ziviles Begleitpersonal oder für die Versorgung ihrer Kasinos oder Kantinen bestimmt sind und wenn diese Streitkräfte der gemeinsamen Verteidigungsanstrengung dienen;

d) Lieferungen von Gegenständen und Dienstleistungen, deren Bestimmungsort in einem anderen Mitgliedstaat liegt und die für die Streitkräfte anderer Vertragsparteien des Nordatlantikvertrags als die des Bestimmungsmitgliedstaats selbst bestimmt sind, wenn diese Umsätze für den Gebrauch oder Verbrauch durch diese Streitkräfte oder ihr ziviles Begleitpersonal oder für die Versorgung ihrer Kasinos oder Kantinen bestimmt sind und wenn diese Streitkräfte der gemeinsamen Verteidigungsanstrengung dienen;

e) Lieferungen von Gegenständen und Dienstleistungen, die für die gemäß dem Vertrag zur Gründung der Republik Zypern vom 16. August 1960 auf der Insel Zypern stationierten Streitkräfte des Vereinigten Königreichs bestimmt sind, wenn diese Umsätze für den Gebrauch oder Verbrauch durch die Streitkräfte oder ihr ziviles Begleitpersonal oder für die Versorgung ihrer Kasinos oder Kantinen bestimmt sind.

[2] Die in Unterabsatz 1 geregelten Befreiungen gelten unter den vom Aufnahmemitgliedstaat festgelegten Beschränkungen so lange, bis eine einheitliche Steuerregelung erlassen ist.

(2) Bei Gegenständen, die nicht aus dem Mitgliedstaat versandt oder befördert werden, in dem die Lieferung dieser Gegenstände bewirkt wird, und bei Dienstleistungen kann die Steuerbefreiung im Wege der Mehrwertsteuererstattung erfolgen.

Art. 152 [Steuerbefreiung der Lieferungen von Gold an Zentralbanken] Die Mitgliedstaaten befreien die Lieferungen von Gold an Zentralbanken von der Steuer.

Kapitel 9. Steuerbefreiungen für Dienstleistungen von Vermittlern

Art. 153 [Steuerbefreiung von Vermittlungsleistungen im Zusammenhang mit grenzüberschreitenden Umsätzen] *[1]* Die Mitgliedstaaten befreien Dienstleistungen von Vermittlern, die im Namen und für Rechnung

Dritter handeln, von der Steuer, wenn sie in den Kapiteln 6, 7 und 8 genannte Umsätze oder Umsätze außerhalb der Gemeinschaft betreffen.

[2] Die Befreiung nach Absatz 1 gilt nicht für Reisebüros, wenn diese im Namen und für Rechnung des Reisenden Leistungen bewirken, die in anderen Mitgliedstaaten erbracht werden.

Kapitel 10. Steuerbefreiungen beim grenzüberschreitenden Warenverkehr

Abschnitt 1. Zolllager, andere Lager als Zolllager sowie gleichartige Regelungen

Art. 154 [Definition „andere Lager als Zolllager"] Für die Zwecke dieses Abschnitts gelten als „andere Lager als Zolllager" bei verbrauchsteuerpflichtigen Waren die Orte, die Artikel 4 Buchstabe b der Richtlinie 92/12/EWG als Steuerlager definiert, und bei nicht verbrauchsteuerpflichtigen Waren die Orte, die die Mitgliedstaaten als solche definieren.

Art. 155 [Kannbestimmung: Steuerbefreiung für Umsätze, die Zollverfahren unterliegen – Grundsatz] Unbeschadet der übrigen gemeinschaftlichen Steuervorschriften können die Mitgliedstaaten nach Konsultation des Mehrwertsteuerausschusses besondere Maßnahmen treffen, um einige oder sämtliche in diesem Abschnitt genannten Umsätze von der Steuer zu befreien, sofern diese nicht für eine endgültige Verwendung oder einen Endverbrauch bestimmt sind und sofern der beim Verlassen der in diesem Abschnitt genannten Verfahren oder sonstigen Regelungen geschuldete Mehrwertsteuerbetrag demjenigen entspricht, der bei der Besteuerung jedes einzelnen dieser Umsätze in ihrem Gebiet geschuldet worden wäre.

Art. 156 [Kannbestimmung: Steuerbefreiung bestimmter Lieferungen von Gegenständen, die bestimmten Zollverfahren unterliegen]
(1) Die Mitgliedstaaten können folgende Umsätze von der Steuer befreien:

a) die Lieferungen von Gegenständen, die zollamtlich erfasst und gegebenenfalls in einem Übergangslager vorübergehend verwahrt bleiben sollen;
b) die Lieferungen von Gegenständen, die in einer Freizone oder einem Freilager gelagert werden sollen;
c) die Lieferungen von Gegenständen, die einer Zolllagerregelung oder einer Regelung für den aktiven Veredelungsverkehr unterliegen sollen;
d) die Lieferungen von Gegenständen, die in die Hoheitsgewässer verbracht werden sollen, um im Rahmen des Baus, der Reparatur, der Wartung, des Umbaus oder der Ausrüstung von Bohrinseln oder Förderplattformen in diese eingebaut oder für die Verbindung dieser Bohrinseln oder Förderplattformen mit dem Festland verwendet zu werden;
e) die Lieferungen von Gegenständen, die in die Hoheitsgewässer verbracht werden sollen, um zur Versorgung von Bohrinseln oder Förderplattformen verwendet zu werden.

(2) Die in Absatz 1 genannten Orte sind diejenigen, die in den geltenden Zollvorschriften der Gemeinschaft als solche definiert sind.

Art. 157 [Kannbestimmung: Steuerbefreiung von Einfuhren und Lieferungen unter Regelungen für andere als Zolllager] (1) Die Mitgliedstaaten können folgende Umsätze von der Steuer befreien:

a) die Einfuhr von Gegenständen, die einer Regelung für andere Lager als Zolllager unterliegen sollen;

b) die Lieferungen von Gegenständen, die in ihrem Gebiet einer Regelung für andere Lager als Zolllager unterliegen sollen.

(2) Die Mitgliedstaaten dürfen bei nicht verbrauchsteuerpflichtigen Waren keine andere Lagerregelung als eine Zolllagerregelung vorsehen, wenn diese Waren zur Lieferung auf der Einzelhandelsstufe bestimmt sind.

Art. 158 [Kannbestimmung: Einbeziehung von Tax-free-Verkaufsstellen in eine Regelung für andere als Zolllager] (1) Abweichend von Artikel 157 Absatz 2 können die Mitgliedstaaten eine Regelung für andere Lager als Zolllager in folgenden Fällen vorsehen:

a) sofern die Gegenstände für Tax-free-Verkaufsstellen für Zwecke ihrer gemäß Artikel 146 Absatz 1 Buchstabe b befreiten Lieferungen zur Mitführung im persönlichen Gepäck von Reisenden bestimmt sind, die sich per Flugzeug oder Schiff in ein Drittgebiet oder ein Drittland begeben;

b) sofern die Gegenstände für Steuerpflichtige für Zwecke ihrer Lieferungen an Reisende an Bord eines Flugzeugs oder eines Schiffs während eines Flugs oder einer Seereise bestimmt sind, deren Zielort außerhalb der Gemeinschaft gelegen ist;

c) sofern die Gegenstände für Steuerpflichtige für Zwecke ihrer gemäß Artikel 151 von der Mehrwertsteuer befreiten Lieferungen bestimmt sind.

(2) Mitgliedstaaten, die von der in Absatz 1 Buchstabe a vorgesehenen Möglichkeit der Steuerbefreiung Gebrauch machen, treffen die erforderlichen Maßnahmen, um eine korrekte und einfache Anwendung dieser Befreiung zu gewährleisten und Steuerhinterziehung, Steuerumgehung oder Missbrauch zu verhindern.

(3) Für die Zwecke des Absatzes 1 Buchstabe a gilt als „Tax-free-Verkaufsstelle“ jede Verkaufsstelle innerhalb eines Flug- oder Seehafens, die die von den zuständigen Behörden festgelegten Voraussetzungen erfüllt.

Art. 159 [Kannbestimmung: Steuerbefreiung von Dienstleistungen im Zusammenhang mit steuerbefreiten Lieferungen unter Zollverfahren] Die Mitgliedstaaten können Dienstleistungen von der Steuer befreien, die mit der Lieferung von Gegenständen im Sinne des Artikels 156, des Artikels 157 Absatz 1 Buchstabe b und des Artikels 158 zusammenhängen.

Art. 160 [Kannbestimmung: Steuerbefreiung von Umsätzen in Zoll- und Mehrwertsteuerlagern] (1) Die Mitgliedstaaten können folgende Umsätze von der Steuer befreien:

a) die Lieferungen von Gegenständen und das Erbringen von Dienstleistungen an den in Artikel 156 Absatz 1 genannten Orten, wenn diese Umsätze in ihrem Gebiet unter Wahrung einer der in demselben Absatz genannten Verfahren bewirkt werden;

b) die Lieferungen von Gegenständen und das Erbringen von Dienstleistungen an den in Artikel 157 Absatz 1 Buchstabe b und Artikel 158 genannten Orten, wenn diese Umsätze in ihrem Gebiet unter Wahrung eines der in Artikel 157 Absatz 1 Buchstabe b beziehungsweise Artikel 158 Absatz 1 genannten Verfahren bewirkt werden.

(2) Mitgliedstaaten, die von der Möglichkeit nach Absatz 1 Buchstabe a für in Zolllagern bewirkte Umsätze Gebrauch machen, treffen die erforderlichen Maßnahmen, um Regelungen für andere Lager als Zolllager festzulegen, die die Anwendung von Absatz 1 Buchstabe b auf diese Umsätze ermöglichen, wenn sie in Anhang V genannte Gegenstände betreffen und unter dieser Regelung für andere Lager als Zolllager bewirkt werden.

Art. 161 [Kannbestimmung: Steuerbefreiung von Umsätzen mit Drittlandswaren, die bestimmten Zollverfahren unterliegen] Die Mitgliedstaaten können folgende Lieferungen von Gegenständen und damit zusammenhängende Dienstleistungen von der Steuer befreien:

a) die Lieferungen von Gegenständen nach Artikel 30 Absatz 1 unter Wahrung des Verfahrens der vorübergehenden Verwendung bei vollständiger Befreiung von den Einfuhrabgaben oder des externen Versandverfahrens;

b) die Lieferungen von Gegenständen nach Artikel 30 Absatz 2 unter Wahrung des internen Versandverfahrens nach Artikel 276.

Art. 162 [Gleichstellung des innergemeinschaftlichen Erwerbs in den Fällen der Steuerbefreiung unter bestimmten Zollverfahren] Mitgliedstaaten, die von der Möglichkeit nach diesem Abschnitt Gebrauch machen, stellen sicher, dass für den innergemeinschaftlichen Erwerb von Gegenständen, der unter eines der Verfahren oder eine der Regelungen im Sinne des Artikels 156, des Artikels 157 Absatz 1 Buchstabe b und des Artikels 158 fällt, dieselben Vorschriften angewandt werden wie auf die Lieferungen von Gegenständen, die unter gleichen Bedingungen in ihrem Gebiet bewirkt wird.

Art. 163 [Vermeidung einer Doppelbesteuerung durch Einfuhrmitgliedstaat in den Fällen der Besteuerung aufgrund des Verlassens eines Zollverfahrens] Ist das Verlassen der Verfahren oder der sonstigen Regelungen im Sinne dieses Abschnitts mit einer Einfuhr im Sinne des Artikels 61 verbunden, trifft der Einfuhrmitgliedstaat die erforderlichen Maßnahmen, um eine Doppelbesteuerung zu vermeiden.

Abschnitt 2. Steuerbefreiung von Umsätzen im Hinblick auf eine Ausfuhr und im Rahmen des Handels zwischen den Mitgliedstaaten

Art. 164 [Kannbestimmnung: Steuerbefreiung von Vorumsätzen für Ausfuhren] (1) Die Mitgliedstaaten können nach Konsultation des Mehrwertsteuerausschusses folgende von einem Steuerpflichtigen getätigte oder für einen Steuerpflichtigen bestimmte Umsätze bis zu dem Betrag von der Steuer befreien, der dem Wert der von diesem Steuerpflichtigen getätigten Ausfuhren in den vorangegangenen zwölf Monaten entspricht:

a) innergemeinschaftlicher Erwerb von Gegenständen durch einen Steuerpflichtigen sowie Einfuhr und Lieferung von Gegenständen an einen Steuerpflichtigen, der diese unverarbeitet oder verarbeitet nach Orten außerhalb der Gemeinschaft auszuführen beabsichtigt;

b) Dienstleistungen im Zusammenhang mit der Ausfuhrtätigkeit dieses Steuerpflichtigen.

(2) Mitgliedstaaten, die von der Möglichkeit der Steuerbefreiung nach Absatz 1 Gebrauch machen, befreien nach Konsultation des Mehrwertsteuerausschusses auch die Umsätze im Zusammenhang mit Lieferungen des Steuerpflichtigen unter den Voraussetzungen des Artikels 138 bis zu dem Betrag, der dem Wert seiner derartigen Lieferungen in den vorangegangenen zwölf Monaten entspricht, von der Steuer.

Art. 165 [Kannbestimmung: gemeinsamer Höchstbetrag für Steuerbefreiung von Vorumsätzen für Ausfuhren] Die Mitgliedstaaten können für die Steuerbefreiungen gemäß Artikel 164 einen gemeinsamen Höchstbetrag festsetzen.

Abschnitt 3. Gemeinsame Bestimmungen für die Abschnitte 1 und 2

Art. 166 [Auftrag an EU-Kommission – Überprüfung der Anwendungsmodalitäten für die Steuerbefreiungen beim grenzüberschreitenden Warenverkehr] Falls erforderlich unterbreitet die Kommission dem Rat so rasch wie möglich Vorschläge über gemeinsame Modalitäten für die Anwendung der Mehrwertsteuer auf die in den Abschnitten 1 und 2 genannten Umsätze.

Titel X. Vorsteuerabzug

Kapitel 1. Entstehung und Umfang des Rechts auf Vorsteuerabzug

Art. 167 [Entstehung des Rechts auf Vorsteuerabzug] Das Recht auf Vorsteuerabzug entsteht, wenn der Anspruch auf die abziehbare Steuer entsteht.

Art. 167a[1] [Fakultative Regelung] *[1]* Die Mitgliedstaaten können im Rahmen einer fakultativen Regelung vorsehen, dass das Recht auf Vorsteuerabzug eines Steuerpflichtigen, bei dem ausschließlich ein Steueranspruch gemäß Artikel 66 Buchstabe b eintritt, erst dann ausgeübt werden darf, wenn der

---

[1] Art. 167a eingef. durch RL v. 13.7.2010 (ABl. L 189 S. 1); UAbs. 2 neu gef., UAbs. 3 aufgeh. mWv 22.3.2020 durch RL v. 18.2.2020 (ABl. L 62 S. 13); zur **Anwendung durch die Mitgliedstaaten ab 1.1.2025** siehe Art. 3 Abs. 1 UAbs. 2 RL 2020/285/EU.

entsprechende Lieferer oder Dienstleistungserbringer die Mehrwertsteuer auf die dem Steuerpflichtigen gelieferten Gegenstände oder erbrachten Dienstleistungen erhalten hat.

[Anwendung bis 31.12.2024:]

[2] [1] Mitgliedstaaten, die die in Absatz 1 genannte fakultative Regelung anwenden, legen für Steuerpflichtige, die innerhalb ihres Gebiets von dieser Regelung Gebrauch machen, einen Grenzwert fest, der sich auf den gemäß Artikel 288 berechneten Jahresumsatz des Steuerpflichtigen stützt. [2] Dieser Grenzwert darf 500 000 EUR oder den Gegenwert in Landeswährung nicht übersteigen. [3] Die Mitgliedstaaten können nach Konsultation des Mehrwertsteuerausschusses einen Grenzwert anwenden, der bis zu 2 000 000 EUR oder den Gegenwert in Landeswährung beträgt. [4] Bei Mitgliedstaaten, die am 31. Dezember 2012 einen Grenzwert anwenden, der mehr als 500 000 EUR oder den Gegenwert in Landeswährung beträgt, ist eine solche Konsultation des Mehrwertsteuerausschusses jedoch nicht erforderlich.

[3] Die Mitgliedstaaten unterrichten den Mehrwertsteuerausschuss von allen auf der Grundlage von Absatz 1 erlassenen nationalen Maßnahmen.

[Anwendung ab 1.1.2025:]

[2] [1] Mitgliedstaaten, die die in Absatz 1 genannte fakultative Regelung anwenden, legen für Steuerpflichtige, die innerhalb ihres Gebiets von dieser Regelung Gebrauch machen, einen Schwellenwert fest, der sich auf den gemäß Artikel 288 berechneten Jahresumsatz des Steuerpflichtigen stützt. [2] Dieser Schwellenwert darf 2 000 000 EUR oder den Gegenwert in Landeswährung nicht übersteigen.

Art. 168[1)] **[Umfang des Rechts auf Vorsteuerabzug – steuerpflichtige Ausgangsumsätze]** Soweit die Gegenstände und Dienstleistungen für die Zwecke seiner besteuerten Umsätze verwendet werden, ist der Steuerpflichtige berechtigt, in dem Mitgliedstaat, in dem er diese Umsätze bewirkt, vom Betrag der von ihm geschuldeten Steuer folgende Beträge abzuziehen:

a) die in diesem Mitgliedstaat geschuldete oder entrichtete Mehrwertsteuer für Gegenstände und Dienstleistungen, die ihm von einem anderen Steuerpflichtigen geliefert bzw. erbracht wurden oder werden;

[1)] Zeitlich befristete abweichende Ermächtigung der Bundesrepublik Deutschland auf **Ausschluss vom Recht auf Vorsteuerabzug** von Gegenständen und Dienstleistungen, die zu mehr als 90% für private Zwecke des Steuerpflichtigen oder seines Personals oder allgemein für unternehmensfremde Zwecke genutzt werden, durch Entscheidung des Rates 2009/791/EG vom 20.10.2009, zuletzt geänd. durch Durchführungsbeschluss (EU) 2018/2060 des Rates v. 20.12.2018 (ABl. L 329 S. 20).

b) die Mehrwertsteuer, die für Umsätze geschuldet wird, die der Lieferung von Gegenständen beziehungsweise dem Erbringen von Dienstleistungen gemäß Artikel 18 Buchstabe a sowie Artikel 27 gleichgestellt sind;

c) die Mehrwertsteuer, die für den innergemeinschaftlichen Erwerb von Gegenständen gemäß Artikel 2 Absatz 1 Buchstabe b Ziffer i geschuldet wird;

d) die Mehrwertsteuer, die für dem innergemeinschaftlichen Erwerb gleichgestellte Umsätze gemäß den Artikeln 21 und 22 geschuldet wird;

e) die Mehrwertsteuer, die für die Einfuhr von Gegenständen in diesem Mitgliedstaat geschuldet wird oder entrichtet worden ist.

Art. 168a[1)·2)] **[Umfang des Rechts auf Vorsteuerabzug bei Grundstücken und sonstigen Unternehmensgegenständen]** (1) *[1]* Soweit ein dem Unternehmen zugeordnetes Grundstück vom Steuerpflichtigen sowohl für unternehmerische Zwecke als auch für seinen privaten Bedarf oder den seines Personals oder allgemein für unternehmensfremde Zwecke verwendet wird, darf bei Ausgaben im Zusammenhang mit diesem Grundstück höchstens der Teil der Mehrwertsteuer nach den Grundsätzen der Artikel 167, 168, 169 und 173 abgezogen werden, der auf die Verwendung des Grundstücks für unternehmerische Zwecke des Steuerpflichtigen entfällt.

[2] Ändert sich der Verwendungsanteil eines Grundstücks nach Unterabsatz 1, so werden diese Änderungen abweichend von Artikel 26 nach den in dem betreffenden Mitgliedstaat geltenden Vorschriften zur Anwendung der in den Artikeln 184 bis 192 festgelegten Grundsätze berücksichtigt.

(2) Die Mitgliedstaaten können Absatz 1 auch auf die Mehrwertsteuer auf Ausgaben im Zusammenhang mit von ihnen definierten sonstigen Gegenständen anwenden, die dem Unternehmen zugeordnet sind.

Art. 169[3)] **[Umfang des Rechts auf Vorsteuerabzug – im Ausland bewirkte und steuerfreie Ausgangsumsätze]** Über den Vorsteuerabzug nach Artikel 168 hinaus hat der Steuerpflichtige das Recht, die in jenem Artikel genannte Mehrwertsteuer abzuziehen, soweit die Gegenstände und Dienstleistungen für die Zwecke folgender Umsätze verwendet werden:

a) für *seine* [***ab 1.1.2025:*** andere als die nach Artikel 284 von der Steuer befreiten] Umsätze, die sich aus den in Artikel 9 Absatz 1 Unterabsatz 2 genannten Tätigkeiten ergeben, die außerhalb des Mitgliedstaats, in dem diese

---

1) Art. 168a eingef. durch RL v. 22.12.2009 (ABl. 2010 L 10 S. 14).

2) Zeitlich befristete abweichende Ermächtigung der Bundesrepublik Deutschland auf **Ausschluss vom Recht auf Vorsteuerabzug** von Gegenständen und Dienstleistungen, die zu mehr als 90% für private Zwecke des Steuerpflichtigen oder seines Personals oder allgemein für unternehmensfremde Zwecke genutzt werden, durch Entscheidung des Rates 2009/791/EG vom 20.10.2009, zuletzt geänd. durch Durchführungsbeschluss (EU) 2018/2060 des Rates v. 20.12.2018 (ABl. L 329 S. 20).

3) Art. 169 Buchst. b neu gef. mWv 22.12.2019 durch RL v. 21.11.2019 (ABl. L 310 S. 1, geänd. durch ABl. 2020 L 244 S. 3); zur **Anwendung durch die Mitgliedstaaten ab 1.7.2021** siehe Art. 2 Abs. 1 UAbs. 2 RL 2019/1995/EU; Buchst. a neu gef. mWv 22.3.2020 durch RL v. 18.2.2020 (ABl. L 62 S. 13); zur **Anwendung durch die Mitgliedstaaten ab 1.1.2025** siehe Art. 3 Abs. 1 UAbs. 2 RL 2020/285/EU.

Steuer geschuldet oder entrichtet wird, bewirkt werden und für die das Recht auf Vorsteuerabzug bestünde, wenn sie in diesem Mitgliedstaat bewirkt worden wären;

b) für seine Umsätze, die gemäß den *Artikeln 138, 142, 144, 146 bis 149, 151, 152, 153, 156, dem Artikel 157 Absatz 1 Buchstabe b, den Artikeln 158 bis 161 und Artikel 164* [***ab 1.7.2021:*** Artikeln 136a, 138, 142, oder 144, den Artikeln 146 bis 149, den Artikeln 151, 152, 153, oder 156, dem Artikel 157 Absatz 1 Buchstabe b, den Artikeln 158 bis 161 oder Artikel 164] befreit sind;

c) für seine gemäß Artikel 135 Absatz 1 Buchstaben a bis f befreiten Umsätze, wenn der Dienstleistungsempfänger außerhalb der Gemeinschaft ansässig ist oder wenn diese Umsätze unmittelbar mit Gegenständen zusammenhängen, die zur Ausfuhr aus der Gemeinschaft bestimmt sind.

Art. 170[1] **[Umfang des Anspruchs von Unternehmen in anderen EU-Staaten und Drittstaaten auf Vorsteuererstattung]** Jeder Steuerpflichtige, der im Sinne des Artikels 1 der Richtlinie 86/560/EWG[2)·3)], des Artikels 2 Nummer 1 und des Artikels 3 der Richtlinie 2008/9/EG[4)·5)] und des Artikels 171 der vorliegenden Richtlinie nicht in dem Mitgliedstaat ansässig ist, in dem er die Gegenstände und Dienstleistungen erwirbt oder mit der Mehrwertsteuer belastete Gegenstände einführt, hat Anspruch auf Erstattung dieser Mehrwertsteuer, soweit die Gegenstände und Dienstleistungen für die Zwecke folgender Umsätze verwendet werden:

a) die in Artikel 169 genannten Umsätze;

b) die Umsätze, bei denen die Steuer nach den Artikeln 194 bis 197 und 199 lediglich vom Empfänger geschuldet wird.

Art. 171[6] **[Anwendung der gesonderten Richtlinien beim Verfahren der Vorsteuererstattung]** (1) Die Erstattung der Mehrwertsteuer an Steuerpflichtige, die nicht in dem Mitgliedstaat, in dem sie die Gegenstände und Dienstleistungen erwerben oder mit der Mehrwertsteuer belastete Gegenstände einführen, sondern in einem anderen Mitgliedstaat ansässig sind, erfolgt nach dem in der Richtlinie 2008/9/EG[4] vorgesehenen Verfahren.

(2) *[1]* Die Erstattung der Mehrwertsteuer an nicht im Gebiet der Gemeinschaft ansässige Steuerpflichtige erfolgt nach dem in der Richtlinie 86/560/EWG[2] vorgesehenen Verfahren.

---

[1] Art. 170 einl. Satzteil neu gef. durch RL v. 12.2.2008 (ABl. L 44 S. 11).

[2] Nr. **553**.

[3] **Amtl. Anm.:** Dreizehnte Richtlinie 86/560/EWG des Rates vom 17. November 1986 zur Harmonisierung der Rechtsvorschriften der Mitgliedstaaten über die Umsatzsteuern – Verfahren der Erstattung der Mehrwertsteuer an nicht im Gebiet der Gemeinschaft ansässige Steuerpflichtige (ABl. L 326 vom 21.11.1986, S. 40).

[4] Nr. **550b**.

[5] **Amtl. Anm.:** Richtlinie 2008/9/EG des Rates vom 12. Februar 2008 zur Regelung der Erstattung der Mehrwertsteuer gemäß der Richtlinie 2006/112/EG an nicht im Mitgliedstaat der Erstattung, sondern in einem anderen Mitgliedstaat ansässige Steuerpflichtige (ABl. L 44 vom 20.2.2008, S. 23).

[6] Art. 171 Abs. 1 und 3 neu gef. durch RL v. 12.2.2008 (ABl. L 44 S. 11).

[2] Steuerpflichtige im Sinne des Artikels 1 der Richtlinie 86/560/EWG, die in dem Mitgliedstaat, in dem sie die Gegenstände und Dienstleistungen erwerben oder mit der Mehrwertsteuer belastete Gegenstände einführen, ausschließlich Lieferungen von Gegenständen und Dienstleistungen bewirken, für die gemäß den Artikeln 194 bis 197 und 199 der Empfänger der Umsätze als Steuerschuldner bestimmt worden ist, gelten bei Anwendung der genannten Richtlinie ebenfalls als nicht in der Gemeinschaft ansässige Steuerpflichtige.

(3) Die Richtlinie 86/560/EWG gilt nicht für:

a) nach den Rechtsvorschriften des Mitgliedstaats der Erstattung fälschlich in Rechnung gestellte Mehrwertsteuerbeträge;

b) in Rechnung gestellte Mehrwertsteuerbeträge für Lieferungen von Gegenständen, die gemäß Artikel 138 oder Artikel 146 Absatz 1 Buchstabe b von der Steuer befreit sind oder befreit werden können.

Art. 171a[1] [Kannbestimmung: Vorsteuerabzug aus einer Reverse-Charge-Steuerschuld anstelle der Anwendung des Erstattungsverfahrens] *[1]* [1]Die Mitgliedstaaten können anstatt der Gewährung einer Erstattung der Mehrwertsteuer gemäß den Richtlinien 86/560/EWG[2] oder 2008/9/EG[3] für Lieferungen von Gegenständen oder Dienstleistungen an einen Steuerpflichtigen, für die dieser Steuerpflichtige die Steuer gemäß den Artikeln 194 bis 197 oder Artikel 199 schuldet, den Abzug dieser Steuer nach dem Verfahren gemäß Artikel 168 erlauben. [2]Bestehende Beschränkungen nach Artikel 2 Absatz 2 und Artikel 4 Absatz 2 der Richtlinie 86/560/EWG können beibehalten werden.

[2] Zu diesem Zweck können die Mitgliedstaaten den Steuerpflichtigen, der die Steuer zu entrichten hat, von dem Erstattungsverfahren gemäß den Richtlinien 86/560/EWG oder 2008/9/EG ausschließen.

Art. 172 [Vorsteuerabzugsrecht des Lieferers eines neuen Fahrzeugs]

(1) *[1]* Jede Person, die als Steuerpflichtiger gilt, weil sie gelegentlich die Lieferung eines neuen Fahrzeugs unter den Voraussetzungen des Artikels 138 Absatz 1 und Absatz 2 Buchstabe a bewirkt, hat in dem Mitgliedstaat, in dem die Lieferung bewirkt wird, das Recht auf Abzug der im Einkaufspreis enthaltenen oder bei der Einfuhr oder dem innergemeinschaftlichen Erwerb dieses Fahrzeugs entrichteten Mehrwertsteuer im Umfang oder bis zur Höhe des Betrags, den sie als Steuer schulden würde, wenn die Lieferung nicht befreit wäre.

[2] Das Recht auf Vorsteuerabzug entsteht zum Zeitpunkt der Lieferung des neuen Fahrzeugs und kann nur zu diesem Zeitpunkt ausgeübt werden.

(2) Die Mitgliedstaaten legen die Einzelheiten der Anwendung des Absatzes 1 fest.

---

[1] Art. 171a eingef. durch RL v. 12.2.2008 (ABl. L 44 S. 11).
[2] Nr. **553**.
[3] Nr. **550b**.

Kapitel 2. Pro-rata-Satz des Vorsteuerabzugs

Art. 173 [Anwendungsbereich des Pro-rata-Satzes des Vorsteuerabzugs] (1) *[1]* Soweit Gegenstände und Dienstleistungen von einem Steuerpflichtigen sowohl für Umsätze verwendet werden, für die ein Recht auf Vorsteuerabzug gemäß den Artikeln 168, 169 und 170 besteht, als auch für Umsätze, für die kein Recht auf Vorsteuerabzug besteht, darf nur der Teil der Mehrwertsteuer abgezogen werden, der auf den Betrag der erstgenannten Umsätze entfällt.

[2] Der Pro-rata-Satz des Vorsteuerabzugs wird gemäß den Artikeln 174 und 175 für die Gesamtheit der von dem Steuerpflichtigen bewirkten Umsätze festgelegt.

(2) Die Mitgliedstaaten können folgende Maßnahmen ergreifen:

a) dem Steuerpflichtigen gestatten, für jeden Bereich seiner Tätigkeit einen besonderen Pro-rata-Satz anzuwenden, wenn für jeden dieser Bereiche getrennte Aufzeichnungen geführt werden;

b) den Steuerpflichtigen verpflichten, für jeden Bereich seiner Tätigkeit einen besonderen Pro-rata-Satz anzuwenden und für jeden dieser Bereiche getrennte Aufzeichnungen zu führen;

c) dem Steuerpflichtigen gestatten oder ihn verpflichten, den Vorsteuerabzug je nach der Zuordnung der Gesamtheit oder eines Teils der Gegenstände oder Dienstleistungen vorzunehmen;

d) dem Steuerpflichtigen gestatten oder ihn verpflichten, den Vorsteuerabzug gemäß Absatz 1 Unterabsatz 1 bei allen Gegenständen und Dienstleistungen vorzunehmen, die für die dort genannten Umsätze verwendet wurden;

e) vorsehen, dass der Betrag der Mehrwertsteuer, der vom Steuerpflichtigen nicht abgezogen werden kann, nicht berücksichtigt wird, wenn er geringfügig ist.

Art. 174 [Mathematische Definition des Pro-rata-Satzes des Vorsteuerabzugs] (1) *[1]* Der Pro-rata-Satz des Vorsteuerabzugs ergibt sich aus einem Bruch, der sich wie folgt zusammensetzt:

a) im Zähler steht der je Jahr ermittelte Gesamtbetrag – ohne Mehrwertsteuer – der Umsätze, die zum Vorsteuerabzug gemäß den Artikeln 168 und 169 berechtigen;

b) im Nenner steht der je Jahr ermittelte Gesamtbetrag – ohne Mehrwertsteuer – der im Zähler stehenden Umsätze und der Umsätze, die nicht zum Vorsteuerabzug berechtigen.

[2] Die Mitgliedstaaten können in den Nenner auch den Betrag der Subventionen einbeziehen, die nicht unmittelbar mit dem Preis der Lieferungen von Gegenständen oder der Dienstleistungen im Sinne des Artikels 73 zusammenhängen.

(2) Abweichend von Absatz 1 bleiben bei der Berechnung des Pro-rata-Satzes des Vorsteuerabzugs folgende Beträge außer Ansatz:

a) der Betrag, der auf die Lieferungen von Investitionsgütern entfällt, die vom Steuerpflichtigen in seinem Unternehmen verwendet werden;

b) der Betrag, der auf Hilfsumsätze mit Grundstücks- und Finanzgeschäften entfällt;

c) der Betrag, der auf Umsätze im Sinne des Artikels 135 Absatz 1 Buchstaben b bis g entfällt, sofern es sich dabei um Hilfsumsätze handelt.

(3) Machen die Mitgliedstaaten von der Möglichkeit nach Artikel 191 Gebrauch, keine Berichtigung in Bezug auf Investitionsgüter zu verlangen, können sie den Erlös aus dem Verkauf dieser Investitionsgüter bei der Berechnung des Pro-rata-Satzes des Vorsteuerabzugs berücksichtigen.

Art. 175 [Bemessung des Pro-rata-Satzes des Vorsteuerabzugs auf einer Jahresbasis] (1) Der Pro-rata-Satz des Vorsteuerabzugs wird auf Jahresbasis in Prozent festgesetzt und auf einen vollen Prozentsatz aufgerundet.

(2) *[1]* 1 Der für ein Jahr vorläufig geltende Pro-rata-Satz bemisst sich nach dem auf der Grundlage der Umsätze des vorangegangenen Jahres ermittelten Pro-rata-Satz. 2 Ist eine solche Bezugnahme nicht möglich oder nicht stichhaltig, wird der Pro-rata-Satz vom Steuerpflichtigen unter Überwachung durch die Finanzverwaltung nach den voraussichtlichen Verhältnissen vorläufig geschätzt.

[2] Die Mitgliedstaaten können jedoch die Regelung beibehalten, die sie am 1. Januar 1979 beziehungsweise im Falle der nach diesem Datum der Gemeinschaft beigetretenen Mitgliedstaaten am Tag ihres Beitritts angewandt haben.

(3) Die Festsetzung des endgültigen Pro-rata-Satzes, die für jedes Jahr im Laufe des folgenden Jahres vorgenommen wird, führt zur Berichtigung der nach dem vorläufigen Pro-rata-Satz vorgenommenen Vorsteuerabzüge.

Kapitel 3. Einschränkungen des Rechts auf Vorsteuerabzug

Art. 176 [Ausschlüsse vom Vorsteuerabzug – Harmonisierungsauftrag – Stand-Still-Klausel] *[1]* 1 Der Rat legt auf Vorschlag der Kommission einstimmig fest, welche Ausgaben kein Recht auf Vorsteuerabzug eröffnen. 2 In jedem Fall werden diejenigen Ausgaben vom Recht auf Vorsteuerabzug ausgeschlossen, die keinen streng geschäftlichen Charakter haben, wie Luxusausgaben, Ausgaben für Vergnügungen und Repräsentationsaufwendungen.

[2] Bis zum Inkrafttreten der Bestimmungen im Sinne des Absatzes 1 können die Mitgliedstaaten alle Ausschlüsse beibehalten, die am 1. Januar 1979 beziehungsweise im Falle der nach diesem Datum der Gemeinschaft beigetretenen Mitgliedstaaten am Tag ihres Beitritts in ihren nationalen Rechtsvorschriften vorgesehen waren.

Art. 177 [Ausschlüsse vom Vorsteuerabzug – konjunkturelle Gründe] *[1]* Nach Konsultation des Mehrwertsteuerausschusses kann jeder Mitgliedstaat aus Konjunkturgründen alle oder bestimmte Investitionsgüter oder andere Gegenstände teilweise oder ganz vom Vorsteuerabzug ausschließen.

[2] Anstatt den Vorsteuerabzug abzulehnen, können die Mitgliedstaaten zur Wahrung gleicher Wettbewerbsbedingungen Gegenstände, welche der Steuerpflichtige selbst hergestellt oder innerhalb der Gemeinschaft erworben oder auch eingeführt hat, in der Weise besteuern, dass dabei der Betrag der Mehrwertsteuer nicht überschritten wird, der beim Erwerb vergleichbarer Gegenstände zu entrichten wäre.

Kapitel 4. Einzelheiten der Ausübung des Rechts auf Vorsteuerabzug

Art. 178[1)] [Voraussetzungen zur Ausübung des Rechts auf Vorsteuerabzug] Um das Recht auf Vorsteuerabzug ausüben zu können, muss der Steuerpflichtige folgende Bedingungen erfüllen:

a) für den Vorsteuerabzug nach Artikel 168 Buchstabe a in Bezug auf die Lieferung von Gegenständen oder das Erbringen von Dienstleistungen muss er eine gemäß Titel XI Kapitel 3 Abschnitte 3 bis 6 ausgestellte Rechnung besitzen;

b) für den Vorsteuerabzug nach Artikel 168 Buchstabe b in Bezug auf die Lieferungen von Gegenständen und das Erbringen von Dienstleistungen gleichgestellte Umsätze muss er die von dem jeweiligen Mitgliedstaat vorgeschriebenen Formalitäten erfüllen;

c) für den Vorsteuerabzug nach Artikel 168 Buchstabe c in Bezug auf den innergemeinschaftlichen Erwerb von Gegenständen muss er in der Mehrwertsteuererklärung nach Artikel 250 alle Angaben gemacht haben, die erforderlich sind, um die Höhe der Steuer festzustellen, die für die von ihm erworbenen Gegenstände geschuldet wird, und eine gemäß Titel XI Kapitel 3 Abschnitte 3 bis 5 ausgestellte Rechnung besitzen;

d) für den Vorsteuerabzug nach Artikel 168 Buchstabe d in Bezug auf den innergemeinschaftlichen Erwerb von Gegenständen gleichgestellte Umsätze muss er die von dem jeweiligen Mitgliedstaat vorgeschriebenen Formalitäten erfüllen;

e) für den Vorsteuerabzug nach Artikel 168 Buchstabe e in Bezug auf die Einfuhr von Gegenständen muss er ein die Einfuhr bescheinigendes Dokument besitzen, das ihn als Empfänger der Lieferung oder Importeur ausweist und den Betrag der geschuldeten Mehrwertsteuer ausweist oder deren Berechnung ermöglicht;

f) hat er die Steuer in seiner Eigenschaft als Dienstleistungsempfänger oder Erwerber gemäß den Artikeln 194 bis 197 sowie 199 zu entrichten, muss er die von dem jeweiligen Mitgliedstaat vorgeschriebenen Formalitäten erfüllen.

Art. 179 [Globale Vornahme des Vorsteuerabzugs – Absetzung des Vorsteuerbetrags vom geschuldeten Steuerbetrag] *[1]* Der Vorsteuerabzug wird vom Steuerpflichtigen global vorgenommen, indem er von dem

---

1) Art. 178 Buchst. a und c neu gef. mWv 11.8.2010 durch RL v. 13.7.2010 (ABl. L 189 S. 1).

Steuerbetrag, den er für einen Steuerzeitraum schuldet, den Betrag der Mehrwertsteuer absetzt, für die während des gleichen Steuerzeitraums das Abzugsrecht entstanden ist und gemäß Artikel 178 ausgeübt wird.

[2] Die Mitgliedstaaten können jedoch den Steuerpflichtigen, die nur die in Artikel 12 genannten gelegentlichen Umsätze bewirken, vorschreiben, dass sie das Recht auf Vorsteuerabzug erst zum Zeitpunkt der Lieferung ausüben.

Art. 180 [Kannbestimmung: andere als globale Ausübung des Vorsteuerabzugs] Die Mitgliedstaaten können einem Steuerpflichtigen gestatten, einen Vorsteuerabzug vorzunehmen, der nicht gemäß den Artikeln 178 und 179 vorgenommen wurde.

Art. 181[1)] [Kannbestimmung: Vorsteuerabzug aus innergemeinschaftlichem Erwerb ohne Besitz einer Rechnung] Die Mitgliedstaaten können einen Steuerpflichtigen, der keine gemäß Titel XI Kapitel 3 Abschnitte 3 bis 5 ausgestellte Rechnung besitzt, ermächtigen, in Bezug auf seine innergemeinschaftlichen Erwerbe von Gegenständen einen Vorsteuerabzug gemäß Artikel 168 Buchstabe c vorzunehmen.

Art. 182 [Regelungsspielraum der Mitgliedstaaten für Bedingungen der Sondermöglichkeiten des Vorsteuerabzugs] Die Mitgliedstaaten legen die Bedingungen und Einzelheiten für die Anwendung der Artikel 180 und 181 fest.

Art. 183 [Kannbestimmung: Behandlung von Vorsteuerüberschüssen] *[1]* Übersteigt der Betrag der abgezogenen Vorsteuer den Betrag der für einen Steuerzeitraum geschuldeten Mehrwertsteuer, können die Mitgliedstaaten den Überschuss entweder auf den folgenden Zeitraum vortragen lassen oder nach den von ihnen festgelegen Einzelheiten erstatten.

[2] Die Mitgliedstaaten können jedoch festlegen, dass geringfügige Überschüsse weder vorgetragen noch erstattet werden.

Kapitel 5. Berichtigung des Vorsteuerabzugs

Art. 184 [Berichtigung des Vorsteuerabzugs – Grundsatz] Der ursprüngliche Vorsteuerabzug wird berichtigt, wenn der Vorsteuerabzug höher oder niedriger ist als der, zu dessen Vornahme der Steuerpflichtige berechtigt war.

Art. 185 [Berichtigung des Vorsteuerabzugs – geänderte Faktoren nach Abgabe der Steuererklärung] (1) Die Berichtigung erfolgt insbesondere dann, wenn sich die Faktoren, die bei der Bestimmung des Vorsteuerabzugsbetrags berücksichtigt werden, nach Abgabe der Mehrwertsteuererklärung geändert haben, zum Beispiel bei rückgängig gemachten Käufen oder erlangten Rabatten.

---

1) Art. 181 neu gef. mWv 11.8.2010 durch RL v. 13.7.2010 (ABl. L 189 S. 1).

(2) *[1]* Abweichend von Absatz 1 unterbleibt die Berichtigung bei Umsätzen, bei denen keine oder eine nicht vollständige Zahlung geleistet wurde, in ordnungsgemäß nachgewiesenen oder belegten Fällen von Zerstörung, Verlust oder Diebstahl sowie bei Entnahmen für Geschenke von geringem Wert und Warenmuster im Sinne des Artikels 16.

[2] Bei Umsätzen, bei denen keine oder eine nicht vollständige Zahlung erfolgt, und bei Diebstahl können die Mitgliedstaaten jedoch eine Berichtigung verlangen.

Art. 186 [Regelungsspielraum der Mitgliedstaaten für Einzelheiten der Vorsteuerberichtigung] Die Mitgliedstaaten legen die Einzelheiten für die Anwendung der Artikel 184 und 185 fest.

Art. 187 [Berichtigung des Vorsteuerabzugs bei Investitionsgütern – Grundsatz] (1) *[1]* Bei Investitionsgütern erfolgt die Berichtigung während eines Zeitraums von fünf Jahren einschließlich des Jahres, in dem diese Güter erworben oder hergestellt wurden.

[2] Die Mitgliedstaaten können jedoch für die Berichtigung einen Zeitraum von fünf vollen Jahren festlegen, der mit der erstmaligen Verwendung dieser Güter beginnt.

[3] Bei Grundstücken, die als Investitionsgut erworben wurden, kann der Zeitraum für die Berichtigung bis auf 20 Jahre verlängert werden.

(2) *[1]* Die jährliche Berichtigung betrifft nur ein Fünftel beziehungsweise im Falle der Verlängerung des Berichtigungszeitraums den entsprechenden Bruchteil der Mehrwertsteuer, mit der diese Investitionsgüter belastet waren.

[2] Die in Unterabsatz 1 genannte Berichtigung erfolgt entsprechend den Änderungen des Rechts auf Vorsteuerabzug, die in den folgenden Jahren gegenüber dem Recht für das Jahr eingetreten sind, in dem die Güter erworben, hergestellt oder gegebenenfalls erstmalig verwendet wurden.

Art. 188 [Berichtigung des Vorsteuerabzugs bei Investitionsgütern – Lieferung innerhalb des Berichtigungszeitraums] (1) *[1]* Bei der Lieferung eines Investitionsgutes innerhalb des Berichtigungszeitraums ist dieses so zu behandeln, als ob es bis zum Ablauf des Berichtigungszeitraums weiterhin für eine wirtschaftliche Tätigkeit des Steuerpflichtigen verwendet worden wäre.

[2] Diese wirtschaftliche Tätigkeit gilt als in vollem Umfang steuerpflichtig, wenn die Lieferung des Investitionsgutes steuerpflichtig ist. *[3]* Die wirtschaftliche Tätigkeit gilt als in vollem Umfang steuerfrei, wenn die Lieferung des Investitionsgutes steuerfrei ist.

(2) [1]Die in Absatz 1 genannte Berichtigung wird für den gesamten noch verbleibenden Berichtigungszeitraum auf einmal vorgenommen. [2]Ist die Lieferung des Investitionsgutes steuerfrei, können die Mitgliedstaaten jedoch von der Berichtigung absehen, wenn es sich bei dem Erwerber um einen Steuerpflichtigen handelt, der die betreffenden Investitionsgüter ausschließlich für Umsätze verwendet, bei denen die Mehrwertsteuer abgezogen werden kann.

Art. 189 [Kannbestimmung – Regelungsspielraum der Mitgliedstaaten zur Vorsteuerberichtigung] Für die Zwecke der Artikel 187 und 188 können die Mitgliedstaaten folgende Maßnahmen treffen:

a) den Begriff „Investitionsgüter" definieren;

b) den Betrag der Mehrwertsteuer festlegen, der bei der Berichtigung zu berücksichtigen ist;

c) alle zweckdienlichen Vorkehrungen treffen, um zu gewährleisten, dass keine ungerechtfertigten Vorteile aus der Berichtigung entstehen;

d) verwaltungsmäßige Vereinfachungen ermöglichen.

Art. 190 [Kannbestimmung – Behandlung von Dienstleistungen wie Investitionsgüter für Zwecke der Vorsteuerberichtigung] Für die Zwecke der Artikel 187, 188, 189 und 191 können die Mitgliedstaaten Dienstleistungen, die Merkmale aufweisen, die den üblicherweise Investitionsgütern zugeschriebenen vergleichbar sind, wie Investitionsgüter behandeln.

Art. 191 [Kannbestimmung – Verzicht auf Vorsteuerberichtigung bei Investitionsgütern] Sollten die praktischen Auswirkungen der Anwendung der Artikel 187 und 188 in einem Mitgliedstaat unwesentlich sein, kann dieser nach Konsultation des Mehrwertsteuerausschusses unter Berücksichtigung der gesamten mehrwertsteuerlichen Auswirkungen in dem betreffenden Mitgliedstaat und der Notwendigkeit verwaltungsmäßiger Vereinfachung auf die Anwendung dieser Artikel verzichten, vorausgesetzt, dass dies nicht zu Wettbewerbsverzerrungen führt.

Art. 192 [Kannbestimmung – Regelungsspielraum der Mitgliedstaaten in Bezug auf Vorsteuerberichtigung bei Wechsel der Besteuerungsform] Geht der Steuerpflichtige von der normalen Mehrwertsteuerregelung auf eine Sonderregelung über oder umgekehrt, können die Mitgliedstaaten die erforderlichen Vorkehrungen treffen, um zu vermeiden, dass dem Steuerpflichtigen ungerechtfertigte Vorteile oder Nachteile entstehen.

Titel XI. Pflichten der steuerpflichtigen und bestimmter nichtsteuerpflichtiger Personen

Kapitel 1. Zahlungspflicht

Abschnitt 1. Steuerschuldner gegenüber dem Fiskus

Art. 192a[1] [Steuerschuldnerschaft – Nichtansässigkeit im Fall einer festen Niederlassung] Für die Zwecke der Anwendung dieses Abschnitts gilt ein Steuerpflichtiger, der im Gebiet des Mitgliedstaats, in dem die Steuer geschuldet wird, über eine feste Niederlassung verfügt, als nicht in diesem Mitgliedstaat ansässig, wenn die folgenden Voraussetzungen erfüllt sind:

[1] Art. 192a eingef. mWv 1.1.2010 durch RL v. 12.2.2008 (ABl. L 44 S. 11).

a) er liefert steuerpflichtig Gegenstände oder erbringt steuerpflichtig eine Dienstleistung im Gebiet dieses Mitgliedstaats;

b) eine Niederlassung des Lieferers oder Dienstleistungserbringers im Gebiet dieses Mitgliedstaats ist nicht an der Lieferung oder Dienstleistung beteiligt.

Art. 193[1)] **[Steuerschuldnerschaft – Grundsatz]** Die Mehrwertsteuer schuldet der Steuerpflichtige, der Gegenstände steuerpflichtig liefert oder eine Dienstleistung steuerpflichtig erbringt, außer in den Fällen, in denen die Steuer gemäß den Artikeln 194 bis 199b sowie 202 von einer anderen Person geschuldet wird.

Art. 194 [Kannbestimmung: Steuerschuldnerschaft des Leistungsempfängers bei Leistung eines im Ausland ansässigen Unternehmers] (1) Wird die steuerpflichtige Lieferung von Gegenständen bzw. die steuerpflichtige Dienstleistung von einem Steuerpflichtigen bewirkt, der nicht in dem Mitgliedstaat ansässig ist, in dem die Mehrwertsteuer geschuldet wird, können die Mitgliedstaaten vorsehen, dass die Person, für die die Lieferung bzw. Dienstleistung bestimmt ist, die Steuer schuldet.

(2) Die Mitgliedstaaten legen die Bedingungen für die Anwendung des Absatzes 1 fest.

Art. 195 [Steuerschuldnerschaft des Leistungsempfängers bei Lieferungen von Gas und Elektrizität durch einen im Ausland ansässigen Unternehmer] Die Mehrwertsteuer schulden die Personen, die in dem Mitgliedstaat, in dem die Steuer geschuldet wird, für Mehrwertsteuerzwecke erfasst sind und an die die Gegenstände unter den Bedingungen der Artikel 38 und 39 geliefert werden, wenn die betreffende Lieferung von einem nicht in diesem Mitgliedstaat ansässigen Steuerpflichtigen bewirkt wird.

Art. 196[2)] **[Steuerschuldnerschaft des Leistungsempfängers bei „Katalog"- und anderen Dienstleistungen]** Die Mehrwertsteuer schuldet der Steuerpflichtige oder die nicht steuerpflichtige juristische Person mit einer Mehrwertsteuer-Identifikationsnummer, für den/die eine Dienstleistung nach Artikel 44 erbracht wird, wenn die Dienstleistung von einem nicht in diesem Mitgliedstaat ansässigen Steuerpflichtigen erbracht wird.

Art. 197[3)] **[Steuerschuldnerschaft des letzten Abnehmers in einem innergemeinschaftlichen Dreiecksgeschäft]** (1) Die Mehrwertsteuer schuldet der Empfänger einer Lieferung von Gegenständen, wenn folgende Voraussetzungen erfüllt sind:

[1)] Art. 193 neu gef. mWv 2.12.2018 durch RL v. 6.11.2018 (ABl. L Nr. 282 S. 5, ber. ABl. L 329 S. 53).

[2)] Art. 196 neu gef. mWv 1.1.2010 durch RL v. 12.2.2008 (ABl. L 44 S. 11).

[3)] Art. 197 Abs. 1 Buchst. c neu gef. mWv 11.8.2010 durch RL v. 13.7.2010 (ABl. L 189 S. 1).

a) der steuerpflichtige Umsatz ist eine Lieferung von Gegenständen im Sinne von Artikel 141;

b) der Empfänger dieser Lieferung von Gegenständen ist ein anderer Steuerpflichtiger oder eine nichtsteuerpflichtige juristische Person, der bzw. die in dem Mitgliedstaat für Mehrwertsteuerzwecke erfasst ist, in dem die Lieferung bewirkt wird;

c) die von dem nicht im Mitgliedstaat des Empfängers der Lieferung ansässigen Steuerpflichtigen ausgestellte Rechnung entspricht Kapitel 3 Abschnitte 3 bis 5.

(2) Wurde gemäß Artikel 204 ein Steuervertreter bestellt, der die Steuer schuldet, können die Mitgliedstaaten eine Ausnahme von Absatz 1 des vorliegenden Artikels vorsehen.

Art. 198 [Steuerschuldnerschaft des Leistungsempfängers bei zwischenunternehmerischen Umsätzen mit Anlagegold] (1) *[1]* Werden bestimmte Umsätze in Bezug auf Anlagegold zwischen einem auf einem geregelten Goldmarkt tätigen Steuerpflichtigen und einem anderen nicht auf diesem Markt tätigen Steuerpflichtigen gemäß Artikel 352 besteuert, legen die Mitgliedstaaten fest, dass die Steuer vom Erwerber geschuldet wird.

[2] Ist der nicht auf dem geregelten Goldmarkt tätige Erwerber ein Steuerpflichtiger, der nur für die in Artikel 352 genannten Umsätze in dem Mitgliedstaat, in dem die Steuer geschuldet wird, für Mehrwertsteuerzwecke erfasst sein muss, erfüllt der Verkäufer die steuerlichen Pflichten des Erwerbers in dessen Namen gemäß den Vorschriften jenes Mitgliedstaats.

(2) Wird eine Lieferung von Goldmaterial oder Halbfertigerzeugnissen mit einem Feingehalt von mindestens 325 Tausendsteln oder eine Lieferung von Anlagegold im Sinne des Artikels 344 Absatz 1 durch einen Steuerpflichtigen bewirkt, der eine der in den Artikeln 348, 349 und 350 vorgesehenen Wahlmöglichkeiten in Anspruch genommen hat, können die Mitgliedstaaten festlegen, dass die Steuer vom Erwerber geschuldet wird.

(3) Die Mitgliedstaaten legen die Verfahren und Voraussetzungen für die Anwendung der Absätze 1 und 2 fest.

Art. 199 [Kannbestimmung: Steuerschuldnerschaft des Leistungsempfängers bei Bauleistungen und bestimmten anderen Umsätzen]

(1) Die Mitgliedstaaten können vorsehen, dass der steuerpflichtige Empfänger die Mehrwertsteuer schuldet, an den folgende Umsätze bewirkt werden:

a) Bauleistungen, einschließlich Reparatur-, Reinigungs-, Wartungs-, Umbau- und Abbruchleistungen im Zusammenhang mit Grundstücken sowie die auf Grund des Artikels 14 Absatz 3 als Lieferung von Gegenständen betrachtete Erbringung bestimmter Bauleistungen;

b) Gestellung von Personal für die unter Buchstabe a fallenden Tätigkeiten;

c) Lieferung von in Artikel 135 Absatz 1 Buchstaben j und k genannten Grundstücken, wenn der Lieferer gemäß Artikel 137 für die Besteuerung optiert hat;

d) Lieferung von Gebrauchtmaterial, auch solchem, das in seinem unveränderten Zustand nicht zur Wiederverwendung geeignet ist, Schrott, von gewerblichen und nichtgewerblichen Abfallstoffen, recyclingfähigen Abfallstoffen und teilweise verarbeiteten Abfallstoffen, und gewissen in Anhang VI aufgeführten Gegenständen und Dienstleistungen;
e) Lieferung sicherungsübereigneter Gegenstände durch einen steuerpflichtigen Sicherungsgeber an einen ebenfalls steuerpflichtigen Sicherungsnehmer;
f) Lieferung von Gegenständen im Anschluss an die Übertragung des Eigentumsvorbehalts auf einen Zessionar und die Ausübung des übertragenen Rechts durch den Zessionar;
g) Lieferung von Grundstücken, die vom Schuldner im Rahmen eines Zwangsversteigerungsverfahrens verkauft werden.

(2) Bei der Anwendung der in Absatz 1 geregelten Möglichkeit können die Mitgliedstaaten die Lieferungen von Gegenständen und Dienstleistungen und die Kategorien von Lieferern und Dienstleistungserbringern sowie von Erwerbern oder Dienstleistungsempfängern bestimmen, für die sie von diesen Maßnahmen Gebrauch machen.

(3) Für die Zwecke des Absatzes 1 können die Mitgliedstaaten folgende Maßnahmen ergreifen:
a) vorsehen, dass ein Steuerpflichtiger, der auch Tätigkeiten ausführt oder Umsätze bewirkt, die nicht als steuerbare Lieferungen von Gegenständen oder als nicht steuerbare Dienstleistungen im Sinne des Artikels 2 angesehen werden, in Bezug auf Lieferungen von Gegenständen oder Dienstleistungen, die er gemäß Absatz 1 des vorliegenden Artikels erhält, als Steuerpflichtiger gilt;
b) vorsehen, dass eine nicht steuerpflichtige Einrichtung des öffentlichen Rechts in Bezug auf gemäß Absatz 1 Buchstaben e, f und g erhaltene Lieferungen von Gegenständen, als Steuerpflichtiger gilt.

(4) Die Mitgliedstaaten unterrichten den Mehrwertsteuerausschuss von nationalen Maßnahmen, die sie im Sinne des Absatzes 1 erlassen, sofern diese nicht vom Rat vor dem 13. August 2006 gemäß Artikel 27 Absätze 1 bis 4 der Richtlinie 77/388/EWG genehmigt wurden und gemäß Absatz 1 des vorliegenden Artikels weitergeführt werden.

Art. 199a[1] [Steuerschuldnerschaft bei Treibhausgasemissionszertifikaten] (1) Die Mitgliedstaaten können bis zum 30. Juni 2022 vorsehen, dass die Mehrwertsteuer von dem steuerpflichtigen Empfänger der folgenden Leistungen geschuldet wird:
a) Übertragung von Treibhausgasemissionszertifikaten entsprechend der Definition in Artikel 3 der Richtlinie 2003/87/EG des Europäischen Parla-

[1] Art. 199a Abs. 1 einl. Satzteil neu gef., Buchst. c–j angef., Abs. 1a und 1b eingef., Abs. 2 neu gef., Abs. 3 UAbs. 1 Satz 1, UAbs. 2 Buchst. a und Abs. 4 neu gef. und Abs. 5 angef. mWv 15.8.2013 durch RL v. 22.7.2013 (ABl. L 201 S. 4); Abs. 1 einl. Satzteil neu gef. mWv 2.12.2018 durch RL v. 6.11.2018 (ABl. L 282 S. 5).

ments und des Rates vom 13. Oktober 2003 über ein System für den Handel mit Treibhausgasemissionszertifikaten in der Gemeinschaft[1)], die gemäß Artikel 12 der genannten Richtlinie übertragen werden können,

b) Übertragung von anderen Einheiten, die von den Wirtschaftsbeteiligten genutzt werden können, um den Auflagen der Richtlinie nachzukommen,

c) Lieferungen von Mobilfunkgeräten, d.h. Geräten, die zum Gebrauch mittels eines zugelassenen Netzes und auf bestimmten Frequenzen hergestellt oder hergerichtet wurden, unabhängig von etwaigen weiteren Nutzungsmöglichkeiten,

d) Lieferungen von integrierten Schaltkreisen wie Mikroprozessoren und Zentraleinheiten vor Einbau in Endprodukte,

e) Lieferungen von Gas und Elektrizität an einen steuerpflichtigen Wiederverkäufer im Sinne des Artikels 38 Absatz 2,

f) Übertragung von Gas- und Elektrizitätszertifikaten,

g) Erbringung von Telekommunikationsdienstleistungen im Sinne des Artikels 24 Absatz 2,

h) Lieferungen von Spielkonsolen, Tablet-Computern und Laptops,

i) Lieferungen von Getreide und Handelsgewächsen einschließlich Ölsaaten und Zuckerrüben, die auf der betreffenden Stufe normalerweise nicht für den Endverbrauch bestimmt sind,

j) Lieferungen von Rohmetallen und Metallhalberzeugnissen einschließlich Edelmetalle, sofern sie nicht anderweitig unter Artikel 199 Absatz 1 Buchstabe d, die auf Gebrauchtgegenstände, Kunstgegenstände, Sammlungsstücke und Antiquitäten anwendbaren Sonderregelungen gemäß Artikel 311 bis 343 oder die Sonderregelung für Anlagegold gemäß Artikel 344 bis 356 fallen.

(1a) Die Mitgliedstaaten können die Bedingungen für die Anwendung des in Absatz 1 vorgesehenen Verfahrens festlegen.

(1b) Bei der Anwendung des in Absatz 1 vorgesehenen Verfahrens auf die Lieferung der Gegenstände und die Erbringung der Dienstleistungen, die in den Buchstaben c bis j jenes Absatzes aufgeführt sind, werden für alle Steuerpflichtigen, welche die Gegenstände liefern oder die Dienstleistungen erbringen, auf die das in Absatz 1 vorgesehene Verfahren angewendet wird, angemessene und wirksame Mitteilungspflichten eingeführt.

(2) Die Mitgliedstaaten teilen dem Mehrwertsteuerausschuss die Anwendung des in Absatz 1 vorgesehenen Verfahrens bei seiner Einführung mit und übermitteln dem Mehrwertsteuerausschuss die folgenden Angaben:

a) Geltungsbereich der Maßnahme zur Anwendung des Verfahrens zusammen mit der Art und den Merkmalen des Betrugs sowie eine detaillierte Beschreibung der begleitenden Maßnahmen, einschließlich der Mitteilungspflichten für Steuerpflichtige und Kontrollmaßnahmen,

---

1) **Amtl. Anm.:** ABl. L 275 vom 25.10.2003, S. 32.

b) Maßnahmen zur Information der betreffenden Steuerpflichtigen über den Beginn der Anwendung des Verfahrens,

c) Evaluierungskriterien für einen Vergleich zwischen betrügerischen Tätigkeiten im Zusammenhang mit den in Absatz 1 genannten Gegenständen und Dienstleistungen vor und nach der Anwendung des Verfahrens, betrügerischen Tätigkeiten im Zusammenhang mit anderen Gegenständen und Dienstleistungen vor und nach Anwendung des Verfahrens und einem Anstieg bei anderen Arten betrügerischer Tätigkeiten vor und nach der Anwendung des Verfahrens,

d) Zeitpunkt des Geltungsbeginns und Geltungszeitraum der Maßnahme zur Anwendung des Verfahrens.

(3) *[1]* [1]Die Mitgliedstaaten, die das in Absatz 1 vorgesehene Verfahren anwenden, legen der Kommission ausgehend von den Evaluierungskriterien gemäß Absatz 2 Buchstabe c bis zum 30. Juni 2017 einen Bericht vor. [2]In dem Bericht ist eindeutig anzugeben, welche Informationen als vertraulich zu behandeln sind und welche veröffentlicht werden können.

[2] Der Bericht enthält eine detaillierte Bewertung der Gesamtwirksamkeit und -effizienz der Maßnahme insbesondere unter Berücksichtigung der folgenden Punkte:

a) Auswirkung auf betrügerische Tätigkeiten im Zusammenhang mit der Lieferung bzw. Erbringung der von der Maßnahme erfassten Gegenstände und Dienstleistungen;

b) mögliche Verlagerung betrügerischer Tätigkeiten auf Gegenstände oder andere Dienstleistungen;

c) die den Steuerpflichtigen aufgrund der Maßnahme entstehenden Kosten zur Einhaltung der Vorschriften.

(4) Jeder Mitgliedstaat, der in seinem Hoheitsgebiet ab dem Zeitpunkt des Inkrafttretens dieses Artikels eine Veränderung der Betrugsmuster in Bezug auf die in Absatz 1 aufgeführten Gegenstände oder Dienstleistungen festgestellt hat, hat der Kommission bis zum 30. Juni 2017 einen entsprechenden Bericht vorzulegen.

(5) Die Kommission legt dem Europäischen Parlament und dem Rat vor dem 1. Januar 2018 einen Bericht zur Gesamtbewertung der Auswirkungen des in Artikel 1 vorgesehenen Verfahrens auf die Betrugsbekämpfung vor.

Art. 199b[1)] [Schnellreaktionsmechanismus zur Bekämpfung von Betrugsfällen] (1) *[1]* Ein Mitgliedstaat kann in Fällen äußerster Dringlichkeit gemäß den Absätzen 2 und 3 als Sondermaßnahme des Schnellreaktionsmechanismus zur Bekämpfung unvermittelt auftretender und schwerwiegender Betrugsfälle, die voraussichtlich zu erheblichen und unwiederbringlichen finanziellen Verlusten führen, in Abweichung von Artikel 193 den Empfänger von bestimmten Gegenständen oder Dienstleistungen als Schuldner der Mehrwertsteuer bestimmen.

[1)] Art. 199b neu gef. mWv 2.12.2018 durch RL v. 6.11.2018 (ABl. L 282 S. 5).

[2] Die Sondermaßnahme des Schnellreaktionsmechanismus unterliegt geeigneten Kontrollmaßnahmen des Mitgliedstaats betreffend Steuerpflichtige, die die Lieferungen bewirken oder Dienstleistungen erbringen, auf die die Maßnahme anwendbar ist, und gilt für einen Zeitraum von höchstens neun Monaten.

(2) [1] [1] Ein Mitgliedstaat, der eine in Absatz 1 bezeichnete Sondermaßnahme des Schnellreaktionsmechanismus einführen möchte, teilt dies der Kommission unter Verwendung des gemäß Absatz 4 festgelegten Standardformblatts mit; er übermittelt diese Mitteilung gleichzeitig an die anderen Mitgliedstaaten. [2] Er übermittelt der Kommission Angaben zur betroffenen Branche, zur Art und zu den Merkmalen des Betrugs, zum Vorliegen von Gründen für die äußerste Dringlichkeit, zum unvermittelten, schwerwiegenden Charakter des Betrugs und zu den Folgen in Form von erheblichen, unwiederbringlichen finanziellen Verlusten. [3] Ist die Kommission der Auffassung, dass ihr nicht alle erforderlichen Angaben vorliegen, so kontaktiert sie den betreffenden Mitgliedstaat innerhalb von zwei Wochen nach Eingang der Mitteilung und teilt ihm mit, welche zusätzlichen Angaben sie benötigt. [4] Alle zusätzlichen Angaben, die der betreffende Mitgliedstaat der Kommission übermittelt, werden gleichzeitig an die anderen Mitgliedstaaten übermittelt. [5] Sind die zusätzlichen Angaben unzureichend, so unterrichtet die Kommission den betreffenden Mitgliedstaat innerhalb einer Woche darüber.

[2] Der Mitgliedstaat, der eine in Absatz 1 dieses Artikels vorgesehene Sondermaßnahme des Schnellreaktionsmechanismus einführen möchte, stellt gleichzeitig nach dem in Artikel 395 Absätze 2 und 3 festgelegten Verfahren einen Antrag an die Kommission.

[3] In Fällen äußerster Dringlichkeit gemäß Absatz 1 dieses Artikels ist das in Artikel 395 Absätze 2 und 3 festgelegte Verfahren innerhalb von sechs Monaten nach Eingang des Antrags bei der Kommission abzuschließen.

(3) [1] Sobald die Kommission über alle Angaben verfügt, die ihres Erachtens für die Beurteilung der Mitteilung nach Absatz 2 Unterabsatz 1 erforderlich sind, unterrichtet sie die Mitgliedstaaten hiervon. [2] Erhebt sie Einwände gegen die Sondermaßnahme des Schnellreaktionsmechanismus, so erstellt sie innerhalb eines Monats nach der Mitteilung eine ablehnende Stellungnahme und setzt den betreffenden Mitgliedstaat und den Mehrwertsteuerausschuss davon in Kenntnis. [3] Erhebt die Kommission keine Einwände, so bestätigt sie dies dem betreffenden Mitgliedstaat und – innerhalb des gleichen Zeitraums – dem Mehrwertsteuerausschuss in schriftlicher Form. [4] Der Mitgliedstaat kann die Sondermaßnahme des Schnellreaktionsmechanismus ab dem Zeitpunkt des Eingangs dieser Bestätigung erlassen. [5] Die Kommission berücksichtigt bei der Beurteilung der Mitteilung die Ansichten anderer Mitgliedstaaten, die ihr in schriftlicher Form übermittelt wurden.

(4) [1] Die Kommission erlässt einen Durchführungsrechtsakt zur Erstellung eines Standardformblatts für die Einreichung der Mitteilung einer Sondermaßnahme des Schnellreaktionsmechanismus nach Absatz 2 sowie für die Übermittlung von Angaben gemäß Absatz 2 Unterabsatz 1. [2] Dieser Durchführungsrechtsakt wird nach dem Prüfverfahren gemäß Absatz 5 erlassen.

(5) Wird auf diesen Absatz Bezug genommen, so gilt Artikel 5 der Verordnung (EU) Nr. 182/2011 des Europäischen Parlaments und des Rates[1], und für diesen Zweck ist der durch Artikel 58 der Verordnung (EU) Nr. 904/2010 des Rates[2] eingesetzte Ausschuss zuständig.

(6) Die in Absatz 1 vorgesehene Sondermaßnahme des Schnellreaktionsmechanismus gilt bis zum 30. Juni 2022.

[***16.1.2019–30.6.2022:***

Art. 199c[3] **[Bedingungen und Voraussetzungen für die generelle Umkehrung der Steuerschuldnerschaft]** (1) *[1]* Abweichend von Artikel 193 kann ein Mitgliedstaat bis zum 30. Juni 2022 eine generelle Umkehrung der Steuerschuldnerschaft auf nicht grenzübergreifende Lieferungen einführen, wonach die Mehrwertsteuer von dem Steuerpflichtigen geschuldet wird, an den Gegenstände oder Dienstleistungen geliefert werden, die alle einen Schwellenwert von 17 500 EUR je Umsatz übersteigen.

[2] Ein Mitgliedstaat, der die generelle Umkehrung der Steuerschuldnerschaft einführen möchte, muss alle folgenden Bedingungen erfüllen:

a) Seine Mehrwertsteuerlücke im Jahr 2014, die gemäß der Methode und den Zahlen des von der Kommission veröffentlichten Abschlussberichts aus dem Jahr 2016 zur Mehrwertsteuerlücke vom 23. August 2016 berechnet und als Prozentsatz des Gesamtbetrags der geschuldeten Mehrwertsteuer ausgedrückt wird, liegt mindestens fünf Prozentpunkte über dem Medianwert der gemeinschaftlichen Mehrwertsteuerlücke;
b) der Anteil des Karussellbetrugs an seiner gesamten Mehrwertsteuerlücke beläuft sich, gestützt auf die Folgenabschätzung, die dem Gesetzgebungsvorschlag für diesen Artikel beigefügt war, auf mehr als 25%;
c) er hat festgestellt, dass andere Gegenmaßnahmen nicht ausreichen, um den Karussellbetrug auf seinem Hoheitsgebiet zu bekämpfen, insbesondere unter Angabe der angewandten Gegenmaßnahmen und der besonderen Gründe für ihre mangelnde Wirksamkeit sowie der Gründe, warum die Verwaltungszusammenarbeit auf dem Gebiet der Mehrwertsteuer sich als unzureichend erwiesen hat;
d) er hat festgestellt, dass die geschätzten Gewinne aus der Steuerehrlichkeit und der Steuererhebung, die infolge der Einführung der generellen Umkehrung der Steuerschuldnerschaft erwartet werden, die geschätzte zusätzliche Gesamtbelastung für Unternehmen und Steuerbehörden um mindestens 25% überwiegen; und

---

[1] **Amtl. Anm.:** Verordnung (EU) Nr. 182/2011 des Europäischen Parlaments und des Rates vom 16. Februar 2011 zur Festlegung der allgemeinen Regeln und Grundsätze, nach denen die Mitgliedstaaten die Wahrnehmung der Durchführungsbefugnisse durch die Kommission kontrollieren (ABl. L 55 vom 28.2.2011, S. 13).

[2] **Amtl. Anm.:** Verordnung (EU) Nr. 904/2010 des Rates vom 7. Oktober 2010 über die Zusammenarbeit der Verwaltungsbehörden und die Betrugsbekämpfung auf dem Gebiet der Mehrwertsteuer (ABl. L 268 vom 12.10.2010, S. 1).

[3] Art. 199c eingef. mWv 16.1.2019 durch RL v. 20.12.2018 (ABl. L 329 S. 3); zur **Geltung bis 30.6.2022** siehe Art. 2 UAbs. 2 RL 2018/2057/EU.

e) er hat festgestellt, dass die Einführung der generellen Umkehrung der Steuerschuldnerschaft nicht zu höheren Kosten für die Unternehmen und Steuerbehörden führt als die Anwendung anderer Gegenmaßnahmen.

[3] Der Mitgliedstaat fügt dem Antrag nach Absatz 3 die Berechnung der Mehrwertsteuerlücke gemäß der Methode und den Zahlen des in Unterabsatz 2 Buchstabe a dieses Absatzes genannten, von der Kommission veröffentlichten Berichts zur Mehrwertsteuerlücke bei.

(2) Mitgliedstaaten, die die generelle Umkehrung der Steuerschuldnerschaft anwenden, richten geeignete und effiziente elektronische Berichtspflichten für alle Steuerpflichtigen und insbesondere für Steuerpflichtige ein, die von der Umkehrung der Steuerschuldnerschaft betroffene Gegenstände oder Dienstleistungen liefern oder erhalten, damit das reibungslose Funktionieren und die effiziente Überwachung der Anwendung der generellen Umkehrung der Steuerschuldnerschaft gewährleistet sind.

(3) *[1]* Mitgliedstaaten, die die generelle Umkehrung der Steuerschuldnerschaft anwenden möchten, richten einen Antrag mit folgenden Angaben an die Kommission:

a) ausführliche Begründung der Erfüllung der Bedingungen gemäß Absatz 1;

b) Beginn und Dauer der Anwendung der generellen Umkehrung der Steuerschuldnerschaft;

c) Maßnahmen zur Unterrichtung der Steuerpflichtigen über die Einführung der Anwendung der generellen Umkehrung der Steuerschuldnerschaft; und

d) ausführliche Beschreibung der Begleitmaßnahmen nach Absatz 2.

[2] [1]Die Kommission kann innerhalb eines Monats nach Eingang des Antrags weitere Informationen – einschließlich zugrunde liegender Methoden, Annahmen, Studien und weiterer Belegunterlagen – anfordern, wenn sie der Meinung ist, dass ihr nicht alle notwendigen Informationen vorliegen. [2]Der antragstellende Mitgliedstaat legt die erforderlichen Informationen innerhalb eines Monats nach Eingang der Anforderung vor.

(4) [1]Ist die Kommission der Auffassung, dass der Antrag den Anforderungen gemäß Absatz 3 entspricht, so unterbreitet sie spätestens drei Monate nach Eingang aller notwendigen Informationen dem Rat einen Vorschlag. [2]Der Rat kann auf einen solchen Vorschlag der Kommission hin einstimmig den antragstellenden Mitgliedstaat ermächtigen, die generelle Umkehrung der Steuerschuldnerschaft anzuwenden. [3]Ist die Kommission der Auffassung, dass der Antrag den Anforderungen gemäß Absatz 3 nicht entspricht, so teilt sie innerhalb der gleichen Frist dem antragstellenden Mitgliedstaat und dem Rat ihre Gründe mit.

(5) *[1]* [1]Wird eine beträchtliche negative Auswirkung auf den Binnenmarkt gemäß Unterabsatz 2 dieses Absatzes festgestellt, schlägt die Kommission spätestens drei Monate nach Eingang aller notwendigen Informationen vor, alle Durchführungsbeschlüsse nach Absatz 4 aufzuheben, und zwar frühestens sechs Monate nach dem Inkrafttreten des ersten Durchführungsbeschlusses zur Ermächtigung eines Mitgliedstaats, die generelle Umkehrung der Steuerschuldnerschaft anzuwenden. [2]Diese Aufhebung gilt als vom Rat angenom-

men, es sei denn, der Rat beschließt einstimmig, den Kommissionsvorschlag abzulehnen, und zwar innerhalb von 30 Tagen, nachdem die Kommission ihn angenommen hat.

[2] Eine beträchtliche negative Auswirkung gilt als nachgewiesen, wenn folgende Bedingungen erfüllt sind:

a) Mindestens ein Mitgliedstaat, der keine generelle Umkehrung der Steuerschuldnerschaft anwendet, informiert die Kommission über eine Zunahme des Mehrwertsteuerbetrugs in seinem Hoheitsgebiet aufgrund der Anwendung der generellen Umkehrung der Steuerschuldnerschaft; und

b) die Kommission stellt u. a. anhand der von den in Buchstabe a dieses Unterabsatzes genannten Mitgliedstaaten gelieferten Informationen fest, dass die Zunahme des Mehrwertsteuerbetrugs in deren Hoheitsgebiet mit der Anwendung der Umkehrung der Steuerschuldnerschaft in einem oder mehreren Mitgliedstaaten zusammenhängt.

(6) *[1]* Mitgliedstaaten, die die generelle Umkehrung der Steuerschuldnerschaft anwenden, legen allen Mitgliedstaaten in elektronischer Form folgende Informationen vor:

a) die Namen der Personen, gegen die in den 12 Monaten vor dem Datum des Beginns der Anwendung der generellen Umkehrung der Steuerschuldnerschaft ein Straf- oder Verwaltungsverfahren wegen Mehrwertsteuerbetrugs eingeleitet worden ist; und

b) die Namen der Personen – im Falle von juristischen Personen einschließlich der Namen ihrer Geschäftsführer –, deren Mehrwertsteuerregistrierung in diesem Mitgliedstaat nach der Einführung der generellen Umkehrung der Steuerschuldnerschaft beendet wurde; und

c) die Namen der Personen – im Falle von juristischen Personen einschließlich der Namen ihrer Geschäftsführer –, die nach der Einführung der generellen Umkehrung der Steuerschuldnerschaft für zwei aufeinanderfolgende Besteuerungszeiträume keine Mehrwertsteuererklärung abgegeben haben.

[2] [1]Die Informationen gemäß Unterabsatz 1 Buchstaben a und b sind spätestens drei Monate nach Einführung der generellen Umkehrung der Steuerschuldnerschaft vorzulegen und danach alle drei Monate zu aktualisieren. [2]Die Informationen gemäß Unterabsatz 1 Buchstabe c sind spätestens neun Monate nach Einführung der generellen Umkehrung der Steuerschuldnerschaft vorzulegen und danach alle drei Monate zu aktualisieren.

[3] [1]Mitgliedstaaten, die die generelle Umkehrung der Steuerschuldnerschaft anwenden, legen der Kommission spätestens ein Jahr nach Beginn der Anwendung einen Zwischenbericht vor. [2]Dieser Bericht muss eine detaillierte Bewertung der Wirksamkeit der generellen Umkehrung der Steuerschuldnerschaft enthalten. [3]Drei Monate nach dem Ende der Anwendung der generellen Umkehrung der Steuerschuldnerschaft legen die Mitgliedstaaten, die die generelle Umkehrung der Steuerschuldnerschaft angewandt haben, einen Abschlussbericht über die allgemeinen Auswirkungen vor.

(7) *[1]* [1]Die Mitgliedstaaten, die die generelle Umkehrung der Steuerschuldnerschaft nicht anwenden, legen der Kommission einen Zwischenbe-

richt über die Auswirkungen der Anwendung der generellen Umkehrung der Steuerschuldnerschaft in anderen Mitgliedstaaten auf ihr Hoheitsgebiet vor. 2 Dieser Bericht wird der Kommission innerhalb von drei Monaten vorgelegt, nachdem die generelle Umkehrung der Steuerschuldnerschaft in einem Mitgliedstaat mindestens ein Jahr lang angewandt wurde.

[2] Wenn mindestens ein Mitgliedstaat die generelle Umkehrung der Steuerschuldnerschaft anwendet, legen die Mitgliedstaaten, die die generelle Umkehrung der Steuerschuldnerschaft nicht anwenden, der Kommission bis zum 30. September 2022 einen Abschlussbericht über die Auswirkungen der Anwendung der generellen Umkehrung der Steuerschuldnerschaft in anderen Mitgliedstaaten auf ihr Hoheitsgebiet vor.

(8) In den Berichten nach Absatz 6 prüfen die Mitgliedstaaten die Auswirkungen der Anwendung der generellen Umkehrung der Steuerschuldnerschaft auf der Grundlage folgender Bewertungskriterien:

a) Entwicklung der Mehrwertsteuerlücke;

b) Entwicklung des Mehrwertsteuerbetrugs, insbesondere des Karussellbetrugs und des Betrugs auf Einzelhandelsebene;

c) Entwicklung des Verwaltungsaufwands für die Steuerpflichtigen;

d) Entwicklung der Verwaltungskosten für die Steuerbehörden.

(9) In den Berichten nach Absatz 7 prüfen die Mitgliedstaaten die Auswirkungen der Anwendung der generellen Umkehrung der Steuerschuldnerschaft auf der Grundlage folgender Bewertungskriterien:

a) Entwicklung des Mehrwertsteuerbetrugs, insbesondere des Karussellbetrugs und des Betrugs auf Einzelhandelsebene;

b) Verlagerung von Betrugsfällen aus Mitgliedstaaten, die die generelle Umkehrung der Steuerschuldnerschaft anwenden bzw. angewandt haben.]

Art. 200 [Steuerschuldnerschaft beim innergemeinschaftlichen Erwerb] Die Mehrwertsteuer wird von der Person geschuldet, die einen steuerpflichtigen innergemeinschaftlichen Erwerb von Gegenständen bewirkt.

Art. 201 [Steuerschuldnerschaft bei der Einfuhr] Bei der Einfuhr wird die Mehrwertsteuer von der Person oder den Personen geschuldet, die der Mitgliedstaat der Einfuhr als Steuerschuldner bestimmt oder anerkennt.

Art. 202 [Steuerschuldnerschaft beim Verlassen von Zollverfahren und von Lagerregelungen] Die Mehrwertsteuer wird von der Person geschuldet, die veranlasst, dass die Gegenstände nicht mehr einem Verfahren oder einer sonstigen Regelung im Sinne der Artikel 156, 157, 158, 160 und 161 unterliegen.

Art. 203 [Steuerschuldnerschaft für den Steuerausweis in der Rechnung] Die Mehrwertsteuer wird von jeder Person geschuldet, die diese Steuer in einer Rechnung ausweist.

Art. 204[1] **[Kannbestimmung: Bestellung eines Steuervertreters]**

(1) *[1]* Ist der Steuerschuldner gemäß den Artikeln 193 bis 197 sowie 199 und 200 ein Steuerpflichtiger, der nicht in dem Mitgliedstaat ansässig ist, in dem die Mehrwertsteuer geschuldet wird, können die Mitgliedstaaten ihm gestatten, einen Steuervertreter zu bestellen, der die Steuer schuldet.

[2] Wird der steuerpflichtige Umsatz von einem Steuerpflichtigen bewirkt, der nicht in dem Mitgliedstaat ansässig ist, in dem die Mehrwertsteuer geschuldet wird, und besteht mit dem Staat, in dem dieser Steuerpflichtige seinen Sitz oder eine feste Niederlassung hat, keine Rechtsvereinbarung über Amtshilfe, deren Anwendungsbereich mit dem der Richtlinie 76/308/EWG[2] sowie der Verordnung (EG) Nr. 1798/2003[3] vergleichbar ist, können die Mitgliedstaaten Vorkehrungen treffen, nach denen ein von dem nicht in ihrem Gebiet ansässigen Steuerpflichtigen bestellter Steuervertreter die Steuer schuldet.

[3] Die Mitgliedstaaten dürfen die Option nach Unterabsatz 2 jedoch nicht auf *nicht in der Gemeinschaft ansässige Steuerpflichtige im Sinne des Artikels 358a Nummer 1 anwenden, die sich für die Anwendung der Sonderregelung für Telekommunikationsdienstleistungen, Rundfunk- und Fernsehdienstleistungen oder elektronisch* [***ab 1.7.2021:*** Steuerpflichtige im Sinne des Artikels 358a Nummer 1 anwenden, die sich für die Anwendung der Sonderregelung für von nicht in der Gemeinschaft ansässigen Steuerpflichtigen] erbrachte Dienstleistungen entschieden haben.

(2) Die Wahlmöglichkeit nach Absatz 1 Unterabsatz 1 unterliegt den von den einzelnen Mitgliedstaaten festgelegten Voraussetzungen und Modalitäten.

Art. 205 [Kannbestimmung: Gesamtschuldnerische Steuerschuldnerschaft] In den in den Artikeln 193 bis 200 sowie 202, 203 und 204 genannten Fällen können die Mitgliedstaaten bestimmen, dass eine andere Person als der Steuerschuldner die Steuer gesamtschuldnerisch zu entrichten hat.

Abschnitt 2. Einzelheiten der Entrichtung

Art. 206 [Entrichtung der Mehrwertsteuer – Grundsatz] [1]Jeder Steuerpflichtige, der die Steuer schuldet, hat bei der Abgabe der Mehrwertsteuererklärung nach Artikel 250 den sich nach Abzug der Vorsteuer ergebenden Mehrwertsteuerbetrag zu entrichten. [2]Die Mitgliedstaaten können jedoch

---

[1] Art. 204 Abs. 1 UAbs. 3 neu gef. mWv 1.1.2015 durch RL v. 12.2.2008 (ABl. L 44 S. 11); Abs. 1 UAbs. 3 neu gef. mWv 22.12.2019 durch RL v. 21.11.2019 (ABl. L 310 S. 1, geänd. durch ABl. 2020 L 244 S. 3); zur **Anwendung durch die Mitgliedstaaten ab 1.7.2021** siehe Art. 2 Beschl. v. 20.7.2020 (ABl. 2020 L 244 S. 3).

[2] **Amtl. Anm.:** Richtlinie 76/308/EWG des Rates vom 15. März 1976 über die gegenseitige Unterstützung bei der Beitreibung von Forderungen in Bezug auf bestimmte Abgaben, Zölle, Steuern und sonstige Maßnahmen (ABl. L 73 vom 19.3.1976, S. 18). Zuletzt geändert durch die Beitrittsakte von 2003.

[3] **Amtl. Anm.:** Verordnung (EG) Nr. 1798/2003 des Rates vom 7. Oktober 2003 über die Zusammenarbeit der Verwaltungsbehörden auf dem Gebiet der Mehrwertsteuer (ABl. L 264 vom 15.10.2003, S. 1). Geändert durch die Verordnung (EG) Nr. 885/2004 (ABl. L 168 vom 1.5.2004, S. 1).

einen anderen Termin für die Zahlung dieses Betrags festsetzen oder Vorauszahlungen erheben.

Art. 207 [Entrichtung der Mehrwertsteuer – Fälle der Verlagerung der Steuerschuldnerschaft] *[1]* Die Mitgliedstaaten treffen die erforderlichen Maßnahmen, damit die Personen, die gemäß den Artikeln 194 bis 197 sowie 199 und 204 anstelle eines nicht in ihrem jeweiligen Gebiet ansässigen Steuerpflichtigen als Steuerschuldner gelten, ihren Zahlungspflichten nach diesem Abschnitt nachkommen.

[2] Die Mitgliedstaaten treffen darüber hinaus die erforderlichen Maßnahmen, damit die Personen, die gemäß Artikel 205 die Steuer gesamtschuldnerisch zu entrichten haben, diesen Zahlungspflichten nachkommen.

Art. 208 [Entrichtung der Mehrwertsteuer – Erwerber von Anlagegold] Wenn die Mitgliedstaaten den Erwerber von Anlagegold gemäß Artikel 198 Absatz 1 als Steuerschuldner bestimmen oder von der in Artikel 198 Absatz 2 vorgesehenen Möglichkeit Gebrauch machen, den Erwerber von Goldmaterial oder Halbfertigerzeugnissen oder von Anlagegold im Sinne des Artikels 344 Absatz 1 als Steuerschuldner zu bestimmen, treffen sie die erforderlichen Maßnahmen, um sicherzustellen, dass diese Person ihren Zahlungspflichten nach diesem Abschnitt nachkommt.

Art. 209 [Entrichtung der Mehrwertsteuer – nichtsteuerpflichtige Personen für innergemeinschaftliche Erwerbe] Die Mitgliedstaaten treffen die erforderlichen Maßnahmen, um sicherzustellen, dass die nichtsteuerpflichtigen juristischen Personen, die die Steuer für den in Artikel 2 Absatz 1 Buchstabe b Ziffer i genannten innergemeinschaftlichen Erwerb von Gegenständen schulden, ihren Zahlungspflichten nach diesem Abschnitt nachkommen.

Art. 210 [Entrichtung der Mehrwertsteuer – innergemeinschaftlicher Erwerb neuer Fahrzeuge und verbrauchsteuerpflichtiger Waren] Die Mitgliedstaaten legen die Einzelheiten der Entrichtung der Mehrwertsteuer für den innergemeinschaftlichen Erwerb neuer Fahrzeuge im Sinne des Artikels 2 Absatz 1 Buchstabe b Ziffer ii sowie für den innergemeinschaftlichen Erwerb verbrauchsteuerpflichtiger Waren im Sinne des Artikels 2 Absatz 1 Buchstabe b Ziffer iii fest.

Art. 211 [Entrichtung der Mehrwertsteuer – Einfuhren] *[1]* Die Mitgliedstaaten legen die Einzelheiten der Entrichtung der Mehrwertsteuer für die Einfuhr von Gegenständen fest.

[2] Insbesondere können die Mitgliedstaaten vorsehen, dass die für die Einfuhr von Gegenständen durch Steuerpflichtige oder Steuerschuldner oder bestimmte Gruppen derselben geschuldete Mehrwertsteuer nicht zum Zeitpunkt der Einfuhr zu entrichten ist, sofern sie als solche in der gemäß Artikel 250 erstellten Mehrwertsteuererklärung angegeben wird.

Art. 212 [Entrichtung der Mehrwertsteuer – Erlass geringfügiger Steuerbeträge] Die Mitgliedstaaten können die Steuerpflichtigen von der Entrichtung der geschuldeten Mehrwertsteuer befreien, wenn der Steuerbetrag geringfügig ist.

Kapitel 2. Identifikation

Art. 213 [Pflicht zur Anzeige der Unternehmereigenschaft]

(1) *[1]* Jeder Steuerpflichtige hat die Aufnahme, den Wechsel und die Beendigung seiner Tätigkeit als Steuerpflichtiger anzuzeigen.

[2] Die Mitgliedstaaten legen fest, unter welchen Bedingungen der Steuerpflichtige die Anzeigen elektronisch abgeben darf, und können die elektronische Abgabe der Anzeigen auch vorschreiben.

(2) Unbeschadet des Absatzes 1 Unterabsatz 1 müssen Steuerpflichtige und nichtsteuerpflichtige juristische Personen, die gemäß Artikel 3 Absatz 1 nicht der Mehrwertsteuer unterliegende innergemeinschaftliche Erwerbe von Gegenständen bewirken, dies anzeigen, wenn die in Artikel 3 genannten Voraussetzungen für die Nichtanwendung der Mehrwertsteuer nicht mehr erfüllt sind.

Art. 214[1)] [Zuteilung einer Mehrwertsteuer-Identifikationsnummer]

(1) Die Mitgliedstaaten treffen die erforderlichen Maßnahmen, damit folgende Personen jeweils eine individuelle Mehrwertsteuer-Identifikationsnummer erhalten:

a) jeder Steuerpflichtige, der in ihrem jeweiligen Gebiet Lieferungen von Gegenständen bewirkt oder Dienstleistungen erbringt, für die ein Recht auf Vorsteuerabzug besteht und bei denen es sich nicht um Lieferungen von Gegenständen oder um Dienstleistungen handelt, für die die Mehrwertsteuer gemäß den Artikeln 194 bis 197 sowie 199 ausschließlich vom Dienstleistungsempfänger beziehungsweise der Person, für die die Gegenstände oder Dienstleistungen bestimmt sind, geschuldet wird; hiervon ausgenommen sind die in Artikel 9 Absatz 2 genannten Steuerpflichtigen;

b) jeder Steuerpflichtige und jede nichtsteuerpflichtige juristische Person, der bzw. die gemäß Artikel 2 Absatz 1 Buchstabe b der Mehrwertsteuer unterliegende innergemeinschaftliche Erwerbe von Gegenständen bewirkt oder von der Möglichkeit des Artikels 3 Absatz 3, seine bzw. ihre innergemeinschaftlichen Erwerbe der Mehrwertsteuer zu unterwerfen, Gebrauch gemacht hat;

c) jeder Steuerpflichtige, der in ihrem jeweiligen Gebiet innergemeinschaftliche Erwerbe von Gegenständen für die Zwecke seiner Umsätze bewirkt, die sich aus in Artikel 9 Absatz 1 Unterabsatz 2 genannten Tätigkeiten ergeben, die er außerhalb dieses Gebiets ausübt;

---

1) Art. 214 Abs. 1 Buchst. d und e angef. mWv 1.1.2010 durch RL v. 12.2.2008 (ABl. L 44 S. 11).

d) jeder Steuerpflichtige, der in seinem jeweiligen Gebiet Dienstleistungen empfängt, für die er die Mehrwertsteuer gemäß Artikel 196 schuldet;

e) jeder Steuerpflichtige, der in seinem jeweiligen Gebiet ansässig ist und Dienstleistungen im Gebiet eines anderen Mitgliedstaats erbringt, für die gemäß Artikel 196 ausschließlich der Empfänger die Mehrwertsteuer schuldet.

(2) Die Mitgliedstaaten haben die Möglichkeit, bestimmten Steuerpflichtigen, die nur gelegentlich Umsätze etwa im Sinne von Artikel 12 bewirken, keine Mehrwertsteuer-Identifikationsnummer zu erteilen.

Art. 215[1)] [Präfix der Mehrwertsteuer-Identifikationsnummer]

[1] Der individuellen Mehrwertsteuer-Identifikationsnummer wird zur Kennzeichnung des Mitgliedstaats, der sie erteilt hat, ein Präfix nach dem ISO-Code 3166 Alpha 2 vorangestellt.

[2] Griechenland wird jedoch ermächtigt, das Präfix „EL" zu verwenden.

[3] Für Nordirland wird das Präfix „XI" verwendet.

Art. 216 [Identifikationssystem zur EU-weiten Unterscheidbarkeit der Unternehmer] Die Mitgliedstaaten treffen die erforderlichen Maßnahmen, damit ihr Identifikationssystem die Unterscheidung der in Artikel 214 genannten Steuerpflichtigen ermöglicht und somit die korrekte Anwendung der Übergangsregelung für die Besteuerung innergemeinschaftlicher Umsätze des Artikels 402 gewährleistet.

Kapitel 3. Erteilung von Rechnungen

Abschnitt 1. Begriffsbestimmung

Art. 217[2)] [Definition der elektronischen Übermittlung einer Rechnung]

Im Sinne dieser Richtlinie bezeichnet der Ausdruck „elektronische Rechnung" eine Rechnung, welche die nach dieser Richtlinie erforderlichen Angaben enthält und in einem elektronischen Format ausgestellt und empfangen wird.

Abschnitt 2. Definition der Rechnung

Art. 218 [Definition der Rechnung] Für die Zwecke dieser Richtlinie erkennen die Mitgliedstaaten als Rechnung alle auf Papier oder elektronisch vorliegenden Dokumente oder Mitteilungen an, die den Anforderungen dieses Kapitels genügen.

Art. 219 [Einer Rechnung gleichgestelltes Änderungsdokument]

Einer Rechnung gleichgestellt ist jedes Dokument und jede Mitteilung, das/die die ursprüngliche Rechnung ändert und spezifisch und eindeutig auf diese bezogen ist.

---

1) Art. 215 UAbs. 3 angef. mWv 26.11.2020 durch RL v. 20.11.2020 (ABl. L 396 S. 1).

2) Art. 217 neu gef. mWv 11.8.2010 durch RL v. 13.7.2010 (ABl. L 189 S. 1).

Abschnitt 3. Ausstellung der Rechnung

Art. 219a[1] **[Maßgebliche Vorschriften]** (1) Die Rechnungsstellung unterliegt den Vorschriften des Mitgliedstaats, in dem die Lieferung von Gegenständen oder die Dienstleistung im Einklang mit Titel V als ausgeführt gilt.

(2) Abweichend von Absatz 1 unterliegt die Rechnungsstellung folgenden Vorschriften:

a) den Vorschriften des Mitgliedstaats, in dem der Lieferer oder Dienstleistungserbringer den Sitz seiner wirtschaftlichen Tätigkeit oder eine feste Niederlassung hat, von dem bzw. der aus die Lieferung oder Dienstleistung ausgeführt wird, oder – in Ermangelung eines solchen Sitzes oder einer solchen festen Niederlassung – des Mitgliedstaats, in dem er seinen Wohnsitz oder seinen gewöhnlichen Aufenthaltsort hat, wenn

   i) der Lieferer oder Dienstleistungserbringer nicht in dem Mitgliedstaat ansässig ist, in dem die Lieferung oder die Dienstleistung im Einklang mit Titel V als ausgeführt gilt, oder seine Niederlassung in dem betreffenden Mitgliedstaat im Sinne des Artikels 192a Buchstabe b nicht an der Lieferung oder Dienstleistung beteiligt ist, und wenn die Mehrwertsteuer vom Erwerber oder vom Dienstleistungsempfänger geschuldet wird, es sei denn, der Erwerber oder Dienstleistungsempfänger stellt die Rechnung aus (Gutschriften);

   ii) die Lieferung oder die Dienstleistung im Einklang mit Titel V als nicht innerhalb der Gemeinschaft ausgeführt gilt;

b) den Vorschriften des Mitgliedstaats, in dem der Lieferer oder Dienstleistungserbringer eine der Sonderregelungen gemäß Titel XII Kapitel 6 in Anspruch nimmt.

(3) Die Absätze 1 und 2 gelten unbeschadet der Artikel 244 bis 248.

Art. 220[2] **[Anwendungsfälle der Pflicht zu Ausstellung einer Rechnung]** (1) Jeder Steuerpflichtige stellt in folgenden Fällen eine Rechnung entweder selbst aus oder stellt sicher, dass eine Rechnung vom Erwerber oder Dienstleistungsempfänger oder in seinem Namen und für seine Rechnung von einem Dritten ausgestellt wird:

1. Er liefert Gegenstände oder erbringt Dienstleistungen an einen anderen Steuerpflichtigen oder an eine nichtsteuerpflichtige juristische Person;
2. er liefert in Artikel 33 [***ab 1.7.2021:*** Buchstabe a] genannte Gegenstände [***ab 1.7.2021:*** , es sei denn, der Steuerpflichtige nimmt die Sonderregelung gemäß Titel XII Kapitel 6 Abschnitt 3 in Anspruch];
3. er liefert Gegenstände unter den Voraussetzungen des Artikels 138;
4. er erhält Vorauszahlungen, bevor eine Lieferung von Gegenständen im Sinne der Nummern 1 und 2 erfolgt ist;

---

[1] Art. 219a neu gef. mWv 1.1.2019 durch RL v. 5.12.2017 (ABl. L 348 S. 7).

[2] Art. 220 neu gef. durch RL v. 13.7.2010 (ABl. L 189 S. 1); Abs. 1 Nr. 2 neu gef. **mWv 1.7.2021** durch RL v. 5.12.2017 (ABl. L 348 S. 7, ber. ABl. 2019 L 245 S. 9, geänd. durch ABl. 2020 L 244 S. 3).

5. er erhält Vorauszahlungen von einem anderen Steuerpflichtigen oder einer nichtsteuerpflichtigen juristischen Person, bevor eine Dienstleistung abgeschlossen ist.

(2) Abweichend von Absatz 1 und unbeschadet des Artikels 221 Absatz 2 ist die Ausstellung einer Rechnung bei nach Artikel 135 Absatz 1 Buchstaben a bis g steuerbefreiten Dienstleistungen nicht erforderlich.

Art. 220a[1] **[Vereinfachte Rechnung]** (1) Die Mitgliedstaaten gestatten den Steuerpflichtigen in den folgenden Fällen die Ausstellung einer vereinfachten Rechnung:

a) Der Rechnungsbetrag beträgt höchstens 100 EUR oder den Gegenwert in Landeswährung;

b) bei der ausgestellten Rechnung handelt es sich um ein Dokument oder eine Mitteilung, das/die gemäß Artikel 219 einer Rechnung gleichgestellt ist;

[***Anwendung ab 1.1.2025:***

c) der Steuerpflichtige nimmt die Steuerbefreiung für Kleinunternehmen nach Artikel 284 in Anspruch.]

(2) Die Mitgliedstaaten erlauben es Steuerpflichtigen nicht, eine vereinfachte Rechnung auszustellen, wenn Rechnungen gemäß Artikel 220 Absatz 1 Nummern 2 und 3 ausgestellt werden müssen oder wenn die steuerpflichtige Lieferung von Gegenständen oder die steuerpflichtige Dienstleistung von einem Steuerpflichtigen durchgeführt wird, der nicht in dem Mitgliedstaat ansässig ist, in dem die Mehrwertsteuer geschuldet wird, oder dessen Niederlassung in dem betreffenden Mitgliedstaat im Sinne des Artikels 192a nicht an der Lieferung oder Dienstleistung beteiligt ist und wenn die Steuer vom Erwerber oder Dienstleistungsempfänger geschuldet wird.

Art. 221[2] **[Kannbestimmung: Pflicht zur Ausstellung einer Rechnung in anderen Fällen, Befreiung von der Ausstellungspflicht]** (1) Die Mitgliedstaaten können Steuerpflichtigen vorschreiben, für andere als die in Artikel 220 Absatz 1 genannten Lieferungen von Gegenständen oder Dienstleistungen eine Rechnung gemäß den Vorgaben der Artikel 226 oder 226b auszustellen.

(2) Die Mitgliedstaaten können Steuerpflichtigen, die in ihrem Gebiet ansässig sind oder dort eine feste Niederlassung haben, von der die Lieferung erfolgt oder die Dienstleistung erbracht wird, vorschreiben, für die nach Artikel 135 Absatz 1 Buchstaben a bis g steuerbefreiten Dienstleistungen, die die betreffenden Steuerpflichtigen in ihrem Gebiet oder außerhalb der Gemeinschaft erbringen, eine Rechnung gemäß den Vorgaben der Artikel 226 oder 226b auszustellen.

---

[1] Art. 220a eingef. durch RL v. 13.7.2010 (ABl. L 189 S. 1); Abs. 1 Buchst. c angef. mWv 22.3.2020 durch RL v. 18.2.2020 (ABl. L 62 S. 13); zur **Anwendung durch die Mitgliedstaaten ab 1.1.2025** siehe Art. 3 Abs. 1 UAbs. 2 RL 2020/285/EU.

[2] Art. 221 neu gef. durch RL v. 13.7.2010 (ABl. L 189 S. 1); Abs. 3 neu gef. mWv 1.7.2013 durch Akte v. 9.12.2011 (ABl. 2012 L 112 S. 21).

(3) Die Mitgliedstaaten können Steuerpflichtige von der Pflicht nach Artikel 220 Absatz 1 oder Artikel 220a befreien, eine Rechnung für Lieferungen von Gegenständen oder Dienstleistungen auszustellen, die sie in ihrem Gebiet bewirken und die mit oder ohne Recht auf Vorsteuerabzug gemäß den Artikeln 110, 111, dem Artikel 125 Absatz 1, dem Artikel 127, dem Artikel 128 Absatz 1, dem Artikel 132, dem Artikel 135 Absatz 1 Buchstaben h bis l, den Artikeln 136, 371, 375, 376, 377, dem Artikel 378 Absatz 2 und dem Artikel 379 Absatz 2 sowie den Artikeln 380 bis 390c befreit sind.

Art. 222[1] **[Kannbestimmung: Fristen für die Ausstellung einer Rechnung]** *[1]* Für Gegenstände, die unter den Voraussetzungen des Artikels 138 geliefert werden, oder für Dienstleistungen, für die nach Artikel 196 der Leistungsempfänger die Steuer schuldet, wird spätestens am fünfzehnten Tag des Monats, der auf den Monat folgt, in dem der Steuertatbestand eingetreten ist, eine Rechnung ausgestellt.

[2] Für andere Lieferungen von Gegenständen oder Dienstleistungen können die Mitgliedstaaten den Steuerpflichtigen Fristen für die Ausstellung der Rechnung setzen.

Art. 223[2] **[Zusammenfassende Rechnung]** *[1]* Die Mitgliedstaaten können den Steuerpflichtigen gestatten, für mehrere getrennte Lieferungen von Gegenständen oder Dienstleistungen zusammenfassende Rechnungen auszustellen, sofern der Steueranspruch für die auf einer zusammenfassenden Rechnung aufgeführten Lieferungen von Gegenständen oder Dienstleistungen innerhalb desselben Kalendermonats eintritt.

[2] Unbeschadet des Artikels 222 können die Mitgliedstaaten gestatten, dass Lieferungen von Gegenständen oder Dienstleistungen, für die der Steueranspruch innerhalb einer über einen Kalendermonat hinausgehenden Frist eintritt, in zusammenfassenden Rechnungen erscheinen.

Art. 224[3] **[Gutschrift als Rechnung]** [1]Rechnungen dürfen von einem Erwerber oder Dienstleistungsempfänger für Lieferungen von Gegenständen oder für Dienstleistungen, die von einem Steuerpflichtigen bewirkt werden, ausgestellt werden, sofern zwischen den beiden Parteien eine vorherige Vereinbarung getroffen wurde und sofern jede Rechnung Gegenstand eines Verfahrens zur Akzeptierung durch den Steuerpflichtigen ist, der die Gegenstände liefert oder die Dienstleistungen erbringt. [2]Die Mitgliedstaaten können verlangen, dass solche Rechnungen im Namen und für Rechnung des Steuerpflichtigen ausgestellt werden.

Art. 225[4] **[Kannbestimmung: besondere Anforderungen an die Rechnung bei Rechnungsausstellern aus Staaten ohne Amtshilfeabkommen]** Die Mitgliedstaaten können für Steuerpflichtige besondere Anfor-

---

[1] Art. 222 neu gef. durch RL v. 13.7.2010 (ABl. L 189 S. 1).
[2] Art. 223 neu gef. durch RL v. 13.7.2010 (ABl. L 189 S. 1).
[3] Art. 224 neu gef. durch RL v. 13.7.2010 (ABl. L 189 S. 1).
[4] Art. 225 neu gef. durch RL v. 13.7.2010 (ABl. L 189 S. 1).

derungen festlegen, wenn der Dritte oder der Erwerber oder Dienstleistungsempfänger, der die Rechnung ausstellt, seinen Sitz in einem Land hat, mit dem keine Rechtsvereinbarung über Amtshilfe besteht, deren Anwendungsbereich mit dem der Richtlinie 2010/24/EU[1] und der Verordnung (EG) Nr. 1798/2003[2] vergleichbar ist.

Abschnitt 4. Rechnungsangaben

Art. 226[3] **[Rechnungsangaben – obligatorisch]** Unbeschadet der in dieser Richtlinie festgelegten Sonderbestimmungen müssen gemäß den Artikeln 220 und 221 ausgestellte Rechnungen für Mehrwertsteuerzwecke nur die folgenden Angaben enthalten:

1. das Ausstellungsdatum;
2. eine fortlaufende Nummer mit einer oder mehreren Zahlenreihen, die zur Identifizierung der Rechnung einmalig vergeben wird;
3. die Mehrwertsteuer-Identifikationsnummer im Sinne des Artikels 214, unter der der Steuerpflichtige die Gegenstände geliefert oder die Dienstleistung erbracht hat;
4. die Mehrwertsteuer-Identifikationsnummer im Sinne des Artikels 214, unter der der Erwerber oder Dienstleistungsempfänger eine Lieferung von Gegenständen oder eine Dienstleistung, für die er Steuerschuldner ist, oder eine Lieferung von Gegenständen nach Artikel 138 erhalten hat;
5. den vollständigen Namen und die vollständige Anschrift des Steuerpflichtigen und des Erwerbers oder Dienstleistungsempfängers;
6. Menge und Art der gelieferten Gegenstände beziehungsweise Umfang und Art der erbrachten Dienstleistungen;
7. das Datum, an dem die Gegenstände geliefert werden oder die Dienstleistung erbracht bzw. abgeschlossen wird, oder das Datum, an dem die Vorauszahlung im Sinne des Artikels 220 Nummern 4 und 5 geleistet wird, sofern dieses Datum feststeht und nicht mit dem Ausstellungsdatum der Rechnung identisch ist;

7a. die Angabe „Besteuerung nach vereinnahmten Entgelten" (Kassenbuchführung), sofern der Steueranspruch gemäß Artikel 66 Buchstabe b zum Zeitpunkt des Eingangs der Zahlung entsteht und das Recht auf Vorsteuerabzug entsteht, wenn der Anspruch auf die abziehbare Steuer entsteht;

8. die Steuerbemessungsgrundlage für die einzelnen Steuersätze beziehungsweise die Befreiung, den Preis je Einheit ohne Mehrwertsteuer sowie jede

---

[1] **Amtl. Anm.:** Richtlinie 2010/24/EU des Rates vom 16. März 2010 über die Amtshilfe bei der Beitreibung von Forderungen in Bezug auf bestimmte Steuern, Abgaben und sonstige Maßnahmen (ABl. L 84 vom 31.3.2010, S. 1).

[2] **Amtl. Anm.:** Verordnung (EG) Nr. 1798/2003 des Rates vom 7. Oktober 2003 über die Zusammenarbeit der Verwaltungsbehörden auf dem Gebiet der Mehrwertsteuer (ABl. L 264 vom 15.10.2003, S. 1).

[3] Art. 226 Nr. 7a, 10a und 11a eingef., Nr. 11, 13 und 14 neu gef. durch RL v. 13.7.2010 (ABl. L 189 S. 1).

Preisminderung oder Rückerstattung, sofern sie nicht im Preis je Einheit enthalten sind;

9. den anzuwendenden Mehrwertsteuersatz;

10. den zu entrichtenden Mehrwertsteuerbetrag, außer bei Anwendung einer Sonderregelung, bei der nach dieser Richtlinie eine solche Angabe ausgeschlossen wird;

10a. bei Ausstellung der Rechnung durch den Erwerber oder Dienstleistungsempfänger und nicht durch den Lieferer oder Dienstleistungserbringer: die Angabe „Gutschrift";

11. Verweis auf die einschlägige Bestimmung dieser Richtlinie oder die entsprechende nationale Bestimmung oder Hinweis darauf, dass für die Lieferung von Gegenständen beziehungsweise die Dienstleistung eine Steuerbefreiung gilt;

11a. bei Steuerschuldnerschaft des Erwerbers oder Dienstleistungsempfängers: die Angabe „Steuerschuldnerschaft des Leistungsempfängers";

12. bei Lieferung neuer Fahrzeuge unter den Voraussetzungen des Artikels 138 Absatz 1 und Absatz 2 Buchstabe a: die in Artikel 2 Absatz 2 Buchstabe b genannten Angaben;

13. im Falle der Anwendung der Sonderregelung für Reisebüros: die Angabe „Sonderregelung für Reisebüros";

14. im Falle der Anwendung einer der auf Gebrauchtgegenstände, Kunstgegenstände, Sammlungsstücke und Antiquitäten anwendbaren Sonderregelungen: die entsprechende Angabe „Gebrauchtgegenstände/Sonderregelung", „Kunstgegenstände/Sonderregelung" bzw. „Sammlungsstücke und Antiquitäten/Sonderregelung";

15. wenn der Steuerschuldner ein Steuervertreter im Sinne des Artikels 204 ist: Mehrwertsteuer-Identifikationsnummer im Sinne des Artikels 214, vollständiger Name und Anschrift des Steuervertreters.

Art. 226a[1)] [Kannbestimmung: Verzicht auf Rechnungsangaben bei Nichtansässigkeit] Wird die Rechnung von einem Steuerpflichtigen ausgestellt, der nicht im Mitgliedstaat, in dem die Steuer geschuldet wird, ansässig ist oder dessen Niederlassung in dem betreffenden Mitgliedstaat im Sinne des Artikels 192a nicht an der Lieferung oder Dienstleistung beteiligt ist und der Gegenstände an einen Erwerber liefert oder eine Dienstleistung an einen Empfänger erbringt, der die Steuer schuldet, kann der Steuerpflichtige auf die Angaben nach Artikel 226 Nummern 8, 9 und 10 verzichten und stattdessen durch Bezeichnung von Menge und Art der gelieferten Gegenstände bzw. Umfang und Art der erbrachten Dienstleistungen die Steuerbemessungsgrundlage der Gegenstände oder Dienstleistungen angeben.

Art. 226b[2)] [Angaben bei vereinfachten Rechnungen] [1]Im Zusammenhang mit vereinfachten Rechnungen gemäß Artikel 220a und Artikel 221

[1)] Art. 226a eingef. durch RL v. 13.7.2010 (ABl. L 189 S. 1).
[2)] Art. 226b eingef. durch RL v. 13.7.2010 (ABl. L 189 S. 1).

Absätze 1 und 2 verlangen die Mitgliedstaaten mindestens die folgenden Angaben:

a) das Ausstellungsdatum;

b) die Identität des Steuerpflichtigen, der die Gegenstände liefert oder die Dienstleistungen erbringt;

c) die Art der gelieferten Gegenstände oder der erbrachten Dienstleistungen;

d) den zu entrichtenden Mehrwertsteuerbetrag oder die Angaben zu dessen Berechnung;

e) sofern es sich bei der ausgestellten Rechnung um ein Dokument oder eine Mitteilung handelt, das/die gemäß Artikel 219 einer Rechnung gleichgestellt ist, eine spezifische und eindeutige Bezugnahme auf diese ursprüngliche Rechnung und die konkret geänderten Einzelheiten.

[2]Sie dürfen keine anderen als die in den Artikeln 226, 227 und 230 vorgesehenen Rechnungsangaben verlangen.

Art. 227 [Kannbestimmung: Angabe der Mehrwertsteuer-Identifikationsnummer des Leistungsempfängers in anderen Fällen als der Verlagerung der Steuerschuldnerschaft] Die Mitgliedstaaten können von Steuerpflichtigen, die in ihrem Gebiet ansässig sind und dort Lieferungen von Gegenständen bewirken oder Dienstleistungen erbringen, verlangen, in anderen als den in Artikel 226 Nummer 4 genannten Fällen die Mehrwertsteuer-Identifikationsnummer des Erwerbers oder Dienstleistungsempfängers im Sinne des Artikels 214 anzugeben.

Art. 228[1] *(aufgehoben)*

Art. 229 [Keine Pflicht zur Unterzeichnung von Rechnungen] Die Mitgliedstaaten verlangen nicht, dass die Rechnungen unterzeichnet sind.

Art. 230[2] **[Währungsangaben auf der Rechnung]** Die auf der Rechnung ausgewiesenen Beträge können in jeder Währung angegeben sein, sofern die zu zahlende oder zu berichtigende Mehrwertsteuer nach Anwendung der Umrechnungsmethode nach Artikel 91 in der Währung des Mitgliedstaats angegeben ist.

Art. 231[3] *(aufgehoben)*

Abschnitt 5.[4] Rechnungen auf Papier und elektronische Rechnungen

Art. 232[5] **[Zustimmungserfordernis des Rechnungsempfängers]**
Der Rechnungsempfänger muss der Verwendung der elektronischen Rechnung zustimmen.

---

[1] Art. 228 aufgeh. durch RL v. 13.7.2010 (ABl. L 189 S. 1).
[2] Art. 230 neu gef. durch RL v. 13.7.2010 (ABl. L 189 S. 1).
[3] Art. 231 aufgeh. durch RL v. 13.7.2010 (ABl. L 189 S. 1).
[4] Abschnitt 5 Überschrift neu gef. durch RL v. 13.7.2010 (ABl. L 189 S. 1).
[5] Art. 232 neu gef. durch RL v. 13.7.2010 (ABl. L 189 S. 1).

Art. 233[1)] **[Echtheit der Herkunft einer Rechnung]** (1) *[1]* Die Echtheit der Herkunft einer Rechnung, die Unversehrtheit ihres Inhalts und ihre Lesbarkeit müssen unabhängig davon, ob sie auf Papier oder elektronisch vorliegt, vom Zeitpunkt der Ausstellung bis zum Ende der Dauer der Aufbewahrung der Rechnung gewährleistet werden.

[2] [1]Jeder Steuerpflichtige legt fest, in welcher Weise die Echtheit der Herkunft, die Unversehrtheit des Inhalts und die Lesbarkeit der Rechnung gewährleistet werden können. [2]Dies kann durch jegliche innerbetriebliche Steuerungsverfahren erreicht werden, die einen verlässlichen Prüfpfad zwischen einer Rechnung und einer Lieferung oder Dienstleistung schaffen können.

[3] „Echtheit der Herkunft" bedeutet die Sicherheit der Identität des Lieferers oder des Dienstleistungserbringers oder des Ausstellers der Rechnung.

[4] „Unversehrtheit des Inhalts" bedeutet, dass der nach der vorliegenden Richtlinie erforderliche Inhalt nicht geändert wurde.

(2) Neben der in Absatz 1 beschriebenen Art von innerbetrieblichen Steuerungsverfahren lassen sich die folgenden Beispiele von Technologien anführen, welche die Echtheit der Herkunft und die Unversehrtheit des Inhalts einer elektronischen Rechnung gewährleisten:

a) durch eine fortgeschrittene elektronische Signatur im Sinne des Artikels 2 Nummer 2 der Richtlinie 1999/93/EG des Europäischen Parlaments und des Rates vom 13. Dezember 1999 über gemeinschaftliche Rahmenbedingungen für elektronische Signaturen[2)], die auf einem qualifizierten Zertifikat beruht und von einer sicheren Signaturerstellungseinheit im Sinne des Artikels 2 Nummern 6 und 10 der Richtlinie 1999/93/EG erstellt worden ist;

b) durch elektronischen Datenaustausch (EDI) nach Artikel 2 des Anhangs 1 der Empfehlung 94/820/EG der Kommission vom 19. Oktober 1994 über die rechtlichen Aspekte des elektronischen Datenaustausches[3)], sofern in der Vereinbarung über diesen Datenaustausch der Einsatz von Verfahren vorgesehen ist, die die Echtheit der Herkunft und die Unversehrtheit der Daten gewährleisten.

Art. 234[4)] *(aufgehoben)*

Art. 235[5)] **[Kannbestimmung: Spezifische Anforderungen für elektronische Rechnungen]** Die Mitgliedstaaten können spezifische Anforderungen für elektronische Rechnungen festlegen, die für Lieferungen von Gegenständen oder für Dienstleistungen in ihrem Gebiet in einem Land ausgestellt werden, mit dem keine Rechtsvereinbarung über Amtshilfe besteht, deren Anwendungsbereich mit dem der Richtlinie 2010/24/EU und der Verordnung (EG) Nr. 1798/2003 vergleichbar ist.

---

1) Art. 233 neu gef. durch RL v. 13.7.2010 (ABl. L 189 S. 1).
2) **Amtl. Anm.:** ABl. L 13 vom 19.1.2000, S. 12.
3) **Amtl. Anm.:** ABl. L 338 vom 28.12.1994, S. 98.
4) Art. 234 aufgeh. durch RL v. 13.7.2010 (ABl. L 189 S. 1).
5) Art. 235 neu gef. durch RL v. 13.7.2010 (ABl. L 189 S. 1).

Art. 236[1] **[Gebündelte elektronische Übermittlung mehrerer Rechnungen]** Werden mehrere elektronische Rechnungen gebündelt ein und demselben Rechnungsempfänger übermittelt oder für diesen bereitgehalten, ist es zulässig, Angaben, die allen Rechnungen gemeinsam sind, nur ein einziges Mal aufzuführen, sofern für jede Rechnung die kompletten Angaben zugänglich sind.

Art. 237[2] **[Evaluierungsbericht der EU-Kommission]** Spätestens am 31. Dezember 2016 unterbreitet die Kommission dem Europäischen Parlament und dem Rat einen auf einer unabhängigen Wirtschaftsstudie beruhenden allgemeinen Evaluierungsbericht über die Auswirkungen der ab dem 1. Januar 2013 anwendbaren Rechnungsstellungsvorschriften und insbesondere darüber, inwieweit sie tatsächlich zu einer Abnahme des Verwaltungsaufwands für die Unternehmen geführt haben, erforderlichenfalls zusammen mit einem entsprechenden Vorschlag zur Änderung der jeweiligen Vorschriften.

Abschnitt 6. Vereinfachungsmaßnahmen

Art. 238[3] **[Kannbestimmung: Angaben auf Kleinbetrags- und branchenspezifischen Rechnungen]** (1) Nach Konsultation des Mehrwertsteuerausschusses können die Mitgliedstaaten unter den von ihnen festzulegenden Bedingungen vorsehen, dass Rechnungen für Lieferungen von Gegenständen oder für Dienstleistungen in folgenden Fällen nur die in Artikel 226b genannten Angaben enthalten:

a) wenn der Rechnungsbetrag höher als 100 EUR aber nicht höher als 400 EUR ist, oder den Gegenwert in Landeswährung;

b) wenn die Einhaltung aller in den Artikeln 226 oder 230 genannten Verpflichtungen aufgrund der Handels- oder Verwaltungspraktiken in dem betreffenden Wirtschaftsbereich oder aufgrund der technischen Bedingungen der Erstellung dieser Rechnungen besonders schwierig ist.

(2) *(aufgehoben)*

(3) Die Vereinfachung nach Absatz 1 darf nicht angewandt werden, wenn Rechnungen gemäß Artikel 220 Absatz 1 Nummern 2 und 3 ausgestellt werden müssen, oder wenn die steuerpflichtige Lieferung von Gegenständen oder die steuerpflichtige Dienstleistung von einem Steuerpflichtigen durchgeführt wird, der nicht in dem Mitgliedstaat ansässig ist, in dem die Mehrwertsteuer geschuldet wird, oder dessen Niederlassung in dem betreffenden Mitgliedstaat im Sinne des Artikels 192a nicht an der Lieferung oder Dienstleistung beteiligt ist und wenn die Steuer vom Erwerber bzw. Dienstleistungsempfänger geschuldet wird.

---

[1] Art. 236 neu gef. durch RL v. 13.7.2010 (ABl. L 189 S. 1).
[2] Art. 237 neu gef. durch RL v. 13.7.2010 (ABl. L 189 S. 1).
[3] Art. 238 Abs. 1 und 3 neu gef., Abs. 2 aufgeh. durch RL v. 13.7.2010 (ABl. L 189 S. 1).

Art. 239 [Angabe einer Steuerregisternummer auf der Rechnung anstelle der Mehrwertsteuer-Identifikationsnummer in den Fällen der Nichtvergabe einer Mehrwertsteuer-Identifikationsnummer] Machen die Mitgliedstaaten von der Möglichkeit nach Artikel 272 Absatz 1 Unterabsatz 1 Buchstabe b Gebrauch, Steuerpflichtigen, die keine der in den Artikeln 20, 21, 22, 33, 36, 138 und 141 genannten Umsätze bewirken, keine Mehrwertsteuer-Identifikationsnummer zu erteilen, ist – sofern keine Mehrwertsteuer-Identifikationsnummer erteilt wurde – auf der Rechnung die Mehrwertsteuer-Identifikationsnummer des Lieferers oder Dienstleistungserbringers und des Erwerbers oder Dienstleistungsempfängers, durch eine andere, von den betreffenden Mitgliedstaaten näher bestimmte Nummer, die so genannte Steuerregisternummer, zu ersetzen.

Art. 240 [Kannbestimmung: Pflicht zur Angabe der Mehrwertsteuer-Identifikationsnummer des Leistenden bei bestimmten Umsätzen für bestimmte Unternehmer mit Erklärungs- und Aufzeichnungserleichterungen] Mitgliedstaaten, die von der Möglichkeit nach Artikel 272 Absatz 1 Unterabsatz 1 Buchstabe b Gebrauch machen, können, wenn dem Steuerpflichtigen eine Mehrwertsteuer-Identifikationsnummer erteilt wurde, außerdem vorsehen, dass die Rechnung folgende Angaben enthält:

1. bei den in den Artikeln 44, 47, 50, 53, 54 und 55 genannten Dienstleistungen sowie bei den in den Artikeln 138 und 141 genannten Lieferungen von Gegenständen: die Mehrwertsteuer-Identifikationsnummer sowie die Steuerregisternummer des Lieferers bzw. Dienstleistungserbringers;
2. bei anderen Lieferungen von Gegenständen und Dienstleistungen: lediglich die Steuerregisternummer des Lieferers bzw. Dienstleistungserbringers oder lediglich die Mehrwertsteuer-Identifikationsnummer.

Kapitel 4. Aufzeichnungen

Abschnitt 1. Begriffsbestimmung

Art. 241 [Definition der elektronischen Aufbewahrung einer Rechnung] Für die Zwecke dieses Kapitels gilt als „elektronische Aufbewahrung einer Rechnung" die Aufbewahrung von Daten mittels elektronischer Einrichtungen zur Verarbeitung (einschließlich der digitalen Kompression) und Aufbewahrung unter Verwendung von Draht, Funk, optischen oder anderen elektromagnetischen Medien.

Abschnitt 2. Allgemeine Pflichten

Art. 242 [Aufzeichnungspflichten – Grundsatz] Jeder Steuerpflichtige hat Aufzeichnungen zu führen, die so ausführlich sind, dass sie die Anwendung der Mehrwertsteuer und ihre Kontrolle durch die Steuerverwaltung ermöglichen.

[*ab 1.7.2021:*

Art. 242a[1)] [Aufzeichnungspflichten von Betreibern elektronischer Plattformen] (1) [1]Unterstützt ein Steuerpflichtiger die Lieferung von Gegenständen oder Dienstleistungen innerhalb der Gemeinschaft an eine nicht steuerpflichtige Person im Einklang mit Titel V durch die Nutzung einer elektronischen Schnittstelle, beispielsweise eines Marktplatzes, einer Plattform, eines Portals oder Ähnlichem, so muss dieser Steuerpflichtige Aufzeichnungen über diese Lieferungen und Dienstleistungen führen. [2]Diese Aufzeichnungen müssen so ausführlich sein, dass die Steuerbehörden des Mitgliedstaats, in dem diese Lieferungen und Dienstleistungen steuerbar sind, feststellen können, ob die Mehrwertsteuer korrekt berücksichtigt worden ist.

(2) *[1]* Die Aufzeichnungen nach Absatz 1 sind den betreffenden Mitgliedstaaten auf Verlangen elektronisch zur Verfügung zu stellen.

[2] Diese Aufzeichnungen sind vom Ende des Jahres an, in dem der Umsatz bewirkt wurde, zehn Jahre lang aufzubewahren.]

Art. 243[2)] [Pflicht zur Registrierung der Gegenstände, die innergemeinschaftlich für Zwecke der Be- oder Verarbeitung oder einer vorübergehenden Verwendung verbracht wurden] (1) Jeder Steuerpflichtige muss ein Register der Gegenstände führen, die er für die Zwecke seiner in Artikel 17 Absatz 2 Buchstaben f, g und h genannten Umsätze in Form der Begutachtung dieser Gegenstände oder von Arbeiten an diesen Gegenständen oder ihrer vorübergehenden Verwendung nach Orten außerhalb des Mitgliedstaats des Beginns der Versendung oder Beförderung, aber innerhalb der Gemeinschaft versandt oder befördert hat oder die für seine Rechnung dorthin versandt oder befördert wurden.

(2) Jeder Steuerpflichtige hat Aufzeichnungen zu führen, die so ausführlich sind, dass sie die Identifizierung der Gegenstände ermöglichen, die ihm aus einem anderen Mitgliedstaat von einem Steuerpflichtigen mit Mehrwertsteuer-Identifikationsnummer in diesem anderen Mitgliedstaat oder für dessen Rechnung im Zusammenhang mit einer Dienstleistung in Form der Begutachtung dieser Gegenstände oder von Arbeiten an diesen Gegenständen gesandt worden sind.

(3) *[1]* Jeder Steuerpflichtige, der Gegenstände im Rahmen der in Artikel 17a genannten Konsignationslagerregelung verbringt, führt ein Register, das es den Steuerbehörden ermöglicht, die korrekte Anwendung des genannten Artikels zu überprüfen.

[2] Jeder Steuerpflichtige, an den Gegenstände im Rahmen der in Artikel 17a genannten Konsignationslagerregelung geliefert werden, führt ein Register dieser Gegenstände.

---

1) Art. 242a eingef. **mWv 1.7.2021** durch RL v. 5.12.2017 (ABl. L 348 S. 7, ber. ABl. 2018 L 190 S. 21, geänd. durch ABl. 2020 L 244 S. 3).

2) Art. 243 neu gef. durch RL v. 13.7.2010 (ABl. L 189 S. 1); Abs. 3 angef. durch RL v. 4.12.2018 (ABl. L 311 S. 3).

[*Anwendung ab 1.1.2024:*

Abschnitt 2a.[1] Allgemeine Pflichten von Zahlungsdienstleistern

Art. 243a[1] [Begriffsbestimmungen] Im Sinne dieses Abschnitts bezeichnet der Ausdruck

1. „Zahlungsdienstleister" eine der in Artikel 1 Absatz 1 Buchstaben a bis d der Richtlinie (EU) 2015/2366 des Europäischen Parlaments und des Rates[2] aufgeführten Kategorien von Zahlungsdienstleistern oder eine natürliche oder juristische Person, für die eine Ausnahme gemäß Artikel 32 der genannten Richtlinie gilt;
2. „Zahlungsdienst" eine der in Anhang I Nummern 3 bis 6 der Richtlinie (EU) 2015/2366 genannten gewerblichen Tätigkeiten;
3. „Zahlung" vorbehaltlich der in Artikel 3 der Richtlinie (EU) 2015/2366 vorgesehenen Ausnahmen einen „Zahlungsvorgang" gemäß der Definition in Artikel 4 Nummer 5 der genannten Richtlinie oder einen „Finanztransfer" gemäß Artikel 4 Nummer 22 der genannten Richtlinie;
4. „Zahler" einen „Zahler" gemäß der Definition in Artikel 4 Nummer 8 der Richtlinie (EU) 2015/2366;
5. „Zahlungsempfänger" einen „Zahlungsempfänger" gemäß der Definition in Artikel 4 Nummer 9 der Richtlinie (EU) 2015/2366;
6. „Herkunftsmitgliedstaat" den „Herkunftsmitgliedstaat" gemäß der Definition in Artikel 4 Nummer 1 der Richtlinie (EU) 2015/2366;
7. „Aufnahmemitgliedstaat" den „Aufnahmemitgliedstaat" gemäß der Definition in Artikel 4 Nummer 2 der Richtlinie (EU) 2015/2366;
8. „Zahlungskonto" ein „Zahlungskonto" gemäß der Definition in Artikel 4 Nummer 12 der Richtlinie (EU) 2015/2366;
9. „IBAN" eine „IBAN" gemäß der Definition in Artikel 2 Nummer 15 der Verordnung (EU) Nr. 260/2012 des Europäischen Parlaments und des Rates[3];
10. „BIC" eine „BIC" gemäß der Definition in Artikel 2 Nummer 16 der Verordnung (EU) Nr. 260/2012.

Art. 243b[1] [Anforderungen an die Zahlungsdienstleister] (1) *[1]* Die Mitgliedstaaten verlangen von den Zahlungsdienstleistern, dass sie hinreichend detaillierte Aufzeichnungen über Zahlungsempfänger und Zahlungen in Be-

---

[1] Abschnitt 2a (Art. 243a–243d) eingef. mWv 22.3.2020 durch RL v. 18.2.2020 (ABl. L 62 S. 7); zur **Anwendung durch die Mitgliedstaaten ab 1.1.2024** siehe Art. 2 Abs. 1 UAbs. 2 RL 2020/284/EU.

[2] **Amtl. Anm.:** Richtlinie (EU) 2015/2366 des Europäischen Parlaments und des Rates vom 25. November 2015 über Zahlungsdienste im Binnenmarkt, zur Änderung der Richtlinien 2002/65/EG, 2009/110/EG, 2013/36/EU und der Verordnung (EU) Nr. 1093/2010 sowie zur Aufhebung der Richtlinie 2007/64/EG (ABl. L 337 vom 23.12.2015, S. 35).

[3] **Amtl. Anm.:** Verordnung (EU) Nr. 260/2012 des Europäischen Parlaments und des Rates vom 14. März 2012 zur Festlegung der technischen Vorschriften und der Geschäftsanforderungen für Überweisungen und Lastschriften in Euro und zur Änderung der Verordnung (EG) Nr. 924/2009 (ABl. L 94 vom 30.3.2012, S. 22).

zug auf die von ihnen in jedem Kalenderquartal erbrachten Zahlungsdienste führen, um die zuständigen Behörden der Mitgliedstaaten in die Lage zu versetzen, Lieferungen von Gegenständen und Dienstleistungen zu kontrollieren, die gemäß den Bestimmungen des Titels V als in einem Mitgliedstaat erfolgt bzw. erbracht gelten, damit das Ziel der Bekämpfung von Mehrwertsteuerbetrug erreicht wird.

[2] [1]Die in Unterabsatz 1 genannte Anforderung gilt nur für Zahlungsdienste, die in Bezug auf grenzüberschreitende Zahlungen erbracht werden. [2]Eine Zahlung gilt als grenzüberschreitende Zahlung, wenn sich der Zahler in einem Mitgliedstaat und der Zahlungsempfänger in einem anderen Mitgliedstaat, einem Drittgebiet oder einem Drittland befindet.

(2) *[1]* Die Anforderung an die Zahlungsdienstleister nach Absatz 1 gilt, wenn ein Zahlungsdienstleister während eines Kalenderquartals im Rahmen seiner Zahlungsdienste mehr als 25 grenzüberschreitende Zahlungen an denselben Zahlungsempfänger tätigt.

[2] [1]Die Anzahl der in Unterabsatz 1 dieses Absatzes genannten grenzüberschreitenden Zahlungen wird unter Zugrundelegung der Zahlungsdienste berechnet, die der Zahlungsdienstleister pro Mitgliedstaat und pro Kennzeichen gemäß Artikel 243c Absatz 2 erbringt. [2]Wenn der Zahlungsdienstleister über die Information verfügt, dass der Zahlungsempfänger mehrere Kennzeichen hat, erfolgt die Berechnung pro Zahlungsempfänger.

(3) [1]Die Anforderung nach Absatz 1 gilt nicht für Zahlungsdienste, die von den Zahlungsdienstleistern des Zahlers in Bezug auf jegliche Zahlung erbracht werden, bei der mindestens einer der Zahlungsdienstleister des Zahlungsempfängers gemäß seiner BIC oder eines anderen Geschäftskennzeichens, die bzw. das den Zahlungsdienstleister und dessen Ort eindeutig identifiziert, in einem Mitgliedstaat ansässig ist. [2]Die Zahlungsdienstleister des Zahlers müssen diese Zahlungsdienste jedoch in die Berechnung nach Absatz 2 aufnehmen.

(4) Findet die Anforderung an die Zahlungsdienstleister gemäß Absatz 1 Anwendung, so gilt für die Aufzeichnungen Folgendes:

a) Sie werden vom Zahlungsdienstleister in elektronischer Form für einen Zeitraum von drei Kalenderjahren ab Ende des Kalenderjahres, in dem die Zahlung ausgeführt wurde, aufbewahrt;

b) sie werden gemäß Artikel 24b der Verordnung (EU) Nr. 904/2010 dem Herkunftsmitgliedstaat des Zahlungsdienstleisters oder den Aufnahmemitgliedstaaten, wenn der Zahlungsdienstleister Zahlungsdienste in anderen Mitgliedstaaten als dem Herkunftsmitgliedstaat erbringt, zur Verfügung gestellt.

Art. 243c[1)] **[Ort des Zahlers]** (1) Für die Anwendung von Artikel 243b Absatz 1 Unterabsatz 2 und unbeschadet der Bestimmungen des Titels V gilt der Ort des Zahlers als in dem Mitgliedstaat belegen:

[1)] Abschnitt 2a (Art. 243a–243d) eingef. mWv 22.3.2020 durch RL v. 18.2.2020 (ABl. L 62 S. 7); zur **Anwendung durch die Mitgliedstaaten ab 1.1.2024** siehe Art. 2 Abs. 1 UAbs. 2 RL 2020/284/EU.

a) dem die IBAN des Zahlungskontos des Zahlers oder jedes andere Kennzeichen, das eindeutig den Zahler identifiziert und seinen Ort angibt, zugeordnet werden kann, oder, falls keine solchen Kennzeichen vorliegen,

b) dem die BIC oder ein anderes Geschäftskennzeichen, das eindeutig den Zahlungsdienstleister, der im Namen des Zahlers handelt, identifiziert und seinen Ort angibt, zugeordnet werden kann.

(2) Für die Anwendung von Artikel 243b Absatz 1 Unterabsatz 2 gilt der Ort des Zahlungsempfängers als in dem Mitgliedstaat, Drittgebiet oder Drittland belegen:

a) dem die IBAN des Zahlungskontos des Zahlungsempfängers oder jedes andere Kennzeichen, das eindeutig den Zahlungsempfänger identifiziert und seinen Ort angibt, zugeordnet werden kann, oder, falls keine solchen Kennzeichen vorliegen,

b) dem die BIC oder ein anderes Geschäftskennzeichen, das eindeutig den Zahlungsdienstleister, der im Namen des Zahlungsempfängers handelt, identifiziert und seinen Ort angibt, zugeordnet werden kann.

Art. 243d[1)] **[Aufzeichnungspflicht des Zahlungsdienstleisters]** (1) Die gemäß Artikel 243b zu speichernden Aufzeichnungen der Zahlungsdienstleister umfassen folgende Informationen:

a) die BIC oder ein anderes Geschäftskennzeichen, das den Zahlungsdienstleister eindeutig identifiziert;

b) den Namen oder die Bezeichnung des Unternehmens des Zahlungsempfängers gemäß den Aufzeichnungen des Zahlungsdienstleisters;

c) falls vorhanden, jegliche MwSt.-Identifikationsnummer oder sonstige nationale Steuernummer des Zahlungsempfängers;

d) IBAN oder, falls diese nicht vorhanden ist, jedes andere Kennzeichen, das eindeutig den Zahlungsempfänger identifiziert und seinen Ort angibt;

e) die BIC oder ein anderes Geschäftskennzeichen, das eindeutig den Zahlungsdienstleister, der im Namen des Zahlungsempfängers handelt, identifiziert und seinen Ort angibt, wenn der Zahlungsempfänger Geldmittel erhält, jedoch kein Zahlungskonto hat;

f) falls verfügbar, die Adresse des Zahlungsempfängers gemäß den Aufzeichnungen des Zahlungsdienstleisters;

g) genaue Angaben zu allen grenzüberschreitenden Zahlungen gemäß Artikel 243b Absatz 1;

h) genaue Angaben zu allen als mit grenzüberschreitenden Zahlungen nach Buchstabe g zusammenhängend ermittelten Zahlungserstattungen.

(2) Die in Absatz 1 Buchstaben g und h genannten Informationen umfassen folgende Angaben:

[1)] Abschnitt 2a (Art. 243a–243d) eingef. mWv 22.3.2020 durch RL v. 18.2.2020 (ABl. L 62 S. 7); zur **Anwendung durch die Mitgliedstaaten ab 1.1.2024** siehe Art. 2 Abs. 1 UAbs. 2 RL 2020/284/EU.

a) Datum und Uhrzeit der Zahlung oder der Zahlungserstattung;

b) Betrag und Währung der Zahlung oder der Zahlungserstattung;

c) den Ursprungsmitgliedstaat der vom Zahlungsempfänger oder in seinem Namen erhaltenen Zahlung, den Bestimmungsmitgliedstaat, in dem die Erstattung erfolgt, falls zutreffend, sowie die Informationen, die zur Ermittlung des Ursprungs oder des Bestimmungsortes der Zahlung oder der Zahlungserstattung gemäß Artikel 243c notwendig sind;

d) jede Bezugnahme, die die Zahlung eindeutig ausweist;

e) gegebenenfalls die Angabe, dass die Zahlung in den Räumlichkeiten des Händlers eingeleitet wird.]

Abschnitt 3. Pflichten in Bezug auf die Aufbewahrung aller Rechnungen

Art. 244 [Pflicht zur Aufbewahrung von Rechnungskopien] Jeder Steuerpflichtige sorgt für die Aufbewahrung von Kopien aller Rechnungen, die er selbst, der Erwerber oder Dienstleistungsempfänger oder ein Dritter in seinem Namen und für seine Rechnung ausgestellt hat, sowie aller Rechnungen, die er erhalten hat.

Art. 245 [Aufbewahrungsort der Rechnungen; Kannbestimmung: Angabe eines ausländischen Aufbewahrungsorts und Gewährleistung eines Online-Zugriffs] (1) Für die Zwecke dieser Richtlinie kann der Steuerpflichtige den Aufbewahrungsort aller Rechnungen bestimmen, sofern er den zuständigen Behörden auf deren Verlangen alle gemäß Artikel 244 aufzubewahrenden Rechnungen oder Daten unverzüglich zur Verfügung stellt.

(2) *[1]* Die Mitgliedstaaten können von den in ihrem Gebiet ansässigen Steuerpflichtigen verlangen, ihnen den Aufbewahrungsort mitzuteilen, wenn sich dieser außerhalb ihres Gebiets befindet.

[2] Die Mitgliedstaaten können ferner von den in ihrem Gebiet ansässigen Steuerpflichtigen verlangen, alle von ihnen selbst oder vom Erwerber oder Dienstleistungsempfänger oder von einem Dritten in ihrem Namen und für ihre Rechnung ausgestellten Rechnungen sowie alle Rechnungen, die sie erhalten haben, im Inland aufzubewahren, soweit es sich nicht um eine elektronische Aufbewahrung handelt, die einen vollständigen Online-Zugriff auf die betreffenden Daten gewährleistet.

Art. 246[1)] *(aufgehoben)*

Art. 247[2)] **[Rechnungsaufbewahrungsfrist; Kannbestimmung: Pflicht zur Aufbewahrung von Rechnungen in Originalform; Verbot der Aufbewahrung in einem Staat ohne Amtshilfeabkommen]** (1) Jeder Mitgliedstaat legt fest, über welchen Zeitraum Steuerpflichtige Rechnungen für Lieferungen von Gegenständen oder für Dienstleistungen in seinem Gebiet

---

1) Art. 246 aufgeh. durch RL v. 13.7.2010 (ABl. L 189 S. 1).

2) Art. 247 Abs. 2 und 3 neu gef. durch RL v. 13.7.2010 (ABl. L 189 S. 1).

aufbewahren müssen und Rechnungen, die in seinem Gebiet ansässige Steuerpflichtige erhalten haben, aufbewahrt werden müssen.

(2) [1]Um die Einhaltung der in Artikel 233 genannten Anforderungen sicherzustellen, kann der in Absatz 1 genannte Mitgliedstaat vorschreiben, dass die Rechnungen in der Originalform, in der sie übermittelt oder zur Verfügung gestellt wurden, d.h. auf Papier oder elektronisch, aufzubewahren sind. [2]Er kann zudem verlangen, dass bei der elektronischen Aufbewahrung von Rechnungen die Daten, mit denen die Echtheit der Herkunft der Rechnungen und die Unversehrtheit ihres Inhalts nach Artikel 233 nachgewiesen werden, ebenfalls elektronisch aufzubewahren sind.

(3) Der in Absatz 1 genannte Mitgliedstaat kann spezifische Anforderungen festlegen, wonach die Aufbewahrung der Rechnungen in einem Land verboten oder eingeschränkt wird, mit dem keine Rechtsvereinbarung über Amtshilfe, deren Anwendungsbereich mit dem der Richtlinie 2010/24/EU sowie der Verordnung (EG) Nr. 1798/2003 vergleichbar ist, oder keine Rechtsvereinbarung über das in Artikel 249 genannte Recht auf elektronischen Zugriff auf diese Rechnungen, deren Herunterladen und Verwendung besteht.

Art. 248 [Kannbestimmung: Pflicht zur Aufbewahrung von Rechnungen an Nichtunternehmer] Die Mitgliedstaaten können vorschreiben, dass an nichtsteuerpflichtige Personen ausgestellte Rechnungen aufzubewahren sind und dafür entsprechende Bedingungen festlegen.

Art. 248a[1)] [Recht auf Übersetzung von Rechnungen in die Amtssprache eines Mitgliedstaates] [1]Die Mitgliedstaaten können zu Kontrollzwecken und bei Rechnungen, die sich auf Lieferungen von Gegenständen oder Dienstleistungen in ihrem Gebiet beziehen oder die in ihrem Gebiet ansässige Steuerpflichtige erhalten haben, von bestimmten Steuerpflichtigen oder in bestimmten Fällen Übersetzungen in ihre Amtssprachen verlangen. [2]Die Mitgliedstaaten dürfen allerdings nicht eine allgemeine Verpflichtung zur Übersetzung von Rechnungen auferlegen.

Abschnitt 4. Recht auf Zugriff auf in einem anderen Mitgliedstaat elektronisch aufbewahrte Rechnungen

Art. 249[2)] [Recht des Ansässigkeitsstaats auf Zugriff auf in einem anderen Mitgliedstaat elektronisch aufbewahrte Rechnungen] Bewahrt ein Steuerpflichtiger von ihm ausgestellte oder empfangene Rechnungen elektronisch in einer Weise auf, die einen Online-Zugriff auf die betreffenden Daten gewährleistet, haben die zuständigen Behörden des Mitgliedstaats, in dem er ansässig ist, und, falls die Steuer in einem anderen Mitgliedstaat geschuldet wird, die zuständigen Behörden dieses Mitgliedstaats, zu Kontrollzwecken das Recht auf Zugriff auf diese Rechnungen sowie auf deren Herunterladen und Verwendung.

---

1) Art. 248a eingef. durch RL v. 13.7.2010 (ABl. L 189 S. 1).
2) Art. 249 neu gef. durch RL v. 13.7.2010 (ABl. L 189 S. 1).

Kapitel 5. Erklärungspflichten

Art. 250 [Pflicht zur Abgabe einer Mehrwertsteuererklärung mit betimten obligatorischen Angaben] (1) Jeder Steuerpflichtige hat eine Mehrwertsteuererklärung abzugeben, die alle für die Festsetzung des geschuldeten Steuerbetrags und der vorzunehmenden Vorsteuerabzüge erforderlichen Angaben enthält, gegebenenfalls einschließlich des Gesamtbetrags der für diese Steuer und Abzüge maßgeblichen Umsätze sowie des Betrags der steuerfreien Umsätze, soweit dies für die Feststellung der Steuerbemessungsgrundlage erforderlich ist.

(2) Die Mitgliedstaaten legen fest, unter welchen Bedingungen der Steuerpflichtige die in Absatz 1 genannte Erklärung elektronisch abgeben darf, und können die elektronische Abgabe auch vorschreiben.

Art. 251 [Weitere obligatorische Angaben in einer Mehrwertsteuererklärung] Neben den in Artikel 250 geannten Angaben muss die Mehrwertsteuererklärung, die einen bestimmten Steuerzeitraum umfasst, folgende Angaben enthalten:

a) Gesamtbetrag ohne Mehrwertsteuer der in Artikel 138 genannten Lieferungen von Gegenständen, für die während dieses Steuerzeitraums der Steueranspruch eingetreten ist;
b) Gesamtbetrag ohne Mehrwertsteuer der in den Artikeln 33 und 36 genannten Lieferungen von Gegenständen, im Gebiet eines anderen Mitgliedstaats, für die der Steueranspruch während dieses Steuerzeitraums eingetreten ist, wenn der Ort des Beginns der Versendung oder Beförderung der Gegenstände in dem Mitgliedstaat liegt, in dem die Erklärung abzugeben ist;
c) Gesamtbetrag ohne Mehrwertsteuer der innergemeinschaftlichen Erwerbe von Gegenständen sowie der diesen gemäß Artikel 21 und 22 gleichgestellten Umsätze, die in dem Mitgliedstaat bewirkt wurden, in dem die Erklärung abzugeben ist, und für die der Steueranspruch während dieses Steuerzeitraums eingetreten ist;
d) Gesamtbetrag ohne Mehrwertsteuer der in den Artikeln 33 und 36 genannten Lieferungen von Gegenständen, in dem Mitgliedstaat, in dem die Erklärung abzugeben ist, und für die der Steueranspruch während dieses Steuerzeitraums eingetreten ist, wenn der Ort des Beginns der Versendung oder Beförderung der Gegenstände im Gebiet eines anderen Mitgliedstaats liegt;
e) Gesamtbetrag ohne Mehrwertsteuer der Lieferungen von Gegenständen, in dem Mitgliedstaat, in dem die Erklärung abzugeben ist, für die der Steuerpflichtige gemäß Artikel 197 als Steuerschuldner bestimmt wurde und für die der Steueranspruch während dieses Steuerzeitraums eingetreten ist.

Art. 252 [Abgabefrist der Mehrwertsteuererklärung] (1) [1]Die Mehrwertsteuererklärung ist innerhalb eines von den einzelnen Mitgliedstaaten festzulegenden Zeitraums abzugeben. [2]Dieser Zeitraum darf zwei Monate nach Ende jedes einzelnen Steuerzeitraums nicht überschreiten.

(2) [1] Der Steuerzeitraum kann von den Mitgliedstaaten auf einen, zwei oder drei Monate festgelegt werden.

[2] Die Mitgliedstaaten können jedoch andere Zeiträume festlegen, sofern diese ein Jahr nicht überschreiten.

Art. 253 [Kannbestimmung: Schweden – Dreimonatsfrist für Abgabe der Mehrwertsteuererklärung] Schweden kann für kleine und mittlere Unternehmen ein vereinfachtes Verfahren anwenden, das es Steuerpflichtigen, die ausschließlich im Inland steuerbare Umsätze bewirken, gestattet, die Mehrwertsteuererklärung drei Monate nach Ablauf des Steuerjahrs für Zwecke der direkten Steuern abzugeben.

Art. 254 [Angaben über Lieferungen neuer Fahrzeuge an Nichtunternehmer oder durch gelegentliche Fahrzeuglieferer] In Bezug auf Lieferungen von neuen Fahrzeugen unter den Bedingungen des Artikels 138 Absatz 2 Buchstabe a durch einen Steuerpflichtigen mit Mehrwertsteuer-Identifikationsnummer an einen Erwerber ohne Mehrwertsteuer-Identifikationsnummer oder durch einen Steuerpflichtigen im Sinne des Artikels 9 Absatz 2 treffen die Mitgliedstaaten die erforderlichen Maßnahmen, damit der Verkäufer alle Informationen meldet, die für die Anwendung der Mehrwertsteuer und ihre Kontrolle durch die Verwaltung erforderlich sind.

Art. 255 [Mehrwertsteuererklärungspflichten der Erwerber von Anlagegold als Steuerschuldner] Wenn die Mitgliedstaaten den Erwerber von Anlagegold gemäß Artikel 198 Absatz 1 als Steuerschuldner bestimmen oder von der in Artikel 198 Absatz 2 vorgesehenen Möglichkeit Gebrauch machen, den Erwerber von Goldmaterial oder Halbfertigerzeugnissen oder von Anlagegold im Sinne des Artikels 344 Absatz 1 als Steuerschuldner zu bestimmen, treffen sie die erforderlichen Maßnahmen, um sicherzustellen, dass diese Person ihren Erklärungspflichten nach diesem Kapitel nachkommt.

Art. 256 [Mehrwertsteuererklärungspflichten von Leistungsempfängern als Steuerschuldner] Die Mitgliedstaaten treffen die erforderlichen Maßnahmen, damit die Personen, die gemäß den Artikeln 194 bis 197 und Artikel 204 anstelle des nicht in ihrem Gebiet ansässigen Steuerpflichtigen als Steuerschuldner angesehen werden, ihren Erklärungspflichten nach diesem Kapitel nachkommen.

Art. 257 [Mehrwertsteuererklärungspflichten von nichtsteuerpflichtigen juristischen Personen für innergemeinschaftliche Erwerbe] Die Mitgliedstaaten treffen die erforderlichen Maßnahmen, damit die nichtsteuerpflichtigen juristischen Personen, die die für den in Artikel 2 Absatz 1 Nummer 2 Buchstabe b Ziffer i genannten innergemeinschaftlichen Erwerb von Gegenständen zu entrichtende Steuer schulden, ihren Erklärungspflichten nach diesem Kapitel nachkommen.

Art. 258 [Mehrwertsteuererklärungspflichten in Bezug auf den innergemeinschaftlichen Erwerb neuer Fahrzeuge und verbrauchsteuerpflichtiger Waren] Die Mitgliedstaaten legen die Einzelheiten der Erklärungspflichten in Bezug auf den innergemeinschaftlichen Erwerb von neuen

Fahrzeugen im Sinne des Artikels 2 Absatz 1 Buchstabe b Ziffer ii und von verbrauchsteuerpflichtigen Waren im Sinne des Artikels 2 Absatz 1 Buchstabe b Ziffer iii fest.

Art. 259 [Kannbestimmung: Informationspflichten beim innergemeinschaftlichen Erwerb neuer Fahrzeuge] Die Mitgliedstaaten können verlangen, dass Personen, die innergemeinschaftliche Erwerbe neuer Fahrzeuge nach Artikel 2 Absatz 1 Buchstabe b Ziffer ii tätigen, bei der Abgabe der Mehrwertsteuererklärung alle Informationen melden, die für die Anwendung der Mehrwertsteuer und ihre Kontrolle durch die Verwaltung erforderlich sind.

Art. 260 [Mehrwertsteuererklärungspflichten in Bezug auf die Einfuhr] Die Mitgliedstaaten legen die Einzelheiten der Erklärungspflichten in Bezug auf die Einfuhr von Gegenständen fest.

Art. 261 [Kannbestimmung: Abgabe einer Jahressteuererklärung]

(1) [1]Die Mitgliedstaaten können von dem Steuerpflichtigen verlangen, dass er eine Erklärung über sämtliche Umsätze des vorangegangenen Jahres mit allen in den Artikeln 250 und 251 genannten Angaben abgibt. [2]Diese Erklärung muss alle Angaben enthalten, die für etwaige Berichtigungen von Bedeutung sind.

(2) Die Mitgliedstaaten legen fest, unter welchen Bedingungen der Steuerpflichtige die in Absatz 1 genannte Erklärung elektronisch abgeben darf, und können die elektronische Abgabe auch vorschreiben.

Kapitel 6. Zusammenfassende Meldung

Art. 262[1)] [Pflicht zur Abgabe der zusammenfassenden Meldung – Grundsatz] (1) Jeder Steuerpflichtige mit Mehrwertsteuer-Identifikationsnummer muss eine zusammenfassende Meldung abgeben, in der Folgendes aufgeführt ist:

a) die Erwerber mit Mehrwertsteuer-Identifikationsnummer, denen er Gegenstände unter den Bedingungen des Artikels 138 Absatz 1 und des Artikels 138 Absatz 2 Buchstabe c geliefert hat;

b) die Personen mit Mehrwertsteuer-Identifikationsnummer, denen er Gegenstände geliefert hat, die ihm im Rahmen eines innergemeinschaftlichen Erwerbs von Gegenständen im Sinne des Artikels 42 geliefert wurden;

c) die Steuerpflichtigen sowie die nicht steuerpflichtigen juristischen Personen mit Mehrwertsteuer-Identifikationsnummer, für die er Dienstleistungen erbracht hat, die keine Dienstleistungen sind, die in dem Mitgliedstaat, in dem der Umsatz steuerbar ist, von der Mehrwertsteuer befreit sind, und für die der Dienstleistungsempfänger gemäß Artikel 196 der Steuerschuldner ist.

(2) Neben den in Absatz 1 genannten Angaben meldet jeder Steuerpflichtige die Mehrwertsteuer-Identifikationsnummern der Steuerpflichtigen, für die die Gegenstände, die im Rahmen einer Konsignationslagerregelung gemäß den in Artikel 17a festgelegten Voraussetzungen versandt oder befördert werden, bestimmt sind sowie jede Änderung der gemeldeten Angaben.

---

1) Art. 262 neu gef. durch RL v. 4.12.2018 (ABl. L 311 S. 3).

Art. 263[1] **[Erklärungszeitraum der zusammenfassenden Meldung]**

(1) Eine zusammenfassende Meldung ist für jeden Kalendermonat innerhalb einer Frist von höchstens einem Monat und nach den Modalitäten abzugeben, die von den Mitgliedstaaten festzulegen sind.

(1a) *[1]* Die Mitgliedstaaten können jedoch unter von ihnen festzulegenden Bedingungen und innerhalb von ihnen festzulegender Grenzen den Steuerpflichtigen gestatten, die zusammenfassende Meldung für jedes Kalenderquartal innerhalb eines Zeitraums von höchstens einem Monat ab dem Quartalsende abzugeben, wenn der Gesamtbetrag der Lieferungen von Gegenständen gemäß Artikel 264 Absatz 1 Buchstabe d und Artikel 265 Absatz 1 Buchstabe c für das Quartal ohne Mehrwertsteuer weder für das jeweilige Quartal noch für eines der vier vorangegangenen Quartale den Betrag von 50 000 EUR oder den Gegenwert in Landeswährung übersteigt.

[2] [1]Die in Unterabsatz 1 vorgesehene Möglichkeit besteht ab Ende desjenigen Monats nicht mehr, in dem der Gesamtbetrag der Lieferungen von Gegenständen gemäß Artikel 264 Absatz 1 Buchstabe d und Artikel 265 Absatz 1 Buchstabe c für das laufende Quartal ohne Mehrwertsteuer den Betrag von 50 000 EUR oder den Gegenwert in Landeswährung übersteigt. [2]In diesem Fall ist eine zusammenfassende Meldung für den oder die seit Beginn des Quartals vergangenen Monate innerhalb eines Zeitraums von höchstens einem Monat abzugeben.

(1b) Bis zum 31. Dezember 2011 können die Mitgliedstaaten den in Absatz 1a vorgesehenen Betrag auf 100 000 EUR oder den Gegenwert in Landeswährung festlegen.

(1c) *[1]* Die Mitgliedstaaten können unter von ihnen festzulegenden Bedingungen und innerhalb von ihnen festzulegender Grenzen den Steuerpflichtigen in Bezug auf die Dienstleistungen gemäß Artikel 264 Absatz 1 Buchstabe d gestatten, die zusammenfassende Meldung für jedes Kalenderquartal innerhalb eines Zeitraums von höchstens einem Monat ab dem Quartalsende abzugeben.

[2] Die Mitgliedstaaten können insbesondere verlangen, dass die Steuerpflichtigen, die Lieferungen von Gegenständen und Dienstleistungen gemäß Artikel 264 Absatz 1 Buchstabe d bewirken, die zusammenfassende Meldung innerhalb des Zeitraums abgeben, der sich aus der Anwendung der Absätze 1 bis 1b ergibt.

(2) Die Mitgliedstaaten legen fest, unter welchen Bedingungen der Steuerpflichtige die in Absatz 1 genannte zusammenfassende Meldung im Wege der elektronischen Datenübertragung abgeben darf, und können die Abgabe im Wege der elektronischen Dateiübertragung auch vorschreiben.

Art. 264[2] **[Obligatorische Angaben in der zusammenfassenden Meldung]** (1) Die zusammenfassende Meldung muss folgende Angaben enthalten:

---

[1] Art. 263 neu gef. durch RL v. 16.12.2008 (ABl. 2009 L 14 S. 7).

[2] Art. 264 Abs. 2 neu gef. durch RL v. 16.12.2008 (ABl. 2009 L 14 S. 7); Abs. 1 Buchst. a, b und d neu gef. durch RL v. 12.2.2008 (ABl. L 44 S. 11).

a) die Mehrwertsteuer-Identifikationsnummer des Steuerpflichtigen in dem Mitgliedstaat, in dem die zusammenfassende Meldung abzugeben ist, und unter der er Gegenstände im Sinne des Artikels 138 Absatz 1 geliefert hat oder steuerpflichtige Dienstleistungen im Sinne des Artikels 44 erbracht hat;

b) die Mehrwertsteuer-Identifikationsnummer eines jeden Erwerbers von Gegenständen oder eines jeden Empfängers von Dienstleistungen in einem anderen Mitgliedstaat als dem, in dem die zusammenfassende Meldung abzugeben ist, und unter der ihm die Gegenstände geliefert oder für ihn die Dienstleistungen erbracht wurden;

c) die Mehrwertsteuer-Identifikationsnummer des Steuerpflichtigen in dem Mitgliedstaat, in dem die zusammenfassende Meldung abzugeben ist, und unter der er eine Verbringung in einen anderen Mitgliedstaat nach Artikel 138 Absatz 2 Buchstabe c bewirkt hat, sowie seine Mehrwertsteuer-Identifikationsnummer im Mitgliedstaat der Beendigung der Versendung oder Beförderung;

d) für jeden einzelnen Erwerber von Gegenständen oder Empfänger von Dienstleistungen den Gesamtbetrag der Lieferungen von Gegenständen und den Gesamtbetrag der Dienstleistungen durch den Steuerpflichtigen;

e) bei der Lieferung von Gegenständen in Form der Verbringung in einen anderen Mitgliedstaat nach Artikel 138 Absatz 2 Buchstabe c den gemäß Artikel 76 ermittelten Gesamtbetrag der Lieferungen;

f) den Betrag der gemäß Artikel 90 durchgeführten Berichtigungen.

(2) *[1]* Der in Absatz 1 Buchstabe d genannte Betrag ist für den gemäß Artikel 263 Absätze 1 bis 1c festgelegten Abgabezeitraum zu melden, in dem der Steueranspruch eingetreten ist.

[2] Der in Absatz 1 Buchstabe f genannte Betrag ist für den gemäß Artikel 263 Absätze 1 bis 1c festgelegten Abgabezeitraum zu melden, in dem die Berichtigung dem Erwerber mitgeteilt wird.

Art. 265[1)] [Obligatorische Einzelangaben in der zusammenfassenden Meldung in den Fällen des innergemeinschaftlichen Erwerbs für Zwecke einer anschließenden innergemeinschaftlichen Lieferung]

(1) Im Falle des innergemeinschaftlichen Erwerbs von Gegenständen im Sinne des Artikels 42 hat der Steuerpflichtige mit Mehrwertsteuer-Identifikationsnummer in dem Mitgliedstaat, der ihm die Mehrwertsteuer-Identifikationsnummer erteilt hat, unter der er diesen Erwerb getätigt hat, in der zusammenfassenden Meldung folgende Einzelangaben zu machen:

a) seine Mehrwertsteuer-Identifikationsnummer in diesem Mitgliedstaat, unter der er die Gegenstände erworben und anschließend geliefert hat;

b) die Mehrwertsteuer-Identifikationsnummer des Empfängers der anschließenden Lieferungen des Steuerpflichtigen im Mitgliedstaat der Beendigung der Versendung oder Beförderung;

1) Art. 265 Abs. 2 neu gef. durch RL v. 16.12.2008 (ABl. 2009 L 14 S. 7).

c) für jeden einzelnen dieser Empfänger der Lieferung den Gesamtbetrag ohne Mehrwertsteuer derartiger Lieferungen des Steuerpflichtigen im Mitgliedstaat der Beendigung der Versendung oder Beförderung.

(2) Der in Absatz 1 Buchstabe c genannte Betrag ist für den gemäß Artikel 263 Absätze 1 bis 1b festgelegten Abgabezeitraum zu melden, in dem der Steueranspruch eingetreten ist.

Art. 266 [Kannbestimmung: Verlangen nach weiteren Angaben in der zusammenfassenden Meldung] Abweichend von den Artikeln 264 und 265 können die Mitgliedstaaten verlangen, dass die zusammenfassende Meldung weitere Angaben enthält.

Art. 267 [Pflicht zur Abgabe von zusammenfassenden Meldungen bei Leistungsempfängern als Steuerschuldner und bei Steuervertretern] Die Mitgliedstaaten treffen die erforderlichen Maßnahmen, damit die Personen, die gemäß den Artikeln 194 und 204 anstelle eines nicht in ihrem Gebiet ansässigen Steuerpflichtigen als Steuerschuldner angesehen werden, ihrer Pflicht zur Abgabe von zusammenfassenden Meldungen nach diesem Kapitel nachkommen.

Art. 268 [Kannbestimmung: gesonderte Abgabe von Erklärungen über innergemeinschaftliche Erwerbe] Die Mitgliedstaaten können von Steuerpflichtigen, die in ihrem Gebiet innergemeinschaftliche Erwerbe von Gegenständen sowie diesen gleichgestellte Umsätze im Sinne der Artikel 21 und 22 bewirken, die Abgabe von Erklärungen mit ausführlichen Angaben über diese Erwerbe verlangen; für Zeiträume von weniger als einem Monat dürfen solche Erklärungen jedoch nicht verlangt werden.

Art. 269 [Möglichkeit der Sonderermächtigung von Mitgliedstaaten durch den Rat für Vereinfachungen in Bezug auf zusammenfassende Meldungen – Grundsatz] [1]Der Rat kann die einzelnen Mitgliedstaaten auf Vorschlag der Kommission einstimmig ermächtigen, die in den Artikeln 270 und 271 vorgesehenen besonderen Maßnahmen zu treffen, um die Pflicht zur Abgabe einer zusammenfassenden Meldung nach diesem Kapitel zu vereinfachen. [2]Diese Maßnahmen dürfen die Kontrolle der innergemeinschaftlichen Umsätze nicht beeinträchtigen.

Art. 270[1)] [Kannbestimmung: Gestattung jährlicher zusammenfassender Meldungen nach Sonderermächtigung durch den Rat] Aufgrund der Ermächtigung nach Artikel 269 können die Mitgliedstaaten einem Steuerpflichtigen gestatten, eine jährliche zusammenfassende Meldung mit den Mehrwertsteuer-Identifikationsnummern derjenigen Erwerber in anderen Mitgliedstaaten abzugeben, denen er Gegenstände unter den Bedingungen des Artikels 138 Absatz 1 und Absatz 2 Buchstabe c geliefert hat, wenn der Steuerpflichtige die folgenden drei Voraussetzungen erfüllt:

[1)] Art. 270 Buchst. a neu gef. mWv 22.3.2020 durch RL v. 18.2.2020 (ABl. L 62 S. 13); zur **Anwendung durch die Mitgliedstaaten ab 1.1.2025** siehe Art. 3 Abs. 1 UAbs. 2 RL 2020/285/EU.

[Anwendung bis 31.12.2024:]

a) der jährliche Gesamtbetrag ohne Mehrwertsteuer seiner Lieferungen von Gegenständen und seiner Dienstleistungen übersteigt den Jahresumsatz, der als Referenzbetrag für die Steuerbefreiung für Kleinunternehmen nach den Artikeln 282 bis 292 dient, um nicht mehr als 35 000 EUR oder den Gegenwert in Landeswährung;

[Anwendung ab 1.1.2025:]

a) der jährliche Gesamtbetrag ohne Mehrwertsteuer seiner Lieferungen von Gegenständen und Dienstleistungen übersteigt den Jahresumsatz, der bei Steuerpflichtigen, die unter die Steuerbefreiung für Kleinunternehmen nach Artikel 284 fallen, als Referenzbetrag dient, um nicht mehr als 35 000 EUR oder den Gegenwert in Landeswährung;

b) der jährliche Gesamtbetrag ohne Mehrwertsteuer seiner Lieferungen von Gegenständen unter den Bedingungen des Artikels 138 übersteigt nicht den Betrag von 15 000 EUR oder den Gegenwert in Landeswährung;

c) bei den von ihm unter den Voraussetzungen des Artikels 138 gelieferten Gegenständen handelt es sich nicht um neue Fahrzeuge.

Art. 271 [Kannbestimmung: Möglichkeit gleich langer Erklärungszeiträume für Mehrwertsteuererklärung und zusammenfassende Meldung nach Sonderermächtigung durch den Rat] Aufgrund der Ermächtigung nach Artikel 269 können diejenigen Mitgliedstaaten, die die Dauer des Steuerzeitraums, für den der Steuerpflichtige die in Artikel 250 genannte Mehrwertsteuererklärung abzugeben hat, auf mehr als drei Monate festlegen, einem Steuerpflichtigen gestatten, die zusammenfassende Meldung für denselben Zeitraum vorzulegen, wenn der Steuerpflichtige die folgenden drei Voraussetzungen erfüllt:

a) der jährliche Gesamtbetrag ohne Mehrwertsteuer seiner Lieferungen von Gegenständen und seiner Dienstleistungen beläuft sich auf höchstens 200 000 EUR oder den Gegenwert in Landeswährung;

b) der jährliche Gesamtbetrag ohne Mehrwertsteuer seiner Lieferungen von Gegenständen unter den Bedingungen des Artikels 138 übersteigt nicht den Betrag von 15 000 EUR oder den Gegenwert in Landeswährung;

c) bei den von ihm unter den Bedingungen des Artikels 138 gelieferten Gegenständen handelt es sich nicht um neue Fahrzeuge.

Kapitel 7. Verschiedenes

Art. 272[1)] [Kannbestimmung: Möglichkeit der Befreiung bestimmter Unternehmer von allen oder von bestimmten Erklärungs- und Aufzeichnungspflichten] (1) *[1]* Die Mitgliedstaaten können folgende Steu-

---

1) Art. 272 Abs. 1 UAbs. 2 neu gef. durch RL v. 13.7.2010 (ABl. L 189 S. 1); Abs. 1 UAbs. 1 Buchst. b neu gef. mWv 22.12.2019 durch RL v. 21.11.2019 (ABl. L 310 S. 1, geänd. durch ABl. 2020 L 244 S. 3); zur **Anwendung durch die Mitgliedstaaten ab 1.7.2021** siehe Art. 2 Beschl. v. 20.7.2020 (ABl. 2020 L 244 S. 3); Abs. 1 UAbs. 1 Buchst. d aufgeh. mWv 22.3.2020 durch RL v. 18.2.2020 (ABl. L 62 S. 13); zur **Anwendung durch die Mitgliedstaaten bis 31.12.2024** siehe Art. 3 Abs. 1 UAbs. 2 RL 2020/285/EU.

erpflichtige von bestimmten oder allen Pflichten nach den Kapiteln 2 bis 6 befreien:

a) Steuerpflichtige, deren innergemeinschaftliche Erwerbe von Gegenständen gemäß Artikel 3 Absatz 1 nicht der Mehrwertsteuer unterliegen;

b) Steuerpflichtige, die keine der in den Artikeln 20, 21, 22, 33, 36, [***ab 1.7.2021:*** 136a,] 138 und 141 genannten Umsätze bewirken;

c) Steuerpflichtige, die nur Gegenstände liefern oder Dienstleistungen erbringen, die gemäß den Artikeln 132, 135 und 136, den Artikeln 146 bis 149 sowie den Artikeln 151, 152 und 153 von der Steuer befreit sind;

d) Steuerpflichtige, die die Steuerbefreiung für Kleinunternehmen nach den Artikeln 282 bis 292 in Anspruch nehmen;

e) Steuerpflichtige, die die gemeinsame Pauschalregelung für Landwirte in Anspruch nehmen.

[2] Die Mitgliedstaaten dürfen die in Unterabsatz 1 Buchstabe b genannten Steuerpflichtigen nicht von den in Kapitel 3 Abschnitte 3 bis 6 und Kapitel 4 Abschnitt 3 vorgesehenen Pflichten in Bezug auf die Rechnungsstellung entbinden.

(2) Machen die Mitgliedstaaten von der Möglichkeit nach Absatz 1 Unterabsatz 1 Buchstabe e Gebrauch, treffen sie die Maßnahmen, die für eine korrekte Anwendung der Übergangsregelung für die Besteuerung innergemeinschaftlicher Umsätze erforderlich sind.

(3) Die Mitgliedstaaten können auch andere als die in Absatz 1 genannten Steuerpflichtigen von bestimmten in Artikel 242 genannten Aufzeichnungspflichten entbinden.

Art. 273 [Kannbestimmung: Möglichkeit der Regelung weiterer Erklärungs- und Aufzeichnungspflichten] *[1]* Die Mitgliedstaaten können vorbehaltlich der Gleichbehandlung der von Steuerpflichtigen bewirkten Inlandsumsätze und innergemeinschaftlichen Umsätze weitere Pflichten vorsehen, die sie für erforderlich erachten, um eine genaue Erhebung der Steuer sicherzustellen und um Steuerhinterziehung zu vermeiden, sofern diese Pflichten im Handelsverkehr zwischen den Mitgliedstaaten nicht zu Formalitäten beim Grenzübertritt führen.

[2] Die Möglichkeit nach Absatz 1 darf nicht dazu genutzt werden, zusätzlich zu den in Kapitel 3 genannten Pflichten weitere Pflichten in Bezug auf die Rechnungsstellung festzulegen.

Kapitel 8. Pflichten bei bestimmten Einfuhr- und Ausfuhrumsätzen

Abschnitt 1. Einfuhrumsätze

Art. 274 [Anwendbarkeit von Zollvorschriften in Bezug auf die Einfuhr von Waren im zollrechtlich freien Verkehr – Grundsatz] Bei der Einfuhr von Gegenständen im freien Verkehr, die aus einem Drittgebiet in die Gemeinschaft verbracht werden, das Teil des Zollgebiets der Gemeinschaft ist, sind die Artikel 275, 276 und 277 anzuwenden.

Art. 275 [Anwendbarkeit von Zollvorschriften in Bezug auf Formalitäten bei der Einfuhr von Waren im zollrechtlich freien Verkehr] Für die Formalitäten bei der Einfuhr der in Artikel 274 genannten Gegenstände sind die für die Einfuhr von Gegenständen in das Zollgebiet der Gemeinschaft geltenden gemeinschaftlichen Zollvorschriften maßgebend.

Art. 276 [Anwendbarkeit des internen Versandverfahrens bei Divergenz zwischen Mitgliedstaat der Einfuhr und Mitgliedstaat des Endes der Beförderung] Liegt der Ort der Beendigung der Versendung oder Beförderung der in Artikel 274 genannten Gegenstände nicht in dem Mitgliedstaat, in dem sie in die Gemeinschaft gelangen, fallen sie in der Gemeinschaft unter das interne gemeinschaftliche Versandverfahren gemäß den gemeinschaftlichen Zollvorschriften, sofern sie bereits zum Zeitpunkt ihrer Verbringung in die Gemeinschaft zu diesem Verfahren angemeldet wurden.

Art. 277 [Gleichbehandlung zum Einfuhrzeitpunkt im freien Verkehr befindlicher Waren in Bezug auf die Anwendung von Zollverfahren] Ist bei den in Artikel 274 genannten Gegenständen zum Zeitpunkt ihrer Verbringung in die Gemeinschaft eine Situation gegeben, der zufolge sie bei einer Einfuhr im Sinne des Artikels 30 Absatz 1 unter eines der in Artikel 156 genannten Verfahren oder einer der dort genannten sonstigen Regelungen oder unter eine Zollregelung der vorübergehenden Verwendung unter vollständiger Befreiung von Einfuhrabgaben fallen könnten, treffen die Mitgliedstaaten die erforderlichen Maßnahmen, damit diese Gegenstände unter den gleichen Bedingungen in der Gemeinschaft verbleiben können, wie sie für die Anwendung dieser Verfahren oder sonstigen Regelungen vorgesehen sind.

Abschnitt 2. Ausfuhrumsätze

Art. 278 [Anwendbarkeit von Zollvorschriften in Bezug auf die Ausfuhr von Waren im zollrechtlich freien Verkehr – Grundsatz] Bei der Ausfuhr von Gegenständen im freien Verkehr, die aus einem Mitgliedstaat in ein Drittgebiet versandt oder befördert werden, das Teil des Zollgebiets der Gemeinschaft ist, sind die Artikel 279 und 280 anzuwenden.

Art. 279 [Anwendbarkeit von Zollvorschriften in Bezug auf Formalitäten bei der Ausfuhr von Waren im zollrechtlich freien Verkehr] Für die Formalitäten bei der Ausfuhr der in Artikel 278 genannten Gegenstände aus dem Gebiet der Gemeinschaft sind die für die Ausfuhr von Gegenständen aus dem Zollgebiet der Gemeinschaft geltenden gemeinschaftlichen Zollvorschriften maßgebend.

Art. 280 [Gleichbehandlung der vorübergehenden Ausfuhr von Waren im freien Verkehr bei der Wiedereinfuhr wie Drittlandswaren] In Bezug auf Gegenstände, die vorübergehend aus der Gemeinschaft ausgeführt werden, um wieder eingeführt zu werden, treffen die Mitgliedstaaten die erforderlichen Maßnahmen, damit für diese Gegenstände bei ihrer Wiedereinfuhr in die Gemeinschaft die gleichen Bestimmungen gelten, wie wenn sie vorübergehend aus dem Zollgebiet der Gemeinschaft ausgeführt worden wären.

Titel XII. Sonderregelungen

Kapitel 1. Sonderregelung für Kleinunternehmen

[*Anwendung ab 1.1.2025:*

Abschnitt −1.[1)] Begriffsbestimmungen

Art. 280a[1)] [Jahresumsatz] Für die Zwecke dieses Kapitels bezeichnet der Ausdruck

1. „Jahresumsatz im Mitgliedstaat" den jährlichen Gesamtbetrag der Lieferungen von Gegenständen und Dienstleistungen ohne Mehrwertsteuer eines Steuerpflichtigen in diesem Mitgliedstaat in einem Kalenderjahr;
2. „Jahresumsatz in der Union" den jährlichen Gesamtbetrag der Lieferungen von Gegenständen und Dienstleistungen ohne Mehrwertsteuer eines Steuerpflichtigen im Gebiet der Gemeinschaft in einem Kalenderjahr.]

Abschnitt 1. Vereinfachte Modalitäten für die Besteuerung und die Steuererhebung

Art. 281 [Kannbestimmung: Möglichkeit der vereinfachten Besteuerung von Kleinunternehmen] Mitgliedstaaten, in denen die normale Besteuerung von Kleinunternehmen wegen deren Tätigkeit oder Struktur auf Schwierigkeiten stoßen würde, können unter den von ihnen festgelegten Beschränkungen und Voraussetzungen nach Konsultation des Mehrwertsteuerausschusses vereinfachte Modalitäten für die Besteuerung und Steuererhebung, insbesondere Pauschalregelungen, anwenden, die jedoch nicht zu einer Steuerermäßigung führen dürfen.

Abschnitt 2.[2)] Steuerbefreiungen *und degressive Steuerermäßigungen*

Art. 282[3)] [Steuerbefreiungen für Lieferung; Leistung von Kleinunternehmen] Die Steuerbefreiungen und -ermäßigungen nach diesem Abschnitt gelten für Lieferungen von Gegenständen und für Dienstleistungen, die von Kleinunternehmen bewirkt werden.

Art. 283[4)] [Vom Anwendungsbereich der Steuerbefreiungen für Kleinunternehmen ausgenommene Umsätze] (1) Dieser Abschnitt gilt nicht für folgende Umsätze:

---

1) Abschnitt −1 (Art. 280a) eingef. mWv 22.3.2020 durch RL v. 18.2.2020 (ABl. L 62 S. 13); zur **Anwendung durch die Mitgliedstaaten ab 1.1.2025** siehe Art. 3 Abs. 1 UAbs. 2 RL 2020/285/EU.

2) Abschnitt 2 Überschrift neu gef. mWv 22.3.2020 durch RL v. 18.2.2020 (ABl. L 62 S. 13); zur **Anwendung durch die Mitgliedstaaten ab 1.1.2025** siehe Art. 3 Abs. 1 UAbs. 2 RL 2020/285/EU.

3) Art. 282 neu gef. mWv 22.3.2020 durch RL v. 18.2.2020 (ABl. L 62 S. 13); zur **Anwendung durch die Mitgliedstaaten ab 1.1.2025** siehe Art. 3 Abs. 1 UAbs. 2 RL 2020/285/EU.

4) Art. 283 Abs. 1 Buchst. c aufgeh. mWv 22.3.2020 durch RL v. 18.2.2020 (ABl. L 62 S. 13); zur **Anwendung durch die Mitgliedstaaten bis 31.12.2024** siehe Art. 3 Abs. 1 UAbs. 2 RL 2020/285/EU.

a) die in Artikel 12 genannten gelegentlichen Umsätze;

b) die Lieferungen neuer Fahrzeuge unter den Voraussetzungen des Artikels 138 Absatz 1 und Absatz 2 Buchstabe a.

c) *die Lieferungen von Gegenständen und Erbringung von Dienstleistungen durch einen Steuerpflichtigen, der nicht in dem Mitgliedstaat ansässig ist, in dem die Mehrwertsteuer geschuldet wird.*

(2) Die Mitgliedstaaten können von der Anwendung dieses Abschnitts auch andere als die in Absatz 1 genannten Umsätze ausschließen.

[Anwendung bis 31.12.2024:]

Art. 284 [Kannbestimmung: Möglichkeit der Beibehaltung von Steuerbefreiungen oder degressiven Steuerermäßigungen für Kleinunternehmen nach der 2. EG-Richtlinie]

(1) Mitgliedstaaten, die von der Möglichkeit nach Artikel 14 der Richtlinie 67/228/EWG des Rates vom 11. April 1967 zur Harmonisierung der Rechtsvorschriften der Mitgliedstaaten über die Umsatzsteuern – Struktur und Anwendungsmodalitäten des gemeinsamen Mehrwertsteuersystems[2] Gebrauch gemacht und Steuerbefreiungen oder degressive Steuerermäßigungen eingeführt haben, dürfen diese sowie die diesbezüglichen Durchführungsbestimmungen beibehalten, wenn sie mit dem Mehrwertsteuersystem in Einklang stehen.

[Anwendung ab 1.1.2025:[1]]

Art. 284 [Kannbestimmung: Schwellenwert; Steuerbefreiung; Benachrichtigungspflicht]

(1) *[1]* [1]Die Mitgliedstaaten können die Lieferung von Gegenständen und die Dienstleistungen in ihrem Hoheitsgebiet, die von in diesem Hoheitsgebiet ansässigen Steuerpflichtigen bewirkt werden, deren diesen Lieferungen von Gegenständen und/oder Dienstleistungen zuzurechnender Jahresumsatz in diesem Mitgliedstaat den für die Anwendung dieser Steuerbefreiung von diesen Mitgliedstaaten festgelegten Schwellenwert nicht übersteigt, von der Steuer befreien. [2]Dieser Schwellenwert darf 85 000 EUR oder den Gegenwert in Landeswährung nicht übersteigen.

[2] [1]Die Mitgliedstaaten können anhand objektiver Kriterien unterschiedliche Schwellenwerte für verschiedene Wirtschaftsbereiche festlegen. [2]Keiner dieser Schwellenwerte darf jedoch 85 000 EUR oder den Gegenwert in Landeswährung übersteigen.

---

[1] Art. 284 neu gef. mWv 22.3.2020 durch RL v. 18.2.2020 (ABl. L 62 S. 13); zur **Anwendung durch die Mitgliedstaaten ab 1.1.2025** siehe Art. 3 Abs. 1 UAbs. 2 RL 2020/285/EU.

[2] **Amtl. Anm.:** ABl. 71 vom 14.4.1967, S. 1303/67. Aufgehoben durch die Richtlinie 77/388/EWG.

[Anwendung bis 31.12.2024:]

(2) *[1]* Mitgliedstaaten, in denen am 17. Mai 1977 für Steuerpflichtige mit einem Jahresumsatz unter dem Gegenwert von 5 000 Europäischen Rechnungseinheiten in Landeswährung zu dem an dem genannten Datum geltenden Umrechnungskurs eine Steuerbefreiung galt, können diesen Betrag bis auf 5 000 EUR anheben.

[2] Mitgliedstaaten, die eine degressive Steuerermäßigung angewandt haben, dürfen die obere Grenze für diese Ermäßigung nicht heraufsetzen und diese Ermäßigung nicht günstiger gestalten.

[Anwendung ab 1.1.2025:[1]]

[3] Die Mitgliedstaaten stellen sicher, dass ein Steuerpflichtiger, der für die Inanspruchnahme mehrerer sektorspezifischer Schwellenwerte infrage kommt, nur einen dieser Schwellenwerte in Anspruch nehmen kann.

[4] Bei den von einem Mitgliedstaat festgelegten Schwellenwerten wird nicht zwischen in dem Mitgliedstaat ansässigen und nicht in dem Mitgliedstaat ansässigen Steuerpflichtigen unterschieden.

(2) Mitgliedstaaten, die eine Steuerbefreiung gemäß Absatz 1 eingeführt haben, gewähren diese Steuerbefreiung auch für die Lieferungen von Gegenständen und Dienstleistungen, die in ihrem eigenen Hoheitsgebiet durch in einem anderen Mitgliedstaat ansässige Steuerpflichtige bewirkt werden, sofern die folgenden Bedingungen erfüllt sind:

a) der Jahresumsatz dieses Steuerpflichtigen in der Union übersteigt 100 000 EUR nicht;

b) der Betrag der Lieferungen von Gegenständen und Dienstleistungen in dem Mitgliedstaat, in dem der Steuerpflichtige nicht ansässig ist, übersteigt nicht den Schwellenwert, der in diesem Mitgliedstaat für die Gewährung der Steuerbefreiung für in diesem Mitgliedstaat ansässige Steuerpflichtige gilt.

(3) *[1]* Ungeachtet des Artikels 292b muss ein Steuerpflichtiger, um die Steuerbefreiung in dem Mitgliedstaat, in dem dieser Steuerpflichtige nicht ansässig ist, in Anspruch nehmen zu können,

---

[1] Art. 284 neu gef. mWv 22.3.2020 durch RL v. 18.2.2020 (ABl. L 62 S. 13); zur **Anwendung durch die Mitgliedstaaten ab 1.1.2025** siehe Art. 3 Abs. 1 UAbs. 2 RL 2020/285/EU.

[Anwendung ab 1.1.2025:[1])]

a) den Mitgliedstaat der Ansässigkeit vorab benachrichtigen, und

b) darf nur in dem Mitgliedstaat, in dem er ansässig ist, in Bezug auf die Anwendung der Steuerbefreiung identifiziert werden.

[2] Die Mitgliedstaaten können dazu die individuelle Mehrwertsteuer-Identifikationsnummer, die dem Steuerpflichtigen für die Erfüllung seiner Pflichten aufgrund des internen Systems bereits zugeteilt wurde, verwenden oder auf die Struktur einer Mehrwertsteuer-Nummer oder einer anderen Nummer für die Zwecke der Identifizierung gemäß Unterabsatz 1 Buchstabe b zurückgreifen.

[3] Die individuelle Identifikationsnummer gemäß Unterabsatz 1 Buchstabe b muss das Suffix „EX" umfassen, oder dieses Suffix „EX" ist an diese Nummer anzufügen.

(4) *[1]* Der Steuerpflichtige unterrichtet den Mitgliedstaat der Ansässigkeit in Form einer aktualisierten Fassung der vorherigen Benachrichtigung im Voraus über etwaige Änderungen an den gemäß Absatz 3 Unterabsatz 1 zuvor übermittelten Informationen, darunter auch über die Absicht, die Steuerbefreiung in einem oder mehreren in der vorherigen Benachrichtigung nicht angegebenen Mitgliedstaaten in Anspruch zu nehmen, und die Entscheidung, die Steuerbefreiung in einem Mitgliedstaat oder in Mitgliedstaaten, in dem bzw. denen er nicht ansässig ist, nicht mehr anzuwenden.

[2] Die Beendigung der Anwendung wird am ersten Tag des nächsten Kalenderquartals nach Eingang

[1]) Art. 284 neu gef. mWv 22.3.2020 durch RL v. 18.2.2020 (ABl. L 62 S. 13); zur **Anwendung durch die Mitgliedstaaten ab 1.1.2025** siehe Art. 3 Abs. 1 UAbs. 2 RL 2020/285/EU.

[Anwendung ab 1.1.2025:[1])]
der Informationen des Steuerpflichtigen oder, wenn diese Informationen im letzten Monat eines Kalenderquartals eingehen, am ersten Tag des zweiten Monats des nächsten Kalenderquartals wirksam.

(5) *[1]* Die Steuerbefreiung gilt in dem Mitgliedstaat, in dem der Steuerpflichtige nicht ansässig ist und in dem er die Steuerbefreiung in Anspruch zu nehmen beabsichtigt gemäß

a) einer vorherigen Benachrichtigung ab dem Tag, an dem der Mitgliedstaat der Ansässigkeit dem Steuerpflichtigen die individuelle Identifikationsnummer mitgeteilt hat, oder

b) einer aktualisierten Fassung der vorherigen Benachrichtigung ab dem Tag, an dem der Mitgliedstaat der Ansässigkeit dem Steuerpflichtigen – infolge dessen Aktualisierung – die Nummer bestätigt.

[2] Außer in besonderen Fällen, in denen die Mitgliedstaaten zur Verhinderung von Steuerhinterziehung oder Steuervermeidung gegebenenfalls mehr Zeit für die erforderlichen Kontrollen benötigen, liegt der in Unterabsatz 1 genannte Zeitpunkt nicht mehr als 35 Werktage nach dem Eingang der vorherigen Benachrichtigung oder deren Aktualisierung gemäß Absatz 3 Unterabsatz 1 und Absatz 4 Unterabsatz 1.

(6) Der Gegenwert in Landeswährung des in diesem Artikel genannten Betrags wird unter Anwendung des von der Europäischen Zentralbank am 18. Januar 2018 veröffentlichten Wechselkurses berechnet.

---

[1]) Art. 284 neu gef. mWv 22.3.2020 durch RL v. 18.2.2020 (ABl. L 62 S. 13); zur **Anwendung durch die Mitgliedstaaten ab 1.1.2025** siehe Art. 3 Abs. 1 UAbs. 2 RL 2020/285/EU.

[*Anwendung ab 1.1.2025:*

Art. 284a[1)] [Inhalt der Benachrichtigung] (1) *[1]* Die vorherige Benachrichtigung gemäß Artikel 284 Absatz 3 Unterabsatz 1 Buchstabe a umfasst mindestens die folgenden Angaben:

a) Name, Tätigkeit, Rechtsform und Anschrift des Steuerpflichtigen,

b) Mitgliedstaat oder Mitgliedstaaten, in dem bzw. in denen der Steuerpflichtige die Steuerbefreiung in Anspruch zu nehmen beabsichtigt,

c) Gesamtbetrag der Lieferungen von Gegenständen und/oder Dienstleistungen, die in dem Mitgliedstaat, in dem der Steuerpflichtige ansässig ist, und in jedem der anderen Mitgliedstaaten im vorangegangenen Kalenderjahr bewirkt wurden,

d) Gesamtbetrag der Lieferungen von Gegenständen und/oder Dienstleistungen, die in dem Mitgliedstaat, in dem der Steuerpflichtige ansässig ist, und in jedem der anderen Mitgliedstaaten im laufenden Kalenderjahr vor der Benachrichtigung bewirkt wurden.

[2] Bei Mitgliedstaaten, die die Möglichkeit nach Artikel 288a Absatz 1 Unterabsatz 1 anwenden, sind die Informationen gemäß Unterabsatz 1 Buchstabe c des vorliegenden Absatzes für jedes vorangegangene Kalenderjahr des Zeitraums gemäß Artikel 288a Absatz 1 Unterabsatz 1 anzugeben.

(2) *[1]* Wenn der Steuerpflichtige den Mitgliedstaat der Ansässigkeit gemäß Artikel 284 Absatz 4 darüber unterrichtet, dass er die Steuerbefreiung in einem oder mehreren in der vorherigen Benachrichtigung nicht angegebenen Mitgliedstaaten in Anspruch zu nehmen beabsichtigt, ist er zur Angabe von Informationen gemäß Absatz 1 des vorliegenden Artikels nicht verpflichtet, soweit diese Informationen bereits in den gemäß Artikel 284b gemeldeten Angaben enthalten sind.

[2] Die Aktualisierung einer vorherigen Benachrichtigung gemäß Unterabsatz 1 umfasst die individuelle Identifikationsnummer gemäß Artikel 284 Absatz 3 Buchstabe b.

Art. 284b[2)] [Verfahren der Steuerbefreiung] (1) Ein Steuerpflichtiger, der die Steuerbefreiung nach Artikel 284 Absatz 1 in einem Mitgliedstaat, in dem er nicht ansässig ist, nach dem Verfahren gemäß Artikel 284 Absätze 3 und 4 in Anspruch nimmt, meldet dem Mitgliedstaat der Ansässigkeit für jedes Kalenderquartal unter Angabe der individuellen Identifikationsnummer gemäß Artikel 284 Absatz 3 Buchstabe b die folgenden Informationen:

a) den Gesamtbetrag der in dem Kalenderquartal in dem Mitgliedstaat der Ansässigkeit bewirkten Lieferungen von Gegenständen und/oder Dienstleistungen oder „0", wenn keine Lieferungen von Gegenständen und/oder Dienstleistungen bewirkt wurden,

---

[1)] Art. 284a eingef. mWv 22.3.2020 durch RL v. 18.2.2020 (ABl. L 62 S. 13); zur **Anwendung durch die Mitgliedstaaten ab 1.1.2025** siehe Art. 3 Abs. 1 UAbs. 2 RL 2020/285/EU.

[2)] Art. 284b eingef. mWv 22.3.2020 durch RL v. 18.2.2020 (ABl. L 62 S. 13); zur **Anwendung durch die Mitgliedstaaten ab 1.1.2025** siehe Art. 3 Abs. 1 UAbs. 2 RL 2020/285/EU.

b) den Gesamtbetrag der in dem Kalenderquartal in den einzelnen Mitgliedstaaten, die nicht Mitgliedstaat der Ansässigkeit sind, bewirkten Lieferungen von Gegenständen und/oder Dienstleistungen oder „0", wenn keine Lieferungen von Gegenständen und/oder Dienstleistungen erfolgt sind;

(2) Der Steuerpflichtige übermittelt die Informationen nach Absatz 1 binnen eines Monats ab dem Ende des Kalenderquartals.

(3) [1] Wird der Schwellenwert für den Jahresumsatz in der Union nach Artikel 284 Absatz 2 Buchstabe a überschritten, so unterrichtet der Steuerpflichtige den Mitgliedstaat der Ansässigkeit binnen 15 Werktagen. [2] Zugleich ist der Steuerpflichtige verpflichtet, den Betrag der Lieferungen von Gegenständen und/oder Dienstleistungen gemäß Absatz 1 zu melden, die seit Beginn des laufenden Kalenderquartals bis zu dem Zeitpunkt, zu dem der Schwellenwert für den Jahresumsatz in der Union überschritten wurde, bewirkt wurden.

Art. 284c[1)] [Währung] (1) *[1]* Für die Zwecke von Artikel 284a Absatz 1 Buchstaben c und d sowie Artikel 284b Absatz 1 gilt Folgendes:

a) Die Beträge umfassen die in Artikel 288 angeführten Beträge,

b) die Beträge lauten auf Euro,

c) wendet der Mitgliedstaat, der die Steuerbefreiung gewährt, verschiedene Schwellenwerte nach Artikel 284 Absatz 1 Unterabsatz 2 an, so ist der Steuerpflichtige gegenüber diesem Mitgliedstaat verpflichtet, den Gesamtbetrag der Lieferungen von Gegenständen und/oder Dienstleistungen für jeden anwendbaren Schwellenwert gesondert zu melden.

[2] [1] Für die Zwecke von Unterabsatz 1 Buchstabe b können Mitgliedstaaten, die den Euro nicht eingeführt haben, vorschreiben, dass die Beträge in ihrer Landeswährung anzugeben sind. [2] Sind die Lieferungen von Gegenständen und/oder Dienstleistungen in anderen Währungen erfolgt, so verwendet der Steuerpflichtige den am ersten Tag des Kalenderjahres geltenden Wechselkurs. [3] Die Umrechnung erfolgt auf der Grundlage des Wechselkurses, der von der Europäischen Zentralbank für den betreffenden Tag oder, falls an diesem Tag keine Veröffentlichung erfolgt, für den nächsten Tag, an dem eine Veröffentlichung erfolgt, veröffentlicht wird.

(2) Der Mitgliedstaat der Ansässigkeit kann vorschreiben, dass die in Artikel 284 Absätze 3 und 4 und die in Artikel 284b Absätze 1 und 3 genannten Informationen gemäß den von diesem Mitgliedstaat festgelegten Bedingungen elektronisch zu übermitteln sind.

Art. 284d[2)] [Nichtansässige Steuerpflichtige] (1) Ein Steuerpflichtiger, der die Steuerbefreiung in einem Mitgliedstaat in Anspruch nimmt, in dem er nicht ansässig ist, ist in Bezug auf die Lieferungen von Gegenständen und/oder Dienstleistungen, die unter die Steuerbefreiung in diesem Mitgliedstaat fallen, nicht verpflichtet,

---

[1)] Art. 284c eingef. mWv 22.3.2020 durch RL v. 18.2.2020 (ABl. L 62 S. 13); zur **Anwendung durch die Mitgliedstaaten ab 1.1.2025** siehe Art. 3 Abs. 1 UAbs. 2 RL 2020/285/EU.

[2)] Art. 284d eingef. mWv 22.3.2020 durch RL v. 18.2.2020 (ABl. L 62 S. 13); zur **Anwendung durch die Mitgliedstaaten ab 1.1.2025** siehe Art. 3 Abs. 1 UAbs. 2 RL 2020/285/EU.

a) sich gemäß den Artikeln 213 und 214 für Mehrwertsteuerzwecke erfassen zu lassen,

b) eine Mehrwertsteuererklärung gemäß Artikel 250 abzugeben.

(2) Ein Steuerpflichtiger, der die Steuerbefreiung im Mitgliedstaat der Ansässigkeit und in einem Mitgliedstaat, in dem er nicht ansässig ist, in Anspruch nimmt, ist in Bezug auf die Lieferungen von Gegenständen und/oder Dienstleistungen, die unter die Steuerbefreiung im Mitgliedstaat der Ansässigkeit fallen, nicht verpflichtet, eine Mehrwertsteuererklärung gemäß Artikel 250 abzugeben.

(3) Werden die Bestimmungen des Artikels 284b von einem Steuerpflichtigen nicht eingehalten, so können die Mitgliedstaaten diesen Steuerpflichtigen abweichend von den Absätzen 1 und 2 dieses Artikels dazu verpflichten, seinen mehrwertsteuerlichen Pflichten wie sie beispielsweise in Absatz 1 dieses Artikels genannt werden, nachzukommen.

Art. 284e[1] **[Identifikationsnummer deaktivieren oder anpassen]** Der Mitgliedstaat der Ansässigkeit muss unverzüglich entweder die Identifikationsnummer gemäß Artikel 284 Absatz 3 Buchstabe b deaktivieren oder, wenn der Steuerpflichtige die Steuerbefreiung weiterhin in einem oder mehreren anderen Mitgliedstaaten in Anspruch nimmt, die Informationen anpassen, die er gemäß Artikel 284 Absätze 3 und 4 bezüglich des oder der betreffenden Mitgliedstaaten erhalten hat, wenn

a) der Gesamtbetrag der von dem Steuerpflichtigen gemeldeten Lieferungen von Gegenständen und/oder Dienstleistungen den in Artikel 284 Absatz 2 Buchstabe a genannten Betrag überschreitet,

b) der Mitgliedstaat, der die Steuerbefreiung gewährt, mitgeteilt hat, dass der Steuerpflichtige keinen Anspruch auf eine Steuerbefreiung hat oder die Steuerbefreiung in diesem Mitgliedstaat nicht mehr gilt,

c) der Steuerpflichtige mitgeteilt hat, dass er sich dafür entschieden hat, die Steuerbefreiung nicht länger in Anspruch zu nehmen, oder

d) der Steuerpflichtige mitgeteilt hat oder aus anderen Gründen davon ausgegangen werden kann, dass er seine Tätigkeiten eingestellt hat.]

Art. 285[2] ***[Kannbestimmung: Möglichkeit der Steuerbefreiung von Kleinunternehmen ohne Anwendung der 2. EG-Richtlinie (Jahresumsatz 5 000 EUR)]***

[1] Mitgliedstaaten, die von der Möglichkeit nach Artikel 14 der Richtlinie 67/228/EWG keinen Gebrauch gemacht haben, können Steuerpflichtigen mit einem Jahresumsatz von höchstens 5 000 EUR oder dem Gegenwert dieses Betrags in Landeswährung eine Steuerbefreiung gewähren.

[2] Die in Absatz 1 genannten Mitgliedstaaten können den Steuerpflichtigen, deren Jahresumsatz die von ihnen für die Steuerbefreiung festgelegte Höchstgrenze überschreitet, eine degressive Steuerermäßigung gewähren.

---

[1] Art. 284e eingef. mWv 22.3.2020 durch RL v. 18.2.2020 (ABl. L 62 S. 13); zur **Anwendung durch die Mitgliedstaaten ab 1.1.2025** siehe Art. 3 Abs. 1 UAbs. 2 RL 2020/285/EU.

[2] Art. 285 aufgeh. mWv 22.3.2020 durch RL v. 18.2.2020 (ABl. L 62 S. 13); zur **Anwendung durch die Mitgliedstaaten bis 31.12.2024** siehe Art. 3 Abs. 1 UAbs. 2 RL 2020/285/EU.

Art. 286[1]) ***[Kannbestimmung: Möglichkeit der Erhöhung der Kleinunternehmergrenze nach Entwicklung Preisindex]*** *Mitgliedstaaten, in denen am 17. Mai 1977 für Steuerpflichtige mit einem Jahresumsatz von mindestens dem Gegenwert von 5 000 Europäischen Rechnungseinheiten in Landeswährung zu dem an dem genannten Datum geltenden Umrechnungskurs eine Steuerbefreiung galt, können diesen Betrag zur Wahrung des realen Wertes anheben.*

Art. 287[2]) ***[Kannbestimmung: Möglichkeit der Festlegung der Kleinunternehmergrenze in Mitgliedstaaten mit Beitritt nach 1.1.1978]*** *Mitgliedstaaten, die nach dem 1. Januar 1978 beigetreten sind, können Steuerpflichtigen eine Steuerbefreiung gewähren, wenn ihr Jahresumsatz den in Landeswährung ausgedrückten Gegenwert der folgenden Beträge nicht übersteigt, wobei der Umrechnungskurs am Tag des Beitritts zugrunde zu legen ist:*

1. *Griechenland: 10 000 Europäische Rechnungseinheiten;*
2. *Spanien: 10 000 ECU;*
3. *Portugal: 10 000 ECU;*
4. *Österreich: 35 000 ECU;*
5. *Finnland: 10 000 ECU;*
6. *Schweden: 10 000 ECU;*
7. *Tschechische Republik: 35 000 EUR;*
8. *Estland: 16 000 EUR;*
9. *Zypern: 15 600 EUR;*
10. *Lettland: 17 200 EUR;*
11. *Litauen: 29 000 EUR;*
12. *Ungarn: 35 000 EUR;*
13. *Malta: 37 000 EUR, wenn die wirtschaftliche Tätigkeit hauptsächlich in der Lieferung von Waren besteht, 24 300 EUR, wenn die wirtschaftliche Tätigkeit hauptsächlich in der Erbringung von Dienstleistungen mit geringer Wertschöpfung (hoher Input) besteht und 14 600 EUR in anderen Fällen, nämlich bei Dienstleistungen mit hoher Wertschöpfung (niedriger Input);*
14. *Polen: 10 000 EUR;*
15. *Slowenien: 25 000 EUR;*
16. *Slowakei: 35 000 EUR;*
17. *Bulgarien: 25 600 EUR;*
18. *Rumänien: 35 000 EUR;*
19. *Kroatien: EUR 35 000.*

---

1) Art. 286 aufgeh. mWv 22.3.2020 durch RL v. 18.2.2020 (ABl. L 62 S. 13); zur **Anwendung durch die Mitgliedstaaten bis 31.12.2024** siehe Art. 3 Abs. 1 UAbs. 2 RL 2020/285/EU.

2) Art. 287 Nr. 17 und Nr. 18 angef. mWv 15.1.2010 durch RL v. 22.12.2009 (ABl. 2010 L 10 S. 14); Nr. 19 angef. mWv 1.7.2013 durch Akte v. 9.12.2011 (ABl. 2012 L 112 S. 21); Art. 287 aufgeh. mWv 22.3.2020 durch RL v. 18.2.2020 (ABl. L 62 S. 13); zur **Anwendung durch die Mitgliedstaaten bis 31.12.2024** siehe Art. 3 Abs. 1 UAbs. 2 RL 2020/285/EU.

[Anwendung bis 31.12.2024:]

Art. 288 [Bestandteile des Gesamtumsatzes bei der Kleinunternehmergrenze]

[1] Der Umsatz, der bei der Anwendung der Regelung dieses Abschnitts zugrunde zu legen ist, setzt sich aus folgenden Beträgen ohne Mehrwertsteuer zusammen:

1. Betrag der Lieferungen von Gegenständen und Dienstleistungen, soweit diese besteuert werden;
2. Betrag der gemäß Artikel 110, Artikel 111 und Artikel 125 Absatz 1 sowie Artikel 127 und Artikel 128 Absatz 1 mit Recht auf Vorsteuerabzug von der Steuer befreiten Umsätze;
3. Betrag der gemäß den Artikeln 146 bis 149 sowie den Artikeln 151, 152 und 153 von der Steuer befreiten Umsätze;
4. Betrag der Umsätze mit Immobilien, der in Artikel 135 Absatz 1 Buchstaben b bis g genannten Finanzgeschäfte sowie der Versicherungsdienstleistungen, sofern diese Umsätze nicht den Charakter von Nebenumsätzen haben.

[2] Veräußerungen von körperlichen oder nicht körperlichen Investitionsgütern des Unternehmens bleiben bei der Ermittlung dieses Umsatzes jedoch außer Ansatz.

[Anwendung ab 1.1.2025:[1)]]

Art. 288 [Bestandteile des Gesamtumsatzes für die Anwendung der Steuerbefreiung]

(1) Der Jahresumsatz, der bei der Anwendung der Steuerbefreiung nach Artikel 284 zugrunde zu legen ist, setzt sich aus folgenden Beträgen ohne Mehrwertsteuer zusammen:

a) Betrag der Lieferungen von Gegenständen und Dienstleistungen, soweit diese besteuert würden, wenn sie von einem nicht von der Steuer befreiten Steuerpflichtigen geliefert bzw. erbracht würden;

b) Betrag der gemäß den Artikeln 110, 111 oder Artikel 125 Absatz 1 mit Recht auf Vorsteuerabzug von der Steuer befreiten Umsätze;

c) Betrag der gemäß den Artikeln 146 bis 149 sowie den Artikeln 151, 152 und 153 von der Steuer befreiten Umsätze;

d) Betrag der gemäß Artikel 138 von der Steuer befreiten Umsätze, in deren Fall die Steuerbefreiung nach dem genannten Artikel gilt;

e) Betrag der Umsätze mit Immobilien, der in Artikel 135 Absatz 1 Buchstaben b bis g genannten Finanzgeschäfte sowie der Versicherungs- und Rückversicherungsdienstleistungen, sofern diese Umsätze nicht den Charakter von Nebenumsätzen haben.

(2) Veräußerungen von körperlichen oder nicht körperlichen Investitionsgütern eines Steuerpflichtigen bleiben bei der Ermittlung des Umsatzes nach Absatz 1 außer Ansatz.

1) Art. 288 neu gef. mWv 22.3.2020 durch RL v. 18.2.2020 (ABl. L 62 S. 13); zur **Anwendung durch die Mitgliedstaaten ab 1.1.2025** siehe Art. 3 Abs. 1 UAbs. 2 RL 2020/285/EU.

[*Anwendung ab 1.1.2025:*

Art. 288a[1)] **[Überschreitung des Schwellenwertes während des Kalenderjahres]** (1) *[1]* [1]Unabhängig davon, ob er in dem Mitgliedstaat, der die Steuerbefreiung nach Artikel 284 Absatz 1 gewährt, ansässig ist, kann ein Steuerpflichtiger diese Steuerbefreiung während eines Kalenderjahres nicht in Anspruch nehmen, wenn der gemäß dem genannten Absatz festgelegte Schwellenwert im vorangegangenen Kalenderjahr überschritten wurde. [2]Der Mitgliedstaat, der die Steuerbefreiung gewährt, kann diesen Zeitraum auf zwei Kalenderjahre ausdehnen.

[2] Bei Überschreitung des Schwellenwerts nach Artikel 284 Absatz 1 während eines Kalenderjahres um

a) höchstens 10 % kann der Steuerpflichtige die Steuerbefreiung nach Artikel 284 Absatz 1 während dieses Kalenderjahres weiter in Anspruch nehmen;
b) mehr als 10 % ist die Steuerbefreiung nach Artikel 284 Absatz 1 ab diesem Zeitpunkt nicht mehr anzuwenden.

[3] [1]Abweichend von Unterabsatz 2 Buchstaben a und b können die Mitgliedstaaten eine Obergrenze von 25 % festlegen oder dem Steuerpflichtigen für das Kalenderjahr, in dem der Schwellenwert überschritten wurde, die Steuerbefreiung gemäß Artikel 284 Absatz 1 weiterhin ohne Obergrenze gewähren. [2]Die Anwendung dieser Obergrenze oder Möglichkeit darf jedoch nicht dazu führen, dass Steuerpflichtige mit einem Umsatz von mehr als 100 000 EUR in dem Mitgliedstaat, der die Steuerbefreiung gewährt, von der Steuer befreit werden.

[4] Abweichend von den Unterabsätzen 2 und 3 können die Mitgliedstaaten festlegen, dass die Steuerbefreiung nach Artikel 284 Absatz 1 ab dem Zeitpunkt, ab dem der gemäß diesem Absatz festgelegte Schwellenwert überschritten wird, keine Anwendung mehr findet.

(2) *[1]* Ein Steuerpflichtiger, der nicht in dem Mitgliedstaat ansässig ist, der die Steuerbefreiung nach Artikel 284 Absatz 1 gewährt, kann diese Steuerbefreiung nicht in Anspruch nehmen, wenn der Schwellenwert für den Jahresumsatz in der Union nach Artikel 284 Absatz 2 Buchstabe a im vorangegangenen Kalenderjahr überschritten wurde.

[2] Wird der Schwellenwert für den Jahresumsatz in der Union gemäß Artikel 284 Absatz 2 Buchstabe a in einem Kalenderjahr überschritten, so findet die Steuerbefreiung nach Artikel 284 Absatz 1, die einem in einem anderen Mitgliedstaat ansässigen Steuerpflichtigen gewährt wurde, ab diesem Zeitpunkt keine Anwendung mehr.

(3) Der Gegenwert in Landeswährung des in Absatz 1 genannten Betrags wird unter Anwendung des von der Europäischen Zentralbank am 18. Januar 2018 veröffentlichten Wechselkurses berechnet.]

---

1) Art. 288a eingef. mWv 22.3.2020 durch RL v. 18.2.2020 (ABl. L 62 S. 13); zur **Anwendung durch die Mitgliedstaaten ab 1.1.2025** siehe Art. 3 Abs. 1 UAbs. 2 RL 2020/285/EU.

Art. 289 [Ausschluss vom Recht auf Vorsteuerabzug und Verbot des Steuerausweises in der Rechnung bei Kleinunternehmen] Steuerpflichtige, die eine Steuerbefreiung in Anspruch nehmen, haben kein Recht auf Vorsteuerabzug gemäß den Artikeln 167 bis 171 und 173 bis 177 und dürfen die Mehrwertsteuer in ihren Rechnungen nicht ausweisen.

Art. 290[1)] [Möglichkeit für Kleinunternehmen zum Wechsel zur Regelbesteuerung] [1] Steuerpflichtige, die für die Steuerbefreiung in Betracht kommen, können sich entweder für die normale Mehrwertsteuerregelung oder für die Anwendung der in Artikel 281 genannten vereinfachten Modalitäten entscheiden. [2] *In diesem Fall gelten für sie die in den nationalen Rechtsvorschriften gegebenenfalls vorgesehenen degressiven Steuerermäßigungen.* [***ab 1.1.2025:*** [2] Die Mitgliedstaaten können die Einzelheiten und Bedingungen für die Anwendung dieser Möglichkeit festlegen.]

Art. 291[2)] [Gleichsetzung degressive Steuerermäßigung bei Kleinunternehmen mit Regelbesteuerung] *Steuerpflichtige, für die die degressive Steuerermäßigung gilt, werden vorbehaltlich der Anwendung des Artikels 281 als der normalen Mehrwertsteuerregelung unterliegende Steuerpflichtige betrachtet.*

Art. 292[3)] [Befristung der Sonderregelung für Kleinunternehmen] *Dieser Abschnitt gilt bis zu einem Zeitpunkt, der vom Rat gemäß Artikel 93 des Vertrags festgelegt wird und der nicht nach dem Zeitpunkt des Inkrafttretens der endgültigen Regelung im Sinne von Artikel 402 liegen darf.*

[***Anwendung ab 1.1.2025:***

Abschnitt 2a.[4)] Vereinfachung der Pflichten für von der Steuer befreite Kleinunternehmen

Art. 292a[4)] [Begriffsbestimmungen] Für die Zwecke dieses Abschnitts bezeichnet „von der Steuer befreites Kleinunternehmen" jeden Steuerpflichtigen, der die Steuerbefreiung gemäß Artikel 284 Absätze 1 und 2 in dem Mitgliedstaat, in dem die Mehrwertsteuer geschuldet wird, in Anspruch nimmt.

Art. 292b[4)] [Befreiung vom Identifizierungsverfahren] *[1]* Unbeschadet des Artikels 284 Absatz 3 können Mitgliedstaaten in ihrem Hoheitsgebiet ansässige von der Steuer befreite Kleinunternehmen, die die Steuerbefreiung nur in ihrem Hoheitsgebiet in Anspruch nehmen, von der Pflicht, gemäß Artikel 213 die Aufnahme ihrer Tätigkeit anzuzeigen und gemäß Artikel 214 eine individuelle Mehrwertsteuer-Identifikationsnummer zu erhalten, befrei-

---

1) Art. 290 Satz 2 neu gef. mWv 22.3.2020 durch RL v. 18.2.2020 (ABl. L 62 S. 13); zur **Anwendung durch die Mitgliedstaaten ab 1.1.2025** siehe Art. 3 Abs. 1 UAbs. 2 RL 2020/285/EU.

2) Art. 291 aufgeh. mWv 22.3.2020 durch RL v. 18.2.2020 (ABl. L 62 S. 13); zur **Anwendung durch die Mitgliedstaaten bis 31.12.2024** siehe Art. 3 Abs. 1 UAbs. 2 RL 2020/285/EU.

3) Art. 292 aufgeh. mWv 22.3.2020 durch RL v. 18.2.2020 (ABl. L 62 S. 13); zur **Anwendung durch die Mitgliedstaaten bis 31.12.2024** siehe Art. 3 Abs. 1 UAbs. 2 RL 2020/285/EU.

4) Abschnitt 2a (Art. 292a–292d) eingef. mWv 22.3.2020 durch RL v. 18.2.2020 (ABl. L 62 S. 13); zur **Anwendung durch die Mitgliedstaaten ab 1.1.2025** siehe Art. 3 Abs. 1 UAbs. 2 RL 2020/285/EU.

en, es sei denn, diese Unternehmen üben Tätigkeiten aus, die unter Artikel 214 Buchstabe b, d oder e fallen.

[2] [1]Wird die Möglichkeit gemäß Absatz 1 nicht wahrgenommen, so richten die Mitgliedstaaten ein Verfahren für die Identifikation solcher von der Steuer befreiter Kleinunternehmen anhand einer individuellen Nummer ein. [2]Das Identifizierungsverfahren nimmt im Höchstfall 15 Werktage in Anspruch; hiervon ausgenommen sind besondere Fälle, in denen die Mitgliedstaaten zur Verhinderung von Steuerhinterziehung oder Steuervermeidung gegebenenfalls mehr Zeit für die erforderlichen Kontrollen benötigen.

Art. 292c[1)] [Befreiung von der Mehrwertsteuererklärung; vereinfachte Mehrwertsteuererklärung] *[1]* Die Mitgliedstaaten können in ihrem Hoheitsgebiet ansässige von der Steuer befreite Kleinunternehmen, die die Steuerbefreiung nur in ihrem Hoheitsgebiet in Anspruch nehmen, von der Pflicht nach Artikel 250 befreien, eine Mehrwertsteuererklärung abzugeben.

[2] [1]Wird die Möglichkeit gemäß Absatz 1 nicht wahrgenommen, so gestatten die Mitgliedstaaten diesen von der Steuer befreiten Kleinunternehmen, eine vereinfachte Mehrwertsteuererklärung für ein Kalenderjahr abzugeben. [2]Von der Steuer befreite Kleinunternehmen können sich jedoch auch für die Anwendung des gemäß Artikel 252 festgelegten Steuerzeitraums entscheiden.

Art. 292d[1)] [Weitere Pflichtbefreiungen] Die Mitgliedstaaten können von der Steuer befreite Kleinunternehmen von bestimmten oder allen Pflichten nach den Artikeln 217 bis 271 befreien.]

Abschnitt 3.[2)] Bericht und Überprüfung

Art. 293[2)] [Regelmäßige Berichtspflicht der EU-Kommission zur Anwendung der Sonderregelung für Kleinunternehmen] *[1]Die Kommission legt dem Rat auf der Grundlage der von den Mitgliedstaaten erlangten Informationen alle vier Jahre nach der Annahme dieser Richtlinie einen Bericht über die Anwendung der Bestimmungen dieses Kapitels vor. [2]Falls erforderlich fügt sie diesem Bericht unter Berücksichtigung der Notwendigkeit einer allmählichen Konvergenz der nationalen Regelungen Vorschläge bei, die Folgendes zum Gegenstand haben:*

1. *die Verbesserung der Sonderregelung für Kleinunternehmen;*
2. *die Angleichung der nationalen Regelungen über die Steuerbefreiungen und degressiven Steuerermäßigungen;*
3. *die Anpassung der in Abschnitt 2 genannten Schwellenwerte.*

Art. 294[2)] [Spätere Entscheidung des Rates über Notwendigkeit einer Kleinunternehmerregelung in einem endgültigen Mehrwertsteuersystem] *Der Rat ent-*

---

1) Abschnitt 2a (Art. 292a–292d) eingef. mWv 22.3.2020 durch RL v. 18.2.2020 (ABl. L 62 S. 13); zur **Anwendung durch die Mitgliedstaaten ab 1.1.2025** siehe Art. 3 Abs. 1 UAbs. 2 RL 2020/285/EU.

2) Abschnitt 3 (Art. 293, 294) aufgeh. mWv 22.3.2020 durch RL v. 18.2.2020 (ABl. L 62 S. 13); zur **Anwendung durch die Mitgliedstaaten bis 31.12.2024** siehe Art. 3 Abs. 1 UAbs. 2 RL 2020/285/EU.

scheidet gemäß Artikel 93 des Vertrags darüber, ob im Rahmen der endgültigen Regelung eine Sonderregelung für Kleinunternehmen erforderlich ist, und befindet gegebenenfalls über die gemeinsamen Beschränkungen und Bedingungen für die Anwendung der genannten Sonderregelung.

Kapitel 2. Gemeinsame Pauschalregelung für landwirtschaftliche Erzeuger

Art. 295 [Sonderregelung für pauschalierende Land- und Forstwirte – Begriffsbestimmungen] (1) Für die Zwecke dieses Kapitels gelten folgende Begriffsbestimmungen:

1. „landwirtschaftlicher Erzeuger" ist ein Steuerpflichtiger, der seine Tätigkeit im Rahmen eines land-, forst- oder fischwirtschaftlichen Betriebs ausübt;
2. „land-, forst- oder fischwirtschaftlicher Betrieb" ist ein Betrieb, der in den einzelnen Mitgliedstaaten im Rahmen der in Anhang VII genannten Erzeugertätigkeiten als solcher gilt;
3. „Pauschallandwirt" ist ein landwirtschaftlicher Erzeuger, der unter die Pauschalregelung dieses Kapitels fällt;
4. „landwirtschaftliche Erzeugnisse" sind die Gegenstände, die im Rahmen der in Anhang VII aufgeführten Tätigkeiten von den land-, forst- oder fischwirtschaftlichen Betrieben der einzelnen Mitgliedstaaten erzeugt werden;
5. „landwirtschaftliche Dienstleistungen" sind Dienstleistungen, die von einem landwirtschaftlichen Erzeuger mit Hilfe seiner Arbeitskräfte oder der normalen Ausrüstung seines land-, forst- oder fischwirtschaftlichen Betriebs erbracht werden und die normalerweise zur landwirtschaftlichen Erzeugung beitragen, und zwar insbesondere die in Anhang VIII aufgeführten Dienstleistungen;
6. „Mehrwertsteuer-Vorbelastung" ist die Mehrwertsteuer-Gesamtbelastung der Gegenstände und Dienstleistungen, die von der Gesamtheit der der Pauschalregelung unterliegenden land-, forst- und fischwirtschaftlichen Betriebe jedes Mitgliedstaats bezogen worden sind, soweit diese Steuer bei einem der normalen Mehrwertsteuerregelung unterliegenden landwirtschaftlichen Erzeuger gemäß den Artikeln 167, 168 und 169 und 173 bis 177 abzugsfähig wäre;
7. „Pauschalausgleich-Prozentsätze" sind die Prozentsätze, die die Mitgliedstaaten gemäß den Artikeln 297, 298 und 299 festsetzen und in den in Artikel 300 genannten Fällen anwenden, damit die Pauschallandwirte den pauschalen Ausgleich der Mehrwertsteuer-Vorbelastung erlangen;
8. „Pauschalausgleich" ist der Betrag, der sich aus der Anwendung des Pauschalausgleich-Prozentsatzes auf den Umsatz des Pauschallandwirts in den in Artikel 300 genannten Fällen ergibt.

(2) Den in Anhang VII aufgeführten Tätigkeiten der landwirtschaftlichen Erzeugung gleichgestellt sind die Verarbeitungstätigkeiten, die ein Landwirt bei im Wesentlichen aus seiner landwirtschaftlichen Produktion stammenden Erzeugnissen mit Mitteln ausübt, die normalerweise in land-, forst- oder fischwirtschaftlichen Betrieben verwendet werden.

Art. 296 [Kannbestimmung: Anwendbarkeit einer Pauschalregelung für Land- und Forstwirte] (1) Die Mitgliedstaaten können auf landwirtschaftliche Erzeuger, bei denen die Anwendung der normalen Mehrwertsteuerregelung oder gegebenenfalls der Sonderregelung des Kapitels 1 auf Schwierigkeiten stoßen würde, als Ausgleich für die Belastung durch die Mehrwertsteuer, die auf die von den Pauschallandwirten bezogenen Gegenstände und Dienstleistungen gezahlt wird, eine Pauschalregelung nach diesem Kapitel anwenden.

(2) Jeder Mitgliedstaat kann bestimmte Gruppen landwirtschaftlicher Erzeuger sowie diejenigen landwirtschaftlichen Erzeuger, bei denen die Anwendung der normalen Mehrwertsteuerregelung oder gegebenenfalls der vereinfachten Bestimmungen des Artikels 281 keine verwaltungstechnischen Schwierigkeiten mit sich bringt, von der Pauschalregelung ausnehmen.

(3) Jeder Pauschallandwirt hat nach den von den einzelnen Mitgliedstaaten festgelegten Einzelheiten und Voraussetzungen das Recht, sich für die Anwendung der normalen Mehrwertsteuerregelung oder gegebenenfalls der vereinfachten Bestimmungen des Artikels 281 zu entscheiden.

Art. 297 [Möglichkeit der Festlegung von Pauschalausgleich-Prozentsätzen] *[1]* [1]Die Mitgliedstaaten legen bei Bedarf Pauschalausgleich-Prozentsätze fest. [2]Sie können die Höhe der Pauschalausgleich-Prozentsätze für die Forstwirtschaft, die einzelnen Teilbereiche der Landwirtschaft und die Fischwirtschaft unterschiedlich festlegen.

[2] Die Mitgliedstaaten teilen der Kommission die gemäß Absatz 1 festgelegten Pauschalausgleich-Prozentsätze mit, bevor diese angewandt werden.

Art. 298 [Ausrichtung der Pauschalausgleich-Prozentsätze nach Daten vergangener Jahre] *[1]* Die Pauschalausgleich-Prozentsätze werden anhand der allein für die Pauschallandwirte geltenden makroökonomischen Daten der letzten drei Jahre bestimmt.

[2] [1]Die Prozentsätze können auf einen halben Punkt ab- oder aufgerundet werden. [2]Die Mitgliedstaaten können diese Prozentsätze auch bis auf Null herabsetzen.

Art. 299 [Verbot der Überkompensation der Mehrwertsteuer-Vorbelastung durch Pauschalausgleich-Prozentsätze] Die Pauschalausgleich-Prozentsätze dürfen nicht dazu führen, dass die Pauschallandwirte insgesamt Erstattungen erhalten, die über die Mehrwertsteuer-Vorbelastung hinausgehen.

Art. 300 [Anwendung der Pauschalausgleich-Prozentsätze auf das Leistungsentgelt für bestimmte Umsätze] Die Pauschalausgleich-Prozentsätze werden auf den Preis ohne Mehrwertsteuer der folgenden Gegenstände und Dienstleistungen angewandt:

1. landwirtschaftliche Erzeugnisse, die die Pauschallandwirte an andere Steuerpflichtige als jene geliefert haben, die in dem Mitgliedstaat, in dem diese Erzeugnisse geliefert werden, diese Pauschalregelung in Anspruch nehmen;

2. landwirtschaftliche Erzeugnisse, die die Pauschallandwirte unter den Voraussetzungen des Artikels 138 an nichtsteuerpflichtige juristische Personen geliefert haben, deren innergemeinschaftliche Erwerbe gemäß Artikel 2 Absatz 1 Buchstabe b im Mitgliedstaat der Beendigung der Versendung oder Beförderung dieser landwirtschaftlichen Erzeugnisse der Mehrwertsteuer unterliegen;
3. landwirtschaftliche Dienstleistungen, die die Pauschallandwirte an andere Steuerpflichtige als jene erbracht haben, die in dem Mitgliedstaat, in dem diese Dienstleistungen erbracht werden, diese Pauschalregelung in Anspruch nehmen.

Art. 301 [Zahlung des Pauschalausgleichs durch Leistungsempfänger oder öffentliche Hand] (1) Für die in Artikel 300 genannten Lieferungen landwirtschaftlicher Erzeugnisse und Dienstleistungen sehen die Mitgliedstaaten vor, dass die Zahlung des Pauschalausgleichs entweder durch den Erwerber bzw. den Dienstleistungsempfänger oder durch die öffentliche Hand erfolgt.

(2) Bei anderen als den in Artikel 300 genannten Lieferungen landwirtschaftlicher Erzeugnisse und landwirtschaftlichen Dienstleistungen wird davon ausgegangen, dass die Zahlung des Pauschalausgleichs durch den Erwerber bzw. den Dienstleistungsempfänger erfolgt.

Art. 302 [Ausschluss des Rechts auf Vorsteuerabzug bei einem pauschalierenden Land- und Forstwirt] Nimmt ein Pauschallandwirt einen Pauschalausgleich in Anspruch, hat er in Bezug auf die dieser Pauschalregelung unterliegenden Tätigkeiten kein Recht auf Vorsteuerabzug.

Art. 303 [Möglichkeit des Vorsteuerabzugs auf Seiten des Leistungsempfängers aufgrund der Zahlung eines Pauschalausgleichs] (1) Zahlt der steuerpflichtige Erwerber oder Dienstleistungsempfänger einen Pauschalausgleich gemäß Artikel 301 Absatz 1, ist er berechtigt, nach Maßgabe der Artikel 167, 168, 169 und 173 bis 177 und der von den Mitgliedstaaten festgelegten Einzelheiten von der Mehrwertsteuer, die er in dem Mitgliedstaat, in dem er seine besteuerten Umsätze bewirkt, schuldet, den Betrag dieses Pauschalausgleichs abzuziehen.

(2) Die Mitgliedstaaten erstatten dem Erwerber oder Dienstleistungsempfänger den Betrag des Pauschalausgleichs, den er im Rahmen eines der folgenden Umsätze gezahlt hat:

a) Lieferung landwirtschaftlicher Erzeugnisse unter den Voraussetzungen des Artikels 138, soweit der Erwerber ein Steuerpflichtiger oder eine nichtsteuerpflichtige juristische Person ist, der/die als solcher/solche in einem anderen Mitgliedstaat handelt, in dessen Gebiet seine/ihre innergemeinschaftlichen Erwerbe von Gegenständen gemäß Artikel 2 Absatz 1 Buchstabe b der Mehrwertsteuer unterliegen;
b) Lieferung von landwirtschaftlichen Erzeugnissen unter den Bedingungen der Artikel 146, 147, 148 und 156, Artikel 157 Absatz 1 Buchstabe b sowie der Artikel 158, 160 und 161 an einen außerhalb der Gemeinschaft ansässi-

gen steuerpflichtigen Erwerber, soweit der Erwerber diese landwirtschaftlichen Erzeugnisse für die Zwecke seiner in Artikel 169 Buchstaben a und b genannten Umsätze oder seiner Dienstleistungen verwendet, die als im Gebiet des Mitgliedstaats erbracht gelten, in dem der Dienstleistungsempfänger ansässig ist, und für die gemäß Artikel 196 nur der Dienstleistungsempfänger die Steuer schuldet;

c) landwirtschaftliche Dienstleistungen, die an einen innerhalb der Gemeinschaft, jedoch in einem anderen Mitgliedstaat ansässigen oder an einen außerhalb der Gemeinschaft ansässigen steuerpflichtigen Dienstleistungsempfänger erbracht werden, soweit der Dienstleistungsempfänger diese Dienstleistungen für die Zwecke seiner in Artikel 169 Buchstaben a und b genannten Umsätze oder seiner Dienstleistungen verwendet, die als im Gebiet des Mitgliedstaats erbracht gelten, in dem der Dienstleistungsempfänger ansässig ist, und für die gemäß Artikel 196 nur der Dienstleistungsempfänger die Steuer schuldet.

(3) [1]Die Mitgliedstaaten legen die Einzelheiten für die Durchführung der in Absatz 2 vorgesehenen Erstattungen fest. [2]Dabei können sie sich insbesondere auf die Richtlinien 79/1072/EWG und 86/560/EWG[1] stützen.

Art. 304 [Kontrolle der Zahlung des Pauschalausgleichs an pauschalierende Land- und Forstwirte] Die Mitgliedstaaten treffen alle zweckdienlichen Maßnahmen für eine wirksame Kontrolle der Zahlung des Pauschalausgleichs an die Pauschallandwirte.

Art. 305 [Gleichbehandlung aller innergemeinschaftlichen Lieferungen land- und forstwirtschaftlicher Erzeugnisse in Bezug auf die Versandhandelsregelung] Wenden die Mitgliedstaaten diese Pauschalregelung an, treffen sie alle zweckdienlichen Maßnahmen, um sicherzustellen, dass Lieferung landwirtschaftlicher Erzeugnisse zwischen den Mitgliedstaaten unter den Voraussetzungen des Artikels 33 immer in derselben Weise besteuert wird, unabhängig davon, ob die Erzeugnisse von einem Pauschallandwirt oder von einem anderen Steuerpflichtigen geliefert werden.

Kapitel 3. Sonderregelung für Reisebüros

Art. 306 [Anwendung der Sonderregelung für Reisebüros – Grundsatz] (1) *[1]* Die Mitgliedstaaten wenden auf Umsätze von Reisebüros die Mehrwertsteuer-Sonderregelung dieses Kapitels an, soweit die Reisebüros gegenüber dem Reisenden in eigenem Namen auftreten und zur Durchführung der Reise Lieferungen von Gegenständen und Dienstleistungen anderer Steuerpflichtiger in Anspruch nehmen.

[2] Diese Sonderregelung gilt nicht für Reisebüros, die lediglich als Vermittler handeln und auf die zur Berechnung der Steuerbemessungsgrundlage Artikel 79 Absatz 1 Buchstabe c anzuwenden ist.

(2) Für die Zwecke dieses Kapitels gelten Reiseveranstalter als Reisebüro.

---

1) Nr. **553**.

Art. 307 [Einheitliche Reiseleistung] *[1]* Die zur Durchführung der Reise vom Reisebüro unter den Voraussetzungen des Artikels 306 bewirkten Umsätze gelten als eine einheitliche Dienstleistung des Reisebüros an den Reisenden.

[2] Die einheitliche Dienstleistung wird in dem Mitgliedstaat besteuert, in dem das Reisebüro den Sitz seiner wirtschaftlichen Tätigkeit oder eine feste Niederlassung hat, von wo aus es die Dienstleistung erbracht hat.

Art. 308 [Steuerbemessungsgrundlage der einheitlichen Reiseleistung] Für die von dem Reisebüro erbrachte einheitliche Dienstleistung gilt als Steuerbemessungsgrundlage und als Preis ohne Mehrwertsteuer im Sinne des Artikels 226 Nummer 8 die Marge des Reisebüros, das heißt die Differenz zwischen dem vom Reisenden zu zahlenden Gesamtbetrag ohne Mehrwertsteuer und den tatsächlichen Kosten, die dem Reisebüro für die Lieferungen von Gegenständen und die Dienstleistungen anderer Steuerpflichtiger entstehen, soweit diese Umsätze dem Reisenden unmittelbar zugute kommen.

Art. 309 [Reisevorleistungen in Drittlandsgebiet – Steuerfreiheit der einheitlichen Reiseleistung] *[1]* Werden die Umsätze, für die das Reisebüro andere Steuerpflichtige in Anspruch nimmt, von diesen außerhalb der Gemeinschaft bewirkt, wird die Dienstleistung des Reisebüros einer gemäß Artikel 153 von der Steuer befreiten Vermittlungstätigkeit gleichgestellt.

[2] Werden die in Absatz 1 genannten Umsätze sowohl innerhalb als auch außerhalb der Gemeinschaft bewirkt, ist nur der Teil der Dienstleistung des Reisebüros als steuerfrei anzusehen, der auf die Umsätze außerhalb der Gemeinschaft entfällt.

Art. 310 [Ausschluss des Rechts auf Vorsteuerabzug bei einheitlicher Reiseleistung] Die Mehrwertsteuerbeträge, die dem Reisebüro von anderen Steuerpflichtigen für die in Artikel 307 genannten Umsätze in Rechnung gestellt werden, welche dem Reisenden unmittelbar zugute kommen, sind in keinem Mitgliedstaat abziehbar oder erstattungsfähig.

Kapitel 4. Sonderregelungen für Gebrauchtgegenstände, Kunstgegenstände, Sammlungsstücke und Antiquitäten

Abschnitt 1. Begriffsbestimmungen

Art. 311 [Sonderregelung für Gebrauchtwaren – Begriffsbestimmungen] (1) Für die Zwecke dieses Kapitels gelten unbeschadet sonstiger Bestimmungen des Gemeinschaftsrechts folgende Begriffsbestimmungen:

1. „Gebrauchtgegenstände" sind bewegliche körperliche Gegenstände, die keine Kunstgegenstände, Sammlungsstücke oder Antiquitäten und keine Edelmetalle oder Edelsteine im Sinne der Definition der Mitgliedstaaten sind und die in ihrem derzeitigen Zustand oder nach Instandsetzung erneut verwendbar sind;
2. „Kunstgegenstände" sind die in Anhang IX Teil A genannten Gegenstände;

3. „Sammlungsstücke" sind die in Anhang IX Teil B genannten Gegenstände;
4. „Antiquitäten" sind die in Anhang IX Teil C genannten Gegenstände;
5. „steuerpflichtiger Wiederverkäufer" ist jeder Steuerpflichtige, der im Rahmen seiner wirtschaftlichen Tätigkeit zum Zwecke des Wiederverkaufs Gebrauchtgegenstände, Kunstgegenstände, Sammlungsstücke oder Antiquitäten kauft, seinem Unternehmen zuordnet oder einführt, gleich, ob er auf eigene Rechnung oder aufgrund eines Einkaufs- oder Verkaufskommissionsvertrags für fremde Rechnung handelt;
6. „Veranstalter einer öffentlichen Versteigerung" ist jeder Steuerpflichtige, der im Rahmen seiner wirtschaftlichen Tätigkeit Gegenstände zur öffentlichen Versteigerung anbietet, um sie an den Meistbietenden zu verkaufen;
7. „Kommittent eines Veranstalters öffentlicher Versteigerungen" ist jede Person, die einem Veranstalter öffentlicher Versteigerungen einen Gegenstand aufgrund eines Verkaufskommissionsvertrags übergibt.

(2) Die Mitgliedstaaten können vorsehen, dass die in Anhang IX Teil A Nummern 5, 6 und 7 genannten Gegenstände nicht als Kunstgegenstände gelten.

(3) Der in Absatz 1 Nummer 7 genannte Verkaufskommissionsvertrag muss vorsehen, dass der Veranstalter der öffentlichen Versteigerung den Gegenstand in eigenem Namen, aber für Rechnung seines Kommittenten zur öffentlichen Versteigerung anbietet und an den Meistbietenden übergibt, der in der öffentlichen Versteigerung den Zuschlag erhalten hat.

Abschnitt 2. Sonderregelung für steuerpflichtige Wiederverkäufer

Unterabschnitt 1. Differenzbesteuerung

Art. 312 [Differenzbesteuerung – Definition Verkaufspreis und Einkaufspreis] Für die Zwecke dieses Unterabschnitts gelten folgende Begriffsbestimmungen:

1. „Verkaufspreis" ist die gesamte Gegenleistung, die der steuerpflichtige Wiederverkäufer vom Erwerber oder von einem Dritten erhält oder zu erhalten hat, einschließlich der unmittelbar mit dem Umsatz zusammenhängenden Zuschüsse, Steuern, Zölle, Abschöpfungen und Abgaben sowie der Nebenkosten wie Provisions-, Verpackungs-, Beförderungs- und Versicherungskosten, die der steuerpflichtige Wiederverkäufer dem Erwerber in Rechnung stellt, mit Ausnahme der in Artikel 79 genannten Beträge;
2. „Einkaufspreis" ist die gesamte Gegenleistung gemäß der Begriffsbestimmung unter Nummer 1, die der Lieferer von dem steuerpflichtigen Wiederverkäufer erhält oder zu erhalten hat.

Art. 313 [Anwendung der Differenzbesteuerung auf Lieferungen von Gebrauchtwaren – Grundsatz] (1) Die Mitgliedstaaten wenden auf die Lieferungen von Gebrauchtgegenständen, Kunstgegenständen, Sammlungsstücken und Antiquitäten durch steuerpflichtige Wiederverkäufer eine Sonderregelung zur Besteuerung der von dem steuerpflichtigen Wiederverkäufer erzielten Differenz (Handelsspanne) gemäß diesem Unterabschnitt an.

(2) Bis zur Einführung der endgültigen Regelung nach Artikel 402 gilt Absatz 1 des vorliegenden Artikels nicht für die Lieferung neuer Fahrzeuge unter den Voraussetzungen des Artikels 138 Absatz 1 und Absatz 2 Buchstabe a.

Art. 314[1)] [Anwendung der Differenzbesteuerung – Abnahme der Gebrauchtwaren von bestimmten Personen] Die Differenzbesteuerung gilt für die Lieferungen von Gebrauchtgegenständen, Kunstgegenständen, Sammlungsstücken und Antiquitäten durch einen steuerpflichtigen Wiederverkäufer, wenn ihm diese Gegenstände innerhalb der Gemeinschaft von einer der folgenden Personen geliefert werden:

a) von einem Nichtsteuerpflichtigen;

b) von einem anderen Steuerpflichtigen, sofern die Lieferungen des Gegenstands durch diesen anderen Steuerpflichtigen gemäß Artikel 136 von der Steuer befreit ist;

c) von einem anderen Steuerpflichtigen, sofern für die Lieferung des Gegenstands durch diesen anderen Steuerpflichtigen die Steuerbefreiung für Kleinunternehmen gemäß *den Artikeln 282 bis 292* [***ab 1.1.2025:*** Artikel 284] gilt und es sich dabei um ein Investitionsgut handelt;

d) von einem anderen steuerpflichtigen Wiederverkäufer, sofern die Lieferung des Gegenstands durch diesen anderen steuerpflichtigen Wiederverkäufer gemäß dieser Sonderregelung mehrwertsteuerpflichtig ist.

Art. 315 [Steuerbemessungsgrundlage der Differenzbesteuerung]

[1] Die Steuerbemessungsgrundlage bei der Lieferung von Gegenständen nach Artikel 314 ist die von dem steuerpflichtigen Wiederverkäufer erzielte Differenz (Handelsspanne), abzüglich des Betrags der auf diese Spanne erhobenen Mehrwertsteuer.

[2] Die Differenz (Handelsspanne) des steuerpflichtigen Wiederverkäufers entspricht dem Unterschied zwischen dem von ihm geforderten Verkaufspreis und dem Einkaufspreis des Gegenstands.

Art. 316 [Optionsrecht zur Anwendung der Differenzbesteuerung bei bestimmten Kunstgegenständen] (1) Die Mitgliedstaaten räumen den steuerpflichtigen Wiederverkäufern das Recht ein, die Differenzbesteuerung bei der Lieferung folgender Gegenstände anzuwenden:

a) Kunstgegenstände, Sammlungsstücke und Antiquitäten, die sie selbst eingeführt haben;

b) Kunstgegenstände, die ihnen vom Urheber oder von dessen Rechtsnachfolgern geliefert wurden;

c) Kunstgegenstände, die ihnen von einem Steuerpflichtigen, der kein steuerpflichtiger Wiederverkäufer ist, geliefert wurden, wenn auf die Lieferung dieses anderen Steuerpflichtigen gemäß Artikel 103 der ermäßigte Steuersatz angewandt wurde.

[1)] Art. 314 Buchst. c neu gef. mWv 22.3.2020 durch RL v. 18.2.2020 (ABl. L 62 S. 13); zur **Anwendung durch die Mitgliedstaaten ab 1.1.2025** siehe Art. 3 Abs. 1 UAbs. 2 RL 2020/285/EU.

(2) Die Mitgliedstaaten legen die Einzelheiten der Ausübung der Option des Absatzes 1 fest, die in jedem Fall für einen Zeitraum von mindestens zwei Kalenderjahren gelten muss.

Art. 317 [Steuerbemessungsgrundlage in Fällen der Option zur Differenzbesteuerung] *[1]* Macht ein steuerpflichtiger Wiederverkäufer von der Option des Artikels 316 Gebrauch, wird die Steuerbemessungsgrundlage gemäß Artikel 315 ermittelt.

[2] Bei der Lieferung von Kunstgegenständen, Sammlungsstücken oder Antiquitäten, die der steuerpflichtige Wiederverkäufer selbst eingeführt hat, ist der für die Berechnung der Differenz zugrunde zu legende Einkaufspreis gleich der gemäß den Artikeln 85 bis 89 ermittelten Steuerbemessungsgrundlage bei der Einfuhr zuzüglich der für die Einfuhr geschuldeten oder entrichteten Mehrwertsteuer.

Art. 318 [Kannbestimmung: Möglichkeit einer Gesamtdifferenzbesteuerung] (1) *[1]* Die Mitgliedstaaten können zur Vereinfachung der Steuererhebung und nach Konsultation des Mehrwertsteuerausschusses für bestimmte Umsätze oder für bestimmte Gruppen von steuerpflichtigen Wiederverkäufern vorsehen, dass die Steuerbemessungsgrundlage bei der Lieferung von Gegenständen, die der Differenzbesteuerung unterliegen, für jeden Steuerzeitraum festgesetzt wird, für den der steuerpflichtige Wiederverkäufer die in Artikel 250 genannte Mehrwertsteuererklärung abzugeben hat.

[2] Wird Unterabsatz 1 angewandt, ist die Steuerbemessungsgrundlage für Lieferungen von Gegenständen, die ein und demselben Mehrwertsteuersatz unterliegen, die von dem steuerpflichtigen Wiederverkäufer erzielte Gesamtdifferenz abzüglich des Betrags der auf diese Spanne erhobenen Mehrwertsteuer.

(2) Die Gesamtdifferenz entspricht dem Unterschied zwischen den beiden folgenden Beträgen:

a) Gesamtbetrag der der Differenzbesteuerung unterliegenden Lieferungen von Gegenständen des steuerpflichtigen Wiederverkäufers während des Steuerzeitraums, der von der Erklärung umfasst wird, d. h. Gesamtsumme der Verkaufspreise;

b) Gesamtbetrag der Käufe von Gegenständen im Sinne des Artikels 314, die der steuerpflichtige Wiederverkäufer während des Steuerzeitraums, der von der Erklärung umfasst wird, getätigt hat, d. h. Gesamtsumme der Einkaufspreise.

(3) Die Mitgliedstaaten treffen die erforderlichen Maßnahmen, damit sich für die in Absatz 1 genannten Steuerpflichtigen weder ungerechtfertigte Vorteile noch ungerechtfertigte Nachteile ergeben.

Art. 319 [Wechsel von der Differenzbesteuerung zur Regelbesteuerung] Der steuerpflichtige Wiederverkäufer kann auf jede der Differenzbesteuerung unterliegende Lieferung die normale Mehrwertsteuerregelung anwenden.

Art. 320 [Recht auf Vorsteuerabzug bei Regelbesteuerung anstelle von Differenzbesteuerung] (1) *[1]* Wendet der steuerpflichtige Wiederverkäufer die normale Mehrwertsteuerregelung an, ist er berechtigt, bei der Lieferung eines von ihm selbst eingeführten Kunstgegenstands, Sammlungsstücks oder einer Antiquität die für die Einfuhr dieses Gegenstands geschuldete oder entrichtete Mehrwertsteuer als Vorsteuer abzuziehen.

[2] Wendet der steuerpflichtige Wiederverkäufer die normale Mehrwertsteuerregelung an, ist er berechtigt, bei der Lieferung eines Kunstgegenstands, der ihm von seinem Urheber oder dessen Rechtsnachfolgern oder von einem Steuerpflichtigen, der kein steuerpflichtiger Wiederverkäufer ist, geliefert wurde, die von ihm dafür geschuldete oder entrichtete Mehrwertsteuer als Vorsteuer abzuziehen.

(2) Das Recht auf Vorsteuerabzug entsteht zu dem Zeitpunkt, zu dem der Steueranspruch für die Lieferung entsteht, für die der steuerpflichtige Wiederverkäufer die Anwendung der normalen Mehrwertsteuerregelung gewählt hat.

Art. 321 [Steuerbefreiung von Differenzbesteuerungslieferungen in Ausfuhr- und ähnlichen Fällen] Werden der Differenzbesteuerung unterliegende Gebrauchtgegenstände, Kunstgegenstände, Sammlungsstücke oder Antiquitäten unter den Voraussetzungen der Artikel 146, 147, 148 und 151 geliefert, sind sie von der Steuer befreit.

Art. 322 [Ausschluss vom Vorsteuerabzugsrecht in den Fällen der Differenzbesteuerung für Vorbezüge von anderen als Wiederverkäufern] Sofern die Gegenstände für Lieferungen verwendet werden, die der Differenzbesteuerung unterliegen, darf der steuerpflichtige Wiederverkäufer von seiner Steuerschuld folgende Beträge nicht abziehen:

a) die geschuldete oder entrichtete Mehrwertsteuer auf von ihm selbst eingeführte Kunstgegenstände, Sammlungsstücke oder Antiquitäten;

b) die geschuldete oder entrichtete Mehrwertsteuer auf Kunstgegenstände, die ihm vom Urheber oder von dessen Rechtsnachfolgern geliefert werden;

c) die geschuldete oder entrichtete Mehrwertsteuer auf Kunstgegenstände, die ihm von einem Steuerpflichtigen geliefert werden, der kein steuerpflichtiger Wiederverkäufer ist.

Art. 323 [Ausschluss vom Vorsteuerabzugsrecht in den Fällen der Differenzbesteuerung für Vorbezüge von Wiederverkäufern] Ein Steuerpflichtiger darf die für Gegenstände, die ihm von einem steuerpflichtigen Wiederverkäufer geliefert werden, geschuldete oder entrichtete Mehrwertsteuer nicht als Vorsteuer abziehen, wenn die Lieferung dieser Gegenstände durch den steuerpflichtigen Wiederverkäufer der Differenzbesteuerung unterliegt.

Art. 324 [Pflicht zu getrennten Aufzeichnungen bei gleichzeitiger Regel- und Differenzbesteuerung] Wendet der steuerpflichtige Wiederverkäufer sowohl die normale Mehrwertsteuerregelung als auch die Differenzbesteuerung an, muss er die unter die jeweilige Regelung fallenden Umsätze nach den von den Mitgliedstaaten festgelegten Modalitäten in seinen Aufzeichnungen gesondert ausweisen.

Art. 325 [Verbot des gesonderten Steuerausweises in der Rechnung in den Fällen der Differenzbesteuerung] Der steuerpflichtige Wiederverkäufer darf die Mehrwertsteuer auf die Lieferungen von Gegenständen, auf die er die Differenzbesteuerung anwendet, in der von ihm ausgestellten Rechnung nicht gesondert ausweisen.

Unterabschnitt 2. Übergangsregelung für Gebrauchtfahrzeuge

Art. 326 [Andere Sonderregelung als Differenzbesteuerung für Gebrauchtfahrzeuge – Stand-Still-Klausel] *[1]* Die Mitgliedstaaten, die am 31. Dezember 1992 auf die Lieferungen von Gebrauchtfahrzeugen durch steuerpflichtige Wiederverkäufer eine andere Sonderregelung als die Differenzbesteuerung angewandt haben, können diese Regelung für die Dauer des in Artikel 402 genannten Zeitraums beibehalten, sofern diese Regelung die in diesem Unterabschnitt festgelegten Voraussetzungen erfüllt oder dergestalt angepasst wird, dass sie diese erfüllt.

[2] Dänemark ist berechtigt, die in Absatz 1 vorgesehene Regelung einzuführen.

Art. 327 [Differenzbesteuerung für Gebrauchtfahrzeuge als Übergangsregelung – Grundsatz] (1) Diese Übergangsregelung gilt für die Lieferungen von Gebrauchtfahrzeugen durch steuerpflichtige Wiederverkäufer, die der Differenzbesteuerung unterliegt.

(2) Die Übergangsregelung gilt nicht für die Lieferungen neuer Fahrzeuge unter den Voraussetzungen des Artikels 138 Absatz 1 und Absatz 2 Buchstabe a.

(3) Für die Zwecke des Absatzes 1 gelten als „Gebrauchtfahrzeuge" die in Artikel 2 Absatz 2 Buchstabe a genannten Land-, Wasser- und Luftfahrzeuge, wenn sie Gebrauchtgegenstände sind und nicht die Voraussetzungen erfüllen, um als neue Fahrzeuge angesehen zu werden.

Art. 328 [Bemessung des geschuldeten Steuerbetrags in den Fällen der Differenzbesteuerung für Gebrauchtfahrzeuge] Die für jede Lieferung im Sinne des Artikels 327 geschuldete Mehrwertsteuer ist gleich dem Betrag der Steuer, die geschuldet würde, wenn die betreffende Lieferung der normalen Mehrwertsteuerregelung unterläge, abzüglich des Betrags der Mehrwertsteuer, die als in dem Einkaufspreis enthalten gilt, den der steuerpflichtige Wiederverkäufer für das Fahrzeug entrichtet hat.

Art. 329 [Bemessung des im Einkaufspreis enthaltenen Steuerbetrags in den Fällen der Differenzbesteuerung für Gebrauchtfahrzeuge] Die Mehrwertsteuer, die als in dem Einkaufspreis enthalten gilt, den der steuerpflichtige Wiederverkäufer für das Fahrzeug entrichtet hat, wird nach folgendem Verfahren berechnet:

a) Als Einkaufspreis ist der Einkaufspreis im Sinne des Artikels 312 Nummer 2 zugrunde zu legen.

b) In diesem vom steuerpflichtigen Wiederverkäufer entrichteten Einkaufspreis gilt die Mehrwertsteuer als enthalten, die geschuldet worden wäre, wenn der Lieferer des steuerpflichtigen Wiederverkäufers auf seine Lieferung die normale Mehrwertsteuerregelung angewandt hätte.

c) Es ist der Steuersatz gemäß Artikel 93 anzuwenden, der in dem Mitgliedstaat angewandt wird, in dessen Gebiet der Ort der Lieferung an den steuerpflichtigen Wiederverkäufer im Sinne der Artikel 31 und 32 als gelegen gilt.

Art. 330 [Untergrenze des geschuldeten Steuerbetrags in den Fällen der Differenzbesteuerung für Gebrauchtfahrzeuge] *[1]* Die für jede Lieferung von Fahrzeugen im Sinne des Artikels 327 Absatz 1 geschuldete und gemäß Artikel 328 festgesetzte Mehrwertsteuer darf nicht unter dem Steuerbetrag liegen, der geschuldet würde, wenn auf die betreffende Lieferung die Differenzbesteuerung angewandt worden wäre.

[2] Die Mitgliedstaaten können für den Fall, dass die Lieferung der Differenzbesteuerung unterlegen hätte, vorsehen, dass die Gewinnspanne nicht unter 10% des Verkaufspreises im Sinne des Artikels 312 Nummer 1 angesetzt werden darf.

Art. 331 [Ausschluss vom Vorsteuerabzugsrecht in den Fällen der Differenzbesteuerung für Gebrauchtfahrzeuge bei Vorbezug von einem Wiederverkäufer] Ein Steuerpflichtiger darf von seiner Steuerschuld die für die Lieferung eines Gebrauchtfahrzeugs durch einen steuerpflichtigen Wiederverkäufer geschuldete oder entrichtete Mehrwertsteuer nicht als Vorsteuer abziehen, wenn die Lieferung dieses Gegenstands durch den steuerpflichtigen Wiederverkäufer gemäß dieser Übergangsregelung besteuert wurde.

Art. 332 [Verbot des gesonderten Steuerausweises in der Rechnung in den Fällen der Differenzbesteuerung für Gebrauchtfahrzeuge] Der steuerpflichtige Wiederverkäufer darf auf der von ihm ausgestellten Rechnung die Mehrwertsteuer auf die Lieferungen, auf die er diese Übergangsregelung anwendet, nicht gesondert ausweisen.

Abschnitt 3. Sonderregelung für öffentliche Versteigerungen

Art. 333 [Differenzbesteuerung für öffentliche Versteigerungen – Grundsatz] (1) Die Mitgliedstaaten können gemäß diesem Abschnitt eine Sonderregelung für die Besteuerung der Differenz anwenden, die ein Veranstalter öffentlicher Versteigerungen bei der Lieferung von Gebrauchtgegenständen, Kunstgegenständen, Sammlungsstücken und Antiquitäten erzielt, die er in eigenem Namen aufgrund eines Kommissionsvertrags zum Verkauf dieser Gegenstände im Wege einer öffentlichen Versteigerung für Rechnung von in Artikel 334 genannten Personen bewirkt.

(2) Die Regelung des Absatzes 1 gilt nicht für die Lieferungen neuer Fahrzeuge unter den Voraussetzungen des Artikels 138 Absatz 1 und Absatz 2 Buchstabe a.

Art. 334[1)] **[Subjektiver Anwendungsbereich der Differenzbesteuerung für öffentliche Versteigerungen (Veranstalter im eigenen Namen und für Rechnung bestimmter Personen)]** Diese Sonderregelung gilt für Lieferungen eines Veranstalters öffentlicher Versteigerungen, der in eigenem Namen für Rechnung einer der folgenden Personen handelt:

a) eines Nichtsteuerpflichtigen;

b) eines anderen Steuerpflichtigen, sofern die Lieferung des Gegenstands durch diesen anderen Steuerpflichtigen aufgrund eines Verkaufskommissionsvertrags gemäß Artikel 136 von der Steuer befreit ist;

c) eines anderen Steuerpflichtigen, sofern für die Lieferung des Gegenstands durch diesen anderen Steuerpflichtigen aufgrund eines Verkaufskommissionsvertrags die Steuerbefreiung für Kleinunternehmen *der Artikel 282 bis 292* [***ab 1.1.2025:*** des Artikels 284] gilt und es sich bei dem Gegenstand um ein Investitionsgut handelt;

d) eines steuerpflichtigen Wiederverkäufers, sofern die Lieferung des Gegenstands durch diesen steuerpflichtigen Wiederverkäufer aufgrund eines Verkaufskommissionsvertrags gemäß der Differenzbesteuerung der Mehrwertsteuer unterliegt.

Art. 335 [Fiktion des Zeitpunkts der Lieferung an einen Veranstalter öffentlicher Versteigerungen] Die Lieferung eines Gegenstands an einen steuerpflichtigen Veranstalter öffentlicher Versteigerungen gilt als zum Zeitpunkt des Verkaufs dieses Gegenstands im Wege der öffentlichen Versteigerung erfolgt.

Art. 336 [Steuerbemessungsgrundlage der Lieferungen bei der Differenzbesteuerung für öffentliche Versteigerungen] Die Steuerbemessungsgrundlage für die einzelnen Lieferungen von Gegenständen im Sinne dieses Abschnitts ist der dem Erwerber vom Veranstalter der öffentlichen Versteigerung gemäß Artikel 339 in Rechnung gestellte Gesamtbetrag abzüglich folgender Beträge:

a) vom Veranstalter der öffentlichen Versteigerung an seinen Kommittenten gezahlter oder zu zahlender Nettobetrag gemäß Artikel 337;

b) Betrag der vom Veranstalter der öffentlichen Versteigerung für seine Lieferung geschuldeten Mehrwertsteuer.

Art. 337 [Vom Veranstalter der öffentlichen Versteigerung an Kommittenten zu zahlender Nettobetrag] Der vom Veranstalter der öffentlichen Versteigerung an seinen Kommittenten gezahlte oder zu zahlende Netto-

[1)] Art. 334 Buchst. c neu gef. mWv 22.3.2020 durch RL v. 18.2.2020 (ABl. L 62 S. 13); zur **Anwendung durch die Mitgliedstaaten ab 1.1.2025** siehe Art. 3 Abs. 1 UAbs. 2 RL 2020/285/EU.

betrag ist gleich der Differenz zwischen dem Preis, zu dem in der Versteigerung der Zuschlag für den Gegenstand erteilt wurde, und dem Betrag der Provision, die der Veranstalter der öffentlichen Versteigerung von seinem Kommittenten gemäß dem Verkaufskommissionsvertrag erhält oder zu erhalten hat.

Art. 338 [Pflicht des Veranstalters öffentlicher Versteigerungen zur Verbuchung bestimmter Beträge als durchlaufende Posten] *[1]* Veranstalter öffentlicher Versteigerungen, die Gegenstände gemäß den Artikeln 333 und 334 liefern, müssen folgende Beträge in ihren Aufzeichnungen als durchlaufende Posten verbuchen:

a) die vom Erwerber des Gegenstands erhaltenen oder zu erhaltenden Beträge;

b) die dem Verkäufer des Gegenstands erstatteten oder zu erstattenden Beträge.

[2] Die in Absatz 1 genannten Beträge müssen ordnungsgemäß nachgewiesen sein.

Art. 339 [Pflicht des Veranstalters öffentlicher Versteigerungen zur Ausstellung einer Rechnung mit Ausweis bestimmter Beträge] *[1]* Der Veranstalter der öffentlichen Versteigerung muss dem Erwerber eine Rechnung ausstellen, in der folgende Beträge gesondert auszuweisen sind:

a) Zuschlagspreis des Gegenstands;

b) Steuern, Zölle, Abschöpfungen und Abgaben;

c) Nebenkosten wie Provisions-, Verpackungs-, Beförderungs- und Versicherungskosten, die der Veranstalter dem Erwerber des Gegenstands in Rechnung stellt.

[2] In der von dem Veranstalter der öffentlichen Versteigerung ausgestellten Rechnung darf jedoch die Mehrwertsteuer nicht gesondert ausgewiesen werden.

Art. 340 [Pflicht des Veranstalters öffentlicher Versteigerungen zur Aushändigung einer Ausführungsanzeige] (1) *[1]* Der Veranstalter der öffentlichen Versteigerung, dem der Gegenstand aufgrund eines Kommissionsvertrags zum Verkauf im Wege der öffentlichen Versteigerung übergeben wurde, muss seinem Kommittenten eine Ausführungsanzeige aushändigen.

[2] In der Ausführungsanzeige des Veranstalters der öffentlichen Versteigerung muss der Umsatzbetrag, d.h. der Preis, zu dem der Zuschlag für den Gegenstand erteilt wurde, abzüglich des Betrags der vom Kommittenten erhaltenen oder zu erhaltenden Provision gesondert ausgewiesen werden.

(2) Die gemäß Absatz 1 ausgestellte Ausführungsanzeige tritt an die Stelle der Rechnung, die der Kommittent, sofern er steuerpflichtig ist, dem Veranstalter der öffentlichen Versteigerung gemäß Artikel 220 ausstellen muss.

Art. 341 [Pflicht zur Anwendung der von einem Mitgliedstaat praktizierten Differenzbesteuerung bei öffentlichen Versteigerungen auf Lieferungen von Gebrauchtfahrzeugen] Die Mitgliedstaaten, die die Sonderregelung dieses Abschnitts anwenden, wenden sie auch auf die Lieferungen von Gebrauchtfahrzeugen im Sinne des Artikels 327 Absatz 3 durch den Veranstalter einer öffentlichen Versteigerung an, der in eigenem Namen aufgrund eines Kommissionsvertrags zum Verkauf dieser Gegenstände im Wege einer öffentlichen Versteigerung für Rechnung eines steuerpflichtigen Wiederverkäufers handelt, sofern diese Lieferung gemäß der Übergangsregelung für Gebrauchtfahrzeuge der Mehrwertsteuer unterläge, wenn sie durch diesen steuerpflichtigen Wiederverkäufer erfolgen würde.

Abschnitt 4. Verhütung von Wettbewerbsverzerrungen und Steuerbetrug

Art. 342 [Kannbestimmung: Möglichkeiten der Mitgliedstaaten zur Verhinderung von Vor- und Nachteilen beim Vorsteuerabzug in den Fällen der Differenzbesteuerung] Die Mitgliedstaaten können hinsichtlich des Rechts auf Vorsteuerabzug Maßnahmen treffen, um zu verhindern, dass steuerpflichtigen Wiederverkäufern, die unter eine der Regelungen des Abschnitts 2 fallen, ungerechtfertigte Vor- oder Nachteile entstehen.

Art. 343 [Möglichkeit der Sonderermächtigung eines Mitgliedstaates durch den Rat zur Bekämpfung von Steuerbetrug] *[1]* Der Rat kann auf Vorschlag der Kommission einstimmig jeden Mitgliedstaat zu besonderen Maßnahmen zur Bekämpfung des Steuerbetrugs ermächtigen, nach denen die gemäß der Differenzbesteuerung geschuldete Mehrwertsteuer nicht unter dem Betrag der Steuer liegen darf, die bei Zugrundelegung einer Differenz (Handelsspanne) in Höhe eines bestimmten Prozentsatzes des Verkaufspreises geschuldet würde.

[2] Der Prozentsatz des Verkaufspreises wird unter Zugrundelegung der in dem betreffenden Sektor üblichen Handelsspannen festgelegt.

Kapitel 5. Sonderregelung für Anlagegold

Abschnitt 1. Allgemeine Bestimmungen

Art. 344 [Sonderregelung für Anlagegold – Definition Anlagegold]

(1) Für die Zwecke dieser Richtlinie und unbeschadet anderer Gemeinschaftsvorschriften gilt als „Anlagegold“:

1. Gold in Barren- oder Plättchenform mit einem von den Goldmärkten akzeptierten Gewicht und einem Feingehalt von mindestens 995 Tausendsteln, unabhängig davon, ob es durch Wertpapiere verbrieft ist oder nicht;
2. Goldmünzen mit einem Feingehalt von mindestens 900 Tausendsteln, die nach dem Jahr 1800 geprägt wurden, die in ihrem Ursprungsland gesetzliches Zahlungsmittel sind oder waren und die üblicherweise zu einem Preis verkauft werden, der den Offenmarktwert ihres Goldgehalts um nicht mehr als 80% übersteigt.

(2) Die Mitgliedstaaten können kleine Goldbarren oder -plättchen mit einem Gewicht von höchstens 1g von dieser Sonderregelung ausnehmen.

(3) Für die Zwecke dieser Richtlinie gilt der Verkauf von in Absatz 1 Nummer 2 genannten Münzen als nicht aus numismatischem Interesse erfolgt.

Art. 345 [Jährliche Mitteilung an EU-Kommission über Goldmünzen zur Aufnahme in Jahresliste] [1]Ab 1999 teilt jeder Mitgliedstaat der Kommission vor dem 1. Juli eines jeden Jahres mit, welche die in Artikel 344 Absatz 1 Nummer 2 genannten Kriterien erfüllenden Münzen in dem betreffenden Mitgliedstaat gehandelt werden. [2]Die Kommission veröffentlicht vor dem 1. Dezember eines jeden Jahres ein erschöpfendes Verzeichnis dieser Münzen in der Reihe C des Amtsblatts der Europäischen Union. [3]Die in diesem Verzeichnis aufgeführten Münzen gelten als Münzen, die die genannten Kriterien während des gesamten Jahres erfüllen, für das das Verzeichnis gilt.

Abschnitt 2. Steuerbefreiung

Art. 346 [Steuerbefreiung der Umsätze mit Anlagegold] Die Mitgliedstaaten befreien von der Mehrwertsteuer die Lieferung, den innergemeinschaftlichen Erwerb und die Einfuhr von Anlagegold, einschließlich Anlagegold in Form von Zertifikaten über sammel- oder einzelverwahrtes Gold und über Goldkonten gehandeltes Gold, insbesondere auch Golddarlehen und Goldswaps, durch die ein Eigentumsrecht an Anlagegold oder ein schuldrechtlicher Anspruch auf Anlagegold begründet wird, sowie Terminkontrakte und im Freiverkehr getätigte Terminabschlüsse mit Anlagegold, die zur Übertragung eines Eigentumsrechts an Anlagegold oder eines schuldrechtlichen Anspruchs auf Anlagegold führen.

Art. 347 [Steuerbefreiung der Vermittlung der Lieferungen von Anlagegold] Die Mitgliedstaaten befreien Dienstleistungen von im Namen und für Rechnung Dritter handelnden Vermittlern von der Steuer, wenn diese die Lieferung von Anlagegold an ihre Auftraggeber vermitteln.

Abschnitt 3. Besteuerungswahlrecht

Art. 348 [Optionsrecht der Hersteller von Anlagegold zur Besteuerung der Lieferungen an andere Unternehmer] Die Mitgliedstaaten räumen Steuerpflichtigen, die Anlagegold herstellen oder Gold in Anlagegold umwandeln, das Recht ein, sich für die Besteuerung der Lieferung von Anlagegold an einen anderen Steuerpflichtigen, die ansonsten gemäß Artikel 346 von der Steuer befreit wäre, zu entscheiden.

Art. 349 [Kannbestimmung: Optionsrecht zur Besteuerung der Lieferungen von Goldbarren für gewebliche Zwecke an andere Unternehmer] (1) Die Mitgliedstaaten können Steuerpflichtigen, die im Rahmen ihrer wirtschaftlichen Tätigkeit üblicherweise Gold für gewerbliche Zwecke liefern, das Recht einräumen, sich für die Besteuerung der Lieferung von Goldbarren oder -plättchen im Sinne des Artikels 344 Absatz 1 Nummer 1 an einen anderen Steuerpflichtigen, die ansonsten gemäß Artikel 346 von der Steuer befreit wäre, zu entscheiden.

(2) Die Mitgliedstaaten können den Umfang des Wahlrechts nach Absatz 1 einschränken.

Art. 350 [Optionsrecht zur Besteuerung bei der Vermittlung von Anlagegoldlieferungen] Hat der Lieferer das Recht, sich für die Besteuerung gemäß den Artikeln 348 und 349 zu entscheiden, in Anspruch genommen, räumen die Mitgliedstaaten dem Vermittler in Bezug auf die in Artikel 347 genannten Vermittlungsleistungen das Recht ein, sich für eine Besteuerung zu entscheiden.

Art. 351 [Spielraum der Mitgliedstaaten zur Regelung von Einzelheiten bezüglich des Optionsrechts zur Besteuerung bei Umsätzen mit Anlagegold] Die Mitgliedstaaten regeln die Einzelheiten der Ausübung des Wahlrechts im Sinne dieses Abschnitts und unterrichten die Kommission entsprechend.

Abschnitt 4. Umsätze auf einem geregelten Goldmarkt

Art. 352 [Kannbestimmung: Möglichkeit zur Besteuerung von Anlagegoldumsätzen auf einem geregelten Goldmarkt] [1]Jeder Mitgliedstaat kann nach Konsultation des Mehrwertsteuerausschusses bestimmte Umsätze mit Anlagegold in diesem Mitgliedstaat zwischen Steuerpflichtigen, die auf einem von dem betreffenden Mitgliedstaat geregelten Goldmarkt tätig sind, oder zwischen einem solchen Steuerpflichtigen und einem anderen Steuerpflichtigen, der nicht auf diesem Markt tätig ist, der Mehrwertsteuer unterwerfen. [2]Der Mitgliedstaat darf jedoch Lieferungen unter den Voraussetzungen des Artikels 138 und Ausfuhren von Anlagegold nicht der Mehrwertsteuer unterwerfen.

Art. 353 [Möglichkeit zur Steueraussetzung für Umsätze auf einem geregelten Goldmarkt] Ein Mitgliedstaat, der gemäß Artikel 352 die Umsätze zwischen auf einem geregelten Goldmarkt tätigen Steuerpflichtigen besteuert, gestattet zur Vereinfachung die Aussetzung der Steuer und entbindet die Steuerpflichtigen von den Aufzeichnungspflichten zu Mehrwertsteuerzwecken.

Abschnitt 5. Besondere Rechte und Pflichten von Händlern mit Anlagegold

Art. 354 [Recht auf Vorsteuerabzug bei steuerfreier Weiterlieferung von Anlagegold] Ist seine anschließende Lieferung von Anlagegold gemäß diesem Kapitel von der Steuer befreit, hat der Steuerpflichtige das Recht, folgende Beträge abzuziehen:

a) die Mehrwertsteuer, die für Anlagegold geschuldet wird oder entrichtet wurde, das ihm von einer Person, die von dem Wahlrecht nach den Artikeln 348 und 349 Gebrauch gemacht hat, oder gemäß Abschnitt 4 geliefert wurde;

b) die Mehrwertsteuer, die für an ihn geliefertes oder durch ihn innergemeinschaftlich erworbenes oder eingeführtes Gold geschuldet wird oder entrichtet wurde, das kein Anlagegold ist und anschließend von ihm oder in seinem Namen in Anlagegold umgewandelt wird;

c) die Mehrwertsteuer, die für an ihn erbrachte Dienstleistungen geschuldet wird oder entrichtet wurde, die in der Veränderung der Form, des Gewichts oder des Feingehalts von Gold, einschließlich Anlagegold, bestehen.

Art. 355 [Recht auf Vorsteuerabzug bei Unternehmern, die Anlagegold herstellen] Steuerpflichtige, die Anlagegold herstellen oder Gold in Anlagegold umwandeln, dürfen die für die Lieferung, den innergemeinschaftlichen Erwerb oder die Einfuhr von Gegenständen oder für direkt im Zusammenhang mit der Herstellung oder Umwandlung dieses Goldes stehende Dienstleistungen von ihnen geschuldete oder entrichtete Steuer als Vorsteuer abziehen, so als ob die anschließende, gemäß Artikel 346 steuerfreie Lieferung des Goldes steuerpflichtig wäre.

Art. 356 [Aufzeichnungspflichten der Anlagegoldhändler] (1) *[1]* Die Mitgliedstaaten stellen sicher, dass Anlagegoldhändler zumindest größere Umsätze mit Anlagegold aufzeichnen und die Unterlagen aufbewahren, um die Feststellung der Identität der an diesen Umsätzen beteiligten Kunden zu ermöglichen.

[2] Die Händler haben die in Unterabsatz 1 genannten Unterlagen mindestens fünf Jahre lang aufzubewahren.

(2) Die Mitgliedstaaten können gleichwertige Auflagen nach Maßgabe anderer Vorschriften zur Umsetzung des Gemeinschaftsrechts, beispielsweise der Richtlinie 2005/60/EG des Europäischen Parlaments und des Rates vom 26. Oktober 2005 zur Verhinderung der Nutzung des Finanzsystems zum Zwecke der Geldwäsche und der Terrorismusfinanzierung[1]) gelten lassen, um den Anforderungen des Absatzes 1 nachzukommen.

(3) Die Mitgliedstaaten können strengere Vorschriften, insbesondere über das Führen besonderer Nachweise oder über besondere Aufzeichnungspflichten, festlegen.

Kapitel 6.[2]) Sonderregelungen für Steuerpflichtige, die Dienstleistungen an Nichtsteuerpflichtige erbringen oder Fernverkäufe von Gegenständen oder bestimmte inländische Lieferungen von Gegenständen tätigen

Abschnitt 1. Allgemeine Bestimmungen

Art. 357[3]) *(aufgehoben)*

---

[1]) **Amtl. Anm.:** ABl. L 309 vom 25.11.2005, S. 15.

[2]) Titel XII Kapitel 6 Überschrift neu gef. **mWv 1.7.2021** durch RL v. 5.12.2017 (ABl. L 348 S. 7, geänd. durch ABl. 2020 L 244 S. 3); neu gef. mWv 22.12.2019 durch RL v. 21.11.2019 (ABl. L 310 S. 1, geänd. durch ABl. 2020 L 244 S. 3); zur **Anwendung durch die Mitgliedstaaten ab 1.7.2021** siehe Art. 2 Beschl. v. 20.7.2020 (ABl. 2020 L 244 S. 3).

[3]) Art. 357 aufgeh. mWv 1.1.2015 durch RL v. 12.2.2008 (ABl. L 44 S. 11).

Art. 358[1)] **[Sonderregelung für** ***Telekommunikationsdienstleistungen u. a. B2C durch Auslandsunternehmer*** **[*ab 1.7.2021:* Dienstleistungen an Nichtsteuerpflichtige und Fernverkäufe von Gegenständen] – Begriffsbestimmungen]** Für die Zwecke dieses Kapitels und unbeschadet anderer Gemeinschaftsvorschriften gelten folgende Begriffsbestimmungen:

1. *„Telekommunikationsdienstleistungen" und „Rundfunk- und Fernsehdienstleistungen": die in Artikel 58 Absatz 1 Buchstaben a und b genannten Dienstleistungen;*
2. *„elektronische Dienstleistungen" und „elektronisch erbrachte Dienstleistungen": die in Artikel 58 Absatz 1 Buchstabe c genannten Dienstleistungen;*
3. *„Mitgliedstaat des Verbrauchs": der Mitgliedstaat, in dem gemäß Artikel 58 der Ort der Erbringung der Telekommunikationsdienstleistungen, Rundfunk- und Fernsehdienstleistungen oder elektronischen Dienstleistungen als gelegen gilt;*
4. „Mehrwertsteuererklärung": die Erklärung, in der die für die Ermittlung des in den einzelnen Mitgliedstaaten geschuldeten Mehrwertsteuerbetrags erforderlichen Angaben enthalten sind.

Abschnitt 2.[2)] Sonderregelung für von nicht in der Gemeinschaft ansässigen Steuerpflichtigen erbrachte *Telekommunikationsdienstleistungen, Rundfunk- und Fernsehdienstleistungen oder elektronische* Dienstleistungen

Art. 358a[3)] **[Sonderregelung für** ***Telekommunikationsdienstleistungen u. a.*** **[*ab 1.7.2021:* Dienstleistungen an Nichtsteuerpflichtige] durch Drittlandsunternehmer – Begriffsbestimmungen]** Für Zwecke dieses Abschnitts und unbeschadet anderer Gemeinschaftsvorschriften gelten folgende Begriffsbestimmungen:

1. „nicht in der Gemeinschaft ansässiger Steuerpflichtiger": ein Steuerpflichtiger, der im Gebiet der Gemeinschaft weder den Sitz seiner wirtschaftlichen Tätigkeit noch eine feste Niederlassung hat;
2. „Mitgliedstaat der Identifizierung": der Mitgliedstaat, in dem der nicht in der Gemeinschaft ansässige Steuerpflichtige die Aufnahme seiner Tätigkeit als Steuerpflichtiger im Gebiet der Gemeinschaft gemäß diesem Abschnitt anzeigt;

[1)] Art. 358 neu gef. mWv 1.1.2015 durch RL v. 12.2.2008 (ABl. L 44 S. 11); Nr. 1–3 aufgeh. durch RL v. 5.12.2017 (ABl. L 348 S. 7, geänd. durch ABl. 2020 L 244 S. 3), **Anwendung durch die Mitgliedstaaten bis 30.6.2021**.

[2)] Abschnitt 2 Überschrift neu gef. mWv 1.1.2015 durch RL v. 12.2.2008 (ABl. L 44 S. 11); neu gef. **mWv 1.7.2021** durch RL v. 5.12.2017 (ABl. L 348 S. 7, geänd. durch ABl. 2020 L 244 S. 3).

[3)] Art. 358a eingef. mWv 1.1.2015 durch RL v. 12.2.2008 (ABl. L 44 S. 11); Nr. 1 neu gef. mWv 1.1.2019, Nr. 3 angef. **mWv 1.7.2021** durch RL v. 5.12.2017 (ABl. L 348 S. 7, geänd. durch ABl. 2020 L 244 S. 3).

[*ab 1.7.2021:*
3. „Mitgliedstaat des Verbrauchs“: der Mitgliedstaat, in dem gemäß Titel V Kapitel 3 sie[1] Dienstleistung als erbracht gilt.]

Art. 359[2] [Sonderregelung für *Drittlandsunternehmer mit elektronischen Dienstleistungen an Private* [*ab 1.7.2021:* Dienstleistungen von Drittlandsunternehmern an Nichtsteuerpflichtige] – Anwendungsbereich]

[1] Die Mitgliedstaaten gestatten nicht in der Gemeinschaft ansässigen Steuerpflichtigen, *die Telekommunikationsdienstleistungen, Rundfunk- und Fernsehdienstleistungen oder elektronische Dienstleistungen* an Nichtsteuerpflichtige erbringen, die in einem Mitgliedstaat ansässig sind oder dort ihren Wohnsitz oder ihren gewöhnlichen Aufenthaltsort haben, diese Sonderregelung in Anspruch zu nehmen. [2] Diese Regelung gilt für alle derartigen Dienstleistungen, die in der Gemeinschaft erbracht werden.

Art. 360[3] [Meldepflichten des Drittlandsunternehmers bezüglich Dienstleistungen an Nichtsteuerpflichtige – Grundsatz] [1] Der nicht in der Gemeinschaft ansässige Steuerpflichtige hat dem Mitgliedstaat der Identifizierung die Aufnahme und die Beendigung seiner Tätigkeit als Steuerpflichtiger sowie diesbezügliche Änderungen, durch die er die Voraussetzungen für die Inanspruchnahme dieser Sonderregelung nicht mehr erfüllt, zu melden. [2] Diese Meldung erfolgt elektronisch.

Art. 361[4] [Meldepflichten des Drittlandsunternehmers bezüglich Dienstleistungen an Nichtsteuerpflichtige – Aufnahme der Tätigkeit]

(1) Der nicht in der Gemeinschaft ansässige Steuerpflichtige macht dem Mitgliedstaat der Identifizierung bei der Aufnahme seiner steuerpflichtigen Tätigkeit folgende Angaben zu seiner Identität:

a) Name;

b) Postanschrift;

c) elektronische Anschriften einschließlich Websites;

d) nationale Steuernummer, falls vorhanden;

e) Erklärung, dass er im Gebiet der Gemeinschaft weder den Sitz seiner wirtschaftlichen Tätigkeit noch eine feste Niederlassung hat.

(2) Der nicht in der Gemeinschaft ansässige Steuerpflichtige teilt dem Mitgliedstaat der Identifizierung jegliche Änderung der übermittelten Angaben mit.

---

[1] Richtig wohl: „die“.

[2] Art. 359 neu gef. **mWv 1.7.2021** durch RL v. 5.12.2017 (ABl. L 348 S. 7, geänd. durch ABl. 2020 L 244 S. 3).

[3] Art. 360 neu gef. mWv 1.1.2015 durch RL v. 12.2.2008 (ABl. L 44 S. 11).

[4] Art. 361 neu gef. mWv 1.1.2015 durch RL v. 12.2.2008 (ABl. L 44 S. 11); Abs. 1 Buchst. e neu gef. mWv 1.1.2019 durch RL v. 5.12.2017 (ABl. L 348 S. 7).

Art. 362[1] **[Erteilung einer Identifikationsnummer an Drittlandsunternehmer bezüglich Dienstleistungen an Nichtsteuerpflichtige]** [1]Der Mitgliedstaat der Identifizierung erteilt dem nicht in der Gemeinschaft ansässigen Steuerpflichtigen eine *individuelle Identifikationsnummer für die Mehrwertsteuer* [*ab 1.7.2021:* Mehrwertsteuer-Identifikationsnummer für die Anwendung dieser Sonderregelung], die er dem Betreffenden elektronisch mitteilt. [2]Auf der Grundlage der für diese Erteilung der Identifikationsnummer verwendeten Angaben können die Mitgliedstaaten des Verbrauchs ihre eigenen Identifikationssysteme verwenden.

Art. 363[2] **[Streichung des Drittlandsunternehmers mit Dienstleistungen an Nichtsteuerpflichtige aus Identifikationsregister]** Der Mitgliedstaat der Identifizierung streicht den nicht in der Gemeinschaft ansässigen Steuerpflichtigen aus dem Register, wenn

a) dieser *mitteilt, dass er keine Telekommunikationsdienstleistungen, Rundfunk- und Fernsehdienstleistungen oder elektronischen Dienstleistungen mehr erbringt* [*ab 1.7. 2021:* diesem Mitgliedstaat mitteilt, dass er keine Dienstleistungen mehr erbringt, die unter diese Sonderregelung fallen];

b) aus anderen Gründen davon ausgegangen werden kann, dass seine steuerpflichtigen Tätigkeiten beendet sind;

c) er die Voraussetzungen für die Inanspruchnahme dieser Sonderregelung nicht mehr erfüllt;

d) er wiederholt gegen die Vorschriften dieser Sonderregelung verstößt.

Art. 364 [Abgabe einer elektronischen Mehrwertsteuererklärung durch Drittlandsunternehmer mit Dienstleistungen an Nichtsteuerpflichtige]

[Fassung bis 30.6.2021:[3]*]*

[1]Der nicht in der Gemeinschaft ansässige Steuerpflichtige hat im Mitgliedstaat der Identifizierung für jedes Kalenderquartal eine Mehrwertsteuererklärung elektronisch abzugeben, unabhängig davon, ob Telekommunikationsdienstleistungen, Rundfunk- oder Fernsehdienstleistungen oder elektronische Dienst-

[Fassung ab 1.7.2021:[4]*]*

[1]Der nicht in der Gemeinschaft ansässige Steuerpflichtige, der diese Sonderregelung in Anspruch nimmt, hat im Mitgliedstaat der Identifizierung für jedes Kalenderquartal eine Mehrwertsteuererklärung elektronisch abzugeben, unabhängig davon, ob Dienstleistungen, die unter diese Sonderregelung fallen, erbracht wur-

---

[1] Art. 362 neu gef. **mWv 1.7.2021** durch RL v. 5.12.2017 (ABl. L 348 S. 7, geänd. durch ABl. 2020 L 244 S. 3).

[2] Art. 363 neu gef. mWv 1.1.2015 durch RL v. 12.2.2008 (ABl. L 44 S. 11); Buchst. a neu gef. **mWv 1.7.2021** durch RL v. 5.12.2017 (ABl. L 348 S. 7, geänd. durch ABl. 2020 L 244 S. 3).

[3] Art. 364 neu gef. mWv 1.1.2015 durch RL v. 12.2.2008 (ABl. L 44 S. 11).

[4] Art. 364 neu gef. **mWv 1.7.2021** durch RL v. 5.12.2017 (ABl. L 348 S. 7, geänd. durch ABl. 2020 L 244 S. 3).

[Fassung bis 30.6.2021:[1]]

leistungen erbracht wurden oder nicht. [2]Die Erklärung ist innerhalb von 20 Tagen nach Ablauf des Steuerzeitraums, der von der Erklärung umfasst wird, abzugeben.

[Fassung ab 1.7.2021:[2]]

den oder nicht. [2]Die Mehrwertsteuererklärung ist bis zum Ende des Monats nach Ablauf des Steuerzeitraums, der von der Erklärung umfasst wird, abzugeben.

Art. 365 [Angaben in der Mehrwertsteuererklärung durch Drittlandsunternehmer mit Dienstleistungen an Nichtsteuerpflichtige]

[Fassung bis 30.6.2021:[3]]

[1]In der Mehrwertsteuererklärung anzugeben sind die Identifikationsnummer und in Bezug auf jeden Mitgliedstaat des Verbrauchs, in dem Mehrwertsteuer geschuldet wird, der Gesamtbetrag ohne Mehrwertsteuer der während des Steuerzeitraums erbrachten Telekommunikationsdienstleistungen, Rundfunk- und Fernsehdienstleistungen und elektronischen Dienstleistungen sowie der Gesamtbetrag der entsprechenden Steuer aufgegliedert nach Steuersätzen. [2]Ferner sind die anzuwendenden Steuersätze und die Gesamtsteuerschuld anzugeben.

[Fassung ab 1.7.2021:[4]]

[1] [1]In der Mehrwertsteuererklärung anzugeben sind die individuelle Mehrwertsteuer-Identifikationsnummer für die Anwendung dieser Sonderregelung und in Bezug auf jeden Mitgliedstaat des Verbrauchs, in dem Mehrwertsteuer geschuldet wird, der Gesamtbetrag ohne Mehrwertsteuer der während des Steuerzeitraums erbrachten Dienstleistungen, die unter diese Sonderregelung fallen, sowie der Gesamtbetrag der entsprechenden Steuer aufgegliedert nach Steuersätzen. [2]Ferner sind die anzuwendenden Mehrwertsteuersätze und die Gesamtsteuerschuld anzugeben.

[2] [1]Sind nach Abgabe der Mehrwertsteuererklärung Änderungen an dieser Erklärung erforderlich, so werden diese Änderungen in eine spätere Erklärung innerhalb von drei Jahren nach dem Tag, an dem die ursprüngliche Erklärung gemäß Artikel 364 abgegeben werden musste, aufgenommen. [2]Aus dieser späteren Mehrwertsteuererklärung müssen der betreffende Mitgliedstaat des Verbrauchs, der Steuerzeitraum und der Mehrwertsteuerbetrag, für den Än-

---

[1] Art. 364 neu gef. mWv 1.1.2015 durch RL v. 12.2.2008 (ABl. L 44 S. 11).
[2] Art. 364 neu gef. **mWv 1.7.2021** durch RL v. 5.12.2017 (ABl. L 348 S. 7, geänd. durch ABl. 2020 L 244 S. 3).
[3] Art. 365 neu gef. mWv 1.1.2015 durch RL v. 12.2.2008 (ABl. L 44 S. 11).
[4] Art. 365 neu gef. **mWv 1.7.2021** durch RL v. 5.12.2017 (ABl. L 348 S. 7, geänd. durch ABl. 2020 L 244 S. 3).

[Fassung ab 1.7.2021:[1])]
derungen erforderlich sind, hervorgehen.

Art. 366[2]) [Währungsangaben in der Mehrwertsteuererklärung durch Drittlandsunternehmer mit Dienstleistungen an Private] (1) *[1]* Die Beträge in der Mehrwertsteuererklärung sind in Euro anzugeben.

[2] [1] Diejenigen Mitgliedstaaten, die den Euro nicht eingeführt haben, können vorschreiben, dass die Beträge in der Mehrwertsteuererklärung in ihrer Landeswährung anzugeben sind. [2] Wurden für die Dienstleistungen Beträge in anderen Währungen berechnet, hat der nicht in der Gemeinschaft ansässige Steuerpflichtige für die Zwecke der Mehrwertsteuererklärung den Umrechnungskurs vom letzten Tag des Steuerzeitraums anzuwenden

(2) Die Umrechnung erfolgt auf der Grundlage der Umrechnungskurse, die von der Europäischen Zentralbank für den betreffenden Tag oder, falls an diesem Tag keine Veröffentlichung erfolgt, für den nächsten Tag, an dem eine Veröffentlichung erfolgt, veröffentlicht werden.

Art. 367[3]) [Modalitäten der Entrichtung der Mehrwertsteuer durch Drittlandsunternehmer mit Dienstleistungen an Private] *[1]* Der nicht in der Gemeinschaft ansässige Steuerpflichtige entrichtet die Mehrwertsteuer unter Hinweis auf die zugrunde liegende Mehrwertsteuererklärung bei der Abgabe der Mehrwertsteuererklärung, spätestens jedoch nach Ablauf der Frist, innerhalb der die Erklärung abzugeben ist.

[2] [1] Der Betrag wird auf ein auf Euro lautendes Bankkonto überwiesen, das vom Mitgliedstaat der Identifizierung angegeben wird. [2] Diejenigen Mitgliedstaaten, die den Euro nicht eingeführt haben, können vorschreiben, dass der Betrag auf ein auf ihre Landeswährung lautendes Bankkonto überwiesen wird.

Art. 368 [Ausschluss vom Vorsteuerabzugsrecht/Erstattung der Mehrwertsteuer nach der 13. EG-Richtlinie an Drittlandsunternehmer mit Dienstleistungen an Nichtsteuerpflichtige]

[Fassung bis 30.6.2021:]
[1] Der nicht in der Gemeinschaft ansässige Steuerpflichtige, der diese Sonderregelung in Anspruch nimmt, nimmt keinen Vorsteuerabzug ge-

[Fassung ab 1.7.2021:[4])]
[1] [1] Der nicht in der Gemeinschaft ansässige Steuerpflichtige, der diese Sonderregelung in Anspruch nimmt, darf keinen Vorsteuerabzug

---

[1]) Art. 365 neu gef. **mWv 1.7.2021** durch RL v. 5.12.2017 (ABl. L 348 S. 7, geänd. durch ABl. 2020 L 244 S. 3).

[2]) Art. 366 Abs. 1 neu gef. mWv 1.1.2015 durch RL v. 12.2.2008 (ABl. L 44 S. 11).

[3]) Art. 367 neu gef. mWv 1.1.2015 durch RL v. 12.2.2008 (ABl. L 44 S. 11).

[4]) Art. 368 neu gef. **mWv 1.7.2021** durch RL v. 5.12.2017 (ABl. L 348 S. 7, geänd. durch ABl. 2020 L 244 S. 3).

[Fassung bis 30.6.2021:]

mäß Artikel 168 der vorliegenden Richtlinie vor. [2]Unbeschadet des Artikels 1 Absatz 1 der Richtlinie 86/560/EWG[2)] wird diesem Steuerpflichtigen eine Mehrwertsteuererstattung gemäß der genannten Richtlinie gewährt. [3]Artikel 2 Absätze 2 und 3 sowie Artikel 4 Absatz 2 der Richtlinie 86/560/EWG gelten nicht für Erstattungen im Zusammenhang mit Telekommunikationsdienstleistungen, Rundfunk- und Fernsehdienstleistungen und elektronischen Dienstleistungen, die unter diese Sonderregelung fallen.

[Fassung ab 1.7.2021:[1)]]

gemäß Artikel 168 der vorliegenden Richtlinie vornehmen. [2]Unbeschadet des Artikels 1 Nummer 1 der Richtlinie 86/560/EWG wird diesem Steuerpflichtigen eine Mehrwertsteuererstattung gemäß der genannten Richtlinie gewährt. [3]Artikel 2 Absätze 2 und 3 sowie Artikel 4 Absatz 2 der Richtlinie 86/560/EWG gelten nicht für Erstattungen im Zusammenhang mit Dienstleistungen, die unter diese Sonderregelung fallen.

[2] Ist der Steuerpflichtige, der diese Sonderregelung in Anspruch nimmt, zur Registrierung in einem Mitgliedstaat in Bezug auf nicht dieser Sonderregelung unterliegende Tätigkeiten verpflichtet, so zieht er die in diesem Mitgliedstaat angefallene Vorsteuer in Bezug auf seine dieser Sonderregelung unterliegenden steuerbaren Tätigkeiten in der nach Artikel 250 der vorliegenden Richtlinie abzugebenden Mehrwertsteuererklärung ab.

Art. 369[3)] [Aufzeichnungspflichten des Drittlandsunternehmers mit Dienstleistungen an Nichtsteuerpflichtige] (1) [1]Der nicht in der Gemeinschaft ansässige Steuerpflichtige führt über seine dieser Sonderregelung unterliegenden Umsätze Aufzeichnungen. [2]Diese müssen so ausführlich sein, dass die Steuerbehörden des Mitgliedstaats des Verbrauchs feststellen können, ob die Mehrwertsteuererklärung korrekt ist.

(2) *[1]* Die Aufzeichnungen nach Absatz 1 sind dem Mitgliedstaat des Verbrauchs und dem Mitgliedstaat der Identifizierung auf Verlangen elektronisch zur Verfügung zu stellen.

[2] Die Aufzeichnungen sind vom 31. Dezember des Jahres an, in dem der Umsatz bewirkt wurde, zehn Jahre lang aufzubewahren.

---

1) Art. 368 neu gef. **mWv 1.7.2021** durch RL v. 5.12.2017 (ABl. L 348 S. 7, geänd. durch ABl. 2020 L 244 S. 3).

2) Nr. **553**.

3) Art. 369 Abs. 1 neu gef. mWv 1.1.2015 durch RL v. 12.2.2008 (ABl. L 44 S. 11).

Abschnitt 3.[1] Sonderregelung für *von in der Gemeinschaft, nicht aber im Mitgliedstaat des Verbrauchs ansässigen Steuerpflichtigen erbrachte Telekommunikationsdienstleistungen, Rundfunk- und Fernsehdienstleistungen oder elektronische* [*ab 1.7.2021:* innergemeinschaftliche Fernverkäufe von Gegenständen, für Lieferungen von Gegenständen innerhalb eines Mitgliedstaats über eine entsprechende elektronische Schnittstelle und für von in der Gemeinschaft, nicht aber im Mitgliedstaat des Verbrauchs ansässigen Steuerpflichtigen erbrachte] Dienstleistungen

[Anwendung bis 30.6.2021:[2])]

Art. 369a [Sonderregelung für Telekommunikationsdienstleistungen u. a. durch EU-Auslandsunternehmer – Begriffsbestimmungen]

[1] Für Zwecke dieses Abschnitts und unbeschadet anderer Gemeinschaftsvorschriften gelten folgende Begriffsbestimmungen:

1. „nicht im Mitgliedstaat des Verbrauchs ansässiger Steuerpflichtiger": ein Steuerpflichtiger, der den Sitz seiner wirtschaftlichen Tätigkeit oder eine feste Niederlassung im Gebiet der Gemeinschaft hat, aber weder den Sitz seiner wirtschaftlichen Tätigkeit noch eine feste Niederlassung im Gebiet des Mitgliedstaats des Verbrauchs hat;
2. „Mitgliedstaat der Identifizierung": der Mitgliedstaat, in dem der Steuerpflichtige den Sitz seiner wirtschaftlichen Tätigkeit hat oder, falls er den Sitz seiner wirtschaftlichen Tätigkeit nicht in der Gemeinschaft hat, in dem er eine feste Niederlassung hat.

[Anwendung ab 1.7.2021:[3])]

Art. 369a [Sonderregelung für innergemeinschaftliche Fernverkäufe und Dienstleistungen – Begriffsbestimmungen]

Für Zwecke dieses Abschnitts und unbeschadet anderer Gemeinschaftsvorschriften gelten folgende Begriffsbestimmungen:

1. „nicht im Mitgliedstaat des Verbrauchs ansässiger Steuerpflichtiger": ein Steuerpflichtiger, der den Sitz seiner wirtschaftlichen Tätigkeit oder eine feste Niederlassung in der Gemeinschaft hat, aber weder den Sitz seiner wirtschaftlichen Tätigkeit noch eine feste Niederlassung im Gebiet des Mitgliedstaats des Verbrauchs hat;
2. „Mitgliedstaat der Identifizierung": der Mitgliedstaat, in dem der Steuerpflichtige den Sitz seiner wirtschaftlichen Tätigkeit hat oder, falls er den Sitz seiner wirtschaftlichen Tätigkeit nicht in der Gemeinschaft hat, in dem er eine feste Niederlassung hat.

---

[1] Abschnitt 3 (Art. 369a–369k) eingef. mWv 1.1.2015 durch RL v. 12.2.2008 (ABl. L 44 S. 11); Überschrift neu gef. mWv 1.7.2021 durch RL v. 5.12.2017 (ABl. L 348 S. 7, geänd. durch ABl. 2020 L 244 S. 3); neu gef. mWv 22.12.2019 durch RL v. 21.11.2019 (ABl. L 310 S. 1, geänd. durch ABl. 2020 L 244 S. 3); zur **Anwendung durch die Mitgliedstaaten ab 1.7.2021** siehe Art. 2 Beschl. v. 20.7.2020 (ABl. 2020 L 244 S. 3).

[2] Abschnitt 3 (Art. 369a–369k) eingef. mWv 1.1.2015 durch RL v. 12.2.2008 (ABl. L 44 S. 11).

[3] Art. 369a neu gef. mWv 22.12.2019 durch RL v. 21.11.2019 (ABl. L 310 S. 1, geänd. durch ABl. 2020 L 244 S. 3); zur **Anwendung durch die Mitgliedstaaten ab 1.7.2021** siehe Art. 2 Beschl. v. 20.7.2020 (ABl. 2020 L 244 S. 3).

[Anwendung bis 30.6.2021:[1]]

[2] [1] Hat der Steuerpflichtige den Sitz seiner wirtschaftlichen Tätigkeit nicht in der Gemeinschaft, dort jedoch mehr als eine feste Niederlassung, ist Mitgliedstaat der Identifizierung der Mitgliedstaat mit einer festen Niederlassung, in dem dieser Steuerpflichtige die Inanspruchnahme dieser Sonderregelung anzeigt. [2] Der Steuerpflichtige ist an diese Entscheidung für das betreffende Kalenderjahr und die beiden darauf folgenden Kalenderjahre gebunden.

[Anwendung ab 1.7.2021:[2]]

Hat der Steuerpflichtige den Sitz seiner wirtschaftlichen Tätigkeit nicht in der Gemeinschaft, dort jedoch mehr als eine feste Niederlassung, ist Mitgliedstaat der Identifizierung der Mitgliedstaat mit einer festen Niederlassung, in dem dieser Steuerpflichtige die Inanspruchnahme dieser Sonderregelung anzeigt. Der Steuerpflichtige ist an diese Entscheidung für das betreffende Kalenderjahr und die beiden darauf folgenden Kalenderjahre gebunden.

Hat der Steuerpflichtige den Sitz seiner wirtschaftlichen Tätigkeit nicht in der Gemeinschaft und hat er dort keine feste Niederlassung, so ist der Mitgliedstaat der Identifizierung der Mitgliedstaat des Beginns der Versendung oder Beförderung der Gegenstände. Gibt es mehr als einen Mitgliedstaat des Beginns der Versendung oder Beförderung der Gegenstände, so gibt der Steuerpflichtige an, welcher dieser Mitgliedstaaten der Mitgliedstaat der Identifizierung sein soll. Der Steuerpflichtige ist an diese Entscheidung für das betreffende Kalenderjahr und die beiden darauf folgenden Kalenderjahre gebunden;

3. „Mitgliedstaat des Verbrauchs":
   a) bei der Erbringung von Dienstleistungen der Mitgliedstaat, in dem gemäß Titel V Kapitel 3 der Ort der Erbringung der Dienstleistungen als gelegen gilt;

[1] Abschnitt 3 (Art. 369a–369k) eingef. mWv 1.1.2015 durch RL v. 12.2.2008 (ABl. L 44 S. 11).

[2] Art. 369a neu gef. mWv 22.12.2019 durch RL v. 21.11.2019 (ABl. L 310 S. 1, geänd. durch ABl. 2020 L 244 S. 3); zur **Anwendung durch die Mitgliedstaaten ab 1.7.2021** siehe Art. 2 Beschl. v. 20.7.2020 (ABl. 2020 L 244 S. 3).

[Anwendung ab 1.7.2021:[1]]

b) im Falle innergemeinschaftlicher Fernverkäufe von Gegenständen der Mitgliedstaat, in dem die Versendung oder Beförderung der Gegenstände an den Erwerber endet;

c) bei Lieferungen von Gegenständen durch einen Steuerpflichtigen, der diese Lieferungen gemäß Artikel 14a Absatz 2 unterstützt, bei denen die Versendung oder Beförderung der gelieferten Gegenstände im selben Mitgliedstaat beginnt und endet, dieser Mitgliedstaat.

[Anwendung bis 30.6.2021:[2]]

Art. 369b [Sonderregelung für Telekommunikationsdienstleistungen u. a. durch EU-Auslandsunternehmer – Begriffsbestimmungen]

[1]Die Mitgliedstaaten gestatten nicht im Mitgliedstaat des Verbrauchs ansässigen Steuerpflichtigen, die Telekommunikationsdienstleistungen, Rundfunk- und Fernsehdienstleistungen oder elektronische Dienstleistungen an Nichtsteuerpflichtige erbringen, die in einem Mitgliedstaat ansässig sind oder dort ihren Wohnsitz oder ihren gewöhnlichen Aufenthaltsort haben, diese Sonderregelung in Anspruch zu nehmen. [2]Diese Regelung gilt für alle derartigen Dienstleistungen, die in der Gemeinschaft erbracht werden.

[Anwendung ab 1.7.2021:[3]]

Art. 369b [Sonderregelung für innergemeinschaftliche Fernverkäufe und Dienstleistungen – Grundsatz]

[1] Die Mitgliedstaaten gestatten folgenden Steuerpflichtigen, diese Sonderregelung in Anspruch zu nehmen:

a) Steuerpflichtigen, die innergemeinschaftliche Fernverkäufe tätigen;

b) Steuerpflichtigen, die die Lieferung von Gegenständen gemäß Artikel 14a Absatz 2 unterstützen, wenn die Versendung oder Beförderung der gelieferten Gegenstände im selben Mitgliedstaat beginnt und endet;

---

[1] Art. 369a neu gef. mWv 22.12.2019 durch RL v. 21.11.2019 (ABl. L 310 S. 1, geänd. durch ABl. 2020 L 244 S. 3); zur **Anwendung durch die Mitgliedstaaten ab 1.7.2021** siehe Art. 2 Beschl. v. 20.7.2020 (ABl. 2020 L 244 S. 3).

[2] Abschnitt 3 (Art. 369a–369k) eingef. mWv 1.1.2015 durch RL v. 12.2.2008 (ABl. L 44 S. 11).

[3] Art. 369b neu gef. mWv 22.12.2019 durch RL v. 21.11.2019 (ABl. L 310 S. 1, geänd. durch ABl. 2020 L 244 S. 3); zur **Anwendung durch die Mitgliedstaaten ab 1.7.2021** siehe Art. 2 Beschl. v. 20.7.2020 (ABl. 2020 L 244 S. 3).

[Anwendung ab 1.7.2021:[1]]

c) nicht im Mitgliedstaat des Verbrauchs ansässigen Steuerpflichtigen, die Dienstleistungen an Nichtsteuerpflichtige erbringen.

[2] Diese Sonderregelung gilt für alle Gegenstände oder Dienstleistungen, die von den betreffenden Steuerpflichtigen in der Gemeinschaft geliefert bzw. erbracht werden.

[Fassung bis 30.6.2021:[2]]

Art. 369c [Sonderregelung für Telekommunikationsdienstleistungen u. a. durch EU-Auslandsunternehmer – Meldung der Tätigkeit]

[1]Der nicht im Mitgliedstaat des Verbrauchs ansässige Steuerpflichtige hat dem Mitgliedstaat der Identifizierung die Aufnahme und die Beendigung seiner dieser Sonderregelung unterliegenden Tätigkeit als Steuerpflichtiger sowie diesbezügliche Änderungen, durch die er die Voraussetzungen für die Inanspruchnahme dieser Sonderregelung nicht mehr erfüllt, zu melden. [2]Diese Meldung erfolgt elektronisch.

[Fassung ab 1.7.2021:[3]]

Art. 369c [Sonderregelung für innergemeinschaftliche Fernverkäufe und Dienstleistungen – Meldepflichten]

[1]Der Steuerpflichtige hat dem Mitgliedstaat der Identifizierung die Aufnahme und die Beendigung seiner dieser Sonderregelung unterliegenden Tätigkeit als Steuerpflichtiger sowie diesbezügliche Änderungen, durch die er die Voraussetzungen für die Inanspruchnahme dieser Sonderregelung nicht mehr erfüllt, zu melden. [2]Diese Meldung erfolgt elektronisch.

Art. 369d[2)] [Sonderregelung für Fernverkäufe und Dienstleistungen – Erfassung des Steuerpflichtigen; individuelle Mehrwertsteuer-Identifikationsnummer] *[1]* [1]Ein Steuerpflichtiger, der die Sonderregelung in Anspruch nimmt, wird in Bezug auf dieser Regelung unterliegende steuerbare Umsätze nur in dem Mitgliedstaat der Identifizierung erfasst. [2]Hierzu verwendet der Mitgliedstaat die individuelle Mehrwertsteuer-Identifikationsnummer, die dem Steuerpflichtigen für die Erfüllung seiner Pflichten aufgrund des internen Systems bereits zugeteilt wurde.

[2] Auf der Grundlage der für diese Erteilung der Identifikationsnummer verwendeten Angaben können die Mitgliedstaaten des Verbrauchs ihre eigenen Identifikationssysteme beibehalten.

---

1) Art. 369b neu gef. mWv 22.12.2019 durch RL v. 21.11.2019 (ABl. L 310 S. 1, geänd. durch ABl. 2020 L 244 S. 3); zur **Anwendung durch die Mitgliedstaaten ab 1.7.2021** siehe Art. 2 Beschl. v. 20.7.2020 (ABl. 2020 L 244 S. 3).

2) Abschnitt 3 (Art. 369a–369k) eingef. mWv 1.1.2015 durch RL v. 12.2.2008 (ABl. L 44 S. 11).

3) Art. 369c neu gef. **mWv 1.7.2021** durch RL v. 5.12.2017 (ABl. L 348 S. 7, geänd. durch ABl. 2020 L 244 S. 3).

Art. 369e[1)] **[Sonderregelung für Fernverkäufe und Dienstleistungen – Ausschluss von der Regelung]** Der Mitgliedstaat der Identifizierung schließt den nicht im Mitgliedstaat des Verbrauchs ansässigen Steuerpflichtigen von dieser Sonderregelung in folgenden Fällen aus:

a) wenn dieser mitteilt, dass er keine *Telekommunikationsdienstleistungen, Rundfunk- und Fernsehdienstleistungen oder elektronischen Dienstleistungen mehr erbringt* [***ab 1.7.2021:*** Lieferungen von Gegenständen mehr tätigt und keine Dienstleistungen mehr erbringt, die unter diese Sonderregelung fallen];

b) wenn aus anderen Gründen davon ausgegangen werden kann, dass seine dieser Sonderregelung unterliegenden steuerpflichtigen Tätigkeiten beendet sind;

c) wenn er die Voraussetzungen für die Inanspruchnahme dieser Sonderregelung nicht mehr erfüllt;

d) wenn er wiederholt gegen die Vorschriften dieser Sonderregelung verstößt.

[Anwendung bis 30.6.2021:[2)]***]***

Art. 369f [Sonderregelung für Telekommunikationsdienstleistungen u. a. durch EU-Auslandsunternehmer – Abgabe der Mehrwertsteuererklärung]

[1]Der nicht im Mitgliedstaat des Verbrauchs ansässige Steuerpflichtige hat im Mitgliedstaat der Identifizierung für jedes Kalenderquartal eine Mehrwertsteuererklärung elektronisch abzugeben, unabhängig davon, ob Telekommunikationsdienstleistungen, Rundfunk- und Fernsehdienstleistungen oder elektronische Dienstleistungen erbracht wurden oder nicht. [2]Die Erklärung ist innerhalb von 20 Tagen nach Ablauf des Steuerzeitraums, der von der Erklärung umfasst wird, abzugeben.

[Anwendung ab 1.7.2021:[3)]***]***

Art. 369f [Sonderregelung für innergemeinschaftliche Fernverkäufe von Gegenständen oder Dienstleistungen – Abgabe der Mehrwertsteuererklärung]

[1]Der Steuerpflichtige, der diese Sonderregelung in Anspruch nimmt, hat im Mitgliedstaat der Identifizierung für jedes Kalenderquartal eine Mehrwertsteuererklärung elektronisch abzugeben, unabhängig davon, ob unter diese Sonderregelung fallende Gegenstände geliefert oder Dienstleistungen erbracht wurden oder nicht. [2]Die Erklärung ist bis zum Ende des Monats nach Ablauf des Steuerzeitraums, der von der Erklärung umfasst wird, abzugeben.

[1)] Art. 369e eingef. mWv 1.1.2015 durch RL v. 12.2.2008 (ABl. L 44 S. 11); einl. Satzteil und Buchst. a neu gef. mWv 1.7.2021 durch RL v. 5.12.2017 (ABl. L 348 S. 7, geänd. durch ABl. 2020 L 244 S. 3); Buchst. a neu gef. mWv 22.12.2019 durch RL v. 21.11.2019 (ABl. L 310 S. 1, geänd. durch ABl. 2020 L 244 S. 3); zur **Anwendung durch die Mitgliedstaaten ab 1.7.2021** siehe Art. 2 Beschl. v. 20.7.2020 (ABl. 2020 L 244 S. 3).

[2)] Abschnitt 3 (Art. 369a–369k) eingef. mWv 1.1.2015 durch RL v. 12.2.2008 (ABl. L 44 S. 11).

[3)] Art. 369f neu gef. mWv 22.12.2019 durch RL v. 21.11.2019 (ABl. L 310 S. 1, geänd. durch ABl. 2020 L 244 S. 3); zur **Anwendung durch die Mitgliedstaaten ab 1.7.2021** siehe Art. 2 Beschl. v. 20.7.2020 (ABl. 2020 L 244 S. 3).

[Anwendung bis 30.6.2021:[1])]

Art. 369g [Sonderregelung für Telekommunikationsdienstleistungen u. a. durch EU-Auslandsunternehmer – Angaben in der Mehrwertsteuererklärung]

[1] [1]In der Mehrwertsteuererklärung anzugeben sind die Identifikationsnummer nach Artikel 369d und in Bezug auf jeden Mitgliedstaat des Verbrauchs, in dem die Mehrwertsteuer geschuldet wird, der Gesamtbetrag ohne Mehrwertsteuer der während des Steuerzeitraums erbrachten Telekommunikationsdienstleistungen, Rundfunk- und Fernsehdienstleistungen und elektronischen Dienstleistungen sowie der Gesamtbetrag der entsprechenden Steuer aufgegliedert nach Steuersätzen. [2]Ferner sind die anzuwendenden Mehrwertsteuersätze und die Gesamtsteuerschuld anzugeben.

[2] Hat der Steuerpflichtige außer der Niederlassung im Mitgliedstaat der Identifizierung eine oder mehrere feste Niederlassungen, von denen aus die Dienstleistungen erbracht werden, so sind in der Mehrwertsteuererklärung für jeden Mitgliedstaat der Niederlassung außer den in Absatz 1 genannten Angaben auch der Gesamtbetrag der Telekommunikationsdienstleistungen, Rundfunk- und Fernsehdienstleistungen und elektronischen Dienstleistungen, die unter diese Sonderregelung fallen, zusammen mit der jeweiligen Mehrwertsteuer-Identifikationsnummer oder der Steuerregisternummer dieser Niederlassung, aufgeschlüsselt

[Anwendung ab 1.7.2021:[2])]

Art. 369g [Sonderregelung für innergemeinschaftliche Fernverkäufe von Gegenständen oder Dienstleistungen – Inhalt der Mehrwertsteuererklärung]

(1) [1]In der Mehrwertsteuererklärung anzugeben sind die Mehrwertsteuer-Identifikationsnummer nach Artikel 369d und in Bezug auf jeden Mitgliedstaat des Verbrauchs, in dem die Mehrwertsteuer geschuldet wird, der Gesamtbetrag ohne Mehrwertsteuer, die anzuwendenden Mehrwertsteuersätze, der Gesamtbetrag der entsprechenden Mehrwertsteuer aufgegliedert nach Steuersätzen und die Gesamtsteuerschuld in Bezug auf die folgenden, unter diese Sonderregelung fallenden Lieferungen während des Steuerzeitraums:

a) innergemeinschaftliche Fernverkäufe von Gegenständen;
b) Lieferungen von Gegenständen gemäß Artikel 14a Absatz 2, wenn die Versendung oder Beförderung dieser Gegenstände im selben Mitgliedstaat beginnt und endet;
c) Erbringung von Dienstleistungen.

[2]Gemäß Absatz 4 enthält die Mehrwertsteuererklärung auch Änderungen in Bezug auf frühere Steuerzeiträume.

[1]) Abschnitt 3 (Art. 369a–369k) eingef. mWv 1.1.2015 durch RL v. 12.2.2008 (ABl. L 44 S. 11).

[2]) Art. 369g neu gef. mWv 1.7.2021 durch RL v. 5.12.2017 (ABl. L 348 S. 7, geänd. durch ABl. 2020 L 244 S. 3); Abs. 1–3 neu gef. mWv 22.12.2019 durch RL v. 21.11.2019 (ABl. L 310 S. 1, geänd. durch ABl. 2020 L 244 S. 3); zur **Anwendung durch die Mitgliedstaaten ab 1.7.2021** siehe Art. 2 Beschl. v. 20.7.2020 (ABl. 2020 L 244 S. 3).

[Anwendung bis 30.6.2021:[1]]

nach Mitgliedstaaten des Verbrauchs, anzugeben.

[Anwendung ab 1.7.2021:[2]]

(2) *[1]* Werden Gegenstände aus anderen Mitgliedstaaten als dem Mitgliedstaat der Identifizierung versandt oder befördert, so sind in der Mehrwertsteuererklärung auch der Gesamtbetrag ohne Mehrwertsteuer, die anzuwendenden Mehrwertsteuersätze, der Gesamtbetrag der entsprechenden Mehrwertsteuer aufgegliedert nach Steuersätzen und die gesamte Mehrwertsteuerschuld in Bezug auf die folgenden, unter diese Sonderregelung fallenden Lieferungen für jeden Mitgliedstaat, aus dem die Gegenstände versandt oder befördert werden, anzugeben:

a) innergemeinschaftliche Fernverkäufe von Gegenständen mit Ausnahme von Fernverkäufen durch Steuerpflichtige gemäß Artikel 14a Absatz 2;

b) innergemeinschaftliche Fernverkäufe von Gegenständen und Lieferungen von Gegenständen durch Steuerpflichtige gemäß Artikel 14a Absatz 2, wenn die Versendung oder Beförderung dieser Gegenstände im selben Mitgliedstaat beginnt und endet.

[2] Bei den in Buchstabe a genannten Lieferungen umfasst die Mehrwertsteuererklärung außerdem die individuelle Mehrwertsteuer-Identifikationsnummer oder die von jedem Mitgliedstaat, aus dem die Gegenstände versandt oder befördert werden, zugewiesene Steuerregisternummer.

---

1) Abschnitt 3 (Art. 369a–369k) eingef. mWv 1.1.2015 durch RL v. 12.2.2008 (ABl. L 44 S. 11).

2) Art. 369g neu gef. mWv 1.7.2021 durch RL v. 5.12.2017 (ABl. L 348 S. 7, geänd. durch ABl. 2020 L 244 S. 3); Abs. 1–3 neu gef. mWv 22.12.2019 durch RL v. 21.11.2019 (ABl. L 310 S. 1, geänd. durch ABl. 2020 L 244 S. 3); zur **Anwendung durch die Mitgliedstaaten ab 1.7.2021** siehe Art. 2 Beschl. v. 20.7.2020 (ABl. 2020 L 244 S. 3).

[Anwendung ab 1.7.2021:[1])]

[3] Bei den in Buchstabe b genannten Lieferungen umfasst die Mehrwertsteuererklärung außerdem die individuelle Mehrwertsteuer-Identifikationsnummer oder die von jedem Mitgliedstaat, aus dem die Gegenstände versandt oder befördert werden, zugewiesene Steuerregisternummer, falls vorhanden.

[4] Die Mehrwertsteuererklärung enthält die in diesem Absatz genannten Angaben, aufgegliedert nach Mitgliedstaaten des Verbrauchs.

(3) Hat der Steuerpflichtige, der die unter diese Sonderregelung fallenden Dienstleistungen erbringt, außer der Niederlassung im Mitgliedstaat der Identifizierung eine oder mehrere feste Niederlassungen, von denen aus die Dienstleistungen erbracht werden, so sind in der Mehrwertsteuererklärung für jeden Mitgliedstaat, in dem er eine Niederlassung hat, auch der Gesamtbetrag ohne Mehrwertsteuer, die anzuwendenden Mehrwertsteuersätze, der Gesamtbetrag der entsprechenden Mehrwertsteuer aufgegliedert nach Steuersätzen und die gesamte Mehrwertsteuerschuld in Bezug auf diese Dienstleistungen zusammen mit der jeweiligen Mehrwertsteuer-Identifikationsnummer oder der Steuerregisternummer dieser Niederlassung, aufgeschlüsselt nach Mitgliedstaaten des Verbrauchs, anzugeben.

(4) [1]Sind nach Abgabe der Mehrwertsteuererklärung Änderungen an dieser Erklärung erforderlich, so werden diese Änderungen in eine spätere Erklärung innerhalb von drei

---

[1]) Art. 369g neu gef. mWv 1.7.2021 durch RL v. 5.12.2017 (ABl. L 348 S. 7, geänd. durch ABl. 2020 L 244 S. 3); Abs. 1–3 neu gef. mWv 22.12.2019 durch RL v. 21.11.2019 (ABl. L 310 S. 1, geänd. durch ABl. 2020 L 244 S. 3); zur **Anwendung durch die Mitgliedstaaten ab 1.7.2021** siehe Art. 2 Beschl. v. 20.7.2020 (ABl. 2020 L 244 S. 3).

[Anwendung ab 1.7.2021:[1]]
Jahren nach dem Tag, an dem die ursprüngliche Erklärung gemäß Artikel 369f abgegeben werden musste, aufgenommen. [2]Aus dieser späteren Mehrwertsteuererklärung müssen der betreffende Mitgliedstaat des Verbrauchs, der Steuerzeitraum und der Mehrwertsteuerbetrag, für den Änderungen erforderlich sind, hervorgehen.

Art. 369h[2)] [Sonderregelung für *Telekommunikationsdienstleistungen u. a. durch EU-Auslandsunternehmer* [*ab 1.7.2021:* innergemeinschaftliche Fernverkäufe und Dienstleistungen] – Angabe von Beträgen in der Mehrwertsteuererklärung] (1) *[1]* Die Beträge in der Mehrwertsteuererklärung sind in Euro anzugeben.

[2] [1]Diejenigen Mitgliedstaaten, die den Euro nicht eingeführt haben, können vorschreiben, dass die Beträge in der Mehrwertsteuererklärung in ihrer Landeswährung anzugeben sind. [2]Wurden für die *Dienstleistungen Beträge in anderen Währungen berechnet, hat der nicht im Mitgliedstaat des Verbrauchs ansässige* [***ab 1.7.2021:*** Lieferungen oder Dienstleistungen Beträge in anderen Währungen berechnet, so hat der diese Sonderregelung in Anspruch nehmende] Steuerpflichtige für die Zwecke der Mehrwertsteuererklärung den Umrechnungskurs vom letzten Tag des Steuerzeitraums anzuwenden.

(2) Die Umrechnung erfolgt auf der Grundlage der Umrechnungskurse, die von der Europäischen Zentralbank für den betreffenden Tag oder, falls an diesem Tag keine Veröffentlichung erfolgt, für den nächsten Tag, an dem eine Veröffentlichung erfolgt, veröffentlicht werden.

Art. 369i[3)] [Sonderregelung für *Telekommunikationsdienstleistungen u. a. durch EU-Auslandsunternehmer* [*ab 1.7.2021:* innergemeinschaftliche Fernverkäufe und Dienstleistungen] – Entrichtung der Mehrwertsteuer]

[Fassung bis 30.6.2021:]
[1] Der nicht im Mitgliedstaat des Verbrauchs ansässige Steuerpflichtige entrichtet die Mehrwertsteuer unter

[Fassung ab 1.7.2021:]
[1] Der diese Sonderregelung in Anspruch nehmende Steuerpflichtige entrichtet die Mehrwertsteuer unter

---

1) Art. 369g neu gef. mWv 1.7.2021 durch RL v. 5.12.2017 (ABl. L 348 S. 7, geänd. durch ABl. 2020 L 244 S. 3); Abs. 1–3 neu gef. mWv 22.12.2019 durch RL v. 21.11.2019 (ABl. L 310 S. 1, geänd. durch ABl. 2020 L 244 S. 3); zur **Anwendung durch die Mitgliedstaaten ab 1.7.2021** siehe Art. 2 Beschl. v. 20.7.2020 (ABl. 2020 L 244 S. 3).

2) Art. 369h eingef. mWv 1.1.2015 durch RL v. 12.2.2008 (ABl. L 44 S. 11); Abs. 1 UAbs. 2 Satz 2 neu gef. **mWv 1.7.2021** durch RL v. 5.12.2017 (ABl. L 348 S. 7, geänd. durch ABl. 2020 L 244 S. 3).

3) Art. 369i eingef. mWv 1.1.2015 durch RL v. 12.2.2008 (ABl. L 44 S. 11); Abs. 1 neu gef. **mWv 1.7.2021** durch RL v. 5.12.2017 (ABl. L 348 S. 7, geänd. durch ABl. 2020 L 244 S. 3).

[Fassung bis 30.6.2021:]
Hinweis auf die zugrunde liegende Mehrwertsteuererklärung bei der Abgabe der Mehrwertsteuererklärung, spätestens jedoch nach Ablauf der Frist, innerhalb der die Erklärung abzugeben ist.

[Fassung ab 1.7.2021:]
Hinweis auf die zugrunde liegende Mehrwertsteuererklärung spätestens nach Ablauf der Frist, innerhalb der die Erklärung abzugeben ist.

[2] [1]Der Betrag wird auf ein auf Euro lautendes Bankkonto überwiesen, das vom Mitgliedstaat der Identifizierung angegeben wird. [2]Diejenigen Mitgliedstaaten, die den Euro nicht eingeführt haben, können vorschreiben, dass der Betrag auf ein auf ihre Landeswährung lautendes Bankkonto überwiesen wird.

[Fassung bis 30.6.2021:[1])]

Art. 369j [Sonderregelung für Telekommunikationsdienstleistungen u. a. durch EU-Auslandsunternehmer – Vorsteuerabzug]

[1] [1]Der nicht im Mitgliedstaat des Verbrauchs ansässige Steuerpflichtige, der diese Sonderregelung in Anspruch nimmt, nimmt in Bezug auf seine dieser Sonderregelung unterliegenden steuerbaren Tätigkeiten keinen Vorsteuerabzug gemäß Artikel 168 dieser Richtlinie vor. [2]Unbeschadet des Artikels 2 Nummer 1 und des Artikels 3 der Richtlinie 2008/9/EG[3]) wird diesem Steuerpflichtigen insoweit eine Mehrwertsteuererstattung gemäß der genannten Richtlinie gewährt.

[2] Führt der nicht im Mitgliedstaat des Verbrauchs ansässige Steuerpflichtige, der diese Sonderregelung in Anspruch nimmt, im Mitgliedstaat des Verbrauchs auch nicht der Sonderregelung unterliegende Tätigkeiten aus, für die er verpflichtet ist, sich für Mehrwertsteuerzwecke erfassen zu lassen, zieht er die Vorsteu-

[Fassung ab 1.7.2021:[2])]

Art. 369j [Sonderregelung für innergemeinschaftliche Fernverkäufe und Dienstleistungen – Vorsteuerabzug]

[1] [1]Der diese Sonderregelung in Anspruch nehmende Steuerpflichtige nimmt in Bezug auf seine dieser Sonderregelung unterliegenden steuerbaren Tätigkeiten keinen Vorsteuerabzug für im Mitgliedstaat des Verbrauchs angefallene Mehrwertsteuer gemäß Artikel 168 dieser Richtlinie vor. [2]Unbeschadet des Artikels 2 Nummer 1, des Artikels 3 und des Artikels 8 Absatz 1 Buchstabe e der Richtlinie 2008/9/EG wird diesem Steuerpflichtigen insoweit eine Mehrwertsteuererstattung gemäß der genannten Richtlinie gewährt.

[2] Ist der diese Sonderregelung in Anspruch nehmende Steuerpflichtige bei nicht dieser Sonderregelung unterliegenden Tätigkeiten zur Registrierung in einem Mitgliedstaat verpflichtet, so zieht er die in diesem Mitgliedstaat angefallene Vorsteuer

---

[1]) Abschnitt 3 (Art. 369a–369k) eingef. mWv 1.1.2015 durch RL v. 12.2.2008 (ABl. L 44 S. 11).

[2]) Art. 369j neu gef. **mWv 1.7.2021** durch RL v. 5.12.2017 (ABl. L 348 S. 7, geänd. durch ABl. 2020 L 244 S. 3).

[3]) Nr. **550b**.

[Fassung bis 30.6.2021:[1])]
er in Bezug auf seine dieser Sonderregelung unterliegenden steuerbaren Tätigkeiten im Rahmen der nach Artikel 250 abzugebenden Mehrwertsteuererklärung ab.

[Fassung ab 1.7.2021:[2])]
in Bezug auf seine dieser Sonderregelung unterliegenden steuerbaren - Tätigkeiten in der nach Artikel 250 der vorliegenden Richtlinie abzugebenden Mehrwertsteuererklärung ab.

Art. 369k[3]) [Sonderregelung für *Telekommunikationsdienstleistungen u. a. durch EU-Auslandsunternehmer* [*ab 1.7.2021:* innergemeinschaftliche Fernverkäufe und Dienstleistungen] – Aufzeichnungspflichten]

(1) [1]Der nicht im Mitgliedstaat des Verbrauchs ansässige [ab 1.7.2021: diese Sonderregelung in Anspruch nehmende] Steuerpflichtige führt über seine dieser Sonderregelung unterliegenden Umsätze Aufzeichnungen. [2]Diese müssen so ausführlich sein, dass die Steuerbehörden des Mitgliedstaats des Verbrauchs feststellen können, ob die Mehrwertsteuererklärung korrekt ist.

(2) *[1]* Die Aufzeichnungen nach Absatz 1 sind dem Mitgliedstaat des Verbrauchs und dem Mitgliedstaat der Identifizierung auf Verlangen elektronisch zur Verfügung zu stellen.

[2] Die Aufzeichnungen sind vom 31. Dezember des Jahres an, in dem der Umsatz bewirkt wurde, zehn Jahre lang aufzubewahren.

[*ab 1.7.2021:*

Abschnitt 4.[4]) Sonderregelung für Fernverkäufe von aus Drittgebieten oder Drittländern eingeführten Gegenständen

Art. 369l[4]) [Sonderregelung für Fernverkäufe von aus Drittländern eingeführten Gegenständen – Begriffsbestimmungen] *[1]* Für die Zwecke dieses Abschnitts fallen unter Fernverkäufe von aus Drittgebieten oder Drittländern eingeführten Gegenständen nur Gegenstände – mit Ausnahme verbrauchsteuerpflichtiger Waren – in Sendungen mit einem Sachwert von höchstens 150 EUR.

[2] Für die Zwecke dieses Abschnitts und unbeschadet anderer Gemeinschaftsvorschriften gelten folgende Begriffsbestimmungen:

(1) „nicht in der Gemeinschaft ansässiger Steuerpflichtiger": ein Steuerpflichtiger, der im Gebiet der Gemeinschaft weder den Sitz seiner wirtschaftlichen Tätigkeit noch eine feste Niederlassung hat;

(2) „Vermittler": eine in der Gemeinschaft ansässige Person, die von dem Steuerpflichtigen, der Fernverkäufe von aus Drittgebieten oder Drittlän-

---

1) Abschnitt 3 (Art. 369a–369k) eingef. mWv 1.1.2015 durch RL v. 12.2.2008 (ABl. L 44 S. 11).

2) Art. 369j neu gef. **mWv 1.7.2021** durch RL v. 5.12.2017 (ABl. L 348 S. 7, geänd. durch ABl. 2020 L 244 S. 3).

3) Art. 369k eingef. mWv 1.1.2015 durch RL v. 12.2.2008 (ABl. L 44 S. 11); Abs. 1 neu gef. **mWv 1.7.2021** durch RL v. 5.12.2017 (ABl. L 348 S. 7, geänd. durch ABl. 2020 L 244 S. 3).

4) Abschnitt 4 (Art. 369l–369x) eingef. **mWv 1.7.2021** durch RL v. 5.12.2017 (ABl. L 348 S. 7, geänd. durch ABl. 2020 L 244 S. 3).

dern eingeführten Gegenständen tätigt, als Steuerschuldner der Mehrwertsteuer und zur Erfüllung der Verpflichtungen gemäß dieser Sonderregelung im Namen und für Rechnung des Steuerpflichtigen benannt wird;

(3) „Mitgliedstaat der Identifizierung“:

a) sofern der Steuerpflichtige nicht in der Gemeinschaft ansässig ist, der von ihm zur Registrierung gewählte Mitgliedstaat;

b) sofern der Steuerpflichtige den Sitz seiner wirtschaftlichen Tätigkeit außerhalb der Gemeinschaft hat, jedoch in der Gemeinschaft über eine oder mehrere feste Niederlassungen verfügt, der Mitgliedstaat mit einer festen Niederlassung, in dem dieser Steuerpflichtige die Inanspruchnahme dieser Sonderregelung anzeigt;

c) sofern der Steuerpflichtige den Sitz seiner wirtschaftlichen Tätigkeit in einem Mitgliedstaat hat, dieser Mitgliedstaat;

d) sofern der Vermittler den Sitz seiner wirtschaftlichen Tätigkeit in einem Mitgliedstaat hat, dieser Mitgliedstaat;

e) sofern der Vermittler den Sitz seiner wirtschaftlichen Tätigkeit außerhalb der Gemeinschaft hat, jedoch in der Gemeinschaft über eine oder mehrere feste Niederlassungen verfügt, der Mitgliedstaat mit einer festen Niederlassung, in dem der Vermittler die Inanspruchnahme dieser Sonderregelung anzeigt.

Für die Zwecke der Buchstaben b und e gilt Folgendes: Hat der Steuerpflichtige oder der Vermittler mehr als eine feste Niederlassung in der Gemeinschaft, so ist er an die Entscheidung, den Mitgliedstaat der Niederlassung für das betreffende Kalenderjahr und die beiden darauf folgenden Kalenderjahre anzugeben, gebunden;

(4) „Mitgliedstaat des Verbrauchs“: der Mitgliedstaat, in dem die Versendung oder die Beförderung der Gegenstände an den Erwerber endet.

Art. 369m[1)] [Sonderregelung für Fernverkäufe von aus Drittländern eingeführten Gegenständen – Gestattung der Anwendung] (1) [1]Die Mitgliedstaaten gestatten folgenden Steuerpflichtigen, die Fernverkäufe von aus Drittgebieten oder Drittländern eingeführten Gegenständen tätigen, diese Sonderregelung in Anspruch zu nehmen:

a) in der Gemeinschaft ansässigen Steuerpflichtigen, die Fernverkäufe von aus Drittgebieten oder Drittländern eingeführten Gegenständen tätigen;

b) Steuerpflichtigen, die Fernverkäufe von aus Drittgebieten oder Drittländern eingeführten Gegenständen tätigen und durch einen in der Gemeinschaft ansässigen Vermittler vertreten werden, unabhängig davon, ob die Steuerpflichtigen in der Gemeinschaft ansässig sind oder nicht;

c) Steuerpflichtigen mit Sitz in einem Drittland, mit dem die Union ein Abkommen über gegenseitige Amtshilfe geschlossen hat, dessen Anwendungs-

---

1) Abschnitt 4 (Art. 369l–369x) eingef. **mWv 1.7.2021** durch RL v. 5.12.2017 (ABl. L 348 S. 7, geänd. durch ABl. 2020 L 244 S. 3).

bereich der Richtlinie 2010/24/EU des Rates[1] und der Verordnung (EU) Nr. 904/2010 ähnelt, und die Fernverkäufe von aus diesem Drittland eingeführten Gegenständen tätigen.

[2] Diese Steuerpflichtigen wenden diese Sonderregelung auf alle ihre Fernverkäufe von aus Drittgebieten oder Drittländern eingeführten Gegenständen an.

(2) Für die Zwecke des Absatzes 1 Buchstabe b können Steuerpflichtige nicht mehr als einen Vermittler gleichzeitig benennen.

(3) [1] Die Kommission erlässt einen Durchführungsrechtsakt, um die Liste der Drittländer gemäß Absatz 1 Buchstabe c des vorliegenden Artikels festzulegen. [2] Dieser Durchführungsrechtsakt wird nach dem Prüfverfahren gemäß Artikel 5 der Verordnung (EU) Nr. 182/2011 verabschiedet, und der zuständige Ausschuss ist der durch Artikel 58 der Verordnung (EU) Nr. 904/2010 eingesetzte Ausschuss.

Art. 369n[2] [Sonderregelung für Fernverkäufe von aus Drittländern eingeführten Gegenständen – Zeitpunkt des Steuertatbestands und der Lieferung] [1] Bei Fernverkäufen von aus Drittgebieten oder Drittländern eingeführten Gegenständen, für die die Mehrwertsteuer gemäß dieser Sonderregelung erklärt wird, tritt der Steuertatbestand zum Zeitpunkt der Lieferung ein, und der Steueranspruch kann zum Zeitpunkt der Lieferung geltend gemacht werden. [2] Die Gegenstände gelten als zu dem Zeitpunkt geliefert, zu dem die Zahlung angenommen wurde.

Art. 369o[2] [Sonderregelung für Fernverkäufe von aus Drittländern eingeführten Gegenständen – Wegfall der Sonderregelung] [1] Der diese Sonderregelung in Anspruch nehmende Steuerpflichtige oder ein in seinem Auftrag handelnder Vermittler hat dem Mitgliedstaat der Identifizierung die Aufnahme und die Beendigung seiner Tätigkeit im Rahmen dieser Sonderregelung sowie diesbezügliche Änderungen, durch die er die Voraussetzungen für die Inanspruchnahme dieser Sonderregelung nicht mehr erfüllt, zu melden. [2] Diese Mitteilung erfolgt auf elektronischem Weg.

Art. 369p[2] [Sonderregelung für Fernverkäufe von aus Drittländern eingeführten Gegenständen – Vermittler] (1) Der ohne Vermittler tätige Steuerpflichtige macht dem Mitgliedstaat der Identifizierung vor der Inanspruchnahme dieser Sonderregelung folgende Angaben zu seiner Identität:

a) Name;

b) Postanschrift;

c) E-Mail-Adresse und Websites;

d) Mehrwertsteuer-Identifikationsnummer oder nationale Steuernummer.

---

[1] **Amtl. Anm.:** Richtlinie 2010/24/EU des Rates vom 16. März 2010 über die Amtshilfe bei der Beitreibung von Forderungen in Bezug auf bestimmte Steuern, Abgaben und sonstige Maßnahmen (ABl. L 84 vom 31.3.2010, S. 1).

[2] Abschnitt 4 (Art. 369l–369x) eingef. **mWv 1.7.2021** durch RL v. 5.12.2017 (ABl. L 348 S. 7, geänd. durch ABl. 2020 L 244 S. 3).

(2) Der Vermittler macht dem Mitgliedstaat der Identifizierung vor der Inanspruchnahme dieser Sonderregelung im Auftrag eines Steuerpflichtigen folgende Angaben zu seiner Identität:

a) Name;

b) Postanschrift;

c) E-Mail-Adresse;

d) Mehrwertsteuer-Identifikationsnummer.

(3) Der Vermittler macht dem Mitgliedstaat der Identifizierung in Bezug auf jeden Steuerpflichtigen, den er vertritt, vor der Inanspruchnahme dieser Sonderregelung durch den jeweiligen Steuerpflichtigen folgende Angaben zu dessen Identität:

a) Name;

b) Postanschrift;

c) E-Mail-Adresse und Websites;

d) Mehrwertsteuer-Identifikationsnummer oder nationale Steuernummer;

e) seine individuelle Identifikationsnummer, die gemäß Artikel 369q Absatz 2 erteilt wurde.

(4) Ein diese Sonderregelung in Anspruch nehmender Steuerpflichtiger oder gegebenenfalls sein Vermittler teilt dem Mitgliedstaat der Identifizierung jegliche Änderung der übermittelten Angaben mit.

Art. 369q[1)] [Sonderregelung für Fernverkäufe von aus Drittländern eingeführten Gegenständen – individuelle Mehrwertsteuer-Identifikationsnummer] (1) Der Mitgliedstaat der Identifizierung erteilt dem Steuerpflichtigen, der diese Sonderregelung in Anspruch nimmt, eine individuelle Mehrwertsteuer-Identifikationsnummer für die Anwendung dieser Sonderregelung, die er dem Betreffenden elektronisch mitteilt.

(2) Der Mitgliedstaat der Identifizierung erteilt einem Vermittler eine individuelle Identifikationsnummer, die er dem Betreffenden elektronisch mitteilt.

(3) Der Mitgliedstaat der Identifizierung erteilt dem Vermittler für jeden Steuerpflichtigen, für den dieser Vermittler benannt ist, eine individuelle Mehrwertsteuer-Identifikationsnummer für die Anwendung dieser Sonderregelung.

(4) Die gemäß den Absätzen 1, 2 und 3 zugeteilte Mehrwertsteuer-Identifikationsnummer darf nur für die Zwecke dieser Sonderregelung verwendet werden.

Art. 369r[1)] [Sonderregelung für Fernverkäufe von aus Drittländern eingeführten Gegenständen – Streichung aus dem Register] (1) Der Mitgliedstaat der Identifizierung streicht den Steuerpflichtigen, der keinen Vermittler in Anspruch nimmt, in folgenden Fällen aus dem Register:

[1)] Abschnitt 4 (Art. 369l–369x) eingef. **mWv 1.7.2021** durch RL v. 5.12.2017 (ABl. L 348 S. 7, geänd. durch ABl. 2020 L 244 S. 3).

a) Er teilt dem Mitgliedstaat der Identifizierung mit, dass er keine Fernverkäufe von aus Drittgebieten oder Drittländern eingeführten Gegenständen mehr tätigt;

b) es kann aus anderen Gründen davon ausgegangen werden, dass er keine steuerbaren Fernverkäufe von aus Drittgebieten oder Drittländern eingeführten Gegenständen mehr tätigt;

c) er erfüllt die Voraussetzungen für die Inanspruchnahme dieser Sonderregelung nicht mehr;

d) er verstößt wiederholt gegen die Vorschriften dieser Sonderregelung.

(2) Der Mitgliedstaat der Identifizierung streicht den Vermittler in folgenden Fällen aus dem Register:

a) Er war während eines Zeitraums von zwei aufeinanderfolgenden Kalenderquartalen nicht als Vermittler im Auftrag eines diese Sonderregelung in Anspruch nehmenden Steuerpflichtigen tätig;

b) er erfüllt die übrigen Voraussetzungen für ein Tätigwerden als Vermittler nicht mehr;

c) er verstößt wiederholt gegen die Vorschriften dieser Sonderregelung.

(3) Der Mitgliedstaat der Identifizierung streicht den Steuerpflichtigen, der von einem Vermittler vertreten wird, in folgenden Fällen aus dem Register:

a) Der Vermittler teilt dem Mitgliedstaat der Identifizierung mit, dass der Steuerpflichtige, den er vertritt, keine Fernverkäufe von aus Drittgebieten oder Drittländern eingeführten Gegenständen mehr tätigt;

b) es kann aus anderen Gründen davon ausgegangen werden, dass dieser Steuerpflichtige keine steuerbaren Fernverkäufe von aus Drittgebieten oder Drittländern eingeführten Gegenständen mehr tätigt;

c) dieser Steuerpflichtige erfüllt die Voraussetzungen für die Inanspruchnahme dieser Sonderregelung nicht mehr;

d) dieser Steuerpflichtige verstößt wiederholt gegen die Vorschriften dieser Sonderregelung;

e) der Vermittler teilt dem Mitgliedstaat der Identifizierung mit, dass er diesen Steuerpflichtigen nicht mehr vertritt.

Art. 369s[1)] [Sonderregelung für Fernverkäufe von aus Drittländern eingeführten Gegenständen – Abgabe der Mehrwertsteuererklärung]

[1] [1]Der diese Sonderregelung in Anspruch nehmende Steuerpflichtige oder sein Vermittler hat im Mitgliedstaat der Identifizierung für jeden Monat eine Mehrwertsteuererklärung elektronisch abzugeben, unabhängig davon, ob Fernverkäufe von aus Drittgebieten oder Drittländern eingeführten Gegenständen getätigt wurden oder nicht. [2]Die Erklärung ist bis zum Ende des Monats nach Ablauf des Steuerzeitraums, der von der Erklärung umfasst wird, abzugeben.

---

1) Abschnitt 4 (Art. 369l–369x) eingef. **mWv 1.7.2021** durch RL v. 5.12.2017 (ABl. L 348 S. 7, geänd. durch ABl. 2020 L 244 S. 3).

[2] Ist eine Mehrwertsteuererklärung gemäß Absatz 1 abzugeben, so werden von den Mitgliedstaaten für die Zwecke der Mehrwertsteuer keine zusätzlichen Verpflichtungen oder sonstigen Formalitäten bei der Einfuhr auferlegt.

Art. 369t[1)] [Sonderregelung für Fernverkäufe von aus Drittländern eingeführten Gegenständen – Inhalt und Änderung der Mehrwertsteuererklärung] (1) [1] In der Mehrwertsteuererklärung anzugeben sind die Mehrwertsteuer-Identifikationsnummer gemäß Artikel 369q und in Bezug auf jeden Mitgliedstaat des Verbrauchs, in dem Mehrwertsteuer geschuldet wird, der Gesamtbetrag ohne Mehrwertsteuer der Fernverkäufe von aus Drittgebieten oder Drittländern eingeführten Gegenständen, für die während des Steuerzeitraums der Steueranspruch entstanden ist, sowie der Gesamtbetrag der entsprechenden Steuer aufgegliedert nach Steuersätzen. [2] Ferner sind die anzuwendenden Mehrwertsteuersätze und die Gesamtsteuerschuld anzugeben.

(2) [1] Sind nach Abgabe der Mehrwertsteuererklärung Änderungen an dieser Erklärung erforderlich, so werden diese Änderungen in eine spätere Erklärung innerhalb von drei Jahren nach dem Tag, an dem die ursprüngliche Erklärung gemäß Artikel 369s abgegeben werden musste, aufgenommen. [2] Aus dieser späteren Mehrwertsteuererklärung müssen der betreffende Mitgliedstaat des Verbrauchs, der Steuerzeitraum und der Mehrwertsteuerbetrag, für den Änderungen erforderlich sind, hervorgehen.

Art. 369u[1)] [Sonderregelung für Fernverkäufe von aus Drittländern eingeführten Gegenständen – Angabe von Beträgen in der Mehrwersteuererklärung] (1) *[1]* Die Beträge in der Mehrwertsteuererklärung sind in Euro anzugeben.

[2] [1] Diejenigen Mitgliedstaaten, deren Währung nicht der Euro ist, können vorschreiben, dass die Beträge in der Mehrwertsteuererklärung in ihrer Landeswährung anzugeben sind. [2] Wurden für die Lieferungen Beträge in anderen Währungen berechnet, hat der diese Sonderregelung in Anspruch nehmende Steuerpflichtige oder sein Vermittler für die Zwecke der Mehrwertsteuererklärung den Umrechnungskurs vom letzten Tag des Steuerzeitraums anzuwenden.

(2) Die Umrechnung erfolgt auf der Grundlage der Umrechnungskurse, die von der Europäischen Zentralbank für den betreffenden Tag oder, falls an diesem Tag keine Veröffentlichung erfolgt, für den nächsten Tag, an dem eine Veröffentlichung erfolgt, veröffentlicht werden.

Art. 369v[1)] [Sonderregelung für Fernverkäufe von aus Drittländern eingeführten Gegenständen – Entrichtung der Mehrwertsteuer]
[1] Der diese Sonderregelung in Anspruch nehmende Steuerpflichtige oder sein Vermittler entrichtet die Mehrwertsteuer unter Hinweis auf die zugrunde

---

[1)] Abschnitt 4 (Art. 369l–369x) eingef. **mWv 1.7.2021** durch RL v. 5.12.2017 (ABl. L 348 S. 7, geänd. durch ABl. 2020 L 244 S. 3).

liegende Mehrwertsteuererklärung spätestens nach Ablauf der Frist, innerhalb der die Erklärung abzugeben ist.

[2] [1]Der Betrag wird auf ein auf Euro lautendes Bankkonto überwiesen, das vom Mitgliedstaat der Identifizierung angegeben wird. [2]Diejenigen Mitgliedstaaten, die den Euro nicht eingeführt haben, können vorschreiben, dass der Betrag auf ein auf ihre Landeswährung lautendes Bankkonto überwiesen wird.

Art. 369w[1)] [Sonderregelung für Fernverkäufe von aus Drittländern eingeführten Gegenständen – Vorsteuerabzug] *[1]* [1]Der diese Sonderregelung in Anspruch nehmende Steuerpflichtige nimmt in Bezug auf seine dieser Sonderregelung unterliegenden steuerbaren Tätigkeiten keinen Vorsteuerabzug für im Mitgliedstaat des Verbrauchs angefallene Mehrwertsteuer gemäß Artikel 168 dieser Richtlinie vor. [2]Unbeschadet des Artikels 1 Nummer 1 der Richtlinie 86/560/EWG[2)] und des Artikels 2 Nummer 1 sowie des Artikels 3 der Richtlinie 2008/9/EG[3)] wird diesem Steuerpflichtigen eine Mehrwertsteuererstattung gemäß den genannten Richtlinien gewährt. [3]Artikel 2 Absätze 2 und 3 sowie Artikel 4 Absatz 2 der Richtlinie 86/560/EWG gelten nicht für Erstattungen im Zusammenhang mit Gegenständen, die unter die vorliegende Sonderregelung fallen.

[2] Ist der diese Sonderregelung in Anspruch nehmende Steuerpflichtige zur Registrierung in einem Mitgliedstaat in Bezug auf nicht der Sonderregelung unterliegende Tätigkeiten verpflichtet, so zieht er die in diesem Mitgliedstaat angefallene Vorsteuer in Bezug auf seine dieser Sonderregelung unterliegenden steuerbaren Tätigkeiten im Rahmen der nach Artikel 250 der vorliegenden Richtlinie abzugebenden Mehrwertsteuererklärung ab.

Art. 369x[1)] [Sonderregelung für Fernverkäufe von aus Drittländern eingeführten Gegenständen – Aufzeichnungspflichten] (1) [1]Der diese Sonderregelung in Anspruch nehmende S euerpflichtige führt über seine dieser Sonderregelung unterliegenden Umsätze Aufzeichnungen. [2]Ein Vermittler führt für jeden der von ihm vertretenen Steuerpflichtigen Aufzeichnungen. [3]Diese müssen so ausführlich sein, dass die Steuerbehörden des Mitgliedstaats des Verbrauchs feststellen können, ob die Mehrwertsteuererklärung korrekt ist.

(2) *[1]* Die Aufzeichnungen nach Absatz 1 sind dem Mitgliedstaat des Verbrauchs und dem Mitgliedstaat der Identifizierung auf Verlangen elektronisch zur Verfügung zu stellen.

[2] Die Aufzeichnungen sind vom 31. Dezember des Jahres an, in dem der Umsatz bewirkt wurde, zehn Jahre lang aufzubewahren.

[1)] Abschnitt 4 (Art. 369l–369x) eingef. **mWv 1.7.2021** durch RL v. 5.12.2017 (ABl. L 348 S. 7, geänd. durch ABl. 2020 L 244 S. 3).

[2)] Nr. **553**.

[3)] Nr. **550b**.

Kapitel 7.[1)] Sonderregelungen für die Erklärung und Entrichtung der Mehrwertsteuer bei der Einfuhr

Art. 369y[1)] [Sonderregelung für die Erklärung und Entrichtung der Mehrwertsteuer bei der Einfuhr – Anwendung bei Sachwert bis 150 EUR] Wird für die Einfuhr von Gegenständen – mit Ausnahme verbrauchsteuerpflichtiger Waren – in Sendungen mit einem Sachwert von höchstens 150 EUR die Sonderregelung gemäß Kapitel 6 Abschnitt 4 nicht in Anspruch genommen, so gestattet der Mitgliedstaat der Einfuhr der Person, die die Gegenstände im Namen der Person, für die die Gegenstände bestimmt sind, im Gebiet der Gemeinschaft dem Zoll vorführt, Sonderregelungen für die Erklärung und Entrichtung der Mehrwertsteuer bei der Einfuhr von Gegenständen in Anspruch zu nehmen, deren Versendung oder Beförderung in diesem Mitgliedstaat endet.

Art. 369z[2)] [Sonderregelung für die Erklärung und Entrichtung der Mehrwertsteuer bei der Einfuhr – Steuerschuldnerschaft] (1) Für die Zwecke dieser Sonderregelung gilt Folgendes:

a) Die Mehrwertsteuer wird von der Person geschuldet, für die die Gegenstände bestimmt sind;

b) die Person, die die Gegenstände im Gebiet der Gemeinschaft dem Zoll gestellt, erhebt die Mehrwertsteuer bei der Person, für die die Gegenstände bestimmt sind, und tätigt die Zahlung dieser Mehrwertsteuer.

(2) Die Mitgliedstaaten sorgen dafür, dass die Person, die die Gegenstände im Gebiet der Gemeinschaft dem Zoll gestellt, geeignete Maßnahmen ergreift, um sicherzustellen, dass die Person, für die die Gegenstände bestimmt sind, den richtigen Steuerbetrag entrichtet.

Art. 369za[2)] [Sonderregelung für die Erklärung und Entrichtung der Mehrwertsteuer bei der Einfuhr – Anwendung des Mehrwertsteuer-Normalsatzes] Abweichend von Artikel 94 Absatz 2 können die Mitgliedstaaten vorsehen, dass der im Mitgliedstaat der Einfuhr geltende Mehrwertsteuer-Normalsatz bei Inanspruchnahme dieser Sonderregelung anwendbar ist.

Art. 369zb[2)] [Sonderregelungen für die Erklärung und Entrichtung der Mehrwertsteuer bei der Einfuhr – Abgabe der Erklärung, Aufzeichnungspflicht] (1) [1]Die Mitgliedstaaten gestatten, dass die im Rahmen dieser Sonderregelung erhobene Mehrwertsteuer in einer monatlichen Erklärung auf elektronischem Weg angemeldet wird. [2]Aus der Erklärung muss der Gesamtbetrag der während des betreffenden Monats erhobenen Mehrwertsteuer hervorgehen.

[1)] Kapitel 7 (Art. 369y–369zb) eingef. **mWv 1.7.2021** durch RL v. 5.12.2017 (ABl. L 348 S. 7, geänd. durch ABl. 2020 L 244 S. 3).

[2)] Kapitel 7 (Art. 369y–369zb) eingef. **mWv 1.7.2021** durch RL v. 5.12.2017 (ABl. L 348 S. 7, ber. ABl. 2018 L 190 S. 21, geänd. durch ABl. 2020 L 244 S. 3).

(2) Die Mitgliedstaaten schreiben vor, dass die in Absatz 1 genannte Mehrwertsteuer monatlich bis zu dem für die Entrichtung der Einfuhrabgaben geltenden Fälligkeitstermin zu entrichten ist.

(3) [1]Die diese Sonderregelung in Anspruch nehmenden Personen führen während eines durch den Mitgliedstaat der Einfuhr zu bestimmenden Zeitraums Aufzeichnungen über die Geschäftsvorgänge im Rahmen dieser Sonderregelung. [2]Diese Aufzeichnungen müssen so ausführlich sein, dass die Steuer- oder die Zollbehörden des Mitgliedstaats des Verbrauchs feststellen können, ob die erklärte Mehrwertsteuer korrekt ist, und auf Ersuchen des Mitgliedstaats der Einfuhr elektronisch verfügbar gemacht werden.

Kapitel 8.[1] Gegenwerte

Art. 369zc[1] [Festsetzung und Umrechnung des Gegenwertes]

(1) [1]Der Gegenwert des Euro in Landeswährung, der für die in Artikel 369l und Artikel 369y genannten Beträge zu berücksichtigen ist, wird einmal jährlich festgesetzt. [2]Es gelten die Sätze des ersten Arbeitstages des Monats Oktober mit Wirkung zum 1. Januar des folgenden Jahres.

(2) Es steht den Mitgliedstaaten frei, den Betrag in Landeswährung, der sich aus der Umrechnung der Euro-Beträge ergibt, zu runden.

(3) Es steht den Mitgliedstaaten frei, den Betrag, der zum Zeitpunkt der jährlichen Anpassung nach Absatz 1 gilt, unverändert beizubehalten, wenn die Umrechnung des in Euro ausgedrückten Betrags vor der in Absatz 2 vorgesehenen Rundung eine Änderung des in Landeswährung ausgedrückten Betrags um weniger als 5% oder eine Verringerung dieses Betrags zur Folge hätte.]

Titel XIII. Ausnahmen

Kapitel 1. Bis zur Annahme einer endgültigen Regelung geltende Ausnahmen

Abschnitt 1. Ausnahmen für Staaten, die am 1. Januar 1978 Mitglied der Gemeinschaft waren

Art. 370 [Kannbestimmung: Beibehaltung der Besteuerung der Umsätze nach Anhang X Teil A] Mitgliedstaaten, die am 1. Januar 1978 die in Anhang X Teil A genannten Umsätze besteuert haben, dürfen diese weiterhin besteuern.

Art. 371 [Kannbestimmung: Beibehaltung der Befreiung der Umsätze nach Anhang X Teil B] Mitgliedstaaten, die am 1. Januar 1978 die in

[1] Kapitel 8 (Art. 369zc) angef. **mWv 1.7.2021** durch RL v. 5.12.2017 (ABl. L 348 S. 7, geänd. durch ABl. 2020 L 244 S. 3).

Anhang X Teil B genannten Umsätze von der Steuer befreit haben, dürfen diese zu den in dem jeweiligen Mitgliedstaat zu dem genannten Zeitpunkt geltenden Bedingungen weiterhin befreien.

Art. 372 [Kannbestimmung: Beibehaltung von Abweichungen vom sofortigen Vorsteuerabzug] Mitgliedstaaten, die am 1. Januar 1978 Bestimmungen angewandt haben, die vom Grundsatz des sofortigen Vorsteuerabzugs des Artikels 179 Absatz 1 abweichen, dürfen diese weiterhin anwenden.

Art. 373 [Kannbestimmung: Beibehaltung von Abweichungen von der Dienstleistungskommission und der Nichtentgeltsfunktion durchlaufender Posten] Mitgliedstaaten, die am 1. Januar 1978 Bestimmungen angewandt haben, die von Artikel 28 und Artikel 79 Absatz 1 Buchstabe c abweichen, dürfen diese weiterhin anwenden.

Art. 374 [Kannbestimmung: Beibehaltung der Steuerbefreiung für Reiseleistungen] [1]Abweichend von den Artikeln 169 und 309 dürfen die Mitgliedstaaten, die am 1. Januar 1978 die in Artikel 309 genannten Dienstleistungen von Reisebüros ohne Recht auf Vorsteuerabzug von der Steuer befreit haben, diese weiterhin befreien. [2]Diese Ausnahme gilt auch für Reisebüros, die im Namen und für Rechnung des Reisenden tätig sind.

Abschnitt 2. Ausnahmen für Staaten, die der Gemeinschaft nach dem 1. Januar 1978 beigetreten sind

Art. 375 [Kannbestimmung: Beibehaltung von Steuerbefreiungen – Griechenland] Griechenland darf die in Anhang X Teil B Nummern 2, 8, 9, 11 und 12 genannten Umsätze weiterhin zu den Bedingungen von der Steuer befreien, die in diesem Mitgliedstaat am 1. Januar 1987 galten.

Art. 376 [Kannbestimmung: Beibehaltung von Steuerbefreiungen – Spanien] Spanien darf die in Anhang X Teil B Nummer 2 genannten Dienstleistungen von Autoren und die in Anhang X Teil B Nummern 11 und 12 genannten Umsätze weiterhin zu den Bedingungen von der Steuer befreien, die in diesem Mitgliedstaat am 1. Januar 1993 galten.

Art. 377 [Kannbestimmung: Beibehaltung von Steuerbefreiungen – Portugal] Portugal darf die in Anhang X Teil B Nummern 2, 4, 7, 9, 10 und 13 genannten Umsätze weiterhin zu den Bedingungen von der Steuer befreien, die in diesem Mitgliedstaat am 1. Januar 1989 galten.

Art. 378 [Kannbestimmung: Beibehaltung von Besteuerungen und Befreiungen – Österreich] (1) Österreich darf die in Anhang X Teil A Nummer 2 genannten Umsätze weiterhin besteuern.

(2) Solange die betreffenden Umsätze in einem Staat von der Steuer befreit werden, der am 31. Dezember 1994 Mitglied der Gemeinschaft war, darf Ös-

terreich die folgenden Umsätze weiterhin zu den in diesem Mitgliedstaat zum Zeitpunkt seines Beitritts geltenden Bedingungen von der Steuer befreien:

a) die in Anhang X Teil B Nummern 5 und 9 genannten Umsätze;

b) mit Recht auf Vorsteuerabzug, sämtliche Teile der grenzüberschreitenden Personenbeförderung im Luft-, See- und Binnenwasserstraßenverkehr mit Ausnahme der Personenbeförderung auf dem Bodensee.

Art. 379 [Kannbestimmung: Beibehaltung von Besteuerungen und Befreiungen – Finnland] (1) Finnland darf die in Anhang X Teil A Nummer 2 genannten Umsätze weiterhin besteuern, solange diese Umsätze in einem Staat besteuert werden, der am 31. Dezember 1994 Mitglied der Gemeinschaft war.

(2) Finnland darf die in Anhang X Teil B Nummer 2 genannten Dienstleistungen von Autoren, Künstlern und Interpreten von Kunstwerken sowie die in Anhang X Teil B Nummern 5, 9 und 10 genannten Umsätze zu den in diesem Mitgliedstaat zum Zeitpunkt seines Beitritts geltenden Bedingungen weiterhin von der Steuer befreien, solange diese Umsätze in einem Mitgliedstaat befreit sind, der am 31. Dezember 1994 Mitglied der Gemeinschaft war.

Art. 380 [Kannbestimmung: Beibehaltung von Steuerbefreiungen – Schweden] Schweden darf die in Anhang X Teil B Nummer 2 genannten Dienstleistungen von Autoren, Künstlern und Interpreten von Kunstwerken sowie die in Anhang X Teil B Nummern 1, 9 und 10 genannten Umsätze zu den in diesem Mitgliedstaat zum Zeitpunkt seines Beitritts geltenden Bedingungen weiterhin von der Steuer befreien, solange diese Umsätze in einem Mitgliedstaat befreit sind, der am 31. Dezember 1994 Mitglied der Gemeinschaft war.

Art. 381 [Kannbestimmung: Beibehaltung von Steuerbefreiungen – Tschechien] Die Tschechische Republik darf die in Anhang X Teil B Nummer 10 genannte grenzüberschreitende Personenbeförderung zu den in diesem Mitgliedstaat zum Zeitpunkt seines Beitritts geltenden Bedingungen weiterhin von der Steuer befreien, solange diese Umsätze in einem Mitgliedstaat befreit sind, der am 30. April 2004 Mitglied der Gemeinschaft war.

Art. 382 [Kannbestimmung: Beibehaltung von Steuerbefreiungen – Estland] Estland darf die in Anhang X Teil B Nummer 10 genannte grenzüberschreitende Personenbeförderung zu den in diesem Mitgliedstaat zum Zeitpunkt seines Beitritts geltenden Bedingungen weiterhin von der Steuer befreien, solange diese Umsätze in einem Mitgliedstaat befreit sind, der am 30. April 2004 Mitglied der Gemeinschaft war.

Art. 383 [Kannbestimmung: Beibehaltung von Steuerbefreiungen – Zypern] Zypern darf weiterhin die folgenden Umsätze zu den in diesem Mitgliedstaat zum Zeitpunkt seines Beitritts geltenden Bedingungen von der Steuer befreien:

a) bis zum 31. Dezember 2007 die in Anhang X Teil B Nummer 9 genannte Lieferung von Baugrundstücken;

b) die in Anhang X Teil B Nummer 10 genannte grenzüberschreitende Personenbeförderung, solange diese Umsätze in einem Mitgliedstaat befreit sind, der am 30. April 2004 Mitglied der Gemeinschaft war.

Art. 384 [Kannbestimmung: Beibehaltung von Steuerbefreiungen – Lettland] Solange die betreffenden Umsätze in einem Mitgliedstaat von der Steuer befreit sind, der am 30. April 2004 Mitglied der Gemeinschaft war, darf Lettland zu den in diesem Mitgliedstaat zum Zeitpunkt seines Beitritts geltenden Bedingungen folgende Umsätze weiterhin von der Steuer befreien:

a) die in Anhang X Teil B Nummer 2 genannten Dienstleistungen von Autoren, Künstlern und Interpreten von Kunstwerken;

b) die in Anhang X Teil B Nummer 10 genannte grenzüberschreitende Personenbeförderung.

Art. 385 [Kannbestimmung: Beibehaltung von Steuerbefreiungen – Litauen] Litauen darf die in Anhang X Teil B Nummer 10 genannte grenzüberschreitende Personenbeförderung zu den in diesem Mitgliedstaat zum Zeitpunkt seines Beitritts geltenden Bedingungen weiterhin von der Steuer befreien, solange diese Umsätze in einem Mitgliedstaat befreit sind, der am 30. April 2004 Mitglied der Gemeinschaft war.

Art. 386 [Kannbestimmung: Beibehaltung von Steuerbefreiungen – Ungarn] Ungarn darf die in Anhang X Teil B Nummer 10 genannte grenzüberschreitende Personenbeförderung zu den in diesem Mitgliedstaat zum Zeitpunkt seines Beitritts geltenden Bedingungen weiterhin von der Steuer befreien, solange diese Umsätze in einem Mitgliedstaat befreit sind, der am 30. April 2004 Mitglied der Gemeinschaft war.

Art. 387 [Kannbestimmung: Beibehaltung von Steuerbefreiungen – Malta] Solange die betreffenden Umsätze in einem Mitgliedstaat von der Steuer befreit sind, der am 30. April 2004 Mitglied der Gemeinschaft war, darf Malta zu den in diesem Mitgliedstaat zum Zeitpunkt seines Beitritts geltenden Bedingungen folgende Umsätze weiterhin von der Steuer befreien:

a) ohne Recht auf Vorsteuerabzug, die in Anhang X Teil B Nummer 8 genannte Lieferung von Wasser durch Einrichtungen des öffentlichen Rechts;

b) ohne Recht auf Vorsteuerabzug, die in Anhang X Teil B Nummer 9 genannte Lieferung von Gebäuden und Baugrundstücken;

c) mit Recht auf Vorsteuerabzug, die in Anhang X Teil B Nummer 10 genannte inländische Personenbeförderung, grenzüberschreitende Personenbeförderung und inselverbindende Personenbeförderung im Seeverkehr.

Art. 388 [Kannbestimmung: Beibehaltung von Steuerbefreiungen – Polen] Polen darf die in Anhang X Teil B Nummer 10 genannte grenzüberschreitende Personenbeförderung zu den in diesem Mitgliedstaat zum Zeitpunkt seines Beitritts geltenden Bedingungen weiterhin von der Steuer befreien, solange diese Umsätze in einem Mitgliedstaat befreit sind, der am 30. April 2004 Mitglied der Gemeinschaft war.

Art. 389 [Kannbestimmung: Beibehaltung von Steuerbefreiungen – Slowenien] Slowenien darf die in Anhang X Teil B Nummer 10 genannte grenzüberschreitende Personenbeförderung zu den in diesem Mitgliedstaat zum Zeitpunkt seines Beitritts geltenden Bedingungen weiterhin von der Steuer befreien, solange diese Umsätze in einem Mitgliedstaat befreit sind, der am 30. April 2004 Mitglied der Gemeinschaft war.

Art. 390 [Kannbestimmung: Beibehaltung von Steuerbefreiungen – Slowakei] Die Slowakei darf die in Anhang X Teil B Nummer 10 genannte grenzüberschreitende Personenbeförderung zu den in diesem Mitgliedstaat zum Zeitpunkt seines Beitritts geltenden Bedingungen weiterhin von der Steuer befreien, solange diese Umsätze in einem Mitgliedstaat befreit sind, der am 30. April 2004 Mitglied der Gemeinschaft war.

Art. 390a[1] [Kannbestimmung: Beibehaltung von Steuerbefreiungen – Bulgarien] Bulgarien darf die in Anhang X Teil B Nummer 10 genannte grenzüberschreitende Personenbeförderung zu den in diesem Mitgliedstaat zum Zeitpunkt seines Beitritts geltenden Bedingungen weiterhin von der Steuer befreien, solange diese Umsätze in einem Mitgliedstaat befreit sind, der am 31. Dezember 2006 Mitglied der Gemeinschaft war.

Art. 390b[2] [Kannbestimmung: Beibehaltung von Steuerbefreiungen – Rumänien] Rumänien darf die in Anhang X Teil B Nummer 10 genannte grenzüberschreitende Personenbeförderung zu den in diesem Mitgliedstaat zum Zeitpunkt seines Beitritts geltenden Bedingungen weiterhin von der Steuer befreien, solange diese Umsätze in einem Mitgliedstaat befreit sind, der am 31. Dezember 2006 Mitglied der Gemeinschaft war.

Art. 390c[3] [Kannbestimmung: Beibehaltung von Steuerbefreiungen – Kroatien] Kroatien darf weiterhin die folgenden Umsätze zu den in diesem Mitgliedstaat zum Zeitpunkt seines Beitritts geltenden Bedingungen von der Steuer befreien:

a) die Lieferung von Baugrundstücken, mit darauf errichteten Gebäuden oder ohne solche Gebäude, nach Artikel 135 Absatz 1 Buchstabe j und Anhang X Teil B Nummer 9, nicht verlängerbar, bis zum 31. Dezember 2014;

b) die in Anhang X Teil B Nummer 10 genannte grenzüberschreitende Personenbeförderung, solange diese Umsätze in einem Mitgliedstaat befreit sind, der vor dem Beitritt Kroatiens Mitglied der Union war.

---

[1] Art. 390a eingef. mWv 15.1.2010 durch RL v. 22.12.2009 (ABl. 2010 L 10 S. 14).
[2] Art. 390b eingef. mWv 15.1.2010 durch RL v. 22.12.2009 (ABl. 2010 L 10 S. 14).
[3] Art. 390c eingef. mWv 1.7.2013 durch Akte v. 9.12.2011 (ABl. 2012 L 112 S. 21).

Abschnitt 3. Gemeinsame Bestimmungen zu den Abschnitten 1 und 2

Art. 391[1] **[Kannbestimmung: Möglichkeit der Einräumung eines Optionsrechts zur Besteuerung in Mitgliedstaaten mit Beibehaltung von Befreiungen]** Die Mitgliedstaaten, die die in den Artikeln 371, 375, 376 und 377, in Artikel 378 Absatz 2, Artikel 379 Absatz 2 und den Artikeln 380 bis 390c genannten Umsätze von der Steuer befreien, können den Steuerpflichtigen die Möglichkeit einräumen, sich für die Besteuerung der betreffenden Umsätze zu entscheiden.

Art. 392 [Kannbestimmung: Möglichkeit der Differenzbesteuerung bei Gebäude- und Baugrundstückslieferungen] Die Mitgliedstaaten können vorsehen, dass bei der Lieferung von Gebäuden und Baugrundstücken, die ein Steuerpflichtiger, der beim Erwerb kein Recht auf Vorsteuerabzug hatte, zum Zwecke des Wiederverkaufs erworben hat, die Steuerbemessungsgrundlage in der Differenz zwischen dem Verkaufspreis und dem Ankaufspreis besteht.

Art. 393 [Spätere Überprüfung einer etwaigen Abschaffung/Einschränkung der Übergangsregelungen (Beibehaltung von Besteuerungen und Befreiungen) durch den Rat] (1) Im Hinblick auf einen einfacheren Übergang zur endgültigen Regelung nach Artikel 402 überprüft der Rat auf der Grundlage eines Berichts der Kommission die Lage in Bezug auf die Ausnahmen der Abschnitte 1 und 2 und beschließt gemäß Artikel 93 des Vertrags über die etwaige Abschaffung einiger oder aller dieser Ausnahmen.

(2) Im Rahmen der endgültigen Regelung wird die Personenbeförderung für die innerhalb der Gemeinschaft zurückgelegte Strecke im Mitgliedstaat des Beginns der Beförderung nach den vom Rat gemäß Artikel 93 des Vertrags zu beschließenden Einzelheiten besteuert.

Kapitel 2. Im Wege einer Ermächtigung genehmigte Ausnahmen

Abschnitt 1. Maßnahmen zur Vereinfachung und zur Verhinderung der Steuerhinterziehung und -umgehung

Art. 394 [Kannbestimmung: Beibehaltung von am 1.1.1977 angewandten Sondermaßnahmen zur Steuervereinfachung oder Betrugsbekämpfung] Die Mitgliedstaaten, die am 1. Januar 1977 Sondermaßnahmen zur Vereinfachung der Steuererhebung oder zur Verhütung der Steuerhinterziehung oder -umgehung angewandt haben, können diese beibehalten, sofern sie sie der Kommission vor dem 1. Januar 1978 mitgeteilt haben und unter der Bedingung, dass die Vereinfachungsmaßnahmen mit Artikel 395 Absatz 1 Unterabsatz 2 in Einklang stehen.

---

[1] Art. 391 neu gef. mWv 1.7.2013 durch Akte v. 9.12.2011 (ABl. 2012 L 112 S. 21).

Art. 395[1] **[Möglichkeit der Ermächtigung einzelner Mitgliedstaaten durch den Rat zur Einführung von Sondermaßmahmen zur Steuervereinfachung oder Betrugsbekämpfung]** (1) *[1]* Der Rat kann auf Vorschlag der Kommission einstimmig jeden Mitgliedstaat ermächtigen, von dieser Richtlinie abweichende Sondermaßnahmen einzuführen, um die Steuererhebung zu vereinfachen oder Steuerhinterziehungen oder -umgehungen zu verhindern.

[2] Die Maßnahmen zur Vereinfachung der Steuererhebung dürfen den Gesamtbetrag der von dem Mitgliedstaat auf der Stufe des Endverbrauchs erhobenen Steuer nur in unerheblichem Maße beeinflussen.

(2) *[1]* [1] Ein Mitgliedstaat, der die in Absatz 1 bezeichneten Maßnahmen einführen möchte, sendet der Kommission einen Antrag und übermittelt ihr alle erforderlichen Angaben. [2] Ist die Kommission der Auffassung, dass ihr nicht alle erforderlichen Angaben vorliegen, teilt sie dem betreffenden Mitgliedstaat innerhalb von zwei Monaten nach Eingang des Antrags mit, welche zusätzlichen Angaben sie benötigt.

[2] Sobald die Kommission über alle Angaben verfügt, die ihres Erachtens für die Beurteilung des Antrags zweckdienlich sind, unterrichtet sie den antragstellenden Mitgliedstaat hiervon innerhalb eines Monats und übermittelt den Antrag in der Originalsprache an die anderen Mitgliedstaaten.

(3) Innerhalb von drei Monaten nach der Unterrichtung gemäß Absatz 2 Unterabsatz 2 unterbreitet die Kommission dem Rat einen geeigneten Vorschlag oder legt ihm gegebenenfalls ihre Einwände in einer Mitteilung dar.

(4) In jedem Fall ist das in den Absätzen 2 und 3 geregelte Verfahren innerhalb von acht Monaten nach Eingang des Antrags bei der Kommission abzuschließen.

Abschnitt 2. Internationale Übereinkommen

Art. 396 [Möglichkeit der Ermächtigung einzelner Mitgliedstaaten durch den Rat zur Vereinbarung von Sonderregelungen in internationalen Abkommen] (1) Der Rat kann auf Vorschlag der Kommission einstimmig einen Mitgliedstaat ermächtigen, mit einem Drittland oder einer internationalen Organisation ein Übereinkommen zu schließen, das Abweichungen von dieser Richtlinie enthalten kann.

(2) *[1]* [1] Ein Mitgliedstaat, der ein Übereinkommen gemäß Absatz 1 schließen will, sendet der Kommission einen Antrag und übermittelt ihr alle erforderlichen Angaben. [2] Ist die Kommission der Auffassung, dass ihr nicht alle erforderlichen Angaben vorliegen, teilt sie dem betreffenden Mitgliedstaat innerhalb von zwei Monaten nach Eingang des Antrags mit, welche zusätzlichen Angaben sie benötigt.

[2] Sobald die Kommission über alle Angaben verfügt, die ihres Erachtens für die Beurteilung erforderlich sind, unterrichtet sie den antragstellenden

[1] Art. 395 Abs. 5 angef. mWv 15.8.2013 durch RL v. 22.7.2013 (ABl. L 201 S. 1); Abs. 5 aufgeh. mWv 2.12.2018 durch RL v. 6.11.2018 (ABl. L 282 S. 5).

Mitgliedstaat hiervon innerhalb eines Monats und übermittelt den Antrag in der Originalsprache an die anderen Mitgliedstaaten.

(3) Innerhalb von drei Monaten nach der Unterrichtung gemäß Absatz 2 Unterabsatz 2 unterbreitet die Kommission dem Rat einen geeigneten Vorschlag oder legt ihm gegebenenfalls ihre Einwände in einer Mitteilung dar.

(4) In jedem Fall ist das in den Absätzen 2 und 3 geregelte Verfahren innerhalb von acht Monaten nach Eingang des Antrags bei der Kommission abzuschließen.

Titel XIV. Verschiedenes

Kapitel 1. Durchführungsmaßnahmen

Art. 397 [Ermächtigungsgrundlage für Durchführungsmaßnahmen] Der Rat beschließt auf Vorschlag der Kommission einstimmig die zur Durchführung dieser Richtlinie erforderlichen Maßnahmen.

Kapitel 2. Mehrwertsteuerausschuss

Art. 398 [Mehrwertsteuerausschuss] (1) Es wird ein Beratender Ausschuss für die Mehrwertsteuer (nachstehend „Mehrwertsteuerausschuss“ genannt) eingesetzt.

(2) *[1]* Der Mehrwertsteuerausschuss setzt sich aus Vertretern der Mitgliedstaaten und der Kommission zusammen.

[2] Den Vorsitz im Ausschuss führt ein Vertreter der Kommission.

[3] Die Sekretariatsgeschäfte des Ausschusses werden von den Dienststellen der Kommission wahrgenommen.

(3) Der Mehrwertsteuerausschuss gibt sich eine Geschäftsordnung.

(4) Neben den Punkten, für die nach dieser Richtlinie eine Konsultation erforderlich ist, prüft der Mehrwertsteuerausschuss die Fragen im Zusammenhang mit der Anwendung der gemeinschaftsrechtlichen Vorschriften im Bereich der Mehrwertsteuer, die ihm der Vorsitzende von sich aus oder auf Antrag des Vertreters eines Mitgliedstaats vorlegt.

Kapitel 3. Umrechnungskurs

Art. 399 [Umrechnungskurs der Euroangaben der MwStSystRL zum 1.1.1999] [1]Unbeschadet anderer Bestimmungen wird der Gegenwert der in dieser Richtlinie in Euro ausgedrückten Beträge in Landeswährung anhand des am 1. Januar 1999 geltenden Umrechnungskurses des Euro bestimmt. [2]Die nach diesem Datum beigetretenen Mitgliedstaaten, die den Euro als einheitliche Währung nicht eingeführt haben, wenden den zum Zeitpunkt ihres Beitritts geltenden Umrechnungskurs an.

Art. 400 [Kannbestimmung: Rundung der Beträge aus der Umrechnung der Euroangaben der MwStSystRL] Bei der Umrechnung der

Beträge gemäß Artikel 399 in Landeswährung können die Mitgliedstaaten die Beträge, die sich aus dieser Umrechnung ergeben, um höchstens 10% auf- oder abrunden.

Kapitel 4. Andere Steuern, Abgaben und Gebühren

Art. 401 [Verbot der Beibehaltung oder Einführung anderer Abgaben mit Mehrwertsteuercharakter] Unbeschadet anderer gemeinschaftsrechtlicher Vorschriften hindert diese Richtlinie einen Mitgliedstaat nicht daran, Abgaben auf Versicherungsverträge, Spiele und Wetten, Verbrauchsteuern, Grunderwerbsteuern sowie ganz allgemein alle Steuern, Abgaben und Gebühren, die nicht den Charakter von Umsatzsteuern haben, beizubehalten oder einzuführen, sofern die Erhebung dieser Steuern, Abgaben und Gebühren im Verkehr zwischen den Mitgliedstaaten nicht mit Formalitäten beim Grenzübertritt verbunden ist.

Titel XV. Schlussbestimmungen

Kapitel 1. Übergangsregelung für die Besteuerung des Handelsverkehrs zwischen den Mitgliedstaaten

Art. 402 [Besteuerung des innergemeinschaftlichen Handelsverkehrs als Übergangsregelung] (1) Die in dieser Richtlinie vorgesehene Regelung für die Besteuerung des Handelsverkehrs zwischen den Mitgliedstaaten ist eine Übergangsregelung, die von einer endgültigen Regelung abgelöst wird, die auf dem Grundsatz beruht, dass die Lieferungen von Gegenständen und die Erbringung von Dienstleistungen im Ursprungsmitgliedstaat zu besteuern sind.

(2) Der Rat erlässt, wenn er nach Prüfung des Berichts nach Artikel 404 zu der Feststellung gelangt ist, dass die Voraussetzungen für den Übergang zur endgültigen Regelung erfüllt sind, gemäß Artikel 93 des Vertrags die für das Inkrafttreten und die Anwendung der endgültigen Regelung erforderlichen Maßnahmen.

Art. 403, 404[1] *(aufgehoben)*

Kapitel 2. Übergangsbestimmungen im Rahmen der Beitritte zur Europäischen Union

Art. 405 [Übergangsbestimmung in Bezug auf Beitritte zur EU – Begriffsbestimmungen] Für die Zwecke dieses Kapitels gelten folgende Begriffsbestimmungen:

1. „Gemeinschaft" ist das Gebiet der Gemeinschaft im Sinne des Artikels 5 Nummer 1, vor dem Beitritt neuer Mitgliedstaaten;

---

[1] Art. 403 und 404 aufgeh mWv 27.12.2018 durch RL v. 4.12.2018 (ABl. L 311 S. 3).

2. „neue Mitgliedstaaten" ist das Gebiet der Mitgliedstaaten, die der Europäischen Union nach dem 1. Januar 1995 beigetreten sind, wie es für jeden dieser Mitgliedstaaten nach Artikel 5 Nummer 2 definiert ist;
3. „erweiterte Gemeinschaft" ist das Gebiet der Gemeinschaft im Sinne des Artikels 5 Nummer 1, nach dem Beitritt neuer Mitgliedstaaten.

Art. 406 [Übergangsbestimmung in Bezug auf Beitritte zur EU – Verfahren der vorübergehenden Verwendung] Die Vorschriften, die zu dem Zeitpunkt galten, an dem der Gegenstand in ein Verfahren der vorübergehenden Verwendung mit vollständiger Befreiung von den Einfuhrabgaben, in ein Verfahren oder eine sonstige Regelung nach Artikel 156 oder in ähnliche Verfahren oder Regelungen des neuen Mitgliedstaates überführt wurde, finden weiterhin Anwendung bis der Gegenstand nach dem Beitrittsdatum diese Verfahren oder sonstige Regelungen verlasst, sofern die folgenden Voraussetzungen erfüllt sind:

a) der Gegenstand wurde vor dem Beitrittsdatum in die Gemeinschaft oder in einen der neuen Mitgliedstaaten verbracht;
b) der Gegenstand war seit der Verbringung in die Gemeinschaft oder in einen der neuen Mitgliedstaaten dem Verfahren oder der sonstigen Regelung unterstellt;
c) der Gegenstand hat das Verfahren oder die sonstige Regelung nicht vor dem Beitrittsdatum verlassen.

Art. 407 [Übergangsbestimmung in Bezug auf Beitritte zur EU – Zollrechtliches Versandverfahren] Die Vorschriften, die zum Zeitpunkt der Unterstellung des Gegenstands unter ein zollrechtliches Versandverfahren galten, finden nach dem Beitrittsdatum bis zum Verlassen dieses Verfahrens weiterhin Anwendung, sofern alle folgenden Voraussetzungen erfüllt sind:

a) der Gegenstand wurde vor dem Beitrittsdatum unter ein zollrechtliches Versandverfahren gestellt;
b) der Gegenstand hat dieses Verfahren nicht vor dem Beitrittsdatum verlassen.

Art. 408 [Übergangsbestimmung in Bezug auf Beitritte zur EU – Gleichstellung bestimmter Vorgänge mit einer Einfuhr] (1) Die nachstehenden Vorgänge werden der Einfuhr eines Gegenstands gleichgestellt, sofern nachgewiesen wird, dass sich der Gegenstand in einem der neuen Mitgliedstaaten oder in der Gemeinschaft im freien Verkehr befand:

a) das Verlassen, einschließlich des unrechtmäßigen Verlassens, eines Verfahrens der vorübergehenden Verwendung, unter das der betreffende Gegenstand vor dem Beitrittsdatum gemäß Artikel 406 gestellt worden ist;
b) das Verlassen, einschließlich des unrechtmäßigen Verlassens entweder eines Verfahrens oder einer sonstigen Regelung des Artikels 156 oder ähnlicher Verfahren oder Regelungen, unter den der betreffende Gegenstand vor dem Beitrittsdatum gemäß Artikel 406 gestellt worden ist;

c) die Beendigung eines der in Artikel 407 genannten Verfahren, das vor dem Beitrittsdatum im Gebiet eines der neuen Mitgliedstaaten für die Zwecke einer vor dem Beitrittsdatum im Gebiet dieses Mitgliedstaates gegen Entgelt bewirkten Lieferung von Gegenständen durch einen Steuerpflichtigen als solchen begonnen wurde;

d) jede Unregelmäßigkeit oder jeder Verstoß anlässlich oder im Verlauf eines zollrechtlichen Versandverfahrens, das gemäß Buchstabe c begonnen wurde.

(2) Neben dem in Absatz 1 genannten Vorgang wird die im Gebiet eines Mitgliedstaates durch einen Steuerpflichtigen oder Nichtsteuerpflichtigen nach dem Beitrittsdatum erfolgende Verwendung von Gegenständen, die ihm vor dem Beitrittsdatum im Gebiet der Gemeinschaft oder eines der neuen Mitgliedstaaten geliefert wurden, einer Einfuhr eines Gegenstands gleichgestellt, sofern folgende Voraussetzungen gegeben sind:

a) die Lieferung dieser Gegenstände war entweder nach Artikel 146 Absatz 1 Buchstaben a und b oder nach einer entsprechenden Bestimmung in den neuen Mitgliedstaaten von der Steuer befreit oder befreiungsfähig;

b) die Gegenstände wurden nicht vor dem Beitrittsdatum in einen der neuen Mitgliedstaaten oder in die Gemeinschaft verbracht.

Art. 409 [Übergangsbestimmung in Bezug auf Beitritte zur EU – Fiktion des Einfuhrmitgliedstaats bei Gleichstellung bestimmter Vorgänge mit einer Einfuhr] Für die in Artikel 408 Absatz 1 genannten Vorgänge gilt die Einfuhr im Sinne des Artikels 61 als in dem Mitgliedstaat erfolgt, in dem die Gegenstände das Verfahren oder die Regelung verlassen, unter die sie vor dem Beitrittsdatum gestellt worden sind.

Art. 410 [Übergangsbestimmung in Bezug auf Beitritte zur EU – Einfuhr unter bestimmten Voraussetzungen kein Steuertatbestand]

(1) Abweichend von Artikel 71 stellt die Einfuhr eines Gegenstands im Sinne des Artikels 408 keinen Steuertatbestand dar, sofern eine der folgenden Bedingungen erfüllt ist:

a) der eingeführte Gegenstand wird nach außerhalb der erweiterten Gemeinschaft versandt oder befördert;

b) der im Sinne des Artikels 408 Absatz 1 Buchstabe a eingeführte Gegenstand – mit Ausnahme von Fahrzeugen – wird in den Mitgliedstaat, aus dem er ausgeführt wurde und an denjenigen, der ihn ausgeführt hat, zurückversandt oder -befördert;

c) der im Sinne des Artikels 408 Absatz 1 Buchstabe a eingeführte Gegenstand ist ein Fahrzeug, welches unter den für den Binnenmarkt eines der neuen Mitgliedstaaten oder eines der Mitgliedstaaten der Gemeinschaft geltenden allgemeinen Steuerbedingungen vor dem Beitrittsdatum erworben oder eingeführt wurde oder für welches bei der Ausfuhr keine Mehrwertsteuerbefreiung oder -vergütung gewährt worden ist.

(2) Die in Absatz 1 Buchstabe c genannte Bedingung gilt in folgenden Fällen als erfüllt:

a) wenn der Zeitraum zwischen der ersten Inbetriebnahme des Fahrzeugs und dem Beitritt zur Europäischen Union mehr als 8 Jahre beträgt;

b) wenn der Betrag der bei der Einfuhr fälligen Steuer geringfügig ist.

Kapitel 2a.[1] Übergangsmaßnahmen für die Anwendung neuer Rechtsvorschriften

Art. 410a[1] [Anwendung der Vorschriften über Gutscheine] Die Artikel 30a, 30b und 73a gelten nur für nach dem 31. Dezember 2018 ausgestellte Gutscheine.

Art. 410b[1] [Bewertungsbericht zu Behandlung von Gutscheinen] Die Kommission legt dem Europäischen Parlament und dem Rat bis spätestens 31. Dezember 2022 auf der Grundlage der von den Mitgliedstaaten erlangten Informationen einen Bewertungsbericht über die Anwendung der Bestimmungen dieser Richtlinie hinsichtlich der mehrwertsteuerlichen Behandlung von Gutscheinen vor, unter besonderer Berücksichtigung der Definition des Begriffs Gutschein, der Mehrwertsteuervorschriften in Bezug auf die Besteuerung von Gutscheinen in der Vertriebskette und nicht eingelöste Gutscheine; dem Bewertungsbericht ist erforderlichenfalls ein angemessener Vorschlag zur Änderung der jeweiligen Bestimmungen beigefügt.

Kapitel 3. Umsetzung und Inkrafttreten

Art. 411 [Aufhebung der 1. und 6. EG-Richtlinie] (1) Die Richtlinie 67/227/EWG und die Richtlinie 77/388/EWG werden unbeschadet der Verpflichtung der Mitgliedstaaten hinsichtlich der in Anhang XI Teil B genannten Fristen für die Umsetzung in innerstaatliches Recht und der Anwendungsfristen aufgehoben.

(2) Verweisungen auf die aufgehobenen Richtlinien gelten als Verweisungen auf die vorliegende Richtlinie und sind nach Maßgabe der Entsprechungstabelle in Anhang XII zu lesen.

Art. 412 [Pflicht zur Umsetzung einiger Vorschriften der MwStSystRL in nationales Recht zum 1.1.2008] (1) *[1]* [1]Die Mitgliedstaaten erlassen die Rechts- und Verwaltungsvorschriften, die erforderlich sind, um Artikel 2 Absatz 3, Artikel 44, Artikel 59 Absatz 1, Artikel 399 und Anhang III Nummer 18 dieser Richtlinie mit Wirkung zum 1. Januar 2008 nachzukommen. [2]Sie teilen der Kommission unverzüglich den Wortlaut dieser Rechtsvorschriften mit und fügen eine Entsprechungstabelle dieser Rechtsvorschriften und der vorliegenden Richtlinie bei.

[2] [1]Wenn die Mitgliedstaaten diese Vorschriften erlassen, nehmen sie in den Vorschriften selbst oder durch einen Hinweis bei der amtlichen Veröffent-

[1] Kapitel 2a (Art. 410a, 410b) eingef. mWv 2.7.2016 durch RL v. 27.6.2016 (ABl. L 177 S. 9).

lichung auf diese Richtlinie Bezug. [2]Die Mitgliedstaaten regeln die Einzelheiten der Bezugnahme.

(2) Die Mitgliedstaaten teilen der Kommission den Wortlaut der wesentlichen innerstaatlichen Rechtsvorschriften mit, die sie auf dem unter diese Richtlinie fallenden Gebiet erlassen.

Art. 413 [Inkrafttreten] Diese Richtlinie tritt am 1. Januar 2007 in Kraft.

Art. 414 [Adressat der MwStSystRL] Diese Richtlinie ist an die Mitgliedstaaten gerichtet.

(Fortsetzung nächstes Blatt)

Anhang I

Verzeichnis der Tätigkeiten im Sinne des Artikels 13 Absatz 1 Unterabsatz 3

1. Telekommunikationswesen;
2. Lieferung von Wasser, Gas, Elektrizität und thermischer Energie;
3. Güterbeförderung;
4. Hafen- und Flughafendienstleistungen;
5. Personenbeförderung;
6. Lieferung von neuen Gegenständen zum Zwecke ihres Verkaufs;
7. Umsätze der landwirtschaftlichen Interventionsstellen aus landwirtschaftlichen Erzeugnissen, die in Anwendung der Verordnungen über eine gemeinsame Marktorganisation für diese Erzeugnisse bewirkt werden;
8. Veranstaltung von Messen und Ausstellungen mit gewerblichem Charakter;
9. Lagerhaltung;
10. Tätigkeiten gewerblicher Werbebüros;
11. Tätigkeiten der Reisebüros;
12. Umsätze von betriebseigenen Kantinen, Verkaufsstellen und Genossenschaften und ähnlichen Einrichtungen;
13. Tätigkeiten der Rundfunk- und Fernsehanstalten sofern sie nicht nach Artikel 132 Absatz 1 Buchstabe q steuerbefreit sind.

Anhang II

Exemplarisches Verzeichnis elektronisch erbrachter Dienstleistungen im Sinne von Artikel 58 Absatz 1 Buchstabe c[1)]

1. Bereitstellung von Websites, Webhosting, Fernwartung von Programmen und Ausrüstungen;
2. Bereitstellung von Software und deren Aktualisierung;
3. Bereitstellung von Bildern, Texten und Informationen sowie Bereitstellung von Datenbanken;
4. Bereitstellung von Musik, Filmen und Spielen, einschließlich Glücksspielen und Lotterien sowie von Sendungen und Veranstaltungen aus den Bereichen Politik, Kultur, Kunst, Sport, Wissenschaft und Unterhaltung;
5. Erbringung von Fernunterrichtsleistungen.

Anhang III

Verzeichnis der Lieferungen von Gegenständen und Dienstleistungen, auf die ermäßigte MwSt-Sätze gemäß Artikel 98 angewandt werden können

1. Nahrungs- und Futtermittel (einschließlich Getränke, alkoholische Getränke jedoch ausgenommen), lebende Tiere, Saatgut, Pflanzen und üblicherweise für die Zubereitung von Nahrungs- und Futtermitteln verwendete Zutaten sowie üblicherweise als Zusatz oder als Ersatz für Nahrungs- und Futtermittel verwendete Erzeugnisse;
2. Lieferung von Wasser;
3. Arzneimittel, die üblicherweise für die Gesundheitsvorsorge, die Verhütung von Krankheiten und für ärztliche und tierärztliche Behandlungen verwendet werden, einschließlich Erzeugnissen für Zwecke der Empfängnisverhütung und der Monatshygiene;

[1)] Überschrift geänd. **mWv 1.1.2010 bzw. mWv 1.1.2015** durch RL 2008/8/EG v. 12.2.2008 (ABl. EU Nr. L 44 S. 11).

4. medizinische Geräte, Hilfsmittel und sonstige Vorrichtungen, die üblicherweise für die Linderung und die Behandlung von Behinderungen verwendet werden und die ausschließlich für den persönlichen Gebrauch von Behinderten bestimmt sind, einschließlich der Instandsetzung solcher Gegenstände, sowie Kindersitze für Kraftfahrzeuge;
5. Beförderung von Personen und des mitgeführten Gepäcks;
6.[1] Lieferung von Büchern, Zeitungen und Zeitschriften auf physischen Trägern, auf elektronischem Weg oder beidem, einschließlich des Verleihs durch Büchereien (einschließlich Broschüren, Prospekte und ähnlicher Drucksachen, Bilder-, Zeichen- oder Malbücher für Kinder, Notenhefte oder Manuskripte, Landkarten und hydrografischer oder sonstiger Karten), mit Ausnahme von Veröffentlichungen, die vollständig oder im Wesentlichen Werbezwecken dienen, und mit Ausnahme von Veröffentlichungen, die vollständig oder im Wesentlichen aus Videoinhalten oder hörbarer Musik bestehen;
7. Eintrittsberechtigung für Veranstaltungen, Theater, Zirkus, Jahrmärkte, Vergnügungsparks, Konzerte, Museen, Tierparks, Kinos und Ausstellungen sowie ähnliche kulturelle Ereignisse und Einrichtungen;
8. Empfang von Rundfunk- und Fernsehprogrammen;
9. Dienstleistungen von Schriftstellern, Komponisten und ausübenden Künstlern sowie diesen geschuldete urheberrechtliche Vergütungen;
10. Lieferung, Bau, Renovierung und Umbau von Wohnungen im Rahmen des sozialen Wohnungsbaus;

10a.[2] Renovierung und Reparatur von Privatwohnungen, mit Ausnahme von Materialien, die einen bedeutenden Teil des Wertes der Dienstleistung ausmachen;

10b.[2] Reinigung von Fenstern und Reinigung in privaten Haushalten;

11. Lieferung von Gegenständen und Dienstleistungen, die in der Regel für den Einsatz in der landwirtschaftlichen Erzeugung bestimmt sind, mit Ausnahme von Investitionsgütern wie Maschinen oder Gebäuden;
12. Beherbergung in Hotels und ähnlichen Einrichtungen, einschließlich der Beherbergung in Ferienunterkünften, und Vermietung von Campingplätzen und Plätzen für das Abstellen von Wohnwagen;

12 a.[2] Restaurant- und Verpflegungsdienstleistungen, mit der Möglichkeit, die Abgabe von (alkoholischen und/oder alkoholfreien) Getränken auszuklammern;

13. Eintrittsberechtigung für Sportveranstaltungen;
14. Überlassung von Sportanlagen;
15. Lieferung von Gegenständen und Erbringung von Dienstleistungen durch von den Mitgliedstaaten anerkannte gemeinnützige Einrichtungen für wohltätige Zwecke und im Bereich der sozialen Sicherheit, soweit sie nicht gemäß den Artikeln 132, 135 und 136 von der Steuer befreit sind;
16. Dienstleistungen von Bestattungsinstituten und Krematorien, einschließlich der Lieferung von damit im Zusammenhang stehenden Gegenständen;
17. medizinische Versorgungsleistungen und zahnärztliche Leistungen sowie Thermalbehandlungen, soweit sie nicht gemäß Artikel 132 Absatz 1 Buchstaben b bis e von der Steuer befreit sind;
18. Dienstleistungen im Rahmen der Straßenreinigung, der Abfuhr von Hausmüll und der Abfallbehandlung mit Ausnahme der Dienstleistungen, die von Einrichtungen im Sinne des Artikels 13 erbracht werden;
19.[2] kleine Reparaturdienstleistungen betreffend Fahrräder, Schuhe und Lederwaren, Kleidung und Haushaltswäsche (einschließlich Ausbesserung und Änderung);
20.[2] häusliche Pflegedienstleistungen (z. B. Haushaltshilfe und Betreuung von Kindern, älteren, kranken oder behinderten Personen);
21.[2] Friseurdienstleistungen.

---

[1] Anh. III Nr. 6 neu gef. mWv 4.12.2018 durch RL 2018/1713/EU v. 6.11.2018 (ABl. EU Nr. L 286 S. 20).

[2] Anh. III Nrn. 10a, 10b, 12a eingef., Nrn. 19, 20, 21 angef. mWv 1.6.2009 durch RL 2009/47/EG v. 5.5.2009 (ABl. EU Nr. L 116 S. 18).

Anhang IV[1] *(aufgehoben)*

Anhang V

Kategorien von Gegenständen, die nach Artikel 160 Absatz 2 Regelungen für andere Lager als Zolllager unterliegen

	KN-Code	Beschreibung der Gegenstände
1)	0701	Kartoffeln
2)	0711 20	Oliven
3)	0801	Kokosnüsse, Paranüsse und Kaschu-Nüsse
4)	0802	Andere Schalenfrüchte
5)	0901 11 00 0901 12 00	Kaffee, nicht geröstet
6)	0902	Tee
7)	1001 bis 1005 1007 bis 1008	Getreide
8)	1006	Rohreis
9)	1201 bis 1207	Samen und ölhaltige Früchte (einschließlich Sojabohnen)
10)	1507 bis 1515	Pflanzliche Fette und Öle und deren Fraktionen, roh, raffiniert, jedoch nicht chemisch modifiziert
11)	1701 11 1701 12	Rohzucker
12)	1801	Kakao, Kakaobohnen und Kakaobohnenbruch; roh oder geröstet
13)	2709 2710 2711 12 2711 13	Mineralöle (einschließlich Propan und Butan sowie Rohöle aus Erdöl)
14)	Kapitel 28 und 29	Chemische Produkte, lose
15)	4001 4002	Kautschuk, in Primärformen oder in Platten, Blättern oder Streifen
16)	5101	Wolle
17)	7106	Silber
18)	7110 11 00 7110 21 00 7110 31 00	Platin (Palladium, Rhodium)
19)	7402 7403 7405 7408	Kupfer
20)	7502	Nickel
21)	7601	Aluminium
22)	7801	Blei
23)	7901	Zink
24)	8001	Zinn
25)	ex 8112 92 ex 8112 99	Indium

[1] Anh. IV aufgeh. mWv 1.6.2009 durch RL 2009/47/EG v. 5.5.2009 (ABl. EU Nr. L 116 S. 18).

Anhang VI

Verzeichnis der in Artikel 199 Absatz 1 Buchstabe d genannten Lieferungen von Gegenständen und Dienstleistungen

1. Lieferung von Alteisen und Nichteisenabfällen, Schrott und Gebrauchtmaterial einschließlich Halberzeugnissen aus Verarbeitung, Herstellung oder Schmelzen von Eisen oder Nichteisenmetallen oder deren Legierungen;
2. Lieferung von Halberzeugnissen aus Eisen- und Nichteisenmetallen sowie Erbringung bestimmter damit verbundener Verarbeitungsleistungen;
3. Lieferung von Rückständen und anderen recyclingfähigen Materialien aus Eisen- und Nichteisenmetallen, Legierungen, Schlacke, Asche, Walzschlacke und metall- oder metalllegierungshaltigen gewerblichen Rückständen sowie Erbringung von Dienstleistungen in Form des Sortierens, Zerschneidens, Zerteilens und Pressens dieser Erzeugnisse;
4. Lieferung von Alteisen und Altmetallen, sowie von Abfällen, Schnitzeln und Bruch sowie gebrauchtem und recyclingfähigem Material in Form von Scherben, Glas, Papier, Pappe und Karton, Lumpen, Knochen, Häuten, Kunstleder, Pergament, rohen Häuten und Fellen, Sehnen und Bändern, Schnur, Tauwerk, Leinen, Tauen, Seilen, Kautschuk und Plastik und Erbringung bestimmter Verarbeitungsleistungen in Zusammenhang damit;
5. Lieferung der in diesem Anhang genannten Stoffe, nachdem sie gereinigt, poliert, sortiert, geschnitten, fragmentiert, zusammengepresst oder zu Blöcken gegossen wurden;
6. Lieferung von Schrott und Abfällen aus der Verarbeitung von Rohstoffen.

Anhang VII

Verzeichnis der Tätigkeiten der landwirtschaftlichen Erzeugung im Sinne des Artikels 295 Absatz 1 Nummer 4

1. Anbau:
   a) Ackerbau im Allgemeinen, einschließlich Weinbau;
   b) Obstbau (einschließlich Olivenanbau) und Gemüse-, Blumen- und Zierpflanzengartenbau, auch unter Glas;
   c) Anbau von Pilzen und Gewürzen, Erzeugung von Saat- und Pflanzgut;
   d) Betrieb von Baumschulen.
2. Tierzucht und Tierhaltung in Verbindung mit der Bodenbewirtschaftung:
   a) Viehzucht und -haltung;
   b) Geflügelzucht und -haltung;
   c) Kaninchenzucht und -haltung;
   d) Imkerei;
   e) Seidenraupenzucht;
   f) Schneckenzucht.
3. Forstwirtschaft.
4. Fischwirtschaft:
   a) Süßwasserfischerei;
   b) Fischzucht;
   c) Muschelzucht, Austernzucht und Zucht anderer Weich- und Krebstiere;
   d) Froschzucht.

Anhang VIII

Exemplarisches Verzeichnis der landwirtschaftlichen Dienstleistungen im Sinne des Artikels 295 Absatz 1 Nummer 5

1. Anbau-, Ernte-, Dresch-, Press-, Lese- und Einsammelarbeiten, einschließlich Säen und Pflanzen;
2. Verpackung und Zubereitung, wie beispielsweise Trocknung, Reinigung, Zerkleinerung, Desinfektion und Einsilierung landwirtschaftlicher Erzeugnisse;
3. Lagerung landwirtschaftlicher Erzeugnisse;
4. Hüten, Zucht und Mästen von Vieh;
5. Vermietung normalerweise in land-, forst- und fischwirtschaftlichen Betrieben verwendeter Mittel zu landwirtschaftlichen Zwecken;
6. technische Hilfe;
7. Vernichtung schädlicher Pflanzen und Tiere, Behandlung von Pflanzen und Böden durch Besprühen;
8. Betrieb von Be- und Entwässerungsanlagen;
9. Beschneiden und Fällen von Bäumen und andere forstwirtschaftliche Dienstleistungen.

Anhang IX

Kunstgegenstände, Sammlungsstücke und Antiquitäten im Sinne des Artikels 311 Absatz 1 Nummer 2, 3, und 4

Teil A. Kunstgegenstände

1. Gemälde (z. B. Ölgemälde, Aquarelle, Pastelle) und Zeichnungen sowie Collagen und ähnliche dekorative Bildwerke, vollständig vom Künstler mit der Hand geschaffen, ausgenommen Baupläne und -zeichnungen, technische Zeichnungen und andere Pläne und Zeichnungen zu Gewerbe-, Handels-, topografischen oder ähnlichen Zwecken, handbemalte oder handverzierte gewerbliche Erzeugnisse, bemalte Gewebe für Theaterdekorationen, Atelierhintergründe oder dergleichen (KN-Code 9701);
2. Originalstiche, -schnitte und -steindrucke, die unmittelbar in begrenzter Zahl von einer oder mehreren vom Künstler vollständig handgearbeiteten Platten nach einem beliebigen, jedoch nicht mechanischen oder fotomechanischen Verfahren auf ein beliebiges Material in schwarz-weiß oder farbig abgezogen wurden (KN-Code 9702 00 00);
3. Originalerzeugnisse der Bildhauerkunst, aus Stoffen aller Art, sofern vollständig vom Künstler geschaffen; unter Aufsicht des Künstlers oder seiner Rechtsnachfolger hergestellte Bildgüsse bis zu einer Höchstzahl von acht Exemplaren (KN-Code 9703 00 00). In bestimmten, von den Mitgliedstaaten festgelegten Ausnahmefällen darf bei vor dem 1. Januar 1989 hergestellten Bildgüssen die Höchstzahl von acht Exemplaren überschritten werden;
4. handgearbeitete Tapisserien (KN-Code 5805 00 00) und Textilwaren für Wandbekleidung (KN-Code 6304 00 00) nach Originalentwürfen von Künstlern, höchstens jedoch acht Kopien je Werk;
5. Originalwerke aus Keramik, vollständig vom Künstler geschaffen und von ihm signiert;
6. Werke der Emaillekunst, vollständig von Hand geschaffen, bis zu einer Höchstzahl von acht nummerierten und mit der Signatur des Künstlers oder des Kunstateliers versehenen Exemplaren; ausgenommen sind Erzeugnisse des Schmuckhandwerks, der Juwelier- und der Goldschmiedekunst;
7. vom Künstler aufgenommene Photographien, die von ihm oder unter seiner Überwachung abgezogen wurden und signiert sowie nummeriert sind; die Gesamtzahl der Abzüge darf, alle Formate und Trägermaterialien zusammengenommen, 30 nicht überschreiten.

Teil B. Sammlungsstücke

1. Briefmarken, Stempelmarken, Steuerzeichen, Ersttagsbriefe, Ganzsachen und dergleichen, entwertet oder nicht entwertet, jedoch weder gültig noch zum Umlauf vorgesehen (KN-Code 9704 00 00);
2. zoologische, botanische, mineralogische oder anatomische Sammlungsstücke und Sammlungen; Sammlungsstücke von geschichtlichem, archäologischem, paläontologischem, völkerkundlichem oder münzkundlichem Wert (KN-Code 9705 00 00).

Teil C. Antiquitäten

Andere Gegenstände als Kunstgegenstände und Sammlungsstücke, die mehr als hundert Jahre alt sind (KN-Code 9706 00 00).

Anhang X

Verzeichnis der Umsätze, für die die Ausnahmen gemäß den Artikeln 370 und 371 sowie 375 bis 390c[1]) gelten

Teil A. Umsätze, die die Mitgliedstaaten weiterhin besteuern dürfen

1. Dienstleistungen, die von Zahntechnikern im Rahmen ihrer beruflichen Tätigkeit erbracht werden, sowie Lieferungen von Zahnersatz durch Zahnärzte und Zahntechniker;
2. Tätigkeiten der öffentlichen Rundfunk- und Fernsehanstalten, die keinen gewerblichen Charakter aufweisen;
3. Lieferungen von anderen Gebäuden oder Gebäudeteilen und dem dazugehörigen Grund und Boden als den in Artikel 12 Absatz 1 Buchstabe a genannten, wenn sie von Steuerpflichtigen getätigt werden, die für das betreffende Gebäude ein Recht auf Vorsteuerabzug hatten;
4. Dienstleistungen der Reisebüros im Sinne des Artikels 306 sowie der Reisebüros, die im Namen und für Rechnung des Reisenden für Reisen außerhalb der Gemeinschaft tätig werden.

Teil B. Umsätze, die die Mitgliedstaaten weiterhin von der Steuer befreien dürfen

1. Einnahme von Eintrittsgeldern bei Sportveranstaltungen;
2. Dienstleistungen von Autoren, Künstlern und Interpreten von Kunstwerken sowie Dienstleistungen von Rechtsanwälten und Angehörigen anderer freier Berufe, mit Ausnahme der ärztlichen oder arztähnlichen Heilberufe sowie mit Ausnahme folgender Dienstleistungen:
   a) Abtretung von Patenten, Warenzeichen und gleichartigen Rechten sowie Gewährung von Lizenzen betreffend diese Rechte;
   b) Arbeiten an beweglichen körperlichen Gegenständen, die für Steuerpflichtige durchgeführt werden und die nicht in der Ablieferung eines aufgrund eines Werkvertrags hergestellten beweglichen Gegenstands bestehen;
   c) Dienstleistungen zur Vorbereitung oder zur Koordinierung der Durchführung von Bauleistungen wie zum Beispiel Leistungen von Architekten und Bauaufsichtsbüros;
   d) Dienstleistungen auf dem Gebiet der Wirtschaftswerbung;
   e) Beförderung und Lagerung von Gegenständen sowie Nebendienstleistungen;
   f) Vermietung von beweglichen körperlichen Gegenständen an Steuerpflichtige;
   g) Überlassung von Arbeitskräften an Steuerpflichtige;
   h) Dienstleistungen von Beratern, Ingenieuren und Planungsbüros auf technischem, wirtschaftlichem oder wissenschaftlichem Gebiet sowie ähnliche Leistungen;
   i) Ausführung einer Verpflichtung, eine unternehmerische Tätigkeit oder ein Recht im Sinne der Buchstaben a bis h und j ganz oder teilweise nicht auszuüben;

---

[1]) Geänd. mWv 15.1.2010 durch RL 2009/162/EU v. 22.12.2009 (ABl. EU 2010 Nr. L 10 S. 14); Überschrift neu gef. mWv 1.7.2013 durch Beitrittsakte v. 9.12.2011 (ABl. EU 2012 Nr. L 112, S. 21).

j) Dienstleistungen von Spediteuren, Maklern, Handelsagenten und anderen selbstständigen Vermittlern, soweit sie die Lieferungen oder die Einfuhren von Gegenständen oder Dienstleistungen gemäß den Buchstaben a bis i betreffen;

3. Telekommunikationsdienstleistungen und dazu gehörende Lieferungen von Gegenständen, die von öffentlichen Posteinrichtungen erbracht bzw. getätigt werden;
4. Dienstleistungen der Bestattungsinstitute und Krematorien sowie dazu gehörende Lieferungen von Gegenständen;
5. Umsätze, die von Blinden oder Blindenwerkstätten bewirkt werden, wenn ihre Befreiung von der Steuer keine erheblichen Wettbewerbsverzerrungen verursacht;
6. Lieferung von Gegenständen und Dienstleistungen an Einrichtungen, die mit der Anlage, Ausstattung und Instandhaltung von Friedhöfen, Grabstätten und Denkmälern für Kriegsopfer beauftragt sind;
7. Umsätze von nicht unter Artikel 132 Absatz 1 Buchstabe b fallenden Krankenhäusern;
8. Lieferung von Wasser durch Einrichtungen des öffentlichen Rechts;
9. Lieferung von Gebäuden oder Gebäudeteilen und dem dazugehörigen Grund und Boden vor dem Erstbezug sowie Lieferung von Baugrundstücken im Sinne des Artikels 12;
10. Beförderung von Personen und von Begleitgütern der Reisenden, wie Gepäck und Kraftfahrzeuge, sowie Dienstleistungen im Zusammenhang mit der Personenbeförderung, soweit die Beförderung dieser Personen von der Steuer befreit ist;
11. Lieferung, Umbau, Reparatur, Wartung, Vercharterung und Vermietung von Luftfahrzeugen, die von staatlichen Einrichtungen verwendet werden, einschließlich der Gegenstände, die in diese Luftfahrzeuge eingebaut sind oder ihrem Betrieb dienen;
12. Lieferung, Umbau, Reparatur, Wartung, Vercharterung und Vermietung von Kriegsschiffen;
13. Dienstleistungen der Reisebüros im Sinne des Artikels 306 sowie der Reisebüros, die im Namen und für Rechnung des Reisenden für Reisen innerhalb der Gemeinschaft tätig werden.

Anhang XI

Teil A. Aufgehobene Richtlinien mit ihren nachfolgenden Änderungen

1. Richtlinie 67/227/EWG (ABl. 71 vom 14.4.1967, S. 1301)
   Richtlinie 77/388/EWG
2. Richtlinie 77/388/EWG (ABl. L 145 vom 13.6.1977, S. 1)
   Richtlinie 78/583/EWG (ABl. L 194 vom 19.7.1978, S. 16)
   Richtlinie 80/368/EWG (ABl. L 90 vom 3.4.1980, S. 41)
   Richtlinie 84/386/EWG (ABl. L 208 vom 3.8.1984, S. 58)
   Richtlinie 89/465/EWG (ABl. L 226 vom 3.8.1989, S. 21)
   Richtlinie 91/680/EWG (ABl. L 376 vom 31.12.1991, S. 1) – nicht Artikel 2
   Richtlinie 92/77/EWG (ABl. L 316 vom 31.10.1992, S. 1)
   Richtlinie 92/111/EWG (ABl. L 384 vom 30.12.1992, S. 47)
   Richtlinie 94/4/EG (ABl. L 60 vom 3.3.1994, S. 14) – nur Artikel 2
   Richtlinie 94/5/EG (ABl. L 60 vom 3.3.1994, S. 16)
   Richtlinie 94/76/EG (ABl. L 365 vom 31.12.1994, S. 53)
   Richtlinie 95/7/EG (ABl. L 102 vom 5.5.1995, S. 18)
   Richtlinie 96/42/EG (ABl. L 170 vom 9.7.1996, S. 34)
   Richtlinie 96/95/EG (ABl. L 338 vom 28.12.1996, S. 89)
   Richtlinie 98/80/EG (ABl. L 281 vom 17.10.1998, S. 31)
   Richtlinie 1999/49/EG (ABl. L 139 vom 2.6.1999, S. 27)
   Richtlinie 1999/59/EG (ABl. L 162 vom 26.6.1999, S. 63)
   Richtlinie 1999/85/EG (ABl. L 277 vom 28.10.1999, S. 34)
   Richtlinie 2000/17/EG (ABl. L 84 vom 5.4.2000, S. 24)
   Richtlinie 2000/65/EG (ABl. L 269 vom 21.10.2000, S. 44)
   Richtlinie 2001/4/EG (ABl. L 22 vom 24.1.2001, S. 17)
   Richtlinie 2001/115/EG (ABl. L 15 vom 17.1.2002, S. 24)
   Richtlinie 2002/38/EG (ABl. L 128 vom 15.5.2002, S. 41)
   Richtlinie 2002/93/EG (ABl. L 331 vom 7.12.2002, S. 27)

Richtlinie 2003/92/EG (ABl. L 260 vom 11.10.2003, S. 8)
Richtlinie 2004/7/EG (ABl. L 27 vom 30.1.2004, S. 44)
Richtlinie 2004/15/EG (ABl. L 52 vom 21.2.2004, S. 61)
Richtlinie 2004/66/EG (ABl. L 168 vom 1.5.2004, S. 35) – nur Anhang Nummer V
Richtlinie 2005/92/EG (ABl. L 345 vom 28.12.2005, S. 19)
Richtlinie 2006/18/EG (ABl. L 51 vom 22.2.2006, S. 12)
Richtlinie 2006/58/EG (ABl. L 174 vom 28.6.2006, S. 5)
Richtlinie 2006/69/EG (ABl. L 221, vom 12.8.2006, S. 9) – nur Artikel 1
Richtlinie 2006/98/EG (ABl. L 363 vom 20.12.2006, S. 129) – nur Nummer 2 des Anhangs;

Teil B. Fristen für die Umsetzung in nationales Recht (Artikel 411)

Richtlinie	Umsetzungsfrist
Richtlinie 67/227/EWG	1. Januar 1970
Richtlinie 77/388/EWG	1. Januar 1978
Richtlinie 78/583/EWG	1. Januar 1979
Richtlinie 80/368/EWG	1. Januar 1979
Richtlinie 84/386/EWG	1. Juli 1985
Richtlinie 89/465/EWG	1. Januar 1990 1. Januar 1991 1. Januar 1992 1. Januar 1993 1. Januar 1994 für Portugal
Richtlinie 91/680/EWG	1. Januar 1993
Richtlinie 92/77/EWG	31. Dezember 1992
Richtlinie 92/111/EWG	1. Januar 1993 1. Januar 1994 1. Oktober 1993 für Deutschland
Richtlinie 94/4/EG	1. April 1994
Richtlinie 94/5/EG	1. Januar 1995
Richtlinie 94/76/EG	1. Januar 1995
Richtlinie 95/7/EG	1. Januar 1996 1. Januar 1997 für Deutschland und Luxemburg
Richtlinie 96/42/EG	1. Januar 1995
Richtlinie 96/95/EG	1. Januar 1997
Richtlinie 98/80/EG	1. Januar 2000
Richtlinie 1999/49/EG	1. Januar 1999
Richtlinie 1999/59/EG	1. Januar 2000
Richtlinie 1999/85/EG	–
Richtlinie 2000/17/EG	–
Richtlinie 2000/65/EG	31. Dezember 2001
Richtlinie 2001/4/EG	1. Januar 2001
Richtlinie 2001/115/EG	1. Januar 2004
Richtlinie 2002/38/EG	1. Juli 2003
Richtlinie 2002/93/EG	–
Richtlinie 2003/92/EG	1. Januar 2005
Richtlinie 2004/7/EG	30. Januar 2004
Richtlinie 2004/15/EG	–
Richtlinie 2004/66/EG	1. Mai 2004
Richtlinie 2005/92/EG	1. Januar 2006
Richtlinie 2006/18/EG	–
Richtlinie 2006/58/EG	1. Juli 2006
Richtlinie 2006/69/EG	1. Januar 2008
Richtlinie 2006/98/EG	1. Januar 2007

Anhang XII

Entsprechungstabelle

Richtlinie 67/227/EWG	Vorliegende Richtlinie
Art. 1 Abs. 1	Art. 1 Abs. 1
Art. 1 Abs. 2 und 3	–
Art. 2 Abs. 1, 2 und 3	Art. 1 Abs. 2 UAbs. 1, 2 und 3
Art. 3, 4 und 6	–
Richtlinie 77/388/EWG	
Art. 1	–
Art. 2 Nr. 1	Art. 2 Abs. 1 Buchst. a und c
Art. 2 Nr. 2	Art. 2 Abs. 1 Buchst. d
Art. 3 Abs. 1 erster Gedankenstrich	Art. 5 Nr. 2
Art. 3 Abs. 1 zweiter Gedankenstrich	Art. 5 Nr. 1
Art. 3 Abs. 1 dritter Gedankenstrich	Art. 5 Nrn. 3 und 4
Art. 3 Abs. 2	–
Art. 3 Abs. 3 UAbs. 1 erster Gedankenstrich	Art. 6 Abs. 2 Buchst. a und b
Art. 3 Abs. 3 UAbs. 1 zweiter Gedankenstrich	Art. 6 Abs. 2 Buchst. c und d
Art. 3 Abs. 3 UAbs. 1 dritter Gedankenstrich	Art. 6 Abs. 2 Buchst. e, f und g
Art. 3 Abs. 3 UAbs. 2 erster Gedankenstrich	Art. 6 Abs. 1 Buchst. b
Art. 3 Abs. 3 UAbs. 2 zweiter Gedankenstrich	Art. 6 Abs. 1 Buchst. c
Art. 3 Abs. 3 UAbs. 2 dritter Gedankenstrich	Art. 6 Abs. 1 Buchst. a
Art. 3 Abs. 4 UAbs. 1 erster und zweiter Gedankenstrich	Art. 7 Abs. 1
Art. 3 Abs. 4 UAbs. 2 erster, zweiter und dritter Gedankenstrich	Art. 7 Abs. 2
Art. 3 Abs. 5	Art. 8
Art. 4 Abs. 1 und 2	Art. 9 Abs. 1 UAbs. 1 und 2
Art. 4 Abs. 3 Buchst. a UAbs. 1 Satz 1	Art. 12 Abs. 1 Buchst. a
Art. 4 Abs. 3 Buchst. a UAbs. 1 Satz 2	Art. 12 Abs. 2 UAbs. 2
Art. 4 Abs. 3 Buchst. a UAbs. 2	Art. 12 Abs. 2 UAbs. 3
Art. 4 Abs. 3 Buchst. a UAbs. 3	Art. 12 Abs. 2 UAbs. 1
Art. 4 Abs. 3 Buchst. b UAbs. 1	Art. 12 Abs. 1 Buchst. b
Art. 4 Abs. 3 Buchst. b UAbs. 2	Art. 12 Abs. 3
Art. 4 Abs. 4 UAbs. 1	Art. 10
Art. 4 Abs. 4 UAbs. 2 und 3	Art. 11 Abs. 1 und 2
Art. 4 Abs. 5 UAbs. 1, 2 und 3	Art. 13 Abs. 1 UAbs. 1, 2 und 3
Art. 4 Abs. 5 UAbs. 4	Art. 13 Abs. 2
Art. 5 Abs. 1	Art. 14 Abs. 1
Art. 5 Abs. 2	Art. 15 Abs. 1
Art. 5 Abs. 3 Buchst. a, b und c	Art. 15 Abs. 2 Buchst. a, b und c
Art. 5 Abs. 4 Buchst. a, b und c	Art. 14 Abs. 2 Buchst. a, b und c
Art. 5 Abs. 5	Art. 14 Abs. 3
Art. 5 Abs. 6 Sätze 1 und 2	Art. 16 Abs. 1 und 2
Art. 5 Abs. 7 Buchst. a, b und c	Art. 18 Buchst. a, b und c
Art. 5 Abs. 8 Satz 1	Art. 19 Abs. 1
Art. 5 Abs. 8 Sätze 2 und 3	Art. 19 Abs. 2

Richtlinie 77/388/EWG	Vorliegende Richtlinie
Art. 6 Abs. 1 UAbs. 1	Art. 24 Abs. 1
Art. 6 Abs. 1 UAbs. 2 erster, zweiter und dritter Gedankenstrich	Art. 25 Buchst. a, b und c
Art. 6 Abs. 2 UAbs. 1 Buchst. a und b	Art. 26 Abs. 1 Buchst. a und b
Art. 6 Abs. 2 UAbs. 2	Art. 26 Abs. 2
Art. 6 Abs. 3	Art. 27
Art. 6 Abs. 4	Art. 28
Art. 6 Abs. 5	Art. 29
Art. 7 Abs. 1 Buchst. a und b	Art. 30 Abs. 1 und 2
Art. 7 Abs. 2	Art. 60
Art. 7 Abs. 3 UAbs. 1 und 2	Art. 61 Abs. 1 und 2
Art. 8 Abs. 1 Buchst. a Satz 1	Art. 32 Abs. 1
Art. 8 Abs. 1 Buchst. a Sätze 2 und 3	Art. 36 Abs. 1 und 2
Art. 8 Abs. 1 Buchst. b	Art. 31
Art. 8 Abs. 1 Buchst. c UAbs. 1	Art. 37 Abs. 1
Art. 8 Abs. 1 Buchst. c UAbs. 2 erster Gedankenstrich	Art. 37 Abs. 2 UAbs. 1
Art. 8 Abs. 1 Buchst. c UAbs. 2 zweiter und dritter Gedankenstrich	Art. 37 Abs. 2 UAbs. 2 und 3
Art. 8 Abs. 1 Buchst. c UAbs. 3	Art. 37 Abs. 2 UAbs. 4
Art. 8 Abs. 1 Buchst. c UAbs. 4	Art. 37 Abs. 3 UAbs. 1
Art. 8 Abs. 1 Buchst. c UAbs. 5	–
Art. 8 Abs. 1 Buchst. c UAbs. 6	Art. 37 Abs. 3 UAbs. 2
Art. 8 Abs. 1 Buchst. d UAbs. 1 und 2	Art. 38 Abs. 1 und 2
Art. 8 Abs. 1 Buchst. e Satz 1	Art. 39 Abs. 1
Art. 8 Abs. 1 Buchst. e Sätze 2 und 3	Art. 39 Abs. 2
Art. 8 Abs. 2	Art. 32 Abs. 2
Art. 9 Abs. 1	Art. 43
Art. 9 Abs. 2 einleitender Satzteil	–
Art. 9 Abs. 2 Buchst. a	Art. 45
Art. 9 Abs. 2 Buchst. b	Art. 46
Art. 9 Abs. 2 Buchst. c erster und zweiter Gedankenstrich	Art. 52 Buchst. a und b
Art. 9 Abs. 2 Buchst. c dritter und vierter Gedankenstrich	Art. 52 Buchst. c
Art. 9 Abs. 2 Buchst. e erster bis sechster Gedankenstrich	Art. 56 Abs. 1 Buchst. a bis f
Art. 9 Abs. 2 Buchst. e siebter Gedankenstrich	Art. 56 Abs. 1 Buchst. l
Art. 9 Abs. 2 Buchst. e achter Gedankenstrich	Art. 56 Abs. 1 Buchst. g
Art. 9 Abs. 2 Buchst. e neunter Gedankenstrich	Art. 56 Abs. 1 Buchst. h
Art. 9 Abs. 2 Buchst. e zehnter Gedankenstrich Satz 1	Art. 56 Abs. 1 Buchst. i
Art. 9 Abs. 2 Buchst. e zehnter Gedankenstrich Satz 2	Art. 24 Abs. 2
Art. 9 Abs. 2 Buchst. e zehnter Gedankenstrich Satz 3	Art. 56 Abs. 1 Buchst. i
Art. 9 Abs. 2 Buchst. e elfter und zwölfter Gedankenstrich	Art. 56 Abs. 1 Buchst. j und k
Art. 9 Abs. 2 Buchst. f	Art. 57 Abs. 1
Art. 9 Abs. 3	Art. 58 Abs. 1 und 2
Art. 9 Abs. 3 Buchst. a und b	Art. 58 Abs. 1 Buchst. a und b
Art. 9 Abs. 4	Art. 59 Abs. 1 und 2
Art. 10 Abs. 1 Buchst. a und b	Art. 62 Nrn. 1 und 2
Art. 10 Abs. 2 UAbs. 1 Satz 1	Art. 63

Richtlinie 77/388/EWG	Vorliegende Richtlinie
Art. 10 Abs. 2 UAbs. 1 Sätze 2 und 3	Art. 64 Abs. 1 und 2
Art. 10 Abs. 2 UAbs. 2	Art. 65
Art. 10 Abs. 2 UAbs. 3 erster, zweiter und dritter Gedankenstrich	Art. 66 Buchst. a, b und c
Art. 10 Abs. 3 UAbs. 1 Satz 1	Art. 70
Art. 10 Abs. 3 UAbs. 1 Satz 2	Art. 71 Abs. 1 UAbs. 1
Art. 10 Abs. 3 UAbs. 2	Art. 71 Abs. 1 UAbs. 2
Art. 10 Abs. 3 UAbs. 3	Art. 71 Abs. 2
Art. 11 Teil A Abs. 1 Buchst. a	Art. 73
Art. 11 Teil A Abs. 1 Buchst. b	Art. 74
Art. 11 Teil A Abs. 1 Buchst. c	Art. 75
Art. 11 Teil A Abs. 1 Buchst. d	Art. 77
Art. 11 Teil A Abs. 2 Buchst. a	Art. 78 Abs. 1 Buchst. a
Art. 11 Teil A Abs. 2 Buchst. b Satz 1	Art. 78 Abs. 1 Buchst. b
Art. 11 Teil A Abs. 2 Buchst. b Satz 2	Art. 78 Abs. 2
Art. 11 Teil A Abs. 3 Buchst. a und b	Art. 79 Abs. 1 Buchst. a und b Art. 87 Buchst. a und b
Art. 11 Teil A Abs. 3 Buchst. c Satz 1	Art. 79 Abs. 1 Buchst. c
Art. 11 Teil A Abs. 3 Buchst. c Satz 2	Art. 79 Abs. 2
Art. 11 Teil A Abs. 4 UAbs. 1 und 2	Art. 81 Abs. 1 und 2
Art. 11 Teil A Abs. 5	Art. 82
Art. 11 Teil A Abs. 6 UAbs. 1 Sätze 1 und 2	Art. 80 Abs. 1 UAbs. 1
Art. 11 Teil A Abs. 6 UAbs. 1 Satz 3	Art. 80 Abs. 1 UAbs. 2
Art. 11 Teil A Abs. 6 UAbs. 2	Art. 80 Abs. 1 UAbs. 1
Art. 11 Teil A Abs. 6 UAbs. 3	Art. 80 Abs. 2
Art. 11 Teil A Abs. 6 UAbs. 4	Art. 80 Abs. 3
Art. 11 Teil A Abs. 7 UAbs. 1 und 2	Art. 72 Abs. 1 und 2
Art. 11 Teil B Abs. 1	Art. 85
Art. 11 Teil B Abs. 3 Buchst. a	Art. 86 Abs. 1 Buchst. a
Art. 11 Teil B Abs. 3 Buchst. b UAbs. 1	Art. 86 Abs. 1 Buchst. b
Art. 11 Teil B Abs. 3 Buchst. b UAbs. 2	Art. 86 Abs. 2
Art. 11 Teil B Abs. 3 Buchst. b UAbs. 3	Art. 86 Abs. 1 Buchst. b
Art. 11 Teil B Abs. 4	Art. 87
Art. 11 Teil B Abs. 5	Art. 88
Art. 11 Teil B Abs. 6 UAbs. 1 und 2	Art. 89 Abs. 1 und 2
Art. 11 Teil C Abs. 1 UAbs. 1 und 2	Art. 90 Abs. 1 und 2
Art. 11 Teil C Abs. 2 UAbs. 1	Art. 91 Abs. 1
Art. 11 Teil C Abs. 2 UAbs. 2 Sätze 1 und 2	Art. 91 Abs. 2 UAbs. 1 und 2
Art. 11 Teil C Abs. 3 erster und zweiter Gedankenstrich	Art. 92 Buchst. a und b
Art. 12 Abs. 1	Art. 93 Abs. 1
Art. 12 Abs. 1 Buchst. a	Art. 93 Abs. 2 Buchst. a
Art. 12 Abs. 1 Buchst. b	Art. 93 Abs. 2 Buchst. c
Art. 12 Abs. 2 erster und zweiter Gedankenstrich	Art. 95 Abs. 1 und 2
Art. 12 Abs. 3 Buchst. a UAbs. 1 Satz 1	Art. 96
Art. 12 Abs. 3 Buchst. a UAbs. 1 Satz 2	Art. 97 Abs. 1
Art. 12 Abs. 3 Buchst. a UAbs. 2	Art. 97 Abs. 2
Art. 12 Abs. 3 Buchst. a UAbs. 3 Satz 1	Art. 98 Abs. 1
Art. 12 Abs. 3 Buchst. a UAbs. 3 Satz 2	Art. 98 Abs. 2 UAbs. 1 Art. 99 Abs. 1

Richtlinie 77/388/EWG	Vorliegende Richtlinie
Art. 12 Abs. 3 Buchst. a UAbs. 4	Art. 98 Abs. 2 UAbs. 2
Art. 12 Abs. 3 Buchst. b Satz 1	Art. 102 Abs. 1
Art. 12 Abs. 3 Buchst. b Sätze 2, 3 und 4	Art. 102 Abs. 2
Art. 12 Abs. 3 Buchst. c UAbs. 1	Art. 103 Abs. 1
Art. 12 Abs. 3 Buchst. c UAbs. 2 erster und zweiter Gedankenstrich	Art. 103 Abs. 2 Buchst. a und b
Art. 12 Abs. 4 UAbs. 1	Art. 99 Abs. 2
Art. 12 Abs. 4 UAbs. 2 Sätze 1 und 2	Art. 100 Abs. 1 und 2
Art. 12 Abs. 4 UAbs. 3	Art. 101
Art. 12 Abs. 5	Art. 94 Abs. 2
Art. 12 Abs. 6	Art. 105
Art. 13 Teil A Abs. 1 einleitender Satzteil	Art. 131
Art. 13 Teil A Abs. 1 Buchst. a bis n	Art. 132 Abs. 1 Buchst. a bis n
Art. 13 Teil A Abs. 1 Buchst. o Satz 1	Art. 132 Abs. 1 Buchst. o
Art. 13 Teil A Abs. 1 Buchst. o Satz 2	Art. 132 Abs. 2
Art. 13 Teil A Abs. 1 Buchst. p und q	Art. 132 Abs. 1 Buchst. p und q
Art. 13 Teil A Abs. 2 Buchst. a erster bis vierter Gedankenstrich	Art. 133 Abs. 1 Buchst. a bis d
Art. 13 Teil A Abs. 2 Buchst. b erster und zweiter Gedankenstrich	Art. 134 Buchst. a und b
Art. 13 Teil B einleitender Satzteil	Art. 131
Art. 13 Teil B Buchst. a	Art. 135 Abs. 1 Buchst. a
Art. 13 Teil B Buchst. b UAbs. 1	Art. 135 Abs. 1 Buchst. l
Art. 13 Teil B Buchst. b UAbs. 1 Nrn. 1 bis 4	Art. 135 Abs. 2 UAbs. 1 Buchst. a bis d
Art. 13 Teil B Buchst. b UAbs. 2	Art. 135 Abs. 2 UAbs. 2
Art. 13 Teil B Buchst. c	Art. 136 Buchst. a und b
Art. 13 Teil B Buchst. d	–
Art. 13 Teil B Buchst. d Nrn. 1 bis 5	Art. 135 Abs. 1 Buchst. b bis f
Art. 13 Teil B Buchst. d Nr. 5 erster und zweiter Gedankenstrich	Art. 135 Abs. 1 Buchst. f
Art. 13 Teil B Buchst. d Nr. 6	Art. 135 Abs. 1 Buchst. g
Art. 13 Teil B Buchst. e bis h	Art. 135 Abs. 1 Buchst. h bis k
Art. 13 Teil C Abs. 1 Buchst. a	Art. 137 Abs. 1 Buchst. d
Art. 13 Teil C Abs. 1 Buchst. b	Art. 137 Abs. 1 Buchst. a, b und c
Art. 13 Teil C Abs. 2	Art. 137 Abs. 2 UAbs. 1 und 2
Art. 14 Abs. 1 einleitender Satzteil	Art. 131
Art. 14 Abs. 1 Buchst. a	Art. 143 Buchst. a
Art. 14 Abs. 1 Buchst. d UAbs. 1 und 2	Art. 143 Buchst. b und c
Art. 14 Abs. 1 Buchst. e	Art. 143 Buchst. e
Art. 14 Abs. 1 Buchst. g erster bis vierter Gedankenstrich	Art. 143 Buchst. f bis i
Art. 14 Abs. 1 Buchst. h	Art. 143 Buchst. j
Art. 14 Abs. 1 Buchst. i	Art. 144
Art. 14 Abs. 1 Buchst. j	Art. 143 Buchst. k
Art. 14 Abs. 1 Buchst. k	Art. 143 Buchst. l
Art. 14 Abs. 2 UAbs. 1	Art. 145 Abs. 1
Art. 14 Abs. 2 UAbs. 2 erster, zweiter und dritter Gedankenstrich	Art. 145 Abs. 2 UAbs. 1, 2 und 3
Art. 14 Abs. 2 UAbs. 3	Art. 145 Abs. 3

Richtlinie 77/388/EWG	Vorliegende Richtlinie
Art. 15 einleitender Satzteil	Art. 131
Art. 15 Nr. 1	Art. 146 Abs. 1 Buchst. a
Art. 15 Nr. 2 UAbs. 1	Art. 146 Abs. 1 Buchst. b
Art. 15 Nr. 2 UAbs. 2 erster und zweiter Gedankenstrich	Art. 147 Abs. 1 UAbs. 1 Buchst. a und b
Art. 15 Nr. 2 UAbs. 2 dritter Gedankenstrich erster Satzteil	Art. 147 Abs. 1 UAbs. 1 Buchst. c
Art. 15 Nr. 2 UAbs. 2 dritter Gedankenstrich zweiter Satzteil	Art. 147 Abs. 1 UAbs. 2
Art. 15 Nr. 2 UAbs. 3 erster und zweiter Gedankenstrich	Art. 147 Abs. 2 UAbs. 1 und 2
Art. 15 Nr. 2 UAbs. 4	Art. 147 Abs. 2 UAbs. 3
Art. 15 Nr. 3	Art. 146 Abs. 1 Buchst. d
Art. 15 Nr. 4 UAbs. 1 Buchst. a und b	Art. 148 Buchst. a
Art. 15 Nr. 4 UAbs. 1 Buchst. c	Art. 148 Buchst. b
Art. 15 Nr. 4 UAbs. 2 Sätze 1 und 2	Art. 150 Abs. 1 und 2
Art. 15 Nr. 5	Art. 148 Buchst. c
Art. 15 Nr. 6	Art. 148 Buchst. f
Art. 15 Nr. 7	Art. 148 Buchst. e
Art. 15 Nr. 8	Art. 148 Buchst. d
Art. 15 Nr. 9	Art. 148 Buchst. g
Art. 15 Nr. 10 UAbs. 1 erster bis vierter Gedankenstrich	Art. 151 Abs. 1 UAbs. 1 Buchst. a bis d
Art. 15 Nr. 10 UAbs. 2	Art. 151 Abs. 1 UAbs. 2
Art. 15 Nr. 10 UAbs. 3	Art. 151 Abs. 2
Art. 15 Nr. 11	Art. 152
Art. 15 Nr. 12 Satz 1	Art. 146 Abs. 1 Buchst. c
Art. 15 Nr. 12 Satz 2	Art. 146 Abs. 2
Art. 15 Nr. 13	Art. 146 Abs. 1 Buchst. e
Art. 15 Nr. 14 UAbs. 1 und 2	Art. 153 Abs. 1 und 2
Art. 15 Nr. 15	Art. 149
Art. 16 Abs. 1	–
Art. 16 Abs. 2	Art. 164 Abs. 1
Art. 16 Abs. 3	Art. 166
Art. 17 Abs. 1	Art. 167
Art. 17 Abs. 2, 3 und 4	–
Art. 17 Abs. 5 UAbs. 1 und 2	Art. 173 Abs. 1 UAbs. 1 und 2
Art. 17 Abs. 5 UAbs. 3 Buchst. a bis e	Art. 173 Abs. 2 Buchst. a bis e
Art. 17 Abs. 6	Art. 176
Art. 17 Abs. 7 Sätze 1 und 2	Art. 177 Abs. 1 und 2
Art. 18 Abs. 1	–
Art. 18 Abs. 2 UAbs. 1 und 2	Art. 179 Abs. 1 und 2
Art. 18 Abs. 3	Art. 180
Art. 18 Abs. 4 UAbs. 1 und 2	Art. 183 Abs. 1 und 2
Art. 19 Abs. 1 UAbs. 1 erster Gedankenstrich	Art. 174 Abs. 1 UAbs. 1 Buchst. a
Art. 19 Abs. 1 UAbs. 1 zweiter Gedankenstrich Satz 1	Art. 174 Abs. 1 UAbs. 1 Buchst. b
Art. 19 Abs. 1 UAbs. 1 zweiter Gedankenstrich Satz 2	Art. 174 Abs. 1 UAbs. 2
Art. 19 Abs. 1 UAbs. 2	Art. 175 Abs. 1
Art. 19 Abs. 2 Satz 1	Art. 174 Abs. 2 Buchst. a
Art. 19 Abs. 2 Satz 2	Art. 174 Abs. 2 Buchst. b und c
Art. 19 Abs. 2 Satz 3	Art. 174 Abs. 3
Art. 19 Abs. 3 UAbs. 1 Sätze 1 und 2	Art. 175 Abs. 2 UAbs. 1

Richtlinie 77/388/EWG	Vorliegende Richtlinie
Art. 19 Abs. 3 UAbs. 1 Satz 3	Art. 175 Abs. 2 UAbs. 2
Art. 19 Abs. 3 UAbs. 2	Art. 175 Abs. 3
Art. 20 Abs. 1 einleitender Satzteil	Art. 186
Art. 20 Abs. 1 Buchst. a	Art. 184
Art. 20 Abs. 1 Buchst. b Satz 1 erster Satzteil	Art. 185 Abs. 1
Art. 20 Abs. 1 Buchst. b Satz 1 zweiter Satzteil	Art. 185 Abs. 2 UAbs. 1
Art. 20 Abs. 1 Buchst. b Satz 2	Art. 185 Abs. 2 UAbs. 2
Art. 20 Abs. 2 UAbs. 1 Satz 1	Art. 187 Abs. 1 UAbs. 1
Art. 20 Abs. 2 UAbs. 1 Sätze 2 und 3	Art. 187 Abs. 2 UAbs. 1 und 2
Art. 20 Abs. 2 UAbs. 2 und 3	Art. 187 Abs. 1 UAbs. 2 und 3
Art. 20 Abs. 3 UAbs. 1 Satz 1	Art. 188 Abs. 1 UAbs. 1
Art. 20 Abs. 3 UAbs. 1 Satz 2	Art. 188 Abs. 1 UAbs. 2 und 3
Art. 20 Abs. 3 UAbs. 1 Satz 3	Art. 188 Abs. 2
Art. 20 Abs. 3 UAbs. 2	Art. 188 Abs. 2
Art. 20 Abs. 4 UAbs. 1 erster bis vierter Gedankenstrich	Art. 189 Buchst. a bis d
Art. 20 Abs. 4 UAbs. 2	Art. 190
Art. 20 Abs. 5	Art. 191
Art. 20 Abs. 6	Art. 192
Art. 21	–
Art. 22	–
Art. 22a	Art. 249
Art. 23 Abs. 1	Art. 211 Abs. 1 Art. 260
Art. 23 Abs. 2	Art. 211 Abs. 2
Art. 24 Abs. 1	Art. 281
Art. 24 Abs. 2 einleitender Satzteil	Art. 292
Art. 24 Abs. 2 Buchst. a UAbs. 1	Art. 284 Abs. 1
Art. 24 Abs. 2 Buchst. a UAbs. 2 und 3	Art. 284 Abs. 2 UAbs. 1 und 2
Art. 24 Abs. 2 Buchst. b Sätze 1 und 2	Art. 285 Abs. 1 und 2
Art. 24 Abs. 2 Buchst. c	Art. 286
Art. 24 Abs. 3 UAbs. 1	Art. 282
Art. 24 Abs. 3 UAbs. 2 Satz 1	Art. 283 Abs. 2
Art. 24 Abs. 3 UAbs. 2 Satz 2	Art. 283 Abs. 1 Buchst. a
Art. 24 Abs. 4 UAbs. 1	Art. 288 Abs. 1 Nrn. 1 bis 4
Art. 24 Abs. 4 UAbs. 2	Art. 288 Abs. 2
Art. 24 Abs. 5	Art. 289
Art. 24 Abs. 6	Art. 290
Art. 24 Abs. 7	Art. 291
Art. 24 Abs. 8 Buchst. a, b und c	Art. 293 Nrn. 1, 2 und 3
Art. 24 Abs. 9	Art. 294
Art. 24a Abs. 1 erster bis zehnter Gedankenstrich	Art. 287 Nrn. 7 bis 16
Art. 24a Abs. 2	–
Art. 25 Abs. 1	Art. 296 Abs. 1
Art. 25 Abs. 2 erster bis achter Gedankenstrich	Art. 295 Abs. 1 Nrn. 1 bis 8
Art. 25 Abs. 3 UAbs. 1 Satz 1	Art. 297 Abs. 1 Satz 1 und Abs. 2
Art. 25 Abs. 3 UAbs. 1 Satz 2	Art. 298 Abs. 1
Art. 25 Abs. 3 UAbs. 1 Satz 3	Art. 299
Art. 25 Abs. 3 UAbs. 1 Sätze 4 und 5	Art. 298 Abs. 2
Art. 25 Abs. 3 UAbs. 2	Art. 297 Abs. 1 Satz 2

Richtlinie 77/388/EWG	Vorliegende Richtlinie
Art. 25 Abs. 4 UAbs. 1	Art. 272 Abs. 1 UAbs. 1 Buchst. e
Art. 25 Abs. 5 und 6	–
Art. 25 Abs. 7	Art. 304
Art. 25 Abs. 8	Art. 301 Abs. 2
Art. 25 Abs. 9	Art. 296 Abs. 2
Art. 25 Abs. 10	Art. 296 Abs. 3
Art. 25 Abs. 11 und 12	–
Art. 26 Abs. 1 Sätze 1 und 2	Art. 306 Abs. 1 UAbs. 1 und 2
Art. 26 Abs. 1 Satz 3	Art. 306 Abs. 2
Art. 26 Abs. 2 Sätze 1 und 2	Art. 307 Abs. 1 und 2
Art. 26 Abs. 2 Satz 3	Art. 308
Art. 26 Abs. 3 Sätze 1 und 2	Art. 309 Abs. 1 und 2
Art. 26 Abs. 4	Art. 310
Art. 26a Teil A Buchst. a UAbs. 1	Art. 311 Abs. 1 Nr. 2
Art. 26a Teil A Buchst. a UAbs. 2	Art. 311 Abs. 2
Art. 26a Teil A Buchst. b und c	Art. 311 Abs. 1 Nrn. 3 und 4
Art. 26a Teil A Buchst. d	Art. 311 Abs. 1 Nr. 1
Art. 26a Teil A Buchst. e und f	Art. 311 Abs. 1 Nrn. 5 und 6
Art. 26a Teil A Buchst. g einleitender Satzteil	Art. 311 Abs. 1 Nr. 7
Art. 26a Teil A Buchst. g erster und zweiter Gedankenstrich	Art. 311 Abs. 3
Art. 26a Teil B Abs. 1	Art. 313 Abs. 1
Art. 26a Teil B Abs. 2	Art. 314
Art. 26a Teil B Abs. 2 erster bis vierter Gedankenstrich	Art. 314 Buchst. a bis d
Art. 26a Teil B Abs. 3 UAbs. 1 Sätze 1 und 2	Art. 315 Abs. 1 und 2
Art. 26a Teil B Abs. 3 UAbs. 2	Art. 312
Art. 26a Teil B Abs. 3 UAbs. 2 erster und zweiter Gedankenstrich	Art. 312 Nrn. 1 und 2
Art. 26a Teil B Abs. 4 UAbs. 1	Art. 316 Abs. 1
Art. 26a Teil B Abs. 4 UAbs. 1 Buchst. a, b und c	Art. 316 Abs. 1 Buchst. a, b und c
Art. 26a Teil B Abs. 4 UAbs. 2	Art. 316 Abs. 2
Art. 26a Teil B Abs. 4 UAbs. 3 Sätze 1 und 2	Art. 317 Abs. 1 und 2
Art. 26a Teil B Abs. 5	Art. 321
Art. 26a Teil B Abs. 6	Art. 323
Art. 26a Teil B Abs. 7	Art. 322
Art. 26a Teil B Abs. 7 Buchst. a, b und c	Art. 322 Buchst. a, b und c
Art. 26a Teil B Abs. 8	Art. 324
Art. 26a Teil B Abs. 9	Art. 325
Art. 26a Teil B Abs. 10 UAbs. 1 und 2	Art. 318 Abs. 1 UAbs. 1 und 2
Art. 26a Teil B Abs. 10 UAbs. 3 erster und zweiter Gedankenstrich	Art. 318 Abs. 2 Buchst. a und b
Art. 26a Teil B Abs. 10 UAbs. 4	Art. 318 Abs. 3
Art. 26a Teil B Abs. 11 UAbs. 1	Art. 319
Art. 26a Teil B Abs. 11 UAbs. 2 Buchst. a	Art. 320 Abs. 1 UAbs. 1
Art. 26a Teil B Abs. 11 UAbs. 2 Buchst. b und c	Art. 320 Abs. 1 UAbs. 2
Art. 26a Teil B Abs. 11 UAbs. 3	Art. 320 Abs. 2
Art. 26aTeil C Abs. 1 einleitender Satzteil	Art. 333 Abs. 1 Art. 334
Art. 26a Teil C Abs. 1 erster bis vierter Gedankenstrich	Art. 334 Buchst. a bis d
Art. 26a Teil C Abs. 2 erster und zweiter Gedankenstrich	Art. 336 Buchst. a und b
Art. 26a Teil C Abs. 3	Art. 337

Richtlinie 77/388/EWG	Vorliegende Richtlinie
Art. 26a Teil C Abs. 4 UAbs. 1 erster, zweiter und dritter Gedankenstrich	Art. 339 Abs. 1 Buchst. a, b und c
Art. 26a Teil C Abs. 4 Uabs. 2	Art. 339 Abs. 2
Art. 26a Teil C Abs. 5 Uabs. 1 und 2	Art. 340 Abs. 1 UAbs. 1 und 2
Art. 26a Teil C Abs. 5 Uabs. 3	Art. 340 Abs. 2
Art. 26a Teil C Abs. 6 UAbs. 1 erster und zweiter Gedankenstrich	Art. 338 Abs. 1 Buchst. a und b
Art. 26a Teil C Abs. 6 UAbs. 2	Art. 338 Abs. 2
Art. 26a Teil C Abs. 7	Art. 335
Art. 26a Teil D einleitender Satzteil	–
Art. 26a Teil D Buchst. a	Art. 313 Abs. 2 Art. 333 Abs. 2
Art. 26a Teil D Buchst. b	Art. 4 Buchst. a und c
Art. 26a Teil D Buchst. c	Art. 35 Art. 139 Abs. 3 Abs. 1
Art. 26b Teil A Abs. 1 Ziffer i Satz 1	Art. 344 Abs. 1 Nr. 1
Art. 26b Teil A Abs. 1 Ziffer i Satz 2	Art. 344 Abs. 2
Art. 26b Teil A Abs. 1 Ziffer ii erster bis vierter Gedankenstrich	Art. 344 Abs. 1 Nr. 2
Art. 26b Teil A Abs. 2	Art. 344 Abs. 3
Art. 26b Teil A Abs. 3	Art. 345
Art. 26b Teil B Abs. 1	Art. 346
Art. 26b Teil B Abs. 2	Art. 347
Art. 26b Teil C Abs. 1	Art. 348
Art. 26b Teil C Abs. 2 Sätze 1und 2	Art. 349 Abs. 1 und 2
Art. 26b Teil C Abs. 3	Art. 350
Art. 26b Teil C Abs. 4	Art. 351
Art. 26b Teil D Abs. 1 Buchst. a, b und c	Art. 354 Buchst. a, b und c
Art. 26b Teil D Abs. 2	Art. 355
Art. 26b Teil E Abs. 1 und 2	Art. 356 Abs. 1 UAbs. 1 und 2
Art. 26b Teil E Abs. 3 und 4	Art. 356 Abs. 2 und 3
Art. 26b Teil F Satz 1	Art. 198 Abs. 2 und 3
Art. 26b Teil F Satz 2	Art. 208 und 255
Art. 26b Teil G Abs. 1 UAbs. 1	Art. 352
Art. 26b Teil G Abs. 1 UAbs. 2	–
Art. 26b Teil G Abs. 2 Buchst. a	Art. 353
Art. 26b Teil G Abs. 2 Buchst. b Sätze 1 und 2	Art. 198 Abs. 1 und 3
Art. 26c Teil A Buchst. a bis e	Art. 358 Nrn. 1 bis 5
Art. 26c Teil B Abs. 1	Art. 359
Art. 26c Teil B Abs. 2 UAbs. 1	Art. 360
Art. 26c Teil B Abs. 2 UAbs. 2 erster Teil Satz 1	Art. 361 Abs. 1
Art. 26c Teil B Abs. 2 UAbs. 2 zweiter Teil Satz 1	Art. 361 Abs. 1 Buchst. a bis e
Art. 26c Teil B Abs. 2 UAbs. 2 Satz 2	Art. 361 Abs. 2
Art. 26c Teil B Abs. 3 UAbs. 1 und 2	Art. 362
Art. 26c Teil B Abs. 4 Buchst. a bis d	Art. 363 Buchst. a bis d
Art. 26c Teil B Abs. 5 UAbs. 1	Art. 364
Art. 26c Teil B Abs. 5 UAbs. 2	Art. 365
Art. 26c Teil B Abs. 6 Satz 1	Art. 366 Abs. 1 UAbs. 1
Art. 26c Teil B Abs. 6 Sätze 2 und 3	Art. 366 Abs. 1 UAbs. 2

Richtlinie 77/388/EWG	Vorliegende Richtlinie
Art. 26c Teil B Abs. 6 Satz 4	Art. 366 Abs. 2
Art. 26c Teil B Abs. 7 Satz 1	Art. 367 Abs. 1
Art. 26c Teil B Abs. 7 Sätze 2 und 3	Art. 367 Abs. 2
Art. 26c Teil B Abs. 8	Art. 368
Art. 26c Teil B Abs. 9 Satz 1	Art. 369 Abs. 1
Art. 26c Teil B Abs. 9 Sätze 2 und 3	Art. 369 Abs. 2 UAbs. 1 und 2
Art. 26c Teil B Abs. 10	Art. 204 Abs. 1 UAbs. 3
Art. 27 Abs. 1 Sätze 1 und 2	Art. 395 Abs. 1 UAbs. 1 und 2
Art. 27 Abs. 2 Sätze 1 und 2	Art. 395 Abs. 2 UAbs. 1
Art. 27 Abs. 2 Satz 3	Art. 395 Abs. 2 UAbs. 2
Art. 27 Abs. 3 und 4	Art. 395 Abs. 3 und 4
Art. 27 Abs. 5	Art. 394
Art. 28 Abs. 1 und 1a	–
Art. 28 Abs. 2 einleitender Satzteil	Art. 109
Art. 28 Abs. 2 Buchst. a UAbs. 1	Art. 110 Abs. 1 und 2
Art. 28 Abs. 2 Buchst. a UAbs. 2	–
Art. 28 Abs. 2 Buchst. a UAbs. 3 Satz 1	Art. 112 Abs. 1
Art. 28 Abs. 2 Buchst. a UAbs. 3 Sätze 2 und 3	Art. 112 Abs. 2
Art. 28 Abs. 2 Buchst. b	Art. 113
Art. 28 Abs. 2 Buchst. c Sätze 1 und 2	Art. 114 Abs. 1 UAbs. 1 und 2
Art. 28 Abs. 2 Buchst. c Satz 3	Art. 114 Abs. 2
Art. 28 Abs. 2 Buchst. d	Art. 115
Art. 28 Abs. 2 Buchst. e UAbs. 1 und 2	Art. 118 Abs. 1 und 2
Art. 28 Abs. 2 Buchst. f	Art. 120
Art. 28 Abs. 2 Buchst. g	–
Art. 28 Abs. 2 Buchst. h UAbs. 1 und 2	Art. 121 Abs. 1 und 2
Art. 28 Abs. 2 Buchst. i	Art. 122
Art. 28 Abs. 2 Buchst. j	Art. 117 Abs. 2
Art. 28 Abs. 2 Buchst. k	Art. 116
Art. 28 Abs. 3 Buchst. a	Art. 370
Art. 28 Abs. 3 Buchst. b	Art. 371
Art. 28 Abs. 3 Buchst. c	Art. 391
Art. 28 Abs. 3 Buchst. d	Art. 372
Art. 28 Abs. 3 Buchst. e	Art. 373
Art. 28 Abs. 3 Buchst. f	Art. 392
Art. 28 Abs. 3 Buchst. g	Art. 374
Art. 28 Abs. 3a	Art. 376
Art. 28 Abs. 4 und 5	Art. 393 Abs. 1 und 2
Art. 28 Abs. 6 UAbs. 1 Satz 1	Art. 106 Abs. 1 und 2
Art. 28 Abs. 6 UAbs. 1 Satz 2	Art. 106 Abs. 3
Art. 28 Abs. 6 UAbs. 2 Buchst. a, b und c	Art. 107 Abs. 1 Buchst. a, b und c
Art. 28 Abs. 6 UAbs. 2 Buchst. d	Art. 107 Abs. 2
Art. 28 Abs. 6 UAbs. 3	Art. 107 Abs. 2
Art. 28 Abs. 6 UAbs. 4 Buchst. a, b und c	Art. 108 Buchst. a, b und c
Art. 28 Abs. 6 UAbs. 5 und 6	–
Art. 28a Abs. 1 einleitender Satzteil	Art. 2 Abs. 1
Art. 28a Abs. 1 Buchst. a UAbs. 1	Art. 2 Abs. 1 Buchst. b Ziffer i
Art. 28a Abs. 1 Buchst. a UAbs. 2	Art. 3 Abs. 1

Richtlinie 77/388/EWG	Vorliegende Richtlinie
Art. 28a Abs. 1 Buchst. a UAbs. 3	Art. 3 Abs. 3
Art. 28a Abs. 1 Buchst. b	Art. 2 Abs. 1 Buchst. b Ziffer ii
Art. 28a Abs. 1 Buchst. c	Art. 2 Abs. 1 Buchst. b Ziffer iii
Art. 28a Abs. 1a Buchst. a	Art. 3 Abs. 1 Buchst. a
Art. 28a Abs. 1a Buchst. b UAbs. 1 erster Gedankenstrich	Art. 3 Abs. 1 Buchst. b
Art. 28a Abs. 1a Buchst. b UAbs. 1 zweiter und dritter Gedankenstrich	Art. 3 Abs. 2 UAbs. 1 Buchst. a und b
Art. 28a Abs. 1a Buchst. b UAbs. 2	Art. 3 Abs. 2 UAbs. 2
Art. 28a Abs. 2 einleitender Satzteil	–
Art. 28a Abs. 2 Buchst. a	Art. 2 Abs. 2 Buchst. a Ziffern i, ii und iii
Art. 28a Abs. 2 Buchst. b UAbs. 1	Art. 2 Abs. 2 Buchst. b
Art. 28a Abs. 2 Buchst. b UAbs. 1 erster und zweiter Gedankenstrich	Art. 2 Abs. 2 Buchst. b Ziffern i, ii und iii
Art. 28a Abs. 2 Buchst. b UAbs. 2	Art. 2 Abs. 2 Buchst. c
Art. 28a Abs. 3 UAbs. 1 und 2	Art. 20 Abs. 1 und 2
Art. 28a Abs. 4 UAbs. 1	Art. 9 Abs. 2
Art. 28a Abs. 4 UAbs. 2 erster Gedankenstrich	Art. 172 Abs. 1 UAbs. 2
Art. 28a Abs. 4 UAbs. 2 zweiter Gedankenstrich	Art. 172 Abs. 1 UAbs. 1
Art. 28a Abs. 4 UAbs. 3	Art. 172 Abs. 2
Art. 28a Abs. 5 Buchst. b UAbs. 1	Art. 17 Abs. 1 UAbs. 1
Art. 28a Abs. 5 Buchst. b UAbs. 2	Art. 17 Abs. 1 UAbs. 2 und Abs. 2 einleitender Satzteil
Art. 28a Abs. 5 Buchst. b UAbs. 2 erster Gedankenstrich	Art. 17 Abs. 2 Buchst. a und b
Art. 28a Abs. 5 Buchst. b UAbs. 2 zweiter Gedankenstrich	Art. 17 Abs. 2 Buchst. c
Art. 28a Abs. 5 Buchst. b UAbs. 2 dritter Gedankenstrich	Art. 17 Abs. 2 Buchst. e
Art. 28a Abs. 5 Buchst. b UAbs. 2 fünfter, sechster und siebter Gedankenstrich	Art. 17 Abs. 2 Buchst. f, g und h
Art. 28a Abs. 5 Buchst. b UAbs. 2 achter Gedankenstrich	Art. 17 Abs. 2 Buchst. d
Art. 28a Abs. 5 Buchst. b UAbs. 3	Art. 17 Abs. 3
Art. 28a Abs. 6 UAbs. 1	Art. 21
Art. 28a Abs. 6 UAbs. 2	Art. 22
Art. 28a Abs. 7	Art. 23
Art. 28b Teil A Abs. 1	Art. 40
Art. 28b Teil A Abs. 2 UAbs. 1 und 2	Art. 41 Abs. 1 und 2
Art. 28b Teil A Abs. 2 UAbs. 3 erster und zweiter Gedankenstrich	Art. 42 Buchst. a und b
Art. 28b Teil B Abs. 1 UAbs. 1 erster und zweiter Gedankenstrich	Art. 33 Abs. 1 Buchst. a und b
Art. 28b Teil B Abs. 1 UAbs. 2	Art. 33 Abs. 2
Art. 28b Teil B Abs. 2 UAbs. 1	Art. 34 Abs. 1 Buchst. a
Art. 28b Teil B Abs. 2 UAbs. 1 erster und zweiter Gedankenstrich	Art. 34 Abs. 1 Buchst. b und c
Art. 28b Teil B Abs. 2 UAbs. 2 Sätze 1 und 2	Art. 34 Abs. 2 UAbs. 1 und 2
Art. 28b Teil B Abs. 2 UAbs. 3 Satz 1	Art. 34 Abs. 3
Art. 28b Teil B Abs. 2 UAbs. 3 Sätze 2 und 3	–
Art. 28b Teil B Abs. 3 UAbs. 1 und 2	Art. 34 Abs. 4 UAbs. 1 und 2

Richtlinie 77/388/EWG	Vorliegende Richtlinie
Art. 28b Teil C Abs. 1 erster Gedankenstrich UAbs. 1	Art. 48 Abs. 1
Art. 28b Teil C Abs. 1 erster Gedankenstrich UAbs. 2	Art. 49
Art. 28b Teil C Abs. 1 zweiter und dritter Gedankenstrich	Art. 48 Abs. 2 und 3
Art. 28b Teil C Abs. 2 und 3	Art. 47 Abs. 1 und 2
Art. 28b Teil C Abs. 4	Art. 51
Art. 28b Teil D	Art. 53
Art. 28b Teil E Abs. 1 UAbs. 1 und 2	Art. 50 Abs. 1 und 2
Art. 28b Teil E Abs. 2 UAbs. 1 und 2	Art. 54 Abs. 1 und 2
Art. 28b Teil E Abs. 3 UAbs. 1 und 2	Art. 44 Abs. 1 und 2
Art. 28b Teil F Abs. 1 und 2	Art. 55 Abs. 1 und 2
Art. 28c Teil A einleitender Satzteil	Art. 131
Art. 28c Teil A Buchst. a UAbs. 1	Art. 138 Abs. 1
Art. 28c Teil A Buchst. a UAbs. 2	Art. 139 Abs. 1 UAbs. 1 und 2
Art. 28c Teil A Buchst. b	Art. 138 Abs. 2 Buchst. a
Art. 28c Teil A Buchst. c UAbs. 1	Art. 138 Abs. 2 Buchst. b
Art. 28c Teil A Buchst. c UAbs. 2	Art. 139 Abs. 2
Art. 28c Teil A Buchst. d	Art. 138 Abs. 2 Buchst. c
Art. 28c Teil B einleitender Satzteil	Art. 131
Art. 28c Teil B Buchst. a, b und c	Art. 140 Buchst. a, b und c
Art. 28c Teil C	Art. 142
Art. 28c Teil D Abs. 1	Art. 143 Buchst. d
Art. 28c Teil D Abs. 2	Art. 131
Art. 28c Teil E Nr. 1 erster Gedankenstrich ersetzend Art. 16 Abs. 1	
– Abs. 1 UAbs. 1	Art. 155
– Abs. 1 UAbs. 1 Teil A	Art. 157 Abs. 1 Buchst. a
– Abs. 1 UAbs. 1 Teil B UAbs. 1 Buchst. a, b und c	Art. 156 Abs. 1 Buchst. a, b und c
– Abs. 1 UAbs. 1 Teil B UAbs. 1 Buchst. d erster und zweiter Gedankenstrich	Art. 156 Abs. 1 Buchst. d und e
– Abs. 1 UAbs. 1 Teil B UAbs. 1 Buchst. e UAbs. 1	Art. 157 Abs. 1 Buchst. b
– Abs. 1 UAbs. 1 Teil B UAbs. 1 Buchst. e UAbs. 2 erster Gedankenstrich	Art. 154
– Abs. 1 UAbs. 1 Teil B UAbs. 1 Buchst. e UAbs. 2 zweiter Gedankenstrich Satz 1	Art. 154
– Abs. 1 UAbs. 1 Teil B UAbs. 1 Buchst. e UAbs. 2 zweiter Gedankenstrich Satz 2	Art. 157 Abs. 2
– Abs. 1 UAbs. 1 Teil B UAbs. 1 Buchst. e UAbs. 3 erster Gedankenstrich	–
– Abs. 1 UAbs. 1 Teil B UAbs. 1 Buchst. e UAbs. 3 zweiter, dritter und vierter Gedankenstrich	Art. 158 Abs. 1 Buchst. a, b und c
– Abs. 1 UAbs. 1 Teil B UAbs. 2	Art. 156 Abs. 2
– Abs. 1, UAbs. 1 Teil C	Art. 159
– Abs. 1 UAbs. 1 Teil D UAbs. 1 Buchst. a und b	Art. 160 Abs. 1 Buchst. a und b
– Abs. 1 UAbs. 1 Teil D UAbs. 2	Art. 160 Abs. 2
– Abs. 1 UAbs. 1 Teil E erster und zweiter Gedankenstrich	Art. 161 Buchst. a und b
– Abs. 1 UAbs. 2	Art. 202
– Abs. 1 UAbs. 3	Art. 163
Art. 28c Teil E Nr. 1 zweiter Gedankenstrich zur Einfügung von Abs. 1a in Art. 16	

Richtlinie 77/388/EWG	Vorliegende Richtlinie
– Abs. 1a	Art. 162
Art. 28c Teil E Nr. 2 erster Gedankenstrich zur Ergänzung von Art. 16 Abs. 2	
– Abs. 2 UAbs. 1	Art. 164 Abs. 1
Art. 28c Teil E Nr. 2 zweiter Gedankenstrich, zur Einfügung der UAbs. 2 und 3 in Art. 16 Abs. 2	
– Abs. 2 UAbs. 2	Art. 164 Abs. 2
– Abs. 2 UAbs. 3	Art. 165
Art. 28c Teil E Nr. 3 erster bis fünfter Gedankenstrich	Art. 141 Buchst. a bis e
Art. 28d Abs. 1 Sätze 1 und 2	Art. 68 Abs. 1 und 2
Art. 28d Abs. 2 und 3	Art. 69 Abs. 1 und 2
Art. 28d Abs. 4 UAbs. 1und 2	Art. 67 Abs. 1 und 2
Art. 28e Abs. 1 UAbs. 1	Art. 83
Art. 28e Abs. 1 UAbs. 2 Sätze 1 und 2	Art. 84 Abs. 1 und 2
Art. 28e Abs. 2	Art. 76
Art. 28e Abs. 3	Art. 93 Abs. 2 Buchst. b
Art. 28e Abs. 4	Art. 94 Abs. 1
Art. 28 f Nr. 1 ersetzend Art. 17 Abs. 2, 3 und 4	
– Abs. 2 Buchst. a	Art. 168 Buchst. a
– Abs. 2 Buchst. b	Art. 168 Buchst. e
– Abs. 2 Buchst. c	Art. 168 Buchst. b und d
– Abs. 2 Buchst. d	Art. 168 Buchst. c
– Abs. 3 Buchst. a, b und c	Art. 169 Buchst. a, b und c Art. 170 Buchst. a und b
– Abs. 4 UAbs. 1 erster Gedankenstrich	Art. 171 Abs. 1 UAbs. 1
– Abs. 4 UAbs. 1 zweiter Gedankenstrich	Art. 171 Abs. 2 UAbs. 1
– Abs. 4 UAbs. 2 Buchst. a	Art. 171 Abs. 1 UAbs. 2
– Abs. 4 UAbs. 2 Buchst. b	Art. 171 Abs. 2 UAbs. 2
– Abs. 4 UAbs. 2 Buchst. c	Art. 171 Abs. 3
Art. 28 f Nr. 2 ersetzend Art. 18 Abs. 1	
– Abs. 1 Buchst. a	Art. 178 Buchst. a
– Abs. 1 Buchst. b	Art. 178 Buchst. e
– Abs. 1 Buchst. c	Art. 178 Buchst. b und d
– Abs. 1 Buchst. d	Art. 178 Buchst. f
– Abs. 1 Buchst. e	Art. 178 Buchst. c
Art. 28 f Nr. 3 zur Einfügung von Abs. 3a in Art. 18	
– Abs. 3a erster Teil des Satzes	Art. 181
– Abs. 3a zweiter Teil des Satzes	Art. 182
Art. 28g ersetzend Art. 21	
– Abs. 1 Buchst. a UAbs. 1	Art. 193
– Abs. 1 Buchst. a UAbs. 2	Art. 194 Abs. 1 und 2
– Abs. 1 Buchst. b	Art. 196
– Abs. 1 Buchst. c UAbs. 1 erster, zweiter und dritter Gedankenstrich	Art. 197 Abs. 1 Buchst. a, b und c
– Abs. 1 Buchst. c UAbs. 2	Art. 197 Abs. 2
– Abs. 1 Buchst. d	Art. 203
– Abs. 1 Buchst. e	Art. 200
– Abs. 1 Buchst. f	Art. 195
– Abs. 2	–

Richtlinie 77/388/EWG	Vorliegende Richtlinie
– Abs. 2 Buchst. a Satz 1	Art. 204 Abs. 1 UAbs. 1
– Abs. 2 Buchst. a Satz 2	Art. 204 Abs. 2
– Abs. 2 Buchst. b	Art. 204 Abs. 1 UAbs. 2
– Abs. 2 Buchst. c UAbs. 1	Art. 199 Abs. 1 Buchst. a bis g
– Abs. 2 Buchst. c UAbs. 2, 3 und 4	Art. 199 Abs. 2, 3 und 4
– Abs. 3	Art. 205
– Abs. 4	Art. 201
Art. 28h ersetzend Art. 22	
– Abs. 1 Buchst. a Sätze 1 und 2	Art. 213 Abs. 1 UAbs. 1 und 2
– Abs. 1 Buchst. b	Art. 213 Abs. 2
– Abs. 1 Buchst. c erster Gedankenstrich Satz 1	Art. 214 Abs. 1 Buchst. a
– Abs. 1 Buchst. c erster Gedankenstrich Satz 2	Art. 214 Abs. 2
– Abs. 1 Buchst. c zweiter und dritter Gedankenstrich	Art. 214 Abs. 1 Buchst. b und c
– Abs. 1 Buchst. d Sätze 1und 2	Art. 215 Abs. 1 und 2
– Abs. 1 Buchst. e	Art. 216
– Abs. 2 Buchst. a	Art. 242
– Abs. 2 Buchst. b UAbs. 1 und 2	Art. 243 Abs. 1 und 2
– Abs. 3 Buchst. a UAbs. 1 Satz 1	Art. 220 Nr. 1
– Abs. 3 Buchst. a UAbs. 1 Satz 2	Art. 220 Nrn. 2 und 3
– Abs. 3 Buchst. a UAbs. 2	Art. 220 Nrn. 4 und 5
– Abs. 3 Buchst. a UAbs. 3 Sätze 1 und 2	Art. 221 Abs. 1 UAbs. 1 und 2
– Abs. 3 Buchst. a UAbs. 4	Art. 221 Abs. 2
– Abs. 3 Buchst. a UAbs. 5 Satz 1	Art. 219
– Abs. 3 Buchst. a UAbs. 5 Satz 2	Art. 228
– Abs. 3 Buchst. a UAbs. 6	Art. 222
– Abs. 3 Buchst. a UAbs. 7	Art. 223
– Abs. 3 Buchst. a UAbs. 8 Sätze 1 und 2	Art. 224 Abs. 1 und 2
– Abs. 3 Buchst. a UAbs. 9 Sätze 1 und 2	Art. 224 Abs. 3 UAbs. 1
– Abs. 3 Buchst. a UAbs. 9 Satz 3	Art. 224 Abs. 3 UAbs. 2
– Abs. 3 Buchst. a UAbs. 10	Art. 225
– Abs. 3 Buchst. b UAbs. 1 erster bis zwölfter Gedankenstrich	Art. 226 Nrn. 1 bis 12
– Abs. 3 Buchst. b UAbs. 1 dreizehnter Gedankenstrich	Art. 226 Nrn. 13 und 14
– Abs. 3 Buchst. b UAbs. 1 vierzehnter Gedankenstrich	Art. 226 Nr. 15
– Abs. 3 Buchst. b UAbs. 2	Art. 227
– Abs. 3 Buchst. b UAbs. 3	Art. 229
– Abs. 3 Buchst. b UAbs. 4	Art. 230
– Abs. 3 Buchst. b UAbs. 5	Art. 231
– Abs. 3 Buchst. c UAbs. 1	Art. 232
– Abs. 3 Buchst. c UAbs. 2 einleitender Satzteil	Art. 233 Abs. 1 UAbs. 1
– Abs. 3 Buchst. c UAbs. 2 erster Gedankenstrich Satz 1	Art. 233 Abs. 1 UAbs. 1 Buchst. a
– Abs. 3 Buchst. c UAbs. 2 erster Gedankenstrich Satz 2	Art. 233 Abs. 2
– Abs. 3 Buchst. c UAbs. 2 zweiter Gedankenstrich Satz 1	Art. 233 Abs. 1 UAbs. 1 Buchst. b
– Abs. 3 Buchst. c UAbs. 2 zweiter Gedankenstrich Satz 2	Art. 233 Abs. 3
– Abs. 3 Buchst. c UAbs. 3 Satz 1	Art. 233 Abs. 1 UAbs. 2
– Abs. 3 Buchst. c UAbs. 3 Satz 2	Art. 237
– Abs. 3 Buchst. c UAbs. 4 Sätze 1 und 2	Art. 234
– Abs. 3 Buchst. c UAbs. 5	Art. 235

Richtlinie 77/388/EWG	Vorliegende Richtlinie
– Abs. 3 Buchst. c UAbs. 6	Art. 236
– Abs. 3 Buchst. d UAbs. 1	Art. 244
– Abs. 3 Buchst. d UAbs. 2 Satz 1	Art. 245 Abs. 1
– Abs. 3 Buchst. d UAbs. 2 Sätze 2 und 3	Art. 245 Abs. 2 UAbs. 1 und 2
– Abs. 3 Buchst. d UAbs. 3 Sätze 1 und 2	Art. 246 Abs. 1 und 2
– Abs. 3 Buchst. d UAbs. 4, 5 und 6	Art. 247 Abs. 1, 2 und 3
– Abs. 3 Buchst. d UAbs. 7	Art. 248
– Abs. 3 Buchst. e UAbs. 1	Art. 217 und 241
– Abs. 3 Buchst. e UAbs. 2	Art. 218
– Abs. 4 Buchst. a Sätze 1 und 2	Art. 252 Abs. 1
– Abs. 4 Buchst. a Sätze 3 und 4	Art. 252 Abs. 2 UAbs. 1 und 2
– Abs. 4 Buchst. a Satz 5	Art. 250 Abs. 2
– Abs. 4 Buchst. b	Art. 250 Abs. 1
– Abs. 4 Buchst. c erster Gedankenstrich UAbs. 1 und 2	Art. 251 Buchst. a und b
– Abs. 4 Buchst. c zweiter Gedankenstrich UAbs. 1	Art. 251 Buchst. c
– Abs. 4 Buchst. c zweiter Gedankenstrich UAbs. 2	Art. 251 Buchst. d und e
– Abs. 5	Art. 206
– Abs. 6 Buchst. a Sätze 1 und 2	Art. 261 Abs. 1
– Abs. 6 Buchst. a Satz 3	Art. 261 Abs. 2
– Abs. 6 Buchst. b UAbs. 1	Art. 262
– Abs. 6 Buchst. b UAbs. 2 Satz 1	Art. 263 Abs. 1 UAbs. 1
– Abs. 6 Buchst. b UAbs. 2 Satz 2	Art. 263 Abs. 2
– Abs. 6 Buchst. b UAbs. 3 erster und zweiter Gedankenstrich	Art. 264 Abs. 1 Buchst. a und b
– Abs. 6 Buchst. b UAbs. 3 dritter Gedankenstrich Satz 1	Art. 264 Abs. 1 Buchst. d
– Abs. 6 Buchst. b UAbs. 3 dritter Gedankenstrich Satz 2	Art. 264 Abs. 2 UAbs. 1
– Abs. 6 Buchst. b UAbs. 4 erster Gedankenstrich	Art. 264 Abs. 1 Buchst. c und e
– Abs. 6 Buchst. b UAbs. 4 zweiter Gedankenstrich Satz 1	Art. 264 Abs. 1 Buchst. f
– Abs. 6 Buchst. b UAbs. 4 zweiter Gedankenstrich Satz 2	Art. 264 Abs. 2 UAbs. 2
– Abs. 6 Buchst. b UAbs. 5 erster und zweiter Gedankenstrich	Art. 265 Abs. 1 Buchst. a und b
– Abs. 6 Buchst. b UAbs. 5 dritter Gedankenstrich Satz 1	Art. 265 Abs. 1 Buchst. c
– Abs. 6 Buchst. b UAbs. 5 dritter Gedankenstrich Satz 2	Art. 265 Abs. 2
– Abs. 6 Buchst. c erster Gedankenstrich	Art. 263 Abs. 1 UAbs. 2
– Abs. 6 Buchst. c zweiter Gedankenstrich	Art. 266
– Abs. 6 Buchst. d	Art. 254
– Abs. 6 Buchst. e UAbs. 1	Art. 268
– Abs. 6 Buchst. e UAbs. 2	Art. 259
– Abs. 7 erster Teil des Satzes	Art. 207 Abs. 1 Art. 256 Art. 267
– Abs. 7 zweiter Teil des Satzes	Art. 207 Abs. 2
– Abs. 8 UAbs. 1 und 2	Art. 273 Abs. 1 und 2
– Abs. 9 Buchst. a UAbs. 1 erster Gedankenstrich	Art. 272 Abs. 1 UAbs. 1 Buchst. c

Richtlinie 77/388/EWG	Vorliegende Richtlinie
– Abs. 9 Buchst. a UAbs. 1 zweiter Gedankenstrich	Art. 272 Abs. 1 UAbs. 1 Buchst. a und d
– Abs. 9 Buchst. a UAbs. 1 dritter Gedankenstrich	Art. 272 Abs. 1 UAbs. 1 Buchst. b
– Abs. 9 Buchst. a UAbs. 2	Art. 272 Abs. 1 UAbs. 2
– Abs. 9 Buchst. b	Art. 272 Abs. 3
– Abs. 9 Buchst. c	Art. 212
– Abs. 9 Buchst. d UAbs. 1 erster und zweiter Gedankenstrich	Art. 238 Abs. 1 Buchst. a und b
– Abs. 9 Buchst. d UAbs. 2 erster bis vierter Gedankenstrich	Art. 238 Abs. 2 Buchst. a bis d
– Abs. 9 Buchst. d UAbs. 3	Art. 238 Abs. 3
– Abs. 9 Buchst. e UAbs. 1	Art. 239
– Abs. 9 Buchst. e UAbs. 2 erster und zweiter Gedankenstrich	Art. 240 Nrn. 1 und 2
– Abs. 10	Art. 209 und 257
– Abs. 11	Art. 210 und 258
– Abs. 12 einleitender Satzteil	Art. 269
– Abs. 12 Buchst. a erster, zweiter und dritter Gedankenstrich	Art. 270 Buchst. a, b und c
– Abs. 12 Buchst. b erster, zweiter und dritter Gedankenstrich	Art. 271 Buchst. a, b und c
Art. 28i zur Einfügung von UAbs. 3 in Art. 24 Abs. 3	
– Abs. 3 UAbs. 3	Art. 283 Abs. 1 Buchst. b und c
Art. 28j Nr. 1 zur Einfügung von UAbs. 2 in Art. 25 Abs. 4	
– Abs. 4 UAbs. 2	Art. 272 Abs. 2
Art. 28j Nr. 2 ersetzend Art. 25 Abs. 5 und 6	
– Abs. 5 UAbs. 1 Buchst. a, b und c	Art. 300 Nrn. 1, 2 und 3
– Abs. 5 UAbs. 2	Art. 302
– Abs. 6 Buchst. a UAbs. 1 Satz 1	Art. 301 Abs. 1
– Abs. 6 Buchst. a UAbs. 1 Satz 2	Art. 303 Abs. 1
– Abs. 6 Buchst. a UAbs. 2 erster, zweiter und dritter Gedankenstrich	Art. 303 Abs. 2 Buchst. a, b und c
– Abs. 6 Buchst. a UAbs. 3	Art. 303 Abs. 3
– Abs. 6 Buchst. b	Art. 301 Abs. 1
Art. 28j Nr. 3 zur Einfügung von UAbs. 2 in Art. 25 Abs. 9	
– Abs. 9 UAbs. 2	Art. 305
Art. 28k Nr. 1 UAbs. 1	–
Art. 28k Nr. 1 UAbs. 2 Buchst. a	Art. 158 Abs. 3
Art. 28k Nr. 1 UAbs. 2 Buchst. b und c	–
Art. 28k Nrn. 2, 3 und 4	–
Art. 28k Nr. 5	Art. 158 Abs. 2
Art. 28l Abs. 1	–
Art. 28l Abs. 2 und 3	Art. 402 Abs. 1 und 2
Art. 28l Abs. 4	–
Art. 28m	Art. 399 Abs. 1
Art. 28n	–
Art. 28o Abs. 1 einleitender Satzteil	Art. 326 Abs. 1
Art. 28o Abs. 1 Buchst. a Satz 1	Art. 327 Abs. 1 und 3
Art. 28o Abs. 1 Buchst. a Satz 2	Art. 327 Abs. 2
Art. 28o Abs. 1 Buchst. b	Art. 328

Richtlinie 77/388/EWG	Vorliegende Richtlinie
Art. 28o Abs. 1 Buchst. c erster, zweiter und dritter Gedankenstrich	Art. 329 Buchst. a, b und c
Art. 28o Abs. 1 Buchst. d UAbs. 1 und 2	Art. 330 Abs. 1 und 2
Art. 28o Abs. 1 Buchst. e	Art. 332
Art. 28o Abs. 1 Buchst. f	Art. 331
Art. 28o Abs. 1 Buchst. g	Art. 4 Buchst. b
Art. 28o Abs. 1 Buchst. h	Art. 35 Art. 139 Abs. 3 UAbs. 2
Art. 28o Abs. 2	Art. 326 Abs. 2
Art. 28o Abs. 3	Art. 341
Art. 28o Abs. 4	–
Art. 28p Abs. 1 erster, zweiter und dritter Gedankenstrich	Art. 405 Nrn. 1, 2 und 3
Art. 28p Abs. 2	Art. 406
Art. 28p Abs. 3 UAbs. 1 erster und zweiter Gedankenstrich	Art. 407 Buchst. a und b
Art. 28p Abs. 3 UAbs. 2	–
Art. 28p Abs. 4 Buchst. a bis d	Art. 408 Abs. 1 Buchst. a bis d
Art. 28p Abs. 5 erster und zweiter Gedankenstrich	Art. 408 Abs. 2 Buchst. a und b
Art. 28p Abs. 6	Art. 409
Art. 28p Abs. 7 UAbs. 1 Buchst. a, b und c	Art. 410 Abs. 1 Buchst. a, b und c
Art. 28p Abs. 7 UAbs. 2 erster Gedankenstrich	–
Art. 28p Abs. 7 UAbs. 2 zweiter und dritter Gedankenstrich	Art. 410 Abs. 2 Buchst. a und b
Art. 29 Abs. 1 bis 4	Art. 398 Abs. 1 bis 4
Art. 29a	Art. 397
Art. 30 Abs. 1	Art. 396 Abs. 1
Art. 30 Abs. 2 Sätze 1 und 2	Art. 396 Abs. 2 UAbs. 1
Art. 30 Abs. 2 Satz 3	Art. 396 Abs. 2 UAbs. 2
Art. 30 Abs. 3 und 4	Art. 396 Abs. 3 und 4
Art. 31 Abs. 1	–
Art. 31 Abs. 2	Art. 400
Art. 33 Abs. 1	Art. 401
Art. 33 Abs. 2	Art. 2 Abs. 3
Art. 33a Abs. 1 einleitender Satzteil	Art. 274
Art. 33a Abs. 1 Buchst. a	Art. 275
Art. 33a Abs. 1 Buchst. b	Art. 276
Art. 33a Abs. 1 Buchst. c	Art. 277
Art. 33a Abs. 2 einleitender Satzteil	Art. 278
Art. 33a Abs. 2 Buchst. a	Art. 279
Art. 33a Abs. 2 Buchst. b	Art. 280
Art. 34	Art. 404
Art. 35	Art. 403
Art. 36 und 37	–
Art. 38	Art. 414
Anhang A Ziffer I Nrn. 1 und 2	Anhang VII Nr. 1 Buchst. a und b
Anhang A Ziffer I Nr. 3	Anhang VII Nr. 1 Buchst. c und d
Anhang A Ziffer II Nrn. 1 bis 6	Anhang VII Nr. 2 Buchst. a bis f
Anhang A Ziffern III und IV	Anhang VII Nrn. 3 und 4
Anhang A Ziffer IV Nrn. 1 bis 4	Anhang VII Nr. 4 Buchst. a bis d
Anhang A Ziffer V	Art. 295 Abs. 2
Anhang B einleitender Satzteil	Art. 295 Abs. 1 Nr. 5

Richtlinie 77/388/EWG	Vorliegende Richtlinie
Anhang B erster bis neunter Gedankenstrich	Anhang VIII Nrn. 1 bis 9
Anhang C	–
Anhang D Nrn. 1 bis 13	Anhang I Nrn. 1 bis 13
Anhang E Nr. 2	Anhang X Teil A Nr. 1
Anhang E Nr. 7	Anhang X Teil A Nr. 2
Anhang E Nr. 11	Anhang X Teil A Nr. 3
Anhang E Nr. 15	Anhang X Teil A Nr. 4
Anhang F Nr. 1	Anhang X Teil B Nr. 1
Anhang F Nr. 2	Anhang X Teil B Nr. 2 Buchst. a bis j
Anhang F Nrn. 5 bis 8	Anhang X Teil B Nrn. 3 bis 6
Anhang F Nr. 10	Anhang X Teil B Nr. 7
Anhang F Nr. 12	Anhang X Teil B Nr. 8
Anhang F Nr. 16	Anhang X Teil B Nr. 9
Anhang F Nr. 17 UAbs. 1 und 2	Anhang X Teil B Nr. 10
Anhang F Nr. 23	Anhang X Teil B Nr. 11
Anhang F Nr. 25	Anhang X Teil B Nr. 12
Anhang F Nr. 27	Anhang X Teil B Nr. 13
Anhang G Abs. 1 und 2	Art. 391
Anhang H Abs. 1	Art. 98 Abs. 3
Anhang H Abs. 2 einleitender Satzteil	–
Anhang H Abs. 2 Nrn. 1 bis 6	Anhang III Nrn. 1 bis 6
Anhang H Abs. 2 Nr. 7 UAbs. 1 und 2	Anhang III Nrn. 7 und 8
Anhang H Abs. 2 Nrn. 8 bis 17	Anhang III Nrn. 9 bis 18
Anhang I einleitender Satzteil	–
Anhang I Buchst. a erster bis siebter Gedankenstrich	Anhang IX Teil A Nrn. 1 bis 7
Anhang I Buchst. b erster und zweiter Gedankenstrich	Anhang IX Teil B Nrn. 1 und 2
Anhang I Buchst. c	Anhang IX Teil C
Anhang J einleitender Satzteil	Anhang V einleitender Satzteil
Anhang J	Anhang V Nrn. 1 bis 25
Anhang K Nr. 1 erster, zweiter und dritter Gedankenstrich	Anhang IV Nr. 1 Buchst. a, b und c
Anhang K Nrn. 2 bis 5	Anhang IV Nrn. 2 bis 5
Anhang L Abs. 1 Nrn. 1 bis 5	Anhang II Nrn. 1 bis 5
Anhang L Abs. 2	Art. 56 Abs. 2
Anhang M Buchst. a bis f	Anhang VI Nrn. 1 bis 6
Andere Rechtsakte	
Art. 1 Nr. 1 UAbs. 2 der Richtlinie 89/465/EWG	Art. 133 Abs. 2
Art. 2 der Richtlinie 94/5/EG	Art. 342
Art. 3 Sätze 1 und 2 der Richtlinie 94/5/EG	Art. 343 Abs. 1 und 2
Art. 4 der Richtlinie 2002/38/EG	Art. 56 Abs. 3 Art. 57 Abs. 2 Art. 357
Art. 5 der Richtlinie 2002/38/EG	–
Anhang VIII Teil II Nr. 2 Buchst. a der Akte über den Beitritt Griechenlands	Art. 287 Nr. 1
Anhang VIII Teil II Nr. 2 Buchst. b der Akte über den Beitritt Griechenlands	Art. 375
Anhang XXXII Teil IV Nr. 3 Buchst. a erster und zweiter Gedankenstrich der Akte über den Beitritt Spaniens und Portugals	Art. 287 Nrn. 2 und 3

Andere Rechtsakte	Vorliegende Richtlinie
Anhang XXXII Teil IV Nr. 3 Buchst. b UAbs. 1 der Akte über den Beitritt Spaniens und Portugals	Art. 377
Anhang XV Teil IX Nr. 2 Buchst. b UAbs. 1 der Akte über den Beitritt Österreichs, Finnlands und Schwedens	Art. 104
Anhang XV Teil IX Nr. 2 Buchst. c UAbs. 1 der Akte über den Beitritt Österreichs, Finnlands und Schwedens	Art. 287 Nr. 4
Anhang XV Teil IX Nr. 2 Buchst. f UAbs. 1 der Akte über den Beitritt Österreichs, Finnlands und Schwedens	Art. 117 Abs. 1
Anhang XV Teil IX Nr. 2 Buchst. g UAbs. 1 der Akte über den Beitritt Österreichs, Finnlands und Schwedens	Art. 119
Anhang XV Teil IX Nr. 2 Buchst. h UAbs. 1 erster und zweiter Gedankenstrich der Akte über den Beitritt Österreichs, Finnlands und Schwedens	Art. 378 Abs. 1
Anhang XV Teil IX Nr. 2 Buchst. i UAbs. 1 erster Gedankenstrich der Akte über den Beitritt Österreichs, Finnlands und Schwedens	–
Anhang XV Teil IX Nr. 2 Buchst. i UAbs. 1 zweiter und dritter Gedankenstrich der Akte über den Beitritt Österreichs, Finnlands und Schwedens	Art. 378 Abs. 2 Buchst. a und b
Anhang XV Teil IX Nr. 2 Buchst. j der Akte über den Beitritt Österreichs, Finnlands und Schwedens	Art. 287 Nr. 5
Anhang XV Teil IX Nr. 2 Buchst. l UAbs. 1 der Akte über den Beitritt Österreichs, Finnlands und Schwedens	Art. 111 Buchst. a
Anhang XV Teil IX Nr. 2 Buchst. m UAbs. 1 der Akte über den Beitritt Österreichs, Finnlands und Schwedens	Art. 379 Abs. 1
Anhang XV Teil IX Nr. 2 Buchst. n UAbs. 1 erster und zweiter Gedankenstrich der Akte über den Beitritt Österreichs, Finnlands und Schwedens	Art. 379 Abs. 2
Anhang XV Teil IX Nr. 2 Buchst. x erster Gedankenstrich der Akte über den Beitritt Österreichs, Finnlands und Schwedens	Art. 253
Anhang XV Teil IX Nr. 2 Buchst. x zweiter Gedankenstrich der Akte über den Beitritt Österreichs, Finnlands und Schwedens	Art. 287 Nr. 6
Anhang XV Teil IX Nr. 2 Buchst. z UAbs. 1 der Akte über den Beitritt Österreichs, Finnlands und Schwedens	Art. 111 Buchst. b
Anhang XV Teil IX Nr. 2 Buchst. aa UAbs. 1 erster und zweiter Gedankenstrich der Akte über den Beitritt Österreichs, Finnlands und Schwedens	Art. 380
Protokoll Nr. 2 zu der Akte über den Beitritt Österreichs, Finnlands und Schwedens betreffend die Åland-Inseln	Art. 6 Abs. 1 Buchst. d
Anhang V Abs. 5 Nr. 1 Buchst. a der Beitrittsakte von 2003 der Tschechischen Republik, Estlands, Zyperns, Lettlands, Litauens, Ungarns, Maltas, Polens, Sloweniens und der Slowakei	Art. 123
Anhang V Abs. 5 Nr. 1 Buchst. b der Beitrittsakte von 2003	Art. 381
Anhang VI Abs. 7 Nr. 1 Buchst. a der Beitrittsakte von 2003	Art. 124
Anhang VI Abs. 7 Nr. 1 Buchst. b der Beitrittsakte von 2003	Art. 382
Anhang VII Abs. 7 Nr. 1 UAbs. 1 und 2 der Beitrittsakte von 2003	Art. 125 Abs. 1 und 2
Anhang VII Abs. 7 Nr. 1 UAbs. 3 der Beitrittsakte von 2003	–
Anhang VII Abs. 7 Nr. 1 UAbs. 4 der Beitrittsakte von 2003	Art. 383 Buchst. a
Anhang VII Abs. 7 Nr. 1 UAbs. 5 der Beitrittsakte von 2003	–

Andere Rechtsakte	Vorliegende Richtlinie
Anhang VII Abs. 7 Nr. 1 UAbs. 6 der Beitrittsakte von 2003	Art. 383 Buchst. b
Anhang VIII Abs. 7 Nr. 1 Buchst. a der Beitrittsakte von 2003	–
Anhang VIII Abs. 7 Nr. 1 Buchst. b UAbs. 2 der Beitrittsakte von 2003	Art. 384 Buchst. a
Anhang VIII Abs. 7 Nr. 1 Buchst. b UAbs. 3 der Beitrittsakte von 2003	Art. 384 Buchst. b
Anhang IX Abs. 8 Nr. 1 der Beitrittsakte von 2003	Art. 385
Anhang X Abs. 7 Nr. 1 Buchst. a Ziffern i und ii der Beitrittsakte von 2003	Art. 126 Buchst. a und b
Anhang X Abs. 7 Nr. 1 Buchst. c der Beitrittsakte von 2003	Art. 386
Anhang XI Abs. 7 Nr. 1 der Beitrittsakte von 2003	Art. 127
Anhang XI Abs. 7 Nr. 2 Buchst. a der Beitrittsakte von 2003	Art. 387 Buchst. c
Anhang XI Abs. 7 Nr. 2 Buchst. b der Beitrittsakte von 2003	Art. 387 Buchst. a
Anhang XI Abs. 7 Nr. 2 Buchst. c der Beitrittsakte von 2003	Art. 387 Buchst. b
Anhang XII Abs. 9 Nr. 1 Buchst. a der Beitrittsakte von 2003	Art. 128 Abs. 1 und 2
Anhang XII Abs. 9 Nr. 1 Buchst. b der Beitrittsakte von 2003	Art. 128 Abs. 3, 4 und 5
Anhang XII Abs. 9 Nr. 2 der Beitrittsakte von 2003	Art. 388
Anhang XIII Abs. 9 Nr. 1 Buchst. a der Beitrittsakte von 2003	Art. 129 Abs. 1 und 2
Anhang XIII Abs. 9 Nr. 1 Buchst. b der Beitrittsakte von 2003	Art. 389
Anhang XIV Abs. 7 UAbs. 1 der Beitrittsakte von 2003	Art. 130 Buchst. a und b
Anhang XIV Abs. 7 UAbs. 2 der Beitrittsakte von 2003	–
Anhang XIV Abs. 7 UAbs. 3 der Beitrittsakte von 2003	Art. 390

550a. Durchführungsverordnung (EU) Nr. 282/2011 des Rates vom 15. März 2011 zur Festlegung von Durchführungsvorschriften zur Richtlinie 2006/112/EG über das gemeinsame Mehrwertsteuersystem

(Neufassung)

Vom 15. März 2011

(ABl. L 77 S. 1)[1]

Celex-Nr. 3 2011 R 0282

geänd. durch Art. 1 ÄndVO (EU) 967/2012 v. 9.10.2012 (ABl. L 290 S. 1), Art. 1 ÄndVO (EU) 1042/2013 v. 7.10.2013 (ABl. L 284 S. 1), Art. 1 ÄndVO (EU) 2017/2459 v. 5.12.2017 (ABl. L 348 S. 32), Art. 1 ÄndVO (EU) 2018/1912 v. 4.12.2018 (ABl. L 311 S. 10), Art. 1 VO (EU) 2019/2026 v. 21.11.2019 (ABl. L 313 S. 14, geänd. durch ABl. 2020 L 244 S. 9)

DER RAT DER EUROPÄISCHEN UNION –

gestützt auf den Vertrag über die Arbeitsweise der Europäischen Union,

gestützt auf die Richtlinie 2006/112/EG[2] des Rates vom 28. November 2006 über das gemeinsame Mehrwertsteuersystem[3], insbesondere Artikel 397,

auf Vorschlag der Europäischen Kommission,

in Erwägung nachstehender Gründe:

(1) Die Verordnung (EG) Nr. 1777/2005 des Rates vom 17. Oktober 2005 zur Festlegung von Durchführungsvorschriften zur Richtlinie 77/388/EWG über das gemeinsame Mehrwertsteuersystem[4] muss in einigen wesentlichen Punkten geändert werden. Aus Gründen der Klarheit und der Vereinfachung sollte die Verordnung neu gefasst werden.

(2) Die Richtlinie 2006/112/EG legt Vorschriften im Bereich der Mehrwertsteuer fest, die in bestimmten Fällen für die Auslegung durch die Mitgliedstaaten offen sind. Der Erlass von gemeinsamen Vorschriften zur Durchführung der Richtlinie 2006/112/EG sollte gewährleisten, dass in Fällen, in denen es zu Divergenzen bei der Anwendung kommt oder kommen könnte, die nicht mit dem reibungslosen Funktionieren des Binnenmarkts zu vereinbaren sind, die Anwendung des Mehrwertsteuersystems stärker auf das Ziel eines solchen Binnenmarkts ausgerichtet wird. Diese Durchführungsvorschriften sind erst vom Zeitpunkt des Inkrafttretens dieser Verordnung an rechtsverbindlich; sie berühren nicht die Gültigkeit der von den Mitgliedstaaten in der Vergangenheit angenommenen Rechtsvorschriften und Auslegungen.

(3) Die Änderungen, die sich aus dem Erlass der Richtlinie 2008/8/EG des Rates vom 12. Februar 2008 zur Änderung der Richtlinie 2006/112/EG bezüglich des Ortes der Dienstleistung[5] ergeben, sollten in dieser Verordnung berücksichtigt werden.

(4) Das Ziel dieser Verordnung ist, die einheitliche Anwendung des Mehrwertsteuersystems in seiner derzeitigen Form dadurch sicherzustellen, dass Vorschriften zur Durchführung der Richtlinie 2006/112/EG erlassen werden, und zwar insbesondere in Bezug auf den Steuerpflichtigen, die Lieferung von Gegenständen und die Erbringung von Dienstleistungen sowie den Ort der steuerbaren Umsätze. Im Einklang mit dem Grundsatz der Verhältnismäßigkeit

---

[1] Veröffentlicht am 23.3.2011.
[2] Nr. **550**.
[3] **Amtl. Anm.:** ABl. L 347 vom 11.12.2006, S. 1.
[4] **Amtl. Anm.:** ABl. L 288 vom 29.10.2005, S. 1.
[5] **Amtl. Anm.:** ABl. L 44 vom 20.2.2008, S. 11.

gemäß Artikel 5 Absatz 4 des Vertrags über die Europäische Union geht diese Verordnung nicht über das für die Erreichung dieses Ziels erforderliche Maß hinaus. Da sie in allen Mitgliedstaaten verbindlich ist und unmittelbar gilt, wird die Einheitlichkeit der Anwendung am besten durch eine Verordnung gewährleistet.

(5) Diese Durchführungsvorschriften enthalten spezifische Regelungen zu einzelnen Anwendungsfragen und sind ausschließlich im Hinblick auf eine unionsweit einheitliche steuerliche Behandlung dieser Einzelfälle konzipiert. Sie sind daher nicht auf andere Fälle übertragbar und auf der Grundlage ihres Wortlauts restriktiv anzuwenden.

(6) Ändert ein Nichtsteuerpflichtiger seinen Wohnort und überführt er bei dieser Gelegenheit ein neues Fahrzeug oder wird ein neues Fahrzeug in den Mitgliedstaat zurücküberführt, aus dem es ursprünglich mehrwertsteuerfrei an den Nichtsteuerpflichtigen, der es zurücküberführt, geliefert worden war, so sollte klargestellt werden, dass es sich dabei nicht um den innergemeinschaftlichen Erwerb eines neuen Fahrzeugs handelt.

(7) Für bestimmte Dienstleistungen ist es ausreichend, dass der Dienstleistungserbringer nachweist, dass der steuerpflichtige oder nichtsteuerpflichtiger Empfänger dieser Dienstleistungen außerhalb der Gemeinschaft ansässig ist, damit die Erbringung dieser Dienstleistungen nicht der Mehrwertsteuer unterliegt.

(8) Die Zuteilung einer Mehrwertsteuer-Identifikationsnummer an einen Steuerpflichtigen, der eine Dienstleistung für einen Empfänger in einem anderen Mitgliedstaat erbringt oder der aus einem anderen Mitgliedstaat eine Dienstleistung erhält, für die die Mehrwertsteuer ausschließlich vom Dienstleistungsempfänger zu zahlen ist, sollte nicht das Recht dieses Steuerpflichtigen auf Nichtbesteuerung seiner innergemeinschaftlichen Erwerbe von Gegenständen beeinträchtigen. Teilt jedoch ein Steuerpflichtiger im Zusammenhang mit einem innergemeinschaftlichen Erwerb von Gegenständen dem Lieferer seine Mehrwertsteuer-Identifikationsnummer mit, so wird der Steuerpflichtige in jedem Fall so behandelt, als habe er von der Möglichkeit Gebrauch gemacht, diese Umsätze der Steuer zu unterwerfen.

(9) Die weitere Integration des Binnenmarkts erfordert eine stärkere grenzüberschreitende Zusammenarbeit von in verschiedenen Mitgliedstaaten ansässigen Wirtschaftsbeteiligten und hat zu einer steigenden Anzahl von Europäischen wirtschaftlichen Interessenvereinigungen (EWIV) im Sinne der Verordnung (EWG) Nr. 2137/85 des Rates vom 25. Juli 1985 über die Schaffung einer Europäischen wirtschaftlichen Interessenvereinigung (EWIV)[1] geführt. Daher sollte klargestellt werden, dass EWIV steuerpflichtig sind, wenn sie gegen Entgelt Gegenstände liefern oder Dienstleistungen erbringen.

(10) Es ist erforderlich, Restaurant- und Verpflegungsdienstleistungen, die Abgrenzung zwischen diesen beiden Dienstleistungen sowie ihre angemessene Behandlung klar zu definieren.

(11) Im Interesse der Klarheit sollten Umsätze, die als elektronisch erbrachte Dienstleistungen eingestuft werden, in Verzeichnissen aufgelistet werden, wobei diese Verzeichnisse weder endgültig noch erschöpfend sind.

(12) Es ist erforderlich, einerseits festzulegen, dass es sich bei einer Leistung, die nur aus der Montage verschiedener vom Dienstleistungsempfänger zur Verfügung gestellter Teile einer Maschine besteht, um eine Dienstleistung handelt, und andererseits, wo der Ort dieser Dienstleistung liegt, wenn sie an einen Nichtsteuerpflichtigen erbracht wird.

(13) Der Verkauf einer Option als Finanzinstrument sollte als Dienstleistung behandelt werden, die von den Umsätzen, auf die sich die Option bezieht, getrennt ist.

(14) Um die einheitliche Anwendung der Regeln für die Bestimmung des Ortes der steuerbaren Umsätze sicherzustellen, sollten der Begriff des Ortes, an dem ein Steuerpflichtiger den Sitz seiner wirtschaftlichen Tätigkeit hat, und der Begriff der festen Niederlassung, des Wohnsitzes und des gewöhnlichen Aufenthaltsortes klargestellt werden. Die Zugrundelegung möglichst klarer und objektiver Kriterien sollte die praktische Anwendung dieser Begriffe erleichtern, wobei der Rechtsprechung des Gerichtshofs Rechnung getragen werden sollte.

(15) Es sollten Vorschriften erlassen werden, die eine einheitliche Behandlung von Lieferungen von Gegenständen gewährleisten, wenn ein Lieferer den Schwellenwert für Fernverkäufe in einen anderen Mitgliedstaat überschritten hat.

---

[1] **Amtl. Anm.:** ABl. L 199 vom 31.7.1985, S. 1.

(16) Es sollte klargestellt werden, dass zur Bestimmung des innerhalb der Gemeinschaft stattfindenden Teils der Personenbeförderung die Reisestrecke des Beförderungsmittels und nicht die von den Fahrgästen zurückgelegte Reisestrecke ausschlaggebend ist.

(17) Das Recht des Erwerbsmitgliedstaats zur Besteuerung eines innergemeinschaftlichen Erwerbs sollte nicht durch die mehrwertsteuerliche Behandlung der Umsätze im Abgangsmitgliedstaat beeinträchtigt werden.

(18) Für die richtige Anwendung der Regeln über den Ort der Dienstleistung kommt es hauptsächlich auf den Status des Dienstleistungsempfängers als Steuerpflichtiger oder Nichtsteuerpflichtiger und die Eigenschaft, in der er handelt, an. Um den steuerlichen Status des Dienstleistungsempfängers zu bestimmen, sollte festgelegt werden, welche Nachweise sich der Dienstleistungserbringer vom Dienstleistungsempfänger vorlegen lassen muss.

(19) Es sollte klargestellt werden, dass dann, wenn für einen Steuerpflichtigen erbrachte Dienstleistungen für den privaten Bedarf, einschließlich für den Bedarf des Personals des Dienstleistungsempfängers, bestimmt sind, dieser Steuerpflichtige nicht als in seiner Eigenschaft als Steuerpflichtiger handelnd eingestuft werden kann. Zur Entscheidung, ob der Dienstleistungsempfänger als Steuerpflichtiger handelt oder nicht, ist die Mitteilung seiner Mehrwertsteuer-Identifikationsnummer an den Dienstleistungserbringer ausreichend, um ihm die Eigenschaft als Steuerpflichtiger zuzuerkennen, es sei denn, dem Dienstleistungserbringer liegen gegenteilige Informationen vor. Es sollte außerdem sichergestellt werden, dass eine Dienstleistung, die sowohl für Unternehmenszwecke erworben als auch privat genutzt wird, nur an einem einzigen Ort besteuert wird.

(20) Zur genauen Bestimmung des Ortes der Niederlassung des Dienstleistungsempfängers ist der Dienstleistungserbringer verpflichtet, die vom Dienstleistungsempfänger übermittelten Angaben zu überprüfen.

(21) Unbeschadet der allgemeinen Bestimmung über den Ort einer Dienstleistung an einen Steuerpflichtigen sollten Regeln festgelegt werden, um dem Dienstleistungserbringer für den Fall, dass Dienstleistungen an einen Steuerpflichtigen erbracht werden, der an mehr als einem Ort ansässig ist, zu helfen, den Ort der festen Niederlassung des Steuerpflichtigen, an die die Dienstleistung erbracht wird, unter Berücksichtigung der jeweiligen Umstände zu bestimmen. Wenn es dem Dienstleistungserbringer nicht möglich ist, diesen Ort zu bestimmen, sollten Bestimmungen zur Präzisierung der Pflichten des Dienstleistungserbringers festgelegt werden. Diese Bestimmungen sollten die Pflichten des Steuerpflichtigen weder berühren noch ändern.

(22) Es sollte auch festgelegt werden, zu welchem Zeitpunkt der Dienstleistungserbringer den Status des Dienstleistungsempfängers als Steuerpflichtiger oder Nichtsteuerpflichtiger, seine Eigenschaft und seinen Ort bestimmen muss.

(23) Der Grundsatz in Bezug auf missbräuchliche Praktiken von Wirtschaftsbeteiligten gilt generell für die vorliegende Verordnung, doch ist es angezeigt, speziell im Zusammenhang mit einigen Bestimmungen dieser Verordnung auf seine Gültigkeit hinzuweisen.

(24) Bestimmte Dienstleistungen wie die Erteilung des Rechts zur Fernsehübertragung von Fußballspielen, Textübersetzungen, Dienstleistungen im Zusammenhang mit der Mehrwertsteuererstattung und Dienstleistungen von Vermittlern, die an einen Nichtsteuerpflichtigen erbracht werden, sind mit grenzübergreifenden Sachverhalten verbunden oder beziehen sogar außerhalb der Gemeinschaft ansässige Wirtschaftsbeteiligte ein. Zur Verbesserung der Rechtssicherheit sollte der Ort dieser Dienstleistungen eindeutig bestimmt werden.

(25) Es sollte festgelegt werden, dass für Dienstleistungen von Vermittlern, die im Namen und für Rechnung Dritter handeln und die Beherbergungsdienstleistungen in der Hotelbranche vermitteln, nicht die spezifische Regel für Dienstleistungen im Zusammenhang mit einem Grundstück gilt.

(26) Werden mehrere Dienstleistungen im Rahmen von Bestattungen als Bestandteil einer einheitlichen Dienstleistung erbracht, sollte festgelegt werden, nach welcher Vorschrift der Ort der Dienstleistung zu bestimmen ist.

(27) Um die einheitliche Behandlung von Dienstleistungen auf dem Gebiet der Kultur, der Künste, des Sports, der Wissenschaften, des Unterrichts sowie der Unterhaltung und ähnlichen Ereignissen sicherzustellen, sollten die Eintrittsberechtigung zu solchen Ereignissen und die mit der Eintrittsberechtigung zusammenhängenden Dienstleistungen definiert werden.

(28) Es sollte klargestellt werden, wie Restaurant- und Verpflegungsdienstleistungen zu behandeln sind, die an Bord eines Beförderungsmittels erbracht werden, sofern die Personenbeförderung auf dem Gebiet mehrerer Länder erfolgt.

(29) Da bestimmte Regeln für die Vermietung von Beförderungsmitteln auf die Dauer des Besitzes oder der Verwendung abstellen, muss nicht nur festgelegt werden, welche Fahrzeuge als Beförderungsmittel anzusehen sind, sondern es ist auch klarzustellen, wie solche Dienstleistungen zu behandeln sind, wenn mehrere aufeinanderfolgende Verträge abgeschlossen werden. Es ist auch der Ort festzulegen, an dem das Beförderungsmittel dem Dienstleistungsempfänger tatsächlich zur Verfügung gestellt wird.

(30) Unter bestimmten Umständen sollte eine bei der Bezahlung eines Umsatzes mittels Kredit- oder Geldkarte anfallende Bearbeitungsgebühr nicht zu einer Minderung der Besteuerungsgrundlage für diesen Umsatz führen.

(31) Es muss klargestellt werden, dass auf die Vermietung von Zelten, Wohnanhängern und Wohnmobilen, die auf Campingplätzen aufgestellt sind und als Unterkünfte dienen, ein ermäßigter Steuersatz angewandt werden kann.

(32) Als Ausbildung, Fortbildung oder berufliche Umschulung sollten sowohl Schulungsmaßnahmen mit direktem Bezug zu einem Gewerbe oder einem Beruf als auch jegliche Schulungsmaßnahme im Hinblick auf den Erwerb oder die Erhaltung beruflicher Kenntnisse gelten, und zwar unabhängig von ihrer Dauer.

(33) „Platinum Nobles" sollten in allen Fällen von der Steuerbefreiung für Umsätze mit Devisen, Banknoten und Münzen ausgeschlossen sein.

(34) Es sollte festgelegt werden, dass die Steuerbefreiung für Dienstleistungen im Zusammenhang mit der Einfuhr von Gegenständen, deren Wert in der Steuerbemessungsgrundlage für diese Gegenstände enthalten ist, auch für im Rahmen eines Wohnortwechsels erbrachte Beförderungsdienstleistungen gilt.

(35) Die vom Abnehmer nach Orten außerhalb der Gemeinschaft beförderten und für die Ausrüstung oder die Versorgung von Beförderungsmitteln – die von Personen, die keine natürlichen Personen sind, wie etwa Einrichtungen des öffentlichen Rechts oder Vereine, für nichtgeschäftliche Zwecke genutzt werden – bestimmten Gegenstände sollten von der Steuerbefreiung bei Ausfuhrumsätzen ausgeschlossen sein.

(36) Um eine einheitliche Verwaltungspraxis bei der Berechnung des Mindestwerts für die Steuerbefreiung der Ausfuhr von Gegenständen zur Mitführung im persönlichen Gepäck von Reisenden sicherzustellen, sollten die Bestimmungen für diese Berechnung harmonisiert werden.

(37) Es sollte festgelegt werden, dass die Steuerbefreiung für bestimmte Umsätze, die Ausfuhren gleichgestellt sind, auch für Dienstleistungen gilt, die unter die besondere Regelung für elektronisch erbrachte Dienstleistungen fallen.

(38) Eine entsprechend dem Rechtsrahmen für ein Konsortium für eine europäische Forschungsinfrastruktur (ERIC) zu schaffende Einrichtung sollte zum Zweck der Mehrwertsteuerbefreiung nur unter bestimmten Voraussetzungen als internationale Einrichtung gelten. Die für die Inanspruchnahme der Befreiung erforderlichen Voraussetzungen sollten daher festgelegt werden.

(39) Lieferungen von Gegenständen und Dienstleistungen, die im Rahmen diplomatischer und konsularischer Beziehungen bewirkt oder anerkannten internationalen Einrichtungen oder bestimmten Streitkräften erbracht werden, sind vorbehaltlich bestimmter Beschränkungen und Bedingungen von der Mehrwertsteuer befreit. Damit ein Steuerpflichtiger, der eine solche Lieferung oder Dienstleistung von einem anderen Mitgliedstaat aus bewirkt, nachweisen kann, dass die Voraussetzungen für diese Befreiung vorliegen, sollte eine Freistellungsbescheinigung eingeführt werden.

(40) Für die Ausübung des Rechts auf Vorsteuerabzug sollten auch elektronische Einfuhrdokumente zugelassen werden, wenn sie dieselben Anforderungen erfüllen wie Papierdokumente.

(41) Hat ein Lieferer von Gegenständen oder ein Erbringer von Dienstleistungen eine feste Niederlassung in dem Gebiet des Mitgliedstaats, in dem die Steuer geschuldet wird, so sollte festgelegt werden, unter welchen Umständen die Steuer von dieser Niederlassung zu entrichten ist.

(42) Es sollte klargestellt werden, dass ein Steuerpflichtiger, dessen Sitz der wirtschaftlichen Tätigkeit sich in dem Gebiet des Mitgliedstaats befindet, in dem die Mehrwertsteuer geschuldet wird, im Hinblick auf diese Steuerschuld selbst dann als ein in diesem Mitgliedstaat ansässiger Steuerschuldner anzusehen ist, wenn dieser Sitz nicht bei der Lieferung von Gegenständen oder der Erbringung von Dienstleistungen mitwirkt.

(43) Es sollte klargestellt werden, dass jeder Steuerpflichtige verpflichtet ist, für bestimmte steuerbare Umsätze seine Mehrwertsteuer-Identifikationsnummer mitzuteilen, sobald er diese erhalten hat, damit eine gerechtere Steuererhebung gewährleistet ist.

(44) Um die Gleichbehandlung der Wirtschaftsbeteiligten zu gewährleisten, sollte festgelegt werden, welche Anlagegold-Gewichte auf den Goldmärkten definitiv akzeptiert werden und an welchem Datum der Wert der Goldmünzen festzustellen ist.

(45) Die Sonderregelung für die Erbringung elektronisch erbrachter Dienstleistungen durch nicht in der Gemeinschaft ansässige Steuerpflichtige an in der Gemeinschaft ansässige oder wohnhafte Nichtsteuerpflichtige ist an bestimmte Voraussetzungen geknüpft. Es sollte insbesondere genau angegeben werden, welche Folgen es hat, wenn diese Voraussetzungen nicht mehr erfüllt werden.

(46) Bestimmte Änderungen resultieren aus der Richtlinie 2008/8/EG. Da diese Änderungen zum einen die Besteuerung der Vermietung von Beförderungsmitteln über einen längeren Zeitraum ab dem 1. Januar 2013 und zum anderen die Besteuerung elektronisch erbrachter Dienstleistungen ab dem 1. Januar 2015 betreffen, sollte festgelegt werden, dass die entsprechenden Bestimmungen dieser Verordnung erst ab diesen Daten anwendbar sind –

HAT FOLGENDE VERORDNUNG ERLASSEN:

Kapitel I. Gegenstand

Art. 1 [Anwendungsbereich] Diese Verordnung regelt die Durchführung einiger Bestimmungen der Titel I bis V und VII bis XII der Richtlinie 2006/112/EG.

Kapitel II. Anwendungsbereich (Titel I der Richtlinie 2006/112/EG)

Art. 2 [Nichtvorliegen eines innergemeinschaftlichen Erwerbs] Folgendes führt nicht zu einem innergemeinschaftlichen Erwerb im Sinne von Artikel 2 Absatz 1 Buchstabe b der Richtlinie 2006/112/EG:

a) die Verbringung eines neuen Fahrzeugs durch einen Nichtsteuerpflichtigen aufgrund eines Wohnortwechsels, vorausgesetzt, die Befreiung nach Artikel 138 Absatz 2 Buchstabe a der Richtlinie 2006/112/EG war zum Zeitpunkt der Lieferung nicht anwendbar;

b) die Rückführung eines neuen Fahrzeugs durch einen Nichtsteuerpflichtigen in denjenigen Mitgliedstaat, aus dem es ihm ursprünglich unter Inanspruchnahme der Steuerbefreiung nach Artikel 138 Absatz 2 Buchstabe a der Richtlinie 2006/112/EG geliefert wurde.

Art. 3 [Dienstleistungen außerhalb des Anwendungsbereichs der MwSt] Unbeschadet des Artikels 59a Absatz 1 Buchstabe b der Richtlinie 2006/112/EG unterliegt die Erbringung der nachstehend aufgeführten Dienstleistungen nicht der Mehrwertsteuer, wenn der Dienstleistungserbringer nachweist, dass der nach Kapitel V Abschnitt 4 Unterabschnitte 3 und 4 der vorliegenden Verordnung ermittelte Ort der Dienstleistung außerhalb der Gemeinschaft liegt:

a)[1] ab 1. Januar 2013 die in Artikel 56 Absatz 2 Unterabsatz 1 der Richtlinie 2006/112/EG genannten Dienstleistungen;

b)[1] ab 1. Januar 2015 die in Artikel 58 der Richtlinie 2006/112/EG aufgeführten Dienstleistungen;

c) die in Artikel 59 der Richtlinie 2006/112/EG aufgeführten Dienstleistungen.

Art. 4 [Nichtbesteuerung innergemeinschaftlicher Erwerb trotz Zuteilung USt-IdNr.] *[1]* Einem Steuerpflichtigen, dessen innergemeinschaftliche Erwerbe von Gegenständen gemäß Artikel 3 der Richtlinie 2006/112/EG nicht der Mehrwertsteuer unterliegen, steht dieses Recht auf Nichtbesteuerung auch dann weiterhin zu, wenn ihm nach Artikel 214 Absatz 1 Buchstabe d oder e jener Richtlinie für empfangene Dienstleistungen, für die er Mehrwertsteuer zu entrichten hat, oder für von ihm im Gebiet eines anderen Mitgliedstaats erbrachte Dienstleistungen, für die die Mehrwertsteuer ausschließlich vom Empfänger zu entrichten ist, eine Mehrwertsteuer-Identifikationsnummer zugeteilt wurde.

[2] Teilt dieser Steuerpflichtige jedoch im Zusammenhang mit dem innergemeinschaftlichen Erwerb von Gegenständen seine Mehrwertsteuer-Identifikationsnummer einem Lieferer mit, so gilt damit die Wahlmöglichkeit nach Artikel 3 Absatz 3 der genannten Richtlinie als in Anspruch genommen.

Kapitel III. Steuerpflichtiger (Titel III der Richtlinie 2006/112/EG)

Art. 5 [EWIV als Steuerpflichtiger (Unternehmer)] Eine gemäß der Verordnung (EWG) Nr. 2137/85 gegründete Europäische wirtschaftliche Interessenvereinigung (EWIV), die gegen Entgelt Lieferungen von Gegenständen oder Dienstleistungen an ihre Mitglieder oder an Dritte bewirkt, ist ein Steuerpflichtiger im Sinne von Artikel 9 Absatz 1 der Richtlinie 2006/112/EG.

Kapitel IV.[2] Steuerbarer Umsatz *(Artikel 24 bis 29 der Richtlinie 2006/112/EG)* [*ab 1.7.2021:* (Titel IV der Richtlinie 2006/112/EG)]

[ab 1.7.2021:

Abschnitt 1.[3] Lieferung von Gegenständen (Artikel 14 bis 19 der Richtlinie 2006/112/EG)

Art. 5a[3] [Versendungs- oder Beförderung iSd RL 2006/112/EG] *[1]* Für die Anwendung von Artikel 14 Absatz 4 der Richtlinie 2006/112/EG gelten Gegenstände als durch den Lieferer oder für dessen Rechnung

---

[1] Zum Anwendungszeitraum siehe Art. 65.

[2] Kapitel IV Überschrift neu gef. **mWv 1.7.2021** durch DVO v. 21.11.2019 (ABl. L 313 S. 14, geänd. durch ABl. 2020 L 244 S. 9).

[3] Abschnitt 1 (Art. 5a–5d) eingef. **mWv 1.7.2021** durch DVO v. 21.11.2019 (ABl. L 313 S. 14, geänd. durch ABl. 2020 L 244 S. 9).

versandt oder befördert – einschließlich der mittelbaren Beteiligung des Lieferers an der Versendung oder Beförderung –, insbesondere wenn

a) die Versendung oder Beförderung der Gegenstände vom Lieferer als Unterauftrag an einen Dritten vergeben wird, der die Gegenstände an den Erwerber liefert;

b) die Versendung oder Beförderung der Gegenstände durch einen Dritten erfolgt, der Lieferer jedoch entweder die gesamte oder die teilweise Verantwortung für die Lieferung der Gegenstände an den Erwerber trägt;

c) der Lieferer dem Erwerber die Transportkosten in Rechnung stellt und diese einzieht und sie dann an einen Dritten weiterleitet, der die Versendung oder Beförderung der Waren übernimmt;

d) der Lieferer in jeglicher Weise gegenüber dem Erwerber die Zustelldienste eines Dritten bewirbt, den Kontakt zwischen dem Erwerber und einem Dritten herstellt oder einem Dritten auf andere Weise die Informationen, die dieser für die Zustellung der Gegenstände an den Erwerber benötigt, übermittelt.

[2] Die Gegenstände gelten jedoch dann nicht als vom Lieferer oder für dessen Rechnung versandt oder befördert, wenn der Erwerber die Gegenstände selbst befördert oder wenn der Erwerber die Lieferung der Gegenstände selbst mit einem Dritten vereinbart und der Lieferer nicht mittelbar oder unmittelbar die Organisation der Versendung oder Beförderung dieser Gegenstände übernimmt oder dabei hilft.

Art. 5b[1)] [Unterstützung iSd RL 2006/112/EG] *[1]* Für die Anwendung von Artikel 14a der Richtlinie 2006/112/EG bezeichnet der Begriff „unterstützen" die Nutzung einer elektronischen Schnittstelle, um es einem Erwerber und einem Lieferer, der über eine elektronische Schnittstelle Gegenstände zum Verkauf anbietet, zu ermöglichen, in Kontakt zu treten, woraus eine Lieferung von Gegenständen über die elektronische Schnittstelle an diesen Erwerber resultiert.

[2] Ein Steuerpflichtiger unterstützt die Lieferung von Gegenständen jedoch dann nicht, wenn alle folgenden Voraussetzungen erfüllt sind:

a) Der Steuerpflichtige legt weder unmittelbar noch mittelbar irgendeine der Bedingungen für die Lieferung der Gegenstände fest;

b) der Steuerpflichtige ist weder unmittelbar noch mittelbar an der Autorisierung der Abrechnung mit dem Erwerber bezüglich der getätigten Zahlung beteiligt;

c) der Steuerpflichtige ist weder unmittelbar noch mittelbar an der Bestellung oder Lieferung der Gegenstände beteiligt.

[3] Artikel Artikel 14a der Richtlinie 2006/112/EG findet auch keine Anwendung auf Steuerpflichtige, die lediglich eine der folgenden Leistungen anbieten:

---

1) Abschnitt 1 (Art. 5a–5d) eingef. **mWv 1.7.2021** durch DVO v. 21.11.2019 (ABl. L 313 S. 14, geänd. durch ABl. 2020 L 244 S. 9).

a) die Verarbeitung von Zahlungen im Zusammenhang mit der Lieferung von Gegenständen;

b) die Auflistung von Gegenständen oder die Werbung für diese;

c) die Weiterleitung oder Vermittlung von Erwerbern an andere elektronische Schnittstellen, über die Gegenstände zum Verkauf angeboten werden, ohne dass eine weitere Einbindung in die Lieferung besteht.

Art. 5c[1)] [Befreiung von der Anwendung des Art. 14a RL 2006/112/EG] Für die Anwendung von Artikel 14a der Richtlinie 2006/112/EG schuldet ein Steuerpflichtiger, der behandelt wird, als ob er die Gegenstände selbst erhalten und selbst geliefert hätte, nicht die Mehrwertsteuerbeträge, die die Mehrwertsteuer übersteigen, die er für diese Lieferungen erklärt und entrichtet hat, wenn alle folgenden Voraussetzungen erfüllt sind:

a) Der Steuerpflichtige ist auf die Angaben angewiesen, die von Lieferern, die Gegenstände über eine elektronische Schnittstelle verkaufen, oder von Dritten erteilt werden, um die Mehrwertsteuer für diese Lieferungen korrekt erklären und entrichten zu können;

b) die in Buchstabe a genannten Angaben sind falsch;

c) der Steuerpflichtige kann nachweisen, dass er nicht wusste und nach vernünftigem Ermessen nicht wissen konnte, dass diese Angaben nicht zutreffend waren.

Art. 5d[1)] [Steuerpflichtiger iSd Art. 14a RL 2006/112/EG] Sofern ihm keine gegenteiligen Angaben vorliegen, betrachtet der Steuerpflichtige, der gemäß Artikel 14a der Richtlinie 2006/112/EG so behandelt wird, als ob er die Gegenstände selbst erhalten und selbst geliefert hätte:

a) die Person, die die Gegenstände über eine elektronische Schnittstelle verkauft, als steuerpflichtig;

b) die Person, die diese Gegenstände kauft, als nicht steuerpflichtig.]

[*ab 1.7.2021:*

Abschnitt 2.[2)] Erbringung von Dienstleistungen (Artikel 24 bis 29 der Richtlinie 2006/112/EG)]

Art. 6 [Definition „Restaurant- und Verpflegungsdienstleistungen"]

(1) [1]Als Restaurant- und Verpflegungsdienstleistungen gelten die Abgabe zubereiteter oder nicht zubereiteter Speisen und/oder Getränke, zusammen mit ausreichenden unterstützenden Dienstleistungen, die deren sofortigen Verzehr ermöglichen. [2]Die Abgabe von Speisen und/oder Getränken ist nur eine Komponente der gesamten Leistung, bei der der Dienstleistungsanteil überwiegt. [3]Restaurantdienstleistungen sind die Erbringung solcher Dienst-

---

[1)] Abschnitt 1 (Art. 5a–5d) eingef. **mWv 1.7.2021** durch DVO v. 21.11.2019 (ABl. L 313 S. 14, geänd. durch ABl. 2020 L 244 S. 9).

[2)] Überschrift Abschnitt 2 eingef. **mWv 1.7.2021** durch DVO v. 21.11.2019 (ABl. L 313 S. 14, geänd. durch ABl. 2020 L 244 S. 9).

leistungen in den Räumlichkeiten des Dienstleistungserbringers und Verpflegungsdienstleistungen sind die Erbringung solcher Dienstleistungen an einem anderen Ort als den Räumlichkeiten des Dienstleistungserbringers.

(2) Die Abgabe von zubereiteten oder nicht zubereiteten Speisen und/oder Getränken mit oder ohne Beförderung, jedoch ohne andere unterstützende Dienstleistungen, gilt nicht als Restaurant- oder Verpflegungsdienstleistung im Sinne des Absatzes 1.

Art. 6a[1)] [Telekommunikationsdienstleistungen] (1) Telekommunikationsdienstleistungen im Sinne von Artikel 24 Absatz 2 der Richtlinie 2006/112/EG umfassen insbesondere

a) Festnetz- und Mobiltelefondienste zur wechselseitigen Ton-, Daten- und Videoübertragung einschließlich Telefondienstleistungen mit bildgebender Komponente (Videofonie),

b) über das Internet erbrachte Telefondienste einschließlich VoIP-Diensten (Voice over Internet Protocol);

c) Sprachspeicherung (Voicemail), Anklopfen, Rufumleitung, Anruferkennung, Dreiwegeanruf und andere Anrufverwaltungsdienste;

d) Personenrufdienste (Paging-Dienste);

e) Audiotextdienste;

f) Fax, Telegrafie und Fernschreiben;

g) den Zugang zum Internet einschließlich des World Wide Web;

h) private Netzanschlüsse für Telekommunikationsverbindungen zur ausschließlichen Nutzung durch den Dienstleistungsempfänger.

(2) Telekommunikationsdienstleistungen im Sinne von Artikel 24 Absatz 2 der Richtlinie 2006/112/EG umfassen nicht

a) elektronisch erbrachte Dienstleistungen;

b) Rundfunk- und Fernsehdienstleistungen (im Folgenden „Rundfunkdienstleistungen").

Art. 6b[2)] [Rundfunkdienstleistungen] (1) Rundfunkdienstleistungen umfassen Dienstleistungen in Form von Audio- und audiovisuellen Inhalten wie Rundfunk- oder Fernsehsendungen, die auf der Grundlage eines Sendeplans über Kommunikationsnetze durch einen Mediendiensteanbieter unter dessen redaktioneller Verantwortung der Öffentlichkeit zum zeitgleichen Anhören oder Ansehen zur Verfügung gestellt werden.

(2) Unter Absatz 01 fällt insbesondere Folgendes:

a) Rundfunk- oder Fernsehsendungen, die über einen Rundfunk- oder Fernsehsender verbreitet oder weiterverbreitet werden;

b) Rundfunk- oder Fernsehsendungen, die über das Internet oder ein ähnliches elektronisches Netzwerk (IP-Streaming) verbreitet werden, wenn sie

---

[1)] Art. 6a eingef. mWv 1.1.2015 durch VO v. 7.10.2013 (ABl. L 284 S. 1).

[2)] Art. 6b eingef. mWv 1.1.2015 durch VO v. 7.10.2013 (ABl. L 284 S. 1).

zeitgleich zu ihrer Verbreitung oder Weiterverbreitung durch einen Rundfunk- oder Fernsehsender übertragen werden.

(3) Absatz 1 findet keine Anwendung auf

a) Telekommunikationsdienstleistungen;
b) elektronisch erbrachte Dienstleistungen;
c) die Bereitstellung von Informationen über bestimmte auf Abruf erhältliche Programme;
d) die Übertragung von Sende- oder Verbreitungsrechten;
e) das Leasing von Geräten und technischer Ausrüstung zum Empfang von Rundfunkdienstleistungen;
f) Rundfunk- oder Fernsehsendungen, die über das Internet oder ein ähnliches elektronisches Netz (IP-Streaming) verbreitet werden, es sei denn, sie werden zeitgleich zu ihrer Verbreitung oder Weiterverbreitung durch herkömmliche Rundfunk- oder Fernsehsender übertragen.

Art. 7[1)] [Definition „elektronisch erbrachte Dienstleistungen"]

(1) „Elektronisch erbrachte Dienstleistungen" im Sinne der Richtlinie 2006/112/EG umfassen Dienstleistungen, die über das Internet oder ein ähnliches elektronisches Netz erbracht werden, deren Erbringung aufgrund ihrer Art im Wesentlichen automatisiert und nur mit minimaler menschlicher Beteiligung erfolgt und ohne Informationstechnologie nicht möglich wäre.

(2) Unter Absatz 1 fällt insbesondere das Folgende:

a) Überlassung digitaler Produkte allgemein, z. B. Software und zugehörige Änderungen oder Upgrades;
b) Dienste, die in elektronischen Netzen eine Präsenz zu geschäftlichen oder persönlichen Zwecken, z. B. eine Website oder eine Webpage, vermitteln oder unterstützen;
c) von einem Computer automatisch generierte Dienstleistungen über das Internet oder ein ähnliches elektronisches Netz auf der Grundlage spezifischer Dateninputs des Dienstleistungsempfängers;
d) Einräumung des Rechts, gegen Entgelt eine Leistung auf einer Website, die als Online-Marktplatz fungiert, zum Kauf anzubieten, wobei die potenziellen Käufer ihr Gebot im Wege eines automatisierten Verfahrens abgeben und die Beteiligten durch eine automatische, computergenerierte E-Mail über das Zustandekommen eines Verkaufs unterrichtet werden;
e) Internet-Service-Pakete, in denen die Telekommunikations-Komponente ein ergänzender oder untergeordneter Bestandteil ist (d. h. Pakete, die mehr ermöglichen als nur die Gewährung des Zugangs zum Internet und die weitere Elemente wie etwa Nachrichten, Wetterbericht, Reiseinformationen, Spielforen, Webhosting, Zugang zu Chatlines usw. umfassen);
f) die in Anhang I genannten Dienstleistungen.

[1)] Art. 7 Abs. 3 einl. Satzteil und Buchst. a neu gef., Buchst. q–s aufgeh., Buchst. t und u angef. mWv 1.1.2015 durch VO v. 7.10.2013 (ABl. L 284 S. 1).

(3) Absatz 1 findet keine Anwendung auf

a) Rundfunkdienstleistungen;
b) Telekommunikationsdienstleistungen;
c) Gegenstände bei elektronischer Bestellung und Auftragsbearbeitung;
d) CD-ROMs, Disketten und ähnliche körperliche Datenträger;
e) Druckerzeugnisse wie Bücher, Newsletter, Zeitungen und Zeitschriften;
f) CDs und Audiokassetten;
g) Videokassetten und DVDs;
h)Spiele auf CD-ROM;
i) Beratungsleistungen durch Rechtsanwälte, Finanzberater usw. per E-Mail;
j) Unterrichtsleistungen, wobei ein Lehrer den Unterricht über das Internet oder ein elektronisches Netz, d. h. über einen Remote Link, erteilt;
k) physische Offline-Reparatur von EDV-Ausrüstung;
l) Offline-Data-Warehousing;
m) Zeitungs-, Plakat- und Fernsehwerbung;
n) Telefon-Helpdesks;
o) Fernunterricht im herkömmlichen Sinne, z. B. per Post;
p) Versteigerungen herkömmlicher Art, bei denen Menschen direkt tätig werden, unabhängig davon, wie die Gebote abgegeben werden;
q) *(aufgehoben)*
r) *(aufgehoben)*
s) *(aufgehoben)*
t) online gebuchte Eintrittskarten für Veranstaltungen auf dem Gebiet der Kultur, der Künste, des Sports, der Wissenschaft, des Unterrichts, der Unterhaltung und ähnliche Veranstaltungen;
u) online gebuchte Beherbergungsleistungen, Mietwagen, Restaurantdienstleistungen, Personenbeförderungsdienste oder ähnliche Dienstleistungen.

Art. 8 [Zusammenbau einer Maschine als Dienstleistung] Baut ein Steuerpflichtiger lediglich die verschiedenen Teile einer Maschine zusammen, die ihm alle vom Empfänger seiner Dienstleistung zur Verfügung gestellt wurden, so ist dieser Umsatz eine Dienstleistung im Sinne von Artikel 24 Absatz 1 der Richtlinie 2006/112/EG.

Art. 9 [Verkauf einer Option als Dienstleistung] [1]Der Verkauf einer Option, der in den Anwendungsbereich von Artikel 135 Absatz 1 Buchstabe f der Richtlinie 2006/112/EG fällt, ist eine Dienstleistung im Sinne von Artikel 24 Absatz 1 der genannten Richtlinie. [2]Diese Dienstleistung ist von den der Option zugrunde liegenden Umsätzen zu unterscheiden.

Art. 9a[1)] [Erbringung; Erbringer] (1) *[1]* Für die Anwendung von Artikel 28 der Richtlinie 2006/112/EG gilt, dass wenn elektronisch erbrachte

---

1) Art. 9a eingef. mWv 1.1.2015 durch VO v. 7.10.2013 (ABl. L 284 S. 1).

Dienstleistungen über ein Telekommunikationsnetz, eine Schnittstelle oder ein Portal wie einen Appstore erbracht werden, davon auszugehen ist, dass ein an dieser Erbringung beteiligter Steuerpflichtiger im eigenen Namen, aber für Rechnung des Anbieters dieser Dienstleistungen tätig ist, es sei denn, dass dieser Anbieter von dem Steuerpflichtigen ausdrücklich als Leistungserbringer genannt wird und dies in den vertraglichen Vereinbarungen zwischen den Parteien zum Ausdruck kommt.

[2] Damit der Anbieter der elektronisch erbrachten Dienstleistungen als vom Steuerpflichtigen ausdrücklich genannter Erbringer der elektronisch erbrachten Dienstleistungen angesehen werden kann, müssen die folgenden Bedingungen erfüllt sein:

a) Auf der von jedem an der Erbringung der elektronisch erbrachten Dienstleistungen beteiligten Steuerpflichtigen ausgestellten oder verfügbar gemachten Rechnung müssen die elektronisch erbrachten Dienstleistungen und der Erbringer dieser elektronisch erbrachten Dienstleistungen angegeben sein;

b) auf der dem Dienstleistungsempfänger ausgestellten oder verfügbar gemachten Rechnung oder Quittung müssen die elektronisch erbrachten Dienstleistungen und ihr Erbringer angegeben sein.

[3] Für die Zwecke dieses Absatzes ist es einem Steuerpflichtigen nicht gestattet, eine andere Person ausdrücklich als Erbringer von elektronischen Dienstleistungen anzugeben, wenn er hinsichtlich der Erbringung dieser Dienstleistungen die Abrechnung mit dem Dienstleistungsempfänger autorisiert oder die Erbringung der Dienstleistungen genehmigt oder die allgemeinen Bedingungen der Erbringung festlegt.

(2) Absatz 1 findet auch Abwendung[1], wenn über das Internet erbrachte Telefondienste einschließlich VoIP-Diensten (Voice over Internet Protocol) über ein Telekommunikationsnetz, eine Schnittstelle oder ein Portal wie einen Appstore erbracht werden und diese Erbringung unter den in Absatz 1 genannten Bedingungen erfolgt.

(3) Dieser Artikel gilt nicht für einen Steuerpflichtigen, der lediglich Zahlungen in Bezug auf elektronisch erbrachte Dienstleistungen oder über das Internet erbrachte Telefondienste einschließlich VoIP-Diensten (Voice over Internet Protocol) abwickelt und nicht an der Erbringung dieser elektronisch erbrachten Dienstleistungen oder Telefondienste beteiligt ist.

Kapitel V. Ort des steuerbaren Umsatzes

Abschnitt 1. Begriffe

Art. 10 [Definition „Sitzort"] (1) Für die Anwendung der Artikel 44 und 45 der Richtlinie 2006/112/EG gilt als Ort, an dem der Steuerpflichtige den Sitz seiner wirtschaftlichen Tätigkeit hat, der Ort, an dem die Handlungen zur zentralen Verwaltung des Unternehmens vorgenommen werden.

---

[1] Richtig wohl: „Anwendung".

(2) *[1]* Zur Bestimmung des Ortes nach Absatz 1 werden der Ort, an dem die wesentlichen Entscheidungen zur allgemeinen Leitung des Unternehmens getroffen werden, der Ort seines satzungsmäßigen Sitzes und der Ort, an dem die Unternehmensleitung zusammenkommt, herangezogen.

[2] Kann anhand dieser Kriterien der Ort des Sitzes der wirtschaftlichen Tätigkeit eines Unternehmens nicht mit Sicherheit bestimmt werden, so wird der Ort, an dem die wesentlichen Entscheidungen zur allgemeinen Leitung des Unternehmens getroffen werden, zum vorrangigen Kriterium.

(3) Allein aus dem Vorliegen einer Postanschrift kann nicht geschlossen werden, dass sich dort der Sitz der wirtschaftlichen Tätigkeit eines Unternehmens befindet.

Art. 11 [Definition „feste Niederlassung"] (1) Für die Anwendung des Artikels 44 der Richtlinie 2006/112/EG gilt als „feste Niederlassung" jede Niederlassung mit Ausnahme des Sitzes der wirtschaftlichen Tätigkeit nach Artikel 10 dieser Verordnung, die einen hinreichenden Grad an Beständigkeit sowie eine Struktur aufweist, die es ihr von der personellen und technischen Ausstattung her erlaubt, Dienstleistungen, die für den eigenen Bedarf dieser Niederlassung erbracht werden, zu empfangen und dort zu verwenden.

(2) Für die Anwendung der folgenden Artikel gilt als „feste Niederlassung" jede Niederlassung mit Ausnahme des Sitzes der wirtschaftlichen Tätigkeit nach Artikel 10 dieser Verordnung, die einen hinreichenden Grad an Beständigkeit sowie eine Struktur aufweist, die es von der personellen und technischen Ausstattung her erlaubt, Dienstleistungen zu erbringen:

a) Artikel 45 der Richtlinie 2006/112/EG;

b)[1] ab 1. Januar 2013 Artikel 56 Absatz 2 Unterabsatz 2 der Richtlinie 2006/112/EG;

c)[1] bis 31. Dezember 2014 Artikel 58 der Richtlinie 2006/112/EG;

d) Artikel 192a der Richtlinie 2006/112/EG.

(3) Allein aus der Tatsache, dass eine Mehrwertsteuer-Identifikationsnummer zugeteilt wurde, kann nicht darauf geschlossen werden, dass ein Steuerpflichtiger eine „feste Niederlassung" hat.

Art. 12 [Definition „Wohnsitz einer natürlichen Person"] Für die Anwendung der Richtlinie 2006/112/EG gilt als „Wohnsitz" einer natürlichen Person, unabhängig davon, ob diese Person steuerpflichtig ist oder nicht, der im Melderegister oder in einem ähnlichen Register eingetragene Wohnsitz oder der Wohnsitz, den die betreffende Person bei der zuständigen Steuerbehörde angegeben hat, es sei denn, es liegen Anhaltspunkte dafür vor, dass dieser Wohnsitz nicht die tatsächlichen Gegebenheiten widerspiegelt.

Art. 13 [Definition „gewöhnlicher Aufenthalt einer natürlichen Person"] *[1]* Im Sinne der Richtlinie 2006/112/EG gilt als „gewöhnlicher Aufenthaltsort" einer natürlichen Person, unabhängig davon, ob diese Person

[1] Zum Anwendungszeitraum siehe Art. 65.

steuerpflichtig ist oder nicht, der Ort, an dem diese natürliche Person aufgrund persönlicher und beruflicher Bindungen gewöhnlich lebt.

[2] Liegen die beruflichen Bindungen einer natürlichen Person in einem anderen Land als dem ihrer persönlichen Bindungen oder gibt es keine beruflichen Bindungen, so bestimmt sich der gewöhnliche Aufenthaltsort nach den persönlichen Bindungen, die enge Beziehungen zwischen der natürlichen Person und einem Wohnort erkennen lassen.

Art. 13a[1)] [Ansässigkeit juristischer Personen] Als Ort, an dem eine nichtsteuerpflichtige juristische Person im Sinne von Artikel 56 Absatz 2 Unterabsatz 1, Artikel 58 und Artikel 59 der Richtlinie 2006/112/EG ansässig ist, gilt

a) der Ort, an dem Handlungen zu ihrer zentralen Verwaltung ausgeführt werden, oder

b) der Ort jeder anderen Niederlassung, die einen hinreichenden Grad an Beständigkeit sowie eine Struktur aufweist, die es ihr von der personellen und technischen Ausstattung her erlaubt, Dienstleistungen, die für den eigenen Bedarf dieser Niederlassung erbracht werden, zu empfangen und dort zu verwenden.

Art. 13b[2)] [Geltung als Grundstück] Für die Zwecke der Anwendung der Richtlinie 2006/112/EG gilt als „Grundstück"

a) ein bestimmter über- oder unterirdischer Teil der Erdoberfläche, an dem Eigentum und Besitz begründet werden kann;

b) jedes mit oder in dem Boden über oder unter dem Meeresspiegel befestigte Gebäude oder jedes derartige Bauwerk, das nicht leicht abgebaut oder bewegt werden kann;

c) jede Sache, die einen wesentlichen Bestandteil eines Gebäudes oder eines Bauwerks bildet, ohne die das Gebäude oder das Bauwerk unvollständig ist, wie zum Beispiel Türen, Fenster, Dächer, Treppenhäuser und Aufzüge;

d) Sachen, Ausstattungsgegenstände oder Maschinen, die auf Dauer in einem Gebäude oder einem Bauwerk installiert sind, und die nicht bewegt werden können, ohne das Gebäude oder das Bauwerk zu zerstören oder zu verändern.

Abschnitt 2
Ort der Lieferung von Gegenständen
(Artikel 31 bis 39 der Richtlinie 2006/112/EG)

Art. 14[3)] [Versandhandelsregelung – Ort der Lieferung bei Überschreiten der Lieferschwelle im laufenden Jahr] *[1] Wird im Laufe eines Kalenderjahres der von*

[1)] Art. 13a eingef. mWv 1.1.2015 durch VO v. 7.10.2013 (ABl. L 284 S. 1).

[2)] Art. 13b eingef. mWv 1.1.2017 durch VO v. 7.10.2013 (ABl. L 284 S. 1).

[3)] Art. 14 aufgeh. **mWv 1.7.2021** durch DVO v. 21.11.2019 (ABl. L 313 S. 14, geänd. durch ABl. 2020 L 244 S. 9).

einem Mitgliedstaat gemäß Artikel 34 der Richtlinie 2006/112/EG angewandte Schwellenwert überschritten, so ergibt sich aus Artikel 33 jener Richtlinie keine Änderung des Ortes der Lieferungen von nicht verbrauchsteuerpflichtigen Waren, die in dem fraglichen Kalenderjahr vor Überschreiten des von diesem Mitgliedstaat für das laufende Kalenderjahr angewandten Schwellenwerts getätigt wurden, unter der Bedingung, dass alle folgenden Voraussetzungen erfüllt sind:

a) der Lieferer hat nicht die Wahlmöglichkeit des Artikels 34 Absatz 4 jener Richtlinie in Anspruch genommen;

b) der Wert seiner Lieferungen von Gegenständen hat den Schwellenwert im vorangegangenen Jahr nicht überschritten.

[2] Hingegen ändert Artikel 33 der Richtlinie 2006/112/EG den Ort folgender Lieferungen in den Mitgliedstaat der Beendigung des Versands oder der Beförderung:

a) die Lieferung von Gegenständen, mit der der vom Mitgliedstaat für das laufende Kalenderjahr angewandte Schwellenwert in dem laufenden Kalenderjahr überschritten wurde;

b) alle weiteren Lieferungen von Gegenständen in denselben Mitgliedstaat in dem betreffenden Kalenderjahr;

c) Lieferungen von Gegenständen in denselben Mitgliedstaat in dem Kalenderjahr, das auf das Jahr folgt, in dem das unter Buchstabe a genannte Ereignis eingetreten ist.

Art. 15 [Maßgeblichkeit Reisestrecke des Beförderungsmittels bei Bestimmung des innergemeinschaftlichen Teils der Personenbeförderung bei Bordlieferungen] Zur Bestimmung des innerhalb der Gemeinschaft stattfindenden Teils der Personenbeförderung im Sinne des Artikels 37 der Richtlinie 2006/112/EG ist die Reisestrecke des Beförderungsmittels, nicht die der beförderten Personen, ausschlaggebend.

Abschnitt 3. Ort des innergemeinschaftlichen Erwerbs von Gegenständen (Artikel 40, 41 und 42 der Richtlinie 2006/112/EG)

Art. 16 [Besteuerungskompetenz des Mitgliedstaats des Endes der Beförderung] *[1]* Der Mitgliedstaat der Beendigung des Versands oder der Beförderung der Gegenstände, in dem ein innergemeinschaftlicher Erwerb von Gegenständen im Sinne von Artikel 20 der Richtlinie 2006/112/EG erfolgt, nimmt seine Besteuerungskompetenz unabhängig von der mehrwertsteuerlichen Behandlung des Umsatzes im Mitgliedstaat des Beginns des Versands oder der Beförderung der Gegenstände wahr.

[2] Ein etwaiger vom Lieferer der Gegenstände gestellter Antrag auf Berichtigung der in Rechnung gestellten und gegenüber dem Mitgliedstaat des Beginns des Versands oder der Beförderung der Gegenstände erklärten Mehrwertsteuer wird von diesem Mitgliedstaat nach seinen nationalen Vorschriften bearbeitet.

Abschnitt 4. Ort der Dienstleistung (Artikel 43 bis 59 der Richtlinie 2006/112/EG)

Unterabschnitt 1. Status des Dienstleistungsempfängers

Art. 17 [Ort der Dienstleistung bei Abstellen auf Personen des Leistungsempfängers] (1) Hängt die Bestimmung des Ortes der Dienstleistung davon ab, ob es sich bei dem Dienstleistungsempfänger um einen Steuerpflichtigen oder um einen Nichtsteuerpflichtigen handelt, so wird der Status des Dienstleistungsempfängers nach den Artikeln 9 bis 13 und 43 der Richtlinie 2006/112/EG bestimmt.

(2) Eine nicht steuerpflichtige juristische Person, der gemäß Artikel 214 Absatz 1 Buchstabe b der Richtlinie 2006/112/EG eine Mehrwertsteuer-Identifikationsnummer zugeteilt wurde oder die verpflichtet ist, sich für Mehrwertsteuerzwecke erfassen zu lassen, weil ihre innergemeinschaftlichen Erwerbe von Gegenständen der Mehrwertsteuer unterliegen oder weil sie die Wahlmöglichkeit in Anspruch genommen hat, diese Umsätze der Mehrwertsteuerpflicht zu unterwerfen, gilt als Steuerpflichtiger im Sinne des Artikels 43 jener Richtlinie.

Art. 18[1)] [Vermutung der Unternehmereigenschaft des Leistungsempfängers] (1) Sofern dem Dienstleistungserbringer keine gegenteiligen Informationen vorliegen, kann er davon ausgehen, dass ein in der Gemeinschaft ansässiger Dienstleistungsempfänger den Status eines Steuerpflichtigen hat,

a) wenn der Dienstleistungsempfänger ihm seine individuelle Mehrwertsteuer-Identifikationsnummer mitgeteilt hat und er die Bestätigung der Gültigkeit dieser Nummer sowie die des zugehörigen Namens und der zugehörigen Anschrift gemäß Artikel 31 der Verordnung (EG) Nr. 904/2010 des Rates vom 7. Oktober 2010 über die Zusammenarbeit der Verwaltungsbehörden und die Betrugsbekämpfung auf dem Gebiet der Mehrwertsteuer[2)] erlangt hat;

b) wenn er, sofern der Dienstleistungsempfänger noch keine individuelle Mehrwertsteuer-Identifikationsnummer erhalten hat, jedoch mitteilt, dass er die Zuteilung einer solchen Nummer beantragt hat, anhand eines anderen Nachweises feststellt, dass es sich bei dem Dienstleistungsempfänger um einen Steuerpflichtigen oder eine nicht steuerpflichtige juristische Person handelt, die verpflichtet ist, sich für Mehrwertsteuerzwecke erfassen zu lassen, und mittels handelsüblicher Sicherheitsmaßnahmen (wie beispielsweise der Kontrolle der Angaben zur Person oder von Zahlungen) in zumutbarem Umfang die Richtigkeit der vom Dienstleistungsempfänger gemachten Angaben überprüft.

(2) *[1]* Sofern dem Dienstleistungserbringer keine gegenteiligen Informationen vorliegen, kann er davon ausgehen, dass ein in der Gemeinschaft ansässiger Dienstleistungsempfänger den Status eines Nichtsteuerpflichtigen hat,

---

1) Art. 18 Abs. 2 UAbs. 2 angef. mWv 1.1.2015 durch VO v. 7.10.2013 (ABl. L 284 S. 1).

2) **Amtl. Anm.:** ABl. L 268 vom 12.10.2010, S. 1.

wenn er nachweist, dass Letzterer ihm seine individuelle Mehrwertsteuer-Identifikationsnummer nicht mitgeteilt hat.

[2] Ungeachtet gegenteiliger Informationen kann jedoch der Erbringer von Telekommunikations-, Rundfunk- oder elektronisch erbrachten Dienstleistungen davon ausgehen, dass ein innerhalb der Gemeinschaft ansässiger Dienstleistungsempfänger den Status eines Nichtsteuerpflichtigen hat, solange der Dienstleistungsempfänger ihm seine individuelle Mehrwertsteuer-Identifikationsnummer nicht mitgeteilt hat.

(3) Sofern dem Dienstleistungserbringer keine gegenteiligen Informationen vorliegen, kann er davon ausgehen, dass ein außerhalb der Gemeinschaft ansässiger Dienstleistungsempfänger den Status eines Steuerpflichtigen hat,

a) wenn er vom Dienstleistungsempfänger die von den für den Dienstleistungsempfänger zuständigen Steuerbehörden ausgestellte Bescheinigung erlangt, wonach der Dienstleistungsempfänger eine wirtschaftliche Tätigkeit ausübt, die es ihm ermöglicht, eine Erstattung der Mehrwertsteuer gemäß der Richtlinie 86/560/EWG[1] des Rates vom 17. November 1986 zur Harmonisierung der Rechtsvorschriften der Mitgliedstaaten über die Umsatzsteuern – Verfahren der Erstattung der Mehrwertsteuer an nicht im Gebiet der Gemeinschaft ansässige Steuerpflichtige[2] zu erhalten;

b) wenn ihm, sofern der Dienstleistungsempfänger diese Bescheinigung nicht besitzt, eine Mehrwertsteuernummer oder eine ähnliche dem Dienstleistungsempfänger von seinem Ansässigkeitsstaat zugeteilte und zur Identifizierung von Unternehmen verwendete Nummer vorliegt oder er anhand eines anderen Nachweises feststellt, dass es sich bei dem Dienstleistungsempfänger um einen Steuerpflichtigen handelt, und er mittels handelsüblicher Sicherheitsmaßnahmen (wie beispielsweise derjenigen in Bezug auf die Kontrolle der Angaben zur Person oder von Zahlungen) in zumutbarem Umfang die Richtigkeit der vom Dienstleistungsempfänger gemachten Angaben überprüft.

Unterabschnitt 2. Eigenschaft des Dienstleistungsempfängers

Art. 19 [Verwendung einer Dienstleistung zum unternehmerischen/privaten Gebrauch] *[1]* Für die Zwecke der Anwendung der Bestimmungen über den Ort der Dienstleistung nach Artikel 44 und 45 der Richtlinie 2006/112/EG gilt ein Steuerpflichtiger oder eine als Steuerpflichtiger geltende nichtsteuerpflichtige juristische Person, der/die Dienstleistungen ausschließlich zum privaten Gebrauch, einschließlich zum Gebrauch durch sein/ihr Personal empfängt, als nicht steuerpflichtig.

[2] Sofern dem Dienstleistungserbringer keine gegenteiligen Informationen – wie etwa die Art der erbrachten Dienstleistungen – vorliegen, kann er davon ausgehen, dass es sich um Dienstleistungen für die unternehmerischen Zwecke des Dienstleistungsempfängers handelt, wenn Letzterer ihm für diesen Umsatz seine individuelle Mehrwertsteuer-Identifikationsnummer mitgeteilt hat.

---

[1] Nr. **553**.
[2] **Amtl. Anm.:** ABl. L 326 vom 21.11.1986, S. 40.

[3] Ist ein und dieselbe Dienstleistung sowohl zum privaten Gebrauch, einschließlich zum Gebrauch durch das Personal, als auch für die unternehmerischen Zwecke des Dienstleistungsempfängers bestimmt, so fällt diese Dienstleistung ausschließlich unter Artikel 44 der Richtlinie 2006/112/EG, sofern keine missbräuchlichen Praktiken vorliegen.

Unterabschnitt 3. Ort des Dienstleistungsempfängers

Art. 20 [Dienstleistungsempfänger mit nur einem Ansässigkeitsort – Besteuerung am Sitzort] *[1]* Fällt eine Dienstleistung an einen Steuerpflichtigen oder an eine nicht steuerpflichtige juristische Person, die als Steuerpflichtiger gilt, in den Anwendungsbereich des Artikels 44 der Richtlinie 2006/112/EG und ist dieser Steuerpflichtige in einem einzigen Land ansässig oder befindet sich, in Ermangelung eines Sitzes der wirtschaftlichen Tätigkeit oder einer festen Niederlassung, sein Wohnsitz und sein gewöhnlicher Aufenthaltsort in einem einzigen Land, so ist diese Dienstleistung in diesem Land zu besteuern.

[2] Der Dienstleistungserbringer stellt diesen Ort auf der Grundlage der vom Dienstleistungsempfänger erhaltenen Informationen fest und überprüft diese Informationen mittels handelsüblicher Sicherheitsmaßnahmen, wie beispielsweise der Kontrolle der Angaben zur Person oder von Zahlungen.

[3] Die Information kann auch eine von dem Mitgliedstaat, in dem der Dienstleistungsempfänger ansässig ist, zugeteilten Mehrwertsteuer-Identifikationsnummer beinhalten.

Art. 21 [Dienstleistungsempfänger mit mehrfachem Ansässigkeitsort – Besteuerung am Sitzort oder am Ort der festen Niederlassung]

[1] Fällt eine Dienstleistung an einen Steuerpflichtigen oder an eine nicht steuerpflichtige juristische Person, die als Steuerpflichtiger gilt, in den Anwendungsbereich des Artikels 44 der Richtlinie 2006/112/EG und ist der Steuerpflichtige in mehr als einem Land ansässig, so ist diese Dienstleistung in dem Land zu besteuern, in dem der Dienstleistungsempfänger den Sitz seiner wirtschaftlichen Tätigkeit hat.

[2] Wird die Dienstleistung jedoch an eine feste Niederlassung des Steuerpflichtigen an einem anderen Ort erbracht als dem Ort, an dem sich der Sitz der wirtschaftlichen Tätigkeit des Dienstleistungsempfängers befindet, so ist diese Dienstleistung am Ort der festen Niederlassung zu besteuern, die Empfänger der Dienstleistung ist und sie für den eigenen Bedarf verwendet.

[3] Verfügt der Steuerpflichtige weder über einen Sitz der wirtschaftlichen Tätigkeit noch über eine feste Niederlassung, so ist die Dienstleistung am Wohnsitz des Steuerpflichtigen oder am Ort seines gewöhnlichen Aufenthalts zu besteuern.

Art. 22 [Überprüfung des Orts der festen Niederlassung des Dienstleistungsempfängers] (1) *[1]* Der Dienstleistungserbringer prüft die Art und die Verwendung der erbrachten Dienstleistung, um die feste Niederlassung des Dienstleistungsempfängers zu ermitteln, an die die Dienstleistung erbracht wird.

[2] Kann der Dienstleistungserbringer weder anhand der Art der erbrachten Dienstleistung noch ihrer Verwendung die feste Niederlassung ermitteln, an die die Dienstleistung erbracht wird, so prüft er bei der Ermittlung dieser festen Niederlassung insbesondere, ob der Vertrag, der Bestellschein und die vom Mitgliedstaat des Dienstleistungsempfängers vergebene und ihm vom Dienstleistungsempfänger mitgeteilte Mehrwertsteuer-Identifikationsnummer die feste Niederlassung als Dienstleistungsempfänger ausweisen und ob die feste Niederlassung die Dienstleistung bezahlt.

[3] Kann die feste Niederlassung des Dienstleistungsempfängers, an die die Dienstleistung erbracht wird, gemäß den Unterabsätzen 1 und 2 des vorliegenden Absatzes nicht bestimmt werden oder werden einem Steuerpflichtigen unter Artikel 44 der Richtlinie 2006/112/EG fallende Dienstleistungen innerhalb eines Vertrags erbracht, der eine oder mehrere Dienstleistungen umfasst, die auf nicht feststellbare oder nicht quantifizierbare Weise genutzt werden, so kann der Dienstleistungserbringer berechtigterweise davon ausgehen, dass diese Dienstleistungen an dem Ort erbracht werden, an dem der Dienstleistungsempfänger den Sitz seiner wirtschaftlichen Tätigkeit hat.

(2) Die Pflichten des Dienstleistungsempfängers bleiben von der Anwendung dieses Artikels unberührt.

Art. 23 [Ort der Dienstleistung am Ansässigkeitsort des Dienstleistungsempfängers – Feststellung des Orts aufgrund Informationen durch Leistungsempfänger] (1)[1] Ist eine Dienstleistung ab 1. Januar 2013 entsprechend Artikel 56 Absatz 2 Unterabsatz 1 der Richtlinie 2006/112/EG an dem Ort zu versteuern, an dem der Dienstleistungsempfänger ansässig ist, oder in Ermangelung eines solchen Sitzes an seinem Wohnsitz oder an seinem gewöhnlichen Aufenthaltsort, so stellt der Dienstleistungserbringer diesen Ort auf der Grundlage der vom Dienstleistungsempfänger erhaltenen Sachinformationen fest und überprüft diese Informationen mittels handelsüblicher Sicherheitsmaßnahmen, wie beispielsweise der Kontrolle von Angaben zur Person oder von Zahlungen.

(2) Ist eine Dienstleistung entsprechend den Artikeln 58 und 59 der Richtlinie 2006/112/EG an dem Ort zu versteuern, an dem der Dienstleistungsempfänger ansässig ist, oder in Ermangelung eines solchen Sitzes an seinem Wohnsitz oder an seinem gewöhnlichen Aufenthaltsort, so stellt der Dienstleistungserbringer diesen Ort auf der Grundlage der vom Dienstleistungsempfänger erhaltenen Sachinformationen fest und überprüft diese Informationen mittels der handelsüblichen Sicherheitsmaßnahmen, wie beispielsweise der Kontrolle von Angaben zur Person oder von Zahlungen.

Art. 24[2] [Dienstleistungen an einen Nichtunternehmer mit Mehrfachansässigkeit – Vorrang des Orts des tatsächlichen Verbrauchs]
Wird eine Dienstleistung, die unter Artikel 56 Absatz 2 Unterabsatz 1 oder unter die Artikel 58 und 59 der Richtlinie 2006/112/EG fällt, an einen

---

1) Zum Anwendungszeitraum siehe Art. 65.

2) Art. 24 neu gef. mWv 1.1.2015 durch VO v. 7.10.2013 (ABl. L 284 S. 1).

Nichtsteuerpflichtigen erbracht, der in verschiedenen Ländern ansässig ist oder seinen Wohnsitz in einem Land und seinen gewöhnlichen Aufenthaltsort in einem anderen Land hat, so ist folgender Ort vorrangig:

a) im Fall einer nichtsteuerpflichtigen juristischen Person der in Artikel 13a Buchstabe a dieser Verordnung genannte Ort, es sei denn, es liegen Anhaltspunkte dafür vor, dass die Dienstleistung tatsächlich an dem in Artikel 13a Buchstabe b genannten Ort ihrer Niederlassung in Anspruch genommen wird;

b) im Fall einer natürlichen Person der gewöhnliche Aufenthaltsort, es sei denn, es liegen Anhaltspunkte dafür vor, dass die Dienstleistung am Wohnsitz der betreffenden Person in Anspruch genommen wird.

Unterabschnitt 3a.[1] Vermutungen bezüglich des Ortes des Dienstleistungsempfängers

Art. 24a[1] [Ansässigkeitsvermutung bei physischer Anwesenheit]

(1) Für die Zwecke der Anwendung der Artikel 44, 58 und 59a der Richtlinie 2006/112/EG wird vermutet, dass wenn ein Dienstleistungserbringer Telekommunikations-, Rundfunk- oder elektronisch erbrachte Dienstleistungen an Orten wie Telefonzellen, Kiosk-Telefonen, WLAN-Hot-Spots, Internetcafés, Restaurants oder Hotellobbys erbringt, und der Dienstleistungsempfänger an diesem Ort physisch anwesend sein muss, damit ihm die Dienstleistung durch diesen Dienstleistungserbringer erbracht werden kann, der Dienstleistungsempfänger an dem betreffenden Ort ansässig ist oder seinen Wohnsitz oder seinen gewöhnlichen Aufenthaltsort hat und dass die Dienstleistung an diesem Ort tatsächlich genutzt und ausgewertet wird.

(2) Befindet sich der Ort im Sinne von Absatz 1 des vorliegenden Artikels an Bord eines Schiffes, eines Flugzeugs oder in einer Eisenbahn während einer Personenbeförderung, die innerhalb der Gemeinschaft gemäß den Artikeln 37 und 57 der Richtlinie 2006/112/EG stattfindet, so ist das Land, in dem sich der Ort befindet, das Abgangsland der Personenbeförderung.

Art. 24b[2] [Ansässigkeitsvermutung bei Nichtsteuerpflichtigen]

[1] Für die Zwecke der Anwendung von Artikel 58 der Richtlinie 2006/112/EG gilt, dass wenn einem Nichtsteuerpflichtigen Telekommunikations-, Rundfunk- oder elektronisch erbrachte Dienstleistungen:

a) über seinen Festnetzanschluss erbracht werden, die Vermutung gilt, dass der Dienstleistungsempfänger an dem Ort, an dem sich der Festnetzanschluss befindet, ansässig ist oder seinen Wohnsitz oder seinen gewöhnlichen Aufenthaltsort hat;

b) über mobile Netze erbracht werden, die Vermutung gilt, dass der Dienstleistungsempfänger in dem Land, das durch den Ländercode der bei Inanspruchnahme der Dienstleistungen verwendeten SIM-Karte bezeichnet

---

[1] Unterabschnitt 3a (Art. 24a–24c) eingef. mWv 1.1.2015 durch VO v. 7.10.2013 (ABl. L 284 S. 1).

[2] Art. 24b neu gef. mWv 1.1.2019 durch VO v. 5.12.2017 (ABl. L 348 S. 32).

wird, ansässig ist oder seinen Wohnsitz oder seinen gewöhnlichen Aufenthaltsort hat;

c) erbracht werden, für die ein Decoder oder ein ähnliches Gerät oder eine Programm- oder Satellitenkarte verwendet werden muss und kein Festnetzanschluss verwendet wird, die Vermutung gilt, dass der Dienstleistungsempfänger an dem Ort, an dem sich der Decoder oder das ähnliche Gerät befindet, oder, wenn dieser Ort unbekannt ist, an dem Ort, an den die Programm- oder Satellitenkarte zur Verwendung gesendet wird, ansässig ist oder seinen Wohnsitz oder seinen gewöhnlichen Aufenthaltsort hat;

d) unter anderen als den in den Artikeln 24a und in den Buchstaben a, b und c des vorliegenden Artikels genannten Bedingungen erbracht werden, die Vermutung gilt, dass der Dienstleistungsempfänger an dem Ort ansässig ist oder seinen Wohnsitz oder seinen gewöhnlichen Aufenthaltsort hat, der vom Leistungserbringer unter Verwendung von zwei einander nicht widersprechenden Beweismitteln gemäß Artikel 24f der vorliegenden Verordnung als solcher bestimmt wird.

[2] Unbeschadet des Absatzes 1 Buchstabe d gilt für Dienstleistungen gemäß jenem Buchstaben in den Fällen, in denen der Gesamtwert dieser Dienstleistungen, die ein Steuerpflichtiger vom Sitz seiner wirtschaftlichen Tätigkeit oder seiner festen Niederlassung in einem Mitgliedstaat erbringt, ohne Mehrwertsteuer 100 000 EUR oder den Gegenwert in Landeswährung im laufenden und im vorangegangenen Kalenderjahr nicht übersteigt, die Vermutung, dass der Dienstleistungsempfänger an dem Ort ansässig ist, seinen Wohnsitz oder seinen gewöhnlichen Aufenthaltsort hat, der als solcher vom Dienstleistungserbringer unter Verwendung eines Beweismittels gemäß Artikel 24f Buchstaben a bis e, das von einer Person erbracht wird, die an der Erbringung der Dienstleistungen beteiligt ist und bei der es sich nicht um den Dienstleistungserbringer oder Dienstleistungsempfänger handelt, bestimmt wird.

[3] Wenn in einem Kalenderjahr der in Absatz 2 festgelegte Schwellenwert überschritten wird, so gilt dieser Absatz ab diesem Zeitpunkt und so lange nicht mehr, bis die in diesem Absatz festgelegten Bedingungen wieder erfüllt sind.

[4] Der Gegenwert in Landeswährung des Betrags wird unter Anwendung des von der Europäischen Zentralbank zum Tag der Annahme der Durchführungsverordnung (EU) 2017/2459 des Rates[1] veröffentlichten Wechselkurses berechnet.

Art. 24c[2] [Ansässigkeit bei Vermietung von Beförderungsmitteln] Werden einem Nichtsteuerpflichtigen Beförderungsmittel vermietet, ausgenommen die Vermietung über einen kürzeren Zeitraum, so ist für die Zwecke

[1] **Amtl. Anm.:** Durchführungsverordnung (EU) 2017/2459 des Rates vom 5. Dezember 2017 zur Änderung der Durchführungsverordnung (EU) Nr. 282/2011 zur Festlegung von Durchführungsvorschriften zur Richtlinie 2006/112/EG über das gemeinsame Mehrwertsteuersystem (ABl. L 348 vom 29.12.2017, S. 32).

[2] Unterabschnitt 3a (Art. 24a–24c) eingef. mWv 1.1.2015 durch VO v. 7.10.2013 (ABl. L 284 S. 1).

der Anwendung von Artikel 56 Absatz 2 der Richtlinie 2006/112/EG von der Vermutung auszugehen, dass der Dienstleistungsempfänger an dem Ort ansässig ist oder seinen Wohnsitz oder seinen gewöhnlichen Aufenthaltsort hat, der vom Leistungserbringer unter Verwendung von zwei einander nicht widersprechenden Beweismitteln gemäß Artikel 24e der vorliegenden Verordnung als solcher bestimmt wird.

Unterabschnitt 3b.[1] Widerlegung von Vermutungen

Art. 24d[1] [Widerlegung durch Beweismittel] (1) Erbringt ein Leistungserbringer eine in Artikel 58 der Richtlinie 2006/112/EG des Rates aufgeführte Dienstleistung, so kann er eine Vermutung nach Artikel 24a oder 24b Buchstaben a, b oder c der vorliegenden Verordnung durch drei einander nicht widersprechende Beweismittel widerlegen, aus denen hervorgeht, dass der Dienstleistungsempfänger an einem anderen Ort ansässig ist oder seinen Wohnsitz oder seinen gewöhnlichen Aufenthaltsort hat.

(2) Der Fiskus kann Vermutungen nach Artikel 24a, 24b, 24c widerlegen, wenn es Hinweise auf falsche Anwendung oder Missbrauch durch den Leistungserbringer gibt.

Unterabschnitt 3c.[2] Beweismittel für die Bestimmung des Ortes des Dienstleistungsempfängers und Widerlegung von Vermutungen

Art. 24e[2] [Gültige Beweismittel iSv Art. 56] Für die Zwecke der Anwendung von Artikel 56 Absatz 2 der Richtlinie 2006/112/EG und der Erfüllung der Anforderungen gemäß Artikel 24c der vorliegenden Verordnung gilt als Beweismittel insbesondere Folgendes:

a) die Rechnungsanschrift des Dienstleistungsempfängers;

b) Bankangaben wie der Ort, an dem das für die Zahlung verwendete Bankkonto geführt wird, oder die der Bank vorliegende Rechnungsanschrift des Dienstleistungsempfängers;

c) die Zulassungsdaten des von dem Dienstleistungsempfänger gemieteten Beförderungsmittels, wenn dieses an dem Ort, an dem es genutzt wird, zugelassen sein muss, oder ähnliche Informationen;

d) sonstige wirtschaftlich relevante Informationen.

Art. 24f[2] [Gültige Beweismittel iSv Art. 58] Für die Zwecke der Anwendung von Artikel 58 der Richtlinie 2006/112/EG und der Erfüllung der Anforderungen gemäß Artikel 24b Buchstabe d oder Artikel 24d Absatz 1 der vorliegenden Verordnung gilt als Beweismittel insbesondere Folgendes:

a) die Rechnungsanschrift des Dienstleistungsempfängers;

b) die Internet-Protokoll-Adresse (IP-Adresse) des von dem Dienstleistungsempfänger verwendeten Geräts oder jedes Verfahren der Geolokalisierung;

---

[1] Unterabschnitt 3b (Art. 24d) eingef. mWv 1.1.2015 durch VO v. 7.10.2013 (ABl. L 284 S. 1).

[2] Unterabschnitt 3c (Art. 24e, 24f) eingef. mWv 1.1.2015 durch VO v. 7.10.2013 (ABl. L 284 S. 1).

c) Bankangaben wie der Ort, an dem das für die Zahlung verwendete Bankkonto geführt wird oder die der Bank vorliegende Rechnungsanschrift des Dienstleistungsempfängers;

d) der Mobilfunk-Ländercode (Mobile Country Code – MCC) der Internationalen Mobilfunk-Teilnehmerkennung (International Mobile Subscriber Identity – IMSI), der auf der von dem Dienstleistungsempfänger verwendeten SIM-Karte (Teilnehmer-Identifikationsmodul – Subscriber Identity Module) gespeichert ist;

e) der Ort des Festnetzanschlusses des Dienstleistungsempfängers, über den ihm die Dienstleistung erbracht wird;

f) sonstige wirtschaftlich relevante Informationen.

Unterabschnitt 4. Allgemeine Bestimmungen zur Ermittlung des Status, der Eigenschaft und des Ortes des Dienstleistungsempfängers

Art. 25 [Alleinige Berücksichtigung der Umstände zum Zeitpunkt des Umsatzes] [1] Zur Anwendung der Vorschriften hinsichtlich des Ortes der Dienstleistung sind lediglich die Umstände zu dem Zeitpunkt zu berücksichtigen, zu dem der Steuertatbestand eintritt. [2] Jede spätere Änderung des Verwendungszwecks der betreffenden Dienstleistung wirkt sich nicht auf die Bestimmung des Orts der Dienstleistung aus, sofern keine missbräuchlichen Praktiken vorliegen.

Unterabschnitt 5. Dienstleistungen, die unter die Allgemeinen Bestimmungen fallen

Art. 26 [Ort der Dienstleistung bei Einräumung von Fernsehübertragungsrechten von Fußballspielen] Die Erteilung des Rechts zur Fernsehübertragung von Fußballspielen durch Organisationen an Steuerpflichtige fällt unter Artikel 44 der Richtlinie 2006/112/EG.

Art. 27 [Ort der Dienstleistung bei der Mitwirkung bei Anträgen auf Vorsteuervergütung für EU-Unternehmer] Dienstleistungen, die in der Beantragung oder Vereinnahmung von Erstattungen der Mehrwertsteuer gemäß der Richtlinie 2008/9/EG[1)] des Rates vom 12. Februar 2008 zur Regelung der Erstattung der Mehrwertsteuer gemäß der Richtlinie 2006/112/EG an nicht im Mitgliedstaat der Erstattung, sondern in einem anderen Mitgliedstaat ansässige Steuerpflichtige[2)] bestehen, fallen unter Artikel 44 der Richtlinie 2006/112/EG.

Art. 28 [Ort von Bestattungsdienstleitungen] Insoweit sie eine einheitliche Dienstleistung darstellen, fallen Dienstleistungen, die im Rahmen einer Bestattung erbracht werden, unter Artikel 44 und 45 der Richtlinie 2006/112/EG.

[1)] Nr. **550b**.

[2)] **Amtl. Anm.:** ABl. L 44 vom 20.2.2008, S. 23.

Art. 29 [Ort der Dienstleistungen der Textübersetzung] Unbeschadet des Artikels 41 der vorliegenden Verordnung fallen Dienstleistungen der Textübersetzung unter die Artikel 44 und 45 der Richtlinie 2006/112/EG.

Unterabschnitt 6. Dienstleistungen von Vermittlern

Art. 30 [Begriff der Dienstleistung von Vermittlern] Unter den Begriff der Dienstleistung von Vermittlern in Artikel 46 der Richtlinie 2006/112/EG fallen sowohl Dienstleistungen von Vermittlern, die im Namen und für Rechnung des Empfängers der vermittelten Dienstleistung handeln, als auch Dienstleistungen von Vermittlern, die im Namen und für Rechnung des Erbringers der vermittelten Dienstleistungen handeln.

Art. 31 [Vermittlungdienstleitungen im Zusammenhang mit Beherbergungsumsätzen] Dienstleistungen von Vermittlern, die im Namen und für Rechnung Dritter handeln, und die in der Vermittlung einer Beherbergungsdienstleistung in der Hotelbranche oder in Branchen mit ähnlicher Funktion bestehen, fallen in den Anwendungsbereich:

a) des Artikels 44 der Richtlinie 2006/112/EG, wenn sie an einen Steuerpflichtigen, der als solcher handelt, oder an eine nichtsteuerpflichtige juristische Person, die als Steuerpflichtiger gilt, erbracht werden;

b) des Artikels 46 der genannten Richtlinie, wenn sie an einen Nichtsteuerpflichtigen erbracht werden.

Unterabschnitt 6a.[1] Dienstleistungen im Zusammenhang mit Grundstücken

Art. 31a[1] [Direkter Zusammenhang] (1) [1]Dienstleistungen im Zusammenhang mit einem Grundstück im Sinne von Artikel 47 der Richtlinie 2006/112/EG umfassen nur Dienstleistungen, die in einen[2] hinreichend direkten Zusammenhang mit dem Grundstück stehen. [2]In folgenden Fällen sind Dienstleistungen als in einem hinreichend direkten Zusammenhang mit einem Grundstück stehend anzusehen:

a) wenn sie von einem Grundstück abgeleitet sind und das Grundstück einen wesentlichen Bestandteil der Dienstleistung darstellt und zentral und wesentlich für die erbrachte Dienstleistung ist;

b) wenn sie für das Grundstück selbst erbracht werden oder auf das Grundstück selbst gerichtet sind, und deren Zweck in rechtlichen oder physischen Veränderungen an dem Grundstück besteht.

(2) Unter Absatz 1 fällt insbesondere Folgendes:

a) Erstellung von Bauplänen für Gebäude oder Gebäudeteile für ein bestimmtes Grundstück ungeachtet der Tatsache, ob dieses Gebäude tatsächlich errichtet wird oder nicht;

---

[1] Unterabschnitt 6a eingef. mWv 1.1.2017 (Art. 31a, 31b) und mWv 1.1.2015 (Art. 31c) durch VO v. 7.10.2013 (ABl. L 284 S. 1).

[2] Richtig wohl: „einem".

b) Bauaufsichtsmaßnahmen oder grundstücksbezogene Sicherheitsdienste, die vor Ort erbracht werden;

c) Errichtung eines Gebäudes an Land sowie Bauleistungen und Abrissarbeiten an einem Gebäude oder Gebäudeteil;

d) Errichtung anderer auf Dauer angelegter Konstruktionen an Land sowie Bauleistungen und Abrissarbeiten an anderen auf Dauer angelegten Konstruktionen wie Leitungen für Gas, Wasser, Abwasser und dergleichen;

e) Landbearbeitung einschließlich landwirtschaftlicher Dienstleistungen wie Landbestellung, Säen, Bewässerung und Düngung;

f) Vermessung und Begutachtung von Gefahr und Zustand von Grundstücken;

g) Bewertung von Grundstücken, auch zu Versicherungszwecken, zur Ermittlung des Grundstückswerts als Sicherheit für ein Darlehen oder für die Bewertung von Gefahren und Schäden in Streitfällen;

h) Vermietung und Verpachtung von Grundstücken mit der Ausnahme der unter Absatz 3 Buchstabe c genannten Dienstleistungen, einschließlich der Lagerung von Gegenständen, wenn hierfür ein bestimmter Teil des Grundstücks der ausschließlichen Nutzung durch den Dienstleistungsempfänger gewidmet ist;

i) Zurverfügungstellen von Unterkünften in der Hotelbranche oder in Branchen mit ähnlicher Funktion, wie zum Beispiel in Ferienlagern oder auf einem als Campingplatz hergerichteten Gelände einschließlich Umwandlung von Teilzeitnutzungsrechten (Timesharing) und dergleichen für Aufenthalte an einem bestimmten Ort;

j) Gewährung und Übertragung sonstiger nicht unter den Buchstaben h und i aufgeführter Nutzungsrechte an Grundstücken und Teilen davon einschließlich der Erlaubnis, einen Teil des Grundstücks zu nutzen, wie zum Beispiel die Gewährung von Fischereirechten und Jagdrechten oder die Zugangsberechtigung zu Warteräumen in Flughäfen, oder die Nutzung von Infrastruktur, für die Maut gefordert wird, wie Brücken oder Tunnel;

k) Wartungs-, Renovierungs- und Reparaturarbeiten an einem Gebäude oder an Gebäudeteilen einschließlich Reinigung, Verlegen von Fliesen und Parkett sowie Tapezieren;

l) Wartungs-, Renovierungs- und Reparaturarbeiten an anderen auf Dauer angelegten Strukturen wie Leitungen für Gas, Wasser oder Abwasser und dergleichen;

m) Installation oder Montage von Maschinen oder Ausstattungsgegenständen, die damit als Grundstück gelten;

n) Wartung und Reparatur sowie Kontrolle und Überwachung von Maschinen oder Ausstattungsgegenständen, die als Grundstück gelten;

o) Eigentumsverwaltung, mit Ausnahme von Portfolioverwaltung in Zusammenhang mit Eigentumsanteilen an Grundstücken unter Absatz 3 Buchstabe g, die sich auf den Betrieb von Geschäfts-, Industrie- oder Wohnimmobilien durch oder für den Eigentümer des Grundstücks bezieht;

p) Vermittlungsleistungen beim Verkauf oder bei der Vermietung oder Verpachtung von Grundstücken sowie bei der Begründung oder Übertragung von bestimmten Rechten an Grundstücken oder dinglichen Rechten an Grundstücken (unabhängig davon, ob diese Rechte einem körperlichen Gegenstand gleichgestellt sind), ausgenommen Vermittlungsleistungen gemäß Absatz 3 Buchstabe d;

q) juristische Dienstleistungen im Zusammenhang mit Grundstücksübertragungen sowie mit der Begründung oder Übertragung von bestimmten Rechten an Grundstücken oder dinglichen Rechten an Grundstücken (unabhängig davon, ob diese Rechte einem körperlichen Gegenstand gleichgestellt sind), wie zum Beispiel die Tätigkeiten von Notaren, oder das Aufsetzen eines Vertrags über den Verkauf oder den Kauf eines Grundstücks, selbst wenn die zugrunde liegende Transaktion, die zur rechtlichen Veränderung an dem Grundstück führt, letztendlich nicht stattfindet.

(3) Absatz 1 findet keine Anwendung auf

a) Erstellung von Bauplänen für Gebäude oder Gebäudeteile, die keinem bestimmten Grundstück zugeordnet sind;

b) Lagerung von Gegenständen auf einem Grundstück, wenn dem Kunden kein bestimmter Teil des Grundstücks zur ausschließlichen Nutzung zur Verfügung steht;

c) Bereitstellung von Werbung, selbst wenn dies die Nutzung eines Grundstücks einschließt;

d) Vermittlung der Beherbergung in einem Hotel oder Beherbergung in Branchen mit ähnlicher Funktion, wie zum Beispiel in Ferienlagern oder auf einem als Campingplatz hergerichteten Gelände, wenn der Vermittler im Namen und für die Rechnung eines Dritten handelt;

e) Bereitstellung eines Standplatzes auf einem Messe- oder Ausstellungsgelände zusammen mit anderen ähnlichen Dienstleistungen, die dem Aussteller die Darbietung seines Angebots ermöglichen, wie die Aufmachung und Gestaltung des Standes, die Beförderung und Lagerung der Ausstellungsstücke, die Bereitstellung von Maschinen, die Verlegung von Kabeln, Versicherungen und Werbung;

f) Installation oder Montage, Wartung und Reparatur sowie Kontrolle und Überwachung von Maschinen oder Ausstattungsgegenständen, die kein fester Bestandteil des Grundstücks sind oder sein werden;

g) Portfolioverwaltung im Zusammenhang mit Eigentumsanteilen an Grundstücken;

h) juristische Dienstleistungen, mit Ausnahme der unter Absatz 2 Buchstabe q genannten Dienstleistungen, einschließlich Beratungsdienstleistungen betreffend die Vertragsbedingungen eines Grundstücksübertragungsvertrags, die Durchsetzung eines solchen Vertrags oder den Nachweis, dass ein solcher Vertrag besteht, sofern diese Dienstleistungen nicht speziell mit der Übertragung von Rechten an Grundstücken zusammenhängen.

Art. 31b[1)] [Ausrüstung; Durchführung] *[1]* Wird einem Dienstleistungsempfänger Ausrüstung zur Durchführung von Arbeiten an einem Grundstück zur Verfügung gestellt, so ist diese Leistung nur dann eine Dienstleistung im Zusammenhang mit einem Grundstück, wenn der Dienstleistungserbringer für die Durchführung der Arbeiten verantwortlich ist.

[2] [1] Stellt ein Dienstleistungserbringer dem Dienstleistungsempfänger neben der Ausrüstung ausreichendes Bedienpersonal zur Durchführung von Arbeiten zur Verfügung, so ist von der Vermutung auszugehen, dass er für die Durchführung der Arbeiten verantwortlich ist. [2] Die Vermutung, dass der Dienstleistungserbringer für die Durchführung der Arbeiten verantwortlich ist, kann durch jegliche sachdienliche, auf Fakten oder Gesetz gestützte Mittel widerlegt werden.

Art. 31c[1)] [Telekommunikation in der Hotelbranche] Erbringt ein im eigenen Namen handelnder Steuerpflichtiger neben der Beherbergung in der Hotelbranche oder in Branchen mit ähnlicher Funktion, wie zum Beispiel in Ferienlagern oder auf einem als Campingplatz hergerichteten Gelände, Telekommunikations-, Rundfunk- oder elektronisch erbrachte Dienstleistungen, so gelten diese für die Zwecke der Bestimmung des Ortes dieser Dienstleistung als an diesen Orten erbracht.

Unterabschnitt 7. Dienstleistungen auf dem Gebiet der Kultur, der Künste, des Sports, der Wissenschaft, des Unterrichts, der Unterhaltung und ähnliche Veranstaltungen

Art. 32 [Formen von Eintrittsberechtigungen zu Veranstaltungen]

(1) Zu den Dienstleistungen betreffend die Eintrittsberechtigung zu Veranstaltungen auf dem Gebiet der Kultur, der Künste, des Sports, der Wissenschaft, des Unterrichts, der Unterhaltung oder ähnlichen Veranstaltungen im Sinne des Artikels 53 der Richtlinie 2006/112/EG, gehören Dienstleistungen, deren wesentliche Merkmale darin bestehen, gegen eine Eintrittskarte oder eine Vergütung, auch in Form eines Abonnements, einer Zeitkarte oder einer regelmäßigen Gebühr, das Recht auf Eintritt zu einer Veranstaltung zu gewähren.

(2) Absatz 1 gilt insbesondere für:

a) das Recht auf Eintritt zu Darbietungen, Theateraufführungen, Zirkusvorstellungen, Freizeitparks, Konzerten, Ausstellungen sowie anderen ähnlichen kulturellen Veranstaltungen;
b) das Recht auf Eintritt zu Sportveranstaltungen wie Spielen oder Wettkämpfen;
c) das Recht auf Eintritt zu Veranstaltungen auf dem Gebiet des Unterrichts und der Wissenschaft, wie beispielsweise Konferenzen und Seminare.

(3) Die Nutzung von Räumlichkeiten, wie beispielsweise Turnhallen oder anderen, gegen Zahlung einer Gebühr fällt nicht unter Absatz 1.

---

1) Unterabschnitt 6a eingef. mWv 1.1.2017 (Art. 31a, 31b) und mWv 1.1.2015 (Art. 31c) durch VO v. 7.10.2013 (ABl. L 284 S. 1).

Art. 33 [Mit Eintrittsberechtigungen zu Veranstaltungen zusammenhängende Dienstleistungen] *[1]* Zu den mit der Eintrittsberechtigung zu Veranstaltungen auf dem Gebiet der Kultur, der Künste, des Sports, der Wissenschaft, des Unterrichts, der Unterhaltung oder ähnlichen Veranstaltungen zusammenhängenden Dienstleistungen nach Artikel 53 der Richtlinie 2006/112/EG gehören die Dienstleistungen, die direkt mit der Eintrittsberechtigung zu diesen Veranstaltungen in Verbindung stehen und an die Person, die einer Veranstaltung beiwohnt, gegen eine Gegenleistung gesondert erbracht werden.

[2] Zu diesen zusammenhängenden Dienstleistungen gehören insbesondere die Nutzung von Garderoben oder von sanitären Einrichtungen, nicht aber bloße Vermittlungsleistungen im Zusammenhang mit dem Verkauf von Eintrittskarten.

Art. 33a[1)] [Vermittlung von Eintrittskarten] Vertreibt ein Vermittler, der im eigenen Namen, aber für Rechnung des Veranstalters handelt, oder ein anderer Steuerpflichtiger als der Veranstalter, der auf eigene Rechnung handelt, Eintrittskarten für Veranstaltungen auf dem Gebiet der Kultur, der Künste, des Sports, der Wissenschaft, des Unterrichts, der Unterhaltung oder für ähnliche Veranstaltungen, so fällt diese Dienstleistung unter Artikel 53 und Artikel 54 Absatz 1 der Richtlinie 2006/112/EG.

Unterabschnitt 8. Nebentätigkeiten zur Beförderung, Begutachtung von beweglichen Gegenständen und Arbeiten an solchen Gegenständen

Art. 34 [Ort von Montagedienstleistungen am tatsächlichen Tätigkeitsort] Außer in den Fällen, in denen die zusammengebauten Gegenstände Bestandteil eines Grundstücks werden, bestimmt sich der Ort der Dienstleistungen an einen Nichtsteuerpflichtigen, die lediglich in der Montage verschiedener Teile einer Maschine durch einen Steuerpflichtigen bestehen, wobei der Dienstleistungsempfänger ihm alle Teile beigestellt hat, nach Artikel 54 der Richtlinie 2006/112/EG.

Unterabschnitt 9. Restaurant- und Verpflegungsdienstleistungen an Bord eines Beförderungsmittels

Art. 35 [Maßgeblichkeit Reisestrecke des Beförderungsmittels bei Bestimmung des innergemeinschaftlichen Teils der Personenbeförderung bei Restaurant- und Verpflegungsleistungen an Bord] Zur Bestimmung des innerhalb der Gemeinschaft stattfindenden Teils der Personenbeförderung im Sinne des Artikels 57 der Richtlinie 2006/112/EG ist die Reisestrecke des Beförderungsmittels, nicht die der beförderten Personen, ausschlaggebend.

Art. 36 [Restaurant- und Verpflegungsleistungen gänzlich innerhalb und gänzlich außerhalb des innergemeinschaftlichen Teils einer Personenbeförderung] *[1]* Werden die Restaurant- und Verpflegungsdienstleis-

---

1) Art. 33a eingef. mWv 1.1.2015 durch VO v. 7.10.2013 (ABl. L 284 S. 1).

tungen während des innerhalb der Gemeinschaft stattfindenden Teils der Personenbeförderung erbracht, so fallen diese Dienstleistungen unter Artikel 57 der Richtlinie 2006/112/EG.

[2] Werden die Restaurant- und Verpflegungsdienstleistungen außerhalb dieses Teils der Personenbeförderung, aber im Gebiet eines Mitgliedstaats oder eines Drittlandes oder eines Drittgebiets erbracht, so fallen diese Dienstleistungen unter Artikel 55 der genannten Richtlinie.

Art. 37 [Restaurant- und Verpflegungsleistungen teilweise innerhalb und teilweise außerhalb des innergemeinschaftlichen Teils einer Personenbeförderung] Der Ort der Dienstleistung einer Restaurant- oder Verpflegungsdienstleistung innerhalb der Gemeinschaft, die teilweise während, teilweise außerhalb des innerhalb der Gemeinschaft stattfindenden Teils der Personenbeförderung, aber auf dem Gebiet eines Mitgliedstaats erbracht wird, bestimmt sich für die gesamte Dienstleistung nach den Regeln für die Bestimmung des Ortes der Dienstleistung, die zu Beginn der Erbringung der Restaurant- oder Verpflegungsdienstleistung gelten.

Unterabschnitt 10. Vermietung von Beförderungsmitteln

Art. 38 [Definition „Beförderungsmittel"] (1) Als „Beförderungsmittel" im Sinne von Artikel 56 und Artikel 59 Unterabsatz 1 Buchstabe g der Richtlinie 2006/112/EG gelten motorbetriebene Fahrzeuge oder Fahrzeuge ohne Motor und sonstige Ausrüstungen und Vorrichtungen, die zur Beförderung von Gegenständen oder Personen von einem Ort an einen anderen konzipiert wurden und von Fahrzeugen gezogen oder geschoben werden können und die normalerweise zur Beförderung von Gegenständen oder Personen konzipiert und tatsächlich geeignet sind.

(2) Als Beförderungsmittel nach Absatz 1 gelten insbesondere folgende Fahrzeuge:

a) Landfahrzeuge wie Personenkraftwagen, Motorräder, Fahrräder, Dreiräder sowie Wohnanhänger;

b) Anhänger und Sattelanhänger;

c) Eisenbahnwagen;

d) Wasserfahrzeuge;

e) Luftfahrzeuge;

f) Fahrzeuge, die speziell für den Transport von Kranken oder Verletzten konzipiert sind;

g) landwirtschaftliche Zugmaschinen und andere landwirtschaftliche Fahrzeuge;

h) Rollstühle und ähnliche Fahrzeuge für Kranke und Körperbehinderte, mit mechanischen oder elektronischen Vorrichtungen zur Fortbewegung.

(3) Als Beförderungsmittel nach Absatz 1 gelten nicht Fahrzeuge, die dauerhaft stillgelegt sind, sowie Container.

Art. 39 [Kurzfristige Vermietung eines Beförderungsmittels – Maßgeblichkeit der vertraglichen Vereinbarung für Bestimmung des Zeitraums der Vermietung] (1) *[1]* Für die Anwendung des Artikels 56 der Richtlinie 2006/112/EG wird die Dauer des Besitzes oder der Verwendung eines Beförderungsmittels während eines ununterbrochenen Zeitraums, das Gegenstand einer Vermietung ist, auf der Grundlage der vertraglichen Vereinbarung zwischen den beteiligten Parteien bestimmt.

[2] Der Vertrag begründet eine Vermutung, die durch jegliche auf Fakten oder Gesetz gestützte Mittel widerlegt werden kann, um die tatsächliche Dauer des Besitzes oder der Verwendung während eines ununterbrochenen Zeitraums festzustellen.

[3] Wird die vertraglich festgelegte Dauer einer Vermietung über einen kürzeren Zeitraum im Sinne des Artikels 56 der Richtlinie 2006/112/EG aufgrund höherer Gewalt überschritten, so ist dies für die Feststellung der Dauer des Besitzes oder der Verwendung des Beförderungsmittels während eines ununterbrochenen Zeitraums unerheblich.

(2) *[1]* Werden für ein und dasselbe Beförderungsmittel mehrere aufeinanderfolgende Mietverträge zwischen denselben Parteien geschlossen, so ist als Dauer des Besitzes oder der Verwendung dieses Beförderungsmittels während eines ununterbrochenen Zeitraums die Gesamtlaufzeit aller Verträge zugrunde zu legen.

[2] Für die Zwecke von Unterabsatz 1 sind ein Vertrag und die zugehörigen Verlängerungsverträge aufeinanderfolgende Verträge.

[3] Die Laufzeit des Mietvertrags oder der Mietverträge über einen kürzeren Zeitraum, die einem als langfristig geltenden Mietvertrag vorausgehen, wird jedoch nicht in Frage gestellt, sofern keine missbräuchlichen Praktiken vorliegen.

(3) Sofern keine missbräuchlichen Praktiken vorliegen, gelten aufeinanderfolgende Mietverträge, die zwischen denselben Parteien geschlossen werden, jedoch unterschiedliche Beförderungsmittel zum Gegenstand haben, nicht als aufeinanderfolgende Verträge nach Absatz 2.

Art. 40 [Ort der physischen Überlassung des Beförderungsmittels als Dienstleistung] Der Ort, an dem das Beförderungsmittel dem Dienstleistungsempfänger gemäß Artikel 56 Absatz 1 der Richtlinie 2006/112/EG tatsächlich zur Verfügung gestellt wird, ist der Ort, an dem der Dienstleistungsempfänger oder eine von ihm beauftragte Person es unmittelbar physisch in Besitz nimmt.

Unterabschnitt 11. Dienstleistungen an Nichtsteuerpflichtige außerhalb der Gemeinschaft

Art. 41 [Ort der Dienstleistung der Textübersetzung an Nichtunternehmer außerhalb der EU] Dienstleistungen der Textübersetzung, die an einen außerhalb der Gemeinschaft ansässigen Nichtsteuerpflichtigen erbracht werden, fallen unter Artikel 59 Unterabsatz 1 Buchstabe c der Richtlinie 2006/112/EG.

[*ab 1.7.2021:*

Kapitel Va.[1] Steuertatbestand und Steueranspruch (Titel VI der Richtlinie 2006/112/EG)

Art. 41a[1] [Zeitpunkt der Zahlung; Art 66a RL 2006/112/EG] Für die Anwendung von Artikel 66a der Richtlinie 2006/112/EG bezeichnet der Zeitpunkt, zu dem die Zahlung angenommen wurde, den Zeitpunkt, zu dem die Zahlung bestätigt wurde oder die Zahlungsgenehmigungsmeldung oder eine Zahlungszusage des Erwerbers beim Lieferer, der die Gegenstände über eine elektronische Schnittstelle verkauft, oder für dessen Rechnung eingeht, und zwar unabhängig davon, wann die tatsächliche Zahlung erfolgt, je nachdem, welcher Zeitpunkt der frühere ist.]

Kapitel VI. Besteuerungsgrundlage (Titel VII der Richtlinie 2006/112/EG)

Art. 42 [Kreditkartengebühren als Teil der Bemessungsgrundlage des zugrunde liegenden Umsatzes] Verlangt ein Lieferer von Gegenständen oder ein Erbringer von Dienstleistungen als Bedingung für die Annahme einer Bezahlung mit Kredit- oder Geldkarte, dass der Dienstleistungsempfänger ihm oder einem anderen Unternehmen hierfür einen Betrag entrichtet und der von diesem Empfänger zu zahlende Gesamtpreis durch die Zahlungsweise nicht beeinflusst wird, so ist dieser Betrag Bestandteil der Besteuerungsgrundlage der Lieferung von Gegenständen oder der Dienstleistung gemäß Artikel 73 bis 80 der Richtlinie 2006/112/EG.

Kapitel VII. Steuersätze

Art. 43 [Vermietung von Zelten, Wohnanhängern oder Wohnmobilen auf Campingplätzen als Beherbergungsleistung] „Beherbergung in Ferienunterkünften" gemäß Anhang III Nummer 12 der Richtlinie 2006/112/EG umfasst auch die Vermietung von Zelten, Wohnanhängern oder Wohnmobilen, die auf Campingplätzen aufgestellt sind und als Unterkünfte dienen.

Kapitel VIII. Steuerbefreiungen

Abschnitt 1. Steuerbefreiungen für bestimmte, dem Gemeinwohl dienende Tätigkeiten (Artikel 132, 133 und 134 der Richtlinie 2006/112/EG)

Art. 44 [Reichweite der Dienstleistungen der Ausbildung, Fortbildung oder beruflichen Umschulung] [1]Die Dienstleistungen der Ausbildung, Fortbildung oder beruflichen Umschulung, die unter den Voraussetzun-

[1] Kapitel Va (Art. 41a) eingef. **mWv 1.7.2021** durch DVO v. 21.11.2019 (ABl. L 313 S. 14, geänd. durch ABl. 2020 L 244 S. 9).

gen des Artikels 132 Absatz 1 Buchstabe i der Richtlinie 2006/112/EG erbracht werden, umfassen Schulungsmaßnahmen mit direktem Bezug zu einem Gewerbe oder einem Beruf sowie jegliche Schulungsmaßnahme, die dem Erwerb oder der Erhaltung beruflicher Kenntnisse dient. [2] Die Dauer der Ausbildung, Fortbildung oder beruflichen Umschulung ist hierfür unerheblich.

Abschnitt 2. Steuerbefreiungen für andere Tätigkeiten (Artikel 135, 136 und 137 der Richtlinie 2006/112/EG)

Art. 45 [Ausschluss Steuerbefreiung für Umsätze mit gesetzlichen Zahlungsmitteln „Platin Nobles"] Die Steuerbefreiung in Artikel 135 Absatz 1 Buchstabe e der Richtlinie 2006/112/EG findet keine Anwendung auf Platinum Nobles.

Abschnitt 2a.[1] Steuerbefreiungen bei innergemeinschaftlichen Umsätzen (Artikel 138 bis 142 der Richtlinie 2006/112/EG)

Art. 45a[1] [Vermutung der innergemeinschaftlichen Beförderung]

(1) *[1]* Für die Zwecke der Anwendung der Befreiungen gemäß Artikel 138 der Richtlinie 2006/112/EG wird vermutet, dass Gegenstände von einem Mitgliedstaat an einen Bestimmungsort außerhalb seines Gebiets, jedoch innerhalb der Gemeinschaft versandt oder befördert wurden, wenn einer der folgenden Fälle eintritt:

a) Der Verkäufer gibt an, dass die Gegenstände von ihm oder auf seine Rechnung von einem Dritten versandt oder befördert wurden, und entweder ist der Verkäufer im Besitz von mindestens zwei einander nicht widersprechenden Nachweisen nach Absatz 3 Buchstabe a, die von zwei verschiedenen Parteien ausgestellt wurden, die voneinander, vom Verkäufer und vom Erwerber unabhängig sind, oder der Verkäufer ist im Besitz eines Schriftstücks nach Absatz 3 Buchstabe a und einem nicht widersprechenden Nachweis nach Absatz 3 Buchstabe b, mit dem der Versand oder die Beförderung bestätigt wird, welche von zwei verschiedenen Parteien ausgestellt wurden, die voneinander, vom Verkäufer und vom Erwerber unabhängig sind.

b) Der Verkäufer ist im Besitz folgender Unterlagen:

   i) einer schriftlichen Erklärung des Erwerbers, aus der hervorgeht, dass die Gegenstände vom Erwerber oder auf Rechnung des Erwerbers von einem Dritten versandt oder befördert wurden, und in der der Bestimmungsmitgliedstaat der Gegenstände angegeben ist; in dieser schriftlichen Erklärung muss Folgendes angegeben sein: das Ausstellungsdatum; Name und Anschrift des Erwerbers; Menge und Art der Gegenstände; Ankunftsdatum und -ort der Gegenstände; bei Lieferung von Fahrzeugen die Identifikationsnummer des Fahrzeugs; die Identifikation der Person, die die Gegenstände auf Rechnung des Erwerbers entgegennimmt; und

---

[1] Abschnitt 2a (Art. 45a) eingef. mWv 1.1.2020 durch DVO v. 4.12.2018 (ABl. L 311 S. 10).

ii) mindestens zwei einander nicht widersprechender Nachweise nach Absatz 3 Buchstabe a, die von zwei voneinander unabhängigen Parteien – vom Verkäufer und vom Erwerber – ausgestellt wurden, oder eines Schriftstücks nach Absatz 3 Buchstabe a zusammen mit einem nicht widersprechenden Nachweis nach Absatz 3 Buchstabe b, mit dem der Versand oder die Beförderung bestätigt wird, welche von zwei verschiedenen Parteien ausgestellt wurden, die voneinander, vom Verkäufer und vom Erwerber unabhängig sind.

[2] Der Erwerber legt dem Verkäufer die schriftliche Erklärung gemäß Buchstabe b Ziffer i spätestens am zehnten Tag des auf die Lieferung folgenden Monats vor.

(2) Eine Steuerbehörde kann Vermutungen gemäß Absatz 1 widerlegen.

(3) Für die Zwecke von Absatz 1 wird Folgendes als Nachweis des Versands oder der Beförderung akzeptiert:

a) Unterlagen zum Versand oder zur Beförderung der Gegenstände wie beispielsweise ein unterzeichneter CMR-Frachtbrief, ein Konnossement, eine Luftfracht-Rechnung oder eine Rechnung des Beförderers der Gegenstände;

b) die folgenden Dokumente:

i) eine Versicherungspolice für den Versand oder die Beförderung der Gegenstände oder Bankunterlagen, die die Bezahlung des Versands oder der Beförderung der Gegenstände belegen;

ii) von einer öffentlichen Stelle wie z. B. einem Notar ausgestellte offizielle Unterlagen, die die Ankunft der Gegenstände im Bestimmungsmitgliedstaat bestätigen;

iii) eine Quittung, ausgestellt von einem Lagerinhaber im Bestimmungsmitgliedstaat, durch die die Lagerung der Gegenstände in diesem Mitgliedstaat bestätigt wird.

Abschnitt 3. Steuerbefreiungen bei der Einfuhr (Artikel 143, 144 und 145 der Richtlinie 2006/112/EG)

Art. 46 [Beförderungsleistungen anlässlich Wohnortwechsel als Dienstleistung, die sich auf die Einfuhr von Gegenständen beziehen] Die Steuerbefreiung in Artikel 144 der Richtlinie 2006/112/EG gilt auch für Beförderungsleistungen, die mit einer Einfuhr beweglicher körperlicher Gegenstände anlässlich eines Wohnortwechsels verbunden sind.

Abschnitt 4. Steuerbefreiungen bei der Ausfuhr (Artikel 146 und 147 der Richtlinie 2006/112/EG)

Art. 47 [Privaten Zwecken dienende Beförderungsmittel – Verwendung durch nicht natürliche Personen] „Privaten Zwecken dienende Beförderungsmittel" im Sinne des Artikels 146 Absatz 1 Buchstabe b der Richtlinie 2006/112/EG umfassen auch Beförderungsmittel, die von Personen, die keine natürlichen Personen sind, wie etwa Einrichtungen des öffentlichen Rechts im Sinne von Artikel 13 der genannten Richtlinie oder Vereine, für nichtgeschäftliche Zwecke verwendet werden.

Art. 48 [Steuerbefreiung der Lieferungen zur Ausfuhr im persönlichen Reisegepäck – Abstellen beim Schwellenwert auf Rechnungsbetrag] [1]Für die Feststellung, ob der von einem Mitgliedstaat gemäß Artikel 147 Absatz 1 Unterabsatz 1 Buchstabe c der Richtlinie 2006/112/EG festgelegte Schwellenwert überschritten wurde, was eine Bedingung für die Steuerbefreiung von Lieferungen zur Mitführung im persönlichen Gepäck von Reisenden ist, wird der Rechnungsbetrag zugrunde gelegt. [2]Der Gesamtwert mehrerer Gegenstände darf nur dann zugrunde gelegt werden, wenn alle diese Gegenstände in ein und derselben Rechnung aufgeführt sind und diese Rechnung von ein und demselben Steuerpflichtigen, der diese Gegenstände liefert, an ein und denselben Abnehmer ausgestellt wurde.

Abschnitt 5. Steuerbefreiungen bei bestimmten, Ausfuhren gleichgestellten Umsätzen (Artikel 151 und 152 der Richtlinie 2006/112/EG)

Art. 49 [Anwendbarkeit der Steuerbefreiung für elektronische Dienstleistungen an diplomatische Mission, internationale Einrichtungen und NATO-Streitkräfte] Die in Artikel 151 der Richtlinie 2006/112/EG vorgesehene Steuerbefreiung ist auch auf elektronische Dienstleistungen anwendbar, wenn diese von einem Steuerpflichtigen erbracht werden, auf den die in den Artikeln 357 bis 369 jener Richtlinie vorgesehene Sonderregelung für elektronisch erbrachte Dienstleistungen anwendbar ist.

Art. 50 [Konsortium für eine europäische Forschungsinfrastruktur (ERIC) als internationale Einrichtung] (1) Um als internationale Einrichtung für die Anwendung des Artikels 143 Absatz 1 Buchstabe g und des Artikels 151 Absatz 1 Unterabsatz 1 Buchstabe b der Richtlinie 2006/112/EG anerkannt werden zu können, muss eine Einrichtung, die als Konsortium für eine europäische Forschungsinfrastruktur (ERIC) im Sinne der Verordnung (EG) Nr. 723/2009 des Rates vom 25. Juni 2009 über den gemeinschaftlichen Rechtsrahmen für ein Konsortium für eine europäische Forschungsinfrastruktur (ERIC)[1] gegründet werden soll, alle nachfolgenden Voraussetzungen erfüllen:

a) sie besitzt eine eigene Rechtspersönlichkeit und ist voll rechtsfähig;
b) sie wurde auf der Grundlage des Rechts der Europäischen Union errichtet und unterliegt diesem;
c) sie hat Mitgliedstaaten als Mitglieder und darf Drittländer und zwischenstaatliche Organisationen als Mitglieder einschließen, jedoch keine privaten Einrichtungen;
d) sie hat besondere und legitime Ziele, die gemeinsam verfolgt werden und im Wesentlichen nicht wirtschaftlicher Natur sind.

[1] **Amtl. Anm.:** ABl. L 206 vom 8.8.2009, S. 1.

(2) *[1]* Die in Artikel 143 Absatz 1 Buchstabe g und Artikel 151 Absatz 1 Unterabsatz 1 Buchstabe b der Richtlinie 2006/112/EG vorgesehene Steuerbefreiung ist auf eine ERIC im Sinne des Absatzes 1 anwendbar, wenn diese vom Aufnahmemitgliedstaat als internationale Einrichtung anerkannt wird.

[2] [1]Die Grenzen und Voraussetzungen dieser Steuerbefreiung werden in einem Abkommen zwischen den Mitgliedern der ERIC gemäß Artikel 5 Absatz 1 Buchstabe d der Verordnung (EG) Nr. 723/2009 festgelegt. [2]Bei Gegenständen, die nicht aus dem Mitgliedstaat versandt oder befördert werden, in dem ihre Lieferung bewirkt wird, und bei Dienstleistungen kann die Steuerbefreiung entsprechend Artikel 151 Absatz 2 der Richtlinie 2006/112/EG im Wege der Mehrwertsteuererstattung erfolgen.

Art. 51 [Bescheinigung nach Anhang II der VO als Nachweis der Steuerbefreiung für Leistungen an diplomatische Mission, internationale Einrichtungen und NATO-Streitkräfte] (1) *[1]* Ist der Empfänger eines Gegenstands oder einer Dienstleistung innerhalb der Gemeinschaft, aber nicht in dem Mitgliedstaat der Lieferung oder Dienstleistung ansässig, so dient die Bescheinigung über die Befreiung von der Mehrwertsteuer und/oder der Verbrauchsteuer nach dem Muster in Anhang II dieser Verordnung entsprechend den Erläuterungen im Anhang zu dieser Bescheinigung als Bestätigung dafür, dass der Umsatz nach Artikel 151 der Richtlinie 2006/112/EG von der Steuer befreit werden kann.

[2] Bei Verwendung der Bescheinigung kann der Mitgliedstaat, in dem der Empfänger eines Gegenstands oder einer Dienstleistung ansässig ist, entscheiden, ob er eine gemeinsame Bescheinigung für Mehrwertsteuer und Verbrauchsteuer oder zwei getrennte Bescheinigungen verwendet.

(2) *[1]* [1]Die in Absatz 1 genannte Bescheinigung wird von den zuständigen Behörden des Aufnahmemitgliedstaats mit einem Dienststempelabdruck versehen. [2]Sind die Gegenstände oder Dienstleistungen jedoch für amtliche Zwecke bestimmt, so können die Mitgliedstaaten bei Vorliegen von ihnen festzulegender Voraussetzungen auf die Anbringung des Dienststempelabdrucks verzichten. [3]Diese Freistellung kann im Falle von Missbrauch widerrufen werden.

[2] [1]Die Mitgliedstaaten teilen der Kommission mit, welche Kontaktstelle zur Angabe der für das Abstempeln der Bescheinigung zuständigen Dienststellen benannt wurde und in welchem Umfang sie auf das Abstempeln der Bescheinigung verzichten. [2]Die Kommission gibt diese Information an die anderen Mitgliedstaaten weiter.

(3) [1]Wendet der Mitgliedstaat der Lieferung oder Dienstleistung die direkte Befreiung an, so erhält der Lieferer oder Dienstleistungserbringer die in Absatz 1 genannte Bescheinigung vom Empfänger der Lieferung oder Dienstleistung und nimmt sie in seine Buchführung auf. [2]Wird die Befreiung nach Artikel 151 Absatz 2 der Richtlinie 2006/112/EG im Wege der Mehrwertsteuererstattung gewährt, so ist die Bescheinigung dem in dem betreffenden Mitgliedstaat gestellten Erstattungsantrag beizufügen.

Kapitel IX. Vorsteuerabzug (Titel X der Richtlinie 2006/112/EG)

Art. 52 [Elektronische Fassung des die Einfuhr bescheinigenden Dokuments] Verfügt der Einfuhrmitgliedstaat über ein elektronisches System zur Erfüllung der Zollformalitäten, so fallen unter den Begriff „die Einfuhr bescheinigendes Dokument" in Artikel 178 Buchstabe e der Richtlinie 2006/112/EG auch die elektronischen Fassungen derartiger Dokumente, sofern sie eine Überprüfung des Vorsteuerabzugs erlauben.

Kapitel X. Pflichten der steuerpflichtigen und bestimmter nichtsteuerpflichtiger Personen (Titel XI der Richtlinie 2006/112/EG)

Abschnitt 1. Steuerschuldner gegenüber dem Fiskus (Artikel 192a bis 205 der Richtlinie 2006/112/EG)

Art. 53 [Beteiligung einer festen Niederlassung an der Dienstleistung für Zwecke der Festlegung des Steuerschuldners] (1) Für die Durchführung des Artikels 192a der Richtlinie 2006/112/EG wird eine feste Niederlassung eines Steuerpflichtigen nur dann berücksichtigt, wenn diese feste Niederlassung einen hinreichenden Grad an Beständigkeit sowie eine Struktur aufweist, die es ihr von der personellen und technischen Ausstattung her erlaubt, die Lieferung von Gegenständen oder die Erbringung von Dienstleistungen, an der sie beteiligt ist, auszuführen.

(2) *[1]* Verfügt ein Steuerpflichtiger über eine feste Niederlassung in dem Gebiet des Mitgliedstaats, in dem die Mehrwertsteuer geschuldet wird, gilt diese feste Niederlassung als nicht an der Lieferung von Gegenständen oder der Erbringung von Dienstleistungen im Sinne des Artikels 192a Buchstabe b der Richtlinie 2006/112/EG beteiligt, es sei denn, der Steuerpflichtige nutzt die technische und personelle Ausstattung dieser Niederlassung für Umsätze, die mit der Ausführung der steuerbaren Lieferung dieser Gegenstände oder der steuerbaren Erbringung dieser Dienstleistungen vor oder während der Ausführung in diesem Mitgliedstaat notwendig verbunden sind.

[2] Wird die Ausstattung der festen Niederlassung nur für unterstützende verwaltungstechnische Aufgaben wie z.B. Buchhaltung, Rechnungsstellung und Einziehung von Forderungen genutzt, so gilt dies nicht als Nutzung bei der Ausführung der Lieferung oder der Dienstleistung.

[3] Wird eine Rechnung jedoch unter der durch den Mitgliedstaat der festen Niederlassung vergebenen Mehrwertsteuer-Identifikationsnummer ausgestellt, so gilt diese feste Niederlassung bis zum Beweis des Gegenteils als an der Lieferung oder Dienstleistung beteiligt.

Art. 54 [Unmaßgeblichkeit der Beteiligung einer festen Niederlassung an der Dienstleistung im Fall des Sitzorts des leistenden Unter-

nehmers im Mitgliedstaat des Orts der Leistung] Hat ein Steuerpflichtiger den Sitz seiner wirtschaftlichen Tätigkeit in dem Mitgliedstaat, in dem die Mehrwertsteuer geschuldet wird, so findet Artikel 192a der Richtlinie 2006/112/EG keine Anwendung, unabhängig davon, ob dieser Sitz der wirtschaftlichen Tätigkeit an der von ihm getätigten Lieferung oder Dienstleistung innerhalb dieses Mitgliedstaats beteiligt ist.

Abschnitt 1a.[1] Allgemeine Pflichten (Artikel 242 bis 243 der Richtlinie 2006/112/EG)

Art. 54a[1] [Vereinfachungsregelung für Konsignationslager] (1) In dem Register gemäß Artikel 243 Absatz 3 der Richtlinie 2006/112/EG, das jeder Steuerpflichtige führen muss, der Gegenstände im Rahmen einer Konsignationslagerregelung verbringt, sind die folgenden Informationen zu verzeichnen:

a) der Mitgliedstaat, aus dem die Gegenstände versandt oder befördert wurden, und das Datum des Versands oder der Beförderung der Gegenstände;

b) die von dem Mitgliedstaat, in den die Gegenstände versandt oder befördert werden, ausgestellte Mehrwertsteuer-Identifikationsnummer des Steuerpflichtigen, für den die Gegenstände bestimmt sind;

c) der Mitgliedstaat, in den die Gegenstände versandt oder befördert werden, die Mehrwertsteuer-Identifikationsnummer des Lagerinhabers, die Anschrift des Lagers, in dem die Gegenstände nach der Ankunft gelagert werden, und das Ankunftsdatum der Gegenstände im Lager;

d) Wert, Beschreibung und Menge der im Lager angekommenen Gegenstände;

e) die Mehrwertsteuer-Identifikationsnummer des Steuerpflichtigen, der die in Buchstabe b dieses Absatzes genannte Person unter den Voraussetzungen des Artikels 17a Absatz 6 der Richtlinie 2006/112/EG ersetzt;

f) Steuerbemessungsgrundlage, Beschreibung und Menge der gelieferten Gegenstände, das Datum, an dem die Lieferung von Gegenständen gemäß Artikel 17a Absatz 3 Buchstabe a der Richtlinie 2006/112/EG erfolgt, und die Mehrwertsteuer-Identifikationsnummer des Erwerbers;

g) Steuerbemessungsgrundlage, Beschreibung und Menge der Gegenstände sowie das Datum, an dem eine der Voraussetzungen und der entsprechende Grund gemäß Artikel 17a Absatz 7 der Richtlinie 2006/112/EG gegeben sind;

h) Wert, Beschreibung und Menge der zurückgesandten Gegenstände und Rücksendedatum der Gegenstände gemäß Artikel 17a Absatz 5 der Richtlinie 2006/112/EG.

(2) *[1]* In dem Register gemäß Artikel 243 Absatz 3 der Richtlinie 2006/112/EG, das jeder Steuerpflichtige führen muss, an den Gegenstände im Rahmen einer Konsignationslagerregelung geliefert werden, sind die folgenden Informationen zu verzeichnen:

---

[1] Abschnitt 1a (Art. 54a) eingef. mWv 1.1.2020 durch DVO v. 4.12.2018 (ABl. L 311 S. 10).

a) die Mehrwertsteuer-Identifikationsnummer des Steuerpflichtigen, der die Gegenstände im Rahmen einer Konsignationslagerregelung verbringt;
b) Beschreibung und Menge der für ihn bestimmten Gegenstände;
c) das Datum, an dem die für ihn bestimmten Gegenstände im Lager ankommen;
d) Steuerbemessungsgrundlage, Beschreibung und Menge der an ihn gelieferten Gegenstände und das Datum, an dem der innergemeinschaftliche Erwerb von Gegenständen gemäß Artikel 17a Absatz 3 Buchstabe b der Richtlinie 2006/112/EG erfolgt;
e) Beschreibung und Menge der Gegenstände und das Datum, an dem die Gegenstände auf Anordnung der in Buchstabe a genannten steuerpflichtigen Person aus dem Lager entnommen wurden;
f) Beschreibung und Menge der zerstörten oder fehlenden Gegenstände und das Datum der Zerstörung, des Verlusts oder des Diebstahls der zuvor im Lager angekommenen Gegenstände oder das Datum, an dem die Zerstörung oder das Fehlen der Gegenstände festgestellt wurde.

[2] Wenn die Gegenstände im Rahmen einer Konsignationslagerregelung an einen Lagerinhaber versandt oder befördert werden, der mit dem Steuerpflichtigen, für den die Lieferung der Gegenstände bestimmt ist, nicht identisch ist, müssen die Informationen gemäß Unterabsatz 1 Buchstaben c, e und f im Register dieses Steuerpflichtigen nicht verzeichnet sein.

[*ab 1.7.2021:*

Abschnitt 1b.[1)] Aufzeichnungen (Artikel 241 bis 249 der Richtlinie 2006/112/EG)

Art. 54b[1)] [Unterstützen iSd Art 242a RL 2006/112/EG] (1) *[1]* Für die Anwendung von Artikel 242a der Richtlinie 2006/112/EG bezeichnet der Begriff „unterstützen" die Nutzung einer elektronischen Schnittstelle, um es einem Erwerber und einem Lieferer, der über eine elektronische Schnittstelle Dienstleistungen oder Gegenstände zum Verkauf anbietet, zu ermöglichen, in Kontakt zu treten, woraus eine Erbringung von Dienstleistungen oder eine Lieferung von Gegenständen über die elektronische Schnittstelle resultiert.

[2] Die Lieferung von Gegenständen oder die Erbringung von Dienstleistungen fallen jedoch dann nicht unter den Begriff „unterstützen", wenn alle folgenden Voraussetzungen erfüllt sind:
a) Der Steuerpflichtige legt weder unmittelbar noch mittelbar irgendeine der Bedingungen für die Lieferung der Gegenstände bzw. die Erbringung der Dienstleistungen fest;
b) der Steuerpflichtige ist weder unmittelbar noch mittelbar an der Autorisierung der Abrechnung mit dem Erwerber bezüglich der getätigten Zahlung beteiligt;

1) Abschnitt 1b (Art. 54b und 54c) eingef. **mWv 1.7.2021** durch DVO v. 21.11.2019 (ABl. L 313 S. 14, geänd. durch ABl. 2020 L 244 S. 9).

c) der Steuerpflichtige ist weder unmittelbar noch mittelbar an der Bestellung oder Lieferung der Gegenstände oder der Bestellung oder Erbringung der Dienstleistungen beteiligt.

(2) Für die Anwendung von Artikel 242a der Richtlinie 2006/112/EG fallen Situationen, in denen der Steuerpflichtige lediglich eine der folgenden Leistungen erbringt, nicht unter den Begriff „unterstützen“:

a) die Verarbeitung von Zahlungen im Zusammenhang mit der Lieferung von Gegenständen und der Erbringung von Dienstleistungen;
b) die Auflistung der Gegenstände oder Dienstleistungen oder die Werbung für diese;
c) die Weiterleitung oder Vermittlung von Erwerbern an andere elektronische Schnittstellen, über die Gegenstände oder Dienstleistungen angeboten werden, ohne dass eine weitere Einbindung in der Lieferung bzw. Dienstleistungserbringung besteht.

Art. 54c[1)] [Aufzeichnungen] (1) Ein Steuerpflichtiger gemäß Artikel 242a der Richtlinie 2006/112/EG muss die folgenden Aufzeichnungen über Leistungen führen, bezüglich derer er gemäß Artikel 14a der Richtlinie 2006/112/EG behandelt wird, als ob er die Gegenstände selbst erhalten und geliefert hätte, oder wenn er an der Erbringung elektronisch erbrachter Dienstleistungen beteiligt ist, bezüglich derer er gemäß Artikel 9a dieser Verordnung als im eigenen Namen handelnd angesehen wird:

a) Die Aufzeichnungen gemäß Artikel 63c dieser Verordnung, wenn sich der Steuerpflichtige entschieden hat, eine der Sonderregelungen nach Titel XII Kapitel 6 der Richtlinie 2006/112/EG in Anspruch zu nehmen;
b) die Aufzeichnungen gemäß Artikel 242 der Richtlinie 2006/112/EG, wenn sich der Steuerpflichtige nicht dafür entschieden hat, eine der Sonderregelungen nach Titel XII Kapitel 6 der Richtlinie 2006/112/EG in Anspruch zu nehmen.

(2) Ein Steuerpflichtiger gemäß Artikel 242a der Richtlinie 2006/112/EG muss die folgenden Angaben über Leistungen, die nicht unter Absatz 1 fallen, aufbewahren:

a) Name, Postanschrift und elektronische Adresse oder Website des Lieferers oder Dienstleistungserbringers, dessen Lieferungen oder Dienstleistungen durch die Nutzung der elektronischen Schnittstelle unterstützt werden, und – falls erhältlich –
   i) die Mehrwertsteuer-Identifikationsnummer oder nationale Steuernummer des Lieferers oder Dienstleistungserbringers;
   ii) die Bankverbindung oder Nummer des virtuellen Kontos des Lieferers oder Dienstleistungserbringers;
b) eine Beschreibung der Gegenstände, ihres Wertes und des Ortes, an dem die Versendung oder die Beförderung der Gegenstände endet, zusammen

---

1) Abschnitt 1b (Art. 54b und 54c) eingef. **mWv 1.7.2021** durch DVO v. 21.11.2019 (ABl. L 313 S. 14, geänd. durch ABl. 2020 L 244 S. 9).

mit dem Zeitpunkt der Lieferung, und falls erhältlich die Bestellnummer oder die eindeutige Transaktionsnummer;

c) eine Beschreibung der Dienstleistungen, ihres Wertes und Angaben, mittels derer Ort und Zeit der Erbringung der Dienstleistungen bestimmt werden können, und falls erhältlich die Bestellnummer oder die eindeutige Transaktionsnummer.]

Abschnitt 2. Ergänzende Bestimmungen (Artikel 272 und 273 der Richtlinie 2006/112/EG)

Art. 55 [Pflicht der Mitteilung der USt-IdNr. des Leistungsempfängers an den leistenden Unternehmer] *[1]* Für Umsätze nach Artikel 262 der Richtlinie 2006/112/EG müssen Steuerpflichtige, denen nach Artikel 214 jener Richtlinie eine individuelle Mehrwertsteuer-Identifikationsnummer zuzuteilen ist, und nichtsteuerpflichtige juristische Personen, die für Mehrwertsteuerzwecke erfasst sind, wenn sie als solche handeln, ihren Lieferern oder Dienstleistungserbringern ihre Mehrwertsteuer-Identifikationsnummer mitteilen, sowie diese ihnen bekannt ist.

[2] Steuerpflichtige im Sinne des Artikels 3 Absatz 1 Buchstabe b der Richtlinie 2006/112/EG, deren innergemeinschaftliche Erwerbe von Gegenständen nach Artikel 4 Absatz 1 der vorliegenden Verordnung nicht der Mehrwertsteuer unterliegen, müssen ihren Lieferern ihre individuelle Mehrwertsteuer-Identifikationsnummer nicht mitteilen, wenn sie gemäß Artikel 214 Absatz 1 Buchstabe d oder e jener Richtlinie für Mehrwertsteuerzwecke erfasst sind.

Kapitel XI. Sonderregelungen

Abschnitt 1. Sonderregelung für Anlagegold (Artikel 344 bis 356 der Richtlinie 2006/112/EG)

Art. 56 [Definition „von Goldmärkten akzeptiertes Gewicht"] Der Begriff „mit einem von den Goldmärkten akzeptierten Gewicht" in Artikel 344 Absatz 1 Nummer 1 der Richtlinie 2006/112/EG umfasst mindestens die in Anhang III dieser Verordnung aufgeführten Einheiten und Gewichte.

Art. 57 [Preis und Offenmarktwert zum Stichtag 1. April eines Jahres] [1] Für die Zwecke der Erstellung des in Artikel 345 der Richtlinie 2006/112/EG genannten Verzeichnisses von Goldmünzen beziehen sich die in Artikel 344 Absatz 1 Nummer 2 jener Richtlinie genannten Begriffe „Preis" und „Offenmarktwert" auf den Preis bzw. den Offenmarktwert am 1. April eines jeden Jahres. [2] Fällt der 1. April nicht auf einen Tag, an dem derartige Preise bzw. Offenmarktwerte festgesetzt werden, so sind diejenigen des nächsten Tages, an dem eine Festsetzung erfolgt, zugrunde zu legen.

[*bis 30.6.2021:*

Abschnitt 2.[1]) Sonderregelungen für nicht ansässige Steuerpflichtige, die Telekommunikationsdienstleistungen, Rundfunk- und Fernsehdienstleistungen oder elektronische Dienstleistungen an Nichtsteuerpflichtige erbringen (Artikel 358 bis 369k der Richtlinie 2006/112/EG)

Unterabschnitt 1. Begriffsbestimmungen

Art. 57a[1]) [Begriffsbestimmungen] *Für die Zwecke dieses Abschnitts gelten folgende Begriffsbestimmungen:*

1. „Nicht-EU-Regelung": die Sonderregelung für von nicht in der Gemeinschaft ansässigen Steuerpflichtigen erbrachte Telekommunikationsdienstleistungen, Rundfunk- und Fernsehdienstleistungen oder elektronische Dienstleistungen gemäß Titel XII Kapitel 6 Abschnitt 2 der Richtlinie 2006/112/EG;

2. „EU-Regelung": die Sonderregelung für von in der Gemeinschaft, nicht aber im Mitgliedstaat des Verbrauchs ansässigen Steuerpflichtigen erbrachte Telekommunikationsdienstleistungen, Rundfunk- und Fernsehdienstleistungen oder elektronische Dienstleistungen gemäß Titel XII Kapitel 6 Abschnitt 3 der Richtlinie 2006/112/EG;

3. „Sonderregelung": je nach Zusammenhang „Nicht-EU-Regelung" und/oder „EU-Regelung";

4. „Steuerpflichtiger": ein Steuerpflichtiger, der nicht in der Gemeinschaft ansässig ist, gemäß der Definition in Artikel 358a Nummer 1 der Richtlinie 2006/112/EG, oder ein Steuerpflichtiger, der nicht im Mitgliedstaat des Verbrauchs ansässig ist, gemäß der Definition in Artikel 369a Absatz 1 Nummer 1 jener Richtlinie.

Unterabschnitt 2. Anwendung der EU-Regelung

Art. 57b[1]) [Mitgliedstaat der Identifizierung] *(1) Hat ein Steuerpflichtiger, der die EU-Regelung in Anspruch nimmt, den Sitz seiner wirtschaftlichen Tätigkeit in der Gemeinschaft, so ist der Mitgliedstaat, in dem sich dieser Sitz befindet, der Mitgliedstaat der Identifizierung.*

(2) Hat ein Steuerpflichtiger, der die EU-Regelung in Anspruch nimmt, zwar den Sitz seiner wirtschaftlichen Tätigkeit außerhalb der Gemeinschaft, aber mehr als eine feste Niederlassung in der Gemeinschaft, so kann er jeden Mitgliedstaat, in dem er eine feste Niederlassung hat, als Mitgliedstaat der Identifizierung gemäß Artikel 369a Absatz 2 der Richtlinie 2006/112/EG auswählen.

Unterabschnitt 3. Geltungsbereich der EU-Regelung

Art. 57c[1]) [Telekommunikationsdienstleistungen u. a.] *[1] Die EU-Regelung gilt nicht für Telekommunikationsdienstleistungen, Rundfunk- und Fernsehdienstleistungen oder elektronische Dienstleistungen, die in einem Mitgliedstaat erbracht werden, in dem der Steuerpflichtige den Sitz seiner wirtschaftlichen Tätigkeit oder eine feste Niederlassung hat. [2] Diese Dienstleistungen werden den zuständigen Steuerbehörden dieses Mit-*

---

[1]) Abschnitt 2 (Art. 57a–63c) neu gef. mWv 1.1.2015 durch VO v. 9.10.2012 (ABl. L 290 S. 1); gilt in dieser **Fassung noch bis zum 30.6.2021** (ABl. L 313 S. 14, geänd. durch ABl. 2020 L 244 S. 9); die **Fassung ab 1.7.2021** ist ab Seite 48 abgedruckt.

gliedstaats in der Mehrwertsteuererklärung gemäß Artikel 250 der Richtlinie 2006/112/EG gemeldet.

Unterabschnitt 4. Identifizierung

Art. 57d*[1)] *[Geltungszeitpunkt der Sonderregelung] *[1] Erklärt ein Steuerpflichtiger dem Mitgliedstaat der Identifizierung, dass er beabsichtigt, eine der Sonderregelungen in Anspruch zu nehmen, so gilt die betreffende Sonderregelung ab dem ersten Tag des folgenden Kalenderquartals.*

[2] Erfolgt die erste Erbringung von Dienstleistungen, die unter diese Sonderregelung fallen, jedoch vor dem in Absatz 1 genannten Termin, so gilt die Sonderregelung ab dem Tag der ersten Leistungserbringung, vorausgesetzt der Steuerpflichtige unterrichtet den Mitgliedstaat der Identifizierung spätestens am zehnten Tag des Monats, der auf diese erste Leistungserbringung folgt, über die Aufnahme der unter die Regelung fallenden Tätigkeiten.

Art. 57e*[1)] *[Identifizierung mit MwSt-Identifikationsnummer] *Der Mitgliedstaat der Identifizierung identifiziert den Steuerpflichtigen, der die EU-Regelung in Anspruch nimmt, anhand seiner Mehrwertsteuer-Identifikationsnummer gemäß den Artikeln 214 und 215 der Richtlinie 2006/112/EG.*

Art. 57f*[1)] *[Änderung des Mitgliedstaats der Identifizierung] *(1) [1] Erfüllt ein Steuerpflichtiger, der die EU-Regelung in Anspruch nimmt, nicht mehr die Voraussetzungen gemäß der Definition in Artikel 369a Absatz 1 Nummer 2 der Richtlinie 2006/112/EG, so ist der Mitgliedstaat, der ihm die Mehrwertsteuer-Identifikationsnummer erteilt hat, nicht mehr der Mitgliedstaat der Identifizierung. [2] Erfüllt ein Steuerpflichtiger weiter die Voraussetzungen für die Inanspruchnahme dieser Sonderregelung, so gibt er, um diese Regelung weiterhin in Anspruch nehmen zu können, als neuen Mitgliedstaat der Identifizierung den Mitgliedstaat, in dem er den Sitz seiner wirtschaftlichen Tätigkeit hat, oder, wenn er den Sitz seiner wirtschaftlichen Tätigkeit nicht in der Gemeinschaft hat, einen Mitgliedstaat, in dem er eine feste Niederlassung hat, an.*

(2) Ändert sich gemäß Absatz 1 der Mitgliedstaat der Identifizierung, so gilt diese Änderung ab dem Tag, an dem der Steuerpflichtige nicht mehr den Sitz seiner wirtschaftlichen Tätigkeit oder keine feste Niederlassung mehr in dem zuvor als Mitgliedstaat der Identifizierung angegebenen Mitgliedstaat hat.

Art. 57g*[1)] *[Beendigung der Inanspruchnahme] *[1] [1] Ein Steuerpflichtiger, der eine Sonderregelung in Anspruch nimmt, kann die Inanspruchnahme dieser Sonderregelung beenden, unabhängig davon, ob er weiterhin Dienstleistungen erbringt, die unter diese Sonderregelung fallen können. [2] Der Steuerpflichtige unterrichtet den Mitgliedstaat der Identifizierung mindestens 15 Tage vor Ablauf des Kalenderquartals vor demjenigen, in welchem er die Inanspruchnahme der Regelung beenden will. [3] Eine Beendigung ist ab dem ersten Tag des nächsten Kalenderquartals wirksam.*

[1)] Abschnitt 2 (Art. 57a–63c) neu gef. mWv 1.1.2015 durch VO v. 9.10.2012 (ABl. L 290 S. 1); gilt in dieser **Fassung noch bis zum 30.6.2021** (ABl. L 313 S. 14, geänd. durch ABl. 2020 L 244 S. 9); die **Fassung ab 1.7.2021** ist ab Seite 48 abgedruckt.

[2] Mehrwertsteuerpflichten im Zusammenhang mit der Erbringung von Telekommunikationsdienstleistungen, Rundfunk- und Fernsehdienstleistungen oder elektronischen Dienstleistungen, die nach dem Zeitpunkt entstehen, zu dem die Beendigung der Inanspruchnahme wirksam wurde, wird direkt bei den Steuerbehörden des betreffenden Mitgliedstaats des Verbrauchs nachgekommen.

[3] Beendet ein Steuerpflichtiger die Inanspruchnahme einer der Sonderregelungen gemäß Absatz 1, so wird er in jedem Mitgliedstaat für zwei Kalenderquartale ab dem Datum der Beendigung der Inanspruchnahme von der Sonderregelung ausgeschlossen.

Unterabschnitt 5. Berichtspflichten

Art. 57h[1)] [Berichtspflichten] *(1) Ein Steuerpflichtiger unterrichtet den Mitgliedstaat der Identifizierung spätestens am zehnten Tag des folgenden Monats auf elektronischem Wege von*
– der Beendigung seiner unter eine Sonderregelung fallenden Tätigkeiten,
– jeglichen Änderungen seiner unter eine Sonderregelung fallenden Tätigkeiten, durch die er die Voraussetzungen für die Inanspruchnahme dieser Sonderregelung nicht mehr erfüllt, und
– sämtlichen Änderungen der zuvor dem Mitgliedstaat der Identifikation mitgeteilten Angaben.

(2) [1] Ändert sich der Mitgliedstaat der Identifizierung gemäß Artikel 57f, so unterrichtet der Steuerpflichtige die beiden betroffenen Mitgliedstaaten spätestens am zehnten Tag des Monats, der auf die Verlagerung des Sitzes der wirtschaftlichen Tätigkeit oder der festen Niederlassung folgt, über diese Änderung. [2] Er teilt dem neuen Mitgliedstaat der Identifizierung die Registrierungsdaten mit, die erforderlich sind, wenn ein Steuerpflichtiger eine Sonderregelung erstmals in Anspruch nimmt.

Unterabschnitt 6. Ausschluss

Art. 58[1)] [Ausschluss] *[1] Findet zumindest eines der Ausschlusskriterien gemäß den Artikeln 363 und 369e der Richtlinie 2006/112/EG auf einen Steuerpflichtigen, der eine der Sonderregelungen in Anspruch nimmt, Anwendung, so schließt der Mitgliedstaat der Identifizierung diesen Steuerpflichtigen von der betreffenden Regelung aus.*

[2] Nur der Mitgliedstaat der Identifizierung kann einen Steuerpflichtigen von der Inanspruchnahme einer der Sonderregelungen ausschließen.

[3] Der Mitgliedstaat der Identifizierung stützt seine Entscheidung über den Ausschluss auf alle verfügbaren Informationen, einschließlich Informationen eines anderen Mitgliedstaats.

[4] Der Ausschluss ist ab dem ersten Tag des Kalenderquartals wirksam, das auf den Tag folgt, an dem die Entscheidung über den Ausschluss dem Steuerpflichtigen elektronisch übermittelt worden ist.

[1)] Abschnitt 2 (Art. 57a–63c) neu gef. mWv 1.1.2015 durch VO v. 9.10.2012 (ABl. L 290 S. 1); gilt in dieser **Fassung noch bis zum 30.6.2021** (ABl. L 313 S. 14, geänd. durch ABl. 2020 L 244 S. 9); die **Fassung ab 1.7.2021** ist ab Seite 48 abgedruckt.

[5] Ist der Ausschluss jedoch auf eine Änderung des Sitzes der wirtschaftlichen Tätigkeit oder der festen Niederlassung zurückzuführen, so ist der Ausschluss ab dem Tag dieser Änderung wirksam.

Art. 58a[1)] ***[Vermutungsregelung]*** *[1] Hinsichtlich eines Steuerpflichtigen, der eine Sonderregelung in Anspruch nimmt und der über einen Zeitraum von acht aufeinander folgenden Kalenderquartalen in keinem Mitgliedstaat des Verbrauchs der betreffenden Regelung unterliegende Dienstleistungen erbracht hat, wird davon ausgegangen, dass er seine steuerbaren Tätigkeiten im Sinne des Artikels 363 Buchstabe b bzw. des Artikels 369e Buchstabe b der Richtlinie 2006/112/EG beendet hat. [2] Diese Beendigung hindert ihn nicht daran, bei Wiederaufnahme seiner unter eine Sonderregelung fallenden Tätigkeiten eine Sonderregelung in Anspruch zu nehmen.*

Art. 58b[1)] ***[Wiederholter Verstoß]*** *(1) Der Ausschluss eines Steuerpflichtigen von einer der Sonderregelungen wegen wiederholten Verstoßes gegen die einschlägigen Vorschriften gilt in jedem Mitgliedstaat und für beide Regelungen während acht Kalenderquartalen nach dem Kalenderquartal, in dem der Steuerpflichtige ausgeschlossen wurde.*

(2) Als wiederholter Verstoß gegen die Vorschriften einer der Sonderregelungen im Sinne des Artikels 363 Buchstabe d oder des Artikels 369e Buchstabe d der Richtlinie 2006/112/EG durch den Steuerpflichtigen gelten mindestens die folgenden Fälle:

a) dem Steuerpflichtigen wurden vom Mitgliedstaat der Identifizierung für drei unmittelbar vorhergehende Kalenderquartale Erinnerungen gemäß Artikel 60a erteilt und die Mehrwertsteuererklärung wurde für jedes dieser Kalenderquartale nicht binnen zehn Tagen, nachdem die Erinnerung erteilt wurde, abgegeben;

b) vom Mitgliedstaat der Identifizierung wurden ihm für drei unmittelbar vorhergehende Kalenderquartale Erinnerungen gemäß Artikel 63a erteilt und der Gesamtbetrag der erklärten Mehrwertsteuer ist von ihm nicht binnen zehn Tagen, nachdem die Erinnerung erteilt wurde, für jedes dieser Kalenderquartale gezahlt außer wenn der ausstehende Betrag weniger als 100 EUR für jedes dieser Kalenderquartale beträgt;

c) er hat nach einer Aufforderung des Mitgliedstaats der Identifizierung oder des Mitgliedstaats des Verbrauchs und einen Monat nach einer nachfolgenden Erinnerung des Mitgliedstaats der Identifizierung die in den Artikeln 369 und 369k der Richtlinie 2006/112/EG genannten Aufzeichnungen nicht elektronisch zur Verfügung gestellt.

Art. 58c[1)] ***[Pflichten nach Ausschluss]*** *Ein Steuerpflichtiger, der von einer der Sonderregelungen ausgeschlossen worden ist, kommt allen seinen Mehrwertsteuerpflichten im Zusammenhang mit der Erbringung von Telekommunikationsdienstleistungen, Rundfunk- und Fernsehdienstleistungen oder elektronischen Dienstleistungen, die nach dem Zeitpunkt entstehen, zu dem der Ausschluss wirksam wurde, direkt bei den Steuerbehörden des betreffenden Mitgliedstaats des Verbrauchs nach.*

[1)] Abschnitt 2 (Art. 57a–63c) neu gef. mWv 1.1.2015 durch VO v. 9.10.2012 (ABl. L 290 S. 1); gilt in dieser **Fassung noch bis zum 30.6.2021** (ABl. L 313 S. 14, geänd. durch ABl. 2020 L 244 S. 9); die **Fassung ab 1.7.2021** ist ab Seite 48 abgedruckt.

Unterabschnitt 7. Mehrwertsteuererklärung

Art. 59[1] ***[Erklärungszeitraum]*** *(1) Jeder Erklärungszeitraum im Sinne des Artikels 364 oder des Artikels 369f der Richtlinie 2006/112/EG ist ein eigenständiger Erklärungszeitraum.*

(2) Gilt eine Sonderregelung gemäß Artikel 57d Absatz 2 ab dem ersten Tag der Leistungserbringung, so gibt der Steuerpflichtige eine gesonderte Mehrwertsteuererklärung für das Kalenderquartal ab, in dem die erste Leistungserbringung erfolgt ist.

(3) Wurde ein Steuerpflichtiger während eines Erklärungszeitraums im Rahmen jeder der Sonderregelungen registriert, so richtet er im Rahmen jeder Sonderregelung Mehrwertsteuererklärungen und entsprechende Zahlungen hinsichtlich der Erbringung von Dienstleistungen und die von dieser Regelung erfassten Zeiträume an den Mitgliedstaat der Identifizierung.

(4) Ändert sich gemäß Artikel 57f der Mitgliedstaat der Identifizierung nach dem ersten Tag des betreffenden Kalenderquartals, so richtet der Steuerpflichtige Mehrwertsteuererklärungen und entsprechende Mehrwertsteuerzahlungen an den ehemaligen und an den neuen Mitgliedstaat der Identifizierung, die sich auf die Erbringung von Dienstleistungen während der Zeiträume, in denen die Mitgliedstaaten jeweils Mitgliedstaat der Identifizierung waren, beziehen.

Art. 59a[1] ***[MwSt-Nullmeldung]*** *Hat ein Steuerpflichtiger, der eine Sonderregelung in Anspruch nimmt, während eines Erklärungszeitraums keine Dienstleistungen in irgendeinem Mitgliedstaat des Verbrauchs im Rahmen dieser Sonderregelung erbracht, so reicht er eine Mehrwertsteuererklärung ein, aus der hervorgeht, dass in dem Zeitraum keine Dienstleistungen erbracht wurden (MwSt.-Nullmeldung).*

Art. 60[1] ***[Mehrwertsteuerbetrag]*** *1 Die Beträge in den Mehrwertsteuererklärungen im Rahmen der Sonderregelungen werden nicht auf die nächste volle Einheit auf- oder abgerundet. 2 Es ist jeweils der genaue Mehrwertsteuerbetrag anzugeben und abzuführen.*

Art. 60a[1] ***[Erinnerung, Mahnung]*** *[1] 1 Der Mitgliedstaat der Identifizierung erinnert Steuerpflichtige, die keine Mehrwertsteuererklärung gemäß Artikel 364 oder Artikel 369f der Richtlinie 2006/112/EG abgegeben haben, auf elektronischem Wege an ihre Verpflichtung zur Abgabe dieser Erklärung. 2 Der Mitgliedstaat der Identifizierung erteilt die Erinnerung am zehnten Tag, der auf den Tag folgt, an dem die Erklärung hätte vorliegen sollen, und unterrichtet die übrigen Mitgliedstaaten auf elektronischem Wege über die Erteilung einer Erinnerung.*

[2] Für alle nachfolgenden Mahnungen und sonstigen Schritte zur Festsetzung und Erhebung der Mehrwertsteuer ist der betreffende Mitgliedstaat des Verbrauchs zuständig.

[3] Der Steuerpflichtige gibt die Mehrwertsteuererklärung ungeachtet jeglicher durch den Mitgliedstaat des Verbrauchs erteilter Mahnungen und getroffener Maßnahmen im Mitgliedstaat der Identifizierung ab.

---

[1] Abschnitt 2 (Art. 57a–63c) neu gef. mWv 1.1.2015 durch VO v. 9.10.2012 (ABl. L 290 S. 1); gilt in dieser **Fassung noch bis zum 30.6.2021** (ABl. L 313 S. 14, geänd. durch ABl. 2020 L 244 S. 9); die **Fassung ab 1.7.2021** ist ab Seite 48 abgedruckt.

Art. 61*[1)] *[Änderung der Mehrwertsteuerklärung] *(1) Änderungen der in einer Mehrwertsteuerklärung enthaltenen Zahlen werden nach ihrer Abgabe ausschließlich im Wege von Änderungen dieser Erklärung und nicht durch Berichtigungen in einer nachfolgenden Erklärung vorgenommen.*

(2) [1] Die in Absatz 1 genannten Änderungen sind innerhalb von drei Jahren ab dem Tag, an dem die ursprüngliche Erklärung abzugeben war, auf elektronischem Wege beim Mitgliedstaat der Identifizierung abzugeben.

[2] Die Vorschriften des Mitgliedstaats des Verbrauchs in Bezug auf Steuerfestsetzungen und Änderungen bleiben jedoch unberührt.

Art. 61a*[1)] *[Abschließende Mehrwertsteuerklärung] *Wenn ein Steuerpflichtiger*

a) die Inanspruchnahme einer der Sonderregelungen beendet,

b) von einer der Sonderregelungen ausgeschlossen wird oder

c) den Mitgliedstaat der Identifizierung gemäß Artikel 57f ändert,

richtet er seine abschließende Mehrwertsteuererklärung und die entsprechende Zahlung sowie jegliche Berichtigungen oder verspätete Abgabe vorangegangener Mehrwertsteuererklärungen und die entsprechenden Zahlungen an den Mitgliedstaat, der vor der Beendigung, dem Ausschluss oder der Änderung der Mitgliedstaat der Identifizierung war.

Unterabschnitt 8. Währung

Art. 61b*[1)] *[Landeswährung] *Bestimmt ein Mitgliedstaat der Identifizierung, dessen Währung nicht der Euro ist, dass die Mehrwertsteuererklärungen in seiner Landeswährung zu erstellen sind, so gilt diese Bestimmung für die Mehrwertsteuererklärungen von allen Steuerpflichtigen, die Sonderregelungen in Anspruch nehmen.*

Unterabschnitt 9. Zahlungen

Art. 62*[1)] *[Mehrwertsteuerzahlung] *[1] Unbeschadet des Artikels 63a Absatz 3 und des Artikels 63b richtet ein Steuerpflichtiger alle Zahlungen an den Mitgliedstaat der Identifizierung.*

[2] [1] Mehrwertsteuerzahlungen des Steuerpflichtigen gemäß Artikel 367 oder Artikel 369i der Richtlinie 2006/112/EG beziehen sich nur auf die gemäß Artikel 364 oder Artikel 369f dieser Richtlinie abgegebene Mehrwertsteuererklärung. [2] Jede spätere Berichtigung der gezahlten Beträge durch den Steuerpflichtigen wird ausschließlich unter Bezugnahme auf diese Erklärung vorgenommen und darf weder einer anderen Erklärung zugeordnet noch bei einer späteren Erklärung berichtigt werden. [3] Bei jeder Zahlung ist die Referenznummer der betreffenden Steuererklärung anzugeben.

Art. 63*[1)] *[Erstattung] *[1] Hat ein Mitgliedstaat der Identifizierung einen Betrag vereinnahmt, der höher ist als es der Mehrwertsteuererklärung gemäß Artikel 364 oder Artikel 369f der Richtlinie 2006/112/EG entspricht, so erstattet er dem betreffenden Steuerpflichtigen den zu viel gezahlten Betrag direkt.*

[1)] Abschnitt 2 (Art. 57a–63c) neu gef. mWv 1.1.2015 durch VO v. 9.10.2012 (ABl. L 290 S. 1); gilt in dieser **Fassung noch bis zum 30.6.2021** (ABl. L 313 S. 14, geänd. durch ABl. 2020 L 244 S. 9); die **Fassung ab 1.7.2021** ist ab Seite 48 abgedruckt.

[2] Hat ein Mitgliedstaat der Identifizierung einen Betrag aufgrund einer Mehrwertsteuererklärung erhalten, die sich später als unrichtig herausstellt, und hat er diesen Betrag bereits an die Mitgliedstaaten des Verbrauchs weitergeleitet, so erstatten diese Mitgliedstaaten des Verbrauchs dem Steuerpflichtigen direkt ihren jeweiligen Anteil an dem zu viel gezahlten Betrag.

[3] Beziehen sich die zu viel gezahlten Beträge jedoch auf Zeiträume bis einschließlich zum letzten Erklärungszeitraum im Jahr 2018, erstattet der Mitgliedstaat der Identifizierung den betreffenden Anteil des entsprechenden Teils des gemäß Artikel 46 Absatz 3 der Verordnung (EU) Nr. 904/2010 einbehaltenen Betrags, und der Mitgliedstaat des Verbrauchs erstattet den zu viel gezahlten Betrag abzüglich des vom Mitgliedstaat der Identifizierung erstatteten Betrags.

[4] Die Mitgliedstaaten des Verbrauchs unterrichten den Mitgliedstaat der Identifizierung auf elektronischem Wege über den Betrag dieser Erstattungen.

Art. 63a[1)] [Elektronische Mahnung] *[1] Gibt ein Steuerpflichtiger zwar eine Mehrwertsteuererklärung gemäß Artikel 364 oder Artikel 369f der Richtlinie 2006/112/EG ab, aber es wird keine Zahlung oder eine geringere Zahlung als die sich aus der Erklärung ergebende Zahlung geleistet, so schickt der Mitgliedstaat der Identifizierung dem Steuerpflichtigen am zehnten Tag nach dem Tag, an dem die Zahlung gemäß Artikel 367 oder Artikel 369i der Richtlinie 2006/112/EG spätestens zu leisten war, wegen der überfälligen Mehrwertsteuer eine Erinnerung auf elektronischem Wege.*

[2] Der Mitgliedstaat der Identifizierung unterrichtet die Mitgliedstaaten des Verbrauchs auf elektronischem Wege über die Versendung der Erinnerung.

[3] [1]Für alle nachfolgenden Mahnungen und sonstigen Schritte zur Erhebung der Mehrwertsteuer ist der betreffende Mitgliedstaat des Verbrauchs zuständig. [2]Sind vom Mitgliedstaat des Verbrauchs nachfolgende Mahnungen erteilt worden, erfolgt die entsprechende Mehrwertsteuerzahlung an diesen Mitgliedstaat.

[4] Der Mitgliedstaat des Verbrauchs unterrichtet den Mitgliedstaat der Identifizierung auf elektronischem Wege über die Erteilung der Mahnung.

Art. 63b[1)] [Zinsen, Geldbußen bei unvollständiger, unrichtiger oder verspäteter Mehrwertsteuererklärung] *[1]Ist keine Mehrwertsteuererklärung abgegeben worden, oder ist die Mehrwertsteuererklärung zu spät abgegeben worden oder ist sie unvollständig oder unrichtig, oder wird die Mehrwertsteuer zu spät gezahlt, so werden etwaige Zinsen, Geldbußen oder sonstige Abgaben von dem Mitgliedstaat des Verbrauchs berechnet und festgesetzt. [2]Der Steuerpflichtige zahlt diese Zinsen, Geldbußen oder sonstige Abgaben direkt an den Mitgliedstaat des Verbrauchs.*

Unterabschnitt 10. Aufzeichnungen

Art. 63c[1)] [Informationspflichten] *(1) Um als hinreichend ausführlich im Sinne der Artikel 369 und 369k der Richtlinie 2006/112/EG angesehen zu werden, enthalten die vom Steuerpflichtigen zu führenden Aufzeichnungen die folgenden Informationen:*

[1)] Abschnitt 2 (Art. 57a–63c) neu gef. mWv 1.1.2015 durch VO v. 9.10.2012 (ABl. L 290 S. 1); gilt in dieser **Fassung noch bis zum 30.6.2021** (ABl. L 313 S. 14, geänd. durch ABl. 2020 L 244 S. 9); die **Fassung ab 1.7.2021** ist ab Seite 48 abgedruckt.

a) Mitgliedstaat des Verbrauchs, in dem die Dienstleistung erbracht wird;

b) Art der erbrachten Dienstleistung;

c) Datum der Dienstleistungserbringung;

d) Steuerbemessungsgrundlage unter Angabe der verwendeten Währung;

e) jede anschließende Erhöhung oder Senkung der Steuerbemessungsgrundlage;

f) anzuwendender Mehrwertsteuersatz;

g) Betrag der zu zahlenden Mehrwertsteuer unter Angabe der verwendeten Währung;

h) Datum und Betrag der erhaltenen Zahlungen;

i) alle vor Erbringung der Dienstleistung erhaltenen Vorauszahlungen;

j) falls eine Rechnung ausgestellt wurde, die darin enthaltenen Informationen;

k) Name des Dienstleistungsempfängers, soweit dem Steuerpflichtigen bekannt;

l) Informationen zur Bestimmung des Orts, an dem der Dienstleistungsempfänger ansässig ist oder seinen Wohnsitz oder gewöhnlichen Aufenthalt hat.

(2) Der Steuerpflichtige erfasst die Informationen gemäß Absatz 1 so, dass sie unverzüglich und für jede einzelne erbrachte Dienstleistung auf elektronischem Wege zur Verfügung gestellt werden können.]

[***ab 1.7.2021:***

Abschnitt 2.[1] Sonderregelungen für Steuerpflichtige, die Dienstleistungen an Nichtsteuerpflichtige erbringen oder Fernverkäufe von Gegenständen oder bestimmte Lieferungen von Gegenständen innerhalb der Union tätigen (Artikel 358 bis 369x der Richtlinie 2006/112/EG)

Unterabschnitt 1. Begriffsbestimmungen

Art. 57a[1] **[Begriffsbestimmungen]** Für die Zwecke dieses Abschnitts bezeichnet der Begriff

1. „Nicht-EU-Regelung" die Sonderregelung für von nicht in der Gemeinschaft ansässigen Steuerpflichtigen erbrachte Dienstleistungen gemäß Titel XII Kapitel 6 Abschnitt 2 der Richtlinie 2006/112/EG;
2. „EU-Regelung" die Sonderregelung für innergemeinschaftliche Fernverkäufe von Gegenständen, für Lieferungen von Gegenständen innerhalb eines Mitgliedstaats, die über eine elektronische Schnittstelle zur Unterstützung dieser Lieferungen erfolgen, und für von in der Gemeinschaft, nicht aber im Mitgliedstaat des Verbrauchs ansässigen Steuerpflichtigen erbrachte Dienstleistungen gemäß Titel XII Kapitel 6 Abschnitt 3 der Richtlinie 2006/112/EG;
3. „Einfuhrregelung" die Sonderregelung für Fernverkäufe von aus Drittgebieten oder Drittländern eingeführten Gegenständen gemäß Titel XII Kapitel 6 Abschnitt 4 der Richtlinie 2006/112/EG;

---

[1] Abschnitt 2 (Art. 57a–63c) neu gef. **mWv 1.7.2021** durch DVO v. 21.11.2019 (ABl. L 313 S. 14, geänd. durch ABl. 2020 L 244 S. 9).

4. „Sonderregelung" je nach Zusammenhang die „Nicht-EU-Regelung", die „EU-Regelung" oder die „Einfuhrregelung";
5. „Steuerpflichtiger" einen Steuerpflichtigen im Sinne des Artikels 359 der Richtlinie 2006/112/EG, der die Nicht-EU- Regelung in Anspruch nehmen darf, einen Steuerpflichtigen im Sinne des Artikels 369b der genannten Richtlinie, der die EU-Regelung in Anspruch nehmen darf, oder einen Steuerpflichtigen im Sinne des Artikels 369m der genannten Richtlinie, der die Einfuhrregelung in Anspruch nehmen darf;
6. „Vermittler" eine Person im Sinne von Artikel 369l Absatz 2 Nummer 2 der Richtlinie 2006/112/EG.

Unterabschnitt 2. Anwendung der EU-Regelung

Art. 57b[1] (gestrichen)

Unterabschnitt 3. Geltungsbereich der EU-Regelung

Art. 57c[1] **[Dienstleistungen]** [1]Die EU-Regelung gilt nicht für Dienstleistungen, die in einem Mitgliedstaat erbracht werden, in dem der Steuerpflichtige den Sitz seiner wirtschaftlichen Tätigkeit oder eine feste Niederlassung hat. [2]Die Erbringung dieser Dienstleistungen wird den zuständigen Steuerbehörden dieses Mitgliedstaats in der Mehrwertsteuererklärung gemäß Artikel 250 der Richtlinie 2006/112/EG gemeldet.

Unterabschnitt 4. Identifizierung

Art. 57d[1] **[Erklärung gegenüber dem Mitgliedstaat]** (1) *[1]* Erklärt ein Steuerpflichtiger dem Mitgliedstaat der Identifizierung, dass er beabsichtigt, die Nicht-EU-Regelung oder die EU-Regelung in Anspruch zu nehmen, so gilt die betreffende Sonderregelung ab dem ersten Tag des folgenden Kalenderquartals.

[2] Erfolgt die erste Lieferung von Gegenständen oder Erbringung von Dienstleistungen, die unter die Nicht-EU-Regelung oder die EU-Regelung fallen, jedoch vor diesem Datum, so gilt die Sonderregelung ab dem Tag der ersten Lieferung oder Dienstleistungserbringung, vorausgesetzt der Steuerpflichtige unterrichtet den Mitgliedstaat der Identifizierung spätestens am zehnten Tag des Monats, der auf diese erste Lieferung oder Dienstleistungserbringung folgt, über die Aufnahme der unter die Regelung fallenden Tätigkeiten.

(2) Teilt ein Steuerpflichtiger oder ein für seine Rechnung handelnder Vermittler dem Mitgliedstaat der Identifizierung seine Absicht mit, die Einfuhrregelung in Anspruch zu nehmen, so gilt diese Sonderregelung ab dem Tag, an dem dem Steuerpflichtigen oder dem Vermittler die individuelle Mehrwertsteuer-Identifikationsnummer für die Einfuhrregelung gemäß Artikel 369q Absätze 1 und 3 der Richtlinie 2006/112/EG zugeteilt wurde.

---

[1] Abschnitt 2 (Art. 57a–63c) neu gef. **mWv 1.7.2021** durch DVO v. 21.11.2019 (ABl. L 313 S. 14, geänd. durch ABl. 2020 L 244 S. 9).

Art. 57e[1)] [Identifizierung anhand der Mehrwertsteuer-Identifikationsnummer] *[1]* Der Mitgliedstaat der Identifizierung identifiziert einen Steuerpflichtigen, der die EU-Regelung in Anspruch nimmt, anhand seiner Mehrwertsteuer-Identifikationsnummer gemäß den Artikeln 214 und 215 der Richtlinie 2006/112/EG.

[2] [1]Die einem Vermittler gemäß Artikel 369q Absatz 2 der Richtlinie 2006/112/EG zugeteilte individuelle Identifikationsnummer ermöglicht es ihm, als Vermittler für Rechnung von Steuerpflichtigen zu handeln, die die Einfuhrregelung in Anspruch nehmen. [2]Diese Nummer kann vom Vermittler jedoch nicht verwendet werden, um Mehrwertsteuer auf steuerbare Umsätze zu erklären.

Art. 57f[1)] [Wegfall, Änderung oder Erfüllung der Voraussetzungen für die Inanspruchnahme der EU-Sonderregelung] (1) *[1]* Erfüllt ein Steuerpflichtiger, der die EU-Regelung in Anspruch nimmt, nicht mehr die Voraussetzungen gemäß der Begriffsbestimmung in Artikel 369a Nummer 2 der Richtlinie 2006/112/EG, so ist der Mitgliedstaat, der ihm die Mehrwertsteuer-Identifikationsnummer zugeteilt hat, nicht mehr der Mitgliedstaat der Identifizierung.

[2] [1]Erfüllt ein Steuerpflichtiger jedoch weiter die Voraussetzungen für die Inanspruchnahme dieser Sonderregelung, so nennt er, um diese Regelung weiterhin in Anspruch zu nehmen, als neuen Mitgliedstaat der Identifizierung den Mitgliedstaat, in dem er den Sitz seiner wirtschaftlichen Tätigkeit hat, oder, wenn er den Sitz seiner wirtschaftlichen Tätigkeit nicht in der Gemeinschaft hat, einen Mitgliedstaat, in dem er eine feste Niederlassung hat. [2]Ist der Steuerpflichtige, der die EU-Regelung für die Lieferung von Gegenständen in Anspruch nimmt, nicht in der Gemeinschaft ansässig, so nennt er als neuen Mitgliedstaat der Identifizierung einen Mitgliedstaat, von dem aus er Gegenstände versendet oder befördert.

[3] Ändert sich der Mitgliedstaat der Identifizierung gemäß Unterabsatz 2, so gilt diese Änderung ab dem Tag, an dem der Steuerpflichtige nicht mehr den Sitz seiner wirtschaftlichen Tätigkeit oder keine feste Niederlassung mehr in dem zuvor als Mitgliedstaat der Identifizierung angegebenen Mitgliedstaat hat, oder ab dem Tag, an dem der Steuerpflichtige die Versendung oder Beförderung von Gegenständen aus diesem Mitgliedstaat einstellt.

(2) *[1]* Erfüllt ein Steuerpflichtiger, der die Einfuhrregelung in Anspruch nimmt, oder ein für seine Rechnung handelnder Vermittler nicht mehr die Voraussetzungen gemäß Artikel 369l Unterabsatz 2 Nummer 3 Buchstaben b bis e der Richtlinie 2006/112/EG, so ist der Mitgliedstaat, in dem der Steuerpflichtige oder sein Vermittler identifiziert wurde, nicht mehr der Mitgliedstaat der Identifizierung.

[2] Erfüllt ein Steuerpflichtiger oder sein Vermittler jedoch weiter die Voraussetzungen für die Inanspruchnahme dieser Sonderregelung, so nennt er,

---

1) Abschnitt 2 (Art. 57a–63c) neu gef. **mWv 1.7.2021** durch DVO v. 21.11.2019 (ABl. L 313 S. 14, geänd. durch ABl. 2020 L 244 S. 9).

um diese Regelung weiterhin in Anspruch nehmen zu können, als neuen Mitgliedstaat der Identifizierung den Mitgliedstaat, in dem er den Sitz seiner wirtschaftlichen Tätigkeit hat, oder, wenn er den Sitz seiner wirtschaftlichen Tätigkeit nicht in der Gemeinschaft hat, einen Mitgliedstaat, in dem er eine feste Niederlassung hat.

[3] Ändert sich gemäß Unterabsatz 2 der Mitgliedstaat der Identifizierung, so gilt diese Änderung ab dem Tag, an dem der Steuerpflichtige oder sein Vermittler nicht mehr den Sitz seiner wirtschaftlichen Tätigkeit oder keine feste Niederlassung mehr in dem zuvor als Mitgliedstaat der Identifizierung angegebenen Mitgliedstaat hat.

Art. 57g[1)] [Ende der Inanspruchnahme der EU-Sonderregelung]

(1) *[1]* [1]Ein Steuerpflichtiger, der die Nicht-EU-Regelung oder die EU-Regelung in Anspruch nimmt, kann die Inanspruchnahme dieser Sonderregelung beenden, und zwar unabhängig davon, ob er weiterhin Gegenstände liefert oder Dienstleistungen erbringt, die unter diese Sonderregelung fallen können. [2]Der Steuerpflichtige unterrichtet den Mitgliedstaat der Identifizierung mindestens 15 Tage vor Ablauf des Kalenderquartals vor demjenigen, in dem er die Inanspruchnahme der Regelung beenden will. [3]Eine Beendigung ist ab dem ersten Tag des nächsten Kalenderquartals wirksam.

[2] Mehrwertsteuerpflichten im Zusammenhang mit der Lieferung von Gegenständen oder der Erbringung von Dienstleistungen, die nach dem Zeitpunkt entstehen, zu dem die Beendigung der Inanspruchnahme wirksam wurde, wird direkt bei den Steuerbehörden des betreffenden Mitgliedstaats des Verbrauchs nachgekommen.

(2) [1]Ein Steuerpflichtiger, der die Einfuhrregelung in Anspruch nimmt, kann die Inanspruchnahme dieser Regelung beenden, und zwar unabhängig davon, ob er weiterhin Fernverkäufe von Gegenständen tätigt, die aus Drittgebieten oder Drittländern eingeführt werden. [2]Der Steuerpflichtige oder der für seine Rechnung handelnde Vermittler unterrichtet den Mitgliedstaat der Identifizierung mindestens 15 Tage vor Ende des Monats, vor dem er die Inanspruchnahme der Regelung beenden will. [3]Beendigungen sind ab dem ersten Tag des nächsten Monats wirksam, und der Steuerpflichtige darf die Regelung für ab diesem Tag erbrachte Lieferungen nicht mehr nutzen.

Unterabschnitt 5. Berichterstattungspflichten

Art. 57h[1)] [Umfang und Frist der Berichterstattungspflicht] (1) Ein Steuerpflichtiger oder ein für seine Rechnung handelnder Vermittler unterrichtet den Mitgliedstaat der Identifizierung spätestens am zehnten Tag des folgenden Monats auf elektronischem Wege von

a) der Beendigung seiner unter eine Sonderregelung fallenden Tätigkeiten;

[1)] Abschnitt 2 (Art. 57a–63c) neu gef. **mWv 1.7.2021** durch DVO v. 21.11.2019 (ABl. L 313 S. 14, geänd. durch ABl. 2020 L 244 S. 9).

b) sämtlichen Änderungen seiner unter eine Sonderregelung fallenden Tätigkeiten, durch die er die Voraussetzungen für die Inanspruchnahme dieser Sonderregelung nicht mehr erfüllt;

c) sämtlichen Änderungen der zuvor dem Mitgliedstaat der Identifizierung erteilten Angaben.

(2) [1] Ändert sich der Mitgliedstaat der Identifizierung gemäß Artikel 57f, so unterrichtet der Steuerpflichtige oder der für seine Rechnung handelnde Vermittler die beiden betroffenen Mitgliedstaaten spätestens am zehnten Tag des Monats, der auf die Änderung folgt, über diese Änderung. [2] Er teilt dem neuen Mitgliedstaat der Identifizierung die Registrierungsdaten mit, die erforderlich sind, wenn ein Steuerpflichtiger eine Sonderregelung erstmals in Anspruch nimmt.

Unterabschnitt 6. Ausschluss

Art. 58[1] **[Ausschlusskriterien]** (1) *[1]* Findet zumindest eines der Ausschlusskriterien gemäß Artikel 369e oder der Kriterien für die Streichung aus dem Identifikationsregister gemäß Artikel 363 oder Artikel 369r Absätze 1 und 3 der Richtlinie 2006/112/EG auf einen Steuerpflichtigen Anwendung, der eine der Sonderregelungen in Anspruch nimmt, so schließt der Mitgliedstaat der Identifizierung diesen Steuerpflichtigen von der betreffenden Regelung aus.

[2] Nur der Mitgliedstaat der Identifizierung kann einen Steuerpflichtigen von einer der Sonderregelungen ausschließen.

[3] Der Mitgliedstaat der Identifizierung stützt seine Entscheidung über den Ausschluss oder die Streichung auf alle verfügbaren Informationen, einschließlich Informationen eines anderen Mitgliedstaats.

(2) [1] Der Ausschluss eines Steuerpflichtigen von der Nicht-EU-Regelung oder der EU-Regelung ist ab dem ersten Tag des Kalenderquartals wirksam, das auf den Tag folgt, an dem die Entscheidung über den Ausschluss dem Steuerpflichtigen elektronisch übermittelt worden ist. [2] Ist der Ausschluss jedoch auf eine Änderung des Sitzes der wirtschaftlichen Tätigkeit oder der festen Niederlassung oder des Ortes zurückzuführen, von dem aus die Versendung oder Beförderung von Gegenständen ausgeht, so ist der Ausschluss ab dem Tag dieser Änderung wirksam.

(3) Der Ausschluss eines Steuerpflichtigen von der Einfuhrregelung ist ab dem ersten Tag des Monats wirksam, der auf den Tag folgt, an dem die Entscheidung über den Ausschluss dem Steuerpflichtigen elektronisch übermittelt worden ist; dies gilt nicht in den folgenden Fällen:

a) Ist der Ausschluss auf eine Änderung des Sitzes der wirtschaftlichen Tätigkeit oder der festen Niederlassung zurückzuführen, so ist der Ausschluss ab dem Tag dieser Änderung wirksam;

---

[1] Abschnitt 2 (Art. 57a–63c) neu gef. **mWv 1.7.2021** durch DVO v. 21.11.2019 (ABl. L 313 S. 14, geänd. durch ABl. 2020 L 244 S. 9).

b) wird der Ausschluss wegen eines wiederholten Verstoßes gegen die Vorschriften der Einfuhrregelung vorgenommen, so ist der Ausschluss ab dem Tag wirksam, der auf den Tag folgt, an dem die Entscheidung über den Ausschluss dem Steuerpflichtigen elektronisch übermittelt worden ist.

(4) Mit Ausnahme der unter Absatz 3 Buchstabe b erfassten Fälle bleibt die individuelle Mehrwertsteuer-Identifikationsnummer, die für die Inanspruchnahme der Einfuhrregelung zugeteilt wurde, für den Zeitraum gültig, der für die Einfuhr der Gegenstände notwendig ist, die vor dem Ausschlussdatum geliefert wurden; dieser Zeitraum darf jedoch zwei Monate ab diesem Datum nicht überschreiten.

(5) *[1]* Findet eines der Streichungskriterien gemäß Artikel 369r Absatz 2 der Richtlinie 2006/112/EG auf einen Vermittler Anwendung, so streicht der Mitgliedstaat der Identifizierung diesen Vermittler aus dem Identifikationsregister und schließt die durch diesen Vermittler vertretenen Steuerpflichtigen von der Einfuhrregelung aus.

[2] Nur der Mitgliedstaat der Identifizierung kann einen Vermittler aus dem Identifikationsregister streichen.

[3] Der Mitgliedstaat der Identifizierung stützt seine Entscheidung über die Streichung auf alle verfügbaren Informationen, einschließlich Informationen eines anderen Mitgliedstaats.

[4] Die Streichung eines Vermittlers aus dem Identifikationsregister ist ab dem ersten Tag des Monats wirksam, der auf den Tag folgt, an dem die Entscheidung über die Streichung dem Vermittler und den durch ihn vertretenen Steuerpflichtigen elektronisch übermittelt worden ist; dies gilt nicht in den folgenden Fällen:

a) Ist die Streichung auf eine Änderung des Sitzes der wirtschaftlichen Tätigkeit oder der festen Niederlassung zurückzuführen, so ist die Streichung ab dem Tag dieser Änderung wirksam;

b) wird die Streichung des Vermittlers wegen eines wiederholten Verstoßes gegen die Vorschriften der Einfuhrregelung vorgenommen, so ist die Streichung ab dem Tag wirksam, der auf den Tag folgt, an dem die Entscheidung über die Streichung dem Vermittler und den durch ihn vertretenen Steuerpflichtigen elektronisch übermittelt worden ist.

Art. 58a[1)] [Fiktion der Einstellung der Tätigkeit] [1]Hinsichtlich eines Steuerpflichtigen, der eine Sonderregelung in Anspruch nimmt und der über einen Zeitraum von zwei Jahren in keinem Mitgliedstaat des Verbrauchs der betreffenden Regelung unterliegende Gegenstände geliefert oder Dienstleistungen erbracht hat, wird davon ausgegangen, dass er seine steuerbaren Tätigkeiten im Sinne des Artikels 363 Buchstabe b, des Artikels 369e Buchstabe b, des Artikels 369r Absatz 1 Buchstabe b bzw. des Artikels 369r Absatz 3 Buchstabe b der Richtlinie 2006/112/EG eingestellt hat. [2]Diese Einstellung der Tätigkeit hindert ihn nicht daran, bei Wiederaufnahme seiner unter eine Son-

---

[1)] Abschnitt 2 (Art. 57a–63c) neu gef. **mWv 1.7.2021** durch DVO v. 21.11.2019 (ABl. L 313 S. 14, geänd. durch ABl. 2020 L 244 S. 9).

derregelung fallenden Tätigkeiten eine Sonderregelung in Anspruch zu nehmen.

Art. 58b[1)] [Ausschluss wegen Vorschriftenverstoßes] (1) *[1]* Der Ausschluss eines Steuerpflichtigen von einer der Sonderregelungen wegen wiederholten Verstoßes gegen die einschlägigen Vorschriften gilt in jedem Mitgliedstaat und für alle Sonderregelungen während des Zeitraums von zwei Jahren, der auf den Erklärungszeitraum folgt, in dem der Steuerpflichtige ausgeschlossen wurde.

[2] Unterabsatz 1 gilt jedoch nicht für die Einfuhrregelung, wenn der Ausschluss durch einen wiederholten Verstoß gegen die Vorschriften durch den Vermittler bedingt war, der für Rechnung des Steuerpflichtigen gehandelt hat.

[3] Wird ein Vermittler aufgrund eines wiederholten Verstoßes gegen die Vorschriften der Einfuhrregelung aus dem Identifikationsregister gestrichen, ist es ihm untersagt, während der zwei Jahre, die auf den Monat folgen, in dem er aus dem Register gestrichen wurde, als Vermittler tätig zu werden.

(2) Als wiederholter Verstoß gegen die Vorschriften einer der Sonderregelungen im Sinne des Artikels 363 Buchstabe d, des Artikels 369e Buchstabe d, des Artikels 369r Absatz 1 Buchstabe d, des Artikels 369r Absatz 2 Buchstabe c oder des Artikels 369r Absatz 3 Buchstabe d der Richtlinie 2006/112/EG durch einen Steuerpflichtigen oder einen Vermittler gelten mindestens die folgenden Fälle:

a) Dem Steuerpflichtigen oder dem für seine Rechnung handelnden Vermittler wurden vom Mitgliedstaat der Identifizierung für drei unmittelbar vorangegangene Erklärungszeiträume Erinnerungen gemäß Artikel 60a erteilt, und die Mehrwertsteuererklärung wurde für jeden dieser Erklärungszeiträume nicht binnen zehn Tagen, nachdem die Erinnerung erteilt wurde, abgegeben;

b) dem Steuerpflichtigen oder dem für seine Rechnung handelnden Vermittler wurden vom Mitgliedstaat der Identifizierung für drei unmittelbar vorangegangene Erklärungszeiträume Erinnerungen gemäß Artikel 63a erteilt, und der Gesamtbetrag der erklärten Mehrwertsteuer wurde vom Steuerpflichtigen oder von dem für seine Rechnung handelnden Vermittler nicht binnen zehn Tagen, nachdem die Erinnerung erteilt wurde, für jeden dieser Erklärungszeiträume gezahlt, außer wenn der ausstehende Betrag weniger als 100 EUR für jeden dieser Erklärungszeiträume beträgt;

c) der Steuerpflichtige oder der für seine Rechnung handelnde Vermittler hat nach einer Aufforderung des Mitgliedstaats der Identifizierung und einen Monat nach einer nachfolgenden Erinnerung des Mitgliedstaats der Identifizierung die in den Artikeln 369, 369k und 369x der Richtlinie 2006/112/EG genannten Aufzeichnungen nicht elektronisch zur Verfügung gestellt.

[1)] Abschnitt 2 (Art. 57a–63c) neu gef. **mWv 1.7.2021** durch DVO v. 21.11.2019 (ABl. L 313 S. 14, geänd. durch ABl. 2020 L 244 S. 9).

Art. 58c[1)] [MwSt-Pflicht nach Ausschluss von der EU-Regelung] Ein Steuerpflichtiger, der von der Nicht-EU-Regelung oder der EU-Regelung ausgeschlossen worden ist, kommt allen seinen Mehrwertsteuerpflichten im Zusammenhang mit der Lieferung von Gegenständen und der Erbringung von Dienstleistungen, die nach dem Zeitpunkt entstehen, zu dem der Ausschluss wirksam wurde, direkt bei den Steuerbehörden des betreffenden Mitgliedstaats des Verbrauchs nach.

Unterabschnitt 7. Mehrwertsteuererklärung

Art. 59[1)] [Erklärungszeitraum] (1) Jeder Erklärungszeitraum im Sinne der Artikel 364, 369f oder 369s der Richtlinie 2006/112/EG ist ein eigenständiger Erklärungszeitraum.

(2) Gilt die Nicht-EU-Regelung oder die EU-Regelung gemäß Artikel 57d Absatz 1 Unterabsatz 2 ab dem ersten Tag der Lieferung bzw. Dienstleistungserbringung, so gibt der Steuerpflichtige eine gesonderte Mehrwertsteuererklärung für das Kalenderquartal ab, in dem die erste Dienstleistungserbringung erfolgt ist.

(3) Wurde ein Steuerpflichtiger während eines Erklärungszeitraums im Rahmen der Nicht-EU-Regelung und der EU-Regelung registriert, so richtet er im Rahmen jeder Regelung Mehrwertsteuererklärungen und entsprechende Zahlungen hinsichtlich der Lieferung von Gegenständen bzw. Erbringung von Dienstleistungen und der von dieser Regelung erfassten Zeiträume an den Mitgliedstaat der Identifizierung.

(4) Ändert sich gemäß Artikel 57f der Mitgliedstaat der Identifizierung nach dem ersten Tag des betreffenden Erklärungszeitraums, so richtet der Steuerpflichtige oder der für seine Rechnung handelnde Vermittler Mehrwertsteuererklärungen und entsprechende Mehrwertsteuerzahlungen an den ehemaligen und an den neuen Mitgliedstaat der Identifizierung, die sich auf die Lieferung von Gegenständen bzw. Erbringung von Dienstleistungen während der Zeiträume beziehen, in denen die Mitgliedstaaten jeweils der Mitgliedstaat der Identifizierung waren.

Art. 59a[1)] [MwSt-Nullmeldung] Hat ein Steuerpflichtiger, der eine Sonderregelung in Anspruch nimmt, während eines Erklärungszeitraums keine Gegenstände oder Dienstleistungen in irgendeinem Mitgliedstaat des Verbrauchs im Rahmen dieser Sonderregelung geliefert bzw. erbracht und hat er keine Berichtigungen an früheren Erklärungen vorzunehmen, so reicht er oder der für seine Rechnung handelnde Vermittler eine Mehrwertsteuererklärung ein, aus der hervorgeht, dass in dem Zeitraum keine Lieferungen getätigt bzw. Dienstleistungen erbracht wurden (MwSt.-Nullmeldung).

Art. 60[1)] [Keine Rundung des MwSt-Betrags] [1]Die Beträge in den Mehrwertsteuererklärungen im Rahmen der Sonderregelungen werden nicht

---

1) Abschnitt 2 (Art. 57a–63c) neu gef. **mWv 1.7.2021** durch DVO v. 21.11.2019 (ABl. L 313 S. 14, geänd. durch ABl. 2020 L 244 S. 9).

auf die nächste volle Einheit auf- oder abgerundet. [2]Es wird jeweils der genaue Mehrwertsteuerbetrag angegeben und abgeführt.

Art. 60a[1)] [Erinnerung an die Verpflichtung zur MwSt-Erklärung]

[1] [1]Der Mitgliedstaat der Identifizierung erinnert Steuerpflichtige oder auf ihre Rechnung handelnde Vermittler, die keine Mehrwertsteuererklärung gemäß den Artikeln 364, 369f oder 369s der Richtlinie 2006/112/EG abgegeben haben, auf elektronischem Wege an ihre Verpflichtung zur Abgabe dieser Erklärung. [2]Der Mitgliedstaat der Identifizierung erteilt die Erinnerung am zehnten Tag, der auf den Tag folgt, an dem die Erklärung hätte vorliegen sollen, und unterrichtet die übrigen Mitgliedstaaten auf elektronischem Wege über die Erteilung einer Erinnerung.

[2] Für alle nachfolgenden Erinnerungen und sonstigen Schritte zur Festsetzung und Erhebung der Mehrwertsteuer ist der betreffende Mitgliedstaat des Verbrauchs zuständig.

[3] Der Steuerpflichtige oder der für seine Rechnung handelnde Vermittler gibt die Mehrwertsteuererklärung ungeachtet jeglicher durch den Mitgliedstaat des Verbrauchs erteilter Erinnerungen und getroffener Maßnahmen im Mitgliedstaat der Identifizierung ab.

Art. 61[1)·2)] [Änderung der MwSt-Erklärung] (1) *[1]* Änderungen der Zahlen, die in einer Mehrwertsteuerklärung enthalten sind, die sich auf Zeiträume bis einschließlich zum zweiten Erklärungszeitraum im Jahr 2021 bezieht, werden nach der Abgabe dieser Mehrwertsteuerklärung ausschließlich im Wege von Änderungen dieser Erklärung und nicht durch Berichtigungen in einer nachfolgenden Erklärung vorgenommen.

[2] Änderungen der Zahlen, die in einer Mehrwertsteuerklärung enthalten sind, die sich auf Zeiträume ab dem dritten Erklärungszeitraum 2021 bezieht, werden nach der Abgabe dieser Mehrwertsteuerklärung ausschließlich durch Berichtigungen in einer nachfolgenden Erklärung vorgenommen.

(2) *[1]* Die Änderungen gemäß Absatz 1 werden dem Mitgliedstaat der Identifizierung innerhalb von drei Jahren ab dem Tag, an dem die ursprüngliche Erklärung abzugeben war, auf elektronischem Wege übermittelt.

[2] Die Vorschriften des Mitgliedstaats des Verbrauchs in Bezug auf Steuerfestsetzungen und Änderungen bleiben jedoch unberührt.

Art. 61a[1)] [Abschließende MwSt-Erklärung] (1) *[1]* Der Steuerpflichtige oder der für seine Rechnung handelnde Vermittler richtet seine abschließende Mehrwertsteuererklärung sowie jegliche verspätete Abgabe vorangegangener Mehrwertsteuererklärungen und die entsprechenden Zahlungen an den Mitgliedstaat, der vor der Beendigung, dem Ausschluss oder der Änderung der Mitgliedstaat der Identifizierung war, wenn er

---

[1)] Abschnitt 2 (Art. 57a–63c) neu gef. **mWv 1.7.2021** durch DVO v. 21.11.2019 (ABl. L 313 S. 14, geänd. durch ABl. 2020 L 244 S. 9).

[2)] Art. 61 Abs. 1 neu gef. mWv 1.7.2021 durch DVO v. 20.7.2020 (ABl. L 244 S. 9).

a) die Inanspruchnahme einer der Sonderregelungen beendet,

b) von den Sonderregelungen ausgeschlossen wird oder

c) den Mitgliedstaat der Identifizierung gemäß Artikel 57f ändert.

[2] Berichtigungen der abschließenden Erklärung und früherer Erklärungen, die sich nach der Abgabe der abschließenden Erklärung ergeben, wird direkt bei den Steuerbehörden des betreffenden Mitgliedstaats des Verbrauchs nachgekommen.

(2) *[1]* Für alle Steuerpflichtigen, für deren Rechnung er handelt, richtet ein Vermittler die abschließenden Mehrwertsteuererklärungen sowie jegliche verspätete Abgabe vorangegangener Mehrwertsteuererklärungen und die entsprechenden Zahlungen an den Mitgliedstaat, der vor der Streichung oder der Änderung der Mitgliedstaat der Identifizierung war, wenn er

a) aus dem Identifikationsregister gestrichen wird oder

b) den Mitgliedstaat der Identifizierung gemäß Artikel 57f Absatz 2 ändert.

[2] Berichtigungen der abschließenden Erklärung und früherer Erklärungen, die sich nach der Abgabe der abschließenden Erklärung ergeben, wird direkt bei den Steuerbehörden des betreffenden Mitgliedstaats des Verbrauchs nachgekommen.

Unterabschnitt 7a. Einfuhrregelung – Steuertatbestand

Art. 61b[1)] [Zahlungszeitpunkt] Für die Anwendung von Artikel 369n der Richtlinie 2006/112/EG bezeichnet der Zeitpunkt, zu dem die Zahlung angenommen wurde, den Zeitpunkt, zu dem die Zahlung bestätigt wurde oder die Zahlungsgenehmigungsmeldung oder eine Zahlungszusage des Erwerbers beim Steuerpflichtigen, der die Einfuhrregelung in Anspruch nimmt, oder für dessen Rechnung eingegangen ist, und zwar unabhängig davon, wann die tatsächliche Zahlung erfolgt, je nachdem, welcher Zeitpunkt der frühere ist.

Unterabschnitt 8. Währung

Art. 61c[1)] [Landeswährung] Bestimmt ein Mitgliedstaat der Identifizierung, dessen Währung nicht der Euro ist, dass Mehrwertsteuererklärungen in seiner Landeswährung zu erstellen sind, so gilt diese Bestimmung für die Mehrwertsteuererklärungen von allen Steuerpflichtigen, die Sonderregelungen in Anspruch nehmen.

Unterabschnitt 9. Zahlungen

Art. 62[1)] [Zahlungsmodalitäten] *[1]* Unbeschadet des Artikels 63a Unterabsatz 3 und des Artikels 63b richtet ein Steuerpflichtiger oder ein für seine Rechnung handelnder Vermittler alle Zahlungen an den Mitgliedstaat der Identifizierung.

[1)] Abschnitt 2 (Art. 57a–63c) neu gef. **mWv 1.7.2021** durch DVO v. 21.11.2019 (ABl. L 313 S. 14, geänd. durch ABl. 2020 L 244 S. 9).

[2] [1] Mehrwertsteuerzahlungen des Steuerpflichtigen oder des für seine Rechnung handelnden Vermittlers gemäß den Artikeln 367, 369i oder 369v der Richtlinie 2006/112/EG beziehen sich nur auf die gemäß den Artikeln 364, 369f oder 369s[1)] dieser Richtlinie abgegebene Mehrwertsteuererklärung. [2] Jede spätere Berichtigung der gezahlten Beträge durch den Steuerpflichtigen oder den für seine Rechnung handelnden Vermittler wird ausschließlich unter Bezugnahme auf diese Erklärung vorgenommen und darf weder einer anderen Erklärung zugeordnet noch bei einer späteren Erklärung berichtigt werden. [3] Bei jeder Zahlung ist die Referenznummer der betreffenden Steuererklärung anzugeben.

Art. 63[2)] **[Erstattungspflicht]** *[1]* Hat ein Mitgliedstaat der Identifizierung einen Betrag vereinnahmt, der höher ist, als es der Mehrwertsteuererklärung gemäß den Artikeln 364, 369f oder 369s der Richtlinie 2006/112/EG entspricht, so erstattet er dem betreffenden Steuerpflichtigen oder dem für seine Rechnung handelnden Vermittler den zu viel gezahlten Betrag direkt.

[2] Hat ein Mitgliedstaat der Identifizierung einen Betrag aufgrund einer Mehrwertsteuererklärung erhalten, die sich später als unrichtig herausstellt, und hat er diesen Betrag bereits an die Mitgliedstaaten des Verbrauchs weitergeleitet, so erstatten diese Mitgliedstaaten des Verbrauchs dem Steuerpflichtigen oder dem für seine Rechnung handelnden Vermittler direkt ihren jeweiligen Anteil an dem zu viel gezahlten Betrag.

[3] Beziehen sich die zu viel gezahlten Beträge jedoch auf Zeiträume bis einschließlich zum letzten Erklärungszeitraum im Jahr 2018, erstattet der Mitgliedstaat der Identifizierung den betreffenden Anteil des entsprechenden Teils des gemäß Artikel 46 Absatz 3 der Verordnung (EU) Nr. 904/2010 einbehaltenen Betrags, und der Mitgliedstaat des Verbrauchs erstattet den zu viel gezahlten Betrag abzüglich des vom Mitgliedstaat der Identifizierung erstatteten Betrags.

[4] Die Mitgliedstaaten des Verbrauchs unterrichten den Mitgliedstaat der Identifizierung auf elektronischem Wege über den Betrag dieser Erstattungen.

Art. 63a[2)] **[Erinnerung an fällige Zahlungen]** *[1]* Gibt ein Steuerpflichtiger oder ein für seine Rechnung handelnder Vermittler zwar eine Mehrwertsteuererklärung gemäß den Artikeln 364, 369f oder 369s der Richtlinie 2006/112/EG ab, aber es wird keine Zahlung oder eine geringere Zahlung als die sich aus der Erklärung ergebende Zahlung geleistet, so schickt der Mitgliedstaat der Identifizierung dem Steuerpflichtigen oder dem für seine Rechnung handelnden Vermittler am zehnten Tag nach dem Tag, an dem die Zahlung gemäß den Artikeln 367, 369i oder 369v der Richtlinie 2006/112/EG spätestens zu leisten war, wegen der überfälligen Mehrwertsteuer eine Erinnerung auf elektronischem Wege.

---

1) Nr. **550**.

2) Abschnitt 2 (Art. 57a–63c) neu gef. **mWv 1.7.2021** durch DVO v. 21.11.2019 (ABl. L 313 S. 14, geänd. durch ABl. 2020 L 244 S. 9).

[2] Der Mitgliedstaat der Identifizierung unterrichtet die Mitgliedstaaten des Verbrauchs auf elektronischem Wege über die Versendung der Erinnerung.

[3] [1] Für alle nachfolgenden Erinnerungen und sonstigen Schritte zur Erhebung der Mehrwertsteuer ist der betreffende Mitgliedstaat des Verbrauchs zuständig. [2] Sind vom Mitgliedstaat des Verbrauchs nachfolgende Erinnerungen erteilt worden, erfolgt die entsprechende Mehrwertsteuerzahlung an diesen Mitgliedstaat.

[4] Der Mitgliedstaat des Verbrauchs unterrichtet den Mitgliedstaat der Identifizierung auf elektronischem Wege über die Erteilung der Erinnerung.

Art. 63b[1)] [Festsetzung von Geldbußen] [1] Ist keine Mehrwertsteuererklärung abgegeben worden, oder ist die Mehrwertsteuererklärung zu spät abgegeben worden, oder ist sie unvollständig oder unrichtig, oder wird die Mehrwertsteuer zu spät gezahlt, so werden etwaige Zinsen, Geldbußen oder sonstige Abgaben von dem Mitgliedstaat des Verbrauchs berechnet und festgesetzt. [2] Der Steuerpflichtige oder für seine Rechnung handelnde Vermittler zahlt diese Zinsen, Geldbußen oder sonstige Abgaben direkt an den Mitgliedstaat des Verbrauchs.

Unterabschnitt 10. Aufzeichnungen

Art. 63c[1)] [Umfang der Aufzeichnungspflicht] (1) Um als hinreichend ausführlich im Sinne der Artikel 369 und 369k der Richtlinie 2006/112/EG zu gelten, enthalten die vom Steuerpflichtigen zu führenden Aufzeichnungen die folgenden Informationen:

a) den Mitgliedstaat des Verbrauchs, in den die Gegenstände geliefert oder in dem die Dienstleistungen erbracht werden;

b) die Art der erbrachten Dienstleistung oder die Beschreibung und die Menge der gelieferten Gegenstände;

c) das Datum der Lieferung der Gegenstände oder der Erbringung der Dienstleistungen;

d) die Steuerbemessungsgrundlage unter Angabe der verwendeten Währung;

e) jede anschließende Erhöhung oder Senkung der Steuerbemessungsgrundlage;

f) den anzuwendenden Mehrwertsteuersatz;

g) den Betrag der zu zahlenden Mehrwertsteuer unter Angabe der verwendeten Währung;

h) das Datum und den Betrag der erhaltenen Zahlungen;

i) alle vor Lieferung der Gegenstände oder Erbringung der Dienstleistung erhaltenen Vorauszahlungen;

j) falls eine Rechnung ausgestellt wurde, die darin enthaltenen Informationen;

[1)] Abschnitt 2 (Art. 57a–63c) neu gef. **mWv 1.7.2021** durch DVO v. 21.11.2019 (ABl. L 313 S. 14, geänd. durch ABl. 2020 L 244 S. 9).

k) in Bezug auf Dienstleistungen die Informationen, die zur Bestimmung des Ortes verwendet werden, an dem der Erwerber ansässig ist oder seinen Wohnsitz oder gewöhnlichen Aufenthaltsort hat, und in Bezug auf Gegenstände die Informationen, die zur Bestimmung des Ortes verwendet werden, an dem die Versendung oder Beförderung der Gegenstände zum Erwerber beginnt und endet;

l) jegliche Nachweise über etwaige Rücksendungen von Gegenständen, einschließlich der Steuerbemessungsgrundlage und des anzuwendenden Mehrwertsteuersatzes.

(2) Um als hinreichend ausführlich im Sinne des Artikels 369x der Richtlinie 2006/112/EG zu gelten, enthalten die vom Steuerpflichtigen oder für seine Rechnung handelnden Vermittler zu führenden Aufzeichnungen die folgenden Informationen:

a) den Mitgliedstaat des Verbrauchs, in den die Gegenstände geliefert werden;

b) die Beschreibung und die Menge der gelieferten Gegenstände;

c) das Datum der Lieferung der Gegenstände;

d) die Steuerbemessungsgrundlage unter Angabe der verwendeten Währung;

e) jede anschließende Erhöhung oder Senkung der Steuerbemessungsgrundlage;

f) den anzuwendenden Mehrwertsteuersatz;

g) den Betrag der zu zahlenden Mehrwertsteuer unter Angabe der verwendeten Währung;

h) das Datum und den Betrag der erhaltenen Zahlungen;

i) falls eine Rechnung ausgestellt wurde, die darin enthaltenen Informationen;

j) die zur Bestimmung des Ortes, an dem die Versendung oder Beförderung der Gegenstände zum Erwerber beginnt und endet, verwendeten Informationen;

k) Nachweise über etwaige Rücksendungen von Gegenständen, einschließlich der Steuerbemessungsgrundlage und des anzuwendenden Mehrwertsteuersatzes;

l) die Bestellnummer oder die eindeutige Transaktionsnummer;

m) die eindeutige Sendungsnummer, falls der Steuerpflichtige unmittelbar an der Lieferung beteiligt ist.

(3) *[1]* Der Steuerpflichtige oder der für seine Rechnung handelnde Vermittler erfasst die Informationen gemäß den Absätzen 1 und 2 so, dass sie unverzüglich und für jeden einzelnen gelieferten Gegenstand oder jede einzelne erbrachte Dienstleistung auf elektronischem Wege zur Verfügung gestellt werden können.

[2] 1 Wurde der Steuerpflichtige oder der für seine Rechnung handelnde Vermittler aufgefordert, die Aufzeichnungen gemäß den Artikeln 369, 369k und 369x der Richtlinie 2006/112/EG elektronisch zu übermitteln, und ist er dieser Aufforderung nicht innerhalb von 20 Tagen nach dem Datum der Aufforderung nachgekommen, so erinnert der Mitgliedstaat der Identifizierung

den Steuerpflichtigen oder den für seine Rechnung handelnden Vermittler an die Übermittlung der genannten Aufzeichnungen. [2]Der Mitgliedstaat der Identifizierung unterrichtet die Mitgliedstaaten des Verbrauchs auf elektronischem Wege über die Versendung der Erinnerung.

Abschnitt 3.[1] Sonderregelungen für die Erklärung und Entrichtung der Mehrwertsteuer bei der Einfuhr (Artikel 369y bis 369zb der Richtlinie 2006/112/EG)

Art. 63d[1] [Bedingung für Zahlungsaufschub; Erklärung beim Zoll]

[1] Die Anwendung der monatlichen Zahlung der Mehrwertsteuer bei der Einfuhr gemäß den in Titel XII Kapitel 7 der Richtlinie 2006/112/EG vorgesehenen Sonderregelungen für die Erklärung und Entrichtung der Mehrwertsteuer bei der Einfuhr kann an die Bedingungen für einen Zahlungsaufschub gemäß der Verordnung (EU) Nr. 952/2013 des Europäischen Parlaments und des Rates[2] geknüpft sein.

[2] Für die Zwecke der Anwendung der Sonderregelungen können die Mitgliedstaaten die Bedingung, dass die Gegenstände beim Zoll im Namen der Person, für die die Gegenstände bestimmt sind, vorzuführen sind, als erfüllt ansehen, wenn die Person, die die Gegenstände beim Zoll vorführt, ihre Absicht erklärt, von den Sonderregelungen Gebrauch zu machen und die Mehrwertsteuer von der Person, für die die Gegenstände bestimmt sind, einzutreiben.]

Kapitel XII. Schlussbestimmungen

Art. 64 [Aufhebung Verordnung (EG) Nr. 1777/2005] *[1]* Die Verordnung (EG) Nr. 1777/2005 wird aufgehoben.

[2] Bezugnahmen auf die aufgehobene Verordnung gelten als Bezugnahmen auf die vorliegende Verordnung und sind nach Maßgabe der Entsprechungstabelle in Anhang IV zu lesen.

Art. 65 [Inkrafttreten] *[1]* Diese Verordnung tritt am zwanzigsten Tag nach ihrer Veröffentlichung im Amtsblatt der Europäischen Union in Kraft.

[2] Sie gilt ab 1. Juli 2011.

[3] Jedoch

- gelten Artikel 3 Buchstabe a, Artikel 11 Absatz 2 Buchstabe b, Artikel 23 Absatz 1 und Artikel 24 Absatz 1 ab dem 1. Januar 2013;
- gilt Artikel 3 Buchstabe b ab dem 1. Januar 2015;
- gilt Artikel 11 Absatz 2 Buchstabe c bis zum 31. Dezember 2014.

(Fortsetzung nächstes Blatt)

---

[1] Abschnitt 3 (Art. 63d) eingef. **mWv 1.7.2021** durch DVO v. 21.11.2019 (ABl. L 313 S. 14, geänd. durch ABl. 2020 L 244 S. 9).

[2] **Amtl. Anm.:** Verordnung (EU) Nr. 952/2013 des Europäischen Parlaments und des Rates vom 9. Oktober 2013 zur Festlegung des Zollkodex der Union (ABl. L 269 vom 10.10.2013, S. 1).

Anhang I

Artikel 7 der vorliegenden Verordnung

1. Anhang II Nummer 1 der Richtlinie 2006/112/EG:
   a) Webhosting (Websites und Webpages);
   b) automatisierte Online-Fernwartung von Programmen;
   c) Fernverwaltung von Systemen;
   d) Online-Data-Warehousing (Datenspeicherung und -abruf auf elektronischem Wege);
   e) Online-Bereitstellung von Speicherplatz nach Bedarf.
2. Anhang II Nummer 2 der Richtlinie 2006/112/EG:
   a) Gewährung des Zugangs zu oder Herunterladen von Software (z. B. Beschaffungs- oder Buchführungsprogramme, Software zur Virusbekämpfung) und Updates;
   b) Bannerblocker (Software zur Unterdrückung der Anzeige von Werbebannern);
   c) Herunterladen von Treibern (z. B. Software für Schnittstellen zwischen Computern und Peripheriegeräten wie z. B. Printer);
   d) automatisierte Online-Installation von Filtern auf Websites;
   e) automatisierte Online-Installation von Firewalls.
3. Anhang II Nummer 3 der Richtlinie 2006/112/EG:
   a) Gewährung des Zugangs zu oder Herunterladen von Desktop-Gestaltungen;
   b) Gewährung des Zugangs zu oder Herunterladen von Fotos, Bildern und Screensavern;
   c) digitalisierter Inhalt von E-Books und anderen elektronischen Publikationen;
   d) Abonnement von Online-Zeitungen und -Zeitschriften;
   e) Web-Protokolle und Website-Statistiken;
   f) Online-Nachrichten, -Verkehrsinformationen und -Wetterbericht;
   g) Online-Informationen, die automatisch anhand spezifischer, vom Dienstleistungsempfänger eingegebener Daten etwa aus dem Rechts- oder Finanzbereich generiert werden (z. B. Börsendaten in Echtzeit);
   h) Bereitstellung von Werbeplätzen (z. B. Bannerwerbung auf Websites und Webpages);
   i) Benutzung von Suchmaschinen und Internetverzeichnissen.
4. Anhang II Nummer 4 der Richtlinie 2006/112/EG:
   a) Gewährung des Zugangs zu oder Herunterladen von Musik auf Computer und Mobiltelefon;
   b) Gewährung des Zugangs zu oder Herunterladen von Jingles, Ausschnitten, Klingeltönen und anderen Tönen;
   c) Gewährung des Zugangs zu oder Herunterladen von Filmen;
   d) Herunterladen von Spielen auf Computer und Mobiltelefon;
   e) Gewährung des Zugangs zu automatisierten Online-Spielen, die nur über das Internet oder ähnliche elektronische Netze laufen und bei denen die Spieler räumlich voneinander getrennt sind.
   f) Empfang von Rundfunk- oder Fernsehsendungen, die über ein Rundfunk- oder Fernsehnetz, das Internet oder ein ähnliches elektronisches Netz verbreitet werden und die der Nutzer auf individuellen Abruf zum Anhören oder Anschauen zu einem von ihm bestimmten Zeitpunkt aus einem von dem Mediendiensteanbieter bereitgestellten Programmverzeichnis auswählt, wie Fernsehen auf Abruf oder Video-on-Demand;
   g) Empfang von Rundfunk- oder Fernsehsendungen, die über das Internet oder ein ähnliches elektronisches Netz (IP-Streaming) übertragen werden, es sei denn, sie werden zeitgleich zu ihrer Verbreitung oder Weiterverbreitung durch herkömmliche Rundfunk- und Fernsehnetze übertragen;
   h) die Erbringung von Audio- und audiovisuellen Inhalten über Kommunikationsnetze, die weder durch einen Mediendiensteanbieter noch unter dessen redaktioneller Verantwortung erfolgt;
   i) die Weiterleitung der Audio- und audiovisuellen Erzeugnisse eines Mediendiensteanbieters über Kommunikationsnetze durch eine andere Person als den Mediendiensteanbieter.[1)]

[1)] Nr. 4 Buchst. f bis i eingef. mWv 1.1.2015 durch VO (EU) v. 7.10.2013 (ABl. L 284 S. 1).

5. Anhang II Nummer 5 der Richtlinie 2006/112/EG:
   a) Automatisierter Fernunterricht, dessen Funktionieren auf das Internet oder ein ähnliches elektronisches Netz angewiesen ist und dessen Erbringung wenig oder gar keine menschliche Beteiligung erfordert, einschließlich sogenannter virtueller Klassenzimmer, es sei denn, das Internet oder das elektronische Netz dient nur als Kommunikationsmittel zwischen Lehrer und Schüler;
   b) Arbeitsunterlagen, die vom Schüler online bearbeitet und anschließend ohne menschliches Eingreifen automatisch korrigiert werden.

Anhang II

Artikel 51 der vorliegenden Verordnung

EUROPÄISCHE UNION

BESCHEINIGUNG ÜBER DIE BEFREIUNG VON DER MEHRWERTSTEUER UND/ODER DER VERBRAUCHSTEUER (*)
Richtlinie 2006/112/EG Artikel 151 und Richtlinie 2008/118/EG Artikel 13

Laufende Nummer (nicht zwingend):

1. **ANTRAGSTELLENDE EINRICHTUNG BZW. PRIVATPERSON**

Bezeichnung/Name

Straße, Hausnummer

Postleitzahl, Ort

(Aufnahme-)Mitgliedstaat

2. **FÜR DAS ANBRINGEN DES DIENSTSTEMPELS ZUSTÄNDIGE BEHÖRDE (Bezeichnung, Anschrift und Rufnummer)**

3. **ERKLÄRUNG DER ANTRAGSTELLENDEN EINRICHTUNG ODER PRIVATPERSON**

Der Antragsteller (Einrichtung/Privatperson) ([1]) erklärt hiermit,

a) dass die in Feld 5 genannten Gegenstände und/oder Dienstleistungen bestimmt sind ([2])

☐ für amtliche Zwecke	☐ zur privaten Verwendung durch
☐ einer ausländischen diplomatischen Vertretung	☐ einen Angehörigen einer ausländischen diplomatischen Vertretung
☐ einer ausländischen berufskonsularischen Vertretung	☐ einen Angehörigen einer ausländischen berufskonsularischen Vertretung
☐ einer europäischen Einrichtung, auf die das Protokoll über die Vorrechte und Befreiungen der Europäischen Union Anwendung findet	
☐ einer internationalen Organisation	☐ einen Bediensteten einer internationalen Organisation
☐ der Streitkräfte eines der NATO angehörenden Staates	
☐ der auf Zypern stationierten Streitkräfte des Vereinigten Königreichs	
	(Bezeichnung der Einrichtung — siehe Feld 4)

b) dass die in Feld 5 genannten Gegenstände und/oder Dienstleistungen mit den Bedingungen und Beschränkungen vereinbar sind, die in dem in Feld 1 genannten Aufnahmemitgliedstaat für die Freistellung gelten, und

c) dass die obigen Angaben richtig und vollständig sind.

Der Antragsteller (Einrichtung/Privatperson) verpflichtet sich hiermit, an den Mitgliedstaat, aus dem die Gegenstände versandt wurden oder von dem aus die Gegenstände geliefert oder die Dienstleistungen erbracht wurden, die Mehrwertsteuer und/oder Verbrauchsteuer zu entrichten, die fällig wird, falls die Gegenstände und/oder Dienstleistungen die Bedingungen für die Befreiung nicht erfüllen oder nicht für die beabsichtigten Zwecke verwendet werden bzw. nicht den beabsichtigten Zwecken dienen.

	Name und Stellung des Unterzeichnenden
Ort, Datum	Unterschrift

4. **DIENSTSTEMPEL DER EINRICHTUNG (bei Freistellung zur privaten Verwendung)**

Ort, Datum	Dienststempel	Name und Stellung des Unterzeichnenden Unterschrift

5. BEZEICHNUNG DER GEGENSTÄNDE UND/ODER DIENSTLEISTUNGEN, FÜR DIE DIE BEFREIUNG VON DER MEHRWERTSTEUER UND/ODER VERBRAUCHSTEUER BEANTRAGT WIRD

A. Angaben zu dem Unternehmer/zugelassenen Lagerinhaber

1) Name und Anschrift:

2) Mitgliedstaat:

3) Mehrwertsteuer-Identifikationsnummer oder Steuerregisternummer/Verbrauchsteuernummer

B. Angaben zu den Gegenständen und/oder Dienstleistungen:

Nr.	Ausführliche Beschreibung der Gegenstände und/oder Dienstleistungen (3) (oder Verweis auf beigefügten Bestellschein)	Menge oder Anzahl	Preis ohne Mehrwertsteuer oder Verbrauchsteuer		Währung
			Preis pro Einheit	Gesamtpreis	
		Gesamtbetrag			

6. BESCHEINIGUNG DER ZUSTÄNDIGEN BEHÖRDE(N) DES AUFNAHMEMITGLIEDSTAATES

Die Versendung/Lieferung bzw. Erbringung der in Feld 5 genannten Gegenstände und/oder Dienstleistungen entspricht

☐ in vollem Umfang ☐ in folgendem Umfang (Menge bzw. Anzahl) (4)

den Bedingungen für die Befreiung von der Mehrwertsteuer und/oder Verbrauchsteuer.

Name und Stellung des Unterzeichnenden

Ort, Datum Dienststempel Unterschrift

7. VERZICHT AUF ANBRINGUNG DES DIENSTSTEMPELABDRUCKS IN FELD 6 (nur bei Freistellung für amtliche Zwecke)

Mit Schreiben Nr.

vom

wird für

Bezeichnung der antragstellenden Einrichtung

auf die Anbringung des Dienststempelabdrucks in Feld 6 durch

Bezeichnung der zuständigen Behörde des Aufnahmemitgliedstaates

verzichtet.

Name und Stellung des Unterzeichnenden

Ort, Datum Dienststempel Unterschrift

(*) Je nach Fall streichen.
(1) Nichtzutreffendes streichen.
(2) Zutreffendes ankreuzen.
(3) Nicht benutzte Felder durchstreichen. Dies gilt auch, wenn ein Bestellschein beigefügt ist.
(4) Gegenstände und/oder Dienstleistungen, für die keine Befreiung gewährt werden kann, sind in Feld 5 oder auf dem Bestellschein durchzustreichen.

Erläuterungen

1. Dem Unternehmer und/oder zugelassenen Lagerinhaber dient diese Bescheinigung als Beleg für die Steuerbefreiung von Gegenständen oder Dienstleistungen, die an Einrichtungen bzw. Privatpersonen im Sinne von Artikel 151 der Richtlinie 2006/112/EG und Artikel 13 der Richtlinie 2008/118/EG versendet und/oder geliefert werden. Dementsprechend ist für jeden Lieferer/Lagerinhaber eine Bescheinigung auszufertigen. Der Lieferer/Lagerinhaber hat die Bescheinigung gemäß den in seinem Mitgliedstaat geltenden Rechtsvorschriften in seine Buchführung aufzunehmen.
2. a) Die allgemeinen Hinweise hinsichtlich des zu verwendenden Papiers und der Abmessungen der Felder sind dem Amtsblatt der Europäischen Gemeinschaften C 164 vom 1.7.1989, S. 3, zu entnehmen.
   Für alle Exemplare ist weißes Papier im Format 210 × 297 mm zu verwenden, wobei in der Länge Abweichungen von -5 bis + 8 mm zulässig sind.
   Bei einer Befreiung von der Verbrauchsteuer ist die Befreiungsbescheinigung in zwei Exemplaren auszufertigen:
   – eine Ausfertigung für den Versender;
   – eine Ausfertigung, die die Bewegungen der der Verbrauchsteuer unterliegenden Produkte begleitet.
   b) Nicht genutzter Raum in Feld 5B ist so durchzustreichen, dass keine zusätzlichen Eintragungen vorgenommen werden können.
   c) Das Dokument ist leserlich und in dauerhafter Schrift auszufüllen. Löschungen oder Überschreibungen sind nicht zulässig. Die Bescheinigung ist in einer vom Aufnahmemitgliedstaat anerkannten Sprache auszufüllen.
   d) Wird bei der Beschreibung der Gegenstände und/oder Dienstleistungen (Feld 5 Buchstabe B der Bescheinigung) auf einen Bestellschein Bezug genommen, der nicht in einer vom Aufnahmemitgliedstaat anerkannten Sprache abgefasst ist, so hat der Antragsteller (Einrichtung/Privatperson) eine Übersetzung beizufügen.
   e) Ist die Bescheinigung in einer vom Mitgliedstaat des Lieferers/Lagerinhabers nicht anerkannten Sprache verfasst, so hat der Antragsteller (Einrichtung/Privatperson) eine Übersetzung der Angaben über die in Feld 5 Buchstabe B aufgeführten Gegenstände und Dienstleistungen beizufügen.
   f) Unter einer anerkannten Sprache ist eine der Sprachen zu verstehen, die in dem betroffenen Mitgliedstaat amtlich in Gebrauch ist, oder eine andere Amtssprache der Union, die der Mitgliedstaat als zu diesem Zwecke verwendbar erklärt.
3. In Feld 3 der Bescheinigung macht der Antragsteller (Einrichtung/Privatperson) die für die Entscheidung über den Freistellungsantrag im Aufnahmemitgliedstaat erforderlichen Angaben.
4. In Feld 4 der Bescheinigung bestätigt die Einrichtung die Angaben in den Feldern 1 und 3 Buchstabe a des Dokuments und bescheinigt, dass der Antragsteller – wenn es sich um eine Privatperson handelt – Bediensteter der Einrichtung ist.
5. a) Wird (in Feld 5 Buchstabe B der Bescheinigung) auf einen Bestellschein verwiesen, so sind mindestens Bestelldatum und Bestellnummer anzugeben. Der Bestellschein hat alle Angaben zu enthalten, die in Feld 5 der Bescheinigung genannt werden. Muss die Bescheinigung von der zuständigen Behörde des Aufnahmemitgliedstaates abgestempelt werden, so ist auch der Bestellschein abzustempeln.
   b) Die Angabe der in Artikel 22 Absatz 2 Buchstabe a der Verordnung (EG) Nr. 2073/2004 des Rates vom 16. November 2004 über die Zusammenarbeit der Verwaltungsbehörden auf dem Gebiet der Verbrauchsteuern genannten Registriernummer ist nicht zwingend; die Mehrwertsteuer-Identifikationsnummer oder die Steuerregisternummer ist anzugeben.
   c) Währungen sind mit den aus drei Buchstaben bestehenden Codes der internationalen ISOIDIS-4127-Norm zu bezeichnen, die von der Internationalen Normenorganisation festgelegt wurde.[1]

---

[1] Die Codes einiger häufig benutzter Währungen lauten: EUR (Euro), BGN (Leva), CZK (Tschechische Kronen), DKK (Dänische Kronen), GBP (Pfund Sterling), HUF (Forint), LTL (Litai), PLN (Zloty), RON (Rumänische Lei), SEK (Schwedische Kronen), USD (US-Dollar).

6. Die genannte Erklärung einer antragstellenden Einrichtung/Privatperson ist in Feld 6 durch die Dienststempel der zuständigen Behörde(n) des Aufnahmemitgliedstaates zu beglaubigen. Diese Behörde(n) kann/können die Beglaubigung davon abhängig machen, dass eine andere Behörde des Mitgliedstaats zustimmt. Es obliegt der zuständigen Steuerbehörde, eine derartige Zustimmung zu erlangen.
7. Zur Vereinfachung des Verfahrens kann die zuständige Behörde darauf verzichten, von einer Einrichtung, die eine Befreiung für amtliche Zwecke beantragt, die Erlangung des Dienststempels zu fordern. Die antragstellende Einrichtung hat diese Verzichterklärung in Feld 7 der Bescheinigung anzugeben.

Anhang III

Artikel 56 der vorliegenden Verordnung

Einheit	Gehandelte Gewichte
Kilogramm	12,5/1
Gramm	500/250/100/50/20/10/5/2,5/2
Unze (1 oz = 31,1035g)	100/10/5/1/$^1/_2$/$^1/_4$
Tael (1 tael = 1,193 oz)[1)]	10/5/1
Tola (10 tola = 3,75 oz)[2)]	10

Anhang IV

Entsprechungstabelle

Verordnung (EG) Nr. 1777/2005	Vorliegende Verordnung
Kapitel I	Kapitel I
Artikel I	Artikel I
Kapitel II	Kapitel III und IV
Kapitel II Abschnitt 1	Kapitel III
Artikel 2	Artikel 5
Kapitel II Abschnitt 2	Kapitel IV
Artikel 3 Absatz 1	Artikel 9
Artikel 3 Absatz 2	Artikel 8
Kapitel III	Kapitel V
Kapitel III Abschnitt 1	Kapitel V Abschnitt 4
Artikel 4	Artikel 28
Kapitel III Abschnitt 2	Kapitel V Abschnitt 4
Artikel 5	Artikel 34
Artikel 6	Artikel 29 und 41
Artikel 7	Artikel 26
Artikel 8	Artikel 27
Artikel 9	Artikel 30
Artikel 10	Artikel 38 Absatz 2 Buchstaben b und c
Artikel 11 Absätze 1 und 2	Artikel 7 Absätze 1 und 2
Artikel 12	Artikel 7 Absatz 3

1) Tael = traditionelle chinesische Gewichtseinheit. In Hongkong haben Taelbarren einen nominalen Feingehalt von 990 Tausendstel, aber in Taiwan können Barren von 5 und 10 Tael einen Feingehalt von 999,9 Tausendstel haben.

2) Tola = traditionelle indische Gewichtseinheit für Gold. Am weitesten verbreitet sind Barren von 10 Tola mit einem Feingehalt von 999 Tausendstel.

Verordnung (EG) Nr. 1777/2005	Vorliegende Verordnung
Kapitel IV	Kapitel VI
Artikel 13	Artikel 42
Kapitel V	Kapitel VIII
Kapitel V Abschnitt 1	Kapitel VIII Abschnitt 1
Artikel 14	Artikel 44
Artikel 15	Artikel 45
Kapitel V Abschnitt 2	Kapitel VIII Abschnitt 4
Artikel 16	Artikel 47
Artikel 17	Artikel 48
Kapitel VI	Kapitel IX
Artikel 18	Artikel 52
Kapitel VII	Kapitel XI
Artikel 19 Absatz 1	Artikel 56
Artikel 19 Absatz 2	Artikel 57
Artikel 20 Absatz 1	Artikel 58
Artikel 20 Absatz 2	Artikel 62
Artikel 20 Absatz 3 Unterabsatz 1	Artikel 59
Artikel 20 Absatz 3 Unterabsatz 2	Artikel 60
Artikel 20 Absatz 3 Unterabsatz 3	Artikel 63
Artikel 20 Absatz 4	Artikel 61
Kapitel VIII	Kapitel V Abschnitt 3
Artikel 21	Artikel 16
Artikel 22	Artikel 14
Kapitel IX	Kapitel XII
Artikel 23	Artikel 65
Anhang I	Anhang I
Anhang II	Anhang III

550b. Richtlinie 2008/9/EG des Rates zur Regelung der Erstattung der Mehrwertsteuer gemäß der Richtlinie 2006/112/EG an nicht im Mitgliedstaat der Erstattung, sondern in einem anderen Mitgliedstaat ansässige Steuerpflichtige[1)]

Vom 12. Februar 2008 (ABl. EU Nr. L 44 S. 23)

Geändert durch RL 2010/66/EU vom 14. 10. 2010 (ABl. EU Nr. L 275 S. 1)

DER RAT DER EUROPÄISCHEN UNION –

gestützt auf den Vertrag zur Gründung der Europäischen Gemeinschaft, insbesondere auf Artikel 93,
auf Vorschlag der Kommission,
nach Stellungnahme des Europäischen Parlaments[2)],
nach Stellungnahme des Europäischen Wirtschafts- und Sozialausschusses[3)],
in Erwägung nachstehender Gründe:

(1) Sowohl die Verwaltungsbehörden der Mitgliedstaaten als auch Unternehmen haben erhebliche Probleme mit den Durchführungsbestimmungen, die in der Richtlinie 79/1072/EWG des Rates vom 6. Dezember 1979 zur Harmonisierung der Rechtsvorschriften der Mitgliedstaaten über die Umsatzsteuern – Verfahren zur Erstattung der Mehrwertsteuer an nicht im Inland ansässige Steuerpflichtige[4)] festgelegt sind.

(2) Die Regelungen jener Richtlinie sollten hinsichtlich der Frist, innerhalb deren die Entscheidungen über die Erstattungsanträge den Unternehmen mitzuteilen sind, geändert werden. Gleichzeitig sollte vorgesehen werden, dass auch die Unternehmen innerhalb bestimmter Fristen antworten müssen. Außerdem sollte das Verfahren vereinfacht und durch den Einsatz fortschrittlicher Technologien modernisiert werden.

(3) Das neue Verfahren sollte die Stellung der Unternehmen stärken, da die Mitgliedstaaten zur Zahlung von Zinsen verpflichtet sind, falls die Erstattung verspätet erfolgt; zudem wird das Einspruchsrecht der Unternehmen gestärkt.

(4) Aus Gründen der Klarheit und besseren Lesbarkeit sollte die bisher in Richtlinie 2006/112/EG des Rates vom 28. November 2006 über das gemeinsame Mehrwertsteuersystem[5)] enthaltene Bestimmung über die Anwendung der Richtlinie 79/1072/EWG nun in die vorliegende Richtlinie aufgenommen werden.

(5) Da die Ziele dieser Richtlinie auf Ebene der Mitgliedstaaten nicht ausreichend verwirklicht werden können und daher wegen des Umfangs der Maßnahmen besser auf Gemeinschaftsebene zu verwirklichen sind, kann die Gemeinschaft im Einklang mit dem in Artikel 5 des EG-Vertrags niedergelegten Subsidiaritätsprinzip tätig werden. Entsprechend dem in demselben Artikel genannten Grundsatz der Verhältnismäßigkeit geht diese Richtlinie nicht über das zur Erreichung dieser Ziele erforderliche Maß hinaus.

---

1) **Diese RL gilt für Erstattungsanträge, die nach dem 31. 12. 2009 gestellt werden** (Art. 28). Für vor dem 1. 1. 2010 gestellte Erstattungsanträge siehe Achte RL 79/1072/EWG vom 6. 12. 1979 (Nr. **552**).

2) ABl. C 285 E vom 22. 11. 2006, S. 122.

3) ABl. C 28 vom 3. 2. 2006, S. 86.

4) ABl. L 331 vom 27. 12. 1979, S. 11. Zuletzt geändert durch die Richtlinie 2006/98/EG (ABl. L 363 vom 20. 12. 2006, S. 129).

5) ABl. L 347 vom 11. 12. 2006, S. 1. Zuletzt geändert durch die Richtlinie 2007/75/EG (ABl. L 346 vom 29. 12. 2007, S. 13).

(6) Nach Nummer 34 der Interinstitutionellen Vereinbarung über bessere Rechtsetzung[1] sind die Mitgliedstaaten aufgefordert, für ihre eigenen Zwecke und im Interesse der Gemeinschaft eigene Tabellen aufzustellen, aus denen im Rahmen des Möglichen die Entsprechungen zwischen dieser Richtlinie und den Umsetzungsmaßnahmen zu entnehmen sind, und diese zu veröffentlichen.

(7) Im Interesse der Eindeutigkeit sollte die Richtlinie 79/1072/EWG daher aufgehoben werden – vorbehaltlich der erforderlichen Übergangsmaßnahmen für Erstattungsanträge, die vor dem 1. Januar 2010 gestellt werden –

HAT FOLGENDE RICHTLINIE ERLASSEN:

Art. 1 [Sachlicher Geltungsbereich der Richtlinie] Diese Richtlinie regelt die Einzelheiten der Erstattung der Mehrwertsteuer gemäß Artikel 170 der Richtlinie 2006/112/EG[2] an nicht im Mitgliedstaat der Erstattung ansässige Steuerpflichtige, die die Voraussetzungen von Artikel 3 erfüllen.

Art. 2 [Begriffsbestimmungen] Im Sinne dieser Richtlinie bezeichnet der Ausdruck

1. „nicht im Mitgliedstaat der Erstattung ansässiger Steuerpflichtiger" jeden Steuerpflichtigen im Sinne von Artikel 9 Absatz 1 der Richtlinie 2006/112/EG, der nicht im Mitgliedstaat der Erstattung, sondern im Gebiet eines anderen Mitgliedstaates ansässig ist;
2. „Mitgliedstaat der Erstattung" den Mitgliedstaat, mit dessen Mehrwertsteuer die dem nicht im Mitgliedstaat der Erstattung ansässigen Steuerpflichtigen von anderen Steuerpflichtigen in diesem Mitgliedstaat gelieferten Gegenstände oder erbrachten Dienstleistungen oder die Einfuhr von Gegenständen in diesen Mitgliedstaat belastet wurden;
3. „Erstattungszeitraum" den Zeitraum nach Artikel 16, auf den im Erstattungsantrag Bezug genommen wird;
4. „Erstattungsantrag" den Antrag auf Erstattung der Mehrwertsteuer, mit der der Mitgliedstaat der Erstattung die dem nicht im Mitgliedstaat der Erstattung ansässigen Steuerpflichtigen von anderen Steuerpflichtigen in diesem Mitgliedstaat gelieferten Gegenstände oder erbrachten Dienstleistungen oder die Einfuhr von Gegenständen in diesen Mitgliedstaat belastet hat;
5. „Antragsteller" den nicht im Mitgliedstaat der Erstattung ansässigen Steuerpflichtigen, der den Erstattungsantrag stellt.

Art. 3 [Voraussetzungen in der Person des Steuerpflichtigen] Diese Richtlinie gilt für jeden nicht im Mitgliedstaat der Erstattung ansässigen Steuerpflichtigen, der folgende Voraussetzungen erfüllt:

a) er hat während des Erstattungszeitraums im Mitgliedstaat der Erstattung weder den Sitz seiner wirtschaftlichen Tätigkeit noch eine feste Niederlassung, von der aus Umsätze bewirkt wurden, noch hat er – in Ermangelung eines solchen Sitzes oder einer solchen festen Niederlassung – dort seinen Wohnsitz oder seinen gewöhnlichen Aufenthaltsort;

---

[1] ABl. C 321 vom 31. 12. 2003, S. 1.
[2] Nr. **550**.

b) er hat während des Erstattungszeitraums keine Gegenstände geliefert oder Dienstleistungen erbracht, die als im Mitgliedstaat der Erstattung bewirkt gelten, mit Ausnahme der folgenden Umsätze:
   i) die Erbringung von Beförderungsleistungen und damit verbundene Nebentätigkeiten, die gemäß den Artikeln 144, 146, 148, 149, 151, 153, 159 oder Artikel 160 der Richtlinie 2006/112/EG steuerfrei sind;
   ii) Lieferungen von Gegenständen oder Dienstleistungen, deren Empfänger nach den Artikeln 194 bis 197 und Artikel 199 der Richtlinie 2006/112/EG die Mehrwertsteuer schuldet.

Art. 4 [Von der Erstattung ausgeschlossene Mehrwertsteuerbeträge] Diese Richtlinie gilt nicht für:

a) nach den Rechtsvorschriften des Mitgliedstaates der Erstattung fälschlich in Rechnung gestellte Mehrwertsteuerbeträge;
b) in Rechnung gestellte Mehrwertsteuerbeträge für Lieferungen von Gegenständen, die gemäß Artikel 138 oder Artikel 146 Absatz 1 Buchstabe b der Richtlinie 2006/112/EG von der Steuer befreit sind oder befreit werden können.

Art. 5 [Umfang des Anspruchs auf Erstattung] Jeder Mitgliedstaat erstattet einem nicht im Mitgliedstaat der Erstattung ansässigen Steuerpflichtigen die Mehrwertsteuer, mit der die ihm von anderen Steuerpflichtigen in diesem Mitgliedstaat gelieferten Gegenstände oder erbrachten Dienstleistungen oder die Einfuhr von Gegenständen in diesen Mitgliedstaat belastet wurden, sofern die betreffenden Gegenstände und Dienstleistungen für Zwecke der folgenden Umsätze verwendet werden:

a) in Artikel 169 Buchstaben a und b der Richtlinie 2006/112/EG genannte Umsätze;
b) Umsätze, deren Empfänger nach den Artikeln 194 bis 197 und Artikel 199 der Richtlinie 2006/112/EG, wie sie im Mitgliedstaat der Erstattung angewendet werden, Schuldner der Mehrwertsteuer ist.

Unbeschadet des Artikels 6 wird für die Anwendung dieser Richtlinie der Anspruch auf Vorsteuererstattung nach der Richtlinie 2006/112/EG, wie diese Richtlinie im Mitgliedstaat der Erstattung angewendet wird, bestimmt.

Art. 6 [Ermittlung des Erstattungsvolumens] Voraussetzung für eine Erstattung im Mitgliedstaat der Erstattung ist, dass der nicht im Mitgliedstaat der Erstattung ansässige Steuerpflichtige Umsätze bewirkt, die in dem Mitgliedstaat, in dem er ansässig ist, ein Recht auf Vorsteuerabzug begründen.

Bewirkt ein nicht im Mitgliedstaat der Erstattung ansässiger Steuerpflichtiger im Mitgliedstaat, in dem er ansässig ist, sowohl Umsätze, für die ein Recht auf Vorsteuerabzug besteht, als auch Umsätze, für die dieses Recht in diesem Mitgliedstaat nicht besteht, darf durch den Mitgliedstaat der Erstattung aus dem nach Artikel 5 erstattungsfähigen Betrag nur der

Teil der Mehrwertsteuer erstattet werden, der gemäß der Anwendung von Artikel 173 der Richtlinie 2006/112/EG im Mitgliedstaat, in dem er ansässig ist, auf den Betrag der erstgenannten Umsätze entfällt.

Art. 7 [Pflicht zur elektronischen Übermittlung des Erstattungsantrags] Um eine Erstattung von Mehrwertsteuer im Mitgliedstaat der Erstattung zu erhalten, muss der nicht im Mitgliedstaat der Erstattung ansässige Steuerpflichtige einen elektronischen Erstattungsantrag an diesen Mitgliedstaat richten und diesen in dem Mitgliedstaat, in dem er ansässig ist, über das von letzterem Mitgliedstaat eingerichtete elektronische Portal einreichen.

Art. 8 [Pflichtangaben des Erstattungsantrags] (1) Der Erstattungsantrag muss die folgenden Angaben enthalten:

a) Name und vollständige Anschrift des Antragstellers;

b) eine Adresse für die elektronische Kommunikation;

c) eine Beschreibung der Geschäftstätigkeit des Antragstellers, für die die Gegenstände und Dienstleistungen erworben werden;

d) der Erstattungszeitraum, auf den sich der Antrag bezieht;

e) eine Erklärung des Antragstellers, dass er während des Erstattungszeitraums keine Lieferungen von Gegenständen bewirkt und Dienstleistungen erbracht hat, die als im Mitgliedstaat der Erstattung bewirkt gelten, mit Ausnahme der Umsätze gemäß Artikel 3 Buchstabe b Ziffern i und ii;

f) die Mehrwertsteuer-Identifikationsnummer oder Steuerregisternummer des Antragstellers;

g) seine Bankverbindung (inklusive IBAN und BIC).

(2) Neben den in Absatz 1 genannten Angaben sind in dem Erstattungsantrag für jeden Mitgliedstaat der Erstattung und für jede Rechnung oder jedes Einfuhrdokument folgende Angaben zu machen:

a) Name und vollständige Anschrift des Lieferers oder Dienstleistungserbringers;

b) außer im Falle der Einfuhr die Mehrwertsteuer-Identifikationsnummer des Lieferers oder Dienstleistungserbringers oder die ihm vom Mitgliedstaat der Erstattung zugeteilte Steuerregisternummer im Sinne der Artikel 239 und 240 der Richtlinie 2006/112/EG;

c) außer im Falle der Einfuhr das Präfix des Mitgliedstaats der Erstattung im Sinne des Artikels 215 der Richtlinie 2006/112/EG;

d) Datum und Nummer der Rechnung oder des Einfuhrdokuments;

e) Steuerbemessungsgrundlage und Mehrwertsteuerbetrag in der Währung des Mitgliedstaats der Erstattung;

f) gemäß Artikel 5 und Artikel 6 Absatz 2 berechneter Betrag der abziehbaren Mehrwertsteuer in der Währung des Mitgliedstaats der Erstattung;

g) gegebenenfalls der nach Artikel 6 berechnete und als Prozentsatz ausgedrückte Pro-rata-Satz des Vorsteuerabzugs;

h) Art der erworbenen Gegenstände und Dienstleistungen aufgeschlüsselt nach den Kennziffern gemäß Artikel 9.

Art. 9 [Aufschlüsselung der erworbenen Leistungen nach Kennziffern] (1) In dem Erstattungsantrag muss die Art der erworbenen Gegenstände und Dienstleistungen nach folgenden Kennziffern aufgeschlüsselt werden:

1 = Kraftstoff;
2 = Vermietung von Beförderungsmitteln;
3 = Ausgaben für Transportmittel (andere als unter Kennziffer 1 oder 2 beschriebene Gegenstände und Dienstleistungen);
4 = Maut und Straßenbenutzungsgebühren;
5 = Fahrtkosten wie Taxikosten, Kosten für die Benutzung öffentlicher Verkehrsmittel;
6 = Beherbergung;
7 = Speisen, Getränke und Restaurantdienstleistungen;
8 = Eintrittsgelder für Messen und Ausstellungen;
9 = Luxusausgaben, Ausgaben für Vergnügungen und Repräsentationsaufwendungen;
10 = Sonstiges.

Wird die Kennziffer 10 verwendet, ist die Art der gelieferten Gegenstände und erbrachten Dienstleistungen anzugeben.

(2) Der Mitgliedstaat der Erstattung kann vom Antragsteller verlangen, dass er zusätzliche elektronisch verschlüsselte Angaben zu jeder Kennziffer gemäß Absatz 1 vorlegt, sofern dies aufgrund von Einschränkungen des Rechts auf Vorsteuerabzug gemäß der Richtlinie 2006/112/EG, wie diese im Mitgliedstaat der Erstattung angewendet wird, oder im Hinblick auf die Anwendung einer vom Mitgliedstaat der Erstattung gemäß den Artikeln 395 oder 396 jener Richtlinie gewährten relevanten Ausnahmeregelung erforderlich ist.

Art. 10 [Kannbestimmung: Anforderung von Rechnungskopien] Unbeschadet der Informationsersuchen gemäß Artikel 20 kann der Mitgliedstaat der Erstattung verlangen, dass der Antragsteller zusammen mit dem Erstattungsantrag auf elektronischem Wege eine Kopie der Rechnung oder des Einfuhrdokuments einreicht, falls sich die Steuerbemessungsgrundlage auf einer Rechnung oder einem Einfuhrdokument auf mindestens 1000 EUR oder den Gegenwert in der jeweiligen Landeswährung beläuft. Betrifft die Rechnung Kraftstoff, so ist dieser Schwellenwert 250 EUR oder der Gegenwert in der jeweiligen Landeswährung.

Art. 11 [Kannbestimmung: Vorlage einer Beschreibung der Geschäftstätigkeit] Der Mitgliedstaat der Erstattung kann vom Antragsteller verlangen, eine Beschreibung seiner Geschäftstätigkeit anhand der harmonisierten Codes vorzulegen, die gemäß Artikel 34a Absatz 3 Unterabsatz 2 der Verordnung (EG) Nr. 1798/2003 des Rates bestimmt werden.

Art. 12 [Kannbestimmung: Bestimmung der Sprache des Erstattungsantrags] Der Mitgliedstaat der Erstattung kann angeben, in welcher Sprache oder welchen Sprachen die Angaben in dem Erstattungsantrag oder andere zusätzliche Angaben von dem Antragsteller vorgelegt werden müssen.

Art. 13 [Pflicht zur nachträglichen Berichtigung des Erstattungsantrags] Wird nach Einreichung des Erstattungsantrags der angegebene Pro-rata-Satz des Vorsteuerabzugs nach Artikel 175 der Richtlinie 2006/112/EG angepasst, so muss der Antragsteller den beantragten oder bereits erstatteten Betrag berichtigen.

Die Berichtigung ist in einem Erstattungsantrag im auf den entsprechenden Erstattungszeitraum folgenden Kalenderjahr vorzunehmen, oder – falls der Antragsteller in diesem Kalenderjahr keine Erstattungsanträge einreicht – durch Übermittlung einer gesonderten Erklärung über das von dem Mitgliedstaat, in dem er ansässig ist, eingerichtete elektronische Portal.

Art. 14 [Bezug des Erstattungsantrags auf innerhalb des Erstattungszeitraums erworbene Leistungen] (1) Der Erstattungsantrag hat sich auf Folgendes zu beziehen:

a) den Erwerb von Gegenständen oder Dienstleistungen, der innerhalb des Erstattungszeitraums in Rechnung gestellt worden ist, sofern der Steueranspruch vor oder zum Zeitpunkt der Rechnungsstellung entstanden ist, oder für den der Steueranspruch während des Erstattungszeitraums entstanden ist, sofern der Erwerb vor Eintreten des Steueranspruchs in Rechnung gestellt wurde;

b) die Einfuhr von Gegenständen, die im Erstattungszeitraum getätigt worden ist.

(2) Unbeschadet der in Absatz 1 genannten Vorgänge kann sich der Erstattungsantrag auch auf Rechnungen oder Einfuhrdokumente beziehen, die von vorangegangenen Erstattungsanträgen nicht umfasst sind, wenn sie Umsätze betreffen, die in dem fraglichen Kalenderjahr getätigt wurden.

Art. 15 [Frist zur Vorlage des Erstattungsantrags] (1) Der Erstattungsantrag muss dem Mitgliedstaat, in dem der Steuerpflichtige ansässig ist, spätestens am 30. September des auf den Erstattungszeitraum folgenden Kalenderjahres vorliegen. Der Erstattungsantrag gilt nur dann als vorgelegt, wenn der Antragsteller alle in den Artikeln 8, 9 und 11 geforderten Angaben gemacht hat.

Erstattungsanträge, die Erstattungszeiträume des Jahres 2009 betreffen, müssen dem Mitgliedstaat, in dem der Steuerpflichtige ansässig ist, spätestens am 31. März 2011 vorliegen.[1)]

(2) Der Mitgliedstaat, in dem der Antragsteller ansässig ist, hat diesem unverzüglich eine elektronische Empfangsbestätigung zu übermitteln.

[1)] Art. 15 Abs. 1 UAbs. 2 angef. mWv 1. 10. 2010 durch RL 2010/66/EU v. 14. 10. 2010 (ABl. EU Nr. L 275 S. 1).

Art. 16 [Erstattungszeitraum] Der Erstattungszeitraum darf nicht mehr als ein Kalenderjahr und nicht weniger als drei Kalendermonate betragen. Erstattungsanträge können sich jedoch auf einen Zeitraum von weniger als drei Monaten beziehen, wenn es sich bei diesem Zeitraum um den Rest eines Kalenderjahres handelt.

Art. 17 [Mindesterstattungsbetrag] Bezieht sich der Erstattungsantrag auf einen Erstattungszeitraum von weniger als einem Kalenderjahr, aber mindestens drei Monaten, so darf der Mehrwertsteuerbetrag, der Gegenstand des Erstattungsantrags ist, nicht unter 400 EUR oder dem Gegenwert in Landeswährung liegen.

Bezieht sich der Erstattungsantrag auf einen Erstattungszeitraum von einem Kalenderjahr oder den Rest eines Kalenderjahres, darf der Mehrwertsteuerbetrag nicht niedriger sein als 50 EUR oder der Gegenwert in Landeswährung.

Art. 18 [Keine Übermittlung des Erstattungsantrags durch Ansässigkeitsstaat] (1) Der Mitgliedstaat, in dem der Antragsteller ansässig ist, übermittelt dem Mitgliedstaat der Erstattung den Erstattungsantrag nicht, wenn der Antragsteller im Mitgliedstaat, in dem er ansässig ist, im Erstattungszeitraum

a) für Zwecke der Mehrwertsteuer kein Steuerpflichtiger ist;

b) nur Gegenstände liefert oder Dienstleistungen erbringt, die gemäß den Artikeln 132, 135, 136 und 371, den Artikeln 374 bis 377, Artikel 378 Absatz 2 Buchstabe a, Artikel 379 Absatz 2 oder den Artikeln 380 bis 390 der Richtlinie 2006/112/EG oder den inhaltsgleichen Befreiungsvorschriften gemäß der Beitrittsakte von 2005 ohne Recht auf Vorsteuerabzug von der Steuer befreit sind;

c) die Steuerbefreiung für Kleinunternehmen nach den Artikeln 284, 285, 286 und 287 der Richtlinie 2006/112/EG in Anspruch nimmt;

d) die gemeinsame Pauschalregelung für landwirtschaftliche Erzeuger nach den Artikeln 296 bis 305 der Richtlinie 2006/112/EG in Anspruch nimmt.

(2) Der Mitgliedstaat, in dem der Antragsteller ansässig ist, teilt dem Antragsteller seine Entscheidung gemäß Absatz 1 auf elektronischem Wege mit.

Art. 19 [Bestätigung des Antragseingangs im Erstattungsstaat] (1) Der Mitgliedstaat der Erstattung setzt den Antragsteller auf elektronischem Wege unverzüglich vom Datum des Eingangs des Antrags beim Mitgliedstaat der Erstattung in Kenntnis.

(2) Der Mitgliedstaat der Erstattung teilt dem Antragsteller innerhalb von vier Monaten ab Eingang des Erstattungsantrags in diesem Mitgliedstaat mit, ob er die Erstattung gewährt oder den Erstattungsantrag abweist.

Art. 20 [Anforderung zusätzlicher Informationen bei unvollständigem Erstattungsantrag] (1) Ist der Mitgliedstaat der Erstattung der Auffassung, dass er nicht über alle relevanten Informationen für die Entscheidung über eine vollständige oder teilweise Erstattung verfügt, kann er insbesondere beim Antragsteller oder bei den zuständigen Behörden des Mitgliedstaats, in dem der Antragsteller ansässig ist, innerhalb des in Artikel 19 Absatz 2 genannten Viermonatszeitraums elektronisch zusätzliche Informationen anfordern. Werden die zusätzlichen Informationen bei einer anderen Person als dem Antragsteller oder der zuständigen Behörde eines Mitgliedstaats angefordert, soll das Ersuchen nur auf elektronischem Wege ergehen, wenn der Empfänger des Ersuchens über solche Mittel verfügt.

Gegebenenfalls kann der Mitgliedstaat der Erstattung weitere zusätzliche Informationen anfordern.

Die gemäß diesem Absatz angeforderten Informationen können die Einreichung des Originals oder eine Durchschrift der einschlägigen Rechnung oder des einschlägigen Einfuhrdokuments umfassen, wenn der Mitgliedstaat der Erstattung begründete Zweifel am Bestehen einer bestimmten Forderung hat. In diesem Fall gelten die in Artikel 10 genannten Schwellenwerte nicht.

(2) Die gemäß Absatz 1 angeforderten Informationen sind dem Mitgliedstaat der Erstattung innerhalb eines Monats ab Eingang des Informationsersuchens bei dessen Adressaten vorzulegen.

Art. 21 [Mitteilung über Behandlung des Erstattungsantrags nach Eingang der zusätzlichen Informationen] Fordert der Mitgliedstaat der Erstattung zusätzliche Informationen an, so teilt er dem Antragsteller innerhalb von zwei Monaten ab Eingang der angeforderten Informationen, oder, falls er keine Antwort auf sein Ersuchen erhalten hat, binnen zwei Monaten nach Ablauf der Frist nach Artikel 20 Absatz 2 mit, ob er die Erstattung gewährt oder den Erstattungsantrag abweist. Der Zeitraum, der für die Entscheidung über eine vollständige oder teilweise Erstattung ab Eingang des Erstattungsantrags im Mitgliedstaat der Erstattung zur Verfügung steht, beträgt jedoch auf jeden Fall mindestens sechs Monate.

Wenn der Mitgliedstaat der Erstattung weitere zusätzliche Informationen anfordert, teilt er dem Antragsteller innerhalb von acht Monaten ab Eingang des Erstattungsantrags in diesem Mitgliedstaat die Entscheidung über eine vollständige oder teilweise Erstattung mit.

Art. 22 [Frist zur Erstattung des erstattungsfähigen Betrags]
(1) Wird eine Erstattung gewährt, so erstattet der Mitgliedstaat der Erstattung den erstattungsfähigen Betrag spätestens innerhalb von 10 Arbeitstagen, nach Ablauf der Frist nach Artikel 19 Absatz 2, oder, falls zusätzliche oder weitere zusätzliche Informationen angefordert worden sind, nach Ablauf der entsprechenden Fristen nach Artikel 21.

(2) Die Erstattung ist im Mitgliedstaat der Erstattung oder auf Wunsch des Antragstellers in jedem anderen Mitgliedstaat auszuzahlen. In letzte-

rem Falle zieht der Mitgliedstaat der Erstattung von dem an den Antragsteller auszuzahlenden Betrag die Kosten der Banküberweisung ab.

Art. 23 [Mitteilung von Gründen der Ablehnung eines Erstattungsantrags] (1) Wird der Erstattungsantrag ganz oder teilweise abgewiesen, so teilt der Mitgliedstaat der Erstattung dem Antragsteller gleichzeitig mit seiner Entscheidung die Gründe für die Ablehnung mit.

(2) Der Antragsteller kann bei den zuständigen Behörden des Mitgliedstaats der Erstattung Einspruch gegen eine Entscheidung, einen Erstattungsantrag abzuweisen, einlegen, und zwar in den Formen und binnen der Fristen, die für Einsprüche bei Erstattungsanträgen der in diesem Mitgliedstaat ansässigen Personen vorgesehen sind.

Wenn nach dem Recht des Mitgliedstaates der Erstattung das Versäumnis, innerhalb der in dieser Richtlinie festgelegten Fristen eine Entscheidung über den Erstattungsantrag zu treffen, weder als Zustimmung noch als Ablehnung betrachtet wird, müssen jegliche Verwaltungs- oder Rechtsverfahren, die in dieser Situation Steuerpflichtigen, die in diesem Mitgliedstaat ansässig sind, zugänglich sind, entsprechend für den Antragsteller zugänglich sein. Gibt es solche Verfahren nicht, so gilt das Versäumnis, innerhalb der festgelegten Frist eine Entscheidung über den Erstattungsantrag zu treffen, als Ablehnung des Antrags.

Art. 24 [Beitreibung zu Unrecht erstatteter Beträge] (1) Wurde die Erstattung auf betrügerischem Wege oder sonst zu Unrecht erlangt, so nimmt die zuständige Behörde im Mitgliedstaat der Erstattung – unbeschadet der Bestimmungen über die Amtshilfe bei der Beitreibung der Mehrwertsteuer – nach dem in dem Mitgliedstaat der Erstattung geltenden Verfahren unmittelbar die Beitreibung der zu Unrecht ausgezahlten Beträge sowie etwaiger festgesetzter Bußgelder und Zinsen vor.

(2) Sind verwaltungsrechtliche Sanktionen verhängt oder Zinsen festgesetzt, aber nicht entrichtet worden, so kann der Mitgliedstaat der Erstattung jede weitere Erstattung bis in Höhe des ausstehenden Betrags an den betreffenden Steuerpflichtigen aussetzen.

Art. 25 [Berücksichtigung früherer Berichtigungen eines Erstattungsantrags bei späteren Erstattungen] Der Mitgliedstaat der Erstattung berücksichtigt die in Bezug auf einen früheren Erstattungsantrag vorgenommene Berichtigung gemäß Artikel 13 in Form einer Erhöhung oder Verringerung des zu erstattenden Betrags oder im Falle der Übermittlung einer gesonderten Erklärung durch separate Auszahlung oder Einziehung.

Art. 26 [Verzinsung des Erstattungsbetrages] Der Mitgliedstaat der Erstattung schuldet dem Antragsteller Zinsen auf den zu erstattenden Betrag, falls die Erstattung nach der in Artikel 22 Absatz 1 genannten Zahlungsfrist erfolgt.

Legt der Antragsteller dem Mitgliedstaat der Erstattung die angeforderten zusätzlichen oder weiteren zusätzlichen Informationen nicht innerhalb der vorgesehenen Fristen vor, so findet Absatz 1 keine Anwendung. Entsprechendes gilt bis zum Eingang der nach Artikel 10 elektronisch zu übermittelnden Dokumente beim Mitgliedstaat der Erstattung.

Art. 27 [Berechnung der Verzinsung des Erstattungsbetrages]

(1) Zinsen werden für den Zeitraum berechnet, der sich vom Tag nach dem letzten Tag der Frist für die Zahlung der Erstattung gemäß Artikel 22 Absatz 1 bis zum Zeitpunkt der tatsächlichen Zahlung der Erstattung erstreckt.

(2) Die Zinssätze entsprechen den geltenden Zinssätzen für die Erstattung von Mehrwertsteuer an im Mitgliedstaat der Erstattung ansässige Steuerpflichtige nach dem nationalen Recht des betroffenen Mitgliedstaats.

Falls nach nationalem Recht für Erstattungen an ansässige steuerpflichtige Personen keine Zinsen zu zahlen sind, entsprechen die Zinssätze den Zinssätzen bzw. den entsprechenden Gebühren, die der Mitgliedstaat der Erstattung bei verspäteten Mehrwertsteuerzahlungen der Steuerpflichtigen anwendet.

Art. 28 [Anwendung der Richtlinie auf nach dem 31. 12. 2009 gestellte Erstattungsanträge] (1) Diese Richtlinie gilt für Erstattungsanträge, die nach dem 31. Dezember 2009 gestellt werden.

(2) Die Richtlinie 79/1072/EWG[1] wird mit Wirkung vom 1. Januar 2010 aufgehoben. Sie gilt jedoch für Erstattungsanträge, die vor dem 1. Januar 2010 gestellt werden, weiter.

Bezugnahmen auf die aufgehobene Richtlinie gelten als Bezugnahmen auf diese Richtlinie, mit Ausnahme für Erstattungsanträge, die vor dem 1. Januar 2010 gestellt werden.

Art. 29 [Umsetzung der Richtlinie in nationales Recht zum 1. 1. 2010] (1) Die Mitgliedstaaten setzen zum 1. Januar 2010 die Rechts- und Verwaltungsvorschriften in Kraft, die erforderlich sind, um dieser Richtlinie nachzukommen. Sie setzen die Kommission unverzüglich davon in Kenntnis.

Wenn die Mitgliedstaaten solche Vorschriften erlassen, nehmen sie in den Vorschriften selbst oder durch einen Hinweis bei der amtlichen Veröffentlichung auf diese Richtlinie Bezug. Die Mitgliedstaaten regeln die Einzelheiten solch einer Bezugnahme.

(2) Die Mitgliedstaaten teilen der Kommission den Wortlaut der wichtigsten innerstaatlichen Rechtsvorschriften mit, die sie auf dem unter diese Richtlinie fallenden Gebiet erlassen.

Art. 30 [Inkrafttreten der Richtlinie] Diese Richtlinie tritt am Tag ihrer Veröffentlichung[2] im Amtsblatt der Europäischen Union in Kraft.

Art. 31 [Adressaten der Richtlinie] Diese Richtlinie ist an die Mitgliedstaaten gerichtet.

---

[1] Nr. 552.
[2] Veröffentlicht am 20. 2. 2008.

553. Dreizehnte Richtlinie 86/560/EWG des Rates zur Harmonisierung der Rechtsvorschriften der Mitgliedstaaten über die Umsatzsteuern

– Verfahren der Erstattung der Mehrwertsteuer an nicht im Gebiet der Gemeinschaft ansässige Steuerpflichtige –

Vom 17. November 1986 (ABl. EG Nr. L 326 S. 40)

DER RAT DER EUROPÄISCHEN GEMEINSCHAFTEN –

gestützt auf den Vertrag zur Gründung der Europäischen Wirtschaftsgemeinschaft, insbesondere auf die Artikel 99 und 100,

gestützt auf die Sechste Richtlinie 77/388/EWG des Rates vom 17. Mai 1977 zur Harmonisierung der Rechtsvorschriften der Mitgliedstaaten über die Umsatzsteuern – Gemeinsames Mehrwertsteuersystem: einheitliche steuerpflichtige Bemessungsgrundlage,[1] insbesondere auf Artikel 17 Absatz 4,

auf Vorschlag der Kommission,

nach Stellungnahme des Europäischen Parlaments,

nach Stellungnahme des Wirtschafts- und Sozialausschusses,

in Erwägung nachstehender Gründe:

Die Richtlinie 79/1072/EWG[2] über das Verfahren zur Erstattung der Mehrwertsteuer an nicht im Inland ansässige Steuerpflichtige bestimmt in Artikel 8: „Es steht den Mitgliedstaaten frei, bei nicht im Gebiet der Gemeinschaft ansässigen Steuerpflichtigen die Erstattung auszuschließen oder von besonderen Bedingungen abhängig zu machen."

Eine harmonische Entwicklung der Handelsbeziehungen zwischen der Gemeinschaft und den Drittländern sollte dadurch gewährleistet werden, daß man sich an der Richtlinie 79/1072/EWG ausrichtet und dabei den unterschiedlichen Verhältnissen in den Drittländern Rechnung trägt.

Bestimmte Formen der Steuerhinterziehung und Steuerumgehung müssen vermieden werden –

HAT FOLGENDE RICHTLINIE ERLASSEN:

Art. 1 [Definitionen] Im Sinne dieser Richtlinie gilt

1. als nicht im Gebiet der Gemeinschaft ansässiger Steuerpflichtiger derjenige Steuerpflichtige nach Artikel 4 Absatz 1 der Richtlinie 77/388/EWG, der in dem Zeitraum nach Artikel 3 Absatz 1 der vorliegenden Richtlinie in diesem Gebiet weder den Sitz seiner wirtschaftlichen Tätigkeit noch eine feste Niederlassung, von wo aus die Umsätze bewirkt

[1] Nr. **551**.
[2] Nr. **552**.

worden sind, noch – in Ermangelung eines solchen Sitzes oder einer festen Niederlassung – seinen Wohnsitz oder üblichen Aufenthaltsort gehabt hat und der in dem gleichen Zeitraum in dem in Artikel 2 genannten Mitgliedstaat keine Gegenstände geliefert oder Dienstleistungen erbracht hat, mit Ausnahme von:

a) Beförderungsumsätzen und den damit verbundenen Nebentätigkeiten, die gemäß Artikel 14 Absatz 1 Buchstabe i), Artikel 15 oder Artikel 16 Absatz 1 Teile B, C und D der Richtlinie 77/388/EWG steuerfrei sind;

b) Dienstleistungen, bei denen die Steuer gemäß Artikel 21 Nummer 1 Buchstabe b) der Richtlinie 77/388/EWG lediglich vom Empfänger geschuldet wird;

2. als Gebiet der Gemeinschaft die Gebiete der Mitgliedstaaten, in denen die Richtlinie 77/388/EWG Anwendung findet.

Art. 2 [Erstattungsvoraussetzungen] (1) Unbeschadet der Artikel 3 und 4 erstattet jeder Mitgliedstaat einem Steuerpflichtigen, der nicht im Gebiet der Gemeinschaft ansässig ist, unter den nachstehend festgelegten Bedingungen die Mehrwertsteuer, mit der die ihm von anderen Steuerpflichtigen im Inland erbrachten Dienstleistungen oder gelieferten beweglichen Gegenstände belastet wurden oder mit der die Einfuhr von Gegenständen ins Inland belastet wurde, soweit diese Gegenstände und Dienstleistungen für Zwecke der in Artikel 17 Absatz 3 Buchstaben a) und b) der Richtlinie 77/388/EWG bezeichneten Umsätze oder der in Artikel 1 Nummer 1 Buchstabe b) der vorliegenden Richtlinie bezeichneten Dienstleistungen verwendet werden.

(2) Die Mitgliedstaaten können die Erstattung nach Absatz 1 von der Gewährung vergleichbarer Vorteile im Bereich der Umsatzsteuern durch die Drittländer abhängig machen.

(3) Die Mitgliedstaaten können die Benennung eines steuerlichen Vertreters verlangen.

Art. 3 [Verfahren] (1) Die Erstattung nach Artikel 2 Absatz 1 erfolgt auf Antrag des Steuerpflichtigen. Die Mitgliedstaaten bestimmen die Modalitäten für die Antragstellung einschließlich der Antragsfristen, des Zeitraums, auf den der Antrag sich beziehen muß, der für die Einreichung zuständigen Behörden und der Mindestbeträge, für die die Erstattung beantragt werden kann. Sie legen auch die Einzelheiten für die Erstattung, einschließlich der Fristen, fest. Sie legen dem Antragsteller die Pflichten auf, die erforderlich sind, um die Begründetheit des Antrags beurteilen zu können und um Steuerhinterziehungen zu vermeiden, und verlangen insbesondere den Nachweis, daß er eine wirtschaftliche Tätigkeit entsprechend Artikel 4 Absatz 1 der Richtlinie 77/388/EWG ausübt. Der Antragsteller hat durch eine schriftliche Erklärung zu bestätigen, daß er in dem festgelegten Zeitraum keinen Umsatz bewirkt hat, der nicht den in Artikel 1 Nummer 1 der vorliegenden Richtlinie genannten Bedingungen entspricht.

(2) Die Erstattung darf nicht zu günstigeren Bedingungen erfolgen als für in der Gemeinschaft ansässige Steuerpflichtige.

Art. 4 [Vorsteuerabzug] (1) Für die Anwendung dieser Richtlinie wird der Anspruch auf Erstattung nach Artikel 17 der Richtlinie 77/388/EWG, wie dieser im Mitgliedstaat der Erstattung angewendet wird, bestimmt.

(2) Die Mitgliedstaaten können jedoch den Ausschluß bestimmter Ausgaben vorsehen oder die Erstattung von zusätzlichen Bedingungen abhängig machen.

(3) Die vorliegende Richtlinie gilt nicht für Lieferungen von Gegenständen, die steuerfrei sind oder nach Artikel 15 Nummer 2 der Richtlinie 77/388/EWG von der Steuer befreit werden können.

Art. 5 [Umsetzungsfrist] (1) Die Mitgliedstaaten setzen die erforderlichen Rechts- und Verwaltungsvorschriften in Kraft, um dieser Richtlinie spätestens am 1. Januar 1988 nachzukommen. Diese Richtlinie betrifft nur Erstattungsanträge für die Mehrwertsteuer auf den Erwerb von Gegenständen oder die Inanspruchnahme von Dienstleistungen, die ab diesem Zeitpunkt in Rechnung gestellt werden, oder auf Einfuhren, die ab diesem Zeitpunkt getätigt werden.

(2) Die Mitgliedstaaten teilen der Kommission die wichtigsten innerstaatlichen Rechtsvorschriften mit, die sie auf dem unter diese Richtlinie fallenden Gebiet erlassen; sie unterrichten die Kommission darüber, welchen Gebrauch sie von der Möglichkeit des Artikels 2 Absatz 2 machen. Die Kommission setzt die anderen Mitgliedstaaten davon in Kenntnis.

Art. 6 [Berichtspflicht] Die Kommission legt dem Rat und dem Europäischen Parlament nach Konsultation der Mitgliedstaaten binnen drei Jahren nach dem in Artikel 5 genannten Zeitpunkt einen Bericht über die Anwendung dieser Richtlinie, insbesondere des Artikels 2 Absatz 2, vor.

Art. 7 [Außerkrafttreten] Artikel 17 Absatz 4 letzter Satz der Richtlinie 77/388/EWG und Artikel 8 der Richtlinie 79/1072/EWG treten in jedem Mitgliedstaat mit dem jeweiligen Zeitpunkt der Anwendung dieser Richtlinie, in jedem Fall aber zu dem in Artikel 5 der vorliegenden Richtlinie genannten Zeitpunkt außer Kraft.

Art. 8 [Adressat der Richtlinie] Diese Richtlinie ist an die Mitgliedstaaten gerichtet.

600. Grunderwerbsteuergesetz (GrEStG)[1]

In der Fassung der Bekanntmachung vom 26. Februar 1997 (BGBl. I S. 418, ber. S. 1804)

Geändert durch Steuerentlastungsgesetz 1999/2000/2002 vom 24.3.1999 (BGBl. I S. 402), Steuer-Euroglättungsgesetz vom 19.12.2000 (BGBl. I S. 1790), Steueränderungsgesetz 2001 vom 20.12.2001 (BGBl. I S. 3794), Fünftes Gesetz zur Änderung des Steuerbeamten-Ausbildungsgesetzes und zur Änderung von Steuergesetzen vom 23.7.2002 (BGBl. I S. 2715), Drittes Gesetz zur Änderung verwaltungsverfahrensrechtlicher Vorschriften vom 21.8.2002 (BGBl. I S. 3322), EU-Richtlinien-Umsetzungsgesetz vom 9.12.2004 (BGBl. I S. 3310), Gesetz zur Beschleunigung der Umsetzung von Öffentlich Privaten Partnerschaften und zur Verbesserung gesetzlicher Rahmenbedingungen für Öffentlich Private Partnerschaften vom 1.9.2005 (BGBl. I S. 2676), Jahressteuergesetz 2008 vom 20.12.2007 (BGBl. I S. 3150), Jahressteuergesetz 2009 vom 19.12.2008 (BGBl. I S. 2794), Wachstumsbeschleunigungsgesetz vom 22.12.2009 (BGBl. I S. 3950), Jahressteuergesetz 2010 (JStG 2010) vom 8.12.2010 (BGBl. I S. 1768), OGAW-IV-Umsetzungsgesetz (OGAW-IV-UmsG) vom 22.6.2011 (BGBl. I S. 1126), Steuervereinfachungsgesetz 2011 vom 1.11.2011 (BGBl. I S. 2131), Amtshilferichtlinie-Umsetzungsgesetz (AmtshilfeRLUmsG) vom 26.6.2013 (BGBl. I S. 1809), Gesetz zur Anpassung des nationalen Steuerrechts an den Beitritt Kroatiens zur EU und zur Änderung weiterer steuerlicher Vorschriften vom 25.7.2014 (BGBl. I S. 1266), Steueränderungsgesetz 2015 vom 2.11.2015 (BGBl. I S. 1834), Gesetz zur Modernisierung des Besteuerungsverfahrens vom 18.7.2016 (BGBl. I S. 1679), Gesetz zur Vermeidung von Umsatzsteuerausfällen beim Handel mit Waren im Internet und zur Änderung weiterer steuerlicher Vorschriften vom 11.12.2018 (BGBl. I S. 2338), Gesetz über steuerliche und weitere Begleitregelungen zum Austritt des Vereinigten Königreichs Großbritannien und Nordirland aus der Europäischen Union (Brexit-Steuerbegleitgesetz – Brexit-StBG) vom 25.3.2019 (BGBl. I S. 357), Elfte Zuständigkeitsanpassungsverordnung vom 19.6.2020 (BGBl. I S. 1328), Gesetz zur Förderung der Elektromobilität und zur Modernisierung des Wohnungseigentumsgesetzes und zur Änderung von kosten- und grundbuchrechtlichen Vorschriften (Wohnungseigentumsmodernisierungsgesetz – WEMoG) vom 16.10.2020 (BGB. I S. 2187) und Jahressteuergesetz 2020 (JStG 2020) vom 21.12.2020 (BGBl. I S. 3096)

BGBl. III/FNA 610-6-10

Nichtamtliche Inhaltsübersicht

Erster Abschnitt. Gegenstand der Steuer §§

Zweiter Abschnitt. Steuervergünstigungen

Dritter Abschnitt. Bemessungsgrundlage

[1] Neubekanntmachung des GrEStG v. 17.12.1982 (BGBl. I S. 1777) auf Grund des Art. 31 Abs. 1 des Jahressteuergesetzes 1997 v. 20.12.1996 (BGBl. I S. 2049) in der ab 1.1.1997 geltenden Fassung.

Erster Abschnitt. Gegenstand der Steuer

§ 1 Erwerbsvorgänge. (1) Der Grunderwerbsteuer unterliegen die folgenden Rechtsvorgänge, soweit sie sich auf inländische Grundstücke beziehen:

1. ein Kaufvertrag oder ein anderes Rechtsgeschäft, das den Anspruch auf Übereignung begründet;
2. die Auflassung, wenn kein Rechtsgeschäft vorausgegangen ist, das den Anspruch auf Übereignung begründet;
3. [1] der Übergang des Eigentums, wenn kein den Anspruch auf Übereignung begründendes Rechtsgeschäft vorausgegangen ist und es auch keiner Auflassung bedarf. [2] Ausgenommen sind
   a) der Übergang des Eigentums durch die Abfindung in Land und die unentgeltliche Zuteilung von Land für gemeinschaftliche Anlagen im Flurbereinigungsverfahren sowie durch die entsprechenden Rechtsvorgänge im beschleunigten Zusammenlegungsverfahren und im Landtauschverfahren nach dem Flurbereinigungsgesetz in seiner jeweils geltenden Fassung, [*ab 29.12.2020:* wenn der neue Eigentümer in diesem Verfahren als

[1] § 1 Abs. 1 Nr. 3 Satz 2 Buchst. a und b ergänzt durch G v. 21.12.2020 (BGBl. I S. 3096); zur Anwendung siehe § 23 Abs. 17.

Eigentümer eines im Flurbereinigungsgebiet gelegenen Grundstücks Beteiligter ist und soweit der Wert des dem neuen Eigentümer zugeteilten Grundstücks seinen sich aus dem Wert des eingebrachten Grundstücks ergebenden Sollanspruch auf Zuteilung nicht um mehr als 20 vom Hundert übersteigt,]

b) der Übergang des Eigentums im Umlegungsverfahren nach dem Baugesetzbuch in seiner jeweils geltenden Fassung, wenn der neue Eigentümer in diesem Verfahren als Eigentümer eines im Umlegungsgebiet gelegenen Grundstücks Beteiligter ist [***ab 29.12.2020:*** und soweit der Wert des dem neuen Eigentümer zugeteilten Grundstücks seinen sich aus dem Wert des eingebrachten Grundstücks ergebenden Sollanspruch auf Zuteilung nicht um mehr als 20 vom Hundert übersteigt],

c) der Übergang des Eigentums im Zwangsversteigerungsverfahren;

(Fortsetzung nächstes Blatt)

4. das Meistgebot im Zwangsversteigerungsverfahren;
5. ein Rechtsgeschäft, das den Anspruch auf Abtretung eines Übereignungsanspruchs oder der Rechte aus einem Meistgebot begründet;
6. ein Rechtsgeschäft, das den Anspruch auf Abtretung der Rechte aus einem Kaufangebot begründet. [2]Dem Kaufangebot steht ein Angebot zum Abschluß eines anderen Vertrags gleich, kraft dessen die Übereignung verlangt werden kann;
7. die Abtretung eines der in den Nummern 5 und 6 bezeichneten Rechte, wenn kein Rechtsgeschäft vorausgegangen ist, das den Anspruch auf Abtretung der Rechte begründet.

(2) Der Grunderwerbsteuer unterliegen auch Rechtsvorgänge, die es ohne Begründung eines Anspruchs auf Übereignung einem anderen rechtlich oder wirtschaftlich ermöglichen, ein inländisches Grundstück auf eigene Rechnung zu verwerten.

(2a)[1)] [1]Gehört zum Vermögen einer Personengesellschaft ein inländisches Grundstück und ändert sich innerhalb von fünf Jahren der Gesellschafterbestand unmittelbar oder mittelbar dergestalt, daß mindestens 95 vom Hundert der Anteile am Gesellschaftsvermögen auf neue Gesellschafter übergehen, gilt dies als ein auf die Übereignung eines Grundstücks auf eine neue Personengesellschaft gerichtetes Rechtsgeschäft. [2]Mittelbare Änderungen im Gesellschafterbestand von den an einer Personengesellschaft beteiligten Personengesellschaften werden durch Multiplikation der Vomhundertsätze der Anteile am Gesellschaftsvermögen anteilig berücksichtigt. [3]Ist eine Kapitalgesellschaft an einer Personengesellschaft unmittelbar oder mittelbar beteiligt, gelten die Sätze 4 und 5. [4]Eine unmittelbar beteiligte Kapitalgesellschaft gilt in vollem Umfang als neue Gesellschafterin, wenn an ihr mindestens 95 vom Hundert der Anteile auf neue Gesellschafter übergehen. [5]Bei mehrstufigen Beteiligungen gilt Satz 4 auf der Ebene jeder mittelbar beteiligten Kapitalgesellschaft entsprechend. [6]Bei der Ermittlung des Vomhundertsatzes bleibt der Erwerb von Anteilen von Todes wegen außer Betracht. [7]Hat die Personengesellschaft vor dem Wechsel des Gesellschafterbestandes ein Grundstück von einem Gesellschafter oder einer anderen Gesamthand erworben, ist auf die nach § 8 Abs. 2 Satz 1 Nr. 3 ermittelte Bemessungsgrundlage die Bemessungsgrundlage für den Erwerbsvorgang, für den auf Grund des § 5 Abs. 3 oder des § 6 Abs. 3 Satz 2 die Steuervergünstigung zu versagen ist, mit dem entsprechenden Betrag anzurechnen.

(3) Gehört zum Vermögen einer Gesellschaft ein inländisches Grundstück, so unterliegen der Steuer, soweit eine Besteuerung nach Absatz 2a nicht in Betracht kommt, außerdem:

[1)] § 1 Abs. 2a neu gef. durch G v. 24.3.1999 (BGBl. I S. 402), zur erstmaligen Anwendung siehe § 23 Abs. 6 Satz 2; Abs. 2a Satz 1 geänd. durch G v. 20.12.2001 (BGBl. I S. 3794); § 1 Abs. 2a Satz 3 geänd. durch G v. 20.12.2001 (BGBl. I S. 3794), zur erstmaligen Anwendung siehe § 23 Abs. 7 Satz 1; Sätze 2 bis 5 eingef., bish. Sätze 2 und 3 werden Sätze 6 und 7 durch G v. 2.11.2015 (BGBl. I S. 1834), zur Anwendung siehe § 23 Abs. 13.

1.[1] ein Rechtsgeschäft, das den Anspruch auf Übertragung eines oder mehrerer Anteile der Gesellschaft begründet, wenn durch die Übertragung unmittelbar oder mittelbar mindestens 95 vom Hundert der Anteile der Gesellschaft in der Hand des Erwerbers oder in der Hand von herrschenden und abhängigen Unternehmen oder abhängigen Personen oder in der Hand von abhängigen Unternehmen oder abhängigen Personen allein vereinigt werden würden;

2.[1] die Vereinigung unmittelbar oder mittelbar von mindestens 95 vom Hundert der Anteile der Gesellschaft, wenn kein schuldrechtliches Geschäft im Sinne der Nummer 1 vorausgegangen ist;

3.[1] ein Rechtsgeschäft, das den Anspruch auf Übertragung unmittelbar oder mittelbar von mindestens 95 vom Hundert der Anteile der Gesellschaft begründet;

4.[1] der Übergang unmittelbar oder mittelbar von mindestens 95 vom Hundert der Anteile der Gesellschaft auf einen anderen, wenn kein schuldrechtliches Geschäft im Sinne der Nummer 3 vorausgegangen ist.

(3a)[2] [1]Soweit eine Besteuerung nach Absatz 2a und Absatz 3 nicht in Betracht kommt, gilt als Rechtsvorgang im Sinne des Absatzes 3 auch ein solcher, aufgrund dessen ein Rechtsträger unmittelbar oder mittelbar oder teils unmittelbar, teils mittelbar eine wirtschaftliche Beteiligung in Höhe von mindestens 95 vom Hundert an einer Gesellschaft, zu deren Vermögen ein inländisches Grundstück gehört, innehat. [2]Die wirtschaftliche Beteiligung ergibt sich aus der Summe der unmittelbaren und mittelbaren Beteiligungen am Kapital oder am Vermögen der Gesellschaft. [3]Für die Ermittlung der mittelbaren Beteiligungen sind die Vomhundertsätze am Kapital oder am Vermögen der Gesellschaften zu multiplizieren.

[Fassung bis 14.12.2018:]

(4) Im Sinne des Absatzes 3 gelten

1. als Gesellschaften auch die bergrechtlichen Gewerkschaften und
2. als abhängig
   a) natürliche Personen, soweit sie einzeln oder zusammengeschlossen einem Unternehmen so eingegliedert sind, daß sie

[Fassung ab 15.12.2018:][3]

(4) Im Sinne des Absatzes 3 gelten als abhängig

1. natürliche Personen, soweit sie einzeln oder zusammengeschlossen einem Unternehmen so eingegliedert sind, dass sie den Weistungen des Unternehmers in Bezug auf die Anteile zu folgen verpflichtet sind;

---

[1] § 1 Abs. 3 Nrn. 1.–4. geänd. durch G v. 24.3.1999 (BGBl. I S. 402); zur erstmaligen Anwendung siehe § 23 Abs. 6.

[2] § 1 Abs. 3a eingef. durch G v. 26.6.2013 (BGBl. I S. 1809); zur Anwendung siehe § 23 Abs. 11.

[3] § 1 Abs. 4 neu gef. durch G v. 11.12.2018 (BGBl. I S. 2338); zur Anwendung siehe § 23 Abs. 16 Satz 1.

[Fassung bis 14.12.2018:]

den Weisungen des Unternehmers in bezug auf die Anteile zu folgen verpflichtet sind;

b) juristische Personen, die nach dem Gesamtbild der tatsächlichen Verhältnisse finanziell, wirtschaftlich und organisatorisch in ein Unternehmen eingegliedert sind.

[Fassung ab 15.12.2018:]

2. juristische Personen, die nach dem Gesamtbild der tatsächlichen Verhältnisse finanziell, wirtschaftlich und organisatorisch in ein Unternehmen eingegliedert sind.

(5) Bei einem Tauschvertrag, der für beide Vertragsteile den Anspruch auf Übereignung eines Grundstücks begründet, unterliegt der Steuer sowohl die Vereinbarung über die Leistung des einen als auch die Vereinbarung über die Leistung des anderen Vertragsteils.

(6)[1] [1]Ein in Absatz 1, 2, 3 oder Absatz 3a bezeichneter Rechtsvorgang unterliegt der Steuer auch dann, wenn ihm ein in einem anderen dieser Absätze bezeichneter Rechtsvorgang vorausgegangen ist. [2]Die Steuer wird jedoch nur insoweit erhoben, als die Bemessungsgrundlage für den späteren Rechtsvorgang den Betrag übersteigt, von dem beim vorausgegangenen Rechtsvorgang die Steuer berechnet worden ist.

(7)[2] *(aufgehoben)*

§ 2 Grundstücke. (1) [1]Unter Grundstücken im Sinne dieses Gesetzes sind Grundstücke im Sinne des bürgerlichen Rechts zu verstehen. [2]Jedoch werden nicht zu den Grundstücken gerechnet:

1. Maschinen und sonstige Vorrichtungen aller Art, die zu einer Betriebsanlage gehören,
2. Mineralgewinnungsrechte und sonstige Gewerbeberechtigungen,
3.[3] das Recht des Grundstückseigentümers auf den Erbbauzins.

(2) Den Grundstücken stehen gleich

1. Erbbaurechte,
2. Gebäude auf fremdem Boden,
3.[4] dinglich gesicherte Sondernutzungsrechte nach den Vorschriften des Wohnungseigentumsgesetzes[5] und des § 1010 des Bürgerlichen Gesetzbuchs[6].

(3) [1]Bezieht sich ein Rechtsvorgang auf mehrere Grundstücke, die zu einer wirtschaftlichen Einheit gehören, so werden diese Grundstücke als ein Grund-

---

[1] § 1 Abs. 6 Satz 1 geänd. durch G v. 24.3.1999 (BGBl. I S. 402); zur erstmaligen Anwendung siehe § 23 Abs. 6; Abs. 6 Satz 1 Verweis geänd. durch G v. 26.6.2013 (BGBl. I S. 1809); zur Anwendung siehe § 23 Abs. 11.

[2] § 1 Abs. 7 aufgeh. durch G v. 20.12.2001 (BGBl. I S. 3794); Abs. 7 ist letztmals für bis zum 31.12.2001 verwirklichte Erwerbsvorgänge anzuwenden (§ 23 Abs. 7 Satz 2).

[3] § 2 Abs. 1 Satz 2 Nr. 3 angef. mWv 1.1.2002 (§ 23 Abs. 7 Satz 1) durch G v. 20.12.2001 (BGBl. I S. 3794).

[4] § 2 Abs. 2 Nr. 3 geänd. mWv 1.12.2020 durch G v. 16.10.2020 (BGBl. I S. 2187).

[5] **Schönfelder** Nr. 37.

[6] **Schönfelder** Nr. 20.

stück behandelt. 2 Bezieht sich ein Rechtsvorgang auf einen oder mehrere Teile eines Grundstücks, so werden diese Teile als ein Grundstück behandelt.

Zweiter Abschnitt. Steuervergünstigungen

§ 3 Allgemeine Ausnahmen von der Besteuerung. Von der Besteuerung sind ausgenommen:

1. der Erwerb eines Grundstücks, wenn der für die Berechnung der Steuer maßgebende Wert (§ 8) 2500 Euro[1)] nicht übersteigt;
2. der Grundstückserwerb von Todes wegen und Grundstücksschenkungen unter Lebenden im Sinne des Erbschaftsteuer- und Schenkungsteuergesetzes[2)]. 2 Schenkungen unter einer Auflage unterliegen der Besteuerung jedoch hinsichtlich des Werts solcher Auflagen, die bei der Schenkungsteuer abziehbar sind;
3.[3)] der Erwerb eines zum Nachlaß gehörigen Grundstücks durch Miterben zur Teilung des Nachlasses. 2 Den Miterben steht der überlebende Ehegatte oder Lebenspartner gleich, wenn er mit den Erben des verstorbenen Ehegatten oder Lebenspartners gütergemeinschaftliches Vermögen zu teilen hat oder wenn ihm in Anrechnung auf eine Ausgleichsforderung am Zugewinn des verstorbenen Ehegatten oder Lebenspartners ein zum Nachlass gehöriges Grundstück übertragen wird. 3 Den Miterben stehen außerdem ihre Ehegatten oder ihre Lebenspartner gleich;
4.[3)] der Grundstückserwerb durch den Ehegatten oder den Lebenspartner des Veräußerers;
5. der Grundstückserwerb durch den früheren Ehegatten des Veräußerers im Rahmen der Vermögensauseinandersetzung nach der Scheidung;

5a.[3)] der Grundstückserwerb durch den früheren Lebenspartner des Veräußerers im Rahmen der Vermögensauseinandersetzung nach der Aufhebung der Lebenspartnerschaft;

6.[3)] der Erwerb eines Grundstücks durch Personen, die mit dem Veräußerer in gerader Linie verwandt sind oder deren Verwandtschaft durch die Annahme als Kind bürgerlich-rechtlich erloschen ist. 2 Den Abkömmlingen stehen die Stiefkinder gleich. 3 Den in den Sätzen 1 und 2 genannten Personen stehen deren Ehegatten oder deren Lebenspartner gleich;

7.[4)] der Erwerb eines zum Gesamtgut gehörigen Grundstücks durch Teilnehmer an einer fortgesetzten Gütergemeinschaft zur Teilung des Gesamtguts.

---

1) Betrag geänd. durch G v. 19.12.2000 (BGBl. I S. 1790).

2) Nr. **250**.

3) § 3 Nr. 3, 4 und 6 geänd., Nr. 5a eingef. mWv 1.1.2011 durch G v. 8.12.2010 (BGBl. I S. 1768); zur Anwendung bzgl. nicht bestandskräftiger Steuerbescheide siehe § 23 Abs. 9.

4) § 3 Nr. 7 mWv 1.1.2011 geänd. durch G v. 8.12.2010 (BGBl. I S. 1768); zur Anwendung bzgl. nicht bestandskräftiger Steuerbescheide siehe § 23 Abs. 9.

[2]Den Teilnehmern an der fortgesetzten Gütergemeinschaft stehen ihre Ehegatten oder ihre Lebenspartner gleich;

8. der Rückerwerb eines Grundstücks durch den Treugeber bei Auflösung des Treuhandverhältnisses. [2]Voraussetzung ist, daß für den Rechtsvorgang, durch den der Treuhänder den Anspruch auf Übereignung des Grundstücks oder das Eigentum an dem Grundstück erlangt hatte, die Steuer entrichtet worden ist. [3]Die Anwendung der Vorschrift des § 16 Abs. 2 bleibt unberührt.

§ 4 Besondere Ausnahmen von der Besteuerung. Von der Besteuerung sind ausgenommen:

1.[1)] der Erwerb eines Grundstücks durch eine juristische Person des öffentlichen Rechts, wenn das Grundstück aus Anlaß des Übergangs von öffentlich-rechtlichen Aufgaben oder aus Anlaß von Grenzänderungen von der einen auf die andere juristische Person übergeht und nicht überwiegend einem Betrieb gewerblicher Art dient;

2. der Erwerb eines Grundstücks durch einen ausländischen Staat, wenn das Grundstück für die Zwecke von Botschaften, Gesandtschaften oder Konsulaten dieses Staates bestimmt ist und Gegenseitigkeit gewährt wird;

3. der Erwerb eines Grundstücks durch einen ausländischen Staat oder eine ausländische kulturelle Einrichtung, wenn das Grundstück für kulturelle Zwecke bestimmt ist und Gegenseitigkeit gewährt wird;

4.[2)] der Übergang von Grundstücken gemäß § 1 Absatz 1 Nummer 3 und von Gesellschaftsanteilen gemäß § 1 Absatz 3 Nummer 2 und 4 als unmittelbare Rechtsfolge eines Zusammenschlusses kommunaler Gebietskörperschaften, der durch Vereinbarung der beteiligten Gebietskörperschaften mit Zustimmung der nach Landesrecht zuständigen Stelle oder durch Gesetz zustande kommt, sowie Rechtsgeschäfte über Grundstücke gemäß § 1 Absatz 1 Nummer 1 und über Gesellschaftsanteile gemäß § 1 Absatz 3 Nummer 1 und 3 aus Anlass der Aufhebung der Kreisfreiheit einer Gemeinde;

5.[3)] der Erwerb eines Grundstücks von einer juristischen Person des öffentlichen Rechts sowie der Rückerwerb des Grundstücks durch die juristische Person des öffentlichen Rechts, wenn das Grundstück im Rahmen einer Öffentlich Privaten Partnerschaft für einen öffentlichen Dienst oder Gebrauch im Sinne des § 3 Abs. 2 des Grundsteuergesetzes benutzt wird und zwischen dem Erwerber und der juristischen Person des öffentlichen Rechts die Rückübertragung des Grundstücks am Ende des Vertragszeitraums vereinbart worden ist. [2]Die Ausnahme von der Besteuerung entfällt mit Wirkung für die Vergangenheit, wenn die juristische Person des öffentlichen Rechts auf die Rückübertragung des Grundstücks verzichtet oder das Grundstück nicht mehr für einen öffentlichen Dienst oder Gebrauch genutzt wird;

[1)] § 4 Nr. 1 neu gef. mWv 1.1.1998 (§ 23 Abs. 5) durch G v. 24.3.1999 (BGBl. I S. 402).

[2)] § 4 Nr. 4 neu gef. durch G v. 26.6.2013 (BGBl. I S. 1809); zur Anwendung siehe § 23 Abs. 11.

[3)] § 4 Nr. 9 angef. mWv 8.9.2005 durch G v. 1.9.2005 (BGBl. I S. 2676); Nr. 9 wird Nr. 5 mWv 7.6.2013 (§ 23 Abs. 11) durch G v. 26.6.2013 (BGBl. I S. 1809).

6.[1] Erwerbe, die allein auf dem Austritt des Vereinigten Königreichs Großbritannien und Nordirland aus der Europäischen Union beruhen.

§ 5 Übergang auf eine Gesamthand. (1) Geht ein Grundstück von mehreren Miteigentümern auf eine Gesamthand (Gemeinschaft zur gesamten Hand) über, so wird die Steuer nicht erhoben, soweit der Anteil des einzelnen am Vermögen der Gesamthand Beteiligten seinem Bruchteil am Grundstück entspricht.

(2) Geht ein Grundstück von einem Alleineigentümer auf eine Gesamthand über, so wird die Steuer in Höhe des Anteils nicht erhoben, zu dem der Veräußerer am Vermögen der Gesamthand beteiligt ist.

(3)[2] 1 Die Absätze 1 und 2 sind insoweit nicht anzuwenden, als sich der Anteil des Veräußerers am Vermögen der Gesamthand innerhalb von fünf Jahren nach dem Übergang des Grundstücks auf die Gesamthand vermindert. [***ab 1.2.2020:*** 2 Satz 1 gilt nicht, soweit allein durch den Austritt des Vereinigten Königreichs Großbritannien und Nordirland aus der Europäischen Union sich der Anteil des Veräußerers am Vermögen der Gesamthand innerhalb von fünf Jahren nach dem Übergang des Grundstücks auf die Gesamthand vermindert.]

§ 6 Übergang von einer Gesamthand. (1) 1 Geht ein Grundstück von einer Gesamthand in das Miteigentum mehrerer an der Gesamthand beteiligter Personen über, so wird die Steuer nicht erhoben, soweit der Bruchteil, den der einzelne Erwerber erhält, dem Anteil entspricht, zu dem er am Vermögen der Gesamthand beteiligt ist. 2 Wird ein Grundstück bei der Auflösung der Gesamthand übertragen, so ist die Auseinandersetzungsquote maßgebend, wenn die Beteiligten für den Fall der Auflösung der Gesamthand eine vom Beteiligungsverhältnis abweichende Auseinandersetzungsquote vereinbart haben.

(2) 1 Geht ein Grundstück von einer Gesamthand in das Alleineigentum einer an der Gesamthand beteiligten Person über, so wird die Steuer in Höhe des Anteils nicht erhoben, zu dem der Erwerber am Vermögen der Gesamthand beteiligt ist. 2 Geht ein Grundstück bei der Auflösung der Gesamthand in das Alleineigentum eines Gesamthänders über, so gilt Absatz 1 Satz 2 entsprechend.

(3)[3] 1 Die Vorschriften des Absatzes 1 gelten entsprechend beim Übergang eines Grundstücks von einer Gesamthand auf eine andere Gesamthand. 2 Absatz 1 ist insoweit nicht entsprechend anzuwenden, als sich der Anteil des Gesamthänders am Vermögen der erwerbenden Gesamthand innerhalb von fünf Jahren nach dem Übergang des Grundstücks von der einen auf die andere

---

[1] § 4 Nr. 6 angef. mWv 29.3.2019 durch Brexit-StBG v. 25.3.2019 (BGBl. I S. 357).

[2] § 5 Abs. 3 angef. durch G v. 24.3.1999 (BGBl. I S. 402); zur erstmaligen Anwendung siehe § 23 Abs. 6 Satz 2; Satz 2 angef. durch G v. 21.12.2020 (BGBl. I S. 3096); zur Anwendung siehe § 23 Abs. 7 Satz 3.

[3] § 6 Abs. 3 Satz 2 angef. mWv 1.1.2002 (§ 27 Abs. 7 Satz 1) durch G v. 20.12.2001 (BGBl. I S. 3794); Satz 3 angef. durch G v. 21.12.2020 (BGBl. I S. 3096); zur Anwendung siehe § 23 Abs. 7 Satz 3.

Gesamthand vermindert. [***ab 1.2.2020:*** [3]Satz 2 gilt nicht, soweit allein durch den Austritt des Vereinigten Königreichs Großbritannien und Nordirland aus der Europäischen Union sich der Anteil des Gesamthänders am Vermögen der erwerbenden Gesamthand innerhalb von fünf Jahren nach dem Übergang des Grundstücks auf die Gesamthand vermindert.]

(4) [1]Die Vorschriften der Absätze 1 bis 3 gelten insoweit nicht, als ein Gesamthänder – im Fall der Erbfolge sein Rechtsvorgänger – innerhalb von fünf Jahren vor dem Erwerbsvorgang seinen Anteil an der Gesamthand durch

(Fortsetzung nächstes Blatt)

Rechtsgeschäft unter Lebenden erworben hat. [2]Die Vorschriften der Absätze 1 bis 3 gelten außerdem insoweit nicht, als die vom Beteiligungsverhältnis abweichende Auseinandersetzungsquote innerhalb der letzten fünf Jahre vor der Auflösung der Gesamthand vereinbart worden ist.

§ 6a[1)] Steuervergünstigung bei Umstrukturierungen im Konzern. [1]Für einen nach § 1 Absatz 1 Nummer 3 Satz 1, Absatz 2, 2a, 3 oder Absatz 3a steuerbaren Rechtsvorgang auf Grund einer Umwandlung im Sinne des § 1 Absatz 1 Nummer 1 bis 3 des Umwandlungsgesetzes, einer Einbringung oder eines anderen Erwerbsvorgangs auf gesellschaftsvertraglicher Grundlage wird die Steuer nicht erhoben. [2]Satz 1 gilt auch für entsprechende Umwandlungen, Einbringungen sowie andere Erwerbsvorgänge auf gesellschaftsvertraglicher Grundlage auf Grund des Rechts eines Mitgliedstaates der Europäischen Union oder eines Staats, auf den das Abkommen über den Europäischen Wirtschaftsraum Anwendung findet. [3]Satz 1 gilt nur, wenn an dem dort genannten Rechtsvorgang ausschließlich ein herrschendes Unternehmen und ein oder mehrere von diesem herrschenden Unternehmen abhängige Gesellschaften oder mehrere von einem herrschenden Unternehmen abhängige Gesellschaften beteiligt sind. [4]Im Sinne von Satz 3 abhängig ist eine Gesellschaft, an deren Kapital oder Gesellschaftsvermögen das herrschende Unternehmen innerhalb von fünf Jahren vor dem Rechtsvorgang und fünf Jahren nach dem Rechtsvorgang unmittelbar oder mittelbar oder teils unmittelbar, teils mittelbar zu mindestens 95 vom Hundert ununterbrochen beteiligt ist. [***ab 29.3.2019***: [5]Satz 3 gilt nicht, soweit allein durch den Austritt des Vereinigten Königreichs Großbritannien und Nordirland aus der Europäischen Union das herrschende Unternehmen nicht im Sinne von Satz 4 innerhalb von fünf Jahren nach dem Rechtsvorgang unmittelbar oder mittelbar oder teils unmittelbar, teils mittelbar zu mindestens 95 vom Hundert ununterbrochen beteiligt ist.]

§ 7 Umwandlung von gemeinschaftlichem Eigentum in Flächeneigentum. (1) Wird ein Grundstück, das mehreren Miteigentümern gehört, von den Miteigentümern flächenweise geteilt, so wird die Steuer nicht erhoben, soweit der Wert des Teilgrundstücks, das der einzelne Erwerber erhält, dem Bruchteil entspricht, zu dem er am gesamten zu verteilenden Grundstück beteiligt ist.

(2) [1]Wird ein Grundstück, das einer Gesamthand gehört, von den an der Gesamthand beteiligten Personen flächenweise geteilt, so wird die Steuer nicht erhoben, soweit der Wert des Teilgrundstücks, das der einzelne Erwerber erhält, dem Anteil entspricht, zu dem er am Vermögen der Gesamthand beteiligt ist. [2]Wird ein Grundstück bei der Auflösung der Gesamthand flächenweise

---

[1)] § 6a eingef. durch G v. 22.12.2009 (BGBl. I S. 3950); zur Anwendung siehe § 23 Abs. 8; Satz 4 geänd. durch G v. 22.6.2011 (BGBl. I S. 1126); zur Anwendung siehe § 23 Abs. 10; Satz 1 erster HS geänd., zweiter HS aufgeh. durch G v. 26.6.2013 (BGBl. I S. 1809); zur Anwendung siehe § 23 Abs. 11; Sätze 1 bis 3 geänd. durch G v. 25.7.2014 (BGBl. I S. 1266); zur Anwendung siehe § 23 Abs. 12; Satz 5 angef. mWv 29.3.2019 durch Brexit-StBG v. 25.3.2019 (BGBl. I S. 357).

geteilt, so ist die Auseinandersetzungsquote maßgebend, wenn die Beteiligten für den Fall der Auflösung der Gesamthand eine vom Beteiligungsverhältnis abweichende Auseinandersetzungsquote vereinbart haben.

(3) [1]Die Vorschriften des Absatzes 2 gelten insoweit nicht, als ein Gesamthänder – im Fall der Erbfolge sein Rechtsvorgänger – seinen Anteil an der Gesamthand innerhalb von fünf Jahren vor der Umwandlung durch Rechtsgeschäft unter Lebenden erworben hat. [2]Die Vorschrift des Absatzes 2 Satz 2 gilt außerdem insoweit nicht, als die vom Beteiligungsverhältnis abweichende Auseinandersetzungsquote innerhalb der letzten fünf Jahre vor der Auflösung der Gesamthand vereinbart worden ist.

Dritter Abschnitt. Bemessungsgrundlage

§ 8 Grundsatz. (1) Die Steuer bemißt sich nach dem Wert der Gegenleistung.

(2)[1)] [1]Die Steuer wird nach den Grundbesitzwerten im Sinne des § 151 Absatz 1 Satz 1 Nummer 1 in Verbindung mit § 157 Absatz 1 bis 3[2)] des Bewertungsgesetzes bemessen:

1. wenn eine Gegenleistung nicht vorhanden oder nicht zu ermitteln ist;
2. bei Umwandlungen auf Grund eines Bundes- oder Landesgesetzes, bei Einbringungen sowie bei anderen Erwerbsvorgängen auf gesellschaftsvertraglicher Grundlage;
3.[3)] in den Fällen des § 1 Absatz 2a, 3 und 3a.

[2]Erstreckt sich der Erwerbsvorgang auf ein noch zu errichtendes Gebäude oder beruht die Änderung des Gesellschafterbestandes im Sinne des § 1 Abs. 2a auf einem vorgefaßten Plan zur Bebauung eines Grundstücks, ist der Wert des Grundstücks abweichend von § 157 Absatz 1 Satz 1[2)] des Bewertungsgesetzes nach den tatsächlichen Verhältnissen im Zeitpunkt der Fertigstellung des Gebäudes maßgebend.

§ 9 Gegenleistung. (1) Als Gegenleistung gelten

1. bei einem Kauf:
   der Kaufpreis einschließlich der vom Käufer übernommenen sonstigen Leistungen und der dem Verkäufer vorbehaltenen Nutzungen;
2. bei einem Tausch:
   die Tauschleistung des anderen Vertragsteils einschließlich einer vereinbarten zusätzlichen Leistung;
3. bei einer Leistung an Erfüllungs Statt:
   der Wert, zu dem die Leistung an Erfüllungs Statt angenommen wird;

---

1) § 8 Abs. 2 neu gef. durch G v. 24.3.1999 (BGBl. I S. 402); zur erstmaligen Anwendung siehe § 23 Abs. 6 Satz 1.

2) § 8 Abs. 2 Satz 1 und 2 Zitat geänd. durch G v. 2.11.2015 (BGBl. I S. 1834); zur Anwendung siehe § 23 Abs. 14.

3) § 8 Abs. 2 Satz 1 Nr. 3 Verweis geänd. durch G v. 26.6.2013 (BGBl. I S. 1809); zur Anwendung siehe § 23 Abs. 11.

4. beim Meistgebot im Zwangsversteigerungsverfahren:
   das Meistgebot einschließlich der Rechte, die nach den Versteigerungsbedingungen bestehen bleiben;
5. bei Abtretung der Rechte aus dem Meistgebot:
   die Übernahme der Verpflichtung aus dem Meistgebot. [2] Zusätzliche Leistungen, zu denen sich der Erwerber gegenüber dem Meistbietenden verpflichtet, sind dem Meistgebot hinzuzurechnen. [3] Leistungen, die der Meistbietende dem Erwerber gegenüber übernimmt, sind abzusetzen;

(Fortsetzung nächstes Blatt)

6. bei der Abtretung des Übereignungsanspruchs:
die Übernahme der Verpflichtung aus dem Rechtsgeschäft, das den Übereignungsanspruch begründet hat, einschließlich der besonderen Leistungen, zu denen sich der Übernehmer dem Abtretenden gegenüber verpflichtet. [2]Leistungen, die der Abtretende dem Übernehmer gegenüber übernimmt, sind abzusetzen;
7. bei der Enteignung:
die Entschädigung. [2]Wird ein Grundstück enteignet, das zusammen mit anderen Grundstücken eine wirtschaftliche Einheit bildet, so gehört die besondere Entschädigung für eine Wertminderung der nicht enteigneten Grundstücke nicht zur Gegenleistung; dies gilt auch dann, wenn ein Grundstück zur Vermeidung der Enteignung freiwillig veräußert wird;
8.[1)] *(aufgehoben)*

(2) Zur Gegenleistung gehören auch
1. Leistungen, die der Erwerber des Grundstücks dem Veräußerer neben der beim Erwerbsvorgang vereinbarten Gegenleistung zusätzlich gewährt;
2. die Belastungen, die auf dem Grundstück ruhen, soweit sie auf den Erwerber kraft Gesetzes übergehen. [2]Zur Gegenleistung gehören jedoch nicht die auf dem Grundstück ruhenden dauernden Lasten. [3]Der Erbbauzins gilt nicht als dauernde Last;
3. Leistungen, die der Erwerber des Grundstücks anderen Personen als dem Veräußerer als Gegenleistung dafür gewährt, daß sie auf den Erwerb des Grundstücks verzichten;
4. Leistungen, die ein anderer als der Erwerber des Grundstücks dem Veräußerer als Gegenleistung dafür gewährt, daß der Veräußerer dem Erwerber das Grundstück überläßt.

(3) Die Grunderwerbsteuer, die für den zu besteuernden Erwerbsvorgang zu entrichten ist, wird der Gegenleistung weder hinzugerechnet noch von ihr abgezogen.

§ 10.[2)] (weggefallen)

Vierter Abschnitt. Steuerberechnung

§ 11 Steuersatz, Abrundung. (1) Die Steuer beträgt 3,5 vom Hundert[3) · 4)].

(2) Die Steuer ist auf volle Euro[5)] nach unten abzurunden.

[1)] Zur erstmaligen Anwendung von § 9 Abs. 1 Nr. 8 siehe § 23 Abs. 3.
§ 9 Abs. 1 Nr. 8 aufgeh. mWv 1.4.1999 (§ 23 Abs. 6 Satz 1) durch G v. 24.3.1999 (BGBl. I S. 402).

[2)] Zur letztmaligen Anwendung siehe § 23 Abs. 4 Satz 2.

[3)] Zur erstmaligen Anwendung von § 11 Abs. 1 siehe § 23 Abs. 4 Satz 1.

[4)] Seit dem 1.9.2006 dürfen die Bundesländer den Steuersatz selbst festlegen, zu beachten sind daher deren **abweichende Steuersätze.**

[5)] Bezeichnung geänd. mWv 1.1.2002 durch G v. 19.12.2000 (BGBl. I S. 1790).

§ 12 Pauschbesteuerung. Das Finanzamt kann im Einvernehmen mit dem Steuerpflichtigen von der genauen Ermittlung des Steuerbetrags absehen und die Steuer in einem Pauschbetrag festsetzen, wenn dadurch die Besteuerung vereinfacht und das steuerliche Ergebnis nicht wesentlich geändert wird.

Fünfter Abschnitt. Steuerschuld

§ 13 Steuerschuldner. Steuerschuldner sind

1. regelmäßig:
   die an einem Erwerbsvorgang als Vertragsteile beteiligten Personen;
2. beim Erwerb kraft Gesetzes:
   der bisherige Eigentümer und der Erwerber;
3. beim Erwerb im Enteignungsverfahren:
   der Erwerber;
4. beim Meistgebot im Zwangsversteigerungsverfahren:
   der Meistbietende;
5.[1] bei der Vereinigung von mindestens 95 vom Hundert der Anteile an einer Gesellschaft in der Hand
   a) des Erwerbers:
      der Erwerber;
   b) mehrerer Unternehmen oder Personen:
      diese Beteiligten;
6.[1] bei Änderung des Gesellschafterbestandes einer Personengesellschaft:
   die Personengesellschaft;
7.[2] bei der wirtschaftlichen Beteiligung von mindestens 95 vom Hundert an einer Gesellschaft:
   der Rechtsträger, der die wirtschaftliche Beteiligung innehat.

§ 14 Entstehung der Steuer in besonderen Fällen. Die Steuer entsteht,

1. wenn die Wirksamkeit eines Erwerbsvorgangs von dem Eintritt einer Bedingung abhängig ist, mit dem Eintritt der Bedingung;
2. wenn ein Erwerbsvorgang einer Genehmigung bedarf, mit der Genehmigung.

§ 15 Fälligkeit der Steuer. [1]Die Steuer wird einen Monat nach der Bekanntgabe des Steuerbescheids fällig. [2]Das Finanzamt darf eine längere Zahlungsfrist setzen.

---

[1] § 13 Nrn. 5 und 6 geänd. durch G v. 24.3.1999 (BGBl. I S. 402); zur erstmaligen Anwendung siehe § 23 Abs. 6 Satz 2.
Zur erstmaligen Anwendung von Nr. 6 in der bish. Fassung siehe § 23 Abs. 3.

[2] § 13 Nr. 7 angef. durch G v. 26.6.2013 (BGBl. I S. 1809); zur Anwendung siehe § 23 Abs. 11.

Sechster Abschnitt. Nichtfestsetzung der Steuer, Aufhebung oder Änderung der Steuerfestsetzung

§ 16 Nichtfestsetzung der Steuer, Aufhebung oder Änderung der Steuerfestsetzung. (1) Wird ein Erwerbsvorgang rückgängig gemacht bevor das Eigentum am Grundstück auf den Erwerber übergegangen ist, so wird auf Antrag die Steuer nicht festgesetzt oder die Steuerfestsetzung aufgehoben,

1. wenn die Rückgängigmachung durch Vereinbarung, durch Ausübung eines vorbehaltenen Rücktrittsrechts oder eines Wiederkaufsrechts innerhalb von zwei Jahren seit der Entstehung der Steuer stattfindet;
2. wenn die Vertragsbedingungen nicht erfüllt werden und der Erwerbsvorgang deshalb auf Grund eines Rechtsanspruchs rückgängig gemacht wird.

(2) Erwirbt der Veräußerer das Eigentum an dem veräußerten Grundstück zurück, so wird auf Antrag sowohl für den Rückerwerb als auch für den vorausgegangenen Erwerbsvorgang die Steuer nicht festgesetzt oder die Steuerfestsetzung aufgehoben,

1. wenn der Rückerwerb innerhalb von zwei Jahren seit der Entstehung der Steuer für den vorausgegangenen Erwerbsvorgang stattfindet. [2] Ist für den Rückerwerb eine Eintragung in das Grundbuch erforderlich, so muß innerhalb der Frist die Auflassung erklärt und die Eintragung im Grundbuch beantragt werden;
2. wenn das dem Erwerbsvorgang zugrundeliegende Rechtsgeschäft nichtig oder infolge einer Anfechtung als von Anfang an nichtig anzusehen ist;
3. wenn die Vertragsbedingungen des Rechtsgeschäfts, das den Anspruch auf Übereignung begründet hat, nicht erfüllt werden und das Rechtsgeschäft deshalb auf Grund eines Rechtsanspruchs rückgängig gemacht wird.

(3) Wird die Gegenleistung für das Grundstück herabgesetzt, so wird auf Antrag die Steuer entsprechend niedriger festgesetzt oder die Steuerfestsetzung geändert,

1. wenn die Herabsetzung innerhalb von zwei Jahren seit der Entstehung der Steuer stattfindet;
2. wenn die Herabsetzung (Minderung) auf Grund des § 437 des Bürgerlichen Gesetzbuchs[1] vollzogen wird.

(4)[2] Tritt ein Ereignis ein, das nach den Absätzen 1 bis 3 die Aufhebung oder Änderung einer Steuerfestsetzung begründet, endet die Festsetzungsfrist (§§ 169 bis 171 der Abgabenordnung)[3] insoweit nicht vor Ablauf eines Jahres nach dem Eintritt des Ereignisses.

---

[1] **Schönfelder Nr. 20.** – Verweis geänd. mWv 27.7.2002 durch G v. 23.7.2002 (BGBl. I S. 2715).

[2] § 16 Abs. 4 ergänzt durch G v. 24.3.1999 (BGBl. I S. 402); geänd. durch G v. 20.12.2001 (BGBl. I S. 3794); zur erstmaligen Anwendung siehe § 23 Abs. 6 Satz 2.

[3] Nr. **800**.

(5)[1] Die Vorschriften der Absätze 1 bis 4 gelten nicht, wenn einer der in § 1 Absatz 2 bis 3a bezeichneten Erwerbsvorgänge rückgängig gemacht wird, der nicht fristgerecht und in allen Teilen vollständig angezeigt (§§ 18 bis 20) war.

Siebenter Abschnitt. Örtliche Zuständigkeit, Feststellung von Besteuerungsgrundlagen, Anzeigepflichten und Erteilung der Unbedenklichkeitsbescheinigung

§ 17 Örtliche Zuständigkeit, Feststellung von Besteuerungsgrundlagen. (1) [1]Für die Besteuerung ist vorbehaltlich des Satzes 2 das Finanzamt örtlich zuständig, in dessen Bezirk das Grundstück oder der wertvollste Teil des Grundstücks liegt. [2]Liegt das Grundstück in den Bezirken von Finanzämtern verschiedener Länder, so ist jedes dieser Finanzämter für die Besteuerung des Erwerbs insoweit zuständig, als der Grundstücksteil in seinem Bezirk liegt.

(2) In den Fällen des Absatzes 1 Satz 2 sowie in Fällen, in denen sich ein Rechtsvorgang auf mehrere Grundstücke bezieht, die in den Bezirken verschiedener Finanzämter liegen, stellt das Finanzamt, in dessen Bezirk der wertvollste Grundstücksteil oder das wertvollste Grundstück oder der wertvollste Bestand an Grundstücksteilen oder Grundstücken liegt, die Besteuerungsgrundlagen gesondert fest.

(3) [1]Die Besteuerungsgrundlagen werden

1.[2] bei Grundstückserwerben durch Umwandlungen auf Grund eines Bundes- oder Landesgesetzes durch das Finanzamt, in dessen Bezirk sich die Geschäftsleitung des Erwerbers befindet, und

2.[3] in den Fällen des § 1 Absatz 2a, 3 und 3a durch das Finanzamt, in dessen Bezirk sich die Geschäftsleitung der Gesellschaft befindet,

gesondert festgestellt, wenn ein außerhalb des Bezirks dieser Finanzämter liegendes Grundstück oder ein auf das Gebiet eines anderen Landes sich erstreckender Teil eines im Bezirk dieser Finanzämter liegenden Grundstücks betroffen wird. [2]Befindet sich die Geschäftsleitung nicht im Geltungsbereich des Gesetzes und werden in verschiedenen Finanzamtsbezirken liegende Grundstücke oder in verschiedenen Ländern liegende Grundstücksteile betroffen, so stellt das nach Absatz 2 zuständige Finanzamt die Besteuerungsgrundlagen gesondert fest.

(3a)[4] In die gesonderte Feststellung nach Absatz 2 und 3 sind nicht die Grundbesitzwerte im Sinne des § 151 Absatz 1 Satz 1 Nummer 1 in Verbin-

---

[1] § 16 Abs. 5 geänd. durch G v. 25.7.2014 (BGBl. I S. 1266); zur Anwendung siehe § 23 Abs. 12 und 3.

[2] § 17 Abs. 3 Satz 1 Nr. 1 geänd. durch G v. 24.3.1999 (BGBl. I S. 402); zur erstmaligen Anwendung siehe § 23 Abs. 6 Satz 1.

[3] Zur erstmaligen Anwendung von § 17 Abs. 3 Satz 1 Nr. 2 siehe § 23 Abs. 3; Verweis geänd. durch G v. 26.6.2013 (BGBl. I S. 1809); zur Anwendung siehe § 23 Abs. 11.

[4] § 17 Abs. 3a eingef. durch G v. 20.12.2001 (BGBl. I S. 3794).

dung mit § 157 Absatz 1 bis 3[1)] des Bewertungsgesetzes aufzunehmen, wenn die Steuer nach § 8 Abs. 2 zu bemessen ist.

(4) [1] Von der gesonderten Feststellung kann abgesehen werden, wenn

1. der Erwerb steuerfrei ist oder
2. die anteilige Besteuerungsgrundlage für den Erwerb des in einem anderen Land liegenden Grundstücksteils 2500 Euro[2)] nicht übersteigt.

[2] Wird von der gesonderten Feststellung abgesehen, so ist in den Fällen der Nummer 2 die anteilige Besteuerungsgrundlage denen der anderen für die Besteuerung zuständigen Finanzämter nach dem Verhältnis ihrer Anteile hinzuzurechnen.

§ 18 Anzeigepflicht der Gerichte, Behörden und Notare. (1)[3)] [1] Gerichte, Behörden und Notare haben dem zuständigen Finanzamt schriftlich Anzeige nach amtlich vorgeschriebenem Vordruck zu erstatten über

1. Rechtsvorgänge, die sie beurkundet oder über die sie eine Urkunde entworfen und darauf eine Unterschrift beglaubigt haben, wenn die Rechtsvorgänge ein Grundstück im Geltungsbereich dieses Gesetzes betreffen;
2. Anträge auf Berichtigung des Grundbuchs, die sie beurkundet oder über die sie eine Urkunde entworfen und darauf eine Unterschrift beglaubigt haben, wenn der Antrag darauf gestützt wird, daß der Grundstückseigentümer gewechselt hat;
3. Zuschlagsbeschlüsse im Zwangsversteigerungsverfahren, Enteignungsbeschlüsse und andere Entscheidungen, durch die ein Wechsel im Grundstückseigentum bewirkt wird. [2] Die Anzeigepflicht der Gerichte besteht auch beim Wechsel im Grundstückseigentum auf Grund einer Eintragung im Handels-, Genossenschafts- oder Vereinsregister;
4. nachträgliche Änderungen oder Berichtigungen eines der unter den Nummern 1 bis 3 aufgeführten Vorgänge.

[2] Der Anzeige ist eine Abschrift der Urkunde über den Rechtsvorgang, den Antrag, den Beschluß oder die Entscheidung beizufügen.

(2)[4)] [1] Die Anzeigepflicht bezieht sich auch auf Vorgänge, die ein Erbbaurecht oder ein Gebäude auf fremdem Boden betreffen. [2] Sie gilt außerdem für Vorgänge, die die Übertragung von Anteilen an einer Kapitalgesellschaft, *[einer bergrechtlichen Gewerkschaft,]* einer Personenhandelsgesellschaft oder einer Gesellschaft des bürgerlichen Rechts betreffen, wenn zum Vermögen der Gesellschaft ein im Geltungsbereich dieses Gesetzes liegendes Grundstück gehört.

(3) [1] Die Anzeigen sind innerhalb von zwei Wochen nach der Beurkundung oder der Unterschriftsbeglaubigung oder der Bekanntgabe der Entscheidung

---

[1)] § 17 Abs. 3a Verweis geänd. durch G v. 2.11.2015 (BGBl. I S. 1834); zur Anwendung siehe § 23 Abs. 14.

[2)] Betrag geänd. durch G v. 19.12.2000 (BGBl. I S. 1790).

[3)] § 18 Abs. 1 Satz 1 geänd., Satz 3 angef. mWv 28.8.2002 durch G v. 21.8.2002 (BGBl. I S. 3322); Abs. 1 Satz 3 aufgeh. mWv 5.11.2011 durch G v 1.11.2011 (BGBl. I S. 2131).

[4)] § 18 Abs. 2 Satz 2 kursiver Satzteil aufgeh. mWv 15.12.2018 (§ 23 Abs. 16 Satz 1) durch G v. 11.12.2018 (BGBl. I S. 2338).

zu erstatten, und zwar auch dann, wenn die Wirksamkeit des Rechtsvorgangs vom Eintritt einer Bedingung, vom Ablauf einer Frist oder von einer Genehmigung abhängig ist. [2]Sie sind auch dann zu erstatten, wenn der Rechtsvorgang von der Besteuerung ausgenommen ist.

(4) Die Absendung der Anzeige ist auf der Urschrift der Urkunde, in den Fällen, in denen eine Urkunde entworfen und darauf eine Unterschrift beglaubigt worden ist, auf der zurückbehaltenen beglaubigten Abschrift zu vermerken.

(5) Die Anzeigen sind an das für die Besteuerung, in den Fällen des § 17 Abs. 2 und 3 an das für die gesonderte Feststellung zuständige Finanzamt zu richten.

§ 19 Anzeigepflicht der Beteiligten. (1)[1] [1]Steuerschuldner müssen Anzeige erstatten über

1. Rechtsvorgänge, die es ohne Begründung eines Anspruchs auf Übereignung einem anderen rechtlich oder wirtschaftlich ermöglichen, ein Grundstück auf eigene Rechnung zu verwerten;
2. formungültige Verträge über die Übereignung eines Grundstücks, die die Beteiligten unter sich gelten lassen und wirtschaftlich erfüllen;
3. den Erwerb von Gebäuden auf fremdem Boden;

3a. unmittelbare und mittelbare Änderungen des Gesellschafterbestandes einer Personengesellschaft, die innerhalb von fünf Jahren zum Übergang von 95 vom Hundert der Anteile am Gesellschaftsvermögen auf neue Gesellschafter geführt haben, wenn zum Vermögen der Personengesellschaft ein inländisches Grundstück gehört (§ 1 Abs. 2a);

4. schuldrechtliche Geschäfte, die auf die Vereinigung von mindestens 95 vom Hundert der Anteile einer Gesellschaft gerichtet sind, wenn zum Vermögen der Gesellschaft ein Grundstück gehört (§ 1 Abs. 3 Nr. 1);
5. die Vereinigung von mindestens 95 vom Hundert der Anteile einer Gesellschaft, zu deren Vermögen ein Grundstück gehört (§ 1 Abs. 3 Nr. 2);
6. Rechtsgeschäfte, die den Anspruch auf Übertragung von mindestens 95 vom Hundert der Anteile einer Gesellschaft begründen, wenn zum Vermögen der Gesellschaft ein Grundstück gehört (§ 1 Abs. 3 Nr. 3);
7. die Übertragung von mindestens 95 vom Hundert der Anteile einer Gesellschaft auf einen anderen, wenn zum Vermögen der Gesellschaft ein Grundstück gehört (§ 1 Abs. 3 Nr. 4);

7a. Rechtsvorgänge, aufgrund derer ein Rechtsträger unmittelbar oder mittelbar oder teils unmittelbar, teils mittelbar eine wirtschaftliche Beteiligung in Höhe von mindestens 95 vom Hundert an einer Gesellschaft, zu deren Vermögen ein inländisches Grundstück gehört, innehat (§ 1 Absatz 3a);

---

[1] § 19 Abs. 1 Satz 1 Nr. 3a neu gef., Nrn. 4 bis 7 geänd. mWv 1.1.2000 (§ 23 Abs. 6 Satz 2) durch G v. 24.3.1999 (BGBl. I S. 402); Abs. 1 Satz 1 Nr. 3a neu gef., Nr. 8 angef., Satz 2 geänd. mWv 1.1.2002 (§ 23 Abs. 7 Satz 1) durch G v. 20.12.2001 (BGBl. I S. 3794); Abs. 1 Nr. 7a eingef. mWv 7.6.2013 (§ 23 Abs. 11) durch G v. 26.6.2013 (BGBl. I S. 1809).

8.[1] Entscheidungen im Sinne von § 18 Abs. 1 Satz 1 Nr. 3. [2]Die Anzeigepflicht besteht auch beim Wechsel im Grundstückseigentum auf Grund einer Eintragung im Handels-, Genossenschafts- oder Vereinsregister.

[2]Sie haben auch alle Erwerbsvorgänge anzuzeigen, über die ein Gericht, eine Behörde oder ein Notar eine Anzeige nach § 18 nicht zu erstatten hat.[2]

(2) Die in Absatz 1 bezeichneten Personen haben außerdem in allen Fällen Anzeige zu erstatten über

1. jede Erhöhung der Gegenleistung des Erwerbers durch Gewährung von zusätzlichen Leistungen neben der beim Erwerbsvorgang vereinbarten Gegenleistung;
2. Leistungen, die der Erwerber des Grundstücks anderen Personen als dem Veräußerer als Gegenleistung dafür gewährt, daß sie auf den Erwerb des Grundstücks verzichten;
3. Leistungen, die ein anderer als der Erwerber des Grundstücks dem Veräußerer als Gegenleistung dafür gewährt, daß der Veräußerer dem Erwerber das Grundstück überläßt;

4.[3] Änderungen im Gesellschafterbestand einer Gesamthand bei Gewährung der Steuervergünstigung nach § 5 Abs. 1 und 2 oder § 6 Abs. 3 in Verbindung mit § 6 Abs. 1;

4a.[4] Änderungen von Beherrschungsverhältnissen im Sinne des § 6a Satz 4;

5.[5] Änderungen in der Nutzung oder den Verzicht auf Rückübertragung, wenn der Grundstückserwerb nach § 4 Nummer 5 von der Besteuerung ausgenommen war.

(3)[6] [1]Die Anzeigepflichtigen haben innerhalb von zwei Wochen, nachdem sie von dem anzeigepflichtigen Vorgang Kenntnis erhalten haben, den Vorgang anzuzeigen, und zwar auch dann, wenn der Vorgang von der Besteuerung ausgenommen ist. [2]Die Frist nach Satz 1 verlängert sich auf einen Monat für den Steuerschuldner, der eine natürliche Person ohne Wohnsitz oder gewöhnlichen Aufenthalt im Inland, eine Kapitalgesellschaft ohne Geschäftsleitung oder Sitz im Inland oder eine Personengesellschaft ohne Ort der Geschäftsführung im Inland ist.

(4) [1]Die Anzeigen sind an das für die Besteuerung, in den Fällen des § 17 Abs. 2 und 3 an das für die gesonderte Feststellung zuständige Finanzamt zu richten. [2]Ist über den anzeigepflichtigen Vorgang eine privatschriftliche Urkunde aufgenommen worden, so ist der Anzeige eine Abschrift der Urkunde beizufügen.

---

[1] § 19 Abs. 1 Satz 1 Nr. 8 angef. mWv 1.1.2002 (§ 23 Abs. 7 Satz 1) durch G v. 20.12.2001 (BGBl. I S. 3794).

[2] § 19 Abs. 1 Satz 2 geänd. durch G v. 20.12.2001 (BGBl. I S. 3794).

[3] § 19 Abs. 2 Nr. 4 angef. durch G v. 24.3.1999 (BGBl. I S. 402); zur erstmaligen Anwendung siehe § 23 Abs. 6 Satz 2; geänd. mWv 1.1.2002 (§ 23 Abs. 7 Satz 1) durch G v. 20.12.2001 (BGBl. I S. 3794).

[4] § 19 Abs. 2 Nr. 4a eingef. durch G v. 22.12.2009 (BGBl. I S. 3950); zur Anwendung siehe § 23 Abs. 8 Satz 1.

[5] § 19 Abs. 2 Nr. 5 angef. mWv 8.9.2005 durch G v. 1.9.2005 (BGBl. I S. 2676); Verweis geänd. mWv 7.6.2013 (§ 23 Abs. 11) durch G v. 26.6.2013 (BGBl. I S. 1809).

[6] § 19 Abs. 3 Satz 2 angef., bish. Text wird Satz 1 durch G v. 18.7.2016 (BGBl. I S. 1679); zur Anwendung siehe § 23 Abs. 15.

(5)[1] [1]Die Anzeigen sind Steuererklärungen im Sinne der Abgabenordnung. [2]Sie sind schriftlich abzugeben. [3]Sie können gemäß § 87a der Abgabenordnung in elektronischer Form übermittelt werden.

[*ab 29.12.2020:*

(6)[2] [1]Die Höhe des Verspätungszuschlags bestimmt sich nach § 152 Absatz 5 Satz 2 der Abgabenordnung; § 152 Absatz 6 der Abgabenordnung ist nicht anzuwenden. [2]Die Begrenzung der Höhe des Verspätungszuschlags nach § 152 Absatz 10 der Abgabenordnung findet keine Anwendung.]

§ 20 Inhalt der Anzeigen. (1) Die Anzeigen müssen enthalten:

[aktuelle Fassung:]

1.[4] Vorname, Zuname, Anschrift sowie die steuerliche Identifikationsnummer gemäß § 139b der Abgabenordnung oder die Wirtschafts-Identifikationsnummer gemäß § 139c der Abgabenordnung des Veräußerers und des Erwerbers, gegebenenfalls auch, ob und um welche begünstigte Person im Sinne des § 3 Nummer 3 bis 7 es sich bei dem Erwerber handelt;
2. die Bezeichnung des Grundstücks nach Grundbuch, Kataster, Straße und Hausnummer;
3. die Größe des Grundstücks und bei bebauten Grundstücken die Art der Bebauung;
4. die Bezeichnung des anzeigepflichtigen Vorgangs und den Tag der Beurkundung, bei einem Vorgang, der einer Genehmigung bedarf, auch die Bezeichnung desjenigen, dessen Genehmigung erforderlich ist;
5. den Kaufpreis oder die sonstige Gegenleistung (§ 9);
6. den Namen der Urkundsperson.

(2) Die Anzeigen, die sich auf Anteile an einer Gesellschaft beziehen, müssen außerdem enthalten:

[künftige Fassung:][3]

1. Name, Vorname, Anschrift, Geburtsdatum sowie die Identifikationsnummer gemäß § 139b der Abgabenordnung oder die Wirtschafts-Identifikationsnummer gemäß § 139c der Abgabenordnung des Veräußerers und des Erwerbers, den Namen desjenigen, der nach der vertraglichen Vereinbarung die Grunderwerbsteuer trägt, sowie Name und Anschrift dessen gesetzlichen Vertreters und gegebenenfalls die Angabe, ob und um welche begünstigte Person im Sinne des § 3 Nummer 3 bis 7 es sich bei dem Erwerber handelt; bei nicht natürlichen Personen sind bis zur Einführung der Wirtschafts-Identifikationsnummer gemäß § 139c der Abgabenordnung die Register- und die für die Besteuerung nach dem Einkommen vergebene Steuernummer des Veräußerers und des Erwerbers anzugeben;
2. die Bezeichnung des Grundstücks nach Grundbuch, Kataster, Straße und Hausnummer, den Anteil des Veräußerers und des Erwerbers am Grundstück und bei Wohnungs- und Teileigentum die genaue Bezeichnung des Wohnungs- und

[1] § 19 Abs. 5 neu gef. mWv 28.8.2002 durch G v. 21.8.2002 (BGBl. I S. 3322).

[2] § 19 Abs. 6 angef. durch G v. 21.12.2020 (BGBl. I S. 3096); zur Anwendung siehe § 23 Abs. 17.

[3] § 20 neu gef. durch G v. 11.12.2018 (BGBl. I S. 2338); zur Anwendung siehe § 23 Abs. 16 Satz 2 iVm § 22a Satz 1.

[4] § 20 Abs. 1 Nr. 1, Abs. 2 Nr. 1 geänd. mWv 14.12.2010 durch G v. 8.12.2010 (BGBl. I S. 1768).

[aktuelle Fassung:]

1.[1] die Firma, den Ort der Geschäftsführung sowie die Wirtschafts-Identifikationsnummer der Gesellschaft gemäß § 139c der Abgabenordnung,

2. die Bezeichnung des oder der Gesellschaftsanteile;

3.[2] bei mehreren beteiligten Rechtsträgern eine Beteiligungsübersicht.

[künftige Fassung:]

Teileigentums sowie den Miteigentumsanteil;

3. die Größe des Grundstücks und bei bebauten Grundstücken die Art der Bebauung;

4. die Bezeichnung des anzeigepflichtigen Vorgangs, den Tag der Beurkundung und die Urkundennummer, bei einem Vorgang, der einer Genehmigung bedarf, auch die Bezeichnung desjenigen, dessen Genehmigung erforderlich ist, bei einem Vorgang unter einer Bedingung auch die Bezeichnung der Bedingung;

5. den Kaufpreis oder die sonstige Gegenleistung (§ 9);

6. den Namen und die Anschrift der Urkundsperson.

(2) Die Anzeigen, die sich auf Anteile an einer Gesellschaft beziehen, müssen außerdem enthalten:

1. die Firma, den Ort der Geschäftsführung sowie die Wirtschafts-Identifikationsnummer der Gesellschaft gemäß § 139c der Abgabenordnung; bis zur Einführung der Wirtschafts-Identifikationsnummer gemäß § 139c der Abgabenordnung ist die Register- und die für die Besteuerung nach dem Einkommen vergebene Steuernummer der Gesellschaft anzugeben;

2. die Bezeichnung des oder der Gesellschaftsanteile;

3. bei mehreren beteiligten Rechtsträgern eine Beteiligungsübersicht.

---

[1] § 20 Abs. 1 Nr. 1, Abs. 2 Nr. 1 geänd. mWv 14.12.2010 durch G v. 8.12.2010 (BGBl. I S. 1768).

[2] § 20 Abs. 2 Nr. 3 angef. durch G v. 26.6.2013 (BGBl. I S. 1809); zur Anwendung siehe § 23 Abs. 11.

§ 21[1)] **Urkundenaushändigung.** Die Gerichte, Behörden und Notare dürfen Urkunden, die einen anzeigepflichtigen Vorgang betreffen, den Beteiligten erst aushändigen und Ausfertigungen oder beglaubigte Abschriften den Beteiligten erst erteilen, wenn sie die Anzeigen in allen Teilen vollständig (§§ 18 und 20) an das Finanzamt abgesandt haben.

§ 22 Unbedenklichkeitsbescheinigung. (1)[2)] [1]Der Erwerber eines Grundstücks darf in das Grundbuch erst dann eingetragen werden, wenn eine Bescheinigung des für die Besteuerung zuständigen Finanzamts vorgelegt wird (§ 17 Abs. 1 Satz 1) oder Bescheinigungen der für die Besteuerung zuständigen Finanzämter (§ 17 Abs. 1 Satz 2) vorgelegt werden, daß der Eintragung steuerliche Bedenken nicht entgegenstehen. [2]Die obersten Finanzbehörden der Länder können im Einvernehmen mit den Landesjustizverwaltungen Ausnahmen hiervon vorsehen.

(2)[3)] [1]Das Finanzamt hat die Bescheinigung zu erteilen, wenn die Grunderwerbsteuer entrichtet, sichergestellt oder gestundet worden ist oder wenn Steuerfreiheit gegeben ist. [2]Es darf die Bescheinigung auch in anderen Fällen erteilen, wenn nach seinem Ermessen die Steuerforderung nicht gefährdet ist. [3]Das Finanzamt hat die Bescheinigung schriftlich zu erteilen. [4]Eine elektronische Übermittlung der Bescheinigung ist ausgeschlossen.

Achter Abschnitt. Durchführung[4)]

§ 22a Ermächtigung.[4)] [1]Zur Vereinfachung des Besteuerungsverfahrens wird das Bundesministerium der Finanzen ermächtigt, im Benehmen mit dem Bundesministerium des Innern, für Bau und Heimat[5)] und mit Zustimmung des Bundesrates durch Rechtsverordnung ein Verfahren zur elektronischen Übermittlung der Anzeige und der Abschrift der Urkunde im Sinne des § 18 näher zu bestimmen. [2]Die Authentifizierung des Datenübermittlers sowie die Vertraulichkeit und Integrität des übermittelten elektronischen Dokuments sind sicherzustellen. [3]Soweit von dieser Ermächtigung nicht Gebrauch gemacht wurde, ist die elektronische Übermittlung der Anzeige und der Abschrift der Urkunde im Sinne des § 18 ausgeschlossen.

Neunter Abschnitt. Übergangs- und Schlußvorschriften

§ 23 Anwendungsbereich. (1) [1]Dieses Gesetz ist auf Erwerbsvorgänge anzuwenden, die nach dem 31. Dezember 1982 verwirklicht werden. [2]Es ist auf Antrag auch auf Erwerbsvorgänge anzuwenden, die vor dem 1. Januar

---

[1)] § 21 geänd. durch G v. 2.11.2015 (BGBl. I S. 1834); zur Anwendung siehe § 23 Abs. 13.

[2)] § 22 Abs. 1 Satz 2 angef. durch G v. 24.3.1999 (BGBl. I S. 402).

[3)] § 22 Abs. 2 Sätze 3 und 4 angef. mWv 28.8.2002 durch G v. 21.8.2002 (BGBl. I S. 3322).

[4)] Achter Abschnitt, § 22a eingef., bish. Achter Abschnitt wird Neunter Abschnitt mWv 5.11.2011 durch G v. 1.11.2011 (BGBl. I S. 2131).

[5)] Bezeichnung geänd. durch VO v. 19.6.2020 (BGBl. I S. 1328).

1983, jedoch nach dem Tag der Verkündung des Gesetzes, 22. Dezember 1982, verwirklicht werden.

(2) [1] Auf vor dem 1. Januar 1983 verwirklichte Erwerbsvorgänge sind vorbehaltlich des Absatzes 1 Satz 2 die bis zum Inkrafttreten dieses Gesetzes geltenden Vorschriften anzuwenden. [2] Dies gilt insbesondere, wenn für einen vor dem 1. Januar 1983 verwirklichten Erwerbsvorgang Steuerbefreiung in Anspruch genommen und nach dem 31. Dezember 1982 ein Nacherhebungstatbestand verwirklicht wurde.

(3)[1)] § 1 Abs. 2a, § 9 Abs. 1 Nr. 8, § 13 Nr. 6, § 16 Abs. 5, § 17 Abs. 3 Nr. 2 und § 19 Abs. 1 Nr. 3a in der Fassung des Gesetzes vom 20. Dezember 1996 (BGBl. I S. 2049) sind erstmals auf Rechtsgeschäfte anzuwenden, die die Voraussetzungen des § 1 Abs. 2a in der Fassung des Gesetzes vom 20. Dezember 1996 (BGBl. I S. 2049) nach dem 31. Dezember 1996 erfüllen.

(4)[1)] [1] § 8 Abs. 2 und § 11 Abs. 1 in der Fassung des Gesetzes vom 20. Dezember 1996 (BGBl. I S. 2049) sind erstmals auf Erwerbsvorgänge anzuwenden, die nach dem 31. Dezember 1996 verwirklicht werden. [2] § 10 ist letztmals auf Erwerbsvorgänge anzuwenden, die vor dem 1. Januar 1997 verwirklicht werden.

(5)[1)] § 4 Nr. 1 in der Fassung des Gesetzes vom 24. März 1999 (BGBl. I S. 402) ist erstmals auf Erwerbsvorgänge anzuwenden, die nach dem 31. Dezember 1997 verwirklicht werden.

(6)[2)] [1] § 1 Abs. 6, § 8 Abs. 2, § 9 Abs. 1 und § 17 Abs. 3 Satz 1 Nr. 1 in der Fassung des Gesetzes vom 24. März 1999 (BGBl. I S. 402) sind erstmals auf Erwerbsvorgänge anzuwenden, die nach dem Tage der Verkündung[3)] des Gesetzes verwirklicht werden. [2] § 1 Abs. 2a und 3, § 5 Abs. 3, § 13 Nr. 5 und 6, § 16 Abs. 4 und § 19 Abs. 1 Satz 1 Nr. 3a bis 7 und Abs. 2 Nr. 4 in der Fassung des Gesetzes vom 24. März 1999 (BGBl. I S. 402) sind erstmals auf Erwerbsvorgänge anzuwenden, die nach dem 31. Dezember 1999 verwirklicht werden.

(7)[4)] [1] § 1 Abs. 2a Satz 3, § 2 Abs. 1 Satz 2 Nr. 3, § 6 Abs. 3 Satz 2, § 16 Abs. 4, § 19 Abs. 1 Satz 1 Nr. 8 und § 19 Abs. 2 Nr. 4 in der Fassung des Gesetzes vom 20. Dezember 2001 (BGBl. I S. 3794) sind erstmals auf Erwerbsvorgänge anzuwenden, die nach dem 31. Dezember 2001 verwirklicht werden. [2] § 1 Abs. 7 ist letztmals auf Erwerbsvorgänge anzuwenden, die bis zum 31. Dezember 2001 verwirklicht werden. [3] § 5 Absatz 3 Satz 2 und § 6 Absatz 3 Satz 3 in der Fassung des Artikels 33 des Gesetzes vom 21. Dezember 2020 (BGBl. I S. 3096) sind erstmals auf Erwerbsvorgänge anzuwenden, die nach dem 31. Januar 2020 verwirklicht werden.

(8)[5)] [1] Die §§ 6a und 19 Absatz 2 Nummer 4a in der Fassung des Artikels 7 des Gesetzes vom 22. Dezember 2009 (BGBl. I S. 3950) sind erstmals auf Erwerbsvorgänge anzuwenden, die nach dem 31. Dezember 2009 verwirklicht

---

1) § 23 Abs. 3 und 4 neu gef., Abs. 5 angef. durch G v. 24.3.1999 (BGBl. I S. 402).
2) § 23 Abs. 6 angef. durch G v. 24.3.1999 (BGBl. I S. 402).
3) Verkündet am 31.3.1999.
4) § 23 Abs. 7 angef. durch G v. 20.12.2001 (BGBl. I S. 3794); Satz 3 angef. durch G v. 21.12.2020 (BGBl. I S. 3096).
5) § 23 Abs. 8 angef. durch G v. 22.12.2009 (BGBl. I S. 3950).

werden. [2] § 6a ist nicht anzuwenden, wenn ein im Zeitraum vom 1. Januar 2008 bis 31. Dezember 2009 verwirklichter Erwerbsvorgang rückgängig gemacht wird und deshalb nach § 16 Absatz 1 oder 2 die Steuer nicht zu erheben oder eine Steuerfestsetzung aufzuheben oder zu ändern ist.

(9)[1)] Soweit Steuerbescheide für Erwerbsvorgänge von Lebenspartnern noch nicht bestandskräftig sind, ist § 3 Nummer 3 bis 7 in der Fassung des Artikels 29 des Gesetzes vom 8. Dezember 2010 (BGBl. I S. 1768) erstmals auf Erwerbsvorgänge anzuwenden, die nach dem 31. Juli 2001 verwirklicht werden.

(10)[2)] § 6a Satz 4 in der Fassung des Artikels 12 des Gesetzes vom 22. Juni 2011 (BGBl. I S. 1126) ist erstmals auf Erwerbsvorgänge anzuwenden, die nach dem 31. Dezember 2009 verwirklicht werden.

(11)[3)] § 1 Absatz 3a und 6 Satz 1, § 4 Nummer 4 und 5, § 6a Satz 1, § 8 Absatz 2 Satz 1 Nummer 3, § 13 Nummer 7, § 16 Absatz 5, § 17 Absatz 3 Satz 1 Nummer 2, § 19 Absatz 1 Satz 1 Nummer 7a und Absatz 2 Nummer 5, § 20 Absatz 2 Nummer 3 in der Fassung des Artikels 26 des Gesetzes vom 26. Juni 2013 (BGBl. I S. 1809) sind erstmals auf Erwerbsvorgänge anzuwenden, die nach dem 6. Juni 2013[4)] verwirklicht werden.

(12)[5)] § 6a Satz 1 bis 3 sowie § 16 Absatz 5 in der am 31. Juli 2014[6)] geltenden Fassung sind auf Erwerbsvorgänge anzuwenden, die nach dem 6. Juni 2013 verwirklicht werden.

(13)[7)] § 1 Absatz 2a und § 21 in der am 6. November 2015[8)] geltenden Fassung sind auf Erwerbsvorgänge anzuwenden, die nach dem 5. November 2015[9)] verwirklicht werden.

(14)[10)] [1] § 8 Absatz 2 und § 17 Absatz 3a in der am 6. November 2015[8)] geltenden Fassung sind auf Erwerbsvorgänge anzuwenden, die nach dem 31. Dezember 2008 verwirklicht werden. [2] Soweit Steuer- und Feststellungsbescheide, die vor dem 6. November 2015[8)] für Erwerbsvorgänge nach dem 31. Dezember 2008 ergangen sind, wegen § 176 Absatz 1 Satz 1 Nummer 1 der Abgabenordnung nicht geändert werden können, ist die festgesetzte Steuer vollstreckbar.[11)]

(15)[12)] § 19 Absatz 3 Satz 2 in der am 23. Juli 2016[13)] geltenden Fassung ist auf Erwerbsvorgänge anzuwenden, die nach dem 22. Juli 2016[14)] verwirklicht werden.

---

1) § 23 Abs. 9 neu gef. durch G v. 26.6.2013 (BGBl. I S. 1809).
2) § 23 Abs. 10 angef. durch G v. 22.6.2011 (BGBl. I S. 1126).
3) § 23 Abs. 11 angef. durch G v. 26.6.2013 (BGBl. I S. 1809).
4) Datum des Beschlusses des Dt. Bundestages über die Empfehlung des Vermittlungsausschusses zum G v. 26.6.2013.
5) § 23 Abs. 12 angef. durch G v. 25.7.2014 (BGBl. I S. 1266).
6) Datum des Tags nach der Verkündung des G v. 25.7.2014 (BGBl. I S. 1266).
7) § 23 Abs. 13 angef. durch G v. 2.11.2015 (BGBl. I S. 1834).
8) Tag *nach* der Verkündung des StÄndG 2015 v. 2.11.2015 (BGBl. I S. 1834).
9) Tag *der* Verkündung des StÄndG 2015 v. 2.11.2015 (BGBl. I S. 1834).
10) § 23 Abs. 14 angef. durch G v. 2.11.2015 (BGBl. I S. 1834).
11) Siehe hierzu BVerfG v. 23.6.2015 1 BvL 13/11 und 1 BvL 14/11.
12) § 23 Abs. 15 angef. durch G v. 18.7.2016 (BGBl. I S. 1679).
13) Datum des Tages *nach* der Verkündung des G v. 18.7.2016 (BGBl. I S. 1679).
14) Datum des Tages *der* Verkündung des G v. 18.7.2016 (BGBl. I S. 1679).

(16)[1] [1]§ 1 Abs. 4 und § 18 Absatz 2 Satz 2 in der am 15. Dezember 2018[2] geltenden Fassung sind auf Erwerbsvorgänge anzuwenden, die nach dem 14. Dezember 2018[3] verwirklicht werden. [2]Der Zeitpunkt der erstmaligen Anwendung des § 20 in der am 15. Dezember 2018[2] geltenden Fassung wird durch die Rechtsverordnung im Sinne des § 22a Satz 1 bestimmt.

(17)[4] § 1 Absatz 1 Nummer 3 Satz 2 Buchstabe a und b und § 19 Absatz 6 in der Fassung des Artikels 32 des Gesetzes vom 21. Dezember 2020 (BGBl. I S. 3096) sind erstmals auf Erwerbsvorgänge anzuwenden, die nach dem 28. Dezember 2020[5] verwirklicht werden.

§§ 24 bis **27.** (weggefallen)

§ 28. (Inkrafttreten)[6]

---

[1] § 23 Abs. 16 angef. durch G v. 11.12.2018 (BGBl. I S. 2338).
[2] Datum des Tages *nach* der Verkündung des G v. 11.12.2018.
[3] Datum des Tages *der* Verkündung des G v. 11.12.2018.
[4] § 23 Abs. 17 eingef. durch G v. 21.12.2020 (BGBl. I S. 3096).
[5] Datum des Tages der Verkündung des G v. 21.12.2020.
[6] Das Gesetz in seiner ursprünglichen Fassung ist am 1.1.1983 in Kraft getreten.

620. Versicherungsteuergesetz (VersStG 1996)

In der Fassung der Bekanntmachung vom 10. Januar 1996 (BGBl. I S. 22)[1) 2)]

Geändert durch Arbeitsförderungs-Reformgesetz vom 24.3.1997 (BGBl. I S. 594), Rentenreformgesetz 1999 vom 16.12.1997 (BGBl. I S. 2998), Steuer-Euroglättungsgesetz vom 19.12. 2000 (BGBl. I S. 1790), Gesetz zur Reform der Renten wegen verminderter Erwerbsfähigkeit vom 20.12.2000 (BGBl. I S. 1827), Gesetz zur Finanzierung der Terrorbekämpfung vom 10.12.2001 (BGBl. I S. 3436), Steueränderungsgesetz 2001 vom 20.12.2001 (BGBl. I S. 3794), Drittes Gesetz zur Änderung verwaltungsverfahrensrechtlicher Vorschriften vom 21.8.2002 (BGBl. I S. 3322), Steueränderungsgesetz 2003 vom 15.12.2003 (BGBl. I S. 2645), Gesetz zur Neuorganisation der Bundesfinanzverwaltung und zur Schaffung eines Refinanzierungsregisters vom 22.9.2005(BGBl. I S. 2809), Gesetz über den Ausgleich von Arbeitgeberaufwendungen und zur Änderung weiterer Gesetze vom 22.12.2005 (BGBl. I S. 3686), Haushaltsbegleitgesetz 2006 vom 29.6.2006 (BGBl. I S. 1402), Begleitgesetz zur zweiten Föderalismusreform vom 10.8.2009 (BGBl. I S. 2702), Jahressteuergesetz 2010 (JStG 2010) vom 8.12.2010 (BGBl. I S. 1768), Verkehrsteueränderungsgesetz (VerkehrStÄndG) vom 5.12.2012 (BGBl. I S. 2431), Gesetz zur Umsetzung der Richtlinie 2011/89/EU des Europäischen Parlaments und des Rates vom 16. November 2011 zur Änderung der Richtlinien 98/78/EG, 2002/87/EG, 2006/48/ EG und 2009/138/EG hinsichtlich der zusätzlichen Beaufsichtigung der Finanzunternehmen eines Finanzkonglomerats vom 27.6.2013 (BGBl. I S. 1862), Gesetz zur Anpassung des Investmentsteuergesetzes und anderer Gesetze an das AIFM-Umsetzungsgesetz (AIFM-Steuer-Anpassungsgesetz – AIFM-StAnpG) vom 18.12.2013 (BGBl. I S. 4318), Zweites Verkehrsteueränderungsgesetz vom 8.6.2015 (BGBl. I S. 901), Gesetz zur Umsetzung der Transparenzrichtlinie-Änderungsrichtlinie vom 20.11.2015 (BGBl. I S. 2029), Gesetz zur Einführung von Sondervorschriften für die Sanierung und Abwicklung von zentralen Gegenparteien und zur Anpassung des Wertpapierhandelsgesetzes an die Unterrichtungs- und Nachweispflichten nach den Artikeln 4a und 10 der Verordnung (EU) Nr. 648/2012 vom 19.3.2020 (BGBl. I S. 529), Gesetz zur Modernisierung des Versicherungsteuerrechts und zur Änderung dienstrechtlicher Vorschriften vom 3.12.2020 (BGBl. I S. 2659) und Siebtes Gesetz zur Änderung von Verbrauchsteuergesetzen vom 30.3.2021 (BGBl. I S. 607).

BGBl. III/FNA 611-15

Inhaltsübersicht

1) Neubekanntmachung des VersStG idF der Bek. v. 21.7.1959 (BGBl. I S. 539) auf Grund des § 11 Abs. 2 VerStG idF des Art. 20 Nr. 5 Buchst. b des G v. 14.12.1984 (BGBl. I S. 1493) in der ab 1.7.1995 geltenden Fassung.

2) **Das VersStG tritt im Beitrittsgebiet am 1.1.1991 in Kraft** (vgl. Anlage I Kap. IV Sachgebiet B Abschn. II Nr. 14 des Einigungsvertrags).

§ 1 Gegenstand der Steuer. (1) Der Steuer unterliegt die Zahlung des Versicherungsentgelts auf Grund eines durch Vertrag oder auf sonstige Weise entstandenen Versicherungsverhältnisses.

(2)[1] [1]Besteht das Versicherungsverhältnis mit einem Versicherer, der im Gebiet der Mitgliedstaaten der Europäischen Union oder anderer Vertragsstaaten des Abkommens über den Europäischen Wirtschaftsraum (EWR-Staat) niedergelassen ist, so ist die Steuerpflicht unabhängig vom Sitz, Wohnsitz oder gewöhnlichem Aufenthalt des Versicherungsnehmers bei der Versicherung folgender Risiken gegeben:
1. Risiken mit Bezug auf unbewegliche Sachen, insbesondere Bauwerke und Anlagen, und auf darin befindliche Sachen mit Ausnahme von gewerblichem Durchfuhrgut, wenn sich die Gegenstände im Geltungsbereich dieses Gesetzes befinden;
2. Risiken mit Bezug auf im Geltungsbereich dieses Gesetzes in ein amtliches oder amtlich anerkanntes Register einzutragende oder eingetragene und mit einem Unterscheidungskennzeichen versehene Fahrzeuge aller Art;
3. Reise- oder Ferienrisiken auf Grund eines Versicherungsverhältnisses mit einer Laufzeit von nicht mehr als vier Monaten, wenn der Versicherungsnehmer die zur Entstehung des Versicherungsverhältnisses erforderlichen Rechtshandlungen im Geltungsbereich dieses Gesetzes vornimmt.

[2]Besteht das Versicherungsverhältnis mit einem in einem EWR-Staat niedergelassenen Versicherer und ergibt sich die Steuerpflicht nicht aus Satz 1, so besteht die Steuerpflicht bei der Versicherung
1. von Risiken mit Bezug auf Gegenstände im Sinne des Satzes 1 Nummer 1, die sich außerhalb des Geltungsbereiches dieses Gesetzes befinden,
2. von Risiken mit Bezug auf Fahrzeuge im Sinne des Satzes 1 Nummer 2, die in ein amtliches Register eines Staates außerhalb des Geltungsbereichs dieses Gesetzes einzutragen oder eingetragen sind,
3. von Reise- oder Ferienrisiken im Sinne des Satzes 1 Nummer 3, bei der der Versicherungsnehmer die zur Entstehung des Versicherungsverhältnisses erforderlichen Rechtshandlungen in einem Staat außerhalb des Geltungsbereichs dieses Gesetzes vorgenommen hat, oder
4. einer außerhalb des Geltungsbereichs dieses Gesetzes belegenen Betriebsstätte oder sonstigen Einrichtung einer nicht natürlichen Person,

wenn der Versicherungsnehmer seinen Sitz, Wohnsitz oder gewöhnlichen Aufenthalt im Geltungsbereich dieses Gesetzes hat, es sei denn, die Gegenstände im Sinne der Nummer 1 oder die Betriebsstätte oder sonstige Einrich-

[1] § 1 Abs. 2 neu gef. mWv 1.1.2013 durch G v. 5.12.2012 (BGBl. I S. 2431); Satz 1 geänd., Satz 2 eingef., bish. Satz 2 wird Satz 3 und geänd. mWv 10.12.2020 durch G v. 3.12.2020 (BGBl. I S. 2659).

tung der nicht natürlichen Person im Sinne der Nummer 4 sind in einem EWR-Staat belegen, das Fahrzeug im Sinne der Nummer 2 ist in einem amtlichen Register eines EWR-Staates eingetragen oder die zur Entstehung des Versicherungsverhältnisses im Sinne der Nummer 3 erforderlichen Rechtshandlungen werden in einem EWR-Staat vorgenommen. [3]Sind durch die Versicherung andere als die in Satz 1 genannten Risiken oder Gegenstände, insbesondere nicht registrierungspflichtige oder nicht registrierte Fahrzeuge, abgesichert, besteht die Steuerpflicht, wenn der Versicherungsnehmer

1. eine natürliche Person ist und er bei Zahlung des Versicherungsentgelts seinen Wohnsitz oder gewöhnlichen Aufenthalt im Geltungsbereich dieses Gesetzes hat oder
2. keine natürliche Person ist und sich bei Zahlung des Versicherungsentgelts der Sitz des Unternehmens, die Betriebsstätte oder die entsprechende Einrichtung, auf die sich das Versicherungsverhältnis bezieht, im Geltungsbereich dieses Gesetzes befindet.

(3)[1)] Besteht das Versicherungsverhältnis mit einem Versicherer, der außerhalb des Gebietes der Mitgliedstaaten der Europäischen Union und des Europäischen Wirtschaftsraums niedergelassen ist, so entsteht die Steuerpflicht, wenn

1. der Versicherungsnehmer bei der Zahlung des Versicherungsentgelts seinen Wohnsitz oder gewöhnlichen Aufenthalt oder seinen Sitz im Geltungsbereich dieses Gesetzes hat oder
2. ein Gegenstand versichert ist, der sich zur Zeit der Begründung des Versicherungsverhältnisses im Geltungsbereich dieses Gesetzes befand, oder
3. sich dieses Versicherungsverhältnis auf ein Unternehmen, eine Betriebsstätte oder eine sonstige Einrichtung im Geltungsbereich dieses Gesetzes unmittelbar oder mittelbar bezieht; dies ist insbesondere der Fall bei der Betriebsstättenhaftpflichtversicherung oder der Berufshaftspflichtversicherung für Angehörige des Unternehmens, der Betriebsstätte oder der sonstigen Einrichtung.

(4)[2)] Zum Geltungsbereich dieses Gesetzes gehört auch die deutsche ausschließliche Wirtschaftszone.

§ 2 Versicherungsverträge. (1) Als Versicherungsvertrag im Sinne dieses Gesetzes gilt auch eine Vereinbarung zwischen mehreren Personen oder Personenvereinigungen, solche Verluste oder Schäden gemeinsam zu tragen, die den Gegenstand einer Versicherung bilden können.

(2) Als Versicherungsvertrag gilt nicht ein Vertrag, durch den der Versicherer sich verpflichtet, für den Versicherungsnehmer Bürgschaft oder sonstige Sicherheit zu leisten.

---

1) § 1 Abs. 3 neu gef. mWv 1.1.2013 durch G v. 5.12.2012 (BGBl. I S. 2431).
2) § 1 Abs. 4 neu gef. mWv 1.1.2014 durch G v. 5.12.2012 (BGBl. I S. 2431).

§ 3[1] **Versicherungsentgelt.** (1) [1]Versicherungsentgelt im Sinne dieses Gesetzes ist jede Leistung, die für die Begründung und zur Durchführung des Versicherungsverhältnisses an den Versicherer zu bewirken ist. [2]Hierunter fallen insbesondere

1. Prämien,
2. Beiträge,
3. Vorbeiträge,
4. Vorschüsse,
5. Nachschüsse,
6. Umlagen und
7. Gebühren für die Ausfertigung des Versicherungsscheins und sonstige Nebenkosten.

[3]Zum Versicherungsentgelt gehört nicht, was zur Abgeltung einer Sonderleistung des Versicherers oder aus einem sonstigen in der Person des einzelnen Versicherungsnehmers liegenden Grund gezahlt wird. [4]Hierzu zählen insbesondere Kosten für die Ausstellung einer Ersatzurkunde und die Mahnkosten.

(2) [1]Wird auf die Prämie ein Gewinnanteil verrechnet und nur der Unterschied zwischen Prämie und Gewinnanteil an den Versicherer gezahlt, so ist dieser Unterschiedsbetrag Versicherungsentgelt. [2]Das gleiche gilt, wenn eine Verrechnung zwischen Prämie und Gewinnanteil nicht möglich ist und die Gutschriftanzeige über den Gewinnanteil dem Versicherungsnehmer mit der Prämienrechnung vorgelegt wird.

§ 4 Ausnahmen von der Besteuerung. (1)[2] Von der Besteuerung ausgenommen ist die Zahlung des Versicherungsentgelts

1. für eine Rückversicherung;
2. für eine Versicherung, die bei Vereinigungen öffentlich-rechtlicher Körperschaften genommen wird, um Aufwendungen der öffentlich-rechtlichen Körperschaften für Ruhegehalt und Hinterbliebenenversorgung ihrer Mitglieder auszugleichen;
3.[3] für eine Unfallversicherung nach dem Siebten Buch Sozialgesetzbuch, soweit sie nicht auf § 140 beruht;
4.[4] für die Arbeitslosenversicherung nach dem Dritten Buch Sozialgesetzbuch[5] sowie für eine Versicherung, die auf dem Aufwendungsausgleichsgesetz beruht; dies gilt auch für eine Versicherung, die bei einer Einrichtung im Sinne des § 12 Abs. 1 des Aufwendungsausgleichsgesetzes[6] genommen wird;

---

[1] § 3 Abs. 1 neu gef. mWv 1.1.2013 durch G v. 5.12.2012 (BGBl. I S. 2431).
[2] § 4 bish. Wortlaut wird Abs. 1 mWv 1.1.2022 durch G v. 3.12.2020 (BGBl. I S. 2659).
[3] § 4 Nr. 3 neu gef. durch G v. 15.12.2003 (BGBl. I S. 2645).
[4] § 4 Nr. 4 geänd. durch G v. 24.3.1997 (BGBl. I S. 594) und vom 22.12.2005 (BGBl. I S. 3686).
[5] **Nipperdey I Nr. 693.**
[6] **Nipperdey I Nr. 220.**

[Fassung bis 31.12.2021:]

5.[2] für eine Versicherung, durch die Ansprüche auf Kapital-, Renten- oder sonstige Leistungen im Fall des Erlebens, der Krankheit, der Pflegebedürftigkeit, der Berufs- oder Erwerbsunfähigkeit oder der verminderten Erwerbsfähigkeit, des Alters oder des Todes begründet werden. [2]Dies gilt nicht für die Unfallversicherung, die Haftpflichtversicherung und sonstige Sachversicherungen. [3]Nummer 3 bleibt unberührt;

[Fassung ab 1.1.2022:][1]

5. für eine Versicherung, durch die Ansprüche auf Kapital-, Renten- oder sonstige Leistungen begründet werden
   a) im Fall des Todes, des Erlebens oder des Alters oder
   b) im Fall der Krankheit, der Pflegebedürftigkeit, der Berufs- oder der Erwerbsunfähigkeit oder der verminderten Erwerbsfähigkeit, sofern diese Ansprüche der Versorgung der natürlichen Person, bei der sich das versicherte Risiko realisiert (Risikoperson), oder der Versorgung von deren nahen Angehörigen im Sinne des § 7 des Pflegezeitgesetzes oder von deren Angehörigen im Sinne des § 15 der Abgabenordnung dienen.

   [2]Die Ausnahme von der Besteuerung nach Satz 1 gilt nicht für die Unfallversicherung, die Haftpflichtversicherung und sonstige Sachversicherungen. [3]Nummer 3 bleibt unberührt.

5a. für eine Versicherung, die auf dem Vierten Abschnitt des Ersten Teils des Gesetzes zur Verbesserung der betrieblichen Altersversorgung vom 19. Dezember 1974 (BGBl. I S. 3610)[3] beruht;

6. für eine Versicherung bei einer Lohnausgleichskasse, die von Tarifvertragsparteien errichtet worden ist, um Arbeitnehmer bei Arbeitsausfällen zu unterstützen;

7.[4] für eine Vereinbarung im Sinne des § 2 Absatz 1, soweit sie die Gewährung von Unterstützungen bei Arbeitskampfmaßnahmen oder Maßregelung zum Gegenstand hat oder soweit sie die Gewährung von Rechtsschutz durch Gewerkschaften und Vereinigungen von Arbeitgebern oder durch Zusammenschlüsse dieser Berufsverbände für ihre Mitglieder oder für andere Berufsverbände mit vergleichbarer Ausrichtung und deren Mit-

---

[1] § 4 [Abs. 1] Nr. 5 neu gef. durch G v. 3.12.2020 (BGBl. I S. 2659); zur Anwendung siehe § 12 Abs. 3 Satz 1 und 3.

[2] § 4 Nr. 5 neu gef. mWv 1.1.2013 durch G v. 5.12.2012 (BGBl. I S. 2431); zur Anwendung siehe § 12 Abs. 3 Satz 2.

[3] Nr. **70**.

[4] § 4 [Abs. 1] Nr. 7 neu gef. mWv 10.12.2020 durch G v. 3.12.2020 (BGBl. I S. 2659).

glieder zum Gegenstand hat. [2]Dies gilt auch, wenn die Gewährung von Rechtsschutz durch eine juristische Person erfolgt, deren Anteile sämtlich im wirtschaftlichen Eigentum einer der genannten Organisationen stehen und die ausschließlich Rechtsschutz für die Organisation und ihre Mitglieder entsprechend deren Satzung durchführt;

8. für eine Versicherung, die von einem der nachstehend bezeichneten Versicherungsnehmer genommen wird:
   a) bei der Bundesrepublik Deutschland beglaubigte diplomatische Vertretungen außerdeutscher Staaten,
   b) Mitglieder der unter Buchstabe a bezeichneten diplomatischen Vertretungen und Personen, die zum Geschäftspersonal dieser Vertretungen gehören und der inländischen Gerichtsbarkeit nicht unterliegen,
   c) in der Bundesrepublik Deutschland zugelassene konsularische Vertretungen außerdeutscher Staaten, wenn der Leiter der Vertretung Angehöriger des Entsendestaates ist und außerhalb seines Amtes in der Bundesrepublik Deutschland keine Erwerbstätigkeit ausübt,
   d) in der Bundesrepublik Deutschland zugelassene Konsularvertreter (Generalkonsuln, Konsuln, Vizekonsuln, Konsularagenten) und Personen, die zum Geschäftspersonal dieser Konsularvertreter gehören, wenn sie Angehörige des Entsendestaates sind und außerhalb ihres Amtes in der Bundesrepublik Deutschland keine Erwerbstätigkeit ausüben.

   [2]Die Steuerbefreiung tritt nur ein, wenn Gegenseitigkeit gewährt wird;
9. für eine Versicherung von Vieh, wenn die Versicherungssumme 4000 Euro[1)] nicht übersteigt. [2]Hat ein Versicherungsnehmer bei demselben Versicherer mehrere Viehversicherungen abgeschlossen, so gilt die Ausnahme von der Besteuerung nur, wenn die versicherten Beträge zusammen die Freigrenze nicht übersteigen;
10. für eine Versicherung beförderter Güter gegen Verlust oder Beschädigung als Transportgüterversicherung einschließlich Valorenversicherung und Kriegsrisikoversicherung, wenn sich die Versicherung auf Güter bezieht, die ausschließlich im Ausland oder im grenzüberschreitenden Verkehr einschließlich der Durchfuhr befördert werden; dies gilt nicht bei der Beförderung von Gütern zwischen inländischen Orten, bei der die Güter nur zur Durchfuhr in das Ausland gelangen. [2]Die Besteuerung der Zahlung des Versicherungsentgelts für eine Haftpflichtversicherung bleibt unberührt;
11.[2)] in Form von Umlagen, die von Beteiligten eines Erlöspools zum Zweck der Verteilung der gesamten dem jeweiligen Verteilungssystem unterliegenden, von den Mitgliedern im eigenen Namen und auf eigene Rechnung erzielten Nettoeinnahmen der Beteiligten nach einem vorbestimmten Schlüssel erhoben werden;
12.[3)] an Brandunterstützungsvereine, soweit die anlässlich eines einzelnen Schadensfalls erhobene Umlage den Betrag von 5500 Euro nicht übersteigt.

[1)] Betrag geänd. mWv 1.1.2002 durch G v. 19.12.2000 (BGBl. I S. 1790).

[2)] § 4 Nr. 11 angef. mWv 4.7.2013 durch G v. 27.6.2013 (BGBl. I S. 1862); geänd. mWv 1.1.2016 durch G v. 20.11.2015 (BGBl. I S. 2029).

[3)] § 4 Nr. 12 angef. mWv 1.7.2010 durch G v. 18.12.2013 (BGBl. I S. 4318).

[*ab 1.1.2022:*
(2)[1] ¹Treten nach Zahlung eines Versicherungsentgelts Umstände ein, die im Falle ihres Vorliegens bei Zahlung des Versicherungsentgelts zu einer Steuerbefreiung im Sinne des § 4 Absatz 1 Nummer 5 Buchstabe b oder zu einer Steuerpflicht geführt hätten, so beginnt oder erlischt die Steuerbefreiung im Zeitpunkt des Eintritts der Umstände. ²Erlischt die Steuerbefreiung, beginnt die Festsetzungsfrist mit Ablauf des Kalenderjahres, in dem der Steuerentrichtungsschuldner oder die Finanzbehörde von dem Umstand Kenntnis erlangt, der zum Erlöschen der Steuerbefreiung führt.]

§ 5[2] Steuerberechnung, Steuerentstehung, Steuerausweis. (1) ¹Die Steuer wird für die einzelnen Versicherungen berechnet, und zwar

1. regelmäßig vom Versicherungsentgelt,
2.[3] bei der Versicherung von Schäden, die an den versicherten Bodenerzeugnissen durch die Einwirkung von den wetterbedingten Elementargefahren Hagelschlag, Sturm, Starkfrost, Dürre, Starkregen oder Überschwemmungen entstehen, und bei der im Betrieb der Landwirtschaft oder Gärtnerei genommenen Versicherung von Glasdeckungen über Bodenerzeugnissen gegen Schäden aufgrund von Hagelschlag, Sturm, Starkregen oder Überschwemmungen von der Versicherungssumme und für jedes Versicherungsjahr,
3.[4] nur bei
   a) der Feuerversicherung und der Feuer-Betriebsunterbrechungsversicherung (§ 3 Absatz 1 Nummer 1 des Feuerschutzsteuergesetzes) von einem Anteil von 60 Prozent des Versicherungsentgelts,
   b) der Wohngebäudeversicherung (§ 3 Absatz 1 Nummer 2 des Feuerschutzsteuergesetzes) von einem Anteil von 86 Prozent des Versicherungsentgelts,
   c) der Hausratversicherung (§ 3 Absatz 1 Nummer 3 des Feuerschutzsteuergesetzes) von einem Anteil von 85 Prozent des Versicherungsentgelts.

²Das Bundeszentralamt für Steuern kann auf Antrag gestatten, dass die Steuer nicht nach der Isteinnahme (Istversteuerung), sondern nach dem im Anmeldungszeitraum gemäß § 8 Absatz 2 und 3 angeforderten Versicherungsentgelt berechnet wird (Sollversteuerung).[5]

(2)[6] ¹Im Fall der Istversteuerung entsteht die Steuer mit der Zahlung des Versicherungsentgelts, wenn der Zahlende nach § 7 selbst entrichtungspflichtig

---

[1] § 4 Abs. 2 angef. durch G v. 3.12.2020 (BGBl. I S. 2659); zur Anwendung siehe § 12 Abs. 3.

[2] § 5 bish. Abs. 4 aufgeh. mWv 1.1.2002, bish. Abs. 5 wird Abs. 4 durch G v. 19.12.2000 (BGBl. I S. 1790); Überschr. neu gef. durch G v. 5.12.2012 (BGBl. I S. 2431).

[3] § 5 Abs. 1 Nr. 2 neu gef. mWv 1.1.2013 durch G v. 5.12.2012 (BGBl. I S. 2431); geänd. mWv 1.1.2020 durch G v. 19.3.2020 (BGBl. I S. 529).

[4] § 5 Abs. 1 Nr. 3 angef. mWv 1.7.2010 durch G v. 10.8.2009 (BGBl. I S. 2702).

[5] § 5 Abs. 1 Satz 2 und 3 neu gef. mWv 1.1.2013 durch G v. 5.12.2012 (BGBl. I S. 2431); Satz 3 aufgeh. mWv 10.12.2020 durch G v. 3.12.2020 (BGBl. I S. 2659).

[6] § 5 Abs. 2 Satz 2 geänd. mWv 10.12.2020 durch G v. 3.12.2020 (BGBl. I S. 2659).

ist, anderenfalls mit Entgegennahme des Versicherungsentgelts. [2]Im Fall der Sollversteuerung gilt die Steuer mit Fälligkeit des Versicherungsentgelts als entstanden. [3]Die Sätze 1 und 2 sind für anteilige Versicherungsentgelte entsprechend anzuwenden.

(3)[1)] [1]In der Rechnung über das Versicherungsentgelt ist der Steuerbetrag offen auszuweisen und der Steuersatz sowie die vom Bundeszentralamt für Steuern erteilte Versicherungsteuernummer, zu der die Steuer abgeführt wird, anzugeben. [2]Bei steuerfreien Versicherungsentgelten ist die zugrunde liegende Steuerbefreiungsvorschrift anzugeben. [3]Wird keine Rechnung über das Versicherungsentgelt ausgestellt, müssen sich die in den Sätzen 1 und 2 genannten Angaben aus anderen das Versicherungsverhältnis begründenden Unterlagen ergeben.

§ 6[2)] **Steuersatz.** (1) Die Steuer beträgt vorbehaltlich des folgenden Absatzes 19 Prozent[3)] des Versicherungsentgelts ohne Versicherungsteuer.

(2)[4)] Die Steuer beträgt

1. bei der Feuerversicherung und bei der Feuer-Betriebsunterbrechungsversicherung 22 Prozent (§ 5 Absatz 1 Satz 1 Nummer 3 Buchstabe a);
2. bei der Wohngebäudeversicherung 19 Prozent (§ 5 Absatz 1 Satz 1 Nummer 3 Buchstabe b) und
3. bei der Hausratversicherung 19 Prozent (§ 5 Absatz 1 Satz 1 Nummer 3 Buchstabe c);
4.[5)] bei der Versicherung von Schäden, die an den versicherten Bodenerzeugnissen durch die Einwirkung von den wetterbedingten Elementargefahren Hagelschlag, Sturm, Starkfrost, Dürre, Starkregen oder Überschwemmungen entstehen, und bei der im Betrieb der Landwirtschaft oder der Gärtnerei genommenen Versicherung von Glasdeckungen über Bodenerzeugnissen gegen Hagelschlag, Sturm, Starkregen oder Überschwemmungen für jedes Versicherungsjahr 0,3 Promille der Versicherungssumme;
5.[6)] bei der Seeschiffskaskoversicherung 3 Prozent des Versicherungsentgelts unter der Voraussetzung, dass das Schiff ausschließlich gewerblichen Zwecken dient und gegen die Gefahren der See versichert ist;
6. bei der Unfallversicherung mit Prämienrückgewähr 3,8 Prozent des Versicherungsentgelts.

[1)] § 5 Abs. 4 neu gef. durch G v. 5.12.2012 (BGBl. I S. 2431); zur Anwendung siehe § 12 Abs. 2; Abs. 3 aufgeh., bish. Abs. 4 wird Abs. 3 mWv 10.12.2020 durch G v. 3.12.2020 (BGBl. I S. 2659).

[2)] § 6 neu gef. mWv 1.1.2002 durch G v. 10.12.2001 (BGBl. I S. 3436); Abs. 1 geänd. mWv 1.1.2013 durch G v. 5.12.2012 (BGBl. I S. 2431).

[3)] Beträge geänd. mWv 1.1.2007 durch G v. 29.6.2006 (BGBl. I S. 1402).

[4)] § 6 Abs. 2 Nrn. 1 bis 3 neu gef. mWv 1.7.2010 durch G v. 10.8.2009 (BGBl. I S. 2702).

[5)] § 6 Abs. 1 Nr. 4 neu gef. mWv 1.1.2020 durch G v. 19.3.2020 (BGBl. I S. 529).

[6)] § 6 Abs. 1 Nr. 5 neu gef. mWv 1.1.2013 durch G v. 5.12.2013 (BGBl. I S. 2431); geänd. mWv 1.1.2013 durch G v. 3.12.2020 (BGBl. I S. 2659).

§ 7[1]) Steuerschuldner, Steuerentrichtungsschuldner, Haftende.

(1) Steuerschuldner ist der Versicherungsnehmer.

(2) [1]Steuerentrichtungsschuldner ist der Versicherer, soweit in den Absätzen 3 bis 5 kein anderer zum Steuerentrichtungsschuldner bestimmt ist oder nach Absatz 6 der Versicherungsnehmer als Steuerschuldner die Steuer zu entrichten hat. [2]Der Steuerentrichtungsschuldner hat als eigenständige Schuld die Steuer für Rechnung des Versicherungsnehmers zu entrichten.

(3) Hat der Versicherer keinen Wohnsitz oder Sitz in der Europäischen Union oder im Europäischen Wirtschaftsraum, ist aber ein Bevollmächtigter mit Wohnsitz oder Sitz in den genannten Gebieten zur Entgegennahme des Versicherungsentgelts bestellt, so ist dieser Steuerentrichtungsschuldner.

(4) Haben mehrere Versicherer eine Versicherung für denselben Versicherungsnehmer in der Weise gemeinschaftlich übernommen, dass jeder von ihnen aus der Versicherung zu einem bestimmten Anteil berechtigt und verpflichtet ist, so darf einer der Versicherer mit Wohnsitz oder Sitz in der Europäischen Union oder im Europäischen Wirtschaftsraum von den anderen Mitversicherern schriftlich bestimmt werden, die Steuer auch für die anderen Versicherer zu entrichten.

(5) Ist die Steuerentrichtung einem zur Entgegennahme des Versicherungsentgelts Bevollmächtigten mit Wohnsitz oder Sitz in der Europäischen Union oder dem Europäischen Wirtschaftsraum schriftlich übertragen, so ist dieser Steuerentrichtungsschuldner.

(6) Hat weder der Versicherer noch ein zur Entgegennahme des Versicherungsentgelts Bevollmächtigter seinen Wohnsitz oder seinen Sitz in der Europäischen Union oder im Europäischen Wirtschaftsraum, so hat der Versicherungsnehmer die Steuer zu entrichten.

(7) Für die Steuerentrichtung haftet, sofern die in den Nummern 1 bis 3 genannten Personen nicht selbst Steuerentrichtungsschuldner sind,

1. der Versicherer,
2. jede andere Person, die das Versicherungsentgelt entgegennimmt,
3. eine versicherte Person, die gegen Entgelt aus einer Versicherung für fremde Rechnung Versicherungsschutz erlangt. [2]Die Haftung erstreckt sich auf die Steuer, die auf das Versicherungsentgelt entfällt, das zur Deckung des Risikos der versicherten Person an den Versicherer zu leisten ist; im Zweifel ist das von der versicherten Person gezahlte Entgelt zugrunde zu legen.

(8) [1]Der Steuerschuldner, der Steuerentrichtungsschuldner und jeder Haftende sind echte Gesamtschuldner. [2]Die Steuerentrichtungsschuld steht der Steuerschuld gleich; sie ist im Verhältnis zur Steuerschuld des Versicherungsnehmers nicht akzessorisch. [3]Die Inanspruchnahme eines Haftenden ist mittels Steuerbescheid oder mittels Haftungsbescheid zulässig. [4]Für die Bestimmung der Festsetzungsfrist nach den §§ 169 bis 171 der Abgabenordnung bei einem Steuerpflichtigen sind jeweils die Umstände maßgeblich, die in Bezug auf

---

[1]) § 7 neu gef. mWv 12.12.2012 durch G v. 5.12.2012 (BGBl. I S. 2431); Abs. 3 neu gef., Abs. 4 bis 6 geänd. mWv 10.12.2020 durch G v. 3.12.2020 (BGBl. I S. 2659).

seine Person vorliegen; insbesondere ist für die Inanspruchnahme des Steuerentrichtungsschuldners der Ablauf der Festsetzungsfrist beim Versicherungsnehmer sowie für die Inanspruchnahme des Haftenden der Ablauf der Festsetzungsfrist beim Steuerentrichtungsschuldner unbeachtlich.

(9) Im Verhältnis zwischen dem Versicherer und dem Versicherungsnehmer gilt die Steuer als Teil des Versicherungsentgelts, soweit es sich um dessen Einziehung und Geltendmachung im Rechtsweg handelt.

§ 7a[1] **Zuständigkeit.** Zuständig ist das Bundeszentralamt für Steuern.

§ 8[2] **Anmeldung, Fälligkeit.** (1) Der Steuerentrichtungsschuldner nach § 7 Absatz 2, 3, 4 oder Absatz 5 hat innerhalb von 15 Tagen nach Ablauf eines jeden Anmeldungszeitraums

[Fassung bis 31.12.2021:]

1.[4] eine eigenhändig unterschriebene oder im Wege eines Automationsverfahrens des Bundes übermittelte Steuererklärung abzugeben, in der er die im Anmeldungszeitraum entstandene Steuer selbst zu berechnen hat (Steueranmeldung), und

[Fassung ab 1.1.2022:][3]

1. eine Steuererklärung nach amtlich vorgeschriebenem Datensatz durch Datenfernübertragung zu übermitteln, in der er die im Anmeldungszeitraum entstandene Steuer selbst zu berechnen hat (Steueranmeldung), und

2. die im Anmeldungszeitraum entstandene Steuer zu entrichten.

[*ab 1.1.2022:*[3] [2]Auf Antrag kann das Bundeszentralamt für Steuern zur Vermeidung unbilliger Härten auf eine elektronische Übermittlung verzichten; in diesem Fall hat der Steuerentrichtungsschuldner die Steueranmeldung nach amtlich vorgeschriebenem Vordruck abzugeben.]

(2) [1]Anmeldungszeitraum ist der Kalendermonat. [2]Hat die Steuer für das vorangegangene Kalenderjahr insgesamt nicht mehr als 6000 Euro betragen, so ist Anmeldungszeitraum das Kalendervierteljahr. [3]Hat die Steuer für das vorangegangene Kalenderjahr nicht mehr als 1000 Euro betragen, so ist Anmeldungszeitraum das Kalenderjahr.

[Fassung bis 31.12.2021:]

(3) Hat der Versicherungsnehmer nach § 7 Absatz 6 die Steuer zu entrichten, so ist innerhalb von 15 Tagen nach Ablauf des Monats, in dem das Versicherungsentgelt gezahlt

[Fassung ab 1.1.2022:][5]

(3) [1]Hat der Versicherungsnehmer nach § 7 Absatz 6 die Steuer zu entrichten, so hat er innerhalb von 15 Tagen nach Ablauf des Monats, in dem das Versicherungsentgelt gezahlt

---

[1] § 7a neu gef. mWv 1.7.2010 durch G v. 10.8.2009 (BGBl. I S. 2702); Überschr. geänd. durch G v. 5.12.2012 (BGBl. I S. 2431).

[2] § 8 neu gef. mWv 1.1.2013 durch G v. 5.12.2012 (BGBl. I S. 2431).

[3] § 8 Abs. 1 Nr. 1 neu gef., Abs. 1 Satz 2 angef. durch G v. 3.12.2020 (BGBl. I S. 2659), zur Anwendung siehe § 12 Abs. 4 Satz 1.

[4] Zur Anwendung siehe § 12 Abs. 4 Satz 2.

[5] § 8 Abs. 3 neu gef. durch G v. 3.12.2020 (BGBl. I S. 2659); zur Anwendung siehe § 12 Abs. 4 Satz 1.

[Fassung bis 31.12.2021:]	*[Fassung ab 1.1.2022:]*
worden ist, eine Absatz 1 entsprechende Steueranmeldung abzugeben und die selbst berechnete Steuer zu entrichten.	worden ist, eine Steueranmeldung nach amtlich vorgeschriebenem Datensatz durch Datenfernübertragung zu übermitteln und die selbst berechnete Steuer zu entrichten. [2]Absatz 1 Satz 2 gilt entsprechend.

(4)[1)] Gibt der zur Steueranmeldung und Steuerentrichtung Verpflichtete bis zum Ablauf der Anmeldungsfrist die Steueranmeldung nicht ab, so setzt das Bundeszentralamt für Steuern die Steuer fest. [2]*Für Verspätungszuschläge gilt § 152 der Abgabenordnung mit der Maßgabe, dass unabhängig vom konkreten Anmeldungszeitraum bei der Bemessung des Verspätungszuschlags die Dauer und die Häufigkeit der Fristüberschreitung sowie die Höhe der Steuer zu berücksichtigen sind.*

§ 9[2)] Erstattung, Nachentrichtung der Steuer. (1) [1]Ist das Versicherungsentgelt ganz oder zum Teil zurückgezahlt worden, weil die Versicherung vorzeitig endete oder weil das Versicherungsentgelt oder die Versicherungssumme herabgesetzt worden ist, so wird die Steuer auf Antrag insoweit erstattet, als sie bei Berücksichtigung dieser Umstände nicht zu erheben gewesen wäre. [2]Die Steuer wird dem Steuerentrichtungsschuldner (§ 7 Absatz 2 bis 5) oder dem Haftenden (§ 7 Absatz 7) für Rechnung des Steuerschuldners und im Fall des § 7 Absatz 6 dem Versicherungsnehmer erstattet. [3]Die Steuer wird nicht erstattet, wenn die Prämienrückgewähr ausdrücklich versichert war. [4]Ein Erstattungsanspruch ist nur gegeben, wenn die Steuer tatsächlich an das Bundeszentralamt für Steuern entrichtet wurde.

(2) [1]Treten nach Zahlung des Versicherungsentgelts Umstände ein, die eine Steuerbefreiung nach § 4 Absatz 1 Nummer 5 Buchstabe b begründen, so wird die Steuer auf Antrag erstattet, soweit Versicherungsentgelt für einen Zeitraum nach Eintritt dieser Umstände gezahlt worden ist. [2]Absatz 1 Satz 2 und 4 gilt entsprechend.

(3) [1]Entfallen bei der Versicherung von Schiffen nach Zahlung des Versicherungsentgelts die Voraussetzungen für die Steuerbarkeit und die Steuerpflicht, so wird die Steuer auf Antrag erstattet, soweit Versicherungsentgelt für einen Zeitraum nach Eintritt dieser Umstände gezahlt worden ist. [2]Absatz 1 Satz 2 und 4 gilt entsprechend.

(4) Im Fall der Sollversteuerung im Sinne des § 5 Absatz 1 Satz 2 ist die auf nicht vereinnahmte Versicherungsentgelte bereits entrichtete Steuer zu erstatten.

(5) Erlischt gemäß § 4 Absatz 2 die Steuerbefreiung, so ist die Steuer nachzuentrichten, soweit Versicherungsentgelt für einen Zeitraum nach Entfallen der Steuerbefreiung gezahlt worden ist.

---

1) § 8 Abs. 4 Satz 2 neu gef. mWv 10.12.2020 durch G v. 3.12.2020 (BGBl. I S. 2659) und aufgeh. mWv 7.4.2021 durch G v. 30.3.2021 (BGBl. I S. 607).

2) § 9 neu gef. mWv 1.1.2013 durch G v. 5.12.2012 (BGBl. I S. 2431); Abs. 1 Satz 1 neu gef., Sätze 3 und 4 angef., Abs. 2 ersetzt durch Abs. 2 bis 5, bish. Abs. 3 wird Abs. 6, Abs. 7 angef. mWv 10.12.2020 durch G v. 3.12.2020 (BGBl. I S. 2659).

(6) Treten bei der Versicherung von Schiffen nach Zahlung des Versicherungsentgelts die übrigen Voraussetzungen für die Steuerbarkeit und Steuerpflicht ein, so ist für das zeitanteilige Versicherungsentgelt die Steuer nachzuentrichten.

(7) Ist Steuer nach den Absätzen 5 und 6 nachzuentrichten, so ist der Versicherer zum Zweck der Steuerentrichtung berechtigt, die Steuer beim Versicherungsnehmer nachträglich einzufordern oder im Leistungsfall die Versicherungsleistung entsprechend zu kürzen.

§ 10 Aufzeichnungspflichten, Außenprüfung, Änderung nach Außenprüfung. (1)[1] [1] Alle Gesamtschuldner im Sinne des § 7 Absatz 8 Satz 1, die nach der Abgabenordnung oder anderen Gesetzen aufzeichnungspflichtig sind, haben zur Feststellung der Steuer und der Grundlagen ihrer Berechnung Aufzeichnungen zu führen, die alle Angaben enthalten, die für die Besteuerung von Bedeutung sind. [2] Hierzu gehören insbesondere

1. der Name und die Anschrift des Versicherungsnehmers,
2. die Nummer des Versicherungsscheins; bei Bevollmächtigten diejenige des jeweiligen Versicherers,
3. die Versicherungssumme,
4. das Versicherungsentgelt, und zwar sowohl das steuerpflichtige als auch das steuerfreie, sowie das zurückgezahlte und nicht enthaltene Versicherungsentgelt,
5. der Steuerbetrag,
6. der Steuersatz,
7. die vom Lloyd's Register im Auftrag der Internationalen Seeschifffahrts-Organisation (International Maritime Organization) vergebene IMO-Schiffsidentifikationsnummer,
8. die schriftliche Bevollmächtigung im Sinne des § 7 Absatz 4 und 5,
9. bei der offenen Mitversicherung die vorliegenden Informationen über die übrigen Mitversicherer sowie deren jeweilige Anteile am Vertrag.

[3] Wer nach § 7 Absatz 4 steuerentrichtungspflichtig ist, hat den Gesamtbetrag des Versicherungsentgelts sowie die Nummern der Versicherungsscheine aller beteiligten Versicherer in seinen Geschäftsbüchern zu vermerken. [4] Die die Steuerentrichtungspflicht übertragenden Versicherer haben in ihren Geschäftsbüchern anzugeben, wer die Steuer für sie entrichtet hat. [5] Ist das im Geltungsbereich dieses Gesetzes belegene Risiko von einem nicht in dessen Geltungsbereich niedergelassenen Versicherer gedeckt, so hat dieser dem Bundeszentralamt für Steuern auf Anforderung ein vollständiges Verzeichnis der sich auf diese Risiken beziehenden Versicherungsverhältnisse mit den in Satz 2 genannten Angaben schriftlich zu übermitteln. [6] Diese Verpflichtung besteht auch dann, wenn der Versicherer die Voraussetzungen für die Steuerpflicht oder für die Steuerentrichtung nicht für gegeben hält.

---

[1] § 10 Abs. 1 neu gef. mWv 1.1.2014 durch G v. 5.12.2012 (BGBl. I S. 2431); Nr. 4 ergänzt, Nr. 9 angef. mWv 10.12.2020 durch G v. 3.12.2020 (BGBl. I S. 2659).

(2)[1] Bei Personen und Personenvereinigungen, die Versicherungen vermitteln oder ermächtigt sind, für einen Versicherer Zahlungen entgegenzunehmen, ist zur Ermittlung oder Aufklärung von Vorgängen, die nach diesem Gesetz der Steuer unterliegen, eine Außenprüfung (§§ 193 bis 203 der Abgabenordnung) auch insoweit zulässig, als sie der Feststellung der steuerlichen Verhältnisse anderer Personen dient, die gemäß § 7 Steuerschuldner oder Steuerentrichtungsschuldner sind oder für die Steuerentrichtung haften.

(3)[1] Eine Außenprüfung ist auch bei Personen und Personenvereinigungen zulässig, die eine Versicherung im Sinne des § 2 vereinbart haben oder die gemäß § 7 Steuerschuldner oder Steuerentrichtungsschuldner sind oder für die Steuerentrichtung haften.

(4)[1] [1]Steuerbeträge, die auf Grund einer Außenprüfung nachzuentrichten oder zu erstatten sind, sind zusammen mit der Steuer für den letzten Monat, das letzte Quartal oder das letzte Kalenderjahr des Prüfungszeitraums festzusetzen. [2]Nachzuentrichtende Steuerbeträge sind einen Monat nach Bekanntgabe der Festsetzung fällig.

§ 10a Mitteilungspflicht. (1) Die mit der Aufsicht über die Versicherungsunternehmen betrauten Behörden teilen dem Bundeszentralamt für Steuern[2] die zu ihrer Kenntnis gelangenden Versicherer mit.

(2) Das Registergericht teilt Eintragungen von Vereinen oder Genossenschaften, die sich mit dem Abschluß von Versicherungen befassen, dem Bundeszentralamt für Steuern[2] mit; das gilt auch dann, wenn die Vereine oder Genossenschaften ihre Leistungen als Unterstützungen ohne Rechtsanspruch bezeichnen.

§ 10b[3] Anwendungsvorschriften. [1]Wird ein Steuersatz geändert oder die Zahlung des Versicherungsentgelts von der Steuer ausgenommen, ist der neue Steuersatz oder die neue Befreiungsvorschrift auf Versicherungsentgelte anzuwenden, die ab dem Inkrafttreten der Änderung des Steuersatzes oder der neuen Befreiungsvorschrift fällig werden. [2]Satz 1 gilt entsprechend für geänderte oder aufgehobene Befreiungsvorschriften. [3]Wird die Fälligkeit des Versicherungsentgelts geändert für Zeitpunkte, ab denen eine Rechtsänderung in Kraft tritt, so ist die Änderung dieser Fälligkeit im Hinblick auf die Steueranmeldung und Steuerentrichtung insoweit nicht zu berücksichtigen, als sie zu einer niedrigeren Steuer führen würde. [4]Dies gilt entsprechend, wenn ein Versicherungsvertrag zur Änderung der Fälligkeit des Versicherungsentgelts gekündigt und alsbald neu abgeschlossen oder wenn die Fälligkeit des Versicherungsentgelts für einen Zeitpunkt vor Abschluß des Versicherungsvertrags festgelegt wird.

---

[1] § 10 Abs. 2 bis 4 neu gef. mWv 12.12.2012 durch G v. 5.12.2012 (BGBl. I S. 2431); Abs. 4 Satz 2 geänd. mWv 10.12.2020 durch G v. 3.12.2020 (BGBl. I S. 2659).

[2] § 10a Abs. 1 und 2 geänd. mWv 1.7.2010 durch G v. 10.8.2009 (BGBl. I S. 2702).

[3] § 10b Satz 2 eingef., bish. Sätze 2 bis 4 werden Sätze 3 bis 5, Satz 3 neu gef. und Satz 5 aufgeh. mWv 10.12.2020 durch G v. 3.12.2020 (BGBl. I S. 2659).

§ 10c[1] Geschäftstätigkeit von Lloyd's. (1) Der Hauptbevollmächtigte von Lloyd's hat für alle der bei Lloyd's vereinigten Einzelversicherer die nach diesem Gesetz entstandene Steuer als Steuerentrichtungsschuldner anzumelden und zu entrichten, soweit nicht ein anderer nachweislich die Steuer selbst angemeldet und entrichtet hat.

(2) Die §§ 8, 9 und 10 gelten entsprechend.

(3) [1]Steuerfestsetzungen im Sinne des § 168 der Abgabenordnung, behördliche Maßnahmen, insbesondere Verwaltungsakte, sowie gerichtliche Titel auf dem Gebiet des Versicherungsteuerrechts wirken für und gegen die an einem konkreten Versicherungsgeschäft beteiligten Einzelversicherer. [2]Vollstreckungsmaßnahmen in die inländischen Vermögenswerte aller bei Lloyd's vereinigten Einzelversicherer sind zulässig, soweit diese Vermögenswerte von dem Hauptbevollmächtigten verwaltet werden.

§ 11 Ermächtigungen. (1)[2] Das Bundesministerium der Finanzen wird ermächtigt, Rechtsverordnungen, die nicht der Zustimmung des Bundesrates bedürfen, zu erlassen über:

1. die nähere Bestimmung der in diesem Gesetz verwendeten Begriffe,
2. die Abgrenzung der Steuerpflicht sowie den Umfang der Ausnahmen von der Besteuerung und der Steuerermäßigungen, soweit dies zur Wahrung der Gleichmäßigkeit der Besteuerung und zur Beseitigung von Unbilligkeiten in Härtefällen erforderlich ist,
3.[3] den Umfang der Besteuerungsgrundlage,
4.[4] das Besteuerungsverfahren, insbesondere die von den Steuerpflichtigen zu erfüllenden Pflichten und die Beistandspflicht Dritter,
5.[4] Art und Zeitpunkt der Steuerentrichtung,
6.[4] Mitteilungspflichten von Behörden und Gerichten,
7.[4] die Steuerberechnung
   a) bei Einrechnung der Steuer in das Versicherungsentgelt,
   b) nach der Versicherungsleistung,
   c) bei Werten in fremder Währung,
8. die Festsetzung der Steuer in besonderen Fällen in Pauschbeträgen. [2]Dies gilt insbesondere dann, wenn die Feststellung der Steuerbeträge mit Schwierigkeiten und Kosten verbunden wäre, die zur Höhe der Steuer in keinem angemessenen Verhältnis stehen würden,
9. die Erstattung der Steuer.

(2)[2] Das Bundesministerium der Finanzen kann dieses Gesetz und die auf Grund dieses Gesetzes erlassenen Rechtsverordnungen in der jeweils geltenden

---

[1] § 10c eingef. mWv 10.12.2020 durch G v. 3.12.2020 (BGBl. I S. 2659).

[2] § 11 Abs. 1 und 2 geänd. mWv 14.12.2010 durch G v. 8.12.2010 (BGBl. I S. 1768); Abs. 1 einl. Satzteil geänd. mWv 10.12.2020 durch G v. 3.12.2020 (BGBl. I S. 2659).

[3] § 11 Abs. 1 Nr. 3 geänd. mWv 1.7.2010 durch G v. 10.8.2009 (BGBl. I S. 2702).

[4] § 11 Abs. 1 Nrn. 4 bis 7 neu gef. mWv 10.12.2020 durch G v. 3.12.2020 (BGBl. I S. 2659).

Fassung mit neuem Datum und unter neuer Überschrift im Bundesgesetzblatt bekanntmachen.

§ 12[1] Übergangsvorschrift. (1) § 1 Absatz 4 ist anzuwenden für Versicherungsentgelte, die sich auf Versicherungszeiträume ab dem 1. Januar 2014 beziehen.

(2)[2] § 5 Absatz 3 ist erstmals anzuwenden für Versicherungsentgelte, die nach dem 31. Dezember 2013 fällig werden.

(3)[3] [1] § 4 Absatz 1 Nummer 5 und Absatz 2 in der Fassung des Artikels 1 Nummer 3 des Gesetzes vom 3. Dezember 2020 (BGBl. I S. 2659) ist erstmals anzuwenden auf Versicherungsverträge, die nach dem 31. Dezember 2021 geschlossen wurden. [2] Auf Versicherungsverträge, die vor dem 1. Januar 2022 geschlossen worden sind, ist § 4 Nummer 5 in der Fassung des Artikels 1 Nummer 4 des Gesetzes vom 5. Dezember 2012 (BGBl. I S. 2431) anzuwenden. [3] Als Vertragsschluss im Sinne des Satzes 1 gilt jede erstmalige Absicherung eines bestimmten Risikos der Risikoperson durch den Versicherer. [4] Bei Gruppenversicherungsverträgen gilt im Hinblick auf die Risikoperson als Datum des Vertragsschlusses der Tag, an dem die Risikoperson in den Gruppenversicherungsvertrag aufgenommen worden ist.

(4)[3] [1] § 8 Absatz 1 und 3 in der Fassung des Artikels 1 Nummer 7 des Gesetzes vom 3. Dezember 2020 (BGBl. I S. 2659) ist erstmals anzuwenden für Steueranmeldungen, die ab dem 1. Januar 2022 abgegeben werden. [2] Auf Steueranmeldungen, die vor dem 1. Januar 2022 abgegeben werden, ist § 8 in der Fassung des Artikels 1 Nummer 9 des Gesetzes vom 5. Dezember 2012 (BGBl. I S. 2431) anzuwenden.

---

[1] § 12 angef. durch G v. 5.12.2012 (BGBl. I S. 2431).
[2] § 12 Abs. 2 geänd. durch G v. 30.3.2021 (BGBl. I S. 607).
[3] § 12 Abs. 3 und 4 angef. durch G v. 3.12.2020 (BGBl. I S. 2659).

625. Verordnung zur Durchführung des Versicherungsteuergesetzes (Versicherungsteuer-Durchführungsverordnung – VersStDV)[1)]

In der Fassung der Bekanntmachung vom 10. Januar 1996
(BGBl. I S. 28)

Zuletzt geändert durch Gesetz zur Modernisierung des Versicherungsteuerrechts und zur Änderung dienstrechtlicher Vorschriften vom 3.12.2020 (BGBl. I S. 2659)[2)]

BGBl. III/FNA 611-15-1

A. Allgemeine Bestimmungen

§ 1[3)] Begriffsbestimmungen. (1) Versicherer im Sinne des § 1 Absatz 2 des Gesetzes, der im Gebiet eines Mitgliedstaats der Europäischen Union oder eines anderen Vertragsstaats des Abkommens über den Europäischen Wirtschaftsraum niedergelassen ist, ist ein Versicherer, der seinen Sitz oder Wohnsitz in dem genannten Gebiet hat (EWR-Versicherer).

(2) Versicherer im Sinne des § 1 Absatz 3 des Gesetzes, der außerhalb des Gebiets der Mitgliedstaaten der Europäischen Union oder anderer Vertragsstaaten des Abkommens über den Europäischen Wirtschaftsraum niedergelassen ist, ist ein Versicherer, der seinen Sitz oder Wohnsitz außerhalb des genannten Gebiets hat (Drittlandversicherer), auch wenn er über eine zur Aufnahme seiner Tätigkeit erforderliche Zulassung eines Mitgliedstaats verfügt.

(3) Amtliche Register im Sinne des § 1 Absatz 2 Satz 1 Nummer 2 des Gesetzes sind insbesondere

1. für Kraftfahrzeuge das zentrale Fahrzeugregister,
2. für Schiffe die bei den Amtsgerichten geführten Schiffsregister,
3. für Luftfahrzeuge die Luftfahrzeugrolle und
4. für Schienenfahrzeuge das Fahrzeugeinstellungsregister.

(4) Amtlich anerkannte Register im Sinne des § 1 Absatz 2 Satz 1 Nummer 2 des Gesetzes sind insbesondere die in § 5 der Binnenschifffahrt-Kennzeichnungsverordnung genannten Register des

1. Deutschen Motoryachtverbandes e. V.,
2. Deutschen Segler-Verbandes e. V. und
3. Allgemeinen Deutschen Automobilclubs e. V.

(5) Versicherungsnehmer im Sinne des § 1 Absatz 2 Satz 3 des Gesetzes ist bei der Versicherung für fremde Rechnung der materielle Versicherungsnehmer, also die Person, deren Risiken durch die Versicherung gedeckt werden.

---

1) Titel geänd. durch G v. 3.12.2020 (BGBl. I S. 2659).

2) Neubekanntmachung der VersStDV idF der Bek. v. 3.12.2020 (BGBl. I S. 2659) in der ab 10.12.2020 geltenden Fassung.

3) § 1 neu gef. mWv 10.12.2020 durch G v. 3.12.2020 (BGBl. I S. 2659).

(6) [1]Eine Versicherung im Sinne des § 4 Absatz 1 Nummer 5 Buchstabe b des Gesetzes dient der Versorgung der Risikoperson oder von deren nahen Angehörigen im Sinne des § 7 des Pflegezeitgesetzes oder von deren Angehörigen im Sinne des § 15 der Abgabenordnung, wenn die Versicherungsleistung den genannten Personen zugutekommen soll. [2]Dies ist der Fall, wenn

1. der Risikoperson oder deren Angehörigen ein unbedingter Anspruch oder ein Bezugsrecht zusteht,
2. die Risikoperson ein Angehöriger im Sinne des Satzes 1 des Versicherungsnehmers ist und der Versicherungsnehmer die Versicherungsleistung für den Angehörigen beanspruchen kann,
3. der Versicherung eine entsprechende gesetzliche oder vertragliche Verpflichtung des Versicherungsnehmers gegenüber der Risikoperson, einschließlich der Zusage einer Invaliditätsversorgung im Sinne des Betriebsrentengesetzes, zugrunde liegt,
4. der Versicherungsnehmer die Versicherung zur Abdeckung der Risiken einer Personengruppe nimmt und er die Versicherungsleistung nur für die Gruppenmitglieder beanspruchen kann,
5. die Risikoperson eine vom Versicherer finanzierte Naturalleistung erhalten soll oder
6. die Versicherungsleistung in der Anleitung einer Person oder in der Finanzierung einer Anleitung einer Person zur Erbringung von Naturalleistungen gegenüber der Risikoperson besteht.

[3]Sicherungsabtretung und Verpfändung des Anspruchs aus einer Versicherung im Sinne des § 4 Absatz 1 Nummer 5 Buchstabe b des Gesetzes lassen einen bestehenden Versorgungszweck unberührt; das Gleiche gilt für eine Versicherung, mit der das Risiko der Krankheit, der Pflegebedürftigkeit, der Berufs- oder Erwerbsunfähigkeit oder der verminderten Erwerbsfähigkeit eines Kreditnehmers zugunsten des Kreditinstituts versichert wird.

(7) Als zur Entgegennahme des Versicherungsentgelts Bevollmächtigter im Sinne des § 7 Absatz 3 des Gesetzes gilt der nach den Vorschriften des Versicherungsaufsichtsgesetzes von Versicherungsunternehmen eines Drittstaats für die Aufnahme des Geschäftsbetriebs im Inland bestellte Hauptbevollmächtigte, es sei denn, der Versicherer bestimmt eine andere Person mit Wohnsitz oder Sitz im Gebiet der Mitgliedstaaten der Europäischen Union oder anderer Vertragsstaaten des Abkommens über den Europäischen Wirtschaftsraum.

§ 2[1)] **Anzeigepflichten für Versicherer.** (1) [1]Ein EWR-Versicherer hat die Aufnahme des Versicherungsgeschäfts im Geltungsbereich des Gesetzes binnen zwei Wochen gegenüber dem Bundeszentralamt für Steuern anzuzeigen. [2]Das Gleiche gilt für eine Person oder eine Personenvereinigung, die an einem Versicherungsvertrag im Sinne des § 2 Abs. 1 des Gesetzes beteiligt ist.

(2) [1]Zugleich mit der Anzeige hat der Versicherer dem Bundeszentralamt für Steuern zu erklären, ob er die Erfüllung der Steuerpflicht selbst überneh-

[1)] § 2 Überschr. neu gef., Abs. 1 Sätze 1 und 2 geänd., Abs. 2 Satz 1 geänd., Abs. 3 geänd., Abs. 4 neu gef. mWv 10.12.2020 durch G v. 3.12.2020 (BGBl. I S. 2659).

men oder den zur Entgegennahme von Prämienzahlungen ermächtigten Personen (Bevollmächtigten) übertragen will. [2]In der Anzeige hat der Versicherer alle Bevollmächtigten, denen er die Erfüllung der Steuerpflicht übertragen hat, unter Angabe ihres Wohnsitzes (Sitzes, Geschäftsleitung) und des Umfangs der Übertragung aufzuführen.

(3) Veränderungen gegenüber den in der Anzeige nach den Absätzen 1 und 2 gemachten Angaben hat der Versicherer binnen zwei Wochen dem Bundeszentralamt für Steuern zu erklären.

(4) Die Absätze 1 bis 3 gelten entsprechend für eine inländische Zweigniederlassung eines Drittlandversicherers im Sinne des Versicherungsaufsichtsgesetzes, der die Leitung des Geschäfts im Geltungsbereich des Gesetzes übertragen ist.

§ 3[1)] Anzeigepflicht für Versicherungsnehmer und Vermittler. [1]Nimmt ein Versicherungsnehmer eine Versicherung bei einem Drittlandversicherer, der keinen zur Entgegennahme des Versicherungsentgelts Bevollmächtigten mit Wohnsitz oder Sitz im Gebiet eines Mitgliedstaats der Europäischen Union oder eines anderen Vertragsstaats des Abkommens über den Europäischen Wirtschaftsraum bestellt hat, so muss der Versicherungsnehmer den Abschluss der Versicherung gegenüber dem Bundeszentralamt für Steuern unverzüglich anzeigen. [2]Das Gleiche gilt für einen Vermittler, der den Abschluss der Versicherung vermittelt hat.

§ 4[1)] Informationsanspruch des Steuerentrichtungsschuldners. [1]Zur Gewährleistung eines ordnungsgemäßen Besteuerungsverfahrens ist der Steuerentrichtungsschuldner berechtigt, von allen an der Begründung oder Durchführung eines Versicherungsverhältnisses Beteiligten Informationen über die für die Besteuerung erheblichen Tatsachen zu verlangen. [2]Hierzu gehören insbesondere

1. der Eintritt von Umständen nach Begründung des Versicherungsverhältnisses, die zu einer Steuerpflicht der Zahlung von Versicherungsentgelt führen;
2. die Höhe eines der Versicherungsteuer unterliegenden Verkaufsaufschlags bei auf Vermarktung durch den Versicherungsnehmer angelegten Gruppenversicherungen, es sei denn, der Versicherungsnehmer nimmt die Anmeldung und die Entrichtung der Steuer für den gesamten Gruppenversicherungsvertrag selbst vor;
3. der Eintritt der für die Nachversteuerung im Sinne des § 9 Absatz 5 und 6 des Gesetzes maßgebenden Umstände;
4. die Versicherungsteuernummer eines beteiligten Mitversicherers, auch wenn er durch einen Makler vertreten wird.

§ 5 Ausnahme von der Besteuerung bei Viehversicherungen. Sind bei einer Viehversicherung statt einer Versicherungssumme feste Entschädigungs-

---

1) §§ 3 und 4 eingef. mWv 10.12.2020 durch G v. 3.12.2020 (BGBl. I S. 2659).

beträge für jedes Stück Vieh vereinbart, so gilt die Ausnahmevorschrift des § 4 Nr. 9 des Gesetzes nur, wenn der Höchstbetrag der Ersatzpflicht des Versicherers gegenüber einem Versicherungsnehmer im Zeitpunkt der Zahlung des Versicherungsentgelts 4000 Euro nicht übersteigt.

B. Besteuerungsverfahren

I. Allgemeines[1]

§ 6[2] Empfangsbevollmächtigter in den Fällen des § 2 Absatz 1 des Gesetzes. (1) Für Zusammenschlüsse von Personen und Personenvereinigungen, die eine Vereinbarung im Sinne des § 2 Absatz 1 des Gesetzes treffen, ist ein gemeinsamer Empfangsbevollmächtigter zu bestellen, der für alle Beteiligten die Verwaltungsakte und Mitteilungen in Empfang nimmt, die mit dem Besteuerungsverfahren und einem gegebenenfalls sich anschließendem[3] Rechtsbehelfsverfahren zusammenhängen.

(2) Ist ein Empfangsbevollmächtigter nach Absatz 1 nicht vorhanden, so gilt als Empfangsbevollmächtigter, wer zur Vertretung des Zusammenschlusses, zur Verwaltung der Versicherung oder zur Organisation der tatsächlichen Durchführung der Vereinbarung berechtigt ist.

(3) [1] Ist weder ein Empfangsbevollmächtigter nach Absatz 1 noch ein Berechtigter nach Absatz 2 vorhanden, fordert das Bundeszentralamt für Steuern die Beteiligten auf, innerhalb einer bestimmten Frist einen Empfangsbevollmächtigten zu benennen. [2] Die Aufforderung ist mit einem Vorschlag und dem Hinweis zu versehen, dass der vorgeschlagenen Person die in Absatz 1 genannten Verwaltungsakte und Mitteilungen mit Wirkung für und gegen alle Beteiligten bekannt gegeben werden, sofern nicht ein anderer Empfangsbevollmächtigter benannt wird. [3] Die Bekanntgabe an Empfangsbevollmächtigte erfolgt mit Wirkung für und gegen alle Beteiligten.

§ 7[2] Steuerberechnung bei Werten in fremder Währung. [1] Werte in fremder Währung sind zur Berechnung der Steuer in Euro umzurechnen. [2] Hierfür ist der Umsatzsteuer-Umrechnungskurs anzuwenden, den das Bundesministerium der Finanzen als Durchschnittskurs für die jeweilige Währung für denjenigen Monat öffentlich bekannt gibt, in dem das Versicherungsentgelt gezahlt oder bei Sollversteuerung fällig wird. [3] Eine Umrechnung nach dem durch Bankmitteilung oder Kurszettel nachgewiesenen Tageskurs kann vom Bundeszentralamt für Steuern gestattet werden.

II. Erstattung der Steuer

§ 8[2] Steuererstattung bei Rückzahlung von unverdientem Versicherungsentgelt. (1) [1] In den Fällen des § 9 Absatz 1 des Gesetzes erfolgt die

[1] Zwischenüberschrift geänd. durch G v. 3.12.2020 (BGBl. I S. 2659).
[2] §§ 6 bis 8 eingef. mWv 10.12.2020 durch G v. 3.12.2020 (BGBl. I S. 2659).
[3] Sic.

Steuererstattung im Rahmen der Steueranmeldung für den Anmeldungszeitraum, in dem der Rückzahlungserfolg eingetreten ist. [2]Die für das zurückgezahlte Versicherungsentgelt bereits entrichtete Steuer ist von der für den genannten Anmeldungszeitraum anzumeldenden Steuer abzuziehen. [3]Der erkennbar vorgenommene Steuerabzug gilt zugleich als Antrag auf Steuererstattung im Sinne des § 9 Absatz 1 Satz 1 des Gesetzes.

(2) [1]Hat ein Versicherungsnehmer selbst die Steuer angemeldet und an das Bundeszentralamt für Steuern entrichtet, wird ihm die Steuer auf Antrag erstattet. [2]Im Antrag ist der Grund für die Rückzahlung von Versicherungsentgelt anzugeben. [3]Dem Antrag sind Nachweise über das an den Versicherungsnehmer zurückgezahlte Versicherungsentgelt und über den Zeitpunkt der Rückzahlung beizufügen.

§ 9[1)] Steuererstattung bei nachträglichem Eintritt der Steuerbefreiung. [1]Die Steuererstattung nach § 9 Absatz 2 des Gesetzes bezieht sich auf den Steuerbetrag, der auf den Anteil des gezahlten Versicherungsentgelts entfällt, der für einen Zeitraum nach Eintritt der die Steuerbefreiung begründenden Umstände geleistet worden ist. [2]Die Steuererstattung erfolgt durch erkennbar vorgenommenen Steuerabzug im Rahmen der Steueranmeldung für den Anmeldungszeitraum, in dem der Steuerentrichtungspflichtige von den die Steuerbefreiung begründenden Umständen Kenntnis erlangt.

§ 10[1)] Steuererstattung bei nachträglichem Entfallen der Steuerbarkeit bei der Versicherung von Schiffen. [1]Die Steuererstattung nach § 9 Absatz 3 des Gesetzes bezieht sich auf den Steuerbetrag, der auf den Anteil des gezahlten Versicherungsentgelts entfällt, der für einen Zeitraum nach Eintritt der Umstände geleistet worden ist, die das Entfallen der Steuerbarkeitsvoraussetzungen und der Steuerpflicht begründen. [2]Die Steuererstattung erfolgt durch erkennbar vorgenommenen Steuerabzug im Rahmen der Steueranmeldung für den Anmeldungszeitraum, in dem der Steuerentrichtungspflichtige von Umständen Kenntnis erlangt, die zum Entfallen der Steuerbarkeit geführt haben.

§ 11[1)] Steuererstattung bei nicht vereinnahmtem Versicherungsentgelt. [1]Eine Steuererstattung nach § 9 Absatz 4 des Gesetzes erfolgt im Rahmen der Steueranmeldung für den Anmeldungszeitraum, in dem der Versicherer die Versicherung ganz oder teilweise in Abgang gestellt hat. [2]Die für das nicht vereinnahmte Versicherungsentgelt bereits entrichtete Steuer ist erkennbar von der für den genannten Anmeldungszeitraum anzumeldenden Steuer abzuziehen.

[1)] §§ 9–11 eingef. mWv 10.12.2020 durch G v. 3.12.2020 (BGBl. I S. 2659).

III. Nachentrichtung der Steuer und Entrichtung im Pauschverfahren[1]

§ 12[2] Nachentrichtung. Die Nachentrichtung der Steuer in den Fällen des § 9 Absatz 5 und 6 des Gesetzes hat im Rahmen der Steueranmeldung für den Anmeldungszeitraum zu erfolgen, in dem der Steuerentrichtungspflichtige von den Umständen Kenntnis erlangt, die die Steuerpflicht begründen.

§ 13[3] Berechnung und Entrichtung der Steuer im Pauschverfahren. Das Bundeszentralamt für Steuern kann in Fällen, in denen die Feststellung der Unterlagen für die Steuerfestsetzung unverhältnismäßig schwierig sein würde, die Berechnung und Entrichtung der Steuer im Pauschverfahren zulassen.

---

[1] Zwischenüberschrift eingef. durch G v. 3.12.2020 (BGBl. I S. 2659).
[2] § 12 eingef. mWv 10.12.2020 durch G v. 3.12.2020 (BGBl. I S. 2659).
[3] § 10 wird § 13 und Überschr. neu gef. mWv 10.12.2020 durch G v. 3.12.2020 (BGBl. I S. 2659).

630. Rennwett- und Lotteriegesetz[1)]

Vom 8. April 1922 (RGBl. I S. 393)

Geändert durch Gesetze und VOen vom 20.3.1923 (RGBl. I S. 198), vom 23.6.1923 (RGBl. I S. 483), vom 19.12.1923 (RGBl. I S. 1205), vom 7.1.1924 (RGBl. I S. 25), vom 21.1.1924 (RGBl. I S. 34), vom 12.2.1924 (RGBl. I S. 107), vom 14.2.1924 (RGBl. I S. 74), vom 1.12.1930 (RGBl. I S. 517), vom 10.4.1933 (RGBl. I S. 191), vom 23.3.1934 (RGBl. I S. 213), vom 30.10.1944 (RGBl. I S. 287), vom 19.3.1964 (BGBl. I S. 213), vom 10.8.1967 (BGBl. I S. 877), vom 25.6.1969 (BGBl. I S. 645), vom 2.3.1974 (BGBl. I S. 469), vom 16.12.1974 (BGBl. I S. 3561), vom 21.5.1976 (BGBl. I S. 1249), vom 14.12.1976 (BGBl. I S. 3341), vom 14.12.1984 (BGBl. I S. 1493), vom 16.12.1986 (BGBl. I S. 2441), vom 20.12.1993 (BGBl. I S. 2254), vom 17.5.2000 (BGBl. I S. 715), vom 25.6.2001 (BGBl. I S. 1215), vom 29.10.2001 (BGBl. I S. 2785), vom 20.12.2001 (BGBl. I S. 3794), vom 24.8.2002 (BGBl. I S. 3412), vom 31.10.2006 (BGBl. I S. 2407, ber. I 2007 S. 2149), vom 29.6.2012 (BGBl. I S. 1424), Zehnte Zuständigkeitsanpassungsverordnung vom 31.8.2015 (BGBl. I S. 1474), Zweites Gesetz zur Anpassung des Datenschutzrechts an die Verordnung (EU) 2016/679 und zur Umsetzung der Richtlinie (EU) 2016/680 (Zweites Datenschutz-Anpassungs- und Umsetzungsgesetz EU – 2. DSAnpUG-EU) vom 20.11.2019 (BGBl. I S. 1626), Gesetz zur weiteren steuerlichen Förderung der Elektromobilität und zur Änderung weiterer steuerlicher Vorschriften vom 12.12.2019 (BGBl. I S. 2451) und Sechzigstes Gesetz zur Änderung des Strafgesetzbuches – Modernisierung des Schriftenbegriffs und anderer Begriffe sowie Erweiterung der Strafbarkeit nach den §§ 86, 86a, 111 und 130 des Strafgesetzbuches bei Handlungen im Ausland vom 30.11.2020 (BGBl. I S. 2600)

BGBl. III/FNA 611-14

Der Reichstag hat das folgende Gesetz beschlossen, das mit Zustimmung des Reichsrats hiermit verkündet wird.

I. Rennwetten

1. Allgemeine Vorschriften

§ 1[2)] [Erlaubnis für Totalisatorunternehmen] (1) Ein Verein, der das Unternehmen eines Totalisators aus Anlaß öffentlicher Pferderennen und anderer öffentlicher Leistungsprüfungen für Pferde betreiben will, bedarf der Erlaubnis der nach Landesrecht zuständigen Behörde.

(2) [1]Die Erlaubnis kann mit einer Befristung oder einem Vorbehalt des Widerrufs erteilt oder mit einer Auflage oder einem Vorbehalt einer nachträglichen Aufnahme, Änderung oder Ergänzung einer Auflage verbunden werden. [2]Sie kann auf einzelne Veranstaltungen beschränkt werden.

(3) Die Erlaubnis darf nur solchen Vereinen erteilt werden, welche die Sicherheit bieten, daß sie die Einnahmen ausschließlich zum Besten der Landespferdezucht verwenden.

(4) [1]Eine Erlaubnis für den Betrieb eines Totalisators aus Anlass öffentlicher Pferderennen im Ausland und anderer ausländischer Leistungsprüfungen für

---

[1)] **Zur Anwendung im Beitrittsgebiet ab 1.1.1991** siehe Einigungsvertrag mit Anlage I Kap. IV Abschn. II Nr. 14.

[2)] § 1 Abs. 1 und 2 neu gef. durch G v. 16.12.1986 (BGBl. I S. 2441); Abs. 4 angef. mWv 1.7.2012 durch G v. 29.6.2012 (BGBl. I S. 1424).

Pferde darf Vereinen erteilt werden, wenn sie die Sicherheit bieten, dass sie die Einnahmen daraus ebenfalls ausschließlich zum Besten der Landespferdezucht verwenden. [2]Der Betrieb von Totalisatoren ist diesen Vereinen auch in Kooperation mit anderen Rennvereinen und Totalisatorveranstaltern grenzüberschreitend gestattet.

§ 2[1)] [Buchmacherkonzession] (1) Wer gewerbsmäßig Wetten bei öffentlichen Leistungsprüfungen für Pferde abschließen oder vermitteln will (Buchmacher), bedarf der Erlaubnis der nach Landesrecht zuständigen Behörde.

(2) [1]Der Buchmacher bedarf der Erlaubnis für die Örtlichkeit, wo die Wetten entgegengenommen oder vermittelt werden, und auch für die Personen, deren er sich zum Abschluß und zur Vermittlung von Wetten bedienen will. [2]Die nach Landesrecht zuständige Behörde darf die Erlaubnis nur für die Örtlichkeiten ihres Landesgebiets erteilen. [3]Die Erlaubnis kann mit einer Befristung oder einem Vorbehalt des Widerrufs erteilt oder mit einer Auflage oder einem Vorbehalt einer nachträglichen Aufnahme, Änderung oder Ergänzung einer Auflage verbunden werden.

(3) *(aufgehoben)*

§ 3[2)] [Ermächtigung zur Rechtsverordnung] Das Bundesministerium für Ernährung und Landwirtschaft[3)] wird ermächtigt, durch Rechtsverordnung im Einvernehmen mit dem Bundesministerium für Wirtschaft und Energie[3)] und mit Zustimmung des Bundesrates zum Zweck der Förderung der Tierzucht mit Pferden

1. die näheren Voraussetzungen für das Erteilen einer Erlaubnis nach § 1 Absatz 1 oder § 2 Absatz 1 in Verbindung mit Absatz 2,
2. die Tatbestände, auf die sich die Erlaubnis erstreckt,
3. das Verfahren für das Erteilen der Erlaubnis, einschließlich der Aufbewahrungspflichten,
4. das Beurkunden und Aufzeichnen abgeschlossener Wetten durch den Erlaubnisinhaber, einschließlich der Aufbewahrung der Urkunden und Bescheinigungen,
5.[4)] die Einzelheiten des Zuweisungsverfahrens und der Begrenzung der Höhe der Zuweisungen auf die Nettokosten nach § 16 Absatz 1 sowie die Zerlegung des zuweisungsfähigen Aufkommens der Buchmachersteuer nach den

---

[1)] § 2 Abs. 1 Satz 1 geänd., bish. Sätze 2 und 3 aufgeh., Abs. 2 bish. Satz 2 aufgeh., neuer Satz 2 geänd. und Satz 3 angef., Abs. 3 aufgeh. durch G v. 16.12.1986 (BGBl. I S. 2441).

[2)] § 3 neu gef., § 4 Abs. 1 Satz 2 neu gef., Abs. 2 Satz 1 geänd. und Abs. 3 neu gef. durch G v. 16.12.1986 (BGBl. I S. 2441); § 3 neu gef. mWv 1.7.2012 durch G v. 29.6.2012 (BGBl. I S. 1424).

[3)] Bezeichnung geänd. durch VO v. 31.8.2015 (BGBl. I S. 1474).

[4)] § 3 Nr. 5 Klammerzusatz ergänzt durch G v. 12.12.2019 (BGBl. I S. 2451); zum Inkrafttreten vgl. Art. 39 Abs. 9 des G v. 12.12.2019; die erforderliche Genehmigung der Europ. Kommission wurde am 17.12.2020 erteilt und gilt zunächst bis zum 17.12.2027 (BGBl. I 2021 S. 97).

§§ 11 und 16 [***17.12.2020–17.12.2027:*** und der Sportwettensteuer nach den §§ 16 und 17 Absatz 2 sowie die besonderen Mitteilungs- und Aufzeichnungspflichten nach § 16 Absatz 3]

zu regeln.

§ 4[1)] **[Wettschein und Wettbuch]** (1) [1]Der Unternehmer des Totalisators und der Buchmacher haben über die Wette eine Urkunde (Wettschein) auszustellen. [2]Welche Angaben der Wettschein enthalten muß, bestimmt das Bundesministerium für Ernährung und Landwirtschaft[2)] durch Rechtsverordnung mit Zustimmung des Bundesrates.

(2) [1]Ist der Wettschein ausgehändigt, so ist die Wette für den Unternehmer des Totalisators und den Buchmacher verbindlich. [2]Ein von dem Wettenden gezahlter Einsatz kann nicht unter Berufung auf § 762 des Bürgerlichen Gesetzbuchs zurückverlangt werden. [3]Soweit der Einsatz nicht gezahlt ist, kann er von dem Gewinn abgezogen werden. [4]Im übrigen bleiben die Vorschriften des Bürgerlichen Gesetzbuchs unberührt.

(3) Auf einem Rennplatz ist den Buchmachern nur das Legen von Wetten zu festen Odds für die dort am Renntag stattfindenden Rennen gestattet.

(4) Auf den Rennplätzen dürfen von den Buchmachern nur Wetteinsätze im Betrage von mindestens fünfzehn Euro[3)] angenommen werden.

§ 5[4)] **[Strafvorschriften]** (1) Wer ohne Erlaubnis ein Totalisatorunternehmen betreibt oder gewerbsmäßig Wetten abschließt oder vermittelt, wird mit Freiheitsstrafe bis zu zwei Jahren oder mit Geldstrafe bestraft.

(2) *(aufgehoben)*

§ 6[5)] **[Gewerbsmäßige Wetten]** (1) [1]Wer gewerbsmäßig zum Abschluß oder zur Vermittlung von Wetten auffordert oder sich erbietet oder Angebote zum Abschluß oder zur Vermittlung solcher Wetten entgegennimmt, wird mit Freiheitsstrafe bis zu sechs Monaten oder mit Geldstrafe bis zu einhundertachtzig Tagessätzen bestraft. [2]Unter dieses Verbot fallen nicht Aufforderungen, Erbieten und Angebote der zugelassenen Wettunternehmer sowie der Personen, deren sich die Wettunternehmer mit Genehmigung der nach Landesrecht zuständigen Behörde zum Abschluß und zur Vermittlung von Wetten bedienen, soweit diese Personen bei der Abwicklung von Wettgeschäften im Auftrag des Wettunternehmers handeln.

(2) *(aufgehoben)*

---

1) § 3 neu gef., § 4 Abs. 1 Satz 2 neu gef., Abs. 2 Satz 1 geänd. und Abs. 3 neu gef. durch G v. 16.12.1986 (BGBl. I S. 2441); § 3 neu gef. mWv 1.7.2012 durch G v. 29.6.2012 (BGBl. I S. 1424).

2) Bezeichnung geänd. durch VO v. 31.8.2015 (BGBl. I S. 1474).

3) Betrag geänd. mWv 1.1.2002 durch G v. 25.6.2001 (BGBl. I S. 1215).

4) § 5 Abs. 1 geänd. durch G v. 25.6.1969 (BGBl. I S. 645) und v. 2.3.1974 (BGBl. I S. 469), Abs. 2 aufgeh. durch G v. 2.3.1974 (BGBl. I S. 469).

5) § 6 Abs. 1 Satz 1 geänd. sowie Abs. 2 aufgeh. durch G v. 2.3.1974 (BGBl. I S. 469), Abs. 1 Satz 2 geänd. durch G v. 16.12.1986 (BGBl. I S. 2441).

§ 7[1)] [Bußgeldvorschriften] (1) Ordnungswidrig handelt, wer als Buchmacher oder dessen Gehilfe außerhalb der Örtlichkeiten, für welche die Erlaubnis erteilt ist (§ 2 Abs. 2), Wetten abschließt oder vermittelt oder Angebote dazu entgegennimmt.

(2) Ordnungswidrig handelt ferner, wer

1. ohne zugelassener Unternehmer eines Totalisators oder zugelassener Buchmacher zu sein, außerhalb der Örtlichkeiten des Totalisatorunternehmens oder der Örtlichkeiten, für welche die Erlaubnis erteilt ist (§ 2 Abs. 2), öffentlich oder durch Verbreiten eines Inhalts (§ 11 Absatz 3 des Strafgesetzbuches) zum Abschluß von Wetten auffordert,
2. gegen Entgelt Voraussagen über den Ausgang von Rennen verbreitet,
3. in seinen Räumen, die für das Unternehmen eines Totalisators oder eines Buchmachers nicht zugelassen sind, den Abschluß oder die Vermittlung von Wetten duldet,

[***17.12.2020–17.12.2027:***

4.[2)] entgegen § 16 Absatz 3 Satz 1 eine Aufzeichnung nicht, nicht richtig oder nicht vollständig führt oder

5.[2)] entgegen § 16 Absatz 3 Satz 2 eine Mitteilung nicht, nicht richtig, nicht vollständig oder nicht rechtzeitig macht.]

(3) Absatz 2 Nr. 2 gilt nicht für redaktionelle Veröffentlichungen in einer periodisch erscheinenden Druckschrift, soweit diese nicht ausschließlich oder überwiegend der Verbreitung von Voraussagen dient.

(4) Die Ordnungswidrigkeit kann mit einer Geldbuße bis zu fünftausend Euro[3)] geahndet werden.

§§ 8, 9[4)]. *(aufgehoben)*

2. Steuervorschriften

§ 10 [Steuersatz für Totalisatorwetten] (1)[5)] Von den am Totalisator gewetteten Beträgen hat der Unternehmer des Totalisators eine Steuer von 5 vom Hundert zu entrichten.

(2) Diese Steuer ist auch dann zu entrichten, wenn ausschließlich Mitglieder bestimmter Vereine zum Wetten zugelassen werden.

[1)] § 7 neu gef. durch G v. 2.3.1974 (BGBl. I S. 469); Abs. 2 Nr. 1 geänd. mWv 1.1.2021 durch G v. 30.11.2020 (BGBl. I S. 2600).

[2)] § 7 Abs. 2 Nr. 4 und 5 angef. durch G v. 12.12.2019 (BGBl. I S. 2451); zum Inkrafttreten vgl. Art. 39 Abs. 9 des G v. 12.12.2019; die erforderliche Genehmigung der Europ. Kommission wurde am 17.12.2020 erteilt und gilt zunächst bis zum 17.12.2027 (BGBl. I 2021 S. 97).

[3)] Betrag geänd. mWv 1.1.2002 durch G v. 25.6.2001 (BGBl. I S. 1215).

[4)] §§ 8 und 9 aufgeh. durch G v. 2.3.1974 (BGBl. I S. 469).

[5)] §§ 10 Abs. 1 und 11 Abs. 1 neu gef. mWv 1.7.2012 durch G v. 29.6.2012 (BGBl. I S. 1424).

(3) Die Steuerschuld entsteht mit dem Schlusse der Annahme von Wetteinsätzen.

§ 11 [Steuersatz bei Buchmacherwetten] (1)[1] Der Buchmacher hat von jeder bei ihm abgeschlossenen Wette eine Steuer von 5 vom Hundert des Wetteinsatzes zu entrichten.

(2) Die Steuerschuld entsteht, wenn die Wette verbindlich geworden ist (§ 4 Abs. 2), spätestens jedoch mit der Entscheidung des Rennens, auf das sich die Wette bezieht.

§ 12 [Entstehen der Steuerschuld] Die Steuerschuld entsteht ohne Rücksicht darauf, ob das Totalisatorunternehmen erlaubt oder der Buchmacher zugelassen war.

§ 13 [Steuerschuldner, Fälligkeit] (1) [1]Steuerschuldner ist der Unternehmer des Totalisators (§ 1) oder der Buchmacher (§ 2). [2]Die Steuer ist innerhalb einer Woche nach Ablauf jedes halben Kalendermonats zu entrichten, sofern sie nicht durch Verwendung und Entwertung von Stempelzeichen erhoben wird.

(2) Der *Reichs*minister der Finanzen bestimmt, wie die Steuer entrichtet wird, insbesondere ob und in welcher Weise Stempelzeichen zu verwenden sind.

§§ 14, 15[2]. *(aufgehoben)*

§ 16[3] **[Totalisator]** (1)[4] [1]Die Rennvereine, die einen Totalisator betreiben, erhalten vorbehaltlich des Absatzes 2 eine Zuweisung in Höhe von bis zu 96 vom Hundert des Aufkommens der Totalisatorsteuer nach § 10 *und der Buchmachersteuer nach § 11* [***17.12.2020–17.12.2027:*** , der Buchmachersteuer nach § 11 und der Sportwettensteuer nach § 17 Absatz 2, die von Veranstaltern einer Sportwette mit Wohnsitz, gewöhnlichen Aufenthalt, Ort der Geschäftsleitung oder Sitz im Ausland für inländische Pferderennen abgeführt wird]. [2]Sie haben die Beträge zu Zwecken der öffentlichen Leistungsprüfungen für Pferde zu verwenden. [3]Die nach Landesrecht zuständigen Behörden setzen die Anteile der Rennvereine fest und treffen die erforderlichen Bestimmungen. [4]Die Anteile können für die einzelnen Rennvereine unterschiedlich bemessen werden. [5]Sie dürfen nicht über das hinausgehen, was

---

[1] §§ 10 Abs. 1 u. 11 Abs. 1 neu gef. mWv 1.7.2012 durch G v. 29.6.2012 (BGBl. I S. 1424).

[2] § 14 aufgeh. durch G v. 10.8.1967 (BGBl. I S. 877), § 15 aufgeh. durch G v. 14.12.1976 (BGBl. I S. 3341).

[3] § 16 neu gef. durch G v. 29.6.2012 (BGBl. I S. 1424); zum Inkrafttreten siehe Art. 5 Abs. 3 dieses Gesetzes iVm der Bekanntmachung über das Inkrafttreten vom 8.7.2013 (BGBl. I S. 2236) am 2.7.2013 nach Genehmigung durch die Europäische Kommission.

[4] § 16 Abs. 1 Satz 1 geänd. durch G v. 12.12.2019 (BGBl. I S. 2451); zum Inkrafttreten vgl. Art. 39 Abs. 9 des G v. 12.12.2019; die erforderliche Genehmigung der Europ. Kommission wurde am 17.12.2020 erteilt und gilt zunächst bis zum 17.12.2027 (BGBl. I 2021 S. 97).

erforderlich ist, um die Nettokosten der Durchführung der öffentlichen Leistungsprüfungen für Pferde durch den jeweiligen Rennverein zu decken.

(2)[1] Absatz 1 findet keine Anwendung auf das Aufkommen der Totalisatorsteuer nach § 10, das mittels Erlaubnissen nach § 1 Absatz 4 erzielt wird, und auf das Aufkommen der Buchmachersteuer nach § 11, *das durch den Abschluss oder die Vermittlung von Wetten* [***17.12.2020–17.12.2027:*** und der Sportwettensteuer nach § 17 Absatz 2, das jeweils] aus Anlass von Pferderennen im Ausland erzielt wird.

[***17.12.2020–17.12.2027:***

(3)[2] [1]Für Zwecke des Zuweisungsverfahrens haben der im Inland ansässige Unternehmer des Totalisators (§ 1 Absatz 1), der im Inland ansässige Buchmacher (§ 2 Absatz 1, 2 Satz 1) und der im Ausland ansässige Veranstalter von Sportwetten auf inländische Pferderennen für das jeweils zuweisungsfähige Steueraufkommen nach Absatz 1 besondere Aufzeichnungen zu führen. [2]Der im Inland ansässige Buchmacher und der im Ausland ansässige Veranstalter von Sportwetten haben monatlich die Buchmachersteuerbeträge oder die Sportwettensteuerbeträge aufgeschlüsselt mitzuteilen, die für Wetten auf inländische Pferderennen angemeldet und abgeführt wurden. [3]Aus Vereinfachungsgründen ist es zulässig, diese Angaben von dem Mitteilungspflichtigen im Rahmen des Steueranmeldungsverfahrens anzufordern.]

II. Besteuerung von Lotterien, Ausspielungen und Sportwetten[3]

§ 17[3], [4] **[Steuerpflicht]** (1) [1]Im Inland veranstaltete öffentliche Lotterien und Ausspielungen unterliegen einer Steuer. [2]Eine Lotterie oder Ausspielung nach Satz 1 gilt als öffentlich, wenn die für die Genehmigung zuständige Behörde sie als genehmigungspflichtig ansieht. [3]Die Steuer beträgt 20 vom Hundert des planmäßigen Preises (Nennwert) sämtlicher Lose ausschließlich der Steuer.

(2) [1]Wetten aus Anlass von Sportereignissen (Sportwetten), die nicht als Rennwetten nach Abschnitt I dieses Gesetzes besteuert werden, unterliegen einer Steuer, wenn

1. die Sportwette im Inland veranstaltet wird oder
2. der Spieler eine natürliche Person ist und bei Abschluss des Wettvertrages seinen Wohnsitz oder gewöhnlichen Aufenthalt im Geltungsbereich dieses

---

[1] § 16 Abs. 2 geänd. durch G v. 12.12.2019 (BGBl. I S. 2451); zum Inkrafttreten vgl. Art. 39 Abs. 9 des G v. 12.12.2019; die erforderliche Genehmigung der Europ. Kommission wurde am 17.12.2020 erteilt und gilt zunächst bis zum 17.12.2027 (BGBl. I 2021 S. 97).

[2] § 16 Abs. 3 angef. durch G v. 12.12.2019 (BGBl. I S. 2451); zum Inkrafttreten vgl. Art. 39 Abs. 9 des G v. 12.12.2019; die erforderliche Genehmigung der Europ. Kommission wurde am 17.12.2020 erteilt und gilt zunächst bis zum 17.12.2027 (BGBl. I 2021 S. 97).

[3] Überschrift und § 17 neu gef. mWv 1.4.2000 durch G v. 17.5.2000 (BGBl. I S. 715); neu gef. mWv 1.7.2012 durch G v. 29.6.2012 (BGBl. I S. 1424).

[4] Vgl. VO v. 1.3.1961 (BGBl. I S. 138, geänd. durch G v. 20.12.2001, BGBl. I S. 3794):

„§ 1. Von der Festsetzung der Lotteriesteuer nach § 17 ist abzusehen, wenn die für die einzelne Lotterie oder Ausspielung festzusetzende Steuer den Betrag von *5 Euro* nicht übersteigt."

Gesetzes hat oder, wenn er keine natürliche Person ist, bei Abschluss des Wettvertrages seine Geschäftsleitung oder seinen Sitz im Geltungsbereich dieses Gesetzes hat. 2 Dies gilt nicht, wenn der Spieler sich bei Abschluss des Wettvertrages außerhalb des Geltungsbereiches dieses Gesetzes aufhält und die zur Entstehung des Wettvertrages erforderlichen Handlungen dort vorgenommen werden.

2 Die Steuer beträgt 5 vom Hundert des Nennwertes der Wettscheine beziehungsweise des Spieleinsatzes.

§ 18[1)] **[Befreiungen]** Von der Besteuerung ausgenommen sind

1. Ausspielungen
   a) bei denen Ausweise nicht erteilt werden oder
   b) bei denen der Gesamtpreis der Lose einer Ausspielung den Wert von 650 Euro[2)] nicht übersteigt,

   es sei denn, daß der Veranstalter ein Gewerbetreibender oder Reisegewerbetreibender im Sinne des Gewerberechts ist oder daß die Gewinne ganz oder teilweise in barem Geld bestehen;
2. von den zuständigen Behörden genehmigte Lotterien und Ausspielungen, bei denen der Gesamtpreis der Lose einer Lotterie oder Ausspielung
   a) bei Lotterien und Ausspielungen zu ausschließlich gemeinnützigen, mildtätigen oder kirchlichen Zwecken den Wert von 40 000 Euro[3)],
   b) in allen anderen Fällen den Wert von 240 Euro[3)]

   nicht übersteigt.

§ 19[4)] **[Steuerschuldner, Steuerentstehung]** (1) 1 Die Steuer für Lotterien und Ausspielungen (§ 17 Absatz 1) schuldet der Veranstalter. 2 Die Steuerschuld entsteht mit der Genehmigung, spätestens aber in dem Zeitpunkt, zu dem die Genehmigung hätte eingeholt werden müssen. 3 Die Steuer für Lotterien und Ausspielungen ist von dem Veranstalter zu entrichten, bevor mit dem Losabsatz begonnen wird.

(2) 1 Die Steuer für Sportwetten (§ 17 Absatz 2) schuldet der Veranstalter. 2 Die Steuerschuld entsteht, wenn die Wette verbindlich geworden ist. 3 § 4 Absatz 2 gilt entsprechend. 4 Die Steuer für Sportwetten ist am 15. Tag nach Ablauf des Anmeldungszeitraums fällig.

(3) 1 Der Veranstalter nach Absatz 2 hat, soweit er seinen Wohnsitz oder seinen Sitz nicht in einem Mitgliedstaat der Europäischen Union oder einem

---

[1)] § 18 neu gef. durch G v. 19.3.1964 (BGBl. I S. 213), Nr. 2 Buchst. a und b geänd. durch G v. 16.12.1974 (BGBl. I S. 3561) und v. 14.12.1984 (BGBl. I S. 1493), Nr. 2 Buchst. b geänd. durch G v. 20.12.1993 (BGBl. I S. 2254).

[2)] § 18 Beträge geänd. mWv 1.1.2002 durch G v. 20.12.2001 (BGBl. I S. 3794); Nr. 2 Buchst. b Betrag erhöht mWv 1.1.2003 durch G v. 24.8.2002 (BGBl. I S. 3412).

[3)] § 18 Beträge geänd. mWv 1.1.2002 durch G v. 20.12.2001 (BGBl. I S. 3794); Nr. 2 Buchst. b Betrag erhöht mWv 1.1.2003 durch G v. 24.8.2002 (BGBl. I S. 3412).

[4)] § 19 neu gef. mWv 1.4.2000 durch G v. 17.5.2000 (BGBl. I S. 715), Abs. 2 Satz 2 neu gef. mWv 1.1.2002 durch G v. 20.12.2001 (BGBl. I S. 3794); neu gef. mWv 1.7.2012 durch G v. 29.6.2012 (BGBl. I S. 1424).

Vertragsstaat des Abkommens über den Europäischen Wirtschaftsraum hat, einen steuerlichen Beauftragten im Inland zu benennen. 2 Steuerlicher Beauftragter kann sein, wer seinen Geschäftssitz im Inland hat, gegen dessen steuerliche Zuverlässigkeit keine Bedenken bestehen und der – soweit er nach dem Handelsgesetzbuch oder der Abgabenordnung dazu verpflichtet ist – ordnungsmäßig kaufmännische Bücher führt und rechtzeitig Jahresabschlüsse aufstellt. 3 Der steuerliche Beauftragte hat die Pflichten des im Ausland ansässigen Veranstalters nach diesem Gesetz als eigene zu erfüllen. 4 Er hat die gleichen Rechte und Pflichten wie der Veranstalter. 5 Der steuerliche Beauftragte schuldet die Steuer nach Absatz 2 neben dem Veranstalter.

(4) 1 Wurde ein steuerlicher Beauftragter im Sinne des Absatzes 3 benannt, ist das Finanzamt örtlich zuständig, in dessen Bezirk der steuerliche Beauftragte seinen Geschäftssitz hat. 2 Ergibt sich für Sportwetten keine Zuständigkeit im Inland, kann das Bundesministerium der Finanzen durch Rechtsverordnung mit Zustimmung des Bundesrates ein zuständiges Finanzamt bestimmen.

§ 20[1)] **[Aufzeichnungspflichten]** (1)[2)] 1 Der Veranstalter einer Sportwette *(§ 17 Absatz 2) ist* [***17.12.2020–17.12.2027:*** ist neben der Verpflichtung aus § 16 Absatz 3] verpflichtet, zur Feststellung der Steuer und der Grundlagen ihrer Berechnung Aufzeichnungen zu führen. 2 Soweit ein steuerlicher Beauftragter gemäß § 19 Absatz 3 benannt ist, hat der Veranstalter diesem die Aufzeichnungen nach Satz 1 monatlich zu übermitteln.

(2) Aus den Aufzeichnungen müssen insbesondere zu ersehen sein:

1. Name und Anschrift des Spielers;
2. Beschreibung der Sportwette, der Art der Sportwette, des Sportereignisses, auf das sich die Sportwette bezieht;
3. vereinbarter Einsatz für die jeweilige Sportwette;
4. Zahlungen des Spielers, auch wenn keine Sportwette zustande gekommen ist;
5. die jeweilige Bemessungsgrundlage für die Steuer;
6. Zeitpunkt der Vereinnahmung des Spieleinsatzes und der Gewinnauszahlung;
7. Höhe der Steuer.

§ 21 [Ausländische Lose] (1) Die Steuer für ausländische Lose und Ausweise über Spieleinlagen beträgt 0,25 Euro[3)] für je einen Euro[3)] vom planmäßigen Preise; ein angefangener Euro[3)] wird für voll gerechnet.

(2) Ausländische Werte sind nach den Vorschriften über die Berechnung der Umsatzsteuer in Euro[3)] umzurechnen.

---

1) § 20 neu gef. mWv 1.7.2012 durch G v. 29.6.2012 (BGBl. I S. 1424).

2) § 20 Abs. 1 Satz 1 geänd. durch G v. 12.12.2019 (BGBl. I S. 2451); zum Inkrafttreten vgl. Art. 39 Abs. 9 des G v. 12.12.2019; die erforderliche Genehmigung der Europ. Kommission wurde am 17.12.2020 erteilt und gilt zunächst bis zum 17.12.2027 (BGBl. I 2021 S. 97).

3) Beträge bzw. Bezeichnung geänd. mWv 1.1.2002 durch G v. 20.12.2001 (BGBl. I S. 3794).

(3) Die Steuerschuld entsteht, sobald die Lose oder Ausweise in das Inland eingebracht werden; Steuerschuldner ist, wer Lose oder Ausweise in das Inland verbringt oder als erster im Inland empfängt.

(4) Die Steuer ist, bevor mit dem Vertrieb begonnen wird, spätestens binnen drei Tagen nach dem Tage des Einbringens oder des Empfanges zu entrichten.

§ 22 [Entrichtung der Steuer] Der *Reichs*minister der Finanzen bestimmt, wie die Steuer zu entrichten ist, insbesondere ob und in welcher Weise Stempelzeichen zu verwenden sind.

§ 23[1] **[Hinterziehung]** Wegen Hinterziehung wird auch bestraft, wer im Inland den Vertrieb unversteuerter (§ 21) ausländischer Lose oder ausländischer Ausweise über Ausspielungen besorgt.

§ 24[2] **[Zerlegung des Aufkommens]** (1) Das Gesamtaufkommen der Steuer nach § 17 Absatz 2 wird nach den Absätzen 2 und 3 zerlegt.

(2) [1]Die Zerlegungsanteile der einzelnen Länder am Gesamtaufkommen der Steuer nach § 17 Absatz 2 sind nach den folgenden Zerlegungsmaßstäben zu ermitteln:

1. zu 50 vom Hundert entsprechend den Anteilen am im Jahr 2010 erzielten Aufkommen der Steuern nach dem Rennwett- und Lotteriegesetz,
2. zu 50 vom Hundert entsprechend dem Einwohneranteil der Bundesländer.

[2]Dabei sind jeweils die am 1. Mai beim Statistischen Bundesamt verfügbaren neuesten Daten des dem Zerlegungsjahr folgenden Jahres zugrunde zu legen.

(3) [1]Die Zerlegung wird von einer für die Finanzverwaltung zuständigen obersten Landesbehörde durchgeführt. [2]Dabei sind Abschlagszahlungen unter Berücksichtigung des jeweiligen Vorjahresergebnisses festzusetzen, die am 15. März, 15. Juni, 15. September und 15. Dezember des Jahres zu leisten sind. [3]Bis zur Festsetzung der Zerlegungsanteile für das Vorjahr sind die Abschlagszahlungen vorläufig in bisheriger Höhe zu entrichten. [4]Das Bundesministerium der Finanzen kann durch Rechtsverordnung mit Zustimmung des Bundesrates die Aufgabe der Zerlegung einer für die Finanzverwaltung zuständigen Finanzbehörde übertragen.

§ 25[3] **[Ausführungsbestimmungen]** (1) Die Bestimmungen zur Ausführung dieses Gesetzes erläßt der *Reichs*minister der Finanzen …

(2) [1]Die Landesregierungen werden ermächtigt, Rechtsverordnungen nach den §§ 3 und 4 Abs. 1 Satz 2 zu erlassen, soweit das Bundesministerium für

---

[1] § 23 bish. Satz 1 aufgeh. durch G v. 10.8.1967 (BGBl. I S. 877).

[2] § 24 neu gef. mWv 1.7.2012 durch G v. 29.6.2012 (BGBl. I S. 1424); Abs. 1 geänd. durch G v. 12.12.2019 (BGBl. I S. 2451).

[3] § 25 Abs. 2 neu gef. durch G v. 16.12.1986 (BGBl. I S. 2441); Abs. 3 angef. mWv 30.6.2012 durch G v. 29.6.2012 (BGBl. I S. 1424).

Ernährung und Landwirtschaft[1] von seiner Befugnis keinen Gebrauch macht. 2Sie können diese Befugnis auf oberste Landesbehörden übertragen.

(3) 1Die Länder können über Rechtsverordnungen nach den §§ 3 und 4 und nach Absatz 2 hinaus weitergehende Vorschriften über das Veranstalten und Vermitteln von Pferdewetten, das Vermitteln von Pferdewetten über das Internet und in das Ausland sowie Vorschriften über Regelungen zur Spielersperre, Spielwerbung und zum Schutz Minderjähriger erlassen. 2Die landesrechtlichen Vorschriften können auch Regelungen zum Schutz der Allgemeinheit, insbesondere die Gefahrenaufklärung der Öffentlichkeit, umfassen.

§ 26 [Offenbarungsbefugnis]

[alte Fassung:][2]

Die Offenbarung der nach § 30 der Abgabenordnung geschützten personenbezogenen Daten der betroffenen Person durch die Finanzbehörde gegenüber der zuständigen Glücksspielaufsichtsbehörde ist zulässig, soweit es dem Verfahren der Glücksspielaufsicht dient.

[17.12.2020–17.12.2027:][3]

Die Finanzbehörde kann die nach § 30 der Abgabenordnung geschützten personenbezogenen Daten der betroffenen Person gegenüber der zuständigen Glücksspielaufsichtsbehörde und gegenüber der für das Zuweisungsverfahren nach § 16 zuständigen Behörde offenbaren, soweit es dem Verfahren der Glücksspielaufsicht und dem Zuweisungsverfahren dient.

§ 27[4] **[Mitteilungspflicht]** Die für Glücksspielaufsicht zuständige Behörde ist verpflichtet, erlangte Kenntnisse gegenüber der Finanzbehörde mitzuteilen, soweit die Kenntnisse der Durchführung eines Verfahrens in Steuersachen dienen.

---

[1] Bezeichnung geänd. durch VO v. 31.8.2015 (BGBl. I S. 1474).

[2] § 26 neu gef. mWv 1.7.2012 durch G v. 29.6.2012 (BGBl. I S. 1424); geänd. mWv 26.11.2019 durch G v. 20.11.2019 (BGBl. I S. 1626); Fassung könnte ab dem 18.12.2027 wieder Geltung erlangen.

[3] § 26 neu gef. durch G v. 12.12.2019 (BGBl. I S. 2451); zum Inkrafttreten vgl. Art. 39 Abs. 9 des G v. 12.12.2019; die erforderliche Genehmigung der Europ. Kommission wurde am 17.12.2020 erteilt und gilt zunächst bis zum 17.12.2027 (BGBl. I 2021 S. 97).

[4] § 27 angef. mWv 1.7.2012 durch G v. 29.6.2012 (BGBl. I S. 1424).

635. Ausführungsbestimmungen zum Rennwett- und Lotteriegesetz

Vom 16. Juni 1922 (RZentrBl. S. 351)

Geändert durch Verordnungen vom 21.1.1924 (RGBl. I S. 34), vom 9.2.1924 (RGBl. I S. 55) und vom 12.2.1924 (RGBl. I S. 107), Gesetz vom 10.8.1967 (BGBl. I S. 877), Verordnung vom 21.5.1976 (BGBl. I S. 1249), Gesetze vom 14.12.1984 (BGBl. I S. 1493), vom 16.12.1986 (BGBl. I S. 2441), vom 17.5.2000 (BGBl. I S. 715), vom 25.6.2001 (BGBl. I S. 1215), vom 20.12.2001 (BGBl. I S. 3794), vom 21.8.2002 (BGBl. I S. 3322), Gesetz vom 29.6.2012 (BGBl. I S. 1424) und Gesetz zur weiteren steuerlichen Förderung der Elektromobilität und zur Änderung weiterer steuerlicher Vorschriften vom 12.12.2019 (BGBl. I S. 2451)

BGBl. III/FNA 611-14-1

Auf Grund der §§ 3, 4 Abs. 1 Satz 3, § 13 Abs. 2, §§ 15, 20, 22, 25 des Rennwett- und Lotteriegesetzes vom 8. April 1922 (Reichsgesetzbl. S. 393) wird, soweit erforderlich, mit Zustimmung des *Reichsrats* folgendes bestimmt:

A. Rennwetten

I. Erteilung der Erlaubnis

§ 1.[1] *(aufgehoben)*

Voraussetzungen für die Erteilung der Erlaubnis

a) an Rennvereine zum Betrieb eines Totalisators

§ 2.[2] (1) Zum Betrieb eines Totalisators darf nur ein Renn- oder Pferdezuchtverein (Verein) zugelassen werden.

(2) [1]Die Erlaubnis ist für jeden Verein besonders zu erteilen und darf sich nur auf bestimmte Rennbahnen erstrecken. [2]Sie setzt einen Antrag voraus. [3]Dem Antrag sind beizufügen:

a) die Vereinssatzung,

b) der jährliche Voranschlag,

c) der letzte Geschäftsbericht, der eine genaue Übersicht über die Einnahmen und Ausgaben im einzelnen, namentlich auch über die Verwendung der Einnahmen für die Rennpreise und für sonstige der Landespferdezucht unmittelbar dienende Zwecke enthalten und aus dem sich ergeben muß, daß die Einnahmen ausschließlich zum Besten der Landespferdezucht tatsächlich verwendet worden sind,

d) die Voraussetzungen, unter denen der Totalisator Wetten entgegennehmen soll.

---

[1] § 1 aufgeh. durch G v. 16.12.1986 (BGBl. I S. 2441).

[2] § 2 Abs. 2 Buchst. d, Abs. 4 Satz 1 und Abs. 6 Sätze 1 und 2 geänd. durch G v. 16.12.1986 (BGBl. I S. 2441).

(3) [1]Aus der Vereinssatzung muß sich ergeben, daß der ausschließliche Zweck des Vereins die Förderung der Landespferdezucht unter anderem durch Veranstaltung von Leistungsprüfungen für Pferde ist. [2]Die Vorstandsmitglieder und sonstigen leitenden Persönlichkeiten des Vereins müssen die Sicherheit bieten, daß der Zweck des Vereins verwirklicht wird.

(4) [1]Die nach Landesrecht zuständige Behörde ist befugt, die Angaben in den Geschäftsberichten (Absatz 2 zu c) auf ihre Richtigkeit, namentlich hinsichtlich der tatsächlichen Verwendung der Einnahmen ausschließlich zum Besten der Landespferdezucht zu prüfen. [2]Sie kann zu diesem Zwecke die Vorlegung weiterer Nachweise fordern.

(5) Die Art und der Umfang der vom Vereine beabsichtigten Rennen müssen die Erreichung des im Absatz 3 genannten Zieles gewährleisten.

(6) [1]Dem Vereine darf die Genehmigung zum Betriebe eines Totalisatorunternehmens nur erteilt werden, wenn er sich verpflichtet, den Buchmachern, denen die Erlaubnis für den Abschluß oder die Vermittlung von Wetten auf der Rennbahn des Vereins erteilt ist, die Ausübung ihres Gewerbes an den Renntagen auf der Rennbahn gegen Entrichtung eines Standgeldes zu gestatten. [2]Die Höhe des Standgeldes wird zwischen dem Verein und den Buchmachern vereinbart; im Streitfall entscheidet die nach Landesrecht zuständige Behörde oder die von ihr bestimmte Stelle. [3]Den Buchmachern ist auf der Rennbahn ein bestimmter Platz anzuweisen.

b) an Buchmacher

§ 3.[1)] (1) Als Buchmacher darf nur zugelassen werden, wer den Nachweis erbringt, daß er seiner Person nach die Gewähr für eine einwandfreie Geschäftsführung bietet und die zur Ausübung des Buchmachergewerbes erforderliche kaufmännische Befähigung besitzt.

(2) Der Buchmacher hat für seine Person eine Sicherheit und für jede Person, die ihn bei Abschluß oder Vermittlung von Wetten vertreten kann (Buchmachergehilfe), eine weitere Sicherheit zu leisten.

(3) Die Sicherheit haftet zunächst wegen der Steueransprüche nebst Zinsen, sodann wegen der Geldstrafen und Geldbußen und der Kosten des Strafverfahrens und Bußgeldverfahrens und schließlich den Wettnehmern wegen ihrer Forderungen aus dem Wettgeschäft.

(4) [1]Art und Höhe der Sicherheit bestimmt die nach Landesrecht zuständige Behörde. [2]Sie ist bei der Erteilung der Erlaubnis nach dem mutmaßlichen Umfang des Gewerbes des Buchmachers und der Höhe der zu erwartenden Verbindlichkeiten, für die die Sicherheit haftet (Abs. 3), zu bemessen und kann von der Behörde jederzeit erhöht oder ermäßigt werden. [3]Auf Antrag des Finanzamts ist die Sicherheit bis zu dem beantragten Betrage zu erhöhen. [4]Leistet der Buchmacher innerhalb angemessener Frist die anderweit festgesetzte Sicherheit nicht, so ist die Erlaubnis zu widerrufen.

[1)] § 3 Abs. 1 geänd. durch VO v. 21.5.1976 (BGBl. I S. 1249), Abs. 1 und Abs. 4 geänd., Abs. 2 und 3 neugef. sowie Abs. 5 bish. Satz 1 aufgeh. durch G v. 16.12.1986 (BGBl. I S. 2441).

(5) Die Sicherheit darf nur im Einverständnis mit der Oberfinanzdirektion, in deren Bezirk der Buchmacher zugelassen ist, freigegeben werden.

Inhalt der Erlaubnis

a) zeitliche Begrenzung

§ 4[1]**.** *(aufgehoben)*

b) besondere Bestimmungen für Rennvereine

§ 5[1]**.** [1]Dem Verein ist vorzuschreiben, auf welchen Plätzen der Rennbahn der Totalisator aufgestellt werden darf und welches der Mindestbetrag der Wetteinsätze sein soll. [2]Es kann ihm gestattet werden, auch außerhalb der Rennbahn Wettannahmestellen für sein eigenes und für andere *deutsche*[1] Totalisatorunternehmungen zu unterhalten. [3]Die näheren Bestimmungen für den Betrieb der Wettannahmestellen trifft die nach Landesrecht zuständige Behörde.

c) besondere Bestimmungen für Buchmacher

§ 6[2]**.** (1) [1]Den Buchmachern ist vorzuschreiben, welchen Beschränkungen sie und ihre Gehilfen (§ 3 Abs. 2) sich bei Ausübung ihres Gewerbes auf dem Rennplatz wie außerhalb des Rennplatzes hinsichtlich des Ortes und der Bezeichnung ihrer Geschäftsräume zu unterwerfen haben. [2]Es kann ihnen auch der Abschluß bestimmter Arten von Wetten untersagt werden. [3]Die nach Landesrecht zuständige Behörde kann Bestimmungen darüber erlassen, welche Beschränkungen dieser Art allen Buchmachern gemeinsam aufzuerlegen sind.

(2) [1]Innerhalb der Örtlichkeit, in der dem Buchmacher der Abschluß oder die Vermittlung von Wetten gestattet ist, darf er Wetten für alle Rennen abschließen oder vermitteln, sofern nicht nach Absatz 1 für alle Buchmacher gemeinsam geltende Beschränkungen bestimmt sind. [2]Auf besonderen Antrag können die nach Landesrecht zuständigen Behörden Buchmachern für einzelne Rennveranstaltungen des eigenen Landes die Erlaubnis zum Abschluß oder zur Vermittlung von Wetten auf einer Rennbahn erteilen, zu der diese Buchmacher sonst nicht zugelassen sind.

(3) *(aufgehoben)*

d) Erlaubnisurkunde für Buchmacher

§ 7[3]**.** Über die Erlaubnis ist dem Buchmacher sowie jedem Gehilfen als Ausweis eine Urkunde auszustellen, aus der sich die Nebenbestimmungen der Erlaubnis ergeben.

---

[1] § 4 aufgeh. und § 5 Satz 3 neu gef. durch G v. 16.12.1986 (BGBl. I S. 2441); § 5 Satz 2 kursiver Satzteil aufgeh. mWv 1.7.2012 durch G v. 29.6.2012 (BGBl. I S. 1424).

[2] § 6 Abs. 1 und 2 geänd., Abs. 3 aufgeh. durch G v. 16.12.1986 (BGBl. I S. 2441).

[3] § 7 neu gef. durch G v. 16.12.1986 (BGBl. I S. 2441).

e) Bekanntmachungen. Totalisator- und Buchmacherliste

§ 8[1]**.** (1) [1]Die Erteilung der Erlaubnis an Vereine und Buchmacher zum Betrieb eines Wettunternehmens, die Beschränkung dieser Erlaubnis und ihr Widerruf sind im Bundesanzeiger[1] öffentlich bekanntzumachen. [2]Außerdem hat die nach Landesrecht zuständige Behörde von jeder Erlaubniserteilung der Oberfinanzdirektion, in deren Bezirk der Betrieb des Wettunternehmens zugelassen ist, Anzeige zu machen. [3]Die Oberfinanzdirektion hat die Anzeige an das für die Erhebung der Rennwettsteuer zuständige Finanzamt weiterzuleiten. [4]Dieses hat dem für die Veranlagung der Buchmacher zur Einkommensteuer zuständigen Finanzamt Mitteilung zu machen. [5]Entsprechendes gilt für die Gewerbesteuern *der Länder.*[2]

(2) [1]Das Finanzamt hat über die Totalisatorunternehmen nach Muster 1[3] über die zugelassenen Buchmacher und deren Gehilfen nach Muster 2[3] eine Liste zu führen. [2]Die Anzeigen (Absatz 1 Satz 2) sind als Belege zu den Listen zu nehmen.

II. Abschluß der Wette

Wettschein beim Totalisator

§ 9. Die von dem Veranstalter und den Annahmestellen eines Totalisators dem Wettnehmer auszuhändigenden Urkunden (Totalisatorausweise, Tickets) müssen enthalten:

a) die Nummer, den Ort und den Tag des Rennens (Tagesstempel oder Tageszeichen des Rennvereins),

b) den Namen oder die Programmnummer des gewetteten Pferdes oder der Pferde,

c) den Betrag des Wetteinsatzes,

d) den Namen des Unternehmers.

Geschäftsführung des Buchmachers

a) Wettschein

§ 10[4]**.** (1) [1]Der Buchmacher und die Buchmachergehilfen haben über jede angenommene Einzelwette im Durchschreibeverfahren zwei gleichlautende Wettscheine auszustellen. [2]Der mit dem Steueraufdruck versehene Wettschein ist dem Wettnehmer auszuhändigen, der andere verbleibt im Besitz des Buchmachers. [3]Mehrere Wetten desselben Wettnehmers, die sich auf dasselbe Rennen oder auf mehrere an dem selben Tage und auf derselben Rennbahn stattfindende Rennen beziehen, können auf einem Wettschein zusammengefaßt

---

[1] § 8 Abs. 1 Satz 2 geänd. durch G v. 16.12.1986 (BGBl. I S. 2441); Satz 1 Klammerzusatz eingef. mWv 1.7.2012 durch G v. 29.6.2012 (BGBl. I S. 1424).

[2] Die Worte „der Länder" sind gegenstandslos.

[3] Hier nicht abgedruckt.

[4] § 10 Abs. 1 Satz 5 Buchst. d neugef., Abs. 3 Satz 1 geänd. durch G v. 16.12.1986 (BGBl. I S. 2441).

werden, wenn die entrichtete Steuer für sämtliche Wetten ausreicht. [4]Die Rückseite des Wettscheins darf für Eintragungen über abgeschlossene Wetten nicht benutzt werden. [5]Die Wettscheine müssen enthalten:

a) den Tag der Ausstellung,
b) den Namen, Ort und Tag des Rennens,
c) den Namen oder die Programmnummer des gewetteten Pferdes oder der Pferde,
d) die Art und den Inhalt der Wette,
e) den Betrag des Wetteinsatzes,
f) den Namen des Buchmachers und der Person, die in seinem Auftrag und für seine Rechnung die Wette abgeschlossen oder vermittelt hat. [2]Der Wettschein ist vom Buchmacher oder dem Gehilfen zu unterschreiben.

(2) Der Wetteinsatz muß mindestens 50 Cent[1)] betragen, höhere Wetteinsätze müssen durch 10 ohne Rest teilbar sein.

(3) [1]Die Wettscheine sind mit nicht löschbarem Schreibmittel auszufüllen. [2]Allgemein übliche und verständliche Abkürzungen können gebraucht werden, insbesondere ist es gestattet, das Datum mit Zahlen zu bezeichnen; farbige Stempelabdrucke sind zur Ausfüllung der Wettscheine zugelassen.

b) Aufbewahrungsfrist

§ 11. Die im Besitz des Buchmachers verbleibenden Durchschriften der Wettscheine sowie die sonstigen Unterlagen über den Abschluß der Wetten, wie Brief- und Telegrammwechsel, die Aufstellungen und Abrechnungen mit den Buchmachergehilfen sind zeitlich geordnet 3 Jahre lang aufzubewahren.

c) Wettbuch

§ 12[2)]**.** *(aufgehoben)*

d) Nachweise

§ 13[2)]**.** [1]Jeder Buchmacher hat über seine Einnahmen und Ausgaben aus dem Wettgeschäft Buch zu führen. [2]Aus der Buchführung müssen

1. als Einnahmen die täglichen Eingänge an Wetteinsätzen, die Forderungen des Buchmachers aus abgeschlossenen Wettverträgen und die sonstigen Einnahmen aus dem Wettbetrieb,
2. als Ausgaben die ausgezahlten Gewinne, etwa zurückgezahlte Einsätze, die Rennwettsteuer unter Hinweis auf den betreffenden Wettschein, ferner Gebühren und sonstige Unkosten und die Zahlungen an diejenigen namentlich zu bezeichnenden Buchmacher, an welche eine bestimmte, genau zu bezeichnende Wette weitergegeben ist,

zu ersehen sein. [3]§ 11 gilt entsprechend.

---

1) Betrag geänd. durch G v. 25. 6. 2001 (BGBl. I S. 1215).
2) § 12 aufgeh. und § 13 neu gef. durch G v. 16. 12. 1986 (BGBl. I S. 2441).

III. Steuervorschriften

Sachliche Zuständigkeit

§ 14. Die Rennwettsteuer wird von den Finanzämtern verwaltet.

Örtliche Zuständigkeit

§ 15. (1) Örtlich zuständig ist dasjenige Finanzamt, in dessen Bezirk der Verein den Ort seiner Leitung oder der Buchmacher seinen Wohnsitz hat.

(2) Die Vorschriften der *§§ 51, 52, 57 bis 63 der Reichsabgabenordnung*[1] finden Anwendung.

Abrechnungsverfahren

a) die einzelnen Fälle

§ 16. Zur Entrichtung der Steuer im Abrechnungsverfahren sind zugelassen:

a) Vereine,

b) Buchmacher hinsichtlich der durch Eintragung in das Wettbuch zustandegekommenen Wetten (§ 4 Abs. 1 Satz 2 des Gesetzes).

b) Aufstellung von Nachweisungen

§ 17. (1) [1]Vereine haben hinsichtlich der Totalisatorwetten innerhalb dreier Tage nach jedem Renntag, Buchmacher haben hinsichtlich der im § 16 zu b) genannten Wetten halbmonatlich über die Wetteinsätze und die davon zu entrichtenden Steuern eine Nachweisung aufzustellen. [2]Vereine haben sich dabei des Musters 5[2], Buchmacher des Musters 6[2] zu bedienen.

(2) In die Nachweisungen ist das Gesamtergebnis der sämtlichen abgeschlossenen Wetten für jeden Renntag und für jedes Einzelrennen einzutragen.

(3) [1]Die Wettsteuer ist von dem Gesamtbetrag der Wetteinsätze für jedes Einzelrennen zu berechnen; hierbei sind überschießende Centbeträge[3] auf den nächsten durch fünf teilbaren Centbetrag[3] nach unten abzurunden. [2]Die einzelnen Steuerbeträge sind am Schluß aufzurechnen.

(4) [1]Für diejenigen in der Nachweisung aufzuführenden Wetten, für welche die Wetteinsätze aus einem der in § 26 der Ausführungsbestimmungen angeführten Gründe zurückgezahlt sind, kann die Wettsteuer von dem aufgerechneten Steuerbetrag abgesetzt werden. [2]Die Gründe für die Absetzung und die Berechnung der abgesetzten Steuerbeträge sind auf der Nachweisung oder auf einem Anhang dazu zu vermerken. [3]Die Absetzung gilt als Antrag auf Erlaß der Steuer aus Billigkeit. [4]Wird die Absetzung für richtig befunden, so hat das Finanzamt dem Antrag zu entsprechen.

---

[1] Siehe nunmehr die entsprechenden Vorschriften der AO 1977.
[2] Hier nicht abgedruckt.
[3] Bezeichnung geänd. durch G v. 25. 6. 2001 (BGBl. I S. 1215).

(5) Als Unterlage für die Aufstellung der Nachweisungen dienen die über die getätigten Wettabschlüsse vorhandenen Bücher und Listen der Vereine sowie die Wettbücher der Buchmacher.

c) Einreichung der Nachweisung und Zahlung der Steuer

§ 18[1]**.** (1) [1]Die Nachweisung nebst Anhang hierzu (§ 17 Abs. 4 Satz 2) ist von dem zu ihrer Einreichung Verpflichteten unter der Versicherung der Vollständigkeit und Richtigkeit der darin gemachten Angaben zu unterschreiben und von Vereinen innerhalb der im § 17 Abs. 1 festgesetzten Frist, von Buchmachern spätestens bis zum 7. jeden Monats für die in der Zeit vom 16. bis zum Schluß des vorangegangenen Monats und spätestens bis zum 22. jeden Monats für die in der Zeit vom 1. bis 15. desselben Monats abgeschlossenen Wetten dem zuständigen Finanzamt einzureichen. [2]In der Nachweisung haben die Vereine und die Buchmacher die Steuer selbst zu berechnen (Steueranmeldung). [3]Die Vereine haben der einzureichenden Nachweisung das Rennprogramm, die Buchmacher die von den Vereinen zu den Rennen, auf die sich die Besteuerung der Wetten bezieht, herausgegebenen Berichte (Rennberichte) beizufügen. [4]Für Auslandsrennen, die nicht zustande gekommen sind und für die der Buchmacher Rennberichte nicht beibringen kann, ist glaubhaft zu machen, daß das Rennen nicht zustande gekommen ist.

(2) [1]Die Wettsteuer ist gleichzeitig mit der Einreichung der Nachweisung an die Kasse des Finanzamts zu entrichten. [2]Bei der Entrichtung durch Übersendung oder Überweisung des Betrags ist anzugeben, daß es sich um Wettsteuer handelt und auf welchen Zeitraum der Betrag entfällt.

d) Überwachung des Eingangs der Nachweisungen

§ 19. (1) Der rechtzeitige Eingang der Nachweisungen ist von dem Finanzamt durch die Totalisatorliste und die Buchmacherliste (§ 8) zu überwachen.

(2) Sind die Nachweisungen nicht rechtzeitig vorgelegt, so hat das Finanzamt den Verein oder den Buchmacher zur Einreichung aufzufordern.

e) Prüfung und Festsetzung durch die Steuerbehörden

§ 20[2]**.** [1]Dem Finanzamt sind auf Verlangen die den Eintragungen in die Nachweisungen und den Anhang zugrunde liegenden Urkunden, Geschäftsbücher, Wettbücher und Schriftstücke zur Einsicht vorzulegen. [2]Auf Antrag kann die Vorlegung und Prüfung in den Geschäftsräumen des Vereins oder des Buchmachers geschehen.

§ 21[2]**.** *(aufgehoben)*

§§ 22 bis **25**[3]**.** *(aufgehoben)*

---

[1] § 18 Abs. 1 Satz 1 geänd., Satz 2 eingef., Abs. 2 neu gef. durch G v. 14. 12. 1984 (BGBl. I S. 1493).

[2] § 20 bish. Abs. 1 und 3 sowie § 21 aufgeh. durch G v. 14. 12. 1984 (BGBl. I S. 1493).

[3] §§ 22 bis 25 aufgeh. durch VO v. 21. 1. 1924 (RGBl. I S. 34).

Erstattung der Rennwettsteuer

§ 26. (1) Die Rennwettsteuer soll vom Finanzamt aus Billigkeitsgründen entweder nicht erhoben oder für zurückgezahlte Wetteinsätze erstattet werden, wenn

a) ein Rennen für ungültig erklärt wird,

b) ein Rennen, für das die Wette abgeschlossen ist, nicht zustande kommt,

c) ein Pferd, auf das sich die Wette bezieht, an dem Rennen nicht teilnimmt, es sei denn, daß die Wette unter der Bedingung „Laufen oder zahlen" abgeschlossen ist. [2]Diese Bedingung gilt als gegeben, wenn die Wette zu festen Odds abgeschlossen ist.

(2) [1]Dem mit Gründen versehenen Antrag der Buchmacher sind die von den Wettnehmern zurückgegebenen Wettscheine oder schriftlichen Bestätigungen der Eintragung in das Wettbuch sowie der Rennbericht beizufügen, aus dem der Verlauf des betreffenden Rennens zu ersehen ist. [2]Die Steuer für Wettscheine, auf denen Rasuren vorgenommen sind, kann nicht erstattet werden. [3]Anträge auf Erstattung der Wettsteuer für mehrere Wettscheine und für in das Wettbuch eingetragene und im Abrechnungsweg versteuerte Wetten können gesammelt vorgelegt werden. [4]Die Wettausweise sind in diesem Fall nach Renntagen geordnet beizufügen.

(3) [1]Der Antrag ist von dem Buchmacher innerhalb einer Frist von einem Monat bei dem zuständigen Finanzamt zu stellen. [2]Die Frist beginnt mit dem Zeitpunkt, in welchem die Ereignisse eingetreten sind, welche den Anspruch begründen. [3]Vereine können den Antrag nur gleichzeitig mit der Einreichung der Nachweisung (§ 17) stellen. [4]Die Vorschriften der *§§ 131, 133 und 136 der AO*[1)] finden Anwendung.

(4) [1]Wettscheine, deren Steuerwerte erstattet sind, sind zu durchlochen. [2]Der erstattete Betrag ist im Anhang zum Einnahmebuch nachzuweisen. [3]Die Wettausweise werden Beleg zu der der Finanzkasse zuzustellenden Erstattungsnachweisung und diese wird Beleg zum Anhang zum Einnahmebuch. [4]Ist die Wettsteuer im Abrechnungsverfahren entrichtet (§ 16), so ist die Erstattung in der Nachweisung, mit der die Entrichtung der Wettsteuer nachgewiesen ist (§ 17), zu vermerken.

(5) Die Erstattungen sind tunlichst zu beschleunigen.

B. Lotterie- und Sportwettensteuer[2)]

Steuerpflichtige Lotterien

§ 27. (1)[3)] Als öffentliche Lotterien sind auch anzusehen: auf Jahrmärkten oder aus Anlass öffentlicher Volksbelustigungen veranstaltete Ausspielungen, bei denen Spielausweise ausgegeben werden, sofern der Gesamtpreis der Spielausweise jeder einzelnen hintereinander folgenden Ausspielungen mehr als 164 Euro beträgt.

---

1) Siehe nunmehr die entsprechenden Vorschriften der AO 1977.

2) Zwischenüberschrift neu gef. mWv 1. 7. 2012 durch G v. 29. 6. 2012 (BGBl. I S. 1424).

3) § 27 Abs. 1 neu gef. mWv 1. 1. 2002 durch G v. 20. 12. 2001 (BGBl. I S. 3794).

(2) Bei öffentlichen Ausspielungen gelten als Ausweise auch Papierröllchen oder ähnliche Gegenstände, die die Spielteilnehmer gegen Entrichtung des Einsatzes ausgehändigt erhalten, sofern diese Gegenstände in Verbindung mit anderen Tatumständen als Beweis für die Beteiligung am Spiele dienen und ihrer Beschaffenheit nach unmittelbar über Gewinn und Verlust entscheiden.

(3) Nummernlisten, die über öffentlich veranstaltete Ausspielungen von Gegenständen zur Beifügung der Namen der Spieler und zur Erhebung eines entsprechenden Beteiligungsbetrags vom Spielunternehmer in Umlauf gesetzt werden, gelten nicht als Spielausweise.

§ 28 [Gewinne in barem Gelde] Öffentliche Ausspielungen, bei denen den Teilnehmern keinerlei Ausweise ausgehändigt werden, unterliegen der Lotteriesteuer nur, wenn die Gewinne ganz oder teilweise in barem Gelde bestehen.

Sachliche Zuständigkeit

§ 29.[1] Die Lotterie- und Sportwettensteuer wird von den Finanzämtern verwaltet.

Örtliche Zuständigkeit

§ 30.[2] (1) [1] Örtlich zuständig ist das Finanzamt, in dessen Bezirk der Veranstalter des Lotterieunternehmens, der Ausspielung oder der Sportwette (Veranstalter) seinen Wohnsitz hat, oder, sofern eine der im *§ 52 AO*[3] genannten Personen oder Personenvereinigungen Veranstalter ist, das Finanzamt, in dessen Bezirk diese den Ort ihrer Leitung hat. [2] Für Ausspielungen auf Jahrmärkten oder bei Gelegenheit von öffentlichen Volksbelustigungen ist auch das Finanzamt zuständig, in dessen Bezirk die Ausspielung stattfinden soll.

(2) Die Vorschriften der *§§ 51, 52, 57 bis 63 AO*[3] finden entsprechende Anwendung.

Anmeldung von Lotterien und Sportwetten[4]

a) im allgemeinen

§ 31.[5] (1) [1] Wer in den Ländern Lotterien oder Ausspielungen veranstalten will, bei denen der Gesamtpreis der Lose oder Spielausweise (Lose) die Summe von 164 Euro übersteigt, hat dem zuständigen Finanzamt spätestens am

---

[1] § 29 geänd. mWv 1.7.2012 durch G v. 29.6.2012 (BGBl. I S. 1424).

[2] § 30 Abs. 1 Satz 1 geänd. durch G v. 17.5.2000 (BGBl. I S. 715); geänd. mWv 1.7.2012 durch G v. 29.6.2012 (BGBl. I S. 1424).

[3] Siehe nunmehr die entsprechenden Vorschriften der AO 1977.

[4] Zwischenüberschrift geänd. mWv 1.7.2012 durch G v. 29.6.2012 (BGBl. I S. 1424).

[5] § 31 Abs. 1 neu gef. mWv 1.1.2002 durch G v. 20.12.2001 (BGBl. I S. 3794).

30. Tage nach dem Empfang der behördlichen Erlaubnis nach Muster 8[1]) schriftlich anzumelden:

Name, Gewerbe und Wohnung des Veranstalters, die planmäßige Anzahl (die Nummern) und den planmäßigen Preis der Lose, den Zeitpunkt, von welchem ab mit dem Vertrieb der Lose begonnen werden soll, die Gegenstände, die Zeit und den Ort der Ausspielung, die Namen und Wohnungen der unmittelbar von dem Veranstalter mit dem Vertrieb der Lose betrauten Personen.

[2] Veranstalter, die nicht Gewerbetreibende oder Reisegewerbetreibende im Sinne der Gewerbeordnung sind, haben Sachausspielungen dem zuständigen Finanzamt nur anzumelden, wenn der Gesamtpreis der Lose 650 Euro übersteigt (vgl. § 18 Nr. 1b des Rennwett- und Lotteriegesetzes).[2])

(2) [1] Die Anmeldung ist in zwei Ausfertigungen einzureichen. [2] Der Anmeldung ist als Anlage eine amtlich beglaubigte Ausfertigung des obrigkeitlichen Planes der Lotterie oder Ausspielung beizufügen.

(3) [1] Gleichzeitig mit der Anmeldung ist dem Finanzamt die gesamte planmäßige Anzahl der Lose einzureichen. [2] Die Lose verbleiben im Gewahrsam des Finanzamts, bis die Versteuerung bewirkt ist. [3] Über den Empfang der Lose ist dem Anmeldenden eine Bescheinigung nach Muster 9[3]) auszustellen.

§ 31a.[4]) (1) Wer Sportwetten im Sinne des § 17 Absatz 2 des Rennwett- und Lotteriegesetzes veranstalten will, hat dem zuständigen Finanzamt unverzüglich anzumelden:

Name, Gewerbe und Wohnung oder Sitz des Veranstalters und Zeitpunkt der Aufnahme des Wettbetriebs.

(2) Die Anmeldung ist in zwei Ausfertigungen einzureichen.

(3)[5]) [1] Der Veranstalter oder sein steuerlicher Beauftragter hat bis zum 15. Tag nach Ablauf des Anmeldungszeitraumes eine Steuererklärung nach amtlich vorgeschriebenem Vordruck abzugeben, in der er die gemäß § 37 zu entrichtende Steuer selbst zu berechnen hat (Steueranmeldung). [2] Die Steueranmeldung muss vom Veranstalter oder seinem[6]) steuerliche Beauftragte eigenhändig unterschrieben sein. [3] Anmeldungszeitraum ist der Kalendermonat.

[***17.12.2020–17.12.2027:***

(4)[7]) Enthält der anzumeldende Steuerbetrag Sportwettensteuer, die auf im Inland durchgeführte Pferderennen entfällt, hat der Steuerpflichtige als Anlage

---

[1]) Hier nicht abgedruckt.

[2]) § 31 Abs. 1 Satz 2 angef. mWv 1.1.2002 durch G v. 20.12.2001 (BGBl. I S. 3794).

[3]) Hier nicht abgedruckt.

[4]) § 31a Abs. 1 neu gef. mWv 1.7.2012 durch G v. 29.6.2012 (BGBl. I S. 1424).

[5]) § 31a Abs. 3 Sätze 1 und 2 geänd. mWv 1.7.2012 durch G v. 29.6.2012 (BGBl. I S. 1424).

[6]) Red. berichtigt durch G v. 12.12.2019 (BGBl. I S. 2451).

[7]) § 31a Abs. 4 angef. durch G v. 12.12.2019 (BGBl. I S. 2451); zum Inkrafttreten vgl. Art. 39 Abs. 9 des G v. 12.12.2019 i. V. m. dessen Bekanntgabe zum 17.12.2020 (BGBl. I 2021 S. 97).

zur Steueranmeldung eine Aufstellung einzureichen, aus der die Steuerbeträge, aufgeschlüsselt nach dem jeweiligen Ort des Pferderennens, ersichtlich sind (§ 16 Absatz 3 Satz 3 des Gesetzes).]

b) bei ungetrennter Preisangabe

§ 32. [1] Ist in dem Preise für das Los zugleich in ungetrennter Summe die Vergütung für sonstige Leistungen enthalten, so hat der Veranstalter in der Anmeldung anzugeben und auf Erfordern nachzuweisen, welcher Betrag oder Teilbetrag den Preis für die Teilnahme an der Lotterie oder Ausspielung darstellt. [2] Gleiches gilt in den Fällen, in denen besondere Lose nicht ausgehändigt werden, sondern die Bescheinigung über eine geleistete Vergütung (Eintrittskarten, Sammelbons, Gutscheine, die zur Teilnahme an einer Lotterie oder Ausspielung berechtigen oder die Aussicht auf einen Glücksgewinn eröffnen, und ähnliche) zugleich als Los dient. [3] Der auf die Lose zu rechnende Betrag darf nicht geringer sein als der Wert der Gewinne. [4] Wird die Angabe von dem Veranstalter überhaupt nicht oder nur unzureichend gemacht, so hat das Finanzamt den auf die Lose zu rechnenden Betrag nach eigenem Ermessen festzusetzen.

c) bei Geltendmachung von Steuerfreiheit

§ 33. [1] Wird Befreiung von der Steuer beansprucht, so ist mit der Anmeldung der Nachweis zu führen, daß der Erlös des Unternehmens zu ausschließlich mildtätigen Zwecken verwendet werden wird. [2] Über die Frage, ob ein ausschließlich mildtätiger Zweck vorliegt, wird im ordentlichen Rechtsmittelverfahren entschieden.

d) Mitteilungspflicht der Genehmigungsbehörde

§ 34.[1)] Die Behörde, welche nach den Bestimmungen der Landesgesetze die Erlaubnis zur Veranstaltung einer öffentlichen Lotterie, Ausspielung oder Sportwette erteilt, hat den Veranstalter auf seine steuerlichen Verpflichtungen gemäß §§ 31, 31a und 32 besonders hinzuweisen und von der Erteilung der Erlaubnis ohne Verzug dem Finanzamt unter Bezeichnung des Unternehmens und seines Zweckes, des Namens und der Wohnung des Veranstalters und des Zeitpunktes, an welchem diesem die obrigkeitliche Erlaubnis behändigt wurde, Mitteilung zu machen.

Anmeldung ausländischer Lose

§ 35.[2)] [1] Wer ausländische Lose und Spielausweise (Lose) in das Inland verbringt oder als erster im Inland empfängt, hat dem Finanzamt mit einer doppelten Anmeldung nach Muster 10[3)] innerhalb der in § 24 Abs. 4 des Gesetzes bezeichneten Frist die Lose zur Versteuerung vorzulegen. [2] Eine elektronische Übermittlung der Anmeldung ist ausgeschlossen.

[1)] § 34 neu gef. durch G v. 17.5.2000 (BGBl. I S. 715), geänd. durch G v. 21.8.2002 (BGBl. I S. 3322); geänd. mWv 1.7.2012 durch G v. 29.6.2012 (BGBl. I S. 1424).

[2)] § 35 Satz 2 angef. durch G v. 21.8.2002 (BGBl. I S. 3322).

[3)] Hier nicht abgedruckt.

Prüfung und Festsetzung durch die Steuerbehörde

§ 36.[1] (1) [1]Das Finanzamt prüft die Anmeldung (§§ 31 und 35) und setzt auf beiden Stücken der Anmeldung die Steuer fest; die eine Anmeldung gibt es dem Steuerpflichtigen zurück und leitet die andere der Finanzkasse zu. [2]Die Anmeldung wird Beleg zum Sollbuch.

(2) [1]Hat das Finanzamt gemäß § 34 von der beabsichtigten Veranstaltung einer Lotterie, Ausspielung oder Sportwette Kenntnis erhalten, ohne dass innerhalb der Fristen nach § 31 Absatz 1 oder § 31a Absatz 1 die vorgeschriebene Anmeldung erfolgt ist, so hat es wegen Festsetzung und Beitreibung der Lotteriesteuer, sowie nach den Umständen wegen Einleitung des Strafverfahrens das Erforderliche zu veranlassen. [2]Die Vorlegung der Lose zur Abstempelung kann im Wege des *§ 202 AO*[2] erzwungen werden. [3]Um einen beabsichtigten Vertrieb ungestempelter Lose zu verhindern, kann das Finanzamt die Polizeibehörde um Beschlagnahme der Lose ersuchen.

Berechnung der Lotterie- und Sportwettensteuer[3]

§ 37.[4] (1) [1]Bei der Berechnung der Lotteriesteuer für im Inland veranstaltete Lotterien und Ausspielungen und der Sportwettensteuer nach § 17 Absatz 2 des Rennwett- und Lotteriegesetzes sind alle für den Erwerb eines Loses oder eines Wettscheines an den Veranstalter oder dessen Beauftragten zu bewirkenden Leistungen dem Preise des Loses oder dem Wetteinsatz hinzuzurechnen, insbesondere in Rechnung gestellte Schreib- und Kollektionsgebühren. [2]Hierher gehört auch der dem Spieler etwa besonders in Rechnung gestellte Betrag der Steuer. [3]Da aber Lotteriesteuer von der Lotteriesteuer nicht erhoben wird, sind bei Berechnung der Lotteriesteuer nur 5/6 des Gesamtpreises zugrunde zu legen.

(2)[5] Für inländische Lotterien und Sportwetten ist die Steuer nach Maßgabe des Absatzes 1 derart festzustellen, daß ein sich bei Berechnung der Gesamtsteuer ergebender überschießender Centbetrag auf den nächsten durch fünf teilbaren Centbetrag nach unten abzurunden ist.

(Fortsetzung nächstes Blatt)

---

[1] § 36 bish. Abs. 2 aufgeh., Abs. 3 wird Abs. 2 durch G v. 14.12.1984 (BGBl. I S. 1493), Abs. 2 Satz 1 geänd. durch G v. 17.5.2000 (BGBl. I S. 715); Abs. 2 Satz 1 geänd. mWv 1.7.2012 durch G v. 29.6.2012 (BGBl. I S. 1424).

[2] Siehe nunmehr die entsprechenden Vorschriften der AO 1977.

[3] Zwischenüberschrift geänd. mWv 1.7.2012 durch G v. 29.6.2012 (BGBl. I S. 1424).

[4] § 37 Abs. 1 neu gef. mWv 1.7.2012 durch G v. 29.6.2012 (BGBl. I S. 1424).

[5] § 37 Abs. 2 geänd. mWv 1.1.2002 durch G v. 20.12.2001 (BGBl. I S. 3794); geänd. mWv 1.7.2012 durch G v. 29.6.2012 (BGBl. I S. 1424).

(3) Lose, die bei Ausspielungen mit Gewinnziehungen nach Klassen (Klassenlotterien) erst nach Beginn der Ziehungen abgesetzt werden, sind mit dem Gesamtkaufpreis einschließlich des für die Vorklasse planmäßig zu zahlenden Preises steuerpflichtig.

(4)[1] [1]Die Steuer von ausländischen Losen wird nach dem Nennwert des Loses berechnet. [2]Für die Umrechnung fremder Währungen sind die für die Umsatzsteuer geltenden Bestimmungen anzuwenden.

Zahlung der Lotterie- und Sportwettensteuer[2]

§ 38. Von der Einzahlung der Steuer hat die Finanzkasse dem Finanzamt umgehend Mitteilung zu machen.

Stundung der Lotteriesteuer

§ 39. [1]Die Finanzämter können die Steuer auf Antrag über den Zeitpunkt hinaus, in dem mit dem Losabsatz begonnen werden soll, stunden *(§ 105 AO)*[3]. [2]Die Stundung soll in keinem Falle sechs Monate überschreiten und spätestens vier Wochen vor der Ziehung oder der Ausspielung ablaufen. [3]Stundung ohne Sicherheitsleistung darf nur mit Genehmigung der Oberfinanzdirektion gewährt werden. [4]Eine Stundung der Steuer für ausländische Lose sowie von Steuerbeträgen unter 250 Euro[4] soll nicht gewährt werden.

Teilversteuerung

§ 40. [1]Bei solchen Lotterien oder Ausspielungen, bei denen nach der obrigkeitlichen Erlaubnis nicht von vornherein eine planmäßig bestimmte Anzahl von Losen festgesetzt, dem Veranstalter vielmehr nur gestattet ist, Lose zu einer gewissen Höchstzahl auszugeben, darf die Lotterie oder Ausspielung je nach der Anzahl der auszugebenden Lose versteuert werden. [2]Für die Anmeldung des ersten Teils der auszugebenden Lose gelten die Bestimmungen der §§ 31 und 32. [3]Die weiterhin auszugebenden Lose sind mit besonderer Anmeldung vorzulegen, in der unter Angabe der Zahl und der Nummern der Lose auf die erste Anmeldung Bezug zu nehmen ist.

Beschaffenheit der Lose

§ 41. [1]Die Lose sind in einer solchen Form und Beschaffenheit herzustellen, daß sie sich zur Abstempelung eignen. [2]Die Oberfinanzdirektionen sind befugt, in besonderen Fällen auch andere Lose zuzulassen.

Abstempelungsverfahren

a) Abstempelung der Lose

§ 42. (1) [1]Nachdem entweder die festgesetzte Steuer eingezahlt oder gestundet oder die Steuerbefreiung der Lose anerkannt worden ist, werden die

---

[1] § 37 Abs. 4 Satz 2 geänd. mWv 1. 1. 2002 durch G v. 20. 12. 2001 (BGBl. I S. 3794).
[2] Zwischenüberschrift geänd. mWv 1. 7. 2012 durch G v. 29. 6. 2012 (BGBl. I S. 1424).
[3] Siehe nunmehr die entsprechenden Vorschriften der AO 1977.
[4] Betrag geänd. durch G v. 20. 12. 2001 (BGBl. I S. 3794).

Lose durch das zuständige Finanzamt mittels Stempelaufdrucks abgestempelt. 2 Der Stempel hat runde Form. 3 Er führt den *Reichsadler* und über diesem die Aufschrift „Versteuert" oder „Steuerfrei", darunter das Unterscheidungszeichen der Abstempelungsstelle.

(2) Die abgestempelten Lose werden gegen Rückgabe der Empfangsbescheinigung (§ 31 Abs. 3 Schlußsatz) und gegen eine auf diese zu setzende Empfangsbestätigung des Loseempfängers zurückgegeben.

(3) Die Bestimmungen der Absätze 1 und 2 finden auch auf ausländische Lose Anwendung.

b) vereinfachte Abstempelung

§ 43. (1) 1 Die Oberfinanzdirektionen können unter den erforderlichen Bedingungen und Sicherungsmaßnahmen zuverlässigen Privatdruckereien, die sich mit dem Druck von Losen befassen, gestatten, die bei ihnen gedruckten Lose auf Kosten des Anmelders in der rechten oberen Ecke des Loses mit folgendem Vermerk zu versehen:

Den Vorschriften über die Lotteriesteuer ist nach der Bescheinigung des Finanzamts . . . . . . vom . . . . Nr. . . . . des Sollbuchs genügt (§ 43 der Ausführungsbestimmungen zum Rennwett- und Lotteriegesetz).

2 Die Worte „Nr. . . . . des Sollbuchs" fallen fort, wenn die Lotterie oder Ausspielung als steuerfrei anerkannt ist.

(2) 1 Der Antrag auf Genehmigung der vereinfachten Abstempelung ist mit der Anmeldung zur Versteuerung bei dem zuständigen Finanzamt zu stellen. 2 Das Finanzamt darf die Genehmigung erst erteilen, wenn die Steuer bezahlt oder gestundet oder anerkannt ist, daß die Lotterie oder Ausspielung von der Steuer befreit ist.

(3) Vor Erteilung der Genehmigung, die das Finanzamt auch der Druckerei mitzuteilen hat, dürfen von dieser die Lose an den Veranstalter der Lotterie oder Ausspielung nicht ausgehändigt werden.

Ungestempelte Lose

§ 44. 1 Ungestempelte Lose dürfen, sofern es sich nicht um Lotterien und Ausspielungen im Betrage von nicht mehr als 164 Euro[1] handelt, oder die Oberfinanzdirektion zur Abstempelung ungeeignete Lose zugelassen hat (§ 41 Satz 2), nicht ausgegeben werden. 2 Nach näherer Vorschrift der Oberfinanzdirektion kann ferner bei den unter obrigkeitlicher Aufsicht stattfindenden Warenverlosungen von der Abstempelung der Lose abgesehen werden, wenn mit Rücksicht auf die Zahl und den Preis der Lose die Abstempelung unverhältnismäßige Mühewaltung verursachen würde oder die Beschaffenheit der Lose eine Abstempelung ausschließt. 3 Das gleiche gilt auch für Geldlotterien, wenn der Absatz der Lose nur in einem bestimmten, räumlich beschränkten Gebiete stattfindet.

Erstattung der Lotteriesteuer

§ 45. (1) Die Lotteriesteuer soll aus Billigkeitsgründen entweder nicht erhoben oder erstattet werden, wenn

---

1) Betrag geänd. durch G v. 20. 12. 2001 (BGBl. I S. 3794).

a) die Ziehung einer Lotterie oder Ausspielung unterbleibt,

b) unter entsprechender Ermäßigung des Gesamtwerts der Gewinne der genehmigte Lotterieplan abgeändert wird.

(2) Die Erstattung ist nur insoweit zuzulassen, als im Falle des Absatzes 1 zu a) Lose nicht abgesetzt oder vom Veranstalter zurückerworben sind und im Falle des Absatzes 1 zu b) Lose von der Verlosung ausgeschlossen sind.

(3)[1] Der Antrag ist schriftlich bei dem Finanzamt bis zum Schluß des Jahres zu stellen, das auf das Jahr folgt, in dem die Ziehung stattfinden sollte.

(4) [1]Dem Antrage sind die ihn begründenden Nachweise beizufügen. [2]Die Vorschriften der *§§ 131, 133, 136 AO*[2] finden Anwendung.

Staatslotterien

§ 46.[3] (1) [1]Die Bestimmungen der §§ 27, 28, 31, 31a Abs. 1 und 2, §§ 32 bis 36, 37 Abs. 4, §§ 39, 40 bis 44 finden auf die Staatslotterien der Länder und auf die von den Ländern oder in deren Auftrag veranstalteten Sportwetten keine Anwendung. [2]§ 31a Abs. 3 gilt mit der Maßgabe, dass auch ein kürzerer Anmeldungszeitraum als der Kalendermonat zulässig ist.

(2) [1]Die Verwaltungen der Staatslotterien haben spätestens am 15. Tage nach Ablauf der Ziehung jeder Klasse dem zuständigen Finanzamt unter Benutzung eines zwischen Oberfinanzdirektion und der Lotterieverwaltung zu vereinbarenden Musters die Zahl der abgesetzten Lose und den Preis der Lose anzuzeigen. [2]Die Anzeigen sind schriftlich unter Beifügung eines Ziehungsplans doppelt zu erstatten. [3]Das Finanzamt überwacht auf Grund des Ziehungsplans den rechtzeitigen Eingang der Anzeigen über jede Klassenziehung.

(3) [1]Das Finanzamt setzt die zu entrichtende Lotteriesteuer auf beiden Stücken der Anzeige fest; die eine Anzeige gibt es der Landeslotterieverwaltung zurück und leitet die andere der Finanzkasse zu. [2]Die Anzeige wird Beleg zum Sollbuch.

(4) *(aufgehoben)*

C. Steueraufsicht

Allgemeines

§ 47.[4] (1) [1]Die Steueraufsicht über Totalisatorunternehmen betreibende Renn- und Pferdezuchtvereine (Vereine), Buchmacher, Veranstalter von Lotterien, Ausspielungen und Sportwetten (Veranstalter) ist nicht nur bei Festsetzung der Steuer auf Grund der eingereichten Nachweisungen und Anmel-

---

[1] § 45 Abs. 3 geänd. durch G v. 21.8.2002 (BGBl. I S. 3322).

[2] Siehe nunmehr die entsprechenden Vorschriften der AO 1977.

[3] § 46 Abs. 4 aufgeh. durch G v. 14.12.1984 (BGBl. I S. 1493), Abs. 1 neu gef. durch G v. 17.5.2000 (BGBl. I S. 715), Abs. 2 Satz 2 geänd. durch G v. 21.8.2002 (BGBl. I S. 3322); Abs. 1 Satz 1 geänd. mWv 1.7.2012 durch G v. 29.6.2012 (BGBl. I S. 1424).

[4] § 47 Abs. 1 geänd. und Abs. 2 neu gef. durch G v. 17.5.2000 (BGBl. I S. 715); Abs. 1 Satz 1 geänd., Satz 2 angef., Abs. 2 geänd. mWv 1.7.2012 durch G v. 29.6.2012 (BGBl. I S. 1424).

dungen auszuüben, sondern auch durch Prüfungen in den Geschäftsräumen, die der Unterhaltung der Betriebe dienen (Büros der Vereine, der Veranstalter, der Buchmacher und deren Gehilfen) sowie durch Prüfungen der Totalisatorbetriebe auf den Rennplätzen und der Örtlichkeiten, wo Lotterien, Ausspielungen und Sportwetten stattfinden. [2] Wurde ein steuerlicher Beauftragter im Sinne des § 19 Absatz 3 des Rennwett- und Lotteriegesetzes benannt, gilt Satz 1 entsprechend.

(2) Staatslotterien und von den Ländern oder in deren Auftrag veranstaltete Sportwetten unterliegen der Steueraufsicht nicht.

Prüfungsfolge

§ 48. (1) [1] Die Oberfinanzdirektion kann anordnen, daß die zuständigen Finanzämter innerhalb ihrer Bezirke im Kalenderjahr eine bestimmte Anzahl von örtlichen Prüfungen der Betriebe vorzunehmen haben. [2] Auch ohne solche Anordnungen ist es Pflicht der Finanzämter, die Wett- und Lotterieunternehmungen und die im § 43 genannten Druckereien auf Erfüllung der ihnen nach dem Rennwett- und Lotteriegesetz obliegenden Verpflichtungen ständig zu beaufsichtigen. [3] Dies geschieht zweckmäßigerweise auf Grund eines besonderen Prüfungsplans. [4] Es muß aber auch auf außergewöhnliche Prüfungen, deren Notwendigkeit und Zweckmäßigkeit sich durch Beobachtung der Wettbetriebe, durch Einsicht der Zeitungsinserate oder aus sonstigem Anlaß ergeben, Bedacht genommen werden.

(2) [1] Es ist Sorge zu tragen, daß die Steuerpflichtigen, insbesondere die Buchmacher und deren Gehilfen, von den beabsichtigten Prüfungen nicht vorher Kenntnis erhalten. [2] Mit den Polizeibehörden ist zusammenzuarbeiten.

(3) [1] Die Steueraufsicht erstreckt sich auf das gesamte Geschäftsgebaren der Steuerpflichtigen, soweit es für die Entrichtung der Steuer von Bedeutung ist. [2] Im übrigen gelten die *§§ 193, 196 bis 199, 204 und 209 AO.*[1)]

Prüfungsmaßnahmen im allgemeinen

§ 49[2)]**.** (1) Bei der Steueraufsicht kommen insbesondere folgende Maßnahmen in Betracht:

a) die planmäßige Durchsicht der Schriftstücke, Aufzeichnungen und ähnlicher Unterlagen, die sich auf den Geschäftsverkehr des Steuerpflichtigen sowie auf die Versteuerung der von ihm abgeschlossenen Geschäfte beziehen, namentlich der Geschäftsbücher, Wettbücher, Steuerblocks, des Schriftwechsels mit den Wettnehmern, anderen Buchmachern und mit sonstigen Personen, die unmittelbar an einem Wettgeschäft, einer Lotterie oder Ausspielung beteiligt sind. [2] Das Finanzamt kann die Vorlegung dieser Schriftstücke an der Amtsstelle verlangen. [3] Die Einsichtnahme soll jedoch

(Fortsetzung nächstes Blatt)

[1)] Siehe nunmehr die entsprechenden Vorschriften der AO 1977.
[2)] § 49 Abs. 4 aufgeh. durch G v. 10.8.1967 (BGBl. I S. 877).

auf Wunsch des Steuerpflichtigen in seinen Geschäftsräumen oder in seiner Wohnung erfolgen, sofern ihm die Vorlegung an Amtsstelle nicht zugemutet werden kann. 4 Zur Vorlegung der Bücher sind die Steuerpflichtigen und diejenigen Angestellten verpflichtet, die mit deren Verwahrung oder deren Bearbeitung betraut sind. 5 Der Steuerpflichtige hat Vorsorge zu treffen, daß die Bücher auch in seiner Abwesenheit eingesehen werden können;

b) die Inanspruchnahme anderer Personen gemäß *§§ 177 bis 188 AO.*[1] 2 In Frage kommt insbesondere die – erforderlichenfalls eidliche – Vernehmung von Auskunftspersonen und die Einsichtnahme in Schriftstücke anderer Personen als der Steuerpflichtigen. 3 Die Einreichung derartiger Schriftstücke kann nur verlangt werden unter bestimmter Bezeichnung der Rechtsvorgänge, auf die sie sich beziehen. 4 In Betracht kommen: der Schriftwechsel mit Rennvereinen, Buchmachern und Lotterieveranstaltern oder deren Gehilfen, die Wettscheine, Quittungen, Lose und Berechnungen, die sich im Besitze solcher Personen befinden, die mit dem Steuerpflichtigen in Geschäftsbeziehungen getreten sind. 5 Die Beeidigung der Auskunftspersonen und die Vorlegung von Schriftstücken kann mit Genehmigung der Oberfinanzdirektion verlangt werden;

c) das Betreten der Geschäftsräume des Steuerpflichtigen gemäß *§ 198 AO.*[1] 2 Es kann insbesondere zu dem Zwecke geschehen, um entweder die Schriftstücke (Buchstabe a) einzusehen oder um nachzuprüfen, ob der Steuerpflichtige im laufenden Geschäftsverkehr die Vorschriften der §§ 4, 13 und 19 des Gesetzes innehält. 3 Der Aufenthalt in den Geschäftsräumen soll sich auf die hierzu erforderliche Zeit beschränken. 4 Außerhalb der üblichen Geschäftsstunden dürfen die Geschäftsräume des Steuerpflichtigen nur mit dessen Einwilligung betreten werden.

(2) 1 Der Beauftragte *(§ 206 AO)*[1] soll sich dem Steuerpflichtigen oder seinen Angestellten gegenüber auf Verlangen über seinen Auftrag durch eine mit Amtsstempel oder Siegelaufdruck versehene Ausfertigung des ihm erteilten allgemeinen oder besonderen Auftrags ausweisen. 2 Der Steuerpflichtige hat dem Beauftragten die erforderlichen Hilfsmittel (Geräte, Beleuchtung) und einen angemessenen Raum oder Arbeitsplatz zur Erledigung seiner Obliegenheiten zur Verfügung zu stellen *(§ 197 AO).*[1]

(3) Die Vorschriften über Zwangsmaßnahmen, insbesondere Erzwingungsstrafen, enthält *§ 202 AO*[1].

(4) *(aufgehoben)*

§ 50 [Freier Zutritt] Die Vereine haben den Beauftragten der Finanzämter, die sich auszuweisen in der Lage sind, jederzeit kostenfrei und ungehindert Zutritt zu allen Rennen, und zwar sowohl zu dem Totalisator als auch zu den Plätzen der Zuschauer und der Buchmacher, zu gewähren.

Gegenstand der Prüfung

§ 51. (1) 1 Die Beauftragten haben sich bei den Prüfungen selbständig, insbesondere davon zu überzeugen, ob die geschuldeten Steuerbeträge entrichtet,

---

[1] Siehe nunmehr die entsprechenden Vorschriften der AO 1977.

über sämtliche Wetten versteuerte Wettscheine ausgestellt, die Wetten in das Wettbuch eingetragen sind, nicht Wettbücher unbefugt geführt werden, die vorgefundenen versteuerten Wettscheine echt und nicht mißbräuchlich wiederholt verwendet worden sind und die Eintragungen mit denen in den Nachweisungen und Anmeldungen übereinstimmen, sowie ob auch im übrigen den Vorschriften des Gesetzes und den Ausführungsbestimmungen entsprechend verfahren wird. 2 Zu diesem Zwecke haben sie sich über die für die Abgabenentrichtung in Betracht kommenden Verhältnisse der steuerpflichtigen Betriebe und Unternehmungen eingehend zu unterrichten, auch den Veröffentlichungen der Tagesblätter, den Geschäftsberichten und Jahresbilanzen Beachtung zu schenken.

(2) 1 Besondere Aufmerksamkeit ist der Ermittlung verbotener Wettunternehmen oder unangemeldeter und unversteuerter Lotterien zuzuwenden. 2 Etwa geschuldete Steuer ist ungesäumt einzuziehen.

Einforderung von Rennberichten

§ 52. Die Vereine sind verpflichtet, den Steuerbehörden auf Verlangen Rennprogramme und Rennberichte über die von ihnen veranstalteten Pferderennen kostenlos zu übersenden.

D. Strafverfahren

§ 53[1]**.** *(aufgehoben)*

Mitteilung an die Zulassungsbehörde

§ 54[2]**.** Das Finanzamt, das eine Untersuchung gegen einen Verein, einen Buchmacher, einen Veranstalter oder einen Buchmachergehilfen einleitet, hat unverzüglich hiervon und von dem Ausgang des Verfahrens der Zulassungsbehörde (§ 34) Mitteilung zu machen.

E. Steuererhebung

Hebestelle und Buchführung

§ 55. (1) Die Rennwett- und Lotteriesteuer wird durch die Finanzkassen nach Maßgabe der Kassenanweisung und der folgenden Bestimmungen erhoben.

(2) 1 Über die Erhebung werden von der Finanzkasse zwei Bücher, das Sollbuch und das Einnahmebuch, nebst einem Anhang über die erstatteten Steuerbeträge geführt. 2 Die Bücher sind für den Zeitraum eines Rechnungsjahrs zu führen.

---

[1] § 53 aufgeh. durch G v. 10. 8. 1967 (BGBl. I S. 877).
[2] § 54 geänd. durch G v. 16. 12. 1986 (BGBl. I S. 2441).

Sollbuch

§ 56. (1) Das Sollbuch ist nach anliegendem Muster 11[1] zu führen.

(2) [1]Es ist derart einzurichten, daß für jeden Steuerpflichtigen, der die Rennwettsteuer in wiederkehrenden Zeitabschnitten entrichtet (§§ 16, 17), ein besonderes Konto zu eröffnen ist, und zwar in zwei Abteilungen, nämlich für Vereine und für Buchmacher, denen die Führung von Wettbüchern gestattet ist. [2]Die Anlegung des Sollbuchs und die Eintragung des Steuerpflichtigen erfolgt durch das Finanzamt auf Grund der Listeneintragung (§ 8 Abs. 2). [3]Erfolgen die Eintragungen unter fortlaufenden Nummern, so sind Nachträge am Schluß des Sollbuchs einzutragen. [4]Im übrigen sind die Steueranmeldungen und Nachweisungen in einer besonderen Abteilung fortlaufend einzutragen.

(3) [1]In das Sollbuch sind die auf der Nachweisung oder Anmeldung oder durch sonstige Verfügung des Finanzamts festgesetzten Steuerbeträge einzutragen. [2]Jeder Steuerbetrag ist sofort nach Eingang und Eintragung im Einnahmebuch in den Spalten 7 bis 11 auf das Konto des Steuerpflichtigen, für den die Zahlung geleistet ist, zu verbuchen, auch wenn der Finanzkasse die Festsetzungsverfügung noch nicht vorliegt. [3]Die Kasse hat die Spalten 3 bis 6 des Sollbuchs sofort nach Eingang der mit dem Festsetzungsvermerk versehenen Nachweisung, Anmeldung, Anzeige oder der sonst die Insollstellung anordnenden Verfügung auszufüllen und das Weitere wegen Erhebung oder Herauszahlung der Steuer zu veranlassen. [4]Weicht der festgesetzte Steuerbetrag von dem Betrag der bereits eingezahlten und in Spalte 9 des Sollbuchs angeschriebenen Steuer ab (§ 21), so ist in Spalte 9 unmittelbar unter der Eintragung des voreingezahlten Steuerbetrags der nachgeforderte Betrag sofort nach Zahlung einzutragen oder daselbst die Herauszahlung etwa zuviel gezahlter Steuer mit roter Tinte abzusetzen.

§ 57 [Sollbuch-Abschluß] (1) [1]Das Sollbuch wird für neue Eintragungen am 31. März geschlossen. [2]Die innerhalb der nächsten drei Monate nach Ablauf des Rechnungsjahres (§ 55 Abs. 2 Schlußsatz) noch nicht erledigten Steuerfälle sind in das Sollbuch des folgenden Rechnungsjahres zu übertragen und als Rückstände kenntlich zu machen. [3]Auf ihre Erledigung ist besonders zu achten.

(2) Von einem an der Kassenführung nicht beteiligten Beamten ist unter dem Abschluß zu vermerken, daß die Rückstände in das neue Sollbuch vollständig und richtig übertragen worden sind.

Wettsteuerzeichenbuch

§ 58. *(überholt)*

Einnahmebuch

§ 59. [1]Für sämtliche im Laufe eines Rechnungsjahres eingehende Zahlungen an Rennwett- und Lotteriesteuer nebst Zinsen, gleichviel für welche Zeit

[1] Hier nicht abgedruckt.

sie gezahlt sind, ist nach anliegendem Muster 13[1] ein Einnahmebuch zu führen. [2]Dieses sowie der Anhang zum Einnahmebuch (§ 55 Abs. 2 Satz 1) sind am Ende des Rechnungsjahres *(31. März)*[2] abzuschließen.

Änderungsbefugnis der Oberfinanzdirektionen

§ 60. Die Oberfinanzdirektion kann Abweichungen in der Führung des Sollbuchs sowie des Wettsteuerzeichenbuchs und des Einnahmebuchs nebst Anhang zulassen.

Verrechnung beigetriebener Geldbeträge

§ 61. [1]Wird die Rennwett- und Lotteriesteuer im Zwangsweg beigetrieben, so sind die eingegangenen Beträge zuerst auf die Kosten, sodann auf die Steuer und mit dem Rest auf die Zinsen anzurechnen. [2]Das gleiche gilt von Zahlungen, die nicht die ganze Schuld decken.

F. Schlußvorschriften

Aktenführung

§ 62. (1) [1]Über jeden Verein und jeden Buchmacher, die in die nach § 8 Abs. 2 zu führende Liste eingetragen sind, und über die in der Anmeldung eingetragenen Veranstalter sind vom Finanzamt besondere Akten anzulegen, in die sämtliche die Ermittlung und Festsetzung der Steuern betreffenden Vorgänge nach der Zeitfolge geordnet aufzunehmen sind. [2]Die Akten sind derart zu führen, daß eine Nachprüfung jederzeit möglich ist.

(2) Die gemäß § 52 eingereichten Rennberichte sind ebenfalls nach der Zeitfolge geordnet im besonderen Hefte aufzubewahren.

(3) Die Akten, Bücher, Listen und Nachweisungen über die Erhebung der Steuer sind fünf Jahre lang, vom Eintritt der Steuerpflicht ab gerechnet, aufzubewahren.

Prüfungspflicht der Oberfinanzdirektionen

§ 63. [1]Die Soll- und Einnahmebücher und die Wettsteuerzeichenbücher nebst den dazugehörigen Belegen sind nach Abschluß der Oberfinanzdirektion zur Prüfung vorzulegen. [2]Das gleiche gilt für die Anmeldungen über Lotterien und Ausspielungen, die als steuerfrei anerkannt sind. [3]Diese Anmeldungen sind vom Finanzamt in einem besonderen Verzeichnis zu vereinigen, das der Oberfinanzdirektion zu dem für die Vorlegung des Sollbuchs vorgeschriebenen Zeitpunkt einzusenden ist.

---

[1] Hier nicht abgedruckt.
[2] Rechnungsjahr = Kalenderjahr.

636. Verordnung über die örtliche Zuständigkeit zum Vollzug des Rennwett- und Lotteriegesetzes (RennwLottGZuStV)

Vom 11. Dezember 2012 (BGBl. I S. 2637)

Geändert durch VO vom 24. 9. 2013 (BGBl. I S. 3709)

BGBl. III/FNA 611-14-6

§ 1[1)] Örtliche Zuständigkeit für die Besteuerung von Sportwetten. Für die Besteuerung von Sportwetten, für die sich keine örtliche Zuständigkeit im Inland ergibt, ist das Finanzamt Frankfurt am Main III örtlich zuständig.

§ 2 Örtliche Zuständigkeit für die Zerlegung der Rennwett- und Lotteriesteuer. Für die Zerlegung des Gesamtaufkommens der Steuer nach § 17 Absatz 2 des Rennwett- und Lotteriegesetzes in der im Bundesgesetzblatt Teil III, Gliederungsnummer 611-14, veröffentlichten bereinigten Fassung, das zuletzt durch Artikel 1 und 4 des Gesetzes vom 29. Juni 2012 (BGBl. I, S. 1424) geändert worden ist, ist die Finanzbehörde der Freien und Hansestadt Hamburg zuständig.

§ 3[1)] *(aufgehoben)*

[1)] § 1 Abs. 2 und § 3 aufgeh. mWv 1. 1. 2014 durch VO v. 24. 9. 2013 (BGBl. I S. 3709).

650. Feuerschutzsteuergesetz (FeuerschStG)

In der Fassung der Bekanntmachung vom 10. Januar 1996 (BGBl. I S. 18)[1)]

Geändert durch 2. Zwangsvollstreckungsnovelle vom 17. 12. 1997 (BGBl. I S. 3039), Steuer-Euroglättungsgesetz vom 19. 12. 2000 (BGBl. I S. 1790), Steueränderungsgesetz 2001 vom 20. 12. 2001 (BGBl. I S. 3794), Drittes Gesetz zur Änderung verwaltungsverfahrensrechtlicher Vorschriften vom 21. 8. 2002 (BGBl. I S. 3322), Steueränderungsgesetz 2003 vom 15. 12. 2003 (BGBl. I S. 2645), EURichtlinien-Umsetzungsgesetz vom 9. 12. 2004 (BGBl. I S. 3310), Gesetz zur Neuorganisation der Bundesfinanzverwaltung und zur Schaffung eines Refinanzierungsregisters vom 22. 9. 2005 (BGBl. I S. 2809), Begleitgesetz zur zweiten Föderalismusreform vom 10. 8. 2009 (BGBl. I S. 2702), Jahressteuergesetz 2010 (JStG 2010) vom 8. 12. 2010 (BGBl. I S. 1768), Amtshilferichtlinie-Umsetzungsgesetz (AmtshilfeRLUmsG) vom 26. 6. 2013 (BGBl. I S. 1809), Gesetz zur Anpassung des Investmentsteuergesetzes und anderer Gesetze an das AIFM-Umsetzungsgesetz (AIFM-Steuer-Anpassungsgesetz – AIFM-StAnpG) vom 18. 12. 2013 (BGBl. I S. 4318), Gesetz zur Anpassung der Abgabenordnung an den Zollkodex der Union und zur Änderung weiterer steuerlicher Vorschriften vom 22. 12. 2014 (BGBl. I S. 2417) und Steueränderungsgesetz 2015 vom 2. 11. 2015 (BGBl. I S. 1834)

BGBl. III/FNA 611-18

§ 1 Gegenstand der Steuer. (1)[2)] [1]Der Feuerschutzsteuer unterliegt die Entgegennahme des Versicherungsentgelts nur aus den folgenden Versicherungen, wenn die versicherten Gegenstände sich bei der Entgegennahme des Versicherungsentgelts im Geltungsbereich dieses Gesetzes befinden:

1. Feuerversicherungen einschließlich Feuer-Betriebsunterbrechungsversicherungen,
2. Wohngebäudeversicherungen, bei denen die Versicherung teilweise auf Gefahren entfällt, die Gegenstand einer Feuerversicherung sein können,
3. Hausratversicherungen, bei denen die Versicherung teilweise auf Gefahren entfällt, die Gegenstand einer Feuerversicherung sein können.

[2]Das Versicherungsentgelt aus Versicherungen, die nicht in Satz 1 Nummer 1 bis 3 genannt werden, die jedoch teilweise auf Gefahren entfallen, die Gegenstand einer Feuerversicherung sein können, unterliegt nicht der Feuerschutzsteuer.

(2) Eine Versicherung im Sinne des Absatzes 1 wird auch begründet, wenn zwischen mehreren Personen oder Personenvereinigungen vereinbart wird, solche Schäden gemeinsam zu tragen, die den Gegenstand einer Versicherung im Sinne des Absatzes 1 bilden können.

(3) Für die Steuerpflicht gelten die Vorschriften des § 1 Abs. 2 und 3 des Versicherungsteuergesetzes entsprechend.

---

1) Neubekanntmachung des FeuerschStG v. 21. 12. 1979 (BGBl. I S. 2353) auf Grund des Art. 33 Abs. 1 Satz 3 des G v. 21. 12. 1993 (BGBl. I S. 2310) in der ab 1. 1. 1995 geltenden Fassung.

2) § 1 Abs. 1 neu gef. mWv 1. 7. 2010 durch G v. 10. 8. 2009 (BGBl. I S. 2702).

§ 2 Versicherungsentgelt. (1) [1]Versicherungsentgelt im Sinne dieses Gesetzes ist jede Leistung, die für die Begründung und zur Durchführung des Versicherungsverhältnisses an den Versicherer zu bewirken ist. [2]Darunter fallen insbesondere Prämien, Beiträge, Vorbeiträge, Vorschüsse, Nachschüsse, Umlagen, außerdem Eintrittsgelder, Gebühren für die Ausfertigung des Versicherungsscheins und sonstige Nebenkosten. [3]Zum Versicherungsentgelt gehört nicht, was zur Abgeltung einer Sonderleistung des Versicherers oder aus einem sonstigen in der Person des einzelnen Versicherungsnehmers liegenden Grund gezahlt wird, wie Kosten für die Ausstellung einer Ersatzurkunde oder Mahnkosten.

(2) [1]Wird auf die Prämie ein Gewinnanteil verrechnet und nur der Unterschied zwischen Prämie und Gewinnanteil an den Versicherer gezahlt, so ist dieser Unterschiedsbetrag Versicherungsentgelt. [2]Das gleiche gilt, wenn eine Verrechnung zwischen Prämie und Gewinnanteil nicht möglich ist und die Gutschriftanzeige über den Gewinnanteil dem Versicherungsnehmer mit der Prämienrechnung vorgelegt wird.

§ 3[1)] Bemessungsgrundlage. (1) Bemessungsgrundlage ist

1. bei Feuerversicherungen (§ 1 Absatz 1 Satz 1 Nummer 1) ein Anteil von 40 Prozent des Versicherungsentgelts,
2. bei Wohngebäudeversicherungen (§ 1 Absatz 1 Satz 1 Nummer 2) ein Anteil von 14 Prozent des Gesamtbetrages des Versicherungsentgelts und
3. bei Hausratversicherungen (§ 1 Absatz 1 Satz 1 Nummer 3) ein Anteil von 15 Prozent des Gesamtbetrages des Versicherungsentgelts.

(2) [1]Die Steuer ist von den Anteilen (Absatz 1 Nummer 1, 2 und 3) zu berechnen, die im Anmeldungszeitraum (§ 8 Absatz 2) vereinnahmt worden sind (Isteinnahmen). [2]Wird das Versicherungsentgelt ganz oder zum Teil zurückgezahlt, weil das Versicherungsverhältnis vorzeitig beendet oder das Versicherungsentgelt herabgesetzt worden ist, so mindert sich die Bemessungsgrundlage um die auf die Anteile zurückgezahlten Versicherungsentgelte.

(3) [1]Das Bundeszentralamt für Steuern kann auf Antrag gestatten, dass die Steuer nicht nach den Isteinnahmen, sondern nach den im Anmeldungszeitraum angeforderten Anteilen (Absatz 1 Nummer 1, 2 und 3) (Solleinnahmen) berechnet wird. [2]Im Falle der Berechnung nach Solleinnahmen ist die auf nicht eingegangene Anteile bereits entrichtete Steuer bei der Anmeldung in dem Anmeldungszeitraum (§ 8 Absatz 2) abzusetzen, in dem der Versicherer die Versicherung ganz oder teilweise in Abgang gestellt hat.

(4)[2)] Das der Steuerberechnung zu Grunde zu legende Entgelt darf nicht um die für die Rückversicherungen gezahlten Versicherungsentgelte gekürzt werden.

(5)[2)] In anderer Währung ausgedrückte Beträge sind nach den für die Umsatzsteuer geltenden Vorschriften umzurechnen.

[1)] § 3 neu gef. mWv 1. 7. 2010 durch G v. 10. 8. 2009 (BGBl. I S. 2702).
[2)] § 3 Abs. 4 und 5 angef. mWv 1. 7. 2010 durch G v. 8. 12. 2010 (BGBl. I S. 1768).

§ 3 a[1)] Ausnahme von der Besteuerung. Von der Besteuerung ausgenommen ist die Zahlung des Versicherungsentgelts an Brandunterstützungsvereine, soweit die anlässlich eines einzelnen Schadensfalls erhobene Umlage den Betrag von 5500 Euro nicht übersteigt.

§ 4[2)] Steuersatz. (1) Der Steuersatz beträgt – vorbehaltlich des folgenden Absatzes – 19 Prozent.

(2) Die Steuer beträgt bei Feuerversicherungen (§ 1 Absatz 1 Satz 1 Nummer 1) 22 Prozent.

(3) Die Versicherungsteuer gehört nicht zum Versicherungsentgelt.

§ 5 Steuerschuldner. (1) Steuerschuldner ist der Versicherer.

(2)[3)] Hat der Versicherer in keinem Mitgliedstaat der Europäischen Union und in keinem anderen Vertragsstaat des Abkommens über den Europäischen Wirtschaftsraum seine Geschäftsleitung, seinen Sitz, seinen Wohnsitz oder eine Betriebsstätte, ist aber im Geltungsbereich dieses Gesetzes ein Bevollmächtigter zur Entgegennahme des Versicherungsentgelts bestellt, so ist dieser Steuerschuldner; ist kein Bevollmächtigter bestellt, so ist der Versicherungsnehmer Steuerschuldner.

§ 6 Rückversicherung. [1]Nimmt der Versicherer Rückversicherung, so ist er berechtigt, das Versicherungsentgelt, das er an den Rückversicherer zu entrichten hat, um den der Steuer entsprechenden Hundertsatz zu kürzen. [2]Dies gilt auch für den Rückversicherer, der seinerseits Rückversicherung nimmt.

§ 7 Entstehung der Steuer. Die Steuer entsteht mit Ablauf des Monats, in dem das Versicherungsentgelt entgegengenommen (§ 3 Abs. 2), angefordert (§ 3 Abs. 3) oder gezahlt (§ 5 Abs. 2 in Verbindung mit § 8 Abs. 4 Satz 3) worden ist.

§ 8[4)] Anmeldung, Fälligkeit. (1) Der Versicherer (§ 5 Abs. 1) oder der Bevollmächtigte (§ 5 Abs. 2) hat spätestens am fünfzehnten Tag nach Ablauf eines jeden Anmeldungszeitraums (Absatz 2)

1. eine nach amtlich vorgeschriebenem Vordruck oder im Wege eines Automationsverfahrens des Bundes übermittelte Steuererklärung abzugeben, in der er die im Anmeldungszeitraum entstandene Steuer selbst zu berechnen hat (Steueranmeldung) und
2. die im Anmeldungszeitraum entstandene Steuer zu entrichten.

(2) [1]Anmeldungszeitraum ist grundsätzlich der Kalendermonat. [2]Hat die Steuer für das vorangegangene Kalenderjahr insgesamt nicht mehr als *1200 Euro*[5)] [***ab 1. 1. 2014:*** 2400 Euro] betragen, so ist Anmeldungszeitraum

---

[1)] § 3 a eingef. mWv 1. 7. 2010 durch G v. 18. 12. 2013 (BGBl. I S. 4318).

[2)] § 4 neu gef. mWv 1. 7. 2010 durch G v. 10. 8. 2009 (BGBl. I S. 2702).

[3)] § 5 Abs. 2 geänd. durch G v. 26. 6. 2013 (BGBl. I S. 1809).

[4)] § 8 Abs. 1 Nr. 1 geänd. mWv 30. 6. 2013, Abs. 2 Satz 2 Betrag geänd., Satz 3 angef. mWv 1. 1. 2014 durch G v. 26. 6. 2013 (BGBl. I S. 1809).

[5)] Betrag geänd. mWv 1. 1. 2002 durch G v. 19. 12. 2000 (BGBl. I S. 1790).

das Kalendervierteljahr. [*ab 1. 1. 2014:* [3]Hat die Steuer für das vorangegangene Kalenderjahr insgesamt nicht mehr als 400 Euro betragen, so ist Anmeldungszeitraum das Kalenderjahr.]

(3) [1]Gibt der Versicherer oder der Bevollmächtigte bis zum Ablauf der Anmeldungsfrist die Steueranmeldung nicht ab, setzt das Bundeszentralamt für Steuern[1)] die Steuer fest. [2]Als Zeitpunkt ihrer Fälligkeit gilt der fünfzehnte Tag nach Ablauf des Anmeldungszeitraums.

(4)[2)] [1]Ist der Versicherungsnehmer Steuerschuldner (§ 5 Abs. 2), so hat er den Abschluß der Versicherung dem Bundeszentralamt für Steuern[3)] unverzüglich anzuzeigen. [2]Die gleiche Pflicht hat auch der Vermittler, der den Abschluß einer solchen Versicherung vermittelt hat, wenn er seine Geschäftsleitung, seinen Sitz oder seinen Wohnsitz im Geltungsbereich dieses Gesetzes hat. [3]Der Versicherungsnehmer hat spätestens am 15. Tag nach Ablauf des Monats, in dem das Versicherungsentgelt gezahlt worden ist, eine Steueranmeldung nach amtlich vorgeschriebenem Vordruck abzugeben und die selbst berechnete Steuer zu entrichten.

§ 9[4)] Aufzeichnungspflichten und Außenprüfung. (1) [1]Der Versicherer (§ 5 Abs. 1) oder der Bevollmächtigte (§ 5 Abs. 2) ist verpflichtet, zur Feststellung der Steuer und der Grundlagen ihrer Berechnung Aufzeichnungen zu führen. [2]Diese müssen alle Angaben enthalten, die für die Besteuerung von Bedeutung sind, insbesondere

1. den Namen und die Anschrift des Versicherungsnehmers,
2. die Nummer des Versicherungsscheins,
3. die Versicherungssumme,
4. das Versicherungsentgelt,
5. den Steuerbetrag.

[3]Ist das im Geltungsbereich dieses Gesetzes belegene Risiko von einem nicht in dessen Geltungsbereich niedergelassenen Versicherer gedeckt, so hat dieser dem Bundeszentralamt für Steuern[5)] auf Anforderung ein vollständiges Verzeichnis der sich auf diese Risiken beziehenden Versicherungsverhältnisse mit den in Satz 2 genannten Angaben schriftlich zu übermitteln. [4]Diese Verpflichtung besteht auch dann, wenn der Versicherer die Voraussetzungen für die Steuerpflicht oder für die Steuerentrichtung nicht für gegeben hält.

(2) Bei Personen und Personenvereinigungen, die Versicherungen vermitteln oder ermächtigt sind, für einen Versicherer Zahlungen entgegenzunehmen, ist zur Ermittlung oder Aufklärung von Vorgängen, die nach diesem Gesetz der Steuer unterliegen, eine Außenprüfung (§§ 193 bis 203 der Abgabenordnung) auch insoweit zulässig, als sie der Feststellung der steuerlichen

---

1) § 8 Abs. 3 und 4 geänd. mWv 1. 7. 2010 durch G v. 10. 8. 2009 (BGBl. I S. 2702).
2) § 8 Abs. 4 Satz 3 neu gef. durch G v. 21. 8. 2002 (BGBl. I S. 3322).
3) § 8 Abs. 3 und 4 geänd. mWv 1. 7. 2010 durch G v. 10. 8. 2009 (BGBl. I S. 2702).
4) § 9 Abs. 1 Satz 3 geänd. durch G v. 21. 8. 2002 (BGBl. I S. 3322).
5) Bezeichnung geänd. durch G v. 22. 9. 2005 (BGBl. I S. 2809).

Verhältnisse anderer Personen dient, die als Versicherungsnehmer nach § 5 Abs. 2 zur Entrichtung der Steuer verpflichtet sind.

(3) Eine Außenprüfung ist auch bei Personen und Personenvereinigungen zulässig, die eine Versicherung im Sinne des § 1 Abs. 2 vereinbart haben.

(4)[1] [1]Steuerbeträge, die auf Grund einer Außenprüfung nachzuentrichten oder zu erstatten sind, sind zusammen mit der Steuer für den letzten Monat, das letzte Quartal oder das letzte Kalenderjahr des Prüfungszeitraums festzusetzen. [2]Nachzuentrichtende Steuerbeträge sind einen Monat nach Bekanntgabe der Festsetzung fällig.

§ 10[2] **Zuständigkeit.** Zuständig ist das Bundeszentralamt für Steuern.

§ 11 Zerlegung. (1) Das Gesamtaufkommen der entrichteten Feuerschutzsteuer wird *bis zum 31. Dezember 2015*[3] *nach den Absätzen 2 bis 4*[4] [***ab 1. 1. 2016:*** nach den Absätzen 2 und 3][5] zerlegt.

(2)[6] [1]Die Zerlegungsanteile der einzelnen Länder am Gesamtaufkommen der Feuerschutzsteuer sind nach den folgenden Zerlegungsmaßstäben zu ermitteln:

[bis 31. 12. 2015:]

a) zu 50 vom Hundert entsprechend den Anteilen an der Bruttowertschöpfung aller Wirtschaftsbereiche abzüglich der Wertschöpfung der Wirtschaftsbereiche Land- und Forstwirtschaft, Fischerei sowie öffentliche und private Dienstleister;

b) zu 10 vom Hundert entsprechend den Anteilen an der Bruttowertschöpfung des Wirtschaftsbereiches Land- und Forstwirtschaft, Fischerei;

c) zu 25 vom Hundert entsprechend den Anteilen an der Wohnbevölkerung zu 40 vom Hundert und den Anteilen am Bestand an Wohngebäuden zu 60 vom Hundert;

d) zu 15 vom Hundert entsprechend den Anteilen an den Privathaushalten.

[ab 1. 1. 2016:]

1. zu 35 vom Hundert entsprechend den Anteilen an der Bruttowertschöpfung aller Wirtschaftsbereiche abzüglich der Wertschöpfung der Wirtschaftsbereiche Land- und Forstwirtschaft, Fischerei, öffentliche und sonstige Dienstleister, Erziehung und Gesundheit sowie private Haushalte;
2. zu 5 vom Hundert entsprechend den Anteilen an der Bruttowertschöpfung des Wirtschaftsbereiches Land- und Forstwirtschaft, Fischerei;
3. zu 40 vom Hundert entsprechend den Anteilen an der Wohnbevölkerung zu 40 vom Hundert und den Anteilen am Bestand an Wohngebäuden zu 60 vom Hundert;
4. zu 20 vom Hundert entsprechend den Anteilen an den Privathaushalten.

---

[1] § 9 Abs. 4 neu gef. mWv 31. 12. 2014 durch G v. 22. 12. 2014 (BGBl. I S. 2417).
[2] § 10 neu gef. mWv 1. 7. 2010 durch G v. 10. 8. 2009 (BGBl. I S. 2702).
[3] Datum verlängert durch G v. 10. 8. 2009 (BGBl. I S. 2702).
[4] Verweis geänd. mWv 1. 1. 2011 durch G v. 8. 12. 2010 (BGBl. I S. 1768).
[5] § 11 Abs. 1 geänd. mWv 1. 1. 2016 durch G v. 2. 11. 2015 (BGBl. I S. 1834).
[6] § 11 Abs. 2 Satz 1 neu gef. mWv 1. 1. 2016 durch G v. 2. 11. 2015 (BGBl. I S. 1834).

[2]Dabei sind jeweils die am 1. Mai des dem Zerlegungsjahr folgenden Jahres beim Statistischen Bundesamt verfügbaren neuesten Daten zugrunde zu legen.

(3)[1)] [1]Die Zerlegung wird von der Finanzbehörde der Freien und Hansestadt Hamburg durchgeführt. [2]Dabei sind unter Berücksichtigung des jeweiligen Vorjahresergebnisses Zerlegungsanteile festzulegen. [3]Nach diesen Zerlegungsanteilen wird die durch das Bundeszentralamt für Steuern verwaltete Feuerschutzsteuer auf die Länder verteilt und entsprechend dem monatlichen Aufkommen in Teilbeträgen bis zum 15. des folgenden Monats an die Länder überwiesen. [4]Bis zur Ermittlung der endgültigen Zerlegungsanteile für das Vorjahr sind die bisherigen Zerlegungsanteile vorläufig zu Grunde zu legen.

(4)[2)] *Für die Abrechnung und den Vollzug der Zerlegung des Aufkommens an Feuerschutzsteuer vor dem 1. Januar 2011 findet Absatz 3 in der am 31. Dezember 2010 geltenden Fassung weiterhin Anwendung.*

§ 12 Mitteilungspflicht. (1) Die mit der Aufsicht über die Versicherungsunternehmen betrauten Behörden teilen dem Bundeszentralamt für Steuern die zu ihrer Kenntnis gelangenden Versicherer mit.

(2) Das Registergericht teilt Eintragungen von Vereinen oder Genossenschaften, die sich mit dem Abschluß von Versicherungen befassen, dem Bundeszentralamt für Steuern mit; das gilt auch dann, wenn die Vereine oder Genossenschaften ihre Leistungen als Unterstützungen ohne Rechtsanspruch bezeichnen.

§ 13 Anwendungsvorschrift. [1]Wird ein Steuersatz geändert, ist der neue Steuersatz auf Versicherungsentgelte anzuwenden, die ab dem Inkrafttreten der Änderung des Steuersatzes fällig werden. [2]Wird die Fälligkeit des Versicherungsentgelts auf einen Zeitpunkt vor oder nach Inkrafttreten eines geänderten Steuersatzes geändert und würde die Änderung zur Anwendung eines niedrigeren Steuersatzes führen, ist die Änderung insoweit nicht zu berücksichtigen. [3]Dies gilt entsprechend, wenn ein Versicherungsvertrag zur Änderung der Fälligkeit des Versicherungsentgelts gekündigt und alsbald neu abgeschlossen oder wenn die Fälligkeit des Versicherungsentgelts für einen Zeitpunkt vor Abschluß des Versicherungsvertrags festgelegt wird. [4]Die Sätze 2 und 3 gelten für ab dem 1. August 1993 vorgenommene Änderungen oder Festlegungen der Fälligkeit des Versicherungsentgelts.

§ 14[3)] Evaluation. [1]Die Bemessungsgrundlagen (§ 3 Absatz 1) werden jährlich, beginnend mit dem 1. Januar 2012, durch Rechtsverordnung der Bundesregierung, die der Zustimmung des Bundesrates bedarf, derart angepasst, dass das Aufkommen der Feuerschutzsteuer nicht unter den Durchschnitt der Jahre 2009 bis 2011 (Sockelbetrag) sinkt. [2]Die Bemessungsgrundlagen nach § 5 Absatz 1 Nummer 3 des Versicherungsteuergesetzes sind entsprechend anzupassen.

---

1) § 11 Abs. 3 neu gef. mWv 1. 1. 2011 durch G v. 8. 12. 2010 (BGBl. I S. 1768).
2) § 11 Abs. 4 aufgeh. mWv 1. 1. 2016 durch G v. 2. 11. 2015 (BGBl. I S. 1834).
3) § 14 angef. mWv 1. 7. 2010 durch G v. 10. 8. 2009 (BGBl. I S. 2702).

§ 15[1] Ermächtigungen. (1) [1]Die Bundesregierung wird ermächtigt, mit Zustimmung des Bundesrates Rechtsverordnungen über den Anteil an der Bemessungsgrundlage (§ 3 Absatz 1) zu erlassen.

(2) Der Bundesminister der Finanzen kann dieses Gesetz und die auf Grund dieses Gesetzes erlassenen Rechtsverordnungen in der jeweils geltenden Fassung mit neuem Datum und unter neuer Überschrift im Bundesgesetzblatt bekannt machen.

---

[1] § 15 angef. mWv 1. 7. 2010 durch G v. 10. 8. 2009 (BGBl. I S. 2702).

660. Kraftfahrzeugsteuergesetz 2002 (KraftStG 2002)[1]

In der Fassung der Bekanntmachung vom 26. September 2002[2)·3)·4)]
(BGBl. I S. 3818)

FNA 611-17

Geändert durch EURichtlinien-Umsetzungsgesetz vom 9.12.2004 (BGBl. I S. 3310), Gesetz zur Umbenennung des Bundesgrenzschutzes in Bundespolizei vom 21.6.2005 (BGBl. I S. 1818), Drittes Gesetz zur Änderung des Kraftfahrzeugsteuergesetzes vom 21.12.2006 (BGBl. I S. 3344), Viertes Gesetz zur Änderung des Kraftfahrzeugsteuergesetzes vom 24.3. 2007 (BGBl. I S. 356), Gesetz zur Änderung kraftfahrzeugsteuerlicher und autobahnmautrechtlicher Vorschriften vom 17.8.2007 (BGBl. I S. 1958), Jahressteuergesetz 2008 vom 20.12.2007 (BGBl. I S. 3150), Gesetz zur Umsetzung steuerrechtlicher Regelungen des Maßnahmenpakets „Beschäftigungssicherung durch Wachstumsstärkung" vom 21.12.2008 (BGBl. I S. 2896)[5], Gesetz zur Neuregelung der Kraftfahrzeugsteuer und Änderung anderer Gesetze vom 29.5.2009 (BGBl. I S. 1170)[5], Fünftes Gesetz zur Änderung des Kraftfahrzeugsteuergesetzes[6] vom 27.5.2010 (BGBl. I S. 668), Verkehrssteueränderungsgesetz (VerkehrStÄndG vom 5.12.2012 (BGBl. I S. 2431)[7], Zweites Verkehrsteueränderungsgesetz vom 8.6.2015 (BGBl. I

---

[1] Im ersten Halbjahr 2014 übernahm die Zollverwaltung mit ihren Hauptzollämtern die Aufgabe der Verwaltung der Kfz-Steuer:
– **Februar:** Bremen, Niedersachsen, Nordrhein-Westfalen
– **März:** Berlin, Brandenburg, Hamburg, Mecklenburg-Vorpommern, Schleswig-Holstein
– **April:** Baden-Württemberg, Hessen, Rheinland-Pfalz, Saarland
– **Mai:** Bayern, Sachsen, Sachsen-Anhalt, Thüringen

[2] Dieses Gesetz dient der Umsetzung folgender Richtlinien:
1. Richtlinie 1999/62/EG des Europäischen Parlaments und des Rates vom 17. Juni 1999 über die Erhebung von Gebühren für die Benutzung bestimmter Verkehrswege durch schwere Nutzfahrzeuge (ABl. EG Nr. L 187 S. 42),
2. Richtlinie 98/69/EG des Europäischen Parlaments und des Rates vom 13. Oktober 1998 über Maßnahmen gegen die Verunreinigung der Luft durch Emissionen von Kraftfahrzeugen und zur Änderung der Richtlinie 70/220/EWG des Rates (ABl. EG Nr. L 350 S. 1).

[3] Neubekanntmachung des KraftStG idF der Bek. v. 24.5.1994 (BGBl. I S. 1102) auf Grund des § 15 Abs. 3 des KraftStG idF der Bek. v. 24.5.1994 (BGBl. I S. 1102) in der ab 28.8.2002 geltenden Fassung.

[4] Beachte auch Kraftfahrzeugsteuer-DurchführungsVO, Nr. **665**.

[5] Die Verpflichtungen aus der Richtlinie 98/34/EG des Europäischen Parlaments und des Rates vom 22. Juni 1998 über ein Informationsverfahren auf dem Gebiet der Normen und technischen Vorschriften und der Vorschriften für die Dienste der Informationsgesellschaft (ABl. EG Nr. L 204 S. 37), zuletzt geändert durch die Richtlinie 2006/96/EG des Rates vom 20. November 2006 (ABl. EU Nr. L 363 S. 81), sind beachtet worden.

[6] Die Verpflichtungen aus der Richtlinie 98/34/EG des Europäischen Parlaments und des Rates vom 22. Juni 1998 über ein Informationsverfahren auf dem Gebiet der Normen und technischen Vorschriften und der Vorschriften für die Dienste der Informationsgesellschaft (ABl. L 204 vom 21.7.1998, S. 37), die zuletzt durch die Richtlinie 2006/96/EG des Rates vom 20. November 2006 (ABl. L 363 vom 20.12.2006, S. 81) geändert worden ist, sind beachtet worden.

[7] Die Verpflichtungen aus der Richtlinie 98/34/EG des Europäischen Parlaments und des Rates vom 22. Juni 1998 über ein Informationsverfahren auf dem Gebiet der Normen und technischen Vorschriften und der Vorschriften für die Dienste der Informationsgesellschaft (ABl. L 204 vom 21.7.1998, S. 37), die zuletzt durch die Richtlinie 2006/96/EG (ABl. L 363 vom 20.12.2006, S. 81) geändert worden ist, sind beachtet worden.

S. 901[1]); geänd. durch G v. 6.6.2017, BGBl. I S. 149 und 1493[2]); geänd. durch G v. 16.10. 2020, BGBl. I S. 2184), Gesetz zur steuerlichen Förderung von Elektromobilität im Straßenverkehr vom 7.11.2016 (BGBl. I S. 2498), Gesetz zur Stärkung der Teilhabe und Selbstbestimmung von Menschen mit Behinderungen (Bundesteilhabegesetz – BTHG) vom 23.12. 2016 (BGBl. I S. 3234), Gesetz zu Stärkung der Bekämpfung der Schwarzarbeit und illegalen Beschäftigung vom 6.3.2017 (BGBl. I S. 399), Sechstes Gesetz zur Änderung des Kraftfahrzeugsteuergesetzes vom 6.6.2017 (BGBl. I S. 1491)[3]) und Siebtes Gesetz zur Änderung des Kraftfahrzeugsteuergesetzes vom 16.10.2020 (BGBl. I S. 2184)[4])

BGBl. III/FNA 611-17

Inhaltsübersicht

[1]) Die Regelungen über die Einführung einer Infrastrukturabgabe wurden vom EuGH am 18.6.2019 als europarechtswidrig verworfen (BT-Drs. 19/11867).

[2]) Die Verpflichtungen aus der Richtlinie 98/34/EG des Europäischen Parlaments und des Rates vom 22. Juni 1998 über ein Informationsverfahren auf dem Gebiet der Normen und technischen Vorschriften und der Vorschriften für die Dienste der Informationsgesellschaft (ABl. L 204 vom 21.7.1998, S. 37), die zuletzt durch die Verordnung (EU) Nr. 1025/2012 (ABl. L 316 vom 14.11.2012, S. 12) geändert worden ist, sind beachtet worden.

[3]) Notifiziert gemäß der Richtlinie (EU) 2015/1535 des Europäischen Parlaments und des Rates vom 9. September 2015 über ein Informationsverfahren auf dem Gebiet der technischen Vorschriften und der Vorschriften für die Dienste der Informationsgesellschaft (ABl. L 241 vom 17.9.2015, S. 1).

[4]) Notifiziert gemäß der Richtlinie (EU) 2015/1535 des Europäischen Parlaments und des Rates vom 9. September 2015 über ein Informationsverfahren auf dem Gebiet der technischen Vorschriften und der Vorschriften für die Dienste der Informationsgesellschaft (ABl. L 241 vom 17.9.2015, S. 1).

§ 1 Steuergegenstand. (1) Der Kraftfahrzeugsteuer unterliegt

1. das Halten von inländischen Fahrzeugen zum Verkehr auf öffentlichen Straßen;

(Fortsetzung nächstes Blatt)

2.[1] das Halten von ausländischen Fahrzeugen zum Verkehr auf öffentlichen Straßen, solange die Fahrzeuge sich im Inland befinden. [2]Ausgenommen hiervon sind ausschließlich für den Güterkraftverkehr bestimmte und verwendete Kraftfahrzeuge und Fahrzeugkombinationen mit einem verkehrsrechtlich zulässigen Gesamtgewicht von mehr als 3500 Kilogramm, die nach Artikel 5 der Richtlinie 1999/62/EG des Europäischen Parlaments und des Rates vom 17. Juni 1999 über die Erhebung von Gebühren für die Benutzung bestimmter Verkehrswege durch schwere Nutzfahrzeuge (ABl. L 187 vom 20.7.1999, S. 42), die zuletzt durch die Richtlinie 2013/22/EU (ABl. L 158 vom 10.6.2013, S. 356) geändert worden ist, in der jeweils geltenden Fassung in einem anderen Mitgliedstaat der Europäischen Union zugelassen sind;

3. die widerrechtliche Benutzung von Fahrzeugen;

4. die Zuteilung von Oldtimer-Kennzeichen sowie die Zuteilung von roten Kennzeichen, die von einer Zulassungsbehörde im Inland zur wiederkehrenden Verwendung ausgegeben werden. [2]Dies gilt nicht für die Zuteilung von roten Kennzeichen für Prüfungsfahrten.

(2) Auf die Kraftfahrzeugsteuer sind diejenigen Vorschriften der Abgabenordnung anzuwenden, die für andere Steuern als Zölle und Verbrauchsteuern gelten.

§ 2 Begriffsbestimmungen, Mitwirkung der Verkehrsbehörden.

(1) Unter den Begriff Fahrzeuge im Sinne dieses Gesetzes fallen Kraftfahrzeuge und Kraftfahrzeuganhänger.

(2)[2] Soweit dieses Gesetz nichts anderes bestimmt,

1. richten sich die in diesem Gesetz verwendeten Begriffe des Verkehrsrechts nach den jeweils geltenden verkehrsrechtlichen Vorschriften;
2. sind für die Beurteilung der Schadstoff-, Kohlendioxid- und Geräuschemissionen, anderer Bemessungsgrundlagen technischer Art sowie der Fahrzeugklassen und Aufbauarten die Feststellungen der Zulassungsbehörden verbindlich.

(2a)–(2c)[3] *(aufgehoben)*

(3) Ein Fahrzeug ist vorbehaltlich des Absatzes 4 ein inländisches Fahrzeug, wenn es unter die im Inland maßgebenden Vorschriften über das Zulassungsverfahren fällt.

(4) Ein Fahrzeug ist ein ausländisches Fahrzeug, wenn es im Zulassungsverfahren eines anderen Staates zugelassen ist.

(5) [1]Eine widerrechtliche Benutzung im Sinne dieses Gesetzes liegt vor, wenn ein Fahrzeug auf öffentlichen Straßen im Inland ohne die verkehrsrechtlich vorgeschriebene Zulassung benutzt wird. [2]Eine Besteuerung wegen widerrechtlicher Benutzung entfällt, wenn das Halten des Fahrzeugs von der

---

[1] § 1 Abs. 1 Nr. 2 geänd. mWv 12.6.2015 durch G v. 8.6.2015 (BGBl. I S. 901).
[2] § 2 Abs. 2 neu gef. mWv 12.12.2012 durch G v. 5.12.2012 (BGBl. I S. 2431).
[3] § 2 Abs. 2a bis 2c aufgeh. durch G v. 5.12.2012 (BGBl. I S. 2431).

Steuer befreit sein würde oder die Besteuerung bereits nach § 1 Abs. 1 Nr. 1 oder 2 vorgenommen worden ist.

§ 3 Ausnahmen von der Besteuerung. Von der Steuer befreit ist das Halten von

1.[1] Fahrzeugen, die von der Zulassungspflicht nach § 3 Absatz 1 der Fahrzeug-Zulassungsverordnung vom 3. Februar 2011 (BGBl. I S. 139) in der jeweils geltenden Fassung ausgenommen sind;
2. Fahrzeugen, solange sie ausschließlich im Dienst der Bundeswehr, der Bundespolizei[2], der Polizei oder der Zollverwaltung[3] verwendet werden;
3. Fahrzeugen, solange sie für den Bund, ein Land, eine Gemeinde, einen Gemeindeverband oder einen Zweckverband zugelassen sind und ausschließlich zum Wegebau verwendet werden. 2 Voraussetzung ist, dass die Fahrzeuge äußerlich als für diese Zwecke bestimmt erkennbar sind;
4. Fahrzeugen, solange sie ausschließlich zur Reinigung von Straßen verwendet werden. 2 Voraussetzung ist, dass die Fahrzeuge äußerlich als für diesen Zweck bestimmt erkennbar sind;
5. Fahrzeugen, solange sie ausschließlich im Feuerwehrdienst, im Katastrophenschutz, für Zwecke des zivilen Luftschutzes, bei Unglücksfällen, im Rettungsdienst oder zur Krankenbeförderung verwendet werden. 2 Voraussetzung ist, dass die Fahrzeuge äußerlich als für diese Zwecke bestimmt erkennbar sind. 3 Bei Fahrzeugen, die nicht für den Bund, ein Land, eine Gemeinde, einen Gemeindeverband oder einen Zweckverband zugelassen sind, ist außerdem Voraussetzung, dass sie nach ihrer Bauart und Einrichtung den bezeichneten Verwendungszwecken angepasst sind;

5a. Fahrzeugen von gemeinnützigen oder mildtätigen Organisationen für die Zeit, in der sie ausschließlich für humanitäre Hilfsgütertransporte in das Ausland oder für zeitlich damit zusammenhängende Vorbereitungsfahrten verwendet werden;

6. Kraftomnibussen und Personenkraftwagen mit acht oder neun Sitzplätzen einschließlich Führersitz sowie von Kraftfahrzeuganhängern, die hinter diesen Fahrzeugen mitgeführt werden, wenn das Fahrzeug während des Zeitraums, für den die Steuer zu entrichten wäre, zu mehr als 50 vom Hundert der insgesamt gefahrenen Strecke im Linienverkehr verwendet wird. 2 Die Verwendung des Fahrzeugs ist, ausgenommen bei Oberleitungsomnibussen, buchmäßig nachzuweisen;
7. Zugmaschinen (ausgenommen Sattelzugmaschinen), Sonderfahrzeugen, Kraftfahrzeuganhängern hinter Zugmaschinen oder Sonderfahrzeugen und einachsigen Kraftfahrzeuganhängern (ausgenommen Sattelanhänger, aber einschließlich der zweiachsigen Anhänger mit einem Achsabstand von weniger als einem Meter), solange diese Fahrzeuge ausschließlich
   a) in land- oder forstwirtschaftlichen Betrieben,

---

[1] § 3 Nr. 1 neu gef. mWv 10.6.2017 durch G v. 6.6.2017 (BGBl. I S. 1491).
[2] Umbenennung mWv 1.7.2005 durch G v. 21.6.2005 (BGBl. I S. 1818).
[3] § 3 Nr. 2 geänd. mWv 1.7.2009 durch G v. 27.5.2010 (BGBl. I S. 668).

b) zur Durchführung von Lohnarbeiten für land- oder forstwirtschaftliche Betriebe,

c) zu Beförderungen für land- oder forstwirtschaftliche Betriebe, wenn diese Beförderungen in einem land- oder forstwirtschaftlichen Betrieb beginnen oder enden,

d) zur Beförderung von Milch, Magenmilch, Molke oder Rahm oder

e) von Land- oder Forstwirten zur Pflege von öffentlichen Grünflächen oder zur Straßenreinigung im Auftrag von Gemeinden oder Gemeindeverbänden

verwendet werden. 2 Als Sonderfahrzeuge gelten Fahrzeuge, die nach ihrer Bauart und ihren besonderen, mit ihnen fest verbundenen Einrichtungen nur für die bezeichneten Verwendungszwecke geeignet und bestimmt sind. 3 Die Steuerbefreiung nach Buchstabe a wird nicht dadurch ausgeschlossen, dass ein Land- oder Forstwirt land- oder forstwirtschaftliche Erzeugnisse von einer örtlichen Sammelstelle zu einem Verwertungs- oder Verarbeitungsbetrieb, land- oder forstwirtschaftliche Bedarfsgüter vom Bahnhof zur örtlichen Lagereinrichtung oder Holz vom forstwirtschaftlichen Betrieb aus befördert. 4 Die Steuerbefreiung nach Buchstabe d wird nicht dadurch ausgeschlossen, dass Untersuchungsproben zur Tierseuchenbekämpfung oder auf dem Rückweg von einer Molkerei Milcherzeugnisse befördert werden;[1]

8. a) Zugmaschinen, solange sie ausschließlich für den Betrieb eines Schaustellergewerbes verwendet werden,

b)[2] Wohnwagen und Wohnmobile jeweils mit einem zulässigen Gesamtgewicht von mehr als 3500 Kilogramm und Packwagen mit einem zulässigen Gesamtgewicht von mehr als 2500 Kilogramm im Gewerbe nach Schaustellerart, solange sie ausschließlich dem Schaustellergewerbe dienen;

9. Fahrzeugen, solange sie ausschließlich für die Zustellung und Abholung von Behältern mit einem Rauminhalt von fünf Kubikmetern oder mehr, von auswechselbaren Aufbauten oder von Kraftfahrzeuganhängern verwendet werden, die im Vor- oder Nachlauf im Kombinierten Verkehr

a) Schiene/Straße zwischen Be- oder Entladestelle und nächstgelegenem geeigneten Bahnhof oder

b) Binnenwasserstraße/Straße zwischen Be- oder Entladestelle und einem innerhalb eines Umkreises von höchstens 150 Kilometern Luftlinie gelegenen Binnenhafen oder

c) See/Straße mit einer Seestrecke von mehr als 100 Kilometern Luftlinie zwischen Be- oder Entladestelle und einem innerhalb eines Umkreises von höchstens 150 Kilometern Luftlinie gelegenen Seehafen

befördert worden sind oder befördert werden. 2 Voraussetzung ist, dass die Fahrzeuge äußerlich als für diese Zwecke bestimmt erkennbar sind;

---

[1] § 3 Satz 4 geänd. mWv 1.7.2010 durch G v. 27.5.2010 (BGBl. I S. 668).
[2] § 3 Satz 8 Buchst. b geänd. mWv 12.6.2015 durch G v. 8.6.2015 (BGBl. I S. 668).

10. Fahrzeugen, die zugelassen sind
    a) für eine bei der Bundesrepublik Deutschland beglaubigte diplomatische Vertretung eines anderen Staates,
    b) für Mitglieder der unter Buchstabe a bezeichneten diplomatischen Vertretungen oder für Personen, die zum Geschäftspersonal dieser Vertretungen gehören und der inländischen Gerichtsbarkeit nicht unterliegen,
    c) für eine in der Bundesrepublik Deutschland zugelassene konsularische Vertretung eines anderen Staates, wenn der Leiter der Vertretung Angehöriger des Entsendestaates ist und außerhalb seines Amtes in der Bundesrepublik Deutschland keine Erwerbstätigkeit ausübt,
    d) für einen in der Bundesrepublik Deutschland zugelassenen Konsularvertreter (Generalkonsul, Konsul, Vizekonsul, Konsularagenten) oder für Personen, die zum Geschäftspersonal dieser Konsularvertreter gehören, wenn sie Angehörige des Entsendestaates sind und außerhalb ihres Amtes in der Bundesrepublik Deutschland keine Erwerbstätigkeit ausüben.

    [2] Die Steuerbefreiung tritt nur ein, wenn Gegenseitigkeit gewährt wird;
11. (weggefallen)
12.[1] Personenfahrzeugen im Anwendungsbereich der Richtlinie 83/182/EWG des Rates vom 28. März 1983 über Steuerbefreiungen innerhalb der Gemeinschaft bei vorübergehender Einfuhr bestimmter Verkehrsmittel (ABl. L 105 vom 23.4.1983, S. 59), die zuletzt durch die Richtlinie 2013/13/EU (ABl. L 141 vom 28.5.2013, S. 30) geändert worden ist, in der jeweiligen Fassung bei Nutzung der Fahrzeuge durch Personen, die ihren gewöhnlichen Wohnsitz nach Artikel 7 dieser Richtlinie in einem anderen Mitgliedstaat der Europäischen Union haben;
13.[2] ausländischen Personenkraftfahrzeugen und ihren Anhängern, die zum vorübergehenden Aufenthalt in das Inland gelangen, für die Dauer bis zu einem Jahr. [2] Die Steuerbefreiung entfällt, wenn die Fahrzeuge der entgeltlichen Beförderung von Personen oder Gütern dienen oder für diese Fahrzeuge ein regelmäßiger Standort im Inland begründet ist;
14. ausländischen Fahrzeugen, die zur Ausbesserung in das Inland gelangen und für die nach den Zollvorschriften ein Ausbesserungsverkehr bewilligt wird;
15. ausländischen Fahrzeugen, solange sie öffentliche Straßen benutzen, die die einzige oder die gegebene Verbindung zwischen verschiedenen Orten eines anderen Staates bilden und das Inland auf kurzen Strecken durchschneiden;
16. Dienstfahrzeugen von Behörden anderer Staaten, die auf Dienstfahrten zum vorübergehenden Aufenthalt in das Grenzgebiet gelangen. [2] Voraussetzung ist, dass Gegenseitigkeit gewährt wird.

---

[1] § 3 Nr. 12 eingef. mWv 10.3.2017 durch G v. 6.3.2017 (BGBl. I S. 399).
[2] § 3 Nr. 13 geänd. mWv 12.6.2015 durch G v. 8.6.2015 (BGBl. I S. 901).

§ 3a Vergünstigungen für Schwerbehinderte. (1) Von der Steuer befreit ist das Halten von Kraftfahrzeugen, solange die Fahrzeuge für schwerbehinderte Personen zugelassen sind, die durch einen Ausweis im Sinne des Neunten Buches Sozialgesetzbuch oder des Artikels 3 des Gesetzes über die unentgeltliche Beförderung Schwerbehinderter im öffentlichen Personenverkehr vom 9. Juli 1979 (BGBl. I S. 989) mit dem Merkzeichen „H", „Bl" oder „aG" nachweisen, dass sie hilflos, blind oder außergewöhnlich gehbehindert sind.

(2)[1] [1]Die Steuer ermäßigt sich um 50 vom Hundert für Kraftfahrzeuge, solange die Fahrzeuge für schwerbehinderte Personen zugelassen sind, die durch einen Ausweis im Sinne des Neunten Buches Sozialgesetzbuch oder des Artikels 3 des Gesetzes über die unentgeltliche Beförderung Schwerbehinderter im öffentlichen Personenverkehr mit orangefarbenem Flächenaufdruck nachweisen, dass sie die Voraussetzungen des § 228 Absatz 1 Satz 1 des Neunten Buches Sozialgesetzbuch erfüllen. [2]Die Steuerermäßigung wird nicht gewährt, solange die schwerbehinderte Person das Recht zur unentgeltlichen Beförderung nach § 228 des Neunten Buches Sozialgesetzbuch in Anspruch nimmt.

(3) [1]Die Steuervergünstigung der Absätze 1 und 2 steht den behinderten Personen nur für ein Fahrzeug und nur auf schriftlichen Antrag zu. [2]Sie entfällt, wenn das Fahrzeug zur Beförderung von Gütern (ausgenommen Handgepäck), zur entgeltlichen Beförderung von Personen (ausgenommen die gelegentliche Mitbeförderung) oder durch andere Personen zu Fahrten benutzt wird, die nicht im Zusammenhang mit der Fortbewegung oder der Haushaltsführung der behinderten Personen stehen.

§ 3b[2] Steuerbefreiung für besonders schadstoffreduzierte Personenkraftwagen mit Selbstzündungsmotor. (1) [1]Das Halten von Personenkraftwagen mit Selbstzündungsmotor ist befristet von der Steuer befreit, wenn das Fahrzeug in der Zeit vom 1. Januar 2011 bis zum 31. Dezember 2013 erstmals zugelassen wird und nach Feststellung der Zulassungsbehörde ab dem Tag der erstmaligen Zulassung den Anforderungen der Stufe Euro 6 nach der Tabelle 2 des Anhangs I der Verordnung (EG) Nr. 715/2007 genügt. [2]Die Steuerbefreiung beginnt am Tag der erstmaligen Zulassung. [3]Sie endet, sobald die Steuerersparnis auf der Grundlage der jeweiligen Steuersätze nach § 9 Absatz 1 Nummer 2 Buchstabe b den Betrag von 150 Euro erreicht. [4]Die Steuerbefreiung wird für jedes Fahrzeug nur einmal gewährt.

(2) Voraussetzung ist, dass in der Zulassungsbescheinigung Teil I (Fahrzeugschein) am Tag der erstmaligen Zulassung eine emissionsbezogene Schlüsselnummer ausgewiesen ist, die das Erfüllen der Voraussetzungen für die Steuerbefreiung bestätigt.

(3) Die Steuerbefreiung endet spätestens am 31. Dezember 2013.

---

[1] § 3a Abs. 2 Sätze 3 und 4 aufgeh. mWv 12.6.2015 durch G v. 8.6.2015 (BGBl. I S. 901); Sätze 1 und 2 geänd. mWv 1.1.2018 durch G v. 23.12.2016 (BGBl. I S. 3234).

[2] § 3b eingef. mWv 1.7.2009 durch G v. 29.5.2009 (BGBl. I S. 1170); Abs. 1 Satz 1 geänd., Abs. 2 Sätze 1, 2 und 4 aufgeh. mWv 1.7.2009 durch G v. 27.5.2010 (BGBl. I S. 668), siehe aber Vertrauensschutz in § 18 Abs. 11.

(4) Soweit die befristete Steuerbefreiung bei einem Halterwechsel noch nicht abgelaufen ist, wird sie dem neuen Halter gewährt.

(5) Die Zeiten der Außerbetriebsetzung eines Fahrzeugs und die Zeiten außerhalb des auf einem Saisonkennzeichen angegebenen Betriebszeitraums haben keine Auswirkungen auf die Steuerbefreiung.

(6) Die Steuerbefreiung gilt nicht für Kennzeichen im Sinne des § 1 Absatz 1 Nummer 4 Satz 1.

§ 3c.[1] *(aufgehoben)*

§ 3d[2] **Steuerbefreiung für Elektrofahrzeuge.** (1) [1]Von der Steuer befreit ist das Halten von Elektrofahrzeugen im Sinne des § 9 Absatz 2. [2]Die Steuerbefreiung wird bei erstmaliger Zulassung des Elektrofahrzeugs in der Zeit vom 18. Mai 2011 bis 31. Dezember 2025 für zehn Jahre ab dem Tag der erstmaligen Zulassung gewährt, längstens jedoch bis zum 31. Dezember 2030.

(2) [1]Die Steuerbefreiung nach Absatz 1 oder nach § 18 Absatz 4b wird für jedes Fahrzeug einmal gewährt. [2]Soweit sie bei einem Halterwechsel noch nicht abgelaufen ist, wird sie dem neuen Halter gewährt.

(3) Die Zeiten der Außerbetriebsetzung eines Fahrzeugs und die Zeiten außerhalb des auf einem Saisonkennzeichen angegebenen Betriebszeitraums haben keine Auswirkungen auf die Steuerbefreiung.

(4) [1]Die Absätze 1 bis 3 gelten entsprechend für technisch umgerüstete Fahrzeuge, die ursprünglich zum Zeitpunkt der erstmaligen verkehrsrechtlichen Zulassung mit Fremdzündungsmotoren oder Selbstzündungsmotoren angetrieben wurden. [2]Die Steuerbefreiung wird nach Maßgabe folgender Voraussetzungen gewährt:

1. das Fahrzeug ist in der Zeit vom 18. Mai 2016 bis zum 31. Dezember 2025 nachträglich zu einem Elektrofahrzeug im Sinne des § 9 Absatz 2 umgerüstet worden und
2. für die bei der Umrüstung verwendeten Fahrzeugteile ist eine Allgemeine Betriebserlaubnis nach § 22 in Verbindung mit § 20 der Straßenverkehrs-Zulassungs-Ordnung erteilt.

[3]Die Steuerbefreiung beginnt an dem Tag, an dem die Zulassungsbehörde die Voraussetzungen nach Satz 2 als erfüllt feststellt.

§§ 3e bis 3h. (weggefallen)

§ 4 Erstattung der Steuer bei Beförderungen von Fahrzeugen mit der Eisenbahn. (1) [1]Die Steuer ist auf schriftlichen Antrag für einen Zeitraum von zwölf Monaten, gerechnet vom Beginn eines Entrichtungszeitraums, zu erstatten, wenn das Fahrzeug während dieses Zeitraums bei mehr als 124 Fahrten beladen oder leer auf einem Teil der jeweils zurückgelegten

---

[1] § 3c aufgeh. mWv 12.6.2015 durch G v. 8.6.2015 (BGBl. I S. 901).

[2] § 3d neu gef. mWv 12.12.2012 durch G v. 5.12.2012 (BGBl. I S. 2431); Abs. 1 Satz 2 neu gef., Abs. 2 Satz 1 geänd., Abs. 4 angef. mWv 8.11.2016 durch G v. 7.11.2016 (BGBl. I S. 2498); Abs. 1 Satz 2 und Abs. 4 Satz 2 Nr. 1 geänd. mWv 23.10.2020 durch G v. 16.10.2020 (BGBl. I S. 2184); vgl. auch § 18 Abs. 4b.

Strecke mit der Eisenbahn befördert worden ist. [2]Wird die in Satz 1 bestimmte Zahl von Fahrten nicht erreicht, so werden erstattet

1. bei mehr als 93 Fahrten 75 vom Hundert der Jahressteuer,
2. bei weniger als 94, aber mehr als 62 Fahrten 50 vom Hundert der Jahressteuer,
3. bei weniger als 63, aber mehr als 31 Fahrten 25 vom Hundert der Jahressteuer.

[3]Ist die mit der Eisenbahn zurückgelegte Strecke länger als 400 Kilometer, so wird eine Fahrt zweifach gerechnet, ist die mit der Eisenbahn zurückgelegte Strecke länger als 800 Kilometer, so wird eine Fahrt dreifach gerechnet.

(2) Der Nachweis, dass die Voraussetzungen für die Erstattung der Steuer erfüllt sind, ist für jedes Fahrzeug durch fortlaufende Aufzeichnungen über Beförderungen mit der Eisenbahn zu erbringen, deren Richtigkeit für jede Fahrt von der Eisenbahn zu bescheinigen ist.

§ 5 Dauer der Steuerpflicht. (1)[1] Die Steuerpflicht dauert

1. bei einem inländischen Fahrzeug, vorbehaltlich des Absatzes 2, solange das Fahrzeug zum Verkehr zugelassen ist, mindestens jedoch einen Monat;
2. bei einem ausländischen Fahrzeug, vorbehaltlich des Absatzes 2, solange sich das Fahrzeug im Inland befindet;
3. bei einem widerrechtlich benutzten Fahrzeug, solange die widerrechtliche Benutzung dauert, mindestens jedoch einen Monat;
4. bei einem Ausfuhrkennzeichen und einem Kennzeichen im Sinne des § 1 Absatz 1 Nummer 4, solange das Kennzeichen geführt werden darf, mindestens jedoch einen Monat;
5. bei einem Saisonkennzeichen, vorbehaltlich des Absatzes 2, solange das Kennzeichen geführt werden darf, mindestens jedoch einen Monat.

(2) [1]Fallen bei einem Fahrzeug die Voraussetzungen für eine Steuerbefreiung weg, so beginnt die Steuerpflicht mit dem Wegfall dieser Voraussetzungen. [2]Absatz 1 Nr. 1 letzter Halbsatz ist nicht anzuwenden, wenn das Fahrzeug nur zeitlich befristet von der Steuer befreit war. [3]Die Steuerpflicht endet vorbehaltlich des Satzes 4 mit dem Eintritt der Voraussetzungen für eine Steuerbefreiung. [4]Wird ein Fahrzeug, dessen Halten von der Steuer befreit ist, vorübergehend zu anderen als den begünstigten Zwecken benutzt (zweckfremde Benutzung), so dauert die Steuerpflicht, solange die zweckfremde Benutzung währt, mindestens jedoch einen Monat; Entsprechendes gilt, wenn eine Steuerermäßigung nach § 3a Abs. 2 wegen vorübergehender zweckfremder Benutzung des Fahrzeugs entfällt. [5]Ein Fahrzeug, dessen Halten nach § 3 Nr. 5 von der Steuer befreit ist, wird nicht deshalb zweckfremd benutzt, weil es für humanitäre Hilfsgütertransporte in das Ausland oder für zeitlich damit zusammenhängende Vorbereitungsfahrten verwendet wird.

---

[1] § 5 Abs. 1 Nr. 4 geänd. mWv 5.11.2008 durch G v. 21.12.2008 (BGBl. I S. 2896); geänd. mWv 1.7.2010 durch G v. 27.5.2010 (BGBl. I S. 668); Nr. 5 eingef. mWv 1.7.2010 durch G v. 27.5.2010 (BGBl. I S. 668); Nrn. 1 und 5 geänd. mWv 12.6.2015 durch G v. 8.6.2015 (BGBl. I S. 901).

(3)[1] [1]Wird ein inländisches Fahrzeug während der Dauer der Steuerpflicht verändert und ändert sich infolgedessen die Höhe der Steuer, so beginnt die Steuerpflicht bei dem veränderten Fahrzeug mit der Änderung, spätestens mit der Aushändigung der neuen oder geänderten Zulassungsbescheinigung Teil I; gleichzeitig endet die frühere Steuerpflicht. [2]Entsprechendes gilt, wenn sich die Höhe der Steuer auf Grund eines Antrags nach § 3a Abs. 2 oder nach § 10 Abs. 2 (Anhängerzuschlag) ändert.

(4)[2] [1]Wird ein inländisches Fahrzeug außer Betrieb gesetzt und werden dabei die diesbezügliche Änderung in der Zulassungsbescheinigung Teil I und die Entstempelung des Kennzeichens an verschiedenen Tagen vorgenommen, so ist der letzte Tag maßgebend. [2]Die für die Ausübung der Verwaltung der Kraftfahrzeugsteuer zuständige Behörde kann für die Beendigung der Steuerpflicht einen früheren Zeitpunkt zugrunde legen, wenn der Steuerschuldner glaubhaft macht, dass das Fahrzeug seit dem früheren Zeitpunkt nicht benutzt worden ist und dass er die Abmeldung des Fahrzeugs nicht schuldhaft verzögert hat.

(5)[3] *(aufgehoben)*

§ 6 Entstehung der Steuer. Die Steuer entsteht mit Beginn der Steuerpflicht, bei fortlaufenden Entrichtungszeiträumen mit Beginn des jeweiligen Entrichtungszeitraums.

§ 7[4] Steuerschuldner. Steuerschuldner ist

1. bei einem inländischen Fahrzeug die Person, für die das Fahrzeug zum Verkehr zugelassen ist,
2. bei einem ausländischen Fahrzeug die Person, die das Fahrzeug im Inland benutzt,
3. bei einem widerrechtlich benutzten Fahrzeug die Person, die das Fahrzeug widerrechtlich benutzt,
4. bei einem Kennzeichen im Sinne des § 1 Abs. 1 Nr. 4 die Person, der das Kennzeichen zugeteilt ist.

§ 8[5] Bemessungsgrundlage. Die Steuer bemisst sich

1. bei Fahrzeugen der Klasse M_1 ohne besondere Zweckbestimmung als Wohnmobil oder Kranken- und Leichenwagen (Personenkraftwagen)
   a) mit erstmaliger Zulassung bis zum 30. Juni 2009 und bei Krafträdern nach dem Hubraum, soweit diese Fahrzeuge durch Hubkolbenmotoren angetrieben werden, bei Personenkraftwagen mit Hubkolbenmotoren zusätzlich nach den Schadstoff- und Kohlendioxidemissionen;

[1] § 5 Abs. 3 Satz 1 geänd. mWv 23.10.2020 durch G v. 16.10.2020 (BGBl. I S. 2184).

[2] § 5 Abs. 4 Satz 1 geänd. mWv 5.11.2008 durch G v. 21.12.2008 (BGBl. I S. 2896), Satz 2 geänd. mWv 1.7.2009 durch G v. 29.5.2009 (BGBl. I S. 1170); Satz 1 geänd. mWv 12.6.2015 durch G v. 8.6.2015 (BGBl. I S. 901); Satz 1 geänd. mWv 23.10.2020 durch G v. 16.10.2020 (BGBl. I S. 2184).

[3] § 5 Abs. 5 aufgeh. mWv 12.6.2015 durch G v. 8.6.2015 (BGBl. I S. 901).

[4] § 7 Nr. 2 geänd. mWv 5.11.2008 durch G v. 21.12.2008 (BGBl. I S. 2896).

[5] § 8 Nr. 1 neu gef. mWv 1.7.2009 durch G v. 29.5.2009 (BGBl. I S. 1170); geänd. mWv 12.12.2012 durch G v. 5.12.2012 (BGBl. I S. 2431); zur Anwendung von Nr. 1 Buchst. b siehe § 18 Abs. 5.

b) mit erstmaliger Zulassung ab dem 1. Juli 2009, soweit es sich nicht um Fahrzeuge im Sinne des § 9 Absatz 2 handelt,[1] nach den Kohlendioxidemissionen und dem Hubraum;

1a.[2] bei Wohnmobilen nach dem verkehrsrechtlich zulässigen Gesamtgewicht und zusätzlich nach den Schadstoffemissionen;

1b.[3] bei dreirädrigen und leichten vierrädrigen Kraftfahrzeugen mit Hubkolbenmotoren, die unter den Anwendungsbereich der Richtlinie 97/24/EG des Europäischen Parlaments und des Rates vom 17. Juni 1997 über bestimmte Bauteile und Merkmale von zweirädrigen oder dreirädrigen Kraftfahrzeugen (ABl. L 226 vom 18.8.1997, S. 1, L 65 vom 5.3.1998, S. 35, L 244 vom 3.9.1998, S. 20, L 67 vom 11.3.2008, S. 22), die zuletzt durch die Richtlinie 2009/108/EG der Kommission vom 17. August 2009 (ABl. L 213 vom 18.8.2009, S. 10) geändert worden ist, in der jeweils geltenden Fassung fallen, nach dem Hubraum und den Schadstoffemissionen;

2.[4] bei anderen Fahrzeugen, Kranken- und Leichenwagen nach dem verkehrsrechtlich zulässigen Gesamtgewicht, bei Kraftfahrzeugen mit einem verkehrsrechtlich zulässigen Gesamtgewicht über 3500 Kilogramm zusätzlich nach Schadstoff- und Geräuschemissionen. [2]Das verkehrsrechtlich zulässige Gesamtgewicht ist bei Sattelanhängern um die Aufliegelast und bei Starrdeichselanhängern einschließlich Zentralachsanhängern um die Stützlast zu vermindern.

§ 9 Steuersatz. (1) Die Jahressteuer beträgt für

1. Krafträder, die durch Hubkolbenmotoren angetrieben werden, für je 25 Kubikzentimeter Hubraum oder einen Teil davon 1,84 Euro;

2.[5] Personenkraftwagen

a) mit Hubkolbenmotoren bei erstmaliger Zulassung bis zum 30. Juni 2009 für je 100 Kubikzentimeter Hubraum oder einen Teil davon, wenn sie

	durch Fremdzündungsmotoren angetrieben werden und	durch Selbstzündungsmotoren angetrieben werden und
aa) mindestens die verbindlichen Grenzwerte für Fahrzeuge mit einer zulässigen Gesamtmasse von nicht mehr als 2500 kg nach Zeile A Fahrzeugklasse M der Tabelle in Nummer 5.3.1.4 des Anhangs I der Richtli-		

[1] § 8 Nr. 1 Buchst. b Kommateil eingef. mWv 1.7.2010 durch G v. 27.5.2010 (BGBl. I S. 668).

[2] § 8 Nr. 1a eingef. mWv 1.5.2005 durch G v. 21.12.2006 (BGBl. I S. 3344).

[3] § 8 Nr. 1b eingef. mWv 1.7.2010 durch G v. 27.5.2010 (BGBl. I S. 668).

[4] § 8 Nr. 2 geänd. mWv 12.12.2012 durch G v. 5.12.2012 (BGBl. I S. 2431).

[5] § 9 Abs. 1 Nr. 2 neu gef. durch G v. 29.5.2009 (BGBl. I S. 1170).

Zu Abs. 1 Nr. 2 siehe § 18 Abs. 4a und 4b.

	durch Fremdzündungsmotoren angetrieben werden und	durch Selbstzündungsmotoren angetrieben werden und
nie 70/220/EWG des Rates vom 20. März 1970 zur Angleichung der Rechtsvorschriften der Mitgliedstaaten über Maßnahmen gegen die Verunreinigung der Luft durch Emissionen von Kraftfahrzeugen (ABl. L 76 vom 6.4.1970, S. 1) in der jeweils geltenden Fassung, einhalten oder wenn die Kohlendioxidemissionen, ermittelt nach der Richtlinie 93/116/EG der Kommission vom 17. Dezember 1993 zur Anpassung der Richtlinie 80/1268/EWG des Rates über den Kraftstoffverbrauch von Kraftfahrzeugen an den technischen Fortschritt (ABl. L 329 vom 30.12.1993, S. 39) in der jeweils geltenden Fassung, 90 g/km nicht übersteigen	6,75 EUR	15,44 EUR,
bb) als schadstoffarm anerkannt sind, der Richtlinie 70/220/EWG in der Fassung der Richtlinie 94/12/EG des Europäischen Parlaments und des Rates vom 23. März 1994 über Maßnahmen gegen die Verunreinigung der Luft durch Emissionen von Kraftfahrzeugen und zur Änderung der Richtlinie 70/220/EWG (ABl. L 100 vom 19.4.1994, S. 42) entsprechen und die in der Richtlinie 94/12/EG unter Nummer 5.3.1.4 für die Fahrzeugklasse M genannten Schadstoffgrenzwerte einhalten	7,36 EUR	16,05 EUR,
cc) als schadstoffarm oder bedingt schadstoffarm Stufe C anerkannt sind und für sie ein Verkehrsverbot bei erhöhten Ozonkonzentrationen nach § 40c des Bundes-Immissionsschutzgesetzes in der bis zum 31. Dezember 1999 geltenden Fassung nicht galt	15,13 EUR	27,35 EUR,
dd) nicht als schadstoffarm oder bedingt schadstoffarm anerkannt sind und für	21,07 EUR	33,29 EUR,

	durch Fremdzündungsmotoren angetrieben werden und	durch Selbstzündungsmotoren angetrieben werden und
sie ein Verkehrsverbot bei erhöhten Ozonkonzentrationen nach § 40c des Bundes-Immissionsschutzgesetzes in der bis zum 31. Dezember 1999 geltenden Fassung nicht galt		
ee) nicht die Voraussetzungen für die Anwendung der Steuersätze nach den Doppelbuchstaben aa bis dd erfüllen	25,36 EUR	37,58 EUR;

b)[1] bei erstmaliger Zulassung vom 1. Juli 2009 bis 31. Dezember 2020 für je 100 Kubikzentimeter Hubraum oder einem Teil davon 2 Euro für Fremdzündungsmotorenund 9,50 Euro für Selbstzündungsmotoren zuzüglich jeweils 2 Euro für jedes Gramm Kohlendioxidemission je Kilometer entsprechend der Richtlinie 93/116/EG der Kommission vom 17. Dezember 1993 zur Anpassung der Richtlinie 80/1268/EWG des Rates über den Kraftstoffverbrauch von Kraftfahrzeugen an den technischen Fortschritt (ABl. L 329 vom 30.12.1993, S. 39) oder die Verordnung (EG) Nr. 715/2007 des Europäischen Parlaments und des Rates vom 20. Juni 2007 über die Typengenehmigung von Kraftfahrzeugen hinsichtlich der Emissionsklassen von leichten Personenkraftwagen und Nutzfahrzeugen (Euro 5 und Euro 6) und über den Zugang zu Reparatur- und Wartungsinformationen für Fahrzeuge (ABl. L 171 vom 29.6.2007, S. 1), die zuletzt durch die Verordnung (EG) Nr. 692/2008 der Kommission vom 18. Juli 2008 (ABl. L 199 vom 28.7.2008, S. 1) geändert worden ist, in der jeweils geltenden Fassung, das bei erstmaliger Zulassung

aa) bis zum 31. Dezember 2011	120 g/km,
bb) ab dem 1. Januar 2012	110 g/km,
cc) ab dem 1. Januar 2014	95 g/km

überschreitet;

c)[2] [1]bei erstmaliger Zulassung ab dem 1. Januar 2021 für je 100 Kubikzentimeter Hubraum oder einem Teil davon 2 Euro für Fremdzündungsmotoren und 9,50 Euro für Selbstzündungsmotoren zuzüglich für jedes Gramm Kohlendioxidemission je Kilometer, das 95 Gramm je Kilometer überschreitet, vom Emissionswert

über 95g/km bis zu 115g/km	2,00 EUR,
über 115g/km bis zu 135g/km	2,20 EUR,

[1] § 9 Abs. 1 Nr. 2 Buchst. b geänd. mWv 1.7.2010 durch G v. 27.5.2010 (BGBl. I S. 668); geänd. mWv 23.10.2020 durch G v. 16.10.2020 (BGBl. I S. 2184); zur Anwendung für Pkw iSd. § 8 Nr. 1 Buchst. b siehe § 18 Abs. 5.

[2] § 9 Abs. 1 Nr. 2 Buchst. c angef. mWv 23.10.2020 durch G v. 16.10.2020 (BGBl. I S. 2184).

über 135g/km bis zu 155g/km .... 2,50 EUR,
über 155g/km bis zu 175g/km .... 2,90 EUR,
über 175g/km bis zu 195g/km .... 3,40 EUR,
über 195g/km .... 4,00 EUR.

[2]Maßgebend für die Kohlendioxidemissionen sind die Verordnung (EG) Nr. 715/2007 und die Verordnung (EU) 2017/1151 der Kommission vom 1. Juni 2017 zur Ergänzung der Verordnung (EG) Nr. 715/2007 des Europäischen Parlaments und des Rates über die Typgenehmigung von Kraftfahrzeugen hinsichtlich der Emissionen von leichten Personenkraftwagen und Nutzfahrzeugen (Euro 5 und Euro 6) und über den Zugang zu Fahrzeugreparatur- und -wartungsinformationen, zur Änderung der Richtlinie 2007/46/EG des Europäischen Parlaments und des Rates, der Verordnung (EG) Nr. 692/2008 der Kommission sowie der Verordnung (EU) Nr. 1230/2012 der Kommission und zur Aufhebung der Verordnung (EG) Nr. 692/2008 der Kommission (ABl. L 175 vom 7.7.2017, S. 1) in der jeweils geltenden Fassung;

2a.[1] Wohnmobile für je 200 Kilogramm Gesamtgewicht oder einem Teil davon, wenn sie nach Feststellung der Zulassungsbehörde im Sinne der Anlage XIV zu § 48 der Straßenverkehrs-Zulassungs-Ordnung

a) mindestens der Schadstoffklasse S 4 entsprechen, von dem Gesamtgewicht
bis zu 2000 kg .... 16 EUR,
über 2000 kg .... 10 EUR,
insgesamt jedoch nicht mehr als 800 EUR,

b) der Schadstoffklasse S 3, S 2 oder S 1 entsprechen, von dem Gesamt gewicht
bis zu 2000 kg .... 24 EUR,
über 2000 kg .... 10 EUR,
insgesamt jedoch nicht mehr als 1000 EUR,

c) die Voraussetzungen nach Buchstabe a oder b nicht erfüllen, von dem Gesamtgewicht
bis zu 2000 kg .... 40 EUR,
über 2000 kg bis zu 5000 kg .... 10 EUR,
über 5000 kg bis zu 12000 kg .... 15 EUR,
über 12000 kg .... 25 EUR;
ab dem 1. Januar 2010 auch für die Schadstoffklasse S 1;

2b.[2] dreirädrige und leichte vierrädrige Kraftfahrzeuge mit Hubkolbenmotoren, die unter den Anwendungsbereich der Richtlinie 97/24/EG fallen, für je 100 Kubikzentimeter Hubraum oder einen Teil davon, wenn sie

a) die verbindlichen Grenzwerte nach Zeile A (2003) der Tabelle zu Nummer 2.2.1.1.5 in Kapitel 5 Anhang II der Richtlinie 97/24/EG einhalten und angetrieben werden

[1] § 9 Abs. 1 Nr. 2a eingef. mWv 1.5.2005 durch G v. 21.12.2006 (BGBl. I S. 3344).
[2] § 9 Abs. 1 Nr. 2b eingef. mWv 1.7.2010 durch G v. 27.5.2010 (BGBl. I S. 668).

aa) durch Fremdzündungsmotor .... 21,07 EUR,
bb) durch Selbstzündungsmotor .... 33,29 EUR,

b) die Voraussetzungen nach Buchstabe a nicht erfüllen und angetrieben werden

aa) durch Fremdzündungsmotor .... 25,36 EUR,
bb) durch Selbstzündungsmotor .... 37,58 EUR;

3. andere Kraftfahrzeuge mit einem verkehrsrechtlich zulässigen Gesamtgewicht bis 3500 Kilogramm für je 200 Kilogramm Gesamtgewicht oder einen Teil davon,

von dem Gesamtgewicht

bis zu 2000 kg .... 11,25 EUR,
über 2000 kg bis zu 3000 kg .... 12,02 EUR,
über 3000 kg bis zu 3500 kg .... 12,78 EUR;

4. alle übrigen Kraftfahrzeuge mit einem verkehrsrechtlich zulässigen Gesamtgewicht von mehr als 3500 Kilogramm für je 200 Kilogramm Gesamtgewicht oder einen Teil davon, wenn sie nach Feststellung der Zulassungsbehörde

a)[1] mindestens zur Schadstoffklasse S 2 im Sinne der Anlage XIV zu § 48 der Straßenverkehrs-Zulassungs-Ordnung gehören,

von dem Gesamtgewicht

bis zu 2000 kg .... 6,42 EUR,
über 2000 kg bis zu 3000 kg .... 6,88 EUR,

(Fortsetzung nächstes Blatt)

---

[1] § 9 Abs. 1 Nr. 4 Buchst. a neu gef. mWv 1.9.2007 durch G v. 17.8.2007 (BGBl. I S. 1958).

über 3000 kg bis zu 4000 kg .... 7,31 EUR,
über 4000 kg bis zu 5000 kg .... 7,75 EUR,
über 5000 kg bis zu 6000 kg .... 8,18 EUR,
über 6000 kg bis zu 7000 kg .... 8,62 EUR,
über 7000 kg bis zu 8000 kg .... 9,36 EUR,
über 8000 kg bis zu 9000 kg .... 10,07 EUR,
über 9000 kg bis zu 10 000 kg .... 10,97 EUR,
über 10 000 kg bis zu 11 000 kg .... 11,84 EUR,
über 11 000 kg bis zu 12 000 kg .... 13,01 EUR,
über 12 000 kg .... 14,32 EUR,

insgesamt jedoch nicht mehr als 556 EUR,

b) zur Schadstoffklasse S 1 im Sinne der Anlage XIV zu § 48 der Straßenverkehrs-Zulassungs-Ordnung gehören,
von dem Gesamtgewicht

bis zu 2000 kg .... 6,42 EUR,
über 2000 kg bis zu 3000 kg .... 6,88 EUR,
über 3000 kg bis zu 4000 kg .... 7,31 EUR,
über 4000 kg bis zu 5000 kg .... 7,75 EUR,
über 5000 kg bis zu 6000 kg .... 8,18 EUR,
über 6000 kg bis zu 7000 kg .... 8,62 EUR,
über 7000 kg bis zu 8000 kg .... 9,36 EUR,
über 8000 kg bis zu 9000 kg .... 10,07 EUR,
über 9000 kg bis zu 10 000 kg .... 10,97 EUR,
über 10 000 kg bis zu 11 000 kg .... 11,84 EUR,
über 11 000 kg bis zu 12 000 kg .... 13,01 EUR,
über 12 000 kg bis zu 13 000 kg .... 14,32 EUR,
über 13 000 kg bis zu 14 000 kg .... 15,77 EUR,
über 14 000 kg bis zu 15 000 kg .... 26,00 EUR,
über 15 000 kg .... 36,23 EUR,

insgesamt jedoch nicht mehr als 914 EUR[1]),

c) zur Geräuschklasse G 1 im Sinne der Anlage XIV zu § 48 der Straßenverkehrs-Zulassungs-Ordnung gehören,
von dem Gesamtgewicht

bis zu 2000 kg .... 9,64 EUR,
über 2000 kg bis zu 3000 kg .... 10,30 EUR,
über 3000 kg bis zu 4000 kg .... 10,97 EUR,
über 4000 kg bis zu 5000 kg .... 11,61 EUR,
über 5000 kg bis zu 6000 kg .... 12,27 EUR,
über 6000 kg bis zu 7000 kg .... 12,94 EUR,
über 7000 kg bis zu 8000 kg .... 14,03 EUR,
über 8000 kg bis zu 9000 kg .... 15,11 EUR,
über 9000 kg bis zu 10 000 kg .... 16,44 EUR,
über 10 000 kg bis zu 11 000 kg .... 17,74 EUR,
über 11 000 kg bis zu 12 000 kg .... 19,51 EUR,

---

[1]) Betrag geänd. mWv 1.9.2007 durch G v. 17.8.2007 (BGBl. I S. 1958).

über 12 000 kg bis zu 13 000 kg	21,47 EUR,
über 13 000 kg bis zu 14 000 kg	23,67 EUR,
über 14 000 kg bis zu 15 000 kg	39,01 EUR,
über 15 000 kg	54,35 EUR,

insgesamt jedoch nicht mehr als 1425 EUR[1)],

d) die Voraussetzungen nach Buchstabe a, b oder c nicht erfüllen,

von dem Gesamtgewicht

bis zu 2000 kg	11,25 EUR,
über 2000 kg bis zu 3000 kg	12,02 EUR,
über 3000 kg bis zu 4000 kg	12,78 EUR,
über 4000 kg bis zu 5000 kg	13,55 EUR,
über 5000 kg bis zu 6000 kg	14,32 EUR,
über 6000 kg bis zu 7000 kg	15,08 EUR,
über 7000 kg bis zu 8000 kg	16,36 EUR,
über 8000 kg bis zu 9000 kg	17,64 EUR,
über 9000 kg bis zu 10 000 kg	19,17 EUR,
über 10 000 kg bis zu 11 000 kg	20,71 EUR,
über 11 000 kg bis zu 12 000 kg	22,75 EUR,
über 12 000 kg bis zu 13 000 kg	25,05 EUR,
über 13 000 kg bis zu 14 000 kg	27,61 EUR,
über 14 000 kg bis zu 15 000 kg	45,50 EUR,
über 15 000 kg	63,40 EUR,

insgesamt jedoch nicht mehr als 1681 EUR[1)];

5. Kraftfahrzeuganhänger für je 200 Kilogramm Gesamtgewicht oder einen Teil davon 7,46 EUR, jedoch nicht mehr als 373,24 EUR[1)].

(2)[2)] Die Steuer ermäßigt sich um 50 vom Hundert des Betrags, der sich nach Absatz 1 Nr. 3 oder Nr. 4 Buchstabe a ergibt, für Fahrzeuge mit Antrieb ausschließlich durch Elektromotoren, die ganz oder überwiegend aus mechanischen oder elektrochemischen Energiespeichern oder aus emissionsfrei betriebenen Energiewandlern gespeist werden (Elektrofahrzeuge).

(3)[3)] [1] Für ausländische Fahrzeuge beträgt die Steuer für jeden ganz oder teilweise im Inland zugebrachten Kalendertag

1. bei Zwei- und Dreiradkraftfahrzeugen (ausgenommen Zugmaschinen) sowie bei Personenkraftwagen .... 0,51 EUR,
2. bei allen anderen Kraftfahrzeugen mit einem zulässigen Gesamtgewicht von
   a) nicht mehr als 7500 kg .... 1,53 EUR,
   b) mehr als 7500 kg und nicht mehr als 15 000 kg .... 4,60 EUR,

---

[1)] Betrag geänd. mWv 1.9.2007 durch G v. 17.8.2007 (BGBl. I S. 1958).

[2)] § 9 Abs. 2 geänd. mWv 12.12.2012 durch G v. 5.12.2012 (BGBl. I S. 2431); siehe auch § 18 Abs. 4b.

[3)] § 9 Abs. 3 Satz 1 Satzteil vor Nr. 1 geänd. durch G v. 6.6.2017 (BGBl. I S. 1491).

c) mehr als 15 000 kg .... 6,14 EUR,

3. bei Kraftfahrzeuganhängern mit einem zulässigen Gesamtgewicht von

a) nicht mehr als 7500 kg .... 1,02 EUR,

b) mehr als 7500 kg und nicht mehr als 15 000 kg .... 2,05 EUR,

c) mehr als 15 000 kg .... 3,07 EUR.

2 Für diese Fahrzeuge ist der Nachweis des zulässigen Gesamtgewichts, sofern sich dieses nicht aus dem Zulassungsschein ergibt, durch eine amtliche Bescheinigung zu erbringen. 3 Die Bescheinigung muss die Identität und das zulässige Gesamtgewicht eindeutig nachweisen; sie ist in deutscher Sprache abzufassen.

(4) Für Kennzeichen im Sinne des § 1 Abs. 1 Nr. 4 Satz 1 beträgt die Jahressteuer,

1. wenn sie nur für Krafträder gelten .... 46,02 EUR,
2. im Übrigen .... 191,73 EUR.

(5) 1 Bei Berechnung der Steuer zählen angefangene Kalendertage als volle Tage. 2 Der Tag, an dem die Steuerpflicht endet, wird nicht mitgerechnet, ausgenommen in den Fällen der tageweisen Entrichtung nach § 11 Abs. 3 und der Entrichtung für einen nach Tagen berechneten Zeitraum nach § 11 Abs. 4 Nr. 1 sowie nach § 11 Abs. 4 Nr. 2, soweit die Mindestbesteuerung vorgeschrieben ist.

§ 9a[1] Zuschlag für Personenkraftwagen mit Selbstzündungsmotor. (1) Für Personenkraftwagen mit Selbstzündungsmotor erhöht sich in der Zeit vom 1. April 2007 bis zum 31. März 2011 der jeweilige Steuersatz nach § 9 Abs. 1 Nr. 2 um 1,20 Euro je 100 Kubikzentimeter oder einen Teil davon, wenn das Fahrzeug nicht einer der Partikelminderungsstufen PM 01 und PM 0 bis PM 5 oder einer der Partikelminderungsklassen PMK 01 und PMK 0 bis PMK 4 nach der Straßenverkehrs-Zulassungs-Ordnung entspricht.

(2) Der Zuschlag gilt nicht für Kennzeichen im Sinne des § 1 Abs. 1 Nr. 4 Satz 1.

§ 10 Sonderregelung für Kraftfahrzeuganhänger. (1) 1 Auf schriftlichen Antrag wird die Steuer für das Halten von Kraftfahrzeuganhängern mit Ausnahme von Wohnwagenanhängern nicht erhoben, solange die Anhänger ausschließlich hinter Kraftfahrzeugen (ausgenommen Krafträder und Personenkraftwagen) mitgeführt werden, für die eine um den Anhängerzuschlag erhöhte Steuer erhoben wird oder die ausschließlich zur Zustellung oder Abholung nach § 3 Nr. 9 verwendet werden. 2 Voraussetzung für die Steuervergünstigung ist außerdem, dass den Anhängern ein amtliches Kennzeichen in grüner Schrift auf weißem Grund zugeteilt worden ist.

---

[1] § 9a eingef. mWv 1.4.2007 durch G v. 24.3.2007 (BGBl. I S. 356); i.Ü. siehe § 18 Abs. 6.

(2) [1]Die um den Anhängerzuschlag erhöhte Steuer wird auf schriftlichen Antrag des Eigentümers des Kraftfahrzeugs oder, im Falle einer Zulassung für einen anderen, des Halters erhoben, wenn hinter dem Kraftfahrzeug Anhänger mitgeführt werden sollen, für die nach Absatz 1 Steuer nicht erhoben wird. [2]Dies gilt auch, wenn das Halten des Kraftfahrzeugs von der Steuer befreit ist, es sei denn, dass es ausschließlich zur Zustellung oder Abholung nach § 3 Nr. 9 verwendet wird.

(3)[1)] Der Anhängerzuschlag für die Dauer eines Jahres beträgt 373,24 Euro.

(4) Wird ein inländischer Kraftfahrzeuganhänger, bei dem nach Absatz 1 die Steuer nicht erhoben wird, hinter anderen als den nach Absatz 1 zulässigen Kraftfahrzeugen verwendet, so ist die Steuer zu entrichten, solange die bezeichnete Verwendung dauert, mindestens jedoch für einen Monat.

§ 10a[2)] Sonderregelungen für Personenkraftwagen. (1) Die Steuer für das Halten von Personenkraftwagen wird vorbehaltlich des Absatzes 4 für ein Jahr ab dem Tag der erstmaligen Zulassung nicht erhoben, wenn das Fahrzeug in der Zeit vom 5. November 2008 bis zum 30. Juni 2009 erstmals zugelassen wird.

(2) Soweit Personenkraftwagen die Voraussetzung nach Absatz 1 erfüllen und nach Feststellung der Zulassungsbehörde ab dem Tag der erstmaligen Zulassung nach den Bestimmungen der Verordnung (EG) Nr. 715/2007 des Europäischen Parlaments und des Rates vom 20. Juni 2007 über die Typgenehmigung von Kraftfahrzeugen hinsichtlich der Emissionen von leichten Personenkraftwagen und Nutzfahrzeugen (Euro 5 und Euro 6) und über den Zugang zu Reparatur- und Wartungsinformationen für Fahrzeuge (ABl. EU Nr. L 171 S. 1), geändert durch die Verordnung (EG) Nr. 692/2008 der Kommission vom 18. Juli 2008 (ABl. EU Nr. L 199 S. 1), in der jeweils geltenden Fassung genehmigt sind, wird die Steuer vorbehaltlich des Absatzes 4 für ein weiteres Jahr nicht erhoben.

(3) [1]Absatz 2 gilt bei erstmaliger Zulassung vor dem 5. November 2008 für den Halter, auf den das Fahrzeug am 5. November 2008 zugelassen ist, und für Fahrzeuge, die am 5. November 2008 außer Betrieb gesetzt sind, für den Halter, auf den das Fahrzeug nach dem 5. November 2008 wieder zugelassen wird. [2]Die Steuervergünstigung gilt dabei abweichend für ein Jahr ab dem 1. Januar 2009. [3]Voraussetzung ist, dass in der Zulassungsbescheinigung Teil I am Tag der erstmaligen Zulassung eine emissionsbezogene Schlüsselnummer ausgewiesen ist, die das Erfüllen der Voraussetzungen für die Steuervergünstigung bestätigt. [4]Eine Steuervergünstigung für frühere Halter unterbleibt; dies gilt auch dann, wenn ein früherer Halter für das Fahrzeug Steuer entrichtet hat.

(4) [1]Die Steuervergünstigungen werden in Fällen des Zuschlags nach § 9a entsprechend gemindert. [2]Sie enden spätestens am 31. Dezember 2010.

[1)] § 10 Abs. 3 neu gef. mWv 1.9.2007 durch G v. 17.8.2007 (BGBl. I S. 1958).

[2)] § 10a eingef. mWv 5.11.2008 durch G v. 21.12.2008 (BGBl. I S. 2896); Abs. 3 Satz 3 geänd. mWv 23.10.2020 durch G v. 16.10.2020 (BGBl. I S. 2184); zu den Absätzen 1, 2 und 3 siehe § 18 Abs. 4a.

(5) Soweit die Steuervergünstigungen bei einem Halterwechsel noch nicht abgelaufen sind, werden sie vorbehaltlich des Absatzes 4 dem neuen Halter gewährt.

(6) Die Zeiten der Außerbetriebsetzung eines Fahrzeugs und die Zeiten außerhalb des auf einem Saisonkennzeichen angegebenen Betriebszeitraums haben keine Auswirkungen auf die Steuervergünstigungen.

(7) Die Steuervergünstigungen gelten nicht für Kennzeichen im Sinne des § 1 Abs. 1 Nr. 4 Satz 1.

§ 10b[1] Sonderregelung für besonders emissionsreduzierte Personenkraftwagen. (1) Die Steuer für das Halten von besonders emissionsreduzierten Personenkraftwagen mit Fremd- oder Selbstzündungsmotor und Kohlendioxidemissionen bis zu 95 Gramm je Kilometer wird für fünf Jahre ab dem Tag der erstmaligen Zulassung zum Verkehr in Höhe von jährlich 30 Euro nicht erhoben, wenn das Fahrzeug in der Zeit vom 12. Juni 2020[2] bis zum 31. Dezember 2024 erstmals zugelassen wird.

(2) Für die Feststellung der Kohlendioxidemissionen nach Absatz 1 durch die Zulassungsbehörde gilt § 9 Absatz 1 Nummer 2 Buchstabe c Satz 2 entsprechend.

(3) [1]Die Steuervergünstigung ist jeweils begrenzt auf die Jahressteuer nach § 9 Absatz 1 Nummer 2 Buchstabe c und bei Saisonkennzeichen auf den Bruchteil des Jahresbetrages, der sich aus ihrem jeweils auf dem Kennzeichen angegebenen Betriebszeitraum ergibt. [2]Sie endet spätestens am 31. Dezember 2025.

(4) Soweit die Steuervergünstigung bei einem Halterwechsel noch nicht abgelaufen ist, wird sie dem neuen Halter gewährt.

(5) Die Zeiten der Außerbetriebsetzung eines Fahrzeugs und die Zeiten außerhalb des auf einem Saisonkennzeichen angegebenen Betriebszeitraums haben keine Auswirkungen auf die Steuervergünstigung.

(6) Die Steuervergünstigung gilt nicht für rote Kennzeichen im Sinne des § 1 Absatz 1 Nummer 4.

§ 11 Entrichtungszeiträume. (1) Die Steuer ist jeweils für die Dauer eines Jahres im Voraus zu entrichten.

(2)[3] [1]Die Steuer darf, wenn die Jahressteuer mehr als 500 Euro beträgt, auch für die Dauer eines Halbjahres und, wenn die Jahressteuer mehr als 1000 Euro beträgt, auch für die Dauer eines Vierteljahres entrichtet werden. [2]In diesen Fällen beträgt die Steuer

1. wenn sie halbjährlich entrichtet wird, die Hälfte der Jahressteuer zuzüglich eines Aufgeldes in Höhe von 3 vom Hundert,

---

[1] § 10b eingef. mWv 23.10.2020 durch G v. 16.10.2020 (BGBl. I S. 2184).

[2] Datum des Kabinettsbeschlusses.

[3] § 11 Abs. 2 Satz 3 geänd. durch G v. 20.12.2007 (BGBl. I S. 3150); geänd. mWv 12.6.2015 durch G v. 8.6.2015 (BGBl. I S. 901).

2. wenn sie vierteljährlich entrichtet wird, ein Viertel der Jahressteuer zuzüglich eines Aufgeldes in Höhe von 6 vom Hundert.

3 Ein Wechsel des Entrichtungszeitraums ist nur zulässig, wenn die Änderung vor oder spätestens mit der Fälligkeit der neu zu entrichtenden Steuer schriftlich angezeigt wird.

(3)[1] 1 Die Steuer ist bei ausländischen Fahrzeugen, die zum vorübergehenden Aufenthalt in das Inland gelangen, tageweise zu entrichten. 2 Die Tage des Aufenthalts im Inland brauchen nicht unmittelbar aufeinander zu folgen.

(4)[2] 1 Die Steuer ist abweichend von den Absätzen 1 und 2 für einen nach Tagen berechneten Zeitraum im Voraus zu entrichten,

(Fortsetzung nächste Seite)

---

1) § 11 Abs. 3 Satz 1 neu gef., Satz 3 aufgeh. mWv 1.1.2018 durch G v. 6.6.2017 (BGBl. I S. 1491).

2) Zu § 11 Abs. 4 siehe Übergangsregelung in § 18.

1. a) mit Einwilligung oder auf schriftlichen Antrag eines Steuerschuldners, wenn dieser die Steuer für mehr als ein Fahrzeug schuldet und wenn durch die tageweise Entrichtung für mindestens zwei Fahrzeuge ein einheitlicher Fälligkeitstag erreicht wird,

   b)[1] auf Anordnung der für die Ausübung der Verwaltung der Kraftfahrzeugsteuer zuständigen Behörde für längstens einen Monat, wenn hierdurch für bestimmte Gruppen von Fahrzeugen ein einheitlicher Fälligkeitstermin erreicht wird und diese Maßnahme der Vereinfachung der Verwaltung dient,

2. wenn die Steuerpflicht für eine bestimmte Zeit besteht,

3.[2] wenn ein Saisonkennzeichen zugeteilt wird; für Fahrzeuge mit Saisonkennzeichen ist die Festlegung eines einheitlichen Fälligkeitstages nicht zulässig.

[2]Die Steuer beträgt in diesen Fällen für jeden Tag des Berechnungszeitraums den auf ihn entfallenden Bruchteil der Jahressteuer. [3]Fällt ein Tag des Berechnungszeitraums in ein Schaltjahr, so beträgt die Steuer für jeden Tag ein Dreihundertsechsundsechzigstel der Jahressteuer. [4]In den Fällen des Satzes 1 Nr. 3 beträgt die Steuer für jeden Tag des Berechnungszeitraumes ein Dreihundertfünfundsechzigstel der Jahressteuer; der 29. Februar wird in Schaltjahren nicht mitgerechnet.

(5) Die zu entrichtende Steuer ist in den Fällen der Absätze 1 bis 4 auf volle Euro nach unten abzurunden.

§ 12[3] **Steuerfestsetzung.** (1) [1]Die Steuer wird, wenn der Zeitpunkt der Beendigung der Steuerpflicht nicht feststeht, unbefristet, in allen anderen Fällen für einen bestimmten Zeitraum oder tageweise festgesetzt. [2]Wird ein Saisonkennzeichen zugeteilt, so wird die Steuer ab dem Zeitpunkt der erstmaligen Gültigkeit des Kennzeichens für die Dauer der Gültigkeit unbefristet festgesetzt. [3]Kann der Steuerschuldner den Entrichtungszeitraum wählen (§ 11 Abs. 2), so wird die Steuer für den von ihm gewählten Entrichtungszeitraum festgesetzt; sie kann auch für alle in Betracht kommenden Entrichtungszeiträume festgesetzt werden.

(2) Die Steuer ist neu festzusetzen,

1. wenn sich infolge einer Änderung der Bemessungsgrundlagen oder des Steuersatzes eine andere Steuer ergibt,

2.[4] wenn die Voraussetzungen für eine Steuerbefreiung, eine Steuerermäßigung oder die Nichterhebung der Steuer für Kraftfahrzeuganhänger (§ 10 Abs. 1) oder für Personenkraftwagen (§§ 10a und 10b) eintreten oder wegfallen oder wenn nachträglich festgestellt wird, dass die Voraussetzungen nicht vorgelegen haben oder nicht vorliegen,

---

[1] § 11 Abs. 4 Satz 1 Nr. 1 Buchst. b geänd. mWv 1.7.2009 durch G v. 29.5.2009 (BGBl. I S. 1170).

[2] § 11 Abs. 4 Satz 1 Nr. 3 geänd. durch G v. 20.12.2007 (BGBl. I S. 3150).

[3] § 12 Abs. 1 Satz 2 und Abs. 2 Nr. 5 geänd. durch G v. 20.12.2007 (BGBl. I S. 3150).

[4] § 12 Abs. 2 Nr. 2 geänd. mWv 5.12.2008 durch G v. 21.12.2008 (BGBl. I S. 2896); geänd. mWv 23.10.2020 durch G v. 16.10.2020 (BGBl. I S. 2184).

3.[1] wenn die Steuerpflicht endet*, ausgenommen in den Fällen des § 11 Abs. 3.* [2]Die Steuerfestsetzung erstreckt sich auf die Zeit vom Beginn des Entrichtungszeitraums, in den das Ende der Steuerpflicht fällt, bis zum Ende der Steuerpflicht,

4.[2] wenn eine Steuerfestsetzung fehlerhaft ist, zur Beseitigung des Fehlers. [2]§ 176 der Abgabenordnung ist hierbei entsprechend anzuwenden; dies gilt jedoch nur für Entrichtungszeiträume, die vor der Verkündung der maßgeblichen Entscheidung eines obersten Gerichtshofs des Bundes liegen. [3]Die Steuer wird vom Beginn des Entrichtungszeitraums an neu festgesetzt, in dem der Fehler der für die Ausübung der Verwaltung der Kraftfahrzeugsteuer zuständigen Behörde bekannt wird, bei einer Erhöhung der Steuer jedoch frühestens vom Beginn des Entrichtungszeitraums an, in dem der Steuerbescheid erteilt wird,

5.[3] wenn die Dauer des Betriebszeitraums eines Saisonkennzeichens geändert wird.

(3) [1]Ist die Steuer nur für eine vorübergehende Zeit neu festzusetzen, so kann die nach Absatz 1 ergangene Steuerfestsetzung durch eine Steuerfestsetzung für einen bestimmten Zeitraum ergänzt werden. [2]Die Ergänzungsfestsetzung ist auf den Unterschiedsbetrag zu beschränken.

(4)[4] Die nach Absatz 1 ergangene Steuerfestsetzung bleibt unberührt, wenn für das Fahrzeug des Steuerschuldners eine andere Zulassungsbehörde zuständig wird.

(5)[5] *(aufgehoben)*

§§ 12a und 12b. (weggefallen)

§ 13 Feststellung der Besteuerungsgrundlagen und Nachweis der Besteuerung. (1)[6] [1]Die Zulassungsbehörde darf ein Fahrzeug erst zum Verkehr auf öffentlichen Straßen zulassen, wenn die Besteuerungsgrundlagen im Sinne von § 8 festgestellt und in der Zulassungsbescheinigung Teil I ausgewiesen sind und wenn nachgewiesen ist, dass den Vorschriften über die Kraftfahrzeugsteuer genügt ist. [2]Die Zulassung ist davon abhängig, dass

1. Im Falle einer Steuerpflicht eine schriftliche Ermächtigung zum Einzug der Kraftfahrzeugsteuer von einem Konto des Fahrzeughalters oder eines Dritten bei einem Geldinstitut erteilt worden ist oder eine Bescheinigung vorgelegt wird, wonach die für die Ausübung der Verwaltung der Kraftfahrzeugsteuer zuständige Behörde auf eine Einzugsermächtigung wegen einer erheblichen Härte für den Fahrzeughalter verzichtet, oder

---

[1] § 12 Abs. 2 Nr. 3 kursiver Satzteil gestrichen mWv 1.1.2018 durch G v. 6.6.2017 (BGBl. I S. 1491).

[2] § 12 Abs. 2 Nr. 4 Satz 3 geänd. mWv 1.7.2009 durch G v. 29.5.2009 (BGBl. I S. 1170).

[3] § 12 Abs. 2 Nr. 5 geänd. mWv 10.6.2017 durch G v. 6.6.2017 (BGBl. I S. 1491).

[4] § 12 Abs. 4 neu gef. mWv 12.6.2015 durch G v. 8.6.2015 (BGBl. I S. 901).

[5] § 12 Abs. 5 aufgeh. mWv 12.6.2015 durch G v. 8.6.2015 (BGBl. I S. 901).

[6] § 13 Abs. 1 Satz 2 Nr. 1 neu gef., Satz 3 aufgeh. mWv 12.6.2015 durch G v. 8.6.2015 (BGBl. I S. 901); Abs. 1 Satz 1 geänd., Satz 2 Nr. 2 neu gef. mWv 23.10.2020 durch G v. 16.10.2020 (BGBl. I S. 2184).

2. im Falle einer Steuerbefreiung oder einer Nichterhebung der Steuer nach § 10 Absatz 1 die Voraussetzungen nachgewiesen oder glaubhaft gemacht sind.

(2)[1] [1]Die Zulassung des Fahrzeugs darf erst erfolgen, wenn die Person, für die das Fahrzeug zum Verkehr zugelassen werden soll, keine Kraftfahrzeugsteuerrückstände hat. [2]§ 276 Absatz 4 der Abgabenordnung ist hierbei entsprechend anzuwenden. [3]Ein halterbezogener Kraftfahrzeugsteuerrückstand von weniger als fünf Euro steht der Zulassung nicht entgegen. [4]Die für die Ausübung der Verwaltung der Kraftfahrzeugsteuer zuständige Behörde darf der Zulassungsbehörde Auskünfte über Kraftfahrzeugsteuerrückstände der Fahrzeughalter erteilen. [5]Die für die Prüfung der Kraftfahrzeugsteuerrückstände erforderlichen Daten sind der Zulassungsbehörde elektronisch zur Verfügung zu stellen. [6]Die Zulassungsbehörde darf das Ergebnis der Prüfung der Kraftfahrzeugsteuerrückstände der Person mitteilen, die das Fahrzeug zulässt. [7]Beauftragt der Steuerpflichtige einen Dritten mit der Zulassung des Fahrzeugs, so hat er sein Einverständnis hinsichtlich der Bekanntgabe seiner kraftfahrzeugsteuerrechtlichen Verhältnisse durch die Zulassungsbehörde an den Dritten schriftlich zu erklären. [8]Die Zulassung des Fahrzeugs ist in diesen Fällen von der Vorlage der Einverständniserklärung abhängig. [9]Die Zulassungsbehörde kann mit Zustimmung der für die Ausübung der Verwaltung der Kraftfahrzeugsteuer zuständigen Behörde in begründeten Einzelfällen Ausnahmen zulassen.

(3)[2] *(aufgehoben)*

§ 14[3] Außerbetriebsetzung von Amts wegen. (1) [1]Ist die Steuer nicht entrichtet worden, hat die Zulassungsbehörde auf Antrag der für die Ausübung der Verwaltung der Kraftfahrzeugsteuer zuständigen Behörde die Zulassungsbescheinigung Teil I einzuziehen, etwa ausgestellte Anhängerverzeichnisse zu berichtigen und das amtliche Kennzeichen zu entstempeln (Außerbetriebsetzung von Amts wegen). [2]Sie trifft die hierzu erforderlichen Anordnungen durch schriftlichen Verwaltungsakt.

(2) [1]Die Durchführung der Außerbetriebsetzung von Amts wegen richtet sich nach dem Verwaltungsverfahrensgesetz. [2]Für Streitigkeiten über Außerbetriebsetzungen von Amts wegen ist der Verwaltungsrechtsweg gegeben.

§ 15[4] Ermächtigungen. (1)[5] Das Bundesministerium der Finanzen wird ermächtigt, Rechtsverordnungen zu erlassen über

---

[1] § 13 Abs. 1a wird Abs. 2 mWv 12.6.2015 durch G v. 8.6.2015 (BGBl. I S. 901).

[2] § 13 Abs. 2 und 3 aufgeh., bish. Abs. 1a wird Abs. 2 mWv 12.6.2015 durch G v. 8.6.2015 (BGBl. I S. 901).

[3] § 14 neu gef. mWv 23.10.2020 durch G v. 16.10.2020 (BGBl. I S. 2184).

[4] § 15 Abs. 2 aufgeh., bish. Abs. 3 wird Abs. 2 mWv 12.6.2015 durch G v. 8.6.2015 (BGBl. I S. 901).

[5] § 15 Abs. 1 Einleitung sowie Nr. 3 geänd. mWv 1.7.2009 durch G v. 29.5.2009 (BGBl. I S. 1170); Zuständigkeit geänd. mWv 12.6.2015 durch G v. 8.6.2015 (BGBl. I S. 901); Abs. 1 Nr. 4 geänd. mWv 23.10.2020 durch G v. 16.10.2020 (BGBl. I S. 2184).

1. die nähere Bestimmung der in diesem Gesetz verwendeten Begriffe,
2. die Abgrenzung der Steuerpflicht sowie den Umfang der Ausnahmen von der Besteuerung und der Steuerermäßigungen, soweit dies zur Wahrung der Gleichmäßigkeit der Besteuerung und zur Beseitigung von Unbilligkeiten in Härtefällen erforderlich ist,
3. die Zuständigkeit der für die Ausübung der Verwaltung der Kraftfahrzeugsteuer zuständigen Behörden und den Umfang der Besteuerungsgrundlagen,
4. das Besteuerungsverfahren, insbesondere die Berechnung der Steuer und die Änderung von Steuerfestsetzungen, sowie die von den Steuerpflichtigen zu erfüllenden Pflichten und die Mitwirkungspflicht Dritter,
5. Art und Zeit der Steuerentrichtung. [2]Dabei darf abweichend von § 11 Abs. 1 und 2 bestimmt werden, dass die Steuer auch tageweise entrichtet werden darf, soweit hierdurch ein Fahrzeughalter mit mehreren Fahrzeugen für seine sämtlichen Fahrzeuge einen einheitlichen Fälligkeitstag erreichen will,
6. die Erstattung der Steuer,
7. die völlige oder teilweise Befreiung von der Steuer für das Halten von ausländischen Fahrzeugen, die vorübergehend im Inland benutzt werden. [2]Voraussetzung ist, dass Gegenseitigkeit gewahrt ist und die Befreiung dazu dient, eine Doppelbesteuerung zu vermeiden, den grenzüberschreitenden Verkehr zu erleichtern oder die Wettbewerbsbedingungen für inländische Fahrzeuge zu verbessern,
8. eine befristete oder unbefristete Erhöhung der nach § 9 Abs. 3 anzuwendenden Steuersätze für bestimmte ausländische Fahrzeuge, um diese Fahrzeuge einer Steuerbelastung zu unterwerfen, die der Belastung inländischer Fahrzeuge bei vorübergehendem Aufenthalt im Heimatstaat der ausländischen Fahrzeuge mit Abgaben entspricht, die für die Benutzung von Fahrzeugen, die Benutzung von öffentlichen Straßen oder das Halten zum Verkehr auf öffentlichen Straßen erhoben werden,
9. eine besondere Kennzeichnung der Kraftfahrzeuge, für die nach § 10 Abs. 2 eine um den Anhängerzuschlag erhöhte Steuer erhoben wird.

(2) [1]Das Bundesministerium der Finanzen wird ermächtigt, den Wortlaut dieses Gesetzes und der zu diesem Gesetz erlassenen Durchführungsverordnung in der jeweils geltenden Fassung mit neuem Datum, unter neuer Überschrift und in neuer Paragraphenfolge bekannt zu machen. [2]Dabei dürfen Unstimmigkeiten des Wortlauts beseitigt und die in der Durchführungsverordnung vorgesehenen Vordruckmuster geändert werden.

§ 16[1)] Aussetzung der Steuer. [1]Das Bundesministerium der Finanzen kann die Erhebung der Steuer bei ausländischen Fahrzeugen bis zu einem Jahr aussetzen, sobald mit dem Staat, in dem die Fahrzeuge zugelassen sind, Verhandlungen über ein Abkommen zum gegenseitigen Verzicht auf die Kraftfahrzeugsteuer aufgenommen worden sind. [2]Die Anordnung ist im Bundesanzeiger bekannt zu machen.

1) § 16 Satz 1 geänd. mWv 1.7.2009 durch G v. 29.5.2009 (BGBl. I S. 1170).

§ 17 Sonderregelung für bestimmte Behinderte. Behinderte, denen die Kraftfahrzeugsteuer im Zeitpunkt des Inkrafttretens des Gesetzes zur Änderung des Kraftfahrzeugsteuergesetzes vom 22. Dezember 1978 (BGBl. I S. 2063) nach § 3 Abs. 1 Nr. 1 des Kraftfahrzeugsteuergesetzes in der Fassung der Bekanntmachung vom 1. Dezember 1972 (BGBl. I S. 2209)[1] erlassen war, gelten im Sinne des § 3a Abs. 1 dieses Gesetzes ohne weiteren Nachweis als außergewöhnlich gehbehindert, solange nicht nur vorübergehend ein Grad der Behinderung von wenigstens 50 vorliegt.[2]

§ 18 Übergangsregelung. (1) [1]Ändert sich der Steuersatz innerhalb eines Entrichtungszeitraums, so ist bei der Neufestsetzung für die Teile des Entrichtungszeitraums vor und nach der Änderung jeweils der nach § 11 Abs. 4 berechnete Anteil an der bisherigen und an der neuen Jahressteuer zu berechnen und festzusetzen. [2]Ein auf Grund dieser Festsetzungen nachzufordernder Steuerbetrag und ein zu erstattender Steuerbetrag bis zu 10 Euro werden mit der neu festgesetzten Steuer für den nächsten Entrichtungszeitraum fällig, der nach der Änderung des Steuersatzes beginnt.

(2) [1]Endet die Steuerpflicht vor Beginn des nächsten Entrichtungszeitraums nach der Änderung des Steuersatzes, so ist die Änderung des Steuersatzes bei der Neufestsetzung nach § 12 Abs. 2 Nr. 3 zu berücksichtigen. [2]Eine auf Grund der Neufestsetzung zu entrichtende Steuer wird einen Monat nach Bekanntgabe des Bescheides fällig.

(3) Wird der Steuersatz geändert und ist bei der Steuerfestsetzung noch der vor der Änderung geltende Steuersatz angewendet worden, so kann der geänderte Steuersatz innerhalb eines Jahres durch Neufestsetzung nachträglich berücksichtigt werden.

(4)[3] Für Personenkraftwagen,

1. für die vor dem 11. Dezember 1999 eine Typgenehmigung, eine Betriebserlaubnis für Einzelfahrzeuge oder ein Feststellungsbescheid nach den verkehrsrechtlichen Bestimmungen erteilt wurde oder
2. für die der Feststellungsbescheid nach den verkehrsrechtlichen Bestimmungen bis zum 31. Januar 1999 auf der Grundlage der in § 3b Abs. 1 Nr. 2 festgelegten Grenzwerte in der vor dem 11. Dezember 1999 geltenden Fassung beantragt worden ist,

bleibt § 9 in der vor dem 11. Dezember 1999 geltenden Fassung anwendbar.

---

[1] § 3 Abs. 1 Nr. 1 idF v. 1.12.1972 hat folgenden Wortlaut:

„(1) Körperbehinderten, die sich infolge ihrer Körperbehinderung ein Personenkraftfahrzeug halten, kann die Steuer für ein Personenkraftfahrzeug auf Antrag erlassen werden, und zwar

1. Schwerbeschädigten im Sinne des Bundesversorgungsgesetzes und Personen, die den Körperschaden infolge nationalsozialistischer Verfolgungs- oder Unterdrückungsmaßnahmen aus politischen, rassischen oder religiösen Gründen erlitten haben,
in vollem Umfang ohne Rücksicht auf ihre wirtschaftlichen Verhältnisse.
Voraussetzung ist, daß die Erwerbsfähigkeit um mindestens 50 vom Hundert gemindert ist."

[2] § 17 geänd. mWv 10.6.2017 durch G v. 6.6.2017 (BGBl. I S. 1491).

[3] § 18 Abs. 4 geänd. durch G v. 29.5.2009 (BGBl. I S. 1170).

(4a)[1] [1]Für Personenkraftwagen ist nach Ablauf einer nach § 10a Absatz 1 und 2 gewährten Steuervergünstigung der § 9 Absatz 1 Nummer 2 Buchstabe b anzuwenden, wenn sich eine niedrigere Steuer als nach § 9 Absatz 1 Nummer 2 Buchstabe a ergibt; dies gilt nicht für Fälle des § 10a Absatz 3. [2]Der Zuschlag im Sinne des § 9a ist jeweils zu berücksichtigen.

(4b)[1] Für Personenkraftwagen, die Elektrofahrzeuge im Sinne des § 9 Absatz 2 sind und bis zum 17. Mai 2011 erstmals zugelassen wurden, bleibt § 3d in der am 5. November 2008 geltenden Fassung weiter anwendbar.

(5)[2] Für Personenkraftwagen, auf die § 8 Nummer 1 Buchstabe b Anwendung findet, ist § 9 Absatz 1 Nummer 2 Buchstabe b bei erstmaliger Zulassung vor dem 1. September 2018 in folgender Fassung anzuwenden:

„b) bei erstmaliger Zulassung ab dem 1. Juli 2009 für je 100 Kubikzentimeter Hubraum oder einem Teil davon 2 Euro für Fremdzündungsmotoren und 9,50 Euro für Selbstzündungsmotoren zuzüglich jeweils 2 Euro für jedes Gramm Kohlendioxidemission je Kilometer entsprechend der Richtlinie 93/116/EG der Kommission vom 17. Dezember 1993 zur Anpassung der Richtlinie 80/1268/EWG des Rates über den Kraftstoffverbrauch von Kraftfahrzeugen an den technischen Fortschritt (ABl. L 329 vom 30.12.1993, S. 39) oder der Verordnung (EG) Nr. 715/2007 in der Fassung der Änderung durch die Verordnung (EU) Nr. 459/2012 (ABl. L 142 vom 1.6.2012, S. 16), das bei erstmaliger Zulassung

aa) bis zum 31. Dezember 2011	120 g/km,
bb) ab dem 1. Januar 2012	110 g/km,
cc) ab dem 1. Januar 2014	95 g/km

überschreitet;“

(6)[3] In § 9a tritt ab dem Tag des Inkrafttretens der Nachfolgerichtlinie zu der Richtlinie 70/220/EWG des Rates vom 20. März 1970 zur Angleichung der Rechtsvorschriften der Mitgliedstaaten über Maßnahmen gegen die Verunreinigung der Luft durch Emissionen von Kraftfahrzeugmotoren (ABl. EG Nr. L 76 S. 1), zuletzt geändert durch die Richtlinie 2003/76/EG der Kommission vom 11. August 2003 (ABl. EU Nr. L 206 S. 29), an die Stelle der Partikelminderungsstufe PM 5 der Grenzwert für Partikelmasse der nächsten Schadstoffstufe (Euro 5) für Personenkraftwagen mit Selbstzündungsmotor.

(7)[4] Verwaltungsverfahren in Kraftfahrzeugsteuerangelegenheiten, die bis 30. Juni 2014 begonnen worden sind, werden von den spätestens seit 1. Juli 2014 zuständigen Bundesfinanzbehörden fortgeführt.

(7a)–(9)[5] *(aufgehoben)*

---

[1] § 18 Abs. 4a eingef. durch G v. 29.5.2009 (BGBl. I S. 1170); Abs. 4b eingef. durch G v. 5.12.2012 (BGBl. I S. 2431).

[2] § 18 Abs. 5 neu gef. durch G v. 6.6.2017 (BGBl. I S. 1491).

[3] § 18 Abs. 6 angef. durch G v. 24.3.2007 (BGBl. I S. 356).

[4] § 18 Abs. 7 neu gef. mWv 12.6.2015 durch G v. 8.6.2015 (BGBl. I S. 901).

[5] § 18 Abs. 7a bis 9 aufgeh. mWv 12.6.2015 durch G v. 8.6.2015 (BGBl. I S. 901).

(10)[1] [1]Für vor dem 3. Juni 2010 vorgenommene Fahrzeugabmeldungen von Amts wegen bleibt § 14 in der vor dem 3. Juni 2010 geltenden Fassung bis zum rechtskräftigen Abschluss des Verfahrens anwendbar. [2]Die Verfahren werden von der ab 1. Juli 2014 zuständigen Bundesfinanzbehörde fortgeführt.

(11)[2] [1]Für Personenkraftwagen, die im Zeitraum vom 1. Juli 2009 bis zum 3. Juni 2010 erstmals zugelassen wurden, ist auf schriftlichen Antrag des Halters, auf den das Fahrzeug am 1. Januar 2011 zugelassen ist, oder in den Fällen der Außerbetriebsetzung auf schriftlichen Antrag des Halters, auf den das Fahrzeug danach wieder zugelassen wird, § 3b in der Fassung des Artikels 2 des Gesetzes zur Neuregelung der Kraftfahrzeugsteuer und Änderung anderer Gesetze vom 29. Mai 2009 (BGBl. I S. 1170) anzuwenden. [2]Der Antrag ist bei der für die Ausübung der Verwaltung der Kraftfahrzeugsteuer örtlich zuständigen Behörde zu stellen.

(12)[3] *(aufgehoben)*

(13)[4] (nicht belegt)

(14)[5] *(aufgehoben)*

---

[1] § 18 Abs. 10 angef. durch G v. 27.5.2010 (BGBl. I S. 668); Abs. 10 Satz 2 angef. mWv 12.6.2015 durch G v. 8.6.2015 (BGBl. I S. 901).

[2] § 18 Abs. 11 angef. durch G v. 27.5.2010 (BGBl. I S. 668).

[3] § 18 Abs. 12 aufgeh. durch G v. 16.10.2020 (BGBl. I S. 2184).

[4] § 18 Abs. 13 angef. durch G v. 8.6.2015 (BGBl. I S. 901); nach dem Scheitern der Pkw-Maut vor dem EuGH nicht in Kraft getreten.

[5] § 18 Abs. 14 aufgeh. durch G v. 16.10.2020 (BGBl. I S. 2184).

665. Kraftfahrzeugsteuer-Durchführungsverordnung (KraftStDV)[1]

In der Fassung der Bekanntmachung vom 12. Juli 2017[2]
(BGBl. I S. 2374)

BGBl. III/FNA 611-17-2

Inhaltsübersicht

Abschnitt 1. Allgemeine Bestimmungen

§ 1 Zuständiges Hauptzollamt. Örtlich zuständig ist

1. für inländische Fahrzeuge und für besondere Kennzeichen nach § 1 Absatz 1 Nummer 4 des Gesetzes das Hauptzollamt, in dessen Bezirk die nach § 46 der Fahrzeug-Zulassungsverordnung örtlich zuständige Zulassungsbehörde ihren Sitz hat;
2. für ausländische Fahrzeuge

---

[1] Im ersten Halbjahr 2014 übernahm die Zollverwaltung mit ihren Hauptzollämtern die Aufgabe der Verwaltung der Kfz-Steuer.

[2] Neubekanntmachung der KraftStDV idF der Bek. v. 26.9.2002 (BGBl. I S. 3856) auf Grund des § 15 Abs. 1 des KraftStG sowie § 150 Abs. 6 der AO.

a) zur steuerlichen Abfertigung beim Eingang in das Inland das Hauptzollamt, in dessen Bezirk die Hoheitsgrenze mit dem Fahrzeug überschritten wird,

b) in den übrigen Fällen das Hauptzollamt, das zuerst mit der Sache befasst wird;

3. für widerrechtlich benutzte Fahrzeuge das Hauptzollamt, das zuerst mit der Sache befasst wird oder bei Einhaltung der verkehrsrechtlich vorgeschriebenen Zulassung nach Nummer 1 zuständig wäre.

§ 2 Mitwirkung des Bundesamtes für Güterverkehr. Das Bundesamt für Güterverkehr überwacht die Einhaltung der kraftfahrzeugsteuerrechtlichen Vorschriften nach § 11 Absatz 2 Nummer 3 Buchstabe d und Absatz 3 des Güterkraftverkehrsgesetzes.

Abschnitt 2. Inländische Fahrzeuge

§ 3 Steuererklärung. (1) Der Halter eines inländischen Fahrzeugs hat eine Steuererklärung nach amtlich vorgeschriebenem Vordruck bei der Zulassungsbehörde abzugeben, wenn das Fahrzeug

1. zum Verkehr zugelassen werden soll,
2. zum Verkehr zugelassen ist und der Halter wechselt oder
3. während der Dauer der Steuerpflicht verändert wird und sich dadurch die Höhe der Steuer ändert.

(2) Als Steuererklärung gilt auch die Fahrzeuganmeldung, wenn sie einen entsprechenden Hinweis enthält.

(3) Eine Steuererklärung ist nicht erforderlich, wenn das Halten des Fahrzeugs nach § 3 Nummer 1 oder 2 des Gesetzes von der Steuer befreit ist.

(4) Die Steuererklärung kann gemäß den §§ 87a bis 87d der Abgabenordnung elektronisch übermittelt werden.

§ 4 Anhängerzuschlag. (1) [1]Der Antrag auf Erhöhung der Steuer um den Anhängerzuschlag nach § 10 Absatz 2 des Gesetzes kann bei der Zulassungsbehörde zugleich mit dem Antrag auf verkehrsrechtliche Zulassung gestellt werden. [2]Er ist in diesem Fall in die Steuererklärung mit aufzunehmen.

(2) [1]In den übrigen Fällen ist der Antrag beim zuständigen Hauptzollamt zu stellen. [2]Der Antrag gilt als Steuererklärung im Sinne des § 150 der Abgabenordnung.

(3) Ein Antrag im Sinne des § 10 Absatz 2 des Gesetzes ist auch der Antrag, den Anhängerzuschlag nicht mehr in Anspruch nehmen zu wollen.

§ 5 Mitwirkung der Zulassungsbehörden. (1) Die Zulassungsbehörden und die von ihnen mit der Vorbereitung und Durchführung der Zulassung beauftragten Stellen sind verpflichtet, bei der Durchführung des Kraftfahrzeugsteuergesetzes nach Maßgabe der Absätze 2 und 3 mitzuwirken.

(2) Die Mitwirkung der Zulassungsbehörden gegenüber den Hauptzollämtern umfasst insbesondere

1. die Prüfung der Angaben in der Steuererklärung und die Bescheinigung, dass die Eintragungen mit den Angaben in den vorgelegten Urkunden übereinstimmen, sowie die Übersendung der Steuererklärung;
2. die Mitteilung der in § 36 Absatz 1 der Fahrzeug-Zulassungsverordnung bezeichneten Daten sowie
3. die Mitteilung folgender Daten:
   a) wenn eine schriftliche Ermächtigung zum Einzug der Kraftfahrzeugsteuer nach § 13 Absatz 1 Nummer 1 des Gesetzes erteilt wird, den für den Einzug der Kraftfahrzeugsteuer von einem Konto erforderlichen Datensatz,
   b) wenn das Kennzeichen geändert wird, das neue und das bisherige Kennzeichen sowie die übrigen für die Besteuerung notwendigen Angaben,
   c) wenn der Standort des Fahrzeugs verlegt wird, die neue Anschrift des Halters,
   d) wenn einem Kraftfahrzeuganhänger in den Fällen des § 10 Absatz 1 des Gesetzes
      aa) erstmals ein grünes Kennzeichen zugeteilt wird: das Kennzeichen und den Tag der Zuteilung,
      bb) anstelle eines grünen Kennzeichens ein Kennzeichen mit schwarzer Beschriftung auf weißem Grund zugeteilt wird: das Kennzeichen und den Tag der Zuteilung,
   e) wenn für einen zum Verkehr zugelassenen Personenkraftwagen in der Zulassungsbescheinigung Teil I (Fahrzeugschein)
      aa) die nachträgliche Anerkennung als schadstoffarm vermerkt wird, den Tag der Anerkennung als schadstoffarm,
      bb) der Vermerk „schadstoffarm" gelöscht wird, den Tag der Löschung,
      cc) die Anerkennung als besonders partikelreduziert gelöscht wird, den Tag der Löschung,
   f) wenn ein zum Verkehr zugelassenes Fahrzeug mit einer Abgasreinigungsanlage ausgestattet wird oder diese geändert oder ausgebaut wird,
      aa) die Art der Anlage,
      bb) die Änderung oder den Ausbau der Anlage,
      cc) die durch die Ausstattung, Änderung oder den Ausbau der Anlage erreichte Emissionsklasse und
      dd) den Tag der nach dem Gesetz maßgeblichen Feststellung durch die Zulassungsbehörde und
   g) wenn ein Personenkraftwagen oder ein leichtes Nutzfahrzeug zum Verkehr zugelassen wird, die Kohlendioxidemissionen in Gramm je Kilometer nach Maßgabe des Gesetzes.

(3) [1]Die Steuererklärung nach Absatz 2 Nummer 1 und die sonstigen für das Besteuerungsverfahren erforderlichen Mitteilungen können mit Hilfe elektronischer Datenträger oder durch Datenfernübertragung gemäß den §§ 87a bis 87d und 93c der Abgabenordnung dem zuständigen Hauptzollamt

oder der dafür bestimmten Datenverarbeitungsstelle übermittelt werden. [2]Voraussetzung ist, dass die Richtigkeit und Vollständigkeit der Datenübermittlung sichergestellt ist.

§ 6 Prüfung durch das Hauptzollamt. Zur Aufklärung von Zweifeln oder Unstimmigkeiten kann sich das zuständige Hauptzollamt das Fahrzeug vorführen und die Zulassungsbescheinigung Teil I und II (Fahrzeugschein und Fahrzeugbrief) sowie den Steuerbescheid vorlegen lassen.

§ 7 Steuervergünstigungen. (1) Beabsichtigt ein Steuerpflichtiger, seinen Anspruch auf Steuerbefreiung, auf Steuerermäßigung oder auf Nichterhebung der Steuer für einen Kraftfahrzeuganhänger (§ 10 Absatz 1 des Gesetzes) geltend zu machen, so hat er dies unter Angabe der Gründe schriftlich beim zuständigen Hauptzollamt zu beantragen.

(2) Fallen die Voraussetzungen für eine Steuervergünstigung weg, so hat der Steuerpflichtige dies dem zuständigen Hauptzollamt unverzüglich schriftlich anzuzeigen.

(3) [1]Wird bei der Zulassung eines Fahrzeugs zum Verkehr eine Steuervergünstigung oder wird zu einem späteren Zeitpunkt die nachträgliche Anerkennung eines Personenkraftwagens als schadstoffarm beantragt, ist der Antrag bei der Zulassungsbehörde zu stellen. [2]Im Falle der internetbasierten Zulassung im Sinne von § 15e der Fahrzeug-Zulassungsverordnung ist die Absicht der Inanspruchnahme einer Steuervergünstigung gegenüber der Zulassungsbehörde anzugeben.

(4) Der Antrag nach Absatz 1 oder Absatz 3 und die Anzeige nach Absatz 2 sind Steuererklärungen im Sinne des § 150 der Abgabenordnung.

(5) Ist eine Steuererklärung nach § 3 abzugeben, genügt in dieser ein entsprechender Hinweis, um eine Vergünstigung zu beantragen oder den Wegfall einer der Voraussetzungen hierfür anzuzeigen.

(6) Als Zeitraum, für den jeweils eine Steuerbefreiung nach § 3 Nummer 6 des Gesetzes beansprucht werden kann, kommt jeder Zeitraum in Betracht, der im Fall der Steuerpflicht als Entrichtungszeitraum zulässig wäre.

§ 8 Besondere Kennzeichen. Für besondere Kennzeichen nach § 1 Absatz 1 Nummer 4 des Gesetzes sind die §§ 3 bis 7 sinngemäß anzuwenden.

Abschnitt 3. Ausländische Fahrzeuge

§ 9 Grundsatz. Für ausländische Fahrzeuge gelten, soweit in den §§ 10 bis 14 nichts anderes bestimmt ist, die §§ 3 bis 7 entsprechend.

§ 10 Steuererklärung. [1]Der Steuerschuldner hat eine Steuererklärung nach amtlich vorgeschriebenem Vordruck abzugeben

1. am deutschen Teil der Grenze der Europäischen Union bei der Zollstelle, die für die amtliche Abfertigung zuständig ist, oder

2. im Straßenverkehr innerhalb der Europäischen Union bei der Zollstelle, die von der Generalzolldirektion hierzu bestimmt ist.

[2]In den Fällen des Satzes 1 Nummer 2 kann die Steuererklärung vor dem Eingang des Fahrzeugs in das Inland auch auf dem Postweg abgegeben werden; in diesem Fall ist die Steuer gleichzeitig mit der Abgabe der Steuererklärung zu entrichten.

§ 11 Steuerfestsetzung, Steuerkarte. (1) [1]Die zuständige Zollstelle setzt die Steuer fest und gibt dem Steuerschuldner den Steuerbetrag bekannt. [2]Die Steuer ist sofort fällig. [3]Zum Nachweis, dass die Steuer entrichtet ist, erhält der Steuerschuldner eine mit Quittung versehene Steuerkarte. [4]Die Steuerkarte gilt als Steuerbescheid.

(2) [1]Die Steuerkarte gilt für den Zeitraum, für den die Steuer entrichtet ist. [2]Sie verliert jedoch ihre Gültigkeit spätestens nach Ablauf eines Jahres ab dem Tag ihrer Ausstellung.

§ 12 Weiterversteuerung. (1) [1]Soll der Aufenthalt eines ausländischen Fahrzeugs im Inland über die Zeit, für die die Steuer entrichtet worden ist, hinaus andauern, hat der Steuerschuldner vor Ablauf der Gültigkeitsdauer der Steuerkarte eine Steuererklärung zur Weiterversteuerung abzugeben und dabei die Steuerkarte vorzulegen. [2]Er kann die Weiterversteuerung bei jeder Zollstelle vornehmen, die mit der Festsetzung der Kraftfahrzeugsteuer befasst ist.

(2) Die §§ 10 und 11 gelten entsprechend.

§ 13 Mitführ- und Auskunftspflichten des Steuerschuldners. (1) Der Steuerschuldner hat die Steuerkarte mitzuführen und auf Verlangen den Bediensteten der Zollverwaltung, der Polizei oder des Bundesamtes für Güterverkehr vorzuzeigen.

(2) In den Fällen des § 10 Nummer 1 hat der Steuerschuldner die Steuerkarte bei jedem Grenzübertritt vorzulegen und den in Absatz 1 genannten Behörden auf Verlangen Auskunft zu erteilen.

§ 14 Steuererstattung. (1) Ansprüche auf Erstattung der Steuer, die sich auf Grund des § 12 Absatz 2 Nummer 3 des Gesetzes ergeben, sind unter Rückgabe der Steuerkarte beim zuständigen Hauptzollamt schriftlich geltend zu machen.

(2) [1]Als Tag der Beendigung der Steuerpflicht gilt der Tag, an dem der Steuerschuldner die Steuerkarte zurückgibt. [2]§ 5 Absatz 4 Satz 2 des Gesetzes gilt sinngemäß.

Abschnitt 4. Widerrechtliche Benutzung

§ 15 Steuererklärung. (1) Bei widerrechtlicher Benutzung nach § 2 Absatz 5 des Gesetzes hat die Person, die das Fahrzeug im Inland benutzt, unverzüglich eine Steuererklärung nach amtlich vorgeschriebenem Vordruck beim zuständigen Hauptzollamt abzugeben.

(2) Das zuständige Hauptzollamt kann vom Eigentümer, Besitzer oder vom Halter des Fahrzeugs ohne Rücksicht darauf, ob er selbst Steuerschuldner ist, die Abgabe einer Steuererklärung innerhalb einer durch das Hauptzollamt festzulegenden Frist verlangen.

§ 16 Steuerfestsetzung, Steuererhebung. (1) Stellt eine Zollstelle fest, dass ein Fahrzeug widerrechtlich benutzt wird, so setzt sie die Steuer für die Dauer der widerrechtlichen Benutzung, mindestens jedoch für einen Monat fest und erhebt die Steuer.

(2) Bei widerrechtlicher Benutzung kann die Festsetzung und Erhebung der Steuer nach den §§ 11 bis 14 erfolgen.

Abschnitt 5. Schlussvorschriften

§ 17 Inkrafttreten, Außerkrafttreten. [1]Diese Verordnung tritt am Tag nach der Verkündung in Kraft. [2]Gleichzeitig tritt die Kraftfahrzeugsteuer-Durchführungsverordnung in der Fassung der Bekanntmachung vom 26. September 2002 (BGBl. I S. 3856), die zuletzt durch Artikel 3 des Gesetzes vom 29. Mai 2009 (BGBl. I S. 1170) geändert worden ist, außer Kraft.

720. Gesetz zum Ausgleich von Auswirkungen besonderer Schadensereignisse in der Forstwirtschaft (Forstschäden-Ausgleichsgesetz)

In der Fassung der Bekanntmachung vom 26. August 1985 (BGBl. I S. 1756)[1)]

Zuletzt geänd. durch Zehnte Zuständigkeitsanpassungsverordnung vom 31. 8. 2015 (BGBl. I S. 1474)

BGBl. III/FNA 790-15

– Auszug –

§ 3 Steuerfreie Rücklage für die Bildung eines betrieblichen Ausgleichsfonds. (1) [1]Steuerpflichtige, die Einkünfte aus dem Betrieb von Forstwirtschaft im Sinne des § 13 des Einkommensteuergesetzes[2)] beziehen und bei denen der nach § 4 Abs. 1 des Einkommensteuergesetzes[2)] ermittelte Gewinn der Besteuerung zugrunde gelegt wird, können unter den Voraussetzungen des Absatzes 2 eine den steuerlichen Gewinn mindernde Rücklage bilden. [2]Satz 1 gilt entsprechend für natürliche Personen, Körperschaften, Personenvereinigungen und Vermögensmassen, bei denen Einkünfte aus dem Betrieb von Forstwirtschaft steuerlich als Einkünfte aus Gewerbebetrieb zu behandeln sind. [3]Die Rücklage darf 100 vom Hundert, die jährliche Zuführung zur Rücklage 25 vom Hundert der im Durchschnitt der vorangegangenen drei Wirtschaftsjahre erzielten nutzungssatzmäßigen Einnahmen nicht übersteigen. [4]Sinkt in den Folgejahren die nutzungssatzmäßige Einnahme ab, so bleibt dies ohne Wirkung auf die zulässige Höhe einer bereits gebildeten Rücklage.

(2) [1]Eine Rücklage nach Absatz 1 ist nur zulässig, wenn mindestens in gleicher Höhe ein betrieblicher Ausgleichsfonds gebildet wird. [2]Die Gelder für den Fonds müssen auf ein besonderes Konto bei einem Kreditinstitut eingezahlt worden sein. [3]Sie können auch für den Erwerb von festverzinslichen Schuldverschreibungen und Rentenschuldverschreibungen, die vom Bund, von den Ländern und Gemeinden oder von anderen Körperschaften des öffentlichen Rechts oder von Kreditinstituten mit Sitz und Geschäftsleitung im Geltungsbereich dieses Gesetzes ausgegeben oder die mit staatlicher Genehmigung in Verkehr gebracht werden, verwendet werden, wenn diese Wertpapiere in das Depot eines Kreditinstituts gegeben werden.

(3) Der Ausgleichsfonds darf nur in Anspruch genommen werden

1. zur Ergänzung der durch eine Einschlagsbeschränkung geminderten Erlöse;
2. für vorbeugende oder akute Forstschutzmaßnahmen;
3. für Maßnahmen zur Konservierung oder Lagerung von Holz;

[1)] Neubekanntmachung des Forstschäden-AusgleichsG v. 29. 8. 1969 auf Grund Art. 3 G zur Änd. des Forstschäden-AusgleichsG v. 26. 8. 1985 (BGBl. I S. 1753) in der ab 1. 9. 1985 geltenden Fassung.

[2)] Nr. **1**.

4. für die Wiederaufforstung oder Nachbesserung von Schadensflächen und die nachfolgende Waldpflege;
5. für die Beseitigung der unmittelbar oder mittelbar durch höhere Gewalt verursachten Schäden an Wegen und sonstigen Betriebsvorrichtungen.

(4) [1]Die Rücklage ist in Höhe der in Anspruch genommenen Fondsmittel zum Ende des Wirtschaftsjahres der Inanspruchnahme gewinnerhöhend aufzulösen. [2]Wird der Fonds ganz oder zum Teil zu anderen als den in Absatz 3 bezeichneten Zwecken in Anspruch genommen, so wird außerdem ein Zuschlag zur Einkommensteuer oder Körperschaftsteuer in Höhe von 10 vom Hundert des Teils der aufgelösten Rücklage erhoben, der nicht auf die in Absatz 3 bezeichneten Zwecke entfällt.

(5) Die Rücklage nach Absatz 1 ist bei der Berechnung der in § 141 Abs. 1 Nr. 5 der Abgabenordnung[1)] bezeichneten Grenze nicht zu berücksichtigen.

§ 4 Pauschsatz für Betriebsausgaben. (1)[2)] [1]Steuerpflichtige, die für ihren Betrieb nicht zur Buchführung verpflichtet sind und ihren Gewinn nicht nach § 4 Absatz 1, § 5 des Einkommensteuergesetzes ermitteln, können im Wirtschaftsjahr einer Einschlagsbeschränkung nach § 1 zur Abgeltung der Betriebsausgaben pauschal 90 Prozent der Einnahmen aus der Verwertung des eingeschlagenen Holzes abziehen. [2]Soweit Holz auf dem Stamm verkauft wird, betragen die pauschalen Betriebsausgaben 65 Prozent der Einnahmen aus der Verwertung des stehenden Holzes.

(2) Absatz 1 gilt auch, wenn diese Forstwirte nach § 1 Abs. 5 von der Einschlagsbeschränkung ausgenommen sind, jedoch freiwillig die Einschlagsbeschränkung befolgen.

§ 4a[3)] Bewertung von Holzvorräten aus Kalamitätsnutzungen bei der Forstwirtschaft. Steuerpflichtige mit Einkünften aus Forstwirtschaft, bei denen der nach § 4 Absatz 1, § 5 des Einkommensteuergesetzes[4)] ermittelte Gewinn der Besteuerung zugrunde gelegt wird, können im Falle einer Einschlagsbeschränkung nach § 1 von einer Aktivierung des eingeschlagenen und unverkauften Kalamitätsholzes ganz oder teilweise absehen.

§ 5 Sonstige steuerliche Maßnahmen. (1)[5)] Im Wirtschaftsjahr einer Einschlagsbeschränkung nach § 1 gilt für jegliche Kalamitätsnutzung einheitlich der Steuersatz nach § 34b Absatz 3 Nummer 2 des Einkommensteuergesetzes[4)].

(2) Kalamitätsnutzungen, die in Folgejahren gezogen werden und im ursächlichen Zusammenhang mit einer Kalamitätsnutzung stehen, welche in der Zeit einer Einschlagsbeschränkung angefallen ist, können einkommensteuerlich so behandelt werden, als wären sie im Jahr der Einschlagsbeschränkung mit der ersten Mitteilung des Schadensfalles angefallen.

[1)] Nr. **800**.
[2)] § 4 Abs. 1 neu gef. mWv 1. 1. 2012 durch G v. 1. 11. 2011 (BGBl. I S. 2131).
[3)] § 4a neu gef. mWv 1. 1. 2012 durch G v. 1. 11. 2011 (BGBl. I S. 2131).
[4)] Nr. **1**.
[5)] § 5 Abs. 1 geänd. mWv 1. 1. 2012 durch G v. 1. 11. 2011 (BGBl. I S. 2131).

§ 7[1] Übervorräte bei der Holzwirtschaft. (1) [1]Steuerpflichtige, die den Gewinn nach § 5 des Einkommensteuergesetzes ermitteln, können den Mehrbestand an

1. Holz im Sinne der Nr. 44.01 und 44.03 des Zolltarifs,
2. Holzhalbwaren im Sinne der Nr. 44.05, 44.07, 44.11, 44.13, 44.15 und 44.18 des Zolltarifs und
3. Halbstoffen aus Holz im Sinne der Nr. 47.01 des Zolltarifs

an Bilanzstichtagen, die in einen Zeitraum fallen, für den eine Einschlagsbeschränkung im Sinne des § 1 angeordnet ist, statt mit dem sich nach § 6 Abs. 1 Nr. 2 des Einkommensteuergesetzes ergebenden Wert mit einem um 50 vom Hundert niedrigeren Wert ansetzen. [2]Anstelle eines Bilanzstichtages innerhalb des Zeitraums einer Einschlagsbeschränkung kann Satz 1 auch auf den ersten Bilanzstichtag nach Ablauf der Einschlagsbeschränkung angewendet werden. [3]Der niedrigere Wertansatz ist nur zulässig für Wirtschaftsgüter, die aus im Inland erzeugtem Holz bestehen.

(2) [1]Mehrbestand ist die mengenmäßige Erhöhung der Bestände an Holz oder Holzwaren im Sinne des Absatzes 1 gegenüber den durchschnittlichen Beständen an diesen Waren an den letzten drei vorangegangenen Bilanzstichtagen, die nach Abzug etwaiger bei diesen Wirtschaftsgütern eingetretener mengenmäßiger Bestandsminderungen verbleibt. [2]Die mengenmäßigen Bestandsänderungen an Bilanzstichtagen gegenüber den durchschnittlichen Beständen an den letzten drei vorangegangenen Bilanzstichtagen sind dabei für die in Absatz 1 Satz 1 Nr. 1, 2 und 3 genannten Wirtschaftsgüter getrennt zu ermitteln. [3]Der Abzug der Bestandsminderungen ist in der Weise durchzuführen, daß bei den Bestandserhöhungen die Mengen abzusetzen sind, die dem Wert der Bestandsminderungen entsprechen; dabei sind die Wirtschaftsgüter mit dem Wiederbeschaffungspreis am Bilanzstichtag zu bewerten.

§ 11a Übergangsvorschrift. Die §§ 3 bis 7 sind in ihrer vom 1. September 1985 an geltenden Fassung erstmals für Wirtschaftsjahre anzuwenden, die nach dem 31. Dezember 1984 enden.

§ 13.[2] Inkrafttreten

---

[1] § 7 Abs. 2 Satz 2 neugef. durch G v. 7. 11. 1991 (BGBl. I S. 2062).

[2] Das G in seiner ursprünglichen Fassung ist am 4. 9. 1969 in Kraft getreten. Das Inkrafttreten der späteren Änderungen ergibt sich aus den jeweiligen Änderungsgesetzen.

725. Gesetz über die Besteuerung bei Auslandsbeziehungen (Außensteuergesetz)[1)]

Vom 8. September 1972 (BGBl. I S. 1713)

Geändert durch Gesetz zur Reform des Erbschaftsteuer- und Schenkungsteuerrechts vom 17.4.1974 (BGBl. I S. 933), Einführungsgesetz zum Einkommensteuerreformgesetz vom 21.12.1974 (BGBl. I S. 3656), Einführungsgesetz zum Körperschaftsteuerreformgesetz vom 6.9.1976 (BGBl. I S. 2641), Einführungsgesetz zur Abgabenordnung vom 14.9.1976 (BGBl. I S. 3341), Gesetz zur Änderung des EStG, des KStG und anderer Gesetze vom 20.8.1980 (BGBl. I S. 1545), Gesetz zur Stärkung der Wettbewerbsfähigkeit der Wirtschaft und zur Einschränkung von steuerlichen Vorteilen (Steuerentlastungsgesetz 1984) vom 22.12.1983 (BGBl. I S. 1583), Steuerbereinigungsgesetz 1985 vom 14.12.1984 (BGBl. I S. 1493), Beschluß des Bundesverfassungsgerichts vom 14.5.1986 (BGBl. I S. 1030), Einigungsvertrag vom 31.8.1990 (BGBl. II S. 889, 978), Steueränderungsgesetz 1992 vom 25.2.1992 (BGBl. I S. 297), Standortsicherungsgesetz vom 13.9.1993 (BGBl. I S. 1569), Mißbrauchsbekämpfungs- und Steuerbereinigungsgesetz vom 21.12.1993 (BGBl. I S. 2310), Gesetz zur Änderung des Umwandlungssteuerrechts vom 28.10.1994 (BGBl. I S. 3267), Jahressteuergesetz 1997 vom 20.12.1996 (BGBl. I S. 2049), Steuersenkungsgesetz vom 23.10.2000 (BGBl. I S. 1433), Steuer-Euroglättungsgesetz vom 19.12.2000 (BGBl. I S. 1790), Unternehmenssteuerfortentwicklungsgesetz vom 20.12.2001 (BGBl. I S. 3858), Steuervergünstigungsabbaugesetz vom 16.5.2003 (BGBl. I S. 660), Investmentmodernisierungsgesetz vom 15.12.2003 (BGBl. I S. 2676), Gesetz zur Umsetzung der Protokollerklärung der Bundesregierung zur Vermittlungsempfehlung zum Steuervergünstigungsabbaugesetz vom 22.12.2003 (BGBl. I S. 2840), EURichtlinien-Umsetzungsgesetz vom 9.12.2004 (BGBl. I S. 3310), Gesetz über steuerliche Begleitmaßnahmen zur Einführung der Europäischen Gesellschaft und zur Änderung weiterer steuerrechtlicher Vorschriften (SEStEG) vom 7.12.2006 (BGBl. I S. 2782), Gesetz zur Schaffung deutscher Immobilien-Aktiengesellschaften mit börsennotierten Anteilen vom 28.5.2007 (BGBl. I S. 914), Unternehmensteuerreformgesetz 2008 vom 14.8.2007 (BGBl. I S. 1912), Jahressteuergesetz 2008 vom 20.12.2007 (BGBl. I S. 3150), Jahressteuergesetz 2009 vom 19.12.2008 (BGBl. I S. 2794), Gesetz zur Umsetzung steuerlicher EU-Vorgaben sowie zur Änderung steuerlicher Vorschriften vom 8.4.2010 (BGBl. I S. 386), Jahressteuergesetz 2010 (JStG 2010) vom 8.12.2010 (BGBl. I S. 1768), Amtshilferichtlinie-Umsetzungsgesetz (AmtshilfeRLUmsG) vom 26.6.2013 (BGBl. I S. 1809), Gesetz zur Anpassung der Abgabenordnung an den Zollkodex der Union und zur Änderung weiterer steuerlicher Vorschriften vom 22.12.2014 (BGBl. I S. 2417), Gesetz zur Reform der Investmentbesteuerung (Investmentsteuerreformgesetz – InvStRefG) vom 19.7.2016 (BGBl. I S. 1730), Gesetz gegen schädliche Steuerpraktiken im Zusammenhang mit Rechteüberlassungen vom 27.6.2017 (BGBl. I S. 2074) und Gesetz über steuerliche und weitere Begleitregelungen zum Austritt des Vereinigten Königreichs Großbritannien und Nordirland aus der Europäischen Union (Brexit-Steuerbegleitgesetz – Brexit-StBG) vom 25.3.2019 (BGBl. I S. 357)

BGBl. III/FNA 610-6-8

Der Bundestag hat mit Zustimmung des Bundesrates das folgende Gesetz beschlossen:

[1)] Das Außensteuergesetz wurde verkündet als Art. 1 des G zur Wahrung der steuerlichen Gleichmäßigkeit bei Auslandsbeziehungen und zur Verbesserung der steuerlichen Wettbewerbslage bei Auslandsinvestitionen.

Zur Anwendung siehe § 21.

Erster Teil. Internationale Verflechtungen

§ 1 Berichtigung von Einkünften. (1)[1] [1]Werden Einkünfte eines Steuerpflichtigen aus einer Geschäftsbeziehung zum Ausland mit einer ihm nahe stehenden Person dadurch gemindert, dass er seiner Einkünfteermittlung andere Bedingungen, insbesondere Preise (Verrechnungspreise), zugrunde legt, als sie voneinander unabhängige Dritte unter gleichen oder vergleichbaren Verhältnissen vereinbart hätten (Fremdvergleichsgrundsatz), sind seine Einkünfte unbeschadet anderer Vorschriften so anzusetzen, wie sie unter den zwischen voneinander unabhängigen Dritten vereinbarten Bedingungen angefallen wären. [2]Steuerpflichtiger im Sinne dieser Vorschrift ist auch eine Personengesellschaft oder eine Mitunternehmerschaft; eine Personengesellschaft oder Mitunternehmerschaft ist selbst nahestehende Person, wenn sie die Voraussetzungen des Absatzes 2 erfüllt.[2] [3]Für die Anwendung des Fremdvergleichsgrundsatzes ist davon auszugehen, dass die voneinander unabhängigen Dritten alle wesentlichen Umstände der Geschäftsbeziehung kennen und nach den Grundsätzen ordentlicher und gewissenhafter Geschäftsleiter handeln. [4]Führt die Anwendung des Fremdvergleichsgrundsatzes zu weitergehenden Berichtigungen als die anderen Vorschriften, sind die weitergehenden Berichtigungen neben den Rechtsfolgen der anderen Vorschriften durchzuführen.

(2) Dem Steuerpflichtigen ist eine Person nahestehend, wenn

1. die Person an dem Steuerpflichtigen mindestens zu einem Viertel unmittelbar oder mittelbar beteiligt (wesentlich beteiligt) ist oder auf den Steuerpflichtigen unmittelbar oder mittelbar einen beherrschenden Einfluß ausüben kann oder umgekehrt der Steuerpflichtige an der Person wesentlich beteiligt ist oder auf diese Person unmittelbar oder mittelbar einen beherrschenden Einfluß ausüben kann oder
2. eine dritte Person sowohl an der Person als auch an dem Steuerpflichtigen wesentlich beteiligt ist oder auf beide unmittelbar oder mittelbar einen beherrschenden Einfluß ausüben kann oder
3. die Person oder der Steuerpflichtige imstande ist, bei der Vereinbarung der Bedingungen einer Geschäftsbeziehung auf den Steuerpflichtigen oder die Person einen außerhalb dieser Geschäftsbeziehung begründeten Einfluß auszuüben oder wenn einer von ihnen ein eigenes Interesse an der Erzielung der Einkünfte des anderen hat.

(3)[3] [1]Für eine Geschäftsbeziehung im Sinne des Absatzes 1 Satz 1 ist der Verrechnungspreis vorrangig nach der Preisvergleichsmethode, der Wiederverkaufspreismethode oder der Kostenaufschlagsmethode zu bestimmen, wenn Fremdvergleichswerte ermittelt werden können, die nach Vornahme sachgerechter Anpassungen im Hinblick auf die ausgeübten Funktionen, die einge-

---

[1] § 1 Abs. 1 neu gef. mWv VZ 2008 (§ 21 Abs. 16) durch G v. 14.8.2007 (BGBl. I S. 1912).

[2] § 1 Abs. 1 Satz 2 eingef., bish. Sätze 2 und 3 werden Sätze 3 und 4 durch G v. 26.6.2013 (BGBl. I S. 1809); zur Anwendung von Satz 2 erster HS und zweiter HS siehe § 21 Abs. 20 Sätze 1 und 2.

[3] § 1 Abs. 3 eingef. mWv VZ 2008 durch G v. 14.8.2007 (BGBl. I S. 1912); Sätze 9 und 10 neu gef. durch G v. 8.4.2010 (BGBl. I S. 386); zur Anwendung siehe § 21 Abs. 16; Satz 13 aufgeh. mWv VZ 2013 (§ 21 Abs. 20 Satz 1) durch G v. 26.6.2013 (BGBl. I S. 1809).

setzten Wirtschaftsgüter und die übernommenen Chancen und Risiken (Funktionsanalyse) für diese Methoden uneingeschränkt vergleichbar sind; mehrere solche Werte bilden eine Bandbreite. [2] Sind solche Fremdvergleichswerte nicht zu ermitteln, sind eingeschränkt vergleichbare Werte nach Vornahme sachgerechter Anpassungen der Anwendung einer geeigneten Verrechnungspreismethode zugrunde zu legen. [3] Sind in den Fällen des Satzes 2 mehrere eingeschränkt vergleichbare Fremdvergleichswerte feststellbar, ist die sich ergebende Bandbreite einzuengen. [4] Liegt der vom Steuerpflichtigen für seine Einkünfteermittlung verwendete Wert in den Fällen des Satzes 1 außerhalb der Bandbreite oder in den Fällen des Satzes 2 außerhalb der eingeengten Bandbreite, ist der Median maßgeblich. [5] Können keine eingeschränkt vergleichbaren Fremdvergleichswerte festgestellt werden, hat der Steuerpflichtige für seine Einkünfteermittlung einen hypothetischen Fremdvergleich unter Beachtung des Absatzes 1 Satz 3[1)] durchzuführen. [6] Dazu hat er auf Grund einer Funktionsanalyse und innerbetrieblicher Planrechnungen den Mindestpreis des Leistenden und den Höchstpreis des Leistungsempfängers unter Berücksichtigung funktions- und risikoadäquater Kapitalisierungszinssätze zu ermitteln (Einigungsbereich); der Einigungsbereich wird von den jeweiligen Gewinnerwartungen (Gewinnpotenzialen) bestimmt.[2)] [7] Es ist der Preis im Einigungsbereich der Einkünfteermittlung zugrunde zu legen, der dem Fremdvergleichsgrundsatz mit der höchsten Wahrscheinlichkeit entspricht; wird kein anderer Wert glaubhaft gemacht, ist der Mittelwert des Einigungsbereichs zugrunde zu legen. [8] Ist der vom Steuerpflichtigen zugrunde gelegte Einigungsbereich unzutreffend und muss deshalb von einem anderen Einigungsbereich ausgegangen werden, kann auf eine Einkünfteberichtigung verzichtet werden, wenn der vom Steuerpflichtigen zugrunde gelegte Wert innerhalb des anderen Einigungsbereichs liegt. [9] Wird eine Funktion einschließlich der dazugehörigen Chancen und Risiken und der mit übertragenen oder überlassenen Wirtschaftsgüter und sonstigen Vorteile verlagert (Funktionsverlagerung) und ist auf die verlagerte Funktion Satz 5 anzuwenden, weil für das Transferpaket als Ganzes keine zumindest eingeschränkt vergleichbare Fremdvergleichswerte vorliegen, hat der Steuerpflichtige den Einigungsbereich auf der Grundlage des Transferpakets zu bestimmen.[2)] [10] In den Fällen des Satzes 9 ist die Bestimmung von Einzelverrechnungspreisen für alle betroffenen Wirtschaftsgüter und Dienstleistungen nach Vornahme sachgerechter Anpassungen anzuerkennen, wenn der Steuerpflichtige glaubhaft macht, dass keine wesentlichen immateriellen Wirtschaftsgüter und Vorteile Gegenstand der Funktionsverlagerung waren, oder dass die Summe der angesetzten Einzelverrechnungspreise, gemessen an der Bewertung des Transferpakets als Ganzes, dem Fremdvergleichsgrundsatz entspricht; macht der Steuerpflichtige glaubhaft, dass zumindest ein wesentliches immaterielles Wirtschaftsgut Gegenstand der Funktionsverlagerung ist, und bezeichnet er es genau, sind Einzelverrechnungspreise für

---

1) § 1 Abs. 3 Satz 9 geänd. mWv VZ 2013 (§ 21 Abs. 20 Satz 1) durch G v. 26.6.2013 (BGBl. I S. 1809).

2) § 1 Abs. 3 Satz 6 geänd., Satz 9 entspr. Wortlt. aufgeh. durch G v. 26.6.2013 (BGBl. I S. 1809); zur Anwendung siehe § 21 Abs. 20 Satz 1.

die Bestandteile des Transferpakets anzuerkennen. [11] Sind in den Fällen der Sätze 5 und 9 wesentliche immaterielle Wirtschaftsgüter und Vorteile Gegenstand einer Geschäftsbeziehung und weicht die tatsächliche spätere Gewinnentwicklung erheblich von der Gewinnentwicklung ab, die der Verrechungspreisbestimmung zugrunde lag, ist widerlegbar zu vermuten, dass zum Zeitpunkt des Geschäftsabschlusses Unsicherheiten im Hinblick auf die Preisvereinbarung bestanden und unabhängige Dritte eine sachgerechte Anpassungsregelung vereinbart hätten. [12] Wurde eine solche Regelung nicht vereinbart und tritt innerhalb der ersten zehn Jahre nach Geschäftsabschluss eine erhebliche Abweichung im Sinne des Satzes 11 ein, ist für eine deshalb vorzunehmende Berichtigung nach Absatz 1 Satz 1 einmalig ein angemessener Anpassungsbetrag auf den ursprünglichen Verrechnungspreis der Besteuerung des Wirtschaftsjahres zugrunde zu legen, das dem Jahr folgt, in dem die Abweichung eingetreten ist.

(4)[1)] [1] Geschäftsbeziehungen im Sinne dieser Vorschrift sind

1. einzelne oder mehrere zusammenhängende wirtschaftliche Vorgänge (Geschäftsvorfälle) zwischen einem Steuerpflichtigen und einer ihm nahestehenden Person,
   a) die Teil einer Tätigkeit des Steuerpflichtigen oder der nahestehenden Person sind, auf die die §§ 13, 15, 18 oder 21 des Einkommensteuergesetzes anzuwenden sind oder anzuwenden wären, wenn sich der Geschäftsvorfall im Inland unter Beteiligung eines unbeschränkt Steuerpflichtigen und einer inländischen nahestehenden Person ereignet hätte, und
   b) denen keine gesellschaftsvertragliche Vereinbarung zugrunde liegt; eine gesellschaftsvertragliche Vereinbarung ist eine Vereinbarung, die unmittelbar zu einer rechtlichen Änderung der Gesellschafterstellung führt;
2. Geschäftsvorfälle zwischen einem Unternehmen eines Steuerpflichtigen und seiner in einem anderen Staat gelegenen Betriebsstätte (anzunehmende schuldrechtliche Beziehungen).

[2] Liegt einem Geschäftsvorfall keine schuldrechtliche Vereinbarung zugrunde, ist davon auszugehen, dass voneinander unabhängige ordentliche und gewissenhafte Geschäftsleiter eine schuldrechtliche Vereinbarung getroffen hätten oder eine bestehende Rechtsposition geltend machen würden, die der Besteuerung zugrunde zu legen ist, es sei denn, der Steuerpflichtige macht im Einzelfall etwas anderes glaubhaft.

(5)[2)] [1] Die Absätze 1, 3 und 4 sind entsprechend anzuwenden, wenn für eine Geschäftsbeziehung im Sinne des Absatzes 4 Satz 1 Nummer 2 die Bedingungen, insbesondere die Verrechnungspreise, die der Aufteilung der Einkünfte zwischen einem inländischen Unternehmen und seiner ausländischen Betriebsstätte oder der Ermittlung der Einkünfte der inländischen

---

1) § 1 Abs. 4 neu gef. durch G v. 22.12.2014 (BGBl. I S. 2417); zur Anwendung siehe § 21 Abs. 22.

2) § 1 Abs. 5 angef. durch G v. 26.6.2013 (BGBl. I S. 1809); zur Anwendung siehe § 21 Abs. 20 Satz 3. Vgl. hierzu Betriebsstättengewinnaufteilungsverordnung (BsGaV) Nr. **725b**.

Betriebsstätte eines ausländischen Unternehmens steuerlich zugrunde gelegt werden, nicht dem Fremdvergleichsgrundsatz entsprechen und dadurch die inländischen Einkünfte eines beschränkt Steuerpflichtigen gemindert oder die ausländischen Einkünfte eines unbeschränkt Steuerpflichtigen erhöht werden. [2] Zur Anwendung des Fremdvergleichsgrundsatzes ist eine Betriebsstätte wie ein eigenständiges und unabhängiges Unternehmen zu behandeln, es sei denn, die Zugehörigkeit der Betriebsstätte zum Unternehmen erfordert eine andere Behandlung. [3] Um die Betriebsstätte wie ein eigenständiges und unabhängiges Unternehmen zu behandeln, sind ihr in einem ersten Schritt zuzuordnen:

1. die Funktionen des Unternehmens, die durch ihr Personal ausgeübt werden (Personalfunktionen),
2. die Vermögenswerte des Unternehmens, die sie zur Ausübung der ihr zugeordneten Funktionen benötigt,
3. die Chancen und Risiken des Unternehmens, die sie auf Grund der ausgeübten Funktionen und zugeordneten Vermögenswerte übernimmt, sowie
4. ein angemessenes Eigenkapital (Dotationskapital).

[4] Auf der Grundlage dieser Zuordnung sind in einem zweiten Schritt die Art der Geschäftsbeziehungen zwischen dem Unternehmen und seiner Betriebsstätte und die Verrechnungspreise für diese Geschäftsbeziehungen zu bestimmen. [5] Die Sätze 1 bis 4 sind entsprechend auf ständige Vertreter anzuwenden. [6] Die Möglichkeit, einen Ausgleichsposten nach § 4g des Einkommensteuergesetzes zu bilden, wird nicht eingeschränkt. [7] Auf Geschäftsbeziehungen zwischen einem Gesellschafter und seiner Personengesellschaft oder zwischen einem Mitunternehmer und seiner Mitunternehmerschaft sind die Sätze 1 bis 4 nicht anzuwenden, unabhängig davon, ob die Beteiligung unmittelbar besteht oder ob sie nach § 15 Absatz 1 Satz 1 Nummer 2 Satz 2 des Einkommensteuergesetzes mittelbar besteht; für diese Geschäftsbeziehungen gilt Absatz 1. [8] Ist ein Abkommen zur Vermeidung der Doppelbesteuerung anzuwenden und macht der Steuerpflichtige geltend, dass dessen Regelungen den Sätzen 1 bis 7 widersprechen, so hat das Abkommen nur Vorrang, soweit der Steuerpflichtige nachweist, dass der andere Staat sein Besteuerungsrecht entsprechend diesem Abkommen ausübt und deshalb die Anwendung der Sätze 1 bis 7 zu einer Doppelbesteuerung führen würde.

(6)[1] Das Bundesministerium der Finanzen wird ermächtigt, mit Zustimmung des Bundesrates durch Rechtsverordnung Einzelheiten des Fremdvergleichsgrundsatzes im Sinne der Absätze 1, 3 und 5 und Einzelheiten zu dessen einheitlicher Anwendung zu regeln sowie Grundsätze zur Bestimmung des Dotationskapitals im Sinne des Absatzes 5 Satz 3 Nummer 4 festzulegen.

---

[1] § 1 Abs. 6 angef. durch G v. 26.6.2013 (BGBl. I S. 1809); Zur Anwendung siehe § 21 Abs. 20 Satz 1.

Zweiter Teil. Wohnsitzwechsel in niedrigbesteuernde Gebiete[1)]

§ 2[2)] Einkommensteuer. (1) [1] Eine natürliche Person, die in den letzten zehn Jahren vor dem Ende ihrer unbeschränkten Steuerpflicht nach § 1 Abs. 1 Satz 1 des Einkommensteuergesetzes[3)] als Deutscher insgesamt mindestens fünf Jahre unbeschränkt einkommensteuerpflichtig war und

1. in einem ausländischen Gebiet ansässig ist, in dem sie mit ihrem Einkommen nur einer niedrigen Besteuerung unterliegt, oder in keinem ausländischen Gebiet ansässig ist und
2. wesentliche wirtschaftliche Interessen im Geltungsbereich dieses Gesetzes hat,

ist bis zum Ablauf von zehn Jahren nach Ende des Jahres, in dem ihre unbeschränkte Steuerpflicht geendet hat, über die beschränkte Steuerpflicht im Sinne des Einkommensteuergesetzes hinaus beschränkt einkommensteuerpflichtig mit allen Einkünften im Sinne des § 2 Abs. 1 Satz 1 erster Halbsatz des Einkommensteuergesetzes, die bei unbeschränkter Einkommensteuerpflicht nicht ausländische Einkünfte im Sinne des § 34d[4)] des Einkommensteuergesetzes sind. [2] Für Einkünfte der natürlichen Person, die weder durch deren ausländische Betriebsstätte noch durch deren in einem ausländischen Staat tätigen ständigen Vertreter erzielt werden, ist für die Anwendung dieser Vorschrift das Bestehen einer inländischen Geschäftsleitungsbetriebsstätte der natürlichen Person anzunehmen, der solche Einkünfte zuzuordnen sind.[4)] [3] Satz 1 findet nur Anwendung für Veranlagungszeiträume, in denen die hiernach insgesamt beschränkt steuerpflichtigen Einkünfte mehr als 16 500 Euro[5)] betragen.

(2) Eine niedrige Besteuerung im Sinne des Absatzes 1 Nr. 1 liegt vor, wenn

1. die Belastung durch die in dem ausländischen Gebiet erhobene Einkommensteuer – nach dem Tarif unter Einbeziehung von tariflichen Freibeträgen – bei einer in diesem Gebiet ansässigen unverheirateten natürlichen Person, die ein steuerpflichtiges Einkommen von 77 000 Euro[5)] bezieht, um mehr als ein Drittel geringer ist als die Belastung einer im Geltungsbereich dieses Gesetzes ansässigen natürlichen Person durch die deutsche Einkommensteuer unter sonst gleichen Bedingungen, es sei denn, die Person weist nach, daß die von ihrem Einkommen insgesamt zu entrichtenden Steuern mindestens zwei Drittel der Einkommensteuer betragen, die sie bei unbeschränkter Steuerpflicht nach § 1 Abs. 1 des Einkommensteuergesetzes zu entrichten hätte, oder

---

1) Zu §§ 2 bis 5 siehe § 21 Abs. 2.

2) § 2 Abs. 4 geänd. durch G v. 17.4.1974 (BGBl. I S. 933), Abs. 1 Satz 1, Abs. 3 Nr. 1 und Abs. 5 geänd. durch G v. 21.12.1974 (BGBl. I S. 3656).

3) Nr. 1.

4) § 2 Abs. 1 Satz 1 geänd., Satz 2 eingef. mWv VZ 2009 (§ 21 Abs. 18 Satz 1) durch G v. 19.12.2008 (BGBl. I S. 2794).

5) Beträge geänd. durch G v. 19.12.2000 (BGBl. I S. 1790); zur erstmaligen Anwendung siehe § 21 Abs. 10 Satz 1.

2. die Belastung der Person durch die in dem ausländischen Gebiet erhobene Einkommensteuer auf Grund einer gegenüber der allgemeinen Besteuerung eingeräumten Vorzugsbesteuerung erheblich gemindert sein kann, es sei denn, die Person weist nach, daß die von ihrem Einkommen insgesamt zu entrichtenden Steuern mindestens zwei Drittel der Einkommensteuer betragen, die sie bei unbeschränkter Steuerpflicht nach § 1 Abs. 1 des Einkommensteuergesetzes zu entrichten hätte.

(3) Eine Person hat im Sinne des Absatzes 1 Nr. 2 wesentliche wirtschaftliche Interessen im Geltungsbereich dieses Gesetzes, wenn

1.[1] sie zu Beginn des Veranlagungszeitraums Unternehmer oder Mitunternehmer eines im Geltungsbereich dieses Gesetzes belegenen Gewerbebetriebs ist oder, sofern sie Kommanditist ist, mehr als 25 Prozent der Einkünfte im Sinne des § 15 Abs. 1 Satz 1 Nr. 2[2] des Einkommensteuergesetzes aus der Gesellschaft auf sie entfallen oder ihr eine Beteiligung im Sinne des § 17 Abs. 1 des Einkommensteuergesetzes an einer inländischen Kapitalgesellschaft gehört oder

2. ihre Einkünfte, die bei unbeschränkter Einkommensteuerpflicht nicht ausländische Einkünfte im Sinne des § 34d[3] des Einkommensteuergesetzes sind, im Veranlagungszeitraum mehr als 30 Prozent ihrer sämtlichen Einkünfte betragen oder 62 000 Euro[4] übersteigen oder

3. zu Beginn des Veranlagungszeitraums ihr Vermögen, dessen Erträge bei unbeschränkter Einkommensteuerpflicht nicht ausländische Einkünfte im Sinne des § 34d[3] des Einkommensteuergesetzes wären, mehr als 30 Prozent ihres Gesamtvermögens beträgt oder 154 000 Euro[4] übersteigt.

(4) Bei der Anwendung der Absätze 1 und 3 sind bei einer Person Gewerbebetriebe, Beteiligungen, Einkünfte und Vermögen einer ausländischen Gesellschaft im Sinne des § 5, an der die Person unter den dort genannten Voraussetzungen beteiligt ist, entsprechend ihrer Beteiligung zu berücksichtigen.

(5)[5] [1]Ist Absatz 1 anzuwenden, kommt der Steuersatz zur Anwendung, der sich für sämtliche Einkünfte der Person ergibt; für die Ermittlung des Steuersatzes bleiben Einkünfte aus Kapitalvermögen außer Betracht, die dem gesonderten Steuersatz nach § 32d Absatz 1 des Einkommensteuergesetzes unterliegen. [2]Auf Einkünfte, die dem Steuerabzug auf Grund des § 50a des Einkommensteuergesetzes unterliegen, ist § 50 Absatz 2 des Einkommensteuergesetzes nicht anzuwenden. [3]§ 43 Absatz 5 des Einkommensteuergesetzes bleibt unberührt.

---

[1] § 2 Abs. 3 Nr. 1 geänd. durch G v. 23.10.2000 (BGBl. I S. 1433); zur Anwendung von § 17 Abs. 1 EStG siehe § 52 Abs. 34a EStG.

[2] Verweis geänd. durch G v. 20.12.2007 (BGBl. I S. 3150).

[3] Verweis geänd. durch G v. 22.12.2014 (BGBl. I S. 2417).

[4] Beträge geänd. durch G v. 19.12.2000 (BGBl. I S. 1790); zur erstmaligen Anwendung siehe § 21 Abs. 10 Satz 1.

[5] § 2 Abs. 5 neu gef. durch G v. 26.6.2013 (BGBl. I S. 1809); zur Anwendung siehe § 21 Abs. 21 Sätze 1 und 2.

(6) Weist die Person nach, daß die auf Grund der Absätze 1 und 5 zusätzlich zu entrichtende Steuer insgesamt zu einer höheren inländischen Steuer führt, als sie sie bei unbeschränkter Steuerpflicht und Wohnsitz ausschließlich im Geltungsbereich dieses Gesetzes zu entrichten hätte, so wird der übersteigende Betrag insoweit nicht erhoben, als er die Steuer überschreitet, die sich ohne Anwendung der Absätze 1 und 5 ergäbe.

§ 3[1] **Vermögensteuer.** *(aufgehoben)*

§ 4[2] **Erbschaftsteuer.** (1) War bei einem Erblasser oder Schenker zur Zeit der Entstehung der Steuerschuld § 2 Abs. 1 Satz 1 anzuwenden, so tritt bei Erbschaftsteuerpflicht nach § 2 Abs. 1 Nr. 3 des Erbschaftsteuergesetzes[3] die Steuerpflicht über den dort bezeichneten Umfang hinaus für alle Teile des Erwerbs ein, deren Erträge bei unbeschränkter Einkommensteuerpflicht nicht ausländische Einkünfte im Sinne des § 34d[4] des Einkommensteuergesetzes wären.

(2) Absatz 1 findet keine Anwendung, wenn nachgewiesen wird, daß für die Teile des Erwerbs, die nach dieser Vorschrift über § 2 Abs. 1 Nr. 3 des Erbschaftsteuergesetzes hinaus steuerpflichtig wären, im Ausland eine der deutschen Erbschaftsteuer entsprechende Steuer zu entrichten ist, die mindestens 30 Prozent der deutschen Erbschaftsteuer beträgt, die bei Anwendung des Absatzes 1 auf diese Teile des Erwerbs entfallen würde.

§ 5[5] **Zwischengeschaltete Gesellschaften.** (1) [1]Sind natürliche Personen, die in den letzten zehn Jahren vor dem Ende ihrer unbeschränkten Steuerpflicht nach § 1 Abs. 1 Satz 1 des Einkommensteuergesetzes als Deutscher insgesamt mindestens fünf Jahre unbeschränkt einkommensteuerpflichtig waren und die Voraussetzungen des § 2 Abs. 1 Satz 1 Nr. 1 erfüllen (Person im Sinne des § 2), allein oder zusammen mit unbeschränkt Steuerpflichtigen an einer ausländischen Gesellschaft im Sinne des § 7 beteiligt, so sind Einkünfte, mit denen diese Personen bei unbeschränkter Steuerpflicht nach den §§ 7, 8 und 14 steuerpflichtig wären und die nicht ausländische Einkünfte im Sinne des § 34d[4] des Einkommensteuergesetzes sind, diesen Personen zuzurechnen. [2]Liegen die Voraussetzungen des Satzes 1 vor, so sind die Vermögenswerte der ausländischen Gesellschaft, deren Erträge bei unbeschränkter Steuerpflicht nicht ausländische Einkünfte im Sinne des § 34 d[4] des Einkommensteuergesetzes wären, im Fall des § 4 dem Erwerb entsprechend der Beteiligung zuzurechnen.

(2) Das Vermögen, das den nach Absatz 1 einer Person zuzurechnenden Einkünften zugrunde liegt, haftet für die von dieser Person für diese Einkünfte geschuldeten Steuern.

(3) § 18 findet entsprechende Anwendung.

---

[1] § 3 aufgeh. mWv 1. 1. 1997 durch G v. 20.12.1996 (BGBl. I S. 2049).
[2] § 4 geänd. durch G v. 17.4.1974 (BGBl. I S. 933).
[3] Nr. **250**.
[4] Verweis geänd. durch G v. 22.12.2014 (BGBl. I S. 2417).
[5] § 5 Abs. 1 neu gef. und Abs. 3 angef. durch G v. 17. 4. 1974 (BGBl. I S. 933), Abs. 1 Satz 2 geänd. mWv 1. 1. 1997 durch G v. 20.12.1996 (BGBl. I S. 2049).

Dritter Teil. Behandlung einer Beteiligung im Sinne des § 17 des Einkommensteuergesetzes bei Wohnsitzwechsel ins Ausland[1)]

§ 6[2)] Besteuerung des Vermögenszuwachses. (1) [1]Bei einer natürlichen Person, die insgesamt mindestens zehn Jahre nach § 1 Abs. 1 des Einkommensteuergesetzes unbeschränkt steuerpflichtig war und deren unbeschränkte Steuerpflicht durch Aufgabe des Wohnsitzes oder gewöhnlichen Aufenthalts endet, ist auf Anteile im Sinne des § 17 Abs. 1 Satz 1 des Einkommensteuergesetzes im Zeitpunkt der Beendigung der unbeschränkten Steuerpflicht § 17 des Einkommensteuergesetzes auch ohne Veräußerung anzuwenden, wenn im Übrigen für die Anteile zu diesem Zeitpunkt die Voraussetzungen dieser Vorschrift erfüllt sind. [2]Der Beendigung der unbeschränkten Steuerpflicht im Sinne des Satzes 1 stehen gleich

1. die Übertragung der Anteile durch ganz oder teilweise unentgeltliches Rechtsgeschäft unter Lebenden oder durch Erwerb von Todes wegen auf nicht unbeschränkt steuerpflichtige Personen oder
2. die Begründung eines Wohnsitzes oder gewöhnlichen Aufenthalts oder die Erfüllung eines anderen ähnlichen Merkmals in einem ausländischen Staat, wenn der Steuerpflichtige auf Grund dessen nach einem Abkommen zur Vermeidung der Doppelbesteuerung als in diesem Staat ansässig anzusehen ist, oder
3. die Einlage der Anteile in einen Betrieb oder eine Betriebsstätte des Steuerpflichtigen in einem ausländischen Staat oder
4. der Ausschluss oder die Beschränkung des Besteuerungsrechts der Bundesrepublik Deutschland hinsichtlich des Gewinns aus der Veräußerung der Anteile auf Grund anderer als der in Satz 1 oder der in den Nummern 1 bis 3 genannten Ereignisse.

[3]§ 17 Abs. 5 des Einkommensteuergesetzes und die Vorschriften des Umwandlungssteuergesetzes bleiben unberührt. [4]An Stelle des Veräußerungspreises (§ 17 Abs. 2 des Einkommensteuergesetzes) tritt der gemeine Wert der Anteile in dem nach Satz 1 oder 2 maßgebenden Zeitpunkt. [5]Die §§ 17 und 49 Abs. 1 Nr. 2 Buchstabe e des Einkommensteuergesetzes bleiben mit der Maßgabe unberührt, dass der nach diesen Vorschriften anzusetzende Gewinn aus der Veräußerung dieser Anteile um den nach den vorstehenden Vorschriften besteuerten Vermögenszuwachs zu kürzen ist.

(2) [1]Hat der unbeschränkt Steuerpflichtige die Anteile durch ganz oder teilweise unentgeltliches Rechtsgeschäft erworben, so sind für die Errechnung der nach Absatz 1 maßgebenden Dauer der unbeschränkten Steuerpflicht auch Zeiträume einzubeziehen, in denen der Rechtsvorgänger bis zur Übertragung der Anteile unbeschränkt steuerpflichtig war. [2]Sind die Anteile mehrmals

---

1) Überschrift neu gef. durch G v. 23.10.2000 (BGBl. I S. 1433).

2) § 6 neu gef. durch G v. 7.12.2006 (BGBl. I S. 2782); zur erstmaligen Anwendung siehe § 21 Abs. 13.

nacheinander in dieser Weise übertragen worden, so gilt Satz 1 für jeden der Rechtsvorgänger entsprechend. [3]Zeiträume, in denen der Steuerpflichtige oder ein oder mehrere Rechtsvorgänger gleichzeitig unbeschränkt steuerpflichtig waren, werden dabei nur einmal angesetzt.

(3) [1]Beruht die Beendigung der unbeschränkten Steuerpflicht auf vorübergehender Abwesenheit und wird der Steuerpflichtige innerhalb von fünf Jahren seit Beendigung der unbeschränkten Steuerpflicht wieder unbeschränkt steuerpflichtig, so entfällt der Steueranspruch nach Absatz 1, soweit die Anteile in der Zwischenzeit nicht veräußert und die Tatbestände des Absatzes 1 Satz 2 Nr. 1 oder 3 nicht erfüllt worden sind und der Steuerpflichtige im Zeitpunkt der Begründung der unbeschränkten Steuerpflicht nicht nach einem Abkommen zur Vermeidung der Doppelbesteuerung als in einem ausländischen Staat ansässig gilt. [2]Das Finanzamt, das in dem nach Absatz 1 Satz 1 oder 2 maßgebenden Zeitpunkt nach § 19 der Abgabenordnung zuständig ist, kann diese Frist um höchstens fünf Jahre verlängern, wenn der Steuerpflichtige glaubhaft macht, dass berufliche Gründe für seine Abwesenheit maßgebend sind und seine Absicht zur Rückkehr unverändert fortbesteht. [3]Wird im Fall des Erwerbs von Todes wegen nach Absatz 1 Satz 2 Nr. 1 der Rechtsnachfolger des Steuerpflichtigen innerhalb von fünf Jahren seit Entstehung des Steueranspruchs nach Absatz 1 unbeschränkt steuerpflichtig, gilt Satz 1 entsprechend. [4]Ist der Steueranspruch nach Absatz 5 gestundet, gilt Satz 1 ohne die darin genannte zeitliche Begrenzung entsprechend, wenn

1. der Steuerpflichtige oder im Fall des Absatzes 1 Satz 2 Nr. 1 sein Rechtsnachfolger unbeschränkt steuerpflichtig werden oder
2. das Besteuerungsrecht der Bundesrepublik Deutschland hinsichtlich des Gewinns aus der Veräußerung der Anteile auf Grund eines anderen Ereignisses wieder begründet wird oder nicht mehr beschränkt ist.

(4) [1]Vorbehaltlich des Absatzes 5 ist die nach Absatz 1 geschuldete Einkommensteuer auf Antrag in regelmäßigen Teilbeträgen für einen Zeitraum von höchstens fünf Jahren seit Eintritt der ersten Fälligkeit gegen Sicherheitsleistung zu stunden, wenn ihre alsbaldige Einziehung mit erheblichen Härten für den Steuerpflichtigen verbunden wäre. [2]Die Stundung ist zu widerrufen, soweit die Anteile während des Stundungszeitraums veräußert werden oder verdeckt in eine Gesellschaft im Sinne des § 17 Abs. 1 Satz 1 des Einkommensteuergesetzes eingelegt werden oder einer der Tatbestände des § 17 Abs. 4 des Einkommensteuergesetzes verwirklicht wird. [3]In Fällen des Absatzes 3 Satz 1 und 2 richtet sich der Stundungszeitraum nach der auf Grund dieser Vorschrift eingeräumten Frist; die Erhebung von Teilbeträgen entfällt; von der Sicherheitsleistung kann nur abgesehen werden, wenn der Steueranspruch nicht gefährdet erscheint.

(5)[1)] [1]Ist der Steuerpflichtige im Fall des Absatzes 1 Satz 1 Staatsangehöriger eines Mitgliedstaates der Europäischen Union oder eines anderen Staates, auf den das Abkommen über den Europäischen Wirtschaftsraum vom 3. Januar

---

[1)] § 6 Abs. 5 Satz 1 neu gef. durch G v. 19.12.2008 (BGBl. I S. 2794); Abs. 5 Satz 4 Satzteil vor Nr. 1 ergänzt durch Brexit-StBG v. 25.3.2019 (BGBl. I S. 357).

1994 (ABl. EG Nr. L 1 S. 3), zuletzt geändert durch den Beschluss des Gemeinsamen EWR-Ausschusses Nr. 91/2007 vom 6. Juli 2007 (ABl. EU Nr. L 328 S. 40), in der jeweils geltenden Fassung anwendbar ist (Vertragsstaat des EWR-Abkommens), und unterliegt er nach der Beendigung der unbeschränkten Steuerpflicht in einem dieser Staaten (Zuzugsstaat) einer der deutschen unbeschränkten Einkommensteuerpflicht vergleichbaren Steuerpflicht, so ist die nach Absatz 1 geschuldete Steuer zinslos und ohne Sicherheitsleistung zu stunden. [2]Voraussetzung ist, dass die Amtshilfe und die gegenseitige Unterstützung bei der Beitreibung der geschuldeten Steuer zwischen der Bundesrepublik Deutschland und diesem Staat gewährleistet sind. [3]Die Sätze 1 und 2 gelten entsprechend, wenn

1. im Fall des Absatzes 1 Satz 2 Nr. 1 der Rechtsnachfolger des Steuerpflichtigen einer der deutschen unbeschränkten Einkommensteuerpflicht vergleichbaren Steuerpflicht in einem Mitgliedstaat der Europäischen Union oder einem Vertragsstaat des EWR-Abkommens unterliegt, oder
2. im Fall des Absatzes 1 Satz 2 Nr. 2 der Steuerpflichtige einer der deutschen unbeschränkten Einkommensteuerpflicht vergleichbaren Steuerpflicht in einem Mitgliedstaat der Europäischen Union oder einem Vertragsstaat des EWR-Abkommens unterliegt und Staatsangehöriger eines dieser Staaten ist oder
3. im Fall des Absatzes 1 Satz 2 Nr. 3 der Steuerpflichtige die Anteile in einen Betrieb oder eine Betriebsstätte in einem anderen Mitgliedstaat der Europäischen Union oder einem anderen Vertragsstaat des EWR-Abkommens einlegt oder
4.[1] im Fall des Absatzes 1 Satz 2 Nummer 4 der Steuerpflichtige Anteile an einer in einem Mitgliedstaat der Europäischen Union oder in einem Vertragsstaat des EWR-Abkommens ansässigen Gesellschaft hält.

[4]Die Stundung ist zu widerrufen, wenn die Voraussetzungen für die Stundung nach den Sätzen 1 bis 3 nicht mehr vorliegen oder

1. soweit der Steuerpflichtige oder sein Rechtsnachfolger im Sinne des Satzes 3 Nr. 1 Anteile veräußert oder verdeckt in eine Gesellschaft im Sinne des § 17 Abs. 1 Satz 1 des Einkommensteuergesetzes einlegt oder einer der Tatbestände des § 17 Abs. 4 des Einkommensteuergesetzes erfüllt wird;
2. soweit Anteile auf eine nicht unbeschränkt steuerpflichtige Person übergehen, die nicht in einem Mitgliedstaat der Europäischen Union oder einem Vertragsstaat des EWR-Abkommens einer der deutschen unbeschränkten Einkommensteuerpflicht vergleichbaren Steuerpflicht unterliegt;
3. soweit in Bezug auf die Anteile eine Entnahme oder ein anderer Vorgang verwirklicht wird, der nach inländischem Recht zum Ansatz des Teilwerts oder des gemeinen Werts führt;
4. wenn für den Steuerpflichtigen oder seinen Rechtsnachfolger im Sinne des Satzes 3 Nr. 1 durch Aufgabe des Wohnsitzes oder gewöhnlichen Aufenthalts keine Steuerpflicht nach Satz 1 mehr besteht.

---

[1] § 6 Abs. 5 Satz 3 Nr. 4 angef. durch G v. 22.12.2014 (BGBl. I S. 2417); zur Anwendung siehe § 21 Abs. 23.

[5]Ein Umwandlungsvorgang, auf den die §§ 11, 15 oder 21 des Umwandlungssteuergesetzes vom 7. Dezember 2006 (BGBl. I S. 2782, 2791) in der jeweils geltenden Fassung anzuwenden sind, gilt auf Antrag nicht als Veräußerung im Sinne des Satzes 4 Nr. 1, wenn die erhaltenen Anteile bei einem unbeschränkt steuerpflichtigen Anteilseigner, der die Anteile nicht in einem Betriebsvermögen hält, nach § 13 Abs. 2, § 21 Abs. 2 des Umwandlungssteuergesetzes mit den Anschaffungskosten der bisherigen Anteile angesetzt werden könnten; für Zwecke der Anwendung des Satzes 4 und der Absätze 3, 6 und 7 treten insoweit die erhaltenen Anteile an die Stelle der Anteile im Sinne des Absatzes 1. [6]Ist im Fall des Satzes 1 oder Satzes 3 der Gesamtbetrag der Einkünfte ohne Einbeziehung des Vermögenszuwachses nach Absatz 1 negativ, ist dieser Vermögenszuwachs bei Anwendung des § 10d des Einkommensteuergesetzes nicht zu berücksichtigen. [7]Soweit ein Ereignis im Sinne des Satzes 4 eintritt, ist der Vermögenszuwachs rückwirkend bei der Anwendung des § 10d des Einkommensteuergesetzes zu berücksichtigen und in Anwendung des Satzes 6 ergangene oder geänderte Feststellungsbescheide oder Steuerbescheide sind aufzuheben oder zu ändern; § 175 Abs. 1 Satz 2 der Abgabenordnung gilt entsprechend.

(6) [1]Ist im Fall des Absatzes 5 Satz 4 Nr. 1 der Veräußerungsgewinn im Sinne des § 17 Abs. 2 des Einkommensteuergesetzes im Zeitpunkt der Beendigung der Stundung niedriger als der Vermögenszuwachs nach Absatz 1 und wird die Wertminderung bei der Einkommensbesteuerung durch den Zuzugsstaat nicht berücksichtigt, so ist der Steuerbescheid insoweit aufzuheben oder zu ändern; § 175 Abs. 1 Satz 2 der Abgabenordnung gilt entsprechend. [2]Dies gilt nur, soweit der Steuerpflichtige nachweist, dass die Wertminderung betrieblich veranlasst ist und nicht auf eine gesellschaftsrechtliche Maßnahme, insbesondere eine Gewinnausschüttung, zurückzuführen ist. [3]Die Wertminderung ist höchstens im Umfang des Vermögenszuwachses nach Absatz 1 zu berücksichtigen. [4]Ist die Wertminderung auf eine Gewinnausschüttung zurückzuführen und wird sie bei der Einkommensbesteuerung nicht berücksichtigt, ist die auf diese Gewinnausschüttung erhobene und keinem Ermäßigungsanspruch mehr unterliegende inländische Kapitalertragsteuer auf die nach Absatz 1 geschuldete Steuer anzurechnen.

(7) [1]Der Steuerpflichtige oder sein Gesamtrechtsnachfolger hat dem Finanzamt, das in dem in Absatz 1 genannten Zeitpunkt nach § 19 der Abgabenordnung zuständig ist, nach amtlich vorgeschriebenem Vordruck die Verwirklichung eines der Tatbestände des Absatzes 5 Satz 4 mitzuteilen. [2]Die Mitteilung ist innerhalb eines Monats nach dem meldepflichtigen Ereignis zu erstatten; sie ist vom Steuerpflichtigen eigenhändig zu unterschreiben. [3]In den Fällen des Absatzes 5 Satz 4 Nr. 1 und 2 ist der Mitteilung ein schriftlicher Nachweis über das Rechtsgeschäft beizufügen. [4]Der Steuerpflichtige hat dem nach Satz 1 zuständigen Finanzamt jährlich bis zum Ablauf des 31. Januar schriftlich seine am 31. Dezember des vorangegangenen Kalenderjahres geltende Anschrift mitzuteilen und zu bestätigen, dass die Anteile ihm oder im Fall der unentgeltlichen Rechtsnachfolge unter Lebenden seinem Rechtsnachfolger weiterhin zuzurechnen sind. [5]Die Stundung nach Absatz 5 Satz 1 kann widerrufen werden, wenn der Steuerpflichtige seine Mitwirkungspflicht nach Satz 4 nicht erfüllt.

[*ab 29.3.2019:*

(8)[1] [1]Abweichend von Absatz 5 Satz 4 führt der Austritt des Vereinigten Königreichs Großbritannien und Nordirland aus der Europäischen Union nicht zum Widerruf der Stundung, wenn allein auf Grund dessen für den Steuerpflichtigen oder seinen Rechtsnachfolger im Sinne des Absatzes 5 Satz 3 Nummer 1 die Voraussetzungen für die Stundung nach Absatz 5 Satz 1 und 3 nicht mehr vorliegen. [2]In den Fällen des Satzes 1 ist Absatz 5 Satz 4 auf die gestundeten Beträge weiterhin mit der Maßgabe anzuwenden, dass die Stundung über die in Absatz 5 Satz 4 geregelten Tatbestände hinaus auch zu widerrufen ist,

1. soweit die Anteile auf Grund einer Entnahme oder eines anderen Vorgangs, der nach inländischem Recht nicht zum Ansatz des Teilwerts oder des gemeinen Werts führt, weder einer Betriebsstätte des Steuerpflichtigen im Vereinigten Königreich Großbritannien und Nordirland noch einer Betriebsstätte des Steuerpflichtigen im Sinne des Absatzes 5 Satz 3 Nummer 3 zuzuordnen ist;
2. wenn für den Steuerpflichtigen oder für seinen Rechtsnachfolger im Sinne des Absatzes 5 Satz 3 Nummer 1 infolge der Aufgabe des Wohnsitzes oder gewöhnlichen Aufenthalts weder eine mit der deutschen unbeschränkten Einkommensteuerpflicht vergleichbare Steuerpflicht im Vereinigten Königreich Großbritannien und Nordirland noch eine Steuerpflicht nach Absatz 5 Satz 1 besteht.

[3]In den Fällen des Satzes 2 gilt Absatz 7 entsprechend.]

Vierter Teil. Beteiligung an ausländischen Zwischengesellschaften

§ 7 Steuerpflicht inländischer Gesellschafter. (1) Sind unbeschränkt Steuerpflichtige an einer Körperschaft, Personenvereinigung oder Vermögensmasse im Sinne des Körperschaftsteuergesetzes, die weder Geschäftsleitung noch Sitz im Geltungsbereich dieses Gesetzes hat und die nicht gemäß § 3 Abs. 1 des Körperschaftsteuergesetzes von der Körperschaftsteuerpflicht ausgenommen ist (ausländische Gesellschaft), zu mehr als der Hälfte beteiligt, so sind die Einkünfte, für die diese Gesellschaft Zwischengesellschaft ist, bei jedem von ihnen mit dem Teil steuerpflichtig, der auf die ihm zuzurechnende Beteiligung am Nennkapital der Gesellschaft entfällt.

(2) [1]Unbeschränkt Steuerpflichtige sind im Sinne des Absatzes 1 an einer ausländischen Gesellschaft zu mehr als der Hälfte beteiligt, wenn ihnen allein oder zusammen mit Personen im Sinne des § 2 am Ende des Wirtschaftsjahres der Gesellschaft, in dem sie die Einkünfte nach Absatz 1 bezogen hat (maßgebendes Wirtschaftsjahr), mehr als 50 Prozent der Anteile oder der Stimmrechte an der ausländischen Gesellschaft zuzurechnen sind. [2]Bei der Anwendung

---

[1] § 6 Abs. 8 angef. mWv 29.3.2019 durch Brexit-StBG v. 25.3.2019 (BGBl. I S. 357).

des vorstehenden Satzes sind auch Anteile oder Stimmrechte zu berücksichtigen, die durch eine andere Gesellschaft vermittelt werden, und zwar in dem Verhältnis, das den Anteilen oder Stimmrechten an der vermittelnden Gesellschaft zu den gesamten Anteilen oder Stimmrechten an dieser Gesellschaft entspricht; dies gilt entsprechend bei der Vermittlung von Anteilen oder Stimmrechten durch mehrere Gesellschaften. [3] Ist ein Gesellschaftskapital nicht vorhanden und bestehen auch keine Stimmrechte, so kommt es auf das Verhältnis der Beteiligungen am Vermögen der Gesellschaft an.

(3) Sind unbeschränkt Steuerpflichtige unmittelbar oder über Personengesellschaften an einer Personengesellschaft beteiligt, die ihrerseits an einer ausländischen Gesellschaft im Sinne des Absatzes 1 beteiligt ist, so gelten sie als an der ausländischen Gesellschaft beteiligt.

(4) [1] Einem unbeschränkt Steuerpflichtigen sind für die Anwendung der §§ 7 bis 14 auch Anteile oder Stimmrechte zuzurechnen, die eine Person hält, die seinen Weisungen so zu folgen hat oder so folgt, daß ihr kein eigener wesentlicher Entscheidungsspielraum bleibt. [2] Diese Voraussetzung ist nicht schon allein dadurch erfüllt, daß der unbeschränkt Steuerpflichtige an der Person beteiligt ist.

(5) Ist für die Gewinnverteilung der ausländischen Gesellschaft nicht die Beteiligung am Nennkapital maßgebend oder hat die Gesellschaft kein Nennkapital, so ist der Aufteilung der Einkünfte nach Absatz 1 der Maßstab für die Gewinnverteilung zugrunde zu legen.

(6)[1)] [1] Ist eine ausländische Gesellschaft Zwischengesellschaft für Zwischeneinkünfte mit Kapitalanlagecharakter im Sinne des Absatz 6 a[2)] und ist ein unbeschränkt Steuerpflichtiger an der Gesellschaft zu mindestens 1 Prozent beteiligt, sind diese Zwischeneinkünfte bei diesem Steuerpflichtigen in dem in Absatz 1 bestimmten Umfang steuerpflichtig, auch wenn die Voraussetzungen des Absatzes 1 im Übrigen nicht erfüllt sind. [2] Satz 1 ist nicht anzuwenden, wenn die den Zwischeneinkünften mit Kapitalanlagecharakter zugrunde liegenden Bruttoerträge nicht mehr als 10 Prozent der den gesamten Zwischeneinkünften zugrunde liegenden Bruttoerträge der ausländischen Zwischengesellschaft betragen und die bei einer Zwischengesellschaft oder bei einem Steuerpflichtigen hiernach außer Ansatz zu lassenden Beträge insgesamt 80 000 Euro[3)] nicht übersteigen. [3] Satz 1 ist auch anzuwenden bei einer Beteiligung von weniger als 1 Prozent, wenn die ausländische Gesellschaft ausschließlich oder fast ausschließlich Bruttoerträge erzielt, die Zwischeneinkünften mit Kapitalanlagecharakter zugrunde liegen, es sei denn, dass mit der Hauptgattung der Aktien der ausländischen Gesellschaft ein wesentlicher und regelmäßiger Handel an einer anerkannten Börse stattfindet.

[1)] § 7 Abs. 6 neu gef. durch G v. 20.12.2001 (BGBl. I S. 3858); zur erstmaligen Anwendung siehe § 21 Abs. 7 Satz 3.

[2)] Geänd. durch G v. 16.5.2003 (BGBl. I S. 660); zur erstmaligen Anwendung siehe § 21 Abs. 11 Satz 2.

[3)] Betrag geänd. durch G v. 20.12.2007 (BGBl. I S. 3150); zur erstmaligen Anwendung siehe § 21 Abs. 17 Satz 1.

(6a)[1] Zwischeneinkünfte mit Kapitalanlagecharakter sind Einkünfte der ausländischen Zwischengesellschaft (§ 8), die aus dem Halten, der Verwaltung, Werterhaltung oder Werterhöhung von Zahlungsmitteln, Forderungen, Wertpapieren, Beteiligungen (mit Ausnahme der in § 8 Abs. 1 Nr. 8 und 9 genannten Einkünfte) oder ähnlichen Vermögenswerten stammen, es sei denn, der Steuerpflichtige weist nach, dass sie aus einer Tätigkeit stammen, die einer unter § 8 Abs. 1 Nr. 1 bis 6 fallenden eigenen Tätigkeit der ausländischen Gesellschaft dient, ausgenommen Tätigkeiten im Sinne des § 1 Abs. 1 Nr. 6 des Kreditwesengesetzes in der Fassung der Bekanntmachung vom 9. September 1998 (BGBl. I S. 2776), das zuletzt durch Artikel 3 Abs. 3 des Gesetzes vom 22. August 2002 (BGBl. I S. 3387) geändert worden ist, in der jeweils geltenden Fassung.

(7)[2] Die Absätze 1 bis 6a sind nicht anzuwenden, wenn auf die Einkünfte, für die die ausländische Gesellschaft Zwischengesellschaft ist, die Vorschriften des Investmentsteuergesetzes in der jeweils geltenden Fassung anzuwenden sind.

(8)[3] Sind unbeschränkt Steuerpflichtige an einer ausländischen Gesellschaft beteiligt und ist diese an einer Gesellschaft im Sinne des § 16 des REIT-Gesetzes vom 28. Mai 2007 (BGBl. I S. 914) in der jeweils geltenden Fassung beteiligt, gilt Absatz 1 unbeschadet des Umfangs der jeweiligen Beteiligung an der ausländischen Gesellschaft, es sei denn, dass mit der Hauptgattung der Aktien der ausländischen Gesellschaft ein wesentlicher und regelmäßiger Handel an einer anerkannten Börse stattfindet.

§ 8 Einkünfte von Zwischengesellschaften. (1) Eine ausländische Gesellschaft ist Zwischengesellschaft für Einkünfte, die einer niedrigen Besteuerung unterliegen und nicht stammen aus:

1. der Land- und Forstwirtschaft,
2. der Herstellung, Bearbeitung, Verarbeitung oder Montage von Sachen, der Erzeugung von Energie sowie dem Aufsuchen und der Gewinnung von Bodenschätzen,
3.[4] dem Betrieb von Kreditinstituten oder Versicherungsunternehmen, die für ihre Geschäfte einen in kaufmännischer Weise eingerichteten Betrieb unterhalten, es sei denn, die Geschäfte werden überwiegend mit unbeschränkt Steuerpflichtigen, die nach § 7 an der ausländischen Gesellschaft beteiligt sind, oder solchen Steuerpflichtigen im Sinne des § 1 Abs. 2 nahestehenden Personen betrieben,

---

[1] § 7 Abs. 6a eingef. durch G v. 16.5.2003 (BGBl. I S. 660); zur erstmaligen Anwendung siehe § 21 Abs. 11 Satz 2.

[2] § 7 Abs. 7 neu gef. durch G v. 9.12.2004 (BGBl. I S. 3310); zur erstmaligen Anwendung siehe § 21 Abs. 12; HS 2 aufgeh. mWv 1.1.2018 (§ 21 Abs. 24) durch G v. 19.7.2016 (BGBl. I S. 1730).

[3] § 7 Abs. 8 angef. durch G v. 28.5.2007 (BGBl. I S. 914); zur erstmaligen Anwendung siehe § 21 Abs. 15.

[4] § 8 Abs. 1 Nr. 3 HS 2 angef. durch G v. 20.8.1980 (BGBl. I S. 1545).

4.[1] dem Handel, soweit nicht

a) ein unbeschränkt Steuerpflichtiger, der gemäß § 7 an der ausländischen Gesellschaft beteiligt ist, oder eine einem solchen Steuerpflichtigen im Sinne des § 1 Abs. 2 nahe stehende Person, die mit ihren Einkünften hieraus im Geltungsbereich dieses Gesetzes steuerpflichtig ist, der ausländischen Gesellschaft die Verfügungsmacht an den gehandelten Gütern oder Waren verschafft, oder

b) die ausländische Gesellschaft einem solchen Steuerpflichtigen oder einer solchen nahe stehenden Person die Verfügungsmacht an den Gütern oder Waren verschafft,

es sei denn, der Steuerpflichtige weist nach, dass die ausländische Gesellschaft einen für derartige Handelsgeschäfte in kaufmännischer Weise eingerichteten Geschäftsbetrieb unter Teilnahme am allgemeinen wirtschaftlichen Verkehr unterhält und die zur Vorbereitung, dem Abschluss und der Ausführung der Geschäfte gehörenden Tätigkeiten ohne Mitwirkung eines solchen Steuerpflichtigen oder einer solchen nahe stehenden Person ausübt,

5. Dienstleistungen, soweit nicht

a) die ausländische Gesellschaft für die Dienstleistung sich eines unbeschränkt Steuerpflichtigen, der gemäß § 7 an ihr beteiligt ist, oder einer einem solchen Steuerpflichtigen im Sinne des § 1 Abs. 2 nahestehenden Person bedient, die mit ihren Einkünften aus der von ihr beigetragenen Leistung im Geltungsbereich dieses Gesetzes steuerpflichtig ist,

oder

b) die ausländische Gesellschaft die Dienstleistung einem solchen Steuerpflichtigen oder einer solchen nahestehenden Person erbringt, es sei denn, der Steuerpflichtige weist nach, daß die ausländische Gesellschaft einen für das Bewirken derartiger Dienstleistungen eingerichteten Geschäftsbetrieb unter Teilnahme am allgemeinen wirtschaftlichen Verkehr unterhält und die zu der Dienstleistung gehörenden Tätigkeiten ohne Mitwirkung eines solchen Steuerpflichtigen oder einer solchen nahestehenden Person ausübt,

6. der Vermietung und Verpachtung, ausgenommen

a) die Überlassung der Nutzung von Rechten, Plänen, Mustern, Verfahren, Erfahrungen und Kenntnissen, es sei denn, der Steuerpflichtige weist nach, daß die ausländische Gesellschaft die Ergebnisse eigener Forschungs- oder Entwicklungsarbeit auswertet, die ohne Mitwirkung eines Steuerpflichtigen, der gemäß § 7 an der Gesellschaft beteiligt ist, oder einer einem solchen Steuerpflichtigen im Sinne des § 1 Abs. 2 nahestehenden Person unternommen worden ist,

---

[1] § 8 Abs. 1 Nr. 4 Buchst. a und b neu gef. durch G v. 16.5.2003 (BGBl. I S. 660); Nr. 4 Buchst. a neu gef. durch G v. 22.12.2003 (BGBl. I S. 2840); zur erstmaligen Anwendung siehe § 21 Abs. 11 Satz 2.

b) die Vermietung oder Verpachtung von Grundstücken, es sei denn, der Steuerpflichtige weist nach, daß die Einkünfte daraus nach einem Abkommen zur Vermeidung der Doppelbesteuerung steuerbefreit wären, wenn sie von den unbeschränkt Steuerpflichtigen, die gemäß § 7 an der ausländischen Gesellschaft beteiligt sind, unmittelbar bezogen worden wären, und

c) die Vermietung oder Verpachtung von beweglichen Sachen, es sei denn, der Steuerpflichtige weist nach, daß die ausländische Gesellschaft einen Geschäftsbetrieb gewerbsmäßiger Vermietung oder Verpachtung unter Teilnahme am allgemeinen wirtschaftlichen Verkehr unterhält und alle zu einer solchen gewerbsmäßigen Vermietung oder Verpachtung gehörenden Tätigkeiten ohne Mitwirkung eines unbeschränkt Steuerpflichtigen, der gemäß § 7 an ihr beteiligt ist, oder einer einem solchen Steuerpflichtigen im Sinne des § 1 Abs. 2 nahestehenden Person ausübt,

7.[1] der Aufnahme und darlehensweisen Vergabe von Kapital, für das der Steuerpflichtige nachweist, daß es ausschließlich auf ausländischen Kapitalmärkten [und nicht bei einer ihm oder der ausländischen Gesellschaft nahestehenden Person im Sinne des § 1 Abs. 2] aufgenommen und außerhalb des Geltungsbereichs dieses Gesetzes gelegenen Betrieben oder Betriebsstätten, die ihre Bruttoerträge ausschließlich oder fast ausschließlich aus unter die Nummern 1 bis 6 fallenden Tätigkeiten beziehen, oder innerhalb des Geltungsbereichs dieses Gesetzes gelegenen Betrieben oder Betriebsstätten zugeführt wird,

8.[2] Gewinnausschüttungen von Kapitalgesellschaften,

9.[3] der Veräußerung eines Anteils an einer anderen Gesellschaft sowie aus deren Auflösung oder der Herabsetzung ihres Kapitals, soweit der Steuerpflichtige nachweist, dass der Veräußerungsgewinn auf Wirtschaftsgüter der anderen Gesellschaft entfällt, die anderen als den in § 7 Nummer 6 Buchstabe b, soweit es sich um Einkünfte einer Gesellschaft im Sinne des § 16 des REIT-Gesetzes handelt, oder § 7 Abs. 6a[4] bezeichneten Tätigkeiten dienen; dies gilt entsprechend, soweit der Gewinn auf solche Wirtschaftsgüter einer Gesellschaft entfällt, an der die andere Gesellschaft beteiligt ist; Verluste aus der Veräußerung von Anteilen an der anderen Gesellschaft sowie aus deren Auflösung oder der Herabsetzung ihres Kapitals sind nur insoweit zu berücksichtigen, als der Steuerpflichtige nachweist, dass sie auf Wirtschaftsgüter zurückzuführen sind, die Tätigkeiten im Sinne der Nummer 6 Buchstabe b, soweit es sich um Einkünfte einer

---

[1] § 8 Abs. 1 Nr. 7 neu gef. durch G v. 13.9.1993 (BGBl. I S. 1569); Klammerzusatz eingef. durch G v. 21.12.1993 (BGBl. I S. 2310); zur erstmaligen Anwendung siehe § 21 Abs. 9 Satz 1.

[2] § 8 Abs. 1 Nr. 8 angef. durch G v. 20.12.2001 (BGBl. I S. 3858); zur erstmaligen Anwendung siehe § 21 Abs. 7 Satz 4.

[3] § 8 Abs. 1 Nr. 9 angef. durch G v. 20.12.2001 (BGBl. I S. 3858); zur erstmaligen Anwendung siehe § 21 Abs. 7 Satz 4.

[4] § 8 Abs. 1 Nr. 9 geänd. durch G v. 28.5.2007 (BGBl. I S. 914); zur erstmaligen Anwendung siehe § 21 Abs. 15.

Gesellschaft im Sinne des § 16 des REIT-Gesetzes handelt,[1] oder im Sinne des § 7 Abs. 6a[2] dienen,[3]

10.[4] Umwandlungen, die ungeachtet des § 1 Abs. 2 und 4 des Umwandlungssteuergesetzes zu Buchwerten erfolgen könnten; das gilt nicht, soweit eine Umwandlung den Anteil an einer Kapitalgesellschaft erfasst, dessen Veräußerung nicht die Voraussetzungen der Nummer 9 erfüllen würde.

(2)[5] [1]Ungeachtet des Absatzes 1 ist eine Gesellschaft, die ihren Sitz oder ihre Geschäftsleitung in einem Mitgliedstaat der Europäischen Union oder einem Vertragsstaat des EWR-Abkommens hat, nicht Zwischengesellschaft für Einkünfte, für die unbeschränkt Steuerpflichtige, die im Sinne des § 7 Absatz 2 oder Absatz 6 an der Gesellschaft beteiligt sind, nachweisen, dass die Gesellschaft insoweit einer tatsächlichen wirtschaftlichen Tätigkeit in diesem Staat nachgeht. [2]Weitere Voraussetzung ist, dass zwischen der Bundesrepublik Deutschland und diesem Staat auf Grund der Amtshilferichtlinie gemäß § 2 Absatz 2 des EU-Amtshilfegesetzes, oder einer vergleichbaren zwei- oder mehrseitigen Vereinbarung, Auskünfte erteilt werden, die erforderlich sind, um die Besteuerung durchzuführen. [3]Satz 1 gilt nicht für die der Gesellschaft nach § 14 zuzurechnenden Einkünfte einer Untergesellschaft, die weder Sitz noch Geschäftsleitung in einem Mitgliedstaat der Europäischen Union oder einem Vertragsstaat des EWR-Abkommens hat. [4]Das gilt auch für Zwischeneinkünfte, die einer Betriebsstätte der Gesellschaft außerhalb der Europäischen Union oder der Vertragsstaaten des EWR-Abkommens zuzurechnen sind. [5]Der tatsächlichen wirtschaftlichen Tätigkeit der Gesellschaft sind nur Einkünfte der Gesellschaft zuzuordnen, die durch diese Tätigkeit erzielt werden und dies nur insoweit, als der Fremdvergleichsgrundsatz (§ 1) beachtet worden ist.

(3)[6] [1]Eine niedrige Besteuerung im Sinne des Absatzes 1 liegt vor, wenn die Einkünfte der ausländischen Gesellschaft einer Belastung durch Ertragsteuern von weniger als 25 Prozent unterliegen, ohne dass dies auf einem Ausgleich mit Einkünften aus anderen Quellen beruht. [2]In die Belastungsberechnung sind Ansprüche einzubeziehen, die der Staat oder das Gebiet der ausländischen Gesellschaft im Fall einer Gewinnausschüttung der ausländischen Gesellschaft dem unbeschränkt Steuerpflichtigen oder einer anderen

---

[1] § 8 Abs. 1 Nr. 9 geänd. durch G v. 28.5.2007 (BGBl. I S. 914); zur erstmaligen Anwendung siehe § 21 Abs. 15.

[2] Zitat geänd. durch G v. 16.5.2003 (BGBl. I S. 660); zur erstmaligen Anwendung siehe § 21 Abs. 11 Satz 2.

[3] § 8 Abs. 1 Nr. 9 redaktionell geänd. durch G v. 20.12.2007 (BGBl. I S. 3150); zur erstmaligen Anwendung siehe § 21 Abs. 17 Satz 2.

[4] § 8 Abs. 1 Nr. 10 angef. durch G v. 7.12.2006 (BGBl. I S. 2782); zur erstmaligen Anwendung siehe § 21 Abs. 14.

[5] § 8 Abs. 2 neu gef. durch G v. 20.12.2007 (BGBl. I S. 3150); zur erstmaligen Anwendung siehe § 21 Abs. 17 Satz 1; Sätze 1 und 2 geänd. durch G v. 26.6.2013 (BGBl. I S. 1809); zur Anwendung siehe § 21 Abs. 21 Satz 3.

[6] § 8 Abs. 3 neu gef. durch G v. 20.12.2001 (BGBl. I S. 3858); zur erstmaligen Anwendung siehe § 21 Abs. 7 Satz 4; Satz 1 geänd., Satz 2 angef. durch G v. 20.12.2007 (BGBl. I S. 3150); zur erstmaligen Anwendung siehe § 21 Abs. 17 Satz 1; Satz 2 eingef. durch G v. 8.12.2010 (BGBl. I S. 1768); zur Anwendung siehe § 21 Abs. 19 Satz 1.

Gesellschaft, an der der Steuerpflichtige direkt oder indirekt beteiligt ist, gewährt. [3]Eine niedrige Besteuerung im Sinne des Absatzes 1 liegt auch dann vor, wenn Ertragsteuern von mindestens 25 Prozent zwar rechtlich geschuldet, jedoch nicht tatsächlich erhoben werden.

§ 9[1)] Freigrenze bei gemischten Einkünften. Für die Anwendung des § 7 Abs. 1 sind Einkünfte, für die eine ausländische Gesellschaft Zwischengesellschaft ist, außer Ansatz zu lassen, wenn die ihnen zugrunde liegenden Bruttoerträge nicht mehr als 10 Prozent der gesamten Bruttoerträge der Gesellschaft betragen, vorausgesetzt, dass die bei einer Gesellschaft oder bei einem Steuerpflichtigen hiernach außer Ansatz zu lassenden Beträge insgesamt 80 000 Euro[2)] nicht übersteigen.

§ 10 Hinzurechnungsbetrag. (1)[3)] [1]Die nach § 7 Abs. 1 steuerpflichtigen Einkünfte sind bei dem unbeschränkt Steuerpflichtigen mit dem Betrag, der sich nach Abzug der Steuern ergibt, die zu Lasten der ausländischen Gesellschaft von diesen Einkünften sowie von dem diesen Einkünften zugrunde liegenden Vermögen erhoben worden sind, anzusetzen (Hinzurechnungsbetrag). [2]Soweit die abzuziehenden Steuern zu dem Zeitpunkt, zu dem die Einkünfte nach Absatz 2 als zugeflossen gelten, noch nicht entrichtet sind, sind sie nur in den Jahren, in denen sie entrichtet werden, von den nach § 7 Abs. 1 steuerpflichtigen Einkünften abzusetzen. [3]In den Fällen des § 8 Absatz 3 Satz 2 sind die Steuern um die dort bezeichneten Ansprüche des unbeschränkt Steuerpflichtigen oder einer anderen Gesellschaft, an der der Steuerpflichtige direkt oder indirekt beteiligt ist, zu kürzen. [4]Ergibt sich ein negativer Betrag, so entfällt die Hinzurechnung.

(2)[4)] [1]Der Hinzurechnungsbetrag gehört zu den Einkünften im Sinne des § 20 Abs. 1 Nr. 1 des Einkommensteuergesetzes und gilt unmittelbar nach Ablauf des maßgebenden Wirtschaftsjahrs der ausländischen Gesellschaft als zugeflossen. [2]Gehören Anteile an der ausländischen Gesellschaft zu einem Betriebsvermögen, so gehört der Hinzurechnungsbetrag zu den Einkünften aus Gewerbebetrieb, aus Land- und Forstwirtschaft oder aus selbständiger Arbeit und erhöht den nach dem Einkommen- oder Körperschaftsteuergesetz ermittelten Gewinn des Betriebs für das Wirtschaftsjahr, das nach dem Ab lauf des maßgebenden Wirtschaftsjahrs der ausländischen Gesellschaft endet. [3]Auf den Hinzurechnungsbetrag sind § 3 Nr. 40 Satz 1 Buchstabe d, § 32d des Einkommensteuergesetzes und § 8b Abs. 1 des Körperschaftsteuergesetzes

---

1) § 9 neu gef. durch G v. 20.12.2001 (BGBl. I S. 3858); zur erstmaligen Anwendung siehe § 21 Abs. 7 Satz 4.

2) Betrag geänd. durch G v. 19.12.2000 (BGBl. I S. 1790); zur erstmaligen Anwendung siehe § 21 Abs. 10 Satz 2; geänd. durch G v. 20.12.2007 (BGBl. I S. 3150); zur erstmaligen Anwendung siehe § 21 Abs. 17 Satz 1.

3) § 10 Abs. 1 Satz 3 eingef., bish. Satz 3 wird Satz 4 durch G v. 8.12.2010 (BGBl. I S. 1768); zur Anwendung siehe § 21 Abs. 19 Satz 1.

4) § 10 Abs. 2 neu gef. durch G v. 20.12.2001 (BGBl. I S. 3858); zur erstmaligen Anwendung siehe § 21 Abs. 7 Satz 4.

nicht anzuwenden. 4 § 3c Abs. 2 des Einkommensteuergesetzes gilt entsprechend.[1)]

(3)[2)] 1 Die dem Hinzurechnungsbetrag zugrunde liegenden Einkünfte sind in entsprechender Anwendung der Vorschriften des deutschen Steuerrechts zu ermitteln. 2 Eine Gewinnermittlung entsprechend den Grundsätzen des § 4 Abs. 3 des Einkommensteuergesetzes steht einer Gewinnermittlung nach § 4 Abs. 1 oder § 5 des Einkommensteuergesetzes gleich. 3 Bei mehreren Beteiligten kann das Wahlrecht für die Gesellschaft nur einheitlich ausgeübt werden. 4 Steuerliche Vergünstigungen, die an die unbeschränkte Steuerpflicht oder an das Bestehen eines inländischen Betriebs oder einer inländischen Betriebsstätte anknüpfen, und die §§ 4h, 4j des Einkommensteuergesetzes sowie die §§ 8a, 8b Absatz 1 und 2 des Körperschaftsteuergesetzes bleiben unberücksichtigt; dies gilt auch für die Vorschriften des Umwandlungssteuergesetzes, soweit Einkünfte aus einer Umwandlung nach § 8 Absatz 1 Nummer 10 hinzuzurechnen sind.[3)] 5 Verluste, die bei Einkünften entstanden sind, für die die ausländische Gesellschaft Zwischengesellschaft ist, können in entsprechender Anwendung des § 10d des Einkommensteuergesetzes, soweit sie die nach § 9 außer Ansatz zu lassenden Einkünfte übersteigen, abgezogen werden. 6 Soweit sich durch den Abzug der Steuern nach Absatz 1 ein negativer Betrag ergibt, erhöht sich der Verlust im Sinne des Satzes 5.

(4) Bei der Ermittlung der Einkünfte, für die die ausländische Gesellschaft Zwischengesellschaft ist, dürfen nur solche Betriebsausgaben abgezogen werden, die mit diesen Einkünften in wirtschaftlichem Zusammenhang stehen.

(5) bis (7)[4)] *(aufgehoben)*

§ 11[5)] Veräußerungsgewinne. (1) Gewinne, die die ausländische Gesellschaft aus der Veräußerung der Anteile an einer anderen ausländischen Gesellschaft oder einer Gesellschaft im Sinne des § 16 des REIT-Gesetzes sowie aus deren Auflösung oder der Herabsetzung ihres Kapitals erzielt und für die die ausländische Gesellschaft Zwischengesellschaft ist, sind vom Hinzurechnungs-

(Fortsetzung nächste Seite)

---

1) § 10 Abs. 2 Satz 3 ergänzt, Satz 4 angef. durch G v. 20.12.2007 (BGBl. I S. 3150); zur erstmaligen Anwendung von Satz 3 siehe § 21 Abs. 17 Satz 1.

2) § 10 Abs. 3 Satz 1 neu gef. durch G v. 15.12.2003 (BGBl. I S. 2676); zur erstmaligen Anwendung siehe § 21 Abs. 12; Satz 4 neu gef. durch G v. 7.12.2006 (BGBl. I S. 2782); zur erstmaligen Anwendung siehe § 21 Abs. 14; Satz 1 2. HS aufgeh. mWv 1.1.2018 (§ 21 Abs. 24) durch G v. 19.7.2016 (BGBl. I S. 1730); Satz 4 geänd. mWv 5.7.2017 durch G v. 27.6.2017 (BGBl. I S. 2074).

3) § 10 Abs. 3 Satz 4 geänd. durch G v. 20.12.2007 (BGBl. I S. 3150); zur Anwendung siehe Anwendungsschreiben zum AStG v. 14.5.2004 (BStBl. I SonderNr. 1).

4) § 10 Abs. 5 bis 7 aufgeh. durch G v. 16.5.2003 (BGBl. I S. 660); zur Anwendung siehe § 21 Abs. 11 Satz 2.

5) § 11 Abs. 1 neu gef. durch G v. 19.12.2008 (BGBl. I S. 2794); zur erstmaligen Anwendung siehe § 21 Abs. 15.

betrag auszunehmen, soweit die Einkünfte der anderen Gesellschaft oder einer dieser Gesellschaft nachgeordneten Gesellschaft aus Tätigkeiten im Sinne des § 7 Abs. 6a für das gleiche Kalenderjahr oder Wirtschaftsjahr oder für die vorangegangenen sieben Kalenderjahre oder Wirtschaftsjahre als Hinzurechnungsbetrag (§ 10 Abs. 2) der Einkommensteuer oder Körperschaftsteuer unterlegen haben, keine Ausschüttung dieser Einkünfte erfolgte und der Steuerpflichtige dies nachweist.

(2), (3) *(aufgehoben)*

§ 12 Steueranrechnung. (1)[1)·2)] [1]Auf Antrag des Steuerpflichtigen werden auf seine Einkommen- oder Körperschaftsteuer, die auf den Hinzurechnungsbetrag entfällt, die Steuern angerechnet, die nach § 10 Abs. 1 abziehbar sind. [2]In diesem Fall ist der Hinzurechnungsbetrag um diese Steuern zu erhöhen.

(2) Bei der Anrechnung sind die Vorschriften des § 34c Abs. 1 des Einkommensteuergesetzes[3)] und des § 26 Abs. 1 und 6 des Körperschaftsteuergesetzes[4)] entsprechend anzuwenden.

(3)[2)] [1]Steuern von den nach § 3 Nr. 41 des Einkommensteuergesetzes befreiten Gewinnausschüttungen werden auf Antrag im Veranlagungszeitraum des Anfalls der zugrunde liegenden Zwischeneinkünfte als Hinzurechnungsbetrag in entsprechender Anwendung des § 34c Abs. 1 und 2 des Einkommensteuergesetzes und des § 26 Abs. 1 und 6 des Körperschaftsteuergesetzes[5)] angerechnet oder abgezogen. [2]Dies gilt auch dann, wenn der Steuerbescheid für diesen Veranlagungszeitraum bereits bestandskräftig ist.

§ 13.[6)] *(aufgehoben)*

§ 14 Nachgeschaltete Zwischengesellschaften. (1)[7)] [1]Ist eine ausländische Gesellschaft allein oder zusammen mit unbeschränkt Steuerpflichtigen gemäß § 7 an einer anderen ausländischen Gesellschaft (Untergesellschaft) beteiligt, so sind für die Anwendung der §§ 7 bis 12 die Einkünfte der Untergesellschaft, die einer niedrigen Besteuerung unterlegen haben, der ausländischen Gesellschaft zu dem Teil, der auf ihre Beteiligung am Nennkapital der Untergesellschaft entfällt, zuzurechnen, soweit nicht nachgewiesen wird, dass die Untergesellschaft diese Einkünfte aus unter § 8 Abs. 1 Nr. 1 bis 7 fallen-

---

[1)] § 12 Abs. 1 geänd., in Abs. 2 Hinweis auf § 26 Abs. 2a KStG gestrichen, bish. Abs. 3 aufgeh. durch G v. 23. 10. 2000 (BGBl. I S. 1433).

[2)] § 12 Abs. 1 Änd. durch G v. 23. 10. 2000 (BGBl. I S. 1433) wieder rückgängig gemacht, Abs. 3 angef. durch G v. 20. 12. 2001 (BGBl. I S. 3858); zur erstmaligen Anwendung siehe § 21 Abs. 7 Sätze 4 und 5.

[3)] Nr. **1**.

[4)] Nr. **100**.

[5)] § 12 Abs. 3 Satz 1 Verweis ergänzt durch G v. 20. 12. 2007 (BGBl. I S. 3150); zur erstmaligen Anwendung siehe § 21 Abs. 17 Satz 3.

[6)] § 13 aufgeh. durch G v. 20. 12. 2001 (BGBl. I S. 3858); zur letztmaligen Anwendung siehe § 21 Abs. 7 Satz 6.

[7)] § 14 Abs. 1 neugef., Abs. 2 aufgeh., Abs. 3 und 4 neugef., durch G v. 20. 12. 2001 (BGBl. I S. 3858); zur erstmaligen Anwendung siehe § 21 Abs. 7 Satz 4.

den Tätigkeiten oder Gegenständen erzielt hat oder es sich um Einkünfte im Sinne des § 8 Abs. 1 Nr. 8 bis 10[1] handelt oder dass diese Einkünfte aus Tätigkeiten stammen, die einer unter § 8 Abs. 1 Nr. 1 bis 6 fallenden eigenen Tätigkeit der ausländischen Gesellschaft dienen. [2]Tätigkeiten der Untergesellschaft dienen nur dann einer unter § 8 Abs. 1 Nr. 1 bis 6 fallenden eigenen Tätigkeit der ausländischen Gesellschaft, wenn sie in unmittelbarem Zusammenhang mit dieser Tätigkeit stehen und es sich bei den Einkünften nicht um solche im Sinne des § 7 Abs. 6a handelt.[2]

(2)[3] Ist eine ausländische Gesellschaft gemäß § 7 an einer Gesellschaft im Sinne des § 16 des REIT-Gesetzes (Untergesellschaft) beteiligt, gilt Absatz 1, auch bezogen auf § 8 Abs. 3, sinngemäß.

(3) Absatz 1 ist entsprechend anzuwenden, wenn der Untergesellschaft weitere ausländische Gesellschaften nachgeschaltet sind.

(4)[4] *(aufgehoben)*

Fünfter Teil. Familienstiftungen

§ 15 Steuerpflicht von Stiftern, Bezugsberechtigten und Anfallsberechtigten. (1)[5] [1]Vermögen und Einkünfte einer Familienstiftung, die Geschäftsleitung und Sitz außerhalb des Geltungsbereichs dieses Gesetzes hat (ausländische Familienstiftung), werden dem Stifter, wenn er unbeschränkt steuerpflichtig ist, sonst den unbeschränkt steuerpflichtigen Personen, die bezugsberechtigt oder anfallsberechtigt sind, entsprechend ihrem Anteil zugerechnet. [2]Dies gilt nicht für die Erbschaftsteuer.

(2) Familienstiftungen sind Stiftungen, bei denen der Stifter, seine Angehörigen und deren Abkömmlinge zu mehr als der Hälfte bezugsberechtigt oder anfallsberechtigt sind.

(3) Hat ein Unternehmer im Rahmen seines Unternehmens oder als Mitunternehmer oder eine Körperschaft, eine Personenvereinigung oder eine Vermögensmasse eine Stiftung errichtet, die Geschäftsleitung und Sitz außerhalb des Geltungsbereichs dieses Gesetzes hat, so wird die Stiftung wie eine Familienstiftung behandelt, wenn der Stifter, seine Gesellschafter, von ihm abhängige Gesellschaften, Mitglieder, Vorstandsmitglieder, leitende Angestellte und Angehörige dieser Personen zu mehr als der Hälfte bezugsberechtigt oder anfallsberechtigt sind.

---

[1] § 14 Abs. 1 Satz 1 Zitat geänd. durch G v. 20. 12. 2007 (BGBl. I S. 3150); zur erstmaligen Anwendung siehe § 21 Abs. 17 Satz 4.

[2] § 14 Abs. 1 Satz 2 angef. durch G v. 22. 12. 2003 (BGBl. I S. 2840); zur erstmaligen Anwendung siehe § 21 Abs. 11 Satz 2.

[3] § 14 Abs. 2 neu gef. durch G v. 28. 5. 2007 (BGBl. I S. 914); zur erstmaligen Anwendung siehe § 21 Abs. 15.

[4] § 14 Abs. 4 aufgeh. durch G v. 16. 5. 2003 (BGBl. I S. 660); zur Anwendung siehe § 21 Abs. 11 Satz 2.

[5] § 15 Abs. 1 Satz 1 geänd. durch G v. 26. 6. 2013 (BGBl. I S. 1809); zur Anwendung siehe § 21 Abs. 21 Satz 4.

(4) Den Stiftungen stehen sonstige Zweckvermögen, Vermögensmassen und rechtsfähige oder nichtrechtsfähige Personenvereinigungen gleich.

(5)[1] [1] § 12 Absatz 1 und 2 ist entsprechend anzuwenden. [2] Für Steuern auf die nach Absatz 11 befreiten Zuwendungen gilt § 12 Absatz 3 entsprechend.

(6)[2] Hat eine Familienstiftung Geschäftsleitung oder Sitz in einem Mitgliedstaat der Europäischen Union oder einem Vertragsstaat des EWR-Abkommens, ist Absatz 1 nicht anzuwenden, wenn

1. nachgewiesen wird, dass das Stiftungsvermögen der Verfügungsmacht der in den Absätzen 2 und 3 genannten Personen rechtlich und tatsächlich entzogen ist und
2. zwischen der Bundesrepublik Deutschland und dem Staat, in dem die Familienstiftung Geschäftsleitung oder Sitz hat, auf Grund der Amtshilferichtlinie gemäß § 2 Absatz 2 des EU-Amtshilfegesetzes[3] oder einer vergleichbaren zwei- oder mehrseitigen Vereinbarung, Auskünfte erteilt werden, die erforderlich sind, um die Besteuerung durchzuführen.

(7)[4] [1] Die Einkünfte der Stiftung nach Absatz 1 werden in entsprechender Anwendung der Vorschriften des Körperschaftsteuergesetzes und des Einkommensteuergesetzes ermittelt. [2] Bei der Ermittlung der Einkünfte gilt § 10 Absatz 3 entsprechend. [3] Ergibt sich ein negativer Betrag, entfällt die Zurechnung.

(8) [1] Die nach Absatz 1 dem Stifter oder der bezugs- oder anfallsberechtigten Person zuzurechnenden Einkünfte gehören bei Personen, die ihre Einkünfte nicht nach dem Körperschaftsteuergesetz ermitteln, zu den Einkünften im Sinne des § 20 Absatz 1 Nummer 9 des Einkommensteuergesetzes. [2] § 20 Absatz 8 des Einkommensteuergesetzes bleibt unberührt; § 3 Nummer 40 Satz 1 Buchstabe d und § 32d des Einkommensteuergesetzes sind nur insoweit anzuwenden, als diese Vorschriften bei unmittelbarem Bezug der zuzurechnenden Einkünfte durch die Personen im Sinne des Absatzes 1 anzuwenden wären. [3] Soweit es sich beim Stifter oder der bezugs- oder anfallsberechtigten Person um Personen handelt, die ihre Einkünfte nach dem Körperschaftsteuergesetz ermitteln, bleibt § 8 Absatz 2 des Körperschaftsteuergesetzes unberührt; § 8b Absatz 1 und 2 des Körperschaftsteuergesetzes ist nur insoweit anzuwenden, als diese Vorschrift bei unmittelbarem Bezug der zuzurechnenden Einkünfte durch die Personen im Sinne des Absatzes 1 anzuwenden wäre.

(9) [1] Ist eine ausländische Familienstiftung oder eine andere ausländische Stiftung im Sinne des Absatzes 10 an einer Körperschaft, Personenvereinigung oder Vermögensmasse im Sinne des Körperschaftsteuergesetzes, die weder Geschäftsleitung noch Sitz im Geltungsbereich dieses Gesetzes hat und die nicht gemäß § 3

---

[1] § 15 Abs. 5 neu gef. durch G v. 26. 6. 2013 (BGBl. I S. 1809); zur Anwendung siehe § 21 Abs. 21 Satz 4.

[2] § 15 Abs. 6 angef. durch G v. 19. 12. 2008 (BGBl. I S. 2794); zur erstmaligen Anwendung siehe § 21 Abs. 18 Satz 1.

[3] Verweis geänd. mWv VZ 2013 (§ 21 Abs. 21 Satz 4) durch G v. 26. 6. 2013 (BGBl. I S. 1809).

[4] § 15 Abs. 7 ersetzt durch Abs. 7 bis 11 durch G v. 26. 6. 2013 (BGBl. I S. 1809); zur Anwendung siehe § 21 Abs. 21 Satz 4.

Absatz 1 des Körperschaftsteuergesetzes von der Körperschaftsteuerpflicht ausgenommen ist (ausländische Gesellschaft), beteiligt, so gehören die Einkünfte dieser Gesellschaft in entsprechender Anwendung der §§ 7 bis 14 mit dem Teil zu den Einkünften der Familienstiftung, der auf die Beteiligung der Stiftung am Nennkapital der Gesellschaft entfällt. 2 Auf Gewinnausschüttungen der ausländischen Gesellschaft, denen nachweislich bereits nach Satz 1 zugerechnete Beträge zugrunde liegen, ist Absatz 1 nicht anzuwenden.

(10) 1 Einer ausländischen Familienstiftung werden Vermögen und Einkünfte einer anderen ausländischen Stiftung, die nicht die Voraussetzungen des Absatzes 6 Satz 1 erfüllt, entsprechend ihrem Anteil zugerechnet, wenn sie allein oder zusammen mit den in den Absätzen 2 und 3 genannten Personen zu mehr als der Hälfte unmittelbar oder mittelbar bezugsberechtigt oder anfallsberechtigt ist. 2 Auf Zuwendungen der ausländischen Stiftung, denen nachweislich bereits nach Satz 1 zugerechnete Beträge zugrunde liegen, ist Absatz 1 nicht anzuwenden.

(11) Zuwendungen der ausländischen Familienstiftung unterliegen bei Personen im Sinne des Absatzes 1 nicht der Besteuerung, soweit die den Zuwendungen zugrunde liegenden Einkünfte nachweislich bereits nach Absatz 1 zugerechnet worden sind.

Sechster Teil. Ermittlung und Verfahren

§ 16[1)] Mitwirkungspflicht des Steuerpflichtigen. (1) Beantragt ein Steuerpflichtiger unter Berufung auf Geschäftsbeziehungen mit einer ausländischen Gesellschaft oder einer im Ausland ansässigen Person oder Personengesellschaft, die mit ihren Einkünften, die in Zusammenhang mit den Geschäftsbeziehungen zu dem Steuerpflichtigen stehen, nicht oder nur unwesentlich besteuert wird, die Absetzung von Schulden oder anderen Lasten oder von Betriebsausgaben oder Werbungskosten, so ist im Sinne des § 160 der Abgabenordnung[2)] der Gläubiger oder Empfänger erst dann genau bezeichnet, wenn der Steuerpflichtige alle Beziehungen offenlegt, die unmittelbar oder mittelbar zwischen ihm und der Gesellschaft, Person oder Personengesellschaft bestehen und bestanden haben.

(2) Der Steuerpflichtige hat über die Richtigkeit und Vollständigkeit seiner Angaben und über die Behauptung, daß ihm Tatsachen nicht bekannt sind, auf Verlangen des Finanzamts gemäß § 95 der Abgabenordnung[2)] eine Versicherung an Eides Statt abzugeben.

§ 17[3)] Sachverhaltsaufklärung. (1) 1 Zur Anwendung der Vorschriften der §§ 5 und 7 bis 15 haben Steuerpflichtige für sich selbst und im Zusammenwirken mit anderen die dafür notwendigen Auskünfte zu erteilen. 2 Auf Verlangen sind insbesondere

---

[1)] § 16 geänd. durch G v. 14. 12. 1976 (BGBl. I S. 3341).

[2)] Nr. **800**.

[3)] § 17 Abs. 2 geänd. durch G v. 14. 12. 1976 (BGBl. I S. 3341).

1. die Geschäftsbeziehungen zu offenbaren, die zwischen der Gesellschaft und einem so beteiligten unbeschränkt Steuerpflichtigen oder einer einem solchen im Sinne des § 1 Abs. 2 nahestehenden Person bestehen,
2. die für die Anwendung der §§ 7 bis 14 sachdienlichen Unterlagen einschließlich der Bilanzen und der Erfolgsrechnungen vorzulegen. [2]Auf Verlangen sind diese Unterlagen mit dem im Staat der Geschäftsleitung oder des Sitzes vorgeschriebenen oder üblichen Prüfungsvermerk einer behördlich anerkannten Wirtschaftsprüfungsstelle oder vergleichbaren Stelle vorzulegen.

(2) Ist für die Ermittlung der Einkünfte, für die eine ausländische Gesellschaft Zwischengesellschaft ist, eine Schätzung nach § 162 der Abgabenordnung[1)] vorzunehmen, so ist mangels anderer geeigneter Anhaltspunkte bei der Schätzung als Anhaltspunkt von mindestens 20 Prozent des gemeinen Werts der von den unbeschränkt Steuerpflichtigen gehaltenen Anteile auszugehen; Zinsen und Nutzungsentgelte, die die Gesellschaft für überlassene Wirtschaftsgüter an die unbeschränkt Steuerpflichtigen zahlt, sind abzuziehen.

§ 18[2)] Gesonderte Feststellung von Besteuerungsgrundlagen.

(1) [1]Die Besteuerungsgrundlagen für die Anwendung der §§ 7 bis 14 und § 3 Nr. 41 des Einkommensteuergesetzes[3)] werden gesondert festgestellt. [2]Sind an der ausländischen Gesellschaft mehrere unbeschränkt Steuerpflichtige beteiligt, so wird die gesonderte Feststellung ihnen gegenüber einheitlich vorgenommen; dabei ist auch festzustellen, wie sich die Besteuerungsgrundlagen auf die einzelnen Beteiligten verteilen. [3]Die Vorschriften der Abgabenordnung[1)], mit Ausnahme des § 180 Abs. 3, und der Finanzgerichtsordnung über die gesonderte Feststellung von Besteuerungsgrundlagen sind entsprechend anzuwenden.

(2) [1]Für die gesonderte Feststellung ist das Finanzamt zuständig, das bei dem unbeschränkt Steuerpflichtigen für die Ermittlung der aus der Beteiligung bezogenen Einkünfte örtlich zuständig ist. [2]Ist die gesonderte Feststellung gegenüber mehreren Personen einheitlich vorzunehmen, so ist das Finanzamt zuständig, das nach Satz 1 für den Beteiligten zuständig ist, dem die höchste Beteiligung an der ausländischen Gesellschaft zuzurechnen ist. [3]Läßt sich das zuständige Finanzamt nach den Sätzen 1 und 2 nicht feststellen, so ist das Finanzamt zuständig, das zuerst mit der Sache befaßt wird.

(3) [1]Jeder der an der ausländischen Gesellschaft beteiligten unbeschränkt Steuerpflichtigen und erweitert beschränkt Steuerpflichtigen hat eine Erklärung zur gesonderten Feststellung abzugeben; dies gilt auch, wenn nach § 8 Abs. 2 geltend gemacht wird, dass eine Hinzurechnung unterbleibt[4)]. [2]Diese Verpflichtung kann durch die Abgabe einer gemeinsamen Erklärung erfüllt

---

[1)] Nr. **800**.

[2)] § 18 Abs. 1 Satz 3 geänd. durch G v. 14. 12. 1976 (BGBl. I S. 3341), Abs. 3 angef. durch G v. 14. 12. 1984 (BGBl. I S. 1493); zur erstmaligen Anwendung von Abs. 3 siehe § 21 Abs. 5.

[3)] Zitat ergänzt durch G v. 20. 12. 2001 (BGBl. I S. 3858); zur erstmaligen Anwendung siehe § 21 Abs. 7 Satz 5.

[4)] § 18 Abs. 3 Satz 1 HS 2 angef. durch G v. 20. 12. 2007 (BGBl. I S. 3150); zur erstmaligen Anwendung siehe § 21 Abs. 17 Satz 1.

werden. [3]Die Erklärung ist von dem Steuerpflichtigen oder von den in § 34 der Abgabenordnung[1)] bezeichneten Personen eigenhändig zu unterschreiben.

(4)[2)] Die Absätze 1 bis 3 gelten für Einkünfte und Vermögen im Sinne des § 15 entsprechend.

Siebenter Teil. Schlußvorschriften

§ 19.[3)] *(aufgehoben)*

§ 20[4)] **Bestimmungen über die Anwendung von Abkommen zur Vermeidung der Doppelbesteuerung.** (1) Die Vorschriften der §§ 7 bis 18 und der Absätze 2 und 3 werden durch die Abkommen zur Vermeidung der Doppelbesteuerung nicht berührt.

(2) [1]Fallen Einkünfte in der ausländischen Betriebsstätte eines unbeschränkt Steuerpflichtigen an und wären sie ungeachtet des § 8 Abs. 2[5)] als Zwischeneinkünfte steuerpflichtig, falls diese Betriebsstätte eine ausländische Gesellschaft wäre, ist insoweit die Doppelbesteuerung nicht durch Freistellung, sondern durch Anrechnung der auf diese Einkünfte erhobenen ausländischen Steuern zu vermeiden. [2]Das gilt nicht, soweit in der ausländischen Betriebsstätte Einkünfte anfallen, die nach § 8 Absatz 1 Nummer 5 Buchstabe a als Zwischeneinkünfte steuerpflichtig wären.[6)]

(3) *(aufgehoben)*

§ 21[7)] **Anwendungsvorschriften.** (1) Die Vorschriften dieses Gesetzes sind, soweit in den folgenden Absätzen nichts anderes bestimmt ist, wie folgt anzuwenden:

[1)] Nr. **800**.

[2)] § 18 Abs. 4 neu gef. durch G v. 26. 6. 2013 (BGBl. I S. 1809); zur Anwendung siehe § 21 Abs. 21 Satz 4.

[3)] § 19 aufgeh. durch G v. 20. 12. 2007 (BGBl. I S. 3150).

[4)] § 20 eingef. durch G v. 25. 2. 1992 (BGBl. I S. 297); zur erstmaligen Anwendung von § 20 Abs. 2 siehe § 21 Abs. 7 Satz 1;
Abs. 3 aufgeh. mWv 1. 1. 1997 durch G v. 20. 12. 1996 (BGBl. I S. 2049);
Abs. 2 bish. Satz 2 angef. durch G v. 20. 12. 2001 (BGBl. I S. 3858); zur erstmaligen Anwendung siehe § 21 Abs. 7 Satz 4.
Abs. 2 Satz 1 geänd., bish. Satz 2 aufgeh. durch G v. 16. 5. 2003 (BGBl. I S. 660); zur erstmaligen Anwendung siehe § 21 Abs. 11 Satz 2.

[5)] § 20 Abs. 2 ergänzt durch G v. 20. 12. 2007 (BGBl. I S. 3150); zur erstmaligen Anwendung siehe § 21 Abs. 17 Satz 1.

[6)] § 20 Abs. 2 Satz 2 angef. durch G v. 8. 12. 2010 (BGBl. I S. 1768); zur Anwendung siehe § 21 Abs. 19 Satz 2.

[7)] Bish. § 21 (Berlin-Klausel) aufgeh., bish. § 20 wird § 21 und Überschrift geänd. durch G v. 25. 2. 1992 (BGBl. I S. 297), Abs. 1 und Abs. 4 neugef. durch G v. 13. 9. 1993 (BGBl. I S. 1569), Abs. 5 angef. durch G v. 14. 12. 1984 (BGBl. I S. 1493), Abs. 6 angef. durch Einigungsvertrag v. 31. 8. 1990 (BGBl. II S. 889, 978), Abs. 7 und 8 angef. durch G v. 25. 2. 1992 (BGBl. I S. 297), Abs. 7 neugef. und Abs. 9 angef. durch G v. 13. 9. 1993 (BGBl. I S. 1569),

(Fortsetzung der Fußnote nächste Seite)

1.[1] für die Einkommensteuer und für die Körperschaftsteuer erstmals für den Veranlagungszeitraum 1972;

2. für die Gewerbesteuer erstmals für den Erhebungszeitraum 1972;

3. *(aufgehoben)*

4. für die Erbschaftsteuer auf Erwerbe, bei denen die Steuerschuld nach dem Inkrafttreten dieses Gesetzes entstanden ist.

(2) Die Anwendung der §§ 2 bis 5 wird nicht dadurch berührt, daß die unbeschränkte Steuerpflicht der natürlichen Person bereits vor dem 1. Januar 1972 geendet hat.

(3) Soweit in Anwendung des § 10 Abs. 3 Wirtschaftsgüter erstmals zu bewerten sind, sind sie mit den Werten anzusetzen, die sich ergeben würden, wenn seit Übernahme der Wirtschaftsgüter durch die ausländische Gesellschaft die Vorschriften des deutschen Steuerrechts angewendet worden wären.

(4) [1]§ 13 Abs. 2 Nr. 2 ist erstmals anzuwenden

1. für die Körperschaftsteuer für den Veranlagungszeitraum 1984,

2. für die Gewerbesteuer für den Erhebungszeitraum 1984.

[2]§ 1 Abs. 4, § 13 Abs. 1 Satz 1 Nr. 1 Buchstabe b und Satz 2 in der Fassung des Artikels 17 des Gesetzes vom 25. Februar 1992 (BGBl. I S. 297) sind erstmals anzuwenden:

1. für die Einkommensteuer und für die Körperschaftsteuer für den Veranlagungszeitraum 1992;

2. für die Gewerbesteuer für den Erhebungszeitraum 1992.

(5) § 18 Abs. 3 ist auch für Veranlagungszeiträume und Erhebungszeiträume vor 1985 anzuwenden, wenn die Erklärungen noch nicht abgegeben sind.

(6) [1]Bei der Anwendung der §§ 2 bis 6 für die Zeit nach dem 31. Dezember 1990 steht der unbeschränkten Steuerpflicht nach § 1 Abs. 1 Satz 1 des Einkommensteuergesetzes die unbeschränkte Steuerpflicht nach § 1 Abs. 1 des Einkommensteuergesetzes der Deutschen Demokratischen Republik in der Fassung vom 18. September 1970 (Sonderdruck Nr. 670 des Gesetzblattes)[2] gleich. [2]Die Anwendung der §§ 2 bis 5 wird nicht dadurch berührt, daß die unbeschränkte Steuerpflicht der natürlichen Personen bereits vor dem 1. Januar 1991 geendet hat.

(7) [1]§ 7 Abs. 6, § 10 Abs. 6, § 11 Abs. 4 Satz 1, § 14 Abs. 4 Satz 5 und § 20 Abs. 2 in Verbindung mit § 10 Abs. 6 in der Fassung des Artikels 12 des

(Fortsetzung der Fußnote)

Abs. 7 Satz 2 ersetzt durch Sätze 2 bis 4, Abs. 8 und 9 neu gef. durch G v. 21. 12. 1993 (BGBl. I S. 2310), Abs. 1 Nr. 3 aufgeh., Abs. 7 Satz 2 geänd. sowie Sätze 3 und 4 aufgeh. durch G v. 20. 12. 1996 (BGBl. I S. 2049), Abs. 7 bish. Satz 1 aufgeh., bish. Satz 2 wird Satz 1 und geänd., Sätze 2 bis 4 angef. durch G v. 23. 10. 2000 (BGBl. I S. 1433), Abs. 7 neugef. durch G v. 20. 12. 2001 (BGBl. I S. 3858).

[1] Zur Verfassungsmäßigkeit von § 20 Abs. 1 Buchst. a [jetzt § 21 Abs. 1 Nr. 1] bez. der Besteuerung von Einkünften, die in der Zeit vom 1. 1.–21. 6. 1972 zugeflossen sind, siehe Beschluß des BVerfG – 2 BvL 2/83 – v. 14. 5. 1986 (BGBl. I S. 1030).

[2] Gesetzblatt der DDR.

Gesetzes vom 21. Dezember 1993 (BGBl. I S. 2310) sind erstmals anzuwenden

1. für die Einkommen- und Körperschaftsteuer für den Veranlagungszeitraum,
2. mit Ausnahme des § 20 Abs. 2 und 3 für die Gewerbesteuer, für die der Teil des Hinzurechnungsbetrags, dem Einkünfte mit Kapitalanlagecharakter im Sinne des § 10 Abs. 6 Satz 3 zugrunde liegen, außer Ansatz bleibt, für den Erhebungszeitraum,

für den Zwischeneinkünfte mit Kapitalanlagecharakter im Sinne des § 10 Abs. 6 Satz 2 und 3 hinzuzurechnen sind, die in einem Wirtschaftsjahr der Zwischengesellschaft oder der Betriebsstätte entstanden sind, das nach dem 31. Dezember 1993 beginnt. [2]§ 6 Abs. 1 in der Fassung des Artikels 5 des Gesetzes vom 20. Dezember 2001 (BGBl. I S. 3858) ist erstmals anzuwenden, wenn im Zeitpunkt der Beendigung der unbeschränkten Steuerpflicht auf Veräußerungen im Sinne des § 17 des Einkommensteuergesetzes § 3 Nr. 40 Buchstabe c des Einkommensteuergesetzes anzuwenden wäre. [3]§ 7 Abs. 6 in der Fassung des Artikels 5 des Gesetzes vom 20. Dezember 2001 (BGBl. I S. 3858) ist erstmals anzuwenden

1. für die Einkommen- und Körperschaftsteuer für den Veranlagungszeitraum,
2. für die Gewerbesteuer für den Erhebungszeitraum,

für den Zwischeneinkünfte hinzuzurechnen sind, die in einem Wirtschaftsjahr der Zwischengesellschaft entstanden sind, das nach dem 15. August 2001 beginnt. [4]§ 12 Abs. 2 in der Fassung des Artikels 12 des Gesetzes vom 23. Oktober 2000 (BGBl. I S. 1433) sowie § 7 Abs. 7, § 8 Abs. 1 Nr. 8 und 9 und Abs. 3, § 9, § 10 Abs. 2, 3, 6, 7, § 11, § 12 Abs. 1, § 14 und § 20 Abs. 2 in der Fassung des Artikels 5 des Gesetzes vom 20. Dezember 2001 (BGBl. I S. 3858) sind erstmals anzuwenden

1. für die Einkommen- und Körperschaftsteuer für den Veranlagungszeitraum,
2. für die Gewerbesteuer für den Erhebungszeitraum,

für den Zwischeneinkünfte hinzuzurechnen sind, die in einem Wirtschaftsjahr der Zwischengesellschaft oder der Betriebsstätte entstanden sind, das nach dem 31. Dezember 2000 beginnt. [5]§ 12 Abs. 3, § 18 Abs. 1 in der Fassung des Artikels 5 des Gesetzes vom 20. Dezember 2001 (BGBl. I S. 3858) sind erstmals anzuwenden, wenn auf Gewinnausschüttungen § 3 Nr. 41 des Einkommensteuergesetzes in der Fassung des Artikels 1 des Gesetzes vom 20. Dezember 2001 (BGBl. I S. 3858) anwendbar ist. [6]§ 8 Abs. 2 in der Fassung des Artikels 6 des Gesetzes vom 6. September 1976 (BGBl. I S. 2641), § 13 in der Fassung des Artikels 17 des Gesetzes vom 25. Februar 1992 (BGBl. I S. 297) sind letztmals anzuwenden

1. für die Einkommen- und Körperschaftsteuer für den Veranlagungszeitraum,
2. für die Gewerbesteuer für den Erhebungszeitraum,

für den Zwischeneinkünfte hinzuzurechnen sind, die in einem Wirtschaftsjahr der Zwischengesellschaft entstanden sind, das vor dem 1. Januar 2001 beginnt. [7]§ 11 in der Fassung des Artikels 12 des Gesetzes vom 21. Dezember 1993 (BGBl. I S. 2310) ist auf Gewinnausschüttungen der Zwischengesellschaft oder auf Gewinne aus der Veräußerung der Anteile an der Zwischengesellschaft nicht anzuwenden, wenn auf die Ausschüttungen oder auf die Gewinne aus der Veräußerung § 8b Abs. 1 oder 2 des Körperschaftsteuergesetzes in der Fassung des Artikels 3 des Gesetzes vom 23. Oktober 2000 (BGBl. I S. 1433) oder § 3 Nr. 41 des Einkommensteuergesetzes in der Fassung des Artikels 1 des Gesetzes vom 20. Dezember 2001 (BGBl. I S. 3858) anwendbar ist.

(8)[1] § 6 Abs. 3 Nr. 4 in der Fassung des Gesetzes vom 21. Dezember 1993 (BGBl. I S. 2310) ist erstmals auf Einbringungen anzuwenden, die nach dem 31. Dezember 1991, und letztmals auf Einbringungen anzuwenden, die vor dem 1. Januar 1999 vorgenommen wurden.

(9) [1]§ 8 Abs. 1 Nr. 7 und § 10 Abs. 3 Satz 6 in der Fassung des Artikels 7 des Gesetzes vom 13. September 1993 (BGBl. I S. 1569) sind erstmals anzuwenden

1. für die Einkommensteuer und Körperschaftsteuer für den Veranlagungszeitraum,
2. für die Gewerbesteuer für den Erhebungszeitraum,

für den Zwischeneinkünfte hinzuzurechnen sind, die in einem Wirtschaftsjahr der Zwischengesellschaft entstanden sind, das nach dem 31. Dezember 1991 beginnt. [2]§ 10 Abs. 3 Satz 1 in der Fassung dieses Gesetzes ist erstmals anzuwenden

1. für die Einkommensteuer und Körperschaftsteuer für den Veranlagungszeitraum,
2. für die Gewerbesteuer für den Erhebungszeitraum,

für den Zwischeneinkünfte hinzuzurechnen sind, die in einem Wirtschaftsjahr der Zwischengesellschaft entstanden sind, das nach dem 31. Dezember 1993 beginnt.

(10)[2] [1]§ 2 Abs. 1 Satz 2, Abs. 2 Nr. 1 und Abs. 3 Nr. 2 und 3 sind in der Fassung des Artikels 9 des Gesetzes vom 19. Dezember 2000 (BGBl. I S. 1790) erstmals für den Veranlagungszeitraum 2002 anzuwenden. [2]§ 7 Abs. 6 Satz 2, § 9 und § 10 Abs. 6 Satz 1 sind in der Fassung des Artikels 9 des Gesetzes vom 19. Dezember 2000 (BGBl. I S. 1790) erstmals anzuwenden

1. für die Einkommensteuer und die Körperschaftsteuer für den Veranlagungszeitraum,
2. für die Gewerbesteuer für den Erhebungszeitraum,

für den Zwischeneinkünfte hinzuzurechnen sind, die in einem Wirtschaftsjahr der Zwischengesellschaft entstanden sind, das nach dem 31. Dezember 2001 beginnt.

(11)[3] [1]§ 1 Abs. 4 in der Fassung des Artikels 11 des Gesetzes vom 16. Mai 2003 (BGBl. I S. 660) ist erstmals für den Veranlagungszeitraum 2003 anzuwenden. [2]§ 7 Abs. 6 und 6a, § 8 Abs. 1 Nr. 9, §§ 10, 11, 14, 20 Abs. 2 in der Fassung des Artikels 11 des Gesetzes vom 16. Mai 2003 (BGBl. I S. 660), § 7

---

[1] § 21 Abs. 8 neugef. durch G v. 7. 12. 2006 (BGBl. I S. 2782).

[2] § 21 Abs. 10 angef. durch G v. 19. 2. 2000 (BGBl. I S. 1790).

[3] § 21 Abs. 11 angef. durch G v. 16. 5. 2003 (BGBl. I S. 660) und neugef. durch G v. 22. 12. 2003 (BGBl. I S. 2840).

Abs. 7, § 8 Abs. 1 Nr. 4 und § 14 Abs. 1 in der Fassung des Artikels 5 des Gesetzes vom 22. Dezember 2003 (BGBl. I S. 2840) sind erstmals anzuwenden

1. für die Einkommen- und Körperschaftsteuer für den Veranlagungszeitraum,
2. für die Gewerbesteuer für den Erhebungszeitraum,

für den Zwischeneinkünfte hinzuzurechnen oder in einer Betriebsstätte angefallen sind, die in einem Wirtschaftsjahr der Zwischengesellschaft oder der Betriebsstätte entstanden sind, das nach dem 31. Dezember 2002 beginnt.

(12)[1] § 10 Abs. 3 in der am 1. Januar 2004 geltenden Fassung, § 7 Abs. 7 in der Fassung des Artikels 11 des Gesetzes vom 9. Dezember 2004 (BGBl. I S. 3310) sind erstmals anzuwenden

1. für die Einkommen- und Körperschaftsteuer für den Veranlagungszeitraum,
2. für die Gewerbesteuer für den Erhebungszeitraum,

für den Zwischeneinkünfte hinzuzurechnen oder in einer Betriebsstätte angefallen sind, die in einem Wirtschaftsjahr der Zwischengesellschaft oder der Betriebsstätte entstanden sind, das nach dem 31. Dezember 2003 beginnt.

(13)[2] [1]§ 6 Abs. 1 in der Fassung des Artikels 7 des Gesetzes vom 7. Dezember 2006 (BGBl. I S. 2782) ist erstmals für den Veranlagungszeitraum 2007 anzuwenden. [2]§ 6 Abs. 2 bis 7 in der Fassung des Gesetzes vom 7. Dezember 2006 (BGBl. I S. 2782) ist in allen Fällen anzuwenden, in denen die Einkommensteuer noch nicht bestandskräftig festgesetzt ist.

(14)[3] § 8 Abs. 1 Nr. 10 und § 10 Abs. 3 Satz 4 in der Fassung des Artikels 7 des Gesetzes vom 7. Dezember 2006 (BGBl. I S. 2782) ist erstmals anzuwenden

1. für die Einkommen- und Körperschaftsteuer für den Veranlagungszeitraum,
2. für die Gewerbesteuer für den Erhebungszeitraum,

für den Zwischeneinkünfte hinzuzurechnen oder in einer Betriebsstätte angefallen sind, die in einem Wirtschaftsjahr der Zwischengesellschaft oder der Betriebsstätte entstanden sind, das nach dem 31. Dezember 2005 beginnt.

(15)[4] § 7 Abs. 8, § 8 Abs. 1 Nr. 9, § 11 Abs. 1[5] und § 14 Abs. 2 in der Fassung des Artikels 3 des Gesetzes vom 28. Mai 2007 (BGBl. I S. 914) sind erstmals anzuwenden für

1. die Einkommen- und Körperschaftsteuer für den Veranlagungszeitraum sowie
2. die Gewerbesteuer für den Erhebungszeitraum,

---

[1] § 21 Abs. 12 angef. durch G v. 15. 12. 2003 (BGBl. I S. 2676) und geänd. durch G v. 9. 12. 2004 (BGBl. I S. 3310).

[2] § 21 Abs. 13 angef. durch G v. 7. 12. 2006 (BGBl. I S. 2782).

[3] § 21 Abs. 14 angef. durch G v. 7. 12. 2006 (BGBl. I S. 2782).

[4] § 21 Abs. 13 angef. durch G v. 28. 5. 2007 (BGBl. I S. 914), Abs. 13 wird Abs. 15 und geänd. durch G v. 20. 12. 2007 (BGBl. I S. 3150).

[5] § 21 Abs. 15 Verweis auf § 11 Abs. 1 eingef. durch G v. 19. 12. 2008 (BGBl. I S. 2794).

für den Zwischeneinkünfte hinzuzurechnen sind, die in einem Wirtschaftsjahr der Zwischengesellschaft oder der Betriebsstätte entstanden sind, das nach dem 31. Dezember 2006 beginnt.

(16)[1] § 1 Absatz 1, 3 Satz 1 bis 8 und Satz 11 bis 13 und Absatz 4 in der Fassung des Artikels 7 des Gesetzes vom 14. August 2007 (BGBl. I S. 1912) und § 1 Absatz 3 Satz 9 und 10 in der Fassung des Artikels 11 des Gesetzes vom 8. April 2010 (BGBl. I S. 386) sind erstmals für den Veranlagungszeitraum 2008 anzuwenden.

(17)[2] [1] § 7 Abs. 6 Satz 2, § 8 Abs. 2 und 3, §§ 9, 10 Abs. 2 Satz 3, § 18 Abs. 3 Satz 1 und § 20 Abs. 2 in der Fassung des Artikels 24 des Gesetzes vom 20. Dezember. 2007 (BGBl. I S. 3150) sind erstmals anzuwenden

1. für die Einkommen- und Körperschaftsteuer für den Veranlagungszeitraum,
2. für die Gewerbesteuer für den Erhebungszeitraum,

für den Zwischeneinkünfte hinzuzurechnen sind, die in einem Wirtschaftsjahr der Zwischengesellschaft oder der Betriebsstätte entstanden sind, das nach dem 31. Dezember 2007 beginnt. [2] § 8 Abs. 1 Nr. 9 in der Fassung des Artikels 24 des Gesetzes vom 20. Dezember 2007 (BGBl. I S. 3150) ist erstmals anzuwenden

1. für die Einkommen- und Körperschaftsteuer für den Veranlagungszeitraum,
2. für die Gewerbesteuer für den Erhebungszeitraum,

für den Zwischeneinkünfte hinzuzurechnen sind, die in einem Wirtschaftsjahr der Zwischengesellschaft oder der Betriebsstätte entstanden sind, das nach dem 31. Dezember 2006 beginnt. [3] § 12 Abs. 3 Satz 1 in der Fassung des Artikels 24 des Gesetzes vom 20. Dezember 2007 (BGBl. I S. 3150) ist erstmals für Zeiträume anzuwenden, für die § 12 Abs. 3 in der am 25. Dezember 2001 geltenden Fassung erstmals anzuwenden ist. [4] § 14 Abs. 1 Satz 1 in der Fassung des Artikels 24 des Gesetzes vom 20. Dezember 2007 (BGBl. I S. 3150) ist erstmals anzuwenden

1. für die Einkommen- und Körperschaftsteuer für den Veranlagungszeitraum,
2. für die Gewerbesteuer für den Erhebungszeitraum,

für den Zwischeneinkünfte hinzuzurechnen sind, die in einem Wirtschaftsjahr der Zwischengesellschaft oder der Betriebsstätte entstanden sind, das nach dem 31. Dezember 2005 beginnt. [5] § 18 Abs. 4 in der am 29. Dezember 2007 geltenden Fassung ist für die Einkommen- und Körperschaftsteuer erstmals für den Veranlagungszeitraum 2008 anzuwenden.

(18)[3] [1] § 2 Abs. 1 und 5 und § 15 Abs. 6 in der Fassung des Artikels 9 des Gesetzes vom 19. Dezember 2008 (BGBl. I S. 2794) sind für die Einkommen- und Körperschaftsteuer erstmals für den Veranlagungszeitraum 2009 anzuwenden. [2] § 15 Abs. 7 in der Fassung des Artikels 9 des Gesetzes vom 19. Dezember 2008 (BGBl. I S. 2794) ist in allen Fällen anzuwenden, in denen die Einkommen- und Körperschaftsteuer noch nicht bestandskräftig festgesetzt ist.

---

[1] § 21 Abs. 15 angef. durch G v. 14. 8. 2007 (BGBl. I S. 1912), Abs. 15 wird Abs. 16 durch G v. 20. 12. 2007 (BGBl. I S. 3150); geänd. durch G v. 8. 4. 2010 (BGBl. I S. 386).

[2] § 21 Abs. 17 angef. durch G v. 20. 12. 2007 (BGBl. I S. 3150), Satz 1 geänd. und Satz 5 angef. durch G v. 19. 12. 2008 (BGBl. I S. 2794).

[3] § 21 Abs. 18 angef. durch G v. 19. 12. 2008 (BGBl. I S. 2794).

(19)[1] [1]§ 8 Absatz 3 und § 10 Absatz 1 Satz 3 in der Fassung des Artikels 7 des Gesetzes vom 8. Dezember 2010 (BGBl. I S. 1768) sind erstmals anzuwenden

1. für die Einkommen- und Körperschaftsteuer für den Veranlagungszeitraum,
2. für die Gewerbesteuern für den Erhebungszeitraum,

für den Zwischeneinkünfte hinzuzurechnen sind, die in einem Wirtschaftsjahr der Zwischengesellschaft oder der Betriebsstätte entstanden sind, das nach dem 31. Dezember 2010 beginnt. [2]§ 20 Absatz 2 in der Fassung des Artikels 7 des Gesetzes vom 8. Dezember 2010 (BGBl. I S. 1768) ist in allen Fällen anzuwenden, in denen die Einkommensteuer noch nicht bestandskräftig festgesetzt ist.

(20)[2] [1]§ 1 Absatz 1 Satz 2 erster Halbsatz und Absatz 3 und 6 in der Fassung des Artikels 6 des Gesetzes vom 26. Juni 2013 (BGBl. I S. 1809) ist erstmals für den Veranlagungszeitraum 2013 anzuwenden. [2]§ 1 Absatz 1 Satz 2 zweiter Halbsatz in der Fassung des Artikels 6 des Gesetzes vom 26. Juni 2013 (BGBl. I S. 1809) gilt für alle noch nicht bestandskräftigen Veranlagungen. [3]§ 1 Absatz 4 und 5 in der Fassung des Artikels 6 des Gesetzes vom 26. Juni 2013 (BGBl. I S. 1809) ist erstmals für Wirtschaftsjahre anzuwenden, die nach dem 31. Dezember 2012 beginnen.

(21)[2] [1]§ 2 Absatz 5 in der Fassung des Artikels 6 des Gesetzes vom 26. Juni 2013 (BGBl. I S. 1809) ist erstmals für den Veranlagungszeitraum 2013 anzuwenden. [2]Auf Antrag ist § 2 Absatz 5 Satz 1 und 3 in der Fassung des Artikels 6 des Gesetzes vom 26. Juni 2013 (BGBl. I S. 1809) bereits für Veranlagungszeiträume vor 2013 anzuwenden, bereits ergangene Steuerfestsetzungen sind aufzuheben oder zu ändern. [3]§ 8 Absatz 2 in der Fassung des Artikels 6 des Gesetzes vom 26. Juni 2013 (BGBl. I S. 1809) ist erstmals anzuwenden

1. für die Einkommen- und Körperschaftsteuer für den Veranlagungszeitraum,
2. für die Gewerbesteuer für den Erhebungszeitraum,

für den Zwischeneinkünfte hinzuzurechnen sind, die in einem Wirtschaftsjahr der Zwischengesellschaft oder der Betriebsstätte entstanden sind, das nach dem 31. Dezember 2012 beginnt. [4]§ 15 Absatz 1, 5 bis 11 sowie § 18 Absatz 4 sind in der Fassung des Artikels 6 des Gesetzes vom 26. Juni 2013 (BGBl. I S. 1809) für die Einkommen- und Körperschaftsteuer erstmals anzuwenden für den Veranlagungszeitraum 2013.

(22)[3] § 1 Absatz 4 in der am 31. Dezember 2014 geltenden Fassung ist erstmals für den Veranlagungszeitraum 2015 anzuwenden.

(23)[3] § 6 Absatz 5 Satz 3 in der am 31. Dezember 2014 geltenden Fassung ist in allen Fällen anzuwenden, in denen die geschuldete Steuer noch nicht entrichtet ist.

(24)[4] Die §§ 7 und 10 in der am 1. Januar 2018 geltenden Fassung sind ab dem 1. Januar 2018 anzuwenden.

---

[1] § 21 Abs. 19 angef. durch G v. 8. 12. 2010 (BGBl. I S. 1768).
[2] § 21 Abs. 20 und 21 angef. durch G v. 26. 6. 2013 (BGBl. I S. 1809).
[3] § 21 Abs. 22 und 23 angef. durch G v. 22. 12. 2014 (BGBl. I S. 2417).
[4] § 21 Abs. 24 angef. durch G v. 19. 7. 2016 (BGBl. I S. 1730).

§ 22[1] Neufassung des Gesetzes. Das Bundesministerium der Finanzen kann den Wortlaut dieses Gesetzes in der jeweils geltenden Fassung im Bundesgesetzblatt bekannt machen.

---

[1] § 22 neu gef. durch G v. 20. 12. 2007 (BGBl. I S. 3150).

725 a. Verordnung zur Anwendung des Fremdvergleichsgrundsatzes nach § 1 Abs. 1 des Außensteuergesetzes in Fällen grenzüberschreitender Funktionsverlagerungen (Funktionsverlagerungsverordnung – FVerlV)

Vom 12. August 2008 (BGBl. I S. 1680)

Geändert durch Amtshilferichtlinie-Umsetzungsgesetz (AmtshilfeRLUmsG) vom 26. 6. 2013 (BGBl. I S. 1809)

BGBl. III/FNA 610-6-8-1

Auf Grund des § 1 Abs. 3 Satz 13 des Außensteuergesetzes vom 8. September 1972 (BGBl. I S. 1713), der durch Artikel 7 des Gesetzes vom 14. August 2007 (BGBl. I S. 1912) eingefügt worden ist, verordnet das Bundesministerium der Finanzen:

Abschnitt 1. Allgemeine Vorschriften

§ 1 Begriffsbestimmungen. (1) [1]Eine Funktion ist eine Geschäftstätigkeit, die aus einer Zusammenfassung gleichartiger betrieblicher Aufgaben besteht, die von bestimmten Stellen oder Abteilungen eines Unternehmens erledigt werden. [2]Sie ist ein organischer Teil eines Unternehmens, ohne dass ein Teilbetrieb im steuerlichen Sinn vorliegen muss.

(2) [1]Eine Funktionsverlagerung im Sinne des § 1 Abs. 3 Satz 9 des Außensteuergesetzes liegt vorbehaltlich der Absätze 6 und 7 vor, wenn ein Unternehmen (verlagerndes Unternehmen) einem anderen, nahe stehenden Unternehmen (übernehmendes Unternehmen) Wirtschaftsgüter und sonstige Vorteile sowie die damit verbundenen Chancen und Risiken überträgt oder zur Nutzung überlässt, damit das übernehmende Unternehmen eine Funktion ausüben kann, die bisher von dem verlagernden Unternehmen ausgeübt worden ist, und dadurch die Ausübung der betreffenden Funktion durch das verlagernde Unternehmen eingeschränkt wird. [2]Eine Funktionsverlagerung kann auch vorliegen, wenn das übernehmende Unternehmen die Funktion nur zeitweise übernimmt. [3]Geschäftsvorfälle, die innerhalb von fünf Wirtschaftsjahren verwirklicht werden, sind zu dem Zeitpunkt, zu dem die Voraussetzungen des Satzes 1 durch ihre gemeinsame Verwirklichung wirtschaftlich erfüllt sind, als einheitliche Funktionsverlagerung zusammenzufassen.

(3) Ein Transferpaket im Sinne des § 1 Abs. 3 Satz 9 des Außensteuergesetzes besteht aus einer Funktion und den mit dieser Funktion zusammenhängenden Chancen und Risiken sowie den Wirtschaftsgütern und Vorteilen, die das verlagernde Unternehmen dem übernehmenden Unternehmen zusammen mit der Funktion überträgt oder zur Nutzung überlässt, und den in diesem Zusammenhang erbrachten Dienstleistungen.

(4) Gewinnpotenziale im Sinne des § 1 Abs. 3 Satz 6 des Außensteuergesetzes sind die aus der verlagerten Funktion jeweils zu erwartenden Reingewinne nach Steuern (Barwert), auf die ein ordentlicher und gewissenhafter Geschäftsleiter im Sinne des § 1 Absatz 1 Satz 3[1)] des Außensteuergesetzes aus der Sicht des verlagernden Unternehmens nicht unentgeltlich verzichten würde und für die ein solcher Geschäftsleiter aus der Sicht des übernehmenden Unternehmens bereit wäre, ein Entgelt zu zahlen.

(5) Immaterielle Wirtschaftsgüter und Vorteile sind in Fällen von Funktionsverlagerungen wesentlich im Sinne des § 1 Abs. 3 Satz 10 erste Alternative des Außensteuergesetzes, wenn sie für die verlagerte Funktion erforderlich sind und ihr Fremdvergleichspreis insgesamt mehr als 25 Prozent der Summe der Einzelpreise aller Wirtschaftsgüter und Vorteile des Transferpakets beträgt und dies unter Berücksichtigung der Auswirkungen der Funktionsverlagerung, die aus den Aufzeichnungen im Sinne des § 3 Abs. 2 Satz 2 hervorgehen, glaubhaft ist.

(6) [1]Eine Funktionsverlagerung im Sinne des Absatzes 2 liegt nicht vor, wenn es trotz Vorliegens der übrigen Voraussetzungen des Absatzes 2 Satz 1 innerhalb von fünf Jahren nach Aufnahme der Funktion durch das nahe stehende Unternehmen zu keiner Einschränkung der Ausübung der betreffenden Funktion durch das in Absatz 2 Satz 1 zuerst genannte Unternehmen kommt (Funktionsverdoppelung). [2]Kommt es innerhalb dieser Frist zu einer solchen Einschränkung, liegt zum Zeitpunkt, in dem die Einschränkung eintritt, insgesamt eine einheitliche Funktionsverlagerung vor, es sei denn, der Steuerpflichtige macht glaubhaft, dass diese Einschränkung nicht in unmittelbarem wirtschaftlichen Zusammenhang mit der Funktionsverdoppelung steht.

(7) [1]Eine Funktionsverlagerung im Sinne des Absatzes 2 liegt ebenfalls nicht vor, wenn ausschließlich Wirtschaftsgüter veräußert oder zur Nutzung überlassen werden oder wenn nur Dienstleistungen erbracht werden, es sei denn, diese Geschäftsvorfälle sind Teil einer Funktionsverlagerung. [2]Entsprechendes gilt, wenn Personal im Konzern entsandt wird, ohne dass eine Funktion mit übergeht, oder wenn der Vorgang zwischen voneinander unabhängigen Dritten nicht als Veräußerung oder Erwerb einer Funktion angesehen würde.

§ 2 Anwendung der Regelungen zum Transferpaket. (1) [1]In Fällen von Funktionsverlagerungen, in denen die Preisbestimmung für das Transferpaket als Ganzes auf Grund uneingeschränkt oder eingeschränkt vergleichbarer Vergleichswerte erfolgen kann, ist vorrangig § 1 Abs. 3 Satz 1 bis 4 des Außensteuergesetzes anzuwenden. [2]Anderenfalls ist die Preisbestimmung für das Transferpaket entsprechend dem hypothetischen Fremdvergleich nach § 1 Abs. 3 Satz 5 und 6 des Außensteuergesetzes vorzunehmen. [3]§1 Abs. 3 Satz 10 erste Alternative des Außensteuergesetzes bleibt unberührt.

(2) [1]Übt das übernehmende Unternehmen die übergehende Funktion ausschließlich gegenüber dem verlagernden Unternehmen aus und ist das Entgelt, das für die Ausübung der Funktion und die Erbringung der entsprechenden Leistungen anzusetzen ist, nach der Kostenaufschlagsmethode zu ermitteln, ist davon

[1)] Verweis geänd. durch G v. 26. 6. 2013 (BGBl. I S. 1809).

auszugehen, dass mit dem übergehenden Transferpaket keine wesentlichen immateriellen Wirtschaftsgüter und Vorteile übertragen werden, so dass § 1 Abs. 3 Satz 10 erste Alternative des Außensteuergesetzes anwendbar ist. [2] Erbringt ein übernehmendes Unternehmen im Sinne des Satzes 1 die bisher ausschließlich gegenüber dem verlagernden Unternehmen erbrachten Leistungen eigenständig, ganz oder teilweise, gegenüber anderen Unternehmen zu Preisen, die höher sind als das Entgelt nach der Kostenaufschlagsmethode oder die entsprechend dem Fremdvergleichsgrundsatz höher anzusetzen sind, ist zum Zeitpunkt der erstmaligen Erbringung gegenüber den anderen Unternehmen für bisher unentgeltlich vom verlagernden Unternehmen für die Leistungserbringung zur Verfügung gestellte Wirtschaftsgüter und Vorteile ein Entgelt entsprechend § 3 zu verrechnen; die betreffenden Wirtschaftsgüter und Vorteile gelten als ein Transferpaket, soweit hierfür die sonstigen Voraussetzungen gegeben sind.

(3) [1] In Fällen, in denen nach § 1 Abs. 3 Satz 10 zweite Alternative des Außensteuergesetzes eine Verrechnungspreisermittlung für eine Funktionsverlagerung auf der Grundlage der Summe der Verrechnungspreise für die einzelnen betroffenen Wirtschaftsgüter und Vorteile anzuerkennen ist, sind sowohl der Einigungsbereich als auch der Wert für das Transferpaket als Ganzes nach § 1 Abs. 3 Satz 7 und 9 des Außensteuergesetzes zu ermitteln. [2] Die Summe der Einzelverrechnungspreise für die Wirtschaftsgüter und Vorteile, die vollständig zu erfassen sind, darf nur angesetzt werden, wenn sie im Einigungsbereich liegt und der Steuerpflichtige glaubhaft macht, dass sie dem Fremdvergleichsgrundsatz entspricht.

Abschnitt 2. Wert des Transferpakets und Ansatz der Verrechnungspreise für seine Bestandteile

§ 3 Wert des Transferpakets. (1) Ist in den Fällen des § 2 Abs. 1 Satz 2 der Wert für ein dem verlagernden Unternehmen zuzurechnendes Transferpaket als Ganzes zu bestimmen, muss dieser Wert, dem Fremdvergleichsgrundsatz im Sinne des § 1 Abs. 1 des Außensteuergesetzes entsprechend, aus der Sicht der beteiligten Unternehmen in Übereinstimmung mit den Gewinnen stehen, die zum Zeitpunkt der Verlagerung aus der Ausübung der Funktion erwartet werden können und der Funktion zuzuordnen sind (Gewinnpotenziale).

(2) [1] Die jeweiligen Gewinnpotenziale sind unter Berücksichtigung aller Umstände des Einzelfalles auf der Grundlage einer Funktionsanalyse vor und nach der Funktionsverlagerung unter Berücksichtigung tatsächlich bestehender Handlungsmöglichkeiten zu ermitteln und beinhalten auch Standortvorteile oder -nachteile und Synergieeffekte. [2] Ausgangspunkt für die Berechnungen sind die Unterlagen, die Grundlage für die Unternehmensentscheidung waren, eine Funktionsverlagerung durchzuführen. [3] Für die Berechnung der jeweiligen Gewinnpotenziale und des Einigungsbereichs (§ 7) sind die dem Maßstab des § 1 Absatz 1 Satz 3[1)] des Außensteuergesetzes entsprechenden

[1)] Verweis geänd. durch G v. 26. 6. 2013 (BGBl. I S. 1809).

Gewinnerwartungen der beteiligten Unternehmen, angemessene Kapitalisierungszinssätze (§ 5) und ein von den Umständen der Funktionsausübung abhängiger Kapitalisierungszeitraum (§ 6) zu Grunde zu legen.

§ 4 Bestandteile des Transferpakets. (1) Werden für einzelne Teile des Transferpakets unterschiedliche Vereinbarungen getroffen oder sind solche Vereinbarungen dem Fremdvergleichsgrundsatz entsprechend anzunehmen, sind für alle Teile des Transferpakets Verrechnungspreise anzusetzen, die insgesamt dem nach § 3 Abs. 1 bestimmten Wert des Transferpakets als Ganzes entsprechen.

(2) Bestehen Zweifel, ob hinsichtlich des Transferpakets oder einzelner Teile eine Übertragung oder eine Nutzungsüberlassung anzunehmen ist, wird auf Antrag des Steuerpflichtigen von einer Nutzungsüberlassung ausgegangen.

(3) In den Fällen des § 1 Abs. 6, in denen sich nachträglich herausstellt, dass eine Funktionsverlagerung vorliegt, sind die Verrechnungspreise für die Geschäftsvorfälle, die dazu geführt haben, dass eine Funktionsverlagerung vorliegt, dem Fremdvergleichsgrundsatz entsprechend so anzusetzen, dass sie zusammen mit den ursprünglich bestimmten Verrechnungspreisen dem nach § 3 Abs. 1 bestimmten Wert des Transferpakets als Ganzes entsprechen.

§ 5 Kapitalisierungszinssatz. [1] Zur Bestimmung des jeweils angemessenen Kapitalisierungszinssatzes ist unter Berücksichtigung der Steuerbelastung vom Zins für eine risikolose Investition auszugehen, auf den ein funktions- und risikoadäquater Zuschlag vorzunehmen ist. [2] Die Laufzeit der vergleichbaren risikolosen Investition richtet sich danach, wie lange die übernommene Funktion voraussichtlich ausgeübt wird. [3] Der Zuschlag ist so zu bemessen, dass er sowohl für das übernehmende als auch für das verlagernde Unternehmen die in vergleichbaren Fällen jeweils unternehmensübliche Risikobeurteilung berücksichtigt.

§ 6 Kapitalisierungszeitraum. Werden keine Gründe für einen bestimmten, von den Umständen der Funktionsausübung abhängigen Kapitalisierungszeitraum glaubhaft gemacht oder sind solche Gründe nicht ersichtlich, ist ein unbegrenzter Kapitalisierungszeitraum zu Grunde zu legen.

§ 7 Bestimmung des Einigungsbereichs. (1) [1] Für ein verlagerndes Unternehmen, das aus der Funktion Gewinne zu erwarten hat, ergibt sich die Untergrenze des Verhandlungsrahmens (Mindestpreis des Einigungsbereichs) im Sinne des § 1 Abs. 3 Satz 6 des Außensteuergesetzes aus dem Ausgleich für den Wegfall oder die Minderung des Gewinnpotenzials zuzüglich der gegebenenfalls anfallenden Schließungskosten. [2] Tatsächlich bestehende Handlungsmöglichkeiten, die das verlagernde Unternehmen als vom übernehmenden Unternehmen unabhängiges Unternehmen hätte, sind zu berücksichtigen, ohne die unternehmerische Dispositionsbefugnis des verlagernden Unternehmens in Frage zu stellen.

(2) In Fällen, in denen das verlagernde Unternehmen aus rechtlichen, tatsächlichen oder wirtschaftlichen Gründen nicht mehr dazu in der Lage ist, die Funktion mit eigenen Mitteln selbst auszuüben, entspricht der Mindestpreis dem Liquidationswert.

(3) [1] Verlagert ein Unternehmen eine Funktion, aus der es dauerhaft Verluste zu erwarten hat, wird der Verhandlungsrahmen für das verlagernde Unternehmen durch die zu erwartenden Verluste oder die gegebenenfalls anfallenden Schließungskosten begrenzt; maßgeblich ist der niedrigere absolute Betrag. [2] In solchen Fällen kann es dem Verhalten eines ordentlichen und gewissenhaften Geschäftsleiters entsprechen, zur Begrenzung von Verlusten ein Entgelt für die Funktionsverlagerung zu vereinbaren, das die anfallenden Schließungskosten nur teilweise deckt, oder eine Ausgleichszahlung an das übernehmende Unternehmen für die Übernahme der Verlustquelle zu leisten.

(4) [1] Das Gewinnpotenzial des übernehmenden Unternehmens aus der übernommenen Funktion ist regelmäßig die Obergrenze des Verhandlungsrahmens (Höchstpreis des Einigungsbereichs). [2] Tatsächlich bestehende Handlungsmöglichkeiten, die das übernehmende Unternehmen als vom verlagernden Unternehmen unabhängiges Unternehmen hätte, sind zu berücksichtigen, ohne die unternehmerische Dispositionsbefugnis des übernehmenden Unternehmens in Frage zu stellen.

(5) Auch in den Fällen der Absätze 2 und 3, in denen der Mindestpreis des verlagernden Unternehmens bei Null oder darunter liegt, ist nach dem Fremdvergleichsgrundsatz zu prüfen, ob ein unabhängiger Dritter nach § 1 Abs. 3 Satz 9 in Verbindung mit § 1 Abs. 3 Satz 7 des Außensteuergesetzes bereit wäre, einen Preis für die Übernahme der Funktion zu bezahlen.

§ 8 Schadenersatz-, Entschädigungs- und Ausgleichsansprüche. [1] Gesetzliche oder vertragliche Schadenersatz-, Entschädigungs- und Ausgleichsansprüche sowie Ansprüche, die voneinander unabhängigen Dritten zustünden, wenn ihre Handlungsmöglichkeiten vertraglich oder tatsächlich ausgeschlossen würden, können der Besteuerung einer Funktionsverlagerung zu Grunde gelegt werden, wenn der Steuerpflichtige glaubhaft macht, dass solche Dritte unter ähnlichen Umständen in vergleichbarer Art und Weise verfahren wären. [2] Der Steuerpflichtige muss zusätzlich glaubhaft machen, dass keine wesentlichen immateriellen Wirtschaftsgüter und Vorteile übertragen oder zur Nutzung überlassen worden sind, es sei denn, die Übertragung oder Überlassung ist zwingende Folge von Ansprüchen im Sinne des Satzes 1.

Abschnitt 3. Einzelheiten in Fällen nachträglicher Anpassungen

§ 9 Anpassungsregelung des Steuerpflichtigen. Eine Anpassungsregelung des Steuerpflichtigen, die nachträgliche Anpassungen im Sinne des § 1 Abs. 3 Satz 11 und 12 des Außensteuergesetzes ausschließt, liegt auch dann vor, wenn im Hinblick auf wesentliche immaterielle Wirtschaftsgüter und Vorteile Lizenzvereinbarungen getroffen werden, die die zu zahlende Lizenz vom Umsatz oder Gewinn des Lizenznehmers abhängig machen oder für die Höhe der Lizenz Umsatz und Gewinn berücksichtigen.

§ 10 Erhebliche Abweichung. [1]In den Fällen des § 1 Abs. 3 Satz 12 des Außensteuergesetzes liegt eine erhebliche Abweichung vor, wenn der unter Zugrundelegung der tatsächlichen Gewinnentwicklung zutreffende Verrechnungspreis außerhalb des ursprünglichen Einigungsbereichs liegt. [2]Der neue Einigungsbereich wird durch den ursprünglichen Mindestpreis und den neu ermittelten Höchstpreis des übernehmenden Unternehmens begrenzt. [3]Eine erhebliche Abweichung liegt auch vor, wenn der neu ermittelte Höchstpreis niedriger ist als der ursprüngliche Mindestpreis des verlagernden Unternehmens.

§ 11 Angemessene Anpassung. Eine Anpassung im Sinne des § 1 Abs. 3 Satz 12 des Außensteuergesetzes ist angemessen, wenn sie in den Fällen des § 10 Satz 1 dem Unterschiedsbetrag zwischen dem ursprünglichen und dem neu ermittelten Verrechnungspreis entspricht, oder wenn sie in den Fällen des § 10 Satz 3 dem Unterschiedsbetrag zwischen dem ursprünglichen Verrechnungspreis und dem Mittelwert zwischen dem neuen Höchstpreis des übernehmenden Unternehmens und dem ursprünglichen Mindestpreis des verlagernden Unternehmens entspricht.

Abschnitt 4. Schlussvorschriften

§ 12 Anwendungsvorschrift. Diese Verordnung ist erstmals für den Veranlagungszeitraum 2008 anzuwenden.

§ 13 Inkrafttreten. Diese Verordnung tritt mit Wirkung vom 1. Januar 2008 in Kraft.

725b. Verordnung zur Anwendung des Fremdvergleichsgrundsatzes auf Betriebsstätten nach § 1 Absatz 5 des Außensteuergesetzes (Betriebsstättengewinnaufteilungsverordnung – BsGaV)

Vom 13. Oktober 2014 (BGBl. I S. 1603)

Geändert durch Zweites Finanzmarktnovellierungsgesetz vom 23.6.2017 (BGBl. I S. 1693) und Vierte Verordnung zur Änderung Steuerlicher Verordnungen vom 12.7.2017 (BGBl. I S. 2360)

FNA 610-6-8-2

Auf Grund des § 1 Absatz 6 des Außensteuergesetzes, der durch Artikel 6 Nummer 1 Buchstabe e des Gesetzes vom 26. Juni 2013 (BGBl. I S. 1809) angefügt worden ist, verordnet das Bundesministerium der Finanzen:

Inhaltsübersicht

Abschnitt 1. Allgemeiner Teil

Unterabschnitt 1. Allgemeine Vorschriften

§ 1 Zurechnung von Einkünften zu einer Betriebsstätte. (1) [1] Für die steuerliche Zurechnung von Einkünften zu einer Betriebsstätte eines Unternehmens nach § 1 Absatz 5 des Außensteuergesetzes ist eine Funktions- und Risikoanalyse der Geschäftstätigkeit der Betriebsstätte (§ 12 der Abgabenordnung) als Teil der Geschäftstätigkeit des Unternehmens durchzuführen. [2] Aufbauend auf der Funktions- und Risikoanalyse nach Satz 1 ist eine Vergleichbarkeitsanalyse der Geschäftstätigkeit der Betriebsstätte durchzuführen, um für die Geschäftsbeziehungen der Betriebsstätte im Sinne des § 1 Absatz 4 des Außensteuergesetzes Verrechnungspreise zu bestimmen, die dem Fremdvergleichsgrundsatz (§ 1 Absatz 1 Satz 1 des Außensteuergesetzes) entsprechen.

(2) Auf Grundlage der Funktions- und Risikoanalyse der Geschäftstätigkeit der Betriebsstätte

1. sind die Personalfunktionen (§ 1 Absatz 5 Satz 3 Nummer 1 des Außensteuergesetzes), die der Betriebsstätte oder dem übrigen Unternehmen zu-

zuordnen sind, festzustellen, insbesondere die maßgeblichen Personalfunktionen,

2. sind der Betriebsstätte, ausgehend von den maßgeblichen Personalfunktionen, Vermögenswerte (§ 1 Absatz 5 Satz 3 Nummer 2 des Außensteuergesetzes) sowie Chancen und Risiken (§ 1 Absatz 5 Satz 3 Nummer 3 des Außensteuergesetzes) zuzuordnen,
3. ist der Betriebsstätte, ausgehend von den ihr zugeordneten Vermögenswerten sowie von den ihr zugeordneten Chancen und Risiken, ein Dotationskapital (§ 1 Absatz 5 Satz 3 Nummer 4 des Außensteuergesetzes) zuzuordnen,
4. sind der Betriebsstätte Passivposten zuzuordnen, soweit dies auf Grund der Zuordnung von Vermögenswerten, von Chancen und Risiken sowie von Dotationskapital erforderlich ist,
5. sind der Betriebsstätte Geschäftsvorfälle des Unternehmens mit unabhängigen Dritten und mit nahestehenden Personen im Sinne des § 1 Absatz 2 des Außensteuergesetzes zuzuordnen und
6. sind die anzunehmenden schuldrechtlichen Beziehungen im Sinne des § 1 Absatz 4 Satz 1 Nummer 2 des Außensteuergesetzes zu bestimmen, die die Betriebsstätte zum übrigen Unternehmen unterhält.

§ 2 Begriffsbestimmungen. (1) Für die Zwecke dieser Verordnung ist ein Unternehmen inländisch, wenn sich der Ort der tatsächlichen Geschäftsleitung im Inland befindet.

(2) Für die Zwecke dieser Verordnung ist ein Unternehmen ausländisch, wenn sich der Ort der tatsächlichen Geschäftsleitung im Ausland befindet.

(3) [1] Eine Personalfunktion ist eine Geschäftstätigkeit, die von eigenem Personal des Unternehmens für das Unternehmen ausgeübt wird. [2] Personalfunktionen sind insbesondere folgende Geschäftstätigkeiten:

1. die Nutzung,
2. die Anschaffung,
3. die Herstellung,
4. die Verwaltung,
5. die Veräußerung,
6. die Weiterentwicklung,
7. der Schutz,
8. die Risikosteuerung und
9. die Entscheidung, Änderungen hinsichtlich von Chancen und Risiken vorzunehmen.

(4) [1] Eigenes Personal ist jede natürliche Person, die auf Grund einer gesellschaftsvertraglichen oder arbeitsvertraglichen Vereinbarung mit dem Unternehmen für das Unternehmen tätig wird. [2] Eine natürliche Person gehört auch dann zum eigenen Personal des Unternehmens, wenn ein anderes Unternehmen sich vertraglich verpflichtet hat, die natürliche Person dem Unternehmen als Personal zu überlassen und sich die Verpflichtung auf die Überlassung beschränkt. [3] Eine natürliche Person, die ohne jede vertragliche Vereinbarung für

das Unternehmen tätig wird, gehört zum eigenen Personal des Unternehmens, wenn die natürliche Person

1. Unternehmer oder Gesellschafter des Unternehmens ist oder
2. dem Unternehmen oder den Gesellschaftern des Unternehmens im Sinne des § 1 Absatz 2 des Außensteuergesetzes nahesteht.

(5) [1] Die Personalfunktion einer Betriebsstätte ist für die Zuordnung von Vermögenswerten, von Chancen und Risiken oder von Geschäftsvorfällen maßgeblich, wenn der Ausübung dieser Personalfunktion im üblichen Geschäftsbetrieb im Verhältnis zu den Personalfunktionen, die in anderen Betriebsstätten des Unternehmens ausgeübt werden, die größte Bedeutung für den jeweiligen Zuordnungsgegenstand zukommt. [2] Nicht maßgeblich sind insbesondere Personalfunktionen, die bezogen auf den Zuordnungsgegenstand

1. lediglich unterstützenden Charakter haben oder
2. ausschließlich die allgemeine Geschäftspolitik des Unternehmens betreffen.

(6) [1] Vermögenswerte im Sinne dieser Verordnung sind Wirtschaftsgüter und Vorteile. [2] Zu den Vermögenswerten gehören insbesondere

1. materielle Wirtschaftsgüter,
2. immaterielle Werte einschließlich immaterieller Wirtschaftsgüter,
3. Beteiligungen und
4. Finanzanlagen.

§ 3 Hilfs- und Nebenrechnung. (1) [1] Für eine Betriebsstätte ist zum Beginn eines Wirtschaftsjahres eine Hilfs- und Nebenrechnung aufzustellen, während des Wirtschaftsjahres fortzuschreiben und zum Ende des Wirtschaftsjahres abzuschließen. [2] Der Abschluss der Hilfs- und Nebenrechnung beinhaltet das Ergebnis der Betriebsstätte. [3] Die Hilfs- und Nebenrechnung muss spätestens zum Zeitpunkt der Abgabe einer Steuererklärung erstellt sein,

1. zu der das Unternehmen verpflichtet ist (§ 149 der Abgabenordnung) und
2. in der die Einkünfte der Betriebsstätte zu berücksichtigen sind.

(2) [1] Die Hilfs- und Nebenrechnung beinhaltet alle Bestandteile, die der Betriebsstätte auf Grund ihrer Personalfunktionen (§ 4) zuzuordnen sind. [2] Dazu gehören

1. die Vermögenswerte (§§ 5 bis 8), wenn sie von einem selbständigen Unternehmen in der steuerlichen Gewinnermittlung erfasst werden müssten,
2. das Dotationskapital (§§ 12 und 13),
3. die übrigen Passivposten (§ 14) sowie
4. die mit den Bestandteilen im Sinne von Satz 1 zusammenhängenden Betriebseinnahmen und Betriebsausgaben.

[3] Die Hilfs- und Nebenrechnung beinhaltet auch fiktive Betriebseinnahmen und fiktive Betriebsausgaben, die auf Grund anzunehmender schuldrechtlicher Beziehungen entstehen (§§ 16 und 17).

(3) In den Aufzeichnungen, die nach § 90 Absatz 3 *Satz 4*[1] der Abgabenordnung auf Anforderung zu erstellen und vorzulegen sind, sind auch darzulegen

[1] § 3 Abs. 3 kursiver Satzteil aufgeh. durch VO v. 12.7.2017 (BGBl. I S. 2360); zur Anwendung siehe § 40 Satz 2.

1. die Gründe für die Zuordnung der Bestandteile, einschließlich der Gründe für die Zuordnung der Geschäftsvorfälle des Unternehmens (§ 9), der Chancen und Risiken (§ 10) und der Sicherungsgeschäfte (§ 11), sowie
2. die Gründe für das Vorliegen anzunehmender schuldrechtlicher Beziehungen (§§ 16 und 17).

(4) 1 Wird eine Betriebsstätte begründet, so ist zu diesem Zeitpunkt die erste Hilfs- und Nebenrechnung für die Betriebsstätte zu erstellen. 2 Wird eine Betriebsstätte beendet, so ist zu diesem Zeitpunkt die Hilfs- und Nebenrechnung abzuschließen. 3 Der zum Zeitpunkt der Begründung oder der Beendigung einer Betriebsstätte anzunehmende Übergang von Vermögenswerten und Passivposten sowie von Chancen und Risiken zwischen der Betriebsstätte und dem übrigen Unternehmen begründet anzunehmende schuldrechtliche Beziehungen im Sinne des § 16.

(5) 1 Die Hilfs- und Nebenrechnung einer Betriebsstätte eines Unternehmens, das weder nach inländischem noch nach ausländischem Recht buchführungspflichtig ist und das auch tatsächlich keine Bücher führt, ist entsprechend einer Einnahmenüberschussrechnung im Sinne des § 4 Absatz 3 des Einkommensteuergesetzes zu erstellen. 2 Zum Zeitpunkt der Beendigung der Betriebsstätte ist eine Hilfs- und Nebenrechnung zu erstellen, die eine Aufstellung der Vermögenswerte enthält.

Unterabschnitt 2. Zuordnungsregelungen

§ 4 Zuordnung von Personalfunktionen. (1) 1 Eine Personalfunktion ist der Betriebsstätte zuzuordnen, in der die Personalfunktion ausgeübt wird. 2 Eine Personalfunktion ist einer Betriebsstätte jedoch nicht zuzuordnen, wenn die Personalfunktion

1. keinen sachlichen Bezug zur Geschäftstätigkeit der Betriebsstätte aufweist und
2. an weniger als 30 Tagen innerhalb eines Wirtschaftsjahres in dieser Betriebsstätte ausgeübt wird.

(2) Wird eine Personalfunktion weder in der Betriebsstätte noch im übrigen Unternehmen ausgeübt oder liegt ein Fall des Absatzes 1 Satz 2 vor, so ist die Personalfunktion der Betriebsstätte zuzuordnen, zu der die Personalfunktion sachlich den engsten Bezug aufweist.

(3) Kann eine Personalfunktion nicht eindeutig zugeordnet werden, so ist eine Zuordnung vorzunehmen, die den Absätzen 1 und 2 nicht widerspricht.

§ 5 Zuordnung von materiellen Wirtschaftsgütern. (1) 1 Für die Zuordnung eines materiellen Wirtschaftsguts zu einer Betriebsstätte ist dessen Nutzung die maßgebliche Personalfunktion. 2 Wird dasselbe materielle Wirtschaftsgut später auf Dauer in einer anderen Betriebsstätte genutzt, so ist es ab dem Zeitpunkt der Nutzungsänderung der anderen Betriebsstätte zuzuordnen. 3 Ändert sich die Nutzung häufig, so ist ein materielles Wirtschaftsgut der Betriebsstätte zuzuordnen, für deren Geschäftstätigkeit es überwiegend genutzt wird.

(2) [1]Abweichend von Absatz 1 ist ein materielles Wirtschaftsgut nur dann einer anderen Betriebsstätte als derjenigen, in der das materielle Wirtschaftsgut genutzt wird, zuzuordnen, wenn die Bedeutung einer in dieser anderen Betriebsstätte ausgeübten anderen Personalfunktion eindeutig gegenüber der Bedeutung der in Absatz 1 genannten Personalfunktion überwiegt. [2]Andere Personalfunktionen sind insbesondere solche, die im Zusammenhang mit der Anschaffung, Herstellung, Verwaltung oder Veräußerung des betreffenden materiellen Wirtschaftsguts stehen. [3]Unbewegliches Vermögen, in dem die Geschäftstätigkeit einer Betriebsstätte ausgeübt wird, ist stets dieser Betriebsstätte zuzuordnen.

(3) Werden andere Personalfunktionen im Sinne des Absatzes 2 Satz 1 gleichzeitig in verschiedenen Betriebsstätten des Unternehmens ausgeübt, so ist das materielle Wirtschaftsgut der Betriebsstätte zuzuordnen, deren anderer Personalfunktion die größte Bedeutung für das materielle Wirtschaftsgut zukommt.

(4) Kann ein materielles Wirtschaftsgut nicht eindeutig zugeordnet werden, so ist eine Zuordnung vorzunehmen, die den Absätzen 1 bis 3 nicht widerspricht.

§ 6 Zuordnung von immateriellen Werten. (1) [1]Für die Zuordnung eines immateriellen Werts zu einer Betriebsstätte ist dessen Schaffung oder dessen Erwerb die maßgebliche Personalfunktion. [2]Werden Personalfunktionen, durch deren Ausübung ein immaterieller Wert geschaffen oder erworben wird, gleichzeitig in verschiedenen Betriebsstätten ausgeübt, so ist der immaterielle Wert der Betriebsstätte zuzuordnen, deren Personalfunktion die größte Bedeutung für den immateriellen Wert zukommt.

(2) [1]Abweichend von Absatz 1 ist ein immaterieller Wert nur dann einer anderen Betriebsstätte als derjenigen, auf Grund deren Personalfunktion der immaterielle Wert geschaffen oder erworben wird, zuzuordnen, wenn die Bedeutung einer in dieser anderen Betriebsstätte ausgeübten anderen Personalfunktion eindeutig gegenüber der Bedeutung der in Absatz 1 genannten Personalfunktion überwiegt. [2]Andere Personalfunktionen sind insbesondere solche, die im Zusammenhang mit der Nutzung, der Verwaltung, der Weiterentwicklung, dem Schutz oder der Veräußerung des immateriellen Werts stehen.

(3) Werden andere Personalfunktionen im Sinne des Absatzes 2 Satz 1 gleichzeitig in verschiedenen Betriebsstätten des Unternehmens ausgeübt, so ist der immaterielle Wert der Betriebsstätte zuzuordnen, deren anderer Personalfunktion die größte Bedeutung für den immateriellen Wert zukommt.

(4) [1]Kann ein immaterieller Wert nicht eindeutig zugeordnet werden, so ist eine Zuordnung vorzunehmen, die den Absätzen 1 bis 3 nicht widerspricht. [2]In diesen Fällen kann ein immaterieller Wert den Betriebsstätten, in denen auf Dauer die Personalfunktionen mit der größten Bedeutung ausgeübt werden, auch anteilig zugeordnet werden.

§ 7 Zuordnung von Beteiligungen, Finanzanlagen und ähnlichen Vermögenswerten. (1) [1]Für die Zuordnung einer Beteiligung, einer Finanzanlage oder eines ähnlichen Vermögenswerts zu einer Betriebsstätte ist die

Nutzung der Beteiligung, der Finanzanlage oder des ähnlichen Vermögenswerts die maßgebliche Personalfunktion. [2]Die Nutzung ergibt sich aus dem funktionalen Zusammenhang zur Geschäftstätigkeit der Betriebsstätte. [3]Besteht der funktionale Zusammenhang gleichzeitig zur Geschäftstätigkeit verschiedener Betriebsstätten, so ist der Vermögenswert der Betriebsstätte zuzuordnen, zu der der überwiegende funktionale Zusammenhang besteht.

(2) [1]Abweichend von Absatz 1 ist ein Vermögenswert im Sinne des Absatzes 1 Satz 1 nur dann einer anderen Betriebsstätte als derjenigen, in der der Vermögenswert im Sinne des Absatzes 1 Satz 1 genutzt wird, zuzuordnen, wenn die Bedeutung einer in dieser anderen Betriebsstätte ausgeübten anderen Personalfunktion eindeutig gegenüber der Bedeutung der in Absatz 1 genannten Personalfunktion überwiegt. [2]Andere Personalfunktionen sind insbesondere solche, die im Zusammenhang mit der Anschaffung, Verwaltung, Risikosteuerung oder Veräußerung eines Vermögenswerts im Sinne des Absatzes 1 Satz 1 stehen.

(3) Werden andere Personalfunktionen im Sinne des Absatzes 2 Satz 1 gleichzeitig in verschiedenen Betriebsstätten des Unternehmens ausgeübt, so ist ein Vermögenswert im Sinne des Absatzes 1 Satz 1 der Betriebsstätte zuzuordnen, deren anderer Personalfunktion die größte Bedeutung zukommt.

(4) Kann ein Vermögenswert im Sinne des Absatzes 1 Satz 1 nicht eindeutig zugeordnet werden oder ändert sich der überwiegende funktionale Zusammenhang häufig, so ist eine Zuordnung vorzunehmen, die den Absätzen 1 bis 3 nicht widerspricht.

§ 8 Zuordnung von sonstigen Vermögenswerten. (1) [1]Für die Zuordnung eines nicht in den §§ 5 bis 7 genannten Vermögenswerts (sonstiger Vermögenswert) zu einer Betriebsstätte ist dessen Schaffung oder dessen Erwerb die maßgebliche Personalfunktion. [2]Werden Personalfunktionen, durch deren Ausübung ein sonstiger Vermögenswert geschaffen oder erworben wird, gleichzeitig in verschiedenen Betriebsstätten ausgeübt, so ist der sonstige Vermögenswert der Betriebsstätte zuzuordnen, deren Personalfunktion die größte Bedeutung für diesen sonstigen Vermögenswert zukommt.

(2) [1]Abweichend von Absatz 1 ist ein sonstiger Vermögenswert nur dann einer anderen Betriebsstätte zuzuordnen als derjenigen, auf Grund deren Personalfunktion der sonstige Vermögenswert entstanden ist oder erworben wurde, wenn die Bedeutung einer in dieser anderen Betriebsstätte ausgeübten anderen Personalfunktion eindeutig gegenüber der Bedeutung der in Absatz 1 genannten Personalfunktionen überwiegt. [2]Andere Personalfunktionen sind insbesondere solche, die im Zusammenhang mit der Nutzung, Verwaltung, Risikosteuerung oder Veräußerung des betreffenden sonstigen Vermögenswerts stehen.

(3) Werden andere Personalfunktionen im Sinne des Absatzes 2 Satz 1 gleichzeitig in verschiedenen Betriebsstätten des Unternehmens ausgeübt, so ist der sonstige Vermögenswert der Betriebsstätte zuzuordnen, deren anderer Personalfunktion die größte Bedeutung für diesen sonstigen Vermögenswert zukommt.

(4) Kann ein sonstiger Vermögenswert nicht eindeutig zugeordnet werden, so ist eine Zuordnung vorzunehmen, die den Absätzen 1 bis 3 nicht widerspricht.

§ 9 Zuordnung von Geschäftsvorfällen des Unternehmens. (1) [1]Für die Zuordnung eines Geschäftsvorfalls (§ 1 Absatz 4 Satz 1 Nummer 1 des Außensteuergesetzes), den das Unternehmen mit einem unabhängigen Dritten oder mit einer nahestehenden Person abgeschlossen hat, zu einer Betriebsstätte ist die Personalfunktion, auf der das Zustandekommen des Geschäftsvorfalls beruht, die maßgebliche Personalfunktion. [2]Üben verschiedene Betriebsstätten gleichzeitig jeweils eine Personalfunktion aus, auf der das Zustandekommen eines solchen Geschäftsvorfalls beruht, so ist der Geschäftsvorfall der Betriebsstätte zuzuordnen, deren Personalfunktion die größte Bedeutung für den Geschäftsvorfall zukommt.

(2) [1]Abweichend von Absatz 1 ist ein Geschäftsvorfall nur dann einer anderen Betriebsstätte zuzuordnen als derjenigen, auf Grund deren Personalfunktion der Geschäftsvorfall zustande gekommen ist, wenn die Bedeutung einer in dieser anderen Betriebsstätte ausgeübten anderen Personalfunktion eindeutig gegenüber der Bedeutung der in Absatz 1 genannten Personalfunktion überwiegt. [2]Andere Personalfunktionen sind insbesondere solche, die im Zusammenhang mit der Erfüllung von Verpflichtungen aus dem Geschäftsvorfall oder mit dessen Verwaltung oder mit dessen Risikosteuerung stehen.

(3) Werden andere Personalfunktionen im Sinne des Absatzes 2 Satz 1 gleichzeitig in verschiedenen Betriebsstätten des Unternehmens ausgeübt, so ist der Geschäftsvorfall der Betriebsstätte zuzuordnen, deren anderer Personalfunktion die größte Bedeutung für den Geschäftsvorfall zukommt.

(4) Kann ein Geschäftsvorfall nicht eindeutig zugeordnet werden, so ist eine Zuordnung vorzunehmen, die den Absätzen 1 bis 3 nicht widerspricht.

§ 10 Zuordnung von Chancen und Risiken. (1) Stehen Chancen und Risiken im unmittelbaren Zusammenhang mit einem Vermögenswert im Sinne der §§ 5 bis 8 oder mit einem Geschäftsvorfall im Sinne des § 9, so sind diese Chancen und Risiken der Betriebsstätte zuzuordnen, der auch der betreffende Vermögenswert oder Geschäftsvorfall zuzuordnen ist.

(2) [1]Beruhen Chancen und Risiken, die nicht mit einem Vermögenswert oder mit einem Geschäftsvorfall im unmittelbaren Zusammenhang stehen, auf der Personalfunktion einer Betriebsstätte, so ist diese Personalfunktion für die Zuordnung der Chancen und Risiken zu einer Betriebsstätte maßgeblich. [2]Wird eine solche Personalfunktion gleichzeitig in verschiedenen Betriebsstätten ausgeübt, so sind die betreffenden Chancen und Risiken der Betriebsstätte zuzuordnen, deren Personalfunktion die größte Bedeutung für diese Chancen und Risiken zukommt.

(3) [1]Abweichend von Absatz 2 sind Chancen und Risiken nur dann einer anderen Betriebsstätte zuzuordnen als derjenigen, auf deren Personalfunktion die Chancen und Risiken beruhen, wenn die Bedeutung einer in dieser anderen Betriebsstätte ausgeübten anderen Personalfunktion eindeutig gegenüber der Bedeutung der in Absatz 2 genannten Personalfunktion überwiegt. [2]Andere Personalfunktionen sind insbesondere solche, die im Zusammenhang stehen mit der Verwaltung, der Risikosteuerung oder der Realisation von

Chancen und Risiken oder mit der Entscheidung, Änderungen hinsichtlich von Chancen und Risiken vorzunehmen.

(4) Werden andere Personalfunktionen im Sinne des Absatzes 3 Satz 1 gleichzeitig in verschiedenen Betriebsstätten des Unternehmens ausgeübt, so sind die betreffenden Chancen und Risiken der Betriebsstätte zuzuordnen, deren anderer Personalfunktion die größte Bedeutung für die Chancen und Risiken zukommt.

(5) Können Chancen und Risiken nicht eindeutig zugeordnet werden, so ist eine Zuordnung vorzunehmen, die den Absätzen 1 bis 4 nicht widerspricht.

§ 11 Zuordnung von Sicherungsgeschäften. (1) Schließt ein Unternehmen ein Sicherungsgeschäft zu dem Zweck ab,

1. bestimmte Risiken einer Personalfunktion, die nach § 4 einer Betriebsstätte zuzuordnen ist, abzusichern,
2. bestimmte Risiken eines Vermögenswerts, der nach den §§ 5 bis 8 einer Betriebsstätte zuzuordnen ist, abzusichern oder
3. bestimmte Risiken eines Geschäftsvorfalls, der nach § 9 einer Betriebsstätte zuzuordnen ist, abzusichern,

so ist das Sicherungsgeschäft einschließlich der zugehörigen Vermögenswerte, die Sicherungszwecken dienen, dieser Betriebsstätte zuzuordnen.

(2) [1] Schließt ein Unternehmen ein oder mehrere Sicherungsgeschäfte zu dem Zweck ab,

1. bestimmte Risiken von Personalfunktionen, die nach § 4 verschiedenen Betriebsstätten zuzuordnen sind, abzusichern,
2. bestimmte Risiken von Vermögenswerten, die nach den §§ 5 bis 8 verschiedenen Betriebsstätten zuzuordnen sind, abzusichern oder
3. bestimmte Risiken von Geschäftsvorfällen, die nach § 9 verschiedenen Betriebsstätten zuzuordnen sind, abzusichern,

und ist eine direkte Zuordnung einzelner Vermögenswerte, die Sicherungszwecken dienen, zu bestimmten Risiken nicht möglich oder würde die direkte Zuordnung einen unverhältnismäßigen Aufwand verursachen, so liegt ein mittelbarer Sicherungszusammenhang vor. [2] In diesen Fällen sind Sicherungsgeschäfte einschließlich der zugehörigen Vermögenswerte, die Sicherungszwecken dienen, anteilig den Betriebsstätten zuzuordnen, denen die Personalfunktionen, Vermögenswerte oder Geschäftsvorfälle zuzuordnen sind, deren Risiken abgesichert werden. [3] Der Anteil ist nach einem sachgerechten Aufteilungsschlüssel zu bestimmen.

(3) Sicherungsgeschäfte sind nur dann abweichend von den Absätzen 1 und 2 zuzuordnen, wenn dies im Einzelfall zu einem Ergebnis der Betriebsstätte führt, das dem Fremdvergleichsgrundsatz besser entspricht.

(4) Sichern Vermögenswerte die Risiken anderer Vermögenswerte ab, ohne dass die Absicherung ihr Zweck ist, so gelten für die Zuordnung der Geschäfte und der zugehörigen Vermögenswerte die §§ 5 bis 8.

Unterabschnitt 3. Dotationskapital, übrige Passivposten und Finanzierungsaufwendungen

§ 12 Dotationskapital inländischer Betriebsstätten ausländischer Unternehmen. (1) Einer inländischen Betriebsstätte eines nach ausländischem Recht buchführungspflichtigen oder tatsächlich Bücher führenden, ausländischen Unternehmens ist zum Beginn eines Wirtschaftsjahres derjenige Anteil am Eigenkapital des Unternehmens zuzuordnen, der ihrem Anteil an den Vermögenswerten sowie den Chancen und Risiken im Verhältnis zum übrigen Unternehmen entspricht (Kapitalaufteilungsmethode).

(2) [1] Für die Zuordnung von Dotationskapital nach der Kapitalaufteilungsmethode ist die Höhe des Eigenkapitals des ausländischen Unternehmens nach deutschem Steuerrecht zu bestimmen. [2] Aus Vereinfachungsgründen kann für die Zuordnung das eingezahlte Kapital zuzüglich der Rücklagen und Gewinnvorträge und abzüglich der Verlustvorträge entsprechend der ausländischen Bilanz des Unternehmens zugrunde gelegt werden, wenn das Unternehmen glaubhaft macht,

1. dass dieses Eigenkapital nicht erheblich von dem nach deutschem Steuerrecht anzusetzenden Eigenkapital abweicht oder
2. dass Abweichungen durch Anpassungen so ausgeglichen werden, dass das Ergebnis nicht erheblich von Satz 1 abweicht.

(3) [1] Für die Bestimmung der Kapitalquote der inländischen Betriebsstätte, die der Berechnung ihres Dotationskapitals nach der Kapitalaufteilungsmethode dient, sind die Vermögenswerte sowohl der Betriebsstätte als auch des übrigen Unternehmens mit Werten anzusetzen, die dem Fremdvergleichsgrundsatz entsprechen und die die Chancen und Risiken berücksichtigen. [2] Aus Vereinfachungsgründen können Buchwerte oder damit vergleichbare Werte aus den Unterlagen des ausländischen Unternehmens angesetzt werden, wenn das Unternehmen glaubhaft macht,

1. dass diese Bewertung zu einer Kapitalquote führt, die nicht erheblich von der Kapitalquote abweicht, die sich bei einem Ansatz von Werten ergäbe, die dem Fremdvergleichsgrundsatz entsprechen, oder
2. dass Abweichungen durch Anpassungen so ausgeglichen werden, dass das Ergebnis nicht erheblich von Satz 1 abweicht.

(4) Ergibt sich nach der Kapitalaufteilungsmethode für die inländische Betriebsstätte ein Dotationskapital, das dauerhaft zu Ergebnissen führt, die ein ordentlicher und gewissenhafter Geschäftsleiter nicht bereit wäre hinzunehmen, und gehört das ausländische Unternehmen, dessen Teil die Betriebsstätte ist, zu einer Unternehmensgruppe, die einem Konzern im Sinne des § 18 des Aktiengesetzes entspricht, so ist das Dotationskapital, das der Betriebsstätte zuzuordnen ist, wie folgt zu bestimmen:

1. das konsolidierte Eigenkapital der Unternehmensgruppe ist entsprechend Absatz 2 zu ermitteln und
2. der Betriebsstätte ist auf konsolidierter Grundlage entsprechend den Absätzen 1 bis 3 ein Anteil am konsolidierten Eigenkapital der Unternehmensgruppe als Dotationskapital zuzuordnen.

(5) Einer inländischen Betriebsstätte ist ungeachtet der Absätze 1 bis 4 mindestens das in einer inländischen Handelsbilanz der inländischen Betriebsstätte tatsächlich ausgewiesene Kapital als Dotationskapital zuzuordnen.

(6) Ändert sich innerhalb eines Wirtschaftsjahres die Zuordnung von Personalfunktionen, von Vermögenswerten oder von Chancen und Risiken gegenüber den Verhältnissen zu Beginn des Wirtschaftsjahres und führt dies zu einer erheblichen Veränderung der Höhe des Dotationskapitals, das der inländischen Betriebsstätte nach Absatz 1 zuzuordnen ist, so ist das Dotationskapital innerhalb des Wirtschaftsjahres entsprechend anzupassen.

§ 13 Dotationskapital ausländischer Betriebsstätten inländischer Unternehmen. (1) Einer ausländischen Betriebsstätte eines nach inländischem Recht buchführungspflichtigen oder tatsächlich Bücher führenden, inländischen Unternehmens ist zum Beginn eines Wirtschaftsjahres Dotationskapital nur zuzuordnen, soweit das Unternehmen glaubhaft macht, dass ein Dotationskapital in dieser Höhe aus betriebswirtschaftlichen Gründen erforderlich ist (Mindestkapitalausstattungsmethode).

(2) [1] Einer ausländischen Betriebsstätte kann ein höheres Dotationskapital als nach Absatz 1 zugeordnet werden, soweit die höhere Dotation im Einzelfall zu einem Ergebnis der Betriebsstätte führt, das dem Fremdvergleichsgrundsatz besser entspricht. [2] Das Dotationskapital darf jedoch den Betrag nicht übersteigen, der sich entsprechend § 12 Absatz 1 bis 3 nach der Kapitalaufteilungsmethode ergibt. [3] Für die Berechnung dieses Höchstbetrags sind die für die Besteuerung maßgeblichen Bilanzansätze des inländischen Unternehmens zugrunde zu legen, es sei denn, der Ansatz anderer Werte führt im Einzelfall zu einem Ergebnis der Betriebsstätte, das dem Fremdvergleichsgrundsatz besser entspricht.

(3) Ein Dotationskapital, das den Betrag nach Absatz 2 Satz 2 übersteigt, darf einer ausländischen Betriebsstätte nur zugeordnet werden, soweit nichtsteuerliche Vorschriften des Staates, in dem die Betriebsstätte liegt, dies erfordern.

(4) Einer ausländischen Betriebsstätte ist ungeachtet der Absätze 1 bis 3 höchstens das in einer ausländischen Handelsbilanz der ausländischen Betriebsstätte tatsächlich ausgewiesene Kapital als Dotationskapital zuzuordnen.

(5) Ändert sich innerhalb eines Wirtschaftsjahres die Zuordnung von Personalfunktionen, von Vermögenswerten oder von Chancen und Risiken gegenüber den Verhältnissen zu Beginn des Wirtschaftsjahres und führt dies zu einer erheblichen Veränderung der Höhe des Dotationskapitals, das der ausländischen Betriebsstätte nach Absatz 1 zuzuordnen ist, so ist das Dotationskapital entsprechend anzupassen.

§ 14 Zuordnung übriger Passivposten. (1) Der Betriebsstätte eines Unternehmens, das nach inländischem oder ausländischem Recht buchführungspflichtig ist oder tatsächlich Bücher führt, sind nach der Zuordnung der in der Hilfs- und Nebenrechnung auszuweisenden Risiken und des Dotationskapitals die übrigen Passivposten des Unternehmens zuzuordnen, die im unmittelbaren

Zusammenhang mit den der Betriebsstätte zugeordneten Vermögenswerten sowie mit den ihr zugeordneten Chancen und Risiken stehen (direkte Zuordnung).

(2) [1]Übersteigt die Summe der übrigen Passivposten, die der Betriebsstätte direkt zugeordnet werden könnten (direkt zuordnungsfähige Passivposten), den Betrag, der nach der Zuordnung der in der Hilfs- und Nebenrechnung auszuweisenden Risiken und des Dotationskapitals für eine Zuordnung von Passivposten zur Betriebsstätte verbleibt, so sind diese direkt zuordnungsfähigen Passivposten anteilig zu kürzen. [2]Der Anteil der direkt zuordnungsfähigen Passivposten, der nach der Kürzung verbleibt, ist der Betriebsstätte zuzuordnen.

(3) Verbleibt nach der Bestimmung der in der Hilfs- und Nebenrechnung auszuweisenden Risiken und des Dotationskapitals und der direkten Zuordnung übriger Passivposten ein Fehlbetrag an Passivposten für die Betriebsstätte, so ist dieser Fehlbetrag mit übrigen Passivposten des Unternehmens aufzufüllen (indirekte Zuordnung).

§ 15 Zuordnung von Finanzierungsaufwendungen. (1) Finanzierungsaufwendungen eines Unternehmens, die mit Passivposten zusammenhängen, die einer Betriebsstätte dieses Unternehmens nach § 14 Absatz 1 direkt zuzuordnen sind, sind ebenfalls dieser Betriebsstätte zuzuordnen.

(2) Sind die direkt zuordnungsfähigen Passivposten nach § 14 Absatz 2 anteilig zu kürzen, so sind auch die Finanzierungsaufwendungen, die mit diesen direkt zuordnungsfähigen Passivposten in unmittelbarem Zusammenhang stehen, entsprechend anteilig zu kürzen.

(3) [1]Soweit eine direkte Zuordnung von Finanzierungsaufwendungen des Unternehmens zur Betriebsstätte nicht möglich ist oder einen unverhältnismäßigen Aufwand verursachen würde, sind der Betriebsstätte Finanzierungsaufwendungen des Unternehmens entsprechend der indirekten Zuordnung der Passivposten anteilig zuzuordnen. [2]In diesem Fall bestimmt sich der Anteil der Betriebsstätte an den Finanzierungsaufwendungen des Unternehmens nach dem sich zu Beginn des jeweiligen Wirtschaftsjahres ergebenden Verhältnis der übrigen Passivposten, die der Betriebsstätte indirekt zuzuordnen sind, zu den übrigen Passivposten des Unternehmens. [3]Der Anteil der Betriebsstätte an den Finanzierungsaufwendungen ist abweichend von den Sätzen 1 und 2 zu bestimmen, wenn dies im Einzelfall zu einem Ergebnis der Betriebsstätte führt, das dem Fremdvergleichsgrundsatz besser entspricht.

(4) [1]Der inländischen Betriebsstätte eines ausländischen Unternehmens, das nach ausländischem Recht nicht buchführungspflichtig ist und auch tatsächlich keine Bücher führt, ist ein Finanzierungsaufwand des ausländischen Unternehmens nur zuzuordnen, soweit dieser im unmittelbaren Zusammenhang mit der Geschäftstätigkeit der Betriebsstätte steht. [2]Eine Zuordnung nach Satz 1 setzt voraus, dass der Betriebsstätte ein Ergebnis aus ihrer Geschäftstätigkeit verbleibt, das dem Fremdvergleichsgrundsatz entspricht.

(5) [1]Der ausländischen Betriebsstätte eines inländischen Unternehmens, das nach inländischem Recht nicht buchführungspflichtig ist und auch tatsächlich

keine Bücher führt, ist ein Finanzierungsaufwand des inländischen Unternehmens zuzuordnen, wenn dieser im unmittelbaren Zusammenhang mit der Geschäftstätigkeit der Betriebsstätte steht. [2]Der ausländischen Betriebsstätte ist mindestens der Anteil des Finanzierungsaufwands zuzuordnen, der ihrem Anteil an den Außenumsätzen des inländischen Unternehmens entspricht. [3]Absatz 3 Satz 3 gilt sinngemäß.

Unterabschnitt 4. Anzunehmende schuldrechtliche Beziehungen

§ 16 Grundsatz. (1) Zwischen einer Betriebsstätte und dem übrigen Unternehmen liegt eine anzunehmende schuldrechtliche Beziehung im Sinne des § 1 Absatz 4 Satz 1 Nummer 2 des Außensteuergesetzes vor, wenn wirtschaftliche Vorgänge festgestellt werden,

1. die im Verhältnis zwischen der Betriebsstätte und dem übrigen Unternehmen eine Änderung der Zuordnung nach den §§ 5 bis 11 erforderlich machen oder
2. die, wären die Betriebsstätte und das übrige Unternehmen voneinander unabhängige Unternehmen,
   a) durch schuldrechtliche Vereinbarungen geregelt würden oder
   b) zur Geltendmachung von Rechtspositionen führen würden.

(2) [1]Für anzunehmende schuldrechtliche Beziehungen sind Verrechnungspreise anzusetzen, die dem Fremdvergleichsgrundsatz entsprechen. [2]Diese Verrechnungspreise führen zu fiktiven Betriebseinnahmen und fiktiven Betriebsausgaben.

(3) [1]Nutzt eine Betriebsstätte finanzielle Mittel des übrigen Unternehmens, so liegt keine anzunehmende schuldrechtliche Beziehung vor. [2]Dies gilt nicht, wenn

1. § 17 anzuwenden ist oder
2. auf Grund der Geschäftstätigkeit einer Betriebsstätte im laufenden Wirtschaftsjahr finanzielle Mittel der Betriebsstätte entstehen, die nachweislich für bestimmte Zwecke im übrigen Unternehmen genutzt werden.

[3]Eine anzunehmende schuldrechtliche Beziehung nach Satz 2 Nummer 2 gilt als Zurverfügungstellung finanzieller Mittel zwischen der Betriebsstätte und dem übrigen Unternehmen und endet spätestens

1. mit dem Ende des laufenden Wirtschaftsjahres oder
2. mit einer Anpassung des Dotationskapitals nach § 12 Absatz 6 oder § 13 Absatz 5.

§ 17 Finanzierungsfunktion innerhalb eines Unternehmens. (1) [1]Eine Finanzierungsfunktion innerhalb eines Unternehmens umfasst die Liquiditätssteuerung durch eine Betriebsstätte (Finanzierungsbetriebsstätte) für eine oder mehrere andere Betriebsstätten desselben Unternehmens. [2]Zur Liquiditätssteuerung gehören insbesondere die Mittelbeschaffung, die Mittelzuweisung und die externe Anlage von Liquiditätsüberhängen.

(2) [1]Die Ausübung einer Finanzierungsfunktion innerhalb eines Unternehmens ist eine anzunehmende schuldrechtliche Beziehung, die im Regelfall

als Dienstleistung anzusehen ist und nicht als Zurverfügungstellung eigener finanzieller Mittel der Finanzierungsbetriebsstätte. 2 Für eine solche Dienstleistung ist der nach § 16 Absatz 2 Satz 1 anzusetzende Verrechnungspreis nach einer kostenorientierten Verrechnungspreismethode zu bestimmen. 3 Finanzierungsaufwendungen und Finanzierungserträge des Unternehmens, die durch die Tätigkeiten der Finanzierungsbetriebsstätte verursacht werden, beeinflussen die Kostenbasis der Finanzierungsbetriebsstätte nicht.

(3) Kann nicht festgestellt werden, dass der Finanzierungsbetriebsstätte Kosten entstehen, die unmittelbar von einer bestimmten anderen Betriebsstätte verursacht werden, oder würde eine solche Feststellung einen unverhältnismäßigen Aufwand verursachen, so sind die Kosten der Finanzierungsbetriebsstätte zuzüglich eines angemessenen Aufschlags verursachungsgerecht auf die anderen Betriebsstätten, die die Finanzierungsfunktion nutzen, aufzuteilen.

(4) 1 Vermögenswerte, die Grundlage für eine externe Anlage von Liquiditätsüberhängen sind oder die auf Grund der externen Anlage von Liquiditätsüberhängen entstehen, und Erträge aus diesen Vermögenswerten sind nicht der Finanzierungsbetriebsstätte, sondern jeweils den anderen Betriebsstätten zuzuordnen. 2 Ist eine direkte Zuordnung der Vermögenswerte und Erträge, die auf Grund der Finanzierungsfunktion entstehen, zu den anderen Betriebsstätten nicht möglich oder wäre sie unverhältnismäßig aufwendig, so sind diese Vermögenswerte und deren Erträge den anderen Betriebsstätten anteilig zuzuordnen. 3 Für die Aufteilung ist die Herkunft der Liquiditätsüberhänge entscheidend.

(5) 1 Passivposten, die auf Grund der Finanzierungsfunktion für das Unternehmen entstehen, sind nicht der Finanzierungsbetriebsstätte, sondern gemäß § 15 Absatz 1 den anderen Betriebsstätten zuzuordnen. 2 Für die Zuordnung der entsprechenden Finanzierungsaufwendungen gilt § 15 Absatz 3.

(6) 1 Positive Salden auf Verrechnungskonten, die auf Grund der Finanzierungsfunktion im Verhältnis der Finanzierungsbetriebsstätte zu den anderen Betriebsstätten entstehen, gelten nicht als Vermögenswerte im Sinne des § 7 oder § 8. 2 Sie sind nicht zu verzinsen.

(7) Die Absätze 1 bis 6 sind nicht anzuwenden, wenn im Einzelfall

1. in der Finanzierungsbetriebsstätte im Hinblick auf entstehende Vermögenswerte und Passivposten sowie auf die damit zusammenhängenden Chancen und Risiken Personalfunktionen ausgeübt werden, die eine Zuordnung der Vermögenswerte und der Passivposten zur Finanzierungsbetriebsstätte erfordern, und
2. eine nicht in Absatz 2 genannte Verrechnungspreismethode zu einem Ergebnis für die Finanzierungsfunktion führt, das dem Fremdvergleichsgrundsatz besser entspricht.

Abschnitt 2. Besonderheiten für Bankbetriebsstätten

§ 18 Allgemeines. Eine Betriebsstätte,

1. die Teil eines Kreditinstituts im Sinne des § 1 Absatz 1 des Kreditwesengesetzes oder Teil eines Finanzdienstleistungsinstituts im Sinne des § 1 Ab-

satz 1 a des Kreditwesengesetzes ist, oder die Teil eines vergleichbaren Unternehmens im Sinne des ausländischen Bankenaufsichtsrechts ist, und

2. die Bankgeschäfte betreibt,

ist eine Bankbetriebsstätte, für die die §§ 1 bis 17 gelten, soweit in diesem Abschnitt keine abweichende Regelung getroffen wird.

§ 19 Besondere Zuordnungsregelungen. (1) [1]Ein Vermögenswert, der Gegenstand von Bankgeschäften im Sinne des § 1 Absatz 1 des Kreditwesengesetzes oder von Finanzdienstleistungen im Sinne des § 1 Absatz 1 a des Kreditwesengesetzes ist, ist einer Bankbetriebsstätte zuzuordnen, wenn die unternehmerische Risikoübernahmefunktion in dieser Bankbetriebsstätte ausgeübt wird. [2]Unternehmerische Risikoübernahmefunktion bei Kreditinstituten ist die Personalfunktion, deren Ausübung dazu führt, dass die mit dem Vermögenswert verbundenen Chancen und Risiken des Unternehmens entstehen.

(2) [1]Üben verschiedene Bankbetriebsstätten im Hinblick auf einen Vermögenswert gleichzeitig jeweils eine Personalfunktion aus, die die Voraussetzungen des Absatzes 1 erfüllt, so ist der Vermögenswert der Bankbetriebsstätte zuzuordnen, deren Personalfunktion die größte Bedeutung zukommt. [2]Diese Personalfunktion gilt als unternehmerische Risikoübernahmefunktion. [3]Die Zuordnung bestimmt sich nach den Personalfunktionen, die bis zum Zeitpunkt der Entstehung des jeweiligen Vermögenswerts ausgeübt werden. [4]Der Bankbetriebsstätte, die die unternehmerische Risikoübernahmefunktion im Hinblick auf einen Vermögenswert ausübt, werden der Vermögenswert sowie die mit dem Vermögenswert zusammenhängenden Chancen und Risiken zugeordnet.

(3) [1]Kann ein Vermögenswert nach Absatz 2 nicht eindeutig zugeordnet werden, so ist er der Bankbetriebsstätte zuzuordnen, der die Kundenbeziehung, zu der der Vermögenswert gehört, zuzuordnen ist. [2]Eine davon abweichende Zuordnung ist nur vorzunehmen, wenn dies im Einzelfall zu einem Ergebnis der Bankbetriebsstätte führt, das dem Fremdvergleichsgrundsatz besser entspricht.

(4) Die sachgerechte Zuordnung eines Vermögenswerts darf nur geändert werden, wenn

1. die Änderung dazu führt, dass der Vermögenswert der Bankbetriebsstätte zugeordnet wird, zu der die betreffende Kundenbeziehung besteht, und in der Bankbetriebsstätte, der der Vermögenswert zugeordnet war, keine Personalfunktionen im Hinblick auf den Vermögenswert mehr ausgeübt werden oder
2. die Zuordnung im Einzelfall zu einem Ergebnis der Bankbetriebsstätte führt, das dem Fremdvergleichsgrundsatz besser entspricht.

(5) [1]Ist ein Vermögenswert im Sinne des Absatzes 1 einer Bankbetriebsstätte zuzuordnen und übt eine andere Betriebsstätte im Hinblick auf diesen Vermögenswert eine unterstützende Personalfunktion aus, so ist nach § 16 Absatz 2 Satz 1 für die Erbringung dieser Personalfunktion ein Verrechnungspreis anzusetzen, der dem Fremdvergleichsgrundsatz entspricht. [2]Solche unterstützenden Personalfunktionen können

1. dazu dienen, die eigentliche unternehmerische Risikoübernahmefunktion auszuüben,
2. die nachfolgende Verwaltung des Vermögenswerts umfassen oder
3. andere Hilfsfunktionen sein.

(6) § 16 Absatz 3 gilt für Bankbetriebsstätten mit der Maßgabe, dass eine anzunehmende schuldrechtliche Beziehung, die als Zurverfügungstellung finanzieller Mittel gilt, über § 16 Absatz 3 Satz 2 hinaus zugrunde zu legen ist, wenn

1. das Kreditinstitut nachweist, dass die über § 16 Absatz 3 hinausgehende Dauer im Zusammenhang mit der Geschäftspolitik des Kreditinstituts und auf Grund der Personalfunktionen, die im Zusammenhang mit der Zurverfügungstellung und der Entgegennahme von finanziellen Mitteln ausgeübt werden, sachgerecht ist und
2. die über § 16 Absatz 3 hinausgehende Dauer im Einzelfall zu einem Ergebnis der Bankbetriebsstätte führt, das dem Fremdvergleichsgrundsatz besser entspricht.

§ 20 Dotationskapital inländischer Bankbetriebsstätten ausländischer Kreditinstitute, Bankenaufsichtsrecht. (1) [1] Einer inländischen Bankbetriebsstätte eines ausländischen Kreditinstituts ist der Anteil am Eigenkapital des ausländischen Kreditinstituts zuzuordnen, der ihrem Anteil an der Summe der risikogewichteten Positionsbeträge des ausländischen Kreditinstituts im Sinne des ausländischen Bankenaufsichtsrechts entspricht (Kapitalaufteilungsmethode für Bankbetriebsstätten). [2] Für die Ermittlung des jeweiligen Anteils sind die kreditinstitutsinternen risikogewichteten Positionsbeträge unberücksichtigt zu lassen.

(2) [1] Ein geringeres Dotationskapital als nach Absatz 1 darf das ausländische Kreditinstitut der inländischen Bankbetriebsstätte nur zuordnen, soweit dies zu einem Ergebnis der inländischen Bankbetriebsstätte führt, das im Verhältnis zum übrigen Unternehmen dem Fremdvergleichsgrundsatz auf Grund der ihr zugeordneten Vermögenswerte sowie der ihr zugeordneten Chancen und Risiken besser entspricht. [2] Die inländische Bankbetriebsstätte muss jedoch mindestens ein Dotationskapital ausweisen, das sie nach bankenaufsichtsrechtlichen Grundsätzen als Kernkapital ausweisen müsste, wenn sie ein rechtlich selbständiges, inländisches Kreditinstitut wäre (Mindestkapitalausstattungsmethode für Bankbetriebsstätten). [3] Wird die Mindestkapitalausstattungsmethode angewandt, so ist das Dotationskapital um 0,5 Prozentpunkte der Summe der risikogewichteten Positionsbeträge der inländischen Bankbetriebsstätte zu erhöhen, es sei denn, ein geringerer Zuschlag führt zu einem Ergebnis der Bankbetriebsstätte, das dem Fremdvergleichsgrundsatz besser entspricht.

(3) Ein ausländisches Kreditinstitut kann davon absehen, Absatz 1 und 2 für seine inländische Bankbetriebsstätte anzuwenden, wenn

1. die Summe der Aktivposten der Hilfs- und Nebenrechnung der inländischen Bankbetriebsstätte weniger als 1 Milliarde Euro beträgt und
2. für die inländische Bankbetriebsstätte ein Dotationskapital in Höhe von mindestens 3 Prozent der Summe der Aktivposten der Hilfs- und Nebenrechnung ausgewiesen wird, mindestens aber 5 Millionen Euro.

(4) 1 Für eine inländische Bankbetriebsstätte eines ausländischen Kreditinstituts mit Sitz in einem Staat der Europäischen Union oder des Europäischen Wirtschaftsraumes, in dem ein Kreditinstitut eine Regelung anwenden kann, die dem § 2a des Kreditwesengesetzes entspricht, gilt Absatz 1 nur, wenn das ausländische Kreditinstitut

1. die Regelung nicht anwendet oder
2. nachweist, dass seine Eigenkapitalausstattung nach dem anzuwendenden Bankenaufsichtsrecht auch dann ausreichen würde, wenn es die Regelung nicht anwenden würde.

2 Wendet das ausländische Kreditinstitut die ausländische Regelung an und wird der Nachweis nach Satz 1 Nummer 2 nicht geführt, so ist für die Ermittlung des Dotationskapitals, das der inländischen Bankbetriebsstätte zuzuordnen ist, Absatz 1 sinngemäß anzuwenden mit der Maßgabe, dass

1. für die Ermittlung des Eigenkapitals, das der Berechnung zugrunde zu legen ist, das bankenaufsichtsrechtliche Kernkapital derjenigen ausländischen Kreditinstitutsgruppe maßgebend ist, die, wenn sie eine inländische Institutsgruppe wäre, die Voraussetzungen von § 10a Absatz 1 des Kreditwesengesetzes in Verbindung mit den Artikeln 92 ff. der Verordnung (EU) Nr. 575/2013 des Europäischen Parlaments und des Rates vom 26. Juni 2013 über Aufsichtsanforderungen an Kreditinstitute und Wertpapierfirmen und zur Änderung der Verordnung (EU) Nr. 646/2012 (ABl. L 176 vom 27. 6. 2013, S. 1, L 208 vom 2. 8. 2013, S. 68, L 321 vom 30. 11. 2013, S. 6) in der jeweils geltenden Fassung erfüllen würde, und
2. für die Ermittlung des Anteils der inländischen Bankbetriebsstätte am Kernkapital der ausländischen Kreditinstitutsgruppe die Summe der risikogewichteten Positionsbeträge der Bankbetriebsstätte zur Summe der risikogewichteten Positionsbeträge der Kreditinstitutsgruppe, ohne Berücksichtigung der gruppeninternen risikogewichteten Positionsbeträge, ins Verhältnis zu setzen ist.

(5) 1 § 12 Absatz 6 ist mit der Maßgabe anzuwenden, dass die Höhe des der inländischen Bankbetriebsstätte zuzuordnenden Dotationskapitals auch anzupassen ist, soweit dies das inländische Bankenaufsichtsrecht erfordert. 2 Im Übrigen gilt § 12 sinngemäß.

(6) Die Absätze 1 bis 5 gelten nicht für inländische Betriebsstätten ausländischer Finanzdienstleistungsinstitute, die keinen bankenaufsichtsrechtlichen Eigenkapitalanforderungen unterliegen.

§ 21 Dotationskapital ausländischer Bankbetriebsstätten inländischer Kreditinstitute, Bankenaufsichtsrecht. (1) 1 Der ausländischen Bankbetriebsstätte eines inländischen Kreditinstituts ist ein Dotationskapital entsprechend § 13 Absatz 1 zuzuordnen, es sei denn, das anzuwendende ausländische Bankenaufsichtsrecht enthält zwingende Regelungen zur Mindestkapitalausstattung, die die ausländische Bankbetriebsstätte einhalten müsste, wenn sie ein selbständiges ausländisches Kreditinstitut wäre (Mindestkapitalausstattungsmethode für Bankbetriebsstätten). 2 Das inländische Kreditinstitut hat die Gründe für den Ansatz eines höheren Dotationskapitals als nach § 13 Absatz 1 nachzuweisen.

(2) [1]Ein höheres Dotationskapital als nach Absatz 1 darf das inländische Kreditinstitut der ausländischen Bankbetriebsstätte nur zuordnen, soweit die höhere Dotation zu einem Ergebnis der ausländischen Bankbetriebsstätte führt, das dem Fremdvergleichsgrundsatz auf Grund der ihr zugeordneten Vermögenswerte sowie der ihr zugeordneten Chancen und Risiken besser entspricht. [2]Liegen die Voraussetzungen des Satzes 1 vor, so ist die Obergrenze der Dotation der Betrag, der sich bei Anwendung der Kapitalaufteilungsmethode für Bankbetriebsstätten entsprechend § 20 Absatz 1 ergibt.

(3) [1]Ein höheres Dotationskapital als nach Absatz 2 darf der ausländischen Bankbetriebsstätte nur zugeordnet werden, soweit dies das ausländische Bankenaufsichtsrecht für ausländische selbständige Kreditinstitute erfordert und das inländische Kreditinstitut den entsprechenden Regelungen für seine ausländische Bankbetriebsstätte folgt. [2]Satz 1 ist nur anzuwenden, soweit dem übrigen Unternehmen rechnerisch mindestens so viel Kapital verbleibt, wie es nach inländischem Bankenaufsichtsrecht erforderlich wäre.

(4) Ist ein inländisches Kreditinstitut

1. Teil einer inländischen Institutsgruppe, auf die § 2a des Kreditwesengesetzes anzuwenden ist, oder
2. Teil einer ausländischen Institutsgruppe, auf die eine Regelung eines anderen Staates der Europäischen Union oder des Europäischen Wirtschaftsraums, die Artikel 7 der Verordnung (EU) Nr. 575/2013 des Europäischen Parlaments und des Rates vom 26. Juni 2013 über Aufsichtsanforderungen an Kreditinstitute und Wertpapierfirmen und zur Änderung der Verordnung (EU) Nr. 646/2012 (ABl. L 176 vom 27. 6. 2013, S. 1) vergleichbar ist, anzuwenden ist,

und verfügt dieses inländische Kreditinstitut über ein geringeres Kernkapital, als es nach bankenaufsichtsrechtlichen Grundsätzen für die Summe der risikogewichteten Positionsbeträge ohne Anwendung des § 2a des Kreditwesengesetzes oder der Regelung eines anderen Staates des Europäischen Wirtschaftsraums, die Artikel 7 der Verordnung (EU) Nr. 575/2013 vergleichbar ist, erforderlich ist, so kann einer ausländischen Bankbetriebsstätte dieses Kreditinstituts ein Mindestdotationskapital nach Absatz 1 nur zugeordnet werden, soweit dem übrigen Unternehmen ein Kernkapital verbleibt, das nach bankenaufsichtsrechtlichen Grundsätzen für die Summe der risikogewichteten Positionsbeträge des übrigen Unternehmens erforderlich wäre.

(5) [1]§ 13 Absatz 5 ist anzuwenden mit der Maßgabe, dass die Höhe des der ausländischen Bankbetriebsstätte zuzuordnenden Dotationskapitals auch anzupassen ist, soweit dies das ausländische Bankenaufsichtsrecht erfordert. [2]Im Übrigen gilt § 13 sinngemäß.

(6) Die Absätze 1 bis 5 gelten nicht für eine ausländische Bankbetriebsstätte eines inländischen Finanzdienstleistungsinstituts, das keinen bankenaufsichtsrechtlichen Eigenkapitalanforderungen unterliegt.

§ 22 Globaler Handel mit Finanzinstrumenten. (1) [1]Finanzinstrumente im Sinne des § 1 Absatz 11 Satz 1 des Kreditwesengesetzes, mit denen durch Finanzinstitute auf Märkten der ganzen Welt rund um die Uhr gehandelt wird (globaler Handel mit Finanzinstrumenten), sind entsprechend § 19 zuzuordnen. 2Der globale Handel mit Finanzinstrumenten umfasst insbesondere

1. die globale Emission und den globalen Vertrieb von Finanzinstrumenten,
2. die Tätigkeit als Market Maker im Sinne des *§ 23 Absatz 4* [***ab 3.1.2018***: § 36 Absatz 5][1] des Wertpapierhandelsgesetzes für physische Wertpapiere,
3. die Tätigkeit an den Aktien- und Rohstoffbörsen,
4. die Entwicklung neuer Finanzinstrumente.

(2) 1Wird im globalen Handel mit Finanzinstrumenten die unternehmerische Risikoübernahmefunktion in verschiedenen Bankbetriebsstätten ausgeübt und lässt sich eine eindeutige Zuordnung von einzelnen Finanzinstrumenten nicht oder nur mit unzumutbarem Aufwand durchführen, so sind die aus den Finanzinstrumenten steuerlich realisierten und nichtrealisierten Ergebnisse auf die Bankbetriebsstätten, die am globalen Handel beteiligt sind, nach einem sachgerechten Aufteilungsschlüssel aufzuteilen. 2Werden die Chancen und Risiken aus den Finanzinstrumenten für die Ermittlung des Dotationskapitals nach den §§ 20 und 21 entsprechend Satz 1 anteilig berücksichtigt, so können die Finanzinstrumente abweichend von Satz 1 zugeordnet werden, wenn

1. dies in der Hilfs- und Nebenrechnung nach § 3 ausgewiesen wird und
2. die Ergebnisse der Bankbetriebsstätten, die am globalen Handel teilnehmen, nicht beeinflusst werden.

(3) Für anzunehmende schuldrechtliche Beziehungen, die die unternehmerische Risikoübernahmefunktion im globalen Handel mit Finanzinstrumenten betreffen, ist die geschäftsvorfallbezogene Restgewinnaufteilungsmethode anzuwenden, es sei denn, im Einzelfall führt die Anwendung einer anderen Methode zu einem Ergebnis, das dem Fremdvergleichsgrundsatz besser entspricht.

Abschnitt 3. Besonderheiten für Versicherungsbetriebsstätten

§ 23 Allgemeines. Eine Betriebsstätte,

1. die Teil eines Versicherungsunternehmens im Sinne des § 1 Absatz 1 Nummer 1 des Versicherungsaufsichtsgesetzes oder Teil eines Versicherungsunternehmens im Sinne des ausländischen Versicherungsaufsichtsrechts ist und
2. die Versicherungsgeschäfte betreibt

ist eine Versicherungsbetriebsstätte, für die die §§ 1 bis 17 gelten, soweit in diesem Abschnitt keine abweichende Regelung getroffen wird.

§ 24 Besondere Zuordnungsregelungen. (1) 1Ein Vermögenswert, der durch den Abschluss eines Versicherungsvertrags entsteht, ist einer Versicherungsbetriebsstätte zuzuordnen, wenn die unternehmerische Risikoübernahmefunktion in dieser Versicherungsbetriebsstätte ausgeübt wird. 2Unternehmerische Risikoübernahmefunktion ist bei Versicherungsunternehmen die Personalfunktion des Zeichnungsprozesses, deren Ausübung dazu führt, dass die mit dem Versicherungsvertrag zusammenhängenden Chancen und Risiken, insbesondere das versicherungstechnische Risiko aus dem Versicherungs-

[1] Verweis geänd. durch G v. 23.6.2017 (BGBl. I S. 1693).

vertrag, von dem Versicherungsunternehmen übernommen werden. [3]Der Zeichnungsprozess besteht aus

1. der Festlegung der Zeichnungsstrategie,
2. der Risikoklassifizierung und Risikoauswahl,
3. der Preisgestaltung,
4. der Analyse der Risikoweitergabe und
5. der Annahme der versicherten Risiken.

(2) Die Ausübung der unternehmerischen Risikoübernahmefunktion bestimmt nicht nur über die Zuordnung des Versicherungsvertrags zu einer Versicherungsbetriebsstätte, sondern auch über die Zuordnung der mit dem Versicherungsvertrag zusammenhängenden Vermögenswerte, der damit in Zusammenhang stehenden Betriebseinnahmen und Betriebsausgaben sowie der damit in Zusammenhang stehenden Chancen und Risiken.

(3) [1]Werden Personalfunktionen des Zeichnungsprozesses in verschiedenen Versicherungsbetriebsstätten ausgeübt, so ist ein Vermögenswert, der durch den Abschluss eines Versicherungsvertrags entsteht, der Versicherungsbetriebsstätte zuzuordnen, deren Personalfunktion bis zum Abschluss des Versicherungsvertrags die größte Bedeutung zukommt. [2]Diese Personalfunktion gilt als unternehmerische Risikoübernahmefunktion. [3]Die Zuordnung eines Versicherungsvertrags bestimmt sich nach den bis zum Abschluss des Versicherungsvertrags ausgeübten Personalfunktionen.

(4) Im Rückversicherungsgeschäft ist widerlegbar zu vermuten, dass im Zeichnungsprozess die Risikoklassifizierung und Risikoauswahl die Personalfunktion mit der größten Bedeutung und daher die unternehmerische Risikoübernahmefunktion für den Abschluss eines Rückversicherungsvertrags ist.

(5) [1]Hat ein ausländisches Versicherungsunternehmen eine Niederlassung im Sinne der §§ 106, 110a, 121h oder 121i des Versicherungsaufsichtsgesetzes begründet, die eine inländische Versicherungsbetriebsstätte ist, so ist zu vermuten, dass hinsichtlich eines Versicherungsvertrags, zu dessen Abschluss der für die Niederlassung bestellte Hauptbevollmächtigte gemäß § 106 Absatz 3 Satz 3 des Versicherungsaufsichtsgesetzes als ermächtigt gilt, die unternehmerische Risikoübernahmefunktion im Sinne der Absätze 1 bis 4 in der Niederlassung ausgeübt wird. [2]Die Vermutung kann nur widerlegt werden, wenn das ausländische Versicherungsunternehmen nachweist, dass

1. die unternehmerische Risikoübernahmefunktion für den in Satz 1 genannten Versicherungsvertrag nicht in der inländischen Versicherungsbetriebsstätte ausgeübt wird, und
2. der Sachverhalt übereinstimmend der deutschen Versicherungsaufsichtsbehörde und der für das ausländische Versicherungsunternehmen zuständigen Versicherungsaufsichtsbehörde mitgeteilt wurde.

(6) [1]Ein Versicherungsvertrag ist einer ausländischen Versicherungsbetriebsstätte eines inländischen Versicherungsunternehmens, die einer der deutschen Versicherungsaufsicht vergleichbaren Aufsicht unterliegt und für die ein Hauptbevollmächtigter nach § 13b Absatz 1 Satz 1 Nummer 3 des Versicherungsaufsichtsgesetzes bestellt wurde oder für die ein sonstiger Bevollmächtig-

ter, der einem Hauptbevollmächtigten im Sinne des § 106 Absatz 3 des Versicherungsaufsichtsgesetzes vergleichbar ist, auf Grund entsprechender ausländischer versicherungsaufsichtsrechtlicher Vorgaben bestellt wurde, nur dann zuzuordnen, wenn die unternehmerische Risikoübernahmefunktion im Sinne der Absätze 1 bis 4 tatsächlich in der ausländischen Versicherungsbetriebsstätte ausgeübt wird. 2 Werden in der ausländischen Versicherungsbetriebsstätte lediglich die Personalfunktionen des Zeichnungsprozesses ausgeübt, die im unmittelbaren Zusammenhang mit der Annahme des versicherten Risikos stehen, so ist der Versicherungsvertrag nur dann der ausländischen Versicherungsbetriebsstätte zuzuordnen,

1. wenn in ihr zusätzlich eine der folgenden Personalfunktionen, die nicht Teil des Zeichnungsprozesses sind, ausgeübt wird:
   a) Produktmanagement und Produktentwicklung,
   b) Verkauf und Marketing oder
   c) Risikomanagement und Rückversicherung und
2. wenn die Bedeutung der in der ausländischen Versicherungsbetriebsstätte ausgeübten Personalfunktionen überwiegt.

(7) § 19 Absatz 5 gilt sinngemäß.

§ 25 Dotationskapital inländischer Versicherungsbetriebsstätten ausländischer Versicherungsunternehmen, Versicherungsaufsichtsrecht.

(1) 1 Zur Bestimmung des Dotationskapitals inländischer Versicherungsbetriebsstätten ausländischer Versicherungsunternehmen ist der Versicherungsbetriebsstätte in einem ersten Schritt ein Anteil an den Vermögenswerten des ausländischen Versicherungsunternehmens zuzuordnen, die der Bedeckung der versicherungstechnischen Rückstellungen und des Eigenkapitals des ausländischen Versicherungsunternehmens dienen. 2 Der Anteil der Versicherungsbetriebsstätte bemisst sich nach dem Verhältnis der versicherungstechnischen Rückstellungen für Versicherungsverträge, die der inländischen Versicherungsbetriebsstätte zuzuordnen sind, zu den versicherungstechnischen Rückstellungen, die in der Bilanz des ausländischen Versicherungsunternehmens insgesamt ausgewiesen sind.

(2) 1 In einem zweiten Schritt sind von den nach Absatz 1 zugeordneten Vermögenswerten die versicherungstechnischen Rückstellungen und die aus Versicherungsverhältnissen entstandenen Verbindlichkeiten und Rechnungsabgrenzungsposten abzuziehen, die zu bestimmen sind nach den §§ 341 e bis 341 h des Handelsgesetzbuchs sowie nach der Versicherungsunternehmens-Rechnungslegungsverordnung vom 8. November 1994 (BGBl. I S. 3378), die zuletzt durch Artikel 27 Absatz 9 des Gesetzes vom 4. Juli 2013 (BGBl. I S. 1981) geändert worden ist, in der jeweils geltenden Fassung. 2 Das Ergebnis ist das der inländischen Versicherungsbetriebsstätte zuzuordnende Dotationskapital (modifizierte Kapitalaufteilungsmethode für Versicherungsbetriebsstätten).

(3) 1 Ein geringeres Dotationskapital als nach Absatz 2 darf das ausländische Versicherungsunternehmen der inländischen Versicherungsbetriebsstätte nur zuordnen, soweit dies zu einem Ergebnis der inländischen Versicherungsbe-

triebsstätte führt, das im Verhältnis zum übrigen Unternehmen dem Fremdvergleichsgrundsatz auf Grund der ihr zugeordneten Vermögenswerte sowie der ihr zugeordneten Chancen und Risiken besser entspricht. [2]Die inländische Versicherungsbetriebsstätte muss mindestens ein Dotationskapital ausweisen, das sie nach versicherungsaufsichtsrechtlichen Grundsätzen als Eigenkapital ausweisen müsste, wenn sie ein rechtlich selbständiges Versicherungsunternehmen wäre (Mindestkapitalausstattungsmethode für Versicherungsbetriebsstätten).

(4) Weicht das Dotationskapital, das einer inländischen Versicherungsbetriebsstätte vom ausländischen Versicherungsunternehmen zugeordnet wurde, von dem Dotationskapital ab, das nach Absatz 2 zuzuordnen ist, so sind die nach Absatz 1 zuzuordnenden Vermögenswerte dem Dotationskapital nach Absatz 2 anzupassen.

(5) [1]§ 12 Absatz 6 ist mit der Maßgabe anzuwenden, dass die Höhe des zuzuordnenden Dotationskapitals auch anzupassen ist, soweit dies das inländische Versicherungsaufsichtsrecht erfordert. [2]Im Übrigen gilt § 12 sinngemäß.

§ 26 Dotationskapital ausländischer Versicherungsbetriebsstätten inländischer Versicherungsunternehmen, Versicherungsaufsichtsrecht.

(1) [1]Der ausländischen Versicherungsbetriebsstätte eines inländischen Versicherungsunternehmens ist ein Dotationskapital entsprechend § 13 Absatz 1 zuzuordnen, es sei denn, das anzuwendende ausländische Versicherungsaufsichtsrecht enthält zwingende Regelungen zur Mindestkapitalausstattung, die die ausländische Versicherungsbetriebsstätte einhalten müsste, wenn sie ein selbständiges ausländisches Versicherungsunternehmen wäre (Mindestkapitalausstattungsmethode für Versicherungsbetriebsstätten). [2]Das inländische Versicherungsunternehmen hat die Gründe für den Ansatz eines höheren Dotationskapitals als nach § 13 Absatz 1 nachzuweisen.

(2) [1]Ein höheres Dotationskapital als das versicherungsaufsichtsrechtliche Mindestkapital nach Absatz 1 darf das inländische Versicherungsunternehmen der ausländischen Versicherungsbetriebsstätte nur zuordnen, soweit dies zu einem Ergebnis der ausländischen Versicherungsbetriebsstätte führt, das dem Fremdvergleichsgrundsatz auf Grund der ihr zugeordneten Vermögenswerte sowie der ihr zugeordneten Chancen und Risiken besser entspricht. [2]Das Dotationskapital darf den Betrag nicht übersteigen, der sich aus der Anwendung der modifizierten Kapitalaufteilungsmethode für Versicherungsbetriebsstätten nach § 25 Absatz 1 und 2 ergibt.

(3) [1]Ein höheres Dotationskapital als nach Absatz 2 darf der ausländischen Versicherungsbetriebsstätte nur zugeordnet werden, soweit dies das ausländische Versicherungsaufsichtsrecht erfordert und das inländische Versicherungsunternehmen den entsprechenden Regelungen für seine ausländische Versicherungsbetriebsstätte folgt. [2]Satz 1 ist nur anzuwenden, soweit dem übrigen Unternehmen rechnerisch mindestens so viel Kapital verbleibt, wie nach inländischem Versicherungsaufsichtsrecht erforderlich wäre.

(4) [1]§ 13 Absatz 5 ist mit der Maßgabe anzuwenden, dass die Höhe des zuzuordnenden Dotationskapitals auch anzupassen ist, soweit dies das ausländische Versicherungsaufsichtsrecht erfordert. [2]Im Übrigen gilt § 13 sinngemäß.

§ 27 Zuordnung von Einkünften aus Vermögenswerten. (1) Einkünfte aus Vermögenswerten sind einer Versicherungsbetriebsstätte zuzuordnen, wenn diese Vermögenswerte mindestens einem der folgenden Zwecke dienen:

1. der Bedeckung der versicherungstechnischen Rückstellungen der Versicherungsbetriebsstätte,
2. der Bedeckung der aus Versicherungsverhältnissen entstandenen Verbindlichkeiten und Rechnungsabgrenzungsposten der Versicherungsbetriebsstätte oder
3. der Bedeckung des Dotationskapitals der Versicherungsbetriebsstätte.

(2) Soweit eine direkte Zuordnung von Vermögenswerten und Einkünften nicht möglich ist, sind einer Versicherungsbetriebsstätte Einkünfte entsprechend der durchschnittlichen Kapitalanlagerendite des Versicherungsunternehmens zuzuordnen.

§ 28 Rückversicherung innerhalb eines Unternehmens. Das versicherungstechnische Risiko, das einer Versicherungsbetriebsstätte auf Grund der zutreffenden Zuordnung eines Versicherungsvertrags zugeordnet ist, darf nicht durch eine anzunehmende schuldrechtliche Beziehung, die einem Rückversicherungsvertrag zwischen rechtlich selbständigen Versicherungsunternehmen vergleichbar ist, dem übrigen Unternehmen zugeordnet werden.

§ 29 Pensionsfonds und Versicherungs-Zweckgesellschaften. Die §§ 23 bis 28 gelten sinngemäß für eine Betriebsstätte, die mit Versicherungsgeschäften vergleichbare Geschäfte betreibt und die

1. Teil eines Pensionsfonds im Sinne des § 112 des Versicherungsaufsichtsgesetzes oder eines vergleichbaren ausländischen Aufsichtsrechts ist oder
2. Teil einer Versicherungs-Zweckgesellschaft im Sinne des § 121 g des Versicherungsaufsichtsgesetzes oder eines vergleichbaren ausländischen Aufsichtsrechts ist.

Abschnitt 4. Besonderheiten für Bau- und Montagebetriebsstätten

§ 30 Allgemeines. [1]Für eine Betriebsstätte, die Bau- oder Montagearbeiten durchführt und nach Abschluss der Bau- oder Montagearbeiten endet (Bau- und Montagebetriebsstätte), gelten die §§ 1 bis 17, soweit in diesem Abschnitt keine abweichende Regelung getroffen wird. [2]Ein Unternehmen, zu dem eine Bau- und Montagebetriebsstätte gehört, ist ein Bau- und Montageunternehmen.

§ 31 Besondere Zuordnungsregelungen. (1) [1]Ein materielles Wirtschaftsgut, das in einer Bau- und Montagebetriebsstätte genutzt wird, ist dieser nur dann gemäß § 5 Absatz 1 Satz 1 zuzuordnen, wenn dort neben der Nutzung zusätzlich auch Personalfunktionen ausgeübt werden, die im Zusammenhang mit der Anschaffung, der Herstellung, der Veräußerung oder der Verwertung des materiellen Wirtschaftsguts stehen. [2]Die Zuordnung nach Satz 1 setzt voraus, dass die Bedeutung der genannten Personalfunktionen, die in der Bau- und Montagebetriebsstätte im Hinblick auf das materielle Wirtschaftsgut ausgeübt werden, gegenüber den insoweit ausgeübten Personalfunktionen des übrigen Unternehmens eindeutig überwiegt.

(2) Ist ein materielles Wirtschaftsgut im Sinne des Absatzes 1 nicht der Bau- und Montagebetriebsstätte zuzuordnen, so ist es dem übrigen Unternehmen zuzuordnen und gilt als der Bau- und Montagebetriebsstätte unentgeltlich beigestellt.

(3) Die Absätze 1 und 2 gelten sinngemäß für die Zuordnung von Vermögenswerten nach den §§ 6 bis 8.

(4) [1]Der Bau- oder Montagevertrag mit dem Auftraggeber ist ein Geschäftsvorfall im Sinne des § 9, der dem übrigen Unternehmen zuzuordnen ist. [2]Diese Zuordnung ist nur dann mit den Rechtsfolgen des § 16 zu ändern, wenn

1. den in der Bau- und Montagebetriebsstätte ausgeübten Personalfunktionen im Zusammenhang mit dem Vertrag eindeutig die größte Bedeutung zukommt, wobei insbesondere die Vorbereitung und der Abschluss des Vertrags, die Bereitstellung der dafür erforderlichen Vermögenswerte und die Erfüllung der Verpflichtungen aus dem Vertrag zu berücksichtigen sind, oder
2. aus funktionalen Gründen davon auszugehen ist, dass die Bau- und Montagebetriebsstätte, wäre sie ein unabhängiger Dritter, den Bau- oder Montagevertrag mit dem Auftraggeber vom übrigen Unternehmen übernommen hätte.

§ 32 Anzunehmende schuldrechtliche Beziehungen, die als Dienstleistung anzusehen sind. (1) [1]Die Mitwirkung einer Bau- und Montagebetriebsstätte an der Erfüllung des vom Bau- und Montageunternehmen abgeschlossenen Bau- und Montagevertrags gilt widerlegbar als anzunehmende schuldrechtliche Beziehung, die als Dienstleistung der Bau- und Montagebetriebsstätte gegenüber dem übrigen Unternehmen anzusehen ist. [2]Der Verrechnungspreis für die Dienstleistung ist im Regelfall nach einer kostenorientierten Verrechnungspreismethode zu bestimmen. [3]Zu den Kosten der Bau- und Montagebetriebsstätte, die für die Anwendung dieser Methode zu berücksichtigen sind, gehören insbesondere auch alle erforderlichen Personalkosten, die unmittelbar durch die Erbringung von Personalfunktionen in der Bau- und Montagebetriebsstätte verursacht sind.

(2) Besteht die Dienstleistung der Bau- und Montagebetriebsstätte gegenüber dem übrigen Unternehmen aus verschiedenen Leistungsbündeln, so sind diese einheitlich zu verrechnen, es sei denn, gesonderte Verrechnungspreise für jedes Leistungsbündel führen im Einzelfall zu einem Ergebnis, das dem Fremdvergleichsgrundsatz besser entspricht.

(3) [1]Die Dienstleistung, die die Bau- und Montagebetriebsstätte gegenüber dem übrigen Unternehmen erbringt, ist entsprechend der erbrachten Leistung laufend abzurechnen, unabhängig davon, ob das Bau- und Montageunternehmen einen Zahlungsanspruch gegen den Auftraggeber erst bei Abnahme oder Teilabnahme der geschuldeten Leistung hat. [2]Eine andere Abrechnung zwischen der Bau- und Montagebetriebsstätte und dem übrigen Unternehmen

ist nur vorzunehmen, wenn dies im Einzelfall zu einem Ergebnis führt, das dem Fremdvergleichsgrundsatz besser entspricht.

(4) Dienstleistungen, die im übrigen Unternehmen im Zusammenhang mit dem Bau- und Montagevertrag des Bau- und Montageunternehmens erbracht werden, gelten auch dann nicht als gegenüber der Bau- und Montagebetriebsstätte erbracht, wenn sie im Zusammenhang mit der Dienstleistung der Bau- und Montagebetriebsstätte stehen.

§ 33 Anzunehmende schuldrechtliche Beziehungen in besonderen Fällen. (1) Abweichend von § 32 ist der Verrechnungspreis für die anzunehmende schuldrechtliche Beziehung zwischen der Bau- und Montagebetriebsstätte und dem übrigen Unternehmen nach einer Gewinnaufteilungsmethode zu bestimmen, wenn

1. die Personalfunktionen, die jeweils sowohl von der Bau- und Montagebetriebsstätte als auch vom übrigen Unternehmen im Hinblick auf die Erfüllung des Bau- oder Montagevertrags ausgeübt werden, keine Routinetätigkeit darstellen und dazu führen, dass jeweils vergleichbare Chancen und Risiken zuzuordnen sind, oder
2. für die Erfüllung des Bau- oder Montagevertrags sowohl von der Bau- und Montagebetriebsstätte als auch vom übrigen Unternehmen einzigartige immaterielle Werte selbst entwickelt oder erworben werden.

(2) [1] Der Aufteilungsschlüssel, der für die Gewinnaufteilungsmethode nach Absatz 1 anzuwenden ist, bestimmt sich nach den Beiträgen, die jeweils von der Bau- und Montagebetriebsstätte und vom übrigen Unternehmen für den Bau- und Montagevertrag geleistet werden. [2] Der Umfang der geleisteten Beiträge berechnet sich nach den Kosten der maßgeblichen Personalfunktionen, die jeweils von der Bau- und Montagebetriebsstätte und vom übrigen Unternehmen für den Bau- und Montagevertrag ausgeübt werden. [3] Zu berücksichtigen ist auch ein angemessener Anteil

1. an den Forschungs- und Entwicklungskosten der eingesetzten immateriellen Werte sowie
2. an vergeblichen Akquisitionskosten für nicht zustande gekommene Bau- und Montageverträge.

[4] Ein anderer Aufteilungsschlüssel ist anzuwenden, wenn dieser im Einzelfall zu einem Ergebnis der Bau- und Montagebetriebsstätte führt, das dem Fremdvergleichsgrundsatz besser entspricht.

§ 34 Übergangsregelung für Bau- und Montagebetriebsstätten.

(1) Das Bau- und Montageunternehmen kann die Einkünfte einer bereits vor dem 1. Januar 2013 begründeten Bau- und Montagebetriebsstätte bis zur Beendigung der Bau- oder Montagebetriebsstätte nach den bisher von der Finanzbehörde anerkannten steuerlichen Grundsätzen ermitteln.

(2) Das Bau- und Montageunternehmen kann, ungeachtet § 1 Absatz 5 des Außensteuergesetzes, Absatz 1 auch auf Bau- und Montagebetriebsstätten, die in den Jahren 2013 und 2014 begründet werden, anwenden, wenn es

1. nachweist, dass es für die Kalkulation seiner Leistungen von der Anwendung der bisher von der Finanzbehörde anerkannten steuerlichen Grundsätze ausgegangen ist, und
2. glaubhaft macht, dass die Regelungen dieser Verordnung seiner Kalkulation die Grundlage entziehen.

Abschnitt 5. Besonderheiten für Förderbetriebsstätten

§ 35 Allgemeines. (1) [1]Für eine Betriebsstätte, die zur Förderung von Bodenschätzen entsteht und nach Abschluss der Förderung endet (Förderbetriebsstätte), gelten die §§ 1 bis 17, soweit in diesem Abschnitt keine abweichende Regelung getroffen wird. [2]Ein Unternehmen, zu dem eine Förderbetriebsstätte gehört, ist ein Bergbauunternehmen oder ein Erdöl- oder Erdgasunternehmen.

(2) Ein Explorationsrecht ist das Recht, Bodenschätze zu suchen oder zu fördern.

§ 36 Besondere Zuordnungsregelungen. (1) [1]Ein Explorationsrecht, das für die Ausübung von Personalfunktionen in einer Förderbetriebsstätte eines Bergbauunternehmens oder eines Erdöl- oder Erdgasunternehmens genutzt wird, ist dieser Förderbetriebsstätte nur dann zuzuordnen, wenn dort zusätzlich auch

1. die Personalfunktionen im Zusammenhang mit der Anschaffung oder Herstellung des Explorationsrechts ausgeübt werden oder
2. der Vertrieb oder die Verwertung der gewonnenen Bodenschätze erfolgt.

[2]Die Zuordnung nach Satz 1 setzt voraus, dass die Bedeutung der genannten Personalfunktionen, die in der Förderbetriebsstätte im Hinblick auf das Explorationsrecht ausgeübt werden, gegenüber den insoweit ausgeübten Personalfunktionen des übrigen Unternehmens eindeutig überwiegt.

(2) Kann das Explorationsrecht nach Absatz 1 nicht der Förderbetriebsstätte zugeordnet werden, so ist es dem übrigen Unternehmen zuzuordnen und gilt als der Förderbetriebsstätte unentgeltlich beigestellt.

(3) [1]Abweichend von Absatz 2 ist das Explorationsrecht der Förderbetriebsstätte zum Zeitpunkt der Aufnahme der Fördertätigkeit zuzuordnen, wenn das Bergbauunternehmen oder das Erdöl- oder Erdgasunternehmen nachweist, dass der Staat, in dem die Förderbetriebsstätte liegt, ebenfalls von dieser Zuordnung ausgeht. [2]Die Zuordnung ist beizubehalten, solange der Staat, in dem die Förderbetriebsstätte liegt, von der entsprechenden Zuordnung des Explorationsrechts ausgeht.

(4) [1]In den Fällen des Absatzes 2 gilt für die Zuordnung von Vermögenswerten zu einer Förderbetriebsstätte § 31 Absatz 1 bis 3 sinngemäß. [2]In den Fällen des Absatzes 3 gelten für die Zuordnung von Vermögenswerten zu einer Förderbetriebsstätte die §§ 5 bis 8.

§ 37 Anzunehmende schuldrechtliche Beziehungen. (1) [1]Die Tätigkeit einer Förderbetriebsstätte unter Nutzung eines Explorationsrechts, das von einem Bergbauunternehmen oder einem Erdöl- oder Erdgasunternehmen erworben wurde, erfolgt auf Grund einer anzunehmenden schuldrechtlichen Beziehung (§ 16), für die widerlegbar zu vermuten ist, dass sie als Dienstleistung der Förderbetriebsstätte gegenüber dem übrigen Unternehmen anzusehen ist. 2 Der Verrechnungspreis für die Dienstleistung ist nach einer kostenorientierten Verrechnungspreismethode zu bestimmen. 3 Zu den Kosten der Förderbetriebsstätte, die für die Anwendung einer kostenorientierten Verrechnungspreismethode zu berücksichtigen sind, gehören insbesondere auch alle erforderlichen Personalkosten, die unmittelbar durch die Erbringung von Personalfunktionen in der Förderbetriebsstätte verursacht werden.

(2) 1 Führt die Anwendung des § 36 Absatz 3 zu einer Änderung der Zuordnung des Explorationsrechts, so liegt eine anzunehmende schuldrechtliche Beziehung im Sinne des § 16 Absatz 1 Nummer 1 zwischen dem übrigen Unternehmen und der Förderbetriebsstätte vor, die einer Veräußerung entspricht. 2 Dafür ist ein Betrag anzusetzen, der § 16 Absatz 2 Satz 1 entspricht.

(3) 1 Ein Bergbauunternehmen oder ein Erdöl- oder Erdgasunternehmen kann jedoch abweichend von Absatz 2 Satz 2 einen Preis für die anzunehmende schuldrechtliche Beziehung im Sinne des Absatzes 2 ansetzen, der als Fremdvergleichspreis gilt, obwohl er den nach § 16 Absatz 2 Satz 1 anzusetzenden Betrag unterschreitet. 2 Voraussetzung hierfür ist, dass das Bergbauunternehmen oder das Erdöl- oder Erdgasunternehmen

1. nachweist, dass dadurch eine Doppelbesteuerung vermieden wird, und
2. einen Betrag in mindestens der Höhe ansetzt, der den Aufwendungen entspricht, die im Bergbauunternehmen oder im Erdöl- oder Erdgasunternehmen im Hinblick auf das Explorationsrecht bis zum Zeitpunkt der Änderung der Zuordnung entstanden sind.

(4) 1 Im Fall des § 36 Absatz 3 ist im Hinblick auf die Funktions- und Risikoanalyse für die Bestimmung der Einkünfte der Förderbetriebsstätte zu beachten, dass das Explorationsrecht der Förderbetriebsstätte zuzuordnen ist. 2 Dies gilt, solange der Staat, in dem die Förderbetriebsstätte liegt, von einer Zuordnung des Explorationsrechts zur Förderbetriebsstätte ausgeht.

§ 38 Übergangsregelung für Förderbetriebsstätten. (1) Das Bergbauunternehmen oder das Erdöl- oder Erdgasunternehmen kann die Einkünfte einer bereits vor dem 1. Januar 2013 begründeten Förderbetriebsstätte bis zur Beendigung der Förderbetriebsstätte nach den bisher von der Finanzbehörde anerkannten steuerlichen Grundsätzen ermitteln.

(2) Das Bergbauunternehmen oder das Erdöl- oder Erdgasunternehmen kann, ungeachtet § 1 Absatz 5 des Außensteuergesetzes, Absatz 1 auch auf Förderbetriebsstätten anwenden, für die das Explorationsrecht bereits im Jahr 2013 oder 2014 angeschafft oder hergestellt wurde, wenn es

1. nachweist, dass es für seine Kalkulation von der Anwendung der bisher von der Finanzbehörde anerkannten Grundsätze ausgegangen ist, und
2. glaubhaft macht, dass die Regelungen dieser Verordnung seiner Kalkulation die Grundlage entziehen.

Abschnitt 6. Ständige Vertreter

§ 39 Ständige Vertreter. (1) Diese Verordnung ist sinngemäß auf ständige Vertreter im Sinne des § 13 der Abgabenordnung anzuwenden.

(2) Handelt es sich bei einem ständigen Vertreter um ein rechtlich selbständiges Unternehmen mit eigenem Personal im Sinne des § 2 Absatz 4, so sind für die sinngemäße Anwendung nach Absatz 1 abweichend von § 2 Absatz 3 alle Personalfunktionen, die vom Personal des ständigen Vertreters für den Vertretenen ausgeübt werden, als eigene Personalfunktionen des Vertretenen zu behandeln.

Abschnitt 7. Schlussvorschriften

§ 40[1] Erstmalige Anwendung. [1]Diese Verordnung ist für Wirtschaftsjahre anzuwenden, die nach dem 31. Dezember 2014 beginnen. [2]§ 3 Absatz 3 in der Fassung des Artikels 5 der Verordnung vom 12. Juli 2017 (BGBl. I S. 2360) ist erstmals für Wirtschaftsjahre anzuwenden, die nach dem 31. Dezember 2016 beginnen.

§ 41 Inkrafttreten. Diese Verordnung tritt am Tag nach der Verkündung in Kraft.

---

[1] § 40 Satz 2 angef. durch VO v. 12.7.2017 (BGBl. I S. 2360).

740 a. Investitionszulagengesetz 2007 (InvZulG 2007)[1), 2)]

In der Fassung der Bekanntmachung vom 23. Februar 2007 (BGBl. I S. 282)

Geändert durch Unternehmensteuerreformgesetz 2008 vom 14. 8. 2007 (BGBl. I S. 1912), Gesetz zur weiteren Stärkung des bürgerschaftlichen Engagements vom 10. 10. 2007 (BGBl. I S. 2332) und Gesetz zur Schaffung einer Nachfolgeregelung und Änderung des Investitionszulagengesetzes 2007 vom 7. 12. 2008 (BGBl. I S. 2350)

BGBl. III/FNA 707-6-1-8

§ 1 Anspruchsberechtigter, Fördergebiet. (1) [1] Steuerpflichtige im Sinne des Einkommensteuergesetzes und des Körperschaftsteuergesetzes, die im Fördergebiet begünstigte Investitionen im Sinne des § 2 vornehmen, haben Anspruch auf eine Investitionszulage. [2] Steuerpflichtige im Sinne des Körperschaftsteuergesetzes haben keinen Anspruch, soweit sie nach § 5 des Körperschaftsteuergesetzes von der Körperschaftsteuer befreit sind. [3] Bei Personengesellschaften und Gemeinschaften tritt an die Stelle des Steuerpflichtigen die Gesellschaft oder die Gemeinschaft als Anspruchsberechtigte.

(2) [1] Fördergebiet sind die Länder Berlin, Brandenburg, Mecklenburg-Vorpommern, Sachsen, Sachsen-Anhalt und Thüringen. [2] In den in der Anlage 1[3)] zu diesem Gesetz aufgeführten Teilen des Landes Berlin ist dieses Gesetz nur anzuwenden bei Investitionen, die zu Erstinvestitionsvorhaben gehören, die der Anspruchsberechtigte vor dem 1. Januar 2007 begonnen hat.

§ 2 Begünstigte Investitionen. (1) [1] Begünstigte Investitionen sind die Anschaffung und die Herstellung von neuen abnutzbaren beweglichen Wirtschaftsgütern des Anlagevermögens,

1. die zu einem Erstinvestitionsvorhaben im Sinne des Absatzes 3 gehören,
2. die mindestens fünf Jahre nach Beendigung des Erstinvestitionsvorhabens (Bindungszeitraum)
   a) zum Anlagevermögen eines Betriebs oder einer Betriebsstätte eines Betriebs des verarbeitenden Gewerbes, der produktionsnahen Dienst-

---

[1)] Für **vor dem 1. 1. 2007 abgeschlossene Investitionen** siehe InvZulG 2005 (Nr. **740**), für **nach dem 31. 12. 2009 abgeschlossene Investitionen** siehe InvZulG 2010 (Nr. **740 b**).

[2)] Nach § 16 Abs. 3 des Investitionszulagengesetzes 2007 vom 15. 7. 2006 (BGBl. I S. 1614) wird hiermit bekannt gemacht, dass die Kommission der Europäischen Gemeinschaften am 6. 12. 2006 die nach § 16 Abs. 1 des Investitionszulagengesetzes 2007 erforderliche **Genehmigung erteilt** hat und das Investitionszulagengesetz 2007 damit vorbehaltlich Satz 2 am **6. 12. 2006** in Kraft getreten ist. § 3 Abs. 1 Satz 1 Nr. 2 des Gesetzes tritt nach § 16 Abs. 2 iVm § 16 Abs. 3 des Investitionszulagengesetzes 2007 am **1. 1. 2007** in Kraft (Bek. des BMF v. 22. 12. 2006, BGBl. I S. 3404).

[3)] Nachstehend abgedruckt.

leistungen oder des Beherbergungsgewerbes des Anspruchsberechtigten im Fördergebiet gehören,

b) in einer Betriebsstätte eines solchen Betriebs des Anspruchsberechtigten im Fördergebiet verbleiben,

c) in jedem Jahr zu nicht mehr als 10 Prozent privat genutzt werden.

[2] *Nicht begünstigt sind geringwertige Wirtschaftsgüter im Sinne des § 6 Abs. 2 des Einkommensteuergesetzes, Luftfahrzeuge und Personenkraftwagen.* [***ab 1. 1. 2008:*** [2] Nicht begünstigt sind Luftfahrzeuge, Personenkraftwagen und geringwertige Wirtschaftsgüter im Sinne des § 6 Abs. 2 Satz 1 des Einkommensteuergesetzes mit der Maßgabe, dass an die Stelle des Wertes von 150 Euro der Wert von 410 Euro tritt.][1)] [3] Satz 1 gilt nur, soweit in den sensiblen Sektoren, die in der Anlage 2[2)] zu diesem Gesetz aufgeführt sind, die Förderfähigkeit nicht eingeschränkt oder ausgeschlossen ist. [4] Für nach dem 31. Dezember 2006 begonnene Erstinvestitionsvorhaben verringert sich der Bindungszeitraum auf drei Jahre, wenn die beweglichen Wirtschaftsgüter in einem begünstigten Betrieb verbleiben, der zusätzlich die Begriffsdefinition für kleine und mittlere Unternehmen im Sinne der Empfehlung der Kommission vom 6. Mai 2003 betreffend die Definition der Kleinstunternehmen sowie der kleinen und mittleren Unternehmen (ABl. EU Nr. L 124 S. 36) im Zeitpunkt des Beginns des Erstinvestitionsvorhabens erfüllt. [5] Für den Anspruch auf Investitionszulage ist es unschädlich, wenn das bewegliche Wirtschaftsgut innerhalb des Bindungszeitraums

1. a) in das Anlagevermögen eines mit dem Anspruchsberechtigten verbundenen Unternehmens eines begünstigten Wirtschaftszweigs im Fördergebiet übergeht, oder

   b) in einem mit dem Anspruchsberechtigten verbundenen Unternehmen eines begünstigten Wirtschaftszweigs im Fördergebiet verbleibt

   und

2. dem geförderten Erstinvestitionsvorhaben eindeutig zugeordnet bleibt.

[6] Ersetzt der Anspruchsberechtigte ein begünstigtes bewegliches Wirtschaftsgut wegen rascher technischer Veränderungen vor Ablauf des jeweils maßgebenden Bindungszeitraums durch ein neues abnutzbares bewegliches Wirtschaftsgut, ist Satz 1 Nr. 2 mit der Maßgabe anzuwenden, dass für die verbleibende Zeit des jeweils maßgebenden Bindungszeitraums das Ersatzwirtschaftsgut an die Stelle des begünstigten beweglichen Wirtschaftsguts tritt. [7] Beträgt die betriebsgewöhnliche Nutzungsdauer des begünstigten beweglichen Wirtschaftsguts weniger als fünf oder in Fällen des Satzes 4 weniger als drei Jahre, tritt die zu Beginn des Bindungszeitraums verbleibende betriebsgewöhnliche Nutzungsdauer an die Stelle des Zeitraums von fünf oder drei Jahren. [8] Als Privatnutzung im Sinne des Satzes 1 Nr. 2 Buchstabe c gilt auch die Verwendung von Wirtschaftsgütern, die zu einer verdeckten Gewinnausschüttung nach § 8 Abs. 3 des Körperschaftsteuer

1) § 2 Abs. 1 Satz 2 neugef. durch G v. 14. 8. 2007 (BGBl. I S. 1912).

2) Nachstehend abgedruckt.

gesetzes führt. [9]Betriebe der produktionsnahen Dienstleistungen sind die folgenden Betriebe:

1. Betriebe der Datenverarbeitung und Datenbanken,
2. Betriebe der Forschung und Entwicklung,
3. Betriebe der Markt- und Meinungsforschung,
4. Ingenieurbüros für bautechnische Gesamtplanung,
5. Ingenieurbüros für technische Fachplanung,
6. Büros für Industrie-Design,
7. Betriebe der technischen, physikalischen und chemischen Untersuchung,
8. Betriebe der Werbung und
9. Betriebe des fotografischen Gewerbes.

[10]Betriebe des Beherbergungsgewerbes sind die folgenden Betriebe:

1. Betriebe der Hotellerie,
2. Jugendherbergen und Hütten,
3. Campingplätze und
4. Erholungs- und Ferienheime.

[11]Hat ein Betrieb Betriebsstätten innerhalb und außerhalb des Fördergebiets, gelten für die Einordnung des Betriebs in das verarbeitende Gewerbe oder in die produktionsnahen Dienstleistungen oder in das Beherbergungsgewerbe alle Betriebsstätten im Fördergebiet als ein Betrieb.

(2) [1]Begünstigte Investitionen sind auch die Anschaffung neuer Gebäude, Eigentumswohnungen, im Teileigentum stehender Räume und anderer Gebäudeteile, die selbständige unbewegliche Wirtschaftsgüter sind (Gebäude), bis zum Ende des Jahres der Fertigstellung sowie die Herstellung neuer Gebäude, soweit die Gebäude zu einem Erstinvestitionsvorhaben im Sinne des Absatzes 3 gehören und mindestens fünf Jahre nach dem Abschluss des Investitionsvorhabens in einem Betrieb des verarbeitenden Gewerbes, in einem Betrieb der produktionsnahen Dienstleistungen oder in einem Betrieb des Beherbergungsgewerbes im Sinne des Absatzes 1 verwendet werden. [2]Im Fall der Anschaffung kann Satz 1 nur angewendet werden, wenn kein anderer Anspruchsberechtigter für das Gebäude Investitionszulage in Anspruch nimmt. [3]Absatz 1 Satz 3, 4 und 11 gilt entsprechend.

(3) Erstinvestitionen sind die Anschaffung oder Herstellung von Wirtschaftsgütern bei

1. Errichtung einer neuen Betriebsstätte,
2. Erweiterung einer bestehenden Betriebsstätte,
3. Diversifizierung der Produktion einer Betriebsstätte in neue, zusätzliche Produkte,
4. grundlegende Änderung des Gesamtproduktionsverfahrens einer bestehenden Betriebsstätte oder
5. Übernahme eines Betriebs, der geschlossen worden ist oder geschlossen worden wäre, wenn der Betrieb nicht übernommen worden wäre und wenn die Übernahme durch einen unabhängigen Investor erfolgt.

§ 3[1] Investitionszeitraum. (1) [1]Investitionen sind begünstigt, wenn sie zu einem Erstinvestitionsvorhaben im Sinne des § 2 Abs. 3 gehören, mit dem der Anspruchsberechtigte

1. in der Zeit vom 21. Juli 2006 bis zum 31. Dezember 2006,

2.[2] in der Zeit vom 1. Januar 2007 bis 31. Dezember 2009

begonnen hat und die begünstigte Investition nach dem 31. Dezember 2006 und vor dem 1. Januar 2010 abgeschlossen wird oder nach dem 31. Dezember 2009 abgeschlossen wird, soweit vor dem 1. Januar 2010 Teilherstellungskosten entstanden oder im Fall der Anschaffung Teillieferungen erfolgt sind. [2]Für ein Erstinvestitionsvorhaben, mit dem der Anspruchsberechtigte vor dem 21. Juli 2006 begonnen hat, gilt Satz 1 auch dann, wenn hierfür

1. eine Genehmigungsentscheidung der Kommission vor Festsetzung der Investitionszulage erteilt worden ist, in der auf die Möglichkeit der Förderung durch Investitionszulage aufgrund einer Nachfolgeregelung ausdrücklich hingewiesen wurde, oder

2. ein Förderbescheid der zuständigen Bewilligungsbehörde für die Gewährung von Investitionszuschüssen im Rahmen der Gemeinschaftsaufgabe „Verbesserung der regionalen Wirtschaftsstruktur" (GA) vor dem 21. Juli 2006 erteilt worden ist, der den Gesamtbetrag der Förderung aus öffentlichen Mitteln und die Höhe des GA-Zuschusses unter Berücksichtigung einer erwarteten Investitionszulage aus einer Nachfolgeregelung zum Investitionszulagengesetz 2005 festsetzt, sowie eine Erhöhung des GA-Zuschusses insoweit vorsieht, als eine Investitionszulage nach diesem Gesetz nicht gewährt wird; in diesen Fällen darf die für das Erstinvestitionsvorhaben nach diesem Gesetz gewährte Investitionszulage den Nettosubventionswert des zugesicherten Erhöhungsbetrags des GA-Zuschusses nicht übersteigen. [2]Der Nettosubventionswert ist nach Anhang I der Regionalleitlinien für staatliche Beihilfen mit regionaler Zielsetzung (ABl. EG 1998 Nr. C 74 S. 9) zu ermitteln.

(2) [1]Ein Erstinvestitionsvorhaben ist begonnen, wenn mit der ersten hierzu gehörenden Einzelinvestition begonnen worden ist. [2]Außer in den Fällen des § 2 Abs. 3 Nr. 5 ist der Grundstückserwerb nicht als Investitionsbeginn anzusehen. [3]Die Investition ist in dem Zeitpunkt begonnen, in dem das Wirtschaftsgut bestellt oder seine Herstellung begonnen worden ist. [4]Gebäude gelten in dem Zeitpunkt als bestellt, in dem über ihre Anschaffung ein rechtswirksam abgeschlossener obligatorischer Vertrag oder ein gleichstehender Rechtsakt vorliegt. [5]Als Beginn der Herstellung gilt bei Gebäuden der Abschluss eines der Ausführung zuzurechnenden Lieferungs- oder Leistungsvertrages oder die Aufnahme von Bauarbeiten.

---

[1] Für **vor dem 1. 1. 2007 abgeschlossene Investitionen** siehe InvZulG 2005 (Nr. **740**), für **nach dem 31. 12. 2009 abgeschlossene Investitionen** siehe InvZulG 2010 (Nr. **740 b**).

[2] In Kraft ab 1. 1. 2007 (Bek. des BMF v. 22. 12. 2006, BGBl. I S. 3404 – siehe Fußnote S. 1).

[6]Investitionen sind in dem Zeitpunkt abgeschlossen, in dem die Wirtschaftsgüter angeschafft oder hergestellt sind.

§ 4 Bemessungsgrundlage. [1]Bemessungsgrundlage der Investitionszulage ist die Summe der Anschaffungs- und Herstellungskosten der im Wirtschaftsjahr oder Kalenderjahr abgeschlossenen begünstigten Investitionen, soweit sie die vor dem 1. Januar 2007 entstandenen Teilherstellungskosten oder den Teil der Anschaffungskosten, der auf die vor dem 1. Januar 2007 erfolgten Teillieferungen entfällt, übersteigen. [2]In die Bemessungsgrundlage können die im Wirtschaftsjahr oder Kalenderjahr geleisteten Anzahlungen auf Anschaffungskosten und entstandenen Teilherstellungskosten einbezogen werden. [3]Das gilt für vor dem 1. Januar 2007 geleistete Anzahlungen auf Anschaffungskosten nur insoweit, als sie den Teil der Anschaffungskosten, der auf die vor dem 1. Januar 2007 erfolgten Teillieferungen entfällt, übersteigen. [4]In den Fällen der Sätze 2 und 3 dürfen im Wirtschaftsjahr oder Kalenderjahr der Anschaffung oder Herstellung der Wirtschaftsgüter die Anschaffungs- oder Herstellungskosten bei der Bemessung der Investitionszulage nur berücksichtigt werden, soweit sie die Anzahlungen, Teilherstellungskosten oder die Anschaffungskosten für Teillieferungen übersteigen. [5]§ 7 a Abs. 2 Satz 3 bis 5 des Einkommensteuergesetzes gilt entsprechend. [6]Die Beschränkungen der Bemessungsgrundlage in Satz 1 und Satz 3 für vor dem 1. Januar 2007 entstandene Teilherstellungskosten und Anschaffungskosten für vor dem 1. Januar 2007 erfolgte Teillieferungen gelten nur, soweit ein Anspruch auf Investitionszulage nach dem Investitionszulagengesetz 2005 besteht.

§ 5 Höhe der Investitionszulage. (1) [1]Die Investitionszulage beträgt vorbehaltlich Satz 2

1. 12,5 Prozent der Bemessungsgrundlage,
2. 15 Prozent der Bemessungsgrundlage, wenn es sich um Investitionen in Betriebsstätten im Randgebiet nach der Anlage 3[1)] zu diesem Gesetz handelt.

[2]Bei Investitionen, die zu einem großen Investitionsvorhaben gehören, auf das der multisektorale Regionalbeihilferahmen für große Investitionsvorhaben vom 13. Februar 2002 (ABl. EG Nr. C 70 S. 8), geändert durch die Mitteilung der Kommission vom 1. November 2003 (ABl. EU Nr. C 263 S. 3), oder die Leitlinien für staatliche Beihilfen mit regionaler Zielsetzung 2007–2013 (ABl. EU 2006 Nr. C 54 S. 13) anzuwenden sind, ist Satz 1 nur insoweit anzuwenden, als der jeweils beihilferechtlich geltende Regionalförderhöchstsatz durch die Gewährung von Investitionszulagen nicht überschritten wird.

(2) [1]Die Investitionszulage erhöht sich vorbehaltlich Satz 2 für den Teil der Bemessungsgrundlage, der auf Investitionen im Sinne des § 2 Abs. 1 entfällt, wenn die beweglichen Wirtschaftsgüter während des Bindungszeitraums in einem begünstigten Betrieb verbleiben, der im Zeitpunkt des

[1)] Nachstehend abgedruckt.

Beginns des Erstinvestitionsvorhabens zusätzlich die Begriffsdefinition für kleine und mittlere Unternehmen im Sinne der Empfehlung der Kommission vom 6. Mai 2003 erfüllt, auf

1. 25 Prozent der Bemessungsgrundlage,
2. 27,5 Prozent der Bemessungsgrundlage, wenn es sich um Investitionen in Betriebsstätten im Randgebiet nach der Anlage 3[1] zu diesem Gesetz handelt,
3. 15 Prozent der Bemessungsgrundlage, wenn es sich um Investitionen im Rahmen eines großen Investitionsvorhabens im Sinne der Leitlinien für staatliche Beihilfen mit regionaler Zielsetzung 2007–2013 in Betriebsstätten in dem Teil des Landes Berlin handelt, das zum Fördergebiet gehört.

2 Absatz 1 Satz 2 gilt entsprechend.

§ 5a[2] Begünstigte Investitionen, Investitionszeitraum und Höhe der Investitionszulage in dem nicht zum Fördergebiet im Sinne des § 1 Abs. 2 gehörenden Teil des Landes Berlin. (1) 1 Steuerpflichtige im Sinne des Einkommensteuergesetzes und des Körperschaftsteuergesetzes, die in den in der Anlage 1 zu diesem Gesetz aufgeführten Teilen des Landes Berlin begünstigte Investitionen im Sinne des § 2 vornehmen, haben nach Maßgabe der folgenden Absätze Anspruch auf eine Investitionszulage. 2 § 1 Abs. 1 Satz 2 und 3 gilt entsprechend.

(2)[3] 1 Für Erstinvestitionsvorhaben im Sinne des § 2 Abs. 3, mit denen der Anspruchsberechtigte nach dem 16. Oktober 2007 und vor dem 1. Januar 2009 begonnen hat, findet die Verordnung (EG) Nr. 70/2001 der Kommission vom 12. Januar 2001 über die Anwendung der Artikel 87 und 88 EG-Vertrag auf staatliche Beihilfen an kleine und mittlere Unternehmen (ABl. EG Nr. L 10 S. 33), zuletzt geändert durch die Verordnung (EG) Nr. 1976/2006 der Kommission vom 20. Dezember 2006 (ABl. EU Nr. L 368 S. 85), Anwendung. 2 Für Erstinvestitionsvorhaben im Sinne des § 2 Abs. 3, mit denen der Anspruchsberechtigte nach dem 31. Dezember 2008 begonnen hat, findet die Verordnung (EG) Nr. 800/2008 der Kommission vom 6. August 2008 zur Erklärung der Vereinbarkeit bestimmter Gruppen von Beihilfen mit dem Gemeinsamen Markt in Anwendung der Artikel 87 und 88 EG-Vertrag (allgemeine Gruppenfreistellungsverordnung) (ABl. EU Nr. L 214 S. 3) Anwendung.

(3) 1 Für Investitionen im Sinne des Absatzes 2 Satz 1[3], die vorbehaltlich der Absätze 5 und 6[3] die Voraussetzungen des § 2 Abs. 1 und 2 und des § 3 Abs. 1 Nr. 2 erfüllen, beträgt die Investitionszulage

1. 7,5 Prozent der Bemessungsgrundlage, wenn es sich um Investitionen in Betriebsstätten eines begünstigten Betriebs handelt, der im Zeitpunkt

---

[1] Nachstehend abgedruckt.

[2] § 5a eingef. mWv 16. 10. 2007 durch G v. 10. 10. 2007 (BGBl. I S. 2332).

[3] § 5a Abs. 2 Satz 2 angef., Abs. 3 Satz 1 Verweise geänd. durch G v. 7. 12. 2008 (BGBl. I S. 2350).

des Beginns des Erstinvestitionsvorhabens die Begriffsdefinition für mittlere Unternehmen im Sinne der Empfehlung der Kommission vom 6. Mai 2003 erfüllt,

2. 15 Prozent der Bemessungsgrundlage, wenn es sich um Investitionen in Betriebsstätten eines begünstigten Betriebs handelt, der im Zeitpunkt des Beginns des Erstinvestitionsvorhabens die Begriffsdefinition für kleine Unternehmen im Sinne der Empfehlung der Kommission vom 6. Mai 2003 erfüllt.

[2] Satz 1 gilt nicht, soweit es sich um Investitionen handelt, die zu einem Erstinvestitionsvorhaben gehören, dessen förderfähige Kosten sich auf mindestens 25 Millionen Euro belaufen, oder soweit es sich um Investitionen in den Sektoren Herstellung, Verarbeitung und Vermarktung landwirtschaftlicher Produkte im Sinne des Anhangs I des EG-Vertrages handelt.

(4)[1] [1] Für Investitionen im Sinne des Absatzes 2 Satz 2, die vorbehaltlich der Absätze 5 und 6 die Voraussetzungen des § 2 Abs. 1 und 2 und des § 3 Abs. 1 Nr. 2 erfüllen, beträgt die Investitionszulage

1. 10 Prozent der Bemessungsgrundlage, wenn es sich um Investitionen in Betriebsstätten eines begünstigten Betriebs handelt, der im Zeitpunkt des Beginns des Erstinvestitionsvorhabens die Begriffsdefinition für mittlere Unternehmen im Sinne der Empfehlung der Kommission vom 6. Mai 2003 erfüllt,
2. 20 Prozent der Bemessungsgrundlage, wenn es sich um Investitionen in Betriebsstätten eines begünstigten Betriebs handelt, der im Zeitpunkt des Beginns des Erstinvestitionsvorhabens die Begriffsdefinition für kleine Unternehmen im Sinne der Empfehlung der Kommission vom 6. Mai 2003 erfüllt.

[2] Satz 1 gilt nur, soweit die Investitionszulage für ein Erstinvestitionsvorhaben den Betrag von 7,5 Millionen Euro nicht überschreitet. [3] Eine höhere Investitionszulage kann nur dann festgesetzt werden, wenn eine Genehmigungsentscheidung der Kommission vor Festsetzung der Investitionszulage erteilt worden ist, in der eine höhere Beihilfeintensität festgelegt worden ist.

(5)[1] [1] Dieselben förderfähigen Kosten dürfen neben der nach Absatz 3 gewährten Investitionszulage nicht mit sonstigen Beihilfen im Sinne des Artikels 87 Abs. 1 des EG-Vertrages oder mit anderen Gemeinschaftsmitteln gefördert werden. [2] Trifft bei einem Erstinvestitionsvorhaben im Sinne des Absatzes 4 die Investitionszulage mit anderen Regionalbeihilfen zusammen, darf der Gesamtbetrag der Beihilfe aus allen Quellen 7,5 Millionen Euro oder den in einer Genehmigungsentscheidung der Kommission festgelegten Betrag nicht übersteigen. [3] Die Überwachung der Einhaltung dieser Auflage obliegt dem jeweils anderen Beihilfegeber.

(6)[1] §§ 4, 6 bis 9, 10 Abs. 3 und 4 sowie §§ 11 bis 14 gelten sinngemäß.

---

[1] § 5a Abs. 4 eingef., bish. Abs. 4 wird Abs. 5 und Sätze 2 und 3 angef., bish. Abs. 5 wird Abs. 6 durch G v. 7. 12. 2008 (BGBl. I S. 2350).

§ 6 Antrag auf Investitionszulage. (1) [1]Der Antrag ist bei dem für die Besteuerung des Anspruchsberechtigten nach dem Einkommen zuständigen Finanzamt zu stellen. [2]Ist eine Personengesellschaft oder Gemeinschaft Anspruchsberechtigter, so ist der Antrag bei dem Finanzamt zu stellen, das für die einheitliche und gesonderte Feststellung der Einkünfte zuständig ist.

(2) [1]Der Antrag ist nach amtlichem Vordruck zu stellen und vom Anspruchsberechtigten eigenhändig zu unterschreiben. [2]In dem Antrag sind die Investitionen, für die eine Investitionszulage beansprucht wird, so genau zu bezeichnen, dass ihre Feststellung bei einer Nachprüfung möglich ist.

§ 7 Gesonderte Feststellung. [1]Werden die in einem Betrieb im Sinne des § 2 erzielten Einkünfte nach § 180 Abs. 1 Nr. 2 Buchstabe b der Abgabenordnung gesondert festgestellt, sind die Bemessungsgrundlage und der Prozentsatz der Investitionszulage für Wirtschaftsgüter, die zum Anlagevermögen dieses Betriebs gehören, von dem für die gesonderte Feststellung zuständigen Finanzamt gesondert festzustellen. [2]Die für die Feststellung erforderlichen Angaben sind in den Antrag nach § 6 Abs. 2 aufzunehmen.

§ 8 Einzelnotifizierungspflichten, Genehmigungsvorbehalte und anzuwendende Rechtsvorschriften der Kommission der Europäischen Gemeinschaften. (1) Auf Erstinvestitionsvorhaben, mit denen der Anspruchsberechtigte nach dem 31. Dezember 2006 beginnt, findet die Verordnung (EG) Nr. 1628/2006 der Kommission vom 24. Oktober 2006 über die Anwendung der Artikel 87 und 88 EG-Vertrag auf regionale Investitionsbeihilfen der Mitgliedstaaten (ABl. EU Nr. L 302 S. 29) Anwendung.

(2) Die Investitionszulage für Investitionen in sensible Sektoren (Anlage 2)[1] ist erst nach Genehmigung durch die Kommission festzusetzen, wenn Einzelnotifizierungspflichten in den von den Organen der Europäischen Gemeinschaften über die sensiblen Sektoren erlassenen Rechtsvorschriften vorgesehen sind.

(3) Die Investitionszulage für Investitionen, die zu einem großen Investitionsvorhaben gehören, das die Anmeldungsvoraussetzungen des multisektoralen Regionalbeihilferahmens für große Investitionsvorhaben vom 16. Dezember 1997 (ABl. EG 1998 Nr. C 107 S. 7), zuletzt geändert durch die Mitteilung der Kommission an die Mitgliedstaaten vom 11. August 2001 (ABl. EG Nr. C 226 S. 16), oder des multisektoralen Regionalbei-

(Fortsetzung nächstes Blatt)

[1] Nachstehend abgedruckt.

hilferahmens für große Investitionsvorhaben vom 13. Februar 2002 erfüllt, ist erst festzusetzen, wenn die Kommission die höchstzulässige Beihilfeintensität festgelegt hat.

(4) Die Investitionszulage für Investitionen, die zu einem Erstinvestitionsvorhaben gehören, das die Anmeldungsvoraussetzungen der Leitlinien für staatliche Beihilfen mit regionaler Zielsetzung 2007–2013 erfüllt, ist in den Fällen, in denen hiernach eine Einzelnotifizierung vorgeschrieben ist, erst nach Genehmigung durch die Kommission festzusetzen.

(5) Bei einem Unternehmen, das einer Rückforderungsanordnung aufgrund einer Entscheidung der Kommission über die Rückzahlung einer Beihilfe nicht Folge geleistet hat, ist die Investitionszulage erst festzusetzen, wenn der Rückforderungsbetrag zurückgezahlt worden ist.

(6) Die Investitionszulage ist der Kommission zur Genehmigung vorzulegen und erst nach deren Genehmigung festzusetzen, wenn sie für ein Unternehmen bestimmt ist, das

1. kein kleines Unternehmen im Sinne der Empfehlung der Kommission vom 6. Mai 2003 ist,
2. als Unternehmen in Schwierigkeiten Umstrukturierungsbeihilfen im Sinne der „Leitlinien der Gemeinschaft für staatliche Beihilfen zur Rettung und Umstrukturierung von Unternehmen in Schwierigkeiten“
   a) vom 8. Juli 1999 (ABl. EG Nr. C 288 S. 2, 2000 Nr. C 121 S. 29) oder
   b) vom 1. Oktober 2004 (ABl. EU Nr. C 244 S. 2) erhalten hat und
3. sich in der Umstrukturierungsphase befindet; diese beginnt mit der Genehmigung des Umstrukturierungsplans im Sinne der „Leitlinien der Gemeinschaft für staatliche Beihilfen zur Rettung und Umstrukturierung von Unternehmen in Schwierigkeiten“ und endet mit der vollständigen Durchführung des Umstrukturierungsplans.

(7) Das Bundesministerium der Finanzen wird ermächtigt, durch Rechtsverordnung mit Zustimmung des Bundesrates weitere Einzelnotifizierungspflichten zu regeln, die sich aus den von den Organen der Europäischen Gemeinschaften erlassenen Rechtsvorschriften ergeben.

(8) Das Bundesministerium der Finanzen wird ermächtigt, zur Durchführung der von den Organen der Europäischen Gemeinschaften erlassenen Rechtsvorschriften die Liste der sensiblen Sektoren, in denen die Kommission die Förderfähigkeit ganz oder teilweise ausgeschlossen hat (Anlage 2)[1], durch Rechtsverordnung mit Zustimmung des Bundesrates anzupassen.

§ 9 Festsetzung und Auszahlung. Die Investitionszulage ist nach Ablauf des Wirtschaftsjahrs oder Kalenderjahrs festzusetzen und innerhalb eines Monats nach Bekanntgabe des Bescheids aus den Einnahmen an Einkommensteuer oder Körperschaftsteuer auszuzahlen.

---

[1] Nachstehend abgedruckt.

§ 10 Zusammentreffen mit anderen Regionalbeihilfen. (1) [1]Trifft bei demselben Erstinvestitionsvorhaben die Investitionszulage mit anderen Regionalbeihilfen zusammen, sind die in der Kommissionsentscheidung zur jeweils geltenden regionalen Fördergebietskarte genehmigten Förderhöchstintensitäten maßgeblich. [2]Der Anspruch auf Investitionszulage bleibt hiervon unberührt. [3]Die Einhaltung der nach Satz 1 genehmigten Beihilfehöchstsätze ist durch die für die Gewährung der anderen Regionalbeihilfe jeweils zuständige Einrichtung sicherzustellen; sie ist Voraussetzung dafür, dass die Investitionszulage mit anderen Regionalbeihilfen zusammentreffen darf.

(2) [1]Trifft die Investitionszulage mit anderen Regionalbeihilfen zusammen, hat der Antragsteller entsprechend den Leitlinien für staatliche Beihilfen mit regionaler Zielsetzung (ABl. EG 1998 Nr. C 74 S. 9) oder entsprechend den Leitlinien für staatliche Beihilfen mit regionaler Zielsetzung 2007–2013 einen beihilfefreien Eigenanteil in Höhe von mindestens 25 Prozent der Kosten des Erstinvestitionsvorhabens zu erbringen. [2]Die Einhaltung dieser Auflage ist durch die für die Gewährung der anderen Regionalbeihilfe jeweils zuständige Einrichtung sicherzustellen; sie ist Voraussetzung dafür, dass die Investitionszulage mit anderen Regionalbeihilfen zusammentreffen darf.

(3) Wurden für ein nach dem 31. Dezember 2006 begonnenes Erstinvestitionsvorhaben Fördermittel nach der Verordnung (EG) Nr. 1998/2006 der Kommission vom 15. Dezember 2006 über die Anwendung der Artikel 87 und 88 EG-Vertrag auf „De-minimis"-Beihilfen (ABl. EU Nr. L 379 S. 5) gezahlt, darf in Bezug auf dieselben förderfähigen Ausgaben keine Investitionszulage gewährt werden, soweit hierdurch eine Überschreitung des nach der Fördergebietskarte 2007–2013 zulässigen Beihilfehöchstsatzes eintritt.

(4) In den Antrag nach § 6 Abs. 2 sind die Angaben aufzunehmen, die für die Feststellung der Voraussetzungen der Absätze 1 bis 3 erforderlich sind.

§ 11 Verzinsung des Rückforderungsanspruchs. [1]Ist der Bescheid über die Investitionszulage aufgehoben oder zuungunsten des Anspruchsberechtigten geändert worden, ist der Rückzahlungsanspruch nach § 238 der Abgabenordnung vom Tag der Auszahlung der Investitionszulage, in den Fällen des § 175 Abs. 1 Satz 1 Nr. 2 der Abgabenordnung vom Tag des Eintritts des rückwirkenden Ereignisses an, zu verzinsen. [2]Die Festsetzungsfrist beginnt mit Ablauf des Kalenderjahrs, in dem der Bescheid aufgehoben oder geändert worden ist.

§ 12 Ertragsteuerrechtliche Behandlung der Investitionszulage. [1]Die Investitionszulage gehört nicht zu den Einkünften im Sinne des Einkommensteuergesetzes. [2]Sie mindert nicht die steuerlichen Anschaffungs- und Herstellungskosten.

§ 13 Anwendung der Abgabenordnung. [1]Die für Steuervergütungen geltenden Vorschriften der Abgabenordnung sind mit Ausnahme des § 163 entsprechend anzuwenden. [2]In öffentlich-rechtlichen Streitigkeiten über die aufgrund dieses Gesetzes ergehenden Verwaltungsakte der Finanzbehörden ist der Finanzrechtsweg gegeben.

§ 14 Verfolgung von Straftaten. Für die Verfolgung einer Straftat nach den §§ 263 und 264 des Strafgesetzbuches, die sich auf die Investitionszulage bezieht, sowie der Begünstigung einer Person, die eine solche Straftat begangen hat, gelten die Vorschriften der Abgabenordnung über die Verfolgung von Steuerstraftaten entsprechend.

§ 15 Bekanntmachungserlaubnis. Das Bundesministerium der Finanzen wird ermächtigt, den Wortlaut dieses Gesetzes in der jeweils geltenden Fassung mit neuem Datum bekannt zu machen.

§ 16[1)] (Inkrafttreten)

Anlage 1 (zu § 1 Abs. 2)

Teile des Landes Berlin, die nach der Fördergebietskarte 2007–2013 zum D-Fördergebiet gehören:

Verkehrszellen:

Bezirk Mitte (01)	007 1; 011 1; 011 2
Bezirk Friedrichshain-Kreuzberg (02)	114 1
Bezirk Pankow (03)	106 2; 107 2; 108 1; 157 1; 160 1; 161 3; 164 1
Bezirk Charlottenburg-Wilmersdorf (04)	018 1; 025 3; 026 1; 041 1; 043 2; 048 1
Bezirk Spandau (05)	027 2; 027 3; 027 4; 032 1; 032 2; 032 3; 032 4; 037 2; 038 1; 038 2; 039 1
Bezirk Steglitz-Zehlendorf (06)	049 2; 050 2; 050 3; 052 2; 052 3; 062 1; 063 4; 064 3
Bezirk Tempelhof-Schöneberg (07)	060 1; 070 2; 070 3; 070 4; 074 2
Bezirk Neukölln (08)	079 2; 080 4; 080 6; 082 1; 082 2; 083 3
Bezirk Treptow-Köpenick (09)	120 2; 124 1; 132 1; 138 1
Bezirk Marzahn-Hellersdorf (10)	181 2; 182 1; 184 1; 184 2; 184 3; 188 1; 193 1; 194 1; 194 2
Bezirk Lichtenberg (11)	147 1; 147 2; 149 1; 149 2; 152 1; 175 1
Bezirk Reinickendorf (12)	089 3; 089 4; 089 5; 090 1; 091 2; 092 1; 092 2; 093 1; 093 2; 095 1.

Anlage 2 (zu § 2 Abs. 1 Satz 3)

Sensible Sektoren sind:

1. Stahlindustrie (Multisektoraler Regionalbeihilferahmen vom 13. Februar 2002 in Verbindung mit Anhang B sowie Leitlinien für staatliche Beihilfen mit regionaler Zielsetzung 2007–2013 in Verbindung mit Anhang I),
2. Schiffbau (Mitteilung der Kommission „Rahmenbestimmungen für Beihilfen an den Schiffbau" (ABl. EU 2003 Nr. C 317 S. 11, 2004 Nr. C 104 S. 71)),
3. Kraftfahrzeug-Industrie (Multisektoraler Regionalbeihilferahmen vom 13. Februar 2002 in Verbindung mit Anhang C),

[1)] **InvZulG 2007 in Kraft ab 6. 12. 2006 bzw. ab 1. 1. 2007** – Genehmigung durch EU-Kommission erteilt (BMF v. 22. 12. 2006 – siehe S. 1 Fußnote 2).

4. Kunstfaserindustrie (Multisektoraler Regionalbeihilferahmen vom 13. Februar 2002 in Verbindung mit Anhang D sowie Leitlinien für staatliche Beihilfen mit regionaler Zielsetzung 2007–2013 in Verbindung mit Anhang II),
5. Landwirtschaftssektor (Mitteilung der Kommission „Gemeinschaftsrahmen für staatliche Beihilfen im Agrarsektor“ (ABl. EG 2000 Nr. C 28 S. 2, Nr. C 232 S. 17)),
6. Fischerei- und Aquakultursektor (Leitlinien für die Prüfung der einzelstaatlichen Beihilfen im Fischerei- und Aquakultursektor (ABl. EG 2001 Nr. C 19 S. 7)) und
7. Verkehrssektor (Verordnung (EWG) Nr. 1107/70 des Rates vom 4. Juni 1970 über Beihilfen im Eisenbahn-, Straßen- und Binnenschiffsverkehr (ABl. EG Nr. L 130 S. 1) in der am 1. Januar 2006 geltenden Fassung sowie Mitteilung der Kommission „Leitlinien der Gemeinschaft für staatliche Beihilfen im Seeverkehr“ (ABl. EU 2004 Nr. C 13 S. 3) und Anwendung der Artikel 92 und 93 des EG-Vertrages sowie des Artikels 61 des EWR-Abkommens auf staatliche Beihilfen im Luftverkehr (ABl. EG Nr. C 350 S. 5) vom 10. Dezember 1994).

Anlage 3 (zu § 5 Abs. 1 Satz 1 Nr. 2 und Abs. 2 Satz 1 Nr. 2)

Randgebiet sind nach dem Gebietsstand vom 1. Januar 2004 die folgenden Landkreise und kreisfreien Städte:

im Land Mecklenburg-Vorpommern:
Landkreis Ostvorpommern, Landkreis Uecker-Randow, kreisfreie Stadt Greifswald, Landkreis Rügen, Landkreis Nordvorpommern, kreisfreie Stadt Stralsund,

im Land Brandenburg:
Landkreis Uckermark, Landkreis Spree-Neiße, kreisfreie Stadt Frankfurt (Oder), kreisfreie Stadt Cottbus, Landkreis Barnim, Landkreis Märkisch-Oderland, Landkreis Oder-Spree,

im Freistaat Sachsen:
kreisfreie Stadt Görlitz, Landkreis Niederschlesischer Oberlausitzkreis, Landkreis Löbau-Zittau, Landkreis Kamenz, Landkreis Bautzen, kreisfreie Stadt Hoyerswerda, Landkreis Vogtlandkreis, kreisfreie Stadt Plauen, Landkreis Aue-Schwarzenberg, Landkreis Annaberg, Landkreis Mittlerer Erzgebirgskreis, Landkreis Freiberg, Landkreis Weißeritzkreis, Landkreis Sächsische Schweiz, Landkreis Zwickauer Land, kreisfreie Stadt Zwickau, Landkreis Stollberg, kreisfreie Stadt Chemnitz, Landkreis Mittweida, Landkreis Meißen, kreisfreie Stadt Dresden,

im Freistaat Thüringen:
Landkreis Saale-Orla-Kreis, Landkreis Greiz.

740b. Investitionszulagengesetz 2010 (InvZulG 2010)[1), 2)]

Vom 7. Dezember 2008 (BGBl. I S. 2350)

Geändert durch Wachstumsbeschleunigungsgesetz vom 22. 12. 2009 (BGBl. I S. 3950)

BGBl. III/FNA 707-6-1-9

§ 1 Anspruchsberechtigter, Fördergebiet. (1) [1]Steuerpflichtige im Sinne des Einkommensteuergesetzes und des Körperschaftsteuergesetzes, die im Fördergebiet begünstigte Investitionen im Sinne des § 2 vornehmen, haben Anspruch auf eine Investitionszulage. [2]Steuerpflichtige im Sinne des Körperschaftsteuergesetzes haben keinen Anspruch, soweit sie nach § 5 des Körperschaftsteuergesetzes von der Körperschaftsteuer befreit sind. [3]Bei Personengesellschaften und Gemeinschaften tritt an die Stelle des Steuerpflichtigen die Gesellschaft oder die Gemeinschaft als Anspruchsberechtigte.

(2) Fördergebiet sind die Länder Berlin, Brandenburg, Mecklenburg-Vorpommern, Sachsen, Sachsen-Anhalt und Thüringen.

§ 2 Begünstigte Investitionen. (1)[3)] [1]Begünstigte Investitionen sind die Anschaffung und die Herstellung von neuen abnutzbaren beweglichen Wirtschaftsgütern des Anlagevermögens,

1. die zu einem Erstinvestitionsvorhaben im Sinne des Absatzes 3 gehören und
2. die mindestens fünf Jahre nach Beendigung des Erstinvestitionsvorhabens (Bindungszeitraum)
   a) zum Anlagevermögen eines Betriebs oder einer Betriebsstätte eines begünstigten Betriebs im Sinne des § 3 Abs. 1 des Anspruchsberechtigten im Fördergebiet gehören,
   b) in einer Betriebsstätte eines begünstigten Betriebs im Sinne des § 3 Abs. 1 des Anspruchsberechtigten im Fördergebiet verbleiben,
   c) in jedem Jahr zu nicht mehr als 10 Prozent privat genutzt werden.

[2]Nicht begünstigt sind Luftfahrzeuge, Personenkraftwagen und geringwertige Wirtschaftsgüter im Sinne des § 6 Absatz 2 Satz 1 des Einkommensteuergesetzes. [3]Der Bindungszeitraum verringert sich auf drei Jahre, wenn die beweglichen Wirtschaftsgüter in einem begünstigten Betrieb verbleiben, der zusätzlich die Begriffsdefinition für kleine und mittlere Unternehmen im Sinne der Empfehlung der Kommission vom 6. Mai 2003 betreffend die Definition der Kleinstunternehmen sowie der kleinen und mittleren Unternehmen (ABl. EU

---

1) Das InvZulG 2010 ist als Art. 1 des Gesetzes zur Schaffung einer Nachfolgeregelung und Änderung des InvZulG 2007 verkündet worden.

2) Für **vor dem 1. 1. 2010 abgeschlossene Investitionen** siehe InvZulG 2007 (Nr. **740 a**), für **vor dem 1. 1. 2007 abgeschlossene Investitionen** siehe InvZulG 2005 (Nr. **740**).

3) § 2 Abs. 1 Satz 2 neu gef. durch G v. 22. 12. 2009 (BGBl. I S. 3950).

Nr. L 124 S. 36) im Zeitpunkt des Beginns des Erstinvestitionsvorhabens erfüllt. [4] Für den Anspruch auf Investitionszulage ist es unschädlich, wenn das begünstigte Wirtschaftsgut

1. innerhalb des Bindungszeitraums
   a) in das Anlagevermögen eines begünstigten Betriebs im Sinne des § 3 Abs. 1 eines mit dem Anspruchsberechtigten verbundenen Unternehmens im Fördergebiet übergeht oder
   b) in einem begünstigten Betrieb im Sinne des § 3 Abs. 1 eines mit dem Anspruchsberechtigten verbundenen Unternehmens im Fördergebiet verbleibt und
2. innerhalb des Bindungszeitraums dem geförderten Erstinvestitionsvorhaben eindeutig zugeordnet bleibt.

[5] Ersetzt der Anspruchsberechtigte ein begünstigtes bewegliches Wirtschaftsgut wegen rascher technischer Veränderungen vor Ablauf des jeweils maßgebenden Bindungszeitraums durch ein neues abnutzbares bewegliches Wirtschaftsgut, ist Satz 1 Nr. 2 mit der Maßgabe anzuwenden, dass für die verbleibende Zeit des jeweils maßgebenden Bindungszeitraums das Ersatzwirtschaftsgut an die Stelle des begünstigten beweglichen Wirtschaftsguts tritt. [6] Für die Einhaltung der Bindungsvoraussetzungen im Sinne des Satzes 1 Nr. 2 ist es unschädlich, wenn ein begünstigtes Wirtschaftsgut nach Ablauf seiner betriebsgewöhnlichen Nutzungsdauer und vor Ablauf des Bindungszeitraums aus dem Anlagevermögen ausscheidet. [7] Als Privatnutzung im Sinne des Satzes 1 Nr. 2 Buchstabe c gilt auch die Verwendung von Wirtschaftsgütern, die zu einer verdeckten Gewinnausschüttung nach § 8 Abs. 3 des Körperschaftsteuergesetzes führt.

(2) [1] Begünstigte Investitionen sind auch die Anschaffung neuer Gebäude, Eigentumswohnungen, im Teileigentum stehender Räume und anderer Gebäudeteile, die selbständige unbewegliche Wirtschaftsgüter sind (Gebäude), bis zum Ende des Jahres der Fertigstellung sowie die Herstellung neuer Gebäude, soweit die Gebäude zu einem Erstinvestitionsvorhaben im Sinne des Absatzes 3 gehören und mindestens fünf Jahre nach dem Abschluss des Investitionsvorhabens in einem begünstigten Betrieb im Sinne des § 3 Abs. 1 verwendet werden. [2] Im Fall der Anschaffung kann Satz 1 nur angewendet werden, wenn kein anderer Anspruchsberechtigter für das Gebäude Investitionszulage in Anspruch nimmt. [3] Absatz 1 Satz 3 und 4 gilt entsprechend.

(3) Erstinvestitionsvorhaben sind die

1. Errichtung einer neuen Betriebsstätte,
2. Erweiterung einer bestehenden Betriebsstätte,
3. Diversifizierung der Produktion einer Betriebsstätte in neue, zusätzliche Produkte,
4. grundlegende Änderung des Gesamtproduktionsverfahrens einer bestehenden Betriebsstätte oder
5. Übernahme eines Betriebs, der geschlossen worden ist oder geschlossen worden wäre, wenn der Betrieb nicht übernommen worden wäre und wenn die Übernahme durch einen unabhängigen Investor erfolgt.

§ 3 Begünstigte Betriebe. (1) [1]Begünstigte Betriebe sind:

1. Betriebe des verarbeitenden Gewerbes;
2. Betriebe der folgenden produktionsnahen Dienstleistungen:
   a) Rückgewinnung,
   b) Bautischlerei und Bauschlosserei,
   c) Verlegen von Büchern und Zeitschriften; sonstiges Verlagswesen (ohne Software),
   d) Erbringung von Dienstleistungen der Informationstechnologie,
   e) Datenverarbeitung, Hosting und damit verbundene Tätigkeiten; Webportale,
   f) Ingenieurbüros für bautechnische Gesamtplanung,
   g) Ingenieurbüros für technische Fachplanung und Ingenieurdesign,
   h) technische, physikalische und chemische Untersuchung,
   i) Forschung und Entwicklung,
   j) Werbung und Marktforschung,
   k) Fotografie,
   l) Reparatur von Telekommunikationsgeräten;
3. folgende Betriebe des Beherbergungsgewerbes:
   a) Hotels, Gasthöfe und Pensionen,
   b) Erholungs- und Ferienheime,
   c) Jugendherbergen und Hütten,
   d) Campingplätze.

[2]Die Zuordnung eines Betriebs zu dem verarbeitenden Gewerbe, den produktionsnahen Dienstleistungen und dem Beherbergungsgewerbe ist nach der vom Statistischen Bundesamt in 65189 Wiesbaden, Gustav-Stresemann-Ring 11, herausgegebenen Klassifikation der Wirtschaftszweige, Ausgabe 2008 (WZ 2008), vorzunehmen. [3]Hat ein Betrieb Betriebsstätten innerhalb und außerhalb des Fördergebiets, gelten für die Einordnung des Betriebs in das verarbeitende Gewerbe, die produktionsnahen Dienstleistungen oder das Beherbergungsgewerbe alle Betriebsstätten im Fördergebiet als ein Betrieb.

(2) [1]§ 2 Abs. 1 und 2 gilt für Erstinvestitionsvorhaben in Betriebsstätten in den in der Anlage 1 zu diesem Gesetz aufgeführten Teilen des Landes Berlin nur, wenn der anspruchsberechtigte begünstigte Betrieb im Sinne des Absatzes 1 im Zeitpunkt des Beginns des Erstinvestitionsvorhabens die Begriffsdefinition für kleine und mittlere Unternehmen im Sinne der Empfehlung der Kommission vom 6. Mai 2003 erfüllt. [2]§ 2 Abs. 1 und 2 gilt nur, soweit die Förderfähigkeit in den sensiblen Sektoren, die in der Anlage 2 zu diesem Gesetz aufgeführt sind, nicht eingeschränkt oder von vornherein ausgeschlossen ist.

§ 4 Investitionszeitraum. (1) Investitionen sind begünstigt, wenn sie zu einem Erstinvestitionsvorhaben im Sinne des § 2 Abs. 3 gehören, mit dem der Anspruchsberechtigte entweder

1. vor dem 1. Januar 2010,
2. nach dem 31. Dezember 2009 und vor dem 1. Januar 2011,
3. nach dem 31. Dezember 2010 und vor dem 1. Januar 2012,
4. nach dem 31. Dezember 2011 und vor dem 1. Januar 2013 oder
5. nach dem 31. Dezember 2012 und vor dem 1. Januar 2014

begonnen hat und die einzelne begünstigte Investition nach dem 31. Dezember 2009 und vor dem 1. Januar 2014 abgeschlossen wird oder nach dem 31. Dezember 2013 abgeschlossen wird, soweit vor dem 1. Januar 2014 Teilherstellungskosten entstanden oder im Fall der Anschaffung Teillieferungen erfolgt sind.

(2) [1]Ein Erstinvestitionsvorhaben ist begonnen, wenn mit der ersten hierzu gehörenden Einzelinvestition begonnen worden ist. [2]Außer in den Fällen des § 2 Abs. 3 Nr. 5 ist der Grundstückserwerb nicht als Investitionsbeginn anzusehen. [3]Die Investition ist in dem Zeitpunkt begonnen, in dem das Wirtschaftsgut bestellt oder mit seiner Herstellung begonnen worden ist. [4]Gebäude gelten in dem Zeitpunkt als bestellt, in dem über ihre Anschaffung ein rechtswirksam abgeschlossener obligatorischer Vertrag oder ein gleichstehender Rechtsakt vorliegt. [5]Als Beginn der Herstellung gilt bei Gebäuden der Abschluss eines der Ausführung zuzurechnenden Lieferungs- oder Leistungsvertrages oder die Aufnahme von Bauarbeiten. [6]Investitionen sind in dem Zeitpunkt abgeschlossen, in dem die Wirtschaftsgüter angeschafft oder hergestellt sind.

§ 5 Bemessungsgrundlage. [1]Bemessungsgrundlage der Investitionszulage ist die Summe der Anschaffungs- und Herstellungskosten der im Wirtschaftsjahr oder Kalenderjahr abgeschlossenen begünstigten Investitionen, soweit sie die vor dem 1. Januar 2010 entstandenen Teilherstellungskosten oder den Teil der Anschaffungskosten, der auf die vor dem 1. Januar 2010 erfolgten Teillieferungen entfällt, übersteigen. [2]In die Bemessungsgrundlage können die im Wirtschaftsjahr oder Kalenderjahr geleisteten Anzahlungen auf Anschaffungskosten und die entstandenen Teilherstellungskosten einbezogen werden. [3]Das gilt für vor dem 1. Januar 2010 geleistete Anzahlungen auf Anschaffungskosten nur insoweit, als sie den Teil der Anschaffungskosten, der auf die vor dem 1. Januar 2010 erfolgten Teillieferungen entfällt, übersteigen. [4]In den Fällen der Sätze 2 und 3 dürfen im Wirtschaftsjahr oder Kalenderjahr der Anschaffung oder Herstellung der Wirtschaftsgüter die Anschaffungs- oder Herstellungskosten bei der Bemessung der Investitionszulage nur berücksichtigt werden, soweit sie die Anzahlungen, Teilherstellungskosten oder die Anschaffungskosten für Teillieferungen übersteigen. [5]§ 7a Abs. 2 Satz 3 bis 5 des Einkommensteuergesetzes gilt entsprechend. [6]Die Beschränkungen der Bemessungsgrundlage nach den Sätzen 1 und 3 gelten nur, soweit ein Anspruch auf Investitionszulage nach dem Investitionszulagengesetz 2007 besteht.

§ 6 Höhe der Investitionszulage. (1) Die Investitionszulage beträgt vorbehaltlich der Absätze 4 und 5 für begünstigte Investitionen eines Erstinvestitionsvorhabens

1. im Sinne des § 4 Abs. 1 Satz 1 Nr. 1 12,5 Prozent,
2. im Sinne des § 4 Abs. 1 Satz 1 Nr. 1, wenn es sich um Investitionen in Betriebsstätten in den in der Anlage 1 zu diesem Gesetz aufgeführten Teilen des Landes Berlin handelt und der anspruchsberechtigte begünstigte Betrieb im Zeitpunkt des Beginns des Erstinvestitionsvorhabens die Begriffsdefinition für mittlere Unternehmen im Sinne der Empfehlung der Kommission vom 6. Mai 2003 erfüllt, 10 Prozent,
3. im Sinne des § 4 Abs. 1 Satz 1 Nr. 2 10 Prozent,
4. im Sinne des § 4 Abs. 1 Satz 1 Nr. 3 7,5 Prozent,
5. im Sinne des § 4 Abs. 1 Satz 1 Nr. 4 5 Prozent,
6. im Sinne des § 4 Abs. 1 Satz 1 Nr. 5 2,5 Prozent

der Bemessungsgrundlage.

(2) Erfüllt der anspruchsberechtigte begünstigte Betrieb im Zeitpunkt des Beginns des Erstinvestitionsvorhabens die Begriffsdefinition für kleine und mittlere Unternehmen im Sinne der Empfehlung der Kommission vom 6. Mai 2003, erhöht sich die Investitionszulage vorbehaltlich der Absätze 3 bis 5 für den Teil der Bemessungsgrundlage, der auf Investitionen im Sinne des § 2 Abs. 1 entfällt, bei Erstinvestitionsvorhaben

1. im Sinne des § 4 Abs. 1 Satz 1 Nr. 1 auf 25 Prozent,
2. im Sinne des § 4 Abs. 1 Satz 1 Nr. 2 auf 20 Prozent,
3. im Sinne des § 4 Abs. 1 Satz 1 Nr. 1 und 2 im Rahmen eines großen Investitionsvorhabens im Sinne der Leitlinien für staatliche Beihilfen mit regionaler Zielsetzung 2007–2013 (ABl. EU 2006 Nr. C 54 S. 13) in Betriebsstätten in den nicht in der Anlage 1 zu diesem Gesetz aufgeführten Teilen des Landes Berlin auf 15 Prozent,
4. im Sinne des § 4 Abs. 1 Satz 1 Nr. 3 auf 15 Prozent,
5. im Sinne des § 4 Abs. 1 Satz 1 Nr. 4 auf 10 Prozent,
6. im Sinne des § 4 Abs. 1 Satz 1 Nr. 5 auf 5 Prozent

der Bemessungsgrundlage.

(3) Abweichend von Absatz 2 erhöht sich die Investitionszulage in den in der Anlage 1 zu diesem Gesetz aufgeführten Teilen des Landes Berlin vorbehaltlich des Absatzes 5 für den Teil der Bemessungsgrundlage, der auf Investitionen im Sinne des § 2 Abs. 1 entfällt, bei Erstinvestitionsvorhaben

1. im Sinne des § 4 Abs. 1 Satz 1 Nr. 1 bis 3 auf 10 Prozent der Bemessungsgrundlage, wenn der anspruchsberechtigte begünstigte Betrieb im Zeitpunkt des Beginns des Erstinvestitionsvorhabens die Begriffsdefinition für mittlere Unternehmen im Sinne der Empfehlung der Kommission vom 6. Mai 2003 erfüllt,
2. im Sinne des § 4 Abs. 1 Satz 1 Nr. 1 auf 20 Prozent der Bemessungsgrundlage, wenn der anspruchsberechtigte begünstigte Betrieb im Zeitpunkt des Beginns des Erstinvestitionsvorhabens die Be-

griffsdefinition für kleine Unternehmen im Sinne der Empfehlung der Kommission vom 6. Mai 2003 erfüllt.

(4) Bei Investitionen, die zu einem großen Investitionsvorhaben gehören, auf das der multisektorale Regionalbeihilferahmen für große Investitionsvorhaben vom 19. März 2002 (ABl. EG Nr. C 70 S. 8), zuletzt geändert durch die Mitteilung der Kommission vom 1. November 2003 (ABl. EU Nr. C 263 S. 3), oder die Leitlinien für staatliche Beihilfen mit regionaler Zielsetzung 2007–2013 anzuwenden sind, sind die Absätze 1 und 2 nur insoweit anzuwenden, als der jeweils beihilferechtlich geltende Regionalförderhöchstsatz durch die Gewährung von Investitionszulagen nicht überschritten wird.

(5) [1] Für Investitionen eines Erstinvestitionsvorhabens in Betriebsstätten in den in der Anlage 1 zu diesem Gesetz aufgeführten Teilen des Landes Berlin gelten die Absätze 1 bis 3 nur, soweit die Investitionszulage für ein Erstinvestitionsvorhaben den Betrag von 7,5 Millionen Euro nicht überschreitet. [2] Eine höhere Investitionszulage kann nur dann festgesetzt werden, wenn eine Genehmigungsentscheidung der Kommission vor Festsetzung der Investitionszulage erteilt worden ist, in der eine höhere Beihilfeintensität festgelegt worden ist.

§ 7 Antrag auf Investitionszulage. (1) [1] Der Antrag ist bei dem für die Besteuerung des Anspruchsberechtigten nach dem Einkommen zuständigen Finanzamt zu stellen. [2] Ist eine Personengesellschaft oder Gemeinschaft Anspruchsberechtigter, so ist der Antrag bei dem Finanzamt zu stellen, das für die einheitliche und gesonderte Feststellung der Einkünfte zuständig ist.

(2) [1] Der Antrag ist nach amtlich vorgeschriebenem Vordruck zu stellen und vom Anspruchsberechtigten eigenhändig zu unterschreiben. [2] In dem Antrag sind die Investitionen, für die eine Investitionszulage beansprucht wird, so genau zu bezeichnen, dass ihre Feststellung bei einer Nachprüfung möglich ist.

§ 8 Gesonderte Feststellung. (1) [1] Werden die in einem Betrieb im Sinne des § 2 des Einkommensteuergesetzes erzielten Einkünfte nach § 180 Abs. 1 Nr. 2 Buchstabe b der Abgabenordnung gesondert festgestellt, sind die Bemessungsgrundlage und der Prozentsatz der Investitionszulage für Wirtschaftsgüter, die zum Anlagevermögen dieses Betriebs gehören, von dem für die gesonderte Feststellung zuständigen Finanzamt gesondert festzustellen. [2] Die für die Feststellung erforderlichen Angaben sind in den Antrag nach § 7 Abs. 2 aufzunehmen.

(2) [1] Befindet sich das für die Besteuerung des Anspruchsberechtigten nach dem Einkommen zuständige Finanzamt außerhalb des Fördergebiets, sind die Bemessungsgrundlage und der Prozentsatz der Investitionszulage von dem Finanzamt im Fördergebiet gesondert festzustellen, in dessen Bezirk sich das Vermögen des Anspruchsberechtigten und, wenn dies für mehrere Finanzämter zutrifft, von dem Finanzamt im Fördergebiet, in dessen Bezirk sich der wertvollste Teil des Vermögens befindet. [2] Die für

die Feststellung erforderlichen Angaben sind in den Antrag nach § 7 Abs. 2 aufzunehmen.

§ 9 Einzelnotifizierungspflichten, Genehmigungsvorbehalte sowie anzuwendende Rechtsvorschriften der Kommission der Europäischen Gemeinschaften. (1) Auf dieses Gesetz findet die Verordnung (EG) Nr. 800/2008 der Kommission vom 6. August 2008 zur Erklärung der Vereinbarkeit bestimmter Gruppen von Beihilfen mit dem Gemeinsamen Markt in Anwendung der Artikel 87 und 88 EG-Vertrag (allgemeine Gruppenfreistellungsverordnung) (ABl. EU Nr. L 214 S. 3) Anwendung.

(2) Die Investitionszulage für Investitionen, die zu einem großen Investitionsvorhaben gehören, das die Anmeldungsvoraussetzungen des multisektoralen Regionalbeihilferahmens für große Investitionsvorhaben vom 16. Dezember 1997 (ABl. EG 1998 Nr. C 107 S. 7), zuletzt geändert durch die Mitteilung der Kommission vom 11. August 2001 (ABl. EG Nr. C 226 S. 1), oder des multisektoralen Regionalbeihilferahmens für große Investitionsvorhaben vom 19. März 2002 erfüllt, ist erst festzusetzen, wenn die Kommission die höchstzulässige Beihilfeintensität festgelegt hat.

(3) [1]Die Investitionszulage zugunsten großer Investitionsvorhaben im Sinne der Leitlinien für staatliche Beihilfen mit regionaler Zielsetzung 2007–2013 ist bei der Kommission anzumelden, wenn der Gesamtförderbetrag aus sämtlichen Quellen folgende Beträge überschreitet:

1. 22,5 Millionen Euro bei Erstinvestitionsvorhaben in Fördergebieten nach Artikel 87 Abs. 3 Buchstabe a des Vertrags zur Gründung der Europäischen Gemeinschaft mit 30 Prozent Beihilfehöchstintensität,
2. 11,25 Millionen Euro bei Erstinvestitionsvorhaben in Fördergebieten nach Artikel 87 Abs. 3 Buchstabe c des Vertrags zur Gründung der Europäischen Gemeinschaft mit 15 Prozent Beihilfehöchstintensität,
3. 15 Millionen Euro bei Erstinvestitionsvorhaben in Fördergebieten nach Artikel 87 Abs. 3 Buchstabe c des Vertrags zur Gründung der Europäischen Gemeinschaft mit 20 Prozent Beihilfehöchstintensität.

[2]Die Investitionszulage ist in diesen Fällen erst festzusetzen, wenn die Kommission die höchstzulässige Beihilfeintensität festgelegt hat.

(4) [1]Die Investitionszulage für Investitionen in den in der Anlage 2 Nr. 2 und 5 aufgeführten sensiblen Sektoren Fischerei- und Aquakultur sowie Schiffbau ist bei der Kommission einzeln anzumelden und erst nach Genehmigung durch die Kommission festzusetzen. [2]Die Investitionszulage für Investitionen in den in der Anlage 2 Nr. 1 und 4 aufgeführten sensiblen Sektoren Stahl- und Kunstfaserindustrie ist hingegen ausgeschlossen.

(5) Bei einem Unternehmen, das einer Rückforderungsanordnung auf Grund einer Entscheidung der Kommission über die Rückzahlung einer Beihilfe nicht Folge leistet, ist die Investitionszulage erst festzusetzen, wenn der Rückforderungsbetrag zurückgezahlt worden ist.

(6) Die Investitionszulage ist der Kommission zur Genehmigung vorzulegen und erst nach deren Genehmigung festzusetzen, wenn sie für ein Unternehmen in Schwierigkeiten bestimmt ist.

§ 10 Festsetzung und Auszahlung. Die Investitionszulage ist nach Ablauf des Wirtschaftsjahres oder Kalenderjahres festzusetzen und innerhalb eines Monats nach Bekanntgabe des Bescheids aus den Einnahmen an Einkommensteuer oder Körperschaftsteuer auszuzahlen.

§ 11 Zusammentreffen mit anderen Regionalbeihilfen. (1) [1] Trifft bei einem Erstinvestitionsvorhaben die Investitionszulage mit anderen Regionalbeihilfen oder „De-minimis"-Beihilfen im Sinne des Artikels 2 der Verordnung (EG) Nr. 1998/2006 der Kommission vom 15. Dezember 2006 über die Anwendung der Artikel 87 und 88 EG-Vertrag auf De-minimis-Beihilfen (ABl. EU Nr. L 379 S. 5) zusammen, sind die in der Kommissionsentscheidung zur jeweils geltenden regionalen Fördergebietskarte genehmigten Förderhöchstintensitäten maßgeblich. [2] Der Anspruch auf Investitionszulage bleibt hiervon unberührt. [3] Die Einhaltung des Beihilfehöchstsatzes hat der jeweils andere Beihilfegeber sicherzustellen; sie ist Voraussetzung dafür, dass die Investitionszulage mit anderen Regionalbeihilfen zusammentreffen darf.

(2) [1] Trifft bei einem Erstinvestitionsvorhaben die Investitionszulage mit anderen Regionalbeihilfen zusammen, hat der Antragsteller entsprechend den Leitlinien für staatliche Beihilfen mit regionaler Zielsetzung oder den Leitlinien für staatliche Beihilfen mit regionaler Zielsetzung 2007–2013 einen beihilfefreien Eigenanteil in Höhe von mindestens 25 Prozent der Kosten des Erstinvestitionsvorhabens zu erbringen. [2] Die Überwachung der Einhaltung dieser Auflage obliegt dem jeweils anderen Beihilfegeber; sie ist Voraussetzung dafür, dass die Investitionszulage mit anderen Regionalbeihilfen zusammentreffen darf.

(3) [1] Trifft bei einem Erstinvestitionsvorhaben in den in der Anlage 1 zu diesem Gesetz aufgeführten Teilen des Landes Berlin die Investitionszulage mit anderen Regionalbeihilfen zusammen, darf der Gesamtbetrag der Beihilfe aus allen Quellen 7,5 Millionen Euro oder den in einer Genehmigungsentscheidung der Kommission festgelegten Betrag nicht übersteigen. [2] Die Überwachung der Einhaltung dieser Auflage obliegt dem jeweils anderen Beihilfegeber.

(4) In den Antrag nach § 7 Abs. 2 sind die Angaben aufzunehmen, die für die Feststellung der Voraussetzungen nach Absatz 1 bis 3 erforderlich sind.

§ 12 Verzinsung des Rückforderungsanspruchs. [1] Ist der Bescheid über die Investitionszulage aufgehoben oder zuungunsten des Anspruchsberechtigten geändert worden, ist der Rückzahlungsanspruch nach § 238 der Abgabenordnung vom Tag der Auszahlung der Investitionszulage, in den Fällen des § 175 Abs. 1 Satz 1 Nr. 2 der Abgabenordnung vom Tag des Eintritts des rückwirkenden Ereignisses an, zu verzinsen. [2] Die Festsetzungsfrist beginnt mit Ablauf des Kalenderjahres, in dem der Bescheid aufgehoben oder geändert worden ist.

§ 13 Ertragsteuerrechtliche Behandlung der Investitionszulage. [1]Die Investitionszulage gehört nicht zu den Einkünften im Sinne des Einkommensteuergesetzes. [2]Sie mindert nicht die steuerlichen Anschaffungs- und Herstellungskosten.

§ 14 Anwendung der Abgabenordnung. [1]Die für Steuervergütungen geltenden Vorschriften der Abgabenordnung sind mit Ausnahme des § 163 entsprechend anzuwenden. [2]In öffentlich-rechtlichen Streitigkeiten über die auf Grund dieses Gesetzes ergehenden Verwaltungsakte der Finanzbehörden ist der Finanzrechtsweg gegeben.

§ 15 Verfolgung von Straftaten. Für die Verfolgung einer Straftat nach den §§ 263 und 264 des Strafgesetzbuches, die sich auf die Investitionszulage bezieht, sowie der Begünstigung einer Person, die eine solche Straftat begangen hat, gelten die Vorschriften der Abgabenordnung über die Verfolgung von Steuerstraftaten entsprechend.

§ 16 Ermächtigungen. (1) Das Bundesministerium der Finanzen wird ermächtigt, durch Rechtsverordnung mit Zustimmung des Bundesrates weitere Bestimmungen zu § 9 zu erlassen und dabei insbesondere Einzelnotifizierungspflichten zu regeln, die sich aus den von den Organen der Europäischen Gemeinschaften erlassenen Rechtsvorschriften ergeben.

(2) Das Bundesministerium der Finanzen wird ermächtigt, zur Durchführung der von den Organen der Europäischen Gemeinschaften erlassenen Rechtsvorschriften die Liste der sensiblen Sektoren, in denen die Kommission die Förderfähigkeit ganz oder teilweise ausgeschlossen hat (Anlage 2), durch Rechtsverordnung mit Zustimmung des Bundesrates anzupassen.

§ 17 Bekanntmachungserlaubnis. Das Bundesministerium der Finanzen wird ermächtigt, den Wortlaut dieses Gesetzes in der jeweils geltenden Fassung mit neuem Datum bekannt zu machen.

Anlage 1
(zu § 1 Abs. 2)

Teile des Landes Berlin, die nach der Fördergebietskarte 2007–2013 (ABl. EU 2006 Nr. C 295 S. 6) zum D-Fördergebiet Deutschlands gehören:

Verkehrszellen:

Bezirk Mitte (01)	007 1; 011 1; 011 2
Bezirk Friedrichshain-Kreuzberg (02)	114 1
Bezirk Pankow (03)	106 2; 107 2; 108 1; 157 1; 160 1; 161 3; 164 1
Bezirk Charlottenburg-Wilmersdorf (04)	018 1; 025 3; 026 1; 041 1; 043 2; 048 1
Bezirk Spandau (05)	027 2; 027 3; 027 4; 032 1; 032 2; 032 3; 032 4; 037 2; 038 1; 038 2; 039 1
Bezirk Steglitz-Zehlendorf (06)	049 2; 050 2; 050 3; 052 2; 052 3; 062 1; 063 4; 064 3
Bezirk Tempelhof-Schöneberg (07)	060 1; 070 2; 070 3; 070 4; 074 2
Bezirk Neukölln (08)	079 2; 080 4; 080 6; 082 1; 082 2; 083 3
Bezirk Treptow-Köpenick (09)	120 2; 124 1; 132 1; 138 1
Bezirk Marzahn-Hellersdorf (10)	181 2; 182 1; 184 1; 184 2; 184 3; 188 1; 193 1; 194 1; 194 2
Bezirk Lichtenberg (11)	147 1; 147 2; 149 1; 149 2; 152 1; 175 1
Bezirk Reinickendorf (12)	089 3; 089 4; 089 5; 090 1; 091 2; 092 1; 092 2; 093 1; 093 2; 095 1

Anlage 2
(zu § 3 Abs. 2 Satz 2)

Sensible Sektoren sind:

1. Stahlindustrie (Multisektoraler Regionalbeihilferahmen für große Investitionsvorhaben vom 19. März 2002 in Verbindung mit Anhang B sowie Leitlinien für staatliche Beihilfen mit regionaler Zielsetzung 2007–2013 in Verbindung mit Anhang I),
2. Schiffbau (Rahmenbestimmungen für Beihilfen an den Schiffbau (ABl. EU 2003 Nr. C 317 S. 11, 2004 Nr. C 104 S. 71, 2006 Nr. C 260 S. 7)),
3. Kunstfaserindustrie (Multisektoraler Regionalbeihilferahmen für große Investitionsvorhaben vom 19. März 2002 in Verbindung mit Anhang D sowie Leitlinien für staatliche Beihilfen mit regionaler Zielsetzung 2007–2013 in Verbindung mit Anhang II),
4. Landwirtschaftssektor (Gemeinschaftsrahmen für staatliche Beihilfen im Agrarsektor (ABl. EG 2000 Nr. C 28 S. 2, Nr. C 232 S. 17) sowie Rahmenregelung der Gemeinschaft für staatliche Beihilfen im Agrar- und Forstsektor 2007–2013 (ABl. EU 2006 Nr. C 319 S. 1)),
5. Fischerei- und Aquakultursektor (Verordnung (EG) Nr. 104/2000 des Rates vom 17. Dezember 1999 über die gemeinsame Marktorganisation für Erzeugnisse der Fischerei und der Aquakultur (ABl. EG 2000 Nr. L 17 S. 22, Nr. L 83 S. 35, 2002 Nr. L 6 S. 70), zuletzt geändert durch Verordnung (EG) Nr. 1759/2006 des Rates vom 28. November 2006 (ABl. EU Nr. L 335 S. 3), sowie Leitlinien für die Prüfung Staatlicher Beihilfen im Fischerei- und Aquakultursektor (ABl. EU 2004 Nr. C 229 S. 5)) und
6. Verkehrssektor (Verordnung (EWG) Nr. 1107/70 des Rates vom 4. Juni 1970 über Beihilfen im Eisenbahn-, Straßen- und Binnenschiffsverkehr (ABl. EG Nr. L 130 S. 1) in der am 1. Januar 2006 geltenden Fassung sowie Mitteilung der Kommission „Leitlinien der Gemeinschaft für staatliche Beihilfen im Seeverkehr" (ABl. EU 2004 Nr. C 13 S. 3) und Anwendung der Artikel 92 und 93 des EG-Vertrages sowie des Artikels 61 des EWR-Abkommens auf staatliche Beihilfen im Luftverkehr (ABl. EG Nr. C 350 S. 5) vom 10. Dezember 1994).

745. Gesetz über steuerliche Maßnahmen bei Auslandsinvestitionen der deutschen Wirtschaft[1]

Vom 18. August 1969 (BGBl. I S. 1211, 1214)

Geändert durch Einführungsgesetz zum Einkommensteuerreformgesetz vom 21. 12. 1974 (BGBl. I S. 3656), Gesetz zur Änderung des EStG, KStG und anderer Gesetze vom 20. 8. 1980 (BGBl. I S. 1545), 2. Haushaltsstrukturgesetz vom 22. 12. 1981 (BGBl. I S. 1523), Steuerreformgesetz 1990 vom 25. 7. 1988 (BGBl. I S. 1093), Steuerentlastungsgesetz 1999/2000/2002 vom 24. 3. 1999 (BGBl. I S. 402), Siebente Zuständigkeitsanpassungs-Verordnung vom 29. 10. 2001 (BGBl. I S. 2785), Neunte Zuständigkeitsanpassungsverordnung vom 31. 10. 2006 (BGBl. I S. 2407), Jahressteuergesetz 2009 vom 19. 12. 2008 (BGBl. I S. 2794) und Zehnte Zuständigkeitsanpassungsverordnung vom 31. 8. 2015 (BGBl. I S. 1474)

BGBl. III/FNA 707-6-1-3

Der Bundestag hat mit Zustimmung des Bundesrates das folgende Gesetz beschlossen:

§ 1[2)·3)] Steuerfreie Rücklage bei Überführung bestimmter Wirtschaftsgüter in Gesellschaften, Betriebe oder Betriebstätten im Ausland.

(1) [1]Steuerpflichtige, die den Gewinn nach § 4 Abs. 1 oder § 5 des Einkommensteuergesetzes[4] ermitteln und im Zusammenhang mit Investitionen im Sinne des Absatzes 2 zum Anlagevermögen eines inländischen Betriebs gehörende abnutzbare Wirtschaftsgüter in die Gesellschaft, den Betrieb oder die Betriebstätte im Ausland überführen, können im Wirtschaftsjahr der Überführung bis zur Höhe des durch die Überführung entstandenen Gewinns eine den steuerlichen Gewinn mindernde Rücklage bilden. [2]Die Rücklage ist vom fünften auf ihre Bildung folgenden Wirtschaftsjahr an jährlich mit mindestens einem Fünftel gewinnerhöhend aufzulösen.

(2) Investitionen im Ausland im Sinne des Absatzes 1 sind

1. der Erwerb von Beteiligungen an Kapitalgesellschaften mit Sitz und Geschäftsleitung in einem ausländischen Staat,
2. Einlagen in Personengesellschaften in einem ausländischen Staat und
3. die Zuführung von Betriebsvermögen in einen Betrieb oder eine Betriebstätte des Steuerpflichtigen in einem ausländischen Staat.

(3) [1]*Die Rücklage nach Absatz 1 darf nur gebildet werden, wenn die Gesellschaft, der Betrieb oder die Betriebstätte im Ausland ausschließlich oder fast ausschließlich die*

---

[1] Das G ist Teil des G über die Gewährung von Investitionszulagen und zur Änderung steuerrechtlicher und prämienrechtlicher Vorschriften (StÄndG 1969) v. 18. 8. 1969 (BGBl. I S. 1211) und als dessen Art. 2 verkündet worden.

[2] **Bildung von Rücklagen letztmals für vor dem 1. 1. 1990 endende Wj möglich (§ 8 Abs. 4).**

[3] § 1 Abs. 1 Satz 1 und Abs. 3 bish. Satz 3 geänd. und Abs. 5 neugef. durch G v. 21. 12. 1974 (BGBl. I S. 3656), Abs. 3 bish. Sätze 1 und 2 aufgeh. sowie Abs. 4 Satz 5 geänd. durch G v. 22. 12. 1981 (BGBl. I S. 1523); zum Anwendungsbereich von Abs. 3 Sätze 1 und 2 siehe § 8 Abs. 3.

[4] Nr. 1.

Herstellung oder Lieferung von Waren, die Gewinnung von Bodenschätzen, die Bewirkung gewerblicher Leistungen oder den Betrieb einer Land- und Forstwirtschaft zum Gegenstand hat; zu den gewerblichen Leistungen gehören nicht die Vermietung und Verpachtung von Wirtschaftsgütern einschließlich der Überlassung der Nutzung von Rechten, Plänen, Mustern, Verfahren, Erfahrungen und Kenntnissen. [2] Bei der Überführung eines Seeschiffs in eine Gesellschaft, einen Betrieb oder eine Betriebstätte im Ausland, die den Betrieb von Handelsschiffen im internationalen Verkehr zum Gegenstand haben, ist weitere Voraussetzung für die Anwendung des Absatzes 1, daß der Bundesminister für Verkehr oder die von ihm bestimmte Stelle die Überführung des Schiffs für schiffahrtspolitisch unbedenklich erklärt hat. Die Bildung der Rücklage nach Absatz 1 ist ausgeschlossen, wenn der Steuerpflichtige für die Investition im Ausland die Steuervergünstigung des § 3 des Entwicklungsländer-Steuergesetzes in Anspruch nimmt.

(4) [1] Werden Beteiligungen im Sinne des Absatzes 2 Nr. 1 veräußert oder in das Privatvermögen überführt, so ist die für die Beteiligung gebildete Rücklage im Wirtschaftsjahr der Veräußerung oder Überführung in das Privatvermögen im Verhältnis des Anteils der veräußerten oder in das Privatvermögen überführten Beteiligung zur gesamten Beteiligung im Sinne des Absatzes 2 Nr. 1 vorzeitig gewinnerhöhend aufzulösen. [2] Entsprechendes gilt, wenn bei Investitionen im Ausland im Sinne des Absatzes 2 Nr. 2 und 3 die zugeführten Wirtschaftsgüter veräußert oder in das Inland oder in das Privatvermögen überführt werden, ohne daß der Personengesellschaft, dem Betrieb oder der Betriebsstätte im Ausland bis zum Ende des auf die Veräußerung oder Überführung folgenden Wirtschaftsjahrs in entsprechendem Umfang Ersatzwirtschaftsgüter zugeführt werden. [3] Bei einer durch die Verhältnisse im ausländischen Staat bedingten Umwandlung einer Personengesellschaft, eines Betriebs oder einer Betriebsstätte im Ausland in eine Kapitalgesellschaft entfällt die vorzeitige gewinnerhöhende Auflösung der Rücklage in Höhe des Betrags oder Teilbetrags, der dem Verhältnis zwischen der Beteiligung des Steuerpflichtigen an dieser Kapitalgesellschaft und seinem Anteil an der Personengesellschaft, dem Betrieb oder der Betriebsstätte vor der Umwandlung entspricht. [4] Nach der Umwandlung gelten die Sätze 1 und 2 sinngemäß. [5] Erfüllt die Gesellschaft, der Betrieb oder die Betriebsstätte im Ausland nicht mehr die Voraussetzungen des § 5, so ist die steuerfreie Rücklage in voller Höhe gewinnerhöhend aufzulösen.

(5) Voraussetzung für die Anwendung der Absätze 1 bis 4 ist, daß die Bildung und Auflösung der Rücklage in der Buchführung verfolgt werden können.

§ 2[1), 2)] Ausländische Verluste bei Doppelbesteuerungsabkommen.

(1) [1] Sind nach einem Abkommen zur Vermeidung der Doppelbesteuerung bei einem unbeschränkt Steuerpflichtigen aus einer in einem ausländischen Staat belegenen Betriebstätte stammende Einkünfte aus gewerblicher

[1)] **Letztmals für Verluste des VZ 1989 (§ 8 Abs. 5),** anschließend inhaltsgleiche Regelung in § 2a EStG (Nr. **1**).

[2)] § 2 Abs. 1 neugef. durch G v. 20. 8. 1980 (BGBl. I S. 1545); Sätze 3 und 4 sind für VZe ab 2009 weiter anzuwenden (§ 8 Abs. 5 Satz 2).

Tätigkeit von der Einkommensteuer oder Körperschaftsteuer zu befreien, so ist auf Antrag des Steuerpflichtigen ein Verlust, der sich nach den Vorschriften des Einkommensteuergesetzes bei diesen Einkünften ergibt und nach den Vorschriften des Einkommensteuergesetzes vom Steuerpflichtigen ausgeglichen oder abgezogen werden könnte, wenn die Einkünfte nicht von der Einkommensteuer oder Körperschaftsteuer zu befreien wären, bei der Ermittlung des Gesamtbetrags der Einkünfte insoweit abzuziehen, als er nach diesem Abkommen zu befreiende positive Einkünfte aus gewerblicher Tätigkeit aus anderen in diesem ausländischen Staat belegenen Betriebstätten übersteigt. [2]Soweit der Verlust dabei nicht ausgeglichen wird, ist bei Vorliegen der Voraussetzungen des § 10d des Einkommensteuergesetzes[1)] der Verlustabzug zulässig. [3]Der nach Satz 1 abgezogene Betrag ist, soweit sich in einem der folgenden Veranlagungszeiträume bei den nach diesem Abkommen zu befreienden Einkünften aus gewerblicher Tätigkeit aus in diesem ausländischen Staat belegenen Betriebstätten insgesamt ein positiver Betrag ergibt, in dem betreffenden Veranlagungszeitraum bei der Ermittlung des Gesamtbetrags der Einkünfte wieder hinzuzurechnen. [4]Satz 3 ist nicht anzuwenden, wenn der Steuerpflichtige nachweist, daß nach den für ihn geltenden Vorschriften des ausländischen Staates ein Abzug von Verlusten in anderen Jahren als dem Verlustjahr allgemein nicht beansprucht werden kann.

(2)[2)] [1]Wird eine in einem ausländischen Staat belegene Betriebstätte in eine Kapitalgesellschaft umgewandelt, so ist ein nach Absatz 1 Satz 1 und 2 abgezogener Verlust, soweit er nach Absatz 1 Satz 3 nicht wieder hinzugerechnet worden ist oder nicht noch hinzuzurechnen ist, im Veranlagungszeitraum der Umwandlung in entsprechender Anwendung des Absatzes 1 Satz 3 dem Gesamtbetrag der Einkünfte hinzuzurechnen. [2]Satz 1 ist nicht anzuwenden, wenn

1. bei der umgewandelten Betriebstätte die Voraussetzungen des Absatzes 1 Satz 4 vorgelegen haben oder
2. der Steuerpflichtige nachweist, daß die Kapitalgesellschaft nach den für sie geltenden Vorschriften einen Abzug von Verlusten der Betriebstätte nicht beanspruchen kann.

§ 3[3)] Steuerfreie Rücklage für Verluste von ausländischen Tochtergesellschaften. (1)[4)] [1]Unbeschränkt Steuerpflichtige, die den Gewinn nach § 4 Abs. 1 oder § 5 des Einkommensteuergesetzes[1)] ermitteln, können für Verluste einer Kapitalgesellschaft mit Sitz und Geschäftsleitung in einem ausländischen Staat, an deren Nennkapital der Steuerpflichtige mindestens zu 50 vom Hundert, bei Kapitalgesellschaften mit Sitz und Ge-

[1)] Nr. 1.

[2)] § 2 Abs. 2 ist für VZe ab 2009 weiter anzuwenden (§ 8 Abs. 5 Satz 2).

[3)] **Bildung von Rücklagen letztmals für vor dem 1. 1. 1990 endende Wj möglich (§ 8 Abs. 4).**

[4)] § 3 Abs. 1 Sätze 1 und 3 geänd. durch G v. 21. 12. 1974 (BGBl. I S. 3656), Satz 3 erster Halbsatz neugef. durch G v. 20. 8. 1980 (BGBl. I S. 1545), Abs. 1 Satz 1 geänd. durch G v. 22. 12. 1981 (BGBl. I S. 1523).

schäftsleitung in Entwicklungsländern im Sinne des *§ 6 des Entwicklungsländer-Steuergesetzes*[1] mindestens zu 25 vom Hundert, unmittelbar beteiligt ist (ausländische Tochtergesellschaft), eine den steuerlichen Gewinn mindernde Rücklage bilden. [2]Die Bildung der Rücklage ist für das Wirtschaftsjahr, in dem der Steuerpflichtige Anteile an der ausländischen Kapitalgesellschaft in einem Ausmaß erwirbt, das erstmals zu einer Beteiligung des Steuerpflichtigen in dem in Satz 1 bezeichneten Umfang führt, oder – wenn der Steuerpflichtige an der ausländischen Kapitalgesellschaft bereits in dem in Satz 1 bezeichneten Umfang beteiligt war – in dem er weitere Anteile an dieser Kapitalgesellschaft erwirbt, und in den vier folgenden Wirtschaftsjahren zulässig; die neu erworbenen Anteile müssen mindestens 5 vom Hundert des Nennkapitals der ausländischen Kapitalgesellschaft betragen. [3]Die Rücklage darf für das Wirtschaftsjahr des Steuerpflichtigen, in dem der Verlust der ausländischen Tochtergesellschaft entstanden ist, bis zur Höhe des Teils des Verlustes gebildet werden, der dem Verhältnis der neu erworbenen Anteile zum Nennkapital dieser Gesellschaft entspricht; sie ist zu vermindern um den Betrag, in dessen Höhe der Steuerpflichtige im Wirtschaftsjahr ihrer Bildung auf die neu erworbenen Anteile an der ausländischen Tochtergesellschaft eine Teilwertabschreibung vornimmt. [4]Die Rücklage darf den Betrag nicht übersteigen, mit dem die neu erworbenen Anteile in der Steuerbilanz angesetzt sind.

(2)[2] Voraussetzung für die Bildung der Rücklage ist, daß

1. der neue Anteilserwerb im Sinne des Absatzes 1 Satz 2 nach dem 31. Dezember 1968 stattgefunden hat,

2. a. F. die ausländische Tochtergesellschaft ausschließlich oder fast ausschließlich die Herstellung oder Lieferung von Waren, die Gewinnung von Bodenschätzen, die Bewirkung gewerblicher Leistungen oder den Betrieb einer Land- und Forstwirtschaft zum Gegenstand hat; zu den gewerblichen Leistungen gehören nicht die Vermietung und Verpachtung von Wirtschaftsgütern einschließlich der Überlassung der Nutzung von Rechten, Plänen, Mustern, Verfahren, Erfahrungen und Kenntnissen. [2]Bei ausländischen Tochtergesellschaften, die den Betrieb von Handelsschiffen im internationalen Verkehr zum Gegenstand haben, ist weitere Voraussetzung für die Bildung der Rücklage, daß der Bundesminister für Verkehr die Beteiligung des Steuerpflichtigen an der ausländischen Tochtergesellschaft für schiffahrtspolitisch unbedenklich erklärt hat,

2. der Verlust der ausländischen Tochtergesellschaft nach Vorschriften ermittelt ist, die den allgemeinen deutschen Gewinnermittlungsvorschriften entsprechen; steuerliche Vergünstigungen sind dabei unberücksichtigt zu lassen,

3. die Voraussetzungen der Nummer 2 und des § 5 durch Vorlage sachdienlicher Unterlagen, insbesondere Bilanzen und Ergebnisrechnungen und etwaige Geschäftsberichte der ausländischen Tochtergesellschaft,

---

[1] 1997 ausgelaufen.

[2] § 3 Abs. 2 Nr. 4 neugef. durch G v. 20. 8. 1980 (BGBl. I S. 1545), bish. Nr. 2 aufgeh., bish. Nrn. 3 bis 6 werden Nrn. 2 bis 5, Nrn. 3 und 4 geänd. durch G v. 22. 12. 1981 (BGBl. I S. 1523); zum Anwendungsbereich von Nr. 2 a. F. siehe § 8 Abs. 3.

nachgewiesen werden; auf Verlangen sind diese Unterlagen mit dem im Staat der Geschäftsleitung oder des Sitzes vorgeschriebenen oder üblichen Prüfungsvermerk einer behördlich anerkannten Wirtschaftsprüfungsstelle oder einer vergleichbaren Stelle vorzulegen,

4. der Steuerpflichtige und die ausländische Tochtergesellschaft sich verpflichten, Unterlagen der in Nummer 3 bezeichneten Art auch für die dem Verlustjahr folgenden Wirtschaftsjahre vorzulegen, solange eine Rücklage im Sinne des Absatzes 1 ausgewiesen wird; aus den Unterlagen muß sich die Höhe der in diesen Wirtschaftsjahren erzielten Betriebsergebnisse der ausländischen Tochtergesellschaft zweifelsfrei ergeben, und
5. die ausländische Tochtergesellschaft erklärt, daß sie mit der Erteilung von Auskünften durch die Steuerbehörden des Staates, in dem sie ihren Sitz und ihre Geschäftsleitung hat, an die deutschen Steuerbehörden einverstanden ist.

(3)[1] Die Rücklage ist gewinnerhöhend aufzulösen,

1. wenn die ausländische Tochtergesellschaft in einem auf das Verlustjahr folgenden Wirtschaftsjahr einen Gewinn erzielt,

   in Höhe des Teils des Gewinns, der dem Verhältnis der neu erworbenen Anteile im Sinne des Absatzes 1 Satz 2 zum Nennkapital der ausländischen Tochtergesellschaft entspricht, soweit er die Verlustteile, die bei der Bildung der Rücklage nach Absatz 1 Satz 3 zweiter Halbsatz und Satz 4 unberücksichtigt geblieben sind, oder den Auflösungsbetrag im Sinne der Nummer 2 übersteigt,
2. wenn in einem auf ihre Bildung folgenden Wirtschaftsjahr auf die neu erworbenen Anteile im Sinne des Absatzes 1 Satz 2 an der ausländischen Tochtergesellschaft eine Teilwertabschreibung vorgenommen wird,

   in Höhe des Betrags der Teilwertabschreibung,
3. wenn vom Steuerpflichtigen Anteile an der ausländischen Tochtergesellschaft veräußert oder in das Privatvermögen überführt werden,

   in Höhe des Teils der Rücklage, der dem Anteil der veräußerten oder in das Privatvermögen überführten Anteile an den neu erworbenen Anteilen im Sinne des Absatzes 1 Satz 2 entspricht,
4. wenn die Nachweisverpflichtungen im Sinne des Absatzes 2 Nr. 4 nicht erfüllt werden,

   in voller Höhe,

spätestens jedoch am Schluß des fünften auf ihre Bildung folgenden Wirtschaftsjahrs.

(4) § 1 Abs. 5 gilt entsprechend.

§ 4[2] *(aufgehoben)*

---

[1] § 3 Abs. 3 Nr. 2 geänd. durch G v. 21. 12. 1974 (BGBl. I S. 3656), Nr. 1 Halbsatz 2 angef. durch G v. 20. 8. 1980 (BGBl. I S. 1545), Nr. 4 geänd. durch G v. 22. 12. 1981 (BGBl. I S. 1523).

[2] § 4 aufgeh. durch G v. 22. 12. 1981 (BGBl. I S. 1523); zum Anwendungsbereich siehe § 8 Abs. 2.

§ 5[1)] Gemeinsame Voraussetzungen. [1]Voraussetzung für die Anwendung der §§ 1 bis 3 ist, daß die Gesellschaft, der Betrieb oder die Betriebsstätte im Ausland ausschließlich oder fast ausschließlich die Herstellung oder Lieferung von Waren außer Waffen, die Gewinnung von Bodenschätzen sowie die Bewirkung gewerblicher Leistungen zum Gegenstand hat, soweit diese nicht in der Errichtung oder dem Betrieb von Anlagen, die dem Fremdenverkehr dienen, oder in der Vermietung und Verpachtung von Wirtschaftsgütern einschließlich der Überlassung von Rechten, Plänen, Mustern, Verfahren, Erfahrungen und Kenntnissen bestehen. [2]Soweit die Bewirkung gewerblicher Leistungen im Betrieb von Handelsschiffen oder Luftfahrzeugen im internationalen Verkehr besteht, ist weitere Voraussetzung, daß das Bundesministerium für Verkehr und digitale Infrastruktur[2)] oder die von ihm bestimmte Stelle die verkehrspolitische Förderungswürdigkeit bestätigt.

§ 6[3)] Gewerbesteuer. Die Vorschriften der §§ 1, 3 und 4 gelten auch für die Ermittlung des Gewerbeertrags.

§ 7[3)] Ermächtigung. Der Bundesminister der Finanzen wird ermächtigt, den Wortlaut dieses Gesetzes in der jeweils geltenden Fassung mit neuem Datum bekanntzumachen, die Paragraphenfolge zu ändern und Unstimmigkeiten des Wortlauts zu beseitigen.

§ 8[4), 5)] Anwendungsbereich. (1) Die vorstehende Fassung dieses Gesetzes ist vorbehaltlich der Absätze 2 und 3 erstmals für den Veranlagungszeitraum 1982 anzuwenden.

(2) § 4 in der Fassung des Artikels 2 des Gesetzes vom 18. August 1969 (BGBl. I S. 1214) ist auf Anteile an Kapitalgesellschaften anzuwenden, die vor dem 1. Januar 1982 erworben werden.

(3) § 5 in Verbindung mit den §§ 1 und 3 ist erstmals für das Wirtschaftsjahr anzuwenden, das nach dem 31. Dezember 1981 beginnt; für Wirtschaftsjahre, die vor dem 1. Januar 1982 beginnen, sind § 1 Abs. 3 Satz 1 und 2 sowie § 3 Abs. 2 Nr. 2 in der Fassung des Artikels 2 des Gesetzes vom 18. August 1969 (BGBl. I S. 1214) anzuwenden.

(4) Rücklagen nach den §§ 1 und 3 können letztmalig für das Wirtschaftsjahr gebildet werden, das vor dem 1. Januar 1990 endet.

(5) [1]§ 2 ist letztmals auf Verluste des Veranlagungszeitraums 1989 anzuwenden. [2]§ 2 Abs. 1 Satz 3, 4 und Abs. 2 ist für Veranlagungszeiträume ab 2009 weiter anzuwenden.

---

1) § 5 eingef. durch G v. 22. 12. 1981 (BGBl. I S. 1523); zum Anwendungsbereich siehe § 8 Abs. 3.

2) Bezeichnung geänd. durch VO v. 31. 8. 2015 (BGBl. I S. 1474).

3) Bish. §§ 5 bis 7 wurden §§ 6 bis 8 durch G v. 22. 12. 1981 (BGBl. I S. 1523).

4) Bish. §§ 5 bis 7 wurden §§ 6 bis 8, jetziger § 8 neugef. durch G v. 22. 12. 1981 (BGBl. I S. 1523).

5) § 8 Abs. 4 und 5 angef. durch G v. 25. 7. 1988 (BGBl. I S. 1093), Abs. 5 Satz 2 angef. durch G v. 24. 3. 1999 (BGBl. I S. 402), Abs. 5 Satz 2 neugef. durch G v. 19. 12. 2008 (BGBl. I S. 2794).

§ 9[1] **Anwendung im Land Berlin.** *(gegenstandslos)*

§ 10[1), 2)] **Inkrafttreten.** Dieses Gesetz tritt am Tage nach seiner Verkündung[3] in Kraft.

---

[1] Bish. §§ 8 und 9 wurden §§ 9 und 10 durch G v. 22. 12. 1981 (BGBl. I S. 1523).

[2] § 10 betrifft das Inkrafttreten des G in seiner ursprünglichen Fassung. Das Inkrafttreten der späteren Änderungen ergibt sich aus den jeweiligen Änderungsgesetzen.

[3] Verkündet am 21. 8. 1969.

750. Gesetz zur steuerlichen Förderung von Forschung und Entwicklung (Forschungszulagengesetz – FZulG)[1)]

Vom 14. Dezember 2019 (BGBl. I S. 2763)

Geändert durch Zweites Gesetz zur Umsetzung steuerlicher Hilfsmaßnahmen zur Bewältigung der Corona-Krise (Zweites Corona-Steuerhilfegesetz) vom 29. Juni 2020 (BGBl. I S. 1512) und Jahressteuergesetz 2020 (JStG 2020) vom 21.12.2020 (BGBl. I S. 3096)

FNA 610-6-19

Inhaltsübersicht

§ 1 Anspruchsberechtigung. (1) Anspruchsberechtigt sind Steuerpflichtige im Sinne des Einkommensteuer- und des Körperschaftsteuergesetzes, soweit sie Einkünfte nach § 2 Absatz 1 Satz 1 Nummer 1 bis 3 des Einkommensteuergesetzes erzielen, nicht von der Besteuerung befreit sind und die in diesem Gesetz aufgeführten Voraussetzungen erfüllen.

(2) Bei Mitunternehmerschaften nach § 15 Absatz 1 Satz 1 Nummer 2 des Einkommensteuergesetzes tritt an die Stelle des Steuerpflichtigen die Mitunternehmerschaft als Anspruchsberechtigter.

§ 2 Begünstigte Forschungs- und Entwicklungsvorhaben. (1) Forschungs- und Entwicklungsvorhaben sind begünstigt, soweit sie einer oder mehreren der Kategorien Grundlagenforschung, industrielle Forschung oder experimentelle Entwicklung zuzuordnen sind.

[1)] **BMF v. 1.7.2020:** Mit Beschluss vom 26. Juni 2020 hat die Europäische Kommission mitgeteilt, dass die Freistellung des Forschungszulagengesetzes (FZulG) nach der Allgemeinen Gruppenfreistellungsverordnung (AGVO) über den anfänglichen sechsmonatigen Zeitraum hinaus fortbesteht. Der Beschluss zur weiteren Anwendbarkeit des FZulG wurde, in BGBl. I 2020, S. 1596 bekannt gemacht (vgl. auch § 16).

(2) Ist ein Produkt oder ein Verfahren im Wesentlichen festgelegt und ist das primäre Ziel der weiteren Tätigkeit die Marktentwicklung oder soll durch diese Tätigkeit das Produktionssystem zum reibungslosen Funktionieren gebracht werden, kann diese Tätigkeit nicht mehr den in Absatz 1 genannten Kategorien zugerechnet werden.

(3) [1] Begünstigte Forschungs- und Entwicklungsvorhaben nach Absatz 1 zielen darauf ab, eine genau definierte unteilbare Aufgabe ökonomischer, wissenschaftlicher oder technischer Art mit klar fest gelegten Zielen durchzuführen. [2] Ein Forschungs- und Entwicklungsvorhaben kann aus mehreren Arbeitspaketen, Tätigkeiten oder Dienstleistungen bestehen. [3] Es umfasst klare Ziele und die Tätigkeiten, die zur Erreichung dieser Ziele durchzuführen sind, sowie konkrete Vorgaben, anhand derer die Ergebnisse dieser Tätigkeiten festgestellt und mit den einschlägigen Zielen verglichen werden können. [4] Wenn zwei oder mehrere Forschungs- und Entwicklungsvorhaben nicht eindeutig voneinander getrennt werden können und einzeln betrachtet keine Aussicht auf technologischen Erfolg haben, werden sie als ein einziges Vorhaben betrachtet.

(4) Begünstigte Forschungs- und Entwicklungsvorhaben können durchgeführt werden

1. als eigenbetriebliche Forschung und/oder als Auftragsforschung,
2. als Kooperation von einem Anspruchsberechtigten mit mindestens einem anderen Unternehmen,
3. als Kooperation von einem Anspruchsberechtigten in Zusammenarbeit mit einer oder mehreren Einrichtungen für Forschung und Wissensverbreitung.

(5) Werden Forschungs- und Entwicklungsvorhaben im Sinne des Absatzes 1 in Auftrag gegeben, sind diese nur dann begünstigt, wenn der Auftragnehmer seinen Sitz in einem Mitgliedstaat der Europäischen Union hat oder in einem anderen Staat, auf den das Abkommen über den Europäischen Wirtschaftsraum (EWR-Abkommen) Anwendung findet und der aufgrund vertraglicher Verpflichtung Amtshilfe entsprechend dem EU-Amtshilfegesetz in einem Umfang leistet, der für die Überprüfung der Anspruchsvoraussetzungen erforderlich ist.

§ 3 Förderfähige Aufwendungen und Bemessungsgrundlage. (1) [1] Förderfähige Aufwendungen sind die beim Anspruchsberechtigten dem Lohnsteuerabzug gemäß § 38 Absatz 1 des Einkommensteuergesetzes unterliegenden Arbeitslöhne für Arbeitnehmer, die der Arbeitnehmer unmittelbar vom Arbeitgeber erhält, sowie die Ausgaben des Arbeitgebers für die Zukunftssicherung des Arbeitnehmers nach § 3 Nummer 62 des Einkommensteuergesetzes. [2] Die in Satz 1 bezeichneten Aufwendungen sind nur förderfähig, soweit die Arbeitnehmer mit Forschungs- und Entwicklungstätigkeiten in begünstigten Forschungs- und Entwicklungsvorhaben im Sinne des § 2 Absatz 1 des Anspruchsberechtigten betraut sind. [3] Zu den in den Sätzen 1 und 2 bezeichneten Aufwendungen gehören auch solche aufgrund eines zwischen einer Kapitalgesellschaft und einem Gesellschafter oder Anteilseigner abgeschlossenen Anstellungsvertrages, der die Voraussetzungen für den Lohnsteuerabzug des Arbeitslohns erfüllt.

(2) Förderfähig sind die in Absatz 1 bezeichneten Aufwendungen auch dann, wenn sie vom Anspruchsberechtigten für im Sinne des Absatzes 1 tätige Arbeitnehmer geleistet werden, für die der Lohnsteuerabzug im Sinne des § 38 Absatz 1 Satz 1 Nummer 1 des Einkommensteuergesetzes nur deswegen nicht vorgenommen wird, weil nach einem Abkommen zur Vermeidung der Doppelbesteuerung das Besteuerungsrecht einem anderen Mitgliedstaat der Europäischen Union oder einem anderen Vertragsstaat des Abkommens über den Europäischen Wirtschaftsraum oder der Schweizerischen Eidgenossenschaft zugewiesen ist.

(3) 1 Förderfähige Aufwendungen sind auch Eigenleistungen eines Einzelunternehmers in einem begünstigten Forschungs- und Entwicklungsvorhaben. 2 Je nachgewiesener Arbeitsstunde, die der Einzelunternehmer mit Forschungs- und Entwicklungstätigkeiten beschäftigt ist, sind 40 Euro je Arbeitsstunde bei insgesamt maximal 40 Arbeitsstunden pro Woche als förderfähige Aufwendungen anzusetzen. 3 Haben Gesellschafter einer anspruchsberechtigten Mitunternehmerschaft vertraglich vereinbart, dass ein oder mehrere Gesellschafter für Forschungs- und Entwicklungstätigkeiten in begünstigten Forschungs- und Entwicklungsvorhaben eine Tätigkeitsvergütung erhalten, dann ist diese Tätigkeitsvergütung förderfähiger Aufwand, soweit sie 40 Euro je Arbeitsstunde bei maximal 40 Arbeitsstunden pro Woche nicht übersteigt. 4 Voraussetzung ist, dass die Vereinbarung zivilrechtlich wirksam, ernsthaft gewollt und tatsächlich durchgeführt und so eindeutig und klar abgefasst ist, dass sie von anderen Tätigkeitsvergütungen im Dienste der Gesellschaft abgegrenzt werden kann.

(4)[1] 1 Für in Auftrag gegebene Forschungs- und Entwicklungsvorhaben im Sinne des § 2 Absatz 5 betragen die förderfähigen Aufwendungen 60 Prozent des beim Anspruchsberechtigten für den Auftrag entstandenen Entgelts. 2 Werden in Auftrag gegebene Forschungs- und Entwicklungsvorhaben im Sinne des § 2 Absatz 5 vom Auftragnehmer ganz oder teilweise an Unterauftragnehmer weitervergeben, ist das für einen Unterauftrag entstandene Entgelt kein förderfähiger Aufwand.

(5)[2] 1 Bemessungsgrundlage sind die im Wirtschaftsjahr entstandenen förderfähigen Aufwendungen des Anspruchsberechtigten im Sinne der Absätze 1 bis 4, maximal 2 000 000 Euro. 2 Für nach dem 30. Juni 2020 und vor dem 1. Juli 2026 entstandene förderfähige Aufwendungen des Anspruchsberechtigten im Sinne der Absätze 1 bis 4 beträgt die Bemessungsgrundlage maximal 4 000 000 Euro.

(6) Für Anspruchsberechtigte, die mit anderen Unternehmen im Sinne des § 15 des Aktiengesetzes verbunden sind, gilt die Grenze im Sinne des Absatzes 5 für die verbundenen Unternehmen insgesamt.

(7) Für Kooperationsvorhaben im Sinne des § 2 Absatz 4 Nummer 2 und 3 gilt für jeden am Vorhaben beteiligten Anspruchsberechtigten die Bemessungsgrundlage im Sinne des Absatzes 5, soweit nicht die Voraussetzungen des Absatzes 6 vorliegen.

---

[1] § 3 Abs. 4 Satz 2 angef., bish. Wortlaut wird Satz 1 und geänd. mWv 1.1.2020 durch G v. 21.12.2020 (BGBl. I S. 3096).

[2] § 3 Abs. 5 Satz 2 angef. mWv 1.7.2020 durch G v. 29.6.2020 (BGBl. I S. 1512).

§ 4 Höhe der Forschungszulage. (1) [1]Die Forschungszulage beträgt 25 Prozent der Bemessungsgrundlage nach § 3 Absatz 5. [2]Der Anspruch auf Forschungszulage entsteht mit Ablauf des Wirtschaftsjahres, in dem die förderfähigen Aufwendungen im Sinne des § 3 Absatz 1 und 2 vom Arbeitnehmer bezogen worden sind oder die nach § 3 Absatz 3 und 4 förderfähigen Aufwendungen beim Anspruchsberechtigten entstanden sind.

(2) Die Summe der für ein Forschungs- und Entwicklungsvorhaben gewährten staatlichen Beihilfen darf einschließlich der Forschungszulagen nach diesem Gesetz pro Unternehmen und Forschungs- und Entwicklungsvorhaben den Betrag von 15 000 000 Euro nicht überschreiten.

§ 5 Antrag auf Forschungszulage. (1) [1]Der Anspruchsberechtigte hat nach Ablauf des Wirtschaftsjahres, in dem die förderfähigen Aufwendungen im Sinne des § 3 Absatz 1 und 2 vom Arbeitnehmer bezogen worden sind oder die nach § 3 Absatz 3 und 4 förderfähigen Aufwendungen entstanden sind, einen Antrag auf Forschungszulage nach amtlich vorgeschriebenem Datensatz über die amtlich bestimmte Schnittstelle bei dem für die Besteuerung des Anspruchsberechtigten nach dem Einkommen zuständigen Finanzamt zu stellen. [2]Ist eine Mitunternehmerschaft Anspruchsberechtigter, so ist der Antrag bei dem Finanzamt zu stellen, das für die einheitliche und gesonderte Feststellung der Einkünfte zuständig ist.

(2) In dem Antrag nach Absatz 1 sind die Forschungs- und Entwicklungsvorhaben, für die eine Forschungszulage beantragt wird, sowie die förderfähigen Aufwendungen im Sinne des § 3 Absatz 1 bis 4 so genau zu bezeichnen, dass eine Überprüfung möglich ist.

(3) [1]Dem Antrag ist die Bescheinigung nach § 6 für die im Antrag aufgeführten Forschungs- und Entwicklungsvorhaben beizufügen. [2]Der Anspruchsberechtigte hat im Antrag zu versichern, dass sich die im Rahmen des Bescheinigungsverfahrens nach § 6 erklärten und der Bescheinigung zu Grunde gelegten Sachverhalte nicht verändert haben.

§ 6 Bescheinigung. (1) Grundlage für die Festsetzung der Forschungszulage ist eine Bescheinigung der auf Grundlage der nach § 14 zu erlassenen Rechtsverordnung bestimmten Stelle für jedes im Antrag aufgeführte Forschungs- und Entwicklungsvorhaben des Anspruchsberechtigten.

(2) [1]Die Bescheinigung ist nach einem vom Bundesministerium der Finanzen in Abstimmung mit den obersten Finanzbehörden der Länder und im Einvernehmen mit dem Bundesministerium für Wirtschaft und Energie und dem Bundesministerium für Bildung und Forschung vorgeschriebenen Muster zu erstellen und hat die Feststellung zu enthalten, dass die Voraussetzungen des § 2 für das vom Antragsteller näher bezeichnete Forschungs- und Entwicklungsvorhaben vorliegen. [2]Die Feststellung ist zu begründen.

(3) [1]Die erste Bescheinigung für ein Wirtschaftsjahr ist für den Antragsteller vorbehaltlich des Satzes 2 gebührenfrei. [2]Im Fall weiterer Anträge auf Bescheinigung für Forschungs- und Entwicklungsvorhaben desselben Wirtschaftsjahres können ab der Ausstellung der zweiten Bescheinigung nach Ab-

satz 1 Gebühren und Auslagen nach Maßgabe des Bundesgebührengesetzes erhoben werden.

§ 7 Kumulierung mit anderen Förderungen oder staatlichen Beihilfen. (1) Die Forschungszulage kann vorbehaltlich des Absatzes 2 neben anderen Förderungen oder staatlichen Beihilfen für das begünstigte Forschungs- und Entwicklungsvorhaben gewährt werden.

(2) [1]Förderfähige Aufwendungen im Sinne des § 3 Absatz 1 bis 4 dürfen nicht in die Bemessungsgrundlage nach § 3 Absatz 5 einbezogen werden, soweit diese im Rahmen anderer Förderungen oder staatlicher Beihilfen gefördert wurden oder werden. [2]Dieser Kumulierungsausschluss gilt auch, wenn die anderen Förderungen aus Unionsmitteln stammen.

(3) In den Antrag nach § 5 sind die Angaben aufzunehmen, die für die Feststellung der Voraussetzungen nach Absatz 2 erforderlich sind.

§ 8 Begünstigungszeitraum. Die Forschungszulage kann nur für Forschungs- und Entwicklungsvorhaben im Sinne des § 2 beansprucht werden, mit deren Arbeiten nach dem 1. Januar 2020 begonnen wird oder für die der Auftrag nach dem 1. Januar 2020 erteilt wird.

§ 9 Anzuwendende Rechtsvorschriften der Europäischen Union.

(1) Auf dieses Gesetz findet vorbehaltlich des Absatzes 5 die Verordnung (EU) Nr. 651/2014 der Kommission vom 17. Juni 2014 zur Feststellung der Vereinbarkeit bestimmter Gruppen von Beihilfen mit dem Binnenmarkt in Anwendung der Artikel 107 und 108 des Vertrags über die Arbeitsweise der Europäischen Union, im Folgenden Allgemeine Gruppenfreistellungsverordnung (AGVO) (ABl. L 187 vom 26.6.2014, S. 1), in der jeweils geltenden Fassung Anwendung.

(2) Ein Anspruch nach diesem Gesetz besteht nicht für Unternehmen in Schwierigkeiten im Sinne des Artikels 1 Absatz 4 Buchstabe c und des Artikels 2 Nummer 18 AGVO und soweit die Anwendung der AGVO nach Artikel 1 Absatz 3 AGVO ausgeschlossen ist.

(3) Die Gewährung der Forschungszulage ist nicht zulässig, solange derjenige, der die Forschungszulage beantragt, zu einer Rückzahlung von Beihilfen aufgrund eines früheren Beschlusses der Kommission zur Feststellung der Unzulässigkeit einer Beihilfe und ihrer Unvereinbarkeit mit dem Binnenmarkt verpflichtet worden und dieser Rückzahlungsanforderung nicht nachgekommen ist.

(4) In den Antrag nach § 5 sind die Angaben aufzunehmen, die für die Feststellung der Voraussetzungen nach den Absätzen 1 bis 3 erforderlich sind.

(5) [1]Die Forschungszulage kann für den Teil der Bemessungsgrundlage, der auf Aufwendungen im Sinne des § 3 Absatz 3 entfällt, nur gewährt werden, soweit die Voraussetzungen der Verordnung (EU) Nr. 1407/2013 der Kommission vom 18. Dezember 2013 über die Anwendung der Artikel 107 und 108 des Vertrags über die Arbeitsweise der Europäischen Union auf De-minimis-Beihilfen (ABl. L 352 vom 24.12.2013, S. 1) (De-minimis-Verordnung) in der jeweils geltenden Fassung eingehalten sind. [2]Unter anderem darf

hiernach der Gesamtbetrag der einem einzigen Unternehmen gewährten De-minimis-Beihilfe in einem Zeitraum von drei Veranlagungszeiträumen maximal 200 000 Euro nicht übersteigen. 3 Bei dieser Höchstgrenze sind auch andere in diesem Zeitraum an das Unternehmen gewährte De-minimis-Beihilfen gleich welcher Art und Zielsetzung zu berücksichtigen. 4 Die Forschungszulage kann insoweit erst gewährt werden, wenn der Anspruchsberechtige in geeigneter Weise den Nachweis erbracht hat, in welcher Höhe ihm in den beiden vorangegangenen sowie im laufenden Veranlagungszeitraum De-minimis-Beihilfen gewährt worden sind, für die die vorliegende oder andere De-minimis-Verordnungen gelten, und nur soweit, wie die Voraussetzungen der De-minimis-Verordnung bei dem Unternehmen im Sinne der De-minimis-Verordnung eingehalten werden.

§ 10 Festsetzung und Leistung der Forschungszulage. (1)[1] 1 Die Forschungszulage ist in einem Forschungszulagenbescheid festzusetzen. 2 Die festgesetzte Forschungszulage wird im Rahmen der nächsten erstmaligen Festsetzung von Einkommen- oder Körperschaftsteuer vollständig auf die festgesetzte Steuer angerechnet. 3 Ergibt sich nach der Anrechnung nach Satz 2 ein Überschuss zugunsten des Steuerpflichtigen, wird dieser dem Steuerpflichtigen als Einkommensteuererstattung aus den Einnahmen an Einkommensteuer oder als Körperschaftsteuererstattung bei Steuerpflichtigen im Sinne des Körperschaftsteuergesetzes aus den Einnahmen an Körperschaftsteuer ausgezahlt.

(2) 1 Bei Anspruchsberechtigten im Sinne des § 1 Absatz 2 erfolgt die Anrechnung nach Absatz 1 Satz 2 anteilig im Rahmen der jeweiligen Veranlagung zur Einkommen- oder Körperschaftsteuer. 2 Die Anteile an der anzurechnenden Forschungszulage sind gesondert und einheitlich gegenüber den Mitunternehmern festzustellen. 3 Maßstab für die Verteilung ist der jeweils vereinbarte Gewinnverteilungsschlüssel. 4 Wird der Forschungszulagenbescheid aufgehoben oder geändert, ist die gesonderte und einheitliche Feststellung nach Satz 2 entsprechend zu ändern.

(3) Wird der Forschungszulagenbescheid aufgehoben oder geändert, ist die nach Absatz 1 Satz 2 oder Absatz 2 Satz 1 erfolgte Anrechnung entsprechend zu ändern.

§ 11 Verzinsung des Rückforderungsanspruchs. 1 Ist der Forschungszulagenbescheid nach § 10 aufgehoben oder zuungunsten des Anspruchsberechtigten geändert worden, ist der Rückzahlungsanspruch nach Maßgabe der §§ 238 und 239 der Abgabenordnung vom Tag der Anrechnung der Forschungszulage an zu verzinsen. 2 Der Zinslauf endet mit Ablauf des Tages, an dem der geänderte Forschungszulagenbescheid wirksam geworden ist. 3 Maßgebend für die Zinsberechnung ist die Differenz zwischen der neu festgesetzten Forschungszulage und der vorher festgesetzten Forschungszulage. 4 Zinsschuldner ist, bei wem die Forschungszulage nach § 10 Absatz 1 und/oder Absatz 2 auf die Einkommen- oder Körperschaftsteuer angerechnet wur-

---

[1] § 10 Abs. 1 Satz 2 geänd., Satz 3 neu gef. mWv 1.1.2020 durch G v. 21.12.2020 (BGBl. I S. 3096).

de. [5]Die Festsetzungsfrist beginnt mit Ablauf des Kalenderjahres, in dem der Forschungszulagenbescheid aufgehoben oder geändert worden ist.

§ 12 Anwendung der Abgabenordnung. [1]Die für Steuervergütungen geltenden Vorschriften der Abgabenordnung sind mit Ausnahme des § 163 der Abgabenordnung entsprechend anzuwenden. [2]In öffentlich-rechtlichen Streitigkeiten über die aufgrund dieses Gesetzes ergehenden Verwaltungsakte der Finanzbehörden ist der Finanzrechtsweg gegeben.

§ 13 Verfolgung von Straftaten. [1]Für die Forschungszulage gelten die Strafvorschriften des § 370 Absatz 1 bis 4, der §§ 371, 375 Absatz 1 und des § 376 sowie die Bußgeldvorschriften der §§ 378 und 379 Absatz 1 und 4 und der §§ 383 und 384 der Abgabenordnung entsprechend. [2]Für das Strafverfahren wegen einer Straftat nach Satz 1 sowie der Begünstigung einer Person, die eine solche Tat begangen hat, gelten die §§ 385 bis 408, für das Bußgeldverfahren wegen einer Ordnungswidrigkeit nach Satz 1 die §§ 409 bis 412 der Abgabenordnung entsprechend.

§ 14 Verordnungsermächtigung. (1)[1)] Das Bundesministerium für Bildung und Forschung wird ermächtigt, durch Rechtsverordnung mit Zustimmung des Bundesrates und im Einvernehmen mit dem Bundesministerium der Finanzen und dem Bundesministerium für Wirtschaft und Energie

1. eine oder mehrere Stellen zu bestimmen, zu beauftragen und soweit erforderlich zu beleihen,
   a) die für die Ausstellung der Bescheinigungen im Sinne des § 6 erforderlichen Handlungen durchzuführen,
   b) die Bescheinigung für den Antragsteller auszustellen,
   c) eine Geschäftsstatistik über die Verfahren nach § 6 durchzuführen und
   d) erforderliche Einzelangaben bei den Antragstellern im Rahmen des Bescheinigungsverfahrens nach § 6 für die Evaluierung dieses Gesetzes (§ 17) zu erheben und weitere freiwillige Erhebungen bei den Antragstellern durchzuführen.
2. Verfahrensvorschriften zu § 2 zu erlassen, insbesondere zur inhaltlichen Beurteilung der Forschungs- und Entwicklungsvorhaben sowie zum Verfahren zur Beantragung der nach § 6 erforderlichen Bescheinigung,
3. die im Zusammenhang mit der Ausstellung der Bescheinigungen nach § 6 zu erhebenden Gebühren und Auslagen im Einvernehmen mit dem Bundesministerium für Wirtschaft und Energie und dem Bundesministerium der Finanzen näher zu bestimmen und dabei feste Sätze oder Rahmensätze vorzusehen.

(2) Das Bundesministerium der Finanzen wird ermächtigt, zur Durchführung des Gesetzes durch Rechtsverordnung mit Zustimmung des Bundesrates zur Sicherung des Steueraufkommens und der Gleichmäßigkeit der Besteuerung das Antragsverfahren nach § 5 näher zu regeln.

---

1) Siehe hierzu Forschungszulagen-Beschleunigungsverordnung (Nr. **751**).

§ 15 Bekanntmachungserlaubnis. Das Bundesministerium der Finanzen kann den Wortlaut dieses Gesetzes in der jeweils geltenden Fassung bekannt machen.

§ 16[1] Anwendungsregelung. (1) Das Gesetz ist auf der Grundlage und im Rahmen der AGVO anwendbar.

(2) Das Gesetz ist im Fall eines Beschlusses der Europäischen Kommission gemäß Artikel 1 Absatz 2 Buchstabe a AGVO ununterbrochen bis zum Wegfall der Freistellungsvoraussetzungen der AGVO oder eines Rechtsaktes, der an die Stelle der AGVO tritt, anwendbar.

(3) Das Bundesministerium der Finanzen hat

1. den Beschluss der Europäischen Kommission gemäß Artikel 1 Absatz 2 Buchstabe a AGVO sowie
2. den Tag des Wegfalls der Freistellungsvoraussetzungen

im Bundesgesetzblatt[2] bekannt zu machen.

§ 17 Evaluierung und wissenschaftliche Forschung. (1) [1]Die Bundesregierung wird die Anwendung dieses Gesetzes spätestens nach Ablauf von fünf Jahren auf wissenschaftlicher Grundlage evaluieren. [2]Die Bundesregierung unterrichtet den Deutschen Bundestag über die Ergebnisse der Evaluierung.

(2) [1]Die im Rahmen des Bescheinigungsverfahrens nach § 6 erhobenen Einzelangaben der Antragsteller dürfen

1. zum Zweck der Evaluierung verarbeitet und an die mit der Evaluierung des Gesetzes betrauten Stelle, soweit diese Angaben für die Evaluierung erforderlich sind, und
2. an die die Erhebungen gemäß Durchführungsverordnung (EU) Nr. 995/2012 der Kommission vom 26. Oktober 2012 mit Durchführungsvorschriften zur Entscheidung Nr. 1608/2003/EG des Europäischen Parlaments und des Rates zur Erstellung und Entwicklung von Gemeinschaftsstatistiken über Wissenschaft und Technologie (ABl. L 299 vom 27.10.2012, S. 18) in der jeweils geltenden Fassung durchführenden Stellen, zum Zweck der Evaluierung, weiterer wissenschaftlicher Forschung und zur Qualitätssicherung der genannten Erhebungen

übermittelt werden. [2]Diese Empfänger der Daten dürfen die Daten nur zu dem Zweck verarbeiten, zu dem sie ihnen übermittelt worden sind. [3]Sie sind nach Abschluss der Evaluierung und der wissenschaftlichen Forschung zu löschen.

(3) Die Daten dürfen durch die aufgrund der Rechtsverordnung nach § 14 Absatz 1 Nummer 1 zu bestimmende Stelle sowie durch die mit der Evaluierung des Gesetzes betrauten Stelle nur durch Personen verarbeitet werden, die zur Wahrung des Steuergeheimnisses verpflichtet worden sind.

(4) Die Ergebnisse der Evaluierung sowie der weiteren wissenschaftlichen Forschung dürfen nur in anonymisierter Form veröffentlicht werden.

---

[1] § 16 neu gef. mWv 1.1.2020 durch G v. 29.6.2020 (BGBl. I S. 1512).

[2] BGBl. I 2020, S. 1596.

751. Verordnung zur Durchführung von § 14 Absatz 1 des Forschungszulagengesetzes (Forschungszulagen-Bescheinigungsverordnung – FZulBV)

Vom 30. Januar 2020 (BGBl. I S. 118)

FNA 610-6-19-1

Inhaltsübersicht

Auf Grund des § 14 Absatz 1 Nummer 1 und 2 in Verbindung mit § 6 Absatz 1 des Forschungszulagengesetzes vom 14. Dezember 2019 (BGBl. I S. 2763) verordnet das Bundesministerium für Bildung und Forschung im Einvernehmen mit dem Bundesministerium der Finanzen und dem Bundesministerium für Wirtschaft und Energie:

§ 1 Gegenstand, Anwendungsbereich. Diese Verordnung regelt das Bescheinigungsverfahren nach § 6 des Gesetzes.

§ 2 Zuständige Stelle. (1) [1]Zuständige Stelle für die Wahrnehmung der Aufgaben nach dieser Verordnung ist das Bundesministerium für Bildung und Forschung. [2]Zur Durchführung werden eine oder mehrere Stellen bestimmt und soweit erforderlich beliehen, die Gewähr für eine sachgemäße Aufgabenwahrnehmung bieten (Bescheinigungsstellen). [3]Das Bundesministerium für Bildung und Forschung gibt die Bescheinigungsstellen im Gemeinsamen Ministerialblatt (GMBl) amtlich bekannt. [4]Das Bundesministerium für Bildung und Forschung bestimmt im Falle mehrerer Bescheinigungsstellen die Zuständigkeitsverteilung und veröffentlicht diese ebenso im Gemeinsamen Ministerialblatt (GMBl).

(2) Das Bundesministerium für Bildung und Forschung führt die Rechts- und Fachaufsicht über die Bescheinigungsstellen und stellt eine einheitliche Durchführung des Bescheinigungsverfahrens sicher.

(3) [1]Die Mitarbeiterinnen und Mitarbeiter der Bescheinigungsstellen sind zur Geheimhaltung besonders zu verpflichten. [2]§ 1 Absatz 2 und 3 des Verpflichtungsgesetzes vom 2. März 1974 (BGBl. I S. 469, 547), das durch § 1

Nummer 4 des Gesetzes vom 15. August 1974 (BGBl. I S. 1942) geändert worden ist, gilt entsprechend.

§ 3 Antragsverfahren. (1) [1]Der Antrag auf Erteilung einer Bescheinigung nach § 6 des Gesetzes ist nach amtlich vorgeschriebenem Vordruck des Bundesministeriums für Bildung und Forschung einheitlich für sämtliche Forschungs- und Entwicklungsvorhaben eines Wirtschaftsjahres, für die ein Antrag auf Forschungszulage beim Finanzamt gestellt werden soll, elektronisch bei der nach § 2 Absatz 1 benannten Bescheinigungsstelle zu stellen. [2]Sofern erforderlich, sind ergänzende Unterlagen beizufügen. [3]Der Vordruck nach Satz 1 wird im Internet auf der Seite der zuständigen Stelle veröffentlicht.

(2) Die Bescheinigung nach § 6 des Gesetzes kann vor oder während der Durchführung eines Forschungs- und Entwicklungsvorhabens oder nach Ablauf des Wirtschaftsjahres, für das die Forschungszulage beantragt werden soll, beantragt werden.

(3) Der Antrag muss enthalten:

1. Angaben zu den Forschungs- und Entwicklungsvorhaben, für die eine Bescheinigung begehrt wird; insbesondere
   a) eine aussagekräftige, nachvollziehbare inhaltliche Beschreibung des Forschungs- und Entwicklungsvorhabens,
   b) die Angabe, ob es sich um eigenbetriebliche Forschung, Auftragsforschung oder ein Kooperationsvorhaben handelt,
   c) den zeitlichen, personellen und den finanziellen Umfang des Forschungs- und Entwicklungsvorhabens;
2. den Namen (gegebenenfalls inklusive Rechtsformzusatz), die Anschrift, die Kontaktdaten (Telefonnummer, E-Mail-Adresse, Ansprechperson des Antragstellers);
3. die Steuernummer und das zuständige Finanzamt;
4. soweit vorhanden, eine Handelsregister-Nummer;
5. Angaben zu mit dem Antragsteller verbundenen Unternehmen im Sinne des § 15 des Aktiengesetzes:
   a) Name und Anschrift von verbundenen Unternehmen,
   b) Steuernummer von verbundenen Unternehmen, die ebenfalls einen Antrag nach § 6 des Forschungszulagengesetzes für dasselbe Kalenderjahr gestellt haben oder noch stellen werden.

§ 4 Antragsprüfung. (1) Die zuständige Bescheinigungsstelle prüft auf der Grundlage einheitlicher Vorgaben, ob ein Forschungs- und Entwicklungsvorhaben im Sinne des § 2 Absatz 1 bis 3 des Gesetzes vorliegt.

(2) [1]Die Prüfung eines Antrags erfolgt auf Grundlage der vom Antragsteller im Antrag nach § 3 gemachten Angaben. [2]Die Bescheinigungsstelle kann im Rahmen der Prüfung ergänzende Unterlagen anfordern und bei Bedarf Vorortprüfungen durchführen.

(3) Soweit die Bescheinigungsstelle es in Ausnahmefällen für erforderlich hält, kann sie für die inhaltliche Prüfung eines Forschungs- und Entwicklungsvorhabens auf das Vorliegen der Voraussetzungen nach § 2 Absatz 1 bis 3 des Forschungszulagengesetzes externe Gutachterinnen und Gutachter hinzuziehen, wenn der Antragsteller der Hinzuziehung nicht bei der Antragstellung widersprochen hat.

(4) [1]Den externen Gutachterinnen und Gutachtern sind in Fällen des Absatzes 3 die Antragsunterlagen durch die zuständige Bescheinigungsstelle zur Prüfung zur Verfügung zu stellen. [2]Die Gutachterinnen und Gutachter sind zur Geheimhaltung besonders zu verpflichten. [3]§ 1 Absatz 2 und 3 des Verpflichtungsgesetzes vom 2. März 1974 (BGBl. I S. 469, 547), das durch § 1 Nummer 4 des Gesetzes vom 15. August 1974 (BGBl. I S. 1942) geändert worden ist, gilt entsprechend. [4]Vorhandene oder potentielle Interessenkonflikte schließen eine Verpflichtung als Gutachterin oder Gutachter aus.

(5) Die Kosten der externen Gutachten trägt die Bescheinigungsstelle.

§ 5 Beschenigung nach § 6 des Gesetzes. (1) Die Bescheinigung wird von der zuständigen Bescheinigungsstelle für alle in einem Antrag nach § 3 aufgeführten Forschungs- und Entwicklungsvorhaben ausgestellt, die die Voraussetzungen nach § 2 Absatz 1 bis 3 des Gesetzes erfüllen.

(2) Die Bescheinigung hat jeweils getrennt für jedes Vorhaben die Feststellung und die Begründung zu enthalten, dass es sich um ein begünstigtes Forschungs- und Entwicklungsvorhaben im Sinne des § 2 Absatz 1 bis 3 des Gesetzes handelt.

(3) [1]Die Bescheinigung soll innerhalb von drei Monaten nach Vorlage der vollständigen Unterlagen dem Antragsteller bekanntgegeben und dem zuständigen Finanzamt übermittelt werden. [2]Das nach § 6 Absatz 2 des Gesetzes vorgeschriebene Muster der Bescheinigung wird vom Bundesministerium der Finanzen in Abstimmung mit den obersten Finanzbehörden der Länder und im Einvernehmen mit dem Bundesministerium für Wirtschaft und Energie und dem Bundesministerium für Bildung und Forschung erstellt und im Bundessteuerblatt bekannt gemacht.

(4) Für Forschungs- und Entwicklungsvorhaben, die die Voraussetzungen des § 2 Absatz 1 bis 3 des Gesetzes nicht erfüllen, ist der Antrag auf Ausstellung einer Bescheinigung abzulehnen.

(5) Gegen die Bescheinigung und die Ablehnung einer Bescheinigung ist der Widerspruch zulässig.

§ 6 Gschäftsstatistik. (1) [1]Über die Anträge, die Bescheinigungen und die Ablehnungen nach dieser Verordnung führen die Bescheinigungsstellen eine Geschäftsstatistik. [2]Gegenstand der Geschäftsstatistik sind die in Absatz 2 bestimmten Angaben und Merkmale.

(2) [1]Für die Geschäftsstatistik nach Absatz 1 sowie zum Zwecke der Evaluierung nach § 17 des Gesetzes werden im Rahmen des Antragsverfahrens insbesondere folgende Angaben von den Antragstellern erhoben:

1. die Angaben nach § 3 Absatz 3,

2. der Wirtschaftszweig des Antragstellers,
3. der Umsatz im letzten abgeschlossenen Wirtschaftsjahr (gegebenenfalls vorläufiger Wert oder Schätzung),
4. die Zahl der Beschäftigten im Untenehmen insgesamt sowie die Zahl der Beschäftigten im Bereich Forschung und Entwicklung zum Zeitpunkt der Antragstellung in Vollzeitäquivalenten,
5. die Gesamtaufwendungen für Forschung und Entwicklung im letzten abgeschlossenen Wirtschaftsjahr (gegebenenfalls vorläufiger Wert oder Schätzung), unterteilt nach Personal- und Sachaufwendungen sowie internen und externen Aufwendungen.

[2] Bei verbundenen Unternehmen sollen die Angaben zu 2. bis 5. grundsätzlich für den gesamten Unternehmensverbund gemacht werden. [3] Ersatzweise können Angaben für das jeweils rechtlich selbstständige Unternehmen gemacht werden, das den Antrag stellt. [4] In diesem Fall sind zusätzlich Angaben zur Zahl der Beschäftigten und zum Umsatz im letzten abgeschlossenen Wirtschaftsjahr für den Unternehmensverbund zu machen (gegebenenfalls vorläufige Werte oder Schätzungen).

(3) Nach näherer Bestimmung der zuständigen Stelle (§ 2) stellen die Bescheinigungsstellen für statistische Zwecke oder zu Zwecken der Evaluierung und Erfolgskontrolle weitere Erhebungen bei den Antragstellern ohne Auskunftspflicht an und teilen die Angaben der zuständigen Stelle und, auf Weisung der zuständigen Stelle, den für die Evaluierung beziehungweise für die Durchführung der in § 7 Absatz 3 genannten Erhebungen zuständigen Stellen mit.

(4) Zum Zwecke der Geschäftsstatistik, der Evaluierung sowie der wissenschaftlichen Forschung dürfen die Bescheinigungsstellen sowie die zuständige Stelle Angaben zu demselben Antragsteller aus verschiedenen Bescheinigungsverfahren zusammenführen.

§ 7 Datenübermittlung. (1) Für die weitere Bearbeitung des Antrags auf Forschungszulage nach § 5 des Gesetzes sowie zum Zwecke der Erfolgskontrolle, Evaluierung und Gesetzesfolgenabschätzung übermitteln die Bescheinigungsstellen Daten aus dem Bescheinigungsverfahren an die Finanzverwaltung.

(2) [1] Zum Zwecke der Evaluierung nach § 17 des Gesetzes verarbeiten die zuständige Stelle sowie die Bescheinigungsstellen auf Weisung durch die zuständige Stelle die erhobenen Einzelangaben der Antragsteller. [2] Sie übermitteln die Angaben nach Satz 1 einschließlich identifizierender Merkmale (insbesondere den Namen, die Anschrift, die E-Mail-Adresse, die Handelsregister-Nummer, die Steuernummer) sowie der jeweiligen Entscheidung über den betreffenden Antrag an die mit der Evaluierung betraute Stelle bzw. betrauten Stellen zur weiteren Verarbeitung, sofern die Angaben für die Durchführung der Evaluierung erforderlich sind.

(3) Die zuständige Stelle sowie die Bescheinigungsstellen dürfen die erhobenen Einzelangaben der Antragsteller einschließlich identifizierender Merkmale (insbesondere den Namen, die Anschrift, die E-Mail-Adresse, die Handelsregis-

ter-Nummer, die Steuernummer) sowie der jeweiligen Entscheidung über den betreffenden Antrag verarbeiten und zum Zweck der Evaluierung, weiterer wissenschaftlicher Forschung und zur Qualitätssicherung unionsrechtlicher Erhebungen an die die Erhebungen gemäß Durchführungsverordnung (EU) Nr. 995/2012 der Kommission vom 26. Oktober 2012 mit Durchführungsvorschriften zur Entscheidung Nr. 1608/2003/EG des Europäischen Parlaments und des Rates zur Erstellung und Entwicklung von Gemeinschaftsstatistiken über Wissenschaft und Technologie (ABl. L 299 vom 27.10.2012, S. 18) durchführenden Stellen zur weiteren Verarbeitung übermitteln.

§ 8 Inkrafttreten. [1]Diese Verordnung tritt am Tag nach der Bekanntgabe der Bescheinigungsstellen nach § 2 Absatz 1 in Kraft, frühestens am 1. Januar 2020. [2]Der Tag des Inkrafttretens ist durch das Bundesministerium für Bildung und Forschung im Bundesgesetzblatt gesondert bekannt zu geben.

800. Abgabenordnung (AO)

In der Fassung der Bekanntmachung vom 1. Oktober 2002[1)·2)]
(BGBl. I S. 3866, ber. BGBl. 2003 I S. 61)

Geändert durch Zweites Gesetz für moderne Dienstleistungen am Arbeitsmarkt vom 23.12. 2002 (BGBl. I S. 4621), Steuervergünstigungsabbaugesetz vom 16.5.2003 (BGBl. I S. 660), Kleinunternehmerförderungsgesetz vom 31.7.2003 (BGBl. I S. 1550), Steueränderungsgesetz 2003 vom 15.12.2003 (BGBl. I S. 2645), Drittes Gesetz für moderne Dienstleistungen am Arbeitsmarkt vom 23.12.2003 (BGBl. I S. 2848), Gesetz zur Förderung der Steuerehrlichkeit vom 23.12.2003 (BGBl. I S. 2928), Viertes Gesetz für moderne Dienstleistungen am Arbeitsmarkt vom 24.12.2003 (BGBl. I S. 2954), Gesetz zur Einordnung des Sozialhilferechts in das Sozialgesetzbuch vom 27.12.2003 (BGBl. I S. 3022), Gesetz zur Förderung der Ausbildung und Beschäftigung schwerbehinderter Menschen vom 23.4.2004 (BGBl. I S. 606), Kostenrechtsmodernisierungsgesetz vom 5.5.2004 (BGBl. I S. 718), Gesetz zur Änderung der Abgabenordnung, weiterer Gesetze vom 21.7.2004 (BGBl. I S. 1753), 1. Justizmodernisierungsgesetz vom 24.8.2004 (BGBl. I S. 2198), Gesetz zur Organisationsreform in der gesetzlichen Rentenversicherung vom 9.12.2004 (BGBl. I S. 3242), EU-Richtlinien-Umsetzungsgesetz vom 9.12.2004 (BGBl. I S. 3310), Justizkommunikationsgesetz vom 22.3.2005 (BGBl. I S. 837), Gesetz zur Umbenennung des Bundesgrenzschutzes in Bundespolizei vom 21.6.2005 (BGBl. I S. 1818), Gesetz zur Novellierung des Verwaltungszustellungsrechts vom 12.8.2005 (BGBl. I S. 2354), Gesetz zur Neuorganisation der Bundesfinanzverwaltung und zur Schaffung eines Refinanzierungsregisters vom 22.9.2005 (BGBl. I S. 2809), Gesetz zur Eindämmung missbräuchlicher Steuergestaltungen vom 28.4.2006 (BGBl. I S. 1095), Steueränderungsgesetz 2007 vom 19.7.2006 (BGBl. I S. 1652), Erstes Gesetz zum Abbau bürokratischer Hemmnisse insbesondere in der mittelständischen Wirtschaft vom 22.8.2006 (BGBl. I S. 1970), Föderalismusreform-Begleitgesetz vom 5.9.2006 (BGBl. I S. 2098), Jahressteuergesetz 2007 vom 13.12.2006 (BGBl. I S. 2878), Gesetz zur Änderung des Passgesetzes und weiterer Vorschriften vom 20.7.2007 (BGBl. I S. 1566), Unternehmensteuerreformgesetz 2008 vom 14.8.2007 (BGBl. I S. 1912), Zweites Gesetz zum Abbau bürokratischer Hemmnisse insbesondere in der mittelständischen Wirtschaft vom 7.9.2007 (BGBl. I S. 2246), Gesetz zur weiteren Stärkung des bürgerschaftlichen Engagements vom 10.10.2007 (BGBl. I S. 2332), Zweites Gesetz zur Änderung des Finanzverwaltungsgesetzes und anderer Gesetze vom 13.12.2007 (BGBl. I S. 2897), Jahressteuergesetz 2008 vom 20.12.2007 (BGBl. I S. 3150), Gesetz zur Neuregelung der Telekommunikationsüberwachung und anderer verdeckter Ermittlungsmaßnahmen vom 21.12.2007 (BGBl. I S. 3198), Achtes Gesetz zur Änderung des Steuerberatungsgesetzes vom 8.4.2008 (BGBl. I S. 666), Geldwäschebekämpfungsergänzungsgesetz vom 13.8.2008 (BGBl. I S. 1690), Gesetz zur Modernisierung des GmbH-Rechts und zur Bekämpfung von Missbräuchen vom 23.10.2008 (BGBl. I S. 2026), FGG-Reformgesetz vom 17.12.2008 (BGBl. I S. 2586), Jahressteuergesetz 2009 vom 19.12.2008 (BGBl. I S. 2794), Steuerbürokratieabbaugesetz vom 20.12.2008 (BGBl. I S. 2850), Gesetz zur Fortführung der Gesetzeslage 2006 bei der Entfernungspauschale vom 20.4.2009 (BGBl. I S. 774), Bilanzrechtsmodernisierungsgesetz vom 25.5.2009 (BGBl. I S. 1102), Gesetz zur Reform des Kontopfändungsschutzes vom 7.7.2009 (BGBl. I S. 1707), Gesetz zur Reform der Sachaufklärung in der Zwangsvollstreckung vom 29.7.2009 (BGBl. I S. 2258), Steuerhinterziehungsbekämpfungsgesetz vom 29.7.2009 (BGBl. I S. 2302), Gesetz über die Internetversteigerung in der Zwangsvollstreckung und zur Änderung anderer Gesetze vom 30.7.2009 (BGBl. I S. 2474), Jahressteuergesetz 2010 (JStG 2010) vom 8.12.2010 (BGBl. I S. 1768), Zweites

---

[1)] Neubekanntmachung der AO v. 16.3.1976 (BGBl. I S. 613, 1977 S. 269) auf Grund des Art. 73 Abs. 2 des Dritten Gesetzes zur Änderung verwaltungsverfahrensrechtlicher Vorschriften v. 21.8.2002 (BGBl. I S. 3322) in der ab 1.9.2002 geltenden Fassung.

[2)] Beachte Art. 97 Übergangsvorschriften des Einführungsgesetzes zur Abgabenordnung v. 14.12.1976 (Nr. **800a**).

Zur Anwendung der AO im Beitrittsgebiet vgl. Art. 97a EGAO (Nr. **800a**).

Gesetz zur erbrechtlichen Gleichstellung nichtehelicher Kinder, zur Änderung der Zivilprozessordnung und der Abgabenordnung vom 12.4.2011 (BGBl. I S. 615), Gesetz zur Verbesserung der Bekämpfung der Geldwäsche und der Steuerhinterziehung (Schwarzgeldbekämpfungsgesetz) vom 28.4.2011 (BGBl. I S. 676), Steuervereinfachungsgesetz 2011 vom 1.11.2011 (BGBl. I S. 2131), Beitreibungsrichtlinie-Umsetzungsgesetz (BeitrRLUmsG) vom 7.12.2011 (BGBl. I S. 2592), Gesetz zur Optimierung der Geldwäscheprävention vom 22.12.2011 (BGBl. I S. 2959), Gesetz zur Änderung von Vorschriften über Verkündung und Bekanntmachungen sowie der Zivilprozessordnung, des Gesetzes betreffend die Einführung der Zivilprozessordnung und der Abgabenordnung vom 22.12.2011 (BGBl. I S. 3044), Gesetz über die Vereinfachung des Austauschs von Informationen und Erkenntnissen zwischen den Strafverfolgungsbehörden der Mitgliedstaaten der Europäischen Union vom 21.7.2012 (BGBl. I S. 1566), Ehrenamtsstärkungsgesetz vom 21.3.2013 (BGBl. I S. 556), Gesetz zur Fortentwicklung des Meldewesens (MeldFortG) vom 3.5.2013 (BGBl. I S. 1084; geänd. BGBl. I 2014 S. 1738), Amtshilferichtlinie-Umsetzungsgesetz (AmtshilfeRLUmsG) vom 26.6.2013 (BGBl. I S. 1809), Gesetz zur Förderung der elektronischen Verwaltung sowie zur Änderung weiterer Vorschriften vom 25.7.2013 (BGBl. I S. 2749), Gesetz zur Strukturreform des Gebührenrechts des Bundes vom 7.8.2013 (BGBl. I S. 3154), Gesetz zur Anpassung des Investmentsteuergesetzes und anderer Gesetze an das AIFM-Umsetzungsgesetz (AIFM-Steuer-Anpassungsgesetz – AIFM-StAnpG) vom 18.12.2013 (BGBl. I S. 4318), Gesetz zur Anpassung steuerlicher Regelungen an die Rechtsprechung des Bundesverfassungsgerichts vom 18.7.2014 (BGBl. I S. 1042), Gesetz zur Anpassung des nationalen Steuerrechts an den Beitritt Kroatiens zur EU und zur Änderung weiterer steuerlicher Vorschriften vom 25.7.2014 (BGBl. I S. 1266), Gesetz zur Änderung der Abgabenordnung und des Einführungsgesetzes zur Abgabenordnung vom 22.12.2014 (BGBl. I S. 2415), Gesetz zur Anpassung der Abgabenordnung an den Zollkodex der Union und zur Änderung weiterer steuerlicher Vorschriften vom 22.12.2014 (BGBl. I S. 2417), Gesetz zur Entlastung insbesondere der mittelständischen Wirtschaft von Bürokratie (Bürokratieentlastungsgesetz) vom 28.7.2015 (BGBl. I S. 1400), Steueränderungsgesetz 2015 vom 2.11.2015 (BGBl. I S. 1834), Gesetz zur Bekämpfung der Korruption vom 20.11.2015 (BGBl. I S. 2025), Gesetz zur Neuorganisation der Zollverwaltung vom 3.12.2015 (BGBl. I S. 2178), Gesetz zur Modernisierung des Besteuerungsverfahrens vom 18.7.2016 (BGBl. I S. 1679)[1], Neuntes Gesetz zur Änderung der Zweiten Sozialgesetzbuch-Rechtsvereinheitlichung – sowie zur vorübergehenden Aussetzung zur Insolvenzantragspflicht vom 26.7.2016 (BGBl. I S. 1824), Gesetz zur Umsetzung der Änderungen der EU-Amtshilferichtlinie und von weiteren Maßnahmen gegen Gewinnkürzungen und -verlagerungen vom 20.12.2016 (BGBl. I S. 3000), Gesetz zum Schutz vor Manipulationen an digitalen Grundaufzeichnungen vom 22.12.2016 (BGBl. I S. 3152), Gesetz zur Stärkung der Teilhabe und Selbstbestimmung von Menschen mit Behinderungen (Bundesteilhabegesetz – BTHG) vom 23.12.2016 (BGBl. I S. 3234), Branntweinmonopolverwaltung-Auflösungsgesetz (BfBAG) vom 10.3.2017 (BGBl. I S. 420), Gesetz zur Reform der strafrechtlichen Vermögensabschöpfung vom 13.4.2017 (BGBl. I S. 872), Gesetz zur Bekämpfung der Steuerumgehung und zur Änderung weiterer steuerlicher Vorschriften (Steuerumgehungsbekämpfungsgesetz – StUmgBG) vom 23.6.2017 (BGBl. I S. 1682)[2], Gesetz zur Umsetzung der Vierten EU-Geldwäscherichtlinie, zur Ausführung der EU-Geldtransferverordnung und zur Neuorganisation der Zentralstelle für Finanztransaktionsuntersuchungen vom 23.6.2017 (BGBl. I S. 1822), Gesetz zur Verbesserung der Sachaufklärung in der Verwaltungsvollstreckung vom 30.6.2017 (BGBl. I S. 2094), Zweites Gesetz zur Entlastung insbesondere der mittelständischen Wirtschaft von Bürokratie (Zweites Bürokratieentlastungsgesetz) vom 30.6.2017 (BGBl. I S. 2143), Gesetz zur Änderung des Bundesversorgungsgesetzes und anderen Vorschriften vom 17.7.2017 (BGBl. I S. 2541), Gesetz zur Durchführung der Verordnung (EU) Nr. 910/2014 des Europäischen Parlaments und des Rates vom 23. Juli 2014 über elektronische Identifizierung und Vertrauensdienste für elektronische Transaktionen im Binnenmarkt und zur Aufhebung der Richtlinie 1999/93/EG (eIDAS-Durchführungsgesetz) vom 18.7.2017 (BGBl. I S. 2745), Gesetz zur Vermeidung von Umsatzsteuerausfällen beim Handel

---

[1] Siehe allgemein zur Anwendung des Gesetzes Art. 97 § 1 Abs. 11 EGAO (Nr. **800a**).

[2] Siehe allgemein zur Anwendung des Gesetzes Art. 97 § 1 Abs. 12 Satz 1 EGAO (Nr. **800a**).

mit Waren im Internet und zur Änderung weiterer steuerlicher Vorschriften vom 11.12.2018 (BGBl. I S. 2338), Gesetz zur Umsetzung des Gesetzes zur Einführung des Rechts auf Eheschließung für Personen gleichen Geschlechts vom 18.12.2018 (BGBl. I S. 2639), Gesetz gegen illegale Beschäftigung und Sozialleistungsmissbrauch vom 11.7.2019 (BGBl. I S. 1066), Gesetz zur Reform der Psychotherapeutenausbildung vom 15.11.2019 (BGBl. I S. 1604), Zweites Gesetz zur Anpassung des Datenschutzrechts an die Verordnung (EU) 2016/679 und zur Umsetzung der Richtlinie (EU) 2016/680 (Zweites Datenschutz-Anpassungs- und Umsetzungsgesetz EU – 2. DSAnpUG-EU) vom 20.11.2019 (BGBl. I S. 1626), Gesetz zur Umsetzung der Richtlinie (EU) 2016/680 im Strafverfahren sowie zur Anpassung datenschutzrechtlicher Bestimmungen an die Verordnung (EU) 2016/679 vom 20.11.2019 (BGBl. I S. 1724), Drittes Gesetz zur Entlastung insbesondere der mittelständischen Wirtschaft von Bürokratie (Drittes Bürokratieentlastungsgesetz) vom 22.11.2019 (BGBl. I S. 1746), Gesetz zur Reform des Grundsteuer- und Bewertungsrechts (Grundsteuer-Reformgesetz – GrSt RefG) vom 26.11.2019 (BGBl. I S. 1794), Gesetz zur weiteren steuerlichen Förderung der Elektromobilität und zur Änderung weiterer steuerlicher Vorschriften vom 12.12.2019 (BGBl. I S. 2451), Gesetz zur Umsetzung der Änderungsrichtlinie zur Vierten EU-Geldwäscherichtlinie vom 12.12.2019 (BGBl. I S. 2602), Gesetz zur Einführung einer Pflicht zur Mitteilung grenzüberschreitender Steuergestaltungen vom 21.12.2019 (BGBl. I S. 2875), Elfte Zuständigkeitsanpassungsverordnung vom 19.6.2020 (BGBl. I S. 1328), Zweites Gesetz zur Umsetzung steuerlicher Hilfsmaßnahmen zur Bewältigung der Corona-Krise (Zweites Corona-Steuerhilfegesetz) vom 29.6.2020 (BGBl. I S. 1512), Gesetz zur Einführung der Grundrente für langjährige Versicherung in der gesetzlichen Rentenversicherung mit unterdurchschnittlichem Einkommen und für weitere Maßnahmen zur Erhöhung der Alterseinkommen (Grundrentengesetz) vom 12.8.2020 (BGBl. I S. 1879), Gesetz zur Fortentwicklung des Rechts des Pfändungsschutzkontos und zur Änderung von Vorschriften des Pfändungsschutzes (Pfändungsschutzkonto-Fortentwicklungsgesetz – PKoFoG) vom 22.11.2020 (BGBl. I S. 2466), Gesetz zur Digitalisierung von Verwaltungsverfahren bei der Gewährung von Familienleistungen vom 3.12.2020 (BGBl. I S. 2668), Gesetz zur Stärkung der Sicherheit im Pass-, Ausweis- und ausländerrechtlichen Dokumentenwesen vom 3.12.2020 (BGBl. I S. 2744), Gesetz über die Umwandlung des Informationstechnikzentrums Bund in eine nichtrechtsfähige Anstalt des öffentlichen Rechts und zur Änderung weiterer Vorschriften vom 7.12.2020 (BGBl. I S. 2756), Jahressteuergesetz 2020 (JStG 2020) vom 21.12.2020 (BGBl. I S. 3096), Gesetz zur Verbesserung der Transparenz in der Alterssicherung und der Rehabilitation sowie zur Modernisierung der Sozialversicherungswahlen und zur Änderung anderer Gesetze (Gesetz Digitale Rentenübersicht) vom 11.2.2021 (BGBl. I S. 154) und Gesetz zur Einführung und Verwendung einer Identifikationsnummer in der öffentlichen Verwaltung und zur Änderung weiterer Gesetze (Registermodernisierungsgesetz – RegMoG) vom 28.3.2021 (BGBl. I S. 591)

BGBl. III/FNA 610-1-3

Inhaltsübersicht

Erster Teil. Einleitende Vorschriften

Zweiter Teil. Steuerschuldrecht

Erster Abschnitt: Steuerpflichtige

Zweiter Abschnitt: Steuerschuldverhältnis

Dritter Abschnitt: Steuerbegünstigte Zwecke

Vierter Abschnitt: Haftung

IV. Auskunfts- und Vorlageverweigerungsrechte §§

V. Entschädigung der Auskunftspflichtigen und der Sachverständigen

4. Unterabschnitt: Fristen, Termine, Wiedereinsetzung

5. Unterabschnitt: Rechts- und Amtshilfe

Zweiter Abschnitt: Verwaltungsakte

Vierter Teil. Durchführung der Besteuerung

Erster Abschnitt: Erfassung der Steuerpflichtigen

1. Unterabschnitt: Personenstands- und Betriebsaufnahme

2. Unterabschnitt: Anzeigepflichten

3. Unterabschnitt: Identifikationsmerkmal

Zweiter Abschnitt: Mitwirkungspflichten

1. Unterabschnitt: Führung von Büchern und Aufzeichnungen

2. Unterabschnitt: Steuererklärungen

III. Vollstreckung in Forderungen und andere Vermögensrechte §§

4. Unterabschnitt: Vollstreckung in das unbewegliche Vermögen

5. Unterabschnitt: Arrest

6. Unterabschnitt: Verwertung von Sicherheiten

Dritter Abschnitt: Vollstreckung wegen anderer Leistungen als Geldforderungen

1. Unterabschnitt: Vollstreckung wegen Handlungen, Duldungen oder Unterlassungen

2. Unterabschnitt: Erzwingung von Sicherheiten

Vierter Abschnitt: Kosten

Siebenter Teil. Außergerichtliches Rechtsbehelfsverfahren

Erster Abschnitt: Zulässigkeit

Erster Teil. Einleitende Vorschriften

Erster Abschnitt: Anwendungsbereich

§ 1 Anwendungsbereich. (1) [1]Dieses Gesetz gilt für alle Steuern einschließlich der Steuervergütungen, die durch Bundesrecht oder Recht der Europäischen Union[1)] geregelt sind, soweit sie durch Bundesfinanzbehörden oder durch Landesfinanzbehörden verwaltet werden. [2]Es ist nur vorbehaltlich des Rechts der Europäischen Union[1)] anwendbar.

(2) Für die Realsteuern gelten, soweit ihre Verwaltung den Gemeinden übertragen worden ist, die folgenden Vorschriften dieses Gesetzes entsprechend:

1.[2)] die Vorschriften des Ersten, Zweiten, Vierten, Sechsten und Siebten Abschnitts des Ersten Teils (Anwendungsbereich; Steuerliche Begriffsbestimmungen; Datenverarbeitung und Steuergeheimnis; Betroffenenrechte; Datenschutzaufsicht, Gerichtlicher Rechtsschutz in datenschutzrechtlichen Angelegenheiten),
2. die Vorschriften des Zweiten Teils (Steuerschuldrecht),
3. die Vorschriften des Dritten Teils mit Ausnahme der §§ 82 bis 84 (Allgemeine Verfahrensvorschriften),
4. die Vorschriften des Vierten Teils (Durchführung der Besteuerung),
5. die Vorschriften des Fünften Teils (Erhebungsverfahren),
6.[3)] § 249 Absatz 2 Satz 2,
7.[3)] die §§ 351 und 361 Abs. 1 Satz 2 und Abs. 3,
8.[3)] die Vorschriften des Achten Teils (Straf- und Bußgeldvorschriften, Straf- und Bußgeldverfahren).

(3) [1]Auf steuerliche Nebenleistungen sind die Vorschriften dieses Gesetzes vorbehaltlich des Rechts der Europäischen Union[4)] singgemäß anwendbar. [2]Der Dritte bis Sechste Abschnitt des Vierten Teils gilt jedoch nur, soweit dies besonders bestimmt wird.

§ 2[5)] Vorrang völkerrechtlicher Vereinbarungen. (1) Verträge mit anderen Staaten im Sinne des Artikels 59 Abs. 2 Satz 1 des Grundgesetzes über die Besteuerung gehen, soweit sie unmittelbar anwendbares innerstaatliches Recht geworden sind, den Steuergesetzen vor.

(2) [1]Das Bundesministerium der Finanzen wird ermächtigt, zur Sicherung der Gleichmäßigkeit der Besteuerung und zur Vermeidung einer Doppelbesteuerung oder doppelten Nichtbesteuerung mit Zustimmung des Bundesrates

---

[1)] Bezeichnung geänd. durch G v. 26.6.2013 (BGBl. I S. 1809).

[2)] § 1 Abs. 2 Nr. 1 neu gef. mWv 25.5.2018 durch G v. 17.7.2017 (BGBl. I S. 2541).

[3)] § 1 Abs. 2 Nr. 6 eingef., bish. Nrn. 6 und 7 werden Nrn. 7 und 8 mWv 29.12.2020 (BGBl. I S. 3096).

[4)] Bezeichnung geänd. durch G v. 26.6.2013 (BGBl. I S. 1809).

[5)] § 2 bish. Wortlaut wird Abs. 1, Abs. 2 angef. durch G v. 8.12.2010 (BGBl. I S. 1768); zur Anwendung siehe Art. 97 § 1 Abs. 9 EGAO (Nr. **800a**); Abs. 3 angef. mWv 1.1.2017 durch G v. 20.12.2016 (BGBl. I S. 3000).

Rechtsverordnungen zur Umsetzung von Konsultationsvereinbarungen zu erlassen. [2]Konsultationsvereinbarungen nach Satz 1 sind einvernehmliche Vereinbarungen der zuständigen Behörden der Vertragsstaaten eines Doppelbesteuerungsabkommens mit dem Ziel, Einzelheiten der Durchführung eines solchen Abkommens zu regeln, insbesondere Schwierigkeiten oder Zweifel, die bei der Auslegung oder Anwendung des jeweiligen Abkommens bestehen, zu beseitigen.

(3) Das Bundesministerium der Finanzen wird ermächtigt, durch Rechtsverordnung mit Zustimmung des Bundesrates Vorschriften zu erlassen, die

1. Einkünfte oder Vermögen oder Teile davon bestimmen, für die die Bundesrepublik Deutschland in Anwendung der Bestimmung eines Abkommens zur Vermeidung der Doppelbesteuerung auf Grund einer auf diplomatischem Weg erfolgten Notifizierung eine Steueranrechnung vornimmt, und
2. in den Anwendungsbereich der Bestimmungen über den öffentlichen Dienst eines Abkommens zur Vermeidung der Doppelbesteuerung diejenigen Körperschaften und Einrichtungen einbeziehen, die auf Grund einer in diesem Abkommen vorgesehenen Vereinbarung zwischen den zuständigen Behörden bestimmt worden sind.

§ 2a[1)] Anwendungsbereich der Vorschriften über die Verarbeitung personenbezogener Daten. (1) [1]Die Vorschriften dieses Gesetzes und der Steuergesetze über die Verarbeitung personenbezogener Daten im Anwendungsbereich dieses Gesetzes gelten bei der Verarbeitung personenbezogener Daten durch Finanzbehörden (§ 6 Absatz 2), andere öffentliche Stellen (§ 6 Absatz 1a bis 1c) und nicht-öffentliche Stellen (§ 6 Absatz 1d und 1e). [2]Das Bundesdatenschutzgesetz oder andere Datenschutzvorschriften des Bundes sowie entsprechende Landesgesetze gelten für Finanzbehörden nur, soweit dies in diesem Gesetz oder den Steuergesetzen bestimmt ist.

(2) [1]Die datenschutzrechtlichen Regelungen dieses Gesetzes gelten auch für Daten, die die Finanzbehörden im Rahmen ihrer Aufgaben bei der Überwachung des grenzüberschreitenden Warenverkehrs verarbeiten. [2]Die Daten gelten als im Rahmen eines Verfahrens in Steuersachen verarbeitet.

(3)[2)] Die Vorschriften dieses Gesetzes und der Steuergesetze über die Verarbeitung personenbezogener Daten finden keine Anwendung, soweit das Recht der Europäischen Union, im Besonderen die Verordnung (EU) 2016/679 des Europäischen Parlaments und des Rates vom 27. April 2016 zum Schutz natürlicher Personen bei der Verarbeitung personenbezogener Daten, zum freien Datenverkehr und zur Aufhebung der Richtlinie 95/46/EG (Datenschutz-Grundverordnung) (ABl. L 119 vom 4.5.2016, S. 1; L 314 vom 22.11.2016, S. 72; L 127 vom 23.5.2018, S. 2) in der jeweils geltenden Fassung unmittelbar oder nach Absatz 5 entsprechend gilt.

(4) Für die Verarbeitung personenbezogener Daten zum Zweck der Verhütung, Ermittlung, Aufdeckung, Verfolgung oder Ahndung von Steuerstraftaten

---

[1)] § 2a eingef. mWv 25.5.2018 durch G v. 17.7.2017 (BGBl. I S. 2541).

[2)] § 2a Abs. 3 geänd. mWv 26.11.2019 durch G v. 20.11.2019 (BGBl. I S. 1626).

oder Steuerordnungswidrigkeiten gelten die Vorschriften des Ersten und des Dritten Teils des Bundesdatenschutzgesetzes, soweit gesetzlich nichts anderes bestimmt ist.

(5) Soweit nichts anderes bestimmt ist, gelten die Vorschriften der Verordnung (EU) 2016/679, dieses Gesetzes und der Steuergesetze über die Verarbeitung personenbezogener Daten natürlicher Personen entsprechend für Informationen, die sich beziehen auf identifizierte oder identifizierbare

1. verstorbene natürliche Personen oder
2. Körperschaften, rechtsfähige oder nicht rechtsfähige Personenvereinigungen oder Vermögensmassen.

Zweiter Abschnitt: Steuerliche Begriffsbestimmungen

§ 3 Steuern, steuerliche Nebenleistungen. (1) Steuern sind Geldleistungen, die nicht eine Gegenleistung für eine besondere Leistung darstellen und von einem öffentlich-rechtlichen Gemeinwesen zur Erzielung von Einnahmen allen auferlegt werden, bei denen der Tatbestand zutrifft, an den das Gesetz die Leistungspflicht knüpft; die Erzielung von Einnahmen kann Nebenzweck sein.

(2) Realsteuern sind die Grundsteuer und die Gewerbesteuer.

(3)[1] [1]Einfuhr- und Ausfuhrabgaben nach Artikel 5 Nummer 20 und 21 des Zollkodex der Union sind Steuern im Sinne dieses Gesetzes. [2]Zollkodex der Union bezeichnet die Verordnung (EU) Nr. 952/2013 des Europäischen Parlaments und des Rates vom 9. Oktober 2013 zur Festlegung des Zollkodex der Union (ABl. L 269 vom 10.10.2013, S. 1, L 287, S. 90) in der jeweils geltenden Fassung.

(4)[2] Steuerliche Nebenleistungen sind

1. Verzögerungsgelder nach § 146 Absatz 2c,
2. Verspätungszuschläge nach § 152,
3. Zuschläge nach § 162 Absatz 4,
4. Zinsen nach den §§ 233 bis 237 sowie Zinsen nach den Steuergesetzen, auf die die §§ 238 und 239 anzuwenden sind,
5. Säumniszuschläge nach § 240,
6. Zwangsgelder nach § 329,
7. Kosten nach den §§ 89, 178, 178a und 337 bis 345,
8. Zinsen auf Einfuhr- und Ausfuhrabgaben nach Artikel 5 Nummer 20 und 21 des Zollkodex der Union und
9. Verspätungsgelder nach § 22a Absatz 5 des Einkommensteuergesetzes.

---

[1] § 3 Abs. 3 neu gef. mWv 1.5.2016 durch G v. 22.12.2014 (BGBl. I S. 2417).

[2] § 3 Abs. 4 neu gef. mWv 1.1.2017 durch G v. 18.7.2016 (BGBl. I S. 1679); zur Anwendung s. auch Art. 97 § 1 Abs. 11 EGAO (Nr. **800a**); Abs. 4 Nr. 1 geänd. mWv 29.12.2020 durch G v. 21.12.2020 (BGBl. I S. 3096).

(5)[1] [1]Das Aufkommen der Zinsen auf Einfuhr- und Ausfuhrabgaben nach Artikel 5 Nummer 20 und 21 des Zollkodex der Union steht dem Bund zu. [2]Das Aufkommen der übrigen Zinsen steht den jeweils steuerberechtigten Körperschaften zu. [3]Das Aufkommen der Kosten im Sinne des § 89 steht jeweils der Körperschaft zu, deren Behörde für die Erteilung der verbindlichen Auskunft zuständig ist. [4]Das Aufkommen der Kosten im Sinne des § 178a steht dem Bund und den jeweils verwaltenden Körperschaften je zur Hälfte zu. [5]Die übrigen steuerlichen Nebenleistungen fließen den verwaltenden Körperschaften zu.

§ 4 Gesetz. Gesetz ist jede Rechtsnorm.

§ 5 Ermessen. Ist die Finanzbehörde ermächtigt, nach ihrem Ermessen zu handeln, hat sie ihr Ermessen entsprechend dem Zweck der Ermächtigung auszuüben und die gesetzlichen Grenzen des Ermessens einzuhalten.

§ 6[2] Behörden, öffentliche und nicht-öffentliche Stellen, Finanzbehörden. (1) Behörde ist jede öffentliche Stelle, die Aufgaben der öffentlichen Verwaltung wahrnimmt.

(1a) Öffentliche Stellen des Bundes sind die Behörden, die Organe der Rechtspflege und andere öffentlich-rechtlich organisierte Einrichtungen des Bundes, der bundesunmittelbaren Körperschaften, der Anstalten und Stiftungen des öffentlichen Rechts sowie deren Vereinigungen ungeachtet ihrer Rechtsform.

(1b) Öffentliche Stellen der Länder sind die Behörden, die Organe der Rechtspflege und andere öffentlich-rechtlich organisierte Einrichtungen eines Landes, einer Gemeinde, eines Gemeindeverbandes oder sonstiger der Aufsicht des Landes unterstehender juristischer Personen des öffentlichen Rechts sowie deren Vereinigungen ungeachtet ihrer Rechtsform.

(1c) [1]Vereinigungen des privaten Rechts von öffentlichen Stellen des Bundes und der Länder, die Aufgaben der öffentlichen Verwaltung wahrnehmen, gelten ungeachtet der Beteiligung nicht-öffentlicher Stellen als öffentliche Stellen des Bundes, wenn

1. sie über den Bereich eines Landes hinaus tätig werden oder
2. dem Bund die absolute Mehrheit der Anteile gehört oder die absolute Mehrheit der Stimmen zusteht.

[2]Anderenfalls gelten sie als öffentliche Stellen der Länder.

(1d) [1]Nicht-öffentliche Stellen sind natürliche und juristische Personen, Gesellschaften und andere Personenvereinigungen des privaten Rechts, soweit sie nicht unter die Absätze 1a bis 1c fallen. [2]Nimmt eine nicht-öffentliche Stelle hoheitliche Aufgaben der öffentlichen Verwaltung wahr, ist sie insoweit öffentliche Stelle im Sinne dieses Gesetzes.

---

[1] § 3 Abs. 5 neu gef. mWv 19.12.2006 durch G v. 13.12.2006 (BGBl. I S. 2878); Satz 1 geänd. mWv 1.5.2016 durch G v. 22.12.2014 (BGBl. I S. 2417).

[2] § 6 Abs. 1 ersetzt durch Abs. 1 bis Abs. 1e mWv 25.5.2018 durch G v. 17.7.2017 (BGBl. I S. 2541).

(1e) Öffentliche Stellen des Bundes oder der Länder gelten als nichtöffentliche Stellen im Sinne dieses Gesetzes, soweit sie als öffentlich-rechtliche Unternehmen am Wettbewerb teilnehmen.

(2) Finanzbehörden im Sinne dieses Gesetzes sind die folgenden im Gesetz über die Finanzverwaltung genannten Bundes- und Landesfinanzbehörden:

1. das Bundesministerium der Finanzen und die für die Finanzverwaltung zuständigen obersten Landesbehörden als oberste Behörden,
2.[1] das Bundeszentralamt für Steuern, das Informationstechnikzentrum Bund und die Generalzolldirektion als Bundesoberbehörden,
3.[2] Rechenzentren sowie Landesfinanzbehörden, denen durch eine Rechtsverordnung nach § 17 Absatz 2 Satz 3 Nummer 3 des Finanzverwaltungsgesetzes die landesweite Zuständigkeit für Kassengeschäfte und das Erhebungsverfahren einschließlich der Vollstreckung übertragen worden ist, als Landesoberbehörden,
4.[3] die Oberfinanzdirektionen als Mittelbehörden,
4a.[4] die nach dem Finanzverwaltungsgesetz oder nach Landesrecht an Stelle einer Oberfinanzdirektion eingerichteten Landesfinanzbehörden,
5. die Hauptzollämter einschließlich ihrer Dienststellen, die Zollfahndungsämter, die Finanzämter und die besonderen Landesfinanzbehörden als örtliche Behörden,
6. Familienkassen,
7. die zentrale Stelle im Sinne des § 81 des Einkommensteuergesetzes und
8.[5] die Deutsche Rentenversicherung Knappschaft-Bahn-See[6] (§ 40a Abs. 6 des Einkommensteuergesetzes).

§ 7 Amtsträger. Amtsträger ist, wer nach deutschem Recht

1. Beamter oder Richter (§ 11 Abs. 1 Nr. 3 des Strafgesetzbuchs) ist,
2. in einem sonstigen öffentlich-rechtlichen Amtsverhältnis steht oder
3.[7] sonst dazu bestellt ist, bei einer Behörde oder bei einer sonstigen öffentlichen Stelle oder in deren Auftrag Aufgaben der öffentlichen Verwaltung wahrzunehmen.

§ 8 Wohnsitz. Einen Wohnsitz hat jemand dort, wo er eine Wohnung unter Umständen innehat, die darauf schließen lassen, dass er die Wohnung beibehalten und benutzen wird.

---

[1] § 6 Abs. 2 Nr. 2 geänd. durch G v. 22.9.2005 (BGBl. I S. 2809); geänd. mWv 1.1.2016 durch G v. 3.12.2015 (BGBl. I S. 2178); geänd. mWv 1.1.2019 durch G v. 10.3.2017 (BGBl. I S. 420); geänd. mWv 1.1.2021 durch G v. 7.12.2020 (BGBl. I S. 2756).

[2] § 6 Abs. 2 Nr. 3 neu gef. mWv 6.11.2015 durch G v. 2.11.2015 (BGBl. I S. 1834).

[3] § 6 Abs. 2 Nr. 4 geänd. mWv 1.1.2016 durch G v. 3.12.2015 (BGBl. I S. 2178).

[4] § 6 Abs. 2 Nr. 4a eingef. mWv 19.12.2006 durch G v. 13.12.2006 (BGBl. I S. 2878).

[5] § 6 Nr. 8 angef. mWv 1.1.2003 durch G v. 23.12.2002 (BGBl. I S. 4621).

[6] § 6 Nr. 8 geänd. durch G v. 9.12.2004 (BGBl. I S. 3242); geänd. durch G v. 26.6.2013 (BGBl. I S. 1809).

[7] § 7 Nr. 3 geänd. mWv 25.5.2018 durch G v. 17.7.2017 (BGBl. I S. 2541).

§ 9 Gewöhnlicher Aufenthalt. [1]Den gewöhnlichen Aufenthalt hat jemand dort, wo er sich unter Umständen aufhält, die erkennen lassen, dass er an diesem Ort oder in diesem Gebiet nicht nur vorübergehend verweilt. [2]Als gewöhnlicher Aufenthalt im Geltungsbereich dieses Gesetzes ist stets und von Beginn an ein zeitlich zusammenhängender Aufenthalt von mehr als sechs Monaten Dauer anzusehen; kurzfristige Unterbrechungen bleiben unberücksichtigt. [3]Satz 2 gilt nicht, wenn der Aufenthalt ausschließlich zu Besuchs-, Erholungs-, Kur- oder ähnlichen privaten Zwecken genommen wird und nicht länger als ein Jahr dauert.

§ 10 Geschäftsleitung. Geschäftsleitung ist der Mittelpunkt der geschäftlichen Oberleitung.

§ 11 Sitz. Den Sitz hat eine Körperschaft, Personenvereinigung oder Vermögensmasse an dem Ort, der durch Gesetz, Gesellschaftsvertrag, Satzung, Stiftungsgeschäft oder dergleichen bestimmt ist.

§ 12 Betriebstätte. [1]Betriebstätte ist jede feste Geschäftseinrichtung oder Anlage, die der Tätigkeit eines Unternehmens dient. [2]Als Betriebstätten sind insbesondere anzusehen:

1. die Stätte der Geschäftsleitung,
2. Zweigniederlassungen,
3. Geschäftsstellen,
4. Fabrikations- oder Werkstätten,
5. Warenlager,
6. Ein- oder Verkaufsstellen,
7. Bergwerke, Steinbrüche oder andere stehende, örtlich fortschreitende oder schwimmende Stätten der Gewinnung von Bodenschätzen,
8. Bauausführungen oder Montagen, auch örtlich fortschreitende oder schwimmende, wenn
   a) die einzelne Bauausführung oder Montage oder
   b) eine von mehreren zeitlich nebeneinander bestehenden Bauausführungen oder Montagen oder
   c) mehrere ohne Unterbrechung aufeinander folgende Bauausführungen oder Montagen

   länger als sechs Monate dauern.

§ 13 Ständiger Vertreter. [1]Ständiger Vertreter ist eine Person, die nachhaltig die Geschäfte eines Unternehmens besorgt und dabei dessen Sachweisungen unterliegt. [2]Ständiger Vertreter ist insbesondere eine Person, die für ein Unternehmen nachhaltig

1. Verträge abschließt oder vermittelt oder Aufträge einholt oder
2. einen Bestand von Gütern oder Waren unterhält und davon Auslieferungen vornimmt.

§ 14 Wirtschaftlicher Geschäftsbetrieb. [1]Ein wirtschaftlicher Geschäftsbetrieb ist eine selbständige nachhaltige Tätigkeit, durch die Einnahmen oder andere wirtschaftliche Vorteile erzielt werden und die über den Rahmen einer Vermögensverwaltung hinausgeht. [2]Die Absicht, Gewinn zu erzielen, ist nicht erforderlich. [3]Eine Vermögensverwaltung liegt in der Regel vor, wenn Vermögen genutzt, zum Beispiel Kapitalvermögen verzinslich angelegt oder unbewegliches Vermögen vermietet oder verpachtet wird.

§ 15 Angehörige. (1)[1)] Angehörige sind:

1. der Verlobte,
2. der Ehegatte oder Lebenspartner,
3. Verwandte und Verschwägerte gerader Linie,
4. Geschwister,
5. Kinder der Geschwister,
6. Ehegatten oder Lebenspartner der Geschwister und Geschwister der Ehegatten oder Lebenspartner,
7. Geschwister der Eltern,
8. Personen, die durch ein auf längere Dauer angelegtes Pflegeverhältnis mit häuslicher Gemeinschaft wie Eltern und Kind miteinander verbunden sind (Pflegeeltern und Pflegekinder).

(2) Angehörige sind die in Absatz 1 aufgeführten Personen auch dann, wenn

1. in den Fällen der Nummern 2, 3 und 6 die die Beziehung begründende Ehe oder Lebenspartnerschaft nicht mehr besteht;
2. in den Fällen der Nummern 3 bis 7 die Verwandtschaft oder Schwägerschaft durch Annahme als Kind erloschen ist;
3. im Fall der Nummer 8 die häusliche Gemeinschaft nicht mehr besteht, sofern die Personen weiterhin wie Eltern und Kind miteinander verbunden sind.

Dritter Abschnitt: Zuständigkeit der Finanzbehörden

§ 16 Sachliche Zuständigkeit. Die sachliche Zuständigkeit der Finanzbehörden richtet sich, soweit nichts anderes bestimmt ist, nach dem Gesetz über die Finanzverwaltung[2)].

§ 17 Örtliche Zuständigkeit. Die örtliche Zuständigkeit richtet sich, soweit nichts anderes bestimmt ist, nach den folgenden Vorschriften.

§ 18 Gesonderte Feststellungen. (1) Für die gesonderten Feststellungen nach § 180 ist örtlich zuständig:

[1)] § 15 Abs. 1 Nrn. 1, 2 und 6, Abs. 2 Nr. 1 geänd. durch G v. 18.7.2014 (BGBl. I S. 1042); zur Anwendung siehe Art. 97 § 1 Abs. 10 Satz 1 und 3 EGAO (Nr. **800a**); Nr. 1 geänd. mWv 22.12.2018 durch G v. 18.12.2018 (BGBl. I S. 2639).

[2)] Nr. **803**.

1. bei Betrieben der Land- und Forstwirtschaft, bei Grundstücken, Betriebsgrundstücken und Mineralgewinnungsrechten das Finanzamt, in dessen Bezirk der Betrieb, das Grundstück, das Betriebsgrundstück, das Mineralgewinnungsrecht oder, wenn sich der Betrieb, das Grundstück, das Betriebsgrundstück oder das Mineralgewinnungsrecht auf die Bezirke mehrerer Finanzämter erstreckt, der wertvollste Teil liegt (Lagefinanzamt),
2. bei gewerblichen Betrieben mit Geschäftsleitung im Geltungsbereich dieses Gesetzes das Finanzamt, in dessen Bezirk sich die Geschäftsleitung befindet, bei gewerblichen Betrieben ohne Geschäftsleitung im Geltungsbereich dieses Gesetzes das Finanzamt, in dessen Bezirk eine Betriebstätte – bei mehreren Betriebstätten die wirtschaftlich bedeutendste – unterhalten wird (Betriebsfinanzamt),
3. bei Einkünften aus selbständiger Arbeit[1] das Finanzamt, von dessen Bezirk aus die Tätigkeit[1] vorwiegend ausgeübt wird,
4.[2] bei einer Beteiligung mehrerer Personen an Einkünften, die keine Einkünfte aus Land- und Forstwirtschaft, aus Gewerbebetrieb oder aus selbständiger Arbeit sind und die nach § 180 Absatz 1 Satz 1 Nummer 2 Buchstabe a gesondert festgestellt werden,
   a) das Finanzamt, von dessen Bezirk die Verwaltung dieser Einkünfte ausgeht, oder
   b) das Finanzamt, in dessen Bezirk sich der wertvollste Teil des Vermögens, aus dem die gemeinsamen Einkünfte fließen, befindet, wenn die Verwaltung dieser Einkünfte im Geltungsbereich dieses Gesetzes nicht feststellbar ist.

[2]Dies gilt entsprechend bei einer gesonderten Feststellung nach § 180 Absatz 1 Satz 1 Nummer 3 oder § 180 Absatz 2.

(2) [1]Ist eine gesonderte Feststellung mehreren Steuerpflichtigen gegenüber vorzunehmen und lässt sich nach Absatz 1 die örtliche Zuständigkeit nicht bestimmen, so ist jedes Finanzamt örtlich zuständig, das nach den §§ 19 oder 20 für die Steuern vom Einkommen und Vermögen eines Steuerpflichtigen zuständig ist, dem ein Anteil an dem Gegenstand der Feststellung zuzurechnen ist. [2]Soweit dieses Finanzamt auf Grund einer Verordnung nach § 17 Abs. 2 Satz 3 und 4 des Finanzverwaltungsgesetzes[3] sachlich nicht für die gesonderte Feststellung zuständig ist, tritt an seine Stelle das sachlich zuständige Finanzamt.

§ 19 Steuern vom Einkommen und Vermögen natürlicher Personen.

(1) [1]Für die Besteuerung natürlicher Personen nach dem Einkommen und Vermögen ist das Finanzamt örtlich zuständig, in dessen Bezirk der Steuerpflichtige seinen Wohnsitz oder in Ermangelung eines Wohnsitzes seinen gewöhnlichen Aufenthalt hat (Wohnsitzfinanzamt). [2]Bei mehrfachem Wohnsitz

---

[1] § 18 Abs. 1 Nr. 3 geänd. durch G v. 20.12.2008 (BGBl. I S. 2850).

[2] § 18 Abs. 1 Nr. 4 neu gef. mWv 1.1.2017 durch G v. 18.7.2016 (BGBl. I S. 1679); zur Anwendung s. auch Art. 97 § 1 Abs. 11 EGAO (Nr. **800a**).

[3] Nr. **803**.

im Geltungsbereich des Gesetzes ist der Wohnsitz maßgebend, an dem sich der Steuerpflichtige vorwiegend aufhält; bei mehrfachem Wohnsitz eines verheirateten oder in Lebenspartnerschaft lebenden[1)] Steuerpflichtigen, der von seinem Ehegatten oder Lebenspartner[1)] nicht dauernd getrennt lebt, ist der Wohnsitz maßgebend, an dem sich die Familie vorwiegend aufhält. [3]Für die nach § 1 Abs. 2 des Einkommensteuergesetzes und nach § 1 Abs. 2 des Vermögensteuergesetzes unbeschränkt steuerpflichtigen Personen ist das Finanzamt örtlich zuständig, in dessen Bezirk sich die zahlende öffentliche Kasse befindet; das Gleiche gilt in den Fällen des § 1 Abs. 3 des Einkommensteuergesetzes bei Personen, die die Voraussetzungen des § 1 Abs. 2 Satz 1 Nr. 1 und 2 des Einkommensteuergesetzes erfüllen, und in den Fällen des § 1a Abs. 2 des Einkommensteuergesetzes.

(2)[2)] [1]Liegen die Voraussetzungen des Absatzes 1 nicht vor, so ist das Finanzamt örtlich zuständig, in dessen Bezirk sich das Vermögen des Steuerpflichtigen und, wenn dies für mehrere Finanzämter zutrifft, in dessen Bezirk sich der wertvollste Teil des Vermögens befindet. [2]Hat der Steuerpflichtige kein Vermögen im Geltungsbereich des Gesetzes, so ist das Finanzamt örtlich zuständig, in dessen Bezirk die Tätigkeit im Geltungsbereich des Gesetzes vorwiegend ausgeübt oder verwertet wird oder worden ist. [3]Hat ein Steuerpflichtiger seinen Wohnsitz oder gewöhnlichen Aufenthalt im Geltungsbereich des Gesetzes aufgegeben und erzielt er im Jahr des Wegzugs keine Einkünfte im Sinne des § 49 des Einkommensteuergesetzes, ist das Finanzamt örtlich zuständig, das nach den Verhältnissen vor dem Wegzug zuletzt örtlich zuständig war.

(3) [1]Gehören zum Bereich der Wohnsitzgemeinde mehrere Finanzämter und übt ein Steuerpflichtiger mit Einkünften aus Land- und Forstwirtschaft, Gewerbebetrieb oder freiberuflicher Tätigkeit diese Tätigkeit innerhalb der Wohnsitzgemeinde, aber im Bezirk eines anderen Finanzamts als dem des Wohnsitzfinanzamts aus, so ist abweichend von Absatz 1 jenes Finanzamt zuständig, wenn es nach § 18 Abs. 1 Nr. 1, 2 oder 3 für eine gesonderte Feststellung dieser Einkünfte zuständig wäre. [2]Einkünfte aus Gewinnanteilen sind bei Anwendung des Satzes 1 nur dann zu berücksichtigen, wenn sie die einzigen Einkünfte des Steuerpflichtigen im Sinne des Satzes 1 sind.

(4) Steuerpflichtige, die zusammen zu veranlagen sind oder zusammen veranlagt werden können, sind bei Anwendung des Absatzes 3 so zu behandeln, als seien ihre Einkünfte von einem Steuerpflichtigen bezogen worden.

(5) [1]Durch Rechtsverordnung der Landesregierung kann bestimmt werden, dass als Wohnsitzgemeinde im Sinne des Absatzes 3 ein Gebiet gilt, das mehrere Gemeinden umfasst, soweit dies mit Rücksicht auf die Wirtschafts- oder Verkehrsverhältnisse, den Aufbau der Verwaltungsbehörden oder andere örtliche Bedürfnisse zweckmäßig erscheint. [2]Die Landesregierung kann die Ermächtigung auf die für die Finanzverwaltung zuständige oberste Landesbehörde übertragen.

[1)] § 19 Abs. 1 Satz 2, 2. HS geänd. durch G v. 18.7.2014 (BGBl. I S. 1042); zur Anwendung siehe Art. 97 § 1 Abs. 10 Satz 1 EGAO (Nr. **800a**).

[2)] § 19 Abs. 2 Satz 3 angef. mWv 29.12.2020 durch G v. 21.12.2020 (BGBl. I S. 3096).

(6)[1] [1]Das Bundesministerium der Finanzen kann zur Sicherstellung der Besteuerung von Personen, die nach § 1 Abs. 4 des Einkommensteuergesetzes beschränkt steuerpflichtig sind und Einkünfte im Sinne von § 49 Abs. 1 Nr. 7 und 10[1] des Einkommensteuergesetzes beziehen, durch Rechtsverordnung[2] mit Zustimmung des Bundesrates einer Finanzbehörde die örtliche Zuständigkeit für den Geltungsbereich des Gesetzes übertragen. [2]Satz 1 gilt auch in den Fällen, in denen ein Antrag nach § 1 Abs. 3 des Einkommensteuergesetzes gestellt wird.

§ 20 Steuern vom Einkommen und Vermögen der Körperschaften, Personenvereinigungen, Vermögensmassen. (1) Für die Besteuerung von Körperschaften, Personenvereinigungen und Vermögensmassen nach dem Einkommen und Vermögen ist das Finanzamt örtlich zuständig, in dessen Bezirk sich die Geschäftsleitung befindet.

(2) Befindet sich die Geschäftsleitung nicht im Geltungsbereich des Gesetzes oder lässt sich der Ort der Geschäftsleitung nicht feststellen, so ist das Finanzamt örtlich zuständig, in dessen Bezirk die Steuerpflichtige ihren Sitz hat.

(3) Ist weder die Geschäftsleitung noch der Sitz im Geltungsbereich des Gesetzes, so ist das Finanzamt örtlich zuständig, in dessen Bezirk sich Vermögen der Steuerpflichtigen und, wenn dies für mehrere Finanzämter zutrifft, das Finanzamt, in dessen Bezirk sich der wertvollste Teil des Vermögens befindet.

(4) Befindet sich weder die Geschäftsleitung noch der Sitz noch Vermögen der Steuerpflichtigen im Geltungsbereich des Gesetzes, so ist das Finanzamt örtlich zuständig, in dessen Bezirk die Tätigkeit im Geltungsbereich des Gesetzes vorwiegend ausgeübt oder verwertet wird oder worden ist.

§ 20a Steuern vom Einkommen bei Bauleistungen. (1) [1]Abweichend von §§ 19 und 20 ist für die Besteuerung von Unternehmen, die Bauleistungen im Sinne von § 48 Abs. 1 Satz 3[3] des Einkommensteuergesetzes erbringen, das Finanzamt zuständig, das für die Besteuerung der entsprechenden Umsätze nach § 21 Abs. 1 zuständig ist, wenn der Unternehmer seinen Wohnsitz oder das Unternehmen seine Geschäftsleitung oder seinen Sitz außerhalb des Geltungsbereiches des Gesetzes hat. [2]Das gilt auch abweichend von den §§ 38 bis 42f des Einkommensteuergesetzes beim Steuerabzug vom Arbeitslohn.

(2) [1]Für die Verwaltung der Lohnsteuer in den Fällen der Arbeitnehmerüberlassung durch ausländische Verleiher nach § 38 Abs. 1 Satz 1 Nr. 2 des Einkommensteuergesetzes ist das Finanzamt zuständig, das für die Besteuerung der entsprechenden Umsätze nach § 21 Abs. 1 zuständig ist. [2]Satz 1 gilt nur, wenn die überlassene Person im Baugewerbe eingesetzt ist.

(3) Für die Besteuerung von Personen, die von Unternehmen im Sinne des Absatzes 1 oder 2 im Inland beschäftigt werden, kann abweichend von § 19

---

[1] § 19 Abs. 6 angef. durch G v. 13.12.2006 (BGBl. I S. 2878), Abs. 6 Satz 1 Verweis auf Nr. 10 eingef., Satz 2 angef. mWv 1.1.2009 durch G v. 19.12.2008 (BGBl. I S. 2794).

[2] Siehe Einkommensteuer-Zuständigkeitsverordnung (EStZustV) vom 2.1.2009 (BGBl. I S. 3).

[3] Verweis geänd. durch G v. 9.12.2004 (BGBl. I S. 3310).

das Bundesministerium der Finanzen durch Rechtsverordnung mit Zustimmung des Bundesrates die örtliche Zuständigkeit einem Finanzamt für den Geltungsbereich des Gesetzes übertragen.

§ 21 Umsatzsteuer. (1)[1] [1]Für die Umsatzsteuer mit Ausnahme der Einfuhrumsatzsteuer ist das Finanzamt zuständig, von dessen Bezirk aus der Unternehmer sein Unternehmen im Geltungsbereich des Gesetzes ganz oder vorwiegend betreibt. [2]Das Bundesministerium der Finanzen kann zur Sicherstellung der Besteuerung durch Rechtsverordnung[2] mit Zustimmung des Bundesrates für Unternehmer, die Wohnsitz, Sitz oder Geschäftsleitung außerhalb des Geltungsbereiches dieses Gesetzes haben, die örtliche Zuständigkeit einer Finanzbehörde[2] für den Geltungsbereich des Gesetzes übertragen.

(2)[3] Für die Umsatzsteuer von Personen, die keine Unternehmer sind, ist das Finanzamt zuständig, das nach § 19 oder § 20 auch für die Besteuerung nach dem Einkommen zuständig ist; in den Fällen des § 180 Absatz 1 Satz 1 Nummer 2 Buchstabe a ist das Finanzamt für die Umsatzsteuer zuständig, das nach § 18 auch für die gesonderte Feststellung zuständig ist.

§ 22 Realsteuern. (1) [1]Für die Festsetzung und Zerlegung der Steuermessbeträge ist bei der Grundsteuer das Lagefinanzamt (§ 18 Abs. 1 Nr. 1) und bei der Gewerbesteuer das Betriebsfinanzamt (§ 18 Abs. 1 Nr. 2) örtlich zuständig. [2]Abweichend von Satz 1 ist für die Festsetzung und Zerlegung der Gewerbesteuermessbeträge bei Unternehmen, die Bauleistungen im Sinne von § 48 Abs. 1 Satz 3 des Einkommensteuergesetzes erbringen, das Finanzamt zuständig, das für die Besteuerung der entsprechenden Umsätze nach § 21 Abs. 1 zuständig ist, wenn der Unternehmer seinen Wohnsitz oder das Unternehmen seine Geschäftsleitung oder seinen Sitz außerhalb des Geltungsbereiches des Gesetzes hat.

(2) [1]Soweit die Festsetzung, Erhebung und Beitreibung von Realsteuern den Finanzämtern obliegt, ist dafür das Finanzamt örtlich zuständig, zu dessen Bezirk die hebeberechtigte Gemeinde gehört. [2]Gehört eine hebeberechtigte Gemeinde zu den Bezirken mehrerer Finanzämter, so ist von diesen Finanzämtern das Finanzamt örtlich zuständig, das nach Absatz 1 zuständig ist oder zuständig wäre, wenn im Geltungsbereich dieses Gesetzes nur die in der hebeberechtigten Gemeinde liegenden Teile des Betriebs, des Grundstücks oder des Betriebsgrundstücks vorhanden wären.

(3) Absatz 2 gilt sinngemäß, soweit einem Land nach Artikel 106 Abs. 6 Satz 3 des Grundgesetzes das Aufkommen der Realsteuern zusteht.

§ 22a[4] Zuständigkeit auf dem Festlandsockel oder an der ausschließlichen Wirtschaftszone. Die Zuständigkeit der Finanzbehörden der Länder

---

[1] § 21 Abs. 1 Satz 2 geänd. mWv 1.7.2003 durch G v. 16.5.2003 (BGBl. I S. 660).

[2] Siehe VO über die örtliche Zuständigkeit für die USt im Ausland ansässiger Unternehmer v. 20.12.2001 (BGBl. I S. 3794/3814) – Nr. **519**.

[3] § 21 Abs. 2 neu gef. mWv 1.1.2017 durch G v. 18.7.2016 (BGBl. I S. 1679); zur Anwendung s. auch Art. 97 § 1 Abs. 11 EGAO (Nr. **800a**).

[4] § 22a eingef. mWv 31.7.2014 durch G v. 25.7.2014 (BGBl. I S. 1266).

nach den §§ 18 bis 22 oder nach den Steuergesetzen im Bereich des der Bundesrepublik Deutschland zustehenden Anteils an dem Festlandsockel und an der ausschließlichen Wirtschaftszone richtet sich nach dem Äquidistanzprinzip.

§ 23 Einfuhr- und Ausfuhrabgaben und Verbrauchsteuern. (1) Für die Einfuhr- und Ausfuhrabgaben nach Artikel 5 Nummer 20 und 21 des Zollkodex der Union[1)] und Verbrauchsteuern ist das Hauptzollamt örtlich zuständig, in dessen Bezirk der Tatbestand verwirklicht wird, an den das Gesetz die Steuer knüpft.

(2) [1]Örtlich zuständig ist ferner das Hauptzollamt, von dessen Bezirk aus der Steuerpflichtige sein Unternehmen betreibt. [2]Wird das Unternehmen von einem nicht zum Geltungsbereich des Gesetzes gehörenden Ort aus betrieben, so ist das Hauptzollamt zuständig, in dessen Bezirk der Unternehmer seine Umsätze im Geltungsbereich des Gesetzes ganz oder vorwiegend bewirkt.

(3) Werden Einfuhr- und Ausfuhrabgaben nach Artikel 5 Nummer 20 und 21 des Zollkodex der Union[2)] und Verbrauchsteuern im Zusammenhang mit einer Steuerstraftat oder einer Steuerordnungswidrigkeit geschuldet, so ist auch das Hauptzollamt örtlich zuständig, das für die Strafsache oder die Bußgeldsache zuständig ist.

§ 24 Ersatzzuständigkeit. Ergibt sich die örtliche Zuständigkeit nicht aus anderen Vorschriften, so ist die Finanzbehörde zuständig, in deren Bezirk der Anlass für die Amtshandlung hervortritt.

§ 25 Mehrfache örtliche Zuständigkeit. [1]Sind mehrere Finanzbehörden zuständig, so entscheidet die Finanzbehörde, die zuerst mit der Sache befasst worden ist, es sei denn, die zuständigen Finanzbehörden einigen sich auf eine andere zuständige Finanzbehörde oder die gemeinsame fachlich zuständige Aufsichtsbehörde bestimmt, dass eine andere örtlich zuständige Finanzbehörde zu entscheiden hat. [2]Fehlt eine gemeinsame Aufsichtsbehörde, so treffen die fachlich zuständigen Aufsichtsbehörden die Entscheidung gemeinsam.

§ 26[2)·3)] Zuständigkeitswechsel. [1]Geht die örtliche Zuständigkeit durch eine Veränderung der sie begründenden Umstände von einer Finanzbehörde auf eine andere Finanzbehörde über, so tritt der Wechsel der Zuständigkeit in dem Zeitpunkt ein, in dem eine der beiden Finanzbehörden hiervon erfährt. [2]Die bisher zuständige Finanzbehörde kann ein Verwaltungsverfahren fortführen, wenn dies unter Wahrung der Interessen der Beteiligten der einfachen und zweckmäßigen Durchführung des Verfahrens dient und die nunmehr zuständige Finanzbehörde zustimmt. [3]Ein Zuständigkeitswechsel nach Satz 1 tritt solange nicht ein, wie

1. über einen Insolvenzantrag noch nicht entschieden wurde,
2. ein eröffnetes Insolvenzverfahren noch nicht aufgehoben wurde oder

---

[1)] Verweis geänd. mWv 1.5.2016 durch G v. 22.12.2014 (BGBl. I S. 2417).

[2)] Abweichend hiervon siehe Überleitungsregelungen aus Anlass der Herstellung der Einheit Deutschlands (Art. 97a § 1 EGAO – Nr. **800a**).

[3)] § 26 Satz 3 angef. mWv 29.12.2007 durch G v. 20.12.2007 (BGBl. I S. 3150).

3. sich eine Personengesellschaft oder eine juristische Person in Liquidation befindet.

§ 27[1] Zuständigkeitsvereinbarung. [1]Im Einvernehmen mit der Finanzbehörde, die nach den Vorschriften der Steuergesetze örtlich zuständig ist, kann eine andere Finanzbehörde die Besteuerung übernehmen, wenn die betroffene Person zustimmt. [2]Eine der Finanzbehörden nach Satz 1 kann die betroffene Person auffordern, innerhalb einer angemessenen Frist die Zustimmung zu erklären. [3]Die Zustimmung gilt als erteilt, wenn die betroffene Person nicht innerhalb dieser Frist widerspricht. [4]Die betroffene Person ist auf die Wirkung ihres[2] Schweigens ausdrücklich hinzuweisen.

§ 28 Zuständigkeitsstreit. (1) [1]Die gemeinsame fachlich zuständige Aufsichtsbehörde entscheidet über die örtliche Zuständigkeit, wenn sich mehrere Finanzbehörden für zuständig oder für unzuständig halten oder wenn die Zuständigkeit aus anderen Gründen zweifelhaft ist. [2]§ 25 Satz 2 gilt entsprechend.

(2) § 5 Abs. 1 Nr. 7 des Gesetzes über die Finanzverwaltung[3] bleibt unberührt.

§ 29 Gefahr im Verzug. [1]Bei Gefahr im Verzug ist für unaufschiebbare Maßnahmen jede Finanzbehörde örtlich zuständig, in deren Bezirk der Anlass für die Amtshandlung hervortritt. [2]Die sonst örtlich zuständige Behörde ist unverzüglich zu unterrichten.

§ 29a[4] Unterstützung des örtlich zuständigen Finanzamts auf Anweisung der vorgesetzten Finanzbehörde. [1]Die oberste Landesfinanzbehörde oder die von ihr beauftragte Landesfinanzbehörde kann zur Gewährleistung eines zeitnahen und gleichmäßigen Vollzugs der Steuergesetze anordnen, dass das örtlich zuständige Finanzamt ganz oder teilweise bei der Erfüllung seiner Aufgaben in Besteuerungsverfahren durch ein anderes Finanzamt unterstützt wird. [2]Das unterstützende Finanzamt handelt im Namen des örtlich zuständigen Finanzamts; das Verwaltungshandeln des unterstützenden Finanzamts ist dem örtlich zuständigen Finanzamt zuzurechnen.

Vierter Abschnitt: Verarbeitung geschützter Daten und Steuergeheimnis[5]

§ 29b[6] Verarbeitung personenbezogener Daten durch Finanzbehörden. (1) Die Verarbeitung personenbezogener Daten durch eine Finanzbe-

---

[1] § 27 Sätze 2 bis 4 angef. mWv 1.1.2004 durch G v. 15.12.2003 (BGBl. I S. 2645); Sätze 1 bis 4 geänd. mWv 26.11.2019 durch G v. 20.11.2019 (BGBl. I S. 1626).

[2] Berichtigt durch G v. 21.12.2020 (BGBl. I S. 3096).

[3] Nr. **803**.

[4] § 29a eingef. mWv 23.7.2016 durch G v. 18.7.2016 (BGBl. I S. 1679); zur Anwendung s. auch Art. 97 § 1 Abs. 11 EGAO (Nr. **800a**).

[5] Überschr. geänd. mWv 25.5.2018 durch G v. 17.7.2017 (BGBl. I S. 2541).

[6] § 29b eingef. mWv 25.5.2018 durch G v. 17.7.2017 (BGBl. I S. 2541).

hörde ist zulässig, wenn sie zur Erfüllung der ihr obliegenden Aufgabe oder in Ausübung öffentlicher Gewalt, die ihr übertragen wurde, erforderlich ist.

(2) [1]Abweichend von Artikel 9 Absatz 1 der Verordnung (EU) 2016/679 ist die Verarbeitung besonderer Kategorien personenbezogener Daten im Sinne des Artikels 9 Absatz 1 der Verordnung (EU) 2016/679 durch eine Finanzbehörde zulässig, soweit die Verarbeitung aus Gründen eines erheblichen öffentlichen Interesses erforderlich ist und soweit die Interessen des Verantwortlichen an der Datenverarbeitung die Interessen der betroffenen Person überwiegen. [2]Die Finanzbehörde hat in diesem Fall angemessene und spezifische Maßnahmen zur Wahrung der Interessen der betroffenen Person vorzusehen; § 22 Absatz 2 Satz 2 des Bundesdatenschutzgesetzes ist entsprechend anzuwenden.

§ 29c[1)] Verarbeitung personenbezogener Daten durch Finanzbehörden zu anderen Zwecken. (1) [1]Die Verarbeitung personenbezogener Daten zu einem anderen Zweck als zu demjenigen, zu dem die Daten von einer Finanzbehörde erhoben oder erfasst wurden (Weiterverarbeitung), durch Finanzbehörden im Rahmen ihrer Aufgabenerfüllung ist zulässig, wenn

1. sie einem Verwaltungsverfahren, einem Rechnungsprüfungsverfahren oder einem gerichtlichen Verfahren in Steuersachen, einem Strafverfahren wegen einer Steuerstraftat oder einem Bußgeldverfahren wegen einer Steuerordnungswidrigkeit dient,
2. die gesetzlichen Voraussetzungen vorliegen, die nach § 30 Absatz 4 oder 5 eine Offenbarung der Daten zulassen würden, oder zu prüfen ist, ob diese Voraussetzungen vorliegen,
3. offensichtlich ist, dass die Weiterverarbeitung im Interesse der betroffenen Person liegt und kein Grund zu der Annahme besteht, dass sie in Kenntnis des anderen Zwecks ihre Einwilligung verweigern würde,
4. sie für die Entwicklung, Überprüfung oder Änderung automatisierter Verfahren der Finanzbehörden erforderlich ist, weil
   a) unveränderte Daten benötigt werden oder
   b) eine Anonymisierung oder Pseudonymisierung der Daten nicht oder nur mit unverhältnismäßigem Aufwand möglich ist.

   [2]Die Nutzung personenbezogener Daten ist dabei insbesondere erforderlich, wenn personenbezogene Daten aus mehreren verschiedenen Dateisystemen eindeutig miteinander verknüpft werden sollen und die Schaffung geeigneter Testfälle nicht oder nur mit unverhältnismäßigem Aufwand möglich ist,
5. sie für die Gesetzesfolgenabschätzung erforderlich ist, weil
   a) unveränderte Daten benötigt werden oder
   b) eine Anonymisierung oder Pseudonymisierung der Daten nicht oder nur mit unverhältnismäßigem Aufwand möglich ist,

   oder

---

1) § 29c eingef. mWv 25.5.2018 durch G v. 17.7.2017 (BGBl. I S. 2541).

6. sie für die Wahrnehmung von Aufsichts-, Steuerungs- und Disziplinarbefugnissen der Finanzbehörde erforderlich ist. [2]Das gilt auch für die Veränderung oder Nutzung personenbezogener Daten zu Ausbildungs- und Prüfungszwecken durch die Finanzbehörde, soweit nicht überwiegende schutzwürdige Interessen der betroffenen Person entgegenstehen.

[2]In den Fällen von Satz 1 Nummer 4 dürfen die Daten ausschließlich für Zwecke der Entwicklung, Überprüfung oder Änderung automatisierter Verfahren verarbeitet werden und müssen innerhalb eines Jahres nach Beendigung dieser Maßnahmen gelöscht werden. [3]In den Fällen von Satz 1 Nummer 6 dürfen die Daten nur durch Personen verarbeitet werden, die nach § 30 zur Wahrung des Steuergeheimnisses verpflichtet sind.

(2) Die Weiterverarbeitung besonderer Kategorien personenbezogener Daten im Sinne des Artikels 9 Absatz 1 der Verordnung (EU) 2016/679 ist zulässig, wenn die Voraussetzungen des Absatzes 1 und ein Ausnahmetatbestand nach Artikel 9 Absatz 2 der Verordnung (EU) 2016/679 oder nach § 29b Absatz 2 vorliegen.

§ 30 Steuergeheimnis. (1) Amtsträger haben das Steuergeheimnis zu wahren.

(2)[1] Ein Amtsträger verletzt das Steuergeheimnis, wenn er

1. personenbezogene Daten eines anderen, die ihm
   a) in einem Verwaltungsverfahren, einem Rechnungsprüfungsverfahren oder einem gerichtlichen Verfahren in Steuersachen,
   b) in einem Strafverfahren wegen einer Steuerstraftat oder einem Bußgeldverfahren wegen einer Steuerordnungswidrigkeit,
   c) im Rahmen einer Weiterverarbeitung nach § 29c Absatz 1 Satz 1 Nummer 4, 5 oder 6 oder aus anderem dienstlichen Anlass, insbesondere durch Mitteilung einer Finanzbehörde oder durch die gesetzlich vorgeschriebene Vorlage eines Steuerbescheids oder einer Bescheinigung über die bei der Besteuerung getroffenen Feststellungen,

   bekannt geworden sind, oder
2. ein fremdes Betriebs- oder Geschäftsgeheimnis, das ihm in einem der in Nummer 1 genannten Verfahren bekannt geworden ist,

(geschützte Daten) unbefugt offenbart oder verwertet oder

3. geschützte Daten im automatisierten Verfahren unbefugt abruft, wenn sie für eines der in Nummer 1 genannten Verfahren in einem automationsgestützten Dateisystem gespeichert sind.

(3) Den Amtsträgern stehen gleich

1. die für den öffentlichen Dienst besonders Verpflichteten (§ 11 Abs. 1 Nr. 4 des Strafgesetzbuchs),

---

[1] § 30 Abs. 2 neu gef. mWv 25.5.2018 durch G v. 17.7.2017 (BGBl. I S. 2541); Abs. 2 Nr. 1 Buchst. c neu gef. durch G v. 12.12.2019 (BGBl. I S. 2451); zur Anwendung siehe Art. 97 § 1 Abs. 13 EGAO (Nr. **800a**).

1a. die in § 193 Abs. 2 des Gerichtsverfassungsgesetzes genannten Personen,
2. amtlich zugezogene Sachverständige,
3. die Träger von Ämtern der Kirchen und anderen Religionsgemeinschaften, die Körperschaften des öffentlichen Rechts sind.

(4)[1] Die Offenbarung oder Verwertung geschützter Daten ist zulässig, soweit

1. sie der Durchführung eines Verfahrens im Sinne des Absatzes 2 Nr. 1 Buchstaben a und b dient,
1a. sie einer Verarbeitung durch Finanzbehörden nach Maßgabe des § 29c Absatz 1 Satz 1 Nummer 4 oder 6 dient,
1b. sie der Durchführung eines Bußgeldverfahrens nach Artikel 83 der Verordnung (EU) 2016/679 im Anwendungsbereich dieses Gesetzes dient,
2. sie durch Bundesgesetz ausdrücklich zugelassen ist,
2a. sie durch Recht der Europäischen Union vorgeschrieben oder zugelassen ist,
2b. sie der Erfüllung der gesetzlichen Aufgaben des Statistischen Bundesamtes oder für die Erfüllung von Bundesgesetzen durch die Statistischen Landesämter dient,
2c. sie der Gesetzesfolgenabschätzung dient und die Voraussetzungen für eine Weiterverarbeitung nach § 29c Absatz 1 Satz 1 Nummer 5 vorliegen,
3. die betroffene Person zustimmt,
4.[2] sie der Durchführung eines Strafverfahrens wegen einer Tat dient, die keine Steuerstraftat ist, und die Kenntnisse
   a) in einem Verfahren wegen einer Steuerstraftat oder Steuerordnungswidrigkeit erlangt worden sind; dies gilt jedoch nicht für solche Tatsachen, die der Steuerpflichtige in Unkenntnis der Einleitung des Strafverfahrens oder des Bußgeldverfahrens offenbart hat oder die bereits vor Einleitung des Strafverfahrens oder des Bußgeldverfahrens im Besteuerungsverfahren bekannt geworden sind, oder
   b) ohne Bestehen einer steuerlichen Verpflichtung oder unter Verzicht auf ein Auskunftsverweigerungsrecht erlangt worden sind,
5. für sie ein zwingendes öffentliches Interesse besteht; ein zwingendes öffentliches Interesse ist namentlich gegeben, wenn
   a) die Offenbarung erforderlich ist zur Abwehr erheblicher Nachteile für das Gemeinwohl oder einer Gefahr für die öffentliche Sicherheit, die Verteidigung oder die nationale Sicherheit oder zur Verhütung oder Verfolgung von Verbrechen und vorsätzlichen schweren Vergehen gegen Leib und Leben oder gegen den Staat und seine Einrichtungen,

---

[1] § 30 Abs. 4 Satzteil vor Nr. 1 geänd., Nrn. 1a und 1b eingef., Nr. 2 geänd., Nrn. 2a bis 2c eingef., Nr. 5 Buchst. a neu gef. mWv 25.5.2018 durch G v. 17.7.2017 (BGBl. I S. 2541); Nr. 3 geänd. mWv 26.11.2019 durch G v. 20.11.2019 (BGBl. I S. 1626); Nr. 2b geänd. durch G v. 12.12.2019 (BGBl. I S. 2451); zur Anwendung siehe Art. 97 § 1 Abs. 13 EGAO (Nr. **800a**).

[2] Siehe hierzu § 4 Abs. 5 Nr. 10 Satz 3 EStG (Nr. **1**).

b) Wirtschaftsstraftaten verfolgt werden oder verfolgt werden sollen, die nach ihrer Begehungsweise oder wegen des Umfangs des durch sie verursachten Schadens geeignet sind, die wirtschaftliche Ordnung erheblich zu stören oder das Vertrauen der Allgemeinheit auf die Redlichkeit des geschäftlichen Verkehrs oder auf die ordnungsgemäße Arbeit der Behörden und der öffentlichen Einrichtungen erheblich zu erschüttern, oder

c) die Offenbarung erforderlich ist zur Richtigstellung in der Öffentlichkeit verbreiteter unwahrer Tatsachen, die geeignet sind, das Vertrauen in die Verwaltung erheblich zu erschüttern; die Entscheidung trifft die zuständige oberste Finanzbehörde im Einvernehmen mit dem Bundesministerium der Finanzen; vor der Richtigstellung soll der Steuerpflichtige gehört werden.

(5)[1] Vorsätzlich falsche Angaben der betroffenen Person dürfen den Strafverfolgungsbehörden gegenüber offenbart werden.

(6)[2] [1]Der Abruf geschützter Daten, die für eines der in Absatz 2 Nummer 1 genannten Verfahren in einem automationsgestützten Dateisystem gespeichert sind, ist nur zulässig, soweit er der Durchführung eines Verfahrens im Sinne des Absatzes 2 Nummer 1 Buchstabe a und b oder der zulässigen Übermittlung geschützter Daten durch eine Finanzbehörde an die betroffene Person oder Dritte dient. [2]Zur Wahrung des Steuergeheimnisses kann das Bundesministerium der Finanzen durch Rechtsverordnung mit Zustimmung des Bundesrates bestimmen, welche technischen und organisatorischen Maßnahmen gegen den unbefugten Abruf von Daten zu treffen sind. [3]Insbesondere kann es nähere Regelungen treffen über die Art der Daten, deren Abruf zulässig ist, sowie über den Kreis der Amtsträger, die zum Abruf solcher Daten berechtigt sind. [4]Die Rechtsverordnung bedarf nicht der Zustimmung des Bundesrates, soweit sie die Kraftfahrzeugsteuer, die Luftverkehrsteuer, die Versicherungsteuer sowie Einfuhr- und Ausfuhrabgaben und Verbrauchsteuern, mit Ausnahme der Biersteuer, betrifft.

(7)[3] Werden dem Steuergeheimnis unterliegende Daten durch einen Amtsträger oder diesem nach Absatz 3 gleichgestellte Personen nach Maßgabe des § 87a Absatz 4 oder 7 über De-Mail-Dienste im Sinne des § 1 des De-Mail-Gesetzes versendet, liegt keine unbefugte Offenbarung, Verwertung und kein unbefugter Abruf von dem Steuergeheimnis unterliegenden Daten vor, wenn beim Versenden eine kurzzeitige automatisierte Entschlüsselung durch den akkreditierten Diensteanbieter zum Zweck der Überprüfung auf Schadsoftware und zum Zweck der Weiterleitung an den Adressaten der De-Mail-Nachricht stattfindet.

(8)[4] Die Einrichtung eines automatisierten Verfahrens, das den Abgleich geschützter Daten innerhalb einer Finanzbehörde oder zwischen verschiede-

---

[1] § 30 Abs. 5 geänd. mWv 26.11.2019 durch G v. 20.11.2019 (BGBl. I S. 1626).

[2] § 30 Abs. 6 Satz 4 neu gef. mWv 30.6.2013 durch G v. 26.6.2013 (BGBl. I S. 1809); Satz 1 neu gef. mWv 25.5.2018 durch G v. 17.7.2017 (BGBl. I S. 2541).

[3] § 30 Abs. 7 angef. mWv 1.8.2013 durch G v. 25.7.2013 (BGBl. I S. 2749); Satz 1 Verweis geänd. mWv 25.5.2018 durch G v. 17.7.2017 (BGBl. I S. 2541).

[4] § 30 Abs. 8 angef. mWv 25.5.2018 durch G v. 17.7.2017 (BGBl. I S. 2541).

nen Finanzbehörden ermöglicht, ist zulässig, soweit die Weiterverarbeitung oder Offenbarung dieser Daten zulässig und dieses Verfahren unter Berücksichtigung der schutzwürdigen Interessen der betroffenen Person und der Aufgaben der beteiligten Finanzbehörden angemessen ist.

(9)[1] Die Finanzbehörden dürfen sich bei der Verarbeitung geschützter Daten nur dann eines Auftragsverarbeiters im Sinne von Artikel 4 Nummer 8 der Verordnung (EU) 2016/679 bedienen, wenn diese Daten ausschließlich durch Personen verarbeitet werden, die zur Wahrung des Steuergeheimnisses verpflichtet sind.

(10)[1]·[2] Die Offenbarung besonderer Kategorien personenbezogener Daten im Sinne des Artikels 9 Absatz 1 der Verordnung (EU) 2016/679 durch Finanzbehörden an öffentliche oder nicht-öffentliche Stellen ist zulässig, wenn die Voraussetzungen der Absätze 4 oder 5 und ein Ausnahmetatbestand nach Artikel 9 Absatz 2 der Verordnung (EU) 2016/679 oder nach § 31c vorliegen.

(11)[1] [1]Wurden geschützte Daten

1. einer Person, die nicht zur Wahrung des Steuergeheimnisses verpflichtet ist,
2. einer öffentlichen Stelle, die keine Finanzbehörde ist, oder
3. einer nicht-öffentlichen Stelle

nach den Absätzen 4 oder 5 offenbart, darf der Empfänger diese Daten nur zu dem Zweck speichern, verändern, nutzen oder übermitteln, zu dem sie ihm offenbart worden sind. [2]Die Pflicht eines Amtsträgers oder einer ihm nach Absatz 3 gleichgestellten Person, dem oder der die geschützten Daten durch die Offenbarung bekannt geworden sind, zur Wahrung des Steuergeheimnisses bleibt unberührt.

§ 30a[3] *(aufgehoben)*

§ 31[4] **Mitteilung von Besteuerungsgrundlagen.** (1) [1]Die Finanzbehörden sind verpflichtet, Besteuerungsgrundlagen, Steuermessbeträge und Steuerbeträge an Körperschaften des öffentlichen Rechts einschließlich der Religionsgemeinschaften, die Körperschaften des öffentlichen Rechts sind, zur Festsetzung von solchen Abgaben mitzuteilen, die an diese Besteuerungsgrundlagen, Steuermessbeträge oder Steuerbeträge anknüpfen. [2]Die Mitteilungspflicht besteht nicht, soweit deren Erfüllung mit einem unverhältnismäßigen Aufwand verbunden wäre. [3]Die Finanzbehörden dürfen Körperschaften des öffentlichen Rechts auf Ersuchen Namen und Anschriften ihrer Mitglieder, die dem Grunde nach zur Entrichtung von Abgaben im Sinne des Satzes 1 verpflichtet sind, sowie die von der Finanzbehörde für die Körperschaft festgesetzten Abgaben übermitteln, soweit die Kenntnis dieser Daten zur Er-

---

[1] § 30 Abs. 9 bis 11 angef. mWv 25.5.2018 durch G v. 17.7.2017 (BGBl. I S. 2541).

[2] § 30 Abs. 10 ber. durch G v. 20.11.2019 (BGBl. I S. 1626).

[3] § 30a aufgeh. mWv 25.6.2017 durch G v. 23.6.2017 (BGBl. I S. 1682); zur Anwendung siehe Art. 97 § 1 Abs. 12 Satz 2 EGAO (Nr. **800a**).

[4] § 31 Abs. 1 Satz 3 angef. mWv 16.12.2004 durch G v. 9.12.2004 (BGBl. I S. 3310); Abs. 1 Satz 3, Abs. 2 Satz 1 und Abs. 3 geänd. mWv 26.11.2019 durch G v. 20.11.2019 (BGBl. I S. 1626).

füllung von in der Zuständigkeit der Körperschaft liegenden öffentlichen Aufgaben erforderlich ist und überwiegende schutzwürdige Interessen der betroffenen Person nicht entgegenstehen.

(2)[1] [1]Die Finanzbehörden sind verpflichtet, die nach § 30 Absatz 2 Nummer 1 geschützten personenbezogenen Daten der betroffenen Person den Trägern der gesetzlichen Sozialversicherung, der Bundesagentur[2] für Arbeit und der Künstlersozialkasse mitzuteilen, soweit die Kenntnis dieser Daten[3] für die Feststellung der Versicherungspflicht oder die Festsetzung von Beiträgen einschließlich der Künstlersozialabgabe erforderlich ist oder die betroffene Person einen Antrag auf Mitteilung stellt. [2]Die Mitteilungspflicht besteht nicht, soweit deren Erfüllung mit einem unverhältnismäßigen Aufwand verbunden wäre.

(3) Die für die Verwaltung der Grundsteuer zuständigen Behörden sind berechtigt, die nach § 30 geschützten Namen und Anschriften von Grundstückseigentümern, die bei der Verwaltung der Grundsteuer bekannt geworden sind, zur Verwaltung anderer Abgaben sowie zur Erfüllung sonstiger öffentlicher Aufgaben zu verwenden oder den hierfür zuständigen Gerichten, Behörden oder juristischen Personen des öffentlichen Rechts auf Ersuchen mitzuteilen, soweit nicht überwiegende schutzwürdige Interessen der betroffenen Person entgegenstehen.

§ 31a[4] Mitteilungen zur Bekämpfung der illegalen Beschäftigung und des Leistungsmissbrauchs. (1) Die Offenbarung der nach § 30 geschützten Daten[3] der betroffenen Person ist zulässig, soweit sie

1. für die Durchführung eines Strafverfahrens, eines Bußgeldverfahrens oder eines anderen gerichtlichen oder Verwaltungsverfahrens mit dem Ziel
   a) der Bekämpfung von illegaler Beschäftigung oder Schwarzarbeit oder
   b) der Entscheidung
      aa) über Erteilung, Rücknahme oder Widerruf einer Erlaubnis nach dem Arbeitnehmerüberlassungsgesetz oder
      bb) über Bewilligung, Gewährung, Rückforderung, Erstattung, Weitergewährung oder Belassen einer Leistung aus öffentlichen Mitteln

   oder
2. für die Geltendmachung eines Anspruchs auf Rückgewähr einer Leistung aus öffentlichen Mitteln

erforderlich ist.

(2) [1]Die Finanzbehörden sind in den Fällen des Absatzes 1 verpflichtet, der zuständigen Stelle die jeweils benötigten Tatsachen mitzuteilen. [2]In den Fällen des Absatzes 1 Nr. 1 Buchstabe b und Nr. 2 erfolgt die Mitteilung auch auf Antrag der betroffenen Person. [3]Die Mitteilungspflicht nach den Sätzen 1 und

---

[1] § 31 Abs. 2 Satz 1 geänd. mWv 29.12.2020 durch G v. 21.12.2020 (BGBl. I S. 3096).
[2] Bezeichnung geänd. durch G v. 23.12.2003 (BGBl. I S. 2848).
[3] Bezeichnung geänd. mWv 25.5.2018 durch G v. 17.7.2017 (BGBl. I S. 2541).
[4] § 31a Abs. 1, Abs. 2 Satz 2 geänd. mWv 26.11.2019 durch G v. 20.11.2019 (BGBl. I S. 1626).

2 besteht nicht, soweit deren Erfüllung mit einem unverhältnismäßigen Aufwand verbunden wäre.

§ 31b[1] **Mitteilungen zur Bekämpfung der Geldwäsche und der Terrorismusfinanzierung.** (1) Die Offenbarung der nach § 30 geschützten Daten[2] der betroffenen Person an die jeweils zuständige Stelle ist auch ohne Ersuchen zulässig, soweit sie einem der folgenden Zwecke dient:

1. der Durchführung eines Strafverfahrens wegen Geldwäsche oder Terrorismusfinanzierung nach § 1 Absatz 1 und 2 des Geldwäschegesetzes,
2. der Verhinderung, Aufdeckung und Bekämpfung von Geldwäsche oder Terrorismusfinanzierung nach § 1 Absatz 1 und 2 des Geldwäschegesetzes,
3. der Durchführung eines Bußgeldverfahrens nach § 56 des Geldwäschegesetzes gegen Verpflichtete nach § 2 Absatz 1 Nummer 13 bis 16 des Geldwäschegesetzes,
4. dem Treffen von Maßnahmen und Anordnungen nach § 51 Absatz 2 des Geldwäschegesetzes gegenüber Verpflichteten nach § 2 Absatz 1 Nummer 13 bis 16 des Geldwäschegesetzes oder
5. der Wahrnehmung von Aufgaben nach § 28 Absatz 1 des Geldwäschegesetzes durch die Zentralstelle für Finanztransaktionsuntersuchungen.

(2) [1]Die Finanzbehörden haben der Zentralstelle für Finanztransaktionsuntersuchungen unverzüglich Sachverhalte unabhängig von deren Höhe mitzuteilen, wenn Tatsachen vorliegen, die darauf hindeuten, dass

1. es sich bei Vermögensgegenständen, die mit dem mitzuteilenden Sachverhalt im Zusammenhang stehen, um den Gegenstand einer Straftat nach § 261 des Strafgesetzbuchs handelt oder
2. die Vermögensgegenstände im Zusammenhang mit Terrorismusfinanzierung stehen.

[2]Mitteilungen an die Zentralstelle für Finanztransaktionsuntersuchungen sind durch elektronische Datenübermittlung zu erstatten; hierbei ist ein sicheres Verfahren zu verwenden, das die Vertraulichkeit und Integrität des Datensatzes gewährleistet. [3]Im Fall einer Störung der Datenübertragung ist ausnahmsweise eine Mitteilung auf dem Postweg möglich. [4]§ 45 Absatz 3 und 4 des Geldwäschegesetzes gilt entsprechend.

(3) Die Finanzbehörden haben der zuständigen Verwaltungsbehörde unverzüglich solche Tatsachen mitzuteilen, die darauf schließen lassen, dass

1. ein Verpflichteter nach § 2 Absatz 1 Nummer 13 bis 16 des Geldwäschegesetzes eine Ordnungswidrigkeit nach § 56 des Geldwäschegesetzes begangen hat oder begeht oder

---

[1] § 31b neu gef. mWv 26.6.2017 durch G v. 23.6.2017 (BGBl. I S. 1822); Abs. 1 einl. Satzteil geänd. mWv 26.11.2019 durch G v. 20.11.2019 (BGBl. I S. 1626).

[2] Bezeichnung geänd. mWv 25.5.2018 durch G v. 17.7.2017 (BGBl. I S. 2541).

2. die Voraussetzungen für das Treffen von Maßnahmen und Anordnungen nach § 51 Absatz 2 des Geldwäschegesetzes gegenüber Verpflichteten nach § 2 Absatz 1 Nummer 13 bis 16 des Geldwäschegesetzes gegeben sind.

(4) § 47 Absatz 3 des Geldwäschegesetzes gilt entsprechend.

§ 31c[1)] Verarbeitung besonderer Kategorien personenbezogener Daten durch Finanzbehörden zu statistischen Zwecken. (1) [1]Abweichend von Artikel 9 Absatz 1 der Verordnung (EU) 2016/679 ist die Verarbeitung besonderer Kategorien personenbezogener Daten im Sinne des Artikels 9 Absatz 1 der Verordnung (EU) 2016/679 durch Finanzbehörden auch ohne Einwilligung der betroffenen Person für statistische Zwecke zulässig, wenn die Verarbeitung zu diesen Zwecken erforderlich ist und die Interessen des Verantwortlichen an der Verarbeitung die Interessen der betroffenen Person an einem Ausschluss der Verarbeitung erheblich überwiegen. [2]Der Verantwortliche sieht angemessene und spezifische Maßnahmen zur Wahrung der Interessen der betroffenen Person vor; § 22 Absatz 2 Satz 2 des Bundesdatenschutzgesetzes gilt entsprechend.

(2) Die in den Artikeln 15, 16, 18 und 21 der Verordnung (EU) 2016/679 vorgesehenen Rechte der betroffenen Person sind insoweit beschränkt, als diese Rechte voraussichtlich die Verwirklichung der Statistikzwecke unmöglich machen oder ernsthaft beeinträchtigen und die Beschränkung für die Erfüllung der Statistikzwecke notwendig ist.

(3) [1]Ergänzend zu den in § 22 Absatz 2 Satz 2 des Bundesdatenschutzgesetzes genannten Maßnahmen sind zu statistischen Zwecken verarbeitete besondere Kategorien personenbezogener Daten im Sinne des Artikels 9 Absatz 1 der Verordnung (EU) 2016/679 zu pseudonymisieren oder anonymisieren, sobald dies nach dem Statistikzweck möglich ist, es sei denn, berechtigte Interessen der betroffenen Person stehen dem entgegen. [2]Bis dahin sind die Merkmale gesondert zu speichern, mit denen Einzelangaben über persönliche oder sachliche Verhältnisse einer bestimmten oder bestimmbaren Person zugeordnet werden können. [3]Sie dürfen mit den Einzelangaben nur zusammengeführt werden, soweit der Statistikzweck dies erfordert.

Fünfter Abschnitt: Haftungsbeschränkung für Amtsträger

§ 32 Haftungsbeschränkung für Amtsträger. Wird infolge der Amts- oder Dienstpflichtverletzung eines Amtsträgers

1. eine Steuer oder eine steuerliche Nebenleistung nicht, zu niedrig oder zu spät festgesetzt, erhoben oder beigetrieben oder
2. eine Steuererstattung oder Steuervergütung zu Unrecht gewährt oder
3. eine Besteuerungsgrundlage oder eine Steuerbeteiligung nicht, zu niedrig oder zu spät festgesetzt,

---

1) § 31c eingef. mWv 25.5.2018 durch G v. 17.7.2017 (BGBl. I S. 2541).

so kann er nur in Anspruch genommen werden, wenn die Amts- oder Dienstpflichtverletzung mit einer Strafe bedroht ist.

Sechster Abschnitt: Rechte der betroffenen Person[1)]

§ 32a Informationspflicht der Finanzbehörde bei Erhebung personenbezogener Daten bei betroffenen Personen. (1) Die Pflicht der Finanzbehörde zur Information der betroffenen Person gemäß Artikel 13 Absatz 3 der Verordnung (EU) 2016/679 besteht ergänzend zu der in Artikel 13 Absatz 4 der Verordnung (EU) 2016/679 genannten Ausnahme dann nicht, wenn die Erteilung der Information über die beabsichtigte Weiterverarbeitung oder Offenbarung

1. die ordnungsgemäße Erfüllung der in der Zuständigkeit der Finanzbehörden liegenden Aufgaben im Sinne des Artikels 23 Absatz 1 Buchstabe d bis h der Verordnung (EU) 2016/679 gefährden würde und die Interessen der Finanzbehörden an der Nichterteilung der Information die Interessen der betroffenen Person überwiegen,
2. die öffentliche Sicherheit oder Ordnung gefährden oder sonst dem Wohl des Bundes oder eines Landes Nachteile bereiten würde und die Interessen der Finanzbehörde an der Nichterteilung der Information die Interessen der betroffenen Person überwiegen,
3. den Rechtsträger der Finanzbehörde in der Geltendmachung, Ausübung oder Verteidigung zivilrechtlicher Ansprüche oder in der der Verteidigung gegen ihn geltend gemachter zivilrechtlicher Ansprüche im Sinne des Artikels 23 Absatz 1 Buchstabe j der Verordnung (EU) 2016/679 beeinträchtigen würde und die Finanzbehörde nach dem Zivilrecht nicht zur Information verpflichtet ist, oder
4. eine vertrauliche Offenbarung geschützter Daten gegenüber öffentlichen Stellen gefährden würde.

(2)[2)] Die ordnungsgemäße Erfüllung der in der Zuständigkeit der Finanzbehörden liegenden Aufgaben im Sinne des Artikels 23 Absatz 1 Buchstabe d bis h der Verordnung (EU) 2016/679 wird insbesondere gefährdet, wenn die Erteilung der Information

1. die betroffene Person oder Dritte in die Lage versetzen könnte,
   a) steuerlich bedeutsame Sachverhalte zu verschleiern,
   b) steuerlich bedeutsame Spuren zu verwischen oder
   c) Art und Umfang der Erfüllung steuerlicher Mitwirkungspflichten auf den Kenntnisstand der Finanzbehörden einzustellen,

oder

2. Rückschlüsse auf die Ausgestaltung automationsgestützter Risikomanagementsysteme oder geplante Kontroll- oder Prüfungsmaßnahmen zulassen

---

1) Sechster Abschnitt (§§ 32a bis 32f) eingef. mWv 25.5.2018 durch G v. 17.7.2017 (BGBl. I S. 2541).

2) § 32a Abs. 2 Nr. 1 einl. Satzteil geänd. mWv 26.11.2019 durch G v. 20.11.2019 (BGBl. I S. 1626).

und damit die Aufdeckung steuerlich bedeutsamer Sachverhalte wesentlich erschwert würde.

(3) Unterbleibt eine Information der betroffenen Person nach Maßgabe von Absatz 1, ergreift die Finanzbehörde geeignete Maßnahmen zum Schutz der berechtigten Interessen der betroffenen Person.

(4) Unterbleibt die Benachrichtigung in den Fällen des Absatzes 1 wegen eines vorübergehenden Hinderungsgrundes, kommt die Finanzbehörde der Informationspflicht unter Berücksichtigung der spezifischen Umstände der Verarbeitung innerhalb einer angemessenen Frist nach Fortfall des Hinderungsgrundes, spätestens jedoch innerhalb von zwei Wochen, nach.

(5) Bezieht sich die Informationserteilung auf die Übermittlung personenbezogener Daten durch Finanzbehörden an Verfassungsschutzbehörden, den Bundesnachrichtendienst, den Militärischen Abschirmdienst und, soweit die Sicherheit des Bundes berührt wird, andere Behörden des Bundesministeriums der Verteidigung, ist sie nur mit Zustimmung dieser Stellen zulässig.

§ 32b Informationspflicht der Finanzbehörde, wenn personenbezogene Daten nicht bei der betroffenen Person erhoben wurden.

(1) [1]Die Pflicht der Finanzbehörde zur Information der betroffenen Person gemäß Artikel 14 Absatz 1, 2 und 4 der Verordnung (EU) 2016/679 besteht ergänzend zu den in Artikel 14 Absatz 5 der Verordnung (EU) 2016/679 und § 31c Absatz 2 genannten Ausnahmen nicht,

1. soweit die Erteilung der Information
   a) die ordnungsgemäße Erfüllung der in der Zuständigkeit der Finanzbehörden oder anderer öffentlicher Stellen liegenden Aufgaben im Sinne des Artikel 23 Absatz 1 Buchstabe d bis h der Verordnung (EU) 2016/679 gefährden würde oder
   b) die öffentliche Sicherheit oder Ordnung gefährden oder sonst dem Wohl des Bundes oder eines Landes Nachteile bereiten würde

oder

2. wenn die Daten, ihre Herkunft, ihre Empfänger oder die Tatsache ihrer Verarbeitung nach § 30 oder einer anderen Rechtsvorschrift oder ihrem Wesen nach, insbesondere wegen überwiegender berechtigter Interessen eines Dritten im Sinne des Artikel 23 Absatz 1 Buchstabe i der Verordnung (EU) 2016/679, geheim gehalten werden müssen

und deswegen das Interesse der betroffenen Person an der Informationserteilung zurücktreten muss. [2]§ 32a Absatz 2 gilt entsprechend.

(2) Bezieht sich die Informationserteilung auf die Übermittlung personenbezogener Daten durch Finanzbehörden an Verfassungsschutzbehörden, den Bundesnachrichtendienst, den Militärischen Abschirmdienst und, soweit die Sicherheit des Bundes berührt wird, andere Behörden des Bundesministeriums der Verteidigung, ist sie nur mit Zustimmung dieser Stellen zulässig.

(3) Unterbleibt eine Information der betroffenen Person nach Maßgabe der Absätze 1 oder 2, ergreift die Finanzbehörde geeignete Maßnahmen zum Schutz der berechtigten Interessen der betroffenen Person.

§ 32c Auskunftsrecht der betroffenen Person. (1)[1] Das Recht auf Auskunft der betroffenen Person gegenüber einer Finanzbehörde gemäß Artikel 15 der Verordnung (EU) 2016/679 besteht nicht, soweit

1. die betroffene Person nach § 32a Absatz 1 oder nach § 32b Absatz 1 oder 2 nicht zu informieren ist,
2. die Auskunftserteilung den Rechtsträger der Finanzbehörde in der Geltendmachung, Ausübung oder Verteidigung zivilrechtlicher Ansprüche oder in der Verteidigung gegen ihn geltend gemachter zivilrechtlicher Ansprüche im Sinne des Artikels 23 Absatz 1 Buchstabe j der Verordnung (EU) 2016/679 beeinträchtigen würde; Auskunftspflichten der Finanzbehörde nach dem Zivilrecht bleiben unberührt,
3. die personenbezogenen Daten
   a) nur deshalb gespeichert sind, weil sie auf Grund gesetzlicher Aufbewahrungsvorschriften nicht gelöscht werden dürfen, oder
   b) ausschließlich Zwecken der Datensicherung oder der Datenschutzkontrolle dienen

und die Auskunftserteilung einen unverhältnismäßigen Aufwand erfordern würde sowie eine Verarbeitung zu anderen Zwecken durch geeignete technische und organisatorische Maßnahmen ausgeschlossen ist.

(2) Die betroffene Person soll in dem Antrag auf Auskunft gemäß Artikel 15 der Verordnung (EU) 2016/679 die Art der personenbezogenen Daten, über die Auskunft erteilt werden soll, näher bezeichnen.

(3) Sind die personenbezogenen Daten weder automatisiert noch in nicht automatisierten Dateisystemen gespeichert, wird die Auskunft nur erteilt, soweit die betroffene Person Angaben macht, die das Auffinden der Daten ermöglichen, und der für die Erteilung der Auskunft erforderliche Aufwand nicht außer Verhältnis zu dem von der betroffenen Person geltend gemachten Informationsinteresse steht.

(4) [1]Die Ablehnung der Auskunftserteilung ist gegenüber der betroffenen Person zu begründen, soweit nicht durch die Mitteilung der tatsächlichen und rechtlichen Gründe, auf die die Entscheidung gestützt wird, der mit der Auskunftsverweigerung verfolgte Zweck gefährdet würde. [2]Die zum Zweck der Auskunftserteilung an die betroffene Person und zu deren Vorbereitung gespeicherten Daten dürfen nur für diesen Zweck sowie für Zwecke der Datenschutzkontrolle verarbeitet werden; für andere Zwecke ist die Verarbeitung nach Maßgabe des Artikels 18 der Verordnung (EU) 2016/679 einzuschränken.

(5) [1]Soweit der betroffenen Person durch eine Finanzbehörde keine Auskunft erteilt wird, ist sie auf Verlangen der betroffenen Person der oder dem Bundesbeauftragten für den Datenschutz und die Informationsfreiheit zu erteilen, soweit nicht die jeweils zuständige oberste Finanzbehörde im Einzelfall feststellt, dass dadurch die Sicherheit des Bundes oder eines Landes gefährdet würde. [2]Die Mitteilung der oder des Bundesbeauftragten für den Datenschutz

---

[1] § 32c Abs. 1 Nr. 1 geänd., Nr. 2 red. bericht. mWv 29.12.2020 durch G v. 21.12.2020 (BGBl. I S. 3096).

und die Informationsfreiheit an die betroffene Person über das Ergebnis der datenschutzrechtlichen Prüfung darf keine Rückschlüsse auf den Erkenntnisstand der Finanzbehörde zulassen, sofern diese nicht einer weitergehenden Auskunft zustimmt.

§ 32d Form der Information oder Auskunftserteilung. (1) Soweit Artikel 12 bis 15 der Verordnung (EU) 2016/679 keine Regelungen enthalten, bestimmt die Finanzbehörde das Verfahren, insbesondere die Form der Information oder der Auskunftserteilung, nach pflichtgemäßem Ermessen.

(2) Die Finanzbehörde kann ihre Pflicht zur Information der betroffenen Person gemäß Artikel 13 oder 14 der Verordnung (EU) 2016/679 auch durch Bereitstellung der Informationen in der Öffentlichkeit erfüllen, soweit dadurch keine personenbezogenen Daten veröffentlicht werden.

(3) Übermittelt die Finanzbehörde der betroffenen Person die Informationen über die Erhebung oder Verarbeitung personenbezogener Daten nach Artikel 13 oder 14 der Verordnung (EU) 2016/679 elektronisch oder erteilt sie der betroffenen Person die Auskunft nach Artikel 15 der Verordnung (EU) 2016/679 elektronisch, ist § 87a Absatz 7 oder 8 entsprechend anzuwenden.

§ 32e Verhältnis zu anderen Auskunfts- und Informationszugangsansprüchen. [1] Soweit die betroffene Person oder ein Dritter nach dem Informationsfreiheitsgesetz vom 5. September 2005 (BGBl. I S. 2722) in der jeweils geltenden Fassung oder nach entsprechenden Gesetzen der Länder gegenüber der Finanzbehörde *ein*[1)] Anspruch auf Informationszugang hat, gelten die Artikel 12 bis 15 der Verordnung (EU) 2016/679 in Verbindung mit den §§ 32a bis 32d entsprechend. [2] Weitergehende Informationsansprüche über steuerliche Daten sind insoweit ausgeschlossen. [3] § 30 Absatz 4 Nummer 2 ist insoweit nicht anzuwenden.

§ 32f Recht auf Berichtigung und Löschung, Widerspruchsrecht.

(1) [1] Wird die Richtigkeit personenbezogener Daten von der betroffenen Person bestritten und lässt sich weder die Richtigkeit noch die Unrichtigkeit der Daten feststellen, gilt ergänzend zu Artikel 18 Absatz 1 Buchstabe a der Verordnung (EU) 2016/679, dass dies keine Einschränkung der Verarbeitung bewirkt, soweit die Daten einem Verwaltungsakt zugrunde liegen, der nicht mehr aufgehoben, geändert oder berichtigt werden kann. [2] Die ungeklärte Sachlage ist in geeigneter Weise festzuhalten. [3] Die bestrittenen Daten dürfen nur mit einem Hinweis hierauf verarbeitet werden.

(2) [1] Ist eine Löschung im Falle nicht automatisierter Datenverarbeitung wegen der besonderen Art der Speicherung nicht oder nur mit unverhältnismäßig hohem Aufwand möglich und ist das Interesse der betroffenen Person an der Löschung als gering anzusehen, besteht das Recht der betroffenen Person auf und die Pflicht der Finanzbehörde zur Löschung personenbezogener Daten gemäß Artikel 17 Absatz 1 der Verordnung (EU) 2016/679 ergänzend zu den in Artikel 17 Absatz 3 der Verordnung (EU) 2016/679 genannten Aus-

---

1) Sic; muss lauten: einen.

1. die öffentliche oder nicht-öffentliche Stelle oder die betroffene Person als Klägerin oder Antragstellerin,
2. die zuständige Aufsichtsbehörde des Bundes oder eines Landes als Beklagte oder Antragsgegnerin,
3. der nach § 60 der Finanzgerichtsordnung Beigeladene sowie
4. die oberste Bundes- oder Landesfinanzbehörde, die dem Verfahren nach § 122 Absatz 2 der Finanzgerichtsordnung beigetreten ist.

(7)[1] Beteiligte eines Verfahrens nach Absatz 2 sind

1. die betroffene Person oder die um Auskunft oder Informationszugang ersuchende Person als Klägerin oder Antragstellerin,
2. die Finanzbehörde oder der Auftragsverarbeiter als Beklagte oder Antragsgegnerin,
3. der nach § 60 der Finanzgerichtsordnung Beigeladene sowie
4. die oberste Bundes- oder Landesfinanzbehörde, die dem Verfahren nach § 122 Absatz 2 der Finanzgerichtsordnung beigetreten ist.

(8) Beteiligte eines Verfahrens nach Absatz 3 sind

1. die zuständige Finanzbehörde als Klägerin oder Antragstellerin,
2. die Aufsichtsbehörde des Bundes oder eines Landes, die den rechtsverbindlichen Beschluss erlassen hat, als Beklagte oder Antragsgegnerin,
3. die Stelle, deren Pflicht zur Mitwirkung die Finanzbehörde geltend macht, als Beigeladene und
4. die oberste Bundes- oder Landesfinanzbehörde, die dem Verfahren nach § 122 Absatz 2 der Finanzgerichtsordnung beigetreten ist.

(9)[2] [1]Ein Vorverfahren findet nicht statt. [2]Dies gilt nicht für Verfahren nach Absatz 2 Satz 2.

(10) [1]In Verfahren nach Absatz 1 Satz 1 haben eine Klage oder ein Antrag aufschiebende Wirkung. [2]Die zuständige Aufsichtsbehörde darf gegenüber einer Finanzbehörde, deren Rechtsträger oder deren Auftragsverarbeiter nicht die sofortige Vollziehung anordnen.

§ 32j Antrag auf gerichtliche Entscheidung bei angenommener Rechtswidrigkeit eines Angemessenheitsbeschlusses der Europäischen Kommission. Hält der oder die Bundesbeauftragte für den Datenschutz und die Informationsfreiheit oder eine nach Landesrecht für die Kontrolle des Datenschutzes zuständige Stelle einen Angemessenheitsbeschluss der Europäischen Kommission, auf dessen Gültigkeit es bei der Entscheidung über die Beschwerde einer betroffenen Person hinsichtlich der Verarbeitung personenbezogener Daten ankommt, für rechtswidrig, so gilt § 21 des Bundesdatenschutzgesetzes.

---

[1] § 32i Abs. 7 Nr. 1 geänd. mWv 29.12.2020 durch G v. 21.12.2020 (BGBl. I S. 3096).

[2] § 32i Abs. 9 Satz 2 angef., bish. Wortlaut wird Satz 1 mWv 29.12.2020 durch G v. 21.12.2020 (BGBl. I S. 3096).

Zweiter Teil. Steuerschuldrecht

Erster Abschnitt: Steuerpflichtiger

§ 33 Steuerpflichtiger. (1) Steuerpflichtiger ist, wer eine Steuer schuldet, für eine Steuer haftet, eine Steuer für Rechnung eines Dritten einzubehalten und abzuführen hat, wer eine Steuererklärung abzugeben, Sicherheit zu leisten, Bücher und Aufzeichnungen zu führen oder andere ihm durch die Steuergesetze auferlegte Verpflichtungen zu erfüllen hat.

(2) Steuerpflichtiger ist nicht, wer in einer fremden Steuersache Auskunft zu erteilen, Urkunden vorzulegen, ein Sachverständigengutachten zu erstatten oder das Betreten von Grundstücken, Geschäfts- und Betriebsräumen zu gestatten hat.

§ 34 Pflichten der gesetzlichen Vertreter und der Vermögensverwalter. (1) [1]Die gesetzlichen Vertreter natürlicher und juristischer Personen und die Geschäftsführer von nicht rechtsfähigen Personenvereinigungen und Vermögensmassen haben deren steuerliche Pflichten zu erfüllen. [2]Sie haben insbesondere dafür zu sorgen, dass die Steuern aus den Mitteln entrichtet werden, die sie verwalten.

(2) [1]Soweit nicht rechtsfähige Personenvereinigungen ohne Geschäftsführer sind, haben die Mitglieder oder Gesellschafter die Pflichten im Sinne des Absatzes 1 zu erfüllen. [2]Die Finanzbehörde kann sich an jedes Mitglied oder jeden Gesellschafter halten. [3]Für nicht rechtsfähige Vermögensmassen gelten die Sätze 1 und 2 mit der Maßgabe, dass diejenigen, denen das Vermögen zusteht, die steuerlichen Pflichten zu erfüllen haben.

(3) Steht eine Vermögensverwaltung anderen Personen als den Eigentümern des Vermögens oder deren gesetzlichen Vertretern zu, so haben die Vermögensverwalter die in Absatz 1 bezeichneten Pflichten, soweit ihre Verwaltung reicht.

§ 35 Pflichten des Verfügungsberechtigten. Wer als Verfügungsberechtigter im eigenen oder fremden Namen auftritt, hat die Pflichten eines gesetzlichen Vertreters (§ 34 Abs. 1), soweit er sie rechtlich und tatsächlich erfüllen kann.

§ 36 Erlöschen der Vertretungsmacht. Das Erlöschen der Vertretungsmacht oder der Verfügungsmacht lässt die nach den §§ 34 und 35 entstandenen Pflichten unberührt, soweit diese den Zeitraum betreffen, in dem die Vertretungsmacht oder Verfügungsmacht bestanden hat und soweit der Verpflichtete sie erfüllen kann.

Zweiter Abschnitt: Steuerschuldverhältnis

§ 37 Ansprüche aus dem Steuerschuldverhältnis. (1) Ansprüche aus dem Steuerschuldverhältnis sind der Steueranspruch, der Steuervergütungsanspruch, der Haftungsanspruch, der Anspruch auf eine steuerliche Nebenleistung, der Erstattungsanspruch nach Absatz 2 sowie die in Einzelsteuergesetzen geregelten Steuererstattungsansprüche.

(2) [1] Ist eine Steuer, eine Steuervergütung, ein Haftungsbetrag oder eine steuerliche Nebenleistung ohne rechtlichen Grund gezahlt oder zurückgezahlt worden, so hat derjenige, auf dessen Rechnung die Zahlung bewirkt worden ist, an den Leistungsempfänger einen Anspruch auf Erstattung des gezahlten oder zurückgezahlten Betrags. [2] Dies gilt auch dann, wenn der rechtliche Grund für die Zahlung oder Rückzahlung später wegfällt. [3] Im Fall der Abtretung, Verpfändung oder Pfändung richtet sich der Anspruch auch gegen den Abtretenden, Verpfänder oder Pfändungsschuldner.

§ 38 Entstehung der Ansprüche aus dem Steuerschuldverhältnis. Die Ansprüche aus dem Steuerschuldverhältnis entstehen, sobald der Tatbestand verwirklicht ist, an den das Gesetz die Leistungspflicht knüpft.

§ 39 Zurechnung. (1) Wirtschaftsgüter sind dem Eigentümer zuzurechnen.

(2) Abweichend von Absatz 1 gelten die folgenden Vorschriften:

1. [1] Übt ein anderer als der Eigentümer die tatsächliche Herrschaft über ein Wirtschaftsgut in der Weise aus, dass er den Eigentümer im Regelfall für die gewöhnliche Nutzungsdauer von der Einwirkung auf das Wirtschaftsgut wirtschaftlich ausschließen kann, so ist ihm das Wirtschaftsgut zuzurechnen. [2] Bei Treuhandverhältnissen sind die Wirtschaftsgüter dem Treugeber, beim Sicherungseigentum dem Sicherungsgeber und beim Eigenbesitz dem Eigenbesitzer zuzurechnen.
2. Wirtschaftsgüter, die mehreren zur gesamten Hand zustehen, werden den Beteiligten anteilig zugerechnet, soweit eine getrennte Zurechnung für die Besteuerung erforderlich ist.

§ 40 Gesetz- oder sittenwidriges Handeln. Für die Besteuerung ist es unerheblich, ob ein Verhalten, das den Tatbestand eines Steuergesetzes ganz oder zum Teil erfüllt, gegen ein gesetzliches Gebot oder Verbot oder gegen die guten Sitten verstößt.

§ 41 Unwirksame Rechtsgeschäfte. (1) [1] Ist ein Rechtsgeschäft unwirksam oder wird es unwirksam, so ist dies für die Besteuerung unerheblich, soweit und solange die Beteiligten das wirtschaftliche Ergebnis dieses Rechtsgeschäfts gleichwohl eintreten und bestehen lassen. [2] Dies gilt nicht, soweit sich aus den Steuergesetzen etwas anderes ergibt.

(2) [1] Scheingeschäfte und Scheinhandlungen sind für die Besteuerung unerheblich. [2] Wird durch ein Scheingeschäft ein anderes Rechtsgeschäft verdeckt, so ist das verdeckte Rechtsgeschäft für die Besteuerung maßgebend.

§ 42[1] Missbrauch von rechtlichen Gestaltungsmöglichkeiten. (1) [1] Durch Missbrauch von Gestaltungsmöglichkeiten des Rechts kann das Steuergesetz nicht umgangen werden. [2] Ist der Tatbestand einer Regelung in

---

[1] § 42 neu gef. durch G v. 20.12.2007 (BGBl. I S. 3150); zur erstmaligen Anwendung siehe Art. 97 § 7 EGAO (Nr. **800a**).

einem Einzelsteuergesetz erfüllt, die der Verhinderung von Steuerumgehungen dient, so bestimmen sich die Rechtsfolgen nach jener Vorschrift. [3]Andernfalls entsteht der Steueranspruch beim Vorliegen eines Missbrauchs im Sinne des Absatzes 2 so, wie er bei einer den wirtschaftlichen Vorgängen angemessenen rechtlichen Gestaltung entsteht.

(2) [1]Ein Missbrauch liegt vor, wenn eine unangemessene rechtliche Gestaltung gewählt wird, die beim Steuerpflichtigen oder einem Dritten im Vergleich zu einer angemessenen Gestaltung zu einem gesetzlich nicht vorgesehenen Steuervorteil führt. [2]Dies gilt nicht, wenn der Steuerpflichtige für die gewählte Gestaltung außersteuerliche Gründe nachweist, die nach dem Gesamtbild der Verhältnisse beachtlich sind.

§ 43 Steuerschuldner, Steuervergütungsgläubiger. [1]Die Steuergesetze bestimmen, wer Steuerschuldner oder Gläubiger einer Steuervergütung ist. [2]Sie bestimmen auch, ob ein Dritter die Steuer für Rechnung des Steuerschuldners zu entrichten hat.

§ 44 Gesamtschuldner. (1) [1]Personen, die nebeneinander dieselbe Leistung aus dem Steuerschuldverhältnis schulden oder für sie haften oder die zusammen zu einer Steuer zu veranlagen sind, sind Gesamtschuldner. [2]Soweit nichts anderes bestimmt ist, schuldet jeder Gesamtschuldner die gesamte Leistung.

(2) [1]Die Erfüllung durch einen Gesamtschuldner wirkt auch für die übrigen Schuldner. [2]Das Gleiche gilt für die Aufrechnung und für eine geleistete Sicherheit. [3]Andere Tatsachen wirken nur für und gegen den Gesamtschuldner, in dessen Person sie eintreten. [4]Die Vorschriften der §§ 268 bis 280 über die Beschränkung der Vollstreckung in den Fällen der Zusammenveranlagung bleiben unberührt.

§ 45 Gesamtrechtsnachfolge. (1) [1]Bei Gesamtrechtsnachfolge gehen die Forderungen und Schulden aus dem Steuerschuldverhältnis auf den Rechtsnachfolger über. [2]Dies gilt jedoch bei der Erbfolge nicht für Zwangsgelder.

(2) [1]Erben haben für die aus dem Nachlass zu entrichtenden Schulden nach den Vorschriften des bürgerlichen Rechts über die Haftung des Erben für Nachlassverbindlichkeiten einzustehen. [2]Vorschriften, durch die eine steuerrechtliche Haftung der Erben begründet wird, bleiben unberührt.

§ 46 Abtretung, Verpfändung, Pfändung. (1) Ansprüche auf Erstattung von Steuern, Haftungsbeträgen, steuerlichen Nebenleistungen und auf Steuervergütungen können abgetreten, verpfändet und gepfändet werden.

(2) Die Abtretung wird jedoch erst wirksam, wenn sie der Gläubiger in der nach Absatz 3 vorgeschriebenen Form der zuständigen Finanzbehörde nach Entstehung des Anspruchs anzeigt.

(3) [1]Die Abtretung ist der zuständigen Finanzbehörde unter Angabe des Abtretenden, des Abtretungsempfängers sowie der Art und Höhe des abgetretenen Anspruchs und des Abtretungsgrundes auf einem amtlich vorgeschriebenen Vordruck anzuzeigen. [2]Die Anzeige ist vom Abtretenden und vom Abtretungsempfänger zu unterschreiben.

(4) [1]Der geschäftsmäßige Erwerb von Erstattungs- oder Vergütungsansprüchen zum Zweck der Einziehung oder sonstigen Verwertung auf eigene Rechnung ist nicht zulässig. [2]Dies gilt nicht für die Fälle der Sicherungsabtretung. [3]Zum geschäftsmäßigen Erwerb und zur geschäftsmäßigen Einziehung der zur Sicherung abgetretenen Ansprüche sind nur Unternehmen befugt, denen das Betreiben von Bankgeschäften erlaubt ist.

(5) Wird der Finanzbehörde die Abtretung angezeigt, so müssen Abtretender und Abtretungsempfänger der Finanzbehörde gegenüber die angezeigte Abtretung gegen sich gelten lassen, auch wenn sie nicht erfolgt oder nicht wirksam oder wegen Verstoßes gegen Absatz 4 nichtig ist.

(6) [1]Ein Pfändungs- und Überweisungsbeschluss oder eine Pfändungs- und Einziehungsverfügung dürfen nicht erlassen werden, bevor der Anspruch entstanden ist. [2]Ein entgegen diesem Verbot erwirkter Pfändungs- und Überweisungsbeschluss oder erwirkte Pfändungs- und Einziehungsverfügung sind nichtig. [3]Die Vorschriften der Absätze 2 bis 5 sind auf die Verpfändung sinngemäß anzuwenden.

(7) Bei Pfändung eines Erstattungs- oder Vergütungsanspruchs gilt die Finanzbehörde, die über den Anspruch entschieden oder zu entscheiden hat, als Drittschuldner im Sinne der §§ 829, 845 der Zivilprozessordnung.

§ 47 Erlöschen. Ansprüche aus dem Steuerschuldverhältnis erlöschen insbesondere durch Zahlung (§§ 224, 224a, 225), Aufrechnung (§ 226), Erlass (§§ 163, 227), Verjährung (§§ 169 bis 171, §§ 228 bis 232), ferner durch Eintritt der Bedingung bei auflösend bedingten Ansprüchen.

§ 48 Leistung durch Dritte, Haftung Dritter. (1) Leistungen aus dem Steuerschuldverhältnis gegenüber der Finanzbehörde können auch durch Dritte bewirkt werden.

(2) Dritte können sich vertraglich verpflichten, für Leistungen im Sinne des Absatzes 1 einzustehen.

§ 49 Verschollenheit. Bei Verschollenheit gilt für die Besteuerung der Tag als Todestag, mit dessen Ablauf der Beschluss über die Todeserklärung des Verschollenen rechtskräftig wird.

§ 50 Erlöschen und Unbedingtwerden der Verbrauchsteuer, Übergang der bedingten Verbrauchsteuerschuld. (1) Werden nach den Verbrauchsteuergesetzen Steuervergünstigungen unter der Bedingung gewährt, dass verbrauchsteuerpflichtige Waren einer besonderen Zweckbestimmung zugeführt werden, so erlischt die Steuer nach Maßgabe der Vergünstigung ganz oder teilweise, wenn die Bedingung eintritt oder wenn die Waren untergehen, ohne dass vorher die Steuer unbedingt geworden ist.

(2) Die bedingte Steuerschuld geht jeweils auf den berechtigten Erwerber über, wenn die Waren vom Steuerschuldner vor Eintritt der Bedingung im Rahmen der vorgesehenen Zweckbestimmung an ihn weitergegeben werden.

(3) Die Steuer wird unbedingt,

1. wenn die Waren entgegen der vorgesehenen Zweckbestimmung verwendet werden oder ihr nicht mehr zugeführt werden können. [2]Kann der Verbleib der Waren nicht festgestellt werden, so gelten sie als nicht der vorgesehenen Zweckbestimmung zugeführt, wenn der Begünstigte nicht nachweist, dass sie ihr zugeführt worden sind,
2. in sonstigen gesetzlich bestimmten Fällen.

Dritter Abschnitt: Steuerbegünstigte Zwecke

§ 51[1)] Allgemeines. (1) [1]Gewährt das Gesetz eine Steuervergünstigung, weil eine Körperschaft ausschließlich und unmittelbar gemeinnützige, mildtätige oder kirchliche Zwecke (steuerbegünstigte Zwecke) verfolgt, so gelten die folgenden Vorschriften. [2]Unter Körperschaften sind die Körperschaften, Personenvereinigungen und Vermögensmassen im Sinne des Körperschaftsteuergesetzes zu verstehen. [3]Funktionale Untergliederungen (Abteilungen) von Körperschaften gelten nicht als selbständige Steuersubjekte.

(2) Werden die steuerbegünstigten Zwecke im Ausland verwirklicht, setzt die Steuervergünstigung voraus, dass natürliche Personen, die ihren Wohnsitz oder ihren gewöhnlichen Aufenthalt im Geltungsbereich dieses Gesetzes haben, gefördert werden oder die Tätigkeit der Körperschaft neben der Verwirklichung der steuerbegünstigten Zwecke auch zum Ansehen der Bundesrepublik Deutschland im Ausland beitragen kann.

(3) [1]Eine Steuervergünstigung setzt zudem voraus, dass die Körperschaft nach ihrer Satzung und bei ihrer tatsächlichen Geschäftsführung keine Bestrebungen im Sinne des § 4 des Bundesverfassungsschutzgesetzes fördert und dem Gedanken der Völkerverständigung nicht zuwiderhandelt. [2]Bei Körperschaften, die im Verfassungsschutzbericht des Bundes oder eines Landes als extremistische Organisation aufgeführt sind, ist widerlegbar davon auszugehen, dass die Voraussetzungen des Satzes 1 nicht erfüllt sind. [3]Die Finanzbehörde teilt Tatsachen, die den Verdacht von Bestrebungen im Sinne des § 4 des Bundesverfassungsschutzgesetzes oder des Zuwiderhandelns gegen den Gedanken der Völkerverständigung begründen, der Verfassungsschutzbehörde mit.

§ 52 Gemeinnützige Zwecke. (1) [1]Eine Körperschaft verfolgt gemeinnützige Zwecke, wenn ihre Tätigkeit darauf gerichtet ist, die Allgemeinheit auf materiellem, geistigem oder sittlichem Gebiet selbstlos zu fördern. [2]Eine Förderung der Allgemeinheit ist nicht gegeben, wenn der Kreis der Personen, dem die Förderung zugute kommt, fest abgeschlossen ist, zum Beispiel Zugehörigkeit zu einer Familie oder zur Belegschaft eines Unternehmens, oder infolge seiner Abgrenzung, insbesondere nach räumlichen oder beruflichen Merkmalen, dauernd nur klein sein kann. [3]Eine Förderung der Allgemeinheit liegt nicht allein deswegen vor, weil eine Körperschaft ihre Mittel einer Körperschaft des öffentlichen Rechts zuführt.

---

1) § 51 neu gef. durch G v. 19.12.2008 (BGBl. I S. 2794); anzuwenden ab 1.1.2009 (Art. 97 § 1d Abs. 2 EGAO – Nr. **800a**).

(2)[1] 1 Unter den Voraussetzungen des Absatzes 1 sind als Förderung der Allgemeinheit anzuerkennen:

1. die Förderung von Wissenschaft und Forschung;
2. die Förderung der Religion;
3. die Förderung des öffentlichen Gesundheitswesens und der öffentlichen Gesundheitspflege, insbesondere die Verhütung und Bekämpfung von übertragbaren Krankheiten, auch durch Krankenhäuser im Sinne des § 67, und von Tierseuchen;
4. die Förderung der Jugend- und Altenhilfe;
5. die Förderung von Kunst und Kultur;
6. die Förderung des Denkmalschutzes und der Denkmalpflege;
7. die Förderung der Erziehung, Volks- und Berufsbildung einschließlich der Studentenhilfe;
8. die Förderung des Naturschutzes und der Landschaftspflege im Sinne des Bundesnaturschutzgesetzes und der Naturschutzgesetze der Länder, des Umweltschutzes, einschließlich des Klimaschutzes, des Küstenschutzes und des Hochwasserschutzes;
9. die Förderung des Wohlfahrtswesens, insbesondere der Zwecke der amtlich anerkannten Verbände der freien Wohlfahrtspflege (§ 23 der Umsatzsteuer-Durchführungsverordnung), ihrer Unterverbände und ihrer angeschlossenen Einrichtungen und Anstalten;
10. die Förderung der Hilfe für politisch, rassistisch oder religiös Verfolgte, für Flüchtlinge, Vertriebene, Aussiedler, Spätaussiedler, Kriegsopfer, Kriegshinterbliebene, Kriegsbeschädigte und Kriegsgefangene, Zivilbeschädigte und Behinderte sowie Hilfe für Opfer von Straftaten; Förderung des Andenkens an Verfolgte, Kriegs- und Katastrophenopfer; Förderung des Suchdienstes für Vermisste, Förderung der Hilfe für Menschen, die auf Grund ihrer geschlechtlichen Identität oder ihrer geschlechtlichen Orientierung diskriminiert werden;
11. die Förderung der Rettung aus Lebensgefahr;
12. die Förderung des Feuer-, Arbeits-, Katastrophen- und Zivilschutzes sowie der Unfallverhütung;
13. die Förderung internationaler Gesinnung, der Toleranz auf allen Gebieten der Kultur und des Völkerverständigungsgedankens;
14. die Förderung des Tierschutzes;
15. die Förderung der Entwicklungszusammenarbeit;
16. die Förderung von Verbraucherberatung und Verbraucherschutz;
17. die Förderung der Fürsorge für Strafgefangene und ehemalige Strafgefangene;
18. die Förderung der Gleichberechtigung von Frauen und Männern;

---

[1] § 52 Abs. 2 neu gef. durch G v. 10.10.2007 (BGBl. I S. 2332); anzuwenden ab 1.1.2007 (Art. 97 § 1d EGAO – Nr. **800a**); Nrn. 8, 10, 22 und 23 geänd., Nr. 26 angef. mWv 29.12.2020 durch G v. 21.12.2020 (BGBl. I S. 3096).

19. die Förderung des Schutzes von Ehe und Familie;
20. die Förderung der Kriminalprävention;
21. die Förderung des Sports (Schach gilt als Sport);
22. die Förderung der Heimatpflege, Heimatkunde und der Ortsverschönerung;
23. die Förderung der Tierzucht, der Pflanzenzucht, der Kleingärtnerei, des traditionellen Brauchtums einschließlich des Karnevals, der Fastnacht und des Faschings, der Soldaten- und Reservistenbetreuung, des Amateurfunkens, des Freifunks, des Modellflugs und des Hundesports;
24. die allgemeine Förderung des demokratischen Staatswesens im Geltungsbereich dieses Gesetzes; hierzu gehören nicht Bestrebungen, die nur bestimmte Einzelinteressen staatsbürgerlicher Art verfolgen oder die auf den kommunalpolitischen Bereich beschränkt sind;
25. die Förderung des bürgerschaftlichen Engagements zugunsten gemeinnütziger, mildtätiger und kirchlicher Zwecke;
26. Förderung der Unterhaltung und Pflege von Friedhöfen und die Förderung der Unterhaltung von Gedenkstätten für nicht bestattungspflichtige Kinder und Föten.

[2] Sofern der von der Körperschaft verfolgte Zweck nicht unter Satz 1 fällt, aber die Allgemeinheit auf materiellem, geistigem oder sittlichem Gebiet entsprechend selbstlos gefördert wird, kann dieser Zweck für gemeinnützig erklärt werden. [3] Die obersten Finanzbehörden der Länder haben jeweils eine Finanzbehörde im Sinne des Finanzverwaltungsgesetzes zu bestimmen, die für Entscheidungen nach Satz 2 zuständig ist.

§ 53 Mildtätige Zwecke. Eine Körperschaft verfolgt mildtätige Zwecke, wenn ihre Tätigkeit darauf gerichtet ist, Personen selbstlos zu unterstützen,

1. die infolge ihres körperlichen, geistigen oder seelischen Zustands auf die Hilfe anderer angewiesen sind oder
2.[1] deren Bezüge nicht höher sind als das Vierfache des Regelsatzes der Sozialhilfe im Sinne des § 28 des Zwölften Buches Sozialgesetzbuch; beim Alleinstehenden oder Alleinerziehenden tritt an die Stelle des Vierfachen das Fünffache des Regelsatzes. [2] Dies gilt nicht für Personen, deren Vermögen zur nachhaltigen Verbesserung ihres Unterhalts ausreicht und denen zugemutet werden kann, es dafür zu verwenden. [3] Bei Personen, deren wirtschaftliche Lage aus besonderen Gründen zu einer Notlage geworden ist, dürfen die Bezüge oder das Vermögen die genannten Grenzen übersteigen. [4] Bezüge im Sinne dieser Vorschrift sind
   a) Einkünfte im Sinne des § 2 Abs. 1 des Einkommensteuergesetzes und
   b) andere zur Bestreitung des Unterhalts bestimmte oder geeignete Bezüge,

   aller Haushaltsangehörigen. [5] Zu berücksichtigen sind auch gezahlte und empfangene Unterhaltsleistungen. [6] Die wirtschaftliche Hilfebedürftigkeit

---

[1] § 53 Nr. 2 Satz 1 geänd. mWv 1.1.2005 durch G v. 27.12.2003 (BGBl. I S. 3022); Sätze 5 und 6 ersetzt durch Sätze 5 bis 8 mWv 1.1.2013 durch G v. 21.3.2013 (BGBl. I S. 556); Sätze 1 und 4 geänd. mWv 1.1.2014 durch G v. 26.6.2013 (BGBl. I S. 1809).

im vorstehenden Sinne ist bei Empfängern von Leistungen nach dem Zweiten oder Zwölften Buch Sozialgesetzbuch, des Wohngeldgesetzes, bei Empfängern von Leistungen nach § 27a des Bundesversorgungsgesetzes oder nach § 6a des Bundeskindergeldgesetzes als nachgewiesen anzusehen. [7]Die Körperschaft kann den Nachweis mit Hilfe des jeweiligen Leistungsbescheids, der für den Unterstützungszeitraum maßgeblich ist, oder mit Hilfe der Bestätigung des Sozialleistungsträgers führen. [8]Auf Antrag der Körperschaft kann auf einen Nachweis der wirtschaftlichen Hilfebedürftigkeit verzichtet werden, wenn auf Grund der besonderen Art der gewährten Unterstützungsleistung sichergestellt ist, dass nur wirtschaftlich hilfebedürftige Personen im vorstehenden Sinne unterstützt werden; für den Bescheid über den Nachweisverzicht gilt § 60a Absatz 3 bis 5 entsprechend.

§ 54 Kirchliche Zwecke. (1) Eine Körperschaft verfolgt kirchliche Zwecke, wenn ihre Tätigkeit darauf gerichtet ist, eine Religionsgemeinschaft, die Körperschaft des öffentlichen Rechts ist, selbstlos zu fördern.

(2) Zu diesen Zwecken gehören insbesondere die Errichtung, Ausschmückung und Unterhaltung von Gotteshäusern und kirchlichen Gemeindehäusern, die Abhaltung von Gottesdiensten, die Ausbildung von Geistlichen, die Erteilung von Religionsunterricht, die Beerdigung und die Pflege des Andenkens der Toten, ferner die Verwaltung des Kirchenvermögens, die Besoldung der Geistlichen, Kirchenbeamten und Kirchendiener, die Alters- und Behindertenversorgung für diese Personen und die Versorgung ihrer Witwen und Waisen.

§ 55 Selbstlosigkeit. (1) Eine Förderung oder Unterstützung geschieht selbstlos, wenn dadurch nicht in erster Linie eigenwirtschaftliche Zwecke – zum Beispiel gewerbliche Zwecke oder sonstige Erwerbszwecke – verfolgt werden und wenn die folgenden Voraussetzungen gegeben sind:

1. [1]Mittel der Körperschaft dürfen nur für die satzungsmäßigen Zwecke verwendet werden. [2]Die Mitglieder oder Gesellschafter (Mitglieder im Sinne dieser Vorschriften) dürfen keine Gewinnanteile und in ihrer Eigenschaft als Mitglieder auch keine sonstigen Zuwendungen aus Mitteln der Körperschaft erhalten. [3]Die Körperschaft darf ihre Mittel weder für die unmittelbare noch für die mittelbare Unterstützung oder Förderung politischer Parteien verwenden.
2. Die Mitglieder dürfen bei ihrem Ausscheiden oder bei Auflösung oder Aufhebung der Körperschaft nicht mehr als ihre eingezahlten Kapitalanteile und den gemeinen Wert ihrer geleisteten Sacheinlagen zurückerhalten.
3. Die Körperschaft darf keine Person durch Ausgaben, die dem Zweck der Körperschaft fremd sind, oder durch unverhältnismäßig hohe Vergütungen begünstigen.
4.[1)] [1]Bei Auflösung oder Aufhebung der Körperschaft oder bei Wegfall ihres bisherigen Zwecks darf das Vermögen der Körperschaft, soweit es die ein-

[1)] § 55 Abs. 1 Nr. 4 Satz 2 geänd. durch G v. 8.12.2010 (BGBl. I S. 1768); zur Anwendung siehe Art. 97 § 1d Abs. 3 Satz 2 iVm Satz 1 EGAO (Nr. **800a**).

gezahlten Kapitalanteile der Mitglieder und den gemeinen Wert der von den Mitgliedern geleisteten Sacheinlagen übersteigt, nur für steuerbegünstigte Zwecke verwendet werden (Grundsatz der Vermögensbindung). [2]Diese Voraussetzung ist auch erfüllt, wenn das Vermögen einer anderen steuerbegünstigten Körperschaft oder einer juristischen Person des öffentlichen Rechts für steuerbegünstigte Zwecke übertragen werden soll.

5.[1)] [1]Die Körperschaft muss ihre Mittel vorbehaltlich des § 62 grundsätzlich zeitnah für ihre steuerbegünstigten satzungsmäßigen Zwecke verwenden. [2]Verwendung in diesem Sinne ist auch die Verwendung der Mittel für die Anschaffung oder Herstellung von Vermögensgegenständen, die satzungsmäßigen Zwecken dienen. [3]Eine zeitnahe Mittelverwendung ist gegeben, wenn die Mittel spätestens in den auf den Zufluss folgenden zwei Kalender- oder Wirtschaftsjahren für die steuerbegünstigten satzungsmäßigen Zwecke verwendet werden. [4]Satz 1 gilt nicht für Körperschaften mit jährlichen Einnahmen von nicht mehr als 45 000 Euro.

(2) Bei der Ermittlung des gemeinen Werts (Absatz 1 Nr. 2 und 4) kommt es auf die Verhältnisse zu dem Zeitpunkt an, in dem die Sacheinlagen geleistet worden sind.

(3)[2)] Die Vorschriften, die die Mitglieder der Körperschaft betreffen (Absatz 1 Nr. 1, 2 und 4), gelten bei Stiftungen für die Stifter und ihre Erben, bei Betrieben gewerblicher Art von juristischen Personen des öffentlichen Rechts für die Körperschaft sinngemäß, jedoch mit der Maßgabe, dass bei Wirtschaftsgütern, die nach § 6 Absatz 1 Nummer 4 Satz 4[3)] des Einkommensteuergesetzes aus einem Betriebsvermögen zum Buchwert entnommen worden sind, an die Stelle des gemeinen Werts der Buchwert der Entnahme tritt.

§ 56 Ausschließlichkeit. Ausschließlichkeit liegt vor, wenn eine Körperschaft nur ihre steuerbegünstigten satzungsmäßigen Zwecke verfolgt.

§ 57 Unmittelbarkeit. (1) [1]Eine Körperschaft verfolgt unmittelbar ihre steuerbegünstigten satzungsmäßigen Zwecke, wenn sie selbst diese Zwecke verwirklicht. [2]Das kann auch durch Hilfspersonen geschehen, wenn nach den Umständen des Falls, insbesondere nach den rechtlichen und tatsächlichen Beziehungen, die zwischen der Körperschaft und der Hilfsperson bestehen, das Wirken der Hilfsperson wie eigenes Wirken der Körperschaft anzusehen ist.

(2) Eine Körperschaft, in der steuerbegünstigte Körperschaften zusammengefasst sind, wird einer Körperschaft, die unmittelbar steuerbegünstigte Zwecke verfolgt, gleichgestellt.

[1)] § 55 Abs. 1 Nr. 5 Satz 1 und 3 geänd. mWv 1.1.2014 bzw. 1.1.2013 durch G v. 21.3. 2013 (BGBl. I S. 556); Satz 4 angef. mWv 29.12.2020 durch G v. 21.12.2020 (BGBl. I S. 3096).

[2)] § 55 Abs. 3 geänd. durch G v. 8.12.2010 (BGBl. I S. 1768); zur Anwendung siehe Art. 97 § 1d Abs. 3 Satz 1 EGAO (Nr. **800a**).

[3)] Verweis geänd. durch G v. 19.7.2006 (BGBl. I S. 1652), geänd. durch G v. 20.4.2009 (BGBl. I S. 774).

(3)[1] [1]Eine Körperschaft verfolgt ihre steuerbegünstigten Zwecke auch dann unmittelbar im Sinne des Absatzes 1 Satz 1, wenn sie satzungsgemäß durch planmäßiges Zusammenwirken mit mindestens einer weiteren Körperschaft, die im Übrigen die Voraussetzungen der §§ 51 bis 68 erfüllt, einen steuerbegünstigten Zweck verwirklicht. [2]Die §§ 14 sowie 65 bis 68 sind mit der Maßgabe anzuwenden, dass für das Vorliegen der Eigenschaft als Zweckbetrieb bei der jeweiligen Körperschaft die Tätigkeiten der nach Satz 1 zusammenwirkenden Körperschaften zusammenzufassen sind.

(4)[1] Eine Körperschaft verfolgt ihre steuerbegünstigten Zwecke auch dann unmittelbar im Sinne des Absatzes 1 Satz 1, wenn sie ausschließlich Anteile an steuerbegünstigten Kapitalgesellschaften hält und verwaltet.

§ 58 Steuerlich unschädliche Betätigungen. Die Steuervergünstigung wird nicht dadurch ausgeschlossen, dass

1.[2] eine Körperschaft einer anderen Körperschaft oder einer juristischen Person des öffentlichen Rechts Mittel für die Verwirklichung steuerbegünstigter Zwecke zuwendet. [2]Mittel sind sämtliche Vermögenswerte der Körperschaft. [3]Die Zuwendung von Mitteln an eine beschränkt oder unbeschränkt steuerpflichtige Körperschaft des privaten Rechts setzt voraus, dass diese selbst steuerbegünstigt ist. [4]Beabsichtigt die Körperschaft, als einzige Art der Zweckverwirklichung Mittel anderen Körperschaften oder juristischen Personen des öffentlichen Rechts zuzuwenden, ist die Mittelweitergabe als Art der Zweckverwirklichung in der Satzung zu benennen,

2.[3] *(aufgehoben)*

3.[4] eine Körperschaft ihre Überschüsse der Einnahmen über die Ausgaben aus der Vermögensverwaltung, ihre Gewinne aus den wirtschaftlichen Geschäftsbetrieben ganz oder teilweise und darüber hinaus höchstens 15 Prozent ihrer sonstigen nach § 55 Absatz 1 Nummer 5 zeitnah zu verwendenden Mittel einer anderen steuerbegünstigten Körperschaft oder einer juristischen Person des öffentlichen Rechts zur Vermögensausstattung zuwendet. [2]Die aus den Vermögenserträgen zu verwirklichenden steuerbegünstigten Zwecke müssen den steuerbegünstigten satzungsmäßigen Zwecken der zuwendenden Körperschaft entsprechen. [3]Die nach dieser Nummer zugewandten Mittel und deren Erträge dürfen nicht für weitere Mittelweitergaben im Sinne des ersten Satzes verwendet werden,

4. eine Körperschaft ihre Arbeitskräfte anderen Personen, Unternehmen, Einrichtungen oder einer juristischen Person[2] des öffentlichen Rechts für steuerbegünstigte Zwecke zur Verfügung stellt,

5. eine Körperschaft ihr gehörende Räume einer anderen, ebenfalls steuerbegünstigten Körperschaft oder einer juristischen Person[2] des öffentlichen Rechts zur Nutzung zu steuerbegünstigten Zwecken überlässt,

---

[1] § 57 Abs. 3 und 4 angef. mWv 29.12.2020 durch G v. 21.12.2020 (BGBl. I S. 3096).
[2] § 58 Nr. 1 neu gef. mWv 29.12.2020 durch G v. 21.12.2020 (BGBl. I S. 3096).
[3] § 58 Nr. 2 aufgeh. mWv 29.12.2020 durch G v. 21.12.2020 (BGBl. I S. 3096).
[4] § 58 Nr. 3 eingef., bish. Nrn. 3 bis 5 werden Nrn. 4 bis 6 mWv 1.1.2014 durch G v. 21.3.2013 (BGBl. I S. 556).

6. eine Stiftung einen Teil, jedoch höchstens ein Drittel ihres Einkommens dazu verwendet, um in angemessener Weise den Stifter und seine nächsten Angehörigen zu unterhalten, ihre Gräber zu pflegen und ihr Andenken zu ehren,
7.[1] eine Körperschaft gesellige Zusammenkünfte veranstaltet, die im Vergleich zu ihrer steuerbegünstigten Tätigkeit von untergeordneter Bedeutung sind,
8.[1] ein Sportverein neben dem unbezahlten auch den bezahlten Sport fördert,
9.[1] eine von einer Gebietskörperschaft errichtete Stiftung zur Erfüllung ihrer steuerbegünstigten Zwecke Zuschüsse an Wirtschaftsunternehmen vergibt,
10.[2] eine Körperschaft Mittel zum Erwerb von Gesellschaftsrechten zur Erhaltung der prozentualen Beteiligung an Kapitalgesellschaften im Jahr des Zuflusses verwendet. [2]Dieser Erwerb mindert die Höhe der Rücklage nach § 62 Absatz 1 Nummer 3.

§ 58a[3] Vertrauensschutz bei Mittelweitergaben. (1) Wendet eine steuerbegünstigte Körperschaft Mittel einer anderen Körperschaft zu, darf sie unter den Voraussetzungen des Absatzes 2 darauf vertrauen, dass die empfangende Körperschaft

1. nach § 5 Absatz 1 Nummer 9 des Körperschaftsteuergesetzes im Zeitpunkt der Zuwendung steuerbegünstigt ist und
2. die Zuwendung für steuerbegünstigte Zwecke verwendet.

(2) Das Vertrauen der zuwendenden Körperschaft nach Absatz 1 ist nur schutzwürdig, wenn sich die zuwendende Körperschaft zum Zeitpunkt der Zuwendung die Steuerbegünstigung der empfangenden Körperschaft nach § 5 Absatz 1 Nummer 9 des Körperschaftsteuergesetzes hat nachweisen lassen durch eine Ausfertigung

1. der Anlage zum Körperschaftsteuerbescheid, deren Datum nicht länger als fünf Jahre zurückliegt oder
2. des Freistellungsbescheids, dessen Datum nicht länger als fünf Jahre zurückliegt oder
3. des Bescheids über die Feststellung der Einhaltung der satzungsmäßigen Voraussetzungen nach § 60a Absatz 1, dessen Datum nicht länger als drei Jahre zurückliegt, wenn der empfangenden Körperschaft bisher kein Freistellungsbescheid oder keine Anlage zum Körperschaftsteuerbescheid erteilt wurde.

(3) Absatz 1 ist nicht anzuwenden, wenn

1. der zuwendenden Körperschaft die Unrichtigkeit eines Verwaltungsakts nach Absatz 2 bekannt ist oder in Folge grober Fahrlässigkeit nicht bekannt war oder

---

[1] § 58 Nrn. 8 bis 10 werden Nrn. 7 bis 9 mWv 1.1.2014 durch G v. 21.3.2013 (BGBl. I S. 556).

[2] § 58 Nrn. 11 und 12 ersetzt durch neue Nr. 10 mWv 1.1.2014 durch G v. 21.3.2013 (BGBl. I S. 556).

[3] § 58a eingef. mWv 29.12.2020 durch G v. 21.12.2020 (BGBl. I S. 3096).

2. die zuwendende Körperschaft eine Verwendung für nicht steuerbegünstigte Zwecke durch die empfangende Körperschaft veranlasst hat.

§ 59 Voraussetzung der Steuervergünstigung. Die Steuervergünstigung wird gewährt, wenn sich aus der Satzung, dem Stiftungsgeschäft oder der sonstigen Verfassung (Satzung im Sinne dieser Vorschriften) ergibt, welchen Zweck die Körperschaft verfolgt, dass dieser Zweck den Anforderungen der §§ 52 bis 55 entspricht und dass er ausschließlich und unmittelbar verfolgt wird; die tatsächliche Geschäftsführung muss diesen Satzungsbestimmungen entsprechen.

§ 60[1] Anforderungen an die Satzung. (1) [1] Die Satzungszwecke und die Art ihrer Verwirklichung müssen so genau bestimmt sein, dass auf Grund der Satzung geprüft werden kann, ob die satzungsmäßigen Voraussetzungen für Steuervergünstigungen gegeben sind. [2] Die Satzung muss die in der Anlage 1[2] bezeichneten Festlegungen enthalten.

(2) Die Satzung muss den vorgeschriebenen Erfordernissen bei der Körperschaftsteuer und bei der Gewerbesteuer während des ganzen Veranlagungs- oder Bemessungszeitraums, bei den anderen Steuern im Zeitpunkt der Entstehung der Steuer entsprechen.

§ 60a[3] Feststellung der satzungsmäßigen Voraussetzungen. (1) [1] Die Einhaltung der satzungsmäßigen Voraussetzungen nach den §§ 51, 59, 60 und 61 wird gesondert festgestellt. [2] Die Feststellung der Satzungsmäßigkeit ist für die Besteuerung der Körperschaft und der Steuerpflichtigen, die Zuwendungen in Form von Spenden und Mitgliedsbeiträgen an die Körperschaft erbringen, bindend.

(2) Die Feststellung der Satzungsmäßigkeit erfolgt

1. auf Antrag der Körperschaft oder
2. von Amts wegen bei der Veranlagung zur Körperschaftsteuer, wenn bisher noch keine Feststellung erfolgt ist.

(3) Die Bindungswirkung der Feststellung entfällt ab dem Zeitpunkt, in dem die Rechtsvorschriften, auf denen die Feststellung beruht, aufgehoben oder geändert werden.

(4) Tritt bei den für die Feststellung erheblichen Verhältnissen eine Änderung ein, ist die Feststellung mit Wirkung vom Zeitpunkt der Änderung der Verhältnisse aufzuheben.

(5) [1] Materielle Fehler im Feststellungsbescheid über die Satzungsmäßigkeit können mit Wirkung ab dem Kalenderjahr beseitigt werden, das auf die Bekanntgabe der Aufhebung der Feststellung folgt. [2] § 176 gilt entsprechend, außer es sind Kalenderjahre zu ändern, die nach der Verkündung der maßgeblichen Entscheidung eines obersten Gerichtshofes des Bundes beginnen.

---

[1] § 60 Abs. 1 Satz 2 angef. durch G v. 19.12.2008 (BGBl. I S. 2794); zur erstmaligen Anwendung siehe Art. 97 § 1f Abs. 2 EGAO (Nr. **800a**).

[2] Nachfolgend abgedruckt.

[3] § 60a eingef. mWv 29.3.2013 durch G v. 21.3.2013 (BGBl. I S. 556).

(6)[1] [1]Liegen bis zum Zeitpunkt des Erlasses des erstmaligen Körperschaftsteuerbescheids oder Freistellungsbescheids bereits Erkenntnisse vor, dass die tatsächliche Geschäftsführung gegen die satzungsmäßigen Voraussetzungen verstößt, ist die Feststellung der Einhaltung der satzungsmäßigen Voraussetzungen nach Absatz 1 Satz 1 abzulehnen. [2]Satz 1 gilt entsprechend für die Aufhebung bestehender Feststellungen nach § 60a.

[*ab 1.1.2024:*

§ 60b[2] **Zuwendungsempfängerregister.** (1) Das Bundeszentralamt für Steuern führt ein Register, in dem Körperschaften geführt werden, die die Voraussetzungen der §§ 51 bis 68 oder des § 34g des Einkommensteuergesetzes erfüllen (Zuwendungsempfängerregister).

(2) Im Zuwendungsempfängerregister speichert das Bundeszentralamt für Steuern zu Zwecken des Sonderausgabenabzugs nach § 10b des Einkommensteuergesetzes zu Körperschaften, die die Voraussetzungen der §§ 51 bis 68 erfüllen, folgende Daten:

1. Wirtschafts-Identifikationsnummer der Körperschaft,
2. Name der Körperschaft,
3. Anschrift der Körperschaft,
4. steuerbegünstigte Zwecke der Körperschaft,
5. das für die Festsetzung der Körperschaftsteuer der Körperschaft zuständige Finanzamt,
6. Datum der Erteilung des letzten Freistellungsbescheides oder Feststellungsbescheides nach § 60a,
7. Bankverbindung der Körperschaft.

(3) Das für die Festsetzung der Körperschaftsteuer der Körperschaft zuständige Finanzamt übermittelt dem Bundeszentralamt für Steuern die Daten nach Absatz 2 sowie unverzüglich jede Änderung dieser Daten.

(4) [1]Das Bundeszentralamt für Steuern ist befugt, die Daten nach Absatz 2 Dritten zu offenbaren. [2]§ 30 steht dem nicht entgegen.]

§ 61 Satzungsmäßige Vermögensbindung. (1) Eine steuerlich ausreichende Vermögensbindung (§ 55 Abs. 1 Nr. 4) liegt vor, wenn der Zweck, für den das Vermögen bei Auflösung oder Aufhebung der Körperschaft oder bei Wegfall ihres bisherigen Zwecks verwendet werden soll, in der Satzung so genau bestimmt ist, dass auf Grund der Satzung geprüft werden kann, ob der Verwendungszweck steuerbegünstigt ist.

(2)[3] *(aufgehoben)*

(3) [1]Wird die Bestimmung über die Vermögensbindung nachträglich so geändert, dass sie den Anforderungen des § 55 Abs. 1 Nr. 4 nicht mehr ent-

---

[1] § 60a Abs. 6 angef. mWv 29.12.2020 durch G v. 21.12.2020 (BGBl. I S. 3096).

[2] § 60b eingef. mWv 1.1.2024 durch G v. 21.12.2020 (BGBl. I S. 3096).

[3] § 61 Abs. 2 aufgeh. durch G v. 10.10.2007 (BGBl. I S. 2332); anzuwenden ab 1.1.2007 (Art. 97 § 1d EGAO – Nr. **800a**).

spricht, so gilt sie von Anfang an als steuerlich nicht ausreichend. [2] § 175 Abs. 1 Satz 1 Nr. 2 ist mit der Maßgabe anzuwenden, dass Steuerbescheide erlassen, aufgehoben oder geändert werden können, soweit sie Steuern betreffen, die innerhalb der letzten zehn Kalenderjahre vor der Änderung der Bestimmung über die Vermögensbindung entstanden sind.

§ 62[1)] Rücklagen und Vermögensbildung. (1) Körperschaften können ihre Mittel ganz oder teilweise

1. einer Rücklage zuführen, soweit dies erforderlich ist, um ihre steuerbegünstigten, satzungsmäßigen Zwecke nachhaltig zu erfüllen;
2. einer Rücklage für die beabsichtigte Wiederbeschaffung von Wirtschaftsgütern zuführen, die zur Verwirklichung der steuerbegünstigten, satzungsmäßigen Zwecke erforderlich sind (Rücklage für Wiederbeschaffung). [2] Die Höhe der Zuführung bemisst sich nach der Höhe der regulären Absetzungen für Abnutzung eines zu ersetzenden Wirtschaftsguts. [3] Die Voraussetzungen für eine höhere Zuführung sind nachzuweisen;
3. der freien Rücklage zuführen, jedoch höchstens ein Drittel des Überschusses aus der Vermögensverwaltung und darüber hinaus höchstens 10 Prozent der sonstigen nach § 55 Absatz 1 Nummer 5 zeitnah zu verwendenden Mittel. [2] Ist der Höchstbetrag für die Bildung der freien Rücklage in einem Jahr nicht ausgeschöpft, kann diese unterbliebene Zuführung in den folgenden zwei Jahren nachgeholt werden;
4. einer Rücklage zum Erwerb von Gesellschaftsrechten zur Erhaltung der prozentualen Beteiligung an Kapitalgesellschaften zuführen, wobei die Höhe dieser Rücklage die Höhe der Rücklage nach Nummer 3 mindert.

(2) [1] Die Bildung von Rücklagen nach Absatz 1 hat innerhalb der Frist des § 55 Absatz 1 Nummer 5 Satz 3 zu erfolgen. [2] Rücklagen nach Absatz 1 Nummer 1, 2 und 4 sind unverzüglich aufzulösen, sobald der Grund für die Rücklagenbildung entfallen ist. [3] Die freigewordenen Mittel sind innerhalb der Frist nach § 55 Absatz 1 Nummer 5 Satz 3 zu verwenden.

(3) Die folgenden Mittelzuführungen unterliegen nicht der zeitnahen Mittelverwendung nach § 55 Absatz 1 Nummer 5:

1. Zuwendungen von Todes wegen, wenn der Erblasser keine Verwendung für den laufenden Aufwand der Körperschaft vorgeschrieben hat;
2. Zuwendungen, bei denen der Zuwendende ausdrücklich erklärt, dass diese zur Ausstattung der Körperschaft mit Vermögen oder zur Erhöhung des Vermögens bestimmt sind;
3. Zuwendungen auf Grund eines Spendenaufrufs der Körperschaft, wenn aus dem Spendenaufruf ersichtlich ist, dass Beträge zur Aufstockung des Vermögens erbeten werden;
4. Sachzuwendungen, die ihrer Natur nach zum Vermögen gehören.

(4) Eine Stiftung kann im Jahr ihrer Errichtung und in den drei folgenden Kalenderjahren Überschüsse aus der Vermögensverwaltung und die Gewinne

---

1) § 62 eingef. mWv 1.1.2014 durch G v. 21.3.2013 (BGBl. I S. 556).

aus wirtschaftlichen Geschäftsbetrieben nach § 14 ganz oder teilweise ihrem Vermögen zuführen.

§ 63 Anforderungen an die tatsächliche Geschäftsführung. (1) Die tatsächliche Geschäftsführung der Körperschaft muss auf die ausschließliche und unmittelbare Erfüllung der steuerbegünstigten Zwecke gerichtet sein und den Bestimmungen entsprechen, die die Satzung über die Voraussetzungen für Steuervergünstigungen enthält.

(2) Für die tatsächliche Geschäftsführung gilt sinngemäß § 60 Abs. 2, für eine Verletzung der Vorschrift über die Vermögensbindung § 61 Abs. 3.

(3) Die Körperschaft hat den Nachweis, dass ihre tatsächliche Geschäftsführung den Erfordernissen des Absatzes 1 entspricht, durch ordnungsmäßige Aufzeichnungen über ihre Einnahmen und Ausgaben zu führen.

(4)[1] [1]Hat die Körperschaft ohne Vorliegen der Voraussetzungen Mittel angesammelt, kann das Finanzamt ihr eine angemessene Frist für die Verwendung der Mittel setzen. [2]Die tatsächliche Geschäftsführung gilt als ordnungsgemäß im Sinne des Absatzes 1, wenn die Körperschaft die Mittel innerhalb der Frist für steuerbegünstigte Zwecke verwendet.

(5)[1] [1]Körperschaften im Sinne des § 10b Absatz 1 Satz 2 Nummer 2 des Einkommensteuergesetzes dürfen Zuwendungsbestätigungen im Sinne des § 50 Absatz 1 der Einkommensteuer-Durchführungsverordnung nur ausstellen, wenn

1. das Datum der Anlage zum Körperschaftsteuerbescheid oder des Freistellungsbescheids nicht länger als fünf Jahre zurückliegt oder
2. die Feststellung der Satzungsmäßigkeit nach § 60a Absatz 1 nicht länger als drei Kalenderjahre zurückliegt und bisher kein Freistellungsbescheid oder keine Anlage zum Körperschaftsteuerbescheid erteilt wurde.

[2]Die Frist ist taggenau zu berechnen.

§ 64 Steuerpflichtige wirtschaftliche Geschäftsbetriebe. (1) Schließt das Gesetz die Steuervergünstigung insoweit aus, als ein wirtschaftlicher Geschäftsbetrieb (§ 14) unterhalten wird, so verliert die Körperschaft die Steuervergünstigung für die dem Geschäftsbetrieb zuzuordnenden Besteuerungsgrundlagen (Einkünfte, Umsätze, Vermögen), soweit der wirtschaftliche Geschäftsbetrieb kein Zweckbetrieb (§§ 65 bis 68) ist.

(2) Unterhält die Körperschaft mehrere wirtschaftliche Geschäftsbetriebe, die keine Zweckbetriebe (§§ 65 bis 68) sind, werden diese als ein wirtschaftlicher Geschäftsbetrieb behandelt.

(3) Übersteigen die Einnahmen einschließlich Umsatzsteuer aus wirtschaftlichen Geschäftsbetrieben, die keine Zweckbetriebe sind, insgesamt nicht 45 000 Euro[2] im Jahr, so unterliegen die diesen Geschäftsbetrieben zuzuord-

---

[1] § 63 Abs. 4 neu gef., Abs. 5 angef. mWv 29.3.2013 durch G v. 21.3.2013 (BGBl. I S. 556); Abs. 4 Satz 2 angef. mWv 31.7.2014 durch G v. 25.7.2014 (BGBl. I S. 1266).

[2] Betrag geänd. mWv 1.1.2007 (Art. 97 § 1d EGAO – Nr. **800a**) durch G v. 10.10.2007 (BGBl. I S. 2332); geänd. mWv 29.12.2020 durch G v. 21.12.2020 (BGBl. I S. 3096).

nenden Besteuerungsgrundlagen nicht der Körperschaftsteuer und der Gewerbesteuer.

(4) Die Aufteilung einer Körperschaft in mehrere selbständige Körperschaften zum Zweck der mehrfachen Inanspruchnahme der Steuervergünstigung nach Absatz 3 gilt als Missbrauch von rechtlichen Gestaltungsmöglichkeiten im Sinne des § 42.

(5) Überschüsse aus der Verwertung unentgeltlich erworbenen Altmaterials außerhalb einer ständig dafür vorgehaltenen Verkaufsstelle, die der Körperschaftsteuer und der Gewerbesteuer unterliegen, können in Höhe des branchenüblichen Reingewinns geschätzt werden.

(6)[1] Bei den folgenden steuerpflichtigen wirtschaftlichen Geschäftsbetrieben kann der Besteuerung ein Gewinn von 15 Prozent der Einnahmen zugrunde gelegt werden:
1. Werbung für Unternehmen, die im Zusammenhang mit der steuerbegünstigten Tätigkeit einschließlich Zweckbetrieben stattfindet,
2. Totalisatorbetriebe,
3. Zweite Fraktionierungsstufe der Blutspendedienste.

§ 65 Zweckbetrieb. Ein Zweckbetrieb ist gegeben, wenn
1. der wirtschaftliche Geschäftsbetrieb in seiner Gesamtrichtung dazu dient, die steuerbegünstigten satzungsmäßigen Zwecke der Körperschaft zu verwirklichen,
2. die Zwecke nur durch einen solchen Geschäftsbetrieb erreicht werden können und
3. der wirtschaftliche Geschäftsbetrieb zu nicht begünstigten Betrieben derselben oder ähnlicher Art nicht in größerem Umfang in Wettbewerb tritt, als es bei Erfüllung der steuerbegünstigten Zwecke unvermeidbar ist.

§ 66 Wohlfahrtspflege. (1) Eine Einrichtung der Wohlfahrtspflege ist ein Zweckbetrieb, wenn sie in besonderem Maß den in § 53 genannten Personen dient.

(2) [1]Wohlfahrtspflege ist die planmäßige, zum Wohle der Allgemeinheit und nicht des Erwerbs wegen ausgeübte Sorge für notleidende oder gefährdete Mitmenschen. [2]Die Sorge kann sich auf das gesundheitliche, sittliche, erzieherische oder wirtschaftliche Wohl erstrecken und Vorbeugung oder Abhilfe bezwecken.

(3) [1]Eine Einrichtung der Wohlfahrtspflege dient in besonderem Maße den in § 53 genannten Personen, wenn diesen mindestens zwei Drittel ihrer Leistungen zugute kommen. [2]Für Krankenhäuser gilt § 67.

§ 67[2] Krankenhäuser. (1) Ein Krankenhaus, das in den Anwendungsbereich des Krankenhausentgeltgesetzes oder der Bundespflegesatzverordnung

---

[1] § 64 Abs. 6 anzuwenden ab 1.1.2000 (Art. 97 § 1b EGAO – Nr. **800a**).
[2] § 67 Abs. 1 neu gef., Abs. 2 geänd. durch G v. 13.12.2006 (BGBl. I S. 2878); zur erstmaligen Anwendung siehe Art. 97 § 1c Abs. 3 EGAO (Nr. **800a**).

fällt, ist ein Zweckbetrieb, wenn mindestens 40 Prozent der jährlichen Belegungstage oder Berechnungstage auf Patienten entfallen, bei denen nur Entgelte für allgemeine Krankenhausleistungen (§ 7 des Krankenhausentgeltgesetzes, § 10 der Bundespflegesatzverordnung) berechnet werden.

(2) Ein Krankenhaus, das nicht in den Anwendungsbereich des Krankenhausentgeltgesetzes oder der Bundespflegesatzverordnung fällt, ist ein Zweckbetrieb, wenn mindestens 40 Prozent der jährlichen Belegungstage oder Berechnungstage auf Patienten entfallen, bei denen für die Krankenhausleistungen kein höheres Entgelt als nach Absatz 1 berechnet wird.

§ 67a[1] Sportliche Veranstaltungen. (1) [1]Sportliche Veranstaltungen eines Sportvereins sind ein Zweckbetrieb, wenn die Einnahmen einschließlich Umsatzsteuer insgesamt 45 000 Euro[2] im Jahr nicht übersteigen. [2]Der Verkauf von Speisen und Getränken sowie die Werbung gehören nicht zu den sportlichen Veranstaltungen.

(2) [1]Der Sportverein kann dem Finanzamt bis zur Unanfechtbarkeit des Körperschaftsteuerbescheids erklären, dass er auf die Anwendung des Absatzes 1 Satz 1 verzichtet. [2]Die Erklärung bindet den Sportverein für mindestens fünf Veranlagungszeiträume.

(3) [1]Wird auf die Anwendung des Absatzes 1 Satz 1 verzichtet, sind sportliche Veranstaltungen eines Sportvereins ein Zweckbetrieb, wenn

1. kein Sportler des Vereins teilnimmt, der für seine sportliche Betätigung oder für die Benutzung seiner Person, seines Namens, seines Bildes oder seiner sportlichen Betätigung zu Werbezwecken von dem Verein oder einem Dritten über eine Aufwandsentschädigung hinaus Vergütungen oder andere Vorteile erhält und
2. kein anderer Sportler teilnimmt, der für die Teilnahme an der Veranstaltung von dem Verein oder einem Dritten im Zusammenwirken mit dem Verein über eine Aufwandsentschädigung hinaus Vergütungen oder andere Vorteile erhält.

[2]Andere sportliche Veranstaltungen sind ein steuerpflichtiger wirtschaftlicher Geschäftsbetrieb. [3]Dieser schließt die Steuervergünstigung nicht aus, wenn die Vergütungen oder andere Vorteile ausschließlich aus wirtschaftlichen Geschäftsbetrieben, die nicht Zweckbetriebe sind, oder von Dritten geleistet werden.

[*ab 1.1.2021:*

(4) [1]Organisatorische Leistungen eines Sportdachverbandes zur Durchführung von sportlichen Veranstaltungen sind ein Zweckbetrieb, wenn an der sportlichen Veranstaltung überwiegend Sportler teilnehmen, die keine Lizenzsportler sind. [2]Alle sportlichen Veranstaltungen einer Saison einer Liga gelten als eine sportliche Veranstaltung im Sinne des Satzes 1. [3]Absatz 1 Satz 2 gilt entsprechend.]

---

[1] § 67a Abs. 4 angef. mWv 1.1.2021 durch G v. 11.12.2018 (BGBl. I S. 2338).

[2] Betrag geänd. mWv 1.1.2007 (Art. 97 § 1d EGAO – Nr. **800a**) durch G v. 10.10.2007 (BGBl. I S. 2332); geänd. mWv 1.1.2013 durch G v. 21.3.2013 (BGBl. I S. 556).

§ 68 Einzelne Zweckbetriebe. Zweckbetriebe sind auch:

1. a) Alten-, Altenwohn- und Pflegeheime, Erholungsheime, Mahlzeitendienste, wenn sie in besonderem Maß den in § 53 genannten Personen dienen (§ 66 Abs. 3),

   b) Kindergärten, Kinder-, Jugend- und Studentenheime, Schullandheime und Jugendherbergen,

   c)[1] Einrichtungen zur Versorgung, Verpflegung und Betreuung von Flüchtlingen. [2]Die Voraussetzungen des § 66 Absatz 2 sind zu berücksichtigen,

2. a) landwirtschaftliche Betriebe und Gärtnereien, die der Selbstversorgung von Körperschaften dienen und dadurch die sachgemäße Ernährung und ausreichende Versorgung von Anstaltsangehörigen sichern,

   b) andere Einrichtungen, die für die Selbstversorgung von Körperschaften erforderlich sind, wie Tischlereien, Schlossereien,

   wenn die Lieferungen und sonstigen Leistungen dieser Einrichtungen an Außenstehende dem Wert nach 20 Prozent der gesamten Lieferungen und sonstigen Leistungen des Betriebs – einschließlich der an die Körperschaften selbst bewirkten – nicht übersteigen,

3.[2] a) Werkstätten für behinderte Menschen, die nach den Vorschriften des Dritten Buches Sozialgesetzbuch förderungsfähig sind und Personen Arbeitsplätze bieten, die wegen ihrer Behinderung nicht auf dem allgemeinen Arbeitsmarkt tätig sein können,

   b) Einrichtungen für Beschäftigungs- und Arbeitstherapie, in denen behinderte Menschen aufgrund ärztlicher Indikationen außerhalb eines Beschäftigungsverhältnisses zum Träger der Therapieeinrichtung mit dem Ziel behandelt werden, körperliche oder psychische Grundfunktionen zum Zwecke der Wiedereingliederung in das Alltagsleben wiederherzustellen oder die besonderen Fähigkeiten und Fertigkeiten auszubilden, zu fördern und zu trainieren, die für eine Teilnahme am Arbeitsleben erforderlich sind, und

   c) Inklusionsbetriebe im Sinne des § 215 Absatz 1 des Neunten Buches Sozialgesetzbuch,[3] wenn mindestens 40 Prozent der Beschäftigten besonders betroffene schwerbehinderte Menschen im Sinne des § 215 Absatz 1 des Neunten Buches Sozialgesetzbuch sind; auf die Quote werden psychisch kranke Menschen im Sinne des § 215 Absatz 4 des Neunten Buches Sozialgesetzbuch[3] angerechnet,

4.[4] Einrichtungen, die zur Durchführung der Fürsorge für blinde Menschen, zur Durchführung der Fürsorge für körperbehinderte Menschen und zur

---

[1] § 68 Nr. 1 Buchst. c angef. mWv 29.12.2020 durch G v. 21.12.2020 (BGBl. I S. 3096).

[2] § 68 Nr. 3 neu gef. durch G v. 23.4.2004 (BGBl. I S. 606); zur erstmaligen Anwendung siehe Art. 97 § 1e Abs. 3 EGAO (Nr. **800a**); Nr. 3 Buchst. c 2. HS angef. mWv 1.8.2016 durch G v. 26.7.2016 (BGBl. I S. 1824); Buchst. c neu gef. mWv 1.1.2018 durch G v. 23.12.2016 (BGBl. I S. 3234).

[3] **Aichberger Sozialgesetzbuch Nr. 9.**

[4] § 68 Nr. 4 geänd. mWv 1.1.2017 durch G v. 20.12.2016 (BGBl. I S. 3000); geänd. mWv 29.12.2020 durch G v. 21.12.2020 (BGBl. I S. 3096).

Durchführung der Fürsorge für psychische und seelische Erkrankungen beziehungsweise Behinderungen unterhalten werden,

5.[1] Einrichtungen über Tag und Nacht (Heimerziehung) oder sonstige betreute Wohnformen,

6.[2] von den zuständigen Behörden genehmigte Lotterien und Ausspielungen, wenn der Reinertrag unmittelbar und ausschließlich zur Förderung mildtätiger, kirchlicher oder gemeinnütziger Zwecke verwendet wird,

7. kulturelle Einrichtungen, wie Museen, Theater, und kulturelle Veranstaltungen, wie Konzerte, Kunstausstellungen; dazu gehört nicht der Verkauf von Speisen und Getränken,

8. Volkshochschulen und andere Einrichtungen, soweit sie selbst Vorträge, Kurse und andere Veranstaltungen wissenschaftlicher oder belehrender Art durchführen; dies gilt auch, soweit die Einrichtungen den Teilnehmern dieser Veranstaltungen selbst Beherbergung und Beköstigung gewähren,

9. Wissenschafts- und Forschungseinrichtungen, deren Träger sich überwiegend aus Zuwendungen der öffentlichen Hand oder Dritter oder aus der Vermögensverwaltung finanziert. [2]Der Wissenschaft und Forschung dient auch die Auftragsforschung. [3]Nicht zum Zweckbetrieb gehören Tätigkeiten, die sich auf die Anwendung gesicherter wissenschaftlicher Erkenntnisse beschränken, die Übernahme von Projektträgerschaften sowie wirtschaftliche Tätigkeiten ohne Forschungsbezug.

Vierter Abschnitt: Haftung[3]

§ 69 Haftung der Vertreter. [1]Die in den §§ 34 und 35 bezeichneten Personen haften, soweit Ansprüche aus dem Steuerschuldverhältnis (§ 37) infolge vorsätzlicher oder grob fahrlässiger Verletzung der ihnen auferlegten Pflichten nicht oder nicht rechtzeitig festgesetzt oder erfüllt oder soweit infolgedessen Steuervergütungen oder Steuererstattungen ohne rechtlichen Grund gezahlt werden. [2]Die Haftung umfasst auch die infolge der Pflichtverletzung zu zahlenden Säumniszuschläge.

§ 70[4] Haftung des Vertretenen. (1) Wenn die in den §§ 34 und 35 bezeichneten Personen bei Ausübung ihrer Obliegenheiten eine Steuerhinterziehung oder eine leichtfertige Steuerverkürzung begehen oder an einer Steuerhinterziehung teilnehmen und hierdurch Steuerschuldner oder Haftende werden, so haften die Vertretenen, soweit sie nicht Steuerschuldner sind, für die durch die Tat verkürzten Steuern und die zu Unrecht gewährten Steuervorteile.

(2) [1]Absatz 1 ist nicht anzuwenden bei Taten gesetzlicher Vertreter natürlicher Personen, wenn diese aus der Tat des Vertreters keinen Vermögensvor-

[1] § 68 Nr. 5 neu gef. mWv 1.1.2014 durch G v. 26.6.2013 (BGBl. I S. 1809).

[2] § 68 Nr. 6 erstmals anzuwenden ab 1.1.2000 (Art. 97 § 1e Abs. 1 EGAO – Nr. **800a**).

[3] Zur Anwendung in den neuen Bundesländern siehe Art. 97a § 2 Nr. 6 EGAO (Nr. **800a**).

[4] Zu § 70 siehe Art. 97a § 3 Abs. 3 EGAO (Nr. **800a**).

teil erlangt haben. [2]Das Gleiche gilt, wenn die Vertretenen denjenigen, der die Steuerhinterziehung oder die leichtfertige Steuerverkürzung begangen hat, sorgfältig ausgewählt und beaufsichtigt haben.

§ 71[1)] Haftung des Steuerhinterziehers und des Steuerhehlers. Wer eine Steuerhinterziehung oder eine Steuerhehlerei begeht oder an einer solchen Tat teilnimmt, haftet für die verkürzten Steuern und die zu Unrecht gewährten Steuervorteile sowie für die Zinsen nach § 235 und die Zinsen nach § 233a, soweit diese nach § 235 Absatz 4 auf die Hinterziehungszinsen angerechnet werden.[2)]

§ 72 Haftung bei Verletzung der Pflicht zur Kontenwahrheit. Wer vorsätzlich oder grob fahrlässig der Vorschrift des § 154 Abs. 3 zuwiderhandelt, haftet, soweit dadurch die Verwirklichung von Ansprüchen aus dem Steuerschuldverhältnis beeinträchtigt wird.

§ 72a[3)] Haftung Dritter bei Datenübermittlungen an Finanzbehörden. (1) [1]Der Hersteller von Programmen im Sinne des § 87c haftet, soweit die Daten infolge einer Verletzung seiner Pflichten nach § 87c unrichtig oder unvollständig verarbeitet und dadurch Steuern verkürzt oder zu Unrecht steuerliche Vorteile erlangt werden. [2]Die Haftung entfällt, soweit der Hersteller nachweist, dass die Pflichtverletzung nicht auf grober Fahrlässigkeit oder Vorsatz beruht.

(2)[4)] [1]Wer als Auftragnehmer (§ 87d) Programme zur Verarbeitung von Daten im Auftrag im Sinne des § 87c einsetzt, haftet, soweit

1. auf Grund unrichtiger oder unvollständiger Übermittlung Steuern verkürzt oder zu Unrecht steuerliche Vorteile erlangt werden oder
2. er seine Pflichten nach § 87d Absatz 2 verletzt hat und auf Grund der von ihm übermittelten Daten Steuern verkürzt oder zu Unrecht steuerliche Vorteile erlangt werden.

[2]Die Haftung entfällt, soweit der Auftragnehmer nachweist, dass die unrichtige oder unvollständige Übermittlung der Daten oder die Verletzung der Pflichten nach § 87d Absatz 2 nicht auf grober Fahrlässigkeit oder Vorsatz beruht.

(3) Die Absätze 1 und 2 gelten nicht für Zusammenfassende Meldungen im Sinne des § 18a Absatz 1 des Umsatzsteuergesetzes.

(4) Wer nach Maßgabe des § 93c Daten an die Finanzbehörden zu übermitteln hat und vorsätzlich oder grob fahrlässig

1. unrichtige oder unvollständige Daten übermittelt oder
2. Daten pflichtwidrig nicht übermittelt,

haftet für die entgangene Steuer.

---

1) Zu § 71 siehe Art. 97a § 3 Abs. 3 EGAO (Nr. **800a**).

2) § 71 ergänzt mWv 1.1.2017 durch G v. 18.7.2016 (BGBl. I S. 1679); zur Anwendung s. Art. 97 § 11 Abs. 3 EGAO (Nr. **800a**).

3) § 72a eingef. durch G v. 18.7.2016 (BGBl. I S. 1679); zur Anwendung siehe Art. 97 § 27 Abs. 1 (zu Abs. 1 bis 3) u. Abs. 2 (zu Abs. 4) EGAO (Nr. **800a**).

4) § 72a Abs. 2 Satz 1 geänd. mWv 25.5.2018 durch G v. 17.7.2017 (BGBl. I S. 2541).

§ 73[1] **Haftung bei Organschaft.** [1]Eine Organgesellschaft haftet für solche Steuern des Organträgers, für welche die Organschaft zwischen ihnen steuerlich von Bedeutung ist. [2]Haftet eine Organgesellschaft, die selbst Organträger ist, nach Satz 1, haften ihre Organgesellschaften neben ihr ebenfalls nach Satz 1. [3]Den Steuern stehen die Ansprüche auf Erstattung von Steuervergütungen gleich.

§ 74 Haftung des Eigentümers von Gegenständen. (1) [1]Gehören Gegenstände, die einem Unternehmen dienen, nicht dem Unternehmer, sondern einer an dem Unternehmen wesentlich beteiligten Person, so haftet der Eigentümer der Gegenstände mit diesen für diejenigen Steuern des Unternehmens, bei denen sich die Steuerpflicht auf den Betrieb des Unternehmens gründet. [2]Die Haftung erstreckt sich jedoch nur auf die Steuern, die während des Bestehens der wesentlichen Beteiligung entstanden sind. [3]Den Steuern stehen die Ansprüche auf Erstattung von Steuervergütungen gleich.

(2) [1]Eine Person ist an dem Unternehmen wesentlich beteiligt, wenn sie unmittelbar oder mittelbar zu mehr als einem Viertel am Grund- oder Stammkapital oder am Vermögen des Unternehmens beteiligt ist. [2]Als wesentlich beteiligt gilt auch, wer auf das Unternehmen einen beherrschenden Einfluss ausübt und durch sein Verhalten dazu beiträgt, dass fällige Steuern im Sinne des Absatzes 1 Satz 1 nicht entrichtet werden.

§ 75 Haftung des Betriebsübernehmers. (1) [1]Wird ein Unternehmen oder ein in der Gliederung eines Unternehmens gesondert geführter Betrieb im Ganzen übereignet, so haftet der Erwerber für Steuern, bei denen sich die Steuerpflicht auf den Betrieb des Unternehmens gründet, und für Steuerabzugsbeträge, vorausgesetzt, dass die Steuern seit dem Beginn des letzten, vor der Übereignung liegenden Kalenderjahrs entstanden sind und bis zum Ablauf von einem Jahr nach Anmeldung des Betriebs durch den Erwerber festgesetzt oder angemeldet werden. [2]Die Haftung beschränkt sich auf den Bestand des übernommenen Vermögens. [3]Den Steuern stehen die Ansprüche auf Erstattung von Steuervergütungen gleich.

(2)[2] Absatz 1 gilt nicht für Erwerbe aus einer Insolvenzmasse und für Erwerbe im Vollstreckungsverfahren.

§ 76 Sachhaftung. (1) Verbrauchsteuerpflichtige Waren und einfuhr- und ausfuhrabgabenpflichtige Waren dienen ohne Rücksicht auf die Rechte Dritter als Sicherheit für die darauf ruhenden Steuern (Sachhaftung).

(2) Die Sachhaftung entsteht bei einfuhr- und ausfuhrabgaben- oder verbrauchsteuerpflichtigen Waren, wenn nichts anderes vorgeschrieben ist, mit ihrem Verbringen in den Geltungsbereich dieses Gesetzes, bei verbrauchsteuerpflichtigen Waren auch mit Beginn ihrer Gewinnung oder Herstellung.

---

[1] § 73 Satz 2 eingef., bish. Satz 2 wird Satz 3 durch G v. 12.12.2019 (BGBl. I S. 2451); zur Anwendung siehe Art. 97 § 11 Abs. 4 EGAO (Nr. **800a**).

[2] Zur Anwendung siehe Art. 97 § 11a EGAO (Nr. **800a**).

(3) [1]Solange die Steuer nicht entrichtet ist, kann die Finanzbehörde die Waren mit Beschlag belegen. [2]Als Beschlagnahme genügt das Verbot an den, der die Waren im Gewahrsam hat, über sie zu verfügen.

(4) [1]Die Sachhaftung erlischt mit der Steuerschuld. [2]Sie erlischt ferner mit der Aufhebung der Beschlagnahme oder dadurch, dass die Waren mit Zustimmung der Finanzbehörde in einen steuerlich nicht beschränkten Verkehr übergehen.

(5) Von der Geltendmachung der Sachhaftung wird abgesehen, wenn die Waren dem Verfügungsberechtigten abhanden gekommen sind und die verbrauchsteuerpflichtigen Waren in einen Herstellungsbetrieb aufgenommen oder die einfuhr- und ausfuhrabgabenpflichtigen Waren eine zollrechtliche Bestimmung erhalten.

§ 77 Duldungspflicht. (1) Wer kraft Gesetzes verpflichtet ist, eine Steuer aus Mitteln, die seiner Verwaltung unterliegen, zu entrichten, ist insoweit verpflichtet, die Vollstreckung in dieses Vermögen zu dulden.

(2) [1]Wegen einer Steuer, die als öffentliche Last auf Grundbesitz ruht, hat der Eigentümer die Zwangsvollstreckung in den Grundbesitz zu dulden. [2]Zugunsten der Finanzbehörde gilt als Eigentümer, wer als solcher im Grundbuch eingetragen ist. [3]Das Recht des nicht eingetragenen Eigentümers, die ihm gegen die öffentliche Last zustehenden Einwendungen geltend zu machen, bleibt unberührt.

Dritter Teil. Allgemeine Verfahrensvorschriften

Erster Abschnitt: Verfahrensgrundsätze

1. Unterabschnitt: Beteiligung am Verfahren

§ 78 Beteiligte. Beteiligte sind
1. Antragsteller und Antragsgegner,
2. diejenigen, an die die Finanzbehörde den Verwaltungsakt richten will oder gerichtet hat,
3. diejenigen, mit denen die Finanzbehörde einen öffentlich-rechtlichen Vertrag schließen will oder geschlossen hat.

§ 79 Handlungsfähigkeit. (1) Fähig zur Vornahme von Verfahrenshandlungen sind:
1. natürliche Personen, die nach bürgerlichem Recht geschäftsfähig sind,
2. natürliche Personen, die nach bürgerlichem Recht in der Geschäftsfähigkeit beschränkt sind, soweit sie für den Gegenstand des Verfahrens durch Vorschriften des bürgerlichen Rechts als geschäftsfähig oder durch Vorschriften des öffentlichen Rechts als handlungsfähig anerkannt sind,

3. juristische Personen, Vereinigungen oder Vermögensmassen durch ihre gesetzlichen Vertreter oder durch besonders Beauftragte,
4. Behörden durch ihre Leiter, deren Vertreter oder Beauftragte.

(2) Betrifft ein Einwilligungsvorbehalt nach § 1903 des Bürgerlichen Gesetzbuchs den Gegenstand des Verfahrens, so ist ein geschäftsfähiger Betreuter nur insoweit zur Vornahme von Verfahrenshandlungen fähig, als er nach den Vorschriften des bürgerlichen Rechts ohne Einwilligung des Betreuers handeln kann oder durch Vorschriften des öffentlichen Rechts als handlungsfähig anerkannt ist.

(3) Die §§ 53 und 55 der Zivilprozessordnung gelten entsprechend.

§ 80[1)] **Bevollmächtigte und Beistände.** (1) [1]Ein Beteiligter kann sich durch einen Bevollmächtigten vertreten lassen. [2]Die Vollmacht ermächtigt zu allen das Verwaltungsverfahren betreffenden Verfahrenshandlungen, sofern sich aus ihrem Inhalt nicht etwas anderes ergibt; sie ermächtigt nicht zum Empfang von Steuererstattungen und Steuervergütungen. [3]Ein Widerruf der Vollmacht wird der Finanzbehörde gegenüber erst wirksam, wenn er ihr zugeht; [4]Gleiches gilt für eine Veränderung der Vollmacht.

(2) [1]Bei Personen und Vereinigungen im Sinne der §§ 3 und 4 Nummer 11 des Steuerberatungsgesetzes, die für den Steuerpflichtigen handeln, wird eine ordnungsgemäße Bevollmächtigung vermutet. [2]Für den Abruf von bei den Landesfinanzbehörden zum Vollmachtgeber gespeicherten Daten wird eine ordnungsgemäße Bevollmächtigung nur nach Maßgabe des § 80a Absatz 2 und 3 vermutet.

(3) Die Finanzbehörde kann auch ohne Anlass den Nachweis der Vollmacht verlangen.

(4) [1]Die Vollmacht wird weder durch den Tod des Vollmachtgebers noch durch eine Veränderung in seiner Handlungsfähigkeit oder durch eine Veränderung seiner gesetzlichen Vertretung aufgehoben. [2]Der Bevollmächtigte hat jedoch, wenn er für den Rechtsnachfolger im Verwaltungsverfahren auftritt, dessen Vollmacht auf Verlangen nachzuweisen.

(5) [1]Ist für das Verfahren ein Bevollmächtigter bestellt, so soll sich die Finanzbehörde an ihn wenden. [2]Sie kann sich an den Beteiligten selbst wenden, soweit er zur Mitwirkung verpflichtet ist. [3]Wendet sich die Finanzbehörde an den Beteiligten, so soll der Bevollmächtigte verständigt werden. [4]Für die Bekanntgabe von Verwaltungsakten an einen Bevollmächtigten gilt § 122 Absatz 1 Satz 3 und 4.

(6) [1]Ein Beteiligter kann zu Verhandlungen und Besprechungen mit einem Beistand erscheinen. [2]Das von dem Beistand Vorgetragene gilt als von dem Beteiligten vorgebracht, soweit dieser nicht unverzüglich widerspricht.

(7) [1]Soweit ein Bevollmächtigter geschäftsmäßig Hilfe in Steuersachen leistet, ohne dazu befugt zu sein, ist er mit Wirkung für alle anhängigen und künftigen Verwaltungsverfahren des Vollmachtgebers im Zuständigkeitsbereich der Fi-

[1)] § 80 neu gef. mWv 1.1.2017 durch G v. 18.7.2016 (BGBl. I S. 1679); zur Anwendung s. auch Art. 97 § 1 Abs. 11 EGAO (Nr. **800a**).

nanzbehörde zurückzuweisen. [2]Die Zurückweisung ist dem Vollmachtgeber und dem Bevollmächtigten bekannt zu geben. [3]Die Finanzbehörde ist befugt, andere Finanzbehörden über die Zurückweisung des Bevollmächtigten zu unterrichten.

(8) [1]Ein Bevollmächtigter kann von einem schriftlichen, elektronischen oder mündlichen Vortrag zurückgewiesen werden, soweit er hierzu ungeeignet ist. [2]Dies gilt nicht für die in § 3 Nummer 1, § 4 Nummer 1 und 2 und § 23 Absatz 3 des Steuerberatungsgesetzes bezeichneten natürlichen Personen sowie natürliche Personen, die für eine Landwirtschaftliche Buchstelle tätig und nach § 44 des Steuerberatungsgesetzes[1)] berechtigt sind, die Berufsbezeichnung „Landwirtschaftliche Buchstelle" zu führen. [3]Die Zurückweisung ist dem Vollmachtgeber und dem Bevollmächtigten bekannt zu geben.

(9)[2)] [1]Soweit ein Beistand geschäftsmäßig Hilfe in Steuersachen leistet, ohne dazu befugt zu sein, ist er mit Wirkung für alle anhängigen und künftigen Verwaltungsverfahren des Steuerpflichtigen im Zuständigkeitsbereich der Finanzbehörde zurückzuweisen; Absatz 7 Satz 2 und 3 gilt entsprechend. [2]Ferner kann er vom schriftlichen, elektronischen oder mündlichen Vortrag zurückgewiesen werden, falls er zu einem sachgemäßen Vortrag nicht fähig oder willens ist; Absatz 8 Satz 2 und 3 gilt entsprechend.

(10) Verfahrenshandlungen, die ein Bevollmächtigter oder ein Beistand vornimmt, nachdem ihm die Zurückweisung bekannt gegeben worden ist, sind unwirksam.

§ 80a[3)] Elektronische Übermittlung von Vollmachtsdaten an Landesfinanzbehörden. (1) [1]Daten aus einer Vollmacht zur Vertretung in steuerlichen Verfahren, die nach amtlich bestimmtem Formular erteilt worden sind, können den Landesfinanzbehörden nach amtlich vorgeschriebenem Datensatz über die amtlich bestimmten Schnittstellen übermittelt werden. [2]Im Datensatz ist auch anzugeben, ob der Vollmachtgeber den Bevollmächtigten zum Empfang von für ihn bestimmten Verwaltungsakten oder zum Abruf von bei den Finanzbehörden zu seiner Person gespeicherten Daten ermächtigt hat. [3]Die übermittelten Daten müssen der erteilten Vollmacht entsprechen. [4]Wird eine Vollmacht, die nach Satz 1 übermittelt worden ist, vom Vollmachtgeber gegenüber dem Bevollmächtigten widerrufen oder verändert, muss der Bevollmächtigte dies unverzüglich den Landesfinanzbehörden nach amtlich vorgeschriebenem Datensatz mitteilen.

(2) [1]Werden die Vollmachtsdaten von einem Bevollmächtigten, der nach § 3 des Steuerberatungsgesetzes zur geschäftsmäßigen Hilfeleistung in Steuersachen befugt ist, nach Maßgabe des Absatzes 1 übermittelt, so wird eine Bevollmächtigung im mitgeteilten Umfang vermutet, wenn die zuständige Kammer sicherstellt, dass Vollmachtsdaten nur von den Bevollmächtigten

---

[1)] Nr. **840**.

[2)] § 80 Abs. 9 neu gef. durch G v. 12.12.2019 (BGBl. I S. 2451); zur Anwendung siehe Art. 97 § 1 Abs. 13 EGAO (Nr. **800a**).

[3)] § 80a eingef. mWv 1.1.2017 durch G v. 18.7.2016 (BGBl. I S. 1679); zur Anwendung s. auch Art. 97 § 1 Abs. 11 EGAO (Nr. **800a**).

übermittelt werden, die zur geschäftsmäßigen Hilfeleistung in Steuersachen befugt sind. [2]Die für den Bevollmächtigten zuständige Kammer hat den Landesfinanzbehörden in diesem Fall auch den Wegfall einer Zulassung unverzüglich nach amtlich vorgeschriebenem Datensatz mitzuteilen.

(3) Absatz 2 gilt entsprechend für Vollmachtsdaten, die von einem anerkannten Lohnsteuerhilfeverein im Sinne des § 4 Nummer 11 des Steuerberatungsgesetzes übermittelt werden, sofern die für die Aufsicht zuständige Stelle in einem automatisierten Verfahren die Zulassung zur Hilfe in Steuersachen bestätigt.

§ 81 Bestellung eines Vertreters von Amts wegen. (1) Ist ein Vertreter nicht vorhanden, so hat das Betreuungsgericht, für einen minderjährigen Beteiligten das Familiengericht[1)] auf Ersuchen der Finanzbehörde einen geeigneten Vertreter zu bestellen

1. für einen Beteiligten, dessen Person unbekannt ist,
2. für einen abwesenden Beteiligten, dessen Aufenthalt unbekannt ist oder der an der Besorgung seiner Angelegenheiten verhindert ist,
3.[2)] für einen Beteiligten ohne Aufenthalt
   a) im Inland,
   b) in einem anderen Mitgliedstaat der Europäischen Union oder
   c) in einem anderen Staat, auf den das Abkommen über den Europäischen Wirtschaftsraum anzuwenden ist,

   wenn er der Aufforderung der Finanzbehörde, einen Vertreter zu bestellen, innerhalb der ihm gesetzten Frist nicht nachgekommen ist,
4. für einen Beteiligten, der infolge einer psychischen Krankheit oder körperlichen, geistigen oder seelischen Behinderung nicht in der Lage ist, in dem Verwaltungsverfahren selbst tätig zu werden,
5. bei herrenlosen Sachen, auf die sich das Verfahren bezieht, zur Wahrung der sich in Bezug auf die Sache ergebenden Rechte und Pflichten.

(2) Für die Bestellung des Vertreters ist in den Fällen des Absatzes 1 Nr. 4 das Betreuungsgericht, für einen minderjährigen Beteiligten das Familiengericht[3)] zuständig, in dessen Bezirk der Beteiligte seinen gewöhnlichen Aufenthalt (§ 272 Abs. 1 Nr. 2 des Gesetzes über das Verfahren in Familiensachen und in den Angelegenheiten der freiwilligen Gerichtsbarkeit)[3)] hat; im Übrigen ist das Gericht[3)] zuständig, in dessen Bezirk die ersuchende Finanzbehörde ihren Sitz hat.

(3) [1]Der Vertreter hat gegen den Rechtsträger der Finanzbehörde, die um seine Bestellung ersucht hat, Anspruch auf eine angemessene Vergütung und auf die Erstattung seiner baren Auslagen. [2]Die Finanzbehörde kann von dem Vertretenen Ersatz ihrer Aufwendungen verlangen. [3]Sie bestimmt die Vergütung und stellt die Auslagen und Aufwendungen fest.

[1)] § 81 Abs. 1 geänd. mWv 1.9.2009 durch G v. 17.12.2008 (BGBl. I S. 2586).

[2)] § 81 Abs. 1 Nr. 3 neu gef. mWv 23.7.2016 durch G v. 18.7.2016 (BGBl. I S. 1679); zur Anwendung s. auch Art. 97 § 1 Abs. 11 EGAO (Nr. **800a**).

[3)] § 81 Abs. 2 geänd. mWv 1.9.2009 durch G v. 17.12.2008 (BGBl. I S. 2586).

(4) Im Übrigen gelten für die Bestellung und für das Amt des Vertreters in den Fällen des Absatzes 1 Nr. 4 die Vorschriften über die Betreuung, in den übrigen Fällen die Vorschriften über die Pflegschaft entsprechend.

2. Unterabschnitt: Ausschließung und Ablehnung von Amtsträgern und anderen Personen

§ 82 Ausgeschlossene Personen. (1) [1] In einem Verwaltungsverfahren darf für eine Finanzbehörde nicht tätig werden,

1. wer selbst Beteiligter ist,
2. wer Angehöriger (§ 15) eines Beteiligten ist,
3. wer einen Beteiligten kraft Gesetzes oder Vollmacht allgemein oder in diesem Verfahren vertritt,
4. wer Angehöriger (§ 15) einer Person ist, die für einen Beteiligten in diesem Verfahren Hilfe in Steuersachen leistet,
5. wer bei einem Beteiligten gegen Entgelt beschäftigt ist oder bei ihm als Mitglied des Vorstands, des Aufsichtsrats oder eines gleichartigen Organs tätig ist; dies gilt nicht für den, dessen Anstellungskörperschaft Beteiligte ist,
6. wer außerhalb seiner amtlichen Eigenschaft in der Angelegenheit ein Gutachten abgegeben hat oder sonst tätig geworden ist.

[2] Dem Beteiligten steht gleich, wer durch die Tätigkeit oder durch die Entscheidung einen unmittelbaren Vorteil oder Nachteil erlangen kann. [3] Dies gilt nicht, wenn der Vor- oder Nachteil nur darauf beruht, dass jemand einer Berufs- oder Bevölkerungsgruppe angehört, deren gemeinsame Interessen durch die Angelegenheit berührt werden.

(2) Wer nach Absatz 1 ausgeschlossen ist, darf bei Gefahr im Verzug unaufschiebbare Maßnahmen treffen.

(3)[1)] [1] Hält sich ein Mitglied eines Ausschusses für ausgeschlossen oder bestehen Zweifel, ob die Voraussetzungen des Absatzes 1 gegeben sind, ist dies dem Vorsitzenden des Ausschusses mitzuteilen. [2] Der Ausschuss entscheidet über den Ausschluss. [3] Die betroffene Person darf an dieser Entscheidung nicht mitwirken. [4] Das ausgeschlossene Mitglied darf bei der weiteren Beratung und Beschlussfassung nicht zugegen sein.

§ 83 Besorgnis der Befangenheit. (1) [1] Liegt ein Grund vor, der geeignet ist, Misstrauen gegen die Unparteilichkeit des Amtsträgers zu rechtfertigen oder wird von einem Beteiligten das Vorliegen eines solchen Grundes behauptet, so hat der Amtsträger den Leiter der Behörde oder den von ihm Beauftragten zu unterrichten und sich auf dessen Anordnung der Mitwirkung zu enthalten. [2] Betrifft die Besorgnis der Befangenheit den Leiter der Behörde, so trifft diese Anordnung die Aufsichtsbehörde, sofern sich der Behördenleiter nicht selbst einer Mitwirkung enthält.

(2) Bei Mitgliedern eines Ausschusses ist sinngemäß nach § 82 Abs. 3 zu verfahren.

---

1) § 82 Abs. 3 Satz 3 geänd. mWv 26.11.2019 durch G v. 20.11.2019 (BGBl. I S. 1626).

§ 84 Ablehnung von Mitgliedern eines Ausschusses. [1]Jeder Beteiligte kann ein Mitglied eines in einem Verwaltungsverfahren tätigen Ausschusses ablehnen, das in diesem Verwaltungsverfahren nicht tätig werden darf (§ 82) oder bei dem die Besorgnis der Befangenheit besteht (§ 83). [2]Eine Ablehnung vor einer mündlichen Verhandlung ist schriftlich oder zur Niederschrift zu erklären. [3]Die Erklärung ist unzulässig, wenn sich der Beteiligte, ohne den ihm bekannten Ablehnungsgrund geltend zu machen, in eine mündliche Verhandlung eingelassen hat. [4]Für die Entscheidung über die Ablehnung gilt § 82 Abs. 3 Sätze 2 bis 4. [5]Die Entscheidung über das Ablehnungsgesuch kann nur zusammen mit der Entscheidung angefochten werden, die das Verfahren vor dem Ausschuss abschließt.

3. Unterabschnitt: Besteuerungsgrundsätze, Beweismittel

I. Allgemeines

§ 85 Besteuerungsgrundsätze. [1]Die Finanzbehörden haben die Steuern nach Maßgabe der Gesetze gleichmäßig festzusetzen und zu erheben. [2]Insbesondere haben sie sicherzustellen, dass Steuern nicht verkürzt, zu Unrecht erhoben oder Steuererstattungen und Steuervergütungen nicht zu Unrecht gewährt oder versagt werden.

§ 86 Beginn des Verfahrens. [1]Die Finanzbehörde entscheidet nach pflichtgemäßem Ermessen, ob und wann sie ein Verwaltungsverfahren durchführt. [2]Dies gilt nicht, wenn die Finanzbehörde auf Grund von Rechtsvorschriften

1. von Amts wegen oder auf Antrag tätig werden muss,
2. nur auf Antrag tätig werden darf und ein Antrag nicht vorliegt.

§ 87[1)] Amtssprache. (1) Die Amtssprache ist deutsch.

(2) [1]Werden bei einer Finanzbehörde in einer fremden Sprache Anträge gestellt oder Eingaben, Belege, Urkunden oder sonstige Dokumente vorgelegt, kann die Finanzbehörde verlangen, dass unverzüglich eine Übersetzung vorgelegt wird. [2]In begründeten Fällen kann die Vorlage einer beglaubigten oder von einem öffentlich bestellten oder beeidigten Dolmetscher oder Übersetzer angefertigten Übersetzung verlangt werden. [3]Wird die verlangte Übersetzung nicht unverzüglich vorgelegt, so kann die Finanzbehörde auf Kosten des Beteiligten selbst eine Übersetzung beschaffen. [4]Hat die Finanzbehörde Dolmetscher oder Übersetzer herangezogen, erhalten diese eine Vergütung in entsprechender Anwendung des Justizvergütungs- und -entschädigungsgesetzes[2)].

(3) Soll durch eine Anzeige, einen Antrag oder die Abgabe einer Willenserklärung eine Frist in Lauf gesetzt werden, innerhalb deren die Finanzbehörde in einer bestimmten Weise tätig werden muss, und gehen diese in einer fremden Sprache ein, so beginnt der Lauf der Frist erst mit dem Zeitpunkt, in dem der Finanzbehörde eine Übersetzung vorliegt.

[1)] § 87 Abs. 2 Satz 4 geänd. mWv 1.7.2004 durch G v. 5.5.2004 (BGBl. I S. 718).
[2)] **Schönfelder Nr. 116.**

(4) [1]Soll durch eine Anzeige, einen Antrag oder eine Willenserklärung, die in fremder Sprache eingehen, zugunsten eines Beteiligten eine Frist gegenüber der Finanzbehörde gewahrt, ein öffentlich-rechtlicher Anspruch geltend gemacht oder eine Leistung begehrt werden, so gelten die Anzeige, der Antrag oder die Willenserklärung als zum Zeitpunkt des Eingangs bei der Finanzbehörde abgegeben, wenn auf Verlangen der Finanzbehörde innerhalb einer von dieser zu setzenden angemessenen Frist eine Übersetzung vorgelegt wird. [2]Andernfalls ist der Zeitpunkt des Eingangs der Übersetzung maßgebend, soweit sich nicht aus zwischenstaatlichen Vereinbarungen etwas anderes ergibt. [3]Auf diese Rechtsfolge ist bei der Fristsetzung hinzuweisen.

§ 87a Elektronische Kommunikation. (1)[1)] [1]Die Übermittlung elektronischer Dokumente ist zulässig, soweit der Empfänger hierfür einen Zugang eröffnet. [2]Ein elektronisches Dokument ist zugegangen, sobald die für den Empfang bestimmte Einrichtung es in für den Empfänger bearbeitbarer Weise aufgezeichnet hat; § 122 Absatz 2a sowie die §§ 122a und 123 Satz 2 und 3 bleiben unberührt. [3]Übermittelt die Finanzbehörde Daten, die dem Steuergeheimnis unterliegen, sind diese Daten mit einem geeigneten Verfahren zu verschlüsseln; soweit alle betroffenen Personen schriftlich eingewilligt haben, kann auf eine Verschlüsselung verzichtet werden. [4]Die kurzzeitige automatisierte Entschlüsselung, die beim Versenden einer De-Mail-Nachricht durch den akkreditierten Diensteanbieter zum Zweck der Überprüfung auf Schadsoftware und zum Zweck der Weiterleitung an den Adressaten der De-Mail-Nachricht erfolgt, verstößt nicht gegen das Verschlüsselungsgebot des Satzes 3. [5]Eine elektronische Benachrichtigung über die Bereitstellung von Daten zum Abruf oder über den Zugang elektronisch an die Finanzbehörden übermittelter Daten darf auch ohne Verschlüsselung übermittelt werden.

(2) [1]Ist ein der Finanzbehörde übermitteltes elektronisches Dokument für sie zur Bearbeitung nicht geeignet, hat sie dies dem Absender unter Angabe der für sie geltenden technischen Rahmenbedingungen unverzüglich mitzuteilen. [2]Macht ein Empfänger geltend, er könne das von der Finanzbehörde übermittelte elektronische Dokument nicht bearbeiten, hat sie es ihm erneut in einem geeigneten elektronischen Format oder als Schriftstück zu übermitteln.

(3)[2)] [1]Eine durch Gesetz für Anträge, Erklärungen oder Mitteilungen an die Finanzbehörden angeordnete Schriftform kann, soweit nicht durch Gesetz etwas anderes bestimmt ist, durch die elektronische Form ersetzt werden. [2]Der elektronischen Form genügt ein elektronisches Dokument, das mit einer qualifizierten elektronischen Signatur versehen ist. [3]Bei der Signierung darf eine Person ein Pseudonym nur verwenden, wenn sie ihre Identität der Finanzbehörde nachweist. [4]Die Schriftform kann auch ersetzt werden

---

[1)] § 87a Abs. 1 Satz 4 angef. mWv 1.8.2013 durch G v. 25.7.2013 (BGBl. I S. 2749); Abs. 1 Satz 2 ergänzt, Satz 5 angef. mWv 1.1.2017 durch G v. 18.7.2016 (BGBl. I S. 1679); zur Anwendung s. auch Art. 97 § 1 Abs. 11 EGAO (Nr. **800a**); Abs. 1 Satz 3 HS 2 angef. durch G v. 12.12.2019 (BGBl. I S. 2451); zur Anwendung siehe Art. 97 § 1 Abs. 13 EGAO (Nr. **800a**).

[2)] § 87a Abs. 3 neu gef. mWv 1.8.2013 (Nr. 2 mWv 1.7.2014) durch G v. 25.7.2013 (BGBl. I S. 2749); Satz 2 geänd., Satz 3 neu gef. mWv 29.7.2017 durch G v. 18.7.2017 (BGBl. I S. 2745); Satz 5 geänd. mWv 12.12.2020 durch G v. 3.12.2020 (BGBl. I S. 2744).

1. durch unmittelbare Abgabe der Erklärung in einem elektronischen Formular, das von der Behörde in einem Eingabegerät oder über öffentlich zugängliche Netze zur Verfügung gestellt wird;
2. durch Versendung eines elektronischen Dokuments an die Behörde mit der Versandart nach § 5 Absatz 5 des De-Mail-Gesetzes.

5 In den Fällen des Satzes 4 Nummer 1 muss bei einer Eingabe über öffentlich zugängliche Netze ein elektronischer Identitätsnachweis nach § 18 des Personalausweisgesetzes, nach § 12 des eID-Karte-Gesetzes oder nach § 78 Absatz 5 des Aufenthaltsgesetzes erfolgen.

(4)[1] 1 Eine durch Gesetz für Verwaltungsakte oder sonstige Maßnahmen der Finanzbehörden angeordnete Schriftform kann, soweit nicht durch Gesetz etwas anderes bestimmt ist, durch die elektronische Form ersetzt werden. 2 Der elektronischen Form genügt ein elektronisches Dokument, das mit einer qualifizierten elektronischen Signatur versehen ist. 3 Die Schriftform kann auch ersetzt werden durch Versendung einer De-Mail-Nachricht nach § 5 Absatz 5 des De-Mail-Gesetzes, bei der die Bestätigung des akkreditierten Diensteanbieters die erlassende Finanzbehörde als Nutzer des De-Mail-Kontos erkennen lässt. 4 Für von der Finanzbehörde aufzunehmende Niederschriften gelten die Sätze 1 und 3 nur, wenn dies durch Gesetz ausdrücklich zugelassen ist.

(5)[2] 1 Ist ein elektronisches Dokument Gegenstand eines Beweises, wird der Beweis durch Vorlegung oder Übermittlung der Datei angetreten; befindet diese sich nicht im Besitz des Steuerpflichtigen oder der Finanzbehörde, gilt § 97 entsprechend. 2 Für die Beweiskraft elektronischer Dokumente gilt § 371a der Zivilprozessordnung entsprechend.

(6)[3] 1 Soweit nichts anderes bestimmt ist, ist bei der elektronischen Übermittlung von amtlich vorgeschriebenen Datensätzen an Finanzbehörden ein sicheres Verfahren zu verwenden, das den Datenübermittler authentifiziert und die Vertraulichkeit und Integrität des Datensatzes gewährleistet. 2 Nutzt der Datenübermittler zur Authentisierung seinen elektronischen Identitätsnachweis nach § 18 des Personalausweisgesetzes, nach § 12 des eID-Karte-Gesetzes oder nach § 78 Absatz 5 des Aufenthaltsgesetzes, so dürfen die dazu erforderlichen Daten zusammen mit den übrigen übermittelten Daten gespeichert und verwendet werden.[4]

(7)[3] 1 Wird ein elektronisch erlassener Verwaltungsakt durch Übermittlung nach § 122 Absatz 2a bekannt gegeben, ist ein sicheres Verfahren zu verwenden, das die übermittelnde Stelle oder Einrichtung der Finanzverwaltung authentifiziert und die Vertraulichkeit und Integrität des Datensatzes gewährleistet. 2 Ein sicheres Verfahren liegt insbesondere vor, wenn der Verwaltungsakt

---

[1] § 87a Abs. 4 Sätze 2 und 3 neu gef., Satz 4 angef. mWv 1.7.2014 durch G v. 25.7.2013 (BGBl. I S. 2749); Satz 2 geänd. mWv 29.7.2017 durch G v. 18.7.2017 (BGBl. I S. 2745).

[2] § 87a Abs. 5 Satz 1 geänd. mWv 30.6.2013 durch G v. 26.6.2013 (BGBl. I S. 1809); Satz 2 neu gef. mWv 29.7.2017 durch G v. 18.7.2017 (BGBl. I S. 2745).

[3] § 87a Abs. 6 neu gef. (s. Art. 97 § 27 Abs. 1 EGAO – Nr. **800a**), Abs. 7 angef. mWv 1.1.2017 (s. Art. 97 § 28 EGAO – Nr. **800a**) durch G v. 18.7.2016 (BGBl. I S. 1679).

[4] § 87a Abs. 6 Satz 2 geänd. mWv 12.12.2020 durch G v. 3.12.2020 (BGBl. I S. 2744).

1. mit einer qualifizierten elektronischen Signatur versehen und mit einem geeigneten Verfahren verschlüsselt ist oder
2. mit einer De-Mail-Nachricht nach § 5 Absatz 5 des De-Mail-Gesetzes versandt wird, bei der die Bestätigung des akkreditierten Diensteanbieters die erlassende Finanzbehörde als Nutzer des De-Mail-Kontos erkennen lässt.

(8)[1)] [1]Wird ein elektronisch erlassener Verwaltungsakt durch Bereitstellung zum Abruf nach § 122a bekannt gegeben, ist ein sicheres Verfahren zu verwenden, das die für die Datenbereitstellung verantwortliche Stelle oder Einrichtung der Finanzverwaltung authentifiziert und die Vertraulichkeit und Integrität des Datensatzes gewährleistet. [2]Die abrufberechtigte Person hat sich zu authentisieren. [3]Absatz 6 Satz 2 gilt entsprechend.

§ 87b[2)] Bedingungen für die elektronische Übermittlung von Daten an Finanzbehörden. (1) [1]Das Bundesministerium der Finanzen kann in Abstimmung mit den obersten Finanzbehörden der Länder die Datensätze und weitere technische Einzelheiten der elektronischen Übermittlung von Steuererklärungen, Unterlagen zur Steuererklärung, Daten über Vollmachten nach § 80a, Daten im Sinne des § 93c und anderer für das Besteuerungsverfahren erforderlicher Daten mittels amtlich vorgeschriebener Datensätze bestimmen. [2]Einer Abstimmung mit den obersten Finanzbehörden der Länder bedarf es nicht, soweit die Daten ausschließlich an Bundesfinanzbehörden übermittelt werden.

(2) [1]Bei der elektronischen Übermittlung von amtlich vorgeschriebenen Datensätzen an Finanzbehörden hat der Datenübermittler die hierfür nach Absatz 1 für den jeweiligen Besteuerungszeitraum oder -zeitpunkt amtlich bestimmten Schnittstellen ordnungsgemäß zu bedienen. [2]Die amtlich bestimmten Schnittstellen werden über das Internet zur Verfügung gestellt.

(3) [1]Für die Verfahren, die über die zentrale Stelle im Sinne des § 81 des Einkommensteuergesetzes durchgeführt werden, kann das Bundesministerium der Finanzen durch Rechtsverordnung mit Zustimmung des Bundesrates die Grundsätze der Datenübermittlung sowie die Zuständigkeit für die Vollstreckung von Bescheiden über Forderungen der zentralen Stelle bestimmen. [2]Dabei können insbesondere geregelt werden:

1. das Verfahren zur Identifikation der am Verfahren Beteiligten,
2. das Nähere über Form, Inhalt, Verarbeitung und Sicherung der zu übermittelnden Daten,
3. die Art und Weise der Übermittlung der Daten,
4. die Mitwirkungspflichten Dritter und
5. die Erprobung der Verfahren.

---

1) § 87a Abs. 8 angef. mWv 1.1.2017 (s. Art. 97 § 28 EGAO – Nr. **800a**) durch G v. 18.7.2016 (BGBl. I S. 1679).

2) § 87b eingef. mWv 1.1.2017 (Art. 97 § 27 Abs. 1 EGAO – Nr. **800a**) durch G v. 18.7.2016 (BGBl. I S. 1679).

[3]Zur Regelung der Datenübermittlung kann in der Rechtsverordnung auf Veröffentlichungen sachverständiger Stellen verwiesen werden. [4]Hierbei sind das Datum der Veröffentlichung, die Bezugsquelle und eine Stelle zu bezeichnen, bei der die Veröffentlichung archivmäßig gesichert niedergelegt ist.

§ 87c[1]) Nicht amtliche Datenverarbeitungsprogramme für das Besteuerungsverfahren. (1) Sind nicht amtliche Programme dazu bestimmt, für das Besteuerungsverfahren erforderliche Daten zu verarbeiten, so müssen sie im Rahmen des in der Programmbeschreibung angegebenen Programmumfangs die richtige und vollständige Verarbeitung dieser Daten gewährleisten.

(2) Auf den Programmumfang sowie auf Fallgestaltungen, in denen eine richtige und vollständige Verarbeitung ausnahmsweise nicht möglich sind, ist in der Programmbeschreibung an hervorgehobener Stelle hinzuweisen.

(3) [1]Die Programme sind vom Hersteller vor der Freigabe für den produktiven Einsatz und nach jeder für den produktiven Einsatz freigegebenen Änderung daraufhin zu prüfen, ob sie die Anforderungen nach Absatz 1 erfüllen. [2]Hierbei sind ein Protokoll über den letzten durchgeführten Testlauf und eine Programmauflistung zu erstellen, die fünf Jahre aufzubewahren sind. [3]Die Aufbewahrungsfrist nach Satz 2 beginnt mit Ablauf des Kalenderjahres der erstmaligen Freigabe für den produktiven Einsatz; im Fall einer Änderung eines bereits für den produktiven Einsatz freigegebenen Programms beginnt die Aufbewahrungsfrist nicht vor Ablauf des Kalenderjahres der erstmaligen Freigabe der Änderung für den produktiven Einsatz. [4]Elektronische, magnetische und optische Speicherverfahren, die eine jederzeitige Wiederherstellung der eingesetzten Programmversion in Papierform ermöglichen, sind der Programmauflistung gleichgestellt.

(4) [1]Die Finanzbehörden sind berechtigt, die Programme und Dokumentationen zu überprüfen. [2]Die Mitwirkungspflichten des Steuerpflichtigen nach § 200 gelten entsprechend. [3]Die Finanzbehörden haben die Hersteller oder Vertreiber eines fehlerhaften Programms unverzüglich zur Nachbesserung oder Ablösung aufzufordern. [4]Soweit eine Nachbesserung oder Ablösung nicht unverzüglich erfolgt, sind die Finanzbehörden berechtigt, die Programme des Herstellers von der elektronischen Übermittlung an Finanzbehörden auszuschließen. [5]Die Finanzbehörden sind nicht verpflichtet, die Programme zu prüfen. [6]§ 30 gilt entsprechend.

(5) Sind die Programme zum allgemeinen Vertrieb vorgesehen, hat der Hersteller den Finanzbehörden auf Verlangen Muster zum Zwecke der Prüfung nach Absatz 4 kostenfrei zur Verfügung zu stellen.

(6) Die Pflichten der Programmhersteller gemäß den vorstehenden Bestimmungen sind ausschließlich öffentlich-rechtlicher Art.

---

[1]) § 87c eingef. mWv 1.1.2017 (Art. 97 § 27 Abs. 1 EGAO – Nr. **800a**) durch G v. 18.7. 2016 (BGBl. I S. 1679); Abs. 1 und 2 geänd. mWv 25.5.2018 durch G v. 17.7.2017 (BGBl. I S. 2541).

§ 87d[1)] Datenübermittlungen an Finanzbehörden im Auftrag. (1) Mit der Übermittlung von Daten, die nach amtlich vorgeschriebenem Datensatz durch Datenfernübertragung über die amtlich bestimmten Schnittstellen für steuerliche Zwecke an die Finanzverwaltung zu übermitteln sind oder freiwillig übermittelt werden, können Dritte (Auftragnehmer) beauftragt werden.

(2) [1]Der Auftragnehmer muss sich vor Übermittlung der Daten Gewissheit über die Person und die Anschrift seines Auftraggebers verschaffen (Identifizierung) und die entsprechenden Angaben in geeigneter Form festhalten. [2]Von einer Identifizierung kann abgesehen werden, wenn der Auftragnehmer den Auftraggeber bereits bei früherer Gelegenheit identifiziert und die dabei erhobenen Angaben aufgezeichnet hat, es sei denn, der Auftragnehmer muss auf Grund der äußeren Umstände bezweifeln, dass die bei der früheren Identifizierung erhobenen Angaben weiterhin zutreffend sind. [3]Der Auftragnehmer hat sicherzustellen, dass er jederzeit Auskunft darüber geben kann, wer Auftraggeber der Datenübermittlung war. [4]Die Aufzeichnungen nach Satz 1 sind fünf Jahre aufzubewahren; die Aufbewahrungsfrist beginnt nach Ablauf des Jahres der letzten Datenübermittlung. [5]Die Pflicht zur Herstellung der Auskunftsbereitschaft nach Satz 3 endet mit Ablauf der Aufbewahrungsfrist nach Satz 4.

(3) [1]Der Auftragnehmer hat dem Auftraggeber die Daten in leicht nachprüfbarer Form zur Zustimmung zur Verfügung zu stellen. [2]Der Auftraggeber hat die ihm zur Verfügung gestellten Daten unverzüglich auf Vollständigkeit und Richtigkeit zu überprüfen.

§ 87e[1)] Ausnahmeregelung für Einfuhr- und Ausfuhrabgaben, Verbrauchsteuern und die Luftverkehrsteuer. Die §§ 72a und 87b bis 87d gelten nicht für Einfuhr- und Ausfuhrabgaben, Verbrauchsteuern und die Luftverkehrsteuer, soweit nichts anderes bestimmt ist.

§ 88[2)] Untersuchungsgrundsatz. (1) [1]Die Finanzbehörde ermittelt den Sachverhalt von Amts wegen. [2]Dabei hat sie alle für den Einzelfall bedeutsamen, auch die für die Beteiligten günstigen Umstände zu berücksichtigen.

(2) [1]Die Finanzbehörde bestimmt Art und Umfang der Ermittlungen nach den Umständen des Einzelfalls sowie nach den Grundsätzen der Gleichmäßigkeit, Gesetzmäßigkeit und Verhältnismäßigkeit; an das Vorbringen und an die Beweisanträge der Beteiligten ist sie nicht gebunden. [2]Bei der Entscheidung über Art und Umfang der Ermittlungen können allgemeine Erfahrungen der Finanzbehörden sowie Wirtschaftlichkeit und Zweckmäßigkeit berücksichtigt werden.

(3)[3)] [1]Zur Gewährleistung eines zeitnahen und gleichmäßigen Vollzugs der Steuergesetze können die obersten Finanzbehörden für bestimmte oder bestimmbare Fallgruppen Weisungen über Art und Umfang der Ermittlungen

---

[1)] §§ 87d und 87e eingef. mWv 1.1.2017 (Art. 97 § 27 Abs. 1 EGAO – Nr. **800a**) durch G v. 18.7.2016 (BGBl. I S. 1679).

[2)] § 88 neu gef. mWv 1.1.2017 durch G v. 18.7.2016 (BGBl. I S. 1679); zur Anwendung s. auch Art. 97 § 1 Abs. 11 EGAO (Nr. **800a**).

[3)] § 88 Abs. 3 Satz 1 geänd. mWv 25.5.2018 durch G v. 17.7.2017 (BGBl. I S. 2541).

und der Verarbeitung von erhobenen oder erfassten Daten erteilen, soweit gesetzlich nicht etwas anderes bestimmt ist. [2]Bei diesen Weisungen können allgemeine Erfahrungen der Finanzbehörden sowie Wirtschaftlichkeit und Zweckmäßigkeit berücksichtigt werden. [3]Die Weisungen dürfen nicht veröffentlicht werden, soweit dies die Gleichmäßigkeit und Gesetzmäßigkeit der Besteuerung gefährden könnte. [4]Weisungen der obersten Finanzbehörden der Länder nach Satz 1 bedürfen des Einvernehmens mit dem Bundesministerium der Finanzen, soweit die Landesfinanzbehörden Steuern im Auftrag des Bundes verwalten.

(4) [1]Das Bundeszentralamt für Steuern und die zentrale Stelle im Sinne des § 81 des Einkommensteuergesetzes können auf eine Weiterleitung ihnen zugegangener und zur Weiterleitung an die Landesfinanzbehörden bestimmter Daten an die Landesfinanzbehörden verzichten, soweit sie die Daten nicht oder nur mit unverhältnismäßigem Aufwand einem bestimmten Steuerpflichtigen oder einem bestimmten Finanzamt zuordnen können. [2]Nach Satz 1 einem bestimmten Steuerpflichtigen oder einem bestimmten Finanzamt zugeordnete Daten sind unter Beachtung von Weisungen gemäß Absatz 3 des Bundesministeriums der Finanzen weiterzuleiten. [3]Nicht an die Landesfinanzbehörden weitergeleitete Daten sind vom Bundeszentralamt für Steuern für Zwecke von Verfahren im Sinne des § 30 Absatz 2 Nummer 1 Buchstabe a und b bis zum Ablauf des 15. Jahres nach dem Jahr des Datenzugangs zu speichern. [4]Nach Satz 3 gespeicherte Daten dürfen nur für Verfahren im Sinne des § 30 Absatz 2 Nummer 1 Buchstabe a und b sowie zur Datenschutzkontrolle verarbeitet werden.

(5) [1]Die Finanzbehörden können zur Beurteilung der Notwendigkeit weiterer Ermittlungen und Prüfungen für eine gleichmäßige und gesetzmäßige Festsetzung von Steuern und Steuervergütungen sowie Anrechnung von Steuerabzugsbeträgen und Vorauszahlungen automationsgestützte Systeme einsetzen (Risikomanagementsysteme). [2]Dabei soll auch der Grundsatz der Wirtschaftlichkeit der Verwaltung berücksichtigt werden. [3]Das Risikomanagementsystem muss mindestens folgende Anforderungen erfüllen:

1. die Gewährleistung, dass durch Zufallsauswahl eine hinreichende Anzahl von Fällen zur umfassenden Prüfung durch Amtsträger ausgewählt wird,
2. die Prüfung der als prüfungsbedürftig ausgesteuerten Sachverhalte durch Amtsträger,
3. die Gewährleistung, dass Amtsträger Fälle für eine umfassende Prüfung auswählen können,
4. die regelmäßige Überprüfung der Risikomanagementsysteme auf ihre Zielerfüllung.

[4]Einzelheiten der Risikomanagementsysteme dürfen nicht veröffentlicht werden, soweit dies die Gleichmäßigkeit und Gesetzmäßigkeit der Besteuerung gefährden könnte. [5]Auf dem Gebiet der von den Landesfinanzbehörden im Auftrag des Bundes verwalteten Steuern legen die obersten Finanzbehörden der Länder die Einzelheiten der Risikomanagementsysteme zur Gewährleistung eines bundeseinheitlichen Vollzugs der Steuergesetze im Einvernehmen mit dem Bundesministerium der Finanzen fest.

§ 88a[1)] Sammlung von geschützten Daten. [1]Soweit es zur Sicherstellung einer gleichmäßigen Festsetzung und Erhebung der Steuern erforderlich ist, dürfen die Finanzbehörden nach § 30 geschützte Daten auch für Zwecke künftiger Verfahren im Sinne des § 30 Abs. 2 Nr. 1 Buchstabe a und b, insbesondere zur Gewinnung von Vergleichswerten, in Dateisystemen verarbeiten. [2]Eine Verarbeitung ist nur für Verfahren im Sinne des § 30 Abs. 2 Nr. 1 Buchstabe a und b zulässig.

§ 88b[2)] Länderübergreifender Abruf und Verwendung von Daten zur Verhütung, Ermittlung und Verfolgung von Steuerverkürzungen.

(1) Für Zwecke eines Verwaltungsverfahrens in Steuersachen, eines Strafverfahrens wegen einer Steuerstraftat oder eines Bußgeldverfahrens wegen einer Steuerordnungswidrigkeit von Finanzbehörden gespeicherte Daten dürfen zum gegenseitigen Datenabruf bereitgestellt und dann von den zuständigen Finanzbehörden zur Verhütung, Ermittlung oder Verfolgung von

1. länderübergreifenden Steuerverkürzungen,
2. Steuerverkürzungen von internationaler Bedeutung oder
3. Steuerverkürzungen von erheblicher Bedeutung

untereinander abgerufen, im Wege des automatisierten Datenabgleichs überprüft, verwendet und gespeichert werden, auch soweit sie durch § 30 geschützt sind.

(2) Auswertungsergebnisse nach Absatz 1 sind den jeweils betroffenen zuständigen Finanzbehörden elektronisch zur Verfügung zu stellen.

(3) [1]Durch Rechtsverordnung der jeweils zuständigen Landesregierung wird bestimmt, welche Finanzbehörden auf Landesebene für die in den Absätzen 1 und 2 genannten Tätigkeiten zuständig sind. [2]Die Landesregierung kann diese Verpflichtung durch Rechtsverordnung auf die für die Finanzverwaltung zuständige oberste Landesbehörde übertragen.

§ 89 Beratung, Auskunft. (1) [1]Die Finanzbehörde soll die Abgabe von Erklärungen, die Stellung von Anträgen oder die Berichtigung von Erklärungen oder Anträgen anregen, wenn diese offensichtlich nur versehentlich oder aus Unkenntnis unterblieben oder unrichtig abgegeben oder gestellt worden sind. [2]Sie erteilt, soweit erforderlich, Auskunft über die den Beteiligten im Verwaltungsverfahren zustehenden Rechte und die ihnen obliegenden Pflichten.

(2)[3)] [1]Die Finanzämter und das Bundeszentralamt für Steuern können auf Antrag verbindliche Auskünfte über die steuerliche Beurteilung von genau bestimmten, noch nicht verwirklichten Sachverhalten erteilen, wenn daran im Hinblick auf die erheblichen steuerlichen Auswirkungen ein besonderes Inte-

---

[1)] § 88a Satz 1 und 2 geänd. mWv 25.5.2018 durch G v. 17.7.2017 (BGBl. I S. 2541).

[2)] § 88b eingef. mWv 23.7.2016 durch G v. 18.7.2016 (BGBl. I S. 1679); zur Anwendung s. auch Art. 97 § 1 Abs. 11 EGAO (Nr. **800a**).

[3)] § 89 Abs. 2 angef. mWv 12.9.2006 durch G v. 5.9.2006 (BGBl. I S. 2098), Abs. 2 Satz 1 geänd., Abs. 3 bis 5 angef. mWv 19.12.2006 durch G v. 13.12.2006 (BGBl. I S. 2878); Abs. 2 Satz 5 angef. mWv 30.6.2013 durch G v. 26.6.2013 (BGBl. I S. 1809); Abs. 2 Satz 4 eingef. mWv 1.1.2017 (Art. 97 § 25 Abs. 2 Satz 1 EGAO – Nr. **800a**); Abs. 2 Satz 6 eingef. mWv 23.7.2016 durch G v. 18.7.2016 (BGBl. I S. 1679).

resse besteht. [2] Zuständig für die Erteilung einer verbindlichen Auskunft ist die Finanzbehörde, die bei Verwirklichung des dem Antrag zugrunde liegenden Sachverhalts örtlich zuständig sein würde. [3] Bei Antragstellern, für die im Zeitpunkt der Antragstellung nach den §§ 18 bis 21 keine Finanzbehörde zuständig ist, ist auf dem Gebiet der Steuern, die von den Landesfinanzbehörden im Auftrag des Bundes verwaltet werden, abweichend von Satz 2 das Bundeszentralamt für Steuern zuständig; in diesem Fall bindet die verbindliche Auskunft auch die Finanzbehörde, die bei der Verwirklichung des der Auskunft zugrunde liegenden Sachverhalts zuständig ist. [4] Über den Antrag auf Erteilung einer verbindlichen Auskunft soll innerhalb von sechs Monaten ab Eingang des Antrags bei der zuständigen Finanzbehörde entschieden werden; kann die Finanzbehörde nicht innerhalb dieser Frist über den Antrag entscheiden, ist dies dem Antragsteller unter Angabe der Gründe mitzuteilen. [5] Das Bundesministerium der Finanzen wird ermächtigt, mit Zustimmung des Bundesrates durch Rechtsverordnung nähere Bestimmungen zu Form, Inhalt und Voraussetzungen des Antrages auf Erteilung einer verbindlichen Auskunft und zur Reichweite der Bindungswirkung zu treffen. [6] In der Rechtsverordnung kann auch bestimmt werden, unter welchen Voraussetzungen eine verbindliche Auskunft gegenüber mehreren Beteiligten einheitlich zu erteilen ist und welche Finanzbehörde in diesem Fall für die Erteilung der verbindlichen Auskunft zuständig ist. [7] Die Rechtsverordnung bedarf nicht der Zustimmung des Bundesrates, soweit sie die Versicherungsteuer betrifft.

(3)[1)] [1] Für die Bearbeitung eines Antrags auf Erteilung einer verbindlichen Auskunft nach Absatz 2 wird eine Gebühr erhoben. [2] Wird eine verbindliche Auskunft gegenüber mehreren Antragstellern einheitlich erteilt, ist nur eine Gebühr zu erheben; in diesem Fall sind alle Antragsteller Gesamtschuldner der Gebühr.[2)] [3] Die Gebühr ist vom Antragsteller innerhalb eines Monats nach Bekanntgabe ihrer Festsetzung zu entrichten. [4] Die Finanzbehörde kann die Entscheidung über den Antrag bis zur Entrichtung der Gebühr zurückstellen.

(4)[1)] [1] Die Gebühr wird nach dem Wert berechnet, den die verbindliche Auskunft für den Antragsteller hat (Gegenstandswert). [2] Der Antragsteller soll den Gegenstandswert und die für seine Bestimmung erheblichen Umstände in seinem Antrag auf Erteilung einer verbindlichen Auskunft darlegen. [3] Die Finanzbehörde soll der Gebührenfestsetzung den vom Antragsteller erklärten Gegenstandswert zugrunde legen, soweit dies nicht zu einem offensichtlich unzutreffenden Ergebnis führt.

(5)[1)] [1] Die Gebühr wird in entsprechender Anwendung des § 34 des Gerichtskostengesetzes mit einem Gebührensatz von 1,0 erhoben. [2] § 39 Absatz 2 des Gerichtskostengesetzes ist entsprechend anzuwenden. [3] Beträgt der Gegenstandswert weniger als 10 000 Euro, wird keine Gebühr erhoben.

(6)[1)] [1] Ist ein Gegenstandswert nicht bestimmbar und kann er auch nicht durch Schätzung bestimmt werden, ist eine Zeitgebühr zu berechnen; sie be-

---

[1)] § 89 Abs. 3 bis 5 ersetzt durch Abs. 3 bis 7 durch G v. 1.11.2011 (BGBl. I S. 2131); zur Anwendung siehe Art. 97 § 25 EGAO (Nr. **800a**).

[2)] § 89 Abs. 3 Satz 2 eingef., bish. Sätze 2 und 3 werden Sätze 3 und 4 durch G v. 18.7.2016 (BGBl. I S. 1679); zur Anwendung siehe Art. 97 § 25 Satz 2 EGAO.

trägt 50 Euro je angefangene halbe Stunde Bearbeitungszeit. [2]Beträgt die Bearbeitungszeit weniger als zwei Stunden, wird keine Gebühr erhoben.

(7)[1)] [1]Auf die Gebühr kann ganz oder teilweise verzichtet werden, wenn ihre Erhebung nach Lage des einzelnen Falls unbillig wäre. [2]Die Gebühr kann insbesondere ermäßigt werden, wenn ein Antrag auf Erteilung einer verbindlichen Auskunft vor Bekanntgabe der Entscheidung der Finanzbehörde zurückgenommen wird.

§ 90 Mitwirkungspflichten der Beteiligten. (1) [1]Die Beteiligten sind zur Mitwirkung bei der Ermittlung des Sachverhalts verpflichtet. [2]Sie kommen der Mitwirkungspflicht insbesondere dadurch nach, dass sie die für die Besteuerung erheblichen Tatsachen vollständig und wahrheitsgemäß offen legen und die ihnen bekannten Beweismittel angeben. [3]Der Umfang dieser Pflichten richtet sich nach den Umständen des Einzelfalls.

(2)[2)] [1]Ist ein Sachverhalt zu ermitteln und steuerrechtlich zu beurteilen, der sich auf Vorgänge außerhalb des Geltungsbereichs dieses Gesetzes bezieht, so haben die Beteiligten diesen Sachverhalt aufzuklären und die erforderlichen Beweismittel zu beschaffen. [2]Sie haben dabei alle für sie bestehenden rechtlichen und tatsächlichen Möglichkeiten auszuschöpfen. [3]Bestehen objektiv erkennbare Anhaltspunkte für die Annahme, dass der Steuerpflichtige über Geschäftsbeziehungen zu Finanzinstituten in einem Staat oder Gebiet verfügt, mit dem kein Abkommen besteht, das die Erteilung von Auskünften entsprechend Artikel 26 des Musterabkommens der OECD zur Vermeidung der Doppelbesteuerung auf dem Gebiet der Steuern vom Einkommen und vom Vermögen in der Fassung von 2005 vorsieht, oder der Staat oder das Gebiet keine Auskünfte in einem vergleichbaren Umfang erteilt oder keine Bereitschaft zu einer entsprechenden Auskunftserteilung besteht, hat der Steuerpflichtige nach Aufforderung der Finanzbehörde die Richtigkeit und Vollständigkeit seiner Angaben an Eides statt zu versichern und die Finanzbehörde zu bevollmächtigen, in seinem Namen mögliche Auskunftsansprüche gegenüber den von der Finanzbehörde benannten Kreditinstituten außergerichtlich und gerichtlich geltend zu machen; die Versicherung an Eides statt kann nicht nach § 328 erzwungen werden. [4]Ein Beteiligter kann sich nicht darauf berufen, dass er Sachverhalte nicht aufklären oder Beweismittel nicht beschaffen kann, wenn er sich nach Lage des Falls bei der Gestaltung seiner Verhältnisse die Möglichkeit dazu hätte beschaffen oder einräumen lassen können.

(3)[3)] [1]Ein Steuerpflichtiger hat über die Art und den Inhalt seiner Geschäftsbeziehungen im Sinne des § 1 Absatz 4 des Außensteuergesetzes Aufzeichnungen zu erstellen. [2]Die Aufzeichnungspflicht umfasst neben der Darstellung der Geschäftsvorfälle (Sachverhaltsdokumentation) auch die wirtschaftlichen

---

[1)] § 89 Abs. 3 bis 5 ersetzt durch Abs. 3 bis 7 durch G v. 1.11.2011 (BGBl. I S. 2131); zur Anwendung siehe Art. 97 § 25 EGAO (Nr. **800a**).

[2)] § 90 Abs. 2 Satz 3 eingef., bish. Satz 3 wird Satz 4 durch G v. 29.7.2009 (BGBl. I S. 2302); zur erstmaligen Anwendung ab 1.1.2010 siehe Art. 97 § 22 Abs. 2 EGAO (Nr. **800a**) iVm § 5 Satz 1 Steuerhinterziehungsbekämpfungsverordnung (Nr. **12**).

[3)] § 90 Abs. 3 neu gef. durch G v. 20.12.2016 (BGBl. I S. 3000); zur Anwendung ab 1.1.2017 siehe Art. 97 § 22 Satz 4 EGAO (Nr. **800a**).

und rechtlichen Grundlagen für eine den Fremdvergleichsgrundsatz beachtende Vereinbarung von Bedingungen, insbesondere Preisen (Verrechnungspreisen), sowie insbesondere Informationen zum Zeitpunkt der Verrechnungspreisbestimmung, zur verwendeten Verrechnungspreismethode und zu den verwendeten Fremdvergleichsdaten (Angemessenheitsdokumentation). [3] Hat ein Steuerpflichtiger Aufzeichnungen im Sinne des Satzes 1 für ein Unternehmen zu erstellen, das Teil einer multinationalen Unternehmensgruppe ist, so gehört zu den Aufzeichnungen auch ein Überblick über die Art der weltweiten Geschäftstätigkeit der Unternehmensgruppe und über die von ihr angewandte Systematik der Verrechnungspreisbestimmung, es sei denn, der Umsatz des Unternehmens hat im vorangegangenen Wirtschaftsjahr weniger als 100 Millionen Euro betragen. [4] Eine multinationale Unternehmensgruppe besteht aus mindestens zwei in verschiedenen Staaten ansässigen, im Sinne des § 1 Absatz 2 des Außensteuergesetzes einander nahestehenden Unternehmen oder aus mindestens einem Unternehmen mit mindestens einer Betriebsstätte in einem anderen Staat. [5] Die Finanzbehörde soll die Vorlage von Aufzeichnungen im Regelfall nur für die Durchführung einer Außenprüfung verlangen. [6] Die Vorlage richtet sich nach § 97. [7] Sie hat jeweils auf Anforderung innerhalb einer Frist von 60 Tagen zu erfolgen. [8] Aufzeichnungen über außergewöhnliche Geschäftsvorfälle sind zeitnah zu erstellen und innerhalb einer Frist von 30 Tagen nach Anforderung durch die Finanzbehörde vorzulegen. [9] In begründeten Einzelfällen kann die Vorlagefrist nach den Sätzen 7 und 8 verlängert werden. [10] Die Aufzeichnungen sind auf Anforderung der Finanzbehörde zu ergänzen. [11] Um eine einheitliche Rechtsanwendung sicherzustellen, wird das Bundesministerium der Finanzen ermächtigt, mit Zustimmung des Bundesrates durch Rechtsverordnung Art, Inhalt und Umfang der zu erstellenden Aufzeichnungen zu bestimmen.

§ 91 Anhörung Beteiligter. (1) [1] Bevor ein Verwaltungsakt erlassen wird, der in Rechte eines Beteiligten eingreift, soll diesem Gelegenheit gegeben werden, sich zu den für die Entscheidung erheblichen Tatsachen zu äußern. [2] Dies gilt insbesondere, wenn von dem in der Steuererklärung erklärten Sachverhalt zuungunsten des Steuerpflichtigen wesentlich abgewichen werden soll.

(2) Von der Anhörung kann abgesehen werden, wenn sie nach den Umständen des Einzelfalls nicht geboten ist, insbesondere wenn

1. eine sofortige Entscheidung wegen Gefahr im Verzug oder im öffentlichen Interesse notwendig erscheint,
2. durch die Anhörung die Einhaltung einer für die Entscheidung maßgeblichen Frist in Frage gestellt würde,
3. von den tatsächlichen Angaben eines Beteiligten, die dieser in einem Antrag oder einer Erklärung gemacht hat, nicht zu seinen Ungunsten abgewichen werden soll,
4. die Finanzbehörde eine Allgemeinverfügung oder gleichartige Verwaltungsakte in größerer Zahl oder Verwaltungsakte mit Hilfe automatischer Einrichtungen erlassen will,
5. Maßnahmen in der Vollstreckung getroffen werden sollen.

(3) Eine Anhörung unterbleibt, wenn ihr ein zwingendes öffentliches Interesse entgegensteht.

§ 92 Beweismittel. [1]Die Finanzbehörde bedient sich der Beweismittel, die sie nach pflichtgemäßem Ermessen zur Ermittlung des Sachverhalts für erforderlich hält. [2]Sie kann insbesondere

1. Auskünfte jeder Art von den Beteiligten und anderen Personen einholen,
2. Sachverständige zuziehen,
3. Urkunden und Akten beiziehen,
4. den Augenschein einnehmen.

II. Beweis durch Auskünfte und Sachverständigengutachten

§ 93 Auskunftspflicht der Beteiligten und anderer Personen.

(1) [1]Die Beteiligten und andere Personen haben der Finanzbehörde die zur Feststellung eines für die Besteuerung erheblichen Sachverhalts erforderlichen Auskünfte zu erteilen. [2]Dies gilt auch für nicht rechtsfähige Vereinigungen, Vermögensmassen, Behörden und Betriebe gewerblicher Art der Körperschaften des öffentlichen Rechts. [3]Andere Personen als die Beteiligten sollen erst dann zur Auskunft angehalten werden, wenn die Sachverhaltsaufklärung durch die Beteiligten nicht zum Ziel führt oder keinen Erfolg verspricht.

(1a)[1)] [1]Die Finanzbehörde darf an andere Personen als die Beteiligten Auskunftsersuchen über eine ihr noch unbekannte Anzahl von Sachverhalten mit dem Grunde nach bestimmbaren, ihr noch nicht bekannten Personen stellen (Sammelauskunftsersuchen). [2]Voraussetzung für ein Sammelauskunftsersuchen ist, dass ein hinreichender Anlass für die Ermittlungen besteht und andere zumutbare Maßnahmen zur Sachverhaltsaufklärung keinen Erfolg versprechen. [3]Absatz 1 Satz 3 ist nicht anzuwenden.

(2) [1]In dem Auskunftsersuchen ist anzugeben, worüber Auskünfte erteilt werden sollen und ob die Auskunft für die Besteuerung des Auskunftspflichtigen oder für die Besteuerung anderer Personen angefordert wird. [2]Auskunftsersuchen haben auf Verlangen des Auskunftspflichtigen schriftlich zu ergehen.

(3) [1]Die Auskünfte sind wahrheitsgemäß nach bestem Wissen und Gewissen zu erteilen. [2]Auskunftspflichtige, die nicht aus dem Gedächtnis Auskunft geben können, haben Bücher, Aufzeichnungen, Geschäftspapiere und andere Urkunden, die ihnen zur Verfügung stehen, einzusehen und, soweit nötig, Aufzeichnungen daraus zu entnehmen.

(4) [1]Der Auskunftspflichtige kann die Auskunft schriftlich, elektronisch, mündlich oder fernmündlich erteilen. [2]Die Finanzbehörde kann verlangen, dass der Auskunftspflichtige schriftlich Auskunft erteilt, wenn dies sachdienlich ist.

(5) [1]Die Finanzbehörde kann anordnen, dass der Auskunftspflichtige eine mündliche Auskunft an Amtsstelle erteilt. [2]Hierzu ist sie insbesondere dann

---

[1)] § 93 Abs. 1a eingef. mWv 25.6.2017 durch G v. 23.6.2017 (BGBl. I S. 1682); zur Anwendung s. auch Art. 97 § 1 Abs. 12 Satz 1 EGAO.

befugt, wenn trotz Aufforderung eine schriftliche Auskunft nicht erteilt worden ist oder eine schriftliche Auskunft nicht zu einer Klärung des Sachverhalts geführt hat. [3]Absatz 2 Satz 1 gilt entsprechend.

(6) [1]Auf Antrag des Auskunftspflichtigen ist über die mündliche Auskunft an Amtsstelle eine Niederschrift aufzunehmen. [2]Die Niederschrift soll den Namen der anwesenden Personen, den Ort, den Tag und den wesentlichen Inhalt der Auskunft enthalten. [3]Sie soll von dem Amtsträger, dem die mündliche Auskunft erteilt wird, und dem Auskunftspflichtigen unterschrieben werden. [4]Den Beteiligten ist eine Abschrift der Niederschrift zu überlassen.

(7)[1)] [1]Ein automatisierter Abruf von Kontoinformationen nach § 93b ist nur zulässig, soweit

1. der Steuerpflichtige eine Steuerfestsetzung nach § 32d Abs. 6 des Einkommensteuergesetzes beantragt oder

2.[2)] *(aufgehoben)*

und der Abruf in diesen Fällen zur Festsetzung der Einkommensteuer erforderlich ist oder er erforderlich ist

3. zur Feststellung von Einkünften nach den §§ 20 und 23 Abs. 1 des Einkommensteuergesetzes in Veranlagungszeiträumen bis einschließlich des Jahres 2008 oder

4.[3)] zur Erhebung von bundesgesetzlich geregelten Steuern oder Rückforderungsansprüchen bundesgesetzlich geregelter Steuererstattungen und Steuervergütungen oder

4a. zur Ermittlung, in welchen Fällen ein inländischer Steuerpflichtiger im Sinne des § 138 Absatz 2 Satz 1 Verfügungsberechtigter oder wirtschaftlich Berechtigter im Sinne des Geldwäschegesetzes eines Kontos oder Depots einer natürlichen Person, Personengesellschaft, Körperschaft, Personenvereinigung oder Vermögensmasse mit Wohnsitz, gewöhnlichem Aufenthalt, Sitz, Hauptniederlassung oder Geschäftsleitung außerhalb des Geltungsbereichs dieses Gesetzes ist, oder

4b. zur Ermittlung der Besteuerungsgrundlagen in den Fällen des § 208 Absatz 1 Satz 1 Nummer 3

oder

5. der Steuerpflichtige zustimmt.

[2]In diesen Fällen darf die Finanzbehörde oder in den Fällen des § 1 Abs. 2 die Gemeinde das Bundeszentralamt für Steuern ersuchen, bei den Kreditinstitu-

---

1) § 93 Abs. 7 neu gef. mWv 1.1.2009 durch G v. 14.8.2007 (BGBl. I S. 1912); Satz 2 geänd. mWv 25.5.2018 durch G v. 17.7.2017 (BGBl. I S. 2541).

2) § 93 Abs. 7 Satz 1 Nr. 2 aufgeh. durch G v. 1.11.2011 (BGBl. I S. 2131); zur Anwendung siehe Art. 97 § 26 EGAO (Nr. **800a**).

3) § 93 Abs. 7 Satz 1 Nr. 4 neu gef.; Nrn. 4a, 4b eingef. durch G v. 23.6.2017 (BGBl. I S. 1682); zur Anwendung siehe Art. 97 § 26 Abs. 2 Satz 1 EGAO (Nr. **800a**); Nr. 4a geänd. durch G v. 23.6.2017 (BGBl. I S. 1822).

ten einzelne Daten aus den nach § 93b Absatz 1 und 1a[1] zu führenden Dateisystemen abzurufen; in den Fällen des Satzes 1 Nummer 1 bis 4b[1] darf ein Abrufersuchen nur dann erfolgen, wenn ein Auskunftsersuchen an den Steuerpflichtigen nicht zum Ziel geführt hat oder keinen Erfolg verspricht.

(8)[2] [1]Das Bundeszentralamt für Steuern erteilt auf Ersuchen Auskunft über die in § 93b Absatz 1 und 1a bezeichneten Daten, ausgenommen die Identifikationsnummer nach § 139b,

1. den für die Verwaltung
   a) der Grundsicherung für Arbeitsuchende nach dem Zweiten Buch Sozialgesetzbuch,
   b) der Sozialhilfe nach dem Zwölften Buch Sozialgesetzbuch,
   c) der Ausbildungsförderung nach dem Bundesausbildungsförderungsgesetz,
   d) der Aufstiegsfortbildungsförderung nach dem Aufstiegsfortbildungsförderungsgesetz,
   e) des Wohngeldes nach dem Wohngeldgesetz,
   f)[3] der Leistungen nach dem Asylbewerberleistungsgesetz und
   [***ab 1.1.2021:***
   g)[4] des Zuschlags an Entgeltpunkten für langjährige Versicherung nach dem Sechsten Buch Sozialgesetzbuch]

   zuständigen Behörden, soweit dies zur Überprüfung des Vorliegens der Anspruchsvoraussetzungen erforderlich ist und ein vorheriges Auskunftsersuchen an die betroffene Person nicht zum Ziel geführt hat oder keinen Erfolg verspricht;
2. den Polizeivollzugsbehörden des Bundes und der Länder, soweit dies zur Abwehr einer erheblichen Gefahr für die öffentliche Sicherheit erforderlich ist, und
3. den Verfassungsschutzbehörden der Länder, soweit dies für ihre Aufgabenerfüllung erforderlich ist und durch Landesgesetz ausdrücklich zugelassen ist.

[2]Die für die Vollstreckung nach dem Verwaltungs-Vollstreckungsgesetz und nach den Verwaltungsvollstreckungsgesetzen der Länder zuständigen Behörden dürfen zur Durchführung der Vollstreckung das Bundeszentralamt für Steuern ersuchen, bei den Kreditinstituten die in § 93b Absatz 1 und 1a bezeichneten

---

[1] § 93 Abs. 7 Satz 2 Verweise geänd. durch G v. 23.6.2017 (BGBl. I S. 1682); zur Anwendung des 2. Hs vgl. Art. 97 § 26 Abs. 2 Satz 1 EGAO (Nr. **800a**); zur Anwendung von § 93b Abs. 1 und 1a siehe Fn. dort.

[2] § 93 Abs. 8 ersetzt durch Abs. 8 bis 10 mWv 18.8.2007 durch G v. 14.8.2007 (BGBl. I S. 1912); Satz 1 abschl. Satzteil und Satz 2 geänd. durch G v. 23.6.2017 (BGBl. I S. 1682); Satz 1 neu gef. mWv 26.6.2017 durch G v. 23.6.2017 (BGBl. I S. 1822); Satz 2 eingef., bish. Satz 2 wird Satz 3 mWv 6.7.2017 durch G v. 30.6.2017 (BGBl. I S. 2094); Satz 1 Nr. 1 geänd. mWv 26.11.2019, Sätze 1–3 geänd. mWv 1.1.2020 durch G v. 20.11.2019 (BGBl. I S. 1626).

[3] § 93 Abs. 8 Satz 1 Nr. 1 Buchst. f angef. mWv 18.7.2019 durch G v. 11.7.2019 (BGBl. I S. 1066).

[4] § 93 Abs. 8 Satz 1 Nr. 1 Buchst. g angef. mWv 1.1.2021 durch G v. 12.8.2020 (BGBl. I S. 1879).

Daten, ausgenommen die Identifikationsnummer nach § 139b, abzurufen, wenn

1. der Vollstreckungsschuldner seiner Pflicht, eine Vermögensauskunft zu erteilen, nicht nachkommt oder
2. bei einer Vollstreckung in die Vermögensgegenstände, die in der Vermögensauskunft angegeben sind, eine vollständige Befriedigung der Forderung, wegen der die Vermögensauskunft verlangt wird, voraussichtlich nicht zu erwarten ist.

[3]Für andere Zwecke ist ein Abrufersuchen an das Bundeszentralamt für Steuern hinsichtlich der in § 93b Absatz 1 und 1a bezeichneten Daten, ausgenommen die Identifikationsnummer nach § 139b, nur zulässig, soweit dies durch ein Bundesgesetz ausdrücklich zugelassen ist.

(8a)[1)] [1]Kontenabrufersuchen an das Bundeszentralamt für Steuern sind nach amtlich vorgeschriebenem Datensatz über die amtlich bestimmten Schnittstellen zu übermitteln; § 87a Absatz 6 und § 87b Absatz 1 und 2 gelten entsprechend. [2]Das Bundeszentralamt für Steuern kann Ausnahmen von der elektronischen Übermittlung zulassen. [3]Das Bundeszentralamt für Steuern soll der ersuchenden Stelle die Ergebnisse des Kontenabrufs elektronisch übermitteln; § 87a Absatz 7 und 8 gilt entsprechend.

(9)[2)] [1]Vor einem Abrufersuchen nach Absatz 7 oder Absatz 8 ist die betroffene Person auf die Möglichkeit eines Kontenabrufs hinzuweisen; dies kann auch durch ausdrücklichen Hinweis in amtlichen Vordrucken und Merkblättern geschehen. [2]Nach Durchführung eines Kontenabrufs ist die betroffene Person vom Ersuchenden über die Durchführung zu benachrichtigen. [3]Ein Hinweis nach Satz 1 erster Halbsatz und eine Benachrichtigung nach Satz 2 unterbleiben, soweit die Voraussetzungen des § 32b Absatz 1 vorliegen oder die Information der betroffenen Person gesetzlich ausgeschlossen ist. [4]§ 32c Absatz 5 ist entsprechend anzuwenden. [5]In den Fällen des Absatzes 8 gilt Satz 4 entsprechend, soweit gesetzlich nichts anderes bestimmt ist. [6]Die Sätze 1 und 2 sind nicht anzuwenden in den Fällen des Absatzes 8 Satz 1 Nummer 2 oder 3 oder soweit dies bundesgesetzlich ausdrücklich bestimmt ist.

(10)[3)] Ein Abrufersuchen nach Absatz 7 oder Absatz 8 und dessen Ergebnis sind vom Ersuchenden zu dokumentieren.

§ 93a[4)] **Allgemeine Mitteilungspflichten.** (1)[5)] [1]Zur Sicherung der Besteuerung nach § 85 kann die Bundesregierung durch Rechtsverordnung mit

---

[1)] § 93 Abs. 8a eingef. mWv 18.7.2019 durch G v. 11.7.2019 (BGBl. I S. 1066).

[2)] § 93 Abs. 9 angef. mWv 18.8.2007 durch G v. 14.8.2007 (BGBl. I S. 1912); Satz 4 angef. mWv 26.6.2017 durch G v. 23.6.2017 (BGBl. I S. 1822); Satz 3 wird ersetzt durch Sätze 3 bis 5, Satz 4 wird Satz 6 mWv 25.5.2018 durch G v. 17.7.2017 (BGBl. I S. 2541); Satz 1 geänd. mWv 26.11.2019 durch G v. 20.11.2019 (BGBl. I S. 1626); Satz 2 bericht. durch G v. 21.12. 2020 (BGBl. I S. 3096).

[3)] § 93 Abs. 10 angef. mWv 18.8.2007 durch G v. 14.8.2007 (BGBl. I S. 1912).

[4)] § 93a Abs. 1 neu gef. mWv 1.1.2017 durch G v. 18.7.2016 (BGBl. I S. 1679): zur Anwendung s. auch Art. 97 § 1 Abs. 11 EGAO (Nr. **800a**); Abs. 1 Satz 1 Nr. 1 Buchst. b und Abs. 3 Satz 1 geänd. mWv 26.11.2019 durch G v. 20.11.2019 (BGBl. I S. 1626).

[5)] § 93a Abs. 1 einl. Satzteil geänd. mWv 29.12.2020 durch G v. 21.12.2020 (BGBl. I S. 3096).

Zustimmung des Bundesrates Behörden und andere öffentliche Stellen einschließlich öffentlich-rechtlicher Rundfunkanstalten (§ 6 Absatz 1 bis 1c) verpflichten,

1. den Finanzbehörden Folgendes mitzuteilen:

   a)[1] den Empfänger gewährter Leistungen sowie den Rechtsgrund, die Höhe, den Zeitpunkt dieser Leistungen und bei unbarer Auszahlung die Bankverbindung, auf die die Leistung erbracht wurde,

   b) Verwaltungsakte, die für die betroffene Person die Versagung oder Einschränkung einer steuerlichen Vergünstigung zur Folge haben oder die der betroffenen Person steuerpflichtige Einnahmen ermöglichen,

   c) vergebene Subventionen und ähnliche Förderungsmaßnahmen sowie

   d) Anhaltspunkte für Schwarzarbeit, unerlaubte Arbeitnehmerüberlassung oder unerlaubte Ausländerbeschäftigung,

   e)[2] die Adressaten und die Höhe von im Verfahren nach § 335 des Handelsgesetzbuchs festgesetzten Ordnungsgeldern;

2. den Empfänger im Sinne der Nummer 1 Buchstabe a über die Summe der jährlichen Leistungen sowie über die Auffassung der Finanzbehörden zu den daraus entstehenden Steuerpflichten zu unterrichten.

[2] In der Rechtsverordnung kann auch bestimmt werden, inwieweit die Mitteilungen nach Maßgabe des § 93c zu übermitteln sind oder übermittelt werden können; in diesem Fall ist § 72a Absatz 4 nicht anzuwenden. [3] Die Verpflichtung der Behörden, anderer öffentlicher Stellen und der öffentlich-rechtlichen Rundfunkanstalten zu Mitteilungen, Auskünften, Anzeigen und zur Amtshilfe auf Grund anderer Vorschriften bleibt unberührt.

(2)[3] [1] Schuldenverwaltungen, Kreditinstitute, Betriebe gewerblicher Art von juristischen Personen des öffentlichen Rechts im Sinne des Körperschaftsteuergesetzes, öffentliche Beteiligungsunternehmen ohne Hoheitsbefugnisse, Berufskammern und Versicherungsunternehmen sind von der Mitteilungspflicht ausgenommen. [2] Dies gilt nicht, soweit die in Satz 1 genannten Stellen Aufgaben der öffentlichen Verwaltung wahrnehmen.

(3) [1] In der Rechtsverordnung sind die mitteilenden Stellen, die Verpflichtung zur Unterrichtung der betroffenen Personen, die mitzuteilenden Angaben und die für die Entgegennahme der Mitteilungen zuständigen Finanzbehörden näher zu bestimmen sowie der Umfang, der Zeitpunkt und das Verfahren der Mitteilung zu regeln. [2] In der Rechtsverordnung können Ausnahmen von der Mitteilungspflicht, insbesondere für Fälle geringer steuerlicher Bedeutung, zugelassen werden.

---

[1] § 93a Abs. 1 Satz 1 Buchst. a geänd. durch G v. 21.12.2020 (BGBl. I S. 3096); zur Anwendung siehe Art. 97 § 1 Abs. 14 Sätze 1 und 2 EGAO (Nr. **800a**).

[2] § 93a Abs. 1 Satz 1 Buchst. e angef. durch G v. 21.12.2020 (BGBl. I S. 3096); zur Anwendung siehe Art. 97 § 1 Abs. 14 Satz 3 EGAO (1.1.2021) (Nr. **800a**).

[3] § 93a Abs. 2 Satz 2 angef. durch G v. 21.12.2020 (BGBl. I S. 3096); zur Anwendung siehe Art. 97 § 1 Abs. 14 Sätze 1 und 2 EGAO (Nr. **800a**).

(4)[1] [1]Ist die mitteilungspflichtige Stelle nach der Mitteilungsverordnung verpflichtet, in der Mitteilung die Identifikationsnummer nach § 139b oder ein anderes steuerliches Ordnungsmerkmal

1. des Empfängers der gewährten Leistung im Sinne des Absatzes 1 Satz 1 Nummer 1 Buchstabe a,
2. des Inhaltsadressaten des Verwaltungsakts im Sinne des Absatzes 1 Satz 1 Nummer 1 Buchstabe b oder e,
3. des Empfängers der vergebenen Subvention im Sinne des Absatzes 1 Satz 1 Nummer 1 Buchstabe c oder
4. der betroffenen Personen im Sinne des Absatzes 1 Satz 1 Nummer 1 Buchstabe d

anzugeben, haben die Mitwirkungspflichtigen (§ 90) nach den Nummern 1 bis 4 der mitteilungspflichtigen Stelle diese Daten zu übermitteln. [2]Wird der Mitwirkungspflicht nach Satz 1 nicht innerhalb von zwei Wochen nach Aufforderung durch die mitteilungspflichtige Stelle entsprochen und weder die Identifikationsnummer noch ein anderes steuerliches Ordnungsmerkmal übermittelt, hat die mitteilungspflichtige Stelle die Möglichkeit, die Identifikationsnummer der betroffenen Mitwirkungspflichtigen nach Satz 1 Nummer 1 bis 4 nach amtlich vorgeschriebenem Datensatz beim Bundeszentralamt für Steuern abzufragen. [3]Die Abfrage ist mindestens zwei Wochen vor dem Zeitpunkt zu stellen, zu dem die Mitteilung nach der Mitteilungsverordnung zu übermitteln ist. [4]In der Abfrage dürfen nur die in § 139b Absatz 3 genannten Daten der betroffenen Mitwirkungspflichtigen nach Satz 1 Nummer 1 bis 4 angegeben werden. [5]Das Bundeszentralamt für Steuern entspricht dem Ersuchen, wenn die übermittelten Daten den beim Bundeszentralamt für Steuern hinterlegten Daten entsprechen.

§ 93b[2] Automatisierter Abruf von Kontoinformationen. (1) Kreditinstitute haben das nach § 24c Absatz 1 des Kreditwesengesetzes zu führende Dateisystem auch für Abrufe nach § 93 Absatz 7 und 8 zu führen.

(1a) [1]Kreditinstitute haben für Kontenabrufersuchen nach § 93 Absatz 7 oder 8 zusätzlich zu den in § 24c Absatz 1 des Kreditwesengesetzes bezeichneten Daten für jeden Verfügungsberechtigten und jeden wirtschaftlich Berechtigten im Sinne des Geldwäschegesetzes auch die Adressen sowie die in § 154 Absatz 2a bezeichneten Daten zu speichern. [2]§ 154 Absatz 2d und Artikel 97 § 26 Absatz 5 Nummer 3 und 4 des Einführungsgesetzes zur Abgabenordnung bleiben unberührt.

(2) [1]Das Bundeszentralamt für Steuern darf in den Fällen des § 93 Absatz 7 und 8 auf Ersuchen bei den Kreditinstituten einzelne Daten aus den

---

[1] § 93a Abs. 4 angef. durch G v. 21.12.2020 (BGBl. I S. 3096); zur Anwendung siehe Art. 97 § 1 Abs. 14 Sätze 1 und 2 EGAO (Nr. **800a**).

[2] § 93b eingef. mWv 1.4.2005 durch G v. 23.12.2003 (BGBl. I S. 2928) und neu gef. mWv 18.8.2007 durch G v. 14.8.2007 (BGBl. I S. 1912); Abs. 1a eingef., Abs. 2 neu gef. mWv 25.6.2017 durch G v. 23.6.2017 (BGBl. I S. 1682); Abs. 1 neu gef. mWv 25.5.2018 durch G v. 17.7.2017 (BGBl. I S. 2541).

nach den Absätzen 1 und 1a zu führenden Dateisystemen im automatisierten Verfahren abrufen und sie an den Ersuchenden übermitteln. [2]Die Identifikationsnummer nach § 139b eines Verfügungsberechtigten oder eines wirtschaftlich Berechtigten darf das Bundeszentralamt für Steuern nur Finanzbehörden mitteilen.

(3) Die Verantwortung für die Zulässigkeit des Datenabrufs und der Datenübermittlung trägt der Ersuchende.

(4) § 24c Abs. 1 Satz 2 bis 6, Abs. 4 bis 8 des Kreditwesengesetzes gilt entsprechend.

§ 93c[1)] Datenübermittlung durch Dritte. (1) Sind steuerliche Daten eines Steuerpflichtigen auf Grund gesetzlicher Vorschriften von einem Dritten (mitteilungspflichtige Stelle) an Finanzbehörden elektronisch zu übermitteln, so gilt vorbehaltlich abweichender Bestimmungen in den Steuergesetzen Folgendes:

1. Die mitteilungspflichtige Stelle muss die Daten nach Ablauf des Besteuerungszeitraums bis zum letzten Tag des Monats Februar des folgenden Jahres nach amtlich vorgeschriebenem Datensatz durch Datenfernübertragung über die amtlich bestimmte Schnittstelle übermitteln; bezieht sich die Übermittlungspflicht auf einen Besteuerungszeitpunkt, sind die Daten bis zum Ablauf des zweiten Kalendermonats nach Ablauf des Monats zu übermitteln, in dem der Besteuerungszeitpunkt liegt.
2. Der Datensatz muss folgende Angaben enthalten:
   a) den Namen, die Anschrift, das Ordnungsmerkmal und die Kontaktdaten der mitteilungspflichtigen Stelle sowie ihr Identifikationsmerkmal nach den §§ 139a bis 139c oder, soweit dieses nicht vergeben wurde, ihre Steuernummer;
   b) hat die mitteilungspflichtige Stelle einen Auftragnehmer im Sinne des § 87d mit der Datenübermittlung beauftragt, so sind zusätzlich zu den Angaben nach Buchstabe a der Name, die Anschrift und die Kontaktdaten des Auftragnehmers sowie dessen Identifikationsmerkmal nach den §§ 139a bis 139c oder, wenn dieses nicht vergeben wurde, dessen Steuernummer anzugeben;
   c) den Familiennamen, den Vornamen, den Tag der Geburt, die Anschrift des Steuerpflichtigen und dessen Identifikationsnummer nach § 139b;
   d) handelt es sich bei dem Steuerpflichtigen nicht um eine natürliche Person, so sind dessen Firma oder Name, Anschrift und Wirtschafts-Identifikationsnummer nach § 139c oder, wenn diese noch nicht vergeben wurde, dessen Steuernummer anzugeben;
   e) den Zeitpunkt der Erstellung des Datensatzes oder eines anderen Ereignisses, anhand dessen die Daten in der zeitlichen Reihenfolge geordnet werden können, die Art der Mitteilung, den betroffenen Besteuerungs-

---

[1)] § 93c eingef. durch G v. 18.7.2016 (BGBl. I S. 1679); zur Anwendung s. Art. 97 § 27 Abs. 2 EGAO (Nr. **800a**).

zeitraum oder Besteuerungszeitpunkt und die Angabe, ob es sich um eine erstmalige, korrigierte oder stornierende Mitteilung handelt.

3. [1]Die mitteilungspflichtige Stelle hat den Steuerpflichtigen darüber zu informieren, welche für seine Besteuerung relevanten Daten sie an die Finanzbehörden übermittelt hat oder übermitteln wird. [2]Diese Information hat in geeigneter Weise, mit Zustimmung des Steuerpflichtigen elektronisch, und binnen angemessener Frist zu erfolgen. [3]Auskunftspflichten nach anderen Gesetzen bleiben unberührt.
4. Die mitteilungspflichtige Stelle hat die übermittelten Daten aufzuzeichnen und diese Aufzeichnungen sowie die der Mitteilung zugrunde liegenden Unterlagen bis zum Ablauf des siebten auf den Besteuerungszeitraum oder Besteuerungszeitpunkt folgenden Kalenderjahres aufzubewahren; die §§ 146 und 147 Absatz 2, 5 und 6 gelten entsprechend.

(2) Die mitteilungspflichtige Stelle soll Daten nicht übermitteln, wenn sie erst nach Ablauf des siebten auf den Besteuerungszeitraum oder Besteuerungszeitpunkt folgenden Kalenderjahres erkennt, dass sie zur Datenübermittlung verpflichtet war.

(3) [1]Stellt die mitteilungspflichtige Stelle bis zum Ablauf des siebten auf den Besteuerungszeitraum oder Besteuerungszeitpunkt folgenden Kalenderjahres fest, dass

1. die nach Maßgabe des Absatzes 1 übermittelten Daten unzutreffend waren oder
2. ein Datensatz übermittelt wurde, obwohl die Voraussetzungen hierfür nicht vorlagen,

so hat die mitteilungspflichtige Stelle dies vorbehaltlich abweichender Bestimmungen in den Steuergesetzen unverzüglich durch Übermittlung eines weiteren Datensatzes zu korrigieren oder zu stornieren. [2]Absatz 1 Nummer 2 bis 4 gilt entsprechend.

(4) [1]Die nach den Steuergesetzen zuständige Finanzbehörde kann ermitteln, ob die mitteilungspflichtige Stelle

1. ihre Pflichten nach Absatz 1 Nummer 1, 2 und 4 und Absatz 3 erfüllt und
2. den Inhalt des Datensatzes nach den Vorgaben des jeweiligen Steuergesetzes bestimmt hat.

[2]Die Rechte und Pflichten der für die Besteuerung des Steuerpflichtigen zuständigen Finanzbehörde hinsichtlich der Ermittlung des Sachverhalts bleiben unberührt.

(5) Soweit gesetzlich nichts anderes bestimmt ist, ist die nach den Steuergesetzen für die Entgegennahme der Daten zuständige Finanzbehörde auch für die Anwendung des Absatzes 4 und des § 72a Absatz 4 zuständig.

(6)[1] Die Finanzbehörden dürfen von den mitteilungspflichtigen Stellen mitgeteilte Daten im Sinne der Absätze 1 und 3 verarbeiten, wenn dies zur Erfüllung der ihnen obliegenden Aufgaben oder in Ausübung öffentlicher Gewalt, die ihnen übertragen wurde, erforderlich ist.

---

[1] § 93c Abs. 6 neu gef. mWv 25.5.2018 durch G v. 17.7.2017 (BGBl. I S. 2541).

(7) Soweit gesetzlich nichts anderes bestimmt ist, darf die mitteilungspflichtige Stelle die ausschließlich zum Zweck der Übermittlung erhobenen und gespeicherten Daten des Steuerpflichtigen nur für diesen Zweck verwenden.

(8) Die Absätze 1 bis 7 sind nicht anzuwenden auf

1. Datenübermittlungspflichten nach § 51a Absatz 2c oder Abschnitt XI des Einkommensteuergesetzes,
2. Datenübermittlungspflichten gegenüber den Zollbehörden,
3. Datenübermittlungen zwischen Finanzbehörden und
4. Datenübermittlungspflichten ausländischer öffentlicher Stellen.

§ 93d[1)] Verordnungsermächtigung. [1]Das Bundesministerium der Finanzen kann durch Rechtsverordnung mit Zustimmung des Bundesrates bestimmen, dass Daten im Sinne des § 93c vor der erstmaligen Übermittlung für Zwecke der Erprobung erhoben werden, soweit dies zur Entwicklung, Überprüfung oder Änderung von automatisierten Verfahren erforderlich ist. [2]Die Daten dürfen in diesem Fall ausschließlich für Zwecke der Erprobung verarbeitet und müssen innerhalb eines Jahres nach Beendigung der Erprobung gelöscht werden.

§ 94 Eidliche Vernehmung. (1) [1]Hält die Finanzbehörde mit Rücksicht auf die Bedeutung der Auskunft oder zur Herbeiführung einer wahrheitsgemäßen Auskunft die Beeidigung einer anderen Person als eines Beteiligten für geboten, so kann sie das für den Wohnsitz oder den Aufenthaltsort der zu beeidigenden Person zuständige Finanzgericht um die eidliche Vernehmung ersuchen. [2]Befindet sich der Wohnsitz oder der Aufenthaltsort der zu beeidigenden Person nicht am Sitz eines Finanzgerichts oder eines besonders errichteten Senats, so kann auch das zuständige Amtsgericht um die eidliche Vernehmung ersucht werden.

(2) [1]In dem Ersuchen hat die Finanzbehörde den Gegenstand der Vernehmung sowie die Namen und Anschriften der Beteiligten anzugeben. [2]Das Gericht hat die Beteiligten und die ersuchende Finanzbehörde von den Terminen zu benachrichtigen. [3]Die Beteiligten und die ersuchende Finanzbehörde sind berechtigt, während der Vernehmung Fragen zu stellen.

(3) Das Gericht entscheidet über die Rechtmäßigkeit der Verweigerung des Zeugnisses oder der Eidesleistung.

§ 95 Versicherung an Eides statt. (1) [1]Die Finanzbehörde kann den Beteiligten auffordern, dass er die Richtigkeit von Tatsachen, die er behauptet, an Eides statt versichert. [2]Eine Versicherung an Eides statt soll nur gefordert werden, wenn andere Mittel zur Erforschung der Wahrheit nicht vorhanden sind, zu keinem Ergebnis geführt haben oder einen unverhältnismäßigen Aufwand erfordern. [3]Von eidesunfähigen Personen im Sinne des § 393 der Zivilprozessordnung darf eine eidesstattliche Versicherung nicht verlangt werden.

[1)] § 93d eingef. durch G v. 18.7.2016 (BGBl. I S. 1679); zur Anwendung s. Art. 97 § 27 Abs. 2 EGAO (Nr. **800a**).

(2) [1]Die Versicherung an Eides statt wird von der Finanzbehörde zur Niederschrift aufgenommen. [2]Zur Aufnahme sind der Behördenleiter, sein ständiger Vertreter sowie Angehörige des öffentlichen Dienstes befugt, welche die Befähigung zum Richteramt haben oder die Voraussetzungen des § 110 Satz 1 des Deutschen Richtergesetzes erfüllen. [3]Andere Angehörige des öffentlichen Dienstes kann der Behördenleiter oder sein ständiger Vertreter hierzu allgemein oder im Einzelfall schriftlich ermächtigen.

(3) [1]Die Angaben, deren Richtigkeit versichert werden soll, sind schriftlich festzustellen und dem Beteiligten mindestens eine Woche vor Aufnahme der Versicherung mitzuteilen. [2]Die Versicherung besteht darin, dass der Beteiligte unter Wiederholung der behaupteten Tatsachen erklärt: „Ich versichere an Eides statt, dass ich nach bestem Wissen die reine Wahrheit gesagt und nichts verschwiegen habe". [3]Bevollmächtigte und Beistände des Beteiligten sind berechtigt, an der Aufnahme der Versicherung an Eides statt teilzunehmen.

(4) [1]Vor der Aufnahme der Versicherung an Eides statt ist der Beteiligte über die Bedeutung der eidesstattlichen Versicherung und die strafrechtlichen Folgen einer unrichtigen oder unvollständigen eidesstattlichen Versicherung zu belehren. [2]Die Belehrung ist in der Niederschrift zu vermerken.

(5) [1]Die Niederschrift hat ferner die Namen der anwesenden Personen sowie den Ort und den Tag der Niederschrift zu enthalten. [2]Die Niederschrift ist dem Beteiligten, der die eidesstattliche Versicherung abgibt, zur Genehmigung vorzulesen oder auf Verlangen zur Durchsicht vorzulegen. [3]Die erteilte Genehmigung ist zu vermerken und von dem Beteiligten zu unterschreiben. [4]Die Niederschrift ist sodann von dem Amtsträger, der die Versicherung an Eides statt aufgenommen hat, sowie von dem Schriftführer zu unterschreiben.

(6) Die Versicherung an Eides statt kann nicht nach § 328 erzwungen werden.

§ 96 Hinzuziehung von Sachverständigen. (1) [1]Die Finanzbehörde bestimmt, ob ein Sachverständiger zuzuziehen ist. [2]Soweit nicht Gefahr im Verzug vorliegt, hat sie die Person, die sie zum Sachverständigen ernennen will, den Beteiligten vorher bekannt zu geben.

(2) [1]Die Beteiligten können einen Sachverständigen wegen Besorgnis der Befangenheit ablehnen, wenn ein Grund vorliegt, der geeignet ist, Zweifel an seiner Unparteilichkeit zu rechtfertigen oder wenn von seiner Tätigkeit die Verletzung eines Geschäfts- oder Betriebsgeheimnisses oder Schaden für die geschäftliche Tätigkeit eines Beteiligten zu befürchten ist. [2]Die Ablehnung ist der Finanzbehörde gegenüber unverzüglich nach Bekanntgabe der Person des Sachverständigen, jedoch spätestens innerhalb von zwei Wochen unter Glaubhaftmachung der Ablehnungsgründe geltend zu machen. [3]Nach diesem Zeitpunkt ist die Ablehnung nur zulässig, wenn glaubhaft gemacht wird, dass der Ablehnungsgrund vorher nicht geltend gemacht werden konnte. [4]Über die Ablehnung entscheidet die Finanzbehörde, die den Sachverständigen ernannt hat oder ernennen will. [5]Das Ablehnungsgesuch hat keine aufschiebende Wirkung.

(3) [1]Der zum Sachverständigen Ernannte hat der Ernennung Folge zu leisten, wenn er zur Erstattung von Gutachten der erforderlichen Art öffentlich bestellt ist oder wenn er die Wissenschaft, die Kunst oder das Gewerbe, deren Kenntnis Voraussetzung der Begutachtung ist, öffentlich zum Erwerb ausübt oder wenn er zur Ausübung derselben öffentlich bestellt oder ermächtigt ist. [2]Zur Erstattung des Gutachtens ist auch derjenige verpflichtet, der sich hierzu der Finanzbehörde gegenüber bereit erklärt hat.

(4) Der Sachverständige kann die Erstattung des Gutachtens unter Angabe der Gründe wegen Besorgnis der Befangenheit ablehnen.

(5) Angehörige des öffentlichen Dienstes sind als Sachverständige nur dann zuzuziehen, wenn sie die nach dem Dienstrecht erforderliche Genehmigung erhalten.

(6) Die Sachverständigen sind auf die Vorschriften über die Wahrung des Steuergeheimnisses hinzuweisen.

(7) [1]Das Gutachten ist regelmäßig schriftlich zu erstatten. [2]Die mündliche Erstattung des Gutachtens kann zugelassen werden. [3]Die Beeidigung des Gutachtens darf nur gefordert werden, wenn die Finanzbehörde dies mit Rücksicht auf die Bedeutung des Gutachtens für geboten hält. [4]Ist der Sachverständige für die Erstattung von Gutachten der betreffenden Art im Allgemeinen beeidigt, so genügt die Berufung auf den geleisteten Eid; sie kann auch in einem schriftlichen Gutachten erklärt werden. [5]Anderenfalls gilt für die Beeidigung § 94 sinngemäß.

III. Beweis durch Urkunden und Augenschein

§ 97[1)] Vorlage von Urkunden. (1) [1]Die Beteiligten und andere Personen haben der Finanzbehörde auf Verlangen Bücher, Aufzeichnungen, Geschäftspapiere und andere Urkunden zur Einsicht und Prüfung vorzulegen. [2]Im Vorlageverlangen ist anzugeben, ob die Urkunden für die Besteuerung des zur Vorlage Aufgeforderten oder für die Besteuerung anderer Personen benötigt werden. [3]§ 93 Absatz 1 Satz 2 und 3 gilt entsprechend.

(2) [1]Die Finanzbehörde kann die Vorlage der in Absatz 1 genannten Urkunden an Amtsstelle verlangen oder sie bei dem Vorlagepflichtigen einsehen, wenn dieser einverstanden ist oder die Urkunden für eine Vorlage an Amtsstelle ungeeignet sind. [2]§ 147 Abs. 5 gilt entsprechend.

§ 98 Einnahme des Augenscheins. (1) Führt die Finanzbehörde einen Augenschein durch, so ist das Ergebnis aktenkundig zu machen.

(2) Bei der Einnahme des Augenscheins können Sachverständige zugezogen werden.

§ 99 Betreten von Grundstücken und Räumen. (1) [1]Die von der Finanzbehörde mit der Einnahme des Augenscheins betrauten Amtsträger und die nach den §§ 96 und 98 zugezogenen Sachverständigen sind berechtigt,

---

[1)] § 97 Abs. 1 neu gef., Abs. 2 aufgeh., bisch. Abs. 3 wird Abs. 2 mWv 30.6.2013 durch G v. 26.6.2013 (BGBl. I S. 1809).

Grundstücke, Räume, Schiffe, umschlossene Betriebsvorrichtungen und ähnliche Einrichtungen während der üblichen Geschäfts- und Arbeitszeit zu betreten, soweit dies erforderlich ist, um im Besteuerungsinteresse Feststellungen zu treffen. [2]Die betroffenen Personen sollen angemessene Zeit vorher benachrichtigt werden. [3]Wohnräume dürfen gegen den Willen des Inhabers nur zur Verhütung dringender Gefahren für die öffentliche Sicherheit und Ordnung betreten werden.

(2) Maßnahmen nach Absatz 1 dürfen nicht zu dem Zweck angeordnet werden, nach unbekannten Gegenständen zu forschen.

§ 100 Vorlage von Wertsachen. (1) [1]Der Beteiligte und andere Personen haben der Finanzbehörde auf Verlangen Wertsachen (Geld, Wertpapiere, Kostbarkeiten) vorzulegen, soweit dies erforderlich ist, um im Besteuerungsinteresse Feststellungen über ihre Beschaffenheit und ihren Wert zu treffen. [2]§ 98 Abs. 2 ist anzuwenden.

(2) Die Vorlage von Wertsachen darf nicht angeordnet werden, um nach unbekannten Gegenständen zu forschen.

IV. Auskunfts- und Vorlageverweigerungsrechte

§ 101 Auskunfts- und Eidesverweigerungsrecht der Angehörigen.

(1) [1]Die Angehörigen (§ 15) eines Beteiligten können die Auskunft verweigern, soweit sie nicht selbst als Beteiligte über ihre eigenen steuerlichen Verhältnisse auskunftspflichtig sind oder die Auskunftspflicht für einen Beteiligten zu erfüllen haben. [2]Die Angehörigen sind über das Auskunftsverweigerungsrecht zu belehren. [3]Die Belehrung ist aktenkundig zu machen.

(2) [1]Die in Absatz 1 genannten Personen haben ferner das Recht, die Beeidigung ihrer Auskunft zu verweigern. [2]Absatz 1 Sätze 2 und 3 gelten entsprechend.

§ 102 Auskunftsverweigerungsrecht zum Schutz bestimmter Berufsgeheimnisse. (1) Die Auskunft können ferner verweigern:

1. Geistliche über das, was ihnen in ihrer Eigenschaft als Seelsorger anvertraut worden oder bekannt geworden ist,
2. Mitglieder des Bundestages, eines Landtages oder einer zweiten Kammer über Personen, die ihnen in ihrer Eigenschaft als Mitglieder dieser Organe oder denen sie in dieser Eigenschaft Tatsachen anvertraut haben, sowie über diese Tatsachen selbst,
3.[1] a) Verteidiger,
   b) Rechtsanwälte, Patentanwälte, Notare, Steuerberater, Wirtschaftsprüfer, Steuerbevollmächtigte, vereidigte Buchprüfer,
   c) Ärzte, Zahnärzte, [*ab 1.9.2020:* Psychotherapeuten,] Psychologische Psychotherapeuten, Kinder- und Jugendlichenpsychotherapeuten, Apotheker und Hebammen,

---

[1] § 102 Abs. 1 Nr. 3 Buchst. c geänd. mWv 1.9.2020 durch G v. 15.11.2019 (BGBl. I S. 1604).

über das, was ihnen in dieser Eigenschaft anvertraut worden oder bekannt geworden ist,

4. Personen, die bei der Vorbereitung, Herstellung oder Verbreitung von periodischen Druckwerken oder Rundfunksendungen berufsmäßig mitwirken oder mitgewirkt haben, über die Person des Verfassers, Einsenders oder Gewährsmanns von Beiträgen und Unterlagen sowie über die ihnen im Hinblick auf ihre Tätigkeit gemachten Mitteilungen, soweit es sich um Beiträge, Unterlagen und Mitteilungen für den redaktionellen Teil handelt; § 160 bleibt unberührt.

(2) [1]Den im Absatz 1 Nr. 1 bis 3 genannten Personen stehen ihre Gehilfen und die Personen gleich, die zur Vorbereitung auf den Beruf an der berufsmäßigen Tätigkeit teilnehmen. [2]Über die Ausübung des Rechts dieser Hilfspersonen, die Auskunft zu verweigern, entscheiden die im Absatz 1 Nr. 1 bis 3 genannten Personen, es sei denn, dass diese Entscheidung in absehbarer Zeit nicht herbeigeführt werden kann.

(3) [1]Die in Absatz 1 Nr. 3 genannten Personen dürfen die Auskunft nicht verweigern, wenn sie von der Verpflichtung zur Verschwiegenheit entbunden sind. [2]Die Entbindung von der Verpflichtung zur Verschwiegenheit gilt auch für die Hilfspersonen.

(4)[1)] [1]Die gesetzlichen Anzeigepflichten der Notare und die Mitteilungspflichten der in Absatz 1 Nr. 3 Buchstabe b bezeichneten Personen nach der Zinsinformationsverordnung vom 26. Januar 2004 (BGBl. I S. 128), die zuletzt durch Artikel 4 Abs. 28 des Gesetzes vom 22. September 2005 (BGBl. I S. 2809) geändert worden ist, in der jeweils geltenden Fassung bleiben unberührt. [2]Soweit die Anzeigepflichten bestehen, sind die Notare auch zur Vorlage von Urkunden und zur Erteilung weiterer Auskünfte verpflichtet. [***ab 1.7.2020:*** [3]Die Mitteilungspflichten der in Absatz 1 Nummer 3 Buchstabe b bezeichneten Personen hinsichtlich der in § 138f Absatz 3 Satz 1 Nummer 1 und 4 bis 9 bezeichneten Angaben bestehen auch dann, wenn mit diesen Angaben betroffene Nutzer identifizierbar sein sollten.]

§ 103[2)] Auskunftsverweigerungsrecht bei Gefahr der Verfolgung wegen einer Straftat oder einer Ordnungswidrigkeit. [1]Personen, die nicht Beteiligte und nicht für einen Beteiligten auskunftspflichtig sind, können die Auskunft auf solche Fragen verweigern, deren Beantwortung sie selbst oder einen ihrer Angehörigen (§ 15) der Gefahr aussetzen würde, wegen einer Straftat oder einer Ordnungswidrigkeit verfolgt zu werden. [2]Über das Recht, die Auskunft zu verweigern, sind sie zu belehren. [3]Die Belehrung ist aktenkundig zu machen.

§ 104 Verweigerung der Erstattung eines Gutachtens und der Vorlage von Urkunden. (1) [1]Soweit die Auskunft verweigert werden darf,

---

[1)] § 102 Abs. 4 Satz 1 neu gef. mWv 18.8.2007 durch G v. 14.8.2007 (BGBl. I S. 1912); Satz 3 angef. durch G v. 21.12.2019 (BGBl. I S. 2875); zur Anwendung siehe Art. 97 § 33 Abs. 1 und 2 EGAO (Nr. **800a**).

[2)] § 103 Satz 1 neu gef. mWv 25.5.2018 durch G v. 17.7.2017 (BGBl. I S. 2541).

kann auch die Erstattung eines Gutachtens und die Vorlage von Urkunden oder Wertsachen verweigert werden. [2] § 102 Abs. 4 Satz 2 bleibt unberührt.

(2) [1] Nicht verweigert werden kann die Vorlage von Urkunden und Wertsachen, die für den Beteiligten aufbewahrt werden, soweit der Beteiligte bei eigenem Gewahrsam zur Vorlage verpflichtet wäre. [2] Für den Beteiligten aufbewahrt werden auch die für ihn geführten Geschäftsbücher und sonstigen Aufzeichnungen.

§ 105 Verhältnis der Auskunfts- und Vorlagepflicht zur Schweigepflicht öffentlicher Stellen. (1) Die Verpflichtung der Behörden oder sonstiger öffentlicher Stellen einschließlich der Deutschen Bundesbank, der Staatsbanken und der Schuldenverwaltungen sowie der Organe und Bediensteten dieser Stellen zur Verschwiegenheit gilt nicht für ihre Auskunfts- und Vorlagepflicht gegenüber den Finanzbehörden.

(2) Absatz 1 gilt nicht, soweit die Behörden und die mit postdienstlichen Verrichtungen betrauten Personen gesetzlich verpflichtet sind, das Brief-, Post- und Fernmeldegeheimnis zu wahren.

§ 106 Beschränkung der Auskunfts- und Vorlagepflicht bei Beeinträchtigung des staatlichen Wohls. Eine Auskunft oder die Vorlage von Urkunden darf nicht gefordert werden, wenn die zuständige oberste Bundes- oder Landesbehörde erklärt, dass die Auskunft oder Vorlage dem Wohl des Bundes oder eines Landes erhebliche Nachteile bereiten würde.

V. Entschädigung der Auskunftspflichtigen und der Sachverständigen

§ 107[1] Entschädigung der Auskunftspflichtigen und der Sachverständigen. [1] Auskunftspflichtige, Vorlagepflichtige und Sachverständige, die die Finanzbehörde zu Beweiszwecken herangezogen hat, erhalten auf Antrag eine Entschädigung oder Vergütung in entsprechender Anwendung des Justizvergütungs- und -entschädigungsgesetzes[2]. [2] Dies gilt nicht für die Beteiligten und für die Personen, die für die Beteiligten die Auskunfts- oder Vorlagepflicht zu erfüllen haben.

4. Unterabschnitt: Fristen, Termine, Wiedereinsetzung

§ 108[3] Fristen und Termine. (1) Für die Berechnung von Fristen und für die Bestimmung von Terminen gelten die §§ 187 bis 193 des Bürgerlichen Gesetzbuchs entsprechend, soweit nicht durch die Absätze 2 bis 5 etwas anderes bestimmt ist.

(2) Der Lauf einer Frist, die von einer Behörde gesetzt wird, beginnt mit dem Tag, der auf die Bekanntgabe der Frist folgt, außer wenn der betroffenen Person etwas anderes mitgeteilt wird.

---

[1] § 107 Satz 1 geänd. mWv 1.7.2004 durch G v. 5.5.2004 (BGBl. I S. 718); Sätze 1 und 2 geänd. mWv 30.6.2013 durch G v. 26.6.2013 (BGBl. I S. 1809).

[2] **Schönfelder Nr. 116.**

[3] § 108 Abs. 2 geänd. mWv 26.11.2019 durch G v. 20.11.2019 (BGBl. I S. 1626).

(3) Fällt das Ende einer Frist auf einen Sonntag, einen gesetzlichen Feiertag oder einen Sonnabend, so endet die Frist mit dem Ablauf des nächstfolgenden Werktags.

(4) Hat eine Behörde Leistungen nur für einen bestimmten Zeitraum zu erbringen, so endet dieser Zeitraum auch dann mit dem Ablauf seines letzten Tages, wenn dieser auf einen Sonntag, einen gesetzlichen Feiertag oder einen Sonnabend fällt.

(5) Der von einer Behörde gesetzte Termin ist auch dann einzuhalten, wenn er auf einen Sonntag, gesetzlichen Feiertag oder Sonnabend fällt.

(6) Ist eine Frist nach Stunden bestimmt, so werden Sonntage, gesetzliche Feiertage oder Sonnabende mitgerechnet.

§ 109[1] **Verlängerung von Fristen.** (1)[2] [1]Fristen zur Einreichung von Steuererklärungen und Fristen, die von einer Finanzbehörde gesetzt sind, können vorbehaltlich des Absatzes 2 verlängert werden. [2]Sind solche Fristen bereits abgelaufen, können sie vorbehaltlich des Absatzes 2 rückwirkend verlängert werden, insbesondere wenn es unbillig wäre, die durch den Fristablauf eingetretenen Rechtsfolgen bestehen zu lassen.

(2) [1]Absatz 1 ist

1. in den Fällen des § 149 Absatz 3 auf Zeiträume nach dem letzten Tag des Monats Februar des zweiten auf den Besteuerungszeitraum folgenden Kalenderjahres und
2. in den Fällen des § 149 Absatz 4 auf Zeiträume nach dem in der Anordnung bestimmten Zeitpunkt

nur anzuwenden, falls der Steuerpflichtige ohne Verschulden verhindert ist oder war, die Steuererklärungsfrist einzuhalten. [2]Bei Steuerpflichtigen, die ihren Gewinn aus Land- und Forstwirtschaft nach einem vom Kalenderjahr abweichenden Wirtschaftsjahr ermitteln, tritt an die Stelle des letzten Tages des Monats Februar der 31. Juli des zweiten auf den Besteuerungszeitraum folgenden Kalenderjahres. [3]Das Verschulden eines Vertreters oder eines Erfüllungsgehilfen ist dem Steuerpflichtigen zuzurechnen.

(3) Die Finanzbehörde kann die Verlängerung der Frist mit einer Nebenbestimmung versehen, insbesondere von einer Sicherheitsleistung abhängig machen.

(4)[3] Fristen zur Einreichung von Steuererklärungen und Fristen, die von einer Finanzbehörde gesetzt sind, können ausschließlich automationsgestützt verlängert werden, sofern zur Prüfung der Fristverlängerung ein automationsgestütztes Risikomanagementsystem nach § 88 Absatz 5 eingesetzt wird und kein Anlass dazu besteht, den Einzelfall durch Amtsträger zu bearbeiten.

---

[1] § 109 neu gef. durch G v. 18.7.2016 (BGBl. I S. 1679); zur Anwendung s. Art. 97 § 10a Abs. 4 Satz 1 EGAO (Nr. **800a**).

[2] Siehe hierzu BMF v. 23.4.2020 (abgedruckt unter Nr. **Vor 1.14**).

[3] § 109 Abs. 4 angef. durch G v. 12.12.2019 (BGBl. I S. 2451); zur Anwendung siehe Art. 97 § 1 Abs. 13 EGAO (Nr. **800a**).

§ 110 Wiedereinsetzung in den vorigen Stand. (1) [1]War jemand ohne Verschulden verhindert, eine gesetzliche Frist einzuhalten, so ist ihm auf Antrag Wiedereinsetzung in den vorigen Stand zu gewähren. [2]Das Verschulden eines Vertreters ist dem Vertretenen zuzurechnen.

(2) [1]Der Antrag ist innerhalb eines Monats nach Wegfall des Hindernisses zu stellen. [2]Die Tatsachen zur Begründung des Antrags sind bei der Antragstellung oder im Verfahren über den Antrag glaubhaft zu machen. [3]Innerhalb der Antragsfrist ist die versäumte Handlung nachzuholen. [4]Ist dies geschehen, so kann Wiedereinsetzung auch ohne Antrag gewährt werden.

(3) Nach einem Jahr seit dem Ende der versäumten Frist kann die Wiedereinsetzung nicht mehr beantragt oder die versäumte Handlung nicht mehr nachgeholt werden, außer wenn dies vor Ablauf der Jahresfrist infolge höherer Gewalt unmöglich war.

(4) Über den Antrag auf Wiedereinsetzung entscheidet die Finanzbehörde, die über die versäumte Handlung zu befinden hat.

5. Unterabschnitt: Rechts- und Amtshilfe

§ 111 Amtshilfepflicht. (1) [1]Alle Gerichte und Behörden haben die zur Durchführung der Besteuerung erforderliche Amtshilfe zu leisten. [2]§ 102 bleibt unberührt.

(2) Amtshilfe liegt nicht vor, wenn

1. Behörden einander innerhalb eines bestehenden Weisungsverhältnisses Hilfe leisten,
2. die Hilfeleistung in Handlungen besteht, die der ersuchten Behörde als eigene Aufgabe obliegen.

(3) Schuldenverwaltungen, Kreditinstitute sowie Betriebe gewerblicher Art der Körperschaften des öffentlichen Rechts fallen nicht unter diese Vorschrift.

(4) Auf dem Gebiet der Zollverwaltung erstreckt sich die Amtshilfepflicht auch auf diejenigen dem öffentlichen Verkehr oder dem öffentlichen Warenumschlag dienenden Unternehmen, die das Bundesministerium der Finanzen als Zollhilfsorgane besonders bestellt hat, und auf die Bediensteten dieser Unternehmen.

(5) Die §§ 105 und 106 sind entsprechend anzuwenden.

§ 112 Voraussetzungen und Grenzen der Amtshilfe. (1) Eine Finanzbehörde kann um Amtshilfe insbesondere dann ersuchen, wenn sie

1. aus rechtlichen Gründen die Amtshandlung nicht selbst vornehmen kann,
2. aus tatsächlichen Gründen, besonders weil die zur Vornahme der Amtshandlung erforderlichen Dienstkräfte oder Einrichtungen fehlen, die Amtshandlung nicht selbst vornehmen kann,
3. zur Durchführung ihrer Aufgaben auf die Kenntnis von Tatsachen angewiesen ist, die ihr unbekannt sind und die sie selbst nicht ermitteln kann,
4. zur Durchführung ihrer Aufgaben Urkunden oder sonstige Beweismittel benötigt, die sich im Besitz der ersuchten Behörde befinden,

5. die Amtshandlung nur mit wesentlich größerem Aufwand vornehmen könnte als die ersuchte Behörde.

(2) Die ersuchte Behörde darf Hilfe nicht leisten, wenn sie hierzu aus rechtlichen Gründen nicht in der Lage ist.

(3) Die ersuchte Behörde braucht Hilfe nicht zu leisten, wenn

1. eine andere Behörde die Hilfe wesentlich einfacher oder mit wesentlich geringerem Aufwand leisten kann,
2. sie die Hilfe nur mit unverhältnismäßig großem Aufwand leisten könnte,
3. sie unter Berücksichtigung der Aufgaben der ersuchenden Finanzbehörde durch den Umfang der Hilfeleistung die Erfüllung ihrer eigenen Aufgaben ernstlich gefährden würde.

(4) Die ersuchte Behörde darf die Hilfe nicht deshalb verweigern, weil sie das Ersuchen aus anderen als den in Absatz 3 genannten Gründen oder weil sie die mit der Amtshilfe zu verwirklichende Maßnahme für unzweckmäßig hält.

(5) [1] Hält die ersuchte Behörde sich zur Hilfe nicht für verpflichtet, so teilt sie der ersuchenden Finanzbehörde ihre Auffassung mit. [2] Besteht diese auf der Amtshilfe, so entscheidet über die Verpflichtung zur Amtshilfe die gemeinsame fachlich zuständige Aufsichtsbehörde oder, sofern eine solche nicht besteht, die für die ersuchte Behörde fachlich zuständige Aufsichtsbehörde.

§ 113 Auswahl der Behörde. Kommen für die Amtshilfe mehrere Behörden in Betracht, so soll nach Möglichkeit eine Behörde der untersten Verwaltungsstufe des Verwaltungszweigs ersucht werden, dem die ersuchende Finanzbehörde angehört.

§ 114 Durchführung der Amtshilfe. (1) Die Zulässigkeit der Maßnahme, die durch die Amtshilfe verwirklicht werden soll, richtet sich nach dem für die ersuchende Finanzbehörde, die Durchführung der Amtshilfe nach dem für die ersuchte Behörde geltenden Recht.

(2) [1] Die ersuchende Finanzbehörde trägt gegenüber der ersuchten Behörde die Verantwortung für die Rechtmäßigkeit der zu treffenden Maßnahme. [2] Die ersuchte Behörde ist für die Durchführung der Amtshilfe verantwortlich.

§ 115 Kosten der Amtshilfe. (1) [1] Die ersuchende Finanzbehörde hat der ersuchten Behörde für die Amtshilfe keine Verwaltungsgebühr zu entrichten. [2] Auslagen hat sie der ersuchten Behörde auf Anforderung zu erstatten, wenn

(Fortsetzung nächstes Blatt)

sie im Einzelfall 25 Euro übersteigen. [3]Leisten Behörden desselben Rechtsträgers einander Amtshilfe, so werden die Auslagen nicht erstattet.

(2) Nimmt die ersuchte Behörde zur Durchführung der Amtshilfe eine kostenpflichtige Amtshandlung vor, so stehen ihr die von einem Dritten hierfür geschuldeten Kosten (Verwaltungsgebühren, Benutzungsgebühren und Auslagen) zu.

§ 116[1)] **Anzeige von Steuerstraftaten.** (1) [1]Gerichte und die Behörden von Bund, Ländern und kommunalen Trägern der öffentlichen Verwaltung, die nicht Finanzbehörden sind, haben Tatsachen, die sie dienstlich erfahren und die auf eine Steuerstraftat schließen lassen, dem Bundeszentralamt für Steuern oder, soweit bekannt, den für das Steuerstrafverfahren zuständigen Finanzbehörden mitzuteilen. [2]Soweit die für das Steuerstrafverfahren zuständigen Finanzbehörden nicht bereits erkennbar unmittelbar informiert worden sind, teilt das Bundeszentralamt für Steuern ihnen diese Tatsachen mit. [3]Die für das Steuerstrafverfahren zuständigen Finanzbehörden, ausgenommen die Behörden der Bundeszollverwaltung, übermitteln die Mitteilung an das Bundeszentralamt für Steuern, soweit dieses nicht bereits erkennbar unmittelbar in Kenntnis gesetzt worden ist.

(2) § 105 Abs. 2 gilt entsprechend.

§ 117 Zwischenstaatliche Rechts- und Amtshilfe in Steuersachen. (1) Die Finanzbehörden können zwischenstaatliche Rechts- und Amtshilfe nach Maßgabe des deutschen Rechts in Anspruch nehmen.

(2)[2)] Die Finanzbehörden können zwischenstaatliche Rechts- und Amtshilfe auf Grund innerstaatlich anwendbarer völkerrechtlicher Vereinbarungen, innerstaatlich anwendbarer Rechtsakte der Europäischen Union sowie des EU-Amtshilfegesetzes leisten.

(3) [1]Die Finanzbehörden können nach pflichtgemäßem Ermessen zwischenstaatliche Rechts- und Amtshilfe auf Ersuchen auch in anderen Fällen leisten, wenn

1. die Gegenseitigkeit verbürgt ist,
2. der ersuchende Staat gewährleistet, dass die übermittelten Auskünfte und Unterlagen nur für Zwecke seines Besteuerungs- oder Steuerstrafverfahrens (einschließlich Ordnungswidrigkeitenverfahren) verwendet werden, und dass die übermittelten Auskünfte und Unterlagen nur solchen Personen, Behörden oder Gerichten zugänglich gemacht werden, die mit der Bearbeitung der Steuersache oder Verfolgung der Steuerstraftat befasst sind,
3. der ersuchende Staat zusichert, dass er bereit ist, bei den Steuern vom Einkommen, Ertrag und Vermögen eine mögliche Doppelbesteuerung im Verständigungswege durch eine sachgerechte Abgrenzung der Besteuerungsgrundlagen zu vermeiden und

---

1) § 116 Abs. 1 neu gef. mWv 29.12.2007 durch G v. 20.12.2007 (BGBl. I S. 3150).
2) § 117 Abs. 2 geänd. mWv 1.1.2013 durch G v. 26.6.2013 (BGBl. I S. 1809).

4. die Erledigung des Ersuchens die Souveränität, die Sicherheit, die öffentliche Ordnung oder andere wesentliche Interessen des Bundes oder seiner Gebietskörperschaften nicht beeinträchtigt und keine Gefahr besteht, dass dem inländischen Beteiligten ein mit dem Zweck der Rechts- und Amtshilfe nicht zu vereinbarender Schaden entsteht, falls ein Handels-, Industrie-, Gewerbe- oder Berufsgeheimnis oder ein Geschäftsverfahren, das auf Grund des Ersuchens offenbart werden soll, preisgegeben wird.

2 Soweit die zwischenstaatliche Rechts- und Amtshilfe Steuern betrifft, die von den Landesfinanzbehörden verwaltet werden, entscheidet das Bundesministerium der Finanzen im Einvernehmen mit der zuständigen obersten Landesbehörde.

(4)[1] 1 Bei der Durchführung der Rechts- und Amtshilfe richten sich die Befugnisse der Finanzbehörden sowie die Rechte und Pflichten der Beteiligten und anderer Personen nach den für Steuern im Sinne von § 1 Abs. 1 geltenden Vorschriften. 2 § 114 findet entsprechende Anwendung. 3 Bei der Übermittlung von Auskünften und Unterlagen gilt für inländische Beteiligte § 91 entsprechend; soweit die Rechts- und Amtshilfe Steuern betrifft, die von den Landesfinanzbehörden verwaltet werden, hat eine Anhörung des inländischen Beteiligten abweichend von § 91 Abs. 1 stets stattzufinden, es sei denn, die Umsatzsteuer ist betroffen, es findet ein Informationsaustausch auf Grund des EU-Amtshilfegesetzes statt oder es liegt eine Ausnahme nach § 91 Abs. 2 oder 3 vor.

(5) Das Bundesministerium der Finanzen wird ermächtigt, zur Förderung der zwischenstaatlichen Zusammenarbeit durch Rechtsverordnung mit Zustimmung des Bundesrates völkerrechtliche Vereinbarungen über die gegenseitige Rechts- und Amtshilfe auf dem Gebiete des Zollwesens in Kraft zu setzen, wenn sich die darin übernommenen Verpflichtungen im Rahmen der nach diesem Gesetz zulässigen zwischenstaatlichen Rechts- und Amtshilfe halten.

§ 117a[2] Übermittlung personenbezogener Daten an Mitgliedstaaten der Europäischen Union. (1) 1 Auf ein Ersuchen einer für die Verhütung und Verfolgung von Straftaten zuständigen öffentlichen Stelle eines Mitgliedstaates der Europäischen Union können die mit der Steuerfahndung betrauten Dienststellen der Finanzbehörden personenbezogene Daten, die in Zusammenhang mit dem in § 208 bestimmten Aufgabenbereich stehen, zum Zweck der Verhütung von Straftaten übermitteln. 2 Für die Übermittlung dieser Daten gelten die Vorschriften über die Datenübermittlung im innerstaatlichen Bereich entsprechend.

(2) Die Übermittlung personenbezogener Daten nach Absatz 1 ist nur zulässig, wenn das Ersuchen mindestens folgende Angaben enthält:

1. die Bezeichnung und die Anschrift der ersuchenden Behörde,
2. die Bezeichnung der Straftat, zu deren Verhütung die Daten benötigt werden,

---

[1] § 117 Abs. 4 Satz 3 geänd. mWv 1.1.2013 durch G v. 26.6.2013 (BGBl. I S. 1809).

[2] § 117a eingef. mWv 26.7.2012 durch G v. 21.7.2012 (BGBl. I S. 1566).

3. die Beschreibung des Sachverhalts, der dem Ersuchen zugrunde liegt,
4. die Benennung des Zwecks, zu dem die Daten erbeten werden,
5. den Zusammenhang zwischen dem Zweck, zu dem die Informationen oder Erkenntnisse erbeten werden, und der Person, auf die sich diese Informationen beziehen,
6. Einzelheiten zur Identität der betroffenen Person, sofern sich das Ersuchen auf eine bekannte Person bezieht, und
7. Gründe für die Annahme, dass sachdienliche Informationen und Erkenntnisse im Inland vorliegen.

(3) Die mit der Steuerfahndung betrauten Dienststellen der Finanzbehörden können auch ohne Ersuchen personenbezogene Daten im Sinne von Absatz 1 an eine für die Verhütung und Verfolgung von Straftaten zuständige öffentliche Stelle eines Mitgliedstaates der Europäischen Union übermitteln, wenn im Einzelfall die Gefahr der Begehung einer Straftat im Sinne des Artikels 2 Absatz 2 des Rahmenbeschlusses 2002/584/JI des Rates vom 13. Juni 2002 über den Europäischen Haftbefehl und die Übergabeverfahren zwischen den Mitgliedstaaten (ABl. L 190 vom 18.7.2002, S. 1), der zuletzt durch den Rahmenbeschluss 2009/299/JI (ABl. L 81 vom 27.3.2009, S. 24) geändert worden ist, besteht und konkrete Anhaltspunkte dafür vorliegen, dass die Übermittlung dieser personenbezogenen Daten dazu beitragen könnte, eine solche Straftat zu verhindern.

(4) [1]Für die Übermittlung der Daten nach Absatz 3 gelten die Vorschriften über die Datenübermittlung im innerstaatlichen Bereich entsprechend. [2]Die Datenübermittlung unterbleibt, soweit, auch unter Berücksichtigung des besonderen öffentlichen Interesses an der Datenübermittlung, im Einzelfall schutzwürdige Interessen der betroffenen Person überwiegen. [3]Zu den schutzwürdigen Interessen gehört auch das Vorhandensein eines angemessenen Datenschutzniveaus im Empfängerstaat. [4]Die schutzwürdigen Interessen der betroffenen Personen können auch dadurch gewahrt werden, dass der Empfängerstaat oder die empfangende zwischen- oder überstaatliche Stelle im Einzelfall einen Schutz der übermittelten Daten garantiert.

(5) Die Datenübermittlung nach den Absätzen 1 und 3 unterbleibt, wenn
1. hierdurch wesentliche Sicherheitsinteressen des Bundes oder der Länder beeinträchtigt würden,
2. die Übermittlung der Daten zu den in Artikel 6 des Vertrages über die Europäische Union enthaltenen Grundsätzen in Widerspruch stünde,
3. die zu übermittelnden Daten bei der ersuchten Behörde nicht vorhanden sind und nur durch das Ergreifen von Zwangsmaßnahmen erlangt werden können oder
4. die Übermittlung der Daten unverhältnismäßig wäre oder die Daten für die Zwecke, für die sie übermittelt werden sollen, nicht erforderlich sind.

(6) Die Datenübermittlung nach den Absätzen 1 und 3 kann unterbleiben, wenn

1. die zu übermittelnden Daten bei den mit der Steuerfahndung betrauten Dienststellen der Finanzbehörden nicht vorhanden sind, jedoch ohne das Ergreifen von Zwangsmaßnahmen erlangt werden können,
2. hierdurch der Erfolg laufender Ermittlungen oder Leib, Leben oder Freiheit einer Person gefährdet würde oder
3. die Tat, zu deren Verhütung die Daten übermittelt werden sollen, nach deutschem Recht mit einer Freiheitsstrafe von im Höchstmaß einem Jahr oder weniger bedroht ist.

(7) Als für die Verhütung und Verfolgung von Straftaten zuständige öffentliche Stelle eines Mitgliedstaates der Europäischen Union im Sinne der Absätze 1 und 3 gilt jede Stelle, die von diesem Staat gemäß Artikel 2 Buchstabe a des Rahmenbeschlusses 2006/960/JI des Rates vom 18. Dezember 2006 über die Vereinfachung des Austauschs von Informationen und Erkenntnissen zwischen den Strafverfolgungsbehörden der Mitgliedstaaten der Europäischen Union (ABl. L 386 vom 29.12.2006, S. 89, L 75 vom 15.3.2007, S. 26) benannt wurde.

(8) Die Absätze 1 bis 7 sind auch anzuwenden auf die Übermittlung von personenbezogenen Daten an für die Verhütung und Verfolgung von Straftaten zuständige öffentliche Stellen eines Schengen-assoziierten Staates im Sinne von § 91 Absatz 3 des Gesetzes über die internationale Rechtshilfe in Strafsachen.

§ 117b[1)] Verwendung von den nach dem Rahmenbeschluss 2006/960/JI des Rates übermittelten Daten. (1) [1]Daten, die nach dem Rahmenbeschluss 2006/960/JI an die mit der Steuerfahndung betrauten Dienststellen der Finanzbehörden übermittelt worden sind, dürfen nur für die Zwecke, für die sie übermittelt wurden, oder zur Abwehr einer gegenwärtigen und erheblichen Gefahr für die öffentliche Sicherheit verwendet werden. [2]Für einen anderen Zweck oder als Beweismittel in einem gerichtlichen Verfahren dürfen sie nur verwendet werden, wenn der übermittelnde Staat zugestimmt hat. [3]Von dem übermittelnden Staat für die Verwendung der Daten gestellte Bedingungen sind zu beachten.

(2) Die mit der Steuerfahndung betrauten Dienststellen der Finanzbehörden erteilen dem übermittelnden Staat auf dessen Ersuchen zu Zwecken der Datenschutzkontrolle Auskunft darüber, wie die übermittelten Daten verwendet wurden.

§ 117c[2)] Umsetzung innerstaatlich anwendbarer völkerrechtlicher Vereinbarungen zur Förderung der Steuerehrlichkeit bei internationalen Sachverhalten. (1)[3)] [1]Das Bundesministerium der Finanzen wird ermächtigt, zur Erfüllung der Verpflichtungen aus innerstaatlich anwendbaren völkerrechtlichen Vereinbarungen, die der Förderung der Steuerehrlichkeit

---

[1)] § 117 b eingef. durch G v. 21.7.2012 (BGBl. I S. 1566).

[2)] § 117 c eingef. durch G v. 18.12.2013 (BGBl. I S. 4318).

[3)] § 117 c Abs. 1 Satz 2 aufgeh. mWv 1.1.2017 durch G v. 18.7.2016 (BGBl. I S. 1679); Satz 1 neu gef., Sätze 2 und 3 angef. mWv 1.1.2017 durch G v. 20.12.2016 (BGBl. I S. 3000).

durch systematische Erhebung und Übermittlung steuerlich relevanter Daten dienen, durch Rechtsverordnungen mit Zustimmung des Bundesrates Regelungen zu treffen über

1. die Erhebung der nach diesen Vereinbarungen erforderlichen Daten durch in diesen Vereinbarungen dem Grunde nach bestimmte Dritte,
2. die Übermittlung dieser Daten nach amtlich vorgeschriebenem Datensatz im Wege der Datenfernübertragung an das Bundeszentralamt für Steuern,
3. die Weiterleitung dieser Daten an die zuständige Behörde des anderen Vertragsstaates sowie
4. die Entgegennahme entsprechender Daten von dem anderen Vertragsstaat und deren Weiterleitung nach Maßgabe des § 88 Absatz 3 und 4 an die zuständige Landesfinanzbehörde.

[2]In einer Rechtsverordnung nach Satz 1 kann dem Bundeszentralamt für Steuern das Recht eingeräumt werden, die Daten und Meldungen nach § 9 Absatz 1 und 2 der FATCA-USA-Umsetzungsverordnung zur Erfüllung der dem Bundeszentralamt für Steuern gesetzlich übertragenen Aufgaben auszuwerten. [3]Auswertungen der Meldungen nach § 9 Absatz 2 der FATCA-USA-Umsetzungsverordnung durch die jeweils zuständige Landesfinanzbehörde bleiben hiervon unberührt.

(2)[1)] Bei der Übermittlung von Daten durch das Bundeszentralamt für Steuern an die zuständige Finanzbehörde des anderen Vertragsstaates nach einer auf Grund des Absatzes 1 Satz 1 erlassenen Rechtsverordnung findet eine Anhörung der Beteiligten nicht statt.

(3) [1]Das Bundeszentralamt für Steuern ist berechtigt, Verhältnisse, die für die Erfüllung der Pflichten zur Erhebung und Übermittlung von Daten nach einer auf Grund des Absatzes 1 erlassenen Rechtsverordnung von Bedeutung sind oder der Aufklärung bedürfen, bei den zur Erhebung dieser Daten und deren Übermittlung an das Bundeszentralamt für Steuern Verpflichteten zu prüfen. [2]Die §§ 193 bis 203 gelten sinngemäß.

(4)[2)] [1]Die auf Grund einer Rechtsverordnung nach Absatz 1 oder im Rahmen einer Prüfung nach Absatz 3 vom Bundeszentralamt für Steuern erhobenen Daten dürfen nur für die in den zugrunde liegenden völkerrechtlichen Vereinbarungen festgelegten Zwecke verwendet werden. [2]Bei der Übermittlung der länderbezogenen Berichte durch das Bundeszentralamt für Steuern gemäß § 138a Absatz 7 Satz 1 bis 3 findet keine Anhörung der Beteiligten statt.

§ 117d[3)] Statistiken über die zwischenstaatliche Amts- und Rechtshilfe. [1]Informationen, die im Zuge der zwischenstaatlichen Amts- und

---

[1)] § 117c Abs. 2 Satz 2 aufgeh. mWv 25.6.2017 durch G v. 23.6.2017 (BGBl. I S. 1682).

[2)] § 117c Abs. 4 Satz 2 angef. durch G v. 20.12.2016 (BGBl. I S. 3000); zur Anwendung von § 138a Abs. 6 siehe Abs. 97 § 31 Satz 1 EGAO (Nr. **800a**); Satz 2 Verweis geänd. mWv 25.6.2017 durch G v. 23.6.2017 (BGBl. I S. 1682).

[3)] § 117d eingef. durch G v. 12.12.2019 (BGBl. I S. 2451); zur Anwendung siehe Art. 97 § 1 Abs. 13 EGAO (Nr. **800a**).

Rechtshilfe verarbeitet werden, dürfen statistisch pseudonymisiert oder anonymisiert aufbereitet werden. [2]Diese statistischen Daten dürfen öffentlich zugänglich gemacht werden.

Zweiter Abschnitt: Verwaltungsakte

§ 118 Begriff des Verwaltungsakts. [1]Verwaltungsakt ist jede Verfügung, Entscheidung oder andere hoheitliche Maßnahme, die eine Behörde zur Regelung eines Einzelfalls auf dem Gebiet des öffentlichen Rechts trifft und die auf unmittelbare Rechtswirkung nach außen gerichtet ist. [2]Allgemeinverfügung ist ein Verwaltungsakt, der sich an einen nach allgemeinen Merkmalen bestimmten oder bestimmbaren Personenkreis richtet oder die öffentlich-rechtliche Eigenschaft einer Sache oder ihre Benutzung durch die Allgemeinheit betrifft.

§ 119[1)] Bestimmtheit und Form des Verwaltungsakts. (1) Ein Verwaltungsakt muss inhaltlich hinreichend bestimmt sein.

(2) [1]Ein Verwaltungsakt kann schriftlich, elektronisch, mündlich oder in anderer Weise erlassen werden. [2]Ein mündlicher Verwaltungsakt ist schriftlich zu bestätigen, wenn hieran ein berechtigtes Interesse besteht und die betroffene Person dies unverzüglich verlangt.

(3) [1]Ein schriftlich oder elektronisch erlassener Verwaltungsakt muss die erlassende Behörde erkennen lassen. [2]Ferner muss er die Unterschrift oder die Namenswiedergabe des Behördenleiters, seines Vertreters oder seines Beauftragten enthalten; dies gilt nicht für einen Verwaltungsakt, der formularmäßig oder mit Hilfe automatischer Einrichtungen erlassen wird. [3]Ist für einen Verwaltungsakt durch Gesetz eine Schriftform angeordnet, so muss bei einem elektronischen Verwaltungsakt auch das der Signatur zugrunde liegende qualifizierte Zertifikat oder ein zugehöriges qualifiziertes Attributzertifikat die erlassende Behörde erkennen lassen. [4]Im Falle des § 87a Absatz 4 Satz 3 muss die Bestätigung nach § 5 Absatz 5 des De-Mail-Gesetzes die erlassende Finanzbehörde als Nutzer des De-Mail-Kontos erkennen lassen.

§ 120 Nebenbestimmungen zum Verwaltungsakt. (1) Ein Verwaltungsakt, auf den ein Anspruch besteht, darf mit einer Nebenbestimmung nur versehen werden, wenn sie durch Rechtsvorschrift zugelassen ist oder wenn sie sicherstellen soll, dass die gesetzlichen Voraussetzungen des Verwaltungsakts erfüllt werden.

(2) Unbeschadet des Absatzes 1 darf ein Verwaltungsakt nach pflichtgemäßem Ermessen erlassen werden mit

1. einer Bestimmung, nach der eine Vergünstigung oder Belastung zu einem bestimmten Zeitpunkt beginnt, endet oder für einen bestimmten Zeitraum gilt (Befristung),

---

1) § 119 Abs. 3 Satz 4 angef. mWv 1.8.2013 durch G v. 25.7.2013 (BGBl. I S. 2749); Abs. 2 Satz 2 geänd. mWv 26.11.2019 durch G v. 20.11.2019 (BGBl. I S. 1626).

2. einer Bestimmung, nach der der Eintritt oder der Wegfall einer Vergünstigung oder einer Belastung von dem ungewissen Eintritt eines zukünftigen Ereignisses abhängt (Bedingung),
3. einem Vorbehalt des Widerrufs

oder verbunden werden mit

4. einer Bestimmung, durch die dem Begünstigten ein Tun, Dulden oder Unterlassen vorgeschrieben wird (Auflage),
5. einem Vorbehalt der nachträglichen Aufnahme, Änderung oder Ergänzung einer Auflage.

(Fortsetzung nächstes Blatt)

(3) Eine Nebenbestimmung darf dem Zweck des Verwaltungsakts nicht zuwiderlaufen.

§ 121 Begründung des Verwaltungsakts. (1) Ein schriftlicher, elektronischer sowie ein schriftlich oder elektronisch bestätigter Verwaltungsakt ist mit einer Begründung zu versehen, soweit dies zu seinem Verständnis erforderlich ist.

(2) Einer Begründung bedarf es nicht,

1. soweit die Finanzbehörde einem Antrag entspricht oder einer Erklärung folgt und der Verwaltungsakt nicht in Rechte eines anderen eingreift,
2. soweit demjenigen, für den der Verwaltungsakt bestimmt ist oder der von ihm betroffen wird, die Auffassung der Finanzbehörde über die Sach- und Rechtslage bereits bekannt oder auch ohne Begründung für ihn ohne weiteres erkennbar ist,
3. wenn die Finanzbehörde gleichartige Verwaltungsakte in größerer Zahl oder Verwaltungsakte mit Hilfe automatischer Einrichtungen erlässt und die Begründung nach den Umständen des Einzelfalls nicht geboten ist,
4. wenn sich dies aus einer Rechtsvorschrift ergibt,
5. wenn eine Allgemeinverfügung öffentlich bekannt gegeben wird.

§ 122 Bekanntgabe des Verwaltungsakts. (1)[1] [1]Ein Verwaltungsakt ist demjenigen Beteiligten bekannt zu geben, für den er bestimmt ist oder der von ihm betroffen wird. [2]§ 34 Abs. 2 ist entsprechend anzuwenden. [3]Der Verwaltungsakt kann auch gegenüber einem Bevollmächtigten bekannt gegeben werden. [4]Er soll dem Bevollmächtigten bekannt gegeben werden, wenn der Finanzbehörde eine schriftliche oder eine nach amtlich vorgeschriebenem Datensatz elektronisch übermittelte Empfangsvollmacht vorliegt, solange dem Bevollmächtigten nicht eine Zurückweisung nach § 80 Absatz 7 bekannt gegeben worden ist.

(2) Ein schriftlicher Verwaltungsakt, der durch die Post übermittelt wird, gilt als bekannt gegeben

1. bei einer Übermittlung im Inland am dritten Tage nach der Aufgabe zur Post,[2]
2. bei einer Übermittlung im Ausland einen Monat nach der Aufgabe zur Post,

außer wenn er nicht oder zu einem späteren Zeitpunkt zugegangen ist; im Zweifel hat die Behörde den Zugang des Verwaltungsakts und den Zeitpunkt des Zugangs nachzuweisen.

(2a) Ein elektronisch übermittelter Verwaltungsakt gilt am dritten Tage nach der Absendung als bekannt gegeben, außer wenn er nicht oder zu einem späteren Zeitpunkt zugegangen ist; im Zweifel hat die Behörde den Zugang des Verwaltungsakts und den Zeitpunkt des Zugangs nachzuweisen.

---

[1] § 122 Abs. 1 Satz 4 angef. mWv 1.1.2017 durch G v. 18.7.2016 (BGBl. I S. 1679); zur Anwendung s. auch Art. 97 § 1 Abs. 11 EGAO (Nr. **800a**).

[2] Die Dreitagesfrist verlängert sich, wenn das Fristende auf einen Sonntag, gesetzlichen Feiertag oder Sonnabend fällt, bis zum nächstfolgenden Werktag (BFH-Urteil v. 14.10.2003 IX R 68/98, BStBl. II S. 898).

(3) [1]Ein Verwaltungsakt darf öffentlich bekannt gegeben werden, wenn dies durch Rechtsvorschrift zugelassen ist. [2]Eine Allgemeinverfügung darf auch dann öffentlich bekannt gegeben werden, wenn eine Bekanntgabe an die Beteiligten untunlich ist.

(4) [1]Die öffentliche Bekanntgabe eines Verwaltungsakts wird dadurch bewirkt, dass sein verfügender Teil ortsüblich bekannt gemacht wird. [2]In der ortsüblichen Bekanntmachung ist anzugeben, wo der Verwaltungsakt und seine Begründung eingesehen werden können. [3]Der Verwaltungsakt gilt zwei Wochen nach dem Tag der ortsüblichen Bekanntmachung als bekannt gegeben. [4]In einer Allgemeinverfügung kann ein hiervon abweichender Tag, jedoch frühestens der auf die Bekanntmachung folgende Tag bestimmt werden.

(5)[1)] [1]Ein Verwaltungsakt wird zugestellt, wenn dies gesetzlich vorgeschrieben ist oder behördlich angeordnet wird. [2]Die Zustellung richtet sich vorbehaltlich des Satzes 3 nach den Vorschriften des Verwaltungszustellungsgesetzes[2)]. [3]Für die Zustellung an einen Bevollmächtigten gilt abweichend von § 7 Absatz 1 Satz 2 des Verwaltungszustellungsgesetzes[2)] Absatz 1 Satz 4 entsprechend.

(6) Die Bekanntgabe eines Verwaltungsakts an einen Beteiligten zugleich mit Wirkung für und gegen andere Beteiligte ist zulässig, soweit die Beteiligten einverstanden sind; diese Beteiligten können nachträglich eine Abschrift des Verwaltungsakts verlangen.

(7)[3)] [1]Betreffen Verwaltungsakte

1. Ehegatten oder Lebenspartner oder
2. Ehegatten mit ihren Kindern, Lebenspartner mit ihren Kindern oder Alleinstehende mit ihren Kindern,

so reicht es für die Bekanntgabe an alle Beteiligten aus, wenn ihnen eine Ausfertigung unter ihrer gemeinsamen Anschrift übermittelt wird. [2]Die Verwaltungsakte sind den Beteiligten einzeln bekannt zu geben, soweit sie dies beantragt haben oder soweit der Finanzbehörde bekannt ist, dass zwischen ihnen ernstliche Meinungsverschiedenheiten bestehen.

§ 122a[4)] Bekanntgabe von Verwaltungsakten durch Bereitstellung zum Datenabruf. (1) Verwaltungsakte können mit Einwilligung des Beteiligten oder der von ihm bevollmächtigten Person bekannt gegeben werden, indem sie zum Datenabruf durch Datenfernübertragung bereitgestellt werden.

(2) [1]Die Einwilligung kann jederzeit mit Wirkung für die Zukunft widerrufen werden. [2]Der Widerruf wird der Finanzbehörde gegenüber erst wirksam, wenn er ihr zugeht.

[1)] § 122 Abs. 5 Satz 2 neu gef., Satz 3 angef. mWv 1.1.2017 durch G v. 18.7.2016 (BGBl. I S. 1679); zur Anwendung s. auch Art. 97 § 1 Abs. 11 EGAO (Nr. **800a**).

[2)] Nr. **805**.

[3)] § 122 Abs. 7 Satz 1 neu gef. mWv 24.7.2014 durch G v. 18.7.2014 (BGBl. I S. 1042); zur Anwendung siehe Art. 97 § 1 Abs. 10 Sätze 1 und 2 EGAO (Nr. **800a**).

[4)] § 122a eingef. durch G v. 18.7.2016 (BGBl. I S. 1679); zur Anwendung s. auch Art. 97 § 28 EGAO (Nr. **800a**).

(3) Für den Datenabruf hat sich die abrufberechtigte Person nach Maßgabe des § 87a Absatz 8 zu authentisieren.

(4) [1]Ein zum Abruf bereitgestellter Verwaltungsakt gilt am dritten Tag nach Absendung der elektronischen Benachrichtigung über die Bereitstellung der Daten an die abrufberechtigte Person als bekannt gegeben. [2]Im Zweifel hat die Behörde den Zugang der Benachrichtigung nachzuweisen. [3]Kann die Finanzbehörde den von der abrufberechtigten Person bestrittenen Zugang der Benachrichtigung nicht nachweisen, gilt der Verwaltungsakt an dem Tag als bekannt gegeben, an dem die abrufberechtigte Person den Datenabruf durchgeführt hat. [4]Das Gleiche gilt, wenn die abrufberechtigte Person unwiderlegbar vorträgt, die Benachrichtigung nicht innerhalb von drei Tagen nach der Absendung erhalten zu haben.

(5)[1)] Entscheidet sich die Finanzbehörde, den Verwaltungsakt im Postfach des Nutzerkontos nach dem Onlinezugangsgesetz zum Datenabruf bereitzustellen, gelten abweichend von § 9 Absatz 1 Satz 3 bis 6 des Onlinezugangsgesetzes die Regelungen des Absatzes 4.

§ 123[2)] Bestellung eines Empfangsbevollmächtigten. [1]Ein Beteiligter ohne Wohnsitz oder gewöhnlichen Aufenthalt, Sitz oder Geschäftsleitung im Inland, in einem anderen Mitgliedstaat der Europäischen Union oder in einem Staat, auf den das Abkommen über den Europäischen Wirtschaftsraum anwendbar ist, hat der Finanzbehörde auf Verlangen innerhalb einer angemessenen Frist einen Empfangsbevollmächtigten im Inland zu benennen. [2]Unterlässt er dies, so gilt ein an ihn gerichtetes Schriftstück einen Monat nach der Aufgabe zur Post und ein elektronisch übermitteltes Dokument am dritten Tage nach der Absendung als zugegangen. [3]Dies gilt nicht, wenn feststeht, dass das Schriftstück oder das elektronische Dokument den Empfänger nicht oder zu einem späteren Zeitpunkt erreicht hat. [4]Auf die Rechtsfolgen der Unterlassung ist der Beteiligte hinzuweisen.

§ 124 Wirksamkeit des Verwaltungsakts. (1) [1]Ein Verwaltungsakt wird gegenüber demjenigen, für den er bestimmt ist oder der von ihm betroffen wird, in dem Zeitpunkt wirksam, in dem er ihm bekannt gegeben wird. [2]Der Verwaltungsakt wird mit dem Inhalt wirksam, mit dem er bekannt gegeben wird.

(2) Ein Verwaltungsakt bleibt wirksam, solange und soweit er nicht zurückgenommen, widerrufen, anderweitig aufgehoben oder durch Zeitablauf oder auf andere Weise erledigt ist.

(3) Ein nichtiger Verwaltungsakt ist unwirksam.

§ 125 Nichtigkeit des Verwaltungsakts. (1) Ein Verwaltungsakt ist nichtig, soweit er an einem besonders schwerwiegenden Fehler leidet und dies bei verständiger Würdigung aller in Betracht kommenden Umstände offenkundig ist.

(2) Ohne Rücksicht auf das Vorliegen der Voraussetzungen des Absatzes 1 ist ein Verwaltungsakt nichtig,

---

1) § 122a Abs. 5 angef. mWv 10.12.2020 durch G v. 3.12.2020 (BGBl. I S. 2668).
2) § 123 Satz 1 neu gef. mWv 6.11.2015 durch G v. 2.11.2015 (BGBl. I S. 1834).

1. der schriftlich oder elektronisch erlassen worden ist, die erlassende Finanzbehörde aber nicht erkennen lässt,
2. den aus tatsächlichen Gründen niemand befolgen kann,
3. der die Begehung einer rechtswidrigen Tat verlangt, die einen Straf- oder Bußgeldtatbestand verwirklicht,
4. der gegen die guten Sitten verstößt.

(3) Ein Verwaltungsakt ist nicht schon deshalb nichtig, weil

1. Vorschriften über die örtliche Zuständigkeit nicht eingehalten worden sind,
2. eine nach § 82 Abs. 1 Satz 1 Nr. 2 bis 6 und Satz 2 ausgeschlossene Person mitgewirkt hat,
3. ein durch Rechtsvorschrift zur Mitwirkung berufener Ausschuss den für den Erlass des Verwaltungsakts vorgeschriebenen Beschluss nicht gefasst hat oder nicht beschlussfähig war,
4. die nach einer Rechtsvorschrift erforderliche Mitwirkung einer anderen Behörde unterblieben ist.

(4) Betrifft die Nichtigkeit nur einen Teil des Verwaltungsakts, so ist er im Ganzen nichtig, wenn der nichtige Teil so wesentlich ist, dass die Finanzbehörde den Verwaltungsakt ohne den nichtigen Teil nicht erlassen hätte.

(5) Die Finanzbehörde kann die Nichtigkeit jederzeit von Amts wegen feststellen; auf Antrag ist sie festzustellen, wenn der Antragsteller hieran ein berechtigtes Interesse hat.

§ 126 Heilung von Verfahrens- und Formfehlern. (1) Eine Verletzung von Verfahrens- oder Formvorschriften, die nicht den Verwaltungsakt nach § 125 nichtig macht, ist unbeachtlich, wenn

1. der für den Verwaltungsakt erforderliche Antrag nachträglich gestellt wird,
2. die erforderliche Begründung nachträglich gegeben wird,
3. die erforderliche Anhörung eines Beteiligten nachgeholt wird,
4. der Beschluss eines Ausschusses, dessen Mitwirkung für den Erlass des Verwaltungsakts erforderlich ist, nachträglich gefasst wird,
5. die erforderliche Mitwirkung einer anderen Behörde nachgeholt wird.

(2) Handlungen nach Absatz 1 Nr. 2 bis 5 können bis zum Abschluss der Tatsacheninstanz eines finanzgerichtlichen Verfahrens nachgeholt werden.

(3) [1] Fehlt einem Verwaltungsakt die erforderliche Begründung oder ist die erforderliche Anhörung eines Beteiligten vor Erlass des Verwaltungsakts unterblieben und ist dadurch die rechtzeitige Anfechtung des Verwaltungsakts versäumt worden, so gilt die Versäumung der Einspruchsfrist als nicht verschuldet. [2] Das für die Wiedereinsetzungsfrist nach § 110 Abs. 2 maßgebende Ereignis tritt im Zeitpunkt der Nachholung der unterlassenen Verfahrenshandlung ein.

§ 127 Folgen von Verfahrens- und Formfehlern. Die Aufhebung eines Verwaltungsakts, der nicht nach § 125 nichtig ist, kann nicht allein deshalb beansprucht werden, weil er unter Verletzung von Vorschriften über das Verfahren, die Form oder die örtliche Zuständigkeit zustande gekommen ist, wenn keine andere Entscheidung in der Sache hätte getroffen werden können.

§ 128[1)] Umdeutung eines fehlerhaften Verwaltungsakts. (1) Ein fehlerhafter Verwaltungsakt kann in einen anderen Verwaltungsakt umgedeutet werden, wenn er auf das gleiche Ziel gerichtet ist, von der erlassenden Finanzbehörde in der geschehenen Verfahrensweise und Form rechtmäßig hätte erlassen werden können und wenn die Voraussetzungen für dessen Erlass erfüllt sind.

(2) [1] Absatz 1 gilt nicht, wenn der Verwaltungsakt, in den der fehlerhafte Verwaltungsakt umzudeuten wäre, der erkennbaren Absicht der erlassenden Finanzbehörde widerspräche oder seine Rechtsfolgen für die betroffene Person ungünstiger wären als die des fehlerhaften Verwaltungsakts. [2] Eine Umdeutung ist ferner unzulässig, wenn der fehlerhafte Verwaltungsakt nicht zurückgenommen werden dürfte.

(3) Eine Entscheidung, die nur als gesetzlich gebundene Entscheidung ergehen kann, kann nicht in eine Ermessensentscheidung umgedeutet werden.

(4) § 91 ist entsprechend anzuwenden.

§ 129 Offenbare Unrichtigkeiten beim Erlass eines Verwaltungsakts. [1] Die Finanzbehörde kann Schreibfehler, Rechenfehler und ähnliche offenbare Unrichtigkeiten, die beim Erlass eines Verwaltungsakts unterlaufen sind, jederzeit berichtigen. [2] Bei berechtigtem Interesse des Beteiligten ist zu berichtigen. [3] Wird zu einem schriftlich ergangenen Verwaltungsakt die Berichtigung begehrt, ist die Finanzbehörde berechtigt, die Vorlage des Schriftstücks zu verlangen, das berichtigt werden soll.

§ 130 Rücknahme eines rechtswidrigen Verwaltungsakts. (1) Ein rechtswidriger Verwaltungsakt kann, auch nachdem er unanfechtbar geworden ist, ganz oder teilweise mit Wirkung für die Zukunft oder für die Vergangenheit zurückgenommen werden.

(2) Ein Verwaltungsakt, der ein Recht oder einen rechtlich erheblichen Vorteil begründet oder bestätigt hat (begünstigender Verwaltungsakt), darf nur dann zurückgenommen werden, wenn

1. er von einer sachlich unzuständigen Behörde erlassen worden ist,
2. er durch unlautere Mittel wie arglistige Täuschung, Drohung oder Bestechung erwirkt worden ist,
3. ihn der Begünstigte durch Angaben erwirkt hat, die in wesentlicher Beziehung unrichtig oder unvollständig waren,
4. seine Rechtswidrigkeit dem Begünstigten bekannt oder infolge grober Fahrlässigkeit nicht bekannt war.

(3) [1] Erhält die Finanzbehörde von Tatsachen Kenntnis, welche die Rücknahme eines rechtswidrigen begünstigenden Verwaltungsakts rechtfertigen, so ist die Rücknahme nur innerhalb eines Jahres seit dem Zeitpunkt der Kenntnisnahme zulässig. [2] Dies gilt nicht im Fall des Absatzes 2 Nr. 2.

[1)] § 128 Abs. 2 Satz 1 geänd. mWv 26.11.2019 durch G v. 20.11.2019 (BGBl. I S. 1626).

(4) Über die Rücknahme entscheidet nach Unanfechtbarkeit des Verwaltungsakts die nach den Vorschriften über die örtliche Zuständigkeit zuständige Finanzbehörde; dies gilt auch dann, wenn der zurückzunehmende Verwaltungsakt von einer anderen Finanzbehörde erlassen worden ist; § 26 Satz 2 bleibt unberührt.

§ 131 Widerruf eines rechtmäßigen Verwaltungsakts. (1) Ein rechtmäßiger nicht begünstigender Verwaltungsakt kann, auch nachdem er unanfechtbar geworden ist, ganz oder teilweise mit Wirkung für die Zukunft widerrufen werden, außer wenn ein Verwaltungsakt gleichen Inhalts erneut erlassen werden müsste oder aus anderen Gründen ein Widerruf unzulässig ist.

(2) [1] Ein rechtmäßiger begünstigender Verwaltungsakt darf, auch nachdem er unanfechtbar geworden ist, ganz oder teilweise mit Wirkung für die Zukunft nur widerrufen werden,

1. wenn der Widerruf durch Rechtsvorschrift zugelassen oder im Verwaltungsakt vorbehalten ist,
2. wenn mit dem Verwaltungsakt eine Auflage verbunden ist und der Begünstigte diese nicht oder nicht innerhalb einer ihm gesetzten Frist erfüllt hat,
3. wenn die Finanzbehörde auf Grund nachträglich eingetretener Tatsachen berechtigt wäre, den Verwaltungsakt nicht zu erlassen, und wenn ohne den Widerruf das öffentliche Interesse gefährdet würde.

[2] § 130 Abs. 3 gilt entsprechend.

(3) Der widerrufene Verwaltungsakt wird mit dem Wirksamwerden des Widerrufs unwirksam, wenn die Finanzbehörde keinen späteren Zeitpunkt bestimmt.

(4) Über den Widerruf entscheidet nach Unanfechtbarkeit des Verwaltungsakts die nach den Vorschriften über die örtliche Zuständigkeit zuständige Finanzbehörde; dies gilt auch dann, wenn der zu widerrufende Verwaltungsakt von einer anderen Finanzbehörde erlassen worden ist.

§ 132 Rücknahme, Widerruf, Aufhebung und Änderung im Rechtsbehelfsverfahren. [1] Die Vorschriften über Rücknahme, Widerruf, Aufhebung und Änderung von Verwaltungsakten gelten auch während eines Einspruchsverfahrens und während eines finanzgerichtlichen Verfahrens. [2] § 130 Abs. 2 und 3 und § 131 Abs. 2 und 3 stehen der Rücknahme und dem Widerruf eines von einem Dritten angefochtenen begünstigenden Verwaltungsakts während des Einspruchsverfahrens oder des finanzgerichtlichen Verfahrens nicht entgegen, soweit dadurch dem Einspruch oder der Klage abgeholfen wird.

§ 133 Rückgabe von Urkunden und Sachen. [1] Ist ein Verwaltungsakt unanfechtbar widerrufen oder zurückgenommen oder ist seine Wirksamkeit aus einem anderen Grund nicht oder nicht mehr gegeben, so kann die Finanzbehörde die auf Grund dieses Verwaltungsakts erteilten Urkunden oder Sachen, die zum Nachweis der Rechte aus dem Verwaltungsakt oder zu deren

Ausübung bestimmt sind, zurückfordern. [2]Der Inhaber und, sofern er nicht der Besitzer ist, auch der Besitzer dieser Urkunden oder Sachen sind zu ihrer Herausgabe verpflichtet. [3]Der Inhaber oder der Besitzer kann jedoch verlangen, dass ihm die Urkunden oder Sachen wieder ausgehändigt werden, nachdem sie von der Finanzbehörde als ungültig gekennzeichnet sind; dies gilt nicht bei Sachen, bei denen eine solche Kennzeichnung nicht oder nicht mit der erforderlichen Offensichtlichkeit oder Dauerhaftigkeit möglich ist.

Vierter Teil. Durchführung der Besteuerung

Erster Abschnitt: Erfassung der Steuerpflichtigen

1. Unterabschnitt: Personenstands- und Betriebsaufnahme

§§ 134–136 *(aufgehoben)*[1)]

2. Unterabschnitt: Anzeigepflichten

§ 137 Steuerliche Erfassung von Körperschaften, Vereinigungen und Vermögensmassen. (1) Steuerpflichtige, die nicht natürliche Personen sind, haben dem nach § 20 zuständigen Finanzamt und den für die Erhebung der Realsteuern zuständigen Gemeinden die Umstände anzuzeigen, die für die steuerliche Erfassung von Bedeutung sind, insbesondere die Gründung, den Erwerb der Rechtsfähigkeit, die Änderung der Rechtsform, die Verlegung der Geschäftsleitung oder des Sitzes und die Auflösung.

(2) Die Mitteilungen sind innerhalb eines Monats seit dem meldepflichtigen Ereignis zu erstatten.

§ 138 Anzeigen über die Erwerbstätigkeit. (1)[2)] [1]Wer einen Betrieb der Land- und Forstwirtschaft, einen gewerblichen Betrieb oder eine Betriebstätte eröffnet, hat dies nach amtlich vorgeschriebenem Vordruck der Gemeinde mitzuteilen, in der der Betrieb oder die Betriebstätte eröffnet wird; die Gemeinde unterrichtet unverzüglich das nach § 22 Abs. 1 zuständige Finanzamt von dem Inhalt der Mitteilung. [2]Ist die Festsetzung der Realsteuern den Gemeinden nicht übertragen worden, so tritt an die Stelle der Gemeinde das nach § 22 Abs. 2 zuständige Finanzamt. [3]Wer eine freiberufliche Tätigkeit aufnimmt, hat dies dem nach § 19 zuständigen Finanzamt mitzuteilen. [4]Das Gleiche gilt für die Verlegung und die Aufgabe eines Betriebs, einer Betriebstätte oder einer freiberuflichen Tätigkeit.

(1a)[3)] Unternehmer im Sinne des § 2 des Umsatzsteuergesetzes können ihre Anzeigepflichten nach Absatz 1 zusätzlich bei der für die Umsatzbesteuerung zuständigen Finanzbehörde elektronisch erfüllen.

[1)] §§ 134–136 aufgeh. mWv 1.1.2017 durch G v. 18.7.2016 (BGBl. I S. 1679).

[2)] § 138 Abs. 1 Satz 1 geänd., Abs. 1a eingef. mWv 21.5.2003 durch G v. 16.5.2003 (BGBl. I S. 660), Abs. 1 Satz 1 geänd. mWv 1.1.2004 durch G v. 15.12.2003 (BGBl. I S. 2645).

[3)] § 138 Abs. 1 Satz 1 geänd., Abs. 1a eingef. mWv 21.5.2003 durch G v. 16.5.2003 (BGBl. I S. 660), Abs. 1 Satz 1 geänd. mWv 1.1.2004 durch G v. 15.12.2003 (BGBl. I S. 2645).

(1b)[1] [1]Sofern Steuerpflichtige gemäß Absatz 1 Satz 1 bis 3 verpflichtet sind, eine Betriebseröffnung oder Aufnahme einer freiberuflichen Tätigkeit mitzuteilen, haben sie dem in Absatz 1 bezeichneten Finanzamt weitere Auskünfte über die für die Besteuerung erheblichen rechtlichen und tatsächlichen Verhältnisse zu erteilen. [2]Die Auskünfte im Sinne des Satzes 1 sind nach amtlich vorgeschriebenem Datensatz über die amtlich bestimmte Schnittstelle zu übermitteln. [3]Auf Antrag kann das Finanzamt zur Vermeidung unbilliger Härten auf eine Übermittlung gemäß Satz 2 verzichten; in diesem Fall sind die Auskünfte im Sinne des Satzes 1 nach amtlich vorgeschriebenem Vordruck zu erteilen.

(2)[2] [1]Steuerpflichtige mit Wohnsitz, gewöhnlichem Aufenthalt, Geschäftsleitung oder Sitz im Geltungsbereich dieses Gesetzes (inländische Steuerpflichtige) haben dem für sie nach den §§ 18 bis 20 zuständigen Finanzamt mitzuteilen:

1. die Gründung und den Erwerb von Betrieben und Betriebstätten im Ausland;
2. den Erwerb, die Aufgabe oder die Veränderung einer Beteiligung an ausländischen Personengesellschaften;
3. den Erwerb oder die Veräußerung von Beteiligungen an einer Körperschaft, Personenvereinigung oder Vermögensmasse mit Sitz und Geschäftsleitung außerhalb des Geltungsbereichs dieses Gesetzes, wenn
   a) damit eine Beteiligung von mindestens 10 Prozent am Kapital oder am Vermögen der Körperschaft, Personenvereinigung oder Vermögensmasse erreicht wird oder
   b)[3] die Summe der Anschaffungskosten aller Beteiligungen mehr als 150 000 Euro beträgt. [2]Dies gilt nicht für den Erwerb und die Veräußerung von Beteiligungen von weniger als 1 Prozent am Kapital oder am Vermögen der Körperschaft, Personenvereinigung oder Vermögensmasse, wenn mit der Hauptgattung der Aktien der ausländischen Gesellschaft ein wesentlicher und regelmäßiger Handel an einer Börse in einem Mitgliedstaat der Europäischen Union oder in einem Vertragsstaat des EWR-Abkommens stattfindet oder an einer Börse, die in einem anderen Staat nach § 193 Absatz 1 Satz 1 Nummer 2 und 4 des Kapitalanlagegesetzbuchs von der Bundesanstalt für Finanzdienstleistungsaufsicht zugelassen ist. [3]Für die Ermittlung der Beteiligungshöhe im Sinne des Satzes 2 sind alle gehaltenen Beteiligungen zu berücksichtigen. [4]Nicht mitteilungspflichtige Erwerbe und nicht mitteilungspflichtige Veräußerungen im Sinne des Satzes 2 sind bei der Ermittlung der Summe der Anschaffungskosten im Sinne des Satzes 1 außer Betracht zu lassen;
4. die Tatsache, dass sie allein oder zusammen mit nahestehenden Personen im Sinne des § 1 Absatz 2 des Außensteuergesetzes erstmals unmittelbar oder

---

[1] § 138 Abs. 1b neu gef. durch G v. 22.11.2019 (BGBl. I S. 1746); zur Anwendung siehe Art. 97 § 27 Abs. 4 EGAO (Nr. **800a**).

[2] § 138 Abs. 2 und 3 ersetzt durch Abs. 2 bis 5 durch G v. 23.6.2017 (BGBl. I S. 1682); zur Anwendung siehe Art. 97 § 32 EGAO (Nr. **800a**).

[3] § 138 Abs. 2 Satz 1 Nr. 3 Buchst. b Sätze 2 bis 4 angef. durch G v. 21.12.2020 (BGBl. I S. 3096); zur Anwendung siehe Art. 97 § 32 Abs. 3 EGAO (Nr. **800a**).

mittelbar einen beherrschenden oder bestimmenden Einfluss auf die gesellschaftsrechtlichen, finanziellen oder geschäftlichen Angelegenheiten einer Drittstaat-Gesellschaft ausüben können;

5. die Art der wirtschaftlichen Tätigkeit des Betriebs, der Betriebstätte, der Personengesellschaft, Körperschaft, Personenvereinigung, Vermögensmasse oder der Drittstaat-Gesellschaft.

[2]In den Fällen des Satzes 1 Nummer 3 sind unmittelbare und mittelbare Beteiligungen zusammenzurechnen.

(3)[1)] Drittstaat-Gesellschaft ist eine Personengesellschaft, Körperschaft, Personenvereinigung oder Vermögensmasse mit Sitz oder Geschäftsleitung in Staaten oder Territorien, die nicht Mitglieder der Europäischen Union oder der Europäischen Freihandelsassoziation sind.

(4)[1)·2)] Mitteilungen nach den Absätzen 1, 1a und 1b sind innerhalb eines Monats nach dem meldepflichtigen Ereignis zu erstatten.

(5)[1)·3)] [1]Mitteilungen nach Absatz 2 sind zusammen mit der Einkommensteuer-, Körperschaftsteuer- oder Feststellungserklärung für den Besteuerungszeitraum, in dem der mitzuteilende Sachverhalt verwirklicht wurde, spätestens jedoch bis zum Ablauf von 14 Monaten nach Ablauf dieses Besteuerungszeitraums, nach amtlich vorgeschriebenem Datensatz über die amtlich bestimmten Schnittstellen zu erstatten. [2]Inländische Steuerpflichtige, die nicht dazu verpflichtet sind, ihre Einkommensteuer-, Körperschaftsteuer- oder Feststellungserklärung nach amtlich vorgeschriebenem Datensatz über die amtlich bestimmte Schnittstelle abzugeben, haben die Mitteilungen nach amtlich vorgeschriebenem Vordruck zu erstatten, es sei denn, sie geben ihre Einkommensteuer-, Körperschaftsteuer- oder Feststellungserklärung freiwillig nach amtlich vorgeschriebenem Datensatz über die amtlich bestimmte Schnittstelle ab. [3]Inländische Steuerpflichtige, die nicht dazu verpflichtet sind, eine Einkommensteuer-, Körperschaftsteuer- oder Feststellungserklärung abzugeben, haben die Mitteilungen nach amtlich vorgeschriebenem Vordruck bis zum Ablauf von 14 Monaten nach Ablauf des Kalenderjahrs zu erstatten, in dem der mitzuteilende Sachverhalt verwirklicht worden ist.

§ 138a[4)] Länderbezogener Bericht multinationaler Unternehmensgruppen. (1)[5)] [1]Ein Unternehmen mit Sitz oder Geschäftsleitung im Inland (inländisches Unternehmen), das einen Konzernabschluss aufstellt oder nach anderen Regelungen als den Steuergesetzen aufzustellen hat (inländische Konzernobergesellschaft), hat nach Ablauf eines Wirtschaftsjahres für dieses Wirtschaftsjahr einen länderbezogenen Bericht dieses Konzerns zu erstellen und dem Bundeszentralamt für Steuern zu übermitteln, wenn

---

1) § 138 Abs. 2 und 3 ersetzt durch Abs. 2 bis 5 durch G v. 23.6.2017 (BGBl. I S. 1682); zur Anwendung siehe Art. 97 § 32 EGAO (Nr. **800a**).

2) § 138 Abs. 4 neu gef. mWv 1.1.2020 durch G v. 22.11.2019 (BGBl. I S. 1746).

3) § 138 Abs. 5 Sätze 1 bis 3 geänd. durch G v. 21.12.2020 (BGBl. I S. 3096); zur Anwendung siehe Art. 97 § 32 Abs. 3 EGAO (Nr. **800a**).

4) § 138a eingef. durch G v. 20.12.2016 (BGBl. I S. 3000); zur Anwendung siehe Art. 97 § 31 EGAO (Nr. **800a**).

5) Zur Anwendung siehe Art. 97 § 31 Satz 1 EGAO (Nr. **800a**).

1. der Konzernabschluss mindestens ein Unternehmen mit Sitz und Geschäftsleitung im Ausland (ausländisches Unternehmen) oder eine ausländische Betriebsstätte umfasst und
2. die im Konzernabschluss ausgewiesenen, konsolidierten Umsatzerlöse im vorangegangenen Wirtschaftsjahr mindestens 750 Millionen Euro betragen.

[2]Die Verpflichtung nach Satz 1 besteht vorbehaltlich der Absätze 3 und 4 nicht, wenn das inländische Unternehmen im Sinne des Satzes 1 in den Konzernabschluss eines anderen Unternehmens einbezogen wird.

(2)[1] Der länderbezogene Bericht im Sinne von Absatz 1 enthält

1.[2] eine nach Steuerhoheitsgebieten gegliederte Übersicht, wie sich die Geschäfttätigkeit des Konzerns auf die Steuerhoheitsgebiete verteilt, in denen der Konzern durch Unternehmen oder Betriebsstätten tätig ist; zu diesem Zweck sind in der Übersicht folgende Positionen auszuweisen:
   a) die Umsatzerlöse und sonstigen Erträge aus Geschäftsvorfällen mit nahestehenden Unternehmen,
   b) die Umsatzerlöse und sonstigen Erträge aus Geschäftsvorfällen mit fremden Unternehmen,
   c) die Summe aus den Umsatzerlösen und sonstigen Erträgen gemäß den Buchstaben a und b,
   d) die im Wirtschaftsjahr gezahlten Ertragsteuern,
   e) die im Wirtschaftsjahr für dieses Wirtschaftsjahr gezahlten und zurückgestellten Ertragsteuern,
   f) das Jahresergebnis vor Ertragsteuern,
   g) das Eigenkapital,
   h) der einbehaltene Gewinn,
   i) die Zahl der Beschäftigten und
   j) die materiellen Vermögenswerte;
2. eine nach Steuerhoheitsgebieten gegliederte Auflistung aller Unternehmen und Betriebsstätten, zu denen Angaben in der Übersicht nach Nummer 1 erfasst sind, jeweils unter Angabe deren wichtigster Geschäftstätigkeiten sowie
3. zusätzliche Informationen, die nach Ansicht der inländischen Konzernobergesellschaft zum Verständnis der Übersicht nach Nummer 1 und der Auflistung nach Nummer 2 erforderlich sind.

(3)[1] Umfasst der Konzernabschluss eines ausländischen Unternehmens, das nach Absatz 1 zur Abgabe des länderbezogenen Berichts verpflichtet wäre, wenn es Sitz oder Geschäftsleitung im Inland hätte (ausländische Konzernobergesellschaft), ein inländisches Unternehmen (einbezogene inländische Konzerngesellschaft) und beauftragt die ausländische Konzernobergesellschaft die einbezogene inländische Konzerngesellschaft damit, einen länderbezogenen Bericht für den Konzern abzugeben (beauftragte Gesellschaft), so hat die

---

[1] Zur Anwendung siehe Art. 97 § 31 Satz 1 EGAO (Nr. **800a**).

[2] § 138a Abs. 2 Nr. 1 geänd. mWv 29.12.2020 durch G v. 21.12.2020 (BGBl. I S. 3096).

beauftragte Gesellschaft den länderbezogenen Bericht dem Bundeszentralamt für Steuern zu übermitteln.

(4)[1)] [1]Eine einbezogene inländische Konzerngesellschaft ist im Regelfall verpflichtet, den länderbezogenen Bericht für einen Konzern mit einer ausländischen Konzernobergesellschaft, die nach Absatz 1 zur Übermittlung des länderbezogenen Berichts verpflichtet wäre, wenn sie Sitz oder Geschäftsleitung im Inland hätte, dem Bundeszentralamt für Steuern zu übermitteln, wenn das Bundeszentralamt für Steuern keinen länderbezogenen Bericht erhalten hat. [2]Übermittelt eine einbezogene inländische Konzerngesellschaft den länderbezogenen Bericht, entfällt die Verpflichtung für alle anderen einbezogenen inländischen Konzerngesellschaften dieses Konzerns. [3]Kann eine einbezogene inländische Konzerngesellschaft die Übermittlung innerhalb der Frist des Absatzes 6 Satz 1 nicht sicherstellen, insbesondere weil sie den länderbezogenen Bericht weder beschaffen noch erstellen kann, so hat sie dies innerhalb der Frist des Absatzes 6 Satz 1 dem Bundeszentralamt für Steuern mitzuteilen und dabei alle Angaben im Sinne von Absatz 2 zu machen, über die sie verfügt oder die sie beschaffen kann. [4]Konnte eine einbezogene inländische Konzerngesellschaft davon ausgehen, dass der länderbezogene Bericht fristgerecht übermittelt wird, und stellt sich nachträglich heraus, dass dies ohne Verschulden der einbezogenen inländischen Konzerngesellschaft nicht geschehen ist, so hat diese ihre Pflichten nach Satz 1 oder Satz 3 innerhalb eines Monats nach Bekanntwerden der Nichtübermittlung zu erfüllen. [5]Die Sätze 1 bis 4 gelten entsprechend für die inländische Betriebsstätte eines ausländischen

(Fortsetzung nächstes Blatt)

[1)] Zur Anwendung siehe Art. 97 § 31 Satz 2 EGAO (Nr. **800a**); § 138a Abs. 4 Satz 1 geänd. durch G v. 12.12.2019 (BGBl. I S. 2451); zur Anwendung siehe Art. 97 § 1 Abs. 13 EGAO (Nr. **800a**).

Unternehmens, das als ausländische Konzernobergesellschaft oder als einbezogene ausländische Konzerngesellschaft in einen Konzernabschluss einbezogen wird.

(5)[1] [1]Ein inländisches Unternehmen hat in der Steuererklärung anzugeben, ob es

1. eine inländische Konzernobergesellschaft im Sinne von Absatz 1 ist,
2. eine beauftragte Gesellschaft ist oder
3. eine einbezogene inländische Konzerngesellschaft eines Konzerns mit ausländischer Konzernobergesellschaft ist.

[2]In den Fällen von Satz 1 Nummer 3 ist auch anzugeben, bei welcher Finanzbehörde und von welchem Unternehmen der länderbezogene Bericht des Konzerns abgegeben wird. [3]Fehlt diese Angabe, ist die einbezogene inländische Konzerngesellschaft selbst zur fristgerechten Übermittlung des länderbezogenen Berichts verpflichtet. [4]Die Sätze 1 bis 3 gelten entsprechend für die inländische Betriebsstätte eines ausländischen Unternehmens, das als ausländische Konzernobergesellschaft oder als einbezogene ausländische Konzerngesellschaft in einen Konzernabschluss einbezogen wird.

(6)[2] [1]Die Übermittlung des länderbezogenen Berichts an das Bundeszentralamt für Steuern hat spätestens ein Jahr nach Ablauf des Wirtschaftsjahres zu erfolgen, für das der länderbezogene Bericht zu erstellen ist. [2]Abweichend von Satz 1 gilt in den Fällen von Absatz 4 Satz 4 die dort genannte Frist für die Übermittlung des länderbezogenen Berichts. [3]Die Übermittlung hat nach amtlich vorgeschriebenem Datensatz durch Datenfernübertragung zu erfolgen.

(7)[2] [1]Das Bundeszentralamt für Steuern übermittelt alle ihm zugegangenen länderbezogenen Berichte an die jeweils zuständige Finanzbehörde. [2]Enthält ein länderbezogener Bericht Angaben im Sinne von Absatz 2 für einen Vertragsstaat der völkerrechtlichen Vereinbarungen, übermittelt das Bundeszentralamt für Steuern auf Grundlage dieser völkerrechtlichen Vereinbarungen den ihm zugegangenen länderbezogenen Bericht an die zuständige Behörde des jeweiligen Vertragsstaates. [3]Das Bundeszentralamt für Steuern nimmt die länderbezogenen Berichte entgegen, die ihm von den zuständigen Behörden der in Satz 2 genannten Vertragsstaaten übermittelt worden sind, und übermittelt diese an die jeweils zuständige Finanzbehörde. [4]Das Bundeszentralamt für Steuern kann länderbezogene Berichte im Rahmen der ihm gesetzlich übertragenen Aufgaben auswerten. [5]Das Bundeszentralamt für Steuern speichert die länderbezogenen Berichte und löscht sie mit Ablauf des 15. Jahres, das dem Jahr der Übermittlung folgt.

§ 138b[3] Mitteilungspflicht Dritter über Beziehungen inländischer Steuerpflichtiger zu Drittstaat-Gesellschaften. (1)[4] [1]Verpflichtete im Sinne des § 2 Absatz 1 Nummer 1 bis 3 und 6 des Geldwäschegesetzes (mit-

---

[1] Zur Anwendung siehe Art. 97 § 31 Satz 2 EGAO (Nr. **800a**).

[2] Zur Anwendung siehe Art. 97 § 31 Satz 1 EGAO (Nr. **800a**).

[3] § 138b eingef. mWv 25.6.2017 durch G v. 23.6.2017 (BGBl. I S. 1682); zur Anwendung s. auch Art. 97 § 1 Abs. 12 Satz 1 EGAO.

[4] § 138b Abs. 1 Satz 1 geänd. mWv 26.6.2017 durch G v. 23.6.2017 (BGBl. I S. 1822).

teilungspflichtige Stelle) haben dem für sie nach den §§ 18 bis 20 zuständigen Finanzamt von ihnen hergestellte oder vermittelte Beziehungen von inländischen Steuerpflichtigen im Sinne des § 138 Absatz 2 Satz 1 zu Drittstaat-Gesellschaften im Sinne des § 138 Absatz 3 mitzuteilen. [2]Dies gilt für die Fälle, in denen

1. der mitteilungspflichtigen Stelle bekannt ist, dass der inländische Steuerpflichtige auf Grund der von ihr hergestellten oder vermittelten Beziehung allein oder zusammen mit nahestehenden Personen im Sinne des § 1 Absatz 2 des Außensteuergesetzes erstmals unmittelbar oder mittelbar einen beherrschenden oder bestimmenden Einfluss auf die gesellschaftsrechtlichen, finanziellen oder geschäftlichen Angelegenheiten einer Drittstaat-Gesellschaft ausüben kann, oder
2. der inländische Steuerpflichtige eine von der mitteilungspflichtigen Stelle hergestellte oder vermittelte Beziehung zu einer Drittstaat-Gesellschaft erlangt, wodurch eine unmittelbare Beteiligung von insgesamt mindestens 30 Prozent am Kapital oder am Vermögen der Drittstaat-Gesellschaft erreicht wird; anderweitige Erwerbe hinsichtlich der gleichen Drittstaat-Gesellschaft sind miteinzubeziehen, soweit sie der mitteilungspflichtigen Stelle bekannt sind oder bekannt sein mussten.

(2) Die Mitteilungen sind für jeden inländischen Steuerpflichtigen und jeden mitteilungspflichtigen Sachverhalt gesondert zu erstatten.

(3) [1]Zu jedem inländischen Steuerpflichtigen ist anzugeben:

1. die Identifikationsnummer nach § 139b und
2. die Wirtschafts-Identifikationsnummer nach § 139c oder, wenn noch keine Wirtschafts-Identifikationsnummer vergeben wurde und es sich nicht um eine natürliche Person handelt, die für die Besteuerung nach dem Einkommen geltende Steuernummer.

[2]Kann die mitteilungspflichtige Stelle die Identifikationsnummer und die Wirtschafts-Identifikationsnummer oder die Steuernummer nicht in Erfahrung bringen, so hat sie stattdessen ein Ersatzmerkmal anzugeben, das vom Bundesministerium der Finanzen im Einvernehmen mit den obersten Finanzbehörden der Länder bestimmt worden ist.

(4) [1]Die Mitteilungen sind dem Finanzamt nach amtlich vorgeschriebenem Vordruck zu erstatten, und zwar bis zum Ablauf des Monats Februar des Jahres, das auf das Kalenderjahr folgt, in dem der mitzuteilende Sachverhalt verwirklicht wurde. [2]§ 72a Absatz 4, § 93c Absatz 1 Nummer 3 und Absatz 4 bis 7, § 171 Absatz 10a, § 175b Absatz 1 und § 203a gelten entsprechend.

(5) [1]Das für die mitteilungspflichtige Stelle zuständige Finanzamt hat die Mitteilungen an das für den inländischen Steuerpflichtigen nach den §§ 18 bis 20 zuständige Finanzamt weiterzuleiten. [2]§ 31b bleibt unberührt.

(6) Der inländische Steuerpflichtige hat der mitteilungspflichtigen Stelle

1. seine Identifikationsnummer nach § 139b mitzuteilen und
2. seine Wirtschafts-Identifikationsnummer nach § 139c oder, wenn diese noch nicht vergeben wurde und er keine natürliche Person ist, seine für die Besteuerung nach dem Einkommen geltende Steuernummer mitzuteilen.

§ 138c[1] Verordnungsermächtigung. (1) [1]Das Bundesministerium der Finanzen kann durch Rechtsverordnung mit Zustimmung des Bundesrates bestimmen, dass Mitteilungen gemäß § 138b nach amtlich vorgeschriebenem Datensatz über amtlich bestimmte Schnittstellen zu erstatten sind. [2]In der Rechtsverordnung nach Satz 1 kann auch bestimmt werden, dass die Mitteilungen abweichend von § 138b Absatz 1 Satz 1 an eine andere Finanzbehörde zu übermitteln und von dieser Finanzbehörde an das für den inländischen Steuerpflichtigen nach den §§ 18 bis 20 zuständige Finanzamt weiterzuleiten sind.

(2) [1]Hat das Bundesministerium der Finanzen eine Rechtsverordnung nach Absatz 1 erlassen, dürfen die mitteilungspflichtigen Stellen beim Bundeszentralamt für Steuern die Identifikationsnummer des Steuerpflichtigen nach § 139b oder seine Wirtschafts-Identifikationsnummer nach § 139c erfragen. [2]In der Anfrage dürfen nur die in § 139b Absatz 3 oder § 139c Absatz 3 bis 5a genannten Daten des inländischen Steuerpflichtigen angegeben werden, soweit sie der mitteilungspflichtigen Stelle bekannt sind. [3]Das Bundeszentralamt für Steuern teilt der mitteilungspflichtigen Stelle die Identifikationsnummer oder die Wirtschafts-Identifikationsnummer mit, sofern die übermittelten Daten mit den nach § 139b Absatz 3 oder § 139c Absatz 3 bis 5a bei ihm gespeicherten Daten übereinstimmen. [4]Die mitteilungspflichtige Stelle darf die Identifikationsmerkmale nur verwenden, soweit dies zur Erfüllung von steuerlichen Pflichten erforderlich ist. [5]Weitere Einzelheiten dieses Verfahrens kann das Bundesministerium der Finanzen durch Rechtsverordnung mit Zustimmung des Bundesrates bestimmen.

§ 138d[2] Pflicht zur Mitteilung grenzüberschreitender Steuergestaltungen. (1) Wer eine grenzüberschreitende Steuergestaltung im Sinne des Absatzes 2 vermarktet, für Dritte konzipiert, organisiert oder zur Nutzung bereitstellt oder ihre Umsetzung durch Dritte verwaltet (Intermediär), hat die grenzüberschreitende Steuergestaltung dem Bundeszentralamt für Steuern nach Maßgabe der §§ 138f und 138h mitzuteilen.

(2) [1]Eine grenzüberschreitende Steuergestaltung ist jede Gestaltung,

1. die eine oder mehrere Steuern zum Gegenstand hat, auf die das EU-Amtshilfegesetz anzuwenden ist,
2. die entweder mehr als einen Mitgliedstaat der Europäischen Union oder mindestens einen Mitgliedstaat der Europäischen Union und einen oder mehrere Drittstaaten betrifft, wobei mindestens eine der folgenden Bedingungen erfüllt ist:
   a) nicht alle an der Gestaltung Beteiligten sind im selben Steuerhoheitsgebiet ansässig;
   b) einer oder mehrere der an der Gestaltung Beteiligten sind gleichzeitig in mehreren Steuerhoheitsgebieten ansässig;

---

[1] § 138c eingef. mWv 25.6.2017 durch G v. 23.6.2017 (BGBl. I S. 1682); zur Anwendung s. auch Art. 97 § 1 Abs. 12 Satz 1 EGAO.

[2] § 138d eingef. durch G v. 21.12.2019 (BGBl. I S. 2875); zur Anwendung siehe § 138f Abs. 2 iVm Art. 97 § 33 Abs. 1 und 2 EGAO (Nr. **800a**).

c) einer oder mehrere der an der Gestaltung Beteiligten gehen in einem anderen Steuerhoheitsgebiet über eine dort gelegene Betriebstätte einer Geschäftstätigkeit nach und die Gestaltung ist Teil der Geschäftstätigkeit der Betriebstätte oder macht deren gesamte Geschäftstätigkeit aus;

d) einer oder mehrere der an der Gestaltung Beteiligten gehen in einem anderen Steuerhoheitsgebiet einer Tätigkeit nach, ohne dort ansässig zu sein oder eine Betriebstätte zu begründen;

e) die Gestaltung ist geeignet, Auswirkungen auf den automatischen Informationsaustausch oder die Identifizierung des wirtschaftlichen Eigentümers zu haben, und

3. die mindestens
   a) ein Kennzeichen im Sinne des § 138e Absatz 1 aufweist und von der ein verständiger Dritter unter Berücksichtigung aller wesentlichen Fakten und Umstände vernünftigerweise erwarten kann, dass der Hauptvorteil oder einer der Hauptvorteile die Erlangung eines steuerlichen Vorteils im Sinne des Absatzes 3 ist, oder
   b) ein Kennzeichen im Sinne des § 138e Absatz 2 aufweist.

[2] Besteht eine Steuergestaltung aus einer Reihe von Gestaltungen, gilt sie als grenzüberschreitende Steuergestaltung, wenn mindestens ein Schritt oder Teilschritt der Reihe grenzüberschreitend im Sinne des Satzes 1 Nummer 2 ist; in diesem Fall hat die Mitteilung nach Absatz 1 die gesamte Steuergestaltung zu umfassen.

(3) [1] Ein steuerlicher Vorteil im Sinne des Absatzes 2 Satz 1 Nummer 3 Buchstabe a liegt vor, wenn

1. durch die Steuergestaltung Steuern erstattet, Steuervergütungen gewährt oder erhöht oder Steueransprüche entfallen oder verringert werden sollen,
2. die Entstehung von Steueransprüchen verhindert werden soll oder
3. die Entstehung von Steueransprüchen in andere Besteuerungszeiträume oder auf andere Besteuerungszeitpunkte verschoben werden soll.

[2] Ein steuerlicher Vorteil liegt auch dann vor, wenn er außerhalb des Geltungsbereichs dieses Gesetzes entstehen soll. [3] Das Bundesministerium der Finanzen kann im Einvernehmen mit den obersten Finanzbehörden der Länder in einem im Bundessteuerblatt zu veröffentlichenden Schreiben für bestimmte Fallgruppen bestimmen, dass kein steuerlicher Vorteil im Sinne der Sätze 1 und 2 anzunehmen ist, insbesondere weil sich der steuerliche Vorteil einer grenzüberschreitenden Steuergestaltung ausschließlich im Geltungsbereich dieses Gesetzes auswirkt und unter Berücksichtigung aller Umstände der Steuergestaltung gesetzlich vorgesehen ist.

(4) Betriebstätte im Sinne des Absatzes 2 Satz 1 Nummer 2 Buchstabe c und d ist sowohl eine Betriebstätte im Sinne des § 12 als auch eine Betriebsstätte im Sinne eines im konkreten Fall anwendbaren Abkommens zur Vermeidung der Doppelbesteuerung.

(5) Nutzer einer grenzüberschreitenden Steuergestaltung ist jede natürliche oder juristische Person, Personengesellschaft, Gemeinschaft oder Vermögensmasse,

1. der die grenzüberschreitende Steuergestaltung zur Umsetzung bereitgestellt wird,
2. die bereit ist, die grenzüberschreitende Steuergestaltung umzusetzen, oder
3. die den ersten Schritt zur Umsetzung der grenzüberschreitenden Steuergestaltung gemacht hat.

(6) Hat ein Nutzer eine grenzüberschreitende Steuergestaltung für sich selbst konzipiert, so sind für ihn auch die für Intermediäre geltenden Regelungen entsprechend anzuwenden.

(7) Übt ein Intermediär im Zusammenhang mit der grenzüberschreitenden Steuergestaltung ausschließlich die in Absatz 1 aufgeführten Tätigkeiten aus, so gilt er nicht als an der Gestaltung Beteiligter.

§ 138e[1)] Kennzeichen grenzüberschreitender Steuergestaltungen.

(1) Kennzeichen im Sinne des § 138d Absatz 2 Satz 1 Nummer 3 Buchstabe a sind:

1. die Vereinbarung
   a) einer Vertraulichkeitsklausel, die dem Nutzer oder einem anderen an der Steuergestaltung Beteiligten eine Offenlegung, auf welche Weise aufgrund der Gestaltung ein steuerlicher Vorteil erlangt wird, gegenüber anderen Intermediären oder den Finanzbehörden verbietet, oder
   b) einer Vergütung, die in Bezug auf den steuerlichen Vorteil der Steuergestaltung festgesetzt wird; dies gilt, wenn die Vergütung von der Höhe des steuerlichen Vorteils abhängt oder wenn die Vereinbarung die Abrede enthält, die Vergütung ganz oder teilweise zurückzuerstatten, falls der mit der Gestaltung zu erwartende steuerliche Vorteil ganz oder teilweise nicht erzielt wird,
2. eine standardisierte Dokumentation oder Struktur der Gestaltung, die für mehr als einen Nutzer verfügbar ist, ohne dass sie für die Nutzung wesentlich individuell angepasst werden muss,
3. Gestaltungen, die zum Gegenstand haben, dass
   a) ein an der Gestaltung Beteiligter unangemessene rechtliche Schritte unternimmt, um ein verlustbringendes Unternehmen unmittelbar oder mittelbar zu erwerben, die Haupttätigkeit dieses Unternehmens zu beenden und dessen Verluste dafür zu nutzen, seine Steuerbelastung zu verringern, einschließlich der Übertragung der Verluste in ein anderes Steuerhoheitsgebiet oder der zeitlich näheren Nutzung dieser Verluste,
   b) Einkünfte in Vermögen, Schenkungen oder andere nicht oder niedriger besteuerte Einnahmen oder nicht steuerbare Einkünfte umgewandelt werden,
   c) Transaktionen durch die Einbeziehung zwischengeschalteter Unternehmen, die keine wesentliche wirtschaftliche Tätigkeit ausüben, oder Transaktionen, die sich gegenseitig aufheben oder ausgleichen, für zirkuläre Vermögensverschiebungen genutzt werden,

---

[1)] § 138e eingef. durch G v. 21.12.2019 (BGBl. I S. 2875); zur Anwendung siehe § 138f Abs. 2 iVm Art. 97 § 33 Abs. 1 und 2 EGAO (Nr. **800a**).

d) der Empfänger grenzüberschreitender, beim Zahlenden als Betriebsausgaben abzugsfähiger Zahlungen zwischen zwei oder mehr verbundenen Unternehmen in einem Steuerhoheitsgebiet ansässig ist, das keine Körperschaftsteuer erhebt oder einen Körperschaftsteuersatz von 0 Prozent oder nahe 0 Prozent hat, oder

e) die grenzüberschreitende, beim Zahlenden als Betriebsausgaben abzugsfähige Zahlung zwischen zwei oder mehr verbundenen Unternehmen in ein Steuerhoheitsgebiet erfolgt, in dem der Empfänger ansässig ist, soweit dieses Steuerhoheitsgebiet die Zahlung
   aa) vollständig von der Steuer befreit oder
   bb) einer steuerlichen Präferenzregelung unterwirft.

(2) Kennzeichen im Sinne des § 138d Absatz 2 Satz 1 Nummer 3 Buchstabe b sind:

1. Gestaltungen, die zum Gegenstand haben, dass
   a) der Empfänger grenzüberschreitender Zahlungen, die zwischen zwei oder mehr verbundenen Unternehmen erfolgen und beim Zahlenden als Betriebsausgabe abzugsfähig sind,
      aa) in keinem Steuerhoheitsgebiet ansässig ist oder
      bb) in einem Steuerhoheitsgebiet ansässig ist, das in der Liste der Drittstaaten aufgeführt wird, die von den Mitgliedstaaten der Europäischen Union oder von der Organisation für wirtschaftliche Zusammenarbeit und Entwicklung als nicht kooperierende Jurisdiktion eingestuft wurde,
   b) in mehr als einem Steuerhoheitsgebiet
      aa) Absetzungen für Abnutzung desselben Vermögenswertes in Anspruch genommen werden oder
      bb) eine Befreiung von der Doppelbesteuerung für dieselben Einkünfte oder dasselbe Vermögen vorgenommen wird und die Einkünfte oder das Vermögen deshalb ganz oder teilweise unversteuert bleiben

   oder

   c) die Gestaltung eine Übertragung oder Überführung von Vermögensgegenständen vorsieht, soweit sich die steuerliche Bewertung des Vermögensgegenstandes in den beteiligten Steuerhoheitsgebieten wesentlich unterscheidet;

2. Gestaltungen, die zu einer Aushöhlung der Mitteilungspflicht gemäß den Rechtsvorschriften zur Umsetzung des Standards für den automatischen Austausch von Informationen über Finanzkonten in Steuersachen (gemeinsamer Meldestandard) führen können oder die sich das Fehlen derartiger Rechtsvorschriften zu Nutze machen; derartige Gestaltungen umfassen insbesondere
   a) die Nutzung eines Kontos, eines Produkts oder einer Anlage, welches oder welche kein Finanzkonto im Sinne des § 19 Nummer 18 des Finanzkonten-Informationsaustauschgesetzes (Finanzkonto) ist oder vorgeblich kein Finanzkonto ist, jedoch Merkmale aufweist, die denen eines Finanzkontos entsprechen,

b) die Übertragung eines Finanzkontos oder von Vermögenswerten in ein Steuerhoheitsgebiet, das nicht an den automatischen Informationsaustausch über Finanzkonten nach dem gemeinsamen Meldestandard mit dem Steuerhoheitsgebiet, in dem der Nutzer ansässig ist, gebunden ist, oder die Einbeziehung solcher Steuerhoheitsgebiete,

c) die Neueinstufung von Einkünften und Vermögen als Produkte oder Zahlungen, die nicht dem automatischen Informationsaustausch über Finanzkonten nach dem gemeinsamen Meldestandard unterliegen,

d) die Übertragung oder Umwandlung eines Finanzinstituts im Sinne des § 19 Nummer 3 des Finanzkonten-Informationsaustauschgesetzes (Finanzinstitut) oder eines Finanzkontos oder der darin enthaltenen Vermögenswerte in Finanzinstitute, Finanzkonten oder Vermögenswerte, die nicht der Meldepflicht im Rahmen des automatischen Informationsaustauschs über Finanzkonten nach dem gemeinsamen Meldestandard unterliegen,

e) die Einbeziehung von Rechtsträgern, Steuergestaltungen oder Strukturen, die die Meldung eines Kontoinhabers im Sinne des § 20 Nummer 1 des Finanzkonten-Informationsaustauschgesetzes (Kontoinhaber) oder mehrerer Kontoinhaber oder einer beherrschenden Person im Sinne des § 19 Nummer 39 des Finanzkonten-Informationsaustauschgesetzes (beherrschende Person) oder mehrerer beherrschender Personen im Rahmen des automatischen Informationsaustauschs über Finanzkonten nach dem gemeinsamen Meldestandard ausschließen oder auszuschließen vorgeben, oder

f) die Aushöhlung von Verfahren zur Erfüllung der Sorgfaltspflichten, die Finanzinstitute zur Erfüllung ihrer Meldepflichten bezüglich Informationen zu Finanzkonten nach dem gemeinsamen Meldestandard anwenden, oder die Ausnutzung von Schwächen in diesen Verfahren, einschließlich der Einbeziehung von Staaten oder Territorien mit ungeeigneten oder schwachen Regelungen für die Durchsetzung von Vorschriften gegen Geldwäsche oder mit schwachen Transparenzanforderungen für juristische Personen oder Rechtsvereinbarungen;

3. Gestaltungen mit rechtlichen Eigentümern oder wirtschaftlich Berechtigten unter Einbeziehung von Personen, Rechtsvereinbarungen oder Strukturen,

   a) die keine wesentliche wirtschaftliche Tätigkeit ausüben, die mit angemessener Ausstattung, angemessenen personellen Ressourcen, angemessenen Vermögenswerten und angemessenen Räumlichkeiten einhergeht, und

   b) die in anderen Steuerhoheitsgebieten eingetragen, ansässig oder niedergelassen sind oder verwaltet oder kontrolliert werden als dem Steuerhoheitsgebiet, in dem ein oder mehrere der wirtschaftlichen Eigentümer der von diesen Personen, Rechtsvereinbarungen oder Strukturen gehaltenen Vermögenswerte ansässig sind,

   sofern die wirtschaftlich Berechtigten dieser Personen, Rechtsvereinbarungen oder Strukturen im Sinne des § 3 des Geldwäschegesetzes nicht identifizierbar gemacht werden (intransparente Kette);

4. Verrechnungspreisgestaltungen, bei denen
   a) eine unilaterale Regelung genutzt wird, die für eine festgelegte Kategorie von Nutzern oder Geschäftsvorfällen gilt und die dafür in Betracht kommende Nutzer von bestimmten Verpflichtungen befreit, die aufgrund der allgemeinen Verrechnungspreisvorschriften eines Steuerhoheitsgebiets sonst zu erfüllen wären,
   b) immaterielle Werte oder Rechte an immateriellen Werten an ein verbundenes Unternehmen übertragen oder zwischen dem Unternehmen und seiner ausländischen Betriebstätte überführt werden, für die zum Zeitpunkt ihrer Übertragung oder Überführung keine ausreichenden Vergleichswerte vorliegen und zum Zeitpunkt der Transaktion die Prognosen voraussichtlicher Cashflows oder die vom übertragenen oder überführten immateriellen Wert erwarteten abzuleitenden Einkünfte oder die der Bewertung des immateriellen Wertes oder Rechts an immateriellen Werten zugrunde gelegten Annahmen höchst unsicher sind, weshalb der Totalerfolg zum Zeitpunkt der Übertragung oder Überführung nur schwer absehbar ist (schwer zu bewertende immaterielle Werte), oder
   c) innerhalb von verbundenen Unternehmen eine grenzüberschreitende Übertragung oder Verlagerung von Funktionen, Risiken, Wirtschaftsgütern oder sonstigen Vorteilen stattfindet und der erwartete jährliche Gewinn vor Zinsen und Steuern des übertragenden Unternehmens über einen Zeitraum von drei Jahren nach der Übertragung weniger als 50 Prozent des jährlichen Gewinns vor Zinsen und Steuern des übertragenden Unternehmens beträgt, der erwartet worden wäre, wenn die Übertragung nicht stattgefunden hätte; bei dieser Erwartung ist davon auszugehen, dass die verbundenen Unternehmen nach den Grundsätzen ordentlicher und gewissenhafter Geschäftsleiter handeln; diese Regelungen gelten sinngemäß auch für Betriebstätten.

(3) [1] Ein verbundenes Unternehmen im Sinne der Absätze 1 und 2 ist eine Person, die mit einer anderen Person auf mindestens eine der folgenden Arten verbunden ist:

1. eine Person ist an der Geschäftsleitung einer anderen Person insofern beteiligt, als sie erheblichen Einfluss auf diese Person ausüben kann;
2. eine Person ist über eine Beteiligungsgesellschaft mit mehr als 25 Prozent der Stimmrechte an der Kontrolle einer anderen Person beteiligt;
3. eine Person ist über eine Inhaberschaft, die unmittelbar oder mittelbar mehr als 25 Prozent des Kapitals beträgt, am Kapital einer anderen Person beteiligt;
4. eine Person hat Anspruch auf mindestens 25 Prozent der Gewinne einer anderen Person.

[2] Falls mehr als eine Person gemäß Satz 1 an der Geschäftsleitung, der Kontrolle, dem Kapital oder den Gewinnen derselben Person beteiligt ist, gelten alle betroffenen Personen als untereinander verbundene Unternehmen. [3] Falls dieselben Personen gemäß Satz 1 an der Geschäftsleitung, der Kontrolle, dem Kapital oder den Gewinnen von mehr als einer Person beteiligt sind, gelten

alle betroffenen Personen als verbundene Unternehmen. [4] Für die Zwecke dieses Absatzes wird eine Person, die in Bezug auf die Stimmrechte oder die Kapitalbeteiligung an einem Unternehmen gemeinsam mit einer anderen Person handelt, so behandelt, als würde sie eine Beteiligung an allen Stimmrechten oder dem gesamten Kapital dieses Unternehmens halten, die oder das von der anderen Person gehalten werden oder wird. [5] Bei mittelbaren Beteiligungen wird die Erfüllung der Anforderungen gemäß Satz 1 Nummer 3 durch Multiplikation der Beteiligungsquoten an den nachgeordneten Unternehmen ermittelt. [6] Eine natürliche Person, ihr Ehepartner und ihre Verwandten in aufsteigender oder absteigender gerader Linie werden als eine einzige Person behandelt, wenn gleichgerichtete wirtschaftliche Interessen bestehen. [7] Person im Sinne der Sätze 1 bis 6 ist jede natürliche oder juristische Person, Personengesellschaft, Gemeinschaft oder Vermögensmasse.

§ 138f[1)] Verfahren zur Mitteilung grenzüberschreitender Steuergestaltungen durch Intermediäre. (1) Die grenzüberschreitende Steuergestaltung im Sinne des § 138d Absatz 2 ist dem Bundeszentralamt für Steuern nach amtlich vorgeschriebenem Datensatz im Sinne des Absatzes 3 über die amtlich bestimmte Schnittstelle mitzuteilen.

(2) Die Angaben nach Absatz 3 sind innerhalb von 30 Tagen nach Ablauf des Tages zu übermitteln, an dem das erste der nachfolgenden Ereignisse eintritt:

1. die grenzüberschreitende Steuergestaltung wird zur Umsetzung bereitgestellt,
2. der Nutzer der grenzüberschreitenden Steuergestaltung ist zu deren Umsetzung bereit oder
3. mindestens ein Nutzer der grenzüberschreitenden Steuergestaltung hat den ersten Schritt der Umsetzung dieser Steuergestaltung gemacht.

(3) [1] Der Datensatz muss folgende Angaben enthalten:

1. zum Intermediär:
   a) den Familiennamen und den Vornamen sowie den Tag und Ort der Geburt, wenn der Intermediär eine natürliche Person ist,
   b) die Firma oder den Namen, wenn der Intermediär keine natürliche Person ist,
   c) die Anschrift,
   d) den Staat, in dem der Intermediär ansässig ist, und
   e) das Steueridentifikationsmerkmal oder die Steuernummer,
2. zum Nutzer:
   a) den Familiennamen und den Vornamen sowie den Tag und Ort der Geburt, wenn der Nutzer eine natürliche Person ist,
   b) die Firma oder den Namen, wenn der Nutzer keine natürliche Person ist,

[1)] § 138f eingef. durch G v. 21.12.2019 (BGBl. I S. 2875); zur Anwendung siehe Art. 97 § 33 Abs. 1 und 2 EGAO (Nr. **800a**).

c) die Anschrift,

d) den Staat, in dem der Nutzer ansässig ist, und

e) das Steueridentifikationsmerkmal oder die Steuernummer des Nutzers, soweit dem Intermediär dies bekannt ist,

3. wenn an der grenzüberschreitenden Steuergestaltung Personen beteiligt sind, die im Sinne des § 138e Absatz 3 als verbundene Unternehmen des Nutzers gelten, zu dem verbundenen Unternehmen:

   a) die Firma oder den Namen,

   b) die Anschrift,

   c) den Staat, in dem das Unternehmen ansässig ist, und

   d) das Steueridentifikationsmerkmal oder die Steuernummer, soweit dem Intermediär dies bekannt ist,

4. Einzelheiten zu den nach § 138e zur Mitteilung verpflichtenden Kennzeichen,

5. eine Zusammenfassung des Inhalts der grenzüberschreitenden Steuergestaltung einschließlich

   a) soweit vorhanden, eines Verweises auf die Bezeichnung, unter der die Steuergestaltung allgemein bekannt ist, und

   b) einer abstrakt gehaltenen Beschreibung der relevanten Geschäftstätigkeit oder Gestaltung des Nutzers, soweit dies nicht zur Offenlegung eines Handels-, Gewerbe- oder Berufsgeheimnisses oder eines Geschäftsverfahrens oder von Informationen führt, deren Offenlegung die öffentliche Ordnung verletzen würde,

6. das Datum des Tages, an dem der erste Schritt der Umsetzung der grenzüberschreitenden Steuergestaltung gemacht wurde oder voraussichtlich gemacht werden wird,

7. Einzelheiten zu den einschlägigen Rechtsvorschriften aller betroffenen Mitgliedstaaten der Europäischen Union, die unmittelbar die Grundlage der grenzüberschreitenden Steuergestaltung bilden,

8. den tatsächlichen oder voraussichtlichen wirtschaftlichen Wert der grenzüberschreitenden Steuergestaltung,

9. die Mitgliedstaaten der Europäischen Union, die wahrscheinlich von der grenzüberschreitenden Steuergestaltung betroffen sind, und

10. Angaben zu allen in einem Mitgliedstaat der Europäischen Union ansässigen Personen, die von der grenzüberschreitenden Steuergestaltung wahrscheinlich unmittelbar betroffen sind, einschließlich Angaben darüber, zu welchen Mitgliedstaaten der Europäischen Union sie in Beziehung stehen, soweit dem Intermediär dies bekannt ist.

[2]Soweit dem Intermediär bekannt ist, dass neben ihm mindestens ein weiterer Intermediär im Geltungsbereich dieses Gesetzes oder in einem anderen Mitgliedstaat der Europäischen Union zur Mitteilung derselben grenzüberschreitenden Steuergestaltung verpflichtet ist, so kann er im Datensatz nach Satz 1 die Angaben nach Satz 1 Nummer 1 auch hinsichtlich der anderen ihm bekannten Intermediäre machen.

(4) [1]Der mitteilende Intermediär hat den Nutzer darüber zu informieren, welche den Nutzer betreffenden Angaben er gemäß Absatz 3 an das Bundeszentralamt für Steuern übermittelt hat oder übermitteln wird. [2]Im Fall des Absatzes 3 Satz 2 hat der mitteilende Intermediär die anderen ihm bekannten Intermediäre unverzüglich darüber zu informieren, dass die Angaben gemäß Absatz 3 an das Bundeszentralamt für Steuern übermittelt wurden.

(5) [1]Das Bundeszentralamt für Steuern weist dem eingegangenen Datensatz im Sinne des Absatzes 3

1. eine Registriernummer für die mitgeteilte grenzüberschreitende Steuergestaltung und
2. eine Offenlegungsnummer für die eingegangene Mitteilung

zu und teilt diese dem mitteilenden Intermediär mit. [2]Hat das Bundeszentralamt für Steuern oder die zuständige Behörde eines anderen Mitgliedstaats der Europäischen Union im Einklang mit den dort geltenden Rechtsvorschriften der grenzüberschreitenden Steuergestaltung aufgrund der Mitteilung eines anderen Intermediärs bereits eine Registriernummer zugewiesen und ist diese dem mitteilenden Intermediär bekannt, so hat er sie dem Bundeszentralamt für Steuern im Datensatz nach Absatz 3 Satz 1 mitzuteilen. [3]Satz 1 Nummer 1 ist nicht anzuwenden, wenn der Intermediär nach Satz 2 im Datensatz eine Registriernummer für die grenzüberschreitende Steuergestaltung angegeben hat. [4]Der mitteilende Intermediär hat die Registriernummer nach Satz 1 Nummer 1 und die Offenlegungsnummer nach Satz 1 Nummer 2 unverzüglich dem Nutzer der grenzüberschreitenden Steuergestaltung mitzuteilen. [5]Hat der Intermediär nach Absatz 3 Satz 2 auch andere Intermediäre derselben grenzüberschreitenden Steuergestaltung benannt, so hat er diesen die Registriernummer nach Satz 1 Nummer 1 mitzuteilen.

(6) [1]Unterliegt ein Intermediär einer gesetzlichen Pflicht zur Verschwiegenheit und hat der Nutzer ihn von dieser Pflicht nicht entbunden, so geht die Pflicht zur Übermittlung der Angaben nach Absatz 3 Satz 1 Nummer 2, 3 und 10 auf den Nutzer über, sobald der Intermediär

1. den Nutzer über die Mitteilungspflicht, die Möglichkeit der Entbindung von der Verschwiegenheitspflicht und den anderenfalls erfolgenden Übergang der Mitteilungspflicht informiert hat und
2. dem Nutzer die nach Absatz 3 Satz 1 Nummer 2, 3 und 10 erforderlichen Angaben, soweit sie dem Nutzer nicht bereits bekannt sind, sowie die Registriernummer und die Offenlegungsnummer zur Verfügung gestellt hat.

[2]Ist die Mitteilungspflicht hinsichtlich der in Absatz 3 Satz 1 Nummer 2, 3 und 10 bezeichneten Angaben auf den Nutzer übergegangen, so hat dieser in seiner Mitteilung die Registriernummer und die Offenlegungsnummer anzugeben; die Absätze 1 und 2 gelten in diesem Fall entsprechend. [3]Die Information des Nutzers nach Satz 1 Nummer 2 ist vom Intermediär nach Zugang der Mitteilung der Offenlegungsnummer unverzüglich zu veranlassen. [4]Erlangt der Nutzer die in Satz 1 Nummer 2 bezeichneten Informationen erst nach Eintritt des nach Absatz 2 maßgebenden Ereignisses, so beginnt die Frist zur Übermittlung der in Absatz 3 Satz 1 Nummer 2, 3 und 10 bezeichneten Angaben abweichend von Absatz 2 erst mit Ablauf des Tages, an dem der Nutzer

die Informationen erlangt hat. [5]Hat der Nutzer einer grenzüberschreitenden Steuergestaltung einen Intermediär, der einer gesetzlichen Pflicht zur Verschwiegenheit unterliegt, nicht von seiner Verschwiegenheitspflicht entbunden, kann die Pflicht des Intermediärs zur Mitteilung der Angaben nach Absatz 3 Satz 1 Nummer 1 und 4 bis 9 dadurch erfüllt werden, dass der Nutzer diese Angaben im Auftrag des Intermediärs übermittelt.

(7) [1]Ein Intermediär ist nur dann zur Mitteilung der grenzüberschreitenden Steuergestaltung gegenüber dem Bundeszentralamt für Steuern verpflichtet, wenn er seinen Wohnsitz, seinen gewöhnlichen Aufenthalt, seine Geschäftsleitung oder seinen Sitz

1. im Geltungsbereich dieses Gesetzes hat oder
2. nicht in einem Mitgliedstaat der Europäischen Union hat, er aber im Geltungsbereich dieses Gesetzes
   a) eine Betriebstätte hat, durch die die Dienstleistungen im Zusammenhang mit der grenzüberschreitenden Steuergestaltung erbracht werden,
   b) in das Handelsregister oder in ein öffentliches berufsrechtliches Register eingetragen ist oder
   c) bei einem Berufsverband für juristische, steuerliche oder beratende Dienstleistungen registriert ist.

[2]Bei Anwendung von Satz 1 Nummer 2 Buchstabe a gilt § 138d Absatz 4 entsprechend.

(8) Ist ein Intermediär hinsichtlich derselben grenzüberschreitenden Steuergestaltung zur Mitteilung im Geltungsbereich dieses Gesetzes und zugleich in mindestens einem anderen Mitgliedstaat der Europäischen Union verpflichtet, so ist er von der Mitteilungspflicht nach diesem Gesetz nur dann befreit, wenn er nachweisen kann, dass er die grenzüberschreitende Steuergestaltung bereits in einem anderen Mitgliedstaat der Europäischen Union im Einklang mit den dort geltenden Rechtsvorschriften der zuständigen Behörde mitgeteilt hat.

(9) [1]Mehrere Intermediäre derselben grenzüberschreitenden Steuergestaltung sind nebeneinander zur Mitteilung verpflichtet. [2]Ein Intermediär ist in diesem Fall von der Mitteilungspflicht gegenüber dem Bundeszentralamt für Steuern befreit, soweit er nachweisen kann, dass die in Absatz 3 bezeichneten Informationen zu derselben grenzüberschreitenden Steuergestaltung bereits durch einen anderen Intermediär dem Bundeszentralamt für Steuern oder der zuständigen Behörde eines anderen Mitgliedstaats der Europäischen Union im Einklang mit den dort geltenden Rechtsvorschriften mitgeteilt wurden.

§ 138g[1)] Verfahren zur Mitteilung grenzüberschreitender Steuergestaltungen durch Nutzer. (1) [1]Erfüllt bei einer grenzüberschreitenden Steuergestaltung im Sinne des § 138d Absatz 2 kein Intermediär die Voraussetzungen des § 138f Absatz 7, so obliegt die Mitteilung der in § 138f Absatz 3 bezeichneten Angaben dem Nutzer; in diesem Fall gilt § 138f Absatz 1 und 2 entsprechend. [2]Die Mitteilungspflicht des Nutzers nach Satz 1 besteht nicht,

---

1) § 138g eingef. durch G v. 21.12.2019 (BGBl. I S. 2875); zur Anwendung siehe § 138f Abs. 2 iVm Art. 97 § 33 Abs. 1 und 2 EGAO (Nr. **800a**).

soweit der Nutzer nachweisen kann, dass er selbst, ein Intermediär oder ein anderer Nutzer dieselbe grenzüberschreitende Steuergestaltung bereits in einem anderen Mitgliedstaat der Europäischen Union im Einklang mit den dort geltenden Rechtsvorschriften mitgeteilt hat.

(2) [1]Obliegt die Mitteilung der in § 138f Absatz 3 bezeichneten Angaben im Fall des Absatzes 1 mehreren Nutzern derselben grenzüberschreitenden Steuergestaltung, so gilt Folgendes:

1. hinsichtlich der in § 138f Absatz 3 Satz 1 Nummer 1 und 4 bis 9 bezeichneten Angaben ist vorrangig der Nutzer zur Mitteilung verpflichtet, der die grenzüberschreitende Steuergestaltung mit dem Intermediär oder den Intermediären vereinbart hat; nachrangig ist der Nutzer mitteilungspflichtig, der die Umsetzung der grenzüberschreitenden Steuergestaltung verwaltet;
2. alle Nutzer derselben grenzüberschreitenden Steuergestaltung sind zur Mitteilung der in § 138f Absatz 3 Satz 1 Nummer 2, 3 und 10 bezeichneten Angaben verpflichtet;
3. soweit der in Nummer 1 bezeichnete Nutzer auch die in § 138f Absatz 3 Satz 1 Nummer 2, 3 und 10 bezeichneten Angaben zu den übrigen Nutzern derselben Steuergestaltung mitgeteilt hat, sind die übrigen Nutzer von der Mitteilungspflicht nach Nummer 2 befreit.

[2]Bei Anwendung von Satz 1 Nummer 1 gilt § 138f Absatz 5 Satz 1 und 4 entsprechend.

(3) Die Absätze 1 und 2 gelten nur für Nutzer, die ihren Wohnsitz, ihren gewöhnlichen Aufenthalt, ihre Geschäftsleitung oder ihren Sitz

1. im Geltungsbereich dieses Gesetzes haben oder
2. nicht in einem Mitgliedstaat der Europäischen Union haben, aber im Geltungsbereich dieses Gesetzes
   a) eine Betriebstätte im Sinne des § 138d Absatz 4 haben, in der durch die grenzüberschreitende Steuergestaltung ein steuerlicher Vorteil entsteht,
   b) Einkünfte erzielen oder eine wirtschaftliche Tätigkeit ausüben, sofern diese für eine Steuer von Bedeutung sind, auf die das EU-Amtshilfegesetz anzuwenden ist.

§ 138h[1)] Mitteilungen bei marktfähigen grenzüberschreitenden Steuergestaltungen. (1) Eine grenzüberschreitende Steuergestaltung ist marktfähig, wenn sie konzipiert wird, vermarktet wird, umsetzungsbereit ist oder zur Umsetzung bereitgestellt wird, ohne dass sie individuell angepasst werden muss.

(2) [1]Bei marktfähigen grenzüberschreitenden Steuergestaltungen sind Änderungen und Ergänzungen hinsichtlich der in § 138f Absatz 3 Satz 1 Nummer 1, 2, 6, 9 und 10 bezeichneten Angaben, die nach Übermittlung des Datensatzes nach § 138f Absatz 3 eingetreten sind, innerhalb von zehn Tagen

---

1) § 138h eingef. durch G v. 21.12.2019 (BGBl. I S. 2875); zur Anwendung siehe § 138f Abs. 2 iVm Art. 97 § 33 Abs. 1 und 2 EGAO (Nr. **800a**).

nach Ablauf des Kalendervierteljahres mitzuteilen, in dem die jeweils mitteilungspflichtigen Umstände eingetreten sind. [2]Dabei sind die Registriernummer und die Offenlegungsnummer anzugeben. [3]Die Angaben sind dem Bundeszentralamt für Steuern nach amtlich vorgeschriebenem Datensatz über die amtlich bestimmte Schnittstelle mitzuteilen. [4]Die Sätze 1 bis 3 gelten in den Fällen des § 138g entsprechend.

§ 138i[1)] Information der Landesfinanzbehörden. Soweit von nach den §§ 138f bis 138h mitgeteilten grenzüberschreitenden Steuergestaltungen im Sinne des § 138d Absatz 2 Steuern betroffen sind, die von Landesfinanzbehörden oder Gemeinden verwaltet werden, teilt das Bundeszentralamt für Steuern den für die Nutzer zuständigen Finanzbehörden der Länder im automatisierten Verfahren unter Angabe der Registriernummer und der Offenlegungsnummer mit, dass ihm Angaben über mitgeteilte grenzüberschreitende Steuergestaltungen vorliegen.

§ 138j[2)] Auswertung der Mitteilungen grenzüberschreitender Steuergestaltungen. (1) [1]Das Bundeszentralamt für Steuern wertet die ihm nach den §§ 138f bis 138h zugegangenen Mitteilungen aus. [2]Soweit von mitgeteilten grenzüberschreitenden Steuergestaltungen im Sinne des § 138d Absatz 2 Steuern betroffen sind, die von Zollbehörden verwaltet werden, übermittelt das Bundeszentralamt für Steuern die ihm zugegangenen Mitteilungen zusammen mit der jeweils zugewiesenen Registriernummer an die Generalzolldirektion. [3]Die Auswertung der Daten erfolgt in diesem Fall durch die Generalzolldirektion. [4]Die Ergebnisse der Auswertung teilen das Bundeszentralamt für Steuern und die Generalzolldirektion dem Bundesministerium der Finanzen mit.

(2) Soweit von nach den §§ 138f bis 138h mitgeteilten grenzüberschreitenden Steuergestaltungen Steuern betroffen sind, die ganz oder teilweise den Ländern oder Gemeinden zustehen, unterrichtet das Bundesministerium der Finanzen die obersten Finanzbehörden der Länder über die Ergebnisse der Auswertung.

(3) Soweit von nach den §§ 138f bis 138h mitgeteilten grenzüberschreitenden Steuergestaltungen Steuern betroffen sind, die von Finanzbehörden der Länder oder von Gemeinden verwaltet werden, stellt das Bundeszentralamt für Steuern den für die Nutzer zuständigen Finanzbehörden der Länder ergänzend zu den Angaben nach § 138i auch die Angaben nach § 138f Absatz 3 sowie eigene Ermittlungsergebnisse und die Ergebnisse der Auswertung zum Abruf bereit.

(4) [1]Das Ausbleiben einer Reaktion des Bundeszentralamts für Steuern, der Generalzolldirektion, des Bundesministeriums der Finanzen oder des Gesetzgebers auf die Mitteilung einer grenzüberschreitenden Steuergestaltung nach den §§ 138f bis 138h bedeutet nicht deren rechtliche Anerkennung. [2]§ 89 Absatz 2 bis 7 bleibt unberührt.

[1)] § 138i eingef. durch G v. 21.12.2019 (BGBl. I S. 2875); zur Anwendung siehe § 138f Abs. 2 iVm Art. 97 § 33 Abs. 1 und 2 EGAO (Nr. **800a**).

[2)] § 138j eingef. durch G v. 21.12.2019 (BGBl. I S. 2875); zur Anwendung siehe § 138f Abs. 2 iVm Art. 97 § 33 Abs. 1 und 2 EGAO (Nr. **800a**).

(5) Die Verarbeitung personenbezogener Daten aufgrund von Mitteilungen über grenzüberschreitende Steuergestaltungen durch Finanzbehörden ist ein Verwaltungsverfahren in Steuersachen im Sinne des Gesetzes.

§ 138k[1)] Angabe der grenzüberschreitenden Steuergestaltung in der Steuererklärung. [1]Hat ein Nutzer eine grenzüberschreitende Steuergestaltung im Sinne des § 138d Absatz 2 oder der entsprechenden Regelung eines anderen Mitgliedstaats der Europäischen Union verwirklicht, so hat er diese in der Steuererklärung für die Steuerart und den Besteuerungszeitraum oder den Besteuerungszeitpunkt, in der sich der steuerliche Vorteil der grenzüberschreitenden Steuergestaltung erstmals auswirken soll, anzugeben. [2]Hierzu genügt die Angabe

1. der vom Bundeszentralamt für Steuern zugeteilten Registriernummer und Offenlegungsnummer oder
2. der von der zuständigen Behörde eines anderen Mitgliedstaats der Europäischen Union zugeteilten Registriernummer und Offenlegungsnummer.

§ 139 Anmeldung von Betrieben in besonderen Fällen. (1) [1]Wer Waren gewinnen oder herstellen will, an deren Gewinnung, Herstellung, Entfernung aus dem Herstellungsbetrieb oder Verbrauch innerhalb des Herstellungsbetriebs eine Verbrauchsteuerpflicht geknüpft ist, hat dies der zuständigen Finanzbehörde vor Eröffnung des Betriebs anzumelden. [2]Das Gleiche gilt für den, der ein Unternehmen betreiben will, bei dem besondere Verkehrsteuern anfallen.

(Fortsetzung nächstes Blatt)

[1)] § 138k eingef. durch G v. 21.12.2019 (BGBl. I S. 2875); zur Anwendung siehe § 138f Abs. 2 iVm Art. 97 § 33 Abs. 1 und 2 EGAO (Nr. **800a**).

(2)[1] [1]Durch Rechtsverordnung können Bestimmungen über den Zeitpunkt, die Form und den Inhalt der Anmeldung getroffen werden. [2]Die Rechtsverordnung erlässt die Bundesregierung, soweit es sich um Verkehrsteuern mit Ausnahme der Luftverkehrsteuer handelt, im Übrigen das Bundesministerium der Finanzen. [3]Die Rechtsverordnung des Bundesministeriums der Finanzen bedarf der Zustimmung des Bundesrates nur, soweit sie die Biersteuer betrifft.

3. Unterabschnitt:[2] Identifikationsmerkmal

§ 139a[2] Identifikationsmerkmal. (1) [1]Das Bundeszentralamt für Steuern[3] teilt jedem Steuerpflichtigen [***ab unbestimmt:*** und jeder sonstigen natürlichen Person, die bei einer öffentlichen Stelle ein Verwaltungsverfahren führt,][4] zum Zwecke der eindeutigen Identifizierung in *Besteuerungsverfahren* [***ab unbestimmt:*** Besteuerungs- und Verwaltungsverfahren][4] ein einheitliches und dauerhaftes Merkmal (Identifikationsmerkmal) zu; das Identifikationsmerkmal ist vom Steuerpflichtigen oder von einem Dritten, der Daten dieses Steuerpflichtigen an die Finanzbehörden zu übermitteln hat, bei Anträgen, Erklärungen oder Mitteilungen gegenüber Finanzbehörden anzugeben.[5] [2]Es besteht aus einer Ziffernfolge, die nicht aus anderen Daten über *den Steuerpflichtigen* [***ab unbestimmt:*** die betroffene Person][4] gebildet oder abgeleitet werden darf; die letzte Stelle ist eine Prüfziffer. [3]Natürliche Personen erhalten eine Identifikationsnummer, wirtschaftlich Tätige eine Wirtschafts-Identifikationsnummer. [4]*Der Steuerpflichtige* [***ab unbestimmt:*** Die betroffene Person][4] ist über die Zuteilung eines Identifikationsmerkmals unverzüglich zu unterrichten.

(2) Steuerpflichtiger im Sinne dieses Unterabschnitts ist jeder, der nach einem Steuergesetz steuerpflichtig ist.

(3) Wirtschaftlich Tätige im Sinne dieses Unterabschnitts sind:

1. natürliche Personen, die wirtschaftlich tätig sind,
2. juristische Personen,
3. Personenvereinigungen.

§ 139b[6]·[7] Identifikationsnummer. (1) [1]Eine natürliche Person darf nicht mehr als eine Identifikationsnummer erhalten. [2]Jede Identifikationsnummer darf nur einmal vergeben werden.

---

[1] § 139 Abs. 2 Satz 2 geänd. mWv 30.6.2013 durch G v. 26.6.2013 (BGBl. I S. 1809).

[2] 3. Unterabschnitt (§§ 139a bis 139d) eingef. durch G v. 15.12.2003 (BGBl. I S. 2645); zu § 139a siehe Art. 97 § 5 EGAO (Nr. **800a**).

[3] Bezeichnung geänd. durch G v. 22.9.2005 (BGBl. I S. 2809).

[4] § 139a Abs. 1 Sätze 1, 2 und 4 geänd. durch G v. 28.3.2021 (BGBl. I S. 591). Zum Inkrafttreten vgl. Art. 22 Satz 3 des G v. 28.3.2021 (BGBl. I S. 591): „Die Artikel 3 [...] treten jeweils an dem Tag in Kraft, an dem das Bundesministerium des Innern, für Bau und Heimat im Bundesgesetzblatt jeweils bekannt gibt, dass die technischen Voraussetzungen für die Verarbeitung der Identifikationsnummer nach § 139b der Abgabenordnung nach den jeweils geänderten Gesetzen vorliegen."

[5] § 139a Abs. 1 Satz 1 2. HS neu gef. mWv 31.12.2014 durch G v. 22.12.2014 (BGBl. I S. 2417).

[6] 3. Unterabschnitt (§§ 139a bis 139d) eingef. durch G v. 15.12.2003 (BGBl. I S. 2645); zu § 139a siehe Art. 97 § 5 EGAO (Nr. **800a**).

[7] Zu § 139b siehe SteueridentifikationsnummerVO v. 28.11.2006, BGBl. I S. 2726 (Nr. **800h**) sowie § 52 Abs. 30b EStG (Nr. **1**). Zum Datencockpit siehe Art. 21 des G v. 28.3. 2021 (BGBl. I S. 591 [606]).

(2)[1] [1]Die Finanzbehörden dürfen die Identifikationsnummer verarbeiten, wenn die Verarbeitung zur Erfüllung der ihnen obliegenden Aufgaben erforderlich ist oder eine Rechtsvorschrift die Verarbeitung der Identifikationsnummer ausdrücklich erlaubt oder anordnet. [2]Andere öffentliche oder nichtöffentliche Stellen dürfen ohne Einwilligung der betroffenen Person

1. die Identifikationsnummer nur verarbeiten, soweit dies für Datenübermittlungen zwischen ihnen und den Finanzbehörden erforderlich ist oder eine Rechtsvorschrift die Verarbeitung der Identifikationsnummer ausdrücklich erlaubt oder anordnet,
2. ihre Dateisysteme nur insoweit nach der Identifikationsnummer ordnen oder für den Zugriff erschließen, als dies für regelmäßige Datenübermittlungen zwischen ihnen und den Finanzbehörden erforderlich ist,
3. eine rechtmäßig erhobene Identifikationsnummer eines Steuerpflichtigen zur Erfüllung aller Mitteilungspflichten gegenüber Finanzbehörden verwenden, soweit die Mitteilungspflicht denselben Steuerpflichtigen betrifft und die Verarbeitung nach Nummer 1 zulässig wäre,
4. eine durch ein verbundenes Unternehmen im Sinne des § 15 des Aktiengesetzes oder ein Unternehmen einer kreditwirtschaftlichen Verbundgruppe rechtmäßig erhobene Identifikationsnummer eines Steuerpflichtigen zur Erfüllung aller steuerlichen Mitwirkungspflichten verwenden, soweit die Mitwirkungspflicht denselben Steuerpflichtigen betrifft und die verwendende Stelle zum selben Unternehmensverbund wie die Stelle gehört, die die Identifikationsnummer erhoben hat und die Verarbeitung nach Nummer 1 zulässig wäre.

(3) Das Bundeszentralamt für Steuern[2] speichert zu natürlichen Personen folgende Daten:

1. Identifikationsnummer,
2. Wirtschafts-Identifikationsnummern,
3. Familienname,
4. frühere Namen,
5. Vornamen,
6. Doktorgrad,
7.[3] *(aufgehoben)*
8. Tag und Ort der Geburt,
9. Geschlecht,
10. gegenwärtige oder letzte bekannte Anschrift,
11.[4] zuständige Finanzbehörden,
12.[5] Auskunftssperren nach dem Bundesmeldegesetz,

---

[1] § 139b Abs. 2 neu gef. mWv 25.5.2018 durch G v. 17.7.2017 (BGBl. I S. 2541).

[2] Bezeichnung geänd. durch G v. 22.9.2005 (BGBl. I S. 2809).

[3] § 139b Abs. 3 Nr. 7 aufgeh. mWv 1.11.2007 durch G v. 20.7.2007 (BGBl. I S. 1566).

[4] § 139b Abs. 3 Nr. 11 geänd. durch G v. 9.12.2004 (BGBl. I S. 3310).

[5] § 139b Abs. 3 Nr. 12 eingef., bish. Nr. 12 wird Nr. 13 mWv 29.12.2007 durch G v. 20.12.2007 (BGBl. I S. 3150); Nr. 12 neu gef. mWv 1.11.2015 durch G v. 3.5.2013 (BGBl. I S. 1084; geänd. BGBl. I 2014 S. 1738).

13.[1] Sterbetag,

14.[2] Tag des Ein- und Auszugs,

[***ab unbestimmt:***

15. Staatsangehörigkeiten sowie

16. Datum des letzten Verwaltungskontakts (Monat, Jahr).][3]

(4)[4] [1]Die in Absatz 3 aufgeführten Daten werden gespeichert, um

1. sicherzustellen, dass eine Person nur eine Identifikationsnummer erhält und eine Identifikationsnummer nicht mehrfach vergeben wird,
2. die Identifikationsnummer eines Steuerpflichtigen festzustellen,
3. zu erkennen, welche Finanzbehörden[5] für einen Steuerpflichtigen zuständig sind,
4. Daten, die auf Grund eines Gesetzes oder nach über- und zwischenstaatlichem Recht entgegenzunehmen sind, an die zuständigen Stellen weiterleiten zu können,
5. den Finanzbehörden die Erfüllung der ihnen durch Rechtsvorschrift zugewiesenen Aufgaben zu ermöglichen.

[***ab 1.1.2021:***

[2]Die in Absatz 3 Nummer 1 und 8 aufgeführten Daten werden auch zur Ermittlung des Einkommens nach § 97a des Sechsten Buches Sozialgesetzbuch gespeichert und können von den Trägern der gesetzlichen Rentenversicherung zu diesem Zweck verarbeitet werden.] [***ab unbestimmt:*** [3]Die Regelungen des Identifikationsnummerngesetzes bleiben unberüht.]

(4a)[6] Die in Absatz 3 Nummer 3 bis 6, 8 und 10 aufgeführten Daten werden bei einer natürlichen Person, die ein Nutzerkonto im Sinne des § 2 Absatz 5 des Onlinezugangsgesetzes nutzt, auch zum Nachweis der Identität als Nutzer dieses Nutzerkontos gespeichert; diese Daten dürfen elektronisch an das Nutzerkonto übermittelt werden, wenn der Nutzer zuvor in die Übermittlung eingewilligt hat.

---

[1] § 139b Abs. 3 Nr. 12 eingef., bish. Nr. 12 wird Nr. 13 mWv 29.12.2007 durch G v. 20.12.2007 (BGBl. I S. 3150); Nr. 12 neu gef. mWv 1.11.2015 durch G v. 3.5.2013 (BGBl. I S. 1084; geänd. BGBl. I 2014 S. 1738).

[2] § 139b Abs. 3 Nr. 14 angef. mWv 31.12.2014 durch G v. 22.12.2014 (BGBl. I S. 2417).

[3] § 139b Abs. 3 Nrn. 15 und 16 angef. durch G v. 28.3.2021 (BGBl. I S. 591). Zum Inkrafttreten vgl. Art. 22 Satz 3 des G v. 28.3.2021 (BGBl. I S. 591): „Die Artikel 3 [...] treten jeweils an dem Tag in Kraft, an dem das Bundesministerium des Innern, für Bau und Heimat im Bundesgesetzblatt jeweils bekannt gibt, dass die technischen Voraussetzungen für die Verarbeitung der Identifikationsnummer nach § 139b der Abgabenordnung nach den jeweils geänderten Gesetzen vorliegen."

[4] § 139b Abs. 4 Satz 2 angef. mWv 1.1.2021 durch G v. 12.8.2020 (BGBl. I S. 1879); Abs. 4 Satz 3 angef. durch G v. 28.3.2021 (BGBl. I S. 591). Zum Inkrafttreten vgl. Art. 22 Satz 3 des G v. 28.3.2021 (BGBl. I S. 591): „Die Artikel 3 [...] treten jeweils an dem Tag in Kraft, an dem das Bundesministerium des Innern, für Bau und Heimat im Bundesgesetzblatt jeweils bekannt gibt, dass die technischen Voraussetzungen für die Verarbeitung der Identifikationsnummer nach § 139b der Abgabenordnung nach den jeweils geänderten Gesetzen vorliegen."

[5] Bezeichnung geänd. durch G v. 9.12.2004 (BGBl. I S. 3310).

[6] § 139b Abs. 4a eingef. mWv 10.12.2020 durch G v. 3.12.2020 (BGBl. I S. 2668).

[***ab 18.2.2021:***

(4b)[1] Die in Absatz 3 Nummer 1 und 8 aufgeführten Daten werden bei einer natürlichen Person auch für Zwecke der Digitalen Rentenübersicht gespeichert.]

(5)[2] [1]Die in Absatz 3 aufgeführten Daten dürfen nur für die in den Absätzen 4 *und 4a* [***ab 18.2.2021:*** bis 4b] genannten Zwecke verarbeitet werden. [2]Auskunftssperren nach dem Bundesmeldegesetz sind zu beachten und im Fall einer zulässigen Datenübermittlung ebenfalls zu übermitteln. [3]Der Dritte, an den die Daten übermittelt werden, hat die Übermittlungssperren ebenfalls zu beachten. [***ab unbestimmt:*** [4]Die Regelungen des Identifikationsnummerngesetzes bleiben unberüht.]

(6)[3] [1]Zum Zwecke der erstmaligen Zuteilung der Identifikationsnummer übermitteln die Meldebehörden dem Bundeszentralamt für Steuern für jeden in ihrem Zuständigkeitsbereich mit alleiniger Wohnung oder Hauptwohnung im Melderegister registrierten Einwohner folgende Daten:

1. Familienname,
2. frühere Namen,
3. Vornamen,
4. Doktorgrad,
5.[4] *(aufgehoben)*
6. Tag und Ort der Geburt,
7. Geschlecht,
8. gegenwärtige Anschrift der alleinigen Wohnung oder der Hauptwohnung,
9.[5] Tag des Ein- und Auszugs,
10.[5] Auskunftssperren nach dem Bundesmeldegesetz,

---

[1] § 139b Abs. 4b eingef. mWv 18.2.2021 durch G v. 11.2.2021 (BGBl. I S. 154).

[2] § 139b Abs. 5 Sätze 2 und 3 angef. mWv 29.12.2007 durch G v. 20.12.2007 (BGBl. I S. 3150); Satz 2 geänd. mWv 1.11.2015 durch G v. 5.3.2013 (BGBl. I S. 1804; geänd. BGBl. I 2014 S. 1738); Satz 1 geänd. mWv 25.5.2018 durch G v. 17.7.2017 (BGBl. I S. 2541); Satz 1 geänd. durch G v. 3.12.2020 (BGBl. I S. 2668); Satz 1 geänd. mWv 18.2.2021 durch G v. 11.2.2021 (BGBl. I S. 154); Satz 4 angef. durch G v. 28.3.2021 (BGBl. I S. 591), zum Inkrafttreten vgl. Art. 22 Satz 3 des G v. 28.3.2021 (BGBl. I S. 591): „Die Artikel 3 [...] treten jeweils an dem Tag in Kraft, an dem das Bundesministerium des Innern, für Bau und Heimat im Bundesgesetzblatt jeweils bekannt gibt, dass die technischen Voraussetzungen für die Verarbeitung der Identifikationsnummer nach § 139b der Abgabenordnung nach den jeweils geänderten Gesetzen vorliegen."

[3] § 139b Abs. 6 bish. Sätze 2 und 3 ersetzt durch Sätze 2 bis 5 mWv 19.12.2006 durch G v. 13.12.2006 (BGBl. I S. 2878).

[4] § 139b Abs. 6 Satz 1 Nr. 5 aufgeh. mWv 1.11.2007 durch G v. 20.7.2007 (BGBl. I S. 1566).

[5] § 139b Abs. 6 Satz 1 Nrn. 9 und 10 angef. mWv 29.12.2007 durch G v. 20.12.2007 (BGBl. I S. 3150); Nr. 10 neu gef. mWv 1.11.2015 durch G v. 3.5.2013 (BGBl. I S. 1084; geänd. BGBl. I 2014 S. 1738).

[***ab unbestimmt:***

11. Staatsangehörigkeiten sowie

12. Datum des letzten Verwaltungskontakts (Monat, Jahr).][1]

[2] Hierzu haben die Meldebehörden jedem in ihrem Zuständigkeitsbereich mit alleiniger Wohnung oder Hauptwohnung registrierten Einwohner ein Vorläufiges Bearbeitungsmerkmal zu vergeben. [3] Dieses übermitteln sie zusammen mit den Daten nach Satz 1 an das Bundeszentralamt für Steuern. [4] Das Bundeszentralamt für Steuern teilt der zuständigen Meldebehörde die dem Steuerpflichtigen zugeteilte Identifikationsnummer zur Speicherung im Melderegister unter Angabe des Vorläufigen Bearbeitungsmerkmals mit und löscht das Vorläufige Bearbeitungsmerkmal anschließend.[2]

(7)[3] [1] Die Meldebehörden haben im Falle der Speicherung einer Geburt im Melderegister sowie im Falle der Speicherung einer Person, für die bisher keine Identifikationsnummer zugeteilt worden ist, dem Bundeszentralamt für Steuern die Daten nach Absatz 6 Satz 1 zum Zwecke der Zuteilung der Identifikationsnummer zu übermitteln. [2] Absatz 6 Satz 2 bis 5[4] gilt entsprechend.

(8)[5] Die Meldebehörde teilt dem Bundeszentralamt für Steuern[6] Änderungen der in Absatz 6 Satz 1 Nr. 1 bis 10[5] bezeichneten Daten sowie bei Sterbefällen den Sterbetag unter Angabe der Identifikationsnummer oder, sofern diese noch nicht zugeteilt wurde, unter Angabe des Vorläufigen Bearbeitungsmerkmals mit.

(9)[7] Das Bundeszentralamt für Steuern[6] unterrichtet die Meldebehörden, wenn ihm konkrete Anhaltspunkte für die Unrichtigkeit der ihm von den Meldebehörden übermittelten Daten vorliegen.

§ 139c[8] Wirtschafts-Identifikationsnummer. (1) [1] Die Wirtschafts-Identifikationsnummer wird auf Anforderung der zuständigen Finanzbehörde[9]

(Fortsetzung nächstes Blatt)

---

[1] § 139b Abs. 6 Satz 1 Nrn. 11 und 12 angef. durch G v. 28.3.2021 (BGBl. I S. 591). Zum Inkrafttreten vgl. Art. 22 Satz 3 des G v. 28.3.2021 (BGBl. I S. 591): „Die Artikel 3 [...] treten jeweils an dem Tag in Kraft, an dem das Bundesministerium des Innern, für Bau und Heimat im Bundesgesetzblatt jeweils bekannt gibt, dass die technischen Voraussetzungen für die Verarbeitung der Identifikationsnummer nach § 139b der Abgabenordnung nach den jeweils geänderten Gesetzen vorliegen."

[2] § 139b Abs. 6 Satz 4 aufgeh. mWv 25.5.2018, bish. Satz 5 wird Satz 4 mWv 25.5.2018 durch G v. 17.7.2017 (BGBl. I S. 2541).

[3] § 139b Abs. 7 Satz 2 neu gef. mWv 19.12.2006 durch G v. 13.12.2006 (BGBl. I S. 2878).

[4] § 139b Abs. 7 Satz 2 und Abs. 8 Zitat geänd. mWv 29.12.2007 durch G v. 20.12.2007 (BGBl. I S. 3150); Abs. 7 Satz 2 Zitat geänd. mWv 31.12.2014 durch G v. 22.12.2014 (BGBl. I S. 2417).

[5] § 139b Abs. 8 geänd. mWv 19.12.2006 durch G v. 13.12.2006 (BGBl. I S. 2878).

[6] Bezeichnung geänd. durch G v. 22.9.2005 (BGBl. I S. 2809).

[7] § 139b Abs. 9 angef. mWv 16.12.2004 durch G v. 9.12.2004 (BGBl. I S. 3310).

[8] 3. Unterabschnitt (§§ 139a bis 139d) eingef. durch G v. 15.12.2003 (BGBl. I S. 2645).

[9] Bezeichnung geänd. durch G v. 9.12.2004 (BGBl. I S. 3310).

vergeben. [2]Sie beginnt mit den Buchstaben „DE". [3]Jede Wirtschafts-Identifikationsnummer darf nur einmal vergeben werden.

(2)[1)] [1]Die Finanzbehörden dürfen die Wirtschafts-Identifikationsnummer verarbeiten, wenn die Verarbeitung zur Erfüllung der ihnen obliegenden Aufgaben erforderlich ist oder eine Rechtsvorschrift dies erlaubt oder anordnet. [2]Andere öffentliche oder nicht-öffentliche Stellen dürfen die Wirtschafts-Identifikationsnummer nur verarbeiten, soweit dies zur Erfüllung ihrer Aufgaben oder Geschäftszwecke oder für Datenübermittlungen zwischen ihnen und den Finanzbehörden erforderlich ist. [3]Soweit die Wirtschafts-Identifikationsnummer andere Nummern ersetzt, bleiben Rechtsvorschriften, die eine Übermittlung durch die Finanzbehörden an andere Behörden regeln, unberührt.

(3) Das Bundeszentralamt für Steuern[2)] speichert zu natürlichen Personen, die wirtschaftlich tätig sind, folgende Daten:

1. Wirtschafts-Identifikationsnummer,
2. Identifikationsnummer,
3. Firma (§§ 17 ff. des Handelsgesetzbuchs) oder Name des Unternehmens,
4. frühere Firmennamen oder Namen des Unternehmens,
5. Rechtsform,
6. Wirtschaftszweignummer,
7. amtlicher Gemeindeschlüssel,
8. Anschrift des Unternehmens, Firmensitz,
9. Handelsregistereintrag (Registergericht, Datum und Nummer der Eintragung),
10. Datum der Betriebseröffnung oder Zeitpunkt der Aufnahme der Tätigkeit,
11. Datum der Betriebseinstellung oder Zeitpunkt der Beendigung der Tätigkeit,
12. zuständige Finanzbehörden[3)],
13.[4)] Unterscheidungsmerkmale nach Absatz 5a,
14.[4)] Angaben zu verbundenen Unternehmen.

(4) Das Bundeszentralamt für Steuern[2)] speichert zu juristischen Personen folgende Daten:

1. Wirtschafts-Identifikationsnummer,
2. Identifikationsmerkmale der gesetzlichen Vertreter,
3. Firma (§§ 17 ff. des Handelsgesetzbuchs),
4. frühere Firmennamen,

[1)] § 139c Abs. 2 Sätze 1 und 2 neu gef. mWv 25.5.2018 durch G v. 17.7.2017 (BGBl. I S. 2541).

[2)] Bezeichnung geänd. durch G v. 22.9.2005 (BGBl. I S. 2809).

[3)] Bezeichnung geänd. durch G v. 9.12.2004 (BGBl. I S. 3310).

[4)] § 139c Abs. 3 Nrn. 13 und 14 angef. mWv 31.12.2014 durch G v. 22.12.2014 (BGBl. I S. 2417).

5. Rechtsform,
6. Wirtschaftszweignummer,
7. amtlicher Gemeindeschlüssel,
8. Sitz gemäß § 11, insbesondere Ort der Geschäftsleitung,
9. Datum des Gründungsaktes,
10. Handels-, Genossenschafts- oder Vereinsregistereintrag (Registergericht, Datum und Nummer der Eintragung),
11. Datum der Betriebseröffnung oder Zeitpunkt der Aufnahme der Tätigkeit,
12. Datum der Betriebseinstellung oder Zeitpunkt der Beendigung der Tätigkeit,
13. Zeitpunkt der Auflösung,
14. Datum der Löschung im Register,
15. verbundene Unternehmen,
16. zuständige Finanzbehörden[1],
17.[2] Unterscheidungsmerkmale nach Absatz 5a.

(5) Das Bundeszentralamt für Steuern[3] speichert zu Personenvereinigungen folgende Daten:

1. Wirtschafts-Identifikationsnummer,
2. Identifikationsmerkmale der gesetzlichen Vertreter,
3. Identifikationsmerkmale der Beteiligten,
4. Firma (§§ 17 ff. des Handelsgesetzbuchs) oder Name der Personenvereinigung,
5. frühere Firmennamen oder Namen der Personenvereinigung,
6. Rechtsform,
7. Wirtschaftszweignummer,
8. amtlicher Gemeindeschlüssel,
9. Sitz gemäß § 11, insbesondere Ort der Geschäftsleitung,
10. Datum des Gesellschaftsvertrags,
11. Handels- oder Partnerschaftsregistereintrag (Registergericht, Datum und Nummer der Eintragung),
12. Datum der Betriebseröffnung oder Zeitpunkt der Aufnahme der Tätigkeit,
13. Datum der Betriebseinstellung oder Zeitpunkt der Beendigung der Tätigkeit,
14. Zeitpunkt der Auflösung,
15. Zeitpunkt der Beendigung,
16. Datum der Löschung im Register,

---

[1] Bezeichnung geänd. durch G v. 9.12.2004 (BGBl. I S. 3310).
[2] § 139c Abs. 4 Nr. 17 angef. mWv 31.12.2014 durch G v. 22.12.2014 (BGBl. I S. 2417).
[3] Bezeichnung geänd. durch G v. 22.9.2005 (BGBl. I S. 2809).

17. verbundene Unternehmen,
18. zuständige Finanzbehörden[1)],
19.[2)] Unterscheidungsmerkmale nach Absatz 5a.

(5a)[3)] [1]Bei jedem wirtschaftlich Tätigen (§ 139a Absatz 3) wird die Wirtschafts-Identifikationsnummer für jede einzelne seiner wirtschaftlichen Tätigkeiten, jeden seiner Betriebe sowie für jede seiner Betriebstätten um ein fünfstelliges Unterscheidungsmerkmal ergänzt, so dass die Tätigkeiten, Betriebe und Betriebstätten des wirtschaftlich Tätigen in Besteuerungsverfahren eindeutig identifiziert werden können. [2]Der ersten wirtschaftlichen Tätigkeit des wirtschaftlich Tätigen, seinem ersten Betrieb oder seiner ersten Betriebstätte wird vom Bundeszentralamt für Steuern hierbei das Unterscheidungsmerkmal 00001 zugeordnet. [3]Jeder weiteren wirtschaftlichen Tätigkeit, jedem weiteren Betrieb sowie jeder weiteren Betriebstätte des wirtschaftlich Tätigen ordnet das Bundeszentralamt für Steuern auf Anforderung der zuständigen Finanzbehörde fortlaufend ein eigenes Unterscheidungsmerkmal zu. [4]Das Bundeszentralamt für Steuern speichert zu den einzelnen wirtschaftlichen Tätigkeiten, den einzelnen Betrieben sowie den einzelnen Betriebstätten des wirtschaftlich Tätigen folgende Daten:

1. Unterscheidungsmerkmal,
2. Wirtschafts-Identifikationsnummer des wirtschaftlich Tätigen,
3. Firma (§§ 17 ff. des Handelsgesetzbuchs) oder Name der wirtschaftlichen Tätigkeit, des Betriebes oder der Betriebstätte,
4. frühere Firmennamen oder Namen der wirtschaftlichen Tätigkeit, des Betriebes oder der Betriebstätte,
5. Rechtsform,
6. Wirtschaftszweignummer,
7. amtlicher Gemeindeschlüssel,
8.[4)] Anschrift der wirtschaftlichen Tätigkeit, des Betriebes oder der Betriebstätte,
9. Registereintrag (Registergericht, Datum und Nummer der Eintragung),
10.[4)] Datum der Eröffnung des Betriebes oder der Betriebstätte oder Zeitpunkt der Aufnahme der wirtschaftlichen Tätigkeit,
11.[4)] Datum der Einstellung des Betriebes oder der Betriebstätte oder Zeitpunkt der Beendigung der wirtschaftlichen Tätigkeit,
12. Datum der Löschung im Register,
13. zuständige Finanzbehörden.

(6) Die Speicherung der in den Absätzen 3 bis 5a[5)] aufgeführten Daten erfolgt, um

---

1) Bezeichnung geänd. durch G v. 9.12.2004 (BGBl. I S. 3310).
2) § 139c Abs. 5 Nr. 19 angef. mWv 31.12.2014 durch G v. 22.12.2014 (BGBl. I S. 2417).
3) § 139c Abs. 5a eingef. mWv 31.12.2014 durch G v. 22.12.2014 (BGBl. I S. 2417).
4) § 139c Abs. 5a Satz 4 Nr. 8 geänd., Nrn. 10 und 11 neu gef. mWv 6.11.2015 durch G v. 2.11.2015 (BGBl. I S. 1834).
5) Verweis angepasst durch G v. 22.12.2014 (BGBl. I S. 2417).

1. sicherzustellen, dass eine vergebene Wirtschafts-Identifikationsnummer nicht noch einmal für einen anderen wirtschaftlich Tätigen verwendet wird,
2. für einen wirtschaftlich Tätigen die vergebene Wirtschafts-Identifikationsnummer festzustellen,
3. zu erkennen, welche Finanzbehörden[1] zuständig sind,
4. Daten, die auf Grund eines Gesetzes oder nach über- und zwischenstaatlichem Recht entgegenzunehmen sind, an die zuständigen Stellen weiterleiten zu können,
5. den Finanzbehörden die Erfüllung der ihnen durch Rechtsvorschrift zugewiesenen Aufgaben zu ermöglichen.

(6a)[2] Die in Absatz 4 Nummer 3, 5, 8 und 10 aufgeführten Daten und die in Absatz 5 Nummer 4, 6, 9 und 11 aufgeführten Daten werden bei einer juristischen Person oder bei einer Personengesellschaft, die ein Nutzerkonto im Sinne des § 2 Absatz 5 des Onlinezugangsgesetzes nutzt, auch zum Nachweis der Identität als Nutzer dieses Nutzerkontos gespeichert; diese Daten dürfen elektronisch an das Nutzerkonto übermittelt werden, wenn der Nutzer zuvor in die Übermittlung eingewilligt hat.

(7)[3] Die in Absatz 3 aufgeführten Daten dürfen nur für die in Absatz 6 genannten Zwecke verarbeitet werden, es sei denn, eine Rechtsvorschrift sieht eine andere Verarbeitung ausdrücklich vor.

§ 139d[4), 5)] **Verordnungsermächtigung.** Die Bundesregierung bestimmt durch Rechtsverordnung mit Zustimmung des Bundesrates:

1. organisatorische und technische Maßnahmen zur Wahrung des Steuergeheimnisses, insbesondere zur Verhinderung eines unbefugten Zugangs zu Daten, die durch § 30 geschützt sind,
2. Richtlinien zur Vergabe der Identifikationsnummer nach § 139b und der Wirtschafts-Identifikationsnummer nach § 139c,
3. Fristen, nach deren Ablauf die nach §§ 139b und 139c gespeicherten Daten zu löschen sind, sowie
4.[6] die Form und das Verfahren der Datenübermittlungen nach § 139b Abs. 6 bis 9.

Zweiter Abschnitt: Mitwirkungspflichten

1. Unterabschnitt: Führung von Büchern und Aufzeichnungen

§ 140 Buchführungs- und Aufzeichnungspflichten nach anderen Gesetzen. Wer nach anderen Gesetzen als den Steuergesetzen Bücher und

---

1) Bezeichnung geänd. durch G v. 9.12.2004 (BGBl. I S. 3310).
2) § 139c Abs. 6a eingef. mWv 10.12.2020 durch G v. 3.12.2020 (BGBl. I S. 2668).
3) § 139c Abs. 7 geänd. mWv 25.5.2018 durch G v. 17.7.2017 (BGBl. I S. 2541).
4) 3. Unterabschnitt (§§ 139a bis 139d) eingef. durch G v. 15.12.2003 (BGBl. I S. 2645).
5) Siehe SteueridentifikationsnummerVO v. 28.11.2006, BGBl. I S. 2726 (Nr. **800h**).
6) § 139d Nr. 4 geänd. mWv 19.12.2006 durch G v. 13.12.2006 (BGBl. I S. 2878).

Aufzeichnungen zu führen hat, die für die Besteuerung von Bedeutung sind, hat die Verpflichtungen, die ihm nach den anderen Gesetzen obliegen, auch für die Besteuerung zu erfüllen.

§ 141 Buchführungspflicht bestimmter Steuerpflichtiger. (1) [1]Gewerbliche Unternehmer sowie Land- und Forstwirte, die nach den Feststellungen der Finanzbehörde für den einzelnen Betrieb

1. Umsätze einschließlich der steuerfreien Umsätze, ausgenommen die Umsätze nach § 4 Nr. 8 bis 10 des Umsatzsteuergesetzes, von mehr als 600 000 Euro[1)] im Kalenderjahr oder
2. (weggefallen)
3.[2)] *selbstbewirtschaftete land- und forstwirtschaftliche Flächen mit einem Wirtschaftswert*[3)] *(§ 46 des Bewertungsgesetzes) von mehr als 25 000 Euro*[4)] *oder*
4. einen Gewinn aus Gewerbebetrieb von mehr als 60 000 Euro[5)] im Wirtschaftsjahr oder
5. einen Gewinn aus Land- und Forstwirtschaft von mehr als 60 000 Euro[6)] im Kalenderjahr

gehabt haben, sind auch dann verpflichtet, für diesen Betrieb Bücher zu führen und auf Grund jährlicher Bestandsaufnahmen Abschlüsse zu machen, wenn sich eine Buchführungspflicht nicht aus § 140 ergibt. [2]Die §§ 238, 240, 241,[7)] 242 Abs. 1 und die §§ 243 bis 256 des Handelsgesetzbuchs gelten sinngemäß, sofern sich nicht aus den Steuergesetzen etwas anderes ergibt. [3]*Bei der Anwendung der Nummer 3 ist der Wirtschaftswert aller vom Land- und Forstwirt selbstbewirtschafteten Flächen maßgebend, unabhängig davon, ob sie in seinem Eigentum stehen oder nicht.*[8)]

(2) [1]Die Verpflichtung nach Absatz 1 ist vom Beginn des Wirtschaftsjahrs an zu erfüllen, das auf die Bekanntgabe der Mitteilung folgt, durch die die Finanzbehörde auf den Beginn dieser Verpflichtung hingewiesen hat. [2]Die Verpflichtung endet mit dem Ablauf des Wirtschaftsjahrs, das auf das Wirtschaftsjahr folgt, in dem die Finanzbehörde feststellt, dass die Voraussetzungen nach Absatz 1 nicht mehr vorliegen.

(3) [1]Die Buchführungspflicht geht auf denjenigen über, der den Betrieb im Ganzen zur Bewirtschaftung als Eigentümer oder Nutzungsberechtigter über-

---

1) § 141 Abs. 1 Satz 1 Nr. 1 geänd. durch G v. 28.7.2015 (BGBl. I S. 1400); zur erstmaligen Anwendung siehe Art. 97 § 19 Abs. 8 EGAO (Nr. **800a**).

2) § 141 Abs. 1 Satz 1 Nr. 3 aufgeh. **mWv 1.1.2025** durch G v. 26.11.2019 (BGBl. I S. 1794).

3) Zur Anwendung in den neuen Bundesländern siehe Art. 97a § 2 Nr. 7 (insb. zur letztmaligen Anwendung Satz 3) EGAO (Nr. **800a**).

4) § 141 Abs. 1 Satz 1 Nr. 4 geänd. durch G v. 31.7.2003 (BGBl. I S. 1550); zur erstmaligen Anwendung siehe Art. 97 § 19 EGAO (Nr. **800a**).

5) § 141 Abs. 1 Satz 1 Nr. 4 geänd. durch G v. 28.7.2015 (BGBl. I S. 1400); zur erstmaligen Anwendung siehe Art. 97 § 19 Abs. 3 Satz 3 und Abs. 9 EGAO (Nr. **800a**).

6) § 141 Abs. 1 Satz 1 Nr. 5 geänd. durch G v. 28.7.2015 (BGBl. I S. 1400); zur erstmaligen Anwendung siehe Art. 97 § 19 Abs. 4 Satz 3 und Abs. 9 EGAO (Nr. **800a**).

7) Verweis auf § 241 HGB eingef. durch G v. 25.5.2009 (BGBl. I S. 1102).

8) § 141 Abs. 1 Satz 4 aufgeh. mWv 30.6.2013 durch G v. 26.6.2013 (BGBl. I S. 1809) Satz 3 aufgeh. **mWv 1.1.2025** durch G v. 26.11.2019 (BGBl. I S. 1794).

nimmt. [2]Ein Hinweis nach Absatz 2 auf den Beginn der Buchführungspflicht ist nicht erforderlich.

(4)[1)] *(aufgehoben)*

§ 142 Ergänzende Vorschriften für Land- und Forstwirte. [1]Land- und Forstwirte, die nach § 141 Abs. 1 Nr. 1, 3 oder 5 zur Buchführung verpflichtet sind, haben neben den jährlichen Bestandsaufnahmen und den jährlichen Abschlüssen ein Anbauverzeichnis zu führen. [2]In dem Anbauverzeichnis ist nachzuweisen, mit welchen Fruchtarten die selbstbewirtschafteten Flächen im abgelaufenen Wirtschaftsjahr bestellt waren.

§ 143 Aufzeichnung des Wareneingangs. (1) Gewerbliche Unternehmer müssen den Wareneingang gesondert aufzeichnen.

(2) [1]Aufzuzeichnen sind alle Waren einschließlich der Rohstoffe, unfertigen Erzeugnisse, Hilfsstoffe und Zutaten, die der Unternehmer im Rahmen seines Gewerbebetriebs zur Weiterveräußerung oder zum Verbrauch entgeltlich oder unentgeltlich, für eigene oder für fremde Rechnung, erwirbt; dies gilt auch dann, wenn die Waren vor der Weiterveräußerung oder dem Verbrauch be- oder verarbeitet werden sollen. [2]Waren, die nach Art des Betriebs üblicherweise für den Betrieb zur Weiterveräußerung oder zum Verbrauch erworben werden, sind auch dann aufzuzeichnen, wenn sie für betriebsfremde Zwecke verwendet werden.

(3) Die Aufzeichnungen müssen die folgenden Angaben enthalten:

1. den Tag des Wareneingangs oder das Datum der Rechnung,
2. den Namen oder die Firma und die Anschrift des Lieferers,
3. die handelsübliche Bezeichnung der Ware,
4. den Preis der Ware,
5. einen Hinweis auf den Beleg.

§ 144 Aufzeichnung des Warenausgangs. (1) Gewerbliche Unternehmer, die nach der Art ihres Geschäftsbetriebs Waren regelmäßig an andere gewerbliche Unternehmer zur Weiterveräußerung oder zum Verbrauch als Hilfsstoffe liefern, müssen den erkennbar für diese Zwecke bestimmten Warenausgang gesondert aufzeichnen.

(2) [1]Aufzuzeichnen sind auch alle Waren, die der Unternehmer

1. auf Rechnung (auf Ziel, Kredit, Abrechnung oder Gegenrechnung), durch Tausch oder unentgeltlich liefert, oder
2. gegen Barzahlung liefert, wenn die Ware wegen der abgenommenen Menge zu einem Preis veräußert wird, der niedriger ist als der übliche Preis für Verbraucher.

[2]Dies gilt nicht, wenn die Ware erkennbar nicht zur gewerblichen Weiterverwendung bestimmt ist.

(3) Die Aufzeichnungen müssen die folgenden Angaben enthalten:

[1)] § 141 Abs. 4 aufgeh. durch G v. 12.12.2019 (BGBl. I S. 2451); zur Anwendung s. Art. 97 § 1 Abs. 13 EGAO (Nr. **800a**).

1. den Tag des Warenausgangs oder das Datum der Rechnung,
2. den Namen oder die Firma und die Anschrift des Abnehmers,
3. die handelsübliche Bezeichnung der Ware,
4. den Preis der Ware,
5. einen Hinweis auf den Beleg.

(4)[1] [1]Der Unternehmer muss über jeden Ausgang der in den Absätzen 1 und 2 genannten Waren einen Beleg erteilen, der die in Absatz 3 bezeichneten Angaben sowie seinen Namen oder die Firma und seine Anschrift enthält. [2]Dies gilt insoweit nicht, als nach § 14 Abs. 2 des Umsatzsteuergesetzes durch die dort bezeichneten Leistungsempfänger eine Gutschrift erteilt wird oder auf Grund des § 14 Abs. 6 des Umsatzsteuergesetzes Erleichterungen gewährt werden.

(5) Die Absätze 1 bis 4 gelten auch für Land- und Forstwirte, die nach § 141 buchführungspflichtig sind.

§ 145 Allgemeine Anforderungen an Buchführung und Aufzeichnungen. (1) [1]Die Buchführung muss so beschaffen sein, dass sie einem sachverständigen Dritten innerhalb angemessener Zeit einen Überblick über die Geschäftsvorfälle und über die Lage des Unternehmens vermitteln kann. [2]Die Geschäftsvorfälle müssen sich in ihrer Entstehung und Abwicklung verfolgen lassen.

(2) Aufzeichnungen sind so vorzunehmen, dass der Zweck, den sie für die Besteuerung erfüllen sollen, erreicht wird.

§ 146 Ordnungsvorschriften für die Buchführung und für Aufzeichnungen. (1)[2] [1]Die Buchungen und die sonst erforderlichen Aufzeichnungen sind einzeln, vollständig, richtig, zeitgerecht und geordnet vorzunehmen. [2]Kasseneinnahmen und Kassenausgaben sind täglich festzuhalten. [3]Die Pflicht zur Einzelaufzeichnung nach Satz 1 besteht aus Zumutbarkeitsgründen bei Verkauf von Waren an eine Vielzahl von nicht bekannten Personen gegen Barzahlung nicht. [4]Das gilt nicht, wenn der Steuerpflichtige ein elektronisches Aufzeichnungssystem im Sinne des § 146a verwendet.

(2) [1]Bücher und die sonst erforderlichen Aufzeichnungen sind im Geltungsbereich dieses Gesetzes zu führen und aufzubewahren. [2]Dies gilt nicht, soweit für Betriebstätten außerhalb des Geltungsbereichs dieses Gesetzes nach dortigem Recht eine Verpflichtung besteht, Bücher und Aufzeichnungen zu führen, und diese Verpflichtung erfüllt wird. [3]In diesem Fall sowie bei Organgesellschaften außerhalb des Geltungsbereichs dieses Gesetzes müssen die Ergebnisse der dortigen Buchführung in die Buchführung des hiesigen Unternehmens übernommen werden, soweit sie für die Besteuerung von Bedeutung sind. [4]Dabei sind die erforderlichen Anpassungen an die steuerrechtlichen

---

[1] § 144 Abs. 4 Satz 2 neu gef. mWv 20.12.2003 durch G v. 15.12.2003 (BGBl. I S. 2645); Satz 2 geänd. durch G v. 12.12.2019 (BGBl. I S. 2451).

[2] § 146 Abs. 1 Sätze 1 und 2 geänd., Sätze 3 und 4 angef. mWv 29.12.2016 durch G v. 22.12.2016 (BGBl. I S. 3152).

Vorschriften im Geltungsbereich dieses Gesetzes vorzunehmen und kenntlich zu machen.

(2a)[1] [1]Abweichend von Absatz 2 Satz 1 kann der Steuerpflichtige elektronische Bücher und sonstige erforderliche elektronische Aufzeichnungen oder Teile davon in einem anderen Mitgliedstaat der Europäischen Union führen und aufbewahren. [2]Macht der Steuerpflichtige von dieser Befugnis Gebrauch, hat er sicherzustellen, dass der Datenzugriff nach § 146b Absatz 2 Satz 2, § 147 Absatz 6 und § 27b Absatz 2 Satz 2 und 3 des Umsatzsteuergesetzes in vollem Umfang möglich ist.

(2b)[2] [1]Abweichend von Absatz 2 Satz 1 kann die zuständige Finanzbehörde auf schriftlichen oder elektronischen Antrag des Steuerpflichtigen bewilligen, dass elektronische Bücher und sonstige erforderliche elektronische Aufzeichnungen oder Teile davon in einem Drittstaat geführt und aufbewahrt werden können. [2]Voraussetzung ist, dass

1. der Steuerpflichtige der zuständigen Finanzbehörde den Standort des Datenverarbeitungssystems und bei Beauftragung eines Dritten dessen Namen und Anschrift mitteilt,
2. der Steuerpflichtige seinen sich aus den §§ 90, 93, 97, 140 bis 147 und 200 Absatz 1 und 2 ergebenden Pflichten ordnungsgemäß nachgekommen ist,
3. der Datenzugriff nach § 146b Absatz 2 Satz 2, § 147 Absatz 6 und § 27b Absatz 2 Satz 2 und 3 des Umsatzsteuergesetzes in vollem Umfang möglich ist und
4. die Besteuerung hierdurch nicht beeinträchtigt wird.

[3]Werden der Finanzbehörde Umstände bekannt, die zu einer Beeinträchtigung der Besteuerung führen, hat sie die Bewilligung zu widerrufen und die unverzügliche Rückverlagerung der elektronischen Bücher und sonstigen erforderlichen elektronischen Aufzeichnungen in den Geltungsbereich dieses Gesetzes zu verlangen. [4]Eine Änderung der unter Satz 2 Nummer 1 benannten Umstände ist der zuständigen Finanzbehörde unverzüglich mitzuteilen.

(2c)[3] Kommt der Steuerpflichtige der Aufforderung zur Rückverlagerung seiner elektronischen Buchführung oder seinen Pflichten nach Absatz 2b Satz 4, zur Einräumung des Datenzugriffs nach § 147 Abs. 6, zur Erteilung von Auskünften oder zur Vorlage angeforderter Unterlagen im Sinne des § 200 Abs. 1 im Rahmen einer Außenprüfung innerhalb einer ihm bestimmten angemessenen Frist nach Bekanntgabe durch die zuständige Finanzbehörde nicht nach oder hat er seine elektronische Buchführung ohne Bewilligung der zuständigen Finanzbehörde in einen Drittstaat verlagert, kann ein Verzögerungsgeld von 2500 Euro bis 250 000 Euro festgesetzt werden.

---

[1] § 146 Abs. 2a eingef. mWv 29.12.2020 durch G v. 21.12.2020 (BGBl. I S. 3096).

[2] § 146 früherer Abs. 2a eingef. mWv 25.12.2008 durch G v. 19.12.2008 (BGBl. I S. 2794) und neu gef. mWv 14.12.2010 durch G v. 8.12.2010 (BGBl. I S. 1768); Abs. 2a wird Abs. 2b und Satz 1 geänd., Satz 2 Nr. 3 neu gef. mWv 29.12.2020 durch G v. 21.12.2020 (BGBl. I S. 3096).

[3] § 146 früherer Abs. 2b eingef. mWv 25.12.2008 durch G v. 19.12.2008 (BGBl. I S. 2794); Abs. 2b wird Abs. 2c und geänd. mWv 29.12.2020 durch G v. 21.12.2020 (BGBl. I S. 3096).

(3) 1 Die Buchungen und die sonst erforderlichen Aufzeichnungen sind in einer lebenden Sprache vorzunehmen. 2 Wird eine andere als die deutsche Sprache verwendet, so kann die Finanzbehörde Übersetzungen verlangen. 3 Werden Abkürzungen, Ziffern, Buchstaben oder Symbole verwendet, muss im Einzelfall deren Bedeutung eindeutig festliegen.

(4) 1 Eine Buchung oder eine Aufzeichnung darf nicht in einer Weise verändert werden, dass der ursprüngliche Inhalt nicht mehr feststellbar ist. 2 Auch solche Veränderungen dürfen nicht vorgenommen werden, deren Beschaffenheit es ungewiss lässt, ob sie ursprünglich oder erst später gemacht worden sind.

(5)[1] 1 Die Bücher und die sonst erforderlichen Aufzeichnungen können auch in der geordneten Ablage von Belegen bestehen oder auf Datenträgern geführt werden, soweit diese Formen der Buchführung einschließlich des dabei angewandten Verfahrens den Grundsätzen ordnungsmäßiger Buchführung entsprechen; bei Aufzeichnungen, die allein nach den Steuergesetzen vorzunehmen sind, bestimmt sich die Zulässigkeit des angewendeten Verfahrens nach dem Zweck, den die Aufzeichnungen für die Besteuerung erfüllen sollen. 2 Bei der Führung der Bücher und der sonst erforderlichen Aufzeichnungen auf Datenträgern muss insbesondere sichergestellt sein, dass während der Dauer der Aufbewahrungsfrist die Daten jederzeit verfügbar sind und unverzüglich lesbar gemacht werden können. 3 Dies gilt auch für die Befugnisse der Finanzbehörde nach § 146b Absatz 2 Satz 2, § 147 Absatz 6 und § 27b Absatz 2 Satz 2 und 3 des Umsatzsteuergesetzes. 4 Absätze 1 bis 4 gelten sinngemäß.

(6) Die Ordnungsvorschriften gelten auch dann, wenn der Unternehmer Bücher und Aufzeichnungen, die für die Besteuerung von Bedeutung sind, führt, ohne hierzu verpflichtet zu sein.

§ 146a[2] Ordnungsvorschrift für die Buchführung und für Aufzeichnungen mittels elektronischer Aufzeichnungssysteme; Verordnungsermächtigung. (1) 1 Wer aufzeichnungspflichtige Geschäftsvorfälle oder andere Vorgänge mit Hilfe eines elektronischen Aufzeichnungssystems erfasst, hat ein elektronisches Aufzeichnungssystem zu verwenden, das jeden aufzeichnungspflichtigen Geschäftsvorfall und anderen Vorgang einzeln, vollständig, richtig, zeitgerecht und geordnet aufzeichnet. 2 Das elektronische Aufzeichnungssystem und die digitalen Aufzeichnungen nach Satz 1 sind durch eine zertifizierte technische Sicherheitseinrichtung zu schützen. 3 Diese zertifizierte technische Sicherheitseinrichtung muss aus einem Sicherheitsmodul, einem Speichermedium und einer einheitlichen digitalen Schnittstelle bestehen. 4 Die digitalen Aufzeichnungen sind auf dem Speichermedium zu sichern und für Nachschauen sowie Außenprüfungen durch elektronische Aufbewahrung verfügbar zu halten. 5 Es ist verboten, innerhalb des Geltungsbereichs dieses Gesetzes solche elektronischen Aufzeichnungssysteme, Software für elektronische Aufzeichnungssysteme und zertifizierte technische Sicherheits-

---

[1] § 146 Abs. 5 Sätze 2 und 3 anzuwenden ab 1.1.2002 (Art. 97 § 19b Abs. 1 EGAO – Nr. **800a**); Abs. 5 Satz 3 geänd. mWv 29.12.2020 durch G v. 21.12.2020 (BGBl. I S. 3096).

[2] § 146a eingef. mWv **Kj. 2020** durch G v. 22.12.2016 (BGBl. I S. 3152); zur Anwendung iE siehe Art. 97 § 30 Abs. 1 und 3 EGAO (Nr. **800a**); geänd. durch VO v. 19.6.2020 (BGBl. I S. 1328).

einrichtungen, die den in den Sätzen 1 bis 3 beschriebenen Anforderungen nicht entsprechen, zur Verwendung im Sinne der Sätze 1 bis 3 gewerbsmäßig zu bewerben oder gewerbsmäßig in den Verkehr zu bringen.

(2) [1] Wer aufzeichnungspflichtige Geschäftsvorfälle im Sinne des Absatzes 1 Satz 1 erfasst, hat dem an diesem Geschäftsvorfall Beteiligten in unmittelbarem zeitlichem Zusammenhang mit dem Geschäftsvorfall unbeschadet anderer gesetzlicher Vorschriften einen Beleg über den Geschäftsvorfall auszustellen und dem an diesem Geschäftsvorfall Beteiligten zur Verfügung zu stellen (Belegausgabepflicht). [2] Bei Verkauf von Waren an eine Vielzahl von nicht bekannten Personen können die Finanzbehörden nach § 148 aus Zumutbarkeitsgründen nach pflichtgemäßem Ermessen von einer Belegausgabepflicht nach Satz 1 befreien. [3] Die Befreiung kann widerrufen werden.

(3) [1] Das Bundesministerium der Finanzen wird ermächtigt, durch Rechtsverordnung mit Zustimmung des Bundestages und des Bundesrates und im Einvernehmen mit dem Bundesministerium des Innern, für Bau und Heimat und dem Bundesministerium für Wirtschaft und Energie Folgendes zu bestimmen:

1. die elektronischen Aufzeichnungssysteme, die über eine zertifizierte technische Sicherheitseinrichtung verfügen müssen, und
2. die Anforderungen an
   a) das Sicherheitsmodul,
   b) das Speichermedium,
   c) die einheitliche digitale Schnittstelle,
   d) die elektronische Aufbewahrung der Aufzeichnungen,
   e) die Protokollierung von digitalen Grundaufzeichnungen zur Sicherstellung der Integrität und Authentizität sowie der Vollständigkeit der elektronischen Aufzeichnung,
   f) den Beleg und
   g) die Zertifizierung der technischen Sicherheitseinrichtung.

[2] Die Erfüllung der Anforderungen nach Satz 1 Nummer 2 Buchstabe a bis c ist durch eine Zertifizierung des Bundesamts für Sicherheit in der Informationstechnik nachzuweisen, die fortlaufend aufrechtzuerhalten ist. [3] Das Bundesamt für Sicherheit in der Informationstechnik kann mit der Festlegung von Anforderungen an die technische Sicherheitseinrichtung im Sinne des Satzes 1 Nummer 2 Buchstabe a bis c beauftragt werden. [4] Die Rechtsverordnung nach Satz 1 ist dem Bundestag zuzuleiten. [5] Die Zuleitung erfolgt vor der Zuleitung an den Bundesrat. [6] Der Bundestag kann der Rechtsverordnung durch Beschluss zustimmen oder sie durch Beschluss ablehnen. [7] Der Beschluss des Bundestages wird dem Bundesministerium der Finanzen zugeleitet. [8] Hat sich der Bundestag nach Ablauf von drei Sitzungswochen seit Eingang der Rechtsverordnung nicht mit ihr befasst, so gilt die Zustimmung nach Satz 1 als erteilt und die Rechtsverordnung wird dem Bundesrat zugeleitet.

(4)[1)] [1] Wer aufzeichnungspflichtige Geschäftsvorfälle oder andere Vorgänge mit Hilfe eines elektronischen Aufzeichnungssystems im Sinne des Absatzes 1

[1)] Zur Anwendung von Abs. 4 siehe Art. 97 § 30 Abs. 1 Satz 2 EGAO (Nr. **800a**).

erfasst, hat dem nach den §§ 18 bis 20 zuständigen Finanzamt nach amtlich vorgeschriebenen[1] Vordruck mitzuteilen:

1. Name des Steuerpflichtigen,
2. Steuernummer des Steuerpflichtigen,
3. Art der zertifizierten technischen Sicherheitseinrichtung,
4. Art des verwendeten elektronischen Aufzeichnungssystems,
5. Anzahl der verwendeten elektronischen Aufzeichnungssysteme,
6. Seriennummer des verwendeten elektronischen Aufzeichnungssystems,
7. Datum der Anschaffung des verwendeten elektronischen Aufzeichnungssystems,
8. Datum der Außerbetriebnahme des verwendeten elektronischen Aufzeichnungssystems.

2 Die Mitteilung nach Satz 1 ist innerhalb eines Monats nach Anschaffung oder Außerbetriebnahme des elektronischen Aufzeichnungssystems zu erstatten.

§ 146b[2] Kassen-Nachschau. (1) 1 Zur Prüfung der Ordnungsmäßigkeit der Aufzeichnungen und Buchungen von Kasseneinnahmen und Kassenausgaben können die damit betrauten Amtsträger der Finanzbehörde ohne vorherige Ankündigung und außerhalb einer Außenprüfung, während der üblichen Geschäfts- und Arbeitszeiten Geschäftsgrundstücke oder Geschäftsräume von Steuerpflichtigen betreten, um Sachverhalte festzustellen, die für die Besteuerung erheblich sein können (Kassen-Nachschau). 2 Der Kassen-Nachschau unterliegt auch die Prüfung des ordnungsgemäßen Einsatzes des elektronischen Aufzeichnungssystems nach § 146a Absatz 1.[3] 3 Wohnräume dürfen gegen den Willen des Inhabers nur zur Verhütung dringender Gefahren für die öffentliche Sicherheit und Ordnung betreten werden. 4 Das Grundrecht der Unverletzlichkeit der Wohnung (Artikel 13 des Grundgesetzes) wird insoweit eingeschränkt.

(2) 1 Die von der Kassen-Nachschau betroffenen Steuerpflichtigen haben dem mit der Kassen-Nachschau betrauten Amtsträger auf Verlangen Aufzeichnungen, Bücher sowie die für die Kassenführung erheblichen sonstigen Organisationsunterlagen über die der Kassen-Nachschau unterliegenden Sachverhalte und Zeiträume vorzulegen und Auskünfte zu erteilen, soweit dies zur Feststellung der Erheblichkeit nach Absatz 1 geboten ist. 2 Liegen die in Satz 1 genannten Aufzeichnungen oder Bücher in elektronischer Form vor, ist der Amtsträger berechtigt, diese einzusehen, die Übermittlung von Daten über die einheitliche digitale Schnittstelle zu verlangen oder zu verlangen, dass Buchungen und Aufzeichnungen auf einem maschinell auswertbaren Datenträger

[1] So BGBl.; müsste lauten „vorgeschriebenem".

[2] § 146b eingef. mWv Kj. 2018 durch G v. 22.12.2016 (BGBl. I S. 3152); zur Anwendung iE siehe Art. 97 § 30 Abs. 2 EGAO (Nr. **800a**).

[3] Zur Anwendung von § 146b Abs. 1 Satz 2 siehe Art. 97 § 30 Abs. 2 Satz 3 EGAO (Nr. **800a**).

nach den Vorgaben der einheitlichen digitalen Schnittstelle zur Verfügung gestellt werden.[1] 3 Die Kosten trägt der Steuerpflichtige.

(3) 1 Wenn die bei der Kassen-Nachschau getroffenen Feststellungen hierzu Anlass geben, kann ohne vorherige Prüfungsanordnung zu einer Außenprüfung nach § 193 übergegangen werden. 2 Auf den Übergang zur Außenprüfung wird schriftlich hingewiesen.

§ 147[2] Ordnungsvorschriften für die Aufbewahrung von Unterlagen. (1) Die folgenden Unterlagen sind geordnet aufzubewahren:

1. Bücher und Aufzeichnungen, Inventare, Jahresabschlüsse, Lageberichte, die Eröffnungsbilanz sowie die zu ihrem Verständnis erforderlichen Arbeitsanweisungen und sonstigen Organisationsunterlagen,
2. die empfangenen Handels- oder Geschäftsbriefe,
3. Wiedergaben der abgesandten Handels- oder Geschäftsbriefe,
4. Buchungsbelege,

4a.[3] Unterlagen nach Artikel 15 Absatz 1 und Artikel 163 des Zollkodex der Union,

5. sonstige Unterlagen, soweit sie für die Besteuerung von Bedeutung sind.

(2)[4] Mit Ausnahme der Jahresabschlüsse, der Eröffnungsbilanz und der Unterlagen nach Absatz 1 Nummer 4a, sofern es sich bei letztgenannten Unterlagen um amtliche Urkunden oder handschriftlich zu unterschreibende nicht förmliche Präferenznachweise handelt,[5] können die in Absatz 1 aufgeführten Unterlagen auch als Wiedergabe auf einem Bildträger oder auf anderen Datenträgern aufbewahrt werden, wenn dies den Grundsätzen ordnungsmäßiger Buchführung entspricht und sichergestellt ist, dass die Wiedergabe oder die Daten

1. mit den empfangenen Handels- oder Geschäftsbriefen und den Buchungsbelegen bildlich und mit den anderen Unterlagen inhaltlich übereinstimmen, wenn sie lesbar gemacht werden,
2. während der Dauer der Aufbewahrungsfrist jederzeit verfügbar sind, unverzüglich lesbar gemacht und maschinell ausgewertet werden können.

(3)[6] 1 Die in Absatz 1 Nr. 1, 4 und 4a[7] aufgeführten Unterlagen sind zehn Jahre, die sonstigen in Absatz 1 aufgeführten Unterlagen sechs Jahre aufzube-

---

[1] Vgl. hierzu Art. 97 § 30 Abs. 2 Satz 2 EGAO (Nr. **800a**).

[2] § 147 Abs. 2, 5 und 6 erstmals anzuwenden ab 1.1.2002 (Art. 97 § 193 EGAO – Nr. **800a**).

[3] § 147 Abs. 1 Nr. 4a eingef., mWv 20.12.2003 durch G v. 15.12.2003 (BGBl. I S. 2645).

[4] § 147 Abs. 2 und Abs. 3 Satz 1 Zitat geänd. mWv 20.12.2003 durch G v. 15.12.2003 (BGBl. I S. 2645).

[5] § 147 Abs. 2 geänd. mWv 1.5.2016 durch G v. 22.12.2014 (BGBl. I S. 2417).

[6] § 147 Abs. 3 Satz 1 geänd. durch G v. 15.12.2003 (BGBl. I S. 2645); Sätze 3 und 4 eingef., bish. Satz 3 wird Satz 5 durch G v. 30.6.2017 (BGBl. I S. 2143); zur Anwendung siehe Art. 97 § 19a Satz 2 EGAO (Nr. **800a**).

[7] § 147 Abs. 2 und Abs. 3 Satz 1 Zitat geänd. mWv 20.12.2003 durch G v. 15.12.2003 (BGBl. I S. 2645).

wahren, sofern nicht in anderen Steuergesetzen kürzere Aufbewahrungsfristen zugelassen sind. [2]Kürzere Aufbewahrungsfristen nach außersteuerlichen Gesetzen lassen die in Satz 1 bestimmte Frist unberührt. [3]Bei empfangenen Lieferscheinen, die keine Buchungsbelege nach Absatz 1 Nummer 4 sind, endet die Aufbewahrungsfrist mit dem Erhalt der Rechnung. [4]Für abgesandte Lieferscheine, die keine Buchungsbelege nach Absatz 1 Nummer 4 sind, endet die Aufbewahrungsfrist mit dem Versand der Rechnung. [5]Die Aufbewahrungsfrist läuft jedoch nicht ab, soweit und solange die Unterlagen für Steuern von Bedeutung sind, für welche die Festsetzungsfrist noch nicht abgelaufen ist; § 169 Abs. 2 Satz 2 gilt nicht.

(4) Die Aufbewahrungsfrist beginnt mit dem Schluss des Kalenderjahrs, in dem die letzte Eintragung in das Buch gemacht, das Inventar, die Eröffnungsbilanz, der Jahresabschluss oder der Lagebericht aufgestellt, der Handels- oder Geschäftsbrief empfangen oder abgesandt worden oder der Buchungsbeleg entstanden ist, ferner die Aufzeichnung vorgenommen worden ist oder die sonstigen Unterlagen entstanden sind.

(5) Wer aufzubewahrende Unterlagen in der Form einer Wiedergabe auf einem Bildträger oder auf anderen Datenträgern vorlegt, ist verpflichtet, auf seine Kosten diejenigen Hilfsmittel zur Verfügung zu stellen, die erforderlich sind, um die Unterlagen lesbar zu machen; auf Verlangen der Finanzbehörde hat er auf seine Kosten die Unterlagen unverzüglich ganz oder teilweise auszudrucken oder ohne Hilfsmittel lesbare Reproduktionen beizubringen.

(6)[1)] [1]Sind die Unterlagen nach Absatz 1 mit Hilfe eines Datenverarbeitungssystems erstellt worden, hat die Finanzbehörde im Rahmen einer Außenprüfung das Recht, Einsicht in die gespeicherten Daten zu nehmen und das Datenverarbeitungssystem zur Prüfung dieser Unterlagen zu nutzen. [2]Sie kann im Rahmen einer Außenprüfung auch verlangen, dass die Daten nach ihren Vorgaben maschinell ausgewertet oder ihr die gespeicherten Unterlagen und Aufzeichnungen auf einem maschinell verwertbaren Datenträger zur Verfügung gestellt werden. [3]Teilt der Steuerpflichtige der Finanzbehörde mit, dass sich seine Daten nach Absatz 1 bei einem Dritten befinden, so hat der Dritte

1. der Finanzbehörde Einsicht in die für den Steuerpflichtigen gespeicherten Daten zu gewähren oder
2. diese Daten nach den Vorgaben der Finanzbehörde maschinell auszuwerten oder
3. ihr die für den Steuerpflichtigen gespeicherten Unterlagen und Aufzeichnungen auf einem maschinell verwertbaren Datenträger zur Verfügung zu stellen.

[4]Die Kosten trägt der Steuerpflichtige. [5]In Fällen des Satzes 3 hat der mit der Außenprüfung betraute Amtsträger den in § 3 und § 4 Nummer 1 und 2 des Steuerberatungsgesetzes bezeichneten Personen sein Erscheinen in angemessener Frist anzukündigen. [6]Sofern noch nicht mit einer Außenprüfung be-

---

[1)] § 147 Abs. 6 Satz 3 eingef., bish. Satz 3 wird Satz 4, Satz 5 angef. mWv 29.12.2016 durch G v. 22.12.2016 (BGBl. I S. 3152); Satz 6 angef. mWv 1.1.2020 (Art. 97 § 19b Abs. 2 EGAO – Nr. **800a**) durch G v. 22.11.2019 (BGBl. I S. 1746).

gonnen wurde, ist es im Fall eines Wechsels des Datenverarbeitungssystems oder im Fall der Auslagerung von aufzeichnungs- und aufbewahrungspflichtigen Daten aus dem Produktivsystem in ein anderes Datenverarbeitungssystem ausreichend, wenn der Steuerpflichtige nach Ablauf des fünften Kalenderjahres, das auf die Umstellung oder Auslagerung folgt, diese Daten ausschließlich auf einem maschinell lesbaren und maschinell auswertbaren Datenträger vorhält.

§ 147a[1)] Vorschriften für die Aufbewahrung von Aufzeichnungen und Unterlagen bestimmter Steuerpflichtiger. (1) [1]Steuerpflichtige, bei denen die Summe der positiven Einkünfte nach § 2 Absatz 1 Nummer 4 bis 7 des Einkommensteuergesetzes (Überschusseinkünfte) mehr als 500 000 Euro im Kalenderjahr beträgt, haben die Aufzeichnungen und Unterlagen über die den Überschusseinkünften zu Grunde liegenden Einnahmen und Werbungskosten sechs Jahre aufzubewahren. [2]Im Falle der Zusammenveranlagung sind für die Feststellung des Überschreitens des Betrags von 500 000 Euro die Summe der positiven Einkünfte nach Satz 1 eines jeden Ehegatten oder Lebenspartners[2)] maßgebend. [3]Die Verpflichtung nach Satz 1 ist vom Beginn des Kalenderjahrs an zu erfüllen, das auf das Kalenderjahr folgt[3)], in dem die Summe der positiven Einkünfte im Sinne des Satzes 1 mehr als 500 000 Euro beträgt. [4]Die Verpflichtung nach Satz 1 endet mit Ablauf des fünften aufeinanderfolgenden Kalenderjahrs, in dem die Voraussetzungen des Satzes 1 nicht erfüllt sind. [5]§ 147 Absatz 2, Absatz 3 Satz 3 und die Absätze 4 bis 6 gelten entsprechend. [6]Die Sätze 1 bis 3 und 5 gelten entsprechend in den Fällen, in denen die zuständige Finanzbehörde den Steuerpflichtigen für die Zukunft zur Aufbewahrung der in Satz 1 genannten Aufzeichnungen und Unterlagen verpflichtet, weil er seinen Mitwirkungspflichten nach § 90 Absatz 2 Satz 3 nicht nachgekommen ist.

(2)[4)] [1]Steuerpflichtige, die allein oder zusammen mit nahestehenden Personen im Sinne des § 1 Absatz 2 des Außensteuergesetzes unmittelbar oder mittelbar einen beherrschenden oder bestimmenden Einfluss auf die gesellschaftsrechtlichen, finanziellen oder geschäftlichen Angelegenheiten einer Drittstaat-Gesellschaft im Sinne des § 138 Absatz 3 ausüben können, haben die Aufzeichnungen und Unterlagen über diese Beziehung und alle damit verbundenen Einnahmen und Ausgaben sechs Jahre aufzubewahren. [2]Diese Aufbewahrungspflicht ist von dem Zeitpunkt an zu erfüllen, in dem der Sachverhalt erstmals verwirklicht worden ist, der den Tatbestand des Satzes 1 erfüllt. [3]Absatz 1 Satz 4 sowie § 147 Absatz 2, 3 Satz 3 und Absatz 5 und 6 gelten entsprechend.

[1)] § 147a eingef. durch G v. 29.7.2009 (BGBl. I S. 2302); zur erstmaligen Anwendung ab 1.1.2010 siehe Art. 97 § 22 Abs. 2 EGAO (Nr. **800a**) iVm § 5 Steuerhinterziehungsbekämpfungsverordnung (Nr. **12**).

[2)] § 147a Abs. 1 Satz 2 geänd. durch G v. 18.7.2014 (BGBl. I S. 1042); zur Anwendung siehe Art. 97 § 1 Abs. 10 Satz 1 EGAO (Nr. **800a**).

[3)] Siehe hierzu § 5 Satz 2 Steuerhinterziehungsbekämpfungsverordnung (Nr. **12**).

[4)] § 147a Abs. 2 angef. durch G v. 23.6.2017 (BGBl. I S. 1682); zur Anwendung siehe Art. 97 § 22 Abs. 3 EGAO (Nr. **800a**).

§ 148 Bewilligung von Erleichterungen. [1]Die Finanzbehörden können für einzelne Fälle oder für bestimmte Gruppen von Fällen Erleichterungen bewilligen, wenn die Einhaltung der durch die Steuergesetze begründeten Buchführungs-, Aufzeichnungs- und Aufbewahrungspflichten Härten mit sich bringt und die Besteuerung durch die Erleichterung nicht beeinträchtigt wird. [2]Erleichterungen nach Satz 1 können rückwirkend bewilligt werden. [3]Die Bewilligung kann widerrufen werden.

2. Unterabschnitt: Steuererklärungen

§ 149[1)] Abgabe der Steuererklärungen. (1) [1]Die Steuergesetze bestimmen, wer zur Abgabe einer Steuererklärung verpflichtet ist. [2]Zur Abgabe einer Steuererklärung ist auch verpflichtet, wer hierzu von der Finanzbehörde aufgefordert wird. [3]Die Aufforderung kann durch öffentliche Bekanntmachung erfolgen. [4]Die Verpflichtung zur Abgabe einer Steuererklärung bleibt auch dann bestehen, wenn die Finanzbehörde die Besteuerungsgrundlagen nach § 162 geschätzt hat.

(2) [1]Soweit die Steuergesetze nichts anderes bestimmen, sind Steuererklärungen, die sich auf ein Kalenderjahr oder auf einen gesetzlich bestimmten Zeitpunkt beziehen, spätestens sieben Monate nach Ablauf des Kalenderjahres oder sieben Monate nach dem gesetzlich bestimmten Zeitpunkt abzugeben. [2]Bei Steuerpflichtigen, die den Gewinn aus Land- und Forstwirtschaft nach einem vom Kalenderjahr abweichenden Wirtschaftsjahr ermitteln, endet die Frist nicht vor Ablauf des siebten Monats, der auf den Schluss des in dem Kalenderjahr begonnenen Wirtschaftsjahres folgt.

(3)[2)] Sofern Personen, Gesellschaften, Verbände, Vereinigungen, Behörden oder Körperschaften im Sinne der §§ 3 und 4 des Steuerberatungsgesetzes beauftragt sind mit der Erstellung von

1. Einkommensteuererklärungen nach § 25 Absatz 3 des Einkommensteuergesetzes mit Ausnahme der Einkommensteuererklärungen im Sinne des § 46 Absatz 2 Nummer 8 des Einkommensteuergesetzes,
2. Körperschaftsteuererklärungen nach § 31 Absatz 1 und 1a des Körperschaftsteuergesetzes, Feststellungserklärungen im Sinne des § 14 Absatz 5, § 27 Absatz 2 Satz 4, § 28 Absatz 1 Satz 4 oder § 38 Absatz 1 Satz 2 des Körperschaftsteuergesetzes oder Erklärungen zur Zerlegung der Körperschaftsteuer nach § 6 Absatz 7 des Zerlegungsgesetzes,
3. Erklärungen zur Festsetzung des Gewerbesteuermessbetrags oder Zerlegungserklärungen nach § 14a des Gewerbesteuergesetzes,
4. Umsatzsteuererklärungen für das Kalenderjahr nach § 18 Absatz 3 des Umsatzsteuergesetzes,
5. Erklärungen zur gesonderten sowie zur gesonderten und einheitlichen Feststellung einkommensteuerpflichtiger oder körperschaftsteuerpflichtiger Einkünfte nach § 180 Absatz 1 Satz 1 Nummer 2 in Verbindung mit § 181 Absatz 1 und 2,

---

1) § 149 neu gef. durch G v. 18.7.2016 (BGBl. I S. 1679); zur Anwendung siehe Art. 97 § 10a Abs. 4 Satz 1 EGAO (Nr. **800a**).

2) Vgl. zur **Anwendung aufgrund der Corona-Pandemie** die Sonderregelung in Art. 97 § 36 EGAO (Nr. **800a**).

6. Erklärungen zur gesonderten Feststellung von Besteuerungsgrundlagen nach der Verordnung über die gesonderte Feststellung von Besteuerungsgrundlagen nach § 180 Abs. 2 der Abgabenordnung oder
7. Erklärungen zur gesonderten Feststellung von Besteuerungsgrundlagen nach § 18 des Außensteuergesetzes,

so sind diese Erklärungen vorbehaltlich des Absatzes 4 spätestens bis zum letzten Tag des Monats Februar und in den Fällen des Absatzes 2 Satz 2 bis zum 31. Juli des zweiten auf den Besteuerungszeitraum folgenden Kalenderjahres abzugeben.

(4) [1]Das Finanzamt kann anordnen, dass Erklärungen im Sinne des Absatzes 3 vor dem letzten Tag des Monats Februar des zweiten auf den Besteuerungszeitraum folgenden Kalenderjahres abzugeben sind, wenn

1. für den betroffenen Steuerpflichtigen
   a) für den vorangegangenen Besteuerungszeitraum Erklärungen nicht oder verspätet abgegeben wurden,
   b)[1)] für den vorangegangenen Besteuerungszeitraum innerhalb von drei Monaten vor Abgabe der Steuererklärung oder innerhalb von drei Monaten vor dem Beginn des Zinslaufs im Sinne des § 233a Absatz 2 Satz 1 und 2 nachträgliche Vorauszahlungen festgesetzt wurden,
   c) Vorauszahlungen für den Besteuerungszeitraum außerhalb einer Veranlagung herabgesetzt wurden,
   d) die Veranlagung für den vorangegangenen Veranlagungszeitraum zu einer Abschlusszahlung von mindestens 25 Prozent der festgesetzten Steuer oder mehr als 10 000 Euro geführt hat,
   e) die Steuerfestsetzung auf Grund einer Steuererklärung im Sinne des Absatzes 3 Nummer 1, 2 oder 4 voraussichtlich zu einer Abschlusszahlung von mehr als 10 000 Euro führen wird oder
   f) eine Außenprüfung vorgesehen ist,
2. der betroffene Steuerpflichtige im Besteuerungszeitraum einen Betrieb eröffnet oder eingestellt hat oder
3. für Beteiligte an Gesellschaften oder Gemeinschaften Verluste festzustellen sind.

[2]Für das Befolgen der Anordnung ist eine Frist von vier Monaten nach Bekanntgabe der Anordnung zu setzen. [3]Ferner dürfen die Finanzämter nach dem Ergebnis einer automationsgestützten Zufallsauswahl anordnen, dass Erklärungen im Sinne des Absatzes 3 vor dem letzten Tag des Monats Februar des zweiten auf den Besteuerungszeitraum folgenden Kalenderjahres mit einer Frist von vier Monaten nach Bekanntgabe der Anordnung abzugeben sind. [4]In der Aufforderung nach Satz 3 ist darauf hinzuweisen, dass sie auf einer automationsgestützten Zufallsauswahl beruht; eine weitere Begründung ist nicht erforderlich. [5]In den Fällen des Absatzes 2 Satz 2 tritt an die Stelle des letzten Tages des Monats Februar der 31. Juli des zweiten auf den Besteuerungszeitraum folgenden Kalenderjahres. [6]Eine Anordnung nach Satz 1 oder

---

[1)] § 149 Abs. 4 Satz 1 Nr. 1 Buchst. b geänd. durch G v. 12.12.2019 (BGBl. I S. 2451); zur Anwendung siehe Art. 97 § 1 Abs. 13 EGAO (Nr. **800a**).

Satz 3 darf für die Abgabe der Erklärung keine kürzere als die in Absatz 2 bestimmte Frist setzen. 7In den Fällen der Sätze 1 und 3 erstreckt sich eine Anordnung auf alle Erklärungen im Sinne des Absatzes 3, die vom betroffenen Steuerpflichtigen für den gleichen Besteuerungszeitraum oder Besteuerungszeitpunkt abzugeben sind.

(5) Absatz 3 gilt nicht für Umsatzsteuererklärungen für das Kalenderjahr, wenn die gewerbliche oder berufliche Tätigkeit vor oder mit dem Ablauf des Besteuerungszeitraums endete.

(6) 1Die oberste Landesfinanzbehörde oder eine von ihr bestimmte Landesfinanzbehörde kann zulassen, dass Personen, Gesellschaften, Verbände, Vereinigungen, Behörden und Körperschaften im Sinne der §§ 3 und 4 des Steuerberatungsgesetzes bis zu bestimmten Stichtagen einen bestimmten prozentualen Anteil der Erklärungen im Sinne des Absatzes 3 einreichen. 2Soweit Erklärungen im Sinne des Absatzes 3 in ein Verfahren nach Satz 1 einbezogen werden, ist Absatz 4 Satz 3 nicht anzuwenden. 3Die Einrichtung eines Verfahrens nach Satz 1 steht im Ermessen der obersten Landesfinanzbehörden und ist nicht einklagbar.

§ 150[1)] Form und Inhalt der Steuererklärungen. (1) 1Eine Steuererklärung ist nach amtlich vorgeschriebenem Vordruck abzugeben, wenn

1. keine elektronische Steuererklärung vorgeschrieben ist,
2. nicht freiwillig eine gesetzlich oder amtlich zugelassene elektronische Steuererklärung abgegeben wird,
3. keine mündliche oder konkludente Steuererklärung zugelassen ist und
4. eine Aufnahme der Steuererklärung an Amtsstelle nach § 151 nicht in Betracht kommt.

2§ 87a Absatz 1 Satz 1 ist nur anzuwenden, soweit eine elektronische Steuererklärung vorgeschrieben oder zugelassen ist. 3Der Steuerpflichtige hat in der Steuererklärung die Steuer selbst zu berechnen, soweit dies gesetzlich vorgeschrieben ist (Steueranmeldung).

(2) Die Angaben in den Steuererklärungen sind wahrheitsgemäß nach bestem Wissen und Gewissen zu machen.

(3) 1Ordnen die Steuergesetze an, dass der Steuerpflichtige die Steuererklärung eigenhändig zu unterschreiben hat, so ist die Unterzeichnung durch einen Bevollmächtigten nur dann zulässig, wenn der Steuerpflichtige infolge seines körperlichen oder geistigen Zustands oder durch längere Abwesenheit an der Unterschrift gehindert ist. 2Die eigenhändige Unterschrift kann nachträglich verlangt werden, wenn der Hinderungsgrund weggefallen ist.

(4) 1Den Steuererklärungen müssen die Unterlagen beigefügt werden, die nach den Steuergesetzen vorzulegen sind. 2Dritte Personen sind verpflichtet, hierfür erforderliche Bescheinigungen auszustellen.

---

1) § 150 Abs. 1 neu gef., Abs. 2 Satz 2 aufgeh., Abs. 5 Satz 1 neu gef. mWv 1.1.2017 durch G v. 18.7.2016 (BGBl. I S. 1679); zur Anwendung siehe auch Art. 97 § 1 Abs. 11 EGAO (Nr. **800a**).

(5) [1]In die Steuererklärungsformulare können auch Fragen aufgenommen werden, die zur Ergänzung der Besteuerungsunterlagen für Zwecke einer Statistik nach dem Gesetz über Steuerstatistiken erforderlich sind. [2]Die Finanzbehörden können ferner von Steuerpflichtigen Auskünfte verlangen, die für die Durchführung des Bundesausbildungsförderungsgesetzes erforderlich sind. [3]Die Finanzbehörden haben bei der Überprüfung der Angaben dieselben Befugnisse wie bei der Aufklärung der für die Besteuerung erheblichen Verhältnisse.

(6)[1)] [1]Zur Erleichterung und Vereinfachung des automatisierten Besteuerungsverfahrens kann das Bundesministerium der Finanzen durch Rechtsverordnung mit Zustimmung des Bundesrates bestimmen, dass und unter welchen Voraussetzungen Steuererklärungen oder sonstige für das Besteuerungsverfahren erforderliche Daten ganz oder teilweise durch Datenfernübertragung oder auf maschinell verwertbaren Datenträgern übermittelt werden können. [2]In der Rechtsverordnung können von den §§ 72a und 87b bis 87d abweichende Regelungen getroffen werden. [3]Die Rechtsverordnung bedarf nicht der Zustimmung des Bundesrates, soweit die Kraftfahrzeugsteuer, die Luftverkehrsteuer, die Versicherungsteuer und Verbrauchsteuern, mit Ausnahme der Biersteuer, betroffen sind.

(7)[2)] [1]Können Steuererklärungen, die nach amtlich vorgeschriebenem Vordruck abgegeben oder nach amtlich vorgeschriebenem Datensatz durch Datenfernübertragung übermittelt werden, nach § 155 Absatz 4 Satz 1 zu einer ausschließlich automationsgestützten Steuerfestsetzung führen, ist es dem Steuerpflichtigen zu ermöglichen, Angaben, die nach seiner Auffassung Anlass für eine Bearbeitung durch Amtsträger sind, in einem dafür vorgesehenen Abschnitt oder Datenfeld der Steuererklärung zu machen. [2]Daten, die von mitteilungspflichtigen Stellen nach Maßgabe des § 93c an die Finanzverwaltung übermittelt wurden, gelten als Angaben des Steuerpflichtigen, soweit er nicht in einem dafür vorzusehenden Abschnitt oder Datenfeld der Steuererklärung abweichende Angaben macht.

(8) [1]Ordnen die Steuergesetze an, dass die Finanzbehörde auf Antrag zur Vermeidung unbilliger Härten auf eine Übermittlung der Steuererklärung nach amtlich vorgeschriebenem Datensatz durch Datenfernübertragung verzichten kann, ist einem solchen Antrag zu entsprechen, wenn eine Erklärungsabgabe nach amtlich vorgeschriebenem Datensatz durch Datenfernübertragung für den Steuerpflichtigen wirtschaftlich oder persönlich unzumutbar ist. [2]Dies ist insbesondere der Fall, wenn die Schaffung der technischen Möglichkeiten für eine Datenfernübertragung des amtlich vorgeschriebenen Datensatzes nur mit einem nicht unerheblichen finanziellen Aufwand möglich wäre oder wenn der Steuerpflichtige nach seinen individuellen Kenntnissen und Fähigkeiten nicht oder nur eingeschränkt in der Lage ist, die Möglichkeiten der Datenfernübertragung zu nutzen.

---

1) § 150 Abs. 6 neu gef. durch G v. 18.7.2016 (BGBl. I S. 1679); zur Anwendung siehe Art. 97 § 27 Abs. 1 sowie § 10a Abs. 4 Satz 2 EGAO (Nr. **800a**).

2) § 150 Abs. 7 neu gef. durch G v. 18.7.2016 (BGBl. I S. 1679); zur Anwendung siehe Art. 97 § 27 Abs. 1 sowie § 10a Abs. 4 Satz 2 EGAO (Nr. **800a**).

§ 151[1] **Aufnahme der Steuererklärung an Amtsstelle.** Eine Steuererklärung, die schriftlich oder elektronisch abzugeben ist, kann bei der zuständigen Finanzbehörde zur Niederschrift erklärt werden, wenn dem Steuerpflichtigen nach seinen persönlichen Verhältnissen weder die elektronische Übermittlung noch die Schriftform zuzumuten ist, insbesondere, wenn er nicht in der Lage ist, eine gesetzlich vorgeschriebene Selbstberechnung der Steuer vorzunehmen oder durch einen Dritten vornehmen zu lassen.

§ 152[2), 3)] **Verspätungszuschlag.** (1) [1]Gegen denjenigen, der seiner Verpflichtung zur Abgabe einer Steuererklärung nicht oder nicht fristgemäß nachkommt, kann ein Verspätungszuschlag festgesetzt werden. [2]Von der Festsetzung eines Verspätungszuschlags ist abzusehen, wenn der Erklärungspflichtige glaubhaft macht, dass die Verspätung entschuldbar ist; das Verschulden eines Vertreters oder eines Erfüllungsgehilfen ist dem Erklärungspflichtigen zuzurechnen.

(2)[4] Abweichend von Absatz 1 ist ein Verspätungszuschlag festzusetzen, wenn eine Steuererklärung, die sich auf ein Kalenderjahr oder auf einen gesetzlich bestimmten Zeitpunkt bezieht,

1. nicht binnen 14 Monaten nach Ablauf des Kalenderjahrs oder nicht binnen 14 Monaten nach dem Besteuerungszeitpunkt,
2. in den Fällen des § 149 Absatz 2 Satz 2 nicht binnen 19 Monaten nach Ablauf des Kalenderjahrs oder nicht binnen 19 Monaten nach dem Besteuerungszeitpunkt oder
3. in den Fällen des § 149 Absatz 4 nicht bis zu dem in der Anordnung bestimmten Zeitpunkt

abgegeben wurde.

(3) Absatz 2 gilt nicht,

1. wenn die Finanzbehörde die Frist für die Abgabe der Steuererklärung nach § 109 verlängert hat oder diese Frist rückwirkend verlängert,
2. wenn die Steuer auf null Euro oder auf einen negativen Betrag festgesetzt wird,
3. wenn die festgesetzte Steuer die Summe der festgesetzten Vorauszahlungen und der anzurechnenden Steuerabzugsbeträge nicht übersteigt oder
4.[5] bei jährlich abzugebenden Lohnsteueranmeldungen sowie bei jährlich abzugebenden Versicherungsteuer- und Feuerschutzsteueranmeldungen.

(4) [1]Sind mehrere Personen zur Abgabe einer Steuererklärung verpflichtet, kann die Finanzbehörde nach ihrem Ermessen entscheiden, ob sie den Ver-

---

[1] § 151 neu gef. mWv 1.1.2017 durch G v. 18.7.2016 (BGBl. I S. 1679); zur Anwendung s. auch Art. 97 § 1 Abs. 11 EGAO (Nr. **800a**).

[2] Zur Anwendung in den neuen Bundesländern siehe Art. 97a § 2 Nr. 3 EGAO (Nr. **800a**).

[3] § 152 neu gef. durch G v. 18.7.2016 (BGBl. I S. 1679); zur Anwendung siehe Art. 97 § 8 Abs. 3 und 4 EGAO (Nr. **800a**).

[4] Zur Anwendung auf den Grundsteuerwert vgl. Art. 97 Abs. 5 EGAO (Nr. **800a**).

[5] § 152 Abs. 3 Nr. 4 geänd. mWv 29.12.2020 durch G v. 21.12.2020 (BGBl. I S. 3096).

spätungszuschlag gegen eine der erklärungspflichtigen Personen, gegen mehrere der erklärungspflichtigen Personen oder gegen alle erklärungspflichtigen Personen festsetzt. 2 Wird der Verspätungszuschlag gegen mehrere oder gegen alle erklärungspflichtigen Personen festgesetzt, sind diese Personen Gesamtschuldner des Verspätungszuschlags. 3 In Fällen des § 180 Absatz 1 Satz 1 Nummer 2 Buchstabe a ist der Verspätungszuschlag vorrangig gegen die nach § 181 Absatz 2 Satz 2 Nummer 4 erklärungspflichtigen Personen festzusetzen.

(5) 1 Der Verspätungszuschlag beträgt vorbehaltlich des Satzes 2, der Absätze 8 und 13 Satz 2 für jeden angefangenen Monat der eingetretenen Verspätung 0,25 Prozent der festgesetzten Steuer, mindestens jedoch 10 Euro für jeden angefangenen Monat der eingetretenen Verspätung. 2 Für Steuererklärungen, die sich auf ein Kalenderjahr oder auf einen gesetzlich bestimmten Zeitpunkt beziehen, beträgt der Verspätungszuschlag für jeden angefangenen Monat der eingetretenen Verspätung 0,25 Prozent der um die festgesetzten Vorauszahlungen und die anzurechnenden Steuerabzugsbeträge verminderten festgesetzten Steuer, mindestens jedoch 25 Euro für jeden angefangenen Monat der eingetretenen Verspätung. 3 Wurde ein Erklärungspflichtiger von der Finanzbehörde erstmals nach Ablauf der gesetzlichen Erklärungsfrist zur Abgabe einer Steuererklärung innerhalb einer dort bezeichneten Frist aufgefordert und konnte er bis zum Zugang dieser Aufforderung davon ausgehen, keine Steuererklärung abgeben zu müssen, so ist der Verspätungszuschlag nur für die Monate zu berechnen, die nach dem Ablauf der in der Aufforderung bezeichneten Erklärungsfrist begonnen haben.

(6) 1 Für Erklärungen zur gesonderten Feststellung von Besteuerungsgrundlagen, für Erklärungen zur Festsetzung des Gewerbesteuermessbetrags und für Zerlegungserklärungen gelten vorbehaltlich des Absatzes 7 die Absätze 1 bis 3 und Absatz 4 Satz 1 und 2 entsprechend. 2 Der Verspätungszuschlag beträgt für jeden angefangenen Monat der eingetretenen Verspätung 25 Euro.

(7) Für Erklärungen zu gesondert festzustellenden einkommensteuerpflichtigen oder körperschaftsteuerpflichtigen Einkünften beträgt der Verspätungszuschlag für jeden angefangenen Monat der eingetretenen Verspätung 0,0625 Prozent der positiven Summe der festgestellten Einkünfte, mindestens jedoch 25 Euro für jeden angefangenen Monat der eingetretenen Verspätung.

(8)[1] Absatz 5 gilt nicht für

1. vierteljährlich oder monatlich abzugebende Steueranmeldungen,
2. nach § 41a Absatz 2 Satz 2 zweiter Halbsatz des Einkommensteuergesetzes jährlich abzugebende Lohnsteueranmeldungen,
3. nach § 8 Absatz 2 Satz 3 des Versicherungsteuergesetzes jährlich abzugebende Versicherungsteueranmeldungen und
4. nach § 8 Absatz 2 Satz 3 des Feuerschutzsteuergesetzes jährlich abzugebende Feuerschutzsteueranmeldungen.

(9) 1 Bei Nichtabgabe der Steuererklärung ist der Verspätungszuschlag für einen Zeitraum bis zum Ablauf desjenigen Tages zu berechnen, an dem die erstmalige Festsetzung der Steuer wirksam wird. 2 Gleiches gilt für die Nicht-

[1] § 152 Abs. 8 neu gef. mWv 29.12.2020 durch G v. 21.12.2020 (BGBl. I S. 3096).

abgabe der Erklärung zur Festsetzung des Gewerbesteuermessbetrags, der Zerlegungserklärung oder der Erklärung zur gesonderten Feststellung von Besteuerungsgrundlagen.

(10) Der Verspätungszuschlag ist auf volle Euro abzurunden und darf höchstens 25 000 Euro betragen.

(11)[1)] [1] Die Festsetzung des Verspätungszuschlags soll mit dem Steuerbescheid, dem Gewerbesteuermessbescheid oder dem Zerlegungsbescheid verbunden werden; in den Fällen des Absatzes 4 kann sie mit dem Feststellungsbescheid verbunden werden. [2] In den Fällen des Absatzes 2 kann die Festsetzung des Verspätungszuschlags ausschließlich automationsgestützt erfolgen.

(12) [1] Wird die Festsetzung der Steuer oder des Gewerbesteuermessbetrags oder der Zerlegungsbescheid oder die gesonderte Feststellung von Besteuerungsgrundlagen aufgehoben, so ist auch die Festsetzung eines Verspätungszuschlags aufzuheben. [2] Wird die Festsetzung der Steuer, die Anrechnung von Vorauszahlungen oder Steuerabzugsbeträgen auf die festgesetzte Steuer oder in den Fällen des Absatzes 7 die gesonderte Feststellung einkommensteuerpflichtiger oder körperschaftsteuerpflichtiger Einkünfte geändert, zurückgenommen, widerrufen oder nach § 129 berichtigt, so ist ein festgesetzter Verspätungszuschlag entsprechend zu ermäßigen oder zu erhöhen, soweit nicht auch nach der Änderung oder Berichtigung die Mindestbeträge anzusetzen sind. [3] Ein Verlustrücktrag nach § 10d Absatz 1 des Einkommensteuergesetzes oder ein rückwirkendes Ereignis im Sinne des § 175 Absatz 1 Satz 1 Nummer 2 oder Absatz 2 sind hierbei nicht zu berücksichtigen.

(13) [1] Die Absätze 2, 4 Satz 2, Absatz 5 Satz 2 sowie Absatz 8 gelten vorbehaltlich des Satzes 2 nicht für Steuererklärungen, die gegenüber den Hauptzollämtern abzugeben sind. [2] Für die Bemessung des Verspätungszuschlags zu Steuererklärungen zur Luftverkehrsteuer gilt Absatz 8 Satz 2 entsprechend.

§ 153 Berichtigung von Erklärungen. (1) [1] Erkennt ein Steuerpflichtiger nachträglich vor Ablauf der Festsetzungsfrist,

1. dass eine von ihm oder für ihn abgegebene Erklärung unrichtig oder unvollständig ist und dass es dadurch zu einer Verkürzung von Steuern kommen kann oder bereits gekommen ist oder
2. dass eine durch Verwendung von Steuerzeichen oder Steuerstemplern zu entrichtende Steuer nicht in der richtigen Höhe entrichtet worden ist,

so ist er verpflichtet, dies unverzüglich anzuzeigen und die erforderliche Richtigstellung vorzunehmen. [2] Die Verpflichtung trifft auch den Gesamtrechtsnachfolger eines Steuerpflichtigen und die nach den §§ 34 und 35 für den Gesamtrechtsnachfolger oder den Steuerpflichtigen handelnden Personen.

(2) Die Anzeigepflicht besteht ferner, wenn die Voraussetzungen für eine Steuerbefreiung, Steuerermäßigung oder sonstige Steuervergünstigung nachträglich ganz oder teilweise wegfallen.

[1)] § 152 Abs. 11 Satz 2 angef. durch G v. 12.12.2019 (BGBl. I S. 2451); zur Anwendung siehe Art. 97 § 1 Abs. 13 EGAO (Nr. **800a**).

(3) Wer Waren, für die eine Steuervergünstigung unter einer Bedingung gewährt worden ist, in einer Weise verwenden will, die der Bedingung nicht entspricht, hat dies vorher der Finanzbehörde anzuzeigen.

3. Unterabschnitt: Kontenwahrheit

§ 154 Kontenwahrheit. (1) Niemand darf auf einen falschen oder erdichteten Namen für sich oder einen Dritten ein Konto errichten oder Buchungen vornehmen lassen, Wertsachen (Geld, Wertpapiere, Kostbarkeiten) in Verwahrung geben oder verpfänden oder sich ein Schließfach geben lassen.

(2)[1] [1]Wer ein Konto führt, Wertsachen verwahrt oder als Pfand nimmt oder ein Schließfach überlässt (Verpflichteter), hat

1. sich zuvor Gewissheit über die Person und Anschrift jedes Verfügungsberechtigten und jedes wirtschaftlich Berechtigten im Sinne des Geldwäschegesetzes zu verschaffen und
2. die entsprechenden Angaben in geeigneter Form, bei Konten auf dem Konto, festzuhalten.

[2]Für Verfügungsberechtigte sind § 11 Absatz 4 und 6, § 12 Absatz 1 und 2 und § 13 Absatz 1 des Geldwäschegesetzes sowie zu § 12 Absatz 3 und § 13 Absatz 2 des Geldwäschegesetzes ergangene Rechtsverordnungen, für wirtschaftlich Berechtigte der § 13 Absatz 1 des Geldwäschegesetzes sowie zu § 13 Absatz 2 des Geldwäschegesetztes ergangene Rechtsverordnungen entsprechend anzuwenden. [3]Der Verpflichtete hat sicherzustellen, dass er den Finanzbehörden jederzeit Auskunft darüber geben kann, über welche Konten oder Schließfächer eine Person verfügungsberechtigt ist oder welche Wertsachen eine Person zur Verwahrung gegeben oder als Pfand überlassen hat. [4]Die Geschäftsbeziehung ist kontinuierlich zu überwachen und die nach Satz 1 zu erhebenden Daten sind in angemessenem zeitlichen Abstand zu aktualisieren.

(Fortsetzung nächste Seite)

---

[1] § 154 Abs. 2 ersetzt durch Absätze 2 bis 2c durch G v. 23.6.2017 (BGBl. I S. 1682); zur Anwendung siehe Art. 97 § 26 Abs. 4 und 5 (Nr. **800a**); Abs. 2 Satz 2 geänd. durch G v. 23.6.2017 (BGBl. I S. 1822) und neu gef. mWv 1.1.2020 durch G v. 12.12.2019 (BGBl. I S. 2602).

(2a)[1] [1]Kreditinstitute haben für jeden Kontoinhaber, jeden anderen Verfügungsberechtigten und jeden wirtschaftlich Berechtigten im Sinne des Geldwäschegesetzes außerdem folgende Daten zu erheben und aufzuzeichnen:

1. die Identifikationsnummer nach § 139b und
2. die Wirtschafts-Identifikationsnummer nach § 139c oder, wenn noch keine Wirtschafts-Identifikationsnummer vergeben wurde und es sich nicht um eine natürliche Person handelt, die für die Besteuerung nach dem Einkommen geltende Steuernummer.

[2]Der Vertragspartner sowie gegebenenfalls für ihn handelnde Personen haben dem Kreditinstitut die nach Satz 1 zu erhebenden Daten mitzuteilen und sich im Laufe der Geschäftsbeziehung ergebende Änderungen unverzüglich anzuzeigen. [3]Die Sätze 1 und 2 sind nicht anzuwenden bei Kreditkonten, wenn der Kredit ausschließlich der Finanzierung privater Konsumgüter dient und der Kreditrahmen einen Betrag von 12000 Euro nicht übersteigt.

(2b)[1] [1]Teilen der Vertragspartner oder gegebenenfalls für ihn handelnde Personen dem Kreditinstitut die nach Absatz 2a Satz 1 Nummer 1 zu erfassende Identifikationsnummer einer betroffenen Person bis zur Begründung der Geschäftsbeziehung nicht mit und hat das Kreditinstitut die Identifikationsnummer dieser Person auch nicht aus anderem Anlass rechtmäßig erfasst, hat es sie bis zum Ablauf des dritten Monats nach Begründung der Geschäftsbeziehung in einem maschinellen Verfahren beim Bundeszentralamt für Steuern zu erfragen. [2]In der Anfrage dürfen nur die in § 139b Absatz 3 genannten Daten der betroffenen Person angegeben werden. [3]Das Bundeszentralamt für Steuern teilt dem Kreditinstitut die Identifikationsnummer der betroffenen Person mit, sofern die übermittelten Daten mit den bei ihm nach § 139b Absatz 3 gespeicherten Daten übereinstimmen.

(2c)[1] [1]Soweit das Kreditinstitut die nach Absatz 2a Satz 1 zu erhebenden Daten auf Grund unzureichender Mitwirkung des Vertragspartners und gegebenenfalls für ihn handelnder Personen nicht ermitteln kann, hat es dies auf dem Konto festzuhalten. [2]In diesem Fall hat das Kreditinstitut dem Bundeszentralamt für Steuern die betroffenen Konten sowie die hierzu nach Absatz 2 erhobenen Daten mitzuteilen; diese Daten sind für alle in einem Kalenderjahr eröffneten Konten bis Ende Februar des Folgejahrs zu übermitteln.

(2d)[2] Die Finanzbehörden können für einzelne Fälle oder für bestimmte Fallgruppen Erleichterungen zulassen, wenn die Einhaltung der Pflichten nach den Absätzen 2 bis 2c unverhältnismäßige Härten mit sich bringt und die Besteuerung durch die Erleichterung nicht beeinträchtigt wird.

(3) Ist gegen Absatz 1 verstoßen worden, so dürfen Guthaben, Wertsachen und der Inhalt eines Schließfachs nur mit Zustimmung des für die Einkommen- und Körperschaftsteuer des Verfügungsberechtigten zuständigen Finanzamts herausgegeben werden.

---

[1] Zur Anwendung siehe Art. 97 § 26 Abs. 4 EGAO (Nr. **800a**).

[2] § 154 Abs. 2d eingef. durch G v. 23.6.2017 (BGBl. I S. 1682); zur Anwendung s. auch Art. 97 § 1 Abs. 12 Satz 1 EGAO (Nr. **800a**).

Dritter Abschnitt: Festsetzungs- und Feststellungsverfahren

1. Unterabschnitt: Steuerfestsetzung

I. Allgemeine Vorschriften

§ 155 Steuerfestsetzung. (1) [1]Die Steuern werden, soweit nichts anderes vorgeschrieben ist, von der Finanzbehörde durch Steuerbescheid festgesetzt. [2]Steuerbescheid ist der nach § 122 Abs. 1 bekannt gegebene Verwaltungsakt. [3]Dies gilt auch für die volle oder teilweise Freistellung von einer Steuer und für die Ablehnung eines Antrags auf Steuerfestsetzung.

(2) Ein Steuerbescheid kann erteilt werden, auch wenn ein Grundlagenbescheid noch nicht erlassen wurde.

(3) [1]Schulden mehrere Steuerpflichtige eine Steuer als Gesamtschuldner, so können gegen sie zusammengefasste Steuerbescheide ergehen. [2]Mit zusammengefassten Steuerbescheiden können Verwaltungsakte über steuerliche Nebenleistungen oder sonstige Ansprüche, auf die dieses Gesetz anzuwenden ist, gegen einen oder mehrere der Steuerpflichtigen verbunden werden. [3]Das gilt auch dann, wenn festgesetzte Steuern, steuerliche Nebenleistungen oder sonstige Ansprüche nach dem zwischen den Steuerpflichtigen bestehenden Rechtsverhältnis nicht von allen Beteiligten zu tragen sind.

(4)[1)] [1]Die Finanzbehörden können Steuerfestsetzungen sowie Anrechnungen von Steuerabzugsbeträgen und Vorauszahlungen auf der Grundlage der ihnen vorliegenden Informationen und der Angaben des Steuerpflichtigen ausschließlich automationsgestützt vornehmen, berichtigen, zurücknehmen, widerrufen, aufheben oder ändern, soweit kein Anlass dazu besteht, den Einzelfall durch Amtsträger zu bearbeiten. [2]Das gilt auch

1. für den Erlass, die Berichtigung, die Rücknahme, den Widerruf, die Aufhebung und die Änderung von mit den Steuerfestsetzungen sowie Anrechnungen von Steuerabzugsbeträgen und Vorauszahlungen verbundenen Verwaltungsakten sowie,
2. wenn die Steuerfestsetzungen sowie Anrechnungen von Steuerabzugsbeträgen und Vorauszahlungen mit Nebenbestimmungen nach § 120 versehen oder verbunden werden, soweit dies durch eine Verwaltungsanweisung des Bundesministeriums der Finanzen oder der obersten Landesfinanzbehörden allgemein angeordnet ist.

[3]Ein Anlass zur Bearbeitung durch Amtsträger liegt insbesondere vor, soweit der Steuerpflichtige in einem dafür vorgesehenen Abschnitt oder Datenfeld der Steuererklärung Angaben im Sinne des § 150 Absatz 7 gemacht hat. [4]Bei vollständig automationsgestütztem Erlass eines Verwaltungsakts gilt die Willensbildung über seinen Erlass und über seine Bekanntgabe im Zeitpunkt des Abschlusses der maschinellen Verarbeitung als abgeschlossen.

(5)[1)] Die für die Steuerfestsetzung geltenden Vorschriften sind auf die Festsetzung einer Steuervergütung sinngemäß anzuwenden.

[1)] § 155 Abs. 4 ersetzt durch Abs. 4 und 5 mWv 1.1.2017 durch G v. 18.7.2016 (BGBl. I S. 1679); zur Anwendung s. auch Art. 97 § 1 Abs. 11 EGAO (Nr. **800a**).

§ 156[1] **Absehen von der Steuerfestsetzung.** (1) [1]Das Bundesministerium der Finanzen kann zur Vereinfachung der Verwaltung durch Rechtsverordnung bestimmen, dass eine Steuer nicht festgesetzt wird, wenn der eigentlich festzusetzende Betrag den durch diese Rechtsverordnung zu bestimmenden Betrag voraussichtlich nicht übersteigt. [2]Der nach Satz 1 zu bestimmende Betrag darf 25 Euro nicht übersteigen. [3]Das Gleiche gilt für die Änderung einer Steuerfestsetzung, wenn der Betrag, der sich als Differenz zwischen der geänderten und der bisherigen Steuerfestsetzung ergeben würde, den in der Rechtsverordnung genannten Betrag nicht übersteigt. [4]Die Rechtsverordnung bedarf nicht der Zustimmung des Bundesrates, soweit sie die Kraftfahrzeugsteuer, die Luftverkehrsteuer, die Versicherungsteuer, Einfuhr- und Ausfuhrabgaben oder Verbrauchsteuern, mit Ausnahme der Biersteuer, betrifft.

(2) [1]Die Festsetzung einer Steuer und einer steuerlichen Nebenleistung sowie deren Änderung kann, auch über einen Betrag von 25 Euro hinausgehend, unterbleiben, wenn zu erwarten ist, dass

1. die Erhebung keinen Erfolg haben wird oder
2. die Kosten der Festsetzung und die Kosten der Erhebung außer Verhältnis zu dem Betrag stehen werden.

[2]Für bestimmte oder bestimmbare Fallgruppen können die obersten Finanzbehörden bundeseinheitliche Weisungen zur Anwendung von Satz 1 Nummer 2 erteilen. [3]Diese Weisungen dürfen nicht veröffentlicht werden, soweit dies die Gleichmäßigkeit und Gesetzmäßigkeit der Besteuerung gefährden könnte. [4]Auf dem Gebiet der von den Landesfinanzbehörden im Auftrag des Bundes verwalteten Steuern legen die obersten Finanzbehörden der Länder diese Weisungen zur Gewährleistung eines bundeseinheitlichen Vollzugs der Steuergesetze im Einvernehmen mit dem Bundesministerium der Finanzen fest.

§ 157[2] **Form und Inhalt der Steuerbescheide.** (1) [1]Steuerbescheide sind schriftlich oder elektronisch zu erteilen, soweit nichts anderes bestimmt ist. [2]Sie müssen die festgesetzte Steuer nach Art und Betrag bezeichnen und angeben, wer die Steuer schuldet. [3]Ihnen ist außerdem eine Belehrung darüber beizufügen, welcher Rechtsbehelf zulässig ist und binnen welcher Frist und bei welcher Behörde er einzulegen ist.

(2) Die Feststellung der Besteuerungsgrundlagen bildet einen mit Rechtsbehelfen nicht selbständig anfechtbaren Teil des Steuerbescheids, soweit die Besteuerungsgrundlagen nicht gesondert festgestellt werden.

§ 158 Beweiskraft der Buchführung. Die Buchführung und die Aufzeichnungen des Steuerpflichtigen, die den Vorschriften der §§ 140 bis 148 entsprechen, sind der Besteuerung zugrunde zu legen, soweit nach den Um-

---

[1] § 156 neu gef. mWv 1.1.2017 durch G v. 18.7.2016 (BGBl. I S. 1679); zur Anwendung s. auch Art. 97 § 1 Abs. 11 EGAO (Nr. **800a**).

[2] § 157 Abs. 1 neu gef. mWv 1.1.2017 durch G v. 18.7.2016 (BGBl. I S. 1679); zur Anwendung s. auch Art. 97 § 1 Abs. 11 EGAO (Nr. **800a**).

ständen des Einzelfalls kein Anlass ist, ihre sachliche Richtigkeit zu beanstanden.

§ 159 Nachweis der Treuhänderschaft. (1) [1] Wer behauptet, dass er Rechte, die auf seinen Namen lauten, oder Sachen, die er besitzt, nur als Treuhänder, Vertreter eines anderen oder Pfandgläubiger innehabe oder besitze, hat auf Verlangen nachzuweisen, wem die Rechte oder Sachen gehören; anderenfalls sind sie ihm regelmäßig zuzurechnen. [2] Das Recht der Finanzbehörde, den Sachverhalt zu ermitteln, wird dadurch nicht eingeschränkt.

(2) § 102 bleibt unberührt.

§ 160 Benennung von Gläubigern und Zahlungsempfängern. (1) [1] Schulden und andere Lasten, Betriebsausgaben, Werbungskosten und andere Ausgaben sind steuerlich regelmäßig nicht zu berücksichtigen, wenn der Steuerpflichtige dem Verlangen der Finanzbehörde nicht nachkommt, die Gläubiger oder die Empfänger genau zu benennen. [2] Das Recht der Finanzbehörde, den Sachverhalt zu ermitteln, bleibt unberührt.

(2) § 102 bleibt unberührt.

§ 161 Fehlmengen bei Bestandsaufnahmen. [1] Ergeben sich bei einer vorgeschriebenen oder amtlich durchgeführten Bestandsaufnahme Fehlmengen an verbrauchsteuerpflichtigen Waren, so wird vermutet, dass hinsichtlich der Fehlmengen eine Verbrauchsteuer entstanden oder eine bedingt entstandene Verbrauchsteuer unbedingt geworden ist, soweit nicht glaubhaft gemacht wird, dass die Fehlmengen auf Umstände zurückzuführen sind, die eine Steuer nicht begründen oder eine bedingte Steuer nicht unbedingt werden lassen. [2] Die Steuer gilt im Zweifel im Zeitpunkt der Bestandsaufnahme als entstanden oder unbedingt geworden.

§ 162 Schätzung von Besteuerungsgrundlagen. (1) [1] Soweit die Finanzbehörde die Besteuerungsgrundlagen nicht ermitteln oder berechnen kann, hat sie sie zu schätzen. [2] Dabei sind alle Umstände zu berücksichtigen, die für die Schätzung von Bedeutung sind.

(2)[1)] [1] Zu schätzen ist insbesondere dann, wenn der Steuerpflichtige über seine Angaben keine ausreichenden Aufklärungen zu geben vermag oder weitere Auskunft oder eine Versicherung an Eides statt verweigert oder seine Mitwirkungspflicht nach § 90 Abs. 2 verletzt. [2] Das Gleiche gilt, wenn der Steuerpflichtige Bücher oder Aufzeichnungen, die er nach den Steuergesetzen zu führen hat, nicht vorlegen kann, wenn die Buchführung oder die Aufzeichnungen der Besteuerung nicht nach § 158 zugrunde gelegt werden oder wenn tatsächliche Anhaltspunkte für die Unrichtigkeit oder Unvollständigkeit der vom Steuerpflichtigen gemachten Angaben zu steuerpflichtigen Einnah-

---

[1)] § 162 Abs. 2 Satz 2 ergänzt mWv 1.1.2009 durch G v. 14.8.2007 (BGBl. I S. 1912); Satz 3 angef. durch G v. 29.7.2009 (BGBl. I S. 2302); zur erstmaligen Anwendung ab 1.1.2010 siehe Art. 97 § 22 Abs. 2 EGAO (Nr. **800a**) iVm § 5 Satz 1 Steuerhinterziehungsbekämpfungsverordnung (Nr. **12**).

men oder Betriebsvermögensmehrungen bestehen und der Steuerpflichtige die Zustimmung nach § 93 Abs. 7 Satz 1 Nr. 5 nicht erteilt. [3] Hat der Steuerpflichtige seine Mitwirkungspflichten nach § 90 Absatz 2 Satz 3 verletzt, so wird widerlegbar vermutet, dass steuerpflichtige Einkünfte in Staaten oder Gebieten im Sinne des § 90 Absatz 2 Satz 3 vorhanden oder höher als die erklärten Einkünfte sind.

(3)[1)] [1] Verletzt ein Steuerpflichtiger seine Mitwirkungspflichten nach § 90 Absatz 3 dadurch, dass er keine Aufzeichnungen über einen Geschäftsvorfall vorlegt, oder sind die über einen Geschäftsvorfall vorgelegten Aufzeichnungen im Wesentlichen unverwertbar oder wird festgestellt, dass der Steuerpflichtige Aufzeichnungen im Sinne des § 90 Absatz 3 Satz 8 nicht zeitnah erstellt hat, so wird widerlegbar vermutet, dass seine im Inland steuerpflichtigen Einkünfte, zu deren Ermittlung die Aufzeichnungen im Sinne des § 90 Absatz 3 dienen, höher als die von ihm erklärten Einkünfte sind. [2] Hat in solchen Fällen die Finanzbehörde eine Schätzung vorzunehmen und können diese Einkünfte nur innerhalb eines bestimmten Rahmens, insbesondere nur auf Grund von Preisspannen bestimmt werden, kann dieser Rahmen zu Lasten des Steuerpflichtigen ausgeschöpft werden. [3] Bestehen trotz Vorlage verwertbarer Aufzeichnungen durch den Steuerpflichtigen Anhaltspunkte dafür, dass seine Einkünfte bei Beachtung des Fremdvergleichsgrundsatzes höher wären als die auf Grund der Aufzeichnungen erklärten Einkünfte, und können entsprechende Zweifel deswegen nicht aufgeklärt werden, weil eine ausländische, nahe stehende Person ihre Mitwirkungspflichten nach § 90 Abs. 2 oder ihre Auskunftspflichten nach § 93 Abs. 1 nicht erfüllt, ist Satz 2 entsprechend anzuwenden.[2)]

(4)[3)] [1] Legt ein Steuerpflichtiger über einen Geschäftsvorfall keine Aufzeichnungen im Sinne des § 90 Absatz 3 vor oder sind die über einen Geschäftsvorfall vorgelegten Aufzeichnungen im Wesentlichen unverwertbar, ist ein Zuschlag von 5000 Euro festzusetzen. [2] Der Zuschlag beträgt mindestens 5 Prozent und höchstens 10 Prozent des Mehrbetrags der Einkünfte, der sich nach einer Berichtigung auf Grund der Anwendung des Absatzes 3 ergibt, wenn sich danach ein Zuschlag von mehr als 5000 Euro ergibt. [3] Bei verspäteter Vorlage von verwertbaren Aufzeichnungen beträgt der Zuschlag bis zu 1 000 000 Euro, mindestens jedoch 100 Euro für jeden vollen Tag der Fristüberschreitung. [4] Soweit den Finanzbehörden Ermessen hinsichtlich der Höhe des Zuschlags eingeräumt ist, sind neben dessen Zweck, den Steuerpflichtigen zur Erstellung und fristgerechten Vorlage der Aufzeichnungen im Sinne des § 90 Abs. 3 anzuhalten, insbesondere die von ihm gezogenen Vorteile und bei verspäteter Vorlage auch die Dauer der Fristüberschreitung zu berücksichtigen.

---

1) § 162 Abs. 3 eingef. durch G v. 16.5.2003 (BGBl. I S. 660); zur erstmaligen Anwendung siehe Art. 97 § 22 Abs. 1 Satz 2 EGAO (Nr. **800a**); Satz 1 geänd. durch G v. 20.12.2016 (BGBl. I S. 3000); zur Anwendung von § 90 Abs. 3 siehe Art. 97 § 22 Satz 4 EGAO (Nr. **800a**).

2) § 162 Abs. 3 Satz 3 angef. mWv 18.8.2007 durch G v. 14.8.2007 (BGBl. I S. 1912).

3) § 162 Abs. 4 eingef. durch G v. 16.5.2003 (BGBl. I S. 660); zur erstmaligen Anwendung siehe Art. 97 § 22 Abs. 1 Satz 2 EGAO (Nr. **800a**); Satz 1 neu gef. durch G v. 20.12.2016 (BGBl. I S. 3000); zur Anwendung von § 90 Abs. 3 siehe Art. 97 § 22 Satz 4 EGAO (Nr. **800a**).

5 Von der Festsetzung eines Zuschlags ist abzusehen, wenn die Nichterfüllung der Pflichten nach § 90 Abs. 3 entschuldbar erscheint oder ein Verschulden nur geringfügig ist. 6 Das Verschulden eines gesetzlichen Vertreters oder eines Erfüllungsgehilfen steht dem eigenen Verschulden gleich. 7 Der Zuschlag ist regelmäßig nach Abschluss der Außenprüfung festzusetzen.

(5)[1] In den Fällen des § 155 Abs. 2 können die in einem Grundlagenbescheid festzustellenden Besteuerungsgrundlagen geschätzt werden.

§ 163[2] Abweichende Festsetzung von Steuern aus Billigkeitsgründen. (1) 1 Steuern können niedriger festgesetzt werden und einzelne Besteuerungsgrundlagen, die die Steuern erhöhen, können bei der Festsetzung der Steuer unberücksichtigt bleiben, wenn die Erhebung der Steuer nach Lage des einzelnen Falls unbillig wäre. 2 Mit Zustimmung des Steuerpflichtigen kann bei Steuern vom Einkommen zugelassen werden, dass einzelne Besteuerungsgrundlagen, soweit sie die Steuer erhöhen, bei der Steuerfestsetzung erst zu einer späteren Zeit und, soweit sie die Steuer mindern, schon zu einer früheren Zeit berücksichtigt werden.

(2) Eine Billigkeitsmaßnahme nach Absatz 1 kann mit der Steuerfestsetzung verbunden werden, für die sie von Bedeutung ist.

(3) 1 Eine Billigkeitsmaßnahme nach Absatz 1 steht in den Fällen des Absatzes 2 stets unter Vorbehalt des Widerrufs, wenn sie

1. von der Finanzbehörde nicht ausdrücklich als eigenständige Billigkeitsentscheidung ausgesprochen worden ist,
2. mit einer Steuerfestsetzung unter Vorbehalt der Nachprüfung nach § 164 verbunden ist oder
3. mit einer vorläufigen Steuerfestsetzung nach § 165 verbunden ist und der Grund der Vorläufigkeit auch für die Entscheidung nach Absatz 1 von Bedeutung ist.

2 In den Fällen von Satz 1 Nummer 1 entfällt der Vorbehalt des Widerrufs, wenn die Festsetzungsfrist für die Steuerfestsetzung abläuft, für die die Billigkeitsmaßnahme Grundlagenbescheid ist. 3 In den Fällen von Satz 1 Nummer 2 entfällt der Vorbehalt des Widerrufs mit Aufhebung oder Entfallen des Vorbehalts der Nachprüfung der Steuerfestsetzung, für die die Billigkeitsmaßnahme Grundlagenbescheid ist. 4 In den Fällen von Satz 1 Nummer 3 entfällt der Vorbehalt des Widerrufs mit Eintritt der Endgültigkeit der Steuerfestsetzung, für die die Billigkeitsmaßnahme Grundlagenbescheid ist.

(4) 1 Ist eine Billigkeitsmaßnahme nach Absatz 1, die nach Absatz 3 unter Vorbehalt des Widerrufs steht, rechtswidrig, ist sie mit Wirkung für die Vergangenheit zurückzunehmen. 2 § 130 Absatz 3 Satz 1 gilt in diesem Fall nicht.

§ 164 Steuerfestsetzung unter Vorbehalt der Nachprüfung. (1) 1 Die Steuern können, solange der Steuerfall nicht abschließend geprüft ist, allge-

---

[1] § 162 bish. Abs. 3 wird Abs. 5 durch G v. 16.5.2003 (BGBl. I S. 660).

[2] § 163 neu gef. durch G v. 18.7.2016 (BGBl. I S. 1679); zur Anwendung siehe Art. 97 § 29 EGAO (Nr. **800a**).

mein oder im Einzelfall unter dem Vorbehalt der Nachprüfung festgesetzt werden, ohne dass dies einer Begründung bedarf. [2]Die Festsetzung einer Vorauszahlung ist stets eine Steuerfestsetzung unter Vorbehalt der Nachprüfung.

(2)[1)] [1]Solange der Vorbehalt wirksam ist, kann die Steuerfestsetzung aufgehoben oder geändert werden. [2]Der Steuerpflichtige kann die Aufhebung oder Änderung der Steuerfestsetzung jederzeit beantragen. [3]Die Entscheidung hierüber kann jedoch bis zur abschließenden Prüfung des Steuerfalls, die innerhalb angemessener Frist vorzunehmen ist, hinausgeschoben werden.

(3)[1)] [1]Der Vorbehalt der Nachprüfung kann jederzeit aufgehoben werden. [2]Die Aufhebung steht einer Steuerfestsetzung ohne Vorbehalt der Nachprüfung gleich; § 157 Abs. 1 Satz 1 und 3 gilt sinngemäß. [3]Nach einer Außenprüfung ist der Vorbehalt aufzuheben, wenn sich Änderungen gegenüber der Steuerfestsetzung unter Vorbehalt der Nachprüfung nicht ergeben.

(4)[2)] [1]Der Vorbehalt der Nachprüfung entfällt, wenn die Festsetzungsfrist abläuft. [2]§ 169 Absatz 2 Satz 2, § 170 Absatz 6 und § 171 Absatz 7, 8 und 10 sind nicht anzuwenden.

§ 165 Vorläufige Steuerfestsetzung, Aussetzung der Steuerfestsetzung. (1) [1]Soweit ungewiss ist, ob die Voraussetzungen für die Entstehung einer Steuer eingetreten sind, kann sie vorläufig festgesetzt werden. [2]Diese Regelung ist auch anzuwenden, wenn

1. ungewiss ist, ob und wann Verträge mit anderen Staaten über die Besteuerung (§ 2), die sich zugunsten des Steuerpflichtigen auswirken, für die Steuerfestsetzung wirksam werden,
2. das Bundesverfassungsgericht die Unvereinbarkeit eines Steuergesetzes mit dem Grundgesetz festgestellt hat und der Gesetzgeber zu einer Neuregelung verpflichtet ist,

2a.[3)] sich auf Grund einer Entscheidung des Gerichtshofes der Europäischen Union ein Bedarf für eine gesetzliche Neuregelung ergeben kann,

3.[4)] die Vereinbarkeit eines Steuergesetzes mit höherrangigem Recht Gegenstand eines Verfahrens bei dem Gerichtshof der Europäischen Union, dem Bundesverfassungsgericht oder einem obersten Bundesgericht ist, oder

4.[5)] die Auslegung eines Steuergesetzes Gegenstand eines Verfahrens bei dem Bundesfinanzhof ist.

[3]Umfang und Grund der Vorläufigkeit sind anzugeben. [4]Unter den Voraussetzungen der Sätze 1 oder 2 kann die Steuerfestsetzung auch gegen oder ohne Sicherheitsleistung ausgesetzt werden.

---

1) Zur Anwendung in den neuen Bundesländern siehe Art. 97a § 2 Nr. 4 EGAO (Nr. **800a**).

2) § 164 Abs. 4 Satz 2 geänd. mWv 1.1.2015 durch G v. 22.12.2014 (BGBl. I S. 2415).

3) § 165 Abs. 1 Satz 2 Nr. 2a eingef. mWv 1.1.2017 durch G v. 18.7.2016 (BGBl. I S. 1679); zur Anwendung s. auch Art. 97 § 1 Abs. 11 EGAO (Nr. **800a**).

4) § 165 Abs. 1 Satz 2 Nr. 3 geänd. durch G v. 26.6.2013 (BGBl. I S. 1809).

5) § 165 Abs. 1 Satz 2 Nr. 4 angef. mWv 1.1.2009 durch G v. 20.12.2008 (BGBl. I S. 2850).

(2)[1), 2)] [1]Soweit die Finanzbehörde eine Steuer vorläufig festgesetzt hat, kann sie die Festsetzung aufheben oder ändern. [2]Wenn die Ungewissheit beseitigt ist, ist eine vorläufige Steuerfestsetzung aufzuheben, zu ändern oder für endgültig zu erklären; eine ausgesetzte Steuerfestsetzung ist nachzuholen. [3]In den Fällen des Absatzes 1 Satz 2 Nr. 4 endet die Ungewissheit, sobald feststeht, dass die Grundsätze der Entscheidung des Bundesfinanzhofs über den entschiedenen Einzelfall hinaus allgemein anzuwenden sind. [4]In den Fällen des Absatzes 1 Satz 2 muss eine vorläufige Steuerfestsetzung nach Satz 2 nur auf Antrag des Steuerpflichtigen für endgültig erklärt werden, wenn sie nicht aufzuheben oder zu ändern ist.

(3) Die vorläufige Steuerfestsetzung kann mit einer Steuerfestsetzung unter Vorbehalt der Nachprüfung verbunden werden.

§ 166 Drittwirkung der Steuerfestsetzung. Ist die Steuer dem Steuerpflichtigen gegenüber unanfechtbar festgesetzt, so hat dies neben einem Gesamtrechtsnachfolger auch gegen sich gelten zu lassen, wer in der Lage gewesen wäre, den gegen den Steuerpflichtigen erlassenen Bescheid als dessen Vertreter, Bevollmächtigter oder kraft eigenen Rechts anzufechten.

§ 167 Steueranmeldung, Verwendung von Steuerzeichen oder Steuerstemplern. (1) [1]Ist eine Steuer auf Grund gesetzlicher Verpflichtung anzumelden (§ 150 Abs. 1 Satz 3)[3)], so ist eine Festsetzung der Steuer nach § 155 nur erforderlich, wenn die Festsetzung zu einer abweichenden Steuer führt oder der Steuer- oder Haftungsschuldner die Steueranmeldung nicht abgibt. [2]Satz 1 gilt sinngemäß, wenn die Steuer auf Grund gesetzlicher Verpflichtung durch Verwendung von Steuerzeichen oder Steuerstemplern zu entrichten ist. [3]Erkennt der Steuer- oder Haftungsschuldner nach Abschluss einer Außenprüfung im Sinne des § 193 Abs. 2 Nr. 1 seine Zahlungsverpflichtung schriftlich an, steht das Anerkenntnis einer Steueranmeldung gleich.

(2) [1]Steueranmeldungen gelten auch dann als rechtzeitig abgegeben, wenn sie fristgerecht bei der zuständigen Kasse eingehen. [2]Dies gilt nicht für Einfuhr- und Ausfuhrabgaben und Verbrauchsteuern.

§ 168[4)] Wirkung einer Steueranmeldung. [1]Eine Steueranmeldung steht einer Steuerfestsetzung unter Vorbehalt der Nachprüfung gleich. [2]Führt die Steueranmeldung zu einer Herabsetzung der bisher zu entrichtenden Steuer oder zu einer Steuervergütung, so gilt Satz 1 erst, wenn die Finanzbehörde zustimmt. [3]Die Zustimmung bedarf keiner Form.

---

1) § 165 Abs. 2 Satz 3 eingef. mWv 1.1.2009 durch G v. 20.12.2008 (BGBl. I S. 2850).

2) Zur Anwendung in den neuen Bundesländern siehe Art. 97a § 2 Nr. 4 EGAO (Nr. **800a**).

3) § 167 Abs. 1 Satz 1 Zitat geänd. durch G v. 15.12.2003 (BGBl. I S. 2645).

4) Zu § 168 siehe Art. 97 § 21 EGAO (Nr. **800a**).

II. Festsetzungsverjährung[1)]

§ 169 Festsetzungsfrist. (1) [1]Eine Steuerfestsetzung sowie ihre Aufhebung oder Änderung sind nicht mehr zulässig, wenn die Festsetzungsfrist abgelaufen ist. [2]Dies gilt auch für die Berichtigung wegen offenbarer Unrichtigkeit nach § 129. [3]Die Frist ist gewahrt, wenn vor Ablauf der Festsetzungsfrist

1.[2)] der Steuerbescheid oder im Fall des § 122a die elektronische Benachrichtigung den Bereich der für die Steuerfestsetzung zuständigen Finanzbehörde verlassen hat oder

2.[2)] bei öffentlicher Zustellung nach § 10 des Verwaltungszustellungsgesetzes[3)] die Benachrichtigung bekannt gemacht oder veröffentlicht wird.

(2) [1]Die Festsetzungsfrist beträgt:

1. ein Jahr
   für Verbrauchsteuern und Verbrauchsteuervergütungen,
2. vier Jahre[4)]
   für Steuern und Steuervergütungen, die keine Steuern oder Steuervergütungen im Sinne der Nummer 1 oder Einfuhr- und Ausfuhrabgaben nach Artikel 5 Nummer 20 und 21 des Zollkodex der Union[5)] sind.

[2]Die Festsetzungsfrist beträgt zehn Jahre, soweit eine Steuer hinterzogen, und fünf Jahre[4)], soweit sie leichtfertig verkürzt worden ist. [3]Dies gilt auch dann, wenn die Steuerhinterziehung oder leichtfertige Steuerverkürzung nicht durch den Steuerschuldner oder eine Person begangen worden ist, deren er sich zur Erfüllung seiner steuerlichen Pflichten bedient, es sei denn, der Steuerschuldner weist nach, dass er durch die Tat keinen Vermögensvorteil erlangt hat und dass sie auch nicht darauf beruht, dass er die im Verkehr erforderlichen Vorkehrungen zur Verhinderung von Steuerverkürzungen unterlassen hat.

§ 170 Beginn der Festsetzungsfrist. (1) Die Festsetzungsfrist beginnt mit Ablauf des Kalenderjahrs, in dem die Steuer entstanden ist oder eine bedingt entstandene Steuer unbedingt geworden ist.

(2) [1]Abweichend von Absatz 1 beginnt die Festsetzungsfrist, wenn

1. eine Steuererklärung oder eine Steueranmeldung einzureichen oder eine Anzeige zu erstatten ist, mit Ablauf des Kalenderjahrs, in dem die Steuererklärung, die Steueranmeldung oder die Anzeige eingereicht wird, spätestens jedoch mit Ablauf des dritten Kalenderjahrs, das auf das Kalenderjahr folgt, in dem die Steuer entstanden ist, es sei denn, dass die Festsetzungsfrist nach Absatz 1 später beginnt,
2. eine Steuer durch Verwendung von Steuerzeichen oder Steuerstemplern zu zahlen ist, mit Ablauf des Kalenderjahrs, in dem für den Steuerfall Steuer-

---

[1)] Zur Anwendung in den neuen Bundesländern siehe Art. 97a § 2 Nr. 5 EGAO (Nr. **800a**).

[2)] § 169 Abs. 1 Satz 3 neu gef. durch G v. 18.7.2016 (BGBl. I S. 1679); zur Anwendung siehe Art. 97 § 28 EGAO (Nr. **800a**).

[3)] Nr. **805**.

[4)] Abweichend hiervon siehe Art. 97a § 3 Abs. 1 EGAO (Nr. **800a**).

[5)] Verweis geänd. mWv 1.5.2016 durch G v. 22.12.2014 (BGBl. I S. 2417).

zeichen oder Steuerstempler verwendet worden sind, spätestens jedoch mit Ablauf des dritten Kalenderjahrs, das auf das Kalenderjahr folgt, in dem die Steuerzeichen oder Steuerstempler hätten verwendet werden müssen.

2 Dies gilt nicht für Verbrauchsteuern, ausgenommen die Energiesteuer auf Erdgas und die Stromsteuer.[1]

(3) Wird eine Steuer oder eine Steuervergütung nur auf Antrag festgesetzt, so beginnt die Frist für die Aufhebung oder Änderung dieser Festsetzung oder ihrer Berichtigung nach § 129 nicht vor Ablauf des Kalenderjahrs, in dem der Antrag gestellt wird.

(4) Wird durch Anwendung des Absatzes 2 Nr. 1 auf die Vermögensteuer oder die Grundsteuer der Beginn der Festsetzungsfrist hinausgeschoben, so wird der Beginn der Festsetzungsfrist für die folgenden Kalenderjahre des Hauptveranlagungszeitraums jeweils um die gleiche Zeit hinausgeschoben.

(5) Für die Erbschaftsteuer (Schenkungsteuer) beginnt die Festsetzungsfrist nach den Absätzen 1 oder 2

1. bei einem Erwerb von Todes wegen nicht vor Ablauf des Kalenderjahrs, in dem der Erwerber Kenntnis von dem Erwerb erlangt hat,
2. bei einer Schenkung nicht vor Ablauf des Kalenderjahrs, in dem der Schenker gestorben ist oder die Finanzbehörde von der vollzogenen Schenkung Kenntnis erlangt hat,
3. bei einer Zweckzuwendung unter Lebenden nicht vor Ablauf des Kalenderjahrs, in dem die Verpflichtung erfüllt worden ist.

(6)[2] Für die Steuer, die auf Kapitalerträge entfällt, die

1. aus Staaten oder Territorien stammen, die nicht Mitglieder der Europäischen Union oder der Europäischen Freihandelsassoziation sind, und
2. nicht nach Verträgen im Sinne des § 2 Absatz 1 oder hierauf beruhenden Vereinbarungen automatisch mitgeteilt werden,

beginnt die Festsetzungsfrist frühestens mit Ablauf des Kalenderjahres, in dem diese Kapitalerträge der Finanzbehörde durch Erklärung des Steuerpflichtigen oder in sonstiger Weise bekannt geworden sind, spätestens jedoch zehn Jahre nach Ablauf des Kalenderjahres, in dem die Steuer entstanden ist.

(7)[3] Für Steuern auf Einkünfte oder Erträge, die in Zusammenhang stehen mit Beziehungen zu einer Drittstaat-Gesellschaft im Sinne des § 138 Absatz 3, auf die der Steuerpflichtige allein oder zusammen mit nahestehenden Personen im Sinne des § 1 Absatz 2 des Außensteuergesetzes unmittelbar oder mittelbar einen beherrschenden oder bestimmenden Einfluss ausüben kann, beginnt die Festsetzungsfrist frühestens mit Ablauf des Kalenderjahres, in dem

---

[1] § 170 Abs. 2 Satz 2 ergänzt durch G v. 8.12.2010 (BGBl. I S. 1768); zur Anwendung siehe Art. 97 § 10 Abs. 10 EGAO (Nr. **800a**).

[2] § 170 Abs. 6 neu gef. durch G v. 22.12.2014 (BGBl. I S. 2415); zur Anwendung siehe Art. 97 § 10 Abs. 13 EGAO (Nr. **800a**).

[3] § 170 Abs. 7 angef. durch G v. 23.6.2017 (BGBl. I S. 1682); zur Anwendung siehe Art. 97 § 10 Abs. 15 EGAO (Nr. **800a**).

diese Beziehungen durch Mitteilung des Steuerpflichtigen oder auf andere Weise bekannt geworden sind, spätestens jedoch zehn Jahre nach Ablauf des Kalenderjahres, in dem die Steuer entstanden ist.

§ 171 Ablaufhemmung. (1) Die Festsetzungsfrist läuft nicht ab, solange die Steuerfestsetzung wegen höherer Gewalt innerhalb der letzten sechs Monate des Fristlaufs nicht erfolgen kann.

(2)[1] [1] Ist beim Erlass eines Steuerbescheids eine offenbare Unrichtigkeit unterlaufen, so endet die Festsetzungsfrist insoweit nicht vor Ablauf eines Jahres nach Bekanntgabe dieses Steuerbescheids. [2] Das Gleiche gilt in den Fällen des § 173a.

(3) Wird vor Ablauf der Festsetzungsfrist außerhalb eines Einspruchs- oder Klageverfahrens ein Antrag auf Steuerfestsetzung oder auf Aufhebung oder Änderung einer Steuerfestsetzung oder ihrer Berichtigung nach § 129 gestellt, so läuft die Festsetzungsfrist insoweit nicht ab, bevor über den Antrag unanfechtbar entschieden worden ist.

(3a) [1] Wird ein Steuerbescheid mit einem Einspruch oder einer Klage angefochten, so läuft die Festsetzungsfrist nicht ab, bevor über den Rechtsbehelf unanfechtbar entschieden ist; dies gilt auch, wenn der Rechtsbehelf erst nach Ablauf der Festsetzungsfrist eingelegt wird. [2] Der Ablauf der Festsetzungsfrist ist hinsichtlich des gesamten Steueranspruchs gehemmt; dies gilt nicht, soweit der Rechtsbehelf unzulässig ist. [3] In den Fällen des § 100 Abs. 1 Satz 1, Abs. 2 Satz 2, Abs. 3 Satz 1, § 101 der Finanzgerichtsordnung[2] ist über den Rechtsbehelf erst dann unanfechtbar entschieden, wenn ein auf Grund der genannten Vorschriften erlassener Steuerbescheid unanfechtbar geworden ist.

(4) [1] Wird vor Ablauf der Festsetzungsfrist mit einer Außenprüfung begonnen oder wird deren Beginn auf Antrag des Steuerpflichtigen hinausgeschoben, so läuft die Festsetzungsfrist für die Steuern, auf die sich die Außenprüfung erstreckt oder im Fall der Hinausschiebung der Außenprüfung erstrecken sollte, nicht ab, bevor die auf Grund der Außenprüfung zu erlassenden Steuerbescheide unanfechtbar geworden sind oder nach Bekanntgabe der Mitteilung nach § 202 Abs. 1 Satz 3 drei Monate verstrichen sind. [2] Dies gilt nicht, wenn eine Außenprüfung unmittelbar nach ihrem Beginn für die Dauer von mehr als sechs Monaten aus Gründen unterbrochen wird, die die Finanzbehörde zu vertreten hat. [3] Die Festsetzungsfrist endet spätestens, wenn seit Ablauf des Kalenderjahrs, in dem die Schlussbesprechung stattgefunden hat, oder, wenn sie unterblieben ist, seit Ablauf des Kalenderjahrs, in dem die letzten Ermittlungen im Rahmen der Außenprüfung stattgefunden haben, die in § 169 Abs. 2 genannten Fristen verstrichen sind; eine Ablaufhemmung nach anderen Vorschriften bleibt unberührt.

(5)[3] [1] Beginnen die Behörden des Zollfahndungsdienstes oder die mit der Steuerfahndung betrauten Dienststellen der Landesfinanzbehörden vor Ablauf

---

[1] § 171 Abs. 2 Satz 2 angef. durch G v. 18.7.2016 (BGBl. I S. 1679); zur Anwendung siehe Art. 97 § 10 Abs. 14 EGAO (Nr. **800a**).

[2] Nr. **802**.

[3] § 171 Abs. 5 Satz 1 neu gef. durch G v. 12.12.2019 (BGBl. I S. 2451); zur Anwendung siehe Art. 97 § 1 Abs. 13 EGAO (Nr. **800a**); geänd. mWv 29.12.2020 durch G v. 21.12.2020 (BGBl. I S. 3096).

der Festsetzungsfrist beim Steuerpflichtigen mit Ermittlungen der Besteuerungsgrundlagen, so läuft die Festsetzungsfrist insoweit nicht ab, bevor die auf Grund der Ermittlungen zu erlassenden Steuerbescheide unanfechtbar geworden sind; Absatz 4 Satz 2 gilt sinngemäß. [2]Das Gleiche gilt, wenn dem Steuerpflichtigen vor Ablauf der Festsetzungsfrist die Einleitung des Steuerstrafverfahrens oder des Bußgeldverfahrens wegen einer Steuerordnungswidrigkeit bekannt gegeben worden ist; § 169 Abs. 1 Satz 3 gilt sinngemäß.

(6) [1]Ist bei Steuerpflichtigen eine Außenprüfung im Geltungsbereich dieses Gesetzes nicht durchführbar, wird der Ablauf der Festsetzungsfrist auch durch sonstige Ermittlungshandlungen im Sinne des § 92 gehemmt, bis die auf Grund dieser Ermittlungen erlassenen Steuerbescheide unanfechtbar geworden sind. [2]Die Ablaufhemmung tritt jedoch nur dann ein, wenn der Steuerpflichtige vor Ablauf der Festsetzungsfrist auf den Beginn der Ermittlungen nach Satz 1 hingewiesen worden ist; § 169 Abs. 1 Satz 3 gilt sinngemäß.

(7) In den Fällen des § 169 Abs. 2 Satz 2 endet die Festsetzungsfrist nicht, bevor die Verfolgung der Steuerstraftat oder der Steuerordnungswidrigkeit verjährt ist.

(8) [1]Ist die Festsetzung einer Steuer nach § 165 ausgesetzt oder die Steuer vorläufig festgesetzt worden, so endet die Festsetzungsfrist nicht vor dem Ablauf eines Jahres, nachdem die Ungewissheit beseitigt ist und die Finanzbehörde hiervon Kenntnis erhalten hat. [2]In den Fällen des § 165 Abs. 1 Satz 2 endet die Festsetzungsfrist nicht vor Ablauf von zwei Jahren, nachdem die Ungewissheit beseitigt ist und die Finanzbehörde hiervon Kenntnis erlangt hat.

(9) Erstattet der Steuerpflichtige vor Ablauf der Festsetzungsfrist eine Anzeige nach den §§ 153, 371 und 378 Abs. 3, so endet die Festsetzungsfrist nicht vor Ablauf eines Jahres nach Eingang der Anzeige.

(10)[1)] [1]Soweit für die Festsetzung einer Steuer ein Feststellungsbescheid, ein Steuermessbescheid oder ein anderer Verwaltungsakt bindend ist (Grundlagenbescheid), endet die Festsetzungsfrist nicht vor Ablauf von zwei Jahren nach Bekanntgabe des Grundlagenbescheids. [2]Ist für den Erlass des Grundlagenbescheids eine Stelle zuständig, die keine Finanzbehörde im Sinne des § 6 Absatz 2 ist, endet die Festsetzungsfrist nicht vor Ablauf von zwei Jahren nach dem Zeitpunkt, in dem die für den Folgebescheid zuständige Finanzbehörde Kenntnis von der Entscheidung über den Erlass des Grundlagenbescheids erlangt hat. [3]Die Sätze 1 und 2 gelten für einen Grundlagenbescheid, auf den § 181 nicht anzuwenden ist, nur, sofern dieser Grundlagenbescheid vor Ablauf der für den Folgebescheid geltenden Festsetzungsfrist bei der zuständigen Behörde beantragt worden ist. [4]Ist der Ablauf der Festsetzungsfrist hinsichtlich des Teils der Steuer, für den der Grundlagenbescheid nicht bindend ist, nach Absatz 4 gehemmt, endet die Festsetzungsfrist für den Teil der Steuer, für den der Grundlagenbescheid bindend ist, nicht vor Ablauf der nach Absatz 4 gehemmten Frist.

[1)] § 171 Abs. 10 neu gef. durch G v. 18.7.2016 (BGBl. I S. 1679); zur Anwendung siehe Art. 97 § 10 Abs. 14 EGAO (Nr. **800a**).

(10a)[1] Soweit Daten eines Steuerpflichtigen im Sinne des § 93c innerhalb von sieben Kalenderjahren nach dem Besteuerungszeitraum oder dem Besteuerungszeitpunkt den Finanzbehörden zugegangen sind, endet die Festsetzungsfrist nicht vor Ablauf von zwei Jahren nach Zugang dieser Daten.

(11) [1] Ist eine geschäftsunfähige oder in der Geschäftsfähigkeit beschränkte Person ohne gesetzlichen Vertreter, so endet die Festsetzungsfrist nicht vor Ablauf von sechs Monaten nach dem Zeitpunkt, in dem die Person unbeschränkt geschäftsfähig wird oder der Mangel der Vertretung aufhört. [2] Dies gilt auch, soweit für eine Person ein Betreuer bestellt und ein Einwilligungsvorbehalt nach § 1903 des Bürgerlichen Gesetzbuchs angeordnet ist, der Betreuer jedoch verstorben oder auf andere Weise weggefallen oder aus rechtlichen Gründen an der Vertretung des Betreuten verhindert ist.

(12) Richtet sich die Steuer gegen einen Nachlass, so endet die Festsetzungsfrist nicht vor dem Ablauf von sechs Monaten nach dem Zeitpunkt, in dem die Erbschaft von dem Erben angenommen oder das Insolvenzverfahren über den Nachlass eröffnet wird oder von dem an die Steuer gegen einen Vertreter festgesetzt werden kann.

(13) Wird vor Ablauf der Festsetzungsfrist eine noch nicht festgesetzte Steuer im Insolvenzverfahren angemeldet, so läuft die Festsetzungsfrist insoweit nicht vor Ablauf von drei Monaten nach Beendigung des Insolvenzverfahrens ab.

(14) Die Festsetzungsfrist für einen Steueranspruch endet nicht, soweit ein damit zusammenhängender Erstattungsanspruch nach § 37 Abs. 2 noch nicht verjährt ist (§ 228).

(15)[2] Soweit ein Dritter Steuern für Rechnung des Steuerschuldners einzubehalten und abzuführen oder für Rechnung des Steuerschuldners zu entrichten hat, endet die Festsetzungsfrist gegenüber dem Steuerschuldner nicht vor Ablauf der gegenüber dem Steuerentrichtungspflichtigen geltenden Festsetzungsfrist.

III. Bestandskraft

§ 172 Aufhebung und Änderung von Steuerbescheiden. (1) [1] Ein Steuerbescheid darf, soweit er nicht vorläufig oder unter dem Vorbehalt der Nachprüfung ergangen ist, nur aufgehoben oder geändert werden,

1. wenn er Verbrauchsteuern betrifft,
2. wenn er andere Steuern als Einfuhr- oder Ausfuhrabgaben nach Artikel 5 Nummer 20 und 21 des Zollkodex der Union[3] oder Verbrauchsteuern betrifft,

   a) soweit der Steuerpflichtige zustimmt oder seinem Antrag der Sache nach entsprochen wird; dies gilt jedoch zugunsten des Steuerpflichtigen nur, soweit er vor Ablauf der Einspruchsfrist zugestimmt oder den Antrag ge-

---

[1] § 171 Abs. 10a eingef. mWv 1.1.2017 durch G v. 18.7.2016 (BGBl. I S. 1679); zur Anwendung siehe Art. 97 § 27 Abs. 2 EGAO (Nr. **800a**).

[2] § 171 Abs. 15 angef. durch G v. 26.6.2013 (BGBl. I S. 1809); zur Anwendung siehe Art. 97 § 10 Abs. 11 EGAO (Nr. **800a**).

[3] Verweis geänd. mWv 1.5.2016 durch G v. 22.12.2014 (BGBl. I S. 2417).

stellt hat oder soweit die Finanzbehörde einem Einspruch oder einer Klage abhilft,

b) soweit er von einer sachlich unzuständigen Behörde erlassen worden ist,

c) soweit er durch unlautere Mittel wie arglistige Täuschung, Drohung oder Bestechung erwirkt worden ist,

d) soweit dies sonst gesetzlich zugelassen ist; die §§ 130 und 131 gelten nicht.

[2]Dies gilt auch dann, wenn der Steuerbescheid durch Einspruchsentscheidung bestätigt oder geändert worden ist. [3]In den Fällen des Satzes 2 ist Satz 1 Nr. 2 Buchstabe a ebenfalls anzuwenden, wenn der Steuerpflichtige vor Ablauf der Klagefrist zugestimmt oder den Antrag gestellt hat; Erklärungen und Beweismittel, die nach § 364b Abs. 2 in der Einspruchsentscheidung nicht berücksichtigt wurden, dürfen hierbei nicht berücksichtigt werden.

(2) Absatz 1 gilt auch für einen Verwaltungsakt, durch den ein Antrag auf Erlass, Aufhebung oder Änderung eines Steuerbescheids ganz oder teilweise abgelehnt wird.

(3)[1)] [1]Anhängige, außerhalb eines Einspruchs- oder Klageverfahrens gestellte Anträge auf Aufhebung oder Änderung einer Steuerfestsetzung, die eine vom Gerichtshof der Europäischen Union, vom Bundesverfassungsgericht oder vom Bundesfinanzhof entschiedene Rechtsfrage betreffen und denen nach dem Ausgang des Verfahrens vor diesen Gerichten nicht entsprochen werden kann, können durch Allgemeinverfügung insoweit zurückgewiesen werden. [2]§ 367 Abs. 2b Satz 2 bis 6 gilt entsprechend.

§ 173 Aufhebung oder Änderung von Steuerbescheiden wegen neuer Tatsachen oder Beweismittel. (1) Steuerbescheide sind aufzuheben oder zu ändern,

1. soweit Tatsachen oder Beweismittel nachträglich bekannt werden, die zu einer höheren Steuer führen,
2. soweit Tatsachen oder Beweismittel nachträglich bekannt werden, die zu einer niedrigeren Steuer führen und den Steuerpflichtigen kein grobes Verschulden daran trifft, dass die Tatsachen oder Beweismittel erst nachträglich bekannt werden. [2]Das Verschulden ist unbeachtlich, wenn die Tatsachen oder Beweismittel in einem unmittelbaren oder mittelbaren Zusammenhang mit Tatsachen oder Beweismitteln im Sinne der Nummer 1 stehen.

(2) [1]Abweichend von Absatz 1 können Steuerbescheide, soweit sie auf Grund einer Außenprüfung ergangen sind, nur aufgehoben oder geändert werden, wenn eine Steuerhinterziehung oder eine leichtfertige Steuerverkürzung vorliegt. [2]Dies gilt auch in den Fällen, in denen eine Mitteilung nach § 202 Abs. 1 Satz 3 ergangen ist.

[1)] § 172 Abs. 3 angef. durch G v. 13.12.2006 (BGBl. I S. 2878); zur Anwendung siehe Art. 97 § 18a Abs. 12 EGAO (Nr. **800a**); Satz 1 geänd. durch G v. 26.6.2013 (BGBl. I S. 1809).

§ 173a[1] Schreib- oder Rechenfehler bei Erstellung einer Steuererklärung. Steuerbescheide sind aufzuheben oder zu ändern, soweit dem Steuerpflichtigen bei Erstellung seiner Steuererklärung Schreib- oder Rechenfehler unterlaufen sind und er deshalb der Finanzbehörde bestimmte, nach den Verhältnissen zum Zeitpunkt des Erlasses des Steuerbescheids rechtserhebliche Tatsachen unzutreffend mitgeteilt hat.

§ 174 Widerstreitende Steuerfestsetzungen. (1) [1]Ist ein bestimmter Sachverhalt in mehreren Steuerbescheiden zuungunsten eines oder mehrerer Steuerpflichtiger berücksichtigt worden, obwohl er nur einmal hätte berücksichtigt werden dürfen, so ist der fehlerhafte Steuerbescheid auf Antrag aufzuheben oder zu ändern. [2]Ist die Festsetzungsfrist für diese Steuerfestsetzung bereits abgelaufen, so kann der Antrag noch bis zum Ablauf eines Jahres gestellt werden, nachdem der letzte der betroffenen Steuerbescheide unanfechtbar geworden ist. [3]Wird der Antrag rechtzeitig gestellt, steht der Aufhebung oder Änderung des Steuerbescheids insoweit keine Frist entgegen.

(2) [1]Absatz 1 gilt sinngemäß, wenn ein bestimmter Sachverhalt in unvereinbarer Weise mehrfach zugunsten eines oder mehrerer Steuerpflichtiger berücksichtigt worden ist; ein Antrag ist nicht erforderlich. [2]Der fehlerhafte Steuerbescheid darf jedoch nur dann geändert werden, wenn die Berücksichtigung des Sachverhalts auf einen Antrag oder eine Erklärung des Steuerpflichtigen zurückzuführen ist.

(3) [1]Ist ein bestimmter Sachverhalt in einem Steuerbescheid erkennbar in der Annahme nicht berücksichtigt worden, dass er in einem anderen Steuerbescheid zu berücksichtigen sei, und stellt sich diese Annahme als unrichtig heraus, so kann die Steuerfestsetzung, bei der die Berücksichtigung des Sachverhalts unterblieben ist, insoweit nachgeholt, aufgehoben oder geändert werden. [2]Die Nachholung, Aufhebung oder Änderung ist nur zulässig bis zum Ablauf der für die andere Steuerfestsetzung geltenden Festsetzungsfrist.

(4) [1]Ist auf Grund irriger Beurteilung eines bestimmten Sachverhalts ein Steuerbescheid ergangen, der auf Grund eines Rechtsbehelfs oder sonst auf Antrag des Steuerpflichtigen durch die Finanzbehörde zu seinen Gunsten aufgehoben oder geändert wird, so können aus dem Sachverhalt nachträglich durch Erlass oder Änderung eines Steuerbescheids die richtigen steuerlichen Folgerungen gezogen werden. [2]Dies gilt auch dann, wenn der Steuerbescheid durch das Gericht aufgehoben oder geändert wird. [3]Der Ablauf der Festsetzungsfrist ist unbeachtlich, wenn die steuerlichen Folgerungen innerhalb eines Jahres nach Aufhebung oder Änderung des fehlerhaften Steuerbescheids gezogen werden. [4]War die Festsetzungsfrist bereits abgelaufen, als der später aufgehobene oder geänderte Steuerbescheid erlassen wurde, gilt dies nur unter den Voraussetzungen des Absatzes 3 Satz 1.

(5) [1]Gegenüber Dritten gilt Absatz 4, wenn sie an dem Verfahren, das zur Aufhebung oder Änderung des fehlerhaften Steuerbescheids geführt hat, be-

---

[1] § 173a eingef. durch G v. 18.7.2016 (BGBl. I S. 1679); zur Anwendung ab 1.1.2017 siehe Art. 97 § 9 Abs. 4 EGAO (Nr. **800a**).

teiligt waren. [2]Ihre Hinzuziehung oder Beiladung zu diesem Verfahren ist zulässig.

§ 175[1)] Änderung von Steuerbescheiden auf Grund von Grundlagenbescheiden und bei rückwirkenden Ereignissen. (1)[2)] [1]Ein Steuerbescheid ist zu erlassen, aufzuheben oder zu ändern,

1. soweit ein Grundlagenbescheid (§ 171 Abs. 10), dem Bindungswirkung für diesen Steuerbescheid zukommt, erlassen, aufgehoben oder geändert wird,
2. soweit ein Ereignis eintritt, das steuerliche Wirkung für die Vergangenheit hat (rückwirkendes Ereignis).

[2]In den Fällen des Satzes 1 Nr. 2 beginnt die Festsetzungsfrist mit Ablauf des Kalenderjahrs, in dem das Ereignis eintritt.

(2) [1]Als rückwirkendes Ereignis gilt auch der Wegfall einer Voraussetzung für eine Steuervergünstigung, wenn gesetzlich bestimmt ist, dass diese Voraussetzung für eine bestimmte Zeit gegeben sein muss, oder wenn durch Verwaltungsakt festgestellt worden ist, dass sie die Grundlage für die Gewährung der Steuervergünstigung bildet. [2]Die nachträgliche Erteilung oder Vorlage einer Bescheinigung oder Bestätigung gilt nicht als rückwirkendes Ereignis.

§ 175a Umsetzung von Verständigungsvereinbarungen. [1]Ein Steuerbescheid ist zu erlassen, aufzuheben oder zu ändern, soweit dies zur Umsetzung einer Verständigungsvereinbarung oder eines Schiedsspruchs nach einem Vertrag im Sinne des § 2 geboten ist. [2]Die Festsetzungsfrist endet insoweit nicht vor Ablauf eines Jahres nach dem Wirksamwerden der Verständigungsvereinbarung oder des Schiedsspruchs.

§ 175b[3)] Änderung von Steuerbescheiden bei Datenübermittlung durch Dritte. (1) Ein Steuerbescheid ist aufzuheben oder zu ändern, soweit von der mitteilungspflichtigen Stelle an die Finanzbehörden übermittelte Daten im Sinne des § 93c bei der Steuerfestsetzung nicht oder nicht zutreffend berücksichtigt wurden.

(2) Gelten Daten, die von mitteilungspflichtigen Stellen nach Maßgabe des § 93c an die Finanzverwaltung übermittelt wurden, nach § 150 Absatz 7 Satz 2 als Angaben des Steuerpflichtigen, ist der Steuerbescheid aufzuheben oder zu ändern, soweit diese Daten zu Ungunsten des Steuerpflichtigen unrichtig sind.

(3) Ist eine Einwilligung des Steuerpflichtigen in die Übermittlung von Daten im Sinne des § 93c an die Finanzbehörden Voraussetzung für die steuerliche Berücksichtigung der Daten, so ist ein Steuerbescheid aufzuheben oder zu ändern, soweit die Einwilligung nicht vorliegt.

[1)] § 175 Abs. 2 Satz 2 angef. durch G v. 9.12.2004 (BGBl. I S. 3310); zur erstmaligen Anwendung siehe Art. 97 § 9 Abs. 3 EGAO (Nr. **800a**); Überschr. neu gef. mWv 1.1.2017 durch G v. 18.7.2016 (BGBl. I S. 1679); zur Anwendung s. auch Art. 97 § 1 Abs. 11 EGAO (Nr. **800a**).

[2)] Zu § 175 Abs. 1 Satz 1 Nr. 2 und Satz 2 s. auch Art. 97 § 9 Abs. 5 EGAO (Nr. **800a**).

[3)] § 175b eingef. durch G v. 18.7.2016 (BGBl. I S. 1679); zur Anwendung siehe Art. 97 § 27 Abs. 2 EGAO (Nr. **800a**).

(4)[1] Die Absätze 1 und 2 gelten nicht, wenn nachträglich übermittelte Daten im Sinne des § 93c Absatz 1 oder 3 nicht rechtserheblich sind.

§ 176 Vertrauensschutz bei der Aufhebung und Änderung von Steuerbescheiden. (1) [1] Bei der Aufhebung oder Änderung eines Steuerbescheids darf nicht zuungunsten des Steuerpflichtigen berücksichtigt werden, dass

1. das Bundesverfassungsgericht die Nichtigkeit eines Gesetzes feststellt, auf dem die bisherige Steuerfestsetzung beruht,
2. ein oberster Gerichtshof des Bundes eine Norm, auf der die bisherige Steuerfestsetzung beruht, nicht anwendet, weil er sie für verfassungswidrig hält,
3. sich die Rechtsprechung eines obersten Gerichtshofes des Bundes geändert hat, die bei der bisherigen Steuerfestsetzung von der Finanzbehörde angewandt worden ist.

[2] Ist die bisherige Rechtsprechung bereits in einer Steuererklärung oder einer Steueranmeldung berücksichtigt worden, ohne dass das für die Finanzbehörde erkennbar war, so gilt Nummer 3 nur, wenn anzunehmen ist, dass die Finanzbehörde bei Kenntnis der Umstände die bisherige Rechtsprechung angewandt hätte.

(2) Bei der Aufhebung oder Änderung eines Steuerbescheids darf nicht zuungunsten des Steuerpflichtigen berücksichtigt werden, dass eine allgemeine Verwaltungsvorschrift der Bundesregierung, einer obersten Bundes- oder Landesbehörde von einem obersten Gerichtshof des Bundes als nicht mit dem geltenden Recht in Einklang stehend bezeichnet worden ist.

§ 177 Berichtigung von materiellen Fehlern. (1) Liegen die Voraussetzungen für die Aufhebung oder Änderung eines Steuerbescheids zuungunsten des Steuerpflichtigen vor, so sind, soweit die Änderung reicht, zugunsten und zuungunsten des Steuerpflichtigen solche materiellen Fehler zu berichtigen, die nicht Anlass der Aufhebung oder Änderung sind.

(2) Liegen die Voraussetzungen für die Aufhebung oder Änderung eines Steuerbescheids zugunsten des Steuerpflichtigen vor, so sind, soweit die Änderung reicht, zuungunsten und zugunsten des Steuerpflichtigen solche materiellen Fehler zu berichtigen, die nicht Anlass der Aufhebung oder Änderung sind.

(3) Materielle Fehler im Sinne der Absätze 1 und 2 sind alle Fehler einschließlich offenbarer Unrichtigkeiten im Sinne des § 129, die zur Festsetzung einer Steuer führen, die von der kraft Gesetzes entstandenen Steuer abweicht.

(4) § 164 Abs. 2, § 165 Abs. 2 und § 176 bleiben unberührt.

---

[1] § 175b Abs. 4 angef. durch G v. 23.6.2017 (BGBl. I S. 1682); zur Anwendung siehe Art. 97 § 27 Abs. 3 EGAO (Nr. **800a**).

IV. Kosten

§ 178 Kosten bei besonderer Inanspruchnahme der Zollbehörden.

(1) Die Behörden der Bundeszollverwaltung sowie die Behörden, denen die Wahrnehmung von Aufgaben der Bundeszollverwaltung übertragen worden ist, können für eine besondere Inanspruchnahme oder Leistung (kostenpflichtige Amtshandlung) Gebühren erheben und die Erstattung von Auslagen verlangen.

(2) Eine besondere Inanspruchnahme oder Leistung im Sinne des Absatzes 1 liegt insbesondere vor bei

1. Amtshandlungen außerhalb des Amtsplatzes und außerhalb der Öffnungszeiten, soweit es sich nicht um Maßnahmen der Steueraufsicht handelt,
2. Amtshandlungen, die zu einer Diensterschwernis führen, weil sie antragsgemäß zu einer bestimmten Zeit vorgenommen werden sollen,
3. Untersuchungen von Waren, wenn
   a) sie durch einen Antrag auf Erteilung einer verbindlichen Zolltarifauskunft, Gewährung einer Steuervergütung oder sonstigen Vergünstigungen veranlasst sind oder
   b) bei Untersuchungen von Amts wegen Angaben oder Einwendungen des Verfügungsberechtigten sich als unrichtig oder unbegründet erweisen oder
   c) die untersuchten Waren den an sie gestellten Anforderungen nicht entsprechen,
4. Überwachungsmaßnahmen in Betrieben und bei Betriebsvorgängen, wenn sie durch Zuwiderhandlungen gegen die zur Sicherung des Steueraufkommens erlassenen Rechtsvorschriften veranlasst sind,
5. amtlichen Bewachungen und Begleitungen von Beförderungsmitteln oder Waren,
6.[1] Verwahrung von Nichtgemeinschaftswaren,
7.[2] Fertigung von Schriftstücken, elektronischen Dokumenten, Abschriften und Ablichtungen sowie bei der elektronischen Übersendung oder dem Ausdruck von elektronischen Dokumenten und anderen Dateien, wenn diese Arbeiten auf Antrag erfolgen,
8.[1] Vernichtung oder Zerstörung von Waren, die von Amts wegen oder auf Antrag vorgenommen wird.

(3) Das Bundesministerium der Finanzen wird ermächtigt, durch Rechtsverordnung, die der Zustimmung des Bundesrates nicht bedarf, die kostenpflichtigen Amtshandlungen näher festzulegen, die für sie zu erhebenden Kosten nach dem auf sie entfallenden durchschnittlichen Verwaltungsaufwand zu bemessen und zu pauschalieren sowie die Voraussetzungen zu bestimmen, unter denen von ihrer Erhebung wegen Geringfügigkeit, zur Vermeidung von

---

[1] § 178 Abs. 2 Nr. 6 neu gef. und Nr. 8 angef. mWv 20.12.2003 durch G v. 15.12.2003 (BGBl. I S. 2645).

[2] § 178 Abs. 2 Nr. 7 neu gef. mWv 31.12.2014 durch G v. 22.12.2014 (BGBl. I S. 2417).

Härten oder aus ähnlichen Gründen ganz oder teilweise abgesehen werden kann.

(4)[1] [1] Auf die Festsetzung der Kosten sind die für Verbrauchssteuern geltenden Vorschriften entsprechend anzuwenden. [2] Im Übrigen gilt für diese Kosten das Verwaltungskostengesetz in der bis zum 14. August 2013 geltenden Fassung. [3] Die §§ 18 bis 22 des Verwaltungskostengesetzes in der bis zum 14. August 2013 geltenden Fassung finden keine Anwendung.

§ 178a[2] Kosten bei besonderer Inanspruchnahme der Finanzbehörden. (1) [1] Das Bundeszentralamt für Steuern erhebt für die Bearbeitung eines Antrags auf Durchführung eines Verständigungsverfahrens nach einem Vertrag im Sinne des § 2 zur einvernehmlichen Besteuerung von noch nicht verwirklichten Geschäften eines Steuerpflichtigen mit nahe stehenden Personen im Sinne des § 1 des Außensteuergesetzes oder zur zukünftigen einvernehmlichen Gewinnaufteilung zwischen einem inländischen Unternehmen und seiner ausländischen Betriebsstätte oder zur zukünftigen einvernehmlichen Gewinnermittlung einer inländischen Betriebsstätte eines ausländischen Unternehmens (Vorabverständigungsverfahren) Gebühren, die vor Eröffnung des Vorabverständigungsverfahrens durch das Bundeszentralamt für Steuern festzusetzen sind. [2] Diese Eröffnung geschieht durch die Versendung des ersten Schriftsatzes an den anderen Staat. [3] Hat ein Antrag Vorabverständigungsverfahren mit mehreren Staaten zum Ziel, ist für jedes Verfahren eine Gebühr festzusetzen und zu entrichten. [4] Das Vorabverständigungsverfahren wird erst eröffnet, wenn die Gebührenfestsetzung unanfechtbar geworden und die Gebühr entrichtet ist; wird ein Herabsetzungsantrag nach Absatz 4 gestellt, muss auch darüber unanfechtbar entschieden sein.

(2) [1] Die Gebühr beträgt 20 000 Euro (Grundgebühr) für jeden Antrag im Sinne des Absatzes 1; der Antrag eines Organträgers im Sinne des § 14 Abs. 1 des Körperschaftsteuergesetzes, der entsprechende Geschäfte seiner Organgesellschaften mit umfasst, gilt als ein Antrag. [2] Stellt der Antragsteller einer bereits abgeschlossenen Verständigungsvereinbarung einen Antrag auf Verlängerung der Geltungsdauer, beträgt die Gebühr 15 000 Euro (Verlängerungsgebühr). [3] Ändert der Antragsteller seinen Antrag vor der Entscheidung über den ursprünglichen Antrag oder stellt er während der Laufzeit der Verständigungsvereinbarung einen Antrag auf Änderung der Verständigungsvereinbarung, wird eine zusätzliche Gebühr von 10 000 Euro für jeden Änderungsantrag erhoben (Änderungsgebühr); dies gilt nicht, wenn die Änderung vom Bundeszentralamt für Steuern oder vom anderen Staat veranlasst worden ist.

(3) Sofern die Summe der von dem Vorabverständigungsverfahren erfassten Geschäftsvorfälle die Beträge des § 6 Abs. 2 Satz 1 der Gewinnabgrenzungsaufzeichnungsverordnung vom 13. November 2003 (BGBl. I S. 2296) voraussichtlich nicht überschreitet, beträgt die Grundgebühr 10 000 Euro, die Verlängerungsgebühr 7500 Euro und die Änderungsgebühr 5000 Euro.

---

[1] § 178 Abs. 4 neu gef. mWv 15.8.2013 durch G v. 7.8.2013 (BGBl. I S. 3154).
[2] § 178a eingef. mWv 19.12.2006 durch G v. 13.12.2006 (BGBl. I S. 2878).

(4) [1]Das Bundeszentralamt für Steuern kann die Gebühr nach Absatz 2 oder 3 auf Antrag herabsetzen, wenn deren Entrichtung für den Steuerpflichtigen eine unbillige Härte bedeutet und das Bundeszentralamt für Steuern ein besonderes Interesse der Finanzbehörden an der Durchführung des Vorabverständigungsverfahrens feststellt. [2]Der Antrag ist vor Eröffnung des Vorabverständigungsverfahrens zu stellen; ein später gestellter Antrag ist unzulässig.

(5) Im Fall der Rücknahme oder Ablehnung des Antrags, oder wenn das Vorabverständigungsverfahren scheitert, wird die unanfechtbar festgesetzte Gebühr nicht erstattet.

2. Unterabschnitt: Gesonderte Feststellung von Besteuerungsgrundlagen, Festsetzung von Steuermessbeträgen

I. Gesonderte Feststellungen

§ 179 Feststellung von Besteuerungsgrundlagen. (1) Abweichend von § 157 Abs. 2 werden die Besteuerungsgrundlagen durch Feststellungsbescheid gesondert festgestellt, soweit dies in diesem Gesetz oder sonst in den Steuergesetzen bestimmt ist.

(2) [1]Ein Feststellungsbescheid richtet sich gegen den Steuerpflichtigen, dem der Gegenstand der Feststellung bei der Besteuerung zuzurechnen ist. [2]Die gesonderte Feststellung wird gegenüber mehreren Beteiligten einheitlich vorgenommen, wenn dies gesetzlich bestimmt ist oder der Gegenstand der Feststellung mehreren Personen zuzurechnen ist. [3]Ist eine dieser Personen an dem Gegenstand der Feststellung nur über eine andere Person beteiligt, so kann insoweit eine besondere gesonderte Feststellung vorgenommen werden.

(3) Soweit in einem Feststellungsbescheid eine notwendige Feststellung unterblieben ist, ist sie in einem Ergänzungsbescheid nachzuholen.

§ 180 Gesonderte Feststellung von Besteuerungsgrundlagen.
(1)[1)] [1]Gesondert festgestellt werden insbesondere:

[Fassung bis 31.12.2024:][2)]

1. die Einheitswerte [***ab 1.1.2022:*** und die Grundsteuerwerte] nach Maßgabe des Bewertungsgesetzes,

[Fassung ab 1.1 2025:][3)]

1. die Grundsteuerwerte nach Maßgabe des Bewertungsgesetzes,

2. a)[4)] die einkommensteuerpflichtigen und körperschaftsteuerpflichtigen Einkünfte und mit ihnen im Zusammenhang stehende andere Besteuerungsgrundlagen, wenn an den Einkünften mehrere Personen beteiligt sind und die Einkünfte diesen Personen steuerlich zuzurechnen sind,

---

[1)] § 180 Abs. 1 Satz 2 angef. durch G v. 22.12.2014 (BGBl. I S. 2417); zur Anwendung siehe Art. 97 § 10b Satz 2 EGAO (Nr. **800a**).

[2)] § 180 Abs. 1 Satz 1 Nr. 1 geänd. mWv 1.1.2022 durch G v. 26.11.2019 (BGBl. I S. 1794).

[3)] § 180 Abs. 1 Satz 1 Nr. 1 geänd. durch G v. 26.11.2019 (BGBl. I S. 1794); zur Anwendung siehe Art. 97 § 10b Satz 3 EGAO (Nr. **800a**).

[4)] Siehe hierzu Art. 97a § 3 Abs. 2 EGAO (Nr. **800a**).

b) in anderen als den in Buchstabe a genannten Fällen die Einkünfte aus Land- und Forstwirtschaft, Gewerbebetrieb oder einer freiberuflichen Tätigkeit, wenn nach den Verhältnissen zum Schluss des Gewinnermittlungszeitraums das für die gesonderte Feststellung zuständige Finanzamt nicht auch für die Steuern vom Einkommen zuständig ist,

3. der Wert der vermögensteuerpflichtigen Wirtschaftsgüter *(§§ 114 bis 117a des Bewertungsgesetzes)*[1)] und der Wert der Schulden und sonstigen Abzüge *(§ 118 des Bewertungsgesetzes)*[1)], wenn die Wirtschaftsgüter, Schulden und sonstigen Abzüge mehreren Personen zuzurechnen sind und die Feststellungen für die Besteuerung von Bedeutung sind.

[2] Wenn sich in den Fällen von Satz 1 Nummer 2 Buchstabe b die für die örtliche Zuständigkeit maßgeblichen Verhältnisse nach Schluss des Gewinnermittlungszeitraums geändert haben, so richtet sich die örtliche Zuständigkeit auch für Feststellungszeiträume, die vor der Änderung der maßgeblichen Verhältnisse liegen, nach § 18 Absatz 1 Nummer 1 bis 3 in Verbindung mit § 26.

(2) [1] Zur Sicherstellung einer einheitlichen Rechtsanwendung bei gleichen Sachverhalten und zur Erleichterung des Besteuerungsverfahrens kann das Bundesministerium der Finanzen durch Rechtsverordnung[2)] mit Zustimmung des Bundesrates bestimmen, dass in anderen als den in Absatz 1 genannten Fällen Besteuerungsgrundlagen gesondert und für mehrere Personen einheitlich festgestellt werden. [2] Dabei können insbesondere geregelt werden

1. der Gegenstand und der Umfang der gesonderten Feststellung,
2. die Voraussetzungen für das Feststellungsverfahren,
3. die örtliche Zuständigkeit der Finanzbehörden,
4. die Bestimmung der am Feststellungsverfahren beteiligten Personen (Verfahrensbeteiligte) und der Umfang ihrer steuerlichen Pflichten und Rechte einschließlich der Vertretung Beteiligter durch andere Beteiligte,
5. die Bekanntgabe von Verwaltungsakten an die Verfahrensbeteiligten und Empfangsbevollmächtigte,
6. die Zulässigkeit, der Umfang und die Durchführung von Außenprüfungen zur Ermittlung der Besteuerungsgrundlagen.

[3] Durch Rechtsverordnung kann das Bundesministerium der Finanzen mit Zustimmung des Bundesrates bestimmen, dass Besteuerungsgrundlagen, die sich erst später auswirken, zur Sicherung der späteren zutreffenden Besteuerung gesondert und für mehrere Personen einheitlich festgestellt werden; Satz 2 gilt entsprechend. [4] Die Rechtsverordnungen bedürfen nicht der Zustimmung des Bundesrates, soweit sie Einfuhr- und Ausfuhrabgaben und Verbrauchsteuern, mit Ausnahme der Biersteuer, betreffen.

(3) [1] Absatz 1 Satz 1 Nummer 2[3)] Buchstabe a gilt nicht, wenn

---

1) §§ 114–117a, 118 BewG aufgeh. durch G v. 20.12.1996 (BGBl. I S. 2049) und v. 29.10.1997 (BGBl. I S. 2590).

2) Vgl. hierzu VO über die gesonderte Feststellung von Besteuerungsgrundlagen nach § 180 Abs. 2 AO (Nr. **800 e**).

3) Verweis geänd. mWv 1.1.2017 durch G v. 18.7.2016 (BGBl. I S. 1679); zur Anwendung s. auch Art. 97 § 1 Abs. 11 EGAO (Nr. **800a**).

1. nur eine der an den Einkünften beteiligten Personen mit ihren Einkünften im Geltungsbereich dieses Gesetzes einkommensteuerpflichtig oder körperschaftsteuerpflichtig ist oder
2. es sich um einen Fall von geringer Bedeutung handelt, insbesondere weil die Höhe des festgestellten Betrags und die Aufteilung feststehen; dies gilt sinngemäß auch für die Fälle des Absatzes 1 Satz 1 Nummer 2[1)] Buchstabe b und Nummer 3.

[2]Das nach § 18 Absatz 1 Nummer 4 zuständige Finanzamt kann durch Bescheid feststellen, dass eine gesonderte Feststellung nicht durchzuführen ist. [3]Der Bescheid gilt als Steuerbescheid.

(4) Absatz 1 Satz 1 Nummer 2[1)] Buchstabe a gilt ferner nicht für Arbeitsgemeinschaften, deren alleiniger Zweck in der Erfüllung eines einzigen Werkvertrages oder Werklieferungsvertrages besteht.

(5) Absatz 1 Satz 1 Nummer 2 sowie die[1)] Absätze 2 und 3 sind entsprechend anzuwenden, soweit

1. die nach einem Abkommen zur Vermeidung der Doppelbesteuerung von der Bemessungsgrundlage ausgenommenen Einkünfte bei der Festsetzung der Steuern der beteiligten Personen von Bedeutung sind oder
2. Steuerabzugsbeträge und Körperschaftsteuer auf die festgesetzte Steuer anzurechnen sind.

§ 181 Verfahrensvorschriften für die gesonderte Feststellung, Feststellungsfrist, Erklärungspflicht. (1) [1]Für die gesonderte Feststellung gelten die Vorschriften über die Durchführung der Besteuerung sinngemäß. [2]Steuererklärung im Sinne des § 170 Absatz 2 Satz 1 Nummer 1[1)] ist die Erklärung zur gesonderten Feststellung. [3]Wird eine Erklärung zur gesonderten Feststellung nach § 180 Absatz 2 ohne Aufforderung durch die Finanzbehörde abgegeben, gilt § 170 Absatz 3 sinngemäß.

(2)[2)] [1]Eine Erklärung zur gesonderten Feststellung hat derjenige abzugeben, dem der Gegenstand der Feststellung ganz oder teilweise zuzurechnen ist. [2]Erklärungspflichtig sind insbesondere

1. in den Fällen des § 180 Absatz 1 Satz 1 Nummer 2 Buchstabe a jeder Feststellungsbeteiligte, dem ein Anteil an den einkommensteuerpflichtigen oder körperschaftsteuerpflichtigen Einkünften zuzurechnen ist;
2. in den Fällen des § 180 Absatz 1 Satz 1 Nummer 2 Buchstabe b der Unternehmer;
3. in den Fällen des § 180 Absatz 1 Satz 1 Nummer 3 jeder Feststellungsbeteiligte, dem ein Anteil an den Wirtschaftsgütern, Schulden oder sonstigen Abzügen zuzurechnen ist;

[1)] Verweis geänd. mWv 1.1.2017 durch G v. 18.7.2016 (BGBl. I S. 1679); zur Anwendung s. auch Art. 97 § 1 Abs. 11 EGAO (Nr. **800a**).

[2)] § 181 Abs. 2 geänd. mWv 1.1.2017 durch G v. 18.7.2016 (BGBl. I S. 1679); zur Anwendung s. auch Art. 97 § 1 Abs. 11 EGAO (Nr. **800a**).

4. in den Fällen des § 180 Absatz 1 Satz 1 Nummer 2 Buchstabe a und Nummer 3 auch die in § 34 bezeichneten Personen.

³Hat ein Erklärungspflichtiger eine Erklärung zur gesonderten Feststellung abgegeben, sind andere Beteiligte insoweit von der Erklärungspflicht befreit.

(2a)[1] ¹Die Erklärung zur gesonderten Feststellung nach § 180 Absatz 1 Satz 1 Nummer 2 ist nach amtlich vorgeschriebenem Datensatz durch Datenfernübertragung zu übermitteln. ²Auf Antrag kann die Finanzbehörde zur Vermeidung unbilliger Härten auf eine elektronische Übermittlung verzichten; in diesem Fall ist die Erklärung zur gesonderten Feststellung nach amtlich vorgeschriebenem Vordruck abzugeben und vom Erklärungspflichtigen eigenhändig zu unterschreiben.

[Fassung bis 31.12.2021:]

(3) ¹Die Frist für die gesonderte Feststellung von Einheitswerten (Feststellungsfrist) beginnt mit Ablauf des Kalenderjahrs, auf dessen Beginn die Hauptfeststellung, die Fortschreibung, die Nachfeststellung oder die Aufhebung eines Einheitswerts vorzunehmen ist. ²Ist eine Erklärung zur gesonderten Feststellung des Einheitswerts abzugeben, beginnt die Feststellungsfrist mit Ablauf des Kalenderjahrs, in dem die Erklärung eingereicht wird, spätestens jedoch mit Ablauf des dritten Kalenderjahrs, das auf das Kalenderjahr folgt, auf dessen Beginn die Einheitswertfeststellung vorzunehmen oder aufzuheben ist. ³Wird der Beginn der Feststellungsfrist nach Satz 2 hinausgeschoben, wird der Beginn der Feststellungsfrist für die weiteren Feststellungszeitpunkte des Hauptfeststellungszeitraums jeweils um die gleiche Zeit hinausgeschoben.

[Fassung ab 1.1.2022:][2]

(3) ¹Die Frist für die gesonderte Feststellung von Einheitswerten oder von Grundsteuerwerten (Feststellungsfrist) beginnt mit Ablauf des Kalenderjahres, auf dessen Beginn die Hauptfeststellung, die Fortschreibung, die Nachfeststellung oder die Aufhebung eines Einheitswerts oder eines Grundsteuerwerts vorzunehmen ist. ²Ist eine Erklärung zur gesonderten Feststellung des Einheitswerts oder des Grundsteuerwerts abzugeben, beginnt die Feststellungsfrist mit Ablauf des Kalenderjahres, in dem die Erklärung eingereicht wird, spätestens jedoch mit Ablauf des dritten Kalenderjahres, das auf das Kalenderjahr folgt, auf dessen Beginn die Einheitswertfeststellung oder die Grundsteuerwertfeststellung vorzunehmen oder aufzuheben ist. ³Wird der Beginn der Feststellungsfrist nach Satz 2 hinausgeschoben, wird der Beginn der Feststellungsfrist für die weiteren Feststellungszeitpunkte des Hauptfeststellungszeitraums jeweils um die gleiche Zeit hinausgeschoben.

---

[1] § 181 Abs. 2a eingef. mit erstmaliger Wirkung für nach dem 31.12.2010 beginnende Feststellungszeiträume (Art. 97 § 10a Abs. 2 EGAO – Nr. **800a**) durch G v. 20.12.2008 (BGBl. I S. 2850); geänd. mWv 1.1.2017 durch G v. 18.7.2016 (BGBl. I S. 1679); zur Anwendung s. auch Art. 97 § 1 Abs. 11 EGAO (Nr. **800a**).

[2] § 181 Abs. 3 Sätze 1 und 2 geänd. mWv 1.1.2022 durch G v. 26.11.2019 (BGBl. I S. 1794).

[Fassung ab 1.1.2025:][1)]

(3) [1]Die Frist für die gesonderte Feststellung von Grundsteuerwerten (Feststellungsfrist) beginnt mit Ablauf des Kalenderjahres, auf dessen Beginn die Hauptfeststellung, die Fortschreibung, die Nachfeststellung oder die Aufhebung eines Grundsteuerwerts vorzunehmen ist. [2]Ist eine Erklärung zur gesonderten Feststellung des Grundsteuerwerts abzugeben, beginnt die Feststellungsfrist mit Ablauf des Kalenderjahres, in dem die Erklärung eingereicht wird, spätestens jedoch mit Ablauf des dritten Kalenderjahres, das auf das Kalenderjahr folgt, auf dessen Beginn die Grundsteuerwertfeststellung vorzunehmen oder aufzuheben ist. [3]Wird der Beginn der Feststellungsfrist nach Satz 2 hinausgeschoben, wird der Beginn der Feststellungsfrist für die weiteren Feststellungszeitpunkte des Hauptfeststellungszeitraums jeweils um die gleiche Zeit hinausgeschoben.

(4) In den Fällen des Absatzes 3 beginnt die Feststellungsfrist nicht vor Ablauf des Kalenderjahrs, auf dessen Beginn *der Einheitswert* [***ab 1.1.2022:*** der Einheitswert oder der Grundsteuerwert][2)] [***ab 1.1.2025:*** der Grundsteuerwert][3)] erstmals steuerlich anzuwenden ist.

(5) [1]Eine gesonderte Feststellung kann auch nach Ablauf der für sie geltenden Feststellungsfrist insoweit erfolgen, als die gesonderte Feststellung für eine Steuerfestsetzung von Bedeutung ist, für die die Festsetzungsfrist im Zeitpunkt der gesonderten Feststellung noch nicht abgelaufen ist; hierbei bleibt § 171 Abs. 10 außer Betracht. [2]Hierauf ist im Feststellungsbescheid hinzuweisen. [3]§ 169 Abs. 1 Satz 3 gilt sinngemäß.

§ 182[4)] **Wirkungen der gesonderten Feststellung.** (1) [1]Feststellungsbescheide sind, auch wenn sie noch nicht unanfechtbar sind, für andere Feststellungsbescheide, für Steuermessbescheide, für Steuerbescheide und für

[1)] § 181 Abs. 3 Sätze 1 und 2 geänd. durch G v. 26.11.2019 (BGBl. I S. 1794); zur Anwendung vgl. Art. 97 § 10b Satz 3 EGAO (Nr. **800a**).

[2)] § 181 Abs. 4 geänd. mWv 1.1.2022 durch G v. 26.11.2019 (BGBl. I S. 1794).

[3)] § 181 Abs. 4 geänd. durch G v. 26.11.2019 (BGBl. I S. 1794); zur Anwendung vgl. Art. 97 § 10b Satz 3 EGAO (Nr. **800a**).

[4)] § 182 Abs. 1 Satz 2 geänd., Satz 2 2. HS wird Satz 3, Abs. 2 Sätze 1 und 3 geänd., Abs. 3 geänd. mWv 1.1.2017 durch G v. 18.7.2016 (BGBl. I S. 1679); zur Anwendung s. auch Art. 97 § 1 Abs. 11 EGAO (Nr. **800a**).

Richtlinien aufgestellt worden sind. [2]Eine Maßnahme nach § 163 Absatz 1[1)] Satz 2 wirkt, soweit sie die gewerblichen Einkünfte als Grundlage für die Festsetzung der Steuer vom Einkommen beeinflusst, auch für den Gewerbeertrag als Grundlage für die Festsetzung des Gewerbesteuermessbetrags.

(3)[2)] [1]Die Finanzbehörden teilen den Inhalt des Steuermessbescheids sowie die nach Absatz 2 getroffenen Maßnahmen den Gemeinden mit, denen die Steuerfestsetzung (der Erlass des Realsteuerbescheids) obliegt. [***ab 1.1.2025:*** [2]Die Mitteilungen an die Gemeinden erfolgen durch Bereitstellung zum Abruf; § 87a Absatz 8 und § 87b Absatz 1 gelten dabei entsprechend.]

3. Unterabschnitt: Zerlegung und Zuteilung

§ 185 Geltung der allgemeinen Vorschriften. Auf die in den Steuergesetzen vorgesehene Zerlegung von Steuermessbeträgen sind die für die Steuermessbeträge geltenden Vorschriften entsprechend anzuwenden, soweit im Folgenden nichts anderes bestimmt ist.

§ 186 Beteiligte. Am Zerlegungsverfahren sind beteiligt:
1. der Steuerpflichtige,
2. die Steuerberechtigten, denen ein Anteil an dem Steuermessbetrag zugeteilt worden ist oder die einen Anteil beanspruchen. [2]Soweit die Festsetzung der Steuer dem Steuerberechtigten nicht obliegt, tritt an seine Stelle die für die Festsetzung der Steuer zuständige Behörde.

§ 187 Akteneinsicht. Die beteiligten Steuerberechtigten können von der zuständigen Finanzbehörde Auskunft über die Zerlegungsgrundlagen verlangen und durch ihre Amtsträger Einsicht in die Zerlegungsunterlagen nehmen.

§ 188 Zerlegungsbescheid. (1) Über die Zerlegung ergeht ein schriftlicher Bescheid (Zerlegungsbescheid), der den Beteiligten bekannt zu geben ist, soweit sie betroffen sind.

(2) [1]Der Zerlegungsbescheid muss die Höhe des zu zerlegenden Steuermessbetrags angeben und bestimmen, welche Anteile den beteiligten Steuerberechtigten zugeteilt werden. [2]Er muss ferner die Zerlegungsgrundlagen angeben.

§ 189 Änderung der Zerlegung. [1]Ist der Anspruch eines Steuerberechtigten auf einen Anteil am Steuermessbetrag nicht berücksichtigt und auch nicht zurückgewiesen worden, so wird die Zerlegung von Amts wegen oder auf Antrag geändert oder nachgeholt. [2]Ist der bisherige Zerlegungsbescheid gegenüber denjenigen Steuerberechtigten, die an dem Zerlegungsverfahren bereits beteiligt waren, unanfechtbar geworden, so dürfen bei der Änderung der Zerlegung nur solche Änderungen vorgenommen werden, die sich aus der

---

[1)] Verweis geänd. mWv 1.1.2017 durch G v. 18.7.2016 (BGBl. I S. 1679).

[2)] § 184 Abs. 3 Satz 2 angef. durch G v. 21.12.2020 (BGBl. I S. 3096); zur Anwendung siehe Art. 97 § 35 EGAO (Nr. **800a**).

nachträglichen Berücksichtigung der bisher übergangenen Steuerberechtigten ergeben. [3]Eine Änderung oder Nachholung der Zerlegung unterbleibt, wenn ein Jahr vergangen ist, seitdem der Steuermessbescheid unanfechtbar geworden ist, es sei denn, dass der übergangene Steuerberechtigte die Änderung oder Nachholung der Zerlegung vor Ablauf des Jahres beantragt hatte.

§ 190 Zuteilungsverfahren. [1]Ist ein Steuermessbetrag in voller Höhe einem Steuerberechtigten zuzuteilen, besteht aber Streit darüber, welchem Steuerberechtigten der Steuermessbetrag zusteht, so entscheidet die Finanzbehörde auf Antrag eines Beteiligten durch Zuteilungsbescheid. [2]Die für das Zerlegungsverfahren geltenden Vorschriften sind entsprechend anzuwenden.

4. Unterabschnitt: Haftung

§ 191 Haftungsbescheide, Duldungsbescheide. (1) [1]Wer kraft Gesetzes für eine Steuer haftet (Haftungsschuldner), kann durch Haftungsbescheid, wer kraft Gesetzes verpflichtet ist, die Vollstreckung zu dulden, kann durch Duldungsbescheid in Anspruch genommen werden. [2]Die Anfechtung wegen Ansprüchen aus dem Steuerschuldverhältnis außerhalb des Insolvenzverfahrens erfolgt durch Duldungsbescheid, soweit sie nicht im Wege der Einrede nach § 9 des Anfechtungsgesetzes geltend zu machen ist; bei der Berechnung von Fristen nach den §§ 3 und 4[1)] des Anfechtungsgesetzes steht der Erlass eines Duldungs-

(Fortsetzung nächste Seite)

1) § 191 Abs. 1 Satz 2 Verweis geänd. mWv 1.11.2008 durch G v. 23.10.2008 (BGBl. I S. 2026).

bescheids der gerichtlichen Geltendmachung der Anfechtung nach § 7 Abs. 1 des Anfechtungsgesetzes gleich. [3]Die Bescheide sind schriftlich zu erteilen.

(2) Bevor gegen einen Rechtsanwalt, Patentanwalt, Notar, Steuerberater, Steuerbevollmächtigten, Wirtschaftsprüfer oder vereidigten Buchprüfer wegen einer Handlung im Sinne des § 69, die er in Ausübung seines Berufs vorgenommen hat, ein Haftungsbescheid erlassen wird, gibt die Finanzbehörde der zuständigen Berufskammer Gelegenheit, die Gesichtspunkte vorzubringen, die von ihrem Standpunkt für die Entscheidung von Bedeutung sind.

(3)[1)·2)] [1]Die Vorschriften über die Festsetzungsfrist sind auf den Erlass von Haftungsbescheiden entsprechend anzuwenden. [2]Die Festsetzungsfrist beträgt vier Jahre, in den Fällen des § 70 bei Steuerhinterziehung zehn Jahre, bei leichtfertiger Steuerverkürzung fünf Jahre, in den Fällen des § 71 zehn Jahre. [3]Die Festsetzungsfrist beginnt mit Ablauf des Kalenderjahrs, in dem der Tatbestand verwirklicht worden ist, an den das Gesetz die Haftungsfolge knüpft. [4]Ist die Steuer, für die gehaftet wird, noch nicht festgesetzt worden, so endet die Festsetzungsfrist für den Haftungsbescheid nicht vor Ablauf der für die Steuerfestsetzung geltenden Festsetzungsfrist; andernfalls gilt § 171 Abs. 10 sinngemäß. [5]In den Fällen der §§ 73 und 74 endet die Festsetzungsfrist nicht, bevor die gegen den Steuerschuldner festgesetzte Steuer verjährt (§ 228) ist.

(4)[1)] Ergibt sich die Haftung nicht aus den Steuergesetzen, so kann ein Haftungsbescheid ergehen, solange die Haftungsansprüche nach dem für sie maßgebenden Recht noch nicht verjährt sind.

(5)[1)] [1]Ein Haftungsbescheid kann nicht mehr ergehen,

1. soweit die Steuer gegen den Steuerschuldner nicht festgesetzt worden ist und wegen Ablaufs der Festsetzungsfrist auch nicht mehr festgesetzt werden kann,
2. soweit die gegen den Steuerschuldner festgesetzte Steuer verjährt ist oder die Steuer erlassen worden ist.

[2]Dies gilt nicht, wenn die Haftung darauf beruht, dass der Haftungsschuldner Steuerhinterziehung oder Steuerhehlerei begangen hat.

§ 192 Vertragliche Haftung. Wer sich auf Grund eines Vertrags verpflichtet hat, für die Steuer eines anderen einzustehen, kann nur nach den Vorschriften des bürgerlichen Rechts in Anspruch genommen werden.

Vierter Abschnitt: Außenprüfung

1. Unterabschnitt: Allgemeine Vorschriften

§ 193[3)] Zulässigkeit einer Außenprüfung. (1) Eine Außenprüfung ist zulässig bei Steuerpflichtigen, die einen gewerblichen oder land- und forst-

---

[1)] Zur Anwendung in den neuen Bundesländern siehe Art. 97a § 2 Nr. 6 EGAO (Nr. **800a**).

[2)] Zu § 191 Abs. 3 Satz 2 siehe Art. 97a § 3 EGAO (Nr. **800a**).

[3)] § 193 Abs. 1 geänd., Abs. 2 Nr. 3 angef. durch G v. 29.7.2009 (BGBl. I S. 2302); zur erstmaligen Anwendung mWv 1.1.2010 siehe Art. 97 § 22 Abs. 2 EGAO (Nr. **800a**) iVm § 5 Satz 1 Steuerhinterziehungsbekämpfungsverordnung (Nr. **12**).

wirtschaftlichen Betrieb unterhalten, die freiberuflich tätig sind und bei Steuerpflichtigen im Sinne des § 147a.

(2) Bei anderen als den in Absatz 1 bezeichneten Steuerpflichtigen ist eine Außenprüfung zulässig,

1. soweit sie die Verpflichtung dieser Steuerpflichtigen betrifft, für Rechnung eines anderen Steuern zu entrichten oder Steuern einzubehalten und abzuführen,
2. wenn die für die Besteuerung erheblichen Verhältnisse der Aufklärung bedürfen und eine Prüfung an Amtsstelle nach Art und Umfang des zu prüfenden Sachverhalts nicht zweckmäßig ist oder
3. wenn ein Steuerpflichtiger seinen Mitwirkungspflichten nach § 90 Absatz 2 Satz 3 nicht nachkommt.

§ 194 Sachlicher Umfang einer Außenprüfung. (1) [1]Die Außenprüfung dient der Ermittlung der steuerlichen Verhältnisse des Steuerpflichtigen. [2]Sie kann eine oder mehrere Steuerarten, einen oder mehrere Besteuerungszeiträume umfassen oder sich auf bestimmte Sachverhalte beschränken. [3]Die Außenprüfung bei einer Personengesellschaft umfasst die steuerlichen Verhältnisse der Gesellschafter insoweit, als diese Verhältnisse für die zu überprüfenden einheitlichen Feststellungen von Bedeutung sind. [4]Die steuerlichen Verhältnisse anderer Personen können insoweit geprüft werden, als der Steuerpflichtige verpflichtet war oder verpflichtet ist, für Rechnung dieser Personen Steuern zu entrichten oder Steuern einzubehalten und abzuführen; dies gilt auch dann, wenn etwaige Steuernachforderungen den anderen Personen gegenüber geltend zu machen sind.

(2) Die steuerlichen Verhältnisse von Gesellschaftern und Mitgliedern sowie von Mitgliedern der Überwachungsorgane können über die in Absatz 1 geregelten Fälle hinaus in die bei einer Gesellschaft durchzuführende Außenprüfung einbezogen werden, wenn dies im Einzelfall zweckmäßig ist.

(3) Werden anlässlich einer Außenprüfung Verhältnisse anderer als der in Absatz 1 genannten Personen festgestellt, so ist die Auswertung der Feststellungen insoweit zulässig, als ihre Kenntnis für die Besteuerung dieser anderen Personen von Bedeutung ist oder die Feststellungen eine unerlaubte Hilfeleistung in Steuersachen betreffen.

§ 195 Zuständigkeit. [1]Außenprüfungen werden von den für die Besteuerung zuständigen Finanzbehörden durchgeführt. [2]Sie können andere Finanzbehörden mit der Außenprüfung beauftragen. [3]Die beauftragte Finanzbehörde kann im Namen der zuständigen Finanzbehörde die Steuerfestsetzung vornehmen und verbindliche Zusagen (§§ 204 bis 207) erteilen.

§ 196[1)] Prüfungsanordnung. Die Finanzbehörde bestimmt den Umfang der Außenprüfung in einer schriftlich oder elektronisch zu erteilenden Prüfungsanordnung mit Rechtsbehelfsbelehrung nach § 356.

[1)] § 196 geänd. mWv 1.1.2017 durch G v. 18.7.2016 (BGBl. I S. 1679); zur Anwendung s. auch Art. 97 § 1 Abs. 11 EGAO (Nr. **800a**).

§ 197 Bekanntgabe der Prüfungsanordnung. (1) [1]Die Prüfungsanordnung sowie der voraussichtliche Prüfungsbeginn und die Namen der Prüfer sind dem Steuerpflichtigen, bei dem die Außenprüfung durchgeführt werden soll, angemessene Zeit vor Beginn der Prüfung bekannt zu geben, wenn der Prüfungszweck dadurch nicht gefährdet wird. [2]Der Steuerpflichtige kann auf die Einhaltung der Frist verzichten. [3]Soll die Prüfung nach § 194 Abs. 2 auf die steuerlichen Verhältnisse von Gesellschaftern und Mitgliedern sowie von Mitgliedern der Überwachungsorgane erstreckt werden, so ist die Prüfungsanordnung insoweit auch diesen Personen bekannt zu geben.

(2) Auf Antrag der Steuerpflichtigen soll der Beginn der Außenprüfung auf einen anderen Zeitpunkt verlegt werden, wenn dafür wichtige Gründe glaubhaft gemacht werden.

§ 198 Ausweispflicht, Beginn der Außenprüfung. [1]Die Prüfer haben sich bei Erscheinen unverzüglich auszuweisen. [2]Der Beginn der Außenprüfung ist unter Angabe von Datum und Uhrzeit aktenkundig zu machen.

§ 199 Prüfungsgrundsätze. (1) Der Außenprüfer hat die tatsächlichen und rechtlichen Verhältnisse, die für die Steuerpflicht und für die Bemessung der Steuer maßgebend sind (Besteuerungsgrundlagen), zugunsten wie zuungunsten des Steuerpflichtigen zu prüfen.

(2) Der Steuerpflichtige ist während der Außenprüfung über die festgestellten Sachverhalte und die möglichen steuerlichen Auswirkungen zu unterrichten, wenn dadurch Zweck und Ablauf der Prüfung nicht beeinträchtigt werden.

§ 200 Mitwirkungspflichten des Steuerpflichtigen. (1)[1)] [1]Der Steuerpflichtige hat bei der Feststellung der Sachverhalte, die für die Besteuerung erheblich sein können, mitzuwirken. [2]Er hat insbesondere Auskünfte zu erteilen, Aufzeichnungen, Bücher, Geschäftspapiere und andere Urkunden zur Einsicht und Prüfung vorzulegen, die zum Verständnis der Aufzeichnungen erforderlichen Erläuterungen zu geben und die Finanzbehörde bei Ausübung ihrer Befugnisse nach § 147 Abs. 6 zu unterstützen. [3]Sind der Steuerpflichtige oder die von ihm benannten Personen nicht in der Lage, Auskünfte zu erteilen, oder sind die Auskünfte zur Klärung des Sachverhalts unzureichend oder versprechen Auskünfte des Steuerpflichtigen keinen Erfolg, so kann der Außenprüfer auch andere Betriebsangehörige um Auskunft ersuchen. [4]§ 93 Absatz 2 Satz 2 gilt nicht.

(2) [1]Die in Absatz 1 genannten Unterlagen hat der Steuerpflichtige in seinen Geschäftsräumen oder, soweit ein zur Durchführung der Außenprüfung geeigneter Geschäftsraum nicht vorhanden ist, in seinen Wohnräumen oder an Amtsstelle vorzulegen. [2]Ein zur Durchführung der Außenprüfung geeigneter Raum oder Arbeitsplatz sowie die erforderlichen Hilfsmittel sind unentgeltlich zur Verfügung zu stellen.

---

1) § 200 Abs. 1 Satz 2 anzuwenden ab 1.1.2002 (Art. 97 § 19b Abs. 1 EGAO – Nr. **800a**); Abs. 1 Satz 4 neu gef. mWv 30.6.2013 durch G v. 26.6.2013 (BGBl. I S. 1809).

(3) [1]Die Außenprüfung findet während der üblichen Geschäfts- oder Arbeitszeit statt. [2]Die Prüfer sind berechtigt, Grundstücke und Betriebsräume zu betreten und zu besichtigen. [3]Bei der Betriebsbesichtigung soll der Betriebsinhaber oder sein Beauftragter hinzugezogen werden.

§ 201 Schlussbesprechung. (1) [1]Über das Ergebnis der Außenprüfung ist eine Besprechung abzuhalten (Schlussbesprechung), es sei denn, dass sich nach dem Ergebnis der Außenprüfung keine Änderung der Besteuerungsgrundlagen ergibt oder dass der Steuerpflichtige auf die Besprechung verzichtet. [2]Bei der Schlussbesprechung sind insbesondere strittige Sachverhalte sowie die rechtliche Beurteilung der Prüfungsfeststellungen und ihre steuerlichen Auswirkungen zu erörtern.

(2) Besteht die Möglichkeit, dass auf Grund der Prüfungsfeststellungen ein Straf- oder Bußgeldverfahren durchgeführt werden muss, soll der Steuerpflichtige darauf hingewiesen werden, dass die straf- oder bußgeldrechtliche Würdigung einem besonderen Verfahren vorbehalten bleibt.

§ 202 Inhalt und Bekanntgabe des Prüfungsberichts. (1) [1]Über das Ergebnis der Außenprüfung ergeht ein schriftlicher Bericht (Prüfungsbericht). [2]Im Prüfungsbericht sind die für die Besteuerung erheblichen Prüfungsfeststellungen in tatsächlicher und rechtlicher Hinsicht sowie die Änderungen der Besteuerungsgrundlagen darzustellen. [3]Führt die Außenprüfung zu keiner Änderung der Besteuerungsgrundlagen, so genügt es, wenn dies dem Steuerpflichtigen schriftlich mitgeteilt wird.

(2) Die Finanzbehörde hat dem Steuerpflichtigen auf Antrag den Prüfungsbericht vor seiner Auswertung zu übersenden und ihm Gelegenheit zu geben, in angemessener Zeit dazu Stellung zu nehmen.

§ 203 Abgekürzte Außenprüfung. (1) [1]Bei Steuerpflichtigen, bei denen die Finanzbehörde eine Außenprüfung in regelmäßigen Zeitabständen nach den Umständen des Falls nicht für erforderlich hält, kann sie eine abgekürzte Außenprüfung durchführen. [2]Die Prüfung hat sich auf die wesentlichen Besteuerungsgrundlagen zu beschränken.

(2) [1]Der Steuerpflichtige ist vor Abschluss der Prüfung darauf hinzuweisen, inwieweit von den Steuererklärungen oder den Steuerfestsetzungen abgewichen werden soll. [2]Die steuerlich erheblichen Prüfungsfeststellungen sind dem Steuerpflichtigen spätestens mit den Steuerbescheiden schriftlich mitzuteilen. [3]§ 201 Abs. 1 und § 202 Abs. 2 gelten nicht.

§ 203a[1)] Außenprüfung bei Datenübermittlung durch Dritte. (1) Bei einer mitteilungspflichtigen Stelle im Sinne des § 93c Absatz 1 ist eine Außenprüfung zulässig, um zu ermitteln, ob die mitteilungspflichtige Stelle

1. ihre Verpflichtung nach § 93c Absatz 1 Nummer 1, 2 und 4, Absatz 2 und 3 erfüllt und

---

[1)] § 203a eingef. durch G v. 18.7.2016 (BGBl. I S. 1679); zur Anwendung siehe Art. 97 § 27 Abs. 2 EGAO (Nr. **800a**).

2. den Inhalt des Datensatzes nach den Vorgaben des jeweiligen Steuergesetzes bestimmt hat.

(2) Die Außenprüfung wird von der für Ermittlungen nach § 93c Absatz 4 Satz 1 zuständigen Finanzbehörde durchgeführt.

(3) § 195 Satz 2 sowie die §§ 196 bis 203 gelten entsprechend.

2. Unterabschnitt: Verbindliche Zusagen auf Grund einer Außenprüfung[1]

§ 204 Voraussetzung der verbindlichen Zusage. Im Anschluss an eine Außenprüfung soll die Finanzbehörde dem Steuerpflichtigen auf Antrag verbindlich zusagen, wie ein für die Vergangenheit geprüfter und im Prüfungsbericht dargestellter Sachverhalt in Zukunft steuerrechtlich behandelt wird, wenn die Kenntnis der künftigen steuerrechtlichen Behandlung für die geschäftlichen Maßnahmen des Steuerpflichtigen von Bedeutung ist.

§ 205 Form der verbindlichen Zusage. (1) Die verbindliche Zusage wird schriftlich erteilt und als verbindlich gekennzeichnet.

(2) Die verbindliche Zusage muss enthalten:

1. den ihr zugrunde gelegten Sachverhalt; dabei kann auf den im Prüfungsbericht dargestellten Sachverhalt Bezug genommen werden,
2. die Entscheidung über den Antrag und die dafür maßgebenden Gründe,
3. eine Angabe darüber, für welche Steuern und für welchen Zeitraum die verbindliche Zusage gilt.

§ 206 Bindungswirkung. (1) Die verbindliche Zusage ist für die Besteuerung bindend, wenn sich der später verwirklichte Sachverhalt mit dem der verbindlichen Zusage zugrunde gelegten Sachverhalt deckt.

(2) Absatz 1 gilt nicht, wenn die verbindliche Zusage zuungunsten des Antragstellers dem geltenden Recht widerspricht.

§ 207 Außerkrafttreten, Aufhebung und Änderung der verbindlichen Zusage. (1) Die verbindliche Zusage tritt außer Kraft, wenn die Rechtsvorschriften, auf denen die Entscheidung beruht, geändert werden.

(2) Die Finanzbehörde kann die verbindliche Zusage mit Wirkung für die Zukunft aufheben oder ändern.

(3) Eine rückwirkende Aufhebung oder Änderung der verbindlichen Zusage ist nur zulässig, falls der Steuerpflichtige zustimmt oder wenn die Voraussetzungen des § 130 Abs. 2 Nr. 1 oder 2 vorliegen.

Fünfter Abschnitt: Steuerfahndung (Zollfahndung)

§ 208 Steuerfahndung (Zollfahndung). (1)[2] [1]Aufgabe der Steuerfahndung (Zollfahndung) ist

1. die Erforschung von Steuerstraftaten und Steuerordnungswidrigkeiten,

---

[1] Zur Anwendung in den neuen Bundesländern siehe Art. 97a § 2 Nr. 8 EGAO (Nr. **800a**).

[2] § 208 Abs. 1 Satz 3 HS 1 geänd. mWv 30.6.2013 durch G v. 26.6.2013 (BGBl. I S. 1809).

2. die Ermittlung der Besteuerungsgrundlagen in den in Nummer 1 bezeichneten Fällen,
3. die Aufdeckung und Ermittlung unbekannter Steuerfälle.

[2]Die mit der Steuerfahndung betrauten Dienststellen der Landesfinanzbehörden und die Behörden des Zollfahndungsdienstes[1] haben außer den Befugnissen nach § 404 Satz 2 erster Halbsatz auch die Ermittlungsbefugnisse, die den Finanzämtern (Hauptzollämtern) zustehen. [3]In den Fällen der Nummern 2 und 3 gelten die Einschränkungen des § 93 Abs. 1 Satz 3, Abs. 2 Satz 2 und des § 97 Absatz 2 nicht; § 200 Abs. 1 Satz 1 und 2, Abs. 2, Abs. 3 Satz 1 und 2 gilt sinngemäß, § 393 Abs. 1 bleibt unberührt.

(2) Unabhängig von Absatz 1 sind die mit der Steuerfahndung betrauten Dienststellen der Landesfinanzbehörden und die Behörden des Zollfahndungsdienstes[1] zuständig
1. für steuerliche Ermittlungen einschließlich der Außenprüfung auf Ersuchen der zuständigen Finanzbehörde,
2. für die ihnen sonst im Rahmen der Zuständigkeit der Finanzbehörden übertragenen Aufgaben.

(3) Die Aufgaben und Befugnisse der Finanzämter (Hauptzollämter) bleiben unberührt.

§ 208a[2] Steuerfahndung des Bundeszentralamts für Steuern.

(1) Dem Bundeszentralamt für Steuern obliegt, soweit Aufgaben der Steuerverwaltung übertragen wurden, die Aufgabe nach § 208 Absatz 1 Satz 1 Nummer 3.

(2) [1]Hierzu hat es die Ermittlungsbefugnisse, die den Finanzämtern (Hauptzollämtern) zustehen. [2]Die Einschränkungen des § 93 Absatz 1 Satz 3, Absatz 2 Satz 2 und des § 97 Absatz 2 gelten nicht; § 200 Absatz 1 Satz 1 und 2, Absatz 2 und 3 Satz 1 und 2 gilt sinngemäß, § 393 Absatz 1 bleibt unberührt.

(3) Die Aufgaben und Befugnisse des Bundeszentralamts für Steuern im Übrigen bleiben unberührt.

Sechster Abschnitt: Steueraufsicht in besonderen Fällen

§ 209 Gegenstand der Steueraufsicht. (1) Der Warenverkehr über die Grenze und in den Freizonen und Freilagern sowie die Gewinnung und Herstellung, Lagerung, Beförderung und gewerbliche Verwendung verbrauchsteuerpflichtiger Waren und der Handel mit verbrauchsteuerpflichtigen Waren unterliegen der zollamtlichen Überwachung (Steueraufsicht).

(2) Der Steueraufsicht unterliegen ferner:
1. der Versand, die Ausfuhr, Lagerung, Verwendung, Vernichtung, Veredelung, Umwandlung und sonstige Bearbeitung oder Verarbeitung von Waren in einem Verbrauchsteuerverfahren,

---

[1] Bezeichnung geänd. durch G v. 12.12.2019 (BGBl. I S. 2451).
[2] § 208a eingef. mWv 29.12.2020 durch G v. 21.12.2020 (BGBl. I S. 3096).

2. die Herstellung und Ausfuhr von Waren, für die ein Erlass, eine Erstattung oder Vergütung von Verbrauchsteuer beansprucht wird.

(3) Andere Sachverhalte unterliegen der Steueraufsicht, wenn es gesetzlich bestimmt ist.

§ 210 Befugnisse der Finanzbehörde. (1) Die von der Finanzbehörde mit der Steueraufsicht betrauten Amtsträger sind berechtigt, Grundstücke und Räume von Personen, die eine gewerbliche oder berufliche Tätigkeit selbständig ausüben und denen ein der Steueraufsicht unterliegender Sachverhalt zuzurechnen ist, während der Geschäfts- und Arbeitszeiten zu betreten, um Prüfungen vorzunehmen oder sonst Feststellungen zu treffen, die für die Besteuerung erheblich sein können (Nachschau).

(Fortsetzung nächstes Blatt)

(2) [1]Der Nachschau unterliegen ferner Grundstücke und Räume von Personen, denen ein der Steueraufsicht unterliegender Sachverhalt zuzurechnen ist ohne zeitliche Einschränkung, wenn Tatsachen die Annahme rechtfertigen, dass sich dort Schmuggelwaren oder nicht ordnungsgemäß versteuerte verbrauchsteuerpflichtige Waren befinden oder dort sonst gegen Vorschriften oder Anordnungen verstoßen wird, deren Einhaltung durch die Steueraufsicht gesichert werden soll. [2]Bei Gefahr im Verzug ist eine Durchsuchung von Wohn- und Geschäftsräumen auch ohne richterliche Anordnung zulässig.

(3)[1)] [1]Die von der Finanzbehörde mit der Steueraufsicht betrauten Amtsträger sind ferner berechtigt, im Rahmen von zeitlich und örtlich begrenzten Kontrollen, Schiffe und andere Fahrzeuge, die nach ihrer äußeren Erscheinung gewerblichen Zwecken dienen, anzuhalten. [2]Die betroffenen Personen haben sich auszuweisen und Auskunft über die mitgeführten Waren zu geben; sie haben insbesondere Frachtbriefe und sonstige Beförderungspapiere, auch nicht steuerlicher Art, vorzulegen. [3]Ergeben sich dadurch oder auf Grund sonstiger Tatsachen Anhaltspunkte, dass verbrauchsteuerpflichtige Waren mitgeführt werden, können die Amtsträger die mitgeführten Waren überprüfen und alle Feststellungen treffen, die für eine Besteuerung dieser Waren erheblich sein können. [4]Die betroffenen Personen haben die Herkunft der verbrauchsteuerpflichtigen Waren anzugeben, die Entnahme von unentgeltlichen Proben zu dulden und die erforderliche Hilfe zu leisten.

(4) [1]Wenn Feststellungen bei Ausübung der Steueraufsicht hierzu Anlass geben, kann ohne vorherige Prüfungsanordnung (§ 196) zu einer Außenprüfung nach § 193 übergegangen werden. [2]Auf den Übergang zur Außenprüfung wird schriftlich hingewiesen.

(5) [1]Wird eine Nachschau in einem Dienstgebäude oder einer nicht allgemein zugänglichen Einrichtung oder Anlage der Bundeswehr erforderlich, so wird die vorgesetzte Dienststelle der Bundeswehr um ihre Durchführung ersucht. [2]Die Finanzbehörde ist zur Mitwirkung berechtigt. [3]Ein Ersuchen ist nicht erforderlich, wenn die Nachschau in Räumen vorzunehmen ist, die ausschließlich von anderen Personen als Soldaten bewohnt werden.

§ 211[2)] Pflichten der betroffenen Person. (1) [1]Wer von einer Maßnahme der Steueraufsicht betroffen wird, hat den Amtsträgern auf Verlangen Aufzeichnungen, Bücher, Geschäftspapiere und andere Urkunden über die der Steueraufsicht unterliegenden Sachverhalte und über den Bezug und den Absatz verbrauchsteuerpflichtiger Waren vorzulegen, Auskünfte zu erteilen und die zur Durchführung der Steueraufsicht sonst erforderlichen Hilfsdienste zu leisten. [2]§ 200 Abs. 2 Satz 2 gilt sinngemäß.

(2) Die Pflichten nach Absatz 1 gelten auch dann, wenn bei einer gesetzlich vorgeschriebenen Nachversteuerung verbrauchsteuerpflichtiger Waren in einem der Steueraufsicht unterliegenden Betrieb oder Unternehmen festgestellt

---

[1)] § 210 Abs. 3 Sätze 2 und 4 geänd. mWv 26.11.2019 durch G v. 20.11.2019 (BGBl. I S. 1626).

[2)] § 211 Überschr. geänd. mWv 26.11.2019 durch G v. 20.11.2019 (BGBl. I S. 1626).

werden soll, an welche Empfänger und in welcher Menge nachsteuerpflichtige Waren geliefert worden sind.

(3) Vorkehrungen, die die Ausübung der Steueraufsicht hindern oder erschweren, sind unzulässig.

§ 212 Durchführungsvorschriften. (1) Das Bundesministerium der Finanzen kann durch Rechtsverordnung zur näheren Bestimmung der im Rahmen der Steueraufsicht zu erfüllenden Pflichten anordnen, dass

1. bestimmte Handlungen nur in Räumen vorgenommen werden dürfen, die der Finanzbehörde angemeldet sind oder deren Benutzung für diesen Zweck von der Finanzbehörde besonders genehmigt ist,
2. Räume, Fahrzeuge, Geräte, Gefäße und Leitungen, die der Herstellung, Bearbeitung, Verarbeitung, Lagerung, Beförderung oder Messung steuerpflichtiger Waren dienen oder dienen können, auf Kosten des Betriebsinhabers in bestimmter Weise einzurichten, herzurichten, zu kennzeichnen oder amtlich zu verschließen sind,
3. der Überwachung unterliegende Waren in bestimmter Weise behandelt, bezeichnet, gelagert, verpackt, versandt oder verwendet werden müssen,
4. der Handel mit steuerpflichtigen Waren besonders überwacht wird, wenn der Händler zugleich Hersteller der Waren ist,
5. über die Betriebsvorgänge und über die steuerpflichtigen Waren sowie über die zu ihrer Herstellung verwendeten Einsatzstoffe, Fertigungsstoffe, Hilfsstoffe und Zwischenerzeugnisse in bestimmter Weise Anschreibungen zu führen und die Bestände festzustellen sind,
6. Bücher, Aufzeichnungen und sonstige Unterlagen in bestimmter Weise aufzubewahren sind,
7. Vorgänge und Maßnahmen in Betrieben oder Unternehmen, die für die Besteuerung von Bedeutung sind, der Finanzbehörde anzumelden sind,
8. von steuerpflichtigen Waren, von Waren, für die ein Erlass, eine Erstattung oder Vergütung von Verbrauchsteuern beansprucht wird, von Stoffen, die zur Herstellung dieser Waren bestimmt sind, sowie von Umschließungen dieser Waren unentgeltlich Proben entnommen werden dürfen oder unentgeltlich Muster zu hinterlegen sind.

(2) Die Rechtsverordnung bedarf, außer wenn sie die Biersteuer betrifft, nicht der Zustimmung des Bundesrates.

§ 213 Besondere Aufsichtsmaßnahmen. [1] Betriebe oder Unternehmen, deren Inhaber oder deren leitende Angehörige wegen Steuerhinterziehung, versuchter Steuerhinterziehung oder wegen der Teilnahme an einer solchen Tat rechtskräftig bestraft worden sind, dürfen auf ihre Kosten besonderen Aufsichtsmaßnahmen unterworfen werden, wenn dies zur Gewährleistung einer wirksamen Steueraufsicht erforderlich ist. [2] Insbesondere dürfen zusätzliche Anschreibungen und Meldepflichten, der sichere Verschluss von Räumen, Behältnissen und Geräten sowie ähnliche Maßnahmen vorgeschrieben werden.

§ 214 Beauftragte. Wer sich zur Erfüllung steuerlicher Pflichten, die ihm auf Grund eines der Steueraufsicht unterliegenden Sachverhalts obliegen, durch einen mit der Wahrnehmung dieser Pflichten beauftragten Angehörigen seines Betriebs oder Unternehmens vertreten lässt, bedarf der Zustimmung der Finanzbehörde.[1)]

§ 215 Sicherstellung im Aufsichtsweg. (1) [1]Die Finanzbehörde kann durch Wegnahme, Anbringen von Siegeln oder durch Verfügungsverbot sicherstellen:

1. verbrauchsteuerpflichtige Waren, die ein Amtsträger vorfindet
   a) in Herstellungsbetrieben oder anderen anmeldepflichtigen Räumen, die der Finanzbehörde nicht angemeldet sind,
   b) im Handel ohne eine den Steuergesetzen entsprechende Verpackung, Bezeichnung, Kennzeichnung oder ohne vorschriftsmäßige Steuerzeichen,
2. Waren, die im grenznahen Raum oder in Gebieten, die der Grenzaufsicht unterliegen, aufgefunden werden, wenn sie weder offenbar Gemeinschaftswaren noch den Umständen nach in den zollrechtlich freien Verkehr überführt worden sind,
3. die Umschließungen der in den Nummern 1 und 2 genannten Waren,
4. Geräte, die zur Herstellung von verbrauchsteuerpflichtigen Waren bestimmt sind und die sich in einem der Finanzbehörde nicht angemeldeten Herstellungsbetrieb befinden.

[2]Die Sicherstellung ist auch zulässig, wenn die Sachen zunächst in einem Strafverfahren beschlagnahmt und dann der Finanzbehörde zur Verfügung gestellt worden sind.

(2) [1]Über die Sicherstellung ist eine Niederschrift aufzunehmen. [2]Die Sicherstellung ist den betroffenen Personen (Eigentümer, Besitzer) mitzuteilen, soweit sie bekannt sind.

§ 216 Überführung in das Eigentum des Bundes. (1) [1]Nach § 215 sichergestellte Sachen sind in das Eigentum des Bundes überzuführen, sofern sie nicht nach § 375 Abs. 2 eingezogen werden. [2]Für Fundgut gilt dies nur, wenn kein Eigentumsanspruch geltend gemacht wird.

(2) [1]Die Überführung sichergestellter Sachen in das Eigentum des Bundes ist den betroffenen Personen mitzuteilen. [2]Ist eine betroffene Person nicht bekannt, so gilt § 10 Abs. 2[2)] des Verwaltungszustellungsgesetzes[3)] sinngemäß.

(3) [1]Der Eigentumsübergang wird wirksam, sobald der von der Finanzbehörde erlassene Verwaltungsakt unanfechtbar ist. [2]Bei Sachen, die mit dem Grund und Boden verbunden sind, geht das Eigentum unter der Voraussetzung des Satzes 1 mit der Trennung über. [3]Rechte Dritter an einer sichergestellten Sache bleiben bestehen. [4]Das Erlöschen dieser Rechte kann jedoch angeordnet werden, wenn der Dritte leichtfertig dazu beigetragen hat, dass die

---

1) § 214 Satz 2 aufgeh. mWv 1.5.2016 durch G v. 22.12.2014 (BGBl. I S. 2417).
2) Verweis geänd. durch G v. 12.8.2005 (BGBl. I S. 2354).
3) Nr. **805**.

in das Eigentum des Bundes überführte Sache der Sicherstellung unterlag oder er sein Recht an der Sache in Kenntnis der Umstände erwarb, welche die Sicherstellung veranlasst haben.

(4) [1]Sichergestellte Sachen können schon vor der Überführung in das Eigentum des Bundes veräußert werden, wenn ihr Verderb oder eine wesentliche Minderung ihres Werts droht oder ihre Aufbewahrung, Pflege oder Erhaltung mit unverhältnismäßig großen Kosten oder Schwierigkeiten verbunden ist; zu diesem Zweck dürfen auch Sachen, die mit dem Grund und Boden verbunden sind, von diesem getrennt werden. [2]Der Erlös tritt an die Stelle der Sachen. [3]Die Notveräußerung wird nach den Vorschriften dieses Gesetzes über die Verwertung gepfändeter Sachen durchgeführt. [4]Die betroffenen Personen sollen vor der Anordnung der Veräußerung gehört werden. [5]Die Anordnung sowie Zeit und Ort der Veräußerung sind ihnen, soweit tunlich, mitzuteilen.

(5)[1)] [1]Sichergestellte oder bereits in das Eigentum des Bundes überführte Sachen werden zurückgegeben, wenn die Umstände, die die Sicherstellung veranlasst haben, dem Eigentümer nicht zuzurechnen sind oder wenn die Überführung in das Eigentum des Bundes als eine unbillige Härte für die betroffenen Personen erscheint. [2]Gutgläubige Dritte, deren Rechte durch die Überführung in das Eigentum des Bundes erloschen oder beeinträchtigt sind, werden aus dem Erlös der Sachen angemessen entschädigt. [3]Im Übrigen kann eine Entschädigung gewährt werden, soweit es eine unbillige Härte wäre, sie zu versagen.

§ 217 Steuerhilfspersonen. Zur Feststellung von Tatsachen, die zoll- oder verbrauchsteuerrechtlich erheblich sind, kann die Finanzbehörde Personen, die vom Ergebnis der Feststellung nicht selbst betroffen werden, als Steuerhilfspersonen bestellen.

Fünfter Teil. Erhebungsverfahren

Erster Abschnitt: Verwirklichung, Fälligkeit und Erlöschen von Ansprüchen aus dem Steuerschuldverhältnis

1. Unterabschnitt: Verwirklichung und Fälligkeit von Ansprüchen aus dem Steuerschuldverhältnis

§ 218 Verwirklichung von Ansprüchen aus dem Steuerschuldverhältnis. (1) [1]Grundlage für die Verwirklichung von Ansprüchen aus dem Steuerschuldverhältnis (§ 37) sind die Steuerbescheide, die Steuervergütungsbescheide, die Haftungsbescheide und die Verwaltungsakte, durch die steuerliche Nebenleistungen festgesetzt werden; bei den Säumniszuschlägen genügt die Verwirklichung des gesetzlichen Tatbestands (§ 240). [2]Die Steueranmeldungen (§ 168) stehen den Steuerbescheiden gleich.

(2) [1]Über Streitigkeiten, die die Verwirklichung der Ansprüche im Sinne des Absatzes 1 betreffen, entscheidet die Finanzbehörde durch Abrechnungs-

---

1) § 216 Abs. 5 Satz 1 geänd. mWv 26.11.2019 durch G v. 20.11.2019 (BGBl. I S. 1626).

bescheid[1]. [2]Dies gilt auch, wenn die Streitigkeit einen Erstattungsanspruch (§ 37 Abs. 2) betrifft.

(3)[2] [1]Wird eine Anrechnungsverfügung oder ein Abrechnungsbescheid auf Grund eines Rechtsbehelfs oder auf Antrag des Steuerpflichtigen oder eines Dritten zurückgenommen und in dessen Folge ein für ihn günstigerer Verwaltungsakt erlassen, können nachträglich gegenüber dem Steuerpflichtigen oder einer anderen Person die entsprechenden steuerlichen Folgerungen gezogen werden. [2]§ 174 Absatz 4 und 5 gilt entsprechend.

§ 219 Zahlungsaufforderung bei Haftungsbescheiden. [1]Wenn nichts anderes bestimmt ist, darf ein Haftungsschuldner auf Zahlung nur in Anspruch genommen werden, soweit die Vollstreckung in das bewegliche Vermögen des Steuerschuldners ohne Erfolg geblieben oder anzunehmen ist, dass die Vollstreckung aussichtslos sein würde. [2]Diese Einschränkung gilt nicht, wenn die Haftung darauf beruht, dass der Haftungsschuldner Steuerhinterziehung oder Steuerhehlerei begangen hat oder gesetzlich verpflichtet war, Steuern einzubehalten und abzuführen oder zu Lasten eines anderen zu entrichten.

§ 220 Fälligkeit. (1) Die Fälligkeit von Ansprüchen aus dem Steuerschuldverhältnis richtet sich nach den Vorschriften der Steuergesetze.

(2) [1]Fehlt es an einer besonderen gesetzlichen Regelung über die Fälligkeit, so wird der Anspruch mit seiner Entstehung fällig, es sei denn, dass in einem nach § 254 erforderlichen Leistungsgebot eine Zahlungsfrist eingeräumt worden ist. [2]Ergibt sich der Anspruch in den Fällen des Satzes 1 aus der Festsetzung von Ansprüchen aus dem Steuerschuldverhältnis, so tritt die Fälligkeit nicht vor Bekanntgabe der Festsetzung ein.

§ 221 Abweichende Fälligkeitsbestimmung. [1]Hat ein Steuerpflichtiger eine Verbrauchsteuer oder die Umsatzsteuer mehrfach nicht rechtzeitig entrichtet, so kann die Finanzbehörde verlangen, dass die Steuer jeweils zu einem von der Finanzbehörde zu bestimmenden, vor der gesetzlichen Fälligkeit aber nach Entstehung der Steuer liegenden Zeitpunkt entrichtet wird. [2]Das Gleiche gilt, wenn die Annahme begründet ist, dass der Eingang einer Verbrauchsteuer oder der Umsatzsteuer gefährdet ist; an Stelle der Vorverlegung der Fälligkeit kann auch Sicherheitsleistung verlangt werden. [3]In den Fällen des Satzes 1 ist die Vorverlegung der Fälligkeit nur zulässig, wenn sie dem Steuerpflichtigen für den Fall erneuter nicht rechtzeitiger Entrichtung angekündigt worden ist.

§ 222[3] Stundung. [1]Die Finanzbehörden können Ansprüche aus dem Steuerschuldverhältnis ganz oder teilweise stunden, wenn die Einziehung bei Fälligkeit eine erhebliche Härte für den Schuldner bedeuten würde und der Anspruch durch die Stundung nicht gefährdet erscheint. [2]Die Stundung soll in der Regel nur auf Antrag und gegen Sicherheitsleistung gewährt werden. [3]Steueransprüche gegen den Steuerschuldner können nicht gestundet werden,

---

[1] Bezeichnung geänd. mWv 31.12.2014 durch G v. 22.12.2014 (BGBl. I S. 2417).

[2] § 218 Abs. 3 angef. durch G v. 22.12.2014 (BGBl. I S. 2417); zur Anwendung siehe Art. 97 § 13a EGAO (Nr. **800a**).

[3] Siehe hierzu BMF v. 19.3.2020 (abgedruckt unter Nr. **Vor 1.10**).

soweit ein Dritter (Entrichtungspflichtiger) die Steuer für Rechnung des Steuerschuldners zu entrichten, insbesondere einzubehalten und abzuführen hat. [4]Die Stundung des Haftungsanspruchs gegen den Entrichtungspflichtigen ist ausgeschlossen, soweit er Steuerabzugsbeträge einbehalten oder Beträge, die eine Steuer enthalten, eingenommen hat.

§ 223[1)] *(aufgehoben)*

2. Unterabschnitt: Zahlung, Aufrechnung, Erlass

§ 224 Leistungsort, Tag der Zahlung. (1) [1]Zahlungen an Finanzbehörden sind an die zuständige Kasse zu entrichten. [2]Außerhalb des Kassenraums können Zahlungsmittel nur einem Amtsträger übergeben werden, der zur Annahme von Zahlungsmitteln außerhalb des Kassenraums besonders ermächtigt worden ist und sich hierüber ausweisen kann.

(2) Eine wirksam geleistete Zahlung gilt als entrichtet:

1.[2)] bei Übergabe oder Übersendung von Zahlungsmitteln am Tag des Eingangs, bei Hingabe oder Übersendung von Schecks jedoch drei Tage nach dem Tag des Eingangs,

2.[3)] bei Überweisung oder Einzahlung auf ein Konto der Finanzbehörde und bei Einzahlung mit Zahlschein an dem Tag, an dem der Betrag der Finanzbehörde gutgeschrieben wird,

3. bei Vorliegen einer Einzugsermächtigung am Fälligkeitstag.

(3) [1]Zahlungen der Finanzbehörden sind unbar zu leisten. [2]Das Bundesministerium der Finanzen und die für die Finanzverwaltung zuständigen obersten Landesbehörden können für ihre Geschäftsbereiche Ausnahmen zulassen. [3]Als Tag der Zahlung gilt bei Überweisung oder Zahlungsanweisung der dritte Tag nach der Hingabe oder Absendung des Auftrags an das Kreditinstitut oder, wenn der Betrag nicht sofort abgebucht werden soll, der dritte Tag nach der Abbuchung.

(4) [1]Die zuständige Kasse kann für die Übergabe von Zahlungsmitteln gegen Quittung geschlossen werden. [2]Absatz 2 Nr. 1 gilt entsprechend, wenn bei der Schließung von Kassen nach Satz 1 am Ort der Kasse eine oder mehrere Zweiganstalten der Deutschen Bundesbank oder, falls solche am Ort der Kasse nicht bestehen, ein oder mehrere Kreditinstitute ermächtigt werden, für die Kasse Zahlungsmittel gegen Quittung anzunehmen.

§ 224a Hingabe von Kunstgegenständen an Zahlungs statt. (1) [1]Schuldet ein Steuerpflichtiger Erbschaft- oder Vermögensteuer, kann durch öffentlich-rechtlichen Vertrag zugelassen werden, dass an Zahlungs statt das Eigentum an Kunstgegenständen, Kunstsammlungen, wissenschaftlichen Sammlungen, Bibliotheken, Handschriften und Archiven dem Land, dem das Steueraufkommen zusteht, übertragen wird, wenn an deren Erwerb wegen ihrer Bedeutung für Kunst, Geschichte oder Wissenschaft ein öffentliches

---

1) § 223 aufgeh. mWv 31.12.2014 durch G v. 22.12.2014 (BGBl. I S. 2417).

2) § 224 Abs. 2 Nr. 1 neu gef. durch G v. 13.12.2006 (BGBl. I S. 2878); zur erstmaligen Anwendung siehe Art. 97 § 6 EGAO (Nr. **800a**).

3) § 224 Abs. 2 Nr. 2 geänd. mWv 30.6.2013 durch G v. 26.6.2013 (BGBl. I S. 1809).

Interesse besteht. [2]Die Übertragung des Eigentums nach Satz 1 gilt nicht als Veräußerung im Sinne des § 13 Abs. 1 Nr. 2 Satz 2 des Erbschaftsteuergesetzes.

(2) [1]Der Vertrag nach Absatz 1 bedarf der Schriftform; die elektronische Form ist ausgeschlossen. [2]Der Steuerpflichtige hat das Vertragsangebot an die örtlich zuständige Finanzbehörde zu richten. [3]Zuständig für den Vertragsabschluss ist die oberste Finanzbehörde des Landes, dem das Steueraufkommen zusteht. [4]Der Vertrag wird erst mit der Zustimmung der für kulturelle Angelegenheiten zuständigen obersten Landesbehörde wirksam; diese Zustimmung wird von der obersten Finanzbehörde eingeholt.

(3) Kommt ein Vertrag zustande, erlischt die Steuerschuld in der im Vertrag vereinbarten Höhe am Tag der Übertragung des Eigentums an das Land, dem das Steueraufkommen zusteht.

(4) [1]Solange nicht feststeht, ob ein Vertrag zustande kommt, kann der Steueranspruch nach § 222 gestundet werden. [2]Kommt ein Vertrag zustande, ist für die Dauer der Stundung auf die Erhebung von Stundungszinsen zu verzichten.

§ 225 Reihenfolge der Tilgung. (1) Schuldet ein Steuerpflichtiger mehrere Beträge und reicht bei freiwilliger Zahlung der gezahlte Betrag nicht zur Tilgung sämtlicher Schulden aus, so wird die Schuld getilgt, die der Steuerpflichtige bei der Zahlung bestimmt.

(2) [1]Trifft der Steuerpflichtige keine Bestimmung, so werden mit einer freiwilligen Zahlung, die nicht sämtliche Schulden deckt, zunächst die Geldbußen, sodann nacheinander die Zwangsgelder, die Steuerabzugsbeträge, die übrigen Steuern, die Kosten, die Verspätungszuschläge, die Zinsen und die Säumniszuschläge getilgt. [2]Innerhalb dieser Reihenfolge sind die einzelnen Schulden nach ihrer Fälligkeit zu ordnen; bei gleichzeitig fällig gewordenen Beträgen und bei den Säumniszuschlägen bestimmt die Finanzbehörde die Reihenfolge der Tilgung.

(3) Wird die Zahlung im Verwaltungsweg erzwungen (§ 249) und reicht der verfügbare Betrag nicht zur Tilgung aller Schulden aus, derentwegen die Vollstreckung oder die Verwertung der Sicherheiten erfolgt ist, so bestimmt die Finanzbehörde die Reihenfolge der Tilgung.

§ 226 Aufrechnung. (1) Für die Aufrechnung mit Ansprüchen aus dem Steuerschuldverhältnis sowie für die Aufrechnung gegen diese Ansprüche gelten sinngemäß die Vorschriften des bürgerlichen Rechts, soweit nichts anderes bestimmt ist.

(2) Mit Ansprüchen aus dem Steuerschuldverhältnis kann nicht aufgerechnet werden, wenn sie durch Verjährung oder Ablauf einer Ausschlussfrist erloschen sind.

(3) Die Steuerpflichtigen können gegen Ansprüche aus dem Steuerschuldverhältnis nur mit unbestrittenen oder rechtskräftig festgestellten Gegenansprüchen aufrechnen.

(4) Für die Aufrechnung gilt als Gläubiger oder Schuldner eines Anspruchs aus dem Steuerschuldverhältnis auch die Körperschaft, die die Steuer verwaltet.

§ 227 Erlass. Die Finanzbehörden können Ansprüche aus dem Steuerschuldverhältnis ganz oder zum Teil erlassen, wenn deren Einziehung nach Lage des einzelnen Falls unbillig wäre; unter den gleichen Voraussetzungen können bereits entrichtete Beträge erstattet oder angerechnet werden.

3. Unterabschnitt: Zahlungsverjährung[1)]

§ 228[2)] Gegenstand der Verjährung, Verjährungsfrist. [1] Ansprüche aus dem Steuerschuldverhältnis unterliegen einer besonderen Zahlungsverjährung. [2] Die Verjährungsfrist beträgt fünf Jahre, in Fällen der §§ 370, 373 oder 374 zehn Jahre.

§ 229 Beginn der Verjährung. (1) [1] Die Verjährung beginnt mit Ablauf des Kalenderjahrs, in dem der Anspruch erstmals fällig geworden ist. [2] Sie beginnt jedoch nicht vor Ablauf des Kalenderjahrs, in dem die Festsetzung eines Anspruchs aus dem Steuerschuldverhältnis, ihre Aufhebung, Änderung oder Berichtigung nach § 129 wirksam geworden ist, aus der sich der Anspruch ergibt; eine Steueranmeldung steht einer Steuerfestsetzung gleich.

(2) Ist ein Haftungsbescheid ohne Zahlungsaufforderung ergangen, so beginnt die Verjährung mit Ablauf des Kalenderjahrs, in dem der Haftungsbescheid wirksam geworden ist.

§ 230 Hemmung der Verjährung. Die Verjährung ist gehemmt, solange der Anspruch wegen höherer Gewalt innerhalb der letzten sechs Monate der Verjährungsfrist nicht verfolgt werden kann.

§ 231 Unterbrechung der Verjährung. (1)[3)] [1] Die Verjährung eines Anspruchs wird unterbrochen durch

1. Zahlungsaufschub, Stundung, Aussetzung der Vollziehung, Aussetzung der Verpflichtung des Zollschuldners zur Abgabenentrichtung oder Vollstreckungsaufschub,
2. Sicherheitsleistung,
3. eine Vollstreckungsmaßnahme,
4. Anmeldung im Insolvenzverfahren,
5. Eintritt des Vollstreckungsverbots nach § 210 oder § 294 Absatz 1 der Insolvenzordnung,

---

1) Zur Anwendung in den neuen Bundesländern vgl. Art. 97a § 2 Nr. 9 EGAO (Nr. **800a**).

2) § 228 Satz 2 neu gef. durch G v. 23.6.2017 (BGBl. I S. 1682); zur Anwendung siehe Art. 97 § 14 Abs. 5 EGAO (Nr. **800a**).

3) § 231 Abs. 1 Satz 1 geänd. mWv 20.12.2003 durch G v. 15.12.2003 (BGBl. I S. 2645); Abs. 1 Satz 1 neu gef. durch G v. 23.6.2017 (BGBl. I S. 1682); zur Anwendung siehe Art. 97 § 14 Abs. 5 EGAO (Nr. **800a**); Abs. 1 Satz 1 Nr. 5 geänd. mWv 29.12.2020 durch G v. 21.12.2020 (BGBl. I S. 3096).

6. Aufnahme in einen Insolvenzplan oder einen gerichtlichen Schuldenbereinigungsplan,
7. Ermittlungen der Finanzbehörde nach dem Wohnsitz oder dem Aufenthaltsort des Zahlungspflichtigen und
8. schriftliche Geltendmachung des Anspruchs.

[2] § 169 Abs. 1 Satz 3 gilt sinngemäß.

(2)[1] [1] Die Unterbrechung der Verjährung dauert fort

1. in den Fällen des Absatzes 1 Satz 1 Nummer 1 bis zum Ablauf der Maßnahme,
2. im Fall des Absatzes 1 Satz 1 Nummer 2 bis zum Erlöschen der Sicherheit,
3. im Fall des Absatzes 1 Satz 1 Nummer 3 bis zum Erlöschen des Pfändungspfandrechts, der Zwangshypothek oder des sonstigen Vorzugsrechts auf Befriedigung,
4. im Fall des Absatzes 1 Satz 1 Nummer 4 bis zur Beendigung des Insolvenzverfahrens,
5. im Fall des Absatzes 1 Satz 1 Nummer 5 bis zum Wegfall des Vollstreckungsverbots nach § 210 oder § 294 Absatz 1 der Insolvenzordnung,
6. in den Fällen des Absatzes 1 Satz 1 Nummer 6, bis der Insolvenzplan oder der gerichtliche Schuldenbereinigungsplan erfüllt oder hinfällig wird.

[2] Wird gegen die Finanzbehörde ein Anspruch geltend gemacht, so endet die hierdurch eingetretene Unterbrechung der Verjährung nicht, bevor über den Anspruch rechtskräftig entschieden worden ist.

(3) Mit Ablauf des Kalenderjahrs, in dem die Unterbrechung geendet hat, beginnt eine neue Verjährungsfrist.

(4) Die Verjährung wird nur in Höhe des Betrags unterbrochen, auf den sich die Unterbrechungshandlung bezieht.

§ 232 Wirkung der Verjährung. Durch die Verjährung erlöschen der Anspruch aus dem Steuerschuldverhältnis und die von ihm abhängenden Zinsen.

Zweiter Abschnitt: Verzinsung, Säumniszuschläge

1. Unterabschnitt: Verzinsung

§ 233 Grundsatz. [1] Ansprüche aus dem Steuerschuldverhältnis (§ 37) werden nur verzinst, soweit dies gesetzlich vorgeschrieben ist. [2] Ansprüche auf steuerliche Nebenleistungen (§ 3 Abs. 4) und die entsprechenden Erstattungsansprüche werden nicht verzinst.

§ 233a Verzinsung von Steuernachforderungen und Steuererstattungen. (1) [1] Führt die Festsetzung der Einkommen-, Körperschaft-, Vermö-

[1] § 231 Abs. 2 Satz 1 neu gef. mWv 20.12.2003 durch G v. 15.12.2003 (BGBl. I S. 2645); Satz 1 neu gef. durch G v. 23.6.2017 (BGBl. I S. 1682); zur Anwendung siehe Art. 97 § 14 Abs. 5 EGAO (Nr. **800a**); Abs. 2 Satz 1 Nr. 5 geänd. mWv 29.12.2020 durch G v. 21.12.2020 (BGBl. I S. 3096).

gen-, Umsatz- oder Gewerbesteuer zu einem Unterschiedsbetrag im Sinne des Absatzes 3, ist dieser zu verzinsen. [2]Dies gilt nicht für die Festsetzung von Vorauszahlungen und Steuerabzugsbeträgen.

(2)[1)] [1]Der Zinslauf beginnt 15 Monate nach Ablauf des Kalenderjahrs, in dem die Steuer entstanden ist. [2]Er beginnt für die Einkommen- und Körperschaftsteuer 23 Monate[2)] nach diesem Zeitpunkt, wenn die Einkünfte aus Land- und Forstwirtschaft bei der erstmaligen Steuerfestsetzung die anderen Einkünfte überwiegen. [3]Er endet mit Ablauf des Tages, an dem die Steuerfestsetzung wirksam wird.

(2a)[3)] Soweit die Steuerfestsetzung auf der Berücksichtigung eines rückwirkenden Ereignisses (§ 175 Abs. 1 Satz 1 Nr. 2 und Abs. 2) oder auf einem Verlustabzug nach § 10d Abs. 1 des Einkommensteuergesetzes beruht, beginnt der Zinslauf abweichend von Absatz 2 Satz 1 und 2 15 Monate nach Ablauf des Kalenderjahres, in dem das rückwirkende Ereignis eingetreten oder der Verlust entstanden ist.

(3) [1]Maßgebend für die Zinsberechnung ist die festgesetzte Steuer, vermindert um die anzurechnenden Steuerabzugsbeträge, um die anzurechnende Körperschaftsteuer und um die bis zum Beginn des Zinslaufs festgesetzten Vorauszahlungen (Unterschiedsbetrag). [2]Bei der Vermögensteuer ist als Unterschiedsbetrag für die Zinsberechnung die festgesetzte Steuer, vermindert um die festgesetzten Vorauszahlungen oder die bisher festgesetzte Jahressteuer, maßgebend. [3]Ein Unterschiedsbetrag zugunsten des Steuerpflichtigen ist nur bis zur Höhe des zu erstattenden Betrags zu verzinsen; die Verzinsung beginnt frühestens mit dem Tag der Zahlung.

(4) Die Festsetzung der Zinsen soll mit der Steuerfestsetzung verbunden werden.

(5) [1]Wird die Steuerfestsetzung aufgehoben, geändert oder nach § 129 berichtigt, ist eine bisherige Zinsfestsetzung zu ändern; Gleiches gilt, wenn die Anrechnung von Steuerbeträgen zurückgenommen, widerrufen oder nach § 129 berichtigt wird. [2]Maßgebend für die Zinsberechnung ist der Unterschiedsbetrag zwischen der festgesetzten Steuer und der vorher festgesetzten Steuer, jeweils vermindert um die anzurechnenden Steuerabzugsbeträge und um die anzurechnende Körperschaftsteuer. [3]Dem sich hiernach ergebenden Zinsbetrag sind bisher festzusetzende Zinsen hinzuzurechnen; bei einem Unterschiedsbetrag zugunsten des Steuerpflichtigen entfallen darauf festgesetzte Zinsen. [4]Im Übrigen gilt Absatz 3 Satz 3 entsprechend.

(6) Die Absätze 1 bis 5 gelten bei der Durchführung des Lohnsteuer-Jahresausgleichs entsprechend.

(7) [1]Bei Anwendung des Absatzes 2a gelten die Absätze 3 und 5 mit der Maßgabe, dass der Unterschiedsbetrag in Teil-Unterschiedsbeträge mit jeweils

---

[1)] Zur **Anwendung aufgrund der Corona-Pandemie** siehe **Sonderregelung** in Art. 97 § 36 EGAO (Nr. **800a**). Zur Anwendung in den neuen Bundesländern siehe Art. 97a § 2 Nr. 10 EGAO (Nr. **800a**).

[2)] Zeitpunkt geänd. durch G v. 1.11.2011 (BGBl. I S. 2131); zur Anwendung siehe Art. 97 § 15 Abs. 11 EGAO (Nr. **800a**).

[3)] In § 233a Abs. 2a s. auch Art. 97 § 9 Abs. 5 EGAO (Nr. **800a**).

gleichem Zinslaufbeginn aufzuteilen ist; für jeden Teil-Unterschiedsbetrag sind Zinsen gesondert und in der zeitlichen Reihenfolge der Teil-Unterschiedsbeträge zu berechnen, beginnend mit den Zinsen auf den Teil-Unterschiedsbetrag mit dem ältesten Zinslaufbeginn. [2]Ergibt sich ein Teil-Unterschiedsbetrag zugunsten des Steuerpflichtigen, entfallen auf diesen Betrag festgesetzte Zinsen frühestens ab Beginn des für diesen Teil-Unterschiedsbetrag maßgebenden Zinslaufs; Zinsen für den Zeitraum bis zum Beginn des Zinslaufs dieses Teil-Unterschiedsbetrags bleiben endgültig bestehen. [3]Dies gilt auch, wenn zuvor innerhalb derselben Zinsberechnung Zinsen auf einen Teil-Unterschiedsbetrag zuungunsten des Steuerpflichtigen berechnet worden sind.

§ 234 Stundungszinsen. (1) [1]Für die Dauer einer gewährten Stundung von Ansprüchen aus dem Steuerschuldverhältnis werden Zinsen erhoben. [2]Wird der Steuerbescheid nach Ablauf der Stundung aufgehoben, geändert oder nach § 129 berichtigt, so bleiben die bis dahin entstandenen Zinsen unberührt.

(2) Auf die Zinsen kann ganz oder teilweise verzichtet werden, wenn ihre Erhebung nach Lage des einzelnen Falls unbillig wäre.

(3) Zinsen nach § 233a, die für denselben Zeitraum festgesetzt wurden, sind anzurechnen.

§ 235 Verzinsung von hinterzogenen Steuern. (1) [1]Hinterzogene Steuern sind zu verzinsen. [2]Zinsschuldner ist derjenige, zu dessen Vorteil die Steuern hinterzogen worden sind. [3]Wird die Steuerhinterziehung dadurch begangen, dass ein anderer als der Steuerschuldner seine Verpflichtung, einbehaltene Steuern an die Finanzbehörde abzuführen oder Steuern zu Lasten eines anderen zu entrichten, nicht erfüllt, so ist dieser Zinsschuldner.

(2) [1]Der Zinslauf beginnt mit dem Eintritt der Verkürzung oder der Erlangung des Steuervorteils, es sei denn, dass die hinterzogenen Beträge ohne die Steuerhinterziehung erst später fällig geworden wären. [2]In diesem Fall ist der spätere Zeitpunkt maßgebend.

(3) [1]Der Zinslauf endet mit der Zahlung der hinterzogenen Steuern. [2]Für eine Zeit, für die ein Säumniszuschlag verwirkt, die Zahlung gestundet oder die Vollziehung ausgesetzt ist, werden Zinsen nach dieser Vorschrift nicht erhoben. [3]Wird der Steuerbescheid nach Ende des Zinslaufs aufgehoben, geändert oder nach § 129 berichtigt, so bleiben die bis dahin entstandenen Zinsen unberührt.

(4) Zinsen nach § 233a, die für denselben Zeitraum festgesetzt wurden, sind anzurechnen.

§ 236 Prozesszinsen auf Erstattungsbeträge. (1) [1]Wird durch eine rechtskräftige gerichtliche Entscheidung oder auf Grund einer solchen Entscheidung eine festgesetzte Steuer herabgesetzt oder eine Steuervergütung gewährt, so ist der zu erstattende oder zu vergütende Betrag vorbehaltlich des Absatzes 3 vom Tag der Rechtshängigkeit an bis zum Auszahlungstag zu verzinsen. 2 Ist der zu erstattende Betrag erst nach Eintritt der Rechtshängigkeit entrichtet worden, so beginnt die Verzinsung mit dem Tag der Zahlung.

(2) Absatz 1 ist entsprechend anzuwenden, wenn

1. sich der Rechtsstreit durch Aufhebung oder Änderung des angefochtenen Verwaltungsakts oder durch Erlass des beantragten Verwaltungsakts erledigt oder
2. eine rechtskräftige gerichtliche Entscheidung oder ein unanfechtbarer Verwaltungsakt, durch den sich der Rechtsstreit erledigt hat,
   a) zur Herabsetzung der in einem Folgebescheid festgesetzten Steuer,
   b) zur Herabsetzung der Gewerbesteuer nach Änderung des Gewerbesteuermessbetrags

   führt.

(3) Ein zu erstattender oder zu vergütender Betrag wird nicht verzinst, soweit dem Beteiligten die Kosten des Rechtsbehelfs nach § 137 Satz 1 der Finanzgerichtsordnung auferlegt worden sind.

(4) Zinsen nach § 233a, die für denselben Zeitraum festgesetzt wurden, sind anzurechnen.

(5) Ein Zinsbescheid ist nicht aufzuheben oder zu ändern, wenn der Steuerbescheid nach Abschluss des Rechtsbehelfsverfahrens aufgehoben, geändert oder nach § 129 berichtigt wird.

§ 237 Zinsen bei Aussetzung der Vollziehung. (1) 1 Soweit ein Einspruch oder eine Anfechtungsklage gegen einen Steuerbescheid, eine Steueranmeldung oder einen Verwaltungsakt, der einen Steuervergütungsbescheid aufhebt oder ändert, oder gegen eine Einspruchsentscheidung über einen dieser Verwaltungsakte endgültig keinen Erfolg gehabt hat, ist der geschuldete Betrag, hinsichtlich dessen die Vollziehung des angefochtenen Verwaltungsakts ausgesetzt wurde, zu verzinsen. 2 Satz 1 gilt entsprechend, wenn nach Einlegung eines förmlichen außergerichtlichen oder gerichtlichen Rechtsbehelfs gegen einen Grundlagenbescheid (§ 171 Abs. 10) oder eine Rechtsbehelfsentscheidung über einen Grundlagenbescheid die Vollziehung eines Folgebescheids ausgesetzt wurde.

(2) 1 Zinsen werden erhoben vom Tag des Eingangs des außergerichtlichen Rechtsbehelfs bei der Behörde, deren Verwaltungsakt angefochten wird, oder vom Tag der Rechtshängigkeit beim Gericht an bis zum Tag, an dem die Aussetzung der Vollziehung endet. 2 Ist die Vollziehung erst nach dem Eingang des außergerichtlichen Rechtsbehelfs oder erst nach der Rechtshängigkeit ausgesetzt worden, so beginnt die Verzinsung mit dem Tag, an dem die Wirkung der Aussetzung der Vollziehung beginnt.

(3) Absätze 1 und 2 sind entsprechend anzuwenden, wenn nach Aussetzung der Vollziehung des Einkommensteuerbescheids, des Körperschaftsteuerbescheids oder eines Feststellungsbescheids die Vollziehung eines Gewerbesteuermessbescheids oder Gewerbesteuerbescheids ausgesetzt wird.

(4) § 234 Abs. 2 und 3 gelten entsprechend.

(5) Ein Zinsbescheid ist nicht aufzuheben oder zu ändern, wenn der Steuerbescheid nach Abschluss des Rechtsbehelfsverfahrens aufgehoben, geändert oder nach § 129 berichtigt wird.

§ 238 Höhe und Berechnung der Zinsen. (1) [1]Die Zinsen betragen für jeden Monat einhalb Prozent. [2]Sie sind von dem Tag an, an dem der Zinslauf beginnt, nur für volle Monate zu zahlen; angefangene Monate bleiben außer Ansatz. [3]Erlischt der zu verzinsende Anspruch durch Aufrechnung, gilt der Tag, an dem die Schuld des Aufrechnenden fällig wird, als Tag der Zahlung.

(2)[1)] Für die Berechnung der Zinsen wird der zu verzinsende Betrag jeder Steuerart auf den nächsten durch 50 Euro teilbaren Betrag abgerundet.

§ 239 Festsetzung der Zinsen. (1) [1]Auf die Zinsen sind die für die Steuern geltenden Vorschriften entsprechend anzuwenden, jedoch beträgt die Festsetzungsfrist ein Jahr. [2]Die Festsetzungsfrist beginnt:

1. in den Fällen des § 233a mit Ablauf des Kalenderjahrs, in dem die Steuer festgesetzt, aufgehoben, geändert oder nach § 129 berichtigt worden ist,
2. in den Fällen des § 234 mit Ablauf des Kalenderjahrs, in dem die Stundung geendet hat,
3. in den Fällen des § 235 mit Ablauf des Kalenderjahrs, in dem die Festsetzung der hinterzogenen Steuern unanfechtbar geworden ist, jedoch nicht vor Ablauf des Kalenderjahrs, in dem ein eingeleitetes Strafverfahren rechtskräftig abgeschlossen worden ist,
4. in den Fällen des § 236 mit Ablauf des Kalenderjahrs, in dem die Steuer erstattet oder die Steuervergütung ausgezahlt worden ist,
5. in den Fällen des § 237 mit Ablauf des Kalenderjahrs, in dem ein Einspruch oder eine Anfechtungsklage endgültig erfolglos geblieben ist.

[3]Die Festsetzungsfrist läuft in den Fällen des § 233a nicht ab, solange die Steuerfestsetzung, ihre Aufhebung, ihre Änderung oder ihre Berichtigung nach § 129 noch zulässig ist.

(2)[2)] [1]Zinsen sind auf volle Euro zum Vorteil des Steuerpflichtigen gerundet festzusetzen. [2]Sie werden nur dann festgesetzt, wenn sie mindestens 10 Euro betragen.

(3)[3)] Werden Besteuerungsgrundlagen gesondert festgestellt oder wird ein Steuermessbetrag festgesetzt, sind die Grundlagen für eine Festsetzung von Zinsen

1. nach § 233a in den Fällen des § 233a Absatz 2a oder
2. nach § 235

[1)] Zur erstmaligen Anwendung von § 238 Abs. 2 siehe Art. 97 § 15 Abs. 10 EGAO – Nr. **800a**.

[2)] Zur erstmaligen Anwendung von § 239 Abs. 2 siehe Art. 97 § 15 Abs. 10 EGAO – Nr. **800a**.

[3)] § 239 Abs. 3 angef. durch G v. 18.7.2016 (BGBl. I S. 1679); zur Anwendung siehe Art. 97 § 15 Abs. 12 Satz 1 EGAO – Nr. **800a**.

gesondert festzustellen, soweit diese an Sachverhalte anknüpfen, die Gegenstand des Grundlagenbescheids sind.

(4)[1] Werden wegen einer Steueranmeldung, die nach § 168 Satz 1 einer Steuerfestsetzung unter Vorbehalt der Nachprüfung gleichsteht, Zinsen nach § 233a festgesetzt, so steht diese Zinsfestsetzung ebenfalls unter dem Vorbehalt der Nachprüfung.

2. Unterabschnitt: Säumniszuschläge

§ 240 Säumniszuschläge. (1) [1]Wird eine Steuer nicht bis zum Ablauf des Fälligkeitstages entrichtet, so ist für jeden angefangenen Monat der Säumnis ein Säumniszuschlag von ein Prozent des abgerundeten rückständigen Steuerbetrags zu entrichten; abzurunden ist auf den nächsten durch 50 Euro teilbaren Betrag. [2]Das Gleiche gilt für zurückzuzahlende Steuervergütungen und Haftungsschulden, soweit sich die Haftung auf Steuern und zurückzuzahlende Steuervergütungen erstreckt. [3]Die Säumnis nach Satz 1 tritt nicht ein, bevor die Steuer festgesetzt oder angemeldet worden ist. [4]Wird die Festsetzung einer Steuer oder Steuervergütung aufgehoben, geändert oder nach § 129 berichtigt, so bleiben die bis dahin verwirkten Säumniszuschläge unberührt; das Gleiche gilt, wenn ein Haftungsbescheid zurückgenommen, widerrufen oder nach § 129 berichtigt wird. [5]Erlischt der Anspruch durch Aufrechnung, bleiben Säumniszuschläge unberührt, die bis zur Fälligkeit der Schuld des Aufrechnenden entstanden sind.

(2) Säumniszuschläge entstehen nicht bei steuerlichen Nebenleistungen.

(3) [1]Ein Säumniszuschlag wird bei einer Säumnis bis zu drei[2] Tagen nicht erhoben. [2]Dies gilt nicht bei Zahlung nach § 224 Abs. 2 Nr. 1.

(4) [1]In den Fällen der Gesamtschuld entstehen Säumniszuschläge gegenüber jedem säumigen Gesamtschuldner. [2]Insgesamt ist jedoch kein höherer Säumniszuschlag zu entrichten als verwirkt worden wäre, wenn die Säumnis nur bei einem Gesamtschuldner eingetreten wäre.

Dritter Abschnitt: Sicherheitsleistung

§ 241 Art der Sicherheitsleistung. (1) Wer nach den Steuergesetzen Sicherheit zu leisten hat, kann diese erbringen

1. durch Hinterlegung von im Geltungsbereich dieses Gesetzes umlaufenden Zahlungsmitteln bei der zuständigen Finanzbehörde,
2. durch Verpfändung der in Absatz 2 genannten Wertpapiere, die von dem zur Sicherheitsleistung Verpflichteten der Deutschen Bundesbank oder einem Kreditinstitut zur Verwahrung anvertraut worden sind, das zum Depotgeschäft zugelassen ist, wenn dem Pfandrecht keine anderen Rechte vorgehen. [2]Die Haftung der Wertpapiere für Forderungen des Verwahrers

---

[1] § 239 Abs. 4 angef. durch G v. 18.7.2016 (BGBl. I S. 1679); zur Anwendung siehe Art. 97 § 15 Abs. 12 Satz 2 EGAO – Nr. **800a**.

[2] § 240 Abs. 3 Satz 1 geänd. durch G v. 15.12.2003 (BGBl. I S. 2645); zur erstmaligen Anwendung siehe Art. 97 § 16 Abs. 6 EGAO (Nr. **800a**).

für ihre Verwahrung und Verwaltung bleibt unberührt. [3]Der Verpfändung von Wertpapieren steht die Verpfändung von Anteilen an einem Sammelbestand nach § 6 des Depotgesetzes in der im Bundesgesetzblatt Teil III, Gliederungsnummer 4130-1, veröffentlichten bereinigten Fassung, zuletzt geändert durch Artikel 1 des Gesetzes vom 17. Juli 1985 (BGBl. I S. 1507), gleich,

3. durch eine mit der Übergabe des Sparbuchs verbundene Verpfändung von Spareinlagen bei einem Kreditinstitut, das im Geltungsbereich dieses Gesetzes zum Einlagengeschäft zugelassen ist, wenn dem Pfandrecht keine anderen Rechte vorgehen,
4. durch Verpfändung von Forderungen, die in einem Schuldbuch des Bundes, eines Sondervermögens des Bundes oder eines Landes eingetragen sind, wenn dem Pfandrecht keine anderen Rechte vorgehen,
5. durch Bestellung von
   a) erstrangigen Hypotheken, Grund- oder Rentenschulden an Grundstücken oder Erbbaurechten, die im Geltungsbereich dieses Gesetzes belegen sind,
   b) erstrangigen Schiffshypotheken an Schiffen, Schiffsbauwerken oder Schwimmdocks, die in einem im Geltungsbereich dieses Gesetzes geführten Schiffsregister oder Schiffsbauregister eingetragen sind,
6. durch Verpfändung von Forderungen, für die eine erstrangige Verkehrshypothek an einem im Geltungsbereich dieses Gesetzes belegenen Grundstück oder Erbbaurecht besteht, oder durch Verpfändung von erstrangigen Grundschulden oder Rentenschulden an im Geltungsbereich dieses Gesetzes belegenen Grundstücken oder Erbbaurechten, wenn an den Forderungen, Grundschulden oder Rentenschulden keine vorgehenden Rechte bestehen,
7. durch Schuldversprechen, Bürgschaft oder Wechselverpflichtungen eines tauglichen Steuerbürgen (§ 244).

(2) Wertpapiere im Sinne von Absatz 1 Nr. 2 sind

1. Schuldverschreibungen des Bundes, eines Sondervermögens des Bundes, eines Landes, einer Gemeinde oder eines Gemeindeverbands,
2. Schuldverschreibungen zwischenstaatlicher Einrichtungen, denen der Bund Hoheitsrechte übertragen hat, wenn sie im Geltungsbereich dieses Gesetzes zum amtlichen Börsenhandel zugelassen sind,
3. Schuldverschreibungen der Deutschen Genossenschaftsbank, der Deutschen Siedlungs- und Landesrentenbank, der Deutschen Ausgleichsbank, der Kreditanstalt für Wiederaufbau und der Landwirtschaftlichen Rentenbank,
4. Pfandbriefe, Kommunalobligationen und verwandte Schuldverschreibungen,
5. Schuldverschreibungen, deren Verzinsung und Rückzahlung vom Bund oder von einem Land gewährleistet werden.

(3) Ein unter Steuerverschluss befindliches Lager steuerpflichtiger Waren gilt als ausreichende Sicherheit für die darauf lastende Steuer.

§ 242 Wirkung der Hinterlegung von Zahlungsmitteln. [1]Zahlungsmittel, die nach § 241 Abs. 1 Nr. 1 hinterlegt werden, gehen in das Eigentum der Körperschaft über, der die Finanzbehörde angehört, bei der sie hinterlegt worden sind. [2]Die Forderung auf Rückzahlung ist nicht zu verzinsen. [3]Mit der Hinterlegung erwirbt die Körperschaft, deren Forderung durch die Hinterlegung gesichert werden soll, ein Pfandrecht an der Forderung auf Rückerstattung der hinterlegten Zahlungsmittel.

§ 243 Verpfändung von Wertpapieren. [1]Die Sicherheitsleistung durch Verpfändung von Wertpapieren nach § 241 Abs. 1 Nr. 2 ist nur zulässig, wenn der Verwahrer die Gewähr für die Umlauffähigkeit übernimmt. [2]Die Übernahme dieser Gewähr umfasst die Haftung dafür,

1. dass das Rückforderungsrecht des Hinterlegers durch gerichtliche Sperre und Beschlagnahme nicht beschränkt ist,
2. dass die anvertrauten Wertpapiere in den Sammellisten aufgerufener Wertpapiere nicht als gestohlen oder als verloren gemeldet und weder mit Zahlungssperre belegt noch zur Kraftloserklärung aufgeboten oder für kraftlos erklärt worden sind,
3. dass die Wertpapiere auf den Inhaber lauten, oder, falls sie auf den Namen ausgestellt sind, mit Blankoindossament versehen und auch sonst nicht gesperrt sind, und dass die Zinsscheine und die Erneuerungsscheine bei den Stücken sind.

§ 244 Taugliche Steuerbürgen. (1)[1)] [1]Schuldversprechen und Bürgschaften nach dem Bürgerlichen Gesetzbuch sowie Wechselverpflichtungen aus Artikel 28 oder 78 des Wechselgesetzes sind als Sicherheit nur geeignet, wenn sie von Personen abgegeben oder eingegangen worden sind, die

1. ein der Höhe der zu leistenden Sicherheit angemessenes Vermögen besitzen und
2. ihren allgemeinen oder einen vereinbarten Gerichtsstand im Geltungsbereich dieses Gesetzes haben.

[2]Bürgschaften müssen den Verzicht auf die Einrede der Vorausklage nach § 771 des Bürgerlichen Gesetzbuchs enthalten. [3]Schuldversprechen und Bürgschaftserklärungen sind schriftlich zu erteilen; die elektronische Form ist ausgeschlossen. [4]Sicherungsgeber und Sicherungsnehmer dürfen nicht wechselseitig füreinander Sicherheit leisten und auch nicht wirtschaftlich miteinander verflochten sein. [5]Über die Annahme von Bürgschaftserklärungen in den Verfahren nach dem A.T.A.-Übereinkommen vom 6. Dezember 1961 (BGBl. 1965 II S. 948)[2)] und dem TIR-Übereinkommen vom 14. November 1975 (BGBl. 1979 II S. 445)[2)] in ihren jeweils gültigen Fassungen entscheidet die Generalzolldirektion[3)]. [6]Über die Annahme von Bürgschaftserklärungen über Einzelsicherheiten in Form von Sicherheitstiteln nach dem Zollkodex der

---

[1)] § 244 Abs. 1 Satz 6 neu gef. durch G v. 12.12.2019 (BGBl. I S. 2451); zur Anwendung siehe Art. 97 § 1 Abs. 13 EGAO (Nr. **800a**).

[2)] **Zölle und Verbauchsteuern Nr. 161, Nr. 160, Nr. 11** und **Nr. 40.**

[3)] Geänd. mWv 1.1.2016 durch G v. 3.12.2015 (BGBl. I S. 2178).

Union mit der Delegierten Verordnung (EU) 2015/2446 der Kommission vom 28. Juli 2015 zur Ergänzung der Verordnung (EU) Nr. 952/2013 des Europäischen Parlaments und des Rates mit Einzelheiten zur Präzisierung von Bestimmungen des Zollkodex der Union (ABl. L 343 vom 29.12.2015, S. 1)[1] sowie nach der Durchführungsverordnung (EU) 2015/2447 der Kommission vom 24. November 2015 mit Einzelheiten zur Umsetzung von Bestimmungen der Verordnung (EU) Nr. 952/2013 des Europäischen Parlaments und des Rates zur Festlegung des Zollkodex der Union (ABl. L 343 vom 29.12.2015, S. 558) und nach dem Übereinkommen vom 20. Mai 1987 über ein gemeinsames Versandverfahren (ABl. EG Nr. L 226 S. 2) in ihren jeweils gültigen Fassungen entscheidet die Generalzolldirektion.

(2)[2] [1]Die Generalzolldirektion[2] kann Kreditinstitute und geschäftsmäßig für andere Sicherheit leistende Versicherungsunternehmen allgemein als Steuerbürge zulassen, wenn sie im Geltungsbereich dieses Gesetzes zum Geschäftsbetrieb befugt sind. [2]Bei der Zulassung ist ein Höchstbetrag festzusetzen (Bürgschaftssumme). [3]Die gesamten Verbindlichkeiten aus Schuldversprechen, Bürgschaften und Wechselverpflichtungen, die der Steuerbürge gegenüber der Finanzverwaltung übernommen hat, dürfen nicht über die Bürgschaftssumme hinausgehen.

(3)[3] Das Bundesministerium der Finanzen wird ermächtigt, durch Rechtsverordnung mit Zustimmung des Bundesrates die Befugnisse nach Absatz 1 Satz 6 und Absatz 2 auf ein Hauptzollamt oder mehrere Hauptzollämter zu übertragen.

§ 245 Sicherheitsleistung durch andere Werte. [1]Andere als die in § 241 bezeichneten Sicherheiten kann die Finanzbehörde nach ihrem Ermessen annehmen. [2]Vorzuziehen sind Vermögensgegenstände, die größere Sicherheit bieten oder bei Eintritt auch außerordentlicher Verhältnisse ohne erhebliche Schwierigkeit und innerhalb angemessener Frist verwertet werden können.

§ 246 Annahmewerte. [1]Die Finanzbehörde bestimmt nach ihrem Ermessen, zu welchen Werten Gegenstände als Sicherheit anzunehmen sind. [2]Der Annahmewert darf jedoch den bei einer Verwertung zu erwartenden Erlös abzüglich der Kosten der Verwertung nicht übersteigen. [3]Er darf bei den in § 241 Abs. 1 Nr. 2 und 4 aufgeführten Gegenständen und bei beweglichen Sachen, die nach § 245 als Sicherheit angenommen werden, nicht unter den in § 234 Abs. 3, § 236 und § 237 Satz 1 des Bürgerlichen Gesetzbuchs genannten Werten liegen.

§ 247 Austausch von Sicherheiten. Wer nach den §§ 241 bis 245 Sicherheit geleistet hat, ist berechtigt, die Sicherheit oder einen Teil davon durch eine andere nach den §§ 241 bis 244 geeignete Sicherheit zu ersetzen.

---

[1] **Zölle und Verbrauchsteuern** Nr. 4.

[2] § 244 Abs. 2 Sätze 2 und 3 aufgeh., bish. Sätze 4 und 5 werden Sätze 2 und 3; Satz 1 geänd. mWv 1.1.2016 durch G v. 3.12.2015 (BGBl. I S. 2178).

[3] § 244 Abs. 3 angef. mWv 1.1.2016 durch G v. 3.12.2015 (BGBl. I S. 2178).

§ 248 Nachschusspflicht. Wird eine Sicherheit unzureichend, so ist sie zu ergänzen oder es ist anderweitige Sicherheit zu leisten.

Sechster Teil. Vollstreckung

Erster Abschnitt: Allgemeine Vorschriften

§ 249 Vollstreckungsbehörden. (1)[1] [1]Die Finanzbehörden können Verwaltungsakte, mit denen eine Geldleistung, eine sonstige Handlung, eine Duldung oder Unterlassung gefordert wird, im Verwaltungsweg vollstrecken. [2]Dies gilt auch für Steueranmeldungen (§ 168). [3]Vollstreckungsbehörden sind die Finanzämter und die Hauptzollämter sowie die Landesfinanzbehörden, denen durch eine Rechtsverordnung nach § 17 Absatz 2 Satz 3 Nummer 3 des Finanzverwaltungsgesetzes die landesweite Zuständigkeit für Kassengeschäfte und das Erhebungsverfahren einschließlich der Vollstreckung übertragen worden ist; § 328 Absatz 1 Satz 3 bleibt unberührt.

(2) [1]Zur Vorbereitung der Vollstreckung können die Finanzbehörden die Vermögens- und Einkommensverhältnisse des Vollstreckungsschuldners ermitteln. [2]Die Finanzbehörde darf ihr bekannte, nach § 30 geschützte Daten, die sie bei der Vollstreckung wegen Steuern und steuerlicher Nebenleistungen verwenden darf, auch bei der Vollstreckung wegen anderer Geldleistungen als Steuern und steuerlicher Nebenleistungen verwenden.

§ 250 Vollstreckungsersuchen. (1) [1]Soweit eine Vollstreckungsbehörde auf Ersuchen einer anderen Vollstreckungsbehörde Vollstreckungsmaßnahmen ausführt, tritt sie an die Stelle der anderen Vollstreckungsbehörde. [2]Für die Vollstreckbarkeit des Anspruchs bleibt die ersuchende Vollstreckungsbehörde verantwortlich.

(2) [1]Hält sich die ersuchte Vollstreckungsbehörde für unzuständig oder hält sie die Handlung, um die sie ersucht worden ist, für unzulässig, so teilt sie ihre Bedenken der ersuchenden Vollstreckungsbehörde mit. [2]Besteht diese auf der Ausführung des Ersuchens und lehnt die ersuchte Vollstreckungsbehörde die Ausführung ab, so entscheidet die Aufsichtsbehörde der ersuchten Vollstreckungsbehörde.

§ 251[2] Vollstreckbare Verwaltungsakte. (1) [1]Verwaltungsakte können vollstreckt werden, soweit nicht ihre Vollziehung ausgesetzt oder die Vollziehung durch Einlegung eines Rechtsbehelfs gehemmt ist (§ 361; § 69 der Finanzgerichtsordnung). [2]Einfuhr- und Ausfuhrabgabenbescheide können außerdem nur vollstreckt werden, soweit die Verpflichtung des Zollschuldners zur Abgabenentrichtung nicht ausgesetzt ist (Artikel 108 Absatz 3 des Zollkodex der Union[3]).

---

[1] § 249 Abs. 1 Satz 3 neu gef. mWv 6.11.2015 durch G v. 2.11.2015 (BGBl. I S. 1834).
[2] § 251 Abs. 1 Satz 2 angef. mWv 20.12.2003 durch G v. 15.12.2003 (BGBl. I S. 2645).
[3] Verweis geänd. mWv 1.5.2016 durch G v. 22.12.2014 (BGBl. I S. 2417).

(2) [1]Unberührt bleiben die Vorschriften der Insolvenzordnung sowie § 79 Abs. 2 des Bundesverfassungsgerichtsgesetzes. [2]Die Finanzbehörde ist berechtigt, in den Fällen des § 201 Abs. 2, §§ 257 und 308 Abs. 1 der Insolvenzordnung gegen den Schuldner im Verwaltungsweg zu vollstrecken.

(3) Macht die Finanzbehörde im Insolvenzverfahren einen Anspruch aus dem Steuerschuldverhältnis als Insolvenzforderung geltend, so stellt sie erforderlichenfalls die Insolvenzforderung durch schriftlichen Verwaltungsakt fest.

§ 252 Vollstreckungsgläubiger. Im Vollstreckungsverfahren gilt die Körperschaft als Gläubigerin der zu vollstreckenden Ansprüche, der die Vollstreckungsbehörde angehört.

§ 253 Vollstreckungsschuldner. Vollstreckungsschuldner ist derjenige, gegen den sich ein Vollstreckungsverfahren nach § 249 richtet.

§ 254 Voraussetzungen für den Beginn der Vollstreckung. (1) [1]Soweit nichts anderes bestimmt ist, darf die Vollstreckung erst beginnen, wenn die Leistung fällig ist und der Vollstreckungsschuldner zur Leistung oder Duldung oder Unterlassung aufgefordert worden ist (Leistungsgebot) und seit der Aufforderung mindestens eine Woche verstrichen ist. [2]Das Leistungsgebot kann mit dem zu vollstreckenden Verwaltungsakt verbunden werden. [3]Ein Leistungsgebot ist auch dann erforderlich, wenn der Verwaltungsakt gegen den Vollstreckungsschuldner wirkt, ohne ihm bekannt gegeben zu sein. [4]Soweit der Vollstreckungsschuldner eine von ihm auf Grund einer Steueranmeldung geschuldete Leistung nicht erbracht hat, bedarf es eines Leistungsgebots nicht.

(2)[1)] [1]Eines Leistungsgebots wegen der Säumniszuschläge und Zinsen bedarf es nicht, wenn sie zusammen mit der Steuer beigetrieben werden. [2]Dies gilt singemäß für die Vollstreckungskosten, wenn sie zusammen mit dem Hauptanspruch beigetrieben werden. [3]Die gesonderte Anforderung von Säumniszuschlägen kann ausschließlich automationsgestützt erfolgen.

§ 255 Vollstreckung gegen juristische Personen des öffentlichen Rechts. (1) [1]Gegen den Bund oder ein Land ist die Vollstreckung nicht zulässig. [2]Im Übrigen ist die Vollstreckung gegen juristische Personen des öffentlichen Rechts, die der Staatsaufsicht unterliegen, nur mit Zustimmung der betreffenden Aufsichtsbehörde zulässig. [3]Die Aufsichtsbehörde bestimmt den Zeitpunkt der Vollstreckung und die Vermögensgegenstände, in die vollstreckt werden kann.

(2) Gegenüber öffentlich-rechtlichen Kreditinstituten gelten die Beschränkungen des Absatzes 1 nicht.

[1)] § 254 Abs. 2 Satz 3 angef. durch G v. 12.12.2019 (BGBl. I S. 2451); zur Anwendung siehe Art. 97 § 1 Abs. 13 EGAO (Nr. **800a**).

§ 256 Einwendungen gegen die Vollstreckung. Einwendungen gegen den zu vollstreckenden Verwaltungsakt sind außerhalb des Vollstreckungsverfahrens mit den hierfür zugelassenen Rechtsbehelfen zu verfolgen.

§ 257 Einstellung und Beschränkung der Vollstreckung. (1) Die Vollstreckung ist einzustellen oder zu beschränken, sobald
1. die Vollstreckbarkeitsvoraussetzungen des § 251 Abs. 1 weggefallen sind,
2. der Verwaltungsakt, aus dem vollstreckt wird, aufgehoben wird,
3. der Anspruch auf die Leistung erloschen ist,
4. die Leistung gestundet worden ist.

(2) [1] In den Fällen des Absatzes 1 Nr. 2 und 3 sind bereits getroffene Vollstreckungsmaßnahmen aufzuheben. [2] Ist der Verwaltungsakt durch eine gerichtliche Entscheidung aufgehoben worden, so gilt dies nur, soweit die Entscheidung unanfechtbar geworden ist und nicht auf Grund der Entscheidung ein neuer Verwaltungsakt zu erlassen ist. [3] Im Übrigen bleiben die Vollstreckungsmaßnahmen bestehen, soweit nicht ihre Aufhebung ausdrücklich angeordnet worden ist.

§ 258 Einstweilige Einstellung oder Beschränkung der Vollstreckung. Soweit im Einzelfall die Vollstreckung unbillig ist, kann die Vollstreckungsbehörde sie einstweilen einstellen oder beschränken oder eine Vollstreckungsmaßnahme aufheben.

Zweiter Abschnitt: Vollstreckung wegen Geldforderungen

1. Unterabschnitt: Allgemeine Vorschriften

§ 259[1)] Mahnung. [1] Der Vollstreckungsschuldner soll in der Regel vor Beginn der Vollstreckung mit einer Zahlungsfrist von einer Woche gemahnt werden. [2] Einer Mahnung bedarf es nicht, wenn der Vollstreckungsschuldner vor Eintritt der Fälligkeit an die Zahlung erinnert wird. [3] An die Zahlung kann auch durch öffentliche Bekanntmachung allgemein erinnert werden.

§ 260 Angabe des Schuldgrundes. Im Vollstreckungsauftrag oder in der Pfändungsverfügung ist für die beizutreibenden Geldbeträge der Schuldgrund anzugeben.

§ 261[2)] Niederschlagung. Ansprüche aus dem Steuerschuldverhältnis dürfen niedergeschlagen werden, wenn zu erwarten ist, dass
1. die Erhebung keinen Erfolg haben wird oder
2. die Kosten der Erhebung außer Verhältnis zu dem zu erhebenden Betrag stehen werden.

[1)] § 259 Satz 2 aufgeh., bish. Sätze 3 und 4 werden Sätze 2 und 3 mWv 30.6.2013 durch G v. 26.6.2013 (BGBl. I S. 1809).

[2)] § 261 neu gef. mWv 1.1.2017 durch G v. 18.7.2016 (BGBl. I S. 1679); zur Anwendung s. auch Art. 97 § 1 Abs. 11 EGAO (Nr. **800a**).

§ 262 Rechte Dritter. (1) [1] Behauptet ein Dritter, dass ihm am Gegenstand der Vollstreckung ein die Veräußerung hinderndes Recht zustehe, oder werden Einwendungen nach den §§ 772 bis 774 der Zivilprozessordnung erhoben, so ist der Widerspruch gegen die Vollstreckung erforderlichenfalls durch Klage vor den ordentlichen Gerichten geltend zu machen. [2] Als Dritter gilt auch, wer zur Duldung der Vollstreckung in ein Vermögen, das von ihm verwaltet wird, verpflichtet ist, wenn er geltend macht, dass ihm gehörende Gegenstände von der Vollstreckung betroffen seien. [3] Welche Rechte die Veräußerung hindern, bestimmt sich nach bürgerlichem Recht.

(Fortsetzung nächstes Blatt)

(2) Für die Einstellung der Vollstreckung und die Aufhebung von Vollstreckungsmaßnahmen gelten die §§ 769 und 770 der Zivilprozessordnung.

(3) [1]Die Klage ist ausschließlich bei dem Gericht zu erheben, in dessen Bezirk die Vollstreckung erfolgt. [2]Wird die Klage gegen die Körperschaft, der die Vollstreckungsbehörde angehört, und gegen den Vollstreckungsschuldner gerichtet, so sind sie Streitgenossen.

§ 263[1)] **Vollstreckung gegen Ehegatten oder Lebenspartner.** Für die Vollstreckung gegen Ehegatten oder Lebenspartner sind die Vorschriften der §§ 739, 740, 741, 743, 744a und 745 der Zivilprozessordnung entsprechend anzuwenden.

§ 264 Vollstreckung gegen Nießbraucher. Für die Vollstreckung in Gegenstände, die dem Nießbrauch an einem Vermögen unterliegen, ist die Vorschrift des § 737 der Zivilprozessordnung entsprechend anzuwenden.

§ 265 Vollstreckung gegen Erben. Für die Vollstreckung gegen Erben sind die Vorschriften der §§ 1958, 1960 Abs. 3, § 1961 des Bürgerlichen Gesetzbuchs sowie der §§ 747, 748, 778, 779, 781 bis 784 der Zivilprozessordnung entsprechend anzuwenden.

§ 266 Sonstige Fälle beschränkter Haftung. Die Vorschriften der §§ 781 bis 784 der Zivilprozessordnung sind auf die nach § 1489 des Bürgerlichen Gesetzbuchs eintretende beschränkte Haftung, die Vorschrift des § 781 der Zivilprozessordnung ist auf die nach den §§ 1480, 1504 und 2187 des Bürgerlichen Gesetzbuchs eintretende beschränkte Haftung entsprechend anzuwenden.

§ 267 Vollstreckungsverfahren gegen nicht rechtsfähige Personenvereinigungen. [1]Bei nicht rechtsfähigen Personenvereinigungen, die als solche steuerpflichtig sind, genügt für die Vollstreckung in deren Vermögen ein vollstreckbarer Verwaltungsakt gegen die Personenvereinigung. [2]Dies gilt entsprechend für Zweckvermögen und sonstige einer juristischen Person ähnliche steuerpflichtige Gebilde.

2. Unterabschnitt: Aufteilung einer Gesamtschuld

§ 268 Grundsatz. Sind Personen Gesamtschuldner, weil sie zusammen zu einer Steuer vom Einkommen oder zur Vermögensteuer veranlagt worden sind, so kann jeder von ihnen beantragen, dass die Vollstreckung wegen dieser Steuern jeweils auf den Betrag beschränkt wird, der sich nach Maßgabe der §§ 269 bis 278 bei einer Aufteilung der Steuern ergibt.

---

1) § 263 geänd. durch G v. 18.7.2014 (BGBl. I S. 1042); zur Anwendung siehe Art. 97 § 1 Abs. 10 Satz 1 und 3 EGAO (Nr. **800a**).

§ 269 Antrag. (1)[1] Der Antrag ist bei dem im Zeitpunkt der Antragstellung für die Besteuerung nach dem Einkommen oder dem Vermögen zuständigen Finanzamt schriftlich oder elektronisch zu stellen oder zur Niederschrift zu erklären.

(2) [1]Der Antrag kann frühestens nach Bekanntgabe des Leistungsgebots gestellt werden. [2]Nach vollständiger Tilgung der rückständigen Steuer ist der Antrag nicht mehr zulässig. [3]Der Antrag muss alle Angaben enthalten, die zur Aufteilung der Steuer erforderlich sind, soweit sich diese Angaben nicht aus der Steuererklärung ergeben.

§ 270 Allgemeiner Aufteilungsmaßstab. [1]Die rückständige Steuer ist nach dem Verhältnis der Beträge aufzuteilen, die sich bei Einzelveranlagung[2] nach Maßgabe des § 26 a des Einkommensteuergesetzes und der §§ 271 bis 276 ergeben würden. [2]Dabei sind die tatsächlichen und rechtlichen Feststellungen maßgebend, die der Steuerfestsetzung bei der Zusammenveranlagung zugrunde gelegt worden sind, soweit nicht die Anwendung der Vorschriften über die Einzelveranlagung[2] zu Abweichungen führt.

§ 271 Aufteilungsmaßstab für die Vermögensteuer. Die Vermögensteuer ist wie folgt aufzuteilen:

1. Für die Berechnung des Vermögens und der Vermögensteuer der einzelnen Gesamtschuldner ist vorbehaltlich der Abweichungen in den Nummern 2 und 3 von den Vorschriften des Bewertungsgesetzes und des Vermögensteuergesetzes in der Fassung auszugehen, die der Zusammenveranlagung zugrunde gelegen hat.
2.[3] Wirtschaftsgüter eines Ehegatten oder Lebenspartners, die bei der Zusammenveranlagung als land- und forstwirtschaftliches Vermögen oder als Betriebsvermögen dem anderen Ehegatten oder Lebenspartner zugerechnet worden sind, werden als eigenes land- und forstwirtschaftliches Vermögen oder als eigenes Betriebsvermögen behandelt.
3. Schulden, die nicht mit bestimmten, einem Gesamtschuldner zugerechneten Wirtschaftsgütern in wirtschaftlichem Zusammenhang stehen, werden bei den einzelnen Gesamtschuldnern nach gleichen Teilen abgesetzt, soweit sich ein bestimmter Schuldner nicht feststellen lässt.

§ 272 Aufteilungsmaßstab für Vorauszahlungen. (1) [1]Die rückständigen Vorauszahlungen sind im Verhältnis der Beträge aufzuteilen, die sich bei einer getrennten Festsetzung der Vorauszahlungen ergeben würden. [2]Ein Antrag auf Aufteilung von Vorauszahlungen gilt zugleich als Antrag auf Aufteilung der weiteren im gleichen Veranlagungszeitraum fällig werdenden Voraus-

---

[1] § 269 Abs. 1 geänd. durch G v. 18.7.2016 (BGBl. I S. 1679); zur Anwendung siehe Art. 97 § 17e Abs. 2 Satz 1 EGAO (Nr. **800a**).

[2] § 270 geänd. durch G v. 1.11.2011 (BGBl. I S. 2131); zur Anwendung siehe Art. 97 § 17e Abs. 1 EGAO (Nr. **800a**).

[3] § 271 Nr. 2 geänd. durch G v. 18.7.2014 (BGBl. I S. 1042); zur Anwendung siehe Art. 97 § 1 Abs. 10 Satz 1 EGAO (Nr. **800a**).

zahlungen und einer etwaigen Abschlusszahlung. [3]Nach Durchführung der Veranlagung ist eine abschließende Aufteilung vorzunehmen. [4]Aufzuteilen ist die gesamte Steuer abzüglich der Beträge, die nicht in die Aufteilung der Vorauszahlungen einbezogen worden sind. [5]Dabei sind jedem Gesamtschuldner die von ihm auf die aufgeteilten Vorauszahlungen entrichteten Beträge anzurechnen. [6]Ergibt sich eine Überzahlung gegenüber dem Aufteilungsbetrag, so ist der überzahlte Betrag zu erstatten.

(2) Werden die Vorauszahlungen erst nach der Veranlagung aufgeteilt, so wird der für die veranlagte Steuer geltende Aufteilungsmaßstab angewendet.

§ 273 Aufteilungsmaßstab für Steuernachforderungen. (1) Führt die Änderung einer Steuerfestsetzung oder ihre Berichtigung nach § 129 zu einer Steuernachforderung, so ist die aus der Nachforderung herrührende rückständige Steuer im Verhältnis der Mehrbeträge aufzuteilen, die sich bei einem Vergleich der berichtigten Einzelveranlagungen[1)] mit den früheren Einzelveranlagungen[1)] ergeben.

(2) Der in Absatz 1 genannte Aufteilungsmaßstab ist nicht anzuwenden, wenn die bisher festgesetzte Steuer noch nicht getilgt ist.

§ 274 Besonderer Aufteilungsmaßstab. [1]Abweichend von den §§ 270 bis 273 kann die rückständige Steuer nach einem von den Gesamtschuldnern gemeinschaftlich vorgeschlagenen Maßstab aufgeteilt werden, wenn die Tilgung sichergestellt ist. [2]Der gemeinschaftliche Vorschlag ist schriftlich einzureichen oder zur Niederschrift zu erklären; er ist von allen Gesamtschuldnern zu unterschreiben.

§ 275.[2)] *(aufgehoben)*

§ 276 Rückständige Steuer, Einleitung der Vollstreckung. (1) Wird der Antrag vor Einleitung der Vollstreckung bei der Finanzbehörde gestellt, so ist die im Zeitpunkt des Eingangs des Aufteilungsantrags geschuldete Steuer aufzuteilen.

(2) Wird der Antrag nach Einleitung der Vollstreckung gestellt, so ist die im Zeitpunkt der Einleitung der Vollstreckung geschuldete Steuer, derentwegen vollstreckt wird, aufzuteilen.

(3) Steuerabzugsbeträge und getrennt festgesetzte Vorauszahlungen sind in die Aufteilung auch dann einzubeziehen, wenn sie vor der Stellung des Antrags entrichtet worden sind.

(4) Zur rückständigen Steuer gehören auch Säumniszuschläge, Zinsen und Verspätungszuschläge.

(5) Die Vollstreckung gilt mit der Ausfertigung der Rückstandsanzeige als eingeleitet.

[1)] § 273 geänd. durch G v. 1.11.2011 (BGBl. I S. 2131); zur Anwendung siehe Art. 97 § 17e EGAO (Nr. **800a**).

[2)] § 275 aufgeh. mWv 30.6.2013 durch G v. 26.6.2013 (BGBl. I S. 1809).

(6) [1] Zahlungen, die in den Fällen des Absatzes 1 nach Antragstellung, in den Fällen des Absatzes 2 nach Einleitung der Vollstreckung von einem Gesamtschuldner geleistet worden sind oder die nach Absatz 3 in die Aufteilung einzubeziehen sind, werden dem Schuldner angerechnet, der sie geleistet hat oder für den sie geleistet worden sind. [2] Ergibt sich dabei eine Überzahlung gegenüber dem Aufteilungsbetrag, so ist der überzahlte Betrag zu erstatten.

§ 277 Vollstreckung. Solange nicht über den Antrag auf Beschränkung der Vollstreckung unanfechtbar entschieden ist, dürfen Vollstreckungsmaßnahmen nur soweit durchgeführt werden, als dies zur Sicherung des Anspruchs erforderlich ist.

§ 278 Beschränkung der Vollstreckung. (1) Nach der Aufteilung darf die Vollstreckung nur nach Maßgabe der auf die einzelnen Schuldner entfallenden Beträge durchgeführt werden.

(2) [1] Werden einem Steuerschuldner von einer mit ihm zusammen veranlagten Person in oder nach dem Veranlagungszeitraum, für den noch Steuerrückstände bestehen, unentgeltlich Vermögensgegenstände zugewendet, so kann der Empfänger bis zum Ablauf des zehnten Kalenderjahres nach dem Zeitpunkt des Ergehens des Aufteilungsbescheids[1)] über den sich nach Absatz 1 ergebenden Betrag hinaus bis zur Höhe des gemeinen Werts dieser Zuwendung für die Steuer in Anspruch genommen werden. [2] Dies gilt nicht für gebräuchliche Gelegenheitsgeschenke.

§ 279 Form und Inhalt des Aufteilungsbescheids. (1)[2)] [1] Über den Antrag auf Beschränkung der Vollstreckung ist nach Einleitung der Vollstreckung durch schriftlich oder elektronisch zu erteilenden Aufteilungbescheid gegenüber den Beteiligten einheitlich zu entscheiden. [2] Eine Entscheidung ist jedoch nicht erforderlich, wenn keine Vollstreckungsmaßnahmen ergriffen oder bereits ergriffene Vollstreckungsmaßnahmen wieder aufgehoben werden.

(2) [1] Der Aufteilungsbescheid hat die Höhe der auf jeden Gesamtschuldner entfallenden anteiligen Steuer zu enthalten; ihm ist eine Belehrung beizufügen, welcher Rechtsbehelf zulässig ist und binnen welcher Frist und bei welcher Behörde er einzulegen ist. [2] Er soll ferner enthalten:

1. die Höhe der aufzuteilenden Steuer,
2. den für die Berechnung der rückständigen Steuer maßgebenden Zeitpunkt,
3. die Höhe der Besteuerungsgrundlagen, die den einzelnen Gesamtschuldnern zugerechnet worden sind, wenn von den Angaben der Gesamtschuldner abgewichen ist,
4.[3)] die Höhe der bei Einzelveranlagung (§ 270) auf den einzelnen Gesamtschuldner entfallenden Steuer,

---

1) § 278 Abs. 2 Satz 1 ergänzt durch G v. 19.12.2008 (BGBl. I S. 2794).

2) § 279 Abs. 1 geänd. durch G v. 18.7.2016 (BGBl. I S. 1679); zur Anwendung siehe Art. 97 § 17e Abs. 2 Satz 2 EGAO (Nr. **800a**).

3) § 279 Abs. 2 Nr. 4 geänd. durch G v. 1.11.2011 (BGBl. I S. 2131); zur Anwendung siehe Art. 97 § 17e EGAO (Nr. **800a**).

5. die Beträge, die auf die aufgeteilte Steuer des Gesamtschuldners anzurechnen sind.

§ 280 Änderung des Aufteilungsbescheids. (1) Der Aufteilungsbescheid kann außer in den Fällen des § 129 nur geändert werden, wenn

1. nachträglich bekannt wird, dass die Aufteilung auf unrichtigen Angaben beruht und die rückständige Steuer infolge falscher Aufteilung ganz oder teilweise nicht beigetrieben werden konnte,
2. sich die rückständige Steuer durch Aufhebung oder Änderung der Steuerfestsetzung oder ihre Berichtigung nach § 129 erhöht oder vermindert.

(2) Nach Beendigung der Vollstreckung ist eine Änderung des Aufteilungsbescheids oder seine Berichtigung nach § 129 nicht mehr zulässig.

3. Unterabschnitt: Vollstreckung in das bewegliche Vermögen

I. Allgemeines

§ 281 Pfändung. (1) Die Vollstreckung in das bewegliche Vermögen erfolgt durch Pfändung.

(2) Die Pfändung darf nicht weiter ausgedehnt werden, als es zur Deckung der beizutreibenden Geldbeträge und der Kosten der Vollstreckung erforderlich ist.

(3) Die Pfändung unterbleibt, wenn die Verwertung der pfändbaren Gegenstände einen Überschuss über die Kosten der Vollstreckung nicht erwarten lässt.

§ 282 Wirkung der Pfändung. (1) Durch die Pfändung erwirbt die Körperschaft, der die Vollstreckungsbehörde angehört, ein Pfandrecht an dem gepfändeten Gegenstand.

(2) Das Pfandrecht gewährt ihr im Verhältnis zu anderen Gläubigern dieselben Rechte wie ein Pfandrecht im Sinne des Bürgerlichen Gesetzbuchs; es geht Pfand- und Vorzugsrechten vor, die im Insolvenzverfahren diesem Pfandrecht nicht gleichgestellt sind.

(3) Das durch eine frühere Pfändung begründete Pfandrecht geht demjenigen vor, das durch eine spätere Pfändung begründet wird.

§ 283 Ausschluss von Gewährleistungsansprüchen. Wird ein Gegenstand auf Grund der Pfändung veräußert, so steht dem Erwerber wegen eines Mangels im Recht oder wegen eines Mangels der veräußerten Sache ein Anspruch auf Gewährleistung nicht zu.

§ 284[1] Vermögensauskunft des Vollstreckungsschuldners. (1) [1] Der Vollstreckungsschuldner muss der Vollstreckungsbehörde auf deren Verlangen für die Vollstreckung einer Forderung Auskunft über sein Vermögen nach Maß-

[1] § 284 neu gef. mWv 1.1.2013 durch G v. 29.7.2009 (BGBl. I S. 2258).

gabe der folgenden Vorschriften erteilen, wenn er die Forderung nicht binnen zwei Wochen begleicht, nachdem ihn die Vollstreckungsbehörde unter Hinweis auf die Verpflichtung zur Abgabe der Vermögensauskunft zur Zahlung aufgefordert hat. 2 Zusätzlich hat er seinen Geburtsnamen, sein Geburtsdatum und seinen Geburtsort anzugeben. 3 Handelt es sich bei dem Vollstreckungsschuldner um eine juristische Person oder um eine Personenvereinigung, so hat er seine Firma, die Nummer des Registerblatts im Handelsregister und seinen Sitz anzugeben.

(2) 1 Zur Auskunftserteilung hat der Vollstreckungsschuldner alle ihm gehörenden Vermögensgegenstände anzugeben. 2 Bei Forderungen sind Grund und Beweismittel zu bezeichnen. 3 Ferner sind anzugeben:

1. die entgeltlichen Veräußerungen des Vollstreckungsschuldners an eine nahestehende Person (§ 138 der Insolvenzordnung), die dieser in den letzten zwei Jahren vor dem Termin nach Absatz 7 und bis zur Abgabe der Vermögensauskunft vorgenommen hat;
2. die unentgeltlichen Leistungen des Vollstreckungsschuldners, die dieser in den letzten vier Jahren vor dem Termin nach Absatz 7 und bis zur Abgabe der Vermögensauskunft vorgenommen hat, sofern sie sich nicht auf gebräuchliche Gelegenheitsgeschenke geringen Werts richteten.

4 Sachen, die nach § 811 Abs. 1 Nr. 1 und 2 der Zivilprozessordnung der Pfändung offensichtlich nicht unterworfen sind, brauchen nicht angegeben zu werden, es sei denn, dass eine Austauschpfändung in Betracht kommt.

(3) 1 Der Vollstreckungsschuldner hat zu Protokoll an Eides statt zu versichern, dass er die Angaben nach den Absätzen 1 und 2[1] nach bestem Wissen und Gewissen richtig und vollständig gemacht habe. 2 Vor Abnahme der eidesstattlichen Versicherung ist der Vollstreckungsschuldner über die Bedeutung der eidesstattlichen Versicherung, insbesondere über die strafrechtlichen Folgen einer unrichtigen oder unvollständigen eidesstattlichen Versicherung, zu belehren.

(4) 1 Ein Vollstreckungsschuldner, der die in dieser Vorschrift oder die in § 802c der Zivilprozessordnung bezeichnete Vermögensauskunft innerhalb der letzten zwei Jahre abgegeben hat, ist zur erneuten Abgabe nur verpflichtet, wenn anzunehmen ist, dass sich seine Vermögensverhältnisse wesentlich geändert haben. 2 Die Vollstreckungsbehörde hat von Amts wegen festzustellen, ob beim zentralen Vollstreckungsgericht nach § 802k Abs. 1 der Zivilprozessordnung in den letzten zwei Jahren ein auf Grund einer Vermögensauskunft des Schuldners erstelltes Vermögensverzeichnis hinterlegt wurde.

(5) 1 Für die Abnahme der Vermögensauskunft ist die Vollstreckungsbehörde zuständig, in deren Bezirk sich der Wohnsitz oder der Aufenthaltsort des Vollstreckungsschuldners befindet. 2 Liegen diese Voraussetzungen bei der Vollstreckungsbehörde, die die Vollstreckung betreibt, nicht vor, so kann sie die Vermögensauskunft abnehmen, wenn der Vollstreckungsschuldner zu ihrer Abgabe bereit ist.

---

[1] Verweis geänd. mWv 1.1.2013 durch G v. 22.12.2011 (BGBl. I S. 3044).

(6) [1]Die Ladung zu dem Termin zur Abgabe der Vermögensauskunft ist dem Vollstreckungsschuldner selbst zuzustellen; sie kann mit der Fristsetzung nach Absatz 1 Satz 1 verbunden werden. [2]Der Termin zur Abgabe der Vermögensauskunft soll nicht vor Ablauf eines Monats nach Zustellung der Ladung bestimmt werden. [3]Ein Rechtsbehelf gegen die Anordnung der Abgabe der Vermögensauskunft hat keine aufschiebende Wirkung. [4]Der Vollstreckungsschuldner hat die zur Vermögensauskunft erforderlichen Unterlagen im Termin vorzulegen. [5]Hierüber und über seine Rechte und Pflichten nach den Absätzen 2 und 3, über die Folgen einer unentschuldigten Terminssäumnis oder einer Verletzung seiner Auskunftspflichten sowie über die Möglichkeit der Eintragung in das Schuldnerverzeichnis bei Abgabe der Vermögensauskunft ist der Vollstreckungsschuldner bei der Ladung zu belehren.

(7) [1]Im Termin zur Abgabe der Vermögensauskunft erstellt die Vollstreckungsbehörde ein elektronisches Dokument mit den nach den Absätzen 1 und 2[1)] erforderlichen Angaben (Vermögensverzeichnis). [2]Diese Angaben sind dem Vollstreckungsschuldner vor Abgabe der Versicherung nach Absatz 3 vorzulesen oder zur Durchsicht auf einem Bildschirm wiederzugeben. [3]Ihm ist auf Verlangen ein Ausdruck zu erteilen. [4]Die Vollstreckungsbehörde hinterlegt das Vermögensverzeichnis bei dem zentralen Vollstreckungsgericht nach § 802k Abs. 1 der Zivilprozessordnung. [5]Form, Aufnahme und Übermittlung des Vermögensverzeichnisses haben den Vorgaben der Verordnung nach § 802k Abs. 4 der Zivilprozessordnung zu entsprechen.

(8) [1]Ist der Vollstreckungsschuldner ohne ausreichende Entschuldigung in dem zur Abgabe der Vermögensauskunft anberaumten Termin vor der in Absatz 5 Satz 1 bezeichneten Vollstreckungsbehörde nicht erschienen oder verweigert er ohne Grund die Abgabe der Vermögensauskunft, so kann die Vollstreckungsbehörde, die die Vollstreckung betreibt, die Anordnung der Haft zur Erzwingung der Abgabe beantragen. [2]Zuständig für die Anordnung der Haft ist das Amtsgericht, in dessen Bezirk der Vollstreckungsschuldner im Zeitpunkt der Fristsetzung nach Absatz 1 Satz 1 seinen Wohnsitz oder in Ermangelung eines solchen seinen Aufenthaltsort hat. [3]Die §§ 802g bis 802j der Zivilprozessordnung sind entsprechend anzuwenden. [4]Die Verhaftung des Vollstreckungsschuldners erfolgt durch einen Gerichtsvollzieher. [5]§ 292 dieses Gesetzes gilt entsprechend. [6]Nach der Verhaftung des Vollstreckungsschuldners kann die Vermögensauskunft von dem nach § 802i der Zivilprozessordnung zuständigen Gerichtsvollzieher abgenommen werden, wenn sich der Sitz der in Absatz 5 bezeichneten Vollstreckungsbehörde nicht im Bezirk des für den Gerichtsvollzieher zuständigen Amtsgerichts befindet oder wenn die Abnahme der Vermögensauskunft durch die Vollstreckungsbehörde nicht möglich ist. [7]Der Beschluss des Amtsgerichts, mit dem der Antrag der Vollstreckungsbehörde auf Anordnung der Haft abgelehnt wird, unterliegt der Beschwerde nach den §§ 567 bis 577 der Zivilprozessordnung.

(9) [1]Die Vollstreckungsbehörde kann die Eintragung des Vollstreckungsschuldners in das Schuldnerverzeichnis nach § 882h Abs. 1 der Zivilprozessordnung anordnen, wenn

---

[1)] Verweis geänd. mWv 1.1.2013 durch G v. 22.12.2011 (BGBl. I S. 3044).

1. der Vollstreckungsschuldner seiner Pflicht zur Abgabe der Vermögensauskunft nicht nachgekommen ist,
2. eine Vollstreckung nach dem Inhalt des Vermögensverzeichnisses offensichtlich nicht geeignet wäre, zu einer vollständigen Befriedigung der Forderung zu führen, wegen der die Vermögensauskunft verlangt wurde oder wegen der die Vollstreckungsbehörde vorbehaltlich der Fristsetzung nach Absatz 1 Satz 1 und der Sperrwirkung nach Absatz 4 eine Vermögensauskunft verlangen könnte, oder
3. der Vollstreckungsschuldner nicht innerhalb eines Monats nach Abgabe der Vermögensauskunft die Forderung, wegen der die Vermögensauskunft verlangt wurde, vollständig befriedigt. [2] Gleiches gilt, wenn die Vollstreckungsbehörde vorbehaltlich der Fristsetzung nach Absatz 1 Satz 1 und der Sperrwirkung nach Absatz 4 eine Vermögensauskunft verlangen kann, sofern der Vollstreckungsschuldner die Forderung nicht innerhalb eines Monats befriedigt, nachdem er auf die Möglichkeit der Eintragung in das Schuldnerverzeichnis hingewiesen wurde.

[2] Die Eintragungsanordnung soll kurz begründet werden. [3] Sie ist dem Vollstreckungsschuldner zuzustellen. [4] § 882c Abs. 3 der Zivilprozessordnung gilt entsprechend.

(10) [1] Ein Rechtsbehelf gegen die Eintragungsanordnung nach Absatz 9 hat keine aufschiebende Wirkung. [2] Nach Ablauf eines Monats seit der Zustellung hat die Vollstreckungsbehörde die Eintragungsanordnung dem zentralen Vollstreckungsgericht nach § 882h Abs. 1 der Zivilprozessordnung mit den in § 882b Abs. 2 und 3 der Zivilprozessordnung genannten Daten elektronisch zu übermitteln. [3] Dies gilt nicht, wenn Anträge auf Gewährung einer Aussetzung der Vollziehung der Eintragungsanordnung nach § 361 dieses Gesetzes oder § 69 der Finanzgerichtsordnung anhängig sind, die Aussicht auf Erfolg haben.

(11) [1] Ist die Eintragung in das Schuldnerverzeichnis nach § 882h Abs. 1 der Zivilprozessordnung erfolgt, sind Entscheidungen über Rechtsbehelfe des Vollstreckungsschuldners gegen die Eintragungsanordnung durch die Vollstreckungsbehörde oder durch das Gericht dem zentralen Vollstreckungsgericht nach § 882h Abs. 1 der Zivilprozessordnung elektronisch zu übermitteln. [2] Form und Übermittlung der Eintragungsanordnung nach Absatz 10 Satz 1 und 2 sowie der Entscheidung nach Satz 1 haben den Vorgaben der Verordnung nach § 882h Abs. 3 der Zivilprozessordnung zu entsprechen.

II. Vollstreckung in Sachen

§ 285 Vollziehungsbeamte. (1) Die Vollstreckungsbehörde führt die Vollstreckung in bewegliche Sachen durch Vollziehungsbeamte aus.

(2)[1] Dem Vollstreckungsschuldner und Dritten gegenüber wird der Vollziehungsbeamte zur Vollstreckung durch schriftlichen oder elektronischen Auftrag der Vollstreckungsbehörde ermächtigt; der Auftrag ist auf Verlangen vorzuzeigen.

[1] § 285 Abs. 2 ergänzt durch G v. 19.12.2008 (BGBl. I S. 2794).

§ 286 Vollstreckung in Sachen. (1) Sachen, die im Gewahrsam des Vollstreckungsschuldners sind, pfändet der Vollziehungsbeamte dadurch, dass er sie in Besitz nimmt.

(2) [1]Andere Sachen als Geld, Kostbarkeiten und Wertpapiere sind im Gewahrsam des Vollstreckungsschuldners zu lassen, wenn die Befriedigung hierdurch nicht gefährdet wird. [2]Bleiben die Sachen im Gewahrsam des Vollstreckungsschuldners, so ist die Pfändung nur wirksam, wenn sie durch Anlegung von Siegeln oder in sonstiger Weise ersichtlich gemacht ist.

(3) Der Vollziehungsbeamte hat dem Vollstreckungsschuldner die Pfändung mitzuteilen.

(4) Diese Vorschriften gelten auch für die Pfändung von Sachen im Gewahrsam eines Dritten, der zu ihrer Herausgabe bereit ist.

§ 287 Befugnisse des Vollziehungsbeamten. (1) Der Vollziehungsbeamte ist befugt, die Wohn- und Geschäftsräume sowie die Behältnisse des Vollstreckungsschuldners zu durchsuchen, soweit dies der Zweck der Vollstreckung erfordert.

(2) Er ist befugt, verschlossene Türen und Behältnisse öffnen zu lassen.

(3) Wenn er Widerstand findet, kann er Gewalt anwenden und hierzu um Unterstützung durch Polizeibeamte nachsuchen.

(4) [1]Die Wohn- und Geschäftsräume des Vollstreckungsschuldners dürfen ohne dessen Einwilligung nur auf Grund einer richterlichen Anordnung durchsucht werden. [2]Dies gilt nicht, wenn die Einholung der Anordnung den Erfolg der Durchsuchung gefährden würde. [3]Für die richterliche Anordnung einer Durchsuchung ist das Amtsgericht zuständig, in dessen Bezirk die Durchsuchung vorgenommen werden soll.

(5) [1]Willigt der Vollstreckungsschuldner in die Durchsuchung ein oder ist eine Anordnung gegen ihn nach Absatz 4 Satz 1 ergangen oder nach Absatz 4 Satz 2 entbehrlich, so haben Personen, die Mitgewahrsam an den Wohn- oder Geschäftsräumen des Vollstreckungsschuldners haben, die Durchsuchung zu dulden. [2]Unbillige Härten gegenüber Mitgewahrsaminhabern sind zu vermeiden.

(6) Die Anordnung nach Absatz 4 ist bei der Vollstreckung vorzuzeigen.

§ 288[1)] Zuziehung von Zeugen. Wird bei einer Vollstreckungshandlung Widerstand geleistet oder ist bei einer Vollstreckungshandlung in den Wohn- oder Geschäftsräumen des Vollstreckungsschuldners weder der Vollstreckungsschuldner noch ein erwachsener Familienangehöriger, ein erwachsener ständiger Mitbewohner oder eine beim Vollstreckungsschuldner beschäftigte Person, gegenwärtig, so hat der Vollziehungsbeamte zwei Erwachsene oder einen Gemeinde- oder Polizeibeamten als Zeugen zuzuziehen.

---

1) § 288 geänd. mWv 30.6.2013 durch G v. 26.6.2013 (BGBl. I S. 1809).

§ 289[1] Zeit der Vollstreckung. (1) Zur Nachtzeit (§ 758a Absatz 4 Satz 2 der Zivilprozessordnung) sowie an Sonntagen und staatlich anerkannten allgemeinen Feiertagen darf eine Vollstreckungshandlung nur mit schriftlicher oder elektronischer Erlaubnis der Vollstreckungsbehörde vorgenommen werden.

(2) Die Erlaubnis ist auf Verlangen bei der Vollstreckungshandlung vorzuzeigen.

§ 290 Aufforderungen und Mitteilungen des Vollziehungsbeamten. Die Aufforderungen und die sonstigen Mitteilungen, die zu den Vollstreckungshandlungen gehören, sind vom Vollziehungsbeamten mündlich zu erlassen und vollständig in die Niederschrift aufzunehmen; können sie mündlich nicht erlassen werden, so hat die Vollstreckungsbehörde demjenigen, an den die Aufforderung oder Mitteilung zu richten ist, eine Abschrift der Niederschrift zu senden.

§ 291 Niederschrift. (1) Der Vollziehungsbeamte hat über jede Vollstreckungshandlung eine Niederschrift aufzunehmen.

(2) Die Niederschrift muss enthalten:

1. Ort und Zeit der Aufnahme,
2. den Gegenstand der Vollstreckungshandlung unter kurzer Erwähnung der Vorgänge,
3. die Namen der Personen, mit denen verhandelt worden ist,
4. die Unterschriften der Personen und die Bemerkung, dass nach Vorlesung oder Vorlegung zur Durchsicht und nach Genehmigung unterzeichnet sei,
5. die Unterschrift des Vollziehungsbeamten.

(3) Hat einem der Erfordernisse unter Absatz 2 Nr. 4 nicht genügt werden können, so ist der Grund anzugeben.

(4)[2] [1]Die Niederschrift kann auch elektronisch erstellt werden. [2]Absatz 2 Nr. 4 und 5 sowie § 87a Abs. 4 Satz 2 gelten nicht.

§ 292 Abwendung der Pfändung. (1) Der Vollstreckungsschuldner kann die Pfändung nur abwenden, wenn er den geschuldeten Betrag an den Vollziehungsbeamten zahlt oder nachweist, dass ihm eine Zahlungsfrist bewilligt worden ist oder dass die Schuld erloschen ist.

(2) Absatz 1 gilt entsprechend, wenn der Vollstreckungsschuldner eine Entscheidung vorlegt, aus der sich die Unzulässigkeit der vorzunehmenden Pfändung ergibt oder wenn er eine Post- oder Bankquittung vorlegt, aus der sich ergibt, dass er den geschuldeten Betrag eingezahlt hat.

§ 293 Pfand- und Vorzugsrechte Dritter. (1) [1]Der Pfändung einer Sache kann ein Dritter, der sich nicht im Besitz der Sache befindet, auf Grund

---

[1] § 289 geänd. bzw. ergänzt mWv 1.1.2009 durch G v. 19.12.2008 (BGBl. I S. 2794); Abs. 1 Verweis geänd. mWv 14.12.2010 durch G v. 8.12.2010 (BGBl. I S. 1768).

[2] § 291 Abs. 4 angef. mWv 1.1.2009 durch G v. 19.12.2008 (BGBl. I S. 2794).

eines Pfand- oder Vorzugsrechts nicht widersprechen. [2] Er kann jedoch vorzugsweise Befriedigung aus dem Erlös verlangen ohne Rücksicht darauf, ob seine Forderung fällig ist oder nicht.

(2) [1] Für eine Klage auf vorzugsweise Befriedigung ist ausschließlich zuständig das ordentliche Gericht, in dessen Bezirk gepfändet worden ist. [2] Wird die Klage gegen die Körperschaft, der die Vollstreckungsbehörde angehört, und gegen den Vollstreckungsschuldner gerichtet, so sind sie Streitgenossen.

§ 294 Ungetrennte Früchte. (1) [1] Früchte, die vom Boden noch nicht getrennt sind, können gepfändet werden, solange sie nicht durch Vollstreckung in das unbewegliche Vermögen in Beschlag genommen worden sind. [2] Sie dürfen nicht früher als einen Monat vor der gewöhnlichen Zeit der Reife gepfändet werden.

(2) Ein Gläubiger, der ein Recht auf Befriedigung aus dem Grundstück hat, kann der Pfändung nach § 262 widersprechen, wenn nicht für einen Anspruch gepfändet ist, der bei der Vollstreckung in das Grundstück vorgeht.

§ 295[1)] Unpfändbarkeit von Sachen. [1] Die §§ 811 bis 812 *und 813 Abs. 1 bis 3* [***ab 1.12.2021:*** , 813 Absatz 1 bis 3 und § 882a Absatz 4] der Zivilprozessordnung sowie die Beschränkungen und Verbote, die nach anderen gesetzlichen Vorschriften für die Pfändung von Sachen bestehen, gelten entsprechend. [2] An die Stelle des Vollstreckungsgerichts tritt die Vollstreckungsbehörde.

§ 296 Verwertung. (1)[2)] [1] Die gepfändeten Sachen sind auf schriftliche Anordnung der Vollstreckungsbehörde öffentlich zu versteigern. [2] Eine öffentliche Versteigerung ist

1. die Versteigerung vor Ort oder
2. die allgemein zugängliche Versteigerung im Internet über die Plattform www.zoll-auktion.de.

[3] Die Versteigerung erfolgt in der Regel durch den Vollziehungsbeamten. [4] § 292 gilt entsprechend.

(2) Bei Pfändung von Geld gilt die Wegnahme als Zahlung des Vollstreckungsschuldners.

§ 297 Aussetzung der Verwertung. Die Vollstreckungsbehörde kann die Verwertung gepfändeter Sachen unter Anordnung von Zahlungsfristen zeitweilig aussetzen, wenn die alsbaldige Verwertung unbillig wäre.

§ 298[3)] Versteigerung. (1) Die gepfändeten Sachen dürfen nicht vor Ablauf einer Woche seit dem Tag der Pfändung versteigert werden, sofern sich nicht der Vollstreckungsschuldner mit einer früheren Versteigerung einver-

---

1) § 295 Abs. 1 Satz 1 geänd. mWv 1.12.2021 durch G v. 22.11.2020 (BGBl. I S. 2466).

2) § 296 Abs. 1 neu gef. mWv 5.8.2009 durch G v. 30.7.2009 (BGBl. I S. 2474).

3) § 298 Abs. 2 Satz 3 angef., Abs. 3 neu gef. mWv 5.8.2009 durch G v. 30.7.2009 (BGBl. I S. 2474).

standen erklärt oder diese erforderlich ist, um die Gefahr einer beträchtlichen Wertverringerung abzuwenden oder unverhältnismäßige Kosten längerer Aufbewahrung zu vermeiden.

(2) 1 Zeit und Ort der Versteigerung sind öffentlich bekannt zu machen; dabei sind die Sachen, die versteigert werden sollen, im Allgemeinen zu bezeichnen. 2 Auf Ersuchen der Vollstreckungsbehörde hat ein Gemeindebediensteter oder ein Polizeibeamter der Versteigerung beizuwohnen. 3 Die Sätze 1 und 2 gelten nicht für eine Versteigerung nach § 296 Absatz 1 Satz 2 Nummer 2.

(3) § 1239 Absatz 1 Satz 1 des Bürgerlichen Gesetzbuchs gilt entsprechend; bei der Versteigerung vor Ort (§ 296 Absatz 1 Satz 2 Nummer 1) ist auch § 1239 Absatz 2 des Bürgerlichen Gesetzbuchs entsprechend anzuwenden.

§ 299[1)] **Zuschlag.** (1) 1 Bei der Versteigerung vor Ort (§ 296 Absatz 1 Satz 2 Nummer 1) soll dem Zuschlag an den Meistbietenden ein dreimaliger Aufruf vorausgehen. 2 Bei einer Versteigerung im Internet (§ 296 Absatz 1 Satz 2 Nummer 2) ist der Zuschlag der Person erteilt, die am Ende der Versteigerung das höchste Gebot abgegeben hat, es sei denn, die Versteigerung wird vorzeitig abgebrochen; sie ist von dem Zuschlag zu benachrichtigen. 3 § 156 des Bürgerlichen Gesetzbuchs gilt entsprechend.

(2) 1 Die Aushändigung einer zugeschlagenen Sache darf nur gegen bare Zahlung geschehen. 2 Bei einer Versteigerung im Internet darf die zugeschlagene Sache auch ausgehändigt werden, wenn die Zahlung auf dem Konto der Finanzbehörde gutgeschrieben ist. 3 Wird die zugeschlagene Sache übersandt, so gilt die Aushändigung mit der Übergabe an die zur Ausführung der Versendung bestimmte Person als bewirkt.

(3) 1 Hat der Meistbietende nicht zu der in den Versteigerungsbedingungen bestimmten Zeit oder in Ermangelung einer solchen Bestimmung nicht vor dem Schluss des Versteigerungstermins die Aushändigung gegen Zahlung des Kaufgeldes verlangt, so wird die Sache anderweitig versteigert. 2 Der Meistbietende wird zu einem weiteren Gebot nicht zugelassen; er haftet für den Ausfall, auf den Mehrerlös hat er keinen Anspruch.

(4) 1 Wird der Zuschlag dem Gläubiger erteilt, so ist dieser von der Verpflichtung zur baren Zahlung so weit befreit, als der Erlös nach Abzug der Kosten der Vollstreckung zu seiner Befriedigung zu verwenden ist. 2 Soweit der Gläubiger von der Verpflichtung zur baren Zahlung befreit ist, gilt der Betrag als von dem Schuldner an den Gläubiger gezahlt.

§ 300 Mindestgebot. (1) 1 Der Zuschlag darf nur auf ein Gebot erteilt werden, das mindestens die Hälfte des gewöhnlichen Verkaufswerts der Sache erreicht (Mindestgebot). 2 Der gewöhnliche Verkaufswert und das Mindestgebot sollen bei dem Ausbieten bekannt gegeben werden.

---

1) § 299 Abs. 1 neu gef., Abs. 2 Sätze 2 bis 4 angef. mWv 5.8.2009 durch G v. 30.7.2009 (BGBl. I S. 2474); Abs. 2 Satz 1 (vom Gesetzgeber versehentlich doppelt eingefügt) aufgeh., bish. Sätze 2 bis 4 werden Sätze 1 bis 3 mWv 14.12.2010 durch G v. 8.12.2010 (BGBl. I S. 1768).

(2) [1]Wird der Zuschlag nicht erteilt, weil ein das Mindestgebot erreichendes Gebot nicht abgegeben worden ist, so bleibt das Pfandrecht bestehen. [2]Die Vollstreckungsbehörde kann jederzeit einen neuen Versteigerungstermin bestimmen oder eine anderweitige Verwertung der gepfändeten Sachen nach § 305 anordnen. [3]Wird die anderweitige Verwertung angeordnet, so gilt Absatz 1 entsprechend.

(3) [1]Gold- und Silbersachen dürfen auch nicht unter ihrem Gold- oder Silberwert zugeschlagen werden. [2]Wird ein den Zuschlag gestattendes Gebot nicht abgegeben, so können die Sachen auf Anordnung der Vollstreckungsbehörde aus freier Hand verkauft werden. [3]Der Verkaufspreis darf den Gold- oder Silberwert und die Hälfte des gewöhnlichen Verkaufswerts nicht unterschreiten.

§ 301[1)] Einstellung der Versteigerung. (1) Die Versteigerung wird eingestellt, sobald der Erlös zur Deckung der beizutreibenden Beträge einschließlich der Kosten der Vollstreckung ausreicht.

(2) [1]Die Empfangnahme des Erlöses durch den versteigernden Beamten gilt als Zahlung des Vollstreckungsschuldners, es sei denn, dass der Erlös hinterlegt wird (§ 308 Abs. 4). [2]Als Zahlung im Sinne von Satz 1 gilt bei einer Versteigerung im Internet auch der Eingang des Erlöses auf dem Konto der Finanzbehörde.

§ 302 Wertpapiere. Gepfändete Wertpapiere, die einen Börsen- oder Marktpreis haben, sind aus freier Hand zum Tageskurs zu verkaufen; andere Wertpapiere sind nach den allgemeinen Vorschriften zu versteigern.

§ 303 Namenspapiere. Lautet ein gepfändetes Wertpapier auf einen Namen, so ist die Vollstreckungsbehörde berechtigt, die Umschreibung auf den Namen des Käufers oder, wenn es sich um ein auf einen Namen umgeschriebenes Inhaberpapier handelt, die Rückverwandlung in ein Inhaberpapier zu erwirken und die hierzu erforderlichen Erklärungen an Stelle des Vollstreckungsschuldners abzugeben.

§ 304 Versteigerung ungetrennter Früchte. [1]Gepfändete Früchte, die vom Boden noch nicht getrennt sind, dürfen erst nach der Reife versteigert werden. [2]Der Vollziehungsbeamte hat sie abernten zu lassen, wenn er sie nicht vor der Trennung versteigert.

§ 305 Besondere Verwertung. Auf Antrag des Vollstreckungsschuldners oder aus besonderen Zweckmäßigkeitsgründen kann die Vollstreckungsbehörde anordnen, dass eine gepfändete Sache in anderer Weise oder an einem anderen Ort, als in den vorstehenden Paragraphen bestimmt ist, zu verwerten oder durch eine andere Person als den Vollziehungsbeamten zu versteigern sei.

---

1) § 301 Abs. 2 Satz 2 angef. mWv 5.8.2009 durch G v. 30.7.2009 (BGBl. I S. 2474).

§ 306 Vollstreckung in Ersatzteile von Luftfahrzeugen.[1] (1) Für die Vollstreckung in Ersatzteile, auf die sich ein Registerpfandrecht an einem Luftfahrzeug nach § 71 des Gesetzes über Rechte an Luftfahrzeugen erstreckt, gilt § 100 des Gesetzes über Rechte an Luftfahrzeugen; an die Stelle des Gerichtsvollziehers tritt der Vollziehungsbeamte.

(2) Absatz 1 gilt für die Vollstreckung in Ersatzteile, auf die sich das Recht an einem ausländischen Luftfahrzeug erstreckt, mit der Maßgabe, dass die Vorschriften des § 106 Abs. 1 Nr. 2 und Abs. 4 des Gesetzes über Rechte an Luftfahrzeugen zu berücksichtigen sind.

§ 307 Anschlusspfändung. (1) [1]Zur Pfändung bereits gepfändeter Sachen genügt die in die Niederschrift aufzunehmende Erklärung des Vollziehungsbeamten, dass er die Sache für die zu bezeichnende Forderung pfändet. [2]Dem Vollstreckungsschuldner ist die weitere Pfändung mitzuteilen.

(2) [1]Ist die erste Pfändung für eine andere Vollstreckungsbehörde oder durch einen Gerichtsvollzieher erfolgt, so ist dieser Vollstreckungsbehörde oder dem Gerichtsvollzieher eine Abschrift der Niederschrift zu übersenden. [2]Die gleiche Pflicht hat ein Gerichtsvollzieher, der eine Sache pfändet, die bereits im Auftrag einer Vollstreckungsbehörde gepfändet ist.

§ 308 Verwertung bei mehrfacher Pfändung. (1) Wird dieselbe Sache mehrfach durch Vollziehungsbeamte oder durch Vollziehungsbeamte und Gerichtsvollzieher gepfändet, so begründet ausschließlich die erste Pfändung die Zuständigkeit zur Versteigerung.

(2) Betreibt ein Gläubiger die Versteigerung, so wird für alle beteiligten Gläubiger versteigert.

(3) Der Erlös wird nach der Reihenfolge der Pfändungen oder nach abweichender Vereinbarung der beteiligten Gläubiger verteilt.

(4) [1]Reicht der Erlös zur Deckung der Forderungen nicht aus und verlangt ein Gläubiger, für den die zweite oder eine spätere Pfändung erfolgt ist, ohne Zustimmung der übrigen beteiligten Gläubiger eine andere Verteilung als nach der Reihenfolge der Pfändungen, so ist die Sachlage unter Hinterlegung des Erlöses dem Amtsgericht, in dessen Bezirk gepfändet ist, anzuzeigen. [2]Der Anzeige sind die Schriftstücke, die sich auf das Verfahren beziehen, beizufügen. [3]Für das Verteilungsverfahren gelten die §§ 873 bis 882 der Zivilprozessordnung.

(5) Wird für verschiedene Gläubiger gleichzeitig gepfändet, so finden die Vorschriften der Absätze 2 bis 4 mit der Maßgabe Anwendung, dass der Erlös nach dem Verhältnis der Forderungen verteilt wird.

---

[1] Vgl. Gesetz über Rechte an Luftfahrzeugen v. 26.2.1959 (BGBl. I S. 57, 223), zuletzt geänd. durch G v. 11.8.2009 (BGBl. I S. 2713).

III. Vollstreckung in Forderungen und andere Vermögensrechte

§ 309 Pfändung einer Geldforderung. (1) [1]Soll eine Geldforderung gepfändet werden, so hat die Vollstreckungsbehörde dem Drittschuldner schriftlich zu verbieten, an den Vollstreckungsschuldner zu zahlen, und dem Vollstreckungsschuldner schriftlich zu gebieten, sich jeder Verfügung über die Forderung, insbesondere ihrer Einziehung, zu enthalten (Pfändungsverfügung). [2]Die elektronische Form ist ausgeschlossen.

(2) [1]Die Pfändung ist bewirkt, wenn die Pfändungsverfügung dem Drittschuldner zugestellt ist. [2]Die an den Drittschuldner zuzustellende Pfändungsverfügung soll den beizutreibenden Geldbetrag nur in einer Summe, ohne Angabe der Steuerarten und der Zeiträume, für die er geschuldet wird, bezeichnen. [3]Die Zustellung ist dem Vollstreckungsschuldner mitzuteilen.

(3)[1)] Bei Pfändung des Guthabens eines Kontos des Vollstreckungsschuldners bei einem Kreditinstitut gelten die §§ 833a und *850l der Zivilprozessordnung entsprechend. [2]§ 850l der Zivilprozessordnung gilt mit der Maßgabe, dass Anträge bei dem nach § 828 Abs. 2 der Zivilprozessordnung zuständigen Vollstreckungsgericht zu stellen sind.* [***ab 1.12.2021:*** 907 der Zivilprozessordnung entsprechend.]

§ 310 Pfändung einer durch Hypothek gesicherten Forderung.

(1) [1]Zur Pfändung einer Forderung, für die eine Hypothek besteht, ist außer der Pfändungsverfügung die Aushändigung des Hypothekenbriefs an die Vollstreckungsbehörde erforderlich. [2]Die Übergabe gilt als erfolgt, wenn der Vollziehungsbeamte den Brief wegnimmt. [3]Ist die Erteilung des Hypothekenbriefs ausgeschlossen, so muss die Pfändung in das Grundbuch eingetragen werden; die Eintragung erfolgt auf Grund der Pfändungsverfügung auf Ersuchen der Vollstreckungsbehörde.

(2) Wird die Pfändungsverfügung vor der Übergabe des Hypothekenbriefs oder der Eintragung der Pfändung dem Drittschuldner zugestellt, so gilt die Pfändung diesem gegenüber mit der Zustellung als bewirkt.

(3) [1]Diese Vorschriften gelten nicht, soweit Ansprüche auf die in § 1159 des Bürgerlichen Gesetzbuchs[2)] bezeichneten Leistungen gepfändet werden. [2]Das Gleiche gilt bei einer Sicherungshypothek im Fall des § 1187 des Bürgerlichen Gesetzbuchs von der Pfändung der Hauptforderung.

§ 311 Pfändung einer durch Schiffshypothek oder Registerpfandrecht an einem Luftfahrzeug gesicherten Forderung. (1) Die Pfändung einer Forderung, für die eine Schiffshypothek besteht, bedarf der Eintragung in das Schiffsregister oder das Schiffsbauregister.

(2) Die Pfändung einer Forderung, für die ein Registerpfandrecht an einem Luftfahrzeug besteht, bedarf der Eintragung in das Register für Pfandrechte an Luftfahrzeugen.

[1)] § 309 Abs. 3 neu gef. mWv 1.12.2021 durch G v. 22.11.2020 (BGBl. I S. 2466).
[2)] **Schönfelder Nr. 20.**

(3) [1]Die Pfändung nach den Absätzen 1 und 2 wird auf Grund der Pfändungsverfügung auf Ersuchen der Vollstreckungsbehörde eingetragen. [2]§ 310 Abs. 2 gilt entsprechend.

(4) [1]Die Absätze 1 bis 3 sind nicht anzuwenden, soweit es sich um die Pfändung der Ansprüche auf die in § 53 des Gesetzes über Rechte an eingetragenen Schiffen und Schiffsbauwerken[1)] und auf die in § 53 des Gesetzes über Rechte an Luftfahrzeugen[2)] bezeichneten Leistungen handelt. [2]Das Gleiche gilt, wenn bei einer Schiffshypothek für eine Forderung aus einer Schuldverschreibung auf den Inhaber, aus einem Wechsel oder aus einem anderen durch Indossament übertragbaren Papier die Hauptforderung gepfändet ist.

(5) Für die Pfändung von Forderungen, für die ein Recht an einem ausländischen Luftfahrzeug besteht, gilt § 106 Abs. 1 Nr. 3 und Abs. 5 des Gesetzes über Rechte an Luftfahrzeugen.[2)]

§ 312 Pfändung einer Forderung aus indossablen Papieren. Forderungen aus Wechseln und anderen Papieren, die durch Indossament übertragen werden können, werden dadurch gepfändet, dass der Vollziehungsbeamte die Papiere in Besitz nimmt.

§ 313 Pfändung fortlaufender Bezüge. (1) Das Pfandrecht, das durch die Pfändung einer Gehaltsforderung oder einer ähnlichen in fortlaufenden Bezügen bestehenden Forderung erworben wird, erstreckt sich auch auf die Beträge, die später fällig werden.

(2) [1]Die Pfändung eines Diensteinkommens trifft auch das Einkommen, das der Vollstreckungsschuldner bei Versetzung in ein anderes Amt, Übertragung eines neuen Amts oder einer Gehaltserhöhung zu beziehen hat. [2]Dies gilt nicht bei Wechsel des Dienstherrn.

(3) Endet das Arbeits- oder Dienstverhältnis und begründen Vollstreckungsschuldner und Drittschuldner innerhalb von neun Monaten ein solches neu, so erstreckt sich die Pfändung auf die Forderung aus dem neuen Arbeits- oder Dienstverhältnis.

§ 314 Einziehungsverfügung. (1) [1]Die Vollstreckungsbehörde ordnet die Einziehung der gepfändeten Forderung an. [2]§ 309 Abs. 2 gilt entsprechend.

(2) Die Einziehungsverfügung kann mit der Pfändungsverfügung verbunden werden.

(3)[3)] Wird die Einziehung eines bei einem Geldinstitut gepfändeten Guthabens eines Vollstreckungsschuldners, der eine natürliche Person ist, angeordnet, so *gilt § 835 Absatz 3 Satz 2 und Absatz 4* [***ab 1.12.2021:*** gelten § 835 Absatz 3 Satz 2 und § 900 Absatz 1] der Zivilprozessordnung entsprechend.

[1)] Gesetz über Rechte an eingetragenen Schiffen und Schiffsbauwerken v. 15.11.1940 (RGBl. I S. 1499), zuletzt geänd. durch G v. 21.1.2013 (BGBl. I S. 91).

[2)] Gesetz über Rechte an Luftfahrzeugen v. 26.2.1959 (BGBl. I S. 57, 223), zuletzt geänd. durch G v. 11.8.2009 (BGBl. I S. 2713).

[3)] § 314 Abs. 3 geänd. mWv 1.12.2021 durch G v. 22.11.2020 (BGBl. I S. 2466).

(4)[1] Wird die Einziehung einer gepfändeten nicht wiederkehrend zahlbaren Vergütung eines Vollstreckungsschuldners, der eine natürliche Person ist, für persönlich geleistete Arbeiten oder Dienste oder sonstige Einkünfte, die kein Arbeitslohn sind, angeordnet, so gilt § 835 Absatz *5* [***ab 1.12.2021:*** 4][2] der Zivilprozessordnung entsprechend.

§ 315 Wirkung der Einziehungsverfügung. (1) [1]Die Einziehungsverfügung ersetzt die förmlichen Erklärungen des Vollstreckungsschuldners, von denen nach bürgerlichem Recht die Berechtigung zur Einziehung abhängt. [2]Sie genügt auch bei einer Forderung, für die eine Hypothek, Schiffshypothek oder ein Registerpfandrecht an einem Luftfahrzeug besteht. [3]Zugunsten des Drittschuldners gilt eine zu Unrecht ergangene Einziehungsverfügung dem Vollstreckungsschuldner gegenüber solange als rechtmäßig, bis sie aufgehoben ist und der Drittschuldner hiervon erfährt.

(2) [1]Der Vollstreckungsschuldner ist verpflichtet, die zur Geltendmachung der Forderung nötige Auskunft zu erteilen und die über die Forderung vorhandenen Urkunden herauszugeben. [2]Erteilt der Vollstreckungsschuldner die Auskunft nicht, ist er auf Verlangen der Vollstreckungsbehörde verpflichtet, sie zu Protokoll zu geben und seine Angaben an Eides statt zu versichern. [3]Die Vollstreckungsbehörde kann die eidesstattliche Versicherung der Lage der Sache entsprechend ändern. [4]§ 284 Absatz 5, 6 und 8[3] gilt sinngemäß. [5]Die Vollstreckungsbehörde kann die Urkunden durch den Vollziehungsbeamten wegnehmen lassen oder ihre Herausgabe nach den §§ 328 bis 335 erzwingen.

(3) [1]Werden die Urkunden nicht vorgefunden, so hat der Vollstreckungsschuldner auf Verlangen der Vollstreckungsbehörde zu Protokoll an Eides statt zu versichern, dass er die Urkunden nicht besitze, auch nicht wisse, wo sie sich befinden. [2]Absatz 2 Satz 3 und 4 gilt entsprechend.

(4) Hat ein Dritter die Urkunde, so kann die Vollstreckungsbehörde auch den Anspruch des Vollstreckungsschuldners auf Herausgabe geltend machen.

§ 316 Erklärungspflicht des Drittschuldners. (1) [1]Auf Verlangen der Vollstreckungsbehörde hat ihr der Drittschuldner binnen zwei Wochen, von der Zustellung der Pfändungsverfügung an gerechnet, zu erklären:
1. ob und inwieweit er die Forderung als begründet anerkenne und bereit sei zu zahlen,
2. ob und welche Ansprüche andere Personen an die Forderung erheben,
3. ob und wegen welcher Ansprüche die Forderung bereits für andere Gläubiger gepfändet sei;
4.[4] ob innerhalb der letzten zwölf Monate im Hinblick auf das Konto, dessen Guthaben gepfändet worden ist, nach *§ 850l* [***ab 1.12.2021:*** § 907] der Zivilprozessordnung die Unpfändbarkeit des Guthabens *angeordnet* [***ab 1.12. 2021:*** festgesetzt] worden ist, und

---

[1] § 314 Abs. 4 angef. mWv 1.7.2010 durch G v. 7.7.2009 (BGBl. I S. 1707).
[2] Verweis geänd. mWv 16.4.2011 durch G v. 12.4.2011 (BGBl. I S. 615); geänd. mWv 1.12.2021 durch G v. 22.11.2020 (BGBl. I S. 2466).
[3] Verweis geänd. mWv 31.12.2014 durch G v. 22.12.2014 (BGBl. I S. 2417).
[4] § 316 Abs. 1 Nr. 4 angef. mWv 1.7.2010 durch G v. 7.7.2009 (BGBl. I S. 1707); geänd. mWv 1.12.2021 durch G v. 22.11.2020 (BGBl. I S. 2466).

5.[1] ob es sich bei dem Konto, dessen Guthaben gepfändet worden ist, um ein Pfändungsschutzkonto im Sinne von § 850k *Abs. 7 der Zivilprozessordnung handelt* [***ab 1.12.2021:*** der Zivilprozessordnung oder ein Gemeinschaftskonto im Sinne von § 850l der Zivilprozessordnung handelt; bei einem Gemeinschaftskonto ist zugleich anzugeben, ob der Schuldner nur gemeinsam mit einer anderen Person oder mehreren anderen Personen verfügungsbefugt ist].

[2]Die Erklärung des Drittschuldners zu Nummer 1 gilt nicht als Schuldanerkenntnis.

(2) [1]Die Aufforderung zur Abgabe dieser Erklärung kann in die Pfändungsverfügung aufgenommen werden. [2]Der Drittschuldner haftet der Vollstreckungsbehörde für den Schaden, der aus der Nichterfüllung seiner Verpflichtung entsteht. [3]Er kann zur Abgabe der Erklärung durch ein Zwangsgeld angehalten werden; § 334 ist nicht anzuwenden.

(3) Die §§ 841 bis 843 der Zivilprozessordnung sind anzuwenden.

§ 317 Andere Art der Verwertung. [1]Ist die gepfändete Forderung bedingt oder betagt oder ihre Einziehung schwierig, so kann die Vollstreckungsbehörde anordnen, dass sie in anderer Weise zu verwerten ist; § 315 Abs. 1 gilt entsprechend. [2]Der Vollstreckungsschuldner ist vorher zu hören, sofern nicht eine Bekanntgabe außerhalb des Geltungsbereichs des Gesetzes oder eine öffentliche Bekanntmachung erforderlich ist.

§ 318 Ansprüche auf Herausgabe oder Leistung von Sachen. (1) Für die Vollstreckung in Ansprüche auf Herausgabe oder Leistung von Sachen gelten außer den §§ 309 bis 317 die nachstehenden Vorschriften.

(2) [1]Bei der Pfändung eines Anspruchs, der eine bewegliche Sache betrifft, ordnet die Vollstreckungsbehörde an, dass die Sache an den Vollziehungsbeamten herauszugeben sei. [2]Die Sache wird wie eine gepfändete Sache verwertet.

(3) [1]Bei Pfändung eines Anspruchs, der eine unbewegliche Sache betrifft, ordnet die Vollstreckungsbehörde an, dass die Sache an einen Treuhänder herauszugeben sei, den das Amtsgericht der belegenen Sache auf Antrag der Vollstreckungsbehörde bestellt. [2]Ist der Anspruch auf Übertragung des Eigentums gerichtet, so ist dem Treuhänder als Vertreter des Vollstreckungsschuldners aufzulassen. [3]Mit dem Übergang des Eigentums auf den Vollstreckungsschuldner erlangt die Körperschaft, der die Vollstreckungsbehörde angehört, eine Sicherungshypothek für die Forderung. [4]Der Treuhänder hat die Eintragung der Sicherungshypothek zu bewilligen. [5]Die Vollstreckung in die herausgegebene Sache wird nach den Vorschriften über die Vollstreckung in unbewegliche Sachen bewirkt.

(4) Absatz 3 gilt entsprechend, wenn der Anspruch ein im Schiffsregister eingetragenes Schiff, ein Schiffsbauwerk oder Schwimmdock, das im Schiffsbauregister eingetragen ist oder in dieses Register eingetragen werden kann oder ein Luftfahrzeug betrifft, das in der Luftfahrzeugrolle eingetragen ist oder nach Löschung in der Luftfahrzeugrolle noch in dem Register für Pfandrechte an Luftfahrzeugen eingetragen ist.

---

[1] § 316 Abs. 1 Nr. 5 neu gef. mWv 1.12.2021 durch G v. 22.11.2020 (BGBl. I S. 2466).

(5)[1] [1]Dem Treuhänder ist auf Antrag eine Entschädigung zu gewähren. [2]Die Entschädigung darf die nach der Zwangsverwalterverordnung[2] festzusetzende Vergütung nicht übersteigen.

§ 319[3] Unpfändbarkeit von Forderungen. Beschränkungen und Verbote, die nach §§ 850 bis 852 [***ab 1.12.2021:*** und 899 bis 907] der Zivilprozessordnung und anderen gesetzlichen Bestimmungen für die Pfändung von Forderungen und Ansprüchen bestehen, gelten sinngemäß.

§ 320 Mehrfache Pfändung einer Forderung. (1) Ist eine Forderung durch mehrere Vollstreckungsbehörden oder durch eine Vollstreckungsbehörde und ein Gericht gepfändet, so sind die §§ 853 bis 856 der Zivilprozessordnung und § 99 Abs. 1 Satz 1 des Gesetzes über Rechte an Luftfahrzeugen[4] entsprechend anzuwenden.

(2) Fehlt es an einem Amtsgericht, das nach den §§ 853 und 854 der Zivilprozessordnung zuständig wäre, so ist bei dem Amtsgericht zu hinterlegen, in dessen Bezirk die Vollstreckungsbehörde ihren Sitz hat, deren Pfändungsverfügung dem Drittschuldner zuerst zugestellt worden ist.

§ 321 Vollstreckung in andere Vermögensrechte. (1) Für die Vollstreckung in andere Vermögensrechte, die nicht Gegenstand der Vollstreckung in das unbewegliche Vermögen sind, gelten die vorstehenden Vorschriften entsprechend.

(2) Ist kein Drittschuldner vorhanden, so ist die Pfändung bewirkt, wenn dem Vollstreckungsschuldner das Gebot, sich jeder Verfügung über das Recht zu enthalten, zugestellt ist.

(3) Ein unveräußerliches Recht ist, wenn nichts anderes bestimmt ist, insoweit pfändbar, als die Ausübung einem anderen überlassen werden kann.

(4) Die Vollstreckungsbehörde kann bei der Vollstreckung in unveräußerliche Rechte, deren Ausübung einem anderen überlassen werden kann, besondere Anordnungen erlassen, insbesondere bei der Vollstreckung in Nutzungsrechte eine Verwaltung anordnen; in diesem Fall wird die Pfändung durch Übergabe der zu benutzenden Sache an den Verwalter bewirkt, sofern sie nicht durch Zustellung der Pfändungsverfügung schon vorher bewirkt ist.

(5) Ist die Veräußerung des Rechts zulässig, so kann die Vollstreckungsbehörde die Veräußerung anordnen.

(6) Für die Vollstreckung in eine Reallast, eine Grundschuld oder eine Rentenschuld gelten die Vorschriften über die Vollstreckung in eine Forderung, für die eine Hypothek besteht.

(7) Die §§ 858 bis 863 der Zivilprozessordnung gelten sinngemäß.

---

[1] § 318 Abs. 5 Satz 2 neu gef. mWv 16.12.2004 durch G v. 9.12.2004 (BGBl. I S. 3310).

[2] Red. ber. durch G v. 22.11.2020 (BGBl. I S. 2466).

[3] § 319 geänd. mWv 1.12.2021 durch G v. 22.11.2020 (BGBl. I S. 2466).

[4] Gesetz über Rechte an Luftfahrzeugen v. 26.2.1959 (BGBl. I S. 57, 223), in der jeweils aktuellen Fassung.

4. Unterabschnitt: Vollstreckung in das unbewegliche Vermögen

§ 322 Verfahren. (1) [1]Der Vollstreckung in das unbewegliche Vermögen unterliegen außer den Grundstücken die Berechtigungen, für welche die sich auf Grundstücke beziehenden Vorschriften gelten, die im Schiffsregister eingetragenen Schiffe, die Schiffsbauwerke und Schwimmdocks, die im Schiffsbauregister eingetragen sind oder in dieses Register eingetragen werden können, sowie die Luftfahrzeuge, die in der Luftfahrzeugrolle eingetragen sind oder nach Löschung in der Luftfahrzeugrolle noch in dem Register für Pfandrechte an Luftfahrzeugen eingetragen sind. [2]Auf die Vollstreckung sind die für die gerichtliche Zwangsvollstreckung geltenden Vorschriften, namentlich die §§ 864 bis 871 der Zivilprozessordnung und das Gesetz über die Zwangsversteigerung und die Zwangsverwaltung[1)] anzuwenden. [3]Bei Stundung und Aussetzung der Vollziehung geht eine im Wege der Vollstreckung eingetragene Sicherungshypothek jedoch nur dann nach § 868 der Zivilprozessordnung auf den Eigentümer über und erlischt eine Schiffshypothek oder ein Registerpfandrecht an einem Luftfahrzeug jedoch nur dann nach § 870a Abs. 3 der Zivilprozessordnung sowie § 99 Abs. 1 des Gesetzes über Rechte an Luftfahrzeugen[2)], wenn zugleich die Aufhebung der Vollstreckungsmaßnahme angeordnet wird.

(2) Für die Vollstreckung in ausländische Schiffe gilt § 171 des Gesetzes über die Zwangsversteigerung und die Zwangsverwaltung,[1)] für die Vollstreckung in ausländische Luftfahrzeuge § 106 Abs. 1, 2 des Gesetzes über Rechte an Luftfahrzeugen[2)] sowie die §§ 171h bis 171n des Gesetzes über die Zwangsversteigerung und die Zwangsverwaltung.[1)]

(3) [1]Die für die Vollstreckung in das unbewegliche Vermögen erforderlichen Anträge des Gläubigers stellt die Vollstreckungsbehörde. [2]Sie hat hierbei zu bestätigen, dass die gesetzlichen Voraussetzungen für die Vollstreckung vorliegen. [3]Diese Fragen unterliegen nicht der Beurteilung des Vollstreckungsgerichts oder des Grundbuchamts. [4]Anträge auf Eintragung einer Sicherungshypothek, einer Schiffshypothek oder eines Registerpfandrechts an einem Luftfahrzeug sind Ersuchen im Sinne des § 38 der Grundbuchordnung[3)] und des § 45 der Schiffsregisterordnung.[4)]

(4) Zwangsversteigerung und Zwangsverwaltung soll die Vollstreckungsbehörde nur beantragen, wenn festgestellt ist, dass der Geldbetrag durch Vollstreckung in das bewegliche Vermögen nicht beigetrieben werden kann.

(5) Soweit der zu vollstreckende Anspruch gemäß § 10 Abs. 1 Nr. 3 des Gesetzes über die Zwangsversteigerung und die Zwangsverwaltung[1)] den

---

[1)] Gesetz über die Zwangsversteigerung und die Zwangsverwaltung idF der Bek. v. 20.5.1898 (RGBl. S. 369, 713) **(Schönfelder Nr. 108)**.

[2)] Gesetz über Rechte an Luftfahrzeugen v. 26.2.1959 (BGBl. I S. 57, 223), in der jeweils aktuellen Fassung.

[3)] GrundbuchO idF der Bek. v. 26.5.1994 (BGBl. I S. 1114) **(Schönfelder Nr. 114)**.

[4)] SchiffsregisterO idF der Bek. v. 26.5.1994 (BGBl. I S. 1133), in der jeweils aktuellen Fassung.

Rechten am Grundstück im Rang vorgeht, kann eine Sicherungshypothek unter der aufschiebenden Bedingung in das Grundbuch eingetragen werden, dass das Vorrecht wegfällt.

§ 323 Vollstreckung gegen den Rechtsnachfolger. 1 Ist nach § 322 eine Sicherungshypothek, eine Schiffshypothek oder ein Registerpfandrecht an einem Luftfahrzeug eingetragen worden, so bedarf es zur Zwangsversteigerung aus diesem Recht nur dann eines Duldungsbescheids, wenn nach der Eintragung dieses Rechts ein Eigentumswechsel eingetreten ist. 2 Satz 1 gilt sinngemäß für die Zwangsverwaltung aus einer nach § 322 eingetragenen Sicherungshypothek.

5. Unterabschnitt: Arrest

§ 324 Dinglicher Arrest. (1) 1 Zur Sicherung der Vollstreckung von Geldforderungen nach den §§ 249 bis 323 kann die für die Steuerfestsetzung zuständige Finanzbehörde den Arrest in das bewegliche oder unbewegliche Vermögen anordnen, wenn zu befürchten ist, dass sonst die Beitreibung vereitelt oder wesentlich erschwert wird. 2 Sie kann den Arrest auch dann anordnen, wenn die Forderung noch nicht zahlenmäßig feststeht oder wenn sie bedingt oder betagt ist. 3 In der Arrestanordnung ist ein Geldbetrag zu bestimmen, bei dessen Hinterlegung die Vollziehung des Arrestes gehemmt und der vollzogene Arrest aufzuheben ist.

(2) 1 Die Arrestanordnung ist zuzustellen. 2 Sie muss begründet und von dem anordnenden Bediensteten unterschrieben sein. 3 Die elektronische Form ist ausgeschlossen.

(3) 1 Die Vollziehung der Arrestanordnung ist unzulässig, wenn seit dem Tag, an dem die Anordnung unterzeichnet worden ist, ein Monat verstrichen ist. 2 Die Vollziehung ist auch schon vor der Zustellung an den Arrestschuldner zulässig, sie ist jedoch ohne Wirkung, wenn die Zustellung nicht innerhalb einer Woche nach der Vollziehung und innerhalb eines Monats seit der Unterzeichnung erfolgt. 3 Bei Zustellung im Ausland und öffentlicher Zustellung gilt § 169 Abs. 1 Satz 3 entsprechend. 4 Auf die Vollziehung des Arrestes finden die §§ 930 bis 932 der Zivilprozessordnung sowie § 99 Abs. 2 und § 106 Abs. 1, 3 und 5 des Gesetzes über Rechte an Luftfahrzeugen entsprechende Anwendung; an die Stelle des Arrestgerichts und des Vollstreckungsgerichts tritt die Vollstreckungsbehörde, an die Stelle des Gerichtsvollziehers der Vollziehungsbeamte. 5 Soweit auf die Vorschriften über die Pfändung verwiesen wird, sind die entsprechenden Vorschriften dieses Gesetzes anzuwenden.

§ 325 Aufhebung des dinglichen Arrestes. Die Arrestanordnung ist aufzuheben, wenn nach ihrem Erlass Umstände bekannt werden, die die Arrestanordnung nicht mehr gerechtfertigt erscheinen lassen.

§ 326 Persönlicher Sicherheitsarrest. (1) 1 Auf Antrag der für die Steuerfestsetzung zuständigen Finanzbehörde kann das Amtsgericht einen persönlichen Sicherheitsarrest anordnen, wenn er erforderlich ist, um die gefährdete

Vollstreckung in das Vermögen des Pflichtigen zu sichern. 2 Zuständig ist das Amtsgericht, in dessen Bezirk die Finanzbehörde ihren Sitz hat oder sich der Pflichtige befindet.

(2) In dem Antrag hat die für die Steuerfestsetzung zuständige Finanzbehörde den Anspruch nach Art und Höhe sowie die Tatsachen anzugeben, die den Arrestgrund ergeben.

(3) 1 Für die Anordnung, Vollziehung und Aufhebung des persönlichen Sicherheitsarrestes gelten § 128 Abs. 4 und die §§ 922 bis 925, 927, 929, 933, 934 Abs. 1, 3 und 4 der Zivilprozessordnung sinngemäß. 2 § 802j Abs. 2[1] der Zivilprozessordnung ist nicht anzuwenden.

(4) Für Zustellungen gelten die Vorschriften der Zivilprozessordnung.

6. Unterabschnitt: Verwertung von Sicherheiten

§ 327 Verwertung von Sicherheiten. 1 Werden Geldforderungen, die im Verwaltungsverfahren vollstreckbar sind (§ 251), bei Fälligkeit nicht erfüllt, kann sich die Vollstreckungsbehörde aus den Sicherheiten befriedigen, die sie zur Sicherung dieser Ansprüche erlangt hat. 2 Die Sicherheiten werden nach den Vorschriften dieses Abschnitts verwertet. 3 Die Verwertung darf erst erfolgen, wenn dem Vollstreckungsschuldner die Verwertungsabsicht bekannt gegeben und seit der Bekanntgabe mindestens eine Woche verstrichen ist.

Dritter Abschnitt: Vollstreckung wegen anderer Leistungen als Geldforderungen

1. Unterabschnitt: Vollstreckung wegen Handlungen, Duldungen oder Unterlassungen

§ 328 Zwangsmittel. (1) 1 Ein Verwaltungsakt, der auf Vornahme einer Handlung oder auf Duldung oder Unterlassung gerichtet ist, kann mit Zwangsmitteln (Zwangsgeld, Ersatzvornahme, unmittelbarer Zwang) durchgesetzt werden. 2 Für die Erzwingung von Sicherheiten gilt § 336. 3 Vollstreckungsbehörde ist die Behörde, die den Verwaltungsakt erlassen hat.

(2) 1 Es ist dasjenige Zwangsmittel zu bestimmen, durch das der Pflichtige und die Allgemeinheit am wenigsten beeinträchtigt werden. 2 Das Zwangsmittel muss in einem angemessenen Verhältnis zu seinem Zweck stehen.

§ 329 Zwangsgeld. Das einzelne Zwangsgeld darf 25 000 Euro nicht übersteigen.

§ 330 Ersatzvornahme. Wird die Verpflichtung, eine Handlung vorzunehmen, deren Vornahme durch einen anderen möglich ist (vertretbare Handlung), nicht erfüllt, so kann die Vollstreckungsbehörde einen anderen mit der Vornahme der Handlung auf Kosten des Pflichtigen beauftragen.

---

[1] Verweis geänd. mWv 1.1.2013 durch G v. 29.7.2009 (BGBl. I S. 2258).

§ 331 Unmittelbarer Zwang. Führen das Zwangsgeld oder die Ersatzvornahme nicht zum Ziel oder sind sie untunlich, so kann die Finanzbehörde den Pflichtigen zur Handlung, Duldung oder Unterlassung zwingen oder die Handlung selbst vornehmen.

§ 332 Androhung der Zwangsmittel. (1) [1]Die Zwangsmittel müssen schriftlich angedroht werden. [2]Wenn zu besorgen ist, dass dadurch der Vollzug des durchzusetzenden Verwaltungsakts vereitelt wird, genügt es, die Zwangsmittel mündlich oder auf andere nach der Lage gebotene Weise anzudrohen. [3]Zur Erfüllung der Verpflichtung ist eine angemessene Frist zu bestimmen.

(2) [1]Die Androhung kann mit dem Verwaltungsakt verbunden werden, durch den die Handlung, Duldung oder Unterlassung aufgegeben wird. [2]Sie muss sich auf ein bestimmtes Zwangsmittel beziehen und für jede einzelne Verpflichtung getrennt ergehen. [3]Zwangsgeld ist in bestimmter Höhe anzudrohen.

(3) [1]Eine neue Androhung wegen derselben Verpflichtung ist erst dann zulässig, wenn das zunächst angedrohte Zwangsmittel erfolglos ist. [2]Wird vom Pflichtigen ein Dulden oder Unterlassen gefordert, so kann das Zwangsmittel für jeden Fall der Zuwiderhandlung angedroht werden.

(4) Soll die Handlung durch Ersatzvornahme ausgeführt werden, so ist in der Androhung der Kostenbetrag vorläufig zu veranschlagen.

§ 333 Festsetzung der Zwangsmittel. Wird die Verpflichtung innerhalb der Frist, die in der Androhung bestimmt ist, nicht erfüllt oder handelt der Pflichtige der Verpflichtung zuwider, so setzt die Finanzbehörde das Zwangsmittel fest.

§ 334 Ersatzzwangshaft. (1) [1]Ist ein gegen eine natürliche Person festgesetztes Zwangsgeld uneinbringlich, so kann das Amtsgericht auf Antrag der Finanzbehörde nach Anhörung des Pflichtigen Ersatzzwangshaft anordnen, wenn bei Androhung des Zwangsgelds hierauf hingewiesen worden ist. [2]Ordnet das Amtsgericht Ersatzzwangshaft an, so hat es einen Haftbefehl auszufertigen, in dem die antragstellende Behörde, der Pflichtige und der Grund der Verhaftung zu bezeichnen sind.

(2) [1]Das Amtsgericht entscheidet nach pflichtgemäßem Ermessen durch Beschluss. [2]Örtlich zuständig ist das Amtsgericht, in dessen Bezirk der Pflichtige seinen Wohnsitz oder in Ermangelung eines Wohnsitzes seinen gewöhnlichen Aufenthalt hat. [3]Der Beschluss des Amtsgerichts unterliegt der Beschwerde nach den §§ 567 bis 577 der Zivilprozessordnung.

(3)[1)] [1]Die Ersatzzwangshaft beträgt mindestens einen Tag, höchstens zwei Wochen. [2]Die Vollziehung der Ersatzzwangshaft richtet sich nach den § 802g Abs. 2 und § 802h[2)] der Zivilprozessordnung und den §§ 171 bis 175 und 179 bis 186 des Strafvollzugsgesetzes.

---

1) § 334 Abs. 3 Satz 2 geänd. durch G v. 20.11.2019 (BGBl. I S. 1724).
2) Verweise geänd. mWv 1.1.2013 durch G v. 29.7.2009 (BGBl. I S. 2258).

(4) Ist der Anspruch auf das Zwangsgeld verjährt, so darf die Haft nicht mehr vollstreckt werden.

§ 335 Beendigung des Zwangsverfahrens. Wird die Verpflichtung nach Festsetzung des Zwangsmittels erfüllt, so ist der Vollzug einzustellen.

2. Unterabschnitt: Erzwingung von Sicherheiten

§ 336 Erzwingung von Sicherheiten. (1) Wird die Verpflichtung zur Leistung von Sicherheiten nicht erfüllt, so kann die Finanzbehörde geeignete Sicherheiten pfänden.

(2) [1]Der Erzwingung der Sicherheit muss eine schriftliche Androhung vorausgehen. [2]Die §§ 262 bis 323 sind entsprechend anzuwenden.

Vierter Abschnitt: Kosten

§ 337[1)] Kosten der Vollstreckung. (1) [1]Im Vollstreckungsverfahren werden Kosten (Gebühren und Auslagen) erhoben. [2]Schuldner dieser Kosten ist der Vollstreckungsschuldner.

(2)[2)] Für das Mahnverfahren werden keine Kosten erhoben.

§ 338 Gebührenarten. Im Vollstreckungsverfahren werden Pfändungsgebühren (§ 339), Wegnahmegebühren (§ 340) und Verwertungsgebühren (§ 341) erhoben.

§ 339[3)] Pfändungsgebühr. (1) Die Pfändungsgebühr wird erhoben für die Pfändung von beweglichen Sachen, von Tieren, von Früchten, die vom Boden noch nicht getrennt sind, von Forderungen und von anderen Vermögensrechten.

(2) Die Gebühr entsteht:

1. sobald der Vollziehungsbeamte Schritte zur Ausführung des Vollstreckungsauftrags unternommen hat,
2. mit der Zustellung der Verfügung, durch die eine Forderung oder ein anderes Vermögensrecht gepfändet werden soll.

(3) Die Gebühr beträgt 26[4)] Euro.

(4) [1]Die Gebühr wird auch erhoben, wenn

1. die Pfändung durch Zahlung an den Vollziehungsbeamten abgewendet wird,
2. auf andere Weise Zahlung geleistet wird, nachdem sich der Vollziehungsbeamte an Ort und Stelle begeben hat,

---

[1)] § 337 Abs. 1 neu gef. mWv 1.1.2005 durch G v. 9.12.2004 (BGBl. I S. 3310).

[2)] § 337 Abs. 2 Satz 2 aufgeh. mWv 30.6.2013 durch G v. 26.6.2013 (BGBl. I S. 1809).

[3)] § 339 neu gef. mWv 1.1.2005 durch G v. 9.12.2004 (BGBl. I S. 3310).

[4)] Betrag geänd. mWv 31.12.2014 durch G v. 22.12.2014 (BGBl. I S. 2417).

3. ein Pfändungsversuch erfolglos geblieben ist, weil pfändbare Gegenstände nicht vorgefunden wurden, oder
4. die Pfändung in den Fällen des § 281 Abs. 3 dieses Gesetzes sowie der §§ 812 und 851b Abs. 1 der Zivilprozessordnung unterbleibt.

2 Wird die Pfändung auf andere Weise abgewendet, wird keine Gebühr erhoben.

§ 340[1)] Wegnahmegebühr. (1) 1 Die Wegnahmegebühr wird für die Wegnahme beweglicher Sachen einschließlich Urkunden in den Fällen der §§ 310, 315 Abs. 2 Satz 5, §§ 318, 321, 331 und 336 erhoben. 2 Dies gilt auch dann, wenn der Vollstreckungsschuldner an den zur Vollstreckung erschienenen Vollziehungsbeamten freiwillig leistet.

(2) § 339 Abs. 2 Nr. 1 ist entsprechend anzuwenden.

(3) 1 Die Höhe der Wegnahmegebühr beträgt 26[2)] Euro. 2 Die Gebühr wird auch erhoben, wenn die in Absatz 1 bezeichneten Sachen nicht aufzufinden sind.

(4) (weggefallen)

§ 341[2)] Verwertungsgebühr. (1) Die Verwertungsgebühr wird für die Versteigerung und andere Verwertung von Gegenständen erhoben.

(2) Die Gebühr entsteht, sobald der Vollziehungsbeamte oder ein anderer Beauftragter Schritte zur Ausführung des Verwertungsauftrags unternommen hat.

(3) Die Gebühr beträgt 52[3)] Euro.

(4) Wird die Verwertung abgewendet (§ 296 Abs. 1 Satz 4), ist eine Gebühr von 26[3)] Euro zu erheben.

§ 342[4)] Mehrheit von Schuldnern. (1) Wird gegen mehrere Schuldner vollstreckt, so sind die Gebühren, auch wenn der Vollziehungsbeamte bei derselben Gelegenheit mehrere Vollstreckungshandlungen vornimmt, von jedem Vollstreckungsschuldner zu erheben.

(2) 1 Wird gegen Gesamtschuldner wegen der Gesamtschuld bei derselben Gelegenheit vollstreckt, so werden Pfändungs-, Wegnahme- und Verwertungsgebühren nur einmal erhoben. 2 Die in Satz 1 bezeichneten Personen schulden die Gebühren als Gesamtschuldner.

§ 343. (weggefallen)

---

1) § 340 Abs. 3 neu gef., Abs. 4 aufgeh. mWv 1.1.2005 durch G v. 9.12.2004 (BGBl. I S. 3310).

2) § 341 Abs. 3 und 4 neu gef. mWv 1.1.2005 durch G v. 9.12.2004 (BGBl. I S. 3310); Abs. 4 geänd. mWv 5.8.2009 durch G v. 30.7.2009 (BGBl. I S. 2474).

3) Betrag geänd. mWv 31.12.2014 durch G v. 22.12.2014 (BGBl. I S. 2417).

4) § 342 Abs. 2 bish. Satz 3 aufgeh. mWv 1.1.2005 durch G v. 9.12.2004 (BGBl. I S. 3310).

§ 344[1]) Auslagen. (1) Als Auslagen werden erhoben:

1.[2]) Schreibauslagen für nicht von Amts wegen zu erteilende oder per Telefax übermittelte Abschriften; die Schreibauslagen betragen unabhängig von der Art der Herstellung

a) für die ersten 50 Seiten je Seite 0,50 Euro,

b) für jede weitere Seite 0,15 Euro,

c) für die ersten 50 Seiten in Farbe je Seite 1,00 Euro,

d) für jede weitere Seite in Farbe 0,30 Euro.

[2] Werden anstelle von Abschriften elektronisch gespeicherte Dateien überlassen, betragen die Auslagen 1,50 Euro je Datei. [3] Für die in einem Arbeitsgang überlassenen oder in einem Arbeitsgang auf einen Datenträger übertragenen Dokumente werden insgesamt höchstens 5 Euro erhoben. [4] Werden zum Zweck der Überlassung von elektronisch gespeicherten Dateien Dokumente zuvor auf Antrag von der Papierform in die elektronische Form übertragen, beträgt die Pauschale für Schreibauslagen nach Satz 2 nicht weniger, als die Pauschale im Fall von Satz 1 betragen würde,

2. Entgelte für Post- und Telekommunikationsdienstleistungen, ausgenommen die Entgelte für Telefondienstleistungen im Orts- und Nahbereich,

3. Entgelte für Zustellungen durch die Post mit Zustellungsurkunde; wird durch die Behörde zugestellt (§ 5 des Verwaltungszustellungsgesetzes), so werden 7,50 Euro erhoben,

4. Kosten, die durch öffentliche Bekanntmachung entstehen,

5. an die zum Öffnen von Türen und Behältnissen sowie an die zur Durchsuchung von Vollstreckungsschuldnern zugezogenen Personen zu zahlende Beträge,

6. Kosten für die Beförderung, Verwahrung und Beaufsichtigung gepfändeter Sachen, Kosten für die Aberntung gepfändeter Früchte und Kosten für die Verwahrung, Fütterung, Pflege und Beförderung gepfändeter Tiere,

7. Beträge, die in entsprechender Anwendung des Justizvergütungs- und -entschädigungsgesetzes an Auskunftspersonen und Sachverständige (§ 107) sowie Beträge, die an Treuhänder (§ 318 Abs. 5) zu zahlen sind,

7a. Kosten, die von einem Kreditinstitut erhoben werden, weil ein Scheck des Vollstreckungsschuldners nicht eingelöst wurde,

7b. Kosten für die Umschreibung eines auf einen Namen lautenden Wertpapiers oder für die Wiederinkurssetzung eines Inhaberpapiers,

8. andere Beträge, die auf Grund von Vollstreckungsmaßnahmen an Dritte zu zahlen sind, insbesondere Beträge, die bei der Ersatzvornahme oder beim unmittelbaren Zwang an Beauftragte und an Hilfspersonen gezahlt werden, und sonstige durch Ausführung des unmittelbaren Zwanges oder Anwendung der Ersatzzwangshaft entstandene Kosten.

---

1) § 344 neu gef. mWv 1.1.2005 durch G v. 9.12.2004 (BGBl. I S. 3310).
2) § 344 Abs. 1 Nr. 1 neu gef. mWv 31.12.2014 durch G v. 22.12.2014 (BGBl. I S. 2417).

(2) Steuern, die die Finanzbehörde auf Grund von Vollstreckungsmaßnahmen schuldet, sind als Auslagen zu erheben.

(3) [1] Werden Sachen oder Tiere, die bei mehreren Vollstreckungsschuldnern gepfändet worden sind, in einem einheitlichen Verfahren abgeholt und verwertet, so werden die Auslagen, die in diesem Verfahren entstehen, auf die beteiligten Vollstreckungsschuldner verteilt. [2] Dabei sind die besonderen Umstände des einzelnen Falls, vor allem Wert, Umfang und Gewicht der Gegenstände, zu berücksichtigen.

§ 345 Reisekosten und Aufwandsentschädigungen. Im Vollstreckungsverfahren sind die Reisekosten des Vollziehungsbeamten und Auslagen, die durch Aufwandsentschädigungen abgegolten werden, von dem Vollstreckungsschuldner nicht zu erstatten.

§ 346 Unrichtige Sachbehandlung, Festsetzungsfrist. (1) Kosten, die bei richtiger Behandlung der Sache nicht entstanden wären, sind nicht zu erheben.

(2) [1] Die Frist für den Ansatz der Kosten und für die Aufhebung und Änderung des Kostenansatzes beträgt ein Jahr. [2] Sie beginnt mit Ablauf des Kalenderjahrs, in dem die Kosten entstanden sind. [3] Einem vor Ablauf der Frist gestellten Antrag auf Aufhebung oder Änderung kann auch nach Ablauf der Frist entsprochen werden.

Siebenter Teil. Außergerichtliches Rechtsbehelfsverfahren[1)]

Erster Abschnitt: Zulässigkeit

§ 347 Statthaftigkeit des Einspruchs. (1) [1] Gegen Verwaltungsakte

1. in Abgabenangelegenheiten, auf die dieses Gesetz Anwendung findet,
2. in Verfahren zur Vollstreckung von Verwaltungsakten in anderen als den in Nummer 1 bezeichneten Angelegenheiten, soweit die Verwaltungsakte durch Bundesfinanzbehörden oder Landesfinanzbehörden nach den Vorschriften dieses Gesetzes zu vollstrecken sind,
3. in öffentlich-rechtlichen und berufsrechtlichen Angelegenheiten, auf die dieses Gesetz nach § 164a des Steuerberatungsgesetzes Anwendung findet,
4. in anderen durch die Finanzbehörden verwalteten Angelegenheiten, soweit die Vorschriften über die außergerichtlichen Rechtsbehelfe durch Gesetz für anwendbar erklärt worden sind oder erklärt werden,

ist als Rechtsbehelf der Einspruch statthaft. [2] Der Einspruch ist außerdem statthaft, wenn geltend gemacht wird, dass in den in Satz 1 bezeichneten Angelegenheiten über einen vom Einspruchsführer gestellten Antrag auf Erlass eines Verwaltungsakts ohne Mitteilung eines zureichenden Grundes binnen angemessener Frist sachlich nicht entschieden worden ist.

---

1) Zu §§ 347 ff. siehe Übergangsvorschriften in Art. 97 § 18 Abs. 3 EGAO (Nr. 800a).

(2) Abgabenangelegenheiten sind alle mit der Verwaltung der Abgaben einschließlich der Abgabenvergütungen oder sonst mit der Anwendung der abgabenrechtlichen Vorschriften durch die Finanzbehörden zusammenhängenden Angelegenheiten einschließlich der Maßnahmen der Bundesfinanzbehörden zur Beachtung der Verbote und Beschränkungen für den Warenverkehr über die Grenze; den Abgabenangelegenheiten stehen die Angelegenheiten der Verwaltung der Finanzmonopole gleich.

(3) Die Vorschriften des Siebenten Teils finden auf das Straf- und Bußgeldverfahren keine Anwendung.

§ 348 Ausschluss des Einspruchs. Der Einspruch ist nicht statthaft

1. gegen Einspruchsentscheidungen (§ 367),
2. bei Nichtentscheidung über einen Einspruch,
3. gegen Verwaltungsakte der obersten Finanzbehörden des Bundes und der Länder, außer wenn ein Gesetz das Einspruchsverfahren vorschreibt,
4.[1] gegen Entscheidungen in Angelegenheiten des Zweiten und Sechsten Abschnitts des Zweiten Teils des Steuerberatungsgesetzes,
5.[1] *(aufgehoben)*
6.[2] in den Fällen des § 172 Abs. 3.

§ 349. (weggefallen)

§ 350 Beschwer. Befugt, Einspruch einzulegen, ist nur, wer geltend macht, durch einen Verwaltungsakt oder dessen Unterlassung beschwert zu sein.

§ 351 Bindungswirkung anderer Verwaltungsakte. (1) Verwaltungsakte, die unanfechtbare Verwaltungsakte ändern, können nur insoweit angegriffen werden, als die Änderung reicht, es sei denn, dass sich aus den Vorschriften über die Aufhebung und Änderung von Verwaltungsakten etwas anderes ergibt.

(2) Entscheidungen in einem Grundlagenbescheid (§ 171 Abs. 10) können nur durch Anfechtung dieses Bescheids, nicht auch durch Anfechtung des Folgebescheids, angegriffen werden.

§ 352 Einspruchsbefugnis bei der einheitlichen Feststellung. (1) Gegen Bescheide über die einheitliche und gesonderte Feststellung von Besteuerungsgrundlagen können Einspruch einlegen:

1. zur Vertretung berufene Geschäftsführer oder, wenn solche nicht vorhanden sind, der Einspruchsbevollmächtigte im Sinne des Absatzes 2;
2. wenn Personen nach Nummer 1 nicht vorhanden sind, jeder Gesellschafter, Gemeinschafter oder Mitberechtigte, gegen den der Feststellungsbescheid ergangen ist oder zu ergehen hätte;

---

[1] § 348 Nr. 4 geänd. und Nr. 5 aufgeh. mWv 12.4.2008 durch G v. 8.4.2008 (BGBl. I S. 666).

[2] § 348 Nr. 6 angef. mWv 19.12.2006 durch G v. 13.12.2006 (BGBl. I S. 2878).

3. auch wenn Personen nach Nummer 1 vorhanden sind, ausgeschiedene Gesellschafter, Gemeinschafter oder Mitberechtigte, gegen die der Feststellungsbescheid ergangen ist oder zu ergehen hätte;
4. soweit es sich darum handelt, wer an dem festgestellten Betrag beteiligt ist und wie dieser sich auf die einzelnen Beteiligten verteilt, jeder, der durch die Feststellungen hierzu berührt wird;
5. soweit es sich um eine Frage handelt, die einen Beteiligten persönlich angeht, jeder, der durch die Feststellungen über die Frage berührt wird.

(2) 1 Einspruchsbefugt im Sinne des Absatzes 1 Nr. 1 ist der gemeinsame Empfangsbevollmächtigte im Sinne des § 183 Abs. 1 Satz 1 oder des § 6 Abs. 1 Satz 1 der Verordnung über die gesonderte Feststellung von Besteuerungsgrundlagen nach § 180 Abs. 2 der Abgabenordnung vom 19. Dezember 1986 (BGBl. I S. 2663)[1]. 2 Haben die Feststellungsbeteiligten keinen gemeinsamen Empfangsbevollmächtigten bestellt, ist einspruchsbefugt im Sinne des Absatzes 1 Nr. 1 der nach § 183 Abs. 1 Satz 2 fingierte oder der nach § 183 Abs. 1 Satz 3 bis 5 oder nach § 6 Abs. 1 Satz 3 bis 5 der Verordnung über die gesonderte Feststellung von Besteuerungsgrundlagen nach § 180 Abs. 2 der Abgabenordnung von der Finanzbehörde bestimmte Empfangsbevollmächtigte; dies gilt nicht für Feststellungsbeteiligte, die gegenüber der Finanzbehörde der Einspruchsbefugnis des Empfangsbevollmächtigten widersprechen. 3 Die Sätze 1 und 2 sind nur anwendbar, wenn die Beteiligten in der Feststellungserklärung oder in der Aufforderung zur Benennung eines Empfangsbevollmächtigten über die Einspruchsbefugnis des Empfangsbevollmächtigten belehrt worden sind.

§ 353 Einspruchsbefugnis des Rechtsnachfolgers. Wirkt ein Feststellungsbescheid, ein Grundsteuermessbescheid oder ein Zerlegungs- oder Zuteilungsbescheid über einen Grundsteuermessbetrag gegenüber dem Rechtsnachfolger, ohne dass er diesem bekannt gegeben worden ist (§ 182 Abs. 2, § 184 Abs. 1 Satz 4, §§ 185 und 190), so kann der Rechtsnachfolger nur innerhalb der für den Rechtsvorgänger maßgebenden Einspruchsfrist Einspruch einlegen.

§ 354 Einspruchsverzicht. (1) 1 Auf Einlegung eines Einspruchs kann nach Erlass des Verwaltungsakts verzichtet werden. 2 Der Verzicht kann auch bei Abgabe einer Steueranmeldung für den Fall ausgesprochen werden, dass die Steuer nicht abweichend von der Steueranmeldung festgesetzt wird. 3 Durch den Verzicht wird der Einspruch unzulässig.

(1a) 1 Soweit Besteuerungsgrundlagen für ein Verständigungs- oder ein Schiedsverfahren nach einem Vertrag im Sinne des § 2 von Bedeutung sein können, kann auf die Einlegung eines Einspruchs insoweit verzichtet werden. 2 Die Besteuerungsgrundlage, auf die sich der Verzicht beziehen soll, ist genau zu bezeichnen.

---

[1] Nr. **800e**.

(2) [1]Der Verzicht ist gegenüber der zuständigen Finanzbehörde schriftlich oder zur Niederschrift zu erklären; er darf keine weiteren Erklärungen enthalten. [2]Wird nachträglich die Unwirksamkeit des Verzichts geltend gemacht, so gilt § 110 Abs. 3 sinngemäß.

Zweiter Abschnitt: Verfahrensvorschriften

§ 355 Einspruchsfrist. (1) [1]Der Einspruch nach § 347 Abs. 1 Satz 1 ist innerhalb eines Monats nach Bekanntgabe des Verwaltungsakts einzulegen. [2]Ein Einspruch gegen eine Steueranmeldung ist innerhalb eines Monats nach Eingang der Steueranmeldung bei der Finanzbehörde, in den Fällen des § 168 Satz 2 innerhalb eines Monats nach Bekanntwerden der Zustimmung, einzulegen.

(2) Der Einspruch nach § 347 Abs. 1 Satz 2 ist unbefristet.

§ 356 Rechtsbehelfsbelehrung. (1) Ergeht ein Verwaltungsakt schriftlich oder elektronisch, so beginnt die Frist für die Einlegung des Einspruchs nur, wenn der Beteiligte über den Einspruch und die Finanzbehörde, bei der er einzulegen ist, deren Sitz und die einzuhaltende Frist in der für den Verwaltungsakt verwendeten Form belehrt worden ist.

(2) [1]Ist die Belehrung unterblieben oder unrichtig erteilt, so ist die Einlegung des Einspruchs nur binnen eines Jahres seit Bekanntgabe des Verwaltungsakts zulässig, es sei denn, dass die Einlegung vor Ablauf der Jahresfrist infolge höherer Gewalt unmöglich war oder schriftlich oder elektronisch darüber belehrt wurde, dass ein Einspruch nicht gegeben sei. [2]§ 110 Abs. 2 gilt für den Fall höherer Gewalt sinngemäß.

§ 357[1)] Einlegung des Einspruchs. (1) [1]Der Einspruch ist schriftlich oder elektronisch einzureichen oder zur Niederschrift zu erklären. [2]Es genügt, wenn aus dem Einspruch hervorgeht, wer ihn eingelegt hat. [3]Unrichtige Bezeichnung des Einspruchs schadet nicht.

(2) [1]Der Einspruch ist bei der Behörde anzubringen, deren Verwaltungsakt angefochten wird oder bei der ein Antrag auf Erlass eines Verwaltungsakts gestellt worden ist. [2]Ein Einspruch, der sich gegen die Feststellung von Besteuerungsgrundlagen oder gegen die Festsetzung eines Steuermessbetrags richtet, kann auch bei der zur Erteilung des Steuerbescheids zuständigen Behörde angebracht werden. [3]Ein Einspruch, der sich gegen einen Verwaltungsakt richtet, den eine Behörde auf Grund gesetzlicher Vorschrift für die zuständige Finanzbehörde erlassen hat, kann auch bei der zuständigen Finanzbehörde angebracht werden. [4]Die schriftliche oder elektronische Anbringung bei einer anderen Behörde ist unschädlich, wenn der Einspruch vor Ablauf der Einspruchsfrist einer der Behörden übermittelt wird, bei der er nach den Sätzen 1 bis 3 angebracht werden kann.

[1)] § 357 Abs. 1 Satz 1 geänd., Satz 2 neu gef., Abs. 2 Satz 4 geänd. mWv 1.8.2013 (BGBl. I S. 2749); Abs. 1 Satz 3 aufgeh., bish. Satz 4 wird Satz 3 mWv 1.1.2017 durch G v. 18.7.2016 (BGBl. I S. 1679).

(3) [1]Bei der Einlegung soll der Verwaltungsakt bezeichnet werden, gegen den der Einspruch gerichtet ist. [2]Es soll angegeben werden, inwieweit der Verwaltungsakt angefochten und seine Aufhebung beantragt wird. [3]Ferner sollen die Tatsachen, die zur Begründung dienen, und die Beweismittel angeführt werden.

§ 358 Prüfung der Zulässigkeitsvoraussetzungen. [1]Die zur Entscheidung über den Einspruch berufene Finanzbehörde hat zu prüfen, ob der Einspruch zulässig, insbesondere in der vorgeschriebenen Form und Frist eingelegt ist. [2]Mangelt es an einem dieser Erfordernisse, so ist der Einspruch als unzulässig zu verwerfen.

§ 359 Beteiligte. Beteiligte am Verfahren sind:

1. wer den Einspruch eingelegt hat (Einspruchsführer),
2. wer zum Verfahren hinzugezogen worden ist.

§ 360 Hinzuziehung zum Verfahren. (1) [1]Die zur Entscheidung über den Einspruch berufene Finanzbehörde kann von Amts wegen oder auf Antrag andere hinzuziehen, deren rechtliche Interessen nach den Steuergesetzen durch die Entscheidung berührt werden, insbesondere solche, die nach den Steuergesetzen neben dem Steuerpflichtigen haften. [2]Vor der Hinzuziehung ist derjenige zu hören, der den Einspruch eingelegt hat.

(2) Wird eine Abgabe für einen anderen Abgabenberechtigten verwaltet, so kann dieser nicht deshalb hinzugezogen werden, weil seine Interessen als Abgabenberechtigter durch die Entscheidung berührt werden.

(3) [1]Sind an dem streitigen Rechtsverhältnis Dritte derart beteiligt, dass die Entscheidung auch ihnen gegenüber nur einheitlich ergehen kann, so sind sie hinzuzuziehen. [2]Dies gilt nicht für Mitberechtigte, die nach § 352 nicht befugt sind, Einspruch einzulegen.

(4) Wer zum Verfahren hinzugezogen worden ist, kann dieselben Rechte geltend machen, wie derjenige, der den Einspruch eingelegt hat.

(5)[1)] [1]Kommt nach Absatz 3 die Hinzuziehung von mehr als 50 Personen in Betracht, kann die Finanzbehörde anordnen, dass nur solche Personen hinzugezogen werden, die dies innerhalb einer bestimmten Frist beantragen. [2]Von einer Einzelbekanntgabe der Anordnung kann abgesehen werden, wenn die Anordnung im Bundesanzeiger bekannt gemacht und außerdem in Tageszeitungen veröffentlicht wird, die in dem Bereich verbreitet sind, in dem sich die Entscheidung voraussichtlich auswirken wird. [3]Die Frist muss mindestens drei Monate seit Veröffentlichung im Bundesanzeiger betragen. [4]In der Veröffentlichung in Tageszeitungen ist mitzuteilen, an welchem Tage die Frist abläuft. [5]Für die Wiedereinsetzung in den vorigen Stand wegen Versäumung der Frist gilt § 110 entsprechend. [6]Die Finanzbehörde soll Personen, die von der Ent-

---

1) § 360 Abs. 5 Sätze 2 und 3 geänd. mWv 1.4.2005 durch G v. 22.3.2005 (BGBl. I S. 837); geänd. mWv 1.4.2012 durch G v. 22.12.2011 (BGBl. I S. 3044).

scheidung erkennbar in besonderem Maße betroffen werden, auch ohne Antrag hinzuziehen.

§ 361[1)] **Aussetzung der Vollziehung.** (1) [1]Durch Einlegung des Einspruchs wird die Vollziehung des angefochtenen Verwaltungsakts vorbehaltlich des Absatzes 4 nicht gehemmt, insbesondere die Erhebung einer Abgabe nicht aufgehalten. [2]Entsprechendes gilt bei Anfechtung von Grundlagenbescheiden für die darauf beruhenden Folgebescheide.

(2) [1]Die Finanzbehörde, die den angefochtenen Verwaltungsakt erlassen hat, kann die Vollziehung ganz oder teilweise aussetzen; § 367 Abs. 1 Satz 2 gilt sinngemäß. [2]Auf Antrag soll die Aussetzung erfolgen, wenn ernstliche Zweifel an der Rechtmäßigkeit des angefochtenen Verwaltungsakts bestehen oder wenn die Vollziehung für die betroffene Person eine unbillige, nicht durch überwiegende öffentliche Interessen gebotene Härte zur Folge hätte. [3]Ist der Verwaltungsakt schon vollzogen, tritt an die Stelle der Aussetzung der Vollziehung die Aufhebung der Vollziehung. [4]Bei Steuerbescheiden sind die Aussetzung und die Aufhebung der Vollziehung auf die festgesetzte Steuer, vermindert um die anzurechnenden Steuerabzugsbeträge, um die anzurechnende Körperschaftsteuer und um die festgesetzten Vorauszahlungen, beschränkt; dies gilt nicht, wenn die Aussetzung oder Aufhebung der Vollziehung zur Abwendung wesentlicher Nachteile nötig erscheint. [5]Die Aussetzung kann von einer Sicherheitsleistung abhängig gemacht werden.

(3) [1]Soweit die Vollziehung eines Grundlagenbescheids ausgesetzt wird, ist auch die Vollziehung eines Folgebescheids auszusetzen. [2]Der Erlass eines Folgebescheids bleibt zulässig. [3]Über eine Sicherheitsleistung ist bei der Aussetzung eines Folgebescheids zu entscheiden, es sei denn, dass bei der Aussetzung der Vollziehung des Grundlagenbescheids die Sicherheitsleistung ausdrücklich ausgeschlossen worden ist.

(4) [1]Durch Einlegung eines Einspruchs gegen die Untersagung des Gewerbebetriebs oder der Berufsausübung wird die Vollziehung des angefochtenen Verwaltungsakts gehemmt. [2]Die Finanzbehörde, die den Verwaltungsakt erlassen hat, kann die hemmende Wirkung durch besondere Anordnung ganz oder zum Teil beseitigen, wenn sie es im öffentlichen Interesse für geboten hält; sie hat das öffentliche Interesse schriftlich zu begründen. [3]§ 367 Abs. 1 Satz 2 gilt sinngemäß.

(5) Gegen die Ablehnung der Aussetzung der Vollziehung kann das Gericht nur nach § 69 Abs. 3 und 5 Satz 3 der Finanzgerichtsordnung angerufen werden.

§ 362 Rücknahme des Einspruchs. (1) [1]Der Einspruch kann bis zur Bekanntgabe der Entscheidung über den Einspruch zurückgenommen werden. [2]§ 357 Abs. 1 und 2 gilt sinngemäß.

(1a) [1]Soweit Besteuerungsgrundlagen für ein Verständigungs- oder ein Schiedsverfahren nach einem Vertrag im Sinne des § 2 von Bedeutung sein können, kann der Einspruch hierauf begrenzt zurückgenommen werden. [2]§ 354 Abs. 1a Satz 2 gilt entsprechend.

---

1) § 361 Abs. 2 Satz 2 geänd. mWv 26.11.2019 durch G v. 20.11.2019 (BGBl. I S. 1626).

(2) [1]Die Rücknahme hat den Verlust des eingelegten Einspruchs zur Folge. [2]Wird nachträglich die Unwirksamkeit der Rücknahme geltend gemacht, so gilt § 110 Abs. 3 sinngemäß.

§ 363 Aussetzung und Ruhen des Verfahrens. (1) Hängt die Entscheidung ganz oder zum Teil von dem Bestehen oder Nichtbestehen eines Rechtsverhältnisses ab, das den Gegenstand eines anhängigen Rechtsstreits bildet oder von einem Gericht oder einer Verwaltungsbehörde festzustellen ist, kann die Finanzbehörde die Entscheidung bis zur Erledigung des anderen Rechtsstreits oder bis zur Entscheidung des Gerichts oder der Verwaltungsbehörde aussetzen.

(2)[1)] [1]Die Finanzbehörde kann das Verfahren mit Zustimmung des Einspruchsführers ruhen lassen, wenn das aus wichtigen Gründen zweckmäßig erscheint. [2]Ist wegen der Verfassungsmäßigkeit einer Rechtsnorm oder wegen einer Rechtsfrage ein Verfahren bei dem Gerichtshof der Europäischen Union, dem Bundesverfassungsgericht oder einem obersten Bundesgericht anhängig und wird der Einspruch hierauf gestützt, ruht das Einspruchsverfahren insoweit; dies gilt nicht, soweit nach § 165 Abs. 1 Satz 2 Nr. 3 oder Nr. 4[2)] die Steuer vorläufig festgesetzt wurde. [3]Mit Zustimmung der obersten Finanzbehörde kann durch öffentlich bekannt zu gebende Allgemeinverfügung für bestimmte Gruppen gleichgelagerter Fälle angeordnet werden, dass Einspruchsverfahren insoweit auch in anderen als den in den Sätzen 1 und 2 genannten Fällen ruhen. [4]Das Einspruchsverfahren ist fortzusetzen, wenn der Einspruchsführer dies beantragt oder die Finanzbehörde dies dem Einspruchsführer mitteilt.

(3) Wird ein Antrag auf Aussetzung oder Ruhen des Verfahrens abgelehnt oder die Aussetzung oder das Ruhen des Verfahrens widerrufen, kann die Rechtswidrigkeit der Ablehnung oder des Widerrufs nur durch Klage gegen die Einspruchsentscheidung geltend gemacht werden.

§ 364[3)] Offenlegung der Besteuerungsunterlagen. Den Beteiligten sind, soweit es noch nicht geschehen ist, die Unterlagen der Besteuerung auf Antrag oder, wenn die Begründung des Einspruchs dazu Anlass gibt, von Amts wegen offenzulegen.

§ 364a Erörterung des Sach- und Rechtsstands. (1) [1]Auf Antrag eines Einspruchsführers soll die Finanzbehörde vor Erlass einer Einspruchsentscheidung den Sach- und Rechtsstand erörtern. [2]Weitere Beteiligte können hierzu geladen werden, wenn die Finanzbehörde dies für sachdienlich hält. [3]Die Finanzbehörde kann auch ohne Antrag eines Einspruchsführers diesen und weitere Beteiligte zu einer Erörterung laden.

(2) [1]Von einer Erörterung mit mehr als zehn Beteiligten kann die Finanzbehörde absehen. [2]Bestellen die Beteiligten innerhalb einer von der Finanzbe-

---

[1)] § 363 Abs. 2 Satz 2 geänd. mWv 30.6.2013 durch G v. 26.6.2013 (BGBl. I S. 1809).

[2)] § 363 Abs. 2 Satz 2 Verweis auf Nr. 4 eingef. mWv 1.1.2009 durch G v. 20.12.2008 (BGBl. I S. 2850).

[3)] § 364 Überschr. und Text geänd. mWv 26.11.2019 durch G v. 20.11.2019 (BGBl. I S. 1626).

hörde bestimmten angemessenen Frist einen gemeinsamen Vertreter, soll der Sach- und Rechtsstand mit diesem erörtert werden.

(3) [1]Die Beteiligten können sich durch einen Bevollmächtigten vertreten lassen. [2]Sie können auch persönlich zur Erörterung geladen werden, wenn die Finanzbehörde dies für sachdienlich hält.

(4) Das Erscheinen kann nicht nach § 328 erzwungen werden.

§ 364b Fristsetzung. (1) Die Finanzbehörde kann dem Einspruchsführer eine Frist setzen

1. zur Angabe der Tatsachen, durch deren Berücksichtigung oder Nichtberücksichtigung er sich beschwert fühlt,
2. zur Erklärung über bestimmte klärungsbedürftige Punkte,
3. zur Bezeichnung von Beweismitteln oder zur Vorlage von Urkunden, soweit er dazu verpflichtet ist.

(2) [1]Erklärungen und Beweismittel, die erst nach Ablauf der nach Absatz 1 gesetzten Frist vorgebracht werden, sind nicht zu berücksichtigen. [2]§ 367 Abs. 2 Satz 2 bleibt unberührt. [3]Bei Überschreitung der Frist gilt § 110 entsprechend.

(3) Der Einspruchsführer ist mit der Fristsetzung über die Rechtsfolgen nach Absatz 2 zu belehren.

§ 365 Anwendung von Verfahrensvorschriften. (1) Für das Verfahren über den Einspruch gelten im Übrigen die Vorschriften sinngemäß, die für den Erlass des angefochtenen oder des begehrten Verwaltungsakts gelten.

(2) In den Fällen des § 93 Abs. 5, des § 96 Abs. 7 Satz 2 und der §§ 98 bis 100 ist den Beteiligten und ihren Bevollmächtigten und Beiständen (§ 80) Gelegenheit zu geben, an der Beweisaufnahme teilzunehmen.

(3) [1]Wird der angefochtene Verwaltungsakt geändert oder ersetzt, so wird der neue Verwaltungsakt Gegenstand des Einspruchsverfahrens. [2]Satz 1 gilt entsprechend, wenn

1. ein Verwaltungsakt nach § 129 berichtigt wird oder
2. ein Verwaltungsakt an die Stelle eines angefochtenen unwirksamen Verwaltungsakts tritt.

§ 366[1)] Form, Inhalt und Erteilung der Einspruchsentscheidung. [1]Die Einspruchsentscheidung ist zu begründen, mit einer Rechtsbehelfsbelehrung zu versehen und den Beteiligten schriftlich oder elektronisch zu erteilen. [2]Betrifft die Einspruchsentscheidung eine gesonderte und einheitliche Feststellung im Sinne des § 180 Absatz 1 Satz 1 Nummer 2 Buchstabe a und sind mehr als 50 Personen gemäß § 359 am Verfahren beteiligt, so kann auf die Nennung sämtlicher Einspruchsführer und Hinzugezogenen im Rubrum der Einspruchsentscheidung verzichtet werden, wenn dort die Person, der diese

---

[1)] § 366 Überschr. geänd., Text geänd. mWv 1.1.2017 durch G v. 18.7.2016 (BGBl. I S. 1679); zur Anwendung s. auch Art. 97 § 1 Abs. 11 EGAO (Nr. **800a**); Satz 2 angef. mWv 29.12.2020 durch G v. 21.12.2020 (BGBl. I S. 3096).

Einspruchsentscheidung jeweils bekannt gegeben wird, und die Anzahl der übrigen nicht namentlich bezeichneten Beteiligten angegeben wird.

§ 367 Entscheidung über den Einspruch. (1) [1]Über den Einspruch entscheidet die Finanzbehörde, die den Verwaltungsakt erlassen hat, durch Einspruchsentscheidung. [2]Ist für den Steuerfall nachträglich eine andere Finanzbehörde zuständig geworden, so entscheidet diese Finanzbehörde; § 26 Satz 2 bleibt unberührt.

(2) [1]Die Finanzbehörde, die über den Einspruch entscheidet, hat die Sache in vollem Umfang erneut zu prüfen. [2]Der Verwaltungsakt kann auch zum Nachteil des Einspruchsführers geändert werden, wenn dieser auf die Möglichkeit einer verbösernden Entscheidung unter Angabe von Gründen hingewiesen und ihm Gelegenheit gegeben worden ist, sich hierzu zu äußern. [3]Einer Einspruchsentscheidung bedarf es nur insoweit, als die Finanzbehörde dem Einspruch nicht abhilft.

(2a)[1)] [1]Die Finanzbehörde kann vorab über Teile des Einspruchs entscheiden, wenn dies sachdienlich ist. [2]Sie hat in dieser Entscheidung zu bestimmen, hinsichtlich welcher Teile Bestandskraft nicht eintreten soll.

(2b)[1)] [1]Anhängige Einsprüche, die eine vom Gerichtshof der Europäischen Union, vom Bundesverfassungsgericht oder vom Bundesfinanzhof entschiedene Rechtsfrage betreffen und denen nach dem Ausgang des Verfahrens vor diesen Gerichten nicht abgeholfen werden kann, können durch Allgemeinverfügung insoweit zurückgewiesen werden. [2]Sachlich zuständig für den Erlass der Allgemeinverfügung ist die oberste Finanzbehörde. [3]Die Allgemeinverfügung ist im Bundessteuerblatt und auf den Internetseiten des Bundesministeriums der Finanzen zu veröffentlichen. [4]Sie gilt am Tag nach der Herausgabe des Bundessteuerblattes, in dem sie veröffentlicht wird, als bekannt gegeben. [5]Abweichend von § 47 Abs. 1 der Finanzgerichtsordnung endet die Klagefrist mit Ablauf eines Jahres nach dem Tag der Bekanntgabe. [6]§ 63 Abs. 1 Nr. 1 der Finanzgerichtsordnung gilt auch, soweit ein Einspruch durch eine Allgemeinverfügung nach Satz 1 zurückgewiesen wurde.

(3) [1]Richtet sich der Einspruch gegen einen Verwaltungsakt, den eine Behörde auf Grund gesetzlicher Vorschrift für die zuständige Finanzbehörde erlassen hat, so entscheidet die zuständige Finanzbehörde über den Einspruch. [2]Auch die für die zuständige Finanzbehörde handelnde Behörde ist berechtigt, dem Einspruch abzuhelfen.

§ 368. (weggefallen)

(Fortsetzung nächste Seite)

[1)] § 367 Abs. 2a und 2b eingef. mWv 19.12.2006 durch G v. 13.12.2006 (BGBl. I S. 2878); zur Anwendung von Abs. 2b siehe Art. 97 § 18a Abs. 12 EGAO (Nr. **800a**); Abs. 2b Satz 1 geänd. durch G v. 26.6.2013 (BGBl. I S. 1809).

Achter Teil. Straf- und Bußgeldvorschriften, Straf- und Bußgeldverfahren

Erster Abschnitt: Strafvorschriften

§ 369 Steuerstraftaten. (1) Steuerstraftaten (Zollstraftaten) sind:
1. Taten, die nach den Steuergesetzen strafbar sind,
2. der Bannbruch,
3. die Wertzeichenfälschung und deren Vorbereitung, soweit die Tat Steuerzeichen betrifft,
4. die Begünstigung einer Person, die eine Tat nach den Nummern 1 bis 3 begangen hat.

(2) Für Steuerstraftaten gelten die allgemeinen Gesetze über das Strafrecht, soweit die Strafvorschriften der Steuergesetze nichts anderes bestimmen.

§ 370 Steuerhinterziehung. (1) Mit Freiheitsstrafe bis zu fünf Jahren oder mit Geldstrafe wird bestraft, wer
1. den Finanzbehörden oder anderen Behörden über steuerlich erhebliche Tatsachen unrichtige oder unvollständige Angaben macht,
2. die Finanzbehörden pflichtwidrig über steuerlich erhebliche Tatsachen in Unkenntnis lässt oder
3. pflichtwidrig die Verwendung von Steuerzeichen oder Steuerstemplern unterlässt

und dadurch Steuern verkürzt oder für sich oder einen anderen nicht gerechtfertigte Steuervorteile erlangt.

(2) Der Versuch ist strafbar.

(3) [1] In besonders schweren Fällen ist die Strafe Freiheitsstrafe von sechs Monaten bis zu zehn Jahren. [2] Ein besonders schwerer Fall liegt in der Regel vor, wenn der Täter
1.[1)] in großem Ausmaß Steuern verkürzt oder nicht gerechtfertigte Steuervorteile erlangt,
2.[2)] seine Befugnisse oder seine Stellung als Amtsträger oder Europäischer Amtsträger (§ 11 Absatz 1 Nummer 2a des Strafgesetzbuchs) missbraucht,
3.[2)] die Mithilfe eines Amtsträgers oder Europäischen Amtsträgers (§ 11 Absatz 1 Nummer 2a des Strafgesetzbuchs) ausnutzt, der seine Befugnisse oder seine Stellung missbraucht,
4. unter Verwendung nachgemachter oder verfälschter Belege fortgesetzt Steuern verkürzt oder nicht gerechtfertigte Steuervorteile erlangt,
5.[1)] als Mitglied einer Bande, die sich zur fortgesetzten Begehung von Taten nach Absatz 1 verbunden hat, Umsatz- oder Verbrauchssteuern verkürzt oder nicht gerechtfertigte Umsatz- oder Verbrauchssteuervorteile erlangt oder

---

[1)] § 370 Abs. 3 Satz 2 Nr. 1 neu gef., Nr. 5 angef. mWv 1.1.2008 durch G v. 21.12.2007 (BGBl. I S. 3198).

[2)] § 370 Abs. 3 Satz 2 Nrn. 2 und 3 geänd. mWv 26.11.2015 durch G v. 20.11.2015 (BGBl. I S. 2025).

6.[1] eine Drittstaat-Gesellschaft im Sinne des § 138 Absatz 3, auf die er alleine oder zusammen mit nahestehenden Personen im Sinne des § 1 Absatz 2 des Außensteuergesetzes unmittelbar oder mittelbar einen beherrschenden oder bestimmenden Einfluss ausüben kann, zur Verschleierung steuerlich erheblicher Tatsachen nutzt und auf diese Weise fortgesetzt Steuern verkürzt oder nicht gerechtfertigte Steuervorteile erlangt.

(4) [1]Steuern sind namentlich dann verkürzt, wenn sie nicht, nicht in voller Höhe oder nicht rechtzeitig festgesetzt werden; dies gilt auch dann, wenn die Steuer vorläufig oder unter Vorbehalt der Nachprüfung festgesetzt wird oder eine Steueranmeldung einer Steuerfestsetzung unter Vorbehalt der Nachprüfung gleichsteht. [2]Steuervorteile sind auch Steuervergütungen; nicht gerechtfertigte Steuervorteile sind erlangt, soweit sie zu Unrecht gewährt oder belassen werden. [3]Die Voraussetzungen der Sätze 1 und 2 sind auch dann erfüllt, wenn die Steuer, auf die sich die Tat bezieht, aus anderen Gründen hätte ermäßigt oder der Steuervorteil aus anderen Gründen hätte beansprucht werden können.

(5) Die Tat kann auch hinsichtlich solcher Waren begangen werden, deren Einfuhr, Ausfuhr oder Durchfuhr verboten ist.

(6)[2] [1]Die Absätze 1 bis 5 gelten auch dann, wenn sich die Tat auf Einfuhr- oder Ausfuhrabgaben bezieht, die von einem anderen Mitgliedstaat der Europäischen Union verwaltet werden oder die einem Mitgliedstaat der Europäischen Freihandelsassoziation oder einem mit dieser assoziierten Staat zustehen. [2]Das Gleiche gilt, wenn sich die Tat auf Umsatzsteuern oder auf die in Artikel 1 Absatz 1 der Richtlinie 2008/118/EG des Rates vom 16. Dezember 2008 über das allgemeine Verbrauchsteuersystem und zur Aufhebung der Richtlinie 92/12/EWG (ABl. L 9 vom 14.1.2009, S. 12) genannten harmonisierten Verbrauchsteuern bezieht, die von einem anderen Mitgliedstaat der Europäischen Union verwaltet werden.

(7) Die Absätze 1 bis 6 gelten unabhängig von dem Recht des Tatortes auch für Taten, die außerhalb des Geltungsbereiches dieses Gesetzes begangen werden.

§ 370a[3]**.** *(aufgehoben)*

§ 371[4] **Selbstanzeige bei Steuerhinterziehung.** (1) [1]Wer gegenüber der Finanzbehörde zu allen Steuerstraftaten einer Steuerart in vollem Umfang die unrichtigen Angaben berichtigt, die unvollständigen Angaben ergänzt oder die unterlassenen Angaben nachholt, wird wegen dieser Steuerstraftaten nicht nach § 370 bestraft. [2]Die Angaben müssen zu allen unverjährten Steuerstrafta-

---

[1] § 370 Abs. 3 Satz 2 Nr. 6 angef. mWv 25.6.2017 durch G v. 23.6.2017 (BGBl. I S. 1682); zur Anwendung siehe auch Art. 97 § 1 Abs. 12 Satz 1 EGAO (Nr. **800a**).

[2] § 370 Abs. 6 neu gef. durch G v. 7.12.2011 (BGBl. I S. 2592).

[3] § 370a aufgeh. mWv 1.1.2008 durch G v. 21.12.2007 (BGBl. I S. 3198); siehe nunmehr § 370 Abs. 3 Nr. 5.

[4] § 371 Abs. 1 und 2 ersetzt durch Abs. 1 bis 2a mWv 1.1.2015 durch G v. 22.12.2014 (BGBl. I S. 2415).

ten einer Steuerart, mindestens aber zu allen Steuerstraftaten einer Steuerart innerhalb der letzten zehn Kalenderjahre erfolgen.

(2) [1]Straffreiheit tritt nicht ein, wenn

1. bei einer der zur Selbstanzeige gebrachten unverjährten Steuerstraftaten vor der Berichtigung, Ergänzung oder Nachholung
   a) dem an der Tat Beteiligten, seinem Vertreter, dem Begünstigten im Sinne des § 370 Absatz 1 oder dessen Vertreter eine Prüfungsanordnung nach § 196 bekannt gegeben worden ist, beschränkt auf den sachlichen und zeitlichen Umfang der angekündigten Außenprüfung, oder
   b) dem an der Tat Beteiligten oder seinem Vertreter die Einleitung des Straf- oder Bußgeldverfahrens bekannt gegeben worden ist oder
   c) ein Amtsträger der Finanzbehörde zur steuerlichen Prüfung erschienen ist, beschränkt auf den sachlichen und zeitlichen Umfang der Außenprüfung, oder
   d) ein Amtsträger zur Ermittlung einer Steuerstraftat oder einer Steuerordnungswidrigkeit erschienen ist oder
   e) ein Amtsträger der Finanzbehörde zu einer Umsatzsteuer-Nachschau nach § 27b des Umsatzsteuergesetzes, einer Lohnsteuer-Nachschau nach § 42g des Einkommensteuergesetzes oder einer Nachschau nach anderen steuerrechtlichen Vorschriften erschienen ist und sich ausgewiesen hat oder
2. eine der Steuerstraftaten im Zeitpunkt der Berichtigung, Ergänzung oder Nachholung ganz oder zum Teil bereits entdeckt war und der Täter dies wusste oder bei verständiger Würdigung der Sachlage damit rechnen musste,
3. die nach § 370 Absatz 1 verkürzte Steuer oder der für sich oder einen anderen erlangte nicht gerechtfertigte Steuervorteil einen Betrag von 25 000 Euro je Tat übersteigt, oder
4. ein in § 370 Absatz 3 Satz 2 Nummer 2 bis 6[1)] genannter besonders schwerer Fall vorliegt.

[2]Der Ausschluss der Straffreiheit nach Satz 1 Nummer 1 Buchstabe a und c hindert nicht die Abgabe einer Berichtigung nach Absatz 1 für die nicht unter Satz 1 Nummer 1 Buchstabe a und c fallenden Steuerstraftaten einer Steuerart.

(2a) [1]Soweit die Steuerhinterziehung durch Verletzung der Pflicht zur rechtzeitigen Abgabe einer vollständigen und richtigen Umsatzsteuervoranmeldung oder Lohnsteueranmeldung begangen worden ist, tritt Straffreiheit abweichend von den Absätzen 1 und 2 Satz 1 Nummer 3 bei Selbstanzeigen in dem Umfang ein, in dem der Täter gegenüber der zuständigen Finanzbehörde die unrichtigen Angaben berichtigt, die unvollständigen Angaben ergänzt oder die unterlassenen Angaben nachholt. [2]Absatz 2 Satz 1 Nummer 2 gilt nicht, wenn die Entdeckung der Tat darauf beruht, dass eine Umsatzsteuervoranmeldung oder Lohnsteueranmeldung nachgeholt oder berichtigt wurde. [3]Die Sätze 1 und 2 gelten nicht für Steueranmeldungen, die sich auf das

---

[1)] Verweis geänd. durch G v. 23.6.2017 (BGBl. I S. 1682).

Kalenderjahr beziehen. [4]Für die Vollständigkeit der Selbstanzeige hinsichtlich einer auf das Kalenderjahr bezogenen Steueranmeldung ist die Berichtigung, Ergänzung oder Nachholung der Voranmeldungen, die dem Kalenderjahr nachfolgende Zeiträume betreffen, nicht erforderlich.

(3)[1)] [1]Sind Steuerverkürzungen bereits eingetreten oder Steuervorteile erlangt, so tritt für den an der Tat Beteiligten Straffreiheit nur ein, wenn er die aus der Tat zu seinen Gunsten hinterzogenen Steuern, die Hinterziehungszinsen nach § 235 und die Zinsen nach § 233a, soweit sie auf die Hinterziehungszinsen nach § 235 Absatz 4 angerechnet werden, innerhalb der ihm bestimmten angemessenen Frist entrichtet. [2]In den Fällen des Absatzes 2a Satz 1 gilt Satz 1 mit der Maßgabe, dass die fristgerechte Entrichtung von Zinsen nach § 233a oder § 235 unerheblich ist.

(4) [1]Wird die in § 153 vorgesehene Anzeige rechtzeitig und ordnungsmäßig erstattet, so wird ein Dritter, der die in § 153 bezeichneten Erklärungen abzugeben unterlassen oder unrichtig oder unvollständig abgegeben hat, strafrechtlich nicht verfolgt, es sei denn, dass ihm oder seinem Vertreter vorher die Einleitung eines Straf- oder Bußgeldverfahrens wegen der Tat bekannt gegeben worden ist. [2]Hat der Dritte zum eigenen Vorteil gehandelt, so gilt Absatz 3 entsprechend.

§ 372 Bannbruch. (1) Bannbruch begeht, wer Gegenstände entgegen einem Verbot einführt, ausführt oder durchführt.

(2) Der Täter wird nach § 370 Absatz 1, 2 bestraft, wenn die Tat nicht in anderen Vorschriften als Zuwiderhandlung gegen ein Einfuhr-, Ausfuhr- oder Durchfuhrverbot mit Strafe oder mit Geldbuße bedroht ist.

§ 373[2)] Gewerbsmäßiger, gewaltsamer und bandenmäßiger Schmuggel. (1) [1]Wer gewerbsmäßig Einfuhr- oder Ausfuhrabgaben hinterzieht oder gewerbsmäßig durch Zuwiderhandlungen gegen Monopolvorschriften Bannbruch begeht, wird mit Freiheitsstrafe von sechs Monaten bis zu zehn Jahren bestraft. [2]In minder schweren Fällen ist die Strafe Freiheitsstrafe bis zu fünf Jahren oder Geldstrafe.

(2) Ebenso wird bestraft, wer

1. eine Hinterziehung von Einfuhr- oder Ausfuhrabgaben oder einen Bannbruch begeht, bei denen er oder ein anderer Beteiligter eine Schusswaffe bei sich führt,
2. eine Hinterziehung von Einfuhr- oder Ausfuhrabgaben oder einen Bannbruch begeht, bei denen er oder ein anderer Beteiligter eine Waffe oder sonst ein Werkzeug oder Mittel bei sich führt, um den Widerstand eines anderen durch Gewalt oder Drohung mit Gewalt zu verhindern oder zu überwinden, oder

---

[1)] § 371 Abs. 3 Satz 1 geänd., Satz 2 angef. mWv 1.1.2015 durch G v. 22.12.2014 (BGBl. I S. 2415).

[2)] § 373 Abs. 1 und Abs. 2 Nr. 3 neu gef., Abs. 3 und 4 angef. mWv 1.1.2008 durch G v. 21.12.2007 (BGBl. I S. 3198).

3. als Mitglied einer Bande, die sich zur fortgesetzten Begehung der Hinterziehung von Einfuhr- oder Ausfuhrabgaben oder des Bannbruchs verbunden hat, eine solche Tat begeht.

(3) Der Versuch ist strafbar.

(4) § 370 Abs. 6 Satz 1 und Abs. 7 gilt entsprechend.

§ 374[1)] Steuerhehlerei. (1) Wer Erzeugnisse oder Waren, hinsichtlich deren Verbrauchsteuern oder Einfuhr- und Ausfuhrabgaben nach Artikel 5 Nummer 20 und 21 des Zollkodex der Union[2)] hinterzogen oder Bannbruch nach § 372 Abs. 2, § 373 begangen worden ist, ankauft oder sonst sich oder einem Dritten verschafft, sie absetzt oder abzusetzen hilft, um sich oder einen Dritten zu bereichern, wird mit Freiheitsstrafe bis zu fünf Jahren oder mit Geldstrafe bestraft.

(2) [1]Handelt der Täter gewerbsmäßig oder als Mitglied einer Bande, die sich zur fortgesetzten Begehung von Straftaten nach Absatz 1 verbunden hat, so ist die Strafe Freiheitsstrafe von sechs Monaten bis zu zehn Jahren. [2]In minder schweren Fällen ist die Strafe Freiheitsstrafe bis zu fünf Jahren oder Geldstrafe.

(3) Der Versuch ist strafbar.

(4)[3)] § 370 Absatz 6 und 7 gilt entsprechend.

§ 375 Nebenfolgen. (1) Neben einer Freiheitsstrafe von mindestens einem Jahr wegen

1. Steuerhinterziehung,
2. Bannbruchs nach § 372 Abs. 2, § 373,
3. Steuerhehlerei oder
4. Begünstigung einer Person, die eine Tat nach den Nummern 1 bis 3 begangen hat,

kann das Gericht die Fähigkeit, öffentliche Ämter zu bekleiden, und die Fähigkeit, Rechte aus öffentlichen Wahlen zu erlangen, aberkennen (§ 45 Abs. 2 des Strafgesetzbuchs).

(2) [1]Ist eine Steuerhinterziehung, ein Bannbruch nach § 372 Abs. 2, § 373 oder eine Steuerhehlerei begangen worden, so können

1. die Erzeugnisse, Waren und andere Sachen, auf die sich die Hinterziehung von Verbrauchsteuer oder Einfuhr- und Ausfuhrabgaben nach Artikel 5 Nummer 20 und 21 des Zollkodex der Union[2)], der Bannbruch oder die Steuerhehlerei bezieht, und
2. die Beförderungsmittel, die zur Tat benutzt worden sind,

eingezogen werden. [2]§ 74a des Strafgesetzbuchs ist anzuwenden.

[1)] § 374 Abs. 1 geänd., Abs. 2 und 3 eingef., bish. Abs. 2 wird Abs. 4 und neu gef. mWv 1.1.2008 durch G v. 21.12.2007 (BGBl. I S. 3198).

[2)] Verweis geänd. mWv 1.5.2016 durch G v. 22.12.2014 (BGBl. I S. 2417).

[3)] § 374 Abs. 4 Verweis geänd. mWv 1.1.2015 durch G v. 22.12.2014 (BGBl. I S. 2415).

§ 375a[1] ***Verhältnis zur strafrechtlichen Einziehung.*** *Das Erlöschen eines Anspruchs aus dem Steuerschuldverhältnis durch Verjährung nach § 47 steht einer Einziehung rechtswidrig erlangter Taterträge nach den §§ 73 bis 73c des Strafgesetzbuches nicht entgegen.*

§ 376[2] **Verfolgungsverjährung.** (1)[3] In den in § 370 Absatz 3 Satz 2 Nummer 1 bis 6 genannten Fällen besonders schwerer Steuerhinterziehung beträgt die Verjährungsfrist 15[4] Jahre; § 78b Absatz 4 des Strafgesetzbuches gilt entsprechend.

(2) Die Verjährung der Verfolgung einer Steuerstraftat wird auch dadurch unterbrochen, dass dem Beschuldigten die Einleitung des Bußgeldverfahrens bekannt gegeben oder diese Bekanntgabe angeordnet wird.

(3)[5] Abweichend von § 78c Absatz 3 Satz 2 des Strafgesetzbuches verjährt in den in § 370 Absatz 3 Satz 2 Nummer 1 bis 6 genannten Fällen besonders schwerer Steuerhinterziehung die Verfolgung spätestens, wenn seit dem in § 78a des Strafgesetzbuches bezeichneten Zeitpunkt das Zweieinhalbfache der gesetzlichen Verjährungsfrist verstrichen ist.

Zweiter Abschnitt: Bußgeldvorschriften

§ 377[6] **Steuerordnungswidrigkeiten.** (1) Steuerordnungswidrigkeiten (Zollordnungswidrigkeiten) sind Zuwiderhandlungen, die nach diesem Gesetz oder den Steuergesetzen mit Geldbuße geahndet werden können.

(2) Für Steuerordnungswidrigkeiten gelten die Vorschriften des Ersten Teils des Gesetzes über Ordnungswidrigkeiten[7], soweit die Bußgeldvorschriften dieses Gesetzes oder der Steuergesetze nichts anderes bestimmen.

§ 378 Leichtfertige Steuerverkürzung. (1) [1]Ordnungswidrig handelt, wer als Steuerpflichtiger oder bei Wahrnehmung der Angelegenheiten eines Steuerpflichtigen eine der in § 370 Abs. 1 bezeichneten Taten leichtfertig begeht. [2]§ 370 Abs. 4 bis 7 gilt entsprechend.

(2) Die Ordnungswidrigkeit kann mit einer Geldbuße bis zu fünfzigtausend Euro geahndet werden.

(3)[8] [1]Eine Geldbuße wird nicht festgesetzt, soweit der Täter gegenüber der Finanzbehörde die unrichtigen Angaben berichtigt, die unvollständigen Anga-

---

[1] § 375a eingef. durch G v. 29.6.2020 (BGBl. I S. 1512) und aufgeh. mWv 29.12.2020 durch G v. 21.12.2020 (BGBl. I S. 3036); vgl. auch Art. 97 § 34 EGAO aF (Nr. **800a**).

[2] § 376 neu gef. durch G v. 19.12.2008 (BGBl. I S. 2794); zur Anwendung siehe Art. 97 § 23 EGAO (Nr. **800a**).

[3] § 376 Abs. 1 geänd. durch G v. 23.6.2017 (BGBl. I S. 1682); geänd. mWv 1.7.2020 durch G v. 29.6.2020 (BGBl. I S. 1512).

[4] Verjährungsfrist verlängert durch JStG 2020 v. 21.12.2020 (BGBl. I S. 3036).

[5] § 376 Abs. 3 angef. mWv 1.7.2020 durch G v. 29.6.2020 (BGBl. I S. 1512).

[6] § 377 Abs. 1 und 2 geänd. mWv 25.5.2018 durch G v. 17.7.2017 (BGBl. I S. 2541).

[7] **Schönfelder Nr. 94.**

[8] § 378 Abs. 3 Satz 1 neu gef. durch G v. 28.4.2011 (BGBl. I S. 676); zur Anwendung siehe Art. 97 § 24 Satz 2 iVm. Satz 1 EGAO (Nr. **800a**); Satz 2 eingef., bish. Satz 2 wird Satz 3 und neuer Satz 3 geänd. mWv 1.1.2015 durch G v. 22.12.2014 (BGBl. I S. 2415).

ben ergänzt oder die unterlassenen Angaben nachholt, bevor ihm oder seinem Vertreter die Einleitung eines Straf- oder Bußgeldverfahrens wegen der Tat bekannt gegeben worden ist. 2 Sind Steuerverkürzungen bereits eingetreten oder Steuervorteile erlangt, so wird eine Geldbuße nicht festgesetzt, wenn der Täter die aus der Tat zu seinen Gunsten verkürzten Steuern innerhalb der ihm bestimmten angemessenen Frist entrichtet. 3 § 371 Absatz 4 gilt entsprechend.

§ 379 Steuergefährdung. (1)[1] 1 Ordnungswidrig handelt, wer vorsätzlich oder leichtfertig

1. Belege ausstellt, die in tatsächlicher Hinsicht unrichtig sind,
2.[2] Belege gegen Entgelt in den Verkehr bringt,
3.[2] nach Gesetz buchungs- oder aufzeichnungspflichtige Geschäftsvorfälle oder Betriebsvorgänge nicht oder in tatsächlicher Hinsicht unrichtig aufzeichnet oder aufzeichnen lässt, verbucht oder verbuchen lässt,
4. entgegen § 146a Absatz 1 Satz 1 ein dort genanntes System nicht oder nicht richtig verwendet,
5. entgegen § 146a Absatz 1 Satz 2 ein dort genanntes System nicht oder nicht richtig schützt oder
6. entgegen § 146a Absatz 1 Satz 5 gewerbsmäßig ein dort genanntes System oder eine dort genannte Software bewirbt oder in den Verkehr bringt

und dadurch ermöglicht, Steuern zu verkürzen oder nicht gerechtfertigte Steuervorteile zu erlangen. 2 Satz 1 Nr. 1 gilt auch dann, wenn Einfuhr- und Ausfuhrabgaben verkürzt werden können, die von einem anderen Mitgliedstaat der Europäischen Union verwaltet werden oder die einem Staat zustehen, der für Waren aus der Europäischen Union auf Grund eines Assoziations- oder Präferenzabkommens eine Vorzugsbehandlung gewährt; § 370 Abs. 7 gilt entsprechend. 3 Das Gleiche gilt, wenn sich die Tat auf Umsatzsteuern bezieht, die von einem anderen Mitgliedstaat der Europäischen Union verwaltet werden.

(2) Ordnungswidrig handelt, wer vorsätzlich oder leichtfertig

1. der Mitteilungspflicht nach § 138 Absatz 2 Satz 1[3] nicht, nicht vollständig oder nicht rechtzeitig nachkommt,

1a.[4] entgegen § 144 Absatz 1 oder Absatz 2 Satz 1, jeweils auch in Verbindung mit Absatz 5, eine Aufzeichnung nicht, nicht richtig oder nicht vollständig erstellt,

1b.[5] einer Rechtsverordnung nach § 117c Absatz 1 oder einer vollziehbaren Anordnung auf Grund einer solchen Rechtsverordnung zuwiderhandelt,

---

[1] § 379 Abs. 1 Satz 1 Nr. 2 eingef. mWv 6.5.2006 durch G v. 28.4.2006 (BGBl. I S. 1095; Sätze 2 und 3 geänd. durch G v. 26.6.2013 (BGBl. I S. 1809).

[2] § 379 Abs. 1 Satz 1 Nrn. 2 und 3 geänd., Nrn. 4 bis 6 eingef. durch G v. 22.12.2016 (BGBl. I S. 3152); zur Anwendung siehe Art. 97 § 30 Abs. 1 Satz 1 und 3 EGAO (Nr. **800a**).

[3] Verweis geänd. durch G v. 23.6.2017 (BGBl. I S. 1682); zur Anwendung von § 138 Abs. 2 vgl. Art. 97 § 32 Abs. 2 EGAO (Nr. **800a**).

[4] § 379 Abs. 2 Nr. 1a eingef. mWv 14.12.2010 durch G v. 8.12.2010 (BGBl. I S. 1768).

[5] § 379 Abs. 2 Nr. 1b eingef. durch G v. 18.12.2013 (BGBl. I S. 4318).

soweit die Rechtsverordnung für einen bestimmten Tatbestand auf diese Bußgeldvorschrift verweist,

1c.[1] entgegen § 138a Absatz 1, 3 oder 4 eine Übermittlung des länderbezogenen Berichts oder entgegen § 138a Absatz 4 Satz 3 eine Mitteilung nicht, nicht vollständig oder nicht rechtzeitig (§ 138a Absatz 6) macht,

1d.[2] der Mitteilungspflicht nach § 138b Absatz 1 bis 3 nicht, nicht vollständig oder nicht rechtzeitig nachkommt,

1e.[3] entgegen § 138d Absatz 1, entgegen § 138f Absatz 1, 2, 3 Satz 1 Nummer 1 bis 7 sowie 9 und 10 oder entgegen § 138h Absatz 2 eine Mitteilung über eine grenzüberschreitende Steuergestaltung nicht oder nicht rechtzeitig macht oder zur Verfügung stehende Angaben nicht vollständig mitteilt,

1f.[3] entgegen § 138g Absatz 1 Satz 1 oder entgegen § 138h Absatz 2 die Angaben nicht, nicht richtig, nicht vollständig oder nicht rechtzeitig mitteilt,

1g.[3] entgegen § 138k Satz 1 in der Steuererklärung die Angabe der von ihm verwirklichten grenzüberschreitenden Steuergestaltung nicht, nicht richtig, nicht vollständig oder nicht rechtzeitig macht,

2. die Pflichten nach § 154 Absatz 1 bis 2c verletzt.

(3) Ordnungswidrig handelt, wer vorsätzlich oder fahrlässig einer Auflage nach § 120 Abs. 2 Nr. 4 zuwiderhandelt, die einem Verwaltungsakt für Zwecke der besonderen Steueraufsicht (§§ 209 bis 217) beigefügt worden ist.

(4)[4] Die Ordnungswidrigkeit nach Absatz 1 Satz 1 Nummer 1 und 2, Absatz 2 Nummer 1a, 1b und 2 sowie Absatz 3 kann mit einer Geldbuße bis zu 5000 Euro geahndet werden, wenn die Handlung nicht nach § 378 geahndet werden kann.

(5)[4] Die Ordnungswidrigkeit nach Absatz 2 Nummer 1c kann mit einer Geldbuße bis zu 10 000 Euro geahndet werden, wenn die Handlung nicht nach § 378 geahndet werden kann.

(6)[4] Die Ordnungswidrigkeit nach Absatz 1 Satz 1 Nummer 3 bis 6 kann mit einer Geldbuße bis zu 25 000 Euro geahndet werden, wenn die Handlung nicht nach § 378 geahndet werden kann.

(7)[5] Die Ordnungswidrigkeit nach Absatz 2 Nummer 1 und 1d [***ab 1.7.2020:*** bis 1g] kann mit einer Geldbuße bis zu 25 000 Euro geahndet werden, wenn die Handlung nicht nach § 378 geahndet werden kann.

---

[1] § 379 Abs. 2 Nr. 1c eingef. durch G v. 20.12.2016 (BGBl. I S. 3000); zur Anwendung von § 138a siehe Art. 97 § 31 EGAO (Nr. **800a**).

[2] § 379 Abs. 2 Nr. 1d eingef. durch G v. 23.6.2017 (BGBl. I S. 1682); zur Anwendung siehe Art. 97 § 32 Abs. 1 EGAO (Nr. **800a**).

[3] § 379 Abs. 2 Nrn. 1e bis 1g eingef. durch G v. 21.12.2019 (BGBl. I S. 2875); zur Anwendung siehe § 138 f iVm Art. 97 § 33 Abs. 3 EGAO (Nr. **800a**).

[4] § 379 Abs. 4 neu gef. durch G v. 22.12.2016 (BGBl. I S. 3152); zur Anwendung siehe Art. 97 § 30 Abs. 1 Satz 1 und Abs. 3 EGAO (Nr. **800a**); Abs. 4 neu gef., Abs. 5 und 6 eingef. durch G v. 23.6.2017 (BGBl. I S. 1682); zur Anwendung siehe Art. 97 § 30 Abs. 1 Satz 1 EGAO (Nr. **800a**).

[5] § 379 Abs. 7 angef. durch G v. 23.6.2017 (BGBl. I S. 1682); zur Anwendung von Abs. 2 Nr. 1d vgl. Art. 97 § 32 Abs. 1 EGAO (Nr. **800a**); zur Anwendung siehe im Übrigen Art. 97

§ 380 Gefährdung der Abzugsteuern. (1) Ordnungswidrig handelt, wer vorsätzlich oder leichtfertig seiner Verpflichtung, Steuerabzugsbeträge einzubehalten und abzuführen, nicht, nicht vollständig oder nicht rechtzeitig nachkommt.

(2) Die Ordnungswidrigkeit kann mit einer Geldbuße bis zu fünfundzwanzigtausend Euro geahndet werden, wenn die Handlung nicht nach § 378 geahndet werden kann.

§ 381 Verbrauchsteuergefährdung. (1) Ordnungswidrig handelt, wer vorsätzlich oder leichtfertig Vorschriften der Verbrauchsteuergesetze oder der dazu erlassenen Rechtsverordnungen

1. über die zur Vorbereitung, Sicherung oder Nachprüfung der Besteuerung auferlegten Pflichten,
2. über Verpackung und Kennzeichnung verbrauchsteuerpflichtiger Erzeugnisse oder Waren, die solche Erzeugnisse enthalten, oder über Verkehrs- oder Verwendungsbeschränkungen für solche Erzeugnisse oder Waren oder
3. über den Verbrauch unversteuerter Waren in den Freihäfen

zuwiderhandelt, soweit die Verbrauchsteuergesetze oder die dazu erlassenen Rechtsverordnungen für einen bestimmten Tatbestand auf diese Bußgeldvorschrift verweisen.

(2) Die Ordnungswidrigkeit kann mit einer Geldbuße bis zu fünftausend Euro geahndet werden, wenn die Handlung nicht nach § 378 geahndet werden kann.

§ 382[1] Gefährdung der Einfuhr- und Ausfuhrabgaben. (1) Ordnungswidrig handelt, wer als Pflichtiger oder bei der Wahrnehmung der Angelegenheiten eines Pflichtigen vorsätzlich oder fahrlässig Zollvorschriften, den dazu erlassenen Rechtsverordnungen oder den Verordnungen des Rates der Europäischen Union oder der Europäischen Kommission zuwiderhandelt, die

1. für die zollamtliche Erfassung des Warenverkehrs über die Grenze des Zollgebiets der Europäischen Union sowie über die Freizonengrenzen,
2. für die Überführung von Waren in ein Zollverfahren und dessen Durchführung oder für die Erlangung einer sonstigen zollrechtlichen Bestimmung von Waren,
3. für die Freizonen, den grenznahen Raum sowie die darüber hinaus der Grenzaufsicht unterworfenen Gebiete

(Fortsetzung nächste Seite)

---

§ 1 Abs. 12 Satz 1 EGAO (Nr. **800a**); geänd. durch G v. 21.12.2019 (BGBl. I S. 2875); zur Anwendung siehe § 138f Abs. 2 iVm Art. 97 § 33 Abs. 3 EGAO (Nr. **800a**).

[1] § 382 Abs. 1 und Abs. 4 geänd. mWv 30.6.2013 durch G v. 26.6.2013 (BGBl. I S. 1809).

gelten, soweit die Zollvorschriften, die dazu oder die auf Grund von Absatz 4 erlassenen Rechtsverordnungen für einen bestimmten Tatbestand auf diese Bußgeldvorschrift verweisen.

(2) Absatz 1 ist auch anzuwenden, soweit die Zollvorschriften und die dazu erlassenen Rechtsverordnungen für Verbrauchsteuern sinngemäß gelten.

(3) Die Ordnungswidrigkeit kann mit einer Geldbuße bis zu fünftausend Euro geahndet werden, wenn die Handlung nicht nach § 378 geahndet werden kann.

(4) Das Bundesministerium der Finanzen kann durch Rechtsverordnungen die Tatbestände der Verordnungen des Rates der Europäischen Union oder der Europäischen Kommission, die nach den Absätzen 1 bis 3 als Ordnungswidrigkeiten mit Geldbuße geahndet werden können, bezeichnen, soweit dies zur Durchführung dieser Rechtsvorschriften erforderlich ist und die Tatbestände Pflichten zur Gestellung, Vorführung, Lagerung oder Behandlung von Waren, zur Abgabe von Erklärungen oder Anzeigen, zur Aufnahme von Niederschriften sowie zur Ausfüllung oder Vorlage von Zolldokumenten oder zur Aufnahme von Vermerken in solchen Dokumenten betreffen.

§ 383 Unzulässiger Erwerb von Steuererstattungs- und Vergütungsansprüchen. (1) Ordnungswidrig handelt, wer entgegen § 46 Abs. 4 Satz 1 Erstattungs- oder Vergütungsansprüche erwirbt.

(2) Die Ordnungswidrigkeit kann mit einer Geldbuße bis zu fünfzigtausend Euro geahndet werden.

§ 383a[1] *(aufgehoben)*

§ 383b[2] **Pflichtverletzung bei Übermittlung von Vollmachtsdaten.** (1) Ordnungswidrig handelt, wer den Finanzbehörden vorsätzlich oder leichtfertig

1. entgegen § 80a Absatz 1 Satz 3 unzutreffende Vollmachtsdaten übermittelt oder
2. entgegen § 80a Absatz 1 Satz 4 den Widerruf oder die Veränderung einer nach § 80a Absatz 1 übermittelten Vollmacht durch den Vollmachtgeber nicht unverzüglich mitteilt.

(2) Die Ordnungswidrigkeit kann mit einer Geldbuße bis zu zehntausend Euro geahndet werden.

§ 384 Verfolgungsverjährung. Die Verfolgung von Steuerordnungswidrigkeiten nach den §§ 378 bis 380 verjährt in fünf Jahren.

§ 384a[3] **Verstöße nach Artikel 83 Absatz 4 bis 6 der Verordnung (EU) 2016/679.** (1) Vorschriften dieses Gesetzes und der Steuergesetze über

---

[1] § 383a aufgeh. mWv 25.5.2018 durch G v. 17.7.2017 (BGBl. I S. 2541).

[2] § 383b eingef. mWv 1.1.2017 durch G v. 18.7.2016 (BGBl. I S. 1679); zur Anwendung s. auch Art. 97 § 1 Abs. 11 EGAO (Nr. **800a**).

[3] § 384a eingef. mWv 25.5.2018 durch G v. 17.7.2017 (BGBl. I S. 2541).

Steuerordnungswidrigkeiten finden keine Anwendung, soweit für eine Zuwiderhandlung zugleich Artikel 83 der Verordnung (EU) 2016/679 unmittelbar oder nach § 2a Absatz 5 entsprechend gilt.

(2) Für Verstöße nach Artikel 83 Absatz 4 bis 6 der Verordnung (EU) 2016/679 im Anwendungsbereich dieses Gesetzes gilt § 41 des Bundesdatenschutzgesetzes entsprechend.

(3) Eine Meldung nach Artikel 33 der Verordnung (EU) 2016/679 und eine Benachrichtigung nach Artikel 34 Absatz 1 der Verordnung (EU) 2016/679 dürfen in einem Straf- oder Bußgeldverfahren gegen die meldepflichtige Person oder einen ihrer in § 52 Absatz 1 der Strafprozessordnung bezeichneten Angehörigen nur mit Zustimmung der meldepflichtigen Person verwertet werden.

(4) Gegen Finanzbehörden und andere öffentliche Stellen werden im Anwendungsbereich dieses Gesetzes keine Geldbußen nach Artikel 83 Absatz 4 bis 6 der Verordnung (EU) 2016/679 verhängt.

Dritter Abschnitt: Strafverfahren

1. Unterabschnitt: Allgemeine Vorschriften

§ 385 Geltung von Verfahrensvorschriften. (1) Für das Strafverfahren wegen Steuerstraftaten gelten, soweit die folgenden Vorschriften nichts anderes bestimmen, die allgemeinen Gesetze über das Strafverfahren, namentlich die Strafprozessordnung, das Gerichtsverfassungsgesetz und das Jugendgerichtsgesetz.

(2) Die für Steuerstraftaten geltenden Vorschriften dieses Abschnitts, mit Ausnahme des § 386 Abs. 2 sowie der §§ 399 bis 401, sind bei dem Verdacht einer Straftat, die unter Vorspiegelung eines steuerlich erheblichen Sachverhalts gegenüber der Finanzbehörde oder einer anderen Behörde auf die Erlangung von Vermögensvorteilen gerichtet ist und kein Steuerstrafgesetz verletzt, entsprechend anzuwenden.

§ 386 Zuständigkeit der Finanzbehörde bei Steuerstraftaten. (1) [1]Bei dem Verdacht einer Steuerstraftat ermittelt die Finanzbehörde den Sachverhalt. [2]Finanzbehörde im Sinne dieses Abschnitts sind das Hauptzollamt, das Finanzamt, das Bundeszentralamt für Steuern[1)] und die Familienkasse.

(2) Die Finanzbehörde führt das Ermittlungsverfahren in den Grenzen des § 399 Abs. 1 und der §§ 400, 401 selbständig durch, wenn die Tat

1. ausschließlich eine Steuerstraftat darstellt oder

(Fortsetzung nächste Seite)

[1)] Bezeichnung geänd. durch G v. 22.9.2005 (BGBl. I S. 2809).

2. zugleich andere Strafgesetze verletzt und deren Verletzung Kirchensteuern oder andere öffentlich-rechtliche Abgaben betrifft, die an Besteuerungsgrundlagen, Steuermessbeträge oder Steuerbeträge anknüpfen.

(3) Absatz 2 gilt nicht, sobald gegen einen Beschuldigten wegen der Tat ein Haftbefehl oder ein Unterbringungsbefehl erlassen ist.

(4) [1]Die Finanzbehörde kann die Strafsache jederzeit an die Staatsanwaltschaft abgeben. [2]Die Staatsanwaltschaft kann die Strafsache jederzeit an sich ziehen. [3]In beiden Fällen kann die Staatsanwaltschaft im Einvernehmen mit der Finanzbehörde die Strafsache wieder an die Finanzbehörde abgeben.

§ 387 Sachlich zuständige Finanzbehörde. (1) Sachlich zuständig ist die Finanzbehörde, welche die betroffene Steuer verwaltet.

(2)[1)] [1]Die Zuständigkeit nach Absatz 1 kann durch Rechtsverordnung einer Finanzbehörde für den Bereich mehrerer Finanzbehörden übertragen werden, soweit dies mit Rücksicht auf die Wirtschafts- oder Verkehrsverhältnisse, den Aufbau der Verwaltungsbehörden oder andere örtliche Bedürfnisse zweckmäßig erscheint. [2]Die Rechtsverordnung erlässt, soweit die Finanzbehörde eine Landesbehörde ist, die Landesregierung, im Übrigen das Bundesministerium der Finanzen. [3]Die Rechtsverordnung des Bundesministeriums der Finanzen bedarf nicht der Zustimmung des Bundesrates. [4]Das Bundesministerium der Finanzen kann die Ermächtigung nach Satz 1 durch Rechtsverordnung, die nicht der Zustimmung des Bundesrates bedarf, auf eine Bundesoberbehörde übertragen. [5]Die Landesregierung kann die Ermächtigung auf die für die Finanzverwaltung zuständige oberste Landesbehörde übertragen.

§ 388 Örtlich zuständige Finanzbehörde. (1) Örtlich zuständig ist die Finanzbehörde,

1. in deren Bezirk die Steuerstraftat begangen oder entdeckt worden ist,
2. die zur Zeit der Einleitung des Strafverfahrens für die Abgabenangelegenheiten zuständig ist oder
3. in deren Bezirk der Beschuldigte zur Zeit der Einleitung des Strafverfahrens seinen Wohnsitz hat.

(2) [1]Ändert sich der Wohnsitz des Beschuldigten nach Einleitung des Strafverfahrens, so ist auch die Finanzbehörde örtlich zuständig, in deren Bezirk der neue Wohnsitz liegt. [2]Entsprechendes gilt, wenn sich die Zuständigkeit der Finanzbehörde für die Abgabenangelegenheit ändert.

(3) Hat der Beschuldigte im räumlichen Geltungsbereich dieses Gesetzes keinen Wohnsitz, so wird die Zuständigkeit auch durch den gewöhnlichen Aufenthaltsort bestimmt.

§ 389 Zusammenhängende Strafsachen. [1]Für zusammenhängende Strafsachen, die einzeln nach § 388 zur Zuständigkeit verschiedener Finanzbe-

---

[1)] § 387 Abs. 2 Satz 4 eingef., bish. Satz 4 wird Satz 5 mWv 1.1.2016 durch G v. 3.12. 2015 (BGBl. I S. 2178).

hörden gehören würden, ist jede dieser Finanzbehörden zuständig. [2] § 3 der Strafprozessordnung gilt entsprechend.

§ 390 Mehrfache Zuständigkeit. (1) Sind nach den §§ 387 bis 389 mehrere Finanzbehörden zuständig, so gebührt der Vorzug der Finanzbehörde, die wegen der Tat zuerst ein Strafverfahren eingeleitet hat.

(2) [1] Auf Ersuchen dieser Finanzbehörde hat eine andere zuständige Finanzbehörde die Strafsache zu übernehmen, wenn dies für die Ermittlungen sachdienlich erscheint. [2] In Zweifelsfällen entscheidet die Behörde, der die ersuchte Finanzbehörde untersteht.

§ 391 Zuständiges Gericht. (1) [1] Ist das Amtsgericht sachlich zuständig, so ist örtlich zuständig das Amtsgericht, in dessen Bezirk das Landgericht seinen Sitz hat. [2] Im vorbereitenden Verfahren gilt dies, unbeschadet einer weitergehenden Regelung nach § 58 Abs. 1 des Gerichtsverfassungsgesetzes, nur für die Zustimmung des Gerichts nach § 153 Abs. 1 und § 153a Abs. 1 der Strafprozessordnung.

(2) [1] Die Landesregierung kann durch Rechtsverordnung die Zuständigkeit abweichend von Absatz 1 Satz 1 regeln, soweit dies mit Rücksicht auf die Wirtschafts- oder Verkehrsverhältnisse, den Aufbau der Verwaltungsbehörden oder andere örtliche Bedürfnisse zweckmäßig erscheint. [2] Die Landesregierung kann diese Ermächtigung auf die Landesjustizverwaltung übertragen.

(3) Strafsachen wegen Steuerstraftaten sollen beim Amtsgericht einer bestimmten Abteilung zugewiesen werden.

(4) Die Absätze 1 bis 3 gelten auch, wenn das Verfahren nicht nur Steuerstraftaten zum Gegenstand hat; sie gelten jedoch nicht, wenn dieselbe Handlung eine Straftat nach dem Betäubungsmittelgesetz darstellt, und nicht für Steuerstraftaten, welche die Kraftfahrzeugsteuer betreffen.

§ 392[1] Verteidigung. (1) Abweichend von § 138 Abs. 1 der Strafprozessordnung können auch Steuerberater, Steuerbevollmächtigte, Wirtschaftsprüfer und vereidigte Buchprüfer zu Verteidigern gewählt werden, soweit die Finanzbehörde das Strafverfahren selbständig durchführt; im Übrigen können sie die Verteidigung nur in Gemeinschaft mit einem Rechtsanwalt oder einem Rechtslehrer an einer deutschen Hochschule im Sinne des Hochschulrahmengesetzes mit Befähigung zum Richteramt führen.

(2) § 138 Abs. 2 der Strafprozessordnung bleibt unberührt.

§ 393 Verhältnis des Strafverfahrens zum Besteuerungsverfahren. (1) [1] Die Rechte und Pflichten der Steuerpflichtigen und der Finanzbehörde im Besteuerungsverfahren und im Strafverfahren richten sich nach den für das jeweilige Verfahren geltenden Vorschriften. [2] Im Besteuerungsverfahren sind jedoch Zwangsmittel (§ 328) gegen den Steuerpflichtigen unzulässig, wenn er dadurch gezwungen würde, sich selbst wegen einer von ihm began-

[1] § 392 Abs. 1 HS 2 geänd. mWv 1.9.2004 durch G v. 24.8.2004 (BGBl. I S. 2198).

genen Steuerstraftat oder Steuerordnungswidrigkeit zu belasten. [3]Dies gilt stets, soweit gegen ihn wegen einer solchen Tat das Strafverfahren eingeleitet worden ist. [4]Der Steuerpflichtige ist hierüber zu belehren, soweit dazu Anlass besteht.

(2) [1]Soweit der Staatsanwaltschaft oder dem Gericht in einem Strafverfahren aus den Steuerakten Tatsachen oder Beweismittel bekannt werden, die der Steuerpflichtige der Finanzbehörde vor Einleitung des Strafverfahrens oder in Unkenntnis der Einleitung des Strafverfahrens in Erfüllung steuerrechtlicher Pflichten offenbart hat, dürfen diese Kenntnisse gegen ihn nicht für die Verfolgung einer Tat verwendet werden, die keine Steuerstraftat ist. [2]Dies gilt nicht für Straftaten, an deren Verfolgung ein zwingendes öffentliches Interesse (§ 30 Abs. 4 Nr. 5) besteht.

(3)[1)] [1]Erkenntnisse, die die Finanzbehörde oder die Staatsanwaltschaft rechtmäßig im Rahmen strafrechtlicher Ermittlungen gewonnen hat, dürfen im Besteuerungsverfahren verwendet werden. [2]Dies gilt auch für Erkenntnisse, die dem Brief-, Post- und Fernmeldegeheimnis unterliegen, soweit die Finanzbehörde diese rechtmäßig im Rahmen eigener strafrechtlicher Ermittlungen gewonnen hat oder soweit nach den Vorschriften der Strafprozessordnung Auskunft an die Finanzbehörden erteilt werden darf.

§ 394 Übergang des Eigentums. [1]Hat ein Unbekannter, der bei einer Steuerstraftat auf frischer Tat betroffen wurde, aber entkommen ist, Sachen zurückgelassen und sind diese Sachen beschlagnahmt oder sonst sichergestellt worden, weil sie eingezogen werden können, so gehen sie nach Ablauf eines Jahres in das Eigentum des Staates über, wenn der Eigentümer der Sachen unbekannt ist und die Finanzbehörde durch eine öffentliche Bekanntmachung auf den drohenden Verlust des Eigentums hingewiesen hat. [2]§ 10 Abs. 2 Satz 1 des Verwaltungszustellungsgesetzes[2)] ist mit der Maßgabe anzuwenden, dass anstelle einer Benachrichtigung der Hinweis nach Satz 1 bekannt gemacht oder veröffentlicht wird.[3)] [3]Die Frist beginnt mit dem Aushang der Bekanntmachung.

§ 395 Akteneinsicht der Finanzbehörde. [1]Die Finanzbehörde ist befugt, die Akten, die dem Gericht vorliegen oder im Fall der Erhebung der Anklage vorzulegen wären, einzusehen sowie beschlagnahmte oder sonst sichergestellte Gegenstände zu besichtigen. [2]Die Akten werden der Finanzbehörde auf Antrag zur Einsichtnahme übersandt.

§ 396 Aussetzung des Verfahrens. (1) Hängt die Beurteilung der Tat als Steuerhinterziehung davon ab, ob ein Steueranspruch besteht, ob Steuern verkürzt oder ob nicht gerechtfertigte Steuervorteile erlangt sind, so kann das Strafverfahren ausgesetzt werden, bis das Besteuerungsverfahren rechtskräftig abgeschlossen ist.

---

1) § 393 Abs. 3 angef. mWv 29.12.2007 durch G v. 20.12.2007 (BGBl. I S. 3150).
2) Nr. **805**.
3) § 394 Satz 2 neu gef. durch G v. 12.8.2005 (BGBl. I S. 2354).

(2) Über die Aussetzung entscheidet im Ermittlungsverfahren die Staatsanwaltschaft, im Verfahren nach Erhebung der öffentlichen Klage das Gericht, das mit der Sache befasst ist.

(3) Während der Aussetzung des Verfahrens ruht die Verjährung.

2. Unterabschnitt: Ermittlungsverfahren

I. Allgemeines

§ 397[1] **Einleitung des Strafverfahrens.** (1) Das Strafverfahren ist eingeleitet, sobald die Finanzbehörde, die Polizei, die Staatsanwaltschaft, eine ihrer Ermittlungspersonen oder der Strafrichter eine Maßnahme trifft, die erkennbar darauf abzielt, gegen jemanden wegen einer Steuerstraftat strafrechtlich vorzugehen.

(2) Die Maßnahme ist unter Angabe des Zeitpunkts unverzüglich in den Akten zu vermerken.

(3) Die Einleitung des Strafverfahrens ist dem Beschuldigten spätestens mitzuteilen, wenn er dazu aufgefordert wird, Tatsachen darzulegen oder Unterlagen vorzulegen, die im Zusammenhang mit der Straftat stehen, derer er verdächtig ist.

§ 398 Einstellung wegen Geringfügigkeit. [1]Die Staatsanwaltschaft kann von der Verfolgung einer Steuerhinterziehung, bei der nur eine geringwertige Steuerverkürzung eingetreten ist oder nur geringwertige Steuervorteile erlangt sind, auch ohne Zustimmung des für die Eröffnung des Hauptverfahrens zuständigen Gerichts absehen, wenn die Schuld des Täters als gering anzusehen wäre und kein öffentliches Interesse an der Verfolgung besteht. [2]Dies gilt für das Verfahren wegen einer Steuerhehlerei nach § 374 und einer Begünstigung einer Person, die eine der in § 375 Abs. 1 Nr. 1 bis 3 genannten Taten begangen hat, entsprechend.

§ 398a[2] **Absehen von Verfolgung in besonderen Fällen.** (1) In Fällen, in denen Straffreiheit nur wegen § 371 Absatz 2 Satz 1 Nummer 3 oder 4 nicht eintritt, wird von der Verfolgung einer Steuerstraftat abgesehen, wenn der an der Tat Beteiligte innerhalb einer ihm bestimmten angemessenen Frist

1. die aus der Tat zu seinen Gunsten hinterzogenen Steuern, die Hinterziehungszinsen nach § 235 und die Zinsen nach § 233a, soweit sie auf die Hinterziehungszinsen nach § 235 Absatz 4 angerechnet werden, entrichtet und
2. einen Geldbetrag in folgender Höhe zugunsten der Staatskasse zahlt:
   a) 10 Prozent der hinterzogenen Steuer, wenn der Hinterziehungsbetrag 100 000 Euro nicht übersteigt,

---

[1] § 397 Abs. 1 geänd. mWv 1.9.2004 durch G v. 24.8.2004 (BGBl. I S. 2198).

[2] § 398a neu gef. mWv 1.1.2015 durch G v. 22.12.2014 (BGBl. I S. 2415).

b) 15 Prozent der hinterzogenen Steuer, wenn der Hinterziehungsbetrag 100 000 Euro übersteigt und 1 000 000 Euro nicht übersteigt,

c) 20 Prozent der hinterzogenen Steuer, wenn der Hinterziehungsbetrag 1 000 000 Euro übersteigt.

(2) Die Bemessung des Hinterziehungsbetrags richtet sich nach den Grundsätzen in § 370 Absatz 4.

(3) Die Wiederaufnahme eines nach Absatz 1 abgeschlossenen Verfahrens ist zulässig, wenn die Finanzbehörde erkennt, dass die Angaben im Rahmen einer Selbstanzeige unvollständig oder unrichtig waren.

(4) [1]Der nach Absatz 1 Nummer 2 gezahlte Geldbetrag wird nicht erstattet, wenn die Rechtsfolge des Absatzes 1 nicht eintritt. [2]Das Gericht kann diesen Betrag jedoch auf eine wegen Steuerhinterziehung verhängte Geldstrafe anrechnen.

II. Verfahren der Finanzbehörde bei Steuerstraftaten

§ 399[1)] Rechte und Pflichten der Finanzbehörde. (1) Führt die Finanzbehörde das Ermittlungsverfahren auf Grund des § 386 Abs. 2 selbständig durch, so nimmt sie die Rechte und Pflichten wahr, die der Staatsanwaltschaft im Ermittlungsverfahren zustehen.

(2) [1]Ist einer Finanzbehörde nach § 387 Abs. 2 die Zuständigkeit für den Bereich mehrerer Finanzbehörden übertragen, so bleiben das Recht und die Pflicht dieser Finanzbehörden unberührt, bei dem Verdacht einer Steuerstraftat den Sachverhalt zu erforschen und alle unaufschiebbaren Anordnungen zu treffen, um die Verdunkelung der Sache zu verhüten. [2]Sie können Beschlagnahmen, Notveräußerungen, Durchsuchungen, Untersuchungen und sonstige Maßnahmen nach den für Ermittlungspersonen der Staatsanwaltschaft geltenden Vorschriften der Strafprozessordnung anordnen.

§ 400 Antrag auf Erlass eines Strafbefehls. Bieten die Ermittlungen genügenden Anlass zur Erhebung der öffentlichen Klage, so beantragt die Finanzbehörde beim Richter den Erlass eines Strafbefehls, wenn die Strafsache zur Behandlung im Strafbefehlsverfahren geeignet erscheint; ist dies nicht der Fall, so legt die Finanzbehörde die Akten der Staatsanwaltschaft vor.

§ 401[2)] Antrag auf Anordnung von Nebenfolgen im selbständigen Verfahren. Die Finanzbehörde kann den Antrag stellen, die Einziehung selbständig anzuordnen oder eine Geldbuße gegen eine juristische Person oder eine Personenvereinigung selbständig festzusetzen (§§ 435, 444 Abs. 3 der Strafprozessordnung).

[1)] § 399 Abs. 2 Satz 2 geänd. mWv 1.9.2004 durch G v. 24.8.2004 (BGBl. I S. 2198).
[2)] § 401 geänd. mWv 1.7.2017 durch G v. 13.4.2017 (BGBl. I S. 872).

III. Stellung der Finanzbehörde im Verfahren der Staatsanwaltschaft

§ 402 Allgemeine Rechte und Pflichten der Finanzbehörde. (1) Führt die Staatsanwaltschaft das Ermittlungsverfahren durch, so hat die sonst zuständige Finanzbehörde dieselben Rechte und Pflichten wie die Behörden des Polizeidienstes nach der Strafprozessordnung sowie die Befugnisse nach § 399 Abs. 2 Satz 2.

(2) Ist einer Finanzbehörde nach § 387 Abs. 2 die Zuständigkeit für den Bereich mehrerer Finanzbehörden übertragen, so gilt Absatz 1 für jede dieser Finanzbehörden.

§ 403 Beteiligung der Finanzbehörde. (1) [1]Führt die Staatsanwaltschaft oder die Polizei Ermittlungen durch, die Steuerstraftaten betreffen, so ist die sonst zuständige Finanzbehörde befugt, daran teilzunehmen. [2]Ort und Zeit der Ermittlungshandlungen sollen ihr rechtzeitig mitgeteilt werden. [3]Dem Vertreter der Finanzbehörde ist zu gestatten, Fragen an Beschuldigte, Zeugen und Sachverständige zu stellen.

(2) Absatz 1 gilt sinngemäß für solche richterlichen Verhandlungen, bei denen auch der Staatsanwaltschaft die Anwesenheit gestattet ist.

(3) Der sonst zuständigen Finanzbehörde sind die Anklageschrift und der Antrag auf Erlass eines Strafbefehls mitzuteilen.

(4) Erwägt die Staatsanwaltschaft, das Verfahren einzustellen, so hat sie die sonst zuständige Finanzbehörde zu hören.

IV. Steuer- und Zollfahndung

§ 404[1)] Steuer- und Zollfahndung. [1]Die Behörden des Zollfahndungsdienstes und die mit der Steuerfahndung betrauten Dienststellen der Landesfinanzbehörden sowie ihre Beamten haben im Strafverfahren wegen Steuerstraftaten dieselben Rechte und Pflichten wie die Behörden und Beamten des Polizeidienstes nach den Vorschriften der Strafprozessordnung. [2]Die in Satz 1 bezeichneten Stellen haben die Befugnisse nach § 399 Abs. 2 Satz 2 sowie die Befugnis zur Durchsicht der Papiere des von der Durchsuchung Betroffenen (§ 110 Abs. 1 der Strafprozessordnung); ihre Beamten sind Ermittlungspersonen der Staatsanwaltschaft.

V. Entschädigung der Zeugen und der Sachverständigen

§ 405[2)] Entschädigung der Zeugen und der Sachverständigen. [1]Werden Zeugen und Sachverständige von der Finanzbehörde zu Beweiszwecken herangezogen, so erhalten sie eine Entschädigung oder Vergütung nach dem Justizvergütungs- und -entschädigungsgesetz[3)]. [2]Dies gilt auch in den Fällen des § 404.

[1)] § 404 Satz 2 HS 2 geänd. mWv 1.9.2004 durch G v. 24.8.2004 (BGBl. I S. 2198); Satz 1 geänd. durch G v. 12.12.2019 (BGBl. I S. 2451).

[2)] § 405 Satz 1 geänd. mWv 1.7.2004 durch G v. 5.5.2004 (BGBl. I S. 718).

[3)] **Schönfelder Nr. 116.**

3. Unterabschnitt: Gerichtliches Verfahren

§ 406 Mitwirkung der Finanzbehörde im Strafbefehlsverfahren und im selbständigen Verfahren. (1) Hat die Finanzbehörde den Erlass eines Strafbefehls beantragt, so nimmt sie die Rechte und Pflichten der Staatsanwaltschaft wahr, solange nicht nach § 408 Abs. 3 Satz 2 der Strafprozessordnung Hauptverhandlung anberaumt oder Einspruch gegen den Strafbefehl erhoben wird.

(2)[1] Hat die Finanzbehörde den Antrag gestellt, die Einziehung selbständig anzuordnen oder eine Geldbuße gegen eine juristische Person oder eine Personenvereinigung selbständig festzusetzen (§ 401), so nimmt sie die Rechte und Pflichten der Staatsanwaltschaft wahr, solange nicht mündliche Verhandlung beantragt oder vom Gericht angeordnet wird.

§ 407 Beteiligung der Finanzbehörde in sonstigen Fällen. (1) [1]Das Gericht gibt der Finanzbehörde Gelegenheit, die Gesichtspunkte vorzubringen, die von ihrem Standpunkt für die Entscheidung von Bedeutung sind. [2]Dies gilt auch, wenn das Gericht erwägt, das Verfahren einzustellen. [3]Der Termin zur Hauptverhandlung und der Termin zur Vernehmung durch einen beauftragten oder ersuchten Richter (§§ 223, 233 der Strafprozessordnung) werden der Finanzbehörde mitgeteilt. [4]Ihr Vertreter erhält in der Hauptverhandlung auf Verlangen das Wort. [5]Ihm ist zu gestatten, Fragen an Angeklagte, Zeugen und Sachverständige zu richten.

(2) Das Urteil und andere das Verfahren abschließende Entscheidungen sind der Finanzbehörde mitzuteilen.

4. Unterabschnitt: Kosten des Verfahrens

§ 408 Kosten des Verfahrens. [1]Notwendige Auslagen eines Beteiligten im Sinne des § 464a Abs. 2 Nr. 2 der Strafprozessordnung sind im Strafverfahren wegen einer Steuerstraftat auch die gesetzlichen Gebühren und Auslagen eines Steuerberaters, Steuerbevollmächtigten, Wirtschaftsprüfers oder vereidigten Buchprüfers. [2]Sind Gebühren und Auslagen gesetzlich nicht geregelt, so können sie bis zur Höhe der gesetzlichen Gebühren und Auslagen eines Rechtsanwalts erstattet werden.

Vierter Abschnitt: Bußgeldverfahren

§ 409 Zuständige Verwaltungsbehörde. [1]Bei Steuerordnungswidrigkeiten ist zuständige Verwaltungsbehörde im Sinne des § 36 Abs. 1 Nr. 1 des Gesetzes über Ordnungswidrigkeiten die nach § 387 Abs. 1 sachlich zuständige Finanzbehörde. [2]§ 387 Abs. 2 gilt entsprechend.

---

[1] § 406 Abs. 2 geänd. mWv 1.7.2017 durch G v. 13.4.2017 (BGBl. I S. 872).

§ 410 Ergänzende Vorschriften für das Bußgeldverfahren. (1) Für das Bußgeldverfahren gelten außer den verfahrensrechtlichen Vorschriften des Gesetzes über Ordnungswidrigkeiten entsprechend:

1. die §§ 388 bis 390 über die Zuständigkeit der Finanzbehörde,
2. § 391 über die Zuständigkeit des Gerichts,
3. § 392 über die Verteidigung,
4. § 393 über das Verhältnis des Strafverfahrens zum Besteuerungsverfahren,
5. § 396 über die Aussetzung des Verfahrens,
6. § 397 über die Einleitung des Strafverfahrens,
7. § 399 Abs. 2 über die Rechte und Pflichten der Finanzbehörde,
8. die §§ 402, 403 Abs. 1, 3 und 4 über die Stellung der Finanzbehörde im Verfahren der Staatsanwaltschaft,
9. § 404 Satz 1 und Satz 2 erster Halbsatz über die Steuer- und Zollfahndung,
10. § 405 über die Entschädigung der Zeugen und der Sachverständigen,
11. § 407 über die Beteiligung der Finanzbehörde und
12. § 408 über die Kosten des Verfahrens.

(2) Verfolgt die Finanzbehörde eine Steuerstraftat, die mit einer Steuerordnungswidrigkeit zusammenhängt (§ 42 Abs. 1 Satz 2 des Gesetzes über Ordnungswidrigkeiten), so kann sie in den Fällen des § 400 beantragen, den Strafbefehl auf die Steuerordnungswidrigkeit zu erstrecken.

§ 411 Bußgeldverfahren gegen Rechtsanwälte, Steuerberater, Steuerbevollmächtigte, Wirtschaftsprüfer oder vereidigte Buchprüfer. Bevor gegen einen Rechtsanwalt, Steuerberater, Steuerbevollmächtigten, Wirtschaftsprüfer oder vereidigten Buchprüfer wegen einer Steuerordnungswidrigkeit, die er in Ausübung seines Berufs bei der Beratung in Steuersachen begangen hat, ein Bußgeldbescheid erlassen wird, gibt die Finanzbehörde der zuständigen Berufskammer Gelegenheit, die Gesichtspunkte vorzubringen, die von ihrem Standpunkt für die Entscheidung von Bedeutung sind.

§ 412 Zustellung, Vollstreckung, Kosten. (1) [1] Für das Zustellungsverfahren gelten abweichend von § 51 Abs. 1 Satz 1 des Gesetzes über Ordnungswidrigkeiten die Vorschriften des Verwaltungszustellungsgesetzes auch dann, wenn eine Landesfinanzbehörde den Bescheid erlassen hat. [2] § 51 Abs. 1 Satz 2 und Absatz 2 bis 5 des Gesetzes über Ordnungswidrigkeiten bleibt unberührt.

(2) [1] Für die Vollstreckung von Bescheiden der Finanzbehörden in Bußgeldverfahren gelten abweichend von § 90 Abs. 1 und 4, § 108 Abs. 2 des Gesetzes über Ordnungswidrigkeiten die Vorschriften des Sechsten Teils dieses Gesetzes. [2] Die übrigen Vorschriften des Neunten Abschnitts des Zweiten Teils des Gesetzes über Ordnungswidrigkeiten bleiben unberührt.

(3)[1] Für die Kosten des Bußgeldverfahrens gilt § 107 Absatz 4 des Gesetzes über Ordnungswidrigkeiten auch dann, wenn eine Landesfinanzbehörde den

---

[1] § 412 Abs. 3 neu gef. mWv 15.8.2013 durch G v. 7.8.2013 (BGBl. I S. 3154).

Bußgeldbescheid erlassen hat; an Stelle des § 19 des Verwaltungskostengesetzes in der bis zum 14. August 2013 geltenden Fassung gelten § 227 und § 261 dieses Gesetzes.

Neunter Teil. Schlussvorschriften

§ 413 Einschränkung von Grundrechten. Die Grundrechte auf körperliche Unversehrtheit und Freiheit der Person (Artikel 2 Abs. 2 des Grundgesetzes), des Briefgeheimnisses sowie des Post- und Fernmeldegeheimnisses (Artikel 10 des Grundgesetzes) und der Unverletzlichkeit der Wohnung (Artikel 13 des Grundgesetzes) werden nach Maßgabe dieses Gesetzes eingeschränkt.

§ 414. *(gegenstandslos)*

§ 415[1] **(Inkrafttreten)**

[1] Die AO in ihrer ursprünglichen Fassung ist am 1.1.1977 in Kraft getreten. Das Inkrafttreten der späteren Änderungen ergibt sich aus den jeweiligen Änderungsgesetzen.

Anlage 1
(zu § 60)

Mustersatzung[1)]
für Vereine, Stiftungen, Betriebe gewerblicher Art von juristischen Personen des öffentlichen Rechts, geistliche Genossenschaften und Kapitalgesellschaften

(nur aus steuerlichen Gründen notwendige Bestimmungen)

§ 1

Der – Die – ... (Körperschaft) mit Sitz in ... verfolgt ausschließlich und unmittelbar – gemeinnützige – mildtätige – kirchliche – Zwecke (nicht verfolgte Zwecke streichen) im Sinne des Abschnitts „Steuerbegünstigte Zwecke" der Abgabenordnung.

Zweck der Körperschaft ist ... (z. B. die Förderung von Wissenschaft und Forschung, Jugend- und Altenhilfe, Erziehung, Volks- und Berufsbildung, Kunst und Kultur, Landschaftspflege, Umweltschutz, des öffentlichen Gesundheitswesens, des Sports, Unterstützung hilfsbedürftiger Personen).

Der Satzungszweck wird verwirklicht insbesondere durch ... (z. B. Durchführung wissenschaftlicher Veranstaltungen und Forschungsvorhaben, Vergabe von Forschungsaufträgen, Unterhaltung einer Schule, einer Erziehungsberatungsstelle, Pflege von Kunstsammlungen, Pflege des Liedgutes und des Chorgesanges, Errichtung von Naturschutzgebieten, Unterhaltung eines Kindergartens, Kinder-, Jugendheimes, Unterhaltung eines Altenheimes, eines Erholungsheimes, Bekämpfung des Drogenmissbrauchs, des Lärms, Förderung sportlicher Übungen und Leistungen).

§ 2

Die Körperschaft ist selbstlos tätig; sie verfolgt nicht in erster Linie eigenwirtschaftliche Zwecke.

§ 3

Mittel der Körperschaft dürfen nur für die satzungsmäßigen Zwecke verwendet werden. Die Mitglieder erhalten keine Zuwendungen aus Mitteln der Körperschaft.

§ 4

Es darf keine Person durch Ausgaben, die dem Zweck der Körperschaft fremd sind, oder durch unverhältnismäßig hohe Vergütungen begünstigt werden.

§ 5

Bei Auflösung oder Aufhebung der Körperschaft oder bei Wegfall steuerbegünstigter Zwecke fällt das Vermögen der Körperschaft

1. an – den – die – das – ... (Bezeichnung einer juristischen Person des öffentlichen Rechts oder einer anderen steuerbegünstigten Körperschaft), – der – die – das – es unmittelbar und ausschließlich für gemeinnützige, mildtätige oder kirchliche Zwecke zu verwenden hat.

   oder

2. an eine juristische Person des öffentlichen Rechts oder eine andere steuerbegünstigte Körperschaft zwecks Verwendung für ... (Angabe eines bestimmten gemeinnützigen, mildtätigen oder kirchlichen Zwecks, z. B. Förderung von Wissenschaft und Forschung, Erziehung, Volks- und Berufsbildung, der Unterstützung von Personen, die im Sinne von § 53 der Abgabenordnung wegen ... bedürftig sind, Unterhaltung des Gotteshauses in ...).

[1)] Anlage 1 angef. durch G v. 19.12.2008 (BGBl. I S. 2794); zur Anwendung siehe Art. 97 § 1f Abs. 2 EGAO (Nr. **800a**).

Weitere Hinweise

Bei Betrieben gewerblicher Art von juristischen Personen des öffentlichen Rechts, bei den von einer juristischen Person des öffentlichen Rechts verwalteten unselbständigen Stiftungen und bei geistlichen Genossenschaften (Orden, Kongregationen) ist folgende Bestimmung aufzunehmen:

§ 3 Abs. 2:
„Der – die – das … erhält bei Auflösung oder Aufhebung der Körperschaft oder bei Wegfall steuerbegünstigter Zwecke nicht mehr als – seine – ihre – eingezahlten Kapitalanteile und den gemeinen Wert seiner – ihrer – geleisteten Sacheinlagen zurück."
Bei **Stiftungen** ist diese Bestimmung nur erforderlich, wenn die Satzung dem Stifter einen Anspruch auf Rückgewähr von Vermögen einräumt. Fehlt die Regelung, wird das eingebrachte Vermögen wie das übrige Vermögen behandelt.

Bei **Kapitalgesellschaften** sind folgende ergänzende Bestimmungen in die Satzung aufzunehmen:

1. § 3 Abs. 1 Satz 2:
   „Die Gesellschafter dürfen keine Gewinnanteile und auch keine sonstigen Zuwendungen aus Mitteln der Körperschaft erhalten."
2. § 3 Abs. 2:
   „Sie erhalten bei ihrem Ausscheiden oder bei Auflösung der Körperschaft oder bei Wegfall steuerbegünstigter Zwecke nicht mehr als ihre eingezahlten Kapitalanteile und den gemeinen Wert ihrer geleisteten Sacheinlagen zurück."
3. § 5:
   „Bei Auflösung der Körperschaft oder bei Wegfall steuerbegünstigter Zwecke fällt das Vermögen der Körperschaft, soweit es die eingezahlten Kapitalanteile der Gesellschafter und den gemeinen Wert der von den Gesellschaftern geleisteten Sacheinlagen übersteigt, …".

§ 3 Abs. 2 und der Satzteil „soweit es die eingezahlten Kapitalanteile der Gesellschafter und den gemeinen Wert der von den Gesellschaftern geleisteten Sacheinlagen übersteigt," in § 5 sind nur erforderlich, wenn die Satzung einen Anspruch auf Rückgewähr von Vermögen einräumt.

Anlage 2

(zu §§ 2a, 29b, c, 32a ff. AO)

Verordnung (EU) 2016/679 des Europäischen Parlaments und des Rates vom 27. April 2016 (ABl. Nr. L 119 S. 1, ber. Nr. L 314 S. 72) zum Schutz natürlicher Personen bei der Verarbeitung personenbezogener Daten, zum freien Datenverkehr und zur Aufhebung der Richtlinie 95/46/EG (Datenschutz-Grundverordnung)

Vom 27. April 2016 (ABl. EU Nr. L 119 S. 1, ber. ABl. EU Nr. L 314 S. 72; ber. ABl. EU 2018 Nr. L 127 S. 2)

– Auszug –

Kapitel I. Allgemeine Bestimmungen

Art. 1–3 [...]

Art. 4 Begriffsbestimmungen. Im Sinne dieser Verordnung bezeichnet der Ausdruck:

1. „personenbezogene Daten" alle Informationen, die sich auf eine identifizierte oder identifizierbare natürliche Person (im Folgenden „betroffene Person") beziehen; als identifizierbar wird eine natürliche Person angesehen, die direkt oder indirekt, insbesondere mittels Zuordnung zu einer Kennung wie einem Namen, zu einer Kennnummer, zu Standortdaten, zu einer Online-Kennung oder zu einem oder mehreren besonderen Merkmalen, die Ausdruck der physischen, physiologischen, genetischen, psychischen, wirtschaftlichen, kulturellen oder sozialen Identität dieser natürlichen Person sind, identifiziert werden kann;
2. „Verarbeitung" jeden mit oder ohne Hilfe automatisierter Verfahren ausgeführten Vorgang oder jede solche Vorgangsreihe im Zusammenhang mit personenbezogenen Daten wie das Erheben, das Erfassen, die Organisation, das Ordnen, die Speicherung, die Anpassung oder Veränderung, das Auslesen, das Abfragen, die Verwendung, die Offenlegung durch Übermittlung, Verbreitung oder eine andere Form der Bereitstellung, den Abgleich oder die Verknüpfung, die Einschränkung, das Löschen oder die Vernichtung;
3. „Einschränkung der Verarbeitung" die Markierung gespeicherter personenbezogener Daten mit dem Ziel, ihre künftige Verarbeitung einzuschränken;
4. „Profiling" jede Art der automatisierten Verarbeitung personenbezogener Daten, die darin besteht, dass diese personenbezogenen Daten verwendet werden, um bestimmte persönliche Aspekte, die sich auf eine natürliche Person beziehen, zu bewerten, insbesondere um Aspekte bezüglich Arbeitsleistung, wirtschaftliche Lage, Gesundheit, persönliche Vorlieben, Interessen, Zuverlässigkeit, Verhalten, Aufenthaltsort oder Ortswechsel dieser natürlichen Person zu analysieren oder vorherzusagen;
5. „Pseudonymisierung" die Verarbeitung personenbezogener Daten in einer Weise, dass die personenbezogenen Daten ohne Hinzuziehung zusätzlicher Informationen nicht mehr einer spezifischen betroffenen Person zugeordnet werden können, sofern diese zusätzlichen Informationen gesondert aufbewahrt werden und technischen und organisatorischen Maßnahmen unterliegen, die gewährleisten, dass die personenbezogenen Daten nicht einer identifizierten oder identifizierbaren natürlichen Person zugewiesen werden;
6. „Dateisystem" jede strukturierte Sammlung personenbezogener Daten, die nach bestimmten Kriterien zugänglich sind, unabhängig davon, ob diese Sammlung zentral, dezentral oder nach funktionalen oder geografischen Gesichtspunkten geordnet geführt wird;
7. „Verantwortlicher" die natürliche oder juristische Person, Behörde, Einrichtung oder andere Stelle, die allein oder gemeinsam mit anderen über die Zwecke und Mittel der

Verarbeitung von personenbezogenen Daten entscheidet; sind die Zwecke und Mittel dieser Verarbeitung durch das Unionsrecht oder das Recht der Mitgliedstaaten vorgegeben, so kann der Verantwortliche beziehungsweise können die bestimmten Kriterien seiner Benennung nach dem Unionsrecht oder dem Recht der Mitgliedstaaten vorgesehen werden;

8. „Auftragsverarbeiter" eine natürliche oder juristische Person, Behörde, Einrichtung oder andere Stelle, die personenbezogene Daten im Auftrag des Verantwortlichen verarbeitet;
9. „Empfänger" eine natürliche oder juristische Person, Behörde, Einrichtung oder andere Stelle, der personenbezogene Daten offengelegt werden, unabhängig davon, ob es sich bei ihr um einen Dritten handelt oder nicht. Behörden, die im Rahmen eines bestimmten Untersuchungsauftrags nach dem Unionsrecht oder dem Recht der Mitgliedstaaten möglicherweise personenbezogene Daten erhalten, gelten jedoch nicht als Empfänger; die Verarbeitung dieser Daten durch die genannten Behörden erfolgt im Einklang mit den geltenden Datenschutzvorschriften gemäß den Zwecken der Verarbeitung;
10. „Dritter" eine natürliche oder juristische Person, Behörde, Einrichtung oder andere Stelle, außer der betroffenen Person, dem Verantwortlichen, dem Auftragsverarbeiter und den Personen, die unter der unmittelbaren Verantwortung des Verantwortlichen oder des Auftragsverarbeiters befugt sind, die personenbezogenen Daten zu verarbeiten;
11. „Einwilligung" der betroffenen Person jede freiwillig für den bestimmten Fall, in informierter Weise und unmissverständlich abgegebene Willensbekundung in Form einer Erklärung oder einer sonstigen eindeutigen bestätigenden Handlung, mit der die betroffene Person zu verstehen gibt, dass sie mit der Verarbeitung der sie betreffenden personenbezogenen Daten einverstanden ist;
12. „Verletzung des Schutzes personenbezogener Daten" eine Verletzung der Sicherheit, die, ob unbeabsichtigt oder unrechtmäßig, zur Vernichtung, zum Verlust, zur Veränderung, oder zur unbefugten Offenlegung von beziehungsweise zum unbefugten Zugang zu personenbezogenen Daten führt, die übermittelt, gespeichert oder auf sonstige Weise verarbeitet wurden;
13. „genetische Daten" personenbezogene Daten zu den ererbten oder erworbenen genetischen Eigenschaften einer natürlichen Person, die eindeutige Informationen über die Physiologie oder die Gesundheit dieser natürlichen Person liefern und insbesondere aus der Analyse einer biologischen Probe der betreffenden natürlichen Person gewonnen wurden;
14. „biometrische Daten" mit speziellen technischen Verfahren gewonnene personenbezogene Daten zu den physischen, physiologischen oder verhaltenstypischen Merkmalen einer natürlichen Person, die die eindeutige Identifizierung dieser natürlichen Person ermöglichen oder bestätigen, wie Gesichtsbilder oder daktyloskopische Daten;
15. „Gesundheitsdaten" personenbezogene Daten, die sich auf die körperliche oder geistige Gesundheit einer natürlichen Person, einschließlich der Erbringung von Gesundheitsdienstleistungen, beziehen und aus denen Informationen über deren Gesundheitszustand hervorgehen;
16. „Hauptniederlassung"
    a) im Falle eines Verantwortlichen mit Niederlassungen in mehr als einem Mitgliedstaat den Ort seiner Hauptverwaltung in der Union, es sei denn, die Entscheidungen hinsichtlich der Zwecke und Mittel der Verarbeitung personenbezogener Daten werden in einer anderen Niederlassung des Verantwortlichen in der Union getroffen und diese Niederlassung ist befugt, diese Entscheidungen umsetzen zu lassen; in diesem Fall gilt die Niederlassung, die derartige Entscheidungen trifft, als Hauptniederlassung;
    b) im Falle eines Auftragsverarbeiters mit Niederlassungen in mehr als einem Mitgliedstaat den Ort seiner Hauptverwaltung in der Union oder, sofern der Auftragsverarbeiter keine Hauptverwaltung in der Union hat, die Niederlassung des Auftragsverarbeiters in der Union, in der die Verarbeitungstätigkeiten im Rahmen der Tätigkeiten einer Niederlassung eines Auftragsverarbeiters hauptsächlich stattfinden, soweit der Auftragsverarbeiter spezifischen Pflichten aus dieser Verordnung unterliegt;

17. „Vertreter" eine in der Union niedergelassene natürliche oder juristische Person, die von dem Verantwortlichen oder Auftragsverarbeiter schriftlich gemäß Artikel 27 bestellt wurde und den Verantwortlichen oder Auftragsverarbeiter in Bezug auf die ihnen jeweils nach dieser Verordnung obliegenden Pflichten vertritt;
18. „Unternehmen" eine natürliche oder juristische Person, die eine wirtschaftliche Tätigkeit ausübt, unabhängig von ihrer Rechtsform, einschließlich Personengesellschaften oder Vereinigungen, die regelmäßig einer wirtschaftlichen Tätigkeit nachgehen;
19. „Unternehmensgruppe" eine Gruppe, die aus einem herrschenden Unternehmen und den von diesem abhängigen Unternehmen besteht;
20. „verbindliche interne Datenschutzvorschriften" Maßnahmen zum Schutz personenbezogener Daten, zu deren Einhaltung sich ein im Hoheitsgebiet eines Mitgliedstaats niedergelassener Verantwortlicher oder Auftragsverarbeiter verpflichtet im Hinblick auf Datenübermittlungen oder eine Kategorie von Datenübermittlungen personenbezogener Daten an einen Verantwortlichen oder Auftragsverarbeiter derselben Unternehmensgruppe oder derselben Gruppe von Unternehmen, die eine gemeinsame Wirtschaftstätigkeit ausüben, in einem oder mehreren Drittländern;
21. „Aufsichtsbehörde" eine von einem Mitgliedstaat gemäß Artikel 51 eingerichtete unabhängige staatliche Stelle;
22. „betroffene Aufsichtsbehörde" eine Aufsichtsbehörde, die von der Verarbeitung personenbezogener Daten betroffen ist, weil
    a) der Verantwortliche oder der Auftragsverarbeiter im Hoheitsgebiet des Mitgliedstaats dieser Aufsichtsbehörde niedergelassen ist,
    b) diese Verarbeitung erhebliche Auswirkungen auf betroffene Personen mit Wohnsitz im Mitgliedstaat dieser Aufsichtsbehörde hat oder haben kann oder
    c) eine Beschwerde bei dieser Aufsichtsbehörde eingereicht wurde;
23. „grenzüberschreitende Verarbeitung" entweder
    a) eine Verarbeitung personenbezogener Daten, die im Rahmen der Tätigkeiten von Niederlassungen eines Verantwortlichen oder eines Auftragsverarbeiters in der Union in mehr als einem Mitgliedstaat erfolgt, wenn der Verantwortliche oder Auftragsverarbeiter in mehr als einem Mitgliedstaat niedergelassen ist, oder
    b) eine Verarbeitung personenbezogener Daten, die im Rahmen der Tätigkeiten einer einzelnen Niederlassung eines Verantwortlichen oder eines Auftragsverarbeiters in der Union erfolgt, die jedoch erhebliche Auswirkungen auf betroffene Personen in mehr als einem Mitgliedstaat hat oder haben kann;
24. „maßgeblicher und begründeter Einspruch" einen Einspruch gegen einen Beschlussentwurf im Hinblick darauf, ob ein Verstoß gegen diese Verordnung vorliegt oder ob beabsichtigte Maßnahmen gegen den Verantwortlichen oder den Auftragsverarbeiter im Einklang mit dieser Verordnung steht, wobei aus diesem Einspruch die Tragweite der Risiken klar hervorgeht, die von dem Beschlussentwurf in Bezug auf die Grundrechte und Grundfreiheiten der betroffenen Personen und gegebenenfalls den freien Verkehr personenbezogener Daten in der Union ausgehen;
25. „Dienst der Informationsgesellschaft" eine Dienstleistung im Sinne des Artikels 1 Nummer 1 Buchstabe b der Richtlinie (EU) 2015/1535 des Europäischen Parlaments und des Rates;[1)]
26. „internationale Organisation" eine völkerrechtliche Organisation und ihre nachgeordneten Stellen oder jede sonstige Einrichtung, die durch eine zwischen zwei oder mehr Ländern geschlossene Übereinkunft oder auf der Grundlage einer solchen Übereinkunft geschaffen wurde.

[1)] **[Amtl. Anm.:]** Richtlinie (EU) 2015/1535 des Europäischen Parlaments und des Rates vom 9. September 2015 über ein Informationsverfahren auf dem Gebiet der technischen Vorschriften und der Vorschriften für die Dienste der Informationsgesellschaft (ABl. L 241 vom 17.9.2015, S. 1).

Kapitel II. Grundsätze

Art. 5 Grundsätze für die Verarbeitung personenbezogener Daten. (1) Personenbezogene Daten müssen

a) auf rechtmäßige Weise, nach Treu und Glauben und in einer für die betroffene Person nachvollziehbaren Weise verarbeitet werden („Rechtmäßigkeit, Verarbeitung nach Treu und Glauben, Transparenz");

b) für festgelegte, eindeutige und legitime Zwecke erhoben werden und dürfen nicht in einer mit diesen Zwecken nicht zu vereinbarenden Weise weiterverarbeitet werden; eine Weiterverarbeitung für im öffentlichen Interesse liegende Archivzwecke, für wissenschaftliche oder historische Forschungszwecke oder für statistische Zwecke gilt gemäß Artikel 89 Absatz 1 nicht als unvereinbar mit den ursprünglichen Zwecken („Zweckbindung");

c) dem Zweck angemessen und erheblich sowie auf das für die Zwecke der Verarbeitung notwendige Maß beschränkt sein („Datenminimierung");

d) sachlich richtig und erforderlichenfalls auf dem neuesten Stand sein; es sind alle angemessenen Maßnahmen zu treffen, damit personenbezogene Daten, die im Hinblick auf die Zwecke ihrer Verarbeitung unrichtig sind, unverzüglich gelöscht oder berichtigt werden („Richtigkeit");

e) in einer Form gespeichert werden, die die Identifizierung der betroffenen Personen nur so lange ermöglicht, wie es für die Zwecke, für die sie verarbeitet werden, erforderlich ist; personenbezogene Daten dürfen länger gespeichert werden, soweit die personenbezogenen Daten vorbehaltlich der Durchführung geeigneter technischer und organisatorischer Maßnahmen, die von dieser Verordnung zum Schutz der Rechte und Freiheiten der betroffenen Person gefordert werden, ausschließlich für im öffentlichen Interesse liegende Archivzwecke oder für wissenschaftliche und historische Forschungszwecke oder für statistische Zwecke gemäß Artikel 89 Absatz 1 verarbeitet werden („Speicherbegrenzung");

f) in einer Weise verarbeitet werden, die eine angemessene Sicherheit der personenbezogenen Daten gewährleistet, einschließlich Schutz vor unbefugter oder unrechtmäßiger Verarbeitung und vor unbeabsichtigtem Verlust, unbeabsichtigter Zerstörung oder unbeabsichtigter Schädigung durch geeignete technische und organisatorische Maßnahmen („Integrität und Vertraulichkeit");[1)]

(2) Der Verantwortliche ist für die Einhaltung des Absatzes 1 verantwortlich und muss dessen Einhaltung nachweisen können („Rechenschaftspflicht").

Art. 6 Rechtmäßigkeit der Verarbeitung. (1) Die Verarbeitung ist nur rechtmäßig, wenn mindestens eine der nachstehenden Bedingungen erfüllt ist:

a) Die betroffene Person hat ihre Einwilligung zu der Verarbeitung der sie betreffenden personenbezogenen Daten für einen oder mehrere bestimmte Zwecke gegeben;

b) die Verarbeitung ist für die Erfüllung eines Vertrags, dessen Vertragspartei die betroffene Person ist, oder zur Durchführung vorvertraglicher Maßnahmen erforderlich, die auf Anfrage der betroffenen Person erfolgen;

c) die Verarbeitung ist zur Erfüllung einer rechtlichen Verpflichtung erforderlich, der der Verantwortliche unterliegt;

d) die Verarbeitung ist erforderlich, um lebenswichtige Interessen der betroffenen Person oder einer anderen natürlichen Person zu schützen;

e) die Verarbeitung ist für die Wahrnehmung einer Aufgabe erforderlich, die im öffentlichen Interesse liegt oder in Ausübung öffentlicher Gewalt erfolgt, die dem Verantwortlichen übertragen wurde;

f) die Verarbeitung ist zur Wahrung der berechtigten Interessen des Verantwortlichen oder eines Dritten erforderlich, sofern nicht die Interessen oder Grundrechte und Grundfreihei-

---

1) Zeichensetzung amtlich.

ten der betroffenen Person, die den Schutz personenbezogener Daten erfordern, überwiegen, insbesondere dann, wenn es sich bei der betroffenen Person um ein Kind handelt.

Unterabsatz 1 Buchstabe f gilt nicht für die von Behörden in Erfüllung ihrer Aufgaben vorgenommene Verarbeitung.

(2) Die Mitgliedstaaten können spezifischere Bestimmungen zur Anpassung der Anwendung der Vorschriften dieser Verordnung in Bezug auf die Verarbeitung zur Erfüllung von Absatz 1 Buchstaben c und e beibehalten oder einführen, indem sie spezifische Anforderungen für die Verarbeitung sowie sonstige Maßnahmen präziser bestimmen, um eine rechtmäßig und nach Treu und Glauben erfolgende Verarbeitung zu gewährleisten, einschließlich für andere besondere Verarbeitungssituationen gemäß Kapitel IX.

(3) Die Rechtsgrundlage für die Verarbeitungen gemäß Absatz 1 Buchstaben c und e wird festgelegt durch

a) Unionsrecht oder

b) das Recht der Mitgliedstaaten, dem der Verantwortliche unterliegt.

Der Zweck der Verarbeitung muss in dieser Rechtsgrundlage festgelegt oder hinsichtlich der Verarbeitung gemäß Absatz 1 Buchstabe e für die Erfüllung einer Aufgabe erforderlich sein, die im öffentlichen Interesse liegt oder in Ausübung öffentlicher Gewalt erfolgt, die dem Verantwortlichen übertragen wurde. Diese Rechtsgrundlage kann spezifische Bestimmungen zur Anpassung der Anwendung der Vorschriften dieser Verordnung enthalten, unter anderem Bestimmungen darüber, welche allgemeinen Bedingungen für die Regelung der Rechtmäßigkeit der Verarbeitung durch den Verantwortlichen gelten, welche Arten von Daten verarbeitet werden, welche Personen betroffen sind, an welche Einrichtungen und für welche Zwecke die personenbezogenen Daten offengelegt werden dürfen, welcher Zweckbindung sie unterliegen, wie lange sie gespeichert werden dürfen und welche Verarbeitungsvorgänge und -verfahren angewandt werden dürfen, einschließlich Maßnahmen zur Gewährleistung einer rechtmäßig und nach Treu und Glauben erfolgenden Verarbeitung, wie solche für sonstige besondere Verarbeitungssituationen gemäß Kapitel IX. Das Unionsrecht oder das Recht der Mitgliedstaaten müssen ein im öffentlichen Interesse liegendes Ziel verfolgen und in einem angemessenen Verhältnis zu dem verfolgten legitimen Zweck stehen.

(4) Beruht die Verarbeitung zu einem anderen Zweck als zu demjenigen, zu dem die personenbezogenen Daten erhoben wurden, nicht auf der Einwilligung der betroffenen Person oder auf einer Rechtsvorschrift der Union oder der Mitgliedstaaten, die in einer demokratischen Gesellschaft eine notwendige und verhältnismäßige Maßnahme zum Schutz der in Artikel 23 Absatz 1 genannten Ziele darstellt, so berücksichtigt der Verantwortliche – um festzustellen, ob die Verarbeitung zu einem anderen Zweck mit demjenigen, zu dem die personenbezogenen Daten ursprünglich erhoben wurden, vereinbar ist – unter anderem

a) jede Verbindung zwischen den Zwecken, für die die personenbezogenen Daten erhoben wurden, und den Zwecken der beabsichtigten Weiterverarbeitung,

b) den Zusammenhang, in dem die personenbezogenen Daten erhoben wurden, insbesondere hinsichtlich des Verhältnisses zwischen den betroffenen Personen und dem Verantwortlichen,

c) die Art der personenbezogenen Daten, insbesondere ob besondere Kategorien personenbezogener Daten gemäß Artikel 9 verarbeitet werden oder ob personenbezogene Daten über strafrechtliche Verurteilungen und Straftaten gemäß Artikel 10 verarbeitet werden,

d) die möglichen Folgen der beabsichtigten Weiterverarbeitung für die betroffenen Personen,

e) das Vorhandensein geeigneter Garantien, wozu Verschlüsselung oder Pseudonymisierung gehören kann.

Art. 7 […]

Art. 8 Bedingungen für die Einwilligung eines Kindes in Bezug auf Dienste der Informationsgesellschaft. (1) Gilt Artikel 6 Absatz 1 Buchstabe a bei einem Angebot von Diensten der Informationsgesellschaft, das einem Kind direkt gemacht wird, so ist die Verarbeitung der personenbezogenen Daten des Kindes rechtmäßig, wenn das Kind das sechzehnte

Lebensjahr vollendet hat. Hat das Kind noch nicht das sechzehnte Lebensjahr vollendet, so ist diese Verarbeitung nur rechtmäßig, sofern und soweit diese Einwilligung durch den Träger der elterlichen Verantwortung für das Kind oder mit dessen Zustimmung erteilt wird.

Die Mitgliedstaaten können durch Rechtsvorschriften zu diesen Zwecken eine niedrigere Altersgrenze vorsehen, die jedoch nicht unter dem vollendeten dreizehnten Lebensjahr liegen darf.

(2) Der Verantwortliche unternimmt unter Berücksichtigung der verfügbaren Technik angemessene Anstrengungen, um sich in solchen Fällen zu vergewissern, dass die Einwilligung durch den Träger der elterlichen Verantwortung für das Kind oder mit dessen Zustimmung erteilt wurde.

(3) Absatz 1 lässt das allgemeine Vertragsrecht der Mitgliedstaaten, wie etwa die Vorschriften zur Gültigkeit, zum Zustandekommen oder zu den Rechtsfolgen eines Vertrags in Bezug auf ein Kind, unberührt.

Art. 9 Verarbeitung besonderer Kategorien personenbezogener Daten. (1) Die Verarbeitung personenbezogener Daten, aus denen die rassische und ethnische Herkunft, politische Meinungen, religiöse oder weltanschauliche Überzeugungen oder die Gewerkschaftszugehörigkeit hervorgehen, sowie die Verarbeitung von genetischen Daten, biometrischen Daten zur eindeutigen Identifizierung einer natürlichen Person, Gesundheitsdaten oder Daten zum Sexualleben oder der sexuellen Orientierung einer natürlichen Person ist untersagt.

(2) Absatz 1 gilt nicht in folgenden Fällen:

a) Die betroffene Person hat in die Verarbeitung der genannten personenbezogenen Daten für einen oder mehrere festgelegte Zwecke ausdrücklich eingewilligt, es sei denn, nach Unionsrecht oder dem Recht der Mitgliedstaaten kann das Verbot nach Absatz 1 durch die Einwilligung der betroffenen Person nicht aufgehoben werden,

b) die Verarbeitung ist erforderlich, damit der Verantwortliche oder die betroffene Person die ihm bzw. ihr aus dem Arbeitsrecht und dem Recht der sozialen Sicherheit und des Sozialschutzes erwachsenden Rechte ausüben und seinen bzw. ihren diesbezüglichen Pflichten nachkommen kann, soweit dies nach Unionsrecht oder dem Recht der Mitgliedstaaten oder einer Kollektivvereinbarung nach dem Recht der Mitgliedstaaten, das geeignete Garantien für die Grundrechte und die Interessen der betroffenen Person vorsieht, zulässig ist,

c) die Verarbeitung ist zum Schutz lebenswichtiger Interessen der betroffenen Person oder einer anderen natürlichen Person erforderlich und die betroffene Person ist aus körperlichen oder rechtlichen Gründen außerstande, ihre Einwilligung zu geben,

d) die Verarbeitung erfolgt auf der Grundlage geeigneter Garantien durch eine politisch, weltanschaulich, religiös oder gewerkschaftlich ausgerichtete Stiftung, Vereinigung oder sonstige Organisation ohne Gewinnerzielungsabsicht im Rahmen ihrer rechtmäßigen Tätigkeiten und unter der Voraussetzung, dass sich die Verarbeitung ausschließlich auf die Mitglieder oder ehemalige Mitglieder der Organisation oder auf Personen, die im Zusammenhang mit deren Tätigkeitszweck regelmäßige Kontakte mit ihr unterhalten, bezieht und die personenbezogenen Daten nicht ohne Einwilligung der betroffenen Personen nach außen offengelegt werden,

e) die Verarbeitung bezieht sich auf personenbezogene Daten, die die betroffene Person offensichtlich öffentlich gemacht hat,

f) die Verarbeitung ist zur Geltendmachung, Ausübung oder Verteidigung von Rechtsansprüchen oder bei Handlungen der Gerichte im Rahmen ihrer justiziellen Tätigkeit erforderlich,

g) die Verarbeitung ist auf der Grundlage des Unionsrechts oder des Rechts eines Mitgliedstaats, das in angemessenem Verhältnis zu dem verfolgten Ziel steht, den Wesensgehalt des Rechts auf Datenschutz wahrt und angemessene und spezifische Maßnahmen zur Wahrung der Grundrechte und Interessen der betroffenen Person vorsieht, aus Gründen eines erheblichen öffentlichen Interesses erforderlich,

h) die Verarbeitung ist für Zwecke der Gesundheitsvorsorge oder der Arbeitsmedizin, für die Beurteilung der Arbeitsfähigkeit des Beschäftigten, für die medizinische Diagnostik, die Versorgung oder Behandlung im Gesundheits- oder Sozialbereich oder für die Verwaltung von Systemen und Diensten im Gesundheits- oder Sozialbereich auf der Grundlage des Unionsrechts oder des Rechts eines Mitgliedstaats oder aufgrund eines Vertrags mit einem Angehörigen eines Gesundheitsberufs und vorbehaltlich der in Absatz 3 genannten Bedingungen und Garantien erforderlich,

i) die Verarbeitung ist aus Gründen des öffentlichen Interesses im Bereich der öffentlichen Gesundheit, wie dem Schutz vor schwerwiegenden grenzüberschreitenden Gesundheitsgefahren oder zur Gewährleistung hoher Qualitäts- und Sicherheitsstandards bei der Gesundheitsversorgung und bei Arzneimitteln und Medizinprodukten, auf der Grundlage des Unionsrechts oder des Rechts eines Mitgliedstaats, das angemessene und spezifische Maßnahmen zur Wahrung der Rechte und Freiheiten der betroffenen Person, insbesondere des Berufsgeheimnisses, vorsieht, erforderlich, oder

j) die Verarbeitung ist auf der Grundlage des Unionsrechts oder des Rechts eines Mitgliedstaats, das in angemessenem Verhältnis zu dem verfolgten Ziel steht, den Wesensgehalt des Rechts auf Datenschutz wahrt und angemessene und spezifische Maßnahmen zur Wahrung der Grundrechte und Interessen der betroffenen Person vorsieht, für im öffentlichen Interesse liegende Archivzwecke, für wissenschaftliche oder historische Forschungszwecke oder für statistische Zwecke gemäß Artikel 89 Absatz 1 erforderlich.

(3) Die in Absatz 1 genannten personenbezogenen Daten dürfen zu den in Absatz 2 Buchstabe h genannten Zwecken verarbeitet werden, wenn diese Daten von Fachpersonal oder unter dessen Verantwortung verarbeitet werden und dieses Fachpersonal nach dem Unionsrecht oder dem Recht eines Mitgliedstaats oder den Vorschriften nationaler zuständiger Stellen dem Berufsgeheimnis unterliegt, oder wenn die Verarbeitung durch eine andere Person erfolgt, die ebenfalls nach dem Unionsrecht oder dem Recht eines Mitgliedstaats oder den Vorschriften nationaler zuständiger Stellen einer Geheimhaltungspflicht unterliegt.

(4) Die Mitgliedstaaten können zusätzliche Bedingungen, einschließlich Beschränkungen, einführen oder aufrechterhalten, soweit die Verarbeitung von genetischen, biometrischen oder Gesundheitsdaten betroffen ist.

Art. 10 Verarbeitung von personenbezogenen Daten über strafrechtliche Verurteilungen und Straftaten. Die Verarbeitung personenbezogener Daten über strafrechtliche Verurteilungen und Straftaten oder damit zusammenhängende Sicherungsmaßregeln aufgrund von Artikel 6 Absatz 1 darf nur unter behördlicher Aufsicht vorgenommen werden oder wenn dies nach dem Unionsrecht oder dem Recht der Mitgliedstaaten, das geeignete Garantien für die Rechte und Freiheiten der betroffenen Personen vorsieht, zulässig ist. Ein umfassendes Register der strafrechtlichen Verurteilungen darf nur unter behördlicher Aufsicht geführt werden.

Art. 11 Verarbeitung, für die eine Identifizierung der betroffenen Person nicht erforderlich ist. (1) Ist für die Zwecke, für die ein Verantwortlicher personenbezogene Daten verarbeitet, die Identifizierung der betroffenen Person durch den Verantwortlichen nicht oder nicht mehr erforderlich, so ist dieser nicht verpflichtet, zur bloßen Einhaltung dieser Verordnung zusätzliche Informationen aufzubewahren, einzuholen oder zu verarbeiten, um die betroffene Person zu identifizieren.

(2) Kann der Verantwortliche in Fällen gemäß Absatz 1 des vorliegenden Artikels nachweisen, dass er nicht in der Lage ist, die betroffene Person zu identifizieren, so unterrichtet er die betroffene Person hierüber, sofern möglich. In diesen Fällen finden die Artikel 15 bis 20 keine Anwendung, es sei denn, die betroffene Person stellt zur Ausübung ihrer in diesen Artikeln niedergelegten Rechte zusätzliche Informationen bereit, die ihre Identifizierung ermöglichen.

Kapitel III. Rechte der betroffenen Person

Abschnitt 1. Transparenz und Modalitäten

Art. 12 Transparente Information, Kommunikation und Modalitäten für die Ausübung der Rechte der betroffenen Person. (1) Der Verantwortliche trifft geeignete Maßnahmen, um der betroffenen Person alle Informationen gemäß den Artikeln 13 und 14 und alle Mitteilungen gemäß den Artikeln 15 bis 22 und Artikel 34, die sich auf die Verarbeitung beziehen, in präziser, transparenter, verständlicher und leicht zugänglicher Form in einer klaren und einfachen Sprache zu übermitteln; dies gilt insbesondere für Informationen, die sich speziell an Kinder richten. Die Übermittlung der Informationen erfolgt schriftlich oder in anderer Form, gegebenenfalls auch elektronisch. Falls von der betroffenen Person verlangt, kann die Information mündlich erteilt werden, sofern die Identität der betroffenen Person in anderer Form nachgewiesen wurde.

(2) Der Verantwortliche erleichtert der betroffenen Person die Ausübung ihrer Rechte gemäß den Artikeln 15 bis 22. In den in Artikel 11 Absatz 2 genannten Fällen darf sich der Verantwortliche nur dann weigern, aufgrund des Antrags der betroffenen Person auf Wahrnehmung ihrer Rechte gemäß den Artikeln 15 bis 22 tätig zu werden, wenn er glaubhaft macht, dass er nicht in der Lage ist, die betroffene Person zu identifizieren.

(3) Der Verantwortliche stellt der betroffenen Person Informationen über die auf Antrag gemäß den Artikeln 15 bis 22 ergriffenen Maßnahmen unverzüglich, in jedem Fall aber innerhalb eines Monats nach Eingang des Antrags zur Verfügung. Diese Frist kann um weitere zwei Monate verlängert werden, wenn dies unter Berücksichtigung der Komplexität und der Anzahl von Anträgen erforderlich ist. Der Verantwortliche unterrichtet die betroffene Person innerhalb eines Monats nach Eingang des Antrags über eine Fristverlängerung, zusammen mit den Gründen für die Verzögerung. Stellt die betroffene Person den Antrag elektronisch, so ist sie nach Möglichkeit auf elektronischem Weg zu unterrichten, sofern sie nichts anderes angibt.

(4) Wird der Verantwortliche auf den Antrag der betroffenen Person hin nicht tätig, so unterrichtet er die betroffene Person ohne Verzögerung, spätestens aber innerhalb eines Monats nach Eingang des Antrags über die Gründe hierfür und über die Möglichkeit, bei einer Aufsichtsbehörde Beschwerde einzulegen oder einen gerichtlichen Rechtsbehelf einzulegen.

(5) Informationen gemäß den Artikeln 13 und 14 sowie alle Mitteilungen und Maßnahmen gemäß den Artikeln 15 bis 22 und Artikel 34 werden unentgeltlich zur Verfügung gestellt. Bei offenkundig unbegründeten oder – insbesondere im Fall von häufiger Wiederholung – exzessiven Anträgen einer betroffenen Person kann der Verantwortliche entweder

a) ein angemessenes Entgelt verlangen, bei dem die Verwaltungskosten für die Unterrichtung oder die Mitteilung oder die Durchführung der beantragten Maßnahme berücksichtigt werden, oder

b) sich weigern, aufgrund des Antrags tätig zu werden.

Der Verantwortliche hat den Nachweis für den offenkundig unbegründeten oder exzessiven Charakter des Antrags zu erbringen.

(6) Hat der Verantwortliche begründete Zweifel an der Identität der natürlichen Person, die den Antrag gemäß den Artikeln 15 bis 21 stellt, so kann er unbeschadet des Artikels 11 zusätzliche Informationen anfordern, die zur Bestätigung der Identität der betroffenen Person erforderlich sind.

(7) Die Informationen, die den betroffenen Personen gemäß den Artikeln 13 und 14 bereitzustellen sind, können in Kombination mit standardisierten Bildsymbolen bereitgestellt werden, um in leicht wahrnehmbarer, verständlicher und klar nachvollziehbarer Form einen aussagekräftigen Überblick über die beabsichtigte Verarbeitung zu vermitteln. Werden die Bildsymbole in elektronischer Form dargestellt, müssen sie maschinenlesbar sein.

(8) Der Kommission wird die Befugnis übertragen, gemäß Artikel 92 delegierte Rechtsakte zur Bestimmung der Informationen, die durch Bildsymbole darzustellen sind, und der Verfahren für die Bereitstellung standardisierter Bildsymbole zu erlassen.

Abschnitt 2. Informationspflicht und Recht auf Auskunft zu personenbezogenen Daten

Art. 13 Informationspflicht bei Erhebung von personenbezogenen Daten bei der betroffenen Person. (1) Werden personenbezogene Daten bei der betroffenen Person erhoben, so teilt der Verantwortliche der betroffenen Person zum Zeitpunkt der Erhebung dieser Daten Folgendes mit:

a) den Namen und die Kontaktdaten des Verantwortlichen sowie gegebenenfalls seines Vertreters;

b) gegebenenfalls die Kontaktdaten des Datenschutzbeauftragten;

c) die Zwecke, für die die personenbezogenen Daten verarbeitet werden sollen, sowie die Rechtsgrundlage für die Verarbeitung;

d) wenn die Verarbeitung auf Artikel 6 Absatz 1 Buchstabe f beruht, die berechtigten Interessen, die von dem Verantwortlichen oder einem Dritten verfolgt werden;

e) gegebenenfalls die Empfänger oder Kategorien von Empfängern der personenbezogenen Daten und

f) gegebenenfalls die Absicht des Verantwortlichen, die personenbezogenen Daten an ein Drittland oder eine internationale Organisation zu übermitteln, sowie das Vorhandensein oder das Fehlen eines Angemessenheitsbeschlusses der Kommission oder im Falle von Übermittlungen gemäß Artikel 46 oder Artikel 47 oder Artikel 49 Absatz 1 Unterabsatz 2 einen Verweis auf die geeigneten oder angemessenen Garantien und die Möglichkeit, wie eine Kopie von ihnen zu erhalten ist, oder wo sie verfügbar sind.

(2) Zusätzlich zu den Informationen gemäß Absatz 1 stellt der Verantwortliche der betroffenen Person zum Zeitpunkt der Erhebung dieser Daten folgende weitere Informationen zur Verfügung, die notwendig sind, um eine faire und transparente Verarbeitung zu gewährleisten:

a) die Dauer, für die die personenbezogenen Daten gespeichert werden oder, falls dies nicht möglich ist, die Kriterien für die Festlegung dieser Dauer;

b) das Bestehen eines Rechts auf Auskunft seitens des Verantwortlichen über die betreffenden personenbezogenen Daten sowie auf Berichtigung oder Löschung oder auf Einschränkung der Verarbeitung oder eines Widerspruchsrechts gegen die Verarbeitung sowie des Rechts auf Datenübertragbarkeit;

c) wenn die Verarbeitung auf Artikel 6 Absatz 1 Buchstabe a oder Artikel 9 Absatz 2 Buchstabe a beruht, das Bestehen eines Rechts, die Einwilligung jederzeit zu widerrufen, ohne dass die Rechtmäßigkeit der aufgrund der Einwilligung bis zum Widerruf erfolgten Verarbeitung berührt wird;

d) das Bestehen eines Beschwerderechts bei einer Aufsichtsbehörde;

e) ob die Bereitstellung der personenbezogenen Daten gesetzlich oder vertraglich vorgeschrieben oder für einen Vertragsabschluss erforderlich ist, ob die betroffene Person verpflichtet ist, die personenbezogenen Daten bereitzustellen, und welche mögliche[1] Folgen die Nichtbereitstellung hätte und

f) das Bestehen einer automatisierten Entscheidungsfindung einschließlich Profiling gemäß Artikel 22 Absätze 1 und 4 und – zumindest in diesen Fällen – aussagekräftige Informationen über die involvierte Logik sowie die Tragweite und die angestrebten Auswirkungen einer derartigen Verarbeitung für die betroffene Person.

(3) Beabsichtigt der Verantwortliche, die personenbezogenen Daten für einen anderen Zweck weiterzuverarbeiten als den, für den die personenbezogenen Daten erhoben wurden, so stellt er der betroffenen Person vor dieser Weiterverarbeitung Informationen über diesen anderen Zweck und alle anderen maßgeblichen Informationen gemäß Absatz 2 zur Verfügung.

(4) Die Absätze 1, 2 und 3 finden keine Anwendung, wenn und soweit die betroffene Person bereits über die Informationen verfügt.

---

[1] Richtig wohl: „möglichen".

Art. 14 Informationspflicht, wenn die personenbezogenen Daten nicht bei der betroffenen Person erhoben wurden. (1) Werden personenbezogene Daten nicht bei der betroffenen Person erhoben, so teilt der Verantwortliche der betroffenen Person Folgendes mit:

a) den Namen und die Kontaktdaten des Verantwortlichen sowie gegebenenfalls seines Vertreters;

b) zusätzlich die Kontaktdaten des Datenschutzbeauftragten;

c) die Zwecke, für die die personenbezogenen Daten verarbeitet werden sollen, sowie die Rechtsgrundlage für die Verarbeitung;

d) die Kategorien personenbezogener Daten, die verarbeitet werden;

e) gegebenenfalls die Empfänger oder Kategorien von Empfängern der personenbezogenen Daten;

f) gegebenenfalls die Absicht des Verantwortlichen, die personenbezogenen Daten an einen Empfänger in einem Drittland oder einer internationalen Organisation zu übermitteln, sowie das Vorhandensein oder das Fehlen eines Angemessenheitsbeschlusses der Kommission oder im Falle von Übermittlungen gemäß Artikel 46 oder Artikel 47 oder Artikel 49 Absatz 1 Unterabsatz 2 einen Verweis auf die geeigneten oder angemessenen Garantien und die Möglichkeit, eine Kopie von ihnen zu erhalten, oder wo sie verfügbar sind.

(2) Zusätzlich zu den Informationen gemäß Absatz 1 stellt der Verantwortliche der betroffenen Person die folgenden Informationen zur Verfügung, die erforderlich sind, um der betroffenen Person gegenüber eine faire und transparente Verarbeitung zu gewährleisten:

a) die Dauer, für die die personenbezogenen Daten gespeichert werden oder, falls dies nicht möglich ist, die Kriterien für die Festlegung dieser Dauer;

b) wenn die Verarbeitung auf Artikel 6 Absatz 1 Buchstabe f beruht, die berechtigten Interessen, die von dem Verantwortlichen oder einem Dritten verfolgt werden;

c) das Bestehen eines Rechts auf Auskunft seitens des Verantwortlichen über die betreffenden personenbezogenen Daten sowie auf Berichtigung oder Löschung oder auf Einschränkung der Verarbeitung und eines Widerspruchsrechts gegen die Verarbeitung sowie des Rechts auf Datenübertragbarkeit;

d) wenn die Verarbeitung auf Artikel 6 Absatz 1 Buchstabe a oder Artikel 9 Absatz 2 Buchstabe a beruht, das Bestehen eines Rechts, die Einwilligung jederzeit zu widerrufen, ohne dass die Rechtmäßigkeit der aufgrund der Einwilligung bis zum Widerruf erfolgten Verarbeitung berührt wird;

e) das Bestehen eines Beschwerderechts bei einer Aufsichtsbehörde;

f) aus welcher Quelle die personenbezogenen Daten stammen und gegebenenfalls ob sie aus öffentlich zugänglichen Quellen stammen;

g) das Bestehen einer automatisierten Entscheidungsfindung einschließlich Profiling gemäß Artikel 22 Absätze 1 und 4 und – zumindest in diesen Fällen – aussagekräftige Informationen über die involvierte Logik sowie die Tragweite und die angestrebten Auswirkungen einer derartigen Verarbeitung für die betroffene Person.

(3) Der Verantwortliche erteilt die Informationen gemäß den Absätzen 1 und 2

a) unter Berücksichtigung der spezifischen Umstände der Verarbeitung der personenbezogenen Daten innerhalb einer angemessenen Frist nach Erlangung der personenbezogenen Daten, längstens jedoch innerhalb eines Monats,

b) falls die personenbezogenen Daten zur Kommunikation mit der betroffenen Person verwendet werden sollen, spätestens zum Zeitpunkt der ersten Mitteilung an sie, oder,

c) falls die Offenlegung an einen anderen Empfänger beabsichtigt ist, spätestens zum Zeitpunkt der ersten Offenlegung.

(4) Beabsichtigt der Verantwortliche, die personenbezogenen Daten für einen anderen Zweck weiterzuverarbeiten als den, für den die personenbezogenen Daten erlangt wurden, so stellt er der betroffenen Person vor dieser Weiterverarbeitung Informationen über diesen anderen Zweck und alle anderen maßgeblichen Informationen gemäß Absatz 2 zur Verfügung.

(5) Die Absätze 1 bis 4 finden keine Anwendung, wenn und soweit

a) die betroffene Person bereits über die Informationen verfügt,

b) die Erteilung dieser Informationen sich als unmöglich erweist oder einen unverhältnismäßigen Aufwand erfordern würde; dies gilt insbesondere für die Verarbeitung für im öffentlichen Interesse liegende Archivzwecke, für wissenschaftliche oder historische Forschungszwecke oder für statistische Zwecke vorbehaltlich der in Artikel 89 Absatz 1 genannten Bedingungen und Garantien oder soweit die in Absatz 1 des vorliegenden Artikels genannte Pflicht voraussichtlich die Verwirklichung der Ziele dieser Verarbeitung unmöglich macht oder ernsthaft beeinträchtigt. In diesen Fällen ergreift der Verantwortliche geeignete Maßnahmen zum Schutz der Rechte und Freiheiten sowie der berechtigten Interessen der betroffenen Person, einschließlich der Bereitstellung dieser Informationen für die Öffentlichkeit,

c) die Erlangung oder Offenlegung durch Rechtsvorschriften der Union oder der Mitgliedstaaten, denen der Verantwortliche unterliegt und die geeignete Maßnahmen zum Schutz der berechtigten Interessen der betroffenen Person vorsehen, ausdrücklich geregelt ist oder

d) die personenbezogenen Daten gemäß dem Unionsrecht oder dem Recht der Mitgliedstaaten dem Berufsgeheimnis, einschließlich einer satzungsmäßigen Geheimhaltungspflicht, unterliegen und daher vertraulich behandelt werden müssen.

Art. 15 Auskunftsrecht der betroffenen Person. (1) Die betroffene Person hat das Recht, von dem Verantwortlichen eine Bestätigung darüber zu verlangen, ob sie betreffende personenbezogene Daten verarbeitet werden; ist dies der Fall, so hat sie ein Recht auf Auskunft über diese personenbezogenen Daten und auf folgende Informationen:

a) die Verarbeitungszwecke;

b) die Kategorien personenbezogener Daten, die verarbeitet werden;

c) die Empfänger oder Kategorien von Empfängern, gegenüber denen die personenbezogenen Daten offengelegt worden sind oder noch offengelegt werden, insbesondere bei Empfängern in Drittländern oder bei internationalen Organisationen;

d) falls möglich die geplante Dauer, für die die personenbezogenen Daten gespeichert werden, oder, falls dies nicht möglich ist, die Kriterien für die Festlegung dieser Dauer;

e) das Bestehen eines Rechts auf Berichtigung oder Löschung der sie betreffenden personenbezogenen Daten oder auf Einschränkung der Verarbeitung durch den Verantwortlichen oder eines Widerspruchsrechts gegen diese Verarbeitung;

f) das Bestehen eines Beschwerderechts bei einer Aufsichtsbehörde;

g) wenn die personenbezogenen Daten nicht bei der betroffenen Person erhoben werden, alle verfügbaren Informationen über die Herkunft der Daten;

h) das Bestehen einer automatisierten Entscheidungsfindung einschließlich Profiling gemäß Artikel 22 Absätze 1 und 4 und – zumindest in diesen Fällen – aussagekräftige Informationen über die involvierte Logik sowie die Tragweite und die angestrebten Auswirkungen einer derartigen Verarbeitung für die betroffene Person.

(2) Werden personenbezogene Daten an ein Drittland oder an eine internationale Organisation übermittelt, so hat die betroffene Person das Recht, über die geeigneten Garantien gemäß Artikel 46 im Zusammenhang mit der Übermittlung unterrichtet zu werden.

(3) Der Verantwortliche stellt eine Kopie der personenbezogenen Daten, die Gegenstand der Verarbeitung sind, zur Verfügung. Für alle weiteren Kopien, die die betroffene Person beantragt, kann der Verantwortliche ein angemessenes Entgelt auf der Grundlage der Verwaltungskosten verlangen. Stellt die betroffene Person den Antrag elektronisch, so sind die Informationen in einem gängigen elektronischen Format zur Verfügung zu stellen, sofern sie nichts anderes angibt.

(4) Das Recht auf Erhalt einer Kopie gemäß Absatz 3 darf die Rechte und Freiheiten anderer Personen nicht beeinträchtigen.

Abschnitt 3. Berichtigung und Löschung

Art. 16 Recht auf Berichtigung. Die betroffene Person hat das Recht, von dem Verantwortlichen unverzüglich die Berichtigung sie betreffender unrichtiger personenbezogener Daten zu verlangen. Unter Berücksichtigung der Zwecke der Verarbeitung hat die betroffene Person das Recht, die Vervollständigung unvollständiger personenbezogener Daten – auch mittels einer ergänzenden Erklärung – zu verlangen.

Art. 17 Recht auf Löschung („Recht auf Vergessenwerden"). (1) Die betroffene Person hat das Recht, von dem Verantwortlichen zu verlangen, dass sie betreffende personenbezogene Daten unverzüglich gelöscht werden, und der Verantwortliche ist verpflichtet, personenbezogene Daten unverzüglich zu löschen, sofern einer der folgenden Gründe zutrifft:

a) Die personenbezogenen Daten sind für die Zwecke, für die sie erhoben oder auf sonstige Weise verarbeitet wurden, nicht mehr notwendig.

b) Die betroffene Person widerruft ihre Einwilligung, auf die sich die Verarbeitung gemäß Artikel 6 Absatz 1 Buchstabe a oder Artikel 9 Absatz 2 Buchstabe a stützte, und es fehlt an einer anderweitigen Rechtsgrundlage für die Verarbeitung.

c) Die betroffene Person legt gemäß Artikel 21 Absatz 1 Widerspruch gegen die Verarbeitung ein und es liegen keine vorrangigen berechtigten Gründe für die Verarbeitung vor, oder die betroffene Person legt gemäß Artikel 21 Absatz 2 Widerspruch gegen die Verarbeitung ein.

d) Die personenbezogenen Daten wurden unrechtmäßig verarbeitet.

e) Die Löschung der personenbezogenen Daten ist zur Erfüllung einer rechtlichen Verpflichtung nach dem Unionsrecht oder dem Recht der Mitgliedstaaten erforderlich, dem der Verantwortliche unterliegt.

f) Die personenbezogenen Daten wurden in Bezug auf angebotene Dienste der Informationsgesellschaft gemäß Artikel 8 Absatz 1 erhoben.

(2) Hat der Verantwortliche die personenbezogenen Daten öffentlich gemacht und ist er gemäß Absatz 1 zu deren Löschung verpflichtet, so trifft er unter Berücksichtigung der verfügbaren Technologie und der Implementierungskosten angemessene Maßnahmen, auch technischer Art, um für die Datenverarbeitung Verantwortliche, die die personenbezogenen Daten verarbeiten, darüber zu informieren, dass eine betroffene Person von ihnen die Löschung aller Links zu diesen personenbezogenen Daten oder von Kopien oder Replikationen dieser personenbezogenen Daten verlangt hat.

(3) Die Absätze 1 und 2 gelten nicht, soweit die Verarbeitung erforderlich ist

a) zur Ausübung des Rechts auf freie Meinungsäußerung und Information;

b) zur Erfüllung einer rechtlichen Verpflichtung, die die Verarbeitung nach dem Recht der Union oder der Mitgliedstaaten, dem der Verantwortliche unterliegt, erfordert, oder zur Wahrnehmung einer Aufgabe, die im öffentlichen Interesse liegt oder in Ausübung öffentlicher Gewalt erfolgt, die dem Verantwortlichen übertragen wurde;

c) aus Gründen des öffentlichen Interesses im Bereich der öffentlichen Gesundheit gemäß Artikel 9 Absatz 2 Buchstaben h und i sowie Artikel 9 Absatz 3;

d) für im öffentlichen Interesse liegende Archivzwecke, wissenschaftliche oder historische Forschungszwecke oder für statistische Zwecke gemäß Artikel 89 Absatz 1, soweit das in Absatz 1 genannte Recht voraussichtlich die Verwirklichung der Ziele dieser Verarbeitung unmöglich macht oder ernsthaft beeinträchtigt, oder

e) zur Geltendmachung, Ausübung oder Verteidigung von Rechtsansprüchen.

Art. 18 Recht auf Einschränkung der Verarbeitung. (1) Die betroffene Person hat das Recht, von dem Verantwortlichen die Einschränkung der Verarbeitung zu verlangen, wenn eine der folgenden Voraussetzungen gegeben ist:

a) die Richtigkeit der personenbezogenen Daten von der betroffenen Person bestritten wird, und zwar für eine Dauer, die es dem Verantwortlichen ermöglicht, die Richtigkeit der personenbezogenen Daten zu überprüfen,

b) die Verarbeitung unrechtmäßig ist und die betroffene Person die Löschung der personenbezogenen Daten ablehnt und stattdessen die Einschränkung der Nutzung der personenbezogenen Daten verlangt;[1)]

c) der Verantwortliche die personenbezogenen Daten für die Zwecke der Verarbeitung nicht länger benötigt, die betroffene Person sie jedoch zur Geltendmachung, Ausübung oder Verteidigung von Rechtsansprüchen benötigt, oder

d) die betroffene Person Widerspruch gegen die Verarbeitung gemäß Artikel 21 Absatz 1 eingelegt hat, solange noch nicht feststeht, ob die berechtigten Gründe des Verantwortlichen gegenüber denen der betroffenen Person überwiegen.

(2) Wurde die Verarbeitung gemäß Absatz 1 eingeschränkt, so dürfen diese personenbezogenen Daten – von ihrer Speicherung abgesehen – nur mit Einwilligung der betroffenen Person oder zur Geltendmachung, Ausübung oder Verteidigung von Rechtsansprüchen oder zum Schutz der Rechte einer anderen natürlichen oder juristischen Person oder aus Gründen eines wichtigen öffentlichen Interesses der Union oder eines Mitgliedstaats verarbeitet werden.

(3) Eine betroffene Person, die eine Einschränkung der Verarbeitung gemäß Absatz 1 erwirkt hat, wird von dem Verantwortlichen unterrichtet, bevor die Einschränkung aufgehoben wird.

Art. 19 Mitteilungspflicht im Zusammenhang mit der Berichtigung oder Löschung personenbezogener Daten oder der Einschränkung der Verarbeitung. Der Verantwortliche teilt allen Empfängern, denen personenbezogene Daten offengelegt wurden, jede Berichtigung oder Löschung der personenbezogenen Daten oder eine Einschränkung der Verarbeitung nach Artikel 16, Artikel 17 Absatz 1 und Artikel 18 mit, es sei denn, dies erweist sich als unmöglich oder ist mit einem unverhältnismäßigen Aufwand verbunden. Der Verantwortliche unterrichtet die betroffene Person über diese Empfänger, wenn die betroffene Person dies verlangt.

Art. 20 Recht auf Datenübertragbarkeit. (1) Die betroffene Person hat das Recht, die sie betreffenden personenbezogenen Daten, die sie einem Verantwortlichen bereitgestellt hat, in einem strukturierten, gängigen und maschinenlesbaren Format zu erhalten, und sie hat das Recht, diese Daten einem anderen Verantwortlichen ohne Behinderung durch den Verantwortlichen, dem die personenbezogenen Daten bereitgestellt wurden, zu übermitteln, sofern

a) die Verarbeitung auf einer Einwilligung gemäß Artikel 6 Absatz 1 Buchstabe a oder Artikel 9 Absatz 2 Buchstabe a oder auf einem Vertrag gemäß Artikel 6 Absatz 1 Buchstabe b beruht und

b) die Verarbeitung mithilfe automatisierter Verfahren erfolgt.

(2) Bei der Ausübung ihres Rechts auf Datenübertragbarkeit gemäß Absatz 1 hat die betroffene Person das Recht, zu erwirken, dass die personenbezogenen Daten direkt von einem Verantwortlichen einem anderen Verantwortlichen übermittelt werden, soweit dies technisch machbar ist.

(3) Die Ausübung des Rechts nach Absatz 1 des vorliegenden Artikels lässt Artikel 17 unberührt. Dieses Recht gilt nicht für eine Verarbeitung, die für die Wahrnehmung einer Aufgabe erforderlich ist, die im öffentlichen Interesse liegt oder in Ausübung öffentlicher Gewalt erfolgt, die dem Verantwortlichen übertragen wurde.

(4) Das Recht gemäß Absatz 1 darf die Rechte und Freiheiten anderer Personen nicht beeinträchtigen.

Abschnitt 4. Widerspruchsrecht und automatisierte Entscheidungsfindung im Einzelfall

Art. 21 Widerspruchsrecht. (1) Die betroffene Person hat das Recht, aus Gründen, die sich aus ihrer besonderen Situation ergeben, jederzeit gegen die Verarbeitung sie betreffender personenbezogener Daten, die aufgrund von Artikel 6 Absatz 1 Buchstaben e oder f erfolgt,

---

[1)] Zeichensetzung amtlich.

Widerspruch einzulegen; dies gilt auch für ein auf diese Bestimmungen gestütztes Profiling. Der Verantwortliche verarbeitet die personenbezogenen Daten nicht mehr, es sei denn, er kann zwingende schutzwürdige Gründe für die Verarbeitung nachweisen, die die Interessen, Rechte und Freiheiten der betroffenen Person überwiegen, oder die Verarbeitung dient der Geltendmachung, Ausübung oder Verteidigung von Rechtsansprüchen.

(2) Werden personenbezogene Daten verarbeitet, um Direktwerbung zu betreiben, so hat die betroffene Person das Recht, jederzeit Widerspruch gegen die Verarbeitung sie betreffender personenbezogener Daten zum Zwecke derartiger Werbung einzulegen; dies gilt auch für das Profiling, soweit es mit solcher Direktwerbung in Verbindung steht.

(3) Widerspricht die betroffene Person der Verarbeitung für Zwecke der Direktwerbung, so werden die personenbezogenen Daten nicht mehr für diese Zwecke verarbeitet.

(4) Die betroffene Person muss spätestens zum Zeitpunkt der ersten Kommunikation mit ihr ausdrücklich auf das in den Absätzen 1 und 2 genannte Recht hingewiesen werden; dieser Hinweis hat in einer verständlichen und von anderen Informationen getrennten Form zu erfolgen.

(5) Im Zusammenhang mit der Nutzung von Diensten der Informationsgesellschaft kann die betroffene Person ungeachtet der Richtlinie 2002/58/EG ihr Widerspruchsrecht mittels automatisierter Verfahren ausüben, bei denen technische Spezifikationen verwendet werden.

(6) Die betroffene Person hat das Recht, aus Gründen, die sich aus ihrer besonderen Situation ergeben, gegen die sie betreffende Verarbeitung sie betreffender personenbezogener Daten, die zu wissenschaftlichen oder historischen Forschungszwecken oder zu statistischen Zwecken gemäß Artikel 89 Absatz 1 erfolgt, Widerspruch einzulegen, es sei denn, die Verarbeitung ist zur Erfüllung einer im öffentlichen Interesse liegenden Aufgabe erforderlich.

800a. Einführungsgesetz zur Abgabenordnung (EGAO)

Vom 14. Dezember 1976
(BGBl. I S. 3341, ber. 1977 I S. 667)

Geändert durch Grunderwerbsteuergesetz 1983 vom 17.12.1982 (BGBl. I S. 1777), Steuerbereinigungsgesetz 1986 vom 19.12.1985 (BGBl. I S. 2436), Steuerreformgesetz 1990 vom 25.7.1988 (BGBl. I S. 1093), Haushaltsbegleitgesetz 1989 vom 20.12.1988 (BGBl. I S. 2262), Vereinsförderungsgesetz vom 18.12.1989 (BGBl. I S. 2212), Wohnungsbauförderungsgesetz vom 22.12.1989 (BGBl. I S. 2408), Einigungsvertrag vom 31.8.1990 (BGBl. II S. 889, 968), Steueränderungsgesetz 1991 vom 24.6.1991 (BGBl. I S. 1322), Steueränderungsgesetz 1992 vom 25.2.1992 (BGBl. I S. 297), Gesetz zur Umsetzung des Föderalen Konsolidierungsprogramms vom 23.6.1993 (BGBl. I S. 944), Standortsicherungsgesetz vom 13.9.1993 (BGBl. I S. 1569), Mißbrauchsbekämpfungs- und Steuerbereinigungsgesetz vom 21.12.1993 (BGBl. I S. 2310), Grenzpendlergesetz vom 24.6.1994 (BGBl. I S. 1395), Jahressteuergesetz 1996 vom 11.10.1995 (BGBl. I S. 1250), Jahressteuer-Ergänzungsgesetz 1996 vom 18.12.1995 (BGBl. I S. 1959), Jahressteuergesetz 1997 vom 20.12.1996 (BGBl. I S. 2049), 2. Zwangsvollstreckungsnovelle vom 17.12.1997 (BGBl. I S. 3039), Gesetz zur Datenermittlung für den Verteilungsschlüssel des Gemeindeanteils am Umsatzsteueraufkommen und zur Änderung steuerlicher Vorschriften vom 23.6.1998 (BGBl. I S. 1496), Steueränderungsgesetz 1998 vom 19.12.1998 (BGBl. I S. 3816), Gesetz zur Änderung des Einführungsgesetzes zur Insolvenzordnung vom 19.12.1998 (BGBl. I S. 3836), Zweites Euro-Einführungsgesetz vom 24.3.1999 (BGBl. I S. 385), Steuerbereinigungsgesetz 1999 vom 22.12.1999 (BGBl. I S. 2601), Gesetz zur weiteren steuerlichen Förderung von Stiftungen vom 14.7.2000 (BGBl. I S. 1034), Steuersenkungsgesetz vom 23.10.2000 (BGBl. I S. 1433), Steuer-Euroglättungsgesetz vom 19.12.2000 (BGBl. I S. 1790), Gesetz zur Änderung des Investitionszulagengesetzes 1999 vom 20.12.2000 (BGBl. I S. 1850), Steueränderungsgesetz 2001 vom 20.12.2001 (BGBl. I S. 3794), Steuervergünstigungsabbaugesetz vom 16.5.2003 (BGBl. I S. 660), Kleinunternehmerförderungsgesetz vom 31.7.2003 (BGBl. I S. 1550), Steueränderungsgesetz 2003 vom 15.12.2003 (BGBl. I S. 2645), Gesetz zur Förderung der Ausbildung und Beschäftigung schwerbehinderter Menschen vom 23.4.2004 (BGBl. I S. 606), Kostenrechtsmodernisierungsgesetz vom 5.5.2004 (BGBl. I S. 718), Gesetz zur Änderung der Abgabenordnung und weiterer Gesetze vom 21.7.2004 (BGBl. I S. 1753), EU-Richtlinien-Umsetzungsgesetz vom 9.12.2004 (BGBl. I S. 3310), Erstes Gesetz zum Abbau bürokratischer Hemmnisse insbesondere in der mittelständischen Wirtschaft vom 22.8.2006 (BGBl. I S. 1970), Jahressteuergesetz 2007 vom 13.12.2006 (BGBl. I S. 2878), Zweites Gesetz zum Abbau bürokratischer Hemmnisse insbesondere in der mittelständischen Wirtschaft vom 7.9.2007 (BGBl. I S. 2246), Gesetz zur weiteren Stärkung des bürgerschaftlichen Engagements vom 10.10.2007 (BGBl. I S. 2332), Jahressteuergesetz 2008 vom 20.12.2007 (BGBl. I S. 3150), Jahressteuergesetz 2009 vom 19.12.2008 (BGBl. I S. 2794), Steuerbürokratieabbaugesetz vom 20.12.2008 (BGBl. I S. 2850), Steuerhinterziehungsbekämpfungsgesetz vom 29.7.2009 (BGBl. I S. 2302), Jahressteuergesetz 2010 (JStG 2010) vom 8.12.2010 (BGBl. I S. 1768), Schwarzgeldbekämpfungsgesetz vom 28.4.2011 (BGBl. I S. 676), Steuervereinfachungsgesetz 2011 vom 1.11.2011 (BGBl. I S. 2131), Amtshilferichtlinie-Umsetzungsgesetz (AmtshilfeRLUmsG) vom 26.6.2013 (BGBl. I S. 1809), Gesetz zur Anpassung steuerlicher Regelungen an die Rechtsprechung des Bundesverfassungsgerichts vom 18.7.2014 (BGBl. I S. 1042), Gesetz zur Änderung der Abgabenordnung und des Einführungsgesetzes zur Abgabenordnung vom 22.12.2014 (BGBl. I S. 2415), Gesetz zur Anpassung der Abgabenordnung an den Zollkodex der Union und zur Änderung weiterer steuerlicher Vorschriften vom 22.12.2014 (BGBl. I S. 2417), Gesetz zur Entlastung insbesondere der mittelständischen Wirtschaft von Bürokratie (Bürokratieentlastungsgesetz) vom 28.7.2015 (BGBl. I S. 1400), Gesetz zur Modernisierung des Besteuerungsverfahrens vom 18.7.2016 (BGBl. I S. 1679), Gesetz zur Umsetzung der Änderungen der EU-Amtshilferichtlinie und von weiteren Maßnahmen gegen Gewinnkürzungen und -verlagerungen vom 20.12.2016 (BGBl. I S. 3000), Gesetz zum Schutz vor Manipulationen an digitalen Grundaufzeichnungen vom 22.12.2016 (BGBl. I S. 3152), Gesetz zur Bekämpfung der Steuerumgehung und zur Änderung weiterer steuerlicher Vorschriften (Steuerumgehungsbekämpfungsgesetz – StUmgBG) vom 23.6.2017 (BGBl. I S. 1682), Zweites Gesetz zur Entlastung insbesondere der mittelständischen Wirtschaft von Bürokratie (Zweites Bürokratieentlastungsgesetz) vom 30.6.2017 (BGBl. I S. 2143), Gesetz zur Vermeidung von Umsatzsteuerausfällen beim Handel mit Waren im Internet und zur Änderung weiterer steuerlicher Vorschriten vom 11.12.2018 (BGBl. I S. 2338), Zweites Gesetz zur Anpassung des Datenschutzrechts an die Verordnung (EU) 2016/679 und zur Umsetzung der Richtlinie (EU) 2016/680 (Zweites Datenschutz-Anpassungs- und Umsetzungsgesetz EU – 2. DSAnpUG-EU) vom 20.11.2019 (BGBl. I S. 1626), Drittes Gesetz zur Entlastung insbesondere der mittelständischen Wirtschaft von Bürokratie (Drittes Bürokratieentlastungsgesetz) vom 22.11.2019 (BGBl. I S. 1746), Gesetz zur Reform des Grundsteuer- und Bewertungsrechts (Grundsteuer-Reformgesetz – GrStRefG) vom 26.11.2019 (BGBl. I S. 1794), Gesetz zur weiteren steuerlichen Förderung der Elektromobilität und zur Änderung weiterer steuerlicher Vorschriften vom 12.12.2019 (BGBl. I S. 2451), Gesetz zur Einführung einer Pflicht zur Mitteilung grenzüberschreitender Steuergestaltungen vom 21.12.2019 (BGBl. I S. 2875), Gesetz zur Umsetzung steuerlicher Hilfsmaßnahmen zur Bewältigung der Corona-Krise (Corona-Steuerhilfegesetz) vom 19.6.2020 (BGBl. I S. 1385), Zweites Gesetz zur Umsetzung steuerlicher Hilfsmaßnahmen zur Bewältigung der Corona-Krise (Zweites Corona-Steuerhilfegesetz) vom 29.6.2020 (BGBl. I S. 1512), Jahressteuergesetz 2020 vom 21.12.2020 (BGBl. I S. 3096) und Gesetz zur Verlängerung der Aussetzung der Insolvenzantragspflicht und des Anfechtungsschutzes für pandemiebedingte Stundungen sowie zur Verlängerung der Steuererklärungsfrist in beratenen Fällen und der zinsfreien Karenzzeit für den Veranlagungszeitraum 2019 vom 15.2.2021 (BGBl. I S. 237)

BGBl. III/FNA 610-1-4

– Auszug –

Der Bundestag hat mit Zustimmung des Bundesrates das folgende Gesetz beschlossen:

Erster Abschnitt. Änderung von Gesetzen auf dem Gebiet des Finanzwesens

Art. 1 bis **Art. 6** ……

Art. 7 Hauptfeststellung der Einheitswerte der Mineralgewinnungsrechte. (1) Für Mineralgewinnungsrechte findet die nächste Hauptfeststellung der Einheitswerte auf den 1. Januar 1977 statt (Hauptfeststellung 1977).

(2) Die Einheitswerte für Mineralgewinnungsrechte, denen die Wertverhältnisse vom 1. Januar 1977 zugrunde liegen, sind erstmals anzuwenden bei der Feststellung von Einheitswerten der gewerblichen Betriebe auf den 1. Januar 1977 und bei der Festsetzung von Steuern, bei denen die Steuer nach dem 31. Dezember 1976 entsteht.

(3)[1] Die Absätze 1 und 2 sind letztmals anzuwenden für gesonderte Feststellungen auf den 1. Januar 2024.

Art. 8 bis **Art. 38** ……

Zweiter Abschnitt. Anpassung weiterer Bundesgesetze

Erster Titel. Änderung von Gesetzen auf dem Gebiet des Rechts der Verwaltung

Art. 39 bis **Art. 52** ……

Zweiter Titel. Änderung von Gesetzen auf dem Gebiet der Rechtspflege, des Zivilrechts und des Strafrechts

Art. 53 bis **Art. 57** ……

---

[1] Art. 7 Abs. 3 angef. durch G v. 26.11.2019 (BGBl. I S. 1794).

Dritter Titel. Änderung von Gesetzen auf dem Gebiet des Verteidigungsrechts

Art. 58 ……

Vierter Titel. Änderung von Gesetzen auf dem Gebiet des Wirtschaftsrechts

Art. 59 bis **Art. 81** ……

Fünfter Titel. Änderung von Gesetzen auf dem Gebiet des Arbeitsrechts, der Sozialversicherung und der Kriegsopferversorgung

Art. 82 bis **Art. 90** ……

Sechster Titel. Änderung von Gesetzen auf dem Gebiet des Post- und Fernmeldewesens sowie des Verkehrswesens

Art. 91 bis **Art. 94** ……

Siebenter Titel. Änderung anderer Gesetze

Art. 95 ……

Achter Titel. Außerkrafttreten von Vorschriften

Art. 96 ……

Dritter Abschnitt. Schlußvorschriften

Art. 97 Übergangsvorschriften

§ 1[1)] Begonnene Verfahren. (1) Verfahren, die am 1. Januar 1977 anhängig sind, werden nach den Vorschriften der Abgabenordnung zu Ende geführt, soweit in den nachfolgenden Vorschriften nichts anderes bestimmt ist.

(2) [1]Durch das Steuerbereinigungsgesetz 1986 vom 19. Dezember 1985 (BGBl. I S. 2436) geänderte oder eingefügte Vorschriften sowie die auf diesen Vorschriften beruhenden Rechtsverordnungen sind auf alle bei Inkrafttreten[2)] dieser Vorschriften anhängigen Verfahren anzuwenden, soweit nichts anderes bestimmt ist. [2]Soweit die Vorschriften die Bekanntgabe von schriftlichen Verwaltungsakten regeln, gelten sie für alle nach dem Inkrafttreten der Vorschriften zur Post gegebenen Verwaltungsakte.

(3) Die durch Artikel 15 des Steuerreformgesetzes 1990 vom 25. Juli 1988 (BGBl. I S. 1093) geänderten Vorschriften sind auf alle bei Inkrafttreten[3)] die-

---

[1)] § 1 Abs. 2 angef. durch G v. 19.12.1985 (BGBl. I S. 2436), Abs. 3 angef. durch G v. 25.7.1988 (BGBl. I S. 1093).

[2)] In Kraft ab 25.12.1985.

[3)] In Kraft ab 3.8.1988.

ser Vorschriften anhängigen Verfahren anzuwenden, soweit nichts anderes bestimmt ist.

(4)[1] Die durch Artikel 26 des Gesetzes vom 21. Dezember 1993 (BGBl. I S. 2310) geänderten Vorschriften sind auf alle bei Inkrafttreten[2] dieser Vorschriften anhängigen Verfahren anzuwenden, soweit nichts anderes bestimmt ist.

(5)[3] Die durch Artikel 26 des Gesetzes vom 11. Oktober 1995 (BGBl. I S. 1250) geänderten Vorschriften sind auf alle bei Inkrafttreten[4] dieser Vorschriften anhängigen Verfahren anzuwenden, soweit nichts anderes bestimmt ist.

(6)[5] Die durch Artikel 18 des Gesetzes vom 20. Dezember 1996 (BGBl. I S. 2049) geänderten Vorschriften sind auf alle bei Inkrafttreten[6] dieser Vorschriften anhängigen Verfahren anzuwenden, soweit nichts anderes bestimmt ist.

(7)[7] Die durch Artikel 17 des Gesetzes vom 22. Dezember 1999 (BGBl. I S. 2601) geänderten Vorschriften sind auf alle bei Inkrafttreten[8] des Gesetzes anhängigen Verfahren anzuwenden, soweit nichts anderes bestimmt ist.

(8)[9] Die durch Artikel 23 des Gesetzes vom 19. Dezember 2000 (BGBl. I S. 1790) geänderten Vorschriften sind auf alle bei Inkrafttreten[10] des Gesetzes anhängigen Verfahren anzuwenden, soweit nichts anderes bestimmt ist.

(9)[11] [1]Rechtsverordnungen auf Grund des § 2 Absatz 2 der Abgabenordnung in der Fassung des Artikels 9 des Gesetzes vom 8. Dezember 2010 (BGBl. I S. 1768) können mit Wirkung für den Veranlagungszeitraum 2010 erlassen werden, sofern die dem Bundesrat zugeleitete Rechtsverordnung vor dem 1. Januar 2011 als Bundesratsdrucksache veröffentlicht worden ist. [2]Rechtsverordnungen, die dem Bundesrat nach diesem Zeitpunkt zugeleitet werden, können bestimmen, dass sie ab dem Zeitpunkt der Bekanntgabe der in § 2 Absatz 2 der Abgabenordnung genannten und nach dem 31. Dezember 2010 geschlossenen Konsultationsvereinbarung im Bundessteuerblatt gelten.

(10)[12] [1]Die durch Artikel 3 des Gesetzes vom 18. Juli 2014 (BGBl. I S. 1042) geänderten Vorschriften sind auf alle am 24. Juli 2014[13] anhängigen Verfahren anzuwenden, soweit nichts anderes bestimmt ist. [2]§ 122 Absatz 7 Satz 1 und § 183 Absatz 4 in der Fassung des Artikels 3 des Gesetzes vom 18. Juli 2014 (BGBl. I S. 1042) gelten für alle nach dem 23. Juli 2014[13] erlas-

---

[1] § 1 Abs. 4 angef. durch G v. 21.12.1993 (BGBl. I S. 2310).
[2] In Kraft ab 30.12.1993.
[3] § 1 Abs. 5 angef. durch G v. 11.10.1995 (BGBl. I S. 1250).
[4] In Kraft ab 21.10.1995.
[5] § 1 Abs. 6 angef. durch G v. 20.12.1996 (BGBl. I S. 2049).
[6] In Kraft ab 28.12.1996.
[7] § 1 Abs. 7 angef. durch G v. 22.12.1999 (BGBl. I S. 2601).
[8] In Kraft ab 30.12.1999.
[9] § 1 Abs. 8 angef. durch G v. 19.12.2000 (BGBl. I S. 1790).
[10] In Kraft ab 1.1.2002.
[11] § 1 Abs. 9 angef. durch G v. 8.12.2010 (BGBl. I S. 1768).
[12] § 1 Abs. 10 angef. durch G v. 18.7.2014 (BGBl. I S. 1042).
[13] Tag nach der Verkündung des G v. 18.7.2014.

senen Verwaltungsakte. [3] § 15 und § 263 in der Fassung des Artikels 3 des Gesetzes vom 18. Juli 2014 (BGBl. I S. 1042) sind ab dem 24. Juli 2014[1)] anzuwenden.

(11)[2)] Durch das Gesetz vom 18. Juli 2016 (BGBl. I S. 1679) geänderte oder eingefügte Vorschriften der Abgabenordnung sind auf alle bei Inkrafttreten dieser Vorschriften anhängigen Verfahren anzuwenden, soweit nichts anderes bestimmt ist.

(12)[3)] [1] Die durch das Gesetz vom 23. Juni 2017 (BGBl. I S. 1682) geänderten oder eingefügten Vorschriften der Abgabenordnung sind auf alle am 25. Juni 2017 anhängigen Verfahren anzuwenden, soweit nichts anderes bestimmt ist. [2] § 30a der Abgabenordnung in der am 24. Juni 2017 geltenden Fassung ist ab dem 25. Juni 2017 auch auf Sachverhalte, die vor diesem Zeitpunkt verwirklicht worden sind, nicht mehr anzuwenden.

(13)[4)] Die durch Artikel 21 des Gesetzes vom 12. Dezember 2019 (BGBl. I S. 2451) geänderten Vorschriften der Abgabenordnung sind auf alle am 18. Dezember 2019 anhängigen Verfahren anzuwenden, soweit nichts anderes bestimmt ist.

(14)[5)] [1] § 93a Absatz 1 Satz 1 Nummer 1 Buchstabe a, Absatz 2 Satz 2 und Absatz 4 der Abgabenordnung in der Fassung des Artikels 27 des Gesetzes vom 21. Dezember 2020 (BGBl. I S. 3096) ist vorbehaltlich des Satzes 2 erstmals für nach dem 31. Dezember 2020 verwirklichte Sachverhalte anzuwenden. [2] § 93a Absatz 1 Satz 1 Nummer 1 Buchstabe a, Absatz 2 Satz 2 und Absatz 4 der Abgabenordnung in der Fassung des Artikels 27 des Gesetzes vom 21. Dezember 2020 (BGBl. I S. 3096) ist für im Kalenderjahr 2020 verwirklichte Sachverhalte anzuwenden, soweit eine Mitteilungspflicht nach der Mitteilungsverordnung nach dem 1. Januar 2020 begründet wurde. [3] § 93a Absatz 1 Satz 1 Nummer 1 Buchstabe e der Abgabenordnung in der Fassung des Artikels 27 des Gesetzes vom 21. Dezember 2020 (BGBl. I S. 3096) ist ab dem 1. Januar 2021 anzuwenden.

(Fortsetzung nächstes Blatt)

---

1) Tag nach der Verkündung des G v. 18.7.2014.
2) § 1 Abs. 11 angef. durch G v. 18.7.2016 (BGBl. I S. 1679).
3) § 1 Abs. 12 angef. durch G v. 23.6.2017 (BGBl. I S. 1682).
4) § 1 Abs. 13 angef. durch G v. 12.12.2019 (BGBl. I S. 2451).
5) § 1 Abs. 14 angef. durch G v. 21.12.2020 (BGBl. I S. 3096).

§ 1a[1)] Steuerlich unschädliche Betätigungen. (1) § 58 Nr. 1 der Abgabenordnung in der Fassung des Artikels 1 des Gesetzes vom 21. Juli 2004 (BGBl. I S. 1753) ist ab dem 1. Januar 2001 anzuwenden.

(2) Die Vorschrift des § 58 Nr. 10 der Abgabenordnung über steuerlich unschädliche Betätigungen in der Fassung des Artikels 26 des Gesetzes vom 21. Dezember 1993 (BGBl. I S. 2310) ist erstmals ab dem 1. Januar 1993 anzuwenden.

(3) § 55 Abs. 1 Nr. 5, § 58 Nr. 7 Buchstabe a, Nr. 11 und 12 der Abgabenordnung in der Fassung des Gesetzes vom 14. Juli 2000 (BGBl. I S. 1034) sind ab dem 1. Januar 2000 anzuwenden.

§ 1b[2)] Steuerpflichtige wirtschaftliche Geschäftsbetriebe. § 64 Abs. 6 der Abgabenordnung in der Fassung des Artikels 5 des Gesetzes vom 20. Dezember 2000 (BGBl. I S. 1850) ist ab dem 1. Januar 2000 anzuwenden.

§ 1c[3)·4)] Krankenhäuser. (1) § 67 Abs. 1 der Abgabenordnung in der Fassung des Steuerbereinigungsgesetzes 1986 ist ab dem 1. Januar 1986 anzuwenden.

(2) [1] § 67 Abs. 1 der Abgabenordnung in der Fassung des Gesetzes vom 20. Dezember 1996 (BGBl. I S. 2049) ist ab dem 1. Januar 1996 anzuwenden. [2] Für Krankenhäuser, die mit Wirkung zum 1. Januar 1995 Fallpauschalen und Sonderentgelte nach § 11 Abs. 1 und 2 der Bundespflegesatzverordnung vom 26. September 1994 (BGBl. I S. 2750) angewandt haben, ist § 67 Abs. 1 der Abgabenordnung in der Fassung des in Satz 1 bezeichneten Gesetzes ab dem 1. Januar 1995 anzuwenden.

(3) § 67 der Abgabenordnung in der Fassung des Artikels 10 des Gesetzes vom 13. Dezember 2006 (BGBl. I S. 2878) st ab dem 1. Januar 2003 anzuwenden.

§ 1d[5)] Steuerbegünstigte Zwecke. (1) Die §§ 52, 58, 61, 64 und 67a der Abgabenordnung in der Fassung des Artikels 5 des Gesetzes vom 10. Oktober 2007 (BGBl. I S. 2332) sind ab 1. Januar 2007 anzuwenden.

(2) § 51 der Abgabenordnung in der Fassung des Artikels 10 des Gesetzes vom 19. Dezember 2008 (BGBl. I S. 2794) ist ab dem 1. Januar 2009 anzuwenden.

(3)[6)] [1] § 55 Absatz 3 der Abgabenordnung in der Fassung des Artikels 9 des Gesetzes vom 8. Dezember 2010 (BGBl. I S. 1768) ist ab dem 1. Januar 2011 anzuwenden. [2] § 55 Absatz 1 Nummer 4 Satz 2 und § 58 Nummer 1 bis 4 der

---

[1)] § 1a eingef. durch G v. 19.12.1985 (BGBl. I S. 2436), Abs. 2 angef. durch G v. 21.12.1993 (BGBl. I S. 2310), Abs. 3 angef. durch G v. 14.7.2000 (BGBl. I S. 1034), Abs. 1 neu gef. durch G v. 21.7.2004 (BGBl. I S. 1753).

[2)] § 1b eingef. durch G v. 20.12.2000 (BGBl. I S. 1850).

[3)] § 1b eingef. durch G v. 19.12.1985 (BGBl. I S. 2436) und neu gef. durch G v. 20.12.1996 (BGBl. I S. 2049), bish. § 1b wird § 1c durch G v. 20.12.2000 (BGBl. I S. 1850).

[4)] § 1c Abs. 2 Satz 2 geänd., Abs. 3 angef. durch G v. 13.12.2006 (BGBl. I S. 2878).

[5)] § 1d eingef. durch G v. 18.12.1989 (BGBl. I S. 2212), neu gef. durch G v. 10.10.2007 (BGBl. I S. 2332), Abs. 2 angef. durch G v. 19.12.2008 (BGBl. I S. 2794).

[6)] § 1d Abs. 3 angef. durch G v. 8.12.2010 (BGBl. I S. 1768).

Abgabenordnung in der Fassung des Artikels 9 des Gesetzes vom 8. Dezember 2010 (BGBl. I S. 1768) sind auch für vor diesem Zeitraum beginnende Veranlagungszeiträume anzuwenden, soweit Steuerfestsetzungen noch nicht bestandskräftig sind oder unter dem Vorbehalt der Nachprüfung stehen.

§ 1e[1] Zweckbetriebe. (1) [1] § 68 *Abs. 6*[2] der Abgabenordnung in der Fassung des Artikels 5 des Gesetzes vom 20. Dezember 2000 (BGBl. I S. 1850) ist mit Wirkung vom 1. Januar 2000 anzuwenden. [2] Die Vorschrift ist auch für vor diesem Zeitraum beginnende Veranlagungszeiträume anzuwenden, soweit Steuerfestsetzungen noch nicht bestandskräftig sind oder unter dem Vorbehalt der Nachprüfung stehen.

(2) [1] Die Vorschrift des § 68 Nr. 9 der Abgabenordnung über die Zweckbetriebseigenschaft von Forschungseinrichtungen ist ab dem 1. Januar 1997 anzuwenden. [2] Sie ist auch für vor diesem Zeitpunkt beginnende Kalenderjahre anzuwenden, soweit Steuerfestsetzungen noch nicht bestandskräftig sind oder unter dem Vorbehalt der Nachprüfung stehen.

(3) [1] § 68 Nr. 3 der Abgabenordnung in der Fassung des Artikels 1a des Gesetzes vom 23. April 2004 (BGBl. I S. 606) ist ab dem 1. Januar 2003 anzuwenden. [2] § 68 Nr. 3 Buchstabe c der Abgabenordnung ist auch für vor diesem Zeitraum beginnende Veranlagungszeiträume anzuwenden, soweit Steuerfestsetzungen noch nicht bestandskräftig sind oder unter dem Vorbehalt der Nachprüfung stehen.

§ 1f[3] Satzung. (1) [1] § 62 der Abgabenordnung in der Fassung des Artikels 10 des Gesetzes vom 13. Dezember 2006 (BGBl. I S. 2878) gilt für alle staatlich beaufsichtigten Stiftungen, die nach dem Inkrafttreten[4] dieses Gesetzes errichtet werden. [2] § 62 der Abgabenordnung in der am 31. Dezember 2008 geltenden Fassung ist letztmals anzuwenden auf Betriebe gewerblicher Art von Körperschaften des öffentlichen Rechts, bei den von einer Körperschaft des öffentlichen Rechts verwalteten unselbständigen Stiftungen und bei geistlichen Genossenschaften (Orden, Kongregationen), die vor dem 1. Januar 2009 errichtet wurden.

(2) § 60 Abs. 1 Satz 2 der Abgabenordnung in der Fassung des Artikels 10 des Gesetzes vom 19. Dezember 2008 (BGBl. I S. 2794) ist auf Körperschaften, die nach dem 31. Dezember 2008 gegründet werden, sowie auf Satzungsänderungen bestehender Körperschaften, die nach dem 31. Dezember 2008 wirksam werden, anzuwenden.

§ 2 Fristen. [1] Fristen, deren Lauf vor dem 1. Januar 1977 begonnen hat, werden nach den bisherigen Vorschriften berechnet, soweit in den nachfolgenden

---

[1] § 1e eingef. durch G v. 20.12.1996 (BGBl. I S. 2049), Abs. 1 eingef., bish. Wortlaut wird Abs. 2 durch G v. 20.12.2000 (BGBl. I S. 1850), Abs. 3 angef. durch G v. 23.4.2004 (BGBl. I S. 606).

[2] Muss lauten „Nr. 6".

[3] § 1f eingef. durch G v. 13.12.2006 (BGBl. I S. 2878), Abs. 1 Satz 2 und Abs. 2 angef. durch G v. 19.12.2008 (BGBl. I S. 2794).

[4] In Kraft ab 19.12.2006.

Vorschriften nichts anderes bestimmt ist. [2]Dies gilt auch in den Fällen, in denen der Lauf einer Frist nur deshalb nicht vor dem 1. Januar 1977 begonnen hat, weil der Beginn der Frist nach § 84 der Reichsabgabenordnung hinausgeschoben worden ist.

§ 3[1)] Grunderwerbsteuer, Feuerschutzsteuer. (1) [1]Die Abgabenordnung und die Übergangsvorschriften dieses Artikels gelten auch für die Grunderwerbsteuer und die Feuerschutzsteuer; abweichende landesrechtliche Vorschriften bleiben unberührt. [2]Soweit die Grunderwerbsteuer nicht von Landesfinanzbehörden verwaltet wird, gilt § 1 Abs. 2 der Abgabenordnung sinngemäß.

(2) *(aufgehoben)*

§ 4[2)] Mitteilungsverordnung. § 7 Abs. 2 Satz 1 der Mitteilungsverordnung vom 7. September 1993 (BGBl. I S. 1554) in der Fassung des Artikels 25 des Gesetzes vom 19. Dezember 2000 (BGBl. I S. 1790) ist erstmals auf im Kalenderjahr 2002 geleistete Zahlungen anzuwenden.

§ 5[3)] Zeitpunkt der Einführung des steuerlichen Identifikationsmerkmals. [1]Das Bundesministerium der Finanzen bestimmt durch Rechtsverordnung mit Zustimmung des Bundesrates den Zeitpunkt der Einführung des Identifikationsmerkmals nach § 139a Abs. 1 der Abgabenordnung. [2]Die Festlegung der Zeitpunkte für die ausschließliche Verwendung des Identifikationsmerkmals im Bereich der Einfuhr- und Ausfuhrabgaben sowie der Verbrauchsteuern bedarf nicht der Zustimmung des Bundesrates.

§ 6[4)] Zahlungszeitpunkt bei Scheckzahlung. § 224 Abs. 2 Nr. 1 der Abgabenordnung in der Fassung des Artikels 10 des Gesetzes vom 13. Dezember 2006 (BGBl. I S. 2878) gilt erstmals, wenn ein Scheck nach dem 31. Dezember 2006 bei der Finanzbehörde eingegangen ist.

§ 7[5)] Missbrauch von rechtlichen Gestaltungsmöglichkeiten. [1]§ 42 der Abgabenordnung in der Fassung des Artikels 14 des Gesetzes vom 20. Dezember 2007 (BGBl. I S. 3150) ist ab dem 1. Januar 2008 für Kalenderjahre, die nach dem 31. Dezember 2007 beginnen, anzuwenden. [2]Für Kalenderjahre, die vor dem 1. Januar 2008 liegen, ist § 42 der Abgabenordnung in der am 28. Dezember 2007 geltenden Fassung weiterhin anzuwenden.

§ 8[6)] Verspätungszuschlag. (1) [1]Die Vorschriften des § 152 der Abgabenordnung über Verspätungszuschläge sind erstmals auf Steuererklärungen anzu-

---

1) § 3 Abs. 2 aufgeh. durch G v. 17.12.1982 (BGBl. I S. 1777).

2) § 4 eingef. durch G v. 19.12.2000 (BGBl. I S. 1790).

3) § 5 eingef. durch G. v. 15.12.2003 (BGBl. I S. 2645), Satz 1 geänd. durch G v. 13.12.2006 (BGBl. I S. 2878).

4) § 6 eingef. durch G v. 13.12.2006 (BGBl. I S. 2878).

5) § 7 eingef. durch G v. 20.12.2007 (BGBl. I S. 3150).

6) § 8 Abs. 2 angef. durch G v. 22.12.1999 (BGBl. I S. 2601), Abs. 3 angef. durch G v. 19.12.2000 (BGBl. I S. 1790); Abs. 4 angef. durch G v. 18.7.2016 (BGBl. I S. 1679); Abs. 5 angef. mWv 1.1.2022 durch G v. 26.11.2019 (BGBl. I S. 1794); Abs. 5 angef. durch G v. 21.12.2020 (BGBl. I S. 3096).

wenden, die nach dem 31. Dezember 1976 einzureichen sind; eine Verlängerung der Steuererklärungsfrist ist hierbei nicht zu berücksichtigen. [2]Im übrigen gilt § 168 Abs. 2 der Reichsabgabenordnung mit der Maßgabe, daß ein nach dem 31. Dezember 1976 festgesetzter Verspätungszuschlag höchstens zehntausend Deutsche Mark betragen darf.

(2) § 152 Abs. 2 Satz 1 der Abgabenordnung in der Fassung des Artikels 17 des Gesetzes vom 22. Dezember 1999 (BGBl. I S. 2601) ist erstmals auf Steuererklärungen anzuwenden, die nach dem 31. Dezember 1999 einzureichen sind; eine Verlängerung der Steuererklärungsfrist ist hierbei nicht zu berücksichtigen.

(3) § 152 Abs. 2 Satz 1 der Abgabenordnung in der Fassung des Artikels 23 des Gesetzes vom 19. Dezember 2000 (BGBl. I S. 1790) ist erstmals auf Steuererklärungen anzuwenden, die Steuern betreffen, die nach dem 31. Dezember 2001 entstehen.

(4) [1]§ 152 der Abgabenordnung in der am 1. Januar 2017 geltenden Fassung ist vorbehaltlich des Satzes 4 erstmals auf Steuererklärungen anzuwenden, die nach dem 31. Dezember 2018 einzureichen sind. [2]Eine Verlängerung der Steuererklärungsfrist ist hierbei nicht zu berücksichtigen. [3]§ 152 der Abgabenordnung in der am 31. Dezember 2016 geltenden Fassung ist weiterhin anzuwenden auf

1. Steuererklärungen, die vor dem 1. Januar 2019 einzureichen sind, und
2. Umsatzsteuererklärungen für den kürzeren Besteuerungszeitraum nach § 18 Absatz 3 Satz 1 und 2 des Umsatzsteuergesetzes, wenn die gewerbliche oder berufliche Tätigkeit im Laufe des Kalenderjahres 2018 endet.

[4]Das Bundesministerium der Finanzen wird ermächtigt, mit Zustimmung des Bundesrates durch Rechtsverordnung einen abweichenden erstmaligen Anwendungszeitpunkt zu bestimmen, wenn bis zum 30. Juni 2018 erkennbar ist, dass die technischen oder organisatorischen Voraussetzungen für eine Anwendung des § 152 der Abgabenordnung in der am 1. Januar 2017 geltenden Fassung noch nicht erfüllt sind.

(5) [1]§ 152 Absatz 3 Nummer 4 und Absatz 8 Satz 1 der Abgabenordnung in der am 29. Dezember 2020 geltenden Fassung ist auf Versicherung- und Feuerschutzsteuer erstmals anzuwenden, soweit diese nach dem 31. Dezember 2020 anzumelden ist. [2]Hinsichtlich anderer Steuern ist § 152 Absatz 3 Nummer 4 und Absatz 8 Satz 1 der Abgabenordnung in der am 29. Dezember 2020 geltenden Fassung in allen offenen Fällen anzuwenden.

[***ab 1.1.2022:*** (5) § 152 Absatz 2 der Abgabenordnung ist nicht auf Steuererklärungen zur gesonderten Feststellung des Grundsteuerwerts auf den 1. Januar 2022 anzuwenden.]

§ 9[1)] Aufhebung und Änderung von Verwaltungsakten. (1) [1]Die Vorschriften der Abgabenordnung über die Aufhebung und Änderung von Verwal-

[1)] § 9 Abs. 2 angef. durch G v. 21.12.1993 (BGBl. I S. 2310), Abs. 3 angef. durch G v. 9.12.2004 (BGBl. I S. 3310); Abs. 4 angef. durch G v. 18.7.2016 (BGBl. I S. 1679); Abs. 5 angef. durch G v. 11.12.2018 (BGBl. I S. 2338).

tungsakten sind erstmals anzuwenden, wenn nach dem 31. Dezember 1976 ein Verwaltungsakt aufgehoben oder geändert wird. [2]Dies gilt auch dann, wenn der aufzuhebende oder zu ändernde Verwaltungsakt vor dem 1. Januar 1977 erlassen worden ist. [3]Auf vorläufige Steuerbescheide nach § 100 Abs. 1 der Reichsabgabenordnung ist § 165 Abs. 2 der Abgabenordnung, auf Steuerbescheide nach § 100 Abs. 2 der Reichsabgabenordnung und § 28 des Erbschaftsteuergesetzes in der vor dem 1. Januar 1974 geltenden Fassung ist § 164 Abs. 2 und 3 der Abgabenordnung anzuwenden.

(2) § 173 Abs. 1 der Abgabenordnung in der Fassung des Steuerbereinigungsgesetzes 1986 vom 19. Dezember 1985 (BGBl. I S. 2436) gilt weiter, soweit Tatsachen oder Beweismittel vor dem 1. Januar 1994 nachträglich bekannt geworden sind.

(3) [1]§ 175 Abs. 2 Satz 2 der Abgabenordnung in der Fassung des Artikels 8 des Gesetzes vom 9. Dezember 2004 (BGBl. I S. 3310) ist erstmals anzuwenden, wenn die Bescheinigung oder Bestätigung nach dem 28. Oktober 2004 vorgelegt oder erteilt wird. [2]§ 175 Abs. 2 Satz 2 der Abgabenordnung in der in Satz 1 genannten Fassung ist nicht für die Bescheinigung der anrechenbaren Körperschaftsteuer bei verdeckten Gewinnausschüttungen anzuwenden.

(4) § 173a der Abgabenordnung in der am 1. Januar 2017 geltenden Fassung ist erstmals auf Verwaltungsakte anzuwenden, die nach dem 31. Dezember 2016 erlassen worden sind.

(5) Wurde eine Lebenspartnerschaft bis zum 31. Dezember 2019 gemäß § 20a des Lebenspartnerschaftsgesetzes in eine Ehe umgewandelt, sind § 175 Absatz 1 Satz 1 Nummer 2 und Satz 2 sowie § 233a Absatz 2a der Abgabenordnung entsprechend anzuwenden, soweit die Ehegatten bis zum 31. Dezember 2020 den Erlass, die Aufhebung oder Änderung eines Steuerbescheids zur nachträglichen Berücksichtigung an eine Ehe anknüpfender und bislang nicht berücksichtigter Rechtsfolgen beantragt haben.

§ 9a[1)] Absehen von Steuerfestsetzung, Abrundung. (1) [1]Die Vorschriften der Kleinbetragsverordnung vom 10. Dezember 1980 (BGBl. I S. 2255) in der Fassung des Artikels 26 des Gesetzes vom 19. Dezember 2000 (BGBl. I S. 1790) sind auf Steuern anzuwenden, die nach dem 31. Dezember 2001 entstehen. [2]Im Übrigen bleiben die Vorschriften der Kleinbetragsverordnung in der bis zum 31. Dezember 2001 geltenden Fassung vorbehaltlich des Absatzes 2 weiter anwendbar.

(2) § 8 Abs. 1 Satz 1 der Kleinbetragsverordnung vom 10. Dezember 1980 (BGBl. I S. 2255) in der bis zum 31. Dezember 2001 geltenden Fassung ist auf Zinsen letztmals anzuwenden, wenn die Zinsen vor dem 1. Januar 2002 festgesetzt werden.

(3) [1]Die Vorschriften der Kleinbetragsverordnung vom 19. Dezember 2000 (BGBl. I S. 1790, 1805) in der am 1. Januar 2017 geltenden Fassung sind auf Steuern anzuwenden, die nach dem 31. Dezember 2016 entstehen. [2]Für Steuern, die vor dem 1. Januar 2017 entstehen, sind die Vorschriften der

---

[1)] § 9a eingef. durch G v. 19.12.2000 (BGBl. I S. 1790); Abs. 3 angef. durch G v. 18.7.2016 (BGBl. I S. 1679).

Kleinbetragsverordnung in der am 31. Dezember 2016 geltenden Fassung weiter anzuwenden.

§ 10[1)] Festsetzungsverjährung. (1) [1]Die Vorschriften der Abgabenordnung über die Festsetzungsverjährung gelten erstmals für die Festsetzung sowie für die Aufhebung und Änderung der Festsetzung von Steuern, Steuervergütungen und – soweit für steuerliche Nebenleistungen eine Festsetzungsverjährung vorgesehen ist – von steuerlichen Nebenleistungen, die nach dem 31. Dezember 1976 entstehen. [2]Für vorher entstandene Ansprüche gelten die Vorschriften der Reichsabgabenordnung über die Verjährung und über die Ausschlußfristen weiter, soweit sie für die Festsetzung einer Steuer, Steuervergütung oder steuerlichen Nebenleistung, für die Aufhebung oder Änderung einer solchen Festsetzung oder für die Geltendmachung von Erstattungsansprüchen von Bedeutung sind; § 14 Abs. 2 dieses Artikels bleibt unberührt.

(2)[2)] [1]Absatz 1 gilt sinngemäß für die gesonderte Feststellung von Besteuerungsgrundlagen sowie für die Festsetzung, Zerlegung und Zuteilung von Steuermeßbeträgen. [2]Bei der Einheitsbewertung tritt an die Stelle des Zeitpunkts der Entstehung des Steueranspruchs der Zeitpunkt, auf den die Hauptfeststellung, die Fortschreibung, die Nachfeststellung oder die Aufhebung eines Einheitswertes vorzunehmen ist. [3]Satz 2 ist letztmals anzuwenden für gesonderte Feststellungen auf den 1. Januar 2024.

(3) Wenn die Schlußbesprechung oder die letzten Ermittlungen vor dem 1. Januar 1987 stattgefunden haben, beginnt der nach § 171 Abs. 4 Satz 3 der Abgabenordnung zu berechnende Zeitraum am 1. Januar 1987.

(4) Die Vorschrift des § 171 Abs. 14 der Abgabenordnung gilt für alle bei Inkrafttreten des Steuerbereinigungsgesetzes 1986 noch nicht abgelaufenen Festsetzungsfristen.

(5) § 170 Abs. 2 Satz 1 Nr. 1, Abs. 3 und 4, § 171 Abs. 3 Satz 1 und Abs. 8 Satz 2, § 175a Satz 2, § 181 Abs. 1 Satz 3 und Abs. 3 sowie § 239 Abs. 1 der Abgabenordnung in der Fassung des Artikels 26 des Gesetzes vom 21. Dezember 1993 (BGBl. I S. 2310) gelten für alle bei Inkrafttreten dieses Gesetzes noch nicht abgelaufenen Festsetzungsfristen.

(6) *(aufgehoben)*

(7) § 171 Abs. 10 der Abgabenordnung in der Fassung des Gesetzes vom 20. Dezember 1996 (BGBl. I S. 2049) gilt für alle bei Inkrafttreten dieses Gesetzes noch nicht abgelaufenen Festsetzungsfristen.

(8) § 171 Abs. 10 Satz 2 der Abgabenordnung in der Fassung des Artikels 5 des Gesetzes vom 23. Juni 1998 (BGBl. I S. 1496) gilt für alle bei Inkrafttreten dieses Gesetzes noch nicht abgelaufenen Festsetzungsfristen.

[1)] § 10 Abs. 3 und 4 angef. durch G v. 19.12.1985 (BGBl. I S. 2436), Abs. 5 angef. durch G v. 21.12.1993 (BGBl. I S. 2310), Abs. 6 angef. durch G v. 11.10.1995 (BGBl. I S. 1250), Abs. 7 angef. durch G v. 20.12.1996 (BGBl. I S. 2049), Abs. 8 angef. durch G v. 23.6.1998 (BGBl. I S. 1496), Abs. 6 aufgeh. und Abs. 9 angef. durch G v. 22.12.1999 (BGBl. I S. 2601); Abs. 14 angef. durch G v. 18.7.2016 (BGBl. I S. 1679).

[2)] Art. 97 § 10 Abs. 2 Satz 3 angef. durch G v. 26.11.2019 (BGBl. I S. 1794).

(9) § 170 Abs. 2 Satz 2 und § 171 Abs. 3 und 3a der Abgabenordnung in der Fassung des Artikels 17 des Gesetzes vom 22. Dezember 1999 (BGBl. I S. 2601) gelten für alle bei Inkrafttreten dieses Gesetzes noch nicht abgelaufenen Festsetzungsfristen.

(10)[1] § 170 Absatz 2 Satz 2 der Abgabenordnung in der Fassung des Artikels 9 des Gesetzes vom 8. Dezember 2010 (BGBl. I S. 1768) gilt für die Energiesteuer auf Erdgas für alle am 14. Dezember 2010 noch nicht abgelaufenen Festsetzungsfristen.

(11)[2] § 171 Absatz 15 der Abgabenordnung in der Fassung des Artikels 11 des Gesetzes vom 26. Juni 2013 (BGBl. I S. 1809) gilt für alle am 30. Juni 2013 noch nicht abgelaufenen Festsetzungsfristen.

(12)[3] § 171 Absatz 10 Satz 2 der Abgabenordnung in der Fassung des Artikels 1 des Gesetzes vom 22. Dezember 2014 (BGBl. I S. 2417) gilt für alle am 31. Dezember 2014 noch nicht abgelaufenen Festsetzungsfristen.

(13)[4] § 170 Absatz 6 der Abgabenordnung in der Fassung des Artikels 1 des Gesetzes vom 22. Dezember 2014 (BGBl. I S. 2415) gilt für alle nach dem 31. Dezember 2014 beginnenden Festsetzungsfristen.

(14) § 171 Absatz 2 Satz 2 und Absatz 10 Satz 1 bis 3 der Abgabenordnung in der am 1. Januar 2017 geltenden Fassung gilt für alle am 31. Dezember 2016 noch nicht abgelaufenen Festsetzungsfristen.

(15)[5] § 170 Absatz 7 der Abgabenordnung in der am 25. Juni 2017 geltenden Fassung gilt für alle nach dem 31. Dezember 2017 beginnenden Festsetzungsfristen.

§ 10a[6] Erklärungspflicht. (1) § 150 Absatz 7 der Abgabenordnung in der Fassung des Artikels 3 des Gesetzes vom 1. November 2011 (BGBl. I S. 2131) ist erstmals für Besteuerungszeiträume anzuwenden, die nach dem 31. Dezember 2010 beginnen.

(2) § 181 Abs. 2a der Abgabenordnung in der Fassung des Artikels 10 des Gesetzes vom 20. Dezember 2008 (BGBl. I S. 2850) ist erstmals für Feststellungszeiträume anzuwenden, die nach dem 31. Dezember 2010 beginnen.

(3) § 149 Absatz 2 Satz 2 der Abgabenordnung in der Fassung des Artikels 3 des Gesetzes vom 1. November 2011 (BGBl. I S. 2131) ist erstmals für Besteuerungszeiträume anzuwenden, die nach dem 31. Dezember 2009 beginnen.

(4) [1]Die §§ 109 und 149 der Abgabenordnung in der am 1. Januar 2017 geltenden Fassung sind erstmals anzuwenden für Besteuerungszeiträume, die nach dem 31. Dezember 2017 beginnen, und Besteuerungszeitpunkte, die nach dem 31. Dezember 2017 liegen. [2]§ 150 Absatz 7 der Abgabenordnung in der am 1. Januar 2017 geltenden Fassung ist erstmals anzuwenden für Besteuerungszeiträume, die nach dem 31. Dezember 2016 beginnen, und Be-

---

[1] § 10 Abs. 10 angef. durch G v. 8.12.2010 (BGBl. I S. 1768); Abs. 11 angef. durch G v. 26.6.2013 (BGBl. I S. 1809).

[2] § 10 Abs. 11 angef. durch G v. 26.6.2013 (BGBl. I S. 1809).

[3] Art. 97 § 10 Abs. 12 angef. durch G v. 22.12.2014 (BGBl. I S. 2417).

[4] Art. 97 § 10 Abs. 13 angef. durch G v. 22.12.2014 (BGBl. I S. 2415).

[5] Art. 97 § 10 Abs. 15 angef. durch G v. 23.6.2017 (BGBl. I S. 1682).

[6] § 10a neu gef. durch G v. 20.12.2008 (BGBl. I S. 2850); Abs. 1 geänd., Abs. 3 angef. durch G v. 1.11.2011 (BGBl. I S. 2131), Abs. 4 angef. durch G v. 18.7.2016 (BGBl. I S. 1679); Abs. 4 Satz 3 neu gef. durch G v. 23.6.2017 (BGBl. I S. 1682).

steuerungszeitpunkte, die nach dem 31. Dezember 2016 liegen. [3]§ 8 Absatz 4 Satz 3 und 4 ist entsprechend anzuwenden.

§ 10b[1)] Gesonderte Feststellungen. [1]§ 180 Abs. 1 Nr. 2 Buchstabe a, Abs. 4 und Abs. 5 der Abgabenordnung in der Fassung des Artikels 26 des Gesetzes vom 21. Dezember 1993 (BGBl. I S. 2310) ist erstmals auf Feststellungszeiträume anzuwenden, die nach dem 31. Dezember 1994 beginnen. [2]§ 180 Absatz 1 Satz 2 der Abgabenordnung in der Fassung des Artikels 1 des Gesetzes vom 22. Dezember 2014 (BGBl. I S. 2417) ist erstmals auf Feststellungszeiträume anzuwenden, die nach dem 31. Dezember 2014 beginnen. [3]§ 180 Absatz 1 Satz 1 Nummer 1, § 183 Absatz 3 Satz 1 und 2 und Absatz 4, § 182 Absatz 2 Satz 1 und § 183 Absatz 4 der Abgabenordnung in der am 1. Januar 2025 geltenden Fassung sind erstmals auf Feststellungszeitpunkte nach dem 31. Dezember 2024 anzuwenden.

§ 10c[2)] Billigkeitsmaßnahmen bei der Festsetzung des Gewerbesteuermessbetrags. § 184 Absatz 2 der Abgabenordnung in der Fassung des Artikels 1 des Gesetzes vom 22. Dezember 2014 (BGBl. I S. 2417) ist auch für nach dem 31. Dezember 2014 getroffene Maßnahmen nach § 163 Absatz 1 Satz 1 der Abgabenordnung anzuwenden, die Besteuerungszeiträume betreffen, die vor dem 1. Januar 2015 abgelaufen sind.

§ 11[3)] Haftung. (1) Die Vorschriften der §§ 69 bis 76 und 191 Abs. 3 bis 5 der Abgabenordnung sind anzuwenden, wenn der haftungsbegründende Tatbestand nach dem 31. Dezember 1976 verwirklicht worden ist.

(2) Die Vorschriften der Abgabenordnung über die Haftung sind in der Fassung des Steuerbereinigungsgesetzes 1986 anzuwenden, wenn der haftungsbegründende Tatbestand nach dem 31. Dezember 1986 verwirklicht worden ist.

(3) § 71 der Abgabenordnung in der am 1. Januar 2017 geltenden Fassung ist erstmals anzuwenden, wenn der haftungsbegründende Tatbestand nach dem 31. Dezember 2016 verwirklicht worden ist.

(4) [1]§ 73 der Abgabenordnung in der am 18. Dezember 2019 geltenden Fassung ist erstmals anzuwenden, wenn der haftungsbegründende Tatbestand nach dem 17. Dezember 2019 verwirklicht worden ist. [2]Haftungsbegründender Tatbestand im Sinne des Satzes 1 ist die Entstehung der Steuerschuld oder des Anspruchs auf Erstattung einer Steuervergütung.

§ 11a[4)] Insolvenzverfahren. [1]In einem Insolvenzverfahren, das nach dem 31. Dezember 1998 beantragt wird, gelten § 75 Abs. 2, § 171 Abs. 12 und 13, § 231 Abs. 1 Satz 1 und Abs. 2 Satz 1, § 251 Abs. 2 Satz 1 und Abs. 3,

---

[1)] § 10b eingef. durch G v. 21.12.1993 (BGBl. I S. 2310); Satz 2 angef. durch G v. 22.12.2014 (BGBl. I S. 2417); Satz 3 angef. durch G v. 26.11.2019 (BGBl. I S. 1794).

[2)] § 10c eingef. durch G v. 22.12.2014 (BGBl. I S. 2417); geänd. durch G v. 18.7.2016 (BGBl. I S. 1679).

[3)] § 11 Abs. 2 angef. durch G v. 19.12.1985 (BGBl. I S. 2436); Abs. 3 angef. durch G v. 18.7.2016 (BGBl. I S. 1679); Abs. 4 angef. durch G v. 12.12.2019 (BGBl. I S. 2451); Abs. 4 Satz 2 angef., bish. Text wird Satz 1 durch G v. 21.12.2020 (BGBl. I S. 3096).

[4)] § 11a eingef. durch G v. 19.12.1998 (BGBl. I S. 3836), Satz 1 neu gef. durch G v. 22.12.1999 (BGBl. I S. 2601).

§§ 266, 282 Abs. 2 und § 284 Abs. 2 Satz 1 der Abgabenordnung in der Fassung des Artikels 9 des Gesetzes vom 19. Dezember 1998 (BGBl. I S. 3836) sowie § 251 Abs. 2 Satz 2 der Abgabenordnung in der Fassung des Artikels 17 des Gesetzes vom 22. Dezember 1999 (BGBl. I S. 2601) auch für Rechtsverhältnisse und Rechte, die vor dem 1. Januar 1999 begründet worden sind. [2] Auf Konkurs-, Vergleichs- und Gesamtvollstreckungsverfahren, die vor dem 1. Januar 1999 beantragt worden sind, und deren Wirkungen sind weiter die bisherigen gesetzlichen Vorschriften anzuwenden; gleiches gilt für Anschlußkonkursverfahren, bei denen der dem Verfahren vorausgehende Vergleichsantrag vor dem 1. Januar 1999 gestellt worden ist.

§ 11b[1)] Anfechtung außerhalb des Insolvenzverfahrens. [1] § 191 Abs. 1 Satz 2 der Abgabenordnung in der Fassung des Artikels 17 des Gesetzes vom 22. Dezember 1999 (BGBl. I S. 2601) ist mit Wirkung vom 1. Januar 1999 anzuwenden. [2] § 20 Abs. 2 Satz 2 des Anfechtungsgesetzes vom 5. Oktober 1994 (BGBl. I S. 2911) ist mit der Maßgabe anzuwenden, dass der Erlass eines Duldungsbescheides vor dem 1. Januar 1999 der gerichtlichen Geltendmachung vor dem 1. Januar 1999 gleichsteht.

§ 12 Verbindliche Zusagen auf Grund einer Außenprüfung. Die Vorschriften der Abgabenordnung über verbindliche Zusagen auf Grund einer Außenprüfung (§§ 204 bis 207) sind anzuwenden, wenn die Schlußbesprechung nach dem 31. Dezember 1976 stattfindet oder, falls eine solche nicht erforderlich ist, wenn dem Steuerpflichtigen der Prüfungsbericht nach dem 31. Dezember 1976 zugegangen ist.

(Fortsetzung nächstes Blatt)

---

1) § 11b eingef. durch G v. 22.12.1999 (BGBl. I S. 2601).

§ 13 Sicherungsgeld. [1]Die Vorschriften des § 203 der Reichsabgabenordnung sind auch nach dem 31. Dezember 1976 anzuwenden, soweit die dort genannten besonderen Bedingungen vor dem 1. Januar 1977 nicht eingehalten wurden. [2]Auf die Verwaltungsakte, die ein Sicherungsgeld festsetzen, ist § 100 Abs. 2 der Finanzgerichtsordnung nicht anzuwenden.

§ 13a[1)] Änderung widerstreitender Abrechnungsbescheide und Anrechnungsverfügungen. § 218 Absatz 3 der Abgabenordnung in der Fassung des Artikels 1 des Gesetzes vom 22. Dezember 2014 (BGBl. I S. 2417) gilt ab dem 31. Dezember 2014 auch für Abrechnungsbescheide und Anrechnungsverfügungen, die vor dem 31. Dezember 2014 erlassen worden sind.

§ 14[2)] Zahlungsverjährung. (1) Die Vorschriften der Abgabenordnung über die Zahlungsverjährung gelten für alle Ansprüche im Sinne des § 228 Satz 1 der Abgabenordnung, deren Verjährung nach § 229 der Abgabenordnung nach dem 31. Dezember 1976 beginnt.

(2) [1]Liegen die Voraussetzungen des Absatzes 1 nicht vor, so gelten für die Ansprüche weiterhin die bisherigen Vorschriften über Verjährung und Ausschlußfristen. [2]Die Verjährung wird jedoch ab 1. Januar 1977 nur noch nach den §§ 230 und 231 der Abgabenordnung gehemmt und unterbrochen. [3]Auf die nach § 321 Abs. 3 der Abgabenordnung beginnende neue Verjährungsfrist sind die §§ 228 bis 232 der Abgabenordnung anzuwenden.

(3) § 229 Abs. 1 Satz 2 der Abgabenordnung in der Fassung des Artikels 26 des Gesetzes vom 21. Dezember 1993 (BGBl. I S. 2310) gilt für alle bei Inkrafttreten[3)] dieses Gesetzes noch nicht abgelaufenen Verjährungsfristen.

(4) § 231 Abs. 1 Satz 1 und Abs. 2 Satz 1 der Abgabenordnung in der Fassung des Artikels 17 des Gesetzes vom 22. Dezember 1999 (BGBl. I S. 2601) gilt für alle bei Inkrafttreten[4)] dieses Gesetzes noch nicht abgelaufenen Verjährungsfristen.

(5) § 228 Satz 2 sowie § 231 Absatz 1 Satz 1 und Absatz 2 Satz 1 der Abgabenordnung in der am 25. Juni 2017 geltenden Fassung gelten für alle am 24. Juni 2017 noch nicht abgelaufenen Verjährungsfristen.

§ 15[5)] Zinsen. (1) [1]Zinsen entstehen für die Zeit nach dem 31. Dezember 1976 nach den Vorschriften der Abgabenordnung. [2]Aussetzungszinsen entstehen nach § 237 der Abgabenordnung in der Fassung des Steuerbereinigungsgesetzes 1986 auch, soweit der Zinslauf vor dem 1. Januar 1987 begonnen hat.

[1)] Art. 97 § 13a eingef. durch G v. 22.12.2014 (BGBl. I S. 2417).

[2)] § 14 Abs. 3 angef. durch G v. 21.12.1993 (BGBl. I S. 2310); Abs. 4 angef. durch G v. 22.12.1999 (BGBl. I S. 2601); Abs. 5 angef. durch G v. 23.6.2017 (BGBl. I S. 1682).

[3)] In Kraft ab 30.12.1993.

[4)] In Kraft ab 30.12.1999.

[5)] § 15 Abs. 1 Satz 2 angef. durch G v. 19.12.1985 (BGBl. I S. 2436), Abs. 4 angef. durch G v. 25.7.1988 (BGBl. I S. 1093), geänd. durch G v. 20.12.1988 (BGBl. I S. 2262) und v. 22.12.1989 (BGBl. I S. 2408), Abs. 5 und 6 angef. durch G v. 21.12.1993 (BGBl. I S. 2310), Abs. 5 neugef. durch G v 24.6.1994 (BGBl. I S. 1395), Abs. 7 angef. durch G v. 11.10.1995 (BGBl. I S. 1250), Abs. 8 angef. durch G v. 20.12.1996 (BGBl. I S. 2049), Abs. 7 aufgeh. und Abs. 9 angef. durch G v. 22.12.1999 (BGBl. I S. 2601), Abs. 10 angef. durch G v. 19.12.2000 (BGBl. I S. 1790); Abs. 12 angef. durch G v. 18.7.2016 (BGBl. I S. 1679).

(2) Ist eine Steuer über den 31. Dezember 1976 hinaus zinslos gestundet worden, so gilt dies als Verzicht auf Zinsen im Sinne des § 234 Abs. 2 der Abgabenordnung.

(3) Die Vorschriften des § 239 Abs. 1 der Abgabenordnung über die Festsetzungsfrist gelten in allen Fällen, in denen die Festsetzungsfrist auf Grund dieser Vorschrift nach dem 31. Dezember 1977 beginnt.

(4) Die Vorschriften der §§ 233a, 235, 236 und 239 der Abgabenordnung in der Fassung von Artikel 15 Nr. 3 bis 5 und 7 des Steuerreformgesetzes 1990 vom 25. Juli 1988 (BGBl. I S. 1093) und Artikel 9 des Wohnungsbauförderungsgesetzes vom 22. Dezember 1989 (BGBl. I S. 2408) gelten für alle Steuern, die nach dem 31. Dezember 1988 entstehen.

(5) § 233a Abs. 2 Satz 3 der Abgabenordnung in der Fassung des Artikels 4 Nr. 1 des Gesetzes vom 24. Juni 1994 (BGBl. I S. 1395) gilt in allen Fällen, in denen Zinsen nach dem 31. Dezember 1993 festgesetzt werden.

(6) § 233a Abs. 5 und §§ 234 bis 237 der Abgabenordnung in der Fassung des Artikels 26 des Gesetzes vom 21. Dezember 1993 (BGBl. I S. 2310) gelten in allen Fällen, in denen die Steuerfestsetzung nach Inkrafttreten[1] dieses Gesetzes aufgehoben, geändert oder nach § 129 der Abgabenordnung berichtigt wird.

(7) *(aufgehoben)*

(8) § 233a Abs. 2a der Abgabenordnung in der Fassung des Gesetzes vom 20. Dezember 1996 (BGBl. I S. 2049) gilt in allen Fällen, in denen der Verlust nach dem 31. Dezember 1995 entstanden oder das rückwirkende Ereignis nach dem 31. Dezember 1995 eingetreten ist.

(9) § 233a Abs. 2 Satz 3 der Abgabenordnung in der Fassung des Artikels 17 des Gesetzes vom 22. Dezember 1999 (BGBl. I S. 2601) gilt für alle Steuern, die nach dem 31. Dezember 1993 entstehen.

(10) § 238 Abs. 2 und § 239 Abs. 2 der Abgabenordnung in der Fassung des Artikels 23 Nr. 7 und 8 des Gesetzes vom 19. Dezember 2000 (BGBl. I S. 1790) gilt in allen Fällen, in denen Zinsen nach dem 31. Dezember 2001 festgesetzt werden.

(11)[2] § 233a Absatz 2 Satz 2 der Abgabenordnung in der Fassung des Artikels 3 des Gesetzes vom 1. November 2011 (BGBl. I S. 2131) gilt für alle Steuern, die nach dem 31. Dezember 2009 entstehen.

(12) [1] § 239 Absatz 3 der Abgabenordnung in der am 1. Januar 2017 geltenden Fassung ist erstmals auf Feststellungszeiträume anzuwenden, die nach dem 31. Dezember 2016 beginnen. [2] § 239 Absatz 4 der Abgabenordnung in der am 1. Januar 2017 geltenden Fassung ist erstmals auf Zinsbescheide anzuwenden, die nach dem 31. Dezember 2016 erlassen worden sind.

§ 16[3] **Säumniszuschläge.** (1) Die Vorschriften des § 240 der Abgabenordnung über Säumniszuschläge sind erstmals auf Säumniszuschläge anzuwenden, die nach dem 31. Dezember 1976 verwirkt werden.

---

[1] In Kraft ab 30.12.1993.

[2] § 15 Abs. 11 angef. durch G v. 1.11.2011 (BGBl. I S. 2131).

[3] § 16 Abs. 3 angef. durch G v. 23.6.1993 (BGBl. I S. 944), Abs. 4 angef. durch G v. 23.6.1998 (BGBl. I S. 1496), Abs. 5 angef. durch G v. 19.12.2000 (BGBl. I S. 1790), Abs. 6 angef. durch G v. 15.12.2003 (BGBl. I S. 2645).

(2) Bis zum 31. Dezember 1980 gilt für die Anwendung des § 240 der Abgabenordnung bei den Finanzämtern, die von den obersten Finanzbehörden der Länder dazu bestimmt sind, Rationalisierungsversuche im Erhebungsverfahren durchzuführen, folgendes:

1. [1] Abweichend von § 240 Abs. 1 der Abgabenordnung tritt bei der Einkommensteuer, der Körperschaftsteuer, der Gewerbesteuer, der Vermögensteuer, der Grundsteuer, der Vermögensabgabe, der Kreditgewinnabgabe und der Umsatzsteuer für die Verwirkung des Säumniszuschlages an die Stelle des Fälligkeitstages jeweils der auf diesen folgende 20. eines Monats. [2] § 240 Abs. 3 der Abgabenordnung gilt nicht.
2. Werden bei derselben Steuerart innerhalb eines Jahres Zahlungen wiederholt nach Ablauf des Fälligkeitstages entrichtet, so kann der Säumniszuschlag vom Ablauf des Fälligkeitstages an erhoben werden; dabei bleibt § 240 Abs. 3 der Abgabenordnung unberührt.
3. Für die Berechnung des Säumniszuschlages wird der rückständige Betrag jeder Steuerart zusammengerechnet und auf volle hundert Deutsche Mark nach unten abgerundet.

(3) Die Vorschrift des § 240 Abs. 3 der Abgabenordnung in der Fassung des Artikels 17 des Gesetzes vom 23. Juni 1993 (BGBl. I S. 944) ist erstmals auf Säumniszuschläge anzuwenden, die nach dem 31. Dezember 1993 verwirkt werden.

(4) § 240 Abs. 1 der Abgabenordnung in der Fassung des Artikels 5 des Gesetzes vom 23. Juni 1998 (BGBl. I S. 1496) ist erstmals auf Säumniszuschläge anzuwenden, die nach dem 31. Juli 1998 entstehen.

(5) § 240 Abs. 1 Satz 1 der Abgabenordnung in der Fassung von Artikel 23 Nr. 9 des Gesetzes vom 19. Dezember 2000 (BGBl. I S. 1790) gilt erstmals für Säumniszuschläge, die nach dem 31. Dezember 2001 entstehen.

(6) § 240 Abs. 3 Satz 1 der Abgabenordnung in der Fassung des Artikels 8 des Gesetzes vom 15. Dezember 2003 (BGBl. I S. 2645) gilt erstmals, wenn die Steuer, die zurückzuzahlende Steuervergütung oder die Haftungsschuld nach dem 31. Dezember 2003 fällig geworden ist.

§ 17 Angabe des Schuldgrundes. Für die Anwendung des § 260 der Abgabenordnung auf Ansprüche, die bis zum 31. Dezember 1980 entstanden sind, gilt folgendes:

Hat die Vollstreckungsbehörde den Vollstreckungsschuldner durch Kontoauszüge über Entstehung, Fälligkeit und Tilgung seiner Schulden fortlaufend unterrichtet, so genügt es, wenn die Vollstreckungsbehörde die Art der Abgabe und die Höhe des beizutreibenden Betrages angibt und auf den Kontoauszug Bezug nimmt, der den Rückstand ausweist.

§ 17a[1)] Kosten der Vollstreckung. Die Höhe der Gebühren und Auslagen im Vollstreckungsverfahren richtet sich nach dem Recht, das in dem Zeit-

1) § 17a neu gef. durch G v. 22.12.2014 (BGBl. I S. 2417).

punkt gilt, in dem der Tatbestand verwirklicht ist, an den die Abgabenordnung die Entstehung der Gebühr oder der Auslage knüpft.

§ 17b[1]) Eidesstattliche Versicherung. § 284 Abs. 1 Nr. 3 und 4 der Abgabenordnung in der Fassung des Artikels 2 Abs. 11 Nr. 1 Buchstabe a des Zweiten Gesetzes zur Änderung zwangsvollstreckungsrechtlicher Vorschriften vom 17. Dezember 1997 (BGBl. I S. 3039) gelten nicht für Verfahren, in denen der Vollziehungsbeamte die Vollstreckung vor dem Inkrafttreten[2]) dieses Gesetzes versucht hat.

§ 17c[3]) Pfändung fortlaufender Bezüge. § 313 Abs. 3 der Abgabenordnung in der Fassung des Artikels 2 Abs. 11 Nr. 3 des Zweiten Gesetzes zur Änderung zwangsvollstreckungsrechtlicher Vorschriften vom 17. Dezember 1997 (BGBl. I S. 3039) gilt nicht für Arbeits- und Dienstverhältnisse, die vor Inkrafttreten[2]) dieses Gesetzes beendet waren.

§ 17d[4]) Zwangsgeld. § 329 der Abgabenordnung in der Fassung des Artikels 17 des Gesetzes vom 22. Dezember 1999 (BGBl. I S. 2601) gilt in allen Fällen, in denen ein Zwangsgeld nach dem 31. Dezember 1999 angedroht wird.

§ 17e[5]) Aufteilung einer Gesamtschuld bei Ehegatten oder Lebenspartnern. (1) Die §§ 270, 273 Absatz 1 und § 279 Absatz 2 Nummer 4 der Abgabenordnung in der Fassung des Artikels 3 des Gesetzes vom 1. November 2011 (BGBl. I S. 2131) sind erstmals für den Veranlagungszeitraum 2013 anzuwenden.

(2) [1] § 269 Absatz 1 der Abgabenordnung in der am 1. Januar 2017 geltenden Fassung ist ab dem 1. Januar 2017 anzuwenden. [2] § 279 Absatz 1 Satz 1 der Abgabenordnung in der am 1. Januar 2017 geltenden Fassung ist erstmals auf Aufteilungsbescheide anzuwenden, die nach dem 31. Dezember 2016 erlassen worden sind; § 8 Absatz 4 Satz 4 gilt entsprechend.

§ 18[6]) Außergerichtliche Rechtsbehelfe. (1) Wird ein Verwaltungsakt angefochten, der vor dem 1. Januar 1977 wirksam geworden ist, bestimmt sich die Zulässigkeit des außergerichtlichen Rechtsbehelfs nach den bisherigen Vorschriften; ist über den Rechtsbehelf nach dem 31. Dezember 1976 zu entscheiden, richten sich die Art des außergerichtlichen Rechtsbehelfs sowie das weitere Verfahren nach den neuen Vorschriften.

(2) Nach dem 31. Dezember 1976 ist eine Gebühr für einen außergerichtlichen Rechtsbehelf nur noch dann festzusetzen, wenn die Voraussetzungen für

---

[1]) § 17b eingef. durch G v. 17.12.1997 (BGBl. I S. 3039).
[2]) In Kraft ab 1.1.1999.
[3]) § 17c eingef. durch G v. 17.12.1997 (BGBl. I S. 3039).
[4]) § 17d eingef. durch G v. 22.12.1999 (BGBl. I S. 2601).
[5]) § 17e eingef. durch G v. 1.11.2011 (BGBl. I S. 2131); Überschr. geänd. durch G v. 18.7.2014 (BGBl. I S. 1042); bish. Wortlaut wird Abs. 1, Abs. 2 angef. durch G v. 18.7.2016 (BGBl. I S. 1679).
[6]) § 18 Abs. 3 und 4 angef. durch G v. 24.6.1994 (BGBl. I S. 1395).

die Festsetzung einer Gebühr nach § 256 der Reichsabgabenordnung bereits vor dem 1. Januar 1977 eingetreten waren.

(3) [1]Wird ein Verwaltungsakt angefochten, der vor dem 1. Januar 1996 wirksam geworden ist, bestimmt sich die Zulässigkeit des Rechtsbehelfs nach den bis zum 31. Dezember 1995 geltenden Vorschriften der Abgabenordnung. [2]Ist über den Rechtsbehelf nach dem 31. Dezember 1995 zu entscheiden, richten sich die Art des außergerichtlichen Rechtsbehelfs sowie das weitere Verfahren nach den ab 1. Januar 1996 geltenden Vorschriften der Abgabenordnung.

(4) § 365 Abs. 3 Satz 2 Nr. 1 der Abgabenordnung in der Fassung des Artikels 4 Nr. 11 Buchstabe b des Gesetzes vom 24. Juni 1994 (BGBl. I S. 1395) ist auf berichtigende Verwaltungsakte anzuwenden, die nach dem 31. Dezember 1995 bekanntgegeben werden.

§ 18a[1)] Erledigung von Massenrechtsbehelfen und Massenanträgen.

(1) [1]Wurde mit einem vor dem 1. Januar 1995 eingelegten Einspruch die Verfassungswidrigkeit von Normen des Steuerrechts gerügt, derentwegen eine Entscheidung des Bundesverfassungsgerichts aussteht, gilt der Einspruch im Zeitpunkt der Veröffentlichung der Entscheidungsformel im Bundesgesetzblatt (§ 31 Abs. 2 des Gesetzes über das Bundesverfassungsgericht) ohne Einspruchsentscheidung als zurückgewiesen, soweit er nach dem Ausgang des Verfahrens vor dem Bundesverfassungsgericht als unbegründet abzuweisen wäre. [2]Abweichend von § 47 Abs. 1 und § 55 der Finanzgerichtsordnung[2)] endet die Klagefrist mit Ablauf eines Jahres nach dem Zeitpunkt der Veröffentlichung gemäß Satz 1. [3]Die Sätze 1 und 2 sind auch anzuwenden, wenn der Einspruch unzulässig ist.

(2) Absatz 1 gilt für Anträge auf Aufhebung oder Änderung einer Steuerfestsetzung außerhalb des außergerichtlichen Rechtsbehelfsverfahrens sinngemäß.

(3) [1]Die Absätze 1 und 2 sind auch anzuwenden, wenn eine Entscheidung des Bundesverfassungsgerichts vor Inkrafttreten[3)] dieses Gesetzes ergangen ist. [2]In diesen Fällen endet die Klagefrist mit Ablauf des 31. Dezember 1994.

(4) [1]Wurde mit einem am 31. Dezember 2003 anhängigen Einspruch die Verfassungswidrigkeit der für Veranlagungszeiträume vor 2000 geltenden Regelungen des Einkommensteuergesetzes über die Abziehbarkeit von Kinderbetreuungskosten gerügt, gilt der Einspruch mit Wirkung vom 1. Januar 2004 ohne Einspruchsentscheidung insoweit als zurückgewiesen; dies gilt auch, wenn der Einspruch unzulässig ist. [2]Abweichend von § 47 Abs. 1 und § 55 der Finanzgerichtsordnung endet die Klagefrist mit Ablauf des 31. Dezember 2004. [3]Die Sätze 1 und 2 gelten nicht, soweit in der angefochtenen Steuerfestsetzung die Kinderbetreuungskosten um die zumutbare Belastung nach § 33 Abs. 3 des Einkommensteuergesetzes gekürzt worden sind.

---

1) § 18a eingef. durch G v. 21.12.1993 (BGBl. I S. 2310), Abs. 4 bis 10 angef. durch G v. 15.12.2003 (BGBl. I S. 2645), Abs. 11 und 12 angef. durch G v. 13.12.2006 (BGBl. I S. 2878).

2) Nr. **802**.

3) In Kraft ab 30.12.1993.

(5) [1]Wurde mit einem am 31. Dezember 2003 anhängigen und außerhalb eines Einspruchs- oder Klageverfahrens gestellten Antrag auf Aufhebung oder Änderung einer Steuerfestsetzung die Verfassungswidrigkeit der für Veranlagungszeiträume vor 2000 geltenden Regelungen des Einkommensteuergesetzes über die Abziehbarkeit von Kinderbetreuungskosten gerügt, gilt der Antrag mit Wirkung vom 1. Januar 2004 insoweit als zurückgewiesen; dies gilt auch, wenn der Antrag unzulässig ist. [2]Abweichend von § 355 Abs. 1 Satz 1 der Abgabenordnung endet die Frist für einen Einspruch gegen die Zurückweisung des Antrags mit Ablauf des 31. Dezember 2004. [3]Die Sätze 1 und 2 gelten nicht, soweit in der Steuerfestsetzung, deren Aufhebung oder Änderung beantragt wurde, die Kinderbetreuungskosten um die zumutbare Belastung nach § 33 Abs. 3 des Einkommensteuergesetzes gekürzt worden sind.

(6) [1]Wurde mit einem am 31. Dezember 2003 anhängigen Einspruch die Verfassungswidrigkeit der für Veranlagungszeiträume vor 2002 geltenden Regelungen des Einkommensteuergesetzes über die Abziehbarkeit eines Haushaltsfreibetrages gerügt, gilt der Einspruch mit Wirkung vom 1. Januar 2004 ohne Einspruchsentscheidung insoweit als zurückgewiesen; dies gilt auch, wenn der Einspruch unzulässig ist. [2]Abweichend von § 47 Abs. 1 und § 55 der Finanzgerichtsordnung endet die Klagefrist mit Ablauf des 31. Dezember 2004.

(7) [1]Wurde mit einem am 31. Dezember 2003 anhängigen und außerhalb eines Einspruchs- oder Klageverfahrens gestellten Antrag auf Aufhebung oder Änderung einer Steuerfestsetzung die Verfassungswidrigkeit der für Veranlagungszeiträume vor 2002 geltenden Regelungen des Einkommensteuergesetzes über die Abziehbarkeit eines Haushaltsfreibetrages gerügt, gilt der Antrag mit Wirkung vom 1. Januar 2004 insoweit als zurückgewiesen; dies gilt auch, wenn der Antrag unzulässig ist. [2]Abweichend von § 355 Abs. 1 Satz 1 der Abgabenordnung endet die Frist für einen Einspruch gegen die Zurückweisung des Antrags mit Ablauf des 31. Dezember 2004.

(8) [1]Wurde mit einem am 31. Dezember 2003 anhängigen Einspruch die Verfassungswidrigkeit der für die Veranlagungszeiträume 1983 bis 1995 geltenden Regelungen des Einkommensteuergesetzes über die Abziehbarkeit eines Kinderfreibetrages gerügt, gilt der Einspruch mit Wirkung vom 1. Januar 2005 ohne Einspruchsentscheidung insoweit als zurückgewiesen, soweit nicht der Einspruchsführer nach dem 31. Dezember 2003 und vor dem 1. Januar 2005 ausdrücklich eine Entscheidung beantragt. [2]Der Antrag auf Entscheidung ist schriftlich bei dem für die Besteuerung nach dem Einkommen zuständigen Finanzamt zu stellen. [3]Ist nach Einspruchseinlegung ein anderes Finanzamt zuständig geworden, kann der Antrag auf Entscheidung fristwahrend auch bei dem Finanzamt gestellt werden, das den angefochtenen Steuerbescheid erlassen hat; Artikel 97a § 1 Abs. 1 bleibt unberührt. [4]Die Sätze 1 bis 3 gelten auch, wenn der Einspruch unzulässig ist. [5]Gilt nach Satz 1 der Einspruch als zurückgewiesen, endet abweichend von § 47 Abs. 1 und § 55 der Finanzgerichtsordnung die Klagefrist mit Ablauf des 31. Dezember 2005. [6]Satz 1 gilt nicht, soweit eine Neufestsetzung nach § 53 des Einkommensteuergesetzes von der Frage abhängig ist, ob bei der nach dieser Regelung gebotenen Steuerfreistellung auf den Jahressockelbetrag des Kindergeldes oder auf das dem Steuerpflichtigen tatsächlich zustehende Kindergeld abzustellen ist.

(9) [1] Wurde mit einem am 31. Dezember 2003 anhängigen und außerhalb eines Einspruchs- oder Klageverfahrens gestellten Antrag auf Aufhebung oder Änderung einer Steuerfestsetzung die Verfassungswidrigkeit der für die Veranlagungszeiträume 1983 bis 1995 geltenden Regelungen des Einkommensteuergesetzes über die Abziehbarkeit eines Kinderfreibetrages gerügt, gilt der Antrag mit Wirkung vom 1. Januar 2005 insoweit als zurückgewiesen, soweit nicht der Steuerpflichtige nach dem 31. Dezember 2003 und vor dem 1. Januar 2005 ausdrücklich eine Entscheidung beantragt. [2] Der Antrag auf Entscheidung ist schriftlich bei dem für die Besteuerung nach dem Einkommen zuständigen Finanzamt zu stellen. [3] Ist nach Erlass des Steuerbescheides ein anderes Finanzamt zuständig geworden, kann der Antrag auf Entscheidung fristwahrend auch bei dem Finanzamt gestellt werden, das den Steuerbescheid erlassen hat, dessen Aufhebung oder Änderung begehrt wird; Artikel 97a § 1 Abs. 1 bleibt unberührt. [4] Die Sätze 1 bis 3 gelten auch, wenn der Antrag auf Aufhebung oder Änderung der Steuerfestsetzung unzulässig ist. [5] Gilt nach Satz 1 der Antrag auf Aufhebung oder Änderung einer Steuerfestsetzung als zurückgewiesen, endet abweichend von § 355 Abs. 1 Satz 1 der Abgabenordnung die Frist für einen Einspruch gegen die Zurückweisung des Antrags mit Ablauf des 31. Dezember 2005. [6] Satz 1 gilt nicht, soweit eine Neufestsetzung nach § 53 des Einkommensteuergesetzes von der Frage abhängig ist, ob bei der nach dieser Regelung gebotenen Steuerfreistellung auf den Jahressockelbetrag des Kindergeldes oder auf das dem Steuerpflichtigen tatsächlich zustehende Kindergeld abzustellen ist.

(10) Die Absätze 5, 7 und 9 gelten sinngemäß für Anträge auf abweichende Festsetzung von Steuern aus Billigkeitsgründen (§ 163 der Abgabenordnung) und für Erlassanträge (§ 227 der Abgabenordnung).

(11) [1] Wurde mit einem am 31. Dezember 2006 anhängigen Einspruch gegen die Entscheidung über die Festsetzung von Kindergeld nach Abschnitt X des Einkommensteuergesetzes die Verfassungswidrigkeit der für die Jahre 1996 bis 2000 geltenden Regelungen zur Höhe des Kindergeldes gerügt, gilt der Einspruch mit Wirkung vom 1. Januar 2007 ohne Einspruchsentscheidung insoweit als zurückgewiesen; dies gilt auch, wenn der Einspruch unzulässig ist. [2] Abweichend von § 47 Abs. 1 und § 55 der Finanzgerichtsordnung endet die Klagefrist mit Ablauf des 31. Dezember 2007.

(12) § 172 Abs. 3 und § 367 Abs. 2b der Abgabenordnung in der Fassung des Artikels 10 Nr. 12 und 16 des Gesetzes vom 13. Dezember 2006 (BGBl. I S. 2878) gelten auch, soweit Aufhebungs- oder Änderungsanträge oder Einsprüche vor dem 19. Dezember 2006 gestellt oder eingelegt wurden und die Allgemeinverfügung nach dem 19. Dezember 2006 im Bundessteuerblatt veröffentlicht wird.

§ 19[1)] [Buchführungspflicht bestimmter Steuerpflichtiger] (1) § 141 Abs. 1 Satz 1 Nr. 1 der Abgabenordnung in der Fassung des Artikels 6 des Gesetzes vom 31. Juli 2003 (BGBl. I S. 1550) ist auf Umsätze der Kalenderjahre anzuwenden, die nach dem 31. Dezember 2003 beginnen.

[1)] § 19 neu gef. durch G v. 31.7.2003 (BGBl. I S. 1550), Abs. 6 angef. durch G v. 22.8.2006 (BGBl. I S. 1970), Abs. 3 Satz 2, Abs. 4 Satz 2 und Abs. 7 angef. durch G v. 7.9.2007 (BGBl. I S. 2246).

(2) § 141 Abs. 1 Satz 1 Nr. 3 der Abgabenordnung in der Fassung des Artikels 6 des Gesetzes vom 31. Juli 2003 (BGBl. I S. 1550) ist für Feststellungen anzuwenden, die nach dem 31. Dezember 2003 getroffen werden.

(3)[1)] [1]§ 141 Abs. 1 Satz 1 Nr. 4 der Abgabenordnung in der Fassung des Artikels 6 des Gesetzes vom 31. Juli 2003 (BGBl. I S. 1550) ist auf Gewinne der Wirtschaftsjahre anzuwenden, die nach dem 31. Dezember 2003 beginnen. [2]§ 141 Abs. 1 Satz 1 Nr. 4 der Abgabenordnung in der Fassung des Artikels 5 des Gesetzes vom 7. September 2007 (BGBl. I S. 2246) ist auf Gewinne der Wirtschaftsjahre anzuwenden, die nach dem 31. Dezember 2007 beginnen. [3]§ 141 Absatz 1 Satz 1 Nummer 4 der Abgabenordnung in der am 1. Januar 2016 geltenden Fassung ist auf Gewinne der Wirtschaftsjahre anzuwenden, die nach dem 31. Dezember 2015 beginnen.

(4)[1)] [1]§ 141 Abs. 1 Satz 1 Nr. 5 der Abgabenordnung in der Fassung des Artikels 6 des Gesetzes vom 31. Juli 2003 (BGBl. I S. 1550) ist auf Gewinne der Kalenderjahre anzuwenden, die nach dem 31. Dezember 2003 beginnen. [2]§ 141 Abs. 1 Satz 1 Nr. 5 der Abgabenordnung in der Fassung des Artikels 5 des Gesetzes vom 7. September 2007 (BGBl. I S. 2246) ist auf Gewinne der Kalenderjahre anzuwenden, die nach dem 31. Dezember 2007 beginnen. [3]§ 141 Absatz 1 Satz 1 Nummer 5 der Abgabenordnung in der am 1. Januar 2016 geltenden Fassung ist auf Gewinne der Kalenderjahre anzuwenden, die nach dem 31. Dezember 2015 beginnen.

(5) [1]Eine Mitteilung über den Beginn der Buchführungspflicht ergeht nicht, wenn die Voraussetzungen des § 141 Abs. 1 der Abgabenordnung für Kalenderjahre, die vor dem 1. Januar 2004 liegen, erfüllt sind, jedoch nicht die Voraussetzungen des § 141 Abs. 1 der Abgabenordnung in der Fassung des Gesetzes vom 31. Juli 2003 (BGBl. I S. 1550) im Kalenderjahr 2004. [2]Entsprechendes gilt für Feststellungen, die vor dem 1. Januar 2004 getroffen werden, oder für Wirtschaftsjahre, die vor dem 1. Januar 2004 enden.

(6) [1]§ 141 Abs. 1 Satz 1 Nr. 1 der Abgabenordnung in der am 26. August 2006 geltenden Fassung ist auf Umsätze der Kalenderjahre anzuwenden, die nach dem 31. Dezember 2006 beginnen. [2]Eine Mitteilung über den Beginn der Buchführungspflicht ergeht nicht, wenn die Voraussetzungen des § 141 Abs. 1 Satz 1 Nr. 1 der Abgabenordnung in der am 25. August 2006 geltenden Fassung für Kalenderjahre, die vor dem 1. Januar 2007 liegen, erfüllt sind, jedoch im Kalenderjahr 2006 nicht die des § 141 Abs. 1 Satz 1 Nr. 1 der Abgabenordnung in der am 26. August 2006 geltenden Fassung.

(7) Eine Mitteilung über den Beginn der Buchführungspflicht ergeht nicht, wenn die Voraussetzungen des § 141 Abs. 1 Satz 1 Nr. 4 und Nr. 5 der Abgabenordnung in der am 13. September 2007 geltenden Fassung für Kalenderjahre, die vor dem 1. Januar 2008 liegen, erfüllt sind, jedoch im Kalenderjahr 2007 nicht die Voraussetzungen des § 141 Abs. 1 Satz 1 Nr. 4 und Nr. 5 der Abgabenordnung in der Fassung des Artikels 5 des Gesetzes vom 7. September 2007 (BGBl. I S. 2246).

---

1) § 19 Abs. 3 Satz 3 und Abs. 4 Satz 3 angef. durch G v. 28.7.2015 (BGBl. I S. 1400).

(8)[1] [1]§ 141 Absatz 1 Satz 1 Nummer 1 der Abgabenordnung in der am 1. Januar 2016 geltenden Fassung ist auf Umsätze der Kalenderjahre anzuwenden, die nach dem 31. Dezember 2015 beginnen. [2]Eine Mitteilung über den Beginn der Buchführungspflicht ergeht nicht, wenn die Voraussetzungen des § 141 Absatz 1 Satz 1 Nummer 1 der Abgabenordnung in der am 31. Dezember 2015 geltenden Fassung für Kalenderjahre, die vor dem 1. Januar 2016 liegen, erfüllt sind, jedoch im Kalenderjahr 2015 die Voraussetzungen des § 141 Absatz 1 Satz 1 Nummer 1 der Abgabenordnung in der am 1. Januar 2016 geltenden Fassung nicht erfüllt sind.

(9)[1] Eine Mitteilung über den Beginn der Buchführungspflicht ergeht nicht, wenn die Voraussetzungen des § 141 Absatz 1 Satz 1 Nummer 4 und 5 der Abgabenordnung in der am 31. Dezember 2015 geltenden Fassung für Kalenderjahre, die vor dem 1. Januar 2016 liegen, erfüllt sind, jedoch im Kalenderjahr 2015 die Voraussetzungen des § 141 Absatz 1 Satz 1 Nummer 4 und 5 der Abgabenordnung in der am 1. Januar 2016 geltenden Fassung nicht erfüllt sind.

§ 19a[2] Aufbewahrungsfristen. [1]§ 147 Abs. 3 der Abgabenordnung in der Fassung des Artikels 2 des Gesetzes vom 19. Dezember 1998 (BGBl. I S. 3816) gilt erstmals für Unterlagen, deren Aufbewahrungsfrist nach § 147 Abs. 3 der Abgabenordnung in der bis zum 23. Dezember 1998 geltenden Fassung noch nicht abgelaufen ist. [2]§ 147 Absatz 3 Satz 3 und 4 der Abgabenordnung in der am 1. Januar 2017 geltenden Fassung gilt für alle Lieferscheine, deren Aufbewahrungsfrist nach § 147 Absatz 3 der Abgabenordnung in der bis zum 31. Dezember 2016 geltenden Fassung noch nicht abgelaufen ist.

§ 19b[3] Zugriff auf datenverarbeitungsgestützte Buchführungssysteme.

(1) § 146 Abs. 5, § 147 Abs. 2, 5 und 6 sowie § 200 Abs. 1 der Abgabenordnung in der Fassung des Artikels 7 des Gesetzes vom 23. Oktober 2000 (BGBl. I S. 1433) sind ab dem 1. Januar 2002 anzuwenden.

(2) § 147 Absatz 6 Satz 6 der Abgabenordnung in der Fassung des Artikels 3 des Gesetzes vom 22. November 2019 (BGBl. I S. 1746) gilt für aufzeichnungs- und aufbewahrungspflichtige Daten, deren Aufbewahrungsfrist bis zum 1. Januar 2020 noch nicht abgelaufen ist.

§ 20 Verweisungserfordernis bei Blankettvorschriften. Die in § 381 Abs. 1, § 382 Abs. 1 der Abgabenordnung vorgeschriebene Verweisung ist nicht erforderlich, soweit die Vorschriften der dort genannten Gesetze und Rechtsverordnungen vor dem 1. Oktober 1968 erlassen sind.

---

[1] § 19 Abs. 8 und 9 angef. durch G v. 28.7.2015 (BGBl. I S. 1400).

[2] § 19a eingef. durch G v. 19.12.1998 (BGBl. I S. 3816); Satz 2 angef. durch G v. 30.6.2017 (BGBl. I S. 2143).

[3] § 19b eingef. durch G v. 23.10.2000 (BGBl. I S. 1433); bish. Wortlaut wird Abs. 1 und Abs. 2 angef. durch G v. 22.11.2019 (BGBl. I S. 1746).

§ 21[1)] Steueranmeldungen in Euro. Für Besteuerungszeiträume nach dem 31. Dezember 1998 und vor dem 1. Januar 2002 ist § 168 der Abgabenordnung mit folgender Maßgabe anzuwenden:

Wird eine Steueranmeldung nach dem vom Bundesministerium der Finanzen im Einvernehmen mit den obersten Finanzbehörden der Länder bestimmten Vordruck in Euro abgegeben, gilt die Steuer als zu dem vom Rat der Europäischen Union gemäß Artikel 109l Abs. 4 Satz 1 des EG-Vertrages unwiderruflich festgelegten Umrechnungskurs in Deutscher Mark berechnet. Betrifft die Anmeldung eine von Bundesfinanzbehörden verwaltete Steuer, ist bei der Bestimmung des Vordrucks das Einvernehmen mit den obersten Finanzbehörden der Länder nicht erforderlich.

§ 22[2)] Mitwirkungspflichten der Beteiligten; Schätzung von Besteuerungsgrundlagen. (1) [1] § 90 Abs. 3 der Abgabenordnung in der Fassung des Artikels 9 des Gesetzes vom 16. Mai 2003 (BGBl. I S. 660) ist erstmals für Wirtschaftsjahre anzuwenden, die nach dem 31. Dezember 2002 beginnen. [2] § 162 Abs. 3 und 4 der Abgabenordnung in der Fassung des Artikels 9 des Gesetzes vom 16. Mai 2003 (BGBl. I S. 660) ist erstmals für Wirtschaftsjahre anzuwenden, die nach dem 31. Dezember 2003 beginnen, frühestens sechs Monate nach Inkrafttreten der Rechtsverordnung im Sinne des § 90 Abs. 3 der Abgabenordnung in der Fassung des Artikels 9 des Gesetzes vom 16. Mai 2003 (BGBl. I S. 660). [3] Gehören zu den Geschäftsbeziehungen im Sinne des § 90 Abs. 3 der Abgabenordnung in der Fassung des Artikels 9 des Gesetzes vom 16. Mai 2003 (BGBl. I S. 660) Dauerschuldverhältnisse, die als außergewöhnliche Geschäftsvorfälle im Sinne des § 90 Abs. 3 Satz 3 der Abgabenordnung in der Fassung des Artikels 9 des Gesetzes vom 16. Mai 2003 (BGBl. I S. 660) anzusehen sind und die vor Beginn der in Satz 1 bezeichneten Wirtschaftsjahre begründet wurden und bei Beginn dieser Wirtschaftsjahre noch bestehen, sind die Aufzeichnungen der sie betreffenden wirtschaftlichen und rechtlichen Grundlagen spätestens sechs Monate nach Inkrafttreten der Rechtsverordnung im Sinne des § 90 Abs. 3 der Abgabenordnung in der Fassung des Artikels 9 des Gesetzes vom 16. Mai 2003 (BGBl. I S. 660) zu erstellen. [4] § 90 Absatz 3 der Abgabenordnung in der am 24. Dezember 2016 geltenden Fassung ist erstmals für Wirtschaftsjahre anzuwenden, die nach dem 31. Dezember 2016 beginnen.

(2) Die Bundesregierung bestimmt durch Rechtsverordnung mit Zustimmung des Bundesrates den Zeitpunkt der erstmaligen Anwendung von § 90 Absatz 2 Satz 3, § 147a, § 162 Absatz 2 Satz 3 und § 193 Absatz 1 und Absatz 2 Nummer 3 in der Fassung des Artikels 3 des Gesetzes vom 29. Juli 2009 (BGBl. I S. 2302).[3)]

(3) § 147a Absatz 2 der Abgabenordnung in der am 25. Juni 2017 geltenden Fassung ist erstmals auf Besteuerungszeiträume anzuwenden, die nach dem 31. Dezember 2017 beginnen.

[1)] § 21 angef. durch G v. 24.3.1999 (BGBl. I S. 385).

[2)] § 22 angef. durch G v. 16.5.2003 (BGBl. I S. 660); Abs. 2 angef., bish. Wortlaut wird Abs. 1 durch G v. 29.7.2009 (BGBl. I S. 2302); Abs. 1 Satz 4 angef. durch G v. 20.12.2016 (BGBl. I S. 3000); Abs. 3 angef. durch G v. 23.6.2017 (BGBl. I S. 1682).

[3)] Steuerhinterziehungsbekämpfungsverordnung – SteuerHBekV (Nr. **12**).

§ 23[1)] Verfolgungsverjährung. § 376 der Abgabenordnung in der Fassung des Artikels 10 des Gesetzes vom 19. Dezember 2008 (BGBl. I S. 2794) gilt für alle bei Inkrafttreten dieses Gesetzes noch nicht abgelaufenen Verjährungsfristen.

§ 24[2)] Selbstanzeige bei Steuerhinterziehung und leichtfertiger Steuerverkürzung. [1]Bei Selbstanzeigen nach § 371 der Abgabenordnung, die bis zum 28. April 2011 bei der zuständigen Finanzbehörde eingegangen sind, ist § 371 der Abgabenordnung in der bis zu diesem Zeitpunkt geltenden Fassung mit der Maßgabe anzuwenden, dass im Umfang der gegenüber der zuständigen Finanzbehörde berechtigten, ergänzten oder nachgeholten Angaben Straffreiheit eintritt. [2]Das Gleiche gilt im Fall der leichtfertigen Steuerverkürzung für die Anwendung des § 378 Absatz 3 der Abgabenordnung.

§ 25[3)] Erteilung einer verbindlichen Auskunft. (1) § 89 Absatz 3 bis 7 der Abgabenordnung in der Fassung des Artikels 3 des Gesetzes vom 1. November 2011 (BGBl. I S. 2131) ist erstmals auf Anträge anzuwenden, die nach dem 4. November 2011[4)] bei der zuständigen Finanzbehörde eingegangen sind.

(2) [1]§ 89 Absatz 2 Satz 4 in der am 1. Januar 2017 geltenden Fassung ist erstmals auf nach dem 31. Dezember 2016 bei der zuständigen Finanzbehörde eingegangene Anträge auf Erteilung einer verbindlichen Auskunft anzuwenden. [2]§ 89 Absatz 3 Satz 2 in der am 23. Juli 2016[5)] geltenden Fassung ist erstmals auf nach dem 22. Juli 2016[5)] bei der zuständigen Finanzbehörde eingegangene Anträge auf Erteilung einer einheitlichen verbindlichen Auskunft anzuwenden.

§ 26[6)] Kontenabrufmöglichkeit und Kontenwahrheit. (1) § 93 Absatz 7 Satz 1 Nummer 2 der Abgabenordnung in der am 31. Dezember 2011 geltenden Fassung ist für Veranlagungszeiträume vor 2012 weiterhin anzuwenden.

(2) [1]§ 93 Absatz 7 Satz 1 Nummer 4 bis 4b und Satz 2 zweiter Halbsatz der Abgabenordnung in der am 25. Juni 2017 geltenden Fassung ist ab dem 1. Januar 2018 anzuwenden. [2]Bis zum 31. Dezember 2017 ist § 93 Absatz 7 der Abgabenordnung in der am 24. Juni 2017 geltenden Fassung weiter anzuwenden.

(3) [1]§ 93 Absatz 7 Satz 2 erster Halbsatz sowie § 93b Absatz 1a und 2 der Abgabenordnung in der am 25. Juni 2017 geltenden Fassung sind ab dem 1. Januar 2020 anzuwenden. [2]Bis zum 31. Dezember 2019 ist § 93 Absatz 7 Satz 2 Halbsatz 1 sowie § 93b Absatz 2 der Abgabenordnung in der am 24. Juni 2017 geltenden Fassung weiter anzuwenden.

[1)] § 23 angef. durch G v. 19.12.2008 (BGBl. I S. 2794).

[2)] § 24 angef. durch G v. 28.4.2011 (BGBl. I S. 676).

[3)] § 25 eingef. durch G v. 1.11.2011 (BGBl. I S. 2131); bish. Wortlaut wird Abs. 1, Abs. 2 angef. durch G v. 18.7.2016 (BGBl. I S. 1679).

[4)] Datum der Verkündung des G v. 1.11.2011.

[5)] Datum der Verkündung des G v. 18.7.2016.

[6)] § 26 eingef durch G v. 1.11.2011 (BGBl. I S. 2131); Überschr. neu gef., Abs. 2 bis 5 angef. durch G v. 23.6.2017 (BGBl. I S. 1682); Abs. 3 Sätze 1 und 2 geänd. durch G v. 20.11.2019 (BGBl. I S. 1626).

(4) § 154 Absatz 2 bis 2c der Abgabenordnung in der am 25. Juni 2017 geltenden Fassung ist erstmals auf nach dem 31. Dezember 2017 begründete Geschäftsbeziehungen anzuwenden.

(5) Für Geschäftsbeziehungen zu Kreditinstituten im Sinne des § 154 Absatz 2 Satz 1 der Abgabenordnung in der am 25. Juni 2017 geltenden Fassung, die vor dem 1. Januar 2018 begründet worden sind und am 1. Januar 2018 noch bestehen, gilt Folgendes:

1. [1] Kreditinstitute haben bis zum 31. Dezember 2019 für den Kontoinhaber, jeden anderen Verfügungsberechtigten und jeden wirtschaftlich Berechtigten im Sinne des Geldwäschegesetzes
   a) die Adresse,
   b) bei natürlichen Personen das Geburtsdatum sowie
   c) die in § 154 Absatz 2a Satz 1 der Abgabenordnung in der am 25. Juni 2017 geltenden Fassung genannten Daten

   in den Aufzeichnungen nach § 154 Absatz 2 bis 2c der Abgabenordnung in der am 25. Juni 2017 geltenden Fassung und in dem nach § 93b Absatz 1 und 1a der Abgabenordnung in der am 25. Juni 2017 geltenden Fassung zu führenden Dateisystem zu erfassen. [2] § 154 Absatz 2a Satz 3 der Abgabenordnung in der am 25. Juni 2017 geltenden Fassung ist entsprechend anzuwenden.
2. [1] Teilen der Vertragspartner oder gegebenenfalls für ihn handelnde Personen dem Kreditinstitut die nach § 154 Absatz 2a Satz 1 Nummer 1 der Abgabenordnung in der am 25. Juni 2017 geltenden Fassung zu erfassende Identifikationsnummer einer betroffenen Person bis zum 31. Dezember 2019 nicht mit und hat das Kreditinstitut die Identifikationsnummer dieser Person auch nicht aus anderem Anlass rechtmäßig erfasst, hat es sie bis zum 30. Juni 2020 in einem maschinellen Verfahren beim Bundeszentralamt für Steuern zu erfragen. [2] § 154 Absatz 2b Satz 2 und 3 der Abgabenordnung in der am 25. Juni 2017 geltenden Fassung gilt entsprechend.
3. [1] Soweit das Kreditinstitut die nach § 154 Absatz 2a der Abgabenordnung in der am 25. Juni 2017 geltenden Fassung zu erhebenden Daten auf Grund unzureichender Mitwirkung des Vertragspartners und gegebenenfalls für ihn handelnder Personen bis zum 30. Juni 2020 nicht ermitteln kann, hat es dies auf dem Konto festzuhalten. [2] In diesem Fall hat das Kreditinstitut dem Bundeszentralamt für Steuern die betroffenen Konten sowie die hierzu nach § 154 Absatz 2 der Abgabenordnung in der am 25. Juni 2017 geltenden Fassung erhobenen Daten bis zum 30. September 2020 mitzuteilen.
4. § 154 Absatz 2d der Abgabenordnung in der am 25. Juni 2017 geltenden Fassung bleibt unberührt.

§ 27[1] Elektronische Datenübermittlung an Finanzbehörden. (1) [1] § 72a Absatz 1 bis 3, § 87a Absatz 6, die §§ 87b bis 87e und 150 Absatz 6 der Abgabenordnung in der am 1. Januar 2017 geltenden Fassung sind erstmals anzu-

[1] §§ 27–29 angef. durch G v. 18.7.2016 (BGBl. I S. 1679).

wenden, wenn Daten nach dem 31. Dezember 2016 auf Grund gesetzlicher Vorschriften nach amtlich vorgeschriebenem Datensatz über amtlich bestimmte Schnittstellen an Finanzbehörden zu übermitteln sind oder freiwillig übermittelt werden. 2 Für Daten im Sinne des Satzes 1, die vor dem 1. Januar 2017 zu übermitteln sind oder freiwillig übermittelt werden, sind § 150 Absatz 6 und 7 der Abgabenordnung und die Vorschriften der Steuerdaten-Übermittlungsverordnung in der jeweils am 31. Dezember 2016 geltenden Fassung weiter anzuwenden.

(2) § 72a Absatz 4, die §§ 93c, 93d und 171 Absatz 10a sowie die §§ 175b und 203a der Abgabenordnung in der am 1. Januar 2017 geltenden Fassung sind erstmals anzuwenden, wenn steuerliche Daten eines Steuerpflichtigen für Besteuerungszeiträume nach 2016 oder Besteuerungszeitpunkte nach dem 31. Dezember 2016 auf Grund gesetzlicher Vorschriften von einem Dritten als mitteilungspflichtiger Stelle elektronisch an Finanzbehörden zu übermitteln sind.

(3)[1] § 175b Absatz 4 der Abgabenordnung in der am 25. Juni 2017 geltenden Fassung ist erstmals anzuwenden, wenn Daten im Sinne des § 93c der Abgabenordnung der Finanzbehörde nach dem 24. Juni 2017 zugehen.

(4)[1] 1 Den Zeitpunkt der erstmaligen Anwendung des § 138 Absatz 1b Satz 2 der Abgabenordnung in der am 1. Janaur 2020 geltenden Fassung bestimmt das Bundesministerium der Finanzen im Einvernehmen mit den obersten Finanzbehörden der Länder durch ein im Bundessteuerblatt zu veröffentlichendes Schreiben. 2 Bis zu diesem Zeitpunkt sind die Auskünfte im Sinne des § 138 Absatz 1b Satz 1 der Abgabenordnung nach amtlich vorgeschriebenem Vordruck zu erteilen.

§ 28[2] Elektronische Bekanntgabe von Verwaltungsakten. 1 § 87a Absatz 7 und 8, die §§ 122a und 169 Absatz 1 der Abgabenordnung in der am 1. Januar 2017 geltenden Fassung sind erstmals auf Verwaltungsakte anzuwenden, die nach dem 31. Dezember 2016 erlassen worden sind. 2 § 8 Absatz 4 Satz 4 gilt entsprechend.

§ 29[2] Abweichende Festsetzung von Steuern aus Billigkeitsgründen. § 163 der Abgabenordnung in der am 1. Januar 2017 geltenden Fassung ist für nach dem 31. Dezember 2016 getroffene Billigkeitsmaßnahmen auch dann anzuwenden, wenn sie Besteuerungszeiträume oder Besteuerungszeitpunkte betreffen, die vor dem 1. Januar 2017 abgelaufen oder eingetreten sind.

§ 30[3] Ordnungsvorschrift für die Buchführung und für Aufzeichnungen mittels elektronischer Aufzeichnungssysteme. (1)[4] 1 Die §§ 146a und 379 Absatz 1 Satz 1 und Absatz 4 der Abgabenordnung in der am 29. Dezember 2016 geltenden Fassung sowie § 379 Absatz 5 und 6 der Abgabenordnung in

[1] Art. 97 § 27 Abs. 3 angef. durch G v. 23.6.2017 (BGBl. I S. 1682); Abs. 4 angef. durch G v. 22.11.2019 (BGBl. I S. 1746).
[2] Art. 97 §§ 27–29 angef. durch G v. 18.7.2016 (BGBl. I S. 1679).
[3] Art. 97 § 30 angef. durch G v. 22.12.2016 (BGBl. I S. 3152).
[4] Art. 97 § 30 Abs. 1 Satz 1 geänd. durch G v. 23.6.2017 (BGBl. I S. 1682).

der am 25. Juni 2017 geltenden Fassung sind erstmals für Kalenderjahre nach Ablauf des 31. Dezember 2019 anzuwenden. [2]Die Mitteilung nach § 146a Absatz 4 der Abgabenordnung in der am 29. Dezember 2016 geltenden Fassung ist für elektronische Aufzeichnungssysteme, die der Steuerpflichtige vor dem 1. Januar 2020 angeschafft hat, bis zum 31. Januar 2020 zu erstatten.

(2) [1]§ 146b der Abgabenordnung in der am 29. Dezember 2016 geltenden Fassung ist nach Ablauf des 31. Dezember 2017 anzuwenden. [2]§ 146b Absatz 2 Satz 2 der Abgabenordnung ist in der am 29. Dezember 2016 geltenden Fassung vor dem 1. Januar 2020 mit der Maßgabe anzuwenden, dass keine Datenübermittlung über die einheitliche Schnittstelle verlangt werden kann oder dass diese auf einem maschinell auswertbaren Datenträger nach den Vorgaben der einheitlichen Schnittstelle zur Verfügung gestellt werden muss. [3]§ 146b Absatz 1 Satz 2 der Abgabenordnung in der am 29. Dezember 2016 geltenden Fassung ist erstmals für Kalenderjahre nach Ablauf des 31. Dezember 2019 anzuwenden.

(3) Wurden Registrierkassen nach dem 25. November 2010 und vor dem 1. Januar 2020 angeschafft, die den Anforderungen des BMF-Schreibens vom 26. November 2010 (BStBl. I S. 1342) entsprechen und die bauartbedingt nicht aufrüstbar sind, so dass sie die Anforderungen des § 146a der Abgabenordnung nicht erfüllen, dürfen diese Registrierkassen bis zum 31. Dezember 2022 abweichend von den § 146a und § 379 Absatz 1 Satz 1 und Absatz 4 der Abgabenordnung weiter verwendet werden.

§ 31[1)] Länderbezogener Bericht multinationaler Unternehmensgruppen. [1]§ 138a Absatz 1, 2, 3, 6 und 7 der Abgabenordnung in der am 24. Dezember 2016 geltenden Fassung ist erstmals für Wirtschaftsjahre anzuwenden, die nach dem 31. Dezember 2015 beginnen. [2]§ 138a Absatz 4 und 5 der Abgabenordnung in der am 24. Dezember 2016 geltenden Fassung ist erstmals für Wirtschaftsjahre anzuwenden, die nach dem 31. Dezember 2016 beginnen. [3]§ 138a Absatz 2 der Abgabenordnung in der am 29. Dezember 2020 geltenden Fassung ist auf alle offenen Fälle anzuwenden.

§ 32[2)] Mitteilungspflicht über Beziehungen zu Drittstaat-Gesellschaften. (1) [1]§ 138 Absatz 2 bis 5, § 138b und § 379 Absatz 2 Nummer 1d der Abgabenordnung in der am 25. Juni 2017 geltenden Fassung sind erstmals auf mitteilungspflichtige Sachverhalte anzuwenden, die nach dem 31. Dezember 2017 verwirklicht worden sind. [2]Auf Sachverhalte, die vor dem 1. Januar 2018 verwirklicht worden sind, ist § 138 Absatz 2 und 3 der Abgabenordnung in der am 24. Juni 2017 geltenden Fassung weiter anzuwenden.

(2) [1]Inländische Steuerpflichtige im Sinne des § 138 Absatz 2 Satz 1 der Abgabenordnung in der am 25. Juni 2017 geltenden Fassung, die vor dem 1. Januar 2018 erstmals unmittelbar oder mittelbar einen beherrschenden oder bestimmenden Einfluss auf die gesellschaftsrechtlichen, finanziellen oder ge-

---

[1)] Art. 97 § 31 angef. durch G v. 20.12.2016 (BGBl. I S. 3000); Satz 3 angef. durch G v. 21.12.2020 (BGBl. I S. 3096).

[2)] Art. 97 § 32 angef. durch G v. 23.6.2017 (BGBl. I S. 1682); Abs. 3 angef. durch G v. 21.12.2020 (BGBl. I S. 3096).

schäftlichen Angelegenheiten einer Drittstaat-Gesellschaft im Sinne des § 138 Absatz 3 der Abgabenordnung in der am 25. Juni 2017 geltenden Fassung ausüben konnten, haben dies dem für sie nach den §§ 18 bis 20 der Abgabenordnung zuständigen Finanzamt mitzuteilen, wenn dieser Einfluss auch noch am 1. Januar 2018 fortbesteht. [2] § 138 Absatz 5 der Abgabenordnung in der am 25. Juni 2017 geltenden Fassung gilt in diesem Fall entsprechend.

(3) § 138 Absatz 2 und 5 der Abgabenordnung in der am 29. Dezember 2020 geltenden Fassung ist auf alle offenen Fälle anzuwenden.

§ 33[1)] Mitteilungspflicht bei Steuergestaltungen. (1) § 102 Absatz 4 Satz 3 und die §§ 138d bis 138k der Abgabenordnung in der am 1. Januar 2020 geltenden Fassung sind ab dem 1. Juli 2020 in allen Fällen anzuwenden, in denen das nach § 138f Absatz 2 der Abgabenordnung in der am 1. Januar 2020 geltenden Fassung maßgebliche Ereignis nach dem 30. Juni 2020 eingetreten ist.

(2) Wurde der erste Schritt einer mitteilungspflichtigen grenzüberschreitenden Steuergestaltung nach dem 24. Juni 2018 und vor dem 1. Juli 2020 umgesetzt, sind § 102 Absatz 4 Satz 3 und die §§ 138d bis 138k der Abgabenordnung in der am 1. Januar 2020 geltenden Fassung ab dem 1. Juli 2020 mit der Maßgabe anzuwenden, dass die Mitteilung abweichend von § 138f Absatz 2 der Abgabenordnung in der am 1. Januar 2020 geltenden Fassung innerhalb von zwei Monaten nach dem 30. Juni 2020 zu erstatten ist.

(3) § 379 Absatz 2 Nummer 1e bis 1g sowie Absatz 7 der Abgabenordnung in der am 1. Januar 2020 geltenden Fassung ist ab dem 1. Juli 2020 in allen Fällen anzuwenden, in denen das nach § 138f Absatz 2 der Abgabenordnung in der am 1. Januar 2020 geltenden Fassung maßgebliche Ereignis nach dem 30. Juni 2020 eingetreten ist.

(4) [1] Das Bundesministerium der Finanzen erstattet dem Finanzausschuss des Deutschen Bundestages jährlich zum 1. Juni, erstmals zum 1. Juni 2021, Bericht über

1. die Anzahl der im vorangegangen Kalenderjahr beim Bundeszentralamt für Steuern eingegangenen Mitteilungen über grenzüberschreitende Steuergestaltungen,
2. die Fallgestaltungen, deren Prüfung Anlass dafür war,
   a) dem Bundeskabinett im vorangegangenen Kalenderjahr eine Gesetzesinitiative vorzuschlagen,
   b) ein im Bundessteuerblatt zu veröffentlichendes Schreiben des Bundesministeriums der Finanzen oder einen im Bundessteuerblatt zu veröffentlichenden gleichlautenden Erlass der obersten Finanzbehörden der Länder im vorangegangenen Kalenderjahr zu erlassen oder zu ändern.

[2] In den Fällen von Satz 1 Nummer 2 ist die Fallgestaltung im Bericht abstrakt zu beschreiben.

---

1) Art. 97 § 33 angef. durch G v. 21.12.2019 (BGBl. I S. 2875).

(5)[1] Das Bundesministerium der Finanzen wird ermächtigt, zur zeitnahen Umsetzung unionsrechtlicher Bestimmungen hinsichtlich der Fristen zur Mitteilung grenzüberschreitender Steuergestaltungen durch ein im Bundessteuerblatt zu veröffentlichendes Schreiben von den Absätzen 1 und 2 abweichende Bestimmungen zu treffen.

§ 34**[2]* ***Verhältnis zur strafrechtlichen Einziehung. *§ 375a der Abgabenordnung in der Fassung des Artikels 6 des Gesetzes vom 29. Juni 2020 (BGBl. I S. 1512) gilt für alle am 1. Juli 2020 noch nicht verjährten Steueransprüche.*

§ 35[3] **Abrufverfahren von Steuermessbeträgen.** § 184 Absatz 3 Satz 2 der Abgabenordnung findet erstmals für Steuermessbeträge Anwendung, die für Realsteuern des Jahres 2025 maßgeblich sind.

§ 36[4] **Sonderregelung auf Grund der Corona-Pandemie.** (1) § 149 Absatz 3 der Abgabenordnung in der am 19. Februar 2021 geltenden Fassung ist für den Besteuerungszeitraum 2019 mit der Maßgabe anzuwenden, dass an die Stelle des letzten Tages des Monats Februar 2021 der 31. August 2021 und an die Stelle des 31. Juli 2021 der 31. Dezember 2021 tritt; § 149 Absatz 4 der Abgabenordnung bleibt unberührt.

(2) [1] Abweichend von § 233a Absatz 2 Satz 1 der Abgabenordnung in der am 19. Februar 2021 geltenden Fassung beginnt der Zinslauf für den Besteuerungszeitrum 2019 am 1. Oktober 2021. [2] In den Fällen des § 233a Absatz 2 Satz 2 der Abgabenordnung in der am 19. Februar 2021 geltenden Fassung beginnt der Zinslauf für den Besteuerungszeitrum 2019 am 1. Mai 2022.

Art. 97a[5] Überleitungsregelungen aus Anlaß der Herstellung der Einheit Deutschlands

§ 1[6] **Zuständigkeit.** (1) [1] Für vor dem 1. Januar 1991 nach dem Recht der Bundesrepublik Deutschland oder der Deutschen Demokratischen Republik entstandene Besitz- und Verkehrsteuern, Zulagen und Prämien, auf die Abgabenrecht Anwendung findet, und dazugehörige steuerliche Nebenleistungen, bleiben die nach den bisher geltenden Vorschriften einschließlich der Vorschriften der Einzelsteuergesetze örtlich zuständigen Finanzbehörden weiterhin zuständig. [2] Dies gilt auch für das Rechtsbehelfsverfahren.

(2) [1] Würde durch einen Wechsel der örtlichen Zuständigkeit eine Finanzbehörde in dem in Artikel 3 des Einigungsvertrages genannten Gebiet für die

---

[1] Art. 97 § 33 Abs. 5 angef. durch G v. 19.6.2020 (BGBl. I S. 1385).

[2] Art. 97 § 34 angef. durch G v. 29.6.2020 (BGBl. I S. 1512), aufgeh. durch G v. 21.12.2020 (BGBl. I S. 3096).

[3] Art. 97 § 35 angef. durch G v. 21.12.2020 (BGBl. I S. 3096).

[4] Art. 97 § 36 angef. durch G v. 15.2.2021 (BGBl. I S. 237).

[5] Art. 97a eingef. durch Vertrag v. 31.8.1990 (BGBl. II S. 889, 968).

[6] § 1 Abs. 2 angef. durch G v. 24.6.1991 (BGBl. I S. 1322) und geänd. durch G v. 21.12.1993 (BGBl. I S. 2310).

gesonderte Feststellung nach § 180 Abs. 1 Nr. 1 der Abgabenordnung, für die gesonderte und einheitliche Feststellung nach der Anteilsbewertungsverordnung vom 19. Januar 1977 (BGBl. I S. 171) oder für die Besteuerung nach dem Vermögen zuständig, bleibt abweichend von § 26 Satz 1 der Abgabenordnung letztmals für Feststellungen zum 1. Januar 1998[1)] oder für die Vermögensteuer des Kalenderjahrs 1998 die nach den bisherigen Verhältnissen zuständige Finanzbehörde insoweit zuständig. [2]Dies gilt auch für das Rechtsbehelfsverfahren.

§ 2 Überleitungsbestimmungen für die Anwendung der Abgabenordnung in dem in Artikel 3 des Einigungsvertrages genannten Gebiet. Für die Anwendung der Abgabenordnung in dem in Artikel 3 des Einigungsvertrages genannten Gebiet gilt folgendes:

1. Verfahren, die beim Wirksamwerden des Beitritts anhängig sind, werden nach den Vorschriften der Abgabenordnung zu Ende geführt, soweit in den nachfolgenden Vorschriften nichts anderes bestimmt ist.
2. Fristen, deren Lauf vor dem Wirksamwerden des Beitritts begonnen hat, werden nach den Vorschriften der Abgabenordnung der Deutschen Demokratischen Republik (AO 1990) vom 22. Juni 1990 (Sonderdruck Nr. 1428 des Gesetzblattes)[2)] sowie des Einführungsgesetzes zur Abgabenordnung der Deutschen Demokratischen Republik vom 22. Juni 1990 (Sonderdruck Nr. 1428 des Gesetzblattes)[2)] berechnet, soweit in den nachfolgenden Vorschriften nichts anderes bestimmt ist.
3. § 152 ist erstmals auf Steuererklärungen anzuwenden, die nach dem Wirksamwerden des Beitritts einzureichen sind; eine Verlängerung der Steuererklärungsfrist ist hierbei nicht zu berücksichtigen.
4. [1]Die Vorschriften über die Aufhebung und Änderung von Verwaltungsakten sind erstmals anzuwenden, wenn nach dem Wirksamwerden des Beitritts ein Verwaltungsakt aufgehoben oder geändert wird. [2]Dies gilt auch dann, wenn der aufzuhebende oder zu ändernde Verwaltungsakt vor dem Wirksamwerden des Beitritts erlassen worden ist. [3]Auf vorläufige Steuerbescheide nach § 100 Abs. 1 der Abgabenordnung (AO) der

(Fortsetzung nächstes Blatt)

---

1) Geänd. durch G v. 11.10.1995 (BGBl. I S. 1250).
2) Gesetzblatt der DDR.

Deutschen Demokratischen Republik in der Fassung vom 18. September 1970 (Sonderdruck Nr. 681 des Gesetzblattes)[1] ist § 165 Abs. 2, auf Steuerbescheide nach § 100 Abs. 2 der Abgabenordnung (AO) der Deutschen Demokratischen Republik in der Fassung vom 18. September 1970 (Sonderdruck Nr. 681 des Gesetzblattes)[1] ist § 164 Abs. 2 und 3 anzuwenden.

5. [1]Die Vorschriften über die Festsetzungsverjährung gelten für die Festsetzung sowie für die Aufhebung und Änderung der Festsetzung von Steuern, Steuervergütungen und, soweit für steuerliche Nebenleistungen eine Festsetzungsverjährung vorgesehen ist, von steuerlichen Nebenleistungen, die nach dem Wirksamwerden des Beitritts entstehen. [2]Für vorher entstandene Ansprüche sind die Vorschriften der Abgabenordnung der Deutschen Demokratischen Republik (AO 1990) vom 22. Juni 1990 (Sonderdruck Nr. 1428 des Gesetzblattes)[1] sowie des Einführungsgesetzes zur Abgabenordnung der Deutschen Demokratischen Republik vom 22. Juni 1990 (Sonderdruck Nr. 1428 des Gesetzblattes)[1] über die Verjährung und über die Ausschlußfristen weiter anzuwenden, soweit sie für die Festsetzung einer Steuer, Steuervergütung oder steuerlichen Nebenleistung, für die Aufhebung oder Änderung einer solchen Festsetzung oder für die Geltendmachung von Erstattungsansprüchen von Bedeutung sind; Nummer 9 Satz 2 bis 4 bleibt unberührt. [3]Sätze 1 und 2 gelten sinngemäß für die gesonderte Feststellung von Besteuerungsgrundlagen sowie für die Festsetzung, Zerlegung und Zuteilung von Steuermeßbeträgen. [4]Bei der Einheitsbewertung tritt an die Stelle des Zeitpunkts der Entstehung des Steueranspruchs der Zeitpunkt, auf den die Hauptfeststellung, die Fortschreibung, die Nachfeststellung oder die Aufhebung eines Einheitswertes vorzunehmen ist.

6. §§ 69 bis 76 und 191 Abs. 3 bis 5 sind anzuwenden, wenn der haftungsbegründende Tatbestand nach dem Wirksamwerden des Beitritts verwirklicht worden ist.

7. [1]Bei der Anwendung des § 141 Abs. 1 Nr. 3 tritt an die Stelle des Wirtschaftswerts der Ersatzwirtschaftswert (§ 125 des Bewertungsgesetzes)[2]. [2]Satz 1 ist letztmals für gesonderte Feststellungen auf den 1. Januar 2024 anzuwenden.[3]

8. [1]Die Vorschriften über verbindliche Zusagen auf Grund einer Außenprüfung (§§ 204 bis 207) sind anzuwenden, wenn die Schlußbesprechung nach dem Wirksamwerden des Beitritts stattfindet oder, falls eine solche nicht erforderlich ist, wenn dem Steuerpflichtigen der Prüfungsbericht nach dem Wirksamwerden des Beitritts zugegangen ist. [2]Hat die Schlußbesprechung nach dem 30. Juni 1990 und vor dem Wirksamwerden des Beitritts stattgefunden oder war eine solche nicht erforderlich und ist der Prüfungsbericht dem Steuerpflichtigen nach dem 30. Juni 1990 und vor dem Wirksamwerden des Beitritts zugegangen, sind die bisherigen Vor-

(Fortsetzung nächstes Blatt)

---

[1] Gesetzblatt der DDR.

[2] Nr. **200**.

[3] Art. 97a § 2 Nr. 7 Satz 2 angef. durch G v. 26.11.2019 (BGBl. I S. 1794).

schriften der Abgabenordnung der Deutschen Demokratischen Republik (AO 1990) vom 22. Juni 1990 (Sonderdruck Nr. 1428 des Gesetzblattes)[1] sowie des Einführungsgesetzes zur Abgabenordnung der Deutschen Demokratischen Republik vom 22. Juni 1990 (Sonderdruck Nr. 1428 des Gesetzblattes)[1] über verbindliche Zusagen auf Grund einer Außenprüfung weiter anzuwenden.

9. [1]Die Vorschriften über die Zahlungsverjährung gelten für alle Ansprüche im Sinne des § 228 Satz 1, deren Verjährung gemäß § 229 nach dem Wirksamwerden des Beitritts beginnt. [2]Liegen die Voraussetzungen des Satzes 1 nicht vor, so sind für die Ansprüche weiterhin die Vorschriften der Abgabenordnung der Deutschen Demokratischen Republik (AO 1990) vom 22. Juni 1990 (Sonderdruck Nr. 1428 des Gesetzblattes)[1] sowie des Einführungsgesetzes zur Abgabenordnung der Deutschen Demokratischen Republik vom 22. Juni 1990 (Sonderdruck Nr. 1428 des Gesetzblattes)[1] über die Verjährung und Ausschlußfristen anzuwenden. [3]Die Verjährung wird jedoch ab Wirksamwerden des Beitritts nur noch nach den §§ 230 und 231 gehemmt und unterbrochen. [4]Auf die nach § 231 Abs. 3 beginnende neue Verjährungsfrist sind die §§ 228 bis 232 anzuwenden.
10. [1]Zinsen entstehen für die Zeit nach dem Wirksamwerden des Beitritts nach den Vorschriften der Abgabenordnung. [2]Die Vorschriften des § 233 a über die Verzinsung von Steuernachforderungen und Steuererstattungen sind erstmals für Steuern anzuwenden, die nach dem 31. Dezember 1990 entstehen. [3]Ist eine Steuer über den Tag des Wirksamwerdens des Beitritts hinaus zinslos gestundet worden, so gilt dies als Verzicht auf Zinsen im Sinne des § 234 Abs. 2. [4]Die Vorschriften des § 239 Abs. 1 über die Festsetzungsfrist gelten in allen Fällen, in denen die Festsetzungsfrist auf Grund dieser Vorschrift nach dem Wirksamwerden des Beitritts beginnt.
11. § 240 ist erstmals auf Säumniszuschläge anzuwenden, die nach dem Wirksamwerden des Beitritts verwirkt werden.
12. Wird ein Verwaltungsakt angefochten, der vor dem Wirksamwerden des Beitritts wirksam geworden ist, bestimmt sich die Zulässigkeit des außergerichtlichen Rechtsbehelfs nach den bisherigen Vorschriften; ist über den Rechtsbehelf nach dem Wirksamwerden des Beitritts zu entscheiden, richten sich die Art des außergerichtlichen Rechtsbehelfs sowie das weitere Verfahren nach den neuen Vorschriften.
13. [1]Eine vor dem Wirksamwerden des Beitritts begonnene Maßnahme der Zwangsvollstreckung ist nach dem bisherigen Recht zu erledigen. [2]Werden weitere selbständige Maßnahmen zur Fortsetzung der bereits begonnenen Zwangsvollstreckung nach dem Wirksamwerden des Beitritts eingeleitet, gelten die Vorschriften der Abgabenordnung. [3]Als selbständige Maßnahme gilt auch die Verwertung eines gepfändeten Gegenstandes.

§ 3[2] Festsetzungsverjährung und D-Markbilanzgesetz. (1) [1]Bei Steuerpflichtigen, die nach dem D-Markbilanzgesetz vom 31. August 1990 in der

---

[1] Gesetzblatt der DDR.

[2] Art. 97 a § 3 eingef. durch G v. 18. 12. 1995 (BGBl. I S. 1959).

Fassung vom 28. Juli 1994 (BGBl. II S. 1842) eine Eröffnungsbilanz für den 1. Juli 1990 aufzustellen haben, beträgt die Festsetzungsfrist insoweit abweichend von § 169 Abs. 2 Satz 1 Nr. 2 der Abgabenordnung für Steuern vom Einkommen, die nach dem 30. Juni 1990 und vor dem 1. Januar 1993 entstehen, sechs Jahre. [2]Soweit diese Steuern leichtfertig verkürzt worden sind, beträgt die Festsetzungsfrist abweichend von § 169 Abs. 2 Satz 2 der Abgabenordnung sieben Jahre.

(2) Für Gesellschaften und Gemeinschaften, für die Einkünfte nach § 180 Abs. 1 Nr. 2 Buchstabe a der Abgabenordnung einheitlich und gesondert festzustellen sind, gilt Absatz 1 für die Feststellungsfrist sinngemäß.

(3) Die Festsetzungsfrist für Haftungsbescheide, denen die in den Absätzen 1 und 2 genannten Steueransprüche zugrunde liegen, beträgt abweichend von § 191 Abs. 3 Satz 2 der Abgabenordnung sechs Jahre, in den Fällen des § 70 der Abgabenordnung bei Steuerhinterziehung zehn Jahre, bei leichtfertiger Steuerverkürzung sieben Jahre, in den Fällen des § 71 der Abgabenordnung zehn Jahre.

§ 4[1)] Verrechnung der für das zweite Halbjahr 1990 gezahlten Vermögensteuer. Die nach der Verordnung vom 27. Juni 1990 (GBl. I Nr. 41 S. 618)[2)] in der zusammengefaßten Steuerrate für das zweite Halbjahr 1990 gezahlte Vermögensteuer ist in der Jahreserklärung 1990 innerhalb der Steuerrate mit der Körperschaftsteuer und Gewerbesteuer der in Kapitalgesellschaften umgewandelten ehemaligen volkseigenen Kombinate, Betriebe und Einrichtungen zu verrechnen.

§ 5.[3)] *(aufgehoben)*

Art. 98 Verweisungen. Soweit in Rechtsvorschriften auf Vorschriften verwiesen wird, die durch dieses Gesetz aufgehoben werden, treten an deren Stelle die entsprechenden Vorschriften der Abgabenordnung.

Art. 99[4)] Ermächtigungen. (1) Das Bundesministerium der Finanzen wird ermächtigt, durch Rechtsverordnung in den Fällen, in denen Verbrauchsteuergesetze für verbrauchsteuerpflichtige Waren Steuerbefreiungen, Steuerermäßigungen oder sonstige Steuervergünstigungen unter der Bedingung vorsehen, daß diese Waren einer besonderen Bestimmung zugeführt werden, zur Sicherung des Steueraufkommens und zur Vereinfachung des Verfahrens anzuordnen, daß

1. die Steuer nur bedingt entsteht; bei einer Steuerermäßigung gilt dies in Höhe des Unterschiedes zwischen dem vollen und dem ermäßigten Steuersatz,

---

1) Art. 97 a § 4 angef. als § 3 durch G v. 24. 6. 1991 (BGBl. I S. 1322).

2) Gesetzblatt der DDR.

3) Art. 97 a § 5 eingef. durch G v. 20. 12. 2001 (BGBl. I S. 3794) und aufgeh. durch G v. 5. 5. 2004 (BGBl. I S. 718).

4) Art. 99 Abs. 1 Einleitungssatz geänd. durch G v. 21. 12. 1993 (BGBl. I S. 2310).

2. eine bedingte Steuer außer in sonst gesetzlich bestimmten Fällen auch unbedingt wird, wenn
   a) die verbrauchsteuerpflichtige Ware entgegen Rechtsvorschriften über das Verfahren der Steueraufsicht vorenthalten oder entzogen wird,
   b) eine befristete Erlaubnis für die Inanspruchnahme einer Steuervergünstigung erlischt, hinsichtlich der in diesem Zeitpunkt beim Inhaber der Erlaubnis noch vorhandenen Bestände an von ihm steuerbegünstigt bezogenen verbrauchsteuerpflichtigen Waren.

(2) Rechtsverordnungen nach Absatz 1 und andere Rechtsverordnungen, die auf Grund der in diesem Gesetz enthaltenen Ermächtigungen auf dem Gebiet der Verbrauchsteuern und Finanzmonopole (Artikel 20 bis 32) erlassen werden, bedürfen, außer wenn sie die Biersteuer betreffen, nicht der Zustimmung des Bundesrates.

Art. 100[1]**.** *(aufgehoben)*

Art. 101 Berlin-Klausel. *(gegenstandslos)*

Art. 102[2] **Inkrafttreten.** (1) Dieses Gesetz tritt am 1. Januar 1977 in Kraft, soweit nichts anderes bestimmt ist.

(2) § 17 Abs. 3 des Finanzverwaltungsgesetzes in der Fassung des Artikels 1 Nr. 7 Buchstabe b, Artikel 11, Artikel 17 Nr. 13 Buchstabe c, Artikel 97 § 19 und Artikel 99 treten am Tage nach der Verkündung[3] in Kraft.

(3) Artikel 14 Nr. 1 Buchstabe a gilt erstmals für die Vermögensteuer des Kalenderjahres 1975.

---

[1] Art. 100 aufgeh. durch G v. 21. 12. 1993 (BGBl. I S. 2310).

[2] Art. 102 betrifft das Inkrafttreten in der ursprünglichen Fassung. Das Inkrafttreten der späteren Änderungen ergibt sich aus den jeweiligen Änderungsgesetzen.

[3] Verkündet am 17. 12. 1976.

800b. Verordnung zu Art, Inhalt und Umfang von Aufzeichnungen im Sinne des § 90 Absatz 3 der Abgabenordnung (Gewinnabgrenzungsaufzeichnungs-Verordnung – GAufzV)

Vom 12. Juli 2017 (BGBl. I S. 2367)

BGBl. III/FNA 610-1-15

Auf Grund des § 90 Absatz 3 Satz 11 der Abgabenordnung, der durch Artikel 1 Nummer 2 des Gesetzes vom 20. Dezember 2016 (BGBl. I S. 3000) neu gefasst worden ist, verordnet das Bundesministerium der Finanzen:

§ 1 Grundsätze der Aufzeichnungspflicht. (1) [1]Der Steuerpflichtige hat in den Aufzeichnungen, die über die Geschäftsbeziehungen im Sinne des § 1 Absatz 4 des Außensteuergesetzes zu erstellen sind, sämtliche Tatsachen anzugeben, die für die Vereinbarung von Bedingungen für Geschäftsvorfälle, insbesondere von Verrechnungspreisen, steuerliche Bedeutung haben. [2]Die Aufzeichnungspflicht beschränkt sich nicht auf die zivilrechtlichen Beziehungen. [3]Die Aufzeichnungspflicht bezieht sich auch auf Geschäftsvorfälle, die keinen Leistungsaustausch zum Gegenstand haben, wie Vereinbarungen über Arbeitnehmerentsendungen. [4]Aufzeichnungen, die im Wesentlichen unverwertbar sind (§ 162 Absatz 3 und 4 der Abgabenordnung), sind als nicht erstellt zu behandeln.

(2) Für die Sachverhaltsdokumentation nach § 90 Absatz 3 Satz 2 der Abgabenordnung sind Aufzeichnungen über die Art, den Umfang und die Abwicklung sowie über die wirtschaftlichen und die rechtlichen Rahmenbedingungen der Geschäftsvorfälle erforderlich.

(3) [1]Für die Angemessenheitsdokumentation nach § 90 Absatz 3 Satz 2 der Abgabenordnung hat der Steuerpflichtige für jeden Geschäftsvorfall entsprechend der von ihm gewählten Verrechnungspreismethode Aufzeichnungen zu erstellen und Vergleichsdaten heranzuziehen, soweit solche Daten im Zeitpunkt der Vereinbarung des jeweiligen Geschäftsvorfalls bei ihm oder bei ihm nahestehenden Personen vorhanden sind oder soweit er sich solche Daten mit zumutbarem Aufwand aus ihm frei zugänglichen Quellen beschaffen kann. [2]Zu den Vergleichsdaten im Sinne des Satzes 1 gehören insbesondere Daten zu vergleichbaren Geschäftsvorfällen, die der Steuerpflichtige oder eine ihm nahestehende Person mit fremden Dritten abgeschlossen hat, und zu vergleichbaren Geschäftsvorfällen zwischen fremden Dritten, zum Beispiel Preise und Geschäftsbedingungen, Kostenaufteilungen, Gewinnaufschläge, Bruttospannen, Nettospannen, Gewinnaufteilungen. [3]Zusätzlich sind Aufzeichnungen über innerbetriebliche Daten zu erstellen, die eine Plausibilitätskontrolle der vom Steuerpflichtigen vereinbarten Verrechnungspreise ermöglichen, wie

zum Beispiel Prognoserechnungen und Daten zur Absatz-, Gewinn- und Kostenplanung. [4]Hat der Steuerpflichtige die von ihm und den ihm nahestehenden Personen ausgeübten Funktionen, übernommenen Risiken und eingesetzten wesentlichen Vermögenswerte in ihrer Bedeutung für einen Geschäftsvorfall gewichtet, muss diese Gewichtung widerspruchsfrei sein; in solchen Fällen müssen für jeden am Geschäftsvorfall Beteiligten die ausgeübten Funktionen, das Ausmaß der tatsächlich übernommenen Risiken und die Höhe der tatsächlich eingesetzten wesentlichen Vermögenswerte quantitativ nachvollziehbar dargestellt werden.

§ 2 Art, Inhalt und Umfang der Aufzeichnungen. (1) [1]Aufzeichnungen über Geschäftsbeziehungen können in Papierform oder elektronisch erstellt werden. [2]Sie sind ordnungsmäßig zu führen und aufzubewahren. [3]Sie müssen das ernsthafte Bemühen des Steuerpflichtigen belegen, seine Geschäftsbeziehungen unter Beachtung des Fremdvergleichsgrundsatzes zu gestalten. [4]Die Aufzeichnungen müssen es daher einem sachverständigen Dritten ermöglichen, innerhalb einer angemessenen Frist festzustellen, welche Sachverhalte der Steuerpflichtige im Zusammenhang mit seinen Geschäftsbeziehungen verwirklicht hat und ob und inwieweit er dabei den Fremdvergleichsgrundsatz beachtet hat.

(2) [1]Art, Inhalt und Umfang der zu erstellenden Aufzeichnungen bestimmen sich nach den Umständen des Einzelfalls, insbesondere nach der vom Steuerpflichtigen angewandten Verrechnungspreismethode. [2]Der Steuerpflichtige ist nicht verpflichtet, Aufzeichnungen für mehr als eine geeignete Verrechnungspreismethode zu erstellen.

(3) [1]Aufzeichnungen sind grundsätzlich geschäftsvorfallbezogen zu erstellen. [2]Geschäftsvorfälle, die gemessen an Funktionen und Risiken wirtschaftlich vergleichbar sind, können für die Erstellung von Aufzeichnungen zu Gruppen zusammengefasst werden, wenn

1. die Gruppenbildung nach vorher festgelegten und nachvollziehbaren Regeln vorgenommen wurde und die Geschäftsvorfälle gleichartig oder gleichwertig sind oder
2. die Zusammenfassung auch bei Geschäftsvorfällen zwischen fremden Dritten üblich ist.

[3]Eine Zusammenfassung ist auch zulässig bei ursächlich zusammenhängenden Geschäftsvorfällen und bei Teilleistungen im Rahmen eines Gesamtgeschäfts, wenn es für die Prüfung der Angemessenheit weniger auf den einzelnen Geschäftsvorfall, sondern mehr auf die Beurteilung des Gesamtgeschäfts ankommt. [4]Werden Aufzeichnungen für Gruppen von Geschäftsvorfällen erstellt, sind die Regeln für deren Abwicklung und die Kriterien für die Gruppenbildung darzustellen. [5]Bestehen für eine Gruppe verbundener Unternehmen dem Fremdvergleichsgrundsatz genügende innerbetriebliche Verrechnungspreisrichtlinien, die für die einzelnen Unternehmen eine geeignete Verrechnungspreismethode oder mehrere geeignete Verrechnungspreismethoden vorgeben, können diese Verrechnungspreisrichtlinien als Bestandteil der Aufzeichnungen verwendet werden. [6]Soweit solche Verrechnungspreisrichtli-

nien die Preisermittlung regeln und tatsächlich befolgt werden, kann auf geschäftsvorfallbezogene Einzelaufzeichnungen im Sinne des Satzes 1 verzichtet werden.

(4) [1]Ergibt sich bei Dauersachverhalten eine Änderung der Umstände, die für die Angemessenheit vereinbarter Preise von wesentlicher Bedeutung ist, hat der Steuerpflichtige auch nach dem Geschäftsabschluss Informationen zu sammeln und aufzuzeichnen, die einer Finanzbehörde die Prüfung ermöglichen, ob und ab welchem Zeitpunkt fremde Dritte eine Anpassung der Geschäftsbedingungen für spätere Geschäftsvorfälle vereinbart hätten. [2]Dies gilt insbesondere, wenn in einem Geschäftsbereich steuerliche Verluste erkennbar werden, die ein fremder Dritter nicht hingenommen hätte, oder wenn Preisanpassungen zu Lasten des Steuerpflichtigen vorgenommen werden.

(5) [1]Aufzeichnungen sind grundsätzlich in deutscher Sprache zu erstellen. [2]Die Finanzbehörde kann auf Antrag des Steuerpflichtigen Ausnahmen hiervon zulassen. [3]Der Antrag kann vor der Anfertigung der Aufzeichnungen gestellt werden, er ist aber spätestens unverzüglich nach Anforderung der Aufzeichnungen durch die Finanzbehörde zu stellen. [4]Erforderliche Übersetzungen von Verträgen und ähnlichen Dokumenten im Sinne der §§ 4 und 5 gehören zu den Aufzeichnungen. [5]§ 87 Absatz 2 der Abgabenordnung bleibt unberührt.

(6) [1]Aufzeichnungen sollen im Regelfall nur für die Zwecke der Durchführung einer Außenprüfung angefordert werden. [2]Die Anforderung soll die Geschäftsbereiche und die Geschäftsbeziehungen des Steuerpflichtigen bezeichnen, die Gegenstand der Außenprüfung sein sollen. [3]In der Anforderung sollen auch die Art und der Umfang der angeforderten Aufzeichnungen inhaltlich hinreichend bestimmt werden. [4]Die Anforderung kann zusammen mit der Prüfungsanordnung erfolgen und jederzeit nachgeholt, ergänzt oder geändert werden (§ 90 Absatz 3 Satz 10 der Abgabenordnung).

§ 3 Zeitnahe Erstellung von Aufzeichnungen bei außergewöhnlichen Geschäftsvorfällen. (1) [1]Aufzeichnungen über außergewöhnliche Geschäftsvorfälle im Sinne des § 90 Absatz 3 Satz 8 der Abgabenordnung sind zeitnah erstellt, wenn sie im engen zeitlichen Zusammenhang mit dem Geschäftsvorfall gefertigt werden. [2]Sie gelten als noch zeitnah erstellt, wenn sie innerhalb von sechs Monaten nach Ablauf des Wirtschaftsjahres gefertigt werden, in dem sich der Geschäftsvorfall ereignet hat.

(2) Als außergewöhnliche Geschäftsvorfälle sind insbesondere anzusehen:

1. der Abschluss und die Änderung langfristiger Verträge, die sich erheblich auf die Höhe der Einkünfte des Steuerpflichtigen aus seinen Geschäftsbeziehungen auswirken,
2. Vermögensübertragungen im Zuge von Umstrukturierungsmaßnahmen,
3. die Übertragung und die Überlassung von Vermögenswerten im Zusammenhang mit wesentlichen Funktions- und Risikoänderungen im Unternehmen,

4. Geschäftsvorfälle im Zusammenhang mit einer für die Verrechnungspreisbildung erheblichen Änderung der Geschäftsstrategie sowie
5. der Abschluss von Umlageverträgen.

§ 4 Landesspezifische, unternehmensbezogene Dokumentation.

(1) Der Steuerpflichtige hat nach Maßgabe der §§ 1 bis 3 folgende Aufzeichnungen, soweit sie für die Prüfung von Geschäftsbeziehungen des Steuerpflichtigen im Sinne des § 90 Absatz 3 Satz 1 und 2 der Abgabenordnung steuerlich von Bedeutung sind, zu erstellen:

1. allgemeine Informationen über die Beteiligungsverhältnisse, den Geschäftsbetrieb und den Organisationsaufbau:
   a) die Darstellung der Beteiligungsverhältnisse zwischen dem Steuerpflichtigen und ihm nahestehenden Personen im Sinne des § 1 Absatz 2 Nummer 1 und 2 des Außensteuergesetzes, mit denen der Steuerpflichtige unmittelbar oder über Zwischenpersonen Geschäftsbeziehungen unterhält, zu Beginn des Prüfungszeitraums und die Darstellung der Veränderungen dieser Beteiligungsverhältnisse innerhalb des Prüfungszeitraums,
   b) die Darstellung der sonstigen Umstände, die das Nahestehen im Sinne des § 1 Absatz 2 Nummer 3 des Außensteuergesetzes begründen können,
   c) die Darstellung der organisatorischen und operativen Konzernstruktur, einschließlich Betriebsstätten und Beteiligungen an Personengesellschaften, zu Beginn des Prüfungszeitraums sowie die Darstellung der Veränderungen der Konzernstruktur innerhalb des Prüfungszeitraums,
   d) die Beschreibung der Managementstruktur sowie der Organisationsstruktur des inländischen Unternehmens des Steuerpflichtigen,
   e) die Beschreibung der Tätigkeitsbereiche des Steuerpflichtigen und der Geschäftsstrategie zu Beginn des Prüfungszeitraums sowie die Beschreibung der Veränderungen der Tätigkeitsbereiche und der Geschäftsstrategie innerhalb des Prüfungszeitraums;
2. Aufzeichnungen über Geschäftsbeziehungen des Steuerpflichtigen:
   a) die Darstellung der Geschäftsbeziehungen des Steuerpflichtigen, Übersicht über Art und Umfang dieser Geschäftsbeziehungen, zum Beispiel Wareneinkauf, Dienstleistungen, Darlehensverhältnisse und andere Nutzungsüberlassungen sowie Kostenumlagen, und Übersicht über die den Geschäftsbeziehungen zugrunde liegenden Verträge und der Veränderungen innerhalb des Prüfungszeitraums,
   b) die Auflistung der wesentlichen immateriellen Werte, die dem Steuerpflichtigen gehören und die er im Rahmen seiner Geschäftsbeziehungen nutzt oder zur Nutzung überlässt;
3. Funktions- und Risikoanalyse:
   a) Informationen über
      aa) die im Rahmen der Geschäftsbeziehungen ausgeübten Funktionen und übernommenen Risiken zu Beginn des Prüfungszeitraums so-

wie über die Veränderungen dieser Funktionen und Risiken innerhalb des Prüfungszeitraums,

bb) die eingesetzten wesentlichen Vermögenswerte,

cc) die vereinbarten Vertragsbedingungen,

dd) gewählte Geschäftsstrategien sowie

ee) die Markt- und Wettbewerbsverhältnisse, die für die Besteuerung von Bedeutung sind,

b) Beschreibung der Wertschöpfungskette und Darstellung der Wertschöpfungsbeiträge des Steuerpflichtigen; § 1 Absatz 3 Satz 4 ist zu beachten;

4. Verrechnungspreisanalyse:

a) Zeitpunkt der Verrechnungspreisbestimmung,

b) Aufzeichnung der im Zeitpunkt der Verrechnungspreisbestimmung verfügbaren und zur Preisbestimmung verwendeten Informationen, die für die Besteuerung von Bedeutung sind,

c) Darstellung der angewandten Verrechnungspreismethode,

d) Begründung der Auswahl und der Geeignetheit der angewandten Verrechnungspreismethode,

e) Unterlagen über die Berechnungen bei der Anwendung der gewählten Verrechnungspreismethode,

f) Auflistung und Beschreibung verwendeter vergleichbarer interner oder externer Geschäftsvorfälle.

(2) Zu den in Absatz 1 genannten Aufzeichnungen gehören nach den Verhältnissen des Einzelfalls folgende weitere Aufzeichnungen:

1. Informationen über Sonderumstände wie Maßnahmen zum Vorteilsausgleich, soweit sie die Bestimmung der Verrechnungspreise des Steuerpflichtigen beeinflussen können;
2. bei Umlagen die Verträge, gegebenenfalls in Verbindung mit den Anhängen, den Anlagen und den Zusatzvereinbarungen, die Unterlagen über die Anwendung des Aufteilungsschlüssels und über den erwarteten Nutzen für alle Beteiligten sowie die Unterlagen über die Art und den Umfang der Rechnungskontrolle, über die Anpassung an veränderte Verhältnisse, über die Zugriffsberechtigung auf die Unterlagen des leistungserbringenden Unternehmens und über die Zuordnung von Nutzungsrechten;
3. Informationen über beantragte oder abgeschlossene Verständigungs- oder Schiedsstellenverfahren anderer Staaten sowie über unilaterale Verrechnungspreiszusagen und sonstige steuerliche Vorabzusagen ausländischer Steuerverwaltungen, die die Geschäftsbeziehungen des Steuerpflichtigen berühren;
4. Aufzeichnungen über Preisanpassungen beim Steuerpflichtigen, auch wenn diese die Folge von Verrechnungspreiskorrekturen oder Vorabzusagen ausländischer Finanzbehörden bei dem Steuerpflichtigen nahestehenden Personen sind;

5. Aufzeichnungen über die Ursachen von Verlusten und über Vorkehrungen des Steuerpflichtigen oder ihm nahestehender Personen zur Beseitigung der Verlustsituation, wenn der Steuerpflichtige in mehr als drei aufeinander folgenden Wirtschaftsjahren aus Geschäftsbeziehungen einen steuerlichen Verlust ausweist;
6. in Fällen von Funktions- und Risikoänderungen im Sinne des § 3 Absatz 2 Aufzeichnungen über Forschungsvorhaben und laufende Forschungstätigkeiten, die im Zusammenhang mit einer Funktionsänderung stehen können und in den drei Jahren vor Durchführung der Funktionsänderung stattfanden oder abgeschlossen worden sind; die Aufzeichnungen müssen mindestens Angaben über den genauen Gegenstand der Forschungen und die insgesamt jeweils zuzuordnenden Kosten enthalten. [2]Dies gilt nur, soweit ein Steuerpflichtiger Forschung und Entwicklung betreibt und Unterlagen über seine Forschungs- und Entwicklungsarbeiten erstellt, aus denen die genannten Aufzeichnungen abgeleitet werden können.

(3) [1]Verwendet der Steuerpflichtige für die Bestimmung seiner Verrechnungspreise Datenbanken, muss er die von ihm dabei verwendete Suchstrategie, die dabei verwendeten Suchkriterien, das Suchergebnis und den außerhalb der Datenbank durchgeführten weiteren Selektionsprozess (Suchprozess) umfassend offenlegen. [2]Der gesamte Suchprozess des Steuerpflichtigen muss nachvollziehbar und zum Zeitpunkt der Außenprüfung prüfbar sein. [3]Die Konfiguration der Datenbank, mit der der konkrete Suchprozess durchgeführt wurde, ist vollständig zu dokumentieren. [4]§ 147 Absatz 6 der Abgabenordnung gilt sinngemäß.

§ 5 Stammdokumentation. (1) [1]Steuerpflichtige, die nach § 90 Absatz 3 Satz 3 und 4 der Abgabenordnung eine Stammdokumentation zu erstellen haben, haben die in der Anlage zu dieser Verordnung aufgeführten Aufzeichnungen zu erstellen und entsprechende Unterlagen vorzulegen, um der Finanzbehörde einen Überblick über die Art der weltweiten Geschäftstätigkeit der Unternehmensgruppe und über die Systematik der Verrechnungspreisbestimmung, die die Unternehmensgruppe anwendet, zu ermöglichen. [2]Der Steuerpflichtige kann auch Aufzeichnungen verwenden, die von einem anderen Unternehmen derselben Unternehmensgruppe erstellt wurden. [3]Soweit erforderlich, sind diese Aufzeichnungen um weitere Angaben entsprechend der Anlage zu dieser Verordnung zu ergänzen. [4]§ 2 Absatz 5 bleibt unberührt.

(2) Der Steuerpflichtige soll bei der Erstellung der Stammdokumentation eine vernünftige kaufmännische Beurteilung zugrunde legen, um die mit der Stammdokumentation verbundenen Ziele mit angemessenem Aufwand zu erreichen.

§ 6 Anwendungsregelungen für kleinere Unternehmen und für Steuerpflichtige mit anderen als Gewinneinkünften. (1) [1]Für Steuerpflichtige, die aus Geschäftsbeziehungen andere Einkünfte als Gewinneinkünfte beziehen, und für kleinere Unternehmen gelten die in § 90 Absatz 3 Satz 1 bis 4 und 8 der Abgabenordnung und die in dieser Verordnung bezeichneten Aufzeichnungspflichten vorbehaltlich Satz 2 als erfüllt, soweit die gegenüber den

Finanzbehörden zu erteilenden Auskünfte den Anforderungen des § 2 Absatz 1 entsprechen und durch die Vorlage vorhandener Unterlagen auf Anforderung des Finanzamts belegt werden. [2]Die in § 90 Absatz 3 Satz 7 und 8 der Abgabenordnung genannten Fristen sind einzuhalten.

(2) [1]Kleinere Unternehmen im Sinne des Absatzes 1 sind Unternehmen, bei denen im laufenden Wirtschaftsjahr

1. die Summe der Entgelte für die Lieferung von Gütern oder Waren aus Geschäftsbeziehungen mit nahestehenden Personen im Sinne des § 1 Absatz 2 des Außensteuergesetzes sechs Millionen Euro nicht übersteigt und
2. die Summe der Vergütungen für andere Leistungen als die Lieferung von Gütern oder Waren aus Geschäftsbeziehungen mit nahestehenden Personen im Sinne des § 1 Absatz 2 des Außensteuergesetzes nicht mehr als 600 000 Euro beträgt.

[2]Werden die in Satz 1 genannten Beträge in einem Wirtschaftsjahr überschritten, ist Absatz 1 ab dem darauf folgenden Wirtschaftsjahr nicht mehr anzuwenden. [3]Unterschreitet ein Unternehmen, das nicht nach Absatz 1 begünstigt ist, die genannten Beträge in einem Wirtschaftsjahr, ist es im darauf folgenden Wirtschaftsjahr als kleineres Unternehmen im Sinne des Satzes 1 zu behandeln.

(3) Zusammenhängende inländische Unternehmen im Sinne der §§ 13, 18 und 19 der Betriebsprüfungsordnung vom 15. März 2000 (BStBl. I S. 368) in der jeweils geltenden Fassung und inländische Betriebsstätten von dem Steuerpflichtigen nahestehenden Personen sind für die Prüfung der Betragsgrenzen nach Absatz 2 zusammenzurechnen.

§ 7 Schlussvorschrift. Diese Verordnung ist erstmals für Wirtschaftsjahre anzuwenden, die nach dem 31. Dezember 2016 beginnen.

§ 8 Inkrafttreten, Außerkrafttreten. [1]Diese Verordnung tritt am Tag nach der Verkündung in Kraft. [2]Gleichzeitig tritt die Gewinnabgrenzungsaufzeichnungsverordnung vom 13. November 2003 (BGBl. I S. 2296), die zuletzt durch Artikel 7 des Gesetzes vom 26. Juni 2013 (BGBl. I S. 1809) geändert worden ist, außer Kraft.

Anlage
(zu § 5)

Umfang der Stammdokumentation

Die Stammdokumentation umfasst Folgendes:

1. grafische Darstellung des Organisationsaufbaus (Rechts- und Eigentümerstruktur) sowie der geografischen Verteilung der Gesellschaften und Betriebsstätten, die zur Unternehmensgruppe im Sinne des § 90 Absatz 3 der Abgabenordnung gehören;
2. Übersicht über bedeutende Faktoren für den Gesamtgewinn der Unternehmensgruppe;
3. Beschreibung der Lieferketten für die fünf Produkte oder Dienstleistungen der Unternehmensgruppe, die die höchsten Umsatzerlöse erzielen (eine aussagefähige Grafik oder ein entsprechendes Diagramm reicht aus);
4. Beschreibung der Lieferketten für alle weiteren Produkte oder Dienstleistungen, auf die jeweils mehr als 5 Prozent der Umsatzerlöse der Unternehmensgruppe entfallen (eine aussagefähige Grafik oder ein entsprechendes Diagramm reicht aus);
5. Auflistung und zusammenfassende Beschreibung wichtiger Dienstleistungsvereinbarungen zwischen Unternehmen der Unternehmensgruppe (ohne Forschungs- und Entwicklungsleistungen), einschließlich einer Beschreibung der Kapazitäten der Hauptstandorte, die bedeutende Dienstleistungen erbringen, sowie der Verrechnungspreispolitik für die Zuordnung der Dienstleistungskosten und für die Bestimmung der für konzerninterne Dienstleistungen zu zahlenden Preise;
6. Beschreibung der wichtigsten geografischen Märkte für die Produkte oder Dienstleistungen der Unternehmensgruppe (vgl. die Nummern 3 und 4);
7. zusammenfassende Funktionsanalyse, die die Hauptbeiträge beschreibt, die die einzelnen Unternehmen der Unternehmensgruppe zur Wertschöpfung leisten, das heißt die ausgeübten Schlüsselfunktionen, die wichtigen übernommenen Risiken und die wichtigen genutzten Vermögenswerte;
8. zusammenfassende Beschreibung bedeutender, während des Wirtschaftsjahres erfolgter Umstrukturierungen der Geschäftstätigkeit der Unternehmensgruppe sowie eine Auflistung und zusammenfassende Beschreibung der von der Unternehmensgruppe während des Wirtschaftsjahres vorgenommenen bedeutender Unternehmenskäufe und -verkaufe;
9. allgemeine Beschreibung der Gesamtstrategie der Unternehmensgruppe für immaterielle Werte (Entwicklung, Eigentum, Schutz und Verwertung), einschließlich einer Auflistung der Standorte der wichtigsten Forschungs- und Entwicklungseinrichtungen und der Standorte des Forschungs- und Entwicklungsmanagements;
10. Auflistung der immateriellen Werte oder der Gruppen immaterieller Werte der Unternehmensgruppe, die für die Verrechnungspreisbestimmung von Bedeutung sind, sowie der Unternehmen, die rechtliche Eigentümer oder Inhaber dieser immateriellen Werte sind;
11. Auflistung wichtiger Vereinbarungen zwischen den Unternehmen der Unternehmensgruppe mit Bezug zu den immateriellen Werten, einschließlich Kostenumlagevereinbarungen sowie wesentlicher Forschungsdienstleistungsvereinbarungen und Lizenzvereinbarungen;
12. allgemeine Beschreibung der Verrechnungspreispolitik der Unternehmensgruppe in Bezug auf Forschung und Entwicklung sowie auf immaterielle Werte;
13. allgemeine Beschreibung aller wichtigen Übertragungen von Rechten an immateriellen Werten zwischen den Unternehmen der Unternehmensgruppe während des betreffenden Wirtschaftsjahres, einschließlich der entsprechenden Unternehmen, Staaten und Vergütungen;
14. allgemeine Beschreibung, wie die Unternehmensgruppe finanziert wird, einschließlich der Darstellung bedeutender Finanzierungsbeziehungen zu fremden Dritten;
15. Angabe derjenigen Unternehmen der Unternehmensgruppe, die eine zentrale Finanzierungs-, Cashmanagement- oder Assetmanagementfunktion ausüben, mit der Angabe,

nach welchem Recht das jeweilige Unternehmen organisiert ist, und mit der Angabe des Orts der tatsächlichen Geschäftsleitung des jeweiligen Unternehmens;

16. allgemeine Beschreibung der Verrechnungspreisstrategie der Unternehmensgruppe in Bezug auf Finanzierungsbeziehungen innerhalb dieser Unternehmensgruppe;
17. Konzernabschluss der Unternehmensgruppe für das betreffende Wirtschaftsjahr, sofern ein solcher erstellt wurde;
18. Auflistung und kurze Beschreibung der bestehenden unilateralen Vorabverständigungen über die Verrechnungspreisgestaltung der Unternehmensgruppe sowie anderer Vorabzusagen im Zusammenhang mit der Aufteilung der Erträge zwischen den Staaten.

Soweit in Satz 1 unbestimmte Rechtsbegriffe verwendet werden, wird dem Unternehmen ein eigenständiger Beurteilungsspielraum eingeräumt unter der Voraussetzung, dass der Beurteilungsspielraum international einheitlich und nach offengelegten Kriterien sowie über das jeweilige Wirtschaftsjahr hinaus konsistent genutzt wird.

800 c. Kleinbetragsverordnung (KBV)[1]

Vom 19. Dezember 2000 (BGBl. I S. 1790, 1805)[2]

Zuletzt geändert durch Gesetz zur Modernisierung des Besteuerungsverfahrens vom 18. 7. 2016 (BGBl. I S. 1679)

§ 1 Änderung oder Berichtigung von Steuerfestsetzungen.

(1) [1]Festsetzungen der

1. Einkommensteuer,
2. Körperschaftsteuer,
3. Erbschaftsteuer (Schenkungsteuer),
4. Grunderwerbsteuer sowie
5. der Rennwett- und Lotteriesteuer

werden nur geändert oder berichtigt, wenn die Abweichung von der bisherigen Festsetzung *mindestens 10 Euro* [***Fassung ab 1. 1. 2017:*** bei einer Änderung oder Berichtigung zugunsten des Steuerpflichtigen mindestens 10 Euro oder bei einer Änderung oder Berichtigung zuungunsten des Steuerpflichtigen mindestens 25 Euro][3] beträgt. [2]Bei der Einkommensteuer und bei der Körperschaftsteuer ist die jeweils nach Anrechnung von Steuerabzugsbeträgen *und von Körperschaftsteuer*[3] verbleibende Steuerschuld zu vergleichen.

(2) [1]Eine angemeldete Umsatzsteuervorauszahlung, eine für das Kalenderjahr angemeldete Umsatzsteuer, eine angemeldete Feuerschutzsteuer oder eine angemeldete Versicherungsteuer wird von der Finanzbehörde nur abweichend festgesetzt, geändert oder berichtigt, wenn die Abweichung von der angemeldeten Steuer *mindestens 10 Euro* [***Fassung ab 1. 1. 2017:*** im Fall einer Abweichung zugunsten des Steuerpflichtigen mindestens 10 Euro oder im Fall einer Abweichung zuungunsten des Steuerpflichtigen mindestens 25 Euro][4] beträgt. [2]Dasselbe gilt, wenn diese Steuern durch Steuerbescheid festgesetzt worden sind.

(3) Ist Lohnsteuer durch Steuerbescheid festgesetzt oder ist eine durch Lohnsteuer-Anmeldung bewirkte Festsetzung unanfechtbar geworden, gilt Absatz 2 entsprechend.

§ 2 Änderung oder Berichtigung der Festsetzung eines Gewerbesteuermessbetrages. Die Festsetzung eines Gewerbesteuermessbetrages wird nur geändert oder berichtigt, wenn die Abweichung *zur bisherigen Festsetzung mindestens 2 Euro* [***Fassung ab 1.1. 2017:*** von der bisherigen Festsetzung bei einer Änderung oder Berichtigung zugunsten des Steuerpflichtigen mindes-

---

[1] Die KBV ist als Art. 26 des G v. 19. 12. 2000 (BGBl. I S. 1790) verkündet worden.

[2] In Kraft ab 1. 1. 2002.

[3] § 1 Abs. 1 Satz 1 geänd., Satz 2 kursiver Satzteil aufgeh. durch G v. 18. 7. 2016 (BGBl. I S. 1679); zur Anwendung vgl. Art. 97 § 9 a Abs. 3 EGAO (Nr. **800 a**).

[4] § 1 Abs. 2 geänd.durch G v. 18. 7. 2016 (BGBl. I S. 1679); zur Anwendung vgl. Art. 97 § 9 a Abs. 3 EGAO (Nr. **800 a**).

tens 2 Euro und bei einer Änderung oder Berichtigung zuungunsten des Steuerpflichtigen mindestens 5 Euro][1)] beträgt.

§ 3 Änderung oder Berichtigung der gesonderten Feststellung von Einkünften. (1) Bei gesonderten und einheitlichen Feststellungen von Einkünften wird die Feststellung zur Höhe der Einkünfte nur geändert oder berichtigt, wenn sich diese Einkünfte bei mindestens einem Beteiligten um mindestens *20* [***ab 1. 1. 2017:*** 25][2)] Euro ermäßigen oder erhöhen.

(2) Bei gesonderten Feststellungen wird in den Fällen des § 180 *Abs. 1 Nr. 2* [***ab 1. 1. 2017:*** Absatz 1 Satz 1 Nummer 2][3)] Buchstabe b der Abgabenordnung die Feststellung zur Höhe der Einkünfte nur geändert oder berichtigt, wenn sich diese Einkünfte um mindestens *20* [***ab 1. 1. 2017:*** 25][2)] Euro ermäßigen oder erhöhen.

§ 4[4)] ***Änderung oder Berichtigung der Festsetzung einer Investitions- oder Eigenheimzulage.*** *Investitions- oder Eigenheimzulagebescheide werden nur geändert oder berichtigt, wenn sich die Investitionszulage oder die Eigenheimzulage um mindestens 10 Euro ändert.*

§ 5 [***ab 1. 1. 2017:*** § 4][4)] **Rückforderung von Wohnungsbauprämien.** Wohnungsbauprämien werden nur zurückgefordert, wenn die Rückforderung mindestens *10* [***ab 1. 1. 2017:*** 25][2)] Euro beträgt.

§ 6 [***ab 1. 1. 2017:*** § 5][4)] **Kraftfahrzeugsteuer bei Beendigung der Steuerpflicht.** [1]Bei Beendigung der Kraftfahrzeugsteuerpflicht wird die Steuer für den Entrichtungszeitraum, in den das Ende der Steuerpflicht fällt, auf null Euro festgesetzt, wenn der neu festzusetzende Betrag weniger als 5 Euro betragen würde. [2]Dies gilt nicht, wenn gleichzeitig für dasselbe Fahrzeug und denselben Steuerschuldner die Steuer in geänderter Höhe neu festgesetzt wird.

---

1) § 2 geänd. durch G v. 18. 7. 2016 (BGBl. I S. 1679); zur Anwendung vgl. Art. 97 § 9 a Abs. 3 EGAO (Nr. **800 a**).

2) Betrag geänd. durch G v. 18. 7. 2016 (BGBl. I S. 1679); zur Anwendung vgl. Art. 97 § 9 a Abs. 3 EGAO (Nr. **800 a**).

3) Verweis geänd. mWv 1. 1. 2017 (Art. 97 § 9 a Abs. 3 EGAO – Nr. 800 a) durch G v. 18. 7. 2016 (BGBl. I S. 1679).

4) § 4 aufgeh., bish. §§ 5 und 6 werden, §§ 4 und 5 durch G v. 18. 7. 2016 (BGBl. I S. 1679); zur Anwendung vgl. Art. 97 § 9 a Abs. 3 EGAO (Nr. **800 a**).

800d. Verordnung über die technischen Rahmenbedingungen des elektronischen Rechtsverkehrs und über das besondere elektronische Behördenpostfach[1) (Elektronischer-Rechtsverkehr-Verordnung – ERVV)

Vom 24. November 2017

(BGBl. I S. 3803)

FNA 310-4-19

Geändert durch Art. 1 ÄndVO[1)] v. 9.2.2018 (BGBl. I S. 200)

Kapitel 1. Allgemeine Vorschrift

§ 1[2)] **Anwendungsbereich.** (1) [1]Diese Verordnung gilt für die Übermittlung elektronischer Dokumente an die Gerichte der Länder und des Bundes sowie die Bearbeitung elektronischer Dokumente durch diese Gerichte nach § 130a der Zivilprozessordnung, § 46c des Arbeitsgerichtsgesetzes, § 65a des Sozialgerichtsgesetzes, § 55a der Verwaltungsgerichtsordnung und § 52a der Finanzgerichtsordnung. [2]Sie gilt ferner nach Maßgabe des Kapitels 4 für die Übermittlung elektronischer Dokumente an Strafverfolgungsbehörden und Strafgerichte der Länder und des Bundes nach § 32a der Strafprozessordnung sowie die Bearbeitung elektronischer Dokumente.

(2) Besondere bundesrechtliche Vorschriften über die Übermittlung elektronischer Dokumente und strukturierter maschinenlesbarer Datensätze bleiben unberührt.

Kapitel 2. Technische Rahmenbedingungen des elektronischen Rechtsverkehrs

§ 2 Anforderungen an elektronische Dokumente. (1) [1]Das elektronische Dokument ist in druckbarer, kopierbarer und, soweit technisch möglich, durchsuchbarer Form im Dateiformat PDF zu übermitteln. [2]Wenn bildliche Darstellungen im Dateiformat PDF nicht verlustfrei wiedergegeben werden können, darf das elektronische Dokument zusätzlich im Dateiformat TIFF übermittelt werden. [3]Die Dateiformate PDF und TIFF müssen den nach § 5 Absatz 1 Nummer 1 bekanntgemachten Versionen entsprechen. [4]Bis zum 30. Juni 2019 kann von der Übermittlung des elektronischen Dokuments in durchsuchbarer Form nach Satz 1 abgesehen werden.[3)]

---

1) **[Amtl. Anm.:]** Notifiziert gemäß der Richtlinie (EU) 2015/1535 des Europäischen Parlaments und des Rates vom 9. September 2015 über ein Informationsverfahren auf dem Gebiet der technischen Vorschriften und der Vorschriften für die Dienste der Informationsgesellschaft (ABl. L 241 vom 17.9.2015, S. 1).

2) § 1 Abs. 1 Satz 2 angef. mWv 16.2.2018 durch VO v. 9.2.2018 (BGBl. I S. 200).

3) § 2 Abs. 1 Satz 4 tritt mit Ablauf des 30.6.2019 außer Kraft, vgl. § 12 Abs. 3.

(2) Der Dateiname soll den Inhalt des elektronischen Dokuments schlagwortartig umschreiben und bei der Übermittlung mehrerer elektronischer Dokumente eine logische Nummerierung enthalten.

(3) Dem elektronischen Dokument soll ein strukturierter maschinenlesbarer Datensatz im Dateiformat XML beigefügt werden, der den nach § 5 Absatz 1 Nummer 2 bekanntgemachten Definitions- oder Schemadateien entspricht und mindestens enthält:

1. die Bezeichnung des Gerichts;
2. sofern bekannt, das Aktenzeichen des Verfahrens;
3. die Bezeichnung der Parteien oder Verfahrensbeteiligten;
4. die Angabe des Verfahrensgegenstandes;
5. sofern bekannt, das Aktenzeichen eines denselben Verfahrensgegenstand betreffenden Verfahrens und die Bezeichnung der die Akten führenden Stelle.

§ 3 Überschreitung der Höchstgrenzen. Wird glaubhaft gemacht, dass die nach § 5 Absatz 1 Nummer 3 bekanntgemachten Höchstgrenzen für die Anzahl oder das Volumen elektronischer Dokumente nicht eingehalten werden können, kann die Übermittlung als Schriftsatz nach den allgemeinen Vorschriften erfolgen, möglichst unter Beifügung des Schriftsatzes und der Anlagen als elektronische Dokumente auf einem nach § 5 Absatz 1 Nummer 4 bekanntgemachten zulässigen physischen Datenträger.

§ 4 Übermittlung elektronischer Dokumente mit qualifizierter elektronischer Signatur. (1) Ein elektronisches Dokument, das mit einer qualifizierten elektronischen Signatur der verantwortenden Person versehen ist, darf wie folgt übermittelt werden:

1. auf einem sicheren Übermittlungsweg oder
2. an das für den Empfang elektronischer Dokumente eingerichtete Elektronische Gerichts- und Verwaltungspostfach des Gerichts über eine Anwendung, die auf OSCI oder einem diesen ersetzenden, dem jeweiligen Stand der Technik entsprechenden Protokollstandard beruht.

(2) Mehrere elektronische Dokumente dürfen nicht mit einer gemeinsamen qualifizierten elektronischen Signatur übermittelt werden.

§ 5 Bekanntmachung technischer Anforderungen. (1) Die Bundesregierung macht folgende technische Anforderungen an die Übermittlung und Bearbeitung elektronischer Dokumente im Bundesanzeiger[1] und auf der Internetseite www.justiz.de bekannt:

1. die Versionen der Dateiformate PDF und TIFF;
2. die Definitions- oder Schemadateien, die bei der Übermittlung eines strukturierten maschinenlesbaren Datensatzes im Format XML genutzt werden sollen;

---

[1] Siehe hierzu ua: Elektronischer-Rechtsverkehr-Bekanntmachung 2018.

3. die Höchstgrenzen für die Anzahl und das Volumen elektronischer Dokumente;
4. die zulässigen physischen Datenträger;
5. die Einzelheiten der Anbringung der qualifizierten elektronischen Signatur am elektronischen Dokument.

(2) [1]Die technischen Anforderungen müssen den aktuellen Stand der Technik und die Barrierefreiheit im Sinne der Barrierefreie-Informationstechnik-Verordnung vom 12. September 2011 (BGBl. I S. 1843), die zuletzt durch Artikel 4 der Verordnung vom 25. November 2016 (BGBl. I S. 2659) geändert worden ist, in der jeweils geltenden Fassung, berücksichtigen und mit einer Mindestgültigkeitsdauer bekanntgemacht werden. [2]Die technischen Anforderungen können mit einem Ablaufdatum nach der Mindestgültigkeitsdauer versehen werden, ab dem sie voraussichtlich durch neue bekanntgegebene Anforderungen abgelöst sein müssen.

Kapitel 3. Besonderes elektronisches Behördenpostfach

§ 6 Besonderes elektronisches Behördenpostfach; Anforderungen. (1) Die Behörden sowie juristischen Personen des öffentlichen Rechts (Postfachinhaber) können zur Übermittlung elektronischer Dokumente auf einem sicheren Übermittlungsweg ein besonderes elektronisches Behördenpostfach verwenden,

1. das auf dem Protokollstandard OSCI oder einem diesen ersetzenden, dem jeweiligen Stand der Technik entsprechenden Protokollstandard beruht,
2. bei dem die Identität des Postfachinhabers in einem Identifizierungsverfahren geprüft und bestätigt wurde,
3. bei dem der Postfachinhaber in ein sicheres elektronisches Verzeichnis eingetragen ist und
4. bei dem feststellbar ist, dass das elektronische Dokument vom Postfachinhaber versandt wurde.

(2) Das besondere elektronische Behördenpostfach muss

1. über eine Suchfunktion verfügen, die es ermöglicht, andere Inhaber von besonderen elektronischen Postfächern aufzufinden,
2. für andere Inhaber von besonderen elektronischen Postfächern adressierbar sein und
3. barrierefrei sein im Sinne der Barrierefreie-Informationstechnik-Verordnung vom 12. September 2011 (BGBl. I S. 1843), die zuletzt durch Artikel 4 der Verordnung vom 25. November 2016 (BGBl. I S. 2659) geändert worden ist, in der jeweils geltenden Fassung.

§ 7 Identifizierungsverfahren. (1) [1]Die von den obersten Behörden des Bundes oder den Landesregierungen für ihren Bereich bestimmten öffentlich-rechtlichen Stellen prüfen die Identität der Behörden oder juristischen Personen des öffentlichen Rechts und bestätigen dies in einem sicheren elektronischen Verzeichnis. [2]Die obersten Behörden des Bundes oder mehrere Landesregierungen können auch eine öffentlich-rechtliche Stelle gemeinsam für ihre Bereiche bestimmen.

(2) Bei der Prüfung der Identität ist zu ermitteln, ob

1. der Postfachinhaber eine inländische Behörde oder juristische Person des öffentlichen Rechts ist und
2. Name und Sitz des Postfachinhabers zutreffend bezeichnet sind.

§ 8 Zugang und Zugangsberechtigung; Verwaltung. (1) Der Postfachinhaber bestimmt die natürlichen Personen, die Zugang zum besonderen elektronischen Behördenpostfach erhalten sollen, und stellt ihnen das Zertifikat und das Zertifikats-Passwort zur Verfügung.

(2) [1]Der Zugang zum besonderen elektronischen Behördenpostfach erfolgt ausschließlich mithilfe des Zertifikats und des Zertifikats-Passworts des Postfachinhabers. [2]Die Zugangsberechtigten dürfen das Zertifikat nicht an Unbefugte weitergeben und haben das Zertifikats-Passwort geheim zu halten.

(3) Der Postfachinhaber kann die Zugangsberechtigungen zum besonderen elektronischen Behördenpostfach jederzeit aufheben oder einschränken.

(4) [1]Der Postfachinhaber hat zu dokumentieren, wer zugangsberechtigt ist, wann das Zertifikat und das Zertifikats-Passwort zur Verfügung gestellt wurden und wann die Zugangsberechtigung aufgehoben wurde. [2]Er stellt zugleich sicher, dass der Zugang zu seinem besonderen elektronischen Behördenpostfach nur den von ihm bestimmten Zugangsberechtigten möglich ist.

(5) Unbeschadet der Absätze 1, 3 und 4 kann die Verwaltung des besonderen elektronischen Behördenpostfachs behördenübergreifend automatisiert und an zentraler Stelle erfolgen.

§ 9 Änderung und Löschung. (1) Der Postfachinhaber hat Änderungen seines Namens oder Sitzes unverzüglich der nach § 7 Absatz 1 bestimmten Stelle anzuzeigen.

(2) [1]Der Postfachinhaber kann jederzeit die Löschung seines besonderen elektronischen Behördenpostfachs veranlassen. [2]Er hat die Löschung seines besonderen elektronischen Behördenpostfachs zu veranlassen, wenn seine Berechtigung zur Nutzung des besonderen elektronischen Behördenpostfachs endet.

Kapitel 4.[1] Elektronischer Rechtsverkehr mit Strafverfolgungsbehörden und Strafgerichten

§ 10[1] Schriftlich abzufassende, zu unterschreibende oder zu unterzeichnende Dokumente. Die Kapitel 2 und 3 gelten im Bereich des elektronischen Rechtsverkehrs mit Strafverfolgungsbehörden und Strafgerichten für

[1] Kapitel 4 (§§ 10, 11) eingef. mWv 16.2.2018 durch VO v. 9.2.2018 (BGBl. I S. 200).

schriftlich abzufassende, zu unterschreibende oder zu unterzeichnende Dokumente, die gemäß § 32a Absatz 3 der Strafprozessordnung elektronisch eingereicht werden, mit der Maßgabe, dass der Datensatz nach § 2 Absatz 3 mindestens folgende Angaben enthält:

1. die Bezeichnung der Strafverfolgungsbehörde oder des Gerichts;
2. sofern bekannt, das Aktenzeichen des Verfahrens oder die Vorgangsnummer;
3. die Bezeichnung der beschuldigten Personen oder der Verfahrensbeteiligten; bei Verfahren gegen Unbekannt enthält der Datensatz anstelle der Bezeichnung der beschuldigten Personen die Bezeichnung „Unbekannt" sowie, sofern bekannt, die Bezeichnung der geschädigten Personen;
4. die Angabe der den beschuldigten Personen zur Last gelegten Straftat oder des Verfahrensgegenstandes;
5. sofern bekannt, das Aktenzeichen eines denselben Verfahrensgegenstand betreffenden Verfahrens und die Bezeichnung der die Akten führenden Stelle.

§ 11[1] **Sonstige verfahrensbezogene elektronische Dokumente.**

(1) [1]Sonstige verfahrensbezogene elektronische Dokumente, die an Strafverfolgungsbehörden oder Strafgerichte übermittelt werden, sollen den Anforderungen des § 2 entsprechen. [2]Entsprechen sie diesen Anforderungen nicht und sind sie zur Bearbeitung durch die Behörde oder das Gericht aufgrund der dortigen technischen Ausstattung oder der dort einzuhaltenden Sicherheitsstandards nicht geeignet, so liegt ein wirksamer Eingang nicht vor. [3]In der Mitteilung nach § 32a Absatz 6 Satz 1 der Strafprozessordnung ist auf die in § 2 geregelten technischen Rahmenbedingungen hinzuweisen.

(2) Die Übermittlung kann auch auf anderen als den in § 32a Absatz 4 der Strafprozessordnung genannten Übermittlungswegen erfolgen, wenn ein solcher Übermittlungsweg für die Entgegennahme verfahrensbezogener elektronischer Dokumente generell und ausdrücklich eröffnet ist.

Kapitel 5.[2] Schlussvorschrift

§ 12[3] **Inkrafttreten, Außerkrafttreten.** (1) Diese Verordnung tritt am 1. Januar 2018 in Kraft.

(2) Mit Ablauf des 31. Dezember 2017 treten außer Kraft:

1. Anlage Nummer 1 bis 4 der Verordnung über den elektronischen Rechtsverkehr beim Bundesgerichtshof und Bundespatentgericht vom 24. August 2007 (BGBl. I S. 2130), die zuletzt durch Artikel 11 Absatz 16 des Gesetzes vom 18. Juli 2017 (BGBl. I S. 2745) geändert worden ist;

---

[1] Kapitel 4 (§§ 10, 11) eingef. mWv 16.2.2018 durch VO v. 9.2.2018 (BGBl. I S. 200).
[2] Bish. Kapitel 4 wird Kapitel 5 mWv 16.2.2018 durch VO v. 9.2.2018 (BGBl. I S. 200).
[3] Bish. § 10 wird § 12 mWv 16.2.2018 durch VO v. 9.2.2018 (BGBl. I S. 200).

2. die Verordnung über den elektronischen Rechtsverkehr beim Bundesarbeitsgericht vom 9. März 2006 (BGBl. I S. 519), die durch Artikel 1 der Verordnung vom 14. Dezember 2015 (BGBl. I S. 2338) geändert worden ist;
3. die Verordnung über den elektronischen Rechtsverkehr beim Bundessozialgericht vom 18. Dezember 2006 (BGBl. I S. 3219), die durch Artikel 1 der Verordnung vom 14. Dezember 2015 (BGBl. I S. 2339) geändert worden ist;
4. die Verordnung über den elektronischen Rechtsverkehr beim Bundesverwaltungsgericht und beim Bundesfinanzhof vom 26. November 2004 (BGBl. I S. 3091), die zuletzt durch Artikel 11 Absatz 25 des Gesetzes vom 18. Juli 2017 (BGBl. I S. 2745) geändert worden ist.

(3) § 2 Absatz 1 Satz 4 dieser Verordnung tritt mit Ablauf des 30. Juni 2019 außer Kraft.

800e. Verordnung über die gesonderte Feststellung von Besteuerungsgrundlagen nach § 180 Abs. 2 der Abgabenordnung (V zu § 180 Abs. 2 AO)

Vom 19. Dezember 1986 (BGBl. I S. 2663)

Geändert durch Verordnungen vom 22. 10. 1990 (BGBl. I S. 2275), vom 16. 12. 1994 (BGBl. I S. 3834), Gesetz vom 15. 12. 1995 (BGBl. I S. 1783), Steuerbereinigungsgesetz 1999 vom 22. 12. 1999 (BGBl. I S. 2601), Gesetz zur Änderung des Investitionszulagengesetzes 1999 vom 20. 12. 2000 (BGBl. I S. 1850), Alterseinkünftegesetz vom 5. 7. 2004 (BGBl. I S. 1427), Gesetz über steuerliche Begleitmaßnahmen zur Einführung der Europäischen Gesellschaft und zur Änderung weiterer steuerrechtlicher Vorschriften (SEStEG) vom 7. 12. 2006 (BGBl. I S. 2782), Steuerbürokratieabbaugesetz vom 20. 12. 2008 (BGBl. I S. 2850) und Dritte Verordnung zur Änderung steuerlicher Verordnungen vom 18. 7. 2016 (BGBl. I S. 1722)

BGBl. III/FNA 610-1-7

Auf Grund des § 180 Abs. 2 der Abgabenordnung vom 16. März 1976 (BGBl. I S. 613), der durch Artikel 1 Nr. 31 des Steuerbereinigungsgesetzes 1986 vom 19. Dezember 1985 (BGBl. I S. 2436) neu gefaßt worden ist, wird mit Zustimmung des Bundesrates verordnet:

§ 1[1)] Gegenstand, Umfang und Voraussetzungen der Feststellung.

(1) [1]Besteuerungsgrundlagen, insbesondere einkommensteuerpflichtige oder körperschaftsteuerpflichtige Einkünfte, können ganz oder teilweise gesondert festgestellt werden, wenn der Einkunftserzielung dienende Wirtschaftsgüter, Anlagen oder Einrichtungen

1. von mehreren Personen betrieben, genutzt oder gehalten werden oder
2. mehreren Personen getrennt zuzurechnen sind, die bei der Planung, Herstellung, Erhaltung oder dem Erwerb dieser Wirtschaftsgüter, Anlagen oder Einrichtungen gleichartige Rechtsbeziehungen zu Dritten hergestellt oder unterhalten haben (Gesamtobjekt).

[2]Satz 1 Nummer 2 gilt entsprechend bei Wohneigentum, das nicht der Einkunftserzielung dient, und bei Mietwohngebäuden, wenn die Feststellung für die Besteuerung von Bedeutung ist.

(2) Absatz 1 gilt für die Umsatzsteuer nur, wenn mehrere Unternehmer im Rahmen eines Gesamtobjekts Umsätze ausführen oder empfangen.

(3) [1]Die Feststellung ist gegenüber den in Absatz 1 genannten Personen einheitlich vorzunehmen. [2]Sie kann auf bestimmte Personen beschränkt werden.

---

1) § 1 Abs. 1 Satz 2 neu gef. durch VO v. 18. 7. 2016 (BGBl. I S. 1722); zur Anwendung siehe § 11 Satz 4 1. HS.

§ 2[1] **Örtliche Zuständigkeit.** (1) [1]Für Feststellungen in den Fällen des § 1 Abs. 1 Satz 1 Nr. 1 richtet sich die örtliche Zuständigkeit nach § 18 Abs. 1 Nr. 2 der Abgabenordnung. [2]Die Wirtschaftsgüter, Anlagen oder Einrichtungen gelten als gewerblicher Betrieb im Sinne dieser Vorschrift.

(2) Für Feststellungen in den Fällen des § 1 Abs. 1 Satz 1 Nr. 2 und Satz 2 ist das Finanzamt zuständig, das nach § 19 oder § 20 der Abgabenordnung für die Steuern vom Einkommen und Vermögen des Erklärungspflichtigen zuständig ist.

(3) Feststellungen nach § 1 Abs. 2 hat das für die Feststellungen nach § 1 Abs. 1 Satz 1 Nr. 2 zuständige Finanzamt zu treffen.

(4) § 18 Abs. 2 der Abgabenordnung gilt entsprechend.

§ 3[2] **Erklärungspflicht.** (1) [1]Eine Erklärung zur gesonderten Feststellung der Besteuerungsgrundlagen haben nach Aufforderung durch die Finanzbehörde abzugeben:

1. in den Fällen des § 1 Abs. 1 Satz 1 Nr. 1 die Personen, die im Feststellungszeitraum die Wirtschaftsgüter, Anlagen oder Einrichtungen betrieben, genutzt oder gehalten haben,
2. in den Fällen des § 1 Abs. 1 Satz 1 Nr. 2 und Satz 2 die Personen, die bei der Planung, Herstellung, Erhaltung, dem Erwerb, der Betreuung, Geschäftsführung oder Verwaltung des Gesamtobjektes für die Feststellungsbeteiligten handeln oder im Feststellungszeitraum gehandelt haben; dies gilt in den Fällen des § 1 Abs. 2 entsprechend.

[2]§ 34 der Abgabenordnung bleibt unberührt.

(2)[3] [1]Die Erklärung ist nach amtlich vorgeschriebenem Vordruck abzugeben und von der zur Abgabe verpflichteten Person eigenhändig zu unterschreiben. [2]Name und Anschrift der Feststellungsbeteiligten sind anzugeben. [3]Der Erklärung ist eine Ermittlung der Besteuerungsgrundlagen beizufügen. [4]Ist Besteuerungsgrundlage ein nach § 4 Abs. 1 oder § 5 des Einkommensteuergesetzes zu ermittelnder Gewinn, gilt § 5b des Einkommensteuergesetzes entsprechend; die Beifügung der in Satz 3 genannten Unterlagen kann in den Fällen des § 5b Abs. 1 des Einkommensteuergesetzes unterbleiben.

(3) Die Finanzbehörde kann entsprechend der vorgesehenen Feststellung den Umfang der Erklärung und die zum Nachweis erforderlichen Unterlagen bestimmen.

(4) Hat ein Erklärungspflichtiger eine Erklärung zur gesonderten Feststellung der Besteuerungsgrundlagen abgegeben, sind andere Erklärungspflichtige insoweit von der Erklärungspflicht befreit.

§ 4 Einleitung des Feststellungsverfahrens. [1]Die Finanzbehörde entscheidet nach pflichtgemäßem Ermessen, ob und in welchem Umfang sie ein Feststellungsverfahren durchführt. [2]Hält sie eine gesonderte Feststellung nicht

---

[1] § 2 Zitate geänd. durch VO v. 22. 10. 1990 (BGBl. I S. 2275).
[2] § 3 Abs. 1 Zitate geänd. durch VO v. 22. 10. 1990 (BGBl. I S. 2275).
[3] § 3 Abs. 2 Satz 4 angef. mWv 1. 1. 2009 durch G v. 20. 12. 2008 (BGBl. I S. 2850).

für erforderlich, insbesondere weil das Feststellungsverfahren nicht der einheitlichen Rechtsanwendung und auch nicht der Erleichterung des Besteuerungsverfahrens dient, kann sie dies durch Bescheid feststellen. [3]Der Bescheid gilt als Steuerbescheid.

§ 5 Verfahrensbeteiligte. Als an dem Feststellungsverfahren Beteiligte gelten neben den Beteiligten nach § 78 der Abgabenordnung auch die in § 3 Abs. 1 Nr. 2 genannten Personen.

§ 6 Bekanntgabe. (1) [1]Die am Gegenstand der Feststellung beteiligten Personen sollen einen gemeinsamen Empfangsbevollmächtigten bestellen, der ermächtigt ist, für sie alle Verwaltungsakte und Mitteilungen in Empfang zu nehmen, die mit dem Feststellungsverfahren und dem anschließenden Verfahren über einen außergerichtlichen Rechtsbehelf zusammenhängen. [2]Ein Widerruf der Empfangsvollmacht wird der Finanzbehörde gegenüber erst wirksam, wenn er ihr zugeht. [3]Ist ein Empfangsbevollmächtigter nicht bestellt, kann die Finanzbehörde die Beteiligten auffordern, innerhalb einer angemessenen Frist einen Empfangsbevollmächtigten zu benennen. [4]Hierbei ist ein Beteiligter vorzuschlagen und darauf hinzuweisen, daß diesem die in Satz 1 genannten Verwaltungsakte und Mitteilungen mit Wirkung für und gegen alle Beteiligten bekanntgegeben werden, soweit nicht ein anderer Empfangsbevollmächtigter benannt wird. [5]Bei der Bekanntgabe an den Empfangsbevollmächtigten ist darauf hinzuweisen, daß die Bekanntgabe mit Wirkung für und gegen alle Feststellungsbeteiligten erfolgt.

(2) Der Feststellungsbescheid ist auch den in § 3 Abs. 1 Nr. 2 genannten Personen bekanntzugeben, wenn sie die Erklärung abgegeben haben, aber nicht zum Empfangsbevollmächtigten bestellt sind.

(3) Absatz 1 Sätze 3 und 4 ist insoweit nicht anzuwenden, als der Finanzbehörde bekannt ist, daß zwischen den Feststellungsbeteiligten und dem Empfangsbevollmächtigten ernstliche Meinungsverschiedenheiten bestehen.

(4) Ist Einzelbekanntgabe erforderlich, sind dem Beteiligten nur die ihn betreffenden Besteuerungsgrundlagen bekanntzugeben.

§ 7 Außenprüfung. (1) Eine Außenprüfung zur Ermittlung der Besteuerungsgrundlagen ist bei jedem Verfahrensbeteiligten zulässig.

(2) Die Prüfungsanordnung ist dem Verfahrensbeteiligten bekanntzugeben, bei dem die Außenprüfung durchgeführt werden soll.

§ 8 Feststellungsgegenstand beim Übergang zur Liebhaberei. Dient ein Betrieb von einem bestimmten Zeitpunkt an nicht mehr der Erzielung von Einkünften im Sinne des § 2 Abs. 1 Nr. 1 bis 3 des Einkommensteuergesetzes und liegt deshalb ein Übergang zur Liebhaberei vor, so ist auf diesen Zeitpunkt unabhängig von der Gewinnermittlungsart für jedes Wirtschaftsgut des Anlagevermögens der Unterschiedsbetrag zwischen dem gemeinen Wert und dem Wert, der nach § 4 Abs. 1 oder nach § 5 des Einkommensteuergesetzes anzusetzen wäre, gesondert und bei mehreren Beteiligten einheitlich festzustellen.

§ 9[1] **Feststellungsgegenstand bei Einsatz von Versicherungen auf den Erlebens- oder Todesfall zu Finanzierungszwecken.** [1]Das für die Besteuerung des Einkommens des Versicherungsnehmers zuständige Finanzamt stellt die Steuerpflicht der außerrechnungsmäßigen und rechnungsmäßigen Zinsen aus den in den Beiträgen zu Versicherungen auf den Erlebens- oder den Todesfall enthaltenen Sparanteilen (§ 20 Absatz 1 Nummer 6 in Verbindung mit § 10 Absatz 1 Nummer 2 Buchstabe b Doppelbuchstabe bb bis dd des Einkommensteuergesetzes in der am 31. Dezember 2004 geltenden Fassung) gesondert fest, wenn

1. die Ansprüche aus den Versicherungsverträgen während deren Dauer im Erlebensfall der Tilgung oder Sicherung eines Darlehens dienen, dessen Finanzierungskosten Betriebsausgaben oder Werbungskosten sind und
2. nicht die Voraussetzungen für den Sonderausgabenabzug nach § 10 Absatz 2 Satz 2 Buchstabe a oder Buchstabe b des Einkommensteuergesetzes in der am 31. Dezember 2004 geltenden Fassung erfüllt sind oder soweit bei Versicherungsbeiträgen Zinsen in Veranlagungszeiträumen gutgeschrieben werden, in denen die Beiträge nach § 10 Absatz 2 Satz 2 Buchstabe c des Einkommensteuergesetzes in der am 31. Dezember 2004 geltenden Fassung nicht abgezogen werden können.

[2]Versicherungen im Sinne des Satzes 1 sind solche, deren Versicherungsvertrag vor dem 1. Januar 2005 abgeschlossen worden ist.

§ 10[2] ***Feststellungsverfahren bei steuerverstrickten Anteilen an Kapitalgesellschaften.*** *(1) [1]Es kann gesondert und bei mehreren Beteiligten einheitlich festgestellt werden,*

a) ob und in welchem Umfang im Rahmen der Gründung einer Kapitalgesellschaft oder einer Kapitalerhöhung stille Reserven in Gesellschaftsanteilen, die der Besteuerung nach § 21 des Umwandlungssteuergesetzes oder § 17 des Einkommensteuergesetzes unterliegen (steuerverstrickte Anteile), auf andere Gesellschaftsanteile übergehen (mitverstrickte Anteile),

b) in welchem Umfang die Anschaffungskosten der steuerverstrickten Anteile den mitverstrickten Anteilen zuzurechnen sind,

c) wie hoch die Anschaffungskosten der steuerverstrickten Anteile nach dem Übergang stiller Reserven sowie der mitverstrickten Anteile im Übrigen sind.

[2]Satz 1 gilt sinngemäß für die Feststellung, ob und inwieweit Anteile an Kapitalgesellschaften unentgeltlich auf andere Steuerpflichtige übertragen werden.

(2) [1]Feststellungen nach Absatz 1 erfolgen durch das Finanzamt, das für die Besteuerung der Kapitalgesellschaft nach § 20 der Abgabenordnung zuständig ist. [2]Die Inhaber der von Feststellungen nach Absatz 1 betroffenen Anteile haben eine Erklärung zur gesonderten Feststellung der Besteuerungsgrundlagen abzugeben, wenn sie durch die

---

[1] § 9 neu gef. mWv 23. 7. 2016 durch VO v. 18. 7. 2016 (BGBl. I S. 1722).

[2] § 10 eingef. mWv 30. 12. 1999 durch G v. 22. 12. 1999 (BGBl. I S. 2601), bish. § 10 wird § 11.

§ 10 aufgeh. mWv 13. 12. 2006 durch G v. 7. 12. 2006 (BGBl. I S. 2782); zur weiteren Anwendung siehe § 11 Satz 3.

Finanzbehörde dazu aufgefordert werden. [3] § 3 Abs. 2 bis 4, §§ 4, 6 Abs. 1, 3 und 4 und § 7 sind sinngemäß anzuwenden.

§ 11[1)] Inkrafttreten, Anwendungsvorschriften. [1] Diese Verordnung tritt am Tage nach der Verkündung[2)] in Kraft. [2] Sie tritt mit Wirkung vom 25. Dezember 1985 in Kraft, soweit einheitliche und gesonderte Feststellungen nach § 180 Abs. 2 der Abgabenordnung in der bis zum 24. Dezember 1985 geltenden Fassung zulässig waren. [3] § 10 ist für Anteile, bei denen hinsichtlich des Gewinns aus der Veräußerung der Anteile die Steuerfreistellung nach § 8b Abs. 4 des Körperschaftsteuergesetzes in der am 12. Dezember 2006 geltenden Fassung oder nach § 3 Nr. 40 Satz 3 und 4 des Einkommensteuergesetzes in der am 12. Dezember 2006 geltenden Fassung ausgeschlossen ist, weiterhin anzuwenden. [4] § 1 Absatz 1 Satz 2 in der am 23. Juli 2016 geltenden Fassung ist erstmals auf Feststellungszeiträume anzuwenden, die nach dem 31. Dezember 2015 beginnen; für Feststellungszeiträume, die vor dem 1. Januar 2016 geendet haben, ist § 1 Absatz 1 Satz 2 in der am 22. Juli 2016 geltenden Fassung weiterhin anzuwenden.

---

1) § 11 Satz 3 angef. durch G v. 7. 12. 2006 (BGBl. I S. 2782); Satz 4 angef. durch VO v. 18. 7. 2016 (BGBl. I S. 1722).

2) Verkündet am 30. 12. 1986. Das Inkrafttreten der späteren Änderungen ergibt sich aus den jeweiligen Änderungsbestimmungen.

800f (a). Verordnung über Mitteilungen an die Finanzbehörden durch andere Behörden und öffentlich-rechtliche Rundfunkanstalten (Mitteilungsverordnung – MV)

Vom 7. September 1993 (BGBl. I S. 1554)

Geändert durch Verordnungen vom 19. Dezember 1994 (BGBl. I S. 3848), vom 26.5.1999 (BGBl. I S. 1077), Gesetze vom 19.12.2000 (BGBl. I S. 1790), vom 23.12.2003 (BGBl. I S. 2848); durch Art. 1 der VO vom 18.11.2020 (BGBl. I S. 2449) und durch Art. 1 der VO vom 12.1.2021 (BGBl. I S. 67)[1)]

BGBl. III/FNA 610-1-8

Auf Grund des § 93a der Abgabenordnung vom 16. März 1976 (BGBl. I S. 613, 1977 I S. 269), der durch Artikel 1 Nr. 10 des Gesetzes vom 19. Dezember 1985 (BGBl. I S. 2436) eingefügt worden ist, verordnet die Bundesregierung:

1. Teil. Allgemeine Vorschriften

§ 1[2)] Grundsätze. (1) [1]Behörden (§ 6 Abs. 1 der Abgabenordnung) und öffentlich-rechtliche Rundfunkanstalten sind verpflichtet, Mitteilungen an die Finanzbehörden nach Maßgabe der folgenden Vorschriften ohne Ersuchen zu übersenden. [2]Dies gilt nicht, wenn die Finanzbehörden bereits auf Grund anderer Vorschriften über diese Tatbestände Mitteilungen erhalten. [3]Eine Verpflichtung zur Mitteilung besteht auch dann nicht, wenn die Gefahr besteht, daß das Bekanntwerden des Inhalts der Mitteilung dem Wohl des Bundes oder eines deutschen Landes Nachteile bereiten würde. [4]Ist eine mitteilungspflichtige Behörde einer obersten Dienstbehörde nachgeordnet, muß die oberste Behörde dem Unterlassen der Mitteilung zustimmen; die Zustimmung kann für bestimmte Fallgruppen allgemein erteilt werden.

(2) Auf Grund dieser Verordnung sind personenbezogene Daten, die dem Sozialgeheimnis unterliegen (§ 35 des Ersten Buches Sozialgesetzbuch), und nach Landesrecht zu erbringende Sozialleistungen nicht mitzuteilen.

§ 2[3)] Allgemeine Zahlungsmitteilungen. (1) [1]Die Behörden haben Zahlungen mitzuteilen, wenn der Zahlungsempfänger nicht im Rahmen einer land- und forstwirtschaftlichen, gewerblichen oder freiberuflichen Haupttätigkeit gehandelt hat, oder soweit die Zahlung nicht auf das Geschäftskonto des Zahlungsempfängers erfolgt. [2]Zahlungen sind auch mitzuteilen, wenn zweifelhaft ist, ob der Zahlungsempfänger im Rahmen der Haupttätigkeit gehan-

[1)] **Diese Fassung der MV gilt bis 31.12.2024; zur Fassung ab 1.1.2025 siehe Text hinter Seite 8a auf den Seiten 1 ff.**

[2)] § 1 Abs. 1 Satz 1 geänd. durch VO v. 26.5.1999 (BGBl. I S. 1077).

[3)] § 2 neugef. durch VO v. 26.5.1999 (BGBl. I S. 1077).

delt hat oder die Zahlung auf das Geschäftskonto erfolgt. [3]Eine Mitteilungspflicht besteht nicht, wenn ein Steuerabzug durchgeführt wird.

(2) Die Finanzbehörden können Ausnahmen von der Mitteilungspflicht zulassen, wenn die Zahlungen geringe oder keine steuerliche Bedeutung haben.

§ 3 Honorare der Rundfunkanstalten. (1) [1]Die öffentlich-rechtlichen Rundfunkanstalten haben Honorare für Leistungen freier Mitarbeiter mitzuteilen, die in unmittelbarem Zusammenhang mit der Vorbereitung, Herstellung oder Verbreitung von Hörfunk- und Fernsehsendungen erbracht werden. [2]Das gilt nicht, wenn die Besteuerung den Regeln eines Abzugsverfahrens unterliegt oder wenn die Finanzbehörden auf Grund anderweitiger Regelungen Mitteilungen über die Honorare erhalten.

(2) Honorare im Sinne des Absatzes 1 sind alle Güter, die in Geld oder Geldeswert bestehen und dem Steuerpflichtigen für eine persönliche Leistung oder eine Verwertung im Sinne des Urheberrechtsgesetzes zufließen.

§ 4 Wegfall oder Einschränkung einer steuerlichen Vergünstigung. Die Behörden haben Verwaltungsakte mitzuteilen, die den Wegfall oder die Einschränkung einer steuerlichen Vergünstigung zur Folge haben können.

§ 4a[1)] Ordnungsgelder nach § 335 des Handelsgesetzbuchs. (1) Das Bundesamt für Justiz hat als mitteilungspflichtige Stelle (§ 93c Absatz 1 der Abgabenordnung) den Finanzbehörden die Adressaten und die Höhe von nach dem 31. Dezember 2021 im Verfahren nach § 335 des Handelsgesetzbuchs festgesetzten Ordnungsgeldern mitzuteilen, sofern das festgesetzte Ordnungsgeld mindestens 5000 Euro beträgt.

(2) [1]Die in Absatz 1 bezeichneten Daten sind den Finanzbehörden nach Maßgabe des § 93c der Abgabenordnung nach amtlich vorgeschriebenem Datensatz über die amtlich bestimmte Schnittstelle zu übermitteln. [2]Die Mitteilung hat abweichend von § 93c Absatz 1 Nummer 1 der Abgabenordnung spätestens bis zum 31. März des auf die Festsetzung des Ordnungsgelds folgenden Kalenderjahres zu erfolgen. [3]Das Bundesministerium der Finanzen kann im Einvernehmen mit den obersten Finanzbehörden der Länder die Mitteilungsfrist nach Satz 2 durch ein im Bundessteuerblatt Teil I zu veröffentlichendes Schreiben verlängern, sofern die technischen Voraussetzungen für die Annahme der Mitteilungen nicht rechtzeitig vorliegen. [4]Die §§ 8 bis 12 sind nicht anzuwenden.

(3) [1]Sind dem Bundesamt für Justiz bei Festsetzung des Ordnungsgelds die in § 93c Absatz 1 Nummer 2 Buchstabe c und d der Abgabenordnung bezeichneten Daten nicht bekannt, soll es den Finanzbehörden die Handelsregisternummer der Gesellschaft oder andere ihm bekannte und zur automationsgestützten Identifizierung des Adressaten der Ordnungsgeldfestsetzung geeignete Daten übermitteln. [2]Die den Finanzbehörden übermittelten Daten sind abweichend von § 93c Absatz 1 Nummer 4 der Abgabenordnung fünf

---

[1)] § 4a eingef. durch VO v. 26.5.1999 (BGBl. I S. 1077); neu gef. mWv 21.1.2021 bis 31.12.2024 durch VO v. 12.1.2021 (BGBl. I S. 67).

Jahre aufzubewahren; die Frist beginnt mit dem Tag der Festsetzung des Ordnungsgelds. [3]Weitergehende Aufbewahrungsbestimmungen aufgrund anderer Rechtsvorschriften bleiben unberührt. [4]Wird die Festsetzung eines Ordnungsgelds in einem späteren Kalenderjahr ganz oder teilweise widerrufen, zurückgenommen oder aufgehoben, ist § 93c Absatz 3 der Abgabenordnung nicht anzuwenden.

§ 5 Ausgleichs- und Abfindungszahlungen nach dem Flurbereinigungsgesetz. Die Flurbereinigungsbehörden haben Ausgleichs- und Abfindungszahlungen nach dem Flurbereinigungsgesetz mitzuteilen.

§ 6[1] Gewerberechtliche Erlaubnisse und Gestattungen. (1) Die Behörden haben mitzuteilen

1. die Erteilung von Reisegewerbekarten,
2. zeitlich befristete Erlaubnisse sowie Gestattungen nach dem Gaststättengesetz,
3. Bescheinigungen über die Geeignetheit der Aufstellungsorte für Spielgeräte (§ 33c der Gewerbeordnung),
4. Erlaubnisse zur Veranstaltung anderer Spiele mit Gewinnmöglichkeit (§ 33d der Gewerbeordnung),
5. Festsetzungen von Messen, Ausstellungen, Märkten und Volksfesten (§ 69 der Gewerbeordnung),
6. Genehmigungen nach dem Personenbeförderungsgesetz zur Beförderung von Personen mit Kraftfahrzeugen im Linienverkehr, die Unternehmern mit Wohnsitz oder Sitz außerhalb des Geltungsbereichs des Personenbeförderungsgesetzes erteilt werden, und
7. Erlaubnisse zur gewerbsmäßigen Arbeitnehmerüberlassung,
8. die gemäß der Verordnung (EWG) Nr. 2408/92 des Rates vom 23. Juli 1992 über den Zugang von Luftfahrtunternehmen der Gemeinschaft zu Strecken des innergemeinschaftlichen Flugverkehrs (ABl. EG Nr. L 240 S. 8) erteilten Genehmigungen, Verkehrsrechte auszuüben.

(2) Abweichend von § 1 Abs. 2 teilt die Bundesagentur[2] für Arbeit nach Erteilung der erforderlichen Zusicherung folgende Daten der ausländischen Unternehmen mit, die auf Grund bilateraler Regierungsvereinbarungen über die Beschäftigung von Arbeitnehmern zur Ausführung von Werkverträgen tätig werden:

1. die Namen und Anschriften der ausländischen Vertragspartner des Werkvertrages,
2. den Beginn und die Ausführungsdauer des Werkvertrages und
3. den Ort der Durchführung des Werkvertrages.

§ 7 Ausnahmen von der Mitteilungspflicht über Zahlungen.

(1) [1]Zahlungen an Behörden, juristische Personen des öffentlichen Rechts, Betriebe gewerblicher Art von Körperschaften des öffentlichen Rechts oder

---

[1] § 6 Abs. 1 Nr. 8 und Abs. 2 angef. durch VO v. 26.5.1999 (BGBl. I S. 1077).

[2] Bezeichnung geänd. mWv 1.1.2004 durch G v. 23.12.2003 (BGBl. I S. 2848).

Körperschaften, die steuerbegünstigte Zwecke im Sinne des Zweiten Teils Dritter Abschnitt der Abgabenordnung verfolgen, sind nicht mitzuteilen; maßgebend sind die Verhältnisse zum Zeitpunkt der Zahlung. 2 Das gilt auch für Mitteilungen über Leistungen, die von Körperschaften des öffentlichen Rechts im Rahmen ihrer Beteiligungen an Unternehmen oder Einrichtungen des privaten Rechts erbracht werden.

(2) 1 Mitteilungen nach dieser Verordnung über Zahlungen, mit Ausnahme von wiederkehrenden Bezügen, unterbleiben, wenn die an denselben Empfänger geleisteten Zahlungen im Kalenderjahr weniger als 1500 Euro[1)] betragen; wurden Vorauszahlungen geleistet, sind diese bei der Errechnung des maßgebenden Betrages zu berücksichtigen. 2 Vorauszahlungen sind nicht gesondert mitzuteilen. 3 In der Mitteilung über die abschließende Zahlung ist anzugeben, ob eine oder mehrere Vorauszahlungen geleistet wurden.

(3) Bei wiederkehrenden Bezügen brauchen nur die erste Zahlung, die Zahlungsweise und die voraussichtliche Dauer der Zahlungen mitgeteilt zu werden, wenn mitgeteilt wird, daß es sich um wiederkehrende Bezüge handelt.

2. Teil. Mitteilungen

§ 8[2)] Form und Inhalt der Mitteilungen. (1) 1 Die Mitteilungen sollen schriftlich ergehen. 2 Sie sind für jeden Betroffenen getrennt zu erstellen. 3 Sie können auch auf maschinell verwertbaren Datenträgern oder durch Datenfernübertragung übermittelt werden; in diesen Fällen bedarf das Verfahren der Zustimmung der obersten Finanzbehörde des Landes, in dem die mitteilende Behörde oder Rundfunkanstalt ihren Sitz hat. 4 Eine Übermittlung im automatisierten Abrufverfahren findet nicht statt.

(2) 1 In Mitteilungen über Zahlungen sind die anordnende Stelle, ihr Aktenzeichen, die Bezeichnung (Name, Vorname, Firma), die Anschrift des Zahlungsempfängers und, wenn bekannt, seine Steuernummer sowie sein Geburtsdatum, der Grund der Zahlung (Art des Anspruchs), die Höhe der Zahlung, der Tag der Zahlung oder der Zahlungsanordnung anzugeben. 2 Als Zahlungsempfänger ist stets der ursprüngliche Gläubiger der Forderung zu benennen, auch wenn die Forderung abgetreten, verpfändet oder gepfändet ist.

(3) 1 In Mitteilungen über Verwaltungsakte sind die Behörde, die den Verwaltungsakt erlassen hat, das Aktenzeichen und das Datum des Verwaltungsakts sowie Gegenstand und Umfang der Genehmigung, Erlaubnis oder gewährten Leistung und die Bezeichnung (Name, Vorname, Firma), die Anschrift des Beteiligten und, wenn bekannt, seine Steuernummer sowie sein Geburtsdatum anzugeben. 2 Die Mitteilungspflicht kann auch durch die Übersendung einer Mehrausfertigung oder eines Abdrucks des Bescheids erfüllt werden. 3 In diesem Fall dürfen jedoch nicht mehr personenbezogene Daten übermittelt werden, als nach Satz 1 zulässig ist.

---

1) Betrag geänd. mWv 1.1.2002 durch G v. 19.12.2000 (BGBl. I S. 1790).

2) § 8 Abs. 2 Satz 1 geänd., Abs. 3 Sätze 2 und 3 angef. durch G v. 19.12.1994 (BGBl. I S. 3848).

§ 9[1] **Empfänger der Mitteilungen.** (1) [1]Die Mitteilungen sind an das Finanzamt zu richten, in dessen Bezirk der Zahlungsempfänger oder derjenige, für den ein Verwaltungsakt bestimmt ist, seinen Wohnsitz hat. [2]Bei Körperschaften, Personenvereinigungen und Vermögensmassen ist die Mitteilung dem Finanzamt zuzuleiten, in dessen Bezirk sich die Geschäftsleitung befindet. [3]Mitteilungen nach § 6 Abs. 2 sind an das für die Umsatzbesteuerung zuständige Finanzamt zu richten. [4]Bestehen Zweifel über die Zuständigkeit des Finanzamts, ist die Mitteilung an die Oberfinanzdirektionen zu senden, in deren Bezirk die Behörde oder Rundfunkanstalt ihren Sitz hat. [5]Die Oberfinanzdirektion, in deren Bezirk die mitteilungspflichtige Behörde oder Rundfunkanstalt ihren Sitz hat, kann ein Finanzamt bestimmen, an das die mitteilungspflichtige Behörde oder Rundfunkanstalt die Mitteilung zu übersenden hat.

(2) Werden Mitteilungen auf maschinell verwertbaren Datenträgern oder durch Datenfernübertragung übermittelt, kann die oberste Finanzbehörde des Landes, in dem die mitteilungspflichtige Behörde oder Rundfunkanstalt ihren Sitz hat, eine andere Landesfinanzbehörde oder mit Zustimmung des Bundesministeriums der Finanzen eine Finanzbehörde des Bundes als Empfänger der Mitteilungen bestimmen.

§ 10[2] **[Zeitpunkt der Mitteilungen].** Die Mitteilungen nach § 6 Abs. 2 sind unverzüglich, die Mitteilungen nach den §§ 4 und 6 Abs. 1 sind mindestens vierteljährlich und die übrigen Mitteilungen mindestens einmal jährlich, spätestens bis zum 30. April des Folgejahres, zu übersenden.

3. Teil. Unterrichtung des Betroffenen

§ 11 Pflicht zur Unterrichtung. Die mitteilungspflichtige Behörde oder öffentlich-rechtliche Rundfunkanstalt hat den Betroffenen von ihrer Verpflichtung, Mitteilungen zu erstellen, spätestens bei Übersendung der ersten Mitteilung an die Finanzbehörde zu unterrichten.

§ 12 Inhalt der Unterrichtung. (1) [1]Der Betroffene ist darüber zu unterrichten, daß den Finanzbehörden die nach § 8 geforderten Angaben mitgeteilt werden, soweit sich diese Unterrichtung nicht aus dem Verwaltungsakt, dem Vertrag, der Genehmigung oder der Erlaubnis ergibt. [2]Der Betroffene ist hierbei in allgemeiner Form auf seine steuerlichen Aufzeichnungs- und Erklärungspflichten hinzuweisen.

(2) In den Fällen des § 2 Satz 2 und des § 3 ist dem Betroffenen eine Aufstellung der im Kalenderjahr geleisteten Zahlungen und ihrer Summe zu übersenden, soweit nicht über die einzelne Zahlung bereits eine Unterrichtung erfolgt ist.

---

[1] § 9 Abs. 1 Satz 3 eingef., bisherige Sätze 3 und 4 werden Sätze 4 und 5 durch VO vom 26.5.1999 (BGBl. I S. 1077).

[2] § 10 geänd. durch VOen v. 19.12.1994 (BGBl. I S. 3848) und vom 26.5.1999 (BGBl. I S. 1077).

4. Teil. Besondere Vorschriften zu Mitteilungen über Billigkeitsleistungen anlässlich der Corona-Krise[1)]

§ 13[1)] Mitteilungen über Billigkeitsleistungen des Bundes und der Länder anlässlich der Corona-Krise. (1) [1]Behörden und andere öffentliche Stellen des Bundes und der Länder haben als mitteilungspflichtige Stellen (§ 93c Absatz 1 der Abgabenordnung) den Finanzbehörden folgende als Subvention oder ähnliche Förderungsmaßnahme bewilligte Leistungen nach amtlich vorgeschriebenem Datensatz über die amtlich bestimmte Schnittstelle nach Maßgabe des § 93c der Abgabenordnung mitzuteilen:

1. Soforthilfen des Bundes für kleine Unternehmen, Soloselbstständige und Angehörige der Freien Berufe zur Milderung der finanziellen Notlagen dieser Unternehmen aufgrund der Corona-Krise,
2. Überbrückungshilfen des Bundes für kleine und mittelständische Unternehmen, Soloselbständige und Angehörige der Freien Berufe, die ihren Geschäftsbetrieb im Zuge der Corona-Krise ganz oder zu wesentlichen Teilen einstellen müssen oder mussten, oder
3. andere Soforthilfen, Überbrückungshilfen oder vergleichbare Billigkeitsleistungen des Bundes oder des jeweiligen Landes für Unternehmen, Soloselbstständige und Angehörige der Freien Berufe anlässlich der Corona-Krise.

[2]Satz 1 Nummer 3 gilt nicht für aufgrund der Corona-Krise gewährte

1. Subventionen oder ähnliche Förderungsmaßnahmen der Gemeinden oder Gemeindeverbände,
2. Hilfsleistungen nach dem Fünften und Elften Buch Sozialgesetzbuch,
3. Hilfsleistungen nach der COVID-19-Versorgungsstrukturen-Schutzverordnung vom 30. April 2020 (BAnz. AT 04.05.2020 V1),
4. Leistungen nach dem Krankenhausfinanzierungsgesetz und
5. Leistungen nach dem Sozialdienstleister-Einsatzgesetz.

(2) Zur Sicherstellung der Besteuerung sind neben den in § 93c Absatz 1 Nummer 2 der Abgabenordnung genannten Angaben folgende Angaben mitzuteilen:

1. die Art und Höhe der jeweils gewährten Zahlung,
2. das Datum, an dem die Zahlung bewilligt wurde,
3. das Datum der Zahlung oder der Zahlungsanordnung und
4. bei unbarer Zahlung die Bankverbindung für das Konto, auf das die Leistung erbracht wurde.

[2]Werden nach Satz 1 mitzuteilende Zahlungen in einem späteren Kalenderjahr ganz oder teilweise zurückerstattet, ist die Rückzahlung abweichend von § 93c Absatz 3 der Abgabenordnung von der mitteilungspflichtigen Stelle unter Angabe des Datums, an dem die Zahlung bei der mitteilungspflichtigen Stelle eingegangen ist, mitzuteilen.

[1)] § 13 neu gef. mWv 24.11.2020 bis 31.12.2024 durch VO v. 18.11.2020 (BGBl. I S. 2449); Abs. 1 Satz 2 Nr. 5, Abs. 2 Satz 1 Nr. 4, Abs. 2 Satz 2 und Abs. 3 Satz 3 angef. mWv 21.1.2021 bis 31.12.2024 durch VO v. 12.1.2021 (BGBl. I S. 67).

(3) [1]Mitteilungen über im Kalenderjahr 2020 ausgezahlte Leistungen sind abweichend von § 93c Absatz 1 Nummer 1 der Abgabenordnung nach Veröffentlichung des amtlich vorgeschriebenen Datensatzes und der Freigabe der amtlich bestimmten Schnittstelle bis zum 30. April 2021 zu übermitteln. [2]Das Bundesministerium der Finanzen kann im Einvernehmen mit den obersten Finanzbehörden der Länder die Frist nach Satz 1 durch ein im Bundessteuerblatt Teil I zu veröffentlichendes Schreiben[1)] verlängern, sofern die technischen Voraussetzungen für die Annahme der Mitteilungen nicht rechtzeitig vorliegen. [3]Auf begründeten Antrag einer mitteilungspflichtigen Stelle kann die oberste Finanzbehörde desjenigen Landes, in dem die mitteilungspflichtige Stelle ihren Sitz hat, dieser die Frist nach Satz 1 oder Satz 2 um längstens zehn Monate verlängern, sofern die technischen Voraussetzungen für die Übersendung der Mitteilungen bei der mitteilungspflichtigen Stelle nicht rechtzeitig vorliegen; das Bundesministerium der Finanzen ist über eine gewährte Fristverlängerung zu unterrichten.

(4) [1]Von den Absätzen 1 bis 3 abweichende Bestimmungen dieser Verordnung sind nicht anzuwenden. [2]§ 1 Absatz 2 und § 2 Absatz 2 bleiben unberührt.

[1)] BMF v. 21.1.2021 – IV A3 – S 0229/20/10003:011 (bei Redaktionsschluss noch nv).

800f. Verordnung über Mitteilungen an die Finanzbehörden durch andere Behörden und öffentlich-rechtliche Rundfunkanstalten (Mitteilungsverordnung – MV)

Vom 7. September 1993 (BGBl. I S. 1554)

Geändert durch Verordnungen vom 19. Dezember 1994 (BGBl. I S. 3848), vom 26.5.1999 (BGBl. I S. 1077), Gesetze vom 19.12.2000 (BGBl. I S. 1790), vom 23.12.2003 (BGBl. I S. 2848); durch Art. 2 der VO v. 18.11.2020 (BGBl. I S. 2449)[1] und Art. 2 der VO v. 12.1.2021 (BGBl. I S. 67)

BGBl. III/FNA 610-1-8

Auf Grund des § 93a der Abgabenordnung vom 16. März 1976 (BGBl. I S. 613, 1977 I S. 269), der durch Artikel 1 Nr. 10 des Gesetzes vom 19. Dezember 1985 (BGBl. I S. 2436) eingefügt worden ist, verordnet die Bundesregierung:

1. Teil. Allgemeine Vorschriften

§ 1[2] Grundsätze. (1) [1]Behörden und andere öffentliche Stellen einschließlich öffentlich-rechtlicher Rundfunkanstalten (§ 6 Absatz 1 bis 1c der Abgabenordnung) sind verpflichtet, Mitteilungen an die Finanzbehörden nach Maßgabe der folgenden Vorschriften ohne Ersuchen zu übersenden. [2]Dies gilt nicht, wenn die Finanzbehörden bereits auf Grund anderer Vorschriften über diese Tatbestände Mitteilungen erhalten. [3]Eine Verpflichtung zur Mitteilung besteht auch dann nicht, wenn die Gefahr besteht, daß das Bekanntwerden des Inhalts der Mitteilung dem Wohl des Bundes oder eines deutschen Landes Nachteile bereiten würde. [4]Ist eine mitteilungspflichtige Behörde einer obersten Dienstbehörde nachgeordnet, muß die oberste Behörde dem Unterlassen der Mitteilung zustimmen; die Zustimmung kann für bestimmte Fallgruppen allgemein erteilt werden.

(2) Auf Grund dieser Verordnung sind personenbezogene Daten, die dem Sozialgeheimnis unterliegen (§ 35 des Ersten Buches Sozialgesetzbuch), und nach Landesrecht zu erbringende Sozialleistungen nicht mitzuteilen.

§ 2[3] Allgemeine Zahlungsmitteilungen. (1) [1]Behörden und andere öffentliche Stellen mit Ausnahme öffentlich-rechtlicher Rundfunkanstalten haben den Finanzbehörden alle Zahlungen mitzuteilen. [2]Satz 1 gilt nicht, sofern

---

[1] Änderungen treten gem. Art. 3 Abs. 2 der VO mWv 1.1.2025 in Kraft.

[2] § 1 Abs. 1 Satz 1 geänd. durch VO v. 26.5.1999 (BGBl. I S. 1077); geänd. mWv 1.1.2025 durch VO v. 18.11.2020 (BGBl. I S. 2449).

[3] § 2 neu gef. durch VO v. 26.5.1999 (BGBl. I S. 1077); Abs. 1 neu gef. mWv 1.1.2025 durch VO v. 18.11.2020 (BGBl. I S. 2449); Abs. 2 Satz 2, 3 geänd. mWv 1.1.2025 durch VO v. 12.1.2021 (BGBl. I S. 67).

1. der Zahlungsempfänger zweifelsfrei im Rahmen einer land- und forstwirtschaftlichen, gewerblichen oder freiberuflichen Haupttätigkeit gehandelt hat und die Zahlung zweifelsfrei auf das Geschäftskonto des Zahlungsempfängers erfolgt,
2. ein Steuerabzug durchgeführt wird oder
3. die Zahlungen aufgrund anderweitiger Rechtsvorschriften den Finanzbehörden mitzuteilen sind.

3 Satz 2 Nummer 1 gilt nicht für Zahlungen an Berufsbetreuer im Sinne von § 292 des Gesetzes über das Verfahren in Familiensachen und in den Angelegenheiten der freiwilligen Gerichtsbarkeit sowie für Vergütungen an Sachverständige, Dolmetscher und Übersetzer im Sinne von Abschnitt 3 des Justizvergütungs- und -entschädigungsgesetzes.

(2) Die Finanzbehörden können Ausnahmen von der Mitteilungspflicht zulassen, wenn die Zahlungen geringe oder keine steuerliche Bedeutung haben.

§ 3 Honorare der Rundfunkanstalten. (1) 1 Die öffentlich-rechtlichen Rundfunkanstalten haben Honorare für Leistungen freier Mitarbeiter mitzuteilen, die in unmittelbarem Zusammenhang mit der Vorbereitung, Herstellung oder Verbreitung von Hörfunk- und Fernsehsendungen erbracht werden. 2 Das gilt nicht, wenn die Besteuerung den Regeln eines Abzugsverfahrens unterliegt oder wenn die Finanzbehörden auf Grund anderweitiger Regelungen Mitteilungen über die Honorare erhalten.

(2) Honorare im Sinne des Absatzes 1 sind alle Güter, die in Geld oder Geldeswert bestehen und dem Steuerpflichtigen für eine persönliche Leistung oder eine Verwertung im Sinne des Urheberrechtsgesetzes zufließen.

§ 4[1)] Wegfall oder Einschränkung einer steuerlichen Vergünstigung. Behörden und andere öffentliche Stellen mit Ausnahme öffentlich-rechtlicher Rundfunkanstalten haben Verwaltungsakte mitzuteilen, die den Wegfall oder die Einschränkung einer steuerlichen Vergünstigung zur Folge haben können.

§ 4a[2)] Ordnungsgelder nach § 335 des Handelsgesetzbuchs. (1) Das Bundesamt für Justiz hat als mitteilungspflichtige Stelle (§ 93c Absatz 1 der Abgabenordnung) den Finanzbehörden die Adressaten und die Höhe von nach dem 31. Dezember 2021 im Verfahren nach § 335 des Handelsgesetzbuchs festgesetzten Ordnungsgeldern mitzuteilen, sofern das festgesetzte Ordnungsgeld mindestens 5000 Euro beträgt.

(2) 1 Sind dem Bundesamt für Justiz bei Festsetzung des Ordnungsgelds die in § 93c Absatz 1 Nummer 2 Buchstabe c und d der Abgabenordnung bezeichneten Daten nicht bekannt, soll es den Finanzbehörden die Handelsregisternummer der Gesellschaft oder andere ihm bekannte und zur automationsgestützten Identifizierung des Adressaten der Ordnungsgeldfestsetzung geeignete Daten übermitteln. 2 Die den Finanzbehörden übermittelten Daten

---

1) § 4 geänd. mWv 1.1.2025 durch VO v. 18.11.2020 (BGBl. I S. 2449).

2) § 4a eingef. durch VO v. 26.5.1999 (BGBl. I S. 1077); neu gef. mWv 21.1.2021, Abs. 2 aufgeh., bish. Abs. 3 wird Abs. 2 mWv 1.1.2025 durch VO v. 12.1.2021 (BGBl. I S. 67).

sind abweichend von § 93c Absatz 1 Nummer 4 der Abgabenordnung fünf Jahre aufzubewahren; die Frist beginnt mit dem Tag der Festsetzung des Ordnungsgelds. 3 Weitergehende Aufbewahrungsbestimmungen aufgrund anderer Rechtsvorschriften bleiben unberührt. 4 Wird die Festsetzung eines Ordnungsgelds in einem späteren Kalenderjahr ganz oder teilweise widerrufen, zurückgenommen oder aufgehoben, ist § 93c Absatz 3 der Abgabenordnung nicht anzuwenden.

§ 5 Ausgleichs- und Abfindungszahlungen nach dem Flurbereinigungsgesetz. Die Flurbereinigungsbehörden haben Ausgleichs- und Abfindungszahlungen nach dem Flurbereinigungsgesetz mitzuteilen.

§ 6[1] Gewerberechtliche Erlaubnisse und Gestattungen. (1) Behörden und andere öffentliche Stellen mit Ausnahme öffentlich-rechtlicher Rundfunkanstalten haben mitzuteilen

1. die Erteilung von Reisegewerbekarten,
2. zeitlich befristete Erlaubnisse sowie Gestattungen nach dem Gaststättengesetz,
3. Bescheinigungen über die Geeignetheit der Aufstellungsorte für Spielgeräte (§ 33c der Gewerbeordnung),
4. Erlaubnisse zur Veranstaltung anderer Spiele mit Gewinnmöglichkeit (§ 33d der Gewerbeordnung),
5. Festsetzungen von Messen, Ausstellungen, Märkten und Volksfesten (§ 69 der Gewerbeordnung),
6. Genehmigungen nach dem Personenbeförderungsgesetz zur Beförderung von Personen mit Kraftfahrzeugen im Linienverkehr, die Unternehmern mit Wohnsitz oder Sitz außerhalb des Geltungsbereichs des Personenbeförderungsgesetzes erteilt werden, und
7. Erlaubnisse zur gewerbsmäßigen Arbeitnehmerüberlassung,
8. die gemäß der Verordnung (EWG) Nr. 2408/92 des Rates vom 23. Juli 1992 über den Zugang von Luftfahrtunternehmen der Gemeinschaft zu Strecken des innergemeinschaftlichen Flugverkehrs (ABl. EG Nr. L 240 S. 8) erteilten Genehmigungen, Verkehrsrechte auszuüben.

(2) Abweichend von § 1 Abs. 2 teilt die Bundesagentur[2] für Arbeit nach Erteilung der erforderlichen Zusicherung folgende Daten der ausländischen Unternehmen mit, die auf Grund bilateraler Regierungsvereinbarungen über die Beschäftigung von Arbeitnehmern zur Ausführung von Werkverträgen tätig werden:

1. die Namen und Anschriften der ausländischen Vertragspartner des Werkvertrages,
2. den Beginn und die Ausführungsdauer des Werkvertrages und
3. den Ort der Durchführung des Werkvertrages.

---

[1] § 6 Abs. 1 Nr. 8 und Abs. 2 angef. durch VO v. 26.5.1999 (BGBl. I S. 1077); Abs. 1 Satzteil vor Nr. 1 geänd. mWv 1.1.2025 durch VO v. 18.11.2020 (BGBl. I S. 2449).

[2] Bezeichnung geänd. mWv 1.1.2004 durch G v. 23.12.2003 (BGBl. I S. 2848).

§ 7[1]) Ausnahmen von der Mitteilungspflicht über Zahlungen.

(1) [1]Zahlungen an Behörden und andere öffentliche Stellen, Betriebe gewerblicher Art von Körperschaften des öffentlichen Rechts oder Körperschaften, die steuerbegünstigte Zwecke im Sinne des Zweiten Teils Dritter Abschnitt der Abgabenordnung verfolgen, sind nicht mitzuteilen; maßgebend sind die Verhältnisse zum Zeitpunkt der Zahlung. [2]Das gilt auch für Mitteilungen über Leistungen, die von Körperschaften des öffentlichen Rechts im Rahmen ihrer Beteiligungen an Unternehmen oder Einrichtungen des privaten Rechts erbracht werden.

(2) [1]Mitteilungen über Zahlungen sind nicht zu übermitteln, wenn die an denselben Empfänger geleisteten Zahlungen im Kalenderjahr weniger als 1500 Euro betragen; wurden Vorauszahlungen geleistet, sind diese bei der Errechnung des maßgebenden Betrages zu berücksichtigen. [2]Vorauszahlungen sind nicht gesondert mitzuteilen. [3]In der Mitteilung über die abschließende Zahlung ist anzugeben, ob eine oder mehrere Vorauszahlungen geleistet wurden.

(3) *(aufgehoben)*

2. Teil. Mitteilungen

§ 8[2]) Form, Inhalt und Zeitpunkt der Mitteilungen. (1) [1]Die Mitteilungen sind den Finanzbehörden nach Maßgabe des § 93c der Abgabenordnung nach amtlich vorgeschriebenem Datensatz über die amtlich bestimmte Schnittstelle zu übermitteln. [2]Zur Sicherstellung der Besteuerung sind neben den in § 93c Absatz 1 Nummer 2 der Abgabenordnung genannten Angaben auch folgende Angaben zu übermitteln:

1. bei Mitteilungen über Zahlungen:
   a) der Grund der Zahlung oder die Art des der Zahlung zugrundeliegenden Anspruchs,
   b) die Höhe der jeweils gewährten Zahlung,
   c) der Zeitraum oder Zeitpunkt, für den die Zahlung gewährt wird,
   d) das Datum der Zahlung oder der Zahlungsanordnung sowie
   e) bei unbarer Zahlung die Bankverbindung für das Konto, auf das die Leistung erbracht wurde.
2. bei Mitteilungen über Verwaltungsakte der Gegenstand und der Umfang der Genehmigung, Erlaubnis oder gewährten Leistung.

[3]Werden mitzuteilende Zahlungen in einem späteren Kalenderjahr ganz oder teilweise zurückerstattet, ist die Rückzahlung abweichend von § 93c Absatz 3 der Abgabenordnung eigenständig und unter Angabe des Datums, an dem die Zahlung bei der mitteilungspflichtigen Stelle eingegangen ist, mitzuteilen.

---

[1]) § 7 Abs. 1 Satz 1, Abs. 2 Satz 1 HS 1 geänd., Abs. 3 aufgeh. mWv 1.1.2025 durch VO v. 18.11.2020 (BGBl. I S. 2449).

[2]) § 8 neu gef. mWv 1.1.2025 durch VO v. 18.11.2020 (BGBl. I S. 2449); Abs. 1 Satz 2 Nr. 1 Buchst. c und d geänd., Buchst. e und Satz 3 angef. mWv 1.1.2025 durch VO v. 12.1.2021 (BGBl. I S. 67); zur Anwendung siehe § 13.

(2) [1]Mitteilungen nach § 6 Absatz 2 sind abweichend von § 93c Absatz 1 Nummer 1 der Abgabenordnung unverzüglich zu übermitteln. [2]Mitteilungen nach den §§ 4 und 6 Absatz 1 sind abweichend von § 93c Absatz 1 Nummer 1 der Abgabenordnung mindestens vierteljährlich zu übermitteln.

(3) [1]Auf Antrag der mitteilungspflichtigen Stelle kann die oberste Finanzbehörde des Landes, in dem die mitteilungspflichtige Stelle ihren Sitz hat, zur Vermeidung unbilliger Härten auf eine elektronische Übermittlung nach Maßgabe des § 93c der Abgabenordnung verzichten. [2]In diesem Fall sind die Mitteilungen nach amtlich vorgeschriebenem Formular an die oberste Landesfinanzbehörde oder die von ihr bestimmte Landesfinanzbehörde zu übersenden.

§ 9[1)] ***Empfänger der Mitteilungen.*** *(1) [1]Die Mitteilungen sind an das Finanzamt zu richten, in dessen Bezirk der Zahlungsempfänger oder derjenige, für den ein Verwaltungsakt bestimmt ist, seinen Wohnsitz hat. [2]Bei Körperschaften, Personenvereinigungen und Vermögensmassen ist die Mitteilung dem Finanzamt zuzuleiten, in dessen Bezirk sich die Geschäftsleitung befindet. [3]Mitteilungen nach § 6 Abs. 2 sind an das für die Umsatzbesteuerung zuständige Finanzamt zu richten. [4]Bestehen Zweifel über die Zuständigkeit des Finanzamts, ist die Mitteilung an die Oberfinanzdirektionen zu senden, in deren Bezirk die Behörde oder Rundfunkanstalt ihren Sitz hat. [5]Die Oberfinanzdirektion, in deren Bezirk die mitteilungspflichtige Behörde oder Rundfunkanstalt ihren Sitz hat, kann ein Finanzamt bestimmen, an das die mitteilungspflichtige Behörde oder Rundfunkanstalt die Mitteilung zu übersenden hat.*

(2) Werden Mitteilungen auf maschinell verwertbaren Datenträgern oder durch Datenfernübertragung übermittelt, kann die oberste Finanzbehörde des Landes, in dem die mitteilungspflichtige Behörde oder Rundfunkanstalt ihren Sitz hat, eine andere Landesfinanzbehörde oder mit Zustimmung des Bundesministeriums der Finanzen eine Finanzbehörde des Bundes als Empfänger der Mitteilungen bestimmen.

§ 10[1)] ***[Zeitpunkt der Mitteilungen].*** *Die Mitteilungen nach § 6 Abs. 2 sind unverzüglich, die Mitteilungen nach den §§ 4 und 6 Abs. 1 sind mindestens vierteljährlich und die übrigen Mitteilungen mindestens einmal jährlich, spätestens bis zum 30. April des Folgejahres, zu übersenden.*

3. Teil. Unterrichtung des Betroffenen

§ 11[1)] ***Pflicht zur Unterrichtung.*** *Die mitteilungspflichtige Behörde oder öffentlich-rechtliche Rundfunkanstalt hat den Betroffenen von ihrer Verpflichtung, Mitteilungen zu erstellen, spätestens bei Übersendung der ersten Mitteilung an die Finanzbehörde zu unterrichten.*

§ 12[1)] ***Inhalt der Unterrichtung.*** *(1) [1]Der Betroffene ist darüber zu unterrichten, daß den Finanzbehörden die nach § 8 geforderten Angaben mitgeteilt werden, soweit sich diese Unterrichtung nicht aus dem Verwaltungsakt, dem Vertrag, der Genehmigung*

[1)] §§ 9–12 aufgeh. mWv 1.1.2025 durch VO v. 18.11.2020 (BGBl. I S. 2449); zur Anwendung siehe § 13.

oder der Erlaubnis ergibt. [2]Der Betroffene ist hierbei in allgemeiner Form auf seine steuerlichen Aufzeichnungs- und Erklärungspflichten hinzuweisen.

(2) In den Fällen des § 2 Satz 2 und des § 3 ist dem Betroffenen eine Aufstellung der im Kalenderjahr geleisteten Zahlungen und ihrer Summe zu übersenden, soweit nicht über die einzelne Zahlung bereits eine Unterrichtung erfolgt ist.

4. Teil. Anwendungsbestimmung[1)]

§ 13[1)] Anwendungszeitpunkt. [1]Den Zeitpunkt der erstmaligen Anwendung des § 8 in der am 1. Januar 2025 geltenden Fassung bestimmt das Bundesministerium der Finanzen im Einvernehmen mit den obersten Finanzbehörden der Länder durch ein im Bundessteuerblatt zu veröffentlichendes Schreiben. [2]Bis zu diesem Zeitpunkt sind die §§ 8 bis 12 in der am 31. Dezember 2024 geltenden Fassung weiter anzuwenden.

[1)] Teil 4 (§ 13) neu gef. mWv 1.1.2025 durch VO v. 18.11.2020 (BGBl. I S. 2449).

800g. Verordnung über den automatisierten Abruf von Steuerdaten (Steuerdaten-Abrufverordnung – StDAV)

Vom 13. Oktober 2005 (BGBl. I S. 3021)

Geändert durch Vierte Verordnung zur Änderung Steuerlicher Verordnungen vom 12.7.2017 (BGBl. I S. 2360)

BGBl. III/FNA 610-1-16

Auf Grund des § 30 Abs. 6 Satz 2 und 3 der Abgabenordnung in der Fassung der Bekanntmachung vom 1. Oktober 2002 (BGBl. I S. 3866, 2003 I S. 61) verordnet das Bundesministerium der Finanzen:

§ 1[1] Anwendungsbereich. (1) Diese Verordnung regelt den automatisierten Abruf von nach § 30 der Abgabenordnung geschützten Daten (Abrufverfahren), die für eines der in § 30 Absatz 2 Nummer 1 der Abgabenordnung genannten Verfahren in einem automationsgestützten Dateisystem gespeichert sind.

(2) [1]Diese Verordnung gilt nicht für Abrufverfahren, die Verbrauchsteuern und Verbrauchsteuervergütungen oder Ein- und Ausfuhrabgaben nach Artikel 5 Nummer 20 und 21 des Zollkodex der Union betreffen. [2]Zollkodex der Union ist die Verordnung gemäß § 3 Absatz 3 der Abgabenordnung.

§ 2 Maßnahmen zur Wahrung des Steuergeheimnisses. (1) [1]Es sind angemessene organisatorische und dem jeweiligen Stand der Technik entsprechende technische Vorkehrungen zur Wahrung des Steuergeheimnisses zu treffen. [2]Hierzu zählen insbesondere Maßnahmen, die sicherstellen, dass

1. Unbefugten der Zutritt zu Datenverarbeitungsanlagen, mit denen die in § 1 Satz 1 bezeichneten Daten abgerufen werden können, verwehrt wird (Zutrittskontrolle),
2. Datenverarbeitungssysteme nicht unbefugt zum Abruf genutzt werden können (Zugangskontrolle),
3. die zur Benutzung eines Datenverarbeitungssystems zum Datenabruf Befugten ausschließlich auf die ihrer Zugriffsbefugnis unterliegenden Daten zugreifen können und dass die Daten während des Abrufs nicht unbefugt gelesen oder kopiert werden können (Zugriffskontrolle),
4. überprüft und festgestellt werden kann, wer personenbezogene Daten abrufen darf oder abgerufen hat (Weitergabekontrolle).

(2) Abrufverfahren zur Übermittlung von Daten an Empfänger außerhalb der für die Speicherung verantwortlichen Stelle sollen nur eingerichtet werden, wenn es wegen der Vielzahl der Übermittlungen oder wegen ihrer be-

[1] § 1 neu gef. mWv 25.5.2018 durch VO v. 12.7.2017 (BGBl. I S. 2360).

sonderen Eilbedürftigkeit unter Berücksichtigung der schutzwürdigen Interessen der Betroffenen angemessen ist.

§ 3 Erteilung der Abrufbefugnis. Die Erteilung einer Abrufbefugnis kommt in Betracht bei

1. Amtsträgern (§ 7 der Abgabenordnung) oder gleichgestellten Personen (§ 30 Abs. 3 der Abgabenordnung), die in einem Verwaltungsverfahren, einem Rechnungsprüfungsverfahren oder gerichtlichen Verfahren in Steuersachen, in einem Strafverfahren wegen einer Steuerstraftat oder einem Bußgeldverfahren wegen einer Steuerordnungswidrigkeit tätig sind,
2. Amtsträgern oder gleichgestellten Personen, soweit die Abrufbefugnis zur Wahrnehmung der Dienst- und Fachaufsicht erforderlich ist,
3.[1] Amtsträgern oder gleichgestellten Personen, soweit die Abrufbefugnis erforderlich ist zur zulässigen Offenbarung geschützter Daten nach § 30 Absatz 4 oder Absatz 5 der Abgabenordnung[2],
4. Amtsträgern oder gleichgestellten Personen, die mit der Entwicklung oder Betreuung automatisierter Verfahren oder der dabei eingesetzten technischen Einrichtungen befasst sind, in denen die in § 1 bezeichneten Daten verarbeitet werden, wenn der Abruf allein der Beseitigung von Fehlern oder der Kontrolle der ordnungsgemäßen Arbeitsweise der Verfahren oder der technischen Einrichtungen dient und dies nicht mit vertretbarem Aufwand durch Zugriff auf anonymisierte oder pseudonymisierte Daten erreicht werden kann,
5.[3] Amtsträgern der Zollverwaltung oder gleichgestellten Personen, soweit die Abrufbefugnis für die Festsetzung oder Erhebung der Einfuhrumsatzsteuer erforderlich ist und die Daten beim *Bundesamt für Finanzen* [***ab 25.5.2018:*** Bundeszentralamt für Steuern] gespeichert sind,
6. Amtsträgern der Gemeinden, soweit sie in einem Realsteuerverfahren in Ausübung der nach § 21 des Finanzverwaltungsgesetzes den Gemeinden zustehenden Rechte tätig sind.

§ 4 Umfang der Abrufbefugnis. (1) [1]Die Abrufbefugnis ist auf die Daten oder die Arten von Daten zu beschränken, die zur Erledigung der jeweiligen Aufgabe erforderlich sind. [2]Hiervon darf nur abgesehen werden, wenn der Aufwand für eine Beschränkung auf bestimmte Daten oder Arten von Daten unter Berücksichtigung der schutzwürdigen Interessen der Betroffenen außer Verhältnis zu dem angestrebten Zweck steht.

(2) [1]Die Abrufbefugnis ist zu befristen, wenn der Verwendungszweck zeitlich begrenzt ist. [2]Sie ist unverzüglich zu widerrufen, wenn der Anlass für ihre Erteilung weggefallen ist.

§ 5 Prüfung der Abrufbefugnis. (1) [1]Die Abrufbefugnis ist automatisiert zu prüfen

---

[1] § 3 Nr. 3 neu gef. mWv 25.5.2018 durch VO v. 12.7.2017 (BGBl. I S. 2360).

[2] Nr. **800**.

[3] § 3 Nr. 5 geänd. mWv 25.5.2018 durch VO v. 12.7.2017 (BGBl. I S. 2360).

1. bei jedem Aufbau einer Verbindung anhand eines Identifizierungsschlüssels (Benutzerkennung) und eines geheim zu haltenden Passwortes oder sonst zum hinreichend sicheren Nachweis von Benutzeridentität und Authentizität geeigneter Verfahren,
2. bei jedem Abruf anhand eines Verzeichnisses über den Umfang der dem Abrufenden eingeräumten Abrufbefugnis.

2 Benutzerkennungen und Passwörter sind nach höchstens fünf aufeinander folgenden Fehlversuchen zum Aufbau einer Verbindung zu sperren.

(2) Die Passwörter nach Absatz 1 Satz 1 Nr. 1 sind spätestens nach 90 Tagen, bei Kenntnisnahme durch andere Personen unverzüglich, zu ändern.

(3) 1 Werden zur Authentifizierung automatisiert lesbare Ausweiskarten verwendet, so sind deren Bestand, Ausgabe und Einzug nachzuweisen und zu überwachen. 2 Abhanden gekommene Ausweiskarten sind unverzüglich zu sperren. 3 Der Inhaber darf die Ausweiskarte nicht weitergeben. 4 Er hat sie unter Verschluss aufzubewahren, wenn er sie nicht zum Datenabruf verwendet.

§ 6 Aufzeichnung der Abrufe. (1) 1 Abrufe und Abrufversuche sind zur Prüfung der Zulässigkeit der Abrufe automatisiert aufzuzeichnen. 2 Die Aufzeichnungen umfassen mindestens die Benutzerkennung, das Datum, die Uhrzeit sowie die sonstigen zur Prüfung der Zulässigkeit der Abrufe erforderlichen Daten.

(2) 1 Die Aufzeichnungspflicht entfällt, soweit die Abrufbefugnis durch technische Maßnahmen auf die Daten oder Arten von Daten beschränkt worden ist, die zur Erledigung der jeweiligen Aufgabe erforderlich sind. 2 Unbeschadet des Satzes 1 können Aufzeichnungen anlassbezogen durchgeführt werden.

(3) Die Aufzeichnungen dürfen nur zur Prüfung der Zulässigkeit der Abrufe verwendet werden.

(4) Die Aufzeichnungen sind zwei Jahre aufzubewahren und danach unverzüglich zu löschen.

§ 7 Prüfung der Zulässigkeit der Abrufe. 1 Anhand der Aufzeichnungen ist zeitnah und in angemessenem Umfang zu prüfen, ob der Abruf nach § 30 Abs. 6 Satz 1 der Abgabenordnung und nach dieser Verordnung zulässig war. 2 Unbeschadet des Satzes 1 können aufgezeichnete Abrufe anlassbezogen geprüft werden.

§ 8 Ergänzende Regelungen und Verfahrensdokumentation. 1 Bei Einrichtung eines Abrufverfahrens sind von den beteiligten Stellen zu regeln und in einer für sachverständige Dritte verständlichen Weise zu dokumentieren

1. Anlass, Zweck und beteiligte Stellen des Abrufverfahrens,
2. die notwendigen technischen Voraussetzungen und die verwendeten Programme,

3. die zum Abruf bereitgehaltenen Daten,
4. auf welche Weise und zu welchem Zeitpunkt die verantwortlichen Stellen über die Abrufbefugnis anderer Behörden zu unterrichten sind,
5. die Gruppen der zum Abruf berechtigten Personen (§ 3) und der Umfang der Abrufbefugnisse (§ 4),
6. die protokollierende Stelle,
7. die zur Identifizierung, Authentisierung und Verschlüsselung verwendeten Verfahren,
8. die für die Vergabe und Verwaltung von Benutzerkennungen, Passwörtern und Ausweiskarten sowie die für die Prüfung der aufgezeichneten Abrufe und Stichproben zuständigen Stellen,
9. Art und Umfang der Maßnahmen zur nachträglichen Überprüfung eingeräumter Abrufbefugnisse sowie die Frist zur Aufbewahrung der revisionsfähigen Unterlagen,
10. die Einzelheiten des Prüfungsverfahrens nach § 7,
11. das Verfahren zur Erprobung und zur Qualitätssicherung der Programme vor dem Einsatz,
12. die Fristen, nach deren Ablauf Daten zum Abruf durch Abrufberechtigte außerhalb der für die Speicherung verantwortlichen Stelle nicht mehr für einen Datenabruf bereitgehalten werden dürfen,
13. die sonstigen zur Wahrung der schutzwürdigen Belange der Betroffenen sowie zur Gewährleistung von Datenschutz und Datensicherheit getroffenen technischen und organisatorischen Maßnahmen.

[2] Die Verfahrensdokumentation ist fortlaufend zu aktualisieren. [3] Sie ist mindestens zwei Jahre über das Ende des Verfahrenseinsatzes hinaus aufzubewahren.

§ 9[1)] Abrufe durch den Steuerpflichtigen. [1] Für Verfahren, die dem Steuerpflichtigen (§ 33 der Abgabenordnung) den Abruf ihn betreffender personenbezogener Daten ermöglichen, gelten die §§ 1 bis 8 entsprechend. [2] Satz 1 ist auch anzuwenden, wenn anstelle des Steuerpflichtigen seinem gesetzlichen Vertreter, Vermögensverwalter, Verfügungsberechtigten, Bevollmächtigten oder Beistand eine Abrufberechtigung erteilt wird.

§ 10[2)] *(aufgehoben)*

§ 11 Inkrafttreten. Diese Verordnung tritt am Tag nach der Verkündung[3)] in Kraft.

---

1) § 9 Satz 1 geänd. mWv 25.5.2018 durch VO v. 12.7.2017 (BGBl. I S. 2360).
2) § 10 aufgeh. mWv 25.5.2018 durch VO v. 12.7.2017 (BGBl. I S. 2360).
3) Verkündet am 26.10.2005.

800h. Verordnung zur Vergabe steuerlicher Identifikationsnummern (Steueridentifikationsnummerverordnung – StIdV)[1)]

Vom 28. November 2006 (BGBl. I S. 2726)

Geändert durch VO vom 26.6.2007 (BGBl. I S. 1185), Gesetz zur Änderung von Vorschriften über Verkündung und Bekanntmachungen sowie der Zivilprozessordnung, des Gesetzes betreffend die Einführung der Zivilprozessordnung und der Abgabenordnung vom 22.12.2011 (BGBl. I S. 3044), Dritte Verordnung zur Änderung steuerlicher Verordnungen vom 18.7.2016 (BGBl. I S. 1722) und eIDAS-Durchführungsgesetz vom 18.7.2017 (BGBl. I S. 2745)

§ 1[2)] **Aufbau der Identifikationsnummer.** Die Identifikationsnummer nach § 139b der Abgabenordnung besteht aus zehn Ziffern und einer Prüfziffer als elfter Ziffer.

§ 2[3)] **Form und Verfahren der Datenübermittlungen.** (1) Für die Datenübermittlungen der Meldebehörden an das Bundeszentralamt für Steuern nach § 139b Absatz 6 Satz 1, 3, Absatz 7 Satz 1 und Absatz 8 der Abgabenordnung gelten die §§ 2 und 9 der Zweiten Bundesmeldedatenübermittlungsverordnung.

(2) [1]Die Datenübermittlungen des Bundeszentralamts für Steuern an die Meldebehörden nach § 139b Abs. 6 Satz 5 und Abs. 7 Satz 2 der Abgabenordnung erfolgen durch Datenübertragung über verwaltungseigene Kommunikationsnetze oder über das Internet. [2]Sie erfolgen unmittelbar oder über Vermittlungsstellen. [3]Die zu übermittelnden Daten sind mit einer fortgeschrittenen elektronischen Signatur zu versehen und nach dem Stand der Technik zu verschlüsseln. [4]Hierbei sind die Satzbeschreibung OSCI-XMeld (§ 3 Absatz 1 der Zweiten Bundesmeldedatenübermittlungsverordnung) und das Übermittlungsprotokoll OSCI-Transport (§ 3 Absatz 2 der Zweiten Bundesmeldedatenübermittlungsverordnung) in der im Bundesanzeiger bekannt gemachten jeweils geltenden Fassung zu Grunde zu legen.

§ 3[4)] *(aufgehoben)*

[1)] Die StIdV ist als Art. 1 der VO zur Einführung dauerhafter Identifikationsnummern in Besteuerungsverfahren und zur Änderung der Zweiten BundesmeldedatenübermittlungsVO v. 28.11.2006 verkündet worden.

[2)] § 1 neu gef. durch VO v. 18.7.2016 (BGBl. I S. 1722).

[3)] § 2 geänd. durch VO v. 26.6.2007 (BGBl. I S. 1185); Abs. 1 Satz 2 und Abs. 2 Satz 4 geänd. mWv 1.4.2012 durch G v. 22.12.2011 (BGBl. I S. 3044); Abs. 1 neu gef., Abs. 2 Satz 4 neu gef., Satz 5 aufgeh. durch VO v. 18.7.2016 (BGBl. I S. 1722); Abs. 2 Satz 3 geänd. mWv 29.7.2017 durch G v. 18.7.2017 (BGBl. I S. 2745).

[4)] § 3 aufgeh. durch VO v. 18.7.2016 (BGBl. I S. 1722).

§ 4 Löschungsfrist. Die beim Bundeszentralamt für Steuern nach § 139b Abs. 3 der Abgabenordnung gespeicherten Daten sind zu löschen, wenn sie zur Erfüllung der gesetzlichen Aufgaben der Finanzbehörden nicht mehr erforderlich sind, spätestens jedoch 20 Jahre nach Ablauf des Kalenderjahres, in dem der Steuerpflichtige verstorben ist.

§ 5[1] Sicherheit und Funktionsfähigkeit des Verfahrens. [1]Das Bundeszentralamt für Steuern hat die Sicherheit und Funktionsfähigkeit des Verfahrens zu gewährleisten. [2]Anforderungen an die Sicherheit der elektronischen Übermittlung hat das Bundeszentralamt für Steuern im Benehmen mit dem Bundesamt für Sicherheit in der Informationstechnik festzulegen.

§ 6[2] Benachrichtigung des Betroffenen, Berichtigung unrichtiger Daten. (1) Das Bundeszentralamt für Steuern unterrichtet den Steuerpflichtigen unverzüglich über die ihm zugeteilte Identifikationsnummer und über die Daten, die zu diesem Zeitpunkt beim Bundeszentralamt für Steuern zu seiner Identifikationsnummer nach § 139b Absatz 3 Nummer 3 bis 10, 12 und 14 der Abgabenordnung gespeichert sind.

(2) [1]Stellen die Finanzbehörden Unrichtigkeiten der Daten im Sinne des § 139b Abs. 3 der Abgabenordnung fest, teilen sie dies dem Bundeszentralamt für Steuern mit. [2]Einzelheiten des Verfahrens bestimmt das Bundesministerium der Finanzen im Einvernehmen mit den obersten Finanzbehörden der Länder durch ein im Bundessteuerblatt zu veröffentlichendes Schreiben.

§ 7[3] *(aufgehoben)*

---

[1] § 5 neu gef. durch VO v. 26. 6 2007 (BGBl. I S. 1185).
[2] § 6 Abs. 1 neu gef. durch VO v. 18.7.2016 (BGBl. I S. 1722).
[3] § 7 aufgeh. durch VO v. 18.7.2016 (BGBl. I S. 1722).

800i. Verordnung zur Durchführung von § 89 Abs. 2 der Abgabenordnung (Steuer-Auskunftsverordnung – StAuskV)

Vom 30. November 2007 (BGBl. I S. 2783)

Geändert durch Dritte Verordnung zur Änderung steuerlicher Verordnungen vom 18.7.2016 (BGBl. I S. 1722) und Vierte Verordnung zur Änderung Steuerlicher Verordnungen vom 12.7.2017 (BGBl. I S. 2360)

BGBl. III/FNA 610-1-20

Auf Grund des § 89 Abs. 2 Satz 4 der Abgabenordnung in der Fassung der Bekanntmachung vom 1. Oktober 2002 (BGBl. I S. 3866, 2003 I S. 61), der zuletzt durch Artikel 10 Nr. 9 des Gesetzes vom 13. Dezember 2006 (BGBl. I S. 2878) geändert worden ist, verordnet das Bundesministerium der Finanzen:

§ 1[1)] Form und Inhalt des Antrags auf Erteilung einer verbindlichen Auskunft. (1) [1]Der Antrag auf Erteilung einer verbindlichen Auskunft ist schriftlich oder elektronisch bei der nach § 89 Absatz 2 Satz 2 oder Satz 3 der Abgabenordnung zuständigen Finanzbehörde zu stellen. [2]Der Antrag hat Folgendes zu enthalten:

1. die genaue Bezeichnung des Antragstellers (Name, bei natürlichen Personen Wohnsitz oder gewöhnlicher Aufenthalt, bei Körperschaften, Personenvereinigungen und Vermögensmassen Sitz oder Ort der Geschäftsleitung, soweit vorhanden Steuernummer),
2. eine umfassende und in sich abgeschlossene Darstellung des zum Zeitpunkt der Antragstellung noch nicht verwirklichten Sachverhalts,
3. die Darlegung des besonderen steuerlichen Interesses des Antragstellers,
4. eine ausführliche Darlegung des Rechtsproblems mit eingehender Begründung des eigenen Rechtsstandpunktes des Antragstellers,
5. die Formulierung konkreter Rechtsfragen,
6. die Erklärung, dass über den zur Beurteilung gestellten Sachverhalt bei keiner anderen der in § 89 Abs. 2 Satz 2 und 3 der Abgabenordnung genannten Finanzbehörden (Finanzämter oder Bundeszentralamt für Steuern) eine verbindliche Auskunft beantragt wurde, sowie
7. die Versicherung, dass alle für die Erteilung der Auskunft und für die Beurteilung erforderlichen Angaben gemacht wurden und der Wahrheit entsprechen.

[Für Anträge bis zum 1.9.2017:]

(2) [1]Bezieht sich die verbindliche Auskunft auf einen Sachverhalt, der

[Für Anträge nach dem 1.9.2017:][2)]

(2) [1]Eine verbindliche Auskunft kann von allen Beteiligten nur ge-

---

[1)] § 1 Abs. 1 Satzteil vor Nr. 1 geänd. durch VO v. 18.7.2016 (BGBl. I S. 1722).

[2)] § 1 Abs. 2 Satz 1 neu gef. mWv 20.7.2017 durch VO v. 12.7.2017 (BGBl. I S. 2360); zur Anwendung siehe § 3.

[Für Anträge bis zum 1.9.2017:]

mehreren Personen steuerlich zuzurechnen ist (§ 179 Abs. 2 Satz 2 der Abgabenordnung), kann die Auskunft nur von allen Beteiligten gemeinsam beantragt werden.

[Für Anträge nach dem 1.9.2017:]

meinsam beantragt werden, wenn sie sich auf einen Sachverhalt bezieht, der

1. mehreren Personen steuerlich zuzurechnen ist (§ 179 Absatz 2 Satz 2 der Abgabenordnung),
2. zur Begründung oder Beendigung einer Organschaft im Sinne
   a) des § 2 Absatz 2 Nummer 2 des Umsatzsteuergesetzes,
   b) der §§ 14 und 17 des Körperschaftsteuergesetzes oder
   c) des § 2 Absatz 2 Satz 2 des Gewerbesteuergesetzes

   führen kann,
3. von einer Organgesellschaft verwirklicht werden soll und über
   a) die gesonderte und einheitliche Feststellung nach § 14 Absatz 5 des Körperschaftsteuergesetzes oder
   b) den dem Organträger zuzurechnenden Gewerbeertrag

   Auswirkungen auf die Besteuerungsgrundlagen des Organträgers haben kann, oder
4. zur Verwirklichung eines Erwerbsvorgangs im Sinne von § 1 Absatz 3 Nummer 1 und 2 in Verbindung mit Absatz 4 Nummer 2 des Grunderwerbsteuergesetzes (grunderwerbsteuerliche Organschaft) führen kann.

[2]Die Beteiligten sollen einen gemeinsamen Empfangsbevollmächtigten bestellen, der ermächtigt ist, für sie alle Verwaltungsakte und Mitteilungen in Empfang zu nehmen.

[***nach dem 1.9.2017***:

(3)[1] Für die Erteilung der verbindlichen Auskunft nach Absatz 2 Satz 1 ist zuständig

1. nach Absatz 2 Satz 1 Nummer 1:
   das Finanzamt, das für die gesonderte und einheitliche Feststellung örtlich zuständig ist;

---

[1] § 1 Abs. 3 eingef. mWv 20.7.2017 durch VO v. 12.7.2017 (BGBl. I S. 2360); zur Anwendung siehe § 3.

2. nach Absatz 2 Satz 1 Nummer 2 Buchstabe a:
   das Finanzamt, das für die Umsatzbesteuerung des Organträgers örtlich zuständig ist;
3. nach Absatz 2 Satz 1 Nummer 2 Buchstabe b und c sowie Nummer 3:
   das Finanzamt, das für die gesonderte und einheitliche Feststellung nach § 14 Absatz 5 des Körperschaftsteuergesetzes örtlich zuständig ist;
4. nach Absatz 2 Satz 1 Nummer 4:
   das Finanzamt, das für die Festsetzung der Grunderwerbsteuer zuständig ist; ist der verwirklichte Sachverhalt Gegenstand einer gesonderten Feststellung nach § 17 Absatz 3 Satz 1 Nummer 2 oder Satz 2 in Verbindung mit Absatz 2 des Grunderwerbsteuergesetzes, ist das Finanzamt zuständig, das für die gesonderte Feststellung zuständig ist.

[2] In den Fällen des Absatzes 2 Satz 1 Nummer 2 wird für die Bestimmung der Zuständigkeit stets von einer bestehenden Organschaft ausgegangen. [3] In den Fällen des Absatzes 2 Satz 1 Nummer 4 wird für die Bestimmung der Zuständigkeit davon ausgegangen, dass ein Erwerbsvorgang im Sinne des § 1 Absatz 3 Nummer 1 und 2 in Verbindung mit Absatz 4 Nummer 2 des Grunderwerbsteuergesetzes verwirklicht wurde.]

(4)[1)] [1] Soll der dem Antrag zugrunde liegende Sachverhalt durch eine Person, Personenvereinigung oder Vermögensmasse verwirklicht werden, die im Zeitpunkt der Antragstellung noch nicht existiert, kann der Antrag auf Erteilung einer verbindlichen Auskunft auch durch einen Dritten gestellt werden, sofern er ebenfalls ein eigenes berechtigtes Interesse an der Auskunftserteilung darlegen kann. [2] In diesem Fall sind die in Absatz 1 Nr. 1 und 3 genannten Angaben auch hinsichtlich der Person, Personenvereinigung oder Vermögensmasse zu machen, die den der Auskunft zugrunde liegenden Sachverhalt verwirklichen soll.

§ 2 Bindung einer verbindlichen Auskunft. (1) [1] Die von der nach § 89 Abs. 2 Satz 2 und 3 der Abgabenordnung zuständigen Finanzbehörde erteilte verbindliche Auskunft ist für die Besteuerung des Antragstellers oder in den Fällen des § 1 Absatz 4[2)] für die Besteuerung der Person, Personenvereinigung oder Vermögensmasse, die den Sachverhalt verwirklicht hat, bindend, wenn der später verwirklichte Sachverhalt von dem der Auskunft zugrunde gelegten Sachverhalt nicht oder nur unwesentlich abweicht. [2] Die verbindliche Auskunft ist nicht bindend, wenn sie zuungunsten des Steuerpflichtigen dem geltenden Recht widerspricht.

[***nach dem 1.9.2017***: (2)[3)] [1] Eine nach § 1 Absatz 3 erteilte verbindliche Auskunft ist für die Besteuerung aller Beteiligten einheitlich bindend, wenn der später verwirklichte Sachverhalt von dem Sachverhalt, der der Auskunft zugrunde gelegt wurde, nicht oder nur unwesentlich abweicht. [2] Widerspricht die einheitlich erteilte verbindliche Auskunft dem geltenden Recht und beruft

---

[1)] § 1 Abs. 3 wird Abs. 4 durch VO v. 12.7.2017 (BGBl. I S. 2360).
[2)] § 2 Abs. 1 Satz 1 geänd. mWv 20.7.2017 durch VO v. 12.7.2017 (BGBl. I S. 2360).
[3)] § 2 Abs. 2 eingef. durch VO v. 12.7.2017 (BGBl. I S. 2360); zur Anwendung siehe § 3.

sich mindestens ein Beteiligter hierauf, entfällt die Bindungswirkung der verbindlichen Auskunft einheitlich gegenüber allen Beteiligten.]

(3)[1] Die Bindungswirkung der verbindlichen Auskunft entfällt ab dem Zeitpunkt, in dem die Rechtsvorschriften, auf denen die Auskunft beruht, aufgehoben oder geändert werden.

(4)[1] Unbeschadet der §§ 129 bis 131 der Abgabenordnung kann eine verbindliche Auskunft mit Wirkung für die Zukunft aufgehoben oder geändert werden, wenn sich herausstellt, dass die erteilte Auskunft unrichtig war.

§ 3[2] Anwendungsvorschrift. § 1 Absatz 2 Satz 1, Absatz 3 und § 2 Absatz 2 in der am 20. Juli 2017 geltenden Fassung sind erstmals auf Anträge auf Erteilung einer verbindlichen Auskunft anzuwenden, die nach dem 1. September 2017 bei der zuständigen Finanzbehörde eingegangen sind.

---

[1] § 2 Abs. 2 eingef., bish. Abs. 2 und 3 werden Abs. 3 und 4 durch VO v. 12.7.2017 (BGBl. I S. 2360); zur Anwendung siehe § 3.

[2] § 3 neu gef. durch VO v. 12.7.2017 (BGBl. I S. 2360).

800j. Verordnung zur Bestimmung der technischen Anforderungen an elektronische Aufzeichnungs- und Sicherungssysteme im Geschäftsverkehr (Kassensicherungsverordnung – KassenSichV)[1]

Vom 26. September 2017 (BGBl. I S. 3515)

FNA 610-1-26

Auf Grund des § 146a Absatz 3 Satz 1 der Abgabenordnung, der durch Artikel 1 Nummer 3 des Gesetzes vom 22. Dezember 2016 (BGBl. I S. 3152) eingefügt worden ist, verordnet das Bundesministerium der Finanzen im Einvernehmen mit dem Bundesministerium des Innern und dem Bundesministerium für Wirtschaft und Energie und unter Wahrung der Rechte des Bundestages:

§ 1 Elektronische Aufzeichnungssysteme. [1]Elektronische Aufzeichnungssysteme im Sinne des § 146a Absatz 1 Satz 1 der Abgabenordnung sind elektronische oder computergestützte Kassensysteme oder Registrierkassen. [2]Fahrscheinautomaten, Fahrscheindrucker, elektronische Buchhaltungsprogramme, Waren- und Dienstleistungsautomaten, Geldautomaten, Taxameter und Wegstreckenzähler sowie Geld- und Warenspielgeräte gehören nicht dazu.

§ 2 Protokollierung von digitalen Grundaufzeichnungen. [1]Für jede Aufzeichnung eines Geschäftsvorfalls oder anderen Vorgangs im Sinne des § 146a Absatz 1 Satz 1 der Abgabenordnung muss von einem elektronischen Aufzeichnungssystem unmittelbar eine neue Transaktion gestartet werden. [2]Die Transaktion hat zu enthalten:

1. den Zeitpunkt des Vorgangbeginns,
2. eine eindeutige und fortlaufende Transaktionsnummer,
3. die Art des Vorgangs,
4. die Daten des Vorgangs,
5. die Zahlungsart,
6. den Zeitpunkt der Vorgangsbeendigung oder des Vorgangsabbruchs,
7. einen Prüfwert sowie
8. die Seriennummer des elektronischen Aufzeichnungssystems oder die Seriennummer des Sicherheitsmoduls.

[3]Die Zeitpunkte nach Satz 2 Nummer 1 und 6, die Transaktionsnummer nach Satz 2 Nummer 2 und der Prüfwert nach Satz 2 Nummer 7 werden manipulationssicher durch das Sicherheitsmodul festgelegt. [4]Die Transaktionsnummer

---

[1] **[Amtl. Anm.:]** Notifiziert gemäß der Richtlinie (EU) 2015/1535 des Europäischen Parlaments und des Rates vom 9. September 2015 über ein Informationsverfahren auf dem Gebiet der technischen Vorschriften und der Vorschriften für die Dienste der Informationsgesellschaft (ABl. L 241 vom 17.9.2015, S. 1).

muss so zu beschaffen sein, dass Lücken in Transaktionsaufzeichnungen erkennbar sind.

§ 3 Speicherung der Grundaufzeichnungen. (1) Die Speicherung der laufenden Geschäftsvorfälle oder anderen Vorgänge im Sinne des § 146a Absatz 1 Satz 1 der Abgabenordnung muss vollständig, unverändert und manipulationssicher auf einem nichtflüchtigen Speichermedium erfolgen.

(2) Die gespeicherten Geschäftsvorfälle oder anderen Vorgänge im Sinne des § 146a Absatz 1 Satz 1 der Abgabenordnung müssen als Transaktionen so verkettet werden, dass Lücken in den Aufzeichnungen erkennbar sind.

(3) Werden die gespeicherten digitalen Grundaufzeichnungen ganz oder teilweise von einem elektronischen Aufzeichnungssystem in ein externes elektronisches Aufbewahrungssystem übertragen, so muss sichergestellt werden, dass die Verkettung aller Transaktionen nach Absatz 2 und die Anforderungen an die einheitliche digitale Schnittstelle nach § 4 erhalten bleiben.

(4) Eine Verdichtung von Grundaufzeichnungen in einem elektronischen Aufbewahrungssystem ist für die Dauer der Aufbewahrung nach § 147 Absatz 3 der Abgabenordnung unzulässig, wenn dadurch deren Lesbarkeit nicht mehr gewährleistet ist.

§ 4 Einheitliche digitale Schnittstelle. [1]Die einheitliche digitale Schnittstelle ist eine Datensatzbeschreibung für den standardisierten Datenexport aus dem Speichermedium nach § 3 Absatz 1 und dem elektronischen Aufbewahrungssystem zur Übergabe an den mit der Kassen-Nachschau oder Außenprüfung betrauten Amtsträger der Finanzbehörde. [2]Sie stellt eine einheitliche Strukturierung und Bezeichnung der nach § 146a Absatz 1 der Abgabenordnung aufzuzeichnenden Daten in Datenschema und Datenfelderbeschreibung für die Protokollierung nach § 2 und die Speicherung nach § 3 sicher. [3]Dies gilt unabhängig vom Programm des Herstellers.

§ 5 Anforderungen an die technische Sicherungseinrichtung. [1]Das Bundesamt für Sicherheit in der Informationstechnik legt im Benehmen mit dem Bundesministerium der Finanzen in Technischen Richtlinien und Schutzprofilen die technischen Anforderungen an das Sicherheitsmodul, das Speichermedium und die einheitliche digitale Schnittstelle sowie die organisatorischen Anforderungen zur Vergabe der Seriennummer des elektronischen Aufzeichnungssystems fest. [2]Die jeweils aktuellen Versionen werden im Bundessteuerblatt Teil I und auf der Internetseite des Bundesamts für Sicherheit in der Informationstechnik veröffentlicht.

§ 6 Anforderungen an den Beleg. [1]Ein Beleg muss mindestens enthalten:

1. den vollständigen Namen und die vollständige Anschrift des leistenden Unternehmers,
2. das Datum der Belegausstellung und den Zeitpunkt des Vorgangbeginns im Sinne des § 2 Satz 2 Nummer 1 sowie den Zeitpunkt der Vorgangsbeendigung im Sinne des § 2 Satz 2 Nummer 6,

3. die Menge und die Art der gelieferten Gegenstände oder den Umfang und die Art der sonstigen Leistung,
4. die Transaktionsnummer im Sinne des § 2 Satz 2 Nummer 2,
5. das Entgelt und den darauf entfallenden Steuerbetrag für die Lieferung oder sonstige Leistung in einer Summe sowie den anzuwendenden Steuersatz oder im Fall einer Steuerbefreiung einen Hinweis darauf, dass für die Lieferung oder sonstige Leistung eine Steuerbefreiung gilt und
6. die Seriennummer des elektronischen Aufzeichnungssystems oder die Seriennummer des Sicherheitsmoduls.

[2]Die Angaben auf einem Beleg müssen für jedermann ohne maschinelle Unterstützung lesbar sein. [3]Ein Beleg kann in Papierform oder mit Zustimmung des Belegempfängers elektronisch in einem standardisierten Datenformat ausgegeben werden.

§ 7 Zertifizierung. (1) [1]Für die Zertifizierung technischer Sicherheitseinrichtungen gelten § 9 des BSI-Gesetzes sowie die BSI-Zertifizierungs- und -Anerkennungsverordnung vom 17. Dezember 2014 (BGBl. I S. 2231) in der jeweils geltenden Fassung. [2]Die Prüfung und Bewertung kann auch durch vom Bundesamt für Sicherheit in der Informationstechnik anerkannte sachverständige Stellen erfolgen, die zugleich gemäß der Verordnung (EG) Nr. 765/2008 des Europäischen Parlaments und des Rates vom 9. Juli 2008 über die Vorschriften für die Akkreditierung und Marktüberwachung im Zusammenhang mit der Vermarktung von Produkten und zur Aufhebung der Verordnung (EWG) Nr. 339/93 des Rates (ABl. L 218 vom 13.8.2008, S. 30) in der jeweils geltenden Fassung akkreditiert sind.

(2) [1]Die Kosten einer Zertifizierung trägt der Antragsteller. [2]Die BSI-Kostenverordnung vom 3. März 2005 (BGBl. I S. 519), die durch Artikel 3 Absatz 1 des Gesetzes vom 18. Juli 2016 (BGBl. I S. 1666) aufgehoben wird, in der jeweils geltenden Fassung ist bis zu ihrem Außerkrafttreten anzuwenden.

§ 8 Inkrafttreten. Diese Verordnung tritt am Tag nach der Verkündung[1)] in Kraft.

[1)] Dies ist der 7.10.2017.

801. Gesetz über die Durchführung der gegenseitigen Amtshilfe in Steuersachen zwischen den Mitgliedstaaten der Europäischen Union (EU-Amtshilfegesetz – EUAHiG)

Vom 26. Juni 2013 (BGBl. I S. 1809)[1)]

Zuletzt geänd. durch Gesetz zum automatischen Austausch von Informationen über Finanzkonten in Steuersachen und zur Änderung weiterer Gesetze vom 21.12.2015 (BGBl. I S. 2531), Gesetz zur Umsetzung der Änderungen der EU-Amtshilferichtlinie und von weiteren Maßnahmen gegen Gewinnkürzungen und -verlagerungen vom 20.12.2016 (BGBl. I S. 3000) und Gesetz zur Einführung einer Pflicht zur Mitteilung grenzüberschreitender Steuergestaltungen vom 21.12.2019 (BGBl. I S. 2875)

BGBl. III/FNA 611-9-29

Inhaltsübersicht

[1)] Dieses Gesetz dient der Umsetzung der Richtlinie 2011/16/EU des Rates vom 15. Februar 2011 über die Zusammenarbeit der Verwaltungsbehörden im Bereich der Besteuerung und zur Aufhebung der Richtlinie 77/799/EWG (ABl. L 64 vom 11.3.2011, S. 1). Artikel 10 Nummer 2 Buchstabe b dieses Gesetzes dient der Umsetzung von Artikel 4 der Richtlinie 2008/8/EG des Rates vom 12. Februar 2008 zur Änderung der Richtlinie 2006/112/EG bezüglich des Ortes der Dienstleistung (ABl. L 44 vom 20.2.2008, S. 11). Artikel 10 Nummer 7 und 8 dient der Umsetzung der Richtlinie 2010/45/EU des Rates vom 13. Juli 2010 zur Änderung der Richtlinie 2006/112/EG über das gemeinsame Mehrwertsteuersystem hinsichtlich der Rechnungsstellungsvorschriften (ABl. L 189 vom 22.7.2010, S. 1).

Abschnitt 1. Allgemeine Bestimmungen

§ 1 Anwendungsbereich und anzuwendendes Recht. (1) [1]Dieses Gesetz regelt den Austausch von voraussichtlich erheblichen Informationen in Steuersachen zwischen Deutschland und den anderen Mitgliedstaaten der Europäischen Union (Mitgliedstaaten). [2]Es ist anzuwenden für jede Art von Steuern, die von einem oder für einen Mitgliedstaat oder dessen Gebiets- oder Verwaltungseinheiten einschließlich der örtlichen Behörden erhoben werden.

(2) Dieses Gesetz ist nicht anzuwenden auf
1. die Umsatzsteuer, einschließlich der Einfuhrumsatzsteuer,
2. Zölle,
3. harmonisierte Verbrauchsteuern, sofern diese in Artikel 1 Absatz 1 der Richtlinie 2008/118/EG des Rates vom 16. Dezember 2008 über das allgemeine Verbrauchsteuersystem und zur Aufhebung der Richtlinie 92/12/EWG (ABl. L 9 vom 14.1.2009, S. 12), die zuletzt durch die Richtlinie 2010/12/EU (ABl. L 50 vom 27.2.2010, S. 1) geändert worden ist, in der jeweils geltenden Fassung genannt werden,
4. Beiträge und Umlagen sowie damit verbundene Abgaben und Gebühren nach dem Sozialgesetzbuch, den in § 68 des Ersten Buches Sozialgesetzbuch genannten Gesetzen, dem Aufwendungsausgleichsgesetz und
5. Gebühren.

(3) Dieses Gesetz berührt nicht
1. die Vorschriften über die Rechtshilfe in Strafsachen und
2. die Wahrnehmung der Rechte und die Erfüllung der Pflichten, die Deutschland in Bezug auf eine umfassendere Zusammenarbeit der Verwaltungen aus anderen Rechtsinstrumenten erwachsen, einschließlich bi- oder multilateraler Abkommen.

(4) Für die Amtshilfe nach diesem Gesetz gelten die Vorschriften der Abgabenordnung entsprechend, soweit dieses Gesetz nichts anderes bestimmt.

§ 2[1)] Begriffsbestimmungen. (1) Person im Sinne dieses Gesetzes ist
1. eine natürliche Person,
2. eine juristische Person,
3. eine Personenvereinigung, der die Rechtsfähigkeit zuerkannt wurde, die aber nicht über die Rechtsstellung einer juristischen Person verfügt oder

---
1) § 2 Abs. 2 bis 10 eingef., bish. Absätze 2 und 3 werden Absätze 11 und 12 durch G v. 20.12.2016 (BGBl. I S. 3000).

4. jede andere Rechtsform gleich welcher Art, mit oder ohne allgemeine Rechtsfähigkeit, die Vermögensgegenstände besitzt oder verwaltet, welche einschließlich der daraus erzielten Einkünfte einer der von § 1 erfassten Steuern unterliegen.

(2)[1] Automatischer Austausch im Sinne dieses Gesetzes ist die systematische Übermittlung zuvor festgelegter Informationen an einen anderen Mitgliedstaat der Europäischen Union ohne dessen vorheriges Ersuchen in regelmäßigen, im Voraus bestimmten Abständen; für die Zwecke des § 7 Absatz 1 sind verfügbare Informationen solche Informationen, die in den Steuerakten über Personen, die in anderen Mitgliedstaaten der Europäischen Union ansässig sind, enthalten sind und die im Einklang mit den Verfahren für die Erhebung und Verarbeitung von Informationen abgerufen werden können.

(3) [1]Ein grenzüberschreitender Vorbescheid im Sinne dieses Gesetzes ist eine Vereinbarung, eine Mitteilung oder eine andere Maßnahme mit ähnlicher Wirkung, die

1. von oder im Namen der Bundesrepublik Deutschland, einer zuständigen Landesfinanzbehörde oder von Gemeinden oder Gemeindeverbänden erteilt, geändert oder erneuert werden, unabhängig davon, ob die grenzüberschreitenden Vorbescheide tatsächlich verwendet werden,
2. für eine bestimmte Person oder eine Gruppe von Personen erteilt, geändert oder erneuert wird und sofern sich diese Person oder Gruppe von Personen darauf berufen kann,
3. die Auslegung oder Anwendung einer Rechts- oder Verwaltungsvorschrift der Steuergesetze der Bundesrepublik Deutschland, eines Landes oder entsprechender Regelungen einer Gemeinde oder eines Gemeindeverbandes betrifft,
4. sich auf eine grenzüberschreitende Transaktion oder auf die Frage bezieht, ob durch die Tätigkeiten, denen eine Person nicht im Inland nachgeht, eine Betriebstätte[2] begründet wird oder nicht, und
5. vor den Transaktionen oder den Tätigkeiten im Ausland, die möglicherweise als Gründung einer Betriebstätte zu betrachten sind, oder vor Abgabe der Steuererklärung für den Zeitraum, in dem die Transaktion oder die Tätigkeiten erfolgten, erteilt wird.

[2]Dies gilt auch, wenn der Vorbescheid im Zuge einer Außenprüfung erteilt oder geändert wird. [3]Die grenzüberschreitende Transaktion kann unter anderem Investitionen, die Bereitstellung von Waren, Dienstleistungen oder Kapital oder den Einsatz materieller oder immaterieller Güter umfassen, wobei der Empfänger des grenzüberschreitenden Vorbescheids daran nicht unmittelbar beteiligt sein muss.

(4) [1]Eine Vorabverständigung über die Verrechnungspreisgestaltung im Sinne dieses Gesetzes ist eine Vereinbarung, eine Mitteilung oder eine andere Maßnahme mit ähnlicher Wirkung, die

---

[1] § 2 Abs. 2 neu gef. durch G v. 21.12.2019 (BGBl. I S. 2875).
[2] Schreibweise amtlich, so auch im Folgenden. Eigentlich: Betriebsstätte.

1. im Namen der Bundesrepublik Deutschland, einer zuständigen Landesfinanzbehörde oder einer Gemeinde oder eines Gemeindeverbandes getroffen, geändert oder erneuert wird, unabhängig davon, ob sie tatsächlich verwendet wird oder nicht,
2. für eine bestimmte Person oder eine Gruppe von Personen getroffen, geändert oder erneuert wird, und sofern sich diese Person oder Gruppe von Personen darauf berufen kann, und
3. im Vorfeld grenzüberschreitender Transaktionen zwischen verbundenen Unternehmen
   a) geeignete Kriterien zur Bestimmung der Verrechnungspreise für die betreffenden Transaktionen festlegt oder
   b) die Zuweisung von Gewinnen an eine Betriebstätte regelt.

[2] Dies gilt auch, wenn der Vorbescheid im Zuge einer Außenprüfung erteilt oder geändert wird.

(5) Ein Unternehmen ist ein verbundenes Unternehmen im Sinne dieses Gesetzes, wenn es unmittelbar oder mittelbar an der Geschäftsleitung, der Kontrolle oder dem Kapital eines anderen Unternehmens beteiligt ist oder wenn ein und dieselben Personen unmittelbar oder mittelbar an der Geschäftsleitung, der Kontrolle oder dem Kapital beider Unternehmen beteiligt sind.

(6) Verrechnungspreise im Sinne dieses Gesetzes sind die Preise, zu denen ein Unternehmen materielle oder immaterielle Güter auf ein verbundenes Unternehmen überträgt oder Dienstleistungen für ein verbundenes Unternehmen erbringt.

(7) Eine grenzüberschreitende Transaktion im Sinne von Absatz 3 ist eine Transaktion oder eine Reihe von Transaktionen, bei der

1. nicht alle an der Transaktion oder an der Reihe von Transaktionen Beteiligten in der Bundesrepublik Deutschland, in der der grenzüberschreitende Vorbescheid erteilt oder geändert oder erneuert wird, steuerlich ansässig sind,
2. einer der an der Transaktion oder an der Reihe von Transaktionen Beteiligten gleichzeitig in mehreren Staaten oder Gebieten steuerlich ansässig ist,
3. einer der an der Transaktion oder an der Reihe von Transaktionen Beteiligten über eine Betriebstätte Geschäftstätigkeiten in einem anderen Staat oder Gebiet nachgeht und bei der die Transaktion oder Reihe von Transaktionen Teil der Geschäftstätigkeiten der Betriebstätte ist oder deren gesamte Geschäftstätigkeiten ausmachen. [2] Bei einer grenzüberschreitenden Transaktion oder einer Reihe von grenzüberschreitenden Transaktionen kann es sich auch um Maßnahmen handeln, die von einer Person in Bezug auf Geschäftstätigkeiten in einem anderen Staat oder Gebiet getroffen werden, denen sie über eine Betriebstätte nachgeht, oder
4. es sich um eine Transaktion oder eine Reihe von Transaktionen handelt, die grenzüberschreitende Auswirkungen hat.

(8) Eine grenzüberschreitende Transaktion im Sinne von Absatz 4 ist eine Transaktion oder eine Reihe von Transaktionen, an denen verbundene Un-

ternehmen beteiligt sind, die nicht im Gebiet ein und desselben Staates oder ein und desselben Gebietes steuerlich ansässig sind, oder die grenzüberschreitende Auswirkungen haben.

(9) Unternehmen im Sinne der Absätze 4 und 5 ist jede Form von Geschäftstätigkeit.

(10) Länderbezogener Bericht im Sinne von § 7 Absatz 10 bis 12 ist ein länderbezogener Bericht im Sinne von § 138a Absatz 2 der Abgabenordnung.

(11) [1]Amtshilferichtlinie im Sinne dieses Gesetzes sowie des Einkommensteuergesetzes, der Abgabenordnung, des Außensteuergesetzes, des Körperschaftsteuergesetzes, des Gewerbesteuergesetzes, des Investmentsteuergesetzes und sonstiger Steuergesetze bezeichnet die Richtlinie 2011/16/EU des Rates vom 15. Februar 2011 über die Zusammenarbeit der Verwaltungsbehörden im Bereich der Besteuerung und zur Aufhebung der Richtlinie 77/799/EWG (ABl. L 64 vom 11.3.2011, S. 1) in der jeweils geltenden Fassung. [2]Die auf Grund der Amtshilferichtlinie erlassenen europarechtlichen Durchführungsbestimmungen gelten in der im jeweiligen Besteuerungszeitraum aktuellen Fassung.

(12) Auf elektronischem Weg im Sinne dieses Gesetzes bezeichnet die Verwendung elektronischer Anlagen zur Übermittlung, Verarbeitung von Daten, einschließlich der Datenkomprimierung, und zum Speichern von Daten unter Einsatz von Draht, Funk, optischen Technologien oder anderen elektromagnetischen Verfahren.

§ 3[1)] Zuständigkeit und Prüfungsbefugnisse. (1) Zuständige Behörde im Sinne von Artikel 4 Absatz 1 der Amtshilferichtlinie ist das Bundesministerium der Finanzen.

(2) [1]Zentrales Verbindungsbüro im Sinne von Artikel 4 Absatz 2 Unterabsatz 1 der Amtshilferichtlinie ist in den Fällen des § 5 Absatz 1 Nummer 5 des Finanzverwaltungsgesetzes das Bundeszentralamt für Steuern. [2]Das Bundesministerium der Finanzen kann durch Schreiben weitere Verbindungsstellen im Sinne von Artikel 4 Absatz 3 und zuständige Bedienstete im Sinne von Artikel 4 Absatz 4 der Amtshilferichtlinie benennen.

(3) [1]Das zentrale Verbindungsbüro übernimmt die Kommunikation mit den anderen Mitgliedstaaten und prüft eingehende und ausgehende Ersuchen auf Zulässigkeit nach diesem Gesetz. [2]Eingehende zulässige Ersuchen und Informationen werden vom zentralen Verbindungsbüro entgegengenommen, gespeichert und zur Durchführung des Besteuerungsverfahrens an die zuständigen Finanzbehörden weitergeleitet. [3]Zulässige Ersuchen und Informationen der Finanzbehörden werden vom zentralen Verbindungsbüro an die anderen Mitgliedstaaten weitergeleitet.

(4) [1]Die im Zusammenhang mit den Ersuchen und Informationen beim Bundeszentralamt für Steuern gespeicherten Daten werden mit Ablauf des

---

[1)] § 3 Abs. 3 Satz 2 neu gef., Abs. 4 eingef., bish. Abs. 4 und 5 werden Abs. 5 und 6 durch G v. 20.12.2016 (BGBl. I S. 3000).

15. Jahres, das dem Jahr der Weiterleitung folgt, gelöscht, soweit in diesem Gesetz keine anderen Vorgaben zur Speicherung und Löschung von Informationen geregelt sind. [2] Geht zu einer gespeicherten Meldung eine Änderungsmitteilung ein, so ist die Ursprungsmeldung für 15 Jahre ab dem Zeitpunkt des Eingangs der Änderungsmitteilung vorzuhalten.

(5) Gehen Ersuchen nach diesem Gesetz bei einer anderen Stelle als dem zentralen Verbindungsbüro ein, so sind diese Ersuchen letzterem unverzüglich zuzuleiten.

(6) [1] Die Gemeinden und Gemeindeverbände können Amtshilfe nach Maßgabe dieses Gesetzes in Anspruch nehmen. [2] Sie gelten insoweit als Finanzbehörden im Sinne dieses Gesetzes.

Abschnitt 2. Übermittlung von Informationen auf Ersuchen

§ 4 Ersuchen von anderen Mitgliedstaaten. (1) [1] Auf Ersuchen erstellt die zuständige Finanzbehörde alle Antworten, die für die Festsetzung von Steuern nach § 1 voraussichtlich erheblich sind. [2] Die Antworten werden durch das zentrale Verbindungsbüro an den anderen Mitgliedstaat weitergeleitet. [3] Die zuständige Finanzbehörde erstellt die Antworten nach Maßgabe dieses Gesetzes und unter Berücksichtigung des § 117 Absatz 4 der Abgabenordnung. [4] Verfügt die Finanzbehörde nicht über die betreffenden Informationen, so führt sie nach pflichtgemäßem Ermessen alle nach der Abgabenordnung vorgesehenen behördlichen Ermittlungen durch.

(2) [1] Absatz 1 gilt auch für Ersuchen um Durchführung bestimmter behördlicher Ermittlungen. [2] Ist die Finanzbehörde der Auffassung, dass keine behördliche Ermittlung erforderlich ist, so teilt sie dies unverzüglich dem zentralen Verbindungsbüro mit. [3] Originaldokumente sind auf Ersuchen des anderen Mitgliedstaats zu übermitteln, soweit dies nach deutschem Recht zulässig ist.

(3) Das zentrale Verbindungsbüro übermittelt keine Informationen, wenn

1. die Durchführung erforderlicher Ermittlungen oder die Beschaffung der betreffenden Informationen nach deutschem Recht nicht möglich ist,
2. der andere Mitgliedstaat die üblichen Informationsquellen nicht ausgeschöpft hat, die ihm zur Erlangung der erbetenen Informationen zur Verfügung stehen, ohne dabei die Erreichung des Ziels zu gefährden,
3. ein Handels-, Gewerbe- oder Berufsgeheimnis oder ein Geschäftsverfahren preisgegeben werden würde oder
4. die öffentliche Ordnung verletzt werden würde.

(4) Das zentrale Verbindungsbüro kann die Übermittlung von Informationen zudem ablehnen, wenn der andere Mitgliedstaat seinerseits aus rechtlichen Gründen nicht zur Übermittlung entsprechender Informationen in der Lage ist.

(5) Absatz 3 Nummer 1, 3 und 4 ist in keinem Fall so auszulegen, dass die Übermittlung von Informationen nur deshalb abgelehnt werden kann, weil

die betreffenden Informationen sich bei einer Bank, einem sonstigen Finanzinstitut, einem Bevollmächtigten, Vertreter oder Treuhänder befinden oder sich auf Eigentumsanteile an einer Person beziehen.

(6) [1]Ein Ersuchen kann nicht aus dem Grund abgelehnt werden, dass die zu übermittelnden Informationen nach deutschem Recht nicht für steuerliche Zwecke benötigt werden. [2]Lehnt das zentrale Verbindungsbüro ein Ersuchen aus anderen Gründen ab, so sind dem anderen Mitgliedstaat die Gründe hierfür mitzuteilen.

§ 5[1)] Fristen. (1) [1]Das zentrale Verbindungsbüro übermittelt die Informationen nach § 4 unverzüglich, spätestens jedoch sechs Monate, nachdem es das Ersuchen erhalten hat. [2]Ist die Finanzbehörde bereits im Besitz der entsprechenden Informationen, verkürzt sich die Frist auf zwei Monate. [3]In besonders gelagerten Fällen können das zentrale Verbindungsbüro und der andere Mitgliedstaat abweichende Fristen vereinbaren.

(2) Der Informationsaustausch nach § 7 erfolgt

1. in Bezug auf die gemäß § 7 Absatz 3 auszutauschenden Informationen innerhalb von drei Monaten nach Ablauf des Kalenderhalbjahrs, in dem die grenzüberschreitenden Vorbescheide oder Vorabverständigungen über die Verrechnungspreisgestaltung erteilt oder getroffen, geändert oder erneuert wurden;
2. in Bezug auf die gemäß § 7 Absatz 4 auszutauschenden Informationen vor dem 1. Januar 2018.

(3) [1]Das zentrale Verbindungsbüro bestätigt der zuständigen Behörde des anderen Mitgliedstaats, die die Informationen nach § 7 Absatz 7 Nummer 10 übermittelt hat, unverzüglich, spätestens jedoch innerhalb von sieben Arbeitstagen den Erhalt der Informationen. [2]Die Bestätigung erfolgt möglichst auf elektronischem Weg. [3]Die Bestätigung ist so lange erforderlich, bis das Zentralverzeichnis einsatzbereit ist, das in Artikel 21 Absatz 5 der Amtshilferichtlinie genannt ist.

(4) Das zentrale Verbindungsbüro bestätigt dem anderen Mitgliedstaat unverzüglich, spätestens jedoch sieben Arbeitstage, nachdem es das Ersuchen erhalten hat, möglichst auf elektronischem Weg den Erhalt dieses Ersuchens.

(5) [1]Weist das Ersuchen Mängel auf, so unterrichtet das zentrale Verbindungsbüro den anderen Mitgliedstaat darüber innerhalb eines Monats, nachdem es das Ersuchen erhalten hat, und fordert gegebenenfalls zusätzliche Hintergrundinformationen an. [2]Die Fristen nach Absatz 1 beginnen am Tag nach dem Eingang der angeforderten zusätzlichen Hintergrundinformationen.

(6) Ist die Finanzbehörde nicht in der Lage, auf ein Ersuchen fristgerecht zu antworten, so teilt das zentrale Verbindungsbüro dies dem anderen Mitgliedstaat unverzüglich, spätestens jedoch drei Monate, nachdem das zentrale Verbindungsbüro das Ersuchen erhalten hat, unter Nennung der Gründe und des voraussichtlichen Erledigungsdatums mit.

[1)] § 5 Abs. 2 und 3 eingef., bish. Abs. 2 und 3 werden Abs. 4 bis 7 durch G v. 20.12.2016 (BGBl. I S. 3000); Abs. 3 Satz 3 geänd. durch G v. 21.12.2019 (BGBl. I S. 2875).

(7) Ist die Finanzbehörde nicht im Besitz der erbetenen Informationen oder lehnt sie das Ersuchen aus den in § 4 Absatz 3 oder 4 genannten Gründen ab, so teilt das zentrale Verbindungsbüro dies dem anderen Mitgliedstaat unverzüglich, spätestens jedoch innerhalb eines Monats, nachdem das zentrale Verbindungsbüro das Ersuchen erhalten hat, unter Nennung der Gründe mit.

§ 6[1)] Ersuchen an andere Mitgliedstaaten. (1) [1]Die Finanzbehörde ist befugt, ein Ersuchen zu stellen, welches das zentrale Verbindungsbüro dem anderen Mitgliedstaat nach den Vorschriften dieses Gesetzes weiterleitet. [2]Darin kann um sachdienliche behördliche Ermittlungen ersucht werden. [3]Originaldokumente können erbeten werden, soweit sie für das weitere Verfahren notwendig sind.

(2) [1]Die Finanzbehörde ist befugt, ein Ersuchen um Übermittlung zusätzlicher Informationen, einschließlich des vollständigen Wortlauts eines grenzüberschreitenden Vorbescheids oder einer Vorabverständigung über die Verrechnungspreisgestaltung, zu stellen. [2]Das zentrale Verbindungsbüro leitet das Ersuchen dem anderen Mitgliedstaat nach den Vorschriften dieses Gesetzes weiter.

(3) Bevor die Finanzbehörde ein Ersuchen stellt, hat sie alle nach der Abgabenordnung vorgesehenen Ermittlungsmöglichkeiten auszuschöpfen, es sei denn, die Durchführung der Ermittlungen wäre mit unverhältnismäßig großen Schwierigkeiten verbunden oder stellt sich als nicht Erfolg versprechend dar.

Abschnitt 3. Weitere Übermittlung von Informationen

§ 7[2)] Automatische Übermittlung von Informationen. (1) [1]Das zentrale Verbindungsbüro übermittelt an andere Mitgliedstaaten systematisch auf elektronischem Weg, ohne vorheriges Ersuchen, die folgenden verfügbaren Informationen über in anderen Mitgliedstaaten ansässige Personen:

1. Vergütungen aus unselbständiger Arbeit,
2. Aufsichtsrats- oder Verwaltungsratsvergütungen,
3. Lebensversicherungsprodukte, die nicht von anderen Rechtsakten der Europäischen Union über den Austausch von Informationen oder vergleichbaren Maßnahmen erfasst sind,
4. Ruhegehälter, Renten und ähnliche Zahlungen und
5. Eigentum an unbeweglichem Vermögen und Einkünfte daraus.

[2]Das zentrale Verbindungsbüro nimmt Informationen im Sinne von Satz 1 Nummer 1 bis 5, die ihm von anderen Mitgliedstaaten systematisch auf elektronischem Weg, ohne vorheriges Ersuchen übermittelt wurden, entgegen, speichert sie und leitet sie zur Durchführung des Besteuerungsverfahrens nach

---

1) § 6 Abs. 2 eingef., bish. Abs. 2 wird Abs. 3 durch G v. 20.12.2016 (BGBl. I S. 3000).

2) § 7 Abs. 2 eingef., bish. Abs. 2 wird Abs. 3 und neu gef., bish. Abs. 3 wird Abs. 4 durch G v. 21.12.2015 (BGBl. I S. 2531); Abs. 1 Satz 2 angef., Abs. 3 und 4 werden Abs. 3 bis 14 durch G v. 20.12.2016 (BGBl. I S. 3000); zur Anwendung siehe **§ 21**.

Maßgabe des § 88 Absatz 3 und 4 der Abgabenordnung an die zuständige Finanzbehörde weiter.[1]

(2)[2] Das zentrale Verbindungsbüro übermittelt an andere Mitgliedstaaten systematisch auf elektronischem Weg, ohne vorheriges Ersuchen, die Informationen über Finanzkonten gemäß § 2 des Gesetzes zum automatischen Austausch von Informationen über Finanzkonten in Steuersachen.

(3)[3] Das zentrale Verbindungsbüro übermittelt zu nach dem 31. Dezember 2016 erteilten, getroffenen, geänderten oder erneuerten grenzüberschreitenden Vorbescheiden und zu nach dem 31. Dezember 2016 erteilten, getroffenen, geänderten oder erneuerten Vorabverständigungen über die Verrechnungspreisgestaltung im Weg des automatischen Austauschs die Informationen nach Absatz 7 an die zuständigen Behörden aller anderen Mitgliedstaaten sowie der Europäischen Kommission mit der Einschränkung, die für die Fälle nach Artikel 8a Absatz 8 der Amtshilferichtlinie[4] gilt.

(4)[3] [1]Das zentrale Verbindungsbüro übermittelt den zuständigen Behörden aller anderen Mitgliedstaaten sowie der Europäischen Kommission, unter Berücksichtigung der Einschränkung, die für die Fälle nach Artikel 8a Absatz 8 der Amtshilferichtlinie[4] gilt, Informationen über grenzüberschreitende Vorbescheide und Vorabverständigungen über die Verrechnungspreisgestaltung, die zwischen dem 1. Januar 2012 und dem 31. Dezember 2016 erteilt, getroffen, geändert oder erneuert wurden. [2]Dabei gilt Folgendes:

1. zu grenzüberschreitenden Vorbescheiden und Vorabverständigungen über die Verrechnungspreisgestaltung, die in der Zeit zwischen dem 1. Januar 2012 und dem 31. Dezember 2013 erteilt, getroffen, geändert oder erneuert wurden und die am 1. Januar 2014 noch gültig waren, erfolgt die Informationsübermittlung nach Satz 1,
2. zu grenzüberschreitenden Vorbescheiden und Vorabverständigungen über die Verrechnungspreisgestaltung, die in der Zeit zwischen dem 1. Januar 2014 und dem 31. Dezember 2016 erteilt, getroffen, geändert oder erneuert wurden, erfolgt die Informationsübermittlung nach Satz 1, unabhängig davon, ob sie noch gültig sind oder nicht.

[3]Ausgenommen von der genannten Übermittlung sind Informationen über grenzüberschreitende Vorbescheide und Vorabverständigungen über die Verrechnungspreisgestaltung, die vor dem 1. April 2016 für eine bestimmte Person oder für eine Gruppe von Personen erteilt, getroffen, geändert oder erneuert wurden, und deren gruppenweiter Jahresnettoumsatzerlös im Sinne von Artikel 2 Absatz 5 der Richtlinie 2013/34/EU des Europäischen Parlaments und des Rates vom 26. Juni 2013 über den Jahresabschluss, den konsolidierten Abschluss und damit verbundene Berichte von Unternehmen bestimmter Rechtsformen und zur Änderung der Richtlinie 2006/43/EG des Europäischen Parlaments und des Rates und zur Aufhebung der Richtlinien 78/660/EWG und 83/349/EWG des Rates (ABl. L 182 vom 29.6.2013,

---

[1] Zur Anwendung von § 7 Abs. 1 Satz 2 siehe § 21 Abs. 1.
[2] Zur Anwendung von § 7 Abs. 2 siehe § 21 Abs. 2.
[3] Zur Anwendung von § 7 Abs. 3 und 4 siehe § 21 Abs. 3.
[4] Bezeichnung geänd. durch G v. 21.12.2019 (BGBl. I S. 2875).

S. 19, L 369 vom 24.12.2014, S. 79), die zuletzt durch die Richtlinie 2014/102/EU (ABl. L 334 vom 21.11.2014, S. 86) geändert worden ist, in dem Geschäftsjahr, das vor dem Zeitpunkt liegt, zu dem der grenzüberschreitende Vorbescheid oder die Vorabverständigung über die Verrechnungspreisgestaltung erteilt, getroffen, geändert oder erneuert wird, weniger als 40 Millionen Euro oder dem entsprechenden Betrag in einer anderen Währung betragen hat. [4]Satz 3 gilt nicht für eine bestimmte Person oder für eine Gruppe von Personen, die hauptsächlich Finanz- und Investitionstätigkeiten ausüben.

(5) [1]Bilaterale oder multilaterale Vorabverständigungen über die Verrechnungspreisgestaltung mit Drittstaaten sind vom Geltungsbereich des automatischen Informationsaustauschs gemäß § 7 ausgenommen, sofern das internationale Steuerabkommen, in dessen Rahmen die Vorabverständigung über die Verrechnungspreisgestaltung ausgehandelt wurde, eine Weitergabe an Dritte nicht erlaubt. [2]Solche bilateralen oder multilateralen Vorabverständigungen über die Verrechnungspreisgestaltung werden nach § 8 ausgetauscht, sofern

1. das internationale Steuerabkommen, in dessen Rahmen die Vorabverständigung über die Verrechnungspreisgestaltung ausgehandelt wurde, eine Weitergabe erlaubt und
2. die zuständige Behörde des Drittstaates die Weitergabe der Informationen genehmigt.

[3]Wenn bilaterale oder multilaterale Vorabverständigungen über die Verrechnungspreisgestaltung vom automatischen Informationsaustausch gemäß Satz 1 ausgenommen sind, werden stattdessen die Informationen nach Absatz 7, die in dem Antrag aufgeführt sind, der zu einer solchen bilateralen oder multilateralen Vorabverständigung über die Verrechnungspreisgestaltung geführt hat, nach den Absätzen 3 und 4 ausgetauscht.

(6) Die Absätze 3 und 4 gelten nicht in Fällen, in denen ein grenzüberschreitender Vorbescheid ausschließlich die Steuerangelegenheiten einer oder mehrerer natürlicher Personen betrifft.

(7) [1]Die vom zentralen Verbindungsbüro gemäß den Absätzen 3 und 4 zu übermittelnden Informationen müssen Folgendes enthalten:

1. Angaben zu der Person, mit Ausnahme von natürlichen Personen, und gegebenenfalls Angaben zu der Gruppe von Personen, der sie angehört;
2. eine Zusammenfassung des Inhalts des grenzüberschreitenden Vorbescheids oder der Vorabverständigung über die Verrechnungspreisgestaltung, einschließlich einer abstrakt gehaltenen Beschreibung der relevanten Geschäftstätigkeiten oder Transaktionen, sofern dies nicht
   a) zur Preisgabe eines Handels-, Gewerbe- oder Berufsgeheimnisses oder eines Geschäftsverfahrens führt oder
   b) zur Preisgabe von Informationen führt, die die öffentliche Ordnung verletzen würden;
3. das jeweilige Datum der Erteilung oder des Abschlusses, der Änderung oder der Erneuerung des grenzüberschreitenden Vorbescheids oder der Vorabverständigung über die Verrechnungspreisgestaltung;

4. den Tag des Beginns der Geltungsdauer des grenzüberschreitenden Vorbescheids oder der Vorabverständigung über die Verrechnungspreisgestaltung, falls angegeben;
5. den Tag des Ablaufs der Geltungsdauer des grenzüberschreitenden Vorbescheids oder der Vorabverständigung über die Verrechnungspreisgestaltung, falls angegeben;
6. die Art des grenzüberschreitenden Vorbescheids oder der Vorabverständigung über die Verrechnungspreisgestaltung;
7. den Betrag der Transaktion oder Reihe von Transaktionen des grenzüberschreitenden Vorbescheids oder der Vorabverständigung über die Verrechnungspreisgestaltung, sofern ein solcher angegeben ist;
8. im Falle einer Vorabverständigung über die Verrechnungspreisgestaltung den Verrechnungspreis oder eine Beschreibung der bei der Festlegung der Verrechnungspreise zugrunde gelegten Kriterien;
9. im Falle einer Vorabverständigung über die Verrechnungspreisgestaltung Angaben zu dem der Festlegung der Verrechnungspreise zugrunde gelegten Verfahren oder den Verrechnungspreis;
10. gegebenenfalls Angaben dazu, welche anderen Mitgliedstaaten wahrscheinlich von dem grenzüberschreitenden Vorbescheid oder der Vorabverständigung über die Verrechnungspreisgestaltung betroffen sind;
11. gegebenenfalls Identifizierungsangaben zu allen Personen in den anderen Mitgliedstaaten, mit Ausnahme von natürlichen Personen, die wahrscheinlich von dem grenzüberschreitenden Vorbescheid oder der Vorabverständigung über die Verrechnungspreisgestaltung betroffen sind, sowie Angaben dazu, zu welchen Mitgliedstaaten die betreffenden Personen in Beziehung stehen, und
12. Angaben dazu, ob die übermittelten Informationen
    a) auf dem grenzüberschreitenden Vorbescheid oder der Vorabverständigung über die Verrechnungspreisgestaltung selbst beruhen oder
    b) auf einem Antrag gemäß Absatz 5 Satz 3 beruhen.

[2] Auf die praktischen Regelungen, die zur Erleichterung des Austauschs der in diesem Absatz aufgezählten Informationen von der Europäischen Kommission zur Umsetzung von Artikel 8a der Amtshilferichtlinie[1)] erlassen worden sind, wird verwiesen. [3] Hierzu zählen auch Maßnahmen zur standardisierten Übermittlung der in diesem Absatz genannten Informationen als Teil des Verfahrens zur Festlegung des Standardformblatts, das gemäß Artikel 20 Absatz 5 der Amtshilferichtlinie[1)] vorgesehenen ist. [4] Ab dem Zeitpunkt seiner Bereitstellung ist das Zentralverzeichnis der Mitgliedstaaten gemäß Artikel 21 Absatz 5 der Amtshilferichtlinie[1)] zu nutzen.

(8)[2)] In den Fällen der Absätze 1 bis 5 und 9 bis 14 ist gemäß § 117 Absatz 4 Satz 3 der Abgabenordnung keine Anhörung der Beteiligten erforderlich.

---

1) Bezeichnung geänd. durch G v. 21.12.2019 (BGBl. I S. 2875).
2) § 7 Abs. 8 neu gef. durch G v. 21.12.2019 (BGBl. I S. 2875).

(9)[1] 1Das zentrale Verbindungsbüro nimmt die ihm von den zuständigen Behörden aller anderen Mitgliedstaaten der Europäischen Union gemäß Artikel 8a der Amtshilferichtlinie übermittelten Informationen entgegen; ab dem Zeitpunkt seiner Bereitstellung ist das Zentralverzeichnis der Mitgliedstaaten der Europäischen Union gemäß Artikel 21 Absatz 5 der Amtshilferichtlinie zu nutzen. 2Das zentrale Verbindungsbüro leitet die Informationen zur Durchführung des Besteuerungsverfahrens nach Maßgabe des § 88 Absatz 3 und 4 der Abgabenordnung an die jeweils zuständige Landesfinanzbehörde weiter. 3Unbeschadet des Satzes 2 greifen die zuständigen Stellen auf die Informationen nach Satz 1 zu; hierzu werden gemäß § 3 Absatz 2 Satz 2 Verbindungsstellen im Sinne des Artikels 4 Absatz 3 und zuständige Bedienstete im Sinne des Artikels 4 Absatz 4 der Amtshilferichtlinie unter Berücksichtigung der in Artikel 21 der Amtshilferichtlinie enthaltenen Regelungen zur Anwendung der dort genannten technischen Verfahren benannt.

(10)[2] 1Das zentrale Verbindungsbüro übermittelt im Weg des automatischen Austauschs die ihm gemäß § 138a Absatz 6 der Abgabenordnung übermittelten länderbezogenen Berichte an die zuständigen Behörden der anderen Mitgliedstaaten, für die in dem länderbezogenen Bericht Angaben im Sinne des § 138a Absatz 2 der Abgabenordnung enthalten sind. 2Die Übermittlung erfolgt auf elektronischem Weg. 3Auf die von der Europäischen Kommission im Weg von Durchführungsrechtsakten erlassenen praktischen Regelungen wird verwiesen.

(11)[2] In den Fällen des § 138a Absatz 4 Satz 1 der Abgabenordnung teilt das zentrale Verbindungsbüro den anderen Mitgliedstaaten zusätzlich automatisch mit, wenn sich die ausländische Konzernobergesellschaft der einbezogenen inländischen Konzerngesellschaft geweigert hat, die erforderlichen Informationen zur Erstellung des länderbezogenen Berichts bereitzustellen.

(12)[2] 1Das zentrale Verbindungsbüro nimmt die Informationen im Sinne der Absätze 10 und 11 entgegen, die ihm von den anderen Mitgliedstaaten gemäß Artikel 8 aa der Amtshilferichtlinie[3] übermittelt wurden. 2Es übermittelt die Informationen an die zuständige Landesfinanzbehörde.[4]

(13)[5] 1Das zentrale Verbindungsbüro übermittelt im Weg des automatischen Austauschs die dem Bundeszentralamt für Steuern nach den §§ 138f bis 138h der Abgabenordnung übermittelten Informationen über grenzüberschreitende Steuergestaltungen im Sinne des § 138d der Abgabenordnung den zuständigen Behörden der anderen Mitgliedstaaten der Europäischen Union. 2Die Übermittlung erfolgt innerhalb eines Monats nach Ablauf des Quartals, in dem die Informationen vorgelegt wurden, erstmals bis zum 31. Oktober 2020. 3Die praktischen Regelungen gemäß Artikel 20 Absatz 5 der Amtshilferichtlinie, die der Erleichterung des Austausches der in § 138f Absatz 3 der Abgabenordnung bezeichneten Informationen dienen, sind zu beachten. 4Für

---

1) § 7 Abs. 9 neu gef. durch G v. 21.12.2019 (BGBl. I S. 2875).
2) Zur Anwendung von § 7 Abs. 10 bis 12 siehe § 21 Abs. 4.
3) Bezeichnung geänd. durch G v. 21.12.2019 (BGBl. I S. 2875).
4) § 7 Abs. 12 Satz 3 aufgeh. durch G v. 21.12.2019 (BGBl. I S. 2875).
5) § 7 Abs. 13 neu gef. durch G v. 21.12.2019 (BGBl. I S. 2875).

die Zwecke der Übermittlung an die zuständigen Behörden der anderen Mitgliedstaaten der Europäischen Union durch das zentrale Verbindungsbüro gelten die in § 138f Absatz 3 der Abgabenordnung bezeichneten Informationen als dem Bundeszentralamt für Steuern von einem Intermediär offengelegt, es sei denn, es liegt ein Fall des § 138d Absatz 6 oder des § 138g Absatz 1 Satz 1 der Abgabenordnung vor; in diesen Fällen gelten die Informationen als von einem Steuerpflichtigen offengelegt. 5 Ab dem Zeitpunkt seiner Bereitstellung ist für die Übermittlung das Zentralverzeichnis der Mitgliedstaaten der Europäischen Union gemäß Artikel 21 Absatz 5 der Amtshilferichtlinie zu nutzen.

(14)[1] 1 Das zentrale Verbindungsbüro nimmt die ihm von den zuständigen Behörden aller anderen Mitgliedstaaten der Europäischen Union gemäß Artikel 8ab der Amtshilferichtlinie übermittelten Informationen entgegen; ab dem Zeitpunkt seiner Bereitstellung ist das Zentralverzeichnis der Mitgliedstaaten der Europäischen Union gemäß Artikel 21 Absatz 5 der Amtshilferichtlinie zu nutzen. 2 Das zentrale Verbindungsbüro stellt die Informationen dem Bundeszentralamt für Steuern zur weiteren Aufgabenerledigung zur Verfügung; § 88 Absatz 3 und 4 und § 138i der Abgabenordnung gelten entsprechend. 3 Unbeschadet des Satzes 2 greifen die zuständigen Stellen auf die Informationen nach Satz 1 zu; hierzu werden gemäß § 3 Absatz 2 Satz 2 Verbindungsstellen im Sinne des Artikels 4 Absatz 3 und zuständige Bedienstete im Sinne des Artikels 4 Absatz 4 der Amtshilferichtlinie unter Berücksichtigung der in Artikel 21 der Amtshilferichtlinie enthaltenen Regelungen zur Anwendung der dort genannten technischen Verfahren benannt. 4 Das Bundesministerium der Finanzen legt im Einvernehmen mit den obersten Finanzbehörden der Länder die Einzelheiten zu dem Verfahren nach Satz 3 in einem Schreiben fest. 5 Dieses Schreiben ist im Bundessteuerblatt zu veröffentlichen.

(15)[1] 1 Das Bundeszentralamt für Steuern ist berechtigt, die Informationen gemäß den Absätzen 1 bis 5, 7 und 9 bis 14 zur Erfüllung der ihm gesetzlich übertragenen Aufgaben auszuwerten. 2 Auswertungen der Informationen nach Satz 1 durch die jeweils zuständige Landesfinanzbehörde bleiben hiervon unberührt. 3 Für Informationen gemäß Absatz 14 Satz 2 finden § 138j der Abgabenordnung und § 21a Absatz 5 des Finanzverwaltungsgesetzes entsprechende Anwendung.

§ 8 Spontane Übermittlung von Informationen an andere Mitgliedstaaten. (1) 1 Die Finanzbehörde kann nach pflichtgemäßem Ermessen ohne Ersuchen alle Informationen an das zentrale Verbindungsbüro übermitteln, die für die anderen Mitgliedstaaten von Nutzen sein können. 2 Das zentrale Verbindungsbüro entscheidet nach pflichtgemäßem Ermessen über die Übermittlung der Informationen an die anderen Mitgliedstaaten.

(2) Informationen nach § 1 Absatz 1 sind zu übermitteln, wenn

1. Gründe für die Vermutung einer Steuerverkürzung in dem anderen Mitgliedstaat vorliegen,
2. ein Sachverhalt vorliegt, auf Grund dessen eine Steuerermäßigung oder Steuerbefreiung gewährt worden ist und die zu übermittelnden Infor-

[1] § 7 Abs. 14 neu gef., Abs. 15 angef. durch G v. 21.12.2019 (BGBl. I S. 2875).

mationen für den Steuerpflichtigen zu einer Besteuerung oder Steuererhöhung im anderen Mitgliedstaat führen könnten,

3. Geschäftsbeziehungen zwischen einem in Deutschland Steuerpflichtigen und einem in einem anderen Mitgliedstaat Steuerpflichtigen über ein oder mehrere weitere Staaten in einer Weise geleitet werden, die in einem oder beiden Mitgliedstaaten zur Steuerersparnis führen kann,
4. Gründe für die Vermutung vorliegen, dass durch künstliche Gewinnverlagerungen zwischen verbundenen Unternehmen eine Steuerersparnis eintritt, oder
5. ein Sachverhalt, der im Zusammenhang mit der Informationserteilung eines anderen Mitgliedstaats ermittelt wurde, auch für die zutreffende Steuerfestsetzung in einem weiteren Mitgliedstaat erheblich sein könnte.

(3) Die Übermittlung nach Absatz 2 soll unverzüglich erfolgen, spätestens jedoch einen Monat, nachdem die Informationen verfügbar geworden sind.

§ 9 Spontane Übermittlung von Informationen durch andere Mitgliedstaaten. 1 Das zentrale Verbindungsbüro leitet Informationen, die andere Mitgliedstaaten spontan übermittelt haben, den Finanzbehörden zur Auswertung weiter. 2 Es bestätigt unverzüglich, spätestens jedoch sieben Arbeitstage nach Eingang der Informationen, dem anderen Mitgliedstaat möglichst auf elektronischem Weg deren Erhalt.

Abschnitt 4. Sonstige Formen der Verwaltungszusammenarbeit

§ 10 Anwesenheit von Bediensteten anderer Mitgliedstaaten im Inland. (1) Das zentrale Verbindungsbüro kann zum Zweck des Informationsaustauschs mit einem anderen Mitgliedstaat vereinbaren, dass unter den von der Finanzbehörde festgelegten Voraussetzungen befugte Bedienstete des anderen Mitgliedstaats

1. in den Amtsräumen zugegen sein dürfen, in denen deutsche Finanzbehörden ihre Tätigkeit ausüben, sowie
2. bei den behördlichen Ermittlungen zugegen sein dürfen, die auf deutschem Hoheitsgebiet durchgeführt werden.

(2) 1 Bei dem Informationsaustausch gemäß Absatz 1 stellt die Finanzbehörde sicher, dass Bediensteten der anderen Mitgliedstaaten nur solche Informationen offenbart werden, die nach § 4 übermittelt werden dürfen. 2 Sind die erbetenen Informationen in den Unterlagen enthalten, zu denen die Finanzbehörde Zugang hat, so werden den Bediensteten des anderen Mitgliedstaats Kopien dieser Unterlagen ausgehändigt.

(3) 1 Die Vereinbarung nach Absatz 1 kann vorsehen, dass Bedienstete der anderen Mitgliedstaaten im Beisein inländischer Bediensteter Personen befragen und Aufzeichnungen prüfen dürfen. 2 Voraussetzung hierfür ist, dass die Personen der Befragung und Prüfung zustimmen. 3 Verweigert eine Person

die Mitwirkung, gilt diese Verweigerung wie eine Verweigerung gegenüber inländischen Bediensteten.

(4) Befugte Bedienstete des anderen Mitgliedstaats müssen, wenn sie sich nach Absatz 1 auf deutschem Hoheitsgebiet aufhalten, jederzeit eine schriftliche Vollmacht vorlegen können, aus der ihre Identität und dienstliche Stellung hervorgehen.

§ 11 Anwesenheit von inländischen Bediensteten in anderen Mitgliedstaaten. [1] Sofern die Komplexität eines Ersuchens es erfordert, können bevollmächtigte inländische Bedienstete in andere Mitgliedstaaten entsandt werden. [2] § 10 gilt sinngemäß.

§ 12 Gleichzeitige Prüfung. (1) [1] Auf Vorschlag der Finanzbehörde kann das zentrale Verbindungsbüro mit einem oder mehreren Mitgliedstaaten vereinbaren, im jeweils eigenen Hoheitsgebiet eine gleichzeitige Prüfung einer oder mehrerer Personen von gemeinsamem oder ergänzendem Interesse durchzuführen. [2] Soweit dies nach § 4 zulässig ist, sind die hierbei erlangten Informationen sowie die für die Vereinbarung der Prüfung im Vorfeld erforderlichen Kenntnisse auszutauschen.

(2) [1] Die Finanzbehörde bestimmt, welche Person oder welche Personen sie für eine gleichzeitige Prüfung vorschlägt. [2] Das zentrale Verbindungsbüro unterrichtet die betroffenen Mitgliedstaaten darüber, begründet die Auswahl und gibt den Zeitraum an, in welchem die gleichzeitige Prüfung durchgeführt werden soll.

(3) [1] Schlägt ein anderer Mitgliedstaat eine gleichzeitige Prüfung vor, so entscheidet die Finanzbehörde, ob sie an der gleichzeitigen Prüfung teilnehmen wird. [2] Das zentrale Verbindungsbüro teilt dem anderen Mitgliedstaat das Einverständnis oder die begründete Ablehnung mit.

(4) Das zentrale Verbindungsbüro benennt einen Bediensteten, der für die Beaufsichtigung und die Koordinierung der gleichzeitigen Prüfung verantwortlich ist.

(5) Von der Anhörung des Steuerpflichtigen kann bis zur Bekanntgabe der Prüfungsanordnung abgesehen werden, wenn sonst der Prüfungserfolg gefährdet werden würde.

§ 13 Zustellungsersuchen an andere Mitgliedstaaten. (1) Auf Ersuchen der zuständigen Finanzbehörde beantragt das zentrale Verbindungsbüro bei einem anderen Mitgliedstaat die Zustellung von Dokumenten und Entscheidungen der Finanzbehörde, die mit einer Steuer nach § 1 zusammenhängen.

(2) Ein Zustellungsersuchen ist nur dann zulässig, wenn

1. die Finanzbehörde nicht in der Lage ist, die Zustellung nach den Vorschriften des Verwaltungszustellungsgesetzes im anderen Mitgliedstaat vorzunehmen, oder
2. die Zustellung mit unverhältnismäßig großen Schwierigkeiten verbunden wäre.

(3) Im Zustellungsersuchen ist Folgendes anzugeben:

1. der Gegenstand des zuzustellenden Dokuments oder der zuzustellenden Entscheidung,
2. der Name und die Anschrift des Adressaten sowie
3. alle weiteren Informationen, die die Identifizierung des Adressaten erleichtern können.

(4) Einer in einem anderen Mitgliedstaat ansässigen Person kann jedes Dokument per Einschreiben oder auf elektronischem Weg direkt zugestellt werden.

(5) Das zentrale Verbindungsbüro leitet Informationen über veranlasste Zustellungen anderer Mitgliedstaaten den Finanzbehörden, die die Informationen verwenden, weiter.

§ 14 Zustellungsersuchen von anderen Mitgliedstaaten. (1) [1]Auf Ersuchen werden alle Dokumente zugestellt, die mit einer Steuer gemäß § 1 zusammenhängen, einschließlich der gerichtlichen Dokumente, die aus dem anderen Mitgliedstaat stammen. [2]Das zentrale Verbindungsbüro leitet hierzu der Finanzbehörde das Ersuchen zwecks Zustellung zu. [3]Die Zustellung richtet sich nach den Vorschriften des Verwaltungszustellungsgesetzes.

(2) [1]Das zentrale Verbindungsbüro teilt dem anderen Mitgliedstaat unverzüglich mit, welche Maßnahme auf Grund des Zustellungsersuchens veranlasst wurde. [2]Diese Mitteilung beinhaltet insbesondere die Angabe, an welchem Tag und an welche Anschrift dem Empfänger das Dokument zugestellt worden ist.

Abschnitt 5. Weitere Vorschriften

§ 15 Verwendung von Informationen und Dokumenten. (1) Übermittelt das zentrale Verbindungsbüro einem anderen Mitgliedstaat Informationen, so gestattet es diesem auf Anfrage, die Informationen für andere als die in § 19 Absatz 2 Satz 1 genannten Zwecke zu verwenden, wenn die Verwendung für einen vergleichbaren Zweck nach deutschem Recht unter Beachtung der §§ 30, 31, 31a und 31b der Abgabenordnung zulässig ist.

(2) Ist das zentrale Verbindungsbüro der Ansicht, dass Informationen und Dokumente von einem anderen Mitgliedstaat einem dritten Mitgliedstaat für die in § 19 Absatz 2 Satz 1 genannten Zwecke von Nutzen sein könnten, so kann es diese Informationen und Dokumente weitergeben, wenn

1. die Weitergabe im Einklang mit den in diesem Gesetz festgelegten Regeln und Verfahren steht,
2. es dem Mitgliedstaat, von dem die Informationen und Dokumente stammen, seine Absicht mitteilt, diese einem dritten Mitgliedstaat weiterzugeben, und
3. der Mitgliedstaat, von dem die Informationen stammen, nicht innerhalb von zehn Arbeitstagen nach Eingang der Mitteilung nach Nummer 2 der Weitergabe widerspricht.

(3) [1]Sollen Informationen und Dokumente für andere als die in § 19 Absatz 2 Satz 1 genannten Zwecke nach Absatz 2 weitergegeben oder verwendet werden, so muss hierfür die Einwilligung jenes Mitgliedstaats eingeholt werden, von dem die Informationen und Dokumente stammen. [2]Die Weitergabe darf nur erfolgen, wenn die Verwendung für einen vergleichbaren Zweck nach deutschem Recht unter Beachtung der §§ 30, 31, 31a und 31b der Abgabenordnung zulässig ist.

(4) Sämtliche Informationen und Dokumente, die im Rahmen dieses Gesetzes erlangt werden, können von den Behörden, die die Informationen verwenden, wie vergleichbare inländische Informationen und Dokumente angeführt oder als Beweismittel verwendet werden.

(5) Von der Berichtigung übermittelter unrichtiger Daten und der Löschung oder Sperrung unzulässig gespeicherter oder unzulässig übermittelter Daten sind alle Mitgliedstaaten, die diese Daten im Rahmen einer Auskunft erhalten haben, durch das zentrale Verbindungsbüro unverzüglich zu unterrichten und anzuhalten, ebenfalls die Berichtigung, Sperrung oder Löschung dieser Daten vorzunehmen.

§ 16 Rückmeldungen. (1) In den Fällen der §§ 4 und 8 kann das zentrale Verbindungsbüro den anderen Mitgliedstaat um Rückmeldung über die Verwendung der erbetenen Information bitten.

(2) [1]Bittet in den Fällen der §§ 6 und 9 der andere Mitgliedstaat um Rückmeldung, so übermittelt das zentrale Verbindungsbüro dem anderen Mitgliedstaat die Rückmeldung unverzüglich, spätestens jedoch drei Monate, nachdem das Ergebnis über die Verwendung der erbetenen Information bekannt geworden ist. [2]Eine Übermittlung ist nur zulässig, wenn ihr die Vorschriften zum Datenschutz und zum Schutz des Steuergeheimnisses insbesondere nach § 30 der Abgabenordnung nicht entgegenstehen. [3]Die zuständige Finanzbehörde teilt dem zentralen Verbindungsbüro die erforderlichen Angaben mit.

§ 17 Standardformblätter und Kommunikationsmittel. (1) Ersuchen nach § 4 Absatz 1 und 2 und § 6 Absatz 1, spontane Übermittlungen von Informationen nach § 8 Absatz 1 und 2 und § 9, Zustellungsersuchen nach § 13 Absatz 1 und § 14 Absatz 1, Rückmeldungen nach § 16 sowie sonstige Mitteilungen werden jeweils mittels eines zwischen den Mitgliedstaaten abgestimmten Standardformblatts auf elektronischem Weg übermittelt.

(2) Den Standardformblättern können Berichte, Bescheinigungen und andere Dokumente oder beglaubigte Kopien oder Auszüge daraus beigefügt werden.

(3) Die Absätze 1 und 2 gelten nicht für Informationen und Unterlagen, die nach den §§ 10 und 11 erlangt werden.

(4) Erfolgt die Übermittlung nicht auf elektronischem Weg durch Standardformblätter, so berührt dies nicht die Gültigkeit der erhaltenen Informationen oder der im Rahmen eines Ersuchens um Amtshilfe ergriffenen Maßnahmen.

§ 18 Informationsübermittlung an Drittstaaten. (1) Erhält das zentrale Verbindungsbüro von einem Drittstaat Informationen, die für die Anwendung und Durchsetzung des deutschen Rechts über die in § 1 genannten Steuern voraussichtlich erheblich sind, kann das zentrale Verbindungsbüro diese Informationen an andere Mitgliedstaaten, für die diese Informationen von Nutzen sein können, und an alle ersuchenden Behörden weitergeben, sofern dies auf Grund einer Vereinbarung mit dem Drittstaat zulässig ist.

(2) Das zentrale Verbindungsbüro kann die im Einklang mit diesem Gesetz erhaltenen Informationen an einen Drittstaat weitergeben, wenn

1. die Weitergabe im Einklang mit den deutschen Bestimmungen über die Weitergabe personenbezogener Daten an Drittstaaten steht,
2. die Informationen für die zutreffende Steuerfestsetzung in diesem Drittstaat erheblich sein können,
3. der Mitgliedstaat, von dem die Informationen stammen, mit der Weitergabe einverstanden ist und
4. sich der Drittstaat zum Informationsaustausch verpflichtet hat.

§ 19 Datenschutz und Zweckbestimmung. (1) Die Informationen, die im Rahmen dieses Gesetzes an Deutschland übermittelt werden, unterliegen dem Steuergeheimnis und genießen den Schutz, den die Abgabenordnung für Informationen dieser Art gewährt.

(2) [1]Diese Informationen können für folgende Zwecke verwendet werden:

1. zur Anwendung und Durchsetzung des innerstaatlichen Steuerrechts über die in § 1 genannten Steuern,
2. zur Wahrnehmung gesetzlicher Kontroll- und Aufsichtsbefugnisse,
3. zur Festsetzung und Beitreibung anderer Steuern und Abgaben nach § 1 des EU-Beitreibungsgesetzes sowie
4. zur Verwertung im Zusammenhang mit Gerichts- und Verwaltungsverfahren, die Sanktionen wegen Nichtbeachtung des Steuerrechts zur Folge haben können; hierbei sind die allgemeinen Regelungen und Vorschriften über die Rechte der Personen, gegen die sich das jeweilige Verfahren richtet, und Zeugen in solchen Verfahren zu beachten.

[2]Sollen Informationen für einen anderen Zweck verwendet werden, ist die Einwilligung des anderen Mitgliedstaats einzuholen.

§ 20[1)] Statistiken und Bewertungen. (1) [1]Die zuständige Behörde übermittelt

1. der Europäischen Kommission
   a) eine jährliche Bewertung der Wirksamkeit des automatischen Austauschs von Informationen gemäß den Artikeln 8, 8a, 8aa und 8ab der Amtshilferichtlinie sowie einen Überblick über die erreichten praktischen Ergebnisse,

---

1) § 20 ersetzt durch §§ 20 und 21 durch G v. 20.12.2016 (BGBl. I S. 3000) und § 20 neu gef. durch G v. 21.12.2019 (BGBl. I S. 2875).

b) alle sachdienlichen Informationen, die für die Bewertung der Wirksamkeit der Zusammenarbeit der Verwaltungsbehörden gemäß der Amtshilferichtlinie bei der Bekämpfung von Steuerhinterziehung und -umgehung notwendig sind,

c) statistische Angaben, die der Bewertung der Amtshilferichtlinie dienen;

2. den anderen betroffenen Mitgliedstaaten der Europäischen Union einmal jährlich eine Rückmeldung zum automatischen Austausch von Informationen.

[2] Bei der Übermittlung ist die Durchführungsverordnung (EU) 2015/2378 der Kommission vom 15. Dezember 2015 zur Festlegung von Durchführungsbestimmungen zu bestimmten Artikeln der Richtlinie 2011/16/EU des Rates über die Zusammenarbeit der Verwaltungsbehörden im Bereich der Besteuerung und zur Aufhebung der Durchführungsverordnung (EU) Nr. 1156/2012 (ABl. L 332 vom 18.12.2015, S. 19) zu berücksichtigen.

(2) [1] Das Bundesministerium der Finanzen legt im Einvernehmen mit den obersten Finanzbehörden der Länder die Einzelheiten zur Übermittlung im Sinne des Absatzes 1 in einem Schreiben fest. [2] Dieses Schreiben ist im Bundessteuerblatt zu veröffentlichen.

§ 21 [1)] **Übergangsvorschriften.** (1) Die automatische Übermittlung von Informationen gemäß § 7 Absatz 1 ist ab dem 1. Januar 2015 vorzunehmen und erstmals auf Informationen der Besteuerungszeiträume ab dem 1. Januar 2014 anzuwenden.

(2) Die automatische Übermittlung von Informationen gemäß § 7 Absatz 2 ist ab dem 30. September 2017 vorzunehmen und für zum 31. Dezember 2015 bestehende Konten und nach dem 31. Dezember 2015 neu eröffnete Konten im Sinne der in § 7 Absatz 2 angeführten Melde- und Sorgfaltspflichten und ergänzenden Melde- und Sorgfaltsvorschriften erstmals auf Informationen der Besteuerungszeiträume ab dem 1. Januar 2016 anzuwenden.

(3) Die automatische Übermittlung von Informationen gemäß § 7 Absatz 3 und 4 erfolgt erstmals ab dem 1. Januar 2017.

(4) § 7 Absatz 10 bis 12 und 14 ist erstmals ab dem 1. Januar 2017 anzuwenden.

(5) § 7 Absatz 13 ist erstmals ab dem 1. Januar 2018 anzuwenden.

---

1) § 20 ersetzt durch §§ 20 und 21 durch G v. 20.12.2016 (BGBl. I S. 3000) und § 20 neu gef. durch G v. 21.12.2019 (BGBl. I S. 2875).

801a. Gesetz über die Durchführung der Amtshilfe bei der Beitreibung von Forderungen in Bezug auf bestimmte Steuern, Abgaben und sonstige Maßnahmen zwischen den Mitgliedstaaten der Europäischen Union (EU-Beitreibungsgesetz – EUBeitrG)[1]

Vom 7. Dezember 2011
(BGBl. I S. 2592)

Geändert durch Amtshilferichtlinie-Umsetzungsgesetz (AmtshilfeRLUmsG) vom 26. 6. 2013 (BGBl. I S. 1809)

BGBl. III/FNA 610-1-23

Inhaltsübersicht

[1] Verkündet als Art. 1 des G v. 7. 12. 2011 (BGBl. I S. 2592); Inkrafttreten gem. Art. 25 Abs. 1 dieses G am 1. 1. 2012. Das G dient der Umsetzung der Richtlinie 2010/24/EU des Rates vom 16. März 2010 über die Amtshilfe bei der Beitreibung von Forderungen in Bezug auf bestimmte Steuern, Abgaben und sonstige Maßnahmen (ABl. L 84 vom 31. 3. 2010, S. 1).

Abschnitt 1. Allgemeine Bestimmungen

§ 1 Anwendungsbereich und anzuwendendes Recht. (1) [1]Dieses Gesetz regelt die Einzelheiten der Amtshilfe zwischen Deutschland und den anderen Mitgliedstaaten der Europäischen Union (Mitgliedstaaten) zur Geltendmachung von in den Mitgliedstaaten entstandenen Forderungen. [2]Forderungen im Sinne dieses Gesetzes sind

1. Steuern und Abgaben aller Art, die erhoben werden
   a) von einem oder für einen Mitgliedstaat oder dessen Gebiets- oder Verwaltungseinheiten einschließlich der lokalen Behörden oder
   b) für die Europäische Union;
2. Erstattungen, Interventionen und andere Maßnahmen, die Bestandteil des Systems der vollständigen Finanzierung oder Teilfinanzierung des Europäischen Garantiefonds für die Landwirtschaft oder des Europäischen Landwirtschaftsfonds für die Entwicklung des ländlichen Raums sind, einschließlich der im Rahmen dieser Aktionen zu erhebenden Beiträge;
3. Abschöpfungen und andere Abgaben im Rahmen der gemeinsamen Organisation der Agrarmärkte für den Sektor Zucker.

(2) Der Anwendungsbereich dieses Gesetzes umfasst auch

1. Geldstrafen, Geldbußen, Gebühren und Zuschläge in Bezug auf Forderungen,
   a) für deren Beitreibung gemäß Absatz 1 um Amtshilfe ersucht werden kann und
   b) die von den Behörden, die für die Erhebung der betreffenden Steuern oder Abgaben oder die Durchführung der dafür erforderlichen behördlichen Ermittlungen zuständig sind, verhängt wurden oder von Verwaltungsorganen oder Gerichten auf Antrag dieser Behörden bestätigt wurden;
2. Gebühren für Bescheinigungen und ähnliche Dokumente, die im Zusammenhang mit Verwaltungsverfahren in Bezug auf Steuern oder Abgaben ausgestellt werden;
3. Zinsen und Kosten im Zusammenhang mit Forderungen, für deren Beitreibung gemäß Absatz 1 oder gemäß den Nummern 1 und 2 um Amtshilfe ersucht werden kann.

(3)[1] Der Anwendungsbereich dieses Gesetzes umfasst nicht

1. Beiträge und Umlagen sowie damit verbundene Abgaben und Gebühren nach dem Sozialgesetzbuch, den in § 68 des Ersten Buches Sozialgesetzbuch genannten Gesetzen und dem Aufwendungsausgleichsgesetz;
2. andere als die in Absatz 2 genannten Gebühren;

---

[1] § 1 Abs. 3 Nr. 1 neu gef. mWv 1. 1. 2013 durch G v. 26. 6. 2013 (BGBl. I S. 1809).

3. vertragliche Gebühren, wie Zahlungen an öffentliche Versorgungsbetriebe;
4. strafrechtliche Sanktionen, die auf der Grundlage einer Anklageerhebung im Strafverfahren verhängt werden, oder andere strafrechtliche Sanktionen, die nicht von Absatz 2 Nummer 1 erfasst sind.

(Fortsetzung nächstes Blatt)

(4) 1 Für Ersuchen nach diesem Gesetz gelten die Vorschriften der Abgabenordnung entsprechend, soweit dieses Gesetz nicht etwas anderes bestimmt. 2 Zur Ausführung der Abgabenordnung hat das Bundesministerium der Finanzen Verwaltungsvorschriften erlassen.

§ 2 Begriffsbestimmungen. (1) „Person" ist

1. eine natürliche Person,
2. eine juristische Person,
3. eine Personenvereinigung, der die Rechtsfähigkeit zuerkannt wurde, die aber nicht über die Rechtsstellung einer juristischen Person verfügt, oder
4. jede andere Rechtsform gleich welcher Art, mit oder ohne allgemeine Rechtsfähigkeit, die Vermögensgegenstände besitzt oder verwaltet, welche einschließlich der daraus erzielten Einkünfte einer der in § 1 erfassten Steuern unterliegen.

(2) Beitreibungsrichtlinie im Sinne dieses Gesetzes sowie des Einkommensteuergesetzes, des Körperschaftsteuergesetzes und des Gewerbesteuergesetzes bezeichnet die Richtlinie 2010/24/EU des Rates vom 16. März 2010 über die Amtshilfe bei der Beitreibung von Forderungen in Bezug auf bestimmte Steuern, Abgaben und sonstige Maßnahmen (ABl. L 84 vom 31. 3. 2010, S. 1) in der jeweils geltenden Fassung.

§ 3 Zuständigkeit und Prüfungsbefugnisse für Ersuchen. (1) 1 Das Bundesministerium der Finanzen ist zuständige Behörde ausschließlich im Sinne von Artikel 4 Absatz 1 der Beitreibungsrichtlinie und zentrales Verbindungsbüro im Sinne von Artikel 4 Absatz 2 der Beitreibungsrichtlinie. 2 Für die Prüfung und Bearbeitung von Ersuchen werden die folgenden Verbindungsbüros benannt:

1. in den Fällen des § 5 Absatz 1 Nummer 5 des Finanzverwaltungsgesetzes das Bundeszentralamt für Steuern,
2. für den Bereich der Zollverwaltung gemäß § 12 Absatz 2 des Finanzverwaltungsgesetzes die Bundesstelle Vollstreckung Zoll beim Hauptzollamt Hannover.

3 Die Verbindungsbüros übernehmen die Kommunikation mit den ersuchenden Behörden, den anderen Verbindungsbüros oder der Europäischen Kommission. 4 Die Verbindungsbüros prüfen Ersuchen auf ihre Zulässigkeit nach diesem Gesetz und bearbeiten diese. 5 Ihnen obliegt außerdem die Prüfung, ob die Amtshilfe gemäß § 14 Absatz 2 zu unterbleiben hat.

(2) 1 Eingehende Ersuchen werden nach entsprechender Prüfung gemäß Absatz 1 Satz 4 und 5 von den Verbindungsbüros an die für die Durchführung der Amtshilfe in § 4 Absatz 1 genannten Vollstreckungsbehörden weitergeleitet. 2 Ausgehende Ersuchen werden von den in § 4 Absatz 1 oder Absatz 2 genannten Vollstreckungsbehörden erstellt und über die Verbindungsbüros nach entsprechender Prüfung gemäß Absatz 1 Satz 4 an die zuständige ausländische Behörde geleitet.

§ 4 Zuständigkeit für die Vollstreckung eingehender Ersuchen. (1) 1 Folgende Behörden nehmen nach Maßgabe dieses Gesetzes Amtshilfe in Anspruch und leisten danach Amtshilfe (Vollstreckungsbehörden):

1. die Finanzämter für Forderungen
   a) von Steuern vom Einkommen, Ertrag oder Vermögen,
   b) von Umsatzsteuern, soweit diese nicht als Einfuhrabgaben geschuldet werden,
   c) von sonstigen Steuern und Abgaben im Sinne des § 1 Absatz 1 Nummer 1, soweit nicht die Hauptzollämter zuständig sind,
   d) gemäß § 1 Absatz 2, soweit sie mit den in den Buchstaben a bis c genannten Steuern zusammenhängen;
2. die Hauptzollämter für
   a) Erstattungen, Interventionen und andere Maßnahmen des Europäischen Garantiefonds für die Landwirtschaft und des Europäischen Landwirtschaftsfonds für die Entwicklung des ländlichen Raums nach den Verordnungen (EG) Nr. 1290/2005 des Rates vom 21. Juni 2005 über die Finanzierung der Gemeinsamen Agrarpolitik (ABl. L 209 vom 11. 8. 2005, S. 1), die zuletzt durch die Verordnung (EG) Nr. 473/2009 (ABl. L 144 vom 9. 6. 2009, S. 3) geändert worden ist, und (EG) Nr. 1698/2005 des Rates vom 20. September 2005 über die Förderung der Entwicklung des ländlichen Raums durch den Europäischen Landwirtschaftsfonds für die Entwicklung des ländlichen Raums (ABl. L 277 vom 21. 10. 2005, S. 1, L 67 vom 11. 3. 2008, S. 22), die zuletzt durch die Verordnung (EG) Nr. 473/2009 (ABl. L 144 vom 9. 6. 2009, S. 3) geändert worden ist, in der jeweils geltenden Fassung,
   b) Abschöpfungen und andere Abgaben im Sektor Zucker nach der Verordnung (EG) Nr. 1234/2007 des Rates vom 22. Oktober 2007 über eine gemeinsame Organisation der Agrarmärkte und mit Sondervorschriften für bestimmte landwirtschaftliche Erzeugnisse (ABl. L 299 vom 16. 11. 2007, S. 1) in der jeweils geltenden Fassung,
   c) Einfuhr- und Ausfuhrabgaben,
   d) Verbrauchsteuern,
   e) sonstige Steuern, deren Festsetzung, Erhebung oder Vollstreckung ebenfalls in die Zuständigkeit der Zollverwaltung fallen,
   f) Forderungen gemäß § 1 Absatz 2, soweit sie mit den in den Buchstaben a bis e genannten Abgaben und Steuern zusammenhängen.

2 Die örtliche Zuständigkeit richtet sich nach dem Dritten Abschnitt des Ersten Teils der Abgabenordnung entsprechend.

(2) 1 Die Gemeinden und Gemeindeverbände können Amtshilfe nach Maßgabe dieses Gesetzes in Anspruch nehmen. 2 Sie gelten insoweit als Vollstreckungsbehörde im Sinne dieses Gesetzes.

(3) 1 Das Bundesministerium der Finanzen kann mit Zustimmung der zuständigen obersten Landesbehörden die Amtshilfe bei der Vollstreckung auf

weitere als die in Absatz 1 Nummer 1 genannten Landesbehörden übertragen. [2]Die Übertragung ist im Bundessteuerblatt zu veröffentlichen.

Abschnitt 2. Erteilen von Auskünften

§ 5 Erteilen von Auskünften an andere Mitgliedstaaten auf Ersuchen. (1) [1]Auf Ersuchen teilt das Verbindungsbüro dem Mitgliedstaat alle Auskünfte mit, die bei der Beitreibung einer Forderung gemäß § 1 voraussichtlich erheblich sein werden. [2]Zur Beschaffung dieser Auskünfte veranlasst die Vollstreckungsbehörde alle dafür erforderlichen behördlichen Ermittlungen, die nach der Abgabenordnung in vergleichbaren Fällen vorgesehen sind.

(2) Das Verbindungsbüro erteilt keine Auskünfte,

1. die für die Beitreibung derartiger Forderungen nicht beschafft werden könnten, wenn sie in Deutschland entstanden wären;
2. mit denen ein Handels-, Gewerbe- oder Berufsgeheimnis preisgegeben würde;
3. die die Sicherheit oder die öffentliche Ordnung des Bundes oder eines Landes verletzen würden.

(3) Absatz 2 ist in keinem Fall so auszulegen, dass die Erteilung von Auskünften nur deshalb abgelehnt werden kann, weil die betreffenden Informationen sich bei einer Bank, einem sonstigen Finanzinstitut, einem Bevollmächtigten, Vertreter oder Treuhänder befinden oder sich auf Eigentumsanteile an einer Person beziehen.

(4) Kann das Verbindungsbüro dem Auskunftsersuchen nicht stattgeben, so sind dem anderen Mitgliedstaat die Gründe hierfür mitzuteilen.

§ 6 Erteilen von Auskünften an andere Mitgliedstaaten ohne Ersuchen. (1) [1]Bei einer Erstattung von Steuern oder Abgaben an eine Person, die in einem anderen Mitgliedstaat niedergelassen oder wohnhaft ist, kann die Vollstreckungsbehörde, die die Erstattung vornehmen soll, den Mitgliedstaat der Niederlassung oder des Wohnsitzes durch das Verbindungsbüro über die bevorstehende Erstattung informieren. [2]Dies gilt nicht für die Umsatzsteuer, mit Ausnahme der Einfuhrumsatzsteuer.

(2) Das Verbindungsbüro muss die anderen Mitgliedstaaten informieren, soweit Steuern und Abgaben im Sinne des § 4 Absatz 1 Nummer 2 betroffen sind.

(3) Im Falle einer Informationserteilung nach Absatz 1 oder Absatz 2 wird die Erstattung nicht fällig vor dem Ablauf von zehn Arbeitstagen nach Übermittlung der Information an den anderen Mitgliedstaat.

Abschnitt 3. Zustellung von Dokumenten

§ 7 Zustellungsersuchen von anderen Mitgliedstaaten. (1) [1]Auf Ersuchen veranlasst die Vollstreckungsbehörde die Zustellung aller Dokumente, die mit einer Forderung gemäß § 1 oder mit deren Vollstreckung zusammenhängen, einschließlich der gerichtlichen Dokumente, die aus dem anderen Mitgliedstaat stammen. [2]Die Zustellung richtet sich nach den Vorschriften des Verwaltungszustellungsgesetzes. [3]Dem Ersuchen muss ein Standardformblatt beigefügt sein. [4]Eine Ausfertigung des Standardformblatts mit den zuzustellenden Dokumenten ist dem Empfänger auszuhändigen.

(2) [1]Unverzüglich nachdem die Vollstreckungsbehörde auf Grund des Zustellungsersuchens tätig geworden ist, teilt sie dem anderen Mitgliedstaat über das Verbindungsbüro das Veranlasste mit. [2]Diese Mitteilung beinhaltet insbesondere die Angabe, an welchem Tag und an welche Anschrift dem Empfänger das Dokument zugestellt worden ist.

§ 8 Zustellungsersuchen in andere Mitgliedstaaten. (1) [1]Das Verbindungsbüro kann um die Zustellung aller Dokumente ersuchen, die mit einer Forderung gemäß § 1 oder mit deren Vollstreckung zusammenhängen, einschließlich der Dokumente, die von deutschen Gerichten stammen. [2]Dem Zustellungsersuchen ist ein Standardformblatt beizufügen.

(2) Ein Zustellungsersuchen darf nur dann nach dieser Vorschrift erfolgen, wenn es der Vollstreckungsbehörde nicht möglich ist, das betreffende Dokument gemäß den Vorschriften des Verwaltungszustellungsgesetzes zuzustellen oder wenn eine solche Zustellung mit unverhältnismäßigen Schwierigkeiten verbunden wäre.

Abschnitt 4. Beitreibungs- und Sicherungsmaßnahmen

§ 9 Beitreibungsersuchen von anderen Mitgliedstaaten. (1) [1]Auf Ersuchen nimmt die Vollstreckungsbehörde die Vollstreckung von Forderungen vor, für die in einem anderen Mitgliedstaat ein Vollstreckungstitel besteht. [2]Die Forderung wird wie eine inländische Forderung behandelt. [3]Als vollstreckbarer Verwaltungsakt gilt der dem Ersuchen beigefügte einheitliche Vollstreckungstitel.

(2) [1]Die Vollstreckung erfolgt nach den Vorschriften, die für Forderungen aus gleichen oder, in Ermangelung gleicher, aus vergleichbaren Steuern oder Abgaben vorgesehen sind. [2]Ist das Verbindungsbüro der Auffassung, dass in Deutschland keine gleichen oder vergleichbaren Steuern oder Abgaben erhoben werden, so handelt die Vollstreckungsbehörde nach den Vorschriften, die für die Vollstreckung von Einkommensteuerforderungen gelten. [3]Die Forderungen werden in Euro vollstreckt.

(3) Das Verbindungsbüro teilt dem anderen Mitgliedstaat die Maßnahmen mit, die die Vollstreckungsbehörde in Bezug auf das Beitreibungsersuchen ergriffen hat.

(4) [1]§ 240 der Abgabenordnung gilt entsprechend. [2]Fälligkeitstag ist der Tag, an dem das Ersuchen bei einem Verbindungsbüro im Sinne des § 3 Absatz 1 eingeht, so dass Säumniszuschläge ab diesem Tag berechnet werden können. [3]Wenn die Vollstreckungsbehörde dem Schuldner eine Zahlungsfrist

einräumt oder Ratenzahlung gewährt, unterrichtet das Verbindungsbüro den anderen Mitgliedstaat hiervon.

(5) 1 Die Vollstreckungsbehörde überweist die im Zusammenhang mit der Forderung beigetriebenen Beträge sowie die Säumniszuschläge und gegebenenfalls entstehende Zinsen. 2 Die in § 16 Absatz 1 genannten Kosten können vorher einbehalten werden.

§ 10 Beitreibungsersuchen in andere Mitgliedstaaten. (1) 1 Ein Verbindungsbüro kann Beitreibungsersuchen in einen anderen Mitgliedstaat stellen, wenn

1. die Voraussetzungen für die Vollstreckung gegeben sind und
2. die Forderung nicht angefochten ist oder nicht mehr angefochten werden kann.

2 Satz 1 Nummer 2 gilt nicht, sofern der Einspruch offensichtlich aussichtslos ist beziehungsweise nicht in angemessener Zeit begründet wird und lediglich der Verzögerung der Vollstreckung dient. 3 Ersuchen um Beitreibung angefochtener Forderungen sind nur ausnahmsweise zu stellen und auch nur zulässig, sofern die geltenden Rechts- und Verwaltungsvorschriften und die Verwaltungspraxis des ersuchten Mitgliedstaates dies zulassen; ein solches Ersuchen ist zu begründen.

(2) Die Vollstreckungsbehörde muss zuvor alle nach der Abgabenordnung vorgesehenen Vollstreckungsmöglichkeiten ausgeschöpft haben, es sei denn,

1. es ist offensichtlich, dass
   a) keine Vermögensgegenstände für die Vollstreckung in Deutschland vorhanden sind oder
   b) Vollstreckungsverfahren in Deutschland nicht zur vollständigen Begleichung der Forderung führen,

   und der Vollstreckungsbehörde oder dem Verbindungsbüro konkrete Informationen vorliegen, wonach Vermögensgegenstände der betreffenden Person im ersuchten Mitgliedstaat vorhanden sind;
2. die Durchführung solcher Vollstreckungsmaßnahmen wäre in Deutschland mit unverhältnismäßigen Schwierigkeiten verbunden.

(3) 1 Jedem Beitreibungsersuchen ist der für alle Mitgliedstaaten einheitliche Vollstreckungstitel, dessen Inhalt im Wesentlichen dem des ursprünglichen Vollstreckungstitels entspricht, beizufügen, der die alleinige Grundlage für die im anderen Mitgliedstaat zu ergreifenden Beitreibungs- und Sicherungsmaßnahmen ist. 2 Er muss im anderen Mitgliedstaat weder durch einen besonderen Akt anerkannt noch ergänzt oder ersetzt werden. 3 Dem Beitreibungsersuchen können weitere Dokumente, die im Zusammenhang mit der Forderung stehen, beigefügt werden.

(4) Erlangt die Vollstreckungsbehörde im Zusammenhang mit der Angelegenheit, die dem Beitreibungsersuchen zu Grunde liegt, zweckdienliche Informationen, so teilt sie diese dem Verbindungsbüro zur unverzüglichen Weiterleitung an den anderen Mitgliedstaat mit.

§ 11 Änderung oder Rücknahme des Beitreibungsersuchens. (1) [1]Das Verbindungsbüro teilt unverzüglich nach entsprechender Erstellung durch die Vollstreckungsbehörde dem anderen Mitgliedstaat jede Änderung oder Rücknahme ihres Beitreibungsersuchens mit. [2]Dabei sind die Gründe für die Änderung oder Rücknahme anzugeben. [3]Bei Änderungen übersendet sie zusätzlich eine entsprechend geänderte Fassung des einheitlichen Vollstreckungstitels.

(2) [1]Geht die Änderung oder Rücknahme des Ersuchens auf eine Rechtsbehelfsentscheidung gemäß § 13 Absatz 1 zurück, so teilt die Vollstreckungsbehörde diese Entscheidung dem Verbindungsbüro mit. [2]Bei Änderungen übersendet sie zusätzlich eine entsprechend geänderte Fassung des einheitlichen Vollstreckungstitels. [3]Das Verbindungsbüro sendet die Unterlagen an die ersuchte Behörde.

(3) Wird ein gemäß § 13 Absatz 1 geänderter einheitlicher Vollstreckungstitel an ein Verbindungsbüro als ersuchte Behörde übermittelt, ergreift die mit der Durchführung der Amtshilfe beauftragte Vollstreckungsbehörde weitere Beitreibungsmaßnahmen auf der Grundlage dieses Vollstreckungstitels.

(4) Beitreibungs- und Sicherungsmaßnahmen, die bereits auf der Grundlage des ursprünglichen einheitlichen Vollstreckungstitels ergriffen wurden, können auf Grund des geänderten einheitlichen Vollstreckungstitels fortgeführt werden, sofern die Änderung des Ersuchens nicht darauf zurückzuführen ist, dass der ursprüngliche Vollstreckungstitel oder der ursprüngliche einheitliche Vollstreckungstitel unwirksam ist.

(5) Für die neue Fassung des Vollstreckungstitels gelten § 10 Absatz 3 und 4 sowie § 13 entsprechend.

§ 12 Ersuchen um Sicherungsmaßnahmen. (1) [1]Um die Vollstreckung sicherzustellen, führt die Vollstreckungsbehörde auf Ersuchen des anderen Mitgliedstaates Sicherungsmaßnahmen durch, sofern und soweit diese nach dem Sechsten Teil der Abgabenordnung zulässig sind. [2]Hierfür ist Voraussetzung, dass Sicherungsmaßnahmen sowohl des Mitgliedstaates der ersuchenden als auch der ersuchten deutschen Behörde in einer vergleichbaren Situation getroffen werden können.

(2) Das Verbindungsbüro kann nach entsprechender Erstellung durch die Vollstreckungsbehörde ein Ersuchen um Sicherungsmaßnahmen stellen, wenn

1. die Forderung oder der Vollstreckungstitel zum Zeitpunkt der Stellung des Ersuchens angefochten ist oder
2. ein Ersuchen um Beitreibung aus anderen Gründen noch nicht gestellt werden kann.

(3) [1]Einem ausgehenden Ersuchen um Sicherungsmaßnahmen ist das Dokument, das in Deutschland Sicherungsmaßnahmen in Bezug auf die Forderung ermöglicht, beizufügen. [2]Dem Ersuchen können weitere in Deutschland ausgestellte Dokumente beigefügt werden.

(4) § 9 Absatz 1 bis 3, § 10 Absatz 4 sowie die §§ 11 und 13 gelten entsprechend.

§ 13 Streitigkeiten. (1) [1] Stellt das Verbindungsbüro ein Ersuchen, so sind die nach dem Dritten Abschnitt des Ersten Teils der Abgabenordnung zuständigen Behörden oder die nach Abschnitt V des Ersten Teils der Finanzgerichtsordnung zuständigen Gerichte zuständig für

1. Rechtsbehelfe in Bezug auf
   a) die Forderung,
   b) den ursprünglichen Vollstreckungstitel für die Vollstreckung in Deutschland und
   c) den einheitlichen Vollstreckungstitel für die Vollstreckung im anderen Mitgliedstaat;
2. Streitigkeiten in Bezug auf die Gültigkeit einer Zustellung durch eine zuständige deutsche Behörde.

[2] Dies gilt auch für Streitigkeiten bei in Deutschland ergriffenen Vollstreckungsmaßnahmen oder Auseinandersetzungen im Zusammenhang mit der Gültigkeit einer Zustellungshilfe durch eine zuständige deutsche Behörde. [3] Wurde ein Rechtsbehelf eingelegt, teilt das Verbindungsbüro dies nach Mitteilung durch die Vollstreckungsbehörde dem anderen Mitgliedstaat mit. [4] Hierbei hat es insbesondere mitzuteilen, in welchem Umfang die Forderung nicht angefochten wird.

(2) [1] Ist Deutschland der ersuchte Mitgliedstaat und werden im Verlauf des Beitreibungsverfahrens die Forderung, der ursprüngliche Vollstreckungstitel oder der einheitliche Vollstreckungstitel von einer betroffenen Partei durch Rechtsbehelf angegriffen, so unterrichtet das Verbindungsbüro nach Mitteilung durch die Vollstreckungsbehörde diese Partei darüber, dass sie den Rechtsbehelf bei der zuständigen Instanz des anderen Mitgliedstaates nach dessen Recht einzulegen hat. [2] Wurde von der ersuchenden Behörde eine Mitteilung entsprechend Absatz 1 Satz 3 erteilt, setzt die Vollstreckungsbehörde das Beitreibungsverfahren für den angefochtenen Teilbetrag der Forderung bis zur Entscheidung über den jeweiligen Rechtsbehelf aus. [3] Satz 2 gilt nicht, wenn die ersuchende Behörde im Einklang mit Absatz 3 ein anderes Vorgehen wünscht. [4] Die Vollstreckungsbehörde kann selbständig oder auf Ersuchen Maßnahmen für die Sicherstellung der Beitreibung treffen, soweit dies zulässig ist. [5] Die Regelungen des § 12 bleiben unberührt.

(3) [1] Eingehende Beitreibungsersuchen aus anderen Mitgliedstaaten können auch die Beitreibung einer angefochtenen Forderung oder eines angefochtenen Teilbetrags einer Forderung beinhalten. [2] Ein solches Ersuchen ist durch die ersuchende Behörde zu begründen. [3] Wird dem Rechtsbehelf später stattgegeben, haftet die ersuchende ausländische Behörde für die Erstattung bereits beigetriebener Beträge samt etwaig geschuldeter Entschädigungsleistungen.

(4) [1] Durch die Einleitung eines Verständigungsverfahrens, das auf die Höhe der beizutreibenden Forderung Auswirkungen haben kann, werden die Beitreibungsmaßnahmen bis zum Abschluss dieses Verfahrens unterbrochen. [2] § 231 Absatz 3 und 4 der Abgabenordnung gilt entsprechend. [3] Dies gilt nicht, wenn auf Grund von Betrug oder Insolvenz unmittelbare Dringlichkeit gegeben ist. [4] Werden die Beitreibungsmaßnahmen unterbrochen, so ist Absatz 2 Satz 4 und 5 anzuwenden.

§ 14 Ablehnungsgründe. (1) Die in den §§ 9 bis 13 vorgesehene Amtshilfe wird nicht geleistet, wenn die Vollstreckung oder die Anordnung von Sicherungsmaßnahmen unbillig wäre oder die Forderungen insgesamt weniger als 1500 Euro betragen.

(2) [1] Die in den §§ 5 bis 13, 17 und 18 vorgesehene Amtshilfe wird nicht geleistet, wenn

1. sich das ursprüngliche Ersuchen um Amtshilfe auf Forderungen bezieht, die älter als fünf Jahre waren;
2. die Forderungen älter als zehn Jahre sind. Die Frist wird ab dem Zeitpunkt der Fälligkeit gerechnet.

[2] Die Frist nach Nummer 1 beginnt ab dem Zeitpunkt, zu dem die Forderung in dem Mitgliedstaat der ersuchenden Behörde fällig wurde, und endet zu dem Zeitpunkt, in dem das ursprüngliche Amtshilfeersuchen gestellt wurde. [3] Wird gegen die Forderung oder den ursprünglichen Vollstreckungstitel ein Rechtsbehelf eingelegt, beginnt für die Vollstreckung im Mitgliedstaat der ersuchenden Behörde die Fünfjahresfrist ab dem Zeitpunkt, zu dem festgestellt wird, dass eine Anfechtung der Forderung oder des Vollstreckungstitels nicht mehr möglich ist. [4] Gewähren die zuständigen Behörden des Mitgliedstaates der ersuchenden Behörde einen Zahlungsaufschub oder einen Aufschub des Ratenzahlungsplans, beginnt die Fünfjahresfrist mit Ablauf der gesamten Zahlungsfrist.

(3) Gründe für die Ablehnung eines Ersuchens um Amtshilfe teilt das Verbindungsbüro dem anderen Mitgliedstaat mit.

§ 15 Verjährung. (1) Für die Verjährung von Forderungen, hinsichtlich derer um Amtshilfe ersucht wird, sind die §§ 228 bis 232 der Abgabenordnung entsprechend anzuwenden.

(2) Führt eine Behörde eines anderen Mitgliedstaates auf Grund eines deutschen Ersuchens Beitreibungsmaßnahmen durch oder lässt diese in ihrem Namen durchführen und bewirken die Beitreibungsmaßnahmen nach dem Recht dieses Mitgliedstaates eine Hemmung oder Unterbrechung der Verjährung oder Verlängerung der Verjährungsfrist, so gelten die Beitreibungsmaßnahmen im Hinblick auf die Hemmung oder Unterbrechung der Verjährung oder Verlängerung der Verjährungsfrist als Maßnahmen, die in Deutschland dieselbe Wirkung entfalten, sofern die §§ 228 bis 232 der Abgabenordnung die entsprechende Wirkung vorsehen.

(3) Ist nach dem Recht des Mitgliedstaates der ersuchten Behörde die Hemmung oder Unterbrechung der Verjährung oder Verlängerung der Verjährungsfrist nicht zulässig, so gelten die Beitreibungsmaßnahmen als von Deutschland vorgenommen, sofern diese

1. die ersuchte Behörde durchgeführt hat oder in ihrem Namen hat durchführen lassen und
2. im Fall der Durchführung eine Hemmung oder Unterbrechung der Verjährung nach den §§ 230, 231 der Abgabenordnung bewirkt hätten.

(4) Die nach § 231 der Abgabenordnung zulässigen rechtlichen Maßnahmen zur Unterbrechung der Verjährung bleiben unberührt.

(5) Die Vollstreckungsbehörden teilen über das Verbindungsbüro dem anderen Mitgliedstaat jede Maßnahme mit, die die Verjährung der Forderung, hinsichtlich derer um Beitreibung oder Sicherungsmaßnahmen ersucht wurde, unterbricht oder hemmt.

§ 16 Kosten. (1) Die Vollstreckungsbehörde bemüht sich bei den betreffenden Personen, neben den in § 9 Absatz 5 genannten Beträgen auch die ihr nach den §§ 337 bis 346 der Abgabenordnung entstandenen Kosten beizutreiben, und behält diese ein.

(2) [1]Deutschland verzichtet gegenüber dem ersuchenden Mitgliedstaat auf jegliche Erstattung der Kosten der Amtshilfe nach diesem Gesetz. [2]In den Fällen, in denen die Beitreibung besondere Probleme bereitet, sehr hohe Kosten verursacht oder im Rahmen der Bekämpfung der organisierten Kriminalität erfolgt, kann das in § 3 Absatz 1 genannte Verbindungsbüro mit der entsprechenden Behörde des anderen Mitgliedstaates einzelfallbezogen eine Erstattung vereinbaren.

(3) Deutschland haftet einem ersuchten Mitgliedstaat für alle Schäden aus Handlungen, die im Hinblick auf die tatsächliche Begründetheit der Forderung oder auf die Wirksamkeit des von der ersuchenden Behörde ausgestellten Vollstreckungstitels oder des Titels, der zur Ergreifung von Sicherungsmaßnahmen ermächtigt, für nicht angemessen befunden werden.

Abschnitt 5. Allgemeine Vorschriften

§ 17 Anwesenheit von Bediensteten anderer Mitgliedstaaten im Inland. (1) [1]Die Verbindungsbüros können zur Förderung der Amtshilfe gemäß der Beitreibungsrichtlinie vereinbaren, dass unter den von ihr festgelegten Voraussetzungen befugte Bedienstete des anderen Mitgliedstaates

1. in den Amtsräumen anwesend sein dürfen, in denen die deutsche Vollstreckungsbehörde ihre Tätigkeit ausübt;
2. bei den behördlichen Ermittlungen anwesend sein dürfen, die auf deutschem Hoheitsgebiet geführt werden;
3. Gerichtsverfahren, die auf deutschem Hoheitsgebiet geführt werden, unterstützen dürfen.

[2]Dabei stellt das Verbindungsbüro sicher, dass dem befugten Bediensteten der ersuchenden Behörde nur solche Informationen offenbart werden, die nach § 5 Absatz 1 erteilt werden dürfen und nicht unter § 5 Absatz 2 fallen.

(2) [1]Zur Ausübung der Möglichkeiten nach Absatz 1 ist die jederzeitige Vorlage einer schriftlichen Vollmacht notwendig. [2]Aus der Vollmacht müssen die Identität und dienstliche Stellung des Bediensteten der ersuchenden Behörde hervorgehen.

§ 18 Anwesenheit von deutschen Bediensteten in anderen Mitgliedstaaten. [1]Sofern die Komplexität eines Ersuchens es erfordert, können ordnungsgemäß bevollmächtigte deutsche Bedienstete in andere Mitgliedstaaten entsandt werden. 2 Die Voraussetzungen und Bedingungen des § 17 gelten sinngemäß.

§ 19 Standardformblätter und Kommunikationsmittel. (1) 1 Ersuchen um Auskünfte gemäß § 5 Absatz 1, um Zustellung gemäß § 7 Absatz 1 und § 8 Absatz 1, um Beitreibung gemäß § 9 Absatz 1 und § 10 Absatz 1 oder um Sicherungsmaßnahmen gemäß § 12 Absatz 1 und 3 werden jeweils mittels eines Standardformblatts auf elektronischem Weg übermittelt. 2 Diese Formblätter werden, soweit möglich, auch für jede weitere Mitteilung im Zusammenhang mit dem Ersuchen verwendet.

(2) Der einheitliche Vollstreckungstitel für die Vollstreckung im Mitgliedstaat der ersuchten Behörde und das Dokument für das Ergreifen von Sicherungsmaßnahmen im Mitgliedstaat der ersuchenden Behörde sowie die anderen in § 10 Absatz 3 und 4 sowie den §§ 12 bis 15 genannten Dokumente sind ebenfalls auf elektronischem Weg zu übermitteln.

(3) 1 Den Standardformblättern können gegebenenfalls Berichte, Bescheinigungen und andere Dokumente oder beglaubigte Kopien oder Auszüge daraus beigefügt werden, die ebenfalls auf elektronischem Weg zu übermitteln sind. 2 Auch der Informationsaustausch gemäß § 6 hat auf Standardformblättern und in elektronischer Form zu erfolgen.

(4) Die Absätze 1 bis 3 gelten nicht für Auskünfte und Unterlagen, die auf Grund der Anwesenheit in den Amtsräumen in einem anderen Mitgliedstaat oder auf Grund der Teilnahme an behördlichen Ermittlungen in einem anderen Mitgliedstaat gemäß § 18 erlangt werden.

(5) Erfolgt die Übermittlung nicht auf elektronischem Weg oder auf Standardformblättern, so berührt dies nicht die Gültigkeit der erhaltenen Auskünfte oder der im Rahmen eines Ersuchens um Amtshilfe ergriffenen Maßnahmen.

§ 20 Sprachen. (1) 1 Alle Ersuchen um Amtshilfe, Standardformblätter für die Zustellung sowie einheitliche Vollstreckungstitel für die Vollstreckung werden entweder in der Amtssprache oder einer der Amtssprachen des Mitgliedstaates der ersuchten Behörde übermittelt oder es wird ihnen eine Übersetzung in der entsprechenden Amtssprache beigefügt. 2 Der Umstand, dass bestimmte Teile davon in einer Sprache verfasst sind, die nicht Amtssprache oder eine der Amtssprachen des Mitgliedstaates der ersuchten Behörde ist, berührt nicht deren Gültigkeit oder die Gültigkeit des Verfahrens, sofern es sich bei dieser anderen Sprache um eine zwischen den betroffenen Mitgliedstaaten vereinbarte Sprache handelt.

(2) Die Dokumente, um deren Zustellung gemäß § 8 in einem anderen Mitgliedstaat ersucht wird, können in einer der Amtssprachen des ersuchenden Mitgliedstaates übermittelt werden.

(3) Legt die deutsche Behörde dem Ersuchen andere Dokumente, als die in den Absätzen 1 und 2 genannten bei, so hat sie auf Verlangen der ersuchten Behörde die Übersetzung in die Amtssprache, in eine der Amtssprachen oder in eine zwischen beiden Staaten vereinbarte Sprache beizufügen.

§ 21 Weiterleitung von Auskünften und Dokumenten. (1) [1]Die Auskünfte, die im Rahmen der Durchführung dieses Gesetzes an Deutschland übermittelt werden, unterliegen dem Steuergeheimnis und genießen den Schutz, den die Abgabenordnung für Auskünfte dieser Art gewährt. [2]Solche Auskünfte können für Vollstreckungs- und Sicherungsmaßnahmen mit Bezug auf Forderungen, die unter dieses Gesetz fallen, verwendet werden. [3]Eine Verwendung für einen anderen Zweck ist nur mit Einwilligung des Mitgliedstaates, von dem die Auskünfte stammen, zulässig.

(2) Erteilt Deutschland einem anderen Mitgliedstaat Auskünfte, so gestattet es diesem auf Anfrage, die Auskünfte für andere als die in Absatz 1 genannten Zwecke zu verwenden, wenn die Verwendung für einen vergleichbaren Zweck nach deutschem Recht unter Beachtung der §§ 30, 31, 31a und 31b der Abgabenordnung zulässig ist.

(3) [1]Ist die zuständige Behörde der Auffassung, dass auf Grund dieses Gesetzes erhaltene Auskünfte einem dritten Mitgliedstaat für die Zwecke des Absatzes 1 nützlich sein könnten, so kann sie diese Auskünfte an den dritten Mitgliedstaat unter der Voraussetzung weiterleiten, dass die Weiterleitung im Einklang mit diesem Gesetz erfolgt. [2]Sie teilt dem Mitgliedstaat, von dem die Auskünfte stammen, ihre Weiterleitungsabsicht mit. [3]Stammen die Auskünfte aus Deutschland, so kann die Vollstreckungsbehörde innerhalb von zehn Arbeitstagen über das Verbindungsbüro mitteilen, dass sie dieser Weiterleitung nicht zustimmt. [4]Diese Frist beginnt mit dem Tag, an dem die Mitteilung über die beabsichtigte Weiterleitung bei einem Verbindungsbüro eingeht.

(4) Die Einwilligung der Verwendung von Auskünften gemäß Absatz 2, die nach Absatz 3 weitergeleitet worden sind, darf nur durch den Mitgliedstaat erteilt werden, aus dem die Auskünfte stammen.

(5) Auskünfte, die in jedweder Form im Rahmen dieses Gesetzes übermittelt werden, können von allen Behörden des Mitgliedstaates, die die Auskünfte erhalten, auf der gleichen Grundlage wie vergleichbare Auskünfte, die in diesem Staat erlangt wurden, angeführt oder als Beweismittel verwendet werden.

Abschnitt 6. Schlussbestimmungen

§ 22 Anwendung anderer Abkommen zur Unterstützung bei der Beitreibung. (1) [1]Dieses Gesetz gilt unbeschadet der Erfüllung von Verpflichtungen zur Leistung von Amtshilfe in größerem Umfang, die sich aus bilateralen oder multilateralen Übereinkünften oder Vereinbarungen ergeben. [2]Das gilt auch für die Zustellung gerichtlicher oder sonstiger Dokumente.

(2) Auch in diesen Fällen können das elektronische Kommunikationsnetz und die Standardformblätter im Sinne des § 19 genutzt werden.

802. Finanzgerichtsordnung (FGO)[1)]

In der Fassung der Bekanntmachung vom 28. März 2001
(BGBl. I S. 442, ber. S. 2262, I 2002 S. 679)

Geändert durch Zustellungsreformgesetz vom 25.6.2001 (BGBl. I S. 1206), Gesetz zur Anpassung der Formvorschriften an den modernen Rechtsgeschäftsverkehr vom 13.7.2001 (BGBl. I S. 1542), Gesetz zur Änderung des Finanzverwaltungsgesetzes und anderer Gesetze vom 14.12.2001 (BGBl. I S. 3714), Steueränderungsgesetz 2001 vom 20.12.2001 (BGBl. I S. 3794), Steuerverkürzungsbekämpfungsgesetz vom 19.12.2001 (BGBl. I S. 3922), Kostenrechtsmodernisierungsgesetz vom 5.5.2004 (BGBl. I S. 718), 1. Justizmodernisierungsgesetz vom 24.8.2004 (BGBl. I S. 2198), Anhörungsrügengesetz vom 9.12.2004 (BGBl. I S. 3220), Gesetz zur Vereinfachung und Vereinheitlichung der Verfahrensvorschriften zur Wahl und Berufung ehrenamtlicher Richter vom 21.12.2004 (BGBl. I S. 3599), Justizkommunikationsgesetz vom 22.3.2005 (BGBl. I S. 837, ber. 2022), Föderalismusreform-Begleitgesetz vom 5.9.2006 (BGBl. I S. 2098), Gesetz zur Neuregelung des Rechtsberatungsrechts vom 12.12.2007 (BGBl. I S. 2840), Gesetz zur Modernisierung von Verfahren im anwaltlichen und notariellen Berufsrecht vom 30.7.2009 (BGBl. I S. 2449), Gesetz über den Rechtsschutz bei überlangen Gerichtsverfahren und strafrechtlichen Ermittlungsverfahren vom 24.11.2011 (BGBl. I S. 2302), Gesetz zur Änderung von Vorschriften über Verkündung und Bekanntmachungen sowie der Zivilprozessordnung, des Gesetzes betreffend die Einführung der Zivilprozessordnung und der Abgabenordnung vom 22.12.2011 (BGBl. I S. 3044), Gesetz zur Förderung der Mediation und anderer Verfahren der außergerichtlichen Konfliktbeilegung vom 21.7.2012 (BGBl. I S. 1577), Gesetz zur Einführung von Kostenhilfe für Drittbetroffene in Verfahren vor dem Europäischen Gerichtshof für Menschenrechte sowie zur Änderung der Finanzgerichtsordnung vom 20.4.2013 (BGBl. I S. 829), Gesetz zur Intensivierung des Einsatzes von Videokonferenztechnik in gerichtlichen und staatsanwaltschaftlichen Verfahren vom 25.4.2013 (BGBl. I S. 935), Amtshilferichtlinie-Umsetzungsgesetz (AmtshilfeRLUmsG) vom 26.6.2013 (BGBl. I S. 1809), Gesetz zur Änderung des Prozesskostenhilfe- und Beratungshilferechts vom 31.8.2013 (BGBl. I S. 3533; ber. BGBl. I 2016 S. 121), Gesetz zur Förderung des elektronischen Rechtsverkehrs mit den Gerichten vom 10.10.2013 (BGBl. I S. 3786), Gesetz zur Durchführung der Verordnung (EU) Nr. 1215/2012 sowie zur Änderung sonstiger Vorschriften vom 8.7.2014 (BGBl. I S. 890), Zehnte Zuständigkeitsanpassungsverordnung vom 31.8.2015 (BGBl. I S. 1474), Gesetz zur Neuordnung des Rechts der Syndikusanwälte und zur Änderung der Finanzgerichtsordnung vom 21.12.2015 (BGBl. I S. 2517), Gesetz zur Modernisierung des Besteuerungsverfahrens vom 18.7.2016 (BGBl. I S. 1679), Gesetz zur Änderung des Sachverständigenrechts und zur weiteren Änderung des Gesetzes über das Verfahren in Familiensachen und in den Angelegenheiten der freiwilligen Gerichtsbarkeit sowie zur Änderung des Sozialgerichtsgesetzes, der Verwaltungsgerichtsordnung, der Finanzgerichtsordnung und des Gerichtskostengesetzes vom 11.10.2016 (BGBl. I S. 2222), Gesetz zur Einführung der elektronischen Akte in der Justiz und zur weiteren Förderung des elektronischen Rechtsverkehrs vom 5.7.2017 (BGBl. I S. 2208), Gesetz zur Durchführung der Verordnung (EU) Nr. 910/2014 des Europäischen Parlaments und des Rates vom 23. Juli 2014 über elektronische Identifizierung und Vertrauensdienste für elektronische Transaktionen im Binnenmarkt und zur Aufhebung der Richtlinie 1999/93 EG (eIDAS-Durchführungsgesetz) vom 18.7.2017 (BGBl. I S. 2745), Gesetz zur Erweiterung der Medienöffentlichkeit in Gerichtsverfahren und zur Verbesserung der Kommunikationshilfen für Menschen mit Sprach- und Hörbehinderungen (Gesetz über die Erweiterung der Medienöffentlichkeit in Gerichtsverfahren – EMöGG) vom 8.10.2017 (BGBl. I S. 3546), Gesetz zur Einführung einer zivilprozessualen Musterfeststellungsklage vom 12.7.2018 (BGBl. I S. 1151), Gesetz zur Einführung einer Karte für Unionsbürger und Angehörige des Europäischen Wirtschaftsraums vom 21.6.2019 (BGBl. I S. 846), *Zweites Gesetz zur Anpassung des Datenschutzrechts an die Verordnung (EU) 2016/679 und zur Umsetzung der Richtlinie (EU) 2016/680 (Zweites Datenschutz-Anpassungs- und Umsetzungsgesetz EU – 2. DSAnpUG-EU) vom 20.11.2019 (BGBl. I*

[1)] Die Neubekanntmachung der Finanzgerichtsordnung vom 6.10.1965 (BGBl. I S. 1477) auf Grund des Art. 5 des G v. 19.12.2000 (BGBl. I S. 1757) in der ab 1.1.2001 geltenden Fassung.

S. 1626)[1] und Gesetz zur Regelung der Wertgrenze für die Nichtzulassungsbeschwerde in Zivilsachen, zum Ausbau der Spezialisierung bei den Gerichten sowie zur Änderung weiterer prozessrechtlicher Vorschriften vom 12.12.2019 (BGBl. I S. 2633)

BGBl. III/FNA 350-1

Nichtamtliche Inhaltsübersicht

Erster Teil. Gerichtsverfassung

Abschnitt I. Gerichte

Abschnitt II. Richter

Abschnitt III. Ehrenamtliche Richter

Abschnitt IV. Gerichtsverwaltung

Abschnitt V. Finanzrechtsweg und Zuständigkeit

Unterabschnitt 1. Finanzrechtsweg

[1] **[Amtl. und red. Anm.:]** Die mittelbare Änderung durch Art. 154a Nr. 3 Buchst. a G v. 20.11.2019 I 1626 ist nicht ausführbar, da das geänderte G v. 21.6.2019 I 846 zum Zeitpunkt des Inkrafttretens des mittelbaren Änderungsgesetzes bereits zum 1.11.2019 in Kraft getreten war. An einer Korrektur wird gearbeitet.

Unterabschnitt 2. Sachliche Zuständigkeit §§

Unterabschnitt 3. Örtliche Zuständigkeit

Zweiter Teil. Verfahren

Abschnitt I. Klagearten, Klagebefugnis, Klagevoraussetzungen, Klageverzicht

Abschnitt II. Allgemeine Verfahrensvorschriften

Abschnitt III. Verfahren im ersten Rechtszug

(Fortsetzung nächstes Blatt)

(Fortsetzung nächstes Blatt)

Abschnitt IV. Urteile und andere Entscheidungen

Abschnitt V. Rechtsmittel und Wiederaufnahme des Verfahrens

Unterabschnitt 1. Revision §§

Unterabschnitt 2. Beschwerde, Erinnerung, Anhörungsrüge

Unterabschnitt 3. Wiederaufnahme des Verfahrens

Dritter Teil. Kosten und Vollstreckung

Abschnitt I. Kosten

Abschnitt II. Vollstreckung

Erster Teil. Gerichtsverfassung

Abschnitt I. Gerichte

§ 1 [Unabhängigkeit der Gerichte] Die Finanzgerichtsbarkeit wird durch unabhängige, von den Verwaltungsbehörden getrennte, besondere Verwaltungsgerichte ausgeübt.

§ 2 [Arten der Gerichte] Gerichte der Finanzgerichtsbarkeit sind

in den Ländern die Finanzgerichte als obere Landesgerichte,

im Bund der Bundesfinanzhof mit dem Sitz in München.

§ 3 [Errichtung und Aufhebung von Finanzgerichten] (1) Durch Gesetz werden angeordnet

1. die Errichtung und Aufhebung eines Finanzgerichts,
2. die Verlegung eines Gerichtssitzes,
3. Änderungen in der Abgrenzung der Gerichtsbezirke,
4. die Zuweisung einzelner Sachgebiete an ein Finanzgericht für die Bezirke mehrerer Finanzgerichte,
5. die Errichtung einzelner Senate des Finanzgerichts an anderen Orten,
6. der Übergang anhängiger Verfahren auf ein anderes Gericht bei Maßnahmen nach den Nummern 1, 3 und 4, wenn sich die Zuständigkeit nicht nach den bisher geltenden Vorschriften richten soll.

(2) Mehrere Länder können die Errichtung eines gemeinsamen Finanzgerichts oder gemeinsamer Senate eines Finanzgerichts oder die Ausdehnung von Gerichtsbezirken über die Landesgrenzen hinaus, auch für einzelne Sachgebiete, vereinbaren.

§ 4 [Anwendung des Gerichtsverfassungsgesetzes] Für die Gerichte der Finanzgerichtsbarkeit gelten die Vorschriften des Zweiten Titels des Gerichtsverfassungsgesetzes entsprechend.

§ 5 [Verfassung der Finanzgerichte] (1) [1]Das Finanzgericht besteht aus dem Präsidenten, den Vorsitzenden Richtern und weiteren Richtern in erforderlicher Anzahl. [2]Von der Ernennung eines Vorsitzenden Richters kann abgesehen werden, wenn bei einem Gericht nur ein Senat besteht.

(2) [1]Bei den Finanzgerichten werden Senate gebildet. [2]Zoll-, Verbrauchsteuer- und Finanzmonopolsachen sind in besonderen Senaten zusammenzufassen.

(3) [1]Die Senate entscheiden in der Besetzung mit drei Richtern und zwei ehrenamtlichen Richtern, soweit nicht ein Einzelrichter entscheidet. [2]Bei Beschlüssen außerhalb der mündlichen Verhandlung und bei Gerichtsbescheiden (§ 90a) wirken die ehrenamtlichen Richter nicht mit.

(4) [1]Die Länder können durch Gesetz die Mitwirkung von zwei ehrenamtlichen Richtern an den Entscheidungen des Einzelrichters vorsehen. [2]Absatz 3 Satz 2 bleibt unberührt.

§ 6 [Übertragung des Rechtsstreits auf Einzelrichter] (1) Der Senat kann den Rechtsstreit einem seiner Mitglieder als Einzelrichter zur Entscheidung übertragen, wenn

1. die Sache keine besonderen Schwierigkeiten tatsächlicher oder rechtlicher Art aufweist und
2. die Rechtssache keine grundsätzliche Bedeutung hat.

(2) Der Rechtsstreit darf dem Einzelrichter nicht übertragen werden, wenn bereits vor dem Senat mündlich verhandelt worden ist, es sei denn, dass inzwischen ein Vorbehalts-, Teil- oder Zwischenurteil ergangen ist.

(3) [1]Der Einzelrichter kann nach Anhörung der Beteiligten den Rechtsstreit auf den Senat zurückübertragen, wenn sich aus einer wesentlichen Änderung der Prozesslage ergibt, dass die Rechtssache grundsätzliche Bedeutung hat oder die Sache besondere Schwierigkeiten tatsächlicher oder rechtlicher Art aufweist. [2]Eine erneute Übertragung auf den Einzelrichter ist ausgeschlossen.

(4) [1]Beschlüsse nach den Absätzen 1 und 3 sind unanfechtbar. [2]Auf eine unterlassene Übertragung kann die Revision nicht gestützt werden.

§§ 7 bis 9. (weggefallen)

§ 10 [Verfassung des Bundesfinanzhofs] (1) Der Bundesfinanzhof besteht aus dem Präsidenten und aus den Vorsitzenden Richtern und weiteren Richtern in erforderlicher Anzahl.

(2) [1]Beim Bundesfinanzhof werden Senate gebildet. [2]§ 5 Abs. 2 Satz 2 gilt sinngemäß.

(3) Die Senate des Bundesfinanzhofs entscheiden in der Besetzung von fünf Richtern, bei Beschlüssen außerhalb der mündlichen Verhandlung in der Besetzung von drei Richtern.

§ 11 [Zuständigkeit des Großen Senats] (1) Bei dem Bundesfinanzhof wird ein Großer Senat gebildet.

(2) Der Große Senat entscheidet, wenn ein Senat in einer Rechtsfrage von der Entscheidung eines anderen Senats oder des Großen Senats abweichen will.

(3) [1]Eine Vorlage an den Großen Senat ist nur zulässig, wenn der Senat, von dessen Entscheidung abgewichen werden soll, auf Anfrage des erken-

nenden Senats erklärt hat, dass er an seiner Rechtsauffassung festhält. [2]Kann der Senat, von dessen Entscheidung abgewichen werden soll, wegen einer Änderung des Geschäftsverteilungsplanes mit der Rechtsfrage nicht mehr befasst werden, tritt der Senat an seine Stelle, der nach dem Geschäftsverteilungsplan für den Fall, in dem abweichend entschieden wurde, nunmehr zuständig wäre. [3]Über die Anfrage und die Antwort entscheidet der jeweilige Senat durch Beschluss in der für Urteile erforderlichen Besetzung.

(4) Der erkennende Senat kann eine Frage von grundsätzlicher Bedeutung dem Großen Senat zur Entscheidung vorlegen, wenn das nach seiner Auffassung zur Fortbildung des Rechts oder zur Sicherung einer einheitlichen Rechtsprechung erforderlich ist.

(5) [1]Der Große Senat besteht aus dem Präsidenten und je einem Richter der Senate, in denen der Präsident nicht den Vorsitz führt. [2]Bei einer Verhinderung des Präsidenten tritt ein Richter aus dem Senat, dem er angehört, an seine Stelle.

(6) [1]Die Mitglieder und die Vertreter werden durch das Präsidium für ein Geschäftsjahr bestellt. [2]Den Vorsitz im Großen Senat führt der Präsident, bei Verhinderung das dienstälteste Mitglied. [3]Bei Stimmengleichheit gibt die Stimme des Vorsitzenden den Ausschlag.

(7) [1]Der Große Senat entscheidet nur über die Rechtsfrage. [2]Er kann ohne mündliche Verhandlung entscheiden. [3]Seine Entscheidung ist in der vorliegenden Sache für den erkennenden Senat bindend.

§ 12 [Geschäftsstelle] [1]Bei jedem Gericht wird eine Geschäftsstelle eingerichtet. [2]Sie wird mit der erforderlichen Anzahl von Urkundsbeamten besetzt.

§ 13 [Rechts- und Amtshilfe] Alle Gerichte und Verwaltungsbehörden leisten den Gerichten der Finanzgerichtsbarkeit Rechts- und Amtshilfe.

Abschnitt II. Richter

§ 14 [Richter auf Lebenszeit] (1) Die Richter werden auf Lebenszeit ernannt, soweit nicht in § 15 Abweichendes bestimmt ist.

(2) Die Richter des Bundesfinanzhofs müssen das 35. Lebensjahr vollendet haben.

§ 15 [Richter auf Probe] Bei den Finanzgerichten können Richter auf Probe oder Richter kraft Auftrags verwendet werden.

Abschnitt III. Ehrenamtliche Richter

§ 16 [Stellung] Der ehrenamtliche Richter wirkt bei der mündlichen Verhandlung und der Urteilsfindung mit gleichen Rechten wie der Richter mit.

§ 17[1)] **[Voraussetzungen für die Berufung]** [1]Der ehrenamtliche Richter muss Deutscher sein. [2]Er soll das 25. Lebensjahr vollendet und seinen Wohnsitz oder seine gewerbliche oder berufliche Niederlassung innerhalb des Gerichtsbezirks haben.

§ 18 **[Ausschlussgründe]** (1) Vom Amt des ehrenamtlichen Richters sind ausgeschlossen

1. Personen, die infolge Richterspruchs die Fähigkeit zur Bekleidung öffentlicher Ämter nicht besitzen oder wegen einer vorsätzlichen Tat zu einer Freiheitsstrafe von mehr als sechs Monaten oder innerhalb der letzten zehn Jahre wegen einer Steuer- oder Monopolstraftat verurteilt worden sind, soweit es sich nicht um eine Tat handelt, für die das nach der Verurteilung geltende Gesetz nur noch Geldbuße androht,
2. Personen, gegen die Anklage wegen einer Tat erhoben ist, die den Verlust der Fähigkeit zur Bekleidung öffentlicher Ämter zur Folge haben kann,
3. Personen, die nicht das Wahlrecht zu den gesetzgebenden Körperschaften des Landes besitzen.

(2) Personen, die in Vermögensverfall geraten sind, sollen nicht zu ehrenamtlichen Richtern berufen werden.

§ 19 **[Unvereinbarkeit]** Zum ehrenamtlichen Richter können nicht berufen werden

1. Mitglieder des Bundestages, des Europäischen Parlaments, der gesetzgebenden Körperschaften eines Landes, der Bundesregierung oder einer Landesregierung,
2. Richter,
3. Beamte und Angestellte der Steuerverwaltungen des Bundes und der Länder,
4. Berufssoldaten und Soldaten auf Zeit,
5. Rechtsanwälte, Notare, Patentanwälte, Steuerberater, Vorstandsmitglieder von Steuerberatungsgesellschaften, die nicht Steuerberater sind, ferner Steuerbevollmächtigte, Wirtschaftsprüfer, vereidigte Buchprüfer und Personen, die fremde Rechtsangelegenheiten geschäftsmäßig besorgen.

§ 20 **[Recht zur Ablehnung der Berufung]** (1) Die Berufung zum Amt des ehrenamtlichen Richters dürfen ablehnen

1. Geistliche und Religionsdiener,
2. Schöffen und andere ehrenamtliche Richter,
3.[2)] Personen, die zwei Amtsperioden lang als ehrenamtliche Richter beim Finanzgericht tätig gewesen sind,

---

1) § 17 Satz 2 geänd. mWv 1. 1. 2005 durch G v. 21. 12. 2004 (BGBl. I S. 3599).

2) § 20 Abs. 1 Nr. 3 geänd. mWv 1. 1. 2005 durch G v. 21. 12. 2004 (BGBl. I S. 3599).

4. Ärzte, Krankenpfleger, Hebammen,
5. Apothekenleiter, die kein pharmazeutisches Personal beschäftigen,
6.[1] Personen, die die Regelaltersgrenze nach dem Sechsten Buch Sozialgesetzbuch erreicht haben.

(2) In besonderen Härtefällen kann außerdem auf Antrag von der Übernahme des Amtes befreit werden.

§ 21 [Gründe für Amtsentbindung] (1) Ein ehrenamtlicher Richter ist von seinem Amt zu entbinden, wenn er
1. nach den §§ 17 bis 19 nicht berufen werden konnte oder nicht mehr berufen werden kann oder
2. einen Ablehnungsgrund nach § 20 Abs. 1 geltend macht oder
3. seine Amtspflichten gröblich verletzt hat oder
4. die zur Ausübung seines Amtes erforderlichen geistigen oder körperlichen Fähigkeiten nicht mehr besitzt oder
5. seinen Wohnsitz oder seine gewerbliche oder berufliche Niederlassung im Gerichtsbezirk aufgibt.

(2) In besonderen Härtefällen kann außerdem auf Antrag von der weiteren Ausübung des Amtes entbunden werden.

(3) 1 Die Entscheidung trifft der vom Präsidium für jedes Geschäftsjahr im Voraus bestimmte Senat in den Fällen des Absatzes 1 Nr. 1, 3 und 4 auf Antrag des Präsidenten des Finanzgerichts, in den Fällen des Absatzes 1 Nr. 2 und 5 und des Absatzes 2 auf Antrag des ehrenamtlichen Richters. 2 Die Entscheidung ergeht durch Beschluss nach Anhörung des ehrenamtlichen Richters.

(4) Absatz 3 gilt sinngemäß in den Fällen des § 20 Abs. 2.

(5) Auf Antrag des ehrenamtlichen Richters ist die Entscheidung nach Absatz 3 aufzuheben, wenn Anklage nach § 18 Nr. 2 erhoben war und der Angeschuldigte rechtskräftig außer Verfolgung gesetzt oder freigesprochen worden ist.

§ 22 [Wahl] Die ehrenamtlichen Richter werden für jedes Finanzgericht auf fünf Jahre[2] durch einen Wahlausschuss nach Vorschlagslisten (§ 25) gewählt.

§ 23[3] [Wahlausschuss] (1) Bei jedem Finanzgericht wird ein Ausschuss zur Wahl der ehrenamtlichen Richter bestellt.

(2) 1 Der Ausschuss besteht aus dem Präsidenten des Finanzgerichts als Vorsitzendem, einem durch die Oberfinanzdirektion zu bestimmenden Beamten der Landesfinanzverwaltung und sieben Vertrauensleuten, die die Voraussetzungen zur Berufung als ehrenamtlicher Richter erfüllen.

---

[1] § 20 Abs. 1 Nr. 6 geänd. mWv 5. 8. 2009 durch G v. 30. 7. 2009 (BGBl. I S. 2449).

[2] § 22 geänd. mWv 1. 1. 2005 durch G v. 21. 12. 2004 (BGBl. I S. 3599).

[3] § 23 Abs. 2 Satz 5 angef. mWv 21. 12. 2001 durch G v. 14. 12. 2001 (BGBl. I S. 3714).

²Die Vertrauensleute, ferner sieben Vertreter werden auf fünf Jahre[1] vom Landtag oder von einem durch ihn bestimmten Landtagsausschuss oder nach Maßgabe der Landesgesetze gewählt. ³In den Fällen des § 3 Abs. 2 und bei Bestehen eines Finanzgerichts für die Bezirke mehrerer Oberfinanzdirektionen innerhalb eines Landes richtet sich die Zuständigkeit der Oberfinanzdirektion für die Bestellung des Beamten der Landesfinanzverwaltung sowie des Landes für die Wahl der Vertrauensleute nach dem Sitz des Finanzgerichts. ⁴Die Landesgesetzgebung kann in diesen Fällen vorsehen, dass jede beteiligte Oberfinanzdirektion einen Beamten der Finanzverwaltung in den Ausschuss entsendet und dass jedes beteiligte Land mindestens zwei Vertrauensleute bestellt. ⁵In Fällen, in denen ein Land nach § 2a Abs. 1 des Finanzverwaltungsgesetzes auf Mittelbehörden verzichtet hat, ist für die Bestellung des Beamten der Landesfinanzverwaltung die oberste Landesbehörde im Sinne des § 2 Abs. 1 Nr. 1 des Finanzverwaltungsgesetzes zuständig.

(3) Der Ausschuss ist beschlussfähig, wenn wenigstens der Vorsitzende, ein Vertreter der Finanzverwaltung und drei Vertrauensleute anwesend sind.

§ 24 [Bestimmung der Anzahl] Die für jedes Finanzgericht erforderliche Anzahl von ehrenamtlichen Richtern wird durch den Präsidenten so bestimmt, dass voraussichtlich jeder zu höchstens zwölf ordentlichen Sitzungstagen im Jahre herangezogen wird.

§ 25[2] [Vorschlagsliste] ¹Die Vorschlagsliste der ehrenamtlichen Richter wird in jedem fünften Jahr durch den Präsidenten des Finanzgerichts aufgestellt. ²Er soll zuvor die Berufsvertretungen hören. ³In die Vorschlagsliste soll die doppelte Anzahl der nach § 24 zu wählenden ehrenamtlichen Richter aufgenommen werden.

§ 26 [Wahlverfahren] (1) Der Ausschuss wählt aus den Vorschlagslisten mit einer Mehrheit von mindestens zwei Dritteln der Stimmen die erforderliche Anzahl von ehrenamtlichen Richtern.

(2) Bis zur Neuwahl bleiben die bisherigen ehrenamtlichen Richter im Amt.

§ 27 [Liste und Hilfsliste] (1) ¹Das Präsidium des Finanzgerichts bestimmt vor Beginn des Geschäftsjahrs durch Aufstellung einer Liste die Reihenfolge, in der die ehrenamtlichen Richter heranzuziehen sind. ²Für jeden Senat ist eine Liste aufzustellen, die mindestens zwölf Namen enthalten muss.

(2) Für die Heranziehung von Vertretern bei unvorhergesehener Verhinderung kann eine Hilfsliste ehrenamtlicher Richter aufgestellt werden, die am Gerichtssitz oder in seiner Nähe wohnen.

---

[1] § 23 Abs. 2 Satz 2 geänd. mWv 1. 1. 2005 durch G v. 21. 12. 2004 (BGBl. I S. 3599).

[2] § 25 Sätze 1 und 3 geänd. mWv 1. 1. 2005 durch G v. 21. 12. 2004 (BGBl. I S. 3599).

§ 28. (weggefallen)

§ 29 [Entschädigung] Der ehrenamtliche Richter und der Vertrauensmann (§ 23) erhalten eine Entschädigung nach dem Justizvergütungs- und -entschädigungsgesetz.[1)·2)]

§ 30 [Ordnungsstrafen] (1) [1]Gegen einen ehrenamtlichen Richter, der sich ohne genügende Entschuldigung zu einer Sitzung nicht rechtzeitig einfindet oder der sich seinen Pflichten auf andere Weise entzieht, kann ein Ordnungsgeld festgesetzt werden. [2]Zugleich können ihm die durch sein Verhalten verursachten Kosten auferlegt werden.

(2) [1]Die Entscheidung trifft der Vorsitzende. [2]Er kann sie bei nachträglicher Entschuldigung ganz oder zum Teil aufheben.

Abschnitt IV. Gerichtsverwaltung

§ 31 [Dienstaufsicht] Der Präsident des Gerichts übt die Dienstaufsicht über die Richter, Beamten, Angestellten und Arbeiter aus.

§ 32 [Verbot der Übertragung von Verwaltungsgeschäften] Dem Gericht dürfen keine Verwaltungsgeschäfte außerhalb der Gerichtsverwaltung übertragen werden.

Abschnitt V. Finanzrechtsweg und Zuständigkeit

Unterabschnitt 1. Finanzrechtsweg

§ 33 [Zulässigkeit des Rechtswegs] (1) Der Finanzrechtsweg ist gegeben

1. in öffentlich-rechtlichen Streitigkeiten über Abgabenangelegenheiten, soweit die Abgaben der Gesetzgebung des Bundes unterliegen und durch Bundesfinanzbehörden oder Landesfinanzbehörden verwaltet werden,
2. in öffentlich-rechtlichen Streitigkeiten über die Vollziehung von Verwaltungsakten in anderen als den in Nummer 1 bezeichneten Angelegenheiten, soweit die Verwaltungsakte durch Bundesfinanzbehörden oder Landesfinanzbehörden nach den Vorschriften der Abgabenordnung zu vollziehen sind,
3. in öffentlich-rechtlichen und berufsrechtlichen Streitigkeiten über Angelegenheiten, die durch den Ersten Teil, den Zweiten und den Sechsten Abschnitt des Zweiten Teils und den Ersten Abschnitt des Dritten Teils des Steuerberatungsgesetzes geregelt werden,
4. in anderen als den in den Nummern 1 bis 3 bezeichneten öffentlichrechtlichen Streitigkeiten, soweit für diese durch Bundesgesetz oder Landesgesetz der Finanzrechtsweg eröffnet ist.

---

1) Bezeichnung geänd. mWv 1. 7. 2004 durch G v. 5. 5. 2004 (BGBl. I S. 718).
2) **Schönfelder Nr. 116.**

(2) Abgabenangelegenheiten im Sinne dieses Gesetzes sind alle mit der Verwaltung der Abgaben einschließlich der Abgabenvergütungen oder sonst mit der Anwendung der abgabenrechtlichen Vorschriften durch die Finanzbehörden zusammenhängenden Angelegenheiten einschließlich der Maßnahmen der Bundesfinanzbehörden zur Beachtung der Verbote und Beschränkungen für den Warenverkehr über die Grenze; den Abgabenangelegenheiten stehen die Angelegenheiten der Verwaltung der Finanzmonopole gleich.

(3) Die Vorschriften dieses Gesetzes finden auf das Straf- und Bußgeldverfahren keine Anwendung.

§ 34. (weggefallen)

Unterabschnitt 2. Sachliche Zuständigkeit

§ 35 [Zuständigkeit der Finanzgerichte] Das Finanzgericht entscheidet im ersten Rechtszug über alle Streitigkeiten, für die der Finanzrechtsweg gegeben ist.

§ 36 [Zuständigkeit des Bundesfinanzhofs] Der Bundesfinanzhof entscheidet über das Rechtsmittel

1. der Revision gegen Urteile des Finanzgerichts und gegen Entscheidungen, die Urteilen des Finanzgerichts gleichstehen,
2. der Beschwerde gegen andere Entscheidungen des Finanzgerichts, des Vorsitzenden oder des Berichterstatters.

§ 37. (weggefallen)

Unterabschnitt 3. Örtliche Zuständigkeit

§ 38 [Örtliche Zuständigkeit des Finanzgerichts] (1) Örtlich zuständig ist das Finanzgericht, in dessen Bezirk die Behörde, gegen welche die Klage gerichtet ist, ihren Sitz hat.

(2) [1]Ist die in Absatz 1 bezeichnete Behörde eine oberste Finanzbehörde, so ist das Finanzgericht zuständig, in dessen Bezirk der Kläger seinen Wohnsitz, seine Geschäftsleitung oder seinen gewöhnlichen Aufenthalt hat; bei Zöllen, Verbrauchsteuern und Monopolabgaben ist das Finanzgericht zuständig, in dessen Bezirk ein Tatbestand verwirklicht wird, an den das Gesetz die Abgabe knüpft. [2]Hat der Kläger im Bezirk der obersten Finanzbehörde keinen Wohnsitz, keine Geschäftsleitung und keinen gewöhnlichen Aufenthalt, so findet Absatz 1 Anwendung.

(2a)[1)] [1]In Angelegenheiten des Familienleistungsausgleichs nach Maßgabe der §§ 62 bis 78 des Einkommensteuergesetzes ist das Finanzgericht zuständig, in dessen Bezirk der Kläger seinen Wohnsitz oder seinen gewöhnlichen Aufenthalt hat. [2]Hat der Kläger im Inland keinen Wohnsitz und keinen gewöhnlichen Aufenthalt, ist das Finanzgericht zuständig, in dessen Bezirk die Behörde, gegen welche die Klage gerichet ist, ihren Sitz hat.

[1)] § 38 Abs. 2a Satz 3 aufgeh. mWv 31. 12. 2015 durch G v. 21. 12. 2015 (BGBl. I S. 2517).

(3) Befindet sich der Sitz einer Finanzbehörde außerhalb ihres Bezirks, so richtet sich die örtliche Zuständigkeit abweichend von Absatz 1 nach der Lage des Bezirks.

§ 39 [Bestimmung des Gerichts durch den Bundesfinanzhof] (1) Das zuständige Finanzgericht wird durch den Bundesfinanzhof bestimmt,

1. wenn das an sich zuständige Finanzgericht in einem einzelnen Fall an der Ausübung der Gerichtsbarkeit rechtlich oder tatsächlich verhindert ist,
2. wenn es wegen der Grenzen verschiedener Gerichtsbezirke ungewiss ist, welches Finanzgericht für den Rechtsstreit zuständig ist,
3. wenn verschiedene Finanzgerichte sich rechtskräftig für zuständig erklärt haben,
4. wenn verschiedene Finanzgerichte, von denen eines für den Rechtsstreit zuständig ist, sich rechtskräftig für unzuständig erklärt haben,
5. wenn eine örtliche Zuständigkeit nach § 38 nicht gegeben ist.

(2) [1]Jeder am Rechtsstreit Beteiligte und jedes mit dem Rechtsstreit befasste Finanzgericht kann den Bundesfinanzhof anrufen. [2]Dieser kann ohne mündliche Verhandlung entscheiden.

Zweiter Teil. Verfahren

Abschnitt I. Klagearten, Klagebefugnis, Klagevoraussetzungen, Klageverzicht

§ 40 [Anfechtungs- und Verpflichtungsklage] (1) Durch Klage kann die Aufhebung, in den Fällen des § 100 Abs. 2 auch die Änderung eines Verwaltungsakts (Anfechtungsklage) sowie die Verurteilung zum Erlass eines abgelehnten oder unterlassenen Verwaltungsakts (Verpflichtungsklage) oder zu einer anderen Leistung begehrt werden.

(Fortsetzung nächstes Blatt)

(2) Soweit gesetzlich nichts anderes bestimmt ist, ist die Klage nur zulässig, wenn der Kläger geltend macht, durch den Verwaltungsakt oder durch die Ablehnung oder Unterlassung eines Verwaltungsakts oder einer anderen Leistung in seinen Rechten verletzt zu sein.

(3) Verwaltet eine Finanzbehörde des Bundes oder eines Landes eine Abgabe ganz oder teilweise für andere Abgabenberechtigte, so können diese in den Fällen Klage erheben, in denen der Bund oder das Land die Abgabe oder einen Teil der Abgabe unmittelbar oder mittelbar schulden würde.

§ 41 [Feststellungsklage] (1) Durch Klage kann die Feststellung des Bestehens oder Nichtbestehens eines Rechtsverhältnisses oder der Nichtigkeit eines Verwaltungsakts begehrt werden, wenn der Kläger ein berechtigtes Interesse an der baldigen Feststellung hat (Feststellungsklage).

(2) [1]Die Feststellung kann nicht begehrt werden, soweit der Kläger seine Rechte durch Gestaltungs- oder Leistungsklage verfolgen kann oder hätte verfolgen können. [2]Dies gilt nicht, wenn die Feststellung der Nichtigkeit eines Verwaltungsakts begehrt wird.

§ 42 [Umfang der Anfechtbarkeit] Auf Grund der Abgabenordnung erlassene Änderungs- und Folgebescheide können nicht in weiterem Umfang angegriffen werden, als sie in dem außergerichtlichen Vorverfahren angefochten werden können.

§ 43 [Verbindung von Klagen] Mehrere Klagebegehren können vom Kläger in einer Klage zusammen verfolgt werden, wenn sie sich gegen denselben Beklagten richten, im Zusammenhang stehen und dasselbe Gericht zuständig ist.

§ 44 [Außergerichtlicher Rechtsbehelf] (1) In den Fällen, in denen ein außergerichtlicher Rechtsbehelf gegeben ist, ist die Klage vorbehaltlich der §§ 45 und 46 nur zulässig, wenn das Vorverfahren über den außergerichtlichen Rechtsbehelf ganz oder zum Teil erfolglos geblieben ist.

(2) Gegenstand der Anfechtungsklage nach einem Vorverfahren ist der ursprüngliche Verwaltungsakt in der Gestalt, die er durch die Entscheidung über den außergerichtlichen Rechtsbehelf gefunden hat.

§ 45 [Sprungklage] (1) [1]Die Klage ist ohne Vorverfahren zulässig, wenn die Behörde, die über den außergerichtlichen Rechtsbehelf zu entscheiden hat, innerhalb eines Monats nach Zustellung der Klageschrift dem Gericht gegenüber zustimmt. [2]Hat von mehreren Berechtigten einer einen außergerichtlichen Rechtsbehelf eingelegt, ein anderer unmittelbar Klage erhoben, ist zunächst über den außergerichtlichen Rechtsbehelf zu entscheiden.

(2) [1]Das Gericht kann eine Klage, die nach Absatz 1 ohne Vorverfahren erhoben worden ist, innerhalb von drei Monaten nach Eingang der Akten der Behörde bei Gericht, spätestens innerhalb von sechs Monaten nach Klagezustellung, durch Beschluss an die zuständige Behörde zur Durchführung des Vorverfahrens abgeben, wenn eine weitere Sachaufklärung notwendig ist, die

nach Art oder Umfang erhebliche Ermittlungen erfordert, und die Abgabe auch unter Berücksichtigung der Belange der Beteiligten sachdienlich ist. 2 Der Beschluss ist unanfechtbar.

(3) Stimmt die Behörde im Fall des Absatzes 1 nicht zu oder gibt das Gericht die Klage nach Absatz 2 ab, ist die Klage als außergerichtlicher Rechtsbehelf zu behandeln.

(4) Die Klage ist außerdem ohne Vorverfahren zulässig, wenn die Rechtswidrigkeit der Anordnung eines dinglichen Arrests geltend gemacht wird.

§ 46 [Untätigkeitsklage] (1) 1 Ist über einen außergerichtlichen Rechtsbehelf ohne Mitteilung eines zureichenden Grundes in angemessener Frist sachlich nicht entschieden worden, so ist die Klage abweichend von § 44 ohne vorherigen Abschluss des Vorverfahrens zulässig. 2 Die Klage kann nicht vor Ablauf von sechs Monaten seit Einlegung des außergerichtlichen Rechtsbehelfs erhoben werden, es sei denn, dass wegen besonderer Umstände des Falles eine kürzere Frist geboten ist. 3 Das Gericht kann das Verfahren bis zum Ablauf einer von ihm bestimmten Frist, die verlängert werden kann, aussetzen; wird dem außergerichtlichen Rechtsbehelf innerhalb dieser Frist stattgegeben oder der beantragte Verwaltungsakt innerhalb dieser Frist erlassen, so ist der Rechtsstreit in der Hauptsache als erledigt anzusehen.

(2) Absatz 1 Satz 2 und 3 gilt für die Fälle sinngemäß, in denen geltend gemacht wird, dass eine der in § 348 Nr. 3 und 4 der Abgabenordnung genannten Stellen über einen Antrag auf Vornahme eines Verwaltungsakts ohne Mitteilung eines zureichenden Grundes in angemessener Frist sachlich nicht entschieden hat.

§ 47[1] **[Frist zur Erhebung der Anfechtungsklage]** (1)[2] 1 Die Frist für die Erhebung der Anfechtungsklage beträgt einen Monat; sie beginnt mit der Bekanntgabe der Entscheidung über den außergerichtlichen Rechtsbehelf, in den Fällen des § 45 und in den Fällen, in denen ein außergerichtlicher Rechtsbehelf nicht gegeben ist, mit der Bekanntgabe des Verwaltungsakts. 2 Dies gilt für die Verpflichtungsklage sinngemäß, wenn der Antrag auf Vornahme des Verwaltungsakts abgelehnt worden ist.

(2) 1 Die Frist für die Erhebung der Klage gilt als gewahrt, wenn die Klage bei der Behörde, die den angefochtenen Verwaltungsakt oder die angefochtene Entscheidung erlassen oder den Beteiligten bekannt gegeben hat oder die nachträglich für den Steuerfall zuständig geworden ist, innerhalb der Frist angebracht oder zu Protokoll gegeben wird. 2 Die Behörde hat die Klageschrift in diesem Fall unverzüglich dem Gericht zu übermitteln.

(3) Absatz 2 gilt sinngemäß bei einer Klage, die sich gegen die Feststellung von Besteuerungsgrundlagen oder gegen die Festsetzung eines Steuermessbetrags richtet, wenn sie bei der Stelle angebracht wird, die zur Erteilung des Steuerbescheids zuständig ist.

---

[1] § 47 Abs. 2 Satz 2 geänd. mWv 1.4.2005 durch G v. 22.3.2005 (BGBl. I S. 837); Abs. 2 Satz 1 geänd. mWv 1.1.2018 durch G v. 5.7.2017 (BGBl. I S. 2208).

[2] Abweichend hierzu siehe Art. 97 § 18a EGAO (Nr. **800a**).

§ 48 [Klagebefugnis] (1) Gegen Bescheide über die einheitliche und gesonderte Feststellung von Besteuerungsgrundlagen können Klage erheben:

1. zur Vertretung berufene Geschäftsführer oder, wenn solche nicht vorhanden sind, der Klagebevollmächtigte im Sinne des Absatzes 2;
2. wenn Personen nach Nummer 1 nicht vorhanden sind, jeder Gesellschafter, Gemeinschafter oder Mitberechtigte, gegen den der Feststellungsbescheid ergangen ist oder zu ergehen hätte;
3. auch wenn Personen nach Nummer 1 vorhanden sind, ausgeschiedene Gesellschafter, Gemeinschafter oder Mitberechtigte, gegen die der Feststellungsbescheid ergangen ist oder zu ergehen hätte;
4. soweit es sich darum handelt, wer an dem festgestellten Betrag beteiligt ist und wie dieser sich auf die einzelnen Beteiligten verteilt, jeder, der durch die Feststellungen hierzu berührt wird;
5. soweit es sich um eine Frage handelt, die einen Beteiligten persönlich angeht, jeder, der durch die Feststellungen über die Frage berührt wird.

(2) [1] Klagebefugt im Sinne des Absatzes 1 Nr. 1 ist der gemeinsame Empfangsbevollmächtigte im Sinne des § 183 Abs. 1 Satz 1 der Abgabenordnung oder des § 6 Abs. 1 Satz 1 der Verordnung über die gesonderte Feststellung von Besteuerungsgrundlagen nach § 180 Abs. 2 der Abgabenordnung vom 19. Dezember 1986 (BGBl. I S. 2663). [2] Haben die Feststellungsbeteiligten keinen gemeinsamen Empfangsbevollmächtigten bestellt, ist klagebefugt im Sinne des Absatzes 1 Nr. 1 der nach § 183 Abs. 1 Satz 2 der Abgabenordnung fingierte oder der nach § 183 Abs. 1 Satz 3 bis 5 der Abgabenordnung oder nach § 6 Abs. 1 Satz 3 bis 5 der Verordnung über die gesonderte Feststellung von Besteuerungsgrundlagen nach § 180 Abs. 2 der Abgabenordnung von der Finanzbehörde bestimmte Empfangsbevollmächtigte; dies gilt nicht für Feststellungsbeteiligte, die gegenüber der Finanzbehörde der Klagebefugnis des Empfangsbevollmächtigten widersprechen. [3] Die Sätze 1 und 2 sind nur anwendbar, wenn die Beteiligten spätestens bei Erlass der Einspruchsentscheidung über die Klagebefugnis des Empfangsbevollmächtigten belehrt worden sind.

§ 49. (weggefallen)

§ 50[1] **[Klageverzicht]** (1) [1] Auf die Erhebung der Klage kann nach Erlass des Verwaltungsakts verzichtet werden. [2] Der Verzicht kann auch bei Abgabe einer Steueranmeldung ausgesprochen werden, wenn er auf den Fall beschränkt wird, dass die Steuer nicht abweichend von der Steueranmeldung festgesetzt wird. [3] Eine trotz des Verzichts erhobene Klage ist unzulässig.

(1a) [1] Soweit Besteuerungsgrundlagen für ein Verständigungs- oder ein Schiedsverfahren nach einem Vertrag im Sinne des § 2 der Abgabenordnung von Bedeutung sein können, kann auf die Erhebung der Klage insoweit verzichtet werden. [2] Die Besteuerungsgrundlage, auf die sich der Verzicht beziehen soll, ist genau zu bezeichnen.

---

[1] § 50 Abs. 2 Satz 1 geänd. mWv 1.1.2018 durch G v. 5.7.2017 (BGBl. I S. 2208).

(2) [1]Der Verzicht ist gegenüber der zuständigen Behörde schriftlich oder zu Protokoll zu erklären; er darf keine weiteren Erklärungen enthalten. [2]Wird nachträglich die Unwirksamkeit des Verzichts geltend gemacht, so gilt § 56 Abs. 3 sinngemäß.

Abschnitt II. Allgemeine Verfahrensvorschriften

§ 51 [Ausschließung und Ablehnung der Gerichtspersonen]

(1) [1]Für die Ausschließung und Ablehnung der Gerichtspersonen gelten die §§ 41 bis 49 der Zivilprozessordnung sinngemäß. [2]Gerichtspersonen können auch abgelehnt werden, wenn von ihrer Mitwirkung die Verletzung eines Geschäfts- oder Betriebsgeheimnisses oder Schaden für die geschäftliche Tätigkeit eines Beteiligten zu besorgen ist.

(2) Von der Ausübung des Amtes als Richter, als ehrenamtlicher Richter oder als Urkundsbeamter ist auch ausgeschlossen, wer bei dem vorausgegangenen Verwaltungsverfahren mitgewirkt hat.

(3) Besorgnis der Befangenheit nach § 42 der Zivilprozessordnung[1)] ist stets dann begründet, wenn der Richter oder ehrenamtliche Richter der Vertretung einer Körperschaft angehört oder angehört hat, deren Interessen durch das Verfahren berührt werden.

§ 52 [Sitzungspolizei usw.] (1) Die §§ 169, 171b bis 197 des Gerichtsverfassungsgesetzes[2)] über die Öffentlichkeit, Sitzungspolizei, Gerichtssprache, Beratung und Abstimmung gelten sinngemäß.

(2) Die Öffentlichkeit ist auch auszuschließen, wenn ein Beteiligter, der nicht Finanzbehörde ist, es beantragt.

(3) Bei der Abstimmung und Beratung dürfen auch die zu ihrer steuerrechtlichen Ausbildung beschäftigten Personen zugegen sein, soweit sie die Befähigung zum Richteramt besitzen und soweit der Vorsitzende ihre Anwesenheit gestattet.

§ 52a[3)] [Elektronische Dokumente] (1)[4)] Vorbereitende Schriftsätze und deren Anlagen, schriftlich einzureichende Anträge und Erklärungen der Beteiligten sowie schriftlich einzureichende Auskünfte, Aussagen, Gutachten, Übersetzungen und Erklärungen Dritter können nach Maßgabe der Absätze 2 bis 6 als elektronische Dokumente bei Gericht eingereicht werden.

(2) [1]Das elektronische Dokument muss für die Bearbeitung durch das Gericht geeignet sein. [2]Die Bundesregierung bestimmt durch Rechtsverordnung mit Zustimmung des Bundesrates die für die Übermittlung und Bearbeitung geeigneten technischen Rahmenbedingungen.

[1)] **Schönfelder Nr. 100.**

[2)] **Schönfelder Nr. 95.**

[3)] § 52a neu gef. mWv 1.1.2018 durch G v. 10.10.2013 (BGBl. I S. 3786); Abs. 7 Satz 2 angef. durch G v. 5.7.2017 (BGBl. I S. 2208).

[4)] § 52a Abs. 1 geänd. mWv 1.1.2020 durch G v. 12.12.2019 (BGBl. I S. 2633).

(3)[1] [1]Das elektronische Dokument muss mit einer qualifizierten elektronischen Signatur der verantwortenden Person versehen sein oder von der verantwortenden Person signiert und auf einem sicheren Übermittlungsweg eingereicht werden. [2]Satz 1 gilt nicht für Anlagen, die vorbereitenden Schriftsätzen beigefügt sind.

(Fortsetzung nächstes Blatt)

---

[1] § 52a Abs. 3 Satz 2 angef. mWv 1.1.2020 durch G v. 12.12.2019 (BGBl. I S. 2633).

(4) Sichere Übermittlungswege sind

1. der Postfach- und Versanddienst eines De-Mail-Kontos, wenn der Absender bei Versand der Nachricht sicher im Sinne des § 4 Absatz 1 Satz 2 des De-Mail-Gesetzes angemeldet ist und er sich die sichere Anmeldung gemäß § 5 Absatz 5 des De-Mail-Gesetzes bestätigen lässt,
2. der Übermittlungsweg zwischen dem besonderen elektronischen Anwaltspostfach nach § 31a der Bundesrechtsanwaltsordnung oder einem entsprechenden, auf gesetzlicher Grundlage errichteten elektronischen Postfach und der elektronischen Poststelle des Gerichts,
3. der Übermittlungsweg zwischen einem nach Durchführung eines Identifizierungsverfahrens eingerichteten Postfach einer Behörde oder einer juristischen Person des öffentlichen Rechts und der elektronischen Poststelle des Gerichts; das Nähere regelt die Verordnung nach Absatz 2 Satz 2,
4. sonstige bundeseinheitliche Übermittlungswege, die durch Rechtsverordnung der Bundesregierung mit Zustimmung des Bundesrates festgelegt werden, bei denen die Authentizität und Integrität der Daten sowie die Barrierefreiheit gewährleistet sind.

(5) [1]Ein elektronisches Dokument ist eingegangen, sobald es auf der für den Empfang bestimmten Einrichtung des Gerichts gespeichert ist. [2]Dem Absender ist eine automatisierte Bestätigung über den Zeitpunkt des Eingangs zu erteilen. [3]Die Vorschriften dieses Gesetzes über die Beifügung von Abschriften für die übrigen Beteiligten finden keine Anwendung.

(6) [1]Ist ein elektronisches Dokument für das Gericht zur Bearbeitung nicht geeignet, ist dies dem Absender unter Hinweis auf die Unwirksamkeit des Eingangs und die geltenden technischen Rahmenbedingungen unverzüglich mitzuteilen. [2]Das Dokument gilt als zum Zeitpunkt der früheren Einreichung eingegangen, sofern der Absender es unverzüglich in einer für das Gericht zur Bearbeitung geeigneten Form nachreicht und glaubhaft macht, dass es mit dem zuerst eingereichten Dokument inhaltlich übereinstimmt.

(7) [1]Soweit eine handschriftliche Unterzeichnung durch den Richter oder den Urkundsbeamten der Geschäftsstelle vorgeschrieben ist, genügt dieser Form die Aufzeichnung als elektronisches Dokument, wenn die verantwortenden Personen am Ende des Dokuments ihren Namen hinzufügen und das Dokument mit einer qualifizierten elektronischen Signatur versehen ist. [2]Der in Satz 1 genannten Form genügt auch ein elektronisches Dokument, in welches das handschriftlich unterzeichnete Schriftstück gemäß § 52b Absatz 6 Satz 4 übertragen worden ist.

§ 52b [Elektronisch geführte Prozessakten]

[Fassung ab 13.7.2017:] [1)]

(1) [1]Die Prozessakten können elektronisch geführt werden. [2]Die Bundesregierung und die Landesre-

[1)] § 52b Abs. 1 Satz 5 Hs. 2 angef. mWv 13.7.2017, Abs. 1a eingef. mWv 1.1.2018 durch G v. 5.7.2017 (BGBl. I S. 2208).

gierungen bestimmen jeweils für ihren Bereich durch Rechtsverordnung[1] den Zeitpunkt, von dem an die Prozessakten elektronisch geführt werden. 3 In der Rechtsverordnung[1] sind die organisatorisch-technischen Rahmenbedingungen für die Bildung, Führung und Verwahrung der elektronischen Akten festzulegen. 4 Die Landesregierungen können die Ermächtigung auf die für die Finanzgerichtsbarkeit zuständigen obersten Landesbehörden übertragen. 5 Die Zulassung der elektronischen Akte kann auf einzelne Gerichte oder Verfahren beschränkt werden; wird von dieser Möglichkeit Gebrauch gemacht, kann in der Rechtsverordnung[1] bestimmt werden, dass durch Verwaltungsvorschrift, die öffentlich bekanntzumachen ist, geregelt wird, in welchen Verfahren die Prozessakten elektronisch zu führen sind. 6 Die Rechtsverordnung der Bundesregierung bedarf nicht der Zustimmung des Bundesrates.

[ab 1.1.2018–31.12.2025:][2]

(1a) 1 Die Prozessakten werden ab dem 1. Januar 2026 elektronisch geführt. 2 Die Bundesregierung und die Landesregierungen bestimmen jeweils für ihren Bereich durch Rechtsverordnung[1] die organisatorischen und dem Stand der Technik entsprechenden technischen Rahmenbedingungen für die Bildung, Führung und Verwahrung der elektronischen Akten einschließlich der einzuhaltenden Anforderungen der Barrierefreiheit. 3 Die Bundesregierung und die Landesregierungen können jeweils für ihren Bereich durch Rechtsverordnung[1] bestimmen, dass Akten, die in

[Fassung ab 1.1.2026:][2]

(1) 1 Die Prozessakten werden elektronisch geführt. 2 Die Bundesregierung und die Landesregierungen bestimmen jeweils für ihren Bereich durch Rechtsverordnung[1] die organisatorischen und dem Stand der Technik entsprechenden technischen Rahmenbedingungen für die Bildung, Führung und Verwahrung der elektronischen Akten einschließlich der einzuhaltenden Anforderungen der Barrierefreiheit. 3 Die Bundesregierung und die Landesregierungen können jeweils für ihren Bereich durch Rechtsverordnung[1] bestimmen, dass Akten, die in Papierform

[1] Nr. **802a**.

[2] § 52b Abs. 1 aufgeh., bish. Abs. 1a wird Abs. 1 und Satz 1 geänd. mWv 1.1.2026 durch G v. 5.7.2017 (BGBl. I S. 2208).

Papierform angelegt wurden, in Papierform weitergeführt werden. [4]Die Landesregierungen können die Ermächtigungen nach den Sätzen 2 und 3 auf die für die Finanzgerichtsbarkeit zuständigen obersten Landesbehörden übertragen. [5]Die Rechtsverordnungen der Bundesregierung bedürfen nicht der Zustimmung des Bundesrates.

angelegt wurden, in Papierform weitergeführt werden. [4]Die Landesregierungen können die Ermächtigungen nach den Sätzen 2 und 3 auf die für die Finanzgerichtsbarkeit zuständigen obersten Landesbehörden übertragen. [5]Die Rechtsverordnungen der Bundesregierung bedürfen nicht der Zustimmung des Bundesrates.

(2)[1] [1]Werden die Akten in Papierform geführt, ist von einem elektronischen Dokument ein Ausdruck für die Akten zu fertigen. [2]Kann dies bei Anlagen zu vorbereitenden Schriftsätzen nicht oder nur mit unverhältnismäßigem Aufwand erfolgen, so kann ein Ausdruck unterbleiben. [3]Die Daten sind in diesem Fall dauerhaft zu speichern; der Speicherort ist aktenkundig zu machen.

(3)[1] Ist das elektronische Dokument auf einem sicheren Übermittlungsweg eingereicht, so ist dies aktenkundig zu machen.

(4)[1] Wird das elektronische Dokument mit einer qualifizierten elektronischen Signatur versehen und nicht auf einem sicheren Übermittlungsweg eingereicht, muss der Ausdruck einen Vermerk darüber enthalten,

1. welches Ergebnis die Integritätsprüfung des Dokumentes ausweist,
2. wen die Signaturprüfung als Inhaber der Signatur ausweist,
3. welchen Zeitpunkt die Signaturprüfung für die Anbringung der Signatur ausweist.

(5)[1] Ein eingereichtes elektronisches Dokument kann im Falle von Absatz 2 nach Ablauf von sechs Monaten gelöscht werden.

(6)[1] [1]Werden die Prozessakten elektronisch geführt, sind in Papierform vorliegende Schriftstücke und sonstige Unterlagen nach dem Stand der Technik zur Ersetzung der Urschrift in ein elektronisches Dokument zu übertragen. [2]Es ist sicherzustellen, dass das elektronische Dokument mit den vorliegenden Schriftstücken und sonstigen Unterlagen bildlich und inhaltlich übereinstimmt. [3]Das elektronische Dokument ist mit einem Übertragungsnachweis zu versehen, der das bei der Übertragung angewandte Verfahren und die bildliche und inhaltliche Übereinstimmung dokumentiert. [4]Wird ein von den verantwortenden Personen handschriftlich unterzeichnetes gerichtliches Schriftstück übertragen, ist der Übertragungsnachweis mit einer qualifizierten elektronischen Signatur des Urkundsbeamten der Geschäftsstelle zu versehen. [5]Die in Papierform vorliegenden Schriftstücke und sonstigen Unterlagen können sechs Monate nach der Übertragung vernichtet werden, sofern sie nicht rückgabepflichtig sind.

---

[1] § 52b Abs. 2 bis 6 neu gef. mWv 1.1.2018 durch G v. 10.10.2013 (BGBl. I S. 3786); Abs. 6 neu gef. mWv 1.1.2018 durch G v. 5.7.2017 (BGBl. I S. 2208).

§ 52c[1]) Formulare; Verordnungsermächtigung. [1]Das Bundesministerium der Justiz und für Verbraucherschutz[2]) kann durch Rechtsverordnung mit Zustimmung des Bundesrates elektronische Formulare einführen. [2]Die Rechtsverordnung kann bestimmen, dass die in den Formularen enthaltenen Angaben ganz oder teilweise in strukturierter maschinenlesbarer Form zu übermitteln sind. [3]Die Formulare sind auf einer in der Rechtsverordnung zu bestimmenden Kommunikationsplattform im Internet zur Nutzung bereitzustellen. [4]Die Rechtsverordnung kann bestimmen, dass eine Identifikation des Formularverwenders abweichend von § 52a Absatz 3 auch durch Nutzung des elektronischen Identitätsnachweises nach § 18 des Personalausweisgesetzes [***künftige Fassung:*** , § 12 des eID-Karte-Gesetzes][3]) oder § 78 Absatz 5 des Aufenthaltsgesetzes erfolgen kann.

[***ab 1.1.2022:***

§ 52d[4]) Nutzungspflicht für Rechtsanwälte, Behörden und vertretungsberechtigte Personen. [1]Vorbereitende Schriftsätze und deren Anlagen sowie schriftlich einzureichende Anträge und Erklärungen, die durch einen Rechtsanwalt, durch eine Behörde oder durch eine juristische Person des öffentlichen Rechts einschließlich der von ihr zur Erfüllung ihrer öffentlichen Aufgaben gebildeten Zusammenschlüsse eingereicht werden, sind als elektronisches Dokument zu übermitteln. [2]Gleiches gilt für die nach diesem Gesetz vertretungsberechtigten Personen, für die ein sicherer Übermittlungsweg nach § 52a Absatz 4 Nummer 2 zur Verfügung steht. [3]Ist eine Übermittlung aus technischen Gründen vorübergehend nicht möglich, bleibt die Übermittlung nach den allgemeinen Vorschriften zulässig. [4]Die vorübergehende Unmöglichkeit ist bei der Ersatzeinreichung oder unverzüglich danach glaubhaft zu machen; auf Anforderung ist ein elektronisches Dokument nachzureichen.]

§ 53 [Zustellung] (1) Anordnungen und Entscheidungen, durch die eine Frist in Lauf gesetzt wird, sowie Terminbestimmungen und Ladungen sind den Beteiligten zuzustellen, bei Verkündung jedoch nur, wenn es ausdrücklich vorgeschrieben ist.

(2) Zugestellt wird von Amts wegen nach den Vorschriften der Zivilprozessordnung[5]).

(3) [1]Wer seinen Wohnsitz oder seinen Sitz nicht im Geltungsbereich dieses Gesetzes hat, hat auf Verlangen einen Zustellungsbevollmächtigten zu bestellen. [2]Geschieht dies nicht, so gilt eine Sendung mit der Aufgabe zur Post als zugestellt, selbst wenn sie als unbestellbar zurückkommt.

---

[1]) § 52c eingef. mWv 1.7.2014 durch G v. 10.10.2013 (BGBl. I S. 3786); Satz 4 geänd. mWv 1.11.2019 durch G v. 21.6.2019 (BGBl. I S. 846).

[2]) Bezeichnung geänd. durch VO v. 31.8.2015 (BGBl. I S. 1474).

[3]) **[Amtl. und red. Anm.:]** Die Änderung d. Art. 6 Abs. 1 G v. 21.6.2019 I 846 (Verschiebung d. Inkrafttretens zum 1.11.2020) durch Art. 154a Nr. 3 Buchst. a G v. 20.11.2019 I 1626 mWv 26.11.2019 ist nicht ausführbar, da Art. 5 d. G v. 21.6.2019 I 846 zum Zeitpunkt d. Inkrafttretens d. G v. 20.11.2019 I 1626 bereits mWv 1.11.2019 in Kraft getreten war. An einer Korrektur wird gearbeitet.

[4]) § 52d eingef. **mWv 1.1.2022** durch G v. 10.10.2013 (BGBl. I S. 3786).

[5]) § 53 Abs. 2 Verweis geänd. mWv 1.7.2002 durch G v. 25.6.2001 (BGBl. I S. 1206).

§ 54 [Beginn des Laufs von Fristen] (1) Der Lauf einer Frist beginnt, soweit nichts anderes bestimmt ist, mit der Bekanntgabe des Verwaltungsakts oder der Entscheidung oder mit dem Zeitpunkt, an dem die Bekanntgabe als bewirkt gilt.

(Fortsetzung nächstes Blatt)

(2) Für die Fristen gelten die Vorschriften der §§ 222, 224 Abs. 2 und 3, §§ 225 und 226 der Zivilprozessordnung[1)].

§ 55[2) · 3)] [Belehrung über Frist] (1) Die Frist für einen Rechtsbehelf beginnt nur zu laufen, wenn der Beteiligte über den Rechtsbehelf, die Behörde oder das Gericht, bei denen der Rechtsbehelf anzubringen ist, den Sitz und die einzuhaltende Frist schriftlich oder elektronisch belehrt worden ist.

(2) [1]Ist die Belehrung unterblieben oder unrichtig erteilt, so ist die Einlegung des Rechtsbehelfs nur innerhalb eines Jahres seit Bekanntgabe im Sinne des § 54 Abs. 1 zulässig, es sei denn, dass die Einlegung vor Ablauf der Jahresfrist infolge höherer Gewalt unmöglich war oder eine schriftliche oder elektronische Belehrung dahin erfolgt ist, dass ein Rechtsbehelf nicht gegeben sei. [2]§ 56 Abs. 2 gilt für den Fall höherer Gewalt sinngemäß.

§ 56[4)] [Wiedereinsetzung in den vorigen Stand] (1) Wenn jemand ohne Verschulden verhindert war, eine gesetzliche Frist einzuhalten, so ist ihm auf Antrag Wiedereinsetzung in den vorigen Stand zu gewähren.

(2) [1]Der Antrag ist binnen zwei Wochen nach Wegfall des Hindernisses zu stellen; bei Versäumung der Frist zur Begründung der Revision oder der Nichtzulassungsbeschwerde beträgt die Frist einen Monat. [2]Die Tatsachen zur Begründung des Antrags sind bei der Antragstellung oder im Verfahren über den Antrag glaubhaft zu machen. [3]Innerhalb der Antragsfrist ist die versäumte Rechtshandlung nachzuholen. [4]Ist dies geschehen, so kann Wiedereinsetzung auch ohne Antrag gewährt werden.

(3) Nach einem Jahr seit dem Ende der versäumten Frist kann Wiedereinsetzung nicht mehr beantragt oder ohne Antrag bewilligt werden, außer wenn der Antrag vor Ablauf der Jahresfrist infolge höherer Gewalt unmöglich war.

(4) Über den Antrag auf Wiedereinsetzung entscheidet das Gericht, das über die versäumte Rechtshandlung zu befinden hat.

(5) Die Wiedereinsetzung ist unanfechtbar.

§ 57 [Am Verfahren Beteiligte] Beteiligte am Verfahren sind

1. der Kläger,
2. der Beklagte,
3. der Beigeladene,
4. die Behörde, die dem Verfahren beigetreten ist (§ 122 Abs. 2).

§ 58 [Prozessfähigkeit] (1) Fähig zur Vornahme von Verfahrenshandlungen sind

---

1) **Schönfelder** Nr. **100**.

2) Abweichend hierzu siehe Art. 97 § 18 a EGAO (Nr. **800 a**).

3) § 55 Abs. 1 neugef., Abs. 2 Satz 1 ergänzt mWv 1.4.2005 durch G v. 22.3.2005 (BGBl. I S. 837).

4) § 56 Abs. 2 Satz 1 HS 2 eingef. mWv 1.9.2004 durch G v. 24.8.2004 (BGBl. I S. 2198).

1. die nach dem bürgerlichen Recht Geschäftsfähigen,
2. die nach dem bürgerlichen Recht in der Geschäftsfähigkeit Beschränkten, soweit sie durch Vorschriften des bürgerlichen oder öffentlichen Rechts für den Gegenstand des Verfahrens als geschäftsfähig anerkannt sind.

(2) 1 Für rechtsfähige und nichtrechtsfähige Personenvereinigungen, für Personen, die geschäftsunfähig oder in der Geschäftsfähigkeit beschränkt sind, für alle Fälle der Vermögensverwaltung und für andere einer juristischen Person ähnliche Gebilde, die als solche der Besteuerung unterliegen, sowie bei Wegfall eines Steuerpflichtigen handeln die nach dem bürgerlichen Recht dazu befugten Personen. 2 §§ 53 bis 58 der Zivilprozessordnung[1)] gelten sinngemäß.

(3) Betrifft ein Einwilligungsvorbehalt nach § 1903 des Bürgerlichen Gesetzbuchs[2)] den Gegenstand des Verfahrens, so ist ein geschäftsfähiger Betreuter nur insoweit zur Vornahme von Verfahrenshandlungen fähig, als er nach den Vorschriften des bürgerlichen Rechts ohne Einwilligung des Betreuers handeln kann oder durch Vorschriften des öffentlichen Rechts als handlungsfähig anerkannt ist.

§ 59 [Streitgenossenschaft] Die Vorschriften der §§ 59 bis 63 der Zivilprozessordnung[1)] über die Streitgenossenschaft sind sinngemäß anzuwenden.

§ 60 [Beiladungen] (1) 1 Das Finanzgericht kann von Amts wegen oder auf Antrag andere beiladen, deren rechtliche Interessen nach den Steuergesetzen durch die Entscheidung berührt werden, insbesondere solche, die nach den Steuergesetzen neben dem Steuerpflichtigen haften. 2 Vor der Beiladung ist der Steuerpflichtige zu hören, wenn er am Verfahren beteiligt ist.

(2) Wird eine Abgabe für einen anderen Abgabenberechtigten verwaltet, so kann dieser nicht deshalb beigeladen werden, weil seine Interessen als Abgabenberechtigter durch die Entscheidung berührt werden.

(3) 1 Sind an dem streitigen Rechtsverhältnis Dritte derart beteiligt, dass die Entscheidung auch ihnen gegenüber nur einheitlich ergehen kann, so sind sie beizuladen (notwendige Beiladung). 2 Dies gilt nicht für Mitberechtigte, die nach § 48 nicht klagebefugt sind.

(4) 1 Der Beiladungsbeschluss ist allen Beteiligten zuzustellen. 2 Dabei sollen der Stand der Sache und der Grund der Beiladung angegeben werden.

(5) Die als Mitberechtigte Beigeladenen können aufgefordert werden, einen gemeinsamen Zustellungsbevollmächtigten zu benennen.

(6) 1 Der Beigeladene kann innerhalb der Anträge eines als Kläger oder Beklagter Beteiligten selbständig Angriffs- und Verteidigungsmittel geltend machen und alle Verfahrenshandlungen wirksam vornehmen. 2 Abweichende Sachanträge kann er nur stellen, wenn eine notwendige Beiladung vorliegt.

---

1) **Schönfelder** Nr. 100.
2) **Schönfelder** Nr. 20.

§ 60a[1)] **[Begrenzung der Beiladung]** [1]Kommt nach § 60 Abs. 3 die Beiladung von mehr als 50 Personen in Betracht, kann das Gericht durch Beschluss anordnen, dass nur solche Personen beigeladen werden, die dies innerhalb einer bestimmten Frist beantragen. [2]Der Beschluss ist unanfechtbar. [3]Er ist im Bundesanzeiger bekannt zu machen. [4]Er muss außerdem in Tageszeitungen veröffentlicht werden, die in dem Bereich verbreitet sind, in dem sich die Entscheidung voraussichtlich auswirken wird. [5]Die Bekanntmachung kann zusätzlich in einem von dem Gericht für Bekanntmachungen bestimmten Informations- und Kommunikationssystem erfolgen. [6]Die Frist muss mindestens drei Monate seit Veröffentlichung im Bundesanzeiger betragen. [7]In der Veröffentlichung in Tageszeitungen ist mitzuteilen, an welchem Tage die Frist abläuft. [8]Für die Wiedereinsetzung in den vorigen Stand wegen Versäumung der Frist gilt § 56 entsprechend. [9]Das Gericht soll Personen, die von der Entscheidung erkennbar in besonderem Maße betroffen werden, auch ohne Antrag beiladen.

§ 61. (weggefallen)

§ 62 [Bevollmächtigte und Beistände] (1)[2)] Die Beteiligten können vor dem Finanzgericht den Rechtsstreit selbst führen.

(2) [1]Die Beteiligten können sich durch einen Rechtsanwalt, Steuerberater, Steuerbevollmächtigten, Wirtschaftsprüfer oder vereidigten Buchprüfer als Bevollmächtigten vertreten lassen; zur Vertretung berechtigt sind auch Gesellschaften im Sinne des § 3 Nr. 2 und 3 des Steuerberatungsgesetzes,[3)] die durch solche Personen handeln. [2]Darüber hinaus sind als Bevollmächtigte vor dem Finanzgericht vertretungsbefugt nur

1. Beschäftigte des Beteiligten oder eines mit ihm verbundenen Unternehmens (§ 15 des Aktiengesetzes); Behörden und juristische Personen des öffentlichen Rechts einschließlich der von ihnen zur Erfüllung ihrer öffentlichen Aufgaben gebildeten Zusammenschlüsse können sich auch durch Beschäftigte anderer Behörden oder juristischer Personen des öffentlichen Rechts einschließlich der von ihnen zur Erfüllung ihrer öffentlichen Aufgaben gebildeten Zusammenschlüsse vertreten lassen,
2. volljährige Familienangehörige (§ 15 der Abgabenordnung, § 11 des Lebenspartnerschaftsgesetzes), Personen mit Befähigung zum Richteramt und Streitgenossen, wenn die Vertretung nicht im Zusammenhang mit einer entgeltlichen Tätigkeit steht,
3.[4)] Personen und Vereinigungen im Sinne des § 3a[4)] des Steuerberatungsgesetzes[3)] im Rahmen ihrer Befugnisse nach § 3 Nr. 4 des Steuerberatungsgesetzes,

---

[1)] § 60 a Sätze 3 und 6 geänd., Satz 5 eingef. mWv 1.4.2005 durch G v. 22.3.2005 (BGBl. I S. 837, ber. 2022).

[2)] § 62 neu gef. durch G v. 12.12.2007 (BGBl. I S. 2840).

[3)] Nr. **840**.

[4)] § 62 Abs. 2 Satz 2 Nr. 3 Verweis geänd. mWv 5.8.2009 durch G v. 30.7.2009 (BGBl. I S. 2449).

4. landwirtschaftliche Buchstellen im Rahmen ihrer Befugnisse nach § 4 Nr. 8 des Steuerberatungsgesetzes,
5. Lohnsteuerhilfevereine im Rahmen ihrer Befugnisse nach § 4 Nr. 11 des Steuerberatungsgesetzes,
6. Gewerkschaften und Vereinigungen von Arbeitgebern sowie Zusammenschlüsse solcher Verbände für ihre Mitglieder oder für andere Verbände oder Zusammenschlüsse mit vergleichbarer Ausrichtung und deren Mitglieder,
7. juristische Personen, deren Anteile sämtlich im wirtschaftlichen Eigentum einer der in Nummer 6 bezeichneten Organisationen stehen, wenn die juristische Person ausschließlich die Rechtsberatung und Prozessvertretung dieser Organisation und ihrer Mitglieder oder anderer Verbände oder Zusammenschlüsse mit vergleichbarer Ausrichtung und deren Mitglieder entsprechend deren Satzung durchführt, und wenn die Organisation für die Tätigkeit der Bevollmächtigten haftet.

[3]Bevollmächtigte, die keine natürlichen Personen sind, handeln durch ihre Organe und mit der Prozessvertretung beauftragten Vertreter.

(3) [1]Das Gericht weist Bevollmächtigte, die nicht nach Maßgabe des Absatzes 2 vertretungsbefugt sind, durch unanfechtbaren Beschluss zurück. [2]Prozesshandlungen eines nicht vertretungsbefugten Bevollmächtigten und Zustellungen oder Mitteilungen an diesen Bevollmächtigten sind bis zu seiner Zurückweisung wirksam. [3]Das Gericht kann den in Absatz 2 Satz 2 bezeichneten Bevollmächtigten durch unanfechtbaren Beschluss die weitere Vertretung untersagen, wenn sie nicht in der Lage sind, das Sach- und Streitverhältnis sachgerecht darzustellen.

(4) [1]Vor dem Bundesfinanzhof müssen sich die Beteiligten durch Prozessbevollmächtigte vertreten lassen. [2]Dies gilt auch für Prozesshandlungen, durch die ein Verfahren vor dem Bundesfinanzhof eingeleitet wird. [3]Als Bevollmächtigte sind nur die in Absatz 2 Satz 1 bezeichneten Personen und Gesellschaften zugelassen. [4]Behörden und juristische Personen des öffentlichen Rechts einschließlich der von ihnen zur Erfüllung ihrer öffentlichen Aufgaben gebildeten Zusammenschlüsse können sich durch eigene Beschäftigte mit Befähigung zum Richteramt oder durch Beschäftigte mit Befähigung zum Richteramt anderer Behörden oder juristischer Personen des öffentlichen Rechts einschließlich der von ihnen zur Erfüllung ihrer öffentlichen Aufgaben gebildeten Zusammenschlüsse vertreten lassen. [5]Ein Beteiligter, der nach Maßgabe des Satzes 3 zur Vertretung berechtigt ist, kann sich selbst vertreten.

(5) [1]Richter dürfen nicht als Bevollmächtigte vor dem Gericht auftreten, dem sie angehören. [2]Ehrenamtliche Richter dürfen, außer in den Fällen des Absatzes 2 Satz 2 Nr. 1, nicht vor einem Spruchkörper auftreten, dem sie angehören. [3]Absatz 3 Satz 1 und 2 gilt entsprechend.

(6) [1]Die Vollmacht ist schriftlich zu den Gerichtsakten einzureichen. [2]Sie kann nachgereicht werden; hierfür kann das Gericht eine Frist bestimmen. [3]Der Mangel der Vollmacht kann in jeder Lage des Verfahrens geltend gemacht werden. [4]Das Gericht hat den Mangel der Vollmacht von Amts wegen

zu berücksichtigen, wenn nicht als Bevollmächtigter eine in Absatz 2 Satz 1 bezeichnete Person oder Gesellschaft auftritt. 5 Ist ein Bevollmächtigter bestellt, sind die Zustellungen oder Mitteilungen des Gerichts an ihn zu richten.

(7) 1 In der Verhandlung können die Beteiligten mit Beiständen erscheinen. 2 Beistand kann sein, wer in Verfahren, in denen die Beteiligten den Rechtsstreit selbst führen können, als Bevollmächtigter zur Vertretung in der Verhandlung befugt ist. 3 Das Gericht kann andere Personen als Beistand zulassen, wenn dies sachdienlich ist und hierfür nach den Umständen des Einzelfalls ein Bedürfnis besteht. 4 Absatz 3 Satz 1 und 3 und Absatz 5 gelten entsprechend. 5 Das von dem Beistand Vorgetragene gelten[1] als von dem Beteiligten vorgebracht, soweit es nicht von diesem sofort widerrufen oder berichtigt wird.

§ 62a[2] *(aufgehoben)*

Abschnitt III. Verfahren im ersten Rechtszug

§ 63 [Passivlegitimation] (1) Die Klage ist gegen die Behörde zu richten,

1. die den ursprünglichen Verwaltungsakt erlassen oder
2. die den beantragten Verwaltungsakt oder die andere Leistung unterlassen oder abgelehnt hat oder
3. der gegenüber die Feststellung des Bestehens oder Nichtbestehens eines Rechtsverhältnisses oder der Nichtigkeit eines Verwaltungsakts begehrt wird.

(2) Ist vor Erlass der Entscheidung über den Einspruch eine andere als die ursprünglich zuständige Behörde für den Steuerfall örtlich zuständig geworden, so ist die Klage zu richten

1. gegen die Behörde, welche die Einspruchsentscheidung erlassen hat,
2. wenn über einen Einspruch ohne Mitteilung eines zureichenden Grundes in angemessener Frist sachlich nicht entschieden worden ist (§ 46), gegen die Behörde, die im Zeitpunkt der Klageerhebung für den Steuerfall örtlich zuständig ist.

(3) Hat eine Behörde, die auf Grund gesetzlicher Vorschrift berechtigt ist, für die zuständige Behörde zu handeln, den ursprünglichen Verwaltungsakt erlassen oder den beantragten Verwaltungsakt oder die andere Leistung unterlassen oder abgelehnt, so ist die Klage gegen die zuständige Behörde zu richten.

§ 64[3] **[Form der Klageerhebung]** (1) Die Klage ist bei dem Gericht schriftlich oder zu Protokoll des Urkundsbeamten der Geschäftsstelle zu erheben.

---

[1] Müsste lauten „gilt".
[2] § 62a aufgeh. mWv 1.7.2008 durch G v. 12.12.2007 (BGBl. I S. 2840).
[3] § 64 Abs. 1 geänd. mWv 1.1.2018 durch G v. 5.7.2017 (BGBl. I S. 2208).

(2) Der Klage sollen Abschriften für die übrigen Beteiligten beigefügt werden; § 77 Abs. 2 gilt sinngemäß.

§ 65[1] **[Notwendiger Inhalt der Klage]** (1)[2] [1]Die Klage muss den Kläger, den Beklagten, den Gegenstand des Klagebegehrens, bei Anfechtungsklagen auch den Verwaltungsakt und die Entscheidung über den außergerichtlichen Rechtsbehelf bezeichnen. [2]Sie soll einen bestimmten Antrag enthalten. [3]Die zur Begründung dienenden Tatsachen und Beweismittel sollen angegeben werden. [4]Der Klage soll eine Abschrift des angefochtenen Verwaltungsakts und der Einspruchsentscheidung beigefügt werden.

(2) [1]Entspricht die Klage diesen Anforderungen nicht, hat der Vorsitzende oder der nach § 21g des Gerichtsverfassungsgesetzes[3] zuständige Berufsrichter (Berichterstatter) den Kläger zu der erforderlichen Ergänzung innerhalb einer bestimmten Frist aufzufordern. [2]Er kann dem Kläger für die Ergänzung eine Frist mit ausschließender Wirkung setzen, wenn es an einem der in Absatz 1 Satz 1 genannten Erfordernisse fehlt. [3]Für die Wiedereinsetzung in den vorigen Stand wegen Versäumung der Frist gilt § 56 entsprechend.

§ 66[4] **[Rechtshängigkeit]** [1]Durch Erhebung der Klage wird die Streitsache rechtshängig. [2]In Verfahren nach dem Siebzehnten Titel des Gerichtsverfassungsgesetzes wegen eines überlangen Gerichtsverfahrens wird die Streitsache erst mit Zustellung der Klage rechtshängig.

§ 67 [Klageänderung] (1) Eine Änderung der Klage ist zulässig, wenn die übrigen Beteiligten einwilligen oder das Gericht die Änderung für sachdienlich hält; § 68 bleibt unberührt.

(2) Die Einwilligung des Beklagten in die Änderung der Klage ist anzunehmen, wenn er sich, ohne ihr zu widersprechen, in einem Schriftsatz oder in einer mündlichen Verhandlung auf die geänderte Klage eingelassen hat.

(3) Die Entscheidung, dass eine Änderung der Klage nicht vorliegt oder zuzulassen ist, ist nicht selbständig anfechtbar.

§ 68[1] **[Änderung des angefochtenen Verwaltungsakts]** [1]Wird der angefochtene Verwaltungsakt nach Bekanntgabe der Einspruchsentscheidung geändert oder ersetzt, so wird der neue Verwaltungsakt Gegenstand des Verfahrens. [2]Ein Einspruch gegen den neuen Verwaltungsakt ist insoweit ausgeschlossen. [3]Die Finanzbehörde hat dem Gericht, bei dem das Verfahren anhängig ist, eine Abschrift des neuen Verwaltungsakts zu übermitteln. [4]Satz 1 gilt entsprechend, wenn

---

[1] § 65 Abs. 2 Satz 1 geänd. mWv 1.4.2005 durch G v. 22.3.2005 (BGBl. I S. 837).

[2] § 65 Abs. 1 Satz 4 geänd. mWv 1.7.2014 durch G v. 10.10.2013 (BGBl. I S. 3786).

[3] **Schönfelder** Nr. **95.**

[4] § 66 Satz 2 angef. durch G v. 11.10.2016 (BGBl. I S. 2222).

[5] § 68 Satz 3 geänd. mWv 1.4.2005 durch G v. 22.3.2005 (BGBl. I S. 837).

1. ein Verwaltungsakt nach § 129 der Abgabenordnung berichtigt wird oder
2. ein Verwaltungsakt an die Stelle eines angefochtenen unwirksamen Verwaltungsakts tritt.

§ 69 [Aussetzung der Vollziehung] (1) [1]Durch Erhebung der Klage wird die Vollziehung des angefochtenen Verwaltungsakts vorbehaltlich des Absatzes 5 nicht gehemmt, insbesondere die Erhebung einer Abgabe nicht aufgehalten. [2]Entsprechendes gilt bei Anfechtung von Grundlagenbescheiden für die darauf beruhenden Folgebescheide.

(2) [1]Die zuständige Finanzbehörde kann die Vollziehung ganz oder teilweise aussetzen. [2]Auf Antrag soll die Aussetzung erfolgen, wenn ernstliche Zweifel an der Rechtmäßigkeit des angefochtenen Verwaltungsakts bestehen oder wenn die Vollziehung für den Betroffenen eine unbillige, nicht durch überwiegende öffentliche Interessen gebotene Härte zur Folge hätte. [3]Die Aussetzung kann von einer Sicherheitsleistung abhängig gemacht werden. [4]Soweit die Vollziehung eines Grundlagenbescheides ausgesetzt wird, ist auch die Vollziehung eines Folgebescheides auszusetzen. [5]Der Erlass eines Folgebescheides bleibt zulässig. [6]Über eine Sicherheitsleistung ist bei der Aussetzung eines Folgebescheides zu entscheiden, es sei denn, dass bei der Aussetzung der Vollziehung des Grundlagenbescheides die Sicherheitsleistung ausdrücklich ausgeschlossen worden ist. [7]Ist der Verwaltungsakt schon vollzogen, tritt an die Stelle der Aussetzung der Vollziehung die Aufhebung der Vollziehung. [8]Bei Steuerbescheiden sind die Aussetzung und die Aufhebung der Vollziehung auf die festgesetzte Steuer, vermindert um die anzurechnenden Steuerabzugsbeträge, um die anzurechnende Körperschaftsteuer und um die festgesetzten Vorauszahlungen, beschränkt; dies gilt nicht, wenn die Aussetzung oder Aufhebung der Vollziehung zur Abwendung wesentlicher Nachteile nötig erscheint.

(3) [1]Auf Antrag kann das Gericht der Hauptsache die Vollziehung ganz oder teilweise aussetzen; Absatz 2 Satz 2 bis 6 und § 100 Abs. 2 Satz 2 gelten sinngemäß. [2]Der Antrag kann schon vor Erhebung der Klage gestellt werden. [3]Ist der Verwaltungsakt im Zeitpunkt der Entscheidung schon vollzogen, kann das Gericht ganz oder teilweise die Aufhebung der Vollziehung, auch gegen Sicherheit, anordnen. [4]Absatz 2 Satz 8 gilt entsprechend. [5]In dringenden Fällen kann der Vorsitzende entscheiden.

(4) [1]Der Antrag nach Absatz 3 ist nur zulässig, wenn die Behörde einen Antrag auf Aussetzung der Vollziehung ganz oder zum Teil abgelehnt hat. [2]Das gilt nicht, wenn

1. die Finanzbehörde über den Antrag ohne Mitteilung eines zureichenden Grundes in angemessener Frist sachlich nicht entschieden hat oder
2. eine Vollstreckung droht.

(5) [1]Durch Erhebung der Klage gegen die Untersagung des Gewerbebetriebes oder der Berufsausübung wird die Vollziehung des angefochtenen Verwaltungsakts gehemmt. [2]Die Behörde, die den Verwaltungsakt erlassen hat, kann die hemmende Wirkung durch besondere Anordnung ganz oder zum Teil

beseitigen, wenn sie es im öffentlichen Interesse für geboten hält; sie hat das öffentliche Interesse schriftlich zu begründen. [3]Auf Antrag kann das Gericht der Hauptsache die hemmende Wirkung wiederherstellen, wenn ernstliche Zweifel an der Rechtmäßigkeit des Verwaltungsakts bestehen. [4]In dringenden Fällen kann der Vorsitzende entscheiden.

(6) [1]Das Gericht der Hauptsache kann Beschlüsse über Anträge nach den Absätzen 3 und 5 Satz 3 jederzeit ändern oder aufheben. [2]Jeder Beteiligte kann die Änderung oder Aufhebung wegen veränderter oder im ursprünglichen Verfahren ohne Verschulden nicht geltend gemachter Umstände beantragen.

(7) Lehnt die Behörde die Aussetzung der Vollziehung ab, kann das Gericht nur nach den Absätzen 3 und 5 Satz 3 angerufen werden.

§ 70 [Wirkungen der Rechtshängigkeit; Entscheidung über die Zulässigkeit des Rechtsweges] [1]Für die sachliche und örtliche Zuständigkeit gelten die §§ 17 bis 17b des Gerichtsverfassungsgesetzes[1)] entsprechend. [2]Beschlüsse entsprechend § 17a Abs. 2 und 3 des Gerichtsverfassungsgesetzes sind unanfechtbar.

§ 71[2)] [Zustellung der Klageschrift] (1) [1]Die Klageschrift ist dem Beklagten von Amts wegen zuzustellen. [2]Zugleich mit der Zustellung der Klage ist der Beklagte aufzufordern, sich schriftlich oder zu Protokoll des Urkundsbeamten der Geschäftsstelle zu äußern. [3]Hierfür kann eine Frist gesetzt werden.

(2) Die beteiligte Finanzbehörde hat die den Streitfall betreffenden Akten nach Empfang der Klageschrift an das Gericht zu übermitteln.

§ 72[3)] [Zurücknahme der Klage] (1) [1]Der Kläger kann seine Klage bis zur Rechtskraft des Urteils zurücknehmen. [2]Nach Schluss der mündlichen Verhandlung, bei Verzicht auf die mündliche Verhandlung und nach Ergehen eines Gerichtsbescheides ist die Rücknahme nur mit Einwilligung des Beklagten möglich. [3]Die Einwilligung gilt als erteilt, wenn der Klagerücknahme nicht innerhalb von zwei Wochen seit Zustellung des die Rücknahme enthaltenden Schriftsatzes widersprochen wird; das Gericht hat auf diese Folge hinzuweisen.

(1a) [1]Soweit Besteuerungsgrundlagen für ein Verständigungs- oder ein Schiedsverfahren nach einem Vertrag im Sinne des § 2 der Abgabenordnung von Bedeutung sein können, kann die Klage hierauf begrenzt zurückgenommen werden. [2]§ 50 Abs. a Satz 2 gilt entsprechend.

(2) [1]Die Rücknahme hat bei Klagen, deren Erhebung an eine Frist gebunden ist, den Verlust der Klage zur Folge. [2]Wird die Klage zurückgenommen,

---

1) **Schönfelder** Nr. 95.

2) § 71 Abs. 2 geänd. mWv 1.4.2005 durch G v. 22.3.2005 (BGBl. I S. 837); Abs. 1 Satz 2 geänd. mWv 1.1.2018 durch G v. 5.7.2017 (BGBl. I S. 2208).

3) § 72 Abs. 1 Satz 3 angef. mWv 1.9.2004 durch G v. 24.8.2004 (BGBl. I S. 2198).

so stellt das Gericht das Verfahren durch Beschluss ein. 3 Wird nachträglich die Unwirksamkeit der Klagerücknahme geltend gemacht, so gilt § 56 Abs. 3 sinngemäß.

§ 73 [Verbindung/Trennung mehrerer Verfahren] (1) 1 Das Gericht kann durch Beschluss mehrere bei ihm anhängige Verfahren zu gemeinsamer Verhandlung und Entscheidung verbinden und wieder trennen. 2 Es kann anordnen, dass mehrere in einem Verfahren zusammengefasste Klagegegenstände in getrennten Verfahren verhandelt und entschieden werden.

(2) Ist die Klage von jemandem erhoben, der wegen dieses Klagegegenstandes nach § 60 Abs. 3 zu einem anderen Verfahren beizuladen wäre, so wird die notwendige Beiladung des Klägers dadurch ersetzt, dass die beiden Verfahren zu gemeinsamer Verhandlung und einheitlicher Entscheidung verbunden werden.

§ 74 [Aussetzung der Verhandlung] Das Gericht kann, wenn die Entscheidung des Rechtsstreits ganz oder zum Teil von dem Bestehen oder Nichtbestehen eines Rechtsverhältnisses abhängt, das den Gegenstand eines anderen anhängigen Rechtsstreits bildet oder von einer Verwaltungsbehörde festzustellen ist, anordnen, dass die Verhandlung bis zur Erledigung des anderen Rechtsstreits oder bis zur Entscheidung der Verwaltungsbehörde auszusetzen sei.

§ 75 [Mitteilung der Besteuerungsgrundlagen] Den Beteiligten sind, soweit es noch nicht geschehen ist, die Unterlagen der Besteuerung auf Antrag oder, wenn der Inhalt der Klageschrift dazu Anlass gibt, von Amts wegen mitzuteilen.

§ 76 [Erforschung des Sachverhalts durch das Gericht] (1)[1] 1 Das Gericht erforscht den Sachverhalt von Amts wegen. 2 Die Beteiligten sind dabei heranzuziehen. 3 Sie haben ihre Erklärungen über tatsächliche Umstände vollständig und der Wahrheit gemäß abzugeben und sich auf Anforderung des Gerichts zu den von den anderen Beteiligten vorgebrachten Tatsachen zu erklären. 4 § 90 Abs. 2, § 93 Abs. 3 Satz 2, § 97, §§ 99, 100 der Abgabenordnung[2] gelten sinngemäß. 5 Das Gericht ist an das Vorbringen und an die Beweisanträge der Beteiligten nicht gebunden.

(2) Der Vorsitzende hat darauf hinzuwirken, dass Formfehler beseitigt, sachdienliche Anträge gestellt, unklare Anträge erläutert, ungenügende tatsächliche Angaben ergänzt, ferner alle für die Feststellung und Beurteilung des Sachverhalts wesentlichen Erklärungen abgegeben werden.

(3) 1 Erklärungen und Beweismittel, die erst nach Ablauf der von der Finanzbehörde nach § 364b Abs. 1 der Abgabenordnung[2] gesetzten Frist im Einspruchsverfahren oder im finanzgerichtlichen Verfahren vorgebracht werden, kann das Gericht zurückweisen und ohne weitere Ermittlungen entscheiden. 2 § 79b Abs. 3 gilt entsprechend.

---

[1] § 76 Abs. 1 Satz 4 geänd. mWv 30.6.2013 durch G v. 26.6.2013 (BGBl. I S. 1809).
[2] Nr. **800**.

(4) Die Verpflichtung der Finanzbehörde zur Ermittlung des Sachverhalts (§§ 88, 89 Abs. 1[1]) der Abgabenordnung[2]) wird durch das finanzgerichtliche Verfahren nicht berührt.

§ 77[3]) [Schriftsätze] (1) [1]Die Beteiligten sollen zur Vorbereitung der mündlichen Verhandlung Schriftsätze einreichen. [2]Hierzu kann der Vorsitzende sie unter Fristsetzung auffordern. [3]Den Schriftsätzen sollen Abschriften für die übrigen Beteiligten beigefügt werden. [4]Die Schriftsätze sind den Beteiligten von Amts wegen zu übermitteln.

(2)[4]) [1]Den Schriftsätzen sind die Urkunden oder elektronischen Dokumente, auf die Bezug genommen wird, in Abschrift ganz oder im Auszug beizufügen. [2]Sind die Urkunden dem Gegner bereits bekannt oder sehr umfangreich, so genügt die genaue Bezeichnung mit dem Anerbieten, Einsicht bei Gericht zu gewähren.

§ 77a.[5]) *(aufgehoben)*

§ 78[6]) [Akteneinsicht] (1) [1]Die Beteiligten können die Gerichtsakte und die dem Gericht vorgelegten Akten einsehen. [2]Beteiligte können sich auf ihre Kosten durch die Geschäftsstelle Ausfertigungen, Auszüge, Ausdrucke und Abschriften erteilen lassen.

(2)[7]) [1]Werden die Prozessakten elektronisch geführt, wird Akteneinsicht durch Bereitstellung des Inhalts der Akten zum Abruf gewährt. [2]Auf besonderen Antrag wird Akteneinsicht durch Einsichtnahme in die Akten in Diensträumen gewährt. [3]Ein Aktenausdruck oder ein Datenträger mit dem Inhalt der Akten wird auf besonders zu begründenden Antrag nur übermittelt, wenn der Antragsteller hieran ein berechtigtes Interesse darlegt. [4]Stehen der Akteneinsicht in der nach Satz 1 vorgesehenen Form wichtige Gründe entgegen, kann die Akteneinsicht in der nach den Sätzen 2 und 3 vorgesehenen Form auch ohne Antrag gewährt werden. [5]Über einen Antrag nach Satz 3 entscheidet der Vorsitzende; die Entscheidung ist unanfechtbar. [6]§ 79a Absatz 4 gilt entsprechend.

(3) [1]Werden die Prozessakten in Papierform geführt, wird Akteneinsicht durch Einsichtnahme in die Akten in Diensträumen gewährt. [2]Die Akteneinsicht kann, soweit nicht wichtige Gründe entgegenstehen, auch durch Bereitstellung des Inhalts der Akten zum Abruf gewährt werden.

---

[1]) Verweis geänd. durch G. v. 5.9.2006 (BGBl. I S. 2098).

[2]) Nr. **800**.

[3]) § 77 Abs. 1 Satz 4 geänd. mWv 1.4.2005 durch G v. 22.3.2005 (BGBl. I S. 837).

[4]) § 77 Abs. 2 Satz 1 geänd. mWv 1.7.2014 durch G v. 10.10.2013 (BGBl. I S. 3786); geänd. mWv 1.1.2018 durch G v. 5.7.2017 (BGBl. I S. 2208).

[5]) § 77a eingef. mWv 1.8.2001 durch G v. 13.7.2001 (BGBl. I S. 1542) und aufgeh. mWv 1.4.2005 durch G v. 22.3.2005 (BGBl. I S. 837).

[6]) § 78 Abs. 1 neugef., Abs. 2 eingef., bish. Abs. 2 wird Abs. 3 und geänd. mWv 1.4.2005 durch G v. 22.3.2005 (BGBl. I S. 837); Abs. 1 Satz 2 angef. mWv 1.1.2018 durch G v. 5.7.2017 (BGBl. I S. 2208).

[7]) § 78 Abs. 2 ersetzt durch Abs. 2 und 3, bish. Abs. 3 wird Abs. 4 mWv 1.1.2018 durch G v. 5.7.2017 (BGBl. I S. 2208).

(4) Die Entwürfe zu Urteilen, Beschlüssen und Verfügungen, die Arbeiten zu ihrer Vorbereitung, ferner die Dokumente, die Abstimmungen oder Ordnungsstrafen des Gerichts betreffen, werden weder vorgelegt noch abschriftlich mitgeteilt.

§ 79[1] **[Vorbereitung der mündlichen Verhandlung]** (1) [1]Der Vorsitzende oder der Berichterstatter hat schon vor der mündlichen Verhandlung alle Anordnungen zu treffen, die notwendig sind, um den Rechtsstreit möglichst in einer mündlichen Verhandlung zu erledigen. [2]Er kann insbesondere

1. die Beteiligten zur Erörterung des Sach- und Streitstandes und zur gütlichen Beilegung des Rechtsstreits laden;
2. den Beteiligten die Ergänzung oder Erläuterung ihrer vorbereitenden Schriftsätze, die Vorlegung von Urkunden, die Übermittlung von elektronischen Dokumenten und die Vorlegung von anderen zur Niederlegung bei Gericht geeigneten Gegenständen aufgeben, insbesondere eine Frist zur Erklärung über bestimmte klärungsbedürftige Punkte setzen;
3. Auskünfte einholen;
4. die Vorlage von Urkunden oder die Übermittlung von elektronischen Dokumenten anordnen;
5. das persönliche Erscheinen der Beteiligten anordnen; § 80 gilt entsprechend;
6. Zeugen und Sachverständige zur mündlichen Verhandlung laden.

(2) Die Beteiligten sind von jeder Anordnung zu benachrichtigen.

(3) [1]Der Vorsitzende oder der Berichterstatter kann einzelne Beweise erheben. [2]Dies darf nur insoweit geschehen, als es zur Vereinfachung der Verhandlung vor dem Gericht sachdienlich und von vornherein anzunehmen ist, dass das Gericht das Beweisergebnis auch ohne unmittelbaren Eindruck von dem Verlauf der Beweisaufnahme sachgemäß zu würdigen vermag.

§ 79 a[2] **[Entscheidung im vorbereitenden Verfahren]** (1) Der Vorsitzende entscheidet, wenn die Entscheidung im vorbereitenden Verfahren ergeht,

1. über die Aussetzung und das Ruhen des Verfahrens;
2. bei Zurücknahme der Klage, auch über einen Antrag auf Prozesskostenhilfe;
3. bei Erledigung des Rechtsstreits in der Hauptsache, auch über einen Antrag auf Prozesskostenhilfe;
4. über den Streitwert;
5. über Kosten;
6. über die Beiladung.

---

[1] § 79 Abs. 1 Satz 2 Nr. 2 neu gef., Nr. 4 geänd. mWv 1.4.2005 durch G v. 22.3.2005 (BGBl. I S. 837).

[2] § 79a Abs. 1 Nrn. 2 und 3 ergänzt, Nr. 6 angef. mWv 1.9.2004 durch G v. 24.8.2004 (BGBl. I S. 2198).

(2) [1]Der Vorsitzende kann ohne mündliche Verhandlung durch Gerichtsbescheid (§ 90a) entscheiden. [2]Dagegen ist nur der Antrag auf mündliche Verhandlung innerhalb eines Monats nach Zustellung des Gerichtsbescheides gegeben.

(3) Im Einverständnis der Beteiligten kann der Vorsitzende auch sonst anstelle des Senats entscheiden.

(4) Ist ein Berichterstatter bestellt, so entscheidet dieser anstelle des Vorsitzenden.

§ 79b[1)] **[Fristsetzung]** (1) [1]Der Vorsitzende oder der Berichterstatter kann dem Kläger eine Frist setzen zur Angabe der Tatsachen, durch deren Berücksichtigung oder Nichtberücksichtigung im Verwaltungsverfahren er sich beschwert fühlt. [2]Die Fristsetzung nach Satz 1 kann mit der Fristsetzung nach § 65 Abs. 2 Satz 2 verbunden werden.

(2) Der Vorsitzende oder der Berichterstatter kann einem Beteiligten unter Fristsetzung aufgeben, zu bestimmten Vorgängen

1. Tatsachen anzugeben oder Beweismittel zu bezeichnen,
2. Urkunden oder andere bewegliche Sachen vorzulegen oder elektronische Dokumente zu übermitteln, soweit der Beteiligte dazu verpflichtet ist.

(3) [1]Das Gericht kann Erklärungen und Beweismittel, die erst nach Ablauf einer nach den Absätzen 1 und 2 gesetzten Frist vorgebracht werden, zurückweisen und ohne weitere Ermittlungen entscheiden, wenn

1. ihre Zulassung nach der freien Überzeugung des Gerichts die Erledigung des Rechtsstreits verzögern würde und
2. der Beteiligte die Verspätung nicht genügend entschuldigt und
3. der Beteiligte über die Folgen einer Fristversäumung belehrt worden ist.

[2]Der Entschuldigungsgrund ist auf Verlangen des Gerichts glaubhaft zu machen. [3]Satz 1 gilt nicht, wenn es mit geringem Aufwand möglich ist, den Sachverhalt auch ohne Mitwirkung des Beteiligten zu ermitteln.

§ 80 [Persönliches Erscheinen] (1) [1]Das Gericht kann das persönliche Erscheinen eines Beteiligten anordnen. [2]Für den Fall des Ausbleibens kann es Ordnungsgeld wie gegen einen im Vernehmungstermin nicht erschienenen Zeugen androhen. [3]Bei schuldhaftem Ausbleiben setzt das Gericht durch Beschluss das angedrohte Ordnungsgeld fest. [4]Androhung und Festsetzung des Ordnungsgelds können wiederholt werden.

(2) Ist Beteiligter eine juristische Person oder eine Vereinigung, so ist das Ordnungsgeld dem nach Gesetz oder Satzung Vertretungsberechtigten anzudrohen und gegen ihn festzusetzen.

(3) Das Gericht kann einer beteiligten öffentlich-rechtlichen Körperschaft oder Behörde aufgeben, zur mündlichen Verhandlung einen Beamten oder Angestellten zu entsenden, der mit einem schriftlichen Nachweis über die

---

1) § 79b Abs. 2 Nr. 2 geänd. mWv 1.4.2005 durch G v. 22.3.2005 (BGBl. I S. 837).

Vertretungsbefugnis versehen und über die Sach- und Rechtslage ausreichend unterrichtet ist.

§ 81 [Beweiserhebung] (1) [1]Das Gericht erhebt Beweis in der mündlichen Verhandlung. [2]Es kann insbesondere Augenschein einnehmen, Zeugen, Sachverständige und Beteiligte vernehmen und Urkunden heranziehen.

(2) Das Gericht kann in geeigneten Fällen schon vor der mündlichen Verhandlung durch eines seiner Mitglieder als beauftragten Richter Beweis erheben lassen oder durch Bezeichnung der einzelnen Beweisfragen ein anderes Gericht um die Beweisaufnahme ersuchen.

§ 82[1)] [Verfahren bei der Beweisaufnahme] Soweit die §§ 83 bis 89 nicht abweichende Vorschriften enthalten, sind auf die Beweisaufnahme die §§ 358 bis 371, 372 bis 377, 380 bis 382, 386 bis 414 und 450 bis 494 der Zivilprozessordnung[2)] sinngemäß anzuwenden.

§ 83 [Beweistermin; Teilnahme] [1]Die Beteiligten werden von allen Beweisterminen benachrichtigt und können der Beweisaufnahme beiwohnen. [2]Sie können an Zeugen und Sachverständige sachdienliche Fragen richten. [3]Wird eine Frage beanstandet, so entscheidet das Gericht.

§ 84 [Zeugnisverweigerungsrecht] (1) Für das Recht zur Verweigerung des Zeugnisses und die Pflicht zur Belehrung über das Zeugnisverweigerungsrecht gelten die §§ 101 bis 103 der Abgabenordnung[3)] sinngemäß.

(2) Wer als Angehöriger zur Verweigerung des Zeugnisses berechtigt ist, kann die Ableistung des Eides verweigern.

§ 85[4)] [Hilfspflichten der Zeugen] [1]Zeugen, die nicht aus dem Gedächtnis aussagen können, haben Dokumente und Geschäftsbücher, die ihnen zur Verfügung stehen, einzusehen und, soweit nötig, Aufzeichnungen daraus zu entnehmen. [2]Die Vorschriften der § 97, §§ 99, 100, 104 der Abgabenordnung[3)] gelten sinngemäß.

§ 86[5)] [Aktenvorlage und Auskunftserteilung] (1) Behörden sind zur Vorlage von Urkunden und Akten zur Übermittlung elektronischer Dokumente und zu Auskünften verpflichtet, soweit nicht durch das Steuergeheimnis (§ 30 der Abgabenordnung)[3)] geschützte Verhältnisse Dritter unbefugt offenbart werden.

[1)] § 82 geänd. durch G v. 22.3.2005 (BGBl. I S. 837).

[2)] **Schönfelder** Nr. **100**.

[3)] Nr. **800**.

[4)] § 85 geänd. mWv 1.4.2005 durch G v. 22.3.2005 (BGBl. I S. 837); Satz 2 geänd. mWv 30.6.2013 durch G v. 26.6.2013 (BGBl. I S. 1809).

[5)] § 86 Abs. 1 und 2 geänd., Abs. 3 neu gef. mWv 1. 4. 2005 durch G v. 22.3.2005 (BGBl. I S. 837).

(2)[1] [1]Wenn das Bekanntwerden von Urkunden, elektronischer Dokumente oder Akten oder von Auskünften dem Wohle des Bundes oder eines deutschen Landes Nachteile bereiten würde oder wenn die Vorgänge aus anderen Gründen als nach Absatz 1 nach einem Gesetz oder ihrem Wesen nach geheimgehalten werden müssen, kann die zuständige oberste Aufsichtsbehörde die Vorlage von Urkunden oder Akten, die Übermittlung elektronischer Dokumente und die Erteilung der Auskünfte verweigern. [2]Satz 1 gilt in den Fällen des § 88 Absatz 3 Satz 3 und Absatz 5 Satz 4 sowie des § 156 Absatz 2 Satz 3 der Abgabenordnung entsprechend.

(3) [1]Auf Antrag eines Beteiligten stellt der Bundesfinanzhof in den Fällen der Absätze 1 und 2 ohne mündliche Verhandlung durch Beschluss fest, ob die Verweigerung der Vorlage der Urkunden oder Akten, der Übermittlung elektronischer Dokumente oder die Verweigerung der Erteilung von Auskünften rechtmäßig ist. [2]Der Antrag ist bei dem für die Hauptsache zuständigen Gericht zu stellen. [3]Auf Aufforderung des Bundesfinanzhofs hat die oberste Aufsichtsbehörde die verweigerten Dokumente oder Akten vorzulegen oder zu übermitteln oder ihm die verweigerten Auskünfte zu erteilen. [4]Sie ist zu diesem Verfahren beizuladen. [5]Das Verfahren unterliegt den Vorschriften des materiellen Geheimschutzes. [6]Können diese nicht eingehalten werden oder macht die zuständige oberste Aufsichtsbehörde geltend, dass besondere Gründe der Geheimhaltung oder des Geheimschutzes einer Übergabe oder Übermittlung der Dokumente oder der Akten an den Bundesfinanzhof entgegenstehen, wird die Vorlage nach Satz 3 dadurch bewirkt, dass die Dokumente oder Akten dem Bundesfinanzhof in von der obersten Aufsichtsbehörde bestimmten Räumlichkeiten zur Verfügung gestellt werden. [7]Für die nach Satz 3 vorgelegten oder übermittelten Dokumente oder Akten und für die gemäß Satz 6 geltend gemachten besonderen Gründe gilt § 78 nicht. [8]Die Mitglieder des Bundesfinanzhofs sind zur Geheimhaltung verpflichtet; die Entscheidungsgründe dürfen Art und Inhalt der geheim gehaltenen Dokumente oder Akten und Auskünfte nicht erkennen lassen. [9]Für das nichtrichterliche Personal gelten die Regelungen des personellen Geheimschutzes.

§ 87 [Zeugnis von Behörden] Wenn von Behörden, von Verbänden und Vertretungen von Betriebs- oder Berufszweigen, von geschäftlichen oder gewerblichen Unternehmungen, Gesellschaften oder Anstalten Zeugnis begehrt wird, ist das Ersuchen, falls nicht bestimmte Personen als Zeugen in Betracht kommen, an den Vorstand oder an die Geschäfts- oder Betriebsleitung zu richten.

§ 88 [Weiterer Grund für Ablehnung von Sachverständigen] Die Beteiligten können Sachverständige auch ablehnen, wenn von deren Heranziehung eine Verletzung eines Geschäfts- oder Betriebsgeheimnisses oder Schaden für ihre geschäftliche Tätigkeit zu befürchten ist.

---

[1] § 86 Abs. 2 Satz 2 angef., bish. Text wird Satz 1 mWv 1. 1. 2017 durch G v. 18. 7. 2016 (BGBl. I S. 1679).

§ 89[1] **[Erzwingung der Vorlage von Urkunden]** Für die Erzwingung einer gesetzlich vorgeschriebenen Vorlage von Urkunden und elektronischen Dokumenten gelten § 380 der Zivilprozessordnung[2] und § 255 der Abgabenordnung[3] sinngemäß.

§ 90 [Entscheidung grundsätzlich auf Grund mündlicher Verhandlung] (1) [1]Das Gericht entscheidet, soweit nichts anderes bestimmt ist, auf Grund mündlicher Verhandlung. [2]Entscheidungen des Gerichts, die nicht Urteile sind, können ohne mündliche Verhandlung ergehen.

(2) Mit Einverständnis der Beteiligten kann das Gericht ohne mündliche Verhandlung entscheiden.

§ 90a [Entscheidung ohne mündliche Verhandlung; Gerichtsbescheid] (1) Das Gericht kann in geeigneten Fällen ohne mündliche Verhandlung durch Gerichtsbescheid entscheiden.

(2) [1]Die Beteiligten können innerhalb eines Monats nach Zustellung des Gerichtsbescheides mündliche Verhandlung beantragen. [2]Hat das Finanzgericht in dem Gerichtsbescheid die Revision zugelassen, können sie auch Revision einlegen. [3]Wird von beiden Rechtsbehelfen Gebrauch gemacht, findet mündliche Verhandlung statt.

(3) Der Gerichtsbescheid wirkt als Urteil; wird rechtzeitig mündliche Verhandlung beantragt, gilt er als nicht ergangen.

(4) Wird mündliche Verhandlung beantragt, kann das Gericht in dem Urteil von einer weiteren Darstellung des Tatbestands und der Entscheidungsgründe absehen, soweit es der Begründung des Gerichtsbescheides folgt und dies in seiner Entscheidung feststellt.

§ 91 [Ladung der Beteiligten] (1) [1]Sobald der Termin zur mündlichen Verhandlung bestimmt ist, sind die Beteiligten mit einer Ladungsfrist von mindestens zwei Wochen, beim Bundesfinanzhof von mindestens vier Wochen, zu laden. [2]In dringenden Fällen kann der Vorsitzende die Frist abkürzen.

(2) Bei der Ladung ist darauf hinzuweisen, dass beim Ausbleiben eines Beteiligten auch ohne ihn verhandelt und entschieden werden kann.

(3) Das Gericht kann Sitzungen auch außerhalb des Gerichtssitzes abhalten, wenn dies zur sachdienlichen Erledigung notwendig ist.

(4) § 227 Abs. 3 Satz 1 der Zivilprozessordnung[2] ist nicht anzuwenden.

§ 91a[4] **[Übertragung der mündlichen Verhandlung]** (1) [1]Das Gericht kann den Beteiligten, ihren Bevollmächtigten und Beiständen auf Antrag oder von Amts wegen gestatten, sich während einer mündlichen Verhandlung an einem anderen Ort aufzuhalten und dort Verfahrenshandlungen vorzuneh-

---

[1] § 89 geänd. mWv 1. 4. 2005 durch G v. 22.3.2005 (BGBl. I S. 837).

[2] **Schönfelder** Nr. **100**.

[3] Nr. **800**.

[4] § 91a neu gef. mWv 1.11.2013 durch G v. 25.4.2013 (BGBl. I S. 935).

men. [2]Die Verhandlung wird zeitgleich in Bild und Ton an diesen Ort und in das Sitzungszimmer übertragen.

(2) [1]Das Gericht kann auf Antrag gestatten, dass sich ein Zeuge, ein Sachverständiger oder ein Beteiligter während einer Vernehmung an einem anderen Ort aufhält. [2]Die Vernehmung wird zeitgleich in Bild und Ton an diesen Ort und in das Sitzungszimmer übertragen. [3]Ist Beteiligten, Bevollmächtigten und Beiständen nach Absatz 1 Satz 1 gestattet worden, sich an einem anderen Ort aufzuhalten, so wird die Vernehmung auch an diesen Ort übertragen.

(3) [1]Die Übertragung wird nicht aufgezeichnet. [2]Entscheidungen nach Absatz 1 Satz 1 und Absatz 2 Satz 1 sind unanfechtbar.

(4) Die Absätze 1 und 3 gelten entsprechend für Erörterungstermine (§ 79 Absatz 1 Satz 2 Nummer 1).

§ 92 [Gang der Verhandlung] (1) Der Vorsitzende eröffnet und leitet die mündliche Verhandlung.

(2) Nach Aufruf der Sache trägt der Vorsitzende oder der Berichterstatter den wesentlichen Inhalt der Akten vor.

(3) Hierauf erhalten die Beteiligten das Wort, um ihre Anträge zu stellen und zu begründen.

§ 93 [Erörterung der Streitsache] (1) Der Vorsitzende hat die Streitsache mit den Beteiligten tatsächlich und rechtlich zu erörtern.

(2) [1]Der Vorsitzende hat jedem Mitglied des Gerichts auf Verlangen zu gestatten, Fragen zu stellen. [2]Wird eine Frage beanstandet, so entscheidet das Gericht.

(3) [1]Nach Erörterung der Streitsache erklärt der Vorsitzende die mündliche Verhandlung für geschlossen. [2]Das Gericht kann die Wiedereröffnung beschließen.

§ 93a[1)] *(aufgehoben)*

§ 94[2)] **[Niederschrift]** Für das Protokoll gelten die §§ 159 bis 165 der Zivilprozessordnung[3)] entsprechend.

§ 94a [Verfahren nach billigem Ermessen] [1]Das Gericht kann sein Verfahren nach billigem Ermessen bestimmen, wenn der Streitwert bei einer Klage, die eine Geldleistung oder einen hierauf gerichteten Verwaltungsakt betrifft, fünfhundert Euro[4)] nicht übersteigt. [2]Auf Antrag eines Beteiligten muss mündlich verhandelt werden. [3]Das Gericht entscheidet über die Klage durch Urteil; § 76 über den Untersuchungsgrundsatz und § 79a Abs. 2, § 90a über den Gerichtsbescheid bleiben unberührt.

---

1) § 93a aufgeh. mWv 1.11.2013 durch G v. 25.4.2013 (BGBl. I S. 935).
2) § 94 geänd. mWv 1.1.2018 durch G v. 5.7.2017 (BGBl. I S. 2208).
3) **Schönfelder** Nr. **100**.
4) Betrag geänd. mWv 1.1.2002 durch G v. 19.12.2000 (BGBl. I S. 1757).

Abschnitt IV. Urteile und andere Entscheidungen

§ 95 [Urteil] Über die Klage wird, soweit nichts anderes bestimmt ist, durch Urteil entschieden.

§ 96 [Freie Beweiswürdigung, notwendiger Inhalt des Urteils]

(1) 1 Das Gericht entscheidet nach seiner freien, aus dem Gesamtergebnis des Verfahrens gewonnenen Überzeugung; die §§ 158, 160, 162 der Abgabenordnung[1] gelten sinngemäß. 2 Das Gericht darf über das Klagebegehren nicht hinausgehen, ist aber an die Fassung der Anträge nicht gebunden. 3 In dem Urteil sind die Gründe anzugeben, die für die richterliche Überzeugung leitend gewesen sind.

(2) Das Urteil darf nur auf Tatsachen und Beweisergebnisse gestützt werden, zu denen die Beteiligten sich äußern konnten.

§ 97 [Zwischenurteil über Zulässigkeit der Klage] Über die Zulässigkeit der Klage kann durch Zwischenurteil vorab entschieden werden.

§ 98 [Teilurteil] Ist nur ein Teil des Streitgegenstands zur Entscheidung reif, so kann das Gericht ein Teilurteil erlassen.

§ 99 [Vorabentscheidung über den Grund] (1) Ist bei einer Leistungsklage oder einer Anfechtungsklage gegen einen Verwaltungsakt ein Anspruch nach Grund und Betrag strittig, so kann das Gericht durch Zwischenurteil über den Grund vorab entscheiden.

(2) Das Gericht kann durch Zwischenurteil über eine entscheidungserhebliche Sach- oder Rechtsfrage vorab entscheiden, wenn dies sachdienlich ist und nicht der Kläger oder der Beklagte widerspricht.

§ 100 [Aufhebung angefochtener Verwaltungsakte durch Urteil]

(1) 1 Soweit ein angefochtener Verwaltungsakt rechtswidrig und der Kläger dadurch in seinen Rechten verletzt ist, hebt das Gericht den Verwaltungsakt und die etwaige Entscheidung über den außergerichtlichen Rechtsbehelf auf; die Finanzbehörde ist an die rechtliche Beurteilung gebunden, die der Aufhebung zugrunde liegt, an die tatsächliche so weit, als nicht neu bekannt werdende Tatsachen und Beweismittel eine andere Beurteilung rechtfertigen. 2 Ist der Verwaltungsakt schon vollzogen, so kann das Gericht auf Antrag auch aussprechen, dass und wie die Finanzbehörde die Vollziehung rückgängig zu machen hat. 3 Dieser Ausspruch ist nur zulässig, wenn die Behörde dazu in der Lage und diese Frage spruchreif ist. 4 Hat sich der Verwaltungsakt vorher durch Zurücknahme oder anders erledigt, so spricht das Gericht auf Antrag durch Urteil aus, dass der Verwaltungsakt rechtswidrig gewesen ist, wenn der Kläger ein berechtigtes Interesse an dieser Feststellung hat.

---

[1] Nr. **800**.

(2) 1 Begehrt der Kläger die Änderung eines Verwaltungsakts, der einen Geldbetrag festsetzt oder eine darauf bezogene Feststellung trifft, kann das Gericht den Betrag in anderer Höhe festsetzen oder die Feststellung durch eine andere ersetzen. 2 Erfordert die Ermittlung des festzusetzenden oder festzustellenden Betrags einen nicht unerheblichen Aufwand, kann das Gericht die Änderung des Verwaltungsakts durch Angabe der zu Unrecht berücksichtigten oder nicht berücksichtigten tatsächlichen oder rechtlichen Verhältnisse so bestimmen, dass die Behörde den Betrag auf Grund der Entscheidung errechnen kann. 3 Die Behörde teilt den Beteiligten das Ergebnis der Neuberechnung unverzüglich formlos mit; nach Rechtskraft der Entscheidung ist der Verwaltungsakt mit dem geänderten Inhalt neu bekannt zu geben.

(3) 1 Hält das Gericht eine weitere Sachaufklärung für erforderlich, kann es, ohne in der Sache selbst zu entscheiden, den Verwaltungsakt und die Entscheidung über den außergerichtlichen Rechtsbehelf aufheben, soweit nach Art oder Umfang die noch erforderlichen Ermittlungen erheblich sind und die Aufhebung auch unter Berücksichtigung der Belange der Beteiligten sachdienlich ist. 2 Satz 1 gilt nicht, soweit der Steuerpflichtige seiner Erklärungspflicht nicht nachgekommen ist und deshalb die Besteuerungsgrundlagen geschätzt worden sind. 3 Auf Antrag kann das Gericht bis zum Erlass des neuen Verwaltungsakts eine einstweilige Regelung treffen, insbesondere bestimmen, dass Sicherheiten geleistet werden oder ganz oder zum Teil bestehen bleiben und Leistungen zunächst nicht zurückgewährt werden müssen. 4 Der Beschluss kann jederzeit geändert oder aufgehoben werden. 5 Eine Entscheidung nach Satz 1 kann nur binnen sechs Monaten seit Eingang der Akten der Behörde bei Gericht ergehen.

(4) Kann neben der Aufhebung eines Verwaltungsakts eine Leistung verlangt werden, so ist im gleichen Verfahren auch die Verurteilung zur Leistung zulässig.

§ 101 [Urteil auf Erlass eines Verwaltungsakts] 1 Soweit die Ablehnung oder Unterlassung eines Verwaltungsakts rechtswidrig und der Kläger dadurch in seinen Rechten verletzt ist, spricht das Gericht die Verpflichtung der Finanzbehörde aus, den begehrten Verwaltungsakt zu erlassen, wenn die Sache spruchreif ist. 2 Andernfalls spricht es die Verpflichtung aus, den Kläger unter Beachtung der Rechtsauffassung des Gerichts zu bescheiden.

§ 102[1] [Nachprüfung des Ermessensgebrauchs] 1 Soweit die Finanzbehörde ermächtigt ist, nach ihrem Ermessen zu handeln oder zu entscheiden, prüft das Gericht auch, ob der Verwaltungsakt oder die Ablehnung oder Unterlassung des Verwaltungsakts rechtswidrig ist, weil die gesetzlichen Grenzen des Ermessens überschritten sind oder von dem Ermessen in einer dem Zweck der Ermächtigung nicht entsprechenden Weise Gebrauch gemacht ist. 2 Die Finanzbehörde kann ihre Ermessenserwägungen hinsichtlich des Verwaltungsaktes bis zum Abschluss der Tatsacheninstanz eines finanzgerichtlichen Verfahrens ergänzen.

---

[1] § 102 Satz 2 angef. mWv 23.12.2001 durch G v. 20.12.2001 (BGBl. I S. 3794).

§ 103 [Am Urteil beteiligte Richter] Das Urteil kann nur von den Richtern und ehrenamtlichen Richtern gefällt werden, die an der dem Urteil zugrunde liegenden Verhandlung teilgenommen haben.

§ 104[1)] [Verkündung und Zustellung des Urteils] (1) [1]Das Urteil wird, wenn eine mündliche Verhandlung stattgefunden hat, in der Regel in dem Termin, in dem die mündliche Verhandlung geschlossen wird, verkündet, in besonderen Fällen in einem sofort anzuberaumenden Termin, der nicht über zwei Wochen hinaus angesetzt werden soll. [2]Das Urteil wird durch Verlesung der Formel verkündet; es ist den Beteiligten zuzustellen.

(2) Statt der Verkündung ist die Zustellung des Urteils zulässig; dann ist das Urteil binnen zwei Wochen nach der mündlichen Verhandlung der Geschäftsstelle zu übermitteln.

(3) Entscheidet das Gericht ohne mündliche Verhandlung, so wird die Verkündung durch Zustellung an die Beteiligten ersetzt.

§ 105[2)] [Urteilsform] (1) [1]Das Urteil ergeht im Namen des Volkes. [2]Es ist schriftlich abzufassen und von den Richtern, die bei der Entscheidung mitgewirkt haben, zu unterzeichnen. [3]Ist ein Richter verhindert, seine Unterschrift beizufügen, so wird dies mit dem Hinderungsgrund vom Vorsitzenden oder, wenn er verhindert ist, vom dienstältesten beisitzenden Richter unter dem Urteil vermerkt. [4]Der Unterschrift der ehrenamtlichen Richter bedarf es nicht.

(2) Das Urteil enthält

1. die Bezeichnung der Beteiligten, ihrer gesetzlichen Vertreter und der Bevollmächtigten nach Namen, Beruf, Wohnort und ihrer Stellung im Verfahren,
2. die Bezeichnung des Gerichts und die Namen der Mitglieder, die bei der Entscheidung mitgewirkt haben,
3. die Urteilsformel,
4. den Tatbestand,
5. die Entscheidungsgründe,
6. die Rechtsmittelbelehrung.

(3) [1]Im Tatbestand ist der Sach- und Streitstand unter Hervorhebung der gestellten Anträge seinem wesentlichen Inhalt nach gedrängt darzustellen. [2]Wegen der Einzelheiten soll auf Schriftsätze, Protokolle und andere Unterlagen verwiesen werden, soweit sich aus ihnen der Sach- und Streitstand ausreichend ergibt.

(4) [1]Ein Urteil, das bei der Verkündung noch nicht vollständig abgefasst war, ist vor Ablauf von zwei Wochen, vom Tag der Verkündung an gerechnet, vollständig abgefasst der Geschäftsstelle zu übermitteln. [2]Kann dies ausnahms-

---

1) § 104 Abs. 2 geänd. mWv 1.4.2005 durch G v. 22.3.2005 (BGBl. I S. 837).

2) § 105 Abs. 4 geänd., Abs. 6 Sätze 2 und 3 angef. mWv 1.4.2005 durch G v. 22.3.2005 (BGBl. I S. 837).

weise nicht geschehen, so ist innerhalb dieser zwei Wochen das von den Richtern unterschriebene Urteil ohne Tatbestand, Entscheidungsgründe und Rechtsmittelbelehrung der Geschäftsstelle zu übermitteln. 3 Tatbestand, Entscheidungsgründe und Rechtsmittelbelehrung sind alsbald nachträglich niederzulegen, von den Richtern besonders zu unterschreiben und der Geschäftsstelle zu übermitteln.

(5) Das Gericht kann von einer weiteren Darstellung der Entscheidungsgründe absehen, soweit es der Begründung des Verwaltungsakts oder der Entscheidung über den außergerichtlichen Rechtsbehelf folgt und dies in seiner Entscheidung feststellt.

(6) 1 Der Urkundsbeamte der Geschäftsstelle hat auf dem Urteil den Tag der Zustellung und im Fall des § 104 Abs. 1 Satz 1 den Tag der Verkündung zu vermerken und diesen Vermerk zu unterschreiben. 2 Werden die Akten elektronisch geführt, hat der Urkundsbeamte der Geschäftsstelle den Vermerk in einem gesonderten Dokument festzuhalten. 3 Das Dokument ist mit dem Urteil untrennbar zu verbinden.

§ 106 [Gerichtsbescheide] Die §§ 104 und 105 gelten für Gerichtsbescheide sinngemäß.

§ 107[1] [Berichtigung des Urteils] (1) Schreibfehler, Rechenfehler und ähnliche offenbare Unrichtigkeiten im Urteil sind jederzeit vom Gericht zu berichtigen.

(2) 1 Über die Berichtigung kann ohne mündliche Verhandlung entschieden werden. 2 Der Berichtigungsbeschluss wird auf dem Urteil und den Ausfertigungen vermerkt. 3 Ist das Urteil elektronisch abgefasst, ist auch der Beschluss elektronisch abzufassen und mit dem Urteil untrennbar zu verbinden.

§ 108[1] [Berichtigung des Tatbestands] (1) Enthält der Tatbestand des Urteils andere Unrichtigkeiten oder Unklarheiten, so kann die Berichtigung binnen zwei Wochen nach Zustellung des Urteils beantragt werden.

(2) 1 Das Gericht entscheidet ohne Beweisaufnahme durch Beschluss. 2 Der Beschluss ist unanfechtbar. 3 Bei der Entscheidung wirken nur die Richter mit, die beim Urteil mitgewirkt haben. 4 Ist ein Richter verhindert, so gibt bei Stimmengleichheit die Stimme des Vorsitzenden den Ausschlag. 5 Der Berichtigungsbeschluss wird auf dem Urteil und den Ausfertigungen vermerkt. 6 Ist das Urteil elektronisch abgefasst, ist auch der Beschluss elektronisch abzufassen und mit dem Urteil untrennbar zu verbinden.

§ 109 [Nachträgliche Ergänzung eines Urteils] (1) Wenn ein nach dem Tatbestand von einem Beteiligten gestellter Antrag oder die Kostenfolge bei der Entscheidung ganz oder zum Teil übergangen ist, so ist auf Antrag das Urteil durch nachträgliche Entscheidung zu ergänzen.

---

[1] §§ 107 Abs. 2 Satz 3, 108 angef. mWv 1.4.2005 durch G v. 22.3.2005 (BGBl. I S. 837).

(2)[1] [1]Die Entscheidung muss binnen zwei Wochen nach Zustellung des Urteils beantragt werden. [2]Die mündliche Verhandlung hat nur den nicht erledigten Teil des Rechtsstreits zum Gegenstand. [3]Von der Durchführung einer mündlichen Verhandlung kann abgesehen werden, wenn mit der Ergänzung des Urteils nur über einen Nebenanspruch oder über die Kosten entschieden werden soll und wenn die Bedeutung der Sache keine mündliche Verhandlung erfordert.

(Fortsetzung nächstes Blatt)

---

[1] § 109 Abs. 2 Satz 3 angef. mWv 1.1.2020 durch G v. 12.12.2019 (BGBl. I S. 2633).

§ 110 [Rechtskraftwirkung der Urteile] (1) [1]Rechtskräftige Urteile binden, soweit über den Streitgegenstand entschieden worden ist,

1. die Beteiligten und ihre Rechtsnachfolger,
2. in den Fällen des § 48 Abs. 1 Nr. 1 die nicht klageberechtigten Gesellschafter oder Gemeinschafter und
3. im Fall des § 60a die Personen, die einen Antrag auf Beiladung nicht oder nicht fristgemäß gestellt haben.

[2]Die gegen eine Finanzbehörde ergangenen Urteile wirken auch gegenüber der öffentlich-rechtlichen Körperschaft, der die beteiligte Finanzbehörde angehört.

(2) Die Vorschriften der Abgabenordnung und anderer Steuergesetze über die Rücknahme, Widerruf, Aufhebung und Änderung von Verwaltungsakten sowie über die Nachforderung von Steuern bleiben unberührt, soweit sich aus Absatz 1 Satz 1 nichts anderes ergibt.

§§ 111 und 112. (weggefallen)

§ 113 [Beschlüsse] (1) Für Beschlüsse gelten § 96 Abs. 1 Satz 1 und 2, § 105 Abs. 2 Nr. 6, §§ 107 bis 109 sinngemäß.

(2) [1]Beschlüsse sind zu begründen, wenn sie durch Rechtsmittel angefochten werden können oder über einen Rechtsbehelf entscheiden. [2]Beschlüsse über die Aussetzung der Vollziehung (§ 69 Abs. 3 und 5) und über einstweilige Anordnungen (§ 114 Abs. 1), Beschlüsse nach Erledigung des Rechtsstreits in der Hauptsache (§ 138) sowie Beschlüsse, in denen ein Antrag auf Bewilligung von Prozesskostenhilfe zurückgewiesen wird (§ 142), sind stets zu begründen. [3]Beschlüsse, die über ein Rechtsmittel entscheiden, bedürfen keiner weiteren Begründung, soweit das Gericht das Rechtsmittel aus den Gründen der angefochtenen Entscheidung als unbegründet zurückweist.

§ 114 [Einstweilige Anordnungen] (1) [1]Auf Antrag kann das Gericht, auch schon vor Klageerhebung, eine einstweilige Anordnung in Bezug auf den Streitgegenstand treffen, wenn die Gefahr besteht, dass durch eine Veränderung des bestehenden Zustands die Verwirklichung eines Rechts des Antragstellers vereitelt oder wesentlich erschwert werden könnte. [2]Einstweilige Anordnungen sind auch zur Regelung eines vorläufigen Zustands in Bezug auf ein streitiges Rechtsverhältnis zulässig, wenn diese Regelung, vor allem bei dauernden Rechtsverhältnissen, um wesentliche Nachteile abzuwenden oder drohende Gewalt zu verhindern oder aus anderen Gründen nötig erscheint.

(2) [1]Für den Erlass einstweiliger Anordnungen ist das Gericht der Hauptsache zuständig. [2]Dies ist das Gericht des ersten Rechtszugs. [3]In dringenden Fällen kann der Vorsitzende entscheiden.

(3) Für den Erlass einstweiliger Anordnungen gelten die §§ 920, 921, 923, 926, 928 bis 932, 938, 939, 941 und 945 der Zivilprozessordnung[1] sinngemäß.

---

[1] **Schönfelder** Nr. **100.**

(4) Das Gericht entscheidet durch Beschluss.

(5) Die Vorschriften der Absätze 1 bis 3 gelten nicht für die Fälle des § 69.

Abschnitt V. Rechtsmittel und Wiederaufnahme des Verfahrens

Unterabschnitt 1. Revision

§ 115 [Zulassung der Revision] (1) Gegen das Urteil des Finanzgerichts (§ 36 Nr. 1) steht den Beteiligten die Revision an den Bundesfinanzhof zu, wenn das Finanzgericht oder auf Beschwerde gegen die Nichtzulassung der Bundesfinanzhof sie zugelassen hat.

(2) Die Revision ist nur zuzulassen, wenn

1. die Rechtssache grundsätzliche Bedeutung hat,
2. die Fortbildung des Rechts oder die Sicherung einer einheitlichen Rechtsprechung eine Entscheidung des Bundesfinanzhofs erfordert oder
3. ein Verfahrensmangel geltend gemacht wird und vorliegt, auf dem die Entscheidung beruhen kann.

(3) Der Bundesfinanzhof ist an die Zulassung gebunden.

§ 116 [Nichtzulassungsbeschwerde] (1) Die Nichtzulassung der Revision kann durch Beschwerde angefochten werden.

(2)[1] [1]Die Beschwerde ist innerhalb eines Monats nach Zustellung des vollständigen Urteils bei dem Bundesfinanzhof einzulegen. [2]Sie muss das angefochtene Urteil bezeichnen. [3]Der Beschwerdeschrift soll eine Ausfertigung oder Abschrift des Urteils, gegen das Revision eingelegt werden soll, beigefügt werden. [4]Satz 3 gilt nicht im Falle der elektronischen Beschwerdeeinlegung.

(3) [1]Die Beschwerde ist innerhalb von zwei Monaten nach der Zustellung des vollständigen Urteils zu begründen. [2]Die Begründung ist bei dem Bundesfinanzhof einzureichen. [3]In der Begründung müssen die Voraussetzungen des § 115 Abs. 2 dargelegt werden. [4]Die Begründungsfrist kann von dem Vorsitzenden auf einen vor ihrem Ablauf gestellten Antrag um einen weiteren Monat verlängert werden.

(4) Die Einlegung der Beschwerde hemmt die Rechtskraft des Urteils.

(5) [1]Der Bundesfinanzhof entscheidet über die Beschwerde durch Beschluss. [2]Der Beschluss soll kurz begründet werden; von einer Begründung kann abgesehen werden, wenn sie nicht geeignet ist, zur Klärung der Voraussetzungen beizutragen, unter denen eine Revision zuzulassen ist, oder wenn der Beschwerde stattgegeben wird. [3]Mit der Ablehnung der Beschwerde durch den Bundesfinanzhof wird das Urteil rechtskräftig.

---

[1] § 116 Abs. 2 Satz 4 angef. mWv 1.1.2018 durch G v. 5.7.2017 (BGBl. I S. 2208).

(6) Liegen die Voraussetzungen des § 115 Abs. 2 Nr. 3 vor, kann der Bundesfinanzhof in dem Beschluss das angefochtene Urteil aufheben und den Rechtsstreit zur anderweitigen Verhandlung und Entscheidung zurückverweisen.

(7) [1]Wird der Beschwerde gegen die Nichtzulassung der Revision stattgegeben, so wird das Beschwerdeverfahren als Revisionsverfahren fortgesetzt, wenn nicht der Bundesfinanzhof das angefochtene Urteil nach Absatz 6 aufhebt; der Einlegung einer Revision durch den Beschwerdeführer bedarf es nicht. [2]Mit der Zustellung der Entscheidung beginnt für den Beschwerdeführer die Revisionsbegründungsfrist, für die übrigen Beteiligten die Revisions- und die Revisionsbegründungsfrist. [3]Auf Satz 1 und 2 ist in dem Beschluss hinzuweisen.

§ 117 (weggefallen)

§ 118 [Revisionsgründe] (1) [1]Die Revision kann nur darauf gestützt werden, dass das angefochtene Urteil auf der Verletzung von Bundesrecht beruhe. [2]Soweit im Fall des § 33 Abs. 1 Nr. 4 die Vorschriften dieses Unterabschnitts durch Landesgesetz für anwendbar erklärt werden, kann die Revision auch darauf gestützt werden, dass das angefochtene Urteil auf der Verletzung von Landesrecht beruhe.

(2) Der Bundesfinanzhof ist an die in dem angefochtenen Urteil getroffenen tatsächlichen Feststellungen gebunden, es sei denn, dass in bezug auf diese Feststellungen zulässige und begründete Revisionsgründe vorgebracht sind.

(3) [1]Wird die Revision auf Verfahrensmängel gestützt und liegt nicht zugleich eine der Voraussetzungen des § 115 Abs. 2 Nr. 1 und 2 vor, so ist nur über die geltend gemachten Verfahrensmängel zu entscheiden. [2]Im Übrigen ist der Bundesfinanzhof an die geltend gemachten Revisionsgründe nicht gebunden.

§ 119 [Fälle der Verletzung von Bundesrecht] Ein Urteil ist stets als auf der Verletzung von Bundesrecht beruhend anzusehen, wenn

1. das erkennende Gericht nicht vorschriftsmäßig besetzt war,
2. bei der Entscheidung ein Richter mitgewirkt hat, der von der Ausübung des Richteramts kraft Gesetzes ausgeschlossen oder wegen Besorgnis der Befangenheit mit Erfolg abgelehnt war,
3. einem Beteiligten das rechtliche Gehör versagt war,
4. ein Beteiligter im Verfahren nicht nach Vorschrift des Gesetzes vertreten war, außer wenn er der Prozessführung ausdrücklich oder stillschweigend zugestimmt hat,
5. das Urteil auf eine mündliche Verhandlung ergangen ist, bei der die Vorschriften über die Öffentlichkeit des Verfahrens verletzt worden sind, oder
6. die Entscheidung nicht mit Gründen versehen ist.

§ 120[1)] [Einlegung der Revision] (1) [1]Die Revision ist bei dem Bundesfinanzhof innerhalb eines Monats nach Zustellung des vollständigen Urteils schriftlich einzulegen. [2]Die Revision muss das angefochtene Urteil bezeich-

1) § 120 Abs. 1 Satz 4 angef. mWv 1.4.2005 durch G v. 22.3.2005 (BGBl. I S. 837).

nen. 3Eine Ausfertigung oder Abschrift des Urteils soll beigefügt werden, sofern dies nicht schon nach § 116 Abs. 2 Satz 3 geschehen ist. 4Satz 3 gilt nicht im Falle der elektronischen Revisionseinlegung.

(2) 1Die Revision ist innerhalb von zwei Monaten nach Zustellung des vollständigen Urteils zu begründen; im Fall des § 116 Abs. 7 beträgt die Begründungsfrist für den Beschwerdeführer einen Monat nach Zustellung des Beschlusses über die Zulassung der Revision. 2Die Begründung ist bei dem Bundesfinanzhof einzureichen. 3Die Frist kann auf einen vor ihrem Ablauf gestellten Antrag von dem Vorsitzenden verlängert werden.

(3) Die Begründung muss enthalten:

1. die Erklärung, inwieweit das Urteil angefochten und dessen Aufhebung beantragt wird (Revisionsanträge);
2. die Angabe der Revisionsgründe, und zwar
   a) die bestimmte Bezeichnung der Umstände, aus denen sich die Rechtsverletzung ergibt;
   b) soweit die Revision darauf gestützt wird, dass das Gesetz in Bezug auf das Verfahren verletzt sei, die Bezeichnung der Tatsachen, die den Mangel ergeben.

§ 121 [Verfahrensvorschriften] 1Für das Revisionsverfahren gelten die Vorschriften über das Verfahren im ersten Rechtszug und die Vorschriften über Urteile und andere Entscheidungen entsprechend, soweit sich aus den Vorschriften über die Revision nichts anderes ergibt. 2§ 79a über die Entscheidung durch den vorbereitenden Richter und § 94a über das Verfahren nach billigem Ermessen sind nicht anzuwenden. 3Erklärungen und Beweismittel, die das Finanzgericht nach § 79b zu Recht zurückgewiesen hat, bleiben auch im Revisionsverfahren ausgeschlossen.

§ 122 [Beteiligte am Revisionsverfahren] (1) Beteiligter am Verfahren über die Revision ist, wer am Verfahren über die Klage beteiligt war.

(2) 1Betrifft das Verfahren eine auf Bundesrecht beruhende Abgabe oder eine Rechtsstreitigkeit über Bundesrecht, so kann das Bundesministerium der Finanzen dem Verfahren beitreten. 2Betrifft das Verfahren eine von den Landesfinanzbehörden verwaltete Abgabe oder eine Rechtsstreitigkeit über Landesrecht, so steht dieses Recht auch der zuständigen obersten Landesbehörde zu. 3Der Senat kann die zuständigen Stellen zum Beitritt auffordern. 4Mit ihrem Beitritt erlangt die Behörde die Rechtsstellung eines Beteiligten.

§ 123 [Unzulässigkeit der Klageänderung] (1) 1Klageänderungen und Beiladungen sind im Revisionsverfahren unzulässig. 2Das gilt nicht für Beiladungen nach § 60 Abs. 3 Satz 1.

(2) 1Ein im Revisionsverfahren nach § 60 Abs. 3 Satz 1 Beigeladener kann Verfahrensmängel nur innerhalb von zwei Monaten nach Zustellung des Beiladungsbeschlusses rügen. 2Die Frist kann auf einen vor ihrem Ablauf gestellten Antrag von dem Vorsitzenden verlängert werden.

§ 124 [Prüfung der Zulässigkeit der Revision] (1) [1]Der Bundesfinanzhof prüft, ob die Revision statthaft und ob sie in der gesetzlichen Form und Frist eingelegt und begründet worden ist. [2]Mangelt es an einem dieser Erfordernisse, so ist die Revision unzulässig.

(2) Der Beurteilung der Revision unterliegen auch diejenigen Entscheidungen, die dem Endurteil vorausgegangen sind, sofern sie nicht nach den Vorschriften dieses Gesetzes unanfechtbar sind.

§ 125 [Rücknahme der Revision] (1) [1]Die Revision kann bis zur Rechtskraft des Urteils zurückgenommen werden. [2]Nach Schluss der mündlichen Verhandlung, bei Verzicht auf die mündliche Verhandlung und nach Ergehen eines Gerichtsbescheides ist die Rücknahme nur mit Einwilligung des Revisionsbeklagten möglich.

(2) Die Zurücknahme bewirkt den Verlust des eingelegten Rechtsmittels.

§ 126 [Entscheidung über die Revision] (1) Ist die Revision unzulässig, so verwirft der Bundesfinanzhof sie durch Beschluss.

(2) Ist die Revision unbegründet, so weist der Bundesfinanzhof sie zurück.

(3) [1]Ist die Revision begründet, so kann der Bundesfinanzhof

1. in der Sache selbst entscheiden oder
2. das angefochtene Urteil aufheben und die Sache zur anderweitigen Verhandlung und Entscheidung zurückverweisen.

[2]Der Bundesfinanzhof verweist den Rechtsstreit zurück, wenn der in dem Revisionsverfahren nach § 123 Abs. 1 Satz 2 Beigeladene ein berechtigtes Interesse daran hat.

(4) Ergeben die Entscheidungsgründe zwar eine Verletzung des bestehenden Rechts, stellt sich die Entscheidung selbst aber aus anderen Gründen als richtig dar, so ist die Revision zurückzuweisen.

(5) Das Gericht, an das die Sache zur anderweitigen Verhandlung und Entscheidung zurückverwiesen ist, hat seiner Entscheidung die rechtliche Beurteilung des Bundesfinanzhofs zugrunde zu legen.

(6) [1]Die Entscheidung über die Revision bedarf keiner Begründung, soweit der Bundesfinanzhof Rügen von Verfahrensmängeln nicht für durchgreifend erachtet. [2]Das gilt nicht für Rügen nach § 119 und, wenn mit der Revision ausschließlich Verfahrensmängel geltend gemacht werden, für Rügen, auf denen die Zulassung der Revision beruht.

§ 126a [Unbegründete Revision] [1]Der Bundesfinanzhof kann über die Revision in der Besetzung von fünf Richtern durch Beschluss entscheiden, wenn er einstimmig die Revision für unbegründet und eine mündliche Verhandlung nicht für erforderlich hält. [2]Die Beteiligten sind vorher zu hören. [3]Der Beschluss soll eine kurze Begründung enthalten; dabei sind die Voraussetzungen dieses Verfahrens festzustellen. [4]§ 126 Abs. 6 gilt entsprechend.

§ 127 [Zurückverweisung] Ist während des Revisionsverfahrens ein neuer oder geänderter Verwaltungsakt Gegenstand des Verfahrens geworden (§§ 68,

123 Satz 2), so kann der Bundesfinanzhof das angefochtene Urteil aufheben und die Sache zur anderweitigen Verhandlung und Entscheidung an das Finanzgericht zurückverweisen.

Unterabschnitt 2. Beschwerde, Erinnerung, Anhörungsrüge[1)]

§ 128 [Statthaftigkeit der Beschwerde] (1) Gegen die Entscheidungen des Finanzgerichts, des Vorsitzenden oder des Berichterstatters, die nicht Urteile oder Gerichtsbescheide sind, steht den Beteiligten und den sonst von der Entscheidung Betroffenen die Beschwerde an den Bundesfinanzhof zu, soweit nicht in diesem Gesetz etwas anderes bestimmt ist.

(2) Prozessleitende Verfügungen, Aufklärungsanordnungen, Beschlüsse über die Vertagung oder die Bestimmung einer Frist, Beweisbeschlüsse, Beschlüsse nach den §§ 91 a und 93 a, Beschlüsse über die Ablehnung von Beweisanträgen, über Verbindung und Trennung von Verfahren und Ansprüchen und über die Ablehnung von Gerichtspersonen, Sachverständigen und Dolmetschern, Einstellungsbeschlüsse nach Klagerücknahme sowie Beschlüsse im Verfahren der Prozesskostenhilfe können nicht mit der Beschwerde angefochten werden.

(3) [1]Gegen die Entscheidung über die Aussetzung der Vollziehung nach § 69 Abs. 3 und 5 und über einstweilige Anordnungen nach § 114 Abs. 1 steht den Beteiligten die Beschwerde nur zu, wenn sie in der Entscheidung zugelassen worden ist. [2]Für die Zulassung gilt § 115 Abs. 2 entsprechend.

(4) [1]In Streitigkeiten über Kosten ist die Beschwerde nicht gegeben. [2]Das gilt nicht für die Beschwerde gegen die Nichtzulassung der Revision.

§ 129[2)] [Einlegung der Beschwerde] (1) Die Beschwerde ist beim Finanzgericht schriftlich oder zu Protokoll des Urkundsbeamten der Geschäftsstelle innerhalb von zwei Wochen nach Bekanntgabe der Entscheidung einzulegen.

(2) Die Beschwerdefrist ist auch gewahrt, wenn die Beschwerde innerhalb der Frist beim Bundesfinanzhof eingeht.

§ 130 [Abhilfe oder Vorlage beim BFH] (1) Hält das Finanzgericht, der Vorsitzende oder der Berichterstatter, dessen Entscheidung angefochten wird, die Beschwerde für begründet, so ist ihr abzuhelfen; sonst ist sie unverzüglich dem Bundesfinanzhof vorzulegen.

(2) Das Finanzgericht soll die Beteiligten von der Vorlage der Beschwerde in Kenntnis setzen.

§ 131 [Aufschiebende Wirkung der Beschwerde] (1) [1]Die Beschwerde hat nur dann aufschiebende Wirkung, wenn sie die Festsetzung eines Ordnungs- oder Zwangsmittels zum Gegenstand hat. [2]Das Finanzgericht, der Vorsitzende oder der Berichterstatter, dessen Entscheidung angefochten wird, kann auch sonst bestimmen, dass die Vollziehung der angefochtenen Entscheidung einstweilen auszusetzen ist.

---

1) Überschrift neu gef. durch G v. 9.12.2004 (BGBl. I S. 3220).
2) § 129 Abs. 1 geänd. mWv 1.1.2018 durch G v. 5.7.2017 (BGBl. I S. 2208).

(2) Die §§ 178 und 181 Abs. 2 des Gerichtsverfassungsgesetzes[1]) bleiben unberührt.

§ 132 [Entscheidung über die Beschwerde] Über die Beschwerde entscheidet der Bundesfinanzhof durch Beschluss.

§ 133[2]) **[Antrag auf Entscheidung des Gerichts]** (1) [1] Gegen die Entscheidung des beauftragten oder ersuchten Richters oder des Urkundsbeamten kann innerhalb von zwei Wochen nach Bekanntgabe die Entscheidung des Finanzgerichts beantragt werden. [2] Der Antrag ist schriftlich oder zu Protokoll des Urkundsbeamten der Geschäftsstelle des Gerichts zu stellen. [3] Die §§ 129 bis 131 gelten sinngemäß.

(2) Im Verfahren vor dem Bundesfinanzhof gilt Absatz 1 für Entscheidungen des beauftragten oder ersuchten Richters oder des Urkundsbeamten der Geschäftsstelle sinngemäß.

§ 133a[3]) **[Anhörungsrüge]** (1) [1] Auf die Rüge eines durch eine gerichtliche Entscheidung beschwerten Beteiligten ist das Verfahren fortzuführen, wenn

1. ein Rechtsmittel oder ein anderer Rechtsbehelf gegen die Entscheidung nicht gegeben ist und
2. das Gericht den Anspruch dieses Beteiligten auf rechtliches Gehör in entscheidungserheblicher Weise verletzt hat.

[2] Gegen eine der Endentscheidung vorausgehende Entscheidung findet die Rüge nicht statt.

(2)[4]) [1] Die Rüge ist innerhalb von zwei Wochen nach Kenntnis von der Verletzung des rechtlichen Gehörs zu erheben; der Zeitpunkt der Kenntniserlangung ist glaubhaft zu machen. [2] Nach Ablauf eines Jahres seit Bekanntgabe der angegriffenen Entscheidung kann die Rüge nicht mehr erhoben werden. [3] Formlos mitgeteilte Entscheidungen gelten mit dem dritten Tage nach Aufgabe zur Post als bekannt gegeben. [4] Die Rüge ist schriftlich oder zu Protokoll des Urkundsbeamten der Geschäftsstelle bei dem Gericht zu erheben, dessen Entscheidung angegriffen wird. [5] Die Rüge muss die angegriffene Entscheidung bezeichnen und das Vorliegen der in Absatz 1 Satz 1 Nr. 2 genannten Voraussetzungen darlegen.

(3) Den übrigen Beteiligten ist, soweit erforderlich, Gelegenheit zur Stellungnahme zu geben.

(4) [1] Ist die Rüge nicht statthaft oder nicht in der gesetzlichen Form oder Frist erhoben, so ist sie als unzulässig zu verwerfen. [2] Ist die Rüge unbegründet, weist das Gericht sie zurück. [3] Die Entscheidung ergeht durch unanfechtbaren Beschluss. [4] Der Beschluss soll kurz begründet werden.

(5) [1] Ist die Rüge begründet, so hilft ihr das Gericht ab, indem es das Verfahren fortführt, soweit dies aufgrund der Rüge geboten ist. [2] Das Verfahren wird in die Lage zurückversetzt, in der es sich vor dem Schluss der mündlichen Verhandlung befand. [3] In schriftlichen Verfahren tritt an die Stelle des

---

1) **Schönfelder** Nr. 95.

2) § 133 Abs. 1 Satz 2 geänd. mWv 1.1.2018 durch G v. 5.7.2017 (BGBl. I S. 2208).

3) § 133a eingef. mWv 1.1.2005 durch G v. 9.12.2004 (BGBl. I S. 3220).

4) § 133a Abs. 2 Satz 5 aufgeh. mWv 1.7.2008 durch G v. 12.12.2007 (BGBl. I S. 2840); Satz 4 geänd. mWv 1.1.2018 durch G v. 5.7.2017 (BGBl. I S. 2208).

Schlusses der mündlichen Verhandlung der Zeitpunkt, bis zu dem Schriftsätze eingereicht werden können. [4]Für den Ausspruch des Gerichts ist § 343 der Zivilprozessordnung[1)] entsprechend anzuwenden.

(6) § 131 Abs. 1 Satz 2 ist entsprechend anzuwenden.

Unterabschnitt 3. Wiederaufnahme des Verfahrens

§ 134 [Anwendbarkeit der ZPO] Ein rechtskräftig beendetes Verfahren kann nach den Vorschriften des Vierten Buchs der Zivilprozessordnung[1)] wieder aufgenommen werden.

Dritter Teil. Kosten und Vollstreckung

Abschnitt I. Kosten[2)]

§ 135 [Kostenpflichtige] (1) Der unterliegende Beteiligte trägt die Kosten des Verfahrens.

(2) Die Kosten eines ohne Erfolg eingelegten Rechtsmittels fallen demjenigen zur Last, der das Rechtsmittel eingelegt hat.

(3) Dem Beigeladenen können Kosten nur auferlegt werden, soweit er Anträge gestellt oder Rechtsmittel eingelegt hat.

(4) Die Kosten des erfolgreichen Wiederaufnahmeverfahrens können der Staatskasse auferlegt werden, soweit sie nicht durch das Verschulden eines Beteiligten entstanden sind.

(5) [1]Besteht der kostenpflichtige Teil aus mehreren Personen, so haften diese nach Kopfteilen. [2]Bei erheblicher Verschiedenheit ihrer Beteiligung kann nach Ermessen des Gerichts die Beteiligung zum Maßstab genommen werden.

§ 136 [Kompensation der Kosten] (1) [1]Wenn ein Beteiligter teils obsiegt, teils unterliegt, so sind die Kosten gegeneinander aufzuheben oder verhältnismäßig zu teilen. [2]Sind die Kosten gegeneinander aufgehoben, so fallen die Gerichtskosten jedem Teil zur Hälfte zur Last. [3]Einem Beteiligten können die Kosten ganz auferlegt werden, wenn der andere nur zu einem geringen Teil unterlegen ist.

(2) Wer einen Antrag, eine Klage, ein Rechtsmittel oder einen anderen Rechtsbehelf zurücknimmt, hat die Kosten zu tragen.

(3) Kosten, die durch einen Antrag auf Wiedereinsetzung in den vorigen Stand entstehen, fallen dem Antragsteller zur Last.

§ 137[3)] [Anderweitige Auferlegung der Kosten] [1]Einem Beteiligten können die Kosten ganz oder teilweise auch dann auferlegt werden, wenn er obsiegt hat, die Entscheidung aber auf Tatsachen beruht, die er früher hätte geltend machen oder beweisen können und sollen. [2]Kosten, die durch Verschulden eines Beteiligten entstanden sind, können diesem auferlegt werden.

---

1) **Schönfelder** Nr. 100.

2) Wegen der Berechnung der Kosten siehe §§ 3 und 34 Gerichtskostengesetz sowie Anlagen 1 und 2; abgedr. im Anschluss an die FGO.

3) § 137 Satz 3 angef. mWv 28.12.2001 durch G v. 19.12.2001 (BGBl. I S. 3922).

[3]Berücksichtigt das Gericht nach § 76 Abs. 3 Erklärungen und Beweismittel, die im Einspruchsverfahren nach § 364 b der Abgabenordnung rechtmäßig zurückgewiesen wurden, sind dem Kläger insoweit die Kosten aufzuerlegen.

§ 138[1)] **[Kostenentscheidung durch Beschluss]** (1) Ist der Rechtsstreit in der Hauptsache erledigt, so entscheidet das Gericht nach billigem Ermessen über die Kosten des Verfahrens durch Beschluss; der bisherige Sach- und Streitstand ist zu berücksichtigen.

(2) [1]Soweit ein Rechtsstreit dadurch erledigt wird, dass dem Antrag des Steuerpflichtigen durch Rücknahme oder Änderung des angefochtenen Verwaltungsakts stattgegeben oder dass im Fall der Untätigkeitsklage gemäß § 46 Abs. 1 Satz 3 Halbsatz 2 innerhalb der gesetzten Frist dem außergerichtlichen Rechtsbehelf stattgegeben oder der beantragte Verwaltungsakt erlassen wird, sind die Kosten der Behörde aufzuerlegen. [2]§ 137 gilt sinngemäß.

(3) Der Rechtsstreit ist auch in der Hauptsache erledigt, wenn der Beklagte der Erledigungserklärung des Klägers nicht innerhalb von zwei Wochen seit Zustellung des die Erledigungserklärung enthaltenden Schriftsatzes widerspricht und er vom Gericht auf diese Folge hingewiesen worden ist.

§ 139 [Erstattungsfähige Kosten] (1) Kosten sind die Gerichtskosten (Gebühren und Auslagen) und die zur zweckentsprechenden Rechtsverfolgung oder Rechtsverteidigung notwendigen Aufwendungen der Beteiligten einschließlich der Kosten des Vorverfahrens.

(2) Die Aufwendungen der Finanzbehörden sind nicht zu erstatten.

(3) [1]Gesetzlich vorgesehene Gebühren und Auslagen eines Bevollmächtigten oder Beistands, der nach den Vorschriften des Steuerberatungsgesetzes zur geschäftsmäßigen Hilfeleistung in Steuersachen befugt ist, sind stets erstattungsfähig. [2]Aufwendungen für einen Bevollmächtigten oder Beistand, für den Gebühren und Auslagen gesetzlich nicht vorgesehen sind, können bis zur Höhe der gesetzlichen Gebühren und Auslagen der Rechtsanwälte erstattet werden. [3]Soweit ein Vorverfahren geschwebt hat, sind die Gebühren und Auslagen erstattungsfähig, wenn das Gericht die Zuziehung eines Bevollmächtigten oder Beistands für das Vorverfahren für notwendig erklärt. [4]Steht der Bevollmächtigte oder Beistand in einem Angestelltenverhältnis zu einem Beteiligten, so werden die durch seine Zuziehung entstandenen Gebühren nicht erstattet.

(4) Die außergerichtlichen Kosten des Beigeladenen sind nur erstattungsfähig, wenn das Gericht sie aus Billigkeit der unterliegenden Partei oder der Staatskasse auferlegt.

§§ 140 und 141. (weggefallen)

---

1) § 138 Abs. 3 angef. mWv 1.9.2004 durch G v. 24.8.2004 (BGBl. I S. 2198).

§ 142[1] **[Prozesskostenhilfe]** (1) Die Vorschriften der Zivilprozessordnung[2] über die Prozesskostenhilfe gelten sinngemäß.

(2) 1 Einem Beteiligten, dem Prozesskostenhilfe bewilligt worden ist, kann auch ein Steuerberater, Steuerbevollmächtigter, Wirtschaftsprüfer oder vereidigter Buchprüfer beigeordnet werden. 2 Die Vergütung richtet sich nach den für den beigeordneten Rechtsanwalt geltenden Vorschriften des Rechtsanwaltsvergütungsgesetzes.

(3) 1 Die Prüfung der persönlichen und wirtschaftlichen Verhältnisse nach den §§ 114 bis 116 der Zivilprozessordnung einschließlich der in § 118 Absatz 2 der Zivilprozessordnung bezeichneten Maßnahmen und der Entscheidungen nach § 118 Absatz 2 Satz 4 der Zivilprozessordnung obliegt dem Urkundsbeamten der Geschäftsstelle des jeweiligen Rechtszugs, wenn der Vorsitzende ihm das Verfahren insoweit überträgt. 2 Liegen die Voraussetzungen für die Bewilligung der Prozesskostenhilfe hiernach nicht vor, erlässt der Urkundsbeamte die den Antrag ablehnende Entscheidung; anderenfalls vermerkt der Urkundsbeamte in den Prozessakten, dass dem Antragsteller nach seinen persönlichen und wirtschaftlichen Verhältnissen Prozesskostenhilfe gewährt werden kann und in welcher Höhe gegebenenfalls Monatsraten oder Beträge aus dem Vermögen zu zahlen sind.

(4) Dem Urkundsbeamten obliegen im Verfahren über die Prozesskostenhilfe ferner die Bestimmung des Zeitpunkts für die Einstellung und eine Wiederaufnahme der Zahlungen nach § 120 Absatz 3 der Zivilprozessordnung sowie die Änderung und die Aufhebung der Bewilligung der Prozesskostenhilfe nach den §§ 120 a und 124 Absatz 1 Nummer 2 bis 5 der Zivilprozessordnung.

(5)[3] 1 Der Vorsitzende kann Aufgaben nach den Absätzen 3 und 4 zu jedem Zeitpunkt an sich ziehen. 2 § 5 Absatz 1 Nummer 1, die §§ 6, 7, 8 Absatz 1 bis 4 und § 9 des Rechtspflegergesetzes gelten entsprechend mit der Maßgabe, dass an die Stelle des Rechtspflegers der Urkundsbeamte der Geschäftsstelle tritt.

(6) § 79 a Absatz 4 gilt entsprechend.

(7) 1 Gegen Entscheidungen des Urkundsbeamten nach den Absätzen 3 und 4 ist die Erinnerung an das Gericht gegeben. 2 Die Frist für die Einlegung der Erinnerung beträgt zwei Wochen. 3 Über die Erinnerung entscheidet das Gericht durch Beschluss.

(8) Durch Landesgesetz kann bestimmt werden, dass die Absätze 3 bis 7 für die Gerichte des jeweiligen Landes nicht anzuwenden sind.

§ 143 **[Kostenentscheidung]** (1) Das Gericht hat im Urteil oder, wenn das Verfahren in anderer Weise beendet worden ist, durch Beschluss über die Kosten zu entscheiden.

---

[1] § 142 Abs. 2 Satz 1 geänd., Satz 2 angef., Abs. 3 bis 8 angef. mWv 1.1.2014 durch G v. 31.8.2013 (BGBl. I S. 3533); Abs. 3 neu gef. mWv 16.7.2014 durch G v. 8.7.2014 (BGBl. I S. 890).

[2] **Schönfelder** Nr. **100.**

[3] Red. Fehler des Gesetzgebers bei der Absatzzählung berichtigt in BGBl. I 2016 S. 121.

(2) Wird eine Sache vom Bundesfinanzhof an das Finanzgericht zurückverwiesen, so kann diesem die Entscheidung über die Kosten des Verfahrens übertragen werden.

§ 144 [Kostenentscheidung bei Rücknahme eines Rechtsbehelfs] Ist ein Rechtsbehelf seinem vollen Umfang nach zurückgenommen worden, so wird über die Kosten des Verfahrens nur entschieden, wenn ein Beteiligter Kostenerstattung beantragt.

§ 145 [Anfechtung der Kostenentscheidung] Die Anfechtung der Entscheidung über die Kosten ist unzulässig, wenn nicht gegen die Entscheidung in der Hauptsache ein Rechtsmittel eingelegt wird.

§§ 146 bis 148. (weggefallen)

§ 149 [Festsetzung der zu erstattenden Aufwendungen] (1) Die den Beteiligten zu erstattenden Aufwendungen werden auf Antrag von dem Urkundsbeamten des Gerichts des ersten Rechtszugs festgesetzt.

(2) [1] Gegen die Festsetzung ist die Erinnerung an das Gericht gegeben. [2] Die Frist für die Einlegung der Erinnerung beträgt zwei Wochen. [3] Über die Zulässigkeit der Erinnerung sind die Beteiligten zu belehren.

(3) Der Vorsitzende des Gerichts oder das Gericht können anordnen, dass die Vollstreckung einstweilen auszusetzen ist.

(4) Über die Erinnerung entscheidet das Gericht durch Beschluss.

Abschnitt II. Vollstreckung

§ 150[1)] [Anwendung der Bestimmungen der AO] [1] Soll zugunsten des Bundes, eines Landes, eines Gemeindeverbands, einer Gemeinde oder einer Körperschaft, Anstalt oder Stiftung des öffentlichen Rechts als Abgabenberechtigte vollstreckt werden, so richtet sich die Vollstreckung nach den Bestimmungen der Abgabenordnung, soweit nicht durch Gesetz etwas anderes bestimmt ist. [2] Vollstreckungsbehörden sind die Finanzämter und Hauptzollämter. [3] Für die Vollstreckung gilt § 69 sinngemäß.

§ 151 [Anwendung der Bestimmungen der ZPO] (1) [1] Soll gegen den Bund, ein Land, einen Gemeindeverband, eine Gemeinde, eine Körperschaft, eine Anstalt oder Stiftung des öffentlichen Rechts vollstreckt werden, so gilt für die Zwangsvollstreckung das Achte Buch der Zivilprozessordnung[2)] sinngemäß; § 150 bleibt unberührt. [2] Vollstreckungsgericht ist das Finanzgericht.

(2) Vollstreckt wird

1. aus rechtskräftigen und aus vorläufig vollstreckbaren gerichtlichen Entscheidungen,

---

1) § 150 Satz 2 geänd. mWv 1. 4. 2005 durch G v. 22.3.2005 (BGBl. I S. 837).
2) **Schönfelder** Nr. **100**.

2. aus einstweiligen Anordnungen,
3. aus Kostenfestsetzungsbeschlüssen.

(3) Urteile auf Anfechtungs- und Verpflichtungsklagen können nur wegen der Kosten für vorläufig vollstreckbar erklärt werden.

(4) Für die Vollstreckung können den Beteiligten auf ihren Antrag Ausfertigungen des Urteils ohne Tatbestand und ohne Entscheidungsgründe erteilt werden, deren Zustellung in den Wirkungen der Zustellung eines vollständigen Urteils gleichsteht.

§ 152 [Vollstreckung wegen Geldforderungen] (1) [1]Soll im Fall des § 151 wegen einer Geldforderung vollstreckt werden, so verfügt das Vollstreckungsgericht auf Antrag des Gläubigers die Vollstreckung. [2]Es bestimmt die vorzunehmenden Vollstreckungsmaßnahmen und ersucht die zuständigen Stellen um deren Vornahme. [3]Die ersuchte Stelle ist verpflichtet, dem Ersuchen nach den für sie geltenden Vollstreckungsvorschriften nachzukommen.

(2) [1]Das Gericht hat vor Erlass der Vollstreckungsverfügung die Behörde oder bei Körperschaften, Anstalten und Stiftungen des öffentlichen Rechts, gegen die vollstreckt werden soll, die gesetzlichen Vertreter von der beabsichtigten Vollstreckung zu benachrichtigen mit der Aufforderung, die Vollstreckung innerhalb einer vom Gericht zu bemessenden Frist abzuwenden. [2]Die Frist darf einen Monat nicht übersteigen.

(3) [1]Die Vollstreckung ist unzulässig in Sachen, die für die Erfüllung öffentlicher Aufgaben unentbehrlich sind oder deren Veräußerung ein öffentliches Interesse entgegensteht. [2]Über Einwendungen entscheidet das Gericht nach Anhörung der zuständigen Aufsichtsbehörde oder bei obersten Bundes- oder Landesbehörden des zuständigen Ministers.

(4) Für öffentlich-rechtliche Kreditinstitute gelten die Absätze 1 bis 3 nicht.

(5) Der Ankündigung der Vollstreckung und der Einhaltung einer Wartefrist bedarf es nicht, wenn es sich um den Vollzug einer einstweiligen Anordnung handelt.

§ 153 [Vollstreckung ohne Vollstreckungsklausel] In den Fällen der §§ 150, 152 Abs. 1 bis 3 bedarf es einer Vollstreckungsklausel nicht.

§ 154 [Androhung eines Zwangsgeldes] [1]Kommt die Finanzbehörde in den Fällen des § 100 Abs. 1 Satz 2 und der §§ 101 und 114 der ihr im Urteil oder in der einstweiligen Anordnung auferlegten Verpflichtung nicht nach, so kann das Gericht des ersten Rechtszugs auf Antrag unter Fristsetzung gegen sie ein Zwangsgeld bis *zweitausend Deutsche Mark* eintausend Euro durch Beschluss androhen, nach fruchtlosem Fristablauf festsetzen und von Amts wegen vollstrecken. [2]Das Zwangsgeld kann wiederholt angedroht, festgesetzt und vollstreckt werden.

Vierter Teil. Übergangs- und Schlussbestimmungen

§ 155[1] **[Anwendung von GVG und von ZPO]** [1] Soweit dieses Gesetz keine Bestimmungen über das Verfahren enthält, sind das Gerichtsverfassungsgesetz und, soweit die grundsätzlichen Unterschiede der beiden Verfahrensarten es nicht ausschließen, die Zivilprozessordnung einschließlich § 278 Absatz 5 und § 278 a sinngemäß anzuwenden; Buch 6 der Zivilprozessordnung ist nicht anzuwenden. [2] Die Vorschriften des Siebzehnten Titels des Gerichtsverfassungsgesetzes sind mit der Maßgabe entsprechend anzuwenden, dass an die Stelle des Oberlandesgerichts und des Bundesgerichtshofs der Bundesfinanzhof und an die Stelle der Zivilprozessordnung die Finanzgerichtsordnung tritt; die Vorschriften über das Verfahren im ersten Rechtszug sind entsprechend anzuwenden.

§ 156[2] **[Anwendung von § 6 EGGVG]** § 6 des Einführungsgesetzes zum Gerichtsverfassungsgesetz gilt entsprechend.

§ 157 [Folgen der Nichtigkeitserklärung von landesrechtlichen Vorschriften] [1] Hat das Verfassungsgericht eines Landes die Nichtigkeit von Landesrecht festgestellt oder Vorschriften des Landesrechts für nichtig erklärt, so bleiben vorbehaltlich einer besonderen gesetzlichen Regelung durch das Land die nicht mehr anfechtbaren Entscheidungen der Gerichte der Finanzgerichtsbarkeit, die auf der für nichtig erklärten Norm beruhen, unberührt. [2] Die Vollstreckung aus einer solchen Entscheidung ist unzulässig. [3] § 767 der Zivilprozessordnung[3] gilt sinngemäß.

§ 158 [Eidliche Vernehmung, Beeidigung] [1] Die eidliche Vernehmung eines Auskunftspflichtigen nach § 94 der Abgabenordnung[4] oder die Beeidigung eines Sachverständigen nach § 96 Abs. 7 Satz 5 der Abgabenordnung[4] durch das Finanzgericht findet vor dem dafür im Geschäftsverteilungsplan bestimmten Richter statt. [2] Über die Rechtmäßigkeit einer Verweigerung des Zeugnisses, des Gutachtens oder der Eidesleistung entscheidet das Finanzgericht durch Beschluss.

§ 159[5] **[Anwendung des EGGVG]** § 43 des Einführungsgesetzes zum Gerichtsverfassungsgesetz gilt entsprechend.

§ 160 [Beteiligung und Beiladung] Soweit der Finanzrechtsweg auf Grund des § 33 Abs. 1 Nr. 4 eröffnet wird, können die Beteiligung am Verfahren und die Beiladung durch Gesetz abweichend von den Vorschriften dieses Gesetzes geregelt werden.

---

[1] § 155 Satz 2 angef. durch G v. 24. 11. 2011 (BGBl. I S. 2302); Satz 1 geänd. durch G v. 21. 7. 2012 (BGBl. I S. 1577); Satz 1 HS 2 angef. mWv 1.11.2018 durch G v. 12.7.2018 (BGBl. I S. 1151).

[2] § 156 eingef. mWv 1. 1. 2005 durch G v. 21.12.2004 (BGBl. I S. 3599).

[3] **Schönfelder** Nr. **100**.

[4] Nr. **800**.

[5] § 159 eingef. mWv 19.10.2017 durch G v. 8.10.2017 (BGBl. I S. 3546).

§ 161. (Aufhebung von Vorschriften)

§§ 162 bis 183. (weggefallen)

§ 184. (1) (Inkrafttreten)[1)]

(2) (Überleitungsvorschriften)

---

1) Das Gesetz in seiner ursprünglichen Fassung ist am 1. 1. 1966 in Kraft getreten. Das Inkrafttreten der späteren Änderungen ergibt sich aus den jeweiligen Änderungsgesetzen.

Anhang

(zu §§ 135 ff. FGO, Kosten)
§§ 1, 3, 34, 52 des Gerichtskostengesetzes

In der Fassung der Bekanntmachung vom 27. Februar 2014 (BGBl. I S. 154)

Zuletzt geändert durch Gesetz vom 18.1.2021 (BGBl. I S. 2)

§ 1 Geltungsbereich. (1) [1] Für Verfahren vor den ordentlichen Gerichten

1.–22. …

werden Kosten (Gebühren und Auslagen) nur nach diesem Gesetz erhoben.

(2) Dieses Gesetz ist ferner anzuwenden für Verfahren

1. …
2. vor den Gerichten der Finanzgerichtsbarkeit nach der Finanzgerichtsordnung;

3.–5. …

(3) …

(4) Kosten nach diesem Gesetz werden auch erhoben für Verfahren über eine Beschwerde, die mit einem der in den Abätzen 1 bis 3 genannten Verfahren im Zusammenhang steht.

(5) Die Vorschriften dieses Gesetzes über die Erinnerung und die Beschwerde gehen den Regelungen der für das zugrunde liegende Verfahren geltenden Verfahrensvorschriften vor.

§ 3 Höhe der Kosten. (1) Die Gebühren richten sich nach dem Wert des Streitgegenstands (Streitwert), soweit nichts anderes bestimmt ist.

(2) Kosten werden nach dem Kostenverzeichnis der Anlage 1 zu diesem Gesetz erhoben.

§ 34 Wertgebühren. (1) Wenn sich die Gebühren nach dem Streitwert richten, beträgt die Gebühr bei einem Streitwert bis 500 Euro 35 Euro. Die Gebühr erhöht sich bei einem

Streitwert bis … Euro	für jeden angefangenen Betrag von weiteren … Euro	um … Euro
2 000	500	18
10 000	1 000	19
25 000	3 000	26
50 000	5 000	35
200 000	15 000	120
500 000	30 000	179
über 500 000	50 000	180.

Eine Gebührentabelle für Streitwerte bis 500 000 Euro ist diesem Gesetz als Anlage 2[1)] beigefügt.

(2) Der Mindestbetrag einer Gebühr ist 15 Euro.

§ 52 Verfahren vor Gerichten der Verwaltungs-, Finanz- und Sozialgerichtsbarkeit. (1) In Verfahren vor den Gerichten der Verwaltungs-, Finanz- und Sozialgerichtsbarkeit ist, soweit nichts anderes bestimmt ist, der Streitwert nach der sich aus dem Antrag des Klägers für ihn ergebenden Bedeutung der Sache nach Ermessen zu bestimmen.

[1)] Im Anschluss abgedruckt.

(2) Bietet der Sach- und Streitstand für die Bestimmung des Streitwerts keine genügenden Anhaltspunkte, ist ein Streitwert von 5000 Euro anzunehmen.

(3)[1] Betrifft der Antrag des Klägers eine bezifferte Geldleistung oder einen hierauf bezogenen Verwaltungsakt, ist deren Höhe maßgebend. Hat der Antrag des Klägers offensichtlich absehbare Auswirkungen auf künftige Geldleistungen oder auf noch zu erlassende, auf derartige Geldleistungen bezogene Verwaltungsakte, ist die Höhe des sich aus Satz 1 ergebenden Streitwerts um den Betrag der offensichtlich absehbaren zukünftigen Auswirkungen für den Kläger anzuheben, wobei die Summe das Dreifache des Werts nach Satz 1 nicht übersteigen darf. In Verfahren in Kindergeldangelegenheiten vor den Gerichten der Finanzgerichtsbarkeit ist § 42 Absatz 1 Satz 1 und Absatz 3 entsprechend anzuwenden; an die Stelle des dreifachen Jahresbetrags tritt der einfache Jahresbetrag.

(4)[2] In Verfahren

1. vor den Gerichten der Finanzgerichtsbarkeit, mit Ausnahme der Verfahren nach § 155 Satz 2 der Finanzgerichtsordnung und der Verfahren in Kindergeldangelegenheiten, darf der Streitwert nicht unter 1500 Euro,
2. vor den Gerichten der Sozialgerichtsbarkeit und bei Rechtsstreitigkeiten nach dem Krankenhausfinanzierungsgesetz nicht über 2 500 000 Euro,
3. vor den Gerichten der Verwaltungsgerichtsbarkeit über Ansprüche nach dem Vermögensgesetz nicht über 500 000 Euro und
4. bei Rechtsstreitigkeiten nach § 36 Absatz 6 Satz 1 des Pflegeberufegesetzes nicht über 1 500 000 Euro

angenommen werden.

(5)[3] Solange in Verfahren vor den Gerichten der Finanzgerichtsbarkeit der Wert nicht festgesetzt ist und sich der nach den Absätzen 3 und 4 Nummer 1 maßgebende Wert auch nicht unmittelbar aus den gerichtlichen Verfahrensakten ergibt, sind die Gebühren vorläufig nach dem in Absatz 4 Nummer 1 bestimmten Mindestwert zu bemessen.

(6)[3] In Verfahren, die die Begründung, die Umwandlung, das Bestehen, das Nichtbestehen oder die Beendigung eines besoldeten öffentlich-rechtlichen Dienst- oder Amtsverhältnisses betreffen, ist Streitwert

1. die Summe der für ein Kalenderjahr zu zahlenden Bezüge mit Ausnahme nicht ruhegehaltsfähiger Zulagen, wenn Gegenstand des Verfahrens ein Dienst- oder Amtsverhältnis auf Lebenszeit ist,
2. im Übrigen die Hälfte der für ein Kalenderjahr zu zahlenden Bezüge mit Ausnahme nicht ruhegehaltsfähiger Zulagen.

Maßgebend für die Berechnung ist das laufende Kalenderjahr. Bezügebestandteile, die vom Familienstand oder von Unterhaltsverpflichtungen abhängig sind, bleiben außer Betracht. Betrifft das Verfahren die Verleihung eines anderen Amts oder den Zeitpunkt einer Versetzung in den Ruhestand, ist Streitwert die Hälfte des sich nach den Sätzen 1 bis 3 ergebenden Betrags.

(7)[3] · [4] Ist mit einem in Verfahren nach Absatz 6 verfolgten Klagebegehren ein aus ihm hergeleiteter vermögensrechtlicher Anspruch verbunden, ist nur ein Klagebegehren, und zwar das wertmäßig höhere, maßgebend.

(8)[3] Dem Kläger steht gleich, wer sonst das Verfahren des ersten Rechtszugs beantragt hat.

---

[1] § 52 Abs. 3 Satz 3 angef. mWv 16.7.2014 durch G v. 8.7.2014 (BGBl. I S. 890).

[2] § 52 Abs. 4 Nr. 2 und 3 geänd., Nr. 4 angef. mWv 1.1.2019 durch G v. 9.8.2019 (BGBl. I S. 1202).

[3] § 52 Abs. 5 eingef., bish. Abs. 5 bis 7 werden Absätze 6 bis 8 mWv 16.7.2014 durch G v. 8.7.2014 (BGBl. I S. 890).

[4] § 52 Abs. 7 geänd. mWv 4.7.2015 durch G v. 29.6.2015 (BGBl. I S. 1042).

Anlage 1 (zu § 3 Absatz 2 GKG)

Teil 6. Verfahren vor den Gerichten der Finanzgerichtsbarkeit

Nr.	Gebührentatbestand	Gebühr oder Satz der Gebühr nach § 34 GKG
	Hauptabschnitt 1. Prozessverfahren	
	Abschnitt 1. Erster Rechtszug	
	Unterabschnitt 1. Verfahren vor dem Finanzgericht	
6110	Verfahren im Allgemeinen, soweit es sich nicht nach § 45 Abs. 3 FGO erledigt	4,0
6111	Beendigung des gesamten Verfahrens durch 1. Zurücknahme der Klage a) vor dem Schluss der mündlichen Verhandlung oder, b) wenn eine solche nicht stattfindet, vor Ablauf des Tages, an dem das Urteil oder der Gerichtsbescheid der Geschäftstelle übermittelt wird, oder 2. Beschluss in den Fällen des § 138 FGO, es sei denn, dass bereits ein Urteil oder ein Gerichtsbescheid vorausgegangen ist: Die Gebühr 6110 ermäßigt sich auf Die Gebühr ermäßigt sich auch, wenn mehrere Ermäßigungstatbestände erfüllt sind.	2,0
	Unterabschnitt 2. Verfahren vor dem Bundesfinanzhof	
6112	Verfahren im Allgemeinen	5,0
6113	Beendigung des gesamten Verfahrens durch 1. Zurücknahme der Klage a) vor dem Schluss der mündlichen Verhandlung oder, b) wenn eine solche nicht stattfindet, vor Ablauf des Tages, an dem das Urteil oder der Gerichtsbescheid der Geschäftsstelle übermittelt wird, oder 2. Beschluss in den Fällen des § 138 FGO, es sei denn, dass bereits ein Urteil oder ein Gerichtsbescheid vorausgegangen ist: Die Gebühr 6112 ermäßigt sich auf Die Gebühr ermäßigt sich auch, wenn mehrere Ermäßigungstatbestände erfüllt sind.	3,0
	Abschnitt 2. Revision	
6120	Verfahren im Allgemeinen	5,0
6121	Beendigung des gesamten Verfahrens durch Zurücknahme der Revision oder der Klage, bevor die Schrift zur Begründung der Revision bei Gericht eingegangen ist: Die Gebühr 6120 ermäßigt sich auf	1,0

Nr.	Gebührentatbestand	Gebühr oder Satz der Gebühr nach § 34 GKG
	Erledigungen in den Fällen des § 138 FGO stehen der Zurücknahme gleich.	
6122	Beendigung des gesamten Verfahrens, wenn nicht Nummer 6121 erfüllt ist, durch 1. Zurücknahme der Revision oder der Klage a) vor dem Schluss der mündlichen Verhandlung oder, b) wenn eine solche nicht stattfindet, vor Ablauf des Tages, an dem das Urteil, der Gerichtsbescheid oder der Beschluss in der Hauptsache der Geschäftsstelle übermittelt wird, oder 2. Beschluss in den Fällen des § 138 FGO, es sei denn, dass bereits ein Urteil, ein Gerichtsbescheid oder ein Beschluss in der Hauptsache vorausgegangen ist: Die Gebühr 6120 ermäßigt sich auf	3,0
	Die Gebühr ermäßigt sich auch, wenn mehrere Ermäßigungstatbestände erfüllt sind.	

Hauptabschnitt 2. Vorläufiger Rechtsschutz

Vorbemerkung 6.2:

(1) Die Vorschriften dieses Hauptabschnitts gelten für einstweilige Anordnungen und für Verfahren nach § 69 Abs. 3 und 5 FGO.

(2) Im Verfahren über den Antrag auf Erlass und im Verfahren über den Antrag auf Aufhebung einer einstweiligen Anordnung werden die Gebühren jeweils gesondert erhoben. Mehrere Verfahren nach § 69 Abs. 3 und 5 FGO gelten innerhalb eines Rechtszugs als ein Verfahren.

Nr.	Gebührentatbestand	Gebühr oder Satz der Gebühr nach § 34 GKG
	Abschnitt 1. Erster Rechtszug	
6210	Verfahren im Allgemeinen	2,0
6211	Beendigung des gesamten Verfahrens durch 1. Zurücknahme des Antrags a) vor dem Schluss der mündlichen Verhandlung oder, b) wenn eine solche nicht stattfindet, vor Ablauf des Tages, an dem der Beschluss (§ 114 Abs. 4 FGO) der Geschäftsstelle übermittelt wird, oder 2. Beschluss in den Fällen des § 138 FGO, es sei denn, dass bereits ein Beschluss nach § 114 Abs. 4 FGO vorausgegangen ist: Die Gebühr 6210 ermäßigt sich auf	0,75
	Die Gebühr ermäßigt sich auch, wenn mehrere Ermäßigungstatbestände erfüllt sind.	

Nr.	Gebührentatbestand	Gebühr oder Satz der Gebühr nach § 34 GKG
	Abschnitt 2. Beschwerde	
	Vorbemerkung 6.2.2: Die Vorschriften dieses Abschnitts gelten für Beschwerden gegen Beschlüsse über einstweilige Anordnungen (§ 114 FGO) und über die Aussetzung der Vollziehung (§ 69 Abs. 3 und 5 FGO).	
6220	Verfahren über die Beschwerde	2,0
6221	Beendigung des gesamten Verfahrens durch Zurücknahme der Beschwerde: Die Gebühr 6220 ermäßigt sich auf	1,0
	Hauptabschnitt 3. Besondere Verfahren	
6300	Selbstständiges Beweisverfahren	1,0
6301	Verfahren über Anträge auf gerichtliche Handlungen der Zwangsvollstreckung gemäß § 152 FGO	20,00 EUR
	Hauptabschnitt 4. Rüge wegen Verletzung des Anspruchs auf rechtliches Gehör	
6400	Verfahren über die Rüge wegen Verletzung des Anspruchs auf rechtliches Gehör (§ 133 a FGO): Die Rüge wird in vollem Umfang verworfen oder zurückgewiesen	60,00 EUR
	Hauptabschnitt 5. Sonstige Beschwerden	
6500	Verfahren über die Beschwerde gegen die Nichtzulassung der Revision: Soweit die Beschwerde verworfen oder zurückgewiesen wird	2,0
6501	Verfahren über die Beschwerde gegen die Nichtzulassung der Revision: Soweit die Beschwerde zurückgenommen oder das Verfahren durch anderweitige Erledigung beendet wird Die Gebühr entsteht nicht, soweit die Revision zugelassen wird.	1,0
6502	Verfahren über nicht besonders aufgeführte Beschwerden, die nicht nach anderen Vorschriften gebührenfrei sind: Die Beschwerde wird verworfen oder zurückgewiesen Wird die Beschwerde nur teilweise verworfen oder zurückgewiesen, kann das Gericht die Gebühr nach billigem Ermessen auf die Hälfte ermäßigen oder bestimmen, dass eine Gebühr nicht zu erheben ist.	60,00 EUR

Nr.	Gebührentatbestand	Gebühr oder Satz der Gebühr nach § 34 GKG
	Hauptabschnitt 6. Besondere Gebühr	
6600	Auferlegung einer Gebühr nach § 38 GKG wegen Verzögerung des Rechtsstreits	wie vom Gericht bestimmt

Teil 9. Auslagen

Nr.	Auslagentatbestand	Höhe

Vorbemerkung 9:

(1) Auslagen, die durch eine für begründet befundene Beschwerde entstanden sind, werden nicht erhoben, soweit das Beschwerdeverfahren gebührenfrei ist; dies gilt jedoch nicht, soweit das Beschwerdegericht die Kosten dem Gegner des Beschwerdeführers auferlegt hat.

(2) Sind Auslagen durch verschiedene Rechtssachen veranlasst, werden sie auf die mehreren Rechtssachen angemessen verteilt.

Nr.	Auslagentatbestand	Höhe
9000	Pauschale für die Herstellung und Überlassung von Dokumenten:	
	1. Ausfertigungen, Kopien und Ausdrucke bis zur Größe von DIN A3, die	
	a) auf Antrag angefertigt oder auf Antrag per Telefax übermittelt worden sind oder	
	b) angefertigt worden sind, weil die Partei oder ein Beteiligter es unterlassen hat, die erforderliche Zahl von Mehrfertigungen beizufügen; der Anfertigung steht es gleich, wenn per Telefax übermittelte Mehrfertigungen von der Empfangseinrichtung des Gerichts ausgedruckt werden:	
	für die ersten 50 Seiten je Seite	0,50 €
	für jede weitere Seite	0,15 €
	für die ersten 50 Seiten in Farbe je Seite	1,00 €
	für jede weitere Seite in Farbe	0,30 €
	2. Entgelte für die Herstellung und Überlassung der in Nummer 1 genannten Kopien oder Ausdrucke in einer Größe von mehr als DIN A3	in voller Höhe
	oder pauschal je Seite	3,00 €
	oder pauschal je Seite in Farbe	6,00 €
	3. Überlassung von elektronisch gespeicherten Dateien oder deren Bereitstellung zum Abruf anstelle der in den Nummern 1 und 2 genannten Ausfertigungen, Kopien und Ausdrucke:	
	je Datei	1,50 €
	für die in einem Arbeitsgang überlassenen, bereitgestellten oder in einem Arbeitsgang auf denselben Datenträger übertragenen Dokumente insgesamt höchstens	5,00 €

Nr.	Auslagentatbestand	Höhe
	(1) Die Höhe der Dokumentenpauschale nach Nummer 1 ist in jedem Rechtszug und für jeden Kostenschuldner nach § 28 Abs. 1 GKG gesondert zu berechnen; Gesamtschuldner gelten als ein Schuldner. Die Dokumentenpauschale ist auch im erstinstanzlichen Musterverfahren nach dem KapMuG gesondert zu berechnen. (2) Werden zum Zweck der Überlassung von elektronisch gespeicherten Dateien Dokumente zuvor auf Antrag von der Papierform in die elektronische Form übertragen, beträgt die Dokumentenpauschale nach Nummer 2 nicht weniger, als die Dokumentenpauschale im Fall der Nummer 1 betragen würde. (3) Frei von der Dokumentenpauschale sind für jede Partei, jeden Beteiligten, jeden Beschuldigten und deren bevollmächtigte Vertreter jeweils 1. eine vollständige Ausfertigung oder Kopie oder ein vollständiger Ausdruck jeder gerichtlichen Entscheidung und jedes vor Gericht abgeschlossenen Vergleichs, 2. eine Ausfertigung ohne Tatbestand und Entscheidungsgründe und 3. eine Kopie oder ein Ausdruck jeder Niederschrift über eine Sitzung. § 191a Abs. 1 Satz 2 GVG bleibt unberührt. (4)[1] Bei der Gewährung der Einsicht in Akten wird eine Dokumentenpauschale nur erhoben, wenn auf besonderen Antrag ein Ausdruck einer elektronischen Akte oder ein Datenträger mit dem Inhalt einer elektronischen Akte übermittelt wird.	
9001	Auslagen für Telegramme	in voller Höhe
9002[2]	Pauschale für Zustellungen mit Zustellungsurkunde, Einschreiben gegen Rückschein oder durch Justizbedienstete nach § 168 Abs. 1 ZPO je Zustellung	3,50 €
	Neben Gebühren, die sich nach dem Streitwert richten, mit Ausnahme der Gebühr 3700, wird die Zustellungspauschale nur erhoben, soweit in einem Rechtszug mehr als 10 Zustellungen anfallen. Im erstinstanzlichen Musterverfahren nach dem KapMuG wird die Zustellungspauschale für sämtliche Zustellungen erhoben.	
9003[3]	Pauschale für die bei der Versendung von Akten auf Antrag anfallenden Auslagen an Transport- und Verpackungskosten je Sendung	12,00 €

[1] Abs. 4 angef. mWv 1.1.2018 durch G v. 5.7.2017 (BGBl. I S. 2208).

[2] Nummer 9002 neu gef. mWv 1.1.2008 durch G v. 22.12.2006 (BGBl. I S. 3416); geänd. mWv 1.8.2013 durch G v. 23.7.2013 (BGBl. I S. 2586).

[3] Nummer 9003 neu gef. mWv 1.4.2005 durch G v. 22.3.2005 (BGBl. I S. 837), Anmerkung Abs. 1 und 2 geänd. mWv 31.12.2006 durch G v. 22.12.2006 (BGBl. I S. 3416); geänd. mWv 1.8.2013 durch G v. 23.7.2013 (BGBl. I S. 2586).

Nr.	Auslagentatbestand	Höhe
	(1) Die Hin- und Rücksendung der Akten durch Gerichte oder Staatsanwaltschaften gelten zusammen als eine Sendung. (2) Die Auslagen werden von demjenigen Kostenschuldner nicht erhoben, von dem die Gebühr 2116 zu erheben ist.	
9004[1]	Auslagen für öffentliche Bekanntmachungen .... (1) Auslagen werden nicht erhoben für die Bekanntmachung in einem elektronischen Informations- und Kommunikationssystem, wenn das Entgelt nicht für den Einzelfall oder nicht für ein einzelnes Verfahren berechnet wird. Nicht erhoben werden ferner Auslagen für die Bekanntmachung eines besonderen Prüfungstermins (§ 177 InsO, § 18 SVertO). (2) Die Auslagen für die Bekanntmachung eines Vorlagebeschlusses gemäß § 6 Abs. 4 KapMuG gelten als Auslagen des Musterverfahrens.	in voller Höhe
9005[2]	Nach dem JVEG zu zahlende Beträge .... (1) Nicht erhoben werden Beträge, die an ehrenamtliche Richter (§ 1 Abs. 1 Satz 1 Nr. 2 JVEG) gezahlt werden. (2) Die Beträge werden auch erhoben, wenn aus Gründen der Gegenseitigkeit, der Verwaltungsvereinfachung oder aus vergleichbaren Gründen keine Zahlungen zu leisten sind. Ist aufgrund des § 1 Abs. 2 Satz 2 JVEG keine Vergütung zu zahlen, ist der Betrag zu erheben, der ohne diese Vorschrift zu zahlen wäre. (3) Auslagen für Übersetzer, die zur Erfüllung der Rechte blinder oder sehbehinderter Personen herangezogen werden (§ 191a Abs. 1 GVG), werden nicht, Auslagen für Gebärdensprachdolmetscher (§ 186 Abs. 1 GVG) werden nur nach Maßgabe des Absatzes 4 erhoben. (4) Ist für einen Beschuldigten oder Betroffenen, der der deutschen Sprache nicht mächtig, hör- oder sprachbehindert ist, im Strafverfahren oder im gerichtlichen Verfahren nach dem OWiG ein Dolmetscher oder Übersetzer herangezogen worden, um Erklärungen oder Schriftstücke zu übertragen, auf deren Verständnis der Beschuldigte oder Betroffene zu seiner Verteidigung angewiesen oder soweit dies zur Ausübung seiner strafprozessualen Rechte erforderlich war, werden von diesem die dadurch entstandenen Auslagen nur erhoben, wenn das Gericht ihm diese nach § 464 c StPO oder die Kosten nach § 467 Abs. 2 Satz 1 StPO, auch i. V. m. § 467a Abs. 1 Satz 2 StPO, auferlegt hat; dies gilt auch jeweils i. V. m. § 46 Abs. 1 OWiG. (5) Im Verfahren vor den Gerichten für Arbeitssachen werden Kosten für vom Gericht herangezogene Dol-	in voller Höhe

[1] Nummer 9004 Satz 4 angef. mWv 1.1.2014 durch G v. 5.12.2012 (BGBl. I S. 2418); geänd. mWv 1.8.2013 durch G v. 23.7.2013 (BGBl. I S. 2586).

[2] Nummer 9005 Abs. 4 geänd. mWv 1.9.2004 durch G v. 24.6.2004 (BGBl. I S. 1354); Abs. 6 angef. mWv 17.12.2019 durch G v. 9.12.2019 (BGBl. I S. 2146).

Nr.	Auslagentatbestand	Höhe
	metscher und Übersetzer nicht erhoben, wenn ein Ausländer Partei und die Gegenseitigkeit verbürgt ist oder ein Staatenloser Partei ist.	
	(6) Auslagen für Sachverständige, die durch die Untersuchung eines Beschuldigten nach § 43 Abs. 2 JGG entstanden sind, werden nicht erhoben.	
9006[1]	Bei Geschäften außerhalb der Gerichtsstelle	
	1. die den Gerichtspersonen aufgrund gesetzlicher Vorschriften gewährte Vergütung (Reisekosten, Auslagenersatz) und die Auslagen für die Bereitstellung von Räumen	in voller Höhe
	2. für den Einsatz von Dienstkraftfahrzeugen für jeden gefahrenen Kilometer	0,30 €
9007	An Rechtsanwälte zu zahlende Beträge mit Ausnahme der nach § 59 RVG auf die Staatskasse übergegangenen Ansprüche	in voller Höhe
9008	Auslagen für	
	1. die Beförderung von Personen	in voller Höhe
	2. Zahlungen an mittellose Personen für die Reise zum Ort einer Verhandlung, Vernehmung oder Untersuchung und für die Rückreise	bis zur Höhe der nach dem JVEG an Zeugen zu zahlenden Beträge
9009	An Dritte zu zahlende Beträge für	
	1. die Beförderung von Tieren und Sachen mit Ausnahme der für Postdienstleistungen zu zahlenden Entgelte, die Verwahrung von Tieren und Sachen sowie die Fütterung von Tieren	in voller Höhe
	2. die Beförderung und die Verwahrung von Leichen	in voller Höhe
	3. die Durchsuchung oder Untersuchung von Räumen und Sachen einschließlich der die Durchsuchung oder Untersuchung vorbereitenden Maßnahmen	in voller Höhe
	4. die Bewachung von Schiffen und Luftfahrzeugen	in voller Höhe
9010	Kosten einer Zwangshaft, auch aufgrund eines Haftbefehls nach § 802 g ZPO	in Höhe des Haftkostenbeitrags
	Maßgebend ist die Höhe des Haftkostenbeitrags, der nach Landesrecht von einem Gefangenen zu erheben ist.	
9011[2]	Kosten einer Haft außer Zwangshaft, Kosten einer einstweiligen Unterbringung (§ 126 a StPO), einer Unterbringung zur Beobachtung (§ 81 StPO) und einer einstweiligen Unterbringung in einem Heim der Jugendhilfe (§ 71 Abs. 2, § 72 Abs. 4 JGG)	in Höhe des Haftkostenbeitrags
	Maßgebend ist die Höhe des Haftkostenbeitrags, der nach Landesrecht von einem Gefangenen zu erheben	

[1] Nummer 9006 geänd. mWv 1.8.2013 durch G v. 23.7.2013 (BGBl. I S. 2586).
[2] Nummer 9011 geänd. mWv 17.12.2019 durch G v. 9.12.2019 (BGBl. I S. 2146).

Nr.	Auslagentatbestand	Höhe
	ist. Diese Kosten werden nur angesetzt, wenn der Haftkostenbeitrag auch von einem Gefangenen im Strafvollzug zu erheben wäre.	
9012[1]	Nach *dem Auslandskostengesetz* [***ab 1.10.2021:*** § 12 BGebG, dem 5. Abschnitt des Konsulargesetzes und der Besonderen Gebührenverordnung des Auswärtigen Amts nach § 22 Abs. 4 BGebG] zu zahlende Beträge	in voller Höhe
9013[2]	An deutsche Behörden für die Erfüllung von deren eigenen Aufgaben zu zahlende Gebühren sowie diejenigen Beträge, die diesen Behörden, öffentlichen Einrichtungen oder deren Bediensteten als Ersatz für Auslagen der in den Nummern 9000 bis 9011 bezeichneten Art zustehen .... Die als Ersatz für Auslagen angefallenen Beträge werden auch erhoben, wenn aus Gründen der Gegenseitigkeit, der Verwaltungsvereinfachung oder aus vergleichbaren Gründen keine Zahlungen zu leisten sind.	in voller Höhe, die Auslagen begrenzt durch die Höchstsätze für die Auslagen 9000 bis 9011
9014	Beträge, die ausländischen Behörden, Einrichtungen oder Personen im Ausland zustehen, sowie Kosten des Rechtshilfeverkehrs mit dem Ausland .... Die Beträge werden auch erhoben, wenn aus Gründen der Gegenseitigkeit, der Verwaltungsvereinfachung oder aus vergleichbaren Gründen keine Zahlungen zu leisten sind.	in voller Höhe
9015	Auslagen der in den Nummern 9000 bis 9014 bezeichneten Art, soweit sie durch die Vorbereitung der öffentlichen Klage entstanden sind	begrenzt durch die Höchstsätze für die Auslagen 9000 bis 9013
9016	Auslagen der in den Nummern 9000 bis 9014 bezeichneten Art, soweit sie durch das dem gerichtlichen Verfahren vorausgegangene Bußgeldverfahren entstanden sind .... Absatz 3 der Anmerkung zu Nummer 9005 ist nicht anzuwenden.	begrenzt durch die Höchstsätze für die Auslagen 9000 bis 9013
9017[3]	An den vorläufigen Insolvenzverwalter, den Insolvenzverwalter, die Mitglieder des Gläubigerausschusses oder die Treuhänder auf der Grundlage der Insolvenzrechtlichen Vergütungsverordnung aufgrund einer Stundung nach § 4 a InsO zu zahlende Beträge	in voller Höhe
9018[3)·4)]	Im ersten Rechtszug des Prozessverfahrens: Auslagen des erstinstanzlichen Musterverfahrens nach dem KapMuG zuzüglich Zinsen .... (1) Die im erstinstanzlichen Musterverfahren entstehenden Auslagen nach Nummer 9005 werden vom Tag	anteilig

[1] Nr. 9012 geänd. mWv 1.10.2021 durch G v. 18.7.2016 (BGBl. I S. 1666).

[2] Nr. 9013 neu gef. mWv 1.8.2013 durch G v. 23.7.2013 (BGBl. I S. 2586).

[3] Nummer 9017 aufgeh. mWv 1.9.2009, bish. Nummern 9018 und 9019 werden Nummern 9017 und 9018 durch G v. 17.12.2008 (BGBl. I S. 2586, 2709).

[4] Nummer 9018 angef. als Nummer 9019 mWv 1.11.2005 durch G v. 16.8.2005 (BGBl. I S. 2437); geänd. durch G v. 19.10.2012 (BGBl. I S. 2182).

Nr.	Auslagentatbestand	Höhe
	nach der Auszahlung bis zum rechtskräftigen Abschluss des Musterverfahrens mit 5 Prozentpunkten über dem Basiszinssatz nach § 247 BGB verzinst. (2) Auslagen und Zinsen werden nur erhoben, wenn der Kläger nicht innerhalb von einem Monat ab Zustellung des Aussetzungsbeschlusses nach § 8 KapMuG seine Klage in der Hauptsache zurücknimmt. (3) Der Anteil bestimmt sich nach dem Verhältnis der Höhe des von dem Kläger geltend gemachten Anspruchs, soweit dieser von den Feststellungszielen des Musterverfahrens betroffen ist, zu der Gesamthöhe der vom Musterkläger und den Beigeladenen des Musterverfahrens in den Prozessverfahren geltend gemachten Ansprüche, soweit diese Gegenstand des Musterverfahrens sind. Der Anspruch des Musterklägers oder eines Beigeladenen ist hierbei nicht zu berücksichtigen, wenn er innerhalb von einem Monat ab Zustellung des Aussetzungsbeschlusses nach § 8 KapMuG seine Klage in der Hauptsache zurücknimmt.	
9019	Pauschale für die Inanspruchnahme von Videokonferenzverbindungen: je Verfahren für jede angefangene halbe Stunde	15,00 EUR
9020[1]	Umsatzsteuer auf die Kosten .... Dies gilt nicht, wenn die Umsatzsteuer nach § 19 Abs. 1 UStG unerhoben bleibt.	in voller Höhe

Anlage 2 (zu § 34 Absatz 1 Satz 3 GKG)

Streitwert bis ... €	Gebühr ... €	Streitwert bis ... €	Gebühr ... €
500	35,00	50 000	546,00
1 000	53,00	65 000	666,00
1 500	71,00	80 000	786,00
2 000	89,00	95 000	906,00
3 000	108,00	110 000	1026,00
4 000	127,00	125 000	1146,00
5 000	146,00	140 000	1266,00
6 000	165,00	155 000	1386,00
7 000	184,00	170 000	1506,00
8 000	203,00	185 000	1626,00
9 000	222,00	200 000	1746,00
10 000	241,00	230 000	1925,00
13 000	267,00	260 000	2104,00
16 000	293,00	290 000	2283,00
19 000	319,00	320 000	2462,00
22 000	345,00	350 000	2641,00
25 000	371,00	380 000	2820,00
30 000	406,00	410 000	2999,00
35 000	441,00	440 000	3178,00
40 000	476,00	470 000	3357,00
45 000	511,00	500 000	3536,00

[1] Nummer 9020 angef. mWv 23.10.2020 durch G v. 16.10.2020 (BGBl. I S. 2187).

802a. Verordnung über die elektronische Aktenführung bei den obersten Gerichten des Bundes in der Zivilgerichtsbarkeit und in den Fachgerichtsbarkeiten (Bundesgerichte-Aktenführungsverordnung – BGAktFV)

Vom 27. März 2020 (BGBl. I S. 746)

FNA 310-4-21

§ 1 Anwendungsbereich. Diese Verordnung gilt für die Führung von elektronischen Prozess- und Verfahrensakten bei den obersten Gerichten des Bundes nach § 298a der Zivilprozessordnung, § 14 des Gesetzes über das Verfahren in Familiensachen und in den Angelegenheiten der freiwilligen Gerichtsbarkeit, § 46e des Arbeitsgerichtsgesetzes, § 65b des Sozialgerichtsgesetzes, § 55b der Verwaltungsgerichtsordnung sowie § 52b der Finanzgerichtsordnung.

[bis 31.12.2025:]

§ 2 Einführung der elektronischen Akte. [1]Die Akten können ab dem 2. April 2020 elektronisch geführt werden. [2]Die Präsidentin oder der Präsident des jeweiligen Gerichts bestimmt durch Verwaltungsanordnung die Verfahren, in denen die Akten elektronisch geführt werden. [3]Die Verwaltungsanordnung ist im Bundesanzeiger bekannt zu machen sowie auf der Internetseite des jeweiligen Gerichts zu veröffentlichen.

[ab 1.1.2026:]

§ 2[1)] In Papierform angelegte Akten. Akten, die in Papierform angelegt wurden, können in Papierform weitergeführt werden.

§ 3 Struktur und Format der elektronischen Akten; Repräsentat. (1) [1]In der elektronischen Akte werden zur Akte gebrachte elektronische Dokumente einschließlich zugehöriger Signaturdateien sowie sonstige zur Akte gebrachte Dateien und Informationen gespeichert. [2]Elektronische Empfangsbekenntnisse sowie elektronische Formulare, die als strukturierte maschinenlesbare Datensätze übermittelt worden sind (§ 130c der Zivilprozessordnung, § 14a des Gesetzes über das Verfahren in Familiensachen und in den Angelegenheiten der freiwilligen Gerichtsbarkeit, § 46f des Arbeitsgerichtsgesetzes, § 65c des Sozialgerichtsgesetzes, § 55c der Verwaltungsgerichtsordnung, § 52c der Finanzgerichtsordnung), werden als Datensätze in der elektronischen Akte gespeichert.

---

1) § 2 neu gef. mWv 1.1.2026 durch Art. 2 der VO vom 27.3.2020 (BGBl. I S. 745).

(2) 1 Die nach Absatz 1 in der elektronischen Akte gespeicherten Inhalte müssen jederzeit zusätzlich als elektronische Dokumente im Format PDF/A wiedergegeben werden können; diese Dokumente bilden das Repräsentat. 2 Das Repräsentat muss den gesamten zur Akte gebrachten Inhalt mit Ausnahme der nur für die Datenverarbeitung notwendigen Struktur-, Definitions- und Schemadateien wiedergeben. 3 Soweit die Wiedergabe eines Inhalts technisch nicht möglich ist, ist ein entsprechender Hinweis in das Repräsentat aufzunehmen. 4 An die Stelle von Signaturdateien treten im Repräsentat Vermerke über das Ergebnis der Signaturprüfung. 5 Das Repräsentat muss druckbar, kopierbar und, soweit technisch möglich, durchsuchbar sein. 6 Die Seiten des Repräsentats sind so zu nummerieren, dass sie eindeutig zitiert werden können.

(3) 1 Bei der elektronischen Aktenführung sind alle Daten vorzuhalten, die erforderlich sind, um bei der elektronischen Übermittlung von elektronischen Akten einen strukturierten maschinenlesbaren Datensatz im Dateiformat XML beizufügen, der den nach § 7 bekanntgemachten Definitions- oder Schemadateien entspricht. 2 Der Datensatz enthält mindestens Folgendes:

1. die Bezeichnung des Gerichts;
2. das Aktenzeichen des Verfahrens;
3. die Bezeichnung der Parteien oder Verfahrensbeteiligten;
4. die Angabe des Verfahrensgegenstandes;
5. sofern bekannt, das Aktenzeichen eines denselben Verfahrensgegenstand betreffenden Verfahrens und die Bezeichnung der die Akten führenden Stelle;
6. die Information darüber, ob und in welchem Umfang die Aktenführung oder die Bearbeitungsbefugnis an die empfangende Stelle abgegeben werden soll oder ob nur ein Repräsentat der elektronischen Akte übersandt wird.

§ 4 Bearbeitung der elektronischen Akte. (1) Elektronische Dokumente sowie sonstige Dateien und Informationen gelten als zur Akte genommen, wenn sie bewusst und dauerhaft in der elektronischen Akte gespeichert worden sind.

(2) 1 Es ist sicherzustellen, dass in der elektronischen Akte alle Bearbeitungsvorgänge nachvollzogen werden können. 2 Es ist insbesondere sicherzustellen, dass nachvollzogen werden kann, welche Stelle die Akte zu welchem Zeitpunkt bearbeitet hat.

(3) 1 Es ist sicherzustellen, dass die elektronische Akte nur von der jeweils lese- und schreibberechtigten Stelle eingesehen und bearbeitet werden kann. 2 Dies gilt auch, wenn die Lese- und Schreibrechte nur teilweise auf eine andere Stelle übergehen.

§ 5 Barrierefreiheit. 1 Elektronische Akten und Verfahren zur elektronischen Aktenführung und -bearbeitung sollen technisch so gestaltet werden, dass sie, soweit technisch möglich, barrierefrei zugänglich und nutzbar sind.

[2]Hierzu sollen die Anforderungen an die Barrierefreiheit im Sinne der Barrierefreie-Informationstechnik-Verordnung vom 12. September 2011 (BGBl. I S. 1843), die zuletzt durch Artikel 1 der Verordnung vom 21. Mai 2019 (BGBl. I S. 738) geändert worden ist, in der jeweils geltenden Fassung bereits bei der Planung, Entwicklung, Ausschreibung und Beschaffung beachtet werden.

§ 6 Ersatzmaßnahmen. [1]Im Fall technischer Störungen der elektronischen Aktenführung kann angeordnet werden, dass eine Ersatzakte in Papierform geführt wird. [2]Diese ist in die elektronische Form zu übertragen, sobald die Störung behoben ist. [3]Art und Dauer der Störung sind zu dokumentieren. [4]Bei anhaltenden technischen Störungen ist das zuständige Bundesministerium zu unterrichten.

§ 7 Bekanntmachung technischer Anforderungen. [1]Die Bundesregierung macht im Bundesanzeiger und auf der Internetseite www.justiz.de die Definitions- oder Schemadateien bekannt, die für die Erzeugung eines strukturierten maschinenlesbaren Datensatzes nach § 3 Absatz 3 genutzt werden sollen. [2]Die technischen Anforderungen an die Definitions- oder Schemadateien können mit einer Mindestgültigkeitsdauer und einem Ablaufdatum versehen werden.

803. Gesetz über die Finanzverwaltung (Finanzverwaltungsgesetz – FVG)[1]

In der Fassung der Bekanntmachung vom 4. April 2006
(BGBl. I S. 846, ber. S. 1202)

Geändert durch Bundesschuldenwesenmodernisierungsgesetz vom 12.7.2006 (BGBl. I S. 1466), Föderalismusreform-Begleitgesetz vom 5.9.2006 (BGBl. I S. 2098), Gesetz über steuerliche Begleitmaßnahmen zur Einführung der Europäischen Gesellschaft und zur Änderung weiterer steuerrechtlicher Vorschriften (SEStEG) vom 7.12.2006 (BGBl. I S. 2782), Jahressteuergesetz 2007 vom 13.12.2006 (BGBl. I S. 2878), Gesetz zur Schaffung deutscher Immobilien-Aktiengesellschaften mit börsennotierten Anteilen vom 28.5.2007 (BGBl. I S. 914), Unternehmensteuerreformgesetz 2008 vom 14.8.2007 (BGBl. I S. 1912), Zweites Gesetz zur Änderung des Finanzverwaltungsgesetzes und anderer Gesetze vom 13.12.2007 (BGBl. I S. 2897), Jahressteuergesetz 2008 vom 20.12.2007 (BGBl. I S. 3150), Gesetz zur Änderung der Organisation des Bundesausgleichsamtes vom 5.3.2008 (BGBl. I S. 282), Jahressteuergesetz 2009 vom 19.12.2008 (BGBl. I S. 2794), Steuerbürokratieabbaugesetz vom 20.12.2008 (BGBl. I S. 2850), Gesetz zur Neuregelung der Kraftfahrzeugsteuer und Änderung anderer Gesetze vom 29.5.2009 (BGBl. I S. 1170), Bürgerentlastungsgesetz Krankenversicherung von 16.7.2009 (BGBl. I S. 1959), Begleitgesetz zur zweiten Föderalismusreform vom 10.8.2009 (BGBl. I S. 2702), Gesetz zur Umsetzung steuerlicher EU-Vorgaben sowie zur Änderung steuerlicher Vorschriften vom 8.4.2010 (BGBl. I S. 386), Gesetz zu dem Staatsvertrag vom 16.12.2009 und 26.1.2010 über die Verteilung von Versorgungslasten bei bund- und länderübergreifenden Dienstherrenwechseln vom 5.9.2010 (BGBl. I S. 1288),[2] Jahressteuergesetz 2010 (JStG 2010) vom 8.12.2010 (BGBl. I S. 1768), Gesetz zur Umsetzung des EuGH-Urteils vom 20. Oktober 2011 in der Rechtssache C-284/09 vom 21.3.2013 (BGBl. I S. 561), Amtshilferichtlinie-Umsetzungsgesetz (AmtshilfeRLUmsG) vom 26.6.2013 (BGBl. I S. 1809), Gesetz zur Anpassung des Investmentsteuergesetzes und anderer Gesetze an das AIFM-Umsetzungsgesetz (AIFM-Steuer-Anpassungsgesetz – AIFM-StAnpG) vom 18.12.2013 (BGBl. I S. 4318), Gesetz zur Anpassung des nationalen Steuerrechts an den Beitritt Kroatiens zur EU und zur Änderung weiterer steuerlicher Vorschriften vom 25.7.2014 (BGBl. I S. 1266), Gesetz zur Anpassung der Abgabenordnung an den Zollkodex der Union und zur Änderung weiterer steuerlicher Vorschriften vom 22.12.2014 (BGBl. I S. 2417), Steueränderungsgesetz 2015 vom 2.11.2015 (BGBl. I S. 1834), Gesetz zur Neuorganisation der Zollverwaltung vom 3.12.2015 (BGBl. I S. 2178), Gesetz zum automatischen Austausch von Informationen über Finanzkonten in Steuersachen und zur Änderung weiterer Gesetze vom 21.12.2015 (BGBl. I S. 2531), Gesetz zur Modernisierung des Besteuerungsverfahrens vom 18.7.2016 (BGBl. I S. 1679), Gesetz zur Reform der Investmentbesteuerung (Investmentsteuerreformgesetz – InvStRefG) vom 19.7.2016 (BGBl. I S. 1730), Gesetz zur Beendigung der Sonderzuständigkeit der Familienkassen des öffentlichen Dienstes im Bereich des Bundes vom 8.12.2016 (BGBl. I S. 2835), Gesetz zur Umsetzung der Änderungen der EU-Amtshilferichtlinie und von weiteren Maßnahmen gegen Gewinnkürzungen und -verlagerungen vom 20.12.2016 (BGBl. I S. 3000), Gesetz zur Auflösung der Bundesmonopolverwaltung für Branntwein und zur Änderung weiterer Gesetze (Branntweinmonopolverwaltung-Auflösungsgesetz – BfBAG) vom 10.3.2017 (BGBl. I S. 420), Gesetz zur Umsetzung der Vierten EU-Geldwäscherichtlinie, zur Ausführung der EU-Geldtransferverordnung und zur Neuorganisation der Zentralstelle für Finanztransaktionsuntersuchungen vom 23.6.2017 (BGBl. I S. 1822), Gesetz zur Änderung des Bundesversorgungsgesetzes und anderen Vorschriften vom 17.7.2017 (BGBl. I S. 2541), Gesetz zur Neuregelung des bundesstaatlichen Finanzausgleichssystems ab dem Jahr 2020 und zur Ände-

---

[1] Neubekanntmachung des FVG v. 30.8.1971 (BGBl. I S. 1426, 1427) auf Grund Art. 4 des Gesetzes zur Änderung des Gemeindefinanzreformgesetzes und anderer Gesetze v. 6.9.2005 (BGBl. I S. 2725) in der ab 1.1.2006 geltenden Fassung.

[2] Gem. dessen Art. 6 Abs. 2 Satz 2 in Kraft getreten am 1.1.2011, lt. Bek. v. 8.10.2010 (BGBl. I S. 1404).

rung haushaltsrechtlicher Vorschriften vom 14.8.2017 (BGBl. I S. 3122), Gesetz zur Vermeidung von Umsatzsteuerausfällen beim Handel mit Waren im Internet und zur Änderung weiterer steuerlicher Vorschriften vom 11.12.2018 (BGBl. I S. 2338), Gesetz zur fortgesetzten Beteiligung des Bundes an den Integrationskosten der Länder und Kommunen und zur Regelung der Folgen der Abfinanzierung des Fonds „Deutsche Einheit" vom 17.12.2018 (BGBl. I S. 2522), Zweites Gesetz zur Anpassung des Datenschutzrechts an die Verordnung (EU) 2016/679 und zur Umsetzung der Richtlinie (EU) 2016/680 (Zweites Datenschutz-Anpassungs- und Umsetzungsgesetz EU – 2. DSAnpUG EU) vom 20.11.2019 (BGBl. I S. 1626), Gesetz zur Umsetzung der Richtlinie (EU) 2017/1852 des Rates vom 10. Oktober 2017 über Verfahren zur Beilegung von Besteuerungsstreitigkeiten in der Europäischen Union vom 10.12.2019 (BGBl. I S. 2103), Gesetz zur weiteren steuerlichen Förderung der Elektromobilität und zur Änderung weiterer steuerlicher Vorschriften vom 12.12.2019 (BGBl. I S. 2451), Gesetz zur Einführung einer Pflicht zur Mitteilung grenzüberschreitender Steuergestaltungen vom 21.12.2019 (BGBl. I S. 2875) und Gesetz zur Einführung der Grundrente für langjährige Versicherung der gesetzlichen Rentenversicherung mit unterdurchschnittlichem Einkommen; für weitere Maßnahmen zur Erhöhung der Alterseinkommen (Grundrentengesetz) vom 12.8.2020 (BGBl. I S. 1879), Gesetz über die Umwandlung des Informationstechnikzentrums Bund in eine nichtrechtsfähige Anstalt des öffentlichen Rechts und zur Änderung weiterer Vorschriften vom 7.12.2020 (BGBl. I S. 2756), Jahressteuergesetz 2020 (JStG 2020) vom 21.12.2020 (BGBl. I S. 3096), Gesetz zur Verbesserung der Transparenz in der Alterssicherung und der Rehabilitation sowie zur Modernisierung der Sozialversicherungswahlen und zur Änderung anderer Gesetze (Gesetz Digitale Rentenübersicht) vom 11.2.2021 (BGBl. I S. 154) und Siebtes Gesetz zur Änderung von Verbrauchsteuergesetzen vom 30.3.2021 (BGBl. I S. 607)

BGBl. III/FNA 600-1

Abschnitt I. Allgemeine Vorschriften

§ 1 Bundesfinanzbehörden. Bundesfinanzbehörden sind

1. als oberste Behörde:
   das Bundesministerium der Finanzen;
2.[1] als Oberbehörden:
   das Bundeszentralamt für Steuern [*ab 1.1.2021:* , das Informationstechnikzentrum Bund] und die Generalzolldirektion;
3.[2] als örtliche Behörden:
   die Hauptzollämter einschließlich ihrer Dienststellen (Zollämter) und die Zollfahndungsämter.

§ 2[3] **Landesfinanzbehörden.** (1) Landesfinanzbehörden sind

1. als oberste Behörde:
   die für die Finanzverwaltung zuständige oberste Landesbehörde;
2. Oberbehörden, soweit nach diesem Gesetz oder nach Landesrecht als Landesfinanzbehörden eingerichtet;

---

[1] § 1 Nr. 2 geänd. mWv 1.8.2006 durch G v. 12.7.2006 (BGBl. I S. 1466); geänd. mWv 13.3.2008 durch G v. 5.3.2008 (BGBl. I S. 282); geänd. mWv 1.1.2016 durch G v. 3.12.2015 (BGBl. I S. 2178); geänd. mWv 1.1.2017 durch G v. 8.12.2016 (BGBl. I S. 2835); geänd. mWv 1.1.2019 durch G v. 10.3.2017 (BGBl. I S. 420); geänd. mWv 1.1.2021 durch G v. 7.12.2020 (BGBl. I S. 2756).

[2] § 1 Nr. 3 aufgeh., bish. Nr. 4 wird Nr. 3 mWv 1.1.2016 durch G v. 3.12.2015 (BGBl. I S. 2178).

[3] § 2 Abs. 1 Nr. 3, Abs. 2 Satz 1 geänd. mWv 29.12.2020 durch G v. 21.12.2020 (BGBl. I S. 3096).

3. als Mittelbehörden, soweit eingerichtet:
   die Oberfinanzdirektionen; anstelle der Oberfinanzdirektionen können Oberbehörden nach Nummer 2 oder andere nach Landesrecht eingerichtete Mittelbehörden treten;
4. als örtliche Behörden:
   die Finanzämter.

(2) [1]Durch Rechtsverordnung der zuständigen Landesregierung kann ein Rechenzentrum der Landesfinanzverwaltung als Teil der für die Finanzverwaltung zuständigen obersten Landesbehörde, als Oberbehörde oder als Teil einer

(Fortsetzung nächstes Blatt)

Oberbehörde, die nach Landesrecht als Landesfinanzbehörde nach Absatz 1 Nr. 2 oder 3 eingerichtet ist, als Teil einer Mittelbehörde, als Finanzamt oder als Teil eines Finanzamtes eingerichtet werden. [2]Die Landesregierung kann die Ermächtigung durch Rechtsverordnung auf die für die Finanzverwaltung zuständige oberste Landesbehörde übertragen. [3]Soweit ein Rechenzentrum der Finanzverwaltung eingerichtet ist, können ihm weitere Aufgaben, auch aus dem Geschäftsbereich einer anderen obersten Landesbehörde, übertragen werden.

(3) [1]Durch Rechtsverordnung der zuständigen Landesregierung können für Kassengeschäfte andere örtliche Landesbehörden zu Landesfinanzbehörden bestimmt werden (besondere Landesfinanzbehörden). [2]Absatz 2 Satz 2 ist anzuwenden.

§ 2a[1)] Verzicht auf Mittelbehörden, Aufgabenwahrnehmung durch andere Finanzbehörden. (1) [1]Durch Rechtsverordnung kann auf Mittelbehörden verzichtet werden. [2]Die Rechtsverordnung erlässt für den Bereich von Aufgaben des Landes die zuständige Landesregierung. [3]Die Landesregierung kann die Ermächtigung durch Rechtsverordnung auf die für die Finanzverwaltung zuständige oberste Landesbehörde übertragen.

(2) [1]Wird auf Mittelbehörden verzichtet, gehen diesen zugewiesenen Aufgaben der Landesfinanzverwaltung auf die oberste Behörde nach § 2 Abs. 1 Nr. 1 über. [2]Durch Rechtsverordnung der zuständigen Landesregierung können Landesaufgaben nach Satz 1 einer anderen Landesfinanzbehörde übertragen werden. [3]Die Landesregierung kann die Ermächtigung durch Rechtsverordnung auf die für die Finanzverwaltung zuständige oberste Landesbehörde übertragen.

§ 2b. (weggefallen)

§ 3 Leitung der Finanzverwaltung. (1)[2)] [1]Das Bundesministerium der Finanzen leitet die Bundesfinanzverwaltung. [2]Soweit die Bundesfinanzbehörden Aufgaben aus dem Geschäftsbereich eines anderen Bundesministeriums zu erledigen haben, erteilt dieses die fachlichen Weisungen. [3]Fachliche Weisungen, die wesentliche organisatorische Auswirkungen haben, ergehen im Benehmen mit dem Bundesministerium der Finanzen.

(2) [1]Die für die Finanzverwaltung zuständige oberste Landesbehörde leitet die Landesfinanzverwaltung. [2]Soweit Landesfinanzbehörden Aufgaben aus dem Geschäftsbereich einer anderen obersten Landesbehörde zu erledi-gen haben, erteilt diese die fachlichen Weisungen. [3]Fachliche Weisungen, die wesentliche organisatorische Auswirkungen haben, ergehen im Benehmen mit der für die Finanzverwaltung zuständigen obersten Landesbehörde.

---

1) § 2a Abs. 2 Satz 1 neu gef. mWv 1.1.2008 durch G v. 13.12.2007 (BGBl. I S. 2897); Abs. 2 Satz 1 geänd., Satz 2 aufgeh. mWv 1.1.2016 durch G v. 3.12.2015 (BGBl. I S. 2178); Abs. 2 Satz 1 geänd. mWv 29.12.2020 durch G v. 21.12.2020 (BGBl. I S. 3096).

2) § 3 Abs. 1 Satz 2 eingef. mWv 13.3.2008 durch G v. 5.3.2008 (BGBl. I S. 282) und aufgeh. mWv 1.1.2017 durch G v. 8.12.2016 (BGBl. I S. 2835).

Abschnitt II. Oberbehörden

§ 4 Sitz und Aufgaben der Bundesoberbehörden. (1) Das Bundesministerium der Finanzen bestimmt den Sitz der Bundesoberbehörden, soweit durch Gesetz nichts anderes bestimmt ist.

(2)[1] Die Bundesoberbehörden erledigen in eigener Zuständigkeit Aufgaben, die ihnen durch dieses Gesetz, durch andere oder aufgrund anderer Bundesgesetze zugewiesen werden.

(3) Die Bundesoberbehörden erledigen als beauftragte Behörden Aufgaben des Bundes, mit deren Durchführung sie vom Bundesministerium der Finanzen oder mit dessen Zustimmung von dem fachlich zuständigen Bundesministerium beauftragt werden.

§ 5 Aufgaben des Bundeszentralamtes für Steuern. (1)[2] [1]Das Bundeszentralamt für Steuern hat unbeschadet des § 4 Abs. 2 und 3 folgende Aufgaben:

1. die Mitwirkung an Außenprüfungen (§ 19);
2. die Entlastung von deutschen Abzugsteuern (Erstattungen und Freistellungen) in den Fällen der §§ 43b und 50g des Einkommensteuergesetzes sowie auf Grund von Abkommen zur Vermeidung der Doppelbesteuerung;
3. die Entlastung bei deutschen Besitz- oder Verkehrsteuern gegenüber internationalen Organisationen, amtlichen zwischenstaatlichen Einrichtungen, ausländischen Missionen, berufskonsularischen Vertretungen und deren Mitgliedern auf Grund völkerrechtlicher Vereinbarung oder besonderer gesetzlicher Regelung nach näherer Weisung des Bundesministeriums der Finanzen;
4.[3] die Besteuerung von Investmentfonds und Spezial-Investmentfonds sowie die Feststellung der Besteuerungsgrundlagen von Spezial-Investmentfonds, soweit es nach § 4 Absatz 2 Nummer 2 des Investmentsteuergesetzes[4] zuständig ist. [2]Daneben stellt das Bundeszentralamt für Steuern auf Anforderung den für die Besteuerung von Investmentfonds, Spezial-Investmentfonds oder deren Anlegern zuständigen Landesfinanzbehörden seine Erkenntnisse über ausländische Rechtsformen und ausländisches Recht zur Verfügung;
5.[5] die Ausübung der Funktion der zuständigen Behörde auf dem Gebiet der steuerlichen Rechts- und Amtshilfe und bei der Durchführung von Verständigungs- und Schiedsverfahren im Einvernehmen mit der zuständigen obersten Landesfinanzbehörde oder mit der von dieser beauftragten Behörde nach den Doppelbesteuerungsabkommen, dem Übereinkommen

---

[1] § 4 Abs. 2 geänd. mWv 1.1.2016 durch G v. 3.12.2015 (BGBl. I S. 2178).

[2] § 5 Abs. 1 bish. Text wird Satz 1, neuer Satz 2 angef. mWv 1.1.2017 durch G v. 18.7.2016 (BGBl. I S. 1679).

[3] § 5 Abs. 1 Satz 1 Nr. 4 neu gef. mWv 1.1.2018 durch G v. 19.7.2016 (BGBl. I S. 1730).

[4] Nr. **120a.**

[5] § 5 Abs. 1 Satz 1 Nr. 5 neu gef. mWv 13.12.2019 durch G v. 10.12.2019 (BGBl. I S. 2103).

Nr. 90/436/EWG über die Beseitigung der Doppelbesteuerung im Falle von Gewinnberichtigungen zwischen verbundenen Unternehmen (ABl. L 225 vom 20.8.1990, S. 10) in der jeweils geltenden Fassung und dem EU-Doppelbesteuerungsabkommen-Streitbeilegungsgesetz vom 10. Dezember 2019 (BGBl. I S. 2103) in der jeweils geltenden Fassung, soweit das zuständige Bundesministerium seine Befugnisse in diesem Bereich delegiert;

(Fortsetzung nächstes Blatt)

5a.[1] die Entgegennahme und Weiterleitung von Meldungen nach auf der Grundlage von § 117c der Abgabenordnung ergangenen Rechtsverordnungen und die Durchführung von Bußgeldverfahren in den Fällen des § 379 Absatz 2 Nummer 1b der Abgabenordnung sowie die Auswertung dieser Meldungen im Rahmen der dem Bundeszentralamt für Steuern gesetzlich übertragenen Aufgaben;

5b.[2] die Entgegennahme und Weiterleitung von Meldungen und Auswertungen im Rahmen der nach § 2 des Gesetzes zum automatischen Austausch von Informationen über Finanzkonten in Steuersachen auszutauschenden Informationen und die Durchführung von Bußgeldverfahren nach § 28 des vorgenannten Gesetzes;

5c.[3] die Einstellung von Informationen zu grenzüberschreitenden Vorbescheiden oder Vorabverständigungen über die Verrechnungspreisgestaltung gemäß § 7 Absatz 3 bis 5 des EU-Amtshilfegesetzes in das Zentralverzeichnis der Mitgliedstaaten der Europäischen Union gemäß Artikel 21 Absatz 5 der Richtlinie 2011/16/EU des Rates vom 15. Februar 2011 über die Zusammenarbeit der Verwaltungsbehörden im Bereich der Besteuerung und zur Aufhebung der Richtlinie 77/799/EWG (ABl. L 64 vom 11.3.2011, S. 1) in der jeweils geltenden Fassung sowie die Entgegennahme der von den anderen Mitgliedstaaten der Europäischen Union in das Zentralverzeichnis eingestellten Informationen im Sinne des Artikels 8a der Richtlinie 2011/16/EU und ihre Weiterleitung an die jeweils zuständige Landesfinanzbehörde nach Maßgabe des § 7 Absatz 9 des EU-Amtshilfegesetzes;

5d.[4] die automatische Übermittlung der länderbezogenen Berichte, die dem Bundeszentralamt für Steuern hierzu von den Unternehmen nach § 138a Absatz 6 der Abgabenordnung übermittelt worden sind, an

a) die jeweils zuständige Landesfinanzbehörde,

b) die zuständigen Behörden der Vertragsstaaten der am 27. Januar 2016 unterzeichneten „Mehrseitigen Vereinbarung zwischen den zuständigen Behörden über den Austausch länderbezogener Berichte" (BGBl. 2016 II S. 1178, 1179),

c) die zuständigen Behörden der anderen Mitgliedstaaten gemäß Artikel 8 aa der Richtlinie 2011/16/EU sowie

[*ab 31.3.2020:*

d) die zuständigen Behörden der Drittstaaten, mit denen die Bundesrepublik Deutschland ein Abkommen über den steuerlichen Informa-

---

[1] § 5 Abs. 1 Satz 1 Nr. 5a eingef. mWv 24.12.2013 durch G v. 18.12.2013 (BGBl. I S. 4318); geänd. mWv 24.12.2016 durch G v. 20.12.2016 (BGBl. I S. 3000).

[2] § 5 Abs. 1 Satz 1 Nr. 5b eingef. mWv 31.12.2015 durch G v. 21.12.2015 (BGBl. I S. 2531).

[3] § 5 Abs. 1 Satz 1 Nr. 5c neu gef. mWv 1.1.2020 durch G v. 21.12.2019 (BGBl. I S. 2875).

[4] § 5 Abs. 1 Satz 1 Nr. 5d eingef. mWv 24.12.2016 durch G v. 20.12.2016 (BGBl. I S. 3000); Nr. 5d Buchst. d eingef. mWv 31.3.2020 durch G v. 12.12.2019 (BGBl. I S. 2451).

tionsaustausch geschlossen hat, nach dem ein automatischer Austausch von Informationen vereinbart werden kann;]

5e.[1] die Entgegennahme und Weiterleitung

a) der länderbezogenen Berichte, die dem zentralen Verbindungsbüro von den zuständigen Behörden der anderen Mitgliedstaaten gemäß Artikel 8 aa der Richtlinie 2011/16/EU übersandt wurden, an die zuständigen Landesfinanzbehörden,

b) der länderbezogenen Berichte im Sinne des § 138a Absatz 2 der Abgabenordnung, die dem zentralen Verbindungsbüro von den zuständigen Behörden der Vertragsstaaten der am 27. Januar 2016 unterzeichneten „Mehrseitigen Vereinbarung zwischen den zuständigen Behörden über den Austausch länderbezogener Berichte“ (BGBl. 2016 II S. 1178, 1179) übermittelt wurden, an die jeweils zuständige Landesfinanzbehörde sowie

[***ab 31.3.2020:***

c)[2] der länderbezogenen Berichte im Sinne des § 138a Absatz 2 der Abgabenordnung, die dem zentralen Verbindungsbüro von den zuständigen Behörden der Drittstaaten, mit denen die Bundesrepublik Deutschland ein Abkommen über den steuerlichen Informationsaustausch geschlossen hat, nach dem ein automatischer Austausch von Informationen vereinbart werden kann, übermittelt wurden, an die jeweils zuständige Landesfinanzbehörde;]

5f.[3] die automatische Übermittlung von Informationen zu grenzüberschreitenden Steuergestaltungen gemäß § 7 Absatz 13 des EU-Amtshilfegesetzes sowie die Entgegennahme von Informationen im Sinne des Artikels 8ab der Richtlinie 2011/16/EU gemäß § 7 Absatz 14 des EU-Amtshilfegesetzes;

5g.[4] die Auswertung der Informationen nach den Nummern 5c, 5d, 5e und 5f im Rahmen der dem Bundeszentralamt für Steuern gesetzlich übertragenen Aufgaben; Auswertungen der Informationen nach den Nummern 5c, 5d, 5e und 5f durch die jeweils zuständige Landesfinanzbehörde bleiben hiervon unberührt;

6. die zentrale Sammlung und Auswertung von Unterlagen über steuerliche Auslandsbeziehungen nach näherer Weisung des Bundesministeriums der Finanzen;

7. bei Personen, die nicht im Geltungsbereich dieses Gesetzes ansässig sind, die Bestimmung des für die Besteuerung örtlich zuständigen Finanzamts,

---

[1] § 5 Abs. 1 Satz 1 Nr. 5e eingef. mWv 24.12.2016 durch G v. 20.12.2016 (BGBl. I S. 3000).

[2] § 5 Abs. 1 Satz 1 Nr. 5e Buchst. c eingef. mWv 31.3.2020 durch G v. 12.12.2019 (BGBl. I S. 2451).

[3] § 5 Abs. 1 Satz 1 Nr. 5f neu gef. mWv 1.1.2020 durch G v. 21.12.2019 (BGBl. I S. 2875).

[4] § 5 Abs. 1 Satz 1 Nr. 5g eingef. mWv 1.1.2020 durch G v. 21.12.2019 (BGBl. I S. 2875).

wenn sich mehrere Finanzämter für örtlich zuständig oder für örtlich unzuständig halten oder wenn sonst Zweifel über die örtliche Zuständigkeit bestehen;

8.[1] die Vergütung der Vorsteuerbeträge in dem besonderen Verfahren nach § 18 Abs. 9 des Umsatzsteuergesetzes;

9.[2] auf Grund der Verordnung (EU) Nr. 904/2010 des Rates vom 7. Oktober 2010 über die Zusammenarbeit der Verwaltungsbehörden und die Betrugsbekämpfung auf dem Gebiet der Mehrwertsteuer (ABl. L 268 vom 12.10.2010, S. 1)

a) die Vergabe der Umsatzsteuer-Identifikationsnummer (§ 27a des Umsatzsteuergesetzes)[3],

b) die Entgegennahme der Zusammenfassenden Meldungen (§ 18a des Umsatzsteuergesetzes) und Speicherung der Daten,

c) den Austausch von gespeicherten Informationen mit anderen Mitgliedstaaten;

10.[4] die Erteilung von Bescheinigungen in Anwendung des Artikels 151 der Richtlinie 2006/112/EG des Rates vom 28. November 2006 über das gemeinsame Mehrwertsteuersystem (ABl. L 347 vom 11.12.2006, S. 1, L 335 vom 20.12.2007, S. 60), die zuletzt durch die Richtlinie 2013/61/EU (ABl. L 353 vom 28.12.2013, S. 5) geändert worden ist, in der jeweils geltenden Fassung zum Nachweis der Umsatzsteuerbefreiung der Umsätze, die in anderen Mitgliedstaaten der Europäischen Union an im Geltungsbereich dieses Gesetzes ansässige zwischenstaatliche Einrichtungen, ständige diplomatische Missionen und berufskonsularische Vertretungen sowie deren Mitglieder ausgeführt werden;

11.[5] die Durchführung des Familienleistungsausgleichs nach Maßgabe der §§ 31, 62 bis 78 des Einkommensteuergesetzes. [2]Die Bundesagentur für Arbeit stellt dem Bundeszentralamt für Steuern zur Durchführung dieser Aufgaben ihre Dienststellen als Familienkassen zur Verfügung. [3]Das Nähere, insbesondere die Höhe der Verwaltungskostenerstattung, wird durch Verwaltungsvereinbarung geregelt. [4]Der Vorstand der Bundesagentur für Arbeit kann innerhalb seines Zuständigkeitsbereichs abweichend von den Vorschriften der Abgabenordnung über die örtliche Zuständigkeit von Finanzbehörden die Entscheidung über den Anspruch auf Kindergeld für bestimmte Bezirke oder Gruppen von Berechtigten einer anderen Familienkasse übertragen. [5]Für die besonderen Belange der Personen, die in einem öffentlich-rechtlichen Dienst-, Amts- oder Ausbildungsverhältnis zum Bund stehen oder Versorgungsbezüge nach bundesbeamten- oder soldatenrechtlichen

---

[1] § 5 Abs. 1 Satz 1 Nr. 8 Satz 2 aufgeh. mWv 1.1.2010 durch G v. 19.12.2008 (BGBl. I S. 2794).

[2] § 5 Abs. 1 Satz 1 Nr. 9 geänd. mWv 30.6.2013 durch G v. 26.6.2013 (BGBl. I S. 1809).

[3] Nr. **500**.

[4] § 5 Abs. 1 Satz 1 Nr. 10 geänd. mWv 30.6.2013 durch G v. 26.6.2013 (BGBl. I S. 1809); geänd. durch G v. 25.7.2014 (BGBl. I S. 1266).

[5] § 5 Abs. 1 Satz 1 Nr. 11 Satz 5 eingef., bish. Sätze 5 bis 10 werden Sätze 6 bis 11, Satz 10 geänd. und Satz 12 angef. mWv 14.12.2016 durch G v. 8.12.2016 (BGBl. I S. 2835).

Vorschriften oder Grundsätzen erhalten oder Arbeitnehmer des Bundes oder einer sonstigen Körperschaft, einer Anstalt oder einer Stiftung des öffentlichen Rechts im Bereich des Bundes sind, benennt die Bundesagentur für Arbeit als Familienkasse zentrale Ansprechpartner. [6]Das Bundesministerium der Finanzen wird ermächtigt, *durch Rechtsverordnung, die nicht der Zustimmung des Bundesrates bedarf, Bundesfamilienkassen zur Wahrnehmung der Aufgaben der Familienkassen nach § 72 Abs. 1 des Einkommensteuergesetzes* [***ab 1.1.2022:*** durch Rechtsverordnung ohne Zustimmung des Bundesrates Bundesfamilienkassen zur Wahrnehmung der Aufgaben der Familienkassen nach § 72 Absatz 1 des Einkommensteuergesetzes für die in § 72 Absatz 3 Nummer 3 des Einkommensteuergesetzes ausgenommenen Behörden, Körperschaften, Anstalten oder Stiftungen des öffentlichen Rechts im Bereich des Bundes][1] einzurichten. [7]Diese können auch Aufgaben im Auftrag der mittelbaren Verwaltung wahrnehmen. [8]Die Landesregierungen werden ermächtigt, durch Rechtsverordnung Landesfamilienkassen zur Wahrnehmung der Aufgaben nach § 72 Abs. 1 des Einkommensteuergesetzes einzurichten. [9]Diese können auch Aufgaben der mittelbaren Verwaltung wahrnehmen. [10]Die Ermächtigung kann durch Rechtsverordnung auf die zuständigen obersten Landesbehörden übertragen werden. [11]Die Familienkassen gelten als Bundesfinanzbehörden, soweit sie den Familienleistungsausgleich durchführen, und unterliegen insoweit der Fachaufsicht des Bundeszentralamtes für Steuern. [12]Das Bundeszentralamt für Steuern erteilt diesen Familienkassen ein Merkmal zur Identifizierung (Familienkassenschlüssel) und veröffentlicht die Namen und die Anschriften dieser Familienkassen jeweils zu Beginn eines Kalenderjahres im Bundessteuerblatt;

12.[2] die Durchführung der Veranlagung nach § 50 Absatz 2 Satz 2 Nummer 5 des Einkommensteuergesetzes und § 32 Absatz 2 Nummer 2 des Körperschaftsteuergesetzes sowie die Durchführung des Steuerabzugsverfahrens nach § 50a Absatz 1 des Einkommensteuergesetzes, einschließlich des Erlasses von Haftungs- und Nachforderungsbescheiden und deren Vollstreckung ab dem durch eine Rechtsverordnung der Bundesregierung mit Zustimmung des Bundesrates zu bestimmenden Zeitpunkt, der nicht vor dem 31. Dezember 2011 liegt;

13. die zentrale Sammlung und Auswertung der von den Finanzbehörden der Länder übermittelten Informationen über Betrugsfälle im Bereich der Umsatzsteuer;

14.[3] die Sammlung, Auswertung und Weitergabe der Daten, die nach § 45d des Einkommensteuergesetzes in den dort genannten Fällen zu übermitteln sind sowie die Übermittlung der Identifikationsnummer (§ 139b der Abgabenordnung) in dem Anfrageverfahren nach § 44a Absatz 2a Satz 3 bis 7 des Einkommensteuergesetzes;

---

[1] § 5 Abs. 1 Satz 1 Nr. 11 Satz 6 neu gef. **mWv 1.1.2022** durch G v. 8.12.2016 (BGBl. I S. 2835).

[2] § 5 Abs. 1 Satz 1 Nr. 12 neu gef. mWv 18.8.2009 durch G v. 10.8.2009 (BGBl. I S. 2702).

[3] § 5 Abs. 1 Satz 1 Nr. 14 neu gef. mWv 14.12.2010 durch G v. 8.12.2010 (BGBl. I S. 1768).

15. die Koordinierung von Umsatzsteuerprüfungen der Landesfinanzbehörden in grenz- und länderübergreifenden Fällen;
16. das Zusammenführen und Auswerten von umsatzsteuerlich erheblichen Informationen zur Identifizierung prüfungswürdiger Sachverhalte;
17. die Beobachtung von elektronisch angebotenen Dienstleistungen zur Unterstützung der Landesfinanzverwaltungen bei der Umsatzbesteuerung des elektronischen Handels;
18.[1] a) die Weiterleitung der Daten, die nach § 10 Absatz 2a, 2b und 4b des Einkommensteuergesetzes in den dort genannten Fällen zu übermitteln sind,
    b) die Sammlung, Auswertung und Weitergabe der Daten, die nach § 10a Absatz 5 Satz 4 des Einkommensteuergesetzes in den dort genannten Fällen zu übermitteln sind,
    c) die Sammlung, Auswertung und Weitergabe der Daten, die nach § 22a des Einkommensteuergesetzes in den dort genannten Fällen zu übermitteln sind,
    d) bei einer Datenübermittlung nach § 22a Absatz 1 des Einkommensteuergesetzes die Prüfung nach § 93c Absatz 4 Satz 1 der Abgabenordnung und die Erhebung des Verspätungsgeldes nach § 22a Absatz 5 des Einkommensteuergesetzes,
    e) die Übermittlung der Identifikationsnummer (§ 139b der Abgabenordnung) im Anfrageverfahren nach § 22a Absatz 2 in Verbindung mit § 10 Absatz 2a, 2b und 4b, § 10a Absatz 5 und § 32b Absatz 3 Satz 1 des Einkommensteuergesetzes,
    f) die Gewährung der Altersvorsorgezulage nach Abschnitt XI des Einkommensteuergesetzes sowie
    g) die Durchführung von Bußgeldverfahren nach § 50f des Einkommensteuergesetzes.

    [2]Das Bundeszentralamt für Steuern bedient sich zur Durchführung dieser Aufgaben der Deutschen Rentenversicherung Bund, soweit diese zentrale Stelle im Sinne des § 81 des Einkommensteuergesetzes ist, im Wege der Organleihe. [3]Die Deutsche Rentenversicherung Bund unterliegt insoweit der Fachaufsicht des Bundeszentralamtes für Steuern. [4]Das Nähere, insbesondere die Höhe der Verwaltungskostenerstattung, wird durch Verwaltungsvereinbarung geregelt;
19. die zentrale Sammlung der von den Finanzbehörden übermittelten Angaben über erteilte Freistellungsbescheinigungen nach § 48b des Einkommensteuergesetzes und die Erteilung von Auskünften im Wege einer

---

[1] § 5 Abs. 1 Satz 1 Nr. 18 neu gef. mWv 1.1.2009 durch G v. 20.12.2008 (BGBl. I S. 2850); Buchst. b Verweis geänd., Buchst. a Verweis geänd., Buchst. e neu gef. mWv 23.7.2009 durch G v. 16.7.2009 (BGBl. I S. 1959); Buchst. d neu gef. und Buchst. g angef. mWv 14.12.2010 durch G v. 8.12.2010 (BGBl. I S. 1768); Buchst. a Verweis geänd. durch G v. 26.6.2013 (BGBl. I S. 1809); Buchst. e geänd. durch G v. 25.7.2014 (BGBl. I S. 1266); Buchst. d neu gef. mWv 1.1.2017 durch G v. 18.7.2016 (BGBl. I S. 1679); Buchst. a und e Verweis geänd. mWv 1.1.2019 durch G v. 20.11.2019 (BGBl. I S. 1626).

elektronischen Abfrage an den Leistungsempfänger im Sinne des § 48 Abs. 1 Satz 1 des Einkommensteuergesetzes über die übermittelten Freistellungsbescheinigungen;

20.[1] den Einzug der einheitlichen Pauschsteuer nach § 40a Abs. 2 des Einkommensteuergesetzes. [2]Das Bundeszentralamt für Steuern bedient sich zur Durchführung dieser Aufgabe der Deutschen Rentenversicherung Knappschaft-Bahn-See als Träger der knappschaftlichen Rentenversicherung im Wege der Organleihe. [3]Das Nähere, insbesondere die Höhe der Verwaltungskostenerstattung, wird durch Verwaltungsvereinbarung geregelt. [4]Die Deutsche Rentenversicherung Knappschaft-Bahn-See als Träger der knappschaftlichen Rentenversicherung gilt für die Durchführung dieser Aufgabe als Bundesfinanzbehörde und unterliegt insoweit der Fachaufsicht des Bundeszentralamtes für Steuern;

[Fassung bis 31.3.2021:]

21.[2] die Durchführung des Besteuerungsverfahrens nach § 18 Absatz 4c des Umsatzsteuergesetzes einschließlich der damit im Zusammenhang stehenden Tätigkeiten auf Grund von Artikel 17 Absatz 1 Buchstabe d und Artikel 21 Absatz 1 sowie Kapitel XI der Verordnung (EU) Nr. 904/2010 des Rates vom 7. Oktober 2010 über die Zusammenarbeit der Verwaltungsbehörden und die Betrugsbekämpfung auf dem Gebiet der Mehrwertsteuer (ABl. L 268 vom 12.10.2010, S. 1);

[Fassung ab 1.4.2021:]

21.[3] für vor dem 1. Juli 2021 ausgeführte Umsätze die Durchführung des Besteuerungsverfahrens nach § 18 Absatz 4c des Umsatzsteuergesetzes in der bis zum 30. Juni 2021 geltenden Fassung einschließlich der damit im Zusammenhang stehenden Tätigkeiten auf Grund von Kapitel XI Abschnitt 1 und 2 der Verordnung (EU) Nr. 904/2010 des Rates vom 7. Oktober 2010 über die Zusammenarbeit der Verwaltungsbehörden und die Betrugsbekämpfung auf dem Gebiet der Mehrwertsteuer (ABl. L 268 vom 12.10.2010, S. 1) sowie für nach dem 30. Juni 2021 ausgeführte Umsätze die Entgegennahme und Weiterleitung von Anzeigen, Umsatzsteuererklärungen und Zahlungen von nicht im Gemeinschaftsgebiet ansässigen Unternehmern in Anwendung der Artikel 360 bis 367 und 369 der Richtlinie 2006/112/EG des Rates in der

[1] § 5 Abs. 1 Satz 1 Nr. 20 Sätze 2 und 4 geänd. mWv 30.6.2013 durch G v. 26.6.2013 (BGBl. I S. 1809).

[2] § 5 Abs. 1 Satz 1 Nr. 21 neu gef. mWv 18.12.2019 durch G v. 12.12.2019 (BGBl. I S. 2451).

[3] § 5 Abs. 1 Satz 1 Nr. 21 neu gef. mWv 1.4.2021 durch G v. 21.12.2020 (BGBl. I S. 3096).

[Fassung ab 1.4.2021:]

Fassung von Artikel 2 Nummer 17 bis 19 der Richtlinie (EU) 2017/2455 des Rates vom 5. Dezember 2017 zur Änderung der Richtlinie 2006/112/EG und der Richtlinie 2009/132/EG in Bezug auf bestimmte mehrwertsteuerliche Pflichten für die Erbringung von Dienstleistungen und für Fernverkäufe von Gegenständen (ABl. L 348 vom 29.12.2017, S. 7) einschließlich der mit der Durchführung des Besteuerungsverfahrens nach § 18i des Umsatzsteuergesetzes zusammenhängenden Tätigkeiten auf Grund der Kapitel V und XI der Verordnung (EU) Nr. 904/2010 des Rates in der Fassung von Artikel 1 der Verordnung (EU) 2017/2454 des Rates vom 5. Dezember 2017 zur Änderung der Verordnung (EU) Nr. 904/2010 des Rates über die Zusammenarbeit der Verwaltungsbehörden und die Betrugsbekämpfung auf dem Gebiet der Mehrwertsteuer (ABl. L 348 vom 29.12.2017, S. 1);

22. die Vergabe und die Verwaltung des Identifikationsmerkmals nach den §§ 139a bis 139d der Abgabenordnung;

23. die Bestätigungen nach § 18e des Umsatzsteuergesetzes 1999;

24. den Abruf von Daten aus den nach § 93b der Abgabenordnung in Verbindung mit § 24c Abs. 1 Satz 1 des Kreditwesengesetzes von den Kreditinstituten geführten Dateien und die Weiterleitung der abgerufenen Daten an die zuständigen Finanzbehörden;

25.[1] die Verwaltung der Versicherung- und Feuerschutzsteuer und die zentrale Sammlung und Auswertung der Informationen für die Verwaltung der Versicherung- und Feuerschutzsteuer;

26. Entgegennahme von Meldungen und Zahlungen von Zinsabschlag nach der Zinsinformationsverordnung und deren Weiterleitung;

---

[1] § 5 Abs. 1 Satz 1 Nr. 25 neu gef. mWv 1.7.2010 durch G v. 10.8.2009 (BGBl. I S. 2702).

27.[1] die Erteilung von verbindlichen Auskünften nach § 89 Abs. 2 Satz 3 der Abgabenordnung;

28.[1] die Unterstützung der Finanzbehörden der Länder bei der Verhütung und Verfolgung von Steuerstraftaten mit länderübergreifender, internationaler oder erheblicher Bedeutung sowie bei Anzeigen nach § 116 Abs. 1 der Abgabenordnung. 2Das Bundeszentralamt für Steuern hat zur Wahrnehmung dieser Aufgabe alle hierfür erforderlichen Informationen zu sammeln und auszuwerten und die Behörden der Länder über die sie betreffenden Informationen und die in Erfahrung gebrachten Zusammenhänge von Straftaten zu unterrichten;

28a.[2] die Weiterleitung von Mitteilungen nach § 116 Abs. 1 der Abgabenordnung an die zuständigen Finanzbehörden der Zollverwaltung;

29.[3] die Durchführung der gesonderten Feststellung und Erteilung der Bescheinigung nach § 27 Abs. 8 des Körperschaftsteuergesetzes;

[***ab 1.1.2023:***

29a.[4] Entgegennahme, Verarbeitung und Weiterleitung der Versicherungsdaten bei privaten Krankenversicherungen und privaten Pflege-Pflichtversicherungen nach § 39 Absatz 4a des Einkommensteuergesetzes;]

30.[5] die Bildung, Speicherung und Bereitstellung elektronischer Lohnsteuerabzugsmerkmale;

31.[6] die zentrale Sammlung der von den Finanzbehörden der Länder übermittelten Daten zu Konzernübersichten (Konzernverzeichnis) sowie die Erteilung von Auskünften daraus im Wege einer elektronischen Abfrage durch die Finanzbehörden der Länder;

32.[6] die zentrale Sammlung der von den Finanzbehörden der Länder übermittelten branchenbezogenen Kennzahlen sowie die Erteilung von Auskünften daraus im Wege einer elektronischen Abfrage durch die Finanzbehörden der Länder;

33.[7] die Registrierung eines Vor-REIT nach § 2 des REIT-Gesetzes;

34.[8] die Zertifizierung von Altersvorsorge- und Basisrentenverträgen nach dem Altersvorsorgeverträge-Zertifizierungsgesetz und die Durchführung

---

[1] § 5 Abs. 1 Satz 1 Nrn. 27 und 28 angef. mWv 12.9.2006 durch G v. 5.9.2006 (BGBl. I S. 2098).

[2] § 5 Abs. 1 Satz 1 Nr. 28a eingef. mWv 29.12.2007 durch G v. 20.12.2007 (BGBl. I S. 3150).

[3] § 5 Abs. 1 Satz 1 Nr. 29 angef. mWv 13.12.2006 durch G v. 7.12.2006 (BGBl. I S. 2782).

[4] § 5 Abs. 1 Satz 1 Nr. 29a eingef. mWv 1.1.2023 durch G v. 21.12.2020 (BGBl. I S. 3096).

[5] § 5 Abs. 1 Satz 1 Nr. 30 eingef. mWv 29.12.2007 durch G v. 20.12.2007 (BGBl. I S. 3150).

[6] § 5 Abs. 1 Satz 1 Nrn. 31 und 32 angef. mWv 19.12.2006 durch G v. 13.12.2006 (BGBl. I S. 2878).

[7] § 5 Abs. 1 Satz 1 Nr. 33 angef. mWv 1.1.2007 durch G v. 28.5.2007 (BGBl. I S. 914).

[8] § 5 Abs. 1 Satz 1 Nr. 34 neu gef. mWv 15.12.2018 durch G v. 11.12.2018 (BGBl. I S. 2338).

von Bußgeldverfahren nach § 13 des Altersvorsorgeverträge-Zertifizierungsgesetzes;

35.[1] die Prüfung der Vollständigkeit und Zulässigkeit von Anträgen auf Vorsteuer-Vergütung für im Inland ansässige Unternehmer in Anwendung von Artikel 18 der Richtlinie 2008/9/EG[2] des Rates vom 12. Februar 2008 zur Regelung der Erstattung der Mehrwertsteuer gemäß der Richtlinie 2006/112/EG an nicht im Mitgliedstaat der Erstattung, sondern in einem anderen Mitgliedstaat ansässige Steuerpflichtige (ABl. EU Nr. L 44 S. 23);

36.[3] die Prüfung nach § 93c Absatz 4 Satz 1 der Abgabenordnung der nach § 10 Absatz 2b des Einkommensteuergesetzes zu übermittelnden Daten sowie bei dieser Datenübermittlung die Festsetzung und Erhebung des Haftungsbetrages nach § 72a Absatz 4 der Abgabenordnung;

37.[4] Ausstellung der Bescheinigung an Unternehmer über die Erfüllung der Voraussetzungen des § 4 Nummer 11b des Umsatzsteuergesetzes;

38.[5] ab 14. Dezember 2010 die Weiterleitung von Anzeigen nach § 9 der Erbschaftsteuer-Durchführungsverordnung an die zuständigen Finanzbehörden der Länder;

39.[6] die Entlastung von Kapitalertragsteuer in den Fällen des § 32 Absatz 5 des Körperschaftsteuergesetzes. [2]Die Verwaltungskosten sowie sonstige Kosten, die dem Bund durch diese Zuständigkeit entstehen, werden vom Bund und den Ländern je zur Hälfte getragen. [3]Zwischen den einzelnen Ländern werden die Kosten im Sinne des Satzes 2 entsprechend dem in Absatz 2 geregelten Verhältnis aufgeteilt;

[Fassung bis 31.3.2021:]

40.[8] die mit der Durchführung des Besteuerungsverfahrens nach § 18 Absatz 4e des Umsatzsteuergesetzes in Zusammenhang stehenden Tätigkeiten auf Grund von Kapitel V und XI Abschnitt 2 der Verordnung (EU) Nr. 904/2010 des Rates vom 7. Oktober 2010 über die Zusammenarbeit der Verwaltungsbehörden und die Betrugsbe-

[Fassung ab 1.4.2021:][7]

40. für vor dem 1. Juli 2021 ausgeführte Umsätze die mit der Durchführung des Besteuerungsverfahrens nach § 18 Absatz 4e des Umsatzsteuergesetzes in Zusammenhang stehenden Tätigkeiten auf Grund der Kapitel V und XI Abschnitt 2 der Verordnung (EU) Nr. 904/2010 des Rates vom 7. Oktober 2010 über die Zusammenarbeit der Verwal-

---

[1] § 5 Abs. 1 Satz 1 Nr. 35 angef. mWv 1.1.2010 durch G v. 19.12.2008 (BGBl. I S. 2794).

[2] Nr. **550b**.

[3] § 5 Abs. 1 Satz 1 Nr. 36 neu gef. mWv 1.1.2017 durch G v. 18.7.2016 (BGBl. I S. 1679); geänd. mWv 1.1.2019 durch G v. 20.11.2019 (BGBl. S. 1626).

[4] § 5 Abs. 1 Satz 1 Nr. 37 angef. mWv 15.4.2010 durch G v. 8.4.2010 (BGBl. I S. 386).

[5] § 5 Abs. 1 Satz 1 Nr. 38 angef. mWv 14.12.2010 durch G v. 8.12.2010 (BGBl. I S. 1768).

[6] § 5 Abs. 1 Satz 1 Nr. 39 angef. mWv 29.3.2013 durch G v. 21.3.2013 (BGBl. I S. 561).

[7] § 5 Abs. 1 Satz 1 Nrn. 40 und 41 neu gef. mWv 1.4.2021 durch G v. 21.12.2020 (BGBl. I S. 3096).

[8] § 5 Abs. 1 Satz 1 Nr. 40 angef. mWv 1.10.2014 durch G v. 25.7.2014 (BGBl. I S. 1266).

[Fassung bis 31.3.2021:]

kämpfung auf dem Gebiet der Mehrwertsteuer (ABl. L 268 vom 12.10.2010, S. 1);

41.[1)] die Entgegennahme und Weiterleitung von Anzeigen und Umsatzsteuererklärungen für im Inland ansässige Unternehmer in Anwendung der Artikel 369c bis 369i der Richtlinie 2006/112/EG des Rates in der Fassung von Artikel 5 Nummer 15 der Richtlinie 2008/8/EG des Rates vom 12. Februar 2008 zur Änderung der Richtlinie 2006/112/EG bezüglich des Ortes der Dienstleistung (ABl. L 44 vom 20.2.2008, S. 11) einschließlich der damit zusammenhängenden Tätigkeiten auf Grund von Artikel 17 Absatz 1 Buchstabe d und Artikel 21 Absatz 1 sowie Kapitel XI Abschnitt 2 der Verordnung (EU) Nr. 904/2010 des Rates vom 7. Okober 2010 über die Zusammenarbeit der Verwaltungsbehörden und die Betrugsbekämpfung auf dem Gebiet der Mehrwertsteuer (ABl. L 268 vom 12.10.2010, S. 1);

[Fassung ab 1.4.2021:]

tungsbehörden und die Betrugsbekämpfung auf dem Gebiet der Mehrwertsteuer (ABl. L 268 vom 12.10.2010, S. 1) und die Entgegennahme und Weiterleitung von Anzeigen und Umsatzsteuererklärungen für im Inland ansässige Unternehmer in Anwendung der Artikel 369c bis 369i der Richtlinie 2006/112/EG des Rates in der Fassung des Artikels 5 Nummer 15 der Richtlinie 2008/8/EG des Rates vom 12. Februar 2008 zur Änderung der Richtlinie 2006/112/EG bezüglich des Ortes der Dienstleistung (ABl. L 44 vom 20.2.2008, S. 11) einschließlich der damit zusammenhängenden Tätigkeiten auf Grund von Artikel 17 Absatz 1 Buchstabe d und Artikel 21 Absatz 1 sowie Kapitel XI Abschnitt 2 der Verordnung (EU) Nr. 904/2010 des Rates vom 7. Oktober 2010 über die Zusammenarbeit der Verwaltungsbehörden und die Betrugsbekämpfung auf dem Gebiet der Mehrwertsteuer (ABl. L 268 vom 12.10.2010, S. 1) sowie für nach dem 30. Juni 2021 ausgeführte Umsätze die Entgegennahme und Weiterleitung von Anzeigen, Umsatzsteuererklärungen und Zahlungen von im Inland oder nicht im Gemeinschaftsgebiet ansässigen Unternehmern in Anwendung der Artikel 369c bis 369i und 369k der Richtlinie 2006/112/EG des Rates in der Fassung von Artikel 1 Nummer 11 bis 13 der Richtlinie (EU) 2019/1995 des Rates vom 21. November 2019

1) § 5 Abs. 1 Satz 1 Nr. 41 angef. mWv 1.10.2014 durch G v. 25.7.2014 (BGBl. I S. 1266).

[Fassung ab 1.4.2021:]

zur Änderung der Richtlinie 2006/112/EG des Rates vom 28. November 2006 in Bezug auf Vorschriften für Fernverkäufe von Gegenständen und bestimmte inländische Lieferungen von Gegenständen (ABl. L 310 vom 2.12.2019, S. 1) einschließlich der mit der Durchführung des Besteuerungsverfahrens nach § 18j des Umsatzsteuergesetzes zusammenhängenden Tätigkeiten auf Grund der Kapitel V und XI Abschnitt 2 und 3 der Verordnung (EU) Nr. 904/2010 des Rates in der Fassung von Artikel 1 der Verordnung (EU) 2017/2454 des Rates vom 5. Dezember 2017 zur Änderung der Verordnung (EU) Nr. 904/2010 des Rates über die Zusammenarbeit der Verwaltungsbehörden und die Betrugsbekämpfung auf dem Gebiet der Mehrwertsteuer (ABl. L 348 vom 29.12.2017, S. 1);

41.[1] die Entgegennahme und Weiterleitung von Anzeigen, Umsatzsteuererklärungen und Zahlungen von im Inland oder nicht im Gemeinschaftsgebiet ansässigen Unternehmern oder von im Auftrag handelnden im Inland ansässigen Vertretern in Anwendung der Artikel 369o bis 369v und 369x der Richtlinie 2006/112/EG des Rates in der Fassung von Artikel 2 Nummer 30 der Richtlinie (EU) 2017/2455 des Rates vom 5. Dezember 2017 zur Änderung der Richtlinie 2006/112/EG und der Richtlinie 2009/132/EG in Bezug auf

[1] § 5 Abs. 1 Satz 1 Nrn. 40 und 41 neu gef. mWv 1.4.2021 durch G v. 21.12.2020 (BGBl. I S. 3096).

[Fassung ab 1.4.2021:]
bestimmte mehrwertsteuerliche Pflichten für die Erbringung von Dienstleistungen und für Fernverkäufe von Gegenständen (ABl. L 348 vom 29.12.2017, S. 7) einschließlich der mit der Durchführung des Besteuerungsverfahrens nach § 18k des Umsatzsteuergesetzes zusammenhängenden Tätigkeiten auf Grund der Kapitel V und XI Abschnitt 3 der Verordnung (EU) Nr. 904/2010 des Rates in der Fassung von Artikel 1 der Verordnung (EU) 2017/2454 des Rates vom 5. Dezember 2017 zur Änderung der Verordnung (EU) Nr. 904/2010 des Rates über die Zusammenarbeit der Verwaltungsbehörden und die Betrugsbekämpfung auf dem Gebiet der Mehrwertsteuer (ABl. L 348 vom 29.12.2017, S. 1);

42.[1] die Einrichtung und Pflege des Online-Zugriffs der Finanzämter auf ATLAS-Ein- und Ausfuhrdaten;

43.[2] die Unterstützung des Bundesministeriums der Finanzen bei der Gesetzesfolgenabschätzung im Steuerrecht;

44.[3] die Sammlung, Sortierung, Zuordnung und Auswertung der ihm nach den §§ 138d bis 138h der Abgabenordnung und § 7 Absatz 14 Satz 2 des EU-Amtshilfegesetzes zugegangenen Mitteilungen über grenzüberschreitende Steuergestaltungen, ihre Weiterleitung an die Generalzolldirektion nach § 138j Absatz 1 Satz 2 der Abgabenordnung, die Information der Landesfinanzbehörden nach § 138i und § 138j Absatz 3 der Abgabenordnung sowie die Unterrichtung des Bundesministeriums der Finanzen über die Ergebnisse der Auswertung nach § 138j Absatz 1 der Abgabenordnung;

[***ab 1.1.2021:***

45.[4] die Übermittlung von Daten im Rahmen des automatisierten Datenabrufverfahrens mit den Trägern der gesetzlichen Rentenversicherung in den in § 151b Absatz 2 Satz 2 und § 151c Absatz 1 des Sechsten Buches Sozialgesetzbuch genannten Fällen;

---

[1] § 5 Abs. 1 Satz 1 Nr. 42 angef. mWv 31.12.2014 durch G v. 22.12.2014 (BGBl. I S. 2417).

[2] § 5 Abs. 1 Satz 1 Nr. 43 angef. mWv 18.12.2019 durch G v. 12.12.2019 (BGBl. I S. 2451).

[3] § 5 Abs. 1 Satz 1 Nr. 44 angef. mWv 1.1.2020 durch G v. 21.12.2019 (BGBl. I S. 2875).

[4] § 5 Abs. 1 Satz 1 Nr. 45 angef. mWv 1.1.2021 durch G v. 12.8.2020 (BGBl. I S. 1879).

46.[1] Mitwirkung bei der Festlegung der Einzelheiten der Risikomanagementsysteme zur Gewährleistung eines bundeseinheitlichen Vollzugs auf dem Gebiet der Steuern, die von den Landesfinanzbehörden im Auftrag des Bundes verwaltet werden;]

[*ab 1.1.2024:*

47.[2] a) die zentrale Sammlung der von den Finanzbehörden der Länder nach § 60b der Abgabenordnung übermittelten Daten zu nach § 5 Absatz 1 Nummer 9 des Körperschaftsteuergesetzes steuerbefreiten Körperschaften, Personenvereinigungen oder Vermögensmassen (Zuwendungsempfängerregister) sowie die Erteilung von Auskünften daraus im Wege einer elektronischen Abfrage durch die Finanzbehörden der Länder und durch Dritte,

b) die Feststellung, ob Körperschaften ohne Sitz im Geltungsbereich des Grundgesetzes, die nachweislich Zuwendungen von Spendern mit Wohnsitz, Aufenthalt oder Sitz im Geltungsbereich dieses Gesetzes erhalten haben, für Zwecke des § 50 Absatz 1 der Einkommensteuer-Durchführungsverordnung, die Voraussetzungen der §§ 51 bis 68 der Abgabenordnung erfüllen,

c) die über Buchstabe a hinausgehende Aufnahme eines Zuwendungsempfängers im Sinne des § 10b Absatz 1 Satz 2 Nummer 1 und 3 des Einkommensteuergesetzes auf Antrag des Zuwendungsempfängers in das Zuwendungsempfängerregister, wenn der Zuwendungsempfänger unmittelbar steuerbegünstigte Zwecke im Sinne der §§ 52 bis 54 der Abgabenordnung verwirklicht und die Voraussetzungen des § 51 der Abgabenordnung und des § 10b Absatz 1 Satz 3 bis 6 des Einkommensteuergesetzes erfüllt sowie die Aufnahme eines Zuwendungsempfängers im Sinne des § 34g des Einkommensteuergesetzes, wenn der Zuwendungsempfänger die Voraussetzungen des § 34g des Einkommensteuergesetzes erfüllt,

d) der Abgleich der in den Verfassungsschutzberichten des Bundes und der Länder als „extremistisch" eingestuften Organisationen mit den im Zuwendungsempfängerregister aufgeführten Körperschaften auf die Voraussetzungen des § 51 Absatz 3 der Abgabenordnung und die Mitteilung des Ergebnisses der Prüfung an die zuständige Landesfinanzbehörde,

e) die Bereitstellung für Zwecke des Sonderausgabenabzugs nach § 10b des Einkommensteuergesetzes von Name, Anschrift, Wirtschaftsidentifikationsnummer, satzungsgemäßen Zwecken nach § 52 Absatz 2 der Abgabenordnung, zuständigem Finanzamt, Datum des Freistellungsbescheides, Bankverbindung sowie Datum der gesonderten Feststellung der satzungsmäßigen Gemeinnützigkeit nach § 60a der Abgabenordnung als automatisiert abrufbare Merkmale der im Zuwendungsempfängerregister geführten Körperschaften, Personenvereinigungen, Vermögensmassen, juristische Personen des öffentlichen Rechts oder

---

[1] § 5 Abs. 1 Satz 1 Nr. 46 angef. mWv 1.1.2021 durch G v. 21.12.2020 (BGBl. I S. 3096).
[2] § 5 Abs. 1 Satz 1 Nr. 47 angef. mWv 1.1.2024 durch G v. 21.12.2020 (BGBl. I S. 3096).

öffentlichen Dienststellen für die Finanzbehörden der Länder und für Dritte,

f) die Entgegennahme und Weiterleitung von Änderungsanträgen zum Registerinhalt einer im Zuwendungsempfängerregister geführten Körperschaft, Personenvereinigung, Vermögensmasse, juristischen Person des öffentlichen Rechts oder öffentlichen Dienststelle an die zuständige Finanzbehörde.]

2 Das Bundeszentralamt für Steuern hat Daten, die von ihm oder der zentralen Stelle im Sinne des § 81 des Einkommensteuergesetzes nach § 88 Absatz 4 der Abgabenordnung nicht an die Landesfinanzbehörden weitergeleitet wurden, bis zum Ablauf des 15. Jahres nach dem Jahr des Zugangs der Daten zur Durchführung von Verfahren im Sinne des § 30 Absatz 2 Nummer 1 Buchstabe a und b der Abgabenordnung sowie zur Datenschutzkontrolle zu speichern.

(1a)[1] 1 Soweit durch Absatz 1 Aufgaben der Steuerverwaltung übertragen wurden, ist hiervon auch die Durchführung von Vorfeldermittlungen nach § 208 Absatz 1 Satz 1 Nummer 3 der Abgabenordnung umfasst. 2 Dies gilt nicht für Fälle des Absatzes 1 Satz 1 Nummer 1, 5 bis 7, 9, 10, 13 bis 17, 19, 22 bis 24, 26, 28, 28a, *30* [***ab 1.1.2023:*** 29a] bis 34, 36, 38 und 42 bis 45.

(2)[2] 1 Die vom Bundeszentralamt für Steuern auf Grund gesetzlicher Vorschriften gewährten Steuererstattungen und Steuervergütungen sowie die nach § 44b Absatz 6 Satz 1 bis 3 des Einkommensteuergesetzes erstattete Kapitalertragsteuer werden von den Ländern in dem Verhältnis getragen, in dem sie an dem Aufkommen der betreffenden Steuern beteiligt sind. 2 Kapitalertragsteuer, die das Bundeszentralamt für Steuern anlässlich der Vergütung von Körperschafsteuer vereinnahmt hat, steht den Ländern in demselben Verhältnis zu. 3 Für die Aufteilung ist das Aufkommen an den betreffenden Steuern in den einzelnen Ländern maßgebend, das sich ohne Berücksichtigung der in den Sätzen 1 und 2 bezeichneten Steuerbeträge für das Vorjahr ergibt. 4 Das Nähere bestimmt das Bundesministerium der Finanzen durch Rechtsverordnung, die der Zustimmung des Bundesrates bedarf.

(3) 1 Die von den Familienkassen bei der Durchführung des Familienleistungsausgleichs nach Absatz 1 Nr. 11 ausgezahlten Steuervergütungen im Sinne des § 31 des Einkommensteuergesetzes werden jeweils von den Ländern und Gemeinden, in denen der Gläubiger der Steuervergütung seinen Wohnsitz hat, nach den für die Verteilung des Aufkommens der Einkommensteuer maßgebenden Vorschriften mitgetragen. 2 Das Bundeszentralamt für Steuern stellt nach Ablauf eines jeden Monats die Anteile der einzelnen Länder einschließlich ihrer Gemeinden an den gewährten Leistungen fest. 3 Die nach Satz 2 festgestellten Anteile sind dem Bund von den Ländern bis zum 15. des dem Zahlungsmonat folgenden Monats zu erstatten. 4 Für den Monat Dezember ist dem Bund von den Ländern ein Abschlag auf der Basis der Abrechnung des Vormonats zu leisten. 5 Die Abrechnung für den Monat Dezember hat bis zum 15. Januar des Folgejahres zu erfolgen. 6 Das Bundesministerium der

[1] § 5 Abs. 1a eingef. mWv 29.12.2020, Satz 2 geänd. mWv 1.1.2023 durch G v. 21.12. 2020 (BGBl. I S. 3096).

[2] § 5 Abs. 2 Satz 1 geänd. mWv 23.7.2009 durch G v. 16.7.2009 (BGBl. I S. 1959).

Finanzen wird ermächtigt, durch Rechtsverordnung[1] mit Zustimmung des Bundesrates das Nähere zu bestimmen.

(4)[2] [1]Die von der zentralen Stelle (§ 81 des Einkommensteuergesetzes) veranlassten Auszahlungen von Altersvorsorgezulagen (§ 83 des Einkommensteuergesetzes) werden nach den für die Verteilung des Aufkommens der Einkommensteuer maßgebenden Vorschriften von den Ländern und Gemeinden mitgetragen, in denen der Gläubiger der Steuervergütung seinen inländischen Wohnsitz hat; bei Gläubigern mit ausländischem Wohnsitz wird der letzte bekannte inländische Wohnsitz zugrunde gelegt. [2]Die sich aus Satz 1 ergebenden Finanzierungsanteile gelten auch, wenn der Wohnsitz nicht nach Satz 1 zugeordnet werden kann. [3]Die zentrale Stelle stellt nach Ablauf des dem Kalendervierteljahr folgenden Monats die Anteile der einzelnen Länder einschließlich ihrer Gemeinden an den zu gewährenden Leistungen fest. [4]Die nach Satz 2 festgestellten Anteile sind dem Bund von den Ländern bis zum 15. des zweiten, dem Kalendervierteljahr folgenden Monats zu erstatten. [5]Das Bundesministerium der Finanzen wird ermächtigt, durch Rechtsverordnung mit Zustimmung des Bundesrates das Nähere zu bestimmen.

(5) [1]An dem Aufkommen der von der vereinnahmten pauschalen Lohnsteuer (§ 40a Abs. 6 des Einkommensteuergesetzes) sind die Länder und Gemeinden, in denen die Steuerpflichtigen ihren Wohnsitz haben, nach den für die Verteilung des Aufkommens der Einkommensteuer maßgebenden Vorschriften zu beteiligen. [2]Nach Ablauf eines jeden Monats werden die Anteile der einzelnen Länder einschließlich ihrer Gemeinden an der vereinnahmten pauschalen Lohnsteuer festgestellt. [3]Die nach Satz 2 festgestellten Anteile sind an die Länder bis zum 15. des darauf folgenden Monats auszuzahlen. [4]Das Bundesministerium der Finanzen wird ermächtigt, durch Rechtsverordnung mit Zustimmung des Bundesrates das Nähere zur Verwaltung und Auszahlung der einheitlichen Pauschsteuer zu bestimmen.

(6)[3] [1]An dem Aufkommen der nach der Richtlinie 2003/48/EG des Rates vom 3. Juni 2003 im Bereich der Besteuerung von Zinserträgen (ABl. EU Nr. L 157 S. 38, 2005 Nr. L 103 S. 41), zuletzt geändert durch die Richtlinie 2006/98/EG des Rates vom 20. November 2006 (ABl. EU Nr. L 363 S. 129), in der jeweils geltenden Fassung von den berechtigten Mitgliedstaaten sowie von den in Artikel 17 dieser Richtlinie genannten Staaten und abhängigen Gebieten erhobenen Quellensteuer sind die Länder und Gemeinden entsprechend ihrem Anteil an der Kapitalertragsteuer nach § 43 Abs. 1 Satz 1 Nr. 6, 7 und 8 bis 12 sowie Satz 2 des Einkommensteuergesetzes zu beteiligen. [2]Die Verteilung des Länder- und Gemeindeanteils auf die einzelnen Länder erfolgt nach den Anteilen an der Kapitalertragsteuer nach § 43 Abs. 1 Satz 1 Nr. 6, 7 und 8 bis 12 sowie Satz 2 des Einkommensteuergesetzes vom Vorjahr, die den Ländern und Gemeinden nach Zerlegung (§ 8 des Zerlegungsgesetzes) zustehen; für 2009 sind die Anteile der Länder und Gemeinden am Zinsab-

---

[1] Siehe VO zur Durchführung von § 5 Abs. 3 FVG v. 19.12.1995 (BGBl. I S. 2086).

[2] § 5 Abs. 4 Satz 1 neu gef., Satz 2 eingef., bish. Sätze 2 bis 4 werden Sätze 3 bis 5 mWv 15.4.2010 durch G v. 21.12.2015 (BGBl. I S. 2531).

[3] § 5 Abs. 6 bish. Satz 1 ersetzt durch Sätze 1 und 2 mWv 1.1.2009 durch G v. 14.8.2007 (BGBl. I S. 1912).

schlagsaufkommen des Jahres 2008 nach Zerlegung maßgeblich. [3]Das Bundeszentralamt für Steuern stellt jeweils nach Ablauf eines Monats die Anteile der Länder einschließlich ihrer Gemeinden fest und zahlt sie an die Länder bis zum 15. des dem Abrechnungsmonat folgenden Monats aus. [4]Das Bundesministerium der Finanzen wird ermächtigt, durch Rechtsverordnung mit Zustimmung des Bundesrates das Nähere zur Verwaltung und Auszahlung dieser Quellensteuer zu bestimmen.

(7)[1)] [1]Das Aufkommen der in Ausübung der Aufgaben nach Absatz 1 Nummer 12 zugeflossenen Einkommen- und Körperschaftsteuer steht den Ländern und Gemeinden nach den für die Verteilung des Aufkommens der Einkommen- und Körperschaftsteuer maßgebenden Vorschriften zu. [2]Nach Ablauf eines jeden Monats werden die Anteile der einzelnen Länder einschließlich ihrer Gemeinden an den Einnahmen durch das Bundeszentralamt für Steuern festgestellt. [3]Die nach Satz 2 festgestellten Anteile sind an die Länder bis zum 15. des darauf folgenden Monats auszuzahlen. [4]Das Bundesministerium der Finanzen wird ermächtigt, durch Rechtsverordnung mit Zustimmung des Bundesrates das Nähere zur Verwaltung und Auszahlung der Einnahmen in Ausübung der Aufgaben nach Absatz 1 Nummer 12 zu bestimmen.

§ 5a[2)] Aufgaben und Gliederung der Generalzolldirektion. (1) [1]Unbeschadet des § 4 Absatz 2 und 3 leitet die Generalzolldirektion bundesweit die Durchführung der Aufgaben der Zollverwaltung. [2]Sie übt die Dienst- und Fachaufsicht über die Hauptzollämter und Zollfahndungsämter aus. [3]Sie wertet die ihr nach § 138j Absatz 1 Satz 2 der Abgabenordnung vom Bundeszentralamt für Steuern übermittelten Daten über grenzüberschreitende Steuergestaltungen aus, unterrichtet nach § 138j Absatz 2 der Abgabenordnung das Bundesministerium der Finanzen über die Ergebnisse der Auswertung und stellt dem zuständigen Hauptzollamt die zur Durchführung des Besteuerungsverfahrens und des Bußgeldverfahrens erforderlichen Informationen zur Verfügung. [4]Außerdem nimmt die Generalzolldirektion die ihr sonst übertragenen Aufgaben wahr.

(2) [1]Die Generalzolldirektion gliedert sich in Direktionen. [2]Es wird neben der für den Zollfahndungsdienst zuständigen Direktion (Zollkriminalamt) eine für die Aufgaben nach dem Gesetz über das Aufspüren von Gewinnen aus schweren Straftaten (Geldwäschegesetz) zuständige Direktion (Zentralstelle für Finanztransaktionsuntersuchungen) eingerichtet. [3]Andere Organisationseinheiten können eingerichtet werden.

(3) [1]Die Zuständigkeiten und Aufgaben der Direktionen und der anderen Organisationseinheiten bestimmt das Bundesministerium der Finanzen. [2]Auf-

---

[1)] § 5 Abs. 7 angef., Satz 2 eingf., bish. Sätze 2 bis 4 werden Sätze 3 bis 5 mWv 18.8.2009 durch G v. 10.8.2009 (BGBl. I S. 2702).

[2)] § 5a eingef. mWv 1.1.2016 durch G v. 3.12.2015 (BGBl. I S. 2178); Abs. 2 Satz 3 eingef., bish. Satz 3 wird Satz 4, Abs. 3 Satz 2 2. HS angef. mWv 26.6.2017 durch G v. 23.6.2017 (BGBl. I S. 1822); Abs. 4 aufgeh. mWv 21.12.2018 durch G v. 17.12.2018 (BGBl. I S. 2522); Abs. 1 Satz 3 eingef.; bish. Satz 3 wird Satz 4 mWv 1.1.2020 durch G v. 21.12.2019 (BGBl. I S. 2875); Abs. 2 Satz 2 neu gef., Satz 3 aufgeh., bish. Satz 4 wird Satz 3, Abs. 3 Satz 2 2. HS aufgeh. mWv 1.4.2021 durch G v. 30.3.2021 (BGBl. I S. 607).

gaben des Zollfahndungsdienstes werden durch das Zollkriminalamt wahrgenommen.

(4) *(aufgehoben)*

§ 5b[1] **Übertragung von Bauaufgaben.** [1]Durch Verwaltungsvereinbarung mit dem jeweiligen Land kann der Bund die Leitung und Erledigung seiner Bauaufgaben im Wege der Organleihe Landesbehörden sowie Landesbetrieben, Sondervermögen des Landes und landesunmittelbaren juristischen Personen des öffentlichen Rechts übertragen. [2]Die Verwaltungsvereinbarung muss vorsehen, dass die Landesbehörden die Anordnungen des fachlich zuständigen Bundesministeriums zu befolgen haben.

§ 6 Sitz und Aufgaben der Landesoberbehörde. (1) Die für die Finanzverwaltung zuständige oberste Landesbehörde bestimmt den Sitz der Landesoberbehörde, soweit durch Gesetz nichts anderes bestimmt ist.

(2) Die Landesoberbehörde erledigt Aufgaben, die ihr nach Maßgabe des § 17 Abs. 3 Satz 1 zugewiesen werden und die ihr sonst übertragenen Aufgaben.

(3) Für die Ernennung und Entlassung des Leiters einer Oberbehörde, die nach § 2 Abs. 1 Nr. 3 anstelle einer Mittelbehörde tritt, gilt § 9a Satz 3 entsprechend.

Abschnitt III. Mittelbehörden

§ 7[2] **Bezirk und Sitz.** Die obersten Landesbehörden bestimmen den Bezirk und Sitz der Mittelbehörde, die ihnen jeweils untersteht.

§ 8[3] *(aufgehoben)*

§ 8a[4] **Aufgaben und Gliederung.** (1) [1]Die Mittelbehörden leiten die Finanzverwaltung des jeweiligen Landes in ihrem Bezirk. [2]Einer Mittelbehörde kann auch die Leitung der Finanzverwaltung eines Landes für mehrere Oberfinanzbezirke übertragen werden. [3]Die Mittelbehörden können weitere Aufgaben erledigen.

(2) [1]Die Mittelbehörden können sich in eine Besitz- und Verkehrsteuerabteilung und eine Landesbauabteilung oder Landesvermögens- und Bauabteilung gliedern. [2]Außerdem können weitere Landesabteilungen oder andere Organisationseinheiten des Landes eingerichtet werden.

(3) [1]Durch Rechtsverordnung können Aufgaben einer Mittelbehörde für den ganzen Bezirk oder einen Teil davon auf andere Mittelbehörden übertragen werden, wenn dadurch der Vollzug der Aufgaben verbessert oder erleichtert wird. [2]Die Rechtsverordnung erlässt die zuständige Landesregierung. [3]Die Landesregierung kann die Ermächtigung auf die für die Finanzverwaltung zuständige oberste Landesbehörde übertragen.

---

[1] § 5b eingef. mWv 1.1.2016 durch G v. 3.12.2015 (BGBl. I S. 2178).

[2] § 7 Abs. 1 aufgeh. mWv 1.1.2016 durch G v. 3.12.2015 (BGBl. I S. 2178); geänd. mWv 29.12.2020 durch G v. 21.12.2020 (BGBl. I S. 3096).

[3] § 8 aufgeh. mWv 1.1.2016 durch G v. 3.12.2015 (BGBl. I S. 2178).

[4] § 8a eingef. mWv 1.1.2008 durch G v. 13.12.2007 (BGBl. I S. 2897); Überschr., Abs. 1 bis 3 geänd. mWv 29.12.2020 durch G v. 21.12.2020 (BGBl. I S. 3096).

(4) [1]Die Besitz- und Verkehrsteuerabteilung leitet die Durchführung der Aufgaben, für deren Erledigung die Finanzämter zuständig sind. [2]Außerdem erledigt sie die ihr sonst übertragenen Aufgaben.

§ 9.[1)] *(aufgehoben)*

§ 9a.[2)] **Leitung.** [1]Der Präsident oder die Präsidentin leitet die jeweilige Mittelbehörde. [2]Ihm oder ihr kann auch die Leitung einer Abteilung übertragen werden. [3]Er oder sie wird auf Vorschlag der für die Finanzverwaltung zuständigen obersten Landesbehörde im Einvernehmen mit der Bundesregierung durch die zuständige Stelle des Landes ernannt und entlassen.

§ 10.[3)] *(aufgehoben)*

§ 10a[4)] **Landeskassen.** [1]Werden oder sind bei einer Mittelbehörde eine oder mehrere Landeskassen errichtet, so kann eine Landeskasse Kassengeschäfte für mehrere Bezirke oder für Teile davon wahrnehmen. [2]Die Landeskassen können unmittelbar dem zuständigen Präsidenten oder der zuständigen Präsidentin unterstellt werden.

§ 11.[5)] *(aufgehoben)*

Abschnitt IV. Örtliche Behörden

§ 12[6)] **Bezirk und Sitz der Hauptzollämter und Zollfahndungsämter sowie Aufgaben der Hauptzollämter.** (1) Die Generalzolldirektion bestimmt den Bezirk und den Sitz der Hauptzollämter und der Zollfahndungsämter.

(2) Die Hauptzollämter sind als örtliche Bundesbehörden für die Verwaltung der Zölle, der bundesgesetzlich geregelten Verbrauchsteuern einschließlich der Einfuhrumsatzsteuer und der Biersteuer, der Luftverkehrsteuer, der Kraftfahrzeugsteuer, der Abgaben im Rahmen der Europäischen Gemeinschaften, für die zollamtliche Überwachung des Warenverkehrs über die Grenze, für die Grenzaufsicht, für die Bekämpfung der Schwarzarbeit und der illegalen Beschäftigung und für die ihnen sonst übertragenen Aufgaben zuständig.

(3) [1]Das Bundesministerium der Finanzen kann durch Rechtsverordnung ohne Zustimmung des Bundesrates die Zuständigkeit eines Hauptzollamts nach Absatz 2 auf einzelne Aufgaben beschränken oder Zuständigkeiten nach Absatz 2 einem Hauptzollamt für den Bereich mehrerer Hauptzollämter übertragen, wenn dadurch der Vollzug der Aufgaben verbessert oder erleichtert wird. [2]Das Bundesministerium der Finanzen kann die Ermächtigung nach Satz 1 durch Rechtsverordnung auf die Generalzolldirektion übertragen.

---

1) § 9 aufgeh. mWv 1.1.2016 durch G v. 3.12.2015 (BGBl. I S. 2178).

2) § 9a eingef. mWv 1.1.2008 durch G v. 13.12.2007 (BGBl. I S. 2897); Überschr., Satz 1 geänd. mWv 29.12.2020 durch G v. 21.12.2020 (BGBl. I S. 3096).

3) § 10 aufgeh. mWv 1.1.2016 durch G v. 3.12.2015 (BGBl. I S. 2178).

4) § 10a eingef. mWv 1.1.2008 durch G v. 13.12.2007 (BGBl. I S. 2897); geänd. mWv 29.12.2020 durch G v. 21.12.2020 (BGBl. I S. 3096).

5) § 11 aufgeh. mWv 1.1.2008 durch G v. 13.12.2007 (BGBl. I S. 2897).

6) § 12 Abs. 2 geänd. mWv 1.1.2008 durch G v. 13.12.2007 (BGBl. I S. 2897); Abs. 2 geänd. mWv 30.6.2013, Abs. 2 geänd. mWv 1.7.2014, Abs. 4 angef. mWv 30.6.2013 und wieder aufgeh. mWv 1.7.2014 durch G v. 26.6.2013 (BGBl. I S. 1809); Abs. 1 geänd., Abs. 3 Satz 2 angef. mWv 1.1.2016 durch G v. 3.12.2015 (BGBl. I S. 2178).

§§ 12a–12d.[1] (weggefallen)

§ 13 Beistandspflicht der Ortsbehörden. (1) Die Gemeindebehörden, die Ortspolizeibehörden und die sonstigen Ortsbehörden haben den Hauptzollämtern auch neben der in § 111 der Abgabenordnung vorgesehenen Beistandspflicht Hilfe zu leisten, soweit dies wegen ihrer Kenntnis der örtlichen Verhältnisse oder zur Ersparung von Kosten oder Zeit zweckmäßig ist.

(2) Für Hilfeleistungen nach Absatz 1 werden Entschädigungen nicht gewährt.

§§ 14–16. (weggefallen)

§ 17[2] **Bezirk, Sitz und Aufgaben der Finanzämter.** (1) Die für die Finanzverwaltung zuständige oberste Landesbehörde bestimmt den Bezirk und den Sitz der Finanzämter.

(2) [1] Die Finanzämter sind als örtliche Landesbehörden für die Verwaltung der Steuern mit Ausnahme der Kraftfahrzeugsteuer, der sonstigen auf motorisierte Verkehrsmittel bezogenen Verkehrsteuern, der Zölle und der bundesgesetzlich geregelten Verbrauchsteuern (§ 12) zuständig, soweit die Verwaltung nicht auf Grund des Artikels 108 Absatz 4 Satz 1 des Grundgesetzes den Bundesfinanzbehörden oder auf Grund des Artikels 108 Absatz 4 Satz 2 des Grundgesetzes den Gemeinden (Gemeindeverbänden) übertragen worden ist. [2] Sie sind ferner für die ihnen sonst übertragenen Aufgaben zuständig. [3] Soweit es sich um Aufgaben der Finanzverwaltung handelt und der Vollzug der Aufgaben verbessert oder erleichtert wird, kann die zuständige Landesregierung durch Rechtsverordnung

1. die Zuständigkeit eines Finanzamts oder einer besonderen Landesfinanzbehörde (§ 2 Absatz 3) auf einzelne Aufgaben beschränken,
2. einem Finanzamt oder einer besonderen Landesfinanzbehörde (§ 2 Absatz 3) Zuständigkeiten für die Bezirke mehrerer Finanzämter übertragen oder
3. einer Landesoberbehörde (§ 6) die landesweite Zuständigkeit für Kassengeschäfte und das Erhebungsverfahren einschließlich der Vollstreckung übertragen.

[4] Die Landesregierung kann die Ermächtigung durch Rechtsverordnung auf die für die Finanzverwaltung zuständige oberste Landesbehörde übertragen.

(3) [1] Wenn im Besteuerungsverfahren automatische Einrichtungen eingesetzt werden, können durch Rechtsverordnung der zuständigen Landesregierung damit zusammenhängende Steuerverwaltungstätigkeiten auf ein nach § 2 Abs. 2 eingerichtetes Rechenzentrum übertragen werden. [2] Dieses handelt insoweit für das jeweils örtlich zuständige Finanzamt. [3] Absatz 2 Satz 4 gilt entsprechend.

(4) Auf Grund eines Staatsvertrages zwischen mehreren Ländern können Zuständigkeiten nach Absatz 2 Satz 1 und 2 auf ein Finanzamt, ein nach § 2 Abs. 2 eingerichtetes Rechenzentrum der Landesfinanzverwaltung oder eine besondere Landesfinanzbehörde (§ 2 Abs. 3) außerhalb des Landes übertragen werden.

---

[1] Siehe nunmehr §§ 12a–12c und § 31a ZollVG **(Zölle und Verbrauchsteuern Nr. 100).**

[2] § 17 Abs. 2 Satz 1 neu gef. mWv 1.7.2009 durch G v. 29.5.2009 (BGBl. I S. 1170); Abs. 2 Satz 3 neu gef. mWv 6.11.2015 durch G v. 2.11.2015 (BGBl. I S. 1834); Abs. 5 angef. mWv 18.8.2017 durch G v. 14.8.2017 (BGBl. I S. 3122).

(5) [1]Das Bundesministerium der Finanzen kann zur Effizienzsteigerung im Verwaltungsvollzug auf Antrag von und im Einvernehmen mit allen unmittelbar betroffenen Ländern durch Rechtsverordnung mit Zustimmung des Bundesrates jeweils Zuständigkeiten nach Absatz 2 Satz 1 eines Landes oder mehrerer Länder auf ein Finanzamt, ein nach § 2 Absatz 2 eingerichtetes Rechenzentrum der Landesfinanzverwaltung oder eine besondere Landesfinanzbehörde (§ 2 Absatz 3) eines anderen Landes übertragen. [2]Absatz 4 bleibt unberührt. [3]Durch die Rechtsverordnung nach Satz 1 kann zugleich die Kostentragung geregelt werden.

Abschnitt V. Zusammenwirken von Bundes- und Landesfinanzbehörden

§ 18[1)] **Verwaltung der Umsatzsteuer.** [1]Die Hauptzollämter und ihre Dienststellen wirken bei der Verwaltung der Umsatzsteuer nach Maßgabe der für diese Steuer geltenden Vorschriften mit. [2]Sie handeln hierbei für die Finanzbehörde, die für die Besteuerung *jeweils* örtlich zuständig ist.

§ 18a.[2)] *(aufgehoben)*

§ 19 Mitwirkung des Bundeszentralamtes für Steuern an Außenprüfungen. (1) [1]Das Bundeszentralamt für Steuern ist zur Mitwirkung an Außenprüfungen berechtigt, die durch Landesfinanzbehörden durchgeführt werden. [2]Es kann verlangen, dass bestimmte von ihm namhaft gemachte Betriebe zu einem bestimmten Zeitpunkt geprüft werden.

(2)[3)] [1]Das Bundeszentralamt für Steuern bestimmt Art und Umfang seiner Mitwirkung. [2]Die Landesfinanzbehörden machen dem Bundeszentralamt für Steuern auf Anforderung alle den Prüfungsfall betreffenden Unterlagen zugänglich und erteilen die erforderlichen Auskünfte.

(3) [1]Im Einvernehmen mit den zuständigen Landesfinanzbehörden kann das Bundeszentralamt für Steuern im Auftrag des zuständigen Finanzamtes Außenprüfungen durchführen. [2]Das gilt insbesondere bei Prüfungen von Auslandsbeziehungen und bei Prüfungen, die sich über das Gebiet eines Landes hinaus erstrecken.

(4)[4)] [1]Ist bei der Auswertung des Prüfungsberichts oder im Rechtsbehelfsverfahren beabsichtigt, von den Feststellungen des Bundeszentralamts für Steuern abzuweichen, so ist hierüber Einvernehmen mit dem Bundeszentralamt für Steuern zu erzielen. [2]Dies gilt auch für die in diesen Fällen zu erteilenden verbindlichen Zusagen nach § 204 der Abgabenordnung. [3]Wird kein Einvernehmen erzielt, kann die Frage dem Bundesministerium der Finanzen zur Entscheidung vorgelegt werden.

---

1) § 18 neu gef. mWv 1.7.2009 durch G v. 29.5.2009 (BGBl. I S. 1170); kursive Satzteile aufgeh. u. geänd. mWv 1.7.2014 durch G v. 26.6.2013 (BGBl. I S. 1809).

2) § 18a eingef. mWv 1.7.2009 durch G v. 29.5.2009 (BGBl. I S. 1170) und aufgeh. mWv 1.1.2016 durch G v. 3.12.2015 (BGBl. I S. 2178).

3) § 19 Abs. 2 Satz 1 mWv 18.8.2009 durch G v. 10.8.2009 (BGBl. I S. 2702).

4) § 19 Abs. 4 angef. mWv 12.9.2006 durch G v. 5.9.2006 (BGBl. I S. 2098), Abs. 4 neu gef. mWv 18.8.2009 durch G v. 10.8.2009 (BGBl. I S. 2702).

(5)[1] [1]Das Bundeszentralamt für Steuern kann verlangen, dass bestimmte von ihm namhaft gemachte Steuerpflichtige, die nach § 193 der Abgabenordnung oder § 5 des Investmentsteuergesetzes der Außenprüfung unterliegen, geprüft werden und Regelungen zur Durchführung und zu Inhalten der Außenprüfung dieser Steuerpflichtigen festlegen. [2]Es wirkt in diesen Fällen an der jeweiligen Außenprüfung mit. [3]Dies gilt insbesondere in Fällen, in denen die Gleichmäßigkeit der Rechtsanwendung in mehreren Betrieben sicherzustellen ist, sowie in den Fällen des Absatzes 3 Satz 2.

§ 20 Einsatz von automatischen Einrichtungen. (1)[2] Die für die Finanzverwaltung zuständigen obersten Landesbehörden bestimmen Art, Umfang und Organisation des Einsatzes der automatischen Einrichtungen für die Festsetzung und Erhebung von Steuern, die von den Landesfinanzbehörden verwaltet werden; zur Gewährleistung gleicher Programmergebnisse und eines ausgewogenen Leistungsstandes ist Einvernehmen mit dem Bundesministerium der Finanzen herbeizuführen.

(2)[3] [1]Werden Steuern von den Landesfinanzbehörden im Auftrag des Bundes verwaltet, wirken die obersten Finanzbehörden des Bundes und der Länder zur Verbesserung oder Erleichterung des gleichmäßigen Vollzugs der Steuergesetze zusammen. [2]Art, Umfang und Organisation des Einsatzes der automatischen Einrichtung für die Festsetzung und Erhebung der Steuern bedürfen des Einvernehmens des Bundesministeriums der Finanzen. [3]Wird dieses nicht erzielt, kann das Bundesministerium der Finanzen Vorgaben hierzu erlassen, wenn nicht mindestens elf Länder widersprechen. [4]Im Falle von Vorgaben sind die Länder verpflichtet, die für die Umsetzung erforderlichen Voraussetzungen zu schaffen.

(3)[4] [1]Die für die Finanzverwaltung zuständigen obersten Landesbehörden können technische Hilfstätigkeiten durch automatische Einrichtungen der Finanzbehörden des Bundes, eines anderen Landes oder anderer Verwaltungsträger verrichten lassen. [2]Das Bundesministerium der Finanzen kann technische Hilfstätigkeiten durch automatische Einrichtungen der Finanzbehörden eines Landes oder anderer Verwaltungsträger verrichten lassen. [3]Technische Hilfstätigkeiten sind unterstützende Dienstleistungen, insbesondere die Entgegennahme elektronischer Steuererklärungen einschließlich der Authentifizierung des Datenübermittlers, die Bereitstellung des Zugangs zum Abruf von Steuerdaten durch die Steuerpflichtigen, die elektronische Übermittlung von Steuerverwaltungsakten und anderer Mitteilungen und die elektronische Übermittlung von Daten innerhalb der Finanzverwaltung. [4]Die technischen

---

[1] § 19 Abs. 5 angef. mWv 12.9.2006 durch G v. 5.9.2006 (BGBl. I S. 2098), Satz 1 geänd. mWv 18.8.2009 durch G v. 10.8.2009 (BGBl. I S. 2702); Satz 1 geänd. mWv 18.12.2019 durch G v. 12.12.2019 (BGBl. I S. 2451).

[2] § 20 Abs. 1 Sätze 2 und 3 angef. mWv 12.9.2006 durch G v. 5.9.2006 (BGBl. I S. 2098); Sätze 2 und 3 aufgeh. mWv 18.8.2017 durch G v. 14.8.2017 (BGBl. I S. 3122).

[3] § 20 Abs. 2 eingef. mWv 18.8.2017 durch G v. 14.8.2017 (BGBl. I S. 3122).

[4] § 20 Abs. 2 (jetzt Abs. 3) neu gef. mWv 1.1.2009 durch G v. 19.12.2008 (BGBl. I S. 2794); Abs. 2 (jetzt Abs. 3) Sätze 3 und 4 eingef., bish. Satz 3 wird Satz 5 mWv 23.7.2016 durch G v. 18.7.2016 (BGBl. I S. 1679).

Hilfstätigkeiten der beauftragten Stelle oder Einrichtung sind der sachlich und örtlich zuständigen Finanzbehörde zuzurechnen. [5] In diesen Fällen ist sicherzustellen, dass die technischen Hilfstätigkeiten entsprechend den fachlichen Weisungen der für die Finanzverwaltung zuständigen obersten Behörde oder der von ihr bestimmten Finanzbehörde der Gebietskörperschaft verrichtet werden, die die Aufgabenwahrnehmung übertragen hat.

(4)[1] Das Bundesministerium der Finanzen erstattet dem haushalts- und dem Finanzausschuss des Deutschen Bundestages jährlich zum 1. März Bericht über den aktuellen Stand und die Fortschritte des Zusammenwirkens von Bund und Ländern nach Absatz 2.

§ 20a[2] Druckdienstleistungen für Bundesfinanzbehörden. (1) Das Bundesministerium der Finanzen darf sich zum Drucken und Kuvertieren von schriftlichen Verwaltungsakten im Sinne des § 118 der Abgabenordnung und sonstigen Schreiben im Verwaltungsverfahren nach der Abgabenordnung der Bundesfinanzbehörden und zu deren anschließenden verschlossenen Übergabe an einen Postdienstleister (Druckdienstleistung) nur dann einer nicht öffentlichen Stelle als Auftragsverarbeiter im Sinne des Artikels 4 Nummer 8 der Verordnung (EU) 2016/679 des Europäischen Parlaments und des Rates vom 27. April 2016 zum Schutz natürlicher Personen bei der Verarbeitung personenbezogener Daten, zum freien Datenverkehr und zur Aufhebung der Richtlinie 95/46/EG (Datenschutz-Grundverordnung) (ABl. L 119 vom 4.5.2016, S. 1; L 314 vom 22.11.2016, S. 72; L 127 vom 23.5.2018, S. 2) in der jeweils geltenden Fassung im Rahmen eines Vertrages bedienen, wenn

1. die Druckdienstleistung insoweit weder von der Bundesverwaltung noch durch automatische Einrichtungen der Behörden eines Landes oder eines anderen Verwaltungsträgers in wirtschaftlich vertretbarer Weise geleistet werden kann,
2. geschützte Daten im Sinne des § 30 der Abgabenordnung ausschließlich durch Amtsträger oder nach § 11 Absatz 1 Nummer 4 des Strafgesetzbuchs für den öffentlichen Dienst besonders verpflichtete Personen verarbeitet werden,
3. die zur Erbringung der Druckdienstleistung überlassenen Daten sowie die Protokolldaten nicht für andere Zwecke verarbeitet werden,
4. die Druckdienstleistung im Inland stattfindet,
5. der Auftragsverarbeiter im Rahmen der Artikel 25 und 32 der Verordnung (EU) 2016/679 ein vom Bundesministerium der Finanzen freizugebendes IT-Sicherheitskonzept nach dem Standard des aktuellen IT-Grundschutzkatalogs des Bundesamtes für Sicherheit in der Informationstechnik erstellt hat,
6. der Auftragsverarbeiter die überlassenen Daten entsprechend der vertraglich festgelegten Frist nach Abschluss der Druckdienstleistung löscht und

---

[1] § 20 Abs. 4 angef. mWv 18.8.2017 durch G v. 14.8.2017 (BGBl. I S. 3122).

[2] § 20a neu gef. mWv 25.5.2018 durch G v. 17.7.2017 (BGBl. I S. 2541); Abs. 1 geänd. durch G v. 20.11.2019 (BGBl. I S. 1626).

7. das Ergebnis der Druckdienstleistung vom Auftragsverarbeiter protokolliert und diese Protokolldaten entsprechend der vertraglich festgelegten Frist an die vom Auftraggeber benannte Stelle übermittelt werden.

(2) Absatz 1 gilt entsprechend, wenn der Auftragsverarbeiter sich eines weiteren Auftragsverarbeiters bedienen will.

§ 21 Auskunfts- und Teilnahmerechte. (1) [1]Soweit die den Ländern zustehenden Steuern von Bundesfinanzbehörden verwaltet werden, haben die für die Finanzverwaltung zuständigen obersten Landesbehörden das Recht, sich über die für diese Steuern erheblichen Vorgänge bei den zuständigen Bundesfinanzbehörden zu unterrichten. [2]Zu diesem Zweck steht ihnen das Recht auf Akteneinsicht und auf mündliche und schriftliche Auskunft zu.

(2) Die für die Finanzverwaltung zuständigen obersten Landesbehörden sind berechtigt, durch Landesbedienstete an Außenprüfungen teilzunehmen, die durch Bundesfinanzbehörden durchgeführt werden und die in Absatz 1 genannten Steuern betreffen.

(3) [1]Die in den Absätzen 1 und 2 genannten Rechte stehen den Gemeinden hinsichtlich der Realsteuern insoweit zu, als diese von den Landesfinanzbehörden verwaltet werden. [2]Die Gemeinden sind jedoch abweichend von Absatz 2 nur dann berechtigt, durch Gemeindebedienstete an Außenprüfungen bei Steuerpflichtigen teilzunehmen, wenn diese in der Gemeinde eine Betriebstätte unterhalten oder Grundbesitz haben und die Außenprüfungen im Gemeindebezirk erfolgen.

(4) Das Bundeszentralamt für Steuern, die Familienkassen, soweit sie den Familienleistungsausgleich nach Maßgabe der §§ 31 und 62 bis 78 des Einkommensteuergesetzes durchführen, und die Landesfinanzbehörden stellen sich gegenseitig die für die Durchführung des § 31 des Einkommensteuergesetzes erforderlichen Daten und Auskünfte zur Verfügung.

(5)[1)] Das Bundeszentralamt für Steuern, die Deutsche Rentenversicherung Knappschaft-Bahn-See als Träger der knappschaftlichen Rentenversicherung, soweit sie den Einzug der einheitlichen Pauschalsteuer nach § 40a Abs. 2 des Einkommensteuergesetzes durchführt, und die Landesfinanzbehörden stellen sich gegenseitig die für die Durchführung des § 40a Abs. 6 des Einkommensteuergesetzes erforderlichen Daten und Auskünfte zur Verfügung.

(6)[2)] [1]Soweit die dem Bund ganz oder zum Teil zufließenden Steuern von Landesfinanzbehörden verwaltet werden, stellen die Länder den Bundesfinanzbehörden Daten des Steuervollzugs zur eigenständigen Auswertung, insbesondere für Zwecke der Gesetzesfolgenabschätzung, zur Verfügung. [2]Dies gilt unter den Voraussetzungen des § 29c Absatz 1 Satz 1 Nummer 5 der Abgabenordnung auch für nach § 30 der Abgabenordnung geschützte Daten.

[1)] § 21 Abs. 5 geänd. mWv 30.6.2013 durch G v. 26.6.2013 (BGBl. I S. 1809).

[2)] § 21 Abs. 6 angef. mWv 18.8.2009 durch G v. 10.8.2009 (BGBl. I S. 2702) und neu gef. mWv 25.5.2018 durch G v. 17.7.2017 (BGBl. I S. 2541).

(7)[1] [1]Zur Durchführung der Verpflichtungen des Bundeszentralamtes für Steuern nach § 7 Absatz 3 bis 5 des EU-Amtshilfegesetzes stellen die zuständigen Landesfinanzbehörden dem Bundeszentralamt für Steuern die erforderlichen Informationen nach Maßgabe der in § 7 Absatz 7 Satz 2 des EU-Amtshilfegesetzes angeführten praktischen Regelungen der Europäischen Kommission zur Verfügung. [2]Hierzu nutzen die Landesfinanzbehörden das Zentralverzeichnis der Mitgliedstaaten der Europäischen Kommission gemäß Artikel 21 Absatz 5 der Richtlinie 2011/16/EU ab dem Zeitpunkt seiner Bereitstellung.

§ 21a[2] Allgemeine Verfahrensgrundsätze. (1)[3] [1]Zur Verbesserung und Erleichterung des Vollzugs von Steuergesetzen und im Interesse des Zieles der Gleichmäßigkeit der Besteuerung bestimmt das Bundesministerium der Finanzen mit Zustimmung der obersten Finanzbehörden der Länder einheitliche Verwaltungsgrundsätze, Regelungen zur Zusammenarbeit des Bundes mit den Ländern und erteilt allgemeine fachliche Weisungen. [2]Die Zustimmung gilt als erteilt, wenn nicht mindestens elf Länder widersprechen. [3]Initiativen zur Festlegung der Angelegenheiten des Satzes 1 kann das Bundesministerium der Finanzen allein oder auf gemeinsame Veranlassung von mindestens vier Ländern ergreifen. [4]Die Vertraulichkeit der Sitzungen ist zu wahren, wenn nicht im Einzelfall einstimmig etwas anderes beschlossen wurde. [5]Für Beratungen im schriftlichen Verfahren gilt Entsprechendes.

(2) [1]Die oberste Finanzbehörde jedes Landes vereinbart mit dem Bundesministerium der Finanzen bilateral Vollzugsziele für die Steuerverwaltung des Landes auf der Grundlage eines vom Bundesministerium der Finanzen mit Zustimmung der obersten Finanzbehörden der Länder bestimmten Rahmenkatalogs maßgebender Leistungskennzahlen. [2]Die Zustimmung gilt als erteilt, wenn eine Mehrheit der Länder nicht widerspricht.

(3) [1]Die obersten Finanzbehörden des Bundes und der Länder überprüfen regelmäßig die Erfüllung der vereinbarten Vollzugsziele. [2]Hierzu übermitteln die obersten Finanzbehörden der Länder dem Bundesministerium der Finanzen die erforderlichen Daten.

(4) Vereinbarungen nach Absatz 2 sind für die obersten Finanzbehörden des Bundes und der Länder verbindlich.

(5)[4] Die Finanzbehörden der Länder wirken bei der Auswertung von Mitteilungen über grenzüberschreitende Steuergestaltungen nach § 138j Absatz 1 Satz 1 der Abgabenordnung durch das Bundeszentralamt für Steuern mit, soweit Steuern betroffen sind, die von den Ländern oder Gemeinden verwaltet werden.

---

[1] § 21 Abs. 7 angef. mWv 24.12.2016 durch G v. 20.12.2016 (BGBl. I S. 3000).

[2] § 21a eingef. mWv 12.9.2006 durch G v. 5.9.2006 (BGBl. I S. 2098), neu gef. mWv 18.8.2009 durch G v. 10.8.2009 (BGBl. I S. 2702).

[3] § 21a Abs. 1 Satz 2 geänd. mWv 18.8.2017 durch G v. 14.8.2017 (BGBl. I S. 3122); Sätze 4 und 5 angef. mWv 18.12.2019 durch G v. 12.12.2019 (BGBl. I S. 2451).

[4] § 21a Abs. 5 angef. mWv 1.1.2020 durch G v. 21.12.2019 (BGBl. I S. 2875).

Abschnitt VI. Übergangsregelungen aus Anlass des Zweiten Gesetzes zur Änderung des Finanzverwaltungsgesetzes und anderer Gesetze vom 13. Dezember 2007

§ 22[1)] Dienstrechtliche Folgen und Regelung der Versorgungslasten.
(1) [1] Für die am 31. Dezember 2007 vorhandenen Oberfinanzpräsidenten und Oberfinanzpräsidentinnen der Oberfinanzdirektionen Chemnitz, Hannover, Karlsruhe und Koblenz endet das Beamtenverhältnis zur Bundesrepublik Deutschland mit Ablauf dieses Tages. [2] § 107b des Beamtenversorgungsgesetzes in der Fassung der Bekanntmachung vom 24. Februar 2010 (BGBl. I S. 150) gilt entsprechend mit der Maßgabe, dass der in § 107b Absatz 1 Satz 1 des Beamtenversorgungsgesetzes genannte Dienstherrenwechsel sowie der dort genannte Zeitraum von mindestens fünf Jahren unberücksichtigt bleiben und dass abgeleistete ruhegehaltfähige Dienstzeiten, in denen die Oberfinanzpräsidenten oder Oberfinanzpräsidentinnen sowohl beim Bund als auch beim Land beamtet waren, vom Bund und vom Land je zur Hälfte getragen werden. [3] Für die Zeit ab 1. Januar 2008 trägt das jeweilige Bundesland, dem die genannte Oberfinanzdirektion untersteht, die vollen Versorgungslasten.

(2) Für die übrigen Personen, die

1. das Amt des Oberfinanzpräsidenten oder der Oberfinanzpräsidentin am oder vor dem 31. Dezember 2007 innehatten und
2. an diesem Tag noch nicht im Ruhestand waren,

gilt Absatz 1 Satz 2 entsprechend.

§ 23[2)] Übergangsregelung Kosten der Oberfinanzdirektion. Die Kosten der Oberfinanzdirektion werden vom Bund getragen, soweit sie auf den Bund entfallen.

Abschnitt VII. Überleitungs- und Übergangsregelungen aus Anlass des Gesetzes zur Neuorganisation der Zollverwaltung vom 3. Dezember 2015 (BGBl. I S. 2178)[3)]

§ 24[4)] Überleitung der Beschäftigten der Bundesfinanzdirektionen, des Zollkriminalamtes und des Bildungs- und Wissenschaftszentrums der Bundesfinanzverwaltung. [1] Auf Grund der mit Inkrafttreten des Gesetzes zur Neuorganisation der Zollverwaltung vom 3. Dezember 2015 (BGBl. I S. 2178)

(Fortsetzung nächstes Blatt)

---

1) § 22 Abs. 1 Satz 2 geänd., Abs. 2 neu gef. mWv 1.1.2011 (Art. 6 Abs. 2 Satz 2 des G v. 5.9.2010 iVm Bek. v. 8.10.2010, BGBl. I S. 1404) durch G v. 5.9.2010 (BGBl. I S. 1288).
2) § 23 neu gef. mWv 1.1.2016 durch G v. 3.12.2015 (BGBl. I S. 2178).
3) Überschr. eingef. mWv 1.1.2016 durch G v. 3.12.2015 (BGBl. I S. 2178).
4) § 24 neu gef. mWv 1.1.2016 durch G v. 3.12.2015 (BGBl. I S. 2178).

---

1) § 22 Abs. 1 Satz 2 geänd., Abs. 2 neu gef. mWv 1.1.2011 (Abs. 1 Satz 2 bzw. Abs. 2 Nr. 2) bzw. 2010 (Abs. 2 Nr. 1; BGBl. I S. 1494) durch G v. 5.8.2010 (BGBl. I S. 1288).

vollzogenen Überführung der Bundesfinanzdirektionen Nord, Mitte, West, Südwest und Südost, des Zollkriminalamtes und des Bildungs- und Wissenschaftszentrums der Bundesfinanzverwaltung in die Generalzolldirektion sind die Beamtinnen und Beamten sowie die Arbeitnehmerinnen und Arbeitnehmer, die bei diesen Bundesfinanzdirektionen, dem Zollkriminalamt oder dem Bildungs- und Wissenschaftszentrum der Bundesfinanzverwaltung am 31. Dezember 2015 beschäftigt waren, ab dem 1. Januar 2016 Beschäftigte der Generalzolldirektion. [2]Satz 1 gilt für die Auszubildenden bei den zuvor genannten Behörden entsprechend.

§ 25[1)] Übergangsregelung Personalvertretung, Jugend- und Auszubildendenvertretung. (1) [1]Die erstmaligen Wahlen zu den Personalvertretungen finden bei der Generalzolldirektion spätestens bis zum 31. Mai 2016 statt. [2]Bis zu diesen Wahlen werden die Personalratsaufgaben des örtlichen Personalrats und des Bezirkspersonalrats übergangsweise vom Hauptpersonalrat beim Bundesministerium der Finanzen wahrgenommen.

(2) Die am 31. Dezember 2015 bestehenden Dienstvereinbarungen zwischen den aufgelösten Dienststellen und den dort gebildeten Personalvertretungen gelten bis zum Abschluss neuer Dienstvereinbarungen fort, längstens aber für die Dauer von 18 Monaten.

(3) [1]Für die Jugend- und Auszubildendenvertretungen bei der Generalzolldirektion gelten die Absätze 1 und 2 entsprechend. [2]Bis zu den erstmaligen Wahlen werden die Aufgaben der örtlichen Jugend und Auszubildendenvertretung und der Bezirksjugend- und Auszubildendenvertretung übergangsweise von der Hauptjugend- und Auszubildendenvertretung beim Bundesministerium der Finanzen wahrgenommen.

§ 26[2)] Übergangsregelung Schwerbehindertenvertretung. (1) [1]Die erstmaligen Wahlen zur örtlichen Schwerbehindertenvertretung nach dem Neunten Buch Sozialgesetzbuch finden in der Generalzolldirektion spätestens bis zum 30. Juni 2016 statt. [2]Bis die Schwerbehindertenvertretung ihre Tätigkeit aufnimmt, werden deren Aufgaben übergangsweise von der Hauptschwerbehindertenvertretung im Geschäftsbereich des Bundesministeriums der Finanzen wahrgenommen. [3]Die Hauptvertrauensperson der schwerbehinderten Menschen in der Bundesfinanzverwaltung bestellt unter Beachtung der gesetzlichen Bestimmungen unverzüglich den Wahlvorstand für die erstmaligen Wahlen nach Satz 1.

(2) [1]Die erstmalige Wahl zur Bezirksschwerbehindertenvertretung nach dem Neunten Buch Sozialgesetzbuch findet in der Generalzolldirektion zeitnah nach den Wahlen zur örtlichen Schwerbehindertenvertretung, spätestens bis zum 30. September 2016 statt. [2]Bis die Bezirksschwerbehindertenvertretung ihre Tätigkeit aufnimmt, werden deren Aufgaben übergangsweise von der Hauptschwerbehindertenvertretung im Geschäftsbereich des Bundesministeriums der Finanzen wahrgenommen. [3]Die Hauptvertrauensperson der

---

[1)] § 25 neu gef. mWv 1.1.2016 durch G v. 3.12.2015 (BGBl. I S. 2178).
[2)] § 26 neu gef. mWv 1.1.2016 durch G v. 3.12.2015 (BGBl. I S. 2178).

schwerbehinderten Menschen in der Bundesfinanzverwaltung bestellt unverzüglich den Wahlvorstand für die erstmalige Wahl nach Satz 1.

§ 27[1)] Übergangsregelung Gleichstellungsbeauftragte. (1) Die erstmalige Wahl der Gleichstellungsbeauftragten der Generalzolldirektion sowie der Stellvertreterinnen findet spätestens bis zum 31. März 2016 statt.

(2) [1]Bis zur erstmaligen Wahl führen die bisherigen Gleichstellungsbeauftragten der Bundesfinanzdirektionen, des Zollkriminalamtes und des Bildungs- und Wissenschaftszentrums der Bundesfinanzverwaltung sowie die Stellvertreterinnen ihr Amt bei der Generalzolldirektion fort. [2]Bis zur erstmaligen Wahl bleiben sie für die Beschäftigten derjenigen Dienststellen zuständig, für die sie vor der Einrichtung der Generalzolldirektion zuständig waren. [3]Sofern Entscheidungen getroffen und Maßnahmen durchgeführt werden, die die gesamte Generalzolldirektion betreffen, sind bis zur erstmaligen Wahl alle bisherigen Gleichstellungsbeauftragten zu beteiligen.

---

1) § 27 neu gef. mWv 1.1.2016 durch G v. 3.12.2015 (BGBl. I S. 2178).

805. Verwaltungszustellungsgesetz (VwZG)

Vom 12. August 2005 (BGBl. I S. 2354)[1), 2)]

Geändert durch Gesetz zur Modernisierung des GmbH-Rechts und zur Bekämpfung von Missbräuchen vom 23.10.2008 (BGBl. I S. 2026), Viertes Gesetz zur Änderung verwaltungsverfahrensrechtlicher Vorschriften vom 11.12.2008 (BGBl. I S. 2418), Gesetz zur Regelung von De-Mail-Diensten und zur Änderung weiterer Vorschriften vom 28.4.2011 (BGBl. I S. 666), Gesetz zur Änderung von Vorschriften über Verkündung und Bekanntmachungen sowie der Zivilprozessordnung, des Gesetzes betreffend die Einführung der Zivilprozessordnung und der Abgabenordnung vom 22.12.2011 (BGBl. I S. 3044), Gesetz zur Förderung des elektronischen Rechtsverkehrs mit den Gerichten vom 10.10.2013 (BGBl. I S. 3786) und Gesetz zur Durchführung der Verordnung (EU) Nr. 910/2014 des Europäischen Parlaments und des Rates vom 23. Juli 2014 über elektronische Identifizierung und Vertrauensdienste für elektronische Transaktionen im Binnenmarkt und zur Aufhebung der Richtlinie 1999/93/EG (eIDAS-Durchführungsgesetz) vom 18.7.2017 (BGBl. I S. 2745)

BGBl. III/FNA 201-9

§ 1 Anwendungsbereich. (1) Die Vorschriften dieses Gesetzes gelten für das Zustellungsverfahren der Bundesbehörden, der bundesunmittelbaren Körperschaften, Anstalten und Stiftungen des öffentlichen Rechts und der Landesfinanzbehörden.

(2) Zugestellt wird, soweit dies durch Rechtsvorschrift oder behördliche Anordnung bestimmt ist.

§ 2[3)] Allgemeines. (1) Zustellung ist die Bekanntgabe eines schriftlichen oder elektronischen Dokuments in der in diesem Gesetz bestimmten Form.

(2) [1]Die Zustellung wird durch einen Erbringer von Postdienstleistungen (Post), einem nach § 17 des De-Mail-Gesetzes akkreditierten Diensteanbieter oder durch die Behörde ausgeführt. [2]Daneben gelten die in den §§ 9 und 10 geregelten Sonderarten der Zustellung.

(3) [1]Die Behörde hat die Wahl zwischen den einzelnen Zustellungsarten. [2]§ 5 Absatz 5 Satz 2 bleibt unberührt.

§ 3 Zustellung durch die Post mit Zustellungsurkunde. (1) Soll durch die Post mit Zustellungsurkunde zugestellt werden, übergibt die Behörde der Post den Zustellungsauftrag, das zuzustellende Dokument in einem verschlossenen Umschlag und einen vorbereiteten Vordruck einer Zustellungsurkunde.

(2) [1]Für die Ausführung der Zustellung gelten die §§ 177 bis 182 der Zivilprozessordnung entsprechend. [2]Im Fall des § 181 Abs. 1 der Zivilprozessordnung kann das zuzustellende Dokument bei einer von der Post dafür bestimmten Stelle am Ort der Zustellung oder am Ort des Amtsgerichts, in dessen Bezirk der Ort der Zustellung liegt, niedergelegt werden oder bei der Behör-

---

[1)] Das Verwaltungszustellungsgesetz ist als Art. 1 des Gesetzes zur Novellierung des Verwaltungszustellungsrechts v. 12.8.2005 (BGBl. I S. 2354) verkündet worden.

[2)] **In Kraft ab 1.2.2006.**

[3)] § 2 Abs. 3 Satz 2 angef. mWv 18.12.2008 durch G v. 11.12.2008 (BGBl. I S. 2418); Abs. 2 Satz 1 geänd., Abs. 3 Satz 2 neu gef. mWv 3.5.2011 durch G v. 28.4.2011 (BGBl. I S. 666).

de, die den Zustellungsauftrag erteilt hat, wenn sie ihren Sitz an einem der vorbezeichneten Orte hat. 3 Für die Zustellungsurkunde, den Zustellungsauftrag, den verschlossenen Umschlag nach Absatz 1 und die schriftliche Mitteilung nach § 181 Abs. 1 Satz 3 der Zivilprozessordnung sind die Vordrucke nach der Zustellungsvordruckverordnung zu verwenden.

§ 4 Zustellung durch die Post mittels Einschreiben. (1) Ein Dokument kann durch die Post mittels Einschreiben durch Übergabe oder mittels Einschreiben mit Rückschein zugestellt werden.

(2) 1 Zum Nachweis der Zustellung genügt der Rückschein. 2 Im Übrigen gilt das Dokument am dritten Tag nach der Aufgabe zur Post als zugestellt, es sei denn, dass es nicht oder zu einem späteren Zeitpunkt zugegangen ist. 3 Im Zweifel hat die Behörde den Zugang und dessen Zeitpunkt nachzuweisen. 4 Der Tag der Aufgabe zur Post ist in den Akten zu vermerken.

§ 5[1] Zustellung durch die Behörde gegen Empfangsbekenntnis; elektronische Zustellung. (1) 1 Bei der Zustellung durch die Behörde händigt der zustellende Bedienstete das Dokument dem Empfänger in einem verschlossenen Umschlag aus. 2 Das Dokument kann auch offen ausgehändigt werden, wenn keine schutzwürdigen Interessen des Empfängers entgegenstehen. 3 Der Empfänger hat ein mit dem Datum der Aushändigung versehenes Empfangsbekenntnis zu unterschreiben. 4 Der Bedienstete vermerkt das Datum der Zustellung auf dem Umschlag des auszuhändigenden Dokuments oder bei offener Aushändigung auf dem Dokument selbst.

(2) 1 Die §§ 177 bis 181 der Zivilprozessordnung sind anzuwenden. 2 Zum Nachweis der Zustellung ist in den Akten zu vermerken:

1. im Fall der Ersatzzustellung in der Wohnung, in Geschäftsräumen und Einrichtungen nach § 178 der Zivilprozessordnung der Grund, der diese Art der Zustellung rechtfertigt,
2. im Fall der Zustellung bei verweigerter Annahme nach § 179 der Zivilprozessordnung, wer die Annahme verweigert hat und dass das Dokument am Ort der Zustellung zurückgelassen oder an den Absender zurückgesandt wurde sowie der Zeitpunkt und der Ort der verweigerten Annahme,
3. in den Fällen der Ersatzzustellung nach den §§ 180 und 181 der Zivilprozessordnung der Grund der Ersatzzustellung sowie wann und wo das Dokument in einen Briefkasten eingelegt oder sonst niedergelegt und in welcher Weise die Niederlegung schriftlich mitgeteilt wurde.

3 Im Fall des § 181 Abs. 1 der Zivilprozessordnung kann das zuzustellende Dokument bei der Behörde, die den Zustellungsauftrag erteilt hat, niedergelegt werden, wenn diese Behörde ihren Sitz am Ort der Zustellung oder am Ort des Amtsgerichts hat, in dessen Bezirk der Ort der Zustellung liegt.

(3) 1 Zur Nachtzeit, an Sonntagen und allgemeinen Feiertagen darf nach den Absätzen 1 und 2 im Inland nur mit schriftlicher oder elektronischer Erlaubnis des Behördenleiters zugestellt werden. 2 Die Nachtzeit umfasst die

[1] § 5 Überschr. geänd. mWv 3.5.2011 durch G v. 28.4.2011 (BGBl. I S. 666).

Stunden von 21 bis 6 Uhr. [3]Die Erlaubnis ist bei der Zustellung abschriftlich mitzuteilen. [4]Eine Zustellung, bei der diese Vorschriften nicht beachtet sind, ist wirksam, wenn die Annahme nicht verweigert wird.

(4)[1)] Das Dokument kann an Behörden, Körperschaften, Anstalten und Stiftungen des öffentlichen Rechts, an Rechtsanwälte, Patentanwälte, Notare, Steuerberater, Steuerbevollmächtigte, Wirtschaftsprüfer, vereidigte Buchprüfer, Steuerberatungsgesellschaften, Wirtschaftsprüfungsgesellschaften und Buchprüfungsgesellschaften auch auf andere Weise, auch elektronisch, gegen Empfangsbekenntnis zugestellt werden.

(5)[2)] [1]Ein elektronisches Dokument kann im Übrigen unbeschadet des Absatzes 4 elektronisch zugestellt werden, soweit der Empfänger hierfür einen Zugang eröffnet. [2]Es ist elektronisch zuzustellen, wenn auf Grund einer Rechtsvorschrift ein Verfahren auf Verlangen des Empfängers in elektronischer Form abgewickelt wird. [3]Für die Übermittlung ist das Dokument mit einer qualifizierten elektronischen Signatur zu versehen und gegen unbefugte Kenntnisnahme Dritter zu schützen.

(6)[2)] [1]Bei der elektronischen Zustellung ist die Übermittlung mit dem Hinweis „Zustellung gegen Empfangsbekenntnis" einzuleiten. [2]Die Übermittlung muss die absendende Behörde, den Namen und die Anschrift des Zustellungsadressaten sowie den Namen des Bediensteten erkennen lassen, der das Dokument zur Übermittlung aufgegeben hat.

(7)[2)] [1]Zum Nachweis der Zustellung nach den Absätzen 4 und 5 genügt das mit Datum und Unterschrift versehene Empfangsbekenntnis, das an die Behörde durch die Post oder elektronisch zurückzusenden ist. [2]Ein elektronisches Dokument gilt in den Fällen des Absatzes 5 Satz 2 am dritten Tag nach der Absendung an den vom Empfänger hierfür eröffneten Zugang als zugestellt, wenn der Behörde nicht spätestens an diesem Tag ein Empfangsbekenntnis nach Satz 1 zugeht. [3]Satz 2 gilt nicht, wenn der Empfänger nachweist, dass das Dokument nicht oder zu einem späteren Zeitpunkt zugegangen ist. [4]Der Empfänger ist in den Fällen des Absatzes 5 Satz 2 vor der Übermittlung über die Rechtsfolgen nach den Sätzen 2 und 3 zu belehren. [5]Zum Nachweis der Zustellung ist von der absendenden Behörde in den Akten zu vermerken, zu welchem Zeitpunkt und an welchen Zugang das Dokument gesendet wurde. [6]Der Empfänger ist über den Eintritt der Zustellungsfiktion nach Satz 2 zu benachrichtigen.

§ 5a[3)] Elektronische Zustellung gegen Abholbestätigung über De-Mail-Dienste. (1) [1]Die elektronische Zustellung kann unbeschadet des § 5 Absatz 4 und 5 Satz 1 und 2 durch Übermittlung der nach § 17 des De-Mail-Gesetzes akkreditierten Diensteanbieter gegen Abholbestätigung nach § 5 Absatz 9 des De-Mail-Gesetzes an das De-Mail-Postfach des Empfängers er-

---

[1)] § 5 Abs. 4 bish. Satz 2 aufgeh. mWv 18.12.2008 durch G v. 11.12.2008 (BGBl. I S. 2418).

[2)] § 5 Abs. 5 neu gef., Abs. 6 und 7 angef. mWv 18.12.2008 durch G v. 11.12.2008 (BGBl. I S. 2418); Abs. 5 neu gef., Abs. 7 Sätze 2, 3 und 4 geänd. mWv 3.5.2011 durch G v. 28.4.2011 (BGBl. I S. 666); Abs. 5 Satz 3 geänd. mWv 29.7.2017 durch G v. 18.7.2017 (BGBl. I S. 2745).

[3)] § 5a eingef. mWv 3.5.2011 durch G v. 28.4.2011 (BGBl. I S. 666).

folgen. 2 Für die Zustellung nach Satz 1 ist § 5 Absatz 4 und 6 mit der Maßgabe anzuwenden, dass an die Stelle des Empfangsbekenntnisses die Abholbestätigung tritt.

(2) 1 Der nach § 17 des De-Mail-Gesetzes akkreditierte Diensteanbieter hat eine Versandbestätigung nach § 5 Absatz 7 des De-Mail-Gesetzes und eine Abholbestätigung nach § 5 Absatz 9 des De-Mail-Gesetzes zu erzeugen. 2 Er hat diese Bestätigungen unverzüglich der absendenden Behörde zu übermitteln.

(3) 1 Zum Nachweis der elektronischen Zustellung genügt die Abholbestätigung nach § 5 Absatz 9 des De-Mail-Gesetzes. 2 Für diese gelten § 371 Absatz 1 Satz 2 und § 371a *Absatz 2* [***ab 1.7.2014:*** Absatz 3][1)] der Zivilprozessordnung.

(4) 1 Ein elektronisches Dokument gilt in den Fällen des § 5 Absatz 5 Satz 2 am dritten Tag nach der Absendung an das De-Mail-Postfach des Empfängers als zugestellt, wenn er dieses Postfach als Zugang eröffnet hat und der Behörde nicht spätestens an diesem Tag eine elektronische Abholbestätigung nach § 5 Absatz 9 des De-Mail-Gesetzes zugeht. 2 Satz 1 gilt nicht, wenn der Empfänger nachweist, dass das Dokument nicht oder zu einem späteren Zeitpunkt zugegangen ist. 3 Der Empfänger ist in den Fällen des § 5 Absatz 5 Satz 2 vor der Übermittlung über die Rechtsfolgen nach den Sätzen 1 und 2 zu belehren. 4 Als Nachweis der Zustellung nach Satz 1 dient die Versandbestätigung nach § 5 Absatz 7 des De-Mail-Gesetzes oder ein Vermerk der absendenden Behörde in den Akten, zu welchem Zeitpunkt und an welches De-Mail-Postfach das Dokument gesendet wurde. 5 Der Empfänger ist über den Eintritt der Zustellungsfiktion nach Satz 1 elektronisch zu benachrichtigen.

§ 6 Zustellung an gesetzliche Vertreter. (1) 1 Bei Geschäftsunfähigen oder beschränkt Geschäftsfähigen ist an ihre gesetzlichen Vertreter zuzustellen. 2 Gleiches gilt bei Personen, für die ein Betreuer bestellt ist, soweit der Aufgabenkreis des Betreuers reicht.

(2) 1 Bei Behörden wird an den Behördenleiter, bei juristischen Personen, nicht rechtsfähigen Personenvereinigungen und Zweckvermögen an ihre gesetzlichen Vertreter zugestellt. 2 § 34 Abs. 2 der Abgabenordnung bleibt unberührt.

(3) Bei mehreren gesetzlichen Vertretern oder Behördenleitern genügt die Zustellung an einen von ihnen.

(4) Der zustellende Bedienstete braucht nicht zu prüfen, ob die Anschrift den Vorschriften der Absätze 1 bis 3 entspricht.

§ 7 Zustellung an Bevollmächtigte. (1) 1 Zustellungen können an den allgemeinen oder für bestimmte Angelegenheiten bestellten Bevollmächtigten gerichtet werden. 2 Sie sind an ihn zu richten, wenn er schriftliche Vollmacht vorgelegt hat. 3 Ist ein Bevollmächtigter für mehrere Beteiligte bestellt, so genügt die Zustellung eines Dokuments an ihn für alle Beteiligten.

(2) Einem Zustellungsbevollmächtigten mehrerer Beteiligter sind so viele Ausfertigungen oder Abschriften zuzustellen, als Beteiligte vorhanden sind.

---

1) Verweis geänd. mWv 1.7.2014 durch G v. 10.10.2013 (BGBl. I S. 3786).

(3) Auf § 180 Abs. 2 der Abgabenordnung beruhende Regelungen und § 183 der Abgabenordnung bleiben unberührt.

§ 8 Heilung von Zustellungsmängeln. Lässt sich die formgerechte Zustellung eines Dokuments nicht nachweisen oder ist es unter Verletzung zwingender Zustellungsvorschriften zugegangen, gilt es als in dem Zeitpunkt zugestellt, in dem es dem Empfangsberechtigten tatsächlich zugegangen ist, im Fall des § 5 Abs. 5 in dem Zeitpunkt, in dem der Empfänger das Empfangsbekenntnis zurückgesendet hat.

§ 9[1] Zustellung im Ausland. (1) Eine Zustellung im Ausland erfolgt

1. durch Einschreiben mit Rückschein, soweit die Zustellung von Dokumenten unmittelbar durch die Post völkerrechtlich zulässig ist,
2. auf Ersuchen der Behörde durch die Behörden des fremden Staates oder durch die zuständige diplomatische oder konsularische Vertretung der Bundesrepublik Deutschland,
3. auf Ersuchen der Behörde durch das Auswärtige Amt an eine Person, die das Recht der Immunität genießt und zu einer Vertretung der Bundesrepublik Deutschland im Ausland gehört, sowie an Familienangehörige einer solchen Person, wenn diese das Recht der Immunität genießen, oder
4. durch Übermittlung elektronischer Dokumente, soweit dies völkerrechtlich zulässig ist.

(2) [1]Zum Nachweis der Zustellung nach Absatz 1 Nr. 1 genügt der Rückschein. [2]Die Zustellung nach Absatz 1 Nr. 2 und 3 wird durch das Zeugnis der ersuchten Behörde nachgewiesen. [3]Der Nachweis der Zustellung gemäß Absatz 1 Nr. 4 richtet sich nach § 5 Abs. 7 Satz 1 bis 3 und 5 sowie nach § 5 a Absatz 3 und 4 Satz 1, 2 und 4.

(3) [1]Die Behörde kann bei der Zustellung nach Absatz 1 Nr. 2 und 3 anordnen, dass die Person, an die zugestellt werden soll, innerhalb einer angemessenen Frist einen Zustellungsbevollmächtigten benennt, der im Inland wohnt oder dort einen Geschäftsraum hat. [2]Wird kein Zustellungs- bevollmächtigter benannt, können spätere Zustellungen bis zur nachträg-lichen Benennung dadurch bewirkt werden, dass das Dokument unter der Anschrift der Person, an die zugestellt werden soll, zur Post gegeben wird. [3]Das Dokument gilt am siebenten Tag nach Aufgabe zur Post als zugestellt, wenn nicht feststeht, dass es den Empfänger nicht oder zu einem späteren Zeitpunkt erreicht hat. [4]Die Behörde kann eine längere Frist bestimmen. [5]In der Anordnung nach Satz 1 ist auf diese Rechtsfolgen hinzuweisen. [6]Zum Nachweis der Zustellung ist in den Akten zu vermerken, zu welcher Zeit und unter welcher Anschrift das Dokument zur Post gegeben wurde. [7]Ist durch Rechtsvorschrift angeordnet, dass ein Verwaltungsverfahren über eine einheitliche Stelle nach den Vorschriften des Verwaltungsverfahrensgesetzes abgewickelt werden kann, finden die Sätze 1 bis 6 keine Anwendung.

---

[1] § 9 Abs. 2 Satz 3 neu gef. mWv 18. 12. 2008 durch G v. 11. 12. 2008 (BGBl. I S. 2418); Abs. 1 Nr. 4 geänd., Abs. 2 Satz 3 geänd., Abs. 3 Satz 7 angef. mWv 3. 5. 2011 durch G v. 28. 4. 2011 (BGBl. I S. 666).

§ 10 Öffentliche Zustellung. (1) [1]Die Zustellung kann durch öffentliche Bekanntmachung erfolgen, wenn

1. der Aufenthaltsort des Empfängers unbekannt ist und eine Zustellung an einen Vertreter oder Zustellungsbevollmächtigten nicht möglich ist,
2.[1)] bei juristischen Personen, die zur Anmeldung einer inländischen Geschäftsanschrift zum Handelsregister verpflichtet sind, eine Zustellung weder unter der eingetragenen Anschrift noch unter einer im Handelsregister eingetragenen Anschrift einer für Zustellungen empfangsberechtigten Person oder einer ohne Ermittlungen bekannten anderen inländischen Anschrift möglich ist oder
3. sie im Fall des § 9 nicht möglich ist oder keinen Erfolg verspricht.

[2]Die Anordnung über die öffentliche Zustellung trifft ein zeichnungsberechtigter Bediensteter.

(2)[2)] [1]Die öffentliche Zustellung erfolgt durch Bekanntmachung einer Benachrichtigung an der Stelle, die von der Behörde hierfür allgemein bestimmt ist, oder durch Veröffentlichung einer Benachrichtigung im Bundesanzeiger *oder im elektronischen Bundesanzeiger.* [2]Die Benachrichtigung muss

1. die Behörde, für die zugestellt wird,
2. den Namen und die letzte bekannte Anschrift des Zustellungsadressaten,
3. das Datum und das Aktenzeichen des Dokuments sowie
4. die Stelle, wo das Dokument eingesehen werden kann,

erkennen lassen. [3]Die Benachrichtigung muss den Hinweis enthalten, dass das Dokument öffentlich zugestellt wird und Fristen in Gang gesetzt werden können, nach deren Ablauf Rechtsverluste drohen können. [4]Bei der Zustellung einer Ladung muss die Benachrichtigung den Hinweis enthalten, dass das Dokument eine Ladung zu einem Termin enthält, dessen Versäumung Rechtsnachteile zur Folge haben kann. [5]In den Akten ist zu vermerken, wann und wie die Benachrichtigung bekannt gemacht wurde. [6]Das Dokument gilt als zugestellt, wenn seit dem Tag der Bekanntmachung der Benachrichtigung zwei Wochen vergangen sind.

[1)] § 10 Abs. 1 Nr. 2 eingef. bish. Nr. 2 wird Nr. 3 mWv 1. 11. 2008 durch G v. 23. 10. 2008 (BGBl. I S. 2026).

[2)] § 10 Abs. 2 Satz 1 kursiver Satzteil aufgeh. mWv 1. 4. 2012 durch G v. 22. 12. 2011 (BGBl. I S. 3044).

806. Gesetz zum automatischen Austausch von Informationen über Finanzkonten in Steuersachen (Finanzkonten-Informationsaustauschgesetz – FKAustG)[1)]

Vom 21. Dezember 2015 (BGBl. I S. 2531)

Geändert durch Gesetz zur Umsetzung der Änderungen der EU-Amtshilferichtlinie und von weiteren Maßnahmen gegen Gewinnkürzungen und -verlagerungen vom 20.12.2016 (BGBl. I S. 3000) und Gesetz zur weiteren steuerlichen Förderung der Elektromobilität und zur Änderung weiterer steuerlicher Vorschriften vom 12.12.2019 (BGBl. I S. 2451)

BGBl. III/FNA 611-9-34

Inhaltsübersicht

---

1) Verkündet als Art. 1 Gesetz zum automatischen Austausch von Informationen über Finanzkonten in Steuersachen und zur Änderung weiterer Gesetze v. 21.12.2015 (BGBl. I S. 2531); Inkrafttreten gem. Art. 8 dieses Gesetzes am 31.12.2015.

Art. 1 dieses Gesetz dient der Umsetzung der Richtlinie 2011/16/EU des Rates vom 15. Februar 2011 über die Zusammenarbeit der Verwaltungsbehörden im Bereich der Besteuerung und zur Aufhebung der Richtlinie 77/799/EWG (ABl. L 64 vom 11.3.2011, S. 1; Amtshilferichtlinie) in der Fassung der Richtlinie 2014/107/EU (ABl. L 359 vom 16.12.2014, S. 1) sowie der Umsetzung des Gesetzes zu der Mehrseitigen Vereinbarung vom 29. Oktober 2014 zwischen den zuständigen Behörden über den automatischen Austausch von Informationen über Finanzkonten (CRS-MCAA) vom 21. Dezember 2015 (BGBl. 2015 II S. 1630).

Abschnitt 1. Allgemeine Bestimmungen

§ 1 Anwendungsbereich. (1)[1] Dieses Gesetz gilt für den automatischen Austausch von Informationen über Finanzkonten in Steuersachen mit

1. Mitgliedstaaten der Europäischen Union aufgrund der Richtlinie 2011/16/EU des Rates vom 15. Februar 2011 über die Zusammenarbeit der Verwaltungsbehörden im Bereich der Besteuerung und zur Aufhebung der Richtlinie 77/799/EWG (ABl. L 64 vom 11.3.2011, S. 1; Amtshilferichtlinie) in der Fassung der Richtlinie 2014/107/EU (ABl. L 359 vom 16.12.2014, S. 1),
2. Drittstaaten, die Vertragsparteien der von der Bundesrepublik Deutschland in Berlin unterzeichneten Mehrseitigen Vereinbarung vom 29. Oktober 2014 zwischen den zuständigen Behörden über den automatischen Austausch von Informationen über Finanzkonten (BGBl. 2015 II S. 1630, 1632) sind und diese in ihr nationales Recht verpflichtend aufgenommen haben sowie Vertragsparteien des Übereinkommens über die gegenseitige Amtshilfe in Steuersachen (BGBl. 2015 II S. 966, 967) sind und die gewährleisten, dass sie die Voraussetzungen des § 7 Absatz 1, insbesondere Buchstabe e der Mehrseitigen Vereinbarung vom 29. Oktober 2014 zwischen den zuständigen Behörden über den automatischen Austausch von Informationen über Finanzkonten erfüllen sowie
3.[2] Drittstaaten, die Verträge mit der Europäischen Union zur Vereinbarung des automatischen Austauschs von Informationen über Finanzkonten im Sinne der unter Nummer 1 angeführten Richtlinie 2014/107/EU (ABl. L 359 vom 16.12.2014, S. 1) geschlossen haben, sowie
4.[2] Drittstaaten, mit denen die Bundesrepublik Deutschland ein Abkommen über den steuerlichen Informationsaustausch geschlossen hat, nach dem ein automatischer Austausch von Informationen vereinbart werden kann.

(2) Für die Durchführung der Melde- und Sorgfaltspflichten gelten die in § 19 angeführten Begriffsbestimmungen und die sonstigen Begriffsbestimmungen nach § 20.

§ 2 Gemeinsamer Meldestandard. Gemäß den geltenden Melde- und Sorgfaltspflichten und ergänzenden Melde- und Sorgfaltsvorschriften tauscht

[1] Finale Staatenaustauschliste bis 31.12.2020 abgedruckt in Anlage zu § 1 am Ende des Gesetzes.

[2] § 1 Abs. 1 Nrn. 3 und 4 angef. durch G v. 20.12.2016 (BGBl. I S. 3000).

das Bundeszentralamt für Steuern innerhalb der festgelegten Frist nach § 5 Absatz 2 in Verbindung mit § 27 mit der zuständigen Behörde jedes anderen meldepflichtigen Staates die ihm hierzu von den Finanzinstituten nach diesem Gesetz übermittelten Daten aus; diese sind:

1. der Name, die Anschrift, die Steueridentifikationsnummer oder -nummern sowie bei natürlichen Personen das Geburtsdatum und der Geburtsort jeder meldepflichtigen Person, die Inhaber eines meldepflichtigen Kontos ist, sowie bei einem Rechtsträger, der Kontoinhaber ist und für den nach Anwendung von Verfahren zur Erfüllung der Sorgfaltspflichten gemäß dem Gemeinsamen Meldestandard eine oder mehrere beherrschende Personen ermittelt wurden, die meldepflichtige Personen sind, der Name, die Anschrift und die Steueridentifikationsnummer oder -nummern des Rechtsträgers sowie der Name, die Anschrift, die Steueridentifikationsnummer oder -nummern, das Geburtsdatum und der Geburtsort jeder meldepflichtigen Person;
2. die Kontonummer oder funktionale Entsprechung, wenn keine Kontonummer vorhanden ist;
3. der Name und gegebenenfalls die Identifikationsnummer des meldenden Finanzinstituts;
4. der Kontosaldo oder Kontowert einschließlich des Barwerts oder Rückkaufwerts bei rückkaufsfähigen Versicherungs- oder Rentenversicherungsverträgen zum Ende des betreffenden Kalenderjahrs oder eines anderen geeigneten Meldezeitraums oder, wenn das Konto im Laufe des Jahres beziehungsweise Zeitraums aufgelöst wurde, die Auflösung des Kontos;
5. bei Verwahrkonten
   a) der Gesamtbruttobetrag der Zinsen, der Gesamtbruttobetrag der Dividenden und der Gesamtbruttobetrag anderer Einkünfte, die mittels der auf dem Konto vorhandenen Vermögenswerte erzielt und jeweils auf das Konto oder in Bezug auf das Konto im Laufe des Kalenderjahrs oder eines anderen geeigneten Meldezeitraums eingezahlt oder dem Konto gutgeschrieben wurden, sowie
   b) die Gesamtbruttoerlöse aus der Veräußerung oder dem Rückkauf von Finanzvermögen, die während des Kalenderjahrs oder eines anderen geeigneten Meldezeitraums auf das Konto eingezahlt oder dem Konto gutgeschrieben wurden und für die das meldende Finanzinstitut als Verwahrstelle, Makler, Bevollmächtigter oder anderweitig als Vertreter für den Kontoinhaber tätig war;
6. bei Einlagenkonten der Gesamtbruttobetrag der Zinsen, die während des Kalenderjahrs oder eines anderen geeigneten Meldezeitraums auf das Konto eingezahlt oder dem Konto gutgeschrieben wurden, und
7. bei allen anderen Konten, die nicht Verwahrkonten oder Einlagekonten sind, der Gesamtbruttobetrag, der in Bezug auf das Konto während des Kalenderjahrs oder eines anderen geeigneten Meldezeitraums an den Kontoinhaber gezahlt oder ihm gutgeschrieben wurde und für den das meldende Finanzinstitut Schuldner ist, einschließlich der Gesamthöhe aller Einlö-

sungsbeträge, die während des Kalenderjahrs oder eines anderen geeigneten Meldezeitraums an den Kontoinhaber geleistet wurden.

§ 3 Pflichten der Finanzinstitute. (1) Die durch dieses Gesetz verpflichteten Finanzinstitute haben bei der Beschaffung und der Weiterleitung der Informationen im Sinne von § 8 die in diesem Gesetz bestimmten Melde- und Sorgfaltspflichten und ergänzenden Melde- und Sorgfaltsvorschriften einzuhalten.

(2) Die durch dieses Gesetz verpflichteten Finanzinstitute haben die Daten und Informationen zu erheben, zu speichern und zu verarbeiten soweit dies zur Erfüllung ihrer Pflichten nach Absatz 1 erforderlich ist.

(3) [1]Die Finanzinstitute nach Absatz 1 haben die bei der Erfüllung der Pflichten nach Absatz 1 erstellten Unterlagen zehn Jahre aufzubewahren. [2]Die Frist zur Aufbewahrung beginnt mit Ablauf des Jahres,

1. in dem die Finanzinstitute oder Dienstleister im Sinne des § 9 Absatz 4 die Informationen nach Absatz 2 erhoben haben, oder
2. in dem das Konto aufgelöst wird, soweit die Unterlagen nach Satz 1 für die weitere Erfüllung der Pflichten nach Absatz 1 benötigt werden.

§ 4 Zuständige Behörde. Zuständige Behörde im Sinne dieses Gesetzes ist das Bundesministerium der Finanzen, soweit nicht die Zuständigkeit des Bundeszentralamts für Steuern nach § 5 Absatz 1 Nummer 5b des Finanzverwaltungsgesetzes gegeben ist.

§ 5[1)] Aufgaben des Bundeszentralamts für Steuern. (1) [1]Dem Bundeszentralamt für Steuern sind als zuständiger Behörde im Sinne des § 4 von den meldenden Finanzinstituten die Daten nach § 8 nach amtlich vorgeschriebenem Datensatz elektronisch im Wege der Datenfernübertragung erstmals zum 31. Juli 2017 zu übermitteln. [2]Das Bundesministerium der Finanzen gibt den amtlich vorgeschriebenen Datensatz im Bundessteuerblatt bekannt.

(2) [1]Das Bundeszentralamt für Steuern übermittelt die ihm von den Finanzinstituten nach Absatz 1 übermittelten Daten an die zuständige Behörde des jeweils anderen Staates im Sinne des § 1 Absatz 1. [2]Das Bundeszentralamt für Steuern speichert zudem die übermittelten Daten.

(3) Das Bundeszentralamt für Steuern nimmt die von einer anderen zuständigen Behörde eines Staates im Sinne des § 1 Absatz 1 übermittelten Daten entgegen, speichert sie und leitet sie zur Durchführung des Besteuerungsverfahrens nach Maßgabe des § 88 Absatz 3 und 4 der Abgabenordnung an die zuständige Landesfinanzbehörde weiter.

(4) [1]Das Bundeszentralamt für Steuern ist berechtigt, eine Auswertung der ihm nach den Absätzen 1 und 3 übermittelten Daten zur Erfüllung der dem Bundeszentralamt für Steuern gesetzlich übertragenen Aufgaben vorzunehmen. [2]Eine Auswertung der Daten durch die jeweils zuständige Landesfinanzbehörde bleibt hiervon unberührt.

---

1) § 5 Abs. 3 geänd., Abs. 8 angef. durch G v. 20. 12. 2016 (BGBl. I S. 3000).

(5) [1]Die nach den Absätzen 2 und 3 beim Bundeszentralamt für Steuern gespeicherten Daten werden ab dem Zeitpunkt der Übermittlung nach Absatz 2 Satz 1 15 Jahre lang aufbewahrt. [2]Mit Ablauf eines Jahres der Aufbewahrung nach Satz 1 werden die Daten gelöscht. [3]Geht vor dem in Satz 2 genannten Zeitpunkt eine Änderungsmeldung ein, so beginnt die Frist nach Satz 1 mit dem Zeitpunkt, zu dem die Änderungsmeldung eingegangen ist.

(6) [1]Das Bundeszentralamt für Steuern ist für die Prüfung der Einhaltung der den Finanzinstituten nach diesem Gesetz auferlegten Melde- und Sorgfaltspflichten, besonderen Sorgfaltspflichten sowie ergänzenden Melde- und Sorgfaltsvorschriften für Informationen über Finanzkonten zuständig. [2]Die §§ 193 bis 203 der Abgabenordnung gelten entsprechend.

(7) Die aufgrund dieses Gesetzes vom Bundeszentralamt für Steuern als zuständige Behörde erhobenen und gespeicherten Daten dürfen nur für die in den zugrunde liegenden Regelungen gemäß § 1 Absatz 1 festgelegten Zwecke verwendet werden.

(8) Bei der Übermittlung von Informationen durch das Bundeszentralamt für Steuern an die zuständigen Behörden der Vertragsstaaten der in § 1 Absatz 1 Nummer 2 genannten Vereinbarung vom 29. Oktober 2014 findet keine Anhörung der Beteiligten nach § 117 Absatz 4 Satz 3 der Abgabenordnung statt.

(Fortsetzung nächstes Blatt)

§ 6 Ansässigkeit; Zeitpunkt der Erstanwendung. (1) [1] Finanzinstitute haben zur Wahrung der Melde- und Sorgfaltspflichten nach diesem Gesetz zu den von ihnen geführten Konten die steuerliche Ansässigkeit des Konteninhabers zu erheben und seinem Konto zuzuordnen, unabhängig davon, ob es sich bei dem Kontoinhaber oder dem sonstigen Kunden um eine meldepflichtige Person im Sinne der Melde- und Sorgfaltspflichten nach diesem Gesetz handelt. [2] Bei der Erhebung der steuerlichen Ansässigkeit nach Satz 1 gelten die von den Finanzinstituten geführten Konten insoweit als Konten, für die die Melde- und Sorgfaltspflichten nach diesem Gesetz einzuhalten sind; dies schließt auch die Erhebung der Steueridentifikationsnummer ein.

(2) Jedes meldende Finanzinstitut teilt vor einer erstmaligen Übermittlung von Daten nach § 8 jeder betroffenen Person in allgemeiner Form mit oder macht dieser zugänglich, dass die nach diesem Gesetz ermittelten Daten, soweit aufgrund dieses Gesetzes erforderlich, an das Bundeszentralamt für Steuern für Zwecke der Übermittlung an den Ansässigkeitsstaat des Kontoinhabers übermittelt werden.

(3) Meldende Finanzinstitute haben die nach diesem Gesetz zu erhebenden Daten erstmals für das Steuerjahr 2016 bis zum 31. Juli 2017 dem Bundeszentralamt für Steuern und in den Folgejahren jeweils bis zum 31. Juli eines Folgejahres zu übermitteln.

Abschnitt 2. Melde- und Sorgfaltspflichten für Informationen über Finanzkonten

§ 7 Melde- und Sorgfaltspflichten für Informationen über Finanzkonten. Die §§ 8 bis 26 legen die allgemeinen Melde- und Sorgfaltspflichten, die besonderen Sorgfaltsvorschriften und ergänzenden Melde- und Sorgfaltsvorschriften fest, die von meldenden Finanzinstituten zu beachten sind, damit das Bundeszentralamt für Steuern die Daten im Sinne des § 2 im Wege des automatischen Informationsaustauschs an die jeweils zuständige Behörde des anderen Staates im Sinne des § 1 Absatz 1 übermitteln kann.

§ 8 Allgemeine Meldepflichten. (1) [1] Vorbehaltlich der Absätze 2, 3 und 4 muss jedes meldende Finanzinstitut für jedes meldepflichtige Konto dieses meldenden Finanzinstituts dem Bundeszentralamt für Steuern folgende von ihnen nach diesem Gesetz erhobene Informationen gemäß § 5 Absatz 1 melden:

1. den Namen, die Anschrift, den oder die Ansässigkeitsstaat oder -staaten im Sinne des § 1 Absatz 1, die Steueridentifikationsnummer oder -nummern sowie bei natürlichen Personen das Geburtsdatum und den Geburtsort jeder meldepflichtigen Person, die Inhaber eines meldepflichtigen Kontos ist, sowie bei einem Rechtsträger, der Kontoinhaber ist und für den nach Anwendung der Verfahren zur Erfüllung der Sorgfaltspflichten nach den §§ 13, 14 bis 17 eine oder mehrere beherrschende Personen ermittelt wurden, die meldepflichtige Personen sind, der Name, die Anschrift, den oder die Ansässigkeitsstaat oder -staaten und die Steueridentifikationsnummer des

Rechtsträgers sowie den Namen, die Anschrift, den oder die Ansässigkeitsstaat oder -staaten und die Steueridentifikationsnummer oder -nummern, das Geburtsdatum und den Geburtsort jeder meldepflichtigen Person;

2. die Kontonummer oder funktionale Entsprechung, wenn keine Kontonummer vorhanden ist;
3. den Namen und gegebenenfalls die Identifikationsnummer des meldenden Finanzinstituts;
4. den Kontosaldo oder Kontowert einschließlich des Barwerts oder Rückkaufwerts bei rückkaufsfähigen Versicherungs- oder Rentenversicherungsverträgen zum Ende des betreffenden Kalenderjahrs oder eines anderen geeigneten Meldezeitraums oder, wenn das Konto im Laufe des Jahres beziehungsweise Zeitraums aufgelöst wurde, die Auflösung des Kontos;
5. bei Verwahrkonten:
   a) den Gesamtbruttobetrag der Zinsen, den Gesamtbruttobetrag der Dividenden und den Gesamtbruttobetrag anderer Einkünfte, die mittels der auf dem Konto vorhandenen Vermögenswerte erzielt und jeweils auf das Konto oder in Bezug auf das Konto im Laufe des Kalenderjahrs oder eines anderen geeigneten Meldezeitraums eingezahlt oder dem Konto gutgeschrieben wurden, sowie
   b) die Gesamtbruttoerlöse aus der Veräußerung oder dem Rückkauf von Finanzvermögen, die während des Kalenderjahrs oder eines anderen geeigneten Meldezeitraums auf das Konto eingezahlt oder dem Konto gutgeschrieben wurden und für die das meldende Finanzinstitut als Verwahrstelle, Makler, Bevollmächtigter oder anderweitig als Vertreter für den Kontoinhaber tätig war;
6. bei Einlagenkonten den Gesamtbruttobetrag der Zinsen, die während des Kalenderjahrs oder eines anderen geeigneten Meldezeitraums auf das Konto eingezahlt oder dem Konto gutgeschrieben wurden, und
7. bei allen anderen Konten, die nicht unter Nummer 5 oder Nummer 6 fallen, den Gesamtbruttobetrag, der in Bezug auf das Konto während des Kalenderjahrs oder eines anderen geeigneten Meldezeitraums an den Kontoinhaber gezahlt oder ihm gutgeschrieben wurde und für den das meldende Finanzinstitut Schuldner ist, einschließlich der Gesamthöhe aller Einlösungsbeträge, die während des Kalenderjahrs oder eines anderen geeigneten Meldezeitraums an den Kontoinhaber geleistet wurden.

[2] Zu den nach Satz 1 Nummer 4 bis 7 gemeldeten Daten muss die Währung genannt werden, auf die die Beträge lauten.

(2) [1] Die Steueridentifikationsnummer oder -nummern und das Geburtsdatum müssen in Bezug auf meldepflichtige Konten, die bestehende Konten sind, nicht gemeldet werden, wenn diese Steueridentifikationsnummer oder -nummern beziehungsweise dieses Geburtsdatum nicht in den Unterlagen des meldenden Finanzinstituts enthalten sind und nicht nach innerstaatlichem Recht oder anderen Rechtsinstrumenten der Europäischen Union von diesem meldenden Finanzinstitut zu erfassen sind. [2] Ein meldendes Finanzinstitut ist jedoch verpflichtet, angemessene Anstrengungen zu unternehmen, um bei

bestehenden Konten die Steueridentifikationsnummer und das Geburtsdatum bis zum Ende des zweiten Kalenderjahrs, das dem Jahr folgt, in dem bestehende Konten als meldepflichtige Konten identifiziert wurden, zu beschaffen.

(3) Die Steueridentifikationsnummer ist nicht zu melden, wenn vom betreffenden Staat keine Steueridentifikationsnummer ausgegeben wird.

(4) Der Geburtsort ist nicht zu melden, es sei denn,

1. das meldende Finanzinstitut hat oder hatte ihn nach innerstaatlichem Recht zu beschaffen und zu melden oder das meldende Finanzinstitut hat oder hatte ihn nach einem geltenden oder am 5. Januar 2015 geltenden Rechtsinstrument der Europäischen Union zu beschaffen und zu melden und
2. er ist in den elektronisch durchsuchbaren Daten des meldenden Finanzinstituts verfügbar.

(5) Bei der Meldung der Daten gemäß Absatz 1 sind geeignete Schutzmaßnahmen gegen unbefugten Zugang, unbefugte Veränderung und unbefugte Bekanntgabe nach Stand der Technik von den Finanzinstituten zu gewährleisten.

§ 9 Allgemeine Sorgfaltspflichten. (1) [1]Ein Konto gilt ab dem Tag als meldepflichtiges Konto, an dem es nach den Verfahren zur Erfüllung der Sorgfaltspflichten gemäß den §§ 9 bis 18 als solches identifiziert wird. [2]Sofern nichts anderes vorgesehen ist, müssen die Daten in Bezug auf ein meldepflichtiges Konto jährlich in dem Kalenderjahr gemeldet werden, das dem Jahr folgt, auf das sich die Daten beziehen.

(2) Der Saldo oder der Wert eines Kontos wird zum letzten Tag des Kalenderjahrs oder eines anderen geeigneten Meldezeitraums ermittelt.

(3) Ist eine Saldo- oder Wertgrenze zum letzten Tag eines Kalenderjahrs zu ermitteln, so muss der betreffende Saldo oder der Wert zum letzten Tag des Meldezeitraums ermittelt werden, der mit diesem Kalenderjahr oder innerhalb dieses Kalenderjahrs endet.

(4) Meldende Finanzinstitute können zur Erfüllung der ihnen nach diesem Gesetz auferlegten Melde- und Sorgfaltspflichten Dienstleister in Anspruch nehmen, wobei die Verantwortung für die Erfüllung dieser Pflichten weiterhin bei dem meldenden Finanzinstitut liegt.

(5) [1]Meldende Finanzinstitute können die für Neukonten geltenden Verfahren zur Erfüllung der Sorgfaltspflichten auf bestehende Konten anwenden und die für Konten von hohem Wert geltenden Verfahren zur Erfüllung der Sorgfaltspflichten auf Konten von geringerem Wert anwenden. [2]Wendet ein meldendes Finanzinstitut die für Neukonten geltenden Verfahren zur Erfüllung der Sorgfaltspflichten auf bestehende Konten an, finden die ansonsten geltenden Vorschriften für bestehende Konten weiterhin Anwendung.

§ 10 Sorgfaltspflichten bei bestehenden Konten natürlicher Personen. (1) Die Identifizierung meldepflichtiger Konten unter den bestehenden Konten natürlicher Personen richtet sich nach den §§ 11 und 12.

(2) Ein bestehendes Konto natürlicher Personen, das nach den §§ 11 und 12 als meldepflichtiges Konto identifiziert wurde, gilt in allen Folgejahren als meldepflichtiges Konto, es sei denn, der Kontoinhaber ist keine meldepflichtige Person mehr.

§ 11 Konten von geringerem Wert. (1) [1] Für Konten von geringerem Wert gilt:

1. Hausanschrift: liegt dem meldenden Finanzinstitut anhand der erfassten Belege eine aktuelle Hausanschrift der natürlichen Person vor, die Kontoinhaber ist, kann das meldende Finanzinstitut die natürliche Person, die Kontoinhaber ist, zur Feststellung, ob diese Person, die Kontoinhaber ist, eine meldepflichtige Person ist, als in dem Staat steuerlich ansässig behandeln, in dem die Anschrift liegt;
2. Suche in elektronischen Datensätzen: verlässt sich das meldende Finanzinstitut hinsichtlich einer aktuellen Hausanschrift der natürlichen Person, die Kontoinhaber ist, nicht auf erfasste Belege nach Nummer 1, muss das meldende Finanzinstitut seine elektronisch durchsuchbaren Daten auf folgende Indizien überprüfen und die Absätze 2 und 3 anwenden:
   a) die Identifizierung des Kontoinhabers als Ansässiger eines meldepflichtigen Staates im Sinne des § 1 Absatz 1,
   b) die aktuelle Post- oder die Hausanschrift einschließlich einer Postfachanschrift in einem meldepflichtigen Staat im Sinne des § 1 Absatz 1,
   c) eine oder mehrere Telefonnummern in einem meldepflichtigen Staat und keine Telefonnummer in der Bundesrepublik Deutschland,
   d) ein Dauerauftrag, ausgenommen bei Einlagenkonten, für Überweisungen auf ein in einem meldepflichtigen Staat im Sinne des § 1 Absatz 1 geführtes Konto,
   e) eine aktuell gültige, an eine Person mit einer Anschrift in einem meldepflichtigen Staat im Sinne des § 1 Absatz 1 erteilte Vollmacht oder Zeichnungsberechtigung oder
   f) ein Postlagerungsauftrag oder eine c/o-Anschrift in einem meldepflichtigen Staat im Sinne des § 1 Absatz 1, sofern dem meldenden Finanzinstitut keine andere Anschrift des Kontoinhabers vorliegt.

[2] Werden bei der elektronischen Suche keine Indizien im Sinne des Satzes 1 Nummer 2 festgestellt, sind keine weiteren Maßnahmen erforderlich, bis eine Änderung der Gegebenheiten eintritt, die dazu führt, dass dem Konto ein oder mehrere Indizien zugeordnet werden können oder das Konto zu einem Konto von hohem Wert wird. [3] Werden bei der elektronischen Suche Indizien im Sinne des Satzes 1 Nummer 2 Buchstabe a bis e festgestellt oder tritt eine Änderung der Gegebenheiten ein, die dazu führt, dass dem Konto ein oder mehrere Indizien zugeordnet werden können, muss das meldende Finanzinstitut den Kontoinhaber als steuerlich ansässige Person in jedem meldepflichtigen Staat im Sinne des § 1 Absatz 1, für den ein Indiz identifiziert wird, betrachten, es sei denn, das meldende Finanzinstitut entscheidet sich für die Anwendung des Absatzes 3 und eine der dort genannten Ausnahmen trifft auf dieses Konto zu.

(2) [1]Werden bei der elektronischen Suche nach Absatz 1 Satz 1 Nummer 2 ein Postlagerungsauftrag oder eine c/o-Anschrift und keine andere Anschrift und keine der in Absatz 1 Satz 1 Nummer 2 Buchstabe a bis e aufgeführten Indizien für den Kontoinhaber festgestellt, muss das meldende Finanzinstitut in der jeweils geeignetsten Reihenfolge die in § 12 Absatz 1 Satz 1 Nummer 2 beschriebene Suche in Papierunterlagen anwenden oder versuchen, vom Kontoinhaber eine Selbstauskunft oder Belege zu beschaffen, um die steuerliche Ansässigkeit oder steuerlichen Ansässigkeiten des Kontoinhabers festzustellen. [2]Wird bei der Suche in Papierunterlagen kein Indiz festgestellt und ist der Versuch, eine Selbstauskunft oder Belege zu beschaffen, erfolglos, muss das meldende Finanzinstitut dem Bundeszentralamt für Steuern das Konto als nicht dokumentiertes Konto melden.

(3) Ungeachtet der Feststellung von Indizien nach Absatz 1 Satz 1 Nummer 2 muss ein meldendes Finanzinstitut einen Kontoinhaber in den folgenden Fällen nicht als in einem meldepflichtigen Staat im Sinne des § 1 Absatz 1 ansässige Person betrachten:

1. die Daten des Kontoinhabers enthalten eine aktuelle Post- oder eine Hausanschrift in jenem meldepflichtigen Staat im Sinne des § 1 Absatz 1, eine oder mehrere Telefonnummern in jenem meldepflichtigen Staat im Sinne des § 1 Absatz 1 und keine Telefonnummer in der Bundesrepublik Deutschland oder einen Dauerauftrag, bei Finanzkonten mit Ausnahme von Einlagenkonten, für Überweisungen auf ein in einem meldepflichtigen Staat im Sinne des § 1 Absatz 1 geführtes Konto und das meldende Finanzinstitut beschafft die nachstehenden Dokumente oder hat diese bereits geprüft und erfasst:
   a) eine Selbstauskunft des Kontoinhabers über seinen Ansässigkeitsstaat oder seine Ansässigkeitsstaaten, die jenen meldepflichtigen Staat nicht umfassen, und
   b) Belege für den nicht meldepflichtigen Status des Kontoinhabers;
2. die Daten des Kontoinhabers beinhalten eine aktuell gültige, an eine Person mit Anschrift in jenem Staat erteilte Vollmacht oder Zeichnungsberechtigung und das meldende Finanzinstitut beschafft die nachstehenden Dokumente oder hat diese bereits geprüft und erfasst:
   a) eine Selbstauskunft des Kontoinhabers über seinen Ansässigkeitsstaat oder seine Ansässigkeitsstaaten, die nicht meldepflichtige Staaten umfassen, oder
   b) Belege für den nicht meldepflichtigen Status des Kontoinhabers.

(4) Die Überprüfung von bestehenden Konten von geringerem Wert natürlicher Personen muss bis zum 31. Dezember 2017 abgeschlossen sein.

§ 12 Konten von hohem Wert. (1) [1]Für Konten von hohem Wert gelten die folgenden erweiterten Überprüfungsverfahren:

1. Suche in elektronischen Datensätzen: das meldende Finanzinstitut muss seine elektronisch durchsuchbaren Daten auf die in § 11 Absatz 1 Satz 1 Nummer 2 aufgeführten Indizien überprüfen;

2. Suche in Papierunterlagen: enthalten die elektronisch durchsuchbaren Datenbanken des meldenden Finanzinstituts Felder für alle in Nummer 3 genannten Daten und erfassen diese, ist keine weitere Suche in den Papierunterlagen erforderlich. [2]Sind in den elektronischen Datenbanken nicht alle diese Daten erfasst, so muss das meldende Finanzinstitut bei Konten von hohem Wert auch die aktuelle Kundenstammakte und, soweit die Informationen dort nicht enthalten sind, die folgenden kontobezogenen, vom meldenden Finanzinstitut innerhalb der letzten fünf Jahre beschafften Unterlagen auf die in § 11 Absatz 1 Satz 1 Nummer 2 genannten Indizien überprüfen:
   a) die neuesten für dieses Konto erfassten Belege,
   b) den neuesten Kontoeröffnungsvertrag beziehungsweise die neuesten Kontoeröffnungsunterlagen,
   c) die neuesten vom meldenden Finanzinstitut, aufgrund von Verfahren zur Bekämpfung der Geldwäsche und Kundensorgfaltspflichten (AML/KYC – Anti-Money Laundering/Know-your-Customer) oder für sonstige aufsichtsrechtliche Zwecke beschafften Unterlagen,
   d) eine derzeit gültige Vollmacht oder eine Zeichnungsberechtigung und
   e) einen derzeit gültigen Dauerauftrag für Überweisungen, ausgenommen bei Einlagenkonten;
3. ein meldendes Finanzinstitut ist nicht zu der in Satz 1 Nummer 2 beschriebenen Suche in Papierunterlagen verpflichtet, soweit seine elektronisch durchsuchbaren Informationen Folgendes enthalten:
   a) den Ansässigkeitsstatus des Kontoinhabers,
   b) die derzeit beim meldenden Finanzinstitut hinterlegte Haus- und Postanschrift des Kontoinhabers,
   c) gegebenenfalls die derzeit beim meldenden Finanzinstitut hinterlegte Telefonnummer oder hinterlegten Telefonnummern des Kontoinhabers,
   d) im Fall von Finanzkonten, bei denen es sich nicht um Einlagenkonten handelt, Angaben dazu, ob Daueraufträge für Überweisungen von diesem Konto auf ein anderes Konto vorliegen – einschließlich eines Kontos bei einer anderen Zweigniederlassung des meldenden Finanzinstituts oder einem anderen Finanzinstitut,
   e) Angaben dazu, ob für den Kontoinhaber aktuell ein Postlagerungsauftrag oder eine c/o-Anschrift vorliegt, und
   f) Angaben dazu, ob eine Vollmacht oder Zeichnungsberechtigung für das Konto vorliegt.

[2]Zusätzlich zur Suche in elektronischen Datensätzen und Papierunterlagen, wie in Satz 1 Nummer 1 und 2 beschrieben, muss ein meldendes Finanzinstitut das einem Kundenbetreuer zugewiesene Konto von hohem Wert, einschließlich der mit diesem Konto von hohem Wert zusammengefassten Finanzkonten, als meldepflichtiges Konto betrachten, wenn dem Kundenbetreuer tatsächlich bekannt ist, dass der Kontoinhaber eine meldepflichtige Person ist.

(2) Werden bei der in Absatz 1 beschriebenen erweiterten Überprüfung von Konten von hohem Wert keine der in § 11 Absatz 1 Satz 1 Nummer 2 aufgeführten Indizien festgestellt und wird das Konto nicht nach Absatz 1 Satz 2 als Konto einer meldepflichtigen Person identifiziert, sind keine weiteren Maßnahmen erforderlich, bis eine Änderung der Gegebenheiten eintritt, die dazu führt, dass dem Konto ein oder mehrere Indizien zugeordnet werden.

(3) Werden bei der in Absatz 1 beschriebenen erweiterten Überprüfung von Konten von hohem Wert Indizien nach § 11 Absatz 1 Satz 1 Nummer 2 Buchstabe a bis e festgestellt oder tritt anschließend eine Änderung der Gegebenheiten ein, die dazu führt, dass dem Konto ein oder mehrere Indizien zugeordnet werden, so muss das meldende Finanzinstitut das Konto für jeden Staat, für den ein Indiz festgestellt wird, als meldepflichtiges Konto betrachten, es sei denn, es entscheidet sich für die Anwendung von § 11 Absatz 3 und eine der dort genannten Ausnahmen trifft auf dieses Konto zu.

(4) [1] Werden bei der in Absatz 1 beschriebenen erweiterten Überprüfung von Konten von hohem Wert ein Postlagerungsauftrag oder eine c/o-Anschrift festgestellt und keine andere Anschrift und keine der in § 11 Absatz 1 Satz 1 Nummer 2 Buchstabe a bis e aufgeführten Indizien für den Kontoinhaber festgestellt, muss das meldende Finanzinstitut vom Kontoinhaber eine Selbstauskunft oder Belege beschaffen, um die steuerliche Ansässigkeit oder steuerlichen Ansässigkeiten des Kontoinhabers festzustellen. [2] Kann das meldende Finanzinstitut keine Selbstauskunft oder Belege beschaffen, muss es das Konto dem Bundeszentralamt für Steuern als nicht dokumentiertes Konto melden.

(5) [1] Bei einem bestehenden Konto natürlicher Personen, das zum 31. Dezember 2015 kein Konto von hohem Wert ist, zum letzten Tag eines darauffolgenden Kalenderjahrs jedoch ein Konto von hohem Wert ist, muss das meldende Finanzinstitut die in Absatz 1 beschriebenen erweiterten Überprüfungsverfahren für dieses Konto innerhalb des auf das Kalenderjahr, in dem das Konto ein Konto von hohem Wert wird, folgenden Kalenderjahrs abschließen. [2] Wird das Konto aufgrund dieser Überprüfung als meldepflichtiges Konto identifiziert, so muss das meldende Finanzinstitut die erforderlichen kontobezogenen Informationen für das Jahr, in dem das Konto als meldepflichtiges Konto identifiziert wird, und für die Folgejahre jährlich melden, es sei denn, der Kontoinhaber ist keine meldepflichtige Person mehr.

(6) Führt ein meldendes Finanzinstitut die in Absatz 1 angeführten erweiterten Überprüfungsverfahren für ein Konto von hohem Wert durch, so ist es in den Folgejahren nicht verpflichtet, für dasselbe Konto von hohem Wert diese Verfahren erneut durchzuführen, abgesehen von der Nachfrage beim Kundenbetreuer nach Absatz 1 Satz 2, es sei denn, es handelt sich um ein nicht dokumentiertes Konto, bei dem das meldende Finanzinstitut diese Verfahren jährlich erneut durchführen muss, bis das Konto nicht mehr undokumentiert ist.

(7) Tritt bei einem Konto von hohem Wert eine Änderung der Gegebenheiten ein, die dazu führt, dass dem Konto ein oder mehrere der in § 11 Absatz 1 Satz 1 Nummer 2 beschriebenen Indizien zugeordnet werden, so muss

das meldende Finanzinstitut das Konto für jeden meldepflichtigen Staat, für den ein Indiz festgestellt wird, als meldepflichtiges Konto betrachten, es sei denn, es entscheidet sich für die Anwendung von § 11 Absatz 3 und eine der in jenem Absatz genannten Ausnahmen trifft auf dieses Konto zu.

(8) [1] Ein meldendes Finanzinstitut muss Verfahren einrichten, mit denen sichergestellt wird, dass die Kundenbetreuer Änderungen der Gegebenheiten bei einem Konto erkennen. [2] Wird ein Kundenbetreuer beispielsweise benachrichtigt, dass der Kontoinhaber eine neue Postanschrift in einem meldepflichtigen Staat im Sinne des § 1 Absatz 1 hat, so muss das meldende Finanzinstitut die neue Anschrift als eine Änderung der Gegebenheiten betrachten und ist, sofern es sich für die Anwendung von § 11 Absatz 3 entscheidet, dazu verpflichtet, die entsprechenden Unterlagen vom Kontoinhaber zu beschaffen.

(9) Die Überprüfung bestehender Konten von hohem Wert natürlicher Personen muss bis zum 31. Dezember 2016 abgeschlossen sein.

§ 13 Sorgfaltspflichten bei Neukonten natürlicher Personen. (1) Die Identifizierung meldepflichtiger Konten unter den Neukonten natürlicher Personen richtet sich nach den folgenden Absätzen.

(2) Bei Neukonten natürlicher Personen muss das meldende Finanzinstitut bei Kontoeröffnung eine Selbstauskunft beschaffen, die Bestandteil der Kontoeröffnungsunterlagen sein kann und anhand derer das meldende Finanzinstitut die steuerliche Ansässigkeit oder steuerlichen Ansässigkeiten des Kontoinhabers feststellen kann, sowie die Plausibilität dieser Selbstauskunft anhand der vom meldenden Finanzinstitut bei Kontoeröffnung beschafften Informationen, einschließlich der aufgrund von Verfahren zur Bekämpfung der Geldwäsche und Kundensorgfaltspflichten (AML/KYC – Anti-Money Laundering/Know-your-Customer) erfassten Unterlagen, bestätigen.

(3) Geht aus der Selbstauskunft nach Absatz 2 hervor, dass der Kontoinhaber in einem meldepflichtigen Staat steuerlich ansässig ist, so muss das meldende Finanzinstitut das Konto als meldepflichtiges Konto betrachten und die Selbstauskunft auch die Steueridentifikationsnummer des Kontoinhabers in dem meldepflichtigen Staat vorbehaltlich des § 8 Absatz 3 sowie das Geburtsdatum enthalten.

(4) Tritt bei einem Neukonto natürlicher Personen eine Änderung der Gegebenheiten ein, aufgrund derer dem meldenden Finanzinstitut bekannt ist oder bekannt sein müsste, dass die ursprüngliche Selbstauskunft nicht zutreffend oder unglaubwürdig ist, so darf es sich nicht auf die ursprüngliche Selbstauskunft verlassen und muss eine gültige Selbstauskunft beschaffen, aus der die steuerliche Ansässigkeit oder steuerlichen Ansässigkeiten des Kontoinhabers hervorgeht oder hervorgehen.

§ 14 Sorgfaltspflichten bei bestehenden Konten von Rechtsträgern. (1) Die Identifizierung meldepflichtiger Konten unter den bestehenden Konten von Rechtsträgern richtet sich nach den folgenden Absätzen.

(2) Für nicht überprüfungs-, identifizierungs- oder meldepflichtige Konten von Rechtsträgern gilt: Sofern sich das meldende Finanzinstitut nicht entwe-

der für alle bestehenden Konten von Rechtsträgern oder jeweils für eine eindeutig identifizierte Gruppe dieser Konten anderweitig entscheidet, muss ein bestehendes Konto von Rechtsträgern, das zum 31. Dezember 2015 einen Gesamtkontosaldo oder Gesamtkontowert von höchstens 250 000 US-Dollar aufweist, nicht als meldepflichtiges Konto überprüft, identifiziert oder gemeldet werden, bis der Gesamtkontosaldo oder der Gesamtkontowert zum letzten Tag eines darauffolgenden Kalenderjahrs diesen Betrag übersteigt.

(3) Für überprüfungspflichtige Konten von Rechtsträgern gilt: Ein bestehendes Konto von Rechtsträgern mit einem Gesamtkontosaldo oder Gesamtkontowert von mehr als 250 000 US-Dollar zum 31. Dezember 2015 und ein bestehendes Konto von Rechtsträgern, dessen Gesamtkontosaldo oder Gesamtkontowert am 31. Dezember 2015 diesen Betrag nicht übersteigt, zum letzten Tag eines darauffolgenden Kalenderjahrs jedoch diesen Betrag übersteigt, muss nach dem in Absatz 5 festgelegten Verfahren überprüft werden.

(4) Für meldepflichtige Konten von Rechtsträgern gilt: Von den in Absatz 3 beschriebenen bestehenden Konten von Rechtsträgern gelten nur diejenigen Konten als meldepflichtige Konten, die von einem oder von mehreren Rechtsträgern gehalten werden, die meldepflichtige Personen sind, oder von passiven NFEs mit einer oder mehreren beherrschenden Personen, die meldepflichtige Personen sind.

(5) Bei den in Absatz 3 beschriebenen bestehenden Konten von Rechtsträgern muss ein meldendes Finanzinstitut die folgenden Überprüfungsverfahren durchführen, um festzustellen, ob eine meldepflichtige Person oder mehrere meldepflichtige Personen oder passive NFEs mit einer oder mehreren beherrschenden Personen, die meldepflichtige Personen sind, Inhaber des Kontos ist oder sind:

1. Zur Feststellung, ob der Rechtsträger eine meldepflichtige Person ist, ist zu beachten:
   a) die Überprüfung der zu aufsichtsrechtlichen Zwecken oder für die Kundenbetreuung verwahrten Informationen einschließlich der aufgrund von Verfahren zur Bekämpfung der Geldwäsche und Kundensorgfaltspflichten (AML/KYC – Anti-Money Laundering/Know-your-Customer) erhobenen Informationen auf Hinweise, dass der Kontoinhaber in einem meldepflichtigen Staat ansässig ist. [2] Für diesen Zweck gilt ein Gründungsort, ein Sitz oder eine Anschrift in einem meldepflichtigen Staat als Hinweis, dass der Kontoinhaber in einem meldepflichtigen Staat ansässig ist;
   b) weisen die Informationen darauf hin, dass der Kontoinhaber in einem meldepflichtigen Staat ansässig ist, so muss das meldende Finanzinstitut das Konto als meldepflichtiges Konto betrachten, es sei denn, das meldende Finanzinstitut beschafft vom Kontoinhaber eine Selbstauskunft oder stellt anhand von in seinem Besitz befindlichen oder öffentlich verfügbaren Informationen in vertretbarer Weise fest, dass es sich bei dem Kontoinhaber nicht um eine meldepflichtige Person handelt.
2. [1] Zur Feststellung, ob der Rechtsträger ein passiver NFE mit einer oder mehreren beherrschenden Personen ist, bei denen es sich um meldepflich-

tige Personen handelt, gilt: Bei einem Kontoinhaber eines bestehenden Kontos von Rechtsträgern, einschließlich eines Rechtsträgers, der eine meldepflichtige Person ist, muss das meldende Finanzinstitut feststellen, ob der Kontoinhaber ein passiver NFE mit einer oder mehreren beherrschenden Personen ist, bei denen es sich um meldepflichtige Personen handelt. 2 Handelt es sich bei einer beherrschenden Person eines passiven NFE um eine meldepflichtige Person, so ist das Konto als meldepflichtiges Konto zu betrachten. 3 Bei diesen Feststellungen soll das meldende Finanzinstitut die unter den nachfolgenden Buchstaben a bis c aufgeführten Leitlinien in der jeweils geeignetsten Reihenfolge befolgen:

a) zur Feststellung, ob der Kontoinhaber ein passiver NFE ist, muss das meldende Finanzinstitut eine Selbstauskunft des Kontoinhabers zum Nachweis seines Status beschaffen, es sei denn, das meldende Finanzinstitut kann anhand von in seinem Besitz befindlichen oder öffentlich verfügbaren Informationen in vertretbarer Weise feststellen, dass der Kontoinhaber ein aktiver NFE ist oder ein anderes Finanzinstitut als ein unter § 19 Nummer 6 Buchstabe b beschriebenes Investmentunternehmen, bei dem es sich nicht um ein Finanzinstitut eines teilnehmenden Staates handelt;

b) zur Feststellung der beherrschenden Person eines Kontoinhabers kann sich ein meldendes Finanzinstitut auf die aufgrund von Verfahren zur Bekämpfung der Geldwäsche und Kundensorgfaltspflichten (AML/KYC – Anti-Money Laundering/Know-your-Customer) erhobenen und verwahrten Informationen verlassen;

c) zur Feststellung, ob eine beherrschende Person eines passiven NFE eine meldepflichtige Person ist, kann sich ein meldendes Finanzinstitut auf Folgendes verlassen:

   aa) bei einem bestehenden Konto von Rechtsträgern, dessen Inhaber ein NFE oder mehrere NFEs ist oder sind und dessen Gesamtkontosaldo oder Gesamtkontowert 1 000 000 US-Dollar nicht übersteigt, auf die aufgrund von Verfahren zur Bekämpfung der Geldwäsche und Kundensorgfaltspflichten (AML/KYC – Anti-Money Laundering/Know-your-Customer) erfassten und verwahrten Informationen oder

   bb) auf eine Selbstauskunft des Kontoinhabers oder dieser beherrschenden Person aus dem meldepflichtigen Staat oder den meldepflichtigen Staaten im Sinne des § 1 Absatz 1 oder anderen Staat oder Staaten, in dem oder in denen die beherrschende Person steuerlich ansässig ist.

§ 15 Überprüfungszeitraum und zusätzliche Verfahren für bestehende Konten von Rechtsträgern. (1) Die Überprüfung bestehender Konten von Rechtsträgern mit einem Gesamtkontosaldo oder Gesamtkontowert von mehr als 250 000 US-Dollar zum 31. Dezember 2015 muss bis zum 31. Dezember 2017 abgeschlossen sein.

(2) Die Überprüfung bestehender Konten von Rechtsträgern, deren Gesamtkontosaldo oder Gesamtkontowert zum 31. Dezember 2015 250 000 US-

Dollar nicht übersteigt, zum 31. Dezember eines Folgejahres jedoch diesen Betrag übersteigt, muss innerhalb des Kalenderjahrs nach dem Jahr, in dem der Gesamtkontosaldo oder Gesamtkontowert diesen Betrag übersteigt, abgeschlossen sein.

(3) Tritt bei einem bestehenden Konto von Rechtsträgern eine Änderung der Gegebenheiten ein, aufgrund derer dem meldenden Finanzinstitut bekannt ist oder bekannt sein müsste, dass die Selbstauskunft oder andere kontobezogene Unterlagen nicht zutreffend oder unglaubwürdig sind, so muss es den Status des Kontos nach dem in § 14 Absatz 5 festgelegten Verfahren neu bestimmen.

§ 16 Sorgfaltspflichten bei Neukonten von Rechtsträgern. (1) Die Identifizierung meldepflichtiger Konten unter den Neukonten von Rechtsträgern richtet sich nach den folgenden Absätzen.

(2) Bei Neukonten von Rechtsträgern muss ein meldendes Finanzinstitut die folgenden Überprüfungsverfahren durchführen, um festzustellen, ob das Konto von einer meldepflichtigen Person oder mehreren meldepflichtigen Personen oder von passiven NFEs mit einer oder mehreren beherrschenden Personen, die meldepflichtige Personen sind, gehalten wird:

1.[1] [1] Feststellung, ob der Rechtsträger eine meldepflichtige Person ist:

a) Beschaffung einer Selbstauskunft, die Bestandteil der Kontoeröffnungsunterlagen sein kann und anhand derer das meldende Finanzinstitut die steuerliche Ansässigkeit oder steuerlichen Ansässigkeiten des Kontoinhabers ermitteln kann, sowie Bestätigung der Plausibilität dieser Selbstauskunft anhand der vom meldenden Finanzinstitut bei Kontoeröffnung beschafften Informationen, einschließlich aufgrund von Verfahren zur Bekämpfung der Geldwäsche und Kundensorgfaltspflichten (AML/KYC – Anti-Money Laundering/Know-your-Customer) erfassten Unterlagen; erklärt der Rechtsträger, es liege keine steuerliche Ansässigkeit vor, so kann sich das meldende Finanzinstitut zur Bestimmung der Ansässigkeit des Kontoinhabers auf die Anschrift des Hauptsitzes des Rechtsträgers verlassen;

b) enthält die Selbstauskunft Hinweise darauf, dass der Kontoinhaber in einem meldepflichtigen Staat ansässig ist, so muss das meldende Finanzinstitut das Konto als meldepflichtiges Konto betrachten, es sei denn, das meldende Finanzinstitut stellt anhand der in seinem Besitz befindlichen oder öffentlich verfügbaren Informationen in vertretbarer Weise fest, dass es sich bei dem Kontoinhaber nicht um eine meldepflichtige Person in Bezug auf diesen meldepflichtigen Staat handelt.

[2] Zur Feststellung, ob der Rechtsträger ein passiver NFE mit einer oder mehreren beherrschenden Personen ist, bei denen es sich um meldepflichtige Personen handelt, ist Folgendes zu beachten: Bei einem Kontoinhaber eines Neukontos von Rechtsträgern einschließlich eines Rechtsträgers, der eine meldepflichtige Person ist, muss das meldende Finanzinstitut feststellen, ob der Kontoinhaber ein passiver NFE mit einer oder mehreren beherrschenden Personen ist, bei denen es sich um meldepflichtige Personen

[1] § 16 Abs. 2 Nr. 1 Satz 4 geänd. mWv 18.12.2019 durch G v. 12.12.2019 (BGBl. I S. 2451).

handelt. [3]Handelt es sich bei einer beherrschenden Person eines passiven NFE um eine meldepflichtige Person, so ist das Konto als meldepflichtiges Konto zu betrachten. [4]Bei diesen Feststellungen soll das meldende Finanzinstitut die in Nummer 2, in Absatz 3 und in Absatz 4 aufgeführten Leitlinien in der jeweils geeignetsten Reihenfolge befolgen.

2. Zur Feststellung, ob der Kontoinhaber ein passiver NFE ist, muss sich das meldende Finanzinstitut auf eine Selbstauskunft des Kontoinhabers zum Nachweis seines Status verlassen, es sei denn, das meldende Finanzinstitut kann anhand von in seinem Besitz befindlichen oder öffentlich verfügbaren Informationen in vertretbarer Weise feststellen, dass der Kontoinhaber ein aktiver NFE ist oder ein anderes Finanzinstitut als ein unter § 19 Nummer 6 Buchstabe b beschriebenes Investmentunternehmen, bei dem es sich nicht um ein Finanzinstitut eines teilnehmenden Staates handelt.

(3) Zur Feststellung der beherrschenden Personen eines Kontoinhabers kann sich ein meldendes Finanzinstitut auf die aufgrund von Verfahren zur Bekämpfung der Geldwäsche und Kundensorgfaltspflichten (AML/KYC – Anti-Money Laundering/Know-your-Customer) erhobenen und verwahrten Informationen verlassen.

(4) Zur Feststellung, ob eine beherrschende Person eines passiven NFE eine meldepflichtige Person ist, kann sich ein meldendes Finanzinstitut auf eine Selbstauskunft des Kontoinhabers oder dieser beherrschenden Person verlassen.

§ 17 Besondere Sorgfaltsvorschriften. (1) Ein meldendes Finanzinstitut darf sich nicht auf eine Selbstauskunft oder auf Belege verlassen, wenn ihm bekannt ist oder bekannt sein müsste, dass die Selbstauskunft oder die Belege nicht zutreffend oder unglaubwürdig sind.

(2) Für Finanzkonten begünstigter natürlicher Personen eines rückkaufsfähigen Versicherungsvertrags oder Rentenversicherungsvertrags und für rückkaufsfähige Gruppenversicherungsverträge oder Gruppenrentenversicherungsverträge gilt:

1. ein meldendes Finanzinstitut kann davon ausgehen, dass eine begünstigte natürliche Person, mit Ausnahme des Eigentümers, eines rückkaufsfähigen Versicherungsvertrags oder eines Rentenversicherungsvertrags, die eine Todesfallleistung erhält, keine meldepflichtige Person ist und dieses Finanzkonto als ein nicht meldepflichtiges Konto betrachten, es sei denn, dem meldenden Finanzinstitut ist bekannt oder müsste bekannt sein, dass der Begünstigte eine meldepflichtige Person ist. [2]Einem meldenden Finanzinstitut müsste bekannt sein, dass ein Begünstigter eines rückkaufsfähigen Versicherungsvertrags oder eines Rentenversicherungsvertrags eine meldepflichtige Person ist, wenn die vom meldenden Finanzinstitut erhobenen und dem Begünstigten zugeordneten Informationen Indizien im Sinne des § 11 enthalten. [3]Ist einem meldenden Finanzinstitut tatsächlich bekannt oder müsste ihm bekannt sein, dass der Begünstigte eine meldepflichtige Person ist, so muss das meldende Finanzinstitut die Verfahren nach § 11 einhalten;
2. ein meldendes Finanzinstitut kann ein Finanzkonto, das den Anteil eines Mitglieds an einem rückkaufsfähigen Gruppenversicherungsvertrag oder

einem Gruppenrentenversicherungsvertrag darstellt, bis zu dem Zeitpunkt, zu dem die Zahlung eines Betrags an den Arbeitnehmer oder den Inhaber des Versicherungsscheins oder Begünstigten fällig wird, als ein nicht meldepflichtiges Konto behandeln, sofern das Finanzkonto, das den Anteil eines Mitglieds an einem rückkaufsfähigen Gruppenversicherungsvertrag oder einem Gruppenrentenversicherungsvertrag darstellt, die folgenden Anforderungen erfüllt:

a) der rückkaufsfähige Gruppenversicherungsvertrag oder der Gruppenrentenversicherungsvertrag ist auf einen Arbeitgeber ausgestellt und erstreckt sich auf mindestens 25 Arbeitnehmer oder mindestens 25 Versicherungsscheininhaber,

b) die Arbeitnehmer oder die Versicherungsscheininhaber haben Anspruch auf einen ihrem Anteil entsprechenden Vertragswert und dürfen Begünstigte benennen, an die die Leistungen im Fall des Ablebens des Arbeitnehmers zu zahlen sind, und

c) der an einen Arbeitnehmer oder einen Versicherungsscheininhaber oder Begünstigten zu zahlende Gesamtbetrag beträgt höchstens 1 000 000 US-Dollar.

(3) Der Ausdruck rückkaufsfähiger Gruppenversicherungsvertrag bezeichnet einen rückkaufsfähigen Versicherungsvertrag:

1. der eine Deckung für natürliche Personen vorsieht, die über einen Arbeitgeber, einen Berufsverband, eine Arbeitnehmerorganisation oder eine andere Vereinigung oder Gruppe angeschlossen sind, und
2. der für jedes Mitglied der Gruppe oder Mitglied einer Kategorie innerhalb dieser Gruppe die Zahlung eines Versicherungsbeitrags vorsieht, der unabhängig von den Gesundheitsmerkmalen der natürlichen Person – mit Ausnahme von Alter, Geschlecht und Tabakkonsum des Mitglieds oder der Mitgliederkategorie der Gruppe – festgelegt wird.

(4) Der Ausdruck Gruppenrentenversicherungsvertrag bezeichnet einen Rentenversicherungsvertrag, bei dem die Anspruchsberechtigten natürliche Personen sind, die über einen Arbeitgeber, einen Berufsverband, eine Arbeitnehmerorganisation oder eine andere Vereinigung oder Gruppe angeschlossen sind.

§ 18 Zusammenfassung von Kontosalden und Währungen. (1) [1]Für Zwecke der Bestimmung des Gesamtsaldos oder des Gesamtwerts von Finanzkonten einer natürlichen Person muss ein meldendes Finanzinstitut alle von ihm oder einem verbundenen Rechtsträger geführten Finanzkonten zusammenfassen, jedoch nur insoweit, als die computergestützten Systeme des meldenden Finanzinstituts die Finanzkonten durch Verweis auf ein Datenelement wie eine Kundennummer oder Steueridentifikationsnummer miteinander verknüpfen und eine Zusammenfassung der Kontosalden oder Kontowerte ermöglichen. [2]Für die Zwecke der Anwendung der beschriebenen Zusammenfassungsvorschriften wird jedem Inhaber eines gemeinsamen Finanzkontos der gesamte Saldo oder Wert des gemeinsamen Finanzkontos zugerechnet.

(2) [1] Für Zwecke der Bestimmung des Gesamtsaldos oder des Gesamtwerts von Finanzkonten von Rechtsträgern muss ein meldendes Finanzinstitut alle von ihm oder einem verbundenen Rechtsträger geführten Finanzkonten berücksichtigen, jedoch nur insoweit, als die computergestützten Systeme des meldenden Finanzinstituts die Finanzkonten durch Verweis auf ein Datenelement wie eine Kundennummer oder Steueridentifikationsnummer miteinander verknüpfen und eine Zusammenfassung der Kontosalden oder Kontowerte ermöglichen. [2] Für die Zwecke der Anwendung der beschriebenen Zusammenfassungsvorschriften wird jedem Inhaber eines gemeinsamen Finanzkontos der gesamte Saldo oder Wert des gemeinsamen Finanzkontos zugerechnet.

(3) Für Zwecke der Bestimmung des Gesamtsaldos oder des Gesamtwerts von Finanzkonten einer Person zur Feststellung, ob es sich bei einem Finanzkonto um ein Konto von hohem Wert handelt, ist ein meldendes Finanzinstitut im Fall von Finanzkonten, bei denen einem Kundenbetreuer bekannt ist oder bekannt sein müsste, dass sie unmittelbar oder mittelbar derselben Person gehören, dieselbe Person über sie verfügt oder sie von derselben Person außer in treuhänderischer Eigenschaft eröffnet wurden, auch verpflichtet, alle diese Konten zusammenzufassen.

(4) Alle auf Euro lautenden Beträge umfassen den Gegenwert in anderen Währungen nach innerstaatlichem Recht.

§ 19 Begriffsbestimmungen. Im Sinne dieses Gesetzes ist oder sind:

1. meldendes Finanzinstitut: ein Finanzinstitut eines teilnehmenden Staates, bei dem es sich nicht um ein nicht meldendes Finanzinstitut handelt;
2. Finanzinstitut eines teilnehmenden Staates ist
   a) ein in einem teilnehmenden Staat ansässiges Finanzinstitut, jedoch nicht Zweigniederlassungen dieses Finanzinstituts, die sich außerhalb dieses teilnehmenden Staates befinden, oder
   b) eine Zweigniederlassung eines nicht in einem teilnehmenden Staat ansässigen Finanzinstituts, wenn diese sich in diesem teilnehmenden Staat befindet;
3. Finanzinstitut: bedeutet ein Verwahrinstitut, ein Einlageninstitut, ein Investmentunternehmen oder eine spezifizierte Versicherungsgesellschaft;
4. Verwahrinstitut bedeutet einen Rechtsträger, dessen Geschäftstätigkeit im Wesentlichen darin besteht, für fremde Rechnung Finanzvermögen zu verwahren. [2] Die Geschäftstätigkeit eines Rechtsträgers besteht im Wesentlichen darin, für fremde Rechnung Finanzvermögen zu verwahren, wenn die dem Verwahren von Finanzvermögen und damit zusammenhängenden Finanzdienstleistungen zuzurechnenden Bruttoeinkünfte des Rechtsträgers mindestens 20 Prozent der Bruttoeinkünfte des Rechtsträgers entsprechen, und zwar entweder:
   a) während des dreijährigen Zeitraums, der am 31. Dezember oder am letzten Tag eines nicht einem Kalenderjahr entsprechenden Abrechnungszeitraums vor dem Bestimmungsjahr endet, oder

b) während des Zeitraums des Bestehens des Rechtsträgers, je nachdem, welcher Zeitraum kürzer ist;

5. Einlageninstitut ein Rechtsträger, der im Rahmen gewöhnlicher Bankgeschäfte oder einer ähnlichen Geschäftstätigkeit Einlagen entgegennimmt;

6. [1] Investmentunternehmen: ein Rechtsträger,

a) der gewerblich vorwiegend eine oder mehrere der folgenden Tätigkeiten für einen Kunden ausübt:

aa) den Handel mit Geldmarktinstrumenten (zum Beispiel Schecks, Wechsel, Einlagenzertifikate, Derivate), Devisen, Wechselkursinstrumenten, Zinsinstrumenten und Indexinstrumenten, übertragbaren Wertpapieren oder die Vornahme von Warentermingeschäften,

bb) die individuelle und kollektive Vermögensverwaltung oder

cc) sonstige Arten der Anlage oder Verwaltung von Finanzvermögen oder Kapital im Auftrag Dritter oder

b) dessen Bruttoeinkünfte vorwiegend der Anlage oder der Wiederanlage von oder dem Handel mit Finanzvermögen zuzurechnen sind, wenn der Rechtsträger von einem Einlageninstitut, einem Verwahrinstitut, einer spezifizierten Versicherungsgesellschaft oder einem Rechtsträger im Sinne des Buchstaben a verwaltet wird.

[2] Ein Rechtsträger übt gewerblich vorwiegend eine oder mehrere der in Satz 1 Buchstabe a beschriebenen Tätigkeiten aus beziehungsweise die Bruttoeinkünfte eines Rechtsträgers sind vorwiegend der Anlage oder Wiederanlage von Finanzvermögen oder dem Handel damit im Sinne von Satz 1 Buchstabe b zuzurechnen, wenn die den entsprechenden Tätigkeiten zuzurechnenden Bruttoeinkünfte des Rechtsträgers mindestens 50 Prozent der Bruttoeinkünfte des Rechtsträgers entsprechen, und zwar entweder

a) während des dreijährigen Zeitraums, der am 31. Dezember des Jahres vor dem Bestimmungsjahr endet, oder

b) während des Zeitraums des Bestehens des Rechtsträgers, je nachdem, welcher Zeitraum kürzer ist.

[3] Der Ausdruck Investmentunternehmen umfasst nicht einen Rechtsträger, bei dem es sich aufgrund der Erfüllung der Kriterien in Nummer 42 Buchstabe d bis g um einen aktiven NFE handelt.

[4] Diese Nummer ist auf eine Weise auszulegen, die mit dem ähnlichen Wortlaut der Definition von Finanzinstituten in den Empfehlungen der Arbeitsgruppe finanzielle Maßnahmen gegen Geldwäsche (Financial Action Task Force – FATF – on-Money Laundering) vereinbar ist.

7. [1] Der Ausdruck Finanzvermögen umfasst Wertpapiere zum Beispiel Anteile am Aktienkapital einer Kapitalgesellschaft, Beteiligungen oder wirtschaftliches Eigentum an den Beteiligungen an einer in Streubesitz befindlichen oder börsennotierten Personalgesellschaft oder einem Trust, sowie Obligationen, Anleihen, Schuldverschreibungen oder sonstige Schuldurkunden, Beteiligungen an Personengesellschaften, Warengeschäfte, Swaps, zum Beispiel Zinsswaps, Währungsswaps, Basisswaps, Zinscaps, Zinsfloors,

Warenswaps, Aktienswaps, Aktienindexswaps und ähnliche Vereinbarungen, Versicherungs- oder Rentenversicherungsverträge oder Beteiligungen, darunter börsengehandelte und nicht börsengehandelte Termingeschäfte und Optionen an Wertpapieren, Beteiligungen an Personengesellschaften, Warengeschäfte, Swaps oder Versicherungs- oder Rentenversicherungsverträgen. [2]Der Ausdruck Finanzvermögen umfasst keine nicht fremdfinanzierten unmittelbaren Immobilienbeteiligungen;

8. spezifizierte Versicherungsgesellschaft: ein Rechtsträger, bei dem es sich um eine Versicherungsgesellschaft oder die Holdinggesellschaft einer Versicherungsgesellschaft handelt, die einen rückkaufsfähigen Versicherungsvertrag oder einen Rentenversicherungsvertrag abschließt oder zur Leistung von Zahlungen in Bezug auf einen solchen Vertrag verpflichtet ist;

9. nicht meldendes Finanzinstitut: ein Finanzinstitut, bei dem es sich handelt um

   a) einen staatlichen Rechtsträger, eine internationale Organisation oder eine Zentralbank, außer bei Zahlungen, die aus einer Verpflichtung in Zusammenhang mit gewerblichen Finanzaktivitäten stammen, die denen einer spezifizierten Versicherungsgesellschaft, eines Verwahr- oder eines Einlageninstituts entsprechen,

   b) einen Altersvorsorgefonds mit breiter Beteiligung, einen Altersvorsorgefonds mit geringer Beteiligung, einen Pensionsfonds eines staatlichen Rechtsträgers, einer internationalen Organisation oder einer Zentralbank oder einen qualifizierten Kreditkartenanbieter,

   c) einen sonstigen Rechtsträger, bei dem ein geringes Risiko besteht, dass er zur Steuerhinterziehung missbraucht wird, der im Wesentlichen ähnliche Eigenschaften wie die in den Buchstaben a und b genannten Rechtsträger aufweist und der in der Liste der nicht meldenden Finanzinstitute nach Artikel 8 Absatz 7a der Richtlinie 2014/107/EU enthalten ist, sofern sein Status als nicht meldendes Finanzinstitut dem Zweck dieses Gesetzes nicht entgegensteht, dies gilt auch im Verhältnis zu Drittstaaten. [2]Die Liste der Drittstaaten und Änderungen hierzu werden durch das Bundesministerium der Finanzen in einem gesonderten Schreiben im Bundessteuerblatt Teil I bekannt gegeben,

   d) einen ausgenommenen Organismus für gemeinsame Anlagen oder

   e) einen Trust, soweit der Treuhänder des Trusts ein meldendes Finanzinstitut ist und sämtliche nach § 8 zu meldenden Informationen zu sämtlichen meldepflichtigen Konten des Trusts meldet;

10. staatlicher Rechtsträger: die Regierung eines Staates, eine Gebietskörperschaft eines Staates, wobei es sich, um Zweifel auszuräumen, unter anderem um einen Gliedstaat, einen Landkreis oder eine Gemeinde handeln kann, oder eine Behörde oder Einrichtung, die sich im Alleineigentum eines meldepflichtigen Staates oder eines anderen Staates oder einer oder mehrerer Gebietskörperschaften befindet, jeweils ein staatlicher Rechtsträger. [2]Ein staatlicher Rechtsträger besteht aus

    a) den wesentlichen Instanzen,

b) den beherrschten Rechtsträgern und

c) den Gebietskörperschaften

eines Staates. [3]Eine wesentliche Instanz eines meldepflichtigen Staates bedeutet unabhängig von ihrer Bezeichnung eine Person, eine Organisation, eine Behörde, ein Amt, einen Fonds, eine Einrichtung oder eine sonstige Stelle, die eine Regierungsbehörde eines Staates darstellt. [4]Die Nettoeinkünfte der Regierungsbehörde müssen ihrem eigenen Konto oder sonstigen Konten des Staates gutgeschrieben werden, ohne dass ein Teil davon einer Privatperson zugutekommt. [5]Eine wesentliche Instanz umfasst nicht eine natürliche Person, bei der es sich um einen in seiner Eigenschaft als Privatperson handelnden Regierungsvertreter, Beamten oder Verwalter handelt. [6]Ein beherrschter Rechtsträger bedeutet einen Rechtsträger, der formal von dem Staat getrennt ist oder auf andere Weise eine eigenständige juristische Person darstellt, sofern

a) der Rechtsträger sich unmittelbar oder über einen oder mehrere beherrschte Rechtsträger im Alleineigentum und unter der Beherrschung eines oder mehrerer staatlicher Rechtsträger befindet,

b) die Nettoeinkünfte des Rechtsträgers seinem eigenen Konto oder den Konten eines oder mehrerer staatlicher Rechtsträger gutgeschrieben werden, ohne dass ein Teil seiner Einkünfte einer Privatperson zugutekommt,

c) die Vermögenswerte des Rechtsträgers bei seiner Auflösung einem oder mehreren staatlichen Rechtsträgern zufallen.

[7]Einkünfte kommen nicht Privatpersonen zugute, wenn es sich bei diesen Personen um die vorgesehenen Begünstigten eines Regierungsprogramms handelt und die Programmaktivitäten für die Allgemeinheit im Interesse des Gemeinwohls ausgeübt werden oder sich auf die Verwaltung eines Regierungsbereichs beziehen. [8]Ungeachtet der vorstehenden Bestimmungen gelten Einkünfte jedoch als Einkünfte, die Privatpersonen zugutekommen, wenn sie aus über einen staatlichen Rechtsträger ausgeübten gewerblichen Tätigkeiten, wie zum Beispiel Geschäftsbankengeschäften, stammen, bei denen Finanzdienstleistungen an Privatpersonen erbracht werden;

11. internationale Organisation: eine internationale Organisation oder eine in ihrem Alleineigentum stehende Behörde oder Einrichtung. [2]Eine internationale Organisation umfasst eine zwischenstaatliche Organisation, einschließlich einer übernationalen Organisation, die

    a) hauptsächlich aus Regierungen besteht,

    b) mit dem Staat ein Sitzabkommen oder im Wesentlichen ähnliches Abkommen geschlossen hat und

    c) deren Einkünfte nicht Privatpersonen zugutekommen;

12. [1]Zentralbank: ein Institut, das aufgrund eines Gesetzes oder staatlicher Genehmigung neben der Regierung des Staates die oberste Behörde für die Ausgabe von als Währung vorgesehenen Zahlungsmitteln darstellt. [2]Dieses Institut kann eine von der Regierung des Staats getrennte Einrichtung umfassen, die ganz oder teilweise im Eigentum des Staats stehen kann;

13. Altersvorsorgefonds mit breiter Beteiligung: ein Fonds zur Gewährung von Altersvorsorge- und Invaliditätsleistungen sowie Leistungen im Todesfall oder einer Kombination dieser Leistungen als Gegenleistung für erbrachte Leistungen an Begünstigte, die derzeitige oder ehemalige Arbeitnehmer oder von ihnen bestimmte Personen eines Arbeitgebers oder mehrerer Arbeitgeber sind, sofern der Fonds
    a) nicht einen einzigen Begünstigten hat, der Anspruch auf mehr als 5 Prozent der Vermögenswerte des Fonds hat,
    b) staatlicher Regelung unterliegt und Informationen an die Steuerbehörden übermittelt und
    c) mindestens eine der folgenden Voraussetzungen erfüllt:
        aa) der Fonds ist aufgrund seines Status als Altersvorsorgeplan grundsätzlich von der Ertragsteuer auf Kapitaleinkünfte befreit oder die Besteuerung entsprechender Erträge erfolgt nachgelagert beziehungsweise zu einem ermäßigten Satz,
        bb) der Fonds bezieht mindestens 50 Prozent seiner Gesamtbeiträge mit Ausnahme von Vermögensübertragungen von anderen in den Nummern 13 bis 15 genannten Plänen oder in Nummer 34 Buchstabe a genannten Altersvorsorgekonten von den Arbeitgebern,
        cc) Ausschüttungen oder Entnahmen aus dem Fonds dürfen nur bei Eintritt konkreter Ereignisse im Zusammenhang mit dem Ruhestand, der Invalidität oder dem Tod vorgenommen werden, mit Ausnahme von aus einem Altersvorsorgeplan an andere in den Nummern 13 bis 15 genannte Altersvorsorgefonds oder in Nummer 34 Buchstabe a genannte Altersvorsorgekonten übertragene Ausschüttungen, andernfalls finden Sanktionen Anwendung, oder
        dd) die Arbeitnehmerbeiträge an den Fonds, mit Ausnahme bestimmter zugelassener Ausgleichsbeiträge, werden durch das Erwerbseinkommen des Arbeitnehmers begrenzt oder dürfen unter Anwendung der in § 18 genannten Vorschriften für die Zusammenfassung von Konten und die Währungsumrechnung jährlich einen Betrag von 50 000 US-Dollar nicht übersteigen;
14. Altersvorsorgefonds mit geringer Beteiligung: ein Fonds zur Gewährung von Altersvorsorge- und Invaliditätsleistungen sowie Leistungen im Todesfall als Gegenleistung für erbrachte Leistungen an Begünstigte, die derzeitige oder ehemalige Arbeitnehmer oder von ihnen bestimmte Personen eines Arbeitgebers oder mehrerer Arbeitgeber sind, sofern
    a) weniger als 50 Personen am Fonds beteiligt sind,
    b) ein oder mehrere Arbeitgeber in den Fonds einzahlen, bei denen es sich nicht um Investmentunternehmen oder passive NFEs handelt,
    c) die Arbeitnehmer- und Arbeitgeberbeiträge an den Fonds, mit Ausnahme von Vermögensübertragungen von in Nummer 34 Buchstabe a genannten Altersvorsorgekonten, durch das Erwerbseinkommen beziehungsweise die Vergütung des Arbeitnehmers begrenzt werden,

d) nicht im Gründungsstaat des Fonds ansässige Beteiligte auf höchstens 20 Prozent der Vermögenswerte des Fonds Anspruch haben und

e) der Fonds staatlicher Regelung unterliegt und Informationen an die Steuerbehörden übermittelt;

15. Pensionsfonds eines staatlichen Rechtsträgers, einer internationalen Organisation oder einer Zentralbank: ein von einem staatlichen Rechtsträger, einer internationalen Organisation oder einer Zentralbank errichteter Fonds zur Gewährung von Altersvorsorge- und Invaliditätsleistungen sowie Leistungen im Todesfall an Begünstigte oder Beteiligte, bei denen es sich um derzeitige oder ehemalige Arbeitnehmer oder von ihnen bestimmte Personen oder um Personen handeln kann, die keine derzeitigen oder ehemaligen Arbeitnehmer sind, falls die Leistungen diesen Begünstigten und Beteiligten als Gegenleistung für ihre dem staatlichen Rechtsträger, der internationalen Organisation oder der Zentralbank persönlich geleisteten Dienste gewährt werden;

16. qualifizierter Kreditkartenanbieter: ein Finanzinstitut, das

a) nur als Finanzinstitut gilt, weil es ein Kreditkartenanbieter ist, der Einlagen nur akzeptiert, wenn ein Kunde eine Zahlung leistet, die einen in Bezug auf die Karte fälligen Saldo übersteigt, und die Überzahlung nicht unverzüglich an den Kunden zurücküberwiesen wird;

b) spätestens ab dem 1. Januar 2016 Maßnahmen und Verfahren umsetzt, die entweder verhindern, dass ein Kunde eine Überzahlung in Höhe von mehr als 50 000 US-Dollar leistet, oder sicherstellen, dass jede Überzahlung eines Kunden, die über diesem Betrag liegt, dem Kunden innerhalb von 60 Tagen zurückerstattet wird, wobei in beiden Fällen die Vorschriften für die Zusammenfassung von Konten und die Währungsumrechnung nach § 18 gelten. [2]Überzahlungen von Kunden in diesem Sinne umfassen nicht Guthaben im Zusammenhang mit strittigen Abbuchungen, schließen jedoch Guthaben infolge der Rückgabe von Waren ein;

17. ausgenommener Organismus für gemeinsame Anlagen: ein Investmentunternehmen, das als Organismus für gemeinsame Anlagen der Aufsicht untersteht, sofern sämtliche Beteiligungen an dem Organismus für gemeinsame Anlagen von natürlichen Personen oder Rechtsträgern, die keine meldepflichtigen Personen sind, oder über diese gehalten werden, mit Ausnahme eines passiven NFE mit beherrschenden Personen, die meldepflichtige Personen sind. [2]Ein Investmentunternehmen, das als Organismus für gemeinsame Anlagen der Aufsicht untersteht, gilt auch dann als nach dieser Nummer ausgenommener Organismus für gemeinsame Anlagen, wenn der Organismus für gemeinsame Anlagen effektive Inhaberanteile ausgibt, sofern

a) der Organismus für gemeinsame Anlagen nach dem 31. Dezember 2015 keine effektiven Inhaberanteile ausgegeben hat oder ausgibt,

b) der Organismus für gemeinsame Anlagen bei Rückkauf alle nicht in Sammelverwahrung befindlichen Anteilscheine einzieht,

c) der Organismus für gemeinsame Anlagen die in den §§ 9 bis 18 aufgeführten Verfahren zur Erfüllung der Sorgfaltspflichten durchführt und alle meldepflichtigen Informationen zu Inhaberanteilscheinen und dazugehörigen Gewinnanteilscheinen meldet, wenn diese zum Einlösen oder zu sonstiger Zahlung vorgelegt werden, und

d) der Organismus für gemeinsame Anlagen über Maßnahmen und Verfahren verfügt, um sicherzustellen, dass nicht in Sammelverwahrung befindliche Inhaberanteilscheine und zugehörige noch nicht fällige Gewinnanteilscheine so bald wie möglich und auf jeden Fall vor dem 1. Januar 2017 in Sammelverwahrung gegeben werden oder als Wertpapiere nicht mehr verkehrsfähig sind;

18. [1]Finanzkonto: ein von einem Finanzinstitut geführtes Konto. [2]Ein Finanzkonto umfasst ein Einlagenkonto, ein Verwahrkonto und

a) im Fall eines Investmentunternehmens Eigen- und Fremdkapitalbeteiligungen an dem Finanzinstitut.

[2]Ungeachtet der vorstehenden Bestimmung umfasst der Ausdruck Finanzkonto keine Eigen- und Fremdkapitalbeteiligungen an einem Rechtsträger, der nur als Investmentunternehmen gilt, weil er für den Zweck der Anlage oder die Verwaltung von Finanzvermögen, das bei einem anderen Finanzinstitut als diesem Rechtsträger im Namen eines Kunden eingezahlt wurde, für oder im Auftrag dieses Kunden

aa) Anlageberatung erbringt oder

bb) Vermögenswerte verwaltet,

b) im Fall eines nicht unter Buchstabe a beschriebenen Finanzinstituts Eigen- und Fremdkapitalbeteiligungen an dem Finanzinstitut, sofern die Beteiligungskategorie zur Vermeidung der Meldepflicht nach § 8 eingeführt wurde, sowie

c) von einem Finanzinstitut ausgestellte oder verwaltete rückkaufsfähige Versicherungsverträge und Rentenversicherungsverträge, mit Ausnahme von nicht mit einer Kapitalanlage verbundenen und nicht übertragbaren sofortigen Leibrenten, die auf natürliche Personen lauten und eine Altersvorsorge- oder Invaliditätsleistung monetisieren, die aufgrund eines Kontos erbracht wird, bei dem es sich um ein ausgenommenes Konto handelt.

[3]Der Ausdruck Finanzkonto umfasst keine Konten, bei denen es sich um ausgenommene Konten handelt;

19. [1]Einlagenkonten: Geschäfts-, Giro-, Spar- und Terminkonten sowie Konten, die durch Einlagenzertifikate, Sparbriefe, Investmentzertifikate, Schuldtitel oder vergleichbare Instrumente verbrieft sind, die von einem Finanzinstitut im Rahmen gewöhnlicher Bankgeschäfte oder einer ähnlichen Geschäftstätigkeit geführt werden. [2]Ein Einlagenkonto umfasst auch Beträge, die von einer Versicherungsgesellschaft aufgrund eines garantierten Kapitalanlagevertrags oder einer ähnlichen Vereinbarung zur Zahlung oder Gutschrift von Zinsen auf diese Beträge gehalten werden;

20. Verwahrkonto: ein Konto, nicht jedoch ein Versicherungsvertrag oder Rentenversicherungsvertrag, in dem Finanzvermögen zugunsten eines Dritten verwahrt wird;
21. [1]Eigenkapitalbeteiligung: Eigenkapitalbeteiligung bedeutet im Fall einer Personengesellschaft, die ein Finanzinstitut ist, entweder eine Kapital- oder eine Gewinnbeteiligung an der Personengesellschaft. [2]Im Fall eines Trusts, der ein Finanzinstitut ist, gilt eine Eigenkapitalbeteiligung als von einer Person gehalten, die als Treugeber oder Begünstigter des gesamten oder eines Teils des Trusts betrachtet wird, oder von einer sonstigen natürlichen Person, die den Trust tatsächlich beherrscht. [3]Eine meldepflichtige Person gilt als Begünstigter eines Trusts, wenn sie berechtigt ist, unmittelbar oder mittelbar, zum Beispiel durch einen Bevollmächtigten, eine Pflichtausschüttung aus dem Trust zu erhalten oder unmittelbar oder mittelbar eine freiwillige Ausschüttung aus dem Trust erhalten kann;
22. Versicherungsvertrag: ein Vertrag, nicht jedoch ein Rentenversicherungsvertrag, bei dem sich der Versicherungsgeber bereit erklärt, bei Eintritt eines konkreten Ereignisses im Zusammenhang mit einem Todesfall-, einem Krankheits-, Unfall-, Haftungs- oder Sachschadenrisiko einen Betrag zu zahlen;
23. [1]Rentenversicherungsvertrag: ein Vertrag, bei dem sich der Versicherungsgeber bereit erklärt, für einen vollständig oder teilweise anhand der Lebenserwartung einer oder mehrerer natürlicher Personen ermittelten Zeitraum Zahlungen zu leisten. [2]Der Ausdruck umfasst auch einen Vertrag, der nach dem Recht, den Vorschriften oder der Rechtsübung des anderen Staates, in dem er ausgestellt wurde, als Rentenversicherungsvertrag gilt und bei dem sich der Versicherungsgeber bereit erklärt, für eine bestimmte Anzahl von Jahren Zahlungen zu leisten;
24. rückkaufsfähiger Versicherungsvertrag: ein Versicherungsvertrag, nicht jedoch ein Rückversicherungsvertrag, zwischen zwei Versicherungsgesellschaften mit einem Barwert;
25. [1]Barwert: als Barwert gilt
    a) der Betrag, zu dessen Erhalt der Versicherungsnehmer nach Rückkauf oder Kündigung des Vertrags berechtigt ist, der ohne Minderung wegen einer Rückkaufgebühr oder eines Policendarlehens zu ermitteln ist, oder
    b) der Betrag, den der Versicherungsnehmer im Rahmen des Vertrags oder in Bezug auf den Vertrag als Darlehen aufnehmen kann, je nachdem, welcher Betrag höher ist.

    [2]Ungeachtet des Satzes 1 umfasst der Ausdruck Barwert nicht einen aufgrund eines Versicherungsvertrags wie folgt zahlbaren Betrag:
    a) ausschließlich aufgrund des Todes einer natürlichen Person, die über einen Lebensversicherungsvertrag verfügt,
    b) in Form einer Leistung bei Personenschaden oder Krankheit oder einer sonstigen Leistung zur Entschädigung für einen bei Eintritt des Versicherungsfalls erlittenen wirtschaftlichen Verlust,

c) in Form einer Rückerstattung einer aufgrund eines Versicherungsvertrags, nicht jedoch eines an Kapitalanlagen gebundenen Lebens- oder Rentenversicherungsvertrags, bereits gezahlten Prämie (abzüglich Versicherungsgebühren unabhängig von deren tatsächlicher Erhebung) bei Vertragsaufhebung oder -kündigung, Verringerung des Risikopotenzials während der Vertragslaufzeit oder Berichtigung einer Fehlbuchung oder eines vergleichbaren Fehlers in Bezug auf die Vertragsprämie,

d) in Form einer an den Versicherungsnehmer zahlbaren Dividende, nicht jedoch eines Schlussüberschussanteils, sofern die Dividende aus einem Versicherungsvertrag stammt, bei dem nur Leistungen nach Buchstabe b zu zahlen sind, oder

e) in Form einer Rückerstattung einer Prämienvorauszahlung oder eines Prämiendepots für einen Versicherungsvertrag mit mindestens jährlich fälliger Prämienzahlung, sofern die Höhe der Prämienvorauszahlung oder des Prämiendepots die nächste vertragsgemäß fällige Jahresprämie nicht übersteigt;

26. bestehendes Konto: ein bestehendes Konto ist

a) ein Finanzkonto, das zum 31. Dezember 2015 von einem meldenden Finanzinstitut geführt wird,

b) jedes Finanzkonto eines Kontoinhabers, ungeachtet des Zeitpunkts der Eröffnung dieses Finanzkontos, wenn

aa) der Kontoinhaber auch Inhaber eines Finanzkontos bei dem meldenden Finanzinstitut oder einem verbundenen Rechtsträger in demselben Staat wie das meldende Finanzinstitut ist, das ein bestehendes Konto nach Buchstabe a ist;

bb) das meldende Finanzinstitut und gegebenenfalls der verbundene Rechtsträger in demselben Staat wie das meldende Finanzinstitut diese beiden Finanzkonten und alle weiteren Finanzkonten des Kontoinhabers, die als bestehende Konten nach Buchstabe b behandelt werden, für die Zwecke der Erfüllung der in § 17 Absatz 1 genannten Anforderungen in Bezug auf den Kenntnisstand und für die Zwecke der Ermittlung des Saldos oder Werts eines der Finanzkonten bei der Anwendung eines der kontospezifischen Schwellenwerte als ein einziges Finanzkonto behandelt,

cc) das meldende Finanzinstitut in Bezug auf ein Finanzkonto, das den Verfahren zur Bekämpfung der Geldwäsche und Kundensorgfaltspflichten (AML/KYC – Anti-Money Laundering/Know-your-Customer) unterliegt, die Anforderungen dieser Verfahren in Bezug auf das Finanzkonto erfüllen darf, indem es sich auf die vorgenannten Verfahren verlässt, die für das in Buchstabe a beschriebene bestehende Konto durchgeführt wurden, und

dd) die Eröffnung des Finanzkontos außer für die Zwecke dieses Gesetzes keine Bereitstellung neuer, zusätzlicher oder geänderter Kundeninformationen durch den Kontoinhaber erfordert;

27. Neukonto: ein von einem meldenden Finanzinstitut geführtes Finanzkonto, das am oder nach dem 1. Januar 2016 eröffnet wird, sofern es nicht als bestehendes Konto nach Nummer 26 Buchstabe b behandelt wird;
28. bestehendes Konto natürlicher Personen: ein bestehendes Konto, dessen Inhaber eine natürliche Person oder mehrere natürliche Personen ist oder sind;
29. Neukonto natürlicher Personen: ein Neukonto, dessen Inhaber eine natürliche Person oder mehrere natürliche Personen ist oder sind;
30. bestehendes Konto von Rechtsträgern: ein bestehendes Konto, dessen Inhaber ein oder mehrere Rechtsträger ist oder sind;
31. Konto von geringerem Wert: ein bestehendes Konto natürlicher Personen mit einem Gesamtsaldo oder Gesamtwert von höchstens 1 000 000 US-Dollar zum 31. Dezember 2015;
32. Konto von hohem Wert: ein bestehendes Konto natürlicher Personen mit einem Gesamtsaldo oder Gesamtwert von mehr als 1 000 000 US-Dollar zum 31. Dezember 2015 oder 31. Dezember eines Folgejahres;
33. Neukonto von Rechtsträgern: ein Neukonto, dessen Inhaber ein oder mehrere Rechtsträger ist oder sind;
34. ausgenommenes Konto: eines der folgenden Konten:
    a) ein Altersvorsorgekonto, das folgende Voraussetzungen erfüllt:
        aa) das Konto untersteht als persönliches Altersvorsorgekonto der Aufsicht oder ist Teil eines registrierten oder der Aufsicht unterstehenden Altersvorsorgeplans für die Gewährung von Renten- und Pensionsleistungen einschließlich Invaliditätsleistungen und Leistungen im Todesfall,
        bb) das Konto ist steuerbegünstigt, das heißt, auf das Konto eingezahlte Beiträge, die andernfalls steuerpflichtig wären, sind von den Bruttoeinkünften des Kontoinhabers abziehbar oder ausgenommen oder werden mit einem ermäßigten Steuersatz besteuert, oder die mit dem Konto erzielten Kapitalerträge werden nachgelagert oder mit einem ermäßigten Steuersatz besteuert,
        cc) in Bezug auf das Konto besteht eine Pflicht zur Informationsübermittlung an die Steuerbehörden,
        dd) Entnahmen sind an das Erreichen eines bestimmten Ruhestandsalters, Invalidität oder den Todesfall geknüpft oder es werden bei Entnahmen vor Eintritt dieser Ereignisse Vorschusszinsen fällig,
        ee) entweder
            aaa) die jährlichen Beiträge sind auf höchstens 50 000 US-Dollar begrenzt oder
            bbb) für das Konto gilt eine auf die gesamte Lebenszeit bezogene Beitragsgrenze in Höhe von höchstens 1 000 000 US-Dollar, wobei in beiden Fällen die Vorschriften für die Zusammenfassung von Konten und die Währungsumrechnung nach § 18 gelten.

[2]Ein Finanzkonto, das die in Nummer 34 Buchstabe a Doppelbuchstabe ee genannte Voraussetzung grundsätzlich erfüllt, wird diese auch dann erfüllen, wenn auf das Finanzkonto Vermögenswerte oder Geldbeträge von einem oder mehreren Finanzkonten, die die Voraussetzungen nach Nummer 34 Buchstabe a oder b erfüllen, oder von einem oder mehreren Altersvorsorge- oder Pensionsfonds, die die Voraussetzungen nach den Nummern 13 bis 15 erfüllen, übertragen werden können;

b) ein Konto, das folgende Voraussetzungen erfüllt:
  aa) das Konto untersteht als Anlageinstrument für andere Zwecke als die Altersvorsorge der Aufsicht und wird regelmäßig an einer anerkannten Börse gehandelt oder das Konto untersteht als Sparinstrument für andere Zwecke als die Altersvorsorge der Aufsicht,
  bb) das Konto ist steuerbegünstigt; auf das Konto eingezahlte Beiträge, die andernfalls steuerpflichtig wären, sind somit von den Bruttoeinkünften des Kontoinhabers abziehbar oder ausgenommen oder werden mit einem ermäßigten Steuersatz besteuert, oder die mit dem Konto erzielten Kapitalerträge werden nachgelagert oder mit einem ermäßigten Steuersatz besteuert,
  cc) Entnahmen sind an die Erfüllung bestimmter Kriterien geknüpft, die in Zusammenhang mit dem Zweck des Anlage- oder Sparkontos (zum Beispiel die Gewährung von ausbildungsbezogenen oder medizinischen Leistungen) stehen, oder es werden bei Entnahmen vor Erfüllung dieser Kriterien Vorschusszinsen fällig,
  dd) die jährlichen Beiträge sind auf höchstens 50 000 US-Dollar begrenzt, wobei die Vorschriften für die Zusammenfassung von Konten und die Währungsumrechnung nach § 18 gelten.

[2]Ein Finanzkonto, das die in Nummer 34 Buchstabe b Doppelbuchstabe dd genannte Voraussetzung grundsätzlich erfüllt, wird diese auch dann erfüllen, wenn auf das Finanzkonto Vermögenswerte oder Geldbeträge von einem oder mehreren Finanzkonten, die die Voraussetzungen nach Nummer 34 Buchstabe a oder b erfüllen, oder von einem oder mehreren Altersvorsorge- oder Pensionsfonds, die die Voraussetzungen nach den Nummern 13 bis 15 erfüllen, übertragen werden können;

c) ein Lebensversicherungsvertrag mit einer Versicherungszeit, die vor Vollendung des 90. Lebensjahres der versicherten natürlichen Person endet, sofern der Vertrag folgende Voraussetzungen erfüllt:
  aa) während der Vertragslaufzeit oder bis zur Vollendung des 90. Lebensjahres des Versicherten, je nachdem, welcher Zeitraum kürzer ist, sind mindestens jährlich regelmäßige Prämien fällig, die im Laufe der Zeit nicht sinken,
  bb) der Vertrag besitzt keinen Vertragswert, auf den eine Person ohne Kündigung des Vertrags durch Entnahme, Beleihung oder auf andere Weise zugreifen kann,
  cc) der bei Vertragsaufhebung oder Vertragskündigung auszahlbare Betrag, mit Ausnahme einer Leistung im Todesfall, kann die Ge-

samthöhe der für den Vertrag gezahlten Prämien abzüglich der Summe aus den Gebühren für das Todesfall- und das Krankheitsrisiko und Aufwendungen, unabhängig von deren tatsächlicher Erhebung, für die Vertragslaufzeit oder Vertragslaufzeiten, sowie sämtlichen, vor der Vertragsaufhebung oder der Vertragskündigung ausgezahlter Beträge nicht übersteigen,

dd) der Inhaber des Vertrags ist kein entgeltlicher Erwerber;

d) ein Konto, dessen ausschließlicher Inhaber ein Nachlass ist, sofern die Unterlagen zu diesem Konto eine Kopie des Testaments oder der Sterbeurkunde des Verstorbenen enthalten,

e) ein Konto, das eingerichtet wird im Zusammenhang mit

aa) einer gerichtlichen Verfügung oder einem Gerichtsurteil,

bb) einem Verkauf, einem Tausch oder einer Vermietung eines unbeweglichen oder beweglichen Vermögensgegenstands, sofern das Konto folgende Voraussetzungen erfüllt:

aaa) das Konto wird ausschließlich mit einer Anzahlung, einer Einlage in einer zur Sicherung einer unmittelbar mit der Transaktion verbundenen Verpflichtung angemessenen Höhe oder einer ähnlichen Zahlung finanziert oder mit Finanzvermögen, das im Zusammenhang mit dem Verkauf, dem Tausch oder der Vermietung des Vermögensgegenstands auf das Konto eingezahlt wird,

bbb) das Konto wird nur zur Sicherung der Verpflichtung des Käufers zur Zahlung des Kaufpreises für den Vermögensgegenstand, der Verpflichtung des Verkäufers zur Begleichung von Eventualverbindlichkeiten beziehungsweise der Verpflichtung des Vermieters oder Mieters zur Begleichung von Schäden im Zusammenhang mit dem Mietobjekt nach dem Mietvertrag eingerichtet und genutzt,

ccc) die Vermögenswerte des Kontos, einschließlich der daraus erzielten Einkünfte, werden bei Verkauf, Tausch oder Übertragung des Vermögensgegenstands beziehungsweise Ende des Mietvertrags zugunsten des Käufers, Verkäufers, Vermieters oder Mieters ausgezahlt oder auf andere Weise verteilt, auch zur Erfüllung einer Verpflichtung einer dieser Personen,

ddd) das Konto ist nicht ein im Zusammenhang mit einem Verkauf oder einem Tausch von Finanzvermögen eingerichtetes Margin-Konto oder ähnliches Konto,

eee) das Konto steht nicht in Verbindung mit einem Konto nach Nummer 34 Buchstabe f,

cc) einer Verpflichtung eines Finanzinstituts, das ein durch Immobilien besichertes Darlehen verwaltet, zur Zurücklegung eines Teils einer Zahlung ausschließlich zur Ermöglichung der Entrichtung von Steuern oder Versicherungsbeiträgen im Zusammenhang mit den Immobilien zu einem späteren Zeitpunkt oder dd) einer Verpflichtung eines Finanzinstituts ausschließlich zur Ermöglichung der Entrichtung von Steuern zu einem späteren Zeitpunkt,

f) ein Einlagenkonto, das folgende Voraussetzungen erfüllt:

aa) das Konto besteht ausschließlich, weil ein Kunde eine Zahlung leistet, die einen in Bezug auf eine Kreditkarte oder eine sonstige revolvierende Kreditfazilität fälligen Saldo übersteigt, und die Überzahlung nicht unverzüglich an den Kunden zurücküberwiesen wird,

bb) spätestens ab dem 1. Januar 2016 setzt das Finanzinstitut Maßnahmen und Verfahren um, die entweder verhindern, dass ein Kunde eine Überzahlung in Höhe von mehr als 50 000 US-Dollar leistet, oder sicherstellen, dass jede Überzahlung eines Kunden, die über diesem Betrag liegt, dem Kunden innerhalb von 60 Tagen zurückerstattet wird, wobei in beiden Fällen die Vorschriften für die Währungsumrechnung nach § 18 gelten. [2]Überzahlungen von Kunden in diesem Sinne umfassen nicht Guthaben im Zusammenhang mit strittigen Abbuchungen, schließen jedoch Guthaben infolge der Rückgabe von Waren ein,

g) ein sonstiges Konto, bei dem ein geringes Risiko besteht, dass es zur Steuerhinterziehung missbraucht wird, das im Wesentlichen ähnliche Eigenschaften wie die in den Buchstaben a bis f beschriebenen Konten aufweist und das in der Liste der ausgenommenen Konten nach Artikel 8 Absatz 7a der Richtlinie 2014/107/EU enthalten ist, sofern sein Status als ausgenommenes Konto dem Zweck dieses Gesetzes nicht entgegensteht. [2]Diese Liste gilt auch im Verhältnis zu Drittstaaten. [3]Die Liste der Drittstaaten und Änderungen hierzu werden durch das Bundesministerium der Finanzen in einem gesonderten Schreiben im Bundessteuerblatt Teil I bekannt gegeben;

35. meldepflichtiges Konto: ein von einem meldenden Finanzinstitut eines Staates geführtes Finanzkonto, dessen Inhaber eine meldepflichtige Person oder mehrere meldepflichtige Personen oder ein passiver NFE, der von einer oder mehreren meldepflichtigen Personen beherrscht wird, ist oder sind, sofern es nach den in den §§ 9 bis 18 beschriebenen Verfahren zur Erfüllung der Sorgfaltspflichten als solches identifiziert wurde;

36. meldepflichtige Person: eine Person eines meldepflichtigen Staates, jedoch nicht:

a) eine Kapitalgesellschaft, deren Aktien regelmäßig an einer oder mehreren anerkannten Wertpapierbörsen gehandelt werden,

b) eine Kapitalgesellschaft, die ein verbundener Rechtsträger einer Kapitalgesellschaft nach Buchstabe a ist,

c) ein staatlicher Rechtsträger,

d) eine internationale Organisation,

e) eine Zentralbank oder

f) ein Finanzinstitut;

37. Person eines meldepflichtigen Staates in Bezug auf jeden meldepflichtigen Staat: eine natürliche Person oder ein Rechtsträger, die oder der nach dem Steuerrecht eines beliebigen anderen meldepflichtigen Staates in diesem ansässig ist, oder ein Nachlass eines Erblassers, der in einem beliebigen anderen meldepflichtigen Staat ansässig war. [2]In diesem Sinne gilt ein Rechtsträger, bei dem keine steuerliche Ansässigkeit vorliegt, beispielsweise eine Personengesellschaft, eine Limited Liability Partnership oder ein ähnliches Rechtsgebilde, als in dem Staat ansässig, in dem sich der Ort seiner tatsächlichen Geschäftsleitung befindet;
38. teilnehmender Staat: teilnehmender Staat umfasst:
    a) einen anderen Mitgliedstaat der Europäischen Union,
    b) einen anderen Staat,
        aa) mit dem die Bundesrepublik Deutschland ein Abkommen oder eine Vereinbarung geschlossen hat, wonach der andere Staat die in § 8 genannten Informationen übermittelt, und
        bb) der in einer von der Bundesrepublik Deutschland veröffentlichten und der Europäischen Kommission mitgeteilten Liste aufgeführt ist,
        cc) einen anderen Staat,
            aaa) mit dem die Europäische Union ein Abkommen geschlossen hat, wonach der andere Staat die in § 8 genannten Informationen übermittelt, und
            bbb) der in einer von der Europäischen Kommission veröffentlichten Liste aufgeführt ist;
39. beherrschende Personen: die natürlichen Personen, die einen Rechtsträger beherrschen. [2]Im Fall eines Trusts bedeutet dieser Ausdruck den oder die Treugeber, den oder die Treuhänder, gegebenenfalls den Protektor oder die Protektoren, den oder die Begünstigten oder die Begünstigtenkategorie oder den Begünstigtenkategorien sowie jede sonstige natürliche Person oder alle sonstigen natürlichen Personen, die den Trust tatsächlich beherrscht oder beherrschen, und im Fall eines Rechtsgebildes, das kein Trust ist, bedeutet dieser Ausdruck Personen in gleichwertigen oder ähnlichen Positionen. [3]Der Ausdruck beherrschende Personen ist auf eine Weise auszulegen, die mit den FATF-Empfehlungen, veröffentlicht auf der Webseite der Bundesanstalt für Finanzdienstleistungen, vereinbar ist;
40. NFE: ein Rechtsträger, der kein Finanzinstitut ist;
41. passiver NFE: ein passiver NFE ist
    a) ein NFE, der kein aktiver NFE ist, oder
    b) ein Investmentunternehmen nach Nummer 6 Satz 1 Buchstabe b, das kein Finanzinstitut eines teilnehmenden Staates ist;
42. aktiver NFE: ein NFE, der mindestens eins der folgenden Kriterien erfüllt:
    a) weniger als 50 Prozent der Bruttoeinkünfte des NFE im vorangegangenen Kalenderjahr oder einem anderen geeigneten Meldezeitraum sind passive Einkünfte und weniger als 50 Prozent der Vermögenswer-

te, die sich während des vorangegangenen Kalenderjahrs oder eines anderen geeigneten Meldezeitraums im Besitz des NFE befanden, sind Vermögenswerte, mit denen passive Einkünfte erzielt werden oder erzielt werden sollen,

b) die Aktien des NFE werden regelmäßig an einer anerkannten Wertpapierbörse gehandelt oder der NFE ist ein verbundener Rechtsträger eines Rechtsträgers, dessen Aktien regelmäßig an einer anerkannten Wertpapierbörse gehandelt werden,

c) der NFE ist ein staatlicher Rechtsträger, eine internationale Organisation, eine Zentralbank oder ein Rechtsträger, der im Alleineigentum einer oder mehrerer der vorgenannten Institutionen steht,

d) im Wesentlichen alle Tätigkeiten des NFE bestehen im vollständigen oder teilweisen Besitzen der ausgegebenen Aktien einer Tochtergesellschaft oder mehrerer Tochtergesellschaften, die eine andere Geschäftstätigkeit als die eines Finanzinstituts ausüben, sowie in der Finanzierung und Erbringung von Dienstleistungen für diese Tochtergesellschaften mit der Ausnahme, dass ein Rechtsträger nicht die Kriterien für diesen Status erfüllt, wenn er als Anlagefonds tätig ist oder sich als solchen bezeichnet, wie zum Beispiel ein Beteiligungskapitalfonds, ein Wagniskapitalfonds, ein Fonds für fremdfinanzierte Übernahmen (Leveraged-Buyout-Fonds) oder ein Anlageinstrument, dessen Zweck darin besteht, Gesellschaften zu erwerben oder zu finanzieren und anschließend Anteile an diesen Gesellschaften als Anlagevermögen zu halten,

e) der NFE betreibt noch kein Geschäft und hat auch in der Vergangenheit kein Geschäft betrieben, legt jedoch Kapital in Vermögenswerten an mit der Absicht, ein anderes Geschäft als das eines Finanzinstituts zu betreiben; der NFE fällt jedoch nach dem Tag, der auf einen Zeitraum von 24 Monaten nach dem Gründungsdatum des NFE folgt, nicht unter diese Ausnahmeregelung,

f) der NFE war in den vergangenen fünf Jahren kein Finanzinstitut und veräußert derzeit seine Vermögenswerte oder führt eine Umstrukturierung durch mit der Absicht, eine andere Tätigkeit als die eines Finanzinstituts fortzusetzen oder wieder aufzunehmen,

g) die Tätigkeit des NFE besteht vorwiegend in der Finanzierung und Absicherung von Transaktionen mit oder für verbundene Rechtsträger, die kein Finanzinstitut sind, und er erbringt keine Finanzierungs- oder Absicherungsleistungen für Rechtsträger, die keine verbundenen Rechtsträger sind, mit der Maßgabe, dass der Konzern dieser verbundenen Rechtsträger vorwiegend eine andere Geschäftstätigkeit als die eines Finanzinstituts ausübt,

h) der NFE erfüllt alle folgenden Anforderungen:

aa) er wird in seinem Ansässigkeitsstaat ausschließlich für religiöse, gemeinnützige, wissenschaftliche, künstlerische, kulturelle, sportliche oder erzieherische Zwecke errichtet und betrieben, oder er wird in seinem Ansässigkeitsstaat errichtet und betrieben und ist ein Berufsverband, eine Vereinigung von Geschäftsleuten, eine Handelskammer, ein Arbeitnehmerverband, ein Landwirtschafts- oder Gartenbauverband, eine Bürgervereinigung oder eine Organisation, die ausschließlich zur Wohlfahrtsförderung betrieben wird,

bb) er ist in seinem Ansässigkeitsstaat von der Einkommensteuer befreit,

cc) er hat keine Anteilseigner oder Mitglieder, die Eigentums- oder Nutzungsrechte an seinen Einkünften oder Vermögenswerten haben,

dd) nach dem geltenden Recht des Ansässigkeitsstaats oder den Gründungsunterlagen des NFE dürfen seine Einkünfte und Vermögenswerte nicht an eine Privatperson oder einen nicht gemeinnützigen Rechtsträger ausgeschüttet oder zu deren Gunsten verwendet werden, außer in Übereinstimmung mit der Ausübung der gemeinnützigen Tätigkeit des NFE, als Zahlung einer angemessenen Vergütung für erbrachte Leistungen oder als Zahlung in Höhe des Marktwerts eines vom NFE erworbenen Vermögensgegenstands,

ee) nach dem geltenden Recht des Ansässigkeitsstaats oder den Gründungsunterlagen des NFE müssen bei seiner Abwicklung oder Auflösung alle seine Vermögenswerte an einen staatlichen Rechtsträger oder eine andere gemeinnützige Organisation verteilt werden oder fallen der Regierung des Ansässigkeitsstaats des NFE oder einer seiner Gebietskörperschaften anheim;

43. Informationsaustausch im Sinne dieses Gesetzes ist die systematische Übermittlung zuvor festgelegter Informationen über in anderen meldepflichtigen Staaten ansässige Personen an den entsprechenden Ansässigkeitsstaat ohne dessen vorheriges Ersuchen in regelmäßigen, im Voraus bestimmten Abständen.

§ 20 Sonstige Begriffsbestimmungen. Im Sinne dieses Gesetzes ist oder sind:

1. [1]Kontoinhaber: die Person, die vom kontoführenden Finanzinstitut als Inhaber eines Finanzkontos geführt oder identifiziert wird. [2]Eine Person, die kein Finanzinstitut ist und als Vertreter, Verwahrer, Bevollmächtigter, Unterzeichner, Anlageberater oder Intermediär zugunsten oder für Rechnung einer anderen Person ein Finanzkonto unterhält, gilt nicht als Kontoinhaber im Sinne dieses Gesetzes, stattdessen gilt die andere Person als Kontoinhaber. [3]Im Fall eines rückkaufsfähigen Versicherungsvertrags oder eines Rentenversicherungsvertrags ist der Kontoinhaber jede Person, die berechtigt ist, auf den Barwert zuzugreifen oder den Begünstigten des Vertrags zu ändern. [4]Kann niemand auf den Barwert zugreifen oder den Begünstigten des Vertrags ändern, so ist der Kontoinhaber jede Person, die im Vertrag als Eigentümer genannt ist, und jede Person, die nach den Vertragsbedingungen einen unverfallbaren Zahlungsanspruch hat. [5]Bei Fälligkeit eines rückkaufsfähigen Versicherungsvertrags oder eines Rentenversicherungsvertrags gilt jede Person, die vertragsgemäß einen Anspruch auf Erhalt einer Zahlung hat, als Kontoinhaber;

2. Verfahren zur Bekämpfung der Geldwäsche und Kundensorgfaltspflichten (AML/KYC – Anti-Money Laundering/Know-your-Customer): die Verfahren eines meldenden Finanzinstituts zur Erfüllung der Sorgfaltspflichten gegenüber Kunden nach den Auflagen zur Geldwäschebekämpfung und ähnlichen Vorschriften, denen dieses meldende Finanzinstitut unterliegt;
3. Rechtsträger: eine juristische Person oder ein Rechtsgebilde wie zum Beispiel eine Kapitalgesellschaft, eine Personengesellschaft, ein Trust oder eine Stiftung;
4. ein Rechtsträger: ein verbundener Rechtsträger eines anderen Rechtsträgers, wenn
   a) einer der beiden Rechtsträger den anderen beherrscht,
   b) die beiden Rechtsträger der gleichen Beherrschung unterliegen oder
   c) die beiden Rechtsträger Investmentunternehmen im Sinne des § 19 Nummer 6 Satz 1 Buchstabe b sind, eine gemeinsame Geschäftsleitung haben und diese Geschäftsleitung die Sorgfaltspflichten solcher Investmentunternehmen einhält. [2]Für diesen Zweck umfasst Beherrschung unmittelbares oder mittelbares Eigentum an mehr als 50 Prozent der Stimmrechte und des Wertes eines Rechtsträgers;
5. Steueridentifikationsnummer: die Identifikationsnummer eines Steuerpflichtigen oder die funktionale Entsprechung, wenn keine Steueridentifikationsnummer vorhanden ist;
6. [1]Belege: umfassen folgende Dokumente:
   a) eine Ansässigkeitsbescheinigung, ausgestellt von einer autorisierten staatlichen Stelle, wie beispielsweise einer Regierung oder einer ihrer Behörden oder einer Gemeinde des Staates, in dem der Zahlungsempfänger ansässig zu sein behauptet,
   b) bei einer natürlichen Person einen von einer autorisierten staatlichen Stelle (zum Beispiel einer Regierung oder einer ihrer Behörden oder einer Gemeinde) ausgestellten gültigen Ausweis, der den Namen der natürlichen Person enthält und normalerweise zur Feststellung der Identität verwendet wird,
   c) bei einem Rechtsträger ein von einer autorisierten staatlichen Stelle (zum Beispiel einer Regierung oder einer ihrer Behörden oder einer Gemeinde) ausgestelltes amtliches Dokument, das den Namen des Rechtsträgers enthält sowie entweder die Anschrift seines Hauptsitzes in dem Staat, in dem er ansässig zu sein behauptet, oder den Staat, in dem der Rechtsträger eingetragen oder gegründet wurde,
   d) ein geprüfter Jahresabschluss, eine Kreditauskunft eines Dritten, ein Insolvenzantrag oder ein Bericht der Börsenaufsichtsbehörde.

   [2]Bei bestehenden Konten von Rechtsträgern kann ein meldendes Finanzinstitut als Beleg jede Einstufung in seinen Unterlagen in Bezug auf den Kontoinhaber verwenden, die auf der Grundlage eines standardisierten Branchenkodierungssystems ermittelt wurde, welches das meldende Finanzinstitut im Einklang mit seiner üblichen Geschäftspraxis für die Zwe-

cke von Verfahren zur Bekämpfung der Geldwäsche und Kundensorgfaltspflichten (AML/KYC – Anti-Money Laundering/Know-your-Customer) oder zu anderen gesetzlichen Zwecken (außer zu Steuerzwecken) dokumentiert und vor dem Datum eingeführt hat, an dem das Finanzkonto als bestehendes Konto eingestuft wurde, sofern dem meldenden Finanzinstitut nicht bekannt ist oder nicht bekannt sein müsste, dass diese Einstufung nicht zutreffend oder unglaubwürdig ist. [3]Der Ausdruck standardisiertes Branchenkodierungssystem bedeutet ein Kodierungssystem, das zur Einstufung von Einrichtungen nach Art der Geschäftstätigkeit zu anderen Zwecken als zu Steuerzwecken verwendet wird.

Abschnitt 3. Ergänzende Melde- und Sorgfaltsvorschriften für Informationen über Finanzkonten

§ 21 Änderung der Gegebenheiten. (1) [1]Eine Änderung der Gegebenheiten umfasst jede Änderung, die die Aufnahme neuer für den Status einer Person relevanter Informationen zur Folge hat oder in anderer Weise im Widerspruch zum Status dieser Person steht. [2]Zudem umfasst eine Änderung der Gegebenheiten jede Änderung oder Aufnahme von Informationen zum Konto des Kontoinhabers, einschließlich der Aufnahme, Ersetzung oder jeder anderen Änderung eines Kontoinhabers, oder jede Änderung oder Aufnahme von Informationen zu jedem mit einem solchen Konto verbundenen Konto unter Anwendung der Vorschriften für die Zusammenfassung von Konten nach § 18, wenn sich diese Änderung oder Aufnahme von Informationen auf den Status des Kontoinhabers auswirkt.

(2) [1]Hat sich ein meldendes Finanzinstitut auf die in § 11 Absatz 1 Satz 1 Nummer 1 beschriebene Überprüfung der Hausanschrift verlassen und tritt eine Änderung der Gegebenheiten ein, aufgrund derer dem meldenden Finanzinstitut bekannt ist oder bekannt sein müsste, dass die ursprünglichen Belege oder andere gleichwertige Dokumente nicht zutreffend oder unglaubwürdig sind, so muss das meldende Finanzinstitut entweder bis zum letzten Tag des maßgeblichen Kalenderjahres oder eines anderen geeigneten Meldezeitraums oder 90 Kalendertage nach Mitteilung oder Feststellung einer solchen Änderung der Gegebenheiten, je nachdem, welches Datum später ist, eine Selbstauskunft und neue Belege beschaffen, um die steuerliche Ansässigkeit oder steuerlichen Ansässigkeiten des Kontoinhabers festzustellen. [2]Kann das meldende Finanzinstitut bis zu diesem Datum keine Selbstauskunft und keine neuen Belege beschaffen, so muss es die in § 11 Absatz 1 Satz 1 Nummer 2 und in den Absätzen 2 und 3 beschriebene Suche in elektronischen Datensätzen durchführen.

§ 22 Selbstauskunft bei Neukonten von Rechtsträgern. Bei Neukonten von Rechtsträgern kann sich ein meldendes Finanzinstitut zur Feststellung, ob eine beherrschende Person eines passiven NFE eine meldepflichtige Person ist, nur auf eine Selbstauskunft entweder des Kontoinhabers oder dieser beherrschenden Person verlassen.

§ 23 Ansässigkeit eines Finanzinstituts. (1) [1]Ein Finanzinstitut ist in einem meldepflichtigen Staat ansässig, wenn es der Hoheitsgewalt dieses Staates untersteht. [2]Der Hoheitsgewalt untersteht ein Finanzinstitut in dem Staat, der die Meldepflichten des Finanzinstituts durchsetzen kann. [3]Im Allgemeinen untersteht ein Finanzinstitut, wenn es in einem meldepflichtigen Staat steuerlich ansässig ist, der Hoheitsgewalt dieses Staats und ist somit ein Finanzinstitut eines meldepflichtigen Staats.

(2) [1]Ein Trust, der ein Finanzinstitut ist, gilt, unabhängig davon, ob er in einem meldepflichtigen Staat steuerlich ansässig ist, als der Hoheitsgewalt eines meldepflichtigen Staats unterstehend, wenn einer oder mehrere seiner Treuhänder in diesem Staat ansässig sind, es sei denn, der Trust meldet alle gemäß der Richtlinie 2014/107/EU oder gemäß dem CRS-MCAA meldepflichtigen Informationen über von dem Trust geführte meldepflichtige Konten an einen anderen meldepflichtigen Staat, weil er in diesem anderen Staat steuerlich ansässig ist. [2]Hat ein Finanzinstitut, mit Ausnahme von Trusts, jedoch keine steuerliche Ansässigkeit (zum Beispiel weil es als steuerlich transparent gilt oder in einem Staat niedergelassen ist, der keine Einkommensteuer erhebt), so gilt es als der Hoheitsgewalt eines meldepflichtigen Staats unterstehend und ist somit ein Finanzinstitut eines meldepflichtigen Staats, wenn folgende Voraussetzungen erfüllt sind:

1. es ist nach dem Recht des meldepflichtigen Staats eingetragen,
2. es hat den Ort seiner Geschäftsleitung einschließlich der tatsächlichen Geschäftsleitung in dem meldepflichtigen Staat oder
3. es unterliegt der Finanzaufsicht in dem meldepflichtigen Staat.

(3) Ist ein Finanzinstitut mit Ausnahme von Trusts in zwei oder mehr meldepflichtigen Staaten ansässig, so gelten die Melde- und Sorgfaltspflichten des Staates, in dem es die Finanzkonten führt.

§ 24 Geführte Konten. Im Allgemeinen ist davon auszugehen, dass Konten von folgenden Finanzinstituten geführt werden:

1. Verwahrkonten von dem Finanzinstitut, das das Vermögen auf dem Konto verwahrt, einschließlich Finanzinstituten, die Vermögen als Makler für einen Kontoinhaber bei diesem Institut verwahren,
2. Einlagenkonten von dem Finanzinstitut, das verpflichtet ist, Zahlungen in Bezug auf das Konto zu leisten, mit Ausnahme von Vertretern von Finanzinstituten, unabhängig davon, ob dieser Vertreter ein Finanzinstitut ist,
3. Eigen- oder Fremdkapitalbeteiligungen an einem Finanzinstitut in Form eines Finanzkontos von diesem Finanzinstitut,
4. rückkaufsfähige Versicherungsverträge oder Rentenversicherungsverträge von dem Finanzinstitut, das verpflichtet ist, Zahlungen in Bezug auf den Vertrag zu leisten.

§ 25 Trusts, die passive NFEs sind. (1) [1]Ein Rechtsträger, wie eine Personengesellschaft, eine Limited Liability Partnership oder ein ähnliches Rechtsgebilde, bei dem keine steuerliche Ansässigkeit nach § 19 Nummer 37 vorliegt, gilt als in dem Staat ansässig, in dem sich der Ort seiner tatsächlichen Geschäftsleitung befindet. [2]Zu diesem Zweck gelten juristische Personen oder Rechtsgebilde als einer Personengesellschaft und einer Limited Liability Partnership ähnlich, wenn sie in einem meldepflichtigen Staat nach dessen Steuerrecht nicht als steuerpflichtige Rechtsträger behandelt werden.

(2) Um jedoch aufgrund des breiten Geltungsbereichs des Begriffs beherrschende Personen bei Trusts Doppelmeldungen zu vermeiden, kann ein Trust, der ein passiver NFE ist, nicht als ähnliches Rechtsgebilde gelten.

§ 26 Anschrift des Hauptsitzes eines Rechtsträgers. [1]Gemäß § 20 Nummer 6 Buchstabe c müssen amtliche Dokumente in Bezug auf einen Rechtsträger entweder die Anschrift des Hauptsitzes des Rechtsträgers in dem Staat umfassen, in dem er ansässig zu sein behauptet, oder den Staat, in dem der Rechtsträger eingetragen oder gegründet wurde. [2]Die Anschrift des Hauptsitzes des Rechtsträgers ist im Allgemeinen der Ort, an dem sich seine tatsächliche Geschäftsleitung befindet. [3]Die Anschrift des Finanzinstituts, bei dem der Rechtsträger ein Konto führt, ein Postfach oder eine reine Postanschrift, ist nicht die Anschrift des Hauptsitzes des Rechtsträgers, es sei denn, diese Anschrift ist die einzige, die von dem Rechtsträger verwendet wird, und erscheint als eingetragene Anschrift des Rechtsträgers in dessen Geschäftsdokumenten. [4]Ferner ist eine Anschrift, die mit der Anweisung angegeben wird, den gesamten Schriftverkehr postlagernd an diese Anschrift zu richten, nicht die Anschrift des Hauptsitzes des Rechtsträgers.

§ 27 Anwendungsbestimmung. (1) Das Bundeszentralamt für Steuern führt als zuständige Behörde die automatische Übermittlung von Informationen nach § 1 in Verbindung mit den §§ 2 und 4 jeweils zum 30. September eines Jahres für das vorhergehende Kalenderjahr durch; beginnend zum 30. September 2017 für 2016.

(2) Die Finanzinstitute haben dem Bundeszentralamt für Steuern die Daten nach § 8 nach amtlich vorgeschriebenem Datensatz elektronisch im Wege der Datenfernübertragung jeweils zum 31. Juli eines Jahres für das vorhergehende Kalenderjahr zu übermitteln; beginnend zum 31. Juli 2017 für 2016.

§ 28 Bußgeldvorschriften. (1) [1]Ordnungswidrig handelt, wer vorsätzlich oder leichtfertig entgegen § 8 Absatz 1 Satz 1 eine Meldung nicht, nicht richtig, nicht vollständig oder nicht rechtzeitig macht. [2]Die Ordnungswidrigkeit kann mit einer Geldbuße bis zu fünfzigtausend Euro geahndet werden.

(2) Verwaltungsbehörde im Sinne des § 36 Absatz 1 Nummer 1 des Gesetzes über Ordnungswidrigkeiten ist das Bundeszentralamt für Steuern.

Automatischer Austausch von Informationen über Finanzkonten in Steuersachen nach dem FKAustG; finale Staatenaustauschliste zum 31.12.2020

BMF v. 11.2.2021, BeckVerw 509406

Nach den Vorgaben des Gesetzes zum automatischen Austausch von Informationen über Finanzkonten in Steuersachen (Finanzkonten-Informationsaustauschgesetz – FKAustG) werden Informationen über Finanzkonten in Steuersachen zum 30. September 2021 zwischen dem Bundeszentralamt für Steuern (BZSt) und der zuständigen Behörde des jeweils anderen Staates im Sinne des § 1 Absatz 1 FKAustG automatisch ausgetauscht (§ 27 Absatz 1 FKAustG).

Dem BZSt sind hierfür von den meldenden Finanzinstituten die Finanzkontendaten zu den meldepflichtigen Konten nach amtlich vorgeschriebenem Datensatz elektronisch im Wege der Datenfernübertragung zum 31. Juli 2021 zu übermitteln (§ 27 Absatz 2 FKAustG).

Zu den Staaten im Sinne des § 1 Absatz 1 FKAustG, mit denen der automatische Austausch von Informationen über Finanzkonten in Steuersachen erfolgt, zählen

1. Mitgliedstaaten der Europäischen Union aufgrund der Richtlinie 2011/16/EU des Rates vom 15. Februar 2011 über die Zusammenarbeit der Verwaltungsbehörden im Bereich der Besteuerung und zur Aufhebung der Richtlinie 77/799/EWG (ABl. L 64 vom 11. März 2011, Seite 1; Amtshilferichtlinie) in der Fassung der Richtlinie 2014/107/EU (ABl. L 359 vom 16. Dezember 2014, Seite 1),
2. Drittstaaten, die Vertragsparteien der von der Bundesrepublik Deutschland in Berlin unterzeichneten Mehrseitigen Vereinbarung vom 29. Oktober 2014 zwischen den zuständigen Behörden über den automatischen Austausch von Informationen über Finanzkonten (BGBl. 2015 II Seiten 1630, 1632) sind und diese in ihr nationales Recht verpflichtend aufgenommen haben sowie Vertragsparteien des Übereinkommens über die gegenseitige Amtshilfe in Steuersachen (BGBl. 2015 II Seiten 966, 967) sind und die gewährleisten, dass sie die Voraussetzungen des § 7 Absatz 1, insbesondere Buchstabe e der Mehrseitigen Vereinbarung vom 29. Oktober 2014 zwischen den zuständigen Behörden über den automatischen Austausch von Informationen über Finanzkonten erfüllen,
3. Drittstaaten, die Verträge mit der Europäischen Union zur Vereinbarung des automatischen Austauschs von Informationen über Finanzkonten im Sinne der unter Nummer 1 angeführten Richtlinie 2014/107/EU (ABl. L 359 vom 16. Dezember 2014, Seite 1) geschlossen haben, sowie
4. Drittstaaten, mit denen die Bundesrepublik Deutschland ein Abkommen über den steuerlichen Informationsaustausch geschlossen hat, nach dem ein automatischer Austausch von Informationen erfolgen kann.

Hiermit werden die Staaten im Sinne des § 1 Absatz 1 FKAustG bekannt gegeben, mit denen voraussichtlich der automatische Datenaustausch zum 30. September 2021 erfolgt und für welche die meldenden Finanzinstitute Finanzkontendaten zum 31. Juli 2021 dem BZSt zu übermitteln haben (vorläufige FKAustG-Staatenaustauschliste 2021).

Zunächst werden in die vorläufige FKAustG-Staatenaustauschliste 2021 alle Staaten aufgenommen, welche sich zum automatischen Austausch von Informationen über Finanzkonten in Steuersachen international bekannt haben. Sofern diese alle rechtlichen und tatsächlichen Voraussetzungen für den automatischen Informationsaustausch über Finanzkonten erfüllen, werden diese nach Prüfung in die finale FKAustG-Staatenaustauschliste 2021 übernommen.

Die Bekanntmachung einer finalen FKAustG-Staatenaustauschliste 2021 erfolgt im Rahmen eines weiteren BMF-Schreibens bis Ende Juni 2021.

Die vorläufige FKAustG-Staatenaustauschliste 2021 wird nachfolgend dargestellt und steht auf der Internetseite des BZSt unter www.bzst.bund.de zur Ansicht und zum Abruf bereit.

Vorläufige FKAustG-Staatenaustauschliste 2021

Nr.	Staaten nach § 1 Absatz 1 FKAustG mit automatischem Informationsaustausch am 30. September 2021	Rechtsgrundlage nach § 1 Abs. 1 FKAustG
1.	Albanien[1)]	§ 1 Absatz 1 Nummer 2 FKAustG
2.	Andorra	§ 1 Absatz 1 Nummer 3 FKAustG
3.	Anguilla[1)]	§ 1 Absatz 1 Nummer 2 FKAustG
4.	Antigua und Barbuda	§ 1 Absatz 1 Nummer 2 FKAustG
5.	Argentinien	§ 1 Absatz 1 Nummer 2 FKAustG
6.	Aruba[1)]	§ 1 Absatz 1 Nummer 2 FKAustG
7.	Aserbaidschan	§ 1 Absatz 1 Nummer 2 FKAustG
8.	Australien	§ 1 Absatz 1 Nummer 2 FKAustG
9.	Bahamas[1)]	§ 1 Absatz 1 Nummer 2 FKAustG
10.	Bahrain[1)]	§ 1 Absatz 1 Nummer 2 FKAustG
11.	Barbados	§ 1 Absatz 1 Nummer 2 FKAustG
12.	Belgien	§ 1 Absatz 1 Nummer 1 FKAustG
13.	Belize[1)]	§ 1 Absatz 1 Nummer 2 FKAustG
14.	Bermuda[1)]	§ 1 Absatz 1 Nummer 2 FKAustG
15.	Brasilien	§ 1 Absatz 1 Nummer 2 FKAustG
16.	Britische Jungferninseln[1)]	§ 1 Absatz 1 Nummer 2 FKAustG
17.	Brunei Darussalam[1)]	§ 1 Absatz 1 Nummer 2 FKAustG
18.	Bulgarien	§ 1 Absatz 1 Nummer 1 FKAustG
19.	Chile	§ 1 Absatz 1 Nummer 2 FKAustG
20.	China	§ 1 Absatz 1 Nummer 2 FKAustG
21.	Cookinseln	§ 1 Absatz 1 Nummer 2 FKAustG
22.	Costa Rica[1)]	§ 1 Absatz 1 Nummer 2 FKAustG
23.	Curaçao[1)]	§ 1 Absatz 1 Nummer 2 FKAustG
24.	Dänemark	§ 1 Absatz 1 Nummer 1 FKAustG
25.	Dominica[1)]	§ 1 Absatz 1 Nummer 2 FKAustG
26.	Ecuador	§ 1 Absatz 1 Nummer 2 FKAustG
27.	Estland	§ 1 Absatz 1 Nummer 1 FKAustG
28.	Färöer	§ 1 Absatz 1 Nummer 2 FKAustG
29.	Finnland	§ 1 Absatz 1 Nummer 1 FKAustG
30.	Frankreich[2)]	§ 1 Absatz 1 Nummer 1 FKAustG
31.	Ghana	§ 1 Absatz 1 Nummer 2 FKAustG
32.	Gibraltar	§ 1 Absatz 1 Nummer 2 FKAustG
33.	Grenada[1)]	§ 1 Absatz 1 Nummer 2 FKAustG
34.	Griechenland	§ 1 Absatz 1 Nummer 1 FKAustG
35.	Grönland	§ 1 Absatz 1 Nummer 2 FKAustG
36.	Guernsey	§ 1 Absatz 1 Nummer 2 FKAustG
37.	Hongkong	§ 1 Absatz 1 Nummer 2 FKAustG
38.	Indien	§ 1 Absatz 1 Nummer 2 FKAustG
39.	Indonesien	§ 1 Absatz 1 Nummer 2 FKAustG
40.	Irland	§ 1 Absatz 1 Nummer 1 FKAustG
41.	Island	§ 1 Absatz 1 Nummer 2 FKAustG
42.	Isle of Man	§ 1 Absatz 1 Nummer 2 FKAustG
43.	Israel	§ 1 Absatz 1 Nummer 2 FKAustG
44.	Italien	§ 1 Absatz 1 Nummer 1 FKAustG
45.	Japan	§ 1 Absatz 1 Nummer 2 FKAustG
46.	Jersey	§ 1 Absatz 1 Nummer 2 FKAustG

Nr.	Staaten nach § 1 Absatz 1 FKAustG mit automatischem Informationsaustausch am 30. September 2021	Rechtsgrundlage nach § 1 Abs. 1 FKAustG
47.	Kaimaninseln[1)]	§ 1 Absatz 1 Nummer 2 FKAustG
48.	Kanada	§ 1 Absatz 1 Nummer 2 FKAustG
49.	Kasachstan	§ 1 Absatz 1 Nummer 2 FKAustG
50.	Kolumbien	§ 1 Absatz 1 Nummer 2 FKAustG
51.	Korea, Republik	§ 1 Absatz 1 Nummer 2 FKAustG
52.	Kroatien	§ 1 Absatz 1 Nummer 1 FKAustG
53.	Kuwait[1)]	§ 1 Absatz 1 Nummer 2 FKAustG
54.	Lettland	§ 1 Absatz 1 Nummer 1 FKAustG
55.	Libanon[1)]	§ 1 Absatz 1 Nummer 2 FKAustG
56.	Liechtenstein	§ 1 Absatz 1 Nummer 3 FKAustG
57.	Litauen	§ 1 Absatz 1 Nummer 1 FKAustG
58.	Luxemburg	§ 1 Absatz 1 Nummer 1 FKAustG
59.	Macau[1)]	§ 1 Absatz 1 Nummer 2 FKAustG
60.	Malaysia	§ 1 Absatz 1 Nummer 2 FKAustG
61.	Malediven	§ 1 Absatz 1 Nummer 2 FkAustG
62.	Malta	§ 1 Absatz 1 Nummer 1 FKAustG
63.	Marshallinseln[1)]	§ 1 Absatz 1 Nummer 2 FKAustG
64.	Mauritius	§ 1 Absatz 1 Nummer 2 FKAustG
65.	Mexiko	§ 1 Absatz 1 Nummer 2 FKAustG
66.	Monaco	§ 1 Absatz 1 Nummer 3 FKAustG
67.	Montserrat[1)]	§ 1 Absatz 1 Nummer 2 FKAustG
68.	Nauru[1)]	§ 1 Absatz 1 Nummer 2 FKAustG
69.	**Neukaledonien**	§ 1 Absatz 1 Nummer 2 FKAustG
70.	Neuseeland	§ 1 Absatz 1 Nummer 2 FKAustG
71.	Niederlande[3)]	§ 1 Absatz 1 Nummer 1 FKAustG
72.	Nigeria[1)]	§ 1 Absatz 1 Nummer 2 FKAustG
73.	Niue[1)]	§ 1 Absatz 1 Nummer 2 FKAustG
74.	Norwegen	§ 1 Absatz 1 Nummer 2 FKAustG
75.	Österreich	§ 1 Absatz 1 Nummer 1 FKAustG
76.	Oman[1)]	§ 1 Absatz 1 Nummer 2 FKAustG
77.	Pakistan	§ 1 Absatz 1 Nummer 2 FKAustG
78.	Panama	§ 1 Absatz 1 Nummer 2 FKAustG
79.	Peru	§ 1 Absatz 1 Nummer 2 FKAustG
80.	Polen	§ 1 Absatz 1 Nummer 1 FKAustG
81.	Portugal	§ 1 Absatz 1 Nummer 1 FKAustG
82.	Qatar	§ 1 Absatz 1 Nummer 2 FKAustG
83.	Rumänien	§ 1 Absatz 1 Nummer 1 FKAustG
84.	Russische Föderation	§ 1 Absatz 1 Nummer 2 FKAustG
85.	Samoa[1)]	§ 1 Absatz 1 Nummer 2 FKAustG
86.	San Marino	§ 1 Absatz 1 Nummer 3 FKAustG
87.	Saudi-Arabien	§ 1 Absatz 1 Nummer 2 FKAustG
88.	Schweden	§ 1 Absatz 1 Nummer 1 FKAustG
89.	Schweiz	§ 1 Absatz 1 Nummer 3 FKAustG
90.	Seychellen	§ 1 Absatz 1 Nummer 2 FKAustG
91.	Singapur	§ 1 Absatz 1 Nummer 2 FKAustG
92.	Sint Maarten	§ 1 Absatz 1 Nummer 2 FKAustG
93.	Slowakei	§ 1 Absatz 1 Nummer 1 FKAustG

Nr.	Staaten nach § 1 Absatz 1 FKAustG mit automatischem Informationsaustausch am 30. September 2021	Rechtsgrundlage nach § 1 Abs. 1 FKAustG
94.	Slowenien	§ 1 Absatz 1 Nummer 1 FKAustG
95.	Spanien	§ 1 Absatz 1 Nummer 1 FKAustG
96.	St. Kitts und Nevis[1)]	§ 1 Absatz 1 Nummer 2 FKAustG
97.	St. Lucia	§ 1 Absatz 1 Nummer 2 FKAustG
98.	St. Vincent und die Grenadinen[1)]	§ 1 Absatz 1 Nummer 2 FKAustG
99.	Südafrika	§ 1 Absatz 1 Nummer 2 FKAustG
100.	Trinidad und Tobago	§ 1 Absatz 1 Nummer 2 FKAustG
101.	Tschechien	§ 1 Absatz 1 Nummer 1 FKAustG
102.	Türkei	§ 1 Absatz 1 Nummer 2 FKAustG
103.	Turks- und Caicosinseln[1)]	§ 1 Absatz 1 Nummer 2 FKAustG
104.	Ungarn	§ 1 Absatz 1 Nummer 1 FKAustG
105.	Uruguay	§ 1 Absatz 1 Nummer 2 FKAustG
106.	Vanuatu[1)]	§ 1 Absatz 1 Nummer 2 FKAustG
107.	Vereinigte Arabische Emirate[1)]	§ 1 Absatz 1 Nummer 2 FKAustG
108.	Vereinigtes Königreich	**§ 1 Absatz 1 Nummer 2 FKAustG**
109.	Zypern	§ 1 Absatz 1 Nummer 1 FKAustG

[1)] **[Amtl. Anm.:]** Aufgrund einer Notifikation dieses Staates gemäß § 7 Absatz 1 Buchstabe b der Mehrseitigen Vereinbarung vom 29. Oktober 2014 zwischen den zuständigen Behörden über den automatischen Austausch von Informationen über Finanzkonten übermittelt die Bundesrepublik Deutschland nach § 2 Absatz 1.2 dieser Mehrseitigen Vereinbarung keine Finanzkonteninformationen an diesen Staat, erhält jedoch Finanzkonteninformationen von diesem. Deshalb sind auch in diesem Fall bis auf weiteres keine Finanzkontendaten durch meldende Finanzinstitute dem BZSt gemäß § 5 Absatz 1 FKAustG zu übermitteln.

[2)] **[Amtl. Anm.:]** Hierzu zählen auch Französisch-Guayana, Guadeloupe, Martinique, Mayotte, Réunion und Saint-Barthélemy.

[3)] **[Amtl. Anm.:]** Hierzu zählen auch Bonaire, Sint Eustatius und Saba.

807. Zerlegungsgesetz (ZerlG)[1]

Vom 6. August 1998 (BGBl. I S. 1998)

Geändert durch Steuer-Euroglättungsgesetz vom 19.12.2000 (BGBl. I S. 1790), Steueränderungsgesetz 2003 vom 15.12.2003 (BGBl. I S. 2645), Gesetz über steuerliche Begleitmaßnahmen zur Einführung der Europäischen Gesellschaft und zur Änderung weiterer steuerrechtlicher Vorschriften (SEStEG) vom 7.12.2006 (BGBl. I S. 2782), Unternehmensteuerreformgesetz 2008 vom 14.8.2007 (BGBl. I S. 1912), Jahressteuergesetz 2008 vom 20.12.2007 (BGBl. I S. 3150), Jahressteuergesetz 2009 vom 19.12.2008 (BGBl. I S. 2794), Steuerbürokratieabbaugesetz vom 20.12.2008 (BGBl. I S. 2850), Jahressteuergesetz 2010 (JStG 2010) vom 8.12.2010 (BGBl. I S. 1768), OGAW-IV-Umsetzungsgesetz vom 22.6.2011 (BGBl. I S. 1126), Steuervereinfachungsgesetz 2011 vom 1.11.2011 (BGBl. I S. 2131), Beitreibungsrichtlinie-Umsetzungsgesetz (BeitrRLUmsG) vom 7.12.2011 (BGBl. I S. 2592), Amtshilferichtlinie-Umsetzungsgesetz (AmtshilfeRLUmsG) vom 26.6.2013 (BGBl. I S. 1809), Gesetz zur Anpassung des nationalen Steuerrechts an den Beitritt Kroatiens zur EU und zur Änderung weiterer steuerlicher Vorschriften vom 25.7.2014 (BGBl. I S. 1266), Gesetz zur Anpassung der Abgabenordnung an den Zollkodex der Union und zur Änderung weiterer steuerlicher Vorschriften vom 22.12.2014 (BGBl. I S. 2417), Gesetz zum automatischen Austausch von Informationen über Finanzkonten in Steuersachen und zur Änderung weiterer Gesetze vom 21.12.2015 (BGBl. I S. 2531), Gesetz zur Reform der Investmentbesteuerung (Investmentsteuerreformgesetz – InvStRefG) vom 19.7.2016 (BGBl. I S. 1730), Gesetz zur Umsetzung der Änderungen der EU-Amtshilferichtlinie und von weiteren Maßnahmen gegen Gewinnkürzungen und -verlagerungen vom 20.12.2016 (BGBl. I S. 3000) und Gesetz zur Vermeidung von Umsatzsteuerausfällen beim Handel mit Waren im Internet und zur Änderung weiterer steuerlicher Vorschriften vom 11.12.2018 (BGBl. I S. 2338)

BGBl. III/FNA 604-2

Abschnitt 1. Unmittelbare Steuerberechtigung

§ 1 Unmittelbare Steuerberechtigung. (1)[2] [1]Der Anspruch auf die Einkommensteuer oder die Körperschaftsteuer für ein Kalenderjahr steht unmittelbar dem Lande zu, in dem der Steuerpflichtige mit Ablauf des 10. Oktober dieses Jahres seinen Wohnsitz oder den Ort der Leitung hat. [2]§ 19 Absatz 1 und 2 sowie § 20 der Abgabenordnung gelten sinngemäß. [3]Auszahlungsbeträge des Körperschaftsteuerguthabens mindern und Körperschaftsteuererhöhungsbeträge erhöhen die Körperschaftsteuer im Sinne des Satzes 1.

(2) [1]Wird eine Steuerfestsetzung aufgehoben, geändert oder wegen einer offenbaren Unrichtigkeit berichtigt, so steht ein zusätzlicher Zahlungsanspruch, der sich aus der Aufhebung, Änderung oder Berichtigung ergibt, abweichend von Absatz 1 dem Lande zu, dessen Finanzamt die Aufhebung, Änderung oder Berichtigung vorgenommen hat. [2]Entsprechendes gilt für eine Erstattungsverpflichtung.

(3) [1]Die Vorschriften der Abgabenordnung über die örtliche Zuständigkeit für die Besteuerung bleiben unberührt. [2]Ist ein Steuerbetrag einem Lande zugeflossen, dem der Steueranspruch nach den Vorschriften dieses Gesetzes nicht zusteht, so ist er an das steuerberechtigte Land zu überweisen; bei Erstattungen

---

[1] Das Zerlegungsgesetz ist als Art. 1 des Zerlegungs- und Kraftfahrzeugsteueränderungsgesetzes verkündet worden.

[2] § 1 Abs. 1 Satz 3 angef. durch G v. 8.12.2010 (BGBl. I S. 1768).

ist sinngemäß zu verfahren. [3]Die Überweisung unterbleibt, wenn der für ein Kalenderjahr zu überweisende Betrag 25 000 Euro[1)] nicht übersteigt oder soweit der zu überweisende Betrag nach den §§ 2 bis 6 zerlegt worden ist.

(3a)[2)] Ist ein Steuerbetrag im Sinne des § 43 Absatz 1 Satz 1 Nummer 1a oder Nummer 2 Satz 4 des Einkommensteuergesetzes einem Land zugeflossen, in dem sich der Ort der Leitung des Schuldners der Kapitalerträge nicht befindet, hat das Land den Steuerbetrag an das Land zu überweisen, in dem sich der Ort der Leitung des Schuldners der Kapitalerträge befindet.

(4) Die Vorschriften über die Zerlegung der Körperschaftsteuer (§§ 2 bis 6) und über die Zerlegung der Lohnsteuer (§ 7) bleiben unberührt.

§ 1a[3)] Unmittelbare Steuerberechtigung für die Einkommensteuer auf Einkünfte im Sinne des § 49 Abs. 1 Nr. 7 und 10 des Einkommensteuergesetzes nach Maßgabe der zu § 19 Abs. 6 der Abgabenordnung erlassenen Rechtsverordnung. (1) Der Anspruch auf die Einkommensteuer auf Einkünfte im Sinne des § 49 Absatz 1 Nummer 7 und 10 des Einkommensteuergesetzes, soweit durch Rechtsverordnung zu § 19 Abs. 6 der Abgabenordnung für die Einkommensbesteuerung von Personen, die beschränkt steuerpflichtig oder nach § 1 Absatz 3 des Einkommensteuergesetzes unbeschränkt steuerpflichtig sind und ausschließlich mit Einkünften im Sinne des § 49 Absatz 1 Nummer 7 und 10 des Einkommensteuergesetzes zu veranlagen sind, einer Finanzbehörde die örtliche Zuständigkeit übertragen worden ist, steht unmittelbar dem Land zu, in dem der Steuerpflichtige seinen letzten inländischen Wohnsitz, sofern kein letzter inländischer Wohnsitz feststellbar ist, den letzten inländischen Tätigkeitsort hatte.

(2) [1]§ 1 Absatz 3 Satz 1 und 2 und § 8a Absatz 4 gelten entsprechend. [2]Die Überweisungen erfolgen monatlich und sind am 15. des Folgemonats zuleisten.

Abschnitt 2. Zerlegung der Körperschaftsteuer

§ 2 Grundlagen der Zerlegung der Körperschaftsteuer. (1)[4)] [1]Bei Körperschaften, Personenvereinigungen und Vermögensmassen im Sinne der §§ 1 und 2 Nr. 1 des Körperschaftsteuergesetzes (Körperschaften), die im Veranlagungszeitraum im Geltungsbereich dieses Gesetzes außerhalb des nach § 1 Absatz 1 steuerberechtigten Landes eine Betriebsstätte, mehrere Betriebsstätten oder Teile von Betriebsstätten unterhalten haben, ist die auf die Einkünfte aus Gewerbebetrieb entfallende nach Abzug anzurechnender Steuerabzugsbeträge und anzurechnender Körperschaftsteuer verbleibende Körperschaftsteuer durch

---

1) Betrag geänd. mWv VZ 2002 durch G v. 19.12.2000 (BGBl. I S. 1790).

2) § 1 Abs. 3a eingef. durch G v. 22.6.2011 (BGBl. I S. 1126); geänd. mWv 1.1.2013 durch G v. 26.6.2013 (BGBl. I S. 1809).

3) § 1a eingef. mWv 25.12.2008 durch G v. 19.12.2008 (BGBl. I S. 2794); Abs. 1 geänd. durch G v. 8.12.2010 (BGBl. I S. 1768).

4) § 2 Abs. 1 Satz 4 angef. durch G v. 7.12.2006 (BGBl. I S. 2782), Satz 4 ersetzt durch Sätze 4 bis 6 durch G v. 20.12.2007 (BGBl. I S. 3150); Abs. 1 Satz 6 Zitat geänd. durch G v. 8.12.2010 (BGBl. I S. 1768).

das für die Veranlagung zuständige Finanzamt (Erhebungsfinanzamt) auf die beteiligten Länder zu zerlegen, wenn sie mindestens einen absoluten Betrag von 500 000 Euro[1)] erreicht. 2 Dabei sind die Vorschriften der §§ 28 bis 31 und des § 33 des Gewerbesteuergesetzes entsprechend anzuwenden. 3 Die Zerlegungsmaßstäbe sind als Prozentsätze, die auf drei Stellen hinter dem Komma zu runden sind, zu berechnen. 4 In den Fällen des § 37 Absatz 5 und des § 38 Absatz 5 bis 9 des Körperschaftsteuergesetzes in der jeweils geltenden Fassung ist die verbleibende Körperschaftsteuer im Sinne des Satzes 1 um einen Auszahlungsbetrag gemindert und um einen Körperschaftsteuererhöhungsbetrag erhöht. 5 Maßgeblich ist die verbleibende Körperschaftsteuer, die für den Veranlagungszeitraum festgesetzt wird, in dem der Auszahlungsbetrag nach § 37 Absatz 5 Satz 4 des Körperschaftsteuergesetzes zu erstatten ist und der Körperschaftssteuererhöhungsbetrag nach § 38 Absatz 6 bis 10 des Körperschaftsteuergesetzes zu entrichten ist. 6 Ein Betrag nach § 37 Absatz 6 Satz 3 des Körperschaftsteuergesetzes erhöht und ein Betrag nach § 38 Absatz 10 des Körperschaftsteuergesetzes vermindert die verbleibende Körperschaftsteuer im Sinne des Satzes 1; Satz 5 gilt insoweit entsprechend.

(2) Sind in dem veranlagten Einkommen außer den Einkünften aus Gewerbebetrieb auch andere Einkünfte enthalten, so ist die auf die Einkünfte aus Gewerbebetrieb entfallende Körperschaftsteuer im Sinne des Absatzes 1 mit dem Teilbetrag anzusetzen, der dem Verhältnis der Einkünfte aus Gewerbebetrieb zum Gesamtbetrag der Einkünfte entspricht.

(3)[2)] In den Fällen der §§ 14 und 17 des Körperschaftsteuergesetzes gelten Organgesellschaften und deren Betriebsstätten als Betriebsstätten des Organträgers.

(4) Ist die Körperschaft Gesellschafterin einer Personengesellschaft im Sinne des § 15 Absatz 1 Satz 1 Nummer 2 des Einkommensteuergesetzes, so gelten die Personengesellschaft und deren Betriebsstätten anteilig als Betriebsstätten der Körperschaft.

(5)[3)] 1 Ist in den Fällen des Absatzes 1 Satz 4 bis 6 für die Körperschaft, Personenvereinigung oder Vermögensmasse wegen Ausscheidens aus der Körperschaftsteuerpflicht Absatz 1 nicht mehr anzuwenden, gelten für noch ausstehende Auszahlungsbeträge und Körperschaftsteuererhöhungsbeträge Absatz 1 sowie § 3 Abs. 5, § 5 und § 6 entsprechend. 2 Maßgeblich ist der Zerlegungsmaßstab, der der Zerlegung für den letzten unter die Körperschaftsteuerpflicht fallenden Veranlagungszeitraum zu Grunde liegt. 3 Das Erhebungsfinanzamt zerlegt die Beträge im Sinne des Satzes 1 unverzüglich nach dem Zeitpunkt der Zahlung und setzt die Zerlegungsanteile der einzelnen Länder fest.

§ 3 Zerlegung der verbleibenden Körperschaftsteuer. (1) Das Erhebungsfinanzamt zerlegt die verbleibende Körperschaftsteuer auf die beteiligten Länder, sobald die erste Steuerfestsetzung für den Veranlagungszeitraum durchgeführt worden ist, und setzt die Zerlegungsanteile der einzelnen Länder fest.

---

1) Betrag geänd. mWv VZ 2002 durch G v. 19.12.2000 (BGBl. I S. 1790).

2) § 2 Abs. 3 Zitat geänd. durch G v. 25.7.2014 (BGBl. I S. 1266); zur Anwendung siehe § 12 Abs. 2.

3) § 2 Abs. 5 angef. durch G v. 20.12.2007 (BGBl. I S. 3150).

(2) [1]Die Zerlegung der verbleibenden Körperschaftsteuer ist aufzuheben oder zu ändern, soweit die zugrunde liegende Steuerfestsetzung aufgehoben, geändert oder wegen einer offenbaren Unrichtigkeit berichtigt wird und die Änderung der verbleibenden Körperschaftsteuer bezogen auf die bei der letzten Zerlegung der Körperschaftsteuer zugrunde gelegte verbleibende Körperschaftsteuer mindestens 500 000 Euro[1)] beträgt. [2]Satz 1 gilt entsprechend, wenn die Anrechnung von Steuerabzugsbeträgen oder von Körperschaftsteuer geändert, zurückgenommen, widerrufen oder wegen einer offenbaren Unrichtigkeit berichtigt wird.

(3) Ergibt sich bei der ersten Steuerfestsetzung oder nach einer Auf-hebung, Änderung oder Berichtigung des Steuerbescheids wegen einer offenbaren Unrichtigkeit oder nach einer Änderung, einer Rücknahme, einem Widerruf oder einer Berichtigung der Anrechung von Steuerbeträgen wegen einer offenbaren Unrichtigkeit, daß die Voraussetzungen für die Zerlegung der Körperschaftsteuer gemäß § 2 Abs. 1 nicht vorliegen oder weggefallen sind, so ist die Zerlegung der Körperschaftsteuer-Vorauszahlungen (§ 4) oder der verbleibenden Körperschaftsteuer aufzuheben.

(4) Liegen nach einer Aufhebung, Änderung oder Berichtigung des Steuerbescheids wegen einer offenbaren Unrichtigkeit oder nach einer Änderung, einer Rücknahme, einem Widerruf oder einer Berichtigung der Anrechnung von Steuerbeträgen wegen einer offenbaren Unrichtigkeit die Voraussetzungen für die Zerlegung der Körperschaftsteuer erstmals vor, ist Absatz 1 sinngemäß anzuwenden.

(5) Stellt sich nachträglich heraus, daß ein Land bei der Zerlegung nicht oder mit einem unzutreffenden Zerlegungsmaßstab berücksichtigt worden ist, oder ist bei der Zerlegung der verbleibenden Körperschaftsteuer ein Fehler unterlaufen, so ist die Zerlegung der verbleibenden Körperschaftsteuer zu ändern.

§ 4 Zerlegung der Körperschaftsteuer-Vorauszahlungen. (1)[2)] Sofern die Voraussetzungen für eine Zerlegung der Körperschaftsteuer vorliegen, zerlegt das *Erhebungsfinanzamt die im Kalendervierteljahr eingehenden Körperschaftsteuer-Vorauszahlungen auf die beteiligten Länder und teilt die jeweiligen Zerlegungsanteile dem beauftragten Finanzamt seines Landes (§ 6 Abs. 1) mit* [***ab Kj. 2019:*** beauftragte Finanzamt (§ 6 Absatz 1) die im Kalendervierteljahr eingehenden Körperschaftsteuer-Vorauszahlungen auf die beteiligten Länder].

(2) [1]Zerlegungsmaßstab ist grundsätzlich das Verhältnis der Zerlegungsanteile, die in dem letzten Zerlegungsbescheid festgesetzt worden sind. [2]Liegt ein Zerlegungsbescheid noch nicht vor, so sind die Zerlegungsanteile auf Grund der letzten Zerlegungserklärung (§ 6 Abs. 7) oder auf Grund einer für diese Zwecke anzufordernden Zerlegungserklärung zu berechnen. [3]Sollte das nach den vorstehenden Grundsätzen ermittelte Verhältnis der Zerlegungsan-

---

1) Betrag geänd. mWv VZ 2002 durch G v. 19.12.2000 (BGBl. I S. 1790).

2) § 4 Abs. 1 geänd. durch G v. 20.12.2016 (BGBl. I S. 3000); zur Anwendung siehe § 12 Abs. 3.

teile offensichtlich zu einem unzutreffenden Ergebnis führen, ist ein geeigneterer Zerlegungsmaßstab zu wählen.

(3) 1 Ist eine Körperschaftsteuer-Vorauszahlung erstattet worden, so ist der Erstattungsbetrag mit den in demselben Kalendervierteljahr eingegangenen Körperschaftsteuer-Vorauszahlungen für denselben Veranlagungszeitraum zu verrechnen. 2 Der sich als Saldo ergebende Betrag ist nach den vorstehenden Grundsätzen zu zerlegen.

§ 5 Abrechnung der Zerlegung. (1)[1] 1 Das *Erhebungsfinanzamt* [***ab Kj. 2019:*** beauftragte Finanzamt] rechnet mit Ablauf des Kalendervierteljahres, in dem die verbleibende Körperschaftsteuer abzüglich etwaiger niedergeschlagener oder erlassener Beträge getilgt oder erstattet worden ist, die Zerlegungsanteile ab. 2 Der Zahlungs- oder Erstattungsanspruch gegenüber den anderen Ländern ergibt sich aus dem Unterschied zwischen dem jeweiligen Zerlegungsanteil und den Zahlungen oder Erstattungen auf Grund der Zerlegung der Körperschaftsteuer-Vorauszahlungen. 3 Etwaige erlassene oder niedergeschlagene Beträge sind im Verhältnis der Zerlegungsanteile wie Vorauszahlungen abzurechnen.

(2) 1 Auf Teilzahlungen auf die verbleibende Körperschaftsteuer findet § 4 entsprechend Anwendung, sobald die Zahlungen mindestens 500 000 Euro[2] betragen. 2 Die Teilzahlungen werden bei der Abrechnung gemäß Absatz 1 wie Vorauszahlungen berücksichtigt.

(3) In den Fällen, in denen die Zerlegung aufgehoben oder geändert wird, gilt Absatz 1 entsprechend.

§ 6 Verfahrensrechtliche Vorschriften. (1) Die oberste Finanzbehörde des Landes beauftragt ein Finanzamt mit der Wahrnehmung der Rechte des Landes an der Zerlegung (beauftragtes Finanzamt).

(2) Die Zerlegung der Körperschaftsteuer wird im Rahmen eines Clearingverfahrens über die beauftragten Finanzämter abgewickelt.

(3) Soweit dieses Gesetz nichts anderes bestimmt, gelten für das Verfahren bei der Zerlegung der Körperschaftsteuer die §§ 185 bis 188 der Abgabenordnung sinngemäß mit der Maßgabe, daß die Körperschaft am Zerlegungsverfahren nicht beteiligt ist und die Vorschriften der Abgabenordnung über das außergerichtliche Rechtsbehelfsverfahren nicht anzuwenden sind.

(4) 1 Bestehen zwischen den beteiligten Finanzämtern Meinungsverschiedenheiten über die Zerlegung und kann eine Einigung nicht erzielt werden, so wird auf Vorlage des Erhebungsfinanzamtes oder auf Antrag der obersten Finanzbehörde des anderen Landes die oberste Finanzbehörde des Landes des Erhebungsfinanzamtes mit der Angelegenheit befaßt. 2 Können sich die obersten Finanzbehörden der an der Zerlegung beteiligten Länder nicht einigen, entscheidet die oberste Finanzbehörde des Landes des Erhebungsfinanzamtes

---

[1] § 5 Abs. 1 Satz 1 geänd. durch G v. 20. 12. 2016 (BGBl. I S. 3000); zur Anwendung siehe § 12 Abs. 3.

[2] Betrag geänd. mWv VZ 2002 durch G v. 19. 12. 2000 (BGBl. I S. 1790).

durch Zerlegungsbescheid. [3]Dieser tritt an die Stelle des bisherigen Zerlegungsbescheids. [4]Der Zerlegungsbescheid der obersten Finanzbehörde ist an die anderen beteiligten obersten Finanzbehörden zu richten.

(5) Ansprüche aus der Zerlegung der Körperschaftsteuer verjähren zehn Jahre nach Bestandskraft des letzten für den Veranlagungszeitraum erteilten Steuerbescheids.

(6) [1]Ansprüche auf Abrechnung und aus der Abrechnung nach § 4 Abs. 1 verjähren zehn Jahre nach Bestandskraft des letzten für den Veranlagungszeitraum erteilten Steuerbescheids. [2]Sie verjähren nicht vor Ablauf von fünf Jahren nach der letzten Zahlung oder Erstattung auf die verbleibende Körperschaftsteuer.

(7)[1)] [1]Körperschaften im Sinne des § 2 Absatz 1 haben für jeden Veranlagungszeitraum eine Erklärung zur Zerlegung der Körperschaftsteuer nach amtlich vorgeschriebenem Datensatz durch Datenfernübertragung zu übermitteln. [2]Auf Antrag kann die Finanzbehörde zur Vermeidung unbilliger Härten auf eine elektronische Übermittlung verzichten. [3]In diesem Fall ist die Erklärung nach amtlich vorgeschriebenem Vordruck abzugeben und vom gesetzlichen Vertreter des Steuerpflichtigen eigenhändig zu unterschreiben. [4]Eine Körperschaft ist auch dann verpflichtet eine Erklärung zur Zerlegung der Körperschaftsteuer zu übermitteln, wenn sie hierzu vom zuständigen Finanzamt aufgefordert wird.

Abschnitt 3. Zerlegung der Lohnsteuer

§ 7 Zerlegung der Lohnsteuer. (1)[2)] [1]Die von einem Land vereinnahmte Lohnsteuer wird insoweit zerlegt, als sie von den Bezügen der in den anderen Ländern ansässigen unbeschränkt steuerpflichtigen Arbeitnehmer insgesamt einbehalten worden ist. [2]Die Zerlegungsanteile der einzelnen Länder bemessen sich nach Prozentsätzen der vereinnahmten Lohnsteuer. [3]Die Prozentsätze sind nach den Verhältnissen im Feststellungszeitraum festzusetzen. [4]Feststellungszeitraum ist jeweils das Kalenderjahr.

(2)[3)] [1]Der Festsetzung der Prozentsätze sind die Verhältnisse zugrunde zu legen, die sich aus den Daten der elektronischen Lohnsteuerbescheinigung ergeben. [2]Dabei gilt ein Arbeitnehmer, der für den Feststellungszeitraum zur Einkommensteuer zu veranlagen ist, als in dem Land ansässig, in dem das für die Einkommensteuerveranlagung örtlich zuständige Finanzamt belegen ist (Wohnsitzland); in den übrigen Fällen gilt als Wohnsitzland das Land, in dem der Arbeitnehmer zu dem nach § 1 Absatz 1 Satz 1 maßgeblichen Zeitpunkt seinen Wohnsitz hat. [3]Der Wohnsitz wird der nach § 139 b Absatz 3 Nummer 10 der Abgabenordnung zu diesem Stichtag gespeicherten Anschrift entnommen.

---

1) § 6 Abs. 7 neu gef. mWv VZ 2014 durch G v. 1. 11. 2011 (BGBl. I S. 2131).

2) § 7 Abs. 1 Satz 4 geänd. durch G v. 20. 12. 2007 (BGBl. I S. 3150); erstmals anzuwenden für Kj. 2010 nach den Verhältnissen im Kj. 2007.

3) § 7 Abs. 2 neu gef. mWv 1. 1. 2012 durch G v. 7. 12. 2011 (BGBl. I S. 2592).

4 Die nach den Angaben der Arbeitgeber in der elektronischen Lohnsteuerbescheinigung einbehaltene Lohnsteuer gilt als von dem Land vereinnahmt, zu dem das Finanzamt gehört, an das die Lohnsteuer nach den Angaben in der elektronischen Lohnsteuerbescheinigung abgeführt worden ist (Einnahmeland).

(3)[1) · 2)] 1 Für die Ermittlung der Verhältnisse im Feststellungszeitraum sind die für die Zerlegung maßgebenden Daten aus den elektronischen Lohnsteuerbescheinigungen für den Feststellungszeitraum oder die bei Durchführung der maschinellen Veranlagung zur Einkommensteuer auf den Feststellungszeitraum erstellten maschinell verwertbaren Datenträger, auf denen die für die Zerlegung maßgebenden Daten gespeichert sind, mit Stand 28. Februar des dritten Folgejahres, das dem Feststellungszeitraum folgt, an das Statistische Landesamt des Wohnsitzlandes zu leiten. 2 Das Statistische Landesamt des Wohnsitzlandes hat anhand der Daten aus den elektronischen Lohnsteuerbescheinigungen und der maschinellen Datenträger, die ihm zugeleitet worden sind, die Lohnsteuer, die nicht vom Wohnsitzland vereinnahmt worden ist, zu ermitteln, die hiervon auf die Einnahmeländer entfallenden Beträge festzustellen und diese bis zum 30. Juni des dritten Kalenderjahres, das dem Feststellungszeitraum folgt, den obersten Finanzbehörden der Einnahmeländer mitzuteilen. 3 Die sich aus den Daten ergebenden Centbeträge der Lohnsteuer sind nicht zu berücksichtigen.

(4)[3)] 1 Die obersten Finanzbehörden der Einnahmeländer stellen nach den von den Statistischen Landesämtern der Wohnsitzländer mitgeteilten Beträgen fest, in welchem Verhältnis – ausgedrückt in Prozentsätzen – jeder der Beträge zu der im Feststellungszeitraum von ihnen vereinnahmten individuellen Lohnsteuer steht. 2 Als vereinnahmte individuelle Lohnsteuer gilt die Differenz aus der insgesamt vereinnahmten Lohnsteuer und der für den Feststellungszeitraum bis zum 28. Februar des dritten Folgejahres angemeldeten pauschalen Lohnsteuer der Einnahmeländer. 3 Die Prozentsätze sind auf drei Stellen hinter dem Komma zu runden und den obersten Finanzbehörden der anderen Länder sowie dem Bundesministerium der Finanzen einschließlich der Berechnungsgrundlagen bis zum 15. August des dritten Kalenderjahres, das dem Feststellungszeitraum folgt, mitzuteilen.

(5) Die Prozentsätze gelten für die Zerlegung der Lohnsteuer im dritten Kalenderjahr, das dem Feststellungszeitraum folgt[4)].

(6) Auf Grund der nach Absatz 4 festgestellten Prozentsätze haben die obersten Finanzbehörden der Einnahmeländer

1.[5)] für jedes Kalendervierteljahr des Kalenderjahres, für das die Prozentsätze gelten (Absatz 5), die Zerlegungsanteile der Wohnsitzländer an der von ihnen in diesem Kalendervierteljahr vereinnahmten Lohnsteuer zu ermitteln sowie

---

[1)] § 7 Abs. 3 neu gef. durch G v. 15. 12. 2003 (BGBl. I S. 2645), Satz 1 geänd. durch G v. 20. 12. 2007 (BGBl. I S. 3150); erstmals anzuwenden für Kj. 2007 nach den Verhältnissen im Kj. 2004.

[2)] § 7 Abs. 3 Sätze 1 und 2 geänd. mWv 1. 1. 2012 durch G v. 7. 12. 2011 (BGBl. I S. 2592).

[3)] § 7 Abs. 4 neu gef. durch G v. 19. 12. 2008 (BGBl. I S. 2794); erstmals anzuwenden für Kj. 2010 nach den Verhältnissen im Kj. 2007 (§ 12 Abs. 3 Satz 1).

[4)] § 7 Abs. 5 geänd. durch G v. 20. 12. 2007 (BGBl. I S. 3150); erstmals anzuwenden für Kj. 2010 nach den Verhältnissen im Kj. 2007.

[5)] § 7 Abs. 6 Nr. 1 geänd. durch G v. 20. 12. 2007 (BGBl. I S. 3150); erstmals anzuwenden für Kj. 2010 nach den Verhältnissen im Kj. 2007.

2. für die folgenden Kalendervierteljahre Vorauszahlungen auf die Zerlegungsanteile der Wohnsitzländer an der von ihnen in diesem Kalendervierteljahr vereinnahmten Lohnsteuer zu ermitteln, bis die für diese Zeiträume maßgebenden Prozentsätze mitgeteilt worden sind.

(7) [1]Die Zerlegungsanteile und die Vorauszahlungen auf Zerlegungsanteile sind mit Ablauf der jeweiligen Kalendervierteljahre gegenüber den obersten Finanzbehörden der Wohnsitzländer abzurechnen. [2]Vorauszahlungen auf Zerlegungsanteile sind auf die jeweiligen Zerlegungsanteile anzurechnen. [3]Die Abrechnung und Zahlung erfolgt in einem Clearingverfahren.

(7 a)[1)] [1]Die Absätze 1 bis 7 sind für die Zerlegung der Lohnsteuer für das Jahr 2015 und 2016 mit der Maßgabe anzuwenden, dass die Zerlegung vorläufig nach den für das Jahr 2011 ermittelten Prozentsätzen erfolgt; sie sind ferner für die Zerlegung der Lohnsteuer für das Jahr 2017 mit der Maßgabe anzuwenden, dass die Zerlegung vorläufig nach den für das Jahr 2013 ermittelten Prozentsätzen erfolgt. [2]Die endgültige Zerlegung der Lohnsteuer für die Jahre 2015, 2016 und 2017 erfolgt, wenn die hierzu erforderlichen Datengrundlagen zur Verfügung stehen. [3]Für die endgültige Zerlegung der Lohnsteuer für die Jahre 2015, 2016 und 2017 sind die Prozentsätze nach den Verhältnissen im jeweiligen Feststellungszeitraum gemäß den Absätzen 1 bis 3 festzusetzen; dabei dürfen die Prozentsätze für das Jahr 2013 vor den Prozentsätzen für das Jahr 2012 festgestellt werden.

(8) Die Vorschriften der §§ 185 bis 189 der Abgabenordnung sind auf das Verfahren bei der Zerlegung der Lohnsteuer nicht anzuwenden.

Abschnitt 4. Zerlegung des Zinsabschlags

§ 8[2)] Zerlegung der Kapitalertragsteuer. (1)[3)] [1]Der Länder- und Gemeindeanteil am Aufkommen der Kapitalertragsteuer nach § 43 *Abs. 1 Satz 1 Nr. 6,* [***ab 1. 1. 2018:*** Absatz 1 Satz 1 Nummer 5 bis] 7 und 8 bis 12 sowie Satz 2 des Einkommensteuergesetzes werden kalendervierteljährlich zerlegt. [2]Die Zerlegungsanteile bemessen sich nach Prozentsätzen des nach Wohnsitz oder Sitz des Steuerschuldners auf das jeweilige Land entfallenden Anteils am Aufkommen nach Satz 1. [3]Zur Ermittlung der Prozentsätze hat die die Kapitalerträge auszahlende Stelle (Zahlstelle) anhand der ihr vorliegenden Unterlagen unter Anwendung der Postleitzahlen des Wohnsitzes oder Sitzes die auf die einzelnen Länder entfallende Kapitalertragsteuer festzustellen. [4]Bei Personenhandelsgesellschaften ist für die Zuordnung auf den Sitz der Gesellschaft, bei sonstigen Personenmehrheiten auf die von der Zahlstelle geführte Anschrift abzustellen. [5]Die Zahlstelle hat die festgestellten Daten bis zum zehnten des auf den Zufluss der Kapitalerträge folgenden Monats an das nach § 44 Abs. 1 Satz 5 des Einkommensteuergesetzes zuständige Fi-

---

[1)] § 7 Abs. 7 a eingef. mWv 31. 12. 2014 durch G v. 22. 12. 2014 (BGBl. I S. 2417) und neu gef. mWv 31. 12. 2015 durch G v. 21. 12. 2015 (BGBl. I S. 2531).

[2)] § 8 neu gef. mW für das Kj. 2009 durch G v. 14. 8. 2007 (BGBl. I S. 1912).

[3)] § 8 Abs. 1 Satz 1 Verweis geänd. mWv 1. 1. 2018 durch G v. 19. 7. 2016 (BGBl. I S. 1730).

nanzamt entsprechend den Maßgaben des § 45a Abs. 1 Satz 1 und 4 des Einkommensteuergesetzes zu übermitteln.[1)]

(2) [1]Die obersten Finanzbehörden der Länder haben für jedes Kalendervierteljahr das Aufkommen nach Absatz 1 Satz 1 und die nach Ländern zusammengefassten Mitteilungen nach Absatz 1 Satz 5 bis zum zehnten des Folgemonats eines Kalendervierteljahres dem Bundesministerium der Finanzen mitzuteilen. [2]Dieses stellt die Anteile der einzelnen Länder am Aufkommen nach Absatz 1 fest. [3]Die Abrechnung erfolgt im Rahmen eines Clearingverfahrens.

Abschnitt 4a.[2)] Zerlegung der Einkommensteuer auf Einkünfte im Sinne des § 49 Abs. 1 Nr. 7 und 10 des Einkommensteuergesetzes, soweit durch Rechtsverordnung zu § 19 Abs. 6 der Abgabenordnung für die Einkommensbesteuerung von Personen, die beschränkt steuerpflichtig oder nach § 1 Abs. 3 des Einkommensteuergesetzes unbeschränkt steuerpflichtig sind und ausschließlich mit Einkünften im Sinne des § 49 Abs. 1 Nr. 7 und 10 des Einkommensteuergesetzes zu veranlagen sind, einer Finanzbehörde die örtliche Zuständigkeit übertragen wird

§ 8a[2)] Zerlegung der Einkommensteuer auf Einkünfte im Sinne des § 49 Abs. 1 Nr. 7 und 10 des Einkommensteuergesetzes nach Maßgabe der zu § 19 Abs. 6 der Abgabenordnung erlassenen Rechtsverordnung. (1) Der Länder- und Gemeindeanteil am Aufkommen der Einkommensteuer auf Einkünfte im Sinne des § 49 Abs. 1 Nr. 7 und 10 des Einkommensteuergesetzes wird nach den Absätzen 2 bis 5 zerlegt, soweit durch Rechtsverordnung zu § 19 Abs. 6 der Abgabenordnung für die Einkommensbesteuerung von Personen, die beschränkt steuerpflichtig oder nach § 1 Abs. 3 des Einkommensteuergesetzes unbeschränkt steuerpflichtig sind und ausschließlich mit Einkünften im Sinne des § 49 Abs. 1 Nr. 7 und 10 des Einkommensteuergesetzes zu veranlagen sind, einer Finanzbehörde die örtliche Zuständigkeit übertragen worden ist und eine unmittelbare Zuordnung nach § 1a nicht möglich ist.

(2) [1]Die Zerlegungsanteile der einzelnen Länder am Aufkommen nach Absatz 1 bemessen sich nach den Verhältnissen der Anzahl der entsprechenden Personen, die beschränkt steuerpflichtig oder nach § 1 Abs. 3 des Einkommensteuergesetzes unbeschränkt steuerpflichtig sind und ausschließlich mit Einkünften im Sinne des § 49 Abs. 1 Nr. 7 und 10 des Einkommensteuergesetzes zu veranlagen sind, die dort ihren letzten inländischen Wohnsitz hatten,

---

[1)] § 8 Abs. 1 Satz 5 ergänzt mW für Kj. 2009 durch G v. 20. 12. 2008 (BGBl. I S. 2850).

[2)] § 8a eingef. mWv 25. 12. 2008 durch G v. 19. 12. 2008 (BGBl. I S. 2794).

sofern kein letzter inländischer Wohnsitz feststellbar ist, den letzten inländischen Tätigkeitsort hatten; sie werden jährlich neu bestimmt. [2]Für die Ermittlung der Zerlegungsanteile werden jeweils die festgestellten inländischen Wohnsitze bzw. inländischen Tätigkeitsorte für das dem Zerlegungsjahr vorausgehende Jahr zu Grunde gelegt.

(3) [1]Die Zerlegung wird monatlich durchgeführt. [2]Dabei wird der Länder- und Gemeindeanteil am Aufkommen nach Absatz 1 des jeweiligen Monats auf die einzelnen Länder nach den Zerlegungsanteilen nach Absatz 2 aufgeteilt; die obersten Finanzbehörden der Länder sind über die Berechnungsgrundlagen zu unterrichten. [3]Die so bestimmten Zahlungen sind am 15. des Folgemonats zu leisten. [4]Für jedes Zerlegungsjahr sind bis zum 15. Januar die in dem Zerlegungsjahr geltenden Zerlegungsanteile den obersten Finanzbehörden der Länder mitzuteilen.

(4) Die Feststellung des jeweiligen letzten inländischen Wohnsitzes bzw. Tätigkeitsortes der entsprechenden Personen, die beschränkt steuerpflichtig oder nach § 1 Abs. 3 des Einkommensteuergesetzes unbeschränkt steuerpflichtig sind und ausschließlich mit Einkünften im Sinne des § 49 Abs. 1 Nr. 7 und 10 des Einkommensteuergesetzes zu veranlagen sind, und die Bestimmung der Zerlegungsanteile sowie die Durchführung der Zerlegung einschließlich des Zahlungsverkehrs obliegen dem Land Mecklenburg-Vorpommern.

(5) [1]Abweichend von Absatz 2 werden in den Jahren 2009 bis 2011 folgende Zerlegungsanteile vorläufig zu Grunde gelegt:

Baden-Württemberg	23,52%
Bayern	18,39%
Berlin	5,65%
Brandenburg	1,38%
Bremen	0,86%
Hamburg	2,92%
Hessen	10,73%
Mecklenburg-Vorpommern	0,25%
Niedersachsen	8,40%
Nordrhein-Westfalen	19,19%
Rheinland-Pfalz	4,41%
Saarland	0,81%
Sachsen	0,82%
Sachsen-Anhalt	0,51%
Schleswig-Holstein	1,93%
Thüringen	0,23%.

[2]2012 erfolgt die endgültige Zerlegung für die Jahre 2009 bis 2011. [3]Hierbei werden die nach Absatz 2 ermittelten Zerlegungsanteile für das Jahr 2012 auch für die Jahre 2009 bis 2011 zu Grunde gelegt. [4]Die Abweichungsbeträge zu den Zahlungen auf der Grundlage der vorläufigen Zerlegungen für die Jahre 2009 bis 2011 sind am 15. Januar 2012 auszugleichen.

Abschnitt 5. Gemeinsame Vorschriften

§ 9 Zahlungen im Clearingverfahren. Die sich im Rahmen der Clearingverfahren ergebenden Zahlungen sind von den zahlungspflichtigen Ländern bis zum Ende des auf das jeweilige Kalendervierteljahr folgenden Monats an die obersten Finanzbehörden der empfangsberechtigten Länder zu überweisen.

§ 10 Erlöschen der Ansprüche. (1) Die Ansprüche nach den §§ 1 und 8 erlöschen, wenn sie nicht bis zum Ablauf des dritten auf die Vereinnahmung der Steuer folgenden Kalenderjahres geltend gemacht werden.

(2) Die Ansprüche nach § 7 erlöschen, wenn sie nicht bis zum Ablauf des vierten auf die Vereinnahmung der Steuer folgenden Kalenderjahres geltend gemacht werden.

§ 11 Rechtsweg. Für die Entscheidung von Rechtsstreitigkeiten auf Grund dieses Gesetzes ist der Finanzrechtsweg gegeben.

§ 12[1] **Anwendung.** (1) [1]Die vorstehende Fassung dieses Gesetzes ist, soweit in Satz 2 und in Absatz 2 nichts anderes geregelt ist, erstmals für den Veranlagungszeitraum 2015 anzuwenden. [2]Für die Zerlegung der Lohnsteuer und des Zinsabschlags ist die vorstehende Fassung dieses Gesetzes erstmals für das Kalenderjahr 2015 anzuwenden.

(2) § 2 Absatz 3 in der am 31. Juli 2014[2] geltenden Fassung ist erstmals für den Veranlagungszeitraum 2012 anzuwenden.

(3)[3] § 4 Absatz 1 und § 5 Absatz 1 Satz 1 in der Fassung des Artikels 17 des Gesetzes vom 20. Dezember 2016 (BGBl. I S. 3000) sind erstmals für die Zerlegung des ersten Kalendervierteljahres 2019 anzuwenden.

---

[1] § 12 neu gef. durch G v. 25. 7. 2014 (BGBl. I S. 1266).
[2] Datum des Tags nach der Verkündung des G v. 25. 7. 2014 (BGBl. I S. 1266).
[3] § 12 Abs. 3 angef. durch G v. 20. 12. 2016 (BGBl. I S. 3000).

808. Gesetz über den Finanzausgleich zwischen Bund und Ländern (Finanzausgleichsgesetz – FAG)[1]

Vom 20. Dezember 2001 (BGBl. I S. 3955)

Geändert durch Viertes Gesetz für moderne Dienstleistungen am Arbeitsmarkt vom 24.12.2003 (BGBl. I S. 2954), Gesetz zur Neuorganisation der Bundesfinanzverwaltung und zur Schaffung eines Refinanzierungsregisters vom 22.9.2005 (BGBl. I S. 2809), Haushaltsbegleitgesetz 2006 vom 29.6.2006 (BGBl. I S. 1402), Föderalismusreform-Begleitgesetz vom 5.9.2006 (BGBl. I S. 2098), Gesetz zur Änderung des Zweiten Buches Sozialgesetzbuch und des Finanzausgleichsgesetzes vom 22.12.2006 (BGBl. I S. 3376), Achtes Gesetz zur Änderung des Gemeindefinanzreformgesetzes vom 31.7.2008 (BGBl. I S. 1626), Kinderförderungsgesetz vom 10.12.2008 (BGBl. I S. 2403), Jahressteuergesetz 2009 vom 19.12.2008 (BGBl. I S. 2794), Gesetz zur Umsetzung steuerrechtlicher Regelungen des Maßnahmenpakets „Beschäftigungssicherung durch Wachstumsstärkung" vom 21.12.2008 (BGBl. I S. 2896), Familienleistungsgesetz vom 22.12.2008 (BGBl. I S. 2955), Gesetz zur Sicherung von Beschäftigung und Stabilität in Deutschland vom 2.3.2009 (BGBl. I S. 416), Gesetz zur Neuregelung der Kraftfahrzeugsteuer und Änderung anderer Gesetze vom 29.5.2009 (BGBl. I S. 1170), Begleitgesetz zur zweiten Föderalismusreform vom 10.8.2009 (BGBl. I S. 2702), Wachstumsbeschleunigungsgesetz vom 22.12.2009 (BGBl. I S. 3950), Gesetz zur Abschaffung des Finanzplanungsrates und zur Übertragung der fortzuführenden Aufgaben auf den Stabilitätsrat sowie zur Änderung weiterer Gesetze vom 27.5.2010 (BGBl. I S. 671), Steuervereinfachungsgesetz 2011 vom 1.11.2011 (BGBl. I S. 2131), Gesetz zur Stärkung der Finanzkraft der Kommunen vom 6.12.2011 (BGBl. I S. 2563), Beitreibungsrichtlinie-Umsetzungsgesetz (BeitrRLUmsG) vom 7.12.2011 (BGBl. I S. 2592), Gesetz zur Besteuerung von Sportwetten vom 29.6.2012 (BGBl. I S. 1424), Gesetz zur zusätzlichen Förderung von Kindern unter drei Jahren in Tageseinrichtungen und in Kindertagespflege vom 15.2.2013 (BGBl. I S. 250), Gesetz zur Änderung des Finanzausgleichsgesetzes und der Bundeshaushaltsordnung vom 15.7.2013 (BGBl. I S. 2395), Gesetz zur innerstaatlichen Umsetzung des Fiskalvertrags vom 15.7.2013 (BGBl. I S. 2398), Aufbauhilfegesetz vom 15.7.2013 (BGBl. I S. 2401), Gesetz zur weiteren Entlastung von Ländern und Kommunen ab 2015 und zum quantitativen und qualitativen Ausbau der Kindertagesbetreuung sowie zur Änderung des Lastenausgleichsesetzes vom 22.12.2014 (BGBl. I S. 2411), Gesetz zur Förderung von Investitionen finanzchwacher Kommunen und zur Entlastung von Ländern und Kommunen bei der Aufnahme und Unterbringung von Asylbewerbern vom 24.6.2015 (BGBl. I S. 974), Asylverfahrensbeschleunigungsgesetz vom 20.10.2015 (BGBl. I S. 1722), Gesetz zur Änderung des Kommunalinvestitionsförderungsgesetzes und zur Änderung weiterer Gesetze vom 21.11.2016 (BGBl. I S. 2613), Gesetz zur Beteiligung des Bundes an den Kosten der Integration und zur weiteren Entlastung von Ländern und Kommunen vom 1.12.2016 (BGBl. I S. 2755), Gesetz zur Neuregelung des bundesstaatlichen Finanzausgleichssystems ab dem Jahr 2020 und zur Änderung rechtlicher Vorschriften vom 14.8.2017 (BGBl. I S. 3122), Gesetz zur fortgesetzten Beteiligung des Bundes an den Integrationskosten der Länder und Kommunen und zur Regelung der Folgen der Abfinanzierung des Fonds „Deutsche Einheit" vom 17.12.2018 (BGBl. I S. 2522), Gesetz zur Weiterentwicklung der Qualität und zur Teilhabe in der Kindertagesbetreuung vom 19.12.2018 (BGBl. I S. 2696), Gesetz zur Reform des Grundsteuer- und Bewertungsrechts (Grundsteuer-Reformgesetz – GrStRefG) vom 26.11.2019 (BGBl. I S. 1794), Gesetz zur Beteiligung des Bundes an den Integrationskosten der Länder und Kommunen in den Jahren 2020 und 2021 vom 9.12.2019 (BGBl. I S. 2051), Gesetz zur Umsetzung des Klimaschutzprogramms 2030 im Steuerrecht vom 21.12.2019 (BGBl. I S. 2886), Zweites Gesetz zur Umsetzung steuerlicher Hilfsmaßnahmen zur Bewältigung der Corona-Krise (Zweites Corona-Steuerhilfegesetz) vom 29.6.2020 (BGBl. I S. 1512) und Gesetz zur Anpassung der Ergänzungszuweisungen des Bundes nach § 11 Absatz 4 des Finanzausgleichsgesetzes und zur Beteiligung des Bundes an den flüchtlingsbezogenen Kosten der Länder vom 3.12.2020 (BGBl. I S. 2657)

BGBl. III/FNA 603-12

---

[1] Das FAG ist als Art. 5 des Solidarpaktfortführungsgesetzes v. 20.12.2001 verkündet worden. Es tritt mWv 1.1.2005 in Kraft. Gleichzeitig tritt das FAG v. 23.6.1993 außer Kraft.

Erster Abschnitt. Steuerverteilung zwischen Bund und Ländern sowie unter den Ländern

§ 1[1)] **Anteile von Bund und Ländern an der Umsatzsteuer.** (1) Das Aufkommen der Umsatzsteuer wird auf Bund, Länder und Gemeinden nach folgenden Prozentsätzen aufgeteilt:

	Bund	Länder	Gemeinden
ab 2020	52,81398351	45,19007254	1,99594395.

(2) Die im Folgenden genannten Beträge verändern die Anteile des Bundes, der Länder und Gemeinden nach Absatz 1:

Kalender-jahr	Bund	Länder	Gemeinden
2020	minus 20 533 717 472 Euro	15 858 934 915 Euro	4 674 782 557 Euro
2021	minus 12 181 407 683 Euro	8 506 407 683 Euro	3 675 000 000 Euro
2022	minus 9 706 407 683 Euro	7 306 407 683 Euro	2 400 000 000 Euro
2023	minus 9 706 407 683 Euro	7 306 407 683 Euro	2 400 000 000 Euro
2024	minus 9 894 407 683 Euro	7 494 407 683 Euro	2 400 000 000 Euro
2025	minus 9 519 407 683 Euro	7 119 407 683 Euro	2 400 000 000 Euro
2026	minus 9 519 407 683 Euro	7 119 407 683 Euro	2 400 000 000 Euro
ab 2027	minus 9 331 407 683 Euro	6 931 407 683 Euro	2 400 000 000 Euro.

(3) Diese Aufteilung der Umsatzsteuer gilt jeweils für alle Beträge, die während der Geltungsdauer des Beteiligungsverhältnisses vereinnahmt oder erstattet werden.

(4) *(aufgehoben)*

(5) Zum Ausgleich für Belastungen der Länder aus dem KiTa-Qualitäts- und -Teilhabeverbesserungsgesetz vom 19. Dezember 2018 (BGBl. I S. 2696) und aus der Änderung des Achten Buches Sozialgesetzbuch durch die Arti-

---

[1)] § 1 neu gef. mWv 1.1.2020 durch G v. 14.8.2017 (BGBl. I S. 3122); Abs. 2 neu gef. mWv 1.1.2020 durch G v. 17.12.2018 (BGBl. I S. 2522); Abs. 5 angef. durch G v. 19.12.2018 (BGBl. I S. 2696; zum Inkrafttreten am 1.1.2020 siehe Bekanntmachung v. 26.11.2019, BGBl. I S. 1868); Abs. 1 geänd., Abs. 2 neu gef., Abs. 4 aufgeh. mWv 1.1.2020 durch G v. 9.12.2019 (BGBl. I S. 2051); Abs. 2 neu gef. mWv 1.1.2020 durch G v. 21.12.2019 (BGBl. I S. 2886); Abs. 2 geänd. durch G v. 29.6.2020 (BGBl. I S. 1512); Abs. 2 geänd. durch G v. 3.12.2020 (BGBl. I S. 2657).

kel 1 und 2 des Gesetzes vom 19. Dezember 2018 (BGBl. I S. 2696) verringern sich die in Absatz 2 genannten Beträge für den Bund im Jahr 2020 um 993 Millionen Euro und in den Jahren 2021 und 2022 um jeweils 1993 Millionen Euro; die in Absatz 2 genannten Beträge für die Länder erhöhen sich entsprechend im Jahr 2020 um 993 Millionen Euro und in den Jahren 2021 und 2022 um jeweils 1993 Millionen Euro.

§ 2[1)] Verteilung der Umsatzsteuer unter den Ländern. [1]Der Länderanteil an der Umsatzsteuer wird vorbehaltlich des gemäß § 4 durchzuführenden Finanzkraftausgleichs nach dem Verhältnis ihrer Einwohnerzahlen auf die Länder verteilt. [2]Hierbei sind die Einwohnerzahlen zugrunde zu legen, die das Statistische Bundesamt zum 30. Juni des Kalenderjahres, für das der Ausgleich durchgeführt wird (Ausgleichsjahr), festgestellt hat.

(Fortsetzung nächstes Blatt)

[1)] § 2 neu gef. mWv 1.1.2020 durch G v. 14.8.2017 (BGBl. I S. 3122).

§ 3 Verteilung der Gewerbesteuerumlage unter den Ländern. Die Gewerbesteuerumlage steht den Ländern insoweit zu, als die Gewerbesteuer in dem Gebiet des einzelnen Landes vereinnahmt wird.

Zweiter Abschnitt. Angemessener Ausgleich der unterschiedlichen Finanzkraft[1]

§ 4[2] Finanzkraftausgleich. [1] Der Verteilung der Umsatzsteuer unter den Ländern ist ein angemessener Ausgleich der unterschiedlichen Finanzkraftverhältnisse hinzuzurechnen. [2] Zu diesem Zweck erfolgt die Verteilung der Umsatzsteuer gemäß § 2 nach der Hinzurechnung von Zuschlägen zu und Abschlägen von der Finanzkraft.

§ 5[3] Abschläge und Zuschläge zum Zweck des Finanzkraftausgleichs. (1) Abschläge werden von den Ländern erhoben, deren Finanzkraftmesszahl im Ausgleichsjahr ihre Ausgleichsmesszahl übersteigt.

(2) Zuschläge werden den Ländern gewährt, deren Finanzkraftmesszahl im Ausgleichsjahr ihre Ausgleichsmesszahl nicht erreicht.

§ 6 Finanzkraftmesszahl, Ausgleichsmesszahl. (1) Die Finanzkraftmesszahl eines Landes ist die Summe der Einnahmen des Landes nach § 7 und der Steuereinnahmen seiner Gemeinden nach § 8.

(2) [1] Die Ausgleichsmesszahl eines Landes ist die Summe der beiden Messzahlen, die zum Ausgleich der Einnahmen der Länder nach § 7 und zum Ausgleich der Steuereinnahmen der Gemeinden nach § 8 getrennt festgestellt werden. [2] Die Messzahlen ergeben sich aus den auszugleichenden Einnahmen je Einwohner der Ländergesamtheit, vervielfacht mit der Einwohnerzahl des Landes; hierbei sind die nach § 9 gewerteten Einwohnerzahlen zugrunde zu legen.

§ 7[4] Einnahmen der Länder aus Steuern und Förderabgabe. (1) [1] Als Steuereinnahmen eines Landes gelten die ihm im Ausgleichsjahr zugeflossenen Einnahmen

1. aus seinem Anteil an der Einkommensteuer und der Körperschaftsteuer;
2. aus seinem Anteil an der Gewerbesteuerumlage nach § 6 des Gemeindefinanzreformgesetzes;
3. aus der Vermögensteuer, der Erbschaftsteuer, der Biersteuer, der Rennwett- und Lotteriesteuer sowie der Steuer für Sportwetten mit Ausnahme der To-

---

[1] Überschr. neu gef. mWv 1.1.2020 durch G v. 14.8.2017 (BGBl. I S. 3122).

[2] § 4 neu gef. mWv 1.1.2020 durch G v. 14.8.2017 (BGBl. I S. 3122).

[3] § 5 Überschr. und Abs. 1 neu gef., Abs. 2 geänd. mWv 1.1.2020 durch G v. 14.8.2017 (BGBl. I S. 3122).

[4] § 7 Abs. 1, 2 und 3 geänd. mWv 1.1.2020 durch G v. 14.8.2017 (BGBl. I S. 3122).

talisatorsteuer, der Feuerschutzsteuer und der Spielbankabgabe mit Ausnahme der Sonderabgabe und der Troncabgabe;

4. nach dem Gesetz zur Regelung der finanziellen Kompensation zugunsten der Länder infolge der Übertragung der Ertragshoheit der Kraftfahrzeugsteuer auf den Bund.

2 Als Steuereinnahme eines Landes gilt ebenfalls seine Steuerkraftzahl der Grunderwerbsteuer im Ausgleichsjahr. 3 Als Steuerkraftzahlen werden für die einzelnen Länder die Beträge angesetzt, die sich ergeben, wenn die im Bundesgebiet insgesamt im Ausgleichsjahr aufgekommene Grunderwerbsteuer im Verhältnis der dem Aufkommen zu Grunde liegenden länderweisen Steuerbemessungsgrundlagen der Grunderwerbsteuer verteilt wird. 4 Für Fälle der Pauschalbesteuerung nach § 12 des Grunderwerbsteuergesetzes ist zur Ermittlung der Steuerbemessungsgrundlage der Pauschalbetrag durch den Steuersatz zu dividieren, der zum Zeitpunkt des pauschaliert besteuerten Rechtsvorgangs gültig war. 5 Als Steuereinnahmen eines Landes gelten ferner die sich nach § 2 entsprechend seinem Einwohneranteil für das Ausgleichsjahr ergebenden Anteile der Umsatzsteuer.

(2) Den Steuereinnahmen der Länder nach Absatz 1 werden 33 Prozent des Aufkommens aus der Förderabgabe nach § 31 des Bundesberggesetzes hinzugesetzt.

(3) 1 Die Einnahmen nach den Absätzen 1 und 2 werden in den Ländern gekürzt, in denen die Veränderungsrate der Steuereinnahmen nach Absatz 1 Satz 1 bis 4[1] je Einwohner im Ausgleichsjahr gegenüber dem dem Ausgleichsjahr vorausgehenden Kalenderjahr die entsprechende Veränderungsrate der Ländergesamtheit übersteigt. 2 Dabei sind die Einwohnerzahlen maßgebend, die das Statistische Bundesamt jeweils zum 30. Juni des Ausgleichsjahres und des dem Ausgleichsjahr vorausgehenden Kalenderjahres festgestellt hat. 3 Der Kürzungsbetrag wird auf 12 Prozent des Betrages festgesetzt, der sich ergibt, wenn die Veränderungsrate der Steuereinnahmen eines Landes nach Absatz 1 Satz 1 bis 4[1] je Einwohner im Ausgleichsjahr, soweit sie die entsprechende Veränderungsrate der Ländergesamtheit übersteigt, vervielfacht wird mit den Steuereinnahmen des Landes nach Absatz 1 Satz 1 bis 4[1] je Einwohner des dem Ausgleichsjahr vorausgehenden Kalenderjahres sowie mit der Einwohnerzahl des Ausgleichsjahres.

§ 8 Steuereinnahmen der Gemeinden. (1) 1 Als Steuereinnahmen der Gemeinden eines Landes gelten nach Maßgabe des Absatzes 3

1. die Gemeindeanteile an der Umsatzsteuer und an der Einkommensteuer im Ausgleichsjahr,
2. die Steuerkraftzahlen der Grundsteuern und der Gewerbesteuer nach Absatz 2, vermindert um die im Ausgleichsjahr geleistete Gewerbesteuerumlage.

2 Für die von den Gemeinden geleistete Gewerbesteuerumlage sind die Feststellungen der Länder maßgebend.

[1] Verweis geänd. durch G v. 5.9.2006 (BGBl. I S. 2098).

[Fassung bis 31.12.2024:]

(2) [1] Als Steuerkraftzahlen der Grundsteuer von den land- und forstwirtschaftlichen Betrieben, der Grundsteuer von den Grundstücken und der Gewerbesteuer werden jeweils für die einzelnen Länder die Beträge angesetzt, die sich ergeben, wenn die im Bundesgebiet insgesamt im Ausgleichsjahr aufgekommenen einzelnen Realsteuern im Verhältnis der länderweisen Grundbeträge dieser Steuern in dem dem Ausgleichsjahr vorausgehenden Kalenderjahr verteilt werden. [2] Dabei sind die Grundbeträge maßgebend, die das Statistische Bundesamt nach dem Ergebnis der Gemeindefinanzstatistik festgestellt hat.

[Fassung ab 1.1.2025:]

(2)[1] [1] Als Steuerkraftzahlen der Gewerbesteuer werden jeweils für die einzelnen Länder die Beträge angesetzt, die sich ergeben, wenn die im Bundesgebiet insgesamt im Ausgleichsjahr aufgekommene Gewerbesteuer im Verhältnis der länderweisen Grundbeträge dieser Steuern in dem dem Ausgleichsjahr vorausgehenden Kalenderjahr verteilt werden. [2] Dabei sind die Grundbeträge maßgebend, die das Statistische Bundesamt nach dem Ergebnis der Gemeindefinanzstatistik festgestellt hat. [3] Als Steuerkraftzahlen der Grundsteuer von den land- und forstwirtschaftlichen Betrieben und der Grundsteuer von den Grundstücken werden für die einzelnen Länder jeweils die Beträge angesetzt, die sich ergeben, wenn die im Bundesgebiet insgesamt im Ausgleichsjahr aufgekommenen Grundsteuern jeweils im Verhältnis der Summen der nach bundesgesetzlich normiertem Bewertungsrecht berechneten Grundsteuermessbeträge, die die Länder für das dem Ausgleichsjahr vorausgehende Kalenderjahr für ihr Gebiet festzustellen haben, verteilt werden; dies gilt nicht, soweit das Statistische Bundesamt für alle Länder in bundeseinheitlicher Abgrenzung Grundbeträge der Grundsteuern festgestellt hat. [4] Bei der Ermittlung der Summen nach Satz 3 ist unverhältnismäßiger Verwaltungsaufwand zu vermeiden. [5] Für die Steuerpflichtigen darf durch das Verfahren zur Normierung des Grundsteueraufkommens keine gesonderte Erklärungspflicht entstehen.

(3) Die Steuereinnahmen der Gemeinden eines Landes nach Absatz 1 werden je für sich auf 75 Prozent[2] herabgesetzt.

[1] § 8 Abs. 2 neu gef. mWv 1.1.2025 durch G v. 26.11.2019 (BGBl. I S. 1794).
[2] Prozentsatz geänd. mWv 1.1.2020 durch G v. 14.8.2017 (BGBl. I S. 3122).

[*Fassung ab 1.1.2025:*

(4)[1] Für die Ausgleichsjahre 2025 bis 2027 werden bei der Ermittlung der Steuerkraftzahlen der Grundsteuer von den land- und fortwirtschaftlichen Betrieben und der Grundsteuer von den Grundstücken abweichend von den Regelungen in Absatz 2 jeweils die vom Statistischen Bundesamt festgestellten Grundbeträge des Jahres 2024 angesetzt.

(5)[1] Für die Ausgleichsjahre 2028 und 2029 werden bei der Ermittlung der Steuerkraftzahlen der Grundsteuer von den land- und forstwirtschaftlichen Betrieben und der Grundsteuer von den Grundstücken abweichend von den Regelungen in Absatz 2 jeweils die Steuerkraftzahlen für jedes Land ermittelt, indem jeweils anteilig

1. die Grundbeträge nach Absatz 4
   im Jahr 2028 zu 67 Prozent und
   im Jahr 2029 zu 33 Prozent sowie
2. die für das dem Ausgleichsjahr vorangehende Kalenderjahr ermittelten Beträge gemäß Absatz 2
   im Jahr 2028 zu 33 Prozent und
   im Jahr 2029 zu 67 Prozent

zugrunde gelegt werden.

(6)[1] Das Bundesministerium der Finanzen kann in der Verordrnung nach § 14 Absatz 4 für die Ausgleichsjahre 2025 bis 2029 bei den Grundsteuern in Anlehnung an die Festlegungen in Absatz 4 von § 13 Nummer 2 abweichende Festlegungen treffen.]

§ 9 Einwohnerzahl. (1) Der Ausgleichsmesszahl eines Landes wird die Einwohnerzahl (Wohnbevölkerung) zugrunde gelegt, die das Statistische Bundesamt zum 30. Juni des Ausgleichsjahres festgestellt hat.

(2) Bei der Ermittlung der Messzahlen zum Ausgleich der Einnahmen der Länder nach § 7 werden die Einwohnerzahlen der Länder Berlin, Bremen und Hamburg mit 135 Prozent und die Einwohnerzahlen der übrigen Länder mit 100 Prozent gewertet.

(3) Bei der Ermittlung der Messzahlen zum Ausgleich der Steuereinnahmen der Gemeinden nach § 8 werden die Einwohnerzahlen der Länder Berlin, Bremen und Hamburg mit 135 Prozent, die Einwohnerzahl des Landes Mecklenburg-Vorpommern mit 105 Prozent, die Einwohnerzahl des Landes Brandenburg mit 103 Prozent, die Einwohnerzahl des Landes Sachsen-Anhalt mit 102 Prozent und die Einwohnerzahlen der übrigen Länder mit 100 Prozent gewertet.

§ 10[2] Bemessung der Zu- und Abschläge. (1) Die Höhe des Zuschlags, der einem Land zu gewähren ist, beträgt 63 Prozent des Betrags, um den die Ausgleichsmesszahl dieses Landes seine Finanzkraftmesszahl übersteigt.

[1] § 8 Abs. 4 bis 6 angef. mWv 1.1.2025 durch G v. 26.11.2019 (BGBl. I S. 1794).
[2] § 10 neu gef. mWv 1.1.2020 durch G v. 14.8.2017 (BGBl. I S. 3122).

(2) 1 Die Höhe des Abschlags, der von einem Land zu erheben ist, beträgt 63 Prozent des Betrags, um den die Finanzkraftmesszahl dieses Landes seine Ausgleichsmesszahl übersteigt. 2 Soweit die Höhe des Abschlags eines Landes seinen nach § 2 ermittelten Anteil übersteigt, ist der Unterschiedsbetrag von diesem Land aufzubringen.

Dritter Abschnitt. Bundesergänzungszuweisungen

§ 11[1)] Bundesergänzungszuweisungen. (1) Der Bund gewährt aus seinen Mitteln leistungsschwachen Ländern Bundesergänzungszuweisungen zur ergänzenden Deckung ihres allgemeinen Finanzbedarfs sowie zum Ausgleich von Sonderlasten nach Maßgabe der Absätze 2 bis 6.

(2) 1 Zur ergänzenden Deckung ihres allgemeinen Finanzbedarfs erhalten leistungsschwache Länder allgemeine Bundesergänzungszuweisungen. 2 Leistungsschwach im Sinne von Satz 1 ist ein Land, dessen Summe aus Finanzkraftmesszahl und Zuschlag nach § 10 Fehlbeträge an 99,75 Prozent der Ausgleichsmesszahl des Ausgleichsjahres aufweist. 3 Ein leistungsschwaches Land erhält 80 Prozent dieser Fehlbeträge als allgemeine Bundesergänzungszuweisungen.

(3) 1 Zum Ausgleich von Sonderlasten durch die strukturelle Arbeitslosigkeit und der daraus entstehenden überproportionalen Lasten bei der Zusammenführung von Arbeitslosenhilfe und Sozialhilfe für Erwerbsfähige erhalten nachstehende Länder jährlich folgende Sonderbedarfs-Bundesergänzungszuweisungen:

Brandenburg	50 920 000 Euro,
Mecklenburg-Vorpommern	34 304 000 Euro,
Sachsen	85 492 000 Euro,
Sachsen-Anhalt	50 116 000 Euro,
Thüringen	47 168 000 Euro.

2 Bund und Länder überprüfen gemeinsam in einem Abstand von drei Jahren, beginnend im Jahr 2022, in welcher Höhe die Sonderlasten dieser Länder ab dem jeweils folgenden Jahr auszugleichen sind. 3 Die Sonderlasten sind entsprechend den im Jahr vor der Überprüfung gegebenen einwohnerbezogenen Verhältnissen der Bedarfsgemeinschaften und der Entwicklung der Kosten der Unterkunft im Durchschnitt der Länder Brandenburg, Mecklenburg-Vorpommern, Sachsen, Sachsen-Anhalt und Thüringen im Verhältnis zum Durchschnitt der Länder Baden-Württemberg, Bayern, Hessen, Niedersachsen, Nordrhein-Westfalen, Rheinland-Pfalz, Saarland und Schleswig-Holstein in Bezug zum Ausgangsjahr 2005 zu ermitteln.

(4) 1 Wegen überdurchschnittlich hoher Kosten politischer Führung erhalten nachstehende Länder jährlich folgende Sonderbedarfs-Bundesergänzungszuweisungen:

Berlin	58 671 000 Euro,
Brandenburg	80 674 000 Euro,

[1)] § 11 neu gef. mWv 1.1.2020 durch G v. 14.8.2017 (BGBl. I S. 3122); Abs. 3 Satz 1 geänd. mWv 1.1.2020 durch G v. 9.12.2019 (BGBl. I S. 2051); Abs. 4 Satz 1 neu gef. durch G. v. 3.12.2020 (BGBl. I S. 2657).

Bremen	60 332 000 Euro,
Mecklenburg-Vorpommern	71 959 000 Euro,
Rheinland-Pfalz	48 337 000 Euro,
Saarland	66 309 000 Euro,
Sachsen	47 371 000 Euro,
Sachsen-Anhalt	70 993 000 Euro,
Schleswig-Holstein	66 308 000 Euro,
Thüringen	71 432 000 Euro.

[2]Bund und Länder überprüfen gemeinsam die Voraussetzungen der Vergabe in einem Abstand von fünf Jahren, erstmals im Jahr 2023, im Hinblick auf die Vergabe im jeweils übernächsten Jahr.

(5) [1]Leistungsschwache Länder, in denen die kommunalen Steuereinnahmen gemäß § 8 Absatz 1 und 2 im Ausgleichsjahr je Einwohner weniger als 80 Prozent des Durchschnitts aller gemäß § 8 Absatz 1 und 2 ermittelten Steuereinnahmen der Gemeinden betragen, erhalten Bundesergänzungszuweisungen zum Ausgleich besonders geringer kommunaler Steuerkraft. [2]Die Zuweisungen erfolgen in Höhe von 53,5 Prozent des zu 80 Prozent des Durchschnitts bestehenden Fehlbetrages. [3]Für die Berechnung der Zuweisungen sind die nach § 9 Absatz 1 ermittelten Einwohnerzahlen maßgebend. [4]Absatz 2 Satz 2 gilt entsprechend.

(6) [1]Zuweisungen werden leistungsschwachen Ländern gewährt, die aus Mitteln der Forschungsförderung nach Artikel 91b des Grundgesetzes einen Forschungsnettozufluss in Höhe von weniger als 95 Prozent des den Ländern durchschnittlich gewährten Forschungsnettozuflusses erhalten haben. [2]Diese Länder erhalten pro Einwohner Ergänzungszuweisungen des Bundes in Höhe von 35 Prozent des zu 95 Prozent des durchschnittlich von den Ländern vereinnahmten Forschungsnettozuflusses bestehenden Fehlbetrages. [3]Forschungsnettozufluss ist der Nettozufluss pro Einwohner in der von der Gemeinsamen Wissenschaftskonferenz für das dem Ausgleichsjahr sieben Jahre vorausgehende Jahr festgestellten Höhe. [4]Absatz 2 Satz 2 gilt entsprechend.

(7) Die Bundesergänzungszuweisungen nach § 11 sind abweichend von § 10 Abs. 3, § 12 Abs. 1 und 4 des Haushaltsgrundsätzegesetzes sowie von § 13 Abs. 3, § 15 Abs. 1 und § 17 Abs. 1 der Bundeshaushaltsordnung bei den Einnahmen darzustellen.

Vierter Abschnitt. Vollzug und Abrechnung der Umsatzsteuerverteilung, des Finanzkraftausgleichs und der Bundesergänzungszuweisungen[1)]

§ 12[2)] Feststellung der Umsatzsteueranteile. Das Bundesministerium der Finanzen stellt nach Ablauf des Ausgleichsjahres die endgültige Höhe der Länderanteile an der Umsatzsteuer durch Rechtsverordnung fest, die der Zustimmung des Bundesrates bedarf.

---

1) Überschr. geänd. mWv 1.1.2020 durch G v. 14.8.2017 (BGBl. I S. 3122).

2) § 12 Überschr. und Wortlaut geänd. mWv 1.1.2020 durch G v. 14.8.2017 (BGBl. I S. 3122).

§ 12a[1] *(aufgehoben)*

§ 13[2] **Verteilung der Umsatzsteuer und Vollzug des Finanzkraftausgleichs während des Ausgleichsjahres.** [1]Die Verteilung der Umsatzsteuer und der Finanzkraftausgleich werden während des Ausgleichsjahres aufgrund vorläufiger Bemessungsgrundlagen vorgenommen. [2]Die vorläufigen Anteile an der Umsatzsteuer sowie die vorläufigen Zuschläge zu und Abschläge von der Finanzkraft werden nach den §§ 2 sowie 4 bis 10 ermittelt; jedoch werden zugrunde gelegt

1. die Einnahmen der Länder nach § 7 Abs. 1 und 2 sowie die Gemeindeanteile an der Umsatzsteuer und an der Einkommensteuer und die Gewerbesteuerumlage nach § 8 in dem Jahreszeitraum, der am 30. September des vorausgehenden Jahres endet;
2. die Steuerkraftzahlen der Grundsteuern und der Gewerbesteuer der Gemeinden gemäß § 8 nach den Grundbeträgen, die das Statistische Bundesamt zuletzt festgestellt hat, und nach ihren Aufkommen in dem Jahreszeitraum, der am 30. Juni des vorausgehenden Jahres endet;
3. die Einwohnerzahlen nach § 9 Abs. 1, die das Statistische Bundesamt zum 30. Juni des Jahres festgestellt hat, das dem Ausgleichsjahr vorausgeht; sind diese nicht rechtzeitig verfügbar, die vom Statistischen Bundesamt zuletzt festgestellten Einwohnerzahlen.

§ 14[3] **Zahlungsverkehr zum Vollzug der Umsatzsteuerverteilung und des Finanzkraftausgleichs.** (1) [1]Der Zahlungsverkehr wird während des Ausgleichsjahres in der Weise abgewickelt, dass die Ablieferung des Bundesanteils an der durch Landesfinanzbehörden verwalteten Umsatzsteuer um die Beträge erhöht oder ermäßigt wird, die nach der vorläufigen Bemessung der nach dem Verhältnis der Einwohnerzahlen der Länder verteilten Länderanteile an der Umsatzsteuer nach § 2 Satz 1 sowie der vorläufig erhobenen Abschläge und der vorläufig gewährten Zuschläge nach § 10 zu verrechnen sind. [2]Soweit der Anspruch eines Landes aus diesen Verrechnungen durch den Bundesanteil an der Umsatzsteuer nicht voll gedeckt wird, überweist das Bundesministerium der Finanzen diesem Land den nicht gedeckten Teil des vorläufigen Ausgleichsanspruchs in monatlichen Teilbeträgen. [3]Soweit die Verpflichtung eines Landes aus diesen Verrechnungen über dem Aufkommen der von Landesfinanzbehörden verwalteten Umsatzsteuer liegt, ist der darüber liegende Teil von dem Land dem Bundesministerium der Finanzen in monatlichen Teilbeträgen zu überweisen. [4]Die für die Aufteilung des Umsatzsteueraufkommens auf Bund, Länder und Gemeinden in § 1 Absatz 2 genannten Beträge werden gesondert im Rahmen des Zahlungsverkehrs der Einfuhrumsatzsteuer nach Absatz 2 berücksichtigt; Entsprechendes gilt für unterjährige

---

[1] § 12a aufgeh. mWv 1.1.2020 durch G v. 14.8.2017 (BGBl. I S. 3122).

[2] § 13 Überschr. und Wortlaut vor Nr. 1 neu gef. mWv 1.1.2020 durch G v. 14.8.2017 (BGBl. I S. 3122).

[3] § 14 Abs. 1 Satz 1 und 4 neu gef., Abs. 3 geänd. mWv 1.1.2020 durch G v. 14.8.2017 (BGBl. I S. 3122).

Gesetzesänderungen mit Auswirkungen auf die Umsatzsteueranteile nach § 1 Absatz 1 im laufenden Ausgleichsjahr.

(2) Der Länderanteil an der durch Bundesfinanzbehörden verwalteten Einfuhrumsatzsteuer wird auf die Länder nach der Einwohnerzahl verteilt und in monatlichen Teilbeträgen überwiesen.

(3) Die Differenzen der vorläufigen Umsatzsteueranteile, Zuschläge und Abschläge nach § 13 zu den auf der Grundlage der tatsächlichen Entwicklung der Bemessungsgrundlagen bestimmten Umsatzsteueranteilen, Zuschlägen und Abschlägen des Ausgleichsjahres werden vierteljährlich vorläufig abgerechnet.

(4) Das Nähere bestimmt das Bundesministerium der Finanzen jährlich in einer Rechtsverordnung, die der Zustimmung des Bundesrates bedarf.

§ 15[1] Endgültige Abrechnung der Umsatzsteuerverteilung und des Finanzkraftausgleichs. [1]Unterschiede zwischen den vorläufig gezahlten und den endgültig festgestellten Ausgleichszahlungen werden durch Überweisungen ausgeglichen, die mit dem Inkrafttreten der in § 12 vorgesehenen Rechtsverordnung fällig werden. [2]Das Bundesministerium der Finanzen trifft die für den Überweisungsverkehr erforderlichen Anordnungen.

§ 16[2] Zahlungsverkehr zum Vollzug der Bundesergänzungszuweisungen. (1) [1]Auf die Bundesergänzungszuweisungen nach § 11 Absatz 2 und 5 werden am 15. März, 15. Juni, 15. September und 15. Dezember Abschlagszahlungen nach Maßgabe der Verhältnisse des jeweils vorhergehenden Abrechnungszeitraums entrichtet. [2]Gleichzeitig werden die mit der Abschlagszahlung des vorausgegangenen Zahlungstermins zu viel oder zu wenig gezahlten Beträge verrechnet. [3]Für die endgültige Abrechnung der Bundesergänzungszuweisungen gilt § 15 entsprechend.

(2) Die Bundesergänzungszuweisungen nach § 11 Absatz 3, 4 und 6 sind mit je einem Viertel ihres Betrages am 15. März, 15. Juni, 15. September und 15. Dezember fällig.

§ 17 Vollzug der Verteilung des Gemeindeanteils an der Umsatzsteuer. (1)[3] [1]Die Höhe des Gemeindeanteils am Aufkommen der durch Bundesfinanzbehörden und Landesfinanzbehörden verwalteten Umsatzsteuer und seine Verteilung nach Ländern nach § 5a des Gemeindefinanzreformgesetzes werden beim Bundesministerium der Finanzen jeweils nach Ablauf eines Monats berechnet. [2]Der Gemeindeanteil an der durch Bundesfinanzbehörden verwalteten Einfuhrumsatzsteuer wird den Ländern zusammen mit dem Länderanteil an der Einfuhrumsatzsteuer nach § 14 Abs. 2 in monat-

---

[1] § 15 Überschr. geänd. mWv 1.1.2020 durch G v. 14.8.2017 (BGBl. I S. 3122).

[2] § 16 Abs. 1 Satz 1 u. Abs. 2 geänd. mWv 1.1.2020 durch G v. 14.8.2017 (BGBl. I S. 3122).

[3] § 17 Abs. 1 Satz 1 Verweis geänd. mWv 1.1.2009 durch G v. 31.7.2008 (BGBl. I S. 1626); geänd. mWv 1.1.2018 durch G v. 21.11.2016 (BGBl. I S. 2613); Satz 5 angef. mWv 1.1.2020 durch G v. 14.8.2017 (BGBl. I S. 3122).

lichen Teilbeträgen überwiesen. [3]Dabei wird er dergestalt länderweise verteilt, dass bei dem einzelnen Land zusammen mit dem Gemeindeanteil an der durch Landesfinanzbehörden verwalteten Umsatzsteuer der insgesamt seinen Gemeinden zustehende Anteil erreicht wird. [4]Ist der Gemeindeanteil an der durch Landesfinanzbehörden verwalteten Umsatzsteuer bei dem einzelnen Land höher als der seinen Gemeinden insgesamt zustehende Anteil an der Umsatzsteuer, wird der darüber hinausgehende Betrag mit dem Anteil des Landes an der Einfuhrumsatzsteuer verrechnet. [5]§ 14 Absatz 1 Satz 4 bleibt unberührt.

(2) Näheres kann das Bundesministerium der Finanzen durch Rechtsverordnung bestimmen, die der Zustimmung des Bundesrates bedarf.

§ 18[1)] Berichts- und Auskunftspflichten. (1) Über Struktur und Höhe des Finanzkraftausgleichs sowie der Zuweisungen gemäß § 11 im Ausgleichsjahr unterrichtet die Bundesregierung im Folgejahr den Bundestag und den Bundesrat.

(2) [1]Die zuständigen Landesbehörden sind verpflichtet, dem Bundesministerium der Finanzen alle zur Durchführung dieses Gesetzes angeforderten Auskünfte zu erteilen. [2]Die oberste Rechnungsprüfungsbehörde des Landes hat die sachliche Richtigkeit der zur Feststellung der Finanzkraft des Landes erforderlichen Angaben zu bestätigen.

§ 19[2)] Vollzug und Abrechnung der Ausgleichsjahre vor dem 1. Januar 2020. Für den Vollzug und die Abrechnung der Umsatzsteuerverteilung, des Finanzausgleichs und der Bundesergänzungszuweisungen für die vor dem 1. Januar 2020 liegenden Ausgleichsjahre findet das Gesetz über den Finanzausgleich zwischen Bund und Ländern vom 20. Dezember 2001 (BGBl. I S. 3955, 3956) in der am 31. Dezember des jeweiligen Ausgleichsjahres geltenden Fassung weiterhin Anwendung.

§ 20[3)] *(aufgehoben)*

[1)] § 18 neu gef. mWv 1.1.2020 durch G v. 14.8.2017 (BGBl. I S. 3122).
[2)] § 19 geänd. mWv 1.1.2020 durch G v. 14.8.2017 (BGBl. I S. 3122).
[3)] § 20 aufgeh. mWv 1.1.2020 durch G v. 14.8.2017 (BGBl. I S. 3122).

809a. Gesetz über verfassungskonkretisierende allgemeine Maßstäbe für die Verteilung des Umsatzsteueraufkommens, für den Finanzkraftausgleich sowie für die Gewährung von Bundesergänzungszuweisungen (Maßstäbegesetz – MaßstG)

Vom 9. September 2001 (BGBl. I S. 2302)

Geändert durch Föderalismusreform-Begleitgesetz vom 5.9.2006 (BGBl. I S. 2098), Jahressteuergesetz 2009 vom 19.12.2008 (BGBl. I S. 2794), Gesetz zur Neuregelung der Kraftfahrzeugsteuer und Änderung anderer Gesetze vom 29.5.2009 (BGBl. I S. 1170) und Gesetz zur Neuregelung des bundesstaatlichen Finanzausgleichssystems ab dem Jahr 2020 und zur Änderung haushaltsrechtlicher Vorschriften vom 14.8.2017 (BGBl. I S. 3122) und Gesetz zur fortgesetzten Beteiligung des Bundes an den Integrationskosten der Länder und Kommunen und zur Regelung der Folgen der Abfinanzierung des Fonds „Deutsche Einheit" vom 17.12.2018 (BGBl. I S. 2522)

BGBl. III/FNA 603-11

Der Bundestag hat mit Zustimmung des Bundesrates das folgende Gesetz beschlossen:

Abschnitt 1. Allgemeine Bestimmungen

§ 1 Grundsätze der Maßstabsbildung. (1)[1] Dieses Gesetz benennt Maßstäbe für die Festsetzung der Anteile von Bund und Ländern an der Umsatzsteuer (vertikale Umsatzsteuerverteilung) nach Artikel 106 Absatz 3 Satz 4 und Absatz 4 Satz 1 des Grundgesetzes, für die Festsetzung der Anteile der einzelnen Länder an dem den Ländern insgesamt zustehenden Anteil an der Umsatzsteuer und für den Finanzkraftausgleich (horizontale Umsatzsteuerverteilung) nach Artikel 107 Absatz 1 Satz 4 und Absatz 2 Satz 1 bis 4 des Grundgesetzes sowie für die Gewährung von Zuweisungen nach Artikel 107 Absatz 2 Satz 5 und 6 des Grundgesetzes.

(2) [1]Die Maßstäbe konkretisieren die in Absatz 1 genannten Normen des Grundgesetzes. [2]Die Anwendung der Maßstäbe stellt sicher, dass Bund und Länder die verfassungsrechtlich vorgegebenen Ausgangstatbestände in gleicher Weise interpretieren und ihnen dieselben Indikatoren zugrunde legen. [3]Sie gewährleistet auch haushaltswirtschaftliche Planbarkeit und Voraussehbarkeit der finanzwirtschaftlichen Grundlagen sowie Transparenz der Mittelverteilung im Gesamtstaat.

§ 2[2] **Bindungswirkung der Maßstäbe.** (1) Das Finanzausgleichsgesetz dient der Ableitung der konkreten jährlichen Zuteilungsfolgen im Regelungsbereich des § 1 Abs. 1.

---

[1] § 1 Abs. 1 neu gef. mWv 1.1.2020 durch G v. 14.8.2017 (BGBl. I S. 3122).

[2] § 2 Abs. 1 geänd., Abs. 3 aufgeh. mWv 1.1.2020 durch G v. 14.8.2017 (BGBl. I S. 3122).

(2) [1]Das Finanzausgleichsgesetz hat den finanzwirtschaftlichen Verhältnissen Rechnung zu tragen. [2]Möglichkeiten der Anpassung an finanzwirtschaftliche Veränderungen sind sicherzustellen.

(3) *(aufgehoben)*

§ 3 Sicherung des Eigenbehalts. Von Mehr- oder Mindereinnahmen gegenüber den länderdurchschnittlichen Einnahmen sowie von überdurchschnittlichen Mehreinnahmen oder unterdurchschnittlichen Mindereinnahmen je Einwohner gegenüber dem Vorjahr muss dem betreffenden Land ein Eigenbehalt verbleiben.

Abschnitt 2. Vertikale Umsatzsteuerverteilung (Artikel 106 Abs. 3 Satz 4 und Abs. 4 Satz 1 GG)

§ 4 Vertikale Umsatzsteuerverteilung. (1) Die vertikale Umsatzsteuerverteilung zwischen Bund und Ländern wird auf der Grundlage des Deckungsquotenprinzips festgesetzt.

(2) Zusätzlich werden in die Festsetzung der Anteile von Bund und Ländern an der Umsatzsteuer Steuermindereinnahmen einbezogen, die den Ländern ab 1. Januar 1996 aus der Berücksichtigung von Kindern im Einkommensteuerrecht entstehen.

(3)[1)] *(aufgehoben)*

Abschnitt 3. Horizontale Umsatzsteuerverteilung (Artikel 107 Absatz 1 Satz 4 und Absatz 2 Satz 1 bis 4 GG)[2)]

§ 5[3)] Grundsätze für die horizontale Umsatzsteuerverteilung.

(1) Der Länderanteil am Aufkommen der Umsatzsteuer ist grundsätzlich so auf die Länder zu verteilen, dass auf jeden Einwohner der gleiche Anteil entfällt.

(2) [1]Abweichend hiervon ist durch einen angemessenen Ausgleich der Finanzkraft sicherzustellen, dass die unterschiedlichen Finanzkraftverhältnisse in den Ländern einander angenähert werden. [2]Dabei sind die Eigenstaatlichkeit der Länder einerseits und ihre Einbindung in die bundesstaatliche Solidargemeinschaft andererseits zu berücksichtigen. [3]Ländern mit unterdurchschnittlicher Finanzkraft werden Zuschläge gewährt, die ihre Finanzkraft erhöhen; von Ländern mit überdurchschnittlicher Finanzkraft werden Abschläge erhoben, die ihre Finanzkraft verringern.

---

1) § 4 Abs. 3 aufgeh. mWv 1.1.2020 durch G v. 14.8.2017 (BGBl. I S. 3122).
2) Überschr. geänd. mWv 1.1.2020 durch G v. 14.8.2017 (BGBl. I S. 3122).
3) § 6 wird § 5 und neu gef. mWv 1.1.2020 durch G v. 14.8.2017 (BGBl. I S. 3122).

§ 6[1] Finanzkraft. (1) [1]Die Finanzkraft bemisst sich nach den ausgleichserheblichen Einnahmen. [2]Grundsätzlich sind alle Einnahmen von Ländern und Gemeinden sowie Gemeindeverbänden zu berücksichtigen. [3]Nicht ausgleichserheblich sind solche Einnahmen, deren Volumen unerheblich ist, die in allen Ländern verhältnismäßig je Einwohner gleich anfallen, die als Entgelte oder entgeltähnliche Abgaben lediglich Leistungen des Landes oder seiner Gemeinden und Gemeindeverbände ausgleichen oder bei denen der Aufwand für die Ermittlung der auszugleichenden Einnahmen zur möglichen Ausgleichswirkung außer Verhältnis steht.

(2) Die ausgleichserheblichen Einnahmen nach Absatz 1 sind vorbehaltlich § 7 Absatz 4 und 5[2] in voller Höhe zu berücksichtigen.

§ 7[3], [4] Vergleichbarkeit der Finanzkraft, Berücksichtigung des kommunalen Finanzbedarfs, Einwohnergewichtung und Förderabgabe.

(1) [1]Um die Finanzkraft der Länder vergleichbar zu machen, ist als abstraktes Bedarfskriterium die jeweilige Einwohnerzahl eines Landes zugrunde zu legen. [2]Die Einwohnerzahl nach Satz 1 ist für Zwecke eines angemessenen Ausgleichs zu modifizieren, wenn strukturelle Eigenarten der Länder und ihrer Gemeinden abstrakte Mehrbedarfe begründen. [3]Im Ansatz der abstrakten Mehrbedarfe findet auch der Finanzbedarf der Gemeinden und Gemeindeverbände Berücksichtigung.

(2) [1]Die Berücksichtigung eines abstrakten Mehrbedarfs eines Landes und seiner Gemeinden und Gemeindeverbände setzt die Einbeziehung vergleichbarer abstrakter Mehrbedarfe anderer Länder und deren Gemeinden und Gemeindeverbände voraus. [2]Die Höhe eines abstrakten Mehrbedarfs ist anhand objektivierbarer Indikatoren zu bestimmen.

(3) [1]Um die Finanzkraft der Stadtstaaten einerseits und die der Flächenländer andererseits vergleichen zu können, ist den abstrakten Mehrbedarfen der Stadtstaaten durch eine Modifizierung der Einwohnerzahl Rechnung zu tragen; ferner kann die Berücksichtigung abstrakter Mehrbedarfe besonders dünn besiedelter Flächenländer notwendig werden (Einwohnergewichtung).

(4) Sofern eine umfassende Abbildung des kommunalen Finanzbedarfs nach Maßgabe der vorstehenden Absätze nicht möglich ist, muss dem insoweit nicht berücksichtigten abstrakten Mehrbedarf durch einen Abschlag von den nach § 6[2] ausgleichserheblichen Einnahmen der Gemeinden und Gemeindeverbände Rechnung getragen werden.

(5) Die Einnahmen aus der bergrechtlichen Förderabgabe werden lediglich anteilig berücksichtigt.

§ 8[5] Ausgleichshöhe. [1]Der angemessene Ausgleich erfordert eine den ländereigenen Aufgaben entsprechende hinreichende Annäherung der Finanz-

---

[1] § 7 wird § 6 mWv 1.1.2020 durch G v. 14.8.2017 (BGBl. I S. 3122).
[2] Verweis geänd. mWv 1.1.2020 durch G v. 14.8.2017 (BGBl. I S. 3122).
[3] § 8 wird § 7 mWv 1.1.2020 durch G v. 14.8.2017 (BGBl. I S. 3122).
[4] § 8 Überschr., Abs. 1 Satz 2, Abs. 3 geänd., Abs. 5 angef. mWv 1.1.2020 durch G v. 14.8.2017 (BGBl. I S. 3122).
[5] § 9 wird § 8 mWv 1.1.2020 durch G v. 14.8.2017 (BGBl. I S. 3122).

kraft der Länder. [2]Diese ist erreicht, wenn die Eigenstaatlichkeit der Länder und ihre Einbindung in die bundesstaatliche Solidargemeinschaft zugleich berücksichtigt sind. [3]Auszuschließen sind sowohl eine entscheidende Schwächung der Leistungsfähigkeit der ausgleichspflichtigen Länder als auch eine Nivellierung der Finanzkraft der Länder. [4]Der Finanzkraftausgleich[1)] darf weder die Finanzkraftabstände zwischen einzelnen Ländern aufheben, noch zu einer Verkehrung der Finanzkraftreihenfolge unter den Ländern führen und ist nicht durch die Verteilung des Länderanteils am Aufkommen der Umsatzsteuer nach § 5 Absatz 1 begrenzt.[1)]

Abschnitt 4. Bundesergänzungszuweisungen (Artikel 107 Absatz 2 Satz 5 und 6 GG)[2)]

§ 9[3) · 4)] **Funktion der Bundesergänzungszuweisungen.** (1) [1]Bundesergänzungszuweisungen dienen dem ergänzenden Ausgleich im Anschluss an den Finanzkraftausgleich. [2]Die Vergabe von Bundesergänzungszuweisungen setzt eine Leistungsschwäche des Empfängerlandes voraus. [3]Leistungsschwach sind grundsätzlich nur Länder, denen im Rahmen des Finanzkraftausgleichs Zuschläge gewährt werden. [4]Die Leistungsschwäche ist anhand des Verhältnisses von Finanzaufkommen und Ausgabenlasten zu bestimmen.

(2) [1]Der Bund kann die Finanzkraft leistungsschwacher Länder allgemein anheben (allgemeine Bundesergänzungszuweisungen) und Sonderlasten leistungsschwacher Länder mitfinanzieren (Sonderbedarfs-Bundesergänzungszuweisungen). [2]Er kann zudem die Finanzkraft solcher leistungsschwacher Länder erhöhen, deren Gemeinden (Gemeindeverbände) eine besonders geringe Steuerkraft aufweisen, sowie außerdem solcher leistungsschwacher Länder, deren Anteile an den Fördermitteln nach Artikel 91b des Grundgesetzes ihre Einwohneranteile unterschreiten (Zuweisungen nach Artikel 107 Absatz 2 Satz 6 des Grundgesetzes).

(3) [1]Bundesergänzungszuweisungen stellen eine nachrangige und ergänzende Korrektur des Finanzkraftausgleichs dar. [2]Dem ist bei der Bemessung des Gesamtumfangs der Bundesergänzungszuweisungen Rechnung zu tragen. [3]Dieser darf daher im Verhältnis zum Gesamtvolumen des Finanzkraftausgleichs nicht beträchtlich sein. [4]Abweichungen von Satz 3 sind aus besonderen Gründen und vorübergehend zulässig.

§ 10[3) · 5)] **Allgemeine Bundesergänzungszuweisungen.** (1) [1]Bei der Gewährung von allgemeinen Bundesergänzungszuweisungen bestimmt sich die Leistungsschwäche eines Landes danach, ob dessen Finanzkraft im Anschluss an den Finanzkraftausgleich nach dem bundesstaatlichen Prinzip des solidarischen

---

1) Satz 4 geänd. mWv 1.1.2020 durch G v. 14.8.2017 (BGBl. I S. 3122).
2) Überschr. geänd. mWv 1.1.2020 durch G v. 14.8.2017 (BGBl. I S. 3122).
3) § 10 wird § 9, § 11 wird § 10 mWv 1.1.2020 durch G v. 14.8.2017 (BGBl. I S. 3122).
4) § 10 Abs. 1, 2 und 3 geänd. mWv 1.1.2020 durch G v. 14.8.2017 (BGBl. I S. 3122).
5) § 11 geänd. mWv 1.1.2020 durch G v. 14.8.2017 (BGBl. I S. 3122).

Einstehens füreinander noch unangemessen im Verhältnis zur länderdurchschnittlichen Finanzkraft ist. [2]Die Finanzkraft eines Landes ist unangemessen im Sinne des Satzes 1, wenn sie erkennbar unterhalb der länderdurchschnittlichen Finanzkraft liegt.

(2) [1]Eine Nivellierung der Finanzkraft der Länder durch allgemeine Bundesergänzungszuweisungen ist auszuschließen. [2]§ 8 Satz 4 gilt entsprechend.

§ 11[1)] Zuweisungen nach Artikel 107 Absatz 2 Satz 6 des Grundgesetzes. (1) Eine am Länderdurchschnitt je Einwohner gemessene kommunale Steuerkraftschwäche kann Bundesergänzungszuweisungen begründen, sofern diese Steuerkraftschwäche besonders ausgeprägt ist.

(2) Eine im Vergleich zum Einwohneranteil unterdurchschnittliche Teilhabe von Ländern an Nettozuflüssen aus der Forschungsförderung nach Artikel 91b des Grundgesetzes kann Bundesergänzungszuweisungen begründen.

(3) Die Gewährung von Zuweisungen nach Artikel 107 Absatz 2 Satz 6 des Grundgesetzes darf die Finanzkraftabstände zwischen den einzelnen Ländern aufheben und auch zu einer Verkehrung der Finanzkraftreihenfolge unter den Ländern führen.

§ 12 Sonderbedarfs-Bundesergänzungszuweisungen. (1) [1]Die Gewährung von Sonderbedarfs-Bundesergänzungszuweisungen setzt voraus, dass die Sonderlasten benannt und begründet werden. [2]Nur aus besonderen Gründen können Sonderlasten berücksichtigt werden. [3]Sonderbedarfs-Bundesergänzungszuweisungen dienen nicht dazu, aktuelle Vorhaben zu finanzieren oder finanziellen Schwächen abzuhelfen, die eine unmittelbare und voraussehbare Folge von politischen Entscheidungen eines Landes bilden. [4]Auch kurzfristige Finanzschwächen können Sonderbedarfs-Bundesergänzungszuweisungen nicht rechtfertigen. [5]Die benannten und begründeten Sonderlasten müssen bei allen Ländern berücksichtigt werden, bei denen sie vorliegen.

(2) Ausnahmsweise kann die Gewährung von Sonderbedarfs-Bundesergänzungszuweisungen dazu führen, dass die Finanzkraft des Empfängerlandes die länderdurchschnittliche Finanzkraft übersteigt.

(3) [1]Die Vergabe von Sonderbedarfs-Bundesergänzungszuweisungen ist zu befristen. [2]Auch sollen Sonderbedarfs-Bundesergänzungszuweisungen im Regelfall degressiv ausgestaltet werden. [3]Die Voraussetzungen für die Vergabe von Sonderbedarfs-Bundesergänzungszuweisungen sind in angemessenem Zeitabstand zu überprüfen.

(4) [1]Soweit Sonderbedarfs-Bundesergänzungszuweisungen als ein Instrument zur Sanierung des Haushaltes eines Landes aufgrund einer extremen Haushaltsnotlage in Betracht kommen, setzt ihre Gewährung angesichts der nur in Ausnahmefällen gegebenen Hilfeleistungspflicht der bundesstaatlichen Gemeinschaft zusätzlich voraus, dass das betreffende Land ausreichende Eigenanstrengungen unternommen hat, um eine drohende Haushaltsnotlage abzuwenden oder sich aus ihr zu befreien. [2]Es dürfen keine ausgabenseitigen

---

[1)] § 11 eingef. mWv 1.1.2020 durch G v. 14.8.2017 (BGBl. I S. 3122).

Sonderbedarfe als Ursache für eine Haushaltsnotsituation geltend gemacht werden, die bereits im Wege anderer Hilfen abgegolten worden sind. 3 Hilfen zur Haushaltssanierung sind mit strengen Auflagen und einem verbindlichen Sanierungsprogramm zu verknüpfen.

(5)[1] 1 Kosten politischer Führung können Sonderbedarfs-Bundesergänzungszuweisungen begründen, sofern ein Land im Hinblick auf seine Einwohnerzahl mit solchen Kosten überproportional belastet ist. 2 Sonderlasten durch die strukturelle Arbeitslosigkeit und daraus entstehende überproportionale Lasten bei der Zusammenführung von Arbeitslosenhilfe und Sozialhilfe für Erwerbsfähige können Sonderbedarfs-Bundesergänzungszuweisungen begründen. 3 Absatz 3 Satz 1 gilt nicht.

---

[1] § 12 Abs. 5 aufgeh., bish. Abs. 6 wird Abs. 5 mWv 1.1.2020 durch G v. 14.8.2017 (BGBl. I S. 3122).

810. Gesetz zur Neuordnung der Gemeindefinanzen (Gemeindefinanzreformgesetz)

In der Fassung der Bekanntmachung vom 10. März 2009 (BGBl. I S. 502)[1]

Geändert durch Gesetz zur Änderung des Gemeindefinanzreformgesetzes und von steuerlichen Vorschriften vom 8.5.2012 (BGBl. I S. 1030), Gesetz zur Reform der Investmentbesteuerung (Investmentsteuerreformgesetz – InvStRefG) vom 19.7.2016 (BGBl. I S. 1730), Gesetz zur Änderung des Kommunalinvestitionsförderungsgesetzes und zur Änderung weiterer Gesetze vom 21.11.2016 (BGBl. I S. 2613), Gesetz zur fortgesetzten Beteiligung des Bundes an den Integrationskosten der Länder und Kommunen und zur Regelung der Folgen der Abfinanzierung des Fonds „Deutsche Einheit" vom 17.12.2018 (BGBl. I S. 2522) und Gesetz zur Beteiligung des Bundes an den Integrationskosten der Länder und Kommunen in den Jahren 2020 und 2021 vom 9.12.2019 (BGBl. I S. 2051)

BGBl. III/FNA 605-1

§ 1 Gemeindeanteil an der Einkommensteuer.[2] [1]Die Gemeinden erhalten 15 Prozent des Aufkommens an Lohnsteuer und an veranlagter Einkommensteuer sowie 12 Prozent des Aufkommens an Kapitalertragsteuer nach § 43 Absatz 1 Satz 1 Nummer 5 bis 7 und 8 bis 12 sowie Satz 2 des Einkommensteuergesetzes (Gemeindeanteil an der Einkommensteuer). [2]Der Gemeindeanteil an der Einkommensteuer wird für jedes Land nach den Steuerbeträgen bemessen, die von den Finanzbehörden im Gebiet des Landes unter Berücksichtigung der Zerlegung nach Artikel 107 Absatz 1 des Grundgesetzes vereinnahmt werden.

§ 2 Aufteilung des Gemeindeanteils an der Einkommensteuer. Der Gemeindeanteil an der Einkommensteuer wird nach einem Schlüssel auf die Gemeinden aufgeteilt, der von den Ländern auf Grund der Bundesstatistiken über die Lohnsteuer und die veranlagte Einkommensteuer nach § 1 des Gesetzes über Steuerstatistiken ermittelt und durch Rechtsverordnung der Landesregierung festgesetzt wird.

§ 3 Verteilungsschlüssel für den Gemeindeanteil. (1)[3] [1]Der Schlüssel für die Aufteilung des Gemeindeanteils an der Einkommensteuer wird wie folgt ermittelt. [2]Für jede Gemeinde wird eine Schlüsselzahl festgestellt. [3]Sie ist der in einer Dezimalzahl ausgedrückte Anteil der Gemeinde an dem nach § 1 auf die Gemeinden eines Landes entfallenden Steueraufkommen. [4]Die Schlüsselzahl ergibt sich aus dem Anteil der Gemeinde an der Summe der durch die Bundesstatistiken über die veranlagte Einkommensteuer und über die Lohnsteuer ermittelten Einkommensteuerbeträge, die auf die zu versteuernden Einkommensbeträge bis zu 35 000 Euro jährlich, in den Fällen des § 32a Absatz 5 oder des § 32a Absatz 6 des Einkommensteuergesetzes in der jeweils am letzten Tag

---

[1] Neubekanntmachung des Gemeindefinanzreformgesetzes idF der Bek. v. 4.4.2001 (BGBl. I S. 482) auf Grund Art. 11 Nr. 5 des Gesetzes vom 14.8.2007 (BGBl. I S. 1912) in der ab 1.1.2009 geltenden Fassung.

[2] § 1 Satz 1 Verweis geänd. mWv 1.1.2018 durch G v. 19.7.2016 (BGBl. I S. 1730).

[3] § 3 Abs. 1 Satz 4 neu gef. mWv 1.1.2012 durch G v. 8.5.2012 (BGBl. I S. 1030).

des für die Bundesstatistik maßgebenden Veranlagungszeitraumes geltenden Fassung auf die zu versteuernden Einkommensbeträge bis zu 70 000 Euro jährlich entfallen. [5] Für die Zurechnung der Steuerbeträge an die Gemeinden ist der in der Bundesstatistik zugrunde gelegte Wohnsitz der Steuerpflichtigen maßgebend.

(2) (weggefallen)

(3) [1] Das Bundesministerium der Finanzen wird ermächtigt, nähere Bestimmungen über die Ermittlung der Schlüsselzahlen durch Rechtsverordnung mit Zustimmung des Bundesrates zu treffen. [2] In der Rechtsverordnung ist zu bestimmen, welche Bundesstatistiken über die veranlagte Einkommensteuer und über die Lohnsteuer für die Ermittlung des Schlüssels jeweils maßgebend sind.

§ 4 Berichtigung von Fehlern. (1) [1] Werden innerhalb von sechs Monaten nach der Festsetzung des Schlüssels Fehler bei der Ermittlung der Schlüsselzahl einer Gemeinde festgestellt, so ist für die Zeit bis zur Neufestsetzung des Schlüssels ein Ausgleich für diese Gemeinde vorzunehmen. [2] Die hierzu erforderlichen Ausgleichsbeträge sind aus dem Gesamtbetrag des Gemeindeanteils des Landes vor der Aufteilung zu entnehmen, zurückzuzahlende Beträge diesem Gesamtbetrag zuzuführen.

(2) Die Landesregierungen können zur Verwaltungsvereinfachung durch Rechtsverordnung bestimmen, dass ein Ausgleich unterbleibt, wenn der Ausgleichsbetrag einen bestimmten Betrag nicht überschreitet.

§ 5 Überweisung des Gemeindeanteils an der Einkommensteuer. Die Landesregierungen regeln durch Rechtsverordnung die Termine und das Verfahren für die Überweisung des Gemeindeanteils an der Einkommensteuer.

§ 5a[1)] Verteilungsschlüssel für den Gemeindeanteil an der Umsatzsteuer. (1) [1] Der Gemeindeanteil an der Umsatzsteuer nach § 1 Satz 3 des Finanzausgleichsgesetzes wird auf die einzelnen Länder nach Schlüsseln verteilt. [2] Die Schlüssel bemessen sich nach der Summe der nach Absatz 2 Satz 2 und 3 ermittelten Gemeindeschlüssel je Land.

(2) [1] Der Anteil an der Umsatzsteuer nach Absatz 1 Satz 1 wird auf die einzelnen Gemeinden verteilt, indem eine in einer Dezimalzahl ausgedrückte Schlüsselzahl festgesetzt wird. [2] Die Schlüsselzahl setzt sich zusammen

1. zu 25 Prozent aus dem Anteil der einzelnen Gemeinde an dem Gewerbesteueraufkommen, das als Summe der Jahre 2010 bis 2015 auf Grundlage des Realsteuervergleichs nach § 4 Nummer 2 des Finanz- und Personalstatistikgesetzes ermittelt wurde;
2. zu 50 Prozent aus dem Anteil der einzelnen Gemeinde an der Anzahl der sozialversicherungspflichtig Beschäftigten am Arbeitsort ohne Beschäftigte

[1)] § 5a aufgeh., bish. § 5b wird § 5a und neu gef. mWv 1.1.2018 durch G v. 21.11.2016 (BGBl. I S. 2613).

von Gebietskörperschaften und Sozialversicherungen sowie deren Einrichtungen, die als Summe für die Jahre 2013 bis 2015 der Beschäftigten- und Entgeltstatistik mit Stand 30. Juni des jeweiligen Jahres ermittelt wurde;

3. zu 25 Prozent aus dem Anteil der einzelnen Gemeinde an der Summe der sozialversicherungspflichtigen Entgelte am Arbeitsort ohne Entgelte von Beschäftigten von Gebietskörperschaften und Sozialversicherungen sowie deren Einrichtungen, die als Summe für die Jahre 2012 bis 2014 der Beschäftigten- und Entgeltstatistik ermittelt wurde.

3 Die Merkmale nach Satz 2 Nummer 2 und 3 werden mit dem gewogenen durchschnittlichen örtlichen Gewerbesteuer-Hebesatz der jeweiligen Erfassungszeiträume gewichtet. 4 Nach erfolgter erstmaliger Festsetzung des Verteilungsschlüssels wird der Schlüssel unter Beibehaltung der in Satz 2 Nummer 1, 2 und 3 festgelegten Anzahl von Jahren alle drei Jahre, erstmals zum 1. Januar 2021, aktualisiert. 5 Die Aktualisierung erfolgt auf der Grundlage der Datenbasis, die beim Statistischen Bundesamt zum 1. April des dem Jahr der Aktualisierung vorangehenden Jahres verfügbar ist.

(3) 1 Die sich aus den Verteilungsschlüsseln nach Absatz 2 ergebenden Anteile an der Umsatzsteuer werden auf die einzelnen Länder jeweils nach Schlüsseln verteilt, die vom Bundesministerium der Finanzen durch Rechtsverordnung mit Zustimmung des Bundesrates festgesetzt werden. 2 Die Länder stellen dem Bundesministerium der Finanzen die für die Ermittlung der Schlüssel notwendigen Daten zur Verfügung. 3 Die Anteile an der Umsatzsteuer nach Absatz 2 werden jeweils nach Schlüsseln auf die Gemeinden aufgeteilt, die von den Ländern nach Absatz 2 ermittelt und durch Rechtsverordnung der jeweiligen Landesregierung festgesetzt werden. 4 Die Länder ermitteln die Schlüsselzahlen ihrer Gemeinden auf der Grundlage von Schlüsselzahlen, die aus Bundessummen abgeleitet und durch die Länder auf Eins normiert werden.

§ 5b[1)] Übermittlung statistischer Ergebnisse. 1 Zur Festsetzung der Verteilungsschlüssel nach § 5a, jedoch nicht für die Regelung von Einzelfällen, dürfen das Statistische Bundesamt und die statistischen Ämter der Länder den Gemeinden und ihren Spitzenverbänden auf Landes- und Bundesebene auf Ersuchen die dafür erforderlichen Tabellen mit Ergebnissen der hierzu vom Statistischen Bundesamt und den statistischen Ämtern der Länder durchgeführten Berechnungen übermitteln, auch soweit Tabellenfelder nur einen einzigen Fall ausweisen. 2 Die Tabellen dürfen nur für die Zwecke, für die sie übermittelt worden sind, nur durch Amtsträger, für den öffentlichen Dienst besonders Verpflichtete oder Personen, die entsprechend § 1 Absatz 2, 3 und 4 Nummer 2 des Verpflichtungsgesetzes auf die gewissenhafte Erfüllung ihrer Geheimhaltungspflicht förmlich verpflichtet worden sind, und nur räumlich, organisatorisch und personell getrennt von der Erfüllung solcher Verwaltungsaufgaben verwendet werden, für die sie gleichfalls von Bedeutung sein können. 3 Sie sind von den Gemeinden und ihren Spitzenverbänden geheim

1) § 5c aufgeh., bish. § 5d wird § 5b und Satz 1 geänd. mWv 1.1.2018 durch G v. 21.11.2016 (BGBl. I S. 2613).

zu halten und vier Jahre nach Festsetzung des Verteilungsschlüssels zu löschen. [4]Werden innerhalb dieser Frist Einwendungen gegen die Berechnung des Verteilungsschlüssels erhoben, dürfen die Daten bis zur abschließenden Klärung der Einwendungen aufbewahrt werden, soweit sie für die Klärung erforderlich sind. [5]§ 16 Absatz 9 des Bundesstatistikgesetzes gilt entsprechend.

§ 5c[1)] Rechtsverordnungsermächtigung. Das Bundesministerium der Finanzen wird ermächtigt, nähere Bestimmungen über die Ermittlung der Schlüsselzahlen nach § 5a durch Rechtsverordnung mit Zustimmung des Bundesrates zu treffen.

§ 5d[2)] Überweisung des Gemeindeanteils an der Umsatzsteuer.

(1) [1]Die Verteilung des Gemeindeanteils an der Umsatzsteuer auf die Länder wird nach § 17 des Finanzausgleichsgesetzes[3)] vom Bundesministerium der Finanzen vorgenommen. [2]Die Weiterverteilung auf die Gemeinden obliegt den Ländern.

(2) Die Landesregierungen regeln durch Rechtsverordnung das Verfahren für die Überweisung des Gemeindeanteils an der Umsatzsteuer an die Gemeinden.

(3) Für die Berichtigung von Fehlern gilt § 4 entsprechend.

§ 6 Umlage nach Maßgabe des Gewerbesteueraufkommens.

(1) [1]Die Gemeinden führen nach den folgenden Vorschriften eine Umlage an das für sie zuständige Finanzamt ab. [2]Die Umlage ist entsprechend dem Verhältnis von Bundes- und Landesvervielfältiger auf den Bund und das Land aufzuteilen.

(2) [1]Die Umlage wird in der Weise ermittelt, dass das Istaufkommen der Gewerbesteuer im Erhebungsjahr durch den von der Gemeinde für dieses Jahr festgesetzten Hebesatz der Steuer geteilt und mit dem Vervielfältiger nach Absatz 3 multipliziert wird. [2]Das Istaufkommen entspricht den Isteinnahmen nach der Jahresrechnung gemäß § 3 Absatz 2 Nummer 1 des Finanz- und Personalstatistikgesetzes.

(3)[4)] [1]Der Vervielfältiger ist die Summe eines Bundes- und Landesvervielfältigers für das jeweilige Land. [2]Der Bundesvervielfältiger beträgt 14,5 Prozent. [3]Der Landesvervielfältiger beträgt 20,5 Prozent. [4]Die Feinabstimmung der Finanzierungsbeteiligung der Gemeinden bis zur Höhe ihres jeweiligen Anteils an den Gesamtsteuereinnahmen, einschließlich der Zuweisungen im Rahmen der Steuerverbünde, in den einzelnen Ländern bleibt der Landesgesetzgebung vorbehalten.

---

1) § 5e wird § 5c und geänd. mWv 1.1.2018 durch G v. 21.11.2016 (BGBl. I S. 2613).

2) § 5f wird § 5d mWv 1.1.2018 durch G v. 21.11.2016 (BGBl. I S. 2613).

3) Nr. **808**.

4) § 6 Abs. 3 neu gef. mWv 1.1.2020 durch G v. 9.12.2019 (BGBl. I S. 2051).

(4)[1] *Das sich bei den übrigen Ländern aus der höheren Gewerbesteuerumlage – in Relation zum Vervielfältiger der Länder Brandenburg, Mecklenburg-Vorpommern, Sachsen, Sachsen-Anhalt und Thüringen – auf Grund der unterschiedlichen Landesvervielfältiger ergebende Mehraufkommen bleibt bei der Ermittlung der Steuereinnahmen der Länder und Gemeinden im Sinne der §§ 7 und 8 des Gesetzes über den Finanzausgleich zwischen Bund und Ländern unberücksichtigt.*

(5)[2] [1] *Zur Mitfinanzierung der Belastungen, die den Ländern im Zusammenhang mit der Neuregelung der Finanzierung des Fonds „Deutsche Einheit" verbleiben, wird der Landesvervielfältiger nach Absatz 3 Satz 4 bis einschließlich dem Jahr 2019 um eine Erhöhungszahl angehoben.* [2] *Die fortwirkende Belastung nach Satz 1 beträgt jährlich 2 582 024 000 Euro.* [3] *Sie wird den einzelnen Ländern des Bundesgebietes mit Ausnahme des in Artikel 3 des Einigungsvertrages genannten Gebietes in dem Verhältnis zugeordnet, das ihren Anteilen an den Leistungen nach § 1 Absatz 2 des Finanzausgleichsgesetzes in der am 31. Dezember 2004 geltenden Fassung für das Jahr 2004 entspricht.* [4] *Die Erhöhungs- und Ermäßigungsbeträge nach § 1 Absatz 3 des Finanzausgleichsgesetzes in der am 31. Dezember 2004 geltenden Fassung bleiben dabei unberücksichtigt.* [5] *Das Bundesministerium der Finanzen wird ermächtigt, durch Rechtsverordnung mit Zustimmung des Bundesrates die Erhöhungszahl jährlich so festzusetzen, dass das Mehraufkommen der Umlage 50 Prozent der Finanzierungsbeteiligung der Gemeinden in Höhe von bundesdurchschnittlich rund 40 Prozent des Betrages nach Satz 2 entspricht.* [6] *Werden die Länder zu Ausgleichsleistungen nach § 6b des Gesetzes über die Errichtung eines Fonds „Deutsche Einheit" herangezogen, ist zur Beteiligung der Gemeinden die Erhöhungszahl im Jahr 2020 so festzusetzen, dass das Mehraufkommen der Umlage 50 Prozent der Finanzierungsbeteiligung der Gemeinden in Höhe von bundesdurchschnittlich rund 40 Prozent der Ausgleichsleistungen entspricht.* [7] *Das auf der Anhebung des Vervielfältigers beruhende Mehraufkommen an Gewerbesteuerumlage steht den Ländern zu und bleibt bei der Ermittlung der Steuereinnahmen der Länder und Gemeinden im Sinne der §§ 7 und 8 des Gesetzes über den Finanzausgleich zwischen Bund und Ländern*[3] *unberücksichtigt.* [8] *Die Rechtsverordnung kann nähere Bestimmungen über die Abführung der Umlage treffen.* [9] *Die Feinabstimmung der Finanzierungsbeteiligung der Gemeinden bis zur Höhe ihres jeweiligen Anteils an den Gesamtsteuereinnahmen – einschließlich der Zuweisungen im Rahmen der Steuerverbünde – in den einzelnen Ländern bleibt der Landesgesetzgebung vorbehalten.*

(6) [1] Übersteigen in einer Gemeinde die Erstattungen an Gewerbesteuer in einem Jahr die Einnahmen aus dieser Steuer, so erstattet das Finanzamt der Gemeinde einen Betrag, der sich durch Anwendung der Bemessungsgrundlagen des Absatzes 2 auf den Unterschiedsbetrag ergibt. [2] Ist für das Erhebungsjahr der Hebesatz gegenüber dem Vorjahr um mehr als 10 Prozent abgesenkt, ist abweichend von Absatz 2 der Hebesatz des Vorjahres anzusetzen; mindestens ist aber der Durchschnitt der Hebesätze für die letzten drei vorangegangenen Jahre zugrunde zu legen, in denen die Erstattungen an Gewerbesteuer die Einnahmen aus dieser Steuer nicht überstiegen haben.

---

[1] § 6 Abs. 4 aufgeh. mWv 1.1.2020 durch G v. 9.12.2019 (BGBl. I S. 2051).
[2] § 6 Abs. 5 aufgeh. mWv 1.1.2019 durch G v. 17.12.2018 (BGBl. I S. 2522).
[3] Nr. **808**.

(7) [1]Die Umlage ist jährlich bis zum 1. Februar des auf das Erhebungsjahr folgenden Jahres an das Finanzamt abzuführen. [2]Bis zum 1. Mai, 1. August und 1. November des Erhebungsjahres sind Abschlagszahlungen für das vorhergehende Kalendervierteljahr nach dem Istaufkommen in dem Vierteljahr zu leisten. [3]Absatz 6 gilt für die Abschlagszahlungen entsprechend.

(8) Die Landesregierungen können nähere Bestimmungen über die Festsetzung und Abführung der Umlage durch Rechtsverordnung treffen.

§ 7 Sondervorschriften für Berlin und Hamburg. [1]In Berlin und Hamburg stehen der Gemeindeanteil an der Einkommensteuer und der Gemeindeanteil an der Umsatzsteuer dem Land zu. [2]Die Länder Berlin und Hamburg führen den Bundesanteil an der Umlage nach § 6 an den Bund ab. [3]Im Übrigen finden die §§ 2 bis 5 und 6 in Berlin und Hamburg keine Anwendung.

§ 8 Subdelegation. Soweit dieses Gesetz die Landesregierungen zum Erlass von Rechtsverordnungen ermächtigt, können die Landesregierungen die Ermächtigung durch Rechtsverordnung auf die oberste Finanzbehörde des Landes übertragen.

§ 9 Ermächtigung. Das Bundesministerium der Finanzen kann dieses Gesetz und die auf Grund dieses Gesetzes erlassenen Rechtsverordnungen in der jeweils geltenden Fassung mit neuem Datum und unter neuer Überschrift im Bundesgesetzblatt bekannt machen.

835. Zivilprozessordnung

In der Fassung der Bekanntmachung vom 5. Dezember 2005
(BGBl. I S. 3202)[1)]

Zuletzt geändert durch Gesetz vom 22.12.2020 (BGBl. I S. 3320)

BGBl. III/FNA 310-4

– Auszug –

– Pfändungsschutzbestimmungen (§§ 850 bis 852) –

§ 850 Pfändungsschutz für Arbeitseinkommen. (1) Arbeitseinkommen, das in Geld zahlbar ist, kann nur nach Maßgabe der §§ 850a bis 850i gepfändet werden.

(2) Arbeitseinkommen im Sinne dieser Vorschrift sind die Dienst- und Versorgungsbezüge der Beamten, Arbeits- und Dienstlöhne, Ruhegelder und ähnliche nach dem einstweiligen oder dauernden Ausscheiden aus dem Dienst- oder Arbeitsverhältnis gewährte fortlaufende Einkünfte, ferner Hinterbliebenenbezüge sowie sonstige Vergütungen für Dienstleistungen aller Art, die die Erwerbstätigkeit des Schuldners vollständig oder zu einem wesentlichen Teil in Anspruch nehmen.

(3) Arbeitseinkommen sind auch die folgenden Bezüge, soweit sie in Geld zahlbar sind:

a) Bezüge, die ein Arbeitnehmer zum Ausgleich für Wettbewerbsbeschränkungen für die Zeit nach Beendigung seines Dienstverhältnisses beanspruchen kann;

b) Renten, die auf Grund von Versicherungsverträgen gewährt werden, wenn diese Verträge zur Versorgung des Versicherungsnehmers oder seiner unterhaltsberechtigten Angehörigen eingegangen sind.

(4) Die Pfändung des in Geld zahlbaren Arbeitseinkommens erfasst alle Vergütungen, die dem Schuldner aus der Arbeits- oder Dienstleistung zustehen, ohne Rücksicht auf ihre Benennung oder Berechnungsart.

§ 850a Unpfändbare Bezüge. Unpfändbar sind

1. zur Hälfte die für die Leistung von Mehrarbeitsstunden gezahlten Teile des Arbeitseinkommens;

[1)] Neubekanntmachung der Zivilprozessordnung in der im Bundesgesetzblatt Teil III, Gliederungsnummer 310-4, veröffentlichten bereinigten Fassung auf Grund des Art. 2a des EG-Vollstreckungs-Durchführungsgesetzes v. 18.8.2005 (BGBl. I S. 2477) in der ab 21.10.2005 geltenden Fassung.

2. die für die Dauer eines Urlaubs über das Arbeitseinkommen hinaus gewährten Bezüge, Zuwendungen aus Anlass eines besonderen Betriebsereignisses und Treugelder, soweit sie den Rahmen des Üblichen nicht übersteigen;
3. Aufwandsentschädigungen, Auslösungsgelder und sonstige soziale Zulagen für auswärtige Beschäftigungen, das Entgelt für selbstgestelltes Arbeitsmaterial, Gefahrenzulagen sowie Schmutz- und Erschwerniszulagen, soweit diese Bezüge den Rahmen des Üblichen nicht übersteigen;
4. Weihnachtsvergütungen bis zum Betrag der Hälfte des monatlichen Arbeitseinkommens, höchstens aber bis zum Betrag von 500 Euro;
5.[1] Geburtsbeihilfen sowie Beihilfen aus Anlass der Eingehung einer Ehe oder Begründung einer Lebenspartnerschaft, sofern die Vollstreckung wegen anderer als der aus Anlass der Geburt, der Eingehung einer Ehe oder der Begründung einer Lebenspartnerschaft entstandenen Ansprüche betrieben wird;
6. Erziehungsgelder, Studienbeihilfen und ähnliche Bezüge;
7. Sterbe- und Gnadenbezüge aus Arbeits- oder Dienstverhältnissen;
8. Blindenzulagen.

§ 850b Bedingt pfändbare Bezüge. (1) Unpfändbar sind ferner

1. Renten, die wegen einer Verletzung des Körpers oder der Gesundheit zu entrichten sind;
2. Unterhaltsrenten, die auf gesetzlicher Vorschrift beruhen, sowie die wegen Entziehung einer solchen Forderung zu entrichtenden Renten;
3. fortlaufende Einkünfte, die ein Schuldner aus Stiftungen oder sonst auf Grund der Fürsorge und Freigebigkeit eines Dritten oder auf Grund eines Altenteils oder Auszugsvertrags bezieht;
4. Bezüge aus Witwen-, Waisen-, Hilfs- und Krankenkassen, die ausschließlich oder zu einem wesentlichen Teil zu Unterstützungszwecken gewährt werden, ferner Ansprüche aus Lebensversicherungen, die nur auf den Todesfall des Versicherungsnehmers abgeschlossen sind, wenn die Versicherungssumme 3579 Euro nicht übersteigt.

(2) Diese Bezüge können nach den für Arbeitseinkommen geltenden Vorschriften gepfändet werden, wenn die Vollstreckung in das sonstige bewegliche Vermögen des Schuldners zu einer vollständigen Befriedigung des Gläubigers nicht geführt hat oder voraussichtlich nicht führen wird und wenn nach den Umständen des Falles, insbesondere nach der Art des beizutreibenden Anspruchs und der Höhe der Bezüge, die Pfändung der Billigkeit entspricht.

(3) Das Vollstreckungsgericht soll vor seiner Entscheidung die Beteiligten hören.

---

[1] § 850a Nr. 5 geänd. durch G v. 20.11.2015 (BGBl. I S. 2010).

§ 850c Pfändungsgrenzen für Arbeitseinkommen.

[Fassung bis 31.7.2021:]

(1) [1] Arbeitseinkommen ist unpfändbar, wenn es, je nach dem Zeitraum, für den es gezahlt wird, nicht mehr als

*930**[1)] Euro monatlich,
*217,50**[2)] Euro wöchentlich oder
*43,50**[3)] Euro täglich

beträgt. [2] Gewährt der Schuldner auf Grund einer gesetzlichen Verpflichtung seinem Ehegatten, einem früheren Ehegatten, seinem Lebenspartner, einem früheren Lebenspartner oder einem Verwandten oder nach §§ 1615l, 1615n des Bürgerlichen Gesetzbuchs einem Elternteil Unterhalt, so erhöht sich der Betrag, bis zu dessen Höhe Arbeitseinkommen unpfändbar ist, auf bis zu

*2060**[4)] Euro monatlich,
*478,50**[5)] Euro wöchentlich oder
*96,50**[6)] Euro täglich,

und zwar um

*350**[7)] Euro monatlich,
*81**[8)] Euro wöchentlich oder
*17**[9)] Euro täglich

für die erste Person, der Unterhalt gewährt wird, und um je

*195**[10)] Euro monatlich,
*45**[11)] Euro wöchentlich oder
*9**[12)] Euro täglich

für die zweite bis fünfte Person.

(2) [1] Übersteigt das Arbeitseinkommen den Betrag, bis zu dessen Höhe es je nach der Zahl der Personen, denen der Schuldner Unterhalt

[Fassung ab 1.8.2021:][1)]

(1) Arbeitseinkommen ist unpfändbar, wenn es, je nach dem Zeitraum, für den es gezahlt wird, nicht mehr als

1. 1178,59 Euro monatlich,
2. 271,24 Euro wöchentlich oder
3. 54,25 Euro täglich

beträgt.

(2) [1] Gewährt der Schuldner auf Grund einer gesetzlichen Verpflichtung seinem Ehegatten, einem früheren Ehegatten, seinem Lebenspartner, einem früheren Lebenspartner, einem Verwandten oder nach den §§ 1615l und 1615n des Bürgerlichen Gesetzbuchs einem Elternteil Unterhalt, so erhöht sich der Betrag nach Absatz 1 für die erste Person, der Unterhalt gewährt wird, und zwar um

1. 443,57 Euro monatlich,
2. 102,08 Euro wöchentlich oder
3. 20,42 Euro täglich.

[2] Für die zweite bis fünfte Person, der Unterhalt gewährt wird, erhöht sich der Betrag nach Absatz 1 um je

1. 247,12 Euro monatlich,
2. 56,87 Euro wöchentlich oder
3. 11,37 Euro täglich.

(3) [1] Übersteigt das Arbeitseinkommen den Betrag nach Absatz 1, so ist es hinsichtlich des überschießenden Teils in Höhe von drei Zehnteln unpfändbar. [2] Gewährt der Schuldner nach Absatz 2 Unterhalt, so sind für

---

[1)] § 850c neu gef. mWv 1.8.2021 durch G v. 22.11.2020 (BGBl. I S. 2466).

* Die unpfändbaren Beträge nach Absatz 1 und Absatz 2 Satz 2 sind durch Bekanntmachung zu den §§ 850c und 850f der Zivilprozessordnung (Pfändungsfreigrenzenbekanntmachung 2019) vom 4.4.2019 (BGBl. I S. 443) zum 1.7.2019 geändert worden:
[1)] 1178,59 Euro; [2)] 271,24 Euro; [3)] 54,25 Euro; [4)] 2610,63 Euro; [5)] 600,80 Euro; [6)] 120,16 Euro; [7)] 443,57 Euro; [8)] 102,08 Euro; [9)] 20,42 Euro; [10)] 247,12 Euro; [11)] 56,87 Euro; [12)] 11,37 Euro; [13)] 3613,08 Euro; [14)] 831,50 Euro; [15)] 166,30 Euro.

[Fassung bis 31.7.2021:]

gewährt, nach Absatz 1 unpfändbar ist, so ist es hinsichtlich des überschießenden Betrages zu einem Teil unpfändbar, und zwar in Höhe von drei Zehnteln, wenn der Schuldner keiner der in Absatz 1 genannten Personen Unterhalt gewährt, zwei weiteren Zehnteln für die erste Person, der Unterhalt gewährt wird, und je einem weiteren Zehntel für die zweite bis fünfte Person. [2]Der Teil des Arbeitseinkommens, der *2851**[13)] Euro monatlich (*658**[14)] Euro wöchentlich, *131,58**[15)] Euro täglich) übersteigt, bleibt bei der Berechnung des unpfändbaren Betrages unberücksichtigt.

(2a) [1]Die unpfändbaren Beträge nach Absatz 1 und Absatz 2 Satz 2 ändern sich jeweils zum 1. Juli eines jeden zweiten Jahres, erstmalig zum 1. Juli 2003, entsprechend der im Vergleich zum jeweiligen Vorjahreszeitraum sich ergebenden prozentualen Entwicklung des Grundfreibetrages nach § 32a Abs. 1 Nr. 1 des Einkommensteuergesetzes; der Berechnung ist die am 1. Januar des jeweiligen Jahres geltende Fassung des § 32a Abs. 1 Nr. 1 des Einkommensteuergesetzes zugrunde zu legen. [2]Das Bundesministerium der Justiz und für Verbraucherschutz[1)] gibt die maßgebenden Beträge rechtzeitig im Bundesgesetzblatt bekannt.[2)]

(3) [1]Bei der Berechnung des nach Absatz 2 pfändbaren Teils des Arbeitseinkommens ist das Arbeitseinkommen, gegebenenfalls nach Abzug des nach Absatz 2 Satz 2 pfändbaren Betrages, wie aus der Tabelle ersichtlich, die diesem Gesetz als Anla-

[Fassung ab 1.8.2021:]

die erste Person weitere zwei Zehntel und für die zweite bis fünfte Person jeweils ein weiteres Zehntel unpfändbar. [3]Der Teil des Arbeitseinkommens, der

1. 3613,08 Euro monatlich,
2. 831,50 Euro wöchentlich oder
3. 166,30 Euro täglich

übersteigt, bleibt bei der Berechnung des unpfändbaren Betrages unberücksichtigt.

(4) [1]Das Bundesministerium der Justiz und für Verbraucherschutz macht im Bundesgesetzblatt Folgendes bekannt (Pfändungsfreigrenzenbekanntmachung):

1. die Höhe des unpfändbaren Arbeitseinkommens nach Absatz 1,
2. die Höhe der Erhöhungsbeträge nach Absatz 2,
3. die Höhe der in Absatz 3 Satz 3 genannten Höchstbeträge.

[2]Die Beträge werden jeweils zum 1. Juli eines Jahres entsprechend der im Vergleich zum jeweiligen Vorjahreszeitraum sich ergebenden prozentualen Entwicklung des Grundfreibetrages nach § 32a Absatz 1 Satz 2 Nummer 1 des Einkommensteuergesetzes angepasst; der Berechnung ist die am 1. Januar des jeweiligen Jahres geltende Fassung des § 32a Absatz 1 Satz 2 Nummer 1 des Einkommensteuergesetzes zugrunde zu legen.

(5) [1]Um den nach Absatz 3 pfändbaren Teil des Arbeitseinkommens zu berechnen, ist das Arbeitseinkommen, gegebenenfalls nach Abzug des nach Absatz 3 Satz 3 pfändbaren Betrages, auf eine Zahl abzurunden, die bei einer Auszahlung für

---

[1)] Bezeichnung geänd. durch VO v. 31.8.2015 (BGBl. I S. 1474).

[2)] Zuletzt Bek. v. 4.4.2019, BGBl. I S. 443 (Pfändungsfreigrenzenbekanntmachung 2019).

[Fassung bis 31.7.2021:]

ge[1]) beigefügt ist, nach unten abzurunden, und zwar bei Auszahlung für Monate auf einen durch 10 Euro, bei Auszahlung für Wochen auf einen durch 2,50 Euro oder bei Auszahlung für Tage auf einen durch 50 Cent teilbaren Betrag. [2]Im Pfändungsbeschluss genügt die Bezugnahme auf die Tabelle.

(4) Hat eine Person, welcher der Schuldner auf Grund gesetzlicher Verpflichtung Unterhalt gewährt, eigene Einkünfte, so kann das Vollstreckungsgericht auf Antrag des Gläubigers nach billigem Ermessen bestimmen, dass diese Person bei der Berechnung des unpfändbaren Teils des Arbeitseinkommens ganz oder teilweise unberücksichtigt bleibt; soll die Person nur teilweise berücksichtigt werden, so ist Absatz 3 Satz 2 nicht anzuwenden.

[Fassung ab 1.8.2021:]

1. Monate bei einer Teilung durch 10 eine natürliche Zahl ergibt,
2. Wochen bei einer Teilung durch 2,5 eine natürliche Zahl ergibt,
3. Tage bei einer Teilung durch 0,5 eine natürliche Zahl ergibt.

[2]Die sich aus der Berechnung nach Satz 1 ergebenden Beträge sind in der Pfändungsfreigrenzenbekanntmachung als Tabelle enthalten. [3]Im Pfändungsbeschluss genügt die Bezugnahme auf die Tabelle.

(6) Hat eine Person, welcher der Schuldner auf Grund gesetzlicher Verpflichtung Unterhalt gewährt, eigene Einkünfte, so kann das Vollstreckungsgericht auf Antrag des Gläubigers nach billigem Ermessen bestimmen, dass diese Person bei der Berechnung des unpfändbaren Teils des Arbeitseinkommens ganz oder teilweise unberücksichtigt bleibt; soll die Person nur teilweise berücksichtigt werden, so ist Absatz 5 Satz 3 nicht anzuwenden.

§ 850d Pfändbarkeit bei Unterhaltsansprüchen. (1) [1]Wegen der Unterhaltsansprüche, die kraft Gesetzes einem Verwandten, dem Ehegatten, einem früheren Ehegatten, dem Lebenspartner, einem früheren Lebenspartner oder nach §§ 1615l, 1615n des Bürgerlichen Gesetzbuchs[2]) einem Elternteil zustehen, sind das Arbeitseinkommen und die in § 850a Nr. 1, 2 und 4 genannten Bezüge ohne die in § 850c bezeichneten Beschränkungen pfändbar. [2]Dem Schuldner ist jedoch so viel zu belassen, als er für seinen notwendigen Unterhalt und zur Erfüllung seiner laufenden gesetzlichen Unterhaltspflichten gegenüber den dem Gläubiger vorgehenden Berechtigten oder zur gleichmäßigen Befriedigung der dem Gläubiger gleichstehenden Berechtigten bedarf; von den in § 850a Nr. 1, 2 und 4 genannten Bezügen hat ihm mindestens die Hälfte des nach § 850a unpfändbaren Betrages zu verbleiben. [3]Der dem Schuldner hiernach verbleibende Teil seines Arbeitseinkommens darf den Betrag nicht übersteigen, der ihm nach den Vorschriften des § 850c gegenüber nicht bevorrechtigten Gläubigern zu verbleiben hätte. [4]Für die Pfändung wegen der Rückstände, die länger als ein Jahr vor dem Antrag auf Erlass des

[1]) Nachstehend abgedruckt.
[2]) **Schönfelder Nr. 20.**

Pfändungsbeschlusses fällig geworden sind, gelten die Vorschriften dieses Absatzes insoweit nicht, als nach Lage der Verhältnisse nicht anzunehmen ist, dass der Schuldner sich seiner Zahlungspflicht absichtlich entzogen hat.

(2)[1] Mehrere nach Absatz 1 Berechtigte sind mit ihren Ansprüchen in der Reihenfolge nach § 1609 des Bürgerlichen Gesetzbuchs und § 16 des Lebenspartnerschaftsgesetzes zu berücksichtigen, wobei mehrere gleich nahe Berechtigte untereinander den gleichen Rang haben.

(3) Bei der Vollstreckung wegen der in Absatz 1 bezeichneten Ansprüche sowie wegen der aus Anlass einer Verletzung des Körpers oder der Gesundheit zu zahlenden Renten kann zugleich mit der Pfändung wegen fälliger Ansprüche auch künftig fällig werdendes Arbeitseinkommen wegen der dann jeweils fällig werdenden Ansprüche gepfändet und überwiesen werden.

§ 850e Berechnung des pfändbaren Arbeitseinkommens. Für die Berechnung des pfändbaren Arbeitseinkommens gilt Folgendes:

1. [1] Nicht mitzurechnen sind die nach § 850 a der Pfändung entzogenen Bezüge, ferner Beträge, die unmittelbar auf Grund steuerrechtlicher oder sozialrechtlicher Vorschriften zur Erfüllung gesetzlicher Verpflichtungen des Schuldners abzuführen sind. [2] Diesen Beträgen stehen gleich die auf den Auszahlungszeitraum entfallenden Beträge, die der Schuldner
   a) nach den Vorschriften der Sozialversicherungsgesetze zur Weiterversicherung entrichtet oder
   b) an eine Ersatzkasse oder an ein Unternehmen der privaten Krankenversicherung leistet, soweit sie den Rahmen des Üblichen nicht übersteigen.
2. [1] Mehrere Arbeitseinkommen sind auf Antrag vom Vollstreckungsgericht bei der Pfändung zusammenzurechnen. [2] Der unpfändbare Grundbetrag ist in erster Linie dem Arbeitseinkommen zu entnehmen, das die wesentliche Grundlage der Lebenshaltung des Schuldners bildet.

2a. [1] Mit Arbeitseinkommen sind auf Antrag auch Ansprüche auf laufende Geldleistungen nach dem Sozialgesetzbuch zusammenzurechnen, soweit diese der Pfändung unterworfen sind. [2] Der unpfändbare Grundbetrag ist, soweit die Pfändung nicht wegen gesetzlicher Unterhaltsansprüche erfolgt, in erster Linie den laufenden Geldleistungen nach dem Sozialgesetzbuch zu entnehmen. [3] Ansprüche auf Geldleistungen für Kinder dürfen mit Arbeitseinkommen nur zusammengerechnet werden, soweit sie nach § 76 des Einkommensteuergesetzes oder nach § 54 Abs. 5 des Ersten Buches Sozialgesetzbuch[2] gepfändet werden können.

3. [1] Erhält der Schuldner neben seinem in Geld zahlbaren Einkommen auch Naturalleistungen, so sind Geld- und Naturalleistungen zusammenzurechnen. [2] In diesem Fall ist der in Geld zahlbare Betrag insoweit pfändbar, als der nach § 850 c unpfändbare Teil des Gesamteinkommens durch den Wert der dem Schuldner verbleibenden Naturalleistungen gedeckt ist.

---

[1] § 850d Abs. 2 neu gef. mWv 1.1.2008 durch G v. 21.12.2007 (BGBl. I S. 3189).
[2] Loseblatt-Textsammlung **Aichberger SGB RVO Nr. 1**.

4. [1]Trifft eine Pfändung, eine Abtretung oder eine sonstige Verfügung wegen eines der in § 850d bezeichneten Ansprüche mit einer Pfändung wegen eines sonstigen Anspruchs zusammen, so sind auf die Unterhaltsansprüche zunächst die gemäß § 850d der Pfändung in erweitertem Umfang unterliegenden Teile des Arbeitseinkommens zu verrechnen. [2]Die Verrechnung nimmt auf Antrag eines Beteiligten das Vollstreckungsgericht vor. [3]Der Drittschuldner kann, solange ihm eine Entscheidung des Vollstreckungsgerichts nicht zugestellt ist, nach dem Inhalt der ihm bekannten Pfändungsbeschlüsse, Abtretungen und sonstigen Verfügungen mit befreiender Wirkung leisten.

§ 850f Änderung des unpfändbaren Betrages. (1)[1)] Das Vollstreckungsgericht kann dem Schuldner auf Antrag von dem nach den Bestimmungen der §§ 850c, 850d und 850i pfändbaren Teil seines Arbeitseinkommens einen Teil belassen, wenn

[Fassung bis 30.11.2021:]

a) der Schuldner nachweist, dass bei Anwendung der Pfändungsfreigrenzen entsprechend der Anlage zu diesem Gesetz (zu § 850c) der notwendige Lebensunterhalt im Sinne des Dritten, Vierten und Elften Kapitels des Zwölften Buches Sozialgesetzbuch oder nach Kapitel 3 Abschnitt 2 des Zweiten Buches Sozialgesetzbuch für sich und für die Personen, denen er Unterhalt zu gewähren hat, nicht gedeckt ist,
b) besondere Bedürfnisse des Schuldners aus persönlichen oder beruflichen Gründen oder
c) der besondere Umfang der gesetzlichen Unterhaltspflichten des Schuldners, insbesondere die Zahl der Unterhaltsberechtigten, dies erfordern

[Fassung ab 1.12.2021:]

1. der Schuldner nachweist, dass bei Anwendung der Pfändungsfreigrenzen entsprechend § 850c der notwendige Lebensunterhalt im Sinne des Dritten und Vierten Kapitels des Zwölften Buches Sozialgesetzbuch oder nach Kapitel 3 Abschnitt 2 des Zweiten Buches Sozialgesetzbuch für sich und für die Personen, denen er gesetzlich zum Unterhalt verpflichtet ist, nicht gedeckt ist,
2. besondere Bedürfnisse des Schuldners aus persönlichen oder beruflichen Gründen oder
3. der besondere Umfang der gesetzlichen Unterhaltspflichten des Schuldners, insbesondere die Zahl der Unterhaltsberechtigten, dies erfordern

und überwiegende Belange des Gläubigers nicht entgegenstehen.

(2) Wird die Zwangsvollstreckung wegen einer Forderung aus einer vorsätzlich begangenen unerlaubten Handlung betrieben, so kann das Vollstreckungsgericht auf Antrag des Gläubigers den pfändbaren Teil des Arbeitseinkommens ohne Rücksicht auf die in § 850c vorgesehenen Beschränkungen bestimmen; dem Schuldner ist jedoch so viel zu belassen, wie er für seinen notwendi-

---

[1)] § 850f Abs. 1 Buchst. a geänd. durch G v. 21.11.2016 (BGBl. I S. 2591); Abs. 1 Buchst. a) bis c) werden Nrn. 1 bis 3 und Nr. 1 neu gef. mWv 1.12.2021 (BGBl. I S. 2466).

gen Unterhalt und zur Erfüllung seiner laufenden gesetzlichen Unterhaltspflichten bedarf.

(3)[1)·7)] [1] *Wird die Zwangsvollstreckung wegen anderer als der in Absatz 2 und in § 850d bezeichneten Forderungen betrieben, so kann das Vollstreckungsgericht in den Fällen, in denen sich das Arbeitseinkommen des Schuldners auf mehr als monatlich 2815*[2)] Euro (wöchentlich 641*[3)] Euro, täglich 123,50*[4)] Euro) beläuft, über die Beträge hinaus, die nach § 850c pfändbar wären, auf Antrag des Gläubigers die Pfändbarkeit unter Berücksichtigung der Belange des Gläubigers und des Schuldners nach freiem Ermessen festsetzen.* [2] *Dem Schuldner ist jedoch mindestens so viel zu belassen, wie sich bei einem Arbeitseinkommen von monatlich 2815*[2)] Euro (wöchentlich 641*[3)] Euro, täglich 123,50*[4)] Euro) aus § 850c ergeben würde.* [3] *Die Beträge nach den Sätzen 1 und 2 werden entsprechend der in § 850c Abs. 2a getroffenen Regelung jeweils zum 1. Juli eines jeden zweiten Jahres, erstmalig zum 1. Juli 2003, geändert.* [4] *Das Bundesministerium der Justiz und für Verbraucherschutz*[5)] *gibt die maßgebenden Beträge rechtzeitig im Bundesgesetzblatt*[6)] *bekannt.*

§ 850g Änderung der Unpfändbarkeitsvoraussetzungen. [1] Ändern sich die Voraussetzungen für die Bemessung des unpfändbaren Teils des Arbeitseinkommens, so hat das Vollstreckungsgericht auf Antrag des Schuldners oder des Gläubigers den Pfändungsbeschluss entsprechend zu ändern. [2] Antragsberechtigt ist auch ein Dritter, dem der Schuldner kraft Gesetzes Unterhalt zu gewähren hat. [3] Der Drittschuldner kann nach dem Inhalt des früheren Pfändungsbeschlusses mit befreiender Wirkung leisten, bis ihm der Änderungsbeschluss zugestellt wird.

§ 850h Verschleiertes Arbeitseinkommen. (1) [1] Hat sich der Empfänger der vom Schuldner geleisteten Arbeiten oder Dienste verpflichtet, Leistungen an einen Dritten zu bewirken, die nach Lage der Verhältnisse ganz oder teilweise eine Vergütung für die Leistung des Schuldners darstellen, so kann der Anspruch des Drittberechtigten insoweit auf Grund des Schuldtitels gegen den Schuldner gepfändet werden, wie wenn der Anspruch dem Schuldner zustände. [2] Die Pfändung des Vergütungsanspruchs des Schuldners umfasst ohne weiteres den Anspruch des Drittberechtigten. [3] Der Pfändungsbeschluss ist dem Drittberechtigten ebenso wie dem Schuldner zuzustellen.

(2) [1] Leistet der Schuldner einem Dritten in einem ständigen Verhältnis Arbeiten oder Dienste, die nach Art und Umfang üblicherweise vergütet werden, unentgeltlich oder gegen eine unverhältnismäßig geringe Vergütung, so gilt im Verhältnis des Gläubigers zu dem Empfänger der Arbeits- und Dienst-

---

[1)] § 850f Abs. 3 Satz 4 angef. mWv 1.8.2009 durch G v. 29.7.2009 (BGBl. I S. 2258).

* *Die Beträge haben sich infolge der Bekanntmachung zu den §§ 850c und 850f der Zivilprozessordnung (Pfändungsfreigrenzenbekanntmachung 2019) vom 4.4.2019 (BGBl. I S. 443) mWv 1.7.2019 geändert:*

[2)] *3571,14 Euro;* [3)] *811,96 Euro;* [4)] *157,02 Euro.*

[5)] Bezeichnung geänd. durch VO v. 31.8.2015 (BGBl. I S. 1474).

[6)] Zuletzt durch Bekanntmachung vom 26.3.2013 (BGBl. I S. 710); Beträge nach § 850f Abs. 3 Satz 1 und 2 geändert infolge Bekanntmachung v. 25.2.2005 (BGBl. I S. 493) und Bekanntmachung v. 9. 5. 2011 (BGBl. I S. 825).

[7)] § 850f Abs. 3 **aufgeh. mWv 1.12.2021** durch G v. 22.11.2021 (BGBl. I S. 2466).

leistungen eine angemessene Vergütung als geschuldet. [2]Bei der Prüfung, ob diese Voraussetzungen vorliegen, sowie bei der Bemessung der Vergütung ist auf alle Umstände des Einzelfalles, insbesondere die Art der Arbeits- und Dienstleistung, die verwandtschaftlichen oder sonstigen Beziehungen zwischen dem Dienstberechtigten und dem Dienstverpflichteten und die wirtschaftliche Leistungsfähigkeit des Dienstberechtigten Rücksicht zu nehmen.

§ 850i[1)] Pfändungsschutz für sonstige Einkünfte. (1) [1]Werden nicht wiederkehrend zahlbare Vergütungen für persönlich geleistete Arbeiten oder Dienste oder sonstige Einkünfte, die kein Arbeitseinkommen sind, gepfändet, so hat das Gericht dem Schuldner auf Antrag während eines angemessenen Zeitraums so viel zu belassen, als ihm nach freier Schätzung des Gerichts verbleiben würde, wenn sein Einkommen aus laufendem Arbeits- oder Dienstlohn bestünde. [2]Bei der Entscheidung sind die wirtschaftlichen Verhältnisse des Schuldners, insbesondere seine sonstigen Verdienstmöglichkeiten, frei zu würdigen. [3]Der Antrag des Schuldners ist insoweit abzulehnen, als überwiegende Belange des Gläubigers entgegenstehen.

(2)[2)] Die Vorschriften des § 27 des Heimarbeitsgesetzes vom 14. März 1951 (BGBl. I S. 191)[3)] bleiben unberührt.

(3)[4)] Die Bestimmungen der Versicherungs-, Versorgungs- und sonstigen gesetzlichen Vorschriften über die Pfändung von Ansprüchen bestimmter Art bleiben unberührt.

[*Fassung bis 30.11.2021:*[5)]

§ 850k[6)] Pfändungsschutzkonto. (1) [1]Wird das Guthaben auf dem Pfändungsschutzkonto des Schuldners bei einem Kreditinstitut gepfändet, kann der Schuldner jeweils bis zum Ende des Kalendermonats über Guthaben in Höhe des monatlichen Freibetrages nach § 850c Abs. 1 Satz 1 in Verbindung mit § 850c Abs. 2a verfügen; insoweit wird es nicht von der Pfändung erfasst. [2]Zum Guthaben im Sinne des Satzes 1 gehört auch das Guthaben, das bis zum Ablauf der Frist des § 835 Absatz 4 nicht an den Gläubiger geleistet oder hinterlegt werden darf. [3]Soweit der Schuldner in dem jeweiligen Kalendermonat

---

1) § 850i Überschrift geänd., Abs. 1 neu gef. mWv 1. 7. 2010 durch G v. 7. 7. 2009 (BGBl. I S. 1707).

2) § 850i Abs. 2 aufgeh., bish. Abs. 3 und 4 werden Abs. 2 und 3 mWv 1. 7. 2010 durch G v. 7. 7. 2009 (BGBl. I S. 1707).

3) § 27 des Heimarbeitsgesetzes v. 14. 3. 1951 (BGBl. I S. 191) lautet:

„**§ 27 Pfändungsschutz.** Für das Entgelt, das den in Heimarbeit Beschäftigten oder den Gleichgestellten gewährt wird, gelten die Vorschriften über den Pfändungsschutz für Vergütungen, die auf Grund eines Arbeits- oder Dienstverhältnisses geschuldet werden, entsprechend."

4) § 850i Abs. 2 aufgeh., bish. Abs. 3 und 4 werden Abs. 2 und 3 mWv 1. 7. 2010 durch G v. 7. 7. 2009 (BGBl. I S. 1707).

5) Fassung **ab 1.12.2021** nachfolgend abgedruckt.

6) § 850k eingef. mWv 1. 7. 2010 durch G v. 7. 7. 2009 (BGBl. I S. 1707); Abs. 1 Satz 2 eingef., bish. Sätze 2 und 3 werden Sätze 3 und 4, neuer Satz 4 geänd., Abs. 2 Satz 2 geänd. mWv 16. 4. 2011 durch G v. 12. 4. 2011 (BGBl. I S. 615); Abs. 2 Satz 1 Nr. 1 Buchst. b geänd. durch G v. 21. 11. 2016 (BGBl. I S. 2591).

nicht über Guthaben in Höhe des nach Satz 1 pfändungsfreien Betrages verfügt hat, wird dieses Guthaben in dem folgenden Kalendermonat zusätzlich zu dem nach Satz 1 geschützten Guthaben nicht von der Pfändung erfasst. [4]Die Sätze 1 bis 3 gelten entsprechend, wenn das Guthaben auf einem Girokonto des Schuldners gepfändet ist, das vor Ablauf von vier Wochen seit der Zustellung des Überweisungsbeschlusses an den Drittschuldner in ein Pfändungsschutzkonto umgewandelt wird.

(2) [1]Die Pfändung des Guthabens gilt im Übrigen als mit der Maßgabe ausgesprochen, dass in Erhöhung des Freibetrages nach Absatz 1 folgende Beträge nicht von der Pfändung erfasst sind:

1. die pfändungsfreien Beträge nach § 850c Abs. 1 Satz 2 in Verbindung mit § 850c Abs. 2a Satz 1, wenn
   a) der Schuldner einer oder mehreren Personen aufgrund gesetzlicher Verpflichtung Unterhalt gewährt oder
   b) der Schuldner Geldleistungen nach dem Zweiten oder Zwölften Buch Sozialgesetzbuch für mit ihm in einer Gemeinschaft im Sinne des § 7 Abs. 3 des Zweiten Buches Sozialgesetzbuch oder der §§ 19, 20, 39 Satz 1 oder 43 des Zwölften Buches Sozialgesetzbuch lebende Personen, denen er nicht aufgrund gesetzlicher Vorschriften zum Unterhalt verpflichtet ist, entgegennimmt;
2. einmalige Geldleistungen im Sinne des § 54 Abs. 2 des Ersten Buches Sozialgesetzbuch und Geldleistungen zum Ausgleich des durch einen Körper- oder Gesundheitsschaden bedingten Mehraufwandes im Sinne des § 54 Abs. 3 Nr. 3 des Ersten Buches Sozialgesetzbuch;
3. das Kindergeld oder andere Geldleistungen für Kinder, es sei denn, dass wegen einer Unterhaltsforderung eines Kindes, für das die Leistungen gewährt oder bei dem es berücksichtigt wird, gepfändet wird.

[2]Für die Beträge nach Satz 1 gilt Absatz 1 Satz 3 entsprechend.

(3) An die Stelle der nach Absatz 1 und Absatz 2 Satz 1 Nr. 1 pfändungsfreien Beträge tritt der vom Vollstreckungsgericht im Pfändungsbeschluss belassene Betrag, wenn das Guthaben wegen der in § 850d bezeichneten Forderungen gepfändet wird.

(4) [1]Das Vollstreckungsgericht kann auf Antrag einen von den Absätzen 1, 2 Satz 1 Nr. 1 und Absatz 3 abweichenden pfändungsfreien Betrag festsetzen. [2]Die §§ 850a, 850b, 850c, 850d Abs. 1 und 2, die §§ 850e, 850f, 850g und 850i sowie die §§ 851c und 851d dieses Gesetzes sowie § 54 Abs. 2, Abs. 3 Nr. 1, 2 und 3, Abs. 4 und 5 des Ersten Buches Sozialgesetzbuch, § 17 Abs. 1 Satz 2 des Zwölften Buches Sozialgesetzbuch und § 76 des Einkommensteuergesetzes sind entsprechend anzuwenden. [3]Im Übrigen ist das Vollstreckungsgericht befugt, die in § 732 Abs. 2 bezeichneten Anordnungen zu erlassen.

(5) [1]Das Kreditinstitut ist dem Schuldner zur Leistung aus dem nach Absatz 1 und 3 nicht von der Pfändung erfassten Guthaben im Rahmen des vertraglich Vereinbarten verpflichtet. [2]Dies gilt für die nach Absatz 2 nicht von der Pfändung erfassten Beträge nur insoweit, als der Schuldner durch eine Bescheinigung des Arbeitgebers, der Familienkasse, des Sozialleistungsträgers

oder einer geeigneten Person oder Stelle im Sinne von § 305 Abs. 1 Nr. 1 der Insolvenzordnung nachweist, dass das Guthaben nicht von der Pfändung erfasst ist. [3]Die Leistung des Kreditinstituts an den Schuldner hat befreiende Wirkung, wenn ihm die Unrichtigkeit einer Bescheinigung nach Satz 2 weder bekannt noch infolge grober Fahrlässigkeit unbekannt ist. [4]Kann der Schuldner den Nachweis nach Satz 2 nicht führen, so hat das Vollstreckungsgericht auf Antrag die Beträge nach Absatz 2 zu bestimmen. [5]Die Sätze 1 bis 4 gelten auch für eine Hinterlegung.

(6) [1]Wird einem Pfändungsschutzkonto eine Geldleistung nach dem Sozialgesetzbuch oder Kindergeld gutgeschrieben, darf das Kreditinstitut die Forderung, die durch die Gutschrift entsteht, für die Dauer von 14 Tagen seit der Gutschrift nur mit solchen Forderungen verrechnen und hiergegen nur mit solchen Forderungen aufrechnen, die ihm als Entgelt für die Kontoführung oder aufgrund von Kontoverfügungen des Berechtigten innerhalb dieses Zeitraums zustehen. [2]Bis zur Höhe des danach verbleibenden Betrages der Gutschrift ist das Kreditinstitut innerhalb von 14 Tagen seit der Gutschrift nicht berechtigt, die Ausführung von Zahlungsvorgängen wegen fehlender Deckung abzulehnen, wenn der Berechtigte nachweist oder dem Kreditinstitut sonst bekannt ist, dass es sich um die Gutschrift einer Geldleistung nach dem Sozialgesetzbuch oder von Kindergeld handelt. [3]Das Entgelt des Kreditinstituts für die Kontoführung kann auch mit Beträgen nach den Absätzen 1 bis 4 verrechnet werden.

(7) [1]In einem der Führung eines Girokontos zugrunde liegenden Vertrag können der Kunde, der eine natürliche Person ist, oder dessen gesetzlicher Vertreter und das Kreditinstitut vereinbaren, dass das Girokonto als Pfändungsschutzkonto geführt wird. [2]Der Kunde kann jederzeit verlangen, dass das Kreditinstitut sein Girokonto als Pfändungsschutzkonto führt. [3]Ist das Guthaben des Girokontos bereits gepfändet worden, so kann der Schuldner die Führung als Pfändungsschutzkonto zum Beginn des vierten auf seine Erklärung folgenden Geschäftstages verlangen.

(8)[1)] [1]Jede Person darf nur ein Pfändungsschutzkonto unterhalten. [2]Bei der Abrede hat der Kunde gegenüber dem Kreditinstitut zu versichern, dass er kein weiteres Pfändungsschutzkonto unterhält. [3]Das Kreditinstitut darf Auskunfteien mitteilen, dass es für den Kunden ein Pfändungsschutzkonto führt. [4]Die Auskunfteien dürfen diese Angabe nur verwenden, um Kreditinstituten auf Anfrage zum Zwecke der Überprüfung der Richtigkeit der Versicherung nach Satz 2 Auskunft darüber zu erteilen, ob die betroffene Person ein Pfändungsschutzkonto unterhält. [5]Die Verarbeitung zu einem anderen als dem in Satz 4 genannten Zweck ist auch mit Einwilligung der betroffenen Person unzulässig.

(9)[2)] [1]Unterhält ein Schuldner entgegen Absatz 8 Satz 1 mehrere Girokonten als Pfändungsschutzkonten, ordnet das Vollstreckungsgericht auf Antrag eines Gläubigers an, dass nur das von dem Gläubiger in dem Antrag bezeichnete Girokonto dem Schuldner als Pfändungsschutzkonto verbleibt. [2]Der Gläubiger hat die Voraussetzungen nach Satz 1 durch Vorlage entsprechender Er-

---

[1)] § 850k Abs. 8 neu gef. mWv 28.12.2010 durch G v. 22.12.2010 (BGBl. I S. 2248); geänd. durch G v. 20.11.2019 (BGBl. I S. 1724).

[2)] § 850k Abs. 9 Satz 1 geänd. mWv 28.12.2010 durch G v. 22.12.2010 (BGBl. I S. 2248).

klärungen der Drittschuldner glaubhaft zu machen. [3]Eine Anhörung des Schuldners unterbleibt. [4]Die Entscheidung ist allen Drittschuldnern zuzustellen. [5]Mit der Zustellung der Entscheidung an diejenigen Kreditinstitute, deren Girokonten nicht zum Pfändungsschutzkonto bestimmt sind, entfallen die Wirkungen nach den Absätzen 1 bis 6.]

[*Fassung ab 1.12.2021:*

§ 850k[1)] Einrichtung und Beendigung des Pfändungsschutz Kontos.

(1) [1]Eine natürliche Person kann jederzeit von dem Kreditinstitut verlangen, dass ein von ihr dort geführtes Zahlungskonto als Pfändungsschutzkonto geführt wird. [2]Satz 1 gilt auch, wenn das Zahlungskonto zum Zeitpunkt des Verlangens einen negativen Saldo aufweist. [3]Ein Pfändungsschutzkonto darf jedoch ausschließlich auf Guthabenbasis geführt werden.

(2) [1]Ist Guthaben auf dem Zahlungskonto bereits gepfändet worden, kann der Schuldner die Führung dieses Kontos als Pfändungsschutzkonto zum Beginn des vierten auf sein Verlangen folgenden Geschäftstages fordern. [2]Das Vertragsverhältnis zwischen dem Kontoinhaber und dem Kreditinstitut bleibt im Übrigen unberührt.

(3) [1]Jede Person darf nur ein Pfändungsschutzkonto unterhalten. [2]Bei dem Verlangen nach Absatz 1 hat der Kunde gegenüber dem Kreditinstitut zu versichern, dass er kein weiteres Pfändungsschutzkonto unterhält.

(4) [1]Unterhält ein Schuldner entgegen Absatz 3 Satz 1 mehrere Zahlungskonten als Pfändungsschutzkonten, ordnet das Vollstreckungsgericht auf Antrag des Gläubigers an, dass nur das von dem Gläubiger in seinem Antrag bezeichnete Zahlungskonto dem Schuldner als Pfändungsschutzkonto verbleibt. [2]Der Gläubiger hat den Umstand, dass ein Schuldner entgegen Satz 1 mehrere Zahlungskonten als Pfändungsschutzkonten unterhält, durch Vorlage entsprechender Erklärungen der Drittschuldner glaubhaft zu machen. [3]Eine Anhörung des Schuldners durch das Vollstreckungsgericht unterbleibt. [4]Die Anordnung nach Satz 1 ist allen Drittschuldnern zuzustellen. [5]Mit der Zustellung der Anordnung an diejenigen Kreditinstitute, deren Zahlungskonten nicht zum Pfändungsschutzkonto bestimmt sind, entfallen die Wirkungen dieser Pfändungsschutzkonten.

(5) [1]Der Kontoinhaber kann mit einer Frist von mindestens vier Geschäftstagen zum Monatsende von dem Kreditinstitut verlangen, dass das dort geführte Pfändungsschutzkonto als Zahlungskonto ohne Pfändungsschutz geführt wird. [2]Absatz 2 Satz 2 gilt entsprechend.]

[*Fassung bis 30.11.2021:*[2)]

§ 850l[3)] Anordnung der Unpfändbarkeit von Kontoguthaben auf dem Pfändungsschutzkonto. [1]Auf Antrag des Schuldners kann das Vollstreckungsgericht anordnen, dass das Guthaben auf dem Pfändungsschutzkonto für die Dauer von bis zu zwölf Monaten der Pfändung nicht unterworfen ist,

---

[1)] § 850k neu gef. **mWv 1.12.2021** durch G v. 22.11.2020 (BGBl. I S. 2466).

[2)] Fassung **ab 1.12.2021** nachfolgend abgedruckt.

[3)] § 850l neu gef. mWv 1.1.2012 durch G v. 7.7.2009 (BGBl. I S. 1707).

wenn der Schuldner nachweist, dass dem Konto in den letzten sechs Monaten vor Antragstellung ganz überwiegend nur unpfändbare Beträge gutgeschrieben worden sind, und er glaubhaft macht, dass auch innerhalb der nächsten zwölf Monate nur ganz überwiegend nicht pfändbare Beträge zu erwarten sind. [2]Die Anordnung kann versagt werden, wenn überwiegende Belange des Gläubigers entgegenstehen. [3]Sie ist auf Antrag eines Gläubigers aufzuheben, wenn ihre Voraussetzungen nicht mehr vorliegen oder die Anordnung den überwiegenden Belangen dieses Gläubigers entgegensteht.]

[*Fassung ab 1.12.2021:*

§ 850l[1)] Pfändung des Gemeinschaftskontos. (1) [1]Unterhält der Schuldner, der eine natürliche Person ist, mit einer anderen natürlichen oder mit einer juristischen Person oder mit einer Mehrheit von Personen ein Gemeinschaftskonto und wird Guthaben auf diesem Konto gepfändet, so darf das Kreditinstitut erst nach Ablauf von einem Monat nach Zustellung des Überweisungsbeschlusses aus dem Guthaben an den Gläubiger leisten oder den Betrag hinterlegen. [2]Satz 1 gilt auch für künftiges Guthaben.

(2) [1]Ist der Schuldner eine natürliche Person, kann er innerhalb des Zeitraums nach Absatz 1 Satz 1 von dem Kreditinstitut verlangen, bestehendes oder künftiges Guthaben von dem Gemeinschaftskonto auf ein bei dem Kreditinstitut allein auf seinen Namen lautendes Zahlungskonto zu übertragen. [2]Wird Guthaben nach Satz 1 übertragen und verlangt der Schuldner innerhalb des Zeitraums nach Absatz 1 Satz 1, dass das Zahlungskonto als Pfändungsschutzkonto geführt wird, so ist auf das übertragene Guthaben § 899 Absatz 1 Satz 1 und 3 entsprechend anzuwenden. [3]Für die Übertragung nach Satz 1 ist eine Mitwirkung anderer Kontoinhaber oder des Gläubigers nicht erforderlich. [4]Der Übertragungsbetrag beläuft sich auf den Kopfteil des Schuldners an dem Guthaben. [5]Sämtliche Kontoinhaber und der Gläubiger können sich auf eine von Satz 4 abweichende Aufteilung des Übertragungsbetrages einigen; die Vereinbarung ist dem Kreditinstitut in Textform mitzuteilen.

(3) Absatz 2 Satz 1 und 3 bis 5 ist auf natürliche Personen, mit denen der Schuldner das Gemeinschaftskonto unterhält, entsprechend anzuwenden.

(4) Die Wirkungen von Pfändung und Überweisung von Guthaben auf dem Gemeinschaftskonto setzen sich an dem nach Absatz 2 Satz 1 auf ein Einzelkonto des Schuldners übertragenen Guthaben fort; sie setzen sich nicht an dem Guthaben fort, das nach Absatz 3 übertragen wird.]

§ 851 Nicht übertragbare Forderungen. (1) Eine Forderung ist in Ermangelung besonderer Vorschriften der Pfändung nur insoweit unterworfen, als sie übertragbar ist.

(2) Eine nach § 399 des Bürgerlichen Gesetzbuchs[2)] nicht übertragbare Forderung kann insoweit gepfändet und zur Einziehung überwiesen werden, als der geschuldete Gegenstand der Pfändung unterworfen ist.

(Fortsetzung nächstes Blatt)

[1)] § 850l neu gef. mWv 1.12.2021 durch G v. 22.11.2020 (BGBl. I S. 2466).
[2)] **Schönfelder Nr. 20.**

§ 851 a Pfändungsschutz für Landwirte. (1) Die Pfändung von Forderungen, die einem die Landwirtschaft betreibenden Schuldner aus dem Verkauf von landwirtschaftlichen Erzeugnissen zustehen, ist auf seinen Antrag vom Vollstreckungsgericht insoweit aufzuheben, als die Einkünfte zum Unterhalt des Schuldners, seiner Familie und seiner Arbeitnehmer oder zur Aufrechterhaltung einer geordneten Wirtschaftsführung unentbehrlich sind.

(2) Die Pfändung soll unterbleiben, wenn offenkundig ist, dass die Voraussetzungen für die Aufhebung der Zwangsvollstreckung nach Absatz 1 vorliegen.

§ 851 b Pfändungsschutz bei Miet- und Pachtzinsen. (1) [1]Die Pfändung von Miete und Pacht ist auf Antrag des Schuldners vom Vollstreckungsgericht insoweit aufzuheben, als diese Einkünfte für den Schuldner zur laufenden Unterhaltung des Grundstücks, zur Vornahme notwendiger Instandsetzungsarbeiten und zur Befriedigung von Ansprüchen unentbehrlich sind, die bei einer Zwangsvollstreckung in das Grundstück dem Anspruch des Gläubigers nach § 10 des Gesetzes über die Zwangsversteigerung und die Zwangsverwaltung[1)] vorgehen würden. [2]Das Gleiche gilt von der Pfändung von Barmitteln und Guthaben, die aus Miet- oder Pachtzahlungen herrühren und zu den in Satz 1 bezeichneten Zwecken unentbehrlich sind.

(2)[2)] [1]Wird der Antrag nicht binnen einer Frist von zwei Wochen gestellt, so ist er ohne sachliche Prüfung zurückzuweisen, wenn das Vollstreckungsgericht der Überzeugung ist, dass der Schuldner den Antrag in der Absicht der Verschleppung oder aus grober Nachlässigkeit nicht früher gestellt hat. [2]Die Frist beginnt mit der Pfändung.

(3)[3)] Anordnungen nach Absatz 1 können mehrmals ergehen und, soweit es nach Lage der Verhältnisse geboten ist, auf Antrag aufgehoben oder abgeändert werden.

(4)[3)] [1]Vor den in den Absätzen 1 und 3 bezeichneten Entscheidungen ist, soweit dies ohne erhebliche Verzögerung möglich ist, der Gläubiger zu hören. [2]Die für die Entscheidung wesentlichen tatsächlichen Verhältnisse sind glaubhaft zu machen. [3]Die Pfändung soll unterbleiben, wenn offenkundig ist, dass die Voraussetzungen für die Aufhebung der Zwangsvollstreckung nach Absatz 1 vorliegen.

§ 851 c[4)] Pfändungsschutz bei Altersrenten. (1) Ansprüche auf Leistungen, die auf Grund von Verträgen gewährt werden, dürfen nur wie Arbeitseinkommen gepfändet werden, wenn

1. die Leistung in regelmäßigen Zeitabständen lebenslang und nicht vor Vollendung des 60. Lebensjahres oder nur bei Eintritt der Berufsunfähigkeit gewährt wird,

---

[1)] **Schönfelder Nr. 108.**

[2)] § 851 b Abs. 2 neu gef. **mWv 1. 1. 2013** durch G v. 29. 7. 2009 (BGBl. I S. 2258).

[3)] § 851 b Abs. 3 und 4 angef. **mWv 1. 1. 2013** durch G v. 29. 7. 2009 (BGBl. I S. 2258).

[4)] § 851 c eingef. mWv 31. 3. 2007 durch G v. 26. 3. 2007 (BGBl. I S. 368).

2. über die Ansprüche aus dem Vertrag nicht verfügt werden darf,
3. die Bestimmung von Dritten mit Ausnahme von Hinterbliebenen als Berechtigte ausgeschlossen ist und
4. die Zahlung einer Kapitalleistung, ausgenommen eine Zahlung für den Todesfall, nicht vereinbart wurde.

(2) [1]Um dem Schuldner den Aufbau einer angemessenen Alterssicherung zu ermöglichen, kann er unter Berücksichtigung der Entwicklung auf dem Kapitalmarkt, des Sterblichkeitsrisikos und der Höhe der Pfändungsfreigrenze, nach seinem Lebensalter gestaffelt, jährlich einen bestimmten Betrag unpfändbar auf der Grundlage eines in Absatz 1 bezeichneten Vertrags bis zu einer Gesamtsumme von 256 000[1)] Euro ansammeln. [2]Der Schuldner darf vom 18. bis zum vollendeten 29. Lebensjahr 2000 Euro, vom 30. bis zum vollendeten 39. Lebensjahr 4000 Euro, vom 40. bis zum vollendeten 47. Lebensjahr 4500 Euro, vom 48. bis zum vollendeten 53. Lebensjahr 6000 Euro, vom 54. bis zum vollendeten 59. Lebensjahr 8000 Euro und vom 60. bis zum vollendeten 67.[1)] Lebensjahr 9000 Euro jährlich ansammeln. [3]Übersteigt der Rückkaufwert der Alterssicherung den unpfändbaren Betrag, sind drei Zehntel des überschießenden Betrags unpfändbar. [4]Satz 3 gilt nicht für den Teil des Rückkaufwerts, der den dreifachen Wert des in Satz 1 genannten Betrags übersteigt.

(3) § 850 e Nr. 2 und 2 a gilt entsprechend.

§ 851 d[2)] Pfändungsschutz bei steuerlich gefördertem Altersvorsorgevermögen. Monatliche Leistungen in Form einer lebenslangen Rente oder monatlicher Ratenzahlungen im Rahmen eines Auszahlungsplans nach § 1 Abs. 1 Satz 1 Nr. 4 des Altersvorsorgeverträge-Zertifizierungsgesetzes aus steuerlich gefördertem Altersvorsorgevermögen sind wie Arbeitseinkommen pfändbar.

§ 852 Beschränkt pfändbare Forderungen. (1) Der Pflichtteilsanspruch ist der Pfändung nur unterworfen, wenn er durch Vertrag anerkannt oder rechtshängig geworden ist.

(2)[3)] Das Gleiche gilt für den nach § 528 des Bürgerlichen Gesetzbuchs[4)] dem Schenker zustehenden Anspruch auf Herausgabe des Geschenkes sowie für den Anspruch eines Ehegatten oder Lebenspartners auf den Ausgleich des Zugewinns.

[1)] Geänd. mWv 1. 1. 2013 durch G v. 5. 12. 2012 (BGBl. I S. 2418).
[2)] § 851 d eingef. mWv 31. 3. 2007 durch G v. 26. 3. 2007 (BGBl. I S. 368).
[3)] § 852 Abs. 2 geänd. durch G v. 20. 11. 2015 (BGBl. I S. 2010).
[4)] **Schönfelder Nr. 20.**

Anlage[1)]
(zu § 850 c)

Auszahlung für Monate

Nettolohn monatlich	Pfändbarer Betrag bei Unterhaltspflicht für … Personen 0	1	2	3	4	5 und mehr
	in Euro					
bis 1179,99	–	–	–	–	–	–
1180,00 bis 1189,99	0,99	–	–	–	–	–
1190,00 bis 1199,99	7,99	–	–	–	–	–
1200,00 bis 1209,99	14,99	–	–	–	–	–
1210,00 bis 1219,99	21,99	–	–	–	–	–
1220,00 bis 1229,99	28,99	–	–	–	–	–
1230,00 bis 1239,99	35,99	–	–	–	–	–
1240,00 bis 1249,99	42,99	–	–	–	–	–
1250,00 bis 1259,99	49,99	–	–	–	–	–
1260,00 bis 1269,99	56,99	–	–	–	–	–
1270,00 bis 1279,99	63,99	–	–	–	–	–
1280,00 bis 1289,99	70,99	–	–	–	–	–
1290,00 bis 1299,99	77,99	–	–	–	–	–
1300,00 bis 1309,99	84,99	–	–	–	–	–
1310,00 bis 1319,99	91,99	–	–	–	–	–
1320,00 bis 1329,99	98,99	–	–	–	–	–
1330,00 bis 1339,99	105,99	–	–	–	–	–
1340,00 bis 1349,99	112,99	–	–	–	–	–
1350,00 bis 1359,99	119,99	–	–	–	–	–
1360,00 bis 1369,99	126,99	–	–	–	–	–
1370,00 bis 1379,99	133,99	–	–	–	–	–
1380,00 bis 1389,99	140,99	–	–	–	–	–
1390,00 bis 1399,99	147,99	–	–	–	–	–
1400,00 bis 1409,99	154,99	–	–	–	–	–
1410,00 bis 1419,99	161,99	–	–	–	–	–
1420,00 bis 1429,99	168,99	–	–	–	–	–
1430,00 bis 1439,99	175,99	–	–	–	–	–
1440,00 bis 1449,99	182,99	–	–	–	–	–
1450,00 bis 1459,99	189,99	–	–	–	–	–
1460,00 bis 1469,99	196,99	–	–	–	–	–
1470,00 bis 1479,99	203,99	–	–	–	–	–
1480,00 bis 1489,99	210,99	–	–	–	–	–
1490,00 bis 1499,99	217,99	–	–	–	–	–
1500,00 bis 1509,99	224,99	–	–	–	–	–
1510,00 bis 1519,99	231,99	–	–	–	–	–
1520,00 bis 1529,99	238,99	–	–	–	–	–
1530,00 bis 1539,99	245,99	–	–	–	–	–
1540,00 bis 1549,99	252,99	–	–	–	–	–

[1)] Pfändungsfreibeträge in der **ab 1.7.2019** geltenden Fassung (Anhang der Pfändungsfreigrenzenbekanntmachung 2019 v. 4.4.2019 (BGBl. I S. 443)).

Auszahlung für Monate

	Pfändbarer Betrag bei Unterhaltspflicht für … Personen					
Nettolohn monatlich	0	1	2	3	4	5 und mehr
	in Euro					
1550,00 bis 1559,99	259,99	–	–	–	–	–
1560,00 bis 1569,99	266,99	–	–	–	–	–
1570,00 bis 1579,99	273,99	–	–	–	–	–
1580,00 bis 1589,99	280,99	–	–	–	–	–
1590,00 bis 1599,99	287,99	–	–	–	–	–
1600,00 bis 1609,99	294,99	–	–	–	–	–
1610,00 bis 1619,99	301,99	–	–	–	–	–
1620,00 bis 1629,99	308,99	–	–	–	–	–
1630,00 bis 1639,99	315,99	3,92	–	–	–	–
1640,00 bis 1649,99	322,99	8,92	–	–	–	–
1650,00 bis 1659,99	329,99	13,92	–	–	–	–
1660,00 bis 1669,99	336,99	18,92	–	–	–	–
1670,00 bis 1679,99	343,99	23,92	–	–	–	–
1680,00 bis 1689,99	350,99	28,92	–	–	–	–
1690,00 bis 1699,99	357,99	33,92	–	–	–	–
1700,00 bis 1709,99	364,99	38,92	–	–	–	–
1710,00 bis 1719,99	371,99	43,92	–	–	–	–
1720,00 bis 1729,99	378,99	48,92	–	–	–	–
1730,00 bis 1739,99	385,99	53,92	–	–	–	–
1740,00 bis 1749,99	392,99	58,92	–	–	–	–
1750,00 bis 1759,99	399,99	63,92	–	–	–	–
1760,00 bis 1769,99	406,99	68,92	–	–	–	–
1770,00 bis 1779,99	413,99	73,92	–	–	–	–
1780,00 bis 1789,99	420,99	78,92	–	–	–	–
1790,00 bis 1799,99	427,99	83,92	–	–	–	–
1800,00 bis 1809,99	434,99	88,92	–	–	–	–
1810,00 bis 1819,99	441,99	93,92	–	–	–	–
1820,00 bis 1829,99	448,99	98,92	–	–	–	–
1830,00 bis 1839,99	455,99	103,92	–	–	–	–
1840,00 bis 1849,99	462,99	108,92	–	–	–	–
1850,00 bis 1859,99	469,99	113,92	–	–	–	–
1860,00 bis 1869,99	476,99	118,92	–	–	–	–
1870,00 bis 1879,99	483,99	123,92	0,29	–	–	–
1880,00 bis 1889,99	490,99	128,92	4,29	–	–	–
1890,00 bis 1899,99	497,99	133,92	8,29	–	–	–
1900,00 bis 1909,99	504,99	138,92	12,29	–	–	–
1910,00 bis 1919,99	511,99	143,92	16,29	–	–	–
1920,00 bis 1929,99	518,99	148,92	20,29	–	–	–
1930,00 bis 1939,99	525,99	153,92	24,29	–	–	–
1940,00 bis 1949,99	532,99	158,92	28,29	–	–	–
1950,00 bis 1959,99	539,99	163,92	32,29	–	–	–
1960,00 bis 1969,99	546,99	168,92	36,29	–	–	–
1970,00 bis 1979,99	553,99	173,92	40,29	–	–	–

Auszahlung für Monate

Nettolohn monatlich	Pfändbarer Betrag bei Unterhaltspflicht für … Personen					
	0	1	2	3	4	5 und mehr
in Euro						
1980,00 bis 1989,99	560,99	178,92	44,29	–	–	–
1990,00 bis 1999,99	567,99	183,92	48,29	–	–	–
2000,00 bis 2009,99	574,99	188,92	52,29	–	–	–
2010,00 bis 2019,99	581,99	193,92	56,29	–	–	–
2020,00 bis 2029,99	588,99	198,92	60,29	–	–	–
2030,00 bis 2039,99	595,99	203,92	64,29	–	–	–
2040,00 bis 2049,99	602,99	208,92	68,29	–	–	–
2050,00 bis 2059,99	609,99	213,92	72,29	–	–	–
2060,00 bis 2069,99	616,99	218,92	76,29	–	–	–
2070,00 bis 2079,99	623,99	223,92	80,29	–	–	–
2080,00 bis 2089,99	630,99	228,92	84,29	–	–	–
2090,00 bis 2099,99	637,99	233,92	88,29	–	–	–
2100,00 bis 2109,99	644,99	238,92	92,29	–	–	–
2110,00 bis 2119,99	651,99	243,92	96,29	–	–	–
2120,00 bis 2129,99	658,99	248,92	100,29	1,08	–	–
2130,00 bis 2139,99	665,99	253,92	104,29	4,08	–	–
2140,00 bis 2149,99	672,99	258,92	108,29	7,08	–	–
2150,00 bis 2159,99	679,99	263,92	112,29	10,08	–	–
2160,00 bis 2169,99	686,99	268,92	116,29	13,08	–	–
2170,00 bis 2179,99	693,99	273,92	120,29	16,08	–	–
2180,00 bis 2189,99	700,99	278,92	124,29	19,08	–	–
2190,00 bis 2199,99	707,99	283,92	128,29	22,08	–	–
2200,00 bis 2209,99	714,99	288,92	132,29	25,08	–	–
2210,00 bis 2219,99	721,99	293,92	136,29	28,08	–	–
2220,00 bis 2229,99	728,99	298,92	140,29	31,08	–	–
2230,00 bis 2239,99	735,99	303,92	144,29	34,08	–	–
2240,00 bis 2249,99	742,99	308,92	148,29	37,08	–	–
2250,00 bis 2259,99	749,99	313,92	152,29	40,08	–	–
2260,00 bis 2269,99	756,99	318,92	156,29	43,08	–	–
2270,00 bis 2279,99	763,99	323,92	160,29	46,08	–	–
2280,00 bis 2289,99	770,99	328,92	164,29	49,08	–	–
2290,00 bis 2299,99	777,99	333,92	168,29	52,08	–	–
2300,00 bis 2309,99	784,99	338,92	172,29	55,08	–	–
2310,00 bis 2319,99	791,99	343,92	176,29	58,08	–	–
2320,00 bis 2329,99	798,99	348,92	180,29	61,08	–	–
2330,00 bis 2339,99	805,99	353,92	184,29	64,08	–	–
2340,00 bis 2349,99	812,99	358,92	188,29	67,08	–	–
2350,00 bis 2359,99	819,99	363,92	192,29	70,08	–	–
2360,00 bis 2369,99	826,99	368,92	196,29	73,08	–	–
2370,00 bis 2379,99	833,99	373,92	200,29	76,08	1,30	–
2380,00 bis 2389,99	840,99	378,92	204,29	79,08	3,30	–
2390,00 bis 2399,99	847,99	383,92	208,29	82,08	5,30	–
2400,00 bis 2409,99	854,99	388,92	212,29	85,08	7,30	–

Auszahlung für Monate

Nettolohn monatlich	Pfändbarer Betrag bei Unterhaltspflicht für … Personen					
	0	1	2	3	4	5 und mehr
	in Euro					
2410,00 bis 2419,99	861,99	393,92	216,29	88,08	9,30	–
2420,00 bis 2429,99	868,99	398,92	220,29	91,08	11,30	–
2430,00 bis 2439,99	875,99	403,92	224,29	94,08	13,30	–
2440,00 bis 2449,99	882,99	408,92	228,29	97,08	15,30	–
2450,00 bis 2459,99	889,99	413,92	232,29	100,08	17,30	–
2460,00 bis 2469,99	896,99	418,92	236,29	103,08	19,30	–
2470,00 bis 2479,99	903,99	423,92	240,29	106,08	21,30	–
2480,00 bis 2489,99	910,99	428,92	244,29	109,08	23,30	–
2490,00 bis 2499,99	917,99	433,92	248,29	112,08	25,30	–
2500,00 bis 2509,99	924,99	438,92	252,29	115,08	27,30	–
2510,00 bis 2519,99	931,99	443,92	256,29	118,08	29,30	–
2520,00 bis 2529,99	938,99	448,92	260,29	121,08	31,30	–
2530,00 bis 2539,99	945,99	453,92	264,29	124,08	33,30	–
2540,00 bis 2549,99	952,99	458,92	268,29	127,08	35,30	–
2550,00 bis 2559,99	959,99	463,92	272,29	130,08	37,30	–
2560,00 bis 2569,99	966,99	468,92	276,29	133,08	39,30	–
2570,00 bis 2579,99	973,99	473,92	280,29	136,08	41,30	–
2580,00 bis 2589,99	980,99	478,92	284,29	139,08	43,30	–
2590,00 bis 2599,99	987,99	483,92	288,29	142,08	45,30	–
2600,00 bis 2609,99	994,99	488,92	292,29	145,08	47,30	–
2610,00 bis 2619,99	1001,99	493,92	296,29	148,08	49,30	–
2620,00 bis 2629,99	1008,99	498,92	300,29	151,08	51,30	0,94
2630,00 bis 2639,99	1015,99	503,92	304,29	154,08	53,30	1,94
2640,00 bis 2649,99	1022,99	508,92	308,29	157,08	55,30	2,94
2650,00 bis 2659,99	1029,99	513,92	312,29	160,08	57,30	3,94
2660,00 bis 2669,99	1036,99	518,92	316,29	163,08	59,30	4,94
2670,00 bis 2679,99	1043,99	523,92	320,29	166,08	61,30	5,94
2680,00 bis 2689,99	1050,99	528,92	324,29	169,08	63,30	6,94
2690,00 bis 2699,99	1057,99	533,92	328,29	172,08	65,30	7,94
2700,00 bis 2709,99	1064,99	538,92	332,29	175,08	67,30	8,94
2710,00 bis 2719,99	1071,99	543,92	336,29	178,08	69,30	9,94
2720,00 bis 2729,99	1078,99	548,92	340,29	181,08	71,30	10,94
2730,00 bis 2739,99	1085,99	553,92	344,29	184,08	73,30	11,94
2740,00 bis 2749,99	1092,99	558,92	348,29	187,08	75,30	12,94
2750,00 bis 2759,99	1099,99	563,92	352,29	190,08	77,30	13,94
2760,00 bis 2769,99	1106,99	568,92	356,29	193,08	79,30	14,94
2770,00 bis 2779,99	1113,99	573,92	360,29	196,08	81,30	15,94
2780,00 bis 2789,99	1120,99	578,92	364,29	199,08	83,30	16,94
2790,00 bis 2799,99	1127,99	583,92	368,29	202,08	85,30	17,94
2800,00 bis 2809,99	1134,99	588,92	372,29	205,08	87,30	18,94
2810,00 bis 2819,99	1141,99	593,92	376,29	208,08	89,30	19,94
2820,00 bis 2829,99	1148,99	598,92	380,29	211,08	91,30	20,94
2830,00 bis 2839,99	1155,99	603,92	384,29	214,08	93,30	21,94

Auszahlung für Monate

Nettolohn monatlich	Pfändbarer Betrag bei Unterhaltspflicht für . . . Personen					
	0	1	2	3	4	5 und mehr
	in Euro					
2840,00 bis 2849,99	1162,99	608,92	388,29	217,08	95,30	22,94
2850,00 bis 2859,99	1169,99	613,92	392,29	220,08	97,30	23,94
2860,00 bis 2869,99	1176,99	618,92	396,29	223,08	99,30	24,94
2870,00 bis 2879,99	1183,99	623,92	400,29	226,08	101,30	25,94
2880,00 bis 2889,99	1190,99	628,92	404,29	229,08	103,30	26,94
2890,00 bis 2899,99	1197,99	633,92	408,29	232,08	105,30	27,94
2900,00 bis 2909,99	1204,99	638,92	412,29	235,08	107,30	28,94
2910,00 bis 2919,99	1211,99	643,92	416,29	238,08	109,30	29,94
2920,00 bis 2929,99	1218,99	648,92	420,29	241,08	111,30	30,94
2930,00 bis 2939,99	1225,99	653,92	424,29	244,08	113,30	31,94
2940,00 bis 2949,99	1232,99	658,92	428,29	247,08	115,30	32,94
2950,00 bis 2959,99	1239,99	663,92	432,29	250,08	117,30	33,94
2960,00 bis 2969,99	1246,99	668,92	436,29	253,08	119,30	34,94
2970,00 bis 2979,99	1253,99	673,92	440,29	256,08	121,30	35,94
2980,00 bis 2989,99	1260,99	678,92	444,29	259,08	123,30	36,94
2990,00 bis 2999,99	1267,99	683,92	448,29	262,08	125,30	37,94
3000,00 bis 3009,99	1274,99	688,92	452,29	265,08	127,30	38,94
3010,00 bis 3019,99	1281,99	693,92	456,29	268,08	129,30	39,94
3020,00 bis 3029,99	1288,99	698,92	460,29	271,08	131,30	40,94
3030,00 bis 3039,99	1295,99	703,92	464,29	274,08	133,30	41,94
3040,00 bis 3049,99	1302,99	708,92	468,29	277,08	135,30	42,94
3050,00 bis 3059,99	1309,99	713,92	472,29	280,08	137,30	43,94
3060,00 bis 3069,99	1316,99	718,92	476,29	283,08	139,30	44,94
3070,00 bis 3079,99	1323,99	723,92	480,29	286,08	141,30	45,94
3080,00 bis 3089,99	1330,99	728,92	484,29	289,08	143,30	46,94
3090,00 bis 3099,99	1337,99	733,92	488,29	292,08	145,30	47,94
3100,00 bis 3109,99	1344,99	738,92	492,29	295,08	147,30	48,94
3110,00 bis 3119,99	1351,99	743,92	496,29	298,08	149,30	49,94
3120,00 bis 3129,99	1358,99	748,92	500,29	301,08	151,30	50,94
3130,00 bis 3139,99	1365,99	753,92	504,29	304,08	153,30	51,94
3140,00 bis 3149,99	1372,99	758,92	508,29	307,08	155,30	52,94
3150,00 bis 3159,99	1379,99	763,92	512,29	310,08	157,30	53,94
3160,00 bis 3169,99	1386,99	768,92	516,29	313,08	159,30	54,94
3170,00 bis 3179,99	1393,99	773,92	520,29	316,08	161,30	55,94
3180,00 bis 3189,99	1400,99	778,92	524,29	319,08	163,30	56,94
3190,00 bis 3199,99	1407,99	783,92	528,29	322,08	165,30	57,94
3200,00 bis 3209,99	1414,99	788,92	532,29	325,08	167,30	58,94
3210,00 bis 3219,99	1421,99	793,92	536,29	328,08	169,30	59,94
3220,00 bis 3229,99	1428,99	798,92	540,29	331,08	171,30	60,94
3230,00 bis 3239,99	1435,99	803,92	544,29	334,08	173,30	61,94
3240,00 bis 3249,99	1442,99	808,92	548,29	337,08	175,30	62,94
3250,00 bis 3259,99	1449,99	813,92	552,29	340,08	177,30	63,94
3260,00 bis 3269,99	1456,99	818,92	556,29	343,08	179,30	64,94

Auszahlung für Monate

Nettolohn monatlich	Pfändbarer Betrag bei Unterhaltspflicht für … Personen					
	0	1	2	3	4	5 und mehr
in Euro						
3270,00 bis 3279,99	1463,99	823,92	560,29	346,08	181,30	65,94
3280,00 bis 3289,99	1470,99	828,92	564,29	349,08	183,30	66,94
3290,00 bis 3299,99	1477,99	833,92	568,29	352,08	185,30	67,94
3300,00 bis 3309,99	1484,99	838,92	572,29	355,08	187,30	68,94
3310,00 bis 3319,99	1491,99	843,92	576,29	358,08	189,30	69,94
3320,00 bis 3329,99	1498,99	848,92	580,29	361,08	191,30	70,94
3330,00 bis 3339,99	1505,99	853,92	584,29	364,08	193,30	71,94
3340,00 bis 3349,99	1512,99	858,92	588,29	367,08	195,30	72,94
3350,00 bis 3359,99	1519,99	863,92	592,29	370,08	197,30	73,94
3360,00 bis 3369,99	1526,99	868,92	596,29	373,08	199,30	74,94
3370,00 bis 3379,99	1533,99	873,92	600,29	376,08	201,30	75,94
3380,00 bis 3389,99	1540,99	878,92	604,29	379,08	203,30	76,94
3390,00 bis 3399,99	1547,99	883,92	608,29	382,08	205,30	77,94
3400,00 bis 3409,99	1554,99	888,92	612,29	385,08	207,30	78,94
3410,00 bis 3419,99	1561,99	893,92	616,29	388,08	209,30	79,94
3420,00 bis 3429,99	1568,99	898,92	620,29	391,08	211,30	80,94
3430,00 bis 3439,99	1575,99	903,92	624,29	394,08	213,30	81,94
3440,00 bis 3449,99	1582,99	908,92	628,29	397,08	215,30	82,94
3450,00 bis 3459,99	1589,99	913,92	632,29	400,08	217,30	83,94
3460,00 bis 3469,99	1596,99	918,92	636,29	403,08	219,30	84,94
3470,00 bis 3479,99	1603,99	923,92	640,29	406,08	221,30	85,94
3480,00 bis 3489,99	1610,99	928,92	644,29	409,08	223,30	86,94
3490,00 bis 3499,99	1617,99	933,92	648,29	412,08	225,30	87,94
3500,00 bis 3509,99	1624,99	938,92	652,29	415,08	227,30	88,94
3510,00 bis 3519,99	1631,99	943,92	656,29	418,08	229,30	89,94
3520,00 bis 3529,99	1638,99	948,92	660,29	421,08	231,30	90,94
3530,00 bis 3539,99	1645,99	953,92	664,29	424,08	233,30	91,94
3540,00 bis 3549,99	1652,99	958,92	668,29	427,08	235,30	92,94
3550,00 bis 3559,99	1659,99	963,92	672,29	430,08	237,30	93,94
3560,00 bis 3569,99	1666,99	968,92	676,29	433,08	239,30	94,94
3570,00 bis 3579,99	1673,99	973,92	680,29	436,08	241,30	95,94
3580,00 bis 3589,99	1680,99	978,92	684,29	439,08	243,30	96,94
3590,00 bis 3599,99	1687,99	983,92	688,29	442,08	245,30	97,94
3600,00 bis 3609,99	1694,99	988,92	692,29	445,08	247,30	98,94
3610,00 bis 3613,08	1701,99	993,92	696,29	448,08	249,30	99,94
Der Mehrbetrag über 3613,08 EURO ist voll pfändbar						

Auszahlung für Wochen

Nettolohn wöchentlich	Pfändbarer Betrag bei Unterhaltspflicht für … Personen					
	0	1	2	3	4	5 und mehr
in Euro						
bis 272,49	–	–	–	–	–	–
272,50 bis 274,99	0,88	–	–	–	–	–
275,00 bis 277,49	2,63	–	–	–	–	–
277,50 bis 279,99	4,38	–	–	–	–	–
280,00 bis 282,49	6,13	–	–	–	–	–
282,50 bis 284,99	7,88	–	–	–	–	–
285,00 bis 287,49	9,63	–	–	–	–	–
287,50 bis 289,99	11,38	–	–	–	–	–
290,00 bis 292,49	13,13	–	–	–	–	–
292,50 bis 294,99	14,88	–	–	–	–	–
295,00 bis 297,49	16,63	–	–	–	–	–
297,50 bis 299,99	18,38	–	–	–	–	–
300,00 bis 302,49	20,13	–	–	–	–	–
302,50 bis 304,99	21,88	–	–	–	–	–
305,00 bis 307,49	23,63	–	–	–	–	–
307,50 bis 309,99	25,38	–	–	–	–	–
310,00 bis 312,49	27,13	–	–	–	–	–
312,50 bis 314,99	28,88	–	–	–	–	–
315,00 bis 317,49	30,63	–	–	–	–	–
317,50 bis 319,99	32,38	–	–	–	–	–
320,00 bis 322,49	34,13	–	–	–	–	–
322,50 bis 324,99	35,88	–	–	–	–	–
325,00 bis 327,49	37,63	–	–	–	–	–
327,50 bis 329,99	39,38	–	–	–	–	–
330,00 bis 332,49	41,13	–	–	–	–	–
332,50 bis 334,99	42,88	–	–	–	–	–
335,00 bis 337,49	44,63	–	–	–	–	–
337,50 bis 339,99	46,38	–	–	–	–	–
340,00 bis 342,49	48,13	–	–	–	–	–
342,50 bis 344,99	49,88	–	–	–	–	–
345,00 bis 347,49	51,63	–	–	–	–	–
347,50 bis 349,99	53,38	–	–	–	–	–
350,00 bis 352,49	55,13	–	–	–	–	–
352,50 bis 354,99	56,88	–	–	–	–	–
355,00 bis 357,49	58,63	–	–	–	–	–
357,50 bis 359,99	60,38	–	–	–	–	–
360,00 bis 362,49	62,13	–	–	–	–	–
362,50 bis 364,99	63,88	–	–	–	–	–
365,00 bis 367,49	65,63	–	–	–	–	–
367,50 bis 369,99	67,38	–	–	–	–	–
370,00 bis 372,49	69,13	–	–	–	–	–
372,50 bis 374,99	70,88	–	–	–	–	–
375,00 bis 377,49	72,63	0,84	–	–	–	–

Auszahlung für Wochen

Nettolohn wöchentlich	Pfändbarer Betrag bei Unterhaltspflicht für … Personen					
	0	1	2	3	4	5 und mehr
in Euro						
377,50 bis 379,99	74,38	2,09	–	–	–	–
380,00 bis 382,49	76,13	3,34	–	–	–	–
382,50 bis 384,99	77,88	4,59	–	–	–	–
385,00 bis 387,49	79,63	5,84	–	–	–	–
387,50 bis 389,99	81,38	7,09	–	–	–	–
390,00 bis 392,49	83,13	8,34	–	–	–	–
392,50 bis 394,99	84,88	9,59	–	–	–	–
395,00 bis 397,49	86,63	10,84	–	–	–	–
397,50 bis 399,99	88,38	12,09	–	–	–	–
400,00 bis 402,49	90,13	13,34	–	–	–	–
402,50 bis 404,99	91,88	14,59	–	–	–	–
405,00 bis 407,49	93,63	15,84	–	–	–	–
407,50 bis 409,99	95,38	17,09	–	–	–	–
410,00 bis 412,49	97,13	18,34	–	–	–	–
412,50 bis 414,99	98,88	19,59	–	–	–	–
415,00 bis 417,49	100,63	20,84	–	–	–	–
417,50 bis 419,99	102,38	22,09	–	–	–	–
420,00 bis 422,49	104,13	23,34	–	–	–	–
422,50 bis 424,99	105,88	24,59	–	–	–	–
425,00 bis 427,49	107,63	25,84	–	–	–	–
427,50 bis 429,99	109,38	27,09	–	–	–	–
430,00 bis 432,49	111,13	28,34	–	–	–	–
432,50 bis 434,99	112,88	29,59	0,92	–	–	–
435,00 bis 437,49	114,63	30,84	1,92	–	–	–
437,50 bis 439,99	116,38	32,09	2,92	–	–	–
440,00 bis 442,49	118,13	33,34	3,92	–	–	–
442,50 bis 444,99	119,88	34,59	4,92	–	–	–
445,00 bis 447,49	121,63	35,84	5,92	–	–	–
447,50 bis 449,99	123,38	37,09	6,92	–	–	–
450,00 bis 452,49	125,13	38,34	7,92	–	–	–
452,50 bis 454,99	126,88	39,59	8,92	–	–	–
455,00 bis 457,49	128,63	40,84	9,92	–	–	–
457,50 bis 459,99	130,38	42,09	10,92	–	–	–
460,00 bis 462,49	132,13	43,34	11,92	–	–	–
462,50 bis 464,99	133,88	44,59	12,92	–	–	–
465,00 bis 467,49	135,63	45,84	13,92	–	–	–
467,50 bis 469,99	137,38	47,09	14,92	–	–	–
470,00 bis 472,49	139,13	48,34	15,92	–	–	–
472,50 bis 474,99	140,88	49,59	16,92	–	–	–
475,00 bis 477,49	142,63	50,84	17,92	–	–	–
477,50 bis 479,99	144,38	52,09	18,92	–	–	–
480,00 bis 482,49	146,13	53,34	19,92	–	–	–
482,50 bis 484,99	147,88	54,59	20,92	–	–	–

Auszahlung für Wochen

Nettolohn wöchentlich	Pfändbarer Betrag bei Unterhaltspflicht für … Personen					
	0	1	2	3	4	5 und mehr
in Euro						
485,00 bis 487,49	149,63	55,84	21,92	–	–	–
487,50 bis 489,99	151,38	57,09	22,92	0,13	–	–
490,00 bis 492,49	153,13	58,34	23,92	0,88	–	–
492,50 bis 494,99	154,88	59,59	24,92	1,63	–	–
495,00 bis 497,49	156,63	60,84	25,92	2,38	–	–
497,50 bis 499,99	158,38	62,09	26,92	3,13	–	–
500,00 bis 502,49	160,13	63,34	27,92	3,88	–	–
502,50 bis 504,99	161,88	64,59	28,92	4,63	–	–
505,00 bis 507,49	163,63	65,84	29,92	5,38	–	–
507,50 bis 509,99	165,38	67,09	30,92	6,13	–	–
510,00 bis 512,49	167,13	68,34	31,92	6,88	–	–
512,50 bis 514,99	168,88	69,59	32,92	7,63	–	–
515,00 bis 517,49	170,63	70,84	33,92	8,38	–	–
517,50 bis 519,99	172,38	72,09	34,92	9,13	–	–
520,00 bis 522,49	174,13	73,34	35,92	9,88	–	–
522,50 bis 524,99	175,88	74,59	36,92	10,63	–	–
525,00 bis 527,49	177,63	75,84	37,92	11,38	–	–
527,50 bis 529,99	179,38	77,09	38,92	12,13	–	–
530,00 bis 532,49	181,13	78,34	39,92	12,88	–	–
532,50 bis 534,99	182,88	79,59	40,92	13,63	–	–
535,00 bis 537,49	184,63	80,84	41,92	14,38	–	–
537,50 bis 539,99	186,38	82,09	42,92	15,13	–	–
540,00 bis 542,49	188,13	83,34	43,92	15,88	–	–
542,50 bis 544,99	189,88	84,59	44,92	16,63	–	–
545,00 bis 547,49	191,63	85,84	45,92	17,38	0,21	–
547,50 bis 549,99	193,38	87,09	46,92	18,13	0,71	–
550,00 bis 552,49	195,13	88,34	47,92	18,88	1,21	–
552,50 bis 554,99	196,88	89,59	48,92	19,63	1,71	–
555,00 bis 557,49	198,63	90,84	49,92	20,38	2,21	–
557,50 bis 559,99	200,38	92,09	50,92	21,13	2,71	–
560,00 bis 562,49	202,13	93,34	51,92	21,88	3,21	–
562,50 bis 564,99	203,88	94,59	52,92	22,63	3,71	–
565,00 bis 567,49	205,63	95,84	53,92	23,38	4,21	–
567,50 bis 569,99	207,38	97,09	54,92	24,13	4,71	–
570,00 bis 572,49	209,13	98,34	55,92	24,88	5,21	–
572,50 bis 574,99	210,88	99,59	56,92	25,63	5,71	–
575,00 bis 577,49	212,63	100,84	57,92	26,38	6,21	–
577,50 bis 579,99	214,38	102,09	58,92	27,13	6,71	–
580,00 bis 582,49	216,13	103,34	59,92	27,88	7,21	–
582,50 bis 584,99	217,88	104,59	60,92	28,63	7,71	–
585,00 bis 587,49	219,63	105,84	61,92	29,38	8,21	–
587,50 bis 589,99	221,38	107,09	62,92	30,13	8,71	–
590,00 bis 592,49	223,13	108,34	63,92	30,88	9,21	–

Auszahlung für Wochen

Nettolohn wöchentlich	Pfändbarer Betrag bei Unterhaltspflicht für … Personen					
	0	1	2	3	4	5 und mehr
in Euro						
592,50 bis 594,99	224,88	109,59	64,92	31,63	9,71	–
595,00 bis 597,49	226,63	110,84	65,92	32,38	10,21	–
597,50 bis 599,99	228,38	112,09	66,92	33,13	10,71	–
600,00 bis 602,49	230,13	113,34	67,92	33,88	11,21	–
602,50 bis 604,99	231,88	114,59	68,92	34,63	11,71	0,17
605,00 bis 607,49	233,63	115,84	69,92	35,38	12,21	0,42
607,50 bis 609,99	235,38	117,09	70,92	36,13	12,71	0,67
610,00 bis 612,49	237,13	118,34	71,92	36,88	13,21	0,92
612,50 bis 614,99	238,88	119,59	72,92	37,63	13,71	1,17
615,00 bis 617,49	240,63	120,84	73,92	38,38	14,21	1,42
617,50 bis 619,99	242,38	122,09	74,92	39,13	14,71	1,67
620,00 bis 622,49	244,13	123,34	75,92	39,88	15,21	1,92
622,50 bis 624,99	245,88	124,59	76,92	40,63	15,71	2,17
625,00 bis 627,49	247,63	125,84	77,92	41,38	16,21	2,42
627,50 bis 629,99	249,38	127,09	78,92	42,13	16,71	2,67
630,00 bis 632,49	251,13	128,34	79,92	42,88	17,21	2,92
632,50 bis 634,99	252,88	129,59	80,92	43,63	17,71	3,17
635,00 bis 637,49	254,63	130,84	81,92	44,38	18,21	3,42
637,50 bis 639,99	256,38	132,09	82,92	45,13	18,71	3,67
640,00 bis 642,49	258,13	133,34	83,92	45,88	19,21	3,92
642,50 bis 644,99	259,88	134,59	84,92	46,63	19,71	4,17
645,00 bis 647,49	261,63	135,84	85,92	47,38	20,21	4,42
647,50 bis 649,99	263,38	137,09	86,92	48,13	20,71	4,67
650,00 bis 652,49	265,13	138,34	87,92	48,88	21,21	4,92
652,50 bis 654,99	266,88	139,59	88,92	49,63	21,71	5,17
655,00 bis 657,49	268,63	140,84	89,92	50,38	22,21	5,42
657,50 bis 659,99	270,38	142,09	90,92	51,13	22,71	5,67
660,00 bis 662,49	272,13	143,34	91,92	51,88	23,21	5,92
662,50 bis 664,99	273,88	144,59	92,92	52,63	23,71	6,17
665,00 bis 667,49	275,63	145,84	93,92	53,38	24,21	6,42
667,50 bis 669,99	277,38	147,09	94,92	54,13	24,71	6,67
670,00 bis 672,49	279,13	148,34	95,92	54,88	25,21	6,92
672,50 bis 674,99	280,88	149,59	96,92	55,63	25,71	7,17
675,00 bis 677,49	282,63	150,84	97,92	56,38	26,21	7,42
677,50 bis 679,99	284,38	152,09	98,92	57,13	26,71	7,67
680,00 bis 682,49	286,13	153,34	99,92	57,88	27,21	7,92
682,50 bis 684,99	287,88	154,59	100,92	58,63	27,71	8,17
685,00 bis 687,49	289,63	155,84	101,92	59,38	28,21	8,42
687,50 bis 689,99	291,38	157,09	102,92	60,13	28,71	8,67
690,00 bis 692,49	293,13	158,34	103,92	60,88	29,21	8,92
692,50 bis 694,99	294,88	159,59	104,92	61,63	29,71	9,17
695,00 bis 697,49	296,63	160,84	105,92	62,38	30,21	9,42
697,50 bis 699,99	298,38	162,09	106,92	63,13	30,71	9,67

Auszahlung für Wochen

Nettolohn wöchentlich	Pfändbarer Betrag bei Unterhaltspflicht für ... Personen					
	0	1	2	3	4	5 und mehr
in Euro						
700,00 bis 702,49	300,13	163,34	107,92	63,88	31,21	9,92
702,50 bis 704,99	301,88	164,59	108,92	64,63	31,71	10,17
705,00 bis 707,49	303,63	165,84	109,92	65,38	32,21	10,42
707,50 bis 709,99	305,38	167,09	110,92	66,13	32,71	10,67
710,00 bis 712,49	307,13	168,34	111,92	66,88	33,21	10,92
712,50 bis 714,99	308,88	169,59	112,92	67,63	33,71	11,17
715,00 bis 717,49	310,63	170,84	113,92	68,38	34,21	11,42
717,50 bis 719,99	312,38	172,09	114,92	69,13	34,71	11,67
720,00 bis 722,49	314,13	173,34	115,92	69,88	35,21	11,92
722,50 bis 724,99	315,88	174,59	116,92	70,63	35,71	12,17
725,00 bis 727,49	317,63	175,84	117,92	71,38	36,21	12,42
727,50 bis 729,99	319,38	177,09	118,92	72,13	36,71	12,67
730,00 bis 732,49	321,13	178,34	119,92	72,88	37,21	12,92
732,50 bis 734,99	322,88	179,59	120,92	73,63	37,71	13,17
735,00 bis 737,49	324,63	180,84	121,92	74,38	38,21	13,42
737,50 bis 739,99	326,38	182,09	122,92	75,13	38,71	13,67
740,00 bis 742,49	328,13	183,34	123,92	75,88	39,21	13,92
742,50 bis 744,99	329,88	184,59	124,92	76,63	39,71	14,17
745,00 bis 747,49	331,63	185,84	125,92	77,38	40,21	14,42
747,50 bis 749,99	333,38	187,09	126,92	78,13	40,71	14,67
750,00 bis 752,49	335,13	188,34	127,92	78,88	41,21	14,92
752,50 bis 754,99	336,88	189,59	128,92	79,63	41,71	15,17
755,00 bis 757,49	338,63	190,84	129,92	80,38	42,21	15,42
757,50 bis 759,99	340,38	192,09	130,92	81,13	42,71	15,67
760,00 bis 762,49	342,13	193,34	131,92	81,88	43,21	15,92
762,50 bis 764,99	343,88	194,59	132,92	82,63	43,71	16,17
765,00 bis 767,49	345,63	195,84	133,92	83,38	44,21	16,42
767,50 bis 769,99	347,38	197,09	134,92	84,13	44,71	16,67
770,00 bis 772,49	349,13	198,34	135,92	84,88	45,21	16,92
772,50 bis 774,99	350,88	199,59	136,92	85,63	45,71	17,17
775,00 bis 777,49	352,63	200,84	137,92	86,38	46,21	17,42
777,50 bis 779,99	354,38	202,09	138,92	87,13	46,71	17,67
780,00 bis 782,49	356,13	203,34	139,92	87,88	47,21	17,92
782,50 bis 784,99	357,88	204,59	140,92	88,63	47,71	18,17
785,00 bis 787,49	359,63	205,84	141,92	89,38	48,21	18,42
787,50 bis 789,99	361,38	207,09	142,92	90,13	48,71	18,67
790,00 bis 792,49	363,13	208,34	143,92	90,88	49,21	18,92
792,50 bis 794,99	364,88	209,59	144,92	91,63	49,71	19,17
795,00 bis 797,49	366,63	210,84	145,92	92,38	50,21	19,42
797,50 bis 799,99	368,38	212,09	146,92	93,13	50,71	19,67
800,00 bis 802,49	370,13	213,34	147,92	93,88	51,21	19,92
802,50 bis 804,99	371,88	214,59	148,92	94,63	51,71	20,17
805,00 bis 807,49	373,63	215,84	149,92	95,38	52,21	20,42

Auszahlung für Wochen

Nettolohn wöchentlich	Pfändbarer Betrag bei Unterhaltspflicht für ... Personen					
	0	1	2	3	4	5 und mehr
in Euro						
807,50 bis 809,99	375,38	217,09	150,92	96,13	52,71	20,67
810,00 bis 812,49	377,13	218,34	151,92	96,88	53,21	20,92
812,50 bis 814,99	378,88	219,59	152,92	97,63	53,71	21,17
815,00 bis 817,49	380,63	220,84	153,92	98,38	54,21	21,42
817,50 bis 819,99	382,38	222,09	154,92	99,13	54,71	21,67
820,00 bis 822,49	384,13	223,34	155,92	99,88	55,21	21,92
822,50 bis 824,99	385,88	224,59	156,92	100,63	55,71	22,17
825,00 bis 827,49	387,63	225,84	157,92	101,38	56,21	22,42
827,50 bis 829,99	389,38	227,09	158,92	102,13	56,71	22,67
830,00 bis 831,50	391,13	228,34	159,92	102,88	57,21	22,92
Der Mehrbetrag über 831,50 EURO ist voll pfändbar.						

Auszahlung für Tage

Nettolohn täglich	Pfändbarer Betrag bei Unterhaltspflicht für . . . Personen					
	0	1	2	3	4	5 und mehr
in Euro						
bis 54,49	–	–	–	–	–	–
54,50 bis 54,99	0,17	–	–	–	–	–
55,00 bis 55,49	0,52	–	–	–	–	–
55,50 bis 55,99	0,87	–	–	–	–	–
56,00 bis 56,49	1,22	–	–	–	–	–
56,50 bis 56,99	1,57	–	–	–	–	–
57,00 bis 57,49	1,92	–	–	–	–	–
57,50 bis 57,99	2,27	–	–	–	–	–
58,00 bis 58,49	2,62	–	–	–	–	–
58,50 bis 58,99	2,97	–	–	–	–	–
59,00 bis 59,49	3,32	–	–	–	–	–
59,50 bis 59,99	3,67	–	–	–	–	–
60,00 bis 60,49	4,02	–	–	–	–	–
60,50 bis 60,99	4,37	–	–	–	–	–
61,00 bis 61,49	4,72	–	–	–	–	–
61,50 bis 61,99	5,07	–	–	–	–	–
62,00 bis 62,49	5,42	–	–	–	–	–
62,50 bis 62,99	5,77	–	–	–	–	–
63,00 bis 63,49	6,12	–	–	–	–	–
63,50 bis 63,99	6,47	–	–	–	–	–
64,00 bis 64,49	6,82	–	–	–	–	–
64,50 bis 64,99	7,17	–	–	–	–	–
65,00 bis 65,49	7,52	–	–	–	–	–
65,50 bis 65,99	7,87	–	–	–	–	–
66,00 bis 66,49	8,22	–	–	–	–	–
66,50 bis 66,99	8,57	–	–	–	–	–
67,00 bis 67,49	8,92	–	–	–	–	–
67,50 bis 67,99	9,27	–	–	–	–	–
68,00 bis 68,49	9,62	–	–	–	–	–
68,50 bis 68,99	9,97	–	–	–	–	–
69,00 bis 69,49	10,32	–	–	–	–	–
69,50 bis 69,99	10,67	–	–	–	–	–
70,00 bis 70,49	11,02	–	–	–	–	–
70,50 bis 70,99	11,37	–	–	–	–	–
71,00 bis 71,49	11,72	–	–	–	–	–
71,50 bis 71,99	12,07	–	–	–	–	–
72,00 bis 72,49	12,42	–	–	–	–	–
72,50 bis 72,99	12,77	–	–	–	–	–
73,00 bis 73,49	13,12	–	–	–	–	–
73,50 bis 73,99	13,47	–	–	–	–	–
74,00 bis 74,49	13,82	–	–	–	–	–
74,50 bis 74,99	14,17	–	–	–	–	–
75,00 bis 75,49	14,52	0,16	–	–	–	–

Auszahlung für Tage

Nettolohn täglich	Pfändbarer Betrag bei Unterhaltspflicht für … Personen					
	0	1	2	3	4	5 und mehr
in Euro						
75,50 bis 75,99	14,87	0,41	–	–	–	–
76,00 bis 76,49	15,22	0,66	–	–	–	–
76,50 bis 76,99	15,57	0,91	–	–	–	–
77,00 bis 77,49	15,92	1,16	–	–	–	–
77,50 bis 77,99	16,27	1,41	–	–	–	–
78,00 bis 78,49	16,62	1,66	–	–	–	–
78,50 bis 78,99	16,97	1,91	–	–	–	–
79,00 bis 79,49	17,32	2,16	–	–	–	–
79,50 bis 79,99	17,67	2,41	–	–	–	–
80,00 bis 80,49	18,02	2,66	–	–	–	–
80,50 bis 80,99	18,37	2,91	–	–	–	–
81,00 bis 81,49	18,72	3,16	–	–	–	–
81,50 bis 81,99	19,07	3,41	–	–	–	–
82,00 bis 82,49	19,42	3,66	–	–	–	–
82,50 bis 82,99	19,77	3,91	–	–	–	–
83,00 bis 83,49	20,12	4,16	–	–	–	–
83,50 bis 83,99	20,47	4,41	–	–	–	–
84,00 bis 84,49	20,82	4,66	–	–	–	–
84,50 bis 84,99	21,17	4,91	–	–	–	–
85,00 bis 85,49	21,52	5,16	–	–	–	–
85,50 bis 85,99	21,87	5,41	–	–	–	–
86,00 bis 86,49	22,22	5,66	–	–	–	–
86,50 bis 86,99	22,57	5,91	0,18	–	–	–
87,00 bis 87,49	22,92	6,16	0,38	–	–	–
87,50 bis 87,99	23,27	6,41	0,58	–	–	–
88,00 bis 88,49	23,62	6,66	0,78	–	–	–
88,50 bis 88,99	23,97	6,91	0,98	–	–	–
89,00 bis 89,49	24,32	7,16	1,18	–	–	–
89,50 bis 89,99	24,67	7,41	1,38	–	–	–
90,00 bis 90,49	25,02	7,66	1,58	–	–	–
90,50 bis 90,99	25,37	7,91	1,78	–	–	–
91,00 bis 91,49	25,72	8,16	1,98	–	–	–
91,50 bis 91,99	26,07	8,41	2,18	–	–	–
92,00 bis 92,49	26,42	8,66	2,38	–	–	–
92,50 bis 92,99	26,77	8,91	2,58	–	–	–
93,00 bis 93,49	27,12	9,16	2,78	–	–	–
93,50 bis 93,99	27,47	9,41	2,98	–	–	–
94,00 bis 94,49	27,82	9,66	3,18	–	–	–
94,50 bis 94,99	28,17	9,91	3,38	–	–	–
95,00 bis 95,49	28,52	10,16	3,58	–	–	–
95,50 bis 95,99	28,87	10,41	3,78	–	–	–
96,00 bis 96,49	29,22	10,66	3,98	–	–	–
96,50 bis 96,99	29,57	10,91	4,18	–	–	–

Auszahlung für Tage

	Pfändbarer Betrag bei Unterhaltspflicht für ... Personen					
Nettolohn täglich	0	1	2	3	4	5 und mehr
in Euro						
97,00 bis 97,49	29,92	11,16	4,38	–	–	–
97,50 bis 97,99	30,27	11,41	4,58	0,02	–	–
98,00 bis 98,49	30,62	11,66	4,78	0,17	–	–
98,50 bis 98,99	30,97	11,91	4,98	0,32	–	–
99,00 bis 99,49	31,32	12,16	5,18	0,47	–	–
99,50 bis 99,99	31,67	12,41	5,38	0,62	–	–
100,00 bis 100,49	32,02	12,66	5,58	0,77	–	–
100,50 bis 100,99	32,37	12,91	5,78	0,92	–	–
101,00 bis 101,49	32,72	13,16	5,98	1,07	–	–
101,50 bis 101,99	33,07	13,41	6,18	1,22	–	–
102,00 bis 102,49	33,42	13,66	6,38	1,37	–	–
102,50 bis 102,99	33,77	13,91	6,58	1,52	–	–
103,00 bis 103,49	34,12	14,16	6,78	1,67	–	–
103,50 bis 103,99	34,47	14,41	6,98	1,82	–	–
104,00 bis 104,49	34,82	14,66	7,18	1,97	–	–
104,50 bis 104,99	35,17	14,91	7,38	2,12	–	–
105,00 bis 105,49	35,52	15,16	7,58	2,27	–	–
105,50 bis 105,99	35,87	15,41	7,78	2,42	–	–
106,00 bis 106,49	36,22	15,66	7,98	2,57	–	–
106,50 bis 106,99	36,57	15,91	8,18	2,72	–	–
107,00 bis 107,49	36,92	16,16	8,38	2,87	–	–
107,50 bis 107,99	37,27	16,41	8,58	3,02	–	–
108,00 bis 108,49	37,62	16,66	8,78	3,17	–	–
108,50 bis 108,99	37,97	16,91	8,98	3,32	–	–
109,00 bis 109,49	38,32	17,16	9,18	3,47	0,04	–
109,50 bis 109,99	38,67	17,41	9,38	3,62	0,14	–
110,00 bis 110,49	39,02	17,66	9,58	3,77	0,24	–
110,50 bis 110,99	39,37	17,91	9,78	3,92	0,34	–
111,00 bis 111,49	39,72	18,16	9,98	4,07	0,44	–
111,50 bis 111,99	40,07	18,41	10,18	4,22	0,54	–
112,00 bis 112,49	40,42	18,66	10,38	4,37	0,64	–
112,50 bis 112,99	40,77	18,91	10,58	4,52	0,74	–
113,00 bis 113,49	41,12	19,16	10,78	4,67	0,84	–
113,50 bis 113,99	41,47	19,41	10,98	4,82	0,94	–
114,00 bis 114,49	41,82	19,66	11,18	4,97	1,04	–
114,50 bis 114,99	42,17	19,91	11,38	5,12	1,14	–
115,00 bis 115,49	42,52	20,16	11,58	5,27	1,24	–
115,50 bis 115,99	42,87	20,41	11,78	5,42	1,34	–
116,00 bis 116,49	43,22	20,66	11,98	5,57	1,44	–
116,50 bis 116,99	43,57	20,91	12,18	5,72	1,54	–
117,00 bis 117,49	43,92	21,16	12,38	5,87	1,64	–
117,50 bis 117,99	44,27	21,41	12,58	6,02	1,74	–
118,00 bis 118,49	44,62	21,66	12,78	6,17	1,84	–

Auszahlung für Tage

Nettolohn täglich	Pfändbarer Betrag bei Unterhaltspflicht für … Personen					
	0	1	2	3	4	5 und mehr
in Euro						
118,50 bis 118,99	44,97	21,91	12,98	6,32	1,94	–
119,00 bis 119,49	45,32	22,16	13,18	6,47	2,04	–
119,50 bis 119,99	45,67	22,41	13,38	6,62	2,14	–
120,00 bis 120,49	46,02	22,66	13,58	6,77	2,24	–
120,50 bis 120,99	46,37	22,91	13,78	6,92	2,34	0,03
121,00 bis 121,49	46,72	23,16	13,98	7,07	2,44	0,08
121,50 bis 121,99	47,07	23,41	14,18	7,22	2,54	0,13
122,00 bis 122,49	47,42	23,66	14,38	7,37	2,64	0,18
122,50 bis 122,99	47,77	23,91	14,58	7,52	2,74	0,23
123,00 bis 123,49	48,12	24,16	14,78	7,67	2,84	0,28
123,50 bis 123,99	48,47	24,41	14,98	7,82	2,94	0,33
124,00 bis 124,49	48,82	24,66	15,18	7,97	3,04	0,38
124,50 bis 124,99	49,17	24,91	15,38	8,12	3,14	0,43
125,00 bis 125,49	49,52	25,16	15,58	8,27	3,24	0,48
125,50 bis 125,99	49,87	25,41	15,78	8,42	3,34	0,53
126,00 bis 126,49	50,22	25,66	15,98	8,57	3,44	0,58
126,50 bis 126,99	50,57	25,91	16,18	8,72	3,54	0,63
127,00 bis 127,49	50,92	26,16	16,38	8,87	3,64	0,68
127,50 bis 127,99	51,27	26,41	16,58	9,02	3,74	0,73
128,00 bis 128,49	51,62	26,66	16,78	9,17	3,84	0,78
128,50 bis 128,99	51,97	26,91	16,98	9,32	3,94	0,83
129,00 bis 129,49	52,32	27,16	17,18	9,47	4,04	0,88
129,50 bis 129,99	52,67	27,41	17,38	9,62	4,14	0,93
130,00 bis 130,49	53,02	27,66	17,58	9,77	4,24	0,98
130,50 bis 130,99	53,37	27,91	17,78	9,92	4,34	1,03
131,00 bis 131,49	53,72	28,16	17,98	10,07	4,44	1,08
131,50 bis 131,99	54,07	28,41	18,18	10,22	4,54	1,13
132,00 bis 132,49	54,42	28,66	18,38	10,37	4,64	1,18
132,50 bis 132,99	54,77	28,91	18,58	10,52	4,74	1,23
133,00 bis 133,49	55,12	29,16	18,78	10,67	4,84	1,28
133,50 bis 133,99	55,47	29,41	18,98	10,82	4,94	1,33
134,00 bis 134,49	55,82	29,66	19,18	10,97	5,04	1,38
134,50 bis 134,99	56,17	29,91	19,38	11,12	5,14	1,43
135,00 bis 135,49	56,52	30,16	19,58	11,27	5,24	1,48
135,50 bis 135,99	56,87	30,41	19,78	11,42	5,34	1,53
136,00 bis 136,49	57,22	30,66	19,98	11,57	5,44	1,58
136,50 bis 136,99	57,57	30,91	20,18	11,72	5,54	1,63
137,00 bis 137,49	57,92	31,16	20,38	11,87	5,64	1,68
137,50 bis 137,99	58,27	31,41	20,58	12,02	5,74	1,73
138,00 bis 138,49	58,62	31,66	20,78	12,17	5,84	1,78
138,50 bis 138,99	58,97	31,91	20,98	12,32	5,94	1,83
139,00 bis 139,49	59,32	32,16	21,18	12,47	6,04	1,88
139,50 bis 139,99	59,67	32,41	21,38	12,62	6,14	1,93

Auszahlung für Tage

Nettolohn täglich	Pfändbarer Betrag bei Unterhaltspflicht für . . . Personen					
	0	1	2	3	4	5 und mehr
	in Euro					
140,00 bis 140,49	60,02	32,66	21,58	12,77	6,24	1,98
140,50 bis 140,99	60,37	32,91	21,78	12,92	6,34	2,03
141,00 bis 141,49	60,72	33,16	21,98	13,07	6,44	2,08
141,50 bis 141,99	61,07	33,41	22,18	13,22	6,54	2,13
142,00 bis 142,49	61,42	33,66	22,38	13,37	6,64	2,18
142,50 bis 142,99	61,77	33,91	22,58	13,52	6,74	2,23
143,00 bis 143,49	62,12	34,16	22,78	13,67	6,84	2,28
143,50 bis 143,99	62,47	34,41	22,98	13,82	6,94	2,33
144,00 bis 144,49	62,82	34,66	23,18	13,97	7,04	2,38
144,50 bis 144,99	63,17	34,91	23,38	14,12	7,14	2,43
145,00 bis 145,49	63,52	35,16	23,58	14,27	7,24	2,48
145,50 bis 145,99	63,87	35,41	23,78	14,42	7,34	2,53
146,00 bis 146,49	64,22	35,66	23,98	14,57	7,44	2,58
146,50 bis 146,99	64,57	35,91	24,18	14,72	7,54	2,63
147,00 bis 147,49	64,92	36,16	24,38	14,87	7,64	2,68
147,50 bis 147,99	65,27	36,41	24,58	15,02	7,74	2,73
148,00 bis 148,49	65,62	36,66	24,78	15,17	7,84	2,78
148,50 bis 148,99	65,97	36,91	24,98	15,32	7,94	2,83
149,00 bis 149,49	66,32	37,16	25,18	15,47	8,04	2,88
149,50 bis 149,99	66,67	37,41	25,38	15,62	8,14	2,93
150,00 bis 150,49	67,02	37,66	25,58	15,77	8,24	2,98
150,50 bis 150,99	67,37	37,91	25,78	15,92	8,34	3,03
151,00 bis 151,49	67,72	38,16	25,98	16,07	8,44	3,08
151,50 bis 151,99	68,07	38,41	26,18	16,22	8,54	3,13
152,00 bis 152,49	68,42	38,66	26,38	16,37	8,64	3,18
152,50 bis 152,99	68,77	38,91	26,58	16,52	8,74	3,23
153,00 bis 153,49	69,12	39,16	26,78	16,67	8,84	3,28
153,50 bis 153,99	69,47	39,41	26,98	16,82	8,94	3,33
154,00 bis 154,49	69,82	39,66	27,18	16,97	9,04	3,38
154,50 bis 154,99	70,17	39,91	27,38	17,12	9,14	3,43
155,00 bis 155,49	70,52	40,16	27,58	17,27	9,24	3,48
155,50 bis 155,99	70,87	40,41	27,78	17,42	9,34	3,53
156,00 bis 156,49	71,22	40,66	27,98	17,57	9,44	3,58
156,50 bis 156,99	71,57	40,91	28,18	17,72	9,54	3,63
157,00 bis 157,49	71,92	41,16	28,38	17,87	9,64	3,68
157,50 bis 157,99	72,27	41,41	28,58	18,02	9,74	3,73
158,00 bis 158,49	72,62	41,66	28,78	18,17	9,84	3,78
158,50 bis 158,99	72,97	41,91	28,98	18,32	9,94	3,83
159,00 bis 159,49	73,32	42,16	29,18	18,47	10,04	3,88
159,50 bis 159,99	73,67	42,41	29,38	18,62	10,14	3,93
160,00 bis 160,49	74,02	42,66	29,58	18,77	10,24	3,98
160,50 bis 160,99	74,37	42,91	29,78	18,92	10,34	4,03
161,00 bis 161,49	74,72	43,16	29,98	19,07	10,44	4,08

Auszahlung für Tage

	Pfändbarer Betrag bei Unterhaltspflicht für … Personen					
Nettolohn täglich	0	1	2	3	4	5 und mehr
in Euro						
161,50 bis 161,99	75,07	43,41	30,18	19,22	10,54	4,13
162,00 bis 162,49	75,42	43,66	30,38	19,37	10,64	4,18
162,50 bis 162,99	75,77	43,91	30,58	19,52	10,74	4,23
163,00 bis 163,49	76,12	44,16	30,78	19,67	10,84	4,28
163,50 bis 163,99	76,47	44,41	30,98	19,82	10,94	4,33
164,00 bis 164,49	76,82	44,66	31,18	19,97	11,04	4,38
164,50 bis 164,99	77,17	44,91	31,38	20,12	11,14	4,43
165,00 bis 165,49	77,52	45,16	31,58	20,27	11,24	4,48
165,50 bis 165,99	77,87	45,41	31,78	20,42	11,34	4,53
166,00 bis 166,30	78,22	45,66	31,98	20,57	11,44	4,58
Der Mehrbetrag über 166,30 EURO ist voll pfändbar.						

840. Steuerberatungsgesetz (StBerG)[1)]

In der Fassung der Bekanntmachung vom 4. November 1975
(BGBl. I S. 2735)[2)]

Geändert durch Einführungsgesetz zur Abgabenordnung vom 14.12.1976 (BGBl. I S. 3341), Gesetz zur Änderung und Vereinfachung des EStG und anderer Gesetze vom 18.8.1980 (BGBl. I S. 1537), Viertes Gesetz zur Änderung des Steuerberatungsgesetzes vom 9.6.1989 (BGBl. I S. 1062), DDR-Vertragsgesetz vom 25.6.1990 (BGBl. II S. 518), Einigungsvertrag vom 31.8.1990 (BGBl. II S. 889, 970), Fünftes Gesetz zur Änderung des Steuerberatungsgesetzes vom 13.12.1990 (BGBl. I S. 2756), Steueränderungsgesetz 1992 vom 25.2.1992 (BGBl. I S. 297), FGO-Änderungsgesetz vom 21.12.1992 (BGBl. I S. 2109), Verbrauchsteuer-Binnenmarktgesetz vom 21.12.1992 (BGBl. I S. 2150), EWR-Ausführungsgesetz vom 27.4.1993 (BGBl. I S. 512, 2436, geänd. durch Gesetz vom 27.9.1993, BGBl. I S. 1666, 2436), Sechstes Gesetz zur Änderung des Steuerberatungsgesetzes vom 24.6.1994 (BGBl. I S. 1387), Gesetz zur Schaffung von Partnerschaftsgesellschaften und zur Änderung anderer Gesetze vom 25.7. 1994 (BGBl. I S. 1744), Einführungsgesetz zur Insolvenzordnung vom 5.10.1994 (BGBl. I S. 2911), Jahressteuergesetz 1996 vom 11.10.1995 (BGBl. I S. 1250), Jahressteuer-Ergänzungsgesetz 1996 vom 18.12.1995 (BGBl. I S. 1959), Umsatzsteuer-Änderungsgesetz 1997 vom 12.12.1996 (BGBl. I S. 1851), 2. Zwangsvollstreckungsnovelle vom 17.12.1997 (BGBl. I S. 3039), Gesetz zur Datenermittlung für den Verteilungsschlüssel des Gemeindeanteils am Umsatzsteueraufkommen und zur Änderung steuerlicher Vorschriften vom 23.6.1998 (BGBl. I S. 1496), Gesetz zur Änderung der Bundesrechtsanwaltsordnung, der Patentanwaltsordnung und anderer Gesetze vom 31.8.1998 (BGBl. I S. 2600), Gesetz zur Änderung des Einführungsgesetzes zur Insolvenzordnung und anderer Gesetze vom 19.12.1998 (BGBl. I S. 3836), Gesetz zur Änderung von Vorschriften über die Tätigkeit der Steuerberater vom 24.6.2000 (BGBl. I S. 874), Altersvermögensgesetz vom 26.6.2001 (BGBl. I S. 1310), Steueränderungsgesetz 2001 vom 20.12.2001 (BGBl. I S. 3794), Gesetz zur Gleichstellung behinderter Menschen und zur Änderung anderer Gesetze vom 27.4.2002 (BGBl. I S. 1467), Gesetz zur Änderung des Gesetzes über die Tätigkeit europäischer Rechtsanwälte in Deutschland und weiterer berufsrechtlicher Vorschriften für Rechts- und Patentanwälte, Steuerberater und Wirtschaftsprüfer vom 26.10.2003 (BGBl. I S. 2074), Steueränderungsgesetz 2003 vom 15.12.2003 (BGBl. I S. 2645), Kostenrechtsmodernisierungsgesetz vom 5.5.2004 (BGBl. I S. 718), Alterseinkünftegesetz vom 5.7.2004 (BGBl. I S. 1427), Gesetz zur Anpassung von Verjährungsvorschriften an das Gesetz zur Modernisierung des Schuldrechts vom 9.12.2004 (BGBl. I S. 3214), Richtlinien-Umsetzungsgesetz (EURLUmsG) vom 9.12.2004 (BGBl. I S. 3310), Gesetz zur Vereinfachung und Vereinheitlichung der Verfahrensvorschriften zur Wahl und Berufung ehrenamtlicher Richter vom 21.12.2004 (BGBl. I S. 3599), 2. Justizmodernisierungsgesetz vom 22.12.2006 (BGBl. I S. 3416), Gesetz zur Reform des Versicherungsvertragsrechts vom 23.11.2007 (BGBl. I S. 2631), Achtes Gesetz zur Änderung des Steuerberatungsgesetzes vom 8.4.2008 (BGBl. I S. 666), Gesetz zur Neuregelung des Verbots der Vereinbarung von Erfolgshonoraren vom 12.6.2008 (BGBl. I S. 1000), 4. Gesetz zur Änderung verwaltungsverfahrensrechtlicher Vorschriften vom 11.12.2008 (BGBl. I S. 2418), Jahressteuergesetz 2009 vom 19.12.2008 (BGBl. I S. 2794), Familienleistungsgesetz vom 22.12.2008 (BGBl. I S. 2955), Bürgerentlastungsgesetz Krankenversicherung vom 16.7.2009 (BGBl. I S. 1959), Gesetz zur Reform der Sachaufklärung in der Zwangsvollstreckung vom 29.7.2009 (BGBl. I S. 2258), Gesetz zur Änderung des Untersuchungshaftrechts vom 29.7.2009 (BGBl. I S. 2274), Gesetz zur Modernisierung von Verfahren im anwaltlichen und notariellen Berufsrecht vom 30.7.2009 (BGBl. I S. 2449), Jahressteuergesetz 2010 (JStG 2010) vom 8.12.2010

---

1) Für Wirtschaftsprüfer erging die Wirtschaftsprüferordnung (Nr. **850**).

2) Neubekanntmachung des SteuerberatungsG v. 16.8.1961 auf Grund des § 165 SteuerberatungsG v. 16.8.1961 (BGBl. I S. 1301), zuletzt geänd. durch G v. 24.6.1975 (BGBl. I S. 1509).

(BGBl. I S. 1768), Gesetz zur Umsetzung der Dienstleistungsrichtlinie in der Justiz und zur Änderung weiterer Vorschriften vom 22.12.2010 (BGBl. I S. 2248), Gesetz zur Verbesserung der Feststellung und Anerkennung im Ausland erworbener Berufsqualifikationen vom 6.12.2011 (BGBl. I S. 2515), Gesetz zur Stärkung der Rechte von Opfern sexuellen Missbrauchs (StORMG) vom 26.6.2013 (BGBl. I S. 1805), Amtshilferichtlinie-Umsetzungsgesetz (AmtshilfeRLUmsG) vom 26.6.2013 (BGBl. I S. 1809), Gesetz zur Einführung einer Partnergesellschaft mit beschränkter Berufshaftung und zur Änderung des Berufsrechts der Rechtsanwälte, Patentanwälte, Steuerberater und Wirtschaftsprüfer vom 15.7.2013 (BGBl. I S. 2386), Gesetz zur Strukturreform des Gebührenrechts des Bundes vom 7.8.2013 (BGBl. I S. 3154), Gesetz zur Änderung des Prozesskostenhilfe- und Beratungshilferechts vom 31.8.2013 (BGBl. I S. 3533), Gesetz zur Anpassung des nationalen Steuerrechts an den Beitritt Kroatiens zur EU und zur Änderung weiterer steuerlicher Vorschriften vom 25.7.2014 (BGBl. I S. 1266), Gesetz zur Stärkung des Rechts des Angeklagten auf Vertretung in der Berufungsverhandlung und über die Anerkennung von Abwesenheitsentscheidungen in der Rechtshilfe vom 17.7.2015 (BGBl. I S. 1332), Zehnte Zuständigkeitsanpassungsverordnung vom 31.8.2015 (BGBl. I S. 1474), Steueränderungsgesetz 2015 vom 2.11.2015 (BGBl. I S. 1834), Abschlussprüferaufsichtsreformgesetz (APAReG) vom 31.3.2016 (BGBl. I S. 518), Gesetz zur Umsetzung der Richtlinie 2013/55/EU des Europäischen Parlaments und des Rates vom 20. November 2013 zur Änderung der Richtlinie 2005/36/EG über die Anerkennung von Berufsqualifikationen und der Verordnung (EU) Nr. 1024/2012 über die Verwaltungszusammenarbeit mit Hilfe des Binnenmarkt-Informationssystems („IMI-Verordnung") für bundesrechtlich geregelte Heilberufe und andere Berufe vom 18.4.2016 (BGBl. I S. 886), Gesetz zur Modernisierung des Besteuerungsverfahrens vom 18.7.2016 (BGBl. I S. 1679), Gesetz zur Bekämpfung der Steuerumgehung und zur Änderung weiterer steuerlicher Vorschriften (Steuerumgehungsbekämpfungsgesetz – StUmgBG) vom 23.6.2017 (BGBl. I S. 1682), Gesetz zur Neuregelung des Schutzes von Geheimnissen bei der Mitwirkung Dritter an der Berufsauübung schweigepflichtiger Personen vom 30.10.2017 (BGBl. I S. 3618), Zweites Gesetz zur Anpassung des Datenschutzrechts an die Verordnung (EU) 2016/679 und zur Umsetzung der Richtlinie (EU) 2016/680 (Zweites Datenschutz-Anpassungs- und Umsetzungsgesetz EU – 2. DSAnpUG-EU) vom 20.11.2019 (BGBl. I S. 1626), Drittes Gesetz zur Entlastung insbesondere der mittelständischen Wirtschaft von Bürokratie (Drittes Bürokratieentlastungsgesetz) vom 22.11.2019 (BGBl. I S. 1746), Gesetz zur weiteren steuerlichen Förderung der Elektromobilität und zur Änderung weiterer steuerlicher Vorschriften vom 12.12.2019 (BGBl. I S. 2451), Gesetz zur Umsetzung der Änderungsrichtlinie zur Vierten EU-Geldwäscherichtlinie vom 12.12.2019 (BGBl. I S. 2602), Gesetz zur Einführung einer Pflicht zur Mitteilung grenzüberschreitender Steuergestaltungen vom 21.12.2019 (BGBl. I S. 2875), Gesetz zur Umsetzung der Verhältnismäßigkeitsrichtlinie (Richtlinie (EU) 2018/958) im Bereich öffentlich-rechtlicher Körperschaften vom 19.6.2020 (BGBl. I S. 1403) und Jahressteuergesetz 2020 (JStG 2020) vom 21.12.2020 (BGBl. I S. 3096)

BGBl. III/FNA 610-10

Inhaltsübersicht

Erster Teil. Vorschriften über die Hilfeleistung in Steuersachen

Erster Abschnitt. Ausübung der Hilfe in Steuersachen

Erster Unterabschnitt. Anwendungsbereich §§

Zweiter Unterabschnitt. Befugnis

Zweiter Teil. Steuerberaterordnung

Erster Abschnitt. Allgemeine Vorschriften

Zweiter Abschnitt
Voraussetzungen für die Berufsausübung

Erster Unterabschnitt. Persönliche Voraussetzungen

Zweiter Unterabschnitt. Bestellung

Dritter Unterabschnitt. Steuerberatungsgesellschaft

Dritter Abschnitt. Rechte und Pflichten

(Fortsetzung nächstes Blatt)

Erster Teil. Vorschriften über die Hilfeleistung in Steuersachen

Erster Abschnitt. Ausübung der Hilfe in Steuersachen

Erster Unterabschnitt. Anwendungsbereich

§ 1[1] **Anwendungsbereich.** (1) Dieses Gesetz ist anzuwenden auf die Hilfeleistung

---

[1] § 1 Abs. 1 Nr. 2 geänd. durch G v. 9.6.1989 (BGBl. I S. 1062), Nr. 1 geänd. mWv 1.1.1994 (BGBl. 1993 I S. 2436) durch G v. 27.4.1993 (BGBl. I S. 512); Abs. 4 angef. mWv 1.4.2012 durch G v. 6.12.2011 (BGBl. I S. 2515); Abs. 1 Nr. 1 geänd. durch G v. 26.6.2013 (BGBl. I S. 1809).

1. in Angelegenheiten, die durch Bundesrecht, Recht der Europäischen Union oder der Vertragsstaaten des Abkommens über den Europäischen Wirtschaftsraum geregelte Steuern und Vergütungen betreffen, soweit diese durch Bundesfinanzbehörden oder durch Landesfinanzbehörden verwaltet werden,
2. in Angelegenheiten, die die Realsteuern oder die Grunderwerbsteuer betreffen,
3. in Angelegenheiten, die durch Landesrecht oder auf Grund einer landesrechtlichen Ermächtigung geregelte Steuern betreffen,
4. in Monopolsachen,
5. in sonstigen von Bundesfinanzbehörden oder Landesfinanzbehörden verwalteten Angelegenheiten, soweit für diese durch Bundesgesetz oder Landesgesetz der Finanzrechtsweg eröffnet ist.

(2) Die Hilfeleistung in Steuersachen umfaßt auch

1. die Hilfeleistung in Steuerstrafsachen und in Bußgeldsachen wegen einer Steuerordnungswidrigkeit,
2. die Hilfeleistung bei der Führung von Büchern und Aufzeichnungen sowie bei der Aufstellung von Abschlüssen, die für die Besteuerung von Bedeutung sind,
3. die Hilfeleistung bei der Einziehung von Steuererstattungs- oder Vergütungsansprüchen.

(3) Die Vorschriften der einzelnen Verfahrensordnungen über die Zulassung von Bevollmächtigten und Beiständen bleiben unberührt.

(4) Das Berufsqualifikationsfeststellungsgesetz findet mit Ausnahme des § 17 keine Anwendung.

Zweiter Unterabschnitt. Befugnis

§ 2 Geschäftsmäßige Hilfeleistung. [1]Die Hilfeleistung in Steuersachen darf geschäftsmäßig nur von Personen und Vereinigungen ausgeübt werden, die hierzu befugt sind. [2]Dies gilt ohne Unterschied für hauptberufliche, nebenberufliche, entgeltliche oder unentgeltliche Tätigkeit.

§ 3[1)] Befugnis zu unbeschränkter Hilfeleistung in Steuersachen. Zur geschäftsmäßigen Hilfeleistung in Steuersachen sind befugt:

1. Steuerberater, Steuerbevollmächtigte, Rechtsanwälte, niedergelassene europäische Rechtsanwälte, Wirtschaftsprüfer und vereidigte Buchprüfer,
2. Partnerschaftsgesellschaften, deren Partner ausschließlich die in Nummer 1 genannten Personen sind,
3. Steuerberatungsgesellschaften, Rechtsanwaltsgesellschaften, Wirtschaftsprüfungsgesellschaften und Buchprüfungsgesellschaften.

4.[2)] *(aufgehoben)*

[1)] § 3 neu gef. mWv 1.7.2000 durch G v. 24.6.2000 (BGBl. I S. 874), Nr. 2 geänd. mWv 19.7.2013 durch G v. 15.7.2013 (BGBl. I S. 2386).

[2)] § 3 Nr. 4 aufgeh. mWv 12.4.2008 durch G v. 8.4.2008 (BGBl. I S. 666).

§ 3a[1)] Befugnis zu vorübergehender und gelegentlicher Hilfeleistung in Steuersachen. (1)[2)] [1]Personen, die in einem anderen Mitgliedstaat der Europäischen Union oder in einem anderen Vertragsstaat des Abkommens über den Europäischen Wirtschaftsraum oder in der Schweiz beruflich niedergelassen sind und dort befugt geschäftsmäßig Hilfe in Steuersachen nach dem Recht des Niederlassungsstaates leisten, sind zur vorübergehenden und gelegentlichen geschäftsmäßigen Hilfeleistung in Steuersachen im Anwendungsbereich dieses Gesetzes befugt. [2]Die vorübergehende und gelegentliche geschäftsmäßige Hilfeleistung in Steuersachen kann vom Staat der Niederlassung aus erfolgen. [3]Der Umfang der Befugnis zur Hilfeleistung in Steuersachen im Inland richtet sich nach dem Umfang dieser Befugnis im Niederlassungsstaat. [4]Bei ihrer Tätigkeit im Inland unterliegen sie denselben Berufsregeln wie die in § 3 genannten Personen. [5]Wenn weder der Beruf noch die Ausbildung zu diesem Beruf im Staat der Niederlassung reglementiert ist, gilt die Befugnis zur geschäftsmäßigen Hilfeleistung in Steuersachen im Inland nur, wenn die Person den Beruf in einem oder in mehreren Mitgliedstaaten oder Vertragsstaaten oder der Schweiz während der vorhergehenden zehn Jahre mindestens ein Jahr lang ausgeübt hat. [6]Ob die geschäftsmäßige Hilfeleistung in Steuersachen vorübergehend und gelegentlich erfolgt, ist insbesondere anhand ihrer Dauer, Häufigkeit, regelmäßiger Wiederkehr und Kontinuität zu beurteilen.

(2)[3)] [1]Die geschäftsmäßige Hilfeleistung in Steuersachen nach Absatz 1 ist nur zulässig, wenn die Person vor der ersten Erbringung im Inland der zuständigen Stelle schriftlich oder elektronisch Meldung erstattet. [2]Zuständige Stelle ist für Personen aus:

1. Finnland die Steuerberaterkammer Berlin,
2. Polen die Steuerberaterkammer Brandenburg,
3. Zypern die Steuerberaterkammer Bremen,
4. den Niederlanden und Bulgarien die Steuerberaterkammer Düsseldorf,
5. Schweden und Island die Steuerberaterkammer Hamburg,
6. Portugal und Spanien die Steuerberaterkammer Hessen,
7. Belgien die Steuerberaterkammer Köln,
8. Estland, Lettland, Litauen die Steuerberaterkammer Mecklenburg-Vorpommern,
9. Italien, Kroatien und Österreich die Steuerberaterkammer München,

10. dem Vereinigten Königreich die Steuerberaterkammer Niedersachsen,

10. Rumänien und Liechtenstein die Steuerberaterkammer Nordbaden,
11. Tschechien die Steuerberaterkammer Nürnberg,

[1)] § 3a eingef. mWv 12.4.2008 durch G v. 8.4.2008 (BGBl. I S. 666); Abs. 1 Satz 4 neu gef., Abs. 2 Satz 1 geänd., Satz 2 Nr. 9 geänd., Satz 3 Nr. 7 neu gef., Satz 6 angef., Abs. 7 Satz 2 ersetzt durch Sätze 2 und 3 mWv 23.4.2016 durch G v. 18.4.2016 (BGBl. I S. 886).

[2)] § 3a Abs. 1 Satz 1 geänd., Satz 2 eingef., bish. Sätze 2 bis 5 werden Sätze 3 bis 6 mWv 25.6.2017 durch G v. 23.6.2017 (BGBl. I S. 1682).

[3)] § 3a Abs. 2 Satz 2 Nr. 10 aufgeh., Nrn. 11–21 werden Nrn. 10–20 mWv 1.1.2021 durch G v. 21.12.2020 (BGBl. I S. 3096).

12. Frankreich die Steuerberaterkammer Rheinland-Pfalz,
13. Luxemburg die Steuerberaterkammer Saarland,
14. Ungarn die Steuerberaterkammer des Freistaates Sachsen,
15. der Slowakei die Steuerberaterkammer Sachsen-Anhalt,
16. Dänemark und Norwegen die Steuerberaterkammer Schleswig-Holstein,
17. Griechenland die Steuerberaterkammer Stuttgart,
18. der Schweiz die Steuerberaterkammer Südbaden,
19. Malta und Slowenien die Steuerberaterkammer Thüringen,
20. Irland die Steuerberaterkammer Westfalen-Lippe.

[3] Die Meldung der Person muss enthalten:

1. den Familiennamen und die Vornamen, den Namen oder die Firma einschließlich der gesetzlichen Vertreter,
2. das Geburts- oder Gründungsjahr,
3. die Geschäftsanschrift einschließlich der Anschriften aller Zweigstellen,
4. die Berufsbezeichnung, unter der die Tätigkeit im Inland zu erbringen ist,
5. eine Bescheinigung darüber, dass die Person in einem Mitgliedstaat der Europäischen Union, in einem anderen Vertragsstaat des Abkommens über den Europäischen Wirtschaftsraum oder in der Schweiz rechtmäßig zur geschäftsmäßigen Hilfeleistung in Steuersachen niedergelassen ist und dass ihr die Ausübung dieser Tätigkeit zum Zeitpunkt der Vorlage der Bescheinigung nicht, auch nicht vorübergehend, untersagt ist,
6. einen Nachweis über die Berufsqualifikation,
7. einen Nachweis darüber, dass die Person den Beruf in einem oder in mehreren Mitgliedstaaten oder Vertragsstaaten oder der Schweiz während der vorhergehenden zehn Jahre mindestens ein Jahr lang ausgeübt hat, wenn weder der Beruf noch die Ausbildung zu diesem Beruf im Staat der Niederlassung reglementiert ist,
8. eine Information über Einzelheiten zur Berufshaftpflichtversicherung oder eines anderen individuellen oder kollektiven Schutzes in Bezug auf die Berufshaftpflicht.

[4] Die Meldung ist jährlich zu wiederholen, wenn die Person nach Ablauf eines Kalenderjahres erneut nach Absatz 1 geschäftsmäßig Hilfeleistung in Steuersachen im Inland erbringen will. [5] In diesem Fall sind die Bescheinigung nach Satz 3 Nr. 5 und die Information nach Satz 3 Nr. 8 erneut vorzulegen. [6] Die Meldung berechtigt die Person zur geschäftsmäßigen Hilfeleistung in Steuersachen nach Absatz 1 im gesamten Hoheitsgebiet der Bundesrepublik Deutschland.

(3) [1] Sobald die Meldung nach Absatz 2 vollständig vorliegt, veranlasst die zuständige Stelle eine vorübergehende Eintragung der Angaben nach Absatz 2 Satz 3 Nr. 1 bis 4 im Berufsregister oder ihre Verlängerung um ein Jahr. [2] Die jeweilige Eintragung erfolgt unter Angabe der zuständigen Stelle und des Datums der Eintragung. [3] Das Verfahren ist kostenfrei.

(4) Registrierte Personen nach Absatz 3 oder ihre Rechtsnachfolger müssen der zuständigen Stelle alle Änderungen der Angaben nach Absatz 2 Satz 3 Nr. 1 bis 4 unverzüglich schriftlich mitteilen.

(5) [1]Personen, die nach Absatz 1 geschäftsmäßig Hilfeleistung in Steuersachen im Inland erbringen, dürfen dabei nur unter der Berufsbezeichnung in den Amtssprachen des Niederlassungsstaates tätig werden, unter der sie ihre Dienste im Niederlassungsstaat anbieten. [2]Wer danach berechtigt ist, die Berufsbezeichnung „Steuerberater"/„Steuerberaterin", „Steuerbevollmächtigter"/„Steuerbevollmächtigte" oder „Steuerberatungsgesellschaft" zu führen, hat zusätzlich die Berufsorganisation, der er im Niederlassungsstaat angehört, sowie den Niederlassungsstaat anzugeben. [3]Eine Verwechslung mit den genannten Berufsbezeichnungen muss ausgeschlossen sein.

(6)[1)] [1]Die zuständige Stelle kann einer nach Absatz 1 geschäftsmäßig Hilfe in Steuersachen leistenden Person die weitere Erbringung ihrer Dienste im Inland untersagen, wenn

1. die Person im Staat der Niederlassung nicht mehr rechtmäßig niedergelassen ist oder ihr die Ausübung der Tätigkeit dort untersagt wird,
2. sie nicht über die für die Ausübung der Berufstätigkeit im Inland erforderlichen deutschen Sprachkenntnisse verfügt,
3. sie wiederholt eine unrichtige Berufsbezeichnung führt oder
4. sie die Befugnis zu vorübergehender und gelegentlicher geschäftsmäßigen Hilfeleistung in Steuersachen überschreitet.

[2]Die vorübergehende Eintragung im Berufsregister gemäß Absatz 3 Satz 1 wird gelöscht, wenn die Untersagungsverfügung nach Satz 1 unanfechtbar geworden ist. [3]Über die Löschung aus dem Berufsregister wegen Überschreitens der Befugnis zu vorübergehender und gelegentlicher geschäftsmäßigen Hilfeleistung in Steuersachen sind diejenigen Finanzbehörden zu unterrichten, die eine Mitteilung nach § 5 Absatz 4 erstattet haben.

(7) [1]Die zuständigen Stellen arbeiten mit den zuständigen Stellen in den anderen Mitgliedstaaten der Europäischen Union, in den anderen Vertragsstaaten des Abkommens über den Europäischen Wirtschaftsraum und in der Schweiz zusammen und übermitteln auf Anfrage:

1. Informationen über die Rechtmäßigkeit der Niederlassung und die gute Führung des Dienstleisters;
2. Informationen darüber, dass keine berufsbezogenen disziplinarischen oder strafrechtlichen Sanktionen vorliegen;
3. Informationen, die im Falle von Beschwerden eines Dienstleistungsempfängers gegen einen Dienstleister für ein ordnungsgemäßes Beschwerdeverfahren erforderlich sind.

[2]Die zuständigen Stellen können bei berechtigten Zweifeln an der Rechtmäßigkeit der Niederlassung des Dienstleisters in einem anderen Staat, an seiner

---

[1)] § 3a Abs. 6 Satz 2 angef., bish. Text wird Satz 1 mWv 1.1.2017 durch G v. 18.7.2016 (BGBl. I S. 1679); Satz 1 neu gef., Satz 3 angef. mWv 29.12.2020 durch G v. 21.12.2020 (BGBl. I S. 3096).

guten Führung oder daran, dass keine berufsbezogenen disziplinarischen oder strafrechtlichen Sanktionen vorliegen, alle aus ihrer Sicht zur Beurteilung des Sachverhalts erforderlichen Informationen bei den zuständigen Stellen des anderen Staates anfordern. [3] § 83 dieses Gesetzes und § 30 der Abgabenordnung stehen den Sätzen 1 und 2 nicht entgegen.

§ 3b[1)] Verzeichnis der nach § 3a zur vorübergehenden und gelegentlichen Hilfeleistung in Steuersachen befugten Personen. (1) [1] Die Bundessteuerberaterkammer führt ein elektronisches Verzeichnis aller Personen, die gemäß § 3a Absatz 3 Satz 1 als zur vorübergehenden und gelegentlichen Hilfeleistung in Steuersachen befugt vorübergehend im Berufsregister der zuständigen Steuerberaterkammer eingetragen sind. [2] Das Verzeichnis dient der Information der Behörden und Gerichte, der Rechtsuchenden sowie anderer am Rechtsverkehr Beteiligter. [3] Die Steuerberaterkammern geben die im Berufsregister gemäß § 3a Absatz 3 Satz 1 vorübergehend gespeicherten Daten im automatisierten Verfahren in das von der Bundessteuerberaterkammer geführte Verzeichnis ein. [4] Die zuständige Steuerberaterkammer trägt die datenschutzrechtliche Verantwortung für die von ihr in das Verzeichnis eingegebenen Daten, insbesondere für die Rechtmäßigkeit der Erhebung, die Vollständigkeit und die Richtigkeit der Daten. [5] Der Abruf einzelner Daten aus dem Gesamtverzeichnis steht jedem unentgeltlich zu.

(2) In das Verzeichnis sind einzutragen:

1. bei natürlichen Personen der Familienname und die Vornamen, das Geburtsjahr, die Geschäftsanschrift einschließlich der Anschriften aller Zweigstellen, die Berufsbezeichnung, unter der die Tätigkeit nach § 3a Absatz 5 im Inland zu erbringen ist, sowie der Name und die Anschrift der nach § 3a Absatz 2 Satz 2 zuständigen Steuerberaterkammer;
2. bei juristischen Personen und Personengesellschaften der Name oder die Firma, das Gründungsjahr, die Geschäftsanschrift einschließlich der Anschriften aller Zweigstellen, der Familienname und die Vornamen der gesetzlichen Vertreter, die Berufsbezeichnung, unter der die Tätigkeit nach § 3a Absatz 5 im Inland zu erbringen ist, der Name und die Anschrift der nach § 3a Absatz 2 Satz 2 zuständigen Steuerberaterkammer.

§ 3c[2)] Befugnis juristischer Personen und Vereinigungen zu vorübergehender und gelegentlicher Hilfeleistung in Steuersachen. Die §§ 3a und 3b gelten entsprechend für juristische Personen und Vereinigungen.

§ 4[3)] Befugnis zu beschränkter Hilfeleistung in Steuersachen. Zur geschäftsmäßigen Hilfeleistung in Steuersachen sind ferner befugt:

1. Notare im Rahmen ihrer Befugnisse nach der Bundesnotarordnung,

---

1) § 3b eingef. mWv 1.1.2017 durch G v. 18.7.2016 (BGBl. I S. 1679).

2) § 3c eingef. mWv 25.6.2017 durch G v. 23.6.2017 (BGBl. I S. 1682).

3) § 4 Nrn. 8, 11 neu gef., Nrn. 12, 13 angef. durch G v. 9.6.1989 (BGBl. I S. 1062), Nr. 9 Buchst. a geänd. durch G v. 21.12.1992 (BGBl. I S. 2150), Nr. 11 Buchst. c neu gef. mWv 1.7.1994 durch G v. 24.6.1994 (BGBl. I S. 1387), Nr. 2 geänd. mWv 1.3.1999 durch G v. 31.8.1998 (BGBl. I S. 2600).

2. Patentanwälte und Patentanwaltsgesellschaften im Rahmen ihrer Befugnisse nach der Patentanwaltsordnung,
3. Behörden und Körperschaften des öffentlichen Rechts sowie die überörtlichen Prüfungseinrichtungen für Körperschaften und Anstalten des öffentlichen Rechts im Rahmen ihrer Zuständigkeit,
4. Verwahrer und Verwalter fremden oder zu treuen Händen oder zu Sicherungszwecken übereigneten Vermögens, soweit sie hinsichtlich dieses Vermögens Hilfe in Steuersachen leisten,
5. Unternehmer, die ein Handelsgewerbe betreiben, soweit sie in unmittelbarem Zusammenhang mit einem Geschäft, das zu ihrem Handelsgewerbe gehört, ihren Kunden Hilfe in Steuersachen leisten,
6. genossenschaftliche Prüfungs- und Spitzenverbände und genossenschaftliche Treuhandstellen, soweit sie im Rahmen ihres Aufgabenbereichs den Mitgliedern der Prüfungs- und Spitzenverbände Hilfe in Steuersachen leisten,
7. als Berufsvertretung oder auf ähnlicher Grundlage gebildete Vereinigungen, soweit sie im Rahmen ihres Aufgabenbereichs ihren Mitgliedern Hilfe in Steuersachen leisten; § 95 des Bundesvertriebenengesetzes bleibt unberührt,
8. als Berufsvertretung oder auf ähnlicher Grundlage gebildete Vereine von Land- und Forstwirten, zu deren satzungsmäßiger Aufgabe die Hilfeleistung für land- und forstwirtschaftliche Betriebe im Sinne des Bewertungsgesetzes gehört, soweit sie diese Hilfe durch Personen leisten, die berechtigt sind, die Bezeichnung „Landwirtschaftliche Buchstelle" zu führen, und die Hilfe nicht die Ermittlung der Einkünfte aus selbständiger Arbeit oder aus Gewerbebetrieb betrifft, es sei denn, daß es sich hierbei um Nebeneinkünfte handelt, die üblicherweise bei Landwirten vorkommen,
9. a)[1] Speditionsunternehmen, soweit sie Hilfe in Eingangsabgabensachen oder bei der verbrauchsteuerlichen Behandlung von Waren im Warenverkehr mit anderen Mitgliedstaaten der Europäischen Union leisten,
   b) sonstige gewerbliche Unternehmen, soweit sie im Zusammenhang mit der Zollbehandlung Hilfe in Eingangsabgabensachen leisten,
   c)[2] die in den Buchstaben a und b genannten Unternehmen, soweit sie für Unternehmer im Sinne des § 22 a des Umsatzsteuergesetzes Hilfe in Steuersachen nach § 22 b des Umsatzsteuergesetzes leisten und im Geltungsbereich dieses Gesetzes ansässig sind, nicht Kleinunternehmer im Sinne des § 19 des Umsatzsteuergesetzes und nicht von der Fiskalvertretung nach § 22 e des Umsatzsteuergesetzes ausgeschlossen sind,
10.[3] Arbeitgeber, soweit sie für ihre Arbeitnehmer Hilfe bei lohnsteuerlichen Sachverhalten oder bei Sachverhalten des Familienleistungsausgleichs im Sinne des Einkommensteuergesetzes leisten,

---

[1] § 4 Nr. 9 Buchst. a geänd. durch G v. 24.6.2000 (BGBl. I S. 874).
[2] § 4 Nr. 9 Buchst. c angef. mWv 1.1.1997 durch G v. 12.12.1996 (BGBl. I S. 1851).
[3] § 4 Nr. 10 neu gef. mWv 1.7.2000 durch G v. 24.6.2000 (BGBl. I S. 874).

11.[1)·2)] Lohnsteuerhilfevereine, soweit sie für ihre Mitglieder Hilfe in Steuersachen leisten, wenn diese

a)[3)] Einkünfte aus nichtselbständiger Arbeit, sonstige Einkünfte aus wiederkehrenden Bezügen (§ 22 Nr. 1 des Einkommensteuergesetzes), Einkünfte aus Unterhaltsleistungen (§ 22 Nr. 1a des Einkommensteuergesetzes) oder Einkünfte aus Leistungen nach § 22 Nr. 5 des Einkommensteuergesetzes erzielen,

b)[4)] keine Einkünfte aus Land- und Forstwirtschaft, aus Gewerbebetrieb oder aus selbständiger Arbeit erzielen oder umsatzsteuerpflichtige Umsätze ausführen, es sei denn, die den Einkünften zugrunde liegenden Einnahmen sind nach § 3 Nummer 12, 26, 26a oder 26b[5)] des Einkommensteuergesetzes in voller Höhe steuerfrei, und

c)[6)] Einnahmen aus anderen Einkunftsarten haben, die insgesamt die Höhe von achtzehntausend Euro, im Falle der Zusammenveranlagung von sechsunddreißigtausend Euro, nicht übersteigen und im Veranlagungsverfahren zu erklären sind oder auf Grund eines Antrags des Steuerpflichtigen erklärt werden. [2]An die Stelle der Einnahmen tritt in Fällen des § 20 Absatz 2 des Einkommensteuergesetzes der Gewinn im Sinne des § 20 Absatz 4 des Einkommensteuergesetzes und in den Fällen des § 23 Absatz 1 des Einkommensteuergesetzes der Gewinn im Sinne des § 23 Absatz 3 Satz 1 des Einkommensteuergesetzes; Verluste bleiben unberücksichtigt.

[2]Die Befugnis erstreckt sich nur auf die Hilfeleistung bei der Einkommensteuer und ihren Zuschlagsteuern. [3]Soweit zulässig, berechtigt sie auch zur Hilfeleistung bei der Eigenheimzulage und der Investitionszulage nach den §§ 3 bis 4 des Investitionszulagengesetzes 1999, bei mit Kinderbetreuungskosten im Sinne von § 10 Absatz 1 Nummer 5[7)] des Einkommensteuergesetzes sowie bei mit haushaltsnahen Beschäftigungsverhältnissen im Sinne des § 35a des Einkommensteuergesetzes zusammenhängenden Arbeitgeberaufgaben sowie zur Hilfe bei Sachverhalten des Familienleistungsausgleichs im Sinne des Einkommensteuergesetzes und der sonstigen Zulagen und Prämien, auf die die Vorschriften der Abgabenordnung anzuwenden sind. [4]Mitglieder, die arbeitslos geworden sind, dürfen weiterhin beraten werden,

12.[8)] inländische Kapitalanlagegesellschaften sowie Personen, Gesellschaften und andere Gesamthandsgemeinschaften, soweit sie in Vertretung der Gläu-

---

1) § 4 Nr. 11 neu gef. mWv 1.7.2000 durch G v. 24.6.2000 (BGBl. I S. 874).

2) § 4 Nr. 11 Satz 3 neu gef. mWv 12.4.2008 durch G v. 8.4.2008 (BGBl. I S. 666).

3) § 4 Nr. 11 Satz 1 Buchst. a geänd. durch G. v. 5.7.2004 (BGBl. I S. 1427).

4) § 4 Nr. 11 Satz 1 Buchst. b neu gef. mWv 16.12.2004 durch G v. 9.12.2004 (BGBl. I S. 3310).

5) Verweis geänd. durch G v. 8.4.2008 (BGBl. I S. 666); geänd. mWv 1.1.2020 durch G v. 22.11.2019 (BGBl. I S. 1746).

6) § 4 Nr. 11 Satz 1 Buchst. c neu gef. mWv 12.4.2008 durch G v. 8.4.2008 (BGBl. I S. 666); Buchst. c Satz 2 angef. mWv 14.12.2010 durch G v. 8.12.2010 (BGBl. I S. 1768); Satz 1 geänd. mWv 1.1.2020 durch G v. 22.11.2019 (BGBl. I S. 1746).

7) § 4 Nr. 11 Satz 3 Verweis geänd. durch G v. 22.12.2008 (BGBl. I S. 2955); geänd. durch G v. 26.6.2013 (BGBl. I S. 1809).

8) § 4 Nr. 12 neu gef. mWv 12.4.2008 durch G v. 8.4.2008 (BGBl. I S. 666).

biger von Kapitalerträgen Sammelanträge auf Erstattung von Kapitalertragsteuer nach § 45b des Einkommensteuergesetzes stellen,

12a.[1] ausländische Kreditinstitute, soweit sie in Vertretung der Gläubiger von Kapitalerträgen Anträge auf Erstattung von Kapitalertragsteuer nach § 50d des Einkommensteuergesetzes stellen,

13. öffentlich bestellte versicherungsmathematische Sachverständige, soweit sie in unmittelbarem Zusammenhang mit der Berechnung von Pensionsrückstellungen, versicherungstechnischen Rückstellungen und Zuführungen zu Pensions- und Unterstützungskassen ihren Auftraggebern Hilfe in Steuersachen leisten,

14.[2] diejenigen, die Verträge im Sinne des § 2 Abs. 1 Wohnungsbau-Prämiengesetz schließen oder vermitteln, soweit sie bei der Ausfüllung von Anträgen auf Wohnungsbauprämie Hilfe leisten,

15.[3] Stellen, die durch Landesrecht als geeignet im Sinne des § 305 Abs. 1 Nr. 1 der Insolvenzordnung anerkannt sind, im Rahmen ihres Aufgabenbereichs,

16.[4] a) diejenigen, die Verträge im Sinne des § 1 Abs. 1 und 1a des Altersvorsorgeverträge-Zertifizierungsgesetzes schließen oder vermitteln,

b) die in § 82 Abs. 2 Satz 1 Buchstabe a des Einkommensteuergesetzes genannten Versorgungseinrichtungen,

soweit sie im Rahmen des Vertragsabschlusses, der Durchführung des Vertrages oder der Antragstellung nach § 89 des Einkommensteuergesetzes Hilfe leisten.

Dritter Unterabschnitt. Verbot und Untersagung

§ 5 Verbot der unbefugten Hilfeleistung in Steuersachen, Missbrauch von Berufsbezeichnungen. (1)[5] [1]Andere als die in den §§ 3, 3a und 4 bezeichneten Personen und Vereinigungen dürfen nicht geschäftsmäßig Hilfe in Steuersachen leisten, insbesondere nicht geschäftsmäßig Rat in Steuersachen erteilen. [2]Die in den §§ 3a und 4 bezeichneten Personen und Vereinigungen dürfen nur im Rahmen ihrer Befugnis geschäftsmäßig Hilfe in Steuersachen leisten.

(2)[6] [1]Werden den Finanzbehörden oder den Steuerberaterkammern Tatsachen bekannt, die den Verdacht begründen, dass eine Person oder Vereinigung entgegen Absatz 1 geschäftsmäßig Hilfe in Steuersachen leistet, so haben sie diese Tatsachen der für das Bußgeldverfahren zuständigen Stelle mitzuteilen.

---

[1] § 4 Nr. 12a eingef. mWv 12.4.2008 durch G v. 8.4.2008 (BGBl. I S. 666).

[2] § 4 Nr. 14 angef. mWv 21.10.1995 durch G v. 11.10.1995 (BGBl. I S. 1250).

[3] § 4 Nr. 15 angef. mWv 1.1.1999 durch G v. 19.12.1998 (BGBl. I S. 3836).

[4] § 4 Nr. 16 angef. mWv 30.6.2001 durch G v. 26.6.2001 (BGBl. I S. 1310) und neu gef. mWv 1.1.2004 durch G v. 5.7.2004 (BGBl. I S. 1427), Buchst. a geänd. mWv 1.11.2008 durch G v. 19.12.2008 (BGBl. I S. 2794).

[5] § 5 Abs. 1 Satz 1 geänd. durch G v. 8.4.2008 (BGBl. I S. 666); Abs. 1 Satz 2 geänd. mWv 29.12.2020 durch G v. 21.12.2020 (BGBl. I S. 3096).

[6] § 5 Abs. 2 angef. durch G v. 9.6.1989 (BGBl. I S. 1062) und neu gef. mWv 1.7.2000 durch G v. 24.6.2000 (BGBl. I S. 874); Abs. 2 Satz 2 angef. mWv 29.12.2020 durch G v. 21.12.2020 (BGBl. I S. 3096).

[2] Werden den Finanzbehörden Tatsachen bekannt, die darauf hinweisen, dass eine Person oder Vereinigung entgegen Absatz 1 geschäftsmäßig Hilfe in Steuersachen leistet, so können sie diese Tatsachen der zuständigen Steuerberaterkammer zum Zwecke der Prüfung der Geltendmachung von Ansprüchen nach den Vorschriften des Gesetzes gegen den unlauteren Wettbewerb (§ 76 Absatz 11) mitteilen.

(3)[1] Die Finanzbehörden oder die Steuerberaterkammern haben der für das Strafverfahren, das Bußgeldverfahren oder ein berufsaufsichtliches Verfahren zuständigen Stelle ihnen bekannte Tatsachen mitzuteilen, die den Verdacht begründen, dass

1. Personen, die geschäftsmäßig Hilfe in Steuersachen leisten, entgegen § 132a Absatz 1 Nummer 2 des Strafgesetzbuches die Berufsbezeichnungen „Steuerberater", „Steuerbevollmächtigter", „Rechtsanwalt", „Wirtschaftsprüfer" oder „vereidigter Buchprüfer" führen,
2. Vereinigungen, die geschäftsmäßig Hilfe in Steuersachen leisten, entgegen § 161 dieses Gesetzes unbefugt die Bezeichnungen „Steuerberatungsgesellschaft", „Lohnsteuerhilfeverein", „Landwirtschaftliche Buchstelle" oder unbefugt den Zusatz „und Partner", „Partnerschaft" (§ 2 Absatz 1 Satz 1 des Partnerschaftsgesellschaftsgesetzes), „mit beschränkter Berufshaftung" oder jeweilige Abkürzungen (§ 8 Absatz 4 des Partnerschaftsgesellschaftsgesetzes) oder entgegen § 133 der Wirtschaftsprüferordnung die Bezeichnungen „Wirtschaftsprüfungsgesellschaft" oder „Buchprüfungsgesellschaft" führen.

(4)[2] Werden den Finanzbehörden Tatsachen bekannt, die darauf hinweisen, dass Personen oder Vereinigungen die ihnen nach § 3a zustehende Befugnis zu vorübergehender und gelegentlicher geschäftsmäßiger Hilfeleistung in Steuersachen überschreiten, so haben die Finanzbehörden diese Tatsachen der zuständigen Steuerberaterkammer mitzuteilen.

(5)[2] § 83 dieses Gesetzes und § 30 der Abgabenordnung stehen den Mitteilungen nach den Absätzen 2, 3 und 4 nicht entgegen.

§ 6[3] **Ausnahmen vom Verbot der unbefugten Hilfeleistung in Steuersachen.** Das Verbot des § 5 gilt nicht für

1. die Erstattung wissenschaftlich begründeter Gutachten,
2. die unentgeltliche Hilfeleistung in Steuersachen für Angehörige im Sinne des § 15 der Abgabenordnung,
3. die Durchführung mechanischer Arbeitsgänge bei der Führung von Büchern und Aufzeichnungen, die für die Besteuerung von Bedeutung sind; hierzu gehören nicht das Kontieren von Belegen und das Erteilen von Buchungsanweisungen,

---

[1] § 5 Abs. 3 neu gef. mWv 19.7.2013 durch G v. 15.7.2013 (BGBl. I S. 2386); Abs. 3 Satz 2 aufgeh. mWv 29.12.2020 durch G v. 21.12.2020 (BGBl. I S. 3096).

[2] § 5 Abs. 4 und 5 angef. mWv 29.12.2020 durch G v. 21.12.2020 (BGBl. I S. 3096).

[3] § 6 Nr. 2 geänd. durch G v. 14.12.1976 (BGBl. I S. 3341), Nr. 4 angef. durch G v. 9.6.1989 (BGBl. I S.1062) und geänd. mWv 1.7.2000 durch G v. 24.6.2000 (BGBl. I S. 874).

4. das Buchen laufender Geschäftsvorfälle, die laufende Lohnabrechnung und das Fertigen der Lohnsteuer-Anmeldungen, soweit diese Tätigkeiten verantwortlich durch Personen erbracht werden, die nach Bestehen der Abschlußprüfung in einem kaufmännischen Ausbildungsberuf oder nach Erwerb einer gleichwertigen Vorbildung mindestens drei Jahre auf dem Gebiet des Buchhaltungswesens in einem Umfang von mindestens 16 Wochenstunden praktisch tätig gewesen sind.

§ 7[1] Untersagung der Hilfeleistung in Steuersachen. (1) Das Finanzamt kann die Hilfeleistung in Steuersachen untersagen,

1. wenn die Tätigkeit durch eine Person oder Vereinigung ausgeübt wird, die nicht unter §§ 3, 3a[2] oder 4 fällt,

2.[3] wenn bei einer Tätigkeit nach den §§ 3a, 4 und 6 die jeweiligen Befugnisse überschritten werden,

3.[3] wenn eine Tätigkeit als Arbeitnehmer zur Umgehung des Verbots nach § 5 missbraucht wird.

(2) [1]Die für die Finanzverwaltung zuständige oberste Landesbehörde kann den in § 4 Nr. 7 bezeichneten Vereinigungen im Einvernehmen mit den fachlich beteiligten obersten Landesbehörden die Hilfeleistung in Steuersachen ganz oder teilweise untersagen, wenn eine sachgemäße Tätigkeit nicht gewährleistet ist. [2]Dies gilt nicht, wenn eine der in § 3 Nr. 1 aufgeführten Personen die Hilfeleistung in Steuersachen leitet.

(3)[4] [1]Diejenige Finanzbehörde, in deren Zuständigkeitsbereich die nach Absatz 1 zu untersagende Hilfeleistung in Steuersachen geleistet wird, kann diese Hilfeleistung in Steuersachen in ihrem Zuständigkeitsbereich untersagen. [2]Die Finanzbehörde ist befugt, andere Finanzbehörden über die Untersagung nach Satz 1 zu unterrichten. [3]§ 30 der Abgabenordnung steht dem nicht entgegen.

Vierter Unterabschnitt. Sonstige Vorschriften

§ 8[5] Werbung. (1) Auf eigene Dienste oder Dienste Dritter zur geschäftsmäßigen Hilfeleistung in Steuersachen darf hingewiesen werden, soweit über die Tätigkeit in Form und Inhalt sachlich unterrichtet wird.

(2) [1]Werbung, die auf die Erteilung eines Auftrags zur geschäftsmäßigen Hilfeleistung in Steuersachen im Einzelfall gerichtet ist, ist verboten. [2]Dies gilt nicht für die Durchführung der Tätigkeiten nach § 6 Nr. 3 und 4.

---

[1] § 7 Abs. 2 Satz 1 geänd. durch G v. 9.6.1989 (BGBl. I S. 1062), Abs. 1 Nr. 3 angef. mWv 1.7.2000 durch G v. 24.6.2000 (BGBl. I S. 874).

[2] Hinweis auf § 3a eingef. durch G v. 8.4.2008 (BGBl. I S. 666).

[3] § 7 Abs. 1 Nr. 2 neu gef., Nr. 3 angef. mWv 29.12.2020 durch G v. 21.12.2020 (BGBl. I S. 3096).

[4] § 7 Abs. 3 neu gef. mWv 29.12.2020 durch G v. 21.12.2020 (BGBl. I S. 3096).

[5] § 8 neu gef. mWv 1.7.2000 durch G v. 24.6.2000 (BGBl. I S. 874), Abs. 4 neugef. mWv 12.4.2008 durch G v. 8.4.2008 (BGBl. I S. 666).

(3) Die in § 3 Nr. 1 bis 3 bezeichneten Personen und Gesellschaften dürfen auf ihre Befugnis zur Hilfeleistung in Steuersachen nach den für sie geltenden berufsrechtlichen Vorschriften hinweisen.

(4) [1]Die in § 6 Nr. 4 bezeichneten Personen dürfen auf ihre Befugnisse zur Hilfeleistung in Steuersachen hinweisen und sich als Buchhalter bezeichnen. [2]Personen, die den anerkannten Abschluss „Geprüfter Bilanzbuchhalter/Geprüfte Bilanzbuchhalterin" oder „Steuerfachwirt/Steuerfachwirtin" erworben haben, dürfen unter dieser Bezeichnung werben. [3]Die genannten Personen dürfen dabei nicht gegen das Gesetz gegen den unlauteren Wettbewerb verstoßen.

§ 9[1)] **Vergütung.** Die Abgabe oder Entgegennahme eines Teils der Gebühren oder sonstiger Vorteile für die Vermittlung von Aufträgen, gleichviel ob im Verhältnis zu einem Steuerberater oder Steuerbevollmächtigten oder zu einem Dritten gleich welcher Art, ist unzulässig.

§ 9a[2)] **Erfolgshonorar.** (1) [1]Vereinbarungen, durch die eine Vergütung für eine Hilfeleistung in Steuersachen oder ihre Höhe vom Ausgang der Sache oder vom Erfolg der Tätigkeit abhängig gemacht wird oder nach denen der Steuerberater oder Steuerbevollmächtigte einen Teil der zu erzielenden Steuerermäßigung, Steuerersparnis oder Steuervergütung als Honorar erhält (Erfolgshonorar), sind unzulässig, soweit nachfolgend nichts anderes bestimmt ist. [2]Vereinbarungen, durch die der Steuerberater oder Steuerbevollmächtigte sich verpflichtet, Gerichtskosten, Verwaltungskosten oder Kosten anderer Beteiligter zu tragen, sind unzulässig.

(2) [1]Ein Erfolgshonorar darf nur für den Einzelfall und nur dann vereinbart werden, wenn der Auftraggeber aufgrund seiner wirtschaftlichen Verhältnisse bei verständiger Betrachtung ohne die Vereinbarung eines Erfolgshonorars von der Rechtsverfolgung abgehalten würde. [2]Dabei darf für den Fall des Misserfolgs vereinbart werden, dass keine oder eine geringere als die gesetzliche Vergütung zu zahlen ist, wenn für den Erfolgsfall ein angemessener Zuschlag auf die gesetzliche Vergütung vereinbart wird.

(3) [1]Die Vereinbarung bedarf der Textform. [2]Sie muss als Vegütungsvereinbarung oder in vergleichbarer Weise bezeichnet werden, von anderen Vereinbarungen deutlich abgesetzt sein und darf nicht in der Vollmacht enthalten sein. [3]Die Vereinbarung muss enthalten:

1. die voraussichtliche gesetzliche Vergütung und gegebenenfalls die erfolgsunabhängige vertragliche Vergütung, zu der der Steuerberater oder Steuerbevollmächtigte bereit wäre, den Auftrag zu übernehmen, sowie
2. die Angabe, welche Vergütung bei Eintritt welcher Bedingungen verdient sein soll.

(4) [1]In der Vereinbarung sind außerdem die wesentlichen Gründe anzugeben, die für die Bemessung des Erfolgshonorars bestimmend sind. [2]Ferner ist

---

[1)] § 9 neu gef. mWv 1.7.1994 durch G v. 24.6.1994 (BGBl. I S. 1387); Abs. 1 aufgeh. mWv 1.7.2008 durch G v. 12.6.2008 (BGBl. I S. 1000).

[2)] § 9a eingef. mWv 1.7.2008 durch G v. 12.6.2008 (BGBl. I S. 1000).

ein Hinweis aufzunehmen, dass die Vereinbarung keinen Einfluss auf die gegebenenfalls vom Auftraggeber zu zahlenden Gerichtskosten, Verwaltungskosten und die von ihm zu erstattenden Kosten anderer Beteiligter hat.

(5) [1] Aus einer Vergütungsvereinbarung, die nicht den Anforderungen der Absätze 2 und 3 entspricht, kann der Steuerberater oder Steuerbevollmächtigte keine höhere als die gesetzliche Vergütung fordern. [2] Die Vorschriften des bürgerlichen Rechts über die ungerechtfertigte Bereicherung bleiben unberührt.

§ 10[1)] Mitteilungen über Pflichtverletzungen und andere Informationen. (1) Werden den Finanzbehörden oder den Steuerberaterkammern Tatsachen bekannt, die den Verdacht begründen, dass eine der in den §§ 3, 3 a[2)] oder § 4 Nr. 1 und 2 genannten Personen eine Berufspflicht verletzt hat, so teilen sie diese Tatsachen, soweit ihre Kenntnis aus der Sicht der übermittelnden Stelle für die Verwirklichung der Rechtsfolgen erforderlich ist, der zuständigen Stelle mit; § 83 dieses Gesetzes und § 30 der Abgabenordnung[3)] stehen dem nicht entgegen.

(2) [1] Gerichte und Behörden übermitteln Informationen über natürliche und juristische Personen, die aus der Sicht der übermittelnden Stelle

1. für die Zulassung zur Prüfung, für die Befreiung von der Prüfung, für die Bestellung und Wiederbestellung, für die Rücknahme oder für den Widerruf der Bestellung als Steuerberater oder Steuerbevollmächtigter,
2. für die Anerkennung, für die Rücknahme oder für den Widerruf der Anerkennung als Steuerberatungsgesellschaft oder als Lohnsteuerhilfeverein,
3. für die Einleitung eines Rügeverfahrens oder eines berufsgerichtlichen Verfahrens zur Ahndung von Pflichtverletzungen oder
4. für die Überprüfung der Pflichten eines Beratungsstellenleiters im Sinne des § 23 Abs. 3

erforderlich sind, der für die Entscheidung zuständigen Stelle, soweit hierdurch schutzwürdige Interessen des Betroffenen nicht beeinträchtigt werden oder das öffentliche Interesse das Geheimhaltungsinteresse der Beteiligten überwiegt. [2] Die Übermittlung unterbleibt, wenn besondere gesetzliche Verwendungsregelungen entgegenstehen; § 83 dieses Gesetzes und § 30 der Abgabenordnung[3)] stehen dem nicht entgegen.

(3) Soweit natürliche oder juristische Personen über weitere Qualifikationen im Sinne von § 3 verfügen, dürfen Finanzbehörden und Steuerberaterkammern Informationen im Sinne des Absatzes 2 und nach Maßgabe dieser Vorschrift auch an andere zuständige Stellen übermitteln, soweit ihre Kenntnis aus der Sicht der übermittelnden Stelle für die Verwirklichung der Rechtsfolgen erforderlich ist.

[1)] § 10 neu gef. mWv 1.7.2000 durch G v. 24.6.2000 (BGBl. I S. 874), Abs. 2 Nr. 4 angef. mWv 20.12.2003 durch G v. 15.12.2003 (BGBl. I S. 2645), Abs. 2 Satz 1 geänd. durch G v. 8.4.2008 (BGBl. I S. 666).

[2)] § 10 Abs. 1 Verweis geänd. mWv 14.12.2010 durch G v. 8.12.2010 (BGBl. I S. 1768).

[3)] Nr. **800**.

§ 10a[1)] Mitteilung über den Ausgang eines Bußgeldverfahrens wegen unbefugter Hilfeleistung in Steuersachen. (1) [1]Liegen tatsächliche Anhaltspunkte dafür vor, dass die unbefugte Hilfeleistung in Steuersachen fortgesetzt wird, sind die Finanzbehörden verpflichtet, die Steuerberaterkammer, in deren Bezirk die Person Hilfe in Steuersachen geleistet hat, über den Ausgang eines nach § 160 eingeleiteten Bußgeldverfahrens zu unterrichten und ihr die Tatsachen mitzuteilen, die für die Geltendmachung von Ansprüchen nach den Vorschriften des Gesetzes gegen den unlauteren Wettbewerb erforderlich sind. [2]§ 30 der Abgabenordnung steht dem nicht entgegen.

(2) [1]Wird die Hilfe in Steuersachen in verschiedenen Kammerbezirken geleistet, ist die Mitteilung an die Steuerberaterkammer zu richten, in deren Bezirk die Person ihre Geschäftsleitung unterhält, hilfsweise in deren Bezirk die Tätigkeit vorwiegend ausgeübt wird. [2]Ergibt sich die örtliche Zuständigkeit einer Steuerberaterkammer nicht aus Absatz 1 Satz 1 oder Absatz 2 Satz 1, ist die Steuerberaterkammer zuständig, in deren Kammerbezirk die Finanzbehörde, die das Bußgeldverfahren nach § 160 eingeleitet hat, ihren Sitz hat.

§ 10b[2)] Vorwarnmechanismus. (1) [1]Wird bei einer Person, die die Anerkennung einer Berufsqualifikation nach der Richtlinie 2005/36/EG des Europäischen Parlaments und des Rates vom 7. September 2005 über die Anerkennung von Berufsqualifikationen (ABl. L 255 vom 30.9.2005, S. 22) in der jeweils geltenden Fassung beantragt hat, gerichtlich festgestellt, dass sie dabei gefälschte Berufsqualifikationsnachweise verwendet hat, unterrichtet die zuständige Steuerberaterkammer, soweit die Unterrichtung nicht bereits durch das zuständige Gericht erfolgt ist, die zuständigen Behörden der anderen Mitgliedstaaten der Europäischen Union, der anderen Vertragsstaaten des Abkommens über den Europäischen Wirtschaftsraum oder der Schweiz über die Identität dieser Person, insbesondere über Name, Vorname, Geburtsdatum und Geburtsort, und den Umstand, dass diese Person gefälschte Berufsqualifikationsnachweise verwendet hat (Warnmitteilung). [2]Die Warnmitteilung erfolgt unverzüglich, spätestens jedoch drei Tage nach Unanfechtbarkeit der Feststellung. [3]Sie ist über das durch die Verordnung (EU) Nr. 1024/2012 des Europäischen Parlaments und des Rates vom 25. Oktober 2012 über die Verwaltungszusammenarbeit mit Hilfe des Binnenmarkt-Informationssystems und zur Aufhebung der Entscheidung 2008/49/EG der Kommission (ABl. L 316 vom 14.11.2012, S. 1) eingerichtete Binnenmarkt-Informationssystem zu übermitteln.

(2) [1]Zeitgleich mit der Warnmitteilung nach Absatz 1 Satz 1 unterrichtet die zuständige Stelle, die die Warnmitteilung getätigt hat, die betroffene Person über die Warnmitteilung und ihren Inhalt schriftlich unter Beifügung einer Rechtsbehelfsbelehrung. [2]Wird ein Rechtsbehelf gegen die Warnmitteilung eingelegt, ergänzt die Stelle, die die Warnmitteilung getätigt hat, die Warnmitteilung um einen entsprechenden Hinweis.

---

1) § 10a eingef. mWv 31.7.2014 durch G v. 25.7.2014 (BGBl. I S. 1266).
2) § 10b eingef. mWv 23.4.2016 durch G v. 18.4.2016 (BGBl. I S. 886).

[*Fassung 26.11.2019 bis 17.12.2019:*

§ 11[1)] Verarbeitung personenbezogener Daten. [1]Soweit es zur Erfüllung der Aufgaben nach diesem Gesetz erforderlich ist, dürfen personenbezogene Daten verarbeitet werden. [2]Personenbezogene Daten dürfen auch für Zwecke künftiger Verfahren nach diesem Gesetz verarbeitet werden. [3]§ 83 dieses Gesetzes und § 30 der Abgabenordnung stehen dem nicht entgegen.]

[*Fassung ab 18.12.2019:*

§ 11[2)] Verarbeitung personenbezogener Daten. (1) [1]Soweit es zur Erfüllung der Aufgaben nach diesem Gesetz erforderlich ist, dürfen personenbezogene Daten verarbeitet werden. [2]Personenbezogene Daten dürfen auch für Zwecke künftiger Verfahren nach diesem Gesetz verarbeitet werden. [3]Besondere Kategorien personenbezogener Daten gemäß Artikel 9 Absatz 1 der Verordnung (EU) 2016/679 des Europäischen Parlaments und des Rates vom 27. April 2016 zum Schutz natürlicher Personen bei der Verarbeitung personenbezogener Daten, zum freien Datenverkehr und zur Aufhebung der Richtlinie 95/46/EG (Datenschutz-Grundverordnung) (ABl. L 119 vom 4.5. 2016, S. 1; L 314 vom 22.11.2016, S. 72) dürfen gemäß Artikel 9 Absatz 2 Buchstabe g der Datenschutz-Grundverordnung (EU) 2016/679 in diesem Rahmen verarbeitet werden.

(2) [1]Die Verarbeitung personenbezogener Daten durch Personen und Gesellschaften nach § 3 erfolgt unter Beachtung der für sie geltenden Berufspflichten weisungsfrei. [2]Die Personen und Gesellschaften nach § 3 sind bei Verarbeitung sämtlicher personenbezogener Daten ihrer Mandanten Verantwortliche gemäß Artikel 4 Nummer 7 der Datenschutz-Grundverordnung (EU) 2016/679. [3]Besondere Kategorien personenbezogener Daten gemäß Artikel 9 Absatz 1 der Verordnung (EU) 2016/679 dürfen gemäß Artikel 9 Absatz 2 Buchstabe g der Datenschutz-Grundverordnung (EU) 2016/679 in diesem Rahmen verarbeitet werden.

(3) § 83 dieses Gesetzes und § 30 der Abgabenordnung stehen dem nicht entgegen.]

§ 12[3)] Hilfeleistung im Abgabenrecht fremder Staaten. [1]Personen und Vereinigungen im Sinne des § 3 Nr. 1 bis 3 sind in Angelegenheiten, die das Abgabenrecht fremder Staaten betreffen, zur geschäftsmäßigen Hilfe in Steuersachen befugt. [2]Die entsprechenden Befugnisse Dritter auf Grund anderer Rechtsvorschriften bleiben unberührt.

---

1) § 11 neu gef. mWv 26.11.2019 durch G v. 20.11.2019 (BGBl. I S. 1626).

2) § 11 neu gef. mWv 18.12.2019 durch G v. 12.12.2019 (BGBl. I S. 2451).

3) Bish. § 12 aufgeh., bish. § 12a wird § 12 und neu gef. mWv 1.7.2000 durch G v. 24.6.2000 (BGBl. I S. 874).

Zweiter Abschnitt. Lohnsteuerhilfevereine

Erster Unterabschnitt. Aufgaben

§ 13[1] Zweck und Tätigkeitsbereich. (1) Lohnsteuerhilfevereine sind Selbsthilfeeinrichtungen von Arbeitnehmern zur Hilfeleistung in Steuersachen im Rahmen der Befugnis nach § 4 Nr. 11 für ihre Mitglieder.

(2) Lohnsteuerhilfevereine bedürfen für ihre Tätigkeit der Anerkennung.

Zweiter Unterabschnitt. Anerkennung

§ 14[2] Voraussetzungen für die Anerkennung, Aufnahme der Tätigkeit. (1) [1]Ein rechtsfähiger Verein kann als Lohnsteuerhilfeverein anerkannt werden, wenn nach der Satzung

1. seine Aufgabe ausschließlich die Hilfeleistung in Steuersachen im Rahmen der Befugnis nach § 4 Nr. 11 für seine Mitglieder ist;
2. der Sitz und die Geschäftsleitung des Vereins sich in demselben Bezirk der Aufsichtsbehörde befinden;
3. der Name des Vereins keinen Bestandteil mit besonderem Werbecharakter enthält;
4. eine sachgemäße Ausübung der Hilfeleistung in Steuersachen im Rahmen der Befugnis nach § 4 Nr. 11 sichergestellt ist;
5. für die Hilfeleistung in Steuersachen im Rahmen der Befugnis nach § 4 Nr. 11 neben dem Mitgliedsbeitrag kein besonderes Entgelt erhoben wird;
6.[3] die Anwendung der Vorschriften des § 27 Absatz 1 und 3 Satz 1 sowie der §§ 32 und 33 des Bürgerlichen Gesetzbuches[4] nicht ausgeschlossen ist;
7. Verträge des Vereins mit Mitgliedern des Vorstands oder deren Angehörigen der Zustimmung oder Genehmigung der Mitgliederversammlung bedürfen;
8. innerhalb von drei Monaten nach Bekanntgabe des wesentlichen Inhalts der Prüfungsfeststellungen an die Mitglieder (§ 22 Abs. 7 Nr. 2) eine Mitgliederversammlung stattfinden muß, in der insbesondere eine Aussprache über das Ergebnis der Geschäftsprüfung durchzuführen und über die Entlastung des Vorstands wegen seiner Geschäftsführung während des geprüften Geschäftsjahres zu befinden ist.

[2]An die Stelle der Mitgliederversammlung kann eine Vertreterversammlung treten, sofern durch sie eine ausreichende Wahrnehmung der Interes-

---

[1] § 13 Abs. 1 geänd., bish. Abs. 2 aufgeh., bish. Abs. 3 wird Abs. 2 mWv 1.7.2000 durch G v. 24.6.2000 (BGBl. I S. 874).

[2] § 14 Abs. 1 Nrn. 2 und 7 eingef. durch G v. 9.6.1989 (BGBl. I S. 1062), Satz 3 angef. durch G v. 13.12.1990 (BGBl. I S. 2756), Abs. 1 Nrn. 1, 4, 5 und 7 sowie Abs. 2 und 3 geänd. mWv 1.7.2000 durch G v. 24.6.2000 (BGBl. I S. 874), Nr. 2 geänd. mWv 12.4.2008 durch G v. 8.4.2008 (BGBl. I S. 666).

[3] § 14 Abs. 1 Nr. 6 geänd. mWv 1. 1. 2015 durch G v. 2.11.2015 (BGBl. I S. 1834).

[4] **Schönfelder Nr. 20.**

sen der Mitglieder gewährleistet ist. [3]Die Vorschriften über Mitgliederversammlungen gelten für Vertreterversammlungen sinngemäß.

(2) Die Anerkennung darf nur ausgesprochen werden, wenn das Bestehen einer Versicherung gegen die sich aus der Hilfeleistung in Steuersachen im Rahmen der Befugnis nach § 4 Nr. 11 ergebenden Haftpflichtgefahren (§ 25 Abs. 2) nachgewiesen wird.

(3) Die Hilfeleistung in Steuersachen im Rahmen der Befugnis nach § 4 Nr. 11 darf erst nach der Anerkennung als Lohnsteuerhilfeverein aufgenommen werden.

§ 15[1)] Anerkennungsbehörde, Satzung. (1) Für die Entscheidung über den Antrag auf Anerkennung als Lohnsteuerhilfeverein ist die Aufsichtsbehörde zuständig, in deren Bezirk der Verein seinen Sitz hat.

(2) Dem Antrag auf Anerkennung als Lohnsteuerhilfeverein ist eine öffentlich beglaubigte Abschrift der Satzung beizufügen.

(3) [1]Der Lohnsteuerhilfeverein hat jede Satzungsänderung der für den Sitz des Vereins zuständigen Aufsichtsbehörde innerhalb eines Monats nach der Beschlußfassung anzuzeigen. [2]Der Änderungsanzeige ist eine öffentlich beglaubigte Abschrift der jeweiligen Urkunde beizufügen.

§ 16[2)] Gebühren für die Anerkennung. Für die Bearbeitung des Antrags auf Anerkennung als Lohnsteuerhilfeverein hat der Verein eine Gebühr von dreihundert Euro[3)] an die Aufsichtsbehörde zu zahlen.

§ 17[4)] Urkunde. Über die Anerkennung als Lohnsteuerhilfeverein stellt die Aufsichtsbehörde eine Urkunde aus.

§ 18 Bezeichnung „Lohnsteuerhilfeverein". Der Verein ist verpflichtet, die Bezeichnung „Lohnsteuerhilfeverein" in den Namen des Vereins aufzunehmen.

§ 19[5)] Erlöschen der Anerkennung. (1) Die Anerkennung erlischt durch

1. Auflösung des Vereins;
2. Verzicht auf die Anerkennung;
3. Verlust der Rechtsfähigkeit.

(2) Der Verzicht ist schriftlich gegenüber der Aufsichtsbehörde zu erklären.

[1)] § 15 Abs. 3 Satz 2 angef. mWv 1.7.2000 durch G v. 24.6.2000 (BGBl. I S. 874), Abs. 1 und Abs. 3 Satz 1 geänd. mWv 12.4.2008 durch G v. 4.8.2008 (BGBl. I S. 666).

[2)] § 16 Satz 1 geänd., bish. Satz 2 aufgeh. mWv 1.7.1994 durch G v. 24.6.1994 (BGBl. I S. 1387), Satz 1 geänd. mWv 12.4.2008 durch G v. 8.4.2008 (BGBl. I S. 666).

[3)] Betrag geänd. mWv 1.1.2002 durch G v. 24.6.2000 (BGBl. I S. 874).

[4)] § 17 geänd. mWv 12.4.2008 durch G v. 8.4.2008 (BGBl. I S. 666).

[5)] § 19 Abs. 2 geänd. mWv 12.4.2008 durch G v. 8.4.2008 (BGBl. I S. 666).

§ 20[1)] Rücknahme und Widerruf der Anerkennung. (1) Die Aufsichtsbehörde hat die Anerkennung zurückzunehmen, wenn sich nach der Anerkennung ergibt, daß sie hätte versagt werden müssen.

(2) Die Aufsichtsbehörde hat die Anerkennung zu widerrufen,

1. wenn die Voraussetzungen für die Anerkennung als Lohnsteuerhilfeverein nachträglich fortfallen, es sei denn, daß der Verein innerhalb einer angemessenen, von der Aufsichtsbehörde zu bestimmenden Frist den dem Gesetz entsprechenden Zustand herbeiführt;
2. wenn die tatsächliche Geschäftsführung des Lohnsteuerhilfevereins nicht mit den in § 14 bezeichneten Anforderungen an die Satzung übereinstimmt;
3. wenn eine sachgemäße Ausübung der Hilfeleistung in Steuersachen im Rahmen der Befugnis nach § 4 Nr. 11 oder eine ordnungsgemäße Geschäftsführung nicht gewährleistet ist; eine ordnungsgemäße Geschäftsführung liegt insbesondere nicht vor, wenn
   a) gegen Pflichten nach diesem Gesetz in nachhaltiger Weise verstoßen wurde oder
   b)[2)] der Lohnsteuerhilfeverein in Vermögensverfall geraten ist; ein Vermögensverfall wird vermutet, wenn ein Insolvenzverfahren über das Vermögen des Lohnsteuerhilfevereins eröffnet oder der Lohnsteuerhilfeverein in das vom Vollstreckungsgericht zu führende Schuldnerverzeichnis (§ 26 Abs. 2 der Insolvenzordnung; § 882b der Zivilprozessordnung) eingetragen ist.

(3) Vor der Rücknahme oder dem Widerruf ist der Lohnsteuerhilfeverein zu hören.

Dritter Unterabschnitt. Pflichten

§ 21 Aufzeichnungspflicht. (1) [1]Der Lohnsteuerhilfeverein hat sämtliche Einnahmen und Ausgaben fortlaufend und vollständig aufzuzeichnen. [2]Die Aufzeichnungen sind unverzüglich und in deutscher Sprache vorzunehmen.

(2) Für einzelne Mitglieder des Lohnsteuerhilfevereins empfangene Beträge sind vom Vereinsvermögen getrennt zu erfassen und gesondert zu verwalten.

(3) Der Lohnsteuerhilfeverein hat bei Beginn seiner Tätigkeit und am Ende eines jeden Geschäftsjahres auf Grund einer für diesen Zeitpunkt vorgenommenen Bestandsaufnahme seine Vermögenswerte und Schulden aufzuzeichnen und in einer Vermögensübersicht zusammenzustellen.

(4) [1]Die Belege und sonstigen Unterlagen sind geordnet zu sammeln und sechs Jahre aufzubewahren. [2]Die Aufzeichnungen der Einnahmen und Ausgaben und die Vermögensübersichten sind zehn Jahre aufzube-

---

[1)] § 20 Abs. 2 Nr. 3 geänd. mWv 1.7.2000 durch G v. 24.6.2000 (BGBl. I S. 874), Abs. 1 und Abs. 2 HS 1 sowie Nr. 1 geänd., Nr. 3 HS 2 angef. mWv 12.4.2008 durch G v. 8.4.2008 (BGBl. I S. 666).

[2)] § 20 Abs. 2 Nr. 3 Buchst. b geänd. mWv 1.1.2013 durch G v. 29.7.2009 (BGBl. I S. 2258).

wahren. 3 Im übrigen gelten für die Aufbewahrung der Belege, sonstigen Unterlagen, Aufzeichnungen und Vermögensübersichten die Vorschriften des Handelsgesetzbuches über die Aufbewahrung von Bilanzen, Inventaren, Belegen und sonstigen Unterlagen entsprechend.

(5) Sonstige Vorschriften über Aufzeichnungs- und Buchführungspflichten bleiben unberührt.

§ 22[1)] Geschäftsprüfung. (1) Der Lohnsteuerhilfeverein hat die Vollständigkeit und Richtigkeit der Aufzeichnungen und der Vermögensübersicht (§ 21 Abs. 1 bis 3) sowie die Übereinstimmung der tatsächlichen Geschäftsführung mit den satzungsmäßigen Aufgaben des Lohnsteuerhilfevereins jährlich innerhalb von sechs Monaten nach Beendigung des Geschäftsjahres durch einen oder mehrere Geschäftsprüfer prüfen zu lassen.

(2) Zu Geschäftsprüfern können nur bestellt werden

1. Personen und Gesellschaften, die nach § 3 zu unbeschränkter Hilfeleistung in Steuersachen befugt sind,
2. Prüfungsverbände, zu deren satzungsmäßigem Zweck die regelmäßige oder außerordentliche Prüfung der Mitglieder gehört, wenn mindestens ein gesetzlicher Vertreter des Verbandes Steuerberater, Steuerbevollmächtigter, Rechtsanwalt, niedergelassener europäischer Rechtsanwalt, Wirtschaftsprüfer oder vereidigter Buchprüfer ist.

(3) Als Geschäftsprüfer dürfen keine Personen tätig sein, bei denen die Besorgnis der Befangenheit besteht, insbesondere weil sie Vorstandsmitglied, besonderer Vertreter oder Angestellter des zu prüfenden Lohnsteuerhilfevereins sind.

(4) 1 Den Geschäftsprüfern ist Einsicht in die Bücher und Aufzeichnungen sowie den Schriftwechsel des Vereins zu gewähren und eine Untersuchung des Kassenbestandes und der Bestände an sonstigen Vermögenswerten zu gestatten. 2 Ihnen sind alle Aufklärungen und Nachweise zu geben, die für die Durchführung einer sorgfältigen Prüfung notwendig sind.

(5) 1 Die Geschäftsprüfer sind zu gewissenhafter und unparteiischer Prüfung und zur Verschwiegenheit verpflichtet. 2 Sie dürfen Geschäftsgeheimnisse, die sie bei der Wahrnehmung ihrer Obliegenheiten erfahren haben, nicht unbefugt verwerten. 3 Wer seine Obliegenheiten vorsätzlich oder grob fahrlässig verletzt, haftet dem Lohnsteuerhilfeverein für den daraus entstehenden Schaden. 4 Mehrere Personen haften als Gesamtschuldner.

(6) Die Geschäftsprüfer haben über das Ergebnis der Prüfung dem Vorstand des Lohnsteuerhilfevereins unverzüglich schriftlich zu berichten.

(7)[2)] Der Lohnsteuerhilfeverein hat

[1)] § 22 Abs. 3 neugef. durch G v. 9.6.1989 (BGBl. I S. 1062), Abs. 7 Nr. 1 geänd. durch G v. 13.12.1990 (BGBl. I S. 2756), Abs. 2 Nr. 2 geänd. mWv 1.7.2000 durch G v. 24.6.2000 (BGBl. I S. 874).

[2)] § 22 Abs. 7 Nr. 1 geänd. mWv 12.4.2008 durch G v. 8.4.2008 (BGBl. I S. 666).

1. innerhalb eines Monats nach Erhalt des Prüfungsberichts, spätestens jedoch neun Monate nach Beendigung des Geschäftsjahres, eine Abschrift hiervon der zuständigen Aufsichtsbehörde zuzuleiten;
2. innerhalb von sechs Monaten nach Erhalt des Prüfungsberichts den wesentlichen Inhalt der Prüfungsfeststellungen den Mitgliedern schriftlich bekanntzugeben.

§ 23[1] Ausübung der Hilfeleistung in Steuersachen im Rahmen der Befugnis nach § 4 Nummer 11, Beratungsstellen. (1) [1]Die Hilfeleistung in Steuersachen im Rahmen der Befugnis nach § 4 Nr. 11 darf nur durch Personen ausgeübt werden, die einer Beratungsstelle angehören. [2]Für jede Beratungsstelle ist ein Leiter zu bestellen. [3]Er darf gleichzeitig nur eine weitere Beratungsstelle leiten.

(2) [1]Der Lohnsteuerhilfeverein muß in dem Bezirk der Aufsichtsbehörde, in dem er seinen Sitz hat, mindestens eine Beratungsstelle unterhalten. [2]Die Unterhaltung von Beratungsstellen in Bezirken anderer Aufsichtsbehörden ist zulässig.

(3) [1]Der Lohnsteuerhilfeverein darf zum Leiter einer Beratungsstelle nur Personen bestellen, die

1. zu dem in § 3 Nr. 1 bezeichneten Personenkreis gehören oder
2. eine Abschlußprüfung in einem kaufmännischen Ausbildungsberuf bestanden haben oder eine andere gleichwertige Vorbildung besitzen und nach Abschluß der Ausbildung drei Jahre in einem Umfang von mindestens 16 Wochenstunden auf dem Gebiet der von den Bundes- oder Landesfinanzbehörden verwalteten Steuern praktisch tätig gewesen sind oder
3. mindestens drei Jahre auf den für die Beratungsbefugnis nach § 4 Nr. 11 einschlägigen Gebieten des Einkommensteuerrechts in einem Umfang von mindestens 16 Wochenstunden praktisch tätig gewesen sind; auf die mindestens dreijährige Tätigkeit können Ausbildungszeiten nicht angerechnet werden.

[2]Zum Leiter einer Beratungsstelle darf nicht bestellt werden, wer sich so verhalten hat, daß die Besorgnis begründet ist, er werde die Pflichten des Lohnsteuerhilfevereins nicht erfüllen.

(4) Der Lohnsteuerhilfeverein hat der für den Sitz der Beratungsstelle zuständigen Aufsichtsbehörde mitzuteilen

1.[2] die Eröffnung, die Schließung sowie die Änderung der Anschrift einer Beratungsstelle;

---

[1] § 23 Abs. 1 Sätze 2 und 3, Abs. 3 Satz 2 und Abs. 6 angef., Abs. 5 geänd. durch G v. 9.6.1989 (BGBl. I S. 1062), Abs. 3 Satz 1 ersetzt durch Sätze 1 und 2 sowie Abs. 4 und 5 geänd. durch G v. 13.12.1990 (BGBl. I S. 2756), Abs. 3 Satz 1 Nr. 2 und Abs. 6 neugef. sowie Abs. 3 Satz 2 geänd. mWv 1.7.1994 durch G v. 24.6.1994 (BGBl. I S. 1387), Abs. 1 Satz 1, Abs. 3 Nrn. 1, 2 und 3 sowie Abs. 4 Nr. 3 geänd., Abs. 3 bish. Satz 2 aufgeh. mWv 1.7.2000 durch G v. 24.6.2000 (BGBl. I S. 874), Abs. 2 und Abs. 4 geänd. mWv 12.4.2008 durch G v. 8.4.2008 (BGBl. I S. 666).

[2] § 23 Abs. 4 Nr. 1 neu gef. mWv 1.1.2020 durch G v. 22.11.2019 (BGBl. I S. 1746).

2. die Bestellung oder Abberufung des Leiters einer Beratungsstelle;
3. die Personen, deren sich der Verein bei der Hilfeleistung in Steuersachen im Rahmen der Befugnis nach § 4 Nr. 11 bedient.

(5) Der Mitteilung über die Bestellung des Leiters einer Beratungsstelle ist ein Nachweis darüber beizufügen, daß die Voraussetzungen des Absatzes 3 erfüllt sind.

(6) Eine Beratungsstelle darf ihre Tätigkeit nur ausüben, wenn sie und der Beratungsstellenleiter nach Überprüfung der in Absatz 3 genannten Voraussetzungen bei der zuständigen Aufsichtsbehörde (§ 27 Abs. 2) im Verzeichnis der Lohnsteuerhilfevereine eingetragen sind.

§ 24[1)] Abwicklung der schwebenden Steuersachen im Rahmen der Befugnis nach § 4 Nummer 11. (1) Ist die Anerkennung als Lohnsteuerhilfeverein erloschen, zurückgenommen oder widerrufen worden, so kann die Aufsichtsbehörde auf Antrag erlauben, daß der Verein einen Beauftragten zur Abwicklung der schwebenden Steuersachen im Rahmen der Befugnis nach § 4 Nr. 11 bestellt.

(2) Zum Beauftragten darf nur bestellt werden, wer die in § 23 Abs. 3 bezeichneten Voraussetzungen erfüllt.

(3) Die Erlaubnis nach Absatz 1 darf längstens für die Dauer von sechs Monaten erteilt werden; sie kann jederzeit widerrufen werden.

(4) § 70 Abs. 2 und 3 gilt sinngemäß.

§ 25[2)] Haftungsausschluss, Haftpflichtversicherung. (1) Bei der Hilfeleistung in Steuersachen im Rahmen der Befugnis nach § 4 Nr. 11 für die Mitglieder kann die Haftung des Vereins für das Verschulden seiner Organe und Angestellten nicht ausgeschlossen werden.

(2) [1]Die Lohnsteuerhilfevereine müssen gegen die sich aus der Hilfeleistung in Steuersachen im Rahmen der Befugnis nach § 4 Nr. 11 ergebenden Haftpflichtgefahren angemessen versichert sein. [2]Zuständige Stelle im Sinne des § 117 Abs. 2 des Versicherungsvertragsgesetzes[3)] ist die Aufsichtsbehörde.

(3) *(aufgehoben)*

§ 26[4)] Allgemeine Pflichten der Lohnsteuerhilfevereine. (1) Die Hilfeleistung in Steuersachen im Rahmen der Befugnis nach § 4 Nr. 11 ist sachgemäß, gewissenhaft, verschwiegen und unter Beachtung der Regelungen zur Werbung (§ 8) auszuüben.

[1)] § 24 Abs. 4 angef. mWv 1.7.1994 durch G v. 24.6.1994 (BGBl. I S. 1387), Abs. 1 geänd. mWv 1.7.2000 durch G v. 24.6.2000 (BGBl. I S. 874), Abs. 1 geänd. mWv 12.4.2008 durch G v. 8.4.2008 (BGBl. I S. 666).

[2)] § 25 Abs. 3 angef. durch G v. 13.12.1990 (BGBl. I S. 2756), Abs. 1 und 2 geänd. mWv 1.7.2000 durch G v. 24.6.2000 (BGBl. I S. 874), Abs. 2 Satz 2 geänd., Abs. 3 aufgeh. mWv 12.4.2008 durch G v. 8.4.2008 (BGBl. I S. 666).

[3)] Verweis geänd. mWv 1.1.2008 durch G v. 23.11.2007 (BGBl. I S. 2631).

[4)] § 26 geänd. mWv 1.7.2000 durch G v. 24.6.2000 (BGBl. I S. 874).

(2) Die Ausübung einer anderen wirtschaftlichen Tätigkeit in Verbindung mit der Hilfeleistung in Steuersachen im Rahmen der Befugnis nach § 4 Nr. 11 ist nicht zulässig.

(3) Alle Personen, deren sich der Verein bei der Hilfeleistung in Steuersachen im Rahmen der Befugnis nach § 4 Nr. 11 bedient, sind zur Einhaltung der in den Absätzen 1 und 2 bezeichneten Pflichten anzuhalten.

(4) [1] Die Handakten über die Hilfeleistung in Steuersachen im Rahmen der Befugnis nach § 4 Nr. 11 sind auf die Dauer von zehn Jahren[1)] nach Abschluß der Tätigkeit des Vereins in der Steuersache des Mitgliedes aufzubewahren. [2] § 66 ist sinngemäß anzuwenden.

Vierter Unterabschnitt. Aufsicht

§ 27[2)] Aufsichtsbehörde. (1) [1] Aufsichtsbehörde ist die Oberfinanzdirektion oder die durch die Landesregierung bestimmte Landesfinanzbehörde. [2] Sie führt die Aufsicht über die Lohnsteuerhilfevereine, die ihren Sitz im Bezirk der Aufsichtsbehörde haben.

(2) [1] Der Aufsicht durch die Aufsichtsbehörde unterliegen auch alle im Bezirk der Aufsichtsbehörde bestehenden Beratungsstellen. [2] Die im Wege der Aufsicht getroffenen Feststellungen sind der für den Sitz des Lohnsteuerhilfevereins zuständigen Aufsichtsbehörde mitzuteilen.

(3) Die Finanzbehörden teilen der zuständigen Aufsichtsbehörde die ihnen bekannten Tatsachen mit, die den Verdacht begründen, daß ein Lohnsteuerhilfeverein gegen Vorschriften dieses Gesetzes verstoßen hat.

§ 28[3)] Pflicht zum Erscheinen vor der Aufsichtsbehörde, Befugnisse der Aufsichtsbehörde. (1) Die Mitglieder des Vorstandes eines Lohnsteuerhilfevereins und die Personen, deren sich der Verein bei der Hilfeleistung in Steuersachen im Rahmen der Befugnis nach § 4 Nr. 11 bedient, haben auf Verlangen vor der Aufsichtsbehörde zu erscheinen, Auskunft zu geben sowie Handakten und Geschäftsunterlagen vorzulegen.

(2) Die mit der Aufsicht betrauten Amtsträger sind berechtigt, die Geschäftsräume der Lohnsteuerhilfevereine und der in Absatz 1 bezeichneten Personen während der Geschäfts- und Arbeitszeiten zu betreten, um Prüfungen vorzunehmen oder sonst Feststellungen zu treffen, die zur Ausübung der Aufsicht für erforderlich gehalten werden.

(3) [1] Liegen der zuständigen Aufsichtsbehörde Hinweise vor, die ernsthafte Zweifel begründen, dass die zum Leiter der Beratungsstelle bestellte Person nicht die in § 23 Absatz 3 bezeichneten Voraussetzungen erfüllt oder dass in einer Beratungsstelle die Einhaltung der in § 26 bezeichneten Pflichten nicht

---

[1)] Frist verlängert mWv 12.4.2008 durch G v. 8.4.2008 (BGBl. I S. 666).

[2)] § 27 Abs. 3 neugef. durch G v. 9.6.1989 (BGBl. I S. 1062), Abs. 1 und 2 neugef. mWv 12.4.2008 durch G v. 8.42008 (BGBl. I S. 666).

[3)] § 28 Abs. 3 neugef. durch G v. 9.6.1989 (BGBl. I S. 1062), Abs. 1 geänd. mWv 1.7.2000 durch G v. 24.6.2000 (BGBl. I S. 874), Abs. 2 geänd. mWv 12.4.2008 durch G v. 8.4.2008 (BGBl. I S. 666); Abs. 3 neu gef., Abs. 4 und 5 angef. mWv 29.12.2020 durch G v. 21.12.2020 (BGBl. I S. 3096).

gewährleistet ist, sind Beratungsstellenleitung und Lohnsteuerhilfeverein hierzu zu hören. [2] Ihnen ist die Möglichkeit zu gewähren, innerhalb einer angemessenen, von der Aufsichtsbehörde zu bestimmenden Frist den dem Gesetz entsprechenden Zustand herbeizuführen.

(4) Ist für eine Beratungsstelle ein Leiter nicht vorhanden, ist der betreffende Lohnsteuerhilfeverein zu hören und ihm die Möglichkeit zu gewähren, innerhalb einer angemessenen, von der Aufsichtsbehörde zu bestimmenden Frist eine natürliche Person, die die Voraussetzungen des § 23 Absatz 3 erfüllt, als Leiter zu bestellen.

(5) Ist für eine Beratungsstelle ein Leiter nicht vorhanden oder erfüllt die zum Leiter bestellte Person nicht die in § 23 Absatz 3 bezeichneten Voraussetzungen oder ist in einer Beratungsstelle die Einhaltung der in § 26 bezeichneten Pflichten nicht gewährleistet, so kann die Aufsichtsbehörde die Schließung dieser Beratungsstelle anordnen.

(Fortsetzung nächstes Blatt)

§ 29[1] Teilnahme der Aufsichtsbehörde an Mitgliederversammlungen. (1) Von bevorstehenden Mitgliederversammlungen ist die Aufsichtsbehörde spätestens zwei Wochen vorher zu unterrichten.

(2) Die Aufsichtsbehörde ist berechtigt, zur Teilnahme an der Mitgliederversammlung Vertreter zu entsenden.

§ 30[2] Verzeichnis der Lohnsteuerhilfevereine. (1) Die Aufsichtsbehörden führen ein Verzeichnis über

1. die Lohnsteuerhilfevereine, die im Bezirk der Aufsichtsbehörde ihren Sitz haben;
2. die im Bezirk der Aufsichtsbehörde bestehenden Beratungsstellen.

(2) Die Einsicht in das Verzeichnis ist jedem gestattet, der ein berechtigtes Interesse darlegt.

Fünfter Unterabschnitt. Verordnungsermächtigung

§ 31[3] Durchführungsbestimmungen zu den Vorschriften über die Lohnsteuerhilfevereine. (1) Das Bundesministerium der Finanzen wird ermächtigt, durch Rechtsverordnung[4] mit Zustimmung des Bundesrates Bestimmungen zu erlassen

1. über das Verfahren bei der Anerkennung als Lohnsteuerhilfeverein,
2. über Einrichtung und Führung des Verzeichnisses nach § 30 Abs. 1 sowie über die sich auf die Eintragung beziehenden Meldepflichten der Lohnsteuerhilfevereine,
3. über die Verfahren bei der Eröffnung, der Schließung sowie der Änderung einer Anschrift von Beratungsstellen und bei der Bestellung von Beratungsstellenleitern,
4. über die zur Bestellung eines Beratungsstellenleiters erforderlichen Erklärungen und Nachweise,
5.[5] über den Abschluss und die Aufrechterhaltung der Haftpflichtversicherung, den Inhalt, den Umfang und die Ausschlüsse des Versicherungsvertrages sowie über die Höhe der Mindestdeckungssummen.

(2) [1]Die Landesregierungen werden ermächtigt, die den Oberfinanzdirektionen nach dem Zweiten Abschnitt des Ersten Teils zugewiesenen Aufgaben auf eine andere Landesfinanzbehörde zu übertragen. [2]Diese Aufgaben können durch Vereinbarung auch auf eine Landesfinanzbehörde eines anderen Landes

---

[1] § 29 Abs. 1 neugef. durch G v. 9.6.1989 (BGBl. I S. 1062).

[2] § 30 Abs. 2 neugef. mWv 1.7.2000 durch G v. 24.6.2000 (BGBl. I S. 874), Abs. 1 neugef. mWv 12.4.2008 durch G v. 8.4.2008 (BGBl. I S. 666).

[3] § 31 Abs. 1 Nr. 3 angef. durch G v. 13.12.1990 (BGBl. I S. 2756), Nr. 4 angef. mWv 1.7.1994 durch G v. 24.6.1994 (BGBl. I S. 1387), Abs. 2 angef. mWv 1.7.2000 durch G v. 24.6.2000 (BGBl. I S. 874) und neugef. mWv 20.12.2003 durch G v. 15.12.2003 (BGBl. I S. 2645), Abs. 2 Satz 3 angef. mWv 12.4.2008 durch G v. 8.4.2008 (BGBl. I S. 666); Abs. 1 Nr. 3 geänd. mWv 1.1.2020 durch G v. 22.11.2019 (BGBl. I S. 1746).

[4] Verordnung zur Durchführung der Vorschriften über die Lohnsteuerhilfevereine (DVLStHV) v. 15.7.1975 (Nr. **847**).

[5] § 31 Abs. 1 Nr. 5 angef. mWv 5.8.2009 durch G v. 30.7.2009 (BGBl. I S. 2449).

übertragen werden. [3]Die Landesregierungen können die Ermächtigung durch Rechtsverordnung auf die jeweils für die Finanzverwaltung zuständige oberste Landesbehörde übertragen.

Zweiter Teil. Steuerberaterordnung

Erster Abschnitt. Allgemeine Vorschriften

§ 32[1)] Steuerberater, Steuerbevollmächtigte und Steuerberatungsgesellschaften. (1) Steuerberater, Steuerbevollmächtigte und Steuerberatungsgesellschaften leisten geschäftsmäßig Hilfe in Steuersachen nach den Vorschriften dieses Gesetzes.

(2) [1]Steuerberater und Steuerbevollmächtigte sind ein unabhängiges Organ der Steuerrechtspflege. [2]Sie bedürfen der Bestellung. [3]Sie üben einen freien Beruf aus. [4]Ihre Tätigkeit ist kein Gewerbe.

(3) [1]Steuerberatungsgesellschaften bedürfen der Anerkennung. [2]Die Anerkennung setzt den Nachweis voraus, daß die Gesellschaft von Steuerberatern verantwortlich geführt wird.

§ 33[2)] Inhalt der Tätigkeit. [1]Steuerberater, Steuerbevollmächtigte und Steuerberatungsgesellschaften haben die Aufgabe, im Rahmen ihres Auf-trags ihre Auftraggeber in Steuersachen zu beraten, sie zu vertreten und ihnen bei der Bearbeitung ihrer Steuerangelegenheiten und bei der Erfüllung ihrer steuerlichen Pflichten Hilfe zu leisten. [2]Dazu gehören auch die Hilfeleistungen in Steuerstrafsachen und in Bußgeldsachen wegen einer Steuerordnungswidrigkeit sowie die Hilfeleistung bei der Erfüllung von Buchführungspflichten, die auf Grund von Steuergesetzen bestehen, insbesondere die Aufstellung von Abschlüssen, die für die Besteuerung von Bedeutung sind, und deren steuerrechtliche Beurteilung.

§ 34[3)] Berufliche Niederlassung, weitere Beratungsstellen.
(1) [1]Steuerberater und Steuerbevollmächtigte müssen unmittelbar nach der Bestellung eine berufliche Niederlassung begründen und eine solche unterhalten. [2]Berufliche Niederlassung eines selbständigen Steuerberaters oder Steuerbevollmächtigten ist die eigene Praxis, von der aus er seinen Beruf überwie-

---

[1)] § 32 Abs. 1 geänd. und Abs. 2 Satz 1 neu gef. mWv 1.7.2000 durch G v. 24.6.2000 (BGBl. I S. 874); Abs. 2 neu gef. mWv 18.12.2019 durch G v. 12.12.2019 (BGBl. I S. 2451).

[2)] § 33 Satz 1 geänd. mWv 1.7.2000 durch G v. 24.6.2000 (BGBl. I S. 874); Satz 2 geänd. mWv 18.12.2019 durch G v. 12.12.2019 (BGBl. I S. 2451).

[3)] § 34 neu gef. durch G v. 9.6.1989 (BGBl. I S. 1062), Abs. 1 Satz 2 und Abs. 2 Satz 2 neugef. sowie Sätze 3 und 4 angef. durch G v. 13.12.1990 (BGBl. I S. 2756), Abs. 1 Satz 3 angef. durch G v. 25.2.1992 (BGBl. I S. 297), Abs. 2 Satz 3 geänd. mWv 1.1.1994 (BGBl. 1993 I S. 2436) durch G v. 27.4.1993 (BGBl. I S. 512); Abs. 1 Satz 1 und Abs. 2 Satz 1 bis 3 geänd. mWv 1.7.1994, bish. Satz 4 ersetzt durch Sätze 4 bis 7 mWv 1.1.1994 durch G v. 24.6.1994 (BGBl. I S. 1387), Abs. 2 Satz 2 neugef., Satz 3 geänd., bish. Sätze 4 bis 7 ersetzt durch Sätze 4 bis 6 mWv 1.7.2000 durch G v. 24.6.2000 (BGBl. I S. 874), Abs. 2 Satz 3 geänd. mWv 1.11.2003 durch G v. 26.10.2003 (BGBl. I S. 2077), Abs. 1 neugef. mWv 12.4. 2008 durch G v. 8.4.2008 (BGBl. I S. 666).

gend ausübt. [3]Als berufliche Niederlassung eines ausschließlich nach § 58 angestellten Steuerberaters oder Steuerbevollmächtigten gilt seine regelmäßige, bei mehreren Anstellungsverhältnissen seine zuerst begründete Arbeitsstätte.

(2) [1]Weitere Beratungsstellen können unterhalten werden, soweit dadurch die Erfüllung der Berufspflichten nicht beeinträchtigt wird. [2]Leiter der weiteren Beratungsstelle muss jeweils ein anderer Steuerberater oder Steuerbevollmächtigter sein, der seine berufliche Niederlassung am Ort der Beratungsstelle oder in deren Nahbereich hat. [3]Satz 2 gilt nicht, wenn die weitere Beratungsstelle in einem anderen Mitgliedstaat der Europäischen Union oder in einem anderen Vertragsstaat des Abkommens über den Europäischen Wirtschaftsraum oder in der Schweiz liegt. [4]Die für die berufliche Niederlassung zuständige Steuerberaterkammer kann auf Antrag eine Ausnahme von Satz 2 zulassen. [5]Liegt die weitere Beratungsstelle in einem anderen Kammerbezirk, ist vor der Erteilung der Ausnahmegenehmigung die für die weitere Beratungsstelle zuständige Steuerberaterkammer zu hören. [6]Eine Ausnahmegenehmigung ist nur für eine weitere Beratungsstelle des Steuerberaters oder Steuerbevollmächtigten zulässig.

Zweiter Abschnitt. Voraussetzungen für die Berufsausübung

Erster Unterabschnitt. Persönliche Voraussetzungen

§ 35[1)] Zulassung zur Prüfung, Befreiung von der Prüfung, organisatorische Durchführung der Prüfung, Abnahme der Prüfung, Wiederholung der Prüfung und Besetzung des Prüfungsausschusses. (1) [1]Als Steuerberater darf nur bestellt werden, wer die Prüfung als Steuerberater bestanden hat oder von dieser Prüfung befreit worden ist. [2]Die Prüfung muss vor einem Prüfungsausschuss abgelegt werden, der bei der für die Finanzverwaltung zuständigen obersten Landesbehörde zu bilden ist. [3]Diesem gehören drei Beamte des höheren Dienstes oder vergleichbare Angestellte der Finanzverwaltung an, davon einer als Vorsitzender, sowie drei Steuerberater oder zwei Steuerberater und ein Vertreter der Wirtschaft.

(2) Die Teilnahme an der Prüfung bedarf der Zulassung.

(3) [1]Das Ergebnis der Prüfung wird dem Bewerber von der für die Finanzverwaltung zuständigen obersten Landesbehörde bekannt gegeben. [2]Das Bestehen der Prüfung ist von der für die Finanzverwaltung zuständigen obersten Landesbehörde, die Befreiung von der Prüfung ist von der zuständigen Steuerberaterkammer schriftlich zu bescheinigen.

(4) Die Prüfung kann zweimal wiederholt werden.

(5) [1]Die Zulassung zur Prüfung, die Befreiung von der Prüfung und die organisatorische Durchführung der Prüfung sind Aufgaben der zuständigen Steuerberaterkammer. [2]Die Abnahme der Prüfung ist Aufgabe des Prüfungsausschusses.

---

1) § 35 neugef. mWv 12.4.2008 durch G v. 8.4.2008 (BGBl. I S. 666).

§ 36[1]) Voraussetzungen für die Zulassung zur Prüfung. (1) [1]Die Zulassung zur Steuerberaterprüfung setzt voraus, dass der Bewerber,

1. ein wirtschaftswissenschaftliches oder rechtswissenschaftliches Hochschulstudium oder ein anderes Hochschulstudium mit wirtschaftswissenschaftlicher Fachrichtung erfolgreich abgeschlossen hat und
2. danach praktisch tätig gewesen ist.

[2]Die praktische Tätigkeit muss über einen Zeitraum von mindestens drei Jahren ausgeübt worden sein, wenn die Regelstudienzeit des Hochschulstudiums nach Satz 1 Nr. 1 weniger als vier Jahre beträgt, sonst über einen Zeitraum von mindestens zwei Jahren. [3]Wurde in einem Hochschulstudium nach Satz 1 Nr. 1 ein erster berufsqualifizierender Abschluss und in einem, einen solchen ersten Abschluss voraussetzenden, weiteren Hochschulstudium nach Satz 1 Nr. 1 ein weiterer berufsqualifizierender Abschluss erworben, werden die Regelstudienzeiten beider Studiengänge zusammengerechnet; Zeiten der praktischen Tätigkeit werden berücksichtigt, soweit sie nach dem Erwerb des ersten berufsqualifizierenden Abschlusses liegen.

(2)[2]) Ein Bewerber ist zur Steuerberaterprüfung auch zuzulassen, wenn er

1. eine Abschlussprüfung in einem kaufmännischen Ausbildungsberuf bestanden hat oder eine andere gleichwertige Vorbildung besitzt und nach Abschluss der Ausbildung *zehn* [***ab 1.1.2021***: acht] Jahre oder im Falle der erfolgreich abgelegten Prüfung zum geprüften Bilanzbuchhalter oder Steuerfachwirt *sieben* [***ab 1.1.2021***: sechs] Jahre praktisch tätig gewesen ist oder
2. der Finanzverwaltung als Beamter des gehobenen Dienstes oder als vergleichbarer Angestellter angehört oder angehört hat und bei ihr mindestens *sieben* [***ab 1.1.2021***: sechs] Jahre als Sachbearbeiter oder in mindestens gleichwertiger Stellung praktisch tätig gewesen ist.

(3) Die in den Absätzen 1 und 2 geforderte praktische Tätigkeit muss sich in einem Umfang von mindestens 16 Wochenstunden auf das Gebiet der von den Bundes- oder Landesfinanzbehörden verwalteten Steuern erstrecken.

(4) [1]Nachweise über das Vorliegen der in den Absätzen 1 bis 3 genannten Voraussetzungen sind nach Maßgabe der Bestimmungen des amtlichen Vordrucks zu erbringen, der gemäß § 158 Nr. 1 Buchstabe a eingeführt worden ist. [2]Der Bewerber hat diese Unterlagen seinem Antrag auf Zulassung zur Prüfung beizufügen.

§ 37[3]) Steuerberaterprüfung. (1) Mit der Prüfung hat der Bewerber darzutun, daß er in der Lage ist, den Beruf eines Steuerberaters ordnungsgemäß auszuüben.

---

[1]) § 36 neugef. mWv 1.7.2000 durch G v. 24.6.2000 (BGBl. I S. 874), Abs. 1 neugef. mWv 12.4.2008 durch G v. 8.4.2008 (BGBl. I S. 666).

[2]) § 36 Abs. 2 Nrn. 1 und 2 geänd. mWv 1.1.2020 durch G v. 22.11.2019 (BGBl. I S. 1746, zur Anwendung vgl. § 157c.

[3]) § 37 eingef. als § 37 a durch G v. 13.12.1990 (BGBl. I S. 2756), Abs. 3 Nr. 2 bis 4 neugef. sowie Abs. 3 Satz 2 angef. mWv 1.7.1994 durch G v. 24.6.1994 (BGBl. I S. 1387); bish. § 37 aufgeh., bish. § 37 a wird § 37 und geänd. mWv 1.7.2000 durch G v. 24.6.2000 (BGBl. I S. 874); Abs. 2 Satz 2 angef., Abs. 3 Nr. 1 neugef. mWv 12.4.2008 durch G v. 8.4.2008 (BGBl. I S. 666).

(2) [1]Die Prüfung gliedert sich in einen schriftlichen Teil aus drei Aufsichtsarbeiten und eine mündliche Prüfung. [2]Der Zeitpunkt der Durchführung des schriftlichen Teils der Prüfung, die Prüfungsaufgaben der Aufsichtsarbeiten, die Bearbeitungszeit und die zum schriftlichen Teil der Prüfung zugelassenen Hilfsmittel sollen von den für die Finanzverwaltung zuständigen obersten Finanzbehörden der Länder bundeseinheitlich bestimmt werden.

(3) [1]Prüfungsgebiete der Steuerberaterprüfung sind

1. Steuerliches Verfahrensrecht sowie Steuerstraf- und Steuerordnungswidrigkeitenrecht,
2. Steuern vom Einkommen und Ertrag,
3. Bewertungsrecht, Erbschaftsteuer und Grundsteuer,
4. Verbrauch- und Verkehrsteuern, Grundzüge des Zollrechts,
5.[1] Handelsrecht sowie Grundzüge des Bürgerlichen Rechts, des Gesellschaftsrechts, des Insolvenzrechts und des Rechts der Europäischen Union,
6. Betriebswirtschaft und Rechnungswesen,
7. Volkswirtschaft,
8. Berufsrecht.

[2]Nicht erforderlich ist, dass sämtliche Gebiete Gegenstand der Prüfung sind.

§ 37 a[2]) Prüfung in Sonderfällen. (1) [1]Wirtschaftsprüfer und vereidigte Buchprüfer sowie Bewerber, die die Prüfung als Wirtschaftsprüfer oder vereidigter Buchprüfer bestanden haben, können auf Antrag die Steuerberaterprüfung in verkürzter Form ablegen. [2]Dabei entfallen die in § 37 Abs. 3 Nr. 5 bis 7 genannten Prüfungsgebiete. [3]Die Prüfung gliedert sich in einen schriftlichen Teil aus zwei Aufsichtsarbeiten und eine mündliche Prüfung.

(2)[3]) [1]Bewerber mit einem Befähigungs- oder Ausbildungsnachweis, der in einem anderen Mitgliedstaat der Europäischen Union oder Vertragsstaat des Abkommens über den Europäischen Wirtschaftsraum oder in der Schweiz zur selbständigen Hilfe in Steuersachen berechtigt, können auf Antrag eine Eignungsprüfung im Sinne des Artikels 14 Absatz 1 in Verbindung mit Absatz 3 der Richtlinie 2005/36/EG ablegen. [2]Mit der erfolgreich abgelegten Eignungsprüfung werden dieselben Rechte erworben wie durch die erfolgreich abgelegte Steuerberaterprüfung.

(3) [1]Die Befähigungs- und Ausbildungsnachweise im Sinne von Absatz 2 müssen in einem Mitgliedstaat oder Vertragsstaat oder der Schweiz von einer nach den dortigen Rechts- und Verwaltungsvorschriften zuständigen Behörde ausgestellt worden sein. [2]Sie müssen bescheinigen, dass der Inhaber in dem

---

[1]) § 37 Abs. 3 Satz 1 Nr. 5 geänd. durch G v. 26. 6. 2013 (BGBl. I S. 1809).

[2]) § 37 a neu gef. mWv 1. 7. 2000 durch G v. 24. 6. 2000 (BGBl. I S. 874); Abs. 2 Satz 1 sowie Abs. 3 Satz 1 und 2 geänd., Satz 3 angef., Abs. 4 Satz 4 neu gef., Sätze 5 bis 7 angef. mWv 1. 11. 2003 durch G v. 26. 10. 2003 (BGBl. I S. 2074); Abs. 2 und 3 neu gef., Abs. 3 a und 4 a eingef. mWv 12. 4. 2008 durch G v. 8. 4. 2008 (BGBl. I S. 666).

[3]) § 37 a Abs. 2 Satz 1 neu gef., Abs. 3 Satz 5 und 7 neu gef. mWv 1. 4. 2012 durch G v. 6. 12. 2011 (BGBl. I S. 2515); Abs. 2 Satz 1 geänd., Abs. 3 Satz 1 geänd., Sätze 2 bis 4 neu gef., Satz 5 geänd., Satz 7 neu gef., Abs. 3 a neu gef., Abs. 4 Satz 4 neu gef.. Sätze 8 und 9 angef. mWv 23. 4. 2016 durch G v. 18. 4. 2016 (BGBl. I S. 886).

Staat, in dem er die Berufsqualifikation erworben hat, zur Hilfe in Steuersachen berechtigt ist. [3]Nachweisen nach Satz 2 gleichgestellt sind Ausbildungsnachweise, die

1. den erfolgreichen Abschluss einer in einem anderen Mitgliedstaat oder Vertragsstaat oder der Schweiz auf Voll- oder Teilzeitbasis im Rahmen formaler oder nicht formaler Ausbildungsprogramme absolvierten Ausbildung bescheinigen,
2. von dem sie ausstellenden anderen Mitgliedstaat oder Vertragsstaat oder der Schweiz als den Nachweisen nach Satz 2 gleichwertig anerkannt wurden und
3. in Bezug auf die Aufnahme oder Ausübung des Berufs des Steuerberaters dieselben Rechte verleihen oder auf die Ausübung des Berufs des Steuerberaters vorbereiten.

[4]Nachweisen nach Satz 2 gleichgestellt sind ferner solche, die Berufsqualifikationen bescheinigen, die zwar nicht den Erfordernissen der Rechts- und Verwaltungsvorschriften des Herkunftsmitgliedstaates für die Aufnahme und Ausübung des Berufs des Steuerberaters entsprechen, ihrem Inhaber jedoch nach dem Recht des Herkunftsmitgliedstaates erworbene Rechte nach den dort maßgeblichen Vorschriften verleihen. [5]Bewerber aus Staaten, in denen der Beruf des Steuerberaters nicht reglementiert ist, müssen diesen Beruf zusätzlich in den vorhergehenden zehn Jahren mindestens ein Jahr in einem Umfang von mindestens 16 Wochenstunden in einem Mitgliedstaat oder Vertragsstaat oder der Schweiz ausgeübt haben. [6]Die zuständige Behörde nach Satz 1 muss bescheinigen, dass der Inhaber auf die Ausübung des Berufs vorbereitet wurde. [7]Die Pflicht zum Nachweis der einjährigen Berufserfahrung entfällt, wenn durch den Ausbildungsnachweis ein reglementierter Ausbildungsgang bestätigt wird.

(3 a) [1]Die zuständige Behörde hat dem Bewerber den Empfang der Unterlagen innerhalb eines Monats zu bestätigen und gegebenenfalls mitzuteilen, welche Unterlagen fehlen. [2]Die Eignungsprüfung ist spätestens sechs Monate nach der Entscheidung über die Zulassung zur Eignungsprüfung anzusetzen.

(4) [1]Bewerber mit den in Absatz 2 genannten Voraussetzungen sollen mit der Eignungsprüfung ihre Befähigung nachweisen, den Beruf eines Steuerberaters auch im Inland ordnungsgemäß ausüben zu können. [2]Die Eignungsprüfung umfasst die zur Berufsausübung notwendigen Kenntnisse aus den in § 37 Abs. 3 genannten Gebieten. [3]Die Eignungsprüfung gliedert sich in einen schriftlichen Teil aus höchstens zwei Aufsichtsarbeiten aus unterschiedlichen Prüfungsgebieten und eine mündliche Prüfung. [4]Die Prüfung entfällt insgesamt oder in einem der in § 37 Absatz 3 genannten Prüfungsgebiete, soweit der Bewerber nachweist, dass er im Rahmen seiner bisherigen Ausbildung, durch Fortbildung oder im Rahmen seiner bisherigen Berufstätigkeit einen wesentlichen Teil der Kenntnisse, Fähigkeiten und Kompetenzen erlangt hat, die in der Prüfung insgesamt oder in einem der in § 37 Absatz 3 genannten Prüfungsgebiete gefordert werden und die von einer zuständigen Stelle formell anerkannt wurden. [5]Der Nachweis der im Rahmen der bisherigen Ausbildung erworbenen Kenntnisse ist durch Diplome oder gleichwertige Prü-

fungszeugnisse einer staatlichen oder staatlich anerkannten Universität oder einer Hochschule oder einer anderen Ausbildungseinrichtung zu führen. 6 Zum Nachweis der im Rahmen der bisherigen beruflichen Tätigkeit erworbenen Kenntnisse sind Falllisten vorzulegen, die regelmäßig folgende Angaben enthalten müssen: Akten- oder Geschäftszeichen, Gegenstand, Zeitraum, Art und Umfang der Tätigkeit, Sachstand. 7 Ferner sind auf Verlangen der für die Prüfung zuständigen Stelle anonymisierte Arbeitsproben vorzulegen. 8 Soweit die zuständige Behörde das Entfallen der Prüfung insgesamt oder das Entfallen bestimmter Prüfungsgebiete nach Satz 1 ablehnt, hat sie die Entscheidung zu begründen. 9 Hinsichtlich der nicht entfallenen Prüfung oder der nicht entfallenden Prüfungsgebiete sind die wesentlichen Unterschiede zwischen der bisherigen Ausbildung des Bewerbers und der im Inland geforderten Ausbildung sowie die Gründe, aus denen diese Unterschiede nicht durch bereits beim Bewerber erworbene Kenntnisse, Fähigkeiten und Kompetenzen ausgeglichen werden können, mitzuteilen.

(4 a) 1 Die zuständigen Behörden im Sinne von Absatz 3 arbeiten mit den zuständigen Behörden in anderen Mitgliedstaaten der Europäischen Union, in den Vertragsstaaten des Abkommens über den Europäischen Wirtschaftsraum und der Schweiz zusammen und tauschen Informationen über das Vorliegen von disziplinar- oder strafrechtlichen oder sonstigen schwerwiegenden Sachverhalten aus, wenn sie Auswirkungen auf die Berufsausübung der Betroffenen haben. 2 § 83 dieses Gesetzes und § 30 der Abgabenordnung stehen dem nicht entgegen.

(5) Für die Prüfung in verkürzter Form und für die Eignungsprüfung gelten im Übrigen die Vorschriften für die Steuerberaterprüfung.

§ 37 b[1)] Zuständigkeit für die Zulassung zur Prüfung, für die Befreiung von der Prüfung, für die organisatorische Durchführung der Prüfung, für die Abnahme der Prüfung und für die Berufung und Abberufung des Prüfungsausschusses. (1) 1 Für die Zulassung zur Prüfung, für die Befreiung von der Prüfung und für die organisatorische Durchführung der Prüfung ist die Steuerberaterkammer zuständig, in deren Bezirk der Bewerber im Zeitpunkt der Antragstellung vorwiegend beruflich tätig ist oder, sofern der Bewerber keine Tätigkeit ausübt, er seinen Wohnsitz hat. 2 Bei mehreren Wohnsitzen ist der Wohnsitz maßgebend, an dem sich der Bewerber vorwiegend aufhält.

(2) 1 Befindet sich der nach Absatz 1 maßgebliche Ort im Ausland, so ist die Steuerberaterkammer zuständig, in deren Bezirk sich der Ort der beabsichtigten beruflichen Niederlassung im Inland befindet. 2 Befindet sich der Ort der beabsichtigten beruflichen Niederlassung im Ausland, so ist die Steuerberaterkammer zuständig, bei der die Zulassung zur Prüfung beantragt wurde.

(3) 1 Zur Erfüllung der Aufgaben nach Absatz 1 kann eine Steuerberaterkammer durch Vereinbarung, die der Genehmigung der für die Finanzverwaltung zuständigen obersten Landesbehörde bedarf, mit einer anderen Steuerberaterkammer eine gemeinsame Stelle bilden. 2 Dies gilt auch über Landes-

1) § 37 b neu gef. mWv 12. 4. 2008 durch G v. 8. 4. 2008 (BGBl. I S. 666).

grenzen hinweg, wenn die jeweils für die Finanzverwaltung zuständigen obersten Landesbehörden dies genehmigen. [3] Die gemeinsame Stelle handelt für diejenige Steuerberaterkammer, die für den Bewerber örtlich zuständig ist. [4] Gibt es in einem Land mehrere Steuerberaterkammern, bestimmt die für die Finanzverwaltung zuständige oberste Landesbehörde nach Anhörung der Steuerberaterkammern, ob eine, mehrere gemeinsam oder jede Steuerberaterkammer für sich die Aufgaben wahrnimmt.

(4) [1] Für die Abnahme der Prüfung ist der Prüfungsausschuss bei der für die Finanzverwaltung zuständigen obersten Landesbehörde zuständig, in deren Bereich der Bewerber zur Prüfung zugelassen wurde. [2] Die Zuständigkeit kann auf einen Prüfungsausschuss bei einer anderen für die Finanzverwaltung zuständigen obersten Landesbehörde einvernehmlich übertragen werden.

(5) [1] Die Berufung und Abberufung des Vorsitzenden, der übrigen Mitglieder des Prüfungsausschusses und ihrer Stellvertreter erfolgt durch die für die Finanzverwaltung zuständige oberste Landesbehörde. [2] Es können mehrere Prüfungsausschüsse gebildet werden.

§§ 37 c, 37 d[1]. *(aufgehoben)*

§ 38[2] Voraussetzungen für die Befreiung von der Prüfung.

(1) Von der Steuerberaterprüfung sind zu befreien

1. Professoren, die an einer deutschen Hochschule mindestens zehn Jahre auf dem Gebiet der von den Bundes- oder Landesfinanzbehörden verwalteten Steuern als Professor gelehrt haben;
2. ehemalige Finanzrichter, die mindestens zehn Jahre auf dem Gebiet der von den Bundes- oder Landesfinanzbehörden verwalteten Steuern tätig gewesen sind;
3. ehemalige Beamte des höheren Dienstes und vergleichbare Angestellte
   a) der Finanzverwaltung, die im höheren Dienst oder als Angestellter in vergleichbaren Vergütungsgruppen mindestens zehn Jahre auf dem Gebiet der von den Bundes- oder Landesfinanzbehörden verwalteten Steuern als Sachgebietsleiter oder mindestens in gleichwertiger Stellung tätig gewesen sind,
   b) der gesetzgebenden Körperschaften, der Gerichte der Finanzgerichtsbarkeit sowie der obersten Behörden und der Rechnungsprüfungsbehörden des Bundes und der Länder, die im höheren Dienst oder als Angestellter in vergleichbaren Vergütungsgruppen mindestens zehn Jahre überwiegend auf dem Gebiet der von den Bundes- oder

---

[1] §§ 37 c und 37 d aufgeh. mWv 1. 7. 2000 durch G v. 24. 6. 2000 (BGBl. I S. 874).

[2] § 38 Abs. 1 Nr. 1 und Abs. 2 Satz 2 neugef. durch G v. 9. 6. 1989 (BGBl. I S. 1062), Abs. 1 und Abs. 2 Satz 1 geänd. durch G v. 13. 12. 1990 (BGBl. I S. 2756), Abs. 2 Satz 1 geänd. mWv 1. 7. 1994 durch G v. 24. 6. 1994 (BGBl. I S. 1387), Abs. 1 Nrn. 1, 3 und 4 geänd., Abs. 2 neugef. mWv 1. 7. 2000 durch G v. 24. 6. 2000 (BGBl. I S. 874), Abs. 1 Nr. 3 Buchst. a und b sowie Nr. 4 Buchst. a und b geänd. mWv 12. 4. 2008 durch G v. 8. 4. 2008 (BGBl. I S. 666).

Landesfinanzbehörden verwalteten Steuern als Sachgebietsleiter oder mindestens in gleichwertiger Stellung tätig gewesen sind; die Angestellten der Fraktionen des Deutschen Bundestages gelten als Bedienstete der gesetzgebenden Körperschaften im Sinne dieser Vorschrift;

4. ehemalige Beamte des gehobenen Dienstes und vergleichbare Angestellte
   a) der Finanzverwaltung, die im gehobenen oder höheren Dienst oder als Angestellter in vergleichbaren Vergütungsgruppen mindestens fünfzehn Jahre auf dem Gebiet der von den Bundes- oder Landesfinanzbehörden verwalteten Steuern als Sachbearbeiter oder mindestens in gleichwertiger Stellung tätig gewesen sind,
   b) der gesetzgebenden Körperschaften, der Gerichte der Finanzgerichtsbarkeit sowie der obersten Behörden und der Rechnungsprüfungsbehörden des Bundes und der Länder, die im gehobenen oder höheren Dienst oder als Angestellter in vergleichbaren Vergütungsgruppen mindestens fünfzehn Jahre überwiegend auf dem Gebiet der von den Bundes- oder Landesfinanzbehörden verwalteten Steuern als Sachbearbeiter oder mindestens in gleichwertiger Stellung tätig gewesen sind; die Angestellten der Fraktionen des Deutschen Bundestages gelten als Bedienstete der gesetzgebenden Körperschaften im Sinne dieser Vorschrift.

(2) [1] § 36 Abs. 3 und 4 gilt auch für die Befreiung von der Prüfung. [2] Personen, die unter Absatz 1 Nr. 2 bis 4 fallen, sowie Professoren an staatlichen verwaltungsinternen Fachhochschulen mit Ausbildungsgängen für den öffentlichen Dienst können erst nach dem Ausscheiden aus dem öffentlichen Dienst oder dem Dienstverhältnis als Angestellter einer Fraktion des Deutschen Bundestages von der Prüfung befreit werden.

§ 38 a[1)] Verbindliche Auskunft. (1) Auf Antrag erteilt die zuständige Steuerberaterkammer eine verbindliche Auskunft über die Erfüllung einzelner Voraussetzungen für die Zulassung zur Prüfung oder für die Befreiung von der Prüfung.

(2) Für die örtliche Zuständigkeit gilt § 37 b Abs. 1 bis 3 entsprechend.

§ 39[2)] Gebühren für Zulassung, Prüfung, Befreiung und verbindliche Auskunft, Kostenerstattung. (1) Für die Bearbeitung des Antrags auf Zulassung zur Prüfung, auf Befreiung von der Prüfung oder auf Erteilung einer verbindlichen Auskunft über die Erfüllung einzelner Voraussetzungen für die Zulassung zur Prüfung oder über die Befreiung von der Prüfung hat der Bewerber eine Gebühr von zweihundert Euro an die zuständige Steuerberaterkammer zu zahlen.

(2) [1] Für die Prüfung hat der Bewerber bis zu einem von der zuständigen Steuerberaterkammer zu bestimmenden Zeitpunkt eine Gebühr von

---

[1)] § 38 a eingef. mWv 1. 7. 2000 durch G v. 24. 6. 2000 (BGBl. I S. 874), Abs. 1 und 2 geänd. mWv 12. 4. 2008 durch G v. 8. 4. 2008 (BGBl. I S. 666).

[2)] § 39 neugef. mWv 12. 4. 2008 durch G v. 8. 4. 2008 (BGBl. I S. 666).

eintausend Euro an die zuständige Steuerberaterkammer zu zahlen. [2]Zahlt der Bewerber die Gebühr nicht rechtzeitig, so gilt dies als Verzicht auf die Zulassung zur Prüfung. [3]Tritt der Bewerber bis zu dem von der zuständigen Steuerberaterkammer zu bestimmenden Zeitpunkt von der Prüfung zurück, so wird die Gebühr nicht erhoben. [4]Tritt der Bewerber bis zum Ende der Bearbeitungszeit für die letzte Aufsichtsarbeit zurück, so ist die Gebühr zur Hälfte zu erstatten.

(3) In einer Gebührenordnung nach § 79 Abs. 2 können der Höhe nach andere als die in den Absätzen 1 und 2 genannten Gebühren bestimmt werden.

(4) [1]Die zuständige Steuerberaterkammer hat die für die Erstellung der Prüfungsaufgaben der Aufsichtsarbeiten entstandenen Kosten der für die Finanzverwaltung zuständigen obersten Landesbehörde zu erstatten. [2]Die Vergütungen und sonstigen Aufwendungen für die Mitglieder des Prüfungsausschusses werden von der zuständigen Steuerberaterkammer unmittelbar an die Mitglieder des Prüfungsausschusses gezahlt. [3]Die für die Finanzverwaltung zuständige oberste Landesbehörde wird insoweit von ihrer Zahlungsverpflichtung gegenüber den Mitgliedern des Prüfungsausschusses befreit. [4]Für die Zahlungen nach den Sätzen 1 und 2 kann die zuständige Steuerberaterkammer keinen Ersatz von der für die Finanzverwaltung zuständigen obersten Landesbehörde verlangen.

§ 39 a[1)] Rücknahme von Entscheidungen. (1) [1]Die Zulassung zur Prüfung oder die Befreiung von der Prüfung ist von der zuständigen Steuerberaterkammer, die Prüfungsentscheidung ist von der für die Finanzverwaltung zuständigen obersten Landesbehörde, vertreten durch die zuständige Steuerberaterkammer, zurückzunehmen, wenn

1. sie durch unlautere Mittel wie arglistige Täuschung, Drohung oder Bestechung erwirkt worden ist,
2. sie der Begünstigte durch Angaben erwirkt hat, die in wesentlicher Beziehung unrichtig oder unvollständig waren,
3. ihre Rechtswidrigkeit dem Begünstigten bekannt oder infolge grober Fahrlässigkeit nicht bekannt war.

[2]Erstrecken sich die Rücknahmegründe nach Satz 1 nur auf die Zulassung zur Prüfung, ist auch die Prüfungsentscheidung zurückzunehmen. [3]Nach einer Rücknahme gemäß Satz 1 oder Satz 2 gilt die Steuerberaterprüfung als nicht bestanden.

(2) [1]Die für die Finanzverwaltung zuständigen obersten Landesbehörden und die Steuerberaterkammern haben Tatsachen im Sinne des Absatzes 1 Satz 1 Nr. 1 bis 3 der zuständigen Steuerberaterkammer unverzüglich mitzuteilen. [2]§ 83 dieses Gesetzes und § 30 der Abgabenordnung stehen diesen Mitteilungen nicht entgegen. [3]Werden Tatsachen nach Absatz 1 Satz 1

---

1) § 39 a eingef. mWv 1. 7. 2000 durch G v. 24. 6. 2000 (BGBl. I S. 874) und neugef. mWv 12. 4. 2008 durch G v. 8. 4. 2008 (BGBl. I S. 666).

Nr. 1 bis 3 während des Bestellungsverfahrens der zuständigen Steuerberaterkammer bekannt, so ruht dieses bis zum Ausgang des Verfahrens.

(3) Vor der Rücknahme ist der Betroffene zu hören.

Zweiter Unterabschnitt. Bestellung

§ 40[1] Bestellende Steuerberaterkammer, Bestellungsverfahren.

(1) [1]Nach bestandener Prüfung oder nach der Befreiung von der Prüfung ist der Bewerber auf Antrag durch die zuständige Steuerberaterkammer als Steuerberater zu bestellen. [2]Die örtliche Zuständigkeit der bestellenden Steuerberaterkammer richtet sich nach der beabsichtigten beruflichen Niederlassung des Bewerbers. [3]Bei beabsichtigter beruflicher Niederlassung im Ausland ist für die Bestellung die Steuerberaterkammer zuständig, die den Bewerber von der Prüfung befreit hat oder die Steuerberaterkammer, in deren Kammerbezirk der Bewerber geprüft worden ist.

(2) [1]Vor der Bestellung hat die Steuerberaterkammer zu prüfen, ob der Bewerber persönlich geeignet ist. [2]Die Bestellung ist zu versagen, wenn der Bewerber

1. nicht in geordneten wirtschaftlichen Verhältnissen lebt;
2. infolge strafgerichtlicher Verurteilung die Fähigkeit zur Bekleidung öffentlicher Ämter nicht besitzt;
3. aus gesundheitlichen Gründen nicht nur vorübergehend unfähig ist, den Beruf des Steuerberaters ordnungsgemäß auszuüben;
4. sich so verhalten hat, dass die Besorgnis begründet ist, er werde den Berufspflichten als Steuerberater nicht genügen.

(3) Die Bestellung ist auch zu versagen,

1. wenn eine Entscheidung nach § 39a Abs. 1 ergangen ist;
2. solange der Bewerber eine Tätigkeit ausübt, die mit dem Beruf unvereinbar ist (§ 57 Abs. 4);
3. solange nicht die vorläufige Deckungszusage auf den Antrag zum Abschluss einer Berufshaftpflichtversicherung oder der Nachweis der Mitversicherung bei einem Arbeitgeber vorliegt.

(4) [1]Wenn es zur Entscheidung über den Versagungsgrund des Absatzes 2 Nr. 3 erforderlich ist, gibt die zuständige Steuerberaterkammer dem Bewerber schriftlich auf, innerhalb einer von ihr zu bestimmenden angemessenen Frist das Gutachten eines von ihr bestimmten Arztes über seinen Gesundheitszustand vorzulegen. [2]Das Gutachten muss auf einer Untersuchung des Bewerbers und, wenn dies ein Arzt für notwendig hält, auch auf einer klinischen Beobachtung des Bewerbers beruhen. [3]Die Kosten des

---

[1] § 40 neugef. durch G v. 9. 6. 1989 (BGBl. I S. 1062), Abs. 1 Satz 3 geänd. mWv 1. 1. 1994 (BGBl. 1993 I S. 2436) durch G v. 27. 4. 1993 (BGBl. I S. 512), Abs. 1 geänd., Abs. 2 bis 4 und 6 neugef. mWv 1. 7. 2000 durch G v. 24. 6. 2000 (BGBl. I S. 874), Abs. 2 Nr. 3 neugef. mWv 1. 5. 2002 durch G v. 27. 4. 2002 (BGBl. I S. 1467), Abs. 1 Satz 3 neugef., Abs. 3 Nr. 1 und Abs. 4 Satz 2 geänd. mWv 12. 4. 2008 durch G v. 8. 4. 2008 (BGBl. I S. 666).

Gutachtens hat der Bewerber zu tragen. [4]Kommt der Bewerber ohne zureichenden Grund der Anordnung der Steuerberaterkammer innerhalb der gesetzten Frist nicht nach, gilt der Antrag auf Bestellung als zurückgenommen.

(5) [1]Vor der Versagung der Bestellung ist der Bewerber zu hören. [2]Wird die Bestellung versagt, so ist ein schriftlicher Bescheid zu erteilen.

(6) Für die Bearbeitung des Antrags auf Bestellung hat der Bewerber eine Gebühr von fünfzig Euro[1)] an die zuständige Steuerberaterkammer zu zahlen, soweit nicht durch eine Gebührenordnung nach § 79 Abs. 2 etwas anderes bestimmt ist.

§ 40 a[2)]. *(aufgehoben)*

§ 41[3)] **Berufsurkunde.** (1) Der Bewerber wird durch Aushändigung einer Urkunde als Steuerberater bestellt.

(2) Vor der Aushändigung der Urkunde hat der Bewerber vor der zuständigen Steuerberaterkammer die Versicherung abzugeben, daß er die Pflichten eines Steuerberaters gewissenhaft erfüllen wird.

§ 42[4)] **Steuerbevollmächtigter.** [1]Steuerbevollmächtigter ist, wer nach den Vorschriften dieses Gesetzes als solcher bestellt ist. [2]Die Vorschriften für die Bestellung als Steuerberater sind bei der Bestellung als Steuerbevollmächtigter sinngemäß anzuwenden.

§ 43[5)] **Berufsbezeichnung.** (1) [1]Die Berufsbezeichnung lautet „Steuerberater" oder „Steuerbevollmächtigter". [2]Frauen können die Berufsbezeichnung „Steuerberaterin" oder „Steuerbevollmächtigte" wählen. [3]Die Berufsangehörigen haben im beruflichen Verkehr die Berufsbezeichnung zu führen.

(2) Die Führung weiterer Berufsbezeichnungen ist nur gestattet, wenn sie amtlich verliehen worden sind. [2]Andere Zusätze und der Hinweis auf eine ehemalige Beamteneigenschaft sind im beruflichen Verkehr unzulässig.

(3) Zusätze, die auf einen akademischen Grad oder eine staatlich verliehene Graduierung hinweisen, sind erlaubt.

(4) [1]Die Bezeichnung „Steuerberater", „Steuerbevollmächtigter" oder „Steuerberatungsgesellschaft" darf nur führen, wer nach diesem Gesetz dazu berechtigt ist. [2]Es ist unzulässig, zum Hinweis auf eine steuerberatende Tätigkeit andere Bezeichnungen zu verwenden. [3]Satz 2 findet auf Rechts-

---

1) Betrag geänd. mWv 1. 1. 2002 durch G v. 24. 6. 2000 (BGBl. I S. 874).

2) § 40 a aufgeh. mWv 1. 7. 2000 durch G v. 24. 6. 2000 (BGBl. I S. 874).

3) § 41 Abs. 2 neugef. mWv 1. 7. 1994 durch G v. 24. 6. 1994 (BGBl. I S. 1387), Abs. 2 geänd. mWv 1. 7. 2000 durch G v. 24. 6. 2000 (BGBl. I S. 874).

4) § 42 Satz 2 angef. mWv 1. 7. 2000 durch G v. 24. 6. 2000 (BGBl. I S. 874).

5) § 43 Abs. 1 Satz 2 eingef. durch G v. 9. 6. 1989 (BGBl. I S. 1062), Abs. 4 Satz 3 geänd. mWv 1. 3. 1999 durch G v. 31. 8. 1998 (BGBl. I S. 2600) und mWv 1. 7. 2000 durch G v. 24. 6. 2000 (BGBl. I S. 874).

anwälte, niedergelassene europäische Rechtsanwälte und Rechtsanwaltsgesellschaften keine Anwendung.

§ 44[1)] Bezeichnung „Landwirtschaftliche Buchstelle". (1) [1]Steuerberatern, Steuerbevollmächtigten, Rechtsanwälten und niedergelassenen europäischen Rechtsanwälten, die eine besondere Sachkunde auf dem Gebiet der Hilfeleistung in Steuersachen für land- und forstwirtschaftliche Betriebe im Sinne des Bewertungsgesetzes nachweisen, kann auf Antrag die Berechtigung verliehen werden, als Zusatz zur Berufsbezeichnung die Bezeichnung „Landwirtschaftliche Buchstelle" zu führen. [2]Die Verleihung erfolgt durch die Steuerberaterkammer, in deren Kammerbezirk der Antragsteller seine berufliche Niederlassung hat.

(2) [1]Die besondere Sachkunde im Sinne des Absatzes 1 Satz 1 ist durch eine mündliche Prüfung vor einem Sachkunde-Ausschuss nachzuweisen, der bei der Steuerberaterkammer zu bilden ist. [2]Personen, die ihre besondere Sachkunde durch eine einschlägige Ausbildung nachweisen und mindestens drei Jahre buchführende land- und forstwirtschaftliche Betriebe steuerlich beraten haben, können auf Antrag von der mündlichen Prüfung befreit werden. [3]Über den Antrag auf Befreiung entscheidet die zuständige Steuerberaterkammer im Benehmen mit der für die Landwirtschaft zuständigen obersten Landesbehörde oder der von ihr benannten Behörde und, soweit der Antragsteller Rechtsanwalt oder niedergelassener europäischer Rechtsanwalt ist, im Benehmen mit der für die berufliche Niederlassung des Antragstellers zuständigen Rechtsanwaltskammer.

(2a) Partnerschaftsgesellschaften gemäß § 3 Nr. 2 sind befugt, die Bezeichnung „Landwirtschaftliche Buchstelle" als Zusatz zum Namen zu führen, wenn mindestens ein Partner berechtigt ist, die Bezeichnung „Landwirtschaftliche Buchstelle" als Zusatz zur Berufsbezeichnung zu führen.

(3) Steuerberatungsgesellschaften sind befugt, die Bezeichnung „Landwirtschaftliche Buchstelle" als Zusatz zur Firma oder zum Namen zu führen, wenn mindestens ein gesetzlicher Vertreter berechtigt ist, diese Bezeichnung als Zusatz zur Berufsbezeichnung zu führen.

(4) Vereine im Sinne des § 4 Nr. 8 sind befugt, als Zusatz zum Namen des Vereins die Bezeichnung „Landwirtschaftliche Buchstelle" zu führen.

(5) Körperschaften des öffentlichen Rechts (§ 4 Nr. 3) und Personenvereinigungen im Sinne des § 4 Nr. 7, die eine Buchstelle für land- und forstwirtschaftliche Betriebe unterhalten, dürfen für diese Buchstelle die Bezeichnung „Landwirtschaftliche Buchstelle" benutzen, wenn der Leiter

---

1) § 44 Abs. 1 Satz 2 und Abs. 4 neugef., Abs. 2 eingef., bish. Abs. 2 wird Abs. 9 und geänd. durch G v. 9. 6. 1989 (BGBl. I S. 1062), Abs. 1 Satz 1 und Abs. 9 Satz 1 geänd. sowie Abs. 9 Satz 2 aufgeh. mWv 1. 7. 1994 durch G v. 24. 6. 1994 (BGBl. I S. 1387), Abs. 1 und 2 neugef., bish. Abs. 6 aufgeh., bish. Abs. 7 bis 9 werden Abs. 6 bis 8, neuer Abs. 6 geänd. und neuer Abs. 8 neugef. mWv 1. 7. 2000 durch G v. 24. 6. 2000 (BGBl. I S. 874), Abs. 2a eingef., Abs. 3 geänd. mWv 12. 4. 2008 durch G v. 8. 4 2008 (BGBl. I S. 666).

der Buchstelle berechtigt ist, diese Bezeichnung als Zusatz zur Berufsbezeichnung zu führen.

(6) Die Befugnis zur Führung der Bezeichnung „Landwirtschaftliche Buchstelle" erlischt mit dem Erlöschen, der Rücknahme oder dem Widerruf der Bestellung als Steuerberater oder Steuerbevollmächtigter bzw. mit dem Erlöschen oder der Rücknahme der Zulassung als Rechtsanwalt oder niedergelassener europäischer Rechtsanwalt.

(7) Die Befugnis zur Führung der Bezeichnung „Landwirtschaftliche Buchstelle" ist in das Berufsregister einzutragen.

(8) Für die Bearbeitung des Antrags auf Verleihung der Bezeichnung „Landwirtschaftliche Buchstelle" ist eine Gebühr von einhundertfünfzig Euro[1] an die zuständige Steuerberaterkammer zu zahlen, soweit nicht durch eine Gebührenordnung nach § 79 Abs. 2 etwas anderes bestimmt ist.

§ 45[2] Erlöschen der Bestellung. (1) [1]Die Bestellung als Steuerberater oder Steuerbevollmächtigter erlischt durch

1. Tod,
2. Verzicht gegenüber der zuständigen Steuerberaterkammer,
3. rechtskräftige Ausschließung aus dem Beruf,
4. rechtskräftige Rücknahme der Prüfungsentscheidung oder der Entscheidung über die Befreiung von der Prüfung nach § 39 a Abs. 1.

[2]Der Verzicht nach Nummer 2 ist zu Protokoll oder schriftlich gegenüber der Steuerberaterkammer zu erklären, die für die berufliche Niederlassung des Steuerberaters oder Steuerbevollmächtigten örtlich zuständig ist. [3]Ein im berufsgerichtlichen Verfahren gegenüber dem Berufsgericht erklärter Verzicht gilt als gegenüber der zuständigen Steuerberaterkammer abgegeben.

(2) Die Bestellung als Steuerbevollmächtigter erlischt ferner durch die Bestellung als Steuerberater.

§ 46[3] Rücknahme und Widerruf der Bestellung. (1)[4] Die Bestellung ist zurückzunehmen, wenn der Steuerberater oder Steuerbevollmächtigte die Bestellung durch arglistige Täuschung, Drohung oder Bestechung oder durch Angaben erwirkt hat, die in wesentlicher Beziehung unrichtig oder unvollständig waren.

---

[1] Betrag geänd. mWv 1. 1. 2002 durch G v. 24. 6. 2000 (BGBl. I S. 874).

[2] § 45 Abs. 1 Nr. 2 neugef. durch G v. 9. 6. 1989 (BGBl. I S. 1062), Abs. 1 Satz 1 Nr. 2 neugef., Abs. 1 Satz 1 Nr. 4 sowie Sätze 2 und 3 angef. mWv 1. 7. 2000 durch G v. 24. 6. 2000 (BGBl. I S. 874).

[3] § 46 Abs. 3 und Abs. 4 neugef., Abs. 2 Nrn. 4 bis 7 angef. und Abs. 5 aufgeh. durch G v. 9. 6. 1989 (BGBl. I S. 1062); Abs. 1 Satz 2 angef. durch G v. 25. 2. 1992 (BGBl. I S. 297); Abs. 2 bish. Nr. 1 aufgeh., bish. Nrn. 2 bis 7 werden Nrn. 1 bis 6 sowie neue Nr. 6 neugef. mWv 1. 7. 1994 durch G v. 24. 6. 1994 (BGBl. I S. 1387).

[4] § 46 Abs. 1 neugef. mWv 1. 7. 2000 durch G v. 24. 6. 2000 (BGBl. I S. 874).

(2) Die Bestellung ist zu widerrufen, wenn der Steuerberater oder Steuerbevollmächtigte

1.[1] eine gewerbliche Tätigkeit oder eine Tätigkeit als Arbeitnehmer ausübt, die mit seinem Beruf nicht vereinbar ist (§ 57 Abs. 4);

2. infolge strafgerichtlicher Verurteilung die Fähigkeit zur Bekleidung öffentlicher Ämter verloren hat;

3. nicht die vorgeschriebene Haftpflichtversicherung gegen die Haftpflichtgefahren aus seiner Berufstätigkeit unterhält;

4.[2]·[3] in Vermögensverfall geraten ist, es sei denn, daß dadurch die Interessen der Auftraggeber nicht gefährdet sind; ein Vermögensverfall wird vermutet, wenn ein Insolvenzverfahren über das Vermögen des Steuerberaters oder Steuerbevollmächtigten eröffnet oder der Steuerberater oder Steuerbevollmächtigte in das vom Vollstreckungsgericht zu führende Verzeichnis (§ 26 Abs. 2 der Insolvenzordnung[4]; § 882b[3] der Zivilprozeßordnung[5]) eingetragen ist;

5.[2] seine berufliche Niederlassung in das Ausland verlegt, ohne daß ein Zustellungsbevollmächtigter mit Wohnsitz im Inland benannt worden ist. [2]Name und Anschrift sowie jede Änderung der Person oder der Anschrift des Zustellungsbevollmächtigten sind der zuständigen Steuerberaterkammer unverzüglich mitzuteilen. [3]Der Steuerberater oder Steuerbevollmächtigte bleibt Mitglied der Steuerberaterkammer, der er bisher angehört hat;

6.[2]·[6] eine berufliche Niederlassung nicht unterhält oder

7.[2] aus gesundheitlichen Gründen nicht nur vorübergehend unfähig ist, seinen Beruf ordnungsgemäß auszuüben.

(3)[2] [1]In Verfahren wegen des Widerrufs der Bestellung nach Absatz 2 Nr. 7 ist § 40 Abs. 4 entsprechend anzuwenden. [2]Wird das Gutachten ohne zureichenden Grund nicht innerhalb der von der zuständigen Steuerberaterkammer gesetzten Frist vorgelegt, so wird vermutet, dass der Steuerberater oder Steuerbevollmächtigte aus einem Grund des Absatzes 2 Nr. 7, der durch das Gutachten geklärt werden soll, nicht nur vorübergehend unfähig ist, seinen Beruf ordnungsgemäß auszuüben.

(4)[7] [1]Die Bestellung als Steuerberater und als Steuerbevollmächtigter wird durch die Steuerberaterkammer zurückgenommen oder widerrufen. [2]Die örtliche Zuständigkeit richtet sich nach der beruflichen Niederlas-

---

[1] § 46 Abs. 2 Nr. 1 neugef. mWv 1.7.2000 durch G v. 24.6.2000 (BGBl. I S. 874).

[2] § 46 Abs. 2 bish. Nr. 4 aufgeh., Nr. 5 neugef. mWv 1.1.1999 durch G v. 5.10.1994 (BGBl. I S. 2911), bish. Nrn. 5 und 6 werden Nrn. 4 und 5 durch G v. 19.12.1998 (BGBl. I S. 3836), Abs. 2 Nr. 5 geänd., Nrn. 6 und 7 angef., Abs. 3 neugef. mWv 1.7.2000 durch G v. 24.6.2000 (BGBl. I S. 874), Abs. 2 Nr. 7 neugef. mWv 1.5.2002 durch G v. 27.4.2002 (BGBl. I S. 1467).

[3] § 46 Abs. 2 Nr. 4 HS 2 geänd. mWv 1.1.2013 durch G v. 29.7.2009 (BGBl. I S. 2258).

[4] **Schönfelder Nr. 110.**

[5] **Schönfelder Nr. 100.**

[6] § 46 Abs. 2 Nr. 6 neugef. mWv 12.4.2008 durch G v. 8.4.2008 (BGBl. I S. 666).

[7] § 46 Abs. 4 neugef. mWv 1.7.2000 durch G v. 24.6.2000 (BGBl. I S. 874).

sung, in den Fällen des Absatzes 2 Nr. 6 nach der beabsichtigten beruflichen Niederlassung gemäß § 40 Abs. 1 Satz 2. 3 § 40 Abs. 1 Satz 3 gilt entsprechend. 4 Bei beruflicher Niederlassung im Ausland richtet sich die örtliche Zuständigkeit nach der letzten beruflichen Niederlassung im Geltungsbereich dieses Gesetzes; ist eine solche nicht vorhanden, so ist die Steuerberaterkammer zuständig, in deren Bezirk der Steuerberater oder Steuerbevollmächtigte bestellt wurde. 5 Vor der Rücknahme oder dem Widerruf ist der Betroffene zu hören.

(5) *(aufgehoben)*

§ 47[1] Erlöschen der Befugnis zur Führung der Berufsbezeichnung.

(1) 1 Mit dem Erlöschen, der Rücknahme oder dem Widerruf der Bestellung erlischt die Befugnis, die Berufsbezeichnung „Steuerberater" oder „Steuerbevollmächtigter" zu führen. 2 Die Bezeichnung darf auch nicht mit einem Zusatz, der auf die frühere Berechtigung hinweist, geführt werden.

(2) Die zuständige Steuerberaterkammer kann einem Steuerberater oder Steuerbevollmächtigten, der wegen hohen Alters oder wegen körperlicher Leiden auf die Rechte aus der Bestellung verzichtet, auf Antrag die Erlaubnis erteilen, sich weiterhin Steuerberater oder Steuerbevollmächtigter zu nennen.

(3) 1 Die zuständige Steuerberaterkammer kann eine Erlaubnis, die sie nach Absatz 2 erteilt hat, zurücknehmen oder widerrufen, wenn nachträglich Umstände bekanntwerden oder eintreten, die bei einem Steuerberater oder Steuerbevollmächtigten das Erlöschen, die Rücknahme oder den Widerruf der Bestellung nach sich ziehen würden oder zur Ablehnung der Erlaubnis nach Absatz 2 Satz 1 hätten führen können. 2 Vor der Rücknahme oder dem Widerruf der Erlaubnis ist der Betroffene zu hören.

§ 48[2] Wiederbestellung. (1) Ehemalige Steuerberater und Steuerbevollmächtigte können wiederbestellt werden,

1. wenn die Bestellung nach § 45 Abs. 1 Nr. 2 erloschen ist; wurde auf die Bestellung nach Einleitung eines berufsgerichtlichen Verfahrens (§ 114) verzichtet, kann die Wiederbestellung nicht vor Ablauf von acht Jahren erfolgen, es sei denn, dass eine Ausschließung aus dem Beruf nicht zu erwarten war;
2. wenn im Falle des Erlöschens der Bestellung nach § 45 Abs. 1 Nr. 3 die rechtskräftige Ausschließung aus dem Beruf im Gnadenwege auf-

[1] § 47 Abs. 2 und Abs. 3 neugef. durch G v. 9.6.1989 (BGBl. I S. 1062), Abs. 2 Satz 2 geänd., Satz 3 aufgeh., Abs. 3 Satz 1 Halbsatz 2 angef. mWv 1.7.1994 durch G v. 24.6.1994 (BGBl. I S. 1387), Abs. 2 und Abs. 3 Satz 2 neugef., Abs. 3 Satz 1 geänd. mWv 1.7.2000 durch G v. 24.6.2000 (BGBl. I S. 874).

[2] § 48 Abs. 1 Nr. 2 und Abs. 2 neugef., Abs. 3 angef. durch G v. 9.6.1989 (BGBl. I S. 1062), Abs. 1 Satz 2 angef. durch G v. 25.2.1992 (BGBl. I S. 297), Abs. 1 Satz 1 Nr. 1 Halbsatz 2 angef. sowie Abs. 3 neugef. mWv 1.7.1994 durch G v. 24.6.1994 (BGBl. I S. 1387), Abs. 1 Nr. 1 und Abs. 3 neugef., Abs. 1 Satz 1 Nr. 3 geänd., Abs. 1 bish. Satz 2 aufgeh. mWv 1.7.2000 durch G v. 24.6.2000 (BGBl. I S. 874).

gehoben worden ist oder seit der rechtskräftigen Ausschließung mindestens acht Jahre verstrichen sind;

3. wenn die Bestellung nach § 46 widerrufen ist und die Gründe, die für den Widerruf maßgeblich gewesen sind, nicht mehr bestehen.

(2) Die Vorschriften des § 40 gelten vorbehaltlich des Absatzes 3 entsprechend für die Wiederbestellung.

(3) Für die Bearbeitung des Antrags auf Wiederbestellung hat der Bewerber eine Gebühr von einhundertfünfundzwanzig Euro[1] an die zuständige Steuerberaterkammer zu zahlen, soweit nicht durch eine Gebührenordnung nach § 79 Abs. 2 etwas anderes bestimmt ist.

Dritter Unterabschnitt. Steuerberatungsgesellschaft

§ 49[2] Rechtsform der Gesellschaft, anerkennende Steuerberaterkammer, Gesellschaftsvertrag. (1) Aktiengesellschaften, Kommanditgesellschaften auf Aktien, Gesellschaften mit beschränkter Haftung, Offene Handelsgesellschaften, Kommanditgesellschaften und Partnerschaftsgesellschaften können nach Maßgabe dieses Gesetzes als Steuerberatungsgesellschaften anerkannt werden.

(2) Offene Handelsgesellschaften und Kommanditgesellschaften können als Steuerberatungsgesellschaften anerkannt werden, wenn sie wegen ihrer Treuhandtätigkeit als Handelsgesellschaften in das Handelsregister eingetragen worden sind.

(3) [1] Für die Entscheidung über den Antrag auf Anerkennung als Steuerberatungsgesellschaft ist die Steuerberaterkammer zuständig, in deren Kammerbezirk die Gesellschaft ihren Sitz hat. [2] Dem Antrag auf Anerkennung als Steuerberatungsgesellschaft ist eine Ausfertigung oder eine öffentlich beglaubigte Abschrift des Gesellschaftsvertrages oder der Satzung beizufügen.

(4)[3] [1] Jede Änderung des Gesellschaftsvertrages oder der Satzung oder der Gesellschafter oder in der Person der Vertretungsberechtigten ist der zuständigen Steuerberaterkammer innerhalb eines Monats anzuzeigen. [2] Der Änderungsanzeige ist eine öffentlich beglaubigte Abschrift der jeweiligen Urkunde beizufügen. [3] Die Vorlage einer einfachen Abschrift der jeweiligen Urkunde reicht aus, wenn die Änderung im Handelsregister oder Partnerschaftsregister eingetragen und eine beglaubigte Abschrift oder ein amtlicher Ausdruck der Eintragung bei der Steuerberaterkammer eingereicht wird. [4] Wird die Änderung im Handelsregister oder Partnerschaftsregister eingetragen, so ist eine beglaubigte Abschrift oder ein amtlicher Ausdruck der Eintragung nachzureichen. [5] Liegt der Steuerberaterkammer

---

[1] Betrag geänd. mWv 1. 1. 2002 durch G v. 24. 6. 2000 (BGBl. I S. 874).

[2] § 49 Abs. 1 und Abs. 3 geänd., Abs. 4 Satz 2 neugef. sowie Sätze 3 und 4 angef. durch G v. 9. 6. 1989 (BGBl. I S. 1062), Abs. 4 Satz 2 geänd. mWv 1. 7. 1994 durch G v. 24. 6. 1994 (BGBl. I S. 1387), Abs. 1 geänd. mWv 1. 7. 1995 durch G v. 25. 7. 1994 (BGBl. I S. 1744), Abs. 3 und 4 neugef. mWv 1. 7. 2000 durch G v. 24. 6. 2000 (BGBl. I S. 874).

[3] § 49 Abs. 4 neugef. mWv 12. 4. 2008 durch G v. 8. 4. 2008 (BGBl. I S. 666).

bereits eine öffentlich beglaubigte Abschrift der jeweiligen Urkunde vor, reicht es aus, wenn nach Eintragung der Änderung im Handelsregister oder Partnerschaftsregister ein einfacher Ausdruck der Eintragung oder eine Kopie des Ausdrucks bei der Steuerberaterkammer eingereicht wird.

§ 50[1] **Voraussetzungen für die Anerkennung.** (1) [1]Voraussetzung für die Anerkennung ist, daß die Mitglieder des Vorstandes, die Geschäftsführer oder die persönlich haftenden Gesellschafter Steuerberater sind. [2]Mindestens ein Steuerberater, der Mitglied des Vorstandes, Geschäftsführer oder persönlich haftender Gesellschafter ist, muß seine berufliche Niederlassung am Sitz der Gesellschaft oder in dessen Nahbereich haben. [3]Persönlich haftender Gesellschafter kann auch eine Steuerberatungsgesellschaft sein, die die Voraussetzungen des § 50 a erfüllt.

(2) Neben Steuerberatern können auch Rechtsanwälte, niedergelassene europäische Rechtsanwälte, Wirtschaftsprüfer, vereidigte Buchprüfer und Steuerbevollmächtigte Mitglieder des Vorstands, Geschäftsführer oder persönlich haftende Gesellschafter von Steuerberatungsgesellschaften sein.

(3) [1]Die zuständige Steuerberaterkammer kann genehmigen, daß besonders befähigte Personen mit einer anderen Ausbildung als in einer der in § 36 genannten Fachrichtungen neben Steuerberatern Vorstandsmitglieder, Geschäftsführer oder persönlich haftende Gesellschafter von Steuerberatungsgesellschaften werden. [2]Die Genehmigung darf nur versagt werden, wenn die besondere Fachkunde fehlt oder die persönliche Zuverlässigkeit nicht vorhanden ist.

(4) Die Zahl der unter Absatz 2 und 3 fallenden Vorstandsmitglieder, Geschäftsführer und persönlich haftenden Gesellschafter darf die Zahl der Steuerberater im Vorstand, unter den Geschäftsführern oder unter den persönlich haftenden Gesellschaftern nicht übersteigen.

(5) [1]Bei Aktiengesellschaften oder Kommanditgesellschaften auf Aktien müssen die Aktien auf Namen lauten. [2]Die Übertragung muß an die Zustimmung der Gesellschaft gebunden sein. [3]Dasselbe gilt für die Übertragung von Geschäftsanteilen an einer Gesellschaft mit beschränkter Haftung.

(6) Die Anerkennung darf nicht erteilt werden, solange nicht die vorläufige Deckungszusage auf den Antrag zum Abschluß einer Berufshaftpflichtversicherung vorliegt.

§ 50 a[2] **Kapitalbindung.** (1) Voraussetzung für die Anerkennung ist ferner, daß

[1] § 50 Abs. 1 und Abs. 3 Satz 1 neugef., Abs. 6 angef. durch G v. 9. 6. 1989 (BGBl. I S. 1062), Abs. 1 Satz 2 geänd. durch G v. 13. 12. 1990 (BGBl. I S. 2756), Abs. 2 und Abs. 3 Satz 1 geänd. mWv 1. 7. 2000 durch G v. 24. 6. 2000 (BGBl. I S. 874), Abs. 1 Satz 3 angef. mWv 12. 4. 2008 durch G v. 8. 4. 2008 (BGBl. I S. 666).

[2] § 50 a eingef. durch G v. 9. 6. 1989 (BGBl. I S. 1062), Abs. 1 Nr. 6 geänd. durch G v. 13. 12. 1990 (BGBl. I S. 2756), Abs. 1 Nr. 1 neugef., Nrn. 5 und 6 geänd. mWv 1. 7. 2000 durch G v. 24. 6. 2000 (BGBl. I S. 874).

1.[1)] die Gesellschafter ausschließlich Steuerberater, Rechtsanwälte, niedergelassene europäische Rechtsanwälte, Wirtschaftsprüfer, vereidigte Buchprüfer, Steuerbevollmächtigte, in der Gesellschaft tätige Personen, deren Tätigkeit als Vorstandsmitglied, Geschäftsführer oder persönlich haftender Gesellschafter nach § 50 Abs. 3 genehmigt worden ist, oder Steuerberatungsgesellschaften, die die Voraussetzungen dieses Absatzes erfüllen, sind;
2. Anteile an der Steuerberatungsgesellschaft nicht für Rechnung eines Dritten gehalten werden;
3. bei Kapitalgesellschaften die Anteile Personen im Sinne von Nummer 1 gehören;
4. bei Kommanditgesellschaften die im Handelsregister eingetragenen Einlagen von Personen im Sinne von Nummer 1 übernommen worden sind;
5.[2)] Steuerberatern, Rechtsanwälten, niedergelassenen europäischen Rechtsanwälten, Wirtschaftsprüfern, vereidigten Buchprüfern, Steuerbevollmächtigten oder Steuerberatungsgesellschaften, die die Voraussetzungen dieses Absatzes erfüllen, zusammen die Mehrheit der Stimmrechte der Aktionäre, Kommanditaktionäre, Gesellschafter einer Gesellschaft mit beschränkter Haftung oder Kommanditisten zusteht und
6. im Gesellschaftsvertrag bestimmt ist, daß zur Ausübung von Gesellschafterrechten nur Personen bevollmächtigt werden können, die Steuerberater, Rechtsanwälte, niedergelassene europäische Rechtsanwälte, Wirtschaftsprüfer, vereidigte Buchprüfer oder Steuerbevollmächtigte sind.

(2) [1]Haben sich Personen im Sinne von Absatz 1 Nr. 1 zu einer Gesellschaft bürgerlichen Rechts zusammengeschlossen, deren Zweck ausschließlich das Halten von Anteilen an einer Steuerberatungsgesellschaft ist, so werden ihnen die Anteile an der Steuerberatungsgesellschaft im Verhältnis ihrer Beteiligung an der Gesellschaft bürgerlichen Rechts zugerechnet. [2]Stiftungen und eingetragene Vereine gelten als Berufsangehörige im Sinne von Absatz 1 Nr. 1, wenn sie ausschließlich der Altersversorgung in der Steuerberatungsgesellschaft tätiger Personen und ihrer Hinterbliebenen dienen und die zur gesetzlichen Vertretung berufenen Organe der Regelung in § 50 Abs. 4 entsprechen.

§ 51[3)] Gebühren für die Anerkennung. (1) Für die Bearbeitung des Antrags auf Anerkennung als Steuerberatungsgesellschaft hat die Gesellschaft eine Gebühr von fünfhundert Euro[4)] an die zuständige Steuerberaterkammer zu zahlen, soweit nicht durch eine Gebührenordnung nach § 79 Abs. 2 etwas anderes bestimmt ist.

(2) Für die Bearbeitung eines Antrags auf Ausnahmegenehmigung nach § 50 Abs. 3 hat die Gesellschaft eine Gebühr von einhundertfünfzig Euro[5)] an

---

[1)] § 50a Abs. 1 Nr. 1 geänd. mWv 12.4.2008 durch G v. 8.4.2008 (BGBl. I S. 666).

[2)] § 50a Abs. 1 Nr. 5 geänd. durch G v. 15.12.2003 (BGBl. I S. 2645).

[3)] § 51 Abs. 1 und 2 geänd. durch G v. 9.6.1989 (BGBl. I S. 1062), Abs. 1 neugef., Abs. 2 geänd. sowie Abs. 3 aufgeh. mWv 1.7.1994 durch G v. 24.6.1994 (BGBl. I S. 1387), Abs. 1 und 2 geänd. mWv 1.7.2000 durch G v. 24.6.2000 (BGBl. I S. 874).

[4)] Betrag geänd. mWv 1.1.2002 durch G v. 24.6.2000 (BGBl. I S. 874).

[5)] Betrag geänd. mWv 1.1.2002 durch G v. 24.6.2000 (BGBl. I S. 874).

die zuständige Steuerberaterkammer zu zahlen, soweit nicht durch eine Gebührenordnung nach § 79 Abs. 2 etwas anderes bestimmt ist.

(3) *(aufgehoben)*

§ 52[1] **Urkunde.** Über die Anerkennung als Steuerberatungsgesellschaft stellt die zuständige Steuerberaterkammer eine Urkunde aus.

§ 53[2] **Bezeichnung „Steuerberatungsgesellschaft".** [1]Die Gesellschaft ist verpflichtet, die Bezeichnung „Steuerberatungsgesellschaft" in die Firma oder den Namen aufzunehmen. [2]Für eine Partnerschaftsgesellschaft entfällt die Pflicht nach § 2 Abs. 1 des Partnerschaftsgesellschaftsgesetzes, zusätzlich die Berufsbezeichnungen aller in der Partnerschaft vertretenen Berufe in den Namen aufzunehmen.

§ 54[3] **Erlöschen der Anerkennung.** (1) Die Anerkennung erlischt durch

1. Auflösung der Gesellschaft,
2. Verzicht auf die Anerkennung.

(2) Der Verzicht ist schriftlich gegenüber der zuständigen Steuerberaterkammer zu erklären.

(3) Die zuständige Steuerberaterkammer kann, wenn die zur gesetzlichen Vertretung bestellten Personen keine hinreichende Gewähr zur ordnungsgemäßen Abwicklung der schwebenden Angelegenheiten nach § 33 bieten, einen oder mehrere Steuerberater oder Steuerbevollmächtigte insoweit zum Abwickler bestellen.

(4) § 70 Abs. 1 bis 4 gilt entsprechend.

§ 55[4] **Rücknahme und Widerruf der Anerkennung.** (1) Die zuständige Steuerberaterkammer hat die Anerkennung zurückzunehmen, wenn sich nach der Anerkennung ergibt, daß sie hätte versagt werden müssen.

(2) [1]Die zuständige Steuerberaterkammer hat die Anerkennung zu widerrufen, wenn

---

[1] § 52 neu gef. durch G v. 9.6.1989 (BGBl. I S. 1062) und geänd. mWv 1.7.2000 durch G v. 24.6.2000 (BGBl. I S. 874).

[2] § 53 Satz 1 geänd., Satz 2 angef. mWv 1.7.1995 durch G v. 25.7.1994 (BGBl. I S. 1744); Satz 2 geänd. mWv 18.12.2019 durch G v. 12.12.2019 (BGBl. I S. 2451).

[3] § 54 Abs. 2 neu gef. durch G v. 9.6.1989 (BGBl. I S. 1062), Abs. 3 und 4 angef. mWv 1.7.1994 durch G v. 24.6.1994 (BGBl. I S. 1387), Abs. 2 und 3 geänd. mWv 1.7.2000 durch G v. 24.6.2000 (BGBl. I S. 874).

[4] § 55 Abs. 1 geänd., Abs. 2 und 3 neu gef. durch G v. 9.6.1989 (BGBl. I S. 1062), Abs. 4 und 5 angef. mWv 1.7.1994 durch G v. 24.6.1994 (BGBl. I S. 1387), Abs. 1 geänd., Abs. 2 und 3 neu gef. mWv 1.7.2000 durch G v. 24.6.2000 (BGBl. I S. 874), Abs. 2a eingef. mWv 12.4.2008 durch G v. 8.4.2008 (BGBl. I S. 666).

1. die Gesellschaft nicht die nach diesem Gesetz vorgeschriebene Haftpflichtversicherung unterhält oder
2. andere Voraussetzungen für die Anerkennung der Gesellschaft nachträglich fortfallen,

es sei denn, dass die Gesellschaft innerhalb einer angemessenen, von der zuständigen Steuerberaterkammer zu bestimmenden Frist den dem Gesetz entsprechenden Zustand herbeiführt. 2 Die Frist beträgt bei Fortfall der in § 50a genannten Voraussetzungen wegen eines Erbfalls mindestens fünf Jahre.

(2a)[1] Die Anerkennung ist ferner zu widerrufen, wenn die Gesellschaft in Vermögensverfall geraten ist, es sei denn, dass dadurch die Interessen der Auftraggeber nicht gefährdet sind; der Vermögensverfall wird vermutet, wenn die Gesellschaft in das *vom Insolvenzgericht oder*[1] vom Vollstreckungsgericht zu führende Schuldnerverzeichnis (§ 26 Abs. 2 der Insolvenzordnung, § 882b[1] der Zivilprozessordnung) eingetragen ist.

(3) Vor der Rücknahme oder dem Widerruf ist die Steuerberatungsgesellschaft zu hören.

(4) Erfolgt die Rücknahme oder der Widerruf, weil die Gesellschaft keinen Vorstand, keinen Geschäftsführer oder keinen persönlich haftenden Gesellschafter hat, kann die Entscheidung jedem Gesellschafter bekanntgegeben werden.

(5) § 54 Abs. 3 und § 70 Abs. 1 bis 4 gelten entsprechend.

Dritter Abschnitt. Rechte und Pflichten

§ 56[2] Weitere berufliche Zusammenschlüsse. (1) 1 Steuerberater und Steuerbevollmächtigte dürfen sich mit anderen Steuerberatern und Steuerbevollmächtigten, Wirtschaftsprüfern, vereidigten Buchprüfern, Mitgliedern einer Rechtsanwaltskammer und der Patentanwaltskammer zur gemeinschaftlichen Berufsausübung im Rahmen der eigenen beruflichen Befugnisse verbinden. 2 Mit Rechtsanwälten, die zugleich Notare sind, darf diese Verbindung nur bezogen auf die anwaltliche Berufsausübung eingegangen werden. 3 Im Übrigen richtet sich die Verbindung mit Rechtsanwälten, die zugleich Notare sind, nach den Bestimmungen und Anforderungen des notariellen Berufsrechts.

(2) 1 Steuerberater und Steuerbevollmächtigte dürfen mit anderen Steuerberatern und Steuerbevollmächtigten, Wirtschaftsprüfern, vereidigten Buchprüfern, Mitgliedern einer Rechtsanwaltskammer und der Patentanwaltskammer, den in § 3 Nr. 2 und 3 genannten Vereinigungen, Lohnsteuerhilfevereinen, Vereinen im Sinne des § 4 Nr. 8 und Gesellschaften und Personenvereinigungen im Sinne des § 155 Abs. 1 eine Bürogemeinschaft bilden. 2 Absatz 1 Satz 2 und 3 ist sinngemäß anzuwenden.

---

[1] § 55 Abs. 2a kursiver Satzteil aufgeh., Zitat geänd. mWv 1.1.2013 durch G v. 29.7.2009 (BGBl. I S. 2258).

[2] § 56 eingef. mWv 1.7.2000 durch G v. 24.6.2000 (BGBl. I S. 874) und neu gef. mWv 12.4.2008 durch G v. 8.4.2008 (BGBl. I S. 666).

(3) Ein Zusammenschluss im Sinne der Absätze 1 und 2 mit ausländischen Berufsangehörigen, die ihre berufliche Niederlassung im Ausland haben, ist zulässig, wenn diese im Ausland einen den in § 3 Nr. 1 genannten Berufen in der Ausbildung und den Befugnissen vergleichbaren Beruf ausüben und die Voraussetzungen für die Berufsausübung den Anforderungen dieses Gesetzes im Wesentlichen entsprechen.

(4) [1]Die Gründung von Gesellschaften nach den Absätzen 1 und 3 und Veränderungen in den Gesellschaftsverhältnissen sind nach Maßgabe der Berufsordnung der zuständigen Steuerberaterkammer anzuzeigen. [2]Auf Verlangen der Steuerberaterkammer sind erforderliche Auskünfte zu erteilen und die Verträge über die gemeinsame Berufsausübung sowie deren Änderungen vorzulegen.

(5) [1]Steuerberater und Steuerbevollmächtigte dürfen eine auf einen Einzelfall oder auf Dauer angelegte berufliche Zusammenarbeit, der nicht die Annahme gemeinschaftlicher Aufträge zugrunde liegt, mit Angehörigen freier Berufe im Sinne des § 1 Abs. 2 des Partnerschaftsgesellschaftsgesetzes sowie von diesen gebildeten Berufsausübungsgemeinschaften eingehen (Kooperation). [2]Sie sind verpflichtet sicherzustellen, dass bei der Kooperation ihre Berufspflichten eingehalten werden. [3]Ist dies nicht gewährleistet, muss die Kooperation unverzüglich beendet werden.

§ 57[1)] Allgemeine Berufspflichten. (1) Steuerberater und Steuerbevollmächtigte haben ihren Beruf unabhängig, eigenverantwortlich, gewissenhaft, verschwiegen und unter Verzicht auf berufswidrige Werbung auszuüben.

(2) [1]Steuerberater und Steuerbevollmächtigte haben sich jeder Tätigkeit zu enthalten, die mit ihrem Beruf oder mit dem Ansehen des Berufs nicht vereinbar ist. [2]Sie haben sich auch außerhalb der Berufstätigkeit des Vertrauens und der Achtung würdig zu erweisen, die ihr Beruf erfordert.

(2a) Steuerberater und Steuerbevollmächtigte sind verpflichtet, sich fortzubilden.

(3) Mit dem Beruf eines Steuerberaters oder eines Steuerbevollmächtigten sind insbesondere vereinbar

1. die Tätigkeit als Wirtschaftsprüfer, Rechtsanwalt, niedergelassener europäischer Rechtsanwalt oder vereidigter Buchprüfer;
2. eine freiberufliche Tätigkeit, die die Wahrnehmung fremder Interessen einschließlich der Beratung zum Gegenstand hat;
3. eine wirtschaftsberatende, gutachtliche oder treuhänderische Tätigkeit sowie die Erteilung von Bescheinigungen über die Beachtung steuerrechtlicher Vorschriften in Vermögensübersichten und Erfolgsrechnungen;
4. die Tätigkeit eines Lehrers oder eines wissenschaftlichen Mitarbeiters an Hochschulen und wissenschaftlichen Instituten, sofern der wissenschaftliche

---

1) § 57 Abs. 3 Nr. 4 angef. durch G v. 9.6.1989 (BGBl. I S. 1062), Abs. 4 Nr. 2 geänd. durch G v. 18.8.1980 (BGBl. I S. 1537), Abs. 3 Nrn. 1 und 4 geänd., Nr. 6 angef. mWv 1.7.2000 durch G v. 24.6.2000 (BGBl. I S. 874), Abs. 2a eingef., Abs. 4 Nr. 1 neu gef., Nr. 2 Satz 2 angef. mWv 12.4.2008 durch G v. 8.4.2008 (BGBl. I S. 666); Abs. 3 Nr. 4 neu gef. mWv 18.12.2019 durch G v. 12.12.2019 (BGBl. I S. 2451).

Mitarbeiter ihm übertragene Aufgaben in Forschung und Lehre überwiegend selbständig erfüllt; nicht vereinbar hingegen ist die Tätigkeit eines Lehrers oder eines wissenschaftlichen Mitarbeiters an staatlichen verwaltungsinternen Fachhochschulen mit Ausbildungsgängen für den öffentlichen Dienst;

5. eine freie schriftstellerische Tätigkeit sowie eine freie Vortrags- und Lehrtätigkeit;
6. die Durchführung von Lehr- und Vortragsveranstaltungen zur Vorbereitung auf die Steuerberaterprüfung sowie die Prüfung als Wirtschaftsprüfer und vereidigter Buchprüfer und zur Fortbildung der Mitglieder der Steuerberaterkammern und deren Mitarbeiter.

(4) [1] Als Tätigkeiten, die mit dem Beruf des Steuerberaters und des Steuerbevollmächtigten nicht vereinbar sind, gelten insbesondere

1. eine gewerbliche Tätigkeit; die zuständige Steuerberaterkammer kann von diesem Verbot Ausnahmen zulassen, soweit durch die Tätigkeit eine Verletzung von Berufspflichten nicht zu erwarten ist;
2. eine Tätigkeit als Arbeitnehmer mit Ausnahme der Fälle des Absatzes 3 Nr. 4 sowie der §§ 58 und 59. [2] Eine Tätigkeit als Angestellter der Finanzverwaltung ist stets mit dem Beruf des Steuerberaters oder Steuerbevollmächtigten unvereinbar.

§ 57a[1)] Werbung. Werbung ist nur erlaubt, soweit sie über die berufliche Tätigkeit in Form und Inhalt sachlich unterrichtet und nicht auf die Erteilung eines Auftrags im Einzelfall gerichtet ist.

§ 58[2)] Tätigkeit als Angestellter. [1] Steuerberater und Steuerbevollmächtigte dürfen ihren Beruf als Angestellte einer Person oder Vereinigung im Sinne des § 3 Nr. 1 bis 3 ausüben. [2] Sie dürfen ferner tätig werden

1. als Leiter oder als Angestellte von genossenschaftlichen Prüfungsverbänden, genossenschaftlichen Treuhandstellen oder überörtlichen Prüfungseinrichtungen für Körperschaften und Anstalten des öffentlichen Rechts,
2. als Leiter von Buchstellen oder von Beratungsstellen der Lohnsteuerhilfevereine,
3. als Angestellte von Buchstellen oder von Beratungsstellen der Lohnsteuerhilfevereine, wenn die Buchstelle, die jeweilige Geschäftsstelle der Buchstelle oder die Beratungsstelle von einem Steuerberater oder Steuerbevollmächtigten geleitet wird,
4. als Angestellte von Genossenschaften oder anderen Personenvereinigungen,

---

[1)] § 57a eingef. mWv 1.7.1994 durch G v. 24.6.1994 (BGBl. I S. 1387).

[2)] § 58 Abs. 2 Nrn. 5 und 6 angef. durch G v. 18.8.1980 (BGBl. I S. 1537), Abs. 2 Nrn. 7 und 8 angef. mWv 1.7.1994 durch G v. 24.6.1994 (BGBl. I S. 1387), bish. Abs. 1 aufgeh., Satz 1 neugef., bish. Nr. 1 aufgeh., bish. Nrn. 2 bis 8 werden Nrn. 1 bis 7, Nr. 3 geänd. und Nr. 6 Halbsatz 2 angef. mWv 1.7.2000 durch G v. 24.6.2000 (BGBl. I S. 874), Nr. 5 ersetzt durch Nrn. 5 und 5a mWv 12.4.2008 durch G v. 8.4.2008 (BGBl. I S. 666).

a) deren Mitglieder ausschließlich Personen und Gesellschaften im Sinne des § 3 sind und

b) deren Zweck ausschließlich der Betrieb von Einrichtungen zur Unterstützung der Mitglieder bei der Ausübung ihres Berufes ist,

5. als Angestellte von Berufskammern der in § 56 Abs. 1 genannten Berufe,

5a. als Angestellte, wenn sie im Rahmen des Angestelltenverhältnisses Tätigkeiten im Sinne des § 33 wahrnehmen. [2]Dies gilt nicht, wenn hierdurch die Pflicht zur unabhängigen und eigenverantwortlichen Berufsausübung beeinträchtigt wird. [3]Der Steuerberater oder Steuerbevollmächtigte darf für einen Auftraggeber, dem er auf Grund eines ständigen Dienst- oder ähnlichen Beschäftigungsverhältnisses seine Arbeitszeit und -kraft zur Verfügung stellen muss, nicht in seiner Eigenschaft als Steuerberater oder Steuerbevollmächtigter tätig werden. [4]Bei Mandatsübernahme hat der Steuerberater oder Steuerbevollmächtigte den Mandanten auf seine Angestelltentätigkeit hinzuweisen. [5]§ 57 Abs. 4 Nr. 2 Satz 2 bleibt unberührt,

6. als Angestellte von ausländischen Berufsangehörigen, die ihre berufliche Niederlassung im Ausland haben, wenn diese den in § 56 Abs. 4 genannten vergleichbar sind und die Voraussetzungen für die Berufsausübung den Anforderungen dieses Gesetzes im wesentlichen entsprechen; für Angestellte von Vereinigungen mit Sitz im Ausland gilt dies nur, soweit es sich um Vereinigungen handelt, deren Vorstandsmitglieder, Geschäftsführer, persönlich haftende Gesellschafter, Mitglieder oder sonstige Anteilseigner mehrheitlich Personen sind, die im Ausland einen den in § 3 Nr. 1 genannten Berufen in der Ausbildung und den Befugnissen vergleichbaren Beruf ausüben und bei denen die Voraussetzungen für die Berufsausübung den Anforderungen dieses Gesetzes im Wesentlichen entsprechen,

7. als Geschäftsführer oder als Angestellte einer europäischen wirtschaftlichen Interessenvereinigung, wenn alle Geschäftsführer und alle Mitglieder Angehörige europäischer steuerberatender, wirtschaftsprüfender oder rechtsberatender Berufe sind,

8.[1] als Angestellte des Bundesamts für Wirtschaft und Ausfuhrkontrolle, soweit es sich um eine Tätigkeit bei der Abschlussprüferaufsichtsstelle handelt. [2]§ 59 steht dem nicht entgegen.

§ 59[2] Steuerberater oder Steuerbevollmächtigte im öffentlich-rechtlichen Dienst- oder Amtsverhältnis. [1]Ist ein Steuerberater oder Steuerbevollmächtigter ein öffentlich-rechtliches Dienstverhältnis als Wahlbeamter auf Zeit oder ein öffentlich-rechtliches Amtsverhältnis eingegangen, so darf er seinen Beruf als Steuerberater oder Steuerbevollmächtigter nicht ausüben, es sei denn, daß er die ihm übertragene Aufgabe ehrenamtlich wahrnimmt. [2]Die zuständige Steuerberaterkammer kann dem Steuerberater oder Steuerbevollmächtigten auf seinen Antrag einen Vertreter bestellen oder ihm gestatten,

---

[1] § 58 Satz 2 Nr. 8 angef. mWv 17.6.2016 durch G v. 31.3.2016 (BGBl. I S. 518).
[2] § 59 Satz 2 geänd. durch G v. 24.6.2000 (BGBl. I S. 874).

seinen Beruf selbst auszuüben, wenn die Einhaltung der allgemeinen Berufspflichten dadurch nicht gefährdet wird.

§ 60 Eigenverantwortlichkeit. (1) Eigenverantwortliche Tätigkeit nach § 57 Abs. 1 üben nur aus

1. selbständige Steuerberater oder Steuerbevollmächtigte,
2. zeichnungsberechtigte Vertreter eines Steuerberaters, eines Steuerbevollmächtigten oder einer Steuerberatungsgesellschaft,

(Fortsetzung nächstes Blatt)

3. Angestellte, die nach § 58 mit dem Recht der Zeichnung Hilfe in Steuersachen leisten.

(2) Eine eigenverantwortliche Tätigkeit in den Fällen des Absatzes 1 Nr. 2 und 3 übt nicht aus, wer sich als zeichnungsberechtigter Vertreter oder als Angestellter an Weisungen zu halten hat, durch die ihm die Freiheit zu pflichtmäßigem Handeln (§ 57) genommen wird.

§ 61 Ehemalige Angehörige der Finanzverwaltung. Ehemalige Beamte und Angestellte der Finanzverwaltung dürfen während eines Zeitraumes von drei Jahren nach dem Ausscheiden aus dem öffentlichen Dienst nicht für Auftraggeber tätig werden, mit deren Steuerangelegenheiten sie innerhalb der letzten drei Jahre vor dem Ausscheiden materiell befaßt waren.

§ 62[1] **Verschwiegenheitspflicht beschäftigter Personen.** [1]Steuerberater und Steuerbevollmächtigte haben die von ihnen beschäftigten Personen in schriftlicher Form zur Verschwiegenheit zu verpflichten und sie dabei über die strafrechtlichen Folgen einer Pflichtverletzung zu belehren. [2]Zudem haben sie bei ihnen in geeigneter Weise auf die Einhaltung der Verschwiegenheitspflicht hinzuwirken. [3]Den von dem Steuerberater oder Steuerbevollmächtigten beschäftigten Personen stehen die Personen gleich, die im Rahmen einer berufsvorbereitenden Tätigkeit oder einer sonstigen Hilfstätigkeit an seiner beruflichen Tätigkeit mitwirken. [4]Satz 1 gilt nicht für angestellte Personen, die im Hinblick auf die Verschwiegenheitspflicht den gleichen Anforderungen wie der Steuerberater oder Steuerbevollmächtigte unterliegen. [5]Hat sich ein Steuerberater oder Steuerbevollmächtigter mit anderen Personen, die im Hinblick auf die Verschwiegenheitspflicht den gleichen Anforderungen unterliegen wie er, zur gemeinschaftlichen Berufsausübung zusammengeschlossen und besteht zu den beschäftigten Personen ein einheitliches Beschäftigungsverhältnis, so genügt auch der Nachweis, dass eine andere dieser Personen die Verpflichtung nach Satz 1 vorgenommen hat.

§ 62a[2] **Inanspruchnahme von Dienstleistungen.** (1) [1]Steuerberater und Steuerbevollmächtigte dürfen Dienstleistern den Zugang zu Tatsachen eröffnen, auf die sich die Verpflichtung zur Verschwiegenheit gemäß § 57 Absatz 1 bezieht, soweit dies für die Inanspruchnahme der Dienstleistung erforderlich ist. [2]Dienstleister ist eine andere Person oder Stelle, die vom Steuerberater oder vom Steuerbevollmächtigten im Rahmen seiner Berufsausübung mit Dienstleistungen beauftragt wird.

(2) [1]Steuerberater und Steuerbevollmächtigte sind verpflichtet, den Dienstleister sorgfältig auszuwählen. [2]Die Zusammenarbeit muss unverzüglich beendet werden, wenn die Einhaltung der dem Dienstleister gemäß Absatz 3 zu machenden Vorgaben nicht gewährleistet ist.

(3) [1]Der Vertrag mit dem Dienstleister bedarf der Textform. [2]In ihm ist

---

[1] § 62 neu gef. mWv 9.11.2017 durch G v. 30.10.2017 (BGBl. I S. 3618).
[2] § 62a eingef. mWv 9.11.2017 durch G v. 30.10.2017 (BGBl. I S. 3618).

1. der Dienstleister unter Belehrung über die strafrechtlichen Folgen einer Pflichtverletzung zur Verschwiegenheit zu verpflichten,
2. der Dienstleister zu verpflichten, sich nur insoweit Kenntnis von fremden Geheimnissen zu verschaffen, als dies zur Vertragserfüllung erforderlich ist, und
3. festzulegen, ob der Dienstleister befugt ist, weitere Personen zur Erfüllung des Vertrags heranzuziehen; für diesen Fall ist dem Dienstleister aufzuerlegen, diese Personen in Textform zur Verschwiegenheit zu verpflichten.

(4) Bei der Inanspruchnahme von Dienstleistungen, die im Ausland erbracht werden, darf der Steuerberater und der Steuerbevollmächtigte dem Dienstleister den Zugang zu fremden Geheimnissen unbeschadet der übrigen Voraussetzungen dieser Vorschrift nur dann eröffnen, wenn der dort bestehende Schutz der Geheimnisse dem Schutz im Inland vergleichbar ist, es sei denn, dass der Schutz der Geheimnisse dies nicht gebietet.

(5) Bei der Inanspruchnahme von Dienstleistungen, die unmittelbar einem einzelnen Mandat dienen, darf der Steuerberater und der Steuerbevollmächtigte dem Dienstleister den Zugang zu fremden Geheimnissen nur dann eröffnen, wenn der Mandant darin eingewilligt hat.

(6) Die Absätze 2 und 3 gelten auch im Fall der Inanspruchnahme von Dienstleistungen, in die der Mandant eingewilligt hat, sofern der Mandant nicht ausdrücklich auf die Einhaltung der in den Absätzen 2 und 3 genannten Anforderungen verzichtet hat.

(7) [1] Die Absätze 1 bis 6 gelten nicht, soweit Dienstleistungen auf Grund besonderer gesetzlicher Vorschriften in Anspruch genommen werden. [2] Absatz 3 Satz 2 gilt nicht, soweit der Dienstleister hinsichtlich der zu erbringenden Dienstleistung gesetzlich zur Verschwiegenheit verpflichtet ist.

(8) Die Vorschriften zum Schutz personenbezogener Daten bleiben unberührt.

§ 63 Mitteilung der Ablehnung eines Auftrags. [1] Steuerberater und Steuerbevollmächtigte, die in ihrem Beruf in Anspruch genommen werden und den Auftrag nicht annehmen wollen, haben die Ablehnung unverzüglich zu erklären. [2] Sie haben den Schaden zu ersetzen, der aus einer schuldhaften Verzögerung dieser Erklärung entsteht.

§ 64[1)] Gebührenordnung. (1) [1] Steuerberater und Steuerbevollmächtigte sind an eine Gebührenordnung gebunden, die das Bundesministerium der Finanzen durch Rechtsverordnung[2)] mit Zustimmung des Bundesrates erläßt. [2] Das Bundesministerium der Finanzen hat vorher die Bundessteuerberaterkammer zu hören. [3] Die Höhe der Gebühren darf den Rahmen des Angemessenen nicht übersteigen und hat sich nach

---

[1)] § 64 Abs. 2 angef. mWv 1. 7. 1994 durch G v. 24. 6. 1994 (BGBl. I S. 1387) und neugef. mWv 12. 4. 2008 durch G v. 8. 4. 2008 (BGBl. I S. 666).

[2)] GebührenVO für Steuerberater, Steuerbevollmächtigte und Steuerberatungsgesellschaften v. 17. 12. 1981 (Nr. **840 a**).

1. Zeitaufwand,
2. Wert des Objekts und
3. Art der Aufgabe

zu richten.

(2) [1]Die Abtretung von Gebührenforderungen oder die Übertragung ihrer Einziehung an Personen und Vereinigungen im Sinne des § 3 Nr. 1 bis 3 und von diesen gebildeten Berufsausübungsgemeinschaften (§ 56) ist auch ohne Zustimmung des Mandanten zulässig. [2]Im Übrigen sind Abtretung oder Übertragung nur zulässig, wenn eine ausdrückliche, schriftliche Einwilligung des Mandanten vorliegt oder die Forderung rechtskräftig festgestellt ist. [3]Vor der Einwilligung ist der Mandant über die Informationspflicht des Steuerberaters oder Steuerbevollmächtigten gegenüber dem neuen Gläubiger oder Einziehungsermächtigten aufzuklären. [4]Der neue Gläubiger oder Einziehungsermächtigte ist in gleicher Weise zur Verschwiegenheit verpflichtet wie der beauftragte Steuerberater oder Steuerbevollmächtigte.

§ 65 Pflicht zur Übernahme einer Prozessvertretung. [1]Steuerberater haben im Verfahren vor den Gerichten der Finanzgerichtsbarkeit die Vertretung eines Beteiligten zu übernehmen, wenn sie diesem zur vorläufig unentgeltlichen Wahrnehmung der Rechte auf Grund des § 142 der Finanzgerichtsordnung[1)] beigeordnet sind. [2]Der Steuerberater kann beantragen, die Beiordnung aufzuheben, wenn hierfür wichtige Gründe vorliegen.

§ 65a[2)] Pflicht zur Übernahme der Beratungshilfe. [1]Steuerberater und Steuerbevollmächtigte sind verpflichtet, die in dem Beratungshilfegesetz vorgesehene Beratungshilfe zu übernehmen. [2]Sie können die Beratungshilfe im Einzelfall aus wichtigem Grund ablehnen.

§ 66[3)] Handakten. (1) [1]Der Steuerberater oder Steuerbevollmächtigte muss durch das Führen von Handakten ein geordnetes und zutreffendes Bild über die Bearbeitung seiner Aufträge geben können. [2]Er hat die Handakten für die Dauer von zehn Jahren aufzubewahren. [3]Die Frist beginnt mit Ablauf des Kalenderjahres, in dem der Auftrag beendet wurde. [4]Diese Verpflichtung erlischt mit der Übergabe der Handakten an den Auftraggeber, spätestens jedoch binnen sechs Monaten, nachdem der Auftraggeber die Aufforderung des Steuerberaters oder Steuerbevollmächtigten erhalten hat, die Handakten in Empfang zu nehmen.

(2) [1]Der Steuerberater oder Steuerbevollmächtigte kann seinem Auftraggeber die Herausgabe der Handakten verweigern, bis er wegen seiner Gebühren und Auslagen befriedigt ist. [2]Dies gilt nicht, soweit die Vorenthaltung der Handakten und der einzelnen Schriftstücke nach den Umständen unangemessen ist.

[1)] Nr. **802**.

[2)] § 65a eingef. mWv 1.1.2014 durch G v. 31.8.2013 (BGBl. I S. 3533).

[3)] § 66 neu gef. mWv 12.4.2008 durch G v. 8.4.2008 (BGBl. I S. 666); Satz 1 ersetzt durch Sätze 1 bis 3, bish. Satz 2 wird Satz 4 mWv 18.12.2019 durch G v. 12.12.2019 (BGBl. I S. 2451).

(3) Handakten im Sinne dieser Vorschrift sind nur die Schriftstücke, die der Steuerberater oder Steuerbevollmächtigte aus Anlass seiner beruflichen Tätigkeit von dem Auftraggeber oder für ihn erhalten hat, nicht aber der Briefwechsel zwischen dem Steuerberater oder Steuerbevollmächtigten und seinem Auftraggeber, die Schriftstücke, die dieser bereits in Urschrift oder Abschrift erhalten hat, sowie die zu internen Zwecken gefertigten Arbeitspapiere.

(4) [1] Die Absätze 1 bis 3 gelten entsprechend, soweit sich der Steuerberater oder Steuerbevollmächtigte zum Führen von Handakten der elektronischen Datenverarbeitung bedient. [2] Die in anderen Gesetzen getroffenen Regelungen über die Pflicht zur Aufbewahrung von Geschäftsunterlagen bleiben unberührt.

§ 67[1)] Berufshaftpflichtversicherung. (1) Selbstständige Steuerberater, Steuerbevollmächtigte und Partnerschaftsgesellschaften, auch solche mit beschränkter Berufshaftung nach § 8 Absatz 4 des Partnerschaftsgesellschaftsgesetzes, müssen gegen die aus ihrer Berufstätigkeit sich ergebenden Haftpflichtgefahren angemessen versichert sein.

(2) [1] Partnerschaftsgesellschaften mit beschränkter Berufshaftung erfüllen die Voraussetzungen nach § 8 Absatz 4 Satz 1 des Partnerschaftsgesellschaftsgesetzes, wenn sie eine Berufshaftpflichtversicherung unterhalten, deren Mindestversicherungssumme eine Million Euro beträgt. [2] Die Leistungen des Versicherers für alle innerhalb eines Versicherungsjahres verursachten Schäden können auf den Betrag der Mindestversicherungssumme, vervielfacht mit der Zahl der Partner, begrenzt werden. [3] Die Jahreshöchstleistung für alle in einem Versiche-

(Fortsetzung nächste Seite)

---

1) § 67 neu gef. mWv 19.7.2013 durch G v. 15.7.2013 (BGBl. I S. 2386).

rungsjahr verursachten Schäden muss jedoch mindestens vier Millionen Euro betragen.

(3) Zuständige Stelle im Sinne des § 117 Absatz 2 des Versicherungsvertragsgesetzes ist die Steuerberaterkammer.

(4) Die Steuerberaterkammer erteilt Dritten zur Geltendmachung von Schadensersatzansprüchen auf Antrag Auskunft über den Namen, die Adresse und die Versicherungsnummer der Berufshaftpflichtversicherung des Steuerberaters, des Steuerbevollmächtigten, der Steuerberatungsgesellschaft oder der Partnerschaftsgesellschaft, soweit der Steuerberater, der Steuerbevollmächtigte, die Steuerberatungsgesellschaft oder die Partnerschaftsgesellschaft kein überwiegendes schutzwürdiges Interesse an der Nichterteilung der Auskunft hat.

§ 67 a[1)] Vertragliche Begrenzung von Ersatzansprüchen. (1) [1]Der Anspruch des Auftraggebers aus dem zwischen ihm und dem Steuerberater oder Steuerbevollmächtigten bestehenden Vertragsverhältnis auf Ersatz eines fahrlässig verursachten Schadens kann beschränkt werden:

1. durch schriftliche Vereinbarung im Einzelfall bis zur Höhe der Mindestversicherungssumme;
2. durch vorformulierte Vertragsbedingungen auf den vierfachen Betrag der Mindestversicherungssumme, wenn insoweit Versicherungsschutz besteht.

[2]Für Berufsausübungsgesellschaften gilt Satz 1 entsprechend.

(2) [1]Die persönliche Haftung auf Schadensersatz kann durch vorformulierte Vertragsbedingungen beschränkt werden auf die Mitglieder einer Sozietät, die das Mandat im Rahmen ihrer eigenen beruflichen Befugnisse bearbeiten und namentlich bezeichnet sind. [2]Die Zustimmungserklärung zu einer solchen Beschränkung darf keine anderen Erklärungen enthalten und muß vom Auftraggeber unterschrieben sein.

§ 68.[2)] *(aufgehoben)*

§ 69[3)] Bestellung eines allgemeinen Vertreters. (1) [1]Steuerberater und Steuerbevollmächtigte müssen einen allgemeinen Vertreter bestellen, wenn sie länger als einen Monat daran gehindert sind, ihren Beruf auszuüben; die Bestellung ist der zuständigen Steuerberaterkammer unverzüglich anzuzeigen. [2]Auf Antrag des Steuerberaters oder Steuerbevollmächtigten bestellt die zuständige Steuerberaterkammer den Vertreter. [3]Der Vertreter muß ein Steuerberater oder Steuerbevollmächtigter (§§ 40, 42) sein.

(2) [1]Dem Vertreter stehen im Rahmen der eigenen Befugnisse die rechtlichen Befugnisse des Steuerberaters oder Steuerbevollmächtigten zu, den er vertritt. [2]Der Vertreter wird in eigener Verantwortung, jedoch im Interesse,

---

1) § 67 a eingef. mWv 1. 7. 1994 durch G v. 24. 6. 1994 (BGBl. I S. 1387); Abs. 1 bish. Text wird Satz 1, Satz 2 angef. mWv 19. 7. 2013 durch G v. 15. 7. 2013 (BGBl. I S. 2386).

2) § 68 aufgeh. mWv 15. 12. 2004 durch G v. 9. 12. 2004 (BGBl. I S. 3214).

3) § 69 neu gef. mWv 1. 7. 1994 durch G v. 24. 6. 1994 (BGBl. I S. 1387), Abs. 1 Satz 1 Halbsatz 2 und Abs. 5 Satz 2 eingef., Abs. 1 Sätze 2 und 3, Abs. 3 Sätze 1 und 4, Abs. 4 Sätze 5 und 7 geänd. mWv 1. 7. 2000 durch G v. 24. 6. 2000 (BGBl. I S. 874), Abs. 7 angef. mWv 12. 4. 2008 durch G v. 8. 4. 2008 (BGBl. I S. 666).

für Rechnung und auf Kosten des Vertretenen tätig. [3]Die §§ 666, 667 und 670 des Bürgerlichen Gesetzbuches gelten entsprechend.

(3) [1]Die zuständige Steuerberaterkammer kann den Vertreter von Amts wegen bestellen, wenn der Steuerberater oder Steuerbevollmächtigte es unterlassen hat, eine Maßnahme nach Absatz 1 Satz 1 zu treffen oder die Bestellung eines Vertreters nach Absatz 1 Satz 2 zu beantragen. [2]Der Vertreter soll jedoch erst bestellt werden, wenn der Steuerberater oder Steuerbevollmächtigte vorher aufgefordert worden ist, den Vertreter selbst zu bestellen oder einen Antrag nach Absatz 1 Satz 2 einzureichen, und die ihm hierfür gesetzte Frist fruchtlos verstrichen ist. [3]Der Steuerberater oder Steuerbevollmächtigte, der von Amts wegen als Vertreter bestellt wird, kann die Vertretung nur aus einem wichtigen Grund ablehnen. [4]Über die Zulässigkeit der Ablehnung entscheidet die zuständige Steuerberaterkammer.

(4) [1]Der von Amts wegen bestellte Vertreter ist berechtigt, die Praxisräume zu betreten und die zur Praxis gehörenden Gegenstände einschließlich des dem Steuerberater oder Steuerbevollmächtigten zur Verwahrung unterliegenden Treugutes in Besitz zu nehmen, herauszuverlangen und hierüber zu verfügen. [2]An Weisungen des Vertretenen ist er nicht gebunden. [3]Der Vertretene darf die Tätigkeit des Vertreters nicht beeinträchtigen. [4]Er hat dem von Amts wegen bestellten Vertreter eine angemessene Vergütung zu zahlen, für die Sicherheit zu leisten ist, wenn die Umstände es erfordern. [5]Können sich die Beteiligten über die Höhe der Vergütung oder über die Sicherheit nicht einigen oder wird die geschuldete Sicherheit nicht geleistet, setzt die Steuerberaterkammer auf Antrag des Vertretenen oder des Vertreters die Vergütung fest. [6]Der Vertreter ist befugt, Vorschüsse auf die vereinbarte oder festgesetzte Vergütung zu entnehmen. [7]Für die festgesetzte Vergütung haftet die Steuerberaterkammer wie ein Bürge.

(5) [1]Der Vertreter wird für einen bestimmten Zeitraum, längstens jedoch für die Dauer von zwei Jahren bestellt. [2]In den Fällen des § 59 erfolgt die Bestellung des Vertreters für die Dauer des Dienst- oder Amtsverhältnisses. [3]Die Bestellung kann jederzeit widerrufen werden.

(6) Der von Amts wegen bestellte Vertreter darf für die Dauer von zwei Jahren nach Ablauf der Bestellung nicht für Auftraggeber tätig werden, die er in seiner Eigenschaft als Vertreter für den Vertretenen betreut hat.

(7) [1]Ist ein Steuerberater oder Steuerbevollmächtigter, für den ein Vertreter bestellt ist, gestorben, so sind Rechtshandlungen, die der Vertreter vor Eintragung der Löschung des verstorbenen Berufsangehörigen in das Berufsregister vorgenommen hat, nicht deshalb unwirksam, weil der Berufsangehörige zur Zeit der Bestellung des Vertreters oder zur Zeit der Vornahme der Handlung nicht mehr gelebt hat. [2]Das Gleiche gilt für Rechtshandlungen, die vor Eintragung der Löschung des verstorbenen Berufsangehörigen in das Berufsregister dem Vertreter gegenüber noch vorgenommen worden sind.

§ 70[1)] Bestellung eines Praxisabwicklers. (1) [1]Ist ein Steuerberater oder Steuerbevollmächtigter gestorben, kann die zuständige Steuerberaterkammer einen anderen Steuerberater oder Steuerbevollmächtigten zum

[1)] § 70 neu gef. mWv 12. 4. 2008 durch G v. 8. 4. 2008 (BGBl. I S. 666).

Abwickler der Praxis bestellen. [2]Ein Abwickler kann auch für die Praxis eines früheren Steuerberaters oder Steuerbevollmächtigten bestellt werden, dessen Bestellung erloschen, zurückgenommen oder widerrufen worden ist.

(2) [1]Der Abwickler ist in der Regel nicht länger als für die Dauer eines Jahres zu bestellen. [2]Auf Antrag des Abwicklers ist die Bestellung jeweils höchstens um ein Jahr zu verlängern, wenn er glaubhaft macht, dass schwebende Angelegenheiten noch nicht zu Ende geführt werden konnten.

(3) [1]Dem Abwickler obliegt es, die schwebenden Angelegenheiten abzuwickeln. [2]Er führt die laufenden Aufträge fort; innerhalb der ersten sechs Monate ist er auch berechtigt, neue Aufträge anzunehmen. [3]Ihm stehen die gleichen Befugnisse zu, die der verstorbene oder frühere Steuerberater oder Steuerbevollmächtigte hatte. [4]Der Abwickler gilt für die schwebenden Angelegenheiten als von der Partei bevollmächtigt, sofern diese nicht für die Wahrnehmung ihrer Rechte in anderer Weise gesorgt hat.

(4) [1]Der Steuerberater oder Steuerbevollmächtigte, der von Amts wegen zum Abwickler bestellt worden ist, kann die Abwicklung nur aus einem wichtigen Grund ablehnen. [2]Über die Zulässigkeit der Ablehnung entscheidet die zuständige Steuerberaterkammer.

(5) § 69 Abs. 2 und 4 gilt entsprechend.

(6) Der Abwickler ist berechtigt, jedoch außer im Rahmen eines Kostenfestsetzungsverfahrens nicht verpflichtet, Gebührenansprüche und Kostenforderungen des verstorbenen oder früheren Steuerberaters oder Steuerbevollmächtigten im eigenen Namen geltend zu machen, im Falle des verstorbenen Steuerberaters oder Steuerbevollmächtigten allerdings nur für Rechnung der Erben.

(7) Die Bestellung kann widerrufen werden.

(8) § 69 Abs. 6 gilt entsprechend, es sei denn, es liegt eine schriftliche Einwilligung der Erben oder des früheren Steuerberaters oder Steuerbevollmächtigten vor.

§ 71[1)] **Bestellung eines Praxistreuhänders.** (1) [1]Soll die Praxis eines verstorbenen Steuerberaters oder Steuerbevollmächtigten auf eine bestimmte Person übertragen werden, die im Zeitpunkt des Todes des verstorbenen Berufsangehörigen noch nicht zur Hilfeleistung in Steuersachen befugt ist, so kann auf Antrag der Erben die zuständige Steuerberaterkammer für einen Zeitraum bis zu drei Jahren einen Steuerberater oder Steuerbevollmächtigten zum Treuhänder bestellen. [2]In Ausnahmefällen kann der Zeitraum um ein weiteres Jahr verlängert werden.

(2) [1]Der Treuhänder führt sein Amt unter eigener Verantwortung, jedoch für Rechnung und auf Kosten der Erben des verstorbenen Steuerberaters oder Steuerbevollmächtigten. [2]Er hat Anspruch auf eine angemessene Vergütung.

[1)] § 71 Abs. 4 Zitat geänd. durch G v. 9.6.1989 (BGBl. I S. 1062), Abs. 5 angef. mWv 1.7.1994 durch G v. 24.6.1994 (BGBl. I S. 1387), Abs. 1 Satz 1 geänd. und Abs. 4 neugef. mWv 1.7.2000 durch G v. 24.6.2000 (BGBl. I S. 874).

(3) Die Bestellung kann jederzeit widerrufen werden.

(4) Absatz 1 gilt entsprechend für die Praxis eines früheren Steuerberaters oder Steuerbevollmächtigten, dessen Bestellung wegen nicht nur vorübergehender Berufsunfähigkeit widerrufen ist (§ 46 Abs. 2 Nr. 7) oder der aus den in § 57 Abs. 4 genannten Gründen auf seine Bestellung verzichtet hat.

(5) § 69 Abs. 6 gilt entsprechend.

§ 72[1)] Steuerberatungsgesellschaften. (1) Die §§ 34, 56 Abs. 2[2)], §§ 57, 57a, 62 bis 64 und 66 bis 71 gelten sinngemäß für Steuerberatungsgesellschaften sowie für Vorstandsmitglieder, Geschäftsführer und persönlich haftende Gesellschafter einer Steuerberatungsgesellschaft, die nicht Steuerberater oder Steuerbevollmächtigte sind.

(2) Die Gesellschafter sowie die Mitglieder der durch Gesetz, Satzung oder Gesellschaftsvertrag vorgesehenen Aufsichtsorgane der Gesellschaften sind zur Verschwiegenheit verpflichtet.

Vierter Abschnitt. Organisation des Berufs

§ 73[3)] Steuerberaterkammer. (1) [1]Die Steuerberater und Steuerbevollmächtigten, die in einem Oberfinanzbezirk oder durch die Landesregierung bestimmten Kammerbezirk ihre berufliche Niederlassung haben, bilden eine Berufskammer. [2]Diese führt die Bezeichnung „Steuerberaterkammer".

(2) [1]Die Steuerberaterkammer hat ihren Sitz im Kammerbezirk. [2]Sie ist eine Körperschaft des öffentlichen Rechts.

(3) [1]Werden Oberfinanzdirektionen aufgelöst oder zusammengelegt, bleiben die bisher gebildeten Kammern bestehen. [2]Der vormalige Geschäftsbereich einer aufgelösten Oberfinanzdirektion gilt als Kammerbezirk fort, soweit die Landesregierung nichts anderes bestimmt.

(4) Die Tätigkeit als Mitglied eines Organs oder eines Ausschusses der Steuerberaterkammer wird ehrenamtlich ausgeübt.

§ 74[4)] Mitgliedschaft. (1) [1]Mitglieder der Steuerberaterkammer sind außer Steuerberatern und Steuerbevollmächtigten die Steuerberatungsgesellschaften, die ihren Sitz im Kammerbezirk haben. [2]Steuerberater und Steuerbevollmächtigte, die im Geltungsbereich dieses Gesetzes keine berufliche Niederlassung begründet haben, sind Mitglieder der Steuerberaterkammer, in deren Bezirk sie bestellt worden sind. [3]§ 46 Abs. 2 Nr. 6 bleibt unberührt.

[1)] § 72 Abs. 2 neu gef. durch G v. 9.6.1989 (BGBl. I S. 1062), Abs. 1 neugef. mWv 1.7.2000 durch G v. 24.6.2000 (BGBl. I S. 874).

[2)] Zitat geänd. durch G v. 8.4.2008 (BGBl. I S. 666).

[3)] § 73 neu gef. mWv 12.4.2008 durch G v. 8.4.2008 (BGBl. I S. 666); Abs. 4 angef. mWv 25.6.2017 durch G v. 23.6.2017 (BGBl. I S. 1682).

[4)] § 74 Abs. 1 Satz 3 angef. und Abs. 2 geänd. durch G v. 9.6.1989 (BGBl. I S. 1062), Abs. 1 Satz 2 geänd. durch G v. 13.12.1990 (BGBl. I S. 2756), Abs. 1 und 2 geänd. durch G v. 24.6.2000 (BGBl. I S. 874), Abs. 1 und 2 geänd. mWv 12.4.2008 durch G v. 8.4.2008 (BGBl. I S. 666).

(2) Mitglieder der Steuerberaterkammer sind außerdem, soweit sie nicht Steuerberater oder Steuerbevollmächtigte sind, die Mitglieder des Vorstandes, Geschäftsführer oder persönlich haftende Gesellschafter einer Steuerberatungsgesellschaft, die ihren Sitz im Kammerbezirk hat.

§ 75[1] **Gemeinsame Steuerberaterkammer.** (1) [1]Die Steuerberaterkammern können sich durch einen übereinstimmenden Beschluß der beteiligten Kammern für den Bereich eines oder mehrerer Kammerbezirke oder mehrerer Länder zu einer gemeinsamen Steuerberaterkammer zusammenschließen. [2]Die einzelnen für den Kammerbezirk gebildeten Steuerberaterkammern werden damit aufgelöst.

(2) Ein Zusammenschluß für mehrere Länder ist zulässig, wenn eine Vereinbarung der beteiligten Länder vorliegt.

§ 76[2] **Aufgaben der Steuerberaterkammer.** (1) Die Steuerberaterkammer hat die Aufgabe, die beruflichen Belange der Gesamtheit der Mitglieder zu wahren und die Erfüllung der beruflichen Pflichten zu überwachen.

(2) Der Steuerberaterkammer obliegt insbesondere,

1. die Mitglieder der Kammer in Fragen der Berufspflichten (§ 57) zu beraten und zu belehren;
2. auf Antrag bei Streitigkeiten unter den Mitgliedern der Kammer zu vermitteln;
3. auf Antrag bei Streitigkeiten zwischen Mitgliedern der Kammer und ihren Auftraggebern zu vermitteln;
4. die Erfüllung der den Mitgliedern obliegenden Pflichten (§ 57) zu überwachen und das Recht der Rüge (§ 81) zu handhaben;
5. die Vorschlagslisten der ehrenamtlichen Beisitzer bei den Berufsgerichten den Landesjustizverwaltungen einzureichen (§ 99 Abs. 3);
6. Fürsorgeeinrichtungen für Steuerberater und Steuerbevollmächtigte sowie deren Hinterbliebene zu schaffen;
7. Gutachten zu erstatten, die ein Gericht, eine Landesfinanzbehörde oder eine andere Verwaltungsbehörde des Landes anfordert;
8. die durch Gesetz zugewiesenen Aufgaben im Bereich der Berufsbildung wahrzunehmen;
9. die berufsständischen Mitglieder der Prüfungsausschüsse für die steuerberatenden Berufe vorzuschlagen;

---

[1] § 75 Abs. 1 Satz 1 geänd. mWv 27.6.1998 durch G v. 23.6.1998 (BGBl. I S. 1496), Abs. 1 Sätze 1 und 2 geänd. durch G v. 24.6.2000 (BGBl. I S. 874), Abs. 1 Sätze 1 und 2 geänd. mWv 12.4.2008 durch G v. 8.4.2008 (BGBl. I S. 666).

[2] § 76 Abs. 5 angef. durch G v. 9.6.1989 (BGBl. I S. 1062), Abs. 3 neu gef. mWv 1.7.1994 durch G v. 24.6.1994 (BGBl. I S. 1387), Abs. 1, 2, 3, 5 und 6 geänd., Abs. 2 Nr. 10 angef. und Abs. 4 eingef., bish. Abs. 4 und 5 werden Abs. 5 und 6 mWv 1.7.2000 durch G v. 24.6.2000 (BGBl. I S. 874).

10. die Wahrnehmung der den Steuerberaterkammern zugewiesenen Aufgaben des Zweiten und Sechsten Abschnitts des Zweiten Teils dieses Gesetzes;

11.[1] die Erfüllung der den Steuerberaterkammern nach § 80a Absatz 2 der Abgabenordnung zugewiesenen Pflichten.

(3) [1]Die Steuerberaterkammer kann die in Absatz 2 Nr. 1 bis 3 bezeichneten Aufgaben einzelnen Mitgliedern des Vorstandes übertragen; weitere Aufgaben können Abteilungen im Sinne des § 77a übertragen werden. [2]Im Fall des Absatzes 2 Nr. 4 zweite Alternative kann der Betroffene eine Entscheidung des Vorstandes verlangen.

(4) [1]Im Einvernehmen mit der Steuerberaterkammer, die nach den Vorschriften dieses Gesetzes für die Wahrnehmung der ihr nach Absatz 2 Nr. 10 obliegenden Aufgaben örtlich zuständig ist, kann eine andere Steuerberaterkammer diese Aufgaben übernehmen. [2]Diese Vereinbarung ist in die Satzungen der beteiligten Steuerberaterkammern aufzunehmen.

(5) Die Steuerberaterkammer hat ferner die Aufgabe, das Berufsregister zu führen.

(6) Die Steuerberaterkammer ist berechtigt, die Ausbildung des Berufsnachwuchses zu fördern.

(7)[2] [1]Die Länder können durch Gesetz den Steuerberaterkammern allein oder gemeinsam mit anderen Stellen die Aufgaben einer einheitlichen Stelle im Sinne des Verwaltungsverfahrensgesetzes übertragen. [2]Das Gesetz regelt die Aufsicht und kann vorsehen, dass die Steuerberaterkammern auch für Antragsteller tätig werden, die nicht als Steuerberater tätig werden wollen.

(8)[2] Die Steuerberaterkammer ist im Sinne des § 36 Absatz 1 Nummer 1 des Gesetzes über Ordnungswidrigkeiten Verwaltungsbehörde für Ordnungswidrigkeiten nach § 6 der Dienstleistungs-Informationspflichten-Verordnung und nach § 56 des Geldwäschegesetzes, die durch ihre Mitglieder begangen werden.

(9)[2] Die Geldbußen aus der Ahndung von Ordnungswidrigkeiten nach Absatz 8 fließen in die Kasse der Verwaltungsbehörde, die den Bußgeldbescheid erlassen hat.

(10)[2] [1]Die nach Absatz 9 zuständige Kasse trägt abweichend von § 105 Absatz 2 des Gesetzes über Ordnungswidrigkeiten die notwendigen Auslagen. [2]Sie ist auch ersatzpflichtig im Sinne des § 110 Absatz 4 des Gesetzes über Ordnungswidrigkeiten.

(11)[3] Die Steuerberaterkammer hat die Aufgabe, in den Fällen des § 160 Absatz 1 Ansprüche nach den Vorschriften des Gesetzes gegen den unlauteren Wettbewerb geltend zu machen, wenn Anhaltspunkte dafür vorliegen, dass die unbefugte Hilfeleistung in Steuersachen fortgesetzt wird.

---

[1] § 76 Abs. 2 Nr. 11 eingef. mWv 1.1.2017 durch G v. 18.7.2016 (BGBl. I S. 1679).

[2] § 76 Abs. 7 angef. durch G v. 11.12.2008 (BGBl. I S. 2418); Abs. 8 bis 10 angef. mWv 28.12.2010 durch G v. 22.12.2010 (BGBl. I S. 2248); Abs. 8 geänd. mWv 1.1.2020 durch G v. 12.12.2019 (BGBl. I S. 2602).

[3] § 76 Abs. 11 angef. mWv 31.7.2014 durch G v. 25.7.2014 (BGBl. I S. 1266).

§ 77[1] **Vorstand.** [1]Der Vorstand der Steuerberaterkammer wird von den Mitgliedern gewählt. [2]Zum Mitglied des Vorstandes kann nur gewählt werden, wer persönliches Mitglied der Kammer ist.

§ 77a[2] **Abteilungen des Vorstandes.** (1) [1]Der Vorstand kann mehrere Abteilungen bilden, wenn die Satzung der Steuerberaterkammer es zuläßt. [2]Er überträgt den Abteilungen die Geschäfte, die sie selbständig führen.

(2) [1]Jede Abteilung muß aus mindestens drei Mitgliedern des Vorstandes bestehen. [2]Die Mitglieder der Abteilung wählen aus ihren Reihen einen Abteilungsvorsitzenden, einen Abteilungsschriftführer und deren Stellvertreter.

(3) [1]Der Vorstand setzt die Zahl der Abteilungen und ihrer Mitglieder fest, überträgt den Abteilungen die Geschäfte und bestimmt die Mitglieder der einzelnen Abteilungen. [2]Jedes Mitglied des Vorstandes kann mehreren Abteilungen angehören.

(4) Der Vorstand kann die Abteilungen ermächtigen, ihre Sitzung außerhalb des Sitzes der Steuerberaterkammer abzuhalten.

(5) Die Abteilungen besitzen innerhalb ihrer Zuständigkeit die Rechte und Pflichten des Vorstandes.

(6) Anstelle der Abteilung entscheidet der Vorstand, wenn er es für angemessen hält oder wenn die Abteilung oder ihr Vorsitzender es beantragt.

§ 77b[3] **Ehrenamtliche Tätigkeit.** [1]Die Mitglieder eines Organs oder eines Ausschusses der Steuerberaterkammer üben ihre Tätigkeit ehrenamtlich aus. [2]Sie können jedoch eine angemessene auch pauschalisierte Entschädigung für den mit ihrer Tätigkeit verbundenen Aufwand, auch für Zeitaufwand und Verdienstausfall, sowie eine Reisekostenvergütung erhalten. [3]Die Richtlinien für die Aufwandsentschädigung und die Reisekostenvergütung werden von der Mitgliederversammlung beschlossen.

§ 78[4] **Satzung.** [1]Jede Steuerberaterkammer gibt sich ihre Satzung selbst. [2]Die Satzung bedarf der Genehmigung der Aufsichtsbehörde. [3]Die Satzung und deren Änderungen werden von der Mitgliederversammlung beschlossen.

§ 79[5] **Beiträge und Gebühren.** (1) [1]Die Mitglieder sind verpflichtet, Beiträge nach Maßgabe einer Beitragsordnung zu leisten. [2]Die Beitragsordnung

---

[1] § 77 geänd. durch G v. 24.6.2000 (BGBl. I S. 874).

[2] § 77a eingef. mWv 1.7.1994 durch G v. 24.6.1994 (BGBl. I S. 1387), Abs. 1 Satz 1 und Abs. 4 geänd. durch G v. 24.6.2000 (BGBl. I S. 874), Abs. 3 neu gef. mWv 12.4.2008 durch G v. 8.4.2008 (BGBl. I S. 666).

[3] § 77b eingef. mWv 25.6.2017 durch G v. 23.6.2017 (BGBl. I S. 1682); Satz 3 angef. mWv 1.1.2021 durch G v. 12.12.2019 (BGBl. I S. 2451); Satz 2 neu gef. mWv 1.1.2020 durch G v. 21.12.2019 (BGBl. I S. 2875); Überschr. und Satz 1 geänd. mWv 29.12.2020 durch G v. 21.12.2020 (BGBl. I S. 3096).

[4] § 78 geänd. durch G v. 24.6.2000 (BGBl. I S. 874); Satz 3 angef. mWv 18.12.2019 durch G v. 12.12.2019 (BGBl. I S. 2451).

[5] § 79 Abs. 2 Satz 1 und Abs. 3 Satz 1 geänd. mWv 1.7.2000 durch G v. 24.6.2000 (BGBl. I S. 874), Abs. 1 Satz 4 und Abs. 2 Sätze 3 bis 5 angef., Abs. 3 aufgeh. mWv 12.4.2008 durch G v. 8.4.2008 (BGBl. I S. 666); Abs. 2 Satz 4 geänd. mWv 15.8.2013 durch G v. 7.8.2013 (BGBl. I S. 3154); Abs. 1 Satz 5 angef. mWv 18.12.2019 durch G v. 12.12.2019 (BGBl. I S. 2451).

bedarf der Genehmigung durch die Aufsichtsbehörde. 3 Die Höhe der Beiträge bestimmt die Mitgliederversammlung. 4 Für die Verjährung des Anspruchs der Steuerberaterkammer auf Zahlung von Beiträgen sind die für die Gebühren geltenden Vorschriften entsprechend anzuwenden. 5 Wird die berufliche Niederlassung in den Bezirk einer anderen Steuerberaterkammer verlegt, ist für die Beitragspflicht der Zeitpunkt der Mitteilung der Verlegung der beruflichen Niederlassung an die aufnehmende Steuerberaterkammer maßgebend.

(2) 1 Die Steuerberaterkammer kann für die Inanspruchnahme von besonderen Einrichtungen oder Tätigkeiten oder für Amtshandlungen nach dem Zweiten und Sechsten Abschnitt des Zweiten Teils dieses Gesetzes Gebühren nach Maßgabe einer Gebührenordnung erheben. 2 Die Gebührenordnung bedarf der Genehmigung der Aufsichtsbehörde. 3 Die Gebühren entstehen mit Inanspruchnahme der besonderen Einrichtung oder Tätigkeit, bei Amtshandlungen, die einen Antrag voraussetzen, mit dessen Eingang bei der Steuerberaterkammer, bei anderen Amtshandlungen mit der Beendigung der Amtshandlung. 4 Der 2. Abschnitt des Verwaltungskostengesetzes in der bis zum 14. August 2013 geltenden Fassung ist entsprechend anzuwenden. 5 Im Übrigen gilt das jeweilige Verwaltungsgebührenrecht des Landes.

(3) *(aufgehoben)*

§ 80[1] Pflicht zum Erscheinen vor der Steuerberaterkammer.

(1) 1 In Aufsichts- und Beschwerdesachen haben Mitglieder der Steuerberaterkammer dem Vorstand oder dem durch die Satzung bestimmten Organ der zuständigen Steuerberaterkammer oder einem Beauftragten des Vorstandes oder des Organs Auskunft zu geben sowie auf Verlangen ihre Handakten vorzulegen oder vor der zuständigen Steuerberaterkammer zu erscheinen. 2 Das gilt nicht, wenn und soweit der Steuerberater oder Steuerbevollmächtigte dadurch seine Verpflichtung zur Verschwiegenheit verletzen oder sich durch wahrheitsgemäße Beantwortung oder Vorlage seiner Handakten die Gefahr zuziehen würde, wegen einer Straftat, einer Ordnungswidrigkeit oder einer Berufspflichtverletzung verfolgt zu werden und er sich hierauf beruft. 3 Der Steuerberater oder Steuerbevollmächtigte ist auf das Recht zur Auskunftsverweigerung hinzuweisen.

(2) Sofern Steuerberatungsgesellschaften, die ihren Sitz im Kammerbezirk haben, nicht oder nicht mehr durch persönliche Mitglieder der Steuerberaterkammer vertreten sind, gilt Absatz 1 auch für deren gesetzliche Vertreter, die keine persönlichen Mitglieder sind.

§ 80a[2] Zwangsgeld bei Verletzung von Mitwirkungspflichten.

(1) 1 Um einen Steuerberater oder Steuerbevollmächtigten oder eine Person im Sinne des § 50 Absatz 3 zur Erfüllung ihrer Pflichten nach § 80 anzuhalten, kann die für die Aufsichts- und Beschwerdesache zuständige Steuerberater-

---

[1] § 80 Abs. 1 geänd. und Abs. 2 angef. mWv 1.7.2000 durch G v. 24.6.2000 (BGBl. I S. 874), Abs. 1 neu gef. mWv 12.4.2008 durch G v. 8.4.2008 (BGBl. I S. 666).

[2] § 80a eingef. mWv 12.4.2008 durch G v. 8.4.2008 (BGBl. I S. 666); Abs. 1 Satz 1 neu gef., Abs. 2 eingef., bish. Abs. 2 bis 4 werden Abs. 3 bis 5, neuer Abs. 3 Satz 2 neu gef. mWv 29.12.2020 durch G v. 21.12.2020 (BGBl. I S. 3096).

kammer gegen die genannten Personen, auch mehrfach, ein Zwangsgeld festsetzen. 2Das einzelne Zwangsgeld darf eintausend Euro nicht übersteigen.

(2) Ein Zwangsgeld kann auch gegen die in § 80 Absatz 2 bezeichneten Personen festgesetzt werden.

(3) 1Das Zwangsgeld muss vorher schriftlich angedroht werden. 2Die Androhung und die Festsetzung des Zwangsgelds sind den in den Absätzen 1 und 2 genannten Personen zuzustellen.

(4) 1Gegen die Androhung und gegen die Festsetzung des Zwangsgeldes kann innerhalb eines Monats nach der Zustellung die Entscheidung des Oberlandesgerichts beantragt werden. 2Zuständig ist das Oberlandesgericht, in dessen Bezirk die Steuerberaterkammer ihren Sitz hat. 3Der Antrag ist bei der zuständigen Steuerberaterkammer schriftlich einzureichen. 4Erachtet die zuständige Steuerberaterkammer den Antrag für begründet, so hat sie ihm abzuhelfen; andernfalls ist der Antrag unverzüglich dem Oberlandesgericht vorzulegen. 5Die Vorschriften der Strafprozessordnung über die Beschwerde sind sinngemäß anzuwenden. 6Die Gegenerklärung (§ 308 Abs. 1 der Strafprozessordnung) wird von der zuständigen Steuerberaterkammer abgegeben. 7Die Staatsanwaltschaft ist an dem Verfahren nicht beteiligt. 8Der Beschluss des Oberlandesgerichts kann nicht angefochten werden.

(5) 1Das Zwangsgeld fließt der zuständigen Steuerberaterkammer zu. 2Es wird auf Grund einer von ihr erteilten, mit der Bescheinigung der Vollstreckbarkeit versehenen beglaubigten Abschrift des Festsetzungsbescheides nach den Vorschriften beigetrieben, die für die Vollstreckung von Urteilen in bürgerlichen Rechtsstreitigkeiten gelten.

§ 81[1)] Rügerecht des Vorstandes. (1) 1Der Vorstand kann das Verhalten eines Mitglieds der Steuerberaterkammer, durch das dieses ihm obliegende Pflichten verletzt hat, rügen, wenn die Schuld des Mitglieds gering ist und ein Antrag auf Einleitung eines berufsgerichtlichen Verfahrens nicht erforderlich erscheint. 2§ 89 Abs. 2 und 3, §§ 92 und 109 Abs. 2 gelten entsprechend.

(2) 1Der Vorstand darf eine Rüge nicht mehr erteilen, wenn das berufsgerichtliche Verfahren gegen das Mitglied der Steuerberaterkammer eingeleitet ist oder wenn seit der Pflichtverletzung mehr als drei Jahre vergangen sind. 2Eine Rüge darf nicht erteilt werden, während das Verfahren auf den Antrag des Steuerberaters oder Steuerbevollmächtigten nach § 116 anhängig ist.

(3) Bevor die Rüge erteilt wird, ist das Mitglied zu hören.

(4) 1Der Bescheid des Vorstandes, durch den das Verhalten des Mitglieds gerügt wird, ist zu begründen. 2Er ist dem Mitglied zuzustellen. 3Eine Abschrift des Bescheides ist der Staatsanwaltschaft bei dem für den Sitz der Steuerberaterkammer zuständigen Oberlandesgericht mitzuteilen, bei dem der Senat für Steuerberater- und Steuerbevollmächtigtensachen besteht (§ 96).

---

1) § 81 Abs. 1 Satz 1, Abs. 2 Satz 1 und Abs. 4 Satz 3 geänd. durch G v. 24.6.2000 (BGBl. I S. 874).

(5) [1]Gegen den Bescheid kann das Mitglied binnen eines Monats nach der Zustellung bei dem Vorstand Einspruch erheben. [2]Über den Einspruch entscheidet der Vorstand; Absatz 4 ist entsprechend anzuwenden.

§ 82[1)] Antrag auf berufsgerichtliche Entscheidung. (1) [1]Wird der Einspruch gegen den Rügebescheid durch den Vorstand der Steuerberaterkammer zurückgewiesen, so kann das Mitglied der Steuerberaterkammer innerhalb eines Monats nach der Zustellung die Entscheidung des Landgerichts (Kammer für Steuerberater- und Steuerbevollmächtigtensachen) beantragen. [2]Zuständig ist das Landgericht, in dessen Bezirk die Steuerberaterkammer, deren Vorstand die Rüge erteilt hat, ihren Sitz hat.

(2) [1]Der Antrag ist bei dem Landgericht schriftlich einzureichen. [2]Auf das Verfahren sind die Vorschriften der Strafprozeßordnung über die Beschwerde sinngemäß anzuwenden. [3]Die Gegenerklärung (§ 308 Abs. 1 der Strafprozeßordnung) wird von dem Vorstand der Steuerberaterkammer abgegeben. [4]Die Staatsanwaltschaft ist an dem Verfahren nicht beteiligt. [5]Eine mündliche Verhandlung findet statt, wenn sie das Mitglied der Steuerberaterkammer beantragt oder das Landgericht für erforderlich hält. [6]Von Zeit und Ort der mündlichen Verhandlung sind der Vorstand der Steuerberaterkammer, das Mitglied der Steuerberaterkammer und sein Verteidiger zu benachrichtigen. [7]Art und Umfang der Beweisaufnahme bestimmt das Landgericht. [8]Es hat jedoch zur Erforschung der Wahrheit die Beweisaufnahme von Amts wegen auf alle Tatsachen und Beweismittel zu erstrecken, die für die Entscheidung von Bedeutung sind.

(3) [1]Der Rügebescheid kann nicht deshalb aufgehoben werden, weil der Vorstand der Steuerberaterkammer zu Unrecht angenommen hat, die Schuld des Mitgliedes der Steuerberaterkammer sei gering und der Antrag auf Einleitung des berufsgerichtlichen Verfahrens nicht erforderlich. [2]Treten die Voraussetzungen, unter denen nach § 92 von einer berufsgerichtlichen Ahndung abzusehen ist oder nach § 109 Abs. 2 ein berufsgerichtliches Verfahren nicht eingeleitet oder fortgesetzt werden darf, erst ein, nachdem der Vorstand die Rüge erteilt hat, so hebt das Landgericht den Rügebescheid auf. [3]Der Beschluß ist mit Gründen zu versehen. [4]Er kann nicht angefochten werden.

(4) [1]Das Landgericht, bei dem ein Antrag auf berufsgerichtliche Entscheidung eingelegt wird, teilt unverzüglich der Staatsanwaltschaft bei dem Oberlandesgericht eine Abschrift des Antrags mit. [2]Der Staatsanwaltschaft ist auch eine Abschrift des Beschlusses mitzuteilen, mit dem über den Antrag entschieden wird.

(5) [1]Leitet die Staatsanwaltschaft wegen desselben Verhaltens, das der Vorstand der Steuerberaterkammer gerügt hat, ein berufsgerichtliches Verfahren gegen das Mitglied der Steuerberaterkammer ein, bevor die Entscheidung über den Antrag auf berufsgerichtliche Entscheidung gegen den Rügebescheid ergangen ist, so wird das Verfahren über den Antrag bis zum rechtskräftigen Abschluß des berufsgerichtlichen Verfahrens ausgesetzt. [2]In den Fällen des § 91 Abs. 2 stellt das Landgericht nach Beendigung der Aussetzung fest, daß die Rüge unwirksam ist.

[1)] § 82 geänd. durch G v. 24.6.2000 (BGBl. I S. 874).

§ 83[1] Pflicht der Vorstandsmitglieder zur Verschwiegenheit.

(1) [1]Die Mitglieder des Vorstandes haben – auch nach dem Ausscheiden aus dem Vorstand – über die Angelegenheiten, die ihnen bei ihrer Tätigkeit im Vorstand über Mitglieder der Steuerberaterkammer, Bewerber und andere Personen bekanntwerden, Verschwiegenheit gegen jedermann zu bewahren. [2]Das gleiche gilt für Mitglieder, die zur Mitarbeit im Vorstand oder in den durch die Satzung bestimmten Organen herangezogen werden, und für Angestellte der Steuerberaterkammer.

(2) [1]In Verfahren vor Gerichten oder Behörden dürfen die in Absatz 1 bezeichneten Personen über solche Angelegenheiten, die ihnen bei ihrer Tätigkeit im Vorstand oder in den durch die Satzung bestimmten Organen über Mitglieder der Steuerberaterkammer, Bewerber und andere Personen bekanntgeworden sind, nur aussagen oder Auskunft geben, wenn eine Aussage- oder Auskunftspflicht besteht und von der Verpflichtung zur Verschwiegenheit nach Absatz 3 entbunden worden ist. [2]Sonstige Geheimhaltungspflichten und Zeugnisverweigerungsrechte bleiben unberührt.

(3) [1]Die Genehmigung erteilt der Vorstand der Steuerberaterkammer nach pflichtmäßigem Ermessen. [2]Die Genehmigung soll nur versagt werden, wenn Rücksichten auf die Stellung oder die Aufgaben der Steuerberaterkammer oder berechtigte Belange der Personen, über welche die Tatsachen bekanntgeworden sind, es unabweisbar fordern. [3]§ 28 Abs. 2 des Gesetzes über das Bundesverfassungsgericht[2] bleibt unberührt.

§ 84[3] Arbeitsgemeinschaft. (1) [1]Mehrere Steuerberaterkammern können sich zu einer nicht rechtsfähigen Arbeitsgemeinschaft zusammenschließen, wenn die Satzungen der Kammern dies vorsehen. [2]Der Arbeitsgemeinschaft können jedoch nicht Aufsichtsbefugnisse oder andere Aufgaben übertragen werden, für die gesetzlich die Zuständigkeit der einzelnen Steuerberaterkammern begründet ist.

(2) [1]Die in § 83 bezeichneten Personen verstoßen nicht gegen ihre Pflicht zur Verschwiegenheit, wenn sie der Arbeitsgemeinschaft Angelegenheiten mitteilen, die zum Aufgabengebiet der Arbeitsgemeinschaft gehören. [2]§ 83 Abs. 1 gilt sinngemäß für die Personen, die für die Arbeitsgemeinschaft tätig werden.

§ 85[4] Bundessteuerberaterkammer. (1) [1]Die Steuerberaterkammern bilden eine Bundeskammer. [2]Diese führt die Bezeichnung „Bundessteuerberaterkammer".

(2) [1]Die Bundessteuerberaterkammer ist eine Körperschaft des öffentlichen Rechts. [2]Ihr Sitz bestimmt sich nach ihrer Satzung.

(3) [1]Der Vorstand der Bundessteuerberaterkammer wird von den Steuerberaterkammern gewählt. [2]Im übrigen gibt sich die Bundessteuerberaterkammer

---

[1] § 83 geänd. durch G v. 24.6.2000 (BGBl. I S. 874).

[2] **Sartorius I Nr. 40.**

[3] § 84 geänd. durch G v. 24.6.2000 (BGBl. I S. 874).

[4] § 85 Abs. 1 und Abs. 3 Satz 1 geänd. durch G v. 24.6.2000 (BGBl. I S. 874); Abs. 5 angef. mWv 25.6.2017 durch G v. 23.6.2017 (BGBl. I S. 1682) und neu gef. mWv 29.12.2020 durch G v. 21.12.2020 (BGBl. I S. 3096).

ihre Satzung selbst. [3]Die Satzung bedarf der Genehmigung der Aufsichtsbehörde.

(4) Die Vorschrift des § 83 ist sinngemäß anzuwenden.

(5) [1]Die Mitglieder eines Organs oder eines Ausschusses der Bundessteuerberaterkammer üben ihre Tätigkeit ehrenamtlich aus. [2]Sie können jedoch eine angemessene auch pauschalisierte Entschädigung für den mit diesen Tätigkeiten verbundenen Aufwand, auch für Zeitaufwand und Verdienstausfall, sowie eine Reisekostenvergütung erhalten.

§ 86[1)] Aufgaben der Bundessteuerberaterkammer. (1) Die Bundessteuerberaterkammer hat die ihr durch Gesetz zugewiesenen Aufgaben zu erfüllen.

(2)[2)] Der Bundessteuerberaterkammer obliegt insbesondere,

1. in Fragen, welche die Gesamtheit der Steuerberaterkammern angehen, die Auffassung der einzelnen Kammern zu ermitteln und im Wege gemeinschaftlicher Aussprache die Auffassung der Mehrheit festzustellen;
2. die Berufsordnung als Satzung zu erlassen und zu ändern;
3. Richtlinien für die Fürsorgeeinrichtungen der Steuerberaterkammern (§ 76 Abs. 2 Nr. 6) aufzustellen;
4. in allen die Gesamtheit der Steuerberaterkammern berührenden Angelegenheiten die Auffassung der Bundessteuerberaterkammer den zuständigen Gerichten und Behörden gegenüber zur Geltung zu bringen;
5. die Gesamtheit der Steuerberaterkammern gegenüber Behörden und Organisationen zu vertreten;
6. Gutachten zu erstatten, die eine an der Gesetzgebung beteiligte Behörde oder Körperschaft des Bundes oder ein Bundesgericht anfordert;
7. die berufliche Fortbildung in den steuerberatenden Berufen zu fördern; sie kann den Berufsangehörigen unverbindliche Fortbildungsempfehlungen erteilen;
8. das Verzeichnis nach § 3b zu führen;
9. das Verzeichnis nach § 86b zu führen;
10. die Einrichtung und der Betrieb einer Datenbank zur Verwaltung von Vollmachtsdaten im Sinne des § 80a der Abgabenordnung und deren Übermittlung an die Landesfinanzbehörden.

(3)[3)] [1]Die Satzung im Sinne des Absatzes 2 Nummer 2 und deren Änderungen werden durch die Satzungsversammlung als Organ der Bundessteuerberaterkammer beschlossen. [2]Die Vorschriften der Satzung müssen im Einklang mit den Vorgaben des auf sie anzuwendenden europäischen Rechts stehen. [3]Insbesondere sind bei neuen oder zu ändernden Vorschriften, die dem An-

---

1) § 86 Abs. 2 Nr. 2 neu gef. sowie Abs. 3 und 4 angef. mWv 1.7.1994 durch G v. 24.6.1994 (BGBl. I S. 1387), Abs. 2 Nrn. 1, 3, 4 und 5 geänd., Abs. 3 Satz 2 ersetzt durch Sätze 2 bis 5 mWv 1.7.2000 durch G v. 24.6.2000 (BGBl. I S. 874), Abs. 2 Nr. 7 HS 2 angef. mWv 12.4.2008 durch G v. 8.4.2008 (BGBl. I S. 666).

2) § 86 Abs. 2 Nrn. 8 und 9 angef. mWv 1.1.2017 durch G v. 18.7.2016 (BGBl. I S. 1679); Nr. 10 angef. mWv 18.12.2019 durch G v. 12.12.2019 (BGBl. I S. 2451).

3) § 86 Abs. 3 neu gef. mWv 30.7.2020 durch G v. 19.6.2020 (BGBl. I S. 1403).

wendungsbereich der Richtlinie 2005/36/EG in der jeweils geltenden Fassung unterfallen, die Vorgaben der Richtlinie (EU) 2018/958 des Europäischen Parlaments und des Rates vom 28. Juni 2018 über eine Verhältnismäßigkeitsprüfung vor Erlass neuer Berufsreglementierungen (ABl. L 173 vom 9.7.2018, S. 25) in der jeweils geltenden Fassung einzuhalten.

(3a)[1] [1] Eine Vorschrift im Sinne des Absatzes 3 Satz 3 ist anhand der in den Artikeln 5 bis 7 der Richtlinie (EU) 2018/958 festgelegten Kriterien auf ihre Verhältnismäßigkeit zu prüfen. [2] Der Umfang der Prüfung muss im Verhältnis zu der Art, dem Inhalt und den Auswirkungen der Vorschrift stehen. [3] Die Vorschrift ist so ausführlich zu erläutern, dass ihre Übereinstimmung mit dem Verhältnismäßigkeitsgrundsatz bewertet werden kann. [4] Die Gründe, aus denen sich ergibt, dass sie gerechtfertigt und verhältnismäßig ist, sind durch qualitative und, soweit möglich und relevant, quantitative Elemente zu substantiieren. [5] Mindestens zwei Wochen vor der Beschlussfassung der Satzungsversammlung über die Vorschrift ist auf der Internetseite der Bundessteuerberaterkammer ein Entwurf mit der Gelegenheit zur Stellungnahme zu veröffentlichen. [6] Nach dem Erlass der Vorschrift ist ihre Übereinstimmung mit dem Verhältnismäßigkeitsgrundsatz zu überwachen und bei einer Änderung der Umstände zu prüfen, ob die Vorschrift anzupassen ist.

(4) Die Satzung kann zur Ausführung der gesetzlichen Vorschriften nähere Regelungen enthalten, insbesondere hinsichtlich

1. der unabhängigen, eigenverantwortlichen und gewissenhaften Berufsausübung;
2. der Verschwiegenheitspflicht;
3. der zulässigen und der berufswidrigen Werbung;
4. des Verbotes der Mitwirkung bei unbefugter Hilfeleistung in Steuersachen;
5. des berufsmäßigen Verhaltens gegenüber Mandanten, Kollegen, Gerichten, Behörden und Steuerberaterkammern sowie gegenüber Personen, Gesellschaften und Einrichtungen im Sinne der §§ 4 und 6;
6. der vereinbaren und nichtvereinbaren Tätigkeiten;
7. der Berufshaftpflichtversicherung sowie der Haftungsausschlüsse und Haftungsbeschränkungen;
8. der besonderen Pflichten gegenüber Auftraggebern, insbesondere in Zusammenhang mit dem Umgang mit fremden Vermögenswerten;
9. der Vereinbarung, Berechnung, Sicherung und Beitreibung von Gebühren und Auslagen;
10.[2] der Pflichten in Prozesskostenhilfe- und Beratungshilfesachen;
11. der Voraussetzung des Führens von Bezeichnungen, die auf besondere Kenntnis bestimmter Steuerrechtsgebiete hinweisen;
12. der Gründung von beruflichen Niederlassungen und weiteren Beratungsstellen;
13. dem Verhalten bei grenzüberschreitender Tätigkeit;

---

[1] § 86 Abs. 3a eingef. mWv 30.7.2020 durch G v. 19.6.2020 (BGBl. I S. 1403).
[2] § 86 Abs. 4 Nr. 10 geänd. mWv 1.1.2014 durch G v. 31.8.2013 (BGBl. I S. 3533).

14. der besonderen Pflichten bei der gemeinsamen Ausübung der Berufstätigkeit nach § 56;
15. der besonderen Pflichten bei der Errichtung, Ausgestaltung und Tätigkeit von Steuerberatungsgesellschaften;
16. der Abwicklung und der Übertragung der Praxis;
17. der Ausbildung von Steuerfachgehilfen.

(5)[1] [1]Die Satzung im Sinne des Absatzes 2 Nummer 2 und deren Änderungen sind dem Bundesministerium der Finanzen zuzuleiten. [2]Das Bundesministerium der Finanzen hat im Rahmen der Aufsicht zu prüfen, ob die Vorgaben der Richtlinie (EU) 2018/958 in der jeweils geltenden Fassung eingehalten wurden. [3]Zu diesem Zweck hat ihm die Bundessteuerberaterkammer die Unterlagen zuzuleiten, aus denen sich die Einhaltung der Vorgaben ergibt. [4]Insbesondere sind die Gründe zu übermitteln, auf Grund derer die Satzungsversammlung die Satzung im Sinne des Absatzes 2 Nummer 2 oder deren Änderungen als gerechtfertigt, notwendig und verhältnismäßig beurteilt hat. [5]Soweit nicht das Bundesministerium der Finanzen die Satzung im Sinne des Absatzes 2 Nummer 2 oder deren Änderungen im Ganzen oder in Teilen binnen drei Monaten nach Übermittlung aufhebt, ist sie in dem Presseorgan zu veröffentlichen, das für die Verlautbarungen der Bundessteuerberaterkammer bestimmt ist.

(6)[1] [1]Die Satzung im Sinne des Absatzes 2 Nummer 2 und deren Änderungen treten am ersten Tag des Monats in Kraft, der auf die Veröffentlichung im Sinne des Absatzes 5 Satz 5 folgt. [2]Stellt sich nach Inkrafttreten der Satzung heraus, dass sie ganz oder in Teilen höherrangigem Recht widerspricht, kann das Bundesministerium der Finanzen die Satzung insoweit aufheben. [3]Beabsichtigt es eine Aufhebung, soll es der Bundessteuerberaterkammer zuvor Gelegenheit zur Stellungnahme geben. [4]Aufhebungen sind in dem Presseorgan zu veröffentlichen, das für Verlautbarungen der Bundessteuerberaterkammer bestimmt ist.

§ 86a[2] Zusammensetzung und Arbeitsweise der Satzungsversammlung. (1) [1]Der Satzungsversammlung gehören als Mitglieder an: der Präsident der Bundessteuerberaterkammer, die Präsidenten der Steuerberaterkammern sowie weitere Mitglieder (Delegierte). [2]Die Bundessteuerberaterkammer führt die Geschäfte der Satzungsversammlung.

(2) [1]Die Delegierten werden von den Mitgliedern der einzelnen Steuerberaterkammern in Kammerversammlungen unmittelbar gewählt. [2]Wählbar ist nur, wer persönliches Mitglied der Steuerberaterkammer ist. [3]Die Zahl der Delegierten bemißt sich nach der Zahl der Kammermitglieder. [4]Je angefangene eintausendfünfhundert Mitglieder der Steuerberaterkammer sind ein Delegierter und ein Stellvertreter, für die einzelne Steuerberaterkammer jedoch

---

[1] § 86 Abs. 5 und 6 angef. mWv 30.7.2020 durch G v. 19.6.2020 (BGBl. I S. 1403).

[2] § 86a eingef. mWv 1.7.1994 durch G v. 24.6.1994 (BGBl. I S. 1387), Abs. 1, 2 und 4 geänd., bish. Abs. 8 aufgeh., bish. Abs. 9 wird Abs. 8 mWv 1.7.2000 durch G v. 24.6.2000 (BGBl. I S. 874).

mindestens zwei Delegierte und Stellvertreter, zu wählen. 5 Maßgebend ist die Zahl der Kammermitglieder am 1. Januar des Jahres, in dem die Satzungsversammlung einberufen wird.

(3) Jedes Mitglied der Satzungsversammlung ist unabhängig und verfügt in der Satzungsversammlung über eine Stimme.

(4) 1 Die Satzungsversammlung wird durch den Präsidenten der Bundessteuerberaterkammer mit einer Frist von sechs Wochen schriftlich einberufen. 2 Der Präsident der Bundessteuerberaterkammer muß die Satzungsversammlung innerhalb von sechs Wochen einberufen, wenn mindestens fünf Steuerberaterkammern oder ein Viertel der Mitglieder der Satzungsversammlung es schriftlich beantragen und hierbei den Gegenstand angeben, über den in der Satzungsversammlung beschlossen werden soll.

(5) Den Vorsitz in der Satzungsversammlung führt der Präsident der Bundessteuerberaterkammer, bei seiner Verhinderung sein Vertreter im Amt, soweit die Geschäftsordnung nichts anderes vorsieht.

(6) 1 Die Satzungsversammlung ist beschlußfähig, wenn mindestens zwei Drittel ihrer Mitglieder anwesend sind. 2 Beschlüsse der Satzungsversammlung, die den Erlaß oder die Änderung der Berufsordnung betreffen, werden mit der Mehrheit aller Mitglieder der Satzungsversammlung gefaßt, sonstige Beschlüsse mit einfacher Mehrheit der anwesenden Mitglieder.

(7) Der Wortlaut der von der Satzungsversammlung gefaßten Beschlüsse ist in einer Niederschrift festzuhalten, die vom Vorsitzenden und von einem von der Satzungsversammlung zu bestimmenden Schriftführer zu unterzeichnen und bei der Geschäftsstelle der Bundessteuerberaterkammer zu verwahren ist.

(8) Die Satzungsversammlung kann weitere Einzelheiten des Verfahrens in einer Geschäftsordnung regeln.

§ 86b[1)] Steuerberaterverzeichnis. (1) 1 Die Bundessteuerberaterkammer führt ein elektronisches Gesamtverzeichnis aller Mitglieder der Steuerberaterkammern nach § 74 Absatz 1. 2 Das Verzeichnis dient der Information der Behörden und Gerichte, der Rechtsuchenden sowie anderer am Rechtsverkehr Beteiligter. 3 Die Steuerberaterkammern geben die im Berufsregister gespeicherten Daten im automatisierten Verfahren in das von der Bundessteuerberaterkammer geführte Gesamtverzeichnis ein. 4 Die zuständige Steuerberaterkammer trägt die datenschutzrechtliche Verantwortung für die von ihr in das Gesamtverzeichnis eingegebenen Daten, insbesondere für die Rechtmäßigkeit der Erhebung, die Vollständigkeit und die Richtigkeit der Daten. 5 Der Abruf einzelner Daten aus dem Gesamtverzeichnis steht jedem unentgeltlich zu.

(2) In das Gesamtverzeichnis sind einzutragen:

1. bei Steuerberatern und Steuerbevollmächtigten der Name und die Vornamen, der Zeitpunkt der Bestellung, der Name und die Anschrift der zuständigen Steuerberaterkammer, die Anschrift der beruflichen Niederlassung, die der Steuerberaterkammer mitgeteilten Kommunikationsdaten, die

---

1) § 86b eingef. mWv 1.1.2017 durch G v. 18.7.2016 (BGBl. I S. 1679).

Berufsbezeichnung, bestehende Berufs- und Vertretungsverbote sowie, sofern ein Vertreter bestellt ist, die Vertreterbestellung unter Angabe von Familiennamen und Vornamen des Vertreters;

2. bei Steuerberatungsgesellschaften der Name und die Rechtsform der Gesellschaft, der Zeitpunkt der Anerkennung als Steuerberatungsgesellschaft, der Name und die Anschrift der zuständigen Steuerberaterkammer, der Sitz und die Anschrift der Steuerberatungsgesellschaft, die der Steuerberaterkammer mitgeteilten Kommunikationsdaten, die Familiennamen und Vornamen der Mitglieder des zur gesetzlichen Vertretung berufenen Organs sowie der vertretungsberechtigten Gesellschafter und Partner.

§ 87 Beiträge zur Bundessteuerberaterkammer. [1]Die Bundessteuerberaterkammer erhebt von den Steuerberaterkammern Beiträge nach Maßgabe einer Beitragsordnung. [2]Die Beitragsordnung bedarf der Genehmigung durch die Aufsichtsbehörde. [3]Die Höhe der Beiträge wird von der Mitgliederversammlung festgesetzt.

§ 87a[1)] Wirtschaftsplan, Rechnungslegung. (1) Die Bundessteuerberaterkammer ist berechtigt, abweichend von den Bestimmungen der Bundeshaushaltsordnung einen Wirtschaftsplan aufzustellen, die Bücher nach den Regeln der kaufmännischen Buchführung zu führen und einen Jahresabschluss sowie einen Lagebericht nach handelsrechtlichen Grundsätzen zu erstellen.

(2) [1]Näheres regelt die Satzung der Bundessteuerberaterkammer. [2]§ 109 Abs. 2 der Bundeshaushaltsordnung ist anzuwenden.

(3) [1]Die §§ 7, 9 und 24 der Bundeshaushaltsordnung sowie die Vorschriften des Teils III der Bundeshaushaltsordnung gelten entsprechend mit Ausnahme der §§ 38 und 45 sowie der Bestimmungen, die eine Buchung nach Einnahmen und Ausgaben voraussetzen. [2]Das Bundesministerium der Finanzen wird ermächtigt, weitere Ausnahmen von der Anwendung der Vorschriften der Bundeshaushaltsordnung zuzulassen.

(4) Für das Prüfungsrecht des Bundesrechnungshofes gilt § 111 Abs. 1 der Bundeshaushaltsordnung.

§ 88[2)] Staatsaufsicht. (1) Die für die Finanzverwaltung zuständige oberste Landesbehörde führt die Aufsicht über die Steuerberaterkammern, die den Sitz im Lande haben.

(2) Das Bundesministerium der Finanzen führt die Aufsicht über die Bundessteuerberaterkammer.

(3) [1]Die Aufsicht beschränkt sich darauf, dass Gesetz und Satzung beachtet, insbesondere die den Steuerberaterkammern übertragenen Aufgaben erfüllt werden. [2]Die Aufsichtsbehörden können die hierzu erforderlichen Anordnungen und Maßnahmen treffen.

[1)] § 87a eingef. mWv 12.4.2008 durch G v. 8.4.2008 (BGBl. I S. 666).

[2)] § 88 Abs. 1 geänd. durch G v. 9.6.1989 (BGBl. I S. 1062), Abs. 1 geänd. und Abs. 3 neugef. mWv 1.7.2000 durch G v. 24.6.2000 (BGBl. I S. 874).

Fünfter Abschnitt. Berufsgerichtsbarkeit

Erster Unterabschnitt. Die berufsgerichtliche Ahndung von Pflichtverletzungen

§ 89[1] **Ahndung einer Pflichtverletzung.** (1) Gegen einen Steuerberater oder Steuerbevollmächtigten, der seine Pflichten schuldhaft verletzt, wird eine berufsgerichtliche Maßnahme verhängt.

(2) Ein außerhalb des Berufs liegendes Verhalten eines Steuerberaters oder Steuerbevollmächtigten, das eine rechtswidrige Tat oder eine mit Geldbuße bedrohte Handlung darstellt, ist eine berufsgerichtlich zu ahndende Pflichtverletzung, wenn es nach den Umständen des Einzelfalls in besonderem Maße geeignet ist, Achtung und Vertrauen in einer für die Ausübung der Berufstätigkeit oder für das Ansehen des Berufs bedeutsamen Weise zu beeinträchtigen.

(3) Eine berufsgerichtliche Maßnahme kann nicht verhängt werden, wenn der Steuerberater oder Steuerbevollmächtigte zur Zeit der Tat der Berufsgerichtsbarkeit nicht unterstand.

§ 90[2] **Berufsgerichtliche Maßnahmen.** (1) Die berufsgerichtlichen Maßnahmen sind

1. Warnung,
2. Verweis,
3. Geldbuße bis zu fünfzigtausend Euro,
4. Berufsverbot für die Dauer von einem bis zu fünf Jahren,
5. Ausschließung aus dem Beruf.

(Fortsetzung nächstes Blatt)

---

[1] § 89 Abs. 2 geänd. mWv 1.7.1994 durch G v. 24.6.1994 (BGBl. I S. 1387).
[2] § 90 Abs. 1 neugef. mWv 12.4.2008 durch G v. 8.4.2008 (BGBl. I S. 666).

(2) Die berufsgerichtlichen Maßnahmen des Verweises und der Geldbuße können nebeneinander verhängt werden.

§ 91[1] Rüge und berufsgerichtliche Maßnahme. (1) [1]Der Einleitung eines berufsgerichtlichen Verfahrens gegen einen Steuerberater oder Steuerbevollmächtigten steht es nicht entgegen, daß der Vorstand der Steuerberaterkammer ihm bereits wegen desselben Verhaltens eine Rüge erteilt hat (§ 81). [2]Hat das Landgericht den Rügebescheid aufgehoben (§ 82), weil es eine schuldhafte Pflichtverletzung nicht festgestellt hat, so kann ein berufsgerichtliches Verfahren wegen desselben Verhaltens nur auf Grund solcher Tatsachen oder Beweismittel eingeleitet werden, die dem Landgericht bei seiner Entscheidung nicht bekannt waren.

(2) [1]Die Rüge wird mit der Rechtskraft eines berufsgerichtlichen Urteils unwirksam, das wegen desselben Verhaltens gegen den Steuerberater oder Steuerbevollmächtigten ergeht und auf Freispruch oder eine berufsgerichtliche Maßnahme lautet. [2]Die Rüge wird auch unwirksam, wenn rechtskräftig die Eröffnung des Hauptverfahrens abgelehnt ist, weil eine schuldhafte Pflichtverletzung nicht festzustellen ist.

§ 92 Anderweitige Ahndung. [1]Ist durch ein Gericht oder eine Behörde eine Strafe, eine Disziplinarmaßnahme, eine ehrengerichtliche Maßnahme, eine anderweitige berufsgerichtliche Maßnahme oder eine Ordnungsmaßnahme verhängt worden, so ist von einer berufsgerichtlichen Ahndung wegen desselben Verhaltens abzusehen, wenn nicht eine berufsgerichtliche Maßnahme zusätzlich erforderlich ist, um den Steuerberater oder Steuerbevollmächtigten zur Erfüllung seiner Pflichten anzuhalten und das Ansehen des Berufs zu wahren. [2]Der Ausschließung steht eine anderweitig verhängte Strafe oder Maßnahme nicht entgegen.

§ 93[2] Verjährung der Verfolgung einer Pflichtverletzung. (1) [1]Die Verfolgung einer Pflichtverletzung, die nicht die Ausschließung aus dem Beruf rechtfertigt, verjährt in fünf Jahren. [2]§ 78 Abs. 1, § 78a Satz 1 sowie die §§ 78b und 78c Abs. 1 bis 4 des Strafgesetzbuches[3] gelten entsprechend.

(2) Ist vor Ablauf der Verjährungsfrist nach Absatz 1 Satz 1 wegen desselben Sachverhalts ein Strafverfahren eingeleitet worden, ist der Ablauf der Verjährungsfrist für die Dauer des Strafverfahrens gehemmt.

§ 94[4] Vorschriften für Mitglieder der Steuerberaterkammer, die nicht Steuerberater oder Steuerbevollmächtigte sind. (1) Die Vorschriften des Fünften Abschnitts (Berufsgerichtsbarkeit) gelten entsprechend für Personen, die der Steuerberaterkammer nach § 74 Abs. 2 angehören.

---

[1] § 91 Abs. 1 Satz 1 geänd. durch G v. 24. 6. 2000 (BGBl. I S. 874).
[2] § 93 Abs. 2 angef. mWv 1. 7. 2000 durch G v. 24. 6. 2000 (BGBl. I S. 874).
[3] **Schönfelder Nr. 85.**
[4] § 94 Abs. 1 geänd. durch G v. 24. 6. 2000 (BGBl. I S. 874).

(2) An die Stelle der Ausschließung aus dem Beruf tritt bei den in § 74 Abs. 2 genannten Personen die Aberkennung der Eignung, Steuerberatungsgesellschaften zu vertreten und deren Geschäfte zu führen.

(3) Soweit im berufsgerichtlichen Verfahren die Mitwirkung ehrenamtlicher Richter vorgesehen ist, entscheiden die Berufsgerichte in der gleichen Besetzung wie in Steuerberatersachen.

Zweiter Unterabschnitt. Die Gerichte

§ 95[1] Kammer für Steuerberater- und Steuerbevollmächtigtensachen beim Landgericht. (1) In dem berufsgerichtlichen Verfahren entscheidet im ersten Rechtszug eine Kammer des Landgerichts (Kammer für Steuerberater- und Steuerbevollmächtigtensachen), das für den Sitz der Steuerberaterkammer zuständig ist.

(2) [1]Bestehen in einem Land mehrere Steuerberaterkammern, so kann die Landesregierung durch Rechtsverordnung die Steuerberater- und Steuerbevollmächtigtensachen einem oder einigen der Landgerichte zuweisen, wenn eine solche Zusammenfassung der Rechtspflege in Steuerberater- und Steuerbevollmächtigtensachen, insbesondere der Sicherung einer einheitlichen Rechtsprechung, dienlich ist. [2]Die Vorstände der beteiligten Steuerberaterkammern sind vorher zu hören.

(3) Durch Vereinbarung der beteiligten Länder können die Aufgaben, für die nach diesem Gesetz das Landgericht eines Landes zuständig ist, einem Landgericht des anderen Landes übertragen werden.

(4) [1]Die Kammer für Steuerberater- und Steuerbevollmächtigtensachen entscheidet außerhalb der Hauptverhandlung in der Besetzung von drei Mitgliedern des Landgerichts mit Einschluß des Vorsitzenden. [2]In der Hauptverhandlung ist sie mit dem Vorsitzenden und zwei Steuerberatern oder Steuerbevollmächtigten als Beisitzern besetzt.

§ 96[2] Senat für Steuerberater- und Steuerbevollmächtigtensachen beim Oberlandesgericht. (1) In dem berufsgerichtlichen Verfahren entscheidet im zweiten Rechtszug ein Senat des Oberlandesgerichts (Senat für Steuerberater- und Steuerbevollmächtigtensachen beim Oberlandesgericht).

(2) [1]§ 95 Abs. 2 und 3 findet entsprechende Anwendung. [2]Die Steuerberater- und Steuerbevollmächtigtensachen können auch dem obersten Landesgericht zugewiesen oder übertragen werden.

(3) [1]Der Senat für Steuerberater- und Steuerbevollmächtigtensachen entscheidet außerhalb der Hauptverhandlung in der Besetzung von drei Mitgliedern des Oberlandesgerichts mit Einschluß des Vorsitzenden. [2]In der Hauptverhandlung wirken außerdem als Beisitzer zwei Steuerberater oder Steuerbevollmächtigte mit.

---

[1] § 95 Abs. 4 Satz 2 geänd. durch G v. 9. 6. 1989 (BGBl. I S. 1062), Abs. 1 und 2 geänd. durch G v. 24. 6. 2000 (BGBl. I S. 874).

[2] § 96 Abs. 3 Satz 2 geänd. durch G v. 9. 6. 1989 (BGBl. I S. 1062).

§ 97[1] **Senat für Steuerberater- und Steuerbevollmächtigtensachen beim Bundesgerichtshof.** (1) In dem berufsgerichtlichen Verfahren entscheidet im dritten Rechtszug ein Senat des Bundesgerichtshofs (Senat für Steuerberater- und Steuerbevollmächtigtensachen beim Bundesgerichtshof).

(2) Der Senat für Steuerberater- und Steuerbevollmächtigtensachen besteht aus einem Vorsitzenden sowie zwei Mitgliedern des Bundesgerichtshofs und zwei Steuerberatern oder Steuerbevollmächtigten als Beisitzern.

§ 98.[2] *(aufgehoben)*

§ 99[3] **Steuerberater oder Steuerbevollmächtigte als Beisitzer.** (1) Die Beisitzer aus den Reihen der Steuerberater oder Steuerbevollmächtigten sind ehrenamtliche Richter.

(2) [1]Die ehrenamtlichen Richter werden für die Gerichte des ersten und zweiten Rechtszugs von der Landesjustizverwaltung auf die Dauer von fünf Jahren berufen. [2]Sie können nach Ablauf ihrer Amtszeit wiederberufen werden.

(3) [1]Die ehrenamtlichen Richter werden den Vorschlagslisten entnommen, die die Vorstände der Steuerberaterkammern der Landesjustizverwaltung einreichen. [2]Die Landesjustizverwaltung bestimmt, welche Zahl von ehrenamtlichen Richtern für jedes Gericht erforderlich ist; sie hat vorher die Vorstände der Steuerberaterkammern zu hören. [3]Jede Vorschlagsliste soll mindestens die doppelte Zahl der zu berufenden Steuerberater oder Steuerbevollmächtigten enthalten.

(4) Scheidet ein ehrenamtlicher Richter vorzeitig aus, so wird für den Rest seiner Amtszeit ein Nachfolger berufen.

(5) § 6 des Einführungsgesetzes zum Gerichtsverfassungsgesetz gilt entsprechend.

(6) Die Absätze 1 bis 5 finden auf die ehrenamtlichen Richter des Senats für Steuerberater- und Steuerbevollmächtigtensachen beim Bundesgerichtshof mit der Maßgabe Anwendung, daß an Stelle der Steuerberaterkammern die Bundessteuerberaterkammer und an Stelle der Landesjustizverwaltung das Bundesministerium der Justiz und für Verbraucherschutz[4] treten.

(7)[5] [1]Die Landesregierungen werden ermächtigt, die Aufgaben und Befugnisse, die den Landesjustizverwaltungen nach den Absätzen 2 und 3 zustehen, durch Rechtsverordnung auf diesen nachgeordnete Behörden zu übertragen. [2]Die Landesregierungen können diese Ermächtigung durch Rechtsverordnung auf die Landesjustizverwaltungen übertragen.

---

1) § 97 Abs. 2 neugef. mWv 1. 7. 1994 durch G v. 24. 6. 1994 (BGBl. I S. 1387).

2) § 98 aufgeh. durch G v. 9. 6. 1989 (BGBl. I S. 1062).

3) § 99 Abs. 3 und 5 geänd., Abs. 6 angef. mWv 1. 7. 2000 durch G v. 24. 6. 2000 (BGBl. I S. 874), Abs. 2 Satz 1 geänd., Abs. 5 eingef., bish. Abs. 5 und 6 werden Abs. 6 und 7, Abs. 6 geänd. mWv 1. 1. 2005 durch G v. 21. 12. 2004 (BGBl. I S. 3599).

4) Bezeichnung geänd. durch VO v. 31. 8. 2015 (BGBl. I S. 1474).

5) § 99 Abs. 7 neu gef. mWv 6. 11. 2015 durch G v. 2. 11. 2015 (BGBl. I S. 1834).

§ 100[1] Voraussetzungen für die Berufung zum Beisitzer und Recht zur Ablehnung. (1) [1]Zum ehrenamtlichen Richter kann nur ein Steuerberater oder Steuerbevollmächtigter berufen werden, der in den Vorstand der Steuerberaterkammer gewählt werden kann (§ 77). [2]Er darf als Beisitzer nur für die Kammer für Steuerberater- und Steuerbevollmächtigtensachen beim Landgericht oder den Senat für Steuerberater- und Steuerbevollmächtigtensachen beim Oberlandesgericht oder den Senat für Steuerberater- und Steuerbevollmächtigtensachen beim Bundesgerichtshof berufen werden.

(2) Die ehrenamtlichen Richter dürfen nicht gleichzeitig dem Vorstand der Steuerberaterkammer angehören oder bei ihr im Haupt- oder Nebenberuf tätig sein.

(3) Die Übernahme des Beisitzeramtes kann ablehnen,
1. wer das 65. Lebensjahr vollendet hat;
2. wer in den letzten vier Jahren Mitglied des Vorstandes gewesen ist;
3. wer in gesundheitlicher Hinsicht beeinträchtigt ist.

§ 101[2] Enthebung vom Amt des Beisitzers. (1) Ein Steuerberater oder Steuerbevollmächtigter ist in den Fällen der §§ 95 und 96 auf Antrag der für die Ernennung zuständigen Behörde, im Falle des § 97 auf Antrag des Bundesministeriums der Justiz und für Verbraucherschutz[3] seines Amtes als Beisitzer zu entheben,
1. wenn nachträglich bekannt wird, daß er nicht hätte zum Beisitzer berufen werden dürfen;
2. wenn nachträglich ein Umstand eintritt, welcher der Berufung zum Beisitzer entgegensteht;
3. wenn der Steuerberater oder Steuerbevollmächtigte seine Amtspflicht als Beisitzer grob verletzt.

(2) [1]Über den Antrag entscheidet in den Fällen der §§ 95 und 96 ein Zivilsenat des Oberlandesgerichts, im Falle des § 97 ein Zivilsenat des Bundesgerichtshofs. [2]Bei der Entscheidung dürfen die Mitglieder der Senate für Steuerberater- und Steuerbevollmächtigtensachen nicht mitwirken.

(3) Vor der Entscheidung ist der Steuerberater oder Steuerbevollmächtigte zu hören.

§ 102 Stellung der ehrenamtlichen Richter und Pflicht zur Verschwiegenheit. (1) Die Steuerberater oder Steuerbevollmächtigten haben in der Sitzung, zu der sie als ehrenamtliche Richter herangezogen werden, die Stellung eines Berufsrichters.

(2) [1]Die Steuerberater und Steuerbevollmächtigten haben über Angelegenheiten, die ihnen bei ihrer Tätigkeit als ehrenamtliche Richter bekanntwerden, Verschwiegenheit gegen jedermann zu bewahren. [2]§ 83 Abs. 2 und 3 ist ent-

---

[1] § 100 Abs. 1 und 2 geänd. durch G v. 24. 6. 2000 (BGBl. I S. 874), Abs. 3 Nr. 3 neugef. mWv 1. 5. 2002 durch G v. 27. 4. 2002 (BGBl. I S. 1467).

[2] § 101 Abs. 1 geänd. durch G v. 24. 6. 2000 (BGBl. I S. 874).

[3] Bezeichnung geänd. durch VO v. 31. 8. 2015 (BGBl. I S. 1474).

sprechend anzuwenden. [3]Die Genehmigung zur Aussage erteilt der Präsident des Gerichts.

§ 103[1)] Reihenfolge der Teilnahme an den Sitzungen. Die ehrenamtlichen Richter sind zu den einzelnen Sitzungen in der Reihenfolge einer Liste heranzuziehen, die der Präsident des Gerichts nach Anhörung der beiden ältesten ehrenamtlichen Richter vor Beginn des Geschäftsjahres aufstellt.

§ 104[2)] Entschädigung der ehrenamtlichen Richter. Die ehrenamtlichen Richter erhalten eine Entschädigung nach dem Justizvergütungs- und -entschädigungsgesetz[3)].

Dritter Unterabschnitt. Verfahrensvorschriften

Erster Teilabschnitt. Allgemeines

§ 105 Vorschriften für das Verfahren. Für das berufsgerichtliche Verfahren gelten die nachstehenden Vorschriften.

§ 106 Keine Verhaftung des Steuerberaters oder Steuerbevollmächtigten. [1]Der Steuerberater oder Steuerbevollmächtigte darf zur Durchführung des berufsgerichtlichen Verfahrens weder vorläufig festgenommen noch verhaftet oder vorgeführt werden. [2]Er kann nicht zur Vorbereitung eines Gutachtens über seinen psychischen Zustand in ein psychiatrisches Krankenhaus gebracht werden.

§ 107 Verteidigung. (1) Zu Verteidigern im berufsgerichtlichen Verfahren vor dem Landgericht und vor dem Oberlandesgericht können außer den in § 138 Abs. 1 der Strafprozeßordnung genannten Personen auch Steuerberater oder Steuerbevollmächtigte gewählt werden.

(2)[4)] § 140 Abs. 1 Nr. 1 bis 3, 6, 7 und 9 der Strafprozeßordnung[5)] ist auf die Verteidigung im berufsgerichtlichen Verfahren nicht anzuwenden.

§ 108[6)] Akteneinsicht des Steuerberaters oder Steuerbevollmächtigten. [1]Der Vorstand der Steuerberaterkammer und der Steuerberater oder Steuerbevollmächtigte sind befugt, die Akten, die dem Gericht vorliegen oder diesem im Falle der Einreichung einer Anschuldigungsschrift vorzulegen wären, einzusehen sowie amtlich verwahrte Beweisstücke zu besichtigen. [2]§ 147 Abs. 2 Satz 1[7)], Abs. 3, 5 und 6 der Strafprozeßordnung[5)] ist insoweit entsprechend anzuwenden.

[1)] § 103 neu gef. durch G v. 9.6.1989 (BGBl. I S. 1062).

[2)] § 104 geänd. mWv 1.7.2004 durch G v. 5.5.2004 (BGBl. I S. 718).

[3)] **Schönfelder Nr. 116.**

[4)] § 107 Abs. 2 geänd. mWv 1.9.2013 durch G v. 26.6.2013 (BGBl. I S. 1805).

[5)] **Schönfelder Nr. 90.**

[6)] § 108 Satz 1 neu gef. mWv 1.7.1994 durch G v. 24.6.1994 (BGBl. I S. 1387), Satz 1 geänd. durch G v. 24.6.2000 (BGBl. I S. 874).

[7)] § 108 Satz 2 Zitat geänd. durch G v. 29.7.2009 (BGBl. I S. 2274).

§ 109[1] **Verhältnis des berufsgerichtlichen Verfahrens zum Straf- oder Bußgeldverfahren.** (1) [1]Ist gegen einen Steuerberater oder Steuerbevollmächtigten, der einer Verletzung seiner Pflichten beschuldigt wird, wegen desselben Verhaltens die öffentliche Klage im strafgerichtlichen Verfahren erhoben, so kann gegen ihn ein berufsgerichtliches Verfahren zwar eingeleitet, es muß aber bis zur Beendigung des strafgerichtlichen Verfahrens ausgesetzt werden. [2]Ebenso muß ein bereits eingeleitetes berufsgerichtliches Verfahren ausgesetzt werden, wenn während seines Laufes die öffentliche Klage im strafgerichtlichen Verfahren erhoben wird. [3]Das berufsgerichtliche Verfahren ist fortzusetzen, wenn die Sachaufklärung so gesichert erscheint, daß sich widersprechende Entscheidungen nicht zu erwarten sind, oder wenn im strafgerichtlichen Verfahren aus Gründen nicht verhandelt werden kann, die in der Person des Steuerberaters oder Steuerbevollmächtigten liegen.

(2) Wird der Steuerberater oder Steuerbevollmächtigte im gerichtlichen Verfahren wegen einer Straftat oder einer Ordnungswidrigkeit freigesprochen, so kann wegen der Tatsachen, die Gegenstand der gerichtlichen Entscheidung waren, ein berufsgerichtliches Verfahren nur dann eingeleitet oder fortgesetzt werden, wenn diese Tatsachen, ohne den Tatbestand einer Strafvorschrift oder einer Bußgeldvorschrift zu erfüllen, eine Verletzung der Pflichten des Steuerberaters oder Steuerbevollmächtigten enthalten.

(3) [1]Für die Entscheidung im berufsgerichtlichen Verfahren sind die tatsächlichen Feststellungen des Urteils im Strafverfahren oder Bußgeldverfahren bindend, auf denen die Entscheidung des Gerichts beruht. [2]In dem berufsgerichtlichen Verfahren kann ein Gericht jedoch die nochmalige Prüfung solcher Feststellungen beschließen, deren Richtigkeit seine Mitglieder mit Stimmenmehrheit bezweifeln; dies ist in den Gründen der berufsgerichtlichen Entscheidung zum Ausdruck zu bringen.

(4) [1]Wird ein berufsgerichtliches Verfahren nach Absatz 1 Satz 3 fortgesetzt, ist die Wiederaufnahme des rechtskräftig abgeschlossenen berufsgerichtlichen Verfahrens auch zulässig, wenn die tatsächlichen Feststellungen, auf denen die Verurteilung oder der Freispruch im berufsgerichtlichen Verfahren beruht, den Feststellungen im strafgerichtlichen Verfahren widersprechen. [2]Den Antrag auf Wiederaufnahme des Verfahrens kann die Staatsanwaltschaft, der Steuerberater oder der Steuerbevollmächtigte binnen eines Monats nach Rechtskraft des Urteils im strafgerichtlichen Verfahren stellen.

§ 110 Verhältnis des berufsgerichtlichen Verfahrens zu den Verfahren anderer Berufsgerichtsbarkeiten. (1) Über eine Pflichtverletzung eines Steuerberaters oder Steuerbevollmächtigten, der zugleich der Disziplinar-, Ehren- oder Berufsgerichtsbarkeit eines anderen Berufs untersteht, wird im berufsgerichtlichen Verfahren nur dann entschieden, wenn die Pflichtverletzung überwiegend mit der Ausübung des Berufs als Steuerberater oder Steuerbevollmächtigter im Zusammenhang steht oder wenn wegen der Schwere der Pflichtverletzung das berufsgerichtliche Verfahren mit dem Ziel der Ausschließung aus dem Beruf eingeleitet worden ist.

[1] § 109 Abs. 1 Satz 3 neu gef. sowie Abs. 4 angef. mWv 1.7.1994 durch G v. 24.6.1994 (BGBl. I S. 1387).

(2) [1]Beabsichtigt die Staatsanwaltschaft, gegen einen solchen Steuerberater oder Steuerbevollmächtigten das berufsgerichtliche Verfahren einzuleiten, so teilt sie dies der Staatsanwaltschaft oder Behörde mit, die für die Einleitung eines Verfahrens gegen ihn als Angehörigen des anderen Berufs zuständig wäre. [2]Hat die für den anderen Beruf zuständige Staatsanwaltschaft oder Einleitungsbehörde die Absicht, gegen den Steuerberater oder Steuerbevollmächtigten ein Verfahren einzuleiten, so unterrichtet sie die Staatsanwaltschaft, die für die Einleitung des berufsgerichtlichen Verfahrens zuständig wäre (§ 113).

(3) Hat das Gericht einer Disziplinar-, Ehren- oder Berufsgerichtsbarkeit sich zuvor rechtskräftig für zuständig oder unzuständig erklärt, über die Pflichtverletzung eines Steuerberaters oder Steuerbevollmächtigten, der zugleich der Disziplinar-, Ehren- oder Berufsgerichtsbarkeit eines anderen Berufs untersteht, zu entscheiden, so sind die anderen Gerichte an diese Entscheidung gebunden.

(4) Die Absätze 1 bis 3 sind auf Steuerberater oder Steuerbevollmächtigte, die in einem öffentlich-rechtlichen Dienst- oder Amtsverhältnis stehen und ihren Beruf als Steuerberater oder Steuerbevollmächtigter nicht ausüben dürfen (§ 59), nicht anzuwenden.

§ 111 Aussetzung des berufsgerichtlichen Verfahrens. Das berufsgerichtliche Verfahren kann ausgesetzt werden, wenn in einem anderen gesetzlich geordneten Verfahren über eine Frage zu entscheiden ist, deren Beurteilung für die Entscheidung im berufsgerichtlichen Verfahren von wesentlicher Bedeutung ist.

Zweiter Teilabschnitt. Das Verfahren im ersten Rechtszug

§ 112[1] Örtliche Zuständigkeit. [1]Die örtliche Zuständigkeit des Landgerichts bestimmt sich nach dem Sitz der Steuerberaterkammer, welcher der Steuerberater oder Steuerbevollmächtigte im Zeitpunkt der Beantragung der Einleitung des Verfahrens angehört. [2]Die Verlegung der beruflichen Niederlassung nach diesem Zeitpunkt in einen anderen Kammerbezirk führt nicht zu einem Wechsel der Zuständigkeit.

§ 113 Mitwirkung der Staatsanwaltschaft. Die Staatsanwaltschaft bei dem Oberlandesgericht, bei dem der Senat für Steuerberater- und Steuerbevollmächtigtensachen besteht, nimmt in den Verfahren vor der Kammer für Steuerberater- und Steuerbevollmächtigtensachen die Aufgaben der Staatsanwaltschaft wahr.

§ 114 Einleitung des berufsgerichtlichen Verfahrens. Das berufsgerichtliche Verfahren wird dadurch eingeleitet, daß die Staatsanwaltschaft eine Anschuldigungsschrift bei dem Landgericht einreicht.

§ 115[2] Gerichtliche Entscheidung über die Einleitung des Verfahrens. (1) Gibt die Staatsanwaltschaft einem Antrag des Vorstandes der

---

[1] § 112 Satz 1 geänd., Satz 2 angef. mWv 1.7.2000 durch G v. 24.6.2000 (BGBl. I S. 874).
[2] § 115 Abs. 1 und 2 geänd. durch G v. 24.6.2000 (BGBl. I S. 874).

Steuerberaterkammer, gegen einen Steuerberater oder Steuerbevollmächtigten das berufsgerichtliche Verfahren einzuleiten, keine Folge oder verfügt sie die Einstellung des Verfahrens, so hat sie ihre Entschließung dem Vorstand der Steuerberaterkammer unter Angabe der Gründe mitzuteilen.

(2) [1]Der Vorstand der Steuerberaterkammer kann gegen den Bescheid der Staatsanwaltschaft binnen eines Monats nach der Bekanntmachung bei dem Oberlandesgericht die gerichtliche Entscheidung beantragen. [2]Der Antrag muß die Tatsachen, welche die Einleitung des berufsgerichtlichen Verfahrens begründen sollen, und die Beweismittel angeben.

(3) Auf das Verfahren nach Absatz 2 sind die §§ 173 bis 175 der Strafprozeßordnung[1)] entsprechend anzuwenden.

(4) § 172 der Strafprozeßordnung[2)] ist nicht anzuwenden.

§ 116[2)] Antrag des Steuerberaters oder Steuerbevollmächtigten auf Einleitung des berufsgerichtlichen Verfahrens. (1) [1]Will sich der Steuerberater oder Steuerbevollmächtigte von dem Verdacht einer Pflichtverletzung befreien, muss er bei der Staatsanwaltschaft beantragen, das berufsgerichtliche Verfahren gegen ihn einzuleiten. [2]Wegen eines Verhaltens, das der Vorstand der Steuerberaterkammer gerügt hat (§ 81), kann der Steuerberater oder Steuerbevollmächtigte den Antrag nicht stellen.

(2) [1]Gibt die Staatsanwaltschaft dem Antrag des Steuerberaters oder Steuerbevollmächtigten keine Folge oder verfügt sie die Einstellung des Verfahrens, so hat sie ihre Entschließung dem Antragsteller unter Angabe der Gründe mitzuteilen. [2]Wird in den Gründen eine schuldhafte Pflichtverletzung festgestellt, das berufsgerichtliche Verfahren aber nicht eingeleitet, oder wird offengelassen, ob eine schuldhafte Pflichtverletzung vorliegt, kann der Steuerberater oder Steuerbevollmächtigte bei dem Oberlandesgericht die gerichtliche Entscheidung beantragen. [3]Der Antrag ist binnen eines Monats nach der Bekanntmachung der Entschließung der Staatsanwaltschaft zu stellen.

(3) [1]Auf das Verfahren vor dem Senat für Steuerberater- und Steuerbevollmächtigtensachen beim Oberlandesgericht ist § 173 Abs. 1 und 3 der Strafprozeßordnung[2)] entsprechend anzuwenden. [2]Das Oberlandesgericht entscheidet durch Beschluß, ob eine schuldhafte Pflichtverletzung des Steuerberaters oder Steuerbevollmächtigten festzustellen ist. [3]Der Beschluß ist mit Gründen zu versehen. [4]Erachtet das Oberlandesgericht den Steuerberater oder Steuerbevollmächtigten einer berufsgerichtlich zu ahndenden Pflichtverletzung für hinreichend verdächtig, so beschließt es die Einleitung des berufsgerichtlichen Verfahrens. [5]Die Durchführung dieses Beschlusses obliegt der Staatsanwaltschaft.

(4) Erachtet das Oberlandesgericht eine schuldhafte Pflichtverletzung nicht für gegeben, so kann nur auf Grund neuer Tatsachen oder Beweismittel wegen desselben Verhaltens ein Antrag auf Einleitung des berufsgerichtlichen Verfahrens gestellt oder eine Rüge durch den Vorstand der Steuerberaterkammer erteilt werden.

[1)] **Schönfelder Nr. 90.**

[2)] § 116 Abs. 1 neugef. und Abs. 4 geänd. mWv 1.7.2000 durch G v. 24.6.2000 (BGBl. I S. 874).

§ 117 Inhalt der Anschuldigungsschrift. [1] In der Anschuldigungsschrift (§ 114 dieses Gesetzes sowie § 207 Abs. 3 der Strafprozeßordnung[1)]) ist die dem Steuerberater oder Steuerbevollmächtigten zur Last gelegte Pflichtverletzung unter Anführung der sie begründenden Tatsache zu bezeichnen (Anschuldigungssatz). [2] Ferner sind die Beweismittel anzugeben, wenn in der Hauptverhandlung Beweise erhoben werden sollen. [3] Die Anschuldigungsschrift enthält den Antrag, das Hauptverfahren vor der Kammer für Steuerberater- und Steuerbevollmächtigtensachen beim Landgericht zu eröffnen.

§ 118 Entscheidung über die Eröffnung des Hauptverfahrens. (1) In dem Beschluß, durch den das Hauptverfahren eröffnet wird, läßt die Kammer für Steuerberater- und Steuerbevollmächtigtensachen beim Landgericht die Anschuldigung zur Hauptverhandlung zu.

(2) Der Beschluß, durch den das Hauptverfahren eröffnet worden ist, kann von dem Steuerberater oder Steuerbevollmächtigten nicht angefochten werden.

(3) [1] Der Beschluß, durch den die Eröffnung des Hauptverfahrens abgelehnt wird, ist zu begründen. [2] Gegen den Beschluß steht der Staatsanwaltschaft die sofortige Beschwerde zu.

§ 119 Rechtskraftwirkung eines ablehnenden Beschlusses. Ist die Eröffnung des Hauptverfahrens durch einen nicht mehr anfechtbaren Beschluß abgelehnt, so kann der Antrag auf Einleitung des berufsgerichtlichen Verfahrens nur auf Grund neuer Tatsachen oder Beweismittel und nur innerhalb von fünf Jahren, seitdem der Beschluß rechtskräftig geworden ist, erneut gestellt werden.

§ 120 Zustellung des Eröffnungsbeschlusses. [1] Der Beschluß über die Eröffnung des Hauptverfahrens ist dem Steuerberater oder Steuerbevollmächtigten spätestens mit der Ladung zuzustellen. [2] Entsprechendes gilt in den Fällen des § 207 Abs. 3 der Strafprozeßordnung[1)] für die nachgereichte Anschuldigungsschrift.

§ 121 Hauptverhandlung trotz Ausbleibens des Steuerberaters oder Steuerbevollmächtigten. [1] Die Hauptverhandlung kann gegen einen Steuerberater oder Steuerbevollmächtigten, der nicht erschienen ist, durchgeführt werden, wenn er ordnungsmäßig geladen und in der Ladung darauf hingewiesen ist, daß in seiner Abwesenheit verhandelt werden kann. [2] Eine öffentliche Ladung ist nicht zulässig.

§ 122[2)] Nichtöffentliche Hauptverhandlung. (1) [1] Die Hauptverhandlung ist nicht öffentlich. [2] Auf Antrag der Staatsanwaltschaft kann, auf Antrag des Steuerberaters oder Steuerbevollmächtigten muß die Öffentlichkeit herge-

---

[1)] **Schönfelder Nr. 90.**

[2)] § 122 Abs. 2 geänd. durch G v. 9. 6. 1989 (BGBl. I S. 1062), Abs. 2 Satz 2 geänd. durch G v. 24. 6. 2000 (BGBl. I S. 874).

stellt werden; in diesem Fall sind die Vorschriften des Gerichtsverfassungsgesetzes über die Öffentlichkeit sinngemäß anzuwenden.

(2) [1]Zu nichtöffentlichen Verhandlungen ist Vertretern der Landesjustizverwaltung, dem Präsidenten des Oberlandesgerichts oder seinem Beauftragten und den Beamten der Staatsanwaltschaft bei dem Oberlandesgericht der Zutritt gestattet. [2]Der Zutritt ist ferner Vertretern des Bundesministeriums der Finanzen, Vertretern der für die Finanzverwaltung zuständigen obersten Landesbehörde und Vertretern der Steuerberaterkammer gestattet. [3]Steuerberater und Steuerbevollmächtigte sind als Zuhörer zugelassen. [4]Die Kammer für Steuerberater- und Steuerbevollmächtigtensachen beim Landgericht kann nach Anhörung der Beteiligten auch andere Personen als Zuhörer zulassen.

§ 123 Beweisaufnahme durch einen ersuchten Richter. [1]Die Kammer für Steuerberater- und Steuerbevollmächtigtensachen beim Landgericht kann ein Amtsgericht um die Vernehmung von Zeugen oder Sachverständigen ersuchen. [2]Der Zeuge oder Sachverständige ist jedoch auf Antrag der Staatsanwaltschaft oder des Steuerberaters oder Steuerbevollmächtigten in der Hauptverhandlung zu vernehmen, es sei denn, daß er voraussichtlich am Erscheinen in der Hauptverhandlung verhindert ist oder ihm das Erscheinen wegen großer Entfernung nicht zugemutet werden kann.

§ 124 Verlesen von Protokollen. (1) Die Kammer für Steuerberater- und Steuerbevollmächtigtensachen beim Landgericht beschließt nach pflichtmäßigem Ermessen, ob die Aussage eines Zeugen oder eines Sachverständigen, der bereits in dem berufsgerichtlichen oder in einem anderen gesetzlich geordneten Verfahren vernommen worden ist, zu verlesen sei.

(2) [1]Bevor der Gerichtsbeschluß ergeht, kann der Staatsanwalt oder der Steuerberater oder Steuerbevollmächtigte beantragen, den Zeugen oder Sachverständigen in der Hauptverhandlung zu vernehmen. [2]Einem solchen Antrag ist zu entsprechen, es sei denn, daß der Zeuge oder Sachverständige voraussichtlich am Erscheinen in der Hauptverhandlung verhindert ist oder ihm das Erscheinen wegen großer Entfernung nicht zugemutet werden kann. [3]Wird dem Antrag stattgegeben, so darf das Protokoll über die frühere Vernehmung nicht verlesen werden.

(3) [1]Ist ein Zeuge oder Sachverständiger durch einen ersuchten Richter vernommen worden (§ 123), so kann der Verlesung des Protokolls nicht widersprochen werden. [2]Der Staatsanwalt oder der Steuerberater oder Steuerbevollmächtigte kann jedoch der Verlesung widersprechen, wenn ein Antrag gemäß § 123 Satz 2 abgelehnt worden ist und Gründe für die Ablehnung des Antrags jetzt nicht mehr bestehen.

§ 125 Entscheidung. (1) Die Hauptverhandlung schließt mit der auf die Beratung folgenden Verkündung des Urteils.

(2) Das Urteil lautet auf Freisprechung, Verurteilung oder Einstellung des Verfahrens.

(3) Das berufsgerichtliche Verfahren ist, abgesehen von dem Fall des § 260 Abs. 3 der Strafprozeßordnung, einzustellen,

1. wenn die Bestellung nach § 45 Abs. 1 erloschen oder nach § 46 zurückgenommen oder widerrufen ist;
2. wenn nach § 92 von einer berufsgerichtlichen Ahndung abzusehen ist.

Dritter Teilabschnitt. Rechtsmittel

§ 126 Beschwerde. Für die Verhandlungen und Entscheidungen über Beschwerden ist der Senat für Steuerberater- und Steuerbevollmächtigtensachen beim Oberlandesgericht zuständig.

§ 127[1)] Berufung. (1) Gegen das Urteil der Kammer für Steuerberater- und Steuerbevollmächtigtensachen beim Landgericht ist die Berufung an den Senat für Steuerberater- und Steuerbevollmächtigtensachen beim Oberlandesgericht zulässig.

(2) [1]Die Berufung muß binnen einer Woche nach Verkündung des Urteils bei der Kammer für Steuerberater- und Steuerbevollmächtigtensachen beim Landgericht schriftlich eingelegt werden. [2]Ist das Urteil nicht in Anwesenheit des Steuerberaters oder Steuerbevollmächtigten verkündet worden, so beginnt für diesen die Frist mit der Zustellung.

(3) Die Berufung kann nur schriftlich gerechtfertigt werden.

(4) [1]Auf das Verfahren sind im übrigen neben den Vorschriften der Strafprozeßordnung über die Berufung die §§ 121 bis 125 dieses Gesetzes sinngemäß anzuwenden. [2]Hat der Steuerberater oder Steuerbevollmächtigte die Berufung eingelegt, so ist bei seiner Abwesenheit in der Hauptverhandlung § 329 Absatz 1 Satz 1 und 4 sowie Absatz 7 der Strafprozessordnung entsprechend anzuwenden, falls der Steuerberater oder Steuerbevollmächtigte ordnungsgemäß geladen und in der Ladung ausdrücklich auf die sich aus seiner Abwesenheit ergebende Rechtsfolge hingewiesen wurde.

§ 128 Mitwirkung der Staatsanwaltschaft im zweiten Rechtszug. Die Aufgaben der Staatsanwaltschaft im zweiten Rechtszug werden von der Staatsanwaltschaft bei dem Oberlandesgericht wahrgenommen, bei dem der Senat für Steuerberater- und Steuerbevollmächtigtensachen besteht.

§ 129 Revision. (1) Gegen das Urteil des Senats für Steuerberater- und Steuerbevollmächtigtensachen beim Oberlandesgericht ist die Revision an den Bundesgerichtshof zulässig,

1. wenn das Urteil auf Ausschließung aus dem Beruf lautet;
2. wenn der Senat für Steuerberater- und Steuerbevollmächtigtensachen beim Oberlandesgericht entgegen einem Antrag der Staatsanwaltschaft nicht auf Ausschließung erkannt hat;
3. wenn der Senat für Steuerberater- und Steuerbevollmächtigtensachen beim Oberlandesgericht sie in dem Urteil zugelassen hat.

---

1) § 127 Abs. 4 Satz 2 angef. mWv 20.12.2003 durch G v. 15.12.2003 (BGBl. I S. 2645) und geänd. mWv 25.7.2015 durch G v. 17.7.2015 (BGBl. I S. 1332).

(2) Der Senat für Steuerberater- und Steuerbevollmächtigtensachen beim Oberlandesgericht darf die Revision nur zulassen, wenn er über Rechtsfragen oder Fragen der Berufspflichten entschieden hat, die von grundsätzlicher Bedeutung sind.

(3) [1]Die Nichtzulassung der Revision kann selbständig durch Beschwerde innerhalb eines Monats nach Zustellung des Urteils angefochten werden. [2]Die Beschwerde ist bei dem Oberlandesgericht einzulegen. [3]In der Beschwerdeschrift muß die grundsätzliche Rechtsfrage ausdrücklich bezeichnet werden.

(4) Die Beschwerde hemmt die Rechtskraft des Urteils.

(5) [1]Wird der Beschwerde nicht abgeholfen, so entscheidet der Bundesgerichtshof durch Beschluß. [2]Der Beschluß bedarf keiner Begründung, wenn die Beschwerde einstimmig verworfen oder zurückgewiesen wird. [3]Mit Ablehnung der Beschwerde durch den Bundesgerichtshof wird das Urteils rechtskräftig. [4]Wird der Beschwerde stattgegeben, so beginnt mit Zustellung des Beschwerdebescheides die Revisionsfrist.

§ 130 Einlegung der Revision und Verfahren. (1) [1]Die Revision ist binnen einer Woche bei dem Oberlandesgericht schriftlich einzulegen. [2]Die Frist beginnt mit der Verkündung des Urteils. [3]Ist das Urteil nicht in Anwesenheit des Steuerberaters oder Steuerbevollmächtigten verkündet worden, so beginnt für diesen die Frist mit der Zustellung.

(2) Seitens des Steuerberaters oder Steuerbevollmächtigten können die Revisionsanträge und deren Begründung nur schriftlich angebracht werden.

(3) [1]Auf das Verfahren vor dem Bundesgerichtshof sind im übrigen neben den Vorschriften der Strafprozeßordnung über die Revision die §§ 122 und 125 Abs. 3 dieses Gesetzes sinngemäß anzuwenden. [2]In den Fällen des § 354 Abs. 2 der Strafprozeßordnung[1)] kann die Sache auch an das Oberlandesgericht eines anderen Landes zurückverwiesen werden.

§ 131 Mitwirkung der Staatsanwaltschaft vor dem Bundesgerichtshof. Die Aufgaben der Staatsanwaltschaft in den Verfahren vor dem Bundesgerichtshof werden von dem Generalbundesanwalt wahrgenommen.

Vierter Teilabschnitt. Die Sicherung von Beweisen

§ 132 Anordnung der Beweissicherung. (1) [1]Wird ein berufsgerichtliches Verfahren gegen den Steuerberater oder Steuerbevollmächtigten eingestellt, weil seine Bestellung erloschen, zurückgenommen oder widerrufen ist, so kann in der Entscheidung zugleich auf Antrag der Staatsanwaltschaft die Sicherung der Beweise angeordnet werden, wenn zu erwarten ist, daß auf Ausschließung aus dem Beruf erkannt worden wäre. [2]Die Anordnung kann nicht angefochten werden.

(2) [1]Die Beweise werden von der Kammer für Steuerberater- und Steuerbevollmächtigtensachen beim Landgericht aufgenommen. [2]Die Kammer für

1) Schönfelder Nr. 90.

Steuerberater- und Steuerbevollmächtigtensachen kann eines ihrer berufsrichterlichen Mitglieder mit der Beweisaufnahme beauftragen.

§ 133 Verfahren. (1) [1]Die Kammer für Steuerberater- und Steuerbevollmächtigtensachen beim Landgericht hat von Amts wegen alle Beweise zu erheben, die eine Entscheidung darüber begründen können, ob das eingestellte Verfahren zur Ausschließung aus dem Beruf geführt hätte. [2]Den Umfang des Verfahrens bestimmt die Kammer für Steuerberater- und Steuerbevollmächtigtensachen nach pflichtmäßigem Ermessen, ohne an Anträge gebunden zu sein; ihre Verfügungen können insoweit nicht angefochten werden.

(2) Zeugen sind, soweit nicht Ausnahmen vorgeschrieben oder zugelassen sind, eidlich zu vernehmen.

(3) [1]Die Staatsanwaltschaft und der frühere Steuerberater oder Steuerbevollmächtigte sind an dem Verfahren zu beteiligen. [2]Ein Anspruch auf Benachrichtigung von den Terminen, die zum Zwecke der Beweissicherung anberaumt werden, steht dem früheren Steuerberater oder Steuerbevollmächtigten nur zu, wenn er sich im Inland aufhält und seine Anschrift dem Landgericht angezeigt hat.

Fünfter Teilabschnitt. Das Berufs- und Vertretungsverbot

§ 134 Voraussetzung des Verbots. (1) Sind dringende Gründe für die Annahme vorhanden, daß gegen einen Steuerberater oder einen Steuerbevollmächtigten auf Ausschließung aus dem Beruf erkannt werden wird, so kann gegen ihn durch Beschluß ein Berufs- oder Vertretungsverbot verhängt werden.

(2) [1]Die Staatsanwaltschaft kann vor Einleitung des berufsgerichtlichen Verfahrens den Antrag auf Verhängung eines Berufs- oder Vertretungsverbots stellen. [2]In dem Antrag sind die Pflichtverletzung, die dem Steuerberater oder Steuerbevollmächtigten zur Last gelegt wird, sowie die Beweismittel anzugeben.

(3) Für die Verhandlung und Entscheidung ist das Gericht zuständig, das über die Eröffnung des Hauptverfahrens gegen den Steuerberater oder Steuerbevollmächtigten zu entscheiden hat oder vor dem das berufsgerichtliche Verfahren anhängig ist.

§ 135 Mündliche Verhandlung. (1) Der Beschluß, durch den ein Berufs- oder Vertretungsverbot verhängt wird, kann nur auf Grund mündlicher Verhandlung ergehen.

(2) Auf die Besetzung des Gerichts, die Ladung und die mündliche Verhandlung sind die Vorschriften entsprechend anzuwenden, die für die Hauptverhandlung vor dem erkennenden Gericht maßgebend sind, soweit sich nicht aus den folgenden Vorschriften etwas anderes ergibt.

(3) [1]In der Ladung ist die dem Steuerberater oder Steuerbevollmächtigten zur Last gelegte Pflichtverletzung durch Anführung der sie begründenden

Tatsachen zu bezeichnen; ferner sind die Beweismittel anzugeben. [2]Dies ist jedoch nicht erforderlich, wenn dem Steuerberater oder Steuerbevollmächtigten die Anschuldigungsschrift bereits mitgeteilt worden ist.

(4) Den Umfang der Beweisaufnahme bestimmt das Gericht nach pflichtmäßigem Ermessen, ohne an Anträge der Staatsanwaltschaft oder des Steuerberaters oder Steuerbevollmächtigten gebunden zu sein.

§ 136 Abstimmung über das Verbot. Zur Verhängung des Berufs- oder Vertretungsverbots ist eine Mehrheit von zwei Dritteln der Stimmen erforderlich.

§ 137 Verbot im Anschluss an die Hauptverhandlung. [1]Hat das Gericht auf die Ausschließung aus dem Beruf erkannt, so kann es im unmittelbaren Anschluß an die Hauptverhandlung über die Verhängung des Berufs- oder Vertretungsverbots verhandeln und entscheiden. [2]Dies gilt auch dann, wenn der Steuerberater oder Steuerbevollmächtigte zu der Hauptverhandlung nicht erschienen ist.

§ 138 Zustellung des Beschlusses. [1]Der Beschluß ist mit Gründen zu versehen. [2]Er ist dem Steuerberater oder Steuerbevollmächtigten zuzustellen.

§ 139[1] Wirkungen des Verbots. (1) Der Beschluß wird mit der Verkündung wirksam.

(2) Der Steuerberater oder Steuerbevollmächtigte, gegen den ein Berufsverbot verhängt ist, darf seinen Beruf nicht ausüben.

(3) Der Steuerberater oder Steuerbevollmächtigte, gegen den ein Vertretungsverbot verhängt ist, darf nicht vor Gerichten oder Behörden in Person auftreten, Vollmachten oder Untervollmachten erteilen und mit Gerichten, Behörden, Steuerberatern oder Steuerbevollmächtigten oder anderen Vertretern in Steuersachen schriftlich verkehren.

(4) Der Steuerberater oder Steuerbevollmächtigte, gegen den ein Berufs- oder Vertretungsverbot verhängt ist, darf jedoch seine eigenen Angelegenheiten und die Angelegenheiten seiner Angehörigen im Sinne des § 15 der Abgabenordnung[2] wahrnehmen.

(Fortsetzung nächste Seite)

---

[1] § 139 Abs. 4 geänd. durch G v. 14.12.1976 (BGBl. I S. 3341).
[2] Nr. **800**.

(5) [1]Die Wirksamkeit von Rechtshandlungen des Steuerberaters oder Steuerbevollmächtigten wird durch das Berufs- oder Vertretungsverbot nicht berührt. [2]Das gleiche gilt für Rechtshandlungen, die ihm gegenüber vorgenommen werden.

§ 140 Zuwiderhandlungen gegen das Verbot. (1) Der Steuerberater oder Steuerbevollmächtigte, der einem gegen ihn ergangenen Berufs- oder Vertretungsverbot wissentlich zuwiderhandelt, wird aus dem Beruf ausgeschlossen, sofern nicht wegen besonderer Umstände eine mildere berufsgerichtliche Maßnahme ausreichend erscheint.

(2) Gerichte oder Behörden sollen einen Steuerberater oder Steuerbevollmächtigten, der entgegen einem Berufs- oder Vertretungsverbot vor ihnen auftritt, zurückweisen.

§ 141 Beschwerde. (1) [1]Gegen den Beschluß, durch den das Landgericht oder das Oberlandesgericht ein Berufs- oder Vertretungsverbot verhängt, ist die sofortige Beschwerde zulässig. [2]Die Beschwerde hat keine aufschiebende Wirkung.

(2) Gegen den Beschluß, durch den das Landgericht oder das Oberlandesgericht es ablehnt, ein Berufs- oder Vertretungsverbot zu verhängen, steht der Staatsanwaltschaft die sofortige Beschwerde zu.

(3) [1]Über die sofortige Beschwerde entscheidet, sofern der angefochtene Beschluß von dem Landgericht erlassen ist, das Oberlandesgericht und, sofern er von dem Oberlandesgericht erlassen ist, der Bundesgerichtshof. [2]Für das Verfahren gelten neben den Vorschriften der Strafprozeßordnung über die Beschwerde § 135 Abs. 1, 2 und 4 sowie die §§ 136 und 138 dieses Gesetzes entsprechend.

§ 142 Außerkrafttreten des Verbots. Das Berufs- oder Vertretungsverbot tritt außer Kraft,

1. wenn ein nicht auf Ausschließung lautendes Urteil ergeht;
2. wenn die Eröffnung des Hauptverfahrens vor der Kammer für Steuerberater- und Steuerbevollmächtigtensachen abgelehnt wird.

§ 143 Aufhebung des Verbots. (1) Das Berufs- oder Vertretungsverbot wird aufgehoben, wenn sich ergibt, daß die Voraussetzungen für seine Verhängung nicht oder nicht mehr vorliegen.

(2) Über die Aufhebung entscheidet das nach § 134 Abs. 3 zuständige Gericht.

(3) [1]Beantragt der Steuerberater oder Steuerbevollmächtigte, das Verbot aufzuheben, so kann eine erneute mündliche Verhandlung angeordnet werden. [2]Der Antrag kann nicht gestellt werden, solange über eine sofortige Beschwerde des Beschuldigten nach § 141 Abs. 1 noch nicht entschieden ist. [3]Gegen den Beschluß, durch den der Antrag abgelehnt wird, ist eine Beschwerde nicht zulässig.

§ 144[1] **Mitteilung des Verbots.** (1) Der Beschluß, durch den ein Berufs- oder Vertretungsverbot verhängt wird, ist alsbald dem Präsidenten der zuständigen Steuerberaterkammer in beglaubigter Abschrift mitzuteilen.

(2) Tritt das Berufs- oder Vertretungsverbot außer Kraft oder wird es aufgehoben oder abgeändert, so ist Absatz 1 entsprechend anzuwenden.

§ 145[2] **Bestellung eines Vertreters.** (1) [1]Für den Steuerberater oder Steuerbevollmächtigten, gegen den ein Berufs- oder Vertretungsverbot verhängt ist, wird im Fall des Bedürfnisses von der zuständigen Steuerberaterkammer ein Vertreter bestellt. [2]Der Steuerberater oder Steuerbevollmächtigte ist vor der Bestellung zu hören; er kann einen geeigneten Vertreter vorschlagen.

(2) Der Vertreter muß Steuerberater oder Steuerbevollmächtigter sein.

(3) Ein Steuerberater oder Steuerbevollmächtigter, dem die Vertretung übertragen wird, kann sie nur aus einem wichtigen Grund ablehnen.

(4) § 69 Abs. 2 bis 4 ist entsprechend anzuwenden.

(5) *(aufgehoben)*

Vierter Unterabschnitt. Die Kosten in dem berufsgerichtlichen Verfahren und in dem Verfahren bei Anträgen auf berufsgerichtliche Entscheidung über die Rüge. Die Vollstreckung der berufsgerichtlichen Maßnahmen und der Kosten. Die Tilgung

§ 146[3] **Gerichtskosten.** [1]Im berufsgerichtlichen Verfahren und im Verfahren über den Antrag auf Entscheidung des Landgerichts über die Rüge (§ 82 Abs. 1) werden Gebühren nach dem Gebührenverzeichnis der Anlage[4] zu diesem Gesetz erhoben. [2]Im Übrigen sind die für Kosten in Strafsachen geltenden Vorschriften des Gerichtskostengesetzes entsprechend anzuwenden.

§ 147[5] **Kosten bei Anträgen auf Einleitung des berufsgerichtlichen Verfahrens.** (1) Einem Steuerberater oder Steuerbevollmächtigten, der einen Antrag auf gerichtliche Entscheidung über die Entschließung der Staatsanwaltschaft (§ 116 Abs. 2) zurücknimmt, sind die durch dieses Verfahren entstandenen Kosten aufzuerlegen.

(2) Wird ein Antrag des Vorstandes der Steuerberaterkammer auf gerichtliche Entscheidung in dem Fall des § 115 Abs. 2 verworfen, so sind die durch das Verfahren über den Antrag veranlaßten Kosten der Steuerberaterkammer aufzuerlegen.

---

[1] § 144 Abs. 1 geänd. mWv 1. 7. 2000 durch G v. 24. 6. 2000 (BGBl. I S. 874).

[2] § 145 Abs. 4 neugef. sowie Abs. 5 aufgeh. mWv 1. 7. 1994 durch G v. 24. 6. 1994 (BGBl. I S. 1387), Abs. 1 Satz 1 geänd. durch G v. 24. 6. 2000 (BGBl. I S. 874).

[3] § 146 neugef. mWv 31. 12. 2006 durch G v. 22. 12. 2006 (BGBl. I S. 3416).

[4] Nachstehend abgedruckt.

[5] § 147 Abs. 2 geänd. durch G v. 24. 6. 2000 (BGBl. I S. 874).

§ 148[1] **Kostenpflicht des Verurteilten.** (1) [1]Dem Steuerberater oder Steuerbevollmächtigten, der in dem berufsgerichtlichen Verfahren verurteilt wird, sind zugleich die in dem Verfahren entstandenen Kosten ganz oder teilweise aufzuerlegen. [2]Dasselbe gilt, wenn das berufsgerichtliche Verfahren wegen Erlöschens, Rücknahme oder Widerruf der Bestellung eingestellt wird und nach dem Ergebnis des bisherigen Verfahrens die Verhängung einer berufsgerichtlichen Maßnahme gerechtfertigt gewesen wäre; zu den Kosten des berufsgerichtlichen Verfahrens gehören in diesem Fall auch diejenigen, die in einem anschließenden Verfahren zum Zwecke der Beweissicherung (§§ 132 und 133) entstehen.

(2) [1]Dem Steuerberater oder Steuerbevollmächtigten, der in dem berufsgerichtlichen Verfahren ein Rechtsmittel zurückgenommen oder ohne Erfolg eingelegt hat, sind zugleich die durch dieses Verfahren entstandenen Kosten aufzuerlegen. [2]Hatte das Rechtsmittel teilweise Erfolg, so kann dem Steuerberater oder Steuerbevollmächtigten ein angemessener Teil dieser Kosten auferlegt werden.

(3) Für die Kosten, die durch einen Antrag auf Wiederaufnahme des durch ein rechtskräftiges Urteil abgeschlossenen Verfahrens verursacht worden sind, ist Absatz 2 entsprechend anzuwenden.

§ 149[2] **Kostenpflicht in dem Verfahren bei Anträgen auf berufsgerichtliche Entscheidung über die Rüge.** (1) [1]Wird der Antrag auf berufsgerichtliche Entscheidung über die Rüge als unbegründet zurückgewiesen, so ist § 148 Abs. 1 Satz 1 entsprechend anzuwenden. [2]Stellt das Landgericht fest, daß die Rüge wegen der Verhängung einer berufsgerichtlichen Maßnahme unwirksam ist (§ 82 Abs. 5 Satz 2), oder hebt es den Rügebescheid gemäß § 82 Abs. 3 Satz 2 auf, so kann es dem Steuerberater oder Steuerbevollmächtigten die in dem Verfahren entstandenen Kosten ganz oder teilweise auferlegen, wenn es dies für angemessen erachtet.

(2) Nimmt der Steuerberater oder Steuerbevollmächtigte den Antrag auf berufsgerichtliche Entscheidung zurück oder wird der Antrag als unzulässig verworfen, so gilt § 148 Abs. 2 Satz 1 entsprechend.

(3) Wird der Rügebescheid, den Fall des § 82 Abs. 3 Satz 2 ausgenommen, aufgehoben oder wird die Unwirksamkeit der Rüge wegen eines Freispruchs des Steuerberaters oder Steuerbevollmächtigten im berufsgerichtlichen Verfahren oder aus den Gründen des § 91 Abs. 2 Satz 2 festgestellt (§ 82 Abs. 5 Satz 2), so sind die notwendigen Auslagen des Steuerberaters oder Steuerbevollmächtigten der Steuerberaterkammer aufzuerlegen.

§ 150[3] **Haftung der Steuerberaterkammer.** Auslagen, die weder dem Steuerberater oder Steuerbevollmächtigten noch einem Dritten auferlegt oder von dem Steuerberater oder Steuerbevollmächtigten nicht eingezogen

---

[1] § 148 Abs. 1 Satz 2 HS 1 neugef. mWv 12. 4. 2008 durch G v. 8. 4. 2008 (BGBl. I S. 666).

[2] § 149 Abs. 3 geänd. durch G v. 24. 6. 2000 (BGBl. I S. 874).

[3] § 150 geänd. durch G v. 24. 6. 2000 (BGBl. I S. 874) und durch G v. 22. 12. 2006 (BGBl. I S. 3416).

werden können, fallen der Steuerberaterkammer zur Last, welcher der Steuerberater oder Steuerbevollmächtigte angehört.

§ 151 Vollstreckung der berufsgerichtlichen Maßnahmen und der Kosten. (1)[1] [1]Die Ausschließung aus dem Beruf (§ 90 Absatz 1 Nummer 5) wird mit der Rechtskraft des Urteils wirksam. [2]Der Verurteilte wird auf Grund einer beglaubigten Abschrift der Urteilsformel, die mit der Bescheinigung der Rechtskraft versehen ist, im Berufsregister der Steuerberater oder Steuerbevollmächtigten gelöscht.

(2) Warnung und Verweis (§ 90 Abs. 1 Nr. 1 und 2) gelten mit der Rechtskraft des Urteils als vollstreckt.

(3) [1]Die Vollstreckung der Geldbuße und die Beitreibung der Kosten werden nicht dadurch gehindert, daß der Steuerberater oder Steuerbevollmächtigte nach rechtskräftigem Abschluß des Verfahrens aus dem Beruf ausgeschieden ist. [2]Werden zusammen mit einer Geldbuße die Kosten beigetrieben, so gelten auch für die Kosten die Vorschriften über die Vollstreckung der Geldbuße.

§ 152[2] Tilgung. (1) [1]Eintragungen in den über den Steuerberater oder Steuerbevollmächtigten geführten Akten über eine Warnung sind nach fünf, über einen Verweis oder eine Geldbuße nach zehn Jahren zu tilgen, auch wenn sie nebeneinander verhängt wurden. [2]Die über diese berufsgerichtlichen Maßnahmen entstandenen Vorgänge sind aus den über den Steuerberater oder Steuerbevollmächtigten geführten Akten zu entfernen und zu vernichten. [3]Nach Ablauf der Frist dürfen diese Maßnahmen bei weiteren berufsgerichtlichen Maßnahmen nicht mehr berücksichtigt werden.

(2) Die Frist beginnt mit dem Tage, an dem die berufsgerichtliche Maßnahme unanfechtbar geworden ist.

(3) Die Frist endet nicht, solange gegen den Steuerberater oder Steuerbevollmächtigten ein Strafverfahren, ein ehrengerichtliches oder berufsgerichtliches Verfahren oder ein Disziplinarverfahren schwebt, eine andere berufsgerichtliche Maßnahme berücksichtigt werden darf oder ein auf Geldbuße lautendes Urteil noch nicht vollstreckt worden ist.

(4) Nach Ablauf der Frist gilt der Steuerberater oder Steuerbevollmächtigte als von berufsgerichtlichen Maßnahmen nicht betroffen.

(5) [1]Die Absätze 1 bis 4 gelten für Rügen des Vorstandes der Steuerberaterkammer entsprechend. [2]Die Frist beträgt fünf Jahre.

---

[1] § 151 Abs. 1 Satz 1 Verweis geänd. mWv 29.12.2020 durch G v. 21.12.2020 (BGBl. I S. 3096).

[2] § 152 Abs. 5 Satz 1 geänd. durch G v. 24.6.2000 (BGBl. I S. 874), Abs. 1 Satz 1 neugef. mWv 12.4.2008 durch G v. 8.4.2008 (BGBl. I S. 666).

Fünfter Unterabschnitt.[1] Für die Berufsgerichtsbarkeit anzuwendende Vorschriften

§ 153[2] Für die Berufsgerichtsbarkeit anzuwendende Vorschriften. Für die Berufsgerichtsbarkeit sind ergänzend das Gerichtsverfassungsgesetz und die Strafprozeßordnung sinngemäß anzuwenden.

Sechster Abschnitt.[3] Übergangsvorschriften

§ 154[4] Bestehende Gesellschaften. (1) [1]Steuerberatungsgesellschaften, die am 16. Juni 1989 anerkannt sind, bleiben anerkannt. [2]Dies gilt auch, wenn die Gesellschaft zur Übernahme der Mandanten einer Einrichtung gemäß § 4 Nr. 3, 7 und 8 gegründet wurde oder später die Mandanten einer solchen Einrichtung übernommen hat. [3]Verändert sich nach dem 31. Dezember 1990 der Bestand der Gesellschafter oder das Verhältnis ihrer Beteiligungen oder Stimmrechte durch Rechtsgeschäft oder Erbfall und geht der Anteil oder das Stimmrecht nicht auf einen Gesellschafter über, der die Voraussetzungen des § 50 a Abs. 1 Nr. 1 oder Abs. 2 Satz 2 erfüllt, so hat die zuständige Steuerberaterkammer nach § 55 Abs. 2 und 3 zu verfahren. [4]Sie kann vom Widerruf der Anerkennung absehen, wenn Anteile von einer Körperschaft des öffentlichen Rechts im Zusammenhang mit der Übertragung von Aufgaben auf eine andere Körperschaft des öffentlichen Rechts übergehen.

(2) [1]Absatz 1 Satz 3 und 4 gilt auch für unmittelbar oder mittelbar an Steuerberatungsgesellschaften beteiligte Gesellschaften, wenn sie nicht die Kapitalbindungsvorschriften des § 50 a Abs. 1 Nr. 1 oder Abs. 2 Satz 2 dieses Gesetzes oder des § 28 Abs. 4 der Wirtschaftsprüferordnung erfüllen. [2]Auf Antrag kann auf Grund einer von der zuständigen Steuerberater-kammer erteilten Ausnahmegenehmigung von der Anwendung des Satzes 1 abgesehen werden, wenn

1. sich der Bestand der Gesellschafter einer beteiligten Gesellschaft und das Verhältnis ihrer Beteiligungen oder Stimmrechte dadurch ändert, dass ein Gesellschafter aus der beteiligten Gesellschaft ausscheidet und infolgedessen sein Anteil oder Stimmrecht auf einen Gesellschafter übergeht, der vor dem 19. Mai 1994 Gesellschafter der beteiligten Gesellschaft war, und die beteiligte Gesellschaft, bei der die Änderung eintritt, vor der Änderung von Berufsvertretungen desselben Berufs gebildet wurde, oder
2.[5] sich der Bestand der Gesellschafter einer beteiligten Gesellschaft und das Verhältnis ihrer Beteiligungen oder Stimmrechte in den vorangegangenen Jahren jeweils nur geringfügig geändert hat, oder

---

[1] Überschrift neugef. durch Vertrag v. 31.8.1990 (BGBl. II S. 889, 970) und geänd. durch G v. 24.6.2000 (BGBl. I S. 874).

[2] § 153 geänd. durch G v. 22.12.2006 (BGBl. I S. 3416).

[3] Überschrift geänd. durch G v. 24.6.2000 (BGBl. I S. 874).

[4] § 154 neugef. durch G v. 24.6.2000 (BGBl. I S. 874).

[5] § 154 Abs. 2 Nr. 2 eingef., bish. Nr. 2 wird Nr. 3 durch G v. 16.7.2009 (BGBl. I S. 1959); zur erstmaligen Anwendung siehe § 157b.

3. sich der Bestand der Gesellschafter einer beteiligten Gesellschaft und das Verhältnis ihrer Beteiligungen oder Stimmrechte ändert und dies auf einen Strukturwandel im landwirtschaftlichen Bereich zurückzuführen ist.

§ 155[1]) Übergangsvorschriften aus Anlass des Vierten Gesetzes zur Änderung des Steuerberatungsgesetzes. (1) [1]Gesellschaften und Personenvereinigungen, die nach § 4 Nr. 8 in der am 15. Juni 1989 geltenden Fassung zur geschäftsmäßigen Hilfeleistung in Steuersachen befugt waren, behalten diese Befugnis, soweit diese Hilfe durch gesetzliche Vertreter oder leitende Angestellte geleistet wird, die unter § 3 fallen, und die Hilfe nicht die Ermittlung der Einkünfte aus selbständiger Arbeit oder aus Gewerbebetrieb betrifft, es sei denn, dass es sich hierbei um Nebeneinkünfte handelt, die üblicherweise bei Landwirten vorkommen. [2]Die Befugnis zur geschäftsmäßigen Hilfeleistung in Steuersachen erlischt, wenn sie nicht nach dem 16. Juni 1999 durch Personen geleistet wird, die berechtigt sind, die Bezeichnung „Landwirtschaftliche Buchstelle" zu führen. [3]Die für die Finanzverwaltung zuständige oberste Landesbehörde kann die Frist um bis zu zwei Jahre verlängern, wenn dies nach Lage des einzelnen Falles angemessen ist.

(2) Vereinigungen im Sinne des Absatzes 1, die am 16. Juni 1989 befugt waren, die Bezeichnung „Landwirtschaftliche Buchstelle" zu führen, dürfen diese Bezeichnung als Zusatz zum Namen der Vereinigung weiter führen, wenn mindestens ein leitender Angestellter berechtigt ist, diese Bezeichnung als Zusatz zur Berufsbezeichnung zu führen.

(3) Die in § 36 Abs. 1 Nr. 2 und Abs. 2 Nr. 1 bestimmte Reihenfolge der Vorbildungsvoraussetzungen gilt nicht für Tätigkeiten, die vor dem 16. Juni 1989 ausgeübt worden sind.

§ 156[2]) Übergangsvorschriften aus Anlass des Sechsten Gesetzes zur Änderung des Steuerberatungsgesetzes. § 36 Abs. 1 Nr. 2 und Abs. 3 gilt für Bewerber, die in dem in Artikel 3 des Einigungsvertrages genannten Gebiet einen Fachschulabschluss erworben und mit der Fachschulausbildung vor dem 1. Januar 1991 begonnen haben, mit der Maßgabe, dass sie nach dem Fachschulabschluss vier Jahre praktisch tätig gewesen sind.

§ 157[3]) Übergangsvorschriften aus Anlass des Gesetzes zur Änderung von Vorschriften über die Tätigkeit der Steuerberater. (1) Prozessagenten im Sinne des § 11 in der bis zum 30. Juni 2000 geltenden Fassung sind weiterhin zur geschäftsmäßigen Hilfeleistung in Steuersachen befugt.

(2) Stundenbuchhalter im Sinne von § 12 Abs. 2 in der bis zum 30. Juni 2000 geltenden Fassung sind weiterhin zur beschränkten geschäftsmäßigen Hilfe in Steuersachen befugt.

---

[1]) § 155 neugef. mWv 1.7.2000 durch G v. 24.6.2000 (BGBl. I S. 874).

[2]) § 156 neugef. durch G v. 24.6.2000 (BGBl. I S. 874).

[3]) § 157 neugef. durch G v. 24.6.2000 (BGBl. I S. 874), Abs. 7 aufgeh. durch G v. 8.4.2008 (BGBl. I S. 666).

(3) [1]Die vorläufige Bestellung von Steuerberatern und Steuerbevollmächtigten, deren Bestellung nach Maßgabe des § 40 a Abs. 1 Satz 6 in der bis zum 30. Juni 2000 geltenden Fassung nicht mit Ablauf des 31. Dezember 1997 erloschen ist, gilt weiter und erlischt erst mit Eintritt der Bestandskraft der Rücknahmeentscheidung nach § 46 Abs. 1 Satz 2 in der bis zum 30. Juni 2000 geltenden Fassung. [2]Soweit in diesen Fällen auf Grund rechtskräftiger Gerichtsentscheidungen endgültige Bestellungen vorzunehmen sind, gilt § 40 a Abs. 1 Satz 3 bis 5 in der bis zum 30. Juni 2000 geltenden Fassung weiter.

(4) Die Vorschriften dieses Gesetzes über die Zulassung zur Prüfung in der ab dem 1. Juli 2000 geltenden Fassung sind erstmals auf die Zulassung zur Prüfung im Jahr 2001 anzuwenden.

(5) Auf Prüfungen, die vor dem 1. November 2000 begonnen haben, sind die Vorschriften dieses Gesetzes in der bis zum 30. Juni 2000 geltenden Fassung weiter anzuwenden.

(6) Die den Steuerberaterkammern zugewiesenen Aufgaben des Ersten und Zweiten Unterabschnitts des Zweiten Abschnitts des Zweiten Teils dieses Gesetzes in der ab dem 1. Juli 2000 geltenden Fassung werden bis zum 31. Dezember 2000 von den bisher zuständigen Behörden der Finanzverwaltung wahrgenommen.

(7) *(aufgehoben)*

§ 157a[1)] Übergangsvorschriften anlässlich des Achten Gesetzes zur Änderung des Steuerberatungsgesetzes. (1) [1]Die Vorschriften dieses Gesetzes in der ab 12. April 2008 geltenden Fassung über die Zulassung zur Prüfung, die Befreiung von der Prüfung, die organisatorische Durchführung der Prüfung und die Abnahme der Prüfung sind erstmals für Prüfungen anzuwenden, die nach dem 31. Dezember 2008 beginnen und für Anträge auf Befreiung von der Prüfung oder auf Erteilung einer verbindlichen Auskunft über die Erfüllung einzelner Voraussetzungen für die Zulassung zur Prüfung oder über die Befreiung von der Prüfung, die nach dem 31. Dezember 2008 gestellt werden. [2]Das gilt nicht für § 36 Abs. 1, § 37 Abs. 3, § 37 a Abs. 2 bis 4 a, § 38 Abs. 1 und die in § 39 Abs. 1 für die Bearbeitung eines Antrags auf Befreiung von der Prüfung oder auf Erteilung einer verbindlichen Auskunft nach § 38 a bestimmte Gebührenhöhe. [3]Die in § 39 Abs. 2 bestimmte Höhe der Gebühr gilt für Prüfungen, die nach dem 31. Dezember 2007 beginnen.

(2) Auf Prüfungen, die vor dem 1. November 2007 begonnen haben, sind die Vorschriften dieses Gesetzes in der bis zum 11. April 2008 geltenden Fassung weiter anzuwenden.

(3) Unabhängig von den Absätzen 1 und 2 geht am 1. Juli 2009 in den zu diesem Zeitpunkt anhängigen Rechtsstreitigkeiten wegen der Zulassung zur Prüfung, der Befreiung von der Prüfung oder der Erteilung verbindlicher Auskünfte gemäß § 38 a und Überdenkungsverfahren die Zuständigkeit von

---

1) § 157 a eingef. mWv 12.4.2008 durch G v. 8.4.2008 (BGBl. I S. 666).

der für die Finanzverwaltung zuständigen obersten Landesbehörde auf die zuständige Steuerberaterkammer über.

(4) Unabhängig von den Absätzen 1 und 2 wird ab dem 1. Juli 2009 in den zu diesem Zeitpunkt anhängigen Rechtsstreitigkeiten wegen Prüfungsentscheidungen die für die Finanzverwaltung zuständige oberste Landesbehörde durch die zuständige Steuerberaterkammer vertreten.

§ 157b[1] **Anwendungsvorschrift.** § 154 Absatz 2 Satz 2 Nummer 2 in der Fassung des Artikels 14 des Gesetzes vom 16. Juli 2009 (BGBl. I S. 1959) ist auf alle bei Inkrafttreten dieser Vorschrift nicht bestandskräftig abgeschlossenen Verfahren anzuwenden.

§ 157c[2] **Anwendungsvorschrift zu § 36 Absatz 2.** § 36 Absatz 2 in der Fassung des Artikels 5 des Gesetzes vom 22. November 2019 (BGBl. I S. 1746) ist erstmals auf Prüfungen anzuwenden, die nach dem 31. Dezember 2020 beginnen.

Siebenter Abschnitt. Verordnungsermächtigung

§ 158[3] **Durchführungsbestimmungen zu den Vorschriften über Steuerberater, Steuerbevollmächtigte und Steuerberatungsgesellschaften.**[4] Die Bundesregierung wird ermächtigt, nach Anhören der Bundessteuerberaterkammer mit Zustimmung des Bundesrates durch Rechtsverordnung Bestimmungen zu erlassen

1. über
   a) das Verfahren bei der Zulassung zur Prüfung, der Befreiung von der Prüfung und der Erteilung verbindlicher Auskünfte, insbesondere über die Einführung von Vordrucken zur Erhebung der gemäß den §§ 36, 37 a, 38 und 38 a erforderlichen Angaben und Nachweise,
   b) die Durchführung der Prüfung, insbesondere die Prüfungsgebiete, die schriftliche und mündliche Prüfung, das Überdenken der Prüfungsbewertung,
   c) das Verfahren bei der Wiederholung der Prüfung,
   d) das Verfahren der Berufung und Abberufung der Mitglieder des Prüfungsausschusses und ihrer Stellvertreter;
2. über die Bestellung;
3. über das Verfahren bei der Anerkennung als Steuerberatungsgesellschaft;
4. über die mündliche Prüfung im Sinne des § 44, insbesondere über die Prüfungsgebiete, die Befreiung von der Prüfung und das Verfahren bei der Erteilung der Bezeichnung „Landwirtschaftliche Buchstelle";

---

[1] § 157b eingef. durch G v. 16.7.2009 (BGBl. I S. 1959).
[2] § 157c eingef. durch G v. 22.11.2019 (BGBl. I S. 1746).
[3] § 158 neugef. mWv 12.4.2008 durch G v. 8.4.2008 (BGBl. I S. 666).
[4] VO zur Durchf. der Vorschriften über Steuerberater, Steuerbevollmächtigte und Steuerberatungsgesellschaften v. 12.11.1979 (Nr. **845**).

5. über Einrichtung und Führung des Berufsregisters sowie über Meldepflichten;
6. über den Abschluss und die Aufrechterhaltung der Haftpflichtversicherung, den Inhalt, den Umfang und die Ausschlüsse des Versicherungsvertrages sowie über die Mindesthöhe der Deckungssummen.

Dritter Teil. Zwangsmittel, Ordnungswidrigkeiten

Erster Abschnitt. Vollstreckung wegen Handlungen und Unterlassungen

§ 159[1] **Zwangsmittel.** Die Anwendung von Zwangsmitteln richtet sich nach der Abgabenordnung.

Zweiter Abschnitt. Ordnungswidrigkeiten

§ 160[2] **Unbefugte Hilfeleistung in Steuersachen.** (1) Ordnungswidrig handelt, wer entgegen § 5 Abs. 1 oder entgegen einer vollziehbaren Untersagung nach § 7 geschäftsmäßig Hilfe in Steuersachen leistet.

(2) Die Ordnungswidrigkeit kann mit einer Geldbuße bis zu fünftausend Euro[3] geahndet werden.

§ 161 Schutz der Bezeichnungen „Steuerberatungsgesellschaft", „Lohnsteuerhilfeverein" und „Landwirtschaftliche Buchstelle".

(1) Ordnungswidrig handelt, wer unbefugt die Bezeichnung „Steuerberatungsgesellschaft", „Lohnsteuerhilfeverein", „Landwirtschaftliche Buchstelle" oder eine einer solchen zum Verwechseln ähnliche Bezeichnung benutzt.

(2) Die Ordnungswidrigkeit kann mit einer Geldbuße bis zu fünftausend Euro[3] geahndet werden.

§ 162[4] **Verletzung der den Lohnsteuerhilfevereinen obliegenden Pflichten.** (1) Ordnungswidrig handelt, wer

1. entgegen § 14 Abs. 1 Nr. 8 eine Mitgliederversammlung oder eine Vertreterversammlung nicht durchführt,

---

[1] § 159 neugef. durch G v. 9.6.1989 (BGBl. I S. 1062).

[2] § 160 Abs. 1 neugef. mWv 1.7.2000 durch G v. 24.6.2000 (BGBl. I S. 874).

[3] Betrag geänd. mWv 1.1.2002 durch G v. 24. 6. 2000 (BGBl. I S. 874).

[4] § 162 geänd. durch G v. 9.6.1989 (BGBl. I S. 1062) und v. 13.12.1990 (BGBl. I S. 2756), Abs. 1 Nr. 7 eingef., bish. Nr. 7 wird Nr. 8 sowie Abs. 2 geänd. mWv 1.7.1994 durch G v. 24.6.1994 (BGBl. I S. 1387), Abs. 1 Nr. 1 eingef., bish. Nrn. 1 bis 8 werden Nrn. 2 bis 9, Abs. 1 Nr. 7 und Abs. 2 geänd. mWv 1.7.2000 durch G v. 24.6.2000 (BGBl. I S. 874), Abs. 1 Nrn. 2, 4 und 7 geänd. mWv 12.4.2008 durch G v. 8.4.2008 (BGBl. I S. 666); Abs. 1 Nr. 7 geänd. mWv 1.1.2020 durch G v. 22.11.2019 (BGBl. I S. 1746).

2. entgegen § 15 Abs. 3 eine Satzungsänderung der zuständigen Aufsichtsbehörde nicht oder nicht rechtzeitig anzeigt,
3. entgegen § 22 Abs. 1 die jährliche Geschäftsprüfung nicht oder nicht rechtzeitig durchführen läßt,
4. entgegen § 22 Abs. 7 Nr. 1 die Abschrift des Berichts über die Geschäftsprüfung der zuständigen Aufsichtsbehörde nicht oder nicht rechtzeitig zuleitet,
5. entgegen § 22 Abs. 7 Nr. 2 den Mitgliedern des Lohnsteuerhilfevereins den wesentlichen Inhalt der Prüfungsfeststellungen nicht oder nicht rechtzeitig bekanntgibt,
6. entgegen § 23 Abs. 3 Satz 1 zur Leitung einer Beratungsstelle eine Person bestellt, die nicht die dort bezeichneten Voraussetzungen erfüllt,
7. entgegen § 23 Abs. 4 der zuständigen Aufsichtsbehörde die Eröffnung, die Schließung oder die Änderung der Anschrift einer Beratungsstelle, die Bestellung oder Abberufung des Leiters einer Beratungsstelle oder die Personen, deren sich der Verein bei der Hilfeleistung in Steuersachen im Rahmen der Befugnis nach § 4 Nr. 11 bedient, nicht mitteilt oder
8. entgegen § 25 Abs. 2 Satz 1 nicht angemessen versichert ist oder
9. entgegen § 29 Abs. 1 die Aufsichtsbehörde nicht oder nicht rechtzeitig von Mitgliederversammlungen oder Vertreterversammlungen unterrichtet.

(2) Die Ordnungswidrigkeit nach Absatz 1 Nr. 1, 3 bis 6 und 8 kann mit einer Geldbuße bis zu fünftausend Euro[1], die Ordnungswidrigkeit nach Absatz 1 Nr. 2, 7 und 9 mit einer Geldbuße bis zu eintausend Euro[1] geahndet werden.

§ 163[2] Pflichtverletzung von Personen, deren sich der Verein bei der Hilfeleistung in Steuersachen im Rahmen der Befugnis nach § 4 Nummer 11 bedient. (1) Ordnungswidrig handelt, wer entgegen § 26 Abs. 2 in Verbindung mit der Hilfeleistung in Steuersachen im Rahmen der Befugnis nach § 4 Nr. 11 eine andere wirtschaftliche Tätigkeit ausübt.

(2) Die Ordnungswidrigkeit kann mit einer Geldbuße bis zu fünfundzwanzigtausend Euro[1] geahndet werden.

§ 164[3] Verfahren. [1]Verwaltungsbehörde im Sinne des § 36 Abs. 1 Nr. 1 des Gesetzes über Ordnungswidrigkeiten ist das Finanzamt, § 387 Abs. 2 der Abgabenordnung[4] ist entsprechend anzuwenden. [2]Im übrigen gelten für das Bußgeldverfahren § 410 Abs. 1 Nr. 1, 2, 6 bis 11 und Abs. 2 sowie § 412 der Abgabenordnung[4] entsprechend.

---

[1] Betrag geänd. mWv 1.1.2002 durch G v. 24.6.2000 (BGBl. I S. 874).

[2] § 163 Abs. 2 geänd. durch G v. 9.6.1989 (BGBl. I S. 1062), Abs. 1 geänd. durch G v. 24.6.2000 (BGBl. I S. 874).

[3] § 164 neugef. durch G v. 14.12.1976 (BGBl. I S. 3341), Satz 1 zweiter Halbsatz angef. durch G v. 18.8.1980 (BGBl. I S. 1537).

[4] Nr. **800**.

Vierter Teil. Schlussvorschriften

§ 164a[1] Verwaltungsverfahren und finanzgerichtliches Verfahren. (1) [1]Die Durchführung des Verwaltungsverfahrens in öffentlich-rechtlichen und berufsrechtlichen Angelegenheiten, die durch den Ersten Teil, den Zweiten und Sechsten Abschnitt des Zweiten Teils und den Ersten Abschnitt des Dritten Teils dieses Gesetzes geregelt werden, richtet sich nach der Abgabenordnung[2]. [2]Das Verfahren kann über eine einheitliche Stelle abgewickelt werden. [3]Dafür gelten die Vorschriften des Verwaltungsverfahrensgesetzes entsprechend.

(2) [1]Die Vollziehung der Rücknahme oder des Widerrufs der Anerkennung als Lohnsteuerhilfeverein (§ 20), der Anordnung der Schließung einer Beratungsstelle (§ 28 Abs. 3), der Rücknahme oder des Widerrufs der Bestellung als Steuerberater oder Steuerbevollmächtigter (§ 46) oder der Anerkennung als Steuerberatungsgesellschaft (§ 55) ist bis zum Eintritt der Unanfechtbarkeit gehemmt; § 361 Abs. 4 Sätze 2 und 3 der Abgabenordnung und § 69 Abs. 5 Sätze 2 bis 4 der Finanzgerichtsordnung[3] bleiben unberührt. [2]In den Fällen des Satzes 1 kann daneben die Ausübung der Hilfeleistung in Steuersachen mit sofortiger Wirkung untersagt werden, wenn es das öffentliche Interesse erfordert.

(3)[4] [1]In finanzgerichtlichen Verfahren in Angelegenheiten der §§ 37, 37 a und 39 a wird die für die Finanzverwaltung zuständige oberste Landesbehörde durch die zuständige Steuerberaterkammer vertreten. [2]Die der für die Finanzverwaltung zuständigen obersten Landesbehörde in Verfahren nach Satz 1 auferlegten Kosten werden von der zuständigen Steuerberaterkammer unmittelbar an den Kostengläubiger gezahlt. [3]Die für die Finanzverwaltung zuständige oberste Landesbehörde wird insoweit von ihrer Zahlungsverpflichtung gegenüber dem Kostengläubiger befreit. [4]Die zuständige Steuerberaterkammer kann für eigene Aufwendungen in Verfahren nach Satz 1 und für die Zahlung nach Satz 2 keinen Ersatz von der für die Finanzverwaltung zuständigen obersten Landesbehörde verlangen.

§ 164b[5] Gebühren. (1) Soweit dieses Gesetz für die Bearbeitung von Anträgen Gebühren vorsieht, sind diese bei der Antragstellung zu entrichten.

(2) Wird ein Antrag vor der Entscheidung zurückgenommen, ist die Gebühr zur Hälfte zu erstatten.

§ 164c[6] Laufbahngruppenregelungen der Länder. [1]Soweit in diesem Gesetz die Bezeichnung gehobener und höherer Dienst verwendet wird, rich-

---

[1] § 164a eingef. durch G v. 14.12.1976 (BGBl. I S. 3341), Abs. 2 angef. durch G v. 9.6.1989 (BGBl. I S. 1062) und neugef. mWv 1.7.2000 durch G v. 24.6.2000 (BGBl. I S. 874), Überschrift geänd., Abs. 3 angef. mWv 12.4.2008 durch G v. 8.4.2008 (BGBl. I S. 666), Abs. 1 Sätze 2 und 3 angef. mWv 18.12.2008 durch G v. 11.12.2008 (BGBl. I S. 2418).

[2] Nr. **800**.

[3] Nr. **802**.

[4] § 164a Abs. 3 Sätze 2 bis 4 angef. mWv 14.12.2010 durch G v. 8.12.2010 (BGBl. I S. 1768).

[5] § 164b eingef. mWv 1.7.1994 durch G v. 24.6.1994 (BGBl. I S. 1387).

[6] § 164c eingef. durch G v. 26.6.2013 (BGBl. I S. 1809).

tet sich die Zuordnung der Beamten zu einer dieser Laufbahngruppen in den Ländern, die durch landesrechtliche Regelungen die zuvor bezeichneten Laufbahngruppen zusammengefasst oder abweichend bezeichnet haben, nach den Zugangsvoraussetzungen für die Einstellung als Inspektor oder Regierungsrat. 2 Beamte, die durch eine Qualifizierungsmaßnahme die Voraussetzungen für die Verleihung des Amtes eines Oberinspektors erfüllen oder denen auf Grund einer Qualifizierungsmaßnahme ein Amt verliehen worden ist, das vor Verleihung des Amtes eines Oberinspektors durchlaufen werden muss, sind dem gehobenen Dienst, Beamte, die durch eine Qualifizierungsmaßnahme die Voraussetzungen für die Verleihung des Amtes eines Oberregierungsrates erfüllen, sind dem höheren Dienst zuzuordnen.

§ 165 Ermächtigung. Das Bundesministerium der Finanzen wird ermächtigt, den Wortlaut dieses Gesetzes und der zu diesem Gesetz erlassenen Durchführungsverordnungen in der jeweils geltenden Fassung mit neuem Datum und in neuer Paragraphenfolge bekanntzumachen und dabei Unstimmigkeiten des Wortlauts zu beseitigen.

§ 166[1] Fortgeltung bisheriger Vorschriften. 1 Das Versorgungswerk der Kammer der Steuerberater und Helfer in Steuersachen für das Saarland bleibt aufrechterhalten. 2 Die Regierung des Saarlandes wird ermächtigt, durch Rechtsverordnung die erforderlichen Vorschriften über die Beibehaltung des Versorgungswerkes, insbesondere in der Form einer Körperschaft des öffentlichen Rechts, über die Mitgliedschaft der Steuerberater und Steuerbevollmächtigten, über die Satzung und über die Dienstaufsicht zu erlassen.

§ 167[2] Freie und Hansestadt Hamburg. Der Senat der Freien und Hansestadt Hamburg wird ermächtigt, die Vorschriften dieses Gesetzes über die Zuständigkeit der Behörden dem besonderen Verwaltungsaufbau in Hamburg anzupassen.

§ 168[3] Inkrafttreten des Gesetzes. (1) Dieses Gesetz tritt mit Ausnahme des § 166 Abs. 2 am ersten Kalendertage des dritten Kalendermonats nach seiner Verkündung[4] in Kraft.

(2) § 166 Abs. 2 tritt am Tage nach der Verkündung[3] des Gesetzes in Kraft.

(Fortsetzung nächste Seite)

---

[1] § 166 Überschrift neu gef., Abs. 1 und Abs. 2 Satz 1 aufgeh. durch G v. 24.6.2000 (BGBl. I S. 874).

[2] § 167 bish. Abs. 1 (Berlin-Klausel) aufgeh. durch G v. 25.2.1992 (BGBl. I S. 297).

[3] **Amtl. Anm.:** Die Vorschrift betrifft das Inkrafttreten des Gesetzes in der ursprünglichen Fassung vom 16. August 1961.

[4] Verkündet am 23.8.1961. Das Inkrafttreten der späteren Änderungen ergibt sich aus den jeweiligen Änderungsgesetzen.

Anlage[1)] (zu § 146 Satz 1)

Gebührenverzeichnis

Nr.	Gebührentatbestand	Gebührenbetrag oder Satz der jeweiligen Gebühr 110 bis 112
Vorbemerkung:		
	(1) Im berufsgerichtlichen Verfahren bemessen sich die Gerichtsgebühren vorbehaltlich des Absatzes 2 für alle Rechtszüge nach der rechtskräftig verhängten Maßnahme.	
	(2) Wird ein Rechtsmittel oder ein Antrag auf berufsgerichtliche Entscheidung nur teilweise verworfen oder zurückgewiesen, so hat das Gericht die Gebühr zu ermäßigen, soweit es unbillig wäre, den Steuerberater oder Steuerbevollmächtigten damit zu belasten.	
	(3) Im Verfahren nach Wiederaufnahme werden die gleichen Gebühren wie für das wiederaufgenommene Verfahren erhoben. Wird jedoch nach Anordnung der Wiederaufnahme des Verfahrens das frühere Urteil aufgehoben, gilt für die Gebührenerhebung jeder Rechtszug des neuen Verfahrens mit dem jeweiligen Rechtszug des früheren Verfahrens zusammen als ein Rechtszug. Gebühren werden auch für Rechtszüge erhoben, die nur im früheren Verfahren stattgefunden haben.	
	Abschnitt 1. Verfahren vor dem Landgericht	
	Unterabschnitt 1. Berufsgerichtliches Verfahren erster Instanz[2)]	
110	Verfahren mit Urteil bei Verhängung einer oder mehrerer der folgenden Maßnahmen: 1. einer Warnung, 2. eines Verweises, 3. einer Geldbuße, 4. eines befristeten Berufsverbots	240,00 EUR
112	Verfahren mit Urteil bei Ausschließung aus dem Beruf	480,00 EUR
	Unterabschnitt 2. Antrag auf gerichtliche Entscheidung über die Rüge	
120	Verfahren über den Antrag auf gerichtliche Entscheidung über die Rüge nach § 82 Abs. 1 StBerG: Der Antrag wird verworfen oder zurückgewiesen	160,00 EUR
	Abschnitt 2. Verfahren vor dem Oberlandesgericht	
	Unterabschnitt 1. Berufung	
210	Berufungsverfahren mit Urteil	1,5
211	Erledigung des Berufungsverfahrens ohne Urteil Die Gebühr entfällt bei Zurücknahme der Berufung vor Ablauf der Begründungsfrist.	0,5
	Unterabschnitt 2. Beschwerde	
220	Verfahren über Beschwerden im berufsgerichtlichen Verfahren, die nicht nach anderen Vorschriften gebührenfrei sind: Die Beschwerde wird verworfen oder zurückgewiesen	50,00 EUR

1) Anlage angef. mWv 31. 12. 2006 durch G v. 22. 12. 2006 (BGBl. I S. 3416).
2) Unteraschn. geänd. mWv 31. 7. 2014 durch G v. 25. 7. 2014 (BGBl. I S. 1266).

Nr.	Gebührentatbestand	Gebührenbetrag oder Satz der jeweiligen Gebühr 110 bis 112
	Von dem Steuerberater oder Steuerbevollmächtigten wird eine Gebühr nur erhoben, wenn gegen ihn rechtskräftig eine berufsgerichtliche Maßnahme verhängt worden ist.	

Abschnitt 3. Verfahren vor dem Bundesgerichtshof

Unterabschnitt 1. Revision

Nr.	Gebührentatbestand	Gebührenbetrag oder Satz der jeweiligen Gebühr 110 bis 112
310	Revisionsverfahren mit Urteil oder mit Beschluss nach § 130 Abs. 3 Satz 1 StBerG i. V. m. § 349 Abs. 2 oder Abs. 4 StPO	2,0
311	Erledigung des Revisionsverfahrens ohne Urteil und ohne Beschluss nach § 130 Abs. 3 Satz 1 StBerG i. V. m. § 349 Abs. 2 oder Abs. 4 StPO	1,0
	Die Gebühr entfällt bei Zurücknahme der Revision vor Ablauf der Begründungsfrist.	

Unterabschnitt 2. Beschwerde

Nr.	Gebührentatbestand	Gebührenbetrag oder Satz der jeweiligen Gebühr 110 bis 112
320	Verfahren über die Beschwerde gegen die Nichtzulassung der Revision: Die Beschwerde wird verworfen oder zurückgewiesen	1,0
321	Verfahren über sonstige Beschwerden im berufsgerichtlichen Verfahren, die nicht nach anderen Vorschriften gebührenfrei sind: Die Beschwerde wird verworfen oder zurückgewiesen	50,00 EUR
	Von dem Steuerberater oder Steuerbevollmächtigten wird eine Gebühr nur erhoben, wenn gegen ihn rechtskräftig eine berufsgerichtliche Maßnahme verhängt worden ist.	

Abschnitt 4. Rüge wegen Verletzung des Anspruchs auf rechtliches Gehör

Nr.	Gebührentatbestand	Gebührenbetrag oder Satz der jeweiligen Gebühr 110 bis 112
400	Verfahren über die Rüge wegen Verletzung des Anspruchs auf rechtliches Gehör: Die Rüge wird in vollem Umfang verworfen oder zurückgewiesen	50,00 EUR

840a. Vergütungsverordnung für Steuerberater, Steuerbevollmächtigte und Steuerberatungsgesellschaften (Steuerberatervergütungsverordnung – StBVV)

Vom 17. Dezember 1981 (BGBl. I S. 1442)

Geändert durch Erste Verordnung zur Änderung der Steuerberatergebührenverordnung vom 20.6.1988 (BGBl. I S. 841), Zweite Verordnung zur Änderung der Steuerberatergebührenverordnung vom 21.6.1991 (BGBl. I S. 1370), Dritte Verordnung zur Änderung der Steuerberatergebührenverordnung vom 20.8.1998 (BGBl. I S. 2369), Gesetz zur Umstellung des Kostenrechts und der Steuerberatergebührenverordnung auf Euro vom 27.4.2001 (BGBl. I S. 751), Kostenrechtsmodernisierungsgesetz vom 5.5.2004 (BGBl. I S. 718), Jahressteuergesetz 2007 vom 13.12.2006 (BGBl. I S. 2878), Achtes Gesetz zur Änderung des Steuerberatungsgesetzes vom 8.4.2008 (BGBl. I S. 666), Verordnung zum Erlass und zur Änderung steuerlicher Verordnungen vom 11.2.2012 (BGBl. I S. 2637), Dritte Verordnung zur Änderung steuerlicher Verordnungen vom 18.7.2016 (BGBl. I S. 1722), Vierte Verordnung zur Änderung Steuerlicher Verordnungen vom 12.7.2017 (BGBl. I S. 2360) und Fünfte Verordnung zur Änderung steuerlicher Verordnungen vom 25.6.2020 (BGBl. I S. 1495)

BGBl. III/FNA 610-10-7

Auf Grund des § 64 des Steuerberatungsgesetzes[1] in der Fassung der Bekanntmachung vom 4. November 1975 (BGBl. I S. 2735) wird nach Anhörung der Bundessteuerberaterkammer mit Zustimmung des Bundesrates verordnet:

Erster Abschnitt. Allgemeine Vorschriften

§ 1 Anwendungsbereich. (1)[2] [1]Die Vergütung (Gebühren und Auslagenersatz) des Steuerberaters mit Sitz im Inland für seine im Inland selbständig ausgeübte Berufstätigkeit (§ 33 des Steuerberatungsgesetzes) bemisst sich nach dieser Verordnung. [2]Dies gilt für die Höhe der Vergütung nur, soweit nicht etwas anderes vereinbart wird.

(2) Für die Vergütung der Steuerbevollmächtigten und der Steuerberatungsgesellschaften gelten die Vorschriften über die Vergütung der Steuerberater entsprechend.

§ 2 Singgemäße Anwendung der Verordnung. Ist in dieser Verordnung über die Gebühren für eine Berufstätigkeit des Steuerberaters nichts bestimmt, so sind die Gebühren in sinngemäßer Anwendung der Vorschriften dieser Verordnung zu bemessen.

---

[1] Nr. **840**.

[2] § 1 Abs. 1 neu gef. durch VO v. 18.7.2016 (BGBl. I S. 1722).

§ 3[1)] Auslagen. (1) Mit den Gebühren werden auch die allgemeinen Geschäftskosten entgolten.

(2) Der Anspruch auf Zahlung der auf die Vergütung entfallenden Umsatzsteuer und auf Ersatz für Post- und Telekommunikationsdienstleistungen zu zahlende Entgelte, der Dokumentenpauschale und der Reisekosten bestimmt sich nach den §§ 15 bis 20.

§ 4[2)] Vereinbarung der Vergütung. (1) [1] Aus einer Vereinbarung kann der Steuerberater eine höhere als die gesetzliche Vergütung nur fordern, wenn die Erklärung des Auftraggebers in Textform abgegeben ist. [2] Ist das Schriftstück nicht vom Auftraggeber verfasst, muss

1. das Schriftstück als Vergütungsvereinbarung oder in vergleichbarer Weise bezeichnet sein,
2. das Schriftstück von anderen Vereinbarungen mit Ausnahme der Auftragserteilung deutlich abgesetzt sein und darf nicht in der Vollmacht enthalten sein.

[3] Art und Umfang des Auftrags nach Satz 2 sind zu bezeichnen. [4] Hat der Auftraggeber freiwillig und ohne Vorbehalt geleistet, kann er das Geleistete nicht deshalb zurückfordern, weil seine Erklärung den Vorschriften der Sätze 1 bis 3 nicht entspricht.

(2) Ist eine vereinbarte Vergütung unter Berücksichtigung aller Umstände unangemessen hoch, so kann sie im Rechtsstreit auf den angemessenen Betrag bis zur Höhe der sich aus dieser Verordnung ergebenden Vergütung herabgesetzt werden.

(3) [1] In außergerichtlichen Angelegenheiten kann eine niedrigere als die gesetzliche Vergütung unter den Formerfordernissen des Absatzes 1 vereinbart werden. [2] Sie muss in einem angemessenen Verhältnis zu der Leistung, der Verantwortung und dem Haftungsrisiko des Steuerberaters stehen.

(4) Der Steuerberater hat den Auftraggeber in Textform darauf hinzuweisen, dass eine höhere oder niedrigere als die gesetzliche Vergütung in Textform vereinbart werden kann.

§ 5 Mehrere Steuerberater. Ist die Angelegenheit mehreren Steuerberatern zur gemeinschaftlichen Erledigung übertragen, so erhält jeder Steuerberater für seine Tätigkeit die volle Vergütung.

§ 6 Mehrere Auftraggeber. (1) Wird der Steuerberater in derselben Angelegenheit für mehrere Auftraggeber tätig, so erhält er die Gebühren nur einmal.

[1)] § 3 Abs. 3 geänd. mWv 28.8.1998 durch VO v. 20.8.1998 (BGBl. I S. 2369) und mWv 1.1.2007 durch G v. 13.12.2006 (BGBl. I S. 2878); Überschr. geänd., Abs. 1 aufgeh., bish. Abs. 2 und 3 werden Abs. 1 und 2 durch VO v. 18.7.2016 (BGBl. I S. 1722).

[2)] § 4 Abs. 1 neu gef., mWv 1.1.2007 durch G v. 13.12.2006 (BGBl. I S. 2878); Abs. 1 neu gef., Abs. 3 und 4 angef. durch VO v. 18.7.2016 (BGBl. I S. 1722).

(2) [1]Jeder Auftraggeber schuldet dem Steuerberater die Gebühren und Auslagen, die er schulden würde, wenn der Steuerberater nur in seinem Auftrag tätig geworden wäre. [2]Der Steuerberater kann aber insgesamt nicht mehr als die Gebühr nach Absatz 1 fordern, die in den Fällen des § 40 Abs. 5[1)] nach Maßgabe dieser Vorschrift zu berechnen ist; die Auslagen kann er nur einmal fordern.

§ 7 Fälligkeit. Die Vergütung des Steuerberaters wird fällig, wenn der Auftrag erledigt oder die Angelegenheit beendigt ist.

§ 8 Vorschuß. Der Steuerberater kann von seinem Auftraggeber für die entstandenen und die voraussichtlich entstehenden Gebühren und Auslagen einen angemessenen Vorschuß fordern.

§ 9[2)] Berechnung. (1) [1]Der Steuerberater kann die Vergütung nur auf Grund einer dem Auftraggeber mitgeteilten Berechnung einfordern. [2]Die Berechnung ist von dem Steuerberater zu unterzeichnen oder vorbehaltlich der Zustimmung des Auftraggebers in Textform zu erstellen. [3]Die Zustimmung muss nicht für jede Berechnung einzeln erteilt werden. [4]Der Lauf der Verjährungsfrist ist von der Mitteilung der Berechnung nicht abhängig.

(2) [1]In der Berechnung sind die Beträge der einzelnen Gebühren und Auslagen, die Vorschüsse, eine kurze Bezeichnung des jeweiligen Gebührentatbestands, die Bezeichnung der Auslagen sowie die angewandten Vorschriften dieser Gebührenverordnung und bei Wertgebühren auch der Gegenstandswert anzugeben. [2]Nach demselben Stundensatz berechnete Zeitgebühren können zusammengefaßt werden. [3]Bei Entgelten für Post- und Telekommunikationsdienstleistungen genügt die Angabe des Gesamtbetrages.

(3) Hat der Auftraggeber die Vergütung gezahlt, ohne die Berechnung erhalten zu haben, so kann er die Mitteilung der Berechnung noch fordern, solange der Steuerberater zur Aufbewahrung der Handakten verpflichtet ist.

Zweiter Abschnitt. Gebührenberechnung

§ 10 Wertgebühren. (1)[3] [1]Die Wertgebühren bestimmen sich nach den dieser Verordnung als Anlage beigefügten Tabellen A bis D. [2]Sie werden nach dem Wert berechnet, den der Gegenstand der beruflichen Tätigkeit hat. [3]Maßgebend ist, soweit diese Verordnung nichts anderes bestimmt, der Wert des Interesses.

(2) In derselben Angelegenheit werden die Werte mehrerer Gegenstände zusammengerechnet; dies gilt nicht für die in den §§ 24 bis 27, 30, 35 und 37 bezeichneten Tätigkeiten.

[1)] § 6 Abs. 2 Satz 2 Zitat geänd. mWv 1.1.2007 durch G v. 13.12.2006 (BGBl. I S. 2878).

[2)] § 9 Abs. 2 Sätze 1 und 3 geänd. mWv 28.8.1998 durch VO v. 20.8.1998 (BGBl. I S. 2369); Abs. 1 Satz 2 angef. mWv 1.1.2007 durch G v. 13.12.2007 (BGBl. I S. 2878); Abs. 1 neu gef. mWv 1.7.2020 durch VO v. 25.6.2020 (BGBl. S. 1495).

[3)] § 10 Abs. 1 Satz 1 geänd. mWv 1.7.2020 durch VO v. 25.6.2020 (BGBl. I S. 1495).

§ 11[1] Rahmengebühren. [1]Ist für die Gebühren ein Rahmen vorgesehen, so bestimmt der Steuerberater die Gebühr im Einzelfall unter Berücksichtigung aller Umstände, vor allem des Umfangs und der Schwierigkeit der beruflichen Tätigkeit, der Bedeutung der Angelegenheit sowie der Einkommens- und Vermögensverhältnisse des Auftraggebers, nach billigem Ermessen. [2]Ein besonderes Haftungsrisiko des Steuerberaters kann bei der Bemessung herangezogen werden. [3]Bei Rahmengebühren, die sich nicht nach dem Gegenstandswert richten, ist das Haftungsrisiko zu berücksichtigen. [4]Ist die Gebühr von einem Dritten zu ersetzen, ist die von dem Steuerberater getroffene Bestimmung nicht verbindlich, wenn sie unbillig ist.

§ 12[2] Abgeltungsbereich der Gebühren. (1) Die Gebühren entgelten, soweit diese Verordnung nichts anderes bestimmt, die gesamte Tätigkeit des Steuerberaters vom Auftrag bis zur Erledigung der Angelegenheit.

(2) Der Steuerberater kann die Gebühren in derselben Angelegenheit nur einmal fordern.

(3) Sind für Teile des Gegenstandes verschiedene Gebührensätze anzuwenden, so erhält der Steuerberater für die Teile gesondert berechnete Gebühren, jedoch nicht mehr als die aus dem Gesamtbetrag der Wertteile nach dem höchsten Gebührensatz berechnete Gebühr.

(4) Auf bereits entstandene Gebühren ist es, soweit diese Verordnung nichts anderes bestimmt, ohne Einfluß, wenn sich die Angelegenheit vorzeitig erledigt oder der Auftrag endigt, bevor die Angelegenheit erledigt ist.

(5) [1]Wird der Steuerberater, nachdem er in einer Angelegenheit tätig geworden war, beauftragt, in derselben Angelegenheit weiter tätig zu werden, so erhält er nicht mehr an Gebühren, als er erhalten würde, wenn er von vornherein hiermit beauftragt worden wäre. [2]Ist der frühere Auftrag seit mehr als zwei Kalenderjahren erledigt, gilt die weitere Tätigkeit als neue Angelegenheit.

(6) Ist der Steuerberater nur mit einzelnen Handlungen beauftragt, so erhält er nicht mehr an Gebühren, als der mit der gesamten Angelegenheit beauftragte Steuerberater für die gleiche Tätigkeit erhalten würde.

§ 13 Zeitgebühr. [1]Die Zeitgebühr ist zu berechnen

1. in den Fällen, in denen diese Verordnung dies vorsieht,
2. wenn keine genügenden Anhaltspunkte für eine Schätzung des Gegenstandswerts vorliegen; dies gilt nicht für Tätigkeiten nach § 23 sowie für die Vertretung im außergerichtlichen Rechtsbehelfsverfahren (§ 40)[3], im Verwaltungsvollstreckungsverfahren (§ 44) und in gerichtlichen und anderen Verfahren (§§ 45, 46).

[2]Sie beträgt 30 bis 75 Euro[4] je angefangene halbe Stunde.

---

[1] § 11 neu gef. mWv 1.1.2007 durch G v. 13.12.2006 (BGBl. I S. 2878).

[2] § 12 Abs. 5 Satz 2 angef. mWv 28.8.1998 durch VO v. 20.8.1998 (BGBl. I S. 2369).

[3] Zitat geänd. durch G v. 13.12.2006 (BGBl. I S. 2878).

[4] Beträge geänd. mWv 1.1.2002 durch G v. 27.4.2001 (BGBl. I S. 751); geänd. mWv 20.12.2012 durch VO v. 11.12.2012 (BGBl. I S. 2637); geänd. mWv 1.7.2020 durch VO v. 25.6.2020 (BGBl. I S. 1495).

§ 14 Pauschalvergütung. (1)[1] [1]Für einzelne oder mehrere für denselben Auftraggeber laufend auszuführende Tätigkeiten kann der Steuerberater eine Pauschalvergütung vereinbaren. [2]Die Vereinbarung ist in Textform und für einen Zeitraum von mindestens einem Jahr zu treffen. [3]In der Vereinbarung sind die vom Steuerberater zu übernehmenden Tätigkeiten und die Zeiträume, für die sie geleistet werden, im einzelnen aufzuführen.

(2) Die Vereinbarung einer Pauschalvergütung ist ausgeschlossen für

1. die Anfertigung nicht mindestens jährlich wiederkehrender Steuererklärungen;
2. die Ausarbeitung von schriftlichen Gutachten (§ 22);
3. die in § 23 genannten Tätigkeiten;
4. die Teilnahme an Prüfungen (§ 29);
5. die Beratung und Vertretung im außergerichtlichen Rechtsbehelfsverfahren (§ 40)[2], im Verwaltungsvollstreckungsverfahren (§ 44) und in gerichtlichen und anderen Verfahren (§ 45).

(3) Der Gebührenanteil der Pauschalvergütung muß in einem angemessenen Verhältnis zur Leistung des Steuerberaters stehen.

Dritter Abschnitt. Umsatzsteuer, Ersatz von Auslagen

§ 15 Umsatzsteuer. [1]Der Vergütung ist die Umsatzsteuer hinzuzurechnen, die nach § 12 des Umsatzsteuergesetzes auf die Tätigkeit entfällt. [2]Dies gilt nicht, wenn die Umsatzsteuer nach § 19 Abs. 1 des Umsatzsteuergesetzes unerhoben bleibt.

§ 16[3] Entgelte für Post- und Telekommunikationsdienstleistungen. [1]Der Steuerberater hat Anspruch auf Ersatz der bei der Ausführung des Auftrags für Post- und Telekommunikationsdienstleistungen zu zahlenden Entgelte. [2]Er kann nach seiner Wahl an Stelle der tatsächlich entstandenen Kosten einen Pauschsatz fordern, der 20 Prozent der sich nach dieser Verordnung ergebenden Gebühren beträgt, in derselben Angelegenheit jedoch höchstens 20 Euro.

§ 17[4] Dokumentenpauschale. (1) [1]Der Steuerberater erhält eine Dokumentenpauschale

1. für Ablichtungen
   a) aus Behörden- und Gerichtsakten, soweit deren Herstellung zur sachgerechten Bearbeitung der Angelegenheit geboten war,

---

[1] § 14 Abs. 1 Satz 2 geänd. mWv 20.7.2017 durch VO v. 12.7.2017 (BGBl. I S. 2360).
[2] Zitat geänd. durch G v. 13.12.2006 (BGBl. I S. 2878).
[3] § 16 Überschrift neu gef., Satz 1 geänd. mWv 28.8.1998 durch VO v. 20.8.1998 (BGBl. I S. 2369), Satz 2 neu gef. mWv 1.1.2007 durch G v. 13.12.2006 (BGBl. I S. 2878).
[4] § 17 neu gef. mWv 1.1.2007 durch G v. 13.12.2006 (BGBl. I S. 2878).

b) zur Mitteilung an Gegner oder Beteiligte und Verfahrensbevollmächtigte auf Grund einer Rechtsvorschrift oder nach Aufforderung durch das Gericht, die Behörde oder die sonst das Verfahren führende Stelle, soweit hierfür mehr als 100 Ablichtungen zu fertigen waren,

c) zur notwendigen Unterrichtung des Auftraggebers, soweit hierfür mehr als 100 Ablichtungen zu fertigen waren,

d) in sonstigen Fällen nur, wenn sie im Einverständnis mit dem Auftraggeber zusätzlich, auch zur Unterrichtung Dritter, angefertigt worden sind und

2. für die Überlassung elektronischer Dokumente an Stelle der in Nummer 1 Buchstabe d genannten Ablichtungen.

2 Eine Übermittlung durch den Steuerberater per Telefax steht der Herstellung einer Ablichtung gleich.

(2) 1 Die Höhe der Dokumentenpauschale bemisst sich nach den für die Dokumentenpauschale im Vergütungsverzeichnis zum Rechtsanwaltsvergütungsgesetz bestimmten Beträgen. 2 Die Höhe der Dokumentenpauschale nach Absatz 1 Nr. 1 ist in derselben Angelegenheit und in gerichtlichen Verfahren in demselben Rechtszug einheitlich zu berechnen.

§ 18[1] Geschäftsreisen. (1) 1 Für Geschäftsreisen sind dem Steuerberater als Reisekosten die Fahrtkosten und die Übernachtungskosten zu erstatten; ferner erhält er ein Tage- und Abwesenheitsgeld. 2 Eine Geschäftsreise liegt vor, wenn das Reiseziel außerhalb der Gemeinde liegt, in der sich die Kanzlei oder die Wohnung des Steuerberaters befindet.

(2) Als Fahrtkosten sind zu erstatten:

1. bei Benutzung eines eigenen Kraftfahrzeugs zur Abgeltung der Anschaffungs-, Unterhaltungs- und Betriebskosten sowie der Abnutzung des Kraftfahrzeugs 0,42 Euro[2] für jeden gefahrenen Kilometer zuzüglich der durch die Benutzung des Kraftfahrzeugs aus Anlaß der Geschäftsreise regelmäßig anfallenden baren Auslagen, insbesondere der Parkgebühren,

2. bei Benutzung anderer Verkehrsmittel die tatsächlichen Aufwendungen, soweit sie angemessen sind.

(3) 1 Als Tage- und Abwesenheitsgeld erhält der Steuerberater bei einer Geschäftsreise von nicht mehr als 4 Stunden 25 Euro[2], von mehr als 4 bis 8 Stunden 40 Euro[2] und von mehr als 8 Stunden 70 Euro[2]; bei Auslandsreisen kann zu diesen Beträgen ein Zuschlag von 50 Prozent berechnet werden. 2 Die Übernachtungskosten sind in Höhe der tatsächlichen Aufwendungen zu erstatten, soweit sie angemessen sind.

§ 19 Reisen zur Ausführung mehrerer Geschäfte. Dient eine Reise der Ausführung mehrerer Geschäfte, so sind die entstandenen Reisekosten und

---

[1] § 18 Abs. 1 neu gef., Abs. 2 eingef., Abs. 3 Satz 1 geänd. und Satz 2 neu gef. mWv 28.8.1998 durch VO v. 20.8.1998 (BGBl. I S. 2369).

[2] Beträge geänd. mWv 1.1.2007 durch G v. 13.12.2006 (BGBl. I S. 2878); geänd. mWv 1.7.2020 durch VO v. 25.6.2020 (BGBl. I S. 1495).

Abwesenheitsgelder nach dem Verhältnis der Kosten zu verteilen, die bei gesonderter Ausführung der einzelnen Geschäfte entstanden wären.

§ 20 Verlegung der beruflichen Niederlassung. Ein Steuerberater, der seine berufliche Niederlassung nach einem anderen Ort verlegt, kann bei Fortführung eines ihm vorher erteilten Auftrags Reisekosten und Abwesenheitsgelder nur insoweit verlangen, als sie auch von seiner bisherigen beruflichen Niederlassung aus entstanden wären.

Vierter Abschnitt. Gebühren für die Beratung und für die Hilfeleistung bei der Erfüllung allgemeiner Steuerpflichten

§ 21[1] Rat, Auskunft, Erstberatung. (1) [1]Für einen mündlichen oder schriftlichen Rat oder eine Auskunft, die nicht mit einer anderen gebührenpflichtigen Tätigkeit zusammenhängt, erhält der Steuerberater eine Gebühr in Höhe von 1 Zehntel bis 10 Zehntel der vollen Gebühr nach Tabelle A (Anlage 1). [2]Beschränkt sich die Tätigkeit nach Satz 1 auf ein erstes Beratungsgespräch und ist der Auftraggeber Verbraucher, so kann der Steuerberater, der erstmals von diesem Ratsuchenden in Anspruch genommen wird, keine höhere Gebühr als 190 Euro fordern. [3]Die Gebühr ist auf eine Gebühr anzurechnen, die der Steuerberater für eine sonstige Tätigkeit erhält, die mit der Raterteilung oder Auskunft zusammenhängt.

(2)[2] [1]Wird ein Steuerberater, der mit der Angelegenheit noch nicht befasst gewesen ist, mit der Prüfung der Erfolgsaussicht eines Rechtsmittels beauftragt, ist für die Vergütung das Rechtsanwaltsvergütungsgesetz sinngemäß anzuwenden. [2]Die Gebühren bestimmen sich nach Teil 2 Abschnitt 1 des Vergütungsverzeichnisses zum Rechtsanwaltsvergütungsgesetz.

§ 22 Gutachten. Für die Ausarbeitung eines schriftlichen Gutachtens mit eingehender Begründung erhält der Steuerberater eine Gebühr von 10 Zehnteln bis 30 Zehntel der vollen Gebühr nach Tabelle A (Anlage 1).

§ 23[3] Sonstige Einzeltätigkeiten. [1]Die Gebühr beträgt für

1. die Berichtigung einer Erklärung $^{2}/_{10}$ bis $^{10}/_{10}$
2. einen Antrag auf Stundung $^{2}/_{10}$ bis $^{8}/_{10}$
3. einen Antrag auf Anpassung der Vorauszahlungen $^{2}/_{10}$ bis $^{8}/_{10}$

---

[1] § 21 Überschrift geänd., Abs. 1 Satz 2 eingef., Satz 3 Betrag geänd., Abs. 2 Satz 2 geänd. mWv 28.8.1998 durch VO v. 20.8.1998 (BGBl. I S. 2369), Abs. 1 Satz 2 neu gef. mWv 1.1.2007 durch G v. 13.12.2006 (BGBl. I S. 2878); Abs. 1 Satz 2 Betrag geänd., Satz 3 aufgeh., bish. Satz 4 wird Satz 3 mWv 20.12.2012 durch VO v. 11.12.2012 (BGBl. I S. 2637).

[2] § 21 Abs. 2 neu gef. mWv 1.7.2020 durch VO v. 25.6.2020 (BGBl. I S. 1495).

[3] § 23 Nrn. 1 und 5 geänd. mWv 1.1.2007 durch G v. 13.12.2006 (BGBl. I S. 2878); Nr. 7 geänd. mWv 20.12.2012 durch VO v. 11.12.2012 (BGBl. I S. 2637).

4. einen Antrag auf abweichende Steuerfestsetzung aus Billigkeitsgründen 2/10 bis 8/10
5. einen Antrag auf Erlaß von Ansprüchen aus dem Steuerschuldverhältnis oder aus zollrechtlichen Bestimmungen 2/10 bis 8/10
6. einen Antrag auf Erstattung (§ 37 Abs. 2 der Abgabenordnung) 2/10 bis 8/10
7. einen Antrag auf Aufhebung oder Änderung eines Steuerbescheides oder einer Steueranmeldung 2/10 bis 10/10
8. einen Antrag auf volle oder teilweise Rücknahme oder auf vollen oder teilweisen Widerruf eines Verwaltungsaktes 4/10 bis 10/10
9. einen Antrag auf Wiedereinsetzung in den vorigen Stand außerhalb eines Rechtsbehelfsverfahrens 4/10 bis 10/10
10. sonstige Anträge, soweit sie nicht in Steuererklärungen gestellt werden 2/10 bis 10/10

einer vollen Gebühr nach Tabelle A (Anlage 1). [2]Soweit Tätigkeiten nach den Nummern 1 bis 10 denselben Gegenstand betreffen, ist nur eine Tätigkeit maßgebend, und zwar die mit dem höchsten oberen Gebührenrahmen.

§ 24 Steuererklärungen. (1) Der Steuerberater erhält für die Anfertigung

1. der Einkommensteuererklärung ohne Ermittlung der einzelnen Einkünfte 1/10 bis 6/10
   einer vollen Gebühr nach Tabelle A (Anlage 1); Gegenstandswert ist die Summe der positiven Einkünfte, jedoch mindestens 8000 Euro[1];
2. der Erklärung zur gesonderten Feststellung der Einkünfte ohne Ermittlung der Einkünfte 1/10 bis 5/10
   einer vollen Gebühr nach Tabelle A (Anlage 1); Gegenstandswert ist die Summe der positiven Einkünfte, jedoch mindestens 8000 Euro[1];
3.[2] der Körperschaftsteuererklärung 2/10 bis 8/10
   einer vollen Gebühr nach Tabelle A (Anlage 1); Gegenstandswert ist das Einkommen vor Berücksichtigung eines Verlustabzugs, jedoch mindestens 16 000 Euro; bei der Anfertigung einer Körperschaftsteuererklärung für eine Organgesellschaft ist das Einkommen der Organgesellschaft vor Zurechnung maßgebend; das entsprechende Einkommen ist bei der Gegenstandswertberechnung des Organträgers zu kürzen;
4.[3] *(aufgehoben)*

---

[1] Beträge geänd. mWv 1.1.2002 durch G v. 27.4.2001 (BGBl. I S. 751); geänd. mWv 20.12.2012 durch VO v. 11.12.2012 (BGBl. I S. 2637).

[2] § 24 Abs. 1 Nr. 3 neu gef. mWv 1.1.2007 durch G v. 13.12.2006 (BGBl. I S. 2878); geänd. mWv 20.12.2012 durch VO v. 11.12.2012 (BGBl. I S. 2637); Nr. 3 Text geänd. durch VO v. 18.7.2016 (BGBl. I S. 1722).

[3] § 24 Nr. 4 aufgeh. mWv 20.12.2012 durch VO v. 11.12.2012 (BGBl. I S. 2637).

5.[1] der Erklärung zur Gewerbesteuer $^1/_{10}$ bis $^6/_{10}$
einer vollen Gebühr nach Tabelle A (Anlage 1); Gegenstandswert ist der Gewerbeertrag vor Berücksichtigung des Freibetrags und eines Gewerbeverlustes, jedoch mindestens 8000 Euro[2];

6.[3] der Gewerbesteuerzerlegungserklärung $^1/_{10}$ bis $^6/_{10}$
einer vollen Gebühr nach Tabelle A (Anlage 1); Gegenstandswert sind 10 Prozent der als Zerlegungsmaßstab erklärten Arbeitslöhne, jedoch mindestens 4000 Euro[2];

7.[1] der Umsatzsteuer-Voranmeldung sowie hierzu ergänzender Anträge und Meldungen $^1/_{10}$ bis $^6/_{10}$
einer vollen Gebühr nach Tabelle A (Anlage 1); Gegenstandswert sind 10 Prozent der Summe aus dem Gesamtbetrag der Entgelte und der Entgelte, für die der Leistungsempfänger Steuerschuldner ist, jedoch mindestens 650 Euro;

8.[4] der Umsatzsteuererklärung für das Kalenderjahr einschließlich ergänzender Anträge und Meldungen $^1/_{10}$ bis $^8/_{10}$
einer vollen Gebühr nach Tabelle A (Anlage 1); Gegenstandswert sind 10 Prozent der Summe aus dem Gesamtbetrag der Entgelte und der Entgelte, für die der Leistungsempfänger Steuerschuldner ist, jedoch mindestens 8000 Euro[2];

9.[5] *(aufgehoben)*

10. der Vermögensteuererklärung oder der Erklärung zur gesonderten Feststellung des Vermögens von Gemeinschaften $^1/_{20}$ bis $^{18}/_{20}$
einer vollen Gebühr nach Tabelle A (Anlage 1); Gegenstandswert ist das Rohvermögen, jedoch bei natürlichen Personen mindestens 12 500 Euro[2] und bei Körperschaften, Personenvereinigungen und Vermögensmassen mindestens 25 000 Euro[2];

11.[6] der Erklärung zur Feststellung nach dem Bewertungsgesetz oder dem Erbschaftsteuer- und Schenkungsteuergesetz $^1/_{20}$ bis $^{18}/_{20}$

---

[1] § 24 Abs. 1 Nrn. 5 und 7 neu gef. mWv 1. 1. 2007 durch G v. 13. 12. 2006 (BGBl. I S. 2878); Nr. 7 neu gef. mWv 20. 12. 2012 durch VO v. 11. 12. 2012 (BGBl. I S. 2637).

[2] Beträge geänd. mWv 1. 1. 2002 durch G v. 27. 4. 2001 (BGBl. I S. 751); geänd. mWv 20. 12. 2012 durch VO v. 11. 12. 2012 (BGBl. I S. 2637).

[3] § 24 Nr. 6 geänd. mWv 20. 12. 2012 durch VO v. 11. 12. 2012 (BGBl. I S. 2637).

[4] § 24 Abs. 1 Nr. 8 neu gef. mWv 1. 1. 2007 durch G v. 13. 12. 2006 (BGBl. I S. 2878).

[5] § 24 Abs. 1 Nr. 9 geänd. mWv 28. 8. 1998 durch VO v. 20. 8. 1998 (BGBl. I S. 2369) und aufgeh. mWv 20. 12. 2012 durch VO v. 11. 12. 2012 (BGBl. I S. 2637).

[6] § 24 Abs. 1 Nr. 11 neu gef. mWv 20. 12. 2012 durch VO v. 11. 12. 2012 (BGBl. I S. 2637).

einer vollen Gebühr nach Tabelle A (Anlage 1); Gegenstandswert ist der erklärte Wert, jedoch mindestens 25 000 Euro;

12.[1] der Erbschaftsteuererklärung ohne Ermittlung der Zugewinnausgleichsforderung nach § 5 des Erbschaftsteuer- und Schenkungsteuergesetzes — 2/10 bis 10/10 einer vollen Gebühr nach Tabelle A (Anlage 1); Gegenstandswert ist der Wert des Erwerbs von Todes wegen vor Abzug der Schulden und Lasten, jedoch mindestens 16 000 Euro[2];

13. der Schenkungsteuererklärung — 2/10 bis 10/10 einer vollen Gebühr nach Tabelle A (Anlage 1); Gegenstandswert ist der Rohwert der Schenkung, jedoch mindestens 16 000 Euro[2];

14.[3] der Kapitalertragsteueranmeldung sowie für jede weitere Erklärung in Zusammenhang mit Kapitalerträgen — 1/20 bis 6/20 einer vollen Gebühr nach Tabelle A (Anlage 1); Gegenstandswert ist die Summe der kapitalertragsteuerpflichtigen Kapitalerträge, jedoch mindestens 4000 Euro;

15.[4] der Lohnsteuer-Anmeldung — 1/20 bis 6/20 einer vollen Gebühr nach Tabelle A (Anlage 1); Gegenstandswert sind 20 Prozent der Arbeitslöhne einschließlich sonstiger Bezüge, jedoch mindestens 1000 Euro[2];

16.[4] von Steuererklärungen auf dem Gebiet der Einfuhr- und Ausfuhrabgaben und der Verbrauchsteuern, die als Einfuhrabgaben erhoben werden, — 1/10 bis 3/10 einer vollen Gebühr nach Tabelle A (Anlage 1); Gegenstandswert ist der Betrag, der sich bei Anwendung der höchsten in Betracht kommenden Abgabensätze auf die den Gegenstand der Erklärung bildenden Waren ergibt, jedoch mindestens 1000 Euro[2];

17.[5] von Anmeldungen oder Erklärungen auf dem Gebiete der Verbrauchsteuern, die nicht als Einfuhrabgaben geschuldet werden, — 1/10 bis 3/10 einer vollen Gebühr nach Tabelle A (Anlage 1); Gegenstandswert ist für eine Steueranmeldung der angemeldete Betrag und für eine Steuererklärung der festgesetzte Betrag, jedoch mindestens 1000 Euro[2];

---

[1] § 24 Abs. 1 Nr. 12 Text geänd. durch VO v. 18. 7. 2016 (BGBl. I S. 1722).

[2] Beträge geänd. mWv 1. 1. 2002 durch G v. 27. 4. 2001 (BGBl. I S. 751).

[3] § 24 Abs. 1 Nr. 14 neu gef. mWv 20. 12. 2012 durch VO v. 11. 12. 2012 (BGBl. I S. 2637).

[4] § 24 Abs. 1 Nrn. 15 und 16 geänd. mWv 1. 1. 2007 durch G v. 13. 12. 2006 (BGBl. I S. 2878).

[5] § 24 Abs. 1 Nr. 17 geänd. mWv 20. 12. 2012 durch VO v. 11. 12. 2012 (BGBl. I S. 2637).

18. von Anträgen auf Gewährung einer Verbrauchsteuervergütung oder einer einzelgesetzlich geregelten Verbrauchsteuererstattung, sofern letztere nicht in der monatlichen Steuererklärung oder Steueranmeldung geltend zu machen ist, $^{1}/_{10}$ bis $^{3}/_{10}$
einer vollen Gebühr nach Tabelle A (Anlage 1); Gegenstandswert ist die beantragte Vergütung oder Erstattung, jedoch mindestens 1000 Euro[1];

19. von Anträgen auf Gewährung einer Investitionszulage $^{1}/_{10}$ bis $^{6}/_{10}$
einer vollen Gebühr nach Tabelle A (Anlage 1); Gegenstandswert ist die Bemessungsgrundlage;

20.[2] von Anträgen auf Steuervergütung nach § 4a des Umsatzsteuergesetzes $^{1}/_{10}$ bis $^{6}/_{10}$
einer vollen Gebühr nach Tabelle A (Anlage 1); Gegenstandswert ist die beantragte Vergütung;

21.[3] von Anträgen auf Vergütung der abziehbaren Vorsteuerbeträge $^{1}/_{10}$ bis $^{6}/_{10}$
einer vollen Gebühr nach Tabelle A (Anlage 1); Gegenstandswert ist die beantragte Vergütung, jedoch mindestens 1300 Euro[1];

22. von Anträgen auf Erstattung von Kapitalertragsteuer und Vergütung der anrechenbaren Körperschaftsteuer $^{1}/_{10}$ bis $^{6}/_{10}$
einer vollen Gebühr nach Tabelle A (Anlage 1); Gegenstandswert ist die beantragte Erstattung, jedoch mindestens 1000 Euro[1];

23.[4] von Anträgen nach Abschnitt X des Einkommensteuergesetzes $^{2}/_{10}$ bis $^{10}/_{10}$
einer vollen Gebühr nach Tabelle A (Anlage 1); Gegenstandswert ist das beantragte Jahreskindergeld;

24.[5] *(aufgehoben)*

25.[6] der Anmeldung über den Steuerabzug von Bauleistungen $^{1}/_{10}$ bis $^{6}/_{10}$
einer vollen Gebühr nach Tabelle A (Anlage 1); Gegenstandswert ist der angemeldete Steuerabzugsbetrag (§§ 48 ff. des Einkommensteuergesetzes), jedoch mindestens 1000 Euro;

---

[1] Beträge geänd. mWv 1. 1. 2002 durch G v. 27. 4. 2001 (BGBl. I S. 751).
[2] § 24 Abs. 1 Nr. 20 neu gef. mWv 1. 1. 2007 durch G v. 13. 12. 2006 (BGBl. I S. 2878).
[3] § 24 Abs. 1 Nr. 21 geänd. mWv 20. 12. 2012 durch VO v. 11. 12. 2012 (BGBl. I S. 2637).
[4] § 24 Abs. 1 Nr. 23 angef. mWv 28. 8. 1998 durch VO v. 20. 8. 1998 (BGBl. I S. 2369).
[5] § 24 Abs. 1 Nr. 24 aufgeh. mWv 20. 12. 2012 durch VO v. 11. 12. 2012 (BGBl. I S. 2637).
[6] § 24 Abs. 1 Nr. 25 angef. mWv 1. 1. 2007 durch G v. 13. 12. 2006 (BGBl. I S. 2878).

26.[1] sonstiger Steuererklärungen 1/10 bis 6/10 einer vollen Gebühr nach Tabelle A (Anlage 1); Gegenstandswert ist die jeweilige Bemessungsgrundlage, jedoch mindestens 8000 Euro.

(2)[2] Für die Ermittlung der Zugewinnausgleichsforderung nach § 5 des Erbschaftsteuer- und Schenkungsteuergesetzes erhält der Steuerberater 5 Zehntel bis 15 Zehntel einer vollen Gebühr nach Tabelle A (Anlage 1); Gegenstandswert ist der ermittelte Betrag, jedoch mindestens 12 500 Euro.

(3)[3] Für einen Antrag auf Lohnsteuer-Ermäßigung (Antrag auf Eintragung von Freibeträgen) erhält der Steuerberater 1/20 bis 4/20 einer vollen Gebühr nach Tabelle A (Anlage 1); Gegenstandswert ist der voraussichtliche Jahresarbeitslohn; er beträgt mindestens 4500 Euro[4].

(4)[3] Der Steuerberater erhält die Zeitgebühr

1. *(aufgehoben)*
2. für Arbeiten zur Feststellung des verrechenbaren Verlustes gemäß § 15 a des Einkommensteuergesetzes;
3. für die Anfertigung einer Meldung über die Beteiligung an ausländischen Körperschaften, Vermögensmassen und Personenvereinigungen und an ausländischen Personengesellschaften;
4. *(aufgehoben)*
5. für sonstige Anträge und Meldungen nach dem Einkommensteuergesetz;

6.–12. *(aufgehoben)*

13.[5] für die Überwachung und Meldung der Lohnsumme sowie der Behaltensfrist im Sinne von § 13 a Absatz 1 in Verbindung mit Absatz 6 Satz 1, Absatz 5 in Verbindung mit Absatz 6 Satz 2 des Erbschaftsteuer- und Schenkungsteuergesetzes;

14.[5] für die Berechnung des Begünstigungsgewinnes im Sinne von § 34 a Absatz 1 Satz 1 des Einkommensteuergesetzes (Begünstigung der nicht entnommenen Gewinne).

§ 25[6] Ermittlung des Überschusses der Betriebseinnahmen über die Betriebsausgaben. (1) [1]Die Gebühr für die Ermittlung des Überschusses der Betriebseinnahmen über die Betriebsausgaben bei den Einkünften aus Land-

---

[1] Nr. 26 angef. mWv 20. 12. 2012 durch VO v. 11. 12. 2012 (BGBl. I S. 2637); geänd. durch VO v. 18. 7. 2016 (BGBl. I S. 1722).

[2] § 24 Abs. 2 Beträge geänd. mWv 1. 1. 2002 durch G v. 27. 4. 2001 (BGBl. I S. 751); Text geänd. durch VO v. 18. 7. 2016 (BGBl. I S. 1722).

[3] § 24 Abs. 3 neu gef., Abs. 4 Nr. 1 geänd., Nrn. 3, 4 und 5 angef. mWv 28. 8. 1998 durch VO v. 20. 8. 1998 (BGBl. I S. 2369); Abs. 3 geänd., Abs. 4 Nrn. 1 und 4 geänd., Nrn. 6 bis 12 angef. mWv 1. 1. 2007 durch G v. 13. 12. 2006 (BGBl. I S. 2878); Abs. 4 Nrn. 1 und 4 aufgeh., Nr. 5 neu gef., Nrn. 6 bis 10 aufgeh. mWv 20. 12. 2012 durch VO v. 11. 12. 2012 (BGBl. I S. 2637).

[4] Beträge geänd. mWv 1. 1. 2002 durch G v. 27. 4. 2001 (BGBl. I S. 751).

[5] § 24 Abs. 1 Nrn. 13 und 14 angef. (als Nrn. 11 und 12; ber. durch VO v. 18. 7. 2016, BGBl. I S. 1722); mWv 20. 12. 2012 durch VO v. 11. 12. 2012 (BGBl. I S. 2637).

[6] § 25 Abs. 4 angef. mWv 1. 1. 2007 durch G v. 13. 12. 2006 (BGBl. I S. 2878).

und Forstwirtschaft, Gewerbebetrieb oder selbständiger Arbeit beträgt 5 bis 30 Zehntel[1)] einer vollen Gebühr nach Tabelle B (Anlage 2). [2]Gegenstandswert ist der jeweils höhere Betrag, der sich aus der Summe der Betriebseinnahmen oder der Summe der Betriebsausgaben ergibt, jedoch mindestens 17 500 Euro[1)].

(2) Für Vorarbeiten, die über das übliche Maß erheblich hinausgehen, erhält der Steuerberater die Zeitgebühr.

(3) Sind bei mehreren Einkünften aus derselben Einkunftsart die Überschüsse getrennt zu ermitteln, so erhält der Steuerberater die Gebühr nach Absatz 1 für jede Überschußrechnung.

(4) [1]Für die Aufstellung eines schriftlichen Erläuterungsberichts zur Ermittlung des Überschusses der Betriebseinnahmen über die Betriebsausgaben erhält der Steuerberater $^2/_{10}$ bis $^{12}/_{10}$ einer vollen Gebühr nach Tabelle B (Anlage 2). [2]Der Gegenstandswert bemisst sich nach Absatz 1 Satz 2.

§ 26[2)] Ermittlung des Gewinns aus Land- und Forstwirtschaft nach Durchschnittsätzen. (1) [1]Die Gebühr für die Ermittlung des Gewinns nach Durchschnittsätzen beträgt 5 Zehntel bis 20 Zehntel einer vollen Gebühr nach Tabelle B (Anlage 2). [2]Gegenstandswert ist der Durchschnittssatzgewinn nach § 13 a Abs. 3 Satz 1 des Einkommensteuergesetzes.

(2) Sind für mehrere land- und forstwirtschaftliche Betriebe desselben Auftraggebers die Gewinne nach Durchschnittsätzen getrennt zu ermitteln, so erhält der Steuerberater die Gebühr nach Absatz 1 für jede Gewinnermittlung.

§ 27[3)] Ermittlung des Überschusses der Einnahmen über die Werbungskosten. (1) [1]Die Gebühr für die Ermittlung des Überschusses der Einnahmen über die Werbungskosten bei den Einkünften aus nichtselbständiger Arbeit, Kapitalvermögen, Vermietung und Verpachtung oder sonstigen Einkünften beträgt 1 Zwanzigstel bis 12 Zwanzigstel einer vollen Gebühr nach Tabelle A (Anlage 1). [2]Gegenstandswert ist der jeweils höhere Betrag, der sich aus der Summe der Einnahmen oder der Summe der Werbungskosten ergibt, jedoch mindestens 8000 Euro[4)].

(2) Beziehen sich die Einkünfte aus Vermietung und Verpachtung auf mehrere Grundstücke oder sonstige Wirtschaftsgüter und ist der Überschuß der Einnahmen über die Werbungskosten jeweils getrennt zu ermitteln, so erhält der Steuerberater die Gebühr nach Absatz 1 für jede Überschußrechnung.

(3) Für Vorarbeiten, die über das übliche Maß erheblich hinausgehen, erhält der Steuerberater die Zeitgebühr.

§ 28 Prüfung von Steuerbescheiden. Für die Prüfung eines Steuerbescheids erhält der Steuerberater die Zeitgebühr.

[1)] Beträge geänd. mWv 1.1.2002 durch G v. 27.4.2001 (BGBl. I S. 751); geänd. mWv 1.7.2020 durch VO v. 25.6.2020 (BGBl. I S. 1495).

[2)] § 26 Abs. 1 Satz 2 neu gef. mWv 1.1.2007 durch G v. 13.12.2006 (BGBl. I S. 2878).

[3)] § 27 Abs. 3 angef. mWv 20.12.2012 durch VO v. 11.12.2012 (BGBl. I S. 2637).

[4)] Beträge geänd. mWv 1.1.2002 durch G v. 27.4.2001 (BGBl. I S. 751); geänd. mWv 20.12.2012 durch VO v. 11.12.2012 (BGBl. I S. 2637).

§ 29[1)] Teilnahme an Prüfungen und Nachschauen. Der Steuerberater erhält

1. für die Teilnahme an einer Prüfung, insbesondere an einer Außenprüfung, einer Zollprüfung oder einer Nachschau einschließlich der Schlussbesprechung und der Prüfung des Prüfungsberichts, für die Teilnahme an einer Ermittlung der Besteuerungsgrundlagen (§ 208 der Abgabenordnung) oder für die Teilnahme an einer Maßnahme der Steueraufsicht (§§ 209 bis 217 der Abgabenordnung) die Zeitgebühr;
2. für schriftliche Einwendungen gegen den Prüfungsbericht 5 Zehntel bis 10 Zehntel einer vollen Gebühr nach Tabelle A (Anlage 1).

§ 30[2)] Selbstanzeige. (1) Für die Tätigkeit im Verfahren der Selbstanzeige (§§ 371 und 378 Absatz 3 der Abgabenordnung) einschließlich der Ermittlungen zur Berichtigung, Ergänzung oder Nachholung der Angaben erhält der Steuerberater $^{10}/_{10}$ bis $^{30}/_{10}$ einer vollen Gebühr nach Tabelle A (Anlage 1).

(2) Der Gegenstandswert bestimmt sich nach der Summe der berichtigten, ergänzten und nachgeholten Angaben, er beträgt jedoch mindestens 8000 Euro.

§ 31[3)] Besprechungen. (1) Für Besprechungen mit Behörden oder mit Dritten in abgaberechtlichen Sachen erhält der Steuerberater $^{5}/_{10}$ bis $^{10}/_{10}$ einer vollen Gebühr nach Tabelle A (Anlage 1).

(2) [1]Die Besprechungsgebühr entsteht, wenn der Steuerberater an einer Besprechung über tatsächliche oder rechtliche Fragen mitwirkt, die von der Behörde angeordnet ist oder im Einverständnis mit dem Auftraggeber mit der Behörde oder mit einem Dritten geführt wird. [2]Der Steuerberater erhält diese Gebühr nicht für die Beantwortung einer mündlichen oder fernmündlichen Nachfrage der Behörde.

Fünfter Abschnitt. Gebühren für die Hilfeleistung bei der Erfüllung steuerlicher Buchführungs- und Aufzeichnungspflichten

§ 32[4)] Einrichtung einer Buchführung. Für die Hilfeleistung bei der Einrichtung einer Buchführung im Sinne der §§ 33 und 34 erhält der Steuerberater die Zeitgebühr.

[1)] § 29 Nr. 1 neu gef. mWv 20.7.2017 durch VO v. 12.7.2017 (BGBl. I S. 2360); Überschrift und Nr. 1 geänd. mWv 1.7.2020 durch VO v. 25.6.2020 (BGBl. I S. 1495).

[2)] § 30 neu gef. mWv 20.12.2012 durch VO v. 11.12.2012 (BGBl. I S. 2637).

[3)] § 31 neu gef. mWv 1.1.2007 durch G v. 13.12.2006 (BGBl. I S. 2878).

[4)] § 32 Überschr. geänd. mWv 20.12.2012 durch VO v. 11.12.2012 (BGBl. I S. 2637).

§ 33[1] **Buchführung.** (1 Für die Buchführung oder das Führen steuerlicher Aufzeichnungen einschließlich des Kontierens der Belege beträgt die Monatsgebühr $^{2}/_{10}$ bis $^{12}/_{10}$ einer vollen Gebühr nach Tabelle C (Anlage 3).

(2) Für das Kontieren der Belege beträgt die Monatsgebühr $^{1}/_{10}$ bis $^{6}/_{10}$ einer vollen Gebühr nach Tabelle C (Anlage 3).

(3) Für die Buchführung oder das Führen steuerlicher Aufzeichnungen nach vom Auftraggeber kontierten Belegen oder erstellten Kontierungsunterlagen beträgt die Monatsgebühr $^{1}/_{10}$ bis $^{6}/_{10}$ einer vollen Gebühr nach Tabelle C (Anlage 3).

(4) Für die Buchführung oder das Führen steuerlicher Aufzeichnungen nach vom Auftraggeber erstellten Eingaben für die Datenverarbeitung und mit beim Auftraggeber eingesetzten Datenverarbeitungsprogrammen des Steuerberaters erhält der Steuerberater neben der Vergütung für die Datenverarbeitung und für den Einsatz der Datenverarbeitungsprogramme eine Monatsgebühr von $^{1}/_{20}$ bis $^{10}/_{20}$ einer vollen Gebühr nach Tabelle C (Anlage 3).

(5) Für die laufende Überwachung der Buchführung oder der steuerlichen Aufzeichnungen des Auftraggebers beträgt die Monatsgebühr $^{1}/_{10}$ bis $^{6}/_{10}$ einer vollen Gebühr nach Tabelle C (Anlage 3).

(6) Gegenstandswert ist der jeweils höchste Betrag, der sich aus dem Jahresumsatz oder aus der Summe des Aufwandes ergibt.

(7) Für die Hilfeleistung bei sonstigen Tätigkeiten im Zusammenhang mit der Buchführung oder dem Führen steuerlicher Aufzeichnungen erhält der Steuerberater die Zeitgebühr.

(8) Mit der Gebühr nach den Absätzen 1, 3 und 4 sind die Gebühren für die Umsatzsteuervoranmeldung (§ 24 Abs. 1 Nr. 7) abgegolten.

§ 34 Lohnbuchführung. (1) Für die erstmalige Einrichtung von Lohnkonten und die Aufnahme der Stammdaten erhält der Steuerberater eine Gebühr von 5 bis 18 Euro[2] je Arbeitnehmer.

(2) Für die Führung von Lohnkonten und die Anfertigung der Lohnabrechnung erhält der Steuerberater eine Gebühr von 5 bis 28 Euro[2] je Arbeitnehmer und Abrechnungszeitraum.

---

[1] § 33 Abs. 4 und 6 neu gef. mWv 28.8.1998 durch VO v. 20.8.1998 (BGBl. I S. 2369); Abs. 1, 3, 4, 5 und 7 geänd. mWv 20.12.2012 durch VO v. 11.12.2012 (BGBl. I S. 2637); Abs. 7 geänd. durch VO v. 18.7.2016 (BGBl. I S. 1722).

[2] Beträge geänd. mWv 1.1.2002 durch G v. 27.4.2001 (BGBl. I S. 751); geänd. mWv 20.12.2012 durch VO v. 11.12.2012 (BGBl. I S. 2637); geänd. mWv 1.7.2020 durch VO v. 25.6.2020 (BGBl. I S. 1495).

(3) Für die Führung von Lohnkonten und die Anfertigung der Lohnabrechnung nach vom Auftraggeber erstellten Buchungsunterlagen erhält der Steuerberater eine Gebühr von 2 bis 9 Euro[1] je Arbeitnehmer und Abrechnungszeitraum.

(4) Für die Führung von Lohnkonten und die Anfertigung der Lohnabrechnung nach vom Auftraggeber erstellten Eingaben für die Datenverarbeitung und mit beim Auftraggeber eingesetzten Datenverarbeitungsprogrammen des Steuerberaters erhält der Steuerberater neben der Vergütung für die Datenverarbeitung und für den Einsatz der Datenverarbeitungsprogramme eine Gebühr von 1 bis 4 Euro[1] je Arbeitnehmer und Abrechnungszeitraum.

(5) Für die Hilfeleistung bei sonstigen Tätigkeiten im Zusammenhang mit dem Lohnsteuerabzug und der Lohnbuchführung erhält der Steuerberater die Zeitgebühr.

(6) Mit der Gebühr nach den Absätzen 2 bis 4 sind die Gebühren für die Lohnsteueranmeldung (§ 24 Abs. 1 Nr. 15) abgegolten.

§ 35[2] Abschlußarbeiten. (1) Die Gebühr beträgt für

1. a) die Aufstellung eines Jahresabschlusses (Bilanz und Gewinn- und Verlustrechnung)	$^{10}/_{10}$ bis $^{40}/_{10}$
b) die Erstellung eines Anhangs	$^{2}/_{10}$ bis $^{12}/_{10}$
c) *(aufgehoben)*	
2. die Aufstellung eines Zwischenabschlusses oder eines vorläufigen Abschlusses (Bilanz und Gewinn- und Verlustrechnung)	$^{10}/_{10}$ bis $^{40}/_{10}$
3. a) die Ableitung des steuerlichen Ergebnisses aus dem Handelsbilanzergebnis	$^{2}/_{10}$ bis $^{10}/_{10}$
b) die Entwicklung einer Steuerbilanz aus der Handelsbilanz	$^{5}/_{10}$ bis $^{12}/_{10}$
4. die Aufstellung einer Eröffnungsbilanz	$^{5}/_{10}$ bis $^{12}/_{10}$
5. die Aufstellung einer Auseinandersetzungsbilanz	$^{5}/_{10}$ bis $^{20}/_{10}$
6. den schriftlichen Erläuterungsbericht zu Tätigkeiten nach den Nummern 1 bis 5	$^{2}/_{10}$ bis $^{12}/_{10}$
7. a) die beratende Mitwirkung bei der Aufstellung eines Jahresabschlusses (Bilanz und Gewinn- und Verlustrechnung)	$^{2}/_{10}$ bis $^{10}/_{10}$
b) die beratende Mitwirkung bei der Erstellung eines Anhangs	$^{2}/_{10}$ bis $^{4}/_{10}$

[1] Beträge geänd. mWv 1.1.2002 durch G v. 27.4.2001 (BGBl. I S. 751); geänd. mWv 20.12.2012 durch VO v. 11.12.2012 (BGBl. I S. 2637).

[2] § 35 Abs. 1 Nr. 1, Nr. 7 und Abs. 2 neu gef. mWv 1.7.1988 durch VO v. 20.6.1988 (BGBl. I S. 841), Abs. 1 Nr. 1 Buchst. a geänd. und Abs. 2 neu gef. mWv 28.8.1998 durch VO v. 20.8.1998 (BGBl. I S. 2369), Abs. 1 Nr. 3 neu gef. mWv 1.1.2007 durch G v. 13.12.2006 (BGBl. I S. 2878); Abs. 1 Nr. 1 Buchst. c aufgeh., Nr. 2 geänd., Nr. 8 aufgeh. mWv 20.12.2012 durch VO v. 11.12.2012 (BGBl. I S. 2637).

c) die beratende Mitwirkung bei der Erstellung eines Lageberichts $^{2}/_{10}$ bis $^{4}/_{10}$

8. *(aufgehoben)*

einer vollen Gebühr nach Tabelle B (Anlage 2).

(2) [1] Gegenstandswert ist

1. in den Fällen des Absatzes 1 Nummer 1 bis 3 und 7[1)] das Mittel zwischen der berichtigten Bilanzsumme und der betrieblichen Jahresleistung;
2. in den Fällen des Absatzes 1 Nr. 4 und 5 die berichtigte Bilanzsumme;
3. in den Fällen des Absatzes 1 Nr. 6 der Gegenstandswert, der für die dem Erläuterungsbericht zugrunde liegenden Abschlußarbeiten maßgeblich ist.

[2] Die berichtigte Bilanzsumme ergibt sich aus der Summe der Posten der Aktivseite der Bilanz zuzüglich Privatentnahmen und offener Ausschüttungen, abzüglich Privateinlagen, Kapitalerhöhungen durch Einlagen und Wertberichtigungen. [3] Die betriebliche Jahresleistung umfaßt Umsatzerlöse, sonstige betriebliche Erträge, Erträge aus Beteiligungen, Erträge aus anderen Wertpapieren und Ausleihungen des Finanzanlagevermögens, sonstige Zinsen und ähnliche Erträge,

(Fortsetzung nächstes Blatt)

---

1) Zitat geänd. durch VO v. 11. 12. 2012 (BGBl. I S. 2637).

Veränderungen des Bestands an fertigen und unfertigen Erzeugnissen, andere aktivierte Eigenleistungen sowie außerordentliche Erträge. [4]Ist der betriebliche Jahresaufwand höher als die betriebliche Jahresleistung, so ist dieser der Berechnung des Gegenstandswerts zugrunde zu legen. [5]Betrieblicher Jahresaufwand ist die Summe der Betriebsausgaben einschließlich der Abschreibungen. [6]Bei der Berechnung des Gegenstandswerts ist eine negative berichtigte Bilanzsumme als positiver Wert anzusetzen. [7]Übersteigen die betriebliche Jahresleistung oder der höhere betriebliche Jahresaufwand das 5fache der berichtigten Bilanzsumme, so bleibt der übersteigende Betrag bei der Ermittlung des Gegenstandswerts außer Ansatz. [8]Der Gegenstandswert besteht nur aus der berichtigten Bilanzsumme, wenn die betriebliche Jahresleistung geringer als 3000 Euro[1)] ist. [9]Der Gegenstandswert besteht nur aus der betrieblichen Jahresleistung, wenn die berichtigte Bilanzsumme geringer als 3000 Euro[1)] ist.

(3) Für die Anfertigung oder Berichtigung von Inventurunterlagen und für sonstige Abschlußvorarbeiten bis zur abgestimmten Saldenbilanz erhält der Steuerberater die Zeitgebühr.

§ 36[2)] Steuerliches Revisionswesen. (1) Der Steuerberater erhält für die Prüfung einer Buchführung, einzelner Konten, einzelner Posten des Jahresabschlusses, eines Inventars, einer Überschussrechnung oder von Bescheinigungen für steuerliche Zwecke und für die Berichterstattung hierüber die Zeitgebühr.

(2) Der Steuerberater erhält

1. für die Prüfung einer Bilanz, einer Gewinn- und Verlustrechnung, eines Anhangs, eines Lageberichts oder einer sonstigen Vermögensrechnung für steuerliche Zwecke $^{2}/_{10}$ bis $^{10}/_{10}$ einer vollen Gebühr nach Tabelle B (Anlage 2) sowie die Zeitgebühr; der Gegenstandswert bemisst sich nach § 35 Absatz 2;
2. für die Berichterstattung über eine Tätigkeit nach Nummer 1 die Zeitgebühr.

§ 37 Vermögensstatus, Finanzstatus für steuerliche Zwecke. [1]Die Gebühr beträgt für

1. die Erstellung eines Vermögensstatus oder Finanzstatus $^{5}/_{10}$ bis $^{15}/_{10}$
2. die Erstellung eines Vermögensstatus oder Finanzstatus aus übergebenen Endzahlen (ohne Vornahme von Prüfungsarbeiten) $^{2}/_{10}$ bis $^{6}/_{10}$
3. den schriftlichen Erläuterungsbericht zu den Tätigkeiten nach Nummer 1 $^{1}/_{10}$ bis $^{6}/_{10}$

---

1) Beträge geänd. mWv 1.1.2002 durch G v. 27.4.2001 (BGBl. I S. 751).

2) § 36 Abs. 2 Nr. 1 neu gef. mWv 1.1.1988 durch VO v. 20.6.1988 (BGBl. I S. 841), Nrn. 1 und 2 geänd. mWv 28.8.1998 durch VO v. 20.8.1998 (BGBl. I S. 2369), Abs. 1 neu gef. mWv 1.1.2007 durch G v. 13.12.2006 (BGBl. I S. 2878); Abs. 2 Nr. 1 und Nr. 2 geänd. mWv 20.12.2012 durch VO v. 11.12.2012 (BGBl. I S. 2637).

einer vollen Gebühr nach Tabelle B (Anlage 2). [2] Gegenstandswert ist für die Erstellung eines Vermögensstatus die Summe der Vermögenswerte, für die Erstellung eines Finanzstatus die Summe der Finanzwerte.

§ 38[1)] Erteilung von Bescheinigungen. (1) [1] Der Steuerberater erhält für die Erteilung einer Bescheinigung über die Beachtung steuerrechtlicher Vorschriften in Vermögensübersichten und Erfolgsrechnungen 1 Zehntel bis 6 Zehntel einer vollen Gebühr nach Tabelle B (Anlage 2). [2] Der Gegenstandswert bemißt sich nach § 35 Abs. 2.

(2) Der Steuerberater erhält für die Mitwirkung an der Erteilung von Steuerbescheinigungen die Zeitgebühr.

§ 39[2)] Buchführungs- und Abschlußarbeiten für land- und forstwirtschaftliche Betriebe. (1) Für Angelegenheiten, die sich auf land- und forstwirtschaftliche Betriebe beziehen, gelten abweichend von den §§ 32, 33, 35 und 36 die Absätze 2 bis 7.

(2) [1] Die Gebühr beträgt für

1. laufende Buchführungsarbeiten oder für das Führen steuerlicher Aufzeichnungen einschließlich Kontieren der Belege jährlich	3/10 bis 20/10
2. die Buchführung oder für das Führen steuerlicher Aufzeichnungen nach vom Auftraggeber kontierten Belegen oder erstellten Kontierungsunterlagen jährlich	3/20 bis 20/20
3. die Buchführung oder für das Führen steuerlicher Aufzeichnungen nach vom Auftraggeber erstellten Datenträgern oder anderen Eingabemitteln für die Datenverarbeitung neben der Vergütung für die Datenverarbeitung und für den Einsatz der Datenverarbeitungsprogramme jährlich	1/20 bis 16/20
4. die laufende Überwachung der Buchführung oder für das Führen steuerlicher Aufzeichnungen jährlich	1/10 bis 6/10

einer vollen Gebühr nach Tabelle D (Anlage 4). [2] Die volle Gebühr ist die Summe der Gebühren nach Tabelle D Teil a und Tabelle D Teil b.

(3) [1] Die Gebühr beträgt für

1. die Abschlußvorarbeiten	1/10 bis 5/10
2. die Aufstellung eines Abschlusses	3/10 bis 10/10
3. die Entwicklung eines steuerlichen Abschlusses aus dem betriebswirtschaftlichen Abschluß oder aus der Handelsbilanz oder die Ableitung des steuerlichen Ergebnisses vom Ergebnis des betriebswirtschaftlichen Abschlusses oder der Handelsbilanz	3/20 bis 10/20

[1)] § 38 neu gef. vWv 1.1.1988 durch VO v. 20.6.1988 (BGBl. I S. 841).

[2)] § 39 Abs. 2 Nr. 3 geänd. mWv 28.8.1998 durch VO v. 20.8.1998 (BGBl. I S. 2369); Abs. 2 Nrn. 1 bis 4 geänd. mWv 1.7.2020 durch VO v. 25.6.2020 (BGBl. I S. 1495).

4. die beratende Mitwirkung bei der Erstellung eines Abschlusses $^{1}/_{20}$ bis $^{10}/_{20}$
5. die Prüfung eines Abschlusses für steuerliche Zwecke $^{1}/_{10}$ bis $^{8}/_{10}$
6. den schriftlichen Erläuterungsbericht zum Abschluß $^{1}/_{10}$ bis $^{8}/_{10}$

einer vollen Gebühr nach Tabelle D (Anlage 4). 2 Die volle Gebühr ist die Summe der Gebühren nach Tabelle D Teil a und Tabelle D Teil b.

(4)[1] Die Gebühr beträgt für

1. die Hilfeleistung bei der Einrichtung einer Buchführung oder dem Führen steuerlicher Aufzeichnungen $^{1}/_{10}$ bis $^{6}/_{10}$
2. die Erfassung der Anfangswerte bei Buchführungsbeginn $^{3}/_{10}$ bis $^{15}/_{10}$

einer vollen Gebühr nach Tabelle D Teil a (Anlage 4).

(5) 1 Gegenstandswert ist für die Anwendung der Tabelle D Teil a die Betriebsfläche. 2 Gegenstandswert für die Anwendung der Tabelle D Teil b ist der Jahresumsatz zuzüglich der Privateinlagen, mindestens jedoch die Höhe der Aufwendungen zuzüglich der Privatentnahmen. 3 Im Falle des Absatzes 3 vermindert sich der 100 000 Euro[2] übersteigende Betrag auf die Hälfte.

(6) Bei der Errechnung der Betriebsfläche (Absatz 5) ist

1. bei einem Jahresumsatz bis zu 1000 Euro[1] je Hektar das Einfache,
2. bei einem Jahresumsatz über 1000 Euro[1] je Hektar das Vielfache, das sich aus dem durch 1000[1] geteilten Betrag des Jahresumsatzes je Hektar ergibt,
3. bei forstwirtschaftlich genutzten Flächen die Hälfte,
4. bei Flächen mit bewirtschafteten Teichen die Hälfte,
5. bei durch Verpachtung genutzten Flächen ein Viertel

der tatsächlich genutzten Flächen anzusetzen.

(7) Mit der Gebühr nach Absatz 2 Nr. 1, 2 und 3 ist die Gebühr für die Umsatzsteuervoranmeldungen (§ 24 Abs. 1 Nr. 7) abgegolten.

Sechster Abschnitt. Gebühren für die Vertretung im außergerichtlichen Rechtsbehelfsverfahren und im Verwaltungsvollstreckungsverfahren

§ 40[3] **Verfahren vor den Verwaltungsbehörden.** Auf die Vergütung des Steuerberaters für Verfahren vor den Verwaltungsbehörden sind die Vorschriften des Rechtsanwaltsvergütungsgesetzes sinngemäß anzuwenden.

§§ 41 bis 43.[4] *(aufgehoben)*

---

[1] § 39 Abs. 4 Nr. 1 geänd. mWv 1.7.2020 durch VO v. 25.6.2020 (BGBl. I S. 1495).
[2] Geänd. mWv 1.1.2002 durch G v. 27.4.2001 (BGBl. I S. 751).
[3] § 40 neu gef. mWv 1.7.2020 durch VO v. 25.6.2020 (BGBl. I S. 1495).
[4] §§ 41 bis 43 aufgeh. mWv 1.1.2007 durch G v. 13.12.2006 (BGBl. I S. 2878).

§ 44[1)] Verwaltungsvollstreckungsverfahren. Auf die Vergütung des Steuerberaters im Verwaltungsvollstreckungsverfahren sind die Vorschriften des Rechtsanwaltsvergütungsgesetzes sinngemäß anzuwenden.

Siebenter Abschnitt. Gerichtliche und andere Verfahren

§ 45[2)] Vergütung in gerichtlichen und anderen Verfahren. Auf die Vergütung des Steuerberaters im Verfahren vor den Gerichten der Finanzge-

---

1) § 44 geänd. mWv 1.7.2020 durch VO v. 25.6.2020 (BGBl. I S. 1495).
2) § 45 geänd. mWv 20.12.2012 durch VO v. 11.12.2012 (BGBl. I S. 2637).

richtsbarkeit, der Sozialgerichtsbarkeit und der Verwaltungsgerichtsbarkeit, im Strafverfahren, berufsgerichtlichen Verfahren, Bußgeldverfahren und in Gnadensachen sind die Vorschriften des Rechtsanwaltsvergütungsgesetzes[1)·2)] sinngemäß anzuwenden.

§ 46 Vergütung bei Prozeßkostenhilfe. Für die Vergütung des im Wege der Prozeßkostenhilfe beigeordneten Steuerberaters gelten die Vorschriften des Rechtsanwaltsvergütungsgesetzes[1)·2)] sinngemäß.

Achter Abschnitt. Übergangs- und Schlußvorschriften

§ 47 Anwendung. (1) Diese Verordnung ist erstmals anzuwenden auf

1. Angelegenheiten, mit deren Bearbeitung nach dem Inkrafttreten dieser Verordnung begonnen wird,
2. die Vertretung in Verfahren vor Verwaltungsbehörden, wenn das Verfahren nach Inkrafttreten dieser Verordnung beginnt.

(2) Hat der Steuerberater vor der Verkündung der Verordnung mit dem Auftraggeber schriftliche Vereinbarungen getroffen, die den Vorschriften dieser Verordnung nicht entsprechen, so ist insoweit diese Verordnung spätestens zwei Jahre nach ihrem Inkrafttreten anzuwenden.

§ 47 a[3)] Übergangsvorschrift für Änderungen dieser Verordnung. [1]Die Vergütung ist nach bisherigem Recht zu berechnen, wenn der Auftrag zur Erledigung der Angelegenheit vor dem Inkrafttreten einer Änderung der Verordnung erteilt worden ist. [2]Hat der Steuerberater mit dem Auftraggeber schriftliche Vereinbarungen über auszuführende Tätigkeiten mit einer Geltungsdauer von mindestens einem Jahr getroffen oder eine Pauschalvergütung im Sinne des § 14 vereinbart und tritt während der Geltungsdauer dieser Vereinbarung eine Änderung der Verordnung in Kraft, so ist die Vergütung bis zum Ablauf des Jahres, in dem eine Änderung der Verordnung in Kraft tritt, nach bisherigem Recht zu berechnen. [3]Die Sätze 1 und 2 gelten auch, wenn Vorschriften geändert werden, auf die diese Verordnung verweist.

§ 48[4)] Berlin-Klausel. *(aufgehoben)*

§ 49[5)] Inkrafttreten. Diese Verordnung tritt am 1. April 1982 in Kraft.

---

1) Verweis geänd. mWv 1. 7. 2004 durch G v. 5. 5. 2004 (BGBl. I S. 718).
2) **Schönfelder Nr. 117.**
3) § 47 a eingef. durch VO v. 20. 6. 1988 (BGBl. I S. 841).
4) § 48 aufgeh. durch VO v. 21. 6. 1991 (BGBl. I S. 1370).
5) § 49 betrifft das Inkrafttreten in der ursprünglichen Fassung. Das Inkrafttreten der späteren Änderungen ergibt sich aus den jeweiligen Änderungsverordnungen.

Anlage 1[1)]

Tabelle A (Beratungstabelle)

Gegenstandswert bis … Euro	volle Gebühr (10/10) Euro
300	29
600	53
900	76
1 200	100
1 500	123
2 000	157
2 500	189
3 000	222
3 500	255
4 000	288
4 500	321
5 000	354
6 000	398
7 000	441
8 000	485
9 000	528
10 000	571
13 000	618
16 000	665
19 000	712
22 000	759
25 000	806
30 000	892
35 000	977
40 000	1 061
45 000	1 146
50 000	1 230
65 000	1 320
80 000	1 411
95 000	1 502
110 000	1 593
125 000	1 683
140 000	1 773
155 000	1 864
170 000	1 954

[1)] Anlage 1 neu gef. mWv 1.7.2020 durch VO v. 25.6.2020 (BGBl. I S. 1495).

Gegenstandswert bis … Euro	volle Gebühr ($^{10}/_{10}$) Euro
185 000	2 045
200 000	2 136
230 000	2 275
260 000	2 414
290 000	2 552
320 000	2 697
350 000	2 760
380 000	2 821
410 000	2 882
440 000	2 939
470 000	2 995
500 000	3 051
550 000	3 132
600 000	3 211
vom Mehrbetrag bis 5 000 000 Euro je angefangene 50 000 Euro	141
vom Mehrbetrag über 5 000 000 Euro bis 25 000 000 Euro je angefangene 50 000 Euro	106
vom Mehrbetrag über 25 000 000 Euro je angefangene 50 000 Euro	83

Anlage 2[1)]

**Tabelle B
(Abschlusstabelle)**

Gegenstandswert bis … Euro	volle Gebühr ($^{10}/_{10}$) Euro
3 000	46
3 500	54
4 000	64
4 500	72
5 000	81
6 000	91
7 000	99
8 000	109
9 000	114
10 000	120
12 500	126
15 000	142
17 500	157
20 000	168
22 500	180
25 000	190
37 500	203
50 000	248
62 500	286
75 000	319
87 500	333
100 000	348
125 000	399
150 000	444
175 000	483
200 000	517
225 000	549
250 000	578
300 000	605
350 000	657
400 000	704
450 000	746
500 000	785
625 000	822
750 000	913

1) Anlage 2 neu gef. mWv 1.7.2020 durch VO v. 25.6.2020 (BGBl. I S. 1495).

Gegenstandswert bis … Euro	volle Gebühr ($^{10}/_{10}$) Euro
875 000	991
1 000 000	1 062
1 250 000	1 126
1 500 000	1 249
1 750 000	1 357
2 000 000	1 455
2 250 000	1 542
2 500 000	1 621
3 000 000	1 695
3 500 000	1 841
4 000 000	1 971
4 500 000	2 089
5 000 000	2 196
7 500 000	2 566
10 000 000	2 983
12 500 000	3 321
15 000 000	3 603
17 500 000	3 843
20 000 000	4 050
22 500 000	4 314
25 000 000	4 558
30 000 000	5 014
35 000 000	5 433
40 000 000	5 823
45 000 000	6 187
50 000 000	6 532
vom Mehrbetrag bis 125 000 000 Euro je angefangene 5 000 000 Euro	258
vom Mehrbetrag über 125 000 000 Euro bis 250 000 000 Euro je angefangene 12 500 000 Euro	450
vom Mehrbetrag über 250 000 000 Euro je angefangene 25 000 000 Euro	642

Anlage 3[1)]

Tabelle C (Buchführungstabelle)

Gegenstandswert bis … Euro	volle Gebühr ($^{10}/_{10}$) Euro
15 000	68
17 500	75
20 000	83
22 500	88
25 000	95
30 000	102
35 000	110
40 000	115
45 000	122
50 000	130
62 500	137
75 000	149
87 500	164
100 000	177
125 000	197
150 000	217
200 000	259
250 000	299
300 000	339
350 000	381
400 000	416
450 000	448
500 000	483
vom Mehrbetrag über 500 000 Euro je angefangene 50 000 Euro	34

[1)] Anlage 3 neu gef. mWv 1.7.2020 durch VO v. 25.6.2020 (BGBl. I S. 1495).

Anlage 4[1)]

Tabelle D
Teil a (Landwirtschaftliche Tabelle – Betriebsfläche)

Betriebsfläche bis … Hektar	volle Gebühr ($^{10}/_{10}$) Euro
40	348
45	373
50	396
55	419
60	441
65	461
70	479
75	497
80	514
85	530
90	543
95	556
100	567
110	595
120	622
130	648
140	674
150	700
160	725
170	748
180	772
190	794
200	816
210	838
220	859
230	879
240	898
250	917
260	936
270	954
280	970
290	987
300	1002
320	1035
340	1067

1) Anlage 4 neu gef. mWv. 1.7.2020 durch VO v. 25.6.2020 (BGBl. I S. 1495).

Betriebsfläche bis … Hektar	Volle Gebühr ($^{10}/_{10}$) Euro
360	1 100
380	1 130
400	1 160
420	1 191
440	1 220
460	1 248
480	1 275
500	1 301
520	1 329
540	1 355
560	1 380
580	1 404
600	1 429
620	1 453
640	1 475
660	1 497
680	1 519
700	1 538
750	1 586
800	1 628
850	1 664
900	1 695
950	1 719
1 000	1 738
2 000 je ha	1,59 mehr
3 000 je ha	1,44 mehr
4 000 je ha	1,30 mehr
5 000 je ha	1,15 mehr
6 000 je ha	1,01 mehr
7 000 je ha	0,87 mehr
8 000 je ha	0,72 mehr
9 000 je ha	0,57 mehr
10 000 je ha	0,43 mehr
11 000 je ha	0,28 mehr
12 000 je ha	0,15 mehr
ab 12 000 je ha	0,15 mehr

Tabelle D
Teil b (Landwirtschaftliche Tabelle – Jahresumsatz)

Jahresumsatz im Sinne von § 39 Absatz 5 bis … Euro	volle Gebühr ($^{10}/_{10}$) Euro
40 000	362
42 500	380
45 000	398
47 500	417
50 000	433
55 000	469
60 000	503
65 000	539
70 000	571
75 000	606
80 000	640
85 000	673
90 000	706
95 000	738
100 000	771
105 000	802
110 000	833
115 000	866
120 000	897
125 000	927
130 000	959
135 000	989
140 000	1 020
145 000	1 051
150 000	1 081
155 000	1 111
160 000	1 141
165 000	1 172
170 000	1 201
175 000	1 230
180 000	1 260
185 000	1 289
190 000	1 318
195 000	1 347
200 000	1 376
205 000	1 406
210 000	1 434
215 000	1 462
220 000	1 491

Jahresumsatz im Sinne von § 39 Absatz 5 bis ... Euro	volle Gebühr (10/10) Euro
225 000	1 520
230 000	1 547
235 000	1 575
240 000	1 603
245 000	1 630
250 000	1 656
255 000	1 684
260 000	1 712
265 000	1 738
270 000	1 765
275 000	1 791
280 000	1 817
285 000	1 842
290 000	1 868
295 000	1 894
300 000	1 919
305 000	1 943
310 000	1 968
315 000	1 991
320 000	2 015
325 000	2 038
330 000	2 062
335 000	2 084
340 000	2 107
345 000	2 129
350 000	2 149
355 000	2 172
360 000	2 193
365 000	2 213
370 000	2 234
375 000	2 255
380 000	2 268
385 000	2 295
390 000	2 313
395 000	2 332
400 000	2 351
410 000	2 388
420 000	2 424
430 000	2 461
440 000	2 495
450 000	2 530
460 000	2 564
470 000	2 596

Jahresumsatz im Sinne von § 39 Absatz 5 bis ... Euro	volle Gebühr ($^{10}/_{10}$) Euro
480 000	2 629
490 000	2 658
500 000	2 687
vom Mehrbetrag über 500 000 Euro je angefangene 50 000 Euro	156

Anlage 5[1)]

[1)] Anlage 5 (Tabelle E) aufgeh. mWv 1.7.2020 durch VO v. 25.6.2020 (BGBl. I S. 1495).

Anlage 5

Tabelle E
(Rechtsbehelfstabelle)[1]

Gegenstandswert bis … Euro	Volle Gebühr (10/10) Euro
300	26
600	47
900	68
1200	89
1500	110
2000	140
2500	169
3000	198
3500	228
4000	257
4500	287
5000	316
6000	355
7000	394
8000	433
9000	471
10000	510
13000	552
16000	594
19000	636
22000	678
25000	720
30000	796
35000	872
40000	947
45000	1023
50000	1098
65000	1179
80000	1260
95000	1341
110000	1422
125000	1503
140000	1583
155000	1664
170000	1745

[1] Anlage 5 geänd. mWv 20.7.2017 durch VO v. 12.7.2017 (BGBl. I S. 2360).

Gegenstandswert bis ... Euro	Volle Gebühr ($^{10}/_{10}$) Euro
185 000	1 826
200 000	1 907
230 000	2 031
260 000	2 155
290 000	2 279
320 000	2 402
350 000	2 526
380 000	2 650
410 000	2 774
440 000	2 898
470 000	3 022
500 000	3 146
vom Mehrbetrag über 500 000 Euro je angefangene 50 000 Euro	158

845. Verordnung zur Durchführung der Vorschriften über Steuerberater, Steuerbevollmächtigte und Steuerberatungsgesellschaften (DVStB)

Vom 12. November 1979 (BGBl. I S. 1922)

Geändert durch Verordnung vom 19. 8. 1991 (BGBl. I S. 1797), EWR-Ausführungsgesetz vom 27. 4. 1993 (BGBl. I S. 512, 2436), Zweite Verordnung vom 25. 7. 1996 (BGBl. I S. 1168), 7. Steuerberatungsänderungsgesetz vom 24. 6. 2000 (BGBl. I S. 874, 1389), Gesetz zur Änderung des Gesetzes über die Tätigkeit europäischer Rechtsanwälte in Deutschland und weiterer berufsrechtlicher Vorschriften für Rechts- und Patentanwälte, Steuerberater und Wirtschaftsprüfer vom 26. 10. 2003 (BGBl. I S. 2074), Steueränderungsgesetz 2003 vom 15. 12. 2003 (BGBl. I S. 2645), Achtes Gesetz zur Änderung des Steuerberatungsgesetzes vom 8. 4. 2008 (BGBl. I S. 666), Jahressteuergesetz 2009 vom 19. 12. 2008 (BGBl. I S. 2794), Verordnung zur Änderung steuerlicher Verordnungen vom 17. 11. 2010 (BGBl. I S. 1544), Gesetz zur Verbesserung der Feststellung und Anerkennung im Ausland erworbener Berufsqualifikationen vom 6. 12. 2011 (BGBl. I S. 2515), Verordnung zum Erlass und zur Änderung steuerlicher Verordnungen vom 11. 12. 2012 (BGBl. I S. 2637), Gesetz zur Einführung einer Partnerschaftsgesellschaft mit beschränkter Berufshaftung und zur Änderung des Berufsrechts der Rechtsanwälte, Patentanwälte, Steuerberater, Wirtschaftsprüfer vom 15. 7. 2013 (BGBl. I S. 2386), Abschlussprüferaufsichtsreformgesetz (APAReG) vom 31. 3. 2016 (BGBl. I S. 518), Gesetz zur Umsetzung der Richtlinie 2013/55/EU des Europäischen Parlaments und des Rates vom 20. November 2013 zur Änderung der Richtlinie 2005/36/EG über die Anerkennung von Berufsqualifikationen und der Verordnung (EU) Nr. 1024/2012 über die Verwaltungszusammenarbeit mit Hilfe des Binnenmarkt-Informationssystems („IMI-Verordnung") für bundesrechtlich geregelte Heilberufe und andere Berufe vom 18. 4. 2016 (BGBl. I S. 886) und Gesetz zur Modernisierung des Besteuerungsverfahrens vom 18. 7. 2016 (BGBl. I S. 1679)

BGBl. III/FNA 610-10-6

Nichtamtliche Inhaltsübersicht

Erster Teil. Prüfungsordnung für Steuerberater und Steuerbevollmächtigte

Auf Grund des § 158 des Steuerberatungsgesetzes[1] in der Fassung der Bekanntmachung vom 4. November 1975 (BGBl. I S. 2735) verordnet die Bundesregierung nach Anhören der Bundessteuerberaterkammer mit Zustimmung des Bundesrates:

---

[1] Nr. **840**.

Erster Teil. Prüfungsordnung für Steuerberater und Steuerbevollmächtigte

§ 1[1)] **Zulassungsverfahren.** (1) Über die Anträge auf Zulassung zur Steuerberaterprüfung entscheidet die zuständige Steuerberaterkammer.

(2) [1]Die Anträge auf Zulassung zur Prüfung sind bis zu einem von der zuständigen Steuerberaterkammer zu bestimmenden Zeitpunkt einzureichen. [2]Der Antrag kann nur für die Teilnahme an der nächsten Prüfung gestellt werden.

(3) [1]Die zuständige Steuerberaterkammer prüft die Angaben der Bewerber auf Vollständigkeit und Richtigkeit. [2]Sie kann vor einer Entscheidung erforderlichenfalls weitere Ermittlungen anstellen.

(4) Über die Entscheidung hat die zuständige Steuerberaterkammer einen schriftlichen Bescheid zu erteilen.

§§ 2[2)] und **3**[3)]. *(aufgehoben)*

§ 4[4)] **Antrag auf Zulassung zur Prüfung.** (1) Der Antrag auf Zulassung zur Prüfung ist nach amtlich vorgeschriebenem Vordruck zu stellen.

(2) Der Bewerber muß in dem Antrag angeben

1. Namen, Wohnsitz oder vorwiegenden Aufenthalt und Anschrift sowie Beruf und Ort der vorwiegend beruflichen Tätigkeit,
2. den Ort der beabsichtigten beruflichen Niederlassung,
3. ob und bei welcher Stelle er bereits früher einen Antrag auf Zulassung zur Prüfung eingereicht hat,
4. welche Staatsangehörigkeit er besitzt.

(3) Dem Antrag sind beizufügen

1. ein Lebenslauf mit genauen Angaben über die Person und den beruflichen Werdegang,
2. beglaubigte Abschrift der Prüfungszeugnisse, Diplome und Befähigungsnachweise über die gesetzlichen Vorbildungsvoraussetzungen für die Prüfung als Steuerberater,
3. beglaubigte Abschrift der Zeugnisse über die bisherige berufliche Tätigkeit des Bewerbers, insbesondere mit Angaben über Art und Umfang der Tätig-

---

[1)] § 1 Abs. 3 Satz 2 neugef. durch VO v. 19. 8. 1991 (BGBl. I S. 1797), Abs. 2 Satz 2 angef. durch VO v. 25. 7. 1996 (BGBl. I S. 1168), Abs. 1 und 3 neugef., Abs. 4 angef. mWv 1. 7. 2000 durch G v. 24. 6. 2000 (BGBl. I S. 874), Abs. 1, Abs. 2 Satz 1, Abs. 3 Satz 1 und Abs. 4 geänd. mWv 12. 4. 2008 durch G v. 8. 4. 2008 (BGBl. I S. 666).

[2)] § 2 aufgeh. mWv 1. 7. 2000 durch G v. 24. 6. 2000 (BGBl. I S. 874).

[3)] § 3 aufgeh. durch VO v. 19. 8. 1991 (BGBl. I S. 1797).

[4)] § 4 Abs. 1 neugef., Abs. 3 Nrn. 1, 2, 3 u. 4 geänd. sowie Abs. 5 angef. durch VO v. 19. 8. 1991 (BGBl. I S. 1797), Abs. 2 Nr. 8 und Abs. 3 Nr. 3 Halbsatz 2 angef., bish. Nr. 4 aufgeh., bish. Nr. 5 wird Nr. 4 durch VO v. 25. 7. 1996 (BGBl. I S. 1168); Abs. 1, Abs. 2 Nr. 1 und Abs. 3 Nr. 3 geänd., Abs. 2 bish. Nrn. 4 und 6 bis 8 aufgeh., bish. Nr. 5 wird Nr. 4, Abs. 4 und 5 aufgeh. mWv 1. 7. 2000 durch G v. 24. 6. 2000 (BGBl. I S. 874).

keit auf dem Gebiet der von den Bundes- oder Landesfinanzbehörden verwalteten Steuern, und über bisher von ihm abgelegte einschlägige Prüfungen; Nachweise über die Arbeitszeit,

4. ein Paßbild.

(4), (5) *(aufgehoben)*

§ 5[1] Sonstige Nachweise. (1) In den Fällen des § 37 a Abs. 1 des Gesetzes ist dem Antrag eine Bescheinigung der nach den Vorschriften der Wirtschaftsprüferordnung[2] zuständigen Stelle darüber beizufügen, dass der Bewerber Wirtschaftsprüfer oder vereidigter Buchprüfer ist oder die Prüfung als Wirtschaftsprüfer oder vereidigter Buchprüfer bestanden hat.

(2) [1] In den Fällen des § 37 a Abs. 2 des Gesetzes sind dem Antrag zusätzlich zu den in § 4 Absatz 3 Nummer 1, 2 und 4 genannten Unterlagen beizufügen

1.[3] *(aufgehoben)*

2.[4] eine Bescheinigung der zuständigen Stelle eines Mitgliedstaats der Europäischen Union oder eines Vertragsstaats des Abkommens über den Europäischen Wirtschaftsraum (Mitgliedstaat oder Vertragsstaat) oder der Schweiz, durch die nachgewiesen wird, dass der Bewerber ein Diplom erlangt hat, mit dem er in diesem Mitgliedstaat oder Vertragsstaat oder der Schweiz zur Hilfe in Steuersachen berechtigt ist, oder eine Bescheinigung im Sinne des § 37 a Absatz 3 Satz 3 und 4 des Gesetzes,

3.[5] soweit erforderlich ein Nachweis über die einjährige Tätigkeit in einem Umfang von mindestens 16 Wochenstunden im steuerberatenden Beruf sowie ein oder mehrere Ausbildungsnachweise im Sinne des Artikels 7 Abs. 2 Buchstabe c der Richtlinie 2005/36/EG des Europäischen Parlaments und des Rates vom 7. September 2005 über die Anerkennung von Berufsqualifikationen (ABl. EU Nr. L 255 S. 22) in der jeweils geltenden Fassung,

4.[6] eine Bescheinigung über eine mindestens dreijährige Berufsausübung in einem Umfang von mindestens 16 Wochenstunden in einem Mitgliedstaat oder Vertragsstaat oder in der Schweiz, sofern dieser Staat ein Diplom, ein Prüfungszeugnis oder einen sonstigen Befähigungsnachweis eines Drittlandes anerkannt hat,

---

[1] § 5 Abs. 1 und bish. Abs. 2 geänd. sowie bish. Abs. 3 angef. durch VO v. 19. 8. 1991 (BGBl. I S. 1797), bish. Abs. 2 aufgeh., Abs. 3 wird neuer Abs. 2 durch VO v. 25. 7. 1996 (BGBl. I S. 1168); Abs. 1, Abs. 2 Nrn. 1, 2 und 4 neugef., Abs. 2 Sätze 1 und 2 sowie Nrn. 3 und 5 geänd. mWv 1. 7. 2000 durch G v. 24. 6. 2000 (BGBl. I S. 874); Abs. 2 Nr. 1, 2 und 3 geänd., Nr. 4 neugef. mWv 1. 11. 2003 durch G v. 26. 10. 2003 (BGBl. I S. 2074); Abs. 1 geänd., Abs. 2 Nrn. 3 und 4 neu gef. mWv 12. 4. 2008 durch G v. 8. 4. 2008 (BGBl. I S. 666); Abs. 2 Satz 1 Satzteil vor Nr. 1 geänd., Nrn. 2 und 3 geänd. mWv 23. 4. 2016 durch G v. 18. 4. 2016 (BGBl. I S. 886).

[2] Nr. **850**.

[3] § 5 Abs. 2 Satz 1 Nr. 1 aufgeh. mWv 1. 4. 2012 durch G v. 6. 12. 2011 (BGBl. I S. 2515).

[4] § 5 Abs. 2 Satz 1 Nr. 2 neu gef. mWv 1. 4. 2012 durch G v. 6. 12. 2011 (BGBl. I S. 2515).

[5] § 5 Abs. 2 Satz 1 Nr. 3 geänd. mWv 1. 4. 2012 durch G v. 6. 12. 2011 (BGBl. I S. 2515).

[6] § 5 Abs. 2 Satz 1 Nr. 4 geänd. mWv 1. 4. 2012 durch G v. 6. 12. 2011 (BGBl. I S. 2515).

5. die Bestimmung der Prüfungsgebiete, die bei der Prüfung gemäß § 37a Abs. 4 Satz 4 des Gesetzes entfallen sollen, sowie ein Nachweis über die für diese Prüfungsgebiete erlangten Kenntnisse.

2Der Antrag und die beizufügenden Unterlagen, soweit sie vom Bewerber stammen, sind in deutscher Sprache einzureichen; sonstige Unterlagen sind mit einer beglaubigten Übersetzung vorzulegen.

(Fortsetzung nächstes Blatt)

§ 6[1] Zulassung zur Prüfung. (1) [1]Die Zulassung gilt nur für die Teilnahme an der nächsten Prüfung. [2]Für eine spätere Prüfung bedarf es einer erneuten Zulassung.

(2) [1]Hat der Bewerber die Zulassungsvoraussetzung einer mehrjährigen praktischen Tätigkeit auf dem Gebiet der von den Bundes- oder Landesfinanzbehörden verwalteten Steuern im Zeitpunkt der Entscheidung noch nicht voll erfüllt, so kann die Zulassung unter der Bedingung ausgesprochen werden, daß der Bewerber diese Zulassungsvoraussetzung spätestens bei Beginn der schriftlichen Prüfung erfüllt hat. [2]Der Nachweis ist bis zu dem von der zuständigen Steuerberaterkammer zu bestimmenden Zeitpunkt zu erbringen.

§ 7[2] Antrag auf Erteilung einer verbindlichen Auskunft. (1) Der Antrag auf Erteilung einer verbindlichen Auskunft ist nach amtlich vorgeschriebenem Vordruck zu stellen.

(2) [1]Die verbindliche Auskunft bedarf der Schriftform. [2]In die Auskunft ist ein Hinweis auf die mögliche Rechtsfolge nach Absatz 4 aufzunehmen.

(3) Betrifft die Auskunft eine noch nicht erfüllte Voraussetzung, so ist sie nur dann verbindlich, wenn sich der später verwirklichte Sachverhalt mit dem der Auskunft zugrunde gelegten deckt.

(4) Die Auskunft verliert ihre Verbindlichkeit, wenn die Rechtsvorschriften, auf denen sie beruht, geändert werden.

(5) Für das Verfahren sind die §§ 1, 4, 5 und 8 entsprechend anzuwenden.

§ 8[3] Antrag auf Befreiung von der Prüfung. (1) § 1 Abs. 1 und § 4 gelten sinngemäß für einen Antrag auf Befreiung von der Prüfung nach § 38 des Gesetzes mit der Maßgabe, daß der Bewerber in der Erklärung nach § 4 Abs. 2 Nr. 3 über etwaige frühere Anträge auf Zulassung zur Prüfung oder auf Befreiung von der Prüfung Auskunft zu geben hat.

(2) Der Bewerber hat dem Antrag auf Befreiung von der Prüfung an Stelle der in § 4 Abs. 3 Nr. 2 und 3 genannten Nachweise beizufügen

1. in den Fällen des § 38 Abs. 1 Nr. 1 des Gesetzes die Bescheinigung einer deutschen Hochschule, der er angehört oder angehört hat, über Art und Dauer seiner Lehrtätigkeit auf dem Gebiet der von den Bundes- oder Landesfinanzbehörden verwalteten Steuern;
2. in den Fällen des § 38 Abs. 1 Nr. 2 bis 4 des Gesetzes eine Bescheinigung
   a) der letzten Dienstbehörde oder

---

[1] § 6 Abs. 2 Satz 1 geänd. durch VO v. 19. 8. 1991 (BGBl. I S. 1797), Abs. 2 Sätze 1 und 2 geänd. mWv 1. 7. 2000 durch G v. 24. 6. 2000 (BGBl. I S. 874), Abs. 2 Satz 2 geänd. mWv 12. 4. 2008 durch G v. 8. 4. 2008 (BGBl. I S. 666).

[2] § 7 neugef. mWv 1. 7. 2000 durch G v. 24. 6. 2000 (BGBl. I S. 874).

[3] § 8 Abs. 2 Nrn. 1 und 2 geänd. durch VO v. 19. 8. 1991 (BGBl. I S. 1797), Abs. 1 und Abs. 2 Nr. 1 geänd., Nr. 2 neugef., Abs. 2 bish. Satz 2 aufgeh. mWv 1. 7. 2000 durch G v. 24. 6. 2000 (BGBl. I S. 874).

b) des Fraktionsvorstands, wenn er bei einer Fraktion des Deutschen Bundestages angestellt gewesen ist,

über Art und Dauer seiner Tätigkeit auf dem Gebiet der von den Bundes- oder Landesfinanzbehörden verwalteten Steuern.

§ 9.[1] *(aufgehoben)*

§ 10[2] **Prüfungsausschuß.** (1) [1]Die Mitglieder des Prüfungsausschusses und ihre Stellvertreter sind durch die für die Finanzverwaltung zuständige oberste Landesbehörde grundsätzlich für drei Jahre zu berufen. [2]Sie können nur aus wichtigem Grund abberufen werden. [3]Im Falle des vorzeitigen Ausscheidens oder der Abberufung wird der Nachfolger nur für den Rest der Amtszeit des ausgeschiedenen oder abberufenen Mitglieds oder Stellvertreters berufen. [4]Vor der Berufung oder Abberufung von Steuerberatern ist die Steuerberaterkammer zu hören, deren Mitglied der jeweilige Steuerberater ist; vor der Berufung oder Abberufung eines Vertreters der Wirtschaft ist die für die Wirtschaft zuständige oberste Landesbehörde zu hören. [5]Bei der Berufung von Stellvertretern ist eine Einzelzuordnung zwischen Stellvertreter und Mitglied des Prüfungsausschusses nicht erforderlich. [6]Mitglieder und Stellvertreter können während ihrer Amtszeit begonnene Verfahren auch nach Ablauf ihrer Amtszeit fortführen.

(2) [1]Der Ausschuß entscheidet mit Stimmenmehrheit. [2]Bei Stimmengleichheit ist die Stimme des Vorsitzenden entscheidend.

(3) [1]Die Mitglieder des Prüfungsausschusses haben das Recht, die Zulassungs- und Prüfungsunterlagen einzusehen. [2]Sie haben über die Tatsachen, die ihnen bei ihrer Tätigkeit bekannt geworden sind, Verschwiegenheit zu wahren.

(4) Die Mitglieder des Prüfungsausschusses, die nicht Beamte oder Angestellte der Finanzverwaltung sind, sind vom Vorsitzenden des Ausschusses auf gewissenhafte Erfüllung ihrer Obliegenheit zu verpflichten.

(5) [1]Die Mitglieder des Prüfungsausschusses sind nicht weisungsgebunden. [2]Sie sind aus dem Gebührenaufkommen zu entschädigen.

§§ 11 bis **13.**[3] *(aufgehoben)*

§ 14[4] **Durchführung der Prüfungen.** (1) Die für die Finanzverwaltung zuständige oberste Landesbehörde setzt, in der Regel jährlich einmal,

---

[1] § 9 aufgeh. mWv 1. 7. 2000 durch G v. 24. 6. 2000 (BGBl. I S. 874).

[2] § 10 Abs. 2 Satz 2 geänd., Abs. 3 Nr. 2 neugef. und Abs. 4 Satz 4 angef. durch VO v. 19. 8. 1991 (BGBl. I S. 1797), Abs. 2 Satz 2 geänd., Abs. 3 und Abs. 6 neugef. durch VO v. 25. 7. 1996 (BGBl. I S. 1168);
bish. Abs. 1, 2 und 6 aufgeh., bish. Abs. 3 bis 5 werden Abs. 1 bis 3, neuer Abs. 2 geänd., Abs. 4 bis 6 angef. mWv 1. 7. 2000 durch G v. 24. 6. 2000 (BGBl. I S. 874);
bish. Abs. 1 aufgeh., bish. Abs. 2 bis 6 werden Abs. 1 bis 5, Abs. 1 neugef. mWv 12. 4. 2008 durch G v. 8. 4. 2008 (BGBl. I S. 666).

[3] §§ 11 bis 13 aufgeh. durch VO v. 19. 8. 1991 (BGBl. I S. 1797).

[4] § 14 Abs. 2 Sätze 2 und 3 neugef. durch VO v. 19. 8. 1991 (BGBl. I S. 1797), Abs. 1 und Abs. 2 Satz 2 geänd. mWv 1. 7. 2000 durch G v. 24. 6. 2000 (BGBl. I S. 874), § 14 neugef. mWv 12. 4. 2008 durch G v. 8. 4. 2008 (BGBl. I S. 666).

die Prüfung der zugelassenen Bewerber durch den Prüfungsausschuss im Einvernehmen mit den übrigen für die Finanzverwaltung zuständigen obersten Landesbehörden an.

(2) 1Die Prüfungen und die Beratungen des Prüfungsausschusses sind nicht öffentlich. 2An der mündlichen Prüfung können Vertreter der für die Finanzverwaltung zuständigen obersten Landesbehörde und des Vorstandes der zuständigen Steuerberaterkammer teilnehmen. 3Anderen Personen kann der Vorsitzende des Prüfungsausschusses die Anwesenheit gestatten.

§ 15[1)] Prüfungsnoten, Gesamtnoten. (1) 1Für die Bewertung der einzelnen Prüfungsleistungen werden sechs Notenstufen gebildet. 2Es bedeuten

Note 1	sehr gut	eine hervorragende Leistung,
Note 2	gut	eine erheblich über dem Durchschnitt liegende Leistung,
Note 3	befriedigend	eine Leistung, die in jeder Hinsicht durchschnittlichen Anforderungen gerecht wird,
Note 4	ausreichend	eine Leistung, die, abgesehen von einzelnen Mängeln, durchschnittlichen Anforderungen entspricht,
Note 5	mangelhaft	eine an erheblichen Mängeln leidende, im ganzen nicht mehr brauchbare Leistung,
Note 6	ungenügend	eine völlig unbrauchbare Leistung.

3Die Bewertung mit halben Zwischennoten ist zulässig.

(2) 1Gesamtnoten errechnen sich aus der Summe der einzelnen Noten, geteilt durch deren Zahl. 2Das Ergebnis ist auf zwei Dezimalstellen zu berechnen; die dritte Dezimalstelle bleibt unberücksichtigt.

§ 16[2)] Schriftliche Prüfung. (1) Die schriftliche Prüfung besteht aus drei Aufsichtsarbeiten.

(2) 1Zwei Aufsichtsarbeiten sind den Prüfungsgebieten nach § 37 Abs. 3 Nr. 1 bis 4 des Gesetzes und eine Aufsichtsarbeit den Gebieten der Buchführung und des Bilanzwesens zu entnehmen. 2Die Aufsichtsarbeiten können sich daneben jeweils auch auf andere Prüfungsgebiete erstrekken.

(3) 1In der Steuerberaterprüfung in Sonderfällen (§ 37 a des Gesetzes) sind die Aufsichtsarbeiten den Prüfungsgebieten nach § 37 Abs. 3 Nr. 1 bis 4 des Gesetzes zu entnehmen. 2Absatz 2 Satz 2 gilt entsprechend.

---

1) § 15 Abs. 2 bish. Satz 3 angef. durch VO v. 19. 8. 1991 (BGBl. I S. 1797), Satz 3 aufgeh. durch VO v. 25. 7. 1996 (BGBl. I S. 1168).

2) § 16 Abs. 1, Abs. 2 und Abs. 3 Sätze 1 und 2 neugef. durch VO v. 19. 8. 1991 (BGBl. I S. 1797), Abs. 2 Satz 1 geänd. und Abs. 3 neugef. mWv 1. 7. 2000 durch G v. 24. 6. 2000 (BGBl. I S. 874).

§ 17[1)] Ladung zur schriftlichen Prüfung. Die zuständige Steuerberaterkammer lädt die Bewerber, die Aufsichtsarbeiten zu fertigen haben, spätestens einen Monat vor dem Tag der ersten Aufsichtsarbeit.

§ 18[2)] Fertigung der Aufsichtsarbeiten. (1) [1]Die Prüfungsaufgaben der Aufsichtsarbeiten werden von der für die Finanzverwaltung zuständigen obersten Landesbehörde im Einvernehmen mit den übrigen für die Finanzverwaltung zuständigen obersten Landesbehörden gestellt. [2]Sie bestimmt die zulässigen Hilfsmittel und die Bearbeitungszeit. [3]Die Bearbeitungszeit soll für jede Arbeit mindestens vier und höchstens sechs Stunden betragen. [4]Die zuständige Steuerberaterkammer bestimmt in der Ladung zur schriftlichen Prüfung, ob die Arbeiten mit der Anschrift und der Unterschrift des Bewerbers oder mit der zugeteilten Kennzahl zu versehen sind.

(2) [1]Die Prüfungsaufgaben sind geheim zu halten. [2]Sie sind von der zuständigen Steuerberaterkammer an den jeweiligen Prüfungstagen dem Aufsichtsführenden in der erforderlichen Anzahl zur Verteilung an die erschienenen Bewerber auszuhändigen.

(3) [1]Auf Antrag hat die zuständige Steuerberaterkammer körperbehinderten Personen für die Fertigung der Aufsichtsarbeiten der Behinderung entsprechende Erleichterungen zu gewähren. [2]Der Antrag soll mit dem Antrag auf Zulassung zur Prüfung gestellt werden. [3]Die zuständige Steuerberaterkammer kann die Vorlage eines amtsärztlichen Zeugnisses verlangen.

§ 19[3)] Aufsicht. (1) Die zuständige Steuerberaterkammer veranlaßt, daß die Aufsichtsarbeiten unter ständiger Aufsicht angefertigt werden.

(2) [1]Der Aufsichtführende stellt am Prüfungstag die Personalien der erschienenen Bewerber fest. [2]Sodann gibt er an jeden Bewerber die Prüfungsaufgabe aus. [3]Er gibt den Beginn und das Ende der Bearbeitungszeit bekannt und hat darauf zu achten, daß die Arbeit spätestens am Ende der Bearbeitungszeit abgegeben wird und daß sie mit der Anschrift und der Unterschrift des Bewerbers oder mit der Kennzahl versehen ist.

(3) Der Aufsichtführende hat darauf zu achten, daß Bewerber sich nicht unerlaubter Hilfsmittel bedienen oder eines sonstigen Täuschungsversuchs schuldig machen.

(4) [1]Der Aufsichtführende kann Bewerber wegen ungebührlichen Verhaltens aus dem Prüfungsraum weisen. [2]Der Bewerber ist von der Fortsetzung der an diesem Prüfungstag anzufertigenden Aufsichtsarbeit ausgeschlossen.

(5) *(aufgehoben)*

[1)] § 17 geänd. durch VO v. 25. 7. 1996 (BGBl. I S. 1168) und geänd. mWv 12. 4. 2008 durch G v. 8. 4. 2008 (BGBl. I S. 666).

[2)] § 18 neugef. mWv 12. 4. 2008 durch G v. 8. 4. 2008 (BGBl. I S. 666).

[3)] § 19 Abs. 2 Satz 2 neugef. und Abs. 5 aufgeh. durch VO v. 25. 7. 1996 (BGBl. I S. 1168), Abs. 1 geänd. mWv 12. 4. 2008 durch G v. 8. 4. 2008 (BGBl. I S. 666).

§ 20[1]) Verhalten während der schriftlichen Prüfung. (1) [1]Die Bewerber haben die Aufsichtsarbeiten selbständig zu fertigen. [2]Während der Bearbeitungszeit dürfen sie mit anderen Bewerbern nicht sprechen oder sich mit ihnen in anderer Weise verständigen. [3]Sie dürfen nur die von der für die Finanzverwaltung zuständigen obersten Landesbehörde zugelassenen Hilfsmittel benutzen. [4]Die zuständige Steuerberaterkammer kann anordnen, dass nur von ihr zur Verfügung gestellte Ausgaben der zugelassenen Hilfsmittel benutzt werden dürfen.

(2) [1]Am Ende der Bearbeitungszeit haben die Bewerber die Arbeit abzugeben, auch wenn sie unvollendet ist. [2]Die Arbeit ist mit der Anschrift und der Unterschrift des Bewerbers oder mit der Kennzahl zu versehen.

(3) Die Bewerber haben Anordnungen des Aufsichtführenden, die sich auf das Verhalten während der Prüfung beziehen, nachzukommen.

(4) Einwendungen gegen den Ablauf der Prüfung wegen Störungen, die durch äußere Einwirkungen verursacht worden sind, sind unverzüglich, spätestens bis zum Ende der Bearbeitungszeit der jeweiligen Aufsichtsarbeit durch Erklärung gegenüber dem Aufsichtführenden geltend zu machen.

§ 21[2]) Rücktritt von der Prüfung. (1) [1]Der Bewerber kann bis zum Ende der Bearbeitungszeit der letzten Aufsichtsarbeit durch Erklärung gegenüber der zuständigen Steuerberaterkammer oder dem Aufsichtführenden von der Prüfung zurücktreten. [2]Als Rücktritt gilt auch, wenn der Bewerber zu einer der Aufsichtsarbeiten nicht erscheint. [3]In diesem Fall gilt die Prüfung als nicht abgelegt.

(2) Im Falle des Rücktritts ist die gesamte Prüfung erneut abzulegen.

§ 22[3]) Niederschrift über die Aufsichtsarbeit. Der Aufsichtführende hat an jedem Prüfungstag jeweils eine Niederschrift zu fertigen, in der insbesondere zu vermerken sind

1. der Beginn und das Ende der Bearbeitungszeit,
2. etwa beobachtete Täuschungsversuche und sonstige Unregelmäßigkeiten,
3. die Namen der Bewerber, die nicht erschienen sind, wegen ungebührlichen Verhaltens aus dem Prüfungsraum gewiesen worden sind oder keine Arbeit abgegeben haben,
4. etwaige Einwendungen wegen Störung des Prüfungsablaufs (§ 20 Abs. 4) und eine Stellungnahme hierzu,
5. etwaige Rücktritte von Bewerbern.

---

[1]) § 20 Abs. 2 Satz 3 aufgeh. mWv 1. 7. 2000 durch G v. 24. 6. 2000 (BGBl. I S. 874), Abs. 1 Satz 3 neugef. und Satz 4 angef. mWv 12. 4. 2008 durch G v. 8. 4. 2008 (BGBl. I S. 666).

[2]) § 21 Abs. 1 neugef. mWv 12. 4. 2008 durch G v. 8. 4. 2008 (BGBl. I S. 666), Satz 2 eingef. mWv 25. 12. 2008 durch G v. 19. 12. 2008 (BGBl. I S. 2794).

[3]) § 22 bish. Nrn. 1 und 7 aufgeh. durch VO v. 25. 7. 1996 (BGBl. I S. 1168).

§ 23[1] Täuschungsversuche, Ordnungsverstöße. (1) [1]Unternimmt es ein Bewerber, das Ergebnis einer schriftlichen Arbeit durch Täuschung oder Benutzung nicht zugelassener Hilfsmittel zu beeinflussen, so kann der Prüfungsausschuß die Arbeit mit ungenügend bewerten. [2]In schweren Fällen kann er den Bewerber von der Prüfung ausschließen.

(2) In Fällen schweren ungebührlichen Verhaltens kann der Prüfungsausschuß den Bewerber von der Prüfung ausschließen.

(3) Im Falle des Ausschlusses gilt die Prüfung als nicht bestanden, auch wenn der Bewerber von der Prüfung zurückgetreten ist.

§ 24[2] Bewertung der Aufsichtsarbeiten. (1) Für die Bewertung der Aufsichtsarbeiten kann der Prüfungsausschuß mit Stimmenmehrheit auch Prüfer bestimmen, die stellvertretende Mitglieder des Prüfungsausschusses sind.

(2) [1]Jede Aufsichtsarbeit ist von mindestens zwei Prüfern (Erst- und Zweitprüfer) persönlich zu bewerten. [2]Dem Zweitprüfer kann die Bewertung des Erstprüfers mitgeteilt werden; dies gilt entsprechend, wenn weitere Prüfer bestimmt sind.

(3) [1]Weichen die Bewertungen einer Arbeit nicht voneinander ab, gilt der von den Prüfern übereinstimmend ermittelte Notenvorschlag als Note des Prüfungsausschusses. [2]Bei Abweichungen sind die Prüfer gehalten, sich auf übereinstimmende Notenvorschläge zu einigen.

(4) Können sich die Prüfer nicht auf einen gemeinsamen Notenvorschlag einigen, setzt der Prüfungsausschuß die Note fest.

(5) Abweichend von den Absätzen 3 und 4 kann der Prüfungsausschuß in allen Fällen die Note festsetzen.

(6) Eine vom Bewerber nicht abgegebene Arbeit ist mit „ungenügend" zu bewerten.

§ 25[3] Ergebnis der schriftlichen Prüfung, Ausschluß von der mündlichen Prüfung. (1) Für die schriftliche Prüfung wird eine Gesamtnote gebildet.

(2) Der Bewerber ist von der mündlichen Prüfung ausgeschlossen, wenn die Gesamtnote für die schriftliche Prüfung die Zahl 4,5 übersteigt; er hat die Prüfung nicht bestanden.

(3) Die für die Finanzverwaltung zuständige oberste Landesbehörde, vertreten durch die zuständige Steuerberaterkammer, hat Bewerber, die die Prüfung nach Absatz 2 nicht bestanden haben, schriftlich zu bescheiden.

---

[1] § 23 Abs. 3 neugef. durch VO v. 19. 8. 1991 (BGBl. I S. 1797).

[2] § 24 Abs. 1 geänd. mWv 12. 4. 2008 durch G v. 8. 4. 2008 (BGBl. I S. 666).

[3] § 25 Abs. 2 geänd., Abs. 3 eingef. und bish. Abs. 3 wird Abs. 4 durch VO v. 19. 8. 1991 (BGBl. I S. 1797), Abs. 3 und 4 geänd. durch VO v. 25. 7. 1996 (BGBl. I S. 1168), Abs. 2 geänd., bish. Abs. 3 aufgeh., bish. Abs. 4 wird Abs. 3 und geänd. mWv 1. 7. 2000 durch G v. 24. 6. 2000 (BGBl. I S. 874), Abs. 3 neugef. mWv 12. 4. 2008 durch G v. 8. 4. 2008 (BGBl. I S. 666).

§ 26[1] **Mündliche Prüfung.** (1) [1]Die zuständige Steuerberaterkammer hat die Bewerber, die an der mündlichen Prüfung teilnehmen, hierzu spätestens zwei Wochen vorher zu laden. [2]Mit der Ladung können die Teilnoten der schriftlichen Prüfung mitgeteilt werden.

(2) [1]Der Vorsitzende des Prüfungsausschusses leitet die mündliche Prüfung. [2]Er ist berechtigt, jederzeit in die Prüfung einzugreifen.

(3) [1]Die mündliche Prüfung besteht aus einem kurzen Vortrag des Bewerbers über einen Gegenstand der in § 37 Abs. 3 des Gesetzes genannten Prüfungsgebiete und aus sechs Prüfungsabschnitten. [2]In den Prüfungsabschnitten sind an den Bewerber Fragen aus den Prüfungsgebieten zu stellen. [3]Prüfungsabschnitt ist jeweils die gesamte Prüfungstätigkeit eines Mitglieds des Prüfungsausschusses während der mündlichen Prüfung.

(4) In der Steuerberaterprüfung in verkürzter Form (§ 37a Abs. 1 des Gesetzes) sind der Gegenstand des Vortrags und die Fragen an die Bewerber den in § 37 Abs. 3 Nr. 1 bis 4 und 8 des Gesetzes genannten Prüfungsgebieten zu entnehmen.

(5) In der Eignungsprüfung (§ 37a Abs. 2 des Gesetzes) sind der Gegenstand des Vortrags und die Fragen an den Bewerber den in § 37 Abs. 3 des Gesetzes genannten Prüfungsgebieten zu entnehmen, soweit sie nicht gemäß § 37a Abs. 4 Satz 4 des Gesetzes entfallen.

(6) Für den Vortrag über den Fachgegenstand werden dem Bewerber eine halbe Stunde vor Beginn der Prüfung drei Themen zur Wahl gestellt.

(7) Die auf jeden Bewerber entfallende Prüfungszeit soll neunzig Minuten nicht überschreiten.

(8) [1]Einwendungen gegen den Ablauf der Vorbereitung auf den Vortrag oder der mündlichen Prüfung wegen Störungen, die durch äußere Einwirkungen verursacht worden sind, sind unverzüglich, spätestens bis zum Ende der mündlichen Prüfung, durch Erklärung gegenüber dem Aufsichtführenden oder dem Vorsitzenden des Prüfungsausschusses geltend zu machen. [2]§ 23 ist auf die mündliche Prüfung entsprechend anzuwenden.

§ 27 Bewertung der mündlichen Prüfung. (1) In der mündlichen Prüfung werden der Vortrag und jeder Prüfungsabschnitt gesondert bewertet.

(2) Die Noten werden vom Prüfungsausschuß festgesetzt.

(3) Für die mündliche Prüfung wird eine Gesamtnote gebildet.

§ 28[2] **Ergebnis der Prüfung, Wiederholung der Prüfung.** (1) [1]Im unmittelbaren Anschluß an die mündliche Prüfung berät der Prüfungsaus-

---

[1] § 26 Abs. 3 Satz 1 geänd., Abs. 4 neugef. und Abs. 5 eingef., bish. Abs. 5 bis 7 werden Abs. 6 bis 8 durch VO v. 19. 8. 1991 (BGBl. I S. 1797), Abs. 1 geänd. durch VO v. 25. 7. 1996 (BGBl. I S. 1168), Abs. 1 Satz 2 angef., Abs. 3 Satz 1 und Abs. 4 geänd., Abs. 5 neugef. mWv 1. 7. 2000 durch G v. 24. 6. 2000 (BGBl. I S. 874), Abs. 1 Satz 1 geänd. mWv 12. 4. 2008 durch G v. 8. 4. 2008 (BGBl. I S. 666).

[2] § 28 Abs. 1 Satz 3 Halbsatz 2 angef., Abs. 2 neugef. mWv 1. 7. 2000 durch G v. 24. 6. 2000 (BGBl. I S. 874), Abs. 1 Satz 3 geänd. mWv 12. 4. 2008 durch G v. 8. 4. 2008 (BGBl. I S. 666).

schuß über das Ergebnis der Prüfung. [2]Die Prüfung ist bestanden, wenn die durch zwei geteilte Summe aus den Gesamtnoten für die schriftliche und die mündliche Prüfung die Zahl 4,15 nicht übersteigt. [3]Der Vorsitzende eröffnet hierauf den Bewerbern, ob sie die Prüfung nach der Entscheidung des Prüfungsausschusses bestanden haben; er handelt insoweit als Vertreter der für die Finanzverwaltung zuständigen obersten Landesbehörde. [4]Noten werden nicht erteilt.

(2) Hat der Bewerber die Prüfung nicht bestanden, kann er eine Bekanntgabe der tragenden Gründe der Entscheidung verlangen.

(3) Für die Wiederholung bedarf es einer erneuten Zulassung.

§ 29[1)] Überdenken der Prüfungsbewertung. (1) [1]Die Prüfer sind verpflichtet, ihre Bewertung der Prüfungsleistungen zu überdenken, wenn dies von einem Bewerber, der die Prüfung nicht bestanden hat, mit begründeten Einwendungen bei der zuständigen Steuerberaterkammer schriftlich beantragt wird und die Entscheidung über das Ergebnis der Prüfung noch nicht bestandskräftig ist. [2]Die Frist zur Erhebung einer Anfechtungsklage nach § 47 der Finanzgerichtsordnung wird dadurch nicht berührt.

(2) Das Ergebnis des Überdenkens teilt die zuständige Steuerberaterkammer dem Antragsteller schriftlich mit.

§ 30[2)] Nichtteilnahme an der mündlichen Prüfung. (1) [1]Die mündliche Prüfung gilt als nicht abgelegt, wenn der Bewerber aus einem von ihm nicht zu vertretenden Grund an der Ablegung der Prüfung verhindert ist. [2]Eine Erkrankung ist auf Verlangen durch ein amtsärztliches Zeugnis nachzuweisen.

(2) Hat ein Bewerber aus einem von ihm nicht zu vertretenden Grund nicht an der mündlichen Prüfung teilgenommen, so kann sie nachgeholt werden.

(3) Versäumt ein Bewerber die mündliche Prüfung ohne ausreichende Entschuldigung, so gilt die Prüfung als nicht bestanden.

§ 31[3)] Niederschrift über die mündliche Prüfung. (1) [1]Über die Prüfung ist eine Niederschrift zu fertigen. [2]Aus ihr müssen ersichtlich sein

1. die Namen der Beteiligten,
2. das Ergebnis der Prüfung und seine Bekanntgabe an die Bewerber,
3. ein Begehren nach § 28 Abs. 2 und die Behandlung des Begehrens durch den Prüfungsausschuss,
4. besondere Vorkommnisse.

[1)] § 29 eingef. mWv 1. 7. 2000 durch G v. 24. 6. 2000 (BGBl. I S. 874), Abs. 1 Satz 1 und Abs. 2 geänd. mWv 12. 4. 2008 durch G v. 8. 4. 2008 (BGBl. I S. 666).

[2)] Bish. § 29 wird § 30 durch G v. 24. 6. 2000 (BGBl. I S. 874).

[3)] Bish. § 30 wird § 31, Abs. 1 Nr. 3 eingef., bish. Nr. 3 wird Nr. 4 mWv 1. 7. 2000 durch G v. 24. 6. 2000 (BGBl. I S. 874).

(2) Ein Auszug aus der Niederschrift ist zu den Akten des Bewerbers zu nehmen.

§ 32[1] **Aufbewahrungsfristen.** (1) [1]Die Aufsichtsarbeiten sind bei der zuständigen Steuerberaterkammer für die Dauer von mindestens zwei Jahren nach Eintritt der Bestandskraft der Prüfungsentscheidung aufzubewahren. [2]In den Fällen des § 21 Absatz 1 besteht keine Aufbewahrungspflicht.

(2) Die Anträge auf Zulassung, auf Befreiung, auf verbindliche Auskunft, die Prüfungsunterlagen der einzelnen Bewerber und die Unterlagen zu den Entscheidungen über die Anträge und Prüfungen sind bei der zuständigen Steuerberaterkammer für die Dauer von mindestens zehn Jahren nach Eintritt der Bestandskraft der Verwaltungsentscheidung aufzubewahren.

(3) Ein Nachweis über das Bestehen oder über die Befreiung von der Prüfung ist bei der zuständigen Steuerberaterkammer für die Dauer von mindestens 50 Jahren nach Eintritt der Bestandskraft der Verwaltungsentscheidung aufzubewahren.

(4) Unterlagen können auch in elektronischer Form aufbewahrt werden.

§ 33[2]**.** *(aufgehoben)*

Zweiter Teil. Bestellung als Steuerberater oder Steuerbevollmächtigter

§ 34[3] **Bestellungsverfahren.** (1) Über den Antrag auf Bestellung als Steuerberater entscheidet die zuständige Steuerberaterkammer.

(2) Der Antrag auf Bestellung ist nach amtlich vorgeschriebenem Vordruck zu stellen.

(3) [1]Der Bewerber muss in dem Antrag angeben:

1. Name, Wohnsitz oder vorwiegenden Aufenthalt und Anschrift sowie Beruf und Ort der beruflichen Tätigkeit,
2. den Ort der beabsichtigten beruflichen Niederlassung,
3. wann und bei welcher Stelle er die Steuerberaterprüfung bestanden hat bzw. von der Prüfung befreit wurde,
4. ob und bei welcher Stelle er bereits früher einen Antrag auf Bestellung eingereicht hat,
5. ob er sich in geordneten wirtschaftlichen Verhältnissen befindet,
6. ob er innerhalb der letzten zwölf Monate strafgerichtlich verurteilt worden ist und ob gegen ihn ein gerichtliches Strafverfahren oder ein Ermittlungs-

---

[1] Bish. § 31 wird § 32 und neu gef. mWv 1. 7. 2000 durch G v. 24. 6. 2000 (BGBl. I S. 874), Satz 1 geänd. mWv 12. 4. 2008 durch G v. 8. 4. 2008 (BGBl. I S. 666); neu gef. mWv 23. 11. 2010 durch VO v. 17. 11. 2010 (BGBl. I S. 1544).

[2] § 33 aufgeh. durch VO v. 19. 8. 1991 (BGBl. I S. 1797).

[3] § 34 neugef. mWv 1. 7. 2000 durch G v. 24. 6. 2000 (BGBl. I S. 874), Abs. 3 Nr. 3 und Abs. 4 Nr. 1 geänd. mWv 12. 4. 2008 durch G v. 8. 4. 2008 (BGBl. I S. 666).

verfahren anhängig ist; Entsprechendes gilt für berufsgerichtliche Verfahren sowie für Bußgeldverfahren nach der Abgabenordnung und nach dem Steuerberatungsgesetz,

7. ob und gegebenenfalls welche Tätigkeit er nach seiner Bestellung neben dem Beruf als Steuerberater weiter ausüben oder übernehmen will,
8. dass er bei der Meldebehörde die Erteilung eines Führungszeugnisses zur Vorlage bei der zuständigen Steuerberaterkammer beantragt hat.

2 Ein Bewerber, der nach § 38 Abs. 1 des Gesetzes von der Prüfung befreit wurde, muss außerdem eine Erklärung darüber abgeben, ob innerhalb der letzten zwölf Monate disziplinarrechtliche Maßnahmen gegen ihn verhängt worden sind und ob disziplinarrechtliche Ermittlungen gegen ihn anhängig sind oder innerhalb der letzten zwölf Monate anhängig waren.

(4) 1 Dem Antrag sind beizufügen:

1. eine beglaubigte Abschrift der Bescheinigung der zuständigen Stelle über die erfolgreich abgelegte Steuerberaterprüfung oder die Befreiung von dieser Prüfung,
2. ein Passbild.

2 Ist der Bewerber Rechtsanwalt, niedergelassener europäischer Rechtsanwalt, Wirtschaftsprüfer oder vereidigter Buchprüfer, so hat er außerdem eine Bescheinigung der für ihn zuständigen Berufsorganisation oder sonst zuständigen Stelle beizufügen, dass keine Tatsachen bekannt sind, die die Rücknahme oder den Widerruf der Zulassung oder Bestellung oder die Einleitung eines berufsgerichtlichen Verfahrens gegen ihn rechtfertigen.

(5) 1 Die Steuerberaterkammer prüft die Angaben des Bewerbers auf Vollständigkeit und Richtigkeit. 2 Sie kann vor einer Entscheidung erforderlichenfalls weitere Ermittlungen anstellen.

§ 35[1)] Berufsurkunde. 1 Die Berufsurkunde enthält

1. die Bezeichnung der bestellenden Steuerberaterkammer,
2. Ort und Datum der Ausstellung,
3. Namen, Geburtsort und Geburtsdatum des Bewerbers,
4. die Erklärung, daß der Bewerber als Steuerberater oder Steuerbevollmächtigter bestellt wird,
5. Dienstsiegel und
6. Unterschrift.

2 Weitere Berufsbezeichnungen des Bewerbers sind in die Berufsurkunde nicht aufzunehmen. 3 Akademische Grade oder staatlich verliehene Graduierungen sind nur aufzunehmen, wenn sie nachgewiesen worden sind.

§§ 36 und **37[2)]**. *(aufgehoben)*

---

1) § 35 bish. Abs. 2 aufgeh. durch VO v. 19. 8. 1991 (BGBl. I S. 1797), Nrn. 1 und 2 geänd. mWv 1. 7. 2000 durch G v. 24. 6. 2000 (BGBl. I S. 874).

2) §§ 36 und 37 aufgeh. mWv 1. 7. 2000 durch G v. 24. 6. 2000 (BGBl. I S. 874).

§ 38[1)] Wiederbestellung. (1) Über den Antrag auf Wiederbestellung als Steuerberater oder Steuerbevollmächtigter entscheidet die zuständige Steuerberaterkammer.

(2) [1]Der Antrag auf Wiederbestellung ist nach amtlich vorgeschriebenem Vordruck zu stellen. [2]§ 34 Abs. 3 bis 5 gilt entsprechend.

(3) [1]Die bestellende Steuerberaterkammer prüft, ob die Voraussetzungen des § 40 Abs. 2 und 3 des Gesetzes gegeben sind. [2]Vor der Entscheidung ist die Steuerberaterkammer zu hören, der der Bewerber im Zeitpunkt des Erlöschens oder des Widerrufs der Bestellung angehört hat. [3]§ 40 Abs. 4 des Gesetzes ist sinngemäß anzuwenden.

(Fortsetzung nächstes Blatt)

[1)] § 38 neugef. mWv 1. 7. 2000 durch G v. 24. 6. 2000 (BGBl. I S. 874).

(4) Unter den Voraussetzungen des § 48 des Gesetzes können auch Personen wiederbestellt werden, die ohne nochmalige Bestellung die Eigenschaft als Steuerberater oder Steuerbevollmächtigter erlangt hatten (§ 154 Abs. 1 und 3 des Gesetzes in der bis zum 30. Juni 2000 geltenden Fassung).

§ 39[1]**.** *(aufgehoben)*

Dritter Teil. Anerkennung als Steuerberatungsgesellschaft

§ 40[2] **Verfahren.** (1) [1]Der Antrag auf Anerkennung als Steuerberatungsgesellschaft ist schriftlich bei der Steuerberaterkammer einzureichen, in deren Kammerbezirk die Gesellschaft ihren Sitz hat. [2]In dem Antrag sind Name, Beruf und berufliche Niederlassung der Personen anzugeben, die die Gesellschaft verantwortlich führen (§ 32 Abs. 3 Satz 2 des Gesetzes) sowie Name, Beruf und berufliche Niederlassung der sonst zur Vertretung berechtigten Personen (§ 50 Abs. 2 und 3 des Gesetzes).

(2) Die zuständige Steuerberaterkammer prüft anhand des Gesellschaftsvertrages oder der Satzung, ob der Nachweis der verantwortlichen Führung der Gesellschaft durch Steuerberater nach § 32 Abs. 3 Satz 2 des Gesetzes erbracht ist und ob die Voraussetzungen der §§ 49 bis 53 des Gesetzes für die Anerkennung als Steuerberatungsgesellschaft gegeben sind.

(3) [1]Liegen die Voraussetzungen für die Anerkennung vor, hat die zuständige Steuerberaterkammer die Gesellschaft durch Ausstellung einer Urkunde nach § 41 als Steuerberatungsgesellschaft anzuerkennen. [2]Vor Eintragung in das Handels- oder Partnerschaftsregister kann die zuständige Steuerberaterkammer bereits bestätigen, daß bis auf die Eintragung in das Handels- oder Partnerschaftsregister alle Voraussetzungen für die Anerkennung vorliegen. [3]Über die Ablehnung des Antrags auf Anerkennung ist ein schriftlicher Bescheid zu erteilen.

§ 41[3] **Anerkennungsurkunde.** [1]Die Anerkennungsurkunde enthält
1. die Bezeichnung der anerkennenden Steuerberaterkammer,
2. Ort und Datum der Anerkennung,
3. Firma oder Name der Gesellschaft,
4. die Anerkennung als Steuerberatungsgesellschaft,
5. Dienstsiegel und
6. Unterschrift.

---

[1] § 39 aufgeh. mWv 1. 7. 2000 durch G v. 24. 6. 2000 (BGBl. I S. 874).

[2] § 40 neugef. durch VO v. 19. 8. 1991 (BGBl. I S. 1797), Abs. 1 Satz 1 neugef., Abs. 3 bish. Satz 1 aufgeh., Abs. 1 Satz 2, Abs. 2 und Abs. 3 Sätze 1 und 2 geänd. mWv 1. 7. 2000 durch G v. 24. 6. 2000 (BGBl. I S. 874).

[3] § 41 bish. Abs. 2 aufgeh. durch VO v. 19. 8. 1991 (BGBl. I S. 1797), Satz 1 Nr. 3 und Satz 2 geänd. durch VO v. 25. 7. 1996 (BGBl. I S. 1168), Nrn. 1 und 3 geänd. mWv 1. 7. 2000 durch G v. 24. 6. 2000 (BGBl. I S. 874).

2 Außer der Firma oder dem Namen sind keine weiteren Bezeichnungen der Gesellschaft in die Anerkennungsurkunde aufzunehmen.

Vierter Teil. Verleihung der Berechtigung zur Führung der Bezeichnung „Landwirtschaftliche Buchstelle"

§ 42[1)] Nachweis der besonderen Sachkunde. (1) Der Antrag auf Verleihung der Berechtigung zur Führung der Bezeichnung „Landwirtschaftliche Buchstelle" ist bei der Steuerberaterkammer zu stellen, in deren Kammerbezirk sich die berufliche Niederlassung des Antragstellers befindet.

(2) 1 Der Antrag muss genaue Angaben über den beruflichen Werdegang und die bisherige berufliche Tätigkeit des Antragstellers enthalten. 2 In dem Antrag ist anzugeben, ob der Antragsteller die besondere Sachkunde durch eine mündliche Prüfung vor dem Sachkunde-Ausschuss nachweisen oder von dieser Prüfung befreit werden will; erforderliche Nachweise sind dem Antrag beizufügen.

(3) 1 Die mündliche Prüfung erstreckt sich auf folgende Gebiete:

1. steuerliche Besonderheiten der Land- und Forstwirtschaft,
2. Höferecht (Anerbenrecht) bzw. erbrechtliche Bestimmungen des Bürgerlichen Gesetzbuchs,
3. Landpachtrecht,
4. Grundstücksverkehrsrecht,
5. Grundlagen des Agrarkreditwesens,
6. landwirtschaftliche Betriebswirtschaft einschließlich Rechnungswesen und Statistik.

2 Nicht erforderlich ist, dass alle Gebiete Gegenstand der Prüfung sind. 3 Die auf jeden Antragsteller entfallende Prüfungszeit soll sechzig Minuten nicht übersteigen.

(4) Die Steuerberaterkammer hat die Antragsteller, die an der mündlichen Prüfung teilnehmen, hierzu spätestens zwei Wochen vorher zu laden.

(5) 1 Die mündliche Prüfung wird vom Vorsitzenden des Sachkunde-Ausschusses geleitet. 2 Er ist berechtigt, jederzeit in die Prüfung einzugreifen. 3 Im unmittelbaren Anschluss an die mündliche Prüfung berät der Sachkunde-Ausschuss über das Ergebnis der Prüfung. 4 Der Vorsitzende eröffnet hierauf den Antragstellern, ob sie die Prüfung nach der Entscheidung des Sachkunde-Ausschusses bestanden haben; eine Note wird nicht erteilt.

(6) 1 Für die Befreiung von der mündlichen Prüfung hat der Antragsteller neben einer einschlägigen Ausbildung nachzuweisen, dass er vor der Antragstellung mindestens fünf buchführende land- und forstwirtschaftliche Betriebe drei Jahre lang steuerlich beraten hat. 2 Die steuerliche Be-

---

1) Bish. § 42 aufgeh., neuer § 42 eingef. mWv 1. 7. 2000 durch G v. 24. 6. 2000 (BGBl. I S. 874).

ratung kann auch im Rahmen einer Tätigkeit als Angestellter nach § 58 des Gesetzes erfolgt sein.

(7) [1]Einschlägig im Sinne des § 44 Abs. 2 Satz 2 des Gesetzes ist eine Ausbildung, die Kenntnisse auf den in Absatz 3 genannten Gebieten vermittelt. [2]Dazu rechnen insbesondere

1. ein erfolgreich abgeschlossenes Hochschulstudium der Agrarwissenschaften oder
2. sonstige Ausbildungsgänge im Sinne des Satzes 1, die mit einer Prüfung abgeschlossen werden.

[3]Die Teilnahme an einem fachbezogenen Seminar bzw. Lehrgang ohne Abschlussprüfung oder sonstigen Leistungsnachweis der einzelnen Teilnehmer reicht nicht aus.

(8) [1]Nachweise über eine einschlägige Ausbildung und über die praktische Tätigkeit im Sinne des § 44 Abs. 2 Satz 2 des Gesetzes sind dem Antrag beizufügen. [2]Antrag und Nachweise hat die Steuerberaterkammer der für die Landwirtschaft zuständigen obersten Landesbehörde oder der von ihr benannten Behörde und, soweit der Antragsteller Rechtsanwalt oder niedergelassener europäischer Rechtsanwalt ist, der für die berufliche Niederlassung zuständigen Rechtsanwaltskammer zur Stellungnahme zuzuleiten.

(9) Über die Ablehnung eines Antrags auf Befreiung von der mündlichen Prüfung ist ein schriftlicher Bescheid zu erteilen.

§ 43[1)] Sachkunde-Ausschuss. (1) Die mündliche Prüfung wird vor einem Sachkunde-Ausschuss abgelegt, der bei der Steuerberaterkammer zu bilden ist.

(2) [1]Die Prüfung kann auch einem Sachkunde-Ausschuss übertragen werden, der bei einer anderen Steuerberaterkammer besteht. [2]Die mit der Abnahme der mündlichen Prüfung verbundenen Aufgaben werden im Falle der Übertragung nach Satz 1 von der anderen Steuerberaterkammer wahrgenommen. [3]Diese erhält auch die Gebühr nach § 44 Abs. 8 des Gesetzes.

(3) Dem Sachkunde-Ausschuss gehören an

1. zwei Vertreter der Steuerberaterkammer, davon einer als Vorsitzender,
2. ein Vertreter der für die Landwirtschaft zuständigen obersten Landesbehörde oder einer von ihr benannten Behörde.

(4) [1]Die Steuerberaterkammer beruft die Mitglieder des Sachkunde-Ausschusses und ihre Stellvertreter grundsätzlich für drei Jahre; sie können aus wichtigem Grund abberufen werden. [2]Im Falle des vorzeitigen Ausscheidens oder der Abberufung wird der Nachfolger nur für den Rest der Amtszeit des ausgeschiedenen oder abberufenen Mitglieds oder Vertreters berufen. [3]Vor der Berufung oder Abberufung ist bei dem Vertreter der für die Landwirtschaft zuständigen obersten Landesbehörde diese oder die von ihr benannte Behörde zu hören. [4]§ 10 Abs. 4 bis 6 gilt sinngemäß.

(5) Der Ausschuss entscheidet mit Stimmenmehrheit.

[1)] § 43 neu gef. mWv 1. 7. 2000 durch G v. 24. 6. 2000 (BGBl. I S. 874).

§ 44[1] Verleihung, Verleihungsurkunde. (1) Über die Verleihung der Berechtigung zur Führung der Bezeichnung „Landwirtschaftliche Buchstelle" ist eine Urkunde auszustellen.

(2) Die Urkunde enthält

1. die Bezeichnung der verleihenden Steuerberaterkammer,
2. Namen und Berufsbezeichnung des Empfängers der Urkunde,
3. die Erklärung, daß dem in der Urkunde Bezeichneten die Berechtigung verliehen wird, als Zusatz zur Berufsbezeichnung die Bezeichnung „Landwirtschaftliche Buchstelle" zu führen.
4. Ort und Datum der Verleihung,
5. Dienstsiegel und
6. Unterschrift.

(3) *(aufgehoben)*

Fünfter Teil. Berufsregister

§ 45[2] Registerführende Stelle. (1) [1]Das Berufsregister wird durch die zuständige Steuerberaterkammer geführt. [2]Die Steuerberaterkammern können sich bei der Führung des Berufsregisters einer nach § 84 des Gesetzes gebildeten Arbeitsgemeinschaft bedienen.

(2) [1]Alle Eintragungen und Löschungen im Berufsregister sind den Beteiligten mitzuteilen. [2]Die Löschung von Steuerberatungsgesellschaften ist ferner dem zuständigen Registergericht mitzuteilen.

(3) Die Einsicht in das Berufsregister ist jedem gestattet, der ein berechtigtes Interesse darlegt.

§ 46[3] Eintragung. In das Berufsregister sind einzutragen:

1. Steuerberater und Steuerbevollmächtigte, wenn sie in dem Bezirk, für den das Register geführt wird (Registerbezirk), bestellt werden oder wenn sie ihre berufliche Niederlassung in den Registerbezirk verlegen, und zwar
   a) Name, Vorname, Geburtstag, Geburtsort,
   b) Tag der Bestellung und die Behörde oder die Steuerberaterkammer, die die Bestellung vorgenommen hat,

---

[1] § 44 Abs. 3 aufgeh. durch VO v. 19. 8. 1991 (BGBl. I S. 1797), Abs. 2 Nr. 1 geänd. mWv 1. 7. 2000 durch G v. 24. 6. 2000 (BGBl. I S. 874).

[2] § 45 Abs. 2 neu gef. durch VO v. 19. 8. 1991 (BGBl. I S. 1797), Abs. 1 geänd., Abs. 2 bish. Satz 2 aufgeh. mWv 1. 7. 2000 durch G v. 24. 6. 2000 (BGBl. I S. 874).

[3] § 46 Nr. 1 Buchst. f eingef. durch VO v. 19. 8. 1991 (BGBl. I S. 1797);
Nr. 1 Buchst. e und f, Nr. 3 und Nr. 4 geänd. durch VO v. 25. 7. 1996 (BGBl. I S. 1168);
Nr. 1 Buchst. b geänd., Buchst. e eingef., bish. Buchst. e und f werden Buchst. f und g, Buchst. g geänd., Nr. 2 Buchst. a, b und e geänd. mWv 1. 7. 2000 durch G v. 24. 6. 2000 (BGBl. I S. 874);
Nr. 1 Buchst. c und e geänd., Nr. 2 neu gef. mWv 12. 4. 2008 durch G v. 8. 4. 2008 (BGBl. I S. 666), Nr. 1 Buchst. d geänd., Buchst. h angef., Satzteil nach Buchst. h geänd., Nr. 2 Buchst. d geänd. mWv 20. 12. 2012 durch VO v. 11. 12. 2012 (BGBl. I S. 2637).

c) Befugnis zur Führung der Bezeichnung „Landwirtschaftliche Buchstelle" und von Bezeichnungen nach der Fachberaterordnung,

d) Anschrift der beruflichen Niederlassung und die geschäftliche E-Mail-Adresse,

e) berufliche Zusammenschlüsse im Sinne von § 56 Abs. 1 bis 3 des Gesetzes,

f) sämtliche weiteren Beratungsstellen und die Namen der die weiteren Beratungsstellen leitenden Personen,

g) Name und Anschrift des Zustellungsbevollmächtigten im Sinne von § 46 Abs. 2 Nr. 5 des Gesetzes,

h)[1] Bestehen eines *Berufsverbotes* [***ab 1. 1. 2017:*** Berufs- oder Vertretungsverbotes] im Sinne von § 90 Absatz 1 Nummer 4 [***ab 1. 1. 2017:*** oder § 134] des Gesetzes und, sofern ein Vertreter bestellt ist, die Vertreterbestellung unter Angabe von Familiennamen und Vornamen des Vertreters

sowie alle Veränderungen zu den Buchstaben a und c bis h;

2. Steuerberatungsgesellschaften, wenn sie im Registerbezirk anerkannt werden oder wenn sie ihren Sitz in den Registerbezirk verlegen, und zwar

a) Firma oder Name und Rechtsform,

b) Tag der Anerkennung als Steuerberatungsgesellschaft und die für die Finanzverwaltung zuständige oberste Landesbehörde oder die Steuerberaterkammer, die die Anerkennung ausgesprochen hat,

c) Befugnis zur Führung der Bezeichnung „Landwirtschaftliche Buchstelle",

d) Sitz und Anschrift und die geschäftliche E-Mail-Adresse,

e) berufliche Zusammenschlüsse im Sinne von § 56 Abs. 2 des Gesetzes,

f) Namen der Mitglieder des zur gesetzlichen Vertretung berufenen Organs sowie der vertretungsberechtigten Gesellschafter und Partner,

g) sämtliche weiteren Beratungsstellen und die Namen der die weiteren Beratungsstellen leitenden Personen

sowie alle Veränderungen zu den Buchstaben a und c bis g;

3. weitere Beratungsstellen von Steuerberatern und Steuerbevollmächtigten, wenn sie im Registerbezirk errichtet werden, und zwar

a) Namen und Ort der beruflichen Niederlassung des Steuerberaters oder Steuerbevollmächtigten,

b) Befugnis zur Führung der Bezeichnung „Landwirtschaftliche Buchstelle",

c) Anschrift der weiteren Beratungsstelle,

d) Namen der die weitere Beratungsstelle leitenden Person

sowie alle Veränderungen zu den Buchstaben a bis d;

---

[1] § 46 Nr. 1 Buchst. h geänd. mWv 1. 1. 2017 durch G v. 18. 7. 2016 (BGBl. I S. 1679).

4. weitere Beratungsstellen von Steuerberatungsgesellschaften, wenn sie im Registerbezirk errichtet werden, und zwar
   a) Firma, Sitz und Rechtsform der Steuerberatungsgesellschaft,
   b) Befugnis zur Führung der Bezeichnung „Landwirtschaftliche Buchstelle“,
   c) Anschrift der weiteren Beratungsstelle,
   d) Namen der die weitere Beratungsstelle leitenden Person

   sowie alle Veränderungen zu den Buchstaben a bis d.

§ 47 Löschung. (1) Im Berufsregister sind zu löschen

1.[1] Steuerberater und Steuerbevollmächtigte,
   a) wenn die Bestellung erloschen oder vollziehbar zurückgenommen oder widerrufen ist,
   b) wenn die berufliche Niederlassung aus dem Registerbezirk verlegt wird;
2.[1] Steuerberatungsgesellschaften,
   a) wenn die Anerkennung erloschen oder vollziehbar zurückgenommen oder widerrufen ist,
   b) wenn der Sitz aus dem Registerbezirk verlegt wird;
3.[2] weitere Beratungsstellen, wenn die Beratungsstelle aufgelöst ist.

(2)[3] [1]Die Eintragung über die Befugnis zur Führung der Bezeichnung „Landwirtschaftliche Buchstelle“ ist zu löschen, wenn bei einer Steuerberatungsgesellschaft die in § 44 Abs. 3 des Gesetzes bezeichneten Voraussetzungen weggefallen sind. [2]Die Eintragung von Bezeichnungen nach der Fachberaterordnung ist zu löschen, wenn die Bezeichnung nicht mehr geführt werden darf.

§ 48[4] Mitteilungspflichten. (1) Die in das Berufsregister einzutragenden Tatsachen sind der zuständigen Steuerberaterkammer mitzuteilen

1. in Fällen des § 46 Nr. 1 von dem einzutragenden Steuerberater oder Steuerbevollmächtigten;
2. im Falle des § 46 Nr. 2 von den Mitgliedern des zur gesetzlichen Vertretung berufenen Organs oder den vertretungsberechtigten Gesellschaftern der einzutragenden Steuerberatungsgesellschaft;
3. im Falle des § 46 Nr. 3 von dem Steuerberater oder Steuerbevollmächtigten, der die weitere Beratungsstelle errichtet hat;
4. im Falle des § 46 Nr. 4 von den Mitgliedern des zur gesetzlichen Vertretung berufenen Organs oder den vertretungsberechtigten Gesellschaftern

---

[1] § 47 Abs. 1 Nr. 1 Buchst. a und Nr. 2 Buchst. a geänd. mWv 1. 7. 2000 durch G v. 24. 6. 2000 (BGBl. I S. 874).

[2] § 47 Nr. 3 geänd. durch VO v. 25. 7. 1996 (BGBl. I S. 1168).

[3] § 47 Abs. 2 Satz 2 angef. mWv 12. 4. 2008 durch G v. 8. 4. 2008 (BGBl. I S. 666).

[4] § 48 Abs. 1 und 2 Einleitungssatz und Abs. 1 Nr. 3 geänd. mWv 1. 7. 2000 durch G v. 24. 6. 2000 (BGBl. I S. 874).

der Steuerberatungsgesellschaft, die die auswärtige Beratungsstelle errichtet hat.

(2) Die im Berufsregister zu löschenden Tatsachen sind der zuständigen Steuerberaterkammer mitzuteilen

1. im Falle des § 47 Abs. 1 Nr. 1 Buchstabe b von dem Steuerberater oder Steuerbevollmächtigten, der seine berufliche Niederlassung verlegt;
2. in den Fällen des § 47 Abs. 1 Nr. 2 Buchstabe b von den Mitgliedern des zur gesetzlichen Vertretung berufenen Organs oder den vertretungsberechtigten Gesellschaftern der Steuerberatungsgesellschaft;

(Fortsetzung nächstes Blattt)

3. in den Fällen des § 47 Abs. 1 Nr. 3 von den in Absatz 1 Nr. 3 oder 4 genannten Personen;
4. in den Fällen des § 47 Abs. 2 von den Mitgliedern des zur gesetzlichen Vertretung berufenen Organs oder den vertretungsberechtigten Gesellschaftern der Steuerberatungsgesellschaft.

§ 49[1)] Vereine, Personenvereinigungen und Körperschaften, die zur Führung der Bezeichnung „Landwirtschaftliche Buchstelle" befugt sind. (1) In das Berufsregister sind ferner einzutragen

1. Vereine, die nach § 44 Abs. 4 des Gesetzes befugt sind, die Bezeichnung „Landwirtschaftliche Buchstelle" als Zusatz zum Namen zu führen, wenn sie ihren Sitz im Registerbezirk haben,
2. Buchstellen von Körperschaften des öffentlichen Rechts und Personenvereinigungen, für die nach § 44 Abs. 5 des Gesetzes die Bezeichnung „Landwirtschaftliche Buchstelle" geführt werden darf, wenn die Buchstellen im Registerbezirk gelegen sind.

(2) Die Eintragung nach Absatz 1 ist zu löschen,

a) wenn der Verein im Sinne des § 44 Abs. 4 des Gesetzes oder die Buchstelle der Personenvereinigung oder Körperschaft im Sinne des § 44 Abs. 5 des Gesetzes aufgelöst ist,

b) wenn die in § 44 Abs. 4 oder 5 des Gesetzes bezeichneten Voraussetzungen weggefallen sind,

c) wenn der Sitz des Vereins im Sinne des § 44 Abs. 4 des Gesetzes oder die Buchstelle der Personenvereinigung oder Körperschaft im Sinne des § 44 Abs. 5 des Gesetzes aus dem Registerbezirk verlegt wird.

(3) [1] Die Eintragung oder Löschung ist von den Vertretungsberechtigten des Vereins, Personenvereinigung oder Körperschaft zu beantragen. [2] Die Löschung kann auch von Amts wegen vorgenommen werden.

§ 50[2)] Anzeigepflichten. (1) [1] Alljährlich im Monat Januar haben die Mitglieder des zur gesetzlichen Vertretung berufenen Organs oder die vertretungsberechtigten Gesellschafter einer Steuerberatungsgesellschaft sowie die Gesellschafter einer Gesellschaft bürgerlichen Rechts im Sinne des § 50 a Abs. 2 Satz 1 des Gesetzes eine von ihnen unterschriebene Liste der Gesellschafter, aus welcher Name, Vorname, Beruf, Wohnort und berufliche Niederlassung der Gesellschafter, ihre Aktien, Stammeinlagen oder Beteiligungsverhältnisse zu ersehen sind, bei der zuständigen Steuerberaterkammer einzureichen. [2] Sind seit Einreichung der letzten Liste Veränderungen hinsichtlich der Person oder des Berufs der Gesellschafter und des Umfangs der Beteiligung nicht eingetreten, so genügt die Einreichung einer entsprechenden Erklärung.

---

1) § 49 Überschrift, Abs. 1 Nr. 1, Abs. 2 Buchst. a und c sowie Abs. 3 Satz 1 geänd. durch VO v. 19. 8. 1991 (BGBl. I S. 1797).

2) § 50 neu gef. durch VO v. 25. 7. 1996 (BGBl. I S. 1168), bish. Abs. 1 und Abs. 2 bish. Satz 2 aufgeh., Abs. 2 Satz 1 geänd. mWv 1. 7. 2000 durch G v. 24. 6. 2000 (BGBl. I S. 874), Abs. 2 angef. mWv 12. 4. 2008 durch G v. 8. 4. 2008 (BGBl. I S. 666).

(2) Absatz 1 gilt entsprechend in den Fällen des § 154 Abs. 2 Satz 1 des Gesetzes.

Sechster Teil.[1] Berufshaftpflichtversicherung

§ 51[1), 2)] **Versicherungspflicht.** (1) [1]Selbständige Steuerberater und Steuerbevollmächtigte sowie Steuerberatungsgesellschaften sind verpflichtet, sich gegen die sich aus ihrer Berufstätigkeit (§§ 33, 57 Absatz 3 Nummer 2 und 3 des Gesetzes) ergebenden Haftpflichtgefahren für Vermögensschäden zu versichern und die Versicherung während der Dauer ihrer Bestellung oder Anerkennung aufrechtzuerhalten. [2]Satz 1 gilt sinngemäß für Partnerschaftsgesellschaften, auch solche mit beschränkter Berufshaftung nach § 8 Absatz 4 des Partnerschaftsgesellschaftsgesetzes. [3]Der Versicherungsschutz muss sich auch auf solche Vermögensschäden erstrecken, für die der Versicherungsnehmer nach § 278 oder § 831 des Bürgerlichen Gesetzbuchs einzustehen hat.

(2) [1]Selbständige Steuerberater und Steuerbevollmächtigte, die ausschließlich als freie Mitarbeiter für Auftraggeber, die die Voraussetzungen des § 3 des Gesetzes erfüllen, tätig sind, genügen der Versicherungspflicht nach Absatz 1, wenn die sich aus der freien Mitarbeit sowie aus § 63 des Gesetzes ergebenden Haftpflichtgefahren für Vermögensschäden durch die beim Auftraggeber bestehende Versicherung gedeckt sind. [2]Der entsprechende Versicherungsschutz ist durch eine Bestätigung der Versicherung des Auftraggebers nachzuweisen. [3]Satz 1 gilt nicht, wenn neben der freien Mitarbeit eigene Mandate betreut werden.

(3) Absatz 2 gilt sinngemäß auch für Steuerberater und Steuerbevollmächtigte, die ausschließlich als Angestellte nach § 58 des Gesetzes tätig sind, sowie für Partner einer Partnerschaftsgesellschaft mit beschränkter Berufshaftung nach § 8 Absatz 4 des Partnerschaftsgesellschaftsgesetzes, die ausschließlich für die Partnerschaftsgesellschaft tätig sind.

(4) Die Versicherung muß bei einem im Inland zum Geschäftsbetrieb befugten Versicherungsunternehmen zu den nach Maßgabe des Versicherungsaufsichtsgesetzes eingereichten allgemeinen Versicherungsbedingungen genommen werden.

§ 52[1)] **Mindestversicherungssumme.** (1) Die Mindestversicherungssumme muß für den einzelnen Versicherungsfall zweihundertfünfzigtausend Euro[3)] betragen.

(2) [1]Ein Selbstbehalt von eintausendfünfhundert Euro[3)] ist zulässig. [2]Der Selbstbehalt ist auszuschließen für den Fall, daß bei Geltendmachung des Schadens durch einen Dritten die Bestellung des Steuerberaters oder Steuerbevollmächtigten oder die Anerkennung der Steuerberatungsgesellschaft erloschen ist.

---

1) Sechster Teil (§§ 51–57) eingef. durch VO v. 19. 8. 1991 (BGBl. I S. 1797).

2) § 51 Abs. 2 geänd. mWv 1. 1. 1994 (BGBl. I 1993 S. 2436) durch G v. 27. 4. 1993 (BGBl. I S. 512), Abs. 2 eingef., Abs. 3 neu gef. durch VO v. 25. 7. 1996 (BGBl. I S. 1168), Abs. 3 eingef., bish. Abs. 3 wird Abs. 4 mWv 1. 7. 2000 durch G v. 24. 6. 2000 (BGBl. I S. 874); Abs. 1 und 3 neu gef. mWv 19. 7. 2013 durch G v. 15. 7. 2013 (BGBl. I S. 2386).

3) Beträge bzw. Bezeichnung geänd. mWv 1. 1. 2002 durch G v. 24. 6. 2000 (BGBl. I S. 874).

(3) Wird eine Jahreshöchstleistung für alle in einem Versicherungsjahr verursachten Schäden vereinbart, muß sie mindestens eine Million Euro[1] betragen.

(4)[2] Die Absätze 1 und 3 gelten für Partnerschaftsgesellschaften mit beschränkter Berufshaftung nach § 8 Absatz 4 des Partnerschaftsgesellschaftsgesetzes mit der Maßgabe, dass die Mindestversicherungssumme für den einzelnen Versicherungsfall eine Million Euro und die Jahreshöchstleistung für alle in einem Versicherungsjahr verursachten Schäden mindestens vier Millionen Euro betragen muss.

§ 53[3), 4)] Weiterer Inhalt des Versicherungsvertrages. (1) Der Versicherungsvertrag muß vorsehen, daß

1. Versicherungsschutz für jede einzelne, während der Geltung des Versicherungsvertrages begangene Pflichtverletzung besteht, die gesetzliche Haftpflichtansprüche privatrechtlichen Inhalts zur Folge haben könnte,
2. der Versicherungsschutz für einen allgemeinen Vertreter, einen Praxisabwickler oder einen Praxistreuhänder für die Dauer ihrer Bestellung sowie für einen Vertreter während der Dauer eines Berufs- oder Vertretungsverbots aufrechterhalten bleibt, soweit die Mitversicherten nicht durch eine eigene Versicherung Deckung erhalten, und
3. die Leistungen des Versicherers für das mitversicherte Auslandsrisiko im Inland in Euro[1] zu erbringen sind.

(2) Im Versicherungsvertrag ist der Versicherer zu verpflichten, der zuständigen Steuerberaterkammer den Beginn und die Beendigung oder Kündigung des Versicherungsvertrages sowie jede Änderung des Versicherungsvertrages, die den vorgeschriebenen Versicherungsschutz beeinträchtigt, unverzüglich mitzuteilen.

(3) Der Versicherungsvertrag kann vorsehen, daß die Versicherungssumme den Höchstbetrag der dem Versicherer in jedem einzelnen Schadenfall obliegenden Leistung darstellt, und zwar mit der Maßgabe, daß nur eine einmalige Leistung der Versicherungssumme in Frage kommt,

a) gegenüber mehreren entschädigungspflichtigen Personen, auf welche sich der Versicherungsschutz erstreckt,
b) bezüglich eines aus mehreren Verstößen stammenden einheitlichen Schadens,
c) bezüglich sämtlicher Folgen eines Verstoßes. [2]Dabei gilt mehrfaches, auf gleicher oder gleichartiger Fehlerquelle beruhendes Tun oder Unterlassen als einheitlicher Verstoß, wenn die betreffenden Angelegenheiten miteinander in rechtlichem oder wirtschaftlichem Zusammenhang stehen. [3]In

---

[1] Beträge bzw. Bezeichnung geänd. mWv 1. 1. 2002 durch G v. 24. 6. 2000 (BGBl. I S. 874).

[2] § 52 Abs. 4 angef. mWv 19. 7. 2013 durch G v. 15. 7. 2013 (BGBl. I S. 2386).

[3] Sechster Teil (§§ 51–57) eingef. durch VO v. 19. 8. 1991 (BGBl. I S. 1797).

[4] § 53 neugef. durch VO v. 25. 7. 1996 (BGBl. I S. 1168).

diesem Fall kann die Leistung des Versicherers auf das Fünffache der Mindestversicherungssumme begrenzt werden.

§ 53 a[1] Ausschlüsse. (1) Von der Versicherung kann die Haftung ausgeschlossen werden für

1. Ersatzansprüche wegen wissentlicher Pflichtverletzung,
2. Ersatzansprüche wegen Schäden, die durch Fehlbeträge bei der Kassenführung, durch Verstöße beim Zahlungsakt oder durch Veruntreuung durch das Personal, Angehörige oder Sozien des Versicherungsnehmers entstehen,
3. Ersatzansprüche, die aus Tätigkeiten entstehen, die über Niederlassungen, Zweigniederlassungen oder weitere Beratungsstellen im Ausland ausgeübt werden,
4. Ersatzansprüche wegen Verletzung oder Nichtbeachtung des Rechts außereuropäischer Staaten mit Ausnahme der Türkei,
5. Ersatzansprüche, die vor Gerichten in den Ländern Albanien, Armenien, Aserbaidschan, Bosnien-Herzegowina, Bulgarien, Estland, Georgien, Jugoslawien (Serbien und Montenegro), Kroatien, Lettland, Litauen, Mazedonien, Moldau, Polen[2], Rumänien, Russische Föderation, Slowakische Republik, Slowenien, Tschechische Republik, Ukraine und Weißrußland sowie vor Gerichten in außereuropäischen Ländern mit Ausnahme der Türkei geltend gemacht werden.

(2) Von der Versicherung kann die Haftung für Ersatzansprüche wegen Verletzung oder Nichtbeachtung des Rechts der Länder Albanien, Armenien, Aserbaidschan, Bosnien-Herzegowina, Bulgarien, Estland, Georgien, Jugoslawien (Serbien und Montenegro), Kroatien, Lettland, Litauen, Mazedonien, Moldau, Polen[1], Rumänien, Russische Föderation, Slowakische Republik, Slowenien, Tschechische Republik, Ukraine und Weißrußland nur insoweit ausgeschlossen werden, als die Ansprüche nicht bei der das Abgabenrecht dieser Staaten betreffenden geschäftsmäßigen Hilfeleistung in Steuersachen entstehen.

§ 54[3], [4] Anerkennung anderer Berufshaftpflichtversicherungen. (1) Ist eine versicherungspflichtige Person zugleich als Rechtsanwalt, niedergelassener europäischer Rechtsanwalt, Wirtschaftsprüfer oder vereidigter Buchprüfer bestellt oder ist eine versicherungspflichtige Gesellschaft zugleich als Rechtsanwaltsgesellschaft, Wirtschaftsprüfungsgesellschaft oder Buchprüfungsgesellschaft anerkannt, wird der Versicherungspflicht auch mit einer diesen Berufen vorgeschriebenen Berufshaftpflichtversicherung

---

[1] § 53 a eingef. durch VO v. 25. 7. 1996 (BGBl. I S. 1168), Abs. 1 Nr. 2 neu gef. mWv 20. 12. 2012 durch VO v. 11. 12. 2012 (BGBl. I S. 2637).

[2] Polen eingef. mWv 1. 7. 2000 durch G v. 24. 6. 2000 (BGBl. I S. 874).

[3] Sechster Teil (§§ 51–57) eingef. durch VO v. 19. 8. 1991 (BGBl. I S. 1797).

[4] § 54 geänd. durch VO v. 25. 7. 1996 (BGBl. I S. 1168) und mWv 1. 7. 2000 durch G v. 24. 6. 2000 (BGBl. I S. 874), Abs. 2 und 3 angef. mWv 1. 11. 2003 durch G v. 26. 10. 2003 (BGBl. I S. 2074); Abs. 1 geänd. mWv 17. 6. 2016 durch G v. 31. 3. 2016 (BGBl. I S. 518).

genügt, sofern der Versicherungsvertrag die Voraussetzungen der §§ 52 bis 53a erfüllt.

(2) [1]Erfolgt die Bestellung zum Steuerberater auf Grund des Bestehens einer Eignungsprüfung im Sinne des § 37a Abs. 2 des Gesetzes, so sind Bescheinigungen über eine abgeschlossene Berufshaftpflichtversicherung, die von den Versicherungsunternehmen eines anderen Mitgliedstaates der Europäischen Union oder eines Vertragsstaates des Abkommens über den Europäischen Wirtschaftsraum oder der Schweiz ausgestellt worden sind, als gleichwertig mit den in Deutschland ausgestellten Bescheinigungen anzuerkennen, sofern sie in Bezug auf Deckungsbedingungen und -umfang den in Deutschland geltenden Rechts- und Verwaltungsvorschriften genügen. [2]Die zum Nachweis vorgelegten Unterlagen sind mit einer beglaubigten Übersetzung vorzulegen, wenn sie nicht in deutscher Sprache abgefasst sind. [3]Die Bescheinigungen dürfen bei ihrer Vorlage nicht älter als drei Monate sein.

(3) Ist im Falle des Absatzes 2 die Erfüllung der Verpflichtung des § 53 Abs. 2 durch das Versicherungsunternehmen nicht sichergestellt, so haben die in Deutschland beruflich niedergelassenen selbständigen Steuerberater der zuständigen Steuerberaterkammer jährlich eine Bescheinigung des Versicherers vorzulegen, aus der sich die Versicherungsbedingungen und der Deckungsumfang ergeben.

§ 55[1)·2)] Nachweis des Versicherungsabschlusses. (1) [1]Bewerber, die ihre Bestellung zum Steuerberater oder zum Steuerbevollmächtigten beantragen und den Beruf selbständig ausüben wollen, müssen der bestellenden Steuerberaterkammer den Abschluß einer dieser Verordnung entsprechenden Berufshaftpflichtversicherung durch eine Bestätigung des Versicherers nachweisen oder eine entsprechende vorläufige Deckungszusage vorlegen, in der sich der Versicherer verpflichtet, den Widerruf der Deckungszusage unverzüglich der zuständigen Steuerberaterkammer mitzuteilen. [2]Bei Vorlage einer vorläufigen Deckungszusage ist nach der Bestellung der zuständigen Steuerberaterkammer unverzüglich der Abschluß der Berufshaftpflichtversicherung durch eine Bestätigung des Versicherers oder eine beglaubigte Abschrift des Versicherungsscheines nachzuweisen.

(2) Absatz 1 gilt sinngemäß für die Anerkennung als Steuerberatungsgesellschaft.

(3) Absatz 1 gilt sinngemäß für Partnerschaftsgesellschaften mit der Maßgabe, dass eine entsprechende Versicherungsbescheinigung mit der Anmeldung zum Partnerschaftsregister der Steuerberaterkammer, in deren Bezirk die Partnerschaftsgesellschaft ihren Sitz hat, vorzulegen ist.

§ 56[1)·3)] Anzeige von Veränderungen. (1) Die Beendigung oder Kündigung des Versicherungsvertrages, jede Änderung des Versicherungsvertrages, die

---

[1)] Sechster Teil (§§ 51–57) eingef. durch VO v. 19. 8. 1991 (BGBl. I S. 1797).

[2)] § 55 Abs. 1 Satz 1 geänd. mWv 1. 7. 2000 durch G v. 24. 6. 2000 (BGBl. I S. 874); Abs. 3 angef. mWv 19. 7. 2013 durch G v. 15. 7. 2013 (BGBl. I S. 2386).

[3)] § 56 Abs. 2 angef. mWv 12. 4. 2008 durch G v. 8. 4. 2008 (BGBl. I S. 666).

den nach dieser Verordnung vorgeschriebenen Versicherungsschutz beeinträchtigt, der Wechsel des Versicherers, der Beginn und die Beendigung der Versicherungspflicht infolge einer Änderung der Form der beruflichen Tätigkeit und der Widerruf einer vorläufigen Deckungszusage sind der gemäß § 67 des Gesetzes zuständigen Steuerberaterkammer von dem Versicherungspflichtigen unverzüglich anzuzeigen.

(2) [1]Der Versicherer ist befugt, der zuständigen Steuerberaterkammer Beginn und Ende des Versicherungsvertrags, jede Änderung des Versicherungsvertrags, die den nach dieser Verordnung vorgeschriebenen Versicherungsschutz beeinträchtigt, und den Widerruf einer vorläufigen Deckungszusage mitzuteilen. [2]Die zuständige Steuerberaterkammer ist berechtigt, entsprechende Auskünfte bei dem Versicherer einzuholen.

§ 57.[1)] *(aufgehoben)*

Siebter Teil. Übergangs- und Schlußvorschriften[2)]

§ 58[3)] **Übergangsregelung.** (1) Die Vorschriften dieser Verordnung über die Zulassung zur Prüfung in der ab dem 1. Juli 2000 geltenden Fassung sind erstmals auf die Zulassung zur Prüfung im Jahre 2001 anzuwenden.

(2) Auf Prüfungen, die vor dem 1. November 2000 begonnen haben, sind die Vorschriften dieser Verordnung in der bis zum 30. Juni 2000 geltenden Fassung weiter anzuwenden.

(3) Die den Steuerberatungskammern zugewiesenen Aufgaben des Zweiten und Vierten Teils dieser Verordnung in der ab dem 1. Juli 2000 geltenden Fassung werden bis zum 31. Dezember 2000 von den bisher zuständigen Behörden der Finanzverwaltung wahrgenommen.

(4) Die Vorschriften dieser Verordnung in der ab 12. April 2008 geltenden Fassung über die Zulassung zur Prüfung, die Befreiung von der Prüfung, die organisatorische Durchführung der Prüfung und die Abnahme der Prüfung sind erstmals für Prüfungen anzuwenden, die nach dem 31. Dezember 2008 beginnen und für Anträge auf Befreiung von der Prüfung oder auf Erteilung einer verbindlichen Auskunft über die Erfüllung einzelner Voraussetzungen für die Zulassung zur Prüfung oder über die Befreiung von der Prüfung, die nach dem 31. Dezember 2008 gestellt werden.

§ 59.[4)] *(aufgehoben)*

---

1) § 57 aufgeh. mWv 1. 7. 2000 durch G v. 24. 6. 2000 (BGBl. I S. 874).

2) Bish. Sechster Teil wird Siebter Teil, bish. §§ 51 und 53 werden §§ 58 und 59, bish. § 52 (Berlin-Klausel) aufgeh. durch VO v. 19. 8. 1991 (BGBl. I S. 1797).

3) § 58 neu gef. durch G v. 24. 6. 2000 (BGBl. I S. 874), Abs. 4 angef. durch G v. 8. 4. 2008 (BGBl. I S. 666).

4) § 59 aufgeh. durch G v. 24. 6. 2000 (BGBl. I S. 874).

847. Verordnung zur Durchführung der Vorschriften über die Lohnsteuerhilfevereine (DVLStHV)

Vom 15. Juli 1975 (BGBl. I S. 1906)

Geändert durch Verordnung vom 28.5.1991 (BGBl. I S. 1202), durch Gesetze vom 24.6.2000 (BGBl. I S. 874), vom 8.4.2008 (BGBl. I S. 666), Verordnung vom 17. 11. 2010 BGBl. I S. 1544), Gesetz vom 8.12.2010 (BGBl. I S. 1864), Gesetz vom 22.6.2011 (BGBl. I S. 1126) und Vierte Verordnung zur Änderung Steuerlicher Veordnungen vom 12.7.2017 (BGBl. I S 2360)

BGBl. III/FNA 610-10-4

Auf Grund des § 31 des Steuerberatungsgesetzes[1] vom 16. August 1961 (Bundesgesetzbl. I S. 1301) in der Fassung des Dritten Gesetzes zur Änderung des Steuerberatungsgesetzes vom 24. Juni 1975 (Bundesgesetzbl. I S. 1509) wird mit Zustimmung des Bundesrates verordnet:

Erster Teil. Anerkennung als Lohnsteuerhilfeverein

§ 1[2] Antrag. Der Antrag auf Anerkennung als Lohnsteuerhilfeverein ist schriftlich bei der zuständigen Aufsichtsbehörde einzureichen, in deren Bezirk der Verein seinen Sitz und seine Geschäftsleitung hat.

§ 2[3] Nachweise. Dem Antrag auf Anerkennung als Lohnsteuerhilfeverein sind neben der öffentlich beglaubigten Abschrift der Satzung (§ 15 Abs. 2 des Gesetzes) beizufügen

1. der Nachweis über den Erwerb der Rechtsfähigkeit,
2. eine Liste mit den Namen und den Anschriften der Mitglieder des Vorstands,
3.[4] der Nachweis über das Bestehen einer Versicherung gegen die sich aus der Hilfeleistung in Steuersachen im Rahmen der Befugnis nach § 4 Nr. 11 des Steuerberatungsgesetzes ergebenden Haftpflichtgefahren,
4. ein Verzeichnis der Beratungsstellen, deren Eröffnung im Bezirk der für die Anerkennung zuständigen Aufsichtsbehörde (§ 1) beabsichtigt ist, sowie die nach den §§ 4a und 4b erforderlichen Mitteilungen nebst Erklärungen und Nachweisen,
5. eine Abschrift der nicht in der Satzung enthaltenen Regelungen über die Erhebung von Beiträgen.

---

[1] Nr. **840**.

[2] § 1 geänd. durch VO v. 28.5.1991 (BGBl. I S. 1202) und durch G v. 8.4.2008 (BGBl. I S. 666).

[3] § 2 Nr. 2 geänd., Nr. 4 und Nr. 5 neugef. durch VO v. 28.5.1991 (BGBl. I S. 1202), Nr. 4 geänd. durch G v. 8.4.2008 (BGBl. I S. 666).

[4] § 2 Nr. 3 geänd. mWv 1.7.2000 durch G v. 24.6.2000 (BGBl. I S. 874).

§ 3[1)] Anerkennungsurkunde. Die Anerkennungsurkunde (§ 17 des Gesetzes) enthält

1. die Bezeichnung der anerkennenden Behörde,
2. Ort und Datum der Anerkennung,
3. Namen und Sitz des Vereins,
4. die Anerkennung als Lohnsteuerhilfeverein,
5. Dienstsiegel und
6. Unterschrift.

§ 4[2)] Ablehnung der Anerkennung. Über eine Ablehnung des Antrags auf Anerkennung als Lohnsteuerhilfeverein ist ein schriftlicher Bescheid zu erteilen.

Zweiter Teil. Beratungsstellen, Beratungsstellenleiter

§ 4 a[3)] Eröffnung und Verlegung einer Beratungsstelle. Die Mitteilung über die Eröffnung oder die Verlegung einer Beratungsstelle (§ 23 Absatz 4 Nummer 1 des Gesetzes) muss folgende Angaben enthalten:

1. die Anschrift der Beratungsstelle und im Fall ihrer Verlegung die bisherige und die neue Anschrift der Beratungsstelle,
2. ob und gegebenenfalls welche räumlichen, personellen und organisatorischen Verflechtungen mit anderen wirtschaftlichen Unternehmen bestehen.

§ 4 b[4)] Bestellung eines Beratungsstellenleiters. (1) Die Mitteilung über die Bestellung des Leiters einer Beratungsstelle (§ 23 Abs. 4 Nr. 2 des Gesetzes) muß die Anschrift der übernommenen Beratungsstelle sowie folgende Angaben über den Beratungsstellenleiter enthalten:

1. Name, Anschrift und Beruf,
2. ob und gegebenenfalls bei welchem Lohnsteuerhilfeverein er bereits früher Hilfe in Steuersachen im Rahmen der Befugnis nach § 4 Nr. 11 des Steuerberatungsgesetzes geleistet hat,
3. ob und gegebenenfalls welche andere Beratungsstelle eines Lohnsteuerhilfevereins er weiterhin leitet.

(2) Der Mitteilung nach Absatz 1 sind beizufügen:

1. Bescheinigungen über die bisherige berufliche Tätigkeit, insbesondere mit Angaben über Art und Umfang der Tätigkeit, als Nachweis darüber, daß die Voraussetzungen des § 23 Abs. 3 Satz 1 des Gesetzes erfüllt sind,
2. eine Erklärung des Beratungsstellenleiters,

[1)] § 3 Abs. 2 aufgeh. durch VO v. 28.5.1991 (BGBl. I S. 1202).

[2)] § 4 neu gef. durch VO v. 28.5.1991 (BGBl. I S. 1202).

[3)] § 4a neu gef. mWv 20.7.2017 durch VO v. 12.7.2017 (BGBl. I S. 2360).

[4)] § 4b eingef. durch VO v. 28.5.1991 (BGBl. I S. 1202), § 4b Abs. 1 Nr. 2 geänd. mWv 1.7.2000 durch G v. 24.6.2000 (BGBl. I S. 874).

a) daß er sich in geordneten wirtschaftlichen Verhältnissen befindet,

b) ob er innerhalb der letzten zwölf Monate strafgerichtlich verurteilt worden ist und ob gegen ihn ein gerichtliches Strafverfahren oder ein Ermittlungsverfahren anhängig ist; entsprechendes gilt für berufsgerichtliche Verfahren sowie für Bußgeldverfahren nach der Abgabenordnung und dem Steuerberatungsgesetz,

c) daß er bei der Meldebehörde die Erteilung eines Führungszeugnisses zur Vorlage bei der zuständigen Behörde beantragt hat.

Dritter Teil. Verzeichnis der Lohnsteuerhilfevereine

§ 5[1)] Eintragung. In das Verzeichnis der Lohnsteuerhilfevereine sind einzutragen

1. Lohnsteuerhilfevereine, die im Bezirk der Aufsichtsbehörde ihren Sitz und ihre Geschäftsleitung haben, und zwar
   a) der Name, der Sitz und die Anschrift der Geschäftsleitung des Vereins,
   b) der Tag der Anerkennung als Lohnsteuerhilfeverein und die Aufsichtsbehörde, die die Anerkennung ausgesprochen hat,
   c) die Namen und die Anschriften der Mitglieder des Vorstands,
   d) sämtliche Beratungsstellen des Vereins

   sowie alle Veränderungen zu den Buchstaben a, c und d;
2. im Bezirk der Aufsichtsbehörde bestehende Beratungsstellen, und zwar
   a) der Name, der Sitz und die Anschrift der Geschäftsleitung des Vereins,
   b) die Anschrift der Beratungsstelle,
   c) der Name und die Anschrift des Leiters der Beratungsstelle,
   d) *(aufgehoben)*

   sowie alle Veränderungen zu den Buchstaben a bis c.

§ 5 a[2)] Ablehnung der Eintragung. Wird die Eintragung einer Beratungsstelle oder eines Beratungsstellenleiters in das Verzeichnis der Lohnsteuerhilfevereine abgelehnt, gilt § 4 entsprechend.

§ 6[3)] Löschung. Im Verzeichnis der Lohnsteuerhilfevereine sind zu löschen

1. Lohnsteuerhilfevereine,
   a) wenn die Anerkennung als Lohnsteuerhilfeverein erloschen oder unanfechtbar zurückgenommen oder widerrufen ist,

---

1) § 5 Nr. 1 geänd., Nr. 2 Buchst. d aufgeh. durch VO v. 28.5.1991 (BGBl. I S. 1202), Nr. 1 und Nr. 2 geänd. durch G v. 8.4.2008 (BGBl. I S. 666).

2) § 5a eingef. durch VO v. 28.5.1991 (BGBl. I S. 1202).

3) § 6 Nr. 1 Buchst. b geänd. durch VO v. 28.5.1991 (BGBl. I S. 1202) und durch G v. 8.4.2008 (BGBl. I S. 666); Nr. 3 angef. mWv 20.7.2017 durch VO v. 12.7.2017 (BGBl. I S. 2360).

b) wenn der Sitz und die Geschäftsleitung aus dem Bezirk der Aufsichtsbehörde verlegt wird;

2. Beratungsstellen, wenn die Beratungsstelle geschlossen ist;

3. Beratungsstellen, wenn deren Sitz in den Bezirk einer anderen Aufsichtsbehörde verlegt wird.

§ 7[1)] Meldepflichten. [1]Die Vertretungsberechtigten des Vereins haben der das Verzeichnis führenden Aufsichtsbehörde die für die Eintragung oder Löschung nach § 5 Nr. 1 Buchstaben a und c, Nr. 2, § 6 Nr. 1 Buchstabe b und Nr. 2 erforderlichen Angaben innerhalb von zwei Wochen nach Eintritt des Ereignisses, das eine Eintragung oder Löschung notwendig macht, mitzuteilen. [2]Mitteilungen nach § 23 Abs. 4 des Gesetzes gelten gleichzeitig als Mitteilungen im Sinne dieser Vorschrift.

§ 8[2)] Mitteilung über Eintragung und Löschung. (1) [1]Die das Verzeichnis führende Behörde hat dem Verein Eintragungen, die für das Tätigwerden einer Beratungsstelle Voraussetzung sind (§ 23 Abs. 6 des Gesetzes), mitzuteilen. [2]Hat der Verein seinen Sitz und seine Geschäftsleitung im Bezirk einer anderen Aufsichtsbehörde, so sind auch dieser Mitteilungen zu übersenden.

(2) Wird der Verein im Verzeichnis gelöscht, so ist dies allen Aufsichtsbehörden, in deren Verzeichnissen Beratungsstellen des Vereins eingetragen sind, sowie dem zuständigen Registergericht mitzuteilen.

Vierter Teil. Haftpflichtversicherung[3)]

§ 9[4)] Versicherungspflicht. (1) [1]Lohnsteuerhilfevereine sind verpflichtet, sich gegen die aus ihrer Tätigkeit (§ 4 Nummer 11 des Gesetzes) ergebenden Haftpflichtgefahren für Vermögensschäden zu versichern und die Versicherung während der Dauer ihrer Anerkennung aufrechtzuerhalten. [2]Der Versicherungsschutz muss sich auch auf solche Vermögensschäden erstrecken, für die der Versicherungsnehmer nach § 278 oder § 831 des Bürgerlichen Gesetzbuchs einzustehen hat.

(2) Die Versicherung muss bei einem im Inland zum Geschäftsbetrieb befugten Versicherungsunternehmen zu den nach Maßgabe des Versicherungsaufsichtsgesetzes eingereichten allgemeinen Versicherungsbedingungen genommen werden.

§ 10 Mindestversicherungssumme. (1) Die Mindestversicherungssumme muss für den einzelnen Versicherungsfall 50 000 Euro betragen.

[1)] § 7 neu gef. durch VO v. 28.5.1991 (BGBl. I S. 1202) und geänd. durch G v. 8.4.2008 (BGBl. I S. 666).

[2)] § 8 neu gef. durch VO v. 28.5.1991 (BGBl. I S. 1202) und geänd. durch G v. 8.4.2008 (BGBl. I S. 666).

[3)] 4. Teil eingef. mWv 23.11.2010 durch VO v. 17.11.2010 (BGBl. I S. 1544).

[4)] § 9 aufgeh. mWv 15.12.2010 durch G v. 8.12.2010 (BGBl. I S. 1864) und wieder eingef. mWv 1.1.2011 durch G v. 22.6.2011 (BGBl. I S. 1126).

(2) [1] Eine Selbstbeteiligung von bis zu 300 Euro ist zulässig. [2] Die Selbstbeteiligung ist auszuschließen für den Fall, dass bei Geltendmachung des Schadens durch einen Dritten die Anerkennung als Lohnsteuerhhilfeverein erloschen ist.

(3) Wird eine Jahreshöchstleistung für alle im Versicherungsjahr verursachten Schäden vereinbart, muss sie mindestens 200 000 Euro betragen.

§ 11 Sonstige Inhalte des Versicherungsvertrags. (1) Der Versicherungsvertrag muss vorsehen, dass Versicherungsschutz für jede einzelne, während der Geltung des Versicherungsvertrags begangene Pflichtverletzung besteht, die gesetzliche Haftpflichtansprüche privatrechtlichen Inhalts zur Folge haben könnte.

(2) [1] Im Versicherungsvertrag ist der Versicherer zu verpflichten, der zuständigen Aufsichtsbehörde den Beginn und die Beendigung oder Kündigung des Versicherungsvertrags sowie jede Änderung des Versicherungsvertrags, die den vorgeschriebenen Versicherungsschutz beeinträchtigt, unverzüglich mitzuteilen. [2] Die Aufsichtsbehörde (§ 27 des Gesetzes) erteilt Dritten zur Geltendmachung von Schadensersatzansprüchen auf Antrag Auskunft über den Namen und die Adresse der Berufshaftpflichtversicherung des Lohnsteuerhilfevereins sowie die Versicherungsnummer, soweit der Lohnsteuerhilfeverein kein überwiegendes schutzwürdiges Interesse an der Nichterteilung der Auskunft hat.

(3) Der Versicherungsvertrag kann vorsehen, dass die Versicherungssumme den Höchstbetrag der dem Versicherer in jedem einzelnen Schadensfall obliegenden Leistung darstellt, und zwar mit der Maßgabe, dass nur eine einmalige Leistung der Versicherungssumme in Frage kommt

1. gegenüber mehreren entschädigungspflichtigen Personen, auf welche sich der Versicherungsschutz erstreckt,
2. bezüglich eines aus mehreren Verstößen stammenden einheitlichen Schadens,
3. bezüglich sämtlicher Folgen eines Verstoßes. [2] Dabei gilt mehrfaches, auf gleicher oder gleichartiger Fehlerquelle beruhendes Tun oder Unterlassen als einheitlicher Verstoß, wenn die betreffenden Angelegenheiten miteinander in rechtlichem oder wirtschaftlichem Zusammenhang stehen. [3] In diesem Fall kann die Leistung des Versicherers auf das Fünffache der Mindestversicherungssumme begrenzt werden.

§ 12 Ausschlüsse. Von der Versicherung kann die Haftung ausgeschlossen werden für

1. Ersatzansprüche wegen wissentlicher Pflichtverletzung und
2. Ersatzansprüche wegen Schäden, die durch fehlerhafte Kassenführung, durch Verstöße beim Zahlungsakt oder durch Veruntreuung durch das Personal des Versicherungsnehmers entstehen.

§ 13 Nachweis des Versicherungsabschlusses vor der Anerkennung. [1] Der Lohnsteuerhilfeverein, der die Anerkennung beantragt, muss der anerkennenden Aufsichtsbehörde (§ 27 des Gesetzes) den Abschluss einer dieser

Verordnung entsprechenden Berufshaftpflichtversicherung durch eine Bestätigung des Versicherers nachweisen oder eine entsprechende vorläufige Deckungszusage vorlegen, in der sich der Versicherer verpflichtet, den Widerruf der Deckungszusage unverzüglich der zuständigen Aufsichtsbehörde mitzuteilen. 2 Bei Vorlage einer vorläufigen Deckungszusage ist nach der Anerkennung der zuständigen Aufsichtsbehörde unverzüglich der Abschluss der Berufshaftpflichtversicherung durch eine Bestätigung des Versicherers oder eine beglaubigte Abschrift des Versicherungsscheins nachzuweisen.

§ 14 Anzeige von Veränderungen. (1) Die Beendigung oder Kündigung des Versicherungsvertrags, jede Änderung des Versicherungsvertrags, die den nach dieser Verordnung vorgeschriebenen Versicherungsschutz beeinträchtigt, der Wechsel des Versicherers und der Widerruf einer vorläufigen Deckungszusage sind der gemäß § 25 Absatz 2 des Gesetzes zuständigen Aufsichtsbehörde von dem Versicherungspflichtigen unverzüglich anzuzeigen.

(2) Die zuständige Aufsichtsbehörde ist berechtigt, Auskünfte über den Beginn und über die in Absatz 1 aufgeführten Veränderungen des Versicherungsvertrags bei Versicherer einzuholen.

849. Verordnung über die Berufsausbildung zum Steuerfachangestellten/zur Steuerfachangestellten[1)]

Vom 9. Mai 1996

(BGBl. I S. 672)

BGBl. III/FNA 806–21–1–204

Auf Grund des § 25 des Berufsbildungsgesetzes vom 14. August 1969 (BGBl. I S. 1112), der zuletzt durch § 24 Nr. 1 des Gesetzes vom 24. August 1976 (BGBl. I S. 2525) geändert worden ist, in Verbindung mit Artikel 56 des Zuständigkeitsanpassungs-Gesetzes vom 18. März 1975 (BGBl. I S. 705) und dem Organisationserlaß vom 17. November 1994 (BGBl. I S. 3667) verordnen das Bundesministerium der Finanzen und das Bundesministerium für Wirtschaft im Einvernehmen mit dem Bundesministerium für Bildung, Wissenschaft, Forschung und Technologie:

§ 1 Staatliche Anerkennung des Ausbildungsberufes. Der Ausbildungsberuf Steuerfachangestellter/Steuerfachangestellte wird staatlich anerkannt.

§ 2 Ausbildungsdauer. Die Ausbildung dauert drei Jahre.

§ 3 Ausbildungsberufsbild. Gegenstand der Berufsausbildung sind mindestens die folgenden Fertigkeiten und Kenntnisse:

1. Ausbildungspraxis:
1.1 Bedeutung, Stellung und gesetzliche Grundlagen der steuerberatenden und wirtschaftsprüfenden Berufe,
1.2 Personalwesen, arbeits- und sozialrechtliche Grundlagen,
1.3 Berufsbildung,
1.4 Arbeitssicherheit, Umweltschutz und rationelle Energieverwendung;
2. Praxis- und Arbeitsorganisation:
2.1 Inhalt und Organisation der Arbeitsabläufe,
2.2 Kooperation und Kommunikation;
3. Anwenden von Informations- und Kommunikationstechniken;
4. Rechnungswesen:
4.1 Buchführungs- und Bilanzierungsvorschriften,
4.2 Buchführungs- und Abschlußtechnik,

---

1) Diese Rechtsverordnung ist eine Ausbildungsordnung im Sinne des § 25 des Berufsbildungsgesetzes. Die Ausbildungsordnung und der damit abgestimmte, von der Ständigen Konferenz der Kultusminister der Länder in der Bundesrepublik Deutschland beschlossene Rahmenlehrplan für die Berufsschule sind im BAnz 1996 Beilage 156 a veröffentlicht.

4.3 Lohn- und Gehaltsabrechnung,
4.4 Erstellen von Abschlüssen;
5. betriebswirtschaftliche Facharbeit:
5.1 Auswerten der Rechnungslegung,
5.2 Finanzierung;
6. steuerliche Facharbeit:
6.1 Abgabenordnung,
6.2 Umsatzsteuer,
6.3 Einkommensteuer,
6.4 Körperschaftsteuer,
6.5 Gewerbesteuer,
6.6 Bewertungsgesetz,
6.7 Vermögensteuer.

§ 4 Ausbildungsrahmenplan. (1) [1]Die Fertigkeiten und Kenntnisse nach § 3 sollen nach den in den Anlagen I und II enthaltenen Anleitungen zur sachlichen und zeitlichen Gliederung der Berufsausbildung (Ausbildungsrahmenplan) vermittelt werden. [2]Eine von dem Ausbildungsrahmenplan abweichende sachliche und zeitliche Gliederung des Ausbildungsinhaltes ist insbesondere zulässig, soweit betriebspraktische Besonderheiten die Abweichung erfordern.

(2) [1]Die in dieser Verordnung genannten Fertigkeiten und Kenntnisse sollen so vermittelt werden, daß der Auszubildende zur Ausübung einer qualifizierten beruflichen Tätigkeit im Sinne des § 1 Abs. 2 des Berufsbildungsgesetzes befähigt wird, die insbesondere selbständiges Planen, Durchführen und Kontrollieren einschließt. [2]Diese Befähigung ist auch in den Prüfungen nach den §§ 7 und 8 nachzuweisen.

§ 5 Ausbildungsplan. Der Ausbildende hat unter Zugrundelegung des Ausbildungsrahmenplanes für den Auszubildenden einen Ausbildungsplan zu erstellen.

§ 6 Berichtsheft. [1]Der Auszubildende hat ein Berichtsheft in Form eines Ausbildungsnachweises zu führen. [2]Ihm ist Gelegenheit zu geben, das Berichtsheft während der Ausbildungszeit zu führen. [3]Der Ausbildende hat das Berichtsheft regelmäßig durchzusehen.

§ 7 Zwischenprüfung. (1) [1]Zur Ermittlung des Ausbildungsstandes ist eine Zwischenprüfung durchzuführen. [2]Sie soll vor dem Ende des zweiten Ausbildungsjahres stattfinden.

(2) Die Zwischenprüfung erstreckt sich auf die in den Anlagen I und II für das erste Ausbildungsjahr und die für das zweite Ausbildungsjahr unter laufender Nummer 4.2 Buchstabe d und laufender Nummer 4.3 aufgeführten Fertigkeiten und Kenntnisse sowie auf den im Berufsschulunterricht entsprechend dem Rahmenlehrplan zu vermittelnden Lehrstoff, soweit er für die Berufsausbildung wesentlich ist.

(3) Die Zwischenprüfung ist schriftlich anhand praxisbezogener Fälle oder Aufgaben in insgesamt höchstens 180 Minuten in folgenden Prüfungsfächern durchzuführen:

1. Steuerwesen,
2. Rechnungswesen,
3. Wirtschafts- und Sozialkunde.

(4) Die in Absatz 3 genannte Prüfungsdauer kann insbesondere unterschritten werden, soweit die Prüfung in programmierter Form durchgeführt wird.

§ 8 Abschlußprüfung. (1) Die Abschlußprüfung erstreckt sich auf die in der Anlage I aufgeführten Fertigkeiten und Kenntnisse sowie auf den im Berufsschulunterricht vermittelten Lehrstoff, soweit er für die Berufsausbildung wesentlich ist.

(2) Die Prüfung ist schriftlich in den Prüfungsfächern Steuerwesen, Rechnungswesen, Wirtschafts- und Sozialkunde und mündlich im Prüfungsfach Mandantenorientierte Sachbearbeitung durchzuführen.

(3) In der schriftlichen Prüfung soll der Prüfling in den nachstehend genannten Prüfungsfächern je eine Arbeit anfertigen:

1. Prüfungsfach Steuerwesen:

   [1]In 150 Minuten soll der Prüfling praxisbezogene Fälle oder Aufgaben bearbeiten und dabei zeigen, daß er Fertigkeiten und Kenntnisse steuerlicher Facharbeit erworben hat und wirtschafts- und steuerrechtliche Zusammenhänge versteht. [2]Hierfür kommen insbesondere folgende Gebiete in Betracht:

   a) Steuern vom Einkommen und Ertrag,
   b) Steuern vom Vermögen,
   c) Steuern vom Umsatz,
   d) Abgabenordnung;

2. Prüfungsfach Rechnungswesen:

   In 120 Minuten soll der Prüfling praxisbezogene Aufgaben oder Fälle insbesondere aus den folgenden Gebieten bearbeiten und dabei zeigen, daß er Fertigkeiten und Kenntnisse dieser Gebiete erworben hat und Zusammenhänge versteht:

   a) Buchführung,
   b) Jahresabschluß;

3. Prüfungsfach Wirtschafts- und Sozialkunde:

   [1]In 90 Minuten soll der Prüfling praxisbezogene Aufgaben oder Fälle bearbeiten und dabei zeigen, daß er wirtschaftliche, rechtliche und gesellschaftliche Zusammenhänge der Berufs- und Arbeitswelt darstellen und beurteilen kann. [2]Hierfür kommen insbesondere folgende Gebiete in Betracht:

   a) Arbeitsrecht und soziale Sicherung,
   b) Schuld- und Sachenrecht,

c) Handels- und Gesellschaftsrecht,

d) Finanzierung.

(4) Die in Absatz 3 genannte Prüfungsdauer kann insbesondere unterschritten werden, soweit die Prüfung in programmierter Form durchgeführt wird.

(5) [1] Das Prüfungsfach Mandantenoriertierte Sachbearbeitung besteht aus einem Prüfungsgespräch. [2] Der Prüfling soll ausgehend von einer von zwei ihm mit einer Vorbereitungszeit von höchstens zehn Minuten zur Wahl gestellten Aufgaben zeigen, daß er berufspraktische Vorgänge und Problemstellungen bearbeiten und Lösungen darstellen kann. [3] Für das Prüfungsgespräch kommen insbesondere folgende Gebiete in Betracht:

a) allgemeines Steuer- und Wirtschaftsrecht,

b) Einzelsteuerrecht,

c) Buchführungs- und Bilanzierungsgrundsätze,

d) Rechnungslegung.

[4] Das Prüfungsgespräch soll für den einzelnen Prüfling nicht länger als 30 Minuten dauern.

(6) [1] Sind in der schriftlichen Prüfung die Prüfungsleistungen in bis zu zwei Prüfungsfächern mit „mangelhaft" und in dem weiteren Prüfungsfach mit mindestens „ausreichend" bewertet worden, so ist auf Antrag des Prüflings oder nach Ermessen des Prüfungsausschusses in einem der mit „mangelhaft" bewerteten Prüfungsfächer die schriftliche Prüfung durch eine mündliche Prüfung von etwa 15 Minuten zu ergänzen, wenn diese für das Bestehen der Prüfung den Ausschlag geben kann. [2] Das Prüfungsfach ist vom Prüfling zu bestimmen. [3] Bei der Ermittlung des Ergebnisses für dieses Prüfungsfach sind die Ergebnisse der schriftlichen Arbeit und der mündlichen Ergänzungsprüfung im Verhältnis 2 : 1 zu gewichten.

(7) Bei der Ermittlung des Gesamtergebnisses haben die Prüfungsfächer das gleiche Gewicht.

(8) [1] Zum Bestehen der Abschlußprüfung müssen im Gesamtergebnis, im Prüfungsfach Steuerwesen und in mindestens zwei weiteren der vier in Absatz 2 genannten Prüfungsfächer mindestens ausreichende Leistungen erbracht werden. [2] Werden die Prüfungsleistungen in einem Prüfungsfach mit „ungenügend" bewertet, ist die Prüfung nicht bestanden.

§ 9 Übergangsregelung. Auf Berufsausbildungsverhältnisse, die bei Inkrafttreten dieser Verordnung bestehen, sind die bisherigen Vorschriften weiter anzuwenden, es sei denn, die Vertragsparteien vereinbaren die Anwendung der Vorschriften dieser Verordnung.

§ 10 Inkrafttreten, Außerkrafttreten. [1] Diese Verordnung tritt am 1. August 1996 in Kraft. [2] Gleichzeitig tritt die Verordnung über die Berufsausbildung zum Fachgehilfen in steuer- und wirtschaftsberatenden Berufen vom 15. Februar 1978 (BGBl. I S. 269) außer Kraft.

Anlage I
(zu § 4)

Ausbildungsrahmenplan für die Berufsausbildung zum Steuerfachangestellten/zur Steuerfachangestellten

– Sachliche Gliederung –

Lfd. Nr.	Teil des Ausbildungsberufsbildes	Zu vermittelnde Fertigkeiten und Kenntnisse
1	2	3
1.	Ausbildungspraxis (§ 3 Nr. 1)	
1.1	Bedeutung, Stellung und gesetzliche Grundlagen der steuerberatenden und wirtschaftsprüfenden Berufe (§ 3 Nr. 1.1)	a) die Ausbildungspraxis und ihre Aufgaben in den gesamtwirtschaftlichen Zusammenhang einordnen b) Aufgaben der für die Ausbildungspraxis wichtigen Organisationen der Arbeitgeber und der Arbeitnehmer sowie der Finanzbehörden darstellen c) Aufgaben der steuerberatenden und wirtschaftsprüfenden Berufe erklären d) wesentliche Vorschriften des Berufsrechts der Steuerberater und Steuerbevollmächtigten sowie der Wirtschaftsprüfer und vereidigten Buchprüfer erläutern e) Vorschriften über Verschwiegenheitspflichten und Auskunftsverweigerungsrechte beachten sowie die Folgen ihrer Verletzung beschreiben
1.2	Personalwesen, arbeits- und sozialrechtliche Grundlagen (§ 3 Nr. 1.2)	a) für das Ausbildungs- und Arbeitsverhältnis in Betracht kommende Vorschriften des Arbeits- und Sozialrechts erläutern b) die für das Ausbildungs- und Arbeitsverhältnis wichtigen Nachweise erklären c) Personaleinsatzplanung an praktischen Beispielen erläutern d) Anforderungen an handlungskompetente Mitarbeiter in der Ausbildungspraxis beschreiben e) die durch das Berufsrecht gesetzten Grenzen des selbständigen Handelns bei der eigenen Arbeit beachten
1.3	Berufsbildung (§ 3 Nr. 1.3)	a) rechtliche Vorschriften der Berufsbildung erklären b) Inhalte des Berufsausbildungsvertrages, insbesondere die Rechte und Pflichten des Auszubildenden und des Ausbildenden, erläutern c) den betrieblichen Ausbildungsplan mit der Ausbildungsordnung vergleichen und zu seiner Umsetzung beitragen d) berufliche Fortbildungsmöglichkeiten und ihren Nutzen darstellen

Lfd. Nr.	Teil des Ausbildungsberufsbildes	Zu vermittelnde Fertigkeiten und Kenntnisse
1	2	3
1.4	Arbeitssicherheit, Umweltschutz und rationelle Energieverwendung (§ 3 Nr. 1.4)	a) berufsbezogene Arbeitsschutz- und Unfallverhütungsvorschriften einhalten und sich bei Unfällen situationsgerecht verhalten b) zur Vermeidung betriebsbedingter Umweltbelastungen im beruflichen Einwirkungsbereich beitragen c) zu sparsamen Material- und Energieverwendung im beruflichen Einwirkungsbereich beitragen
2.	Praxis- und Arbeitsorganisation (§ 3 Nr. 2)	
2.1	Inhalt und Organisation der Arbeitsabläufe (§ 3 Nr. 2.1)	a) Organisation der Ausbildungspraxis in Aufbau und Ablauf dastellen b) Zeichnungs- und Vertretungsregelung sowie Weisungsbefugnisse beachten c) Posteingang und Postausgang bearbeiten d) Termine planen und bei Fristenkontrolle mitwirken e) Aktenvermerke verfassen, Schriftstücke entwerfen und gestalten f) Registratur- und Fachbibliotheksarbeiten durchführen g) Vorgänge des Zahlungsverkehrs bearbeiten h) Möglichkeiten humaner Arbeitsgestaltung an Beispielen der Ausbildungspraxis erläutern i) Vorschriften für Büroarbeitsplätze beachten und den eigenen Arbeitsplatz sachgerecht gestalten k) den eigenen Aufgabenbereich selbstverantwortlich und zeitökonomisch gestalten
2.2	Kooperation und Kommunikation (§ 3 Nr. 2.2)	a) Möglichkeiten der gegenseitigen Information und der Kooperation innerhalb der Ausbildungspraxis nutzen b) Gespräche und Korrespondenz mandantenorientiert führen
3.	Anwenden von Informations- und Kommunikationstechniken (§ 3 Nr. 3)	a) die in der Ausbildungspraxis für unterschiedliche Arbeitsaufgaben, insbesondere für die Finanzbuchhaltung, eingesetzten Datenverarbeitungsanwendungen nutzen b) Handbücher, Dokumentationen und andere Hilfsmittel nutzen c) Schutzvorschriften und Regelungen für Bildschirmarbeitsplätze beachten d) die in der Ausbildungspraxis eingesetzten Informations- und Kommunikationstechniken nutzen e) Vorschriften des Datenschutzes beachten f) betriebliche Regelungen zur Datensicherheit anwenden

Lfd. Nr.	Teil des Ausbildungsberufsbildes	Zu vermittelnde Fertigkeiten und Kenntnisse
1	2	3
4.	Rechnungswesen (§ 3 Nr. 4)	
4.1	Buchführungs- und Bilanzierungsvorschriften (§ 3 Nr. 4.1)	a) Buchführungspflichten nach Handels- und Steuerrecht sowie Grundsätze ordnungsmäßiger Buchführung beachten b) Aufzeichnungspflichten nach Steuerrecht beachten und von den Buchführungspflichten unterscheiden c) Vorschriften über die Eröffnungsbilanz und den Jahresabschluß anwenden d) Vorschriften über die Aufbewahrungsfristen beachten
4.2	Buchführungs- und Abschlußtechnik (§ 3 Nr. 4.2)	a) die verschiedenen Buchungstechniken nach ihren Einsatzmöglichkeiten unterscheiden b) Kontenrahmen auswählen und Kontenpläne aufstellen c) Konten eröffnen, Geschäftsvorfälle kontieren und buchen sowie Konten abschließen d) Nebenbücher führen und abschließen e) Anlagenverzeichnisse führen
4.3	Lohn- und Gehaltsabrechnung (§ 3 Nr. 4.3)	a) steuer- und sozialversicherungsrechtliche Vorschriften für die Lohn- und Gehaltsabrechnung anwenden b) Lohn- und Gehaltsabrechnungen erstellen c) Lohn- und Gehaltskonten führen d) die im Rahmen der Lohn- und Gehaltsbuchführung notwendigen Nachweise und Anmeldungen erstellen e) die Ergebnisse der Lohn- und Gehaltsabrechnung in die Finanzbuchhaltung übernehmen
4.4	Erstellen von Abschlüssen (§ 3 Nr. 4.4)	a) Einnahme-Überschußrechnung erstellen b) Bilanz sowie Gewinn- und Verlustrechnung aus der Buchführung entwickeln
5.	Betriebswirtschaftliche Facharbeit (§ 3 Nr. 5)	
5.1	Auswerten der Rechnungslegung (§ 3 Nr. 5.1)	a) Zielsetzung innerer und äußerer Betriebsvergleiche darstellen b) betriebliche Kennziffern ermitteln und auswerten c) Vermögens- und Kapitalstrukturen ermitteln d) Kosten und Erlöse im Mehrjahresvergleich gegenüberstellen e) Richtsatzvergleiche durchführen
5.2	Finanzierung (§ 3 Nr. 5.2)	a) Finanzierungsregeln unterscheiden b) Eigen- und Fremdfinanzierung; Außen- und Innenfinanzierung an Beispielen erläutern

Lfd. Nr.	Teil des Ausbildungsberufsbildes	Zu vermittelnde Fertigkeiten und Kenntnisse
1	2	3
6.	Steuerliche Facharbeit (§ 3 Nr. 6)	
6.1	Abgabenordnung (§ 3 Nr. 6.1)	a) mit steuerlichen Vorschriften, Richtlinien, Rechtsprechung und Fachliteratur umgehen b) Rechte und Pflichten der Beteiligten, ihrer gesetzlichen Vertreter sowie der Finanzbehörden im Besteuerungsverfahren unterscheiden c) Vorschriften über die Entstehung und Festsetzung der Steuer sowie über die Fälligkeit beachten d) Anträge auf Stundung, Aussetzung der Vollziehung und Erlaß sowie Aufrechnungserklärungen entwerfen e) Fristen und Termine berechnen, Verjährungsfristen beachten und Anträge auf Fristverlängerung entwerfen f) über die Zulässigkeit und Durchführung des außergerichtlichen Rechtsbehelfsverfahrens sowie über die Aufhebung und Änderung von Steuerbescheiden Auskunft geben g) Einsprüche und Anträge auf Aufhebung und Änderung von Steuerbescheiden entwerfen h) Tatbestände der Steuerhinterziehung, der leichtfertigen Steuerverkürzung und der Steuergefährdung unterscheiden i) über den Ablauf des finanzgerichtlichen Verfahrens Auskunft geben
6.2	Umsatzsteuer (§ 3 Nr. 6.2)	a) Umsatzsteuer-Voranmeldungen und Zusammenfassende Meldungen erstellen b) Umsatzsteuererklärungen erstellen und Umsatzverprobungen durchführen c) Umsatzsteuerbescheide prüfen
6.3	Einkommensteuer (§ 3 Nr. 6.3)	a) Besteuerungsgrundlagen ermitteln b) Einkommensteuererklärungen erstellen c) Erklärungen zur gesonderten Feststellung der Einkünfte erstellen d) das zu versteuernde Einkommen ermitteln e) tarifliche und festzusetzende Einkommensteuer berechnen f) Einkommensteuer- und Feststellungsbescheide prüfen g) Anträge auf Lohnsteuerermäßigung stellen und Eintragungen auf der Lohnsteuerkarte prüfen
6.4	Körperschaftsteuer (§ 3 Nr. 6.4)	a) Körperschaftsteuerpflicht prüfen b) steuerpflichtiges Einkommen nach dem Einkommensteuergesetz und nach dem Körperschaftsteuergesetz unterscheiden c) Körperschaftsteuertarife, Ausschüttungsbelastung und Anrechnungsverfahren erklären

Lfd. Nr.	Teil des Ausbildungsberufsbildes	Zu vermittelnde Fertigkeiten und Kenntnisse
1	2	3
6.5	Gewerbesteuer (§ 3 Nr. 6.5)	a) Gewerbesteuerrückstellungen berechnen b) Gewerbesteuererklärungen einschließlich Zerlegungserklärungen erstellen c) Gewerbesteuermeßbescheide, Zerlegungsbescheide und Gewerbesteuerbescheide prüfen
6.6	Bewertungsgesetz (§ 3 Nr. 6.6)	a) Vermögensarten und die Bewertung der zu ihnen gehörenden Wirtschaftsgüter sowie der Schulden und Abzüge erläutern b) Vermögensaufstellungen erstellen c) Wertfortschreibungsgrenzen prüfen d) Einheitswertbescheide für Betriebsvermögen und das einem freien Beruf dienende Vermögen prüfen
6.7	Vermögensteuer (§ 3 Nr. 6.7)	a) Vermögensteuererklärungen erstellen b) Vermögensteuerbelastung errechnen c) Neuveranlagungsgrenzen prüfen d) Vermögensteuerbescheide prüfen

Anlage II
(zu § 4)

Ausbildungsrahmenplan für die Berufsausbildung zum Steuerfachangestellten/zur Steuerfachangestellten

– Zeitliche Gliederung –

A.

Die Fertigkeiten und Kenntnisse zu den Berufsbildpositionen 1.4, 2.1, Lernziele h, i, k, und 2.2 sind während der gesamten Ausbildungsdauer zu vermitteln. Ihre Vermittlung soll insbesondere in Zusammenhang mit den Berufsbildpositionen 4 und 6 erfolgen.

B.

1. Ausbildungsjahr

(1) In einem Zeitraum von insgesamt vier bis sechs Monaten sind schwerpunktmäßig die Fertigkeiten und Kenntnisse der Berufsbildpositionen
4.2 Buchführungs- und Abschlußtechnik, Lernziele a bis c,
6.1 Abgabenordnung, Lernziele a und e,
6.2 Umsatzsteuer, Lernziel a,
zu vermitteln.

(2) In einem Zeitraum von insgesamt drei bis fünf Monaten sind schwerpunktmäßig die Fertigkeiten und Kenntnisse der Berufsbildpositionen
2.1 Inhalt und Organisation der Arbeitsabläufe, Lernziele a, b, c, d, f und g,
4.1 Buchführungs- und Bilanzierungsvorschriften, Lernziele a, b und d,
zu vermitteln.

(3) In einem Zeitraum von insgesamt zwei bis vier Monaten sind schwerpunktmäßig die Fertigkeiten und Kenntnisse der Berufsbildpositionen
1.1 Bedeutung, Stellung und gesetzliche Grundlagen der steuerberatenden und wirtschaftsprüfenden Berufe,
1.2 Personalwesen, arbeits- und sozialrechtliche Grundlagen, Lernziele a, b und e,
1.3 Berufsbildung, Lernziele a bis c,
3. Anwenden von Informations- und Kommunikationstechniken, Lernziele d und e,
6.3 Einkommensteuer, Lernziele a und b,
zu vermitteln.

2. Ausbildungsjahr

(1) In einem Zeitraum von insgesamt vier bis sechs Monaten sind schwerpunktmäßig die Fertigkeiten und Kenntnisse der Berufsbildpositionen
6.1 Abgabenordnung, Lernziele c und g,
6.2 Umsatzsteuer, Lernziele b und c,
6.3 Einkommensteuer, Lernziele c bis g,
6.5 Gewerbesteuer
zu vermitteln sowie in Verbindung damit die Fertigkeiten und Kenntnisse der Berufsbildpositionen
6.1 Abgabenordnung, Lernziele a und e,
6.2 Umsatzsteuer, Lernziel a,
6.3 Einkommensteuer, Lernziele a und b,
zu vertiefen.

(2) In einem Zeitraum von insgesamt drei bis fünf Monaten sind schwerpunktmäßig die Fertigkeiten und Kenntnisse der Berufsbildpositionen
4.2 Buchführungs- und Abschlußtechnik, Lernziele d und e,
4.4 Erstellen von Abschlüssen, Lernziel a,
und in Verbindung damit die Fertigkeiten und Kenntnisse der Berufsbildposition

3. Anwenden von Informations- und Kommunikationstechniken, Lernziele a, b, c und f,
zu vermitteln sowie die Fertigkeiten und Kenntnisse der Berufsbildpositionen
4.1 Buchführungs- und Bilanzierungsvorschriften, Lernziele a, b und d,
4.2 Buchführungs- und Abschlußtechnik, Lernziele a bis c,
3. Anwenden von Informations- und Kommunikationstechniken, Lernziele d und e,
zu vertiefen.

(3) In einem Zeitraum von insgesamt zwei bis vier Monaten sind schwerpunktmäßig die Fertigkeiten und Kenntnisse der Berufsbildpositionen
1.2 Personalwesen, arbeits- und sozialrechtliche Grundlagen, Lernziele c und d,
2.1 Inhalt und Organisation der Arbeitsabläufe, Lernziel e,
4.3 Lohn- und Gehaltsabrechnung
zu vermitteln.

3. Ausbildungsjahr

(1) In einem Zeitraum von insgesamt vier bis sechs Monaten sind schwerpunktmäßig die Fertigkeiten und Kenntnisse der Berufsbildpositionen
6.1 Abgabenordnung, Lernziele b, d, f, h und i,
6.4 Körperschaftsteuer,
6.6 Bewertungsgesetz,
6.7 Vermögensteuer
zu vermitteln sowie die Fertigkeiten und Kenntnisse der Berufsbildpositionen
6.1 Abgabenordnung, Lernziele a, c und g,
6.2 Umsatzsteuer,
6.3 Einkommensteuer,
6.5 Gewerbesteuer
zu vertiefen.

(2) In einem Zeitraum von insgesamt drei bis fünf Monaten sind schwerpunktmäßig die Fertigkeiten und Kenntnisse der Berufsbildpositionen
4.1 Buchführungs- und Bilanzierungsvorschriften, Lernziel c,
4.4 Erstellen von Abschlüssen, Lernziel b,
zu vermitteln sowie in Verbindung damit die Fertigkeiten und Kenntnisse der Berufsbildpositionen
3. Anwenden von Informations- und Kommunikationstechniken,
4.2 Buchführungs- und Abschlußtechnik, Lernziele c und e,
4.3 Lohn- und Gehaltsabrechnung,
4.4 Erstellen von Abschlüssen, Lernziel a,
zu vertiefen.

(3) In einem Zeitraum von insgesamt zwei bis vier Monaten sind schwerpunktmäßig die Fertigkeiten und Kenntnisse der Berufsbildpositionen
1.3 Berufsbildung, Lernziel d,
5. Betriebswirtschaftliche Facharbeit
zu vermitteln sowie die Fertigkeiten und Kenntnisse der Berufsbildposition
2.1 Inhalt und Organisation der Arbeitsabläufe, Lernziel e,
zu vertiefen.

850. Gesetz über eine Berufsordnung der Wirtschaftsprüfer (Wirtschaftsprüferordnung)[1)]

In der Fassung der Bekanntmachung vom 5. November 1975
(BGBl. I S. 2803)

Geändert durch Gesetz zur Bereinigung wirtschaftsrechtlicher Vorschriften vom 27.2.1985 (BGBl. I S. 457), Bilanzrichtlinien-Gesetz vom 19.12.1985 (BGBl. I S. 2355), Erstes Gesetz zur Bereinigung des Verwaltungsverfahrensrechts vom 18.2.1986 (BGBl. I S. 265), Erstes Rechtsbereinigungsgesetz vom 24.4.1986 (BGBl. I S. 560), Zweites Gesetz zur Änderung der Wirtschaftsprüferordnung vom 20.7.1990 (BGBl. I S. 1462), Einigungsvertrag vom 31.8.1990 (BGBl. II S. 889, 998), Rechtspflege-Vereinfachungsgesetz vom 17.12.1990 (BGBl. I S. 2847), EWR-Ausführungsgesetz vom 27.4.1993 (BGBl. I S. 512, 2436), Drittes Gesetz zur Änderung der Wirtschaftsprüferordnung vom 15.7.1994 (BGBl. I S. 1569), Gesetz zur Schaffung von Partnerschaftsgesellschaften und zur Änderung anderer Gesetze vom 25.7.1994 (BGBl. I S. 1744), Gesetz zu dem Übereinkommen vom 15. April 1994 zur Errichtung der Welthandelsorganisation vom 30.8.1994 (BGBl. II S. 1438), Einführungsgesetz zur Insolvenzordnung vom 5.10.1994 (BGBl. I S. 2911, geänd. durch Gesetz zur Änderung des Einführungsgesetzes zur Insolvenzordnung und anderer Gesetze vom 19.12.1998, BGBl. I S. 3836), Gesetz zur Kontrolle und Transparenz im Unternehmensbereich vom 27.4.1998 (BGBl. I S. 786), Drittes Gesetz zur Änderung der Bundesnotarordnung und anderer Gesetze vom 31.8.1998 (BGBl. I S. 2585), Gesetz zur Änderung der Bundesrechtsanwaltsordnung, der Patentanwaltsordnung und anderer Gesetze vom 31.8.1998 (BGBl. I S. 2600), Kapitalgesellschaften- und Co-Richtlinie-Gesetz vom 24.2.2000 (BGBl. I S. 154), Wirtschaftsprüferordnungs-Änderungsgesetz vom 19.12.2000 (BGBl. I S. 1769), Gesetz zur Beendigung der Diskriminierung gleichgeschlechtlicher Gemeinschaften vom 16.2.2001 (BGBl. I S. 266), Euro-Bilanzgesetz vom 10.12.2001 (BGBl. I S. 3414), Gesetz zur Änderung der Strafprozessordnung vom 15.2.2002 (BGBl. I S. 682), Gesetz zur Gleichstellung behinderter Menschen und zur Änderung anderer Gesetze vom 27.4.2002 (BGBl. I S. 1467), Drittes Gesetz zur Änderung verwaltungsverfahrensrechtlicher Vorschriften vom 21.8.2002 (BGBl. I S. 3322), Gesetz zur Änderung des Gesetzes über die Tätigkeit europäischer Rechtsanwälte in Deutschland und weiterer berufsrechtlicher Vorschriften für Rechts- und Patentanwälte, Steuerberater und Wirtschaftsprüfer vom 26.10.2003 (BGBl. I S. 2074), Achte Zuständigkeitsanpassungsverordnung vom 25.11.2003 (BGBl. I S. 2304), Wirtschaftsprüfungsexamens-Reformgesetz vom 1.12.2003 (BGBl. I S. 2446)[2)], Kostenrechtsmodernisierungsgesetz vom 5.5.2004 (BGBl. I S. 718), Kommunales Optionsgesetz vom 30.7.2004 (BGBl. I S. 2014), Bilanzkontrollgesetz vom 15.12.2004 (BGBl. I S. 3408), Gesetz zur Vereinfachung und Vereinheitlichung der Verfahrensvorschriften zur Wahl und Berufung ehrenamtlicher Richter vom 21.12.2004 (BGBl. I S. 3599), Abschlussprüferaufsichtsgesetz vom 27.12.2004 (BGBl. I S. 3846), Neunte Zuständigkeitsanpassungsverordnung vom 31.10.2006 (BGBl. I S. 2407), 2. Justizmodernisierungsgesetz vom 22.12.2006 (BGBl. I S. 3416), Berufsaufsichtsreformgesetz vom 3.9.2007 (BGBl. I S. 2178), Gesetz zur Reform des Versicherungsvertragsrechts vom 23.11.2007 (BGBl. I S. 2631), Gesetz zur Neuregelung des Verbots der Vereinbarung von Erfolgshonoraren vom 12.6.2008 (BGBl. I S. 1000), FGG-Reformgesetz vom 17.12.2008 (BGBl. I S. 2586), Bilanzrechtsmodernisierungsgesetz vom 25.5.2009 (BGBl. I S. 1102), Gesetz zur Umsetzung der Dienstleistungsrichtlinie im Gewerberecht und in weiteren Rechtsvorschriften vom 17.7.2009 (BGBl. I S. 2091), Gesetz zur Reform der Sachaufklärung in der Zwangsvollstreckung vom 29.7.2009 (BGBl. I S. 2258), Gesetz zur Änderung des Untersuchungshaftrechts vom 29.7.2009 (BGBl. I S. 2274), Viertes Gesetz zur Änderung der Wirtschaftsprüferordnung vom 2.12.2010 (BGBl. I S. 1746), Gesetz zur Umsetzung der Dienstleistungsrichtlinie in der Justiz und zur Änderung weiterer Vorschriften vom 22.12.2010 (BGBl. I

[1)] Neubekanntmachung der Wirtschaftsprüferordnung v. 24.7.1961 auf Grund des Artikels 6 des G zur Änderung der Wirtschaftsprüferordnung und anderer G v. 20.8.1975 (BGBl. I S. 2258) unter Berücksichtigung des G v. 24.7.1961 (BGBl. I S. 1049).

[2)] In Kraft ab 1.1.2004. Siehe Übergangsregelungen in §§ 134 ff.

S. 2248), Gesetz zur Verbesserung der Feststellung und Anerkennung im Ausland erworbener Berufsqualifikationen vom 6.12.2011 (BGBl. I S. 2515), Gesetz zur Stärkung der Rechte von Opfern sexuellen Missbrauchs (StORMG) vom 26.6.2013 (BGBl. I S. 1805), Gesetz zur Einführung einer Partnerschaftsgesellschaft mit beschränkter Berufshaftung und zur Änderung des Berufsrechts der Rechtsanwälte, Patentanwälte, Steuerberater und Wirtschaftsprüfer vom 15.7.2013 (BGBl. I S. 2386), Gesetz zur Strukturreform des Gebührenrechts des Bundes vom 7.8.2013 (BGBl. I S. 3154), Gesetz zur Änderung des Prozesskostenhilfe- und Beratungshilferechts vom 31.8.2013 (BGBl. I S. 3533), Zehnte Zuständigkeitsanpassungsverordnung vom 31.8.2015 (BGBl. I S. 1474), Abschlussprüferaufsichtsreformgesetz (APAReG) vom 31.3.2016 (BGBl. I S. 518)[1], Abschlussprüfungsreformgesetz (AReG) vom 10.5.2016 (BGBl. I S. 1142), Zweites Gesetz zur Novellierung von Finanzmarktvorschriften auf Grund europäischer Rechtsakte (Zweites Finanzmarktnovellierungsgesetz – 2. FiMaNoG) vom 23.6.2017 (BGBl. I S. 1693), Gesetz zur Umsetzung der Vierten EU-Geldwäscherichtlinie, zur Ausführung der EU-Geldtransferverordnung und zur Neuorganisation der Zentralstelle für Finanztransaktionsuntersuchungen vom 23.6.2017 (BGBl. I S. 1822), Gesetz zur Umsetzung der Zweiten Zahlungsdiensterichtlinie vom 17.7.2017 (BGBl. I S. 2446), Gesetz zur Neuregelung des Schutzes von Geheimnissen bei der Mitwirkung Dritter an der Berufsausübung schweigepflichtiger Personen vom 30.10.2017 (BGBl. I S. 3618), Zweites Gesetz zur Anpassung des Datenschutzrechts an die Verordnung (EU) 2016/679 und zur Umsetzung der Richtlinie (EU) 2016/680 (Zweites Datenschutz-Anpassungs- und Umsetzungsgesetz EU – 2. DSAnp-UG-EU) vom 20.11.2019 (BGBl. I S. 1626) und Gesetz zur Umsetzung der Verhältnismäßigkeitsrichtlinie (Richtlinie (EU) 2018/958) im Bereich öffentlich-rechtlicher Körperschaften vom 19.6.2020 (BGBl. I S. 1403)

BGBl. III/FNA 702-1

Inhaltsübersicht

Erster Teil. Allgemeine Vorschriften §§

Zweiter Teil. Voraussetzungen für die Berufsausübung

Erster Abschnitt. Zulassung zur Prüfung

Zweiter Abschnitt. Prüfung

[1] **[Amtl. Anm.:]** Dieses Gesetz dient der Umsetzung der Richtlinie 2014/56/EU des Europäischen Parlaments und des Rates vom 16. April 2014 zur Änderung der Richtlinie 2006/43/EG über Abschlussprüfungen von Jahresabschlüssen und konsolidierten Abschlüssen (ABl. L 158 vom 27.5.2014, S. 196) sowie der Ausführung der Verordnung (EU) Nr. 537/2014 des Europäischen Parlaments und des Rates vom 16. April 2014 über spezifische Anforderungen an die Abschlussprüfung bei Unternehmen von öffentlichem Interesse und zur Aufhebung des Beschlusses 2005/909/EG der Kommission (ABl. L 158 vom 27.5.2014, S. 77).

Vierter Teil. Organisation des Berufs

Fünfter Teil. Berufsaufsicht

Sechster Teil. Berufsgerichtsbarkeit

Erster Abschnitt. Berufsgerichtliche Entscheidung

Zweiter Abschnitt. Die Gerichte

§§

Dritter Abschnitt. Verfahrensvorschriften

1. Allgemeines

2. Das Verfahren im ersten Rechtszug

3. Die Rechtsmittel

4. Die Sicherung von Beweisen

Zehnter Teil. Straf- und Bußgeldvorschriften

Elfter Teil. Übergangs- und Schlußvorschriften

Erster Teil. Allgemeine Vorschriften

§ 1[1] Wirtschaftsprüfer und Wirtschaftsprüfungsgesellschaften.

(1) [1]Wirtschaftsprüfer oder Wirtschaftsprüferinnen (Berufsangehörige) sind Personen, die als solche öffentlich bestellt sind. [2]Die Bestellung setzt den Nachweis der persönlichen und fachlichen Eignung im Zulassungs- und staatlichen Prüfungsverfahren voraus.

(2) [1]Der Wirtschaftsprüfer übt einen freien Beruf aus. [2]Seine Tätigkeit ist kein Gewerbe.

(3) [1]Wirtschaftsprüfungsgesellschaften bedürfen der Anerkennung. [2]Die Anerkennung setzt den Nachweis voraus, daß die Gesellschaft von Wirtschaftsprüfern verantwortlich geführt wird.

[1] § 1 Abs. 1 Satz 3 aufgeh. mWv 1. 1. 2001 durch G v. 19. 12. 2000 (BGBl. I S. 1769); Abs. 1 neu gef. mWv 1. 1. 2004 durch G v. 1. 12. 2003 (BGBl. I S. 2446).

§ 2[1)] Inhalt der Tätigkeit. (1) Wirtschaftsprüfer haben die berufliche Aufgabe, betriebswirtschaftliche Prüfungen, insbesondere solche von Jahresabschlüssen wirtschaftlicher Unternehmen, durchzuführen und Bestätigungsvermerke über die Vornahme und das Ergebnis solcher Prüfungen zu erteilen.

(2) Wirtschaftsprüfer sind befugt, ihre Auftraggeber in steuerlichen Angelegenheiten nach Maßgabe der bestehenden Vorschriften zu beraten und zu vertreten.

(3) Wirtschaftsprüfer sind weiter nach Maßgabe der bestehenden Vorschriften befugt

1. unter Berufung auf ihren Berufseid auf den Gebieten der wirtschaftlichen Betriebsführung als Sachverständige aufzutreten;
2. in wirtschaftlichen Angelegenheiten zu beraten und fremde Interessen zu wahren;
3. zur treuhänderischen Verwaltung.

§ 3[2)] Berufliche Niederlassung. (1) [1]Berufsangehörige müssen unmittelbar nach der Bestellung eine berufliche Niederlassung begründen und eine solche unterhalten; wird die Niederlassung in einem Staat begründet, der nicht Mitgliedstaat der Europäischen Union oder Vertragsstaat des Abkommens über den europäischen Wirtschaftsraum (Drittstaat) oder die Schweiz ist, muss eine zustellungsfähige Anschrift im Inland unterhalten werden. [2]Berufliche Niederlassung eines Berufsangehörigen ist die Praxis, von der aus er seinen Beruf überwiegend ausübt.

(2) Bei Wirtschaftsprüfungsgesellschaften ist Sitz der Hauptniederlassung der Verwaltungssitz der Gesellschaft.

(3) Berufsangehörige und Wirtschaftsprüfungsgesellschaften dürfen Zweigniederlassungen nach den Vorschriften dieses Gesetzes begründen.

§ 4[3)] Wirtschaftsprüferkammer. (1) [1]Zur Erfüllung der beruflichen Selbstverwaltungsaufgaben wird eine Kammer der Wirtschaftsprüfer gebildet; diese wird bei der Prüfung und der Eignungsprüfung, der Bestellung, der Anerkennung, dem Widerruf und der Registrierung, der Beaufsichtigung der kontinuierlichen Fortbildung, der Berufsaufsicht und der Qualitätskontrolle sowie bei dem Erlass von Berufsausübungsregelungen (§ 57 Abs. 3, § 57 c) in mittelbarer Staatsverwaltung tätig; die Zuständigkeit der Abschlussprüferaufsichtsstelle beim Bundesamt für Wirtschaft und Ausfuhrkontrolle (Abschlussprüferauf-

---

[1)] § 2 Abs. 3 neu gef. mWv 1. 1. 1995 durch G v. 15. 7. 1994 (BGBl. I S. 1569); Abs. 3 geänd. mWv 17. 6. 2016 durch G v. 31. 3. 2016 (BGBl. I S. 518).

[2)] § 3 neu gef. mWv 1. 1. 1995 durch G v. 15. 7. 1994 (BGBl. I S. 1569), Abs. 1 Satz 3 geänd. mWv 1. 1. 2001 durch G v. 19. 12. 2000 (BGBl. I S. 1769); Abs. 1 Satz 1 neu gef. mWv 1. 1. 2004 durch G v. 1. 12. 2003 (BGBl. I S. 2446); Abs. 1 Satz 1 neu gef. mWv 6. 9. 2007 durch G v. 3. 9. 2007 (BGBl. I S. 2178); Abs. 1 Satz 1 Halbs. 2 neu gef. mWv 29. 5. 2009 durch G v. 25. 5. 2009 (BGBl. I S. 1102); Abs. 1 Satz 2 geänd., Satz 3 aufgeh., Abs. 2 und 4 geänd. mWv 17. 6. 2016 durch G v. 31. 3. 2016 (BGBl. I S. 518).

[3)] § 4 Abs. 1 Satz 1 neu gef. mWv 1. 1. 2005 durch G v. 27. 12. 2004 (BGBl. I S. 3846); Abs. 1 Satz 1 HS 2 geänd. mWv 6. 9. 2007 durch G v. 3. 9. 2007 (BGBl. I S. 2178); Abs. 1 Satz 1 geänd. mWv 17. 6. 2016 durch G v. 31. 3. 2016 (BGBl. I S. 518).

sichtsstelle) bleibt unberührt. 2 Sie führt die Bezeichnung „Wirtschaftsprüferkammer".

(2) 1 Die Wirtschaftsprüferkammer ist eine Körperschaft des öffentlichen Rechts. 2 Ihr Sitz bestimmt sich nach ihrer Satzung.

(3) Die Wirtschaftsprüferkammer kann Landesgeschäftsstellen errichten.

§ 4 a[1)] Verfahren über eine einheitliche Stelle. Die Verwaltungsverfahren in öffentlich-rechtlichen und berufsrechtlichen Angelegenheiten, die in diesem Gesetz oder in einer auf Grund dieses Gesetzes erlassenen Rechtsverordnung geregelt werden, können über eine einheitliche Stelle nach den Vorschriften des Verwaltungsverfahrensgesetzes abgewickelt werden.

§ 4 b[2)] Frist für den Erlass von Verwaltungsakten. 1 Über Anträge auf Erteilung eines Verwaltungsaktes durch die Wirtschaftsprüferkammer ist innerhalb einer Frist von drei Monaten zu entscheiden, soweit keine kürzere Frist vorgesehen ist; § 42 a Absatz 2 Satz 2 bis 4 des Verwaltungsverfahrensgesetzes gilt entsprechend. 2 In den Fällen des § 16 a und des § 20 a beginnt die Frist erst mit der Vorlage des ärztlichen Gutachtens.

Zweiter Teil. Voraussetzungen für die Berufsausübung

Erster Abschnitt. Zulassung zur Prüfung

§ 5[3)] Prüfungsstelle, Rechtsschutz. (1) Die Wirtschaftsprüferkammer richtet zur Erfüllung der ihr nach dem Zweiten und Neunten Teil dieses Gesetzes obliegenden Aufgaben für das Zulassungs- und staatliche Prüfungsverfahren eine „Prüfungsstelle für das Wirtschaftsprüfungsexamen bei der Wirtschaftsprüferkammer" (Prüfungsstelle) ein.

(2) 1 Die Prüfungsstelle ist eine selbstständige Verwaltungseinheit bei der Wirtschaftsprüferkammer. 2 Die Prüfungsstelle wird von einer Person geleitet, welche die Befähigung zum Richteramt haben muss (Leitung der Prüfungsstelle). 3 Die Prüfungsstelle ist bei der Erfüllung ihrer Aufgaben an Weisungen nicht gebunden.

(3) Die Prüfungsstelle kann bei der Durchführung ihrer Aufgaben die Landesgeschäftsstellen der Wirtschaftsprüferkammer einbeziehen.

(4) Die Prüfungsstelle unterstützt die Aufgabenkommission, die Prüfungskommission und die Widerspruchskommission.

(5) Über den Widerspruch gegen Bescheide, die im Rahmen des Zulassungs- und Prüfungsverfahrens erlassen worden sind, entscheidet die Widerspruchskommission.

---

1) § 4 a eingef. mWv 28. 12. 2009 durch G v. 17. 7. 2009 (BGBl. I S. 2091).

2) § 4 b eingef. mWv 28. 12. 2010 durch G v. 22. 12. 2010 (BGBl. I S. 2248).

3) § 5 neu gef. mWv 1. 1. 2004 durch G v. 1. 12. 2003 (BGBl. I S. 2446); Abs. 1 geänd. mWv 6. 9. 2007 durch G v. 3. 9. 2007 (BGBl. I S. 2178).

§ 6[1] **Verbindliche Auskunft.** Auf Antrag erteilt die Prüfungsstelle eine verbindliche Auskunft über die Erfüllung einzelner Voraussetzungen für die Zulassung zur Prüfung, für die Befreiung von Zulassungsvoraussetzungen und für die Anrechung von Prüfungsleistungen.

§ 7[2] **Antrag auf Zulassung zur Prüfung.** Der Antrag auf Zulassung zur Prüfung ist schriftlich oder elektronisch an die Prüfungsstelle zu richten.

§ 8[3] **Voraussetzungen für die Zulassung (Vorbildung).** (1) Die Zulassung setzt den Nachweis einer abgeschlossenen Hochschulausbildung voraus.

(2) Auf den Nachweis einer abgeschlossenen Hochschulausbildung kann verzichtet werden, wenn die Bewerbenden

1. sich in mindestens zehnjähriger Tätigkeit als Beschäftigte bei Berufsangehörigen, einer Wirtschaftsprüfungsgesellschaft, vereidigten Buchprüfern oder vereidigten Buchprüferinnen, einer Buchprüfungsgesellschaft, einem genossenschaftlichen Prüfungsverband oder der Prüfungsstelle eines Sparkassen- und Giroverbandes oder einer überörtlichen Prüfungseinrichtung für Körperschaften und Anstalten des öffentlichen Rechts bewährt haben;
2. mindestens fünf Jahre den Beruf als vereidigter Buchprüfer oder vereidigte Buchprüferin oder als Steuerberater oder Steuerberaterin ausgeübt haben.

(3) Wurde die Hochschulausbildung außerhalb des Geltungsbereiches dieses Gesetzes abgeschlossen, so muss das Abschlusszeugnis gleichwertig sein.

§ 8 a[4] **Anerkannte Hochschulausbildungsgänge, Rechtsverordnung.** (1) Hochschulausbildungsgänge,

1. die alle Wissensgebiete nach § 4 der Wirtschaftsprüferprüfungsverordnung umfassen,
2. die mit einer Hochschulprüfung oder einer staatlichen Prüfung abschließen und
3. in denen Prüfungen einzelner Wissensgebiete, für die ein Leistungsnachweis ausgestellt wird, in Inhalt, Form und Umfang einer Prüfung im Wirtschaftsprüfungsexamen entsprechen,

können auf Antrag der Hochschule von der in der Rechtsverordnung nach Absatz 3 bestimmten Stelle als zur Ausbildung von Berufsangehörigen besonders geeignet anerkannt werden.

(2) [1]Leistungsnachweise, die in Prüfungen nach Absatz 1 Nr. 3 erbracht wurden, ersetzen die entsprechenden Prüfungen im Wirtschaftsprüfungsexamen. [2]Die Leistungsnachweise sind der Prüfungsstelle vorzulegen.

---

[1] § 6 neu gef. mWv 1. 1. 2004 durch G v. 1. 12. 2003 (BGBl. I S. 2446).

[2] § 7 neu gef. mWv 1. 1. 2004 durch G v. 1. 12. 2003 (BGBl. I S. 2446); geänd. mWv 17. 6. 2016 durch G v. 31. 3. 2016 (BGBl. I S. 518).

[3] § 8 neu gef. mWv 1. 1. 2004 durch G v. 1. 12. 2003 (BGBl. I S. 2446).

[4] § 8 a eingef. mWv 1. 1. 2004 durch G v. 1. 12. 2003 (BGBl. I S. 2446); Abs. 1 Nr. 1 und Abs. 3 Satz 2 Nr. 1 geänd. mWv 1. 1. 2005 durch G v. 27. 12. 2004 (BGBl. I S. 3846); Abs. 3 Satz 1 geänd. mWv 8. 11. 2006 durch VO v. 31. 10. 2006 (BGBl. I S. 2407); Abs. 3 Satz 1 geänd. mWv 8. 9. 2015 durch VO v. 31. 8. 2015 (BGBl. I S. 1474); Abs. 3 Satz 2 Nr. 3 geänd. mWv 17. 6. 2016 durch G v. 31. 3. 2016 (BGBl. I S. 518).

(3) [1]Das Bundesministerium für Wirtschaft und Energie bestimmt durch Rechtsverordnung mit Zustimmung des Bundesrates die für die Anerkennung zuständige Stelle. [2]In der Rechtsverordnung kann es ferner

1. die Voraussetzungen der Anerkennung näher bestimmen, insbesondere das Verfahren zur Feststellung, ob Wissensgebiete des Hochschulausbildungsgangs denen nach § 4 der Wirtschaftsprüferprüfungsverordnung entsprechen,
2. Einzelheiten des Anerkennungsverfahrens, insbesondere die dem Antrag beizufügenden Unterlagen, und die Bekanntmachung der Anerkennung regeln sowie
3. die Voraussetzungen der frühzeitigen Zulassung zur Prüfung nach § 9 Abs. 6, insbesondere die dem Antrag beizufügenden Unterlagen, bestimmen.

§ 9[1)] Voraussetzungen für die Zulassung (Prüfungstätigkeit). (1) [1]Die Zulassung setzt eine für die Ausübung des Berufes genügende praktische Ausbildung (Tätigkeit) voraus. [2]Bewerbende mit abgeschlossener Hochschulausbildung haben eine wenigstens dreijährige Tätigkeit bei einer in § 8 Abs. 2 Nr. 1 genannten Stelle nachzuweisen. [3]Beträgt die Regelstudienzeit der Hochschulausbildung weniger als acht Semester, verlängert sich die Tätigkeit auf vier Jahre; eine darüber hinausgehende Tätigkeit wird nicht gefordert. [4]Die Tätigkeit muss nach Erwerb des ersten berufsqualifizierenden Hochschulabschlusses erbracht werden; Absatz 6 bleibt unberührt.

(2) [1]Von ihrer gesamten Tätigkeit müssen die Bewerbenden wenigstens während der Dauer zweier Jahre überwiegend an Abschlussprüfungen teilgenommen und bei der Abfassung der Prüfungsberichte mitgewirkt haben (Prüfungstätigkeit). [2]Sie sollen während dieser Zeit insbesondere an gesetzlich vorgeschriebenen Abschlussprüfungen teilgenommen und an der Abfassung der Prüfungsberichte hierüber mitgewirkt haben. [3]Die Prüfungstätigkeit muss

1. im Falle des § 8 Abs. 2 Nr. 1 nach dem fünften Jahr der Mitarbeit abgeleistet werden;
2. im Falle des § 8 Abs. 2 Nr. 2 während oder nach der beruflichen Tätigkeit als vereidigter Buchprüfer oder vereidigte Buchprüferin oder als Steuerberater oder Steuerberaterin abgeleistet werden.

[4]Das Erfordernis der Prüfungstätigkeit ist erfüllt, wenn die Bewerbenden nachweislich in fremden Unternehmen materielle Buch- und Bilanzprüfungen nach betriebswirtschaftlichen Grundsätzen durchgeführt haben. [5]Als fremd gilt ein Unternehmen, mit dem die Bewerbenden weder in einem Leitungs- noch in einem Anstellungsverhältnis stehen oder gestanden haben.

(3) Die Prüfungstätigkeit muss ausgeübt worden sein in Mitarbeit bei

1. Berufsangehörigen,

[1)] § 9 neu gef. mWv 1. 1. 2004 durch G v. 1. 12. 2003 (BGBl. I S. 2446); Abs. 1 Satz 4 HS 1 geänd. mWv 6. 9. 2007 durch G v. 3. 9. 2007 (BGBl. I S. 2178); Abs. 1 Satz 4, Abs. 5 Satz 1 geänd., Abs. 3 und 6 neu gef. mWv 17. 6. 2016 durch G v. 31. 3. 2016 (BGBl. I S. 518).

2. Wirtschaftsprüfungsgesellschaften,
3. vereidigten Buchprüfern oder vereidigten Buchprüferinnen,
4. Buchprüfungsgesellschaften,
5. genossenschaftlichen Prüfungsverbänden, in denen ein Berufsangehöriger tätig ist,
6. Prüfungsstellen von Sparkassen- und Giroverbänden, in denen ein Berufsangehöriger tätig ist,
7. überörtlichen Prüfungseinrichtungen für Körperschaften und Anstalten des öffentlichen Rechts, in denen ein Berufsangehöriger tätig ist, oder
8. in einem anderen Mitgliedstaat der Europäischen Union oder in einem anderen Vertragsstaat des Abkommens über den Europäischen Wirtschaftsraum zugelassenen Abschlussprüfern oder Abschlussprüferinnen (EU- oder EWR-Abschlussprüfern) oder dort zugelassenen Prüfungsgesellschaften (EU- oder EWR-Abschlussprüfungsgesellschaften).

(4) Der Nachweis der Tätigkeit wie auch der Prüfungstätigkeit entfällt für Bewerbende, die seit mindestens 15 Jahren den Beruf als Steuerberater oder Steuerberaterin oder als vereidigter Buchprüfer oder vereidigte Buchprüferin ausgeübt haben; dabei sind bis zu zehn Jahre Berufstätigkeit als Steuerbevollmächtigter oder Steuerbevollmächtigte anzurechnen.

(5) [1] Eine Revisorentätigkeit in größeren Unternehmen oder eine Tätigkeit als Steuerberater oder Steuerberaterin oder in einem Prüfungsverband nach § 26 Abs. 2 des Kreditwesengesetzes oder eine mit der Prüfungstätigkeit in Zusammenhang stehende Tätigkeit bei der Wirtschaftprüferkammer, bei der Abschlussprüferaufsichtsstelle oder bei einer Personenvereinigung nach § 43 a Absatz 1 Nummer 9 kann bis zur Höchstdauer von einem Jahr auf die Tätigkeit nach Absatz 1 angerechnet werden. [2] Dasselbe gilt für prüfende Personen im öffentlichen Dienst, sofern sie nachweislich selbstständig Prüfungen von größeren Betrieben durchgeführt haben. [3] Eine Tätigkeit im Ausland ist auf die Tätigkeit nach Absatz 1 anzurechnen, wenn sie bei einer Person, die in dem ausländischen Staat als sachverständiger Prüfer ermächtigt oder bestellt ist, abgeleistet wurde und wenn die Voraussetzungen für die Ermächtigung oder Bestellung den Vorschriften dieses Gesetzes im Wesentlichen entsprechen.

(6) Bewerber und Bewerberinnen, die einen nach § 8 a anerkannten Hochschulausbildungsgang abgeschlossen haben, können ohne Nachweis der Tätigkeit nach Absatz 1 und der Prüfungstätigkeit nach Absatz 2 bereits zu einem früheren Zeitpunkt zur Prüfung zugelassen werden.

§§ 10–11.[1] *(aufgehoben)*

§ 11 a.[2] *(aufgehoben)*

[1] §§ 10–11 aufgeh. mWv 6. 9. 2007 durch G v. 3. 9. 2007 (BGBl. I S. 2178)
[2] § 11 a aufgeh. mWv 1. 1. 2004 durch G v. 1. 12. 2003 (BGBl. I S. 2446).

Zweiter Abschnitt. Prüfung

§ 12[1]) Prüfungskommission und Gliederung der Prüfung. (1) Die Prüfung wird vor der Prüfungskommission abgelegt.

(2) Die Prüfung gliedert sich in eine schriftliche und eine mündliche Prüfung.

(3) An alle Bewerber sind ohne Rücksicht auf ihren beruflichen Werdegang gleiche Anforderungen zu stellen.

§ 13[2]) Verkürzte Prüfung für Steuerberater. [1]Steuerberater und Bewerber, die die Prüfung als Steuerberater bestanden haben, können die Prüfung in verkürzter Form ablegen. [2]Bei der Prüfung in verkürzter Form entfällt die schriftliche und mündliche Prüfung im Steuerrecht.

§ 13 a[3]) Verkürzte Prüfung für vereidigte Buchprüfer. (1) Vereidigte Buchprüfer und vereidigte Buchprüferinnen können die Prüfung in verkürzter Form ablegen.

(2) [1]Bei der verkürzten Prüfung entfällt die schriftliche und mündliche Prüfung in
1. Angewandter Betriebswirtschaftslehre und Volkswirtschaftslehre sowie
2. in jenen Bereichen der Gebiete Wirtschaftliches Prüfungswesen, Unternehmensbewertung und Berufsrecht sowie Wirtschaftsrecht, die bereits Gegenstand des Buchprüferexamens nach § 131 a Absatz 2 dieses Gesetzes in der Fassung des Artikels 6 Nummer 16 des Bilanzrichtliniengesetzes vom 19. Dezember 1985 (BGBl. I S. 2355) waren.

[2]Für vereidigte Buchprüfer und vereidigte Buchprüferinnen, die Steuerberater oder Steuerberaterinnen sind, entfällt über Satz 1 hinaus die schriftliche und mündliche Prüfung im Steuerrecht. [3]Für vereidigte Buchprüfer und vereidigte Buchprüferinnen, die Rechtsanwälte oder Rechtsanwältinnen sind, entfällt über Satz 1 hinaus die vollständige schriftliche und mündliche Prüfung im Wirtschaftsrecht.

§ 13 b[4]) Verkürzte Prüfung nach Anrechnung gleichwertiger Prüfungsleistungen, Rechtsverordnung. [1]Prüfungsleistungen, die im Rahmen einer Hochschulausbildung erbracht werden, werden angerechnet, wenn ihre Gleichwertigkeit in Inhalt, Form und Umfang mit den in § 4 der Wirtschafts-

---

[1]) § 12 Überschrift geänd., Abs. 1 neu gef. mWv 1. 1. 2004 durch G v. 1. 12. 2003 (BGBl. I S. 2446).

[2]) § 13 Satz 1 geänd. mWv 1. 1. 2001 durch G v. 19. 12. 2000 (BGBl. I S. 1769).

[3]) § 13 a neu gef. mWv 1. 1. 2004 durch G v. 1. 12. 2003 (BGBl. I S. 2446); Abs. 2 Satz 3 geänd. mWv 1. 1. 2005 durch G v. 27. 12. 2004 (BGBl. I S. 3846); Abs. 1 Satz 2 aufgeh., Abs. 2 neu gef. mWv 17. 6. 2016 durch G v. 31. 3. 2016 (BGBl. I S. 518).

[4]) § 13 b eingef. mWv 1. 1. 2004 durch G v. 1. 12. 2003 (BGBl. I S. 2446); Satz 1 geänd. mWv 1. 1. 2005 durch G v. 27. 12. 2004 (BGBl. I S. 3846); Satz 3 geänd. mWv 8. 11. 2006 durch VO v. 31. 10. 2006 (BGBl. I S. 2407); Satz 3 geänd. mWv 8. 9. 2015 durch VO v. 31. 8. 2015 (BGBl. I S. 1474).

prüferprüfungsverordnung aufgeführten Anforderungen der Prüfungsgebiete Angewandte Betriebswirtschaftslehre, Volkswirtschaftslehre oder Wirtschaftsrecht im Zulassungsverfahren durch die Prüfungsstelle festgestellt wird. [2] Bei der Prüfung in verkürzter Form entfällt die schriftliche und mündliche Prüfung in dem entsprechenden Prüfungsgebiet. [3] Das Bundesministerium für Wirtschaft und Energie wird ermächtigt, durch Rechtsverordnung mit Zustimmung des Bundesrates die inhaltlichen und formalen Voraussetzungen für die Feststellung der Gleichwertigkeit und das Verfahren festzulegen.

§ 14[1)] Einzelheiten des Prüfungsverfahrens. [1] Das Bundesministerium für Wirtschaft und Energie regelt durch Rechtsverordnung

1. die Einrichtung der Prüfungskommission, der Aufgabenkommission und der Widerspruchskommission, in denen jeweils eine Person, die eine für die Wirtschaft zuständige oder eine andere oberste Landesbehörde vertritt, den Vorsitz hat, die Zusammensetzung und die Berufung ihrer Mitglieder;
2. die Einzelheiten der Prüfungsaufgabenfindung, der Prüfung und des Prüfungsverfahrens, insbesondere die dem Antrag auf Zulassung zur Prüfung beizufügenden Unterlagen, und die Prüfungsgebiete;
3. die schriftliche und mündliche Prüfung, Rücktritt und Ausschluss von der Prüfung, Prüfungsergebnis, Ergänzungsprüfung, Wiederholung der Prüfung und die Mitteilung des Prüfungsergebnisses.

[2] Die Rechtsverordnung bedarf nicht der Zustimmung des Bundesrates.

§ 14 a[2)] Zulassungsgebühr, Prüfungsgebühr. [1] Für alle Zulassungs- und Prüfungsverfahren und für erfolglose Widerspruchsverfahren sind Gebühren an die Wirtschaftsprüferkammer zu zahlen; die Wirtschaftsprüferkammer kann die Erhebung der Gebühren sowie deren Höhe und Fälligkeit bestimmen. [2] Näheres regelt die Gebührenordnung der Wirtschaftsprüferkammer (§ 61 Abs. 2).

§§ 14 b–14 c.[3)] *(aufgehoben)*

Dritter Abschnitt. Bestellung

§ 15[4)] Bestellungsbehörde. [1] Nach bestandener Prüfung wird der Bewerber auf Antrag durch Aushändigung einer von der Wirtschaftsprüferkammer aus-

---

[1)] § 14 neu gef. mWv 1. 1. 2004 durch G v. 1. 12. 2003 (BGBl. I S. 2446); Satz 1 geänd. mWv 8. 11. 2006 durch VO v. 31. 10. 2006 (BGBl. I S. 2407); Satz 1 geänd. mWv 8. 9. 2015 durch VO v. 31. 8. 2015 (BGBl. I S. 1474).

[2)] § 14 a neu gef. mWv 1. 1. 2004 durch G v. 1. 12. 2003 (BGBl. I S. 2446).

[3)] §§ 14 b–14 c aufgeh. mWv 1. 1. 2004 durch G v. 1. 12. 2003 (BGBl. I S. 2446)

[4)] § 15 Abs. 1 Satz 2 geänd., Abs. 2 neu gef. mWv 1. 1. 1995 durch G v. 15. 7. 1994 (BGBl. I S. 1569); Abs. 1 Sätze 1 und 4 geänd., Satz 2 neu gef., Satz 3 sowie Abs. 2 aufgeh. mWv 1. 1. 2002 durch G v. 19. 12. 2000 (BGBl. I S. 1769); Abs. 1 Satz 2 eingef., bish. Satz 2 wird Satz 3 mWv 1. 2. 2003 durch G v. 21. 8. 2002 (BGBl. I S. 3322); Satz 5 angef. mWv 1. 1. 2004 durch G v. 1. 12. 2003 (BGBl. I S. 2446); Satz 2 aufgeh., bish. Sätze 3 bis 5 werden Sätze 2 bis 4 mWv 28. 12. 2009 durch G v. 17. 7. 2009 (BGBl. I S. 2091); Überschrift und Satz 4 geänd. mWv 17. 6. 2016 durch G v. 31. 3. 2016 (BGBl. I S. 518).

gestellten Urkunde als Wirtschaftsprüfer bestellt. [2]Zuständig ist die Wirtschaftsprüferkammer. [3]Wird der Antrag auf Bestellung als Wirtschaftsprüfer nicht innerhalb von fünf Jahren nach bestandener Prüfung gestellt, so finden auf die Bestellung die Vorschriften des § 23 Abs. 2 und 3 entsprechende Anwendung. [4]Wer gemäß § 9 Abs. 6 zugelassen wurde, hat vor der Bestellung den Nachweis der insgesamt dreijährigen Tätigkeit nach § 9 Abs. 1, einschließlich der Prüfungstätigkeit nach § 9 Abs. 2, vorzulegen.

§ 16[1)] Versagung der Bestellung. (1) Die Bestellung ist zu versagen,

1. wenn nach der Entscheidung des Bundesverfassungsgerichts ein Grundrecht verwirkt wurde;
2. wenn infolge strafgerichtlicher Verurteilung die Fähigkeit zur Bekleidung öffentlicher Ämter nicht gegeben ist;
3. solange kein Nachweis über den Abschluss einer nach § 54 Absatz 1 notwendigen Versicherung vorliegt;
4. wenn sich der Bewerber oder die Bewerberin eines Verhaltens schuldig gemacht hat, das die Ausschließung aus dem Beruf rechtfertigen würde;
5. wenn der Bewerber oder die Bewerberin aus gesundheitlichen oder anderen Gründen nicht nur vorübergehend nicht in der Lage ist, den Beruf ordnungsgemäß auszuüben;
6. solange eine Tätigkeit ausgeübt wird, die mit dem Beruf nach § 43 Absatz 2 Satz 1, § 43 a Absatz 3 Satz 1 oder § 44 a Satz 1 unvereinbar und nicht nach § 43 a Absatz 3 Satz 2 oder 3 oder § 44 a Satz 2 genehmigungsfähig ist;
7. wenn sich der Bewerber oder die Bewerberin in nicht geordneten wirtschaftlichen Verhältnissen, insbesondere in Vermögensverfall befindet; ein Vermögensverfall wird vermutet, wenn ein Insolvenzverfahren über das Vermögen eröffnet oder eine Eintragung in das vom Vollstreckungsgericht zu führende Verzeichnis (§ 26 Abs. 2 der Insolvenzordnung, § 882 b der Zivilprozessordnung) vorliegt.

(2) Die Bestellung kann versagt werden, wenn der Bewerber sich so verhalten hat, dass die Besorgnis begründet ist, er werde den Berufspflichten als Wirtschaftsprüfer nicht genügen.

(3) Über die Versagung der Bestellung entscheidet die Wirtschaftsprüferkammer.

---

1) § 16 Abs. 1 Nr. 3 geänd., Abs. 2 neu gef., Abs. 4 Satz 4 angef. mWv 1. 1. 1995 durch G v. 15. 7. 1994 (BGBl. I S. 1569); Abs. 1 Nr. 1 sowie Abs. 2 neu gef., Abs. 4 Satz 3 aufgeh. mWv 1. 1. 2001 durch G v. 19. 12. 2000 (BGBl. I S. 1769); Abs. 3, Abs 4 Satz 2 aufgeh., bish. Abs. 4 wird Abs. 3 sowie neuer Abs. 3 Satz 1 geänd. mWv 1. 1. 2002 durch G v. 19. 12. 2000 (BGBl. I S. 1769); Abs. 1 Nr. 2 neu gef., Nr. 3 geänd., Nr. 4 angef. mWv 1. 1. 2004 durch G v. 1. 12. 2003 (BGBl. I S. 2446); Abs. 1 neu gef. mWv 6. 9. 2007 durch G v. 3. 9. 2007 (BGBl. I S. 2178); Abs. 1 Nr. 7 geänd. mWv 1. 1. 2013 durch G v. 29. 7. 2009 (BGBl. I S. 2258); Abs. 1 Nr. 3 neu gef., Nr. 6 geänd. mWv 17. 6. 2016 durch G v. 31. 3. 2016 (BGBl. I S. 518).

§ 16 a[1] Ärztliches Gutachten im Bestellungsverfahren. (1) [1]Wenn es zur Entscheidung über den Versagungsgrund des § 16 Abs. 1 Nr. 5 erforderlich ist, gibt die Wirtschaftsprüferkammer dem Bewerber oder der Bewerberin auf, innerhalb einer bestimmten angemessenen Frist ein Gutachten eines bestimmten Arztes oder einer bestimmten Ärztin über den Gesundheitszustand des Bewerbers oder der Bewerberin vorzulegen. [2]Das Gutachten muss auf einer Untersuchung und, wenn dies ein Amtsarzt oder eine Amtsärztin für notwendig hält, auch auf einer klinischen Beobachtung des Bewerbers oder der Bewerberin beruhen. [3]Die Kosten des Gutachtens hat der Bewerber oder die Bewerberin zu tragen.

(2) [1]Anordnungen nach Absatz 1 sind mit Gründen zu versehen und dem Bewerber oder der Bewerberin zuzustellen. [2]Gegen die Anordnungen kann innerhalb eines Monats nach der Zustellung ein Antrag auf gerichtliche Entscheidung gestellt werden.

(3) Kommt der Bewerber oder die Bewerberin ohne ausreichenden Grund der Anordnung der Wirtschaftsprüferkammer nicht nach, gilt der Antrag auf Bestellung als zurückgenommen.

§ 17[2] Berufsurkunde und Berufseid. (1) [1]Bewerber haben vor Aushändigung der Urkunde den Berufseid vor der Wirtschaftsprüferkammer oder einer von ihr im Einzelfall beauftragten Stelle zu leisten. [2]Die Eidesformel lautet:

Ich schwöre, daß ich die Pflichten eines Wirtschaftsprüfers verantwortungsbewußt und sorgfältig erfüllen, insbesondere Verschwiegenheit bewahren und Prüfungsberichte und Gutachten gewissenhaft und unparteiisch erstatten werde, so wahr mir Gott helfe.

(2) Der Eid kann auch ohne religiöse Beteuerung geleistet werden.

(3) Gestattet ein Gesetz den Mitgliedern einer Religionsgesellschaft an Stelle des Eides andere Beteuerungsformeln zu gebrauchen, so kann der Bewerber, der Mitglied einer solchen Religionsgesellschaft ist, diese Beteuerungsformel sprechen.

§ 18[3] Berufsbezeichnung. (1) [1]Wirtschaftsprüfer haben im beruflichen Verkehr die Berufsbezeichnung „Wirtschaftsprüfer" zu führen. [2]Frauen können die Berufsbezeichnung „Wirtschaftsprüferin" führen. [3]Werden Erklärungen im Rahmen von Tätigkeiten nach § 2 Abs. 1, die Berufsangehörigen gesetzlich vorbehalten sind, abgegeben, so dürfen diese Erklärungen unter Verwendung nur der Berufsbezeichnung und zusätzlich mit einem amtlich verliehenen ausländischen Prüfertitel unterzeichnet werden.

---

[1] § 16 a eingef. mWv 6. 9. 2007 durch G v. 3. 9. 2007 (BGBl. I S. 2178); Abs. 1 Satz 1 geänd. mWv 17. 6. 2016 durch G v. 31. 3. 2016 (BGBl. I S. 518).

[2] § 17 Abs. 1 Satz 1 geänd. mWv 1. 1. 2002 durch G v. 19. 12. 2000 (BGBl. I S. 1769); Abs. 1 Satz 2 geänd. mWv 6. 9. 2007 durch G v. 3. 9. 2007 (BGBl. I S. 2178).

[3] § 18 Abs. 1 Satz 2 angef. sowie Abs. 2 Satz 2 geänd. mWv 1. 1. 1995 durch G v. 15. 7. 1994 (BGBl. I S. 1569); Abs. 1 Satz 3, Abs. 3 und 4 angef. mWv 6. 9. 2007 durch G v. 3. 9. 2007 (BGBl. I S. 2178); Abs. 3 Satz 1 geänd. mWv 17. 6. 2016 durch G v. 31. 3. 2016 (BGBl. I S. 518).

(2) [1]Akademische Grade und Titel und Zusätze, die auf eine staatlich verliehene Graduierung hinweisen, können neben der Berufsbezeichnung geführt werden. [2] Amts- und Berufsbezeichnungen sind zusätzlich gestattet, wenn sie amtlich verliehen worden sind und es sich um Bezeichnungen für eine Tätigkeit handelt, die neben der Tätigkeit des Wirtschaftsprüfers ausgeübt werden darf (§ 43 a); zulässig sind auch Fachanwaltsbezeichnungen. [3]Zusätzlich gestattet sind auch in anderen Staaten zu Recht geführte Berufsbezeichnungen für die Tätigkeit als gesetzlicher Abschlußprüfer oder für eine Tätigkeit, die neben der Tätigkeit als Wirtschaftsprüfer ausgeübt werden darf.

(3) [1]Mit dem Erlöschen, der Rücknahme oder dem Widerruf der Bestellung oder während einer Beurlaubung erlischt die Befugnis, die Berufsbezeichnung zu führen. [2]Die Berufsbezeichnung darf auch nicht mit einem Zusatz, der auf die frühere Berechtigung hinweist, geführt werden.

(4) [1]Die Wirtschaftsprüferkammer kann Berufsangehörigen, die wegen hohen Alters oder wegen körperlicher Leiden auf die Rechte aus der Bestellung verzichten und keine berufliche Tätigkeit mehr ausüben, auf Antrag die Erlaubnis erteilen, weiterhin die Berufsbezeichnung zu führen. [2]Die Wirtschaftsprüferkammer kann diese Erlaubnis zurücknehmen oder widerrufen, wenn nachträglich Umstände bekannt werden oder eintreten, die das Erlöschen, die Rücknahme oder den Widerruf der Bestellung nach sich ziehen würden oder zur Ablehnung der Erlaubnis hätten führen können. [3]Vor der Rücknahme oder dem Widerruf der Erlaubnis ist der oder die Betroffene zu hören.

§ 19[1)] Erlöschen der Bestellung. (1) Die Bestellung erlischt durch

1. Tod,
2. Verzicht,
3. unanfechtbare Ausschließung aus dem Beruf.

(2) [1]Der Verzicht ist schriftlich gegenüber der Wirtschaftsprüferkammer zu erklären.

§ 20[2)] Rücknahme und Widerruf der Bestellung. (1) Die Bestellung ist mit Wirkung für die Zukunft zurückzunehmen, wenn nachträglich Tatsachen

---

[1)] § 19 Abs. 2 Satz 1 geänd. und Satz 2 aufgeh. mWv 1. 1. 2002 durch G v. 19. 12. 2000 (BGBl. I S. 1769); Abs. 1 Nr. 3 geänd. mWv 17. 6. 2016 durch G v. 31. 3. 2016 (BGBl. I S. 518).

[2)] § 20 Abs. 1, Abs. 2 Nr. 3, Abs. 3 und Abs. 6 neu gef., Abs. 2 Nr. 1 und Abs. 4 Satz 1 geänd. sowie Abs. 2 Nr. 5, Abs. 7 und Abs. 8 angef. mWv 1. 1. 1995 durch G v. 15. 7. 1994 (BGBl. I S. 1569), Abs. 6 aufgeh., bish. Abs. 7 und 8 werden Abs. 6 und 7, neuer Abs. 6 Satz 1 geänd. mWv 1. 1. 2002 durch G v. 19. 12. 2000 (BGBl. I S. 1769), Abs. 2 Nr. 3 neu gef. mWv. 1. 5. 2002 durch G v. 27. 4. 2002 (BGBl. I S. 1467); Abs. 2 Nr. 4 neu gef., Nr. 5 geänd., Nr. 6 angef., Abs. 3 und 5 aufgeh., Abs. 7 neu gef. mWv 1. 1. 2004 durch G v. 1. 12. 2003 (BGBl. I S. 2446); Abs. 2 und 3 neu gef., Abs. 4 Satz 4 angef. mWv 6. 9. 2007 durch G v. 3. 9. 2007 (BGBl. I S. 2178); Abs. 6 Satz 1 geänd. mWv 1. 9. 2009 durch G v. 17. 12. 2008 (BGBl. I S. 2586); Abs. 2 einl. Satzteil, Nr. 2, 3, 5 und 7, Abs. 4 Sätze 2 und 3, Abs. 6 Sätze 1 und 2 geänd., Abs. 2 Nr. 1, 4 und 6, Abs. 3 Satz 1 und Abs. 4 Satz 1 neu gef. mWv 17. 6. 2016 durch G v. 31. 3. 2016 (BGBl. I S. 518).

bekanntwerden, bei deren Kenntnis die Bestellung hätte versagt werden müssen.

(2) Die Bestellung ist zu widerrufen, wenn Berufsangehörige

1. nicht eigenverantwortlich tätig sind oder eine Tätigkeit ausüben, die mit dem Beruf nach § 43 Absatz 2 Satz 1, § 43 a Absatz 3 Satz 1 oder § 44 a Satz 1 unvereinbar ist und nicht nach § 43 a Absatz 3 Satz 2 oder 3 oder § 44 a Satz 2 genehmigt ist;
2. infolge strafgerichtlicher Verurteilung die Fähigkeit zur Bekleidung öffentlicher Ämter verloren haben;
3. aus gesundheitlichen oder anderen Gründen nicht nur vorübergehend nicht in der Lage sind, den Beruf ordnungsgemäß auszuüben;
4. nicht den nach § 54 Absatz 1 notwendigen Versicherungsschutz unterhalten oder diesen innerhalb der letzten fünf Jahre wiederholt mit nennenswerter Dauer nicht aufrechterhalten haben und diese Unterlassung auch zukünftig zu befürchten ist;
5. sich in nicht geordneten wirtschaftlichen Verhältnissen, insbesondere in Vermögensverfall (§ 16 Abs. 1 Nr. 7) befinden;
6. keine berufliche Niederlassung nach § 3 Absatz 1 Satz 1 unterhalten;
7. nach der Entscheidung des Bundesverfassungsgerichts ein Grundrecht verwirkt haben.

(3) [1]Berufsangehörige, die eine unvereinbare Tätigkeit nach § 43 a Absatz 3 Satz 1 oder § 44 a Satz 1 ausüben, haben dies der Wirtschaftsprüferkammer unverzüglich anzuzeigen. [2]Der Wirtschaftsprüferkammer sind auf Verlangen die Unterlagen über ein Anstellungsverhältnis vorzulegen.

(4) [1]In den Fällen des Absatzes 2 Nummer 1 und 4 ist von einem Widerruf abzusehen, wenn anzunehmen ist, dass die Berufsangehörigen künftig eigenverantwortlich tätig sein, die nach § 43 Absatz 2 Satz 1, § 43 a Absatz 3 Satz 1 oder § 44 a Satz 1 unvereinbare Tätigkeit dauernd aufgeben oder die vorgeschriebene Haftpflichtversicherung künftig laufend unterhalten werden. [2]Den Berufsangehörigen kann hierfür eine angemessene Frist gesetzt werden. [3]Kommen sie ihrer Verpflichtung innerhalb der gesetzten Frist nicht nach, so ist der Widerruf der Bestellung auszusprechen. [4]Von einem Widerruf in den Fällen des Absatzes 2 Nr. 5 kann abgesehen werden, wenn der Wirtschaftsprüferkammer nachgewiesen wird, dass durch die nicht geordneten wirtschaftlichen Verhältnisse die Interessen Dritter nicht gefährdet sind.

(5) *(aufgehoben)*

(6) [1]Sind Berufsangehörige wegen einer psychischen Krankheit oder einer körperlichen, geistigen oder seelischen Behinderung zur Wahrnehmung ihrer Rechte in dem Verfahren nicht in der Lage, bestellt das Betreuungsgericht auf Antrag der Wirtschaftsprüferkammer einen Betreuer als gesetzlichen Vertreter in dem Verfahren; die Vorschriften des Gesetzes über das Verfahren in Familiensachen und in den Angelegenheiten der freiwilligen Gerichtsbarkeit bei der Anordnung einer Betreuung nach den §§ 1896 ff. des Bürgerlichen Gesetzbuches sind entsprechend anzuwenden. [2]Zum Betreuer soll ein Berufsangehöriger oder eine Berufsangehörige bestellt werden.

(7) [1]Entfällt die aufschiebende Wirkung einer Anfechtungsklage, sind § 116 Abs. 2 bis 4, § 117 Abs. 2 und § 121 entsprechend anzuwenden. [2]Die Anfechtungsklage gegen einen Widerruf aus den Gründen des Absatzes 2 Nr. 4 hat keine aufschiebende Wirkung.

§ 20 a[1)] Ärztliches Gutachten im Widerrufsverfahren. [1]Im Verfahren wegen des Widerrufs der Bestellung nach § 20 Abs. 2 Nr. 3 ist § 16 a Abs. 1 und 2 entsprechend anzuwenden. [2]Wird das Gutachten ohne zureichenden Grund nicht innerhalb der von der Wirtschaftsprüferkammer gesetzten Frist vorgelegt, wird vermutet, daß der oder die Berufsangehörige aus dem Grund des § 20 Abs. 2 Nr. 3, der durch das Gutachten geklärt werden soll, nicht nur vorübergehend unfähig ist, seinen Beruf ordnungsgemäß auszuüben.

§ 21[2)] Zuständigkeit. Über die Rücknahme und den Widerruf der Bestellung entscheidet die Wirtschaftsprüferkammer.

§ 22.[3)] *(aufgehoben)*

§ 23[4)] Wiederbestellung. (1) Ein ehemaliger Wirtschaftsprüfer kann wiederbestellt werden, wenn

1. die Bestellung nach § 19 Abs. 1 Nr. 2 erloschen ist;
2. im Falle des Erlöschens der Bestellung nach § 19 Abs. 1 Nr. 3 die unanfechtbare Ausschließung aus dem Beruf im Gnadenwege aufgehoben worden ist oder seit der unanfechtbaren Ausschließung mindestens acht Jahre verstrichen sind;
3. die Bestellung zurückgenommen oder widerrufen ist und die Gründe, die für die Rücknahme oder den Widerruf maßgeblich gewesen sind, nicht mehr bestehen.

(2) [1]Eine erneute Prüfung ist nicht erforderlich. [2]Die Wirtschaftsprüferkammer kann im Einzelfall anordnen, daß sich der Bewerber der Prüfung oder Teilen derselben zu unterziehen hat, wenn die pflichtgemäße Ausübung des Berufes sonst nicht gewährleistet erscheint. [3]Für das Prüfungsverfahren gelten die §§ 7 und 12 sinngemäß.

[1)] § 20 a eingef. mWv 1. 1. 1995 durch G v. 15. 7. 1994 (BGBl. I S. 1569); Satz 2 geänd. mWv 1. 1. 2002 durch G v. 19. 12. 2000 (BGBl. I S. 1769); Satz 1 Verweis geänd. mWv 6. 9. 2007 durch G v. 3. 9. 2007 (BGBl. I S. 2178); Satz 2 geänd. mWv 17. 6. 2016 durch G v. 31. 3. 2016 (BGBl. I S. 518).

[2)] § 21 neu gef. mWv 1. 1. 2002 durch G v. 19. 12. 2000 (BGBl. I S. 1769).

[3)] § 22 aufgeh. mWv 1. 1. 2002 durch G v. 19. 12. 2000 (BGBl. I S. 1769).

[4)] § 23 Abs. 3 Satz 3 angef., Abs. 4 Satz 1 geänd. mWv 1. 1. 2001 durch G v. 19. 12. 2000 (BGBl. I S. 1769); Abs. 2 aufgeh., bish. Abs. 3 und 4 werden Abs. 2 und 3, neuer Abs. 2 Sätze 2 und 3 geänd. und Satz 4 angef., neuer Abs. 3 Satz 2 aufgeh. mWv 1. 1. 2002 durch G v. 19. 12. 2000 (BGBl. I S. 1769); Abs. 1 Nr. 3 geänd., Abs. 2 Satz 3 aufgeh., bish. Satz 4 wird Satz 3 mWv 1. 1. 2004 durch G v. 1. 12. 2003 (BGBl. I S. 2446); Abs. 1 Nr. 2 geänd. mWv 17. 6. 2016 durch G v. 31. 3. 2016 (BGBl. I S. 518).

(3) Die Wiederbestellung ist zu versagen, wenn die Voraussetzungen für die Wiederbestellung unter sinngemäßer Anwendung des § 16 nicht vorliegen.

§ 24.[1] *(aufgehoben)*

Vierter Abschnitt.[2] *(aufgehoben)*

§§ 25 und 26.[3] *(aufgehoben)*

Fünfter Abschnitt. Wirtschaftsprüfungsgesellschaften

§ 27[4] **Rechtsform.** (1) Europäische Gesellschaften, Gesellschaften nach deutschem Recht oder Gesellschaften in einer nach dem Recht eines Mitgliedstaats der Europäischen Union oder eines Vertragsstaats des Abkommens über den Europäischen Wirtschaftsraum zulässigen Rechtsform können nach Maßgabe der Vorschriften dieses Abschnitts als Wirtschaftsprüfungsgesellschaften anerkannt werden.

(2) Offene Handelsgesellschaften und Kommanditgesellschaften können als Wirtschaftsprüfungsgesellschaften anerkannt werden, wenn sie wegen ihrer Treuhandtätigkeit als Handelsgesellschaften in das Handelsregister eingetragen worden sind.

§ 28[5] **Voraussetzungen für die Anerkennung.** (1) [1] Voraussetzung für die Anerkennung ist, dass die Mehrheit der Mitglieder des Vorstandes, der Geschäftsführer und Geschäftsführerinnen, der persönlich haftenden Gesellschafter und Gesellschafterinnen, der geschäftsführenden Direktoren und Direktorinnen oder der Partner und Partnerinnen (gesetzliche Vertreter) Berufsangehörige oder EU- oder EWR-Abschlussprüfer sind. [2] Persönlich haftende Gesellschafter und Gesellschafterinnen können auch Wirtschaftsprüfungsgesellschaften oder EU- oder EWR-Abschlussprüfungsgesellschaften sein. [3] Hat die Gesellschaft nur zwei gesetzliche Vertreter, so muss einer von ihnen Berufsan-

---

[1] § 24 aufgeh. mWv 1. 1. 2002 durch G v. 19. 12. 2000 (BGBl. I S. 1769).

[2] Vierter Abschnitt aufgeh. mWv 1. 1. 2001 durch G v. 19. 12. 2000 (BGBl. I S. 1769).

[3] §§ 25, 26 aufgeh. mWv 1. 1. 2001 durch G v. 19. 12. 2000 (BGBl. I S. 1769).

[4] § 27 Abs. 1 geänd. durch G v. 25. 7. 1994 (BGBl. I S. 1744); Abs. 1 geänd. mWv 6. 9. 2007 durch G v. 3. 9. 2007 (BGBl. I S. 2178); Abs. 1 neu gef. mWv 17. 6. 2016 durch G v. 31. 3. 2016 (BGBl. I S. 518).

[5] § 28 Abs. 1 Satz 2 und Abs. 2 neu gef. mWv 1. 1. 1995 durch G v. 15. 7. 1994 (BGBl. I S. 1569), Abs. 1 Sätze 1 und 2, Abs. 3 Satz 1, Abs. 4 Satz 1 Nr. 1 und Abs. 6 Satz 1 geänd., Abs. 2, Abs. 3 Satz 2 und Abs. 6 Satz 2 neu gef., Abs. 3 Satz 4 angef. mWv 1. 1. 2001 durch G v. 19. 12. 2000 (BGBl. I S. 1769), Abs. 2 Satz 2, Abs. 3 Satz 1 geänd. mWv 1. 1. 2002 durch G v. 19. 12. 2000 (BGBl. I S. 1769); Abs. 2 Satz 2 geänd., Abs. 4 Satz 1 Nr. 1 neu gef., Nrn. 1 a und 3 a eingef. mWv 1. 1. 2004 durch G v. 1. 12. 2003 (BGBl. I S. 2446); Abs. 1 bis 3 neu gef., Abs. 4 Satz 1 Nrn. 1, 3 bis 6 geänd. mWv 6. 9. 2007 durch G v. 3. 9. 2007 (BGBl. I S. 2178); Abs. 1 Sätze 1–3, Abs. 2 Satz 1, Abs. 3 Satz 1, Abs. 4 Satz 1 Nr. 1, 3, 4–6 geänd. mWv 29. 5. 2009 durch G v. 25. 5. 2009 (BGBl. I S. 1102); Abs. 1 Sätze 1–3, Abs. 2 Satz 1, Abs. 3 Satz 1, Abs. 4 Satz 1 Nr. 1, 3–6 geänd. mWv 17. 6. 2016 durch G v. 31. 3. 2016 (BGBl. I S. 518).

gehöriger oder EU- oder EWR-Abschlussprüfer sein. [4]Mindestens eine in den Sätzen 1 bis 3 genannte Person oder Gesellschaft muss ihre berufliche Niederlassung am Sitz der Gesellschaft haben.

(2) [1]Neben Berufsangehörigen, Wirtschaftsprüfungsgesellschaften, EU- oder EWR-Abschlussprüfern und EU- oder EWR-Abschlussprüfungsgesellschaften sind vereidigte Buchprüfer und vereidigte Buchprüferinnen, Steuerberater und Steuerberaterinnen sowie Rechtsanwälte und Rechtsanwältinnen berechtigt, gesetzliche Vertreter von Wirtschaftsprüfungsgesellschaften zu sein. [2]Dieselbe Berechtigung kann die Wirtschaftsprüferkammer besonders befähigten Personen, die nicht in Satz 1 genannt werden und die einen mit dem Beruf des Wirtschaftsprüfers und der Wirtschaftsprüferin zu vereinbarenden Beruf ausüben, auf Antrag erteilen.

(3) [1]Die Wirtschaftsprüferkammer kann genehmigen, dass Personen, die in einem Drittstaat als sachverständige Prüfer oder Prüferinnen ermächtigt oder bestellt sind, neben Berufsangehörigen und EU- oder EWR-Abschlussprüfern gesetzliche Vertreter von Wirtschaftsprüfungsgesellschaften sein können, wenn die Voraussetzungen für ihre Ermächtigung oder Bestellung den Vorschriften dieses Gesetzes im Wesentlichen entsprechen. [2]Diejenigen sachverständigen, in einem Drittstaat ermächtigten oder bestellten Prüfer und Prüferinnen, die als persönlich haftende Gesellschafter oder Gesellschafterinnen von der Geschäftsführung ausgeschlossen sind, bleiben unberücksichtigt. [3]Die Sätze 1 und 2 gelten entsprechend für Rechtsanwälte und Rechtsanwältinnen, Patentanwälte und Patentanwältinnen sowie Steuerberater und Steuerberaterinnen anderer Staaten, wenn diese einen nach Ausbildung und Befugnissen der Bundesrechtsanwaltsordnung, der Patentanwaltsordnung oder des Steuerberatungsgesetzes entsprechenden Beruf ausüben.

(4) [1]Voraussetzung für die Anerkennung ist ferner, daß

1. Gesellschafter ausschließlich Berufsangehörige, Wirtschaftsprüfungsgesellschaften, welche die Voraussetzungen dieses Absatzes erfüllen, EU- oder EWR-Abschlussprüfer, EU- oder EWR-Abschlussprüfungsgesellschaften oder Personen nach Nummer 1 a sind;

1 a. Gesellschafter vereidigte Buchprüfer oder vereidigte Buchprüferinnen, Steuerberater oder Steuerberaterinnen, Steuerbevollmächtigte, Rechtsanwälte oder Rechtsanwältinnen, Personen, mit denen eine gemeinsame Berufsausübung nach § 44 b Abs. 2 zulässig ist, oder Personen sind, deren Tätigkeit als Vorstandsmitglied, Geschäftsführer oder Geschäftsführerin, Partner oder Partnerin oder persönlich haftender Gesellschafter oder persönlich haftende Gesellschafterin nach Absatz 2 oder 3 genehmigt worden ist, und mindestens die Hälfte der Anzahl der in dieser Nummer genannten Personen in der Gesellschaft tätig ist;

2. die Anteile an der Wirtschaftsprüfungsgesellschaft nicht für Rechnung eines Dritten gehalten werden;

3. bei Kapitalgesellschaften die Mehrheit der Anteile Wirtschaftsprüfern oder Wirtschaftsprüfungsgesellschaften, die die Voraussetzungen dieses Absatzes erfüllen, EU- oder EWR-Abschlussprüfern oder EU- oder EWR-Abschlussprüfungsgesellschaften gehört;

3a. bei Kapitalgesellschaften, Kommanditgesellschaften und Kommanditgesellschaften auf Aktien denjenigen Personen nach Nummer 1a, die nicht in der Gesellschaft tätig sind, weniger als ein Viertel der Anteile am Nennkapital oder der im Handelsregister eingetragenen Einlagen der Kommanditisten gehören (einfache Minderheitenbeteiligung);

4. bei Kommanditgesellschaften die Mehrheit der im Handelsregister eingetragenen Einlagen der Kommanditisten von Wirtschaftsprüfern oder Wirtschaftsprüfungsgesellschaften, die die Voraussetzungen dieses Absatzes erfüllen, von EU- oder EWR-Abschlussprüfern oder EU- oder EWR-Abschlussprüfungsgesellschaften übernommen worden ist;

5. Wirtschaftsprüfern oder Wirtschaftsprüfungsgesellschaften, die die Voraussetzungen dieses Absatzes erfüllen, EU- oder EWR-Abschlussprüfern oder EU- oder EWR-Abschlussprüfungsgesellschaften zusammen die Mehrheit der Stimmrechte der Aktionäre, Kommanditaktionäre, Gesellschafter einer Gesellschaft mit beschränkter Haftung oder Kommanditisten zusteht und

6. im Gesellschaftsvertrag bestimmt ist, daß zur Ausübung von Gesellschafterrechten nur Gesellschafter bevollmächtigt werden können, die Berufsangehörige oder EU- oder EWR-Abschlussprüfer sind.

2 Haben sich Berufsangehörige im Sinne von Satz 1 Nr. 1 zu einer Gesellschaft bürgerlichen Rechts zusammengeschlossen, deren Zweck ausschließlich das Halten von Anteilen an einer Wirtschaftsprüfungsgesellschaft ist, so werden ihnen die Anteile an der Wirtschaftsprüfungsgesellschaft im Verhältnis ihrer Beteiligung an der Gesellschaft bürgerlichen Rechts zugerechnet. 3 Stiftungen und eingetragene Vereine gelten als Berufsangehörige im Sinne von Satz 1 Nr. 1, wenn

a) sie ausschließlich der Altersversorgung von in der Wirtschaftsprüfungsgesellschaft tätigen Personen und deren Hinterbliebenen dienen oder ausschließlich die Berufsausbildung, Berufsfortbildung oder die Wissenschaft fördern und

b) die zur gesetzlichen Vertretung berufenen Organe mehrheitlich aus Wirtschaftsprüfern bestehen.

(5) 1 Bei Aktiengesellschaften und Kommanditgesellschaften auf Aktien müssen die Aktien auf Namen lauten. 2 Die Übertragung muß an die Zustimmung der Gesellschaft gebunden sein. 3 Dasselbe gilt für die Übertragung von Geschäftsanteilen an einer Gesellschaft mit beschränkter Haftung.

(6) 1 Bei Gesellschaften mit beschränkter Haftung muß das Stammkapital mindestens fünfundzwanzigtausend Euro betragen. 2 Bei Aktiengesellschaften, Kommanditgesellschaften auf Aktien und Gesellschaften mit beschränkter Haftung muss bei Antragstellung nachgeweisen werden, dass der Wert der einzelnen Vermögensgegenstände abzüglich der Schulden mindestens dem gesetzlichen Mindestbetrag des Grund- oder Stammkapitals enspricht.

(7) Die Anerkennung muß versagt werden, solange nicht die vorläufige Deckungszusage auf den Antrag zum Abschluß einer Berufshaftpflichtversicherung vorliegt.

§ 29[1] **Zuständigkeit und Verfahren.** (1) Zuständig für die Anerkennung als Wirtschaftsprüfungsgesellschaft ist die Wirtschaftsprüferkammer.

(2) Die Wirtschaftsprüferkammer kann als Nachweis der Anerkennungsvoraussetzungen geeignete Belege, Ausfertigungen oder öffentlich beglaubigte Abschriften anfordern.

(3) Über die Anerkennung als Wirtschaftsprüfungsgesellschaft wird eine Urkunde ausgestellt.

§ 30[2] **Änderungsanzeige.** [1]Jede Änderung des Gesellschaftsvertrages oder der Satzung oder in der Person der gesetzlichen Vertreter ist der Wirtschaftsprüferkammer unverzüglich anzuzeigen. [2]Die Wirtschaftsprüferkammer kann als Nachweis der Änderung geeignete Belege, Ausfertigungen oder öffentlich beglaubigte Abschriften anfordern. [3]Wird die Änderung im Handelsregister oder Partnerschaftsregister eingetragen, ist eine öffentlich beglaubigte Abschrift der Eintragung nachzureichen.

§ 31[3] **Bezeichnung „Wirtschaftsprüfungsgesellschaft".** [1]Die anerkannte Gesellschaft ist verpflichtet, die Bezeichnung „Wirtschaftsprüfungsgesellschaft" in die Firma oder den Namen aufzunehmen und im beruflichen Verkehr zu führen. [2]Für eine Partnerschaftsgesellschaft entfällt die Pflicht nach § 2 Abs. 1 des Partnerschaftsgesellschaftsgesetzes vom 25. Juli 1994 (BGBl. I S. 1744), zusätzlich die Berufsbezeichnungen aller in der Partnerschaft vertretenen Berufe in den Namen aufzunehmen.

§ 32[4] **Bestätigungsvermerke.** [1]Erteilen Wirtschaftsprüfungsgesellschaften gesetzlich vorgeschriebene Bestätigungsvermerke, so dürfen diese nur von Wirtschaftsprüfern unterzeichnet werden; sie dürfen auch von vereidigten Buchprüfern unterzeichnet werden, soweit diese gesetzlich befugt sind, Bestätigungsvermerke zu erteilen. [2]Gleiches gilt für sonstige Erklärungen im Rahmen von Tätigkeiten, die den Berufsangehörigen gesetzlich vorbehalten sind.

§ 33[5] **Erlöschen der Anerkennung.** (1) Die Anerkennung erlischt durch
1. Auflösung der Gesellschaft,
2. Verzicht auf die Anerkennung.

---

[1] § 29 neu gef. mWv. 1. 1. 2002 durch G v. 19. 12. 2000 (BGBl. I S. 1769); Abs. 3 Satz 2 angef. mWv 1. 2. 2003 durch G v. 21. 8. 2002 (BGBl. I S. 3322); Abs. 2 neu gef., Abs. 3 Satz 2 aufgeh. mWv 17. 6. 2016 durch G v. 31. 3. 2016 (BGBl. I S. 518).

[2] § 30 neu gef. mWv 1. 1. 2002 durch G v. 19. 12. 2000 (BGBl. I S. 1769); Satz 2 neu gef. mWv 17. 6. 2016 durch G v. 31. 3. 2016 (BGBl. I S. 518).

[3] § 31 Satz 1 geänd. sowie Satz 2 angef. mWv 1. 7. 1995 durch G v. 25. 7. 1994 (BGBl. I S. 1744); Satz 1 geänd. mWv 6. 9. 2007 durch G v. 3. 9. 2007 (BGBl. I S. 2178).

[4] § 32 neu gef. mWv 1. 1. 1995 durch G v. 15. 7. 1994 (BGBl. I S. 1569); Satz 2 angef., bish. Wortlaut wird Satz 1 mWv 6. 9. 2007 durch G v. 3. 9. 2007 (BGBl. I S. 2178).

[5] § 33 Abs. 2 Satz 2 angef. mWv 1. 1. 1995 durch G v. 15. 7. 1994 (BGBl. I S. 1569), Abs. 2 geänd. mWv 1. 1. 2002 durch G v. 19. 12. 2000 (BGBl. I S. 1769).

(2) 1 Der Verzicht ist schriftlich gegenüber der Wirtschaftsprüferkammer zu erklären. 2 Die Auflösung der Gesellschaft ist der Wirtschaftsprüferkammer unverzüglich anzuzeigen.

§ 34[1)] Rücknahme und Widerruf der Anerkennung. (1) Die Anerkennung ist zurückzunehmen oder zu widerrufen, wenn

1. für die Person eines Vorstandsmitgliedes, Geschäftsführers, persönlich haftenden Gesellschafters oder Partners die Bestellung zurückgenommen oder widerrufen ist, es sei denn, daß jede Vertretungs- und Geschäftsführungsbefugnis dieser Person unverzüglich widerrufen oder entzogen ist;

2. sich nach der Anerkennung ergibt, daß sie hätte versagt werden müssen, oder wenn die Voraussetzungen für die Anerkennung der Gesellschaft, auch bezogen auf § 54 Abs. 1, nachträglich fortfallen, es sei denn, daß die Gesellschaft innerhalb einer angemessenen, von der Wirtschaftsprüferkammer zu bestimmenden Frist, die bei Fortfall der in § 28 Abs. 2 Satz 3 und Abs. 3 Satz 2 genannten Voraussetzungen höchstens zwei Jahre betragen darf, den dem Gesetz entsprechenden Zustand herbeiführt; bei Fortfall der in § 28 Abs. 4 genannten Voraussetzungen wegen eines Erbfalls muß die Frist mindestens fünf Jahre betragen;

3. ein Mitglied des Vorstandes, ein Geschäftsführer, ein persönlich haftender Gesellschafter oder ein Partner durch eine unanfechtbare Entscheidung aus dem Beruf ausgeschlossen ist oder einer der in § 28 Abs. 2 Sätze 1, 2 und Abs. 3 genannten Personen die Eignung zur Vertretung und Geschäftsführung einer Wirtschaftsprüfungsgesellschaft aberkannt ist, es sei denn, daß die Wirtschaftsprüfungsgesellschaft der Wirtschaftsprüferkammer nachweist, daß jede Vertretungs- und Geschäftsführungsbefugnis des Verurteilten unverzüglich widerrufen oder entzogen ist.

(2) Die Anerkennung ist zu widerrufen, wenn die Gesellschaft in nicht geordnete wirtschaftliche Verhältnisse, insbesondere in Vermögensverfall, geraten ist, es sei denn, daß dadurch die Interessen der Auftraggeber oder anderer Personen nicht gefährdet sind.

(3) Über die Rücknahme und den Widerruf der Anerkennung entscheidet die Wirtschaftsprüferkammer.

§§ 35 und 36.[2)] *(aufgehoben)*

---

1) § 34 Abs. 1 Nr. 3 geänd. sowie Abs. 2 neu gef. mWv 1. 1. 1995 durch G v. 15. 7. 1994 (BGBl. I S. 1569); Abs. 1 Nr. 1 und 3 geänd. mWv 1. 1. 2001 durch G v. 19. 12. 2000 (BGBl. I S. 1769); Abs. 1 Nrn. 2 und 3 geänd., Abs. 3 neu gef. mWv 1. 1. 2002 durch G v. 19. 12. 2000 (BGBl. I S. 1769); Abs. 1 Nr. 1 geänd. mWv 1. 1. 2004 durch G v. 1. 12. 2003 (BGBl. I S. 2446); Abs. 1 Nr. 2 HS 1 geänd. mWv 6. 9. 2007 durch G v. 3. 9. 2007 (BGBl. I S. 2178); Abs. 1 Nr. 3 und Abs. 2 geänd. mWv 17. 6. 2016 durch G v. 31. 3. 2016 (BGBl. I S. 518).

2) §§ 35, 36 aufgeh. mWv 1. 1. 2002 durch G v. 19. 12. 2000 (BGBl. I S. 1769).

Sechster Abschnitt. Allgemeine Vorschriften für das Verwaltungsverfahren[1)]

§ 36a[2)] Untersuchungsgrundsatz, Mitwirkungspflicht, Datenübermittlung. (1) Die Wirtschaftsprüferkammer ermittelt den Sachverhalt von Amts wegen.

(2) [1] Die am Verfahren beteiligten Bewerber, Wirtschaftsprüfer oder Gesellschaften sollen bei der Ermittlung des Sachverhalts mitwirken und, soweit es dessen bedarf, ihr Einverständnis mit der Verwendung von Beweismitteln erklären. [2] Ihr Antrag auf Gewährung von Rechtsvorteilen ist zurückzuweisen, wenn die für die Entscheidung zuständige Stelle infolge ihrer Verweigerung der Mitwirkung den Sachverhalt nicht hinreichend klären kann. [3] Der Bewerber, Wirtschaftsprüfer oder die Gesellschaft ist auf diese Rechtsfolge hinzuweisen.

(3) [1] Es übermitteln

1. die Wirtschaftsprüferkammer, Gerichte und Behörden Daten über natürliche und juristische Personen, die aus der Sicht der übermittelnden Stelle für die Zulassung zur oder die Durchführung der Prüfung und Eignungsprüfung, für die Erteilung einer Ausnahmegenehmigung nach § 28 Abs. 2 oder 3 oder für die Rücknahme oder den Widerruf dieser Entscheidung erforderlich sind, an die für die Entscheidung zuständige Stelle,
2. Gerichte und Behörden Daten über natürliche und juristische Personen, die aus Sicht der übermittelnden Stelle für die Bestellung oder Wiederbestellung, die Anerkennung oder die Rücknahme oder den Widerruf dieser Entscheidung erforderlich sind oder die den Verdacht einer Berufspflichtverletzung begründen können, an die Wirtschaftsprüferkammer,

soweit hierdurch schutzwürdige Interessen des oder der Betroffenen nicht beeinträchtigt werden oder das öffentliche Interesse das Geheimhaltungsinteresse der Beteiligten überwiegt. [2] Die Übermittlung unterbleibt, wenn besondere gesetzliche Verwendungsregelungen entgegenstehen; dies gilt nicht für das Steuergeheimnis nach § 30 der Abgabenordnung, die Verschwiegenheitspflicht nach § 64, die Verschwiegenheitspflicht der Organmitglieder, Beauftragten und Angestellten der Berufskammer eines anderen freien Berufs im Geltungsbereich dieses Gesetzes und die Verschwiegenheitspflicht der in § 9 Abs. 1 des Kreditwesengesetzes und in § 21[3)] des Wertpapierhandelsgesetzes sowie der in § 342c des Handelsgesetzbuchs benannten Personen und Stellen.

(4) Soweit natürliche oder juristische Personen Mitglieder einer Berufskammer eines anderen freien Berufs im Geltungsbereich dieses Gesetzes sind,

---

[1)] Sechster Abschnitt (§§ 36a, 36b) eingef. mWv 1.1.1995 durch G v. 15.7.1994 (BGBl. I S. 1569); Überschrift neu gef. mWv 1.1.2001 durch G v. 19.12.2000 (BGBl. I S. 1769).

[2)] § 36a neu gef. mWv 1.1.2001 durch G v. 19.12.2000 (BGBl. I S. 1769), Abs. 1 geänd. mWv 1.1.2002 durch G v. 19.12.2000 (BGBl. I S. 1769); Abs. 1 und 4 geänd., Abs. 3 neu gef. mWv 1.1.2004 durch G v. 1.12.2003 (BGBl. I S. 2446); Abs. 3 neu gef. mWv 6.9.2007 durch G v. 3.9.2007 (BGBl. I S. 2178); Überschr. neu gef. mWv 26.11.2019 durch G v. 20.11.2019 (BGBl. I S. 1626).

[3)] Verweis geänd. mWv 3.1.2018 durch G v. 23.6.2017 (BGBl. I S. 1693).

darf die Wirtschaftsprüferkammer Daten im Sinne des Absatzes 3 und nach Maßgabe dieser Vorschrift auch an andere zuständige Stellen übermitteln, soweit ihre Kenntnis aus der Sicht der übermittelnden Stelle für die Verwirklichung der Rechtsfolge erforderlich ist.

(5) Die Wirtschaftsprüferkammer darf personenbezogene Daten ihrer Mitglieder an die Versorgungswerke der Wirtschaftsprüfer und der vereidigten Buchprüfer übermitteln, soweit sie für die Feststellung der Mitgliedschaft sowie von Art und Umfang der Beitragspflicht oder der Versorgungsleistung erforderlich sind.

§ 36b.[1] *(aufgehoben)*

Siebenter Abschnitt. Berufsregister[2]

§ 37[3] **Registerführende Stelle.** (1) [1]Die Wirtschaftsprüferkammer führt ein Berufsregister für Wirtschaftsprüfer und Wirtschaftsprüfungsgesellschaften. [2]Alle einzutragenden Berufsangehörigen und Wirtschaftsprüfungsgesellschaften erhalten jeweils eine Registernummer. [3]Das Berufsregister wird in deutscher Sprache elektronisch geführt und ist der Öffentlichkeit mit den aktuellen Daten mit Ausnahme des Geburtstags und des Geburtsortes elektronisch zugänglich. [4]Liegt einer Eintragung eine Urkunde in einer anderen Sprache zugrunde, muss sich aus dem Berufsregister ergeben, ob es sich um eine beglaubigte Übersetzung handelt oder nicht.

(2) Die Wirtschaftsprüferkammer kann ein Mitgliederverzeichnis veröffentlichen, das weitere, über § 38 hinausgehende freiwillige Angaben der Berufsangehörigen und der Berufsgesellschaften enthalten kann.

(3) [1]Auf Verlangen des Mitgliedes muß die Eintragung in das Mitgliederverzeichnis unterbleiben. [2]Das Mitglied ist von der Wirtschaftsprüferkammer auf sein Widerspruchsrecht hinzuweisen.

§ 38[4] **Eintragung.** In das Berufsregister sind einleitend die für alle Berufsangehörigen und Wirtschaftsprüfungsgesellschaften verantwortlichen Stellen

---

[1] § 36b aufgeh. mWv 1.1.2001 durch G v. 19.12.2000 (BGBl. I S. 1769).

[2] Überschrift neu gef. mWv 1.1.1995 durch G v. 15.7.1994 (BGBl. I S. 1569).

[3] § 37 Abs. 3 Sätze 2 und 3 sowie Abs. 4 angef. mWv 1.1.1995 durch G v. 15.7.1994 (BGBl. I S. 1569); Abs. 2 aufgeh., bish. Abs. 3 und 4 werden Abs. 2 und 3 mWv 1.1.2002 durch G v. 19.12.2000 (BGBl. I S. 1769); Abs. 2 Satz 2 neu gef. mWv 1.1.2004 durch G v. 1.12.2003 (BGBl. I S. 2446); Abs. 1 Sätze 2 und 3 angef., bish. Wortlaut wird Satz 1, Abs. 2 neu gef. mWv 6.9.2007 durch G v. 3.9.2007 (BGBl. I S. 2178); Abs. 1 Satz 3 geänd. mWv 28.12.2010 durch G v. 22.12.2010 (BGBl. I S. 2248); Abs. 1 Satz 3 geänd., Satz 4 angef. mWv 17.6.2016 durch G v. 31.3.2016 (BGBl. I S. 518).

[4] § 38 Abs. 1 Nr. 1 Buchst. d neu gef. sowie Buchst. e und f angef. mWv 1.1.1995 durch G v. 15.7.1994 (BGBl. I S. 1569), Abs. 1 Nr. 1 Buchst. d geänd. mWv 1.3.1999 durch G v. 31.8.1998 (BGBl. I S. 2600); Abs. 1 wird Wortlaut, Abs. 1 Nr. 1 Buchst. d und e, Nr. 2 Buchst. d und e geänd., Abs. 1 Nr. 1 Buchst. g bis i, Nr. 2 Buchst. f und g angef., Abs. 2 aufgeh. mWv 1.1.2001 durch G v. 19.12.2000 (BGBl. I S. 1769); Abs. 1 Nr. 1 Buchstabe b, Nr. 2 Buchst. b geänd. mWv 1.1.2002 durch G v. 19.12.2000 (BGBl. I S. 1769); Nr. 1 Buchst. c neu gef., Buchstaben d, e, g, h sowie Nrn. 2 und 3 geänd. mWv 1.1.2004

(Fortsetzung Fußnote nächste Seite)

für die Zulassung, die Qualitätskontrolle, die Berufsaufsicht und die öffentliche Aufsicht nach § 66 a (Bezeichnungen, Anschriften) und darauf folgend im Einzelnen neben der jeweiligen Registernummer einzutragen

1. Berufsangehörige, und zwar

   a) Name, Vorname, Geburtstag und Geburtsort,

   b) Tag der Bestellung und die Behörde, die die Bestellung vorgenommen hat,

   c) Datum der Begründung der beruflichen Niederlassung, deren Anschrift, in den Fällen des § 3 Abs. 1 Satz 1 Halbsatz 2 die inländische Zustellungsanschrift und , sofern der Berufsangehörige in ein Netzwerk eingebunden ist, Namen, Firmen und Anschriften der anderen Mitglieder des Netzwerks und der mit diesen durch gemeinsames Eigentum, gemeinsame Kontrolle oder gemeinsame Geschäftsführung verbundenen Unternehmen oder ein Hinweis darauf, wo diese Angaben öffentlich zugänglich sind,

   d) Art der beruflichen Tätigkeit nach § 43 a Absatz 1 unter Angabe der Praxis,

   e) Name, Vorname, Berufe oder Firma und die Anschriften der beruflichen Niederlassungen der Gesellschafter einer Personengesellschaft im Sinne des § 44 b und Name oder Firma der Personengesellschaft; dies gilt entsprechend im Fall der Kundmachung einer Personengesellschaft, auch wenn die Voraussetzungen nach § 44 b Absatz 1 Satz 1 und Absatz 2 nicht vorliegen,

   f) Firma, Anschrift, Internetadresse und Registernummer der Prüfungsgesellschaft, bei welcher die Berufsangehörigen angestellt oder in anderer Weise tätig sind oder der sie als Partner oder Partnerin angehören oder in ähnlicher Weise verbunden sind,

   g) (aufgehoben)

   h) Anzeige der Tätigkeit als gesetzlicher Abschlussprüfer nach § 57 a Absatz 1 Satz 2,

   i) Registrierung als Prüfer für Qualitätskontrolle nach § 57 a Abs. 3,

   j) alle anderen Registrierungen bei zuständigen Stellen anderer Staaten unter Angabe des Namens der betreffenden Registerstelle sowie der Registernummer,

---

(Fortsetzung Fußnote von S. 26)

durch G v. 1. 12. 2003 (BGBl. I S. 2446); Nr. 1 Buchst. h und Nr. 2 Buchst. f geänd. mWv 1. 1. 2005 durch G v. 27. 12. 2004 (BGBl. I S. 3846); einl. Satzteil, Nr. 1 Buchstaben d, f und Nr. 2 Buchstabe c neu gef., Nr. 1 Buchstaben j, k und Nr. 4 angef., Nr. 2 Buchstabe h eingef., Nr. 1 Buchst. c, Nr. 2 abschließender Satzteil geänd. mWv 6. 9. 2007 durch G v. 3. 9. 2007 (BGBl. I S. 2178); Nr. 1 einl. Satzteil, Buchst. a, c, d und k, Nr. 2 Buchst. a, c, d und h, Nr. 2 abschl. Satzteil und Nr. 3 geänd., Nr. 1 Buchst. g aufgeh., Nr. 1 Buchst. e, f und h, Nr. 2 Buchst. f neu gef., Nr. 1 Buchst l und m sowie abschl. Satzteil, Nr. 2 Buchst. i und j angef., Nr. 4 eingef., bish. Nr. 4 wird Nr. 5 und geänd. mWv 17. 6. 2016 durch G v. 31. 3. 2016 (BGBl. I S. 518).

k) berufsaufsichtlich festgesetzte, auch vorläufige Tätigkeits- und Berufsverbote und bei Tätigkeitsverboten das Tätigkeitsgebiet, jeweils unter Angabe des Beginns und der Dauer,

l) die sofort vollziehbare Aufhebung der Bestellung unter Angabe des Datums,

m) die Beurlaubung

sowie alle Veränderungen zu den Buchstaben a, c, d, e, f, h, i, j und m unter Angabe des Datums;

2. Wirtschaftsprüfungsgesellschaften, und zwar

a) Name, Firma und Rechtsform,

b) Tag der Anerkennung als Wirtschaftsprüfungsgesellschaft und die Behörde, die die Anerkennung ausgesprochen hat,

c) Anschrift der Hauptniederlassung, Kontaktmöglichkeiten einschließlich einer Kontaktperson, Internetadresse und, sofern die Wirtschaftsprüfungsgesellschaft in ein Netzwerk eingebunden ist, Namen, Firmen und Anschriften der anderen Mitglieder des Netzwerks und der mit diesen durch gemeinsames Eigentum, gemeinsame Kontrolle oder gemeinsame Geschäftsführung verbundenen Unternehmen oder ein Hinweis darauf, wo diese Angaben öffentlich zugänglich sind,

d) Namen, Berufe, Geburtsdaten und Anschriften der Gesellschafter und der Mitglieder des zur gesetzlichen Vertretung berufenen Organs einer juristischen Person und die Höhe ihrer Anteile sowie Namen, Berufe, Geburtsdaten und Anschriften der vertretungsberechtigten und der übrigen Gesellschafter einer Personengesellschaft und die Höhe der im Handelsregister eingetragenen Einlagen der Kommanditisten,

e) Namen, Geschäftsanschriften und Registernummern der im Namen der Gesellschaft tätigen Wirtschaftsprüfer,

f) Anzeige der Tätigkeit als gesetzlicher Abschlussprüfer nach § 57 a Absatz 1 Satz 2,

g) Registrierung als Prüfer für Qualitätskontrolle nach § 57 a Abs. 3,

h) alle anderen Registrierungen bei zuständigen Stellen anderer Staaten unter Angabe des Namens der Registerstelle sowie der Registernummer,

i) berufsaufsichtlich festgesetzte, auch vorläufige Tätigkeits- und Berufsverbote und bei Tätigkeitsverboten das Tätigkeitsgebiet, jeweils unter Angabe des Beginns und der Dauer,

j) die sofort vollziehbare Aufhebung der Anerkennung unter Angabe des Datums

sowie alle Veränderungen zu Buchstaben a, c, d, e, f, g, h und i unter Angabe des Datums;

3. Zweigniederlassungen von Wirtschaftsprüfern und Wirtschaftsprüfungsgesellschaften, und zwar

a) Name,

b) Anschrift der Zweigniederlassung,

c) Namen und Anschriften der die Zweigniederlassung leitenden Personen sowie alle Veränderungen zu Buchstaben a bis c unter Angabe des Datums;

4. EU- und EWR-Abschlussprüfungsgesellschaften gemäß § 131; die Nummern 2 und 3 gelten entsprechend mit der Maßgabe, dass nur EU- und EWR-Abschlussprüfer und Niederlassungen, die im Geltungsbereich dieses Gesetzes tätig werden, einzutragen sind;
5. Drittstaatsprüfer und Drittstaatsprüfungsgesellschaften gemäß § 134; die Nummern 1 bis 3 gelten entsprechend.

§ 39[1)] Löschung. (1) Im Berufsregister sind zu löschen

1. Berufsangehörige, wenn die Bestellung als Wirtschaftsprüfer erloschen oder unanfechtbar zurückgenommen oder widerrufen ist;
2. Wirtschaftsprüfungsgesellschaften, wenn die Anerkennung als Wirtschaftsprüfungsgesellschaft erloschen oder unanfechtbar zurückgenommen oder widerrufen ist;
3. Zweigniederlassungen,
   a) wenn die Zweigniederlassung aufgehoben ist oder
   b) wenn die Zweigniederlassung nicht mehr von einem Berufsangehörigen verantwortlich geleitet wird und eine Ausnahmegenehmigung der Wirtschaftsprüferkammer nicht vorliegt;
4. EU- und EWR-Abschlussprüfungsgesellschaften gemäß § 131, wenn
   a) die Zulassung der Prüfungsgesellschaft in dem Herkunftsmitgliedstaat erloschen ist oder unanfechtbar zurückgenommen, widerrufen oder in sonstiger Weise aufgehoben wurde oder
   b) die Prüfungsgesellschaft in dem Herkunftsmitgliedstaat nicht mehr registriert ist.

(2) [1]Die Angaben nach § 38 Nummer 1 Buchstabe h und Nummer 2 Buchstabe f sind zu löschen, wenn die Kommission für Qualitätskontrolle auf die Löschung der Eintragung als gesetzlicher Abschlussprüfer entschieden hat oder wenn die eingetragenen Berufsangehörigen oder Wirtschaftsprüfungsgesellschaften auf die Durchführung gesetzlicher Abschlussprüfungen verzichtet haben. [2]Die Angaben nach § 38 Nummer 1 Buchstabe i und Nummer 2 Buchstabe g sind zu löschen, wenn die Registrierung als Prüfer für Qualitätskontrolle unanfechtbar zurückgenommen oder widerrufen worden ist. [3]Die Angaben nach § 38 Nummer 1 Buchstabe k und i sind zu löschen, wenn die Tätigkeits- oder Berufsverbote erloschen sind.

---

1) § 39 bish. Wortlaut wird Abs. 1, Abs. 2 und 3 angef. mWv 1. 1. 2001 durch G v. 19. 12. 2000 (BGBl. I S. 1769); Abs. 2 Satz 2 geänd. mWv 1. 1. 2004 durch G v. 1. 12. 2003 (BGBl. I S. 2446); Abs. 2 Satz 2 und Abs. 3 geänd. mWv 1. 1. 2005 durch G v. 27. 12. 2004 (BGBl. I S. 3846); Abs. 3 Satz 2 angef., bish. Wortlaut wird Satz 1 mWv 6. 9. 2007 durch G v. 3. 9. 2007 (BGBl. I S. 2178); Abs. 1 Nr. 1, Abs. 2 und 3 neu gef., Abs. 1 Nr. 3 Buchst. a und b geänd., Nr. 4 angef. mWv 17. 6. 2016 durch G v. 31. 3. 2016 (BGBl. I S. 518).

(3) Die Berufsangehörigen haben ihre Auftraggeber während eines laufenden Mandats unverzüglich über die Löschung der Eintragung im Berufsregister nach Absatz 2 Satz 1 zu informieren.

§ 40[1] **Verfahren.** (1) Eintragungen und Löschungen werden von der Wirtschaftsprüferkammer unverzüglich von Amts wegen vorgenommen.

(2) [1]Die Mitglieder der Wirtschaftsprüferkammer sind verpflichtet, die Tatsachen, die eine Eintragung, ihre Veränderung oder eine Löschung erforderlich machen, der Wirtschaftsprüferkammer unverzüglich in einer den §§ 126, 126a des Bürgerlichen Gesetzbuchs entsprechenden Form mitzuteilen. [2]§ 62a gilt entsprechend.

(3) Auf Antrag der Berufsangehörigen oder der Wirtschaftsprüfungsgesellschaften stellt die Wirtschaftsprüferkammer einen Registerauszug über die jeweilige Eintragung nach § 38 Nummer 1 Buchstabe h oder Nummer 2 Buchstabe f zur Verfügung.

§ 40a[2] **Register für genossenschaftliche Prüfungsverbände und Prüfungsstellen der Sparkassen- und Giroverbände.** (1) [1]Bei der Wirtschaftsprüferkammer werden auch die genossenschaftlichen Prüfungsverbände eingetragen, die gesetzlich vorgeschriebene Abschlussprüfungen im Sinne des § 53 Absatz 2 des Genossenschaftsgesetzes, des § 340k Abs. 2 Satz 1 des Handelsgesetzbuchs oder des Artikels 25 Abs. 1 Satz 1 des Einführungsgesetzes zum Handelsgesetzbuch durchführen, sowie die Prüfungsstellen der Sparkassen- und Giroverbände. [2]§ 37 Abs. 1 gilt entsprechend. [3]Auf Antrag des Prüfungsverbands oder der Prüfungsstelle stellt die Wirtschaftsprüferkammer einen Registerauszug über die jeweilige Eintragung zur Verfügung.

(2) In das Register sind im Einzelnen neben der jeweiligen Registernummer einzutragen:

1. Name und Rechtsform des Prüfungsverbands oder Name der Prüfungsstelle sowie Name und Rechtsform des Trägers der Prüfungsstelle;
2. Tag der Verleihung des Prüfungsrechts und die Behörde, die das Recht verliehen hat oder gesetzliche Ermächtigung der Prüfungsstelle;
3. Anschrift des Hauptbüros sowie Kontaktmöglichkeiten einschließlich einer Kontaktperson, Internetadresse und, sofern der Prüfungsverband oder die Prüfungsstelle Mitglied in einem Netzwerk ist, Namen und Anschriften aller Mitglieder des Netzwerkes und der mit diesen durch gemeinsames Eigentum, gemeinsame Kontrolle oder gemeinsame Geschäftsführung verbundenen Unternehmen oder ein Hinweis darauf, wo diese Informationen öffentlich zugänglich sind;

---

[1] § 40 neu gef. mWv 1. 1. 2002 durch G v. 19. 12. 2000 (BGBl. I S. 1769); Abs. 2 Satz 1 geänd., Satz 2 angef. mWv 1. 1. 2004 durch G v. 1. 12. 2003 (BGBl. I S. 2446); Abs. 2 Satz 1 geänd. mWv 6. 9. 2007 durch G v. 3. 9. 2007 (BGBl. I S. 2178); Abs. 1 geänd., Abs. 3 angef. mWv 17. 6. 2016 durch G v. 31. 3. 2016 (BGBl. I S. 518).

[2] § 40a eingef. mWv 29. 5. 2009 durch G v. 25. 5. 2009 (BGBl. I S. 1102); Abs. 1 Satz 1, Abs. 2 Nr. 3, Abs. 4 Satz 1 geänd., Abs. 1 Satz 3, Abs. 5 und 6 angef. mWv 17. 6. 2016 durch G v. 31. 3. 2016 (BGBl. I S. 518).

4. Anschriften von weiteren Büros in Deutschland;
5. Namen und Geschäftsadressen aller Mitglieder des Vorstands des Prüfungsverbands oder des Leiters der Prüfungsstelle;
6. Namen und Registernummern der im Namen des Prüfungsverbands oder der Prüfungsstelle tätigen Wirtschaftsprüfer;
7. alle anderen Registrierungen bei zuständigen Stellen anderer Staaten unter Angabe des Namens der Registerstelle sowie der Registernummer;
8. Name und Anschrift der zuständigen Aufsichtsbehörde.

(3) [1]Die in Absatz 1 genannten Prüfungsverbände und Prüfungsstellen sind verpflichtet, der Wirtschaftsprüferkammer die in Absatz 2 genannten Tatsachen sowie jede Änderung dieser Tatsachen mitzuteilen. [2]Die Wirtschaftsprüferkammer hat die mitgeteilten Tatsachen sowie Änderungen einzutragen.

(4) [1]Die in Absatz 1 genannten genossenschaftlichen Prüfungsverbände sind verpflichtet, der Wirtschaftsprüferkammer Mitteilung zu machen, wenn sie keine gesetzlich vorgeschriebenen Abschlussprüfungen im Sinne des § 53 Absatz 2 des Genossenschaftsgesetzes, des § 340 k Abs. 2 Satz 1 des Handelsgesetzbuchs oder des Artikels 25 Abs. 1 Satz 1 des Einführungsgesetzes zum Handelsgesetzbuch mehr durchführen oder wenn ihr Prüfungsrecht unanfechtbar entzogen worden ist. [2]Die in Absatz 1 genannten Prüfungsstellen der Sparkassen- und Giroverbände sind verpflichtet der Wirtschaftsprüferkammer mitzuteilen, wenn ihr Prüfungsrecht unanfechtbar entzogen worden ist. [3]In diesen Fällen hat die Wirtschaftsprüferkammer die Eintragung zu löschen.

(5) [1]Die Eintragung eines in Absatz 1 Satz 1 genannten genossenschaftlichen Prüfungsverbands wird gelöscht, wenn

1. die Qualitätskontrolle
   a) nicht innerhalb der nach § 63 e Absatz 1 des Genossenschaftsgesetzes vorgegebenen Frist durchgeführt worden ist oder
   b) unter Verstoß gegen § 63 f Absatz 1 des Genossenschaftsgesetzes in Verbindung mit § 57 a Absatz 3 Satz 1 und 5 der Wirtschaftsprüferordnung, gegen § 63 f Absatz 2 Satz 2 des Genossenschaftsgesetzes oder gegen § 63 f Absatz 3 des Genossenschaftsgesetzes in Verbindung mit § 57 a Absatz 4 der Wirtschaftsprüferordnung durchgeführt worden ist,
2. wesentliche Prüfungshemmnisse festgestellt worden sind oder
3. wesentliche Mängel im Qualitätssicherungssystem festgestellt worden sind, die das Qualitätssicherungssystem als unangemessen oder unwirksam erscheinen lassen.

[2]Erkennt die Wirtschaftsprüferkammer, dass die Eintragung zu löschen ist, so ist der Vorgang vor der Entscheidung der nach § 63 des Genossenschaftsgesetzes zuständigen Aufsichtsbehörde vorzulegen.

(6) [1]Ein genossenschaftlicher Prüfungsverband, der erstmalig eine gesetzlich vorgeschriebene Abschlussprüfung durchführt, hat dies der Wirtschaftsprüferkammer spätestens zwei Wochen nach Beginn dieser Prüfung anzuzeigen. [2]Er ist mit dem Zusatz „(vorläufige Eintragung bis zur erstmaligen Durchführung

der Qualitätskontrolle)“ einzutragen. [3]Der Zusatz ist nach Durchführung der Qualitätskontrolle zu löschen.

Achter Abschnitt. Verwaltungsgerichtliches Verfahren[1)]

§ 41[2)] Unmittelbare Klage gegen Bescheide der Wirtschaftsprüferkammer. Vor Erhebung einer Klage gegen Bescheide der Wirtschaftsprüferkammer, die aufgrund von Vorschriften des Dritten und Fünften Abschnitts des Zweiten Teils und § 134 a Abs. 1 und 2 dieses Gesetzes zu erlassen worden sind, bedarf es keiner Nachprüfung in einem Vorverfahren.

§ 42. (weggefallen)

Dritter Teil. Rechte und Pflichten der Wirtschaftsprüfer

§ 43[3)] Allgemeine Berufspflichten. (1) [1]Berufsangehörige haben ihren Beruf unabhängig, gewissenhaft, verschwiegen und eigenverantwortlich auszuüben. [2]Sie haben sich insbesondere bei der Erstattung von Prüfungsberichten und Gutachten unparteiisch zu verhalten.

(2) [1]Berufsangehörige haben sich jeder Tätigkeit zu enthalten, die mit ihrem Beruf oder mit dem Ansehen des Berufs unvereinbar ist. [2]Sie haben sich der besonderen Berufspflichten bewusst zu sein, die ihnen aus der Befugnis erwachsen, gesetzlich vorgeschriebene Bestätigungsvermerke zu erteilen. [3]Sie haben sich auch außerhalb der Berufstätigkeit des Vertrauens und der Achtung würdig zu erweisen, die der Beruf erfordert. [4]Sie sind verpflichtet, sich fortzubilden.

(3) [1]Wer Abschlussprüfer eines Unternehmens von öffentlichem Interesse nach § 319 a Absatz 1 Satz 1 des Handelsgesetzbuchs war oder wer als verantwortlicher Prüfungspartner im Sinne des § 319 a Absatz 1 Satz 4 und Absatz 2 Satz 2 des Handelsgesetzbuchs bei der Abschlussprüfung eines solchen Unternehmens tätig war, darf dort innerhalb von zwei Jahren nach der Beendigung der Prüfungstätigkeit keine wichtige Führungstätigkeit ausüben und nicht Mitglied des Aufsichtsrats, des Prüfungsausschusses des Aufsichtsrats oder des Verwaltungsrats sein. [2]Satz 1 gilt mit der Maßgabe, dass die Frist ein Jahr beträgt, entsprechend für

1. Personen, die als Abschlussprüfer oder verantwortliche Prüfungspartner gesetzliche Abschlussprüfungen eines sonstigen Unternehmens durchgeführt haben,
2. Partner und Mitarbeiter des Abschlussprüfers, die zwar nicht selbst als Abschlussprüfer oder verantwortlicher Prüfungspartner tätig, aber unmittelbar am Prüfungsauftrag beteiligt waren und die als Wirtschaftsprüfer, vereidigter Buchprüfer oder EU- oder EWR-Abschlussprüfer zugelassen sind, und

---

1) Abschnittsüberschrift eingef. mWv 1. 1. 2002 durch G v. 10. 12. 2001 (BGBl. I S. 3414).
2) § 41 neu gef. mWv 1. 1. 2002 durch G v. 10. 12. 2001 (BGBl. I S. 3414).
3) § 43 neu gef. mWv 17. 6. 2016 durch G v. 31. 3. 2016 (BGBl. I S. 518).

3. alle anderen Berufsangehörigen, vereidigten Buchprüfer oder EU- oder EWR-Abschlussprüfer, deren Leistungen der Abschlussprüfer des Unternehmens in Anspruch nehmen oder kontrollieren kann und die unmittelbar am Prüfungsauftrag beteiligt waren.

(4) [1] Berufsangehörige haben während der gesamten Prüfung eine kritische Grundhaltung zu wahren. [2] Dazu gehört es, Angaben zu hinterfragen, auf Gegebenheiten zu achten, die auf eine falsche Darstellung hindeuten könnten, und die Prüfungsnachweise kritisch zu beurteilen.

(5) Berufsangehörige haben bei der Durchführung von Abschlussprüfungen ausreichend Zeit für den Auftrag aufzuwenden und die zur angemessenen Wahrnehmung der Aufgaben erforderlichen Mittel, insbesondere – soweit erforderlich – Personal mit den notwendigen Kenntnissen und Fähigkeiten, einzusetzen.

(6) Wirtschaftsprüfungsgesellschaften haben darüber hinaus bei Durchführung der Abschlussprüfung

1. den verantwortlichen Prüfungspartner insbesondere anhand der Kriterien der Prüfungsqualität, Unabhängigkeit und Kompetenz auszuwählen,
2. dem verantwortlichen Prüfungspartner die zur angemessenen Wahrnehmung der Aufgaben erforderlichen Mittel, insbesondere Personal mit den notwendigen Kenntnissen und Fähigkeiten, zur Verfügung zu stellen und
3. den verantwortlichen Prüfungspartner aktiv an der Durchführung der Abschlussprüfung zu beteiligen.

§ 43a[1] Regeln der Berufsausübung. (1) Berufsangehörige üben ihren Beruf aus

1. in eigener Praxis oder in gemeinsamer Berufsausübung gemäß § 44b,
2. als Vorstandsmitglieder, Geschäftsführer, persönlich haftende oder nach dem Partnerschaftsgesellschaftsgesetz verbundene Personen von Wirtschaftsprüfungsgesellschaften,
3. als zeichnungsberechtigte Vertreter oder zeichnungsberechtigte Angestellte bei Berufsangehörigen, Wirtschaftsprüfungsgesellschaften, Personengesellschaften nach § 44b Absatz 1, EU- oder EWR-Abschlussprüfern, EU- oder EWR-Abschlussprüfungsgesellschaften, genossenschaftlichen Prüfungsverbänden, Prüfungsstellen von Sparkassen- und Giroverbänden oder überörtlichen Prüfungseinrichtungen für Körperschaften und Anstalten des öffentlichen Rechts,
4. als Vorstandsmitglieder, Geschäftsführer, persönlich haftende oder nach dem Partnerschaftsgesellschaftsgesetz verbundene Personen einer Buchprüfungsgesellschaft, einer Rechtsanwaltsgesellschaft oder einer Steuerberatungsgesellschaft,
5. als zeichnungsberechtigte Vertreter oder zeichnungsberechtigte Angestellte bei einem Angehörigen eines ausländischen Prüferberufs oder einer ausländischen Prüfungsgesellschaft oder als gesetzliche Vertreter oder Mitglieder des zur gesetzlichen Vertretung berufenen Organs einer ausländischen

---

[1] § 43a neu gef. mWv 17.6.2016 durch G v. 31.3.2016 (BGBl. I S. 518).

Prüfungsgesellschaft, wenn die Voraussetzungen für deren Berufsausübung den Vorschriften dieses Gesetzes im Wesentlichen entsprechen,

6. als gesetzliche Vertreter oder Mitglieder des zur gesetzlichen Vertretung berufenen Organs einer ausländischen Rechtsberatungsgesellschaft oder Steuerberatungsgesellschaft, wenn die Voraussetzungen für deren Berufsausübung den Vorschriften der Bundesrechtsanwaltsordnung oder des Steuerberatungsgesetzes im Wesentlichen entsprechen,
7. als Angestellte der Wirtschaftsprüferkammer,
8. als Angestellte des Bundesamts für Wirtschaft und Ausfuhrkontrolle, soweit es sich um eine Tätigkeit bei der Abschlussprüferaufsichtsstelle handelt,
9. als Angestellte einer
   a) nach § 342 Absatz 1 des Handelsgesetzbuchs vom Bundesministerium der Justiz und für Verbraucherschutz durch Vertrag anerkannten Einrichtung,
   b) nach § 342b Absatz 1 des Handelsgesetzbuchs vom Bundesministerium der Justiz und für Verbraucherschutz im Einvernehmen mit dem Bundesministerium der Finanzen durch Vertrag anerkannten Prüfstelle oder
   c) nicht gewerblich tätigen Personenvereinigung,
      aa) deren ordentliche Mitglieder Berufsangehörige, Wirtschaftsprüfungsgesellschaften, vereidigte Buchprüfer oder Buchprüfungsgesellschaften oder Personen oder Personengesellschaften sind, die die Voraussetzungen des § 44b Absatz 2 Satz 1 erfüllen,
      bb) deren ausschließlicher Zweck die Vertretung der beruflichen Belange der Wirtschaftsprüfer oder vereidigten Buchprüfer ist und
      cc) in der Berufsangehörige, Wirtschaftsprüfungsgesellschaften, vereidigte Buchprüfer oder Buchprüfungsgesellschaften die Mehrheit haben,
10. als Angestellte der Bundesanstalt für Finanzdienstleistungsaufsicht, wenn es sich um eine Tätigkeit
    a) nach Abschnitt *11* [***ab 3.1.2018:*** 16][1] des Wertpapierhandelsgesetzes oder
    b) zur Vorbereitung, Durchführung und Analyse von Prüfungen bei einem von einer Aufsichtsbehörde beaufsichtigten Unternehmen

    handelt, oder
11. als Angestellte eines Prüfungsverbands nach § 26 Absatz 2 des Gesetzes über das Kreditwesen.

(2) Vereinbar mit dem Beruf des Wirtschaftsprüfers ist

1. die Ausübung eines freien Berufs auf dem Gebiet der Technik und des Rechtswesens sowie eines Berufs, mit dem die gemeinsame Berufsausübung im Sinne des § 44b zulässig ist,
2. die Tätigkeit als Lehrer oder wissenschaftlicher Mitarbeiter an wissenschaftlichen Instituten oder Hochschulen,

---

[1] Verweis geänd. mWv 3.1.2018 durch G v. 23.6.2017 (BGBl. I S. 1693).

3. die Tätigkeit als Geschäftsführer einer Europäischen wirtschaftlichen Interessenvereinigung, deren Mitglieder ausschließlich Personen sind, mit denen die gemeinsame Berufsausübung im Sinne des § 44 b zulässig ist,
4. die Durchführung von Lehr- und Vortragsveranstaltungen zur Vorbereitung auf die Prüfungen zum Wirtschaftsprüfer, zum vereidigten Buchprüfer oder zum Steuerberater sowie zur Fortbildung der Mitglieder der Wirtschaftsprüferkammer und
5. die freie schriftstellerische, wissenschaftliche und künstlerische Tätigkeit sowie die freie Vortragstätigkeit.

(3) [1]Berufsangehörige dürfen keine der folgenden Tätigkeiten ausüben:
1. gewerbliche Tätigkeiten;
2. Tätigkeiten in einem Anstellungsverhältnis mit Ausnahme der in den Absätzen 1 und 2 genannten Fälle;
3. Tätigkeiten in einem Beamtenverhältnis oder einem nicht ehrenamtlich ausgeübten Richterverhältnis mit Ausnahme des in Absatz 2 Nummer 2 genannten Falls; § 44 a bleibt unberührt.

[2]Auf Antrag kann die Wirtschaftsprüferkammer Berufsangehörigen genehmigen, eine Tätigkeit nach Satz 1 auszuüben, wenn diese einer der Tätigkeiten nach Absatz 1 oder 2 vergleichbar ist und durch die Tätigkeit das Vertrauen in die Einhaltung der Berufspflichten nicht gefährdet werden kann. [3]Auf Antrag kann die Wirtschaftsprüferkammer die Eingehung eines außerberuflichen Anstellungsverhältnisses vorübergehend genehmigen, wenn es der Übernahme einer Notgeschäftsführung oder der Sanierung einer gewerblichen Gesellschaft dient.

§ 44[1)] Eigenverantwortliche Tätigkeit. (1) [1]Eine eigenverantwortliche Tätigkeit übt nicht aus, wer sich als zeichnungsberechtigter Vertreter oder als zeichnungsberechtigter Angestellter an Weisungen zu halten hat, die ihn verpflichten, Prüfungsberichte und Gutachten auch dann zu unterzeichnen, wenn ihr Inhalt sich mit seiner Überzeugung nicht deckt. [2]Weisungen, die solche Verpflichtungen enthalten, sind unzulässig. [3]Anteilseigner einer Wirtschaftsprüfungsgesellschaft und Mitglieder der Verwaltungs-, Leitungs- und Aufsichtsorgane dieser oder einer verbundenen Wirtschaftsprüfungsgesellschaft dürfen auf die Durchführung von Abschlussprüfungen nicht in einer Weise Einfluss nehmen, die die Unabhängigkeit der verantwortlichen Berufsangehörigen beeinträchtigt.

(2) Die Eigenverantwortlichkeit wird nicht schon dadurch ausgeschlossen, daß für gesetzliche Vertreter von Wirtschaftsprüfungsgesellschaften und für bei Wirtschaftsprüfern oder Wirtschaftsprüfungsgesellschaften angestellte Wirtschaftsprüfer eine Mitzeichnung durch einen anderen Wirtschaftsprüfer oder bei genossenschaftlichen Prüfungsverbänden, Prüfungsstellen von Sparkassen- und Giroverbänden oder überörtlichen Prüfungseinrichtungen für Körper-

---

1) § 44 neu gef. mWv 1. 1. 1995 durch G v. 15. 7. 1994 (BGBl. I S. 1569); Abs. 1 Satz 3 neu gef. mWv 17. 6. 2016 durch G v. 31. 3. 2016 (BGBl. I S. 518).

schaften und Anstalten des öffentlichen Rechts durch einen zeichnungsberechtigten Vertreter des Prüfungsverbandes, der Prüfungsstelle oder der Prüfungseinrichtung vereinbart ist.

§ 44 a[1)] Wirtschaftsprüfer im öffentlich-rechtlichen Dienst- oder Amtsverhältnis. [1] Ist ein Wirtschaftsprüfer ein öffentlich-rechtliches Dienstverhältnis als Wahlbeamter auf Zeit oder ein öffentlich-rechtliches Amtsverhältnis eingegangen, so darf er seinen Beruf als Wirtschaftsprüfer nicht ausüben, es sei denn, daß er die ihm übertragene Aufgabe ehrenamtlich wahrnimmt. [2] Die Wirtschaftsprüferkammer kann dem Wirtschaftsprüfer auf seinen Antrag einen Vertreter bestellen oder ihm gestatten, seinen Beruf selbst auszuüben, wenn die Einhaltung der allgemeinen Berufspflichten dadurch nicht gefährdet wird.

§ 44 b[2)] Gemeinsame Berufsausübung. (1) [1] Wirtschaftsprüfer dürfen ihren Beruf mit natürlichen und juristischen Personen sowie mit Personengesellschaften, die der Berufsaufsicht einer Berufskammer eines freien Berufes im Geltungsbereich dieses Gesetzes unterliegen und ein Zeugnisverweigerungsrecht nach § 53 Abs. 1 Satz 1 Nr. 3 der Strafprozeßordnung haben, örtlich und überörtlich in Personengesellschaften gemeinsam ausüben. [2] Mit Rechtsanwälten, die zugleich Notare sind, darf eine solche Personengesellschaft nur bezogen auf die anwaltliche Berufsausübung eingegangen werden. [3] Im Übrigen richtet sich die Verbindung mit Rechtsanwälten, die zugleich Notare sind, nach den Bestimmungen und Anforderungen des notariellen Berufsrechts.

(2) [1] Eine gemeinsame Berufsausübung mit natürlichen und juristischen Personen sowie mit Personengesellschaften, die in einem ausländischen Staat als sachverständige Prüfer ermächtigt oder bestellt sind, ist zulässig, wenn die Voraussetzungen für ihre Ermächtigung oder Bestellung den Vorschriften dieses Gesetzes im wesentlichen entsprechen und sie in dem ausländischen Staat ihren Beruf gemeinsam mit Wirtschaftsprüfern ausüben dürfen. [2] Eine gemeinsame Berufsausübung ist weiter zulässig mit Rechtsanwälten, Patentanwälten und Steuerberatern anderer Staaten, wenn diese einen nach Ausbildung und Befugnissen der Bundesrechtsanwaltsordnung, der Patentanwaltsordnung oder dem Steuerberatungsgesetz entsprechenden Beruf ausüben und mit Rechtsanwälten, Patentanwälten oder Steuerberatern im Geltungsbereich dieses Gesetzes ihren Beruf ausüben dürfen. [3] Absatz 1 Satz 2 und 3 gilt entsprechend.

---

1) § 44 a Satz 3 aufgeh. mWv 1. 1. 2002 durch G v. 19. 12. 2000 (BGBl. I S. 1769).

2) § 44 b eingef. mWv 1. 1. 1995 durch G v. 15. 7. 1994 (BGBl. I S. 1569), Abs. 1 geänd. mWv 8. 9. 1998 durch G v. 31. 8. 1998 (BGBl. I S. 2585), Abs. 1, 4 und 5 geänd. mWv 1. 1. 2001 durch G v. 19. 12. 2000 (BGBl. I S. 1769), Abs. 1 geänd. mWv 23. 2. 2002 durch G v. 15. 2. 2002 (BGBl. I S. 682); Überschrift geänd., Abs. 1 Sätze 2 und 3, Abs. 2 Satz 3, Abs. 6 angef., Abs. 4 neu gef. mWv 1. 1. 2004 durch G v. 1. 12. 2003 (BGBl. I S. 2446); Überschrift, Abs. 1 Sätze 1 und 2, Abs. 2 Satz 2, Abs. 4 und 5 geänd. mWv 17. 6. 2016 durch G v. 31. 3. 2016 (BGBl. I S. 518).

(3) [1]Die Wirtschaftsprüferkammer hat ein Einsichtsrecht in die Verträge über die gemeinsame Berufsausübung. [2]Erforderliche Auskünfte sind auf Verlangen zu erteilen.

(4) Berufsangehörige dürfen ihren Beruf in Personengesellschaften mit Personen im Sinne von Absatz 1 Satz 1, die selbst nicht als Berufsangehörige oder als vereidigte Buchprüfer oder vereidigte Buchprüferin bestellt oder als Wirtschaftsprüfungsgesellschaft oder Buchprüfungsgesellschaft anerkannt sind, nur dann gemeinsam ausüben, wenn sie der Wirtschaftsprüferkammer bei Aufnahme einer solchen Tätigkeit nachweisen, dass ihnen auch bei gesamtschuldnerischer Inanspruchnahme der nach § 54 vorgeschriebene Versicherungsschutz für jeden Versicherungsfall uneingeschränkt zur Verfügung steht.

(5) Wirtschaftsprüfer haben die gemeinsame Berufsausübung unverzüglich zu beenden, wenn sie auf Grund des Verhaltens eines Mitglieds der Personengesellschaft ihren beruflichen Pflichten nicht mehr uneingeschränkt nachkommen können.

(6) Wird eine gemeinsame Berufsausübung im Sinne des Absatzes 1 kundgemacht, sind die Vorschriften der Absätze 4 und 5 entsprechend anzuwenden.

§ 45[1)] **Prokuristen.** [1]Wirtschaftsprüfer sollen als Angestellte von Wirtschaftsprüfungsgesellschaften die Rechtsstellung von Prokuristen haben. [2]Angestellte Wirtschaftsprüfer gelten als leitende Angestellte im Sinne des § 5 Abs. 3 des Betriebsverfassungsgesetzes.

§ 46[2)] **Beurlaubung.** (1) Wirtschaftsprüfer, die vorübergehend eine mit dem Beruf unvereinbare Tätigkeit aufnehmen oder aufgrund besonderer Umstände, insbesondere um Kinder zu erziehen oder Angehörige zu pflegen, nicht den Beruf des Wirtschaftsprüfers ausüben wollen, können auf Antrag von der Wirtschaftsprüfertätigkeit beurlaubt werden.

(2) [1]Sie dürfen während der Zeit ihrer Beurlaubung die Tätigkeit als Wirtschaftsprüfer nicht ausüben. [2]Die Gesamtzeit der Beurlaubung soll fünf aufeinanderfolgende Jahre nicht überschreiten.

§ 47[3)] **Zweigniederlassungen.** [1]Zweigniederlassungen müssen jeweils von wenigstens einem Berufsangehörigen oder EU- oder EWR-Abschlussprüfer geleitet werden, der seine berufliche Niederlassung am Ort der Zweigniederlassung hat. [2]Für Zweigniederlassungen von in eigener Praxis tätigen Berufsangehörigen kann die Wirtschaftsprüferkammer Ausnahmen zulassen.

[1)] § 45 Satz 2 angef., bish. Wortlaut wird Satz 1 mWv 6.9.2007 durch G v. 3.9.2007 (BGBl. I S. 2178).

[2)] § 46 Abs. 2 Satz 2 aufgeh. und Satz 3 geänd. mWv 1.1.2002 durch G v. 19.12.2000 (BGBl. I S. 1769); Abs. 1, Abs. 2 Satz 1 geänd., Abs. 2 Satz 2 aufgeh., bish. Satz 3 wird Satz 2 und geänd. mWv 17.6.2016 durch G v. 31.3.2016 (BGBl. I S. 518).

[3)] § 47 neu gef. mWv 1.1.1995 durch G v. 15.7.1994 (BGBl. I S. 1569); Sätze 1 und 2 geänd. mWv 17.6.2016 durch G v. 31.3.2016 (BGBl. I S. 518).

§ 48[1] **Siegel.** (1) [1]Wirtschaftsprüfer und Wirtschaftsprüfungsgesellschaften sind verpflichtet, ein Siegel zu benutzen, wenn sie Erklärungen abgeben, die den Berufsangehörigen gesetzlich vorbehalten sind. [2]Sie können ein Siegel führen, wenn sie in ihrer Berufseigenschaft Erklärungen über Prüfungsergebnisse abgeben oder Gutachten erstatten.

(2) Die Wirtschaftsprüferkammer trifft im Rahmen der Berufssatzung die näheren Bestimmungen über die Gestaltung des Siegels und die Führung des Siegels.

§ 49 Versagung der Tätigkeit. Der Wirtschaftsprüfer hat seine Tätigkeit zu versagen, wenn sie für eine pflichtwidrige Handlung in Anspruch genommen werden soll oder die Besorgnis der Befangenheit bei der Durchführung eines Auftrages besteht.

§ 50[2] **Verschwiegenheitspflicht beschäftigter Personen.** [1]Der Wirtschaftsprüfer hat die von ihm beschäftigten Personen in schriftlicher Form zur Verschwiegenheit zu verpflichten und sie dabei über die strafrechtlichen Folgen einer Pflichtverletzung zu belehren. [2]Zudem hat er bei ihnen in geeigneter Weise auf die Einhaltung der Verschwiegenheitspflicht hinzuwirken. [3]Den von dem Wirtschaftsprüfer beschäftigten Personen stehen die Personen gleich, die im Rahmen einer berufsvorbereitenden Tätigkeit oder einer sonstigen Hilfstätigkeit an seiner beruflichen Tätigkeit mitwirken. [4]Satz 1 gilt nicht für angestellte Personen, die im Hinblick auf die Verschwiegenheitspflicht den gleichen Anforderungen wie der Wirtschaftsprüfer unterliegen. [5]Hat sich ein Wirtschaftsprüfer mit anderen Personen, die im Hinblick auf die Verschwiegenheitspflicht den gleichen Anforderungen unterliegen wie er, zur gemeinschaftlichen Berufsausübung zusammengeschlossen und besteht zu den beschäftigten Personen ein einheitliches Beschäftigungsverhältnis, so genügt auch der Nachweis, dass eine andere dieser Personen die Verpflichtung nach Satz 1 vorgenommen hat.

§ 50a[3] **Inanspruchnahme von Dienstleistungen.** (1) [1]Der Wirtschaftsprüfer darf Dienstleistern den Zugang zu Tatsachen eröffnen, auf die sich die Verpflichtung zur Verschwiegenheit gemäß § 43 bezieht, soweit dies für die Inanspruchnahme der Dienstleistung erforderlich ist. [2]Dienstleister ist eine andere Person oder Stelle, die vom Wirtschaftsprüfer im Rahmen seiner Berufsausübung mit Dienstleistungen beauftragt wird.

(2) [1]Der Wirtschaftsprüfer ist verpflichtet, den Dienstleister sorgfältig auszuwählen. [2]Die Zusammenarbeit muss unverzüglich beendet werden, wenn die Einhaltung der dem Dienstleister gemäß Absatz 3 zu machenden Vorgaben nicht gewährleistet ist.

---

[1] § 48 Abs. 2 geänd. mWv 1.1.1995 durch G v. 15.7.1995 (BGBl. I S. 1569) und mWv 1.1.2001 durch G v. 19.12.2000 (BGBl. I S. 1769); Abs. 2 geänd. mWv 28.11.2003 durch VO v. 25.11.2003 (BGBl. I S. 2304); Abs. 2 neu gef. mWv 6.8.2004 durch G v. 30.7.2004 (BGBl. I S. 2014); Abs. 2 Satz 1 geänd. mWv 8.11.2006 durch VO v. 31.10.2006 (BGBl. I S. 2407); Abs. 1 Satz 1 geänd., Abs. 2 neu gef. mWv 6.9.2007 durch G v. 3.9.2007 (BGBl. I S. 2178).

[2] § 50 neu gef. mWv 9.11.2017 durch G v. 30.10.2017 (BGBl. I S. 3618).

[3] § 50a eingef. mWv 9.11.2017 durch G v. 30.10.2017 (BGBl. I S. 3618).

(3) [1]Der Vertrag mit dem Dienstleister bedarf der Textform. [2]In ihm ist

1. der Dienstleister unter Belehrung über die strafrechtlichen Folgen einer Pflichtverletzung zur Verschwiegenheit zu verpflichten,
2. der Dienstleister zu verpflichten, sich nur insoweit Kenntnis von fremden Geheimnissen zu verschaffen, als dies zur Vertragserfüllung erforderlich ist, und
3. festzulegen, ob der Dienstleister befugt ist, weitere Personen zur Erfüllung des Vertrags heranzuziehen; für diesen Fall ist dem Dienstleister aufzuerlegen, diese Personen in Textform zur Verschwiegenheit zu verpflichten.

(4) Bei der Inanspruchnahme von Dienstleistungen, die im Ausland erbracht werden, darf der Wirtschaftsprüfer dem Dienstleister den Zugang zu fremden Geheimnissen unbeschadet der übrigen Voraussetzungen dieser Vorschrift nur dann eröffnen, wenn der dort bestehende Schutz der Geheimnisse dem Schutz im Inland vergleichbar ist, es sei denn, dass der Schutz der Geheimnisse dies nicht gebietet.

(5) Bei der Inanspruchnahme von Dienstleistungen, die unmittelbar einem einzelnen Mandat dienen, darf der Wirtschaftsprüfer dem Dienstleister den Zugang zu fremden Geheimnissen nur dann eröffnen, wenn der Mandant darin eingewilligt hat.

(6) Die Absätze 2 und 3 gelten auch im Fall der Inanspruchnahme von Dienstleistungen, in die der Mandant eingewilligt hat, sofern der Mandant nicht ausdrücklich auf die Einhaltung der in den Absätzen 2 und 3 genannten Anforderungen verzichtet hat.

(7) [1]Die Absätze 1 bis 6 gelten nicht, soweit Dienstleistungen aufgrund besonderer gesetzlicher Vorschriften in Anspruch genommen werden. [2]Absatz 3 Satz 2 gilt nicht, soweit der Dienstleister hinsichtlich der zu erbringenden Dienstleistung gesetzlich zur Verschwiegenheit verpflichtet ist.

(8) Die Vorschriften zum Schutz personenbezogener Daten bleiben unberührt.

§ 51 Mitteilung der Ablehnung eines Auftrages. [1]Der Wirtschaftsprüfer, der einen Auftrag nicht annehmen will, hat die Ablehnung unverzüglich zu erklären. [2]Er hat den Schaden zu ersetzen, der aus einer schuldhaften Verzögerung dieser Erklärung entsteht.

§ 51a[1)] Pflicht zur Übernahme der Beratungshilfe. [1]Wirtschaftsprüfer und vereidigte Buchprüfer sind verpflichtet, die in dem Beratungshilfegesetz vorgesehene Beratungshilfe zu übernehmen. [2]Sie können die Beratungshilfe im Einzelfall aus wichtigem Grund ablehnen.

§ 51b[2)] Handakten. (1) Berufsangehörige müssen durch Anlegung von Handakten ein zutreffendes Bild über die von ihnen entfaltete Tätigkeit geben können.

---

1) § 51a neu gef. mWv 1.1.2014 durch G v. 31.8.2013 (BGBl. I S. 3533).
2) § 51b neu gef. mWv 17.6.2016 durch G v. 31.3.2016 (BGBl. I S. 518).

(2) [1]Berufsangehörige haben ihre Handakten für die Dauer von zehn Jahren nach Beendigung des Auftrags aufzubewahren. [2]Diese Verpflichtung erlischt jedoch schon vor Beendigung dieses Zeitraums, wenn die Berufsangehörigen ihre Auftraggeber aufgefordert haben, die Handakten in Empfang zu nehmen, und die Auftraggeber dieser Aufforderung binnen sechs Monaten, nachdem sie sie erhalten haben, nicht nachgekommen sind.

(3) [1]Berufsangehörige können ihren Auftraggebern die Herausgabe der Handakten verweigern, bis sie wegen ihrer Vergütung und Auslagen befriedigt

(Fortsetzung nächste Seite)

sind. [2]Dies gilt nicht, soweit die Vorenthaltung der Handakten oder einzelner Schriftstücke nach den Umständen unangemessen wäre.

(4) Handakten im Sinne der Absätze 2 und 3 sind nur solche Schriftstücke, die Berufsangehörige aus Anlass ihrer beruflichen Tätigkeit von ihren Auftraggebern oder für diese erhalten haben, nicht aber die Briefwechsel zwischen den Berufsangehörigen und ihren Auftraggebern, die Schriftstücke, die die Auftraggeber bereits in Urschrift oder Abschrift erhalten haben, sowie die zu internen Zwecken gefertigten Arbeitspapiere.

(5) [1]Bei gesetzlichen Abschlussprüfungen nach § 316 des Handelsgesetzbuchs ist für jede Abschlussprüfung eine Handakte nach Absatz 1 (Prüfungsakte) anzulegen, die spätestens 60 Tage nach Unterzeichnung des Bestätigungsvermerks im Sinne der §§ 322 und 322 a des Handelsgesetzbuchs zu schließen ist. [2]Berufsangehörige haben in der Prüfungsakte auch zu dokumentieren,

1. ob sie die Anforderungen an ihre Unabhängigkeit im Sinne des § 319 Absatz 2 bis 5 und des § 319 a des Handelsgesetzbuchs erfüllen, ob ihre Unabhängigkeit gefährdende Umstände vorliegen und welche Schutzmaßnahmen sie gegebenenfalls zur Verminderung dieser Gefahren ergriffen haben,
2. ob sie über die Zeit, das Personal und die sonstigen Mittel verfügen, die nach § 43 Absatz 5 zur angemessenen Durchführung der Abschlussprüfung erforderlich sind,
3. wenn sie den Rat externer Sachverständiger einholen, die entsprechenden Anfragen und die erhaltenen Antworten.

[3]Wirtschaftsprüfungsgesellschaften haben darüber hinaus den verantwortlichen Prüfungspartner zu benennen und zu dokumentieren, dass dieser nach dem Zweiten oder Neunten Teil zugelassen ist. [4]Die Berufsangehörigen haben alle Informationen und Unterlagen aufzubewahren, die zur Begründung des Bestätigungsvermerks im Sinne der §§ 322 und 322 a des Handelsgesetzbuchs, des Prüfungsberichts im Sinne des § 321 des Handelsgesetzbuchs oder zur Kontrolle der Einhaltung von Berufspflichten von Bedeutung sind oder die schriftliche Beschwerden über die Durchführung der Abschlussprüfungen beinhalten. [5]Die Dokumentationspflichten nach den Artikeln 6 bis 8 der Verordnung (EU) Nr. 537/2014 des Europäischen Parlaments und des Rates vom 16. April 2014 über spezifische Anforderungen an die Abschlussprüfung bei Unternehmen von öffentlichem Interesse und zur Aufhebung des Beschlusses 2005/909/EG der Kommission (ABl. L 158 vom 27. 5. 2014, S. 77) in der jeweils geltenden Fassung und die Aufbewahrungspflicht nach Artikel 15 der Verordnung (EU) Nr. 537/2014 bleiben unberührt.

(6) [1]Berufsangehörige, die eine Konzernabschlussprüfung durchführen, haben der Wirtschaftsprüferkammer auf deren schriftliche oder elektronische Aufforderung die Unterlagen über die Arbeit von Drittstaatsprüfern und Drittstaatsprüfungsgesellschaften, die in den Konzernabschluss einbezogene Tochterunternehmen prüfen, zu übergeben, soweit diese nicht gemäß § 134 Absatz 1 eingetragen sind und keine Vereinbarung zur Zusammenarbeit gemäß § 57 Absatz 9 Satz 5 Nummer 3 besteht. [2]Erhalten Berufsangehörige keinen Zugang zu den Unterlagen über die Arbeit von Drittstaatsprüfern und Drittstaatsprüfungsgesellschaften, so haben sie den Versuch ihrer Erlangung

und die Hindernisse zu dokumentieren und der Wirtschaftsprüferkammer auf deren schriftliche oder elektronische Aufforderung die Gründe dafür mitzuteilen.

(7) [1]Die Absätze 1 bis 6 gelten entsprechend, soweit sich Berufsangehörige zum Führen von Handakten der elektronischen Datenverarbeitung bedienen. [2]In anderen Gesetzen getroffene Regelungen über die Pflichten zur Aufbewahrung von Geschäftsunterlagen bleiben unberührt.

§ 51 c[1)] Auftragsdatei. Berufsangehörige müssen für gesetzlich vorgeschriebene Abschlussprüfungen nach § 316 des Handelsgesetzbuchs eine Auftragsdatei führen, die für jeden ihrer Auftraggeber folgende Angaben enthält:

1. Name, Anschrift und Ort,
2. bei Wirtschaftsprüfungsgesellschaften die Namen der jeweils verantwortlichen Prüfungspartner und
3. für jedes Geschäftsjahr die für die Abschlussprüfung und für andere Leistungen in Rechnung gestellten Honorare.

§ 52[2)] Werbung. Werbung ist zulässig, es sei denn, sie ist unlauter.

§ 53[3)] Wechsel des Auftraggebers. Berufsangehörige dürfen keine widerstreitenden Interessen vertreten; sie dürfen insbesondere in einer Sache, in der sie oder eine Person oder eine Personengesellschaft, mit der sie ihren Beruf gemeinsam ausüben, bereits tätig waren, für andere Auftraggebende nur tätig werden, wenn die bisherigen und die neuen Auftraggebenden einverstanden sind.

§ 54[4)] Berufshaftpflichtversicherung. (1) [1]Berufsangehörige, die ihren Beruf nach § 43 a Absatz 1 Nummer 1 ausüben, und Wirtschaftsprüfungsgesellschaften sind verpflichtet, eine Berufshaftpflichtversicherung zur Deckung der sich aus ihrer Berufstätigkeit ergebenden Haftpflichtgefahren für Vermögensschäden zu unterhalten. [2]Die Berufshaftpflichtversicherung einer Partnerschaft mit beschränkter Berufshaftung nach § 8 Absatz 4 des Partnerschaftsgesellschaftsgesetzes, die nicht selbst als Wirtschaftsprüfungsgesellschaft zugelassen ist, muss die Haftpflichtgefahren für Vermögensschäden decken, die sich aus ihrer Berufstätigkeit im Sinne der §§ 2 oder 129 ergeben. [3]Die Versicherung muss sich auch auf solche Vermögensschäden erstrecken, für die ein Berufsangehöriger nach den §§ 278 oder 831 des Bürgerlichen Gesetzbuchs einzustehen hat.

(2) [1]Der Versicherungsvertrag muss vorsehen, dass Versicherungsschutz für jede einzelne während der Geltung des Versicherungsvertrages begangene Pflichtverletzung zu gewähren ist, die gesetzliche Haftpflichtansprüche privatrechtlichen Inhalts gegen den Versicherungsnehmer zur Folge haben könnte.

---

1) § 51 c eingef. mWv 17. 6. 2016 durch G v. 31. 3. 2016 (BGBl. I S. 518).
2) § 52 neu gef. mWv 6. 9. 2007 durch G v. 3. 9. 2007 (BGBl. I S. 2178).
3) § 53 neu gef. mWv 6. 9. 2007 durch G v. 3. 9. 2007 (BGBl. I S. 2178).
4) § 54 neu gef. mWv 17. 6. 2016 durch G v. 31. 3. 2016 (BGBl. I S. 518).

[2]Der Versicherungsvertrag kann vorsehen, dass die Versicherungssumme den Höchstbetrag der dem Versicherer in jedem einzelnen Schadensfall obliegenden Leistung darstellt, und zwar mit der Maßgabe, dass nur eine einmalige Leistung der Versicherungssumme in Frage kommt

1. gegenüber mehreren entschädigungspflichtigen Personen, auf welche sich der Versicherungsschutz erstreckt,
2. bezüglich eines aus mehreren Pflichtverletzungen stammenden einheitlichen Schadens,
3. bezüglich sämtlicher Folgen einer Pflichtverletzung ohne Rücksicht darauf, ob Schäden in einem oder in mehreren aufeinanderfolgenden Jahren entstanden sind.

[3]Im Fall des Satzes 2 Nummer 3 gilt mehrfaches auf gleicher oder gleichartiger Fehlerquelle beruhendes Tun oder Unterlassen als einheitliche Pflichtverletzung, wenn die betreffenden Angelegenheiten miteinander in rechtlichem oder wirtschaftlichem Zusammenhang stehen. [4]In diesem Fall kann die Leistung des Versicherers auf das Fünffache der Mindestversicherungssumme nach Absatz 4 Satz 1 begrenzt werden, soweit es sich nicht um gesetzlich vorgeschriebene Pflichtprüfungen handelt.

(3) Von der Versicherung kann der Versicherungsschutz ausgeschlossen werden für

1. Ersatzansprüche wegen wissentlicher Pflichtverletzung,
2. Ersatzansprüche wegen Schäden, die durch Fehlbeträge bei der Kassenführung, durch Pflichtverletzungen beim Zahlungsakt oder durch Veruntreuung durch das Personal des Versicherungsnehmers entstehen,
3. Ersatzansprüche, die vor Gerichten in Drittstaaten geltend gemacht werden, und
4. Ersatzansprüche wegen Verletzung oder Nichtbeachtung des Rechts von Drittstaaten, soweit die Ansprüche nicht bei der das Abgabenrecht dieser Staaten betreffenden geschäftsmäßigen Hilfeleistung in Steuersachen entstehen und soweit das den Ersatzansprüchen zugrunde liegende Auftragsverhältnis zwischen Versicherungsnehmer und Auftraggeber nicht deutschem Recht unterliegt.

(4) [1]Die Mindestversicherungssumme für den einzelnen Versicherungsfall muss den in § 323 Absatz 2 Satz 1 des Handelsgesetzbuchs bezeichneten Umfang betragen. [2]Die Vereinbarung eines Selbstbehalts bis zur Höhe von 1 Prozent der Mindestversicherungssumme ist zulässig. [3]Zuständige Stelle im Sinne des § 117 Absatz 2 des Versicherungsvertragsgesetzes ist die Wirtschaftsprüferkammer.

(5) Die Wirtschaftsprüferkammer erteilt Dritten zur Geltendmachung von Schadensersatzansprüchen auf Antrag Auskunft über den Namen, die Adresse und die Versicherungsnummer der Berufshaftpflichtversicherung der Berufsangehörigen, der Wirtschaftsprüfungsgesellschaften oder der Partnerschaften mit beschränkter Berufshaftung, soweit diese kein überwiegendes schutzwürdiges Interesse an der Nichterteilung der Auskunft haben.

(6) Die Wirtschaftsprüferkammer trifft im Rahmen der Berufssatzung die näheren Bestimmungen über den Versicherungsinhalt, den Versicherungsnachweis, das Anzeigeverfahren und die Überwachung der Versicherungspflicht.

§ 54 a[1] Vertragliche Begrenzung von Ersatzansprüchen. (1) Der Anspruch der Auftraggeber aus den zwischen ihnen und den Berufsangehörigen bestehenden Vertragsverhältnissen auf Ersatz eines fahrlässig verursachten Schadens kann beschränkt werden

1. durch schriftliche Vereinbarung im Einzelfall bis zur Mindesthöhe der Deckungssumme nach § 54 Absatz 4 Satz 1 oder
2. durch vorformulierte Vertragsbedingungen auf den vierfachen Betrag der Mindesthöhe der Deckungssumme nach § 54 Absatz 4 Satz 1, wenn insoweit Versicherungsschutz besteht.

(2) Die persönliche Haftung von Mitgliedern einer Personengesellschaft (§ 44 b) auf Schadensersatz kann auch durch vorformulierte Vertragsbedingungen auf einzelne namentlich bezeichnete Mitglieder der Personengesellschaft beschränkt werden, die die vertragliche Leistung erbringen sollen.

(3) Werden im Rahmen der gesetzlichen Abschlussprüfung Prüfungstätigkeiten durch Berufsangehörige auf Dritte übertragen, so bleibt die Pflichtenstellung der Berufsangehörigen gegenüber ihren Auftraggebern hiervon unberührt.

§ 55[2] Vergütung. (1) [1]Unbeschadet des Artikels 4 der Verordnung (EU) Nr. 537/2014 dürfen Berufsangehörige für Tätigkeiten nach § 2 Abs. 1 und 3 Nr. 1 und 3 keine Vereinbarung schließen, durch welche die Höhe der Vergütung vom Ergebnis ihrer Tätigkeit als Wirtschaftsprüfer abhängig gemacht wird. [2]Für Tätigkeiten nach § 2 Abs. 2 gilt dies, soweit § 55 a nichts anderes bestimmt. [3]Die Vergütung für gesetzlich vorgeschriebene Abschlussprüfungen darf über Satz 1 hinaus nicht an weitere Bedingungen geknüpft sein und sie darf auch nicht von der Erbringung zusätzlicher Leistungen für das geprüfte Unternehmen beeinflusst oder bestimmt sein. [4]Satz 3 gilt entsprechend für die Vergütung oder Leistungsbewertung von Personen, die an der Abschlussprüfung beteiligt sind oder auf andere Weise in der Lage sind, das Ergebnis der Abschlussprüfung zu beeinflussen. [5]Besteht zwischen der erbrachten Leistung und der vereinbarten Vergütung ein erhebliches Missverhältnis, muss der Wirtschaftsprüferkammer oder der Abschlussprüferaufsichtsstelle auf Verlangen

---

[1] § 54 a eingef. mWv 1. 1. 1995 durch G v. 15. 7. 1994 (BGBl. I S. 1569); Abs. 1 Nrn. 1 und 2 mWv 1. 5. 1998 geänd. durch G v. 27. 4. 1998 (BGBl. I S. 786); Abs. 2 geänd. mWv 1. 1. 2001 durch G v. 19. 12. 2000 (BGBl. I S. 1769); Abs. 1 neu gef., Abs. 2 geänd., Abs. 3 angef. mWv 17. 6. 2016 durch G v. 31. 3. 2016 (BGBl. I S. 518).

[2] § 55 a eingef. mWv 1. 1. 1995 durch G v. 15. 7. 1994 (BGBl. I S. 1569); Abs. 1 Satz 1 geänd., Sätze 2 und 3 angef., Abs. 3 neu gef. mWv 6. 9. 2007 durch G v. 3. 9. 2007 (BGBl. I S. 2178); bish. § 55 a wird § 55 und Abs. 1 Satz 1 geänd., Satz 2 eingef., bish. Sätze 2 und 3 werden Sätze 3 und 4 mWv 1. 7. 2008 durch G v. 12. 6. 2008 (BGBl. I S. 1000); Abs. 1 Satz 1 geänd., Satz 4 eingef., bish. Satz 4 wird Satz 5 und geänd., Abs. 2 geänd. mWv 17. 6. 2016 durch G v. 31. 3. 2016 (BGBl. I S. 518).

nachgewiesen werden können, dass für die Prüfung eine angemessene Zeit aufgewandt und qualifiziertes Personal eingesetzt wurde.

(2) Die Abgabe und Entgegennahme eines Teils der Vergütung oder sonstiger Vorteile für die Vermittlung von Aufträgen, gleichviel ob im Verhältnis zu Berufsangehörigen oder Dritten, ist unzulässig.

(3) [1] Die Abtretung von Vergütungsforderungen oder die Übertragung ihrer Einziehung an Berufsangehörige, an Berufsgesellschaften oder an Berufsausübungsgemeinschaften ist auch ohne Zustimmung der auftraggebenden Person zulässig; diese sind in gleicher Weise zur Verschwiegenheit verpflichtet wie die beauftragte Person. [2] Satz 1 gilt auch bei einer Abtretung oder Übertragung an Berufsangehörige anderer freier Berufe, die einer entsprechenden gesetzlichen Verschwiegenheitspflicht unterliegen. [3] Die Abtretung von Vergütungsforderungen oder die Übertragung ihrer Einziehung an andere Personen ist entweder bei rechtskräftiger Feststellung der Vergütungsforderung oder mit Zustimmung der auftraggebenden Person zulässig.

§ 55 a[1)] Erfolgshonorar für Hilfeleistung in Steuersachen. (1) [1] Vereinbarungen, durch die eine Vergütung für eine Hilfeleistung in Steuersachen oder ihre Höhe vom Ausgang der Sache oder vom Erfolg der Tätigkeit des Wirtschaftsprüfers abhängig gemacht wird oder nach denen der Wirtschaftsprüfer einen Teil der zu erzielenden Steuerermäßigung, Steuerersparnis oder Steuervergütung als Honorar erhält (Erfolgshonorar), sind unzulässig, soweit nachfolgend nichts anderes bestimmt ist. [2] Vereinbarungen, durch die der Wirtschaftsprüfer sich verpflichtet, Gerichtskosten, Verwaltungskosten oder Kosten anderer Beteiligter zu tragen, sind unzulässig.

(2) Ein Erfolgshonorar darf nur für den Einzelfall und nur dann vereinbart werden, wenn der Auftraggeber aufgrund seiner wirtschaftlichen Verhältnisse bei verständiger Betrachtung ohne die Vereinbarung eines Erfolgshonorars von der Rechtsverfolgung abgehalten würde.

(3) [1] Die Vereinbarung bedarf der Textform. [2] Sie muss als Vergütungsvereinbarung oder in vergleichbarer Weise bezeichnet werden, von anderen Vereinbarungen mit Ausnahme der Auftragserteilung deutlich abgesetzt sein und darf nicht in der Vollmacht enthalten sein. [3] Die Vereinbarung muss enthalten:

1. die erfolgsunabhängige Vergütung, zu der der Wirtschaftsprüfer bereit wäre, den Auftrag zu übernehmen, sowie
2. die Angabe, welche Vergütung bei Eintritt welcher Bedingungen verdient sein soll.

(4) [1] In der Vereinbarung sind außerdem die wesentlichen Gründe anzugeben, die für die Bemessung des Erfolgshonorars bestimmend sind. [2] Ferner ist ein Hinweis aufzunehmen, dass die Vereinbarung keinen Einfluss auf die gegebenenfalls vom Auftraggeber zu zahlenden Gerichtskosten, Verwaltungskosten und die von ihm zu erstattenden Kosten anderer Beteiligter hat.

(5) [1] Aus einer Vergütungsvereinbarung, die nicht den Anforderungen der Absätze 2 und 3 entspricht, erhält der Wirtschaftsprüfer keine höhere als eine

---

1) § 55 a eingef. mWv 1. 7. 2008 durch G v. 12. 6. 2008 (BGBl. I S. 1000).

nach den Vorschriften des bürgerlichen Rechts bemessene Vergütung. [2]Die Vorschriften des bürgerlichen Rechts über die ungerechtfertigte Bereicherung bleiben unberührt.

§ 55 b[1)] Internes Qualitätssicherungssystem. (1) [1]Berufsangehörige haben für ihre Praxis Regelungen zu schaffen, die die Einhaltung ihrer Berufspflichten gewährleisten, und deren Anwendung zu überwachen und durchzusetzen (internes Qualitätssicherungssystem). [2]Das interne Qualitätssicherungssystem soll in einem angemessenen Verhältnis zum Umfang und zur Komplexität der beruflichen Tätigkeit stehen. [3]Das interne Qualitätssicherungssystem ist zu dokumentieren und den Mitarbeitern der Berufsangehörigen zur Kenntnis zu geben.

(2) [1]Bei Berufsangehörigen, die Abschlussprüfungen nach § 316 des Handelsgesetzbuchs durchführen, haben die Regelungen nach Absatz 1 angemessene Grundsätze und Verfahren zur ordnungsgemäßen Durchführung und Sicherung der Qualität der Abschlussprüfung zu umfassen. [2]Dazu gehören zumindest

1. solide Verwaltungs- und Rechnungslegungsverfahren, interne Qualitätssicherungsmechanismen, wirksame Verfahren zur Risikobewertung sowie wirksame Kontroll- und Sicherheitsvorkehrungen für Datenverarbeitungssysteme,
2. Vorkehrungen zum Einsatz angemessener und wirksamer Systeme und Verfahren sowie der zur angemessenen Wahrnehmung der Aufgaben erforderlichen Mittel und des dafür erforderlichen Personals,
3. Grundsätze und Verfahren, die die Einhaltung der Anforderungen an die Eigenverantwortlichkeit des verantwortlichen Abschlussprüfers nach § 44 Absatz 1 Satz 3 dieses Gesetzes und an die Unabhängigkeit nach den §§ 319 bis 319 b des Handelsgesetzbuchs gewährleisten,
4. Grundsätze und Verfahren, die sicherstellen, dass Mitarbeiter sowie sonstige unmittelbar an den Prüfungstätigkeiten beteiligte Personen über angemessene Kenntnisse und Erfahrungen für die ihnen zugewiesenen Aufgaben verfügen sowie fortgebildet, angeleitet und kontrolliert werden,
5. die Führung von Prüfungsakten nach § 51 b Absatz 5,
6. organisatorische und administrative Vorkehrungen für den Umgang mit Vorfällen, die die ordnungsmäßige Durchführung der Prüfungstätigkeiten beeinträchtigen können, und für die Dokumentation dieser Vorfälle,
7. Verfahren, die es den Mitarbeitern unter Wahrung der Vertraulichkeit ihrer Identität ermöglichen, potenzielle oder tatsächliche Verstöße gegen die Verordnung (EU) Nr. 537/2014 oder gegen Berufspflichten sowie etwaige strafbare Handlungen oder Ordnungswidrigkeiten innerhalb der Praxis an geeignete Stellen zu berichten,
8. Grundsätze der Vergütung und Gewinnbeteiligung nach § 55 und

1) § 55 b neu gef. mWv 17. 6. 2016 durch G v. 31. 3. 2016 (BGBl. I S. 518).

9. Grundsätze und Verfahren, die gewährleisten, dass im Fall der Auslagerung wichtiger Prüfungstätigkeiten die interne Qualitätssicherung und die Berufsaufsicht nicht beeinträchtigt werden.

(3) [1] Im Rahmen der Überwachung nach Absatz 1 Satz 1 haben Berufsangehörige, die Abschlussprüfungen nach § 316 des Handelsgesetzbuchs durchführen, das interne Qualitätssicherungssystem zumindest hinsichtlich der Grundsätze und Verfahren für die Abschlussprüfung, für die Fortbildung, Anleitung und Kontrolle der Mitarbeiter sowie für die Handakte einmal jährlich zu bewerten. [2] Im Fall von Mängeln des internen Qualitätssicherungssystems haben sie die zu deren Behebung erforderlichen Maßnahmen zu ergreifen. [3] Die Berufsangehörigen haben einmal jährlich in einem Bericht zu dokumentieren:

1. die Ergebnisse der Bewertung nach Satz 1,
2. Maßnahmen, die nach Satz 2 ergriffen oder vorgeschlagen wurden,
3. Verstöße gegen Berufspflichten oder gegen die Verordnung (EU) Nr. 537/2014, soweit diese nicht nur geringfügig sind, sowie
4. die aus Verstößen nach Nummer 3 erwachsenden Folgen und die zur Behebung der Verstöße ergriffenen Maßnahmen.

(4) Bei Wirtschaftsprüfungsgesellschaften, die gesetzlich vorgeschriebene Abschlussprüfungen durchführen, liegt die Verantwortung für das interne Qualitätssicherungssystem bei Berufsangehörigen, vereidigten Buchprüfern oder vereidigten Buchprüferinnen oder EU- oder EWR-Abschlussprüfern.

§ 55 c[1)] Bestellung eines Praxisabwicklers. (1) [1] Ist ein Berufsangehöriger oder eine Berufsangehörige verstorben, kann die Wirtschaftsprüferkammer einen anderen Berufsangehörigen oder eine andere Berufsangehörige zum Abwickler der Praxis bestellen. [2] Ein Abwickler kann auch für die Praxis früherer Berufsangehöriger bestellt werden, deren Bestellung erloschen, zurückgenommen oder widerrufen worden ist. [3] Die Bestellung erstreckt sich nicht auf Aufträge zur Durchführung gesetzlich vorgeschriebener Abschlussprüfungen nach § 316 des Handelsgesetzbuchs.

(2) [1] Der Abwickler ist in der Regel nicht länger als für die Dauer eines Jahres zu bestellen. [2] Auf Antrag des Abwicklers ist die Bestellung jeweils höchstens um ein Jahr zu verlängern, wenn er glaubhaft macht, dass schwebende Angelegenheiten noch nicht zu Ende geführt werden konnten.

(3) [1] Dem Abwickler obliegt es, die schwebenden Angelegenheiten abzuwickeln. [2] Er führt die laufenden Aufträge fort; innerhalb der ersten sechs Monate ist er auch berechtigt, neue Aufträge anzunehmen. [3] Ihm stehen die gleichen Befugnisse zu, die die ehemaligen Berufsangehörigen hatten. [4] Der Abwickler gilt für die schwebenden Angelegenheiten als von der Partei bevollmächtigt, sofern diese nicht für die Wahrnehmung ihrer Rechte in anderer Weise gesorgt hat.

[1)] § 55 c neu gef. mWv 17. 6. 2016 durch G v. 31. 3. 2016 (BGBl. I S. 518).

(4) [1]Berufsangehörige, die zum Abwickler bestellt werden sollen, können die Abwicklung nur aus einem wichtigen Grund ablehnen. [2]Über die Zulässigkeit der Ablehnung entscheidet die Wirtschaftsprüferkammer.

(5) [1]Dem Abwickler stehen im Rahmen der eigenen Befugnisse die rechtlichen Befugnisse der Berufsangehörigen zu, deren Praxis er abwickelt. [2]Der Abwickler wird in eigener Verantwortung, jedoch im Interesse, für Rechnung und auf Kosten der abzuwickelnden Praxis tätig. [3]Die §§ 666, 667 und 670 des Bürgerlichen Gesetzbuchs gelten entsprechend.

(6) [1]Der Abwickler ist berechtigt, die Praxisräume zu betreten und die zur Praxis gehörenden Gegenstände einschließlich des den ehemaligen Berufsangehörigen zur Verwahrung unterliegenden Treugutes in Besitz zu nehmen, herauszuverlangen und hierüber zu verfügen. [2]An Weisungen der ehemaligen Berufsangehörigen oder deren Erben ist er nicht gebunden. [3]Die ehemaligen Berufsangehörigen oder deren Erben dürfen die Tätigkeit des Abwicklers nicht beeinträchtigen. [4]Die ehemaligen Berufsangehörigen oder deren Erben haben dem Abwickler eine angemessene Vergütung zu zahlen, für die Sicherheit zu leisten ist, wenn die Umstände es erfordern. [5]Können sich die Beteiligten über die Höhe der Vergütung oder über die Sicherheit nicht einigen oder wird die geschuldete Sicherheit nicht geleistet, setzt der Vorstand der Wirtschaftsprüferkammer auf Antrag der ehemaligen Berufsangehörigen oder deren Erben oder des Abwicklers die Vergütung fest. [6]Der Abwickler ist befugt, Vorschüsse auf die vereinbarte oder festgesetzte Vergütung zu entnehmen. [7]Für die festgesetzte Vergütung haftet die Wirtschaftsprüferkammer wie ein Ausfallbürge.

(7) Der Abwickler ist berechtigt, jedoch außer im Rahmen eines Kostenfestsetzungsverfahrens nicht verpflichtet, Gebührenansprüche und Kostenforderungen der ehemaligen Berufsangehörigen im eigenen Namen geltend zu machen, im Falle verstorbener Berufsangehöriger allerdings nur für Rechnung der Erben.

(8) Die Bestellung kann widerrufen werden.

(9) Der Abwickler darf für die Dauer von zwei Jahren nach Ablauf der Bestellung nicht für Auftraggeber tätig werden, die er in seiner Eigenschaft als Abwickler betreut hat, es sei denn, es liegt eine schriftliche Einwilligung der ehemaligen Berufsangehörigen oder deren Erben vor.

§ 56[1)] Anwendung der Vorschriften über die Rechte und Pflichten der Wirtschaftsprüfer auf Wirtschaftsprüfungsgesellschaften. (1) Die §§ 43, 43a Absatz 2 und 3, §§ 44b, 49 bis 53, 54a und 55 bis 55c gelten sinngemäß für Wirtschaftsprüfungsgesellschaften sowie für Vorstandsmitglieder, Geschäftsführer, Partner und persönlich haftende Gesellschafter einer Wirtschaftsprüfungsgesellschaft, die nicht Wirtschaftsprüfer sind.

---

1) § 56 Abs. 1 geänd. mWv 1. 1. 1995 durch G v. 15. 7. 1994 (BGBl. I S. 1569); Abs. 1 geänd. mWv 1. 1. 2005 durch G v. 27. 12. 2004 (BGBl. I S. 3846); Abs. 1 geänd. mWv 6. 9. 2007 durch G v. 3. 9. 2007 (BGBl. I S. 2178); Abs. 1 geänd. mWv 17. 6. 2016 durch G v. 31. 3. 2016 (BGBl. I S. 518).

(2) Die Mitglieder der durch Gesetz, Satzung oder Gesellschaftsvertrag vorgesehenen Aufsichtsorgane der Gesellschaften sind zur Verschwiegenheit verpflichtet.

Vierter Teil. Organisation des Berufs

§ 57[1)] Aufgaben der Wirtschaftsprüferkammer. (1) Die Wirtschaftsprüferkammer erfüllt die ihr durch Gesetz zugewiesenen Aufgaben; sie hat die beruflichen Belange der Gesamtheit ihrer Mitglieder zu wahren und die Erfüllung der beruflichen Pflichten zu überwachen.

(2) Der Wirtschaftsprüferkammer obliegt insbesondere:

1. die Mitglieder in Fragen der Berufspflichten zu beraten und zu belehren;
2. auf Antrag bei Streitigkeiten unter den Mitgliedern zu vermitteln;
3. auf Antrag bei Streitigkeiten zwischen Mitgliedern und ihren Auftraggebern zu vermitteln;
4. die Erfüllung der den Mitgliedern obliegenden Pflichten zu überwachen und unbeschadet des § 66a Absatz 4 Satz 2 und Absatz 6 berufsaufsichtliche Maßnahmen zu verhängen;
5. (aufgehoben)
6. in allen die Gesamtheit der Mitglieder berührenden Angelegenheiten die Auffassung der Wirtschaftsprüferkammer den zuständigen Gerichten, Behörden und Organisationen gegenüber zur Geltung zu bringen;
7. Gutachten zu erstatten, die ein Gericht oder eine Verwaltungsbehörde oder eine an der Gesetzgebung beteiligte Körperschaft des Bundes oder Landes anfordert;
8. die durch Gesetz zugewiesenen Aufgaben im Bereich der Berufsbildung wahrzunehmen;
9. (aufgehoben)
10. die berufliche Fortbildung der Mitglieder und Ausbildung des Berufsnachwuchses zu fördern;

---

1) § 57 Abs. 2 Nr. 11 geänd., Abs. 2 Nr. 13 sowie Abs. 3 und Abs. 4 angef. mWv 1.1.1995 durch G v. 15.7.1994 (BGBl. I S. 1569), Abs. 3 Satz 2 geänd., Abs. 2 Nr. 14 angef. mWv 1.1.2001 und Nr. 15 angef. mWv 1.1.2002 durch G v. 19.12.2000 (BGBl. I S. 1769); Abs. 5 angef. mWv 1.1.2002 durch G v. 10.12.2001 (BGBl. I S. 3414); Abs. 2 Nr. 15 geänd., Nrn. 16 und 17 angef., Abs. 3 Satz 2 geänd. mWv 1.1.2004 durch G v. 1.12.2003 (BGBl. I S. 2446); Abs. 1 neu gef., Abs. 2 Nr. 9 aufgeh., Abs. 3 Satz 1 Halbs. 1 und Abs. 4 Nr. 5 geänd. mWv 1.1.2005 durch G v. 27.12.2004 (BGBl. I S. 3846); Abs. 3 Satz 2 geänd. mWv 8.11.2006 durch VO v. 31.10.2006 (BGBl. I S. 2407); Abs. 2 Nr. 5 aufgeh., Abs. 3 Satz 1 und Satz 2 geänd., Abs. 4 Nr. 1 Buchst. e und i und Nr. 4 neu gef., Abs. 3 Satz 3, Abs. 4 Nr. 1 Buchstabe l und Abs. 6 bis 9 angef. mWv 6.9.2007 durch G v. 3.9.2007 (BGBl. I S. 2178); Abs. 6 Satz 1 geänd., Abs. 9 Satz 5 neu gef. mWv 29.5.2009 durch G v. 25.5.2009 (BGBl. I S. 1102); Abs. 4 Nr. 3 Buchst. f geänd., Buchst. g angef. mWv 1.1.2014 durch G v. 31.8.2013 (BGBl. I S. 3533); Abs. 2 Nr. 11 und Abs. 3 Satz 2 geänd. mWv 8.9.2015 durch VO v. 31.8.2015 (BGBl. I S. 1474); Abs. 2 Nr. 4, Abs. 3 Satz 1, Abs. 4 Nr. 1 Buchst e, Abs. 5 Satz 2, Abs. 6 Satz 1, Abs. 8 Satz 1, Abs. 9 Satz 5 Nr. 2 geänd., Abs. 4 Nr. 4 neu gef. mWv 17.6.2016 durch G v. 31.3.2016 (BGBl. I S. 518).

11. die Vorschlagsliste der ehrenamtlichen Beisitzer bei den Berufsgerichten der Landesjustizverwaltungen und dem Bundesministerium der Justiz und für Verbraucherschutz einzureichen;
12. das Berufsregister zu führen;
13. Fürsorgeeinrichtungen für Wirtschaftsprüfer und vereidigte Buchprüfer sowie deren Hinterbliebene zu schaffen;
14. ein System der Qualitätskontrolle zu betreiben;
15. Wirtschaftsprüfer sowie vereidigte Buchprüfer zu bestellen, Wirtschaftsprüfungsgesellschaften sowie Buchprüfungsgesellschaften anzuerkennen und Bestellungen sowie Anerkennungen zurückzunehmen oder zu widerrufen;
16. eine selbstständige Prüfungsstelle einzurichten und zu unterhalten;
17. die ihr als Bundesberufskammer gesetzlich eingeräumten Befugnisse im Rahmen der Geldwäschebekämpfung wahrzunehmen.

(3)[1] [1]Die Wirtschaftsprüferkammer kann eine Satzung über die Rechte und Pflichten bei der Ausübung der Berufe des Wirtschaftsprüfers und des vereidigten Buchprüfers (Berufssatzung) erlassen; die Berufssatzung wird vom Beirat der Wirtschaftsprüferkammer beschlossen. [2]Die Satzung und deren Änderungen müssen im Einklang mit den Vorgaben des auf sie anzuwendenden europäischen Rechts stehen. [3]Insbesondere sind bei neuen oder zu ändernden Vorschriften, die dem Anwendungsbereich der Richtlinie 2005/36/EG des Europäischen Parlaments und des Rates vom 7. September 2005 über die Anerkennung von Berufsqualifikationen (ABl. L 255 vom 30.9.2005, S. 22; L 271 vom 16.10.2007, S. 18; L 93 vom 4.4.2008, S. 28; L 33 vom 3.2.2009, S. 49; L 305 vom 24.10.2014, S. 115), die zuletzt durch die Richtlinie 2013/55/EU (ABl. L 354 vom 28.12.2013, S. 132; L 268 vom 15.10.2015, S. 35; L 95 vom 9.4.2016, S. 20) geändert worden ist, in der jeweils geltenden Fassung unterfallen, die Vorgaben der Richtlinie (EU) 2018/958 des Europäischen Parlaments und des Rates vom 28. Juni 2018 über eine Verhältnismäßigkeitsprüfung vor Erlass neuer Berufsreglementierungen (ABl. L 173 vom 9.7.2018, S. 25) in der jeweils geltenden Fassung einzuhalten.

(3a)[2] [1]Eine Vorschrift im Sinne des Absatzes 3 Satz 3 ist anhand der in den Artikeln 5 bis 7 der Richtlinie (EU) 2018/958 festgelegten Kriterien auf ihre Verhältnismäßigkeit zu prüfen. [2]Der Umfang der Prüfung muss im Verhältnis zu der Art, dem Inhalt und den Auswirkungen der Vorschrift stehen. [3]Die Vorschrift ist so ausführlich zu erläutern, dass ihre Übereinstimmung mit dem Verhältnismäßigkeitsgrundsatz bewertet werden kann. [4]Die Gründe, aus denen sich ergibt, dass sie gerechtfertigt und verhältnismäßig ist, sind durch qualitative und, soweit möglich und relevant, quantitative Elemente zu substantiieren. [5]Mindestens zwei Wochen vor der Beschlussfassung im Beirat über die Vorschrift ist auf der Internetseite der Wirtschaftsprüferkammer ein Entwurf mit der Gelegenheit zur Stellungnahme zu veröffentlichen. [6]Nach dem Erlass

---

[1] § 57 Abs. 3 Sätze 2 und 3 neu gef. mWv 30.7.2020 durch G v. 19.6.2020 (BGBl. I S. 1403).

[2] § 57 Abs. 3a eingef. mWv 30.7.2020 durch G v. 19.6.2020 (BGBl. I S. 1403).

der Vorschrift ist ihre Übereinstimmung mit dem Verhältnismäßigkeitsgrundsatz zu überwachen und bei einer Änderung der Umstände zu prüfen, ob die Vorschrift anzupassen ist.

(3b)[1] [1]Die Satzung und deren Änderungen bedürfen zu ihrer Wirksamkeit der Genehmigung des Bundesministeriums für Wirtschaft und Energie. [2]Dieses hat bei der Genehmigung zu prüfen, ob die Vorgaben der Richtlinie (EU) 2018/958 in der jeweils geltenden Fassung eingehalten wurden. [3]Zu diesem Zweck hat ihm die Wirtschaftsprüferkammer die Unterlagen zuzuleiten, aus denen sich die Einhaltung der Vorgaben ergibt. [4]Insbesondere sind die Gründe zu übermitteln, auf Grund derer der Beirat der Wirtschaftsprüferkammer die Satzung oder deren Änderungen als gerechtfertigt, notwendig und verhältnismäßig beurteilt hat.

(4) Die Berufssatzung kann im Rahmen der Vorschriften dieses Gesetzes näher regeln:

1. Allgemeine Berufspflichten
   a) Unabhängigkeit, Gewissenhaftigkeit, Verschwiegenheit, Eigenverantwortlichkeit;
   b) berufswürdiges Verhalten;
   c) Wechsel des Auftraggebers und Verbot der Vertretung widerstreitender Interessen;
   d) vereinbare und unvereinbare Tätigkeiten;
   e) Inhalt, Umfang und Nachweis der Berufshaftpflichtversicherung nach § 54 Absatz 6;
   f) Vereinbarung und Abrechnung der Vergütung der beruflichen Tätigkeit und deren Beitreibung;
   g) Umgang mit fremden Vermögenswerten;
   h) Ausbildung des Berufsnachwuchses sowie der Fachgehilfen in steuer- und wirtschaftsberatenden Berufen;
   i) Siegelgestaltung (Form, Größe, Art und Beschriftung) und Siegelführung nach § 48 Abs. 2;
   j) Verbot der Mitwirkung bei unbefugter Hilfeleistung in Steuersachen;
   k) Verbot der Verwertung von Berufsgeheimnissen;

(Fortsetzung nächstes Blatt)

---

[1] § 57 Abs. 3b eingef. mWv 30.7.2020 durch G v. 19.6.2020 (BGBl. I S. 1403).

l) Art, Umfang und Nachweis der allgemeinen Fortbildungspflicht nach § 43 Abs. 2 Satz 4, wobei der Umfang der vorgeschriebenen Teilnahme an Fortbildungsveranstaltungen 20 Stunden im Jahr nicht überschreiten darf.

2. Besondere Berufspflichten bei der Durchführung von Prüfungen und der Erstattung von Gutachten

a) Unbefangenheit, Unparteilichkeit und Versagung der Tätigkeit;
b) Ausschluß als Prüfer oder Gutachter.

3. Besondere Berufspflichten

a) im Zusammenhang mit der Annahme, Wahrnehmung und Beendigung eines Auftrags und bei der Nachfolge im Mandat;
b) bei der Führung von Handakten;
c) bei der gemeinsamen Berufsausübung;
d) bei der Errichtung und Tätigkeit von Berufsgesellschaften;
e) bei grenzüberschreitender Tätigkeit;
f) gegenüber Gerichten, Behörden, der Wirtschaftsprüferkammer und anderen Mitgliedern der Wirtschaftsprüferkammer;
g) im Zusammenhang mit der Beratungshilfe.

4. Durchführungsvorschriften zu den Kriterien zur Beschreibung der Vergütungsgrundlagen im Sinne von Artikel 13 Absatz 2 Buchstabe i der Verordnung (EU) Nr. 537/2014.

5. Besondere Berufspflichten zur Sicherung der Qualität der Berufsarbeit (§ 55b).

(5) [1] Die Wirtschaftsprüferkammer kann die in Absatz 2 Nr. 1 bis 3 bezeichneten Aufgaben einzelnen Mitgliedern des Vorstandes übertragen; weitere Aufgaben können Abteilungen im Sinne des § 59a übertragen werden. [2] Im Falle des Absatzes 2 Nr. 4 zweite Alternative entscheidet der Vorstand über den Einspruch (§ 68 Absatz 5 Satz 2).

(6) [1] Soweit nicht die Zuständigkeit der der Abschlussprüferaufsichtsstelle nach § 66c Absatz 2 gegeben ist, leistet die Wirtschaftsprüferkammer einer für die Bestellung, Anerkennung, Berufsaufsicht und Qualitätskontrolle zuständigen Stelle in einem anderen Mitgliedstaat der Europäischen Union oder Vertragsstaat des Abkommens über den Europäischen Wirtschaftsraum Amtshilfe, soweit dies für die Wahrnehmung der genannten Aufgaben der zuständigen Stelle im Einzelfall erforderlich ist. [2] Ist die Erledigung einer Anfrage innerhalb einer angemessenen Frist nicht möglich, teilt die Wirtschaftsprüferkammer dies unter Angabe von Gründen mit. [3] Die Wirtschaftsprüferkammer lehnt es ab, auf eine Anfrage eigene Ermittlungen durchzuführen, wenn

1. aufgrund derselben Handlung und gegen dieselbe Person in Deutschland bereits ein berufsgerichtliches Verfahren anhängig ist oder
2. gegen die betreffende Person aufgrund derselben Handlung in Deutschland bereits ein rechtskräftiges Urteil ergangen ist.

[4] Macht die Wirtschaftsprüferkammer von ihrem Recht nach Satz 3 Gebrauch, so teilt sie dies unverzüglich der ersuchenden Stelle unter Angabe der Gründe

mit und übermittelt genaue Informationen über das berufsgerichtliche Verfahren oder das rechtskräftige Urteil.

(7) [1]Die Wirtschaftsprüferkammer darf Informationen, einschließlich personenbezogener Daten, an die in Absatz 6 Satz 1 genannten Stellen auf Ersuchen übermitteln, soweit die Kenntnis der Informationen zur Wahrnehmung der in Absatz 6 Satz 1 genannten Aufgaben der zuständigen Stelle im Einzelfall erforderlich ist. [2]Informationen, die einer Geheimhaltungspflicht unterliegen, dürfen nur übermittelt werden, wenn zusätzlich sichergestellt ist, dass sie bei diesen Stellen in gleicher Weise geheim gehalten werden. [3]Bei der Übermittlung personenbezogener Daten ist auf den Zweck hinzuweisen, für den die Daten übermittelt werden. [4]Die Übermittlung von Informationen einschließlich personenbezogener Daten unterbleibt, soweit hierdurch die öffentliche Sicherheit oder Ordnung beeinträchtigt werden könnte.

(8) [1]Soweit nicht die Zuständigkeit der Abschlussprüferaufsichtsstelle nach § 66c Absatz 5 gegeben ist, arbeitet die Wirtschaftsprüferkammer mit den für die Bestellung, Anerkennung, Berufsaufsicht und Qualitätskontrolle zuständigen Stellen anderer als der in Absatz 6 Satz 1 genannten Staaten zusammen, soweit dies für die Wahrnehmung der jeweiligen Aufgabe der zuständigen Stelle im Einzelfall erforderlich ist. [2]Absatz 6 Satz 2 bis 4 gilt entsprechend.

(9)[1)] [1]Die Wirtschaftsprüferkammer darf Informationen, einschließlich personenbezogener Daten, an die in Absatz 8 Satz 1 genannten Stellen auf Ersuchen übermitteln, soweit die Kenntnis der Informationen zur Wahrnehmung der in Absatz 8 Satz 1 genannten Aufgaben der zuständigen Stelle im Einzelfall erforderlich ist. [2]Informationen, die einer Geheimhaltungspflicht unterliegen, dürfen nur übermittelt werden, wenn zusätzlich sichergestellt ist, dass sie bei diesen Stellen in gleicher Weise geheim gehalten werden. [3]Die Übermittlung personenbezogener Daten muss im Einklang stehen mit

1. Kapitel V der Verordnung (EU) 2016/679 der Europäischen Parlaments und des Rates vom 27. April 2016 zum Schutz natürlicher Personen bei der Verarbeitung personenbezogener Daten, zum freien Datenverkehr und zur Aufhebung der Richtlinie 95/46/EG (Datenschutz-Grundverordnung) (ABl. L 119 vom 4.5.2016, S. 1; L 314 vom 22.11.2016, S. 72; L 127 vom 23.5.2018, S. 2) in der jeweils geltenden Fassung und
2. den sonstigen allgemeinen datenschutzrechtlichen Vorschriften.

[4]Die Übermittlung von Informationen, einschließlich personenbezogener Daten, unterbleibt, soweit hierdurch die öffentliche Sicherheit oder Ordnung beeinträchtigt werden könnte. [5]Legt die zuständige Stelle begründet dar, dass sie mit der Erledigung durch die Wirtschaftsprüferkammer nicht einverstanden ist, kann die Wirtschaftsprüferkammer unter den Voraussetzungen der Sätze 1 bis 4 Arbeitsunterlagen und andere Dokumente auf Anforderung der zuständigen Stelle an diese herausgeben, wenn

1. diese Arbeitsunterlagen oder Dokumente sich auf Prüfungen von Unternehmen beziehen, die Wertpapiere in diesem Drittstaat ausgegeben haben

---

1) § 57 Abs. 9 Satz 3 neu gef. mWv 26.11.2019 durch G v. 20.11.2019 (BGBl. I S. 1626).

oder Teile eines Konzerns sind, der in diesem Staat einen Konzernabschluss vorlegt,

2. die zuständige Stelle die Anforderungen erfüllt, auf die in Artikel 47 Abs. 3 der Richtlinie 2006/43/EG Bezug genommen wird und die von der Kommission der Europäischen Gemeinschaften als angemessen erklärt wurden,
3. auf der Grundlage der Gegenseitigkeit eine Vereinbarung zur Zusammenarbeit zwischen der Wirtschaftsprüferkammer und der jeweiligen Stelle getroffen wurde.

(Fortsetzung nächstes Blatt)

§ 57 a[1] Qualitätskontrolle. (1) [1]Berufsangehörige in eigener Praxis und Wirtschaftsprüfungsgesellschaften sind verpflichtet, sich einer Qualitätskontrolle zu unterziehen, wenn sie gesetzlich vorgeschriebene Abschlussprüfungen nach § 316 des Handelsgesetzbuchs durchführen. [2]Sie sind verpflichtet, dies bei der Wirtschaftsprüferkammer spätestens zwei Wochen nach Annahme eines Prüfungsauftrages anzuzeigen. [3]Mit der Anzeige sind Art und Umfang der Tätigkeit mitzuteilen. [4]Wesentliche Änderungen von Art und Umfang der Prüfungstätigkeit sind ebenfalls mitzuteilen.

(2) [1]Die Qualitätskontrolle dient der Überwachung, ob die Regelungen zur Qualitätssicherung nach Maßgabe der gesetzlichen Vorschriften und der Berufssatzung insgesamt und bei der Durchführung einzelner Aufträge eingehalten werden. [2]Sie erstreckt sich auf Abschlussprüfungen nach § 316 des Handelsgesetzbuchs und auf betriebswirtschaftliche Prüfungen, die von der Bundesanstalt für Finanzdienstleistungsaufsicht beauftragt werden. [3]Sie umfasst auf der Grundlage einer angemessenen Überprüfung ausgewählter Prüfungsunterlagen eine Beurteilung der Angemessenheit und Wirksamkeit des Qualitätssicherungssystems nach § 55 b, insbesondere bezogen auf die Einhaltung der einschlägigen Berufsausübungsregelungen, die Unabhängigkeitsanforderungen, die Quantität und Qualität der eingesetzten Mittel und des Personals sowie die berechnete Vergütung. [4]Die Qualitätskontrolle findet auf der Grundlage einer Risikoanalyse mindestens alle sechs Jahre statt. [5]Haben zu Prüfende erstmals nach Absatz 1 Satz 2 angezeigt, gesetzlich vorgeschriebene Abschlussprüfungen nach § 316 des Handelsgesetzbuchs durchzuführen, hat die Qualitätskontrolle spätestens drei Jahre nach Beginn der ersten derartigen Prüfung stattzufinden. [6]Die Entscheidung über den Zeitpunkt der Qualitätskontrolle und die Anordnung gegenüber den zu Prüfenden trifft die Kommission für Qualitätskontrolle.

(3) [1]Die Qualitätskontrolle wird durch bei der Wirtschaftsprüferkammer registrierte Berufsangehörige in eigener Praxis oder durch Wirtschaftsprüfungsgesellschaften (Prüfer für Qualitätskontrolle) durchgeführt. [2]Berufsangehörige sind auf Antrag zu registrieren, wenn

1. sie seit mindestens drei Jahren als Wirtschaftsprüfer bestellt und dabei im Bereich der gesetzlichen Abschlussprüfung tätig sind;
2. sie eine spezielle Ausbildung in der Qualitätskontrolle absolviert haben und
3. gegen sie in den letzten fünf Jahren keine berufsaufsichtliche Maßnahme nach § 68 Absatz 1 Satz 2 Nummer 2 bis 6 wegen der Verletzung einer Berufspflicht verhängt worden ist, die ihre Eignung als Prüfer für Qualitätskontrolle ausschließt.

[3]Die Registrierung setzt für Berufsangehörige in eigener Praxis voraus, dass sie nach § 38 Nummer 1 Buchstabe h als gesetzlicher Abschlussprüfer eingetragen sind. [4]Wirtschaftsprüfungsgesellschaften sind auf Antrag zu registrieren, wenn mindestens ein gesetzlicher Vertreter oder ein Mitglied des zur gesetzlichen Vertretung berufenen Organs nach Satz 2 registriert ist, sie nach § 38 Nummer 2 Buchstabe f als gesetzliche Abschlussprüfer eingetragen sind und sie die

---

[1] § 57 a neu gef. mWv 17. 6. 2016 durch G v. 31. 3. 2016 (BGBl. I S. 518).

Anforderungen nach Satz 2 Nummer 3 erfüllen. [5]Wird einer Wirtschaftsprüfungsgesellschaft der Auftrag zur Durchführung einer Qualitätskontrolle erteilt, so müssen die für die Qualitätskontrolle verantwortlichen Berufsangehörigen entweder dem Personenkreis nach Satz 4 angehören oder Gesellschafter der Wirtschaftsprüfungsgesellschaft und nach Satz 2 registriert sein. [6]Sind als Prüfer für Qualitätskontrolle registrierte Berufsangehörige, welche die Voraussetzung von Satz 3 nicht erfüllen, in eigener Praxis und in sonstiger Weise tätig, dürfen sie keine Qualitätskontrolle in eigener Praxis durchführen.

(3 a) [1]Die Registrierung als Prüfer für Qualitätskontrolle ist zu widerrufen, wenn die Voraussetzungen für die Registrierung als Prüfer für Qualitätskontrolle entfallen sind. [2]Sie ist insbesondere zu widerrufen, wenn

1. die Eintragung als gesetzlicher Abschlussprüfer gemäß Absatz 6 a Satz 2 gelöscht worden ist,
2. der Prüfer für Qualitätskontrolle in den letzten drei Jahren nicht mehr im Bereich der gesetzlichen Abschlussprüfungen tätig gewesen ist,
3. gegen den Prüfer für Qualitätskontrolle eine unanfechtbare berufsaufsichtliche Maßnahme nach § 68 Absatz 1 Satz 2 Nummer 2 bis 6 verhängt worden ist, die seine Eignung als Prüfer für Qualitätskontrolle ausschließt, oder
4. der Prüfer für Qualitätskontrolle in den letzten drei Jahren keine spezielle Fortbildung in der Qualitätskontrolle nachweisen kann.

[3]Die Registrierung einer als Prüfer für Qualitätskontrolle registrierten Wirtschaftsprüfungsgesellschaft ist zu widerrufen, wenn sie die Voraussetzungen nach Absatz 3 Satz 4 nicht mehr erfüllt.

(4) [1]Berufsangehörige oder Wirtschaftsprüfungsgesellschaften dürfen nicht als Prüfer für Qualitätskontrolle tätig werden, wenn kapitalmäßige, finanzielle oder persönliche Bindungen, insbesondere als Teilhaber oder Mitarbeiter, zu den zu prüfenden Berufsangehörigen oder Wirtschaftsprüfungsgesellschaften oder sonstige Umstände, welche die Besorgnis der Befangenheit begründen, bestehen oder in den letzten drei Jahren vor ihrer Beauftragung bestanden haben. [2]Ferner sind wechselseitige Qualitätskontrollen ausgeschlossen. [3]Prüfer für Qualitätskontrolle haben zu erklären, dass keine Ausschlussgründe oder sonstigen Interessenkonflikte zwischen ihnen und den zu Prüfenden bestehen.

(5) [1]Prüfer für Qualitätskontrolle haben das Ergebnis der Qualitätskontrolle in einem Bericht (Qualitätskontrollbericht) zusammenzufassen. [2]Der Qualitätskontrollbericht hat zu enthalten:

1. die Nennung der Kommission für Qualitätskontrolle und der Geprüften als Empfänger oder Empfängerinnen des Berichts,
2. eine Beschreibung von Gegenstand, Art und Umfang der Prüfung, einschließlich einer Beschreibung des Qualitätssicherungssystems nach § 55 b,
3. eine nach Prüfungsart gegliederte Angabe der Stundenanzahl,
4. die Zusammensetzung und Qualifikation der Prüfer für Qualitätskontrolle und
5. eine Beurteilung des Prüfungsergebnisses nach Absatz 2 Satz 3.

3Zum Inhalt und zur Vereinheitlichung des Aufbaus des Qualitätskontrollberichts nach § 57 c Absatz 2 Nummer 6 getroffene weitere Bestimmungen sind zu beachten. 4Sind von den Prüfern für Qualitätskontrolle keine wesentlichen Mängel im Qualitätssicherungssystem festgestellt worden, haben sie zu erklären, dass ihnen keine Sachverhalte bekannt geworden sind, die gegen die Annahme sprechen, dass das Qualitätssicherungssystem der Praxis in Einklang mit den gesetzlichen oder satzungsmäßigen Anforderungen steht und mit hinreichender Sicherheit eine ordnungsgemäße Abwicklung von Abschlussprüfungen nach § 316 des Handelsgesetzbuchs und von betriebswirtschaftlichen Prüfungen, die von der Bundesanstalt für Finanzdienstleistungsaufsicht beauftragt werden, gewährleistet. 5Sind Mängel im Qualitätssicherungssystem oder Prüfungshemmnisse festgestellt worden, so haben die Prüfer für Qualitätskontrolle diese zu benennen, Empfehlungen zur Beseitigung der Mängel zu geben und, sofern die festgestellten Mängel wesentlich sind, ihre Erklärung nach Satz 4 einzuschränken oder zu versagen. 6Eine Einschränkung oder Versagung ist zu begründen.

(5 a) 1Bei Berufsangehörigen, die gesetzlich vorgeschriebene Abschlussprüfungen bei Unternehmen von öffentlichem Interesse nach § 319 a Absatz 1 Satz 1 des Handelsgesetzbuchs durchführen, sind im Rahmen der Qualitätskontrolle die Ergebnisse der Inspektion nach Artikel 26 der Verordnung (EU) Nr. 537/2014 zu berücksichtigen. 2Die Qualitätskontrolle und der Qualitätskontrollbericht haben nicht die in Artikel 26 Absatz 6 der Verordnung (EU) Nr. 537/2014 genannten Bereiche zu betreffen. 3Auf der Grundlage des aktuellen Inspektionsberichts beurteilen die Prüfer für Qualitätskontrolle ausschließlich die Wirksamkeit des Qualitätssicherungssystems bei gesetzlich vorgeschriebenen Abschlussprüfungen von Unternehmen, die nicht von öffentlichem Interesse im Sinne des § 319 a Absatz 1 Satz 1 des Handelsgesetzbuchs sind, und bei betriebswirtschaftlichen Prüfungen, die von der Bundesanstalt für Finanzdienstleistungsaufsicht beauftragt werden, und benennen gegebenenfalls festgestellte Mängel in Bezug auf diese Prüfungen. 4Der Qualitätskontrollbericht ist der Kommission für Qualitätskontrolle, den Geprüften und der Abschlussprüferaufsichtsstelle zu übermitteln. 5Im Übrigen gilt Absatz 5 entsprechend.

(5 b) 1Die Qualitätskontrolle muss im Hinblick auf den Umfang und die Komplexität der Tätigkeit der Geprüften geeignet und angemessen sein. 2Dies ist insbesondere bei der gesetzlichen Abschlussprüfung von mittleren und kleinen Unternehmen nach § 267 Absatz 1 und 2 des Handelsgesetzbuchs zu berücksichtigen, wobei der Art, der Anzahl der Mandate und der Größe der Praxis des Geprüften besondere Bedeutung zukommt.

(6) 1Die zu Prüfenden haben bei der Kommission für Qualitätskontrolle bis zu drei Vorschläge für mögliche Prüfer für Qualitätskontrolle einzureichen. 2Die eingereichten Vorschläge müssen jeweils um eine Unabhängigkeitsbestätigung der Prüfer für Qualitätskontrolle nach Maßgabe der Satzung für Qualitätskontrolle ergänzt sein (§ 57 c Absatz 2 Nummer 7). 3Von den Vorschlägen kann die Kommission für Qualitätskontrolle unter Angabe der Gründe einzelne oder alle ablehnen; dies ist den zu Prüfenden innerhalb von vier Wochen seit Einreichung der Vorschläge mitzuteilen, ansonsten gelten die Vorschläge

als anerkannt. 4Bei Ablehnung aller Vorschläge können die zu Prüfenden bis zu drei neue Vorschläge einreichen; die Sätze 2 und 3 finden Anwendung. 5Im Fall der erneuten Ablehnung aller Vorschläge hat die Kommission für Qualitätskontrolle einen zu beauftragenden Prüfer für Qualitätskontrolle zu benennen. 6Die Prüfer für Qualitätskontrolle sind von den zu Prüfenden eigenverantwortlich zu beauftragen.

(6a) 1Nach Abschluss der Prüfung leiten die Prüfer für Qualitätskontrolle eine Ausfertigung des Qualitätskontrollberichts unverzüglich und möglichst elektronisch der Wirtschaftsprüferkammer zu. 2Die Kommission für Qualitätskontrolle entscheidet auf Löschung der Eintragung nach § 38 Nummer 1 Buchstabe h oder Nummer 2 Buchstabe f, wenn

1. die Qualitätskontrolle nicht innerhalb der von der Kommission für Qualitätskontrolle vorgegebenen Frist oder unter Verstoß gegen Absatz 3 Satz 1 und 5 oder Absatz 4 durchgeführt worden ist,
2. wesentliche Prüfungshemmnisse festgestellt worden sind oder
3. wesentliche Mängel im Qualitätssicherungssystem festgestellt worden sind, die das Qualitätssicherungssystem als unangemessen oder unwirksam erscheinen lassen.

(7) 1Aufträge zur Durchführung der Qualitätskontrolle können nur aus wichtigem Grund gekündigt werden. 2Meinungsverschiedenheiten über den Inhalt des Qualitätskontrollberichts gelten nicht als wichtiger Grund. 3Prüfer für Qualitätskontrolle haben der Kommission für Qualitätskontrolle über das Ergebnis ihrer bisherigen Prüfung und den Kündigungsgrund zu berichten. 4Der Bericht ist von den zu Prüfenden im Fall einer späteren Qualitätskontrolle den nächsten Prüfern für Qualitätskontrolle vorzulegen.

(8) 1Die Wirtschaftsprüferkammer hat den Qualitätskontrollbericht sieben Jahre nach Eingang aufzubewahren und anschließend zu vernichten. 2Im Fall eines anhängigen Rechtsstreits über Maßnahmen der Kommission für Qualitätskontrolle verlängert sich die Frist bis zur Rechtskraft des Urteils.

§ 57 b[1)] Verschwiegenheitspflicht und Verantwortlichkeit. (1) Der Prüfer für Qualitätskontrolle und seine Gehilfen, die Mitglieder der Kommission für Qualitätskontrolle (§ 57 e) und die Bediensteten der Wirtschaftsprüferkammer sind, auch nach Beendigung ihrer Tätigkeit, verpflichtet, über die ihnen im Rahmen der Qualitätskontrolle bekannt gewordenen Angelegenheiten Verschwiegenheit zu bewahren.

(2) 1Für die Mitglieder der Kommission für Qualitätskontrolle und die Bediensteten der Wirtschaftsprüferkammer gilt § 64 Abs. 2 entsprechend. 2Der Genehmigung bedarf auch die Vorlegung oder Auslieferung von Schriftstücken durch die Wirtschaftsprüferkammer an Gerichte oder Behörden. 3Die Genehmigung erteilt in den Fällen der Sätze 1 und 2 die Kommission für Qualitätskontrolle. 4Sie kann nur erteilt werden, wenn der Beschuldigte den geprüften Wirtschaftsprüfer, die geprüfte Wirtschaftsprüfungsgesellschaft oder

---

1) § 57 b eingef. mWv 1. 1. 2001 durch G v. 19. 12. 2000 (BGBl. I S. 1769); Abs. 1 und Abs. 2 Satz 1 geänd. mWv 6. 9. 2007 durch G v. 3. 9. 2007 (BGBl. I S. 2178).

den Prüfer für Qualitätskontrolle von der Pflicht zur Verschwiegenheit entbunden hat.

(3) Soweit dies zur Durchführung der Qualitätskontrolle erforderlich ist, ist die Pflicht zur Verschwiegenheit nach Absatz 1, § 43 Abs. 1 Satz 1, § 64 Abs. 1 dieses Gesetzes und § 323 Abs. 1 Satz 1 des Handelsgesetzbuchs sowie die Pflicht zur Verschwiegenheit der Personen, die den Beruf gemeinsam mit dem Wirtschaftsprüfer in eigener Praxis ausüben, eingeschränkt.

(4) § 323 des Handelsgesetzbuchs gilt vorbehaltlich des Absatzes 3 entsprechend.

§ 57c[1)] Satzung für Qualitätskontrolle. (1) [1]Die Wirtschaftsprüferkammer erlässt eine Satzung für Qualitätskontrolle; die Satzung wird vom Beirat der Wirtschaftsprüferkammer beschlossen. [2]Die Satzung und deren Änderungen müssen im Einklang mit den Vorgaben des auf sie anzuwendenden europäischen Rechts stehen. [3]Insbesondere sind bei neuen oder zu ändernden Vorschriften, die dem Anwendungsbereich der Richtlinie 2005/36/EG in der jeweils geltenden Fassung unterfallen, die Vorgaben der Richtlinie (EU) 2018/958 in der jeweils geltenden Fassung einzuhalten. [4]§ 57 Absatz 3a gilt entsprechend. [5]Die Satzung und deren Änderungen bedürfen zu ihrer Wirksamkeit der Genehmigung des Bundesministeriums für Wirtschaft und Energie im Einvernehmen mit dem Bundesministerium der Justiz und für Verbraucherschutz. [6]Das Bundesministerium für Wirtschaft und Energie hat bei der Genehmigung zu prüfen, ob die Vorgaben der Richtlinie (EU) 2018/958 in der jeweils geltenden Fassung eingehalten wurden. [7]Zu diesem Zweck hat ihm die Wirtschaftsprüferkammer die Unterlagen zuzuleiten, aus denen sich die Einhaltung der Vorgaben ergibt. [8]Insbesondere sind die Gründe zu übermitteln, auf Grund derer der Beirat der Wirtschaftsprüferkammer die Satzung oder deren Änderungen als gerechtfertigt, notwendig und verhältnismäßig beurteilt hat.

(2) Die Satzung für Qualitätskontrolle hat im Rahmen der Vorschriften dieses Gesetzes näher zu regeln:

1. die Voraussetzungen und das Verfahren der Registrierung der Prüfer für Qualitätskontrolle sowie des Widerrufs der Registrierung nach § 57a Absatz 3 und 3a sowie nach § 63f Abs. 2 des Gesetzes betreffend die Erwerbs- und Wirtschaftsgenossenschaften;
2. Ausschlussgründe des Prüfers für Qualitätskontrolle nach § 57a Abs. 4;
3. das Verfahren nach den §§ 57a ff. innerhalb der Wirtschaftsprüferkammer;

[1)] § 57c eingef. mWv 1.1.2001 durch G v. 19.12.2000 (BGBl. I S. 1769); Abs. 2 Nr. 1 geänd. mWv 11.12.2001 durch G v. 10.12.1002 (BGBl. I S. 3414); Abs. 1 Satz 2 geänd. mWv 1.1.2004 durch G v. 1.12.2003 (BGBl. I S. 2446); Abs. 2 Nr. 5 geänd., Nr. 6 und 7 angef. mWv 1.1.2005 durch G v. 27.12.2004 (BGBl. I S. 3846); Abs. 1 Satz 2 geänd. mWv 8.11.2006 durch VO v. 31.10.2006 (BGBl. I S. 2407); Abs. 2 Nr. 4, Nr. 6 neu gef., Nr. 7 eingef., bish. Nr. 7 wird neue Nr. 8 mWv 6.9.2007 durch G v. 3.9.2007 (BGBl. I S. 2178); Abs. 1 Satz 2 geänd. mWv 8.9.2015 durch VO v. 31.8.2015 (BGBl. I S. 1474); Abs. 2 Nr. 1 geänd., Nr. 4, 6 und 8 neu gef. mWv 17.6.2016 durch G v. 31.3.2016 (BGBl. I S. 518); Abs. 1 neu gef. mWv 30.7.2020 durch G v. 19.6.2020 (BGBl. I S. 1403).

4. die Mitteilungspflichten nach § 57a Absatz 1 Satz 3 und 4, die Risikoanalyse nach § 57a Absatz 2 Satz 4 und die Anordnung der Qualitätskontrolle nach § 57a Absatz 2 Satz 6;
5. die Maßnahmen der Kommission für Qualitätskontrolle;
6. Umfang und Inhalt der Qualitätskontrolle nach § 57a Absatz 2 Satz 3 und des Qualitätskontrollberichts nach § 57a Absatz 5;
7. Bestimmungen zu Inhalt und Aufbau der Unabhängigkeitsbestätigung nach § 57a Abs. 6 Satz 2;
8. Umfang und Inhalt der speziellen Ausbildungsverpflichtung nach § 57a Absatz 3 Satz 2 Nummer 2, der in § 57a Absatz 3a genannten speziellen Fortbildung sowie den entsprechenden Aus- oder Fortbildungsnachweis.

§ 57d[1] Mitwirkungspflichten. [1] Wirtschaftsprüfer in eigener Praxis, Wirtschaftsprüfungsgesellschaften sowie die Personen, die den Beruf gemeinsam mit diesen ausüben, sind verpflichtet, dem Prüfer Zutritt zu den Praxisräumen zu gewähren, Aufklärungen zu geben sowie die verlangten Nachweise vorzulegen, soweit dies für eine sorgfältige Prüfung erforderlich ist. [2] § 62 Absatz 2 und 3 gilt entsprechend. [3] Die Mitwirkung kann nicht im Wege des Verwaltungszwangs nach § 57e Abs. 3 erzwungen werden.

§ 57e[2] Kommission für Qualitätskontrolle. (1) [1] In der Wirtschaftsprüferkammer wird eine Kommission für Qualitätskontrolle eingerichtet. [2] Mitglieder der Kommission für Qualitätskontrolle sind Berufsangehörige und vereidigte Buchprüfer, die auf Vorschlag des Vorstands vom Beirat gewählt werden; mindestens ein Mitglied soll im genossenschaftlichen Prüfungswesen erfahren und tätig sein. [3] Sie sind unabhängig und nicht weisungsgebunden. [4] Die Kommission für Qualitätskontrolle ist innerhalb der Wirtschaftsprüferkammer zuständig für alle Angelegenheiten der Qualitätskontrolle im Sinne von § 57a, soweit nicht die Abschlussprüferaufsichtsstelle zuständig ist. [5] Ihr obliegt insbesondere:
1. Anordnungen zur Durchführung einer Qualitätskontrolle nach § 57a Absatz 2 Satz 6 zu treffen;
2. Prüfer für Qualitätskontrolle nach § 57a Abs. 3 zu registrieren;
3. Qualitätskontrollberichte entgegenzunehmen und auszuwerten;
4. die Aufsicht über die Prüfer für Qualitätskontrolle nach Absatz 7 sowie Entscheidungen über die Rücknahme oder den Widerruf der Registrierung als Prüfer für Qualitätskontrolle zu treffen;

---

[1] § 57d eingef. mWv 1.1.2001 durch G v. 19.12.2000 (BGBl. I S. 1769); Satz 2 eingef., bish. Satz 2 wird Satz 3 mWv 17.6.2016 durch G v. 31.3.2016 (BGBl. I S. 518).

[2] § 57e eingef. mWv 1.1.2001, Abs. 3 Satz 1 geänd. mWv 1.1.2002 durch G v. 19.12.2000 (BGBl. I S. 1769); Abs. 1 Satz 2 geänd. mWv 15.12.2001 durch G v. 10.12.2001 (BGBl. I S. 3414); Abs. 1 Satz 4, Abs. 3 Satz 1 und 2, Abs. 4 Satz 2 geänd., Abs. 2 neu gef. mWv 1.1.2005 durch G v. 27.12.2004 (BGBl. I S. 3846); Abs. 2 Satz 1, Abs. 3 Satz 2 neu gef., Abs. 6 angef. mWv 6.9.2007 durch G v. 3.9.2007 (BGBl. I S. 2178); Abs. 1 Sätze 2, 4 und 5 Nr. 3, Abs. 3 Satz 2, Abs. 4 Satz 1 und Abs. 6 geänd., Abs. 1 Satz 5 Nr. 1, 4 und 5, Abs. 2, Abs. 3 Satz 1 und Abs. 5 neu gef., Abs. 4 Satz 2 aufgeh., Abs. 1 Sätze 6 und Abs. 7 angef. mWv 17.6.2016 durch G v. 31.3.2016 (BGBl. I S. 518).

5. über Maßnahmen nach den Absätzen 2 und 3 und die Löschung der Eintragung nach § 57a Absatz 6a Satz 2 zu entscheiden;
6. Widersprüche gegen Entscheidungen im Zusammenhang mit der Qualitätskontrolle zu bescheiden.

6 Die Kommission für Qualitätskontrolle kann im Einvernehmen mit der Abschlussprüferaufsichtsstelle an Qualitätskontrollen teilnehmen und sich Arbeitsunterlagen des Prüfers für Qualitätskontrolle vorlegen lassen.

(2) 1 Liegen bei Berufsangehörigen in eigener Praxis oder bei Wirtschaftsprüfungsgesellschaften Mängel vor, wurden Verletzungen von Berufsrecht, die auf Mängeln des Qualitätssicherungssystems beruhen, festgestellt oder wurde die Qualitätskontrolle nicht nach Maßgabe der §§ 57a bis 57d und der Sat-

(Fortsetzung nächstes Blatt)

zung für Qualitätskontrolle durchgeführt, kann die Kommission für Qualitätskontrolle Auflagen zur Beseitigung der Mängel erteilen oder eine Sonderprüfung anordnen. 2 Werden Auflagen erteilt, haben die Geprüften diese in einer von der Kommission für Qualitätskontrolle vorgegebenen Frist umzusetzen und hierüber unverzüglich einen Bericht vorzulegen. 3 Die Kommission für Qualitätskontrolle kann bestimmen, dass mit der Sonderprüfung ein anderer Prüfer für Qualitätskontrolle beauftragt wird. 4 Sind die Voraussetzungen des § 57 a Absatz 6 a Satz 2 gegeben, entscheidet die Kommission für Qualitätskontrolle über die Löschung der Eintragung. 5 Die Berufsangehörigen oder Wirtschaftsprüfungsgesellschaften sind vor dem Erlass der Maßnahmen nach den Sätzen 1 bis 4 anzuhören. 6 Beabsichtigt die Wirtschaftsprüferkammer, eine Eintragung nach § 57 a Absatz 6 a Satz 2 zu löschen, hat sie den Vorgang zuvor der Abschlussprüferaufsichtsstelle vorzulegen. 7 Für Maßnahmen nach den Sätzen 1 bis 4 gegenüber Berufsangehörigen, die gesetzlich vorgeschriebene Abschlussprüfungen bei Unternehmen von öffentlichem Interesse nach § 319 a Absatz 1 Satz 1 des Handelsgesetzbuchs durchführen, bleibt die Zuständigkeit der Abschlussprüferaufsichtsstelle nach § 66 a Absatz 6 unberührt.

(3) 1 Befolgen Berufsangehörige oder Wirtschaftsprüfungsgesellschaften Maßnahmen nach Absatz 2 nicht, kann die Kommission für Qualitätskontrolle ein Zwangsgeld bis zu 25 000 Euro verhängen. 2 Werden trotz wiederholter Festsetzung eines Zwangsgeldes Auflagen und sonstige Maßnahmen nach Absatz 2 nicht fristgerecht oder nicht vollständig umgesetzt, ist die Eintragung der Anzeige nach § 38 Nummer 1 Buchstabe h oder Nummer 2 Buchstabe f zu löschen.

(4) Die Kommission für Qualitätskontrolle hat den Vorstand der Wirtschaftsprüferkammer zu unterrichten, wenn ein Widerruf der Bestellung als Wirtschaftsprüfer oder der Anerkennung als Wirtschaftsprüfungsgesellschaft oder die Einleitung eines berufsaufsichtlichen Verfahrens in Betracht zu ziehen ist.

(5) 1 Die im Rahmen der Qualitätskontrolle nach § 57 d oder bei Maßnahmen nach den Absätzen 2 und 3 erteilten Auskünfte und übermittelten Unterlagen und Daten dürfen auch für solche Aufsichtsverfahren verwendet werden, die sonst von der Wirtschaftsprüferkammer oder der Abschlussprüferaufsichtsstelle eingeleitet oder geführt werden. 2 Sobald die Unterlagen oder Daten nicht mehr erforderlich sind, sind sie unverzüglich zurückzugeben oder zu löschen.

(6) 1 Die Absätze 2 bis 4 gelten entsprechend, wenn sich außerhalb einer Qualitätskontrolle im Sinne des § 57 a Anhaltspunkte für Mängel im Qualitätssicherungssystem von Berufsangehörigen oder Wirtschaftsprüfungsgesellschaften ergeben. 2 Die Kommission für Qualitätskontrolle ist dabei an die im Verfahren nach § 62 b getroffenen Feststellungen gebunden.

(7) 1 Die Kommission für Qualitätskontrolle untersucht bei Prüfern für Qualitätskontrolle (§ 57 a Absatz 3), ob diese bei den Qualitätskontrollen die gesetzlichen Anforderungen und die Berufsausübungsregelungen eingehalten haben. 2 Absatz 2 Satz 1 bis 4 und 7, Absatz 3 Satz 1 und die Absätze 4 und 5 gelten entsprechend.

§ 57f.[1] *(aufgehoben)*

§ 57g[2] **Freiwillige Qualitätskontrolle.** § 57a Absatz 2 bis 6a und die §§ 57b bis 57e gelten entsprechend für die freiwillige Durchführung einer Qualitätskontrolle bei Wirtschaftsprüfern in eigener Praxis und Wirtschaftsprüfungsgesellschaften.

§ 57h[3] **Qualitätskontrolle bei Prüfungsstellen der Sparkassen- und Giroverbände.** (1) [1] § 57a Absatz 1 Satz 1, Absatz 3 bis 5 und 5b bis 8, die §§ 57b bis 57d und 66a Absatz 1 Satz 1, Absatz 3 Satz 1 bis 3, Absatz 5 Satz 1 und Absatz 8, § 66b und § 136 gelten entsprechend für die Qualitätskontrolle bei Prüfungsstellen der Sparkassen- und Giroverbände, soweit diese Mitglieder der Wirtschaftsprüferkammer sind und das Landesrecht hinsichtlich der Verpflichtung zur Durchführung der Qualitätskontrolle nichts anderes vorsieht. [2] Maßstab, Reichweite und Zeitpunkt der Qualitätskontrolle werden in entsprechender Anwendung von § 57a Abs. 2 durch die nach Landesrecht zuständige Aufsichtsbehörde bestimmt. [3] § 57e Abs. 2 findet mit der Maßgabe entsprechende Anwendung, dass die Kommission für Qualitätskontrolle nicht über belastende Maßnahmen gegenüber den Prüfungsstellen entscheidet, sondern der nach Landesrecht zuständigen Aufsichtsbehörde unverzüglich die Tatsachen und Schlussfolgerungen mitteilt, die Grundlage solcher Maßnahmen sein können. [4] Erkennt die Wirtschaftsprüferkammer, dass eine Eintragung nach § 57a Absatz 6a Satz 2 zu löschen ist, so ist § 57e Absatz 2 Satz 4 mit der Maßgabe anzuwenden, dass der Vorgang der nach Landesrecht zuständigen Aufsichtsbehörde zur Entscheidung vorzulegen ist.

(2) [1] Prüfer für Qualitätskontrolle können im Falle des Absatzes 1 auch Prüfungsstellen der Sparkassen- und Giroverbände sein. [2] Eine Prüfungsstelle ist auf Antrag nach § 57a Abs. 3 zu registrieren, wenn der Leiter der Prüfungsstelle nach § 57a Abs. 3 Satz 2 registriert ist und die Prüfungsstelle die Voraussetzung nach § 57a Abs. 3 Satz 3 erfüllt. [3] Wird einer Prüfungsstelle eines Sparkassen- und Giroverbandes der Auftrag zur Durchführung einer Qualitätskontrolle erteilt, so muss die für die Qualitätskontrolle nach § 57a Abs. 3 Satz 5 verantwortliche berufsangehörige Person der Leiter oder die Leiterin der Prüfungsstelle des Sparkassen- und Giroverbandes sein und nach § 57a Abs. 3 Satz 2 registriert sein.

(3) [1] Artikel 26 der Verordnung (EU) Nr. 537/2014 findet keine Anwendung auf die Prüfungsstellen der Sparkassen- und Giroverbände, soweit Landesrecht nichts anderes vorsieht. [2] Gehört die zu prüfende Sparkasse zu den in

---

[1] § 57f aufgeh. mWv 6. 9. 2007 durch G v. 3. 9. 2007 (BGBl. I S. 2178).

[2] § 57f eingef. mWv 1. 1. 2001 durch G v. 19. 12. 2000 (BGBl. I S. 1769); geänd. mWv 17. 6. 2016 durch G v. 31. 3. 2016 (BGBl. I S. 518).

[3] § 57h eingef. mWv 1. 1. 2001 durch G v. 19. 12. 2000 (BGBl. I S. 1769); Abs. 1 Satz 1 geänd. mWv 15. 12. 2001 durch G v. 10. 12. 2001 (BGBl. I S. 3414); Abs. 2 Satz 3 angef. mWv 1. 1. 2004 durch G v. 1. 12. 2003 (BGBl. I S. 2446); Abs. 1 Satz 1 geänd. und Satz 4 angef. mWv 1. 1. 2005 durch G v. 27. 12. 2004 (BGBl. I S. 3846); Abs. 1 Satz 1 geänd. mWv 6. 9. 2007 durch G v. 3. 9. 2007 (BGBl. I S. 2178); Abs. 1 Satz 1 geänd. mWv 29. 5. 2009 durch G v. 25. 5. 2009 (BGBl. I S. 1102); Abs. 1 Sätze 1 und 2 geänd., Satz 4 neu gef., Abs. 3 angef. mWv 17. 6. 2016 durch G v. 31. 3. 2016 (BGBl. I S. 518).

§ 319a Absatz 1 Satz 1 des Handelsgesetzbuchs genannten Unternehmen und hat sie eine Bilanzsumme von mehr als 3 Milliarden Euro, hat, soweit Landesrecht nichts anderes vorsieht, in entsprechender Anwendung des Artikels 8 der Verordnung (EU) Nr. 537/2014 eine prüfungsbegleitende Qualitätssicherung stattzufinden. 3 Die prüfungsbegleitende Qualitätssicherung darf nur von solchen fachlich und persönlich geeigneten Personen wahrgenommen werden, die an der Durchführung der Prüfung nicht beteiligt sind.

§ 58[1] **Mitgliedschaft.** (1) 1 Mitglieder der Wirtschaftsprüferkammer sind die Wirtschaftsprüfer, die nach diesem Gesetz bestellt sind, und Mitglieder des Vorstandes, nach dem Partnerschaftsgesellschaftsgesetz verbundene Personen, Geschäftsführer oder persönlich haftende Gesellschafter von Wirtschaftsprüfungsgesellschaften, die nicht Wirtschaftsprüfer sind, sowie die anerkannten Wirtschaftsprüfungsgesellschaften. 2 Für beurlaubte Wirtschaftsprüfer ruht die Mitgliedschaft während der Dauer ihrer Beurlaubung. 3 Sie bleiben der Berufsgerichtsbarkeit unterworfen.

(2) 1 Die genossenschaftlichen Prüfungsverbände, die Sparkassen- und Giroverbände für ihre Prüfungsstellen sowie die überörtlichen Prüfungseinrichtungen für öffentliche Körperschaften können die Mitgliedschaft bei der Wirtschaftsprüferkammer erwerben. 2 Die Vorschriften des § 57 Abs. 1 bis 4 sind auf diese Mitglieder nicht anzuwenden.

§ 59[2] **Organe, Kammerversammlungen.** (1) Organe der Wirtschaftsprüferkammer sind

1. der Beirat,
2. der Vorstand,
3. der Präsident,
4. die Kommission für Qualitätskontrolle.

(2) 1 Die Beiratsmitglieder werden von den Mitgliedern der Wirtschaftsprüferkammer in unmittelbarer, freier und geheimer Briefwahl gewählt. 2 Der Vorstand wird vom Beirat gewählt. 3 Werden die Vorstandsmitglieder aus der Mitte des Beirats gewählt, so scheiden sie aus dem Beirat aus; wird der Beirat durch personalisierte Verhältniswahl gewählt, rücken Mitglieder der jeweiligen Listen als Beiratsmitglieder nach. 4 Zum Mitglied des Beirates und des Vor-

[1] § 58 Abs. 1 Satz 1 geänd. mWv 1. 1. 1995 durch G v. 15. 7. 1994 (BGBl. I S. 1569); Abs. 1 Satz 1 geänd. mWv 1. 1. 2004 durch G v. 1. 12. 2003 (BGBl. I S. 2446); Abs. 2 Satz 2 neu gef. mWv 6. 9. 2007 durch G v. 3. 9. 2007 (BGBl. I S. 2178); Abs. 1 Satz 1 geänd. mWv 17. 6. 2016 durch G v. 31. 3. 2016 (BGBl. I S. 518).

[2] § 59 Abs. 1 Nr. 4 angef., Abs. 2 Satz 3 aufgeh., Abs. 3 Satz 2 geänd. mWv 1. 1. 2001 durch G v. 19. 12. 2000 (BGBl. I S. 1769); Abs. 4 angef. mWv 1. 1. 2004 durch G v. 1. 12. 2003 (BGBl. I S. 2446); Abs. 4 aufgeh. mWv 1. 1. 2005 durch G v. 27. 12. 2004 (BGBl. I S. 3846); Überschrift geänd., Abs. 1 Nr. 1 aufgeh., bish. Nr. 2–4 werden Nr. 1–3, Abs. 2 Satz 1 neu gef., Satz 2 eingef., bish. Satz 2 wird Satz 3, Abs. 3 Satz 2 geänd., Abs. 4 neu gef., Abs. 5 angef. mWv 9. 12. 2010 durch G v. 2. 12. 2010 (BGBl. I S. 1746); Abs. 1 Nr. 3 eingef., bish. Nr. 3 wird Nr. 4, Abs. 2 Satz 3 eingef., bish. Satz 3 wird Satz 4 mWv 17. 6. 2016 durch G v. 31. 3. 2016 (BGBl. I S. 518).

standes kann nur gewählt werden, wer persönlich Mitglied der Wirtschaftsprüferkammer ist.

(3) [1]Die Wahl der Beiratsmitglieder erfolgt getrennt nach Gruppen. [2]Die Gruppe der Wirtschaftsprüfer und Wirtschaftsprüfungsgesellschaften wählt entsprechend der Zahl der Mitglieder der Wirtschaftsprüferkammer, die dieser Gruppe nach dem öffentlichen Berufsregister am 1. Dezember des dem Wahltag vorangehenden Kalenderjahres angehören, eine in der Satzung bestimmte Anzahl von Beiratsmitgliedern. [3]Die Gruppe der anderen stimmberechtigten Mitglieder wählt eine Anzahl von Beiratsmitgliedern, die sich nach der Zahl der stimmberechtigten Mitglieder der Wirtschaftsprüferkammer, die dieser Gruppe an dem in Satz 2 bezeichneten Tag angehören, bemißt. [4]Mindestens eine Zahl von einem Beiratsmitglied mehr als die Hälfte der Zahl aller Beiratsmitglieder muß jedoch von der Gruppe der Wirtschaftsprüfer und Wirtschaftsprüfungsgesellschaften gewählt werden. [5]Satz 1 bis 4 finden auf die Wahl der Vorstandsmitglieder entsprechende Anwendung; die Wahl des Präsidenten der Wirtschaftsprüferkammer erfolgt durch den gesamten Beirat.

(4) [1]Beirat und Vorstand erstatten den Mitgliedern jährlich Bericht. [2]Dazu kann die Wirtschaftsprüferkammer regionale Kammerversammlungen ausrichten. [3]Auf Verlangen des Beirats oder wenn mindestens ein Zwanzigstel der Mitglieder dies schriftlich unter Angabe des zu behandelnden Gegenstandes beantragt, richtet die Wirtschaftsprüferkammer eine Kammerversammlung aus, zu der alle Mitglieder eingeladen werden.

(5) Das Nähere regelt die Wirtschaftsprüferkammer in der Satzung und in der Wahlordnung gemäß § 60 Absatz 1.

§ 59 a[1)] Abteilungen des Vorstandes und der Kommission für Qualitätskontrolle. (1) [1]Der Vorstand kann mehrere Abteilungen bilden, wenn die Satzung der Wirtschaftsprüferkammer es zuläßt. [2]Er überträgt den Abteilungen die Geschäfte, die sie selbständig führen.

(2) [1]Jede Abteilung muss aus mindestens drei Mitgliedern des Vorstandes bestehen. [2]Die Mitglieder der Abteilung wählen aus ihren Reihen einen Abteilungsvorsitzenden und einen Stellvertreter.

(3) [1]Der Vorstand setzt die Zahl der Abteilungen und ihrer Mitglieder fest, überträgt den Abteilungen die Geschäfte und bestimmt die Mitglieder der einzelnen Abteilungen. [2]Jedes Mitglied des Vorstandes kann mehreren Abteilungen angehören. [3]Die Anordnungen können im Laufe der Amtsperiode nur getroffen oder geändert werden, wenn dies wegen Überlastung des Vorstandes, der Abteilung oder infolge Wechsels oder dauernder Verhinderung einzelner Mitglieder der Abteilung erforderlich wird.

(4) Die Abteilungen besitzen innerhalb ihrer Zuständigkeit die Rechte und Pflichten des Vorstandes.

(5) Anstelle der Abteilung entscheidet der Vorstand, wenn er es für angemessen hält oder wenn die Abteilung oder ihr Vorsitzender es beantragt.

---

1) § 59 a eingef. mWv 1. 1. 2002 durch G v. 10. 12. 2001 (BGBl. I S. 3414); Abs. 3 Sätze 1 und 3 geänd. mWv 1. 1. 2004 durch G v. 1. 12. 2003 (BGBl. I S. 2446); Überschrift und Abs. 3 neu gef., Abs. 6 angef. mWv 1. 1. 2005 durch G v. 27. 12. 2004 (BGBl. I S. 3846).

(6) [1]Die Kommission für Qualitätskontrolle kann Abteilungen bilden. [2]Die Zuständigkeiten der Abteilungen sind in der Geschäftsordnung der Kommission für Qualitätskontrolle zu regeln. [3]Absatz 1 Satz 2 und die Absätze 2 bis 5 gelten entsprechend. [4]Über Widersprüche (§ 57e Abs. 1 Satz 5 Nr. 6) gegen Beschlüsse von Abteilungen entscheidet die Kommission für Qualitätskontrolle.

§ 59b[1] Ehrenamtliche Tätigkeit. [1]Die Mitglieder der Organe der Wirtschaftsprüferkammer (§ 59 Absatz 1) und der Aufgabenkommission, der Prüfungskommission und der Widerspruchskommission sowie die von der Wirtschaftsprüferkammer Beauftragten üben ihre Tätigkeit ehrenamtlich aus. [2]Die ehrenamtlich Tätigen können eine angemessene, auch pauschalisierte Entschädigung für den mit ihrer Tätigkeit verbundenen Aufwand, auch für Zeitaufwand und Verdienstausfall, sowie eine Erstattung von Reisekosten erhalten. [3]Die Richtlinien für die Aufwandsentschädigung und die Erstattung von Reisekosten werden vom Beirat der Wirtschaftsprüferkammer beschlossen. [4]Die Sätze 1 bis 3 gelten entsprechend für

1. Mitglieder von Gremien, die nach der Satzung oder Wahlordnung nach § 60 Absatz 1 gebildet wurden,
2. Leiter von Landesvertretungen der Wirtschaftsprüferkammer (Landespräsidenten) und
3. Mitglieder von Ausschüssen, die nach dem Berufsbildungsgesetz bei der Wirtschaftsprüferkammer eingerichtet wurden.

§ 60[2] Satzung, Wirtschaftsplan. (1) [1]Die Organisation und Verwaltung der Wirtschaftsprüferkammer, insbesondere die Einrichtung von Landesgeschäftsstellen, werden in der Satzung der Wirtschaftsprüferkammer geregelt, die vom Beirat der Wirtschaftsprüferkammer beschlossen wird. [2]Die Satzung, die Wahlordnung und deren Änderungen bedürfen zu ihrer Wirksamkeit der Genehmigung des Bundesministeriums für Wirtschaft und Energie.

(2) [1]Die Wirtschaftsprüferkammer legt jährlich ihren Wirtschaftsplan für das darauffolgende Kalenderjahr vor Feststellung dem Bundesministerium für Wirtschaft und Energie vor. [2]Die auf die Qualitätskontrolle und die Arbeit der Berufsaufsicht bezogenen Teile des Wirtschaftsplans bedürfen der Genehmigung des Bundesministeriums für Wirtschaft und Energie.

---

[1] § 59b eingef. mWv 30.7.2020 durch G v. 19.6.2020 (BGBl. I S. 1403).

[2] § 60 Satz 2 geänd. mWv 1.1.1995 durch G v. 15.7.1995 (BGBl. I S. 1569); Satz 1 und 2 geänd. mWv 1.1.2001 durch G v. 19.12.2000 (BGBl. I S. 1769); Sätze 1 und 2 geänd. mWv 1.1.2004 durch G v. 1.12.2003 (BGBl. I S. 2446); Überschrift neu gef., Abs. 2 angef., bish. Wortlaut wird Abs. 1 mWv 1.1.2005 durch G v. 27.12.2004 (BGBl. I S. 3846); Abs. 1 Satz 2, Abs. 2 Sätze 1 und 2 geänd. mWv 8.11.2006 durch VO v. 31.10.2006 (BGBl. I S. 2407); Abs. 1 Satz 1 geänd. mWv 6.9.2007 durch G v. 3.9.2007 (BGBl. I S. 2178); Abs. 1 Sätze 1 und 2 geänd. mWv 9.12.2010 durch G v. 2.12.2010 (BGBl. I S. 1746); Abs. 1 Satz 2 und Abs. 2 Sätze 1 und 2 geänd. mWv 8.9.2015 durch VO v. 31.8.2015 (BGBl. I S. 1474); Abs. 2 Satz 2 geänd. mWv 17.6.2016 durch G v. 31.3.2016 (BGBl. I S. 518).

§ 61[1] Beiträge und Gebühren. (1) [1]Die Mitglieder sind verpflichtet, die Beiträge nach Maßgabe der Beitragsordnung zu leisten; die Beitragsordnung kann je nach Tätigkeitsfeld des Mitglieds verschiedene Beiträge vorsehen. [2]Der 2. Abschnitt des Verwaltungskostengesetzes in der bis zum 14. August 2013 geltenden Fassung ist entsprechend anzuwenden. [3]Die Beitragsordnung sowie deren Änderungen bedürfen zu ihrer Wirksamkeit der Genehmigung des Bundesministeriums für Wirtschaft und Energie. [4]Die Höhe der Beiträge bestimmt der Beirat der Wirtschaftsprüferkammer. [5]Der Anspruch der Wirtschaftsprüferkammer auf Zahlung von Beiträgen unterliegt der Verjährung. [6]§ 20 des Verwaltungskostengesetzes in der bis zum 14. August 2013 geltenden Fassung ist sinngemäß anzuwenden.

(2) [1]Die Wirtschaftsprüferkammer kann für die Inanspruchnahme von besonderen Einrichtungen oder Tätigkeiten, insbesondere im Zulassungs-, Prüfungs- und Widerspruchsverfahren sowie im Qualitätskontroll- und Berufsaufsichtsverfahren, für die Bestellung und Wiederbestellung als Wirtschaftsprüfer, die Anerkennung als Wirtschaftsprüfungsgesellschaft und die Erteilung von Ausnahmegenehmigungen nach § 28 Abs. 2 und 3, Gebühren nach Maßgabe einer Gebührenordnung erheben. [2]Die Gebührenordnung und deren Änderungen bedürfen der Genehmigung des Bundesministeriums für Wirtschaft und Energie. [3]Die §§ 3 bis 7 und 9 bis 21 des Bundesgebührengesetzes sind entsprechend anzuwenden.

(3) Beiträge und Gebühren werden nach Maßgabe der Vorschriften des Verwaltungsvollstreckungsgesetzes beigetrieben.

Fünfter Teil. Berufsaufsicht[2]

§ 61a[3] Zuständigkeit. [1]Für die Berufsaufsicht ist unbeschadet des § 66a die Wirtschaftsprüferkammer zuständig. [2]Liegen konkrete Anhaltspunkte für einen Verstoß gegen Berufspflichten vor, ermittelt sie den Sachverhalt und entscheidet, ob berufsaufsichtliche Maßnahmen nach § 68 veranlasst sind. [3]Beabsichtigt die Wirtschaftsprüferkammer, ein nach Satz 2 eingeleitetes Verfahren einzustellen, weil eine Berufspflichtverletzung nicht feststellbar ist oder keiner Sanktion bedarf, hat sie den Vorgang zuvor der Abschlussprüferaufsichtsstelle vorzulegen. [4]Wenn Berufsangehörige, die bei der Abschlussprüferaufsichtsstelle angestellt sind, für diese tätig sind, gelten die Sätze 1 bis 3 nicht.

---

[1] § 61 Abs. 1 Satz 1, Abs. 2 Satz 2 zuletzt geänd. mWv 1.1.2001, Abs. 2 Satz 1 geänd. mWv 1.1.2002 durch G v. 19.12.2000 (BGBl. I S. 1769); Abs. 1, Abs. 2 Satz 2 neu gef., Satz 1 geänd., Abs. 3 Satz 3 angef. mWv 1.1.2004 durch G v. 1.12.2003 (BGBl. I S. 2446); Abs. 2 Satz 1 geänd. mWv 1.1.2005 durch G v. 27.12.2004 (BGBl. I S. 3846); Abs. 1 Satz 2 und Abs. 2 Satz 2 geänd. mWv 8.11.2006 durch VO v. 31.10.2006 (BGBl. I S. 2407); Abs. 1 Satz 1 neu gef. mWv 6.9.2007 durch G v. 3.9.2007 (BGBl. I S. 2178); Abs. 1 Satz 2 eingef., bish. Sätze 2 und 3 werden Sätze 3 und 4, Abs. 3 Satz 2 geänd. mWv 15.8.2013 durch G v. 7.8.2013 (BGBl. I S. 3154); Abs. 1 Satz 3 und Abs. 2 Satz 2 geänd. mWv 8.9.2015 durch VO v. 31.8.2015 (BGBl. I S. 1474); Abs. 1 Sätze 5 und 6, Abs. 2 Satz 3 angef., Abs. 3 Sätze 1 und 2 aufgeh. mWv 17.6.2016 durch G v. 31.3.2016 (BGBl. I S. 518).

[2] 5. Teil (§§ 61 a–66b) Überschrift vor § 61a eingef. mWv 1.1.2005 durch G v. 27.12.2004 (BGBl. I S. 3846); 5. Teil (§§ 61 a–71) geänd. mWv 17.6.2016 durch G v. 31.3.2016 (BGBl. I S. 518).

[3] § 61a neu gef. mWv 17.6.2016 durch G v. 31.3.2016 (BGBl. I S. 518).

§ 62[1]) Pflicht zum Erscheinen vor der Wirtschaftsprüferkammer; Auskunfts- und Vorlagepflichten; Betretens- und Einsichtsrecht.

(1) [1]Persönliche Mitglieder der Wirtschaftsprüferkammer haben in Aufsichts- und Beschwerdesachen vor der Wirtschaftsprüferkammer zu erscheinen, wenn sie zur Anhörung geladen werden. [2]Sie haben dem Vorstand, einer Abteilung im Sinne des § 59a, dem Beirat oder einem Beauftragten des Vorstandes, des Beirates oder eines Ausschusses auf Verlangen Auskunft zu geben und ihre Handakten oder sonstige Unterlagen, die für das Aufsichts- und Beschwerdeverfahren von Bedeutung sein können, vorzulegen. [3]Sind die Unterlagen nach Satz 2 mit Hilfe eines Datenverarbeitungssystems elektronisch gespeichert worden, sind sie auf einem maschinell verwertbaren Datenträger zur Verfügung zu stellen. [4]Die Sätze 1 bis 3 gelten sinngemäß für sonstige Mitglieder der Wirtschaftsprüferkammer, soweit die Anhörung, das Auskunftsver-

(Fortsetzung nächstes Blatt)

---

[1]) § 62 neu gef. mWv 6.9.2007 durch G v. 3.9.2007 (BGBl. I S. 2178); Abs. 1 Sätze 3 und 4 angef., Abs. 3 Satz 1 geänd., Satz 2 eingef., bish. Satz 2 wird Satz 3, Abs. 4 und 5 neu gef. mWv 17.6.2016 durch G v. 31.3.2016 (BGBl. I S. 518).

langen oder die Aufforderung zur Vorlage von Unterlagen die gesetzlich vorgeschriebene Abschlussprüfung betreffen.

(2) [1]Die Auskunft und die Vorlage von Unterlagen können verweigert werden, wenn und soweit dadurch die Pflicht zur Verschwiegenheit verletzt würde. [2]Die Auskunft kann verweigert werden, wenn und soweit sich dadurch die Gefahr ergäbe, wegen einer Straftat, einer Ordnungswidrigkeit oder einer Berufspflichtverletzung verfolgt zu werden, und sich das Mitglied hierauf beruft. [3]Auf ein Recht zur Auskunftsverweigerung ist hinzuweisen. [4]Wenn die Auskunft oder die Vorlage von Unterlagen nicht verweigert wurde, besteht die Verpflichtung, richtige und vollständige Auskünfte zu erteilen und richtige und vollständige Unterlagen vorzulegen.

(3) [1]Die richtige und vollständige Auskunft und Vorlage von Unterlagen können nicht von denjenigen Mitgliedern der Wirtschaftsprüferkammer verweigert werden, die zur Durchführung gesetzlich vorgeschriebener Abschlussprüfungen befugt sind oder solche ohne diese Befugnis tatsächlich durchführen, wenn die Auskunft und die Vorlage von Unterlagen im Zusammenhang mit der Prüfung eines der gesetzlichen Pflicht zur Abschlussprüfung unterliegenden Unternehmens stehen. [2]Satz 1 gilt auch für Prüfer für Qualitätskontrolle für Auskünfte und die Vorlage von Unterlagen, die mit dieser Tätigkeit im Zusammenhang stehen. [3]Absatz 2 Satz 2 und 3 gilt entsprechend.

(4) [1]Die Angestellten der Wirtschaftsprüferkammer sowie die sonstigen Personen, derer sich die Wirtschaftsprüferkammer bei der Berufsaufsicht bedient, können die Grundstücke und Geschäftsräume von Berufsangehörigen und Wirtschaftsprüfungsgesellschaften sowie von Personen, die den Beruf gemeinsam mit diesen ausüben, innerhalb der üblichen Betriebs- und Geschäftszeiten betreten und besichtigen, Einsicht in Unterlagen nehmen und hieraus Abschriften und Ablichtungen anfertigen. [2]Sind die Unterlagen mit Hilfe eines Datenverarbeitungssystems elektronisch gespeichert, haben die in Satz 1 genannten Angestellten und Personen das Recht, Einsicht in die gespeicherten Daten zu nehmen, das Datenverarbeitungssystem zur Prüfung dieser Unterlagen zu nutzen und Kopien elektronischer Daten anzufertigen. [3]Die betroffenen Berufsangehörigen und Wirtschaftsprüfungsgesellschaften sowie die Personen, die den Beruf gemeinsam mit diesen ausüben, haben diese Maßnahmen zu dulden.

(5) [1]Die bei Maßnahmen nach den Absätzen 1 bis 4 gegebenen Auskünfte und übermittelten Unterlagen und Daten dürfen auch für solche Aufsichtsverfahren verwendet werden, die sonst von der Wirtschaftsprüferkammer oder der Abschlussprüferaufsichtsstelle eingeleitet oder geführt werden. [2]Sobald die Unterlagen oder Daten nicht mehr erforderlich sind, sind sie unverzüglich zurückzugeben oder zu löschen.

§ 62 a[1)] Zwangsgeld bei Verletzung von Mitwirkungspflichten.

(1) [1]Um Mitglieder der Wirtschaftsprüferkammer zur Erfüllung ihrer Pflichten nach § 62 Abs. 1 bis 3 anzuhalten, kann die Wirtschaftsprüferkam-

---

1) § 62 a eingef. mWv 1. 1. 2004 durch G v. 1. 12. 2003 (BGBl. I S. 2446); Abs. 1 Satz 1 und Abs. 3 neu gef., Abs. 4 Satz 1 geänd. mWv 6. 9. 2007 durch G v. 3. 9. 2007 (BGBl. I S. 2178); Abs. 1 Satz 1 geänd. mWv 17. 6. 2016 durch G v. 31. 3. 2016 (BGBl. I S. 518).

mer gegen sie, auch mehrfach, ein Zwangsgeld festsetzen. [2]Das einzelne Zwangsgeld darf 1000 Euro nicht übersteigen.

(2) [1]Das Zwangsgeld muss vorher schriftlich angedroht werden. [2]Die Androhung und die Festsetzung des Zwangsgeldes sind den Betroffenen zuzustellen.

(3) [1]Gegen die Androhung und gegen die Festsetzung des Zwangsgeldes kann innerhalb eines Monats nach der Zustellung die Entscheidung des Gerichts (§ 72 Abs. 1) beantragt werden. [2]Der Antrag ist bei der Wirtschaftsprüferkammer schriftlich einzureichen. [3]Erachtet die Wirtschaftsprüferkammer den Antrag für begründet, so hat sie ihm abzuhelfen; anderenfalls hat die Wirtschaftsprüferkammer den Antrag unter Beachtung des § 66 a Abs. 5 Satz 2 unverzüglich dem Gericht vorzulegen. [4]Die Vorschriften der Strafprozessordnung über die Beschwerde sind sinngemäß anzuwenden. [5]Die Gegenerklärung wird von der Wirtschaftsprüferkammer abgegeben. [6]Die Staatsanwaltschaft ist an dem Verfahren nicht beteiligt. [7]Der Beschluss des Gerichts kann nicht angefochten werden.

(4) [1]Das Zwangsgeld fließt dem Haushalt der Wirtschaftsprüferkammer zu. [2]Es wird auf Grund einer von ihr erteilten, mit der Bescheinigung der Vollstreckbarkeit versehenen beglaubigten Abschrift des Festsetzungsbescheids entsprechend § 61 Abs. 3 Satz 3 beigetrieben.

§ 62 b[1)] Inspektionen. (1) [1]Berufsangehörige in eigener Praxis und Wirtschaftsprüfungsgesellschaften sind verpflichtet, sich einer Inspektion durch die Abschlussprüferaufsichtsstelle nach Artikel 26 der Verordnung (EU) Nr. 537/2014 zu unterziehen, wenn sie gesetzlich vorgeschriebene Abschlussprüfungen bei Unternehmen von öffentlichem Interesse nach § 319 a Absatz 1 Satz 1 des Handelsgesetzbuchs oder Abschlussprüfungen im Sinne von § 134 Absatz 1 dieses Gesetzes durchführen. [2]Im Fall von Beanstandungen können in die Inspektionen andere gesetzlich vorgeschriebene Abschlussprüfungen einbezogen werden. [3]Wird im Zusammenhang mit einer Anfrage zur internationalen Zusammenarbeit gemäß § 66 c eine Inspektion durchgeführt, können andere Prüfungen bei den in § 57 Absatz 9 Satz 5 Nummer 1 genannten Unternehmen in die Inspektion nach Satz 1 einbezogen werden.

(2) Soweit Artikel 26 der Verordnung (EU) Nr. 537/2014 nichts anderes regelt, gelten § 62 Absatz 1 bis 5 und § 62 a entsprechend.

(3) [1]Erkenntnisse aus den Inspektionen werden zur Entlastung der Qualitätskontrollen nach den von der Wirtschaftsprüferkammer im Einvernehmen mit der Abschlussprüferaufsichtsstelle festgelegten Grundsätzen berücksichtigt. [2]Die Abschlussprüferaufsichtsstelle übermittelt der geprüften Praxis den Inspektionsbericht. [3]Für den Inspektionsbericht gilt unbeschadet des Artikels 26 Absatz 8 und 9 der Verordnung (EU) Nr. 537/2014 § 57 a Absatz 5 entsprechend.

§ 63.[2)] *(aufgehoben)*

[1)] § 62 b neu gef. mWv 17. 6. 2016 durch G v. 31. 3. 2016 (BGBl. I S. 518).

[2)] § 63 aufgeh. mWv 17. 6. 2016 durch G v. 31. 3. 2016 (BGBl. I S. 518).

§ 63 a.[1] *(aufgehoben)*

§ 64[2] **Pflicht der Mitglieder des Vorstandes, des Beirates und der Ausschüsse zur Verschwiegenheit.** (1) [1]Die Mitglieder des Vorstandes, des Beirates, der Abteilungen und der Ausschüsse haben – auch nach dem Ausscheiden aus dem Vorstand, dem Beirat, der Abteilung oder dem Ausschuß – über die Angelegenheiten, die ihnen bei ihrer Tätigkeit im Vorstand, im Beirat, in der Abteilung oder im Ausschuß über Mitglieder der Wirtschaftsprüferkammer, Bewerber oder andere Personen bekanntwerden, Verschwiegenheit gegen jedermann zu bewahren. [2]Das gleiche gilt für Mitglieder, die zur Mitarbeit im Vorstand, im Beirat, in den Abteilungen oder in den Ausschüssen herangezogen werden, für Mitglieder, die im Verfahren nach § 62 zur Anhörung geladen werden, im Rahmen einer Aufsichts- und Beschwerdesache sowie eines Widerrufsverfahrens um Auskunft gebeten werden oder an einer nichtöffentlichen Verhandlung nach § 99 teilgenommen haben, sowie für Angestellte und sonstige Beauftragte der Wirtschaftsprüferkammer.

(2) In gerichtlichen Verfahren und vor Behörden dürfen die in Absatz 1 bezeichneten Personen über solche Angelegenheiten, die ihnen bei ihrer Tätigkeit im Vorstand, im Beirat, in Abteilungen oder in Ausschüssen über Mitglieder der Wirtschaftsprüferkammer, Bewerber oder andere Personen bekannt geworden sind, ohne Genehmigung nicht aussagen oder Auskunft geben.

(3) [1]Die Genehmigung erteilt der Vorstand der Wirtschaftsprüferkammer nach pflichtmäßigem Ermessen. [2]Die Genehmigung soll nur versagt werden, wenn Rücksichten auf die Stellung oder die Aufgaben der Wirtschaftsprüferkammer oder berechtigte Belange der Personen, über welche die Tatsachen bekanntgeworden sind, es unabweisbar erfordern. [3]§ 28 Abs. 2 des Gesetzes über das Bundesverfassungsgericht bleibt unberührt.

(4) [1]Zur Durchführung von Ermittlungen in Aufsichts- und Beschwerdesachen sowie in Widerrufsverfahren sind die in Absatz 1 genannten ehren- und hauptamtlich für die Wirtschaftsprüferkammer tätigen Personen berechtigt, Nichtkammerangehörige um Auskunft zu bitten. [2]Nichtkammerangehörige sind nicht zur Auskunft verpflichtet, es sei denn, die Auskunft bezieht sich auf gesetzlich vorgeschriebene Abschlussprüfungen bei Unternehmen von öffentlichem Interesse nach § 319 a Absatz 1 Satz 1 des Handelsgesetzbuchs und die Nichtkammerangehörigen fallen unter Artikel 23 Absatz 3 Unterabsatz 2 Buchstabe b bis e der Verordnung (EU) Nr. 537/2014.

(5) Wurde im Rahmen eines Vertretungsverhältnisses eine Berufspflichtverletzung begangen, dürfen die in Absatz 1 bezeichneten Personen den Vertretenen über ein gegen ein Mitglied der Wirtschaftsprüferkammer geführtes berufsaufsichtliches Verfahren unterrichten.

---

[1] § 63 a aufgeh. mWv 17. 6. 2016 durch G v. 31. 3. 2016 (BGBl. I S. 518).

[2] § 64 Abs. 1 Sätze 1 und 2 geänd., Abs. 4 angef. mWv 1. 1. 2004 durch G v. 1. 12. 2003 (BGBl. I S. 2446); Abs. 1 Sätze 1 und 2, Abs. 2 geänd. mWv 1. 1. 2005 durch G v. 27. 12. 2004 (BGBl. I S. 3846); Abs. 4 Satz 1 geänd., Satz 2 angef., Abs. 5 angef. mWv 17. 6. 2016 durch G v. 31. 3. 2016 (BGBl. I S. 518).

§ 65[1] **Unterrichtung der Staatsanwaltschaft.** (1) [1]Erhalten die Wirtschaftsprüferkammer oder die Abschlussprüferaufsichtsstelle Kenntnis von Tatsachen, die den Verdacht begründen, dass Berufsangehörige Straftaten im Zusammenhang mit der Berufsausübung begangen haben, teilen sie die Tatsachen der zuständigen Staatsanwaltschaft unverzüglich oder nach Ermittlung (§ 61 a Satz 2) mit. [2]Der Mitteilung kann eine fachliche Bewertung beigefügt werden.

(2) [1]Erhält die Staatsanwaltschaft Kenntnis von Tatsachen, die den Verdacht einer schuldhaften, eine berufsaufsichtliche Maßnahme nach § 68 Absatz 1 rechtfertigenden Pflichtverletzung eines Mitglieds der Wirtschaftsprüferkammer begründen, teilt sie die Tatsachen der Abschlussprüferaufsichtsstelle mit. [2]Soweit die Mitteilung den Zuständigkeitsbereich der Wirtschaftsprüferkammer betrifft, leitet die Abschlussprüferaufsichtsstelle die Mitteilung an die Wirtschaftsprüferkammer weiter.

§ 66[2] **Rechtsaufsicht.** (1) [1]Das Bundesministerium für Wirtschaft und Energie führt die Rechtsaufsicht über die Wirtschaftsprüferkammer einschließlich der Prüfungsstelle, soweit diese nicht nach § 66 a Absatz 1 Satz 1 von der Abschlussprüferaufsichtsstelle überwacht werden. [2]Insoweit hat es darüber zu wachen, dass die Aufgaben im Rahmen der geltenden Gesetze und Satzungen erfüllt werden. [3]Es kann unter anderem den Erlass der Satzungen nach § 57 Absatz 3 und § 57 c Absatz 1 oder Änderungen dieser Satzungen anordnen und, wenn die Wirtschaftsprüferkammer dieser Anordnung nicht innerhalb einer angemessenen Frist nachkommt, im Wege der Ersatzvornahme die Satzungen oder Änderungen der Satzungen anstelle der Wirtschaftsprüferkammer erlassen.

(2) [1]Das Bundesministerium für Wirtschaft und Energie führt darüber hinaus die Rechtsaufsicht über die Abschlussprüferaufsichtsstelle; Absatz 1 Satz 2 gilt entsprechend. [2]Im Übrigen bleibt die Aufsicht des Bundesministeriums für Wirtschaft und Energie über das Bundesamt für Wirtschaft und Ausfuhrkontrolle unberührt.

§ 66 a[3] **Abschlussprüferaufsicht.** (1) [1]Die Abschlussprüferaufsichtsstelle führt eine öffentliche fachbezogene Aufsicht über die Wirtschaftsprüferkammer, soweit diese Aufgaben nach § 4 Absatz 1 Satz 1 erfüllt, die gegenüber Berufsangehörigen und Gesellschaften wahrzunehmen sind, die zur Durchführung gesetzlich vorgeschriebener Abschlussprüfungen befugt sind oder solche ohne diese Befugnis tatsächlich durchführen; § 61 a Satz 3 bleibt unberührt. [2]Die Wirtschaftsprüferkammer hat vor dem Erlass und vor Änderungen von Berufsausübungsregelungen (§ 57 Absatz 3 und § 57 c) die Stellungnahme der Abschlussprüferaufsichtsstelle einzuholen und dem Bundesministerium für Wirtschaft und Energie vorzulegen.

---

[1] § 65 neu gef. mWv 17. 6. 2016 durch G v. 31. 3. 2016 (BGBl. I S. 518).
[2] § 66 neu gef. mWv 17. 6. 2016 durch G v. 31. 3. 2016 (BGBl. I S. 518).
[3] § 66 a neu gef. mWv 17. 6. 2016 durch G v. 31. 3. 2016 (BGBl. I S. 518).

(2) Die Abschlussprüferaufsichtsstelle ist zuständige Behörde im Sinne des Artikels 13 Absatz 1 Unterabsatz 3, der Artikel 14 und 17 Absatz 8 Unterabsatz 3 sowie des Artikels 20 Absatz 1 der Verordnung (EU) Nr. 537/2014.

(3) [1]Die Abschlussprüferaufsichtsstelle beaufsichtigt die Wirtschaftsprüferkammer, ob diese ihre in Absatz 1 Satz 1 genannten Aufgaben geeignet, angemessen und verhältnismäßig erfüllt. [2]Die Abschlussprüferaufsichtsstelle kann hierzu an Sitzungen der Wirtschaftsprüferkammer teilnehmen und hat ein Informations- und Einsichtsrecht. [3]Die Abschlussprüferaufsichtsstelle kann an Qualitätskontrollen teilnehmen. [4]Die Abschlussprüferaufsichtsstelle kann die Wirtschaftsprüferkammer beauftragen, bei Hinweisen auf Berufspflichtverletzungen und bei Anfragen im Rahmen der Zusammenarbeit nach § 66c berufsaufsichtliche Ermittlungen nach § 61a Satz 2 durchzuführen. [5]Die Abschlussprüferaufsichtsstelle kann an Ermittlungen der Wirtschaftsprüferkammer teilnehmen. [6]Zur Ausführung ihrer Aufgaben kann die Abschlussprüferaufsichtsstelle Vertreter oder Vertreterinnen der Wirtschaftsprüferkammer, Berufsangehörige und Dritte als Sachverständige fallweise zur Beratung heranziehen. [7]Soweit die Abschlussprüferaufsichtsstelle Aufträge von sachverständigen Dritten ausführen lässt, stellt sie sicher, dass bei diesen im Hinblick auf die zu Prüfenden keine Interessenkonflikte bestehen und dass die sachverständigen Dritten über eine angemessene Ausbildung sowie angemessene Kenntnisse und Erfahrungen verfügen.

(4) [1]Die Abschlussprüferaufsichtsstelle kann Entscheidungen der Wirtschaftsprüferkammer unter Angabe der Gründe zur nochmaligen Prüfung an diese zurückverweisen (Zweitprüfung). [2]Ändert die Wirtschaftsprüferkammer beanstandete Entscheidungen nicht ab, kann die Abschlussprüferaufsichtsstelle die Entscheidungen der Wirtschaftsprüferkammer aufheben und ihr Weisungen erteilen oder selbst im Wege der Ersatzvornahme Entscheidungen treffen und die erforderlichen Maßnahmen erlassen (Letztentscheidung). [3]Die Wirtschaftsprüferkammer ist verpflichtet, Vorgänge in Umsetzung der Weisungen abzuschließen. [4]Hält sie Weisungen oder Ersatzvornahmen der Abschlussprüferaufsichtsstelle für rechtswidrig, hat sie die Vorgänge dem Bundesministerium für Wirtschaft und Energie vorzulegen.

(5) [1]Die Wirtschaftsprüferkammer ist verpflichtet, auf Anforderung der Abschlussprüferaufsichtsstelle im Einzelfall oder von sich aus aufgrund genereller von der Abschlussprüferaufsichtsstelle festgelegter Kriterien über einzelne aufsichtsrelevante Vorgänge nach Sachverhaltsaufklärung zeitnah und in angemessener Form zu berichten. [2]Aufsichtsrelevant ist ein Vorgang insbesondere dann, wenn er von der Wirtschaftsprüferkammer abschließend bearbeitet wurde und eine Entscheidung mit unmittelbarer Rechtswirkung nach außen ergehen soll. [3]Ein unmittelbarer oder mittelbarer Bezug zur Durchführung einer gesetzlich vorgeschriebenen Abschlussprüfung ist nicht erforderlich.

(6) [1]Die Abschlussprüferaufsichtsstelle ermittelt bei Berufsangehörigen und Wirtschaftsprüfungsgesellschaften, die gesetzlich vorgeschriebene Abschlussprüfungen bei Unternehmen von öffentlichem Interesse nach § 319a Absatz 1 Satz 1 des Handelsgesetzbuchs durchgeführt haben,

1. ohne besonderen Anlass gemäß Artikel 26 der Verordnung (EU) Nr. 537/2014,

2. soweit sich aus den unter Nummer 1 genannten Inspektionen oder sonstigen Umständen konkrete Anhaltspunkte für Verstöße gegen Berufspflichten bei der Durchführung von gesetzlich vorgeschriebenen Abschlussprüfungen bei Unternehmen von öffentlichem Interesse nach § 319a Absatz 1 Satz 1 des Handelsgesetzbuchs ergeben,
3. aufgrund von Mitteilungen der Prüfstelle nach § 342b Absatz 8 Satz 2 des Handelsgesetzbuchs, der Bundesanstalt für Finanzdienstleistungsaufsicht nach § *37r* [***ab 3.1.2018:*** 110][1] Absatz 2 Satz 1 des Wertpapierhandelsgesetzes oder einer anderen nationalen oder internationalen Stelle.

[2]Werden bei den Ermittlungen nach Satz 1 Verletzungen von Berufsrecht festgestellt, kann die Abschlussprüferaufsichtsstelle Auflagen zur Beseitigung der Mängel erteilen oder eine Sonderprüfung anordnen; § 57e Absatz 2, 3 und 5 gilt entsprechend. [3]Die Abschlussprüferaufsichtsstelle entscheidet auch über die Verhängung von berufsaufsichtlichen Maßnahmen, Untersagungsverfügungen sowie vorläufigen Untersagungsverfügungen; die §§ 67 bis 68a, 68b Satz 1, 3 und 4, die §§ 68c sowie 69a bis 71 gelten entsprechend, § 68 Absatz 7 mit der Maßgabe, dass die Geldbußen, die nicht berufsgerichtlich überprüft werden, dem Bundeshaushalt zufließen, § 68c Absatz 3 in Verbindung mit § 62a Absatz 4 Satz 1 mit der Maßgabe, dass die Ordnungsgelder dem Bundeshaushalt zufließen.

(7) [1]Soweit Artikel 23 Absatz 3 und Artikel 26 der Verordnung (EU) Nr. 537/2014 nichts anderes regeln, gelten die §§ 62 und 62a im Inspektions- und Berufsaufsichtsverfahren entsprechend, § 62a Absatz 4 mit der Maßgabe, dass die Zwangsgelder dem Bundeshaushalt zufließen. [2]Ermittlungsmaßnahmen in Bezug auf Abschlussprüfungen von Unternehmen von öffentlichem Interesse nach § 319a Absatz 1 Satz 1 des Handelsgesetzbuchs dürfen auch gegenüber den in Artikel 23 Absatz 3 Unterabsatz 2 Buchstabe b bis e der Verordnung (EU) Nr. 537/2014 Genannten ausgeübt werden. [3]Die Abschlussprüferaufsichtsstelle kann unbeschadet des Artikels 26 Absatz 5 Unterabsatz 2 der Verordnung (EU) Nr. 537/2014 bei Tätigkeiten nach diesem Gesetz Überprüfungen oder Untersuchungen durch solche Sachverständige vornehmen lassen, die in die Entscheidungsprozesse der Abschlussprüferaufsichtsstelle nicht eingebunden sind.

(8) Die Abschlussprüferaufsichtsstelle veröffentlicht jährlich ein Arbeitsprogramm und einen Tätigkeitsbericht.

§ 66b[2] Verschwiegenheit; Schutz von Privatgeheimnissen. (1) [1]Beamte und Angestellte, die in der Abschlussprüferaufsichtsstelle tätig sind, Mitglieder des bei ihr eingerichteten Fachbeirats und sonstige von ihr Beauftragte sind zur Verschwiegenheit verpflichtet; die Artikel 31 bis 34 der Verordnung (EU) Nr. 537/2014 und § 66c Absatz 4 und 6 bleiben unberührt. [2]§ 64 gilt sinngemäß; eine erforderliche Genehmigung erteilt das Bundesministerium für Wirtschaft und Energie.

---

[1] Verweis geänd. mWv 3.1.2018 durch G v. 23.6.2017 (BGBl. I S. 1693).
[2] § 66b neu gef. mWv 17.6.2016 durch G v. 31.3.2016 (BGBl. I S. 518).

(2) Die in Absatz 1 Satz 1 genannten Personen dürfen, auch nach Beendigung ihrer Tätigkeit, ein fremdes Geheimnis, namentlich ein Geschäfts- oder Betriebsgeheimnis, das ihnen bei ihrer Tätigkeit bekannt geworden ist, nicht offenbaren und nicht verwerten.

§ 66 c[1)] Zusammenarbeit mit anderen Stellen und internationale Zusammenarbeit. (1) [1]Die Abschlussprüferaufsichtsstelle kann den folgenden Stellen, soweit es zur Erfüllung der jeweiligen Aufgaben dieser Stellen erforderlich ist, vertrauliche Informationen übermitteln:

1. der Prüfstelle nach § 342 b Absatz 1 des Handelsgesetzbuchs,
2. der Bundesanstalt für Finanzdienstleistungsaufsicht,

2 a. dem Bundesamt für Justiz,

3. den Aufsichtsbehörden über die genossenschaftlichen Prüfungsverbände,
4. den Aufsichtsbehörden über die Prüfungsstellen der Sparkassen- und Giroverbände,
5. der Deutschen Bundesbank,
6. der Europäischen Zentralbank,
7. den Zentralbanken der Mitgliedstaaten der Europäischen Union sowie
8. dem Europäischen Ausschuss für Systemrisiken.

[2]An die in Satz 1 Nummer 1 genannte Stelle übermittelt die Abschlussprüferaufsichtsstelle Informationen nur, soweit konkrete Anhaltspunkte für einen Verstoß gegen Rechnungslegungsvorschriften vorliegen. [3]Die in Satz 1 Nummer 1 bis 5 genannten Stellen können der Abschlussprüferaufsichtsstelle Informationen übermitteln, soweit dies zur Erfüllung der Aufgaben der Abschlussprüferaufsichtsstelle erforderlich ist.

(2) [1]Unbeschadet der Artikel 31 bis 33 der Verordnung (EU) Nr. 537/2014 hat die Abschlussprüferaufsichtsstelle in Bezug auf die in § 66 a genannten Aufgaben mit den entsprechend zuständigen Stellen der Mitgliedstaaten der Europäischen Union und der Vertragsstaaten des Europäischen Wirtschaftsraums sowie den europäischen Aufsichtsbehörden zusammenzuarbeiten, soweit dies für die Wahrnehmung der jeweiligen Aufgaben der zuständigen Stellen im Einzelfall erforderlich ist. [2]In diesem Rahmen leisten die Stellen sich insbesondere Amtshilfe, tauschen Informationen aus und arbeiten bei Untersuchungen zusammen. [3]§ 57 Absatz 6 Satz 2 bis 4 gilt entsprechend.

(3) [1]Die Zusammenarbeit der zuständigen Stellen der Mitgliedstaaten findet insbesondere im Rahmen des Ausschusses der Aufsichtsstellen nach Artikel 30 der Verordnung (EU) Nr. 537/2014 statt. [2]Sie erstreckt sich auch auf die Bereiche der Angleichung

1. der theoretischen und praktischen Ausbildung von Wirtschaftsprüfern sowie der Prüfungsanforderungen nach dem Zweiten Teil und
2. der Anforderungen in Bezug auf die Eignungsprüfung nach dem Neunten Teil.

---

1) § 66 c eingef. mWv 17. 6. 2016 durch G v. 31. 3. 2016 (BGBl. I S. 518); Abs. 1 Satz 1 Nr. 2 a eingef. mWv 17. 6. 2016 durch G v. 10. 5. 2016 (BGBl. I S. 1142).

(4) [1]Hat die Abschlussprüferaufsichtsstelle konkrete Hinweise darauf, dass Berufsangehörige aus anderen Mitglied- oder Vertragsstaaten gegen das Recht der Europäischen Union über die Abschlussprüfungen von Jahresabschlüssen und Konzernabschlüssen verstoßen, hat sie diese der zuständigen Stelle des anderen Mitglied- oder Vertragsstaats mitzuteilen. [2]Erhält die Abschlussprüferaufsichtsstelle entsprechende Hinweise von der zuständigen Stelle eines anderen Mitglied- oder Vertragsstaats in Bezug auf deutsche Berufsangehörige, hat sie geeignete Maßnahmen zu treffen und kann der zuständigen Stelle des anderen Mitglied- oder Vertragsstaats das Ergebnis mitteilen. [3]Darüber hinaus kann die zuständige Stelle eines anderen Mitglied- oder Vertragsstaats über die Abschlussprüferaufsichtsstelle Ermittlungen verlangen, an denen Vertreter der zuständigen Stelle teilnehmen dürfen, wenn diese zur Verschwiegenheit verpflichtet sind. [4]Sind Berufsangehörige oder Wirtschaftsprüfungsgesellschaften auch in einem anderen Mitglied- oder Vertragsstaat registriert, informiert die Abschlussprüferaufsichtsstelle von Amts wegen die zuständigen Behörden des anderen Mitglied- oder Vertragsstaats über das Erlöschen, die unanfechtbare Rücknahme oder den unanfechtbaren Widerruf der Bestellung der Berufsangehörigen oder die Löschung der Wirtschaftsprüfungsgesellschaften einschließlich der Gründe hierfür. [5]§ 57 Absatz 7 Satz 2 bis 4 gilt entsprechend.

(5) [1]Unbeschadet der Artikel 36 bis 38 der Verordnung (EU) Nr. 537/2014 hat die Abschlussprüferaufsichtsstelle in Bezug auf die in § 66a Absatz 1 Satz 1 genannten Aufgaben mit den entsprechend zuständigen Stellen anderer als in Absatz 2 Satz 1 genannter Staaten zusammenzuarbeiten, soweit dies für die Wahrnehmung der jeweiligen Aufgaben der zuständigen Stellen im Einzelfall erforderlich ist oder wenn von diesen Stellen Sonderuntersuchungen oder Ermittlungen erbeten werden. [2]§ 57 Absatz 6 Satz 2 bis 4 gilt entsprechend.

(6) [1]§ 57 Absatz 9 gilt entsprechend. [2]Abweichend von § 57 Absatz 9 Satz 5 können Berufsangehörige und Prüfungsgesellschaften unter den Voraussetzungen des § 57 Absatz 9 Satz 1 bis 4 selbst Arbeitsunterlagen und andere Dokumente auf Anforderung der zuständigen Stellen an diese herausgeben, wenn sie zuvor die Abschlussprüferaufsichtsstelle über die Anfrage informiert haben und die in § 57 Absatz 9 Satz 5 genannten Bedingungen erfüllt sind.

§ 67[1)] Ahndung einer Pflichtverletzung. (1) Gegen einen Wirtschaftsprüfer, der seine Pflichten schuldhaft verletzt, wird eine berufsaufsichtliche Maßnahme verhängt.

(2) Ein außerhalb des Berufs liegendes Verhalten eines Wirtschaftsprüfers ist eine berufsaufsichtlich zu ahndende Pflichtverletzung, wenn es nach den Umständen des Einzelfalls in besonderem Maße geeignet ist, Achtung und Vertrauen in einer für die Ausübung der Berufstätigkeit oder für das Ansehen des Berufs bedeutsamen Weise zu beeinträchtigen.

(3) Eine berufsaufsichtliche Maßnahme kann nicht verhängt werden, wenn der Wirtschaftsprüfer zur Zeit der Tat der Berufsaufsicht nicht unterstand.

---

1) § 67 Abs. 1 bis 3 geänd. mWv 17. 6. 2016 durch G v. 31. 3. 2016 (BGBl. I S. 518).

§ 68[1] Berufsaufsichtliche Maßnahmen. (1) [1]Der Vorstand der Wirtschaftsprüferkammer kann gegen Berufsangehörige berufsaufsichtliche Maßnahmen verhängen, wenn diese mit ihrem Verhalten ihnen obliegende Pflichten verletzt haben. [2]Berufsaufsichtliche Maßnahmen sind:

1. Rüge,
2. Geldbuße bis zu 500 000 Euro,
3. Verbot, auf bestimmten Tätigkeitsgebieten für die Dauer von einem Jahr bis zu fünf Jahren tätig zu werden,
4. Verbot, bei Unternehmen von öffentlichem Interesse nach § 319 a Absatz 1 Satz 1 des Handelsgesetzbuchs für die Dauer von einem Jahr bis zu drei Jahren tätig zu werden,
5. Berufsverbot von einem Jahr bis zu fünf Jahren,
6. Ausschließung aus dem Beruf und
7. Feststellung, dass der Bestätigungsvermerk nicht die Anforderungen des § 322 des Handelsgesetzbuchs und, soweit Unternehmen von öffentlichem Interesse nach § 319 a Absatz 1 Satz 1 des Handelsgesetzbuchs betroffen sind, des Artikels 10 der Verordnung (EU) Nr. 537/2014 erfüllt.

(2) [1]Die berufsaufsichtlichen Maßnahmen nach Absatz 1 können nebeneinander verhängt werden. [2]Der Vorstand der Wirtschaftsprüferkammer soll in die Entscheidung über die Verhängung berufsaufsichtlicher Maßnahmen alle Pflichtverletzungen einbeziehen, die ihm im Zeitpunkt der Verhängung der Maßnahme bekannt sind.

(3) [1]Bei der Festlegung der Art und der Höhe der Maßnahme hat der Vorstand der Wirtschaftsprüferkammer alle relevanten Umstände zu berücksichtigen. [2]Dazu gehören insbesondere die Art, die Schwere und die Dauer der Pflichtverletzung, die Verantwortung der Berufsangehörigen für die Pflichtverletzung, die Höhe etwaiger durch die Pflichtverletzung erzielter Mehrerlöse oder verhinderter Verluste, das Vorliegen früherer Verstöße und die Finanzkraft der Berufsangehörigen. [3]Zugunsten der Berufsangehörigen ist zudem zu berücksichtigen, wenn sie an der Aufklärung der Pflichtverletzung mitgewirkt haben. [4]Eine Rüge für einen fahrlässig begangenen fachlichen Fehler kann in der Regel nur verhängt werden, wenn der Fehler von einigem Gewicht ist.

(4) [1]Bevor Maßnahmen verhängt werden, sind die Berufsangehörigen anzuhören. [2]Bescheide, durch die Maßnahmen verhängt werden, sind zu begründen. [3]Sie sind mit einer Rechtsbehelfsbelehrung zu versehen und den Berufsangehörigen zuzustellen.

(5) [1]Gegen einen Bescheid nach Absatz 4 können Berufsangehörige binnen eines Monats nach der Zustellung beim Vorstand der Wirtschaftsprüferkammer Einspruch erheben. [2]Über den Einspruch entscheidet der Vorstand; Absatz 4 Satz 2 und 3 ist entsprechend anzuwenden.

(6) [1]Soweit der Einspruch nach Absatz 5 gegen eine berufsaufsichtliche Maßnahme nach Absatz 1 Satz 2 Nummer 2 bis 7 erfolgreich ist, sind die Aufwendungen für einen Rechtsanwalt oder einen sonstigen Bevollmächtigten

---

[1] § 68 neu gef. mWv 17. 6. 2016 durch G v. 31. 3. 2016 (BGBl. I S. 518).

erstattungsfähig, wenn dessen Zuziehung notwendig war. [2]Die Aufwendungen sind von der Wirtschaftsprüferkammer zu tragen. [3]Die Wirtschaftsprüferkammer bestimmt auf Antrag der Berufsangehörigen, ob die Zuziehung eines Bevollmächtigten notwendig war, und setzt die Höhe der zu erstattenden Auslagen fest. [4]Gegen die Entscheidung nach Satz 3 kann innerhalb eines Monats nach der Zustellung die Entscheidung des Gerichts beantragt werden. [5]§ 62 a Absatz 3 gilt entsprechend.

(7) [1]Geldbußen, die nicht berufsgerichtlich überprüft werden, fließen unbeschadet des § 66 a Absatz 6 Satz 3 dem Haushalt der Wirtschaftsprüferkammer zu. [2]§ 61 Absatz 3 gilt entsprechend.

§ 68 a[1)] Untersagungsverfügung. [1]Wird gegen Berufsangehörige eine berufsaufsichtliche Maßnahme wegen einer Pflichtverletzung, die im Zeitpunkt der Verhängung der Maßnahme noch nicht abgeschlossen ist, verhängt, so kann die Wirtschaftsprüferkammer neben der Verhängung der Maßnahme die Aufrechterhaltung des pflichtwidrigen Verhaltens untersagen. [2]Im Fall einer im Zeitpunkt der Verhängung der Maßnahme bereits abgeschlossenen Pflichtverletzung kann die Wirtschaftsprüferkammer die künftige Vornahme einer gleichgearteten Pflichtverletzung untersagen, wenn gegen die betreffenden Berufsangehörigen wegen einer solchen Pflichtverletzung bereits zuvor eine berufsaufsichtliche Maßnahme verhängt worden war oder sie von der Wirtschaftsprüferkammer über die Pflichtwidrigkeit ihres Verhaltens belehrt worden waren.

§ 68 b[2)] Vorläufige Untersagungsverfügung. [1]Wird gegen Berufsangehörige eine Untersagungsverfügung nach § 68 a erlassen, so kann die Wirtschaftsprüferkammer zusammen mit dem Erlass oder bis zur Einleitung des berufsgerichtlichen Verfahrens gegen die Untersagungsverfügung eine vorläufige Untersagungsverfügung verhängen. [2]Zur Verhängung der vorläufigen Untersagungsverfügung ist eine Mehrheit von zwei Dritteln der Stimmen des Vorstands der Wirtschaftsprüferkammer erforderlich. [3]Vorläufige Untersagungsverfügungen werden mit ihrer Zustellung wirksam. [4]§ 62 a Absatz 3, § 68 Absatz 4 sowie die §§ 119 und 120 Absatz 1 gelten entsprechend.

§ 68 c[3)] Ordnungsgeld. (1) [1]Handeln Berufsangehörige einem Tätigkeits- oder Berufsverbot (§ 68 Absatz 1 Satz 2 Nummer 3 bis 5), einer Untersagungsverfügung (§ 68 a) oder einer vorläufigen Untersagungsverfügung (§ 68 b) wissentlich zuwider, so kann gegen sie wegen einer jeden Zuwiderhandlung von der Wirtschaftsprüferkammer ein Ordnungsgeld verhängt werden. [2]Das einzelne Ordnungsgeld darf den Betrag von 100 000 Euro nicht übersteigen. [3]§ 68 Absatz 4 gilt entsprechend.

(2) Im Fall der Verhängung eines Ordnungsgelds gilt § 62 a Absatz 3 entsprechend.

(3) § 62 a Absatz 4 gilt entsprechend.

[1)] § 68 a neu gef. mWv 17. 6. 2016 durch G v. 31. 3. 2016 (BGBl. I S. 518).
[2)] § 68 b eingef. mWv 17. 6. 2016 durch G v. 31. 3. 2016 (BGBl. I S. 518).
[3)] § 68 c eingef. mWv 17. 6. 2016 durch G v. 31. 3. 2016 (BGBl. I S. 518).

§ 69[1] **Bekanntmachung von Maßnahmen, Bußgeldentscheidungen und strafrechtlichen Verurteilungen.** (1) [1]Die Wirtschaftsprüferkammer und die Abschlussprüferaufsichtsstelle sollen jede ihrer unanfechtbaren berufsaufsichtlichen Maßnahmen unverzüglich auf ihren Internetseiten öffentlich bekannt machen und dabei auch Informationen zu Art und Charakter des Verstoßes mitteilen. [2]Die Bekanntmachung darf keine personenbezogenen Daten enthalten.

(1a) [1]Die Abschlussprüferaufsichtsstelle soll neben der Bekanntmachung nach Absatz 1 unverzüglich auf ihrer Internetseite öffentlich bekannt machen:

1. jede rechtskräftige Bußgeldentscheidung nach § 334 Absatz 2 und 2a, § 340n Absatz 2 und 2a und § 341n Absatz 2 und 2a des Handelsgesetzbuchs, § 20 Absatz 2a bis 2c des Publizitätsgesetzes, § 405 Absatz 3b bis 3d des Aktiengesetzes, § 87 Absatz 1 bis 3 des Gesetzes betreffend die Gesellschaften mit beschränkter Haftung, § 152 Absatz 1a des Genossenschaftsgesetzes und § 332 Absatz 4a des Versicherungsaufsichtsgesetzes sowie
2. jede rechtskräftige Verurteilung wegen einer Straftat nach den §§ 333a, 340m Absatz 2 und nach § 341m Absatz 2 des Handelsgesetzbuchs, § 19a des Publizitätsgesetzes, § 404a des Aktiengesetzes, § 86 des Gesetzes betreffend die Gesellschaften mit beschränkter Haftung, § 151a des Genossenschaftsgesetzes und § 331 Absatz 2a des Versicherungsaufsichtsgesetzes.

[2]Bei der Bekanntmachung nach Satz 1 sollen auch Informationen zu Art und Charakter des Verstoßes mitgeteilt werden. [3]Absatz 1 Satz 2 gilt entsprechend.

(2) Maßnahmen, Bußgeldentscheidungen und strafrechtliche Verurteilungen werden anonymisiert bekannt gemacht, wenn im Fall einer Bekanntmachung nach Absatz 1 oder Absatz 1a die Stabilität der Finanzmärkte oder laufende strafrechtliche Ermittlungen gefährdet oder den Beteiligten ein unverhältnismäßig großer Schaden zugefügt würde.

(3) Maßnahmen, Bußgeldentscheidungen und strafrechtliche Verurteilungen sollen für fünf Jahre ab Unanfechtbarkeit oder Rechtskraft veröffentlicht bleiben.

(4) [1]Die Abschlussprüferaufsichtsstelle unterrichtet den Ausschuss der Aufsichtsstellen (Artikel 30 der Verordnung (EU) Nr. 537/2014) unverzüglich über alle berufsaufsichtlichen Maßnahmen nach § 68 Absatz 1 Satz 2 Nummer 3 bis 6. [2]Die Abschlussprüferaufsichtsstelle übermittelt dem Ausschuss der Aufsichtsstellen jährlich aggregierte Informationen über

1. alle berufsaufsichtlichen Maßnahmen,
2. alle Bußgeldentscheidungen nach § 334 Absatz 2 und 2a, § 340n Absatz 2 und 2a und § 341n Absatz 2 und 2a des Handelsgesetzbuchs, § 20 Absatz 2a bis 2c des Publizitätsgesetzes, § 405 Absatz 3b bis 3d des Aktiengesetzes,

---

[1] § 69 neu gef. mWv 17.6.2016 durch G v. 31.3.2016 (BGBl. I S. 518); Überschrift, Abs. 2 und 3 geänd., Abs. 1a eingef., Abs. 4 Satz 2 neu gef. mWv 17.6.2016 durch G v. 10.5.2016 (BGBl. I S. 1142); Abs. 1a Satz 1 Nr. 1 und Abs. 4 Satz 2 Nr. 2 Verweis geänd. mWv 22.7.2017 durch G v. 17.7.2017 (BGBl. I S. 2446).

§ 87 Absatz 1 bis 3 des Gesetzes betreffend die Gesellschaften mit beschränkter Haftung, § 152 Absatz 1a des Genossenschaftsgesetzes und § 332 Absatz 4a des Versicherungsaufsichtsgesetzes sowie

3. alle Verurteilungen wegen einer Straftat nach den §§ 333a, 340m Absatz 2 und nach § 341m Absatz 2 des Handelsgesetzbuchs, § 19a des Publizitätsgesetzes, § 404a des Aktiengesetzes, § 86 des Gesetzes betreffend die Gesellschaften mit beschränkter Haftung, § 151a des Genossenschaftsgesetzes und § 331 Absatz 2a des Versicherungsaufsichtsgesetzes.

(5) [1]Wird in einem Beschwerdeverfahren eine Maßnahme nach § 68 Absatz 1 verhängt und nach Absatz 1 veröffentlicht, so ist dies dem Beschwerdeführer mitzuteilen. [2]Die Mitteilung ist nicht anfechtbar.

§ 69 a[1)] Anderweitige Ahndung. (1) [1]Ist durch ein Gericht oder eine Behörde eine Strafe, eine Disziplinarmaßnahme, eine anderweitige berufsgerichtliche Maßnahme oder eine Ordnungsmaßnahme verhängt worden, so ist von einer berufsaufsichtlichen Ahndung wegen desselben Verhaltens abzusehen, wenn nicht eine berufsaufsichtliche Maßnahme zusätzlich erforderlich ist, um den Berufsangehörigen oder die Berufsangehörige zur Erfüllung seiner oder ihrer Pflichten anzuhalten und das Ansehen des Berufs zu wahren. [2]Einer Maßnahme nach § 68 Absatz 1 Satz 2 Nummer 3 bis 6 steht eine anderweitig verhängte Strafe oder Maßnahme nicht entgegen.

(2) § 83 gilt sinngemäß.

(3) [1]Über Pflichtverletzungen von Berufsangehörigen, die zugleich der Disziplinar- oder Berufsgerichtsbarkeit eines anderen Berufs unterstehen, wird im berufsaufsichtlichen Verfahren dann nicht entschieden, wenn die Pflichtverletzung überwiegend mit der Ausübung des anderen Berufs im Zusammenhang steht. [2]Dies gilt nicht, wenn wegen der Schwere der Pflichtverletzung die Verhängung einer Maßnahme nach § 68 Absatz 1 Satz 2 Nummer 3 bis 6 in Betracht kommt.

(4) [1]Die Wirtschaftsprüferkammer und die Abschlussprüferaufsichtsstelle sowie die für die Einleitung anderer disziplinar- oder berufsgerichtlicher Verfahren zuständigen Stellen unterrichten sich gegenseitig über die Einleitung von Verfahren gegen Berufsangehörige, die zugleich der Disziplinar- oder Berufsgerichtsbarkeit eines anderen Berufs unterstehen. [2]Hat sich das Gericht einer Disziplinar- oder Berufsgerichtsbarkeit zuvor rechtskräftig für zuständig oder unzuständig erklärt, über die Pflichtverletzung eines oder einer Berufsangehörigen, der oder die zugleich der Disziplinar- oder Berufsgerichtsbarkeit eines anderen Berufs untersteht, zu entscheiden, so sind die anderen Gerichte an diese Entscheidung gebunden.

(5) Die Absätze 3 bis 4 sind auf Berufsangehörige, die in einem öffentlich-rechtlichen Dienst- oder Amtsverhältnis stehen und ihren Beruf als Wirtschaftsprüfer nicht ausüben dürfen (§ 44a), nicht anzuwenden.

[1)] § 69a neu gef. mWv 17.6.2016 durch G v. 31.3.2016 (BGBl. I S. 518).

§ 70[1] **Verjährung der Verfolgung einer Pflichtverletzung.** (1) [1]Die Verfolgung einer Pflichtverletzung, die nicht eine Maßnahme gemäß § 68 Absatz 1 Satz 2 Nummer 3 bis 6 rechtfertigt, verjährt in fünf Jahren. [2]§ 78 Abs. 1, § 78 a Satz 1 sowie die §§ 78 b und 78 c Abs. 1 bis 4 des Strafgesetzbuches gelten entsprechend; der Vernehmung nach § 78 c Abs. 1 Satz 1 Nr. 1 des Strafgesetzbuchs steht die erste Anhörung durch die Wirtschaftsprüferkammer (§ 68 Absatz 4 Satz 1) oder die Abschlussprüferaufsichtsstelle gleich.

(2) Ist vor Ablauf der Verjährungsfrist nach Absatz 1 Satz 1 wegen desselben Sachverhalts ein Strafverfahren eingeleitet worden, ist der Ablauf der Verjährungsfrist für die Dauer des Strafverfahrens gehemmt.

§ 71[2] **Vorschriften für Mitglieder der Wirtschaftsprüferkammer, die nicht Wirtschaftsprüfer sind, und Wirtschaftsprüfungsgesellschaften.**
(1) [1]Die Vorschriften des Fünften und Sechsten Teils gelten entsprechend für Vorstandsmitglieder, Geschäftsführer oder persönlich haftende Gesellschafter einer Wirtschaftsprüfungsgesellschaft, die nicht Wirtschaftsprüfer sind. [2]An die Stelle der Ausschließung aus dem Beruf tritt die Aberkennung der Eignung, eine Wirtschaftsprüfungsgesellschaft zu vertreten und ihre Geschäfte zu führen.

(2) [1]Die Vorschriften des Fünften und Sechsten Teils gelten entsprechend für Wirtschaftsprüfungsgesellschaften, wenn jemand
1. als vertretungsberechtigtes Organ der Wirtschaftsprüfungsgesellschaft oder als Mitglied eines solchen Organs,
2. als vertretungsberechtigter Gesellschafter der Wirtschaftsprüfungsgesellschaft,
3. als Generalbevollmächtigter oder in leitender Stellung als Prokurist oder Handlungsbevollmächtigter der Wirtschaftsprüfungsgesellschaft,
4. als verantwortlicher Prüfungspartner nach § 319 a Absatz 1 Satz 4 des Handelsgesetzbuchs oder
5. als sonstige Person, die für die Leitung der Wirtschaftsprüfungsgesellschaft verantwortlich handelt, wozu auch die Überwachung der Geschäftsführung oder die sonstige Ausübung von Kontrollbefugnissen in leitender Stellung gehört,

Berufspflichten der Wirtschaftsprüfungsgesellschaft betreffend die Durchführung von gesetzlichen Abschlussprüfungen verletzt hat. [2]Bei der Entscheidung, ob berufsaufsichtliche Maßnahmen gegen eine Wirtschaftsprüfungsgesellschaft verhängt werden und ob diese zusätzlich zu berufsaufsichtlichen Maßnahmen gegen die die Gesellschaft vertretenden Berufsangehörigen ver-

---

[1] § 70 bish. Wortlaut wird Abs. 1, Abs. 2 angef. mWv 1. 1. 2001 durch G v. 19. 12. 2000 (BGBl. I S. 1769); Abs. 1 Satz 1 neu gef. mWv 1. 1. 2004 durch G v. 1. 12. 2003 (BGBl. I S. 2446); Abs. 1 Satz 1 geänd., Satz 2 HS 2 angef. mWv 6. 9. 2007 durch G v. 3. 9. 2007 (BGBl. I S. 2178); Abs. 1 Sätze 1 und 2 geänd. mWv 17. 6. 2016 durch G v. 31. 3. 2016 (BGBl. I S. 518).

[2] § 71 Satz 1 geänd. mWv 1. 1. 2005 durch G v. 27. 12. 2004 (BGBl. I S. 3846) und geänd. mWv 6. 9. 2007 durch G v. 3. 9. 2007 (BGBl. I S. 2178); Überschrift geänd., Abs. 2 angef. mWv 17. 6. 2016 durch G v. 31. 3. 2016 (BGBl. I S. 518).

hängt werden, hat der Vorstand der Wirtschaftsprüferkammer alle relevanten Umstände zu berücksichtigen. [3]Dazu gehören neben dem allgemeinen Verhältnismäßigkeitsgrundsatz und den in § 68 Absatz 3 genannten Kriterien insbesondere die Gleichförmigkeit und Häufigkeit von Pflichtverletzungen innerhalb der Gesellschaft und der Schwerpunkt der Vorwerfbarkeit. [4]§ 68 Absatz 1 Satz 2 Nummer 4 und 6 findet keine Anwendung.

Sechster Teil.[1)] Berufsgerichtsbarkeit

Erster Abschnitt.[1)] Berufsgerichtliche Entscheidung

§ 71 a[1)] Antrag auf berufsgerichtliche Entscheidung. Wird der Einspruch gegen eine berufsaufsichtliche Maßnahme zurückgewiesen, so können Berufsangehörige innerhalb eines Monats nach der Zustellung schriftlich die berufsgerichtliche Entscheidung beantragen.

Zweiter Abschnitt. Die Gerichte

§ 72[2)] Kammer für Wirtschaftsprüfersachen. (1) In dem berufsgerichtlichen Verfahren entscheidet im ersten Rechtszug eine Kammer des Landgerichts (Kammer für Wirtschaftsprüfersachen), in dessen Bezirk die Wirtschaftsprüferkammer ihren Sitz hat.

(2) [1]Die Kammer für Wirtschaftsprüfersachen entscheidet außerhalb der Hauptverhandlung in der Besetzung von drei Mitgliedern mit Einschluß des Vorsitzenden. [2]In der Hauptverhandlung ist sie mit dem Vorsitzenden und zwei Berufsangehörigen als Beisitzern besetzt.

§ 73[3)] Senat für Wirtschaftsprüfersachen beim Oberlandesgericht.

(1) In dem berufsgerichtlichen Verfahren entscheidet im zweiten Rechtszug ein Senat des Oberlandesgerichts (Senat für Wirtschaftsprüfersachen beim Oberlandesgericht).

(2) [1]Der Senat für Wirtschaftsprüfersachen beim Oberlandesgericht entscheidet außerhalb der Hauptverhandlung in der Besetzung von drei Mitgliedern mit Einschluß des Vorsitzenden. [2]In der Hauptverhandlung wirken außerdem als Beisitzer zwei Berufsangehörige mit.

§ 74[4)] Senat für Wirtschaftsprüfersachen beim Bundesgerichtshof.

(1) [1]In dem berufsgerichtlichen Verfahren entscheidet im dritten Rechtszug ein Senat des Bundesgerichtshofes (Senat für Wirtschaftsprüfersachen beim Bundesgerichtshof). [2]Er gilt als Strafsenat im Sinne des § 132 des Gerichtsverfassungsgesetzes.

[1)] Überschrift 6. Teil (§§ 71 a–127) und 1. Abschnitt (§ 71 a) neu gef. mWv 17. 6. 2016 durch G v. 31. 3. 2016 (BGBl. I S. 518).

[2)] § 72 Abs. 2 Satz 2 geänd. mWv 17. 6. 2016 durch G v. 31. 3. 2016 (BGBl. I S. 518).

[3)] § 73 Abs. 2 Satz 2 geänd. mWv 17. 6. 2016 durch G v. 31. 3. 2016 (BGBl. I S. 518).

[4)] § 74 Abs. 2 neu gef. mWv 1. 1. 1995 durch G v. 15. 7. 1994 (BGBl. I S. 1569); Abs. 2 geänd. mWv 17. 6. 2016 durch G v. 31. 3. 2016 (BGBl. I S. 518).

(2) Der Senat für Wirtschaftsprüfersachen beim Bundesgerichtshof besteht aus einem Vorsitzenden sowie zwei Mitgliedern des Bundesgerichtshofs und zwei Berufsangehörigen als Beisitzern.

§ 75[1] Berufsangehörige als Beisitzer. (1) Die Beisitzer aus den Reihen der Berufsangehörigen sind ehrenamtliche Richter.

(2) [1]Die ehrenamtlichen Richter werden für die Gerichte des ersten und zweiten Rechtszuges von der Landesjustizverwaltung und für den Bundesgerichtshof von dem Bundesministerium der Justiz und für Verbraucherschutz auf die Dauer von fünf Jahren berufen. [2]Sie können nach Ablauf ihrer Amtszeit wieder berufen werden.

(3) [1]Die ehrenamtlichen Richter werden den Vorschlagslisten entnommen, die der Vorstand der Wirtschaftsprüferkammer im Einvernehmen mit der Abschlussprüferaufsichtsstelle der Landesjustizverwaltung für die Gerichte des ersten und zweiten Rechtszuges und dem Bundesministerium der Justiz und für Verbraucherschutz für den Bundesgerichtshof einreicht. [2]Die Landesjustizverwaltung und das Bundesministerium der Justiz und für Verbraucherschutz bestimmen, welche Zahl von Beisitzern für jedes Gericht erforderlich ist; sie haben vorher den Vorstand der Wirtschaftsprüferkammer zu hören. [3]Jede Vorschlagsliste soll mindestens die doppelte Zahl der zu berufenden Berufsangehörigen enthalten.

(4) Scheidet ein ehrenamtlicher Richter vorzeitig aus, so wird für den Rest seiner Amtszeit ein Nachfolger berufen.

(5) § 6 des Einführungsgesetzes zum Gerichtsverfassungsgesetz gilt entsprechend.

(6) Die Landesjustizverwaltung und das Bundesministerium der Justiz und für Verbraucherschutz können einen von ihnen berufenen ehrenamtlichen Richter auf seinen Antrag aus dem Amt entlassen, wenn er aus gesundheitlichen Gründen auf nicht absehbare Zeit gehindert ist, sein Amt ordnungsgemäß auszuüben.

(7) Das Amt eines ehrenamtlichen Richters, der zum ehrenamtlichen Richter bei einem Gericht des höheren Rechtszuges berufen wird, endet mit seiner Ernennung.

§ 76[2] Voraussetzungen für die Berufung zum Beisitzer und Recht zur Ablehnung. (1) [1]Zu ehrenamtlichen Richtern können nur Berufsangehörige berufen werden, die in den Vorstand der Wirtschaftsprüferkammer gewählt werden können. [2]Sie dürfen als Beisitzer nur für die Kammer für

---

[1] § 75 Abs. 2 Satz 1, Abs. 3 Satz 1 und 2 geänd., Abs. 5 und Abs. 6 angef. mWv 1. 1. 1995 durch G v. 15. 7. 1994 (BGBl. I S. 1569), Abs. 5 geänd. mWv. 1. 5. 2002 durch G v. 27. 4. 2002 (BGBl. I S. 1467); Abs. 2 Satz 1 geänd., Abs. 5 eingef., bish. Abs. 5 und 6 werden Abs. 6 und 7 mWv 1. 1. 2005 durch G v. 21. 12. 2004 (BGBl. I S. 3599); Abs. 2 Satz 1, Abs. 3 Sätze 1 und 2 und Abs. 6 geänd. mWv 8. 9. 2015 durch VO v. 31. 8. 2015 (BGBl. I S. 1474); Überschrift und Abs. 1, Abs. 3 Sätze1 und 3 geänd. mWv 17. 6. 2016 durch G v. 31. 3. 2016 (BGBl. I S. 518).

[2] § 76 Abs. 3 Nr. 3 neu gef. mWv 1. 5. 2002 durch G v. 27. 4. 2002 (BGBl. I S. 1467); Abs. 1 neu gef. mWv 17. 6. 2016 durch G v. 31. 3. 2016 (BGBl. I S. 518).

Wirtschaftsprüfersachen, den Senat für Wirtschaftsprüfersachen beim Oberlandesgericht oder den Senat für Wirtschaftsprüfersachen beim Bundesgerichtshof berufen werden.

(2) Die ehrenamtlichen Richter dürfen nicht gleichzeitig dem Vorstand oder dem Beirat der Wirtschaftsprüferkammer angehören oder bei der Wirtschaftsprüferkammer im Haupt- oder Nebenberuf tätig sein.

(3) Die Übernahme des Beisitzeramtes kann ablehnen,

1. wer das fünfundsechzigste Lebensjahr vollendet hat;
2. wer in den letzten vier Jahren Mitglied des Vorstandes der Wirtschaftsprüferkammer gewesen ist;
3. wer in gesundheitlicher Hinsicht beeinträchtigt ist.

§ 77[1)] Enthebung vom Amt des Beisitzers. (1) Ein ehrenamtlicher Richter ist auf Antrag der Justizverwaltung, die ihn berufen hat, seines Amtes zu entheben,

1. wenn nachträglich bekannt wird, daß er nicht hätte zum Beisitzer berufen werden dürfen;
2. wenn nachträglich ein Umstand eintritt, welcher der Berufung zum Beisitzer entgegensteht;
3. wenn der oder die Berufsangehörige seine oder ihre Amtspflicht als Beisitzer grob verletzt.

(2) [1]Über den Antrag der Landesjustizverwaltung entscheidet ein Zivilsenat des Oberlandesgerichts, über den Antrag des Bundesministeriums der Justiz und für Verbraucherschutz ein Zivilsenat des Bundesgerichtshofes. [2]Bei der Entscheidung dürfen die Mitglieder der Senate für Wirtschaftsprüfersachen nicht mitwirken.

(3) [1]Vor der Entscheidung ist der ehrenamtliche Richter zu hören. [2]Die Entscheidung ist endgültig.

§ 78 Stellung der ehrenamtlichen Richter und Pflicht zur Verschwiegenheit. (1) Die ehrenamtlichen Richter haben in der Sitzung, zu der sie herangezogen werden, die Stellung eines Berufsrichters.

(2) [1]Die ehrenamtlichen Richter haben über Angelegenheiten, die ihnen bei ihrer Tätigkeit bekannt werden, Verschwiegenheit gegen jedermann zu bewahren. [2]§ 64 Abs. 2 und 3 ist entsprechend anzuwenden. [3]Die Genehmigung zur Aussage erteilt der Präsident des Gerichts.

§ 79 Reihenfolge der Teilnahme an den Sitzungen. (1) Die ehrenamtlichen Richter sind zu den einzelnen Sitzungen in der Reihenfolge einer Liste heranzuziehen, die der Vorsitzende nach Anhörung der beiden ältesten der berufenen ehrenamtlichen Richter vor Beginn des Geschäftsjahres aufstellt.

---

1) § 77 Abs. 2 Satz 1 geänd. mWv 1. 1. 1995 durch G v. 15. 7. 1995 (BGBl. I S. 1569); Abs. 2 Satz 1 geänd. mWv 8. 9. 2015 durch VO v. 31. 8. 2015 (BGBl. I S. 1474); Abs. 1 Nr. 3 geänd. mWv 17. 6. 2016 durch G v. 31. 3. 2016 (BGBl. I S. 518).

(2) Für die Entbindung eines ehrenamtlichen Richters von der Dienstleistung an bestimmten Sitzungstagen gilt § 54 des Gerichtsverfassungsgesetzes sinngemäß.

§ 80[1] **Entschädigung der ehrenamtlichen Richter.** Die ehrenamtlichen Richter erhalten eine Entschädigung nach dem Justizvergütungs- und -entschädigungsgesetz.

Dritter Abschnitt. Verfahrensvorschriften

1. Allgemeines

§ 81[2] **Vorschriften für das Verfahren.** Für das berufsgerichtliche Verfahren gelten die nachstehenden Vorschriften sowie § 62 entsprechend.

§ 82[3] **Keine Verhaftung von Berufsangehörigen.** [1]Berufsangehörige dürfen zur Durchführung des berufsgerichtlichen Verfahrens weder vorläufig festgenommen noch verhaftet oder vorgeführt werden. [2]Sie dürfen zudem nicht zur Vorbereitung eines Gutachtens über ihren psychischen Zustand in ein psychiatrisches Krankenhaus gebracht werden.

§ 82 a[4] **Verteidigung.** (1) Zu Verteidigern im berufsgerichtlichen Verfahren vor dem Landgericht und vor dem Oberlandesgericht können außer den in § 138 Abs. 1 der Strafprozeßordnung genannten Personen auch Berufsangehörige gewählt werden.

(2) § 140 Abs. 1 Nr. 1 bis 3, 6, 7 und 9 der Strafprozeßordnung ist auf die Verteidigung im berufsgerichtlichen Verfahren nicht anzuwenden.

§ 82 b[5] **Akteneinsicht; Beteiligung der Wirtschaftsprüferkammer und der Abschlussprüferaufsichtsstelle.** (1) [1]Die Wirtschaftsprüferkammer, die Abschlussprüferaufsichtsstelle und die betroffenen Berufsangehörigen sind befugt, die Akten, die dem Gericht vorliegen, einzusehen sowie amtlich verwahrte Beweisstücke zu besichtigen. [2]§ 147 Absatz 2 Satz 1, Absatz 3, 5 und 6 der Strafprozessordnung ist insoweit entsprechend anzuwenden.

(2) [1]Der Wirtschaftsprüferkammer und der Abschlussprüferaufsichtsstelle sind Ort und Zeit der Hauptverhandlung mitzuteilen; die von dort entsandten Personen erhalten auf Verlangen das Wort. [2]§ 99 Absatz 2 Satz 1 bleibt unberührt. [3]Einstellungen nach den §§ 153 bis 153 b und 154 der Strafprozessordnung bedürfen zusätzlich der Zustimmung der Abschlussprüferaufsichtsstelle. [4]Entsprechendes gilt für den Fall, dass nach § 154 a der Strafprozessordnung

---

[1] § 80 geänd. mWv 1. 1. 2004 durch G v. 1. 12. 2003 (BGBl. I S. 2446); geänd. mWv 1. 7. 2004 durch G v. 5. 5. 2004 (BGBl. I S. 718).

[2] § 81 geänd. mWv 6. 9. 2007 durch G v. 3. 9. 2007 (BGBl. I S. 2178).

[3] § 82 Überschrift, Sätze 1 und 2 geänd. mWv 17. 6. 2016 durch G v. 31. 3. 2016 (BGBl. I S. 518).

[4] § 82 a Abs. 2 geänd. mWv 1. 9. 2013 durch G v. 26. 6. 2013 (BGBl. I S. 1805); Abs. 1 geänd. mWv 17. 6. 2016 durch G v. 31. 3. 2016 (BGBl. I S. 518).

[5] § 82 b neu gef. mWv 17. 6. 2016 durch G v. 31. 3. 2016 (BGBl. I S. 518).

von der Verfolgung von Teilen einer Tat abgesehen werden soll. [5] Erfolgt die Einstellung oder das Absehen von der Verfolgung in der Hauptverhandlung, gelten die Sätze 3 und 4 nur, wenn ein Vertreter der Abschlussprüferaufsichtsstelle an der Hauptverhandlung teilnimmt.

§ 83[1)] **Verhältnis des berufsgerichtlichen Verfahrens zum Straf- oder Bußgeldverfahren.** [1] Werden Berufsangehörige im gerichtlichen Verfahren wegen einer Straftat oder einer Ordnungswidrigkeit verurteilt oder freigesprochen, so sind für die Entscheidung im berufsgerichtlichen Verfahren die tatsächlichen Feststellungen des Urteils im Strafverfahren oder Bußgeldverfahren bindend, auf denen die Entscheidung des Gerichts beruht. [2] In dem berufsgerichtlichen Verfahren kann ein Gericht jedoch die nochmalige Prüfung solcher Feststellungen beschließen, deren Richtigkeit seine Mitglieder mit Stimmenmehrheit bezweifeln; dies ist in den Gründen der berufsgerichtlichen Entscheidung zum Ausdruck zu bringen.

§ 83 a.[2)] *(aufgehoben)*

§ 83 b[3)] **Aussetzung des berufsgerichtlichen Verfahrens.** Das berufsgerichtliche Verfahren kann ausgesetzt werden, wenn

1. gegen den Berufsangehörigen oder die Berufsangehörige in einem anderen berufsaufsichtlichen Verfahren der Wirtschaftsprüferkammer oder der Abschlussprüferaufsichtsstelle wegen weiterer Berufspflichtverletzungen ermittelt wird und für den Fall, dass in dem anderen berufsaufsichtlichen Verfahren ein Antrag auf berufsgerichtliche Entscheidung gestellt wird, eine Verbindung beider Verfahren zweckmäßig wäre,
2. in einem anderen gesetzlich geregelten Verfahren ein Sachverhalt aufzuklären oder eine Rechtsfrage zu entscheiden ist, ohne deren Beurteilung eine Entscheidung im berufsgerichtlichen Verfahren nicht möglich oder nicht zweckmäßig ist oder
3. der rechtskräftige Abschluss eines anderen gesetzlich geregelten Verfahrens, in dem über einen Sachverhalt oder eine Rechtsfrage zu entscheiden ist, deren Beurteilung für die Entscheidung im berufsgerichtlichen Verfahren von Bedeutung ist, innerhalb von sechs Monaten zu erwarten ist.

§ 83 c[4)] **Wiederaufnahme des berufsgerichtlichen Verfahrens.** [1] Die Wiederaufnahme eines rechtskräftig abgeschlossenen berufsgerichtlichen Verfahrens ist zulässig, wenn die tatsächlichen Feststellungen, auf denen die Verurteilung oder der Freispruch im berufsgerichtlichen Verfahren beruht, den Feststellungen in einem strafgerichtlichen Verfahren wegen desselben Verhal-

---

[1)] § 83 neu gef. mWv 17. 6. 2016 durch G v. 31. 3. 2016 (BGBl. I S. 518).

[2)] § 83 a aufgeh. mWv 17. 6. 2016 durch G v. 31. 3. 2016 (BGBl. I S. 518).

[3)] § 83 b neu gef. mWv 1. 1. 2004 durch G v. 1. 12. 2003 (BGBl. I S. 2446); Nr. 1 geänd. mWv 6. 9. 2007 durch G v. 3. 9. 2007 (BGBl. I S. 2178); einl. Satzteil geänd., Nr. 1 eingef., bish. Nr. 1 und 2 werden Nr. 2 und 3 mWv 17. 6. 2016 durch G v. 31. 3. 2016 (BGBl. I S. 518).

[4)] § 83 c eingef. mWv 1. 1. 2004 durch G v. 1. 12. 2003 (BGBl. I S. 2446).

tens widersprechen. [2]Den Antrag auf Wiederaufnahme des Verfahrens können die Staatsanwaltschaft oder die betroffenen Berufsangehörigen binnen eines Monats nach Rechtskraft des Urteils im strafgerichtlichen Verfahren stellen.

2. Das Verfahren im ersten Rechtszug

§ 84 Mitwirkung der Staatsanwaltschaft. Die Staatsanwaltschaft bei dem Oberlandesgericht, bei dem der Senat für Wirtschaftsprüfersachen besteht, nimmt in den Verfahren vor der Kammer für Wirtschaftsprüfersachen die Aufgaben der Staatsanwaltschaft wahr.

§ 84 a.[1] *(aufgehoben)*

§ 85[2] **Einleitung des berufsgerichtlichen Verfahrens.** Das berufsgerichtliche Verfahren wird dadurch eingeleitet, dass der oder die Berufsangehörige den Antrag nach § 71 a schriftlich bei dem Landgericht einreicht.

§ 86[3] **Verfahren.** (1) Ist der Antrag auf berufsgerichtliche Entscheidung verspätet eingelegt oder sonst unzulässig, verwirft ihn das Landgericht ohne Hauptverhandlung durch Beschluss; gegen den Beschluss ist sofortige Beschwerde zulässig.

(2) [1]Anderenfalls beraumt das Landgericht eine Hauptverhandlung an. [2]Für diese gelten die Vorschriften der Strafprozessordnung sinngemäß, soweit dieses Gesetz nichts anderes bestimmt.

§ 87.[4] *(aufgehoben)*

§§ 88–93. (weggefallen)

§ 94[5] **Verlesung der berufsaufsichtlichen Entscheidung.** In der Hauptverhandlung tritt an die Stelle der Verlesung des Anklagesatzes nach § 243 Absatz 3 der Strafprozessordnung die Verlesung des Tenors der angefochtenen Entscheidung über die Verhängung der berufsaufsichtlichen Maßnahme.

§§ 95–97.[6] *(aufgehoben)*

§ 98[7] **Hauptverhandlung trotz Ausbleibens der Berufsangehörigen.** [1]Die Hauptverhandlung kann gegen Berufsangehörige, die nicht erschienen sind, durchgeführt werden, wenn diese ordnungsmäßig geladen wurden und in der Ladung darauf hingewiesen wurde, dass in ihrer Abwesenheit verhandelt werden kann. [2]Eine öffentliche Ladung ist nicht zulässig.

---

[1] § 84 a aufgeh. mWv 17. 6. 2016 durch G v. 31. 3. 2016 (BGBl. I S. 518).
[2] § 85 neu gef. mWv 17. 6. 2016 durch G v. 31. 3. 2016 (BGBl. I S. 518).
[3] § 86 neu gef. mWv 17. 6. 2016 durch G v. 31. 3. 2016 (BGBl. I S. 518).
[4] § 87 aufgeh. mWv 17. 6. 2016 durch G v. 31. 3. 2016 (BGBl. I S. 518).
[5] § 94 neu gef. mWv 17. 6. 2016 durch G v. 31. 3. 2016 (BGBl. I S. 518).
[6] §§ 95–97 aufgeh. mWv 17. 6. 2016 durch G v. 31. 3. 2016 (BGBl. I S. 518).
[7] § 98 neu gef. mWv 17. 6. 2016 durch G v. 31. 3. 2016 (BGBl. I S. 518).

§ 99[1)] Nichtöffentliche Hauptverhandlung. (1) [1]Die Hauptverhandlung ist nicht öffentlich. [2]Auf Antrag der Staatsanwaltschaft kann, auf Antrag der betroffenen Berufsangehörigen muss die Öffentlichkeit hergestellt werden. [3]Ferner ist die Hauptverhandlung immer dann öffentlich, wenn die vorgeworfene Pflichtverletzung im Zusammenhang mit der Durchführung einer Prüfung nach § 316 des Handelsgesetzbuchs steht. [4]In den Fällen einer öffentlichen Verhandlung nach Satz 2 oder 3 sind die Vorschriften des Gerichtsverfassungsgesetzes über die Öffentlichkeit sinngemäß anzuwenden.

(2) [1]Zu nichtöffentlichen Verhandlungen ist Vertretern der Landesjustizverwaltung, dem Präsidenten des Oberlandesgerichts oder seinem Beauftragten, den Beamten der Staatsanwaltschaft bei dem Oberlandesgericht, Vertretern des Bundesministeriums für Wirtschaft und Energie, Vertretern der Abschlussprüferaufsichtsstelle, Vertretern der Wirtschaftsprüferkammer und den Wirtschaftsprüfern der Zutritt gestattet. [2]Die Kammer für Wirtschaftsprüfersachen kann nach Anhörung der Beteiligten auch andere Personen als Zuhörer zulassen.

§ 100. (weggefallen)

§ 101[2)] Beweisaufnahme durch einen ersuchten Richter. [1]Die Kammer für Wirtschaftsprüfersachen kann ein Amtsgericht um die Vernehmung von Zeugen oder Sachverständigen ersuchen. [2]Der Zeuge oder Sachverständige ist jedoch auf Antrag der Staatsanwaltschaft oder der Berufsangehörigen in der Hauptverhandlung zu vernehmen, es sei denn, daß er voraussichtlich am Erscheinen in der Hauptverhandlung verhindert ist oder ihm das Erscheinen wegen großer Entfernung nicht zugemutet werden kann.

§ 102[3)] Verlesen von Protokollen. (1) Die Kammer für Wirtschaftsprüfersachen beschließt nach pflichtmäßigem Ermessen, ob die Aussage eines Zeugen oder eines Sachverständigen, der bereits in dem berufsgerichtlichen oder in einem anderen gesetzlich geordneten Verfahren vernommen worden ist, zu verlesen sei.

(2) [1]Bevor der Gerichtsbeschluß ergeht, können die Staatsanwaltschaft oder die Berufsangehörigen beantragen, den Zeugen oder Sachverständigen in der Hauptverhandlung zu vernehmen. [2]Einem solchen Antrag ist zu entsprechen, es sei denn, daß der Zeuge oder Sachverständige voraussichtlich am Erscheinen in der Hauptverhandlung verhindert ist oder ihm das Erscheinen wegen großer Entfernung nicht zugemutet werden kann. [3]Wird dem Antrag stattge-

---

[1)] § 99 Abs. 2 Satz 1 geänd. mWv 1. 1. 2001, Abs. 2 Satz 1 geänd. mWv 1. 1. 2002 durch G v. 19. 12. 2000 (BGBl. I S. 1769); Abs. 1 neu gef., Abs. 2 Satz 1 geänd. mWv 1. 1. 2004 durch G v. 1. 12. 2003 (BGBl. I S. 2446); Abs. 2 Satz 1 geänd. mWv 8. 11. 2006 durch VO v. 31. 10. 2006 (BGBl. I S. 2407); Abs. 2 Satz 1 geänd. mWv 8. 9. 2015 durch VO v. 31. 8. 2015 (BGBl. I S. 1474); Abs. 2 Satz 1 geänd. mWv 17. 6. 2016 durch G v. 31. 3. 2016 (BGBl. I S. 518).

[2)] § 101 Satz 2 geänd. mWv 17. 6. 2016 durch G v. 31. 3. 2016 (BGBl. I S. 518).

[3)] § 102 Abs. 2 Satz 1, Abs. 3 Satz 2 geänd. mWv 17. 6. 2016 durch G v. 31. 3. 2016 (BGBl. I S. 518).

geben, so darf das Protokoll über die frühere Vernehmung nicht verlesen werden.

(3) [1]Ist ein Zeuge oder Sachverständiger durch einen ersuchten Richter vernommen worden (§ 101), so kann der Verlesung des Protokolls nicht widersprochen werden. [2]Die Staatsanwaltschaft oder die Berufsangehörigen können jedoch der Verlesung widersprechen, wenn ein Antrag gemäß § 101 Satz 2 abgelehnt worden ist und Gründe für eine Ablehnung des Antrags jetzt nicht mehr bestehen.

§ 103[1)] **Entscheidung.** (1) Die mündliche Verhandlung schließt mit der auf die Beratung folgenden Verkündung des Urteils.

(2) [1]Das Gericht entscheidet in der Sache selbst über alle Berufspflichtverletzungen, die Gegenstand der angefochtenen berufsaufsichtlichen Entscheidung nach § 68 sind. [2]Es entscheidet auf Zurückweisung des Antrags auf berufsgerichtliche Entscheidung oder unter Aufhebung der angefochtenen Entscheidung auf Verurteilung zu einer oder mehreren der in § 68 Absatz 1 und § 68 a genannten Maßnahmen, auf Freisprechung oder auf Einstellung des Verfahrens nach Absatz 3.

(3) Das berufsgerichtliche Verfahren ist, abgesehen von dem Fall des § 260 Absatz 3 der Strafprozessordnung, einzustellen,

1. wenn die Bestellung als Wirtschaftsprüfer oder die Anerkennung als Wirtschaftsprüfungsgesellschaft erloschen, zurückgenommen oder widerrufen ist (§§ 19, 20, 33, 34) oder
2. wenn nach § 69 a Absatz 1 von einer berufsgerichtlichen Ahndung abzusehen ist.

3. Die Rechtsmittel

§ 104 Beschwerde. Für die Verhandlung und Entscheidung über Beschwerden ist der Senat für Wirtschaftsprüfersachen beim Oberlandesgericht zuständig.

§ 105[2)] **Berufung.** (1) Gegen das Urteil der Kammer für Wirtschaftsprüfersachen ist die Berufung an den Senat für Wirtschaftsprüfersachen zulässig.

(2) [1]Die Berufung muß binnen einer Woche nach Verkündung des Urteils bei der Kammer für Wirtschaftsprüfersachen schriftlich eingelegt werden. [2]Ist das Urteil nicht in Anwesenheit des oder der Berufsangehörigen verkündet worden, so beginnt für diesen oder diese die Frist mit der Zustellung.

(3) Die Berufung kann nur schriftlich gerechtfertigt werden.

(4) Auf das Verfahren sind im übrigen neben den Vorschriften der Strafprozeßordnung über die Berufung die §§ 98 bis 103 dieses Gesetzes sinngemäß anzuwenden.

---

1) § 103 neu gef. mWv 17. 6. 2016 durch G v. 31. 3. 2016 (BGBl. I S. 518).

2) § 105 Abs. 2 Satz 2 und Abs. 4 geänd. mWv 17. 6. 2016 durch G v. 31. 3. 2016 (BGBl. I S. 518).

§ 106 Mitwirkung der Staatsanwaltschaft vor dem Senat für Wirtschaftsprüfersachen. Die Aufgaben der Staatsanwaltschaft in dem Verfahren vor dem Senat für Wirtschaftsprüfersachen werden von der Staatsanwaltschaft bei dem Oberlandesgericht wahrgenommen, bei dem der Senat besteht.

§ 107 Revision. (1) Gegen ein Urteil des Senats für Wirtschaftsprüfersachen bei dem Oberlandesgericht ist die Revision an den Bundesgerichtshof zulässig,

1. wenn das Urteil auf Ausschließung aus dem Beruf lautet;
2. wenn der Senat für Wirtschaftsprüfersachen bei dem Oberlandesgericht entgegen einem Antrag der Staatsanwaltschaft nicht auf Ausschließung erkannt hat;
3. wenn der Senat für Wirtschaftsprüfersachen beim Oberlandesgericht sie in dem Urteil zugelassen hat.

(2) Der Senat für Wirtschaftsprüfersachen beim Oberlandesgericht darf die Revision nur zulassen, wenn er über Rechtsfragen oder Fragen der Berufspflichten entschieden hat, die von grundsätzlicher Bedeutung sind.

(3) [1]Die Nichtzulassung der Revision kann selbständig durch Beschwerde innerhalb eines Monats nach Zustellung des Urteils angefochten werden. [2]Die Beschwerde ist bei dem Oberlandesgericht einzulegen. [3]In der Beschwerdeschrift muß die grundsätzliche Rechtsfrage ausdrücklich bezeichnet werden.

(4) Die Beschwerde hemmt die Rechtskraft des Urteils.

(5) [1]Wird der Beschwerde nicht abgeholfen, so entscheidet der Bundesgerichtshof durch Beschluß. [2]Der Beschluß bedarf keiner Begründung, wenn die Beschwerde einstimmig verworfen oder zurückgewiesen wird. [3]Mit Ablehnung der Beschwerde durch den Bundesgerichtshof wird das Urteil rechtskräftig. [4]Wird der Beschwerde stattgegeben, so beginnt mit Zustellung des Beschwerdebescheids die Revisionsfrist.

§ 107 a[1)] Einlegung der Revision und Verfahren. (1) [1]Die Revision ist binnen einer Woche bei dem Oberlandesgericht schriftlich einzulegen. [2]Die Frist beginnt mit der Verkündung des Urteils. [3]Ist das Urteil nicht in Anwesenheit der Berufsangehörigen verkündet worden, so beginnt für diesen oder diese die Frist mit der Zustellung.

(2) Berufsangehörige können die Revisionsanträge und deren Begründung nur schriftlich anbringen.

(3) [1]Auf das Verfahren vor dem Bundesgerichtshof sind im übrigen neben den Vorschriften der Strafprozeßordnung über die Revision § 99 und § 103 Abs. 3 dieses Gesetzes sinngemäß anzuwenden. [2]In den Fällen des § 354 Abs. 2 der Strafprozeßordnung ist an den nach § 73 zuständigen Senat für Wirtschaftsprüfersachen beim Oberlandesgericht zurückzuverweisen.

[1)] § 107 a Abs. 1 Satz 3 und Abs. 2 geänd. mWv 17. 6. 2016 durch G v. 31. 3. 2016 (BGBl. I S. 518).

§ 108 Mitwirkung der Staatsanwaltschaft vor dem Bundesgerichtshof. Die Aufgaben der Staatsanwaltschaft in den Verfahren vor dem Bundesgerichtshof werden von dem Generalbundesanwalt wahrgenommen.

4. Die Sicherung von Beweisen

§ 109[1] Anordnung der Beweissicherung. (1) [1] Wird ein berufsgerichtliches Verfahren eingestellt, weil die Bestellung als Wirtschaftsprüfer erloschen oder zurückgenommen ist, so kann in der Entscheidung zugleich auf Antrag der Staatsanwaltschaft die Sicherung der Beweise angeordnet werden, wenn zu erwarten ist, daß auf Ausschließung aus dem Beruf erkannt worden wäre. [2] Die Anordnung kann nicht angefochten werden.

(2) [1] Die Beweise werden von der Kammer für Wirtschaftsprüfersachen beim Landgericht aufgenommen. [2] Die Kammer kann eines ihrer berufsrichterlichen Mitglieder mit der Beweisaufnahme beauftragen.

§ 110[2] Verfahren. (1) [1] Die Kammer für Wirtschaftsprüfersachen beim Landgericht hat vom Amts wegen alle Beweise zu erheben, die eine Entscheidung darüber begründen können, ob das eingestellte Verfahren zur Ausschließung aus dem Beruf geführt hätte. [2] Den Umfang des Verfahrens bestimmt die Kammer für Wirtschaftsprüfersachen beim Landgericht nach pflichtmäßigem Ermessen, ohne an Anträge gebunden zu sein; ihre Verfügungen können insoweit nicht angefochten werden.

(2) Zeugen sind, soweit nicht Ausnahmen vorgeschrieben oder zugelassen sind, eidlich zu vernehmen.

(3) [1] Die Staatsanwaltschaft und der oder die frühere Berufsangehörige sind an dem Verfahren zu beteiligen. [2] Ein Anspruch auf Benachrichtigung von den Terminen, die zum Zwecke der Beweissicherung anberaumt werden, steht den früheren Berufsangehörigen nur zu, wenn sie sich im Inland aufhalten und sie ihre Anschrift dem Landgericht angezeigt haben.

5. Das vorläufige Tätigkeits- und Berufsverbot[3]

§ 111[4] Voraussetzung des Verbotes. (1) Sind dringende Gründe für die Annahme vorhanden, dass gegen Berufsangehörige auf Ausschließung aus dem Beruf erkannt werden wird, so kann durch Beschluss ein vorläufiges Tätigkeits- oder Berufsverbot verhängt werden.

(2) [1] Die Wirtschaftsprüferkammer oder die Abschlussprüferaufsichtsstelle kann in ihren jeweiligen Zuständigkeitsbereichen vor Einleitung des berufsgerichtlichen Verfahrens den Antrag auf Verhängung eines vorläufigen Tätigkeits- oder Berufsverbots stellen. [2] In dem Antrag sind die Pflichtverletzung, die dem

---

[1] § 109 Abs. 1 Satz 1 geänd. mWv 17. 6. 2016 durch G v. 31. 3. 2016 (BGBl. I S. 518).

[2] § 110 Abs. 3 neu gef. mWv 17. 6. 2016 durch G v. 31. 3. 2016 (BGBl. I S. 518).

[3] Überschrift neu gef. mWv 6. 9. 2007 durch G v. 3. 9. 2007 (BGBl. I S. 2178).

[4] § 111 Abs. 1 neu gef. mWv 1. 1. 1995 durch G v. 15. 7. 1994 (BGBl. I S. 1569); Abs. 1 Satz 2 aufgeh. mWv 1. 1. 2004 durch G v. 1. 12. 2003 (BGBl. I S. 2446); Abs. 1 neu gef., Abs. 2 Satz 1 geänd. mWv 6. 9. 2007 durch G v. 3. 9. 2007 (BGBl. I S. 2178); Abs. 1, Abs. 2 Sätze 1 und 2 und Abs. 3 geänd. mWv 17. 6. 2016 durch G v. 31. 3. 2016 (BGBl. I S. 518).

oder der Berufsangehörigen zur Last gelegt wird, sowie die Beweismittel anzugeben.

(3) Für die Verhandlung und Entscheidung ist das Gericht zuständig, das im berufsgerichtlichen Verfahren gegen die Berufsangehörigen zu entscheiden hat oder vor dem das berufsgerichtliche Verfahren anhängig ist.

§ 112[1)] **Mündliche Verhandlung.** (1) Der Beschluß, durch den ein vorläufiges Tätigkeits- oder Berufsverbot verhängt wird, kann nur auf Grund mündlicher Verhandlung ergehen.

(2) Auf die Besetzung des Gerichts, die Ladung und die mündliche Verhandlung sind die Vorschriften entsprechend anzuwenden, die für die Hauptverhandlung vor dem erkennenden Gericht maßgebend sind, soweit sich nicht aus den folgenden Vorschriften etwas anderes ergibt.

(3) [1] In der ersten Ladung ist die den Berufsangehörigen zur Last gelegte Pflichtverletzung durch Anführung der sie begründenden Tatsachen zu bezeichnen; ferner sind die Beweismittel anzugeben. [2] Dies ist jedoch nicht erforderlich, wenn den Berufsangehörigen die Anschuldigungsschrift bereits mitgeteilt worden ist.

(4) Den Umfang der Beweisaufnahme bestimmt das Gericht nach pflichtmäßigem Ermessen, ohne an Anträge der Staatsanwaltschaft oder der Berufsangehörigen gebunden zu sein.

§ 113[2)] **Abstimmung über das Verbot.** Zur Verhängung des vorläufigen Tätigkeits- oder Berufsverbots ist eine Mehrheit von zwei Dritteln der Stimmen erforderlich.

§ 114[3)] **Verbot im Anschluß an die Hauptverhandlung.** [1] Hat das Gericht auf Ausschließung aus dem Beruf erkannt, so kann es im unmittelbaren Anschluß an die Hauptverhandlung über die Verhängung des vorläufigen Tätigkeits- oder Berufsverbots verhandeln und entscheiden. [2] Dies gilt auch dann, wenn die Berufsangehörigen zu der Hauptverhandlung nicht erschienen sind.

§ 115[4)] **Zustellung des Beschlusses.** [1] Der Beschluß ist mit Gründen zu versehen. [2] Er ist den Berufsangehörigen zuzustellen. [3] Waren die Berufsangehörigen bei der Verkündung des Beschlusses nicht anwesend, ist ihnen zusätzlich der Beschluß ohne Gründe unverzüglich nach der Verkündung zuzustellen.

[1)] § 112 Abs. 3 Satz 1 neu gef. mWv 1. 1. 1995 durch G v. 15. 7. 1994 (BGBl. I S. 1569); Abs. 1 geänd. mWv 6. 9. 2007 durch G v. 3. 9. 2007 (BGBl. I S. 2178); Abs. 3 Sätze 1 und 2 und Abs. 4 geänd. mWv 17. 6. 2016 durch G v. 31. 3. 2016 (BGBl. I S. 518).

[2)] § 113 geänd. mWv 6. 9. 2007 durch G v. 3. 9. 2007 (BGBl. I S. 2178).

[3)] § 114 Satz 1 geänd. mWv 6. 9. 2007 durch G v. 3. 9. 2007 (BGBl. I S. 2178); Satz 2 geänd. mWv 17. 6. 2016 durch G v. 31. 3. 2016 (BGBl. I S. 518).

[4)] § 115 Satz 3 angef. mWv 1. 1. 1995 durch G v. 15. 7. 1994 (BGBl. I S. 1569); Satz 2 und 3 geänd. mWv 17. 6. 2016 durch G v. 31. 3. 2016 (BGBl. I S. 518).

§ 116[1)] Wirkungen des Verbotes. (1) Der Beschluß wird mit der Verkündung wirksam.

(2) [1]Berufsangehörige, gegen die ein vorläufiges Tätigkeitsverbot verhängt ist, dürfen die in der Entscheidung genannten Tätigkeiten nicht ausüben. [2]Berufsangehörige, gegen die ein vorläufiges Berufsverbot verhängt ist, dürfen ihren Beruf nicht ausüben.

(3) Berufsangehörige, gegen die ein vorläufiges Tätigkeits- oder Berufsverbot verhängt ist, dürfen jedoch ihre eigenen Angelegenheiten sowie die Angelegenheiten ihrer Ehegatten, Lebenspartner und minderjährigen Kinder wahrnehmen, soweit es sich nicht um die Erteilung von Prüfungsvermerken handelt.

(4) [1]Die Wirksamkeit von Rechtshandlungen, die Berufsangehörige vornehmen, wird durch vorläufige Tätigkeits- oder Berufsverbote nicht berührt. [2]Das Gleiche gilt für Rechtshandlungen, die ihnen gegenüber vorgenommen werden.

§ 117[2)] Zuwiderhandlungen gegen das Verbot. (1) Berufsangehörige, die gegen sie ergangene vorläufige Tätigkeits- oder Berufsverbote wissentlich zuwiderhandeln, werden aus dem Beruf ausgeschlossen, sofern nicht wegen besonderer Umstände eine mildere berufsgerichtliche Maßnahme ausreichend erscheint.

(2) Gerichte und Behörden sollen Berufsangehörige, die entgegen einem vorläufigen Tätigkeits- oder Berufsverbot vor ihnen auftreten, zurückweisen.

§ 118[3)] Beschwerde. (1) [1]Gegen den Beschluß, durch den das Landgericht oder das Oberlandesgericht ein vorläufige Tätigkeits- oder Berufsverbot verhängt, ist die sofortige Beschwerde zulässig. [2]Die Beschwerde hat keine aufschiebende Wirkung.

(2) Gegen den Beschluß, durch den das Landgericht oder das Oberlandesgericht es ablehnt, ein vorläufige Tätigkeits- oder Berufsverbot zu verhängen, steht der Staatsanwaltschaft die sofortige Beschwerde zu.

(3) [1]Über die sofortige Beschwerde entscheidet, sofern der angefochtene Beschluß von dem Landgericht erlassen ist, das Oberlandesgericht und, sofern er vor dem Oberlandesgericht ergangen ist, der Bundesgerichtshof. [2]Für das Verfahren gelten neben den Vorschriften der Strafprozeßordnung über die Beschwerde § 112 Abs. 1, 2 und 4 sowie §§ 113 und 115 dieses Gesetzes entsprechend.

§ 119[4)] Außerkrafttreten des Verbotes. [1]Vorläufige Tätigkeits- und Berufsverbote treten außer Kraft, wenn das ihrer Verhängung zugrundeliegende

---

[1)] § 116 Abs. 3 geänd. mWv 1. 8. 2001 durch G v. 16. 2. 2001 (BGBl I S. 266); Abs. 2 bis 4 Satz 1 geänd. mWv 6. 9. 2007 durch G v. 3. 9. 2007 (BGBl. I S. 2178); Abs. 2 bis 4 neu gef. mWv 17. 6. 2016 durch G v. 31. 3. 2016 (BGBl. I S. 518).

[2)] § 117 neu gef. mWv 17. 6. 2016 durch G v. 31. 3. 2016 (BGBl. I S. 518).

[3)] § 118 Abs. 1 Satz 1 und Abs. 2 geänd. mWv 6. 9. 2007 durch G v. 3. 9. 2007 (BGBl. I S. 2178).

[4)] § 119 neu gef. mWv 17. 6. 2016 durch G v. 31. 3. 2016 (BGBl. I S. 518).

berufsgerichtliche Verfahren eingestellt oder rechtskräftig abgeschlossen wird. [2]Ein vorläufiges Berufsverbot tritt über Satz 1 hinaus außer Kraft, wenn ein Urteil ergeht, in dem nicht auf eine Ausschließung aus dem Beruf oder ein Berufsverbot erkannt wird. [3]Ein vorläufiges Tätigkeitsverbot tritt über Satz 1 hinaus außer Kraft, wenn ein Urteil ergeht, in dem weder auf eine Ausschließung aus dem Beruf oder ein Berufsverbot noch ein dem vorläufigen entsprechendes Tätigkeitsverbot erkannt wird.

§ 120[1)] Aufhebung des Verbotes. (1) Das vorläufige Tätigkeits- oder Berufsverbot wird aufgehoben, wenn sich ergibt, daß die Voraussetzungen für seine Verhängung nicht oder nicht mehr vorliegen.

(2) Über die Aufhebung entscheidet das nach § 111 Abs. 3 zuständige Gericht.

(3) [1]Auf Antrag der Berufsangehörigen, das Verbot aufzuheben, kann eine erneute mündliche Verhandlung angeordnet werden. [2]Der Antrag kann nicht gestellt werden, solange über eine sofortige Beschwerde von Berufsangehörigen nach § 118 Abs. 1 noch nicht entschieden ist. [3]Gegen den Beschluß, durch den der Antrag abgelehnt wird, ist eine Beschwerde nicht zulässig.

§ 120 a[2)] Mitteilung des Verbotes. (1) Der Beschluß, durch den ein vorläufiges Tätigkeits- oder Berufsverbot verhängt wird, ist alsbald der Wirtschaftsprüferkammer in beglaubigter Abschrift mitzuteilen.

(2) Tritt das vorläufige Tätigkeits- oder Berufsverbot außer Kraft oder wird es aufgehoben, so gilt Absatz 1 entsprechend.

§ 121[3)] Bestellung eines Vertreters. (1) [1]Für Berufsangehörige, gegen die ein vorläufiges Tätigkeits- oder Berufsverbot verhängt ist, wird im Fall des Bedürfnisses von der Wirtschaftsprüferkammer ein Vertreter bestellt. [2]Vor der Bestellung sind die vom vorläufigen Tätigkeits- oder Berufsverbot betroffenen Berufsangehörigen zu hören; sie können geeignete Vertreter vorschlagen.

(2) Die Vertreter müssen Berufsangehörige sein.

(3) [1]Berufsangehörige, denen die Vertretung übertragen wird, können sie nur aus einem wichtigen Grund ablehnen. [2]Über die Ablehnung entscheidet die Wirtschaftsprüferkammer.

(4) [1]Die Vertreter führen ihr Amt unter eigener Verantwortung, jedoch für Rechnung und auf Kosten der Vertretenen. [2]An Weisungen der Vertretenen sind sie nicht gebunden.

(5) [1]Die Vertretenen haben den Vertretern eine angemessene Vergütung zu zahlen. [2]Auf Antrag der Vertretenen oder der Vertreter setzt der Vorstand der Wirtschaftsprüferkammer die Vergütung fest. [3]Die Vertreter sind befugt, Vor-

---

1) § 120 Abs. 1 geänd. mWv 6. 9. 2007 durch G v. 3. 9. 2007 (BGBl. I S. 2178); Abs. 3 Sätze 1 und 2 geänd. mWv 17. 6. 2016 durch G v. 31. 3. 2016 (BGBl. I S. 518).

2) § 120 a Abs. 1 geänd. mWv 1. 1. 2002 durch G v. 19. 12. 2000 (BGBl. I S. 1769); Abs. 1 und 2 geänd. mWv 6. 9. 2007 durch G v. 3. 9. 2007 (BGBl. I S. 2178).

3) § 121 neu gef. mWv 17. 6. 2016 durch G v. 31. 3. 2016 (BGBl. I S. 518).

schüsse auf die vereinbarte oder festgesetzte Vergütung zu entnehmen. [4]Für die festgesetzte Vergütung haftet die Wirtschaftsprüferkammer wie ein Bürge.

6. Das vorläufige Untersagungsverfahren[1)]

§ 121 a[2)] Voraussetzung des Verfahrens. (1) Sind dringende Gründe für die Annahme vorhanden, dass den betroffenen Berufsangehörigen die Aufrechterhaltung oder Vornahme eines pflichtwidrigen Verhaltens untersagt werden wird, so kann gegen sie durch Beschluss eine vorläufige Untersagung ausgesprochen werden.

(2) Für das weitere Verfahren gelten § 111 Abs. 2 bis § 120 a sinngemäß.

Vierter Abschnitt. Die Kosten in dem berufsgerichtlichen Verfahren. Die Vollstreckung der berufsgerichtlichen Maßnahmen und der Kosten. Die Tilgung[3)]

§ 122[4)] Gerichtskosten. [1]In gerichtlichen Verfahren nach diesem Gesetz werden Gebühren nach dem Gebührenverzeichnis der Anlage zu diesem Gesetz erhoben. [2]Im Übrigen sind die für Kosten in Strafsachen geltenden Vorschriften des Gerichtskostengesetzes entsprechend anzuwenden.

§ 123.[5)] *(aufgehoben)*

§ 124[6)] Kostenpflicht. (1) [1]Berufsangehörigen, die ihren Antrag auf berufsgerichtliche Entscheidung zurücknehmen, deren Antrag auf berufsgerichtliche Entscheidung zurückgewiesen wird oder die in dem berufsgerichtlichen Verfahren verurteilt werden, sind die in dem Verfahren entstandenen Kosten ganz oder teilweise aufzuerlegen. [2]Dasselbe gilt, wenn das berufsgerichtliche Verfahren wegen Erlöschens, Rücknahme oder Widerrufs der Bestellung eingestellt wird und nach dem Ergebnis des bisherigen Verfahrens die Verhängung einer berufsaufsichtlichen Maßnahme gerechtfertigt war; zu den Kosten des berufsgerichtlichen Verfahrens gehören in diesem Fall auch diejenigen, die in einem anschließenden Verfahren zum Zwecke der Beweissicherung (§§ 109 und 110) entstehen. [3]Wird das Verfahren nach § 103 Absatz 3 Nummer 2 eingestellt, kann das Gericht den Berufsangehörigen die in dem Verfahren entstandenen Kosten ganz oder teilweise auferlegen, wenn es dies für angemessen erachtet.

(2) [1]Den Berufsangehörigen, die in dem berufsgerichtlichen Verfahren ein Rechtsmittel zurückgenommen oder ohne Erfolg eingelegt haben, sind die durch dieses Verfahren entstandenen Kosten aufzuerlegen. [2]Hatte das Rechts-

---

1) 6. Teil eingef. mWv 1. 1. 2004 durch G v. 1. 12. 2003 (BGBl. I S. 2446).
2) § 121 a eingef. mWv 1. 1. 2004 durch G v. 1. 12. 2003 (BGBl. I S. 2446).
3) Überschrift 4. Abschn geänd. mWv 17. 6. 2016 durch G v. 31. 3. 2016 (BGBl. I S. 518).
4) § 122 neu gef. mWv 17. 6. 2016 durch G v. 31. 3. 2016 (BGBl. I S. 518).
5) § 123 aufgeh. mWv 17. 6. 2016 durch G v. 31. 3. 2016 (BGBl. I S. 518).
6) § 124 neu gef. mWv 17. 6. 2016 durch G v. 31. 3. 2016 (BGBl. I S. 518).

mittel teilweise Erfolg, so kann den Berufsangehörigen ein angemessener Teil dieser Kosten auferlegt werden.

(3) Für die Kosten, die durch einen Antrag auf Wiederaufnahme des durch ein rechtskräftiges Urteil abgeschlossenen Verfahrens verursacht worden sind, ist Absatz 2 entsprechend anzuwenden.

(4) [1] Werden Berufsangehörige unter Aufhebung der angefochtenen Entscheidung freigesprochen, so sind die notwendigen Auslagen der Berufsangehörigen der Staatskasse aufzuerlegen. [2] Auslagen, die weder den Berufsangehörigen noch Dritten auferlegt oder die von den Berufsangehörigen nicht eingezogen werden können, fallen der Staatskasse zur Last.

§ 124 a.[1] *(aufgehoben)*

§ 125.[2] *(aufgehoben)*

§ 126[3] **Vollstreckung der berufsgerichtlichen Maßnahmen und der Kosten.** (1) Die Ausschließung aus dem Beruf wird mit der Unanfechtbarkeit der Entscheidung über die berufsaufsichtliche Maßnahme wirksam.

(2) [1] Die Vollstreckung einer Geldbuße und eines Tätigkeitsverbots nach § 68 Absatz 1 Satz 2 Nummer 4 sowie die Beitreibung der Kosten werden nicht dadurch gehindert, dass der oder die Berufsangehörige nach rechtskräftigem Abschluss des Verfahrens aus dem Beruf ausgeschieden ist. [2] Werden zusammen mit einer Geldbuße die Kosten des Verfahrens beigetrieben, so gelten auch für die Kosten die Vorschriften über die Vollstreckung der Geldbuße.

§ 126 a[4] **Tilgung.** (1) [1] Eintragungen in den über Berufsangehörige geführten Akten über berufsaufsichtliche Maßnahmen nach § 68 Absatz 1 Satz 2 sind nach zehn Jahren zu tilgen. [2] Die Frist beträgt nur fünf Jahre für

1. Rügen nach § 68 Absatz 1 Satz 2 Nummer 1,
2. Geldbußen nach § 68 Absatz 1 Satz 2 Nummer 2 bis zu 10 000 Euro und
3. Feststellungen nach § 68 Absatz 1 Satz 2 Nummer 7.

[3] Die über berufsaufsichtliche Maßnahmen entstandenen Vorgänge sind bei Fristablauf aus den über Berufsangehörige geführten Akten zu entfernen und zu vernichten. [4] Nach Ablauf der Frist dürfen diese Maßnahmen bei weiteren berufsaufsichtlichen Maßnahmen nicht mehr berücksichtigt werden.

(2) [1] Die Frist beginnt mit dem Tag, an dem die berufsaufsichtliche Maßnahme unanfechtbar geworden ist. [2] Für die Entfernung und Vernichtung beginnt die Frist mit dem auf das Jahr, in dem die berufsaufsichtliche Maßnahme unanfechtbar geworden ist, folgenden Jahr.

(3) Die Frist endet nicht, solange gegen die Berufsangehörigen ein Strafverfahren, ein berufsaufsichtliches Verfahren oder ein Disziplinarverfahren

---

[1] § 124 a aufgeh. mWv 17. 6. 2016 durch G v. 31. 3. 2016 (BGBl. I S. 518).
[2] § 125 aufgeh. mWv 17. 6. 2016 durch G v. 31. 3. 2016 (BGBl. I S. 518).
[3] § 126 neu gef. mWv 17. 6. 2016 durch G v. 31. 3. 2016 (BGBl. I S. 518).
[4] § 126 a neu gef. mWv 17. 6. 2016 durch G v. 31. 3. 2016 (BGBl. I S. 518).

schwebt, eine andere berufsaufsichtliche Maßnahme berücksichtigt werden darf oder ein auf Geldbuße lautendes Urteil noch nicht vollstreckt ist.

(4) Nach Ablauf der Frist gelten Berufsangehörige als von berufsaufsichtlichen Maßnahmen nicht betroffen.

(5) [1]Eintragungen über strafgerichtliche Verurteilungen oder über andere Entscheidungen in Verfahren wegen Straftaten, Ordnungswidrigkeiten oder der Verletzung von Berufspflichten, die nicht zu einer berufsaufsichtlichen Maßnahme geführt haben, sowie über Belehrungen der Wirtschaftsprüferkammer sind nach fünf Jahren zu tilgen. [2]Absatz 1 Satz 3 und die Absätze 2 und 3 gelten entsprechend.

Fünfter Abschnitt. Anzuwendende Vorschriften

§ 127[1)] **Anzuwendende Vorschriften.** Für die Berufsgerichtsbarkeit sind ergänzend das Gerichtsverfassungsgesetz und die Strafprozeßordnung sinngemäß anzuwenden.

Siebenter Teil. Vereidigte Buchprüfer und Buchprüfungsgesellschaften[2)]

§ 128[3)] **Berufszugehörigkeit und Berufsbezeichnung.** (1) [1]Vereidigter Buchprüfer ist, wer nach den Vorschriften dieses Gesetzes als solcher anerkannt oder bestellt ist; wird ein vereidigter Buchprüfer zum Wirtschaftsprüfer bestellt, so erlischt die Bestellung als vereidigter Buchprüfer. [2]Buchprüfungsgesellschaften sind die nach den Vorschriften dieses Gesetzes anerkannten Buchprüfungsgesellschaften; wird eine Buchprüfungsgesellschaft als Wirtschaftsprüfungsgesellschaft anerkannt, so erlischt die Anerkennung als Buchprüfungsgesellschaft.

(2) [1]Vereidigte Buchprüfer haben im beruflichen Verkehr die Berufsbezeichnung „vereidigter Buchprüfer", Buchprüfungsgesellschaften die Bezeichnung „Buchprüfungsgesellschaft" zu führen. [2]Frauen können die Berufsbezeichnung „vereidigte Buchprüferin" führen.

(3) [1]Vereidigte Buchprüfer und Buchprüfungsgesellschaften sind Mitglieder der Wirtschaftsprüferkammer. [2]Im übrigen gilt § 58 Abs. 1 entsprechend.

§ 129[4)] **Inhalt der Tätigkeit.** (1) [1]Vereidigte Buchprüfer haben die berufliche Aufgabe, Prüfungen auf dem Gebiete des betrieblichen Rechnungswesens, insbesondere Buch- und Bilanzprüfungen, durchzuführen. [2]Sie können über das Ergebnis ihrer Prüfungen Prüfungsvermerke erteilen. [3]Zu den Prüfungsvermerken gehören auch Bestätigungen und Feststellungen, die vereidigte

---

[1)] § 127 geänd. mWv 31. 12. 2006 durch G v. 22. 12. 2006 (BGBl. I S. 3416).
[2)] Bish. 6. Teil wird 7. Teil mWv 1. 1. 2005 durch G v. 27. 12. 2004 (BGBl. I S. 3846).
[3)] § 128 Abs. 2 Satz 2 angef. mWv 1. 1. 1995 durch G v. 15. 7. 1994 (BGBl. I S. 1569).
[4)] § 129 Abs. 2 und 3 neu gef. mWv 1. 1. 1995 durch G v. 15. 7. 1994 (BGBl. I S. 1569); Abs. 1 Satz 4 geänd. mWv 9. 3. 2000 durch G v. 24. 2. 2000 (BGBl. I S. 154).

Buchprüfer auf Grund gesetzlicher Vorschriften vornehmen. [4]Zu den beruflichen Aufgaben des vereidigten Buchprüfers gehört es insbesondere, die Prüfung des Jahresabschlusses von mittelgroßen Gesellschaften mit beschränkter Haftung und Personenhandelsgesellschaften im Sinne des § 264a des Handelsgesetzbuchs (§ 267 Abs. 2des Handelsgesetzbuchs) nach § 316 Abs. 1 Satz 1 des Handelsgesetzbuchs durchzuführen.

(2) [1]Vereidigte Buchprüfer sind befugt, ihre Auftraggeber in steuerlichen Angelegenheiten nach Maßgabe der bestehenden Vorschriften zu beraten und zu vertreten. [2]In Angelegenheiten, die das Abgabenrecht fremder Staaten betreffen, sind sie zur geschäftsmäßigen Hilfe in Steuersachen befugt; die entsprechenden Befugnisse Dritter bleiben unberührt.

(3) Vereidigte Buchprüfer sind weiter befugt

1. unter Berufung auf ihren Berufseid auf den Gebieten des betrieblichen Rechnungswesens als Sachverständige aufzutreten;
2. in wirtschaftlichen Angelegenheiten zu beraten und fremde Interessen zu wahren;
3. zur treuhänderischen Verwaltung.

§ 130[1)] Anwendung von Vorschriften des Gesetzes. (1) [1]Auf vereidigte Buchprüfer finden § 1 Abs. 2 und § 3 sowie die Bestimmungen des Dritten, Sechsten, Siebenten und Achten Abschnitts des Zweiten Teils und des Dritten, Fünften und Sechsten Teils entsprechende Anwendung. [2]Im berufsgerichtlichen Verfahren gegen vereidigte Buchprüfer können vereidigte Buchprüfer und Wirtschaftsprüfer als Beisitzer berufen werden.

(2) [1]Auf Buchprüfungsgesellschaften finden § 1 Absatz 3, § 3, die Bestimmungen des Dritten, Fünften, Sechsten, Siebten und Achten Abschnitts des Zweiten Teils und die Bestimmungen des Dritten Teils sowie § 71 Absatz 2 entsprechende Anwendung. [2]Sobald die Zahl der gesetzlichen Vertreter (§ 28 Abs. 1), die Berufsangehörige sind, die Zahl der gesetzlichen Vertreter, die vereidigte Buchprüfer oder vereidigte Buchprüferinnen sind, übersteigt, ist der Antrag auf Anerkennung als Wirtschaftsprüfungsgesellschaft zu stellen, sofern die übrigen Anerkennungsvoraussetzungen insbesondere nach § 28 vorliegen. [3]Die Anerkennung als Buchprüfungsgesellschaft ist zurückzunehmen oder zu widerrufen, wenn bei Vorliegen der Voraussetzungen des Absatzes 2 Satz 2 ein Antrag auf Anerkennung als Wirtschaftsprüfungsgesellschaft unterbleibt.

(3) [1]Die §§ 57a bis 57g gelten für die Qualitätskontrolle bei vereidigten Buchprüfern in eigener Praxis und Buchprüfungsgesellschaften entsprechend. [2]Prüfer für Qualitätskontrolle können auch vereidigte Buchprüfer oder Buch-

---

1) § 130 Abs. 1 Satz 1 geänd. sowie Abs. 2 neu gef. mWv 1. 1. 1995 durch G v. 15. 7. 1994 (BGBl. I S. 1569); Abs. 3 angef. mWv 1. 1. 2001 durch G v. 19. 12. 2000 (BGBl. I S. 1769); Abs. 1 Satz 1 und Abs. 2 Satz 1 geänd. mWv 1. 1. 2002 durch G v. 10. 12. 2001 (BGBl. I S. 3414); Abs. 1 geänd., Abs. 2 neu gef. mWv 1. 1. 2004 durch G v. 1. 12. 2003 (BGBl. I S. 2446); Abs. 1 Satz 1 geänd. mWv 1. 1. 2005 durch G v. 27. 12. 2004 (BGBl. I S. 3846); Abs. 2 Satz 2 neu gef., Abs. 3 Satz 2 HS 2 angef. mWv 6. 9. 2007 durch G v. 3. 9. 2007 (BGBl. I S. 2178); Abs. 2 Satz 1 geänd. mWv 17. 6. 2016 durch G v. 31. 3. 2016 (BGBl. I S. 518).

prüfungsgesellschaften sein; sie können Qualitätskontrollen nur bei vereidigten Buchprüfern und Buchprüfungsgesellschaften durchführen. [3]Für die Registrierung von vereidigten Buchprüfern oder Buchprüfungsgesellschaften gilt § 57 a Abs. 3 entsprechend.

Achter Teil. EU- und EWR-Abschlussprüfungsgesellschaften[1)]

§ 131[1)] **Prüfungstätigkeit von EU- und EWR-Abschlussprüfungsgesellschaften.** [1]Eine EU- oder EWR-Abschlussprüfungsgesellschaft darf unter der Berufsbezeichnung ihres Herkunftsstaats Abschlussprüfungen nach § 316 des Handelsgesetzbuchs durchführen, wenn der für die jeweilige Prüfung verantwortliche Prüfungspartner im Sinne des § 319 a Absatz 1 Satz 4 und Absatz 2 Satz 2 des Handelsgesetzbuchs gemäß den Vorgaben des Zweiten Abschnitts des Zweiten Teils oder dem Neunten Teil zugelassen ist. [2]Entsprechendes gilt für sonstige Tätigkeiten nach § 2 Absatz 1 und 3 und Aufgaben, die Wirtschaftsprüfern oder Buchprüfern vorbehalten sind. [3]Die EU- oder EWR-Abschlussprüfungsgesellschaft ist verpflichtet, sich nach § 131 a registrieren zu lassen; soweit Abschlussprüfungen nach § 316 des Handelsgesetzbuchs durchgeführt werden, ist sie auch verpflichtet, ihre Tätigkeit nach § 57 a Absatz 1 Satz 2 anzuzeigen.

§ 131 a[1)] **Registrierungsverfahren.** [1]EU- und EWR-Abschlussprüfungsgesellschaften, die nach § 131 tätig werden wollen, haben der Wirtschaftsprüferkammer zum Zwecke ihrer Registrierung die in § 38 Nummer 4 in Verbindung mit den Nummern 2 und 3 genannten Angaben mitzuteilen sowie eine Bescheinigung der zuständigen Stelle des Herkunftsstaats über ihre dortige Zulassung und Registrierung vorzulegen. [2]Die Bescheinigung darf nicht älter als drei Monate sein. [3]Die Wirtschaftsprüferkammer erkundigt sich bei der zuständigen Stelle des Herkunftsstaats, ob die Abschlussprüfungsgesellschaft dort zugelassen und registriert ist. [4]Die Wirtschaftsprüferkammer informiert die zuständige Stelle des Herkunftsstaats über die Eintragung nach § 38 Nummer 4.

§ 131 b[1)] **Überwachung der EU- und EWR-Abschlussprüfungsgesellschaften.** [1]Soweit nichts anderes geregelt ist, unterliegen EU- und EWR-Abschlussprüfungsgesellschaften im Hinblick auf ihre Tätigkeiten nach § 131 Satz 1 und 2 den Vorschriften dieses Gesetzes, insbesondere denjenigen der Berufsaufsicht (§§ 61 a bis 71) und der Berufsgerichtsbarkeit (§§ 71 a bis 127). [2]Hinsichtlich der Inspektionen und der sonstigen Qualitätssicherungsprüfungen im Sinne des Artikels 29 der Richtlinie 2006/43/EG unterliegen sie der Aufsicht des Herkunftsstaats. [3]Die Abschlussprüferaufsichtsstelle arbeitet nach

[1)] Achter Teil (§§ 131 bis 131 b neu gef. mWv 17. 6. 2016 durch G v. 31. 3. 2016 (BGBl. I S. 518).

§ 66c mit den zuständigen Stellen der Herkunftsstaaten und gegebenenfalls anderer Aufnahmestaaten zusammen.

Neunter Teil. Eignungsprüfung als Wirtschaftsprüfer[1)]

§ 131 g[2)·3)] Zulassung zur Eignungsprüfung als Wirtschaftsprüfer. (1) Eine Person, die in einem Mitgliedstaat oder in einem anderen Vertragsstaat des Abkommens über den Europäischen Wirtschaftsraum oder der Schweiz außerhalb des Geltungsbereichs dieses Gesetzes als Abschlussprüfer zugelassen ist, kann abweichend von den Vorschriften des Ersten und Zweiten Abschnitts des Zweiten Teils als Wirtschaftsprüfer bestellt werden, wenn sie eine Eignungsprüfung als Wirtschaftsprüfer abgelegt hat.

(2) [1]Über die Zulassung zur Eignungsprüfung entscheidet die Prüfungsstelle; der Antrag ist schriftlich oder elektronisch einzureichen. [2]Die §§ 13 bis 13b finden entsprechende Anwendung.

§ 131 h[4)] Eignungsprüfung als Wirtschaftsprüfer. (1) Bewerber und Bewerberinnen, die zugelassen worden sind, legen die Eignungsprüfung vor der Prüfungskommission ab.

(2) [1]Bei der Eignungsprüfung wird überprüft, ob der Bewerber oder die Bewerberin über angemessene Kenntnisse der für die Abschlussprüfung relevanten Rechtsvorschriften der Bundesrepublik Deutschland verfügt. [2]Die Eignungsprüfung muss dem Umstand Rechnung tragen, dass der Bewerber oder

---

1) Überschrift geänd. mWv 1. 1. 2004 durch G v. 1. 12. 2003 (BGBl. I S. 2446); bish. 8. Teil wird 9. Teil mWv 1. 1. 2005 durch G v. 27. 12. 2004 (BGBl. I S. 3846).

2) § 131 g Abs. 3 Satz 7 geänd. mWv 1. 1. 2002 durch G v. 19. 12. 2000 (BGBl. I S. 1769); Abs. 3 Satz 2 geänd. mWv 1. 2. 2003 durch G v. 21. 8. 2002 (BGBl. I S. 3322); Abs. 1 und Abs. 2 Satz 2 geänd. mWv 1. 11. 2003 durch G v. 26. 10. 2003 (BGBl. I S. 2074); Abs. 3 neu gef. mWv 1. 1. 2004 durch G v. 1. 12. 2003 (BGBl. I S. 2446); Abs. 1 und 2 Satz 2 geänd. mWv 6. 9. 2007 durch G v. 3. 9. 2007 (BGBl. I S. 2178); Abs. 1 Satz 1 und Abs. 2 Satz 2 geänd. mWv 29. 5. 2009 durch G v. 25. 5. 2009 (BGBl. I S. 1102); Abs. 1 geänd. mWv 1. 4. 2012 durch G v. 6. 12. 2011 (BGBl. I S. 2515); Abs. 1 geänd., Abs. 2 aufgeh., bish. Abs. 3 wird Abs. 2 und Satz 1 geänd. mWv 17. 6. 2016 durch G v. 31. 3. 2016 (BGBl. I S. 518).

3) Siehe dazu auch Art. 115 Nr. 7 des ÄndG v. 27. 4. 1993:

„7. Artikel 50 Nr. 3 Buchstabe a [= Änderungen des § 131 g Abs. 1] ist auf in der Schweiz, Liechtenstein, Finnland, Island, Norwegen, Österreich oder Schweden ausgestellte Diplome im Sinne von § 131 g Abs. 1 und 2 der Wirtschaftsprüferordnung mit Beginn des Tages anwendbar, an dem der jeweilige Vertragsstaat die Achte Richtlinie 84/253/EWG des Rates vom 10. April 1984 auf Grund von Artikel 54 Abs. 3 Buchstabe g des Vertrages über die Zulassung der mit der Pflichtprüfung der Rechnungslegungsunterlagen beauftragten Personen vollständig durchgeführt hat, im Fall der Schweiz und Liechtensteins spätestens am 1. Januar 1996, im Fall von Finnland, Island, Norwegen, Österreich und Schweden spätestens am 1. Januar 1995. Der Bundesminister für Wirtschaft gibt diesen Tag jeweils im Bundesgesetzblatt bekannt."

4) § 131 h Abs. 4 angef. mWv 1. 1. 1995 durch G v. 15. 7. 1994 (BGBl I S. 1569); Abs. 2 Satz 2 geänd. mWv 1. 11. 2003 durch G v. 26. 10. 2003 (BGBl. I S. 2074); Abs. 1 neu gef., Abs. 4 aufgeh.. mWv 1. 1. 2004 durch G v. 1. 12. 2003 (BGBl. I S. 2446); Abs. 2 Satz 2 neu gef. mWv 6. 9. 2007 durch G v. 3. 9. 2007 (BGBl. I S. 2178); Abs. 1 geänd., Abs. 2 Satz 1 neu gef. mWv 17. 6. 2016 durch G v. 31. 3. 2016 (BGBl. I S. 518).

die Bewerberin in einem Mitgliedstaat der Europäischen Union oder in einem anderen Vertragsstaat des Abkommens über den Europäischen Wirtschaftsraum oder in der Schweiz über die beruflichen Voraussetzungen verfügt, die für die Zulassung zur Pflichtprüfung von Jahresabschlüssen und anderer Rechnungsunterlagen in diesem Staat erforderlich sind.

(3) [1]Die Prüfung gliedert sich in eine schriftliche und eine mündliche Prüfung. [2]Sie wird in deutscher Sprache abgelegt. [3]Prüfungsgebiete sind durch Rechtsverordnung näher zu bestimmende Bereiche des Wirtschaftlichen Prüfungswesens (rechtliche Vorschriften), des Wirtschaftsrechts, des Steuerrechts und das Berufsrecht der Wirtschaftsprüfer.

§ 131 i[1)] Anwendung des Berufsqualifikationsfeststellungsgesetzes. Das Berufsqualifikationsfeststellungsgesetz findet mit Ausnahme des § 17 keine Anwendung.

§ 131j.[2)] *(aufgehoben)*

§ 131 k[3)] Bestellung. Auf die Bestellung der Personen, die die Prüfung nach § 131h bestanden haben, als Wirtschaftsprüfer findet der Dritte Abschnitt des Zweiten Teils entsprechende Anwendung.

§ 131 l[4)] Rechtsverordnung. [1]Das Bundesministerium für Wirtschaft und Energie wird ermächtigt, durch Rechtsverordnung für die Prüfung nach § 131h Bestimmungen zu erlassen über die Zusammensetzung der Prüfungskommission und die Berufung ihrer Mitglieder, die Einzelheiten der Prüfung, der Prüfungsgebiete und des Prüfungsverfahrens, insbesondere über die in § 14 bezeichneten Angelegenheiten, den Erlass von Prüfungsleistungen sowie die Zulassung zur Eignungsprüfung von Bewerbenden, welche die Voraussetzungen des Artikels 13 Absatz 2 der Richtlinie 2005/36/EG in der jeweils geltenden Fassung erfüllen. [2]Die Rechtsverordnung bedarf nicht der Zustimmung des Bundesrates.

§ 131 m[5)] Bescheinigungen des Herkunftsmitgliedstaats. Soweit es für die Entscheidung über die Bestellung als Wirtschaftsprüfer der Vorlage oder Anforderung von

---

1) § 131i eingef. mWv 1.4.2012 durch G v. 6.12.2011 (BGBl. I S. 2515).

2) § 131j aufgeh. mWv 1.1.2004 durch G v. 1.12.2003 (BGBl. I S. 2446)

3) § 131k Satz 2 geänd. sowie Satz 3 angef. mWv 1.1.1995 durch G v. 15.7.1994 (BGBl. I S. 1569); Satz 2 geänd. mWv 1.1.2001 durch G v. 19.12.2000 (BGBl. I S. 1769); Satz 1 geänd. mWv 1.1.2004 durch G v. 1.12.2003 (BGBl. I S. 2446); Sätze 2 und 3 aufgeh., bish. Satz 1 wird alleiniger Wortlaut mWv 6.9.2007 durch G v. 3.9.2007 (BGBl. I S. 2178).

4) § 131l neu gef. mWv 1.1.2004 durch G v. 1.12.2003 (BGBl. I S. 2446; Satz 1 geänd. mWv 8.11.2006 durch VO v. 31.10.2006 (BGBl. I S. 2407); Satz 1 geänd. mWv 8.9.2015 durch VO v. 31.8.2015 (BGBl. I S. 1474); Satz 1 geänd. mWv 17.6.2016 durch G v. 31.3.2016 (BGBl. I S. 518); Satz 1 geänd. mWv 30.7.2020 durch G v. 19.6.2020 (BGBl. I S. 1403).

5) § 131m geänd. mWv 1.1.2004 durch G v. 1.12.2003 (BGBl. I S. 2446); Überschrift und abschl. Satzteil geänd. mWv 17.6.2016 durch G v. 31.3.2016 (BGBl. I S. 518).

1. Bescheinigungen oder Urkunden darüber, daß keine schwerwiegenden beruflichen Verfehlungen, Straftaten oder sonstige, die Eignung des Bewerbers für den Beruf des Wirtschaftsprüfers in Frage stellende Umstände bekannt sind,
2. Bescheinigungen oder Urkunden darüber, daß sich der Bewerber nicht im Konkurs befindet,
3. Bescheinigungen über die körperliche oder geistige Gesundheit,
4. Führungszeugnissen

des Herkunftsmitgliedstaats bedarf, genügt eine Bescheinigung oder Urkunde im Sinne des Artikels 50 Absatz 1 in Verbindung mit Anhang VII Nummer 1 Buchstabe d und e der Richtlinie 2005/36/EG.

§ 131n.[1] *(aufgehoben)*

Zehnter Teil. Straf- und Bußgeldvorschriften[2]

§ 132[3] **Verbot verwechslungsfähiger Berufsbezeichnungen; Siegelimitate.** (1) Untersagt ist

1. das Führen der Berufsbezeichnung „Buchprüfer", „Bücherrevisor" oder „Wirtschaftstreuhänder" oder
2. das nach dem Recht eines anderen Staates berechtigte Führen der Berufsbezeichnungen „Wirtschaftsprüfer", „Wirtschaftsprüferin", „vereidigter Buchprüfer" oder „vereidigte Buchprüferin", ohne dass der andere Staat angegeben wird.

(2) Siegel dürfen nur im geschäftlichen Verkehr verwendet werden, wenn sie den Bestimmungen über die Gestaltung des Siegels nach Maßgabe der Berufssatzung nach § 48 Abs. 2 entsprechen.

(3) Ordnungswidrig handelt, wer

1. entgegen Absatz 1 Nr. 1 oder 2 eine Berufsbezeichnung führt oder
2. entgegen Absatz 2 ein Siegel verwendet.

(4) Die Ordnungswidrigkeit kann mit einer Geldbuße bis zu 5000 Euro geahndet werden.

§ 133[4] **Schutz der Bezeichnung „Wirtschaftsprüfungsgesellschaft" und „Buchprüfungsgesellschaft".** (1) Ordnungswidrig handelt, wer die

---

[1] § 131n aufgeh. mWv 1.1.2004 durch G v. 1.12.2003 (BGBl. I S. 2446).

[2] 9. Teil Überschrift geänd. mWv 1.1.2001 durch G v. 19.12.2000 (BGBl. I S. 1769); bish. 9. Teil wird 10. Teil mWv 1.1.2005 durch G v. 27.12.2004 (BGBl. I S. 3846).

[3] § 132 neu gef. mWv 6.9.2007 durch G v. 3.9.2007 (BGBl. I S. 2178); Abs. 4 Satz 2 aufgeh. mWv 9.12.2010 durch G v. 2.12.2010 (BGBl. I S. 1746).

[4] § 133 Abs. 1 neu gef. sowie Abs. 2 geänd. mWv 1.1.1995 durch G v. 15.7.1994 (BGBl. I S. 1569); Abs. 2 Satz 1 geänd., Abs. 3 angef. mWv 1.1.2002 durch G v. 19.12.2000 (BGBl. I S. 1769); Abs. 3 neu gef. mWv 1.1.2004 durch G v. 1.12.2003 (BGBl. I S. 2446); Abs. 2 Satz 2 angef., Abs. 3 aufgeh. mWv 29.5.2009 durch G v. 25.5.2009 (BGBl. I S. 1102); Abs. 2 Satz 2 aufgeh. mWv 9.12.2010 durch G v. 2.12.2010 (BGBl. I S. 1746).

Bezeichnung „Wirtschaftsprüfungsgesellschaft" oder „Buchprüfungsgesellschaft" oder eine einer solchen zum Verwechseln ähnliche Bezeichnung für eine Gesellschaft gebraucht, obwohl diese nicht als solche anerkannt ist.

(2) Die Ordnungswidrigkeit kann mit einer Geldbuße bis zu 10 000 Euro geahndet werden.

§ 133a[1)] Unbefugte Ausübung einer Führungsposition bei dem geprüften Unternehmen. (1) Ordnungswidrig handelt, wer entgegen § 43 Abs. 3 eine wichtige Führungsposition ausübt.

(2) Die Ordnungswidrigkeit kann mit einer Geldbuße bis zu fünfzigtausend Euro geahndet werden.

§ 133b[2)] Unbefugte Verwertung fremder Betriebs- oder Geschäftsgeheimnisse. (1) Mit Freiheitsstrafe bis zu zwei Jahren oder mit Geldstrafe wird bestraft, wer entgegen § 66b Abs. 2 ein fremdes Geheimnis verwertet.

(2) Die Tat wird nur auf Antrag verfolgt.

§ 133c[3)] Unbefugte Offenbarung fremder Betriebs- oder Geschäftsgeheimnisse. (1) Mit Freiheitsstrafe bis zu einem Jahr oder mit Geldstrafe wird bestraft, wer entgegen § 66b Abs. 2 ein fremdes Geheimnis offenbart.

(2) Handelt der Täter gegen Entgelt oder in der Absicht, sich oder einen anderen zu bereichern oder einen anderen zu schädigen, ist die Strafe Freiheitsstrafe bis zu zwei Jahren oder Geldstrafe.

(3) Die Tat wird nur auf Antrag verfolgt.

§ 133d[4)] Verwaltungsbehörde. [1]Verwaltungsbehörde im Sinne des § 36 Absatz 1 Nummer 1 des Gesetzes über Ordnungswidrigkeiten ist für Ordnungswidrigkeiten nach § 132 Absatz 3, § 133 Absatz 1 und § 133a Absatz 1 die Wirtschaftsprüferkammer. [2]Das Gleiche gilt für durch Mitglieder der Wirtschaftsprüferkammer im Sinne des § 58 Absatz 1 Satz 1 begangene Ordnungswidrigkeiten nach § 56 des Geldwäschegesetzes und nach § 6 der Dienstleistungs-Informationspflichten-Verordnung.

§ 133e[5)] Verwendung der Geldbußen. (1) Die Geldbußen fließen in den Fällen von § 132 Absatz 3, § 133 Absatz 1, § 133a Absatz 1 sowie § 56 des Geldwäschegesetzes und § 6 der Dienstleistungs-Informationspflichten-Verordnung in die Kasse der Verwaltungsbehörde, die den Bußgeldbescheid erlassen hat.

[1)] § 133a eingef. mWv 29.5.2009 durch G v. 25.5.2009 (BGBl. I S. 1102); Abs. 2 Satz 2 aufgeh. mWv 9.12.2010 durch G v. 2.12.2010 (BGBl. I S. 1746).

[2)] Bish. § 133a wird § 133b mWv 29.5.2009 durch G v. 25.5.2009 (BGBl. I S. 1102).

[3)] Bish. § 133b wird § 133c mWv 29.5.2009 durch G v. 25.5.2009 (BGBl. I S. 1102).

[4)] § 133d neu gef. mWv 9.12.2010 durch G v. 2.12.2010 (BGBl. I S. 1746); Satz 2 Verweis geänd. mWv 26.6.2017 durch G v. 23.6.2017 (BGBl. I S. 1822).

[5)] § 133e eingef. mWv 9.12.2010 durch G v. 2.12.2010 (BGBl. I S. 1746); Abs. 1 Verweis geänd. mWv 26.6.2017 durch G v. 23.6.2017 (BGBl. I S. 1822).

(2) [1]Die nach Absatz 1 zuständige Kasse trägt abweichend von § 105 Absatz 2 des Gesetzes über Ordnungswidrigkeiten die notwendigen Auslagen. [2]Sie ist auch ersatzpflichtig im Sinne des § 110 Absatz 4 des Gesetzes über Ordnungswidrigkeiten.

Elfter Teil. Übergangs- und Schlußvorschriften[1)]

§ 134[2)] Anwendung von Vorschriften dieses Gesetzes auf Abschlussprüfer, Abschlussprüferinnen und Abschlussprüfungsgesellschaften aus Drittstaaten. (1) [1]Abschlussprüfer, Abschlussprüferinnen und Abschlussprüfungsgesellschaften aus Drittstaaten, bei denen keine Bestellung oder Anerkennung nach diesem Gesetz oder dem Recht eines anderen Mitgliedstaats der Europäischen Union oder eines anderen Vertragsstaats des Abkommens über den Europäischen Wirtschaftsraum vorliegt (Drittstaatsprüfer und Drittstaatsprüfungsgesellschaften), sind verpflichtet, sich nach den Vorschriften des Siebten Abschnitts des Zweiten Teils eintragen zu lassen, wenn sie beabsichtigen, den Bestätigungsvermerk für einen gesetzlich vorgeschriebenen Jahresabschluss oder Konzernabschluss einer Gesellschaft mit Sitz außerhalb der Europäischen Union und des Europäischen Wirtschaftsraums zu erteilen, deren übertragbare Wertpapiere zum Handel an einem geregelten Markt im Sinne von Artikel 4 Absatz 1 Nummer 14 der Richtlinie 2004/39/EG des Europäischen Parlaments und des Rates vom 21. April 2004 über Märkte für Finanzinstrumente, zur Änderung der Richtlinien 85/611/EWG und 93/6/EWG des Rates und der Richtlinie 2000/12/EG des Europäischen Parlaments und des Rates und zur Aufhebung der Richtlinie 93/22/EWG des Rates (ABl. L 145 vom 30.4.2004, S. 1) in der jeweils geltenden Fassung in Deutschland zugelassen sind. [2]Die Pflicht, sich eintragen zu lassen, gilt nicht bei Bestätigungsvermerken für Gesellschaften, die ausschließlich zum Handel an einem geregelten Markt eines Mitgliedstaats der Europäischen Union zugelassene Schuldtitel im Sinne des Artikels 2 Absatz 1 Buchstabe b der Richtlinie 2004/109/EG des Europäischen Parlaments und des Rates vom 15. Dezember 2004 zur Harmonisierung der Transparenzanforderungen in Bezug auf Informationen über Emittenten, deren Wertpapiere zum Handel auf einem geregelten Markt zugelassen sind, und zur Änderung der Richtlinie 2001/34/EG (ABl. L 390 vom 31.12.2004, S. 38) in der jeweils geltenden Fassung begeben, wenn diese Schuldtitel

1. eine Mindeststückelung zu je 100 000 Euro oder einen am Ausgabetag entsprechenden Gegenwert einer anderen Währung aufweisen oder

---

1) Bish. 10. Teil wird 11. Teil mWv 1.1.2005 durch G v. 27.12.2004 (BGBl. I S. 3846).

2) § 134 neu eingef. mWv 6.9.2007 durch G v. 3.9.2007 (BGBl. I S. 2178); Abs. 2a eingef., Abs. 4 neu gef. mWv 29.5.2009 durch G v. 25.5.2009 (BGBl. I S. 1102); Abs. 4 Sätze 3, 5 und 6 geänd. mWv 8.9.2015 durch VO v. 31.8.2015 (BGBl. I S. 1474); Abs. 1 und 3 Satz 1 neu gef., Abs. 2 Satz 2 angef., Satz 1 einl. Satzteil und Nr. 4 geänd., Abs. 3 Sätze 2 und 3, Abs. 4 Sätze 1, 4, 7 und 8 geänd. mWv 17.6.2016 durch G v. 31.3.2016 (BGBl. I S. 518).

2. eine Mindeststückelung zu je 50 000 Euro oder einen am Ausgabetag entsprechenden Gegenwert einer anderen Währung aufweisen und vor dem 31. Dezember 2010 begeben worden sind.

(2) [1] Drittstaatsprüfungsgesellschaften können nur eingetragen werden, wenn

1. sie die Voraussetzungen erfüllen, die denen des Fünften Abschnitts des Zweiten Teils gleichwertig sind,
2. die Person, welche die Prüfung im Namen der Drittstaatsprüfungsgesellschaft durchführt, diejenigen Voraussetzungen erfüllt, die denen des Ersten Abschnitts des Zweiten Teils gleichwertig sind,
3. die Prüfungen nach den internationalen Prüfungsstandards und den Anforderungen an die Unabhängigkeit oder nach gleichwertigen Standards und Anforderungen durchgeführt werden und
4. sie auf ihrer Website einen jährlichen Transparenzbericht veröffentlichen, der die in Artikel 13 der Verordnung (EU) Nr. 537/2014 genannten Informationen enthält, oder sie gleichwertige Bekanntmachungsanforderungen erfüllen.

[2] Entsprechendes gilt für Drittstaatsprüfer, wenn die Voraussetzungen entsprechend Absatz 1 und den Nummern 2 bis 4 vorliegen.

(2a) Liegen die Voraussetzungen des Absatzes 1 und 2 vor, erteilt die Wirtschaftsprüferkammer dem eingetragenen Abschlussprüfer, der Abschlussprüferin oder der Abschlussprüfungsgesellschaft eine Eintragungsbescheinigung.

(3) [1] Die nach den Absätzen 1 und 2 eingetragenen Drittstaatsprüfer und Drittstaatsprüfungsgesellschaften unterliegen im Hinblick auf ihre Tätigkeit nach Absatz 1 den Vorschriften der Qualitätskontrolle (§§ 57a bis 57g), der Berufsaufsicht (§§ 61a bis 71) sowie der Berufsgerichtsbarkeit (§§ 71a bis 127). [2] Von der Durchführung einer Qualitätskontrolle kann abgesehen werden, wenn in einem anderen Mitgliedstaat der Europäischen Union in den vorausgegangenen drei Jahren bereits eine Qualitätskontrolle bei dem Drittstaatsprüfer oder bei der Drittstaatsprüfungsgesellschaft durchgeführt worden ist. [3] Satz 2 gilt entsprechend, wenn in einem Drittstaat in den vorangegangenen drei Jahren bereits eine Qualitätskontrolle bei dem Drittstaatsprüfer oder bei der Drittstaatsprüfungsgesellschaft durchgeführt worden ist, wenn die dortige Qualitätskontrolle aufgrund der Bewertung gemäß Absatz 4 als gleichwertig anerkannt wurde.

(4) [1] Von der Eintragung und deren Folgen nach Absatz 3 ist auf der Grundlage der Gegenseitigkeit abzusehen, wenn die in Absatz 1 Satz 1 genannten Personen und Gesellschaften in ihrem jeweiligen Drittstaat einer öffentlichen Aufsicht, einer Qualitätskontrolle sowie einer Berufsaufsicht unterliegen, die Anforderungen erfüllen, welche denen der in Absatz 3 genannten Vorschriften gleichwertig sind oder wenn die Europäische Kommission dies für eine Übergangsfrist nach Artikel 46 Abs. 2 Satz 5 der Richtlinie 2006/43/EG vorsieht. [2] Die in Satz 1 genannte Gleichwertigkeit wird von der Kommission der Europäischen Gemeinschaften in Zusammenarbeit mit den Mitgliedstaaten bewertet und festgestellt. [3] Solange die Kommission der Europäischen Gemeinschaften noch keine Übergangsentscheidung nach Satz 1 oder Feststellung

nach Satz 2 getroffen hat, kann das Bundesministerium für Wirtschaft und Energie die Gleichwertigkeit selbst bewerten und feststellen. [4]Es wird bei der Bewertung die Bewertungen und Feststellungen anderer Mitgliedstaaten sowie diejenigen Kriterien berücksichtigen, die die Europäische Kommission auf der Grundlage des Artikels 46 Absatz 2 Unterabsatz 2 der Richtlinie 2006/43/EG in delegierten Rechtsakten bestimmt. [5]Trifft das Bundesministerium für Wirtschaft und Energie eine solche Feststellung, macht es diese durch Veröffentlichung im Bundesanzeiger bekannt. [6]Lehnt das Bundesministerium für Wirtschaft und Energie die Gleichwertigkeit im Sinn des Satzes 1 ab, kann es den in Absatz 1 Satz 1 genannten Personen und Gesellschaften für einen angemessenen Übergangszeitraum die Fortführung ihrer Prüfungstätigkeit im Einklang mit den einschlägigen deutschen Vorschriften gestatten. [7]Die Feststellung und die Ablehnung der Gleichwertigkeit wird der Abschlussprüferaufsichtsstelle mitgeteilt, damit sie diese Entscheidung gemäß § 66 c Abs. 6 berücksichtigen kann. [8]Erfolgt nach Maßgabe dieses Absatzes keine Eintragung gemäß Absatz 1, so bestätigt die Wirtschaftsprüferkammer dies dem Abschlussprüfer, der Abschlussprüferin oder der Abschlussprüfungsgesellschaft auf Antrag schriftlich oder elektronisch.

(5) Liegen die Voraussetzungen einer Eintragung im Sinne der Absätze 1 und 2 nicht mehr vor, erfolgt eine Löschung der Eintragung von Amts wegen.

§ 134 a[1)] Übergangsregelung. (1) [1]Wirtschaftsprüfer und vereidigte Buchprüfer, die am 31. Dezember 1989 bestellt sind, behalten ihre Bestellung, auch wenn sie die Voraussetzungen der am 1. Januar 1990 in Kraft tretenden Vorschriften des Artikels 6 des Bilanzrichtlinien-Gesetzes vom 19. Dezember 1985 (BGBl. I S. 2355) nicht erfüllen. [2]Entsprechendes gilt für Wirtschaftsprüfungsgesellschaften und Buchprüfungsgesellschaften, die am 31. Dezember 1989 anerkannt sind. [3]Die Anerkennung einer Wirtschaftsprüfungsgesellschaft und einer Buchprüfungsgesellschaft ist jedoch zu widerrufen, wenn sie nach dem 31. Dezember 1994 die Voraussetzungen des § 28 Abs. 2 und 3 in der ab 1. Januar 1990 geltenden Fassung nicht erfüllt.

(2) [1]Wirtschaftsprüfungsgesellschaften und Buchprüfungsgesellschaften, die im Zeitpunkt des Inkrafttretens des Artikels 6 Nr. 6 Buchstabe b des Bilanzrichtlinien-Gesetzes anerkannt sind, bleiben anerkannt. [2]Die Anerkennung einer solchen Wirtschaftsprüfungsgesellschaft oder Buchprüfungsgesellschaft ist von der Wirtschaftsprüferkammer zu widerrufen, wenn nach dem 31. Dezember 1987 bei der Wirtschaftsprüfungsgesellschaft oder Buchprüfungsgesellschaft der Bestand der Gesellschafter oder das Verhältnis ihrer Beteiligungen oder Stimmrechte durch Rechtsgeschäft oder auf Grund Erbfalls verändert und dabei § 28 Abs. 4 nicht beachtet wird. [3]§ 34 Abs. 1 Nr. 2 ist entsprechend anzuwenden.

[1)] § 134 a Abs. 5 Satz 2 und 4 geänd. sowie Abs. 6 angef. mWv 1. 1. 1995 durch G v. 15. 7. 1994 (BGBl. I S. 1569); Abs. 3 und 4 aufgeh., bish. Abs. 5 wird Abs. 3, neuer Abs. 3 Satz 2 und 4 geänd., Satz 6 angef., bish. Abs. 6 wird Abs. 4 mWv 1. 1. 2001 durch G v. 19. 12. 2000 (BGBl. I S. 1769); Abs. 2 Satz 2 und Abs. 3 Satz 2 geänd. mWv 1. 1. 2002 durch G v. 19. 12. 2000 (BGBl. I S. 1769); Abs. 3 und 4 aufgeh. mWv 1. 1. 2004 durch G v. 1. 12. 2003 (BGBl. I S. 2446).

§ 135.[1)] *(aufgehoben)*

§ 136[2)] **Übergangsregelung für § 57a.** (1) [1]Berufsangehörige und Wirtschaftsprüfungsgesellschaften, die über eine wirksame Teilnahmebescheinigung oder Ausnahmegenehmigung nach dem bis zum 16. Juni 2016 geltenden § 57 a Absatz 1 verfügen, werden von Amts wegen als gesetzliche Abschlussprüfer nach § 38 Nummer 1 Buchstabe h oder Nummer 2 Buchstabe f in das Register eingetragen. [2]Ebenso werden genossenschaftliche Prüfungsverbände, die über eine wirksame Teilnahmebescheinigung oder Ausnahmegenehmigung nach dem bis zum 16. Juni 2016 geltenden § 57 a Absatz 1 in Verbindung mit § 63 g Absatz 2 Satz 1 des Genossenschaftsgesetzes verfügen, von Amts wegen nach § 40 a Absatz 1 Satz 1 in das Register eingetragen. [3]Die Anzeigepflicht nach § 57 a Absatz 1 Satz 2 und 3 entfällt.

(2) Berufsangehörige und Wirtschaftsprüfungsgesellschaften, die am 16. Juni 2016 über eine bis zum 31. Juli 2017 befristete Teilnahmebescheinigung oder Ausnahmegenehmigung nach dem bis zum 16. Juni 2016 geltenden § 57 a Absatz 1 Satz 2 und Absatz 6 Satz 7 verfügen, haben die Qualitätskontrolle bis zum Ende dieser Frist durchzuführen und den Qualitätskontrollbericht einzureichen.

(3) Der erste Nachweis der speziellen Fortbildung nach § 57 a Absatz 3 a Satz 2 Nummer 4 ist spätestens bis zum 16. Juni 2019 zu führen.

§ 136 a.[3)] *(aufgehoben)*

§ 137[4)] **Übergangsregelung für § 57 Abs. 4 Nr. 1 Buchstabe e und i.** Solange die Wirtschaftsprüferkammer die Vorschriften über das Siegel und die Vorschriften über die Berufshaftpflichtversicherung nach § 57 Abs. 4 Nr. 1 Buchstabe e und i nicht in die Berufssatzung aufgenommen hat und soweit sich aus diesem Gesetz nichts anderes ergibt, ist das am 5. September 2007 geltende Recht anzuwenden.

§ 137a.[5)] *(aufgehoben)*

§ 138[6)] **Behandlung schwebender Verfahren.** (1) [1]Verfahren bei der Abschlussprüferaufsichtskommission, die am 16. Juni 2016 noch nicht abgeschlossen sind, gehen auf die Abschlussprüferaufsichtsstelle über. [2]Die Vorgänge sind der Abschlussprüferaufsichtsstelle zuzuleiten.

(2) [1]Verfahren bei der Wirtschaftsprüferkammer, die am 16. Juni 2016 noch nicht abgeschlossen sind, gehen auf die Abschlussprüferaufsichtsstelle über,

---

1) § 135 aufgeh. mWv 17. 6. 2016 durch G v. 31. 3. 2016 (BGBl. I S. 518).

2) § 136 neu gef. mWv 17. 6. 2016 durch G v. 31. 3. 2016 (BGBl. I S. 518).

3) § 136 a aufgeh. mWv 1. 1. 2005 durch G v. 27. 12. 2004 (BGBl. I S. 3846).

4) § 137 eingef. mWv 6. 9. 2007 durch G v. 3. 9. 2007 (BGBl. I S. 2178); geänd. mWv 17. 6. 2016 durch G v. 31. 3. 2016 (BGBl. I S. 518).

5) § 137 a aufgeh. mWv 1. 1. 2004 durch G v. 1. 12. 2003 (BGBl. I S. 2446).

6) § 138 neu gef. mWv 17. 6. 2016 durch G v. 31. 3. 2016 (BGBl. I S. 518).

soweit die Zuständigkeit für diese Verfahren nach der vom 17. Juni 2016 an geltenden Fassung dieses Gesetzes nicht mehr bei der Wirtschaftsprüferkammer, sondern bei der Abschlussprüferaufsichtsstelle liegt. [2]Die Vorgänge sind der Abschlussprüferaufsichtsstelle zuzuleiten.

(3) Auf berufsgerichtliche Verfahren, die am 16. Juni 2016 noch nicht rechtskräftig abgeschlossen sind, ist dieses Gesetz in der bis zum 16. Juni 2016 geltenden Fassung anzuwenden.

§ 139.[1)] *(aufgehoben)*

§ 139 a[2)] Übergangsregelung zur Behandlung schwebender Anträge und Verfahren im Rahmen des Zulassungs- und Prüfungsverfahrens nach den bis zum 31. Dezember 2003 geltenden §§ 131 bis 131 d, 131 i und 131 j. (1) [1]Anträge auf Zulassung zur Prüfung als vereidigter Buchprüfer oder vereidigte Buchprüferin nach den bis zum 31. Dezember 2003 geltenden §§ 131 bis 131 d und auf Zulassung zur Eignungsprüfung nach den bis zum 31. Dezember 2003 geltenden §§ 131 i und 131 j, die nicht für eine Wiederholungsprüfung gestellt werden, müssen bis spätestens 31. Dezember 2004 formgerecht eingereicht werden; sie sind nach dem bis zum 31. Dezember 2003 geltenden Recht zu behandeln. [2]Die Zuständigkeiten nach § 139 bleiben hiervon unberührt; für Zulassungs- und Prüfungsverfahren, die ab 1. Januar 2004 beginnen, gelten die Zuständigkeiten nach § 5 entsprechend.

(2) Die dem Zulassungsverfahren gemäß Absatz 1 nachfolgenden Prüfungen sind nach dem bis zum 31. Dezember 2003 geltenden Recht durchzuführen.

(3) [1]Die Prüfungen müssen bis spätestens 31. Dezember 2006 abgelegt sein. [2]Dieselbe Frist gilt für die den Prüfungen nachfolgenden Rücktrittsfolge- und Wiederholungsprüfungen nach den bis zum 31. Dezember 2003 geltenden §§ 20 und 21 der Prüfungsordnung für Wirtschaftsprüfer und nach den bis zum 31. Dezember 2003 geltenden §§ 11 und 12 der Prüfungsordnung für Wirtschaftsprüfer für die Eignungsprüfung nach dem Achten Teil der Wirtschaftsprüferordnung; nach Ablauf der Frist besteht kein Anspruch mehr auf deren Durchführung.

(4) [1]Hat eine Person die Prüfung als vereidigter Buchprüfer oder vereidigte Buchprüferin abgelegt, eine Bestellung aber noch nicht erhalten, so muss die Bestellung bis spätestens ein Jahr nach Prüfungsablegung beantragt werden. [2]In Härtefällen kann die Wirtschaftsprüferkammer auf Antrag Ausnahmen gewähren.

§ 139 b[3)] Übergangsregelung für den bis zum 31. Dezember 2003 geltenden § 51 a. (1) Die regelmäßige Verjährungsfrist nach § 195 des Bürgerlichen Gesetzbuchs findet auf die am 1. Januar 2004 bestehenden und noch

---

1) § 139 aufgeh. mWv 17. 6. 2016 durch G v. 31. 3. 2016 (BGBl. I S. 518).
2) § 139 a neu gef. mWv 1. 1. 2004 durch G v. 1. 12. 2003 (BGBl. I S. 2446).
3) § 139 b neu gef. mWv 1. 1. 2004 durch G v. 1. 12. 2003 (BGBl. I S. 2446).

nicht verjährten Ansprüche des Auftraggebers auf Schadensersatz aus dem zwischen ihm und dem Wirtschaftsprüfer bestehenden Vertragsverhältnis Anwendung.

(2) [1]Die regelmäßige Verjährungsfrist nach § 195 des Bürgerlichen Gesetzbuchs wird vom 1. Januar 2004 an berechnet. [2]Läuft jedoch die bis zu diesem Tag geltende Verjährungsfrist des § 51 a früher als die regelmäßige Verjährungsfrist nach § 195 des Bürgerlichen Gesetzbuchs ab, so ist die Verjährung mit dem Ablauf der bis zu diesem Tag geltenden Verjährungsfrist des § 51 a vollendet.

§ 140.[1)] *(aufgehoben)*

§ 141[2)] **Inkrafttreten.** (1) Dieses Gesetz tritt am ersten Kalendertage des vierten auf seine Verkündung[3)] folgenden Kalendermonats in Kraft.

(2) Die §§ 14, 48, 54, 131 Abs. 4 treten am Tage der Verkündung in Kraft.

[1)] § 140 aufgeh. mWv 17. 6. 2016 durch G v. 31. 3. 2016 (BGBl. I S. 518).

[2)] § 141 betrifft das Inkrafttreten des G in der ursprünglichen Fassung. Das Inkrafttreten der späteren Änderungen ergibt sich aus den jeweiligen Änderungsgesetzen.

[3)] Verkündet am 29. 7. 1961.

Anlage[1)]
(zu § 122 Satz 1)

Gebührenverzeichnis

Nr.	Gebührentatbestand	Gebührenbetrag oder Satz der jeweiligen Gebühr 110 bis 114

Vorbemerkung:

(1) In Verfahren über Anträge auf berufsgerichtliche Entscheidung werden, soweit nichts anderes bestimmt ist, Gebühren nur erhoben, soweit auf Zurückweisung des Antrags auf berufsgerichtliche Entscheidung oder auf Verurteilung zu einer oder mehrerer der in § 68 Abs. 1 und § 68a der Wirtschaftsprüferordnung genannten Maßnahmen entschieden wird. Die Gebühren bemessen sich nach der rechtskräftig verhängten Maßnahme, die Gegenstand der Entscheidung im Sinne des Satzes 1 ist. Maßgeblich ist die Maßnahme, für die die höchste Gebühr bestimmt ist.

(2) Im Rechtsmittelverfahren ist Absatz 1 entsprechend anzuwenden.

(3) Wird ein Antrag auf berufsgerichtliche Entscheidung, ein Antrag auf Entscheidung des Gerichts oder ein Rechtsmittel nur teilweise verworfen oder zurückgewiesen, so hat das Gericht die Gebühr zu ermäßigen, soweit es unbillig wäre, den Berufsangehörigen damit zu belasten.

(4) Im Verfahren nach Wiederaufnahme werden die gleichen Gebühren wie für das wiederaufgenommene Verfahren erhoben. Wird jedoch nach Anordnung der Wiederaufnahme des Verfahrens das frühere Urteil aufgehoben, gilt für die Gebührenerhebung jeder Rechtszug des neuen Verfahrens mit dem jeweiligen Rechtszug des früheren Verfahrens zusammen als ein Rechtszug. Gebühren werden auch für Rechtszüge erhoben, die nur im früheren Verfahren stattgefunden haben.

Abschnitt 1. Verfahren vor dem Landgericht

Unterabschnitt 1. Verfahren über Anträge auf berufsgerichtliche Entscheidung

	Verfahren mit Urteil bei	
110	– Erteilung einer Rüge nach § 68 Abs. 1 Satz 2 Nr. 1 oder einer Feststellung nach § 68 Abs. 1 Satz 2 Nr. 7 der Wirtschaftsprüferordnung jeweils	160,00 EUR
111	– Verhängung einer Geldbuße nach § 68 Abs. 1 Satz 2 Nr. 2 der Wirtschaftsprüferordnung	240,00 EUR
112	– Verhängung eines Tätigkeitsverbots nach § 68 Abs. 1 Satz 2 Nr. 3 oder Nr. 4 oder eines Berufsverbots nach § 68 Abs. 1 Satz 2 Nr. 5 der Wirtschaftsprüferordnung jeweils	360,00 EUR
113	– Ausschließung aus dem Beruf nach § 68 Abs. 1 Satz 2 Nr. 6 der Wirtschaftsprüferordnung	480,00 EUR
114	– Erlass einer Untersagungsverfügung nach § 68a der Wirtschaftsprüferordnung	60,00 EUR
115	Zurückweisung des Antrags auf berufsgerichtliche Entscheidung durch Beschluss nach § 86 Abs. 1 der Wirtschaftsprüferordnung	0,5
116	Zurücknahme des Antrags auf berufsgerichtliche Entscheidung vor Beginn der Hauptverhandlung	0,25

1) Anl. neu gef. mWv 17. 6. 2016 durch G v. 31. 3. 2016 (BGBl. I S. 518).

Nr.	Gebührentatbestand	Gebührenbetrag oder Satz der jeweiligen Gebühr 110 bis 114
	Die Gebühr bemisst sich nach der Maßnahme, die Gegenstand des Verfahrens war. Maßgeblich ist die Maßnahme, für die die höchste Gebühr bestimmt ist.	
117	Zurücknahme des Antrags auf berufsgerichtliche Entscheidung nach Beginn der Hauptverhandlung Die Gebühr bemisst sich nach der Maßnahme, die Gegenstand des Verfahrens war. Maßgeblich ist die Maßnahme, für die die höchste Gebühr bestimmt ist.	0,5

Unterabschnitt 2. Verfahren über Anträge auf Entscheidung des Gerichts

Vorbemerkung 1.2:

(1) Die Gebühren entstehen für jedes Verfahren gesondert.

(2) Ist in den Fällen der Nummern 120 und 123 das Zwangs- oder Ordnungsgeld geringer als die Gebühr, so ermäßigt sich die Gebühr auf die Höhe des Zwangs- oder Ordnungsgeldes.

120	Verfahren über einen Antrag auf Entscheidung des Gerichts über die Androhung oder die Festsetzung eines Zwangsgeldes nach § 62 a Abs. 3 Satz 1 der Wirtschaftsprüferordnung: Der Antrag wird verworfen oder zurückgewiesen	160,00 EUR
121	Verfahren über einen Antrag auf Entscheidung des Gerichts über eine vorläufige Untersagungsverfügung nach § 68 b Satz 4 i. V. m. § 62 a Abs. 3 Satz 1 der Wirtschaftsprüferordnung: Der Antrag wird verworfen oder zurückgewiesen	100,00 EUR
122	Verfahren über einen Antrag auf Entscheidung des Gerichts über die Verhängung eines Ordnungsgeldes nach § 68 c Abs. 2 i. V. m. § 62 a Abs. 3 Satz 1 der Wirtschaftsprüferordnung: Der Antrag wird verworfen oder zurückgewiesen	360,00 EUR
123	Verfahren über einen Antrag auf Entscheidung des Gerichts über die Notwendigkeit der Zuziehung eines Bevollmächtigten nach § 68 Abs. 6 Satz 4 der Wirtschaftsprüferordnung: Der Antrag wird verworfen oder zurückgewiesen	100,00 EUR

Abschnitt 2. Verfahren vor dem Oberlandesgericht

Unterabschnitt 1. Berufung

210	Berufungsverfahren mit Urteil	1,5
211	Erledigung des Berufungsverfahrens ohne Urteil	0,5

Nr.	Gebührentatbestand	Gebührenbetrag oder Satz der jeweiligen Gebühr 110 bis 114
	Die Gebühr bemisst sich nach der Maßnahme, die Gegenstand des Verfahrens war. Maßgeblich ist die Maßnahme, für die die höchste Gebühr bestimmt ist. Die Gebühr entfällt bei Zurücknahme der Berufung vor Ablauf der Begründungsfrist.	
	Unterabschnitt 2. Beschwerde	
220	Verfahren über eine Beschwerde gegen die Verwerfung eines Antrags auf berufsgerichtliche Entscheidung (§ 86 Abs. 1 der Wirtschaftsprüferordnung): Die Beschwerde wird verworfen oder zurückgewiesen	1,0
221	Verfahren über eine Beschwerde gegen den Beschluss, durch den ein vorläufiges Tätigkeits- oder Berufsverbot verhängt wurde, nach § 118 Abs. 1 der Wirtschaftsprüferordnung: Die Beschwerde wird verworfen oder zurückgewiesen	250,00 EUR
222	Verfahren über sonstige Beschwerden im berufsgerichtlichen Verfahren, die nicht nach anderen Vorschriften gebührenfrei sind: Die Beschwerde wird verworfen oder zurückgewiesen	50,00 EUR
	Von dem Berufsangehörigen wird eine Gebühr nur erhoben, wenn gegen ihn rechtskräftig eine der in § 68 Abs. 1 und § 68 a der Wirtschaftsprüferordnung genannten Maßnahmen verhängt worden ist.	
	Abschnitt 3. Verfahren vor dem Bundesgerichtshof	
	Unterabschnitt 1. Revision	
310	Revisionsverfahren mit Urteil oder mit Beschluss nach § 107 a Abs. 3 Satz 1 der Wirtschaftsprüferordnung i. V. m. § 349 Abs. 2 oder Abs. 4 StPO	2,0
311	Erledigung des Revisionsverfahrens ohne Urteil und ohne Beschluss nach § 107 a Abs. 3 Satz 1 der Wirtschaftsprüferordnung i. V. m. § 349 Abs. 2 oder Abs. 4 StPO	1,0
	Die Gebühr bemisst sich nach der Maßnahme, die Gegenstand des Verfahrens war. Maßgeblich ist die Maßnahme, für die die höchste Gebühr bestimmt ist. Die Gebühr entfällt, wenn die Revision vor Ablauf der Begründungsfrist zurückgenommen wird.	

Nr.	Gebührentatbestand	Gebührenbetrag oder Satz der jeweiligen Gebühr 110 bis 114
	Unterabschnitt 2. Beschwerde	
320	Verfahren über die Beschwerde gegen die Nichtzulassung der Revision nach § 107 Abs. 3 Satz 1 der Wirtschaftsprüferordnung: Die Beschwerde wird verworfen oder zurückgewiesen	1,0
321	Verfahren über eine Beschwerde gegen den Beschluss, durch den ein vorläufiges Tätigkeits- oder Berufsverbot verhängt wurde, nach § 118 Abs. 1 der Wirtschaftsprüferordnung: Die Beschwerde wird verworfen oder zurückgewiesen	300,00 EUR
322	Verfahren über sonstige Beschwerden im berufsgerichtlichen Verfahren, die nicht nach anderen Vorschriften gebührenfrei sind: Die Beschwerde wird verworfen oder zurückgewiesen Von dem Berufsangehörigen wird eine Gebühr nur erhoben, wenn gegen ihn rechtskräftig eine der in § 68 Abs. 1 und § 68 a der Wirtschaftsprüferordnung genannten Maßnahmen verhängt worden ist.	50,00 EUR
	Abschnitt 4. Rüge wegen Verletzung des Anspruchs auf rechtliches Gehör	
400	Verfahren über die Rüge wegen Verletzung des Anspruchs auf rechtliches Gehör: Die Rüge wird in vollem Umfang verworfen oder zurückgewiesen	50,00 EUR
	Abschnitt 5. Verfahren über den Antrag auf Aufhebung eines vorläufigen Tätigkeits- oder Berufsverbots nach § 120 der Wirtschaftsprüferordnung	
500	Verfahren über den Antrag auf Aufhebung eines vorläufigen Tätigkeits- oder Berufsverbots nach § 120 Abs. 3 Satz 1 der Wirtschaftsprüferordnung: Der Antrag wird in vollem Umfang verworfen oder zurückgewiesen	50,00 EUR

vor T 1–T 3
Einkommensteuertabellen 2021
Lohnsteuertabellen Dezember 2021
Übergangstabellen Solidaritätszuschlag 2021

Die in dieser Sammlung enthaltenen Einkommensteuertabellen wurden nach den in § 32a EStG i. d. F. des Gesetzes zur steuerlichen Entlastung der Familien sowie zur Anpassung weiterer steuerlicher Regelungen (Zweites Familienentlastungsgesetz – 2. FamEntlastG) vorgegebenen Berechnungsgrundlagen ermittelt. Für die Berechnung der Einkommensteuer kommt der stufenlose Steuertarif zur Anwendung. Zur Anwendung der Tabellen siehe die Vorbemerkungen zu T 1.

Die in dieser Sammlung enthaltenen Lohnsteuertabellen beruhen auf den in § 39b EStG vorgeschriebenen Berechnungsgrundlagen und sind auf Basis des vom BMF am 9.11.2020 bekannt gemachten geänderten Programmablaufplans für die Erstellung von **Lohnsteuertabellen 2021** erstellt worden.

Zur Anwendung der Tabellen siehe die Vorbemerkungen zu T 2.

Hinweis: *Die Zahlen der Tabellen sind nach amtlichen Unterlagen ermittelt. Ihre Wiedergabe erfolgt ohne Gewähr.*

Vorbemerkung

Die Berechnung der Einkommensteuer erfolgt nach einem stufenlosen Steuertarif. Dies bedeutet, dass die Einkommensteuer exakt für den sich bei der Steuerveranlagung jeweils ergebenden Einzelwert berechnet wird.

Eine jeden Einzelwert berücksichtigende Einkommensteuertabelle ist somit aus Umfangsgründen nicht mehr möglich, so dass die nach der Einkommensteuertabelle manuell abgelesene Einkommensteuer mit Ausnahme des ausgewiesenen zu versteuernden Einkommens grundsätzlich höher ist als die aufgrund eines Tabellenberechnungsprogramms nach den Formeltarifen elektronisch errechnete Einkommensteuer. Die genaue Berechnung der Einkommensteuer kann deshalb nur mit Hilfe des auf der CD beiliegenden Berechnungsprogramms vorgenommen werden. Die nachstehenden Einkommensteuer-, Grund- und Splittingtabellen geben Ihnen für die zwischen den ausgewiesenen zu versteuernden Einkommen liegenden Werte nur Annäherungswerte. Den Wert Ihrer Einkommensteuer können Sie aber, soweit Sie keine elektronische Berechnung vornehmen, innerhalb der ausgewiesenen zu versteuernden Einkommen zumindest annäherungsweise schätzen.

Die Höhe der **Einkommensteuer** bestimmt sich für 2020 allgemein nach dem **Einkommensteuertarif,** der in § 32a EStG i. d. F. des Familienentlastungsgesetzes vorgeschrieben ist.

Dieser Einkommensteuertarif hat folgenden **Aufbau:**

a) Null-Zone (Grundfreibetrag) für zu versteuernde Einkommen von 0 bis 9744 Euro,

b) Untere Zone mit einem ansteigenden Steuersatz von 14 v. H. bis 23,97 v. H. für zu versteuernde Einkommen von 9745 bis 14 753 Euro,

c) Progressionszone mit einem ansteigenden Steuersatz von 23,97 v. H. bis 42 v. H. für zu versteuernde Einkommen von 14 754 bis 57 918 Euro,

d) Proportionalzone mit einem Steuersatz von 42 v. H. für zu versteuernde Einkommen von 57 919 bis 274 612 Euro und einem Steuersatz von 45 v. H. für zu versteuernde Einkommen von 274 613 Euro an.

Dieser Einkommensteuertarif gilt für alle Personen, für die nicht das Splitting-Verfahren anzuwenden ist, d. h. grundsätzlich für alle nicht verheirateten Personen, für die getrennt lebenden und für die getrennt zu veranlagenden Ehegatten.

Ehegatten können zwischen der Einzelveranlagung (§ 26a EStG) und der Zusammenveranlagung (§ 26b EStG) wählen, wenn beide unbeschränkt einkommensteuerpflichtig sind und nicht dauernd getrennt leben, diese Voraussetzungen zu Beginn des Veranlagungszeitraums vorgelegen haben oder im Laufe des Veranlagungszeitraums eingetreten sind und keiner der Ehegatten die Einzelveranlagung wählt. Ehegatten werden zusammen veranlagt, wenn beide Ehegatten die Zusammenveranlagung wählen. Die Wahl wird für den betreffenden Veranlagungszeitraum durch Angabe in der Steuererklärung getroffen.

Bei der Zusammenveranlagung wird das Splitting-Verfahren angewendet. Die Einkünfte der Ehegatten werden zusammengerechnet, den Ehegatten gemeinsam zugerechnet und die Ehegatten sodann gemeinsam als Steuerpflichtige behandelt.

Bei dem Splitting-Verfahren wird die Einkommensteuer für die Hälfte des gemeinsam zu versteuernden Einkommens beider Ehegatten nach dem Einkommensteuertarif gem. § 32a EStG berechnet und der ermittelte Steuerbetrag sodann verdoppelt.

Das **Splitting-Verfahren** ist auch anzuwenden

a) bei einem verwitweten Steuerpflichtigen für den Veranlagungszeitraum, der dem Kalenderjahr folgt, in dem sein Ehegatte verstorben ist, wenn der Steuerpflichtige und sein verstorbener Ehegatte am Todestag unbeschränkt steuerpflichtig waren und nicht dauernd getrennt gelebt haben (§ 32a Abs. 6 EStG),

b) bei einem Steuerpflichtigen, dessen Ehe in dem Kalenderjahr, in dem er sein Einkommen bezogen hat, aufgelöst worden ist, wenn in diesem Kalenderjahr
   - der Steuerpflichtige und sein bisheriger Ehegatte unbeschränkt steuerpflichtig waren und nicht dauernd getrennt gelebt haben,
   - der bisherige Ehegatte wieder geheiratet hat und er sowie sein neuer Ehegatte ebenfalls unbeschränkt steuerpflichtig sind und nicht dauernd getrennt leben.

In den Fällen zu b) ist das Splitting-Verfahren allerdings dann nicht anzuwenden, wenn der Steuerpflichtige selber wieder geheiratet hat und getrennt oder wie ein Unverheirateter zur Einkommensteuer veranlagt wird.

Bemessungsgrundlage für die tarifliche Einkommensteuer ist das zu versteuernde Einkommen. Das zu versteuernde Einkommen ist wie folgt zu ermitteln:

Summme der Einkünfte aus den Einkunftsarten (§ 2 Abs. 1 EStG)

= **Summe der Einkünfte (§ 2 Abs. 1 EStG)**
./. Entlastungsbetrag für Alleinerziehende (§ 24b EStG)
./. Altersentlastungsbetrag (§ 24a EStG)
./. Freibetrag für Land- und Forstwirte (§ 13 Abs. 3 EStG)
\+ Hinzurechnungsbetrag (*§ 52 Abs. 3 Satz 5 EStG*[1] sowie § 8 Abs. 5 Satz 2 AIG)

= **Gesamtbetrag der Einkünfte (§ 2 Abs. 3 EStG)**
./. Verlustabzug nach § 10d EStG
./. Sonderausgaben (§§ 10, 10a, 10b, 10c EStG)
./. außergewöhnliche Belastungen (§§ 33 bis 33b EStG)
./. Steuerbegünstigung der zu Wohnzwecken genutzten Wohnungen, Gebäude und Baudenkmale sowie der schutzwürdigen Kulturgüter (§§ 10e bis 10i und § 52 Abs. 21 Satz 6 EStG i. d. F. vom 16.4.1997, BGBl. I S. 821 und § 7 FördG)
\+ Erstattungsüberhänge (§ 10 Abs. 4b Satz 3 EStG)
\+ zuzurechnendes *Einkommen* gemäß § 15 Abs. 1 AStG[2]

= **Einkommen (§ 2 Abs. 4 EStG)**
./. Freibeträge für Kinder (§§ 31 und 32 Abs. 6 EStG)
./. Härteausgleich nach § 46 Abs. 3 EStG, § 70 EStDV

= **zu versteuerndes Einkommen (§ 2 Abs. 5 EStG)**

---

[1] Jetzt § 52 Abs. 2 Satz 3 EStG.
[2] Eine Hinzurechnung entfällt ab VZ 2013.

Einkommensteuertarif nach § 32a EStG:

(1) Die tarifliche Einkommensteuer bemisst sich nach dem zu versteuernden Einkommen. Sie beträgt im Veranlagungszeitraum 2019 vorbehaltlich der §§ 32b, 32d, 34, 34a, 34b und 34c jeweils in Euro für zu versteuernde Einkommen

1. bis 9744 Euro (Grundfreibetrag):
   0;
2. von 9745 Euro bis 14 753 Euro:
   $(995{,}21 \cdot y + 1400) \cdot y$;
3. von 14 754 Euro bis 57 918 Euro:
   $(208{,}85 \cdot z + 2\,397) \cdot z + 950{,}96$;
4. von 57 919 Euro bis 274 612 Euro:
   $0{,}42 \cdot x - 9136{,}63$;
5. von 274 613 Euro an:
   $0{,}45 \cdot x - 17\,374{,}99$.

Die Größe „y" ist ein Zehntausendstel des den Grundfreibetrag übersteigenden Teils des auf einen vollen Euro-Betrag abgerundeten zu versteuernden Einkommens. Die Größe „z" ist ein Zehntausendstel des 14 753 Euro übersteigenden Teils des auf einen vollen Euro-Betrag abgerundeten zu versteuernden Einkommens. Die Größe „x" ist das auf einen vollen Euro-Betrag abgerundete zu versteuernde Einkommen. Der sich ergebende Steuerbetrag ist auf den nächsten vollen Euro-Betrag abzurunden.

(2) bis (4) (weggefallen)

(5) Bei Ehegatten, die nach den §§ 26, 26b zusammen zur Einkommensteuer veranlagt werden, beträgt die tarifliche Einkommensteuer vorbehaltlich der §§ 32b, 32d, 34, 34a, 34b und 34c das Zweifache des Steuerbetrags, der sich für die Hälfte ihres gemeinsam zu versteuernden Einkommens nach Absatz 1 ergibt (Splitting-Verfahren).

(6) Das Verfahren nach Absatz 5 ist auch anzuwenden zur Berechnung der tariflichen Einkommensteuer für das zu versteuernde Einkommen

1. bei einem verwitweten Steuerpflichtigen für den Veranlagungszeitraum, der dem Kalenderjahr folgt, in dem der Ehegatte verstorben ist, wenn der Steuerpflichtige und sein verstorbener Ehegatte im Zeitpunkt seines Todes die Voraussetzungen des § 26 Absatz 1 Satz 1 erfüllt haben,
2. bei einem Steuerpflichtigen, dessen Ehe in dem Kalenderjahr, in dem er sein Einkommen bezogen hat, aufgelöst worden ist, wenn in diesem Kalenderjahr
   a) der Steuerpflichtige und sein bisheriger Ehegatte die Voraussetzungen des § 26 Absatz 1 Satz 1 erfüllt haben,
   b) der bisherige Ehegatte wieder geheiratet hat und

c) der bisherige Ehegatte und dessen neuer Ehegatte ebenfalls die Voraussetzungen des § 26 Absatz 1 Satz 1 erfüllen.

Voraussetzung für die Anwendung des Satzes 1 ist, dass der Steuerpflichtige nicht nach den §§ 26, 26a einzeln zur Einkommensteuer veranlagt wird.

ESt-Grundtabelle T 1a

laufende Nummer	zu versteuerndes Einkommen* in €	tarifliche Einkommen-steuer* in €
1	9 744	
2	9 780	5
3	9 816	10
4	9 852	15
5	9 888	20
6	9 924	25
7	9 960	30
8	9 996	35
9	10 032	41
10	10 068	46
11	10 104	51
12	10 140	57
13	10 176	62
14	10 212	67
15	10 248	73
16	10 284	78
17	10 320	83
18	10 356	89
19	10 392	94
20	10 428	100
21	10 464	105
22	10 500	111
23	10 536	117
24	10 572	122
25	10 608	128
26	10 644	134
27	10 680	139
28	10 716	145
29	10 752	151
30	10 788	157
31	10 824	162
32	10 860	168
33	10 896	174
34	10 932	180
35	10 968	186
36	11 004	192
37	11 040	198
38	11 076	204
39	11 112	210
40	11 148	216
41	11 184	222
42	11 220	228
43	11 256	234
44	11 292	240
45	11 328	246
46	11 364	252
47	11 400	259
48	11 436	265
49	11 472	271
50	11 508	277
51	11 544	284
52	11 580	290
53	11 616	296
54	11 652	303
55	11 688	309
56	11 724	316
57	11 760	322
58	11 796	329
59	11 832	335
60	11 868	342

laufende Nummer	zu versteuerndes Einkommen* in €	tarifliche Einkommen-steuer* in €
61	11 904	348
62	11 940	355
63	11 976	362
64	12 012	368
65	12 048	375
66	12 084	382
67	12 120	388
68	12 156	395
69	12 192	402
70	12 228	409
71	12 264	415
72	12 300	422
73	12 336	429
74	12 372	436
75	12 408	443
76	12 444	450
77	12 480	457
78	12 516	464
79	12 552	471
80	12 588	478
81	12 624	485
82	12 660	492
83	12 696	500
84	12 732	507
85	12 768	514
86	12 804	521
87	12 840	528
88	12 876	536
89	12 912	543
90	12 948	550
91	12 984	558
92	13 020	565
93	13 056	572
94	13 092	580
95	13 128	587
96	13 164	595
97	13 200	602
98	13 236	610
99	13 272	617
100	13 308	625
101	13 344	632
102	13 380	640
103	13 416	648
104	13 452	655
105	13 488	663
106	13 524	671
107	13 560	679
108	13 596	686
109	13 632	694
110	13 668	702
111	13 704	710
112	13 740	718
113	13 776	726
114	13 812	734
115	13 848	742
116	13 884	750
117	13 920	758
118	13 956	766
119	13 992	774
120	14 028	782

* Die Einkommensteuer gilt nur für den ausgewiesenen Wert, Zwischenwerte sind zu schätzen – s. Vorbemerkungen

laufende Nummer	zu versteuerndes Einkommen* in €	tarifliche Einkommensteuer* in €
121	14 064	790
122	14 100	798
123	14 136	806
124	14 172	815
125	14 208	823
126	14 244	831
127	14 280	839
128	14 316	848
129	14 352	856
130	14 388	864
131	14 424	873
132	14 460	881
133	14 496	890
134	14 532	898
135	14 568	906
136	14 604	915
137	14 640	923
138	14 676	932
139	14 712	941
140	14 748	949
141	14 784	958
142	14 820	967
143	14 856	975
144	14 892	984
145	14 928	992
146	14 964	1 001
147	15 000	1 010
148	15 036	1 018
149	15 072	1 027
150	15 108	1 036
151	15 144	1 045
152	15 180	1 053
153	15 216	1 062
154	15 252	1 071
155	15 288	1 079
156	15 324	1 088
157	15 360	1 097
158	15 396	1 105
159	15 432	1 114
160	15 468	1 123
161	15 504	1 132
162	15 540	1 140
163	15 576	1 149
164	15 612	1 158
165	15 648	1 167
166	15 684	1 175
167	15 720	1 184
168	15 756	1 193
169	15 792	1 202
170	15 828	1 211
171	15 864	1 219
172	15 900	1 228
173	15 936	1 237
174	15 972	1 246
175	16 008	1 255
176	16 044	1 263
177	16 080	1 272
178	16 116	1 281
179	16 152	1 290
180	16 188	1 299
181	16 224	1 308
182	16 260	1 316
183	16 296	1 325
184	16 332	1 334
185	16 368	1 343
186	16 404	1 352
187	16 440	1 361
188	16 476	1 370
189	16 512	1 379
190	16 548	1 387
191	16 584	1 396
192	16 620	1 405
193	16 656	1 414
194	16 692	1 423
195	16 728	1 432
196	16 764	1 441
197	16 800	1 450
198	16 836	1 459
199	16 872	1 468
200	16 908	1 477
201	16 944	1 486
202	16 980	1 495
203	17 016	1 504
204	17 052	1 513
205	17 088	1 522
206	17 124	1 531
207	17 160	1 540
208	17 196	1 549
209	17 232	1 558
210	17 268	1 567
211	17 304	1 576
212	17 340	1 585
213	17 376	1 594
214	17 412	1 603
215	17 448	1 612
216	17 484	1 621
217	17 520	1 630
218	17 556	1 639
219	17 592	1 648
220	17 628	1 657
221	17 664	1 666
222	17 700	1 675
223	17 736	1 684
224	17 772	1 693
225	17 808	1 702
226	17 844	1 711
227	17 880	1 720
228	17 916	1 730
229	17 952	1 739
230	17 988	1 748
231	18 024	1 757
232	18 060	1 766
233	18 096	1 775
234	18 132	1 784
235	18 168	1 793
236	18 204	1 803
237	18 240	1 812
238	18 276	1 821
239	18 312	1 830
240	18 348	1 839

* Die Einkommensteuer gilt nur für den ausgewiesenen Wert, Zwischenwerte sind zu schätzen — s. Vorbemerkungen

laufende Nummer	zu versteuerndes Einkommen* in €	tarifliche Einkommensteuer* in €
241	18 384	1 848
242	18 420	1 858
243	18 456	1 867
244	18 492	1 876
245	18 528	1 885
246	18 564	1 894
247	18 600	1 903
248	18 636	1 913
249	18 672	1 922
250	18 708	1 931
251	18 744	1 940
252	18 780	1 950
253	18 816	1 959
254	18 852	1 968
255	18 888	1 977
256	18 924	1 987
257	18 960	1 996
258	18 996	2 005
259	19 032	2 014
260	19 068	2 024
261	19 104	2 033
262	19 140	2 042
263	19 176	2 052
264	19 212	2 061
265	19 248	2 070
266	19 284	2 079
267	19 320	2 089
268	19 356	2 098
269	19 392	2 107
270	19 428	2 117
271	19 464	2 126
272	19 500	2 135
273	19 536	2 145
274	19 572	2 154
275	19 608	2 163
276	19 644	2 173
277	19 680	2 182
278	19 716	2 192
279	19 752	2 201
280	19 788	2 210
281	19 824	2 220
282	19 860	2 229
283	19 896	2 238
284	19 932	2 248
285	19 968	2 257
286	20 004	2 267
287	20 040	2 276
288	20 076	2 286
289	20 112	2 295
290	20 148	2 304
291	20 184	2 314
292	20 220	2 323
293	20 256	2 333
294	20 292	2 342
295	20 328	2 352
296	20 364	2 361
297	20 400	2 371
298	20 436	2 380
299	20 472	2 390
300	20 508	2 399
301	20 544	2 409
302	20 580	2 418
303	20 616	2 428
304	20 652	2 437
305	20 688	2 447
306	20 724	2 456
307	20 760	2 466
308	20 796	2 475
309	20 832	2 485
310	20 868	2 494
311	20 904	2 504
312	20 940	2 513
313	20 976	2 523
314	21 012	2 533
315	21 048	2 542
316	21 084	2 552
317	21 120	2 561
318	21 156	2 571
319	21 192	2 580
320	21 228	2 590
321	21 264	2 600
322	21 300	2 609
323	21 336	2 619
324	21 372	2 629
325	21 408	2 638
326	21 444	2 648
327	21 480	2 657
328	21 516	2 667
329	21 552	2 677
330	21 588	2 686
331	21 624	2 696
332	21 660	2 706
333	21 696	2 715
334	21 732	2 725
335	21 768	2 735
336	21 804	2 744
337	21 840	2 754
338	21 876	2 764
339	21 912	2 774
340	21 948	2 783
341	21 984	2 793
342	22 020	2 803
343	22 056	2 812
344	22 092	2 822
345	22 128	2 832
346	22 164	2 842
347	22 200	2 851
348	22 236	2 861
349	22 272	2 871
350	22 308	2 881
351	22 344	2 890
352	22 380	2 900
353	22 416	2 910
354	22 452	2 920
355	22 488	2 929
356	22 524	2 939
357	22 560	2 949
358	22 596	2 959
359	22 632	2 969
360	22 668	2 979

* Die Einkommensteuer gilt nur für den ausgewiesenen Wert, Zwischenwerte sind zu schätzen — s. Vorbemerkungen

laufende Nummer	zu versteuerndes Einkommen* in €	tarifliche Einkommen-steuer* in €
361	22 704	2 988
362	22 740	2 998
363	22 776	3 008
364	22 812	3 018
365	22 848	3 028
366	22 884	3 038
367	22 920	3 047
368	22 956	3 057
369	22 992	3 067
370	23 028	3 077
371	23 064	3 087
372	23 100	3 097
373	23 136	3 107
374	23 172	3 117
375	23 208	3 126
376	23 244	3 136
377	23 280	3 146
378	23 316	3 156
379	23 352	3 166
380	23 388	3 176
381	23 424	3 186
382	23 460	3 196
383	23 496	3 206
384	23 532	3 216
385	23 568	3 226
386	23 604	3 236
387	23 640	3 246
388	23 676	3 256
389	23 712	3 266
390	23 748	3 276
391	23 784	3 286
392	23 820	3 296
393	23 856	3 306
394	23 892	3 316
395	23 928	3 326
396	23 964	3 336
397	24 000	3 346
398	24 036	3 356
399	24 072	3 366
400	24 108	3 376
401	24 144	3 386
402	24 180	3 396
403	24 216	3 406
404	24 252	3 416
405	24 288	3 426
406	24 324	3 436
407	24 360	3 446
408	24 396	3 456
409	24 432	3 466
410	24 468	3 476
411	24 504	3 486
412	24 540	3 496
413	24 576	3 507
414	24 612	3 517
415	24 648	3 527
416	24 684	3 537
417	24 720	3 547
418	24 756	3 557
419	24 792	3 567
420	24 828	3 577

laufende Nummer	zu versteuerndes Einkommen* in €	tarifliche Einkommen-steuer* in €
421	24 864	3 588
422	24 900	3 598
423	24 936	3 608
424	24 972	3 618
425	25 008	3 628
426	25 044	3 638
427	25 080	3 649
428	25 116	3 659
429	25 152	3 669
430	25 188	3 679
431	25 224	3 689
432	25 260	3 700
433	25 296	3 710
434	25 332	3 720
435	25 368	3 730
436	25 404	3 740
437	25 440	3 751
438	25 476	3 761
439	25 512	3 771
440	25 548	3 781
441	25 584	3 792
442	25 620	3 802
443	25 656	3 812
444	25 692	3 822
445	25 728	3 833
446	25 764	3 843
447	25 800	3 853
448	25 836	3 864
449	25 872	3 874
450	25 908	3 884
451	25 944	3 895
452	25 980	3 905
453	26 016	3 915
454	26 052	3 925
455	26 088	3 936
456	26 124	3 946
457	26 160	3 956
458	26 196	3 967
459	26 232	3 977
460	26 268	3 988
461	26 304	3 998
462	26 340	4 008
463	26 376	4 019
464	26 412	4 029
465	26 448	4 039
466	26 484	4 050
467	26 520	4 060
468	26 556	4 071
469	26 592	4 081
470	26 628	4 091
471	26 664	4 102
472	26 700	4 112
473	26 736	4 123
474	26 772	4 133
475	26 808	4 144
476	26 844	4 154
477	26 880	4 164
478	26 916	4 175
479	26 952	4 185
480	26 988	4 196

* Die Einkommensteuer gilt nur für den ausgewiesenen Wert, Zwischenwerte sind zu schätzen — s. Vorbemerkungen

laufende Nummer	zu versteuerndes Einkommen* in €	tarifliche Einkommensteuer* in €
481	27 024	4 206
482	27 060	4 217
483	27 096	4 227
484	27 132	4 238
485	27 168	4 248
486	27 204	4 259
487	27 240	4 269
488	27 276	4 280
489	27 312	4 290
490	27 348	4 301
491	27 384	4 311
492	27 420	4 322
493	27 456	4 332
494	27 492	4 343
495	27 528	4 353
496	27 564	4 364
497	27 600	4 375
498	27 636	4 385
499	27 672	4 396
500	27 708	4 406
501	27 744	4 417
502	27 780	4 427
503	27 816	4 438
504	27 852	4 449
505	27 888	4 459
506	27 924	4 470
507	27 960	4 480
508	27 996	4 491
509	28 032	4 502
510	28 068	4 512
511	28 104	4 523
512	28 140	4 534
513	28 176	4 544
514	28 212	4 555
515	28 248	4 566
516	28 284	4 576
517	28 320	4 587
518	28 356	4 598
519	28 392	4 608
520	28 428	4 619
521	28 464	4 630
522	28 500	4 640
523	28 536	4 651
524	28 572	4 662
525	28 608	4 672
526	28 644	4 683
527	28 680	4 694
528	28 716	4 705
529	28 752	4 715
530	28 788	4 726
531	28 824	4 737
532	28 860	4 748
533	28 896	4 758
534	28 932	4 769
535	28 968	4 780
536	29 004	4 791
537	29 040	4 801
538	29 076	4 812
539	29 112	4 823
540	29 148	4 834
541	29 184	4 845
542	29 220	4 855
543	29 256	4 866
544	29 292	4 877
545	29 328	4 888
546	29 364	4 899
547	29 400	4 909
548	29 436	4 920
549	29 472	4 931
550	29 508	4 942
551	29 544	4 953
552	29 580	4 964
553	29 616	4 974
554	29 652	4 985
555	29 688	4 996
556	29 724	5 007
557	29 760	5 018
558	29 796	5 029
559	29 832	5 040
560	29 868	5 051
561	29 904	5 062
562	29 940	5 072
563	29 976	5 083
564	30 012	5 094
565	30 048	5 105
566	30 084	5 116
567	30 120	5 127
568	30 156	5 138
569	30 192	5 149
570	30 228	5 160
571	30 264	5 171
572	30 300	5 182
573	30 336	5 193
574	30 372	5 204
575	30 408	5 215
576	30 444	5 226
577	30 480	5 237
578	30 516	5 248
579	30 552	5 259
580	30 588	5 270
581	30 624	5 281
582	30 660	5 292
583	30 696	5 303
584	30 732	5 314
585	30 768	5 325
586	30 804	5 336
587	30 840	5 347
588	30 876	5 358
589	30 912	5 369
590	30 948	5 380
591	30 984	5 391
592	31 020	5 402
593	31 056	5 413
594	31 092	5 424
595	31 128	5 436
596	31 164	5 447
597	31 200	5 458
598	31 236	5 469
599	31 272	5 480
600	31 308	5 491

* Die Einkommensteuer gilt nur für den ausgewiesenen Wert, Zwischenwerte sind zu schätzen — s. Vorbemerkungen

laufende Nummer	zu versteuerndes Einkommen* in €	tarifliche Einkommensteuer* in €
601	31 344	5 502
602	31 380	5 513
603	31 416	5 524
604	31 452	5 536
605	31 488	5 547
606	31 524	5 558
607	31 560	5 569
608	31 596	5 580
609	31 632	5 591
610	31 668	5 603
611	31 704	5 614
612	31 740	5 625
613	31 776	5 636
614	31 812	5 647
615	31 848	5 658
616	31 884	5 670
617	31 920	5 681
618	31 956	5 692
619	31 992	5 703
620	32 028	5 715
621	32 064	5 726
622	32 100	5 737
623	32 136	5 748
624	32 172	5 759
625	32 208	5 771
626	32 244	5 782
627	32 280	5 793
628	32 316	5 805
629	32 352	5 816
630	32 388	5 827
631	32 424	5 838
632	32 460	5 850
633	32 496	5 861
634	32 532	5 872
635	32 568	5 884
636	32 604	5 895
637	32 640	5 906
638	32 676	5 918
639	32 712	5 929
640	32 748	5 940
641	32 784	5 951
642	32 820	5 963
643	32 856	5 974
644	32 892	5 986
645	32 928	5 997
646	32 964	6 008
647	33 000	6 020
648	33 036	6 031
649	33 072	6 042
650	33 108	6 054
651	33 144	6 065
652	33 180	6 077
653	33 216	6 088
654	33 252	6 099
655	33 288	6 111
656	33 324	6 122
657	33 360	6 134
658	33 396	6 145
659	33 432	6 157
660	33 468	6 168
661	33 504	6 179
662	33 540	6 191
663	33 576	6 202
664	33 612	6 214
665	33 648	6 225
666	33 684	6 237
667	33 720	6 248
668	33 756	6 260
669	33 792	6 271
670	33 828	6 283
671	33 864	6 294
672	33 900	6 306
673	33 936	6 317
674	33 972	6 329
675	34 008	6 340
676	34 044	6 352
677	34 080	6 363
678	34 116	6 375
679	34 152	6 386
680	34 188	6 398
681	34 224	6 409
682	34 260	6 421
683	34 296	6 433
684	34 332	6 444
685	34 368	6 456
686	34 404	6 467
687	34 440	6 479
688	34 476	6 490
689	34 512	6 502
690	34 548	6 514
691	34 584	6 525
692	34 620	6 537
693	34 656	6 549
694	34 692	6 560
695	34 728	6 572
696	34 764	6 583
697	34 800	6 595
698	34 836	6 607
699	34 872	6 618
700	34 908	6 630
701	34 944	6 642
702	34 980	6 653
703	35 016	6 665
704	35 052	6 677
705	35 088	6 688
706	35 124	6 700
707	35 160	6 712
708	35 196	6 723
709	35 232	6 735
710	35 268	6 747
711	35 304	6 759
712	35 340	6 770
713	35 376	6 782
714	35 412	6 794
715	35 448	6 806
716	35 484	6 817
717	35 520	6 829
718	35 556	6 841
719	35 592	6 853
720	35 628	6 864

* Die Einkommensteuer gilt nur für den ausgewiesenen Wert, Zwischenwerte sind zu schätzen — s. Vorbemerkungen

laufende Nummer	zu versteuerndes Einkommen* in €	tarifliche Einkommen-steuer* in €
721	35 664	6 876
722	35 700	6 888
723	35 736	6 900
724	35 772	6 911
725	35 808	6 923
726	35 844	6 935
727	35 880	6 947
728	35 916	6 959
729	35 952	6 970
730	35 988	6 982
731	36 024	6 994
732	36 060	7 006
733	36 096	7 018
734	36 132	7 030
735	36 168	7 041
736	36 204	7 053
737	36 240	7 065
738	36 276	7 077
739	36 312	7 089
740	36 348	7 101
741	36 384	7 113
742	36 420	7 125
743	36 456	7 136
744	36 492	7 148
745	36 528	7 160
746	36 564	7 172
747	36 600	7 184
748	36 636	7 196
749	36 672	7 208
750	36 708	7 220
751	36 744	7 232
752	36 780	7 244
753	36 816	7 256
754	36 852	7 268
755	36 888	7 279
756	36 924	7 291
757	36 960	7 303
758	36 996	7 315
759	37 032	7 327
760	37 068	7 339
761	37 104	7 351
762	37 140	7 363
763	37 176	7 375
764	37 212	7 387
765	37 248	7 399
766	37 284	7 411
767	37 320	7 423
768	37 356	7 435
769	37 392	7 447
770	37 428	7 459
771	37 464	7 472
772	37 500	7 484
773	37 536	7 496
774	37 572	7 508
775	37 608	7 520
776	37 644	7 532
777	37 680	7 544
778	37 716	7 556
779	37 752	7 568
780	37 788	7 580
781	37 824	7 592
782	37 860	7 604
783	37 896	7 616
784	37 932	7 629
785	37 968	7 641
786	38 004	7 653
787	38 040	7 665
788	38 076	7 677
789	38 112	7 689
790	38 148	7 701
791	38 184	7 713
792	38 220	7 726
793	38 256	7 738
794	38 292	7 750
795	38 328	7 762
796	38 364	7 774
797	38 400	7 786
798	38 436	7 799
799	38 472	7 811
800	38 508	7 823
801	38 544	7 835
802	38 580	7 847
803	38 616	7 860
804	38 652	7 872
805	38 688	7 884
806	38 724	7 896
807	38 760	7 909
808	38 796	7 921
809	38 832	7 933
810	38 868	7 945
811	38 904	7 958
812	38 940	7 970
813	38 976	7 982
814	39 012	7 994
815	39 048	8 007
816	39 084	8 019
817	39 120	8 031
818	39 156	8 044
819	39 192	8 056
820	39 228	8 068
821	39 264	8 080
822	39 300	8 093
823	39 336	8 105
824	39 372	8 117
825	39 408	8 130
826	39 444	8 142
827	39 480	8 154
828	39 516	8 167
829	39 552	8 179
830	39 588	8 192
831	39 624	8 204
832	39 660	8 216
833	39 696	8 229
834	39 732	8 241
835	39 768	8 253
836	39 804	8 266
837	39 840	8 278
838	39 876	8 291
839	39 912	8 303
840	39 948	8 315

* Die Einkommensteuer gilt nur für den ausgewiesenen Wert, Zwischenwerte sind zu schätzen – s. Vorbemerkungen

laufende Nummer	zu versteuerndes Einkommen* in €	tarifliche Einkommensteuer* in €
841	39 984	8 328
842	40 020	8 340
843	40 056	8 353
844	40 092	8 365
845	40 128	8 378
846	40 164	8 390
847	40 200	8 403
848	40 236	8 415
849	40 272	8 427
850	40 308	8 440
851	40 344	8 452
852	40 380	8 465
853	40 416	8 477
854	40 452	8 490
855	40 488	8 502
856	40 524	8 515
857	40 560	8 527
858	40 596	8 540
859	40 632	8 552
860	40 668	8 565
861	40 704	8 577
862	40 740	8 590
863	40 776	8 602
864	40 812	8 615
865	40 848	8 628
866	40 884	8 640
867	40 920	8 653
868	40 956	8 665
869	40 992	8 678
870	41 028	8 690
871	41 064	8 703
872	41 100	8 716
873	41 136	8 728
874	41 172	8 741
875	41 208	8 753
876	41 244	8 766
877	41 280	8 779
878	41 316	8 791
879	41 352	8 804
880	41 388	8 816
881	41 424	8 829
882	41 460	8 842
883	41 496	8 854
884	41 532	8 867
885	41 568	8 880
886	41 604	8 892
887	41 640	8 905
888	41 676	8 918
889	41 712	8 930
890	41 748	8 943
891	41 784	8 956
892	41 820	8 969
893	41 856	8 981
894	41 892	8 994
895	41 928	9 007
896	41 964	9 019
897	42 000	9 032
898	42 036	9 045
899	42 072	9 058
900	42 108	9 070
901	42 144	9 083
902	42 180	9 096
903	42 216	9 109
904	42 252	9 121
905	42 288	9 134
906	42 324	9 147
907	42 360	9 160
908	42 396	9 172
909	42 432	9 185
910	42 468	9 198
911	42 504	9 211
912	42 540	9 224
913	42 576	9 236
914	42 612	9 249
915	42 648	9 262
916	42 684	9 275
917	42 720	9 288
918	42 756	9 301
919	42 792	9 313
920	42 828	9 326
921	42 864	9 339
922	42 900	9 352
923	42 936	9 365
924	42 972	9 378
925	43 008	9 391
926	43 044	9 403
927	43 080	9 416
928	43 116	9 429
929	43 152	9 442
930	43 188	9 455
931	43 224	9 468
932	43 260	9 481
933	43 296	9 494
934	43 332	9 507
935	43 368	9 520
936	43 404	9 533
937	43 440	9 545
938	43 476	9 558
939	43 512	9 571
940	43 548	9 584
941	43 584	9 597
942	43 620	9 610
943	43 656	9 623
944	43 692	9 636
945	43 728	9 649
946	43 764	9 662
947	43 800	9 675
948	43 836	9 688
949	43 872	9 701
950	43 908	9 714
951	43 944	9 727
952	43 980	9 740
953	44 016	9 753
954	44 052	9 766
955	44 088	9 779
956	44 124	9 792
957	44 160	9 805
958	44 196	9 818
959	44 232	9 832
960	44 268	9 845

* Die Einkommensteuer gilt nur für den ausgewiesenen Wert, Zwischenwerte sind zu schätzen – s. Vorbemerkungen

laufende Nummer	zu versteuerndes Einkommen* in €	tarifliche Einkommensteuer* in €
961	44 304	9 858
962	44 340	9 871
963	44 376	9 884
964	44 412	9 897
965	44 448	9 910
966	44 484	9 923
967	44 520	9 936
968	44 556	9 949
969	44 592	9 962
970	44 628	9 976
971	44 664	9 989
972	44 700	10 002
973	44 736	10 015
974	44 772	10 028
975	44 808	10 041
976	44 844	10 054
977	44 880	10 067
978	44 916	10 081
979	44 952	10 094
980	44 988	10 107
981	45 024	10 120
982	45 060	10 133
983	45 096	10 147
984	45 132	10 160
985	45 168	10 173
986	45 204	10 186
987	45 240	10 199
988	45 276	10 213
989	45 312	10 226
990	45 348	10 239
991	45 384	10 252
992	45 420	10 266
993	45 456	10 279
994	45 492	10 292
995	45 528	10 305
996	45 564	10 319
997	45 600	10 332
998	45 636	10 345
999	45 672	10 358
1 000	45 708	10 372
1 001	45 744	10 385
1 002	45 780	10 398
1 003	45 816	10 411
1 004	45 852	10 425
1 005	45 888	10 438
1 006	45 924	10 451
1 007	45 960	10 465
1 008	45 996	10 478
1 009	46 032	10 491
1 010	46 068	10 505
1 011	46 104	10 518
1 012	46 140	10 531
1 013	46 176	10 545
1 014	46 212	10 558
1 015	46 248	10 571
1 016	46 284	10 585
1 017	46 320	10 598
1 018	46 356	10 612
1 019	46 392	10 625
1 020	46 428	10 638
1 021	46 464	10 652
1 022	46 500	10 665
1 023	46 536	10 679
1 024	46 572	10 692
1 025	46 608	10 705
1 026	46 644	10 719
1 027	46 680	10 732
1 028	46 716	10 746
1 029	46 752	10 759
1 030	46 788	10 773
1 031	46 824	10 786
1 032	46 860	10 799
1 033	46 896	10 813
1 034	46 932	10 826
1 035	46 968	10 840
1 036	47 004	10 853
1 037	47 040	10 867
1 038	47 076	10 880
1 039	47 112	10 894
1 040	47 148	10 907
1 041	47 184	10 921
1 042	47 220	10 934
1 043	47 256	10 948
1 044	47 292	10 961
1 045	47 328	10 975
1 046	47 364	10 988
1 047	47 400	11 002
1 048	47 436	11 015
1 049	47 472	11 029
1 050	47 508	11 043
1 051	47 544	11 056
1 052	47 580	11 070
1 053	47 616	11 083
1 054	47 652	11 097
1 055	47 688	11 110
1 056	47 724	11 124
1 057	47 760	11 138
1 058	47 796	11 151
1 059	47 832	11 165
1 060	47 868	11 178
1 061	47 904	11 192
1 062	47 940	11 206
1 063	47 976	11 219
1 064	48 012	11 233
1 065	48 048	11 246
1 066	48 084	11 260
1 067	48 120	11 274
1 068	48 156	11 287
1 069	48 192	11 301
1 070	48 228	11 315
1 071	48 264	11 328
1 072	48 300	11 342
1 073	48 336	11 356
1 074	48 372	11 369
1 075	48 408	11 383
1 076	48 444	11 397
1 077	48 480	11 411
1 078	48 516	11 424
1 079	48 552	11 438
1 080	48 588	11 452

* Die Einkommensteuer gilt nur für den ausgewiesenen Wert, Zwischenwerte sind zu schätzen — s. Vorbemerkungen

laufende Nummer	zu versteuerndes Einkommen* in €	tarifliche Einkommensteuer* in €	laufende Nummer	zu versteuerndes Einkommen* in €	tarifliche Einkommensteuer* in €
1 081	48 624	11 465	1 141	50 784	12 298
1 082	48 660	11 479	1 142	50 820	12 313
1 083	48 696	11 493	1 143	50 856	12 327
1 084	48 732	11 507	1 144	50 892	12 341
1 085	48 768	11 520	1 145	50 928	12 355
1 086	48 804	11 534	1 146	50 964	12 369
1 087	48 840	11 548	1 147	51 000	12 383
1 088	48 876	11 562	1 148	51 036	12 397
1 089	48 912	11 575	1 149	51 072	12 411
1 090	48 948	11 589	1 150	51 108	12 425
1 091	48 984	11 603	1 151	51 144	12 439
1 092	49 020	11 617	1 152	51 180	12 453
1 093	49 056	11 630	1 153	51 216	12 467
1 094	49 092	11 644	1 154	51 252	12 482
1 095	49 128	11 658	1 155	51 288	12 496
1 096	49 164	11 672	1 156	51 324	12 510
1 097	49 200	11 686	1 157	51 360	12 524
1 098	49 236	11 699	1 158	51 396	12 538
1 099	49 272	11 713	1 159	51 432	12 552
1 100	49 308	11 727	1 160	51 468	12 566
1 101	49 344	11 741	1 161	51 504	12 580
1 102	49 380	11 755	1 162	51 540	12 595
1 103	49 416	11 769	1 163	51 576	12 609
1 104	49 452	11 782	1 164	51 612	12 623
1 105	49 488	11 796	1 165	51 648	12 637
1 106	49 524	11 810	1 166	51 684	12 651
1 107	49 560	11 824	1 167	51 720	12 666
1 108	49 596	11 838	1 168	51 756	12 680
1 109	49 632	11 852	1 169	51 792	12 694
1 110	49 668	11 866	1 170	51 828	12 708
1 111	49 704	11 879	1 171	51 864	12 722
1 112	49 740	11 893	1 172	51 900	12 737
1 113	49 776	11 907	1 173	51 936	12 751
1 114	49 812	11 921	1 174	51 972	12 765
1 115	49 848	11 935	1 175	52 008	12 779
1 116	49 884	11 949	1 176	52 044	12 793
1 117	49 920	11 963	1 177	52 080	12 808
1 118	49 956	11 977	1 178	52 116	12 822
1 119	49 992	11 991	1 179	52 152	12 836
1 120	50 028	12 005	1 180	52 188	12 850
1 121	50 064	12 019	1 181	52 224	12 865
1 122	50 100	12 033	1 182	52 260	12 879
1 123	50 136	12 046	1 183	52 296	12 893
1 124	50 172	12 060	1 184	52 332	12 907
1 125	50 208	12 074	1 185	52 368	12 922
1 126	50 244	12 088	1 186	52 404	12 936
1 127	50 280	12 102	1 187	52 440	12 950
1 128	50 316	12 116	1 188	52 476	12 965
1 129	50 352	12 130	1 189	52 512	12 979
1 130	50 388	12 144	1 190	52 548	12 993
1 131	50 424	12 158	1 191	52 584	13 008
1 132	50 460	12 172	1 192	52 620	13 022
1 133	50 496	12 186	1 193	52 656	13 036
1 134	50 532	12 200	1 194	52 692	13 051
1 135	50 568	12 214	1 195	52 728	13 065
1 136	50 604	12 228	1 196	52 764	13 079
1 137	50 640	12 242	1 197	52 800	13 094
1 138	50 676	12 256	1 198	52 836	13 108
1 139	50 712	12 270	1 199	52 872	13 122
1 140	50 748	12 284	1 200	52 908	13 137

* Die Einkommensteuer gilt nur für den ausgewiesenen Wert, Zwischenwerte sind zu schätzen — s. Vorbemerkungen

laufende Nummer	zu versteuerndes Einkommen* in €	tarifliche Einkommensteuer* in €
1201	52944	13151
1202	52980	13165
1203	53016	13180
1204	53052	13194
1205	53088	13209
1206	53124	13223
1207	53160	13237
1208	53196	13252
1209	53232	13266
1210	53268	13281
1211	53304	13295
1212	53340	13309
1213	53376	13324
1214	53412	13338
1215	53448	13353
1216	53484	13367
1217	53520	13382
1218	53556	13396
1219	53592	13411
1220	53628	13425
1221	53664	13440
1222	53700	13454
1223	53736	13469
1224	53772	13483
1225	53808	13498
1226	53844	13512
1227	53880	13527
1228	53916	13541
1229	53952	13556
1230	53988	13570
1231	54024	13585
1232	54060	13599
1233	54096	13614
1234	54132	13628
1235	54168	13643
1236	54204	13657
1237	54240	13672
1238	54276	13687
1239	54312	13701
1240	54348	13716
1241	54384	13730
1242	54420	13745
1243	54456	13759
1244	54492	13774
1245	54528	13789
1246	54564	13803
1247	54600	13818
1248	54636	13832
1249	54672	13847
1250	54708	13862
1251	54744	13876
1252	54780	13891
1253	54816	13906
1254	54852	13920
1255	54888	13935
1256	54924	13950
1257	54960	13964
1258	54996	13979
1259	55032	13994
1260	55068	14008
1261	55104	14023
1262	55140	14038
1263	55176	14053
1264	55212	14067
1265	55248	14082
1266	55284	14097
1267	55320	14111
1268	55356	14126
1269	55392	14141
1270	55428	14156
1271	55464	14170
1272	55500	14185
1273	55536	14200
1274	55572	14215
1275	55608	14229
1276	55644	14244
1277	55680	14259
1278	55716	14274
1279	55752	14289
1280	55788	14303
1281	55824	14318
1282	55860	14333
1283	55896	14348
1284	55932	14363
1285	55968	14377
1286	56004	14392
1287	56040	14407
1288	56076	14422
1289	56112	14437
1290	56148	14452
1291	56184	14466
1292	56220	14481
1293	56256	14496
1294	56292	14511
1295	56328	14526
1296	56364	14541
1297	56400	14556
1298	56436	14571
1299	56472	14585
1300	56508	14600
1301	56544	14615
1302	56580	14630
1303	56616	14645
1304	56652	14660
1305	56688	14675
1306	56724	14690
1307	56760	14705
1308	56796	14720
1309	56832	14735
1310	56868	14750
1311	56904	14765
1312	56940	14780
1313	56976	14795
1314	57012	14810
1315	57048	14825
1316	57084	14840
1317	57120	14855
1318	57156	14870
1319	57192	14885
1320	57228	14900

* Die Einkommensteuer gilt nur für den ausgewiesenen Wert, Zwischenwerte sind zu schätzen – s. Vorbemerkungen

laufende Nummer	zu versteuerndes Einkommen* in €	tarifliche Einkommensteuer* in €	laufende Nummer	zu versteuerndes Einkommen* in €	tarifliche Einkommensteuer* in €
1321	57264	14915	1381	59424	15821
1322	57300	14930	1382	59460	15836
1323	57336	14945	1383	59496	15851
1324	57372	14960	1384	59532	15866
1325	57408	14975	1385	59568	15881
1326	57444	14990	1386	59604	15897
1327	57480	15005	1387	59640	15912
1328	57516	15020	1388	59676	15927
1329	57552	15035	1389	59712	15942
1330	57588	15050	1390	59748	15957
1331	57624	15065	1391	59784	15972
1332	57660	15080	1392	59820	15987
1333	57696	15095	1393	59856	16002
1334	57732	15110	1394	59892	16018
1335	57768	15125	1395	59928	16033
1336	57804	15141	1396	59964	16048
1337	57840	15156	1397	60000	16063
1338	57876	15171	1398	60036	16078
1339	57912	15186	1399	60072	16093
1340	57948	15201	1400	60108	16108
1341	57984	15216	1401	60144	16123
1342	58020	15231	1402	60180	16138
1343	58056	15246	1403	60216	16154
1344	58092	15262	1404	60252	16169
1345	58128	15277	1405	60288	16184
1346	58164	15292	1406	60324	16199
1347	58200	15307	1407	60360	16214
1348	58236	15322	1408	60396	16229
1349	58272	15337	1409	60432	16244
1350	58308	15352	1410	60468	16259
1351	58344	15367	1411	60504	16275
1352	58380	15382	1412	60540	16290
1353	58416	15398	1413	60576	16305
1354	58452	15413	1414	60612	16320
1355	58488	15428	1415	60648	16335
1356	58524	15443	1416	60684	16350
1357	58560	15458	1417	60720	16365
1358	58596	15473	1418	60756	16380
1359	58632	15488	1419	60792	16396
1360	58668	15503	1420	60828	16411
1361	58704	15519	1421	60864	16426
1362	58740	15534	1422	60900	16441
1363	58776	15549	1423	60936	16456
1364	58812	15564	1424	60972	16471
1365	58848	15579	1425	61008	16486
1366	58884	15594	1426	61044	16501
1367	58920	15609	1427	61080	16516
1368	58956	15624	1428	61116	16532
1369	58992	15640	1429	61152	16547
1370	59028	15655	1430	61188	16562
1371	59064	15670	1431	61224	16577
1372	59100	15685	1432	61260	16592
1373	59136	15700	1433	61296	16607
1374	59172	15715	1434	61332	16622
1375	59208	15730	1435	61368	16637
1376	59244	15745	1436	61404	16653
1377	59280	15760	1437	61440	16668
1378	59316	15776	1438	61476	16683
1379	59352	15791	1439	61512	16698
1380	59388	15806	1440	61548	16713

* Die Einkommensteuer gilt nur für den ausgewiesenen Wert, Zwischenwerte sind zu schätzen — s. Vorbemerkungen

laufende Nummer	zu versteuerndes Einkommen* in €	tarifliche Einkommensteuer* in €	laufende Nummer	zu versteuerndes Einkommen* in €	tarifliche Einkommensteuer* in €
1441	61584	16728	1501	63744	17635
1442	61620	16743	1502	63780	17650
1443	61656	16758	1503	63816	17666
1444	61692	16774	1504	63852	17681
1445	61728	16789	1505	63888	17696
1446	61764	16804	1506	63924	17711
1447	61800	16819	1507	63960	17726
1448	61836	16834	1508	63996	17741
1449	61872	16849	1509	64032	17756
1450	61908	16864	1510	64068	17771
1451	61944	16879	1511	64104	17787
1452	61980	16894	1512	64140	17802
1453	62016	16910	1513	64176	17817
1454	62052	16925	1514	64212	17832
1455	62088	16940	1515	64248	17847
1456	62124	16955	1516	64284	17862
1457	62160	16970	1517	64320	17877
1458	62196	16985	1518	64356	17892
1459	62232	17000	1519	64392	17908
1460	62268	17015	1520	64428	17923
1461	62304	17031	1521	64464	17938
1462	62340	17046	1522	64500	17953
1463	62376	17061	1523	64536	17968
1464	62412	17076	1524	64572	17983
1465	62448	17091	1525	64608	17998
1466	62484	17106	1526	64644	18013
1467	62520	17121	1527	64680	18028
1468	62556	17136	1528	64716	18044
1469	62592	17152	1529	64752	18059
1470	62628	17167	1530	64788	18074
1471	62664	17182	1531	64824	18089
1472	62700	17197	1532	64860	18104
1473	62736	17212	1533	64896	18119
1474	62772	17227	1534	64932	18134
1475	62808	17242	1535	64968	18149
1476	62844	17257	1536	65004	18165
1477	62880	17272	1537	65040	18180
1478	62916	17288	1538	65076	18195
1479	62952	17303	1539	65112	18210
1480	62988	17318	1540	65148	18225
1481	63024	17333	1541	65184	18240
1482	63060	17348	1542	65220	18255
1483	63096	17363	1543	65256	18270
1484	63132	17378	1544	65292	18286
1485	63168	17393	1545	65328	18301
1486	63204	17409	1546	65364	18316
1487	63240	17424	1547	65400	18331
1488	63276	17439	1548	65436	18346
1489	63312	17454	1549	65472	18361
1490	63348	17469	1550	65508	18376
1491	63384	17484	1551	65544	18391
1492	63420	17499	1552	65580	18406
1493	63456	17514	1553	65616	18422
1494	63492	17530	1554	65652	18437
1495	63528	17545	1555	65688	18452
1496	63564	17560	1556	65724	18467
1497	63600	17575	1557	65760	18482
1498	63636	17590	1558	65796	18497
1499	63672	17605	1559	65832	18512
1500	63708	17620	1560	65868	18527

* Die Einkommensteuer gilt nur für den ausgewiesenen Wert, Zwischenwerte sind zu schätzen – s. Vorbemerkungen

laufende Nummer	zu versteuerndes Einkommen* in €	tarifliche Einkommensteuer* in €	laufende Nummer	zu versteuerndes Einkommen* in €	tarifliche Einkommensteuer* in €
1561	65904	18543	1621	68064	19450
1562	65940	18558	1622	68100	19465
1563	65976	18573	1623	68136	19480
1564	66012	18588	1624	68172	19495
1565	66048	18603	1625	68208	19510
1566	66084	18618	1626	68244	19525
1567	66120	18633	1627	68280	19540
1568	66156	18648	1628	68316	19556
1569	66192	18664	1629	68352	19571
1570	66228	18679	1630	68388	19586
1571	66264	18694	1631	68424	19601
1572	66300	18709	1632	68460	19616
1573	66336	18724	1633	68496	19631
1574	66372	18739	1634	68532	19646
1575	66408	18754	1635	68568	19661
1576	66444	18769	1636	68604	19677
1577	66480	18784	1637	68640	19692
1578	66516	18800	1638	68676	19707
1579	66552	18815	1639	68712	19722
1580	66588	18830	1640	68748	19737
1581	66624	18845	1641	68784	19752
1582	66660	18860	1642	68820	19767
1583	66696	18875	1643	68856	19782
1584	66732	18890	1644	68892	19798
1585	66768	18905	1645	68928	19813
1586	66804	18921	1646	68964	19828
1587	66840	18936	1647	69000	19843
1588	66876	18951	1648	69036	19858
1589	66912	18966	1649	69072	19873
1590	66948	18981	1650	69108	19888
1591	66984	18996	1651	69144	19903
1592	67020	19011	1652	69180	19918
1593	67056	19026	1653	69216	19934
1594	67092	19042	1654	69252	19949
1595	67128	19057	1655	69288	19964
1596	67164	19072	1656	69324	19979
1597	67200	19087	1657	69360	19994
1598	67236	19102	1658	69396	20009
1599	67272	19117	1659	69432	20024
1600	67308	19132	1660	69468	20039
1601	67344	19147	1661	69504	20055
1602	67380	19162	1662	69540	20070
1603	67416	19178	1663	69576	20085
1604	67452	19193	1664	69612	20100
1605	67488	19208	1665	69648	20115
1606	67524	19223	1666	69684	20130
1607	67560	19238	1667	69720	20145
1608	67596	19253	1668	69756	20160
1609	67632	19268	1669	69792	20176
1610	67668	19283	1670	69828	20191
1611	67704	19299	1671	69864	20206
1612	67740	19314	1672	69900	20221
1613	67776	19329	1673	69936	20236
1614	67812	19344	1674	69972	20251
1615	67848	19359	1675	70008	20266
1616	67884	19374	1676	70044	20281
1617	67920	19389	1677	70080	20296
1618	67956	19404	1678	70116	20312
1619	67992	19420	1679	70152	20327
1620	68028	19435	1680	70188	20342

* Die Einkommensteuer gilt nur für den ausgewiesenen Wert, Zwischenwerte sind zu schätzen — s. Vorbemerkungen

laufende Nummer	zu versteuerndes Einkommen* in €	tarifliche Einkommensteuer* in €
1 681	70 224	20 357
1 682	70 260	20 372
1 683	70 296	20 387
1 684	70 332	20 402
1 685	70 368	20 417
1 686	70 404	20 433
1 687	70 440	20 448
1 688	70 476	20 463
1 689	70 512	20 478
1 690	70 548	20 493
1 691	70 584	20 508
1 692	70 620	20 523
1 693	70 656	20 538
1 694	70 692	20 554
1 695	70 728	20 569
1 696	70 764	20 584
1 697	70 800	20 599
1 698	70 836	20 614
1 699	70 872	20 629
1 700	70 908	20 644
1 701	70 944	20 659
1 702	70 980	20 674
1 703	71 016	20 690
1 704	71 052	20 705
1 705	71 088	20 720
1 706	71 124	20 735
1 707	71 160	20 750
1 708	71 196	20 765
1 709	71 232	20 780
1 710	71 268	20 795
1 711	71 304	20 811
1 712	71 340	20 826
1 713	71 376	20 841
1 714	71 412	20 856
1 715	71 448	20 871
1 716	71 484	20 886
1 717	71 520	20 901
1 718	71 556	20 916
1 719	71 592	20 932
1 720	71 628	20 947
1 721	71 664	20 962
1 722	71 700	20 977
1 723	71 736	20 992
1 724	71 772	21 007
1 725	71 808	21 022
1 726	71 844	21 037
1 727	71 880	21 052
1 728	71 916	21 068
1 729	71 952	21 083
1 730	71 988	21 098
1 731	72 024	21 113
1 732	72 060	21 128
1 733	72 096	21 143
1 734	72 132	21 158
1 735	72 168	21 173
1 736	72 204	21 189
1 737	72 240	21 204
1 738	72 276	21 219
1 739	72 312	21 234
1 740	72 348	21 249
1 741	72 384	21 264
1 742	72 420	21 279
1 743	72 456	21 294
1 744	72 492	21 310
1 745	72 528	21 325
1 746	72 564	21 340
1 747	72 600	21 355
1 748	72 636	21 370
1 749	72 672	21 385
1 750	72 708	21 400
1 751	72 744	21 415
1 752	72 780	21 430
1 753	72 816	21 446
1 754	72 852	21 461
1 755	72 888	21 476
1 756	72 924	21 491
1 757	72 960	21 506
1 758	72 996	21 521
1 759	73 032	21 536
1 760	73 068	21 551
1 761	73 104	21 567
1 762	73 140	21 582
1 763	73 176	21 597
1 764	73 212	21 612
1 765	73 248	21 627
1 766	73 284	21 642
1 767	73 320	21 657
1 768	73 356	21 672
1 769	73 392	21 688
1 770	73 428	21 703
1 771	73 464	21 718
1 772	73 500	21 733
1 773	73 536	21 748
1 774	73 572	21 763
1 775	73 608	21 778
1 776	73 644	21 793
1 777	73 680	21 808
1 778	73 716	21 824
1 779	73 752	21 839
1 780	73 788	21 854
1 781	73 824	21 869
1 782	73 860	21 884
1 783	73 896	21 899
1 784	73 932	21 914
1 785	73 968	21 929
1 786	74 004	21 945
1 787	74 040	21 960
1 788	74 076	21 975
1 789	74 112	21 990
1 790	74 148	22 005
1 791	74 184	22 020
1 792	74 220	22 035
1 793	74 256	22 050
1 794	74 292	22 066
1 795	74 328	22 081
1 796	74 364	22 096
1 797	74 400	22 111
1 798	74 436	22 126
1 799	74 472	22 141
1 800	74 508	22 156

* Die Einkommensteuer gilt nur für den ausgewiesenen Wert, Zwischenwerte sind zu schätzen — s. Vorbemerkungen

laufende Nummer	zu versteuerndes Einkommen* in €	tarifliche Einkommensteuer* in €
1 801	74 544	22 171
1 802	74 580	22 186
1 803	74 616	22 202
1 804	74 652	22 217
1 805	74 688	22 232
1 806	74 724	22 247
1 807	74 760	22 262
1 808	74 796	22 277
1 809	74 832	22 292
1 810	74 868	22 307
1 811	74 904	22 323
1 812	74 940	22 338
1 813	74 976	22 353
1 814	75 012	22 368
1 815	75 048	22 383
1 816	75 084	22 398
1 817	75 120	22 413
1 818	75 156	22 428
1 819	75 192	22 444
1 820	75 228	22 459
1 821	75 264	22 474
1 822	75 300	22 489
1 823	75 336	22 504
1 824	75 372	22 519
1 825	75 408	22 534
1 826	75 444	22 549
1 827	75 480	22 564
1 828	75 516	22 580
1 829	75 552	22 595
1 830	75 588	22 610
1 831	75 624	22 625
1 832	75 660	22 640
1 833	75 696	22 655
1 834	75 732	22 670
1 835	75 768	22 685
1 836	75 804	22 701
1 837	75 840	22 716
1 838	75 876	22 731
1 839	75 912	22 746
1 840	75 948	22 761
1 841	75 984	22 776
1 842	76 020	22 791
1 843	76 056	22 806
1 844	76 092	22 822
1 845	76 128	22 837
1 846	76 164	22 852
1 847	76 200	22 867
1 848	76 236	22 882
1 849	76 272	22 897
1 850	76 308	22 912
1 851	76 344	22 927
1 852	76 380	22 942
1 853	76 416	22 958
1 854	76 452	22 973
1 855	76 488	22 988
1 856	76 524	23 003
1 857	76 560	23 018
1 858	76 596	23 033
1 859	76 632	23 048
1 860	76 668	23 063
1 861	76 704	23 079
1 862	76 740	23 094
1 863	76 776	23 109
1 864	76 812	23 124
1 865	76 848	23 139
1 866	76 884	23 154
1 867	76 920	23 169
1 868	76 956	23 184
1 869	76 992	23 200
1 870	77 028	23 215
1 871	77 064	23 230
1 872	77 100	23 245
1 873	77 136	23 260
1 874	77 172	23 275
1 875	77 208	23 290
1 876	77 244	23 305
1 877	77 280	23 320
1 878	77 316	23 336
1 879	77 352	23 351
1 880	77 388	23 366
1 881	77 424	23 381
1 882	77 460	23 396
1 883	77 496	23 411
1 884	77 532	23 426
1 885	77 568	23 441
1 886	77 604	23 457
1 887	77 640	23 472
1 888	77 676	23 487
1 889	77 712	23 502
1 890	77 748	23 517
1 891	77 784	23 532
1 892	77 820	23 547
1 893	77 856	23 562
1 894	77 892	23 578
1 895	77 928	23 593
1 896	77 964	23 608
1 897	78 000	23 623
1 898	78 036	23 638
1 899	78 072	23 653
1 900	78 108	23 668
1 901	78 144	23 683
1 902	78 180	23 698
1 903	78 216	23 714
1 904	78 252	23 729
1 905	78 288	23 744
1 906	78 324	23 759
1 907	78 360	23 774
1 908	78 396	23 789
1 909	78 432	23 804
1 910	78 468	23 819
1 911	78 504	23 835
1 912	78 540	23 850
1 913	78 576	23 865
1 914	78 612	23 880
1 915	78 648	23 895
1 916	78 684	23 910
1 917	78 720	23 925
1 918	78 756	23 940
1 919	78 792	23 956
1 920	78 828	23 971

* Die Einkommensteuer gilt nur für den ausgewiesenen Wert, Zwischenwerte sind zu schätzen — s. Vorbemerkungen

laufende Nummer	zu versteuerndes Einkommen* in €	tarifliche Einkommen-steuer* in €
1921	78 864	23 986
1922	78 900	24 001
1923	78 936	24 016
1924	78 972	24 031
1925	79 008	24 046
1926	79 044	24 061
1927	79 080	24 076
1928	79 116	24 092
1929	79 152	24 107
1930	79 188	24 122
1931	79 224	24 137
1932	79 260	24 152
1933	79 296	24 167
1934	79 332	24 182
1935	79 368	24 197
1936	79 404	24 213
1937	79 440	24 228
1938	79 476	24 243
1939	79 512	24 258
1940	79 548	24 273
1941	79 584	24 288
1942	79 620	24 303
1943	79 656	24 318
1944	79 692	24 334
1945	79 728	24 349
1946	79 764	24 364
1947	79 800	24 379
1948	79 836	24 394
1949	79 872	24 409
1950	79 908	24 424
1951	79 944	24 439
1952	79 980	24 454
1953	80 016	24 470
1954	80 052	24 485
1955	80 088	24 500
1956	80 124	24 515
1957	80 160	24 530
1958	80 196	24 545
1959	80 232	24 560
1960	80 268	24 575
1961	80 304	24 591
1962	80 340	24 606
1963	80 376	24 621
1964	80 412	24 636
1965	80 448	24 651
1966	80 484	24 666
1967	80 520	24 681
1968	80 556	24 696
1969	80 592	24 712
1970	80 628	24 727
1971	80 664	24 742
1972	80 700	24 757
1973	80 736	24 772
1974	80 772	24 787
1975	80 808	24 802
1976	80 844	24 817
1977	80 880	24 832
1978	80 916	24 848
1979	80 952	24 863
1980	80 988	24 878
1981	81 024	24 893
1982	81 060	24 908
1983	81 096	24 923
1984	81 132	24 938
1985	81 168	24 953
1986	81 204	24 969
1987	81 240	24 984
1988	81 276	24 999
1989	81 312	25 014
1990	81 348	25 029
1991	81 384	25 044
1992	81 420	25 059
1993	81 456	25 074
1994	81 492	25 090
1995	81 528	25 105
1996	81 564	25 120
1997	81 600	25 135
1998	81 636	25 150
1999	81 672	25 165
2000	81 708	25 180
2001	81 744	25 195
2002	81 780	25 210
2003	81 816	25 226
2004	81 852	25 241
2005	81 888	25 256
2006	81 924	25 271
2007	81 960	25 286
2008	81 996	25 301
2009	82 032	25 316
2010	82 068	25 331
2011	82 104	25 347
2012	82 140	25 362
2013	82 176	25 377
2014	82 212	25 392
2015	82 248	25 407
2016	82 284	25 422
2017	82 320	25 437
2018	82 356	25 452
2019	82 392	25 468
2020	82 428	25 483
2021	82 464	25 498
2022	82 500	25 513
2023	82 536	25 528
2024	82 572	25 543
2025	82 608	25 558
2026	82 644	25 573
2027	82 680	25 588
2028	82 716	25 604
2029	82 752	25 619
2030	82 788	25 634
2031	82 824	25 649
2032	82 860	25 664
2033	82 896	25 679
2034	82 932	25 694
2035	82 968	25 709
2036	83 004	25 725
2037	83 040	25 740
2038	83 076	25 755
2039	83 112	25 770
2040	83 148	25 785

* Die Einkommensteuer gilt nur für den ausgewiesenen Wert, Zwischenwerte sind zu schätzen – s. Vorbemerkungen

laufende Nummer	zu versteuerndes Einkommen* in €	tarifliche Einkommensteuer* in €
2 041	83 184	25 800
2 042	83 220	25 815
2 043	83 256	25 830
2 044	83 292	25 846
2 045	83 328	25 861
2 046	83 364	25 876
2 047	83 400	25 891
2 048	83 436	25 906
2 049	83 472	25 921
2 050	83 508	25 936
2 051	83 544	25 951
2 052	83 580	25 966
2 053	83 616	25 982
2 054	83 652	25 997
2 055	83 688	26 012
2 056	83 724	26 027
2 057	83 760	26 042
2 058	83 796	26 057
2 059	83 832	26 072
2 060	83 868	26 087
2 061	83 904	26 103
2 062	83 940	26 118
2 063	83 976	26 133
2 064	84 012	26 148
2 065	84 048	26 163
2 066	84 084	26 178
2 067	84 120	26 193
2 068	84 156	26 208
2 069	84 192	26 224
2 070	84 228	26 239
2 071	84 264	26 254
2 072	84 300	26 269
2 073	84 336	26 284
2 074	84 372	26 299
2 075	84 408	26 314
2 076	84 444	26 329
2 077	84 480	26 344
2 078	84 516	26 360
2 079	84 552	26 375
2 080	84 588	26 390
2 081	84 624	26 405
2 082	84 660	26 420
2 083	84 696	26 435
2 084	84 732	26 450
2 085	84 768	26 465
2 086	84 804	26 481
2 087	84 840	26 496
2 088	84 876	26 511
2 089	84 912	26 526
2 090	84 948	26 541
2 091	84 984	26 556
2 092	85 020	26 571
2 093	85 056	26 586
2 094	85 092	26 602
2 095	85 128	26 617
2 096	85 164	26 632
2 097	85 200	26 647
2 098	85 236	26 662
2 099	85 272	26 677
2 100	85 308	26 692
2 101	85 344	26 707
2 102	85 380	26 722
2 103	85 416	26 738
2 104	85 452	26 753
2 105	85 488	26 768
2 106	85 524	26 783
2 107	85 560	26 798
2 108	85 596	26 813
2 109	85 632	26 828
2 110	85 668	26 843
2 111	85 704	26 859
2 112	85 740	26 874
2 113	85 776	26 889
2 114	85 812	26 904
2 115	85 848	26 919
2 116	85 884	26 934
2 117	85 920	26 949
2 118	85 956	26 964
2 119	85 992	26 980
2 120	86 028	26 995
2 121	86 064	27 010
2 122	86 100	27 025
2 123	86 136	27 040
2 124	86 172	27 055
2 125	86 208	27 070
2 126	86 244	27 085
2 127	86 280	27 100
2 128	86 316	27 116
2 129	86 352	27 131
2 130	86 388	27 146
2 131	86 424	27 161
2 132	86 460	27 176
2 133	86 496	27 191
2 134	86 532	27 206
2 135	86 568	27 221
2 136	86 604	27 237
2 137	86 640	27 252
2 138	86 676	27 267
2 139	86 712	27 282
2 140	86 748	27 297
2 141	86 784	27 312
2 142	86 820	27 327
2 143	86 856	27 342
2 144	86 892	27 358
2 145	86 928	27 373
2 146	86 964	27 388
2 147	87 000	27 403
2 148	87 036	27 418
2 149	87 072	27 433
2 150	87 108	27 448
2 151	87 144	27 463
2 152	87 180	27 478
2 153	87 216	27 494
2 154	87 252	27 509
2 155	87 288	27 524
2 156	87 324	27 539
2 157	87 360	27 554
2 158	87 396	27 569
2 159	87 432	27 584
2 160	87 468	27 599

* Die Einkommensteuer gilt nur für den ausgewiesenen Wert, Zwischenwerte sind zu schätzen — s. Vorbemerkungen

laufende Nummer	zu versteuerndes Einkommen* in €	tarifliche Einkommensteuer* in €
2 161	87 504	27 615
2 162	87 540	27 630
2 163	87 576	27 645
2 164	87 612	27 660
2 165	87 648	27 675
2 166	87 684	27 690
2 167	87 720	27 705
2 168	87 756	27 720
2 169	87 792	27 736
2 170	87 828	27 751
2 171	87 864	27 766
2 172	87 900	27 781
2 173	87 936	27 796
2 174	87 972	27 811
2 175	88 008	27 826
2 176	88 044	27 841
2 177	88 080	27 856
2 178	88 116	27 872
2 179	88 152	27 887
2 180	88 188	27 902
2 181	88 224	27 917
2 182	88 260	27 932
2 183	88 296	27 947
2 184	88 332	27 962
2 185	88 368	27 977
2 186	88 404	27 993
2 187	88 440	28 008
2 188	88 476	28 023
2 189	88 512	28 038
2 190	88 548	28 053
2 191	88 584	28 068
2 192	88 620	28 083
2 193	88 656	28 098
2 194	88 692	28 114
2 195	88 728	28 129
2 196	88 764	28 144
2 197	88 800	28 159
2 198	88 836	28 174
2 199	88 872	28 189
2 200	88 908	28 204
2 201	88 944	28 219
2 202	88 980	28 234
2 203	89 016	28 250
2 204	89 052	28 265
2 205	89 088	28 280
2 206	89 124	28 295
2 207	89 160	28 310
2 208	89 196	28 325
2 209	89 232	28 340
2 210	89 268	28 355
2 211	89 304	28 371
2 212	89 340	28 386
2 213	89 376	28 401
2 214	89 412	28 416
2 215	89 448	28 431
2 216	89 484	28 446
2 217	89 520	28 461
2 218	89 556	28 476
2 219	89 592	28 492
2 220	89 628	28 507
2 221	89 664	28 522
2 222	89 700	28 537
2 223	89 736	28 552
2 224	89 772	28 567
2 225	89 808	28 582
2 226	89 844	28 597
2 227	89 880	28 612
2 228	89 916	28 628
2 229	89 952	28 643
2 230	89 988	28 658
2 231	90 024	28 673
2 232	90 060	28 688
2 233	90 096	28 703
2 234	90 132	28 718
2 235	90 168	28 733
2 236	90 204	28 749
2 237	90 240	28 764
2 238	90 276	28 779
2 239	90 312	28 794
2 240	90 348	28 809
2 241	90 384	28 824
2 242	90 420	28 839
2 243	90 456	28 854
2 244	90 492	28 870
2 245	90 528	28 885
2 246	90 564	28 900
2 247	90 600	28 915
2 248	90 636	28 930
2 249	90 672	28 945
2 250	90 708	28 960
2 251	90 744	28 975
2 252	90 780	28 990
2 253	90 816	29 006
2 254	90 852	29 021
2 255	90 888	29 036
2 256	90 924	29 051
2 257	90 960	29 066
2 258	90 996	29 081
2 259	91 032	29 096
2 260	91 068	29 111
2 261	91 104	29 127
2 262	91 140	29 142
2 263	91 176	29 157
2 264	91 212	29 172
2 265	91 248	29 187
2 266	91 284	29 202
2 267	91 320	29 217
2 268	91 356	29 232
2 269	91 392	29 248
2 270	91 428	29 263
2 271	91 464	29 278
2 272	91 500	29 293
2 273	91 536	29 308
2 274	91 572	29 323
2 275	91 608	29 338
2 276	91 644	29 353
2 277	91 680	29 368
2 278	91 716	29 384
2 279	91 752	29 399
2 280	91 788	29 414

* Die Einkommensteuer gilt nur für den ausgewiesenen Wert, Zwischenwerte sind zu schätzen – s. Vorbemerkungen

laufende Nummer	zu versteuerndes Einkommen* in €	tarifliche Einkommensteuer* in €
2281	91824	29429
2282	91860	29444
2283	91896	29459
2284	91932	29474
2285	91968	29489
2286	92004	29505
2287	92040	29520
2288	92076	29535
2289	92112	29550
2290	92148	29565
2291	92184	29580
2292	92220	29595
2293	92256	29610
2294	92292	29626
2295	92328	29641
2296	92364	29656
2297	92400	29671
2298	92436	29686
2299	92472	29701
2300	92508	29716
2301	92544	29731
2302	92580	29746
2303	92616	29762
2304	92652	29777
2305	92688	29792
2306	92724	29807
2307	92760	29822
2308	92796	29837
2309	92832	29852
2310	92868	29867
2311	92904	29883
2312	92940	29898
2313	92976	29913
2314	93012	29928
2315	93048	29943
2316	93084	29958
2317	93120	29973
2318	93156	29988
2319	93192	30004
2320	93228	30019
2321	93264	30034
2322	93300	30049
2323	93336	30064
2324	93372	30079
2325	93408	30094
2326	93444	30109
2327	93480	30124
2328	93516	30140
2329	93552	30155
2330	93588	30170
2331	93624	30185
2332	93660	30200
2333	93696	30215
2334	93732	30230
2335	93768	30245
2336	93804	30261
2337	93840	30276
2338	93876	30291
2339	93912	30306
2340	93948	30321
2341	93984	30336
2342	94020	30351
2343	94056	30366
2344	94092	30382
2345	94128	30397
2346	94164	30412
2347	94200	30427
2348	94236	30442
2349	94272	30457
2350	94308	30472
2351	94344	30487
2352	94380	30502
2353	94416	30518
2354	94452	30533
2355	94488	30548
2356	94524	30563
2357	94560	30578
2358	94596	30593
2359	94632	30608
2360	94668	30623
2361	94704	30639
2362	94740	30654
2363	94776	30669
2364	94812	30684
2365	94848	30699
2366	94884	30714
2367	94920	30729
2368	94956	30744
2369	94992	30760
2370	95028	30775
2371	95064	30790
2372	95100	30805
2373	95136	30820
2374	95172	30835
2375	95208	30850
2376	95244	30865
2377	95280	30880
2378	95316	30896
2379	95352	30911
2380	95388	30926
2381	95424	30941
2382	95460	30956
2383	95496	30971
2384	95532	30986
2385	95568	31001
2386	95604	31017
2387	95640	31032
2388	95676	31047
2389	95712	31062
2390	95748	31077
2391	95784	31092
2392	95820	31107
2393	95856	31122
2394	95892	31138
2395	95928	31153
2396	95964	31168
2397	96000	31183
2398	96036	31198
2399	96072	31213
2400	96108	31228

* Die Einkommensteuer gilt nur für den ausgewiesenen Wert, Zwischenwerte sind zu schätzen — s. Vorbemerkungen

ESt-Splittingtabelle T 1b

laufende Nummer	zu versteuerndes Einkommen* in €	tarifliche Einkommensteuer* in €	laufende Nummer	zu versteuerndes Einkommen* in €	tarifliche Einkommensteuer* in €
1	19 488	–	61	23 808	696
2	19 560	10	62	23 880	710
3	19 632	20	63	23 952	724
4	19 704	30	64	24 024	736
5	19 776	40	65	24 096	750
6	19 848	50	66	24 168	764
7	19 920	60	67	24 240	776
8	19 992	70	68	24 312	790
9	20 064	82	69	24 384	804
10	20 136	92	70	24 456	818
11	20 208	102	71	24 528	830
12	20 280	114	72	24 600	844
13	20 352	124	73	24 672	858
14	20 424	134	74	24 744	872
15	20 496	146	75	24 816	886
16	20 568	156	76	24 888	900
17	20 640	166	77	24 960	914
18	20 712	178	78	25 032	928
19	20 784	188	79	25 104	942
20	20 856	200	80	25 176	956
21	20 928	210	81	25 248	970
22	21 000	222	82	25 320	984
23	21 072	234	83	25 392	1 000
24	21 144	244	84	25 464	1 014
25	21 216	256	85	25 536	1 028
26	21 288	268	86	25 608	1 042
27	21 360	278	87	25 680	1 056
28	21 432	290	88	25 752	1 072
29	21 504	302	89	25 824	1 086
30	21 576	314	90	25 896	1 100
31	21 648	324	91	25 968	1 116
32	21 720	336	92	26 040	1 130
33	21 792	348	93	26 112	1 144
34	21 864	360	94	26 184	1 160
35	21 936	372	95	26 256	1 174
36	22 008	384	96	26 328	1 190
37	22 080	396	97	26 400	1 204
38	22 152	408	98	26 472	1 220
39	22 224	420	99	26 544	1 234
40	22 296	432	100	26 616	1 250
41	22 368	444	101	26 688	1 264
42	22 440	456	102	26 760	1 280
43	22 512	468	103	26 832	1 296
44	22 584	480	104	26 904	1 310
45	22 656	492	105	26 976	1 326
46	22 728	504	106	27 048	1 342
47	22 800	518	107	27 120	1 358
48	22 872	530	108	27 192	1 372
49	22 944	542	109	27 264	1 388
50	23 016	554	110	27 336	1 404
51	23 088	568	111	27 408	1 420
52	23 160	580	112	27 480	1 436
53	23 232	592	113	27 552	1 452
54	23 304	606	114	27 624	1 468
55	23 376	618	115	27 696	1 484
56	23 448	632	116	27 768	1 500
57	23 520	644	117	27 840	1 516
58	23 592	658	118	27 912	1 532
59	23 664	670	119	27 984	1 548
60	23 736	684	120	28 056	1 564

* Die Einkommensteuer gilt nur für den ausgewiesenen Wert, Zwischenwerte sind zu schätzen – s. Vorbemerkungen

laufende Nummer	zu versteuerndes Einkommen* in €	tarifliche Einkommen-steuer* in €	laufende Nummer	zu versteuerndes Einkommen* in €	tarifliche Einkommen-steuer* in €
121	28 128	1 580	181	32 448	2 616
122	28 200	1 596	182	32 520	2 632
123	28 272	1 612	183	32 592	2 650
124	28 344	1 630	184	32 664	2 668
125	28 416	1 646	185	32 736	2 686
126	28 488	1 662	186	32 808	2 704
127	28 560	1 678	187	32 880	2 722
128	28 632	1 696	188	32 952	2 740
129	28 704	1 712	189	33 024	2 758
130	28 776	1 728	190	33 096	2 774
131	28 848	1 746	191	33 168	2 792
132	28 920	1 762	192	33 240	2 810
133	28 992	1 780	193	33 312	2 828
134	29 064	1 796	194	33 384	2 846
135	29 136	1 812	195	33 456	2 864
136	29 208	1 830	196	33 528	2 882
137	29 280	1 846	197	33 600	2 900
138	29 352	1 864	198	33 672	2 918
139	29 424	1 882	199	33 744	2 936
140	29 496	1 898	200	33 816	2 954
141	29 568	1 916	201	33 888	2 972
142	29 640	1 934	202	33 960	2 990
143	29 712	1 950	203	34 032	3 008
144	29 784	1 968	204	34 104	3 026
145	29 856	1 984	205	34 176	3 044
146	29 928	2 002	206	34 248	3 062
147	30 000	2 020	207	34 320	3 080
148	30 072	2 036	208	34 392	3 098
149	30 144	2 054	209	34 464	3 116
150	30 216	2 072	210	34 536	3 134
151	30 288	2 090	211	34 608	3 152
152	30 360	2 106	212	34 680	3 170
153	30 432	2 124	213	34 752	3 188
154	30 504	2 142	214	34 824	3 206
155	30 576	2 158	215	34 896	3 224
156	30 648	2 176	216	34 968	3 242
157	30 720	2 194	217	35 040	3 260
158	30 792	2 210	218	35 112	3 278
159	30 864	2 228	219	35 184	3 296
160	30 936	2 246	220	35 256	3 314
161	31 008	2 264	221	35 328	3 332
162	31 080	2 280	222	35 400	3 350
163	31 152	2 298	223	35 472	3 368
164	31 224	2 316	224	35 544	3 386
165	31 296	2 334	225	35 616	3 404
166	31 368	2 350	226	35 688	3 422
167	31 440	2 368	227	35 760	3 440
168	31 512	2 386	228	35 832	3 460
169	31 584	2 404	229	35 904	3 478
170	31 656	2 422	230	35 976	3 496
171	31 728	2 438	231	36 048	3 514
172	31 800	2 456	232	36 120	3 532
173	31 872	2 474	233	36 192	3 550
174	31 944	2 492	234	36 264	3 568
175	32 016	2 510	235	36 336	3 586
176	32 088	2 526	236	36 408	3 606
177	32 160	2 544	237	36 480	3 624
178	32 232	2 562	238	36 552	3 642
179	32 304	2 580	239	36 624	3 660
180	32 376	2 598	240	36 696	3 678

* Die Einkommensteuer gilt nur für den ausgewiesenen Wert, Zwischenwerte sind zu schätzen — s. Vorbemerkungen

laufende Nummer	zu versteuerndes Einkommen* in €	tarifliche Einkommensteuer* in €	laufende Nummer	zu versteuerndes Einkommen* in €	tarifliche Einkommensteuer* in €
241	36 768	3 696	301	41 088	4 818
242	36 840	3 716	302	41 160	4 836
243	36 912	3 734	303	41 232	4 856
244	36 984	3 752	304	41 304	4 874
245	37 056	3 770	305	41 376	4 894
246	37 128	3 788	306	41 448	4 912
247	37 200	3 806	307	41 520	4 932
248	37 272	3 826	308	41 592	4 950
249	37 344	3 844	309	41 664	4 970
250	37 416	3 862	310	41 736	4 988
251	37 488	3 880	311	41 808	5 008
252	37 560	3 900	312	41 880	5 026
253	37 632	3 918	313	41 952	5 046
254	37 704	3 936	314	42 024	5 066
255	37 776	3 954	315	42 096	5 084
256	37 848	3 974	316	42 168	5 104
257	37 920	3 992	317	42 240	5 122
258	37 992	4 010	318	42 312	5 142
259	38 064	4 028	319	42 384	5 160
260	38 136	4 048	320	42 456	5 180
261	38 208	4 066	321	42 528	5 200
262	38 280	4 084	322	42 600	5 218
263	38 352	4 104	323	42 672	5 238
264	38 424	4 122	324	42 744	5 258
265	38 496	4 140	325	42 816	5 276
266	38 568	4 158	326	42 888	5 296
267	38 640	4 178	327	42 960	5 314
268	38 712	4 196	328	43 032	5 334
269	38 784	4 214	329	43 104	5 354
270	38 856	4 234	330	43 176	5 372
271	38 928	4 252	331	43 248	5 392
272	39 000	4 270	332	43 320	5 412
273	39 072	4 290	333	43 392	5 430
274	39 144	4 308	334	43 464	5 450
275	39 216	4 326	335	43 536	5 470
276	39 288	4 346	336	43 608	5 488
277	39 360	4 364	337	43 680	5 508
278	39 432	4 384	338	43 752	5 528
279	39 504	4 402	339	43 824	5 548
280	39 576	4 420	340	43 896	5 566
281	39 648	4 440	341	43 968	5 586
282	39 720	4 458	342	44 040	5 606
283	39 792	4 476	343	44 112	5 624
284	39 864	4 496	344	44 184	5 644
285	39 936	4 514	345	44 256	5 664
286	40 008	4 534	346	44 328	5 684
287	40 080	4 552	347	44 400	5 702
288	40 152	4 572	348	44 472	5 722
289	40 224	4 590	349	44 544	5 742
290	40 296	4 608	350	44 616	5 762
291	40 368	4 628	351	44 688	5 780
292	40 440	4 646	352	44 760	5 800
293	40 512	4 666	353	44 832	5 820
294	40 584	4 684	354	44 904	5 840
295	40 656	4 704	355	44 976	5 858
296	40 728	4 722	356	45 048	5 878
297	40 800	4 742	357	45 120	5 898
298	40 872	4 760	358	45 192	5 918
299	40 944	4 780	359	45 264	5 938
300	41 016	4 798	360	45 336	5 958

* Die Einkommensteuer gilt nur für den ausgewiesenen Wert, Zwischenwerte sind zu schätzen – s. Vorbemerkungen

laufende Nummer	zu versteuerndes Einkommen* in €	tarifliche Einkommen-steuer* in €	laufende Nummer	zu versteuerndes Einkommen* in €	tarifliche Einkommen-steuer* in €
361	45 408	5 976	421	49 728	7 176
362	45 480	5 996	422	49 800	7 196
363	45 552	6 016	423	49 872	7 216
364	45 624	6 036	424	49 944	7 236
365	45 696	6 056	425	50 016	7 256
366	45 768	6 076	426	50 088	7 276
367	45 840	6 094	427	50 160	7 298
368	45 912	6 114	428	50 232	7 318
369	45 984	6 134	429	50 304	7 338
370	46 056	6 154	430	50 376	7 358
371	46 128	6 174	431	50 448	7 378
372	46 200	6 194	432	50 520	7 400
373	46 272	6 214	433	50 592	7 420
374	46 344	6 234	434	50 664	7 440
375	46 416	6 252	435	50 736	7 460
376	46 488	6 272	436	50 808	7 480
377	46 560	6 292	437	50 880	7 502
378	46 632	6 312	438	50 952	7 522
379	46 704	6 332	439	51 024	7 542
380	46 776	6 352	440	51 096	7 562
381	46 848	6 372	441	51 168	7 584
382	46 920	6 392	442	51 240	7 604
383	46 992	6 412	443	51 312	7 624
384	47 064	6 432	444	51 384	7 644
385	47 136	6 452	445	51 456	7 666
386	47 208	6 472	446	51 528	7 686
387	47 280	6 492	447	51 600	7 706
388	47 352	6 512	448	51 672	7 728
389	47 424	6 532	449	51 744	7 748
390	47 496	6 552	450	51 816	7 768
391	47 568	6 572	451	51 888	7 790
392	47 640	6 592	452	51 960	7 810
393	47 712	6 612	453	52 032	7 830
394	47 784	6 632	454	52 104	7 850
395	47 856	6 652	455	52 176	7 872
396	47 928	6 672	456	52 248	7 892
397	48 000	6 692	457	52 320	7 912
398	48 072	6 712	458	52 392	7 934
399	48 144	6 732	459	52 464	7 954
400	48 216	6 752	460	52 536	7 976
401	48 288	6 772	461	52 608	7 996
402	48 360	6 792	462	52 680	8 016
403	48 432	6 812	463	52 752	8 038
404	48 504	6 832	464	52 824	8 058
405	48 576	6 852	465	52 896	8 078
406	48 648	6 872	466	52 968	8 100
407	48 720	6 892	467	53 040	8 120
408	48 792	6 912	468	53 112	8 142
409	48 864	6 932	469	53 184	8 162
410	48 936	6 952	470	53 256	8 182
411	49 008	6 972	471	53 328	8 204
412	49 080	6 992	472	53 400	8 224
413	49 152	7 014	473	53 472	8 246
414	49 224	7 034	474	53 544	8 266
415	49 296	7 054	475	53 616	8 288
416	49 368	7 074	476	53 688	8 308
417	49 440	7 094	477	53 760	8 328
418	49 512	7 114	478	53 832	8 350
419	49 584	7 134	479	53 904	8 370
420	49 656	7 154	480	53 976	8 392

* Die Einkommensteuer gilt nur für den ausgewiesenen Wert, Zwischenwerte sind zu schätzen — s. Vorbemerkungen

laufende Nummer	zu versteuerndes Einkommen* in €	tarifliche Einkommensteuer* in €	laufende Nummer	zu versteuerndes Einkommen* in €	tarifliche Einkommensteuer* in €
481	54 048	8 412	541	58 368	9 690
482	54 120	8 434	542	58 440	9 710
483	54 192	8 454	543	58 512	9 732
484	54 264	8 476	544	58 584	9 754
485	54 336	8 496	545	58 656	9 776
486	54 408	8 518	546	58 728	9 798
487	54 480	8 538	547	58 800	9 818
488	54 552	8 560	548	58 872	9 840
489	54 624	8 580	549	58 944	9 862
490	54 696	8 602	550	59 016	9 884
491	54 768	8 622	551	59 088	9 906
492	54 840	8 644	552	59 160	9 928
493	54 912	8 664	553	59 232	9 948
494	54 984	8 686	554	59 304	9 970
495	55 056	8 706	555	59 376	9 992
496	55 128	8 728	556	59 448	10 014
497	55 200	8 750	557	59 520	10 036
498	55 272	8 770	558	59 592	10 058
499	55 344	8 792	559	59 664	10 080
500	55 416	8 812	560	59 736	10 102
501	55 488	8 834	561	59 808	10 124
502	55 560	8 854	562	59 880	10 144
503	55 632	8 876	563	59 952	10 166
504	55 704	8 898	564	60 024	10 188
505	55 776	8 918	565	60 096	10 210
506	55 848	8 940	566	60 168	10 232
507	55 920	8 960	567	60 240	10 254
508	55 992	8 982	568	60 312	10 276
509	56 064	9 004	569	60 384	10 298
510	56 136	9 024	570	60 456	10 320
511	56 208	9 046	571	60 528	10 342
512	56 280	9 068	572	60 600	10 364
513	56 352	9 088	573	60 672	10 386
514	56 424	9 110	574	60 744	10 408
515	56 496	9 132	575	60 816	10 430
516	56 568	9 152	576	60 888	10 452
517	56 640	9 174	577	60 960	10 474
518	56 712	9 196	578	61 032	10 496
519	56 784	9 216	579	61 104	10 518
520	56 856	9 238	580	61 176	10 540
521	56 928	9 260	581	61 248	10 562
522	57 000	9 280	582	61 320	10 584
523	57 072	9 302	583	61 392	10 606
524	57 144	9 324	584	61 464	10 628
525	57 216	9 344	585	61 536	10 650
526	57 288	9 366	586	61 608	10 672
527	57 360	9 388	587	61 680	10 694
528	57 432	9 410	588	61 752	10 716
529	57 504	9 430	589	61 824	10 738
530	57 576	9 452	590	61 896	10 760
531	57 648	9 474	591	61 968	10 782
532	57 720	9 496	592	62 040	10 804
533	57 792	9 516	593	62 112	10 826
534	57 864	9 538	594	62 184	10 848
535	57 936	9 560	595	62 256	10 872
536	58 008	9 582	596	62 328	10 894
537	58 080	9 602	597	62 400	10 916
538	58 152	9 624	598	62 472	10 938
539	58 224	9 646	599	62 544	10 960
540	58 296	9 668	600	62 616	10 982

* Die Einkommensteuer gilt nur für den ausgewiesenen Wert, Zwischenwerte sind zu schätzen — s. Vorbemerkungen

laufende Nummer	zu versteuerndes Einkommen* in €	tarifliche Einkommensteuer* in €	laufende Nummer	zu versteuerndes Einkommen* in €	tarifliche Einkommensteuer* in €
601	62688	11004	661	67008	12358
602	62760	11026	662	67080	12382
603	62832	11048	663	67152	12404
604	62904	11072	664	67224	12428
605	62976	11094	665	67296	12450
606	63048	11116	666	67368	12474
607	63120	11138	667	67440	12496
608	63192	11160	668	67512	12520
609	63264	11182	669	67584	12542
610	63336	11206	670	67656	12566
611	63408	11228	671	67728	12588
612	63480	11250	672	67800	12612
613	63552	11272	673	67872	12634
614	63624	11294	674	67944	12658
615	63696	11316	675	68016	12680
616	63768	11340	676	68088	12704
617	63840	11362	677	68160	12726
618	63912	11384	678	68232	12750
619	63984	11406	679	68304	12772
620	64056	11430	680	68376	12796
621	64128	11452	681	68448	12818
622	64200	11474	682	68520	12842
623	64272	11496	683	68592	12866
624	64344	11518	684	68664	12888
625	64416	11542	685	68736	12912
626	64488	11564	686	68808	12934
627	64560	11586	687	68880	12958
628	64632	11610	688	68952	12980
629	64704	11632	689	69024	13004
630	64776	11654	690	69096	13028
631	64848	11676	691	69168	13050
632	64920	11700	692	69240	13074
633	64992	11722	693	69312	13098
634	65064	11744	694	69384	13120
635	65136	11768	695	69456	13144
636	65208	11790	696	69528	13166
637	65280	11812	697	69600	13190
638	65352	11836	698	69672	13214
639	65424	11858	699	69744	13236
640	65496	11880	700	69816	13260
641	65568	11902	701	69888	13284
642	65640	11926	702	69960	13306
643	65712	11948	703	70032	13330
644	65784	11972	704	70104	13354
645	65856	11994	705	70176	13376
646	65928	12016	706	70248	13400
647	66000	12040	707	70320	13424
648	66072	12062	708	70392	13446
649	66144	12084	709	70464	13470
650	66216	12108	710	70536	13494
651	66288	12130	711	70608	13518
652	66360	12154	712	70680	13540
653	66432	12176	713	70752	13564
654	66504	12198	714	70824	13588
655	66576	12222	715	70896	13612
656	66648	12244	716	70968	13634
657	66720	12268	717	71040	13658
658	66792	12290	718	71112	13682
659	66864	12314	719	71184	13706
660	66936	12336	720	71256	13728

* Die Einkommensteuer gilt nur für den ausgewiesenen Wert, Zwischenwerte sind zu schätzen — s. Vorbemerkungen

laufende Nummer	zu versteuerndes Einkommen* in €	tarifliche Einkommensteuer* in €
721	71 328	13 752
722	71 400	13 776
723	71 472	13 800
724	71 544	13 822
725	71 616	13 846
726	71 688	13 870
727	71 760	13 894
728	71 832	13 918
729	71 904	13 940
730	71 976	13 964
731	72 048	13 988
732	72 120	14 012
733	72 192	14 036
734	72 264	14 060
735	72 336	14 082
736	72 408	14 106
737	72 480	14 130
738	72 552	14 154
739	72 624	14 178
740	72 696	14 202
741	72 768	14 226
742	72 840	14 250
743	72 912	14 272
744	72 984	14 296
745	73 056	14 320
746	73 128	14 344
747	73 200	14 368
748	73 272	14 392
749	73 344	14 416
750	73 416	14 440
751	73 488	14 464
752	73 560	14 488
753	73 632	14 512
754	73 704	14 536
755	73 776	14 558
756	73 848	14 582
757	73 920	14 606
758	73 992	14 630
759	74 064	14 654
760	74 136	14 678
761	74 208	14 702
762	74 280	14 726
763	74 352	14 750
764	74 424	14 774
765	74 496	14 798
766	74 568	14 822
767	74 640	14 846
768	74 712	14 870
769	74 784	14 894
770	74 856	14 918
771	74 928	14 944
772	75 000	14 968
773	75 072	14 992
774	75 144	15 016
775	75 216	15 040
776	75 288	15 064
777	75 360	15 088
778	75 432	15 112
779	75 504	15 136
780	75 576	15 160

laufende Nummer	zu versteuerndes Einkommen* in €	tarifliche Einkommensteuer* in €
781	75 648	15 184
782	75 720	15 208
783	75 792	15 232
784	75 864	15 258
785	75 936	15 282
786	76 008	15 306
787	76 080	15 330
788	76 152	15 354
789	76 224	15 378
790	76 296	15 402
791	76 368	15 426
792	76 440	15 452
793	76 512	15 476
794	76 584	15 500
795	76 656	15 524
796	76 728	15 548
797	76 800	15 572
798	76 872	15 598
799	76 944	15 622
800	77 016	15 646
801	77 088	15 670
802	77 160	15 694
803	77 232	15 720
804	77 304	15 744
805	77 376	15 768
806	77 448	15 792
807	77 520	15 818
808	77 592	15 842
809	77 664	15 866
810	77 736	15 890
811	77 808	15 916
812	77 880	15 940
813	77 952	15 964
814	78 024	15 988
815	78 096	16 014
816	78 168	16 038
817	78 240	16 062
818	78 312	16 088
819	78 384	16 112
820	78 456	16 136
821	78 528	16 160
822	78 600	16 186
823	78 672	16 210
824	78 744	16 234
825	78 816	16 260
826	78 888	16 284
827	78 960	16 308
828	79 032	16 334
829	79 104	16 358
830	79 176	16 384
831	79 248	16 408
832	79 320	16 432
833	79 392	16 458
834	79 464	16 482
835	79 536	16 506
836	79 608	16 532
837	79 680	16 556
838	79 752	16 582
839	79 824	16 606
840	79 896	16 630

* Die Einkommensteuer gilt nur für den ausgewiesenen Wert, Zwischenwerte sind zu schätzen – s. Vorbemerkungen

laufende Nummer	zu versteuerndes Einkommen* in €	tarifliche Einkommen-steuer* in €	laufende Nummer	zu versteuerndes Einkommen* in €	tarifliche Einkommen-steuer* in €
841	79 968	16 656	901	84 288	18 166
842	80 040	16 680	902	84 360	18 192
843	80 112	16 706	903	84 432	18 218
844	80 184	16 730	904	84 504	18 242
845	80 256	16 756	905	84 576	18 268
846	80 328	16 780	906	84 648	18 294
847	80 400	16 806	907	84 720	18 320
848	80 472	16 830	908	84 792	18 344
849	80 544	16 854	909	84 864	18 370
850	80 616	16 880	910	84 936	18 396
851	80 688	16 904	911	85 008	18 422
852	80 760	16 930	912	85 080	18 448
853	80 832	16 954	913	85 152	18 472
854	80 904	16 980	914	85 224	18 498
855	80 976	17 004	915	85 296	18 524
856	81 048	17 030	916	85 368	18 550
857	81 120	17 054	917	85 440	18 576
858	81 192	17 080	918	85 512	18 602
859	81 264	17 104	919	85 584	18 626
860	81 336	17 130	920	85 656	18 652
861	81 408	17 154	921	85 728	18 678
862	81 480	17 180	922	85 800	18 704
863	81 552	17 204	923	85 872	18 730
864	81 624	17 230	924	85 944	18 756
865	81 696	17 256	925	86 016	18 782
866	81 768	17 280	926	86 088	18 806
867	81 840	17 306	927	86 160	18 832
868	81 912	17 330	928	86 232	18 858
869	81 984	17 356	929	86 304	18 884
870	82 056	17 380	930	86 376	18 910
871	82 128	17 406	931	86 448	18 936
872	82 200	17 432	932	86 520	18 962
873	82 272	17 456	933	86 592	18 988
874	82 344	17 482	934	86 664	19 014
875	82 416	17 506	935	86 736	19 040
876	82 488	17 532	936	86 808	19 066
877	82 560	17 558	937	86 880	19 090
878	82 632	17 582	938	86 952	19 116
879	82 704	17 608	939	87 024	19 142
880	82 776	17 632	940	87 096	19 168
881	82 848	17 658	941	87 168	19 194
882	82 920	17 684	942	87 240	19 220
883	82 992	17 708	943	87 312	19 246
884	83 064	17 734	944	87 384	19 272
885	83 136	17 760	945	87 456	19 298
886	83 208	17 784	946	87 528	19 324
887	83 280	17 810	947	87 600	19 350
888	83 352	17 836	948	87 672	19 376
889	83 424	17 860	949	87 744	19 402
890	83 496	17 886	950	87 816	19 428
891	83 568	17 912	951	87 888	19 454
892	83 640	17 938	952	87 960	19 480
893	83 712	17 962	953	88 032	19 506
894	83 784	17 988	954	88 104	19 532
895	83 856	18 014	955	88 176	19 558
896	83 928	18 038	956	88 248	19 584
897	84 000	18 064	957	88 320	19 610
898	84 072	18 090	958	88 392	19 636
899	84 144	18 116	959	88 464	19 664
900	84 216	18 140	960	88 536	19 690

* Die Einkommensteuer gilt nur für den ausgewiesenen Wert, Zwischenwerte sind zu schätzen — s. Vorbemerkungen

laufende Nummer	zu versteuerndes Einkommen* in €	tarifliche Einkommensteuer* in €
961	88 608	19 716
962	88 680	19 742
963	88 752	19 768
964	88 824	19 794
965	88 896	19 820
966	88 968	19 846
967	89 040	19 872
968	89 112	19 898
969	89 184	19 924
970	89 256	19 952
971	89 328	19 978
972	89 400	20 004
973	89 472	20 030
974	89 544	20 056
975	89 616	20 082
976	89 688	20 108
977	89 760	20 134
978	89 832	20 162
979	89 904	20 188
980	89 976	20 214
981	90 048	20 240
982	90 120	20 266
983	90 192	20 294
984	90 264	20 320
985	90 336	20 346
986	90 408	20 372
987	90 480	20 398
988	90 552	20 426
989	90 624	20 452
990	90 696	20 478
991	90 768	20 504
992	90 840	20 532
993	90 912	20 558
994	90 984	20 584
995	91 056	20 610
996	91 128	20 638
997	91 200	20 664
998	91 272	20 690
999	91 344	20 716
1 000	91 416	20 744
1 001	91 488	20 770
1 002	91 560	20 796
1 003	91 632	20 822
1 004	91 704	20 850
1 005	91 776	20 876
1 006	91 848	20 902
1 007	91 920	20 930
1 008	91 992	20 956
1 009	92 064	20 982
1 010	92 136	21 010
1 011	92 208	21 036
1 012	92 280	21 062
1 013	92 352	21 090
1 014	92 424	21 116
1 015	92 496	21 142
1 016	92 568	21 170
1 017	92 640	21 196
1 018	92 712	21 224
1 019	92 784	21 250
1 020	92 856	21 276
1 021	92 928	21 304
1 022	93 000	21 330
1 023	93 072	21 358
1 024	93 144	21 384
1 025	93 216	21 410
1 026	93 288	21 438
1 027	93 360	21 464
1 028	93 432	21 492
1 029	93 504	21 518
1 030	93 576	21 546
1 031	93 648	21 572
1 032	93 720	21 598
1 033	93 792	21 626
1 034	93 864	21 652
1 035	93 936	21 680
1 036	94 008	21 706
1 037	94 080	21 734
1 038	94 152	21 760
1 039	94 224	21 788
1 040	94 296	21 814
1 041	94 368	21 842
1 042	94 440	21 868
1 043	94 512	21 896
1 044	94 584	21 922
1 045	94 656	21 950
1 046	94 728	21 976
1 047	94 800	22 004
1 048	94 872	22 030
1 049	94 944	22 058
1 050	95 016	22 086
1 051	95 088	22 112
1 052	95 160	22 140
1 053	95 232	22 166
1 054	95 304	22 194
1 055	95 376	22 220
1 056	95 448	22 248
1 057	95 520	22 276
1 058	95 592	22 302
1 059	95 664	22 330
1 060	95 736	22 356
1 061	95 808	22 384
1 062	95 880	22 412
1 063	95 952	22 438
1 064	96 024	22 466
1 065	96 096	22 492
1 066	96 168	22 520
1 067	96 240	22 548
1 068	96 312	22 574
1 069	96 384	22 602
1 070	96 456	22 630
1 071	96 528	22 656
1 072	96 600	22 684
1 073	96 672	22 712
1 074	96 744	22 738
1 075	96 816	22 766
1 076	96 888	22 794
1 077	96 960	22 822
1 078	97 032	22 848
1 079	97 104	22 876
1 080	97 176	22 904

* Die Einkommensteuer gilt nur für den ausgewiesenen Wert, Zwischenwerte sind zu schätzen — s. Vorbemerkungen

laufende Nummer	zu versteuerndes Einkommen* in €	tarifliche Einkommen-steuer* in €
1 081	97 248	22 930
1 082	97 320	22 958
1 083	97 392	22 986
1 084	97 464	23 014
1 085	97 536	23 040
1 086	97 608	23 068
1 087	97 680	23 096
1 088	97 752	23 124
1 089	97 824	23 150
1 090	97 896	23 178
1 091	97 968	23 206
1 092	98 040	23 234
1 093	98 112	23 260
1 094	98 184	23 288
1 095	98 256	23 316
1 096	98 328	23 344
1 097	98 400	23 372
1 098	98 472	23 398
1 099	98 544	23 426
1 100	98 616	23 454
1 101	98 688	23 482
1 102	98 760	23 510
1 103	98 832	23 538
1 104	98 904	23 564
1 105	98 976	23 592
1 106	99 048	23 620
1 107	99 120	23 648
1 108	99 192	23 676
1 109	99 264	23 704
1 110	99 336	23 732
1 111	99 408	23 758
1 112	99 480	23 786
1 113	99 552	23 814
1 114	99 624	23 842
1 115	99 696	23 870
1 116	99 768	23 898
1 117	99 840	23 926
1 118	99 912	23 954
1 119	99 984	23 982
1 120	100 056	24 010
1 121	100 128	24 038
1 122	100 200	24 066
1 123	100 272	24 092
1 124	100 344	24 120
1 125	100 416	24 148
1 126	100 488	24 176
1 127	100 560	24 204
1 128	100 632	24 232
1 129	100 704	24 260
1 130	100 776	24 288
1 131	100 848	24 316
1 132	100 920	24 344
1 133	100 992	24 372
1 134	101 064	24 400
1 135	101 136	24 428
1 136	101 208	24 456
1 137	101 280	24 484
1 138	101 352	24 512
1 139	101 424	24 540
1 140	101 496	24 568
1 141	101 568	24 596
1 142	101 640	24 626
1 143	101 712	24 654
1 144	101 784	24 682
1 145	101 856	24 710
1 146	101 928	24 738
1 147	102 000	24 766
1 148	102 072	24 794
1 149	102 144	24 822
1 150	102 216	24 850
1 151	102 288	24 878
1 152	102 360	24 906
1 153	102 432	24 934
1 154	102 504	24 964
1 155	102 576	24 992
1 156	102 648	25 020
1 157	102 720	25 048
1 158	102 792	25 076
1 159	102 864	25 104
1 160	102 936	25 132
1 161	103 008	25 160
1 162	103 080	25 190
1 163	103 152	25 218
1 164	103 224	25 246
1 165	103 296	25 274
1 166	103 368	25 302
1 167	103 440	25 332
1 168	103 512	25 360
1 169	103 584	25 388
1 170	103 656	25 416
1 171	103 728	25 444
1 172	103 800	25 474
1 173	103 872	25 502
1 174	103 944	25 530
1 175	104 016	25 558
1 176	104 088	25 586
1 177	104 160	25 616
1 178	104 232	25 644
1 179	104 304	25 672
1 180	104 376	25 700
1 181	104 448	25 730
1 182	104 520	25 758
1 183	104 592	25 786
1 184	104 664	25 814
1 185	104 736	25 844
1 186	104 808	25 872
1 187	104 880	25 900
1 188	104 952	25 930
1 189	105 024	25 958
1 190	105 096	25 986
1 191	105 168	26 016
1 192	105 240	26 044
1 193	105 312	26 072
1 194	105 384	26 102
1 195	105 456	26 130
1 196	105 528	26 158
1 197	105 600	26 188
1 198	105 672	26 216
1 199	105 744	26 244
1 200	105 816	26 274

* Die Einkommensteuer gilt nur für den ausgewiesenen Wert, Zwischenwerte sind zu schätzen — s. Vorbemerkungen

laufende Nummer	zu versteuerndes Einkommen* in €	tarifliche Einkommensteuer* in €
1 201	105 888	26 302
1 202	105 960	26 330
1 203	106 032	26 360
1 204	106 104	26 388
1 205	106 176	26 418
1 206	106 248	26 446
1 207	106 320	26 474
1 208	106 392	26 504
1 209	106 464	26 532
1 210	106 536	26 562
1 211	106 608	26 590
1 212	106 680	26 618
1 213	106 752	26 648
1 214	106 824	26 676
1 215	106 896	26 706
1 216	106 968	26 734
1 217	107 040	26 764
1 218	107 112	26 792
1 219	107 184	26 822
1 220	107 256	26 850
1 221	107 328	26 880
1 222	107 400	26 908
1 223	107 472	26 938
1 224	107 544	26 966
1 225	107 616	26 996
1 226	107 688	27 024
1 227	107 760	27 054
1 228	107 832	27 082
1 229	107 904	27 112
1 230	107 976	27 140
1 231	108 048	27 170
1 232	108 120	27 198
1 233	108 192	27 228
1 234	108 264	27 256
1 235	108 336	27 286
1 236	108 408	27 314
1 237	108 480	27 344
1 238	108 552	27 374
1 239	108 624	27 402
1 240	108 696	27 432
1 241	108 768	27 460
1 242	108 840	27 490
1 243	108 912	27 518
1 244	108 984	27 548
1 245	109 056	27 578
1 246	109 128	27 606
1 247	109 200	27 636
1 248	109 272	27 664
1 249	109 344	27 694
1 250	109 416	27 724
1 251	109 488	27 752
1 252	109 560	27 782
1 253	109 632	27 812
1 254	109 704	27 840
1 255	109 776	27 870
1 256	109 848	27 900
1 257	109 920	27 928
1 258	109 992	27 958
1 259	110 064	27 988
1 260	110 136	28 016
1 261	110 208	28 046
1 262	110 280	28 076
1 263	110 352	28 106
1 264	110 424	28 134
1 265	110 496	28 164
1 266	110 568	28 194
1 267	110 640	28 222
1 268	110 712	28 252
1 269	110 784	28 282
1 270	110 856	28 312
1 271	110 928	28 340
1 272	111 000	28 370
1 273	111 072	28 400
1 274	111 144	28 430
1 275	111 216	28 458
1 276	111 288	28 488
1 277	111 360	28 518
1 278	111 432	28 548
1 279	111 504	28 578
1 280	111 576	28 606
1 281	111 648	28 636
1 282	111 720	28 666
1 283	111 792	28 696
1 284	111 864	28 726
1 285	111 936	28 754
1 286	112 008	28 784
1 287	112 080	28 814
1 288	112 152	28 844
1 289	112 224	28 874
1 290	112 296	28 904
1 291	112 368	28 932
1 292	112 440	28 962
1 293	112 512	28 992
1 294	112 584	29 022
1 295	112 656	29 052
1 296	112 728	29 082
1 297	112 800	29 112
1 298	112 872	29 142
1 299	112 944	29 170
1 300	113 016	29 200
1 301	113 088	29 230
1 302	113 160	29 260
1 303	113 232	29 290
1 304	113 304	29 320
1 305	113 376	29 350
1 306	113 448	29 380
1 307	113 520	29 410
1 308	113 592	29 440
1 309	113 664	29 470
1 310	113 736	29 500
1 311	113 808	29 530
1 312	113 880	29 560
1 313	113 952	29 590
1 314	114 024	29 620
1 315	114 096	29 650
1 316	114 168	29 680
1 317	114 240	29 710
1 318	114 312	29 740
1 319	114 384	29 770
1 320	114 456	29 800

* Die Einkommensteuer gilt nur für den ausgewiesenen Wert, Zwischenwerte sind zu schätzen — s. Vorbemerkungen

laufende Nummer	zu versteuerndes Einkommen* in €	tarifliche Einkommen-steuer* in €
1321	114528	29830
1322	114600	29860
1323	114672	29890
1324	114744	29920
1325	114816	29950
1326	114888	29980
1327	114960	30010
1328	115032	30040
1329	115104	30070
1330	115176	30100
1331	115248	30130
1332	115320	30160
1333	115392	30190
1334	115464	30220
1335	115536	30250
1336	115608	30282
1337	115680	30312
1338	115752	30342
1339	115824	30372
1340	115896	30402
1341	115968	30432
1342	116040	30462
1343	116112	30492
1344	116184	30524
1345	116256	30554
1346	116328	30584
1347	116400	30614
1348	116472	30644
1349	116544	30674
1350	116616	30704
1351	116688	30734
1352	116760	30764
1353	116832	30796
1354	116904	30826
1355	116976	30856
1356	117048	30886
1357	117120	30916
1358	117192	30946
1359	117264	30976
1360	117336	31006
1361	117408	31038
1362	117480	31068
1363	117552	31098
1364	117624	31128
1365	117696	31158
1366	117768	31188
1367	117840	31218
1368	117912	31248
1369	117984	31280
1370	118056	31310
1371	118128	31340
1372	118200	31370
1373	118272	31400
1374	118344	31430
1375	118416	31460
1376	118488	31490
1377	118560	31520
1378	118632	31552
1379	118704	31582
1380	118776	31612
1381	118848	31642
1382	118920	31672
1383	118992	31702
1384	119064	31732
1385	119136	31762
1386	119208	31794
1387	119280	31824
1388	119352	31854
1389	119424	31884
1390	119496	31914
1391	119568	31944
1392	119640	31974
1393	119712	32004
1394	119784	32036
1395	119856	32066
1396	119928	32096
1397	120000	32126
1398	120072	32156
1399	120144	32186
1400	120216	32216
1401	120288	32246
1402	120360	32276
1403	120432	32308
1404	120504	32338
1405	120576	32368
1406	120648	32398
1407	120720	32428
1408	120792	32458
1409	120864	32488
1410	120936	32518
1411	121008	32550
1412	121080	32580
1413	121152	32610
1414	121224	32640
1415	121296	32670
1416	121368	32700
1417	121440	32730
1418	121512	32760
1419	121584	32792
1420	121656	32822
1421	121728	32852
1422	121800	32882
1423	121872	32912
1424	121944	32942
1425	122016	32972
1426	122088	33002
1427	122160	33032
1428	122232	33064
1429	122304	33094
1430	122376	33124
1431	122448	33154
1432	122520	33184
1433	122592	33214
1434	122664	33244
1435	122736	33274
1436	122808	33306
1437	122880	33336
1438	122952	33366
1439	123024	33396
1440	123096	33426

* Die Einkommensteuer gilt nur für den ausgewiesenen Wert, Zwischenwerte sind zu schätzen — s. Vorbemerkungen

laufende Nummer	zu versteuerndes Einkommen* in €	tarifliche Einkommen-steuer* in €	laufende Nummer	zu versteuerndes Einkommen* in €	tarifliche Einkommen-steuer* in €
1441	123 168	33 456	1501	127 488	35 270
1442	123 240	33 486	1502	127 560	35 300
1443	123 312	33 516	1503	127 632	35 332
1444	123 384	33 548	1504	127 704	35 362
1445	123 456	33 578	1505	127 776	35 392
1446	123 528	33 608	1506	127 848	35 422
1447	123 600	33 638	1507	127 920	35 452
1448	123 672	33 668	1508	127 992	35 482
1449	123 744	33 698	1509	128 064	35 512
1450	123 816	33 728	1510	128 136	35 542
1451	123 888	33 758	1511	128 208	35 574
1452	123 960	33 788	1512	128 280	35 604
1453	124 032	33 820	1513	128 352	35 634
1454	124 104	33 850	1514	128 424	35 664
1455	124 176	33 880	1515	128 496	35 694
1456	124 248	33 910	1516	128 568	35 724
1457	124 320	33 940	1517	128 640	35 754
1458	124 392	33 970	1518	128 712	35 784
1459	124 464	34 000	1519	128 784	35 816
1460	124 536	34 030	1520	128 856	35 846
1461	124 608	34 062	1521	128 928	35 876
1462	124 680	34 092	1522	129 000	35 906
1463	124 752	34 122	1523	129 072	35 936
1464	124 824	34 152	1524	129 144	35 966
1465	124 896	34 182	1525	129 216	35 996
1466	124 968	34 212	1526	129 288	36 026
1467	125 040	34 242	1527	129 360	36 056
1468	125 112	34 272	1528	129 432	36 088
1469	125 184	34 304	1529	129 504	36 118
1470	125 256	34 334	1530	129 576	36 148
1471	125 328	34 364	1531	129 648	36 178
1472	125 400	34 394	1532	129 720	36 208
1473	125 472	34 424	1533	129 792	36 238
1474	125 544	34 454	1534	129 864	36 268
1475	125 616	34 484	1535	129 936	36 298
1476	125 688	34 514	1536	130 008	36 330
1477	125 760	34 544	1537	130 080	36 360
1478	125 832	34 576	1538	130 152	36 390
1479	125 904	34 606	1539	130 224	36 420
1480	125 976	34 636	1540	130 296	36 450
1481	126 048	34 666	1541	130 368	36 480
1482	126 120	34 696	1542	130 440	36 510
1483	126 192	34 726	1543	130 512	36 540
1484	126 264	34 756	1544	130 584	36 572
1485	126 336	34 786	1545	130 656	36 602
1486	126 408	34 818	1546	130 728	36 632
1487	126 480	34 848	1547	130 800	36 662
1488	126 552	34 878	1548	130 872	36 692
1489	126 624	34 908	1549	130 944	36 722
1490	126 696	34 938	1550	131 016	36 752
1491	126 768	34 968	1551	131 088	36 782
1492	126 840	34 998	1552	131 160	36 812
1493	126 912	35 028	1553	131 232	36 844
1494	126 984	35 060	1554	131 304	36 874
1495	127 056	35 090	1555	131 376	36 904
1496	127 128	35 120	1556	131 448	36 934
1497	127 200	35 150	1557	131 520	36 964
1498	127 272	35 180	1558	131 592	36 994
1499	127 344	35 210	1559	131 664	37 024
1500	127 416	35 240	1560	131 736	37 054

* Die Einkommensteuer gilt nur für den ausgewiesenen Wert, Zwischenwerte sind zu schätzen — s. Vorbemerkungen

laufende Nummer	zu versteuerndes Einkommen* in €	tarifliche Einkommen-steuer* in €
1 561	131 808	37 086
1 562	131 880	37 116
1 563	131 952	37 146
1 564	132 024	37 176
1 565	132 096	37 206
1 566	132 168	37 236
1 567	132 240	37 266
1 568	132 312	37 296
1 569	132 384	37 328
1 570	132 456	37 358
1 571	132 528	37 388
1 572	132 600	37 418
1 573	132 672	37 448
1 574	132 744	37 478
1 575	132 816	37 508
1 576	132 888	37 538
1 577	132 960	37 568
1 578	133 032	37 600
1 579	133 104	37 630
1 580	133 176	37 660
1 581	133 248	37 690
1 582	133 320	37 720
1 583	133 392	37 750
1 584	133 464	37 780
1 585	133 536	37 810
1 586	133 608	37 842
1 587	133 680	37 872
1 588	133 752	37 902
1 589	133 824	37 932
1 590	133 896	37 962
1 591	133 968	37 992
1 592	134 040	38 022
1 593	134 112	38 052
1 594	134 184	38 084
1 595	134 256	38 114
1 596	134 328	38 144
1 597	134 400	38 174
1 598	134 472	38 204
1 599	134 544	38 234
1 600	134 616	38 264
1 601	134 688	38 294
1 602	134 760	38 324
1 603	134 832	38 356
1 604	134 904	38 386
1 605	134 976	38 416
1 606	135 048	38 446
1 607	135 120	38 476
1 608	135 192	38 506
1 609	135 264	38 536
1 610	135 336	38 566
1 611	135 408	38 598
1 612	135 480	38 628
1 613	135 552	38 658
1 614	135 624	38 688
1 615	135 696	38 718
1 616	135 768	38 748
1 617	135 840	38 778
1 618	135 912	38 808
1 619	135 984	38 840
1 620	136 056	38 870
1 621	136 128	38 900
1 622	136 200	38 930
1 623	136 272	38 960
1 624	136 344	38 990
1 625	136 416	39 020
1 626	136 488	39 050
1 627	136 560	39 080
1 628	136 632	39 112
1 629	136 704	39 142
1 630	136 776	39 172
1 631	136 848	39 202
1 632	136 920	39 232
1 633	136 992	39 262
1 634	137 064	39 292
1 635	137 136	39 322
1 636	137 208	39 354
1 637	137 280	39 384
1 638	137 352	39 414
1 639	137 424	39 444
1 640	137 496	39 474
1 641	137 568	39 504
1 642	137 640	39 534
1 643	137 712	39 564
1 644	137 784	39 596
1 645	137 856	39 626
1 646	137 928	39 656
1 647	138 000	39 686
1 648	138 072	39 716
1 649	138 144	39 746
1 650	138 216	39 776
1 651	138 288	39 806
1 652	138 360	39 836
1 653	138 432	39 868
1 654	138 504	39 898
1 655	138 576	39 928
1 656	138 648	39 958
1 657	138 720	39 988
1 658	138 792	40 018
1 659	138 864	40 048
1 660	138 936	40 078
1 661	139 008	40 110
1 662	139 080	40 140
1 663	139 152	40 170
1 664	139 224	40 200
1 665	139 296	40 230
1 666	139 368	40 260
1 667	139 440	40 290
1 668	139 512	40 320
1 669	139 584	40 352
1 670	139 656	40 382
1 671	139 728	40 412
1 672	139 800	40 442
1 673	139 872	40 472
1 674	139 944	40 502
1 675	140 016	40 532
1 676	140 088	40 562
1 677	140 160	40 592
1 678	140 232	40 624
1 679	140 304	40 654
1 680	140 376	40 684

* Die Einkommensteuer gilt nur für den ausgewiesenen Wert, Zwischenwerte sind zu schätzen – s. Vorbemerkungen

laufende Nummer	zu versteuerndes Einkommen* in €	tarifliche Einkommen-steuer* in €	laufende Nummer	zu versteuerndes Einkommen* in €	tarifliche Einkommen-steuer* in €
1681	140 448	40 714	1741	144 768	42 528
1682	140 520	40 744	1742	144 840	42 558
1683	140 592	40 774	1743	144 912	42 588
1684	140 664	40 804	1744	144 984	42 620
1685	140 736	40 834	1745	145 056	42 650
1686	140 808	40 866	1746	145 128	42 680
1687	140 880	40 896	1747	145 200	42 710
1688	140 952	40 926	1748	145 272	42 740
1689	141 024	40 956	1749	145 344	42 770
1690	141 096	40 986	1750	145 416	42 800
1691	141 168	41 016	1751	145 488	42 830
1692	141 240	41 046	1752	145 560	42 860
1693	141 312	41 076	1753	145 632	42 892
1694	141 384	41 108	1754	145 704	42 922
1695	141 456	41 138	1755	145 776	42 952
1696	141 528	41 168	1756	145 848	42 982
1697	141 600	41 198	1757	145 920	43 012
1698	141 672	41 228	1758	145 992	43 042
1699	141 744	41 258	1759	146 064	43 072
1700	141 816	41 288	1760	146 136	43 102
1701	141 888	41 318	1761	146 208	43 134
1702	141 960	41 348	1762	146 280	43 164
1703	142 032	41 380	1763	146 352	43 194
1704	142 104	41 410	1764	146 424	43 224
1705	142 176	41 440	1765	146 496	43 254
1706	142 248	41 470	1766	146 568	43 284
1707	142 320	41 500	1767	146 640	43 314
1708	142 392	41 530	1768	146 712	43 344
1709	142 464	41 560	1769	146 784	43 376
1710	142 536	41 590	1770	146 856	43 406
1711	142 608	41 622	1771	146 928	43 436
1712	142 680	41 652	1772	147 000	43 466
1713	142 752	41 682	1773	147 072	43 496
1714	142 824	41 712	1774	147 144	43 526
1715	142 896	41 742	1775	147 216	43 556
1716	142 968	41 772	1776	147 288	43 586
1717	143 040	41 802	1777	147 360	43 616
1718	143 112	41 832	1778	147 432	43 648
1719	143 184	41 864	1779	147 504	43 678
1720	143 256	41 894	1780	147 576	43 708
1721	143 328	41 924	1781	147 648	43 738
1722	143 400	41 954	1782	147 720	43 768
1723	143 472	41 984	1783	147 792	43 798
1724	143 544	42 014	1784	147 864	43 828
1725	143 616	42 044	1785	147 936	43 858
1726	143 688	42 074	1786	148 008	43 890
1727	143 760	42 104	1787	148 080	43 920
1728	143 832	42 136	1788	148 152	43 950
1729	143 904	42 166	1789	148 224	43 980
1730	143 976	42 196	1790	148 296	44 010
1731	144 048	42 226	1791	148 368	44 040
1732	144 120	42 256	1792	148 440	44 070
1733	144 192	42 286	1793	148 512	44 100
1734	144 264	42 316	1794	148 584	44 132
1735	144 336	42 346	1795	148 656	44 162
1736	144 408	42 378	1796	148 728	44 192
1737	144 480	42 408	1797	148 800	44 222
1738	144 552	42 438	1798	148 872	44 252
1739	144 624	42 468	1799	148 944	44 282
1740	144 696	42 498	1800	149 016	44 312

* Die Einkommensteuer gilt nur für den ausgewiesenen Wert, Zwischenwerte sind zu schätzen – s. Vorbemerkungen

laufende Nummer	zu versteuerndes Einkommen* in €	tarifliche Einkommensteuer* in €
1801	149088	44342
1802	149160	44372
1803	149232	44404
1804	149304	44434
1805	149376	44464
1806	149448	44494
1807	149520	44524
1808	149592	44554
1809	149664	44584
1810	149736	44614
1811	149808	44646
1812	149880	44676
1813	149952	44706
1814	150024	44736
1815	150096	44766
1816	150168	44796
1817	150240	44826
1818	150312	44856
1819	150384	44888
1820	150456	44918
1821	150528	44948
1822	150600	44978
1823	150672	45008
1824	150744	45038
1825	150816	45068
1826	150888	45098
1827	150960	45128
1828	151032	45160
1829	151104	45190
1830	151176	45220
1831	151248	45250
1832	151320	45280
1833	151392	45310
1834	151464	45340
1835	151536	45370
1836	151608	45402
1837	151680	45432
1838	151752	45462
1839	151824	45492
1840	151896	45522
1841	151968	45552
1842	152040	45582
1843	152112	45612
1844	152184	45644
1845	152256	45674
1846	152328	45704
1847	152400	45734
1848	152472	45764
1849	152544	45794
1850	152616	45824
1851	152688	45854
1852	152760	45884
1853	152832	45916
1854	152904	45946
1855	152976	45976
1856	153048	46006
1857	153120	46036
1858	153192	46066
1859	153264	46096
1860	153336	46126
1861	153408	46158
1862	153480	46188
1863	153552	46218
1864	153624	46248
1865	153696	46278
1866	153768	46308
1867	153840	46338
1868	153912	46368
1869	153984	46400
1870	154056	46430
1871	154128	46460
1872	154200	46490
1873	154272	46520
1874	154344	46550
1875	154416	46580
1876	154488	46610
1877	154560	46640
1878	154632	46672
1879	154704	46702
1880	154776	46732
1881	154848	46762
1882	154920	46792
1883	154992	46822
1884	155064	46852
1885	155136	46882
1886	155208	46914
1887	155280	46944
1888	155352	46974
1889	155424	47004
1890	155496	47034
1891	155568	47064
1892	155640	47094
1893	155712	47124
1894	155784	47156
1895	155856	47186
1896	155928	47216
1897	156000	47246
1898	156072	47276
1899	156144	47306
1900	156216	47336
1901	156288	47366
1902	156360	47396
1903	156432	47428
1904	156504	47458
1905	156576	47488
1906	156648	47518
1907	156720	47548
1908	156792	47578
1909	156864	47608
1910	156936	47638
1911	157008	47670
1912	157080	47700
1913	157152	47730
1914	157224	47760
1915	157296	47790
1916	157368	47820
1917	157440	47850
1918	157512	47880
1919	157584	47912
1920	157656	47942

* Die Einkommensteuer gilt nur für den ausgewiesenen Wert, Zwischenwerte sind zu schätzen — s. Vorbemerkungen

laufende Nummer	zu versteuerndes Einkommen* in €	tarifliche Einkommensteuer* in €	laufende Nummer	zu versteuerndes Einkommen* in €	tarifliche Einkommensteuer* in €
1921	157 728	47 972	1981	162 048	49 786
1922	157 800	48 002	1982	162 120	49 816
1923	157 872	48 032	1983	162 192	49 846
1924	157 944	48 062	1984	162 264	49 876
1925	158 016	48 092	1985	162 336	49 906
1926	158 088	48 122	1986	162 408	49 938
1927	158 160	48 152	1987	162 480	49 968
1928	158 232	48 184	1988	162 552	49 998
1929	158 304	48 214	1989	162 624	50 028
1930	158 376	48 244	1990	162 696	50 058
1931	158 448	48 274	1991	162 768	50 088
1932	158 520	48 304	1992	162 840	50 118
1933	158 592	48 334	1993	162 912	50 148
1934	158 664	48 364	1994	162 984	50 180
1935	158 736	48 394	1995	163 056	50 210
1936	158 808	48 426	1996	163 128	50 240
1937	158 880	48 456	1997	163 200	50 270
1938	158 952	48 486	1998	163 272	50 300
1939	159 024	48 516	1999	163 344	50 330
1940	159 096	48 546	2000	163 416	50 360
1941	159 168	48 576	2001	163 488	50 390
1942	159 240	48 606	2002	163 560	50 420
1943	159 312	48 636	2003	163 632	50 452
1944	159 384	48 668	2004	163 704	50 482
1945	159 456	48 698	2005	163 776	50 512
1946	159 528	48 728	2006	163 848	50 542
1947	159 600	48 758	2007	163 920	50 572
1948	159 672	48 788	2008	163 992	50 602
1949	159 744	48 818	2009	164 064	50 632
1950	159 816	48 848	2010	164 136	50 662
1951	159 888	48 878	2011	164 208	50 694
1952	159 960	48 908	2012	164 280	50 724
1953	160 032	48 940	2013	164 352	50 754
1954	160 104	48 970	2014	164 424	50 784
1955	160 176	49 000	2015	164 496	50 814
1956	160 248	49 030	2016	164 568	50 844
1957	160 320	49 060	2017	164 640	50 874
1958	160 392	49 090	2018	164 712	50 904
1959	160 464	49 120	2019	164 784	50 936
1960	160 536	49 150	2020	164 856	50 966
1961	160 608	49 182	2021	164 928	50 996
1962	160 680	49 212	2022	165 000	51 026
1963	160 752	49 242	2023	165 072	51 056
1964	160 824	49 272	2024	165 144	51 086
1965	160 896	49 302	2025	165 216	51 116
1966	160 968	49 332	2026	165 288	51 146
1967	161 040	49 362	2027	165 360	51 176
1968	161 112	49 392	2028	165 432	51 208
1969	161 184	49 424	2029	165 504	51 238
1970	161 256	49 454	2030	165 576	51 268
1971	161 328	49 484	2031	165 648	51 298
1972	161 400	49 514	2032	165 720	51 328
1973	161 472	49 544	2033	165 792	51 358
1974	161 544	49 574	2034	165 864	51 388
1975	161 616	49 604	2035	165 936	51 418
1976	161 688	49 634	2036	166 008	51 450
1977	161 760	49 664	2037	166 080	51 480
1978	161 832	49 696	2038	166 152	51 510
1979	161 904	49 726	2039	166 224	51 540
1980	161 976	49 756	2040	166 296	51 570

* Die Einkommensteuer gilt nur für den ausgewiesenen Wert, Zwischenwerte sind zu schätzen — s. Vorbemerkungen

laufende Nummer	zu versteuerndes Einkommen* in €	tarifliche Einkommensteuer* in €
2 041	166 368	51 600
2 042	166 440	51 630
2 043	166 512	51 660
2 044	166 584	51 692
2 045	166 656	51 722
2 046	166 728	51 752
2 047	166 800	51 782
2 048	166 872	51 812
2 049	166 944	51 842
2 050	167 016	51 872
2 051	167 088	51 902
2 052	167 160	51 932
2 053	167 232	51 964
2 054	167 304	51 994
2 055	167 376	52 024
2 056	167 448	52 054
2 057	167 520	52 084
2 058	167 592	52 114
2 059	167 664	52 144
2 060	167 736	52 174
2 061	167 808	52 206
2 062	167 880	52 236
2 063	167 952	52 266
2 064	168 024	52 296
2 065	168 096	52 326
2 066	168 168	52 356
2 067	168 240	52 386
2 068	168 312	52 416
2 069	168 384	52 448
2 070	168 456	52 478
2 071	168 528	52 508
2 072	168 600	52 538
2 073	168 672	52 568
2 074	168 744	52 598
2 075	168 816	52 628
2 076	168 888	52 658
2 077	168 960	52 688
2 078	169 032	52 720
2 079	169 104	52 750
2 080	169 176	52 780
2 081	169 248	52 810
2 082	169 320	52 840
2 083	169 392	52 870
2 084	169 464	52 900
2 085	169 536	52 930
2 086	169 608	52 962
2 087	169 680	52 992
2 088	169 752	53 022
2 089	169 824	53 052
2 090	169 896	53 082
2 091	169 968	53 112
2 092	170 040	53 142
2 093	170 112	53 172
2 094	170 184	53 204
2 095	170 256	53 234
2 096	170 328	53 264
2 097	170 400	53 294
2 098	170 472	53 324
2 099	170 544	53 354
2 100	170 616	53 384
2 101	170 688	53 414
2 102	170 760	53 444
2 103	170 832	53 476
2 104	170 904	53 506
2 105	170 976	53 536
2 106	171 048	53 566
2 107	171 120	53 596
2 108	171 192	53 626
2 109	171 264	53 656
2 110	171 336	53 686
2 111	171 408	53 718
2 112	171 480	53 748
2 113	171 552	53 778
2 114	171 624	53 808
2 115	171 696	53 838
2 116	171 768	53 868
2 117	171 840	53 898
2 118	171 912	53 928
2 119	171 984	53 960
2 120	172 056	53 990
2 121	172 128	54 020
2 122	172 200	54 050
2 123	172 272	54 080
2 124	172 344	54 110
2 125	172 416	54 140
2 126	172 488	54 170
2 127	172 560	54 200
2 128	172 632	54 232
2 129	172 704	54 262
2 130	172 776	54 292
2 131	172 848	54 322
2 132	172 920	54 352
2 133	172 992	54 382
2 134	173 064	54 412
2 135	173 136	54 442
2 136	173 208	54 474
2 137	173 280	54 504
2 138	173 352	54 534
2 139	173 424	54 564
2 140	173 496	54 594
2 141	173 568	54 624
2 142	173 640	54 654
2 143	173 712	54 684
2 144	173 784	54 716
2 145	173 856	54 746
2 146	173 928	54 776
2 147	174 000	54 806
2 148	174 072	54 836
2 149	174 144	54 866
2 150	174 216	54 896
2 151	174 288	54 926
2 152	174 360	54 956
2 153	174 432	54 988
2 154	174 504	55 018
2 155	174 576	55 048
2 156	174 648	55 078
2 157	174 720	55 108
2 158	174 792	55 138
2 159	174 864	55 168
2 160	174 936	55 198

* Die Einkommensteuer gilt nur für den ausgewiesenen Wert, Zwischenwerte sind zu schätzen — s. Vorbemerkungen

laufende Nummer	zu versteuerndes Einkommen* in €	tarifliche Einkommensteuer* in €	laufende Nummer	zu versteuerndes Einkommen* in €	tarifliche Einkommensteuer* in €
2 161	175 008	55 230	2 221	179 328	57 044
2 162	175 080	55 260	2 222	179 400	57 074
2 163	175 152	55 290	2 223	179 472	57 104
2 164	175 224	55 320	2 224	179 544	57 134
2 165	175 296	55 350	2 225	179 616	57 164
2 166	175 368	55 380	2 226	179 688	57 194
2 167	175 440	55 410	2 227	179 760	57 224
2 168	175 512	55 440	2 228	179 832	57 256
2 169	175 584	55 472	2 229	179 904	57 286
2 170	175 656	55 502	2 230	179 976	57 316
2 171	175 728	55 532	2 231	180 048	57 346
2 172	175 800	55 562	2 232	180 120	57 376
2 173	175 872	55 592	2 233	180 192	57 406
2 174	175 944	55 622	2 234	180 264	57 436
2 175	176 016	55 652	2 235	180 336	57 466
2 176	176 088	55 682	2 236	180 408	57 498
2 177	176 160	55 712	2 237	180 480	57 528
2 178	176 232	55 744	2 238	180 552	57 558
2 179	176 304	55 774	2 239	180 624	57 588
2 180	176 376	55 804	2 240	180 696	57 618
2 181	176 448	55 834	2 241	180 768	57 648
2 182	176 520	55 864	2 242	180 840	57 678
2 183	176 592	55 894	2 243	180 912	57 708
2 184	176 664	55 924	2 244	180 984	57 740
2 185	176 736	55 954	2 245	181 056	57 770
2 186	176 808	55 986	2 246	181 128	57 800
2 187	176 880	56 016	2 247	181 200	57 830
2 188	176 952	56 046	2 248	181 272	57 860
2 189	177 024	56 076	2 249	181 344	57 890
2 190	177 096	56 106	2 250	181 416	57 920
2 191	177 168	56 136	2 251	181 488	57 950
2 192	177 240	56 166	2 252	181 560	57 980
2 193	177 312	56 196	2 253	181 632	58 012
2 194	177 384	56 228	2 254	181 704	58 042
2 195	177 456	56 258	2 255	181 776	58 072
2 196	177 528	56 288	2 256	181 848	58 102
2 197	177 600	56 318	2 257	181 920	58 132
2 198	177 672	56 348	2 258	181 992	58 162
2 199	177 744	56 378	2 259	182 064	58 192
2 200	177 816	56 408	2 260	182 136	58 222
2 201	177 888	56 438	2 261	182 208	58 254
2 202	177 960	56 468	2 262	182 280	58 284
2 203	178 032	56 500	2 263	182 352	58 314
2 204	178 104	56 530	2 264	182 424	58 344
2 205	178 176	56 560	2 265	182 496	58 374
2 206	178 248	56 590	2 266	182 568	58 404
2 207	178 320	56 620	2 267	182 640	58 434
2 208	178 392	56 650	2 268	182 712	58 464
2 209	178 464	56 680	2 269	182 784	58 496
2 210	178 536	56 710	2 270	182 856	58 526
2 211	178 608	56 742	2 271	182 928	58 556
2 212	178 680	56 772	2 272	183 000	58 586
2 213	178 752	56 802	2 273	183 072	58 616
2 214	178 824	56 832	2 274	183 144	58 646
2 215	178 896	56 862	2 275	183 216	58 676
2 216	178 968	56 892	2 276	183 288	58 706
2 217	179 040	56 922	2 277	183 360	58 736
2 218	179 112	56 952	2 278	183 432	58 768
2 219	179 184	56 984	2 279	183 504	58 798
2 220	179 256	57 014	2 280	183 576	58 828

* Die Einkommensteuer gilt nur für den ausgewiesenen Wert, Zwischenwerte sind zu schätzen – s. Vorbemerkungen

laufende Nummer	zu versteuerndes Einkommen* in €	tarifliche Einkommensteuer* in €	laufende Nummer	zu versteuerndes Einkommen* in €	tarifliche Einkommensteuer* in €
2 281	183 648	58 858	2 341	187 968	60 672
2 282	183 720	58 888	2 342	188 040	60 702
2 283	183 792	58 918	2 343	188 112	60 732
2 284	183 864	58 948	2 344	188 184	60 764
2 285	183 936	58 978	2 345	188 256	60 794
2 286	184 008	59 010	2 346	188 328	60 824
2 287	184 080	59 040	2 347	188 400	60 854
2 288	184 152	59 070	2 348	188 472	60 884
2 289	184 224	59 100	2 349	188 544	60 914
2 290	184 296	59 130	2 350	188 616	60 944
2 291	184 368	59 160	2 351	188 688	60 974
2 292	184 440	59 190	2 352	188 760	61 004
2 293	184 512	59 220	2 353	188 832	61 036
2 294	184 584	59 252	2 354	188 904	61 066
2 295	184 656	59 282	2 355	188 976	61 096
2 296	184 728	59 312	2 356	189 048	61 126
2 297	184 800	59 342	2 357	189 120	61 156
2 298	184 872	59 372	2 358	189 192	61 186
2 299	184 944	59 402	2 359	189 264	61 216
2 300	185 016	59 432	2 360	189 336	61 246
2 301	185 088	59 462	2 361	189 408	61 278
2 302	185 160	59 492	2 362	189 480	61 308
2 303	185 232	59 524	2 363	189 552	61 338
2 304	185 304	59 554	2 364	189 624	61 368
2 305	185 376	59 584	2 365	189 696	61 398
2 306	185 448	59 614	2 366	189 768	61 428
2 307	185 520	59 644	2 367	189 840	61 458
2 308	185 592	59 674	2 368	189 912	61 488
2 309	185 664	59 704	2 369	189 984	61 520
2 310	185 736	59 734	2 370	190 056	61 550
2 311	185 808	59 766	2 371	190 128	61 580
2 312	185 880	59 796	2 372	190 200	61 610
2 313	185 952	59 826	2 373	190 272	61 640
2 314	186 024	59 856	2 374	190 344	61 670
2 315	186 096	59 886	2 375	190 416	61 700
2 316	186 168	59 916	2 376	190 488	61 730
2 317	186 240	59 946	2 377	190 560	61 760
2 318	186 312	59 976	2 378	190 632	61 792
2 319	186 384	60 008	2 379	190 704	61 822
2 320	186 456	60 038	2 380	190 776	61 852
2 321	186 528	60 068	2 381	190 848	61 882
2 322	186 600	60 098	2 382	190 920	61 912
2 323	186 672	60 128	2 383	190 992	61 942
2 324	186 744	60 158	2 384	191 064	61 972
2 325	186 816	60 188	2 385	191 136	62 002
2 326	186 888	60 218	2 386	191 208	62 034
2 327	186 960	60 248	2 387	191 280	62 064
2 328	187 032	60 280	2 388	191 352	62 094
2 329	187 104	60 310	2 389	191 424	62 124
2 330	187 176	60 340	2 390	191 496	62 154
2 331	187 248	60 370	2 391	191 568	62 184
2 332	187 320	60 400	2 392	191 640	62 214
2 333	187 392	60 430	2 393	191 712	62 244
2 334	187 464	60 460	2 394	191 784	62 276
2 335	187 536	60 490	2 395	191 856	62 306
2 336	187 608	60 522	2 396	191 928	62 336
2 337	187 680	60 552	2 397	192 000	62 366
2 338	187 752	60 582	2 398	192 072	62 396
2 339	187 824	60 612	2 399	192 144	62 426
2 340	187 896	60 642	2 400	192 216	62 456

* Die Einkommensteuer gilt nur für den ausgewiesenen Wert, Zwischenwerte sind zu schätzen — s. Vorbemerkungen

Vorbemerkungen

Die zur manuellen Berechnung der Lohnsteuer erstellten Lohnsteuertabellen wurden auf Basis des gem. § 51 Abs. 4 Nr. 1a EStG vom BMF veröffentlichten geänderten Programmablaufplans für die Erstellung von **Lohnsteuertabellen 2021** vom 9.11.2020 berechnet. Entgegen der maschinellen Berechnung der Lohnsteuer (sogenannter Formeltarif) kommt zur manuellen Berechnung der Lohnsteuer auch weiterhin der sogenannte **Stufentarif** zur Anwendung. Die Berechnung nach diesem Stufentarif ist auch weiterhin zulässig, es kommt allerdings zu geringfügigen Abweichungen gegenüber der Berechnung nach dem sogenannten Formeltarif, also der elektronischen Berechnung. Beide Berechnungsarten werden von der Finanzverwaltung ausdrücklich gebilligt. Zur genauen Berechnung der Lohnsteuer nach dem Formeltarif benutzen Sie bitte das beigefügte Berechnungsprogramm auf CD-ROM. Eine **Programmanleitung** ist auf den Seiten 10 ff. enthalten.

Die Lohnsteuertabellen 2021 sind aus dem Einkommensteuertarif gem. § 32a EStG abgeleitet und zwar die Steuerbeträge der Steuerklassen I, II und IV aus dem Einkommensteuertarif nach § 32a Abs. 1, die Steuerbeträge der Steuerklasse III aus dem in § 32a Abs. 5 festgelegten Splitting-Verfahren. Die Steuerbeträge der Steuerklassen V und VI sind aus dem Einkommensteuertarif in der Weise abgeleitet worden, dass für das zu versteuernde Einkommen jeweils der Betrag als Jahressteuer ermittelt worden ist (§ 39b Abs. 2 EStG), der sich aus dem Zweifachen des Unterschiedsbetrags zwischen dem Steuerbetrag für das Eineinviertelfache und dem Steuerbetrag für das Dreiviertelfache des abgerundeten zu versteuernden Jahresbetrags nach § 32a Abs. 1 EStG ergibt. Hierdurch wird im Ergebnis unterstellt, dass das nach der Steuerklasse V oder VI zu versteuernde Einkommen 40 v. H. des gesamten zu versteuernden Einkommens beträgt, das gesamte zu versteuernde Einkommen nach dem Einkommensteuer-Splittingtarif zu versteuern ist und bereits 60 v. H. des gesamten zu versteuernden Einkommens entsprechend versteuert werden. Im Übrigen ist besonders vorgeschrieben worden, dass die Steuerbeträge in den Steuerklassen V und VI mindestens 14 v. H. und höchstens 42 v. H. sowie für den 274 613 Euro übersteigenden Teil 45 v. H. des maßgebenden zu versteuernden Jahresbetrags betragen.

Die Beträge des zu versteuernden Einkommens sind durch Hinzurechnung verschiedener Beträge unter Bildung von Steuerklassen in Jahresarbeitslöhne umgerechnet worden (§ 39b Abs. 2 bis 3 EStG). Auf diese Weise sind folgende Beträge in die Jahreslohnsteuertabelle eingearbeitet worden:

- der tarifliche Grundfreibetrag (§ 32a Abs. 1 EStG) von 9744 Euro in den Steuerklassen I, II und IV, von 19488 Euro in der Steuerklasse III,
- der Arbeitnehmer-Pauschbetrag (§ 9a Satz 1 Nr. 1 Buchstabe a EStG) von 1000 Euro oder bei Versorgungsbezügen der Pauschbetrag (§ 9a Satz 1 Nr. 1 Buchstabe b) von 102 Euro in den Steuerklassen I bis V,
- der Sonderausgaben-Pauschbetrag (§ 10c Satz 1 EStG) von 36 Euro in den Steuerklassen I bis V,
- eine Vorsorgepauschale aus den Teilbeträgen
  a) für die RV bei Arbeitnehmern, die in der gesetzlichen RV pflichtversichert oder von der gesetzlichen RV nach § 6 Absatz 1 Nr. 1 SGB VI befreit sind, in den Steuerklassen I bis VI in Höhe des Betrags, der bezogen auf den Arbeitslohn 50 Prozent des Beitrags in der allgemeinen RV unter Berücksichtigung der jeweiligen Beitragsbemessungsgrenzen entspricht. Im Kalenderjahr 2021 ist der so ermittelte Betrag auf 84 v. H. begrenzt (§ 39b Abs. 4 EStG),
  b) für die KV bei Arbeitnehmern, die in der gesetzlichen KV versichert sind, in den Steuerklassen I bis VI in Höhe des Betrags, der bezogen auf den Arbeitslohn unter Berücksichtigung der Beitragsbemessungsgrenzen und den ermäßigten Beitragssatz (§ 243 SGB V) dem Arbeitnehmeranteil eines pflichtversicherten Arbeitnehmers entspricht,
  c) für die PflegeV bei Arbeitnehmern, die in der sozialen PflegeV versichert sind, in den Steuerklassen I bis VI in Höhe des Betrags, der bezogen auf den Arbeitslohn unter Berücksichtigung der Beitragsbemessungsgrenzen und den bundeseinheitlichen Beitragssatz dem Arbeitnehmeranteil eines pflichtversicherten Arbeitnehmers entspricht, erhöht um den Beitragszuschlag des Arbeitnehmers nach § 55 Absatz 3 SGB XI (Beitragszuschlag für Kinderlose), wenn die Voraussetzungen dafür vorliegen,
  d) für die KV und für die private Pflege-PflichtV bei Arbeitnehmern, die nicht unter Buchstabe b und c fallen, in den Steuerklassen I bis V in Höhe der dem Arbeitgeber mitgeteilten Beiträge im Sinne des § 10 Absatz 1 Nummer 3 EStG, etwaig vervielfältigt unter sinngemäßer Anwendung von Satz 2 auf einen Jahresbetrag, vermindert um den Betrag, der bezogen auf den Arbeitslohn unter Berücksichtigung der Beitragsbemessungsgrenzen und den ermäßigten Beitragssatz in der gesetzlichen KV sowie den bundeseinheitlichen Beitragssatz in der sozialen PflegeV dem Arbeitgeberanteil für einen pflichtversicherten Arbeitnehmer entspricht, wenn der Arbeitgeber gesetzlich verpflichtet ist, Zuschüsse zu den KV- und PflegeV-Beiträgen des Arbeitnehmers zu leisten;

- Entschädigungen im Sinne des § 24 Nummer 1 EStG sind bei Anwendung der Buchstaben a bis c nicht zu berücksichtigen; mindestens ist für die Summe der Teilbeträge nach den Buchstaben b und c oder für den Teilbetrag nach Buchstabe d ein Betrag in Höhe von 12 Prozent des Arbeitslohns, höchstens 1900 Euro in den Steuerklassen I, II, IV, V, VI und höchstens 3000 Euro in der Steuerklasse III anzusetzen,
- der Entlastungsbetrag für Alleinerziehende (§ 24b EStG) von 4008 Euro in der Steuerklasse II, der sich für jedes weitere Kind um 240 Euro erhöht.

Die **Monatslohnsteuertabellen,** die **Wochenlohnsteuertabellen** und die **Tageslohnsteuertabellen** sind nach § 39b Abs. 2 EStG aus den Jahreslohnsteuertabellen abgeleitet worden. Dabei sind die Anfangsbeträge der Arbeitslohnstufen und die Lohnsteuerbeträge für die Monatslohnsteuertabelle mit einem Zwölftel, für die Wochenlohnsteuertabelle mit $^{7}/_{360}$ und für die Tageslohnsteuertabelle mit $^{1}/_{360}$ der Jahresbeträge angesetzt worden. Für Lohnzahlungszeiträume, für die keine Lohnsteuertabellen bestehen, ist die Lohnsteuer aus den mit der Zahl der Kalendertage oder Wochen dieser Zeiträume vervielfachten Beträgen der maßgebenden Tageslohnsteuertabelle oder Wochenlohnsteuertabelle zu ermitteln.

Vor Ermittlung der Lohnsteuer aus der maßgebenden Lohnsteuertabelle hat der Arbeitgeber ggf. den auf den Lohnzahlungszeitraum entfallenden Anteil des **Versorgungs-Freibetrags** und des **Zuschlags zum Versorgungs-Freibetrag** (§ 19 Abs. 2 EStG) oder des **Altersentlastungsbetrags** (§ 24a EStG) und einen etwaigen als Lohnsteuerabzugsmerkmal für den Lohnzahlungszeitraum mitgeteilten Freibetrag (§ 39a Abs. 1 EStG) des Arbeitnehmers **vom Arbeitslohn abzuziehen** oder um einen etwaigen **Hinzurechnungsbetrag** (§ 39a Abs. 1 Nr. 7 EStG) zu erhöhen. Dabei ist der Versorgungs-Freibetrag mit 15,2 v.H. der Versorgungsbezüge, höchstens mit monatlich 95 Euro, wöchentlich 22,16 Euro und täglich 3,16 Euro zu berücksichtigen. Der Zuschlag zum Versorgungs-Freibetrag ist höchstens mit monatlich 28,50 Euro, wöchentlich 6,65 Euro und täglich mit 0,95 Euro anzusetzen. Der Altersentlastungsbetrag ist mit 15,2 v.H. des Arbeitslohns ohne etwaige Versorgungsbezüge, höchstens mit monatlich 60,16 Euro, wöchentlich 14 Euro und täglich 2 Euro zu berücksichtigen.

Die **besonderen Lohnsteuertabellen** gelten **für Arbeitnehmer, die** in der gesetzlichen Rentenversicherung **nicht versicherungspflichtig** sind, wie Beamte, Richter, Berufssoldaten, Arbeitnehmer der Sozialversicherungsträger und Geistliche der öffentlich-rechtlichen Religionsgemeinschaften, Bezieher von Ruhegehältern u. dgl. Für diesen Personenkreis sowie **Arbeitnehmer,** die **privat kranken- und pflegeversichert** sind (Lohnsteuerberechnung nach der allgemeinen Lohnsteuertabelle), kann die Lohnsteuer nicht mehr direkt aus den Lohnsteuertabellen entnommen werden, sondern es muss zunächst eine Zwischenrechnung vorgenommen werden. Dabei werden die nachgewiesenen Basiskranken- und Pflegeversicherungsbeiträge des Arbeitnehmers um die nach den Lohnsteuertabellen für den tatsächlichen Bruttojahresarbeitslohn berücksichtigte Mindestvorsorgepauschale (BVSP) gemindert. Von dem verbleibenden Betrag ist der typisierte Arbeitgeberzuschuss (TAGZ) zur Kranken- und Pflegeversicherung abzuziehen, wenn der Arbeitgeber verpflichtet ist, einen Zuschuss zur Kranken- und Pflegeversicherung zu zahlen. Der so ermittelte Wert ist von dem maßgeblichen Bruttoarbeitslohn abzuziehen. Die Lohnsteuer ist für den geminderten Bruttoarbeitslohn in der Tabelle abzulesen. Für diese Nebenrechnung weisen die allgemeinen und besonderen Lohnsteuertabellen für privat versicherte Arbeitnehmer den typisierten Arbeitgeberzuschuss (TAGZ) und die Mindestvorsorgepauschale (BVSP) für die Basiskranken- und Pflegepflichtversicherungsbeiträge aus.

Berechnungsbeispiele

Beispiel 1: Allgemeine Lohnsteuertabelle, private KV und PflegeV

Ein Arbeitnehmer in der Steuerklasse III (keine Kinder, Beitragsbemessungsgrenze West) erhält einen Bruttojahresarbeitslohn von 75 000 Euro. Er ist in der gesetzlichen Rentenversicherung pflichtversichert und **privat kranken- und pflegeversichert.** Seine nachgewiesenen Basiskranken- und Pflegepflichtversicherungsbeiträge betragen 10 800 Euro im Jahr. Dazu erhält er einen Zuschuss von seinem Arbeitgeber.

Die Lohnsteuer nach der **allgemeinen Lohnsteuertabelle** beträgt 11 040 Euro im Jahr, dabei ist durch die Berücksichtigung der Vorsorgepauschale ein Aufwand für eine Basiskranken- und Pflegepflichtversicherung von 5326 Euro berücksichtigt, der typisierte Arbeitgeberzuschuss beträgt in 2021 ebenfalls 5326 Euro. Um die nachgewiesenen Basiskranken- und Pflegepflichtversicherungsbeiträge zu berücksichtigen, sind in einer Nebenrechnung diese Beiträge um den nach der allgemeinen Lohnsteuertabelle berücksichtigten Aufwand für die gesetzliche Kranken- und soziale Pflegeversicherung und den typisierten Arbeitgeberzuschuss zu mindern. Es verbleiben (10 800 Euro – 5326 Euro – 5326 Euro =) 148 Euro, die den Bruttojahresarbeitslohn mindern. In diesem Fall ist die Lohnsteuer bei einem Bruttojahresarbeitslohn von (75 000 Euro – 148 Euro =) 74 852 Euro abzulesen. Die Lohnsteuer beträgt in der Steuerklasse III 10 998 Euro.

Beispiel 2: Besondere Lohnsteuertabelle, rentenversicherungsfrei und private KV und PflegeV

Ein **Beamter** in der Steuerklasse I ohne Kinder erhält einen Jahresarbeitslohn von 15 000 Euro. Seine nachgewiesenen Basiskranken-

und Pflegepflichtversicherungsbeiträge betragen 2400 Euro im Jahr. Er erhält keinen Zuschuss von seinem Arbeitgeber.

Die Lohnsteuer nach der **besonderen Lohnsteuertabelle** beträgt 398 Euro im Jahr, dabei ist durch die Berücksichtigung der Mindestvorsorgepauschale bereits ein Aufwand für eine Basiskranken- und Pflegepflichtversicherung von 1801 Euro berücksichtigt. Um die nachgewiesenen Basiskranken- und Pflegepflichtversicherungsbeiträge zu berücksichtigen, sind in einer Nebenrechnung diese Beiträge um die nach der besonderen Lohnsteuertabelle berücksichtigte Mindestvorsorgepauschale zu mindern. Es verbleiben (2400 Euro – 1801 Euro) = 599 Euro, die den Jahresarbeitslohn mindern. In diesem Fall ist die Lohnsteuer bei einem Jahresarbeitslohn von (15 000 Euro – 599 Euro =) 14 401 Euro abzulesen. Die Lohnsteuer beträgt in der Steuerklasse I 305 Euro.

Für Fälle, in denen die Lohnsteuertabellen keine Möglichkeit zur Berechnung anbieten, wird auf das beiliegende **Berechnungsprogramm auf CD** verwiesen.

Für die Ermittlung der Lohnsteuer sind die Lohnsteuerabzugsmerkmale des Arbeitnehmers maßgebend. Nach § 39 Abs. 4 EStG sind dies

1. Steuerklasse (§ 38b Absatz 1) und Faktor (§ 39 f EStG),
2. Zahl der Kinderfreibeträge bei den Steuerklassen I bis IV (§ 38b Absatz 2 EStG),
3. Freibetrag und Hinzurechnungsbetrag (§ 39a EStG),
4. Höhe der Beiträge für eine private Krankenversicherung und für eine private Pflege-Pflichtversicherung (§ 39b Absatz 2 Satz 5 Nummer 3 Buchstabe d EStG) für die Dauer von zwölf Monaten, wenn der Arbeitnehmer dies beantragt,
5. Mitteilung, dass der von einem Arbeitgeber gezahlte Arbeitslohn nach einem Abkommen zur Vermeidung der Doppelbesteuerung von der Lohnsteuer freizustellen ist, wenn der Arbeitnehmer oder der Arbeitgeber dies beantragt.

Die Einreihung der Arbeitnehmer in die verschiedenen Steuerklassen ergibt sich aus § 38b EStG. In die Steuerklasse I gehören Arbeitnehmer, die unbeschränkt einkommensteuerpflichtig und ledig sind, verheiratet, verwitwet oder geschieden sind und bei denen die Voraussetzungen für die Steuerklasse III oder IV nicht erfüllt sind oder beschränkt einkommensteuerpflichtig sind. **Ehegatten,** die unbeschränkt steuerpflichtig sind, nicht dauernd getrennt leben und beide Arbeitslohn beziehen, können **wählen,** ob sie beide nach der Steuerklasse IV oder ob einer der Ehegatten nach Steuerklasse III und der andere Ehegatte nach Steuerklasse V besteuert werden sollen. Anstelle der Steuerklassenkombination III/V kann auch das **Faktorverfahren** (§ 39 f EStG) bei Ehegatten angewendet werden. Bei Ehegatten, die in die Steuerklasse IV gehören (§ 38b Abs. 1 Satz 2 Nr. 4 EStG), kann auf

Antrag beider Ehegatten anstelle der Steuerklassenkombination III/V als Lohnsteuerabzugsmerkmal jeweils die Steuerklasse IV in Verbindung mit einem Faktor zur Ermittlung der Lohnsteuer berücksichtigt werden, wenn der Faktor kleiner als 1 ist. Der Faktor ist Y : X und vom Finanzamt mit drei Nachkommastellen ohne Rundung zu berechnen. „Y" ist die voraussichtliche Einkommensteuer für beide Ehegatten nach dem Splittingverfahren (§ 32a Abs. 5 EStG) unter Berücksichtigung der in § 39b Abs. 2 EStG genannten Abzugsbeträge. „X" ist die Summe der voraussichtlichen Lohnsteuer bei Anwendung der Steuerklasse IV für jeden Ehegatten. In die Bemessungsgrundlage für Y werden jeweils neben den Jahresarbeitslöhnen der ersten Dienstverhältnisse zusätzlich nur Beträge einbezogen, die nach § 39a Abs. 1 Satz 1 Nr. 1 bis 6 EStG als Freibetrag ermittelt und als Lohnsteuerabzugsmerkmal gebildet werden könnten; Freibeträge werden neben dem Faktor nicht als Lohnsteuerabzugsmerkmal gebildet. In den Fällen des § 39a Abs. 1 Satz 1 Nr. 7 EStG sind bei der Ermittlung von Y und X die Hinzurechnungsbeträge zu berücksichtigen; die Hinzurechnungsbeträge sind zusätzlich als Lohnsteuerabzugsmerkmal für das erste Dienstverhältnis zu bilden. Arbeitslöhne aus zweiten und weiteren Dienstverhältnissen (Steuerklasse VI) sind im Faktorverfahren nicht zu berücksichtigen.

Für die Einbehaltung der Lohnsteuer vom Arbeitslohn hat der Arbeitgeber Steuerklasse IV und den Faktor anzuwenden.

Bei Anwendung des Faktorverfahrens ist zwingend eine Veranlagung durchzuführen (§ 46 Abs. 2 Nr. 3a EStG), ebenso bei Vorliegen anderer Einkünfte von mehr als 410 Euro (§ 46 Abs. 2 EStG).

Die für die Ehegatten günstigste Steuerklassenkombination hängt in erster Linie von der Höhe ihrer Arbeitslöhne, vom Verhältnis dieser Arbeitslöhne zueinander und von der Inanspruchnahme eines etwaigen Freibetrags und seiner Verteilung auf die Ehegatten ab. Bei der Steuerklassenkombination III/V kann die einbehaltene Lohnsteuer im Verhältnis zur Jahressteuerschuld zu gering sein, wenn das gemeinsam zu versteuernde Einkommen der Ehegatten der progressiven Besteuerung unterliegt. Daher müssen Ehegatten, die die Steuerklassen III/V gewählt haben, in jedem Fall zur Einkommensteuer veranlagt werden.

Bei **erweiterter unbeschränkter Steuerpflicht** erhalten die Arbeitnehmer auf Antrag vom Betriebsstättenfinanzamt eine Abzugsbescheinigung und einen etwa in Betracht kommenden Freibetrag (§ 39a Abs. 1 EStG). Erweitert unbeschränkt steuerpflichtig sind zum einen deutsche Staatsangehörige, die nicht im Inland wohnen und zu einer inländischen juristischen Person des öffentlichen Rechts in einem Dienstverhältnis stehen und dafür Arbeitslohn aus einer inländischen öffentlichen Kasse beziehen sowie bestimmte zu ihrem Haushalt gehörende Angehörige (§ 1 Abs. 2 EStG). Zum anderen können auf Antrag auch andere Staatsangehörige, die nicht im Inland wohnen, als unbeschränkt steuerpflichtig behandelt werden, soweit sie inländische Einkünfte haben, die mindestens zu 90 v. H. der deutschen Einkommensteuer unterliegen oder wenn die nicht der deutschen Einkommensteuer unterliegenden Einkünfte nicht mehr als 9744 Euro betragen, wobei eine Kürzung dieses Betrages nach den Verhältnissen des Wohnsitzstaates in Betracht kommt (§ 1 Abs. 3 EStG).

Neben der allgemeinen und besonderen Lohnsteuertabelle, die der Ermittlung der vom Arbeitgeber einzubehaltenden und abzuführenden Lohnsteuer dient, ohne dass hierbei Kinderfreibeträge zu berücksichtigen sind, besteht noch eine **Lohnsteuertabelle, in der die Kinderfreibeträge eingearbeitet** sind. Sie dient aber im Rahmen des laufenden Lohnsteuerabzugs nur dazu, die Lohnsteuer zu ermitteln, die die Bemessungsgrundlage für die sog. **Annexsteuern** darstellt (§ 51a Abs. 2a EStG), das sind die Kirchensteuer und der Solidaritätszuschlag. Ist für den Arbeitnehmer die Berücksichtigung von Freibeträgen für Kinder nach § 32 EStG günstiger als das Kindergeld, wird dies bei der Einkommensteuerveranlagung berücksichtigt und entsprechend verrechnet (§ 31 EStG).

Lohnsteuerklassen nach § 38b EStG:

(1) Für die Durchführung des Lohnsteuerabzugs werden Arbeitnehmer in Steuerklassen eingereiht. Dabei gilt Folgendes:

1. In die Steuerklasse I gehören Arbeitnehmer, die
   a) unbeschränkt einkommensteuerpflichtig und
      aa) ledig sind,
      bb) verheiratet, verwitwet oder geschieden sind und bei denen die Voraussetzungen für die Steuerklasse III oder IV nicht erfüllt sind; oder
   b) beschränkt einkommensteuerpflichtig sind;
2. in die Steuerklasse II gehören die unter Nummer 1 Buchstabe a bezeichneten Arbeitnehmer, wenn bei ihnen der Entlastungsbetrag für Alleinerziehende (§ 24b EStG) zu berücksichtigen ist;
3. in die Steuerklasse III gehören Arbeitnehmer,
   a) die verheiratet sind, wenn beide Ehegatten unbeschränkt einkommensteuerpflichtig sind und nicht dauernd getrennt leben und der Ehegatte des Arbeitnehmers auf Antrag beider Ehegatten in die Steuerklasse V eingereiht wird,
   b) die verwitwet sind, wenn sie und ihr verstorbener Ehegatte im Zeitpunkt seines Todes unbeschränkt einkommensteuerpflichtig waren und in diesem Zeitpunkt nicht dauernd getrennt gelebt haben, für das Kalenderjahr, das dem Kalenderjahr folgt, in dem der Ehegatte verstorben ist,

c) deren Ehe aufgelöst worden ist, wenn
  aa) im Kalenderjahr der Auflösung der Ehe beide Ehegatten unbeschränkt einkommensteuerpflichtig waren und nicht dauernd getrennt gelebt haben und
  bb) der andere Ehegatte wieder geheiratet hat, von seinem neuen Ehegatten nicht dauernd getrennt lebt und er und sein neuer Ehegatte unbeschränkt einkommensteuerpflichtig sind,

  für das Kalenderjahr, in dem die Ehe aufgelöst worden ist;

4. in die Steuerklasse IV gehören Arbeitnehmer, die verheiratet sind, wenn beide Ehegatten unbeschränkt einkommensteuerpflichtig sind und nicht dauernd getrennt leben; dies gilt auch, wenn einer der Ehegatten keinen Arbeitslohn bezieht und kein Antrag nach Nummer 3 Buchstabe a gestellt worden ist;
5. in die Steuerklasse V gehören die unter Nummer 4 bezeichneten Arbeitnehmer, wenn der Ehegatte des Arbeitnehmers auf Antrag beider Ehegatten in die Steuerklasse III eingereiht wird;
6. die Steuerklasse VI gilt bei Arbeitnehmern, die nebeneinander von mehreren Arbeitgebern Arbeitslohn beziehen, für die Einbehaltung der Lohnsteuer vom Arbeitslohn aus dem zweiten und einem weiteren Dienstverhältnis sowie in den Fällen des § 39c EStG.

Als unbeschränkt einkommensteuerpflichtig im Sinne der Nummern 3 und 4 gelten nur Personen, die die Voraussetzungen des § 1 Absatz 1 oder 2 oder des § 1a erfüllen.

(2) Für ein minderjähriges und nach § 1 Absatz 1 unbeschränkt einkommensteuerpflichtiges Kind im Sinne des § 32 Absatz 1 Nummer 1 und Absatz 3 werden bei der Anwendung der Steuerklassen I bis IV die Kinderfreibeträge als Lohnsteuerabzugsmerkmal nach § 39 Absatz 1 wie folgt berücksichtigt:

1. mit Zähler 0,5, wenn dem Arbeitnehmer der Kinderfreibetrag nach § 32 Absatz 6 Satz 1 zusteht, oder
2. mit Zähler 1, wenn dem Arbeitnehmer der Kinderfreibetrag zusteht, weil
   a) die Voraussetzungen des § 32 Absatz 6 Satz 2 vorliegen oder
   b) der andere Elternteil vor dem Beginn des Kalenderjahres verstorben ist oder
   c) der Arbeitnehmer allein das Kind angenommen hat.

Soweit dem Arbeitnehmer Kinderfreibeträge nach § 32 Absatz 1 bis 6 zustehen, die nicht nach Satz 1 berücksichtigt werden, ist die Zahl der Kinderfreibeträge auf Antrag vorbehaltlich des § 39a Absatz 1 Nummer 6 zu Grunde zu legen. In den Fällen des Satzes 2 können die Kinderfreibeträge für mehrere Jahre gelten, wenn nach den tatsächlichen Verhältnissen zu erwarten ist, dass die Voraussetzungen bestehen bleiben. Bei Anwendung der Steuerklassen III und IV sind auch Kinder des Ehegatten bei der Zahl der Kinderfreibeträge zu berücksichtigen. Der Antrag kann nur nach amtlich vorgeschriebenem Vordruck gestellt werden.

(3) Auf Antrag des Arbeitnehmers kann abweichend von Absatz 1 oder 2 eine für ihn ungünstigere Steuerklasse oder geringere Zahl der Kinderfreibeträge als Lohnsteuerabzugsmerkmal gebildet werden. Der Wechsel von der Steuerklasse III oder V in die Steuerklasse IV ist auch auf Antrag nur eines Ehegatten möglich mit der Folge, dass beide Ehegatten in die Steuerklasse IV eingereiht werden. Diese Anträge sind nach amtlich vorgeschriebenem Vordruck zu stellen und vom Antragsteller eigenhändig zu unterschreiben.

Eine elektronische **Lohnsteuerbescheinigung** hat der Arbeitgeber bei Abschluss des Lohnkontos, d. h. bei Beendigung des Dienstverhältnisses oder am Ende des Kalenderjahres auszustellen (§ 41b Abs. 1 EStG). Arbeitgeber ohne maschinelle Lohnabrechnung, die ausschließlich Arbeitnehmer im Rahmen einer geringfügigen Beschäftigung in ihrem Privathaushalt beschäftigen und keine elektronische Lohnsteuerbescheinigung erteilen können, haben eine entsprechende Lohnsteuerbescheinigung nach amtlich vorgeschriebenem Muster auszustellen (§ 41b Abs. 3 EStG).

Erhebung des Solidaritätszuschlags

Gem. § 3 Abs. 4 SolZG ist der Solidaritätszuschlag in Höhe von 5,5 % beim Abzug vom **laufenden** Arbeitslohn nur zu erheben, wenn die Bemessungsgrundlage (Lohnsteuer) im jeweiligen Lohnzahlungszeitraum

1. bei monatlicher Lohnzahlung
   a) in der Steuerklasse III mehr als 2826 Euro und
   b) in den Steuerklassen I, II, IV bis VI mehr als 1413 Euro,
2. bei wöchentlicher Lohnzahlung
   a) in der Steuerklasse III mehr als 659,40 Euro und
   b) in den Steuerklassen I, II, IV bis VI mehr als 329,70 Euro,
3. bei täglicher Lohnzahlung
   a) in der Steuerklasse III mehr als 94,20 Euro und
   b) in den Steuerklassen I, II, IV bis VI mehr als 47,10 Euro beträgt.

Beim Lohnsteuer-Jahresausgleich ist der Solidaritätszuschlag nur zu ermitteln, wenn die Bemessungsgrundlage in Steuerklasse III mehr als 33 912 Euro und in den Steuerklassen I, II oder IV mehr als 16 956 Euro beträgt.

Der Solidaritätszuschlag beträgt darüber hinaus nicht mehr als 11,9 v. H. des Unterschiedsbetrags zwischen der Bemessungsgrundlage und den o. g. Freigrenzen. Dieser „Übergangswert" ist den den einzelnen Tabellen jeweils vorangestellten „Übergangstabellen Solidaritätszuschlag" zu entnehmen, wobei diese auf **„Sonstige Bezüge"** nicht anzuwenden sind.

Lohnsteuertabellen 2021: Programmbeschreibung

Vorbemerkung: Grundlage des vorliegenden Programms ist der vom Bundesministerium der Finanzen bekannt gemachte Euro-Programmablaufplan für die maschinelle Berechnung der vom Arbeitslohn einzubehaltenen Lohnsteuer, des Solidaritätszuschlages und der Maßstabsteuer für die Kirchenlohnsteuer 2021 vom 9.11.2020.

Für die maschinelle Berechnung der Lohn- und Einkommensteuer kommt der *stufenlose* Steuertarif (sog. Formeltarif) zur Anwendung, mit dem die Lohn- und Einkommensteuer exakt für den sich bei der Lohnsteuerberechnung bzw. Steuerveranlagung ergebenden Einzelwert berechnet wird.

1. Technische Voraussetzungen

Das Berechnungsprogramm kann auf allen PCs mit CD-ROM-Laufwerk, mind. 32 MB Arbeitsspeicher, Festplatte mit mind. 40 MB, Windows 7 oder höher betrieben werden.

Achtung: Passen Sie bitte das Programm entweder durch Mausklick auf die automatische Vergrößerung □ oder individuell mit Verziehen der unteren und seitlichen Ränder an Ihre Bildschirmgröße an.

2. Installation

Bitte legen Sie die CD-ROM in Ihr CD-ROM-Laufwerk ein. Das Installationsprogramm startet automatisch. Sollte kein automatischer Start erfolgen, rufen Sie über „Start" – „Ausführen" – „Durchsuchen" Ihr CD-ROM-Laufwerk auf. Anschließend starten Sie mit einem Doppelklick die Datei „setup.exe".

3. Inhalt

Das Berechnungsprogramm 2021 enthält:

- die Lohnsteuerberechnung Tag, Woche, Monat und Jahr nach der Lohnsteuertabelle vom laufenden Arbeitslohn sowie von den Versorgungsbezügen
- die Hochrechnung des Bruttolohns ausgehend vom Nettolohn
- die Berechnung der Sozialversicherungsbeiträge (KV, RV, ArbLV, PflegeV) für Arbeitnehmer, Arbeitgeber und Staat/Sozialversicherungsträger
- die Einkommensteuerberechnung nach Grund- und Splittingtarif
- Geringfügige Beschäftigung
- Steuerklassenvergleich
- Lohnumrechnung

4. Kurzbeschreibung

Steuer- und Sozialversicherungsberechnung

Über das Menü können Sie wählen, ob Sie den Arbeitgeber-, den Arbeitnehmer- oder den Staat/Sozialversicherungsträgeranteil zur Sozialversicherung ausgewiesen haben möchten.

Über den Button „Einkommensteuer"

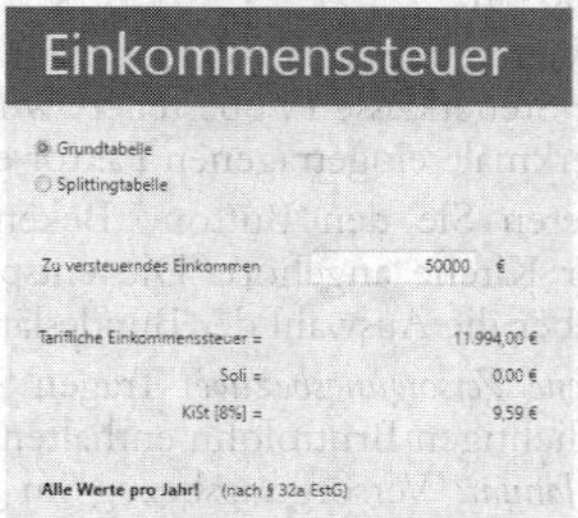

und Eingabe des entsprechenden zu versteuernden Einkommens erhalten Sie die Einkommensteuerberechnung wahlweise nach Grund- und Splittingtarif angezeigt.

Die bereits voreingestellten Beitragsbemessungsgrenzen Ost/West erhalten Sie über den Button „Bemessungsgrenze".

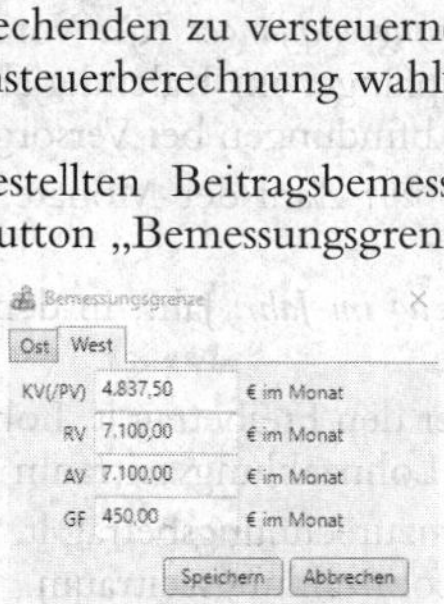

Über dieses Auswahlfenster wird auch die Zuordnung „Ost“ oder „West“ geregelt.

Die Beitragsbemessungsgrenzen zur Kranken-, Pflege-, Renten- und Arbeitslosenversicherung werden jährlich neu festgelegt. Diese Datenfelder sind jederzeit änderbar, wenn sich die Bemessungsgrenzen unterjährig ändern sollten.

Das Programm berücksichtigt die entsprechenden Lohnzahlungszeiträume täglich/wöchentlich/monatlich/jährlich bei der Sozialversicherungsberechnung automatisch.

Erklärung der Eingabefelder

Lohnzahlungszeitraum: Wählen Sie jeweils den gewünschten Lohnzahlungszeitraum (Tag, Woche, Monat, Jahr) aus der Listbox.

Steuerpflichtiger Bruttolohn: Tragen Sie den steuerpflichtigen Bruttoarbeitslohn ein ohne Sonstige Bezüge und ohne Vergütung für mehrjährige Tätigkeit.

Geboren im Jahre: Steuert den Altersentlastungsbetrag nach § 24a EStG.

Steuerklasse/Bundesland: Wählen Sie aus der Listbox die Steuerklasse lt. Lohnsteuermerkmale und das Bundesland aus.

Zahl der Kinder: Bitte tragen Sie hier die Kinderfreibeträge lt. Lohnsteuerabzugsmerkmale ein.

Faktorverfahren: Aktivieren Sie ggf., ob der Arbeitnehmer nach dem Faktorverfahren (nur Steuerklasse IV) besteuert wird, und geben den lt. Lohnsteuerabzugsmerkmale eingetragenen Faktor ein.

Kirchensteuer: Aktivieren Sie den Button „Bekenntnislos“ wenn der Arbeitnehmer keiner Kirche angehört. Die entsprechenden Kirchensteuersätze werden über die Auswahl der Bundesländer gesteuert.

Im Bruttolohn enthaltene Versorgungsbezüge: Tragen Sie hier den entsprechenden im steuerpflichtigen Bruttolohn enthaltenen Betrag ein.

Versorgungsbezug im Januar: Versorgungsbezug im Januar bzw. für den ersten vollen Monat.

Sonderzahlung für Versorgungsempfänger Kj.: Voraussichtliche Sonderzahlung für Versorgungsempfänger im Kalenderjahr ohne Sterbegeld, Kapitalauszahlungen und Abfindungen bei Versorgungsbezügen.

Versorgungsbezüge gezahlt für: Zahl der Monate, für die Versorgungsbezüge gezahlt wurden.

Erstmaliger Versorgungsbezug im Jahr: Jahr, in dem der Versorgungsbezug erstmalig gewährt wurde.

Freibetrag: Tragen Sie hier den Freibetrag lt. Lohnsteuerabzugsmerkmale für den entsprechenden Lohnzahlungszeitraum ein.

Hinzurechnungsbetrag: Hinzurechnungsbetrag lt. Lohnsteuerabzugsmerkmale, bezogen auf den Lohnzahlungszeitraum.

Abfindungen/Kap.Ausz./Sterbegeld: Sterbegeld bei Versorgungsbezügen sowie Kapitalauszahlungen und Abfindungen ohne Bezüge für mehrere Jahre.

Aktivieren Sie im Bedarfsfall, ob

– der Arbeitnehmer nach der allgemeinen oder besonderen Lohnsteuertabelle besteuert wird.
– Bei in der KV und PflegeV privat versicherten Arbeitnehmern, die in der RV und ALV **pflichtversichert** sind (Besteuerung nach der allgemeinen Lohnsteuertabelle) geben Sie bitte den privaten Basis-KV- und PflegeV-Beitrag ein.

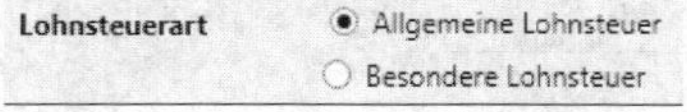

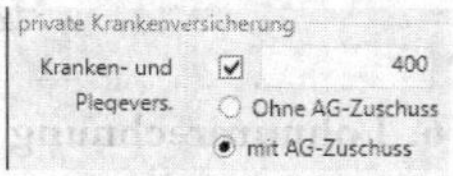

– Bei in der KV und PflegeV privat und in der RV und ALV **nicht pflichtversicherten** Arbeitnehmern (z. B. Beamte) (Besteuerung nach der besonderen Lohnsteuertabelle) geben Sie ebenfalls den privaten Basis-KV- und PflegeV-Beitrag ein.

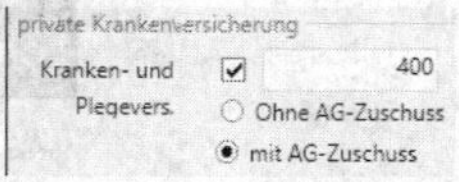

Aktivieren Sie in beiden Fällen ggf., ob der Arbeitnehmer einen Anspruch auf den AG-Zuschuss hat.

Im Eingabefeld „Sonstige Abzüge" können Sie vom Nettolohn einzubehaltende Abzüge und Zuzahlungen eingeben und textmäßig bezeichnen. Der eingegebene Betrag wird automatisch vom Nettolohn abgezogen oder hinzuaddiert.

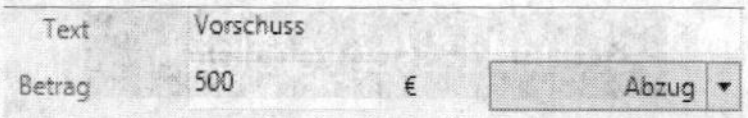

Über das Auswahlfenster

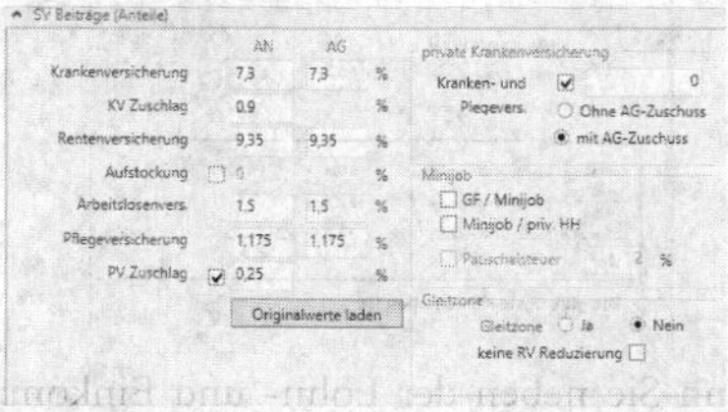

geben Sie die entsprechenden Arbeitnehmer- und Arbeitgeberanteile ein. Diese Werte bleiben bis zu einer erneuten Änderung fest eingestellt. Achten Sie bitte ggf. auf die verschiedenen Beitragssätze der Krankenkassen. Berücksichtigen Sie die Zuschläge für die Pflegeversicherung bei „Kinderlosen“ sowie den Aufschlag bei der Krankenversicherung in den dafür vorgesehenen Feldern.

5. Geringfügig Beschäftigte

Sie können wählen zwischen der Abrechnung für Geringfügige Beschäftigung „GF/Minijob“ und Geringfügige Beschäftigung in privaten Haushalten „Minijob/priv. HH“. Die entsprechenden Berechnungsparameter sind voreingestellt.

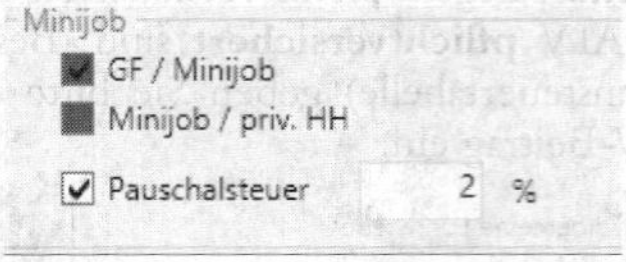

6. Lohnumrechnung

Bei Eingabe des Monatsentgelts und der Arbeitszeit berechnet das Programm den Bruttolohn/Stunde. Wichtig für die Einhaltung des Mindestlohns (9,50 €/Stunde v. 1.1.–30.6.21 und 9,60 €/Stunde vom 1.7.21–31.12.21) insb. bei Geringfügiger Beschäftigung.

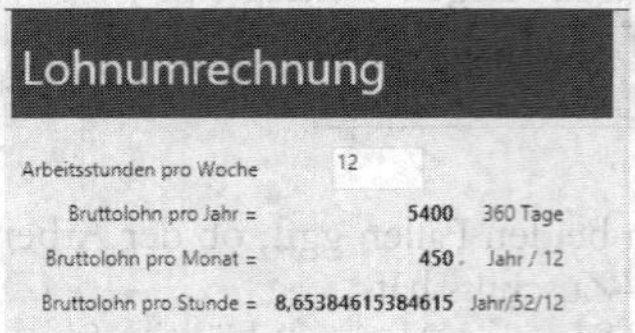

7. Steuerklassenvergleich

Über das Menü „Dienste“ „Steuerklassenvergleich“ können Sie die günstigste Kombination der Steuerklassen bei Ehegatten ermitteln:

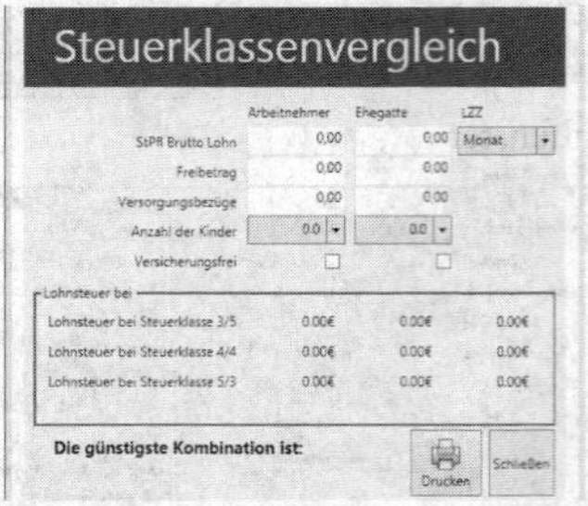

Hinweis: Wenn Sie neben der Lohn- und Einkommensteuer sowie Sozialversicherung auch Spezialberechnungen wie Geringfügige Beschäftigung, Gleitzone, Abfindungen etc. durchführen wollen, empfehlen wir Ihnen, das Programm Lohnsteuertabellen 2021, Berechnungsprogramm für ca. 39,– Euro zu nutzen. ISBN 978 3 406 76980 1.

Solidaritätszuschlag beim Lohnsteuer-Jahresausgleich durch den Arbeitgeber*

Steuerklasse III		Steuerklasse III		Steuerklasse III		Steuerklasse III	
Maßstabs-lohnsteuer €	Solidari-tätszu-schlag €	Maßstabs-lohnsteuer €	Solidari-tätszu-schlag €	Maßstabs-lohnsteuer €	Solidari-tätszu-schlag €	Maßstabs-lohnsteuer €	Solidari-tätszu-schlag €
33910,00	0,00	34816,00	107,58	35724,00	215,63	36630,00	323,44
33924,00	1,43	34832,00	109,48	35738,00	217,29	36646,00	325,35
33940,00	3,33	34846,00	111,15	35754,00	219,20	36660,00	327,01
33954,00	5,00	34862,00	113,05	35768,00	220,86	36676,00	328,92
33970,00	6,90	34876,00	114,72	35784,00	222,77	36692,00	330,82
33984,00	8,57	34892,00	116,62	35800,00	224,67	36706,00	332,49
34000,00	10,47	34906,00	118,29	35814,00	226,34	36722,00	334,39
34014,00	12,14	34922,00	120,19	35830,00	228,24	36736,00	336,06
34030,00	14,04	34938,00	122,09	35844,00	229,91	36752,00	337,96
34046,00	15,95	34952,00	123,76	35860,00	231,81	36766,00	339,63
34060,00	17,61	34968,00	125,66	35874,00	233,48	36782,00	341,53
34076,00	19,52	34982,00	127,33	35890,00	235,38	36796,00	343,20
34090,00	21,18	34998,00	129,23	35904,00	237,05	36812,00	345,10
34106,00	23,09	35012,00	130,90	35920,00	238,95	36828,00	347,00
34120,00	24,75	35028,00	132,80	35936,00	240,86	36842,00	348,67
34136,00	26,66	35044,00	134,71	35950,00	242,52	36858,00	350,57
34150,00	28,32	35058,00	136,37	35966,00	244,43	36872,00	352,24
34166,00	30,23	35074,00	138,28	35980,00	246,09	36888,00	354,14
34182,00	32,13	35088,00	139,94	35996,00	248,00	36902,00	355,81
34196,00	33,80	35104,00	141,85	36010,00	249,66	36918,00	357,71
34212,00	35,70	35118,00	143,51	36026,00	251,57	36934,00	359,62
34226,00	37,37	35134,00	145,42	36040,00	253,23	36948,00	361,28
34242,00	39,27	35148,00	147,08	36056,00	255,14	36964,00	363,19
34256,00	40,94	35164,00	148,99	36072,00	257,04	36978,00	364,85
34272,00	42,84	35180,00	150,89	36086,00	258,71	36994,00	366,76
34288,00	44,74	35194,00	152,56	36102,00	260,61	37008,00	368,42
34302,00	46,41	35210,00	154,46	36116,00	262,28	37024,00	370,33
34318,00	48,31	35224,00	156,13	36132,00	264,18	37038,00	371,99
34332,00	49,98	35240,00	158,03	36146,00	265,85	37054,00	373,90
34348,00	51,88	35254,00	159,70	36162,00	267,75	37070,00	375,80
34362,00	53,55	35270,00	161,60	36178,00	269,65	37084,00	377,47
34378,00	55,45	35284,00	163,27	36192,00	271,32	37100,00	379,37
34392,00	57,12	35300,00	165,17	36208,00	273,22	37114,00	381,04
34408,00	59,02	35316,00	167,08	36222,00	274,89	37130,00	382,94
34424,00	60,93	35330,00	168,74	36238,00	276,79	37144,00	384,61
34438,00	62,59	35346,00	170,65	36252,00	278,46	37160,00	386,51
34454,00	64,50	35360,00	172,31	36268,00	280,36	37174,00	388,18
34468,00	66,16	35376,00	174,22	36282,00	282,03	37190,00	390,08
34484,00	68,07	35390,00	175,88	36298,00	283,93	37206,00	391,99
34498,00	69,73	35406,00	177,79	36314,00	285,84	37220,00	393,65
34514,00	71,64	35422,00	179,69	36328,00	287,50	37236,00	395,56
34528,00	73,30	35436,00	181,36	36344,00	289,41	37250,00	397,22
34544,00	75,21	35452,00	183,26	36358,00	291,07	37266,00	399,13
34560,00	77,11	35466,00	184,93	36374,00	292,98	37280,00	400,79
34574,00	78,78	35482,00	186,83	36388,00	294,64	37296,00	402,70
34590,00	80,68	35496,00	188,50	36404,00	296,55	37312,00	404,60
34604,00	82,35	35512,00	190,40	36418,00	298,21	37326,00	406,27
34620,00	84,25	35526,00	192,07	36434,00	300,12	37342,00	408,17
34634,00	85,92	35542,00	193,97	36450,00	302,02	37356,00	409,84
34650,00	87,82	35558,00	195,87	36464,00	303,69	37372,00	411,74
34666,00	89,73	35572,00	197,54	36480,00	305,59	37386,00	413,41
34680,00	91,39	35588,00	199,44	36494,00	307,26	37402,00	415,31
34696,00	93,30	35602,00	201,11	36510,00	309,16	37416,00	416,98
34710,00	94,96	35618,00	203,01	36524,00	310,83	37432,00	418,88
34726,00	96,87	35632,00	204,68	36540,00	312,73	37448,00	420,78
34740,00	98,53	35648,00	206,58	36556,00	314,64	37462,00	422,45
34756,00	100,44	35662,00	208,25	36570,00	316,30	37478,00	424,35
34770,00	102,10	35678,00	210,15	36586,00	318,21	37492,00	426,02
34786,00	104,01	35694,00	212,06	36600,00	319,87	37508,00	427,92
34802,00	105,91	35708,00	213,72	36616,00	321,78	37522,00	429,59

* Nur anzuwenden bei Lohnsteuer-Jahresausgleich durch den Arbeitgeber.

Steuerklasse III		Steuerklasse III		Steuerklasse III		Steuerklasse III	
Maßstabs-lohnsteuer €	Solidari-tätszu-schlag €	Maßstabs-lohnsteuer €	Solidari-tätszu-schlag €	Maßstabs-lohnsteuer €	Solidari-tätszu-schlag €	Maßstabs-lohnsteuer €	Solidari-tätszu-schlag €
37538,00	431,49	38566,00	553,83	39594,00	676,16	40622,00	798,49
37552,00	433,16	38582,00	555,73	39610,00	678,06	40638,00	800,39
37568,00	435,06	38596,00	557,40	39624,00	679,73	40652,00	802,06
37584,00	436,97	38612,00	559,30	39640,00	681,63	40668,00	803,96
37598,00	438,63	38626,00	560,97	39654,00	683,30	40682,00	805,63
37614,00	440,54	38642,00	562,87	39670,00	685,20	40698,00	807,53
37628,00	442,20	38656,00	564,54	39684,00	686,87	40714,00	809,44
37644,00	444,11	38672,00	566,44	39700,00	688,77	40728,00	811,10
37658,00	445,77	38686,00	568,11	39716,00	690,68	40744,00	813,01
37674,00	447,68	38702,00	570,01	39730,00	692,34	40758,00	814,67
37690,00	449,58	38718,00	571,91	39746,00	694,25	40774,00	816,58
37704,00	451,25	38732,00	573,58	39760,00	695,91	40788,00	818,24
37720,00	453,15	38748,00	575,48	39776,00	697,82	40804,00	820,15
37734,00	454,82	38762,00	577,15	39790,00	699,48	40818,00	821,81
37750,00	456,72	38778,00	579,05	39806,00	701,39	40834,00	823,72
37764,00	458,39	38792,00	580,72	39820,00	703,05	40850,00	825,62
37780,00	460,29	38808,00	582,62	39836,00	704,96	40864,00	827,29
37794,00	461,96	38824,00	584,53	39852,00	706,86	40880,00	829,19
37810,00	463,86	38838,00	586,19	39866,00	708,53	40894,00	830,86
37826,00	465,77	38854,00	588,10	39882,00	710,43	40910,00	832,76
37840,00	467,43	38868,00	589,76	39896,00	712,10	40924,00	834,43
37856,00	469,34	38884,00	591,67	39912,00	714,00	40940,00	836,33
37870,00	471,00	38898,00	593,33	39926,00	715,67	40954,00	838,00
37886,00	472,91	38914,00	595,24	39942,00	717,57	40970,00	839,90
37900,00	474,57	38928,00	596,90	39958,00	719,47	40986,00	841,81
37916,00	476,48	38944,00	598,81	39972,00	721,14	41000,00	843,47
37930,00	478,14	38960,00	600,71	39988,00	723,04	41016,00	845,38
37946,00	480,05	38974,00	602,38	40002,00	724,71	41030,00	847,04
37962,00	481,95	38990,00	604,28	40018,00	726,61	41046,00	848,95
37976,00	483,62	39004,00	605,95	40032,00	728,28	41060,00	850,61
37992,00	485,52	39020,00	607,85	40048,00	730,18	41076,00	852,52
38006,00	487,19	39034,00	609,52	40062,00	731,85	41092,00	854,42
38022,00	489,09	39050,00	611,42	40078,00	733,75	41106,00	856,09
38036,00	490,76	39064,00	613,09	40094,00	735,66	41122,00	857,99
38052,00	492,66	39080,00	614,99	40108,00	737,32	41136,00	859,66
38068,00	494,56	39096,00	616,90	40124,00	739,23	41152,00	861,56
38082,00	496,23	39110,00	618,56	40138,00	740,89	41166,00	863,23
38098,00	498,13	39126,00	620,47	40154,00	742,80	41182,00	865,13
38112,00	499,80	39140,00	622,13	40168,00	744,46	41196,00	866,80
38128,00	501,70	39156,00	624,04	40184,00	746,37	41212,00	868,70
38142,00	503,37	39170,00	625,70	40198,00	748,03	41228,00	870,60
38158,00	505,27	39186,00	627,61	40214,00	749,94	41242,00	872,27
38172,00	506,94	39202,00	629,51	40230,00	751,84	41258,00	874,17
38188,00	508,84	39216,00	631,18	40244,00	753,51	41272,00	875,84
38204,00	510,75	39232,00	633,08	40260,00	755,41	41288,00	877,74
38218,00	512,41	39246,00	634,75	40274,00	757,08	41302,00	879,41
38234,00	514,32	39262,00	636,65	40290,00	758,98	41318,00	881,31
38248,00	515,98	39276,00	638,32	40304,00	760,65	41332,00	882,98
38264,00	517,89	39292,00	640,22	40320,00	762,55	41348,00	884,88
38278,00	519,55	39306,00	641,89	40336,00	764,46	41364,00	886,79
38294,00	521,46	39322,00	643,79	40350,00	766,12	41378,00	888,45
38308,00	523,12	39338,00	645,69	40366,00	768,03	41394,00	890,36
38324,00	525,03	39352,00	647,36	40380,00	769,69	41408,00	892,02
38340,00	526,93	39368,00	649,26	40396,00	771,60	41424,00	893,93
38354,00	528,60	39382,00	650,93	40410,00	773,26	41438,00	895,59
38370,00	530,50	39398,00	652,83	40426,00	775,17	41454,00	897,50
38384,00	532,17	39412,00	654,50	40440,00	776,83	41470,00	899,40
38400,00	534,07	39428,00	656,40	40456,00	778,74	41484,00	901,07
38414,00	535,74	39442,00	658,07	40472,00	780,64	41500,00	902,97
38430,00	537,64	39458,00	659,97	40486,00	782,31	41514,00	904,64
38446,00	539,55	39474,00	661,88	40502,00	784,21	41530,00	906,54
38460,00	541,21	39488,00	663,54	40516,00	785,88	41544,00	908,21
38476,00	543,12	39504,00	665,45	40532,00	787,78	41560,00	910,11
38490,00	544,78	39518,00	667,11	40546,00	789,45	41574,00	911,78
38506,00	546,69	39534,00	669,02	40562,00	791,35	41590,00	913,68
38520,00	548,35	39548,00	670,68	40576,00	793,02	41606,00	915,59
38536,00	550,26	39564,00	672,59	40592,00	794,92	41620,00	917,25
38550,00	551,92	39580,00	674,49	40608,00	796,82	41636,00	919,16

Steuerklasse III		Steuerklasse III		Steuerklasse III		Steuerklasse III	
Maßstabslohnsteuer €	Solidaritätszuschlag €	Maßstabslohnsteuer €	Solidaritätszuschlag €	Maßstabslohnsteuer €	Solidaritätszuschlag €	Maßstabslohnsteuer €	Solidaritätszuschlag €
41650,00	920,82	42678,00	1043,15	43706,00	1165,49	44734,00	1287,82
41666,00	922,73	42694,00	1045,06	43722,00	1167,39	44750,00	1289,72
41680,00	924,39	42708,00	1046,72	43738,00	1169,29	44766,00	1291,63
41696,00	926,30	42724,00	1048,63	43752,00	1170,96	44780,00	1293,29
41710,00	927,96	42740,00	1050,53	43768,00	1172,86	44796,00	1295,20
41726,00	929,87	42754,00	1052,20	43782,00	1174,53	44810,00	1296,86
41742,00	931,77	42770,00	1054,10	43798,00	1176,43	44826,00	1298,77
41756,00	933,44	42784,00	1055,77	43812,00	1178,10	44840,00	1300,43
41772,00	935,34	42800,00	1057,67	43828,00	1180,00	44856,00	1302,34
41786,00	937,01	42814,00	1059,34	43842,00	1181,67	44872,00	1304,24
41802,00	938,91	42830,00	1061,24	43858,00	1183,57	44886,00	1305,91
41816,00	940,58	42844,00	1062,91	43874,00	1185,48	44902,00	1307,81
41832,00	942,48	42860,00	1064,81	43888,00	1187,14	44916,00	1309,48
41848,00	944,38	42876,00	1066,72	43904,00	1189,05	44932,00	1311,38
41862,00	946,05	42890,00	1068,38	43918,00	1190,71	44946,00	1313,05
41878,00	947,95	42906,00	1070,29	43934,00	1192,62	44962,00	1314,95
41892,00	949,62	42920,00	1071,95	43948,00	1194,28	44976,00	1316,62
41908,00	951,52	42936,00	1073,86	43964,00	1196,19	44992,00	1318,52
41922,00	953,19	42950,00	1075,52	43978,00	1197,85	45008,00	1320,42
41938,00	955,09	42966,00	1077,43	43994,00	1199,76	45022,00	1322,09
41952,00	956,76	42982,00	1079,33	44010,00	1201,66	45038,00	1323,99
41968,00	958,66	42996,00	1081,00	44024,00	1203,33	45052,00	1325,66
41984,00	960,57	43012,00	1082,90	44040,00	1205,23	45068,00	1327,56
41998,00	962,23	43026,00	1084,57	44054,00	1206,90	45082,00	1329,23
42014,00	964,14	43042,00	1086,47	44070,00	1208,80	45098,00	1331,13
42028,00	965,80	43056,00	1088,14	44084,00	1210,47	45112,00	1332,80
42044,00	967,71	43072,00	1090,04	44100,00	1212,37	45128,00	1334,70
42058,00	969,37	43086,00	1091,71	44116,00	1214,28	45144,00	1336,61
42074,00	971,28	43102,00	1093,61	44130,00	1215,94	45158,00	1338,27
42088,00	972,94	43118,00	1095,51	44146,00	1217,85	45174,00	1340,18
42104,00	974,85	43132,00	1097,18	44160,00	1219,51	45188,00	1341,84
42120,00	976,75	43148,00	1099,08	44176,00	1221,42	45204,00	1343,75
42134,00	978,42	43162,00	1100,75	44190,00	1223,08	45218,00	1345,41
42150,00	980,32	43178,00	1102,65	44206,00	1224,99	45234,00	1347,32
42164,00	981,99	43192,00	1104,32	44220,00	1226,65	45250,00	1349,22
42180,00	983,89	43208,00	1106,22	44236,00	1228,56	45264,00	1350,89
42194,00	985,56	43222,00	1107,89	44252,00	1230,46	45280,00	1352,79
42210,00	987,46	43238,00	1109,79	44266,00	1232,13	45294,00	1354,46
42226,00	989,37	43254,00	1111,70	44282,00	1234,03	45310,00	1356,36
42240,00	991,03	43268,00	1113,36	44296,00	1235,70	45324,00	1358,03
42256,00	992,94	43284,00	1115,27	44312,00	1237,60	45340,00	1359,93
42270,00	994,60	43298,00	1116,93	44326,00	1239,27	45354,00	1361,60
42286,00	996,51	43314,00	1118,84	44342,00	1241,17	45370,00	1363,50
42300,00	998,17	43328,00	1120,50	44356,00	1242,84	45386,00	1365,41
42316,00	1000,08	43344,00	1122,41	44372,00	1244,74	45400,00	1367,07
42330,00	1001,74	43360,00	1124,31	44388,00	1246,64	45416,00	1368,98
42346,00	1003,65	43374,00	1125,98	44402,00	1248,31	45430,00	1370,64
42362,00	1005,55	43390,00	1127,88	44418,00	1250,21	45446,00	1372,55
42376,00	1007,22	43404,00	1129,55	44432,00	1251,88	45460,00	1374,21
42392,00	1009,12	43420,00	1131,45	44448,00	1253,78	45476,00	1376,12
42406,00	1010,79	43434,00	1133,12	44462,00	1255,45	45490,00	1377,78
42422,00	1012,69	43450,00	1135,02	44478,00	1257,35	45506,00	1379,69
42436,00	1014,36	43464,00	1136,69	44494,00	1259,26	45522,00	1381,59
42452,00	1016,26	43480,00	1138,59	44508,00	1260,92	45536,00	1383,26
42466,00	1017,93	43496,00	1140,50	44524,00	1262,83	45552,00	1385,16
42482,00	1019,83	43510,00	1142,16	44538,00	1264,49	45566,00	1386,83
42498,00	1021,73	43526,00	1144,07	44554,00	1266,40	45582,00	1388,73
42512,00	1023,40	43540,00	1145,73	44568,00	1268,06	45596,00	1390,40
42528,00	1025,30	43556,00	1147,64	44584,00	1269,97	45612,00	1392,30
42542,00	1026,97	43570,00	1149,30	44598,00	1271,63	45628,00	1394,20
42558,00	1028,87	43586,00	1151,21	44614,00	1273,54	45642,00	1395,87
42572,00	1030,54	43600,00	1152,87	44630,00	1275,44	45658,00	1397,77
42588,00	1032,44	43616,00	1154,78	44644,00	1277,11	45672,00	1399,44
42604,00	1034,35	43632,00	1156,68	44660,00	1279,01	45688,00	1401,34
42618,00	1036,01	43646,00	1158,35	44674,00	1280,68	45702,00	1403,01
42634,00	1037,92	43662,00	1160,25	44690,00	1282,58	45718,00	1404,91
42648,00	1039,58	43676,00	1161,92	44704,00	1284,25	45732,00	1406,58
42664,00	1041,49	43692,00	1163,82	44720,00	1286,15	45748,00	1408,48

Steuerklasse III		Steuerklasse III		Steuerklasse III		Steuerklasse III	
Maßstabs-lohnsteuer €	Solidari-tätszu-schlag €	Maßstabs-lohnsteuer €	Solidari-tätszu-schlag €	Maßstabs-lohnsteuer €	Solidari-tätszu-schlag €	Maßstabs-lohnsteuer €	Solidari-tätszu-schlag €
45764,00	1410,39	46792,00	1532,72	47820,00	1655,05	48848,00	1777,38
45778,00	1412,05	46806,00	1534,39	47834,00	1656,72	48862,00	1779,05
45794,00	1413,96	46822,00	1536,29	47850,00	1658,62	48878,00	1780,95
45808,00	1415,62	46836,00	1537,96	47864,00	1660,29	48892,00	1782,62
45824,00	1417,53	46852,00	1539,86	47880,00	1662,19	48908,00	1784,52
45838,00	1419,19	46866,00	1541,53	47896,00	1664,10	48924,00	1786,43
45854,00	1421,10	46882,00	1543,43	47910,00	1665,76	48938,00	1788,09
45868,00	1422,76	46898,00	1545,33	47926,00	1667,67	48954,00	1790,00
45884,00	1424,67	46912,00	1547,00	47940,00	1669,33	48968,00	1791,66
45900,00	1426,57	46928,00	1548,90	47956,00	1671,24	48984,00	1793,57
45914,00	1428,24	46942,00	1550,57	47970,00	1672,90	48998,00	1795,23
45930,00	1430,14	46958,00	1552,47	47986,00	1674,81	49014,00	1797,14
45944,00	1431,81	46972,00	1554,14	48000,00	1676,47	49030,00	1799,04
45960,00	1433,71	46988,00	1556,04	48016,00	1678,38	49044,00	1800,71
45974,00	1435,38	47002,00	1557,71	48032,00	1680,28	49060,00	1802,61
45990,00	1437,28	47018,00	1559,61	48046,00	1681,95	49074,00	1804,28
46006,00	1439,19	47034,00	1561,52	48062,00	1683,85	49090,00	1806,18
46020,00	1440,85	47048,00	1563,18	48076,00	1685,52	49104,00	1807,85
46036,00	1442,76	47064,00	1565,09	48092,00	1687,42	49120,00	1809,75
46050,00	1444,42	47078,00	1566,75	48106,00	1689,09	49134,00	1811,42
46066,00	1446,33	47094,00	1568,66	48122,00	1690,99	49150,00	1813,32
46080,00	1447,99	47108,00	1570,32	48136,00	1692,66	49166,00	1815,23
46096,00	1449,90	47124,00	1572,23	48152,00	1694,56	49180,00	1816,89
46110,00	1451,56	47140,00	1574,13	48168,00	1696,46	49196,00	1818,80
46126,00	1453,47	47154,00	1575,80	48182,00	1698,13	49210,00	1820,46
46142,00	1455,37	47170,00	1577,70	48198,00	1700,03	49226,00	1822,37
46156,00	1457,04	47184,00	1579,37	48212,00	1701,70	49240,00	1824,03
46172,00	1458,94	47200,00	1581,27	48228,00	1703,60	49256,00	1825,94
46186,00	1460,61	47214,00	1582,94	48242,00	1705,27	49270,00	1827,60
46202,00	1462,51	47230,00	1584,84	48258,00	1707,17	49286,00	1829,51
46216,00	1464,18	47244,00	1586,51	48274,00	1709,08	49302,00	1831,41
46232,00	1466,08	47260,00	1588,41	48288,00	1710,74	49316,00	1833,08
46246,00	1467,75	47276,00	1590,32	48304,00	1712,65	49332,00	1834,98
46262,00	1469,65	47290,00	1591,98	48318,00	1714,31	49346,00	1836,65
46278,00	1471,55	47306,00	1593,89	48334,00	1716,22	49362,00	1838,55
46292,00	1473,22	47320,00	1595,55	48348,00	1717,88	49376,00	1840,22
46308,00	1475,12	47336,00	1597,46	48364,00	1719,79	49392,00	1842,12
46322,00	1476,79	47350,00	1599,12	48378,00	1721,45	49408,00	1844,02
46338,00	1478,69	47366,00	1601,03	48394,00	1723,36	49422,00	1845,69
46352,00	1480,36	47380,00	1602,69	48410,00	1725,26	49438,00	1847,59
46368,00	1482,26	47396,00	1604,60	48424,00	1726,93	49452,00	1849,26
46384,00	1484,17	47412,00	1606,50	48440,00	1728,83	49468,00	1851,16
46398,00	1485,83	47426,00	1608,17	48454,00	1730,50	49482,00	1852,83
46414,00	1487,74	47442,00	1610,07	48470,00	1732,40	49498,00	1854,73
46428,00	1489,40	47456,00	1611,74	48484,00	1734,07	49512,00	1856,40
46444,00	1491,31	47472,00	1613,64	48500,00	1735,97	49528,00	1858,30
46458,00	1492,97	47486,00	1615,31	48514,00	1737,64	49544,00	1860,21
46474,00	1494,88	47502,00	1617,21	48530,00	1739,54	49558,00	1861,87
46488,00	1496,54	47518,00	1619,11	48546,00	1741,45	49574,00	1863,78
46504,00	1498,45	47532,00	1620,78	48560,00	1743,11	49588,00	1865,44
46520,00	1500,35	47548,00	1622,68	48576,00	1745,02	49604,00	1867,35
46534,00	1502,02	47562,00	1624,35	48590,00	1746,68	49618,00	1869,01
46550,00	1503,92	47578,00	1626,25	48606,00	1748,59	49634,00	1870,92
46564,00	1505,59	47592,00	1627,92	48620,00	1750,25	49648,00	1872,58
46580,00	1507,49	47608,00	1629,82	48636,00	1752,16	49664,00	1874,49
46594,00	1509,16	47622,00	1631,49	48652,00	1754,06	49680,00	1876,39
46610,00	1511,06	47638,00	1633,39	48666,00	1755,73	49694,00	1878,06
46624,00	1512,73	47654,00	1635,30	48682,00	1757,63	49710,00	1879,96
46640,00	1514,63	47668,00	1636,96	48696,00	1759,30	49724,00	1881,63
46656,00	1516,54	47684,00	1638,87	48712,00	1761,20	49740,00	1883,53
46670,00	1518,20	47698,00	1640,53	48726,00	1762,87	49754,00	1885,20
46686,00	1520,11	47714,00	1642,44	48742,00	1764,77	49770,00	1887,10
46700,00	1521,77	47728,00	1644,10	48756,00	1766,44	49786,00	1889,01
46716,00	1523,68	47744,00	1646,01	48772,00	1768,34	49800,00	1890,67
46730,00	1525,34	47758,00	1647,67	48788,00	1770,24	49816,00	1892,58
46746,00	1527,25	47774,00	1649,58	48802,00	1771,91	49830,00	1894,24
46762,00	1529,15	47790,00	1651,48	48818,00	1773,81	49846,00	1896,15
46776,00	1530,82	47804,00	1653,15	48832,00	1775,48	49860,00	1897,81

Steuerklasse III		Steuerklasse III		Steuerklasse III		Steuerklasse III	
Maßstabs-lohnsteuer €	Solidari-tätszu-schlag €	Maßstabs-lohnsteuer €	Solidari-tätszu-schlag €	Maßstabs-lohnsteuer €	Solidari-tätszu-schlag €	Maßstabs-lohnsteuer €	Solidari-tätszu-schlag €
49876,00	1899,72	50904,00	2022,05	51932,00	2144,38	52960,00	2266,71
49890,00	1901,38	50920,00	2023,95	51948,00	2146,28	52976,00	2268,62
49906,00	1903,29	50934,00	2025,62	51962,00	2147,95	52990,00	2270,28
49922,00	1905,19	50950,00	2027,52	51978,00	2149,85	53006,00	2272,19
49936,00	1906,86	50964,00	2029,19	51992,00	2151,52	53020,00	2273,85
49952,00	1908,76	50980,00	2031,09	52008,00	2153,42	53036,00	2275,76
49966,00	1910,43	50994,00	2032,76	52022,00	2155,09	53050,00	2277,42
49982,00	1912,33	51010,00	2034,66	52038,00	2156,99	53066,00	2279,33
49996,00	1914,00	51024,00	2036,33	52054,00	2158,90	53082,00	2281,23
50012,00	1915,90	51040,00	2038,23	52068,00	2160,56	53096,00	2282,90
50026,00	1917,57	51056,00	2040,14	52084,00	2162,47	53112,00	2284,80
50042,00	1919,47	51070,00	2041,80	52098,00	2164,13	53126,00	2286,47
50058,00	1921,37	51086,00	2043,71	52114,00	2166,04	53142,00	2288,37
50072,00	1923,04	51100,00	2045,37	52128,00	2167,70	53156,00	2290,04
50088,00	1924,94	51116,00	2047,28	52144,00	2169,61	53172,00	2291,94
50102,00	1926,61	51130,00	2048,94	52158,00	2171,27	53188,00	2293,84
50118,00	1928,51	51146,00	2050,85	52174,00	2173,18	53202,00	2295,51
50132,00	1930,18	51160,00	2052,51	52190,00	2175,08	53218,00	2297,41
50148,00	1932,08	51176,00	2054,42	52204,00	2176,75	53232,00	2299,08
50164,00	1933,99	51192,00	2056,32	52220,00	2178,65	53248,00	2300,98
50178,00	1935,65	51206,00	2057,99	52234,00	2180,32	53262,00	2302,65
50194,00	1937,56	51222,00	2059,89	52250,00	2182,22	53278,00	2304,55
50208,00	1939,22	51236,00	2061,56	52264,00	2183,89	53292,00	2306,22
50224,00	1941,13	51252,00	2063,46	52280,00	2185,79	53308,00	2308,12
50238,00	1942,79	51266,00	2065,13	52294,00	2187,46	53324,00	2310,03
50254,00	1944,70	51282,00	2067,03	52310,00	2189,36	53338,00	2311,69
50268,00	1946,36	51298,00	2068,93	52326,00	2191,27	53354,00	2313,60
50284,00	1948,27	51312,00	2070,60	52340,00	2192,93	53368,00	2315,26
50300,00	1950,17	51328,00	2072,50	52356,00	2194,84	53384,00	2317,17
50314,00	1951,84	51342,00	2074,17	52370,00	2196,50	53398,00	2318,83
50330,00	1953,74	51358,00	2076,07	52386,00	2198,41	53414,00	2320,74
50344,00	1955,41	51372,00	2077,74	52400,00	2200,07	53428,00	2322,40
50360,00	1957,31	51388,00	2079,64	52416,00	2201,98	53444,00	2324,31
50374,00	1958,98	51402,00	2081,31	52432,00	2203,88	53460,00	2326,21
50390,00	1960,88	51418,00	2083,21	52446,00	2205,55	53474,00	2327,88
50404,00	1962,55	51434,00	2085,12	52462,00	2207,45	53490,00	2329,78
50420,00	1964,45	51448,00	2086,78	52476,00	2209,12	53504,00	2331,45
50436,00	1966,36	51464,00	2088,69	52492,00	2211,02	53520,00	2333,35
50450,00	1968,02	51478,00	2090,35	52506,00	2212,69	53534,00	2335,02
50466,00	1969,93	51494,00	2092,26	52522,00	2214,59	53550,00	2336,92
50480,00	1971,59	51508,00	2093,92	52536,00	2216,26	53566,00	2338,83
50496,00	1973,50	51524,00	2095,83	52552,00	2218,16	53580,00	2340,49
50510,00	1975,16	51538,00	2097,49	52568,00	2220,06	53596,00	2342,40
50526,00	1977,07	51554,00	2099,40	52582,00	2221,73	53610,00	2344,06
50542,00	1978,97	51570,00	2101,30	52598,00	2223,63	53626,00	2345,97
50556,00	1980,64	51584,00	2102,97	52612,00	2225,30	53640,00	2347,63
50572,00	1982,54	51600,00	2104,87	52628,00	2227,20	53656,00	2349,54
50586,00	1984,21	51614,00	2106,54	52642,00	2228,87	53670,00	2351,20
50602,00	1986,11	51630,00	2108,44	52658,00	2230,77	53686,00	2353,11
50616,00	1987,78	51644,00	2110,11	52672,00	2232,44	53702,00	2355,01
50632,00	1989,68	51660,00	2112,01	52688,00	2234,34	53716,00	2356,68
50646,00	1991,35	51676,00	2113,92	52704,00	2236,25	53732,00	2358,58
50662,00	1993,25	51690,00	2115,58	52718,00	2237,91	53746,00	2360,25
50678,00	1995,15	51706,00	2117,49	52734,00	2239,82	53762,00	2362,15
50692,00	1996,82	51720,00	2119,15	52748,00	2241,48	53776,00	2363,82
50708,00	1998,72	51736,00	2121,06	52764,00	2243,39	53792,00	2365,72
50722,00	2000,39	51750,00	2122,72	52778,00	2245,05	53806,00	2367,39
50738,00	2002,29	51766,00	2124,63	52794,00	2246,96	53822,00	2369,29
50752,00	2003,96	51780,00	2126,29	52810,00	2248,86	53838,00	2371,19
50768,00	2005,86	51796,00	2128,20	52824,00	2250,53	53852,00	2372,86
50782,00	2007,53	51812,00	2130,10	52840,00	2252,43	53868,00	2374,76
50798,00	2009,43	51826,00	2131,77	52854,00	2254,10	53882,00	2376,43
50814,00	2011,34	51842,00	2133,67	52870,00	2256,00	53898,00	2378,33
50828,00	2013,00	51856,00	2135,34	52884,00	2257,67	53912,00	2380,00
50844,00	2014,91	51872,00	2137,24	52900,00	2259,57	53928,00	2381,90
50858,00	2016,57	51886,00	2138,91	52914,00	2261,24	53944,00	2383,81
50874,00	2018,48	51902,00	2140,81	52930,00	2263,14	53958,00	2385,47
50888,00	2020,14	51916,00	2142,48	52946,00	2265,05	53974,00	2387,38

Steuerklasse III		Steuerklasse III		Steuerklasse III		Steuerklasse III	
Maßstabs-lohnsteuer €	Solidari-tätszu-schlag €	Maßstabs-lohnsteuer €	Solidari-tätszu-schlag €	Maßstabs-lohnsteuer €	Solidari-tätszu-schlag €	Maßstabs-lohnsteuer €	Solidari-tätszu-schlag €
53988,00	2389,04	55016,00	2511,38	56044,00	2633,71	57072,00	2756,04
54004,00	2390,95	55032,00	2513,28	56060,00	2635,61	57088,00	2757,94
54018,00	2392,61	55046,00	2514,95	56074,00	2637,28	57104,00	2759,85
54034,00	2394,52	55062,00	2516,85	56090,00	2639,18	57118,00	2761,51
54048,00	2396,18	55078,00	2518,75	56106,00	2641,09	57134,00	2763,42
54064,00	2398,09	55092,00	2520,42	56120,00	2642,75	57148,00	2765,08
54080,00	2399,99	55108,00	2522,32	56136,00	2644,66	57164,00	2766,99
54094,00	2401,66	55122,00	2523,99	56150,00	2646,32	57178,00	2768,65
54110,00	2403,56	55138,00	2525,89	56166,00	2648,23	57194,00	2770,56
54124,00	2405,23	55152,00	2527,56	56180,00	2649,89	57208,00	2772,22
54140,00	2407,13	55168,00	2529,46	56196,00	2651,80	57224,00	2774,13
54154,00	2408,80	55182,00	2531,13	56212,00	2653,70	57240,00	2776,03
54170,00	2410,70	55198,00	2533,03	56226,00	2655,37	57254,00	2777,70
54184,00	2412,37	55214,00	2534,94	56242,00	2657,27	57270,00	2779,60
54200,00	2414,27	55228,00	2536,60	56256,00	2658,94	57284,00	2781,27
54216,00	2416,18	55244,00	2538,51	56272,00	2660,84	57300,00	2783,17
54230,00	2417,84	55258,00	2540,17	56286,00	2662,51	57314,00	2784,84
54246,00	2419,75	55274,00	2542,08	56302,00	2664,41	57330,00	2786,74
54260,00	2421,41	55288,00	2543,74	56316,00	2666,08	57346,00	2788,65
54276,00	2423,32	55304,00	2545,65	56332,00	2667,98	57360,00	2790,31
54290,00	2424,98	55318,00	2547,31	56348,00	2669,88	57376,00	2792,22
54306,00	2426,89	55334,00	2549,22	56362,00	2671,55	57390,00	2793,88
54322,00	2428,79	55350,00	2551,12	56378,00	2673,45	57406,00	2795,79
54336,00	2430,46	55364,00	2552,79	56392,00	2675,12	57420,00	2797,45
54352,00	2432,36	55380,00	2554,69	56408,00	2677,02	57436,00	2799,36
54366,00	2434,03	55394,00	2556,36	56422,00	2678,69	57450,00	2801,02
54382,00	2435,93	55410,00	2558,26	56438,00	2680,59	57466,00	2802,93
54396,00	2437,60	55424,00	2559,93	56452,00	2682,26	57482,00	2804,83
54412,00	2439,50	55440,00	2561,83	56468,00	2684,16	57496,00	2806,50
54426,00	2441,17	55456,00	2563,74	56484,00	2686,07	57512,00	2808,40
54442,00	2443,07	55470,00	2565,40	56498,00	2687,73	57526,00	2810,07
54458,00	2444,97	55486,00	2567,31	56514,00	2689,64	57542,00	2811,97
54472,00	2446,64	55500,00	2568,97	56528,00	2691,30	57556,00	2813,64
54488,00	2448,54	55516,00	2570,88	56544,00	2693,21	57572,00	2815,54
54502,00	2450,21	55530,00	2572,54	56558,00	2694,87	57586,00	2817,21
54518,00	2452,11	55546,00	2574,45	56574,00	2696,78	57602,00	2819,11
54532,00	2453,78	55560,00	2576,11	56590,00	2698,68	57618,00	2821,01
54548,00	2455,68	55576,00	2578,02	56604,00	2700,35	57632,00	2822,68
54562,00	2457,35	55592,00	2579,92	56620,00	2702,25	57648,00	2824,58
54578,00	2459,25	55606,00	2581,59	56634,00	2703,92	57662,00	2826,25
54594,00	2461,16	55622,00	2583,49	56650,00	2705,82	57678,00	2828,15
54608,00	2462,82	55636,00	2585,16	56664,00	2707,49	57692,00	2829,82
54624,00	2464,73	55652,00	2587,06	56680,00	2709,39	57708,00	2831,72
54638,00	2466,39	55666,00	2588,73	56694,00	2711,06	57724,00	2833,63
54654,00	2468,30	55682,00	2590,63	56710,00	2712,96	57738,00	2835,29
54668,00	2469,96	55696,00	2592,30	56726,00	2714,87	57754,00	2837,20
54684,00	2471,87	55712,00	2594,20	56740,00	2716,53	57768,00	2838,86
54700,00	2473,77	55728,00	2596,10	56756,00	2718,44	57784,00	2840,77
54714,00	2475,44	55742,00	2597,77	56770,00	2720,10	57798,00	2842,43
54730,00	2477,34	55758,00	2599,67	56786,00	2722,01	57814,00	2844,34
54744,00	2479,01	55772,00	2601,34	56800,00	2723,67	57828,00	2846,00
54760,00	2480,91	55788,00	2603,24	56816,00	2725,58	57844,00	2847,91
54774,00	2482,58	55802,00	2604,91	56830,00	2727,24	57860,00	2849,81
54790,00	2484,48	55818,00	2606,81	56846,00	2729,15	57874,00	2851,48
54804,00	2486,15	55834,00	2608,72	56862,00	2731,05	57890,00	2853,38
54820,00	2488,05	55848,00	2610,38	56876,00	2732,72	57904,00	2855,05
54836,00	2489,96	55864,00	2612,29	56892,00	2734,62	57920,00	2856,95
54850,00	2491,62	55878,00	2613,95	56906,00	2736,29	57934,00	2858,62
54866,00	2493,53	55894,00	2615,86	56922,00	2738,19	57950,00	2860,52
54880,00	2495,19	55908,00	2617,52	56936,00	2739,86	57964,00	2862,19
54896,00	2497,10	55924,00	2619,43	56952,00	2741,76	57980,00	2864,09
54910,00	2498,76	55938,00	2621,09	56968,00	2743,66	57996,00	2866,00
54926,00	2500,67	55954,00	2623,00	56982,00	2745,33	58010,00	2867,66
54940,00	2502,33	55970,00	2624,90	56998,00	2747,23	58026,00	2869,57
54956,00	2504,24	55984,00	2626,57	57012,00	2748,90	58040,00	2871,23
54972,00	2506,14	56000,00	2628,47	57028,00	2750,80	58056,00	2873,14
54986,00	2507,81	56014,00	2630,14	57042,00	2752,47	58070,00	2874,80
55002,00	2509,71	56030,00	2632,04	57058,00	2754,37	58086,00	2876,71

Steuerklasse III		Steuerklasse III		Steuerklasse III		Steuerklasse III	
Maßstabs-lohnsteuer €	Solidari-tätszu-schlag €	Maßstabs-lohnsteuer €	Solidari-tätszu-schlag €	Maßstabs-lohnsteuer €	Solidari-tätszu-schlag €	Maßstabs-lohnsteuer €	Solidari-tätszu-schlag €
58102,00	2878,61	59130,00	3000,94	60158,00	3123,27	61186,00	3245,61
58116,00	2880,28	59144,00	3002,61	60172,00	3124,94	61200,00	3247,27
58132,00	2882,18	59160,00	3004,51	60188,00	3126,84	61216,00	3249,18
58146,00	2883,85	59174,00	3006,18	60202,00	3128,51	61230,00	3250,84
58162,00	2885,75	59190,00	3008,08	60218,00	3130,41	61246,00	3252,75
58176,00	2887,42	59204,00	3009,75	60232,00	3132,08	61262,00	3254,65
58192,00	2889,32	59220,00	3011,65	60248,00	3133,98	61276,00	3256,32
58206,00	2890,99	59236,00	3013,56	60264,00	3135,89	61292,00	3258,22
58222,00	2892,89	59250,00	3015,22	60278,00	3137,55	61306,00	3259,89
58238,00	2894,79	59266,00	3017,13	60294,00	3139,46	61322,00	3261,79
58252,00	2896,46	59280,00	3018,79	60308,00	3141,12	61336,00	3263,46
58268,00	2898,36	59296,00	3020,70	60324,00	3143,03	61352,00	3265,36
58282,00	2900,03	59310,00	3022,36	60338,00	3144,69	61366,00	3267,03
58298,00	2901,93	59326,00	3024,27	60354,00	3146,60	61382,00	3268,93
58312,00	2903,60	59340,00	3025,93	60370,00	3148,50	61398,00	3270,83
58328,00	2905,50	59356,00	3027,84	60384,00	3150,17	61412,00	3272,50
58342,00	2907,17	59372,00	3029,74	60400,00	3152,07	61428,00	3274,40
58358,00	2909,07	59386,00	3031,41	60414,00	3153,74	61442,00	3276,07
58374,00	2910,98	59402,00	3033,31	60430,00	3155,64	61458,00	3277,97
58388,00	2912,64	59416,00	3034,98	60444,00	3157,31	61472,00	3279,64
58404,00	2914,55	59432,00	3036,88	60460,00	3159,21	61488,00	3281,54
58418,00	2916,21	59446,00	3038,55	60474,00	3160,88	61504,00	3283,45
58434,00	2918,12	59462,00	3040,45	60490,00	3162,78	61518,00	3285,11
58448,00	2919,78	59476,00	3042,12	60506,00	3164,69	61534,00	3287,02
58464,00	2921,69	59492,00	3044,02	60520,00	3166,35	61548,00	3288,68
58480,00	2923,59	59508,00	3045,92	60536,00	3168,26	61564,00	3290,59
58494,00	2925,26	59522,00	3047,59	60550,00	3169,92	61578,00	3292,25
58510,00	2927,16	59538,00	3049,49	60566,00	3171,83	61594,00	3294,16
58524,00	2928,83	59552,00	3051,16	60580,00	3173,49	61608,00	3295,82
58540,00	2930,73	59568,00	3053,06	60596,00	3175,40	61624,00	3297,73
58554,00	2932,40	59582,00	3054,73	60610,00	3177,06	61640,00	3299,63
58570,00	2934,30	59598,00	3056,63	60626,00	3178,97	61654,00	3301,30
58584,00	2935,97	59614,00	3058,54	60642,00	3180,87	61670,00	3303,20
58600,00	2937,87	59628,00	3060,20	60656,00	3182,54	61684,00	3304,87
58616,00	2939,78	59644,00	3062,11	60672,00	3184,44	61700,00	3306,77
58630,00	2941,44	59658,00	3063,77	60686,00	3186,11	61714,00	3308,44
58646,00	2943,35	59674,00	3065,68	60702,00	3188,01	61730,00	3310,34
58660,00	2945,01	59688,00	3067,34	60716,00	3189,68	61744,00	3312,01
58676,00	2946,92	59704,00	3069,25	60732,00	3191,58	61760,00	3313,91
58690,00	2948,58	59718,00	3070,91	60748,00	3193,48	61776,00	3315,82
58706,00	2950,49	59734,00	3072,82	60762,00	3195,15	61790,00	3317,48
58720,00	2952,15	59750,00	3074,72	60778,00	3197,05	61806,00	3319,39
58736,00	2954,06	59764,00	3076,39	60792,00	3198,72	61820,00	3321,05
58752,00	2955,96	59780,00	3078,29	60808,00	3200,62	61836,00	3322,96
58766,00	2957,63	59794,00	3079,96	60822,00	3202,29	61850,00	3324,62
58782,00	2959,53	59810,00	3081,86	60838,00	3204,19	61866,00	3326,53
58796,00	2961,20	59824,00	3083,53	60852,00	3205,86	61882,00	3328,43
58812,00	2963,10	59840,00	3085,43	60868,00	3207,76	61896,00	3330,10
58826,00	2964,77	59854,00	3087,10	60884,00	3209,67	61912,00	3332,00
58842,00	2966,67	59870,00	3089,00	60898,00	3211,33	61926,00	3333,67
58858,00	2968,57	59886,00	3090,91	60914,00	3213,24	61942,00	3335,57
58872,00	2970,24	59900,00	3092,57	60928,00	3214,90	61956,00	3337,24
58888,00	2972,14	59916,00	3094,48	60944,00	3216,81	61972,00	3339,14
58902,00	2973,81	59930,00	3096,14	60958,00	3218,47	61986,00	3340,81
58918,00	2975,71	59946,00	3098,05	60974,00	3220,38	62002,00	3342,71
58932,00	2977,38	59960,00	3099,71	60988,00	3222,04	62018,00	3344,61
58948,00	2979,28	59976,00	3101,62	61004,00	3223,95	62032,00	3346,28
58962,00	2980,95	59992,00	3103,52	61020,00	3225,85	62048,00	3348,18
58978,00	2982,85	60006,00	3105,19	61034,00	3227,52	62062,00	3349,85
58994,00	2984,76	60022,00	3107,09	61050,00	3229,42	62078,00	3351,75
59008,00	2986,42	60036,00	3108,76	61064,00	3231,09	62092,00	3353,42
59024,00	2988,33	60052,00	3110,66	61080,00	3232,99	62108,00	3355,32
59038,00	2989,99	60066,00	3112,33	61094,00	3234,66	62122,00	3356,99
59054,00	2991,90	60082,00	3114,23	61110,00	3236,56	62138,00	3358,89
59068,00	2993,56	60096,00	3115,90	61126,00	3238,47	62154,00	3360,80
59084,00	2995,47	60112,00	3117,80	61140,00	3240,13	62168,00	3362,46
59098,00	2997,13	60128,00	3119,70	61156,00	3242,04	62184,00	3364,37
59114,00	2999,04	60142,00	3121,37	61170,00	3243,70	62198,00	3366,03

Steuerklasse III		Steuerklasse III		Steuerklasse III		Steuerklasse III	
Maßstabs-lohnsteuer €	Solidari-tätszu-schlag €	Maßstabs-lohnsteuer €	Solidari-tätszu-schlag €	Maßstabs-lohnsteuer €	Solidari-tätszu-schlag €	Maßstabs-lohnsteuer €	Solidari-tätszu-schlag €
62214,00	3367,94	62440,00	3394,83	62668,00	3421,96	62894,00	3448,86
62228,00	3369,60	62456,00	3396,74	62682,00	3423,63	62910,00	3450,76
62244,00	3371,51	62470,00	3398,40	62698,00	3425,53	62924,00	3452,43
62260,00	3373,41	62486,00	3400,31	62712,00	3427,20	62940,00	3454,33
62274,00	3375,08	62500,00	3401,97	62728,00	3429,10	62954,00	3456,00
62290,00	3376,98	62516,00	3403,88	62742,00	3430,77	62970,00	3457,90
62304,00	3378,65	62532,00	3405,78	62758,00	3432,67	62984,00	3459,57
62320,00	3380,55	62546,00	3407,45	62774,00	3434,58	63000,00	3461,47
62334,00	3382,22	62562,00	3409,35	62788,00	3436,24	63016,00	3463,38
62350,00	3384,12	62576,00	3411,02	62804,00	3438,15	63030,00	3465,04
62364,00	3385,79	62592,00	3412,92	62818,00	3439,81	63046,00	3466,95
62380,00	3387,69	62606,00	3414,59	62834,00	3441,72	63060,00	3468,30
62396,00	3389,60	62622,00	3416,49	62848,00	3443,38		
62410,00	3391,26	62638,00	3418,39	62864,00	3445,29		
62426,00	3393,17	62652,00	3420,06	62878,00	3446,95		

Steuerklassen I, II, IV, V, VI		Steuerklassen I, II, IV, V, VI		Steuerklassen I, II, IV, V, VI		Steuerklassen I, II, IV, V, VI	
Maßstabs-lohnsteuer €	Solidari-tätszu-schlag €	Maßstabs-lohnsteuer €	Solidari-tätszu-schlag €	Maßstabs-lohnsteuer €	Solidari-tätszu-schlag €	Maßstabs-lohnsteuer €	Solidari-tätszu-schlag €
16955,00	0,00	17610,00	77,83	18265,00	155,77	18920,00	233,72
16969,00	1,55	17624,00	79,49	18279,00	157,44	18934,00	235,38
16983,00	3,21	17638,00	81,16	18293,00	159,10	18948,00	237,05
16997,00	4,88	17652,00	82,82	18307,00	160,77	18962,00	238,71
17010,00	6,43	17666,00	84,49	18321,00	162,44	18976,00	240,38
17024,00	8,09	17679,00	86,04	18335,00	164,10	18990,00	242,05
17039,00	9,88	17693,00	87,70	18349,00	165,77	19004,00	243,71
17052,00	11,42	17708,00	89,49	18362,00	167,31	19018,00	245,38
17066,00	13,09	17721,00	91,04	18377,00	169,10	19031,00	246,93
17080,00	14,76	17735,00	92,70	18391,00	170,77	19046,00	248,71
17094,00	16,42	17749,00	94,37	18404,00	172,31	19060,00	250,38
17108,00	18,09	17763,00	96,03	18418,00	173,98	19073,00	251,92
17122,00	19,75	17777,00	97,70	18432,00	175,64	19087,00	253,59
17136,00	21,42	17791,00	99,37	18446,00	177,31	19101,00	255,26
17150,00	23,09	17805,00	101,03	18460,00	178,98	19115,00	256,92
17164,00	24,75	17819,00	102,70	18474,00	180,64	19129,00	258,59
17178,00	26,42	17833,00	104,36	18488,00	182,31	19143,00	260,25
17192,00	28,08	17847,00	106,03	18502,00	183,97	19157,00	261,92
17206,00	29,75	17861,00	107,70	18516,00	185,64	19171,00	263,59
17220,00	31,42	17875,00	109,36	18530,00	187,31	19185,00	265,25
17233,00	32,96	17889,00	111,03	18544,00	188,97	19199,00	266,92
17247,00	34,63	17902,00	112,57	18558,00	190,64	19213,00	268,58
17262,00	36,41	17916,00	114,24	18572,00	192,30	19227,00	270,25
17275,00	37,96	17931,00	116,03	18585,00	193,85	19241,00	271,92
17289,00	39,63	17944,00	117,57	18600,00	195,64	19254,00	273,46
17303,00	41,29	17958,00	119,24	18614,00	197,30	19269,00	275,25
17317,00	42,96	17972,00	120,90	18627,00	198,85	19283,00	276,91
17331,00	44,63	17986,00	122,57	18641,00	200,52	19296,00	278,46
17345,00	46,29	18000,00	124,24	18655,00	202,18	19310,00	280,13
17359,00	47,96	18014,00	125,90	18669,00	203,85	19324,00	281,79
17373,00	49,62	18028,00	127,57	18683,00	205,51	19338,00	283,46
17387,00	51,29	18042,00	129,23	18697,00	207,18	19352,00	285,12
17401,00	52,96	18056,00	130,90	18711,00	208,85	19366,00	286,79
17415,00	54,62	18070,00	132,57	18725,00	210,51	19380,00	288,46
17429,00	56,29	18084,00	134,23	18739,00	212,18	19394,00	290,12
17443,00	57,95	18098,00	135,90	18753,00	213,84	19408,00	291,79
17456,00	59,50	18112,00	137,56	18767,00	215,51	19422,00	293,45
17470,00	61,17	18125,00	139,11	18781,00	217,18	19436,00	295,12
17485,00	62,95	18139,00	140,78	18795,00	218,84	19450,00	296,79
17498,00	64,50	18154,00	142,56	18808,00	220,39	19464,00	298,45
17512,00	66,16	18167,00	144,11	18823,00	222,17	19477,00	300,00
17526,00	67,83	18181,00	145,78	18837,00	223,84	19492,00	301,78
17540,00	69,50	18195,00	147,44	18850,00	225,39	19506,00	303,45
17554,00	71,16	18209,00	149,11	18864,00	227,05	19519,00	305,00
17568,00	72,83	18223,00	150,77	18878,00	228,72	19533,00	306,66
17582,00	74,49	18237,00	152,44	18892,00	230,38	19547,00	308,33
17596,00	76,16	18251,00	154,11	18906,00	232,05	19561,00	310,00

Steuerklassen I, II, IV, V, VI		Steuerklassen I, II, IV, V, VI		Steuerklassen I, II, IV, V, VI		Steuerklassen I, II, IV, V, VI	
Maßstabs-lohnsteuer €	Solidari-tätszu-schlag €	Maßstabs-lohnsteuer €	Solidari-tätszu-schlag €	Maßstabs-lohnsteuer €	Solidari-tätszu-schlag €	Maßstabs-lohnsteuer €	Solidari-tätszu-schlag €
19575,00	311,66	20523,00	424,47	21501,00	540,86	22529,00	663,19
19589,00	313,33	20537,00	426,14	21516,00	542,64	22544,00	664,97
19603,00	314,99	20551,00	427,81	21531,00	544,43	22559,00	666,76
19617,00	316,66	20565,00	429,47	21546,00	546,21	22574,00	668,54
19631,00	318,33	20579,00	431,14	21561,00	548,00	22589,00	670,33
19645,00	319,99	20593,00	432,80	21576,00	549,78	22604,00	672,11
19659,00	321,66	20607,00	434,47	21591,00	551,57	22619,00	673,90
19673,00	323,32	20621,00	436,14	21606,00	553,35	22635,00	675,80
19687,00	324,99	20635,00	437,80	21622,00	555,25	22650,00	677,59
19700,00	326,54	20648,00	439,35	21637,00	557,04	22665,00	679,37
19715,00	328,32	20662,00	441,01	21652,00	558,82	22680,00	681,16
19729,00	329,99	20677,00	442,80	21667,00	560,61	22695,00	682,94
19742,00	331,53	20690,00	444,35	21682,00	562,39	22710,00	684,73
19756,00	333,20	20704,00	446,01	21697,00	564,18	22725,00	686,51
19770,00	334,87	20718,00	447,68	21712,00	565,96	22740,00	688,30
19784,00	336,53	20732,00	449,34	21727,00	567,75	22756,00	690,20
19798,00	338,20	20746,00	451,01	21743,00	569,65	22771,00	691,99
19812,00	339,86	20760,00	452,68	21758,00	571,44	22786,00	693,77
19826,00	341,53	20774,00	454,34	21773,00	573,22	22801,00	695,56
19840,00	343,20	20788,00	456,01	21788,00	575,01	22816,00	697,34
19854,00	344,86	20802,00	457,67	21803,00	576,79	22831,00	699,13
19868,00	346,53	20816,00	459,34	21818,00	578,58	22846,00	700,91
19882,00	348,19	20830,00	461,01	21833,00	580,36	22861,00	702,70
19896,00	349,86	20844,00	462,67	21848,00	582,15	22877,00	704,60
19910,00	351,53	20858,00	464,34	21863,00	583,93	22892,00	706,38
19924,00	353,19	20871,00	465,89	21879,00	585,84	22907,00	708,17
19938,00	354,86	20885,00	467,55	21894,00	587,62	22922,00	709,95
19952,00	356,52	20900,00	469,34	21909,00	589,41	22937,00	711,74
19966,00	358,19	20913,00	470,88	21924,00	591,19	22952,00	713,52
19979,00	359,74	20927,00	472,55	21939,00	592,98	22967,00	715,31
19993,00	361,40	20941,00	474,22	21954,00	594,76	22982,00	717,09
20008,00	363,19	20955,00	475,88	21969,00	596,55	22997,00	718,88
20021,00	364,74	20969,00	477,55	21984,00	598,33	23013,00	720,78
20035,00	366,40	20983,00	479,21	22000,00	600,24	23028,00	722,57
20049,00	368,07	20997,00	480,88	22015,00	602,02	23043,00	724,35
20063,00	369,73	21011,00	482,55	22030,00	603,81	23058,00	726,14
20077,00	371,40	21025,00	484,21	22045,00	605,59	23073,00	727,92
20091,00	373,07	21039,00	485,88	22060,00	607,38	23088,00	729,71
20105,00	374,73	21053,00	487,54	22075,00	609,16	23103,00	731,49
20119,00	376,40	21067,00	489,21	22090,00	610,95	23118,00	733,28
20133,00	378,06	21081,00	490,88	22105,00	612,73	23134,00	735,18
20147,00	379,73	21094,00	492,42	22121,00	614,64	23149,00	736,97
20161,00	381,40	21108,00	494,09	22136,00	616,42	23164,00	738,75
20175,00	383,06	21123,00	495,87	22151,00	618,21	23179,00	740,54
20189,00	384,73	21138,00	497,66	22166,00	619,99	23194,00	742,32
20202,00	386,27	21153,00	499,44	22181,00	621,78	23209,00	744,11
20216,00	387,94	21168,00	501,23	22196,00	623,56	23224,00	745,89
20231,00	389,73	21183,00	503,01	22211,00	625,35	23239,00	747,68
20244,00	391,27	21198,00	504,80	22226,00	627,13	23255,00	749,58
20258,00	392,94	21213,00	506,58	22241,00	628,92	23270,00	751,37
20272,00	394,60	21228,00	508,37	22257,00	630,82	23285,00	753,15
20286,00	396,27	21244,00	510,27	22272,00	632,60	23300,00	754,94
20300,00	397,94	21259,00	512,06	22287,00	634,39	23315,00	756,72
20314,00	399,60	21274,00	513,84	22302,00	636,17	23330,00	758,51
20328,00	401,27	21289,00	515,63	22317,00	637,96	23345,00	760,29
20342,00	402,93	21304,00	517,41	22332,00	639,74	23360,00	762,08
20356,00	404,60	21319,00	519,20	22347,00	641,53	23375,00	763,86
20370,00	406,27	21334,00	520,98	22362,00	643,31	23391,00	765,77
20384,00	407,93	21349,00	522,77	22378,00	645,22	23406,00	767,55
20398,00	409,60	21365,00	524,67	22393,00	647,00	23421,00	769,34
20412,00	411,26	21380,00	526,46	22408,00	648,79	23436,00	771,12
20425,00	412,81	21395,00	528,24	22423,00	650,57	23451,00	772,91
20439,00	414,48	21410,00	530,03	22438,00	652,36	23466,00	774,69
20454,00	416,26	21425,00	531,81	22453,00	654,14	23481,00	776,48
20467,00	417,81	21440,00	533,60	22468,00	655,93	23496,00	778,26
20481,00	419,48	21455,00	535,38	22483,00	657,71	23512,00	780,16
20495,00	421,14	21470,00	537,17	22499,00	659,62	23527,00	781,95
20509,00	422,81	21485,00	538,95	22514,00	661,40	23542,00	783,73

Steuerklassen I, II, IV, V, VI		Steuerklassen I, II, IV, V, VI		Steuerklassen I, II, IV, V, VI		Steuerklassen I, II, IV, V, VI	
Maßstabs-lohnsteuer €	Solidari-tätszu-schlag €	Maßstabs-lohnsteuer €	Solidari-tätszu-schlag €	Maßstabs-lohnsteuer €	Solidari-tätszu-schlag €	Maßstabs-lohnsteuer €	Solidari-tätszu-schlag €
23557,00	785,52	24585,00	907,85	25613,00	1030,18	26641,00	1152,52
23572,00	787,30	24600,00	909,64	25628,00	1031,97	26657,00	1154,42
23587,00	789,09	24615,00	911,42	25643,00	1033,75	26672,00	1156,20
23602,00	790,87	24630,00	913,21	25659,00	1035,66	26687,00	1157,99
23617,00	792,66	24646,00	915,11	25674,00	1037,44	26702,00	1159,77
23633,00	794,56	24661,00	916,90	25689,00	1039,23	26717,00	1161,56
23648,00	796,35	24676,00	918,68	25704,00	1041,01	26732,00	1163,34
23663,00	798,13	24691,00	920,47	25719,00	1042,80	26747,00	1165,13
23678,00	799,92	24706,00	922,25	25734,00	1044,58	26762,00	1166,91
23693,00	801,70	24721,00	924,04	25749,00	1046,37	26777,00	1168,70
23708,00	803,49	24736,00	925,82	25764,00	1048,15	26793,00	1170,60
23723,00	805,27	24751,00	927,61	25780,00	1050,06	26808,00	1172,39
23738,00	807,06	24767,00	929,51	25795,00	1051,84	26823,00	1174,17
23753,00	808,84	24782,00	931,29	25810,00	1053,63	26838,00	1175,96
23769,00	810,75	24797,00	933,08	25825,00	1055,41	26853,00	1177,74
23784,00	812,53	24812,00	934,86	25840,00	1057,20	26868,00	1179,53
23799,00	814,32	24827,00	936,65	25855,00	1058,98	26883,00	1181,31
23814,00	816,10	24842,00	938,43	25870,00	1060,77	26898,00	1183,10
23829,00	817,89	24857,00	940,22	25885,00	1062,55	26914,00	1185,00
23844,00	819,67	24872,00	942,00	25901,00	1064,46	26929,00	1186,79
23859,00	821,46	24887,00	943,79	25916,00	1066,24	26944,00	1188,57
23874,00	823,24	24903,00	945,69	25931,00	1068,03	26959,00	1190,36
23890,00	825,15	24918,00	947,48	25946,00	1069,81	26974,00	1192,14
23905,00	826,93	24933,00	949,26	25961,00	1071,60	26989,00	1193,93
23920,00	828,72	24948,00	951,05	25976,00	1073,38	27004,00	1195,71
23935,00	830,50	24963,00	952,83	25991,00	1075,17	27019,00	1197,50
23950,00	832,29	24978,00	954,62	26006,00	1076,95	27035,00	1199,40
23965,00	834,07	24993,00	956,40	26021,00	1078,74	27050,00	1201,19
23980,00	835,86	25008,00	958,19	26037,00	1080,64	27065,00	1202,97
23995,00	837,64	25024,00	960,09	26052,00	1082,42	27080,00	1204,76
24011,00	839,55	25039,00	961,88	26067,00	1084,21	27095,00	1206,54
24026,00	841,33	25054,00	963,66	26082,00	1085,99	27110,00	1208,33
24041,00	843,12	25069,00	965,45	26097,00	1087,78	27125,00	1210,11
24056,00	844,90	25084,00	967,23	26112,00	1089,56	27140,00	1211,90
24071,00	846,69	25099,00	969,02	26127,00	1091,35	27155,00	1213,68
24086,00	848,47	25114,00	970,80	26142,00	1093,13	27171,00	1215,59
24101,00	850,26	25129,00	972,59	26158,00	1095,04	27186,00	1217,37
24116,00	852,04	25145,00	974,49	26173,00	1096,82	27201,00	1219,16
24131,00	853,83	25160,00	976,28	26188,00	1098,61	27216,00	1220,94
24147,00	855,73	25175,00	978,06	26203,00	1100,39	27231,00	1222,73
24162,00	857,51	25190,00	979,85	26218,00	1102,18	27246,00	1224,51
24177,00	859,30	25205,00	981,63	26233,00	1103,96	27261,00	1226,30
24192,00	861,08	25220,00	983,42	26248,00	1105,75	27276,00	1228,08
24207,00	862,87	25235,00	985,20	26263,00	1107,53	27292,00	1229,98
24222,00	864,65	25250,00	986,99	26279,00	1109,44	27307,00	1231,77
24237,00	866,44	25265,00	988,77	26294,00	1111,22	27322,00	1233,55
24252,00	868,22	25281,00	990,68	26309,00	1113,01	27337,00	1235,34
24268,00	870,13	25296,00	992,46	26324,00	1114,79	27352,00	1237,12
24283,00	871,91	25311,00	994,25	26339,00	1116,58	27367,00	1238,91
24298,00	873,70	25326,00	996,03	26354,00	1118,36	27382,00	1240,69
24313,00	875,48	25341,00	997,82	26369,00	1120,15	27397,00	1242,48
24328,00	877,27	25356,00	999,60	26384,00	1121,93	27413,00	1244,38
24343,00	879,05	25371,00	1001,39	26399,00	1123,72	27428,00	1246,17
24358,00	880,84	25386,00	1003,17	26415,00	1125,62	27443,00	1247,95
24373,00	882,62	25402,00	1005,07	26430,00	1127,41	27458,00	1249,74
24389,00	884,53	25417,00	1006,86	26445,00	1129,19	27473,00	1251,52
24404,00	886,31	25432,00	1008,64	26460,00	1130,98	27488,00	1253,31
24419,00	888,10	25447,00	1010,43	26475,00	1132,76	27503,00	1255,09
24434,00	889,88	25462,00	1012,21	26490,00	1134,55	27518,00	1256,88
24449,00	891,67	25477,00	1014,00	26505,00	1136,33	27533,00	1258,66
24464,00	893,45	25492,00	1015,78	26520,00	1138,12	27549,00	1260,57
24479,00	895,24	25507,00	1017,57	26536,00	1140,02	27564,00	1262,35
24494,00	897,02	25523,00	1019,47	26551,00	1141,81	27579,00	1264,14
24509,00	898,81	25538,00	1021,26	26566,00	1143,59	27594,00	1265,92
24525,00	900,71	25553,00	1023,04	26581,00	1145,38	27609,00	1267,71
24540,00	902,50	25568,00	1024,83	26596,00	1147,16	27624,00	1269,49
24555,00	904,28	25583,00	1026,61	26611,00	1148,95	27639,00	1271,28
24570,00	906,07	25598,00	1028,40	26626,00	1150,73	27654,00	1273,06

Steuerklassen I, II, IV, V, VI		Steuerklassen I, II, IV, V, VI		Steuerklassen I, II, IV, V, VI		Steuerklassen I, II, IV, V, VI	
Maßstabs-lohnsteuer €	Solidari-tätszu-schlag €	Maßstabs-lohnsteuer €	Solidari-tätszu-schlag €	Maßstabs-lohnsteuer €	Solidari-tätszu-schlag €	Maßstabs-lohnsteuer €	Solidari-tätszu-schlag €
27670,00	1274,97	28698,00	1397,30	29726,00	1519,63	30754,00	1641,96
27685,00	1276,75	28713,00	1399,08	29741,00	1521,42	30769,00	1643,75
27700,00	1278,54	28728,00	1400,87	29756,00	1523,20	30784,00	1645,53
27715,00	1280,32	28743,00	1402,65	29771,00	1524,99	30799,00	1647,32
27730,00	1282,11	28758,00	1404,44	29786,00	1526,77	30815,00	1649,22
27745,00	1283,89	28773,00	1406,22	29801,00	1528,56	30830,00	1651,01
27760,00	1285,68	28788,00	1408,01	29817,00	1530,46	30845,00	1652,79
27775,00	1287,46	28804,00	1409,91	29832,00	1532,24	30860,00	1654,58
27791,00	1289,37	28819,00	1411,70	29847,00	1534,03	30875,00	1656,36
27806,00	1291,15	28834,00	1413,48	29862,00	1535,81	30890,00	1658,15
27821,00	1292,94	28849,00	1415,27	29877,00	1537,60	30905,00	1659,93
27836,00	1294,72	28864,00	1417,05	29892,00	1539,38	30920,00	1661,72
27851,00	1296,51	28879,00	1418,84	29907,00	1541,17	30935,00	1663,50
27866,00	1298,29	28894,00	1420,62	29922,00	1542,95	30951,00	1665,41
27881,00	1300,08	28909,00	1422,41	29938,00	1544,86	30966,00	1667,19
27896,00	1301,86	28925,00	1424,31	29953,00	1546,64	30981,00	1668,98
27911,00	1303,65	28940,00	1426,10	29968,00	1548,43	30996,00	1670,76
27927,00	1305,55	28955,00	1427,88	29983,00	1550,21	31011,00	1672,55
27942,00	1307,33	28970,00	1429,67	29998,00	1552,00	31026,00	1674,33
27957,00	1309,12	28985,00	1431,45	30013,00	1553,78	31041,00	1676,12
27972,00	1310,90	29000,00	1433,24	30028,00	1555,57	31056,00	1677,90
27987,00	1312,69	29015,00	1435,02	30043,00	1557,35	31072,00	1679,80
28002,00	1314,47	29030,00	1436,81	30059,00	1559,26	31087,00	1681,59
28017,00	1316,26	29045,00	1438,59	30074,00	1561,04	31102,00	1683,37
28032,00	1318,04	29061,00	1440,50	30089,00	1562,83	31117,00	1685,16
28048,00	1319,95	29076,00	1442,28	30104,00	1564,61	31132,00	1686,94
28063,00	1321,73	29091,00	1444,07	30119,00	1566,40	31147,00	1688,73
28078,00	1323,52	29106,00	1445,85	30134,00	1568,18	31162,00	1690,51
28093,00	1325,30	29121,00	1447,64	30149,00	1569,97	31177,00	1692,30
28108,00	1327,09	29136,00	1449,42	30164,00	1571,75	31193,00	1694,20
28123,00	1328,87	29151,00	1451,21	30179,00	1573,54	31208,00	1695,99
28138,00	1330,66	29166,00	1452,99	30195,00	1575,44	31223,00	1697,77
28153,00	1332,44	29182,00	1454,89	30210,00	1577,23	31238,00	1699,56
28169,00	1334,35	29197,00	1456,68	30225,00	1579,01	31253,00	1701,34
28184,00	1336,13	29212,00	1458,46	30240,00	1580,80	31268,00	1703,13
28199,00	1337,92	29227,00	1460,25	30255,00	1582,58	31283,00	1704,91
28214,00	1339,70	29242,00	1462,03	30270,00	1584,37	31298,00	1706,70
28229,00	1341,49	29257,00	1463,82	30285,00	1586,15	31313,00	1708,48
28244,00	1343,27	29272,00	1465,60	30300,00	1587,94	31329,00	1710,39
28259,00	1345,06	29287,00	1467,39	30316,00	1589,84	31344,00	1712,17
28274,00	1346,84	29303,00	1469,29	30331,00	1591,63	31359,00	1713,96
28289,00	1348,63	29318,00	1471,08	30346,00	1593,41	31374,00	1715,74
28305,00	1350,53	29333,00	1472,86	30361,00	1595,20	31389,00	1717,53
28320,00	1352,32	29348,00	1474,65	30376,00	1596,98	31404,00	1719,31
28335,00	1354,10	29363,00	1476,43	30391,00	1598,77	31419,00	1721,10
28350,00	1355,89	29378,00	1478,22	30406,00	1600,55	31434,00	1722,88
28365,00	1357,67	29393,00	1480,00	30421,00	1602,34	31450,00	1724,79
28380,00	1359,46	29408,00	1481,79	30437,00	1604,24	31465,00	1726,57
28395,00	1361,24	29423,00	1483,57	30452,00	1606,02	31480,00	1728,36
28410,00	1363,03	29439,00	1485,48	30467,00	1607,81	31495,00	1730,14
28426,00	1364,93	29454,00	1487,26	30482,00	1609,59	31510,00	1731,93
28441,00	1366,72	29469,00	1489,05	30497,00	1611,38	31525,00	1733,71
28456,00	1368,50	29484,00	1490,83	30512,00	1613,16	31540,00	1734,70
28471,00	1370,29	29499,00	1492,62	30527,00	1614,95		
28486,00	1372,07	29514,00	1494,40	30542,00	1616,73		
28501,00	1373,86	29529,00	1496,19	30557,00	1618,52		
28516,00	1375,64	29544,00	1497,97	30573,00	1620,42		
28531,00	1377,43	29560,00	1499,88	30588,00	1622,21		
28547,00	1379,33	29575,00	1501,66	30603,00	1623,99		
28562,00	1381,11	29590,00	1503,45	30618,00	1625,78		
28577,00	1382,90	29605,00	1505,23	30633,00	1627,56		
28592,00	1384,68	29620,00	1507,02	30648,00	1629,35		
28607,00	1386,47	29635,00	1508,80	30663,00	1631,13		
28622,00	1388,25	29650,00	1510,59	30678,00	1632,92		
28637,00	1390,04	29665,00	1512,37	30694,00	1634,82		
28652,00	1391,82	29681,00	1514,28	30709,00	1636,61		
28667,00	1393,61	29696,00	1516,06	30724,00	1638,39		
28683,00	1395,51	29711,00	1517,85	30739,00	1640,18		

Lohn/ Gehalt in € bis	Steuerklasse	**Lohnsteuer***	BVSP**	TAGZ***
35,99	I,IV		4	3
	II		4	3
	III		4	3
	V		4	3
	VI	**3**	4	3
71,99	I,IV		8	6
	II		8	6
	III		8	6
	V		8	6
	VI	**7**	8	6
107,99	I,IV		12	9
	II		12	9
	III		12	9
	V		12	9
	VI	**11**	12	9
143,99	I,IV		17	13
	II		17	13
	III		17	13
	V		17	13
	VI	**15**	17	13
179,99	I,IV		21	16
	II		21	16
	III		21	16
	V		21	16
	VI	**20**	21	16
215,99	I,IV		25	19
	II		25	19
	III		25	19
	V		25	19
	VI	**24**	25	19
251,99	I,IV		30	23
	II		30	23
	III		30	23
	V		30	23
	VI	**28**	30	23
287,99	I,IV		34	26
	II		34	26
	III		34	26
	V		34	26
	VI	**32**	34	26
323,99	I,IV		38	29
	II		38	29
	III		38	29
	V		38	29
	VI	**36**	38	29
359,99	I,IV		43	33
	II		43	33
	III		43	33
	V		43	33
	VI	**40**	43	33
395,99	I,IV		47	36
	II		47	36
	III		47	36
	V		47	36
	VI	**44**	47	36
431,99	I,IV		51	39
	II		51	39
	III		51	39
	V		51	39
	VI	**48**	51	39
467,99	I,IV		56	42
	II		56	42
	III		56	42
	V		56	42
	VI	**52**	56	42
503,99	I,IV		60	46
	II		60	46
	III		60	46
	V		60	46
	VI	**56**	60	46
539,99	I,IV		64	49
	II		64	49
	III		64	49
	V		64	49
	VI	**60**	64	49
575,99	I,IV		69	52
	II		69	52
	III		69	52
	V		69	52
	VI	**64**	69	52
611,99	I,IV		73	56
	II		73	56
	III		73	56
	V		73	56
	VI	**68**	73	56
647,99	I,IV		77	59
	II		77	59
	III		77	59
	V		77	59
	VI	**72**	77	59
683,99	I,IV		82	62
	II		82	62
	III		82	62
	V		82	62
	VI	**76**	82	62
719,99	I,IV		86	66
	II		86	66
	III		86	66
	V		86	66
	VI	**80**	86	66
755,99	I,IV		90	69
	II		90	69
	III		90	69
	V		90	69
	VI	**84**	90	69
791,99	I,IV		95	72
	II		95	72
	III		95	72
	V		95	72
	VI	**88**	95	72
827,99	I,IV		99	75
	II		99	75
	III		99	75
	V		99	75
	VI	**92**	99	75
863,99	I,IV		103	79
	II		103	79
	III		103	79
	V		103	79
	VI	**96**	103	79

* Zur LSt-Berechnung für privat versicherte Arbeitnehmer s. Beispiele **Vorbemerkung S. 4f.**
** Basisvorsorgepauschale KV und PV *** Typisierter Arbeitgeberzuschuss

Lohn/ Gehalt in € bis	Steuerklasse	Lohn- steuer*	BVSP**	TAGZ***
899,99	I,IV		107	82
	II		107	82
	III		107	82
	V		107	82
	VI	**100**	107	82
935,99	I,IV		112	85
	II		112	85
	III		112	85
	V		112	85
	VI	**104**	112	85
971,99	I,IV		116	89
	II		116	89
	III		116	89
	V		116	89
	VI	**108**	116	89
1 007,99	I,IV		120	92
	II		120	92
	III		120	92
	V		120	92
	VI	**112**	120	92
1 043,99	I,IV		125	95
	II		125	95
	III		125	95
	V		125	95
	VI	**117**	125	95
1 079,99	I,IV		129	99
	II		129	99
	III		129	99
	V		129	99
	VI	**121**	129	99
1 115,99	I,IV		133	102
	II		133	102
	III		133	102
	V		133	102
	VI	**125**	133	102
1 151,99	I,IV		138	105
	II		138	105
	III		138	105
	V		138	105
	VI	**129**	138	105
1 187,99	I,IV		142	108
	II		142	108
	III		142	108
	V		142	108
	VI	**133**	142	108
1 223,99	I,IV		146	112
	II		146	112
	III		146	112
	V		146	112
	VI	**137**	146	112
1 259,99	I,IV		151	115
	II		151	115
	III		151	115
	V		151	115
	VI	**141**	151	115
1 295,99	I,IV		155	118
	II		155	118
	III		155	118
	V		155	118
	VI	**145**	155	118

Lohn/ Gehalt in € bis	Steuerklasse	Lohn- steuer*	BVSP**	TAGZ***
1 331,99	I,IV		159	122
	II		159	122
	III		159	122
	V	**4**	159	122
	VI	**149**	159	122
1 367,99	I,IV		164	125
	II		164	125
	III		164	125
	V	**8**	164	125
	VI	**153**	164	125
1 403,99	I,IV		168	128
	II		168	128
	III		168	128
	V	**12**	168	128
	VI	**157**	168	128
1 439,99	I,IV		172	132
	II		172	132
	III		172	132
	V	**16**	172	132
	VI	**161**	172	132
1 475,99	I,IV		177	135
	II		177	135
	III		177	135
	V	**20**	177	135
	VI	**165**	177	135
1 511,99	I,IV		181	138
	II		181	138
	III		181	138
	V	**24**	181	138
	VI	**169**	181	138
1 547,99	I,IV		185	142
	II		185	142
	III		185	142
	V	**28**	185	142
	VI	**173**	185	142
1 583,99	I,IV		190	145
	II		190	145
	III		190	145
	V	**32**	190	145
	VI	**177**	190	145
1 619,99	I,IV		194	148
	II		194	148
	III		194	148
	V	**36**	194	148
	VI	**181**	194	148
1 655,99	I,IV		198	151
	II		198	151
	III		198	151
	V	**40**	198	151
	VI	**185**	198	151
1 691,99	I,IV		203	155
	II		203	155
	III		203	155
	V	**44**	203	155
	VI	**189**	203	155
1 727,99	I,IV		207	158
	II		207	158
	III		207	158
	V	**48**	207	158
	VI	**193**	207	158

* Zur LSt-Berechnung für privat versicherte Arbeitnehmer s. Beispiele **Vorbemerkung S. 4 f.**
** Basisvorsorgepauschale KV und PV *** Typisierter Arbeitgeberzuschuss

Lohn/ Gehalt in € bis	Steuerklasse	Lohn-steuer*	BVSP**	TAGZ***
1 763,99	I,IV		211	161
	II		211	161
	III		211	161
	V	**52**	211	161
	VI	**197**	211	161
1 799,99	I,IV		215	165
	II		215	165
	III		215	165
	V	**56**	215	165
	VI	**201**	215	165
1 835,99	I,IV		220	168
	II		220	168
	III		220	168
	V	**60**	220	168
	VI	**205**	220	168
1 871,99	I,IV		224	171
	II		224	171
	III		224	171
	V	**64**	224	171
	VI	**210**	224	171
1 907,99	I,IV		228	175
	II		228	175
	III		228	175
	V	**69**	228	175
	VI	**214**	228	175
1 943,99	I,IV		233	178
	II		233	178
	III		233	178
	V	**72**	233	178
	VI	**217**	233	178
1 979,99	I,IV		237	181
	II		237	181
	III		237	181
	V	**77**	237	181
	VI	**222**	237	181
2 015,99	I,IV		241	184
	II		241	184
	III		241	184
	V	**81**	241	184
	VI	**226**	241	184
2 051,99	I,IV		246	188
	II		246	188
	III		246	188
	V	**85**	246	188
	VI	**230**	246	188
2 087,99	I,IV		250	191
	II		250	191
	III		250	191
	V	**89**	250	191
	VI	**234**	250	191
2 123,99	I,IV		254	194
	II		254	194
	III		254	194
	V	**93**	254	194
	VI	**238**	254	194
2 159,99	I,IV		259	198
	II		259	198
	III		259	198
	V	**97**	259	198
	VI	**242**	259	198

Lohn/ Gehalt in € bis	Steuerklasse	Lohn-steuer*	BVSP**	TAGZ***
2 195,99	I,IV		263	201
	II		263	201
	III		263	201
	V	**101**	263	201
	VI	**246**	263	201
2 231,99	I,IV		267	204
	II		267	204
	III		267	204
	V	**105**	267	204
	VI	**250**	267	204
2 267,99	I,IV		272	208
	II		272	208
	III		272	208
	V	**109**	272	208
	VI	**254**	272	208
2 303,99	I,IV		276	211
	II		276	211
	III		276	211
	V	**113**	276	211
	VI	**258**	276	211
2 339,99	I,IV		280	214
	II		280	214
	III		280	214
	V	**117**	280	214
	VI	**262**	280	214
2 375,99	I,IV		285	217
	II		285	217
	III		285	217
	V	**121**	285	217
	VI	**266**	285	217
2 411,99	I,IV		289	221
	II		289	221
	III		289	221
	V	**125**	289	221
	VI	**270**	289	221
2 447,99	I,IV		293	224
	II		293	224
	III		293	224
	V	**129**	293	224
	VI	**274**	293	224
2 483,99	I,IV		298	227
	II		298	227
	III		298	227
	V	**133**	298	227
	VI	**278**	298	227
2 519,99	I,IV		302	231
	II		302	231
	III		302	231
	V	**137**	302	231
	VI	**282**	302	231
2 555,99	I,IV		306	234
	II		306	234
	III		306	234
	V	**141**	306	234
	VI	**286**	306	234
2 591,99	I,IV		311	237
	II		311	237
	III		311	237
	V	**145**	311	237
	VI	**290**	311	237

* Zur LSt-Berechnung für privat versicherte Arbeitnehmer s. Beispiele **Vorbemerkung S. 4 f.**
** Basisvorsorgepauschale KV und PV *** Typisierter Arbeitgeberzuschuss

Lohn/ Gehalt in € bis	Steuerklasse	Lohn-steuer*	BVSP**	TAGZ***
2627,99	I,IV		315	241
	II		315	241
	III		315	241
	V	**149**	315	241
	VI	**294**	315	241
2663,99	I,IV		319	244
	II		319	244
	III		319	244
	V	**153**	319	244
	VI	**298**	319	244
2699,99	I,IV		323	247
	II		323	247
	III		323	247
	V	**157**	323	247
	VI	**302**	323	247
2735,99	I,IV		328	251
	II		328	251
	III		328	251
	V	**161**	328	251
	VI	**306**	328	251
2771,99	I,IV		332	254
	II		332	254
	III		332	254
	V	**165**	332	254
	VI	**310**	332	254
2807,99	I,IV		336	257
	II		336	257
	III		336	257
	V	**169**	336	257
	VI	**315**	336	257
2843,99	I,IV		341	260
	II		341	260
	III		341	260
	V	**174**	341	260
	VI	**319**	341	260
2879,99	I,IV		345	264
	II		345	264
	III		345	264
	V	**178**	345	264
	VI	**323**	345	264
2915,99	I,IV		349	267
	II		349	267
	III		349	267
	V	**182**	349	267
	VI	**327**	349	267
2951,99	I,IV		354	270
	II		354	270
	III		354	270
	V	**186**	354	270
	VI	**331**	354	270
2987,99	I,IV		358	274
	II		358	274
	III		358	274
	V	**190**	358	274
	VI	**335**	358	274
3023,99	I,IV		362	277
	II		362	277
	III		362	277
	V	**194**	362	277
	VI	**339**	362	277

Lohn/ Gehalt in € bis	Steuerklasse	Lohn-steuer*	BVSP**	TAGZ***
3059,99	I,IV		367	280
	II		367	280
	III		367	280
	V	**198**	367	280
	VI	**343**	367	280
3095,99	I,IV		371	284
	II		371	284
	III		371	284
	V	**202**	371	284
	VI	**347**	371	284
3131,99	I,IV		375	287
	II		375	287
	III		375	287
	V	**206**	375	287
	VI	**351**	375	287
3167,99	I,IV		380	290
	II		380	290
	III		380	290
	V	**210**	380	290
	VI	**355**	380	290
3203,99	I,IV		384	293
	II		384	293
	III		384	293
	V	**214**	384	293
	VI	**359**	384	293
3239,99	I,IV		388	297
	II		388	297
	III		388	297
	V	**218**	388	297
	VI	**363**	388	297
3275,99	I,IV		393	300
	II		393	300
	III		393	300
	V	**222**	393	300
	VI	**367**	393	300
3311,99	I,IV		397	303
	II		397	303
	III		397	303
	V	**226**	397	303
	VI	**371**	397	303
3347,99	I,IV		401	307
	II		401	307
	III		401	307
	V	**230**	401	307
	VI	**375**	401	307
3383,99	I,IV		406	310
	II		406	310
	III		406	310
	V	**234**	406	310
	VI	**379**	406	310
3419,99	I,IV		410	313
	II		410	313
	III		410	313
	V	**238**	410	313
	VI	**383**	410	313
3455,99	I,IV		414	317
	II		414	317
	III		414	317
	V	**242**	414	317
	VI	**387**	414	317

* Zur LSt-Berechnung für privat versicherte Arbeitnehmer s. Beispiele **Vorbemerkung S. 4 f.**
** Basisvorsorgepauschale KV und PV *** Typisierter Arbeitgeberzuschuss

Lohn/ Gehalt in € bis	Steuerklasse	Lohn- steuer*	BVSP**	TAGZ***
3 491,99	I,IV		419	320
	II		419	320
	III		419	320
	V	**246**	419	320
	VI	**391**	419	320
3 527,99	I,IV		423	323
	II		423	323
	III		423	323
	V	**250**	423	323
	VI	**395**	423	323
3 563,99	I,IV		427	326
	II		427	326
	III		427	326
	V	**254**	427	326
	VI	**399**	427	326
3 599,99	I,IV		431	330
	II		431	330
	III		431	330
	V	**258**	431	330
	VI	**403**	431	330
3 635,99	I,IV		436	333
	II		436	333
	III		436	333
	V	**262**	436	333
	VI	**407**	436	333
3 671,99	I,IV		440	336
	II		440	336
	III		440	336
	V	**266**	440	336
	VI	**412**	440	336
3 707,99	I,IV		444	340
	II		444	340
	III		444	340
	V	**271**	444	340
	VI	**416**	444	340
3 743,99	I,IV		449	343
	II		449	343
	III		449	343
	V	**275**	449	343
	VI	**420**	449	343
3 779,99	I,IV		453	346
	II		453	346
	III		453	346
	V	**279**	453	346
	VI	**424**	453	346
3 815,99	I,IV		457	350
	II		457	350
	III		457	350
	V	**283**	457	350
	VI	**428**	457	350
3 851,99	I,IV		462	353
	II		462	353
	III		462	353
	V	**287**	462	353
	VI	**432**	462	353
3 887,99	I,IV		466	356
	II		466	356
	III		466	356
	V	**291**	466	356
	VI	**436**	466	356
3 923,99	I,IV		470	360
	II		470	360
	III		470	360
	V	**295**	470	360
	VI	**440**	470	360
3 959,99	I,IV		475	363
	II		475	363
	III		475	363
	V	**299**	475	363
	VI	**444**	475	363
3 995,99	I,IV		479	366
	II		479	366
	III		479	366
	V	**303**	479	366
	VI	**448**	479	366
4 031,99	I,IV		483	369
	II		483	369
	III		483	369
	V	**307**	483	369
	VI	**452**	483	369
4 067,99	I,IV		488	373
	II		488	373
	III		488	373
	V	**311**	488	373
	VI	**456**	488	373
4 103,99	I,IV		492	376
	II		492	376
	III		492	376
	V	**315**	492	376
	VI	**460**	492	376
4 139,99	I,IV		496	379
	II		496	379
	III		496	379
	V	**319**	496	379
	VI	**464**	496	379
4 175,99	I,IV		501	383
	II		501	383
	III		501	383
	V	**323**	501	383
	VI	**468**	501	383
4 211,99	I,IV		505	386
	II		505	386
	III		505	386
	V	**327**	505	386
	VI	**472**	505	386
4 247,99	I,IV		509	389
	II		509	389
	III		509	389
	V	**331**	509	389
	VI	**476**	509	389
4 283,99	I,IV		514	393
	II		514	393
	III		514	393
	V	**335**	514	393
	VI	**480**	514	393
4 319,99	I,IV		518	396
	II		518	396
	III		518	396
	V	**339**	518	396
	VI	**484**	518	396

* Zur LSt-Berechnung für privat versicherte Arbeitnehmer s. Beispiele **Vorbemerkung S. 4 f.**
** Basisvorsorgepauschale KV und PV *** Typisierter Arbeitgeberzuschuss

Lohn/ Gehalt in € bis	Steuerklasse	Lohn- steuer*	BVSP**	TAGZ***
4355,99	I,IV		522	399
	II		522	399
	III		522	399
	V	**343**	522	399
	VI	**488**	522	399
4391,99	I,IV		527	402
	II		527	402
	III		527	402
	V	**347**	527	402
	VI	**492**	527	402
4427,99	I,IV		531	406
	II		531	406
	III		531	406
	V	**351**	531	406
	VI	**496**	531	406
4463,99	I,IV		535	409
	II		535	409
	III		535	409
	V	**355**	535	409
	VI	**500**	535	409
4499,99	I,IV		539	412
	II		539	412
	III		539	412
	V	**359**	539	412
	VI	**504**	539	412
4535,99	I,IV		544	416
	II		544	416
	III		544	416
	V	**364**	544	416
	VI	**509**	544	416
4571,99	I,IV		548	419
	II		548	419
	III		548	419
	V	**368**	548	419
	VI	**513**	548	419
4607,99	I,IV		552	422
	II		552	422
	III		552	422
	V	**372**	552	422
	VI	**517**	552	422
4643,99	I,IV		557	426
	II		557	426
	III		557	426
	V	**376**	557	426
	VI	**521**	557	426
4679,99	I,IV		561	429
	II		561	429
	III		561	429
	V	**380**	561	429
	VI	**525**	561	429
4715,99	I,IV		565	432
	II		565	432
	III		565	432
	V	**384**	565	432
	VI	**529**	565	432
4751,99	I,IV		570	435
	II		570	435
	III		570	435
	V	**388**	570	435
	VI	**533**	570	435

Lohn/ Gehalt in € bis	Steuerklasse	Lohn- steuer*	BVSP**	TAGZ***
4787,99	I,IV		574	439
	II		574	439
	III		574	439
	V	**392**	574	439
	VI	**537**	574	439
4823,99	I,IV		578	442
	II		578	442
	III		578	442
	V	**396**	578	442
	VI	**541**	578	442
4859,99	I,IV		583	445
	II		583	445
	III		583	445
	V	**400**	583	445
	VI	**545**	583	445
4895,99	I,IV		587	449
	II		587	449
	III		587	449
	V	**404**	587	449
	VI	**549**	587	449
4931,99	I,IV		591	452
	II		591	452
	III		591	452
	V	**408**	591	452
	VI	**553**	591	452
4967,99	I,IV		596	455
	II		596	455
	III		596	455
	V	**412**	596	455
	VI	**557**	596	455
5003,99	I,IV		600	459
	II		600	459
	III		600	459
	V	**416**	600	459
	VI	**561**	600	459
5039,99	I,IV		604	462
	II		604	462
	III		604	462
	V	**420**	604	462
	VI	**565**	604	462
5075,99	I,IV		609	465
	II		609	465
	III		609	465
	V	**424**	609	465
	VI	**569**	609	465
5111,99	I,IV		613	469
	II		613	469
	III		613	469
	V	**428**	613	469
	VI	**573**	613	469
5147,99	I,IV		617	472
	II		617	472
	III		617	472
	V	**432**	617	472
	VI	**577**	617	472
5183,99	I,IV		622	475
	II		622	475
	III		622	475
	V	**436**	622	475
	VI	**581**	622	475

* Zur LSt-Berechnung für privat versicherte Arbeitnehmer s. Beispiele **Vorbemerkung S. 4f.**
** Basisvorsorgepauschale KV und PV *** Typisierter Arbeitgeberzuschuss

Lohn/ Gehalt in € bis	Steuerklasse	**Lohn- steuer***	BVSP**	TAGZ***
5 219,99	I,IV		626	478
	II		626	478
	III		626	478
	V	**440**	626	478
	VI	**585**	626	478
5 255,99	I,IV		630	482
	II		630	482
	III		630	482
	V	**444**	630	482
	VI	**589**	630	482
5 291,99	I,IV		635	485
	II		635	485
	III		635	485
	V	**448**	635	485
	VI	**593**	635	485
5 327,99	I,IV		639	488
	II		639	488
	III		639	488
	V	**452**	639	488
	VI	**597**	639	488
5 363,99	I,IV		643	492
	II		643	492
	III		643	492
	V	**456**	643	492
	VI	**602**	643	492
5 399,99	I,IV		647	495
	II		647	495
	III		647	495
	V	**461**	647	495
	VI	**606**	647	495
5 435,99	I,IV		652	498
	II		652	498
	III		652	498
	V	**465**	652	498
	VI	**610**	652	498
5 471,99	I,IV		656	502
	II		656	502
	III		656	502
	V	**469**	656	502
	VI	**614**	656	502
5 507,99	I,IV		660	505
	II		660	505
	III		660	505
	V	**473**	660	505
	VI	**618**	660	505
5 543,99	I,IV		665	508
	II		665	508
	III		665	508
	V	**477**	665	508
	VI	**622**	665	508
5 579,99	I,IV		669	511
	II		669	511
	III		669	511
	V	**481**	669	511
	VI	**626**	669	511
5 615,99	I,IV		673	515
	II		673	515
	III		673	515
	V	**485**	673	515
	VI	**630**	673	515

Lohn/ Gehalt in € bis	Steuerklasse	**Lohn- steuer***	BVSP**	TAGZ***
5 651,99	I,IV		678	518
	II		678	518
	III		678	518
	V	**489**	678	518
	VI	**634**	678	518
5 687,99	I,IV		682	521
	II		682	521
	III		682	521
	V	**493**	682	521
	VI	**638**	682	521
5 723,99	I,IV		686	525
	II		686	525
	III		686	525
	V	**497**	686	525
	VI	**642**	686	525
5 759,99	I,IV		691	528
	II		691	528
	III		691	528
	V	**501**	691	528
	VI	**646**	691	528
5 795,99	I,IV		695	531
	II		695	531
	III		695	531
	V	**505**	695	531
	VI	**650**	695	531
5 831,99	I,IV		699	535
	II		699	535
	III		699	535
	V	**509**	699	535
	VI	**654**	699	535
5 867,99	I,IV		704	538
	II		704	538
	III		704	538
	V	**513**	704	538
	VI	**658**	704	538
5 903,99	I,IV		708	541
	II		708	541
	III		708	541
	V	**517**	708	541
	VI	**662**	708	541
5 939,99	I,IV		712	544
	II		712	544
	III		712	544
	V	**521**	712	544
	VI	**666**	712	544
5 975,99	I,IV		717	548
	II		717	548
	III		717	548
	V	**525**	717	548
	VI	**670**	717	548
6 011,99	I,IV		721	551
	II		721	551
	III		721	551
	V	**529**	721	551
	VI	**674**	721	551
6 047,99	I,IV		725	554
	II		725	554
	III		725	554
	V	**533**	725	554
	VI	**678**	725	554

* Zur LSt-Berechnung für privat versicherte Arbeitnehmer s. Beispiele **Vorbemerkung S. 4 f.**
** Basisvorsorgepauschale KV und PV *** Typisierter Arbeitgeberzuschuss

Lohn/ Gehalt in € bis	Steuerklasse	Lohn- steuer*	BVSP**	TAGZ***
6083,99	I,IV		730	558
	II		730	558
	III		730	558
	V	**537**	730	558
	VI	**682**	730	558
6119,99	I,IV		734	561
	II		734	561
	III		734	561
	V	**541**	734	561
	VI	**686**	734	561
6155,99	I,IV		738	564
	II		738	564
	III		738	564
	V	**545**	738	564
	VI	**690**	738	564
6191,99	I,IV		743	568
	II		743	568
	III		743	568
	V	**549**	743	568
	VI	**694**	743	568
6227,99	I,IV		747	571
	II		747	571
	III		747	571
	V	**553**	747	571
	VI	**699**	747	571
6263,99	I,IV		751	574
	II		751	574
	III		751	574
	V	**557**	751	574
	VI	**702**	751	574
6299,99	I,IV		755	578
	II		755	578
	III		755	578
	V	**561**	755	578
	VI	**707**	755	578
6335,99	I,IV		760	581
	II		760	581
	III		760	581
	V	**566**	760	581
	VI	**711**	760	581
6371,99	I,IV		764	584
	II		764	584
	III		764	584
	V	**570**	764	584
	VI	**715**	764	584
6407,99	I,IV		768	587
	II		768	587
	III		768	587
	V	**574**	768	587
	VI	**719**	768	587
6443,99	I,IV		773	591
	II		773	591
	III		773	591
	V	**578**	773	591
	VI	**723**	773	591
6479,99	I,IV		777	594
	II		777	594
	III		777	594
	V	**582**	777	594
	VI	**727**	777	594

Lohn/ Gehalt in € bis	Steuerklasse	Lohn- steuer*	BVSP**	TAGZ***
6515,99	I,IV		781	597
	II		781	597
	III		781	597
	V	**586**	781	597
	VI	**731**	781	597
6551,99	I,IV		786	601
	II		786	601
	III		786	601
	V	**590**	786	601
	VI	**735**	786	601
6587,99	I,IV		790	604
	II		790	604
	III		790	604
	V	**594**	790	604
	VI	**739**	790	604
6623,99	I,IV		794	607
	II		794	607
	III		794	607
	V	**598**	794	607
	VI	**743**	794	607
6659,99	I,IV		799	611
	II		799	611
	III		799	611
	V	**602**	799	611
	VI	**747**	799	611
6695,99	I,IV		803	614
	II		803	614
	III		803	614
	V	**606**	803	614
	VI	**751**	803	614
6731,99	I,IV		807	617
	II		807	617
	III		807	617
	V	**610**	807	617
	VI	**755**	807	617
6767,99	I,IV		812	620
	II		812	620
	III		812	620
	V	**614**	812	620
	VI	**759**	812	620
6803,99	I,IV		816	624
	II		816	624
	III		816	624
	V	**618**	816	624
	VI	**763**	816	624
6839,99	I,IV		820	627
	II		820	627
	III		820	627
	V	**622**	820	627
	VI	**767**	820	627
6875,99	I,IV		825	630
	II		825	630
	III		825	630
	V	**626**	825	630
	VI	**771**	825	630
6911,99	I,IV		829	634
	II		829	634
	III		829	634
	V	**630**	829	634
	VI	**775**	829	634

* Zur LSt-Berechnung für privat versicherte Arbeitnehmer s. Beispiele **Vorbemerkung S. 4 f.**
** Basisvorsorgepauschale KV und PV *** Typisierter Arbeitgeberzuschuss

Lohn/ Gehalt in € bis	Steuerklasse	Lohn-steuer*	BVSP**	TAGZ***
6 947,99	I,IV		833	637
	II		833	637
	III		833	637
	V	**634**	833	637
	VI	**779**	833	637
6 983,99	I,IV		838	640
	II		838	640
	III		838	640
	V	**638**	838	640
	VI	**783**	838	640
7 019,99	I,IV		842	644
	II		842	644
	III		842	644
	V	**642**	842	644
	VI	**787**	842	644
7 055,99	I,IV		846	647
	II		846	647
	III		846	647
	V	**646**	846	647
	VI	**791**	846	647
7 091,99	I,IV		851	650
	II		851	650
	III		851	650
	V	**650**	851	650
	VI	**795**	851	650
7 127,99	I,IV		855	653
	II		855	653
	III		855	653
	V	**654**	855	653
	VI	**799**	855	653
7 163,99	I,IV		859	657
	II		859	657
	III		859	657
	V	**658**	859	657
	VI	**804**	859	657
7 199,99	I,IV		863	660
	II		863	660
	III		863	660
	V	**663**	863	660
	VI	**808**	863	660
7 235,99	I,IV		868	663
	II		868	663
	III		868	663
	V	**667**	868	663
	VI	**812**	868	663
7 271,99	I,IV		872	667
	II		872	667
	III		872	667
	V	**671**	872	667
	VI	**816**	872	667
7 307,99	I,IV		876	670
	II		876	670
	III		876	670
	V	**675**	876	670
	VI	**820**	876	670
7 343,99	I,IV		881	673
	II		881	673
	III		881	673
	V	**679**	881	673
	VI	**824**	881	673
7 379,99	I,IV		885	677
	II		885	677
	III		885	677
	V	**683**	885	677
	VI	**828**	885	677
7 415,99	I,IV		889	680
	II		889	680
	III		889	680
	V	**687**	889	680
	VI	**832**	889	680
7 451,99	I,IV		894	683
	II		894	683
	III		894	683
	V	**691**	894	683
	VI	**836**	894	683
7 487,99	I,IV		898	687
	II		898	687
	III		898	687
	V	**695**	898	687
	VI	**840**	898	687
7 523,99	I,IV		902	690
	II		902	690
	III		902	690
	V	**699**	902	690
	VI	**844**	902	690
7 559,99	I,IV		907	693
	II		907	693
	III		907	693
	V	**703**	907	693
	VI	**848**	907	693
7 595,99	I,IV		911	696
	II		911	696
	III		911	696
	V	**707**	911	696
	VI	**852**	911	696
7 631,99	I,IV		915	700
	II		915	700
	III		915	700
	V	**711**	915	700
	VI	**856**	915	700
7 667,99	I,IV		920	703
	II		920	703
	III		920	703
	V	**715**	920	703
	VI	**860**	920	703
7 703,99	I,IV		924	706
	II		924	706
	III		924	706
	V	**719**	924	706
	VI	**864**	924	706
7 739,99	I,IV		928	710
	II		928	710
	III		928	710
	V	**723**	928	710
	VI	**868**	928	710
7 775,99	I,IV		933	713
	II		933	713
	III		933	713
	V	**727**	933	713
	VI	**872**	933	713

* Zur LSt-Berechnung für privat versicherte Arbeitnehmer s. Beispiele **Vorbemerkung S. 4 f.**
** Basisvorsorgepauschale KV und PV *** Typisierter Arbeitgeberzuschuss

Lohn/ Gehalt in € bis	Steuerklasse	Lohn-steuer*	BVSP**	TAGZ***
7811,99	I,IV		937	716
	II		937	716
	III		937	716
	V	**731**	937	716
	VI	**876**	937	716
7847,99	I,IV		941	720
	II		941	720
	III		941	720
	V	**735**	941	720
	VI	**880**	941	720
7883,99	I,IV		946	723
	II		946	723
	III		946	723
	V	**739**	946	723
	VI	**884**	946	723
7919,99	I,IV		950	726
	II		950	726
	III		950	726
	V	**743**	950	726
	VI	**888**	950	726
7955,99	I,IV		954	729
	II		954	729
	III		954	729
	V	**747**	954	729
	VI	**892**	954	729
7991,99	I,IV		959	733
	II		959	733
	III		959	733
	V	**751**	959	733
	VI	**896**	959	733
8027,99	I,IV		963	736
	II		963	736
	III		963	736
	V	**756**	963	736
	VI	**901**	963	736
8063,99	I,IV		967	739
	II		967	739
	III		967	739
	V	**760**	967	739
	VI	**905**	967	739
8099,99	I,IV		971	743
	II		971	743
	III		971	743
	V	**764**	971	743
	VI	**909**	971	743
8135,99	I,IV		976	746
	II		976	746
	III		976	746
	V	**768**	976	746
	VI	**913**	976	746
8171,99	I,IV		980	749
	II		980	749
	III		980	749
	V	**772**	980	749
	VI	**917**	980	749
8207,99	I,IV		984	753
	II		984	753
	III		984	753
	V	**776**	984	753
	VI	**921**	984	753

Lohn/ Gehalt in € bis	Steuerklasse	Lohn-steuer*	BVSP**	TAGZ***
8243,99	I,IV		989	756
	II		989	756
	III		989	756
	V	**780**	989	756
	VI	**925**	989	756
8279,99	I,IV		993	759
	II		993	759
	III		993	759
	V	**784**	993	759
	VI	**929**	993	759
8315,99	I,IV		997	762
	II		997	762
	III		997	762
	V	**788**	997	762
	VI	**933**	997	762
8351,99	I,IV		1002	766
	II		1002	766
	III		1002	766
	V	**792**	1002	766
	VI	**937**	1002	766
8387,99	I,IV		1006	769
	II		1006	769
	III		1006	769
	V	**796**	1006	769
	VI	**941**	1006	769
8423,99	I,IV		1010	772
	II		1010	772
	III		1010	772
	V	**800**	1010	772
	VI	**945**	1010	772
8459,99	I,IV		1015	776
	II		1015	776
	III		1015	776
	V	**804**	1015	776
	VI	**949**	1015	776
8495,99	I,IV		1019	779
	II		1019	779
	III		1019	779
	V	**808**	1019	779
	VI	**953**	1019	779
8531,99	I,IV		1023	782
	II		1023	782
	III		1023	782
	V	**812**	1023	782
	VI	**957**	1023	782
8567,99	I,IV		1028	786
	II		1028	786
	III		1028	786
	V	**816**	1028	786
	VI	**961**	1028	786
8603,99	I,IV		1032	789
	II		1032	789
	III		1032	789
	V	**820**	1032	789
	VI	**965**	1032	789
8639,99	I,IV		1036	792
	II		1036	792
	III		1036	792
	V	**824**	1036	792
	VI	**969**	1036	792

* Zur LSt-Berechnung für privat versicherte Arbeitnehmer s. Beispiele **Vorbemerkung S. 4 f.**
** Basisvorsorgepauschale KV und PV *** Typisierter Arbeitgeberzuschuss

Lohn/ Gehalt in € bis	Steuerklasse	Lohn- steuer*	BVSP**	TAGZ***
8675,99	I,IV		1041	796
	II		1041	796
	III		1041	796
	V	**828**	1041	796
	VI	**973**	1041	796
8711,99	I,IV		1045	799
	II		1045	799
	III		1045	799
	V	**832**	1045	799
	VI	**977**	1045	799
8747,99	I,IV		1049	802
	II		1049	802
	III		1049	802
	V	**836**	1049	802
	VI	**981**	1049	802
8783,99	I,IV		1054	805
	II		1054	805
	III		1054	805
	V	**840**	1054	805
	VI	**985**	1054	805
8819,99	I,IV		1058	809
	II		1058	809
	III		1058	809
	V	**844**	1058	809
	VI	**989**	1058	809
8855,99	I,IV		1062	812
	II		1062	812
	III		1062	812
	V	**848**	1062	812
	VI	**994**	1062	812
8891,99	I,IV		1067	815
	II		1067	815
	III		1067	815
	V	**853**	1067	815
	VI	**998**	1067	815
8927,99	I,IV		1071	819
	II		1071	819
	III		1071	819
	V	**857**	1071	819
	VI	**1002**	1071	819
8963,99	I,IV		1075	822
	II		1075	822
	III		1075	822
	V	**861**	1075	822
	VI	**1006**	1075	822
8999,99	I,IV		1079	825
	II		1079	825
	III		1079	825
	V	**865**	1079	825
	VI	**1010**	1079	825
9035,99	I,IV		1084	829
	II		1084	829
	III		1084	829
	V	**869**	1084	829
	VI	**1014**	1084	829
9071,99	I,IV		1088	832
	II		1088	832
	III		1088	832
	V	**873**	1088	832
	VI	**1018**	1088	832
9107,99	I,IV		1092	835
	II		1092	835
	III		1092	835
	V	**877**	1092	835
	VI	**1022**	1092	835
9143,99	I,IV		1097	838
	II		1097	838
	III		1097	838
	V	**881**	1097	838
	VI	**1026**	1097	838
9179,99	I,IV		1101	842
	II		1101	842
	III		1101	842
	V	**885**	1101	842
	VI	**1030**	1101	842
9215,99	I,IV		1105	845
	II		1105	845
	III		1105	845
	V	**889**	1105	845
	VI	**1034**	1105	845
9251,99	I,IV		1110	848
	II		1110	848
	III		1110	848
	V	**893**	1110	848
	VI	**1038**	1110	848
9287,99	I,IV		1114	852
	II		1114	852
	III		1114	852
	V	**897**	1114	852
	VI	**1042**	1114	852
9323,99	I,IV		1118	855
	II		1118	855
	III		1118	855
	V	**901**	1118	855
	VI	**1046**	1118	855
9359,99	I,IV		1123	858
	II		1123	858
	III		1123	858
	V	**905**	1123	858
	VI	**1050**	1123	858
9395,99	I,IV		1127	862
	II		1127	862
	III		1127	862
	V	**909**	1127	862
	VI	**1054**	1127	862
9431,99	I,IV		1131	865
	II		1131	865
	III		1131	865
	V	**913**	1131	865
	VI	**1058**	1131	865
9467,99	I,IV		1136	868
	II		1136	868
	III		1136	868
	V	**917**	1136	868
	VI	**1062**	1136	868
9503,99	I,IV		1140	871
	II		1140	871
	III		1140	871
	V	**921**	1140	871
	VI	**1066**	1140	871

* Zur LSt-Berechnung für privat versicherte Arbeitnehmer s. Beispiele **Vorbemerkung S. 4 f.**
** Basisvorsorgepauschale KV und PV *** Typisierter Arbeitgeberzuschuss

Lohn/ Gehalt in € bis	Steuerklasse	Lohn- steuer*	BVSP**	TAGZ***
9 539,99	I,IV		1 144	875
	II		1 144	875
	III		1 144	875
	V	**925**	1 144	875
	VI	**1 070**	1 144	875
9 575,99	I,IV		1 149	878
	II		1 149	878
	III		1 149	878
	V	**929**	1 149	878
	VI	**1 074**	1 149	878
9 611,99	I,IV		1 153	881
	II		1 153	881
	III		1 153	881
	V	**933**	1 153	881
	VI	**1 078**	1 153	881
9 647,99	I,IV		1 157	885
	II		1 157	885
	III		1 157	885
	V	**937**	1 157	885
	VI	**1 082**	1 157	885
9 683,99	I,IV		1 162	888
	II		1 162	888
	III		1 162	888
	V	**941**	1 162	888
	VI	**1 086**	1 162	888
9 719,99	I,IV		1 166	891
	II		1 166	891
	III		1 166	891
	V	**945**	1 166	891
	VI	**1 091**	1 166	891
9 755,99	I,IV		1 170	895
	II		1 170	895
	III		1 170	895
	V	**950**	1 170	895
	VI	**1 095**	1 170	895
9 791,99	I,IV		1 175	898
	II		1 175	898
	III		1 175	898
	V	**954**	1 175	898
	VI	**1 099**	1 175	898
9 827,99	I,IV		1 179	901
	II		1 179	901
	III		1 179	901
	V	**958**	1 179	901
	VI	**1 103**	1 179	901
9 863,99	I,IV		1 183	905
	II		1 183	905
	III		1 183	905
	V	**962**	1 183	905
	VI	**1 107**	1 183	905
9 899,99	I,IV		1 187	908
	II		1 187	908
	III		1 187	908
	V	**966**	1 187	908
	VI	**1 111**	1 187	908
9 935,99	I,IV		1 192	911
	II		1 192	911
	III		1 192	911
	V	**970**	1 192	911
	VI	**1 115**	1 192	911
9 971,99	I,IV		1 196	914
	II		1 196	914
	III		1 196	914
	V	**974**	1 196	914
	VI	**1 119**	1 196	914
10 007,99	I,IV		1 200	918
	II		1 200	918
	III		1 200	918
	V	**978**	1 200	918
	VI	**1 123**	1 200	918
10 043,99	I,IV		1 205	921
	II		1 205	921
	III		1 205	921
	V	**982**	1 205	921
	VI	**1 127**	1 205	921
10 079,99	I,IV		1 209	924
	II		1 209	924
	III		1 209	924
	V	**986**	1 209	924
	VI	**1 131**	1 209	924
10 115,99	I,IV		1 213	928
	II		1 213	928
	III		1 213	928
	V	**990**	1 213	928
	VI	**1 135**	1 213	928
10 151,99	I,IV		1 218	931
	II		1 218	931
	III		1 218	931
	V	**994**	1 218	931
	VI	**1 139**	1 218	931
10 187,99	I,IV		1 222	934
	II		1 222	934
	III		1 222	934
	V	**998**	1 222	934
	VI	**1 143**	1 222	934
10 223,99	I,IV		1 226	938
	II		1 226	938
	III		1 226	938
	V	**1 002**	1 226	938
	VI	**1 147**	1 226	938
10 259,99	I,IV		1 231	941
	II		1 231	941
	III		1 231	941
	V	**1 006**	1 231	941
	VI	**1 151**	1 231	941
10 295,99	I,IV		1 235	944
	II		1 235	944
	III		1 235	944
	V	**1 010**	1 235	944
	VI	**1 155**	1 235	944
10 331,99	I,IV		1 239	947
	II		1 239	947
	III		1 239	947
	V	**1 014**	1 239	947
	VI	**1 159**	1 239	947
10 367,99	I,IV		1 244	951
	II		1 244	951
	III		1 244	951
	V	**1 018**	1 244	951
	VI	**1 163**	1 244	951

* Zur LSt-Berechnung für privat versicherte Arbeitnehmer s. Beispiele **Vorbemerkung S. 4 f.**
** Basisvorsorgepauschale KV und PV *** Typisierter Arbeitgeberzuschuss

Lohn/ Gehalt in € bis	Steuerklasse	**Lohn- steuer***	BVSP**	TAGZ***
10 403,99	I,IV		1 248	954
	II		1 248	954
	III		1 248	954
	V	**1 022**	1 248	954
	VI	**1 167**	1 248	954
10 439,99	I,IV		1 252	957
	II		1 252	957
	III		1 252	957
	V	**1 026**	1 252	957
	VI	**1 171**	1 252	957
10 475,99	I,IV		1 257	961
	II		1 257	961
	III		1 257	961
	V	**1 030**	1 257	961
	VI	**1 175**	1 257	961
10 511,99	I,IV		1 261	964
	II		1 261	964
	III		1 261	964
	V	**1 034**	1 261	964
	VI	**1 179**	1 261	964
10 547,99	I,IV		1 265	967
	II		1 265	967
	III		1 265	967
	V	**1 038**	1 265	967
	VI	**1 183**	1 265	967
10 583,99	I,IV		1 270	971
	II		1 270	971
	III		1 270	971
	V	**1 043**	1 270	971
	VI	**1 188**	1 270	971
10 619,99	I,IV		1 274	974
	II		1 274	974
	III		1 274	974
	V	**1 046**	1 274	974
	VI	**1 191**	1 274	974
10 655,99	I,IV		1 278	977
	II		1 278	977
	III		1 278	977
	V	**1 050**	1 278	977
	VI	**1 196**	1 278	977
10 691,99	I,IV		1 283	980
	II		1 283	980
	III		1 283	980
	V	**1 055**	1 283	980
	VI	**1 200**	1 283	980
10 727,99	I,IV		1 287	984
	II		1 287	984
	III		1 287	984
	V	**1 059**	1 287	984
	VI	**1 204**	1 287	984
10 763,99	I,IV		1 291	987
	II		1 291	987
	III		1 291	987
	V	**1 063**	1 291	987
	VI	**1 208**	1 291	987
10 799,99	I,IV		1 295	990
	II		1 295	990
	III		1 295	990
	V	**1 067**	1 295	990
	VI	**1 212**	1 295	990
10 835,99	I,IV		1 300	994
	II		1 300	994
	III		1 300	994
	V	**1 071**	1 300	994
	VI	**1 216**	1 300	994
10 871,99	I,IV		1 304	997
	II		1 304	997
	III		1 304	997
	V	**1 075**	1 304	997
	VI	**1 220**	1 304	997
10 907,99	I,IV		1 308	1 000
	II		1 308	1 000
	III		1 308	1 000
	V	**1 079**	1 308	1 000
	VI	**1 224**	1 308	1 000
10 943,99	I,IV		1 313	1 004
	II		1 313	1 004
	III		1 313	1 004
	V	**1 083**	1 313	1 004
	VI	**1 228**	1 313	1 004
10 979,99	I,IV		1 317	1 007
	II		1 317	1 007
	III		1 317	1 007
	V	**1 087**	1 317	1 007
	VI	**1 232**	1 317	1 007
11 015,99	I,IV		1 321	1 010
	II		1 321	1 010
	III		1 321	1 010
	V	**1 091**	1 321	1 010
	VI	**1 236**	1 321	1 010
11 051,99	I,IV		1 326	1 014
	II		1 326	1 014
	III		1 326	1 014
	V	**1 095**	1 326	1 014
	VI	**1 240**	1 326	1 014
11 087,99	I,IV		1 330	1 017
	II		1 330	1 017
	III		1 330	1 017
	V	**1 099**	1 330	1 017
	VI	**1 244**	1 330	1 017
11 123,99	I,IV		1 334	1 020
	II		1 334	1 020
	III		1 334	1 020
	V	**1 103**	1 334	1 020
	VI	**1 248**	1 334	1 020
11 159,99	I,IV		1 339	1 023
	II		1 339	1 023
	III		1 339	1 023
	V	**1 107**	1 339	1 023
	VI	**1 252**	1 339	1 023
11 195,99	I,IV		1 343	1 027
	II		1 343	1 027
	III		1 343	1 027
	V	**1 111**	1 343	1 027
	VI	**1 256**	1 343	1 027
11 231,99	I,IV		1 347	1 030
	II		1 347	1 030
	III		1 347	1 030
	V	**1 115**	1 347	1 030
	VI	**1 260**	1 347	1 030

* Zur LSt-Berechnung für privat versicherte Arbeitnehmer s. Beispiele **Vorbemerkung S. 4 f.**
** Basisvorsorgepauschale KV und PV *** Typisierter Arbeitgeberzuschuss

Lohn/ Gehalt in € bis	Steuerklasse	Lohn-steuer*	BVSP**	TAGZ***
11 267,99	I,IV		1 352	1 033
	II		1 352	1 033
	III		1 352	1 033
	V	**1 119**	1 352	1 033
	VI	**1 264**	1 352	1 033
11 303,99	I,IV		1 356	1 037
	II		1 356	1 037
	III		1 356	1 037
	V	**1 123**	1 356	1 037
	VI	**1 268**	1 356	1 037
11 339,99	I,IV		1 360	1 040
	II		1 360	1 040
	III		1 360	1 040
	V	**1 127**	1 360	1 040
	VI	**1 272**	1 360	1 040
11 375,99	I,IV		1 365	1 043
	II		1 365	1 043
	III		1 365	1 043
	V	**1 131**	1 365	1 043
	VI	**1 276**	1 365	1 043
11 411,99	I,IV		1 369	1 047
	II		1 369	1 047
	III		1 369	1 047
	V	**1 135**	1 369	1 047
	VI	**1 281**	1 369	1 047
11 447,99	I,IV		1 373	1 050
	II		1 373	1 050
	III		1 373	1 050
	V	**1 139**	1 373	1 050
	VI	**1 284**	1 373	1 050
11 483,99	I,IV		1 378	1 053
	II		1 378	1 053
	III		1 378	1 053
	V	**1 143**	1 378	1 053
	VI	**1 288**	1 378	1 053
11 519,99	I,IV		1 382	1 056
	II		1 382	1 056
	III		1 382	1 056
	V	**1 148**	1 382	1 056
	VI	**1 293**	1 382	1 056
11 555,99	I,IV		1 386	1 060
	II		1 386	1 060
	III		1 386	1 060
	V	**1 152**	1 386	1 060
	VI	**1 297**	1 386	1 060
11 591,99	I,IV		1 391	1 063
	II		1 391	1 063
	III		1 391	1 063
	V	**1 156**	1 391	1 063
	VI	**1 301**	1 391	1 063
11 627,99	I,IV		1 395	1 066
	II		1 395	1 066
	III		1 395	1 066
	V	**1 160**	1 395	1 066
	VI	**1 305**	1 395	1 066
11 663,99	I,IV		1 399	1 070
	II		1 399	1 070
	III		1 399	1 070
	V	**1 164**	1 399	1 070
	VI	**1 309**	1 399	1 070

Lohn/ Gehalt in € bis	Steuerklasse	Lohn-steuer*	BVSP**	TAGZ***
11 699,99	I,IV		1 403	1 073
	II		1 403	1 073
	III		1 403	1 073
	V	**1 168**	1 403	1 073
	VI	**1 313**	1 403	1 073
11 735,99	I,IV		1 408	1 076
	II		1 408	1 076
	III		1 408	1 076
	V	**1 172**	1 408	1 076
	VI	**1 317**	1 408	1 076
11 771,99	I,IV		1 412	1 080
	II		1 412	1 080
	III		1 412	1 080
	V	**1 176**	1 412	1 080
	VI	**1 321**	1 412	1 080
11 807,99	I,IV		1 416	1 083
	II		1 416	1 083
	III		1 416	1 083
	V	**1 180**	1 416	1 083
	VI	**1 325**	1 416	1 083
11 843,99	I,IV		1 421	1 086
	II		1 421	1 086
	III		1 421	1 086
	V	**1 184**	1 421	1 086
	VI	**1 329**	1 421	1 086
11 879,99	I,IV		1 425	1 089
	II		1 425	1 089
	III		1 425	1 089
	V	**1 188**	1 425	1 089
	VI	**1 333**	1 425	1 089
11 915,99	I,IV		1 429	1 093
	II		1 429	1 093
	III		1 429	1 093
	V	**1 192**	1 429	1 093
	VI	**1 337**	1 429	1 093
11 951,99	I,IV		1 434	1 096
	II		1 434	1 096
	III		1 434	1 096
	V	**1 196**	1 434	1 096
	VI	**1 341**	1 434	1 096
11 987,99	I,IV		1 438	1 099
	II		1 438	1 099
	III		1 438	1 099
	V	**1 200**	1 438	1 099
	VI	**1 345**	1 438	1 099
12 023,99	I,IV		1 442	1 103
	II		1 442	1 103
	III		1 442	1 103
	V	**1 204**	1 442	1 103
	VI	**1 349**	1 442	1 103
12 059,99	I,IV		1 447	1 106
	II		1 447	1 106
	III		1 447	1 106
	V	**1 208**	1 447	1 106
	VI	**1 353**	1 447	1 106
12 095,99	I,IV		1 451	1 109
	II		1 451	1 109
	III		1 451	1 109
	V	**1 212**	1 451	1 109
	VI	**1 357**	1 451	1 109

* Zur LSt-Berechnung für privat versicherte Arbeitnehmer s. Beispiele **Vorbemerkung S. 4 f.**
** Basisvorsorgepauschale KV und PV *** Typisierter Arbeitgeberzuschuss

Lohn/ Gehalt in € bis	Steuerklasse	**Lohn-steuer***	BVSP**	TAGZ***
12 131,99	I,IV		1 455	1 113
	II		1 455	1 113
	III		1 455	1 113
	V	**1 216**	1 455	1 113
	VI	**1 361**	1 455	1 113
12 167,99	I,IV		1 460	1 116
	II		1 460	1 116
	III		1 460	1 116
	V	**1 220**	1 460	1 116
	VI	**1 365**	1 460	1 116
12 203,99	I,IV		1 464	1 119
	II		1 464	1 119
	III		1 464	1 119
	V	**1 224**	1 464	1 119
	VI	**1 369**	1 464	1 119
12 239,99	I,IV		1 468	1 123
	II		1 468	1 123
	III		1 468	1 123
	V	**1 228**	1 468	1 123
	VI	**1 373**	1 468	1 123
12 275,99	I,IV		1 473	1 126
	II		1 473	1 126
	III		1 473	1 126
	V	**1 232**	1 473	1 126
	VI	**1 377**	1 473	1 126
12 311,99	I,IV		1 477	1 129
	II		1 477	1 129
	III		1 477	1 129
	V	**1 236**	1 477	1 129
	VI	**1 381**	1 477	1 129
12 347,99	I,IV		1 481	1 132
	II		1 481	1 132
	III		1 481	1 132
	V	**1 240**	1 481	1 132
	VI	**1 386**	1 481	1 132
12 383,99	I,IV		1 486	1 136
	II		1 486	1 136
	III		1 486	1 136
	V	**1 245**	1 486	1 136
	VI	**1 390**	1 486	1 136
12 419,99	I,IV		1 490	1 139
	II		1 490	1 139
	III		1 490	1 139
	V	**1 249**	1 490	1 139
	VI	**1 394**	1 490	1 139
12 455,99	I,IV		1 494	1 142
	II		1 494	1 142
	III		1 494	1 142
	V	**1 253**	1 494	1 142
	VI	**1 398**	1 494	1 142
12 491,99	I,IV		1 499	1 146
	II		1 499	1 146
	III		1 499	1 146
	V	**1 257**	1 499	1 146
	VI	**1 402**	1 499	1 146
12 527,99	I,IV		1 503	1 149
	II		1 503	1 149
	III		1 503	1 149
	V	**1 261**	1 503	1 149
	VI	**1 406**	1 503	1 149
12 563,99	I,IV		1 507	1 152
	II		1 507	1 152
	III		1 507	1 152
	V	**1 265**	1 507	1 152
	VI	**1 410**	1 507	1 152
12 599,99	I,IV		1 511	1 156
	II		1 511	1 156
	III		1 511	1 156
	V	**1 269**	1 511	1 156
	VI	**1 414**	1 511	1 156
12 635,99	I,IV		1 516	1 159
	II		1 516	1 159
	III		1 516	1 159
	V	**1 273**	1 516	1 159
	VI	**1 418**	1 516	1 159
12 671,99	I,IV		1 520	1 162
	II		1 520	1 162
	III		1 520	1 162
	V	**1 277**	1 520	1 162
	VI	**1 422**	1 520	1 162
12 707,99	I,IV		1 524	1 165
	II		1 524	1 165
	III		1 524	1 165
	V	**1 281**	1 524	1 165
	VI	**1 426**	1 524	1 165
12 743,99	I,IV		1 529	1 169
	II		1 529	1 169
	III		1 529	1 169
	V	**1 285**	1 529	1 169
	VI	**1 430**	1 529	1 169
12 779,99	I,IV		1 533	1 172
	II		1 533	1 172
	III		1 533	1 172
	V	**1 289**	1 533	1 172
	VI	**1 434**	1 533	1 172
12 815,99	I,IV		1 537	1 175
	II		1 537	1 175
	III		1 537	1 175
	V	**1 293**	1 537	1 175
	VI	**1 438**	1 537	1 175
12 851,99	I,IV		1 542	1 179
	II		1 542	1 179
	III		1 542	1 179
	V	**1 297**	1 542	1 179
	VI	**1 442**	1 542	1 179
12 887,99	I,IV		1 546	1 182
	II		1 546	1 182
	III		1 546	1 182
	V	**1 301**	1 546	1 182
	VI	**1 446**	1 546	1 182
12 923,99	I,IV		1 550	1 185
	II		1 550	1 185
	III		1 550	1 185
	V	**1 305**	1 550	1 185
	VI	**1 450**	1 550	1 185
12 959,99	I,IV		1 555	1 189
	II		1 555	1 189
	III		1 555	1 189
	V	**1 309**	1 555	1 189
	VI	**1 454**	1 555	1 189

* Zur LSt-Berechnung für privat versicherte Arbeitnehmer s. Beispiele **Vorbemerkung S. 4 f.**
** Basisvorsorgepauschale KV und PV *** Typisierter Arbeitgeberzuschuss

Lohn/ Gehalt in € bis	Steuerklasse	Lohn- steuer*	BVSP**	TAGZ***
12995,99	I,IV		1559	1192
	II		1559	1192
	III		1559	1192
	V	**1313**	1559	1192
	VI	**1458**	1559	1192
13031,99	I,IV		1563	1195
	II		1563	1195
	III		1563	1195
	V	**1317**	1563	1195
	VI	**1462**	1563	1195
13067,99	I,IV		1568	1198
	II		1568	1198
	III		1568	1198
	V	**1321**	1568	1198
	VI	**1466**	1568	1198
13103,99	I,IV		1572	1202
	II		1572	1202
	III		1572	1202
	V	**1325**	1572	1202
	VI	**1470**	1572	1202
13139,99	I,IV		1576	1205
	II		1576	1205
	III		1576	1205
	V	**1329**	1576	1205
	VI	**1474**	1576	1205
13175,99	I,IV		1581	1208
	II		1581	1208
	III		1581	1208
	V	**1333**	1581	1208
	VI	**1478**	1581	1208
13211,99	I,IV		1585	1212
	II		1585	1212
	III		1585	1212
	V	**1337**	1585	1212
	VI	**1483**	1585	1212
13247,99	I,IV		1589	1215
	II		1589	1215
	III		1589	1215
	V	**1342**	1589	1215
	VI	**1487**	1589	1215
13283,99	I,IV		1594	1218
	II		1594	1218
	III		1594	1218
	V	**1346**	1594	1218
	VI	**1491**	1594	1218
13319,99	I,IV		1598	1222
	II		1598	1222
	III		1598	1222
	V	**1350**	1598	1222
	VI	**1495**	1598	1222
13355,99	I,IV		1602	1225
	II		1602	1225
	III		1602	1225
	V	**1354**	1602	1225
	VI	**1499**	1602	1225
13391,99	I,IV		1607	1228
	II		1607	1228
	III		1607	1228
	V	**1358**	1607	1228
	VI	**1503**	1607	1228

Lohn/ Gehalt in € bis	Steuerklasse	Lohn- steuer*	BVSP**	TAGZ***
13427,99	I,IV		1611	1232
	II		1611	1232
	III		1611	1232
	V	**1362**	1611	1232
	VI	**1507**	1611	1232
13463,99	I,IV	**2**	1615	1235
	II		1615	1235
	III		1615	1235
	V	**1366**	1615	1235
	VI	**1511**	1615	1235
13499,99	I,IV	**6**	1619	1238
	II		1619	1238
	III		1619	1238
	V	**1370**	1619	1238
	VI	**1515**	1619	1238
13535,99	I,IV	**10**	1624	1241
	II		1624	1241
	III		1624	1241
	V	**1374**	1624	1241
	VI	**1519**	1624	1241
13571,99	I,IV	**14**	1628	1245
	II		1628	1245
	III		1628	1245
	V	**1378**	1628	1245
	VI	**1523**	1628	1245
13607,99	I,IV	**18**	1632	1248
	II		1632	1248
	III		1632	1248
	V	**1382**	1632	1248
	VI	**1527**	1632	1248
13643,99	I,IV	**22**	1637	1251
	II		1637	1251
	III		1637	1251
	V	**1386**	1637	1251
	VI	**1531**	1637	1251
13679,99	I,IV	**26**	1641	1255
	II		1641	1255
	III		1641	1255
	V	**1390**	1641	1255
	VI	**1535**	1641	1255
13715,99	I,IV	**30**	1645	1258
	II		1645	1258
	III		1645	1258
	V	**1394**	1645	1258
	VI	**1539**	1645	1258
13751,99	I,IV	**35**	1650	1261
	II		1650	1261
	III		1650	1261
	V	**1398**	1650	1261
	VI	**1543**	1650	1261
13787,99	I,IV	**39**	1654	1265
	II		1654	1265
	III		1654	1265
	V	**1402**	1654	1265
	VI	**1547**	1654	1265
13823,99	I,IV	**43**	1658	1268
	II		1658	1268
	III		1658	1268
	V	**1406**	1658	1268
	VI	**1551**	1658	1268

* Zur LSt-Berechnung für privat versicherte Arbeitnehmer s. Beispiele **Vorbemerkung S. 4 f.**
** Basisvorsorgepauschale KV und PV *** Typisierter Arbeitgeberzuschuss

Lohn/ Gehalt in € bis	Steuerklasse	Lohnsteuer*	BVSP**	TAGZ***
13 859,99	I,IV	**47**	1 663	1 271
	II		1 663	1 271
	III		1 663	1 271
	V	**1 410**	1 663	1 271
	VI	**1 555**	1 663	1 271
13 895,99	I,IV	**51**	1 667	1 274
	II		1 667	1 274
	III		1 667	1 274
	V	**1 414**	1 667	1 274
	VI	**1 559**	1 667	1 274
13 931,99	I,IV	**56**	1 671	1 278
	II		1 671	1 278
	III		1 671	1 278
	V	**1 418**	1 671	1 278
	VI	**1 563**	1 671	1 278
13 967,99	I,IV	**60**	1 676	1 281
	II		1 676	1 281
	III		1 676	1 281
	V	**1 422**	1 676	1 281
	VI	**1 567**	1 676	1 281
14 003,99	I,IV	**64**	1 680	1 284
	II		1 680	1 284
	III		1 680	1 284
	V	**1 426**	1 680	1 284
	VI	**1 571**	1 680	1 284
14 039,99	I,IV	**69**	1 684	1 288
	II		1 684	1 288
	III		1 684	1 288
	V	**1 430**	1 684	1 288
	VI	**1 581**	1 684	1 288
14 075,99	I,IV	**73**	1 689	1 291
	II		1 689	1 291
	III		1 689	1 291
	V	**1 435**	1 689	1 291
	VI	**1 593**	1 689	1 291
14 111,99	I,IV	**77**	1 693	1 294
	II		1 693	1 294
	III		1 693	1 294
	V	**1 439**	1 693	1 294
	VI	**1 605**	1 693	1 294
14 147,99	I,IV	**82**	1 697	1 298
	II		1 697	1 298
	III		1 697	1 298
	V	**1 443**	1 697	1 298
	VI	**1 617**	1 697	1 298
14 183,99	I,IV	**86**	1 702	1 301
	II		1 702	1 301
	III		1 702	1 301
	V	**1 447**	1 702	1 301
	VI	**1 629**	1 702	1 301
14 219,99	I,IV	**90**	1 706	1 304
	II		1 706	1 304
	III		1 706	1 304
	V	**1 451**	1 706	1 304
	VI	**1 641**	1 706	1 304
14 255,99	I,IV	**95**	1 710	1 307
	II		1 710	1 307
	III		1 710	1 307
	V	**1 455**	1 710	1 307
	VI	**1 654**	1 710	1 307
14 291,99	I,IV	**99**	1 715	1 311
	II		1 715	1 311
	III		1 715	1 311
	V	**1 459**	1 715	1 311
	VI	**1 666**	1 715	1 311
14 327,99	I,IV	**104**	1 719	1 314
	II		1 719	1 314
	III		1 719	1 314
	V	**1 463**	1 719	1 314
	VI	**1 678**	1 719	1 314
14 363,99	I,IV	**108**	1 723	1 317
	II		1 723	1 317
	III		1 723	1 317
	V	**1 467**	1 723	1 317
	VI	**1 690**	1 723	1 317
14 399,99	I,IV	**113**	1 727	1 321
	II		1 727	1 321
	III		1 727	1 321
	V	**1 471**	1 727	1 321
	VI	**1 702**	1 727	1 321
14 435,99	I,IV	**117**	1 732	1 324
	II		1 732	1 324
	III		1 732	1 324
	V	**1 475**	1 732	1 324
	VI	**1 714**	1 732	1 324
14 471,99	I,IV	**121**	1 736	1 327
	II		1 736	1 327
	III		1 736	1 327
	V	**1 479**	1 736	1 327
	VI	**1 726**	1 736	1 327
14 507,99	I,IV	**126**	1 740	1 331
	II		1 740	1 331
	III		1 740	1 331
	V	**1 483**	1 740	1 331
	VI	**1 738**	1 740	1 331
14 543,99	I,IV	**131**	1 745	1 334
	II		1 745	1 334
	III		1 745	1 334
	V	**1 487**	1 745	1 334
	VI	**1 751**	1 745	1 334
14 579,99	I,IV	**135**	1 749	1 337
	II		1 749	1 337
	III		1 749	1 337
	V	**1 491**	1 749	1 337
	VI	**1 763**	1 749	1 337
14 615,99	I,IV	**140**	1 753	1 341
	II		1 753	1 341
	III		1 753	1 341
	V	**1 495**	1 753	1 341
	VI	**1 775**	1 753	1 341
14 651,99	I,IV	**144**	1 758	1 344
	II		1 758	1 344
	III		1 758	1 344
	V	**1 499**	1 758	1 344
	VI	**1 787**	1 758	1 344
14 687,99	I,IV	**149**	1 762	1 347
	II		1 762	1 347
	III		1 762	1 347
	V	**1 503**	1 762	1 347
	VI	**1 799**	1 762	1 347

* Zur LSt-Berechnung für privat versicherte Arbeitnehmer s. Beispiele **Vorbemerkung S. 4 f.**
** Basisvorsorgepauschale KV und PV *** Typisierter Arbeitgeberzuschuss

Lohn/ Gehalt in € bis	Steuerklasse	Lohn-steuer*	BVSP**	TAGZ***
14 723,99	I,IV	**153**	1 766	1 350
	II		1 766	1 350
	III		1 766	1 350
	V	**1 507**	1 766	1 350
	VI	**1 811**	1 766	1 350
14 759,99	I,IV	**158**	1 771	1 354
	II		1 771	1 354
	III		1 771	1 354
	V	**1 511**	1 771	1 354
	VI	**1 823**	1 771	1 354
14 795,99	I,IV	**163**	1 775	1 357
	II		1 775	1 357
	III		1 775	1 357
	V	**1 515**	1 775	1 357
	VI	**1 835**	1 775	1 357
14 831,99	I,IV	**167**	1 779	1 360
	II		1 779	1 360
	III		1 779	1 360
	V	**1 519**	1 779	1 360
	VI	**1 848**	1 779	1 360
14 867,99	I,IV	**172**	1 784	1 364
	II		1 784	1 364
	III		1 784	1 364
	V	**1 523**	1 784	1 364
	VI	**1 860**	1 784	1 364
14 903,99	I,IV	**177**	1 788	1 367
	II		1 788	1 367
	III		1 788	1 367
	V	**1 527**	1 788	1 367
	VI	**1 872**	1 788	1 367
14 939,99	I,IV	**182**	1 792	1 370
	II		1 792	1 370
	III		1 792	1 370
	V	**1 532**	1 792	1 370
	VI	**1 884**	1 792	1 370
14 975,99	I,IV	**186**	1 797	1 374
	II		1 797	1 374
	III		1 797	1 374
	V	**1 535**	1 797	1 374
	VI	**1 896**	1 797	1 374
15 011,99	I,IV	**191**	1 801	1 377
	II		1 801	1 377
	III		1 801	1 377
	V	**1 540**	1 801	1 377
	VI	**1 908**	1 801	1 377
15 047,99	I,IV	**196**	1 805	1 380
	II		1 805	1 380
	III		1 805	1 380
	V	**1 544**	1 805	1 380
	VI	**1 920**	1 805	1 380
15 083,99	I,IV	**201**	1 810	1 383
	II		1 810	1 383
	III		1 810	1 383
	V	**1 548**	1 810	1 383
	VI	**1 932**	1 810	1 383
15 119,99	I,IV	**205**	1 814	1 387
	II		1 814	1 387
	III		1 814	1 387
	V	**1 552**	1 814	1 387
	VI	**1 945**	1 814	1 387

Lohn/ Gehalt in € bis	Steuerklasse	Lohn-steuer*	BVSP**	TAGZ***
15 155,99	I,IV	**210**	1 818	1 390
	II		1 818	1 390
	III		1 818	1 390
	V	**1 556**	1 818	1 390
	VI	**1 957**	1 818	1 390
15 191,99	I,IV	**215**	1 823	1 393
	II		1 823	1 393
	III		1 823	1 393
	V	**1 560**	1 823	1 393
	VI	**1 969**	1 823	1 393
15 227,99	I,IV	**220**	1 827	1 397
	II		1 827	1 397
	III		1 827	1 397
	V	**1 564**	1 827	1 397
	VI	**1 981**	1 827	1 397
15 263,99	I,IV	**225**	1 831	1 400
	II		1 831	1 400
	III		1 831	1 400
	V	**1 568**	1 831	1 400
	VI	**1 993**	1 831	1 400
15 299,99	I,IV	**230**	1 835	1 403
	II		1 835	1 403
	III		1 835	1 403
	V	**1 572**	1 835	1 403
	VI	**2 005**	1 835	1 403
15 335,99	I,IV	**235**	1 840	1 407
	II		1 840	1 407
	III		1 840	1 407
	V	**1 582**	1 840	1 407
	VI	**2 017**	1 840	1 407
15 371,99	I,IV	**240**	1 844	1 410
	II		1 844	1 410
	III		1 844	1 410
	V	**1 594**	1 844	1 410
	VI	**2 029**	1 844	1 410
15 407,99	I,IV	**245**	1 848	1 413
	II		1 848	1 413
	III		1 848	1 413
	V	**1 607**	1 848	1 413
	VI	**2 042**	1 848	1 413
15 443,99	I,IV	**249**	1 853	1 416
	II		1 853	1 416
	III		1 853	1 416
	V	**1 619**	1 853	1 416
	VI	**2 054**	1 853	1 416
15 479,99	I,IV	**254**	1 857	1 420
	II		1 857	1 420
	III		1 857	1 420
	V	**1 631**	1 857	1 420
	VI	**2 066**	1 857	1 420
15 515,99	I,IV	**259**	1 861	1 423
	II		1 861	1 423
	III		1 861	1 423
	V	**1 643**	1 861	1 423
	VI	**2 078**	1 861	1 423
15 551,99	I,IV	**264**	1 866	1 426
	II		1 866	1 426
	III		1 866	1 426
	V	**1 655**	1 866	1 426
	VI	**2 090**	1 866	1 426

* Zur LSt-Berechnung für privat versicherte Arbeitnehmer s. Beispiele **Vorbemerkung S. 4 f.**
** Basisvorsorgepauschale KV und PV *** Typisierter Arbeitgeberzuschuss

Lohn/ Gehalt in € bis	Steuerklasse	Lohn-steuer*	BVSP**	TAGZ***	Steuerklasse	Bemessungsgrundlage für Kirchensteuer und Solidaritätszuschlag – Freibeträge für ... Kinder 0,5	**1,0**	1,5	**2,0**	2,5	**3,0**
15587,99	I,IV	**269**	1870	1430	I						
	II		1870	1430	II						
	III		1870	1430	III						
	V	**1667**	1870	1430	IV						
	VI	**2102**	1870	1430							
15623,99	I,IV	**274**	1874	1433	I						
	II		1874	1433	II						
	III		1874	1433	III						
	V	**1679**	1874	1433	IV						
	VI	**2114**	1874	1433							
15659,99	I,IV	**280**	1879	1436	I						
	II		1879	1436	II						
	III		1879	1436	III						
	V	**1691**	1879	1436	IV						
	VI	**2126**	1879	1436							
15695,99	I,IV	**285**	1883	1440	I						
	II		1883	1440	II						
	III		1883	1440	III						
	V	**1704**	1883	1440	IV						
	VI	**2139**	1883	1440							
15731,99	I,IV	**290**	1887	1443	I						
	II		1887	1443	II						
	III		1887	1443	III						
	V	**1716**	1887	1443	IV						
	VI	**2151**	1887	1443							
15767,99	I,IV	**295**	1892	1446	I						
	II		1892	1446	II						
	III		1892	1446	III						
	V	**1728**	1892	1446	IV						
	VI	**2163**	1892	1446							
15803,99	I,IV	**300**	1896	1450	I						
	II		1896	1450	II						
	III		1896	1450	III						
	V	**1740**	1896	1450	IV						
	VI	**2175**	1896	1450							
15839,99	I,IV	**305**	1900	1453	I						
	II	**1**	1900	1453	II						
	III		1900	1453	III						
	V	**1752**	1900	1453	IV						
	VI	**2187**	1900	1453							
15875,99	I,IV	**311**	1900	1456	I						
	II	**6**	1900	1456	II						
	III		1905	1456	III						
	V	**1766**	1900	1456	IV						
	VI	**2201**	1900	1456							
15911,99	I,IV	**317**	1900	1459	I						
	II	**11**	1900	1459	II						
	III		1909	1459	III						
	V	**1780**	1900	1459	IV						
	VI	**2215**	1900	1459							
15947,99	I,IV	**323**	1900	1463	I						
	II	**15**	1900	1463	II						
	III		1913	1463	III						
	V	**1794**	1900	1463	IV						
	VI	**2229**	1900	1463							
15983,99	I,IV	**329**	1900	1466	I						
	II	**20**	1900	1466	II						
	III		1918	1466	III						
	V	**1808**	1900	1466	IV						
	VI	**2243**	1900	1466							

* Zur LSt-Berechnung für privat versicherte Arbeitnehmer s. Beispiele **Vorbemerkung S. 4 f.**
** Basisvorsorgepauschale KV und PV *** Typisierter Arbeitgeberzuschuss

Lohn/ Gehalt in € bis	Steuerklasse	Lohn- steuer*	BVSP**	TAGZ***	Steuerklasse	Bemessungsgrundlage für Kirchensteuer und Solidaritätszuschlag – Freibeträge für ... Kinder 0,5	1,0	1,5	2,0	2,5	3,0
16019,99	I,IV	**335**	1900	1469	I						
	II	**25**	1900	1469	II						
	III		1922	1469	III						
	V	**1822**	1900	1469	IV						
	VI	**2257**	1900	1469							
16055,99	I,IV	**341**	1900	1473	I						
	II	**30**	1900	1473	II						
	III		1926	1473	III						
	V	**1836**	1900	1473	IV	3					
	VI	**2271**	1900	1473							
16091,99	I,IV	**347**	1900	1476	I						
	II	**34**	1900	1476	II						
	III		1931	1476	III						
	V	**1850**	1900	1476	IV	7					
	VI	**2285**	1900	1476							
16127,99	I,IV	**353**	1900	1479	I						
	II	**39**	1900	1479	II						
	III		1935	1479	III						
	V	**1864**	1900	1479	IV	12					
	VI	**2299**	1900	1479							
16163,99	I,IV	**359**	1900	1483	I						
	II	**44**	1900	1483	II						
	III		1939	1483	III						
	V	**1878**	1900	1483	IV	17					
	VI	**2313**	1900	1483							
16199,99	I,IV	**365**	1900	1486	I						
	II	**49**	1900	1486	II						
	III		1943	1486	III						
	V	**1892**	1900	1486	IV	22					
	VI	**2327**	1900	1486							
16235,99	I,IV	**372**	1900	1489	I						
	II	**54**	1900	1489	II						
	III		1948	1489	III						
	V	**1906**	1900	1489	IV	26					
	VI	**2341**	1900	1489							
16271,99	I,IV	**378**	1900	1492	I						
	II	**59**	1900	1492	II						
	III		1952	1492	III						
	V	**1919**	1900	1492	IV	31					
	VI	**2355**	1900	1492							
16307,99	I,IV	**384**	1900	1496	I						
	II	**64**	1900	1496	II						
	III		1956	1496	III						
	V	**1934**	1900	1496	IV	36					
	VI	**2369**	1900	1496							
16343,99	I,IV	**390**	1900	1499	I						
	II	**69**	1900	1499	II						
	III		1961	1499	III						
	V	**1948**	1900	1499	IV	41					
	VI	**2383**	1900	1499							
16379,99	I,IV	**396**	1900	1502	I						
	II	**74**	1900	1502	II						
	III		1965	1502	III						
	V	**1961**	1900	1502	IV	46					
	VI	**2397**	1900	1502							
16415,99	I,IV	**403**	1900	1506	I						
	II	**79**	1900	1506	II						
	III		1969	1506	III						
	V	**1975**	1900	1506	IV	50					
	VI	**2410**	1900	1506							

* Zur LSt-Berechnung für privat versicherte Arbeitnehmer s. Beispiele **Vorbemerkung S. 4 f.**
** Basisvorsorgepauschale KV und PV *** Typisierter Arbeitgeberzuschuss

Lohn/ Gehalt in € bis	Steuerklasse	Lohn-steuer*	BVSP**	TAGZ***	Steuerklasse	Bemessungsgrundlage für Kirchensteuer und Solidaritätszuschlag					
						Freibeträge für ... Kinder					
						0,5	**1,0**	1,5	**2,0**	2,5	**3,0**
16451,99	I,IV	**409**	1900	1509	I						
	II	**84**	1900	1509	II						
	III		1974	1509	III						
	V	**1989**	1900	1509	IV	55					
	VI	**2424**	1900	1509							
16487,99	I,IV	**415**	1900	1512	I						
	II	**89**	1900	1512	II						
	III		1978	1512	III						
	V	**2003**	1900	1512	IV	60					
	VI	**2438**	1900	1512							
16523,99	I,IV	**422**	1900	1516	I						
	II	**94**	1900	1516	II						
	III		1982	1516	III						
	V	**2017**	1900	1516	IV	65					
	VI	**2452**	1900	1516							
16559,99	I,IV	**428**	1900	1519	I						
	II	**99**	1900	1519	II						
	III		1987	1519	III						
	V	**2031**	1900	1519	IV	70					
	VI	**2466**	1900	1519							
16595,99	I,IV	**434**	1900	1522	I						
	II	**104**	1900	1522	II						
	III		1991	1522	III						
	V	**2045**	1900	1522	IV	75					
	VI	**2480**	1900	1522							
16631,99	I,IV	**441**	1900	1525	I						
	II	**109**	1900	1525	II						
	III		1995	1525	III						
	V	**2059**	1900	1525	IV	80					
	VI	**2494**	1900	1525							
16667,99	I,IV	**447**	1900	1529	I						
	II	**114**	1900	1529	II						
	III		2000	1529	III						
	V	**2073**	1900	1529	IV	85					
	VI	**2508**	1900	1529							
16703,99	I,IV	**454**	1900	1532	I						
	II	**119**	1900	1532	II						
	III		2004	1532	III						
	V	**2087**	1900	1532	IV	90					
	VI	**2522**	1900	1532							
16739,99	I,IV	**460**	1900	1535	I						
	II	**125**	1900	1535	II						
	III		2008	1535	III						
	V	**2101**	1900	1535	IV	95					
	VI	**2536**	1900	1535							
16775,99	I,IV	**466**	1900	1539	I						
	II	**130**	1900	1539	II						
	III		2013	1539	III						
	V	**2115**	1900	1539	IV	100					
	VI	**2550**	1900	1539							
16811,99	I,IV	**473**	1900	1542	I						
	II	**135**	1900	1542	II						
	III		2017	1542	III						
	V	**2129**	1900	1542	IV	105					
	VI	**2564**	1900	1542							
16847,99	I,IV	**479**	1900	1545	I						
	II	**140**	1900	1545	II						
	III		2021	1545	III						
	V	**2142**	1900	1545	IV	111					
	VI	**2578**	1900	1545							

* Zur LSt-Berechnung für privat versicherte Arbeitnehmer s. Beispiele **Vorbemerkung S. 4f.**
** Basisvorsorgepauschale KV und PV *** Typisierter Arbeitgeberzuschuss

Lohn/ Gehalt in € bis	Steuerklasse	Lohn-steuer*	BVSP**	TAGZ***	Steuerklasse	Bemessungsgrundlage für Kirchensteuer und Solidaritätszuschlag – Freibeträge für ... Kinder 0,5	1,0	1,5	2,0	2,5	3,0
16 883,99	I,IV	**486**	1 900	1 549	I						
	II	**146**	1 900	1 549	II						
	III		2 026	1 549	III						
	V	**2 157**	1 900	1 549	IV	116					
	VI	**2 592**	1 900	1 549							
16 919,99	I,IV	**493**	1 900	1 552	I						
	II	**151**	1 900	1 552	II						
	III		2 030	1 552	III						
	V	**2 171**	1 900	1 552	IV	121					
	VI	**2 606**	1 900	1 552							
16 955,99	I,IV	**499**	1 900	1 555	I						
	II	**156**	1 900	1 555	II						
	III		2 034	1 555	III						
	V	**2 184**	1 900	1 555	IV	126					
	VI	**2 620**	1 900	1 555							
16 991,99	I,IV	**506**	1 900	1 559	I						
	II	**162**	1 900	1 559	II						
	III		2 039	1 559	III						
	V	**2 198**	1 900	1 559	IV	131					
	VI	**2 633**	1 900	1 559							
17 027,99	I,IV	**512**	1 900	1 562	I						
	II	**167**	1 900	1 562	II						
	III		2 043	1 562	III						
	V	**2 212**	1 900	1 562	IV	137					
	VI	**2 647**	1 900	1 562							
17 063,99	I,IV	**519**	1 900	1 565	I						
	II	**172**	1 900	1 565	II						
	III		2 047	1 565	III						
	V	**2 226**	1 900	1 565	IV	142					
	VI	**2 661**	1 900	1 565							
17 099,99	I,IV	**526**	1 900	1 568	I						
	II	**178**	1 900	1 568	II						
	III		2 051	1 568	III						
	V	**2 240**	1 900	1 568	IV	147					
	VI	**2 675**	1 900	1 568							
17 135,99	I,IV	**532**	1 900	1 572	I						
	II	**183**	1 900	1 572	II						
	III		2 056	1 572	III						
	V	**2 254**	1 900	1 572	IV	152					
	VI	**2 689**	1 900	1 572							
17 171,99	I,IV	**539**	1 900	1 575	I						
	II	**189**	1 900	1 575	II						
	III		2 060	1 575	III						
	V	**2 268**	1 900	1 575	IV	158					
	VI	**2 703**	1 900	1 575							
17 207,99	I,IV	**546**	1 900	1 578	I						
	II	**194**	1 900	1 578	II						
	III		2 064	1 578	III						
	V	**2 282**	1 900	1 578	IV	163					
	VI	**2 717**	1 900	1 578							
17 243,99	I,IV	**552**	1 900	1 582	I						
	II	**199**	1 900	1 582	II						
	III		2 069	1 582	III						
	V	**2 296**	1 900	1 582	IV	168					
	VI	**2 731**	1 900	1 582							
17 279,99	I,IV	**559**	1 900	1 585	I						
	II	**205**	1 900	1 585	II						
	III		2 073	1 585	III						
	V	**2 310**	1 900	1 585	IV	174					
	VI	**2 745**	1 900	1 585							

* Zur LSt-Berechnung für privat versicherte Arbeitnehmer s. Beispiele **Vorbemerkung S. 4 f.**
** Basisvorsorgepauschale KV und PV *** Typisierter Arbeitgeberzuschuss

Lohn/ Gehalt in € bis	Steuerklasse	Lohn- steuer*	BVSP**	TAGZ***	Steuerklasse	Bemessungsgrundlage für Kirchensteuer und Solidaritätszuschlag					
						Freibeträge für ... Kinder					
						0,5	**1,0**	1,5	**2,0**	2,5	**3,0**
17315,99	I,IV	**566**	1900	1588	I						
	II	**211**	1900	1588	II						
	III		2077	1588	III						
	V	**2324**	1900	1588	IV	179					
	VI	**2759**	1900	1588							
17351,99	I,IV	**573**	1900	1592	I						
	II	**216**	1900	1592	II						
	III		2082	1592	III						
	V	**2338**	1900	1592	IV	185					
	VI	**2773**	1900	1592							
17387,99	I,IV	**580**	1900	1595	I						
	II	**222**	1900	1595	II						
	III		2086	1595	III						
	V	**2352**	1900	1595	IV	190					
	VI	**2787**	1900	1595							
17423,99	I,IV	**587**	1900	1598	I						
	II	**227**	1900	1598	II						
	III		2090	1598	III						
	V	**2365**	1900	1598	IV	196					
	VI	**2801**	1900	1598							
17459,99	I,IV	**594**	1900	1601	I						
	II	**233**	1900	1601	II						
	III		2095	1601	III						
	V	**2380**	1900	1601	IV	201					
	VI	**2815**	1900	1601							
17495,99	I,IV	**601**	1900	1605	I						
	II	**239**	1900	1605	II						
	III		2099	1605	III						
	V	**2394**	1900	1605	IV	207					
	VI	**2829**	1900	1605							
17531,99	I,IV	**607**	1900	1608	I						
	II	**244**	1900	1608	II						
	III		2103	1608	III						
	V	**2407**	1900	1608	IV	212					
	VI	**2843**	1900	1608							
17567,99	I,IV	**614**	1900	1611	I						
	II	**250**	1900	1611	II						
	III		2108	1611	III						
	V	**2421**	1900	1611	IV	218					
	VI	**2856**	1900	1611							
17603,99	I,IV	**621**	1900	1615	I						
	II	**256**	1900	1615	II						
	III		2112	1615	III						
	V	**2435**	1900	1615	IV	223					
	VI	**2870**	1900	1615							
17639,99	I,IV	**628**	1900	1618	I						
	II	**261**	1900	1618	II						
	III		2116	1618	III						
	V	**2449**	1900	1618	IV	229					
	VI	**2884**	1900	1618							
17675,99	I,IV	**635**	1900	1621	I						
	II	**267**	1900	1621	II						
	III		2121	1621	III						
	V	**2463**	1900	1621	IV	235					
	VI	**2898**	1900	1621							
17711,99	I,IV	**642**	1900	1625	I						
	II	**273**	1900	1625	II						
	III		2125	1625	III						
	V	**2477**	1900	1625	IV	240					
	VI	**2912**	1900	1625							

* Zur LSt-Berechnung für privat versicherte Arbeitnehmer s. Beispiele **Vorbemerkung S. 4f.**
** Basisvorsorgepauschale KV und PV *** Typisierter Arbeitgeberzuschuss

Lohn/ Gehalt in € bis	Steuerklasse	Lohnsteuer*	BVSP**	TAGZ***	Steuerklasse	Bemessungsgrundlage für Kirchensteuer und Solidaritätszuschlag					
						Freibeträge für ... Kinder					
						0,5	**1,0**	1,5	**2,0**	2,5	**3,0**
17 747,99	I,IV	**649**	1 900	1 628	I						
	II	**279**	1 900	1 628	II						
	III		2 129	1 628	III						
	V	**2 491**	1 900	1 628	IV	246					
	VI	**2 926**	1 900	1 628							
17 783,99	I,IV	**657**	1 900	1 631	I						
	II	**285**	1 900	1 631	II						
	III		2 134	1 631	III						
	V	**2 505**	1 900	1 631	IV	252					
	VI	**2 940**	1 900	1 631							
17 819,99	I,IV	**664**	1 900	1 634	I						
	II	**290**	1 900	1 634	II						
	III		2 138	1 634	III						
	V	**2 519**	1 900	1 634	IV	257					
	VI	**2 954**	1 900	1 634							
17 855,99	I,IV	**671**	1 900	1 638	I						
	II	**296**	1 900	1 638	II						
	III		2 142	1 638	III						
	V	**2 533**	1 900	1 638	IV	263					
	VI	**2 968**	1 900	1 638							
17 891,99	I,IV	**678**	1 900	1 641	I						
	II	**302**	1 900	1 641	II						
	III		2 147	1 641	III						
	V	**2 547**	1 900	1 641	IV	269					
	VI	**2 982**	1 900	1 641							
17 927,99	I,IV	**685**	1 900	1 644	I						
	II	**308**	1 900	1 644	II						
	III		2 151	1 644	III						
	V	**2 561**	1 900	1 644	IV	275					
	VI	**2 996**	1 900	1 644							
17 963,99	I,IV	**692**	1 900	1 648	I						
	II	**314**	1 900	1 648	II						
	III		2 155	1 648	III						
	V	**2 575**	1 900	1 648	IV	281					
	VI	**3 010**	1 900	1 648							
17 999,99	I,IV	**699**	1 900	1 651	I						
	II	**320**	1 900	1 651	II						
	III		2 159	1 651	III						
	V	**2 588**	1 900	1 651	IV	286					
	VI	**3 024**	1 900	1 651							
18 035,99	I,IV	**707**	1 900	1 654	I						
	II	**326**	1 900	1 654	II						
	III		2 164	1 654	III						
	V	**2 603**	1 900	1 654	IV	292					
	VI	**3 038**	1 900	1 654							
18 071,99	I,IV	**714**	1 900	1 658	I						
	II	**332**	1 900	1 658	II						
	III		2 168	1 658	III						
	V	**2 617**	1 900	1 658	IV	298					
	VI	**3 052**	1 900	1 658							
18 107,99	I,IV	**721**	1 900	1 661	I						
	II	**338**	1 900	1 661	II						
	III		2 172	1 661	III						
	V	**2 630**	1 900	1 661	IV	304					
	VI	**3 066**	1 900	1 661							
18 143,99	I,IV	**729**	1 900	1 664	I						
	II	**344**	1 900	1 664	II						
	III		2 177	1 664	III						
	V	**2 644**	1 900	1 664	IV	310					
	VI	**3 079**	1 900	1 664							

* Zur LSt-Berechnung für privat versicherte Arbeitnehmer s. Beispiele **Vorbemerkung S. 4 f.**
** Basisvorsorgepauschale KV und PV *** Typisierter Arbeitgeberzuschuss

Lohn/ Gehalt in € bis	Steuerklasse	Lohn- steuer*	BVSP**	TAGZ***	Steuerklasse	Bemessungsgrundlage für Kirchensteuer und Solidaritätszuschlag					
						Freibeträge für ... Kinder					
						0,5	**1,0**	1,5	**2,0**	2,5	**3,0**
18179,99	I,IV	**736**	1900	1668	I						
	II	**350**	1900	1668	II						
	III		2181	1668	III						
	V	**2658**	1900	1668	IV	316					
	VI	**3093**	1900	1668							
18215,99	I,IV	**743**	1900	1671	I						
	II	**356**	1900	1671	II						
	III		2185	1671	III						
	V	**2672**	1900	1671	IV	322					
	VI	**3107**	1900	1671							
18251,99	I,IV	**751**	1900	1674	I						
	II	**362**	1900	1674	II						
	III		2190	1674	III						
	V	**2686**	1900	1674	IV	328					
	VI	**3121**	1900	1674							
18287,99	I,IV	**758**	1900	1677	I						
	II	**369**	1900	1677	II						
	III		2194	1677	III						
	V	**2700**	1900	1677	IV	334					
	VI	**3135**	1900	1677							
18323,99	I,IV	**766**	1900	1681	I	2					
	II	**375**	1900	1681	II						
	III		2198	1681	III						
	V	**2714**	1900	1681	IV	340	2				
	VI	**3149**	1900	1681							
18359,99	I,IV	**773**	1900	1684	I	7					
	II	**381**	1900	1684	II						
	III		2203	1684	III						
	V	**2728**	1900	1684	IV	346	7				
	VI	**3163**	1900	1684							
18395,99	I,IV	**780**	1900	1687	I	11					
	II	**387**	1900	1687	II						
	III		2207	1687	III						
	V	**2742**	1900	1687	IV	352	11				
	VI	**3177**	1900	1687							
18431,99	I,IV	**788**	1900	1691	I	16					
	II	**393**	1900	1691	II						
	III		2211	1691	III						
	V	**2756**	1900	1691	IV	358	16				
	VI	**3191**	1900	1691							
18467,99	I,IV	**795**	1900	1694	I	21					
	II	**400**	1900	1694	II						
	III		2216	1694	III						
	V	**2770**	1900	1694	IV	364	21				
	VI	**3205**	1900	1694							
18503,99	I,IV	**803**	1900	1697	I	25					
	II	**406**	1900	1697	II						
	III		2220	1697	III						
	V	**2784**	1900	1697	IV	370	25				
	VI	**3219**	1900	1697							
18539,99	I,IV	**810**	1900	1701	I	30					
	II	**412**	1900	1701	II						
	III		2224	1701	III						
	V	**2798**	1900	1701	IV	377	30				
	VI	**3233**	1900	1701							
18575,99	I,IV	**818**	1900	1704	I	35					
	II	**418**	1900	1704	II						
	III		2229	1704	III						
	V	**2812**	1900	1704	IV	383	35				
	VI	**3247**	1900	1704							

* Zur LSt-Berechnung für privat versicherte Arbeitnehmer s. Beispiele **Vorbemerkung S. 4 f.**
** Basisvorsorgepauschale KV und PV *** Typisierter Arbeitgeberzuschuss

Lohn/ Gehalt in € bis	Steuerklasse	Lohn-steuer*	BVSP**	TAGZ***	Steuerklasse	Bemessungsgrundlage für Kirchensteuer und Solidaritätszuschlag					
						Freibeträge für ... Kinder					
						0,5	**1,0**	1,5	**2,0**	2,5	**3,0**
18611,99	I,IV	**826**	1900	1707	I	40					
	II	**425**	1900	1707	II						
	III		2233	1707	III						
	V	**2826**	1900	1707	IV	389	40				
	VI	**3261**	1900	1707							
18647,99	I,IV	**833**	1900	1710	I	45					
	II	**431**	1900	1710	II						
	III		2237	1710	III						
	V	**2840**	1900	1710	IV	395	45				
	VI	**3275**	1900	1710							
18683,99	I,IV	**841**	1900	1714	I	50					
	II	**437**	1900	1714	II						
	III		2242	1714	III						
	V	**2854**	1900	1714	IV	401	50				
	VI	**3289**	1900	1714							
18719,99	I,IV	**849**	1900	1717	I	54					
	II	**444**	1900	1717	II						
	III		2246	1717	III						
	V	**2867**	1900	1717	IV	408	54				
	VI	**3302**	1900	1717							
18755,99	I,IV	**856**	1900	1720	I	59					
	II	**450**	1900	1720	II						
	III		2250	1720	III						
	V	**2881**	1900	1720	IV	414	59				
	VI	**3316**	1900	1720							
18791,99	I,IV	**864**	1900	1724	I	64					
	II	**457**	1900	1724	II						
	III		2255	1724	III						
	V	**2895**	1900	1724	IV	420	64				
	VI	**3330**	1900	1724							
18827,99	I,IV	**872**	1900	1727	I	69					
	II	**463**	1900	1727	II						
	III		2259	1727	III						
	V	**2909**	1900	1727	IV	427	69				
	VI	**3344**	1900	1727							
18863,99	I,IV	**879**	1900	1730	I	74					
	II	**470**	1900	1730	II						
	III		2263	1730	III						
	V	**2923**	1900	1730	IV	433	74				
	VI	**3358**	1900	1730							
18899,99	I,IV	**887**	1900	1734	I	79					
	II	**476**	1900	1734	II						
	III		2267	1734	III						
	V	**2937**	1900	1734	IV	439	79				
	VI	**3372**	1900	1734							
18935,99	I,IV	**895**	1900	1737	I	84					
	II	**483**	1900	1737	II						
	III		2272	1737	III						
	V	**2951**	1900	1737	IV	446	84				
	VI	**3386**	1900	1737							
18971,99	I,IV	**903**	1900	1740	I	89					
	II	**489**	1900	1740	II						
	III		2276	1740	III						
	V	**2965**	1900	1740	IV	452	89				
	VI	**3400**	1900	1740							
19007,99	I,IV	**911**	1900	1743	I	94					
	II	**496**	1900	1743	II						
	III		2280	1743	III						
	V	**2979**	1900	1743	IV	459	94				
	VI	**3414**	1900	1743							

* Zur LSt-Berechnung für privat versicherte Arbeitnehmer s. Beispiele **Vorbemerkung S. 4f.**
** Basisvorsorgepauschale KV und PV *** Typisierter Arbeitgeberzuschuss

Lohn/ Gehalt in € bis	Steuerklasse	Lohn-steuer*	BVSP**	TAGZ***	Steuerklasse	Bemessungsgrundlage für Kirchensteuer und Solidaritätszuschlag					
						Freibeträge für ... Kinder					
						0,5	**1,0**	1,5	**2,0**	2,5	**3,0**
19043,99	I,IV	**919**	1900	1747	I	99					
	II	**502**	1900	1747	II						
	III		2285	1747	III						
	V	**2993**	1900	1747	IV	465	99				
	VI	**3428**	1900	1747							
19079,99	I,IV	**926**	1900	1750	I	105					
	II	**509**	1900	1750	II						
	III		2289	1750	III						
	V	**3007**	1900	1750	IV	472	105				
	VI	**3442**	1900	1750							
19115,99	I,IV	**934**	1900	1753	I	110					
	II	**516**	1900	1753	II						
	III		2293	1753	III						
	V	**3021**	1900	1753	IV	478	110				
	VI	**3456**	1900	1753							
19151,99	I,IV	**942**	1900	1757	I	115					
	II	**522**	1900	1757	II						
	III		2298	1757	III						
	V	**3035**	1900	1757	IV	485	115				
	VI	**3470**	1900	1757							
19187,99	I,IV	**950**	1900	1760	I	120					
	II	**529**	1900	1760	II						
	III		2302	1760	III						
	V	**3049**	1900	1760	IV	491	120				
	VI	**3484**	1900	1760							
19223,99	I,IV	**958**	1900	1763	I	125					
	II	**536**	1900	1763	II						
	III		2306	1763	III						
	V	**3063**	1900	1763	IV	498	125				
	VI	**3498**	1900	1763							
19259,99	I,IV	**966**	1900	1767	I	130					
	II	**542**	1900	1767	II						
	III		2311	1767	III						
	V	**3077**	1900	1767	IV	504	130				
	VI	**3512**	1900	1767							
19295,99	I,IV	**974**	1900	1770	I	136					
	II	**549**	1900	1770	II						
	III		2315	1770	III						
	V	**3090**	1900	1770	IV	511	136				
	VI	**3526**	1900	1770							
19331,99	I,IV	**982**	1900	1773	I	141					
	II	**556**	1900	1773	II						
	III		2319	1773	III						
	V	**3104**	1900	1773	IV	518	141				
	VI	**3539**	1900	1773							
19367,99	I,IV	**990**	1900	1777	I	146					
	II	**563**	1900	1777	II						
	III		2324	1777	III						
	V	**3118**	1900	1777	IV	524	146				
	VI	**3553**	1900	1777							
19403,99	I,IV	**998**	1900	1780	I	152					
	II	**570**	1900	1780	II						
	III		2328	1780	III						
	V	**3132**	1900	1780	IV	531	152				
	VI	**3568**	1900	1780							
19439,99	I,IV	**1006**	1900	1783	I	157					
	II	**576**	1900	1783	II						
	III		2332	1783	III						
	V	**3146**	1900	1783	IV	538	157				
	VI	**3581**	1900	1783							

* Zur LSt-Berechnung für privat versicherte Arbeitnehmer s. Beispiele **Vorbemerkung S. 4 f.**
** Basisvorsorgepauschale KV und PV *** Typisierter Arbeitgeberzuschuss

Lohn/ Gehalt in € bis	Steuerklasse	Lohn-steuer*	BVSP**	TAGZ***	Steuerklasse	Bemessungsgrundlage für Kirchensteuer und Solidaritätszuschlag					
						Freibeträge für ... Kinder					
						0,5	**1,0**	1,5	**2,0**	2,5	**3,0**
19475,99	I,IV	**1014**	1900	1786	I	162					
	II	**583**	1900	1786	II						
	III		2337	1786	III						
	V	**3160**	1900	1786	IV	545	162				
	VI	**3595**	1900	1786							
19511,99	I,IV	**1022**	1900	1790	I	167					
	II	**590**	1900	1790	II						
	III		2341	1790	III						
	V	**3174**	1900	1790	IV	551	167				
	VI	**3609**	1900	1790							
19547,99	I,IV	**1030**	1900	1793	I	173					
	II	**597**	1900	1793	II						
	III		2345	1793	III						
	V	**3188**	1900	1793	IV	558	173				
	VI	**3623**	1900	1793							
19583,99	I,IV	**1038**	1900	1796	I	178					
	II	**604**	1900	1796	II						
	III		2350	1796	III						
	V	**3202**	1900	1796	IV	565	178				
	VI	**3637**	1900	1796							
19619,99	I,IV	**1046**	1900	1800	I	184					
	II	**611**	1900	1800	II						
	III		2354	1800	III						
	V	**3216**	1900	1800	IV	572	184				
	VI	**3651**	1900	1800							
19655,99	I,IV	**1054**	1900	1803	I	189					
	II	**618**	1900	1803	II						
	III		2358	1803	III						
	V	**3230**	1900	1803	IV	579	189				
	VI	**3665**	1900	1803							
19691,99	I,IV	**1062**	1900	1806	I	195					
	II	**625**	1900	1806	II						
	III		2363	1806	III						
	V	**3244**	1900	1806	IV	585	195				
	VI	**3679**	1900	1806							
19727,99	I,IV	**1070**	1900	1810	I	200					
	II	**632**	1900	1810	II						
	III		2367	1810	III						
	V	**3258**	1900	1810	IV	592	200				
	VI	**3693**	1900	1810							
19763,99	I,IV	**1078**	1900	1813	I	206					
	II	**639**	1900	1813	II						
	III		2371	1813	III						
	V	**3272**	1900	1813	IV	599	206				
	VI	**3707**	1900	1813							
19799,99	I,IV	**1086**	1900	1816	I	211					
	II	**646**	1900	1816	II						
	III		2375	1816	III						
	V	**3286**	1900	1816	IV	606	211				
	VI	**3721**	1900	1816							
19835,99	I,IV	**1094**	1900	1819	I	217					
	II	**653**	1900	1819	II						
	III		2380	1819	III						
	V	**3300**	1900	1819	IV	613	217				
	VI	**3735**	1900	1819							
19871,99	I,IV	**1102**	1900	1823	I	222					
	II	**660**	1900	1823	II						
	III		2384	1823	III						
	V	**3313**	1900	1823	IV	620	222				
	VI	**3749**	1900	1823							

* Zur LSt-Berechnung für privat versicherte Arbeitnehmer s. Beispiele **Vorbemerkung S. 4 f.**
** Basisvorsorgepauschale KV und PV *** Typisierter Arbeitgeberzuschuss

Lohn/ Gehalt in € bis	Steuerklasse	Lohn-steuer*	BVSP**	TAGZ***	Steuerklasse	Bemessungsgrundlage für Kirchensteuer und Solidaritätszuschlag					
						Freibeträge für ... Kinder					
						0,5	**1,0**	1,5	**2,0**	2,5	**3,0**
19907,99	I,IV	**1110**	1900	1826	I	228					
	II	**667**	1900	1826	II						
	III		2388	1826	III						
	V	**3327**	1900	1826	IV	627	228				
	VI	**3762**	1900	1826							
19943,99	I,IV	**1118**	1900	1829	I	234					
	II	**674**	1900	1829	II						
	III		2393	1829	III						
	V	**3341**	1900	1829	IV	634	234				
	VI	**3776**	1900	1829							
19979,99	I,IV	**1126**	1900	1833	I	239					
	II	**682**	1900	1833	II						
	III		2397	1833	III						
	V	**3355**	1900	1833	IV	641	239				
	VI	**3791**	1900	1833							
20015,99	I,IV	**1134**	1900	1836	I	245					
	II	**689**	1900	1836	II						
	III		2401	1836	III						
	V	**3369**	1900	1836	IV	648	245				
	VI	**3804**	1900	1836							
20051,99	I,IV	**1142**	1900	1839	I	251					
	II	**696**	1900	1839	II						
	III		2406	1839	III						
	V	**3383**	1900	1839	IV	655	251				
	VI	**3818**	1900	1839							
20087,99	I,IV	**1150**	1900	1843	I	256					
	II	**703**	1900	1843	II						
	III		2410	1843	III						
	V	**3397**	1900	1843	IV	662	256				
	VI	**3832**	1900	1843							
20123,99	I,IV	**1158**	1900	1846	I	262					
	II	**710**	1900	1846	II						
	III		2414	1846	III						
	V	**3411**	1900	1846	IV	669	262				
	VI	**3846**	1900	1846							
20159,99	I,IV	**1167**	1900	1849	I	268					
	II	**718**	1900	1849	II						
	III		2419	1849	III						
	V	**3425**	1900	1849	IV	677	268				
	VI	**3860**	1900	1849							
20195,99	I,IV	**1175**	1900	1852	I	274					
	II	**725**	1900	1852	II						
	III		2423	1852	III						
	V	**3439**	1900	1852	IV	684	274				
	VI	**3874**	1900	1852							
20231,99	I,IV	**1183**	1900	1856	I	280					
	II	**732**	1900	1856	II						
	III		2427	1856	III						
	V	**3453**	1900	1856	IV	691	280				
	VI	**3888**	1900	1856							
20267,99	I,IV	**1191**	1900	1859	I	285					
	II	**740**	1900	1859	II						
	III		2432	1859	III						
	V	**3467**	1900	1859	IV	698	285				
	VI	**3902**	1900	1859							
20303,99	I,IV	**1199**	1900	1862	I	291					
	II	**747**	1900	1862	II						
	III		2436	1862	III						
	V	**3481**	1900	1862	IV	705	291				
	VI	**3916**	1900	1862							

* Zur LSt-Berechnung für privat versicherte Arbeitnehmer s. Beispiele **Vorbemerkung S. 4f.**
** Basisvorsorgepauschale KV und PV *** Typisierter Arbeitgeberzuschuss

Lohn/ Gehalt in € bis	Steuerklasse	Lohn- steuer*	BVSP**	TAGZ***	Steuerklasse	Bemessungsgrundlage für Kirchensteuer und Solidaritätszuschlag					
						Freibeträge für ... Kinder					
						0,5	**1,0**	1,5	**2,0**	2,5	**3,0**
20339,99	I,IV	**1207**	1900	1866	I	297					
	II	**755**	1900	1866	II						
	III		2440	1866	III						
	V	**3495**	1900	1866	IV	713	297				
	VI	**3930**	1900	1866							
20375,99	I,IV	**1215**	1900	1869	I	303					
	II	**762**	1900	1869	II						
	III		2445	1869	III						
	V	**3509**	1900	1869	IV	720	303				
	VI	**3944**	1900	1869							
20411,99	I,IV	**1223**	1900	1872	I	309					
	II	**769**	1900	1872	II	4					
	III		2449	1872	III						
	V	**3523**	1900	1872	IV	727	309				
	VI	**3958**	1900	1872							
20447,99	I,IV	**1231**	1900	1876	I	315					
	II	**777**	1900	1876	II	9					
	III		2453	1876	III						
	V	**3536**	1900	1876	IV	735	315				
	VI	**3972**	1900	1876							
20483,99	I,IV	**1239**	1900	1879	I	321					
	II	**784**	1900	1879	II	14					
	III		2458	1879	III						
	V	**3550**	1900	1879	IV	742	321				
	VI	**3985**	1900	1879							
20519,99	I,IV	**1247**	1900	1882	I	327					
	II	**792**	1900	1882	II	18					
	III		2462	1882	III						
	V	**3564**	1900	1882	IV	749	327				
	VI	**3999**	1900	1882							
20555,99	I,IV	**1256**	1900	1886	I	333					
	II	**799**	1900	1886	II	23					
	III		2466	1886	III						
	V	**3578**	1900	1886	IV	757	333				
	VI	**4014**	1900	1886							
20591,99	I,IV	**1264**	1900	1889	I	339					
	II	**807**	1900	1889	II	28					
	III		2471	1889	III						
	V	**3592**	1900	1889	IV	764	339	1			
	VI	**4027**	1900	1889							
20627,99	I,IV	**1272**	1900	1892	I	345					
	II	**814**	1900	1892	II	33					
	III		2475	1892	III						
	V	**3606**	1900	1892	IV	772	345	6			
	VI	**4041**	1900	1892							
20663,99	I,IV	**1280**	1900	1895	I	351					
	II	**822**	1900	1895	II	37					
	III		2479	1895	III						
	V	**3620**	1900	1895	IV	779	351	10			
	VI	**4055**	1900	1895							
20699,99	I,IV	**1288**	1900	1899	I	357					
	II	**829**	1900	1899	II	42					
	III		2483	1899	III						
	V	**3634**	1900	1899	IV	786	357	15			
	VI	**4069**	1900	1899							
20735,99	I,IV	**1296**	1902	1902	I	363					
	II	**837**	1902	1902	II	47					
	III		2488	1902	III						
	V	**3647**	1902	1902	IV	793	363	19			
	VI	**4082**	1902	1902							

* Zur LSt-Berechnung für privat versicherte Arbeitnehmer s. Beispiele **Vorbemerkung S. 4 f.**
** Basisvorsorgepauschale KV und PV *** Typisierter Arbeitgeberzuschuss

Lohn/ Gehalt in € bis	Steuerklasse	Lohn-steuer*	BVSP**	TAGZ***	Steuerklasse	Bemessungsgrundlage für Kirchensteuer und Solidaritätszuschlag					
						Freibeträge für ... Kinder					
						0,5	**1,0**	1,5	**2,0**	2,5	**3,0**
20 771,99	I,IV	**1 303**	1 905	1 905	I	368					
	II	**843**	1 905	1 905	II	51					
	III		2 492	1 905	III						
	V	**3 659**	1 905	1 905	IV	800	368	24			
	VI	**4 095**	1 905	1 905							
20 807,99	I,IV	**1 311**	1 909	1 909	I	374					
	II	**850**	1 909	1 909	II	56					
	III		2 496	1 909	III						
	V	**3 672**	1 909	1 909	IV	807	374	28			
	VI	**4 107**	1 909	1 909							
20 843,99	I,IV	**1 318**	1 912	1 912	I	379					
	II	**857**	1 912	1 912	II	60					
	III		2 501	1 912	III						
	V	**3 685**	1 912	1 912	IV	814	379	32			
	VI	**4 120**	1 912	1 912							
20 879,99	I,IV	**1 325**	1 915	1 915	I	385					
	II	**864**	1 915	1 915	II	65					
	III		2 505	1 915	III						
	V	**3 697**	1 915	1 915	IV	821	385	37			
	VI	**4 132**	1 915	1 915							
20 915,99	I,IV	**1 333**	1 919	1 919	I	391					
	II	**871**	1 919	1 919	II	69					
	III		2 509	1 919	III						
	V	**3 710**	1 919	1 919	IV	828	391	41			
	VI	**4 145**	1 919	1 919							
20 951,99	I,IV	**1 340**	1 922	1 922	I	396					
	II	**878**	1 922	1 922	II	73					
	III		2 514	1 922	III						
	V	**3 722**	1 922	1 922	IV	834	396	45			
	VI	**4 157**	1 922	1 922							
20 987,99	I,IV	**1 347**	1 925	1 925	I	402					
	II	**885**	1 925	1 925	II	78					
	III		2 518	1 925	III						
	V	**3 735**	1 925	1 925	IV	841	402	50			
	VI	**4 170**	1 925	1 925							
21 023,99	I,IV	**1 355**	1 928	1 928	I	407					
	II	**892**	1 928	1 928	II	82					
	III		2 522	1 928	III						
	V	**3 747**	1 928	1 928	IV	848	407	54			
	VI	**4 182**	1 928	1 928							
21 059,99	I,IV	**1 362**	1 932	1 932	I	413					
	II	**899**	1 932	1 932	II	87					
	III		2 527	1 932	III						
	V	**3 760**	1 932	1 932	IV	855	413	59			
	VI	**4 195**	1 932	1 932							
21 095,99	I,IV	**1 369**	1 935	1 935	I	419					
	II	**906**	1 935	1 935	II	91					
	III		2 531	1 935	III						
	V	**3 772**	1 935	1 935	IV	862	419	63			
	VI	**4 208**	1 935	1 935							
21 131,99	I,IV	**1 377**	1 938	1 938	I	424					
	II	**913**	1 938	1 938	II	96					
	III		2 535	1 938	III						
	V	**3 785**	1 938	1 938	IV	869	424	67			
	VI	**4 220**	1 938	1 938							
21 167,99	I,IV	**1 384**	1 942	1 942	I	430					
	II	**920**	1 942	1 942	II	101					
	III		2 540	1 942	III						
	V	**3 798**	1 942	1 942	IV	876	430	72			
	VI	**4 233**	1 942	1 942							

* Zur LSt-Berechnung für privat versicherte Arbeitnehmer s. Beispiele **Vorbemerkung S. 4 f.**
** Basisvorsorgepauschale KV und PV *** Typisierter Arbeitgeberzuschuss

Lohn/ Gehalt in € bis	Steuerklasse	Lohn-steuer*	BVSP**	TAGZ***	Steuerklasse	Bemessungsgrundlage für Kirchensteuer und Solidaritätszuschlag					
						Freibeträge für ... Kinder					
						0,5	**1,0**	1,5	**2,0**	2,5	**3,0**
21 203,99	I,IV	**1 392**	1 945	1 945	I	436					
	II	**928**	1 945	1 945	II	105					
	III		2 544	1 945	III						
	V	**3 810**	1 945	1 945	IV	883	436	76			
	VI	**4 245**	1 945	1 945							
21 239,99	I,IV	**1 399**	1 948	1 948	I	442					
	II	**934**	1 948	1 948	II	110					
	III		2 548	1 948	III						
	V	**3 822**	1 948	1 948	IV	890	442	81			
	VI	**4 258**	1 948	1 948							
21 275,99	I,IV	**1 406**	1 952	1 952	I	447					
	II	**942**	1 952	1 952	II	114					
	III		2 553	1 952	III						
	V	**3 835**	1 952	1 952	IV	897	447	85			
	VI	**4 270**	1 952	1 952							
21 311,99	I,IV	**1 414**	1 955	1 955	I	453					
	II	**949**	1 955	1 955	II	119					
	III		2 557	1 955	III						
	V	**3 848**	1 955	1 955	IV	904	453	90			
	VI	**4 283**	1 955	1 955							
21 347,99	I,IV	**1 421**	1 958	1 958	I	459					
	II	**956**	1 958	1 958	II	124					
	III		2 561	1 958	III						
	V	**3 860**	1 958	1 958	IV	911	459	95			
	VI	**4 295**	1 958	1 958							
21 383,99	I,IV	**1 429**	1 961	1 961	I	465					
	II	**963**	1 961	1 961	II	129					
	III		2 566	1 961	III						
	V	**3 873**	1 961	1 961	IV	918	465	99			
	VI	**4 308**	1 961	1 961							
21 419,99	I,IV	**1 436**	1 965	1 965	I	471					
	II	**970**	1 965	1 965	II	133					
	III		2 570	1 965	III						
	V	**3 885**	1 965	1 965	IV	925	471	104			
	VI	**4 321**	1 965	1 965							
21 455,99	I,IV	**1 443**	1 968	1 968	I	477					
	II	**978**	1 968	1 968	II	138					
	III		2 574	1 968	III						
	V	**3 898**	1 968	1 968	IV	932	477	108			
	VI	**4 333**	1 968	1 968							
21 491,99	I,IV	**1 451**	1 971	1 971	I	482					
	II	**985**	1 971	1 971	II	143					
	III		2 579	1 971	III						
	V	**3 911**	1 971	1 971	IV	939	482	113			
	VI	**4 346**	1 971	1 971							
21 527,99	I,IV	**1 458**	1 975	1 975	I	488					
	II	**992**	1 975	1 975	II	148					
	III		2 583	1 975	III						
	V	**3 923**	1 975	1 975	IV	947	488	118			
	VI	**4 358**	1 975	1 975							
21 563,99	I,IV	**1 466**	1 978	1 978	I	494					
	II	**999**	1 978	1 978	II	152					
	III		2 587	1 978	III						
	V	**3 935**	1 978	1 978	IV	954	494	122			
	VI	**4 371**	1 978	1 978							
21 599,99	I,IV	**1 473**	1 981	1 981	I	500					
	II	**1 006**	1 981	1 981	II	157					
	III		2 591	1 981	III						
	V	**3 948**	1 981	1 981	IV	961	500	127			
	VI	**4 383**	1 981	1 981							

* Zur LSt-Berechnung für privat versicherte Arbeitnehmer s. Beispiele **Vorbemerkung S. 4 f.**
** Basisvorsorgepauschale KV und PV *** Typisierter Arbeitgeberzuschuss

Lohn/ Gehalt in € bis	Steuerklasse	Lohn- steuer*	BVSP**	TAGZ***	Steuerklasse	Bemessungsgrundlage für Kirchensteuer und Solidaritätszuschlag – Freibeträge für ... Kinder 0,5	1,0	1,5	2,0	2,5	3,0
21 635,99	I,IV	**1 480**	1 985	1 985	I	506					
	II	**1 013**	1 985	1 985	II	162					
	III		2 596	1 985	III						
	V	**3 961**	1 985	1 985	IV	968	506	132			
	VI	**4 396**	1 985	1 985							
21 671,99	I,IV	**1 488**	1 988	1 988	I	512					
	II	**1 021**	1 988	1 988	II	167					
	III		2 600	1 988	III						
	V	**3 973**	1 988	1 988	IV	975	512	136			
	VI	**4 408**	1 988	1 988							
21 707,99	I,IV	**1 495**	1 991	1 991	I	518					
	II	**1 028**	1 991	1 991	II	172					
	III		2 604	1 991	III						
	V	**3 986**	1 991	1 991	IV	982	518	141			
	VI	**4 421**	1 991	1 991							
21 743,99	I,IV	**1 503**	1 995	1 995	I	524					
	II	**1 035**	1 995	1 995	II	176					
	III		2 609	1 995	III						
	V	**3 998**	1 995	1 995	IV	990	524	146			
	VI	**4 434**	1 995	1 995							
21 779,99	I,IV	**1 510**	1 998	1 998	I	530					
	II	**1 042**	1 998	1 998	II	181					
	III		2 613	1 998	III						
	V	**4 011**	1 998	1 998	IV	997	530	151			
	VI	**4 446**	1 998	1 998							
21 815,99	I,IV	**1 518**	2 001	2 001	I	536					
	II	**1 050**	2 001	2 001	II	186					
	III		2 617	2 001	III						
	V	**4 024**	2 001	2 001	IV	1 004	536	156			
	VI	**4 459**	2 001	2 001							
21 851,99	I,IV	**1 525**	2 004	2 004	I	542					
	II	**1 057**	2 004	2 004	II	191					
	III		2 622	2 004	III						
	V	**4 036**	2 004	2 004	IV	1 011	542	160			
	VI	**4 471**	2 004	2 004							
21 887,99	I,IV	**1 533**	2 008	2 008	I	548					
	II	**1 064**	2 008	2 008	II	196					
	III		2 626	2 008	III						
	V	**4 048**	2 008	2 008	IV	1 018	548	165			
	VI	**4 484**	2 008	2 008							
21 923,99	I,IV	**1 540**	2 011	2 011	I	554					
	II	**1 071**	2 011	2 011	II	201					
	III		2 630	2 011	III						
	V	**4 061**	2 011	2 011	IV	1 025	554	170			
	VI	**4 496**	2 011	2 011							
21 959,99	I,IV	**1 548**	2 014	2 014	I	560					
	II	**1 078**	2 014	2 014	II	206					
	III		2 635	2 014	III						
	V	**4 074**	2 014	2 014	IV	1 033	560	175			
	VI	**4 509**	2 014	2 014							
21 995,99	I,IV	**1 555**	2 018	2 018	I	567					
	II	**1 086**	2 018	2 018	II	211					
	III		2 639	2 018	III						
	V	**4 086**	2 018	2 018	IV	1 040	567	180			
	VI	**4 521**	2 018	2 018							
22 031,99	I,IV	**1 563**	2 021	2 021	I	573					
	II	**1 093**	2 021	2 021	II	216					
	III		2 643	2 021	III						
	V	**4 099**	2 021	2 021	IV	1 047	573	185			
	VI	**4 534**	2 021	2 021							

* Zur LSt-Berechnung für privat versicherte Arbeitnehmer s. Beispiele **Vorbemerkung S. 4 f.**
** Basisvorsorgepauschale KV und PV *** Typisierter Arbeitgeberzuschuss

Lohn/Gehalt in € bis	Steuerklasse	Lohnsteuer*	BVSP**	TAGZ***	Steuerklasse	Bemessungsgrundlage für Kirchensteuer und Solidaritätszuschlag – Freibeträge für ... Kinder 0,5	1,0	1,5	2,0	2,5	3,0
22067,99	I,IV	**1570**	2024	2024	I	579					
	II	**1100**	2024	2024	II	221					
	III		2648	2024	III						
	V	**4111**	2024	2024	IV	1054	579	190			
	VI	**4547**	2024	2024							
22103,99	I,IV	**1578**	2028	2028	I	585					
	II	**1107**	2028	2028	II	226					
	III		2652	2028	III						
	V	**4124**	2028	2028	IV	1062	585	195			
	VI	**4559**	2028	2028							
22139,99	I,IV	**1585**	2031	2031	I	591					
	II	**1115**	2031	2031	II	231					
	III		2656	2031	III						
	V	**4137**	2031	2031	IV	1069	591	199			
	VI	**4572**	2031	2031							
22175,99	I,IV	**1592**	2034	2034	I	597					
	II	**1122**	2034	2034	II	236					
	III		2661	2034	III						
	V	**4149**	2034	2034	IV	1076	597	204			
	VI	**4584**	2034	2034							
22211,99	I,IV	**1600**	2037	2037	I	604					
	II	**1129**	2037	2037	II	241					
	III		2665	2037	III						
	V	**4161**	2037	2037	IV	1083	604	209			
	VI	**4597**	2037	2037							
22247,99	I,IV	**1607**	2041	2041	I	610					
	II	**1136**	2041	2041	II	246					
	III		2669	2041	III						
	V	**4174**	2041	2041	IV	1090	610	214			
	VI	**4609**	2041	2041							
22283,99	I,IV	**1615**	2044	2044	I	616					
	II	**1144**	2044	2044	II	252					
	III		2674	2044	III						
	V	**4187**	2044	2044	IV	1098	616	219			
	VI	**4622**	2044	2044							
22319,99	I,IV	**1622**	2047	2047	I	623					
	II	**1151**	2047	2047	II	257					
	III		2678	2047	III						
	V	**4199**	2047	2047	IV	1105	623	224			
	VI	**4634**	2047	2047							
22355,99	I,IV	**1630**	2051	2051	I	629					
	II	**1158**	2051	2051	II	262					
	III		2682	2051	III						
	V	**4212**	2051	2051	IV	1112	629	230			
	VI	**4647**	2051	2051							
22391,99	I,IV	**1637**	2054	2054	I	635					
	II	**1165**	2054	2054	II	267					
	III		2687	2054	III						
	V	**4224**	2054	2054	IV	1120	635	235			
	VI	**4660**	2054	2054							
22427,99	I,IV	**1645**	2057	2057	I	642					
	II	**1173**	2057	2057	II	272					
	III		2691	2057	III						
	V	**4237**	2057	2057	IV	1127	642	240			
	VI	**4672**	2057	2057							
22463,99	I,IV	**1653**	2061	2061	I	648					
	II	**1180**	2061	2061	II	278					
	III		2695	2061	III						
	V	**4250**	2061	2061	IV	1134	648	245			
	VI	**4685**	2061	2061							

* Zur LSt-Berechnung für privat versicherte Arbeitnehmer s. Beispiele **Vorbemerkung S. 4 f.**
** Basisvorsorgepauschale KV und PV *** Typisierter Arbeitgeberzuschuss

Lohn/ Gehalt in € bis	Steuerklasse	Lohn-steuer*	BVSP**	TAGZ***	Steuerklasse	Bemessungsgrundlage für Kirchensteuer und Solidaritätszuschlag					
						Freibeträge für ... Kinder					
						0,5	**1,0**	1,5	**2,0**	2,5	**3,0**
22 499,99	I,IV	**1 660**	2 064	2 064	I	654					
	II	**1 187**	2 064	2 064	II	283					
	III		2 699	2 064	III						
	V	**4 262**	2 064	2 064	IV	1 141	654	250			
	VI	**4 697**	2 064	2 064							
22 535,99	I,IV	**1 667**	2 067	2 067	I	661					
	II	**1 194**	2 067	2 067	II	288					
	III		2 704	2 067	III						
	V	**4 274**	2 067	2 067	IV	1 148	661	255			
	VI	**4 709**	2 067	2 067							
22 571,99	I,IV	**1 675**	2 070	2 070	I	667					
	II	**1 202**	2 070	2 070	II	293					
	III		2 708	2 070	III						
	V	**4 287**	2 070	2 070	IV	1 156	667	260			
	VI	**4 722**	2 070	2 070							
22 607,99	I,IV	**1 683**	2 074	2 074	I	673					
	II	**1 209**	2 074	2 074	II	299					
	III		2 712	2 074	III						
	V	**4 300**	2 074	2 074	IV	1 163	673	265			
	VI	**4 735**	2 074	2 074							
22 643,99	I,IV	**1 690**	2 077	2 077	I	680					
	II	**1 216**	2 077	2 077	II	304					
	III		2 717	2 077	III						
	V	**4 312**	2 077	2 077	IV	1 170	680	271			
	VI	**4 747**	2 077	2 077							
22 679,99	I,IV	**1 698**	2 080	2 080	I	686					
	II	**1 224**	2 080	2 080	II	309					
	III		2 721	2 080	III						
	V	**4 325**	2 080	2 080	IV	1 178	686	276			
	VI	**4 760**	2 080	2 080							
22 715,99	I,IV	**1 705**	2 084	2 084	I	693					
	II	**1 231**	2 084	2 084	II	315					
	III		2 725	2 084	III						
	V	**4 337**	2 084	2 084	IV	1 185	693	281			
	VI	**4 772**	2 084	2 084							
22 751,99	I,IV	**1 713**	2 087	2 087	I	699					
	II	**1 238**	2 087	2 087	II	320					
	III		2 730	2 087	III						
	V	**4 350**	2 087	2 087	IV	1 192	699	286			
	VI	**4 785**	2 087	2 087							
22 787,99	I,IV	**1 720**	2 090	2 090	I	706					
	II	**1 246**	2 090	2 090	II	325					
	III		2 734	2 090	III						
	V	**4 363**	2 090	2 090	IV	1 200	706	292			
	VI	**4 798**	2 090	2 090							
22 823,99	I,IV	**1 728**	2 094	2 094	I	712					
	II	**1 253**	2 094	2 094	II	331					
	III		2 738	2 094	III						
	V	**4 375**	2 094	2 094	IV	1 207	712	297			
	VI	**4 810**	2 094	2 094							
22 859,99	I,IV	**1 735**	2 097	2 097	I	719					
	II	**1 260**	2 097	2 097	II	336					
	III		2 743	2 097	III						
	V	**4 387**	2 097	2 097	IV	1 214	719	302			
	VI	**4 822**	2 097	2 097							
22 895,99	I,IV	**1 743**	2 100	2 100	I	726					
	II	**1 268**	2 100	2 100	II	342					
	III		2 747	2 100	III						
	V	**4 400**	2 100	2 100	IV	1 221	726	307			
	VI	**4 835**	2 100	2 100							

* Zur LSt-Berechnung für privat versicherte Arbeitnehmer s. Beispiele **Vorbemerkung S. 4 f.**
** Basisvorsorgepauschale KV und PV *** Typisierter Arbeitgeberzuschuss

Lohn/ Gehalt in € bis	Steuerklasse	Lohn- steuer*	BVSP**	TAGZ***	Steuerklasse	Bemessungsgrundlage für Kirchensteuer und Solidaritätszuschlag – Freibeträge für … Kinder 0,5	1,0	1,5	2,0	2,5	3,0
22931,99	I,IV	**1751**	2104	2104	I	732					
	II	**1275**	2104	2104	II	347					
	III		2751	2104	III						
	V	**4413**	2104	2104	IV	1229	732	313			
	VI	**4848**	2104	2104							
22967,99	I,IV	**1758**	2107	2107	I	739					
	II	**1282**	2107	2107	II	353					
	III		2756	2107	III						
	V	**4425**	2107	2107	IV	1236	739	318			
	VI	**4860**	2107	2107							
23003,99	I,IV	**1766**	2110	2110	I	745					
	II	**1290**	2110	2110	II	358					
	III		2760	2110	III						
	V	**4438**	2110	2110	IV	1243	745	324			
	VI	**4873**	2110	2110							
23039,99	I,IV	**1773**	2113	2113	I	752					
	II	**1297**	2113	2113	II	364					
	III		2764	2113	III						
	V	**4450**	2113	2113	IV	1251	752	329			
	VI	**4885**	2113	2113							
23075,99	I,IV	**1781**	2117	2117	I	759					
	II	**1304**	2117	2117	II	369					
	III		2769	2117	III						
	V	**4463**	2117	2117	IV	1258	759	334			
	VI	**4898**	2117	2117							
23111,99	I,IV	**1788**	2120	2120	I	765	2				
	II	**1312**	2120	2120	II	375					
	III		2773	2120	III						
	V	**4475**	2120	2120	IV	1265	765	340	2		
	VI	**4910**	2120	2120							
23147,99	I,IV	**1796**	2123	2123	I	772	6				
	II	**1319**	2123	2123	II	380					
	III		2777	2123	III						
	V	**4488**	2123	2123	IV	1272	772	345	6		
	VI	**4923**	2123	2123							
23183,99	I,IV	**1804**	2127	2127	I	779	10				
	II	**1326**	2127	2127	II	386					
	III		2782	2127	III						
	V	**4500**	2127	2127	IV	1280	779	351	10		
	VI	**4935**	2127	2127							
23219,99	I,IV	**1811**	2130	2130	I	786	14				
	II	**1334**	2130	2130	II	391					
	III		2786	2130	III						
	V	**4513**	2130	2130	IV	1287	786	356	14		
	VI	**4948**	2130	2130							
23255,99	I,IV	**1819**	2133	2133	I	792	19				
	II	**1341**	2133	2133	II	397					
	III		2790	2133	III						
	V	**4526**	2133	2133	IV	1295	792	362	19		
	VI	**4961**	2133	2133							
23291,99	I,IV	**1826**	2137	2137	I	799	23				
	II	**1348**	2137	2137	II	403					
	III		2795	2137	III						
	V	**4538**	2137	2137	IV	1302	799	367	23		
	VI	**4973**	2137	2137							
23327,99	I,IV	**1834**	2140	2140	I	806	27				
	II	**1356**	2140	2140	II	408					
	III		2799	2140	III						
	V	**4551**	2140	2140	IV	1309	806	373	27		
	VI	**4986**	2140	2140							

* Zur LSt-Berechnung für privat versicherte Arbeitnehmer s. Beispiele **Vorbemerkung S. 4 f.**
** Basisvorsorgepauschale KV und PV *** Typisierter Arbeitgeberzuschuss

Lohn/ Gehalt in € bis	Steuerklasse	Lohn-steuer*	BVSP**	TAGZ***	Steuerklasse	Bemessungsgrundlage für Kirchensteuer und Solidaritätszuschlag					
						Freibeträge für ... Kinder					
						0,5	**1,0**	1,5	**2,0**	2,5	**3,0**
23363,99	I,IV	**1842**	2143	2143	I	813	32				
	II	**1363**	2143	2143	II	414					
	III		2803	2143	III						
	V	**4563**	2143	2143	IV	1317	813	378	32		
	VI	**4998**	2143	2143							
23399,99	I,IV	**1849**	2146	2146	I	820	36				
	II	**1371**	2146	2146	II	420					
	III		2807	2146	III						
	V	**4576**	2146	2146	IV	1324	820	384	36		
	VI	**5011**	2146	2146							
23435,99	I,IV	**1857**	2150	2150	I	826	40				
	II	**1378**	2150	2150	II	425					
	III		2812	2150	III						
	V	**4588**	2150	2150	IV	1331	826	389	40		
	VI	**5023**	2150	2150							
23471,99	I,IV	**1864**	2153	2153	I	833	45				
	II	**1385**	2153	2153	II	431					
	III		2816	2153	III						
	V	**4601**	2153	2153	IV	1339	833	395	45		
	VI	**5036**	2153	2153							
23507,99	I,IV	**1872**	2156	2156	I	840	49				
	II	**1393**	2156	2156	II	437					
	III		2820	2156	III						
	V	**4613**	2156	2156	IV	1346	840	401	49		
	VI	**5048**	2156	2156							
23543,99	I,IV	**1880**	2160	2160	I	847	53				
	II	**1400**	2160	2160	II	443					
	III		2825	2160	III						
	V	**4626**	2160	2160	IV	1353	847	406	53		
	VI	**5061**	2160	2160							
23579,99	I,IV	**1887**	2163	2163	I	854	58				
	II	**1407**	2163	2163	II	448					
	III		2829	2163	III						
	V	**4639**	2163	2163	IV	1361	854	412	58		
	VI	**5074**	2163	2163							
23615,99	I,IV	**1895**	2166	2166	I	861	62				
	II	**1415**	2166	2166	II	454					
	III		2833	2166	III						
	V	**4651**	2166	2166	IV	1368	861	418	62		
	VI	**5086**	2166	2166							
23651,99	I,IV	**1903**	2170	2170	I	868	67				
	II	**1422**	2170	2170	II	460					
	III		2838	2170	III						
	V	**4664**	2170	2170	IV	1376	868	424	67		
	VI	**5099**	2170	2170							
23687,99	I,IV	**1910**	2173	2173	I	875	71				
	II	**1430**	2173	2173	II	466					
	III		2842	2173	III						
	V	**4676**	2173	2173	IV	1383	875	429	71		
	VI	**5111**	2173	2173							
23723,99	I,IV	**1918**	2176	2176	I	882	76				
	II	**1437**	2176	2176	II	472					
	III		2846	2176	III						
	V	**4689**	2176	2176	IV	1390	882	435	76		
	VI	**5124**	2176	2176							
23759,99	I,IV	**1926**	2179	2179	I	889	80				
	II	**1444**	2179	2179	II	477					
	III		2851	2179	III						
	V	**4701**	2179	2179	IV	1398	889	441	80		
	VI	**5136**	2179	2179							

* Zur LSt-Berechnung für privat versicherte Arbeitnehmer s. Beispiele **Vorbemerkung S. 4 f.**
** Basisvorsorgepauschale KV und PV *** Typisierter Arbeitgeberzuschuss

Lohn/ Gehalt in € bis	Steuerklasse	Lohn- steuer*	BVSP**	TAGZ***	Steuerklasse	Bemessungsgrundlage für Kirchensteuer und Solidaritätszuschlag					
						Freibeträge für ... Kinder					
						0,5	**1,0**	1,5	**2,0**	2,5	**3,0**
23795,99	I,IV	**1933**	2183	2183	I	896	85				
	II	**1452**	2183	2183	II	483					
	III		2855	2183	III						
	V	**4714**	2183	2183	IV	1405	896	446	85		
	VI	**5148**	2183	2183							
23831,99	I,IV	**1941**	2186	2186	I	903	89				
	II	**1459**	2186	2186	II	489					
	III		2859	2186	III						
	V	**4726**	2186	2186	IV	1412	903	452	89		
	VI	**5158**	2186	2186							
23867,99	I,IV	**1949**	2189	2189	I	910	94				
	II	**1467**	2189	2189	II	495					
	III		2864	2189	III						
	V	**4739**	2189	2189	IV	1420	910	458	94		
	VI	**5168**	2189	2189							
23903,99	I,IV	**1956**	2193	2193	I	917	98				
	II	**1474**	2193	2193	II	501					
	III		2868	2193	III						
	V	**4751**	2193	2193	IV	1427	917	464	98		
	VI	**5178**	2193	2193							
23939,99	I,IV	**1964**	2196	2196	I	924	103				
	II	**1482**	2196	2196	II	507					
	III		2872	2196	III						
	V	**4764**	2196	2196	IV	1435	924	470	103		
	VI	**5188**	2196	2196							
23975,99	I,IV	**1972**	2199	2199	I	931	108				
	II	**1489**	2199	2199	II	513					
	III		2877	2199	III						
	V	**4777**	2199	2199	IV	1442	931	476	108		
	VI	**5198**	2199	2199							
24011,99	I,IV	**1979**	2203	2203	I	938	112				
	II	**1497**	2203	2203	II	519					
	III		2881	2203	III						
	V	**4789**	2203	2203	IV	1450	938	482	112		
	VI	**5208**	2203	2203							
24047,99	I,IV	**1987**	2206	2206	I	945	117				
	II	**1504**	2206	2206	II	525					
	III		2885	2206	III						
	V	**4801**	2206	2206	IV	1457	945	487	117		
	VI	**5218**	2206	2206							
24083,99	I,IV	**1995**	2209	2209	I	952	121				
	II	**1511**	2209	2209	II	531					
	III		2890	2209	III						
	V	**4814**	2209	2209	IV	1464	952	493	121		
	VI	**5230**	2209	2209							
24119,99	I,IV	**2002**	2213	2213	I	960	126				
	II	**1519**	2213	2213	II	537					
	III		2894	2213	III						
	V	**4827**	2213	2213	IV	1472	960	499	126		
	VI	**5238**	2213	2213							
24155,99	I,IV	**2010**	2216	2216	I	967	131				
	II	**1526**	2216	2216	II	543					
	III		2898	2216	III						
	V	**4839**	2216	2216	IV	1479	967	505	131		
	VI	**5250**	2216	2216							
24191,99	I,IV	**2018**	2219	2219	I	974	136				
	II	**1534**	2219	2219	II	549					
	III		2903	2219	III						
	V	**4852**	2219	2219	IV	1487	974	511	136		
	VI	**5262**	2219	2219							

* Zur LSt-Berechnung für privat versicherte Arbeitnehmer s. Beispiele **Vorbemerkung S. 4f.**
** Basisvorsorgepauschale KV und PV *** Typisierter Arbeitgeberzuschuss

Lohn/ Gehalt in € bis	Steuerklasse	Lohnsteuer*	BVSP**	TAGZ***	Steuerklasse	Bemessungsgrundlage für Kirchensteuer und Solidaritätszuschlag					
						Freibeträge für ... Kinder					
						0,5	**1,0**	1,5	**2,0**	2,5	**3,0**
24 227,99	I,IV	**2 025**	2 222	2 222	I	981	140				
	II	**1 541**	2 222	2 222	II	555					
	III		2 907	2 222	III						
	V	**4 864**	2 222	2 222	IV	1 494	981	517	140		
	VI	**5 270**	2 222	2 222							
24 263,99	I,IV	**2 033**	2 226	2 226	I	988	145				
	II	**1 549**	2 226	2 226	II	561					
	III		2 911	2 226	III						
	V	**4 877**	2 226	2 226	IV	1 502	988	523	145		
	VI	**5 282**	2 226	2 226							
24 299,99	I,IV	**2 041**	2 229	2 229	I	996	150				
	II	**1 556**	2 229	2 229	II	568					
	III		2 915	2 229	III						
	V	**4 890**	2 229	2 229	IV	1 509	996	529	150		
	VI	**5 290**	2 229	2 229							
24 335,99	I,IV	**2 049**	2 232	2 232	I	1 003	155				
	II	**1 564**	2 232	2 232	II	574					
	III		2 920	2 232	III						
	V	**4 902**	2 232	2 232	IV	1 517	1 003	535	155		
	VI	**5 302**	2 232	2 232							
24 371,99	I,IV	**2 056**	2 236	2 236	I	1 010	159				
	II	**1 571**	2 236	2 236	II	580					
	III		2 924	2 236	III						
	V	**4 914**	2 236	2 236	IV	1 524	1 010	541	159		
	VI	**5 312**	2 236	2 236							
24 407,99	I,IV	**2 064**	2 239	2 239	I	1 017	164				
	II	**1 579**	2 239	2 239	II	586					
	III		2 928	2 239	III						
	V	**4 927**	2 239	2 239	IV	1 531	1 017	547	164		
	VI	**5 322**	2 239	2 239							
24 443,99	I,IV	**2 072**	2 242	2 242	I	1 024	169				
	II	**1 586**	2 242	2 242	II	592					
	III		2 933	2 242	III						
	V	**4 940**	2 242	2 242	IV	1 539	1 024	553	169		
	VI	**5 334**	2 242	2 242							
24 479,99	I,IV	**2 079**	2 246	2 246	I	1 031	174				
	II	**1 594**	2 246	2 246	II	598					
	III		2 937	2 246	III						
	V	**4 952**	2 246	2 246	IV	1 546	1 031	559	174		
	VI	**5 342**	2 246	2 246							
24 515,99	I,IV	**2 087**	2 249	2 249	I	1 039	179				
	II	**1 601**	2 249	2 249	II	605					
	III		2 941	2 249	III						
	V	**4 965**	2 249	2 249	IV	1 554	1 039	566	179		
	VI	**5 354**	2 249	2 249							
24 551,99	I,IV	**2 095**	2 252	2 252	I	1 046	184				
	II	**1 609**	2 252	2 252	II	611					
	III		2 946	2 252	III						
	V	**4 977**	2 252	2 252	IV	1 561	1 046	572	184		
	VI	**5 364**	2 252	2 252							
24 587,99	I,IV	**2 103**	2 255	2 255	I	1 053	189				
	II	**1 616**	2 255	2 255	II	617					
	III		2 950	2 255	III						
	V	**4 990**	2 255	2 255	IV	1 569	1 053	578	189		
	VI	**5 374**	2 255	2 255							
24 623,99	I,IV	**2 110**	2 259	2 259	I	1 060	194				
	II	**1 624**	2 259	2 259	II	624					
	III		2 954	2 259	III						
	V	**5 003**	2 259	2 259	IV	1 576	1 060	584	194		
	VI	**5 386**	2 259	2 259							

* Zur LSt-Berechnung für privat versicherte Arbeitnehmer s. Beispiele **Vorbemerkung S. 4 f.**
** Basisvorsorgepauschale KV und PV *** Typisierter Arbeitgeberzuschuss

Lohn/ Gehalt in € bis	Steuerklasse	Lohn- steuer*	BVSP**	TAGZ***	Steuerklasse	Bemessungsgrundlage für Kirchensteuer und Solidaritätszuschlag – Freibeträge für ... Kinder 0,5	1,0	1,5	2,0	2,5	3,0
24659,99	I,IV	**2118**	2262	2262	I	1068	199				
	II	**1631**	2262	2262	II	630					
	III		2959	2262	III						
	V	**5015**	2262	2262	IV	1584	1068	590	199		
	VI	**5396**	2262	2262							
24695,99	I,IV	**2126**	2265	2265	I	1075	203				
	II	**1638**	2265	2265	II	636					
	III		2963	2265	III						
	V	**5027**	2265	2265	IV	1591	1075	596	203		
	VI	**5406**	2265	2265							
24731,99	I,IV	**2134**	2269	2269	I	1082	208				
	II	**1646**	2269	2269	II	642					
	III		2967	2269	III						
	V	**5040**	2269	2269	IV	1599	1082	603	208		
	VI	**5416**	2269	2269							
24767,99	I,IV	**2141**	2272	2272	I	1089	213				
	II	**1654**	2272	2272	II	649					
	III		2972	2272	III						
	V	**5053**	2272	2272	IV	1606	1089	609	213		
	VI	**5426**	2272	2272							
24803,99	I,IV	**2149**	2275	2275	I	1096	219				
	II	**1661**	2275	2275	II	655					
	III		2976	2275	III						
	V	**5065**	2275	2275	IV	1614	1096	615	219		
	VI	**5436**	2275	2275							
24839,99	I,IV	**2157**	2279	2279	I	1104	224				
	II	**1669**	2279	2279	II	662					
	III		2980	2279	III						
	V	**5078**	2279	2279	IV	1621	1104	622	224		
	VI	**5448**	2279	2279							
24875,99	I,IV	**2165**	2282	2282	I	1111	229				
	II	**1676**	2282	2282	II	668					
	III		2985	2282	III						
	V	**5090**	2282	2282	IV	1629	1111	628	229		
	VI	**5460**	2282	2282							
24911,99	I,IV	**2173**	2285	2285	I	1118	234				
	II	**1684**	2285	2285	II	675					
	III		2989	2285	III						
	V	**5103**	2285	2285	IV	1636	1118	634	234		
	VI	**5468**	2285	2285							
24947,99	I,IV	**2180**	2288	2288	I	1126	239				
	II	**1691**	2288	2288	II	681					
	III		2993	2288	III						
	V	**5116**	2288	2288	IV	1644	1126	641	239		
	VI	**5480**	2288	2288							
24983,99	I,IV	**2188**	2292	2292	I	1133	244				
	II	**1699**	2292	2292	II	687					
	III		2998	2292	III						
	V	**5128**	2292	2292	IV	1651	1133	647	244		
	VI	**5488**	2292	2292							
25019,99	I,IV	**2196**	2295	2295	I	1140	249				
	II	**1706**	2295	2295	II	694					
	III		3000	2295	III						
	V	**5140**	2295	2295	IV	1659	1140	653	249		
	VI	**5500**	2295	2295							
25055,99	I,IV	**2204**	2298	2298	I	1147	254				
	II	**1714**	2298	2298	II	700					
	III		3000	2298	III						
	V	**5150**	2298	2298	IV	1666	1147	660	254		
	VI	**5510**	2298	2298							

* Zur LSt-Berechnung für privat versicherte Arbeitnehmer s. Beispiele **Vorbemerkung S. 4 f.**
** Basisvorsorgepauschale KV und PV *** Typisierter Arbeitgeberzuschuss

Lohn/ Gehalt in € bis	Steuerklasse	Lohn-steuer*	BVSP**	TAGZ***	Steuerklasse	Bemessungsgrundlage für Kirchensteuer und Solidaritätszuschlag					
						Freibeträge für ... Kinder					
						0,5	**1,0**	1,5	**2,0**	2,5	**3,0**
25 091,99	I,IV	**2 211**	2 302	2 302	I	1 154	259				
	II	**1 721**	2 302	2 302	II	707					
	III		3 000	2 302	III						
	V	**5 162**	2 302	2 302	IV	1 674	1 154	666	259		
	VI	**5 522**	2 302	2 302							
25 127,99	I,IV	**2 219**	2 305	2 305	I	1 162	265				
	II	**1 729**	2 305	2 305	II	713					
	III		3 000	2 305	III						
	V	**5 170**	2 305	2 305	IV	1 681	1 162	672	265		
	VI	**5 530**	2 305	2 305							
25 163,99	I,IV	**2 227**	2 308	2 308	I	1 169	270				
	II	**1 737**	2 308	2 308	II	720					
	III		3 000	2 308	III						
	V	**5 182**	2 308	2 308	IV	1 689	1 169	679	270		
	VI	**5 542**	2 308	2 308							
25 199,99	I,IV	**2 235**	2 312	2 312	I	1 176	275				
	II	**1 744**	2 312	2 312	II	727					
	III		3 000	2 312	III						
	V	**5 190**	2 312	2 312	IV	1 696	1 176	685	275		
	VI	**5 552**	2 312	2 312							
25 235,99	I,IV	**2 243**	2 315	2 315	I	1 184	280				
	II	**1 752**	2 315	2 315	II	733					
	III		3 000	2 315	III						
	V	**5 202**	2 315	2 315	IV	1 704	1 184	692	280		
	VI	**5 564**	2 315	2 315							
25 271,99	I,IV	**2 250**	2 318	2 318	I	1 191	286				
	II	**1 759**	2 318	2 318	II	740					
	III		3 000	2 318	III						
	V	**5 212**	2 318	2 318	IV	1 712	1 191	698	286		
	VI	**5 574**	2 318	2 318							
25 307,99	I,IV	**2 258**	2 322	2 322	I	1 198	291				
	II	**1 767**	2 322	2 322	II	746					
	III		3 000	2 322	III						
	V	**5 222**	2 322	2 322	IV	1 719	1 198	705	291		
	VI	**5 584**	2 322	2 322							
25 343,99	I,IV	**2 266**	2 325	2 325	I	1 205	296				
	II	**1 774**	2 325	2 325	II	753					
	III		3 000	2 325	III						
	V	**5 232**	2 325	2 325	IV	1 726	1 205	711	296		
	VI	**5 596**	2 325	2 325							
25 379,99	I,IV	**2 274**	2 328	2 328	I	1 213	301				
	II	**1 782**	2 328	2 328	II	760					
	III		3 000	2 328	III						
	V	**5 244**	2 328	2 328	IV	1 734	1 213	718	301		
	VI	**5 604**	2 328	2 328							
25 415,99	I,IV	**2 282**	2 331	2 331	I	1 220	307				
	II	**1 790**	2 331	2 331	II	766	2				
	III		3 000	2 331	III						
	V	**5 254**	2 331	2 331	IV	1 742	1 220	724	307		
	VI	**5 616**	2 331	2 331							
25 451,99	I,IV	**2 289**	2 335	2 335	I	1 227	312				
	II	**1 797**	2 335	2 335	II	773	7				
	III		3 000	2 335	III						
	V	**5 264**	2 335	2 335	IV	1 749	1 227	731	312		
	VI	**5 626**	2 335	2 335							
25 487,99	I,IV	**2 297**	2 338	2 338	I	1 235	317				
	II	**1 805**	2 338	2 338	II	780	11				
	III		3 000	2 338	III						
	V	**5 274**	2 338	2 338	IV	1 757	1 235	738	317		
	VI	**5 638**	2 338	2 338							

* Zur LSt-Berechnung für privat versicherte Arbeitnehmer s. Beispiele **Vorbemerkung S. 4 f.**
** Basisvorsorgepauschale KV und PV *** Typisierter Arbeitgeberzuschuss

Lohn/ Gehalt in € bis	Steuerklasse	Lohn- steuer*	BVSP**	TAGZ***	Steuerklasse	Bemessungsgrundlage für Kirchensteuer und Solidaritätszuschlag					
						Freibeträge für ... Kinder					
						0,5	**1,0**	1,5	**2,0**	2,5	**3,0**
25 523,99	I,IV	**2 305**	2 341	2 341	I	1 242	323				
	II	**1 812**	2 341	2 341	II	787	15				
	III		3 000	2 341	III						
	V	**5 284**	2 341	2 341	IV	1 764	1 242	744	323		
	VI	**5 648**	2 341	2 341							
25 559,99	I,IV	**2 313**	2 345	2 345	I	1 249	328				
	II	**1 820**	2 345	2 345	II	793	19				
	III	**4**	3 000	2 345	III						
	V	**5 294**	2 345	2 345	IV	1 772	1 249	751	328		
	VI	**5 660**	2 345	2 345							
25 595,99	I,IV	**2 321**	2 348	2 348	I	1 257	334				
	II	**1 828**	2 348	2 348	II	800	24				
	III	**8**	3 000	2 348	III						
	V	**5 306**	2 348	2 348	IV	1 780	1 257	758	334		
	VI	**5 668**	2 348	2 348							
25 631,99	I,IV	**2 329**	2 351	2 351	I	1 264	339				
	II	**1 835**	2 351	2 351	II	807	28				
	III	**14**	3 000	2 351	III						
	V	**5 316**	2 351	2 351	IV	1 787	1 264	764	339	1	
	VI	**5 680**	2 351	2 351							
25 667,99	I,IV	**2 336**	2 355	2 355	I	1 271	344				
	II	**1 843**	2 355	2 355	II	814	32				
	III	**18**	3 000	2 355	III						
	V	**5 326**	2 355	2 355	IV	1 795	1 271	771	344	5	
	VI	**5 690**	2 355	2 355							
25 703,99	I,IV	**2 344**	2 358	2 358	I	1 279	350				
	II	**1 850**	2 358	2 358	II	820	37				
	III	**22**	3 000	2 358	III						
	V	**5 336**	2 358	2 358	IV	1 802	1 279	778	350	9	
	VI	**5 702**	2 358	2 358							
25 739,99	I,IV	**2 352**	2 361	2 361	I	1 286	355				
	II	**1 858**	2 361	2 361	II	827	41				
	III	**28**	3 000	2 361	III						
	V	**5 346**	2 361	2 361	IV	1 810	1 286	784	355	14	
	VI	**5 710**	2 361	2 361							
25 775,99	I,IV	**2 360**	2 364	2 364	I	1 293	361				
	II	**1 866**	2 364	2 364	II	834	45				
	III	**32**	3 000	2 364	III						
	V	**5 358**	2 364	2 364	IV	1 818	1 293	791	361	18	
	VI	**5 722**	2 364	2 364							
25 811,99	I,IV	**2 368**	2 368	2 368	I	1 301	366				
	II	**1 873**	2 368	2 368	II	841	50				
	III	**38**	3 000	2 368	III						
	V	**5 368**	2 368	2 368	IV	1 825	1 301	798	366	22	
	VI	**5 732**	2 368	2 368							
25 847,99	I,IV	**2 376**	2 371	2 371	I	1 308	372				
	II	**1 881**	2 371	2 371	II	848	54				
	III	**42**	3 000	2 371	III						
	V	**5 378**	2 371	2 371	IV	1 833	1 308	805	372	27	
	VI	**5 744**	2 371	2 371							
25 883,99	I,IV	**2 384**	2 374	2 374	I	1 315	377				
	II	**1 889**	2 374	2 374	II	855	59				
	III	**46**	3 000	2 374	III						
	V	**5 390**	2 374	2 374	IV	1 840	1 315	812	377	31	
	VI	**5 754**	2 374	2 374							
25 919,99	I,IV	**2 391**	2 378	2 378	I	1 323	383				
	II	**1 896**	2 378	2 378	II	862	63				
	III	**52**	3 000	2 378	III						
	V	**5 398**	2 378	2 378	IV	1 848	1 323	818	383	35	
	VI	**5 764**	2 378	2 378							

* Zur LSt-Berechnung für privat versicherte Arbeitnehmer s. Beispiele **Vorbemerkung S. 4 f.**
** Basisvorsorgepauschale KV und PV *** Typisierter Arbeitgeberzuschuss

Lohn/ Gehalt in € bis	Steuerklasse	Lohn- steuer*	BVSP**	TAGZ***	Steuerklasse	Bemessungsgrundlage für Kirchensteuer und Solidaritätszuschlag					
						Freibeträge für ... Kinder					
						0,5	**1,0**	1,5	**2,0**	2,5	**3,0**
25955,99	I,IV	**2399**	2381	2381	I	1330	389				
	II	**1904**	2381	2381	II	869	67				
	III	**56**	3000	2381	III						
	V	**5410**	2381	2381	IV	1855	1330	825	389	39	
	VI	**5774**	2381	2381							
25991,99	I,IV	**2407**	2384	2384	I	1337	394				
	II	**1911**	2384	2384	II	876	72				
	III	**60**	3000	2384	III						
	V	**5420**	2384	2384	IV	1863	1337	832	394	44	
	VI	**5786**	2384	2384							
26027,99	I,IV	**2415**	2388	2388	I	1345	400				
	II	**1919**	2388	2388	II	883	76				
	III	**66**	3000	2388	III						
	V	**5430**	2388	2388	IV	1871	1345	839	400	48	
	VI	**5796**	2388	2388							
26063,99	I,IV	**2423**	2391	2391	I	1352	405				
	II	**1927**	2391	2391	II	890	81				
	III	**70**	3000	2391	III						
	V	**5442**	2391	2391	IV	1878	1352	846	405	53	
	VI	**5808**	2391	2391							
26099,99	I,IV	**2431**	2394	2394	I	1360	411				
	II	**1934**	2394	2394	II	897	85				
	III	**76**	3000	2394	III						
	V	**5450**	2394	2394	IV	1886	1360	853	411	57	
	VI	**5818**	2394	2394							
26135,99	I,IV	**2439**	2397	2397	I	1367	417				
	II	**1942**	2397	2397	II	904	90				
	III	**80**	3000	2397	III						
	V	**5462**	2397	2397	IV	1894	1367	860	417	62	
	VI	**5830**	2397	2397							
26171,99	I,IV	**2447**	2401	2401	I	1374	423				
	II	**1950**	2401	2401	II	911	95				
	III	**86**	3000	2401	III						
	V	**5472**	2401	2401	IV	1901	1374	867	423	66	
	VI	**5840**	2401	2401							
26207,99	I,IV	**2455**	2404	2404	I	1382	428				
	II	**1958**	2404	2404	II	918	99				
	III	**90**	3000	2404	III						
	V	**5484**	2404	2404	IV	1909	1382	874	428	70	
	VI	**5852**	2404	2404							
26243,99	I,IV	**2463**	2407	2407	I	1389	434				
	II	**1965**	2407	2407	II	925	104				
	III	**94**	3000	2407	III						
	V	**5492**	2407	2407	IV	1917	1389	880	434	75	
	VI	**5860**	2407	2407							
26279,99	I,IV	**2470**	2411	2411	I	1396	440				
	II	**1973**	2411	2411	II	932	108				
	III	**100**	3000	2411	III						
	V	**5504**	2411	2411	IV	1924	1396	887	440	79	
	VI	**5872**	2411	2411							
26315,99	I,IV	**2478**	2414	2414	I	1404	445				
	II	**1980**	2414	2414	II	939	113				
	III	**104**	3000	2414	III						
	V	**5514**	2414	2414	IV	1932	1404	894	445	84	
	VI	**5882**	2414	2414							
26351,99	I,IV	**2486**	2417	2417	I	1411	451				
	II	**1988**	2417	2417	II	946	118				
	III	**110**	3000	2417	III						
	V	**5524**	2417	2417	IV	1940	1411	902	451	88	
	VI	**5894**	2417	2417							

* Zur LSt-Berechnung für privat versicherte Arbeitnehmer s. Beispiele **Vorbemerkung S. 4f.**
** Basisvorsorgepauschale KV und PV *** Typisierter Arbeitgeberzuschuss

Lohn/ Gehalt in € bis	Steuerklasse	Lohn-steuer*	BVSP**	TAGZ***	Steuerklasse	Bemessungsgrundlage für Kirchensteuer und Solidaritätszuschlag – Freibeträge für ... Kinder 0,5	1,0	1,5	2,0	2,5	3,0
26387,99	I,IV	**2494**	2421	2421	I	1419	457				
	II	**1996**	2421	2421	II	954	122				
	III	**114**	3000	2421	III						
	V	**5536**	2421	2421	IV	1947	1419	909	457	93	
	VI	**5904**	2421	2421							
26423,99	I,IV	**2502**	2424	2424	I	1426	463				
	II	**2004**	2424	2424	II	961	127				
	III	**120**	3000	2424	III						
	V	**5546**	2424	2424	IV	1955	1426	916	463	98	
	VI	**5916**	2424	2424							
26459,99	I,IV	**2510**	2427	2427	I	1434	469				
	II	**2011**	2427	2427	II	968	132				
	III	**124**	3000	2427	III						
	V	**5556**	2427	2427	IV	1963	1434	923	469	102	
	VI	**5926**	2427	2427							
26495,99	I,IV	**2518**	2431	2431	I	1441	475				
	II	**2019**	2431	2431	II	975	136				
	III	**130**	3000	2431	III						
	V	**5566**	2431	2431	IV	1970	1441	930	475	107	
	VI	**5938**	2431	2431							
26531,99	I,IV	**2526**	2434	2434	I	1448	481				
	II	**2027**	2434	2434	II	982	141				
	III	**134**	3000	2434	III						
	V	**5578**	2434	2434	IV	1978	1448	937	481	111	
	VI	**5948**	2434	2434							
26567,99	I,IV	**2534**	2437	2437	I	1456	486				
	II	**2034**	2437	2437	II	989	146				
	III	**138**	3000	2437	III						
	V	**5586**	2437	2437	IV	1986	1456	944	486	116	
	VI	**5960**	2437	2437							
26603,99	I,IV	**2542**	2440	2440	I	1463	492				
	II	**2042**	2440	2440	II	997	151				
	III	**144**	3000	2440	III						
	V	**5598**	2440	2440	IV	1993	1463	951	492	121	
	VI	**5970**	2440	2440							
26639,99	I,IV	**2550**	2444	2444	I	1470	498				
	II	**2050**	2444	2444	II	1004	155				
	III	**148**	3000	2444	III						
	V	**5608**	2444	2444	IV	2001	1470	958	498	125	
	VI	**5980**	2444	2444							
26675,99	I,IV	**2558**	2447	2447	I	1478	504				
	II	**2057**	2447	2447	II	1011	160				
	III	**154**	3000	2447	III						
	V	**5620**	2447	2447	IV	2009	1478	966	504	130	
	VI	**5992**	2447	2447							
26711,99	I,IV	**2566**	2450	2450	I	1485	510				
	II	**2065**	2450	2450	II	1018	165				
	III	**160**	3000	2450	III						
	V	**5630**	2450	2450	IV	2016	1485	973	510	135	
	VI	**6002**	2450	2450							
26747,99	I,IV	**2574**	2454	2454	I	1493	516				
	II	**2073**	2454	2454	II	1025	170				
	III	**164**	3000	2454	III						
	V	**5642**	2454	2454	IV	2024	1493	980	516	140	
	VI	**6014**	2454	2454							
26783,99	I,IV	**2582**	2457	2457	I	1500	522				
	II	**2081**	2457	2457	II	1033	175				
	III	**170**	3000	2457	III						
	V	**5650**	2457	2457	IV	2032	1500	987	522	144	
	VI	**6024**	2457	2457							

* Zur LSt-Berechnung für privat versicherte Arbeitnehmer s. Beispiele **Vorbemerkung S. 4 f.**
** Basisvorsorgepauschale KV und PV *** Typisierter Arbeitgeberzuschuss

Lohn/ Gehalt in € bis	Steuerklasse	Lohn-steuer*	BVSP**	TAGZ***	Steuerklasse	Bemessungsgrundlage für Kirchensteuer und Solidaritätszuschlag					
						Freibeträge für ... Kinder					
						0,5	**1,0**	1,5	**2,0**	2,5	**3,0**
26819,99	I,IV	**2590**	2460	2460	I	1508	528				
	II	**2088**	2460	2460	II	1040	180				
	III	**174**	3000	2460	III						
	V	**5662**	2460	2460	IV	2040	1508	994	528	149	
	VI	**6036**	2460	2460							
26855,99	I,IV	**2598**	2464	2464	I	1515	534				
	II	**2096**	2464	2464	II	1047	184				
	III	**180**	3000	2464	III						
	V	**5674**	2464	2464	IV	2047	1515	1001	534	154	
	VI	**6044**	2464	2464							
26891,99	I,IV	**2606**	2467	2467	I	1523	540				
	II	**2104**	2467	2467	II	1054	189				
	III	**184**	3000	2467	III						
	V	**5682**	2467	2467	IV	2055	1523	1009	540	159	
	VI	**6058**	2467	2467							
26927,99	I,IV	**2614**	2470	2470	I	1530	546				
	II	**2112**	2470	2470	II	1061	194				
	III	**190**	3000	2470	III						
	V	**5694**	2470	2470	IV	2063	1530	1016	546	163	
	VI	**6068**	2470	2470							
26963,99	I,IV	**2622**	2473	2473	I	1538	552				
	II	**2119**	2473	2473	II	1069	199				
	III	**194**	3000	2473	III						
	V	**5704**	2473	2473	IV	2070	1538	1023	552	168	
	VI	**6078**	2473	2473							
26999,99	I,IV	**2630**	2477	2477	I	1545	558				
	II	**2127**	2477	2477	II	1076	204				
	III	**200**	3000	2477	III						
	V	**5716**	2477	2477	IV	2078	1545	1030	558	173	
	VI	**6090**	2477	2477							
27035,99	I,IV	**2638**	2480	2480	I	1553	565				
	II	**2135**	2480	2480	II	1083	209				
	III	**204**	3000	2480	III						
	V	**5726**	2480	2480	IV	2086	1553	1038	565	178	
	VI	**6100**	2480	2480							
27071,99	I,IV	**2646**	2483	2483	I	1560	571				
	II	**2143**	2483	2483	II	1090	214				
	III	**210**	3000	2483	III						
	V	**5738**	2483	2483	IV	2094	1560	1045	571	183	
	VI	**6112**	2483	2483							
27107,99	I,IV	**2654**	2487	2487	I	1568	577				
	II	**2150**	2487	2487	II	1098	219				
	III	**214**	3000	2487	III						
	V	**5748**	2487	2487	IV	2101	1568	1052	577	188	
	VI	**6122**	2487	2487							
27143,99	I,IV	**2662**	2490	2490	I	1575	583				
	II	**2158**	2490	2490	II	1105	224				
	III	**220**	3000	2490	III						
	V	**5758**	2490	2490	IV	2109	1575	1059	583	193	
	VI	**6134**	2490	2490							
27179,99	I,IV	**2669**	2493	2493	I	1582	589				
	II	**2166**	2493	2493	II	1112	229				
	III	**224**	3000	2493	III						
	V	**5768**	2493	2493	IV	2117	1582	1066	589	198	
	VI	**6144**	2493	2493							
27215,99	I,IV	**2678**	2497	2497	I	1590	595				
	II	**2174**	2497	2497	II	1119	234				
	III	**230**	3000	2497	III						
	V	**5780**	2497	2497	IV	2124	1590	1073	595	203	
	VI	**6156**	2497	2497							

* Zur LSt-Berechnung für privat versicherte Arbeitnehmer s. Beispiele **Vorbemerkung S. 4 f.**
** Basisvorsorgepauschale KV und PV *** Typisierter Arbeitgeberzuschuss

Lohn/ Gehalt in € bis	Steuerklasse	Lohn-steuer*	BVSP**	TAGZ***	Steuerklasse	Bemessungsgrundlage für Kirchensteuer und Solidaritätszuschlag					
						Freibeträge für ... Kinder					
						0,5	**1,0**	1,5	**2,0**	2,5	**3,0**
27 251,99	I,IV	**2 686**	2 500	2 500	I	1 597	602				
	II	**2 181**	2 500	2 500	II	1 127	240				
	III	**236**	3 000	2 500	III						
	V	**5 790**	2 500	2 500	IV	2 132	1 597	1 081	602	208	
	VI	**6 166**	2 500	2 500							
27 287,99	I,IV	**2 694**	2 503	2 503	I	1 605	608				
	II	**2 189**	2 503	2 503	II	1 134	245				
	III	**240**	3 000	2 503	III						
	V	**5 802**	2 503	2 503	IV	2 140	1 605	1 088	608	213	
	VI	**6 176**	2 503	2 503							
27 323,99	I,IV	**2 702**	2 506	2 506	I	1 612	614				
	II	**2 197**	2 506	2 506	II	1 141	250				
	III	**246**	3 000	2 506	III						
	V	**5 812**	2 506	2 506	IV	2 148	1 612	1 095	614	218	
	VI	**6 188**	2 506	2 506							
27 359,99	I,IV	**2 710**	2 510	2 510	I	1 620	620				
	II	**2 205**	2 510	2 510	II	1 148	255				
	III	**250**	3 000	2 510	III						
	V	**5 822**	2 510	2 510	IV	2 156	1 620	1 103	620	223	
	VI	**6 198**	2 510	2 510							
27 395,99	I,IV	**2 718**	2 513	2 513	I	1 627	627				
	II	**2 213**	2 513	2 513	II	1 156	260				
	III	**256**	3 000	2 513	III						
	V	**5 834**	2 513	2 513	IV	2 163	1 627	1 110	627	228	
	VI	**6 208**	2 513	2 513							
27 431,99	I,IV	**2 726**	2 516	2 516	I	1 635	633				
	II	**2 220**	2 516	2 516	II	1 163	265				
	III	**262**	3 000	2 516	III						
	V	**5 842**	2 516	2 516	IV	2 171	1 635	1 117	633	233	
	VI	**6 222**	2 516	2 516							
27 467,99	I,IV	**2 734**	2 520	2 520	I	1 643	639				
	II	**2 228**	2 520	2 520	II	1 170	271				
	III	**266**	3 000	2 520	III						
	V	**5 854**	2 520	2 520	IV	2 179	1 643	1 124	639	238	
	VI	**6 232**	2 520	2 520							
27 503,99	I,IV	**2 742**	2 523	2 523	I	1 650	646				
	II	**2 236**	2 523	2 523	II	1 177	276				
	III	**272**	3 000	2 523	III						
	V	**5 866**	2 523	2 523	IV	2 187	1 650	1 131	646	243	
	VI	**6 242**	2 523	2 523							
27 539,99	I,IV	**2 750**	2 526	2 526	I	1 657	652				
	II	**2 244**	2 526	2 526	II	1 185	281				
	III	**276**	3 000	2 526	III						
	V	**5 876**	2 526	2 526	IV	2 194	1 657	1 139	652	248	
	VI	**6 254**	2 526	2 526							
27 575,99	I,IV	**2 758**	2 530	2 530	I	1 665	658				
	II	**2 252**	2 530	2 530	II	1 192	286				
	III	**282**	3 000	2 530	III						
	V	**5 886**	2 530	2 530	IV	2 202	1 665	1 146	658	253	
	VI	**6 266**	2 530	2 530							
27 611,99	I,IV	**2 766**	2 533	2 533	I	1 672	665				
	II	**2 259**	2 533	2 533	II	1 199	292				
	III	**288**	3 000	2 533	III						
	V	**5 898**	2 533	2 533	IV	2 210	1 672	1 153	665	258	
	VI	**6 276**	2 533	2 533							
27 647,99	I,IV	**2 774**	2 536	2 536	I	1 680	671				
	II	**2 267**	2 536	2 536	II	1 207	297				
	III	**292**	3 000	2 536	III						
	V	**5 908**	2 536	2 536	IV	2 218	1 680	1 161	671	264	
	VI	**6 286**	2 536	2 536							

* Zur LSt-Berechnung für privat versicherte Arbeitnehmer s. Beispiele **Vorbemerkung S. 4 f.**
** Basisvorsorgepauschale KV und PV *** Typisierter Arbeitgeberzuschuss

Lohn/ Gehalt in € bis	Steuerklasse	Lohn-steuer*	BVSP**	TAGZ***	Steuerklasse	Bemessungsgrundlage für Kirchensteuer und Solidaritätszuschlag – Freibeträge für … Kinder 0,5	**1,0**	1,5	**2,0**	2,5	**3,0**
27683,99	I,IV	**2782**	2540	2540	I	1688	678				
	II	**2275**	2540	2540	II	1214	302				
	III	**298**	3000	2540	III						
	V	**5920**	2540	2540	IV	2226	1688	1168	678	269	
	VI	**6298**	2540	2540							
27719,99	I,IV	**2790**	2543	2543	I	1695	684				
	II	**2283**	2543	2543	II	1221	307				
	III	**304**	3000	2543	III						
	V	**5930**	2543	2543	IV	2234	1695	1175	684	274	
	VI	**6308**	2543	2543							
27755,99	I,IV	**2798**	2546	2546	I	1703	691				
	II	**2291**	2546	2546	II	1229	313				
	III	**308**	3000	2546	III						
	V	**5942**	2546	2546	IV	2241	1703	1182	691	279	
	VI	**6320**	2546	2546							
27791,99	I,IV	**2806**	2549	2549	I	1710	697				
	II	**2298**	2549	2549	II	1236	318				
	III	**314**	3000	2549	III						
	V	**5950**	2549	2549	IV	2249	1710	1190	697	284	
	VI	**6330**	2549	2549							
27827,99	I,IV	**2814**	2553	2553	I	1718	704				
	II	**2306**	2553	2553	II	1243	323				
	III	**320**	3000	2553	III						
	V	**5962**	2553	2553	IV	2257	1718	1197	704	290	
	VI	**6342**	2553	2553							
27863,99	I,IV	**2822**	2556	2556	I	1725	710				
	II	**2314**	2556	2556	II	1250	329				
	III	**324**	3000	2556	III						
	V	**5972**	2556	2556	IV	2265	1725	1204	710	295	
	VI	**6354**	2556	2556							
27899,99	I,IV	**2830**	2559	2559	I	1733	717				
	II	**2322**	2559	2559	II	1258	334				
	III	**330**	3000	2559	III						
	V	**5984**	2559	2559	IV	2272	1733	1212	717	300	
	VI	**6364**	2559	2559							
27935,99	I,IV	**2839**	2563	2563	I	1740	723				
	II	**2330**	2563	2563	II	1265	340				
	III	**336**	3000	2563	III						
	V	**5994**	2563	2563	IV	2280	1740	1219	723	306	
	VI	**6374**	2563	2563							
27971,99	I,IV	**2847**	2566	2566	I	1748	730				
	II	**2338**	2566	2566	II	1272	345				
	III	**340**	3000	2566	III						
	V	**6004**	2566	2566	IV	2288	1748	1226	730	311	
	VI	**6386**	2566	2566							
28007,99	I,IV	**2855**	2569	2569	I	1756	737				
	II	**2346**	2569	2569	II	1280	351				
	III	**346**	3000	2569	III						
	V	**6016**	2569	2569	IV	2296	1756	1234	737	316	
	VI	**6398**	2569	2569							
28043,99	I,IV	**2863**	2573	2573	I	1763	743				
	II	**2354**	2573	2573	II	1287	356				
	III	**352**	3000	2573	III						
	V	**6026**	2573	2573	IV	2304	1763	1241	743	322	
	VI	**6410**	2573	2573							
28079,99	I,IV	**2871**	2576	2576	I	1771	750				
	II	**2361**	2576	2576	II	1295	362				
	III	**358**	3000	2576	III						
	V	**6038**	2576	2576	IV	2312	1771	1248	750	327	
	VI	**6420**	2576	2576							

* Zur LSt-Berechnung für privat versicherte Arbeitnehmer s. Beispiele **Vorbemerkung S. 4 f.**
** Basisvorsorgepauschale KV und PV *** Typisierter Arbeitgeberzuschuss

Lohn/ Gehalt in € bis	Steuerklasse	Lohn- steuer*	BVSP**	TAGZ***	Steuerklasse	Bemessungsgrundlage für Kirchensteuer und Solidaritätszuschlag					
						Freibeträge für ... Kinder					
						0,5	**1,0**	1,5	**2,0**	2,5	**3,0**
28115,99	I,IV	**2879**	2579	2579	I	1778	756				
	II	**2369**	2579	2579	II	1302	367				
	III	**362**	3000	2579	III						
	V	**6048**	2579	2579	IV	2319	1778	1255	756	332	
	VI	**6430**	2579	2579							
28151,99	I,IV	**2887**	2582	2582	I	1786	763				
	II	**2377**	2582	2582	II	1309	373				
	III	**368**	3000	2582	III						
	V	**6060**	2582	2582	IV	2327	1786	1263	763	338	
	VI	**6442**	2582	2582							
28187,99	I,IV	**2895**	2586	2586	I	1793	770	5			
	II	**2385**	2586	2586	II	1316	378				
	III	**374**	3000	2586	III						
	V	**6070**	2586	2586	IV	2335	1793	1270	770	343	5
	VI	**6454**	2586	2586							
28223,99	I,IV	**2903**	2589	2589	I	1801	777	9			
	II	**2393**	2589	2589	II	1324	384				
	III	**380**	3000	2589	III						
	V	**6082**	2589	2589	IV	2343	1801	1277	777	349	9
	VI	**6464**	2589	2589							
28259,99	I,IV	**2912**	2592	2592	I	1809	783	13			
	II	**2401**	2592	2592	II	1331	389				
	III	**384**	3000	2592	III						
	V	**6092**	2592	2592	IV	2351	1809	1285	783	354	13
	VI	**6476**	2592	2592							
28295,99	I,IV	**2920**	2596	2596	I	1816	790	17			
	II	**2409**	2596	2596	II	1339	395				
	III	**390**	3000	2596	III						
	V	**6102**	2596	2596	IV	2359	1816	1292	790	360	17
	VI	**6486**	2596	2596							
28331,99	I,IV	**2928**	2599	2599	I	1824	797	22			
	II	**2417**	2599	2599	II	1346	401				
	III	**396**	3000	2599	III						
	V	**6116**	2599	2599	IV	2367	1824	1299	797	365	22
	VI	**6498**	2599	2599							
28367,99	I,IV	**2936**	2602	2602	I	1832	804	26			
	II	**2424**	2602	2602	II	1353	406				
	III	**400**	3000	2602	III						
	V	**6126**	2602	2602	IV	2375	1832	1307	804	371	26
	VI	**6510**	2602	2602							
28403,99	I,IV	**2944**	2606	2606	I	1839	810	30			
	II	**2432**	2606	2606	II	1361	412				
	III	**406**	3000	2606	III						
	V	**6138**	2606	2606	IV	2382	1839	1314	810	377	30
	VI	**6520**	2606	2606							
28439,99	I,IV	**2952**	2609	2609	I	1847	817	34			
	II	**2440**	2609	2609	II	1368	418				
	III	**412**	3000	2609	III						
	V	**6146**	2609	2609	IV	2390	1847	1321	817	382	34
	VI	**6532**	2609	2609							
28475,99	I,IV	**2960**	2612	2612	I	1854	824	39			
	II	**2448**	2612	2612	II	1375	423				
	III	**418**	3000	2612	III						
	V	**6160**	2612	2612	IV	2398	1854	1329	824	388	39
	VI	**6542**	2612	2612							
28511,99	I,IV	**2968**	2615	2615	I	1862	831	43			
	II	**2456**	2615	2615	II	1383	429				
	III	**422**	3000	2615	III						
	V	**6170**	2615	2615	IV	2406	1862	1336	831	393	43
	VI	**6554**	2615	2615							

* Zur LSt-Berechnung für privat versicherte Arbeitnehmer s. Beispiele **Vorbemerkung S. 4 f.**
** Basisvorsorgepauschale KV und PV *** Typisierter Arbeitgeberzuschuss

Lohn/ Gehalt in € bis	Steuerklasse	**Lohn-steuer***	BVSP**	TAGZ***	Steuerklasse	Bemessungsgrundlage für Kirchensteuer und Solidaritätszuschlag					
						Freibeträge für ... Kinder					
						0,5	**1,0**	1,5	**2,0**	2,5	**3,0**
28547,99	I,IV	**2977**	2619	2619	I	1870	838	48			
	II	**2464**	2619	2619	II	1390	435				
	III	**428**	3000	2619	III						
	V	**6180**	2619	2619	IV	2414	1870	1344	838	399	48
	VI	**6566**	2619	2619							
28583,99	I,IV	**2985**	2622	2622	I	1877	845	52			
	II	**2472**	2622	2622	II	1398	441				
	III	**434**	3000	2622	III						
	V	**6192**	2622	2622	IV	2422	1877	1351	845	405	52
	VI	**6576**	2622	2622							
28619,99	I,IV	**2993**	2625	2625	I	1885	852	56			
	II	**2480**	2625	2625	II	1405	446				
	III	**440**	3000	2625	III						
	V	**6202**	2625	2625	IV	2430	1885	1358	852	410	56
	VI	**6588**	2625	2625							
28655,99	I,IV	**3001**	2629	2629	I	1893	858	61			
	II	**2488**	2629	2629	II	1412	452				
	III	**446**	3000	2629	III						
	V	**6214**	2629	2629	IV	2438	1893	1366	858	416	61
	VI	**6600**	2629	2629							
28691,99	I,IV	**3009**	2632	2632	I	1900	865	65			
	II	**2496**	2632	2632	II	1420	458				
	III	**450**	3000	2632	III						
	V	**6224**	2632	2632	IV	2446	1900	1373	865	422	65
	VI	**6610**	2632	2632							
28727,99	I,IV	**3017**	2635	2635	I	1908	872	70			
	II	**2503**	2635	2635	II	1427	464				
	III	**456**	3000	2635	III						
	V	**6236**	2635	2635	IV	2453	1908	1380	872	427	70
	VI	**6620**	2635	2635							
28763,99	I,IV	**3026**	2639	2639	I	1915	879	74			
	II	**2511**	2639	2639	II	1434	470				
	III	**462**	3000	2639	III						
	V	**6246**	2639	2639	IV	2461	1915	1388	879	433	74
	VI	**6634**	2639	2639							
28799,99	I,IV	**3034**	2642	2642	I	1923	886	79			
	II	**2519**	2642	2642	II	1442	475				
	III	**468**	3000	2642	III						
	V	**6256**	2642	2642	IV	2469	1923	1395	886	439	79
	VI	**6644**	2642	2642							
28835,99	I,IV	**3042**	2645	2645	I	1931	893	83			
	II	**2527**	2645	2645	II	1449	481				
	III	**474**	3000	2645	III						
	V	**6268**	2645	2645	IV	2477	1931	1403	893	444	83
	VI	**6654**	2645	2645							
28871,99	I,IV	**3050**	2649	2649	I	1938	900	88			
	II	**2535**	2649	2649	II	1457	487				
	III	**480**	3000	2649	III						
	V	**6280**	2649	2649	IV	2485	1938	1410	900	450	88
	VI	**6668**	2649	2649							
28907,99	I,IV	**3058**	2652	2652	I	1946	907	92			
	II	**2543**	2652	2652	II	1464	493				
	III	**484**	3000	2652	III						
	V	**6290**	2652	2652	IV	2493	1946	1417	907	456	92
	VI	**6678**	2652	2652							
28943,99	I,IV	**3067**	2655	2655	I	1954	914	97			
	II	**2551**	2655	2655	II	1472	499				
	III	**490**	3000	2655	III						
	V	**6302**	2655	2655	IV	2501	1954	1425	914	462	97
	VI	**6690**	2655	2655							

* Zur LSt-Berechnung für privat versicherte Arbeitnehmer s. Beispiele **Vorbemerkung S. 4f.**
** Basisvorsorgepauschale KV und PV *** Typisierter Arbeitgeberzuschuss

Lohn/ Gehalt in € bis	Steuerklasse	Lohn-steuer*	BVSP**	TAGZ***	Steuerklasse	Bemessungsgrundlage für Kirchensteuer und Solidaritätszuschlag					
						Freibeträge für ... Kinder					
						0,5	**1,0**	1,5	**2,0**	2,5	**3,0**
28979,99	I,IV	**3075**	2658	2658	I	1961	922	101			
	II	**2559**	2658	2658	II	1479	505				
	III	**496**	3000	2658	III						
	V	**6312**	2658	2658	IV	2509	1961	1432	922	468	101
	VI	**6702**	2658	2658							
29015,99	I,IV	**3083**	2662	2662	I	1969	929	106			
	II	**2567**	2662	2662	II	1487	511				
	III	**502**	3000	2662	III						
	V	**6324**	2662	2662	IV	2517	1969	1440	929	474	106
	VI	**6712**	2662	2662							
29051,99	I,IV	**3091**	2665	2665	I	1977	936	111			
	II	**2575**	2665	2665	II	1494	517				
	III	**508**	3000	2665	III						
	V	**6334**	2665	2665	IV	2525	1977	1447	936	479	111
	VI	**6722**	2665	2665							
29087,99	I,IV	**3099**	2668	2668	I	1984	943	115			
	II	**2583**	2668	2668	II	1501	523				
	III	**514**	3000	2668	III						
	V	**6346**	2668	2668	IV	2533	1984	1454	943	485	115
	VI	**6736**	2668	2668							
29123,99	I,IV	**3107**	2672	2672	I	1992	950	120			
	II	**2591**	2672	2672	II	1509	529				
	III	**518**	3000	2672	III						
	V	**6358**	2672	2672	IV	2541	1992	1462	950	491	120
	VI	**6746**	2672	2672							
29159,99	I,IV	**3116**	2675	2675	I	2000	957	125			
	II	**2599**	2675	2675	II	1516	535				
	III	**524**	3000	2675	III						
	V	**6368**	2675	2675	IV	2549	2000	1469	957	497	125
	VI	**6758**	2675	2675							
29195,99	I,IV	**3124**	2678	2678	I	2007	964	129			
	II	**2607**	2678	2678	II	1524	541				
	III	**530**	3000	2678	III						
	V	**6380**	2678	2678	IV	2557	2007	1477	964	503	129
	VI	**6770**	2678	2678							
29231,99	I,IV	**3132**	2682	2682	I	2015	972	134			
	II	**2615**	2682	2682	II	1531	547				
	III	**536**	3000	2682	III						
	V	**6390**	2682	2682	IV	2564	2015	1484	972	509	134
	VI	**6780**	2682	2682							
29267,99	I,IV	**3140**	2685	2685	I	2023	979	139			
	II	**2623**	2685	2685	II	1539	553				
	III	**542**	3000	2685	III						
	V	**6400**	2685	2685	IV	2572	2023	1492	979	515	139
	VI	**6792**	2685	2685							
29303,99	I,IV	**3149**	2688	2688	I	2031	986	144			
	II	**2631**	2688	2688	II	1546	559				
	III	**548**	3000	2688	III						
	V	**6414**	2688	2688	IV	2580	2031	1499	986	521	144
	VI	**6802**	2688	2688							
29339,99	I,IV	**3157**	2691	2691	I	2038	993	148			
	II	**2639**	2691	2691	II	1554	566				
	III	**554**	3000	2691	III						
	V	**6424**	2691	2691	IV	2588	2038	1507	993	527	148
	VI	**6816**	2691	2691							
29375,99	I,IV	**3165**	2695	2695	I	2046	1000	153			
	II	**2647**	2695	2695	II	1561	572				
	III	**560**	3000	2695	III						
	V	**6436**	2695	2695	IV	2596	2046	1514	1000	533	153
	VI	**6826**	2695	2695							

* Zur LSt-Berechnung für privat versicherte Arbeitnehmer s. Beispiele **Vorbemerkung S. 4f.**
** Basisvorsorgepauschale KV und PV *** Typisierter Arbeitgeberzuschuss

Lohn/ Gehalt in € bis	Steuerklasse	**Lohn-steuer***	BVSP**	TAGZ***	Steuerklasse	Bemessungsgrundlage für Kirchensteuer und Solidaritätszuschlag – Freibeträge für ... Kinder 0,5	**1,0**	1,5	**2,0**	2,5	**3,0**
29411,99	I,IV	**3173**	2698	2698	I	2054	1007	158			
	II	**2655**	2698	2698	II	1569	578				
	III	**566**	3000	2698	III						
	V	**6446**	2698	2698	IV	2604	2054	1521	1007	539	158
	VI	**6836**	2698	2698							
29447,99	I,IV	**3182**	2701	2701	I	2061	1015	163			
	II	**2663**	2701	2701	II	1576	584				
	III	**572**	3000	2701	III						
	V	**6456**	2701	2701	IV	2612	2061	1529	1015	545	163
	VI	**6850**	2701	2701							
29483,99	I,IV	**3190**	2705	2705	I	2069	1022	167			
	II	**2671**	2705	2705	II	1584	590				
	III	**576**	3000	2705	III						
	V	**6470**	2705	2705	IV	2620	2069	1536	1022	551	167
	VI	**6860**	2705	2705							
29519,99	I,IV	**3198**	2708	2708	I	2077	1029	172			
	II	**2679**	2708	2708	II	1591	596				
	III	**584**	3000	2708	III						
	V	**6480**	2708	2708	IV	2628	2077	1544	1029	557	172
	VI	**6872**	2708	2708							
29555,99	I,IV	**3206**	2711	2711	I	2085	1036	177			
	II	**2687**	2711	2711	II	1599	603				
	III	**590**	3000	2711	III						
	V	**6490**	2711	2711	IV	2636	2085	1551	1036	564	177
	VI	**6882**	2711	2711							
29591,99	I,IV	**3215**	2715	2715	I	2092	1044	182			
	II	**2695**	2715	2715	II	1606	609				
	III	**594**	3000	2715	III						
	V	**6502**	2715	2715	IV	2644	2092	1559	1044	570	182
	VI	**6896**	2715	2715							
29627,99	I,IV	**3223**	2718	2718	I	2100	1051	187			
	II	**2703**	2718	2718	II	1614	615				
	III	**600**	3000	2718	III						
	V	**6514**	2718	2718	IV	2652	2100	1566	1051	576	187
	VI	**6906**	2718	2718							
29663,99	I,IV	**3231**	2721	2721	I	2108	1058	192			
	II	**2711**	2721	2721	II	1621	621				
	III	**606**	3000	2721	III						
	V	**6524**	2721	2721	IV	2660	2108	1574	1058	582	192
	VI	**6916**	2721	2721							
29699,99	I,IV	**3239**	2724	2724	I	2115	1065	197			
	II	**2719**	2724	2724	II	1628	628				
	III	**612**	3000	2724	III						
	V	**6536**	2724	2724	IV	2668	2115	1581	1065	588	197
	VI	**6930**	2724	2724							
29735,99	I,IV	**3248**	2728	2728	I	2123	1072	202			
	II	**2727**	2728	2728	II	1636	634				
	III	**618**	3000	2728	III						
	V	**6546**	2728	2728	IV	2676	2123	1589	1072	594	202
	VI	**6940**	2728	2728							
29771,99	I,IV	**3256**	2731	2731	I	2131	1080	207			
	II	**2735**	2731	2731	II	1644	640				
	III	**624**	3000	2731	III						
	V	**6558**	2731	2731	IV	2684	2131	1596	1080	601	207
	VI	**6952**	2731	2731							
29807,99	I,IV	**3264**	2734	2734	I	2139	1087	212			
	II	**2743**	2734	2734	II	1651	647				
	III	**630**	3000	2734	III						
	V	**6570**	2734	2734	IV	2692	2139	1604	1087	607	212
	VI	**6962**	2734	2734							

* Zur LSt-Berechnung für privat versicherte Arbeitnehmer s. Beispiele **Vorbemerkung S. 4f.**
** Basisvorsorgepauschale KV und PV *** Typisierter Arbeitgeberzuschuss

Lohn/ Gehalt in € bis	Steuerklasse	Lohn-steuer*	BVSP**	TAGZ***	Steuerklasse	Bemessungsgrundlage für Kirchensteuer und Solidaritätszuschlag					
						Freibeträge für ... Kinder					
						0,5	**1,0**	1,5	**2,0**	2,5	**3,0**
29843,99	I,IV	**3272**	2738	2738	I	2147	1094	217			
	II	**2751**	2738	2738	II	1659	653				
	III	**636**	3000	2738	III						
	V	**6580**	2738	2738	IV	2700	2147	1611	1094	613	217
	VI	**6976**	2738	2738							
29879,99	I,IV	**3281**	2741	2741	I	2154	1101	222			
	II	**2759**	2741	2741	II	1666	660				
	III	**642**	3000	2741	III						
	V	**6590**	2741	2741	IV	2708	2154	1619	1101	619	222
	VI	**6986**	2741	2741							
29915,99	I,IV	**3289**	2744	2744	I	2162	1109	227			
	II	**2767**	2744	2744	II	1674	666				
	III	**648**	3000	2744	III						
	V	**6604**	2744	2744	IV	2716	2162	1626	1109	626	227
	VI	**6998**	2744	2744							
29951,99	I,IV	**3297**	2748	2748	I	2170	1116	232			
	II	**2775**	2748	2748	II	1681	672				
	III	**654**	3000	2748	III						
	V	**6614**	2748	2748	IV	2725	2170	1634	1116	632	232
	VI	**7008**	2748	2748							
29987,99	I,IV	**3306**	2751	2751	I	2177	1123	237			
	II	**2783**	2751	2751	II	1689	679				
	III	**660**	3000	2751	III						
	V	**6626**	2751	2751	IV	2732	2177	1641	1123	638	237
	VI	**7022**	2751	2751							
30023,99	I,IV	**3314**	2754	2754	I	2185	1130	242			
	II	**2791**	2754	2754	II	1696	685				
	III	**666**	3000	2754	III						
	V	**6636**	2754	2754	IV	2740	2185	1649	1130	645	242
	VI	**7032**	2754	2754							
30059,99	I,IV	**3322**	2758	2758	I	2193	1137	247			
	II	**2799**	2758	2758	II	1704	692				
	III	**672**	3000	2758	III						
	V	**6648**	2758	2758	IV	2748	2193	1656	1137	651	247
	VI	**7044**	2758	2758							
30095,99	I,IV	**3331**	2761	2761	I	2201	1145	252			
	II	**2808**	2761	2761	II	1711	698				
	III	**678**	3000	2761	III	2					
	V	**6658**	2761	2761	IV	2757	2201	1664	1145	657	252
	VI	**7056**	2761	2761							
30131,99	I,IV	**3339**	2764	2764	I	2209	1152	258			
	II	**2816**	2764	2764	II	1719	705				
	III	**684**	3000	2764	III	8					
	V	**6672**	2764	2764	IV	2765	2209	1671	1152	664	258
	VI	**7068**	2764	2764							
30167,99	I,IV	**3347**	2767	2767	I	2217	1159	263			
	II	**2824**	2767	2767	II	1726	711				
	III	**690**	3000	2767	III	12					
	V	**6682**	2767	2767	IV	2773	2217	1679	1159	670	263
	VI	**7078**	2767	2767							
30203,99	I,IV	**3356**	2771	2771	I	2224	1167	268			
	II	**2832**	2771	2771	II	1734	718				
	III	**696**	3000	2771	III	16					
	V	**6692**	2771	2771	IV	2781	2224	1686	1167	677	268
	VI	**7090**	2771	2771							
30239,99	I,IV	**3364**	2774	2774	I	2232	1174	273			
	II	**2840**	2774	2774	II	1742	724				
	III	**702**	3000	2774	III	22					
	V	**6706**	2774	2774	IV	2789	2232	1694	1174	683	273
	VI	**7102**	2774	2774							

* Zur LSt-Berechnung für privat versicherte Arbeitnehmer s. Beispiele **Vorbemerkung S. 4 f.**
** Basisvorsorgepauschale KV und PV *** Typisierter Arbeitgeberzuschuss

Lohn/ Gehalt in € bis	Steuerklasse	Lohn-steuer*	BVSP**	TAGZ***	Steuerklasse	Bemessungsgrundlage für Kirchensteuer und Solidaritätszuschlag					
						Freibeträge für ... Kinder					
						0,5	**1,0**	1,5	**2,0**	2,5	**3,0**
30275,99	I,IV	**3372**	2777	2777	I	2240	1181	278			
	II	**2848**	2777	2777	II	1749	731				
	III	**708**	3000	2777	III	26					
	V	**6716**	2777	2777	IV	2797	2240	1701	1181	690	278
	VI	**7114**	2777	2777							
30311,99	I,IV	**3380**	2781	2781	I	2248	1188	284			
	II	**2856**	2781	2781	II	1757	737				
	III	**714**	3000	2781	III	30					
	V	**6726**	2781	2781	IV	2805	2248	1709	1188	696	284
	VI	**7124**	2781	2781							
30347,99	I,IV	**3389**	2784	2784	I	2255	1196	289			
	II	**2864**	2784	2784	II	1764	744				
	III	**720**	3000	2784	III	36					
	V	**6740**	2784	2784	IV	2813	2255	1716	1196	703	289
	VI	**7136**	2784	2784							
30383,99	I,IV	**3397**	2787	2787	I	2263	1203	294			
	II	**2872**	2787	2787	II	1772	751				
	III	**726**	3000	2787	III	40					
	V	**6750**	2787	2787	IV	2821	2263	1724	1203	709	294
	VI	**7150**	2787	2787							
30419,99	I,IV	**3405**	2791	2791	I	2271	1210	299			
	II	**2880**	2791	2791	II	1779	757				
	III	**734**	3000	2791	III	44					
	V	**6760**	2791	2791	IV	2829	2271	1732	1210	716	299
	VI	**7160**	2791	2791							
30455,99	I,IV	**3414**	2794	2794	I	2279	1218	305			
	II	**2888**	2794	2794	II	1787	764	1			
	III	**740**	3000	2794	III	50					
	V	**6774**	2794	2794	IV	2837	2279	1739	1218	722	305
	VI	**7172**	2794	2794							
30491,99	I,IV	**3422**	2797	2797	I	2287	1225	310			
	II	**2897**	2797	2797	II	1795	771	5			
	III	**746**	3000	2797	III	54					
	V	**6784**	2797	2797	IV	2845	2287	1747	1225	729	310
	VI	**7182**	2797	2797							
30527,99	I,IV	**3431**	2800	2800	I	2295	1232	316			
	II	**2905**	2800	2800	II	1802	778	9			
	III	**752**	3000	2800	III	60					
	V	**6796**	2800	2800	IV	2853	2295	1754	1232	735	316
	VI	**7194**	2800	2800							
30563,99	I,IV	**3439**	2804	2804	I	2303	1240	321			
	II	**2913**	2804	2804	II	1810	784	14			
	III	**758**	3000	2804	III	64					
	V	**6806**	2804	2804	IV	2862	2303	1762	1240	742	321
	VI	**7208**	2804	2804							
30599,99	I,IV	**3447**	2807	2807	I	2310	1247	326			
	II	**2921**	2807	2807	II	1817	791	18			
	III	**764**	3000	2807	III	68					
	V	**6818**	2807	2807	IV	2869	2310	1769	1247	749	326
	VI	**7218**	2807	2807							
30635,99	I,IV	**3456**	2810	2810	I	2318	1254	332			
	II	**2929**	2810	2810	II	1825	798	22			
	III	**770**	3000	2810	III	74					
	V	**6830**	2810	2810	IV	2878	2318	1777	1254	755	332
	VI	**7230**	2810	2810							
30671,99	I,IV	**3464**	2814	2814	I	2326	1261	337			
	II	**2937**	2814	2814	II	1833	805	26			
	III	**776**	3000	2814	III	78					
	V	**6840**	2814	2814	IV	2886	2326	1785	1261	762	337
	VI	**7240**	2814	2814							

* Zur LSt-Berechnung für privat versicherte Arbeitnehmer s. Beispiele **Vorbemerkung S. 4f.**
** Basisvorsorgepauschale KV und PV *** Typisierter Arbeitgeberzuschuss

Lohn/ Gehalt in € bis	Steuerklasse	Lohn-steuer*	BVSP**	TAGZ***	Steuerklasse	Bemessungsgrundlage für Kirchensteuer und Solidaritätszuschlag – Freibeträge für ... Kinder 0,5	1,0	1,5	2,0	2,5	3,0
30 707,99	I,IV	**3 472**	2 817	2 817	I	2 334	1 269	342			
	II	**2 945**	2 817	2 817	II	1 840	811	31			
	III	**782**	3 000	2 817	III	84					
	V	**6 854**	2 817	2 817	IV	2 894	2 334	1 792	1 269	769	342
	VI	**7 254**	2 817	2 817							
30 743,99	I,IV	**3 481**	2 820	2 820	I	2 342	1 276	348			
	II	**2 953**	2 820	2 820	II	1 848	818	35			
	III	**788**	3 000	2 820	III	88					
	V	**6 864**	2 820	2 820	IV	2 902	2 342	1 800	1 276	775	348
	VI	**7 266**	2 820	2 820							
30 779,99	I,IV	**3 489**	2 824	2 824	I	2 350	1 284	353			
	II	**2 962**	2 824	2 824	II	1 855	825	39			
	III	**796**	3 000	2 824	III	92					
	V	**6 874**	2 824	2 824	IV	2 910	2 350	1 807	1 284	782	353
	VI	**7 276**	2 824	2 824							
30 815,99	I,IV	**3 498**	2 827	2 827	I	2 357	1 291	359			
	II	**2 970**	2 827	2 827	II	1 863	832	44			
	III	**802**	3 000	2 827	III	98					
	V	**6 888**	2 827	2 827	IV	2 918	2 357	1 815	1 291	789	359
	VI	**7 288**	2 827	2 827							
30 851,99	I,IV	**3 506**	2 830	2 830	I	2 365	1 298	365			
	II	**2 978**	2 830	2 830	II	1 871	839	48			
	III	**808**	3 000	2 830	III	102					
	V	**6 898**	2 830	2 830	IV	2 927	2 365	1 823	1 298	796	365
	VI	**7 300**	2 830	2 830							
30 887,99	I,IV	**3 514**	2 833	2 833	I	2 373	1 306	370			
	II	**2 986**	2 833	2 833	II	1 878	846	53			
	III	**814**	3 000	2 833	III	108					
	V	**6 910**	2 833	2 833	IV	2 935	2 373	1 830	1 306	802	370
	VI	**7 312**	2 833	2 833							
30 923,99	I,IV	**3 523**	2 837	2 837	I	2 381	1 313	375			
	II	**2 994**	2 837	2 837	II	1 886	852	57			
	III	**820**	3 000	2 837	III	112					
	V	**6 922**	2 837	2 837	IV	2 943	2 381	1 838	1 313	809	375
	VI	**7 324**	2 837	2 837							
30 959,99	I,IV	**3 531**	2 840	2 840	I	2 389	1 320	381			
	II	**3 002**	2 840	2 840	II	1 894	859	61			
	III	**826**	3 000	2 840	III	118					
	V	**6 934**	2 840	2 840	IV	2 951	2 389	1 845	1 320	816	381
	VI	**7 334**	2 840	2 840							
30 995,99	I,IV	**3 539**	2 843	2 843	I	2 397	1 328	387			
	II	**3 010**	2 843	2 843	II	1 901	866	66			
	III	**832**	3 000	2 843	III	122					
	V	**6 944**	2 843	2 843	IV	2 959	2 397	1 853	1 328	823	387
	VI	**7 346**	2 843	2 843							
31 031,99	I,IV	**3 548**	2 847	2 847	I	2 405	1 335	392			
	II	**3 019**	2 847	2 847	II	1 909	873	70			
	III	**838**	3 000	2 847	III	128					
	V	**6 956**	2 847	2 847	IV	2 967	2 405	1 861	1 335	830	392
	VI	**7 358**	2 847	2 847							
31 067,99	I,IV	**3 556**	2 850	2 850	I	2 413	1 342	398			
	II	**3 027**	2 850	2 850	II	1 917	880	75			
	III	**846**	3 000	2 850	III	132					
	V	**6 968**	2 850	2 850	IV	2 975	2 413	1 868	1 342	837	398
	VI	**7 372**	2 850	2 850							
31 103,99	I,IV	**3 565**	2 853	2 853	I	2 420	1 350	404			
	II	**3 035**	2 853	2 853	II	1 924	887	79			
	III	**852**	3 000	2 853	III	138					
	V	**6 980**	2 853	2 853	IV	2 983	2 420	1 876	1 350	843	404
	VI	**7 382**	2 853	2 853							

* Zur LSt-Berechnung für private versicherte Arbeitnehmer s. Beispiele **Vorbemerkung S. 4 f.**
** Basisvorsorgepauschale KV und PV *** Typisierter Arbeitgeberzuschuss

Lohn/ Gehalt in € bis	Steuerklasse	Lohn-steuer*	BVSP**	TAGZ***	Steuerklasse	Bemessungsgrundlage für Kirchensteuer und Solidaritätszuschlag					
						Freibeträge für ... Kinder					
						0,5	**1,0**	1,5	**2,0**	2,5	**3,0**
31 139,99	I,IV	**3 573**	2 857	2 857	I	2 428	1 357	409			
	II	**3 043**	2 857	2 857	II	1 932	894	84			
	III	**858**	3 000	2 857	III	142					
	V	**6 990**	2 857	2 857	IV	2 992	2 428	1 884	1 357	850	409
	VI	**7 394**	2 857	2 857							
31 175,99	I,IV	**3 582**	2 860	2 860	I	2 436	1 364	415			
	II	**3 052**	2 860	2 860	II	1 940	902	88			
	III	**864**	3 000	2 860	III	146					
	V	**7 002**	2 860	2 860	IV	3 000	2 436	1 891	1 364	857	415
	VI	**7 406**	2 860	2 860							
31 211,99	I,IV	**3 590**	2 863	2 863	I	2 444	1 372	421			
	II	**3 060**	2 863	2 863	II	1 947	909	93			
	III	**870**	3 000	2 863	III	152					
	V	**7 012**	2 863	2 863	IV	3 008	2 444	1 899	1 372	864	421
	VI	**7 418**	2 863	2 863							
31 247,99	I,IV	**3 598**	2 867	2 867	I	2 452	1 379	426			
	II	**3 068**	2 867	2 867	II	1 955	915	97			
	III	**876**	3 000	2 867	III	156					
	V	**7 024**	2 867	2 867	IV	3 016	2 452	1 906	1 379	871	426
	VI	**7 430**	2 867	2 867							
31 283,99	I,IV	**3 607**	2 870	2 870	I	2 460	1 386	432			
	II	**3 076**	2 870	2 870	II	1 962	923	102			
	III	**884**	3 000	2 870	III	162					
	V	**7 036**	2 870	2 870	IV	3 024	2 460	1 914	1 386	878	432
	VI	**7 442**	2 870	2 870							
31 319,99	I,IV	**3 615**	2 873	2 873	I	2 468	1 394	438			
	II	**3 084**	2 873	2 873	II	1 970	930	107			
	III	**890**	3 000	2 873	III	168					
	V	**7 048**	2 873	2 873	IV	3 032	2 468	1 922	1 394	885	438
	VI	**7 452**	2 873	2 873							
31 355,99	I,IV	**3 624**	2 876	2 876	I	2 476	1 401	443			
	II	**3 092**	2 876	2 876	II	1 978	937	111			
	III	**896**	3 000	2 876	III	172					
	V	**7 060**	2 876	2 876	IV	3 041	2 476	1 929	1 401	892	443
	VI	**7 464**	2 876	2 876							
31 391,99	I,IV	**3 632**	2 880	2 880	I	2 484	1 409	449			
	II	**3 101**	2 880	2 880	II	1 986	944	116			
	III	**902**	3 000	2 880	III	178					
	V	**7 072**	2 880	2 880	IV	3 049	2 484	1 937	1 409	899	449
	VI	**7 476**	2 880	2 880							
31 427,99	I,IV	**3 641**	2 883	2 883	I	2 492	1 416	455			
	II	**3 109**	2 883	2 883	II	1 993	951	121			
	III	**910**	3 000	2 883	III	182					
	V	**7 082**	2 883	2 883	IV	3 057	2 492	1 945	1 416	906	455
	VI	**7 488**	2 883	2 883							
31 463,99	I,IV	**3 649**	2 886	2 886	I	2 500	1 424	461			
	II	**3 117**	2 886	2 886	II	2 001	958	125			
	III	**916**	3 000	2 886	III	188					
	V	**7 094**	2 886	2 886	IV	3 065	2 500	1 952	1 424	913	461
	VI	**7 502**	2 886	2 886							
31 499,99	I,IV	**3 658**	2 890	2 890	I	2 508	1 431	467			
	II	**3 125**	2 890	2 890	II	2 009	966	130			
	III	**922**	3 000	2 890	III	192					
	V	**7 106**	2 890	2 890	IV	3 073	2 508	1 960	1 431	920	467
	VI	**7 512**	2 890	2 890							
31 535,99	I,IV	**3 666**	2 893	2 893	I	2 515	1 438	472			
	II	**3 133**	2 893	2 893	II	2 016	973	135			
	III	**928**	3 000	2 893	III	198					
	V	**7 118**	2 893	2 893	IV	3 081	2 515	1 968	1 438	927	472
	VI	**7 524**	2 893	2 893							

* Zur LSt-Berechnung für privat versicherte Arbeitnehmer s. Beispiele **Vorbemerkung S. 4 f.**
** Basisvorsorgepauschale KV und PV *** Typisierter Arbeitgeberzuschuss

Lohn/ Gehalt in € bis	Steuerklasse	Lohn- steuer*	BVSP**	TAGZ***	Steuerklasse	Bemessungsgrundlage für Kirchensteuer und Solidaritätszuschlag – Freibeträge für ... Kinder 0,5	1,0	1,5	2,0	2,5	3,0
31 571,99	I,IV	**3674**	2896	2896	I	2523	1446	478			
	II	**3142**	2896	2896	II	2024	980	139			
	III	**936**	3000	2896	III	202					
	V	**7128**	2896	2896	IV	3090	2523	1975	1446	934	478
	VI	**7536**	2896	2896							
31 607,99	I,IV	**3683**	2900	2900	I	2531	1453	484			
	II	**3150**	2900	2900	II	2032	987	144			
	III	**942**	3000	2900	III	208					
	V	**7140**	2900	2900	IV	3098	2531	1983	1453	942	484
	VI	**7546**	2900	2900							
31 643,99	I,IV	**3691**	2903	2903	I	2539	1461	490			
	II	**3158**	2903	2903	II	2039	994	149			
	III	**948**	3000	2903	III	212					
	V	**7152**	2903	2903	IV	3106	2539	1991	1461	949	490
	VI	**7560**	2903	2903							
31 679,99	I,IV	**3700**	2906	2906	I	2547	1468	496			
	II	**3166**	2906	2906	II	2047	1001	154			
	III	**954**	3000	2906	III	218					
	V	**7164**	2906	2906	IV	3114	2547	1998	1468	956	496
	VI	**7572**	2906	2906							
31 715,99	I,IV	**3708**	2909	2909	I	2555	1475	502			
	II	**3175**	2909	2909	II	2055	1009	159			
	III	**962**	3000	2909	III	222					
	V	**7176**	2909	2909	IV	3123	2555	2006	1475	963	502
	VI	**7584**	2909	2909							
31 751,99	I,IV	**3717**	2913	2913	I	2563	1483	508			
	II	**3183**	2913	2913	II	2063	1016	163			
	III	**968**	3000	2913	III	228					
	V	**7186**	2913	2913	IV	3131	2563	2014	1483	970	508
	VI	**7596**	2913	2913							
31 787,99	I,IV	**3725**	2916	2916	I	2571	1490	514			
	II	**3191**	2916	2916	II	2070	1023	168			
	III	**974**	3000	2916	III	234					
	V	**7198**	2916	2916	IV	3139	2571	2022	1490	978	514
	VI	**7608**	2916	2916							
31 823,99	I,IV	**3734**	2919	2919	I	2579	1498	520			
	II	**3199**	2919	2919	II	2078	1030	173			
	III	**980**	3000	2919	III	238					
	V	**7212**	2919	2919	IV	3147	2579	2029	1498	985	520
	VI	**7618**	2919	2919							
31 859,99	I,IV	**3742**	2923	2923	I	2587	1505	526			
	II	**3207**	2923	2923	II	2086	1037	178			
	III	**988**	3000	2923	III	244					
	V	**7222**	2923	2923	IV	3155	2587	2037	1505	992	526
	VI	**7632**	2923	2923							
31 895,99	I,IV	**3751**	2926	2926	I	2595	1513	532			
	II	**3216**	2926	2926	II	2093	1045	183			
	III	**994**	3000	2926	III	248					
	V	**7234**	2926	2926	IV	3164	2595	2045	1513	999	532
	VI	**7644**	2926	2926							
31 931,99	I,IV	**3759**	2929	2929	I	2603	1520	538			
	II	**3224**	2929	2929	II	2101	1052	188			
	III	**1000**	3000	2929	III	254					
	V	**7244**	2929	2929	IV	3172	2603	2052	1520	1006	538
	VI	**7656**	2929	2929							
31 967,99	I,IV	**3768**	2933	2933	I	2611	1528	544			
	II	**3232**	2933	2933	II	2109	1059	193			
	III	**1006**	3000	2933	III	260					
	V	**7258**	2933	2933	IV	3180	2611	2060	1528	1013	544
	VI	**7666**	2933	2933							

* Zur LSt-Berechnung für privat versicherte Arbeitnehmer s. Beispiele **Vorbemerkung S. 4 f.**
** Basisvorsorgepauschale KV und PV *** Typisierter Arbeitgeberzuschuss

Lohn/ Gehalt in € bis	Steuerklasse	Lohn-steuer*	BVSP**	TAGZ***	Steuerklasse	Bemessungsgrundlage für Kirchensteuer und Solidaritätszuschlag – Freibeträge für ... Kinder 0,5	**1,0**	1,5	**2,0**	2,5	**3,0**
32 003,99	I,IV	**3 776**	2 936	2 936	I	2 619	1 535	550			
	II	**3 241**	2 936	2 936	II	2 117	1 066	198			
	III	**1 014**	3 000	2 936	III	264					
	V	**7 270**	2 936	2 936	IV	3 188	2 619	2 068	1 535	1 021	550
	VI	**7 678**	2 936	2 936							
32 039,99	I,IV	**3 785**	2 939	2 939	I	2 627	1 543	556			
	II	**3 249**	2 939	2 939	II	2 124	1 073	203			
	III	**1 020**	3 000	2 939	III	270					
	V	**7 280**	2 939	2 939	IV	3 197	2 627	2 076	1 543	1 028	556
	VI	**7 690**	2 939	2 939							
32 075,99	I,IV	**3 793**	2 942	2 942	I	2 635	1 550	562			
	II	**3 257**	2 942	2 942	II	2 132	1 081	208			
	III	**1 026**	3 000	2 942	III	276					
	V	**7 292**	2 942	2 942	IV	3 205	2 635	2 083	1 550	1 035	562
	VI	**7 702**	2 942	2 942							
32 111,99	I,IV	**3 802**	2 946	2 946	I	2 643	1 558	569			
	II	**3 266**	2 946	2 946	II	2 140	1 088	213			
	III	**1 034**	3 000	2 946	III	280					
	V	**7 304**	2 946	2 946	IV	3 213	2 643	2 091	1 558	1 042	569
	VI	**7 714**	2 946	2 946							
32 147,99	I,IV	**3 810**	2 949	2 949	I	2 651	1 565	575			
	II	**3 274**	2 949	2 949	II	2 148	1 095	218			
	III	**1 040**	3 000	2 949	III	286					
	V	**7 316**	2 949	2 949	IV	3 222	2 651	2 099	1 565	1 050	575
	VI	**7 728**	2 949	2 949							
32 183,99	I,IV	**3 819**	2 952	2 952	I	2 659	1 572	581			
	II	**3 282**	2 952	2 952	II	2 155	1 102	223			
	III	**1 046**	3 000	2 952	III	290					
	V	**7 328**	2 952	2 952	IV	3 230	2 659	2 106	1 572	1 057	581
	VI	**7 738**	2 952	2 952							
32 219,99	I,IV	**3 827**	2 956	2 956	I	2 667	1 580	587			
	II	**3 290**	2 956	2 956	II	2 163	1 110	228			
	III	**1 054**	3 000	2 956	III	296					
	V	**7 338**	2 956	2 956	IV	3 238	2 667	2 114	1 580	1 064	587
	VI	**7 750**	2 956	2 956							
32 255,99	I,IV	**3 836**	2 959	2 959	I	2 675	1 587	593			
	II	**3 299**	2 959	2 959	II	2 171	1 117	233			
	III	**1 060**	3 000	2 959	III	302					
	V	**7 350**	2 959	2 959	IV	3 246	2 675	2 122	1 587	1 071	593
	VI	**7 762**	2 959	2 959							
32 291,99	I,IV	**3 844**	2 962	2 962	I	2 683	1 595	599			
	II	**3 307**	2 962	2 962	II	2 179	1 124	238			
	III	**1 068**	3 000	2 962	III	306					
	V	**7 364**	2 962	2 962	IV	3 254	2 683	2 130	1 595	1 078	599
	VI	**7 774**	2 962	2 962							
32 327,99	I,IV	**3 853**	2 966	2 966	I	2 691	1 602	606			
	II	**3 315**	2 966	2 966	II	2 187	1 131	243			
	III	**1 074**	3 000	2 966	III	312					
	V	**7 374**	2 966	2 966	IV	3 263	2 691	2 137	1 602	1 086	606
	VI	**7 786**	2 966	2 966							
32 363,99	I,IV	**3 862**	2 969	2 969	I	2 699	1 610	612			
	II	**3 324**	2 969	2 969	II	2 194	1 139	248			
	III	**1 080**	3 000	2 969	III	318					
	V	**7 386**	2 969	2 969	IV	3 271	2 699	2 145	1 610	1 093	612
	VI	**7 798**	2 969	2 969							
32 399,99	I,IV	**3 870**	2 972	2 972	I	2 707	1 617	618			
	II	**3 332**	2 972	2 972	II	2 202	1 146	253			
	III	**1 088**	3 000	2 972	III	322					
	V	**7 398**	2 972	2 972	IV	3 279	2 707	2 153	1 617	1 100	618
	VI	**7 810**	2 972	2 972							

* Zur LSt-Berechnung für privat versicherte Arbeitnehmer s. Beispiele **Vorbemerkung S. 4 f.**
** Basisvorsorgepauschale KV und PV *** Typisierter Arbeitgeberzuschuss

Lohn/ Gehalt in € bis	Steuerklasse	Lohn- steuer*	BVSP**	TAGZ***	Steuerklasse	Bemessungsgrundlage für Kirchensteuer und Solidaritätszuschlag – Freibeträge für ... Kinder 0,5	1,0	1,5	2,0	2,5	3,0
32435,99	I,IV	**3879**	2976	2976	I	2715	1625	625			
	II	**3340**	2976	2976	II	2210	1153	258			
	III	**1094**	3000	2976	III	328					
	V	**7410**	2976	2976	IV	3288	2715	2161	1625	1107	625
	VI	**7824**	2976	2976							
32471,99	I,IV	**3887**	2979	2979	I	2723	1632	631			
	II	**3348**	2979	2979	II	2218	1160	263			
	III	**1100**	3000	2979	III	334					
	V	**7422**	2979	2979	IV	3296	2723	2168	1632	1114	631
	VI	**7834**	2979	2979							
32507,99	I,IV	**3896**	2982	2982	I	2731	1640	637			
	II	**3357**	2982	2982	II	2225	1168	269			
	III	**1108**	3000	2982	III	338					
	V	**7434**	2982	2982	IV	3304	2731	2176	1640	1122	637
	VI	**7846**	2982	2982							
32543,99	I,IV	**3904**	2985	2985	I	2739	1647	644			
	II	**3365**	2985	2985	II	2233	1175	274			
	III	**1114**	3000	2985	III	344					
	V	**7446**	2985	2985	IV	3312	2739	2184	1647	1129	644
	VI	**7858**	2985	2985							
32579,99	I,IV	**3913**	2989	2989	I	2747	1655	650			
	II	**3373**	2989	2989	II	2241	1182	279			
	III	**1120**	3000	2989	III	350					
	V	**7456**	2989	2989	IV	3321	2747	2192	1655	1136	650
	VI	**7870**	2989	2989							
32615,99	I,IV	**3921**	2992	2992	I	2755	1662	656			
	II	**3382**	2992	2992	II	2249	1190	284			
	III	**1128**	3000	2992	III	356					
	V	**7468**	2992	2992	IV	3329	2755	2200	1662	1144	656
	VI	**7882**	2992	2992							
32651,99	I,IV	**3930**	2995	2995	I	2763	1670	663			
	II	**3390**	2995	2995	II	2257	1197	290			
	III	**1134**	3000	2995	III	360					
	V	**7480**	2995	2995	IV	3337	2763	2207	1670	1151	663
	VI	**7894**	2995	2995							
32687,99	I,IV	**3939**	2999	2999	I	2771	1678	669			
	II	**3399**	2999	2999	II	2265	1204	295			
	III	**1142**	3000	2999	III	366					
	V	**7494**	2999	2999	IV	3346	2771	2215	1678	1158	669
	VI	**7906**	2999	2999							
32723,99	I,IV	**3947**	3002	3002	I	2779	1685	676			
	II	**3407**	3002	3002	II	2272	1212	300			
	III	**1148**	3002	3002	III	372					
	V	**7504**	3002	3002	IV	3354	2779	2223	1685	1165	676
	VI	**7918**	3002	3002							
32759,99	I,IV	**3956**	3005	3005	I	2788	1693	682			
	II	**3415**	3005	3005	II	2280	1219	306			
	III	**1154**	3005	3005	III	376					
	V	**7516**	3005	3005	IV	3363	2788	2231	1693	1173	682
	VI	**7932**	3005	3005							
32795,99	I,IV	**3964**	3009	3009	I	2795	1700	688			
	II	**3423**	3009	3009	II	2288	1226	311			
	III	**1160**	3009	3009	III	380					
	V	**7528**	3009	3009	IV	3371	2795	2238	1700	1180	688
	VI	**7944**	3009	3009							
32831,99	I,IV	**3973**	3012	3012	I	2803	1708	695			
	II	**3432**	3012	3012	II	2296	1233	316			
	III	**1166**	3012	3012	III	386					
	V	**7538**	3012	3012	IV	3379	2803	2246	1708	1187	695
	VI	**7956**	3012	3012							

* Zur LSt-Berechnung für privat versicherte Arbeitnehmer s. Beispiele **Vorbemerkung S. 4 f.**
** Basisvorsorgepauschale KV und PV *** Typisierter Arbeitgeberzuschuss

Lohn/ Gehalt in € bis	Steuerklasse	**Lohn-steuer***	BVSP**	TAGZ***	Steuerklasse	Bemessungsgrundlage für Kirchensteuer und Solidaritätszuschlag					
						Freibeträge für ... Kinder					
						0,5	**1,0**	1,5	**2,0**	2,5	**3,0**
32 867,99	I,IV	**3 981**	3 015	3 015	I	2 812	1 715	701			
	II	**3 440**	3 015	3 015	II	2 304	1 241	322			
	III	**1 172**	3 015	3 015	III	390					
	V	**7 550**	3 015	3 015	IV	3 387	2 812	2 254	1 715	1 194	701
	VI	**7 968**	3 015	3 015							
32 903,99	I,IV	**3 990**	3 018	3 018	I	2 820	1 723	708			
	II	**3 449**	3 018	3 018	II	2 312	1 248	327			
	III	**1 178**	3 018	3 018	III	396					
	V	**7 564**	3 018	3 018	IV	3 396	2 820	2 262	1 723	1 202	708
	VI	**7 980**	3 018	3 018							
32 939,99	I,IV	**3 999**	3 022	3 022	I	2 828	1 730	715			
	II	**3 457**	3 022	3 022	II	2 319	1 255	332			
	III	**1 184**	3 022	3 022	III	400					
	V	**7 576**	3 022	3 022	IV	3 404	2 828	2 270	1 730	1 209	715
	VI	**7 992**	3 022	3 022							
32 975,99	I,IV	**4 007**	3 025	3 025	I	2 836	1 738	721			
	II	**3 465**	3 025	3 025	II	2 327	1 263	338			
	III	**1 192**	3 025	3 025	III	406					
	V	**7 588**	3 025	3 025	IV	3 412	2 836	2 278	1 738	1 216	721
	VI	**8 004**	3 025	3 025							
33 011,99	I,IV	**4 016**	3 028	3 028	I	2 844	1 745	728			
	II	**3 474**	3 028	3 028	II	2 335	1 270	343			
	III	**1 198**	3 028	3 028	III	410					
	V	**7 600**	3 028	3 028	IV	3 421	2 844	2 286	1 745	1 224	728
	VI	**8 016**	3 028	3 028							
33 047,99	I,IV	**4 025**	3 032	3 032	I	2 852	1 753	734			
	II	**3 482**	3 032	3 032	II	2 343	1 277	349			
	III	**1 204**	3 032	3 032	III	416					
	V	**7 610**	3 032	3 032	IV	3 429	2 852	2 293	1 753	1 231	734
	VI	**8 028**	3 032	3 032							
33 083,99	I,IV	**4 033**	3 035	3 035	I	2 860	1 761	741			
	II	**3 491**	3 035	3 035	II	2 351	1 285	354			
	III	**1 210**	3 035	3 035	III	420					
	V	**7 622**	3 035	3 035	IV	3 438	2 860	2 301	1 761	1 238	741
	VI	**8 040**	3 035	3 035							
33 119,99	I,IV	**4 042**	3 038	3 038	I	2 868	1 768	747			
	II	**3 499**	3 038	3 038	II	2 359	1 292	360			
	III	**1 216**	3 038	3 038	III	426					
	V	**7 636**	3 038	3 038	IV	3 446	2 868	2 309	1 768	1 246	747
	VI	**8 054**	3 038	3 038							
33 155,99	I,IV	**4 050**	3 042	3 042	I	2 876	1 776	754			
	II	**3 507**	3 042	3 042	II	2 366	1 299	365			
	III	**1 222**	3 042	3 042	III	430					
	V	**7 648**	3 042	3 042	IV	3 454	2 876	2 317	1 776	1 253	754
	VI	**8 066**	3 042	3 042							
33 191,99	I,IV	**4 059**	3 045	3 045	I	2 884	1 783	761			
	II	**3 516**	3 045	3 045	II	2 374	1 307	371			
	III	**1 228**	3 045	3 045	III	436					
	V	**7 658**	3 045	3 045	IV	3 463	2 884	2 325	1 783	1 260	761
	VI	**8 078**	3 045	3 045							
33 227,99	I,IV	**4 068**	3 048	3 048	I	2 893	1 791	768	3		
	II	**3 524**	3 048	3 048	II	2 382	1 314	376			
	III	**1 236**	3 048	3 048	III	440					
	V	**7 670**	3 048	3 048	IV	3 471	2 893	2 333	1 791	1 268	768
	VI	**8 090**	3 048	3 048							
33 263,99	I,IV	**4 076**	3 051	3 051	I	2 901	1 798	774	7		
	II	**3 532**	3 051	3 051	II	2 390	1 321	382			
	III	**1 242**	3 051	3 051	III	446					
	V	**7 682**	3 051	3 051	IV	3 479	2 901	2 340	1 798	1 275	774
	VI	**8 102**	3 051	3 051							

* Zur LSt-Berechnung für privat versicherte Arbeitnehmer s. Beispiele **Vorbemerkung S. 4f.**
** Basisvorsorgepauschale KV und PV *** Typisierter Arbeitgeberzuschuss

Lohn/ Gehalt in € bis	Steuerklasse	Lohn-steuer*	BVSP**	TAGZ***	Steuerklasse	Bemessungsgrundlage für Kirchensteuer und Solidaritätszuschlag – Freibeträge für ... Kinder 0,5	1,0	1,5	2,0	2,5	3,0
33299,99	I,IV	**4085**	3055	3055	I	2909	1806	781	12		
	II	**3541**	3055	3055	II	2398	1329	388			
	III	**1248**	3055	3055	III	450					
	V	**7694**	3055	3055	IV	3488	2909	2348	1806	1282	781
	VI	**8114**	3055	3055							
33335,99	I,IV	**4094**	3058	3058	I	2917	1814	788	16		
	II	**3549**	3058	3058	II	2406	1336	393			
	III	**1254**	3058	3058	III	456					
	V	**7706**	3058	3058	IV	3496	2917	2356	1814	1290	788
	VI	**8126**	3058	3058							
33371,99	I,IV	**4102**	3061	3061	I	2925	1821	795	20		
	II	**3558**	3061	3061	II	2414	1344	399			
	III	**1260**	3061	3061	III	462					
	V	**7718**	3061	3061	IV	3505	2925	2364	1821	1297	795
	VI	**8138**	3061	3061							
33407,99	I,IV	**4111**	3065	3065	I	2933	1829	801	24		
	II	**3566**	3065	3065	II	2422	1351	404			
	III	**1266**	3065	3065	III	466					
	V	**7730**	3065	3065	IV	3513	2933	2372	1829	1304	801
	VI	**8150**	3065	3065							
33443,99	I,IV	**4119**	3068	3068	I	2941	1836	808	29		
	II	**3574**	3068	3068	II	2429	1358	410			
	III	**1272**	3068	3068	III	470					
	V	**7742**	3068	3068	IV	3521	2941	2380	1836	1312	808
	VI	**8162**	3068	3068							
33479,99	I,IV	**4128**	3071	3071	I	2949	1844	815	33		
	II	**3583**	3071	3071	II	2437	1365	416			
	III	**1278**	3071	3071	III	476					
	V	**7754**	3071	3071	IV	3530	2949	2388	1844	1319	815
	VI	**8174**	3071	3071							
33515,99	I,IV	**4137**	3075	3075	I	2958	1852	822	37		
	II	**3591**	3075	3075	II	2445	1373	421			
	III	**1286**	3075	3075	III	482					
	V	**7766**	3075	3075	IV	3538	2958	2395	1852	1326	822
	VI	**8186**	3075	3075							
33551,99	I,IV	**4146**	3078	3078	I	2966	1859	829	42		
	II	**3600**	3078	3078	II	2453	1380	427			
	III	**1292**	3078	3078	III	486					
	V	**7778**	3078	3078	IV	3546	2966	2403	1859	1334	829
	VI	**8200**	3078	3078							
33587,99	I,IV	**4154**	3081	3081	I	2974	1867	835	46		
	II	**3608**	3081	3081	II	2461	1388	433			
	III	**1298**	3081	3081	III	492					
	V	**7790**	3081	3081	IV	3555	2974	2411	1867	1341	835
	VI	**8212**	3081	3081							
33623,99	I,IV	**4163**	3085	3085	I	2982	1875	842	50		
	II	**3617**	3085	3085	II	2469	1395	439			
	III	**1304**	3085	3085	III	496					
	V	**7802**	3085	3085	IV	3563	2982	2419	1875	1348	842
	VI	**8224**	3085	3085							
33659,99	I,IV	**4172**	3088	3088	I	2990	1882	849	55		
	II	**3625**	3088	3088	II	2477	1403	444			
	III	**1310**	3088	3088	III	502					
	V	**7816**	3088	3088	IV	3572	2990	2427	1882	1356	849
	VI	**8236**	3088	3088							
33695,99	I,IV	**4180**	3091	3091	I	2998	1890	856	59		
	II	**3634**	3091	3091	II	2485	1410	450			
	III	**1318**	3091	3091	III	506					
	V	**7828**	3091	3091	IV	3580	2998	2435	1890	1363	856
	VI	**8248**	3091	3091							

* Zur LSt-Berechnung für privat versicherte Arbeitnehmer s. Beispiele **Vorbemerkung S. 4 f.**
** Basisvorsorgepauschale KV und PV *** Typisierter Arbeitgeberzuschuss

Lohn/ Gehalt in € bis	Steuerklasse	Lohn-steuer*	BVSP**	TAGZ***	Steuerklasse	Bemessungsgrundlage für Kirchensteuer und Solidaritätszuschlag – Freibeträge für ... Kinder 0,5	**1,0**	1,5	**2,0**	2,5	**3,0**
33 731,99	I,IV	**4 189**	3 094	3 094	I	3 006	1 897	863	64		
	II	**3 642**	3 094	3 094	II	2 493	1 417	456			
	III	**1 324**	3 094	3 094	III	512					
	V	**7 838**	3 094	3 094	IV	3 588	3 006	2 443	1 897	1 370	863
	VI	**8 262**	3 094	3 094							
33 767,99	I,IV	**4 198**	3 098	3 098	I	3 015	1 905	870	68		
	II	**3 650**	3 098	3 098	II	2 501	1 425	462			
	III	**1 330**	3 098	3 098	III	518					
	V	**7 850**	3 098	3 098	IV	3 597	3 015	2 451	1 905	1 378	870
	VI	**8 274**	3 098	3 098							
33 803,99	I,IV	**4 206**	3 101	3 101	I	3 023	1 913	877	73		
	II	**3 659**	3 101	3 101	II	2 509	1 432	468			
	III	**1 336**	3 101	3 101	III	522					
	V	**7 862**	3 101	3 101	IV	3 605	3 023	2 459	1 913	1 385	877
	VI	**8 286**	3 101	3 101							
33 839,99	I,IV	**4 215**	3 104	3 104	I	3 031	1 920	884	77		
	II	**3 667**	3 104	3 104	II	2 517	1 439	473			
	III	**1 344**	3 104	3 104	III	528					
	V	**7 874**	3 104	3 104	IV	3 614	3 031	2 466	1 920	1 393	884
	VI	**8 298**	3 104	3 104							
33 875,99	I,IV	**4 224**	3 108	3 108	I	3 039	1 928	891	82		
	II	**3 676**	3 108	3 108	II	2 525	1 447	479			
	III	**1 350**	3 108	3 108	III	532					
	V	**7 886**	3 108	3 108	IV	3 622	3 039	2 474	1 928	1 400	891
	VI	**8 312**	3 108	3 108							
33 911,99	I,IV	**4 233**	3 111	3 111	I	3 047	1 936	898	86		
	II	**3 684**	3 111	3 111	II	2 533	1 454	485			
	III	**1 356**	3 111	3 111	III	538					
	V	**7 898**	3 111	3 111	IV	3 631	3 047	2 482	1 936	1 407	898
	VI	**8 324**	3 111	3 111							
33 947,99	I,IV	**4 241**	3 114	3 114	I	3 056	1 943	905	91		
	II	**3 693**	3 114	3 114	II	2 541	1 462	491			
	III	**1 362**	3 114	3 114	III	544					
	V	**7 910**	3 114	3 114	IV	3 639	3 056	2 490	1 943	1 415	905
	VI	**8 336**	3 114	3 114							
33 983,99	I,IV	**4 250**	3 118	3 118	I	3 064	1 951	912	95		
	II	**3 701**	3 118	3 118	II	2 549	1 469	497			
	III	**1 368**	3 118	3 118	III	548					
	V	**7 922**	3 118	3 118	IV	3 648	3 064	2 498	1 951	1 422	912
	VI	**8 348**	3 118	3 118							
34 019,99	I,IV	**4 259**	3 121	3 121	I	3 072	1 959	919	100		
	II	**3 710**	3 121	3 121	II	2 557	1 477	503			
	III	**1 376**	3 121	3 121	III	554					
	V	**7 936**	3 121	3 121	IV	3 656	3 072	2 506	1 959	1 430	919
	VI	**8 360**	3 121	3 121							
34 055,99	I,IV	**4 267**	3 124	3 124	I	3 080	1 966	926	104		
	II	**3 718**	3 124	3 124	II	2 564	1 484	509			
	III	**1 382**	3 124	3 124	III	558					
	V	**7 948**	3 124	3 124	IV	3 664	3 080	2 514	1 966	1 437	926
	VI	**8 372**	3 124	3 124							
34 091,99	I,IV	**4 276**	3 127	3 127	I	3 088	1 974	933	109		
	II	**3 727**	3 127	3 127	II	2 572	1 491	515			
	III	**1 388**	3 127	3 127	III	564					
	V	**7 960**	3 127	3 127	IV	3 673	3 088	2 522	1 974	1 444	933
	VI	**8 384**	3 127	3 127							
34 127,99	I,IV	**4 285**	3 131	3 131	I	3 096	1 982	940	114		
	II	**3 735**	3 131	3 131	II	2 580	1 499	521			
	III	**1 394**	3 131	3 131	III	570					
	V	**7 972**	3 131	3 131	IV	3 681	3 096	2 530	1 982	1 452	940
	VI	**8 398**	3 131	3 131							

* Zur LSt-Berechnung für privat versicherte Arbeitnehmer s. Beispiele **Vorbemerkung S. 4 f.**
** Basisvorsorgepauschale KV und PV *** Typisierter Arbeitgeberzuschuss

Lohn/ Gehalt in € bis	Steuerklasse	**Lohn-steuer***	BVSP**	TAGZ***	Steuerklasse	Bemessungsgrundlage für Kirchensteuer und Solidaritätszuschlag – Freibeträge für ... Kinder 0,5	**1,0**	1,5	**2,0**	2,5	**3,0**
34 163,99	I,IV	**4 293**	3 134	3 134	I	3 105	1 989	948	118		
	II	**3 744**	3 134	3 134	II	2 588	1 506	527			
	III	**1 402**	3 134	3 134	III	574					
	V	**7 984**	3 134	3 134	IV	3 690	3 105	2 538	1 989	1 459	948
	VI	**8 410**	3 134	3 134							
34 199,99	I,IV	**4 302**	3 137	3 137	I	3 113	1 997	955	123		
	II	**3 752**	3 137	3 137	II	2 596	1 514	533			
	III	**1 408**	3 137	3 137	III	580					
	V	**7 996**	3 137	3 137	IV	3 698	3 113	2 546	1 997	1 467	955
	VI	**8 422**	3 137	3 137							
34 235,99	I,IV	**4 311**	3 141	3 141	I	3 121	2 005	962	128		
	II	**3 761**	3 141	3 141	II	2 604	1 521	539			
	III	**1 414**	3 141	3 141	III	586					
	V	**8 008**	3 141	3 141	IV	3 707	3 121	2 554	2 005	1 474	962
	VI	**8 434**	3 141	3 141							
34 271,99	I,IV	**4 320**	3 144	3 144	I	3 129	2 013	969	132		
	II	**3 769**	3 144	3 144	II	2 612	1 529	545			
	III	**1 420**	3 144	3 144	III	590					
	V	**8 020**	3 144	3 144	IV	3 715	3 129	2 562	2 013	1 482	969
	VI	**8 446**	3 144	3 144							
34 307,99	I,IV	**4 329**	3 147	3 147	I	3 138	2 020	976	137		
	II	**3 778**	3 147	3 147	II	2 620	1 536	551			
	III	**1 428**	3 147	3 147	III	596					
	V	**8 032**	3 147	3 147	IV	3 724	3 138	2 570	2 020	1 489	976
	VI	**8 460**	3 147	3 147							
34 343,99	I,IV	**4 337**	3 151	3 151	I	3 146	2 028	983	142		
	II	**3 786**	3 151	3 151	II	2 628	1 544	557			
	III	**1 434**	3 151	3 151	III	602					
	V	**8 046**	3 151	3 151	IV	3 732	3 146	2 578	2 028	1 496	983
	VI	**8 472**	3 151	3 151							
34 379,99	I,IV	**4 346**	3 154	3 154	I	3 154	2 036	991	147		
	II	**3 795**	3 154	3 154	II	2 636	1 551	563			
	III	**1 440**	3 154	3 154	III	606					
	V	**8 058**	3 154	3 154	IV	3 741	3 154	2 586	2 036	1 504	991
	VI	**8 484**	3 154	3 154							
34 415,99	I,IV	**4 355**	3 157	3 157	I	3 162	2 043	998	151		
	II	**3 803**	3 157	3 157	II	2 644	1 559	569			
	III	**1 448**	3 157	3 157	III	612					
	V	**8 070**	3 157	3 157	IV	3 749	3 162	2 594	2 043	1 511	998
	VI	**8 496**	3 157	3 157							
34 451,99	I,IV	**4 363**	3 160	3 160	I	3 170	2 051	1 005	156		
	II	**3 812**	3 160	3 160	II	2 652	1 566	576			
	III	**1 454**	3 160	3 160	III	618					
	V	**8 082**	3 160	3 160	IV	3 758	3 170	2 602	2 051	1 519	1 005
	VI	**8 508**	3 160	3 160							
34 487,99	I,IV	**4 372**	3 164	3 164	I	3 179	2 059	1 012	161		
	II	**3 820**	3 164	3 164	II	2 660	1 574	582			
	III	**1 460**	3 164	3 164	III	622					
	V	**8 094**	3 164	3 164	IV	3 766	3 179	2 610	2 059	1 526	1 012
	VI	**8 522**	3 164	3 164							
34 523,99	I,IV	**4 381**	3 167	3 167	I	3 187	2 066	1 019	166		
	II	**3 829**	3 167	3 167	II	2 668	1 581	588			
	III	**1 466**	3 167	3 167	III	628					
	V	**8 106**	3 167	3 167	IV	3 775	3 187	2 618	2 066	1 534	1 019
	VI	**8 534**	3 167	3 167							
34 559,99	I,IV	**4 390**	3 170	3 170	I	3 195	2 074	1 027	171		
	II	**3 837**	3 170	3 170	II	2 676	1 589	594			
	III	**1 474**	3 170	3 170	III	634					
	V	**8 118**	3 170	3 170	IV	3 783	3 195	2 626	2 074	1 541	1 027
	VI	**8 546**	3 170	3 170							

* Zur LSt-Berechnung für privat versicherte Arbeitnehmer s. Beispiele **Vorbemerkung S. 4 f.**
** Basisvorsorgepauschale KV und PV *** Typisierter Arbeitgeberzuschuss

Lohn/ Gehalt in € bis	Steuerklasse	Lohn-steuer*	BVSP**	TAGZ***	Steuerklasse	Bemessungsgrundlage für Kirchensteuer und Solidaritätszuschlag					
						Freibeträge für ... Kinder					
						0,5	**1,0**	1,5	**2,0**	2,5	**3,0**
34595,99	I,IV	**4399**	3174	3174	I	3204	2082	1034	176		
	II	**3846**	3174	3174	II	2684	1596	601			
	III	**1480**	3174	3174	III	638					
	V	**8130**	3174	3174	IV	3792	3204	2634	2082	1549	1034
	VI	**8560**	3174	3174							
34631,99	I,IV	**4407**	3177	3177	I	3212	2090	1041	181		
	II	**3854**	3177	3177	II	2692	1604	607			
	III	**1486**	3177	3177	III	644					
	V	**8142**	3177	3177	IV	3800	3212	2642	2090	1556	1041
	VI	**8572**	3177	3177							
34667,99	I,IV	**4416**	3180	3180	I	3220	2097	1048	185		
	II	**3863**	3180	3180	II	2700	1611	613			
	III	**1494**	3180	3180	III	650					
	V	**8154**	3180	3180	IV	3809	3220	2649	2097	1564	1048
	VI	**8584**	3180	3180							
34703,99	I,IV	**4425**	3184	3184	I	3228	2105	1055	190		
	II	**3871**	3184	3184	II	2708	1618	619			
	III	**1500**	3184	3184	III	654					
	V	**8166**	3184	3184	IV	3817	3228	2657	2105	1571	1055
	VI	**8596**	3184	3184							
34739,99	I,IV	**4434**	3187	3187	I	3236	2113	1063	195		
	II	**3880**	3187	3187	II	2716	1626	626			
	III	**1506**	3187	3187	III	660					
	V	**8178**	3187	3187	IV	3826	3236	2665	2113	1579	1063
	VI	**8608**	3187	3187							
34775,99	I,IV	**4442**	3190	3190	I	3245	2121	1070	200		
	II	**3888**	3190	3190	II	2724	1633	632			
	III	**1514**	3190	3190	III	666					
	V	**8190**	3190	3190	IV	3834	3245	2674	2121	1586	1070
	VI	**8622**	3190	3190							
34811,99	I,IV	**4451**	3194	3194	I	3253	2128	1077	205		
	II	**3897**	3194	3194	II	2732	1641	638			
	III	**1520**	3194	3194	III	670					
	V	**8204**	3194	3194	IV	3843	3253	2682	2128	1594	1077
	VI	**8634**	3194	3194							
34847,99	I,IV	**4460**	3197	3197	I	3261	2136	1084	210		
	II	**3906**	3197	3197	II	2740	1649	645			
	III	**1526**	3197	3197	III	676					
	V	**8216**	3197	3197	IV	3852	3261	2690	2136	1601	1084
	VI	**8646**	3197	3197							
34883,99	I,IV	**4469**	3200	3200	I	3270	2144	1092	215		
	II	**3914**	3200	3200	II	2748	1656	651			
	III	**1534**	3200	3200	III	682	6				
	V	**8228**	3200	3200	IV	3860	3270	2698	2144	1609	1092
	VI	**8660**	3200	3200							
34919,99	I,IV	**4478**	3203	3203	I	3278	2152	1099	220		
	II	**3923**	3203	3203	II	2757	1664	657			
	III	**1540**	3203	3203	III	688	10				
	V	**8240**	3203	3203	IV	3869	3278	2706	2152	1616	1099
	VI	**8671**	3203	3203							
34955,99	I,IV	**4487**	3207	3207	I	3286	2160	1106	225		
	II	**3931**	3207	3207	II	2765	1671	664			
	III	**1546**	3207	3207	III	692	14				
	V	**8252**	3207	3207	IV	3877	3286	2714	2160	1624	1106
	VI	**8684**	3207	3207							
34991,99	I,IV	**4495**	3210	3210	I	3294	2167	1113	230		
	II	**3940**	3210	3210	II	2772	1679	670			
	III	**1554**	3210	3210	III	698	18				
	V	**8266**	3210	3210	IV	3886	3294	2722	2167	1631	1113
	VI	**8696**	3210	3210							

* Zur LSt-Berechnung für privat versicherte Arbeitnehmer s. Beispiele **Vorbemerkung S. 4f.**
** Basisvorsorgepauschale KV und PV *** Typisierter Arbeitgeberzuschuss

Lohn/ Gehalt in € bis	Steuerklasse	Lohn-steuer*	BVSP**	TAGZ***	Steuerklasse	Bemessungsgrundlage für Kirchensteuer und Solidaritätszuschlag – Freibeträge für ... Kinder 0,5	1,0	1,5	2,0	2,5	3,0
35 027,99	I,IV	**4 504**	3 213	3 213	I	3 303	2 175	1 120	235		
	II	**3 948**	3 213	3 213	II	2 781	1 686	677			
	III	**1 560**	3 213	3 213	III	704	22				
	V	**8 278**	3 213	3 213	IV	3 894	3 303	2 730	2 175	1 638	1 120
	VI	**8 709**	3 213	3 213							
35 063,99	I,IV	**4 513**	3 217	3 217	I	3 311	2 183	1 128	240		
	II	**3 957**	3 217	3 217	II	2 789	1 694	683			
	III	**1 566**	3 217	3 217	III	710	26				
	V	**8 290**	3 217	3 217	IV	3 903	3 311	2 738	2 183	1 646	1 128
	VI	**8 721**	3 217	3 217							
35 099,99	I,IV	**4 522**	3 220	3 220	I	3 319	2 190	1 135	246		
	II	**3 966**	3 220	3 220	II	2 797	1 701	689			
	III	**1 574**	3 220	3 220	III	714	30				
	V	**8 302**	3 220	3 220	IV	3 911	3 319	2 746	2 190	1 654	1 135
	VI	**8 734**	3 220	3 220							
35 135,99	I,IV	**4 531**	3 223	3 223	I	3 328	2 198	1 142	251		
	II	**3 974**	3 223	3 223	II	2 805	1 709	696			
	III	**1 580**	3 223	3 223	III	720	34				
	V	**8 316**	3 223	3 223	IV	3 920	3 328	2 754	2 198	1 661	1 142
	VI	**8 746**	3 223	3 223							
35 171,99	I,IV	**4 540**	3 227	3 227	I	3 336	2 206	1 150	256		
	II	**3 983**	3 227	3 227	II	2 813	1 716	703			
	III	**1 588**	3 227	3 227	III	726	40				
	V	**8 328**	3 227	3 227	IV	3 929	3 336	2 762	2 206	1 669	1 150
	VI	**8 759**	3 227	3 227							
35 207,99	I,IV	**4 548**	3 230	3 230	I	3 344	2 214	1 157	261		
	II	**3 992**	3 230	3 230	II	2 821	1 724	709			
	III	**1 594**	3 230	3 230	III	732	44				
	V	**8 340**	3 230	3 230	IV	3 937	3 344	2 770	2 214	1 676	1 157
	VI	**8 772**	3 230	3 230							
35 243,99	I,IV	**4 557**	3 233	3 233	I	3 353	2 222	1 164	266		
	II	**4 000**	3 233	3 233	II	2 829	1 732	716			
	III	**1 600**	3 233	3 233	III	736	48				
	V	**8 352**	3 233	3 233	IV	3 946	3 353	2 778	2 222	1 684	1 164
	VI	**8 784**	3 233	3 233							
35 279,99	I,IV	**4 566**	3 236	3 236	I	3 361	2 230	1 172	271		
	II	**4 009**	3 236	3 236	II	2 837	1 739	722			
	III	**1 608**	3 236	3 236	III	742	52				
	V	**8 364**	3 236	3 236	IV	3 954	3 361	2 786	2 230	1 691	1 172
	VI	**8 797**	3 236	3 236							
35 315,99	I,IV	**4 575**	3 240	3 240	I	3 369	2 237	1 179	277		
	II	**4 017**	3 240	3 240	II	2 845	1 746	729			
	III	**1 614**	3 240	3 240	III	748	56				
	V	**8 376**	3 240	3 240	IV	3 963	3 369	2 794	2 237	1 699	1 179
	VI	**8 809**	3 240	3 240							
35 351,99	I,IV	**4 584**	3 243	3 243	I	3 378	2 245	1 186	282		
	II	**4 026**	3 243	3 243	II	2 853	1 754	735			
	III	**1 620**	3 243	3 243	III	754	60				
	V	**8 388**	3 243	3 243	IV	3 971	3 378	2 802	2 245	1 706	1 186
	VI	**8 822**	3 243	3 243							
35 387,99	I,IV	**4 593**	3 246	3 246	I	3 386	2 253	1 193	287		
	II	**4 034**	3 246	3 246	II	2 861	1 762	742			
	III	**1 628**	3 246	3 246	III	758	64				
	V	**8 402**	3 246	3 246	IV	3 980	3 386	2 810	2 253	1 714	1 193
	VI	**8 834**	3 246	3 246							
35 423,99	I,IV	**4 601**	3 250	3 250	I	3 394	2 261	1 201	292		
	II	**4 043**	3 250	3 250	II	2 869	1 769	749			
	III	**1 634**	3 250	3 250	III	764	70				
	V	**8 414**	3 250	3 250	IV	3 989	3 394	2 818	2 261	1 721	1 201
	VI	**8 847**	3 250	3 250							

* Zur LSt-Berechnung für privat versicherte Arbeitnehmer s. Beispiele **Vorbemerkung S. 4 f.**
** Basisvorsorgepauschale KV und PV *** Typisierter Arbeitgeberzuschuss

Lohn/ Gehalt in € bis	Steuerklasse	Lohn-steuer*	BVSP**	TAGZ***	Steuerklasse	Bemessungsgrundlage für Kirchensteuer und Solidaritätszuschlag – Freibeträge für ... Kinder 0,5	1,0	1,5	2,0	2,5	3,0
35 459,99	I,IV	**4 610**	3 253	3 253	I	3 403	2 269	1 208	298		
	II	**4 052**	3 253	3 253	II	2 878	1 777	755			
	III	**1 642**	3 253	3 253	III	770	74				
	V	**8 426**	3 253	3 253	IV	3 997	3 403	2 826	2 269	1 729	1 208
	VI	**8 859**	3 253	3 253							
35 495,99	I,IV	**4 619**	3 256	3 256	I	3 411	2 276	1 215	303		
	II	**4 060**	3 256	3 256	II	2 886	1 785	762			
	III	**1 648**	3 256	3 256	III	776	78				
	V	**8 438**	3 256	3 256	IV	4 006	3 411	2 835	2 276	1 737	1 215
	VI	**8 872**	3 256	3 256							
35 531,99	I,IV	**4 628**	3 260	3 260	I	3 419	2 284	1 223	308		
	II	**4 069**	3 260	3 260	II	2 894	1 792	769	4		
	III	**1 656**	3 260	3 260	III	782	82				
	V	**8 452**	3 260	3 260	IV	4 015	3 419	2 843	2 284	1 744	1 223
	VI	**8 885**	3 260	3 260							
35 567,99	I,IV	**4 637**	3 263	3 263	I	3 428	2 292	1 230	314		
	II	**4 078**	3 263	3 263	II	2 902	1 800	775	8		
	III	**1 662**	3 263	3 263	III	786	86				
	V	**8 464**	3 263	3 263	IV	4 023	3 428	2 851	2 292	1 752	1 230
	VI	**8 897**	3 263	3 263							
35 603,99	I,IV	**4 646**	3 266	3 266	I	3 436	2 300	1 237	319		
	II	**4 086**	3 266	3 266	II	2 910	1 807	782	12		
	III	**1 668**	3 266	3 266	III	792	90				
	V	**8 476**	3 266	3 266	IV	4 032	3 436	2 859	2 300	1 759	1 237
	VI	**8 909**	3 266	3 266							
35 639,99	I,IV	**4 655**	3 269	3 269	I	3 444	2 308	1 244	324		
	II	**4 095**	3 269	3 269	II	2 918	1 815	789	16		
	III	**1 676**	3 269	3 269	III	798	96				
	V	**8 488**	3 269	3 269	IV	4 040	3 444	2 867	2 308	1 767	1 244
	VI	**8 922**	3 269	3 269							
35 675,99	I,IV	**4 663**	3 273	3 273	I	3 453	2 315	1 252	330		
	II	**4 104**	3 273	3 273	II	2 926	1 822	795	21		
	III	**1 682**	3 273	3 273	III	804	100				
	V	**8 500**	3 273	3 273	IV	4 049	3 453	2 875	2 315	1 774	1 252
	VI	**8 935**	3 273	3 273							
35 711,99	I,IV	**4 672**	3 276	3 276	I	3 461	2 323	1 259	335		
	II	**4 112**	3 276	3 276	II	2 934	1 830	802	25		
	III	**1 690**	3 276	3 276	III	810	104				
	V	**8 512**	3 276	3 276	IV	4 058	3 461	2 883	2 323	1 782	1 259
	VI	**8 947**	3 276	3 276							
35 747,99	I,IV	**4 681**	3 279	3 279	I	3 470	2 331	1 266	341		
	II	**4 121**	3 279	3 279	II	2 943	1 838	809	29		
	III	**1 696**	3 279	3 279	III	816	108				
	V	**8 526**	3 279	3 279	IV	4 066	3 470	2 891	2 331	1 790	1 266
	VI	**8 960**	3 279	3 279							
35 783,99	I,IV	**4 690**	3 283	3 283	I	3 478	2 339	1 274	346		
	II	**4 130**	3 283	3 283	II	2 951	1 845	816	34		
	III	**1 704**	3 283	3 283	III	820	114				
	V	**8 538**	3 283	3 283	IV	4 075	3 478	2 899	2 339	1 797	1 274
	VI	**8 972**	3 283	3 283							
35 819,99	I,IV	**4 699**	3 286	3 286	I	3 486	2 347	1 281	352		
	II	**4 138**	3 286	3 286	II	2 959	1 853	823	38		
	III	**1 710**	3 286	3 286	III	826	118				
	V	**8 550**	3 286	3 286	IV	4 084	3 486	2 907	2 347	1 805	1 281
	VI	**8 985**	3 286	3 286							
35 855,99	I,IV	**4 708**	3 289	3 289	I	3 495	2 355	1 288	357		
	II	**4 147**	3 289	3 289	II	2 967	1 861	830	42		
	III	**1 718**	3 289	3 289	III	832	122				
	V	**8 564**	3 289	3 289	IV	4 092	3 495	2 916	2 355	1 812	1 288
	VI	**8 998**	3 289	3 289							

* Zur LSt-Berechnung für privat versicherte Arbeitnehmer s. Beispiele **Vorbemerkung S. 4 f.**
** Basisvorsorgepauschale KV und PV *** Typisierter Arbeitgeberzuschuss

Lohn/ Gehalt in € bis	Steuerklasse	Lohn- steuer*	BVSP**	TAGZ***	Steuerklasse	Bemessungsgrundlage für Kirchensteuer und Solidaritätszuschlag					
						Freibeträge für ... Kinder					
						0,5	**1,0**	1,5	**2,0**	2,5	**3,0**
35 891,99	I,IV	**4717**	3293	3293	I	3503	2363	1296	363		
	II	**4156**	3293	3293	II	2975	1868	837	47		
	III	**1724**	3293	3293	III	838	126				
	V	**8576**	3293	3293	IV	4101	3503	2924	2363	1820	1296
	VI	**9010**	3293	3293							
35 927,99	I,IV	**4726**	3296	3296	I	3511	2370	1303	368		
	II	**4164**	3296	3296	II	2983	1876	843	51		
	III	**1730**	3296	3296	III	844	130				
	V	**8588**	3296	3296	IV	4109	3511	2932	2370	1827	1303
	VI	**9022**	3296	3296							
35 963,99	I,IV	**4735**	3299	3299	I	3520	2378	1310	374		
	II	**4173**	3299	3299	II	2991	1883	850	55		
	III	**1738**	3299	3299	III	848	134				
	V	**8600**	3299	3299	IV	4118	3520	2940	2378	1835	1310
	VI	**9035**	3299	3299							
35 999,99	I,IV	**4744**	3302	3302	I	3528	2386	1318	379		
	II	**4182**	3302	3302	II	3000	1891	857	60		
	III	**1744**	3302	3302	III	854	140				
	V	**8612**	3302	3302	IV	4127	3528	2948	2386	1843	1318
	VI	**9048**	3302	3302							
36 035,99	I,IV	**4753**	3306	3306	I	3537	2394	1325	385		
	II	**4190**	3306	3306	II	3008	1899	864	64		
	III	**1752**	3306	3306	III	860	144				
	V	**8626**	3306	3306	IV	4135	3537	2956	2394	1850	1325
	VI	**9060**	3306	3306							
36 071,99	I,IV	**4762**	3309	3309	I	3545	2402	1332	390		
	II	**4199**	3309	3309	II	3016	1906	871	69		
	III	**1758**	3309	3309	III	866	148				
	V	**8638**	3309	3309	IV	4144	3545	2964	2402	1858	1332
	VI	**9073**	3309	3309							
36 107,99	I,IV	**4771**	3312	3312	I	3553	2410	1340	396		
	II	**4208**	3312	3312	II	3024	1914	878	73		
	III	**1766**	3312	3312	III	872	152				
	V	**8650**	3312	3312	IV	4153	3553	2973	2410	1866	1340
	VI	**9085**	3312	3312							
36 143,99	I,IV	**4780**	3316	3316	I	3562	2418	1347	402		
	II	**4216**	3316	3316	II	3032	1922	885	78		
	III	**1772**	3316	3316	III	878	158				
	V	**8663**	3316	3316	IV	4162	3562	2981	2418	1873	1347
	VI	**9098**	3316	3316							
36 179,99	I,IV	**4788**	3319	3319	I	3570	2426	1355	407		
	II	**4225**	3319	3319	II	3041	1929	892	82		
	III	**1780**	3319	3319	III	884	162				
	V	**8675**	3319	3319	IV	4170	3570	2989	2426	1881	1355
	VI	**9111**	3319	3319							
36 215,99	I,IV	**4797**	3322	3322	I	3579	2434	1362	413		
	II	**4234**	3322	3322	II	3049	1937	899	87		
	III	**1788**	3322	3322	III	890	166				
	V	**8688**	3322	3322	IV	4179	3579	2997	2434	1889	1362
	VI	**9123**	3322	3322							
36 251,99	I,IV	**4806**	3326	3326	I	3587	2441	1369	419		
	II	**4242**	3326	3326	II	3057	1944	906	91		
	III	**1794**	3326	3326	III	896	172				
	V	**8700**	3326	3326	IV	4187	3587	3005	2441	1896	1369
	VI	**9135**	3326	3326							
36 287,99	I,IV	**4815**	3329	3329	I	3595	2449	1377	424		
	II	**4251**	3329	3329	II	3065	1952	913	96		
	III	**1802**	3329	3329	III	900	176				
	V	**8713**	3329	3329	IV	4196	3595	3013	2449	1904	1377
	VI	**9148**	3329	3329							

* Zur LSt-Berechnung für privat versicherte Arbeitnehmer s. Beispiele **Vorbemerkung S. 4 f.**
** Basisvorsorgepauschale KV und PV *** Typisierter Arbeitgeberzuschuss

Lohn/ Gehalt in € bis	Steuerklasse	**Lohnsteuer***	BVSP**	TAGZ***	Steuerklasse	Bemessungsgrundlage für Kirchensteuer und Solidaritätszuschlag					
						Freibeträge für ... Kinder					
						0,5	**1,0**	1,5	**2,0**	2,5	**3,0**
36323,99	I,IV	**4824**	3332	3332	I	3604	2457	1384	430		
	II	**4260**	3332	3332	II	3073	1960	920	101		
	III	**1808**	3332	3332	III	906	180				
	V	**8725**	3332	3332	IV	4205	3604	3021	2457	1911	1384
	VI	**9161**	3332	3332							
36359,99	I,IV	**4833**	3336	3336	I	3612	2465	1391	436		
	II	**4269**	3336	3336	II	3081	1968	927	105		
	III	**1816**	3336	3336	III	912	184				
	V	**8738**	3336	3336	IV	4214	3612	3030	2465	1919	1391
	VI	**9173**	3336	3336							
36395,99	I,IV	**4842**	3339	3339	I	3621	2473	1399	442		
	II	**4277**	3339	3339	II	3090	1975	934	110		
	III	**1822**	3339	3339	III	918	190				
	V	**8751**	3339	3339	IV	4222	3621	3038	2473	1927	1399
	VI	**9186**	3339	3339							
36431,99	I,IV	**4851**	3342	3342	I	3629	2481	1406	447		
	II	**4286**	3342	3342	II	3098	1983	942	114		
	III	**1830**	3342	3342	III	924	194				
	V	**8763**	3342	3342	IV	4231	3629	3046	2481	1934	1406
	VI	**9198**	3342	3342							
36467,99	I,IV	**4860**	3345	3345	I	3638	2489	1414	453		
	II	**4295**	3345	3345	II	3106	1991	949	119		
	III	**1836**	3345	3345	III	930	198				
	V	**8776**	3345	3345	IV	4240	3638	3054	2489	1942	1414
	VI	**9211**	3345	3345							
36503,99	I,IV	**4869**	3349	3349	I	3646	2497	1421	459		
	II	**4304**	3349	3349	II	3114	1998	956	124		
	III	**1844**	3349	3349	III	936	204				
	V	**8788**	3349	3349	IV	4249	3646	3062	2497	1950	1421
	VI	**9224**	3349	3349							
36539,99	I,IV	**4878**	3352	3352	I	3655	2505	1428	465		
	II	**4312**	3352	3352	II	3122	2006	963	128		
	III	**1850**	3352	3352	III	942	208				
	V	**8801**	3352	3352	IV	4257	3655	3070	2505	1957	1428
	VI	**9236**	3352	3352							
36575,99	I,IV	**4887**	3355	3355	I	3663	2513	1436	471		
	II	**4321**	3355	3355	II	3131	2014	970	133		
	III	**1858**	3355	3355	III	948	212				
	V	**8813**	3355	3355	IV	4266	3663	3079	2513	1965	1436
	VI	**9248**	3355	3355							
36611,99	I,IV	**4896**	3359	3359	I	3671	2521	1443	476		
	II	**4330**	3359	3359	II	3139	2021	977	138		
	III	**1864**	3359	3359	III	954	216				
	V	**8826**	3359	3359	IV	4274	3671	3087	2521	1973	1443
	VI	**9261**	3359	3359							
36647,99	I,IV	**4905**	3362	3362	I	3680	2529	1451	482		
	II	**4339**	3362	3362	II	3147	2029	985	143		
	III	**1872**	3362	3362	III	960	222				
	V	**8838**	3362	3362	IV	4283	3680	3095	2529	1980	1451
	VI	**9274**	3362	3362							
36683,99	I,IV	**4914**	3365	3365	I	3688	2537	1458	488		
	II	**4347**	3365	3365	II	3155	2037	992	147		
	III	**1878**	3365	3365	III	964	226				
	V	**8851**	3365	3365	IV	4292	3688	3103	2537	1988	1458
	VI	**9286**	3365	3365							
36719,99	I,IV	**4923**	3369	3369	I	3697	2545	1466	494		
	II	**4356**	3369	3369	II	3164	2045	999	152		
	III	**1886**	3369	3369	III	970	230				
	V	**8864**	3369	3369	IV	4301	3697	3112	2545	1996	1466
	VI	**9299**	3369	3369							

* Zur LSt-Berechnung für privat versicherte Arbeitnehmer s. Beispiele **Vorbemerkung S. 4 f.**
** Basisvorsorgepauschale KV und PV *** Typisierter Arbeitgeberzuschuss

Lohn/ Gehalt in € bis	Steuerklasse	Lohn-steuer*	BVSP**	TAGZ***	Steuerklasse	Bemessungsgrundlage für Kirchensteuer und Solidaritätszuschlag					
						Freibeträge für ... Kinder					
						0,5	**1,0**	1,5	**2,0**	2,5	**3,0**
36755,99	I,IV	**4932**	3372	3372	I	3706	2553	1473	500		
	II	**4365**	3372	3372	II	3172	2052	1006	157		
	III	**1894**	3372	3372	III	976	236				
	V	**8876**	3372	3372	IV	4310	3706	3120	2553	2004	1473
	VI	**9311**	3372	3372							
36791,99	I,IV	**4941**	3375	3375	I	3714	2560	1480	506		
	II	**4374**	3375	3375	II	3180	2060	1013	162		
	III	**1900**	3375	3375	III	982	240				
	V	**8889**	3375	3375	IV	4318	3714	3128	2560	2011	1480
	VI	**9324**	3375	3375							
36827,99	I,IV	**4950**	3378	3378	I	3723	2568	1488	512		
	II	**4383**	3378	3378	II	3188	2068	1021	167		
	III	**1908**	3378	3378	III	988	244				
	V	**8901**	3378	3378	IV	4327	3723	3136	2568	2019	1488
	VI	**9337**	3378	3378							
36863,99	I,IV	**4959**	3382	3382	I	3731	2576	1495	518		
	II	**4391**	3382	3382	II	3196	2075	1028	171		
	III	**1914**	3382	3382	III	994	250				
	V	**8914**	3382	3382	IV	4336	3731	3144	2576	2026	1495
	VI	**9349**	3382	3382							
36899,99	I,IV	**4968**	3385	3385	I	3739	2584	1503	524		
	II	**4400**	3385	3385	II	3205	2083	1035	176		
	III	**1922**	3385	3385	III	1000	254				
	V	**8926**	3385	3385	IV	4344	3739	3153	2584	2034	1503
	VI	**9361**	3385	3385							
36935,99	I,IV	**4977**	3388	3388	I	3748	2592	1510	530		
	II	**4409**	3388	3388	II	3213	2091	1042	181		
	III	**1930**	3388	3388	III	1006	258				
	V	**8939**	3388	3388	IV	4353	3748	3161	2592	2042	1510
	VI	**9374**	3388	3388							
36971,99	I,IV	**4986**	3392	3392	I	3756	2600	1518	536		
	II	**4417**	3392	3392	II	3221	2099	1049	186		
	III	**1936**	3392	3392	III	1012	264				
	V	**8951**	3392	3392	IV	4362	3756	3169	2600	2050	1518
	VI	**9387**	3392	3392							
37007,99	I,IV	**4995**	3395	3395	I	3765	2608	1525	542		
	II	**4426**	3395	3395	II	3230	2106	1057	191		
	III	**1944**	3395	3395	III	1018	268				
	V	**8964**	3395	3395	IV	4371	3765	3177	2608	2057	1525
	VI	**9399**	3395	3395							
37043,99	I,IV	**5004**	3398	3398	I	3773	2616	1533	548		
	II	**4435**	3398	3398	II	3238	2114	1064	196		
	III	**1950**	3398	3398	III	1024	274				
	V	**8977**	3398	3398	IV	4380	3773	3186	2616	2065	1533
	VI	**9412**	3398	3398							
37079,99	I,IV	**5013**	3402	3402	I	3782	2624	1540	554		
	II	**4444**	3402	3402	II	3246	2122	1071	201		
	III	**1958**	3402	3402	III	1030	278				
	V	**8989**	3402	3402	IV	4388	3782	3194	2624	2073	1540
	VI	**9424**	3402	3402							
37115,99	I,IV	**5022**	3405	3405	I	3791	2632	1548	560		
	II	**4453**	3405	3405	II	3254	2130	1078	206		
	III	**1966**	3405	3405	III	1036	282				
	V	**9002**	3405	3405	IV	4397	3791	3202	2632	2081	1548
	VI	**9437**	3405	3405							
37151,99	I,IV	**5031**	3408	3408	I	3799	2640	1555	567		
	II	**4462**	3408	3408	II	3263	2137	1086	211		
	III	**1972**	3408	3408	III	1042	288				
	V	**9014**	3408	3408	IV	4406	3799	3210	2640	2088	1555
	VI	**9450**	3408	3408							

* Zur LSt-Berechnung für privat versicherte Arbeitnehmer s. Beispiele **Vorbemerkung S. 4 f.**
** Basisvorsorgepauschale KV und PV *** Typisierter Arbeitgeberzuschuss

Lohn/ Gehalt in € bis	Steuerklasse	Lohn- steuer*	BVSP**	TAGZ***	Steuerklasse	Bemessungsgrundlage für Kirchensteuer und Solidaritätszuschlag – Freibeträge für ... Kinder 0,5	**1,0**	1,5	**2,0**	2,5	**3,0**
37 187,99	I,IV	**5 040**	3 411	3 411	I	3 807	2 648	1 562	573		
	II	**4 470**	3 411	3 411	II	3 271	2 145	1 093	216		
	III	**1 980**	3 411	3 411	III	1 048	292				
	V	**9 027**	3 411	3 411	IV	4 415	3 807	3 219	2 648	2 096	1 562
	VI	**9 462**	3 411	3 411							
37 223,99	I,IV	**5 049**	3 415	3 415	I	3 816	2 656	1 570	579		
	II	**4 479**	3 415	3 415	II	3 279	2 153	1 100	221		
	III	**1 986**	3 415	3 415	III	1 054	296				
	V	**9 039**	3 415	3 415	IV	4 423	3 816	3 227	2 656	2 104	1 570
	VI	**9 474**	3 415	3 415							
37 259,99	I,IV	**5 058**	3 418	3 418	I	3 824	2 664	1 577	585		
	II	**4 488**	3 418	3 418	II	3 287	2 161	1 107	226		
	III	**1 994**	3 418	3 418	III	1 060	302				
	V	**9 052**	3 418	3 418	IV	4 432	3 824	3 235	2 664	2 112	1 577
	VI	**9 487**	3 418	3 418							
37 295,99	I,IV	**5 067**	3 421	3 421	I	3 833	2 672	1 585	591		
	II	**4 497**	3 421	3 421	II	3 296	2 168	1 114	231		
	III	**2 000**	3 421	3 421	III	1 066	306				
	V	**9 064**	3 421	3 421	IV	4 441	3 833	3 243	2 672	2 119	1 585
	VI	**9 500**	3 421	3 421							
37 331,99	I,IV	**5 076**	3 425	3 425	I	3 842	2 680	1 592	597		
	II	**4 506**	3 425	3 425	II	3 304	2 176	1 122	236		
	III	**2 008**	3 425	3 425	III	1 072	312				
	V	**9 077**	3 425	3 425	IV	4 450	3 842	3 252	2 680	2 127	1 592
	VI	**9 512**	3 425	3 425							
37 367,99	I,IV	**5 086**	3 428	3 428	I	3 850	2 688	1 600	604		
	II	**4 514**	3 428	3 428	II	3 312	2 184	1 129	241		
	III	**2 016**	3 428	3 428	III	1 078	316				
	V	**9 090**	3 428	3 428	IV	4 459	3 850	3 260	2 688	2 135	1 600
	VI	**9 525**	3 428	3 428							
37 403,99	I,IV	**5 095**	3 431	3 431	I	3 859	2 696	1 607	610		
	II	**4 523**	3 431	3 431	II	3 321	2 192	1 136	246		
	III	**2 022**	3 431	3 431	III	1 084	320				
	V	**9 102**	3 431	3 431	IV	4 467	3 859	3 268	2 696	2 143	1 607
	VI	**9 537**	3 431	3 431							
37 439,99	I,IV	**5 104**	3 435	3 435	I	3 867	2 704	1 615	616		
	II	**4 532**	3 435	3 435	II	3 329	2 200	1 144	252		
	III	**2 030**	3 435	3 435	III	1 090	326				
	V	**9 115**	3 435	3 435	IV	4 476	3 867	3 277	2 704	2 150	1 615
	VI	**9 550**	3 435	3 435							
37 475,99	I,IV	**5 113**	3 438	3 438	I	3 876	2 712	1 622	622		
	II	**4 541**	3 438	3 438	II	3 337	2 207	1 151	257		
	III	**2 036**	3 438	3 438	III	1 096	330				
	V	**9 127**	3 438	3 438	IV	4 485	3 876	3 285	2 712	2 158	1 622
	VI	**9 562**	3 438	3 438							
37 511,99	I,IV	**5 122**	3 441	3 441	I	3 884	2 720	1 630	629		
	II	**4 550**	3 441	3 441	II	3 346	2 215	1 158	262		
	III	**2 044**	3 441	3 441	III	1 102	336				
	V	**9 140**	3 441	3 441	IV	4 494	3 884	3 293	2 720	2 166	1 630
	VI	**9 575**	3 441	3 441							
37 547,99	I,IV	**5 131**	3 445	3 445	I	3 893	2 728	1 637	635		
	II	**4 558**	3 445	3 445	II	3 354	2 223	1 165	267		
	III	**2 052**	3 445	3 445	III	1 110	340				
	V	**9 152**	3 445	3 445	IV	4 503	3 893	3 301	2 728	2 174	1 637
	VI	**9 587**	3 445	3 445							
37 583,99	I,IV	**5 140**	3 448	3 448	I	3 901	2 736	1 645	641		
	II	**4 567**	3 448	3 448	II	3 362	2 231	1 173	272		
	III	**2 058**	3 448	3 448	III	1 116	346				
	V	**9 165**	3 448	3 448	IV	4 511	3 901	3 310	2 736	2 181	1 645
	VI	**9 600**	3 448	3 448							

* Zur LSt-Berechnung für privat versicherte Arbeitnehmer s. Beispiele **Vorbemerkung S. 4 f.**
** Basisvorsorgepauschale KV und PV *** Typisierter Arbeitgeberzuschuss

Lohn/ Gehalt in € bis	Steuerklasse	Lohn-steuer*	BVSP**	TAGZ***	Steuerklasse	Bemessungsgrundlage für Kirchensteuer und Solidaritätszuschlag – Freibeträge für ... Kinder 0,5	1,0	1,5	2,0	2,5	3,0
37619,99	I,IV	**5149**	3451	3451	I	3910	2744	1652	648		
	II	**4576**	3451	3451	II	3371	2238	1180	277		
	III	**2066**	3451	3451	III	1122	350				
	V	**9177**	3451	3451	IV	4520	3910	3318	2744	2189	1652
	VI	**9612**	3451	3451							
37655,99	I,IV	**5158**	3454	3454	I	3919	2752	1660	654		
	II	**4585**	3454	3454	II	3379	2246	1187	283		
	III	**2074**	3454	3454	III	1128	354				
	V	**9190**	3454	3454	IV	4529	3919	3326	2752	2197	1660
	VI	**9625**	3454	3454							
37691,99	I,IV	**5167**	3458	3458	I	3927	2761	1667	661		
	II	**4594**	3458	3458	II	3387	2254	1194	288		
	III	**2080**	3458	3458	III	1134	360				
	V	**9203**	3458	3458	IV	4538	3927	3335	2761	2205	1667
	VI	**9638**	3458	3458							
37727,99	I,IV	**5176**	3461	3461	I	3936	2769	1675	667		
	II	**4603**	3461	3461	II	3396	2262	1202	293		
	III	**2088**	3461	3461	III	1140	364				
	V	**9215**	3461	3461	IV	4547	3936	3343	2769	2213	1675
	VI	**9650**	3461	3461							
37763,99	I,IV	**5186**	3464	3464	I	3944	2777	1683	673		
	II	**4612**	3464	3464	II	3404	2270	1209	299		
	III	**2094**	3464	3464	III	1146	370				
	V	**9228**	3464	3464	IV	4556	3944	3351	2777	2220	1683
	VI	**9663**	3464	3464							
37799,99	I,IV	**5194**	3468	3468	I	3953	2785	1690	680		
	II	**4620**	3468	3468	II	3412	2277	1216	304		
	III	**2102**	3468	3468	III	1152	374				
	V	**9240**	3468	3468	IV	4564	3953	3359	2785	2228	1690
	VI	**9675**	3468	3468							
37835,99	I,IV	**5204**	3471	3471	I	3961	2793	1697	686		
	II	**4629**	3471	3471	II	3421	2285	1223	309		
	III	**2108**	3471	3471	III	1158	380				
	V	**9253**	3471	3471	IV	4573	3961	3368	2793	2236	1697
	VI	**9688**	3471	3471							
37871,99	I,IV	**5213**	3474	3474	I	3970	2801	1705	693		
	II	**4638**	3474	3474	II	3429	2293	1231	314		
	III	**2116**	3474	3474	III	1164	384				
	V	**9265**	3474	3474	IV	4582	3970	3376	2801	2244	1705
	VI	**9700**	3474	3474							
37907,99	I,IV	**5222**	3478	3478	I	3979	2809	1713	699		
	II	**4647**	3478	3478	II	3437	2301	1238	320		
	III	**2124**	3478	3478	III	1170	390				
	V	**9278**	3478	3478	IV	4591	3979	3385	2809	2252	1713
	VI	**9713**	3478	3478							
37943,99	I,IV	**5231**	3481	3481	I	3987	2817	1720	706		
	II	**4656**	3481	3481	II	3446	2309	1246	325		
	III	**2130**	3481	3481	III	1176	394				
	V	**9290**	3481	3481	IV	4600	3987	3393	2817	2259	1720
	VI	**9725**	3481	3481							
37979,99	I,IV	**5240**	3484	3484	I	3996	2825	1728	712		
	II	**4665**	3484	3484	II	3454	2317	1253	331		
	III	**2138**	3484	3484	III	1182	398				
	V	**9303**	3484	3484	IV	4609	3996	3401	2825	2267	1728
	VI	**9738**	3484	3484							
38015,99	I,IV	**5249**	3487	3487	I	4005	2833	1735	719		
	II	**4674**	3487	3487	II	3463	2325	1260	336		
	III	**2146**	3487	3487	III	1188	404				
	V	**9316**	3487	3487	IV	4618	4005	3410	2833	2275	1735
	VI	**9751**	3487	3487							

* Zur LSt-Berechnung für privat versicherte Arbeitnehmer s. Beispiele **Vorbemerkung S. 4 f.**
** Basisvorsorgepauschale KV und PV *** Typisierter Arbeitgeberzuschuss

Lohn/ Gehalt in € bis	Steuerklasse	**Lohn-steuer***	BVSP**	TAGZ***	Steuerklasse	Bemessungsgrundlage für Kirchensteuer und Solidaritätszuschlag – Freibeträge für ... Kinder 0,5	**1,0**	1,5	**2,0**	2,5	**3,0**
38 051,99	I,IV	**5 258**	3 491	3 491	I	4 013	2 841	1 743	726		
	II	**4 683**	3 491	3 491	II	3 471	2 333	1 268	342		
	III	**2 152**	3 491	3 491	III	1 196	408				
	V	**9 328**	3 491	3 491	IV	4 627	4 013	3 418	2 841	2 283	1 743
	VI	**9 763**	3 491	3 491							
38 087,99	I,IV	**5 268**	3 494	3 494	I	4 022	2 849	1 751	732		
	II	**4 692**	3 494	3 494	II	3 479	2 340	1 275	347		
	III	**2 160**	3 494	3 494	III	1 202	414				
	V	**9 341**	3 494	3 494	IV	4 636	4 022	3 426	2 849	2 291	1 751
	VI	**9 776**	3 494	3 494							
38 123,99	I,IV	**5 277**	3 497	3 497	I	4 030	2 857	1 758	739		
	II	**4 700**	3 497	3 497	II	3 487	2 348	1 282	352		
	III	**2 166**	3 497	3 497	III	1 208	418				
	V	**9 353**	3 497	3 497	IV	4 644	4 030	3 435	2 857	2 298	1 758
	VI	**9 788**	3 497	3 497							
38 159,99	I,IV	**5 286**	3 501	3 501	I	4 039	2 865	1 765	745		
	II	**4 709**	3 501	3 501	II	3 496	2 356	1 289	358		
	III	**2 174**	3 501	3 501	III	1 214	424				
	V	**9 366**	3 501	3 501	IV	4 653	4 039	3 443	2 865	2 306	1 765
	VI	**9 801**	3 501	3 501							
38 195,99	I,IV	**5 295**	3 504	3 504	I	4 047	2 874	1 773	752		
	II	**4 718**	3 504	3 504	II	3 504	2 364	1 297	363		
	III	**2 182**	3 504	3 504	III	1 220	430				
	V	**9 378**	3 504	3 504	IV	4 662	4 047	3 451	2 874	2 314	1 773
	VI	**9 813**	3 504	3 504							
38 231,99	I,IV	**5 304**	3 507	3 507	I	4 056	2 882	1 781	759		
	II	**4 727**	3 507	3 507	II	3 513	2 372	1 304	369		
	III	**2 188**	3 507	3 507	III	1 226	434				
	V	**9 391**	3 507	3 507	IV	4 671	4 056	3 460	2 882	2 322	1 781
	VI	**9 826**	3 507	3 507							
38 267,99	I,IV	**5 313**	3 511	3 511	I	4 065	2 890	1 788	765	2	
	II	**4 736**	3 511	3 511	II	3 521	2 380	1 312	375		
	III	**2 196**	3 511	3 511	III	1 232	440				
	V	**9 403**	3 511	3 511	IV	4 680	4 065	3 468	2 890	2 330	1 788
	VI	**9 838**	3 511	3 511							
38 303,99	I,IV	**5 322**	3 514	3 514	I	4 073	2 898	1 796	772	6	
	II	**4 745**	3 514	3 514	II	3 530	2 388	1 319	380		
	III	**2 204**	3 514	3 514	III	1 240	444				
	V	**9 416**	3 514	3 514	IV	4 689	4 073	3 477	2 898	2 338	1 796
	VI	**9 851**	3 514	3 514							
38 339,99	I,IV	**5 332**	3 517	3 517	I	4 082	2 906	1 804	779	10	
	II	**4 754**	3 517	3 517	II	3 538	2 395	1 326	386		
	III	**2 210**	3 517	3 517	III	1 246	450				
	V	**9 429**	3 517	3 517	IV	4 698	4 082	3 485	2 906	2 346	1 804
	VI	**9 864**	3 517	3 517							
38 375,99	I,IV	**5 341**	3 520	3 520	I	4 091	2 914	1 811	786	14	
	II	**4 763**	3 520	3 520	II	3 546	2 403	1 334	391		
	III	**2 218**	3 520	3 520	III	1 252	454				
	V	**9 441**	3 520	3 520	IV	4 707	4 091	3 493	2 914	2 354	1 811
	VI	**9 876**	3 520	3 520							
38 411,99	I,IV	**5 350**	3 524	3 524	I	4 099	2 922	1 819	792	19	
	II	**4 772**	3 524	3 524	II	3 555	2 411	1 341	397		
	III	**2 224**	3 524	3 524	III	1 258	460				
	V	**9 453**	3 524	3 524	IV	4 715	4 099	3 502	2 922	2 361	1 819
	VI	**9 888**	3 524	3 524							
38 447,99	I,IV	**5 359**	3 527	3 527	I	4 108	2 930	1 826	799	23	
	II	**4 781**	3 527	3 527	II	3 563	2 419	1 348	402		
	III	**2 232**	3 527	3 527	III	1 264	464				
	V	**9 466**	3 527	3 527	IV	4 724	4 108	3 510	2 930	2 369	1 826
	VI	**9 901**	3 527	3 527							

* Zur LSt-Berechnung für privat versicherte Arbeitnehmer s. Beispiele **Vorbemerkung S. 4 f.**
** Basisvorsorgepauschale KV und PV *** Typisierter Arbeitgeberzuschuss

Lohn/ Gehalt in € bis	Steuerklasse	Lohnsteuer*	BVSP**	TAGZ***	Steuerklasse	Bemessungsgrundlage für Kirchensteuer und Solidaritätszuschlag – Freibeträge für ... Kinder 0,5	1,0	1,5	2,0	2,5	3,0
38483,99	I,IV	**5368**	3530	3530	I	4117	2938	1834	806	27	
	II	**4790**	3530	3530	II	3572	2427	1356	408		
	III	**2240**	3530	3530	III	1270	470				
	V	**9479**	3530	3530	IV	4733	4117	3518	2938	2377	1834
	VI	**9914**	3530	3530							
38519,99	I,IV	**5377**	3534	3534	I	4125	2947	1841	813	32	
	II	**4799**	3534	3534	II	3580	2435	1363	414		
	III	**2246**	3534	3534	III	1276	474				
	V	**9491**	3534	3534	IV	4742	4125	3527	2947	2385	1841
	VI	**9926**	3534	3534							
38555,99	I,IV	**5387**	3537	3537	I	4134	2955	1849	819	36	
	II	**4808**	3537	3537	II	3588	2443	1370	419		
	III	**2254**	3537	3537	III	1284	480				
	V	**9504**	3537	3537	IV	4751	4134	3535	2955	2393	1849
	VI	**9939**	3537	3537							
38591,99	I,IV	**5396**	3540	3540	I	4143	2963	1857	826	40	
	II	**4817**	3540	3540	II	3597	2451	1378	425		
	III	**2260**	3540	3540	III	1290	484				
	V	**9516**	3540	3540	IV	4760	4143	3544	2963	2401	1857
	VI	**9951**	3540	3540							
38627,99	I,IV	**5405**	3544	3544	I	4151	2971	1864	833	45	
	II	**4826**	3544	3544	II	3605	2459	1385	431		
	III	**2268**	3544	3544	III	1296	490				
	V	**9529**	3544	3544	IV	4769	4151	3552	2971	2409	1864
	VI	**9964**	3544	3544							
38663,99	I,IV	**5414**	3547	3547	I	4160	2979	1872	840	49	
	II	**4835**	3547	3547	II	3614	2466	1393	437		
	III	**2276**	3547	3547	III	1302	494				
	V	**9542**	3547	3547	IV	4778	4160	3561	2979	2417	1872
	VI	**9977**	3547	3547							
38699,99	I,IV	**5424**	3550	3550	I	4169	2988	1880	847	53	
	II	**4844**	3550	3550	II	3622	2474	1400	443		
	III	**2282**	3550	3550	III	1308	500				
	V	**9554**	3550	3550	IV	4787	4169	3569	2988	2424	1880
	VI	**9989**	3550	3550							
38735,99	I,IV	**5432**	3554	3554	I	4177	2995	1887	854	58	
	II	**4852**	3554	3554	II	3630	2482	1407	448		
	III	**2290**	3554	3554	III	1316	506				
	V	**9566**	3554	3554	IV	4796	4177	3577	2995	2432	1887
	VI	**10001**	3554	3554							
38771,99	I,IV	**5442**	3557	3557	I	4186	3004	1895	861	62	
	II	**4861**	3557	3557	II	3639	2490	1415	454		
	III	**2298**	3557	3557	III	1322	510				
	V	**9579**	3557	3557	IV	4805	4186	3586	3004	2440	1895
	VI	**10014**	3557	3557							
38807,99	I,IV	**5451**	3560	3560	I	4195	3012	1902	868	67	
	II	**4870**	3560	3560	II	3647	2498	1422	460		
	III	**2304**	3560	3560	III	1328	516				
	V	**9591**	3560	3560	IV	4814	4195	3594	3012	2448	1902
	VI	**10027**	3560	3560							
38843,99	I,IV	**5460**	3563	3563	I	4203	3020	1910	875	71	
	II	**4879**	3563	3563	II	3656	2506	1430	466		
	III	**2312**	3563	3563	III	1334	520				
	V	**9604**	3563	3563	IV	4823	4203	3603	3020	2456	1910
	VI	**10039**	3563	3563							
38879,99	I,IV	**5469**	3567	3567	I	4212	3028	1918	882	76	
	II	**4888**	3567	3567	II	3664	2514	1437	471		
	III	**2320**	3567	3567	III	1340	526				
	V	**9617**	3567	3567	IV	4832	4212	3611	3028	2464	1918
	VI	**10052**	3567	3567							

* Zur LSt-Berechnung für privat versicherte Arbeitnehmer s. Beispiele **Vorbemerkung S. 4 f.**
** Basisvorsorgepauschale KV und PV *** Typisierter Arbeitgeberzuschuss

Lohn/ Gehalt in € bis	Steuerklasse	Lohn-steuer*	BVSP**	TAGZ***	Steuerklasse	Bemessungsgrundlage für Kirchensteuer und Solidaritätszuschlag – Freibeträge für ... Kinder 0,5	1,0	1,5	2,0	2,5	3,0
38 915,99	I,IV	**5 479**	3 570	3 570	I	4 221	3 036	1 926	889	80	
	II	**4 897**	3 570	3 570	II	3 673	2 522	1 444	477		
	III	**2 326**	3 570	3 570	III	1 348	532				
	V	**9 629**	3 570	3 570	IV	4 841	4 221	3 619	3 036	2 472	1 926
	VI	**10 064**	3 570	3 570							
38 951,99	I,IV	**5 488**	3 573	3 573	I	4 230	3 045	1 933	896	85	
	II	**4 906**	3 573	3 573	II	3 681	2 530	1 452	483		
	III	**2 334**	3 573	3 573	III	1 354	536				
	V	**9 642**	3 573	3 573	IV	4 850	4 230	3 628	3 045	2 480	1 933
	VI	**10 077**	3 573	3 573							
38 987,99	I,IV	**5 497**	3 577	3 577	I	4 238	3 053	1 941	903	89	
	II	**4 915**	3 577	3 577	II	3 690	2 538	1 459	489		
	III	**2 342**	3 577	3 577	III	1 360	542				
	V	**9 654**	3 577	3 577	IV	4 859	4 238	3 636	3 053	2 488	1 941
	VI	**10 090**	3 577	3 577							
39 023,99	I,IV	**5 507**	3 580	3 580	I	4 247	3 061	1 949	910	94	
	II	**4 924**	3 580	3 580	II	3 698	2 546	1 467	495		
	III	**2 348**	3 580	3 580	III	1 366	546				
	V	**9 667**	3 580	3 580	IV	4 868	4 247	3 645	3 061	2 496	1 949
	VI	**10 102**	3 580	3 580							
39 059,99	I,IV	**5 515**	3 583	3 583	I	4 256	3 069	1 956	917	98	
	II	**4 933**	3 583	3 583	II	3 707	2 554	1 474	501		
	III	**2 356**	3 583	3 583	III	1 372	552				
	V	**9 679**	3 583	3 583	IV	4 876	4 256	3 653	3 069	2 503	1 956
	VI	**10 114**	3 583	3 583							
39 095,99	I,IV	**5 525**	3 587	3 587	I	4 264	3 077	1 964	924	103	
	II	**4 942**	3 587	3 587	II	3 715	2 562	1 481	507		
	III	**2 362**	3 587	3 587	III	1 380	556				
	V	**9 692**	3 587	3 587	IV	4 885	4 264	3 662	3 077	2 511	1 964
	VI	**10 127**	3 587	3 587							
39 131,99	I,IV	**5 534**	3 590	3 590	I	4 273	3 085	1 971	931	107	
	II	**4 951**	3 590	3 590	II	3 724	2 570	1 489	513		
	III	**2 370**	3 590	3 590	III	1 386	562				
	V	**9 704**	3 590	3 590	IV	4 894	4 273	3 670	3 085	2 519	1 971
	VI	**10 140**	3 590	3 590							
39 167,99	I,IV	**5 543**	3 593	3 593	I	4 282	3 094	1 979	938	112	
	II	**4 960**	3 593	3 593	II	3 732	2 578	1 496	519		
	III	**2 378**	3 593	3 593	III	1 392	568				
	V	**9 717**	3 593	3 593	IV	4 903	4 282	3 679	3 094	2 527	1 979
	VI	**10 152**	3 593	3 593							
39 203,99	I,IV	**5 553**	3 596	3 596	I	4 291	3 102	1 987	945	117	
	II	**4 969**	3 596	3 596	II	3 741	2 586	1 504	525		
	III	**2 384**	3 596	3 596	III	1 398	572				
	V	**9 730**	3 596	3 596	IV	4 912	4 291	3 687	3 102	2 535	1 987
	VI	**10 165**	3 596	3 596							
39 239,99	I,IV	**5 562**	3 600	3 600	I	4 299	3 110	1 995	952	121	
	II	**4 978**	3 600	3 600	II	3 749	2 594	1 511	531		
	III	**2 392**	3 600	3 600	III	1 406	578				
	V	**9 742**	3 600	3 600	IV	4 921	4 299	3 696	3 110	2 543	1 995
	VI	**10 177**	3 600	3 600							
39 275,99	I,IV	**5 571**	3 603	3 603	I	4 308	3 118	2 002	960	126	
	II	**4 987**	3 603	3 603	II	3 758	2 602	1 519	537		
	III	**2 400**	3 603	3 603	III	1 412	584				
	V	**9 755**	3 603	3 603	IV	4 930	4 308	3 704	3 118	2 551	2 002
	VI	**10 190**	3 603	3 603							
39 311,99	I,IV	**5 581**	3 606	3 606	I	4 317	3 127	2 010	967	131	
	II	**4 997**	3 606	3 606	II	3 766	2 610	1 526	543		
	III	**2 406**	3 606	3 606	III	1 418	588				
	V	**9 767**	3 606	3 606	IV	4 940	4 317	3 713	3 127	2 559	2 010
	VI	**10 203**	3 606	3 606							

* Zur LSt-Berechnung für privat versicherte Arbeitnehmer s. Beispiele **Vorbemerkung S. 4 f.**
** Basisvorsorgepauschale KV und PV *** Typisierter Arbeitgeberzuschuss

Lohn/ Gehalt in € bis	Steuerklasse	Lohn-steuer*	BVSP**	TAGZ***	Steuerklasse	Bemessungsgrundlage für Kirchensteuer und Solidaritätszuschlag					
						Freibeträge für ... Kinder					
						0,5	**1,0**	1,5	**2,0**	2,5	**3,0**
39347,99	I,IV	**5590**	3610	3610	I	4325	3135	2017	974	135	
	II	**5005**	3610	3610	II	3775	2617	1534	549		
	III	**2414**	3610	3610	III	1426	594				
	V	**9780**	3610	3610	IV	4948	4325	3721	3135	2567	2017
	VI	**10215**	3610	3610							
39383,99	I,IV	**5599**	3613	3613	I	4334	3143	2025	981	140	
	II	**5014**	3613	3613	II	3783	2625	1541	555		
	III	**2422**	3613	3613	III	1432	600				
	V	**9792**	3613	3613	IV	4957	4334	3729	3143	2575	2025
	VI	**10227**	3613	3613							
39419,99	I,IV	**5608**	3616	3616	I	4343	3151	2033	988	145	
	II	**5023**	3616	3616	II	3792	2633	1549	561		
	III	**2428**	3616	3616	III	1438	604				
	V	**9805**	3616	3616	IV	4966	4343	3738	3151	2583	2033
	VI	**10240**	3616	3616							
39455,99	I,IV	**5617**	3620	3620	I	4352	3159	2041	995	150	
	II	**5033**	3620	3620	II	3800	2641	1556	567		
	III	**2436**	3620	3620	III	1444	610				
	V	**9817**	3620	3620	IV	4975	4352	3746	3159	2591	2041
	VI	**10253**	3620	3620							
39491,99	I,IV	**5627**	3623	3623	I	4361	3168	2048	1003	155	
	II	**5042**	3623	3623	II	3809	2649	1564	574		
	III	**2444**	3623	3623	III	1452	616				
	V	**9830**	3623	3623	IV	4984	4361	3755	3168	2599	2048
	VI	**10265**	3623	3623							
39527,99	I,IV	**5636**	3626	3626	I	4369	3176	2056	1010	159	
	II	**5051**	3626	3626	II	3817	2657	1571	580		
	III	**2450**	3626	3626	III	1458	620				
	V	**9843**	3626	3626	IV	4994	4369	3763	3176	2607	2056
	VI	**10278**	3626	3626							
39563,99	I,IV	**5645**	3629	3629	I	4378	3184	2064	1017	164	
	II	**5060**	3629	3629	II	3826	2665	1579	586		
	III	**2458**	3629	3629	III	1464	626				
	V	**9855**	3629	3629	IV	5003	4378	3772	3184	2615	2064
	VI	**10290**	3629	3629							
39599,99	I,IV	**5655**	3633	3633	I	4387	3193	2072	1024	169	
	II	**5069**	3633	3633	II	3834	2674	1586	592		
	III	**2466**	3633	3633	III	1472	632				
	V	**9868**	3633	3633	IV	5012	4387	3781	3193	2623	2072
	VI	**10303**	3633	3633							
39635,99	I,IV	**5664**	3636	3636	I	4396	3201	2079	1031	174	
	II	**5078**	3636	3636	II	3843	2682	1594	598		
	III	**2472**	3636	3636	III	1478	636				
	V	**9880**	3636	3636	IV	5021	4396	3789	3201	2631	2079
	VI	**10316**	3636	3636							
39671,99	I,IV	**5673**	3639	3639	I	4404	3209	2087	1038	179	
	II	**5087**	3639	3639	II	3851	2689	1601	605		
	III	**2480**	3639	3639	III	1484	642				
	V	**9893**	3639	3639	IV	5029	4404	3797	3209	2639	2087
	VI	**10328**	3639	3639							
39707,99	I,IV	**5682**	3643	3643	I	4413	3217	2095	1046	184	
	II	**5096**	3643	3643	II	3860	2697	1608	611		
	III	**2486**	3643	3643	III	1490	648				
	V	**9905**	3643	3643	IV	5039	4413	3806	3217	2647	2095
	VI	**10340**	3643	3643							
39743,99	I,IV	**5692**	3646	3646	I	4422	3225	2102	1053	189	
	II	**5105**	3646	3646	II	3868	2705	1616	617		
	III	**2494**	3646	3646	III	1498	652				
	V	**9918**	3646	3646	IV	5048	4422	3814	3225	2655	2102
	VI	**10353**	3646	3646							

* Zur LSt-Berechnung für privat versicherte Arbeitnehmer s. Beispiele **Vorbemerkung S. 4 f.**
** Basisvorsorgepauschale KV und PV *** Typisierter Arbeitgeberzuschuss

Lohn/ Gehalt in € bis	Steuerklasse	Lohn-steuer*	BVSP**	TAGZ***	Steuerklasse	Bemessungsgrundlage für Kirchensteuer und Solidaritätszuschlag – Freibeträge für ... Kinder 0,5	**1,0**	1,5	**2,0**	2,5	**3,0**
39779,99	I,IV	**5701**	3649	3649	I	4431	3234	2110	1060	194	
	II	**5114**	3649	3649	II	3877	2713	1623	623		
	III	**2502**	3649	3649	III	1504	658				
	V	**9930**	3649	3649	IV	5057	4431	3823	3234	2663	2110
	VI	**10366**	3649	3649							
39815,99	I,IV	**5710**	3653	3653	I	4440	3242	2118	1067	198	
	II	**5123**	3653	3653	II	3886	2722	1631	630		
	III	**2508**	3653	3653	III	1510	664				
	V	**9943**	3653	3653	IV	5066	4440	3832	3242	2671	2118
	VI	**10378**	3653	3653							
39851,99	I,IV	**5720**	3656	3656	I	4448	3250	2126	1075	203	
	II	**5132**	3656	3656	II	3894	2730	1638	636		
	III	**2516**	3656	3656	III	1518	668				
	V	**9956**	3656	3656	IV	5075	4448	3840	3250	2679	2126
	VI	**10391**	3656	3656							
39887,99	I,IV	**5729**	3659	3659	I	4457	3259	2134	1082	208	
	II	**5141**	3659	3659	II	3903	2738	1646	642		
	III	**2524**	3659	3659	III	1524	674				
	V	**9968**	3659	3659	IV	5084	4457	3849	3259	2687	2134
	VI	**10403**	3659	3659							
39923,99	I,IV	**5739**	3663	3663	I	4466	3267	2141	1089	213	
	II	**5151**	3663	3663	II	3911	2746	1654	649		
	III	**2530**	3663	3663	III	1532	680	4			
	V	**9981**	3663	3663	IV	5093	4466	3857	3267	2695	2141
	VI	**10416**	3663	3663							
39959,99	I,IV	**5748**	3666	3666	I	4475	3275	2149	1096	219	
	II	**5160**	3666	3666	II	3920	2754	1661	655		
	III	**2538**	3666	3666	III	1538	686	8			
	V	**9993**	3666	3666	IV	5102	4475	3866	3275	2703	2149
	VI	**10429**	3666	3666							
39995,99	I,IV	**5757**	3669	3669	I	4483	3283	2157	1104	223	
	II	**5168**	3669	3669	II	3928	2762	1668	661		
	III	**2546**	3669	3669	III	1544	690	12			
	V	**10006**	3669	3669	IV	5111	4483	3874	3283	2711	2157
	VI	**10441**	3669	3669							
40031,99	I,IV	**5766**	3672	3672	I	4492	3292	2164	1111	228	
	II	**5178**	3672	3672	II	3937	2770	1676	668		
	III	**2552**	3672	3672	III	1552	696	16			
	V	**10018**	3672	3672	IV	5120	4492	3883	3292	2719	2164
	VI	**10453**	3672	3672							
40067,99	I,IV	**5776**	3676	3676	I	4501	3300	2172	1118	234	
	II	**5187**	3676	3676	II	3946	2778	1684	674		
	III	**2560**	3676	3676	III	1558	702	20			
	V	**10031**	3676	3676	IV	5129	4501	3891	3300	2727	2172
	VI	**10466**	3676	3676							
40103,99	I,IV	**5785**	3679	3679	I	4510	3308	2180	1125	239	
	II	**5196**	3679	3679	II	3954	2786	1691	681		
	III	**2568**	3679	3679	III	1564	708	24			
	V	**10043**	3679	3679	IV	5138	4510	3900	3308	2735	2180
	VI	**10479**	3679	3679							
40139,99	I,IV	**5795**	3682	3682	I	4519	3317	2188	1133	244	
	II	**5205**	3682	3682	II	3963	2794	1699	687		
	III	**2574**	3682	3682	III	1572	712	30			
	V	**10056**	3682	3682	IV	5147	4519	3909	3317	2743	2188
	VI	**10491**	3682	3682							
40175,99	I,IV	**5804**	3686	3686	I	4528	3325	2196	1140	249	
	II	**5214**	3686	3686	II	3971	2802	1706	694		
	III	**2582**	3686	3686	III	1578	718	34			
	V	**10069**	3686	3686	IV	5157	4528	3917	3325	2751	2196
	VI	**10504**	3686	3686							

* Zur LSt-Berechnung für privat versicherte Arbeitnehmer s. Beispiele **Vorbemerkung S. 4 f.**
** Basisvorsorgepauschale KV und PV *** Typisierter Arbeitgeberzuschuss

Lohn/ Gehalt in € bis	Steuerklasse	Lohn-steuer*	BVSP**	TAGZ***	Steuerklasse	Bemessungsgrundlage für Kirchensteuer und Solidaritätszuschlag					
						Freibeträge für ... Kinder					
						0,5	**1,0**	1,5	**2,0**	2,5	**3,0**
40 211,99	I,IV	**5 813**	3 689	3 689	I	4 537	3 333	2 204	1 147	254	
	II	**5 223**	3 689	3 689	II	3 980	2 810	1 714	700		
	III	**2 590**	3 689	3 689	III	1 586	724	38			
	V	**10 081**	3 689	3 689	IV	5 166	4 537	3 926	3 333	2 759	2 204
	VI	**10 516**	3 689	3 689							
40 247,99	I,IV	**5 823**	3 692	3 692	I	4 545	3 342	2 211	1 154	259	
	II	**5 233**	3 692	3 692	II	3 989	2 818	1 721	707		
	III	**2 596**	3 692	3 692	III	1 592	730	42			
	V	**10 094**	3 692	3 692	IV	5 175	4 545	3 934	3 342	2 767	2 211
	VI	**10 529**	3 692	3 692							
40 283,99	I,IV	**5 832**	3 696	3 696	I	4 554	3 350	2 219	1 162	264	
	II	**5 241**	3 696	3 696	II	3 997	2 826	1 729	713		
	III	**2 604**	3 696	3 696	III	1 598	734	46			
	V	**10 106**	3 696	3 696	IV	5 184	4 554	3 943	3 350	2 775	2 219
	VI	**10 541**	3 696	3 696							
40 319,99	I,IV	**5 841**	3 699	3 699	I	4 563	3 358	2 227	1 169	270	
	II	**5 251**	3 699	3 699	II	4 006	2 834	1 736	720		
	III	**2 612**	3 699	3 699	III	1 604	740	50			
	V	**10 119**	3 699	3 699	IV	5 193	4 563	3 951	3 358	2 783	2 227
	VI	**10 554**	3 699	3 699							
40 355,99	I,IV	**5 851**	3 702	3 702	I	4 572	3 366	2 235	1 176	275	
	II	**5 260**	3 702	3 702	II	4 014	2 842	1 744	726		
	III	**2 618**	3 702	3 702	III	1 612	746	54			
	V	**10 131**	3 702	3 702	IV	5 202	4 572	3 960	3 366	2 791	2 235
	VI	**10 566**	3 702	3 702							
40 391,99	I,IV	**5 860**	3 705	3 705	I	4 581	3 375	2 242	1 183	280	
	II	**5 269**	3 705	3 705	II	4 023	2 851	1 752	733		
	III	**2 626**	3 705	3 705	III	1 618	752	58			
	V	**10 144**	3 705	3 705	IV	5 211	4 581	3 969	3 375	2 799	2 242
	VI	**10 579**	3 705	3 705							
40 427,99	I,IV	**5 869**	3 709	3 709	I	4 590	3 383	2 250	1 191	285	
	II	**5 278**	3 709	3 709	II	4 032	2 859	1 759	740		
	III	**2 634**	3 709	3 709	III	1 626	756	64			
	V	**10 156**	3 709	3 709	IV	5 220	4 590	3 977	3 383	2 808	2 250
	VI	**10 592**	3 709	3 709							
40 463,99	I,IV	**5 879**	3 712	3 712	I	4 598	3 392	2 258	1 198	291	
	II	**5 287**	3 712	3 712	II	4 040	2 867	1 767	746		
	III	**2 640**	3 712	3 712	III	1 632	762	68			
	V	**10 169**	3 712	3 712	IV	5 229	4 598	3 986	3 392	2 816	2 258
	VI	**10 604**	3 712	3 712							
40 499,99	I,IV	**5 888**	3 715	3 715	I	4 607	3 400	2 266	1 205	296	
	II	**5 296**	3 715	3 715	II	4 049	2 875	1 774	753		
	III	**2 648**	3 715	3 715	III	1 640	768	72			
	V	**10 182**	3 715	3 715	IV	5 239	4 607	3 994	3 400	2 824	2 266
	VI	**10 617**	3 715	3 715							
40 535,99	I,IV	**5 898**	3 719	3 719	I	4 616	3 408	2 274	1 213	301	
	II	**5 306**	3 719	3 719	II	4 058	2 883	1 782	760		
	III	**2 656**	3 719	3 719	III	1 646	774	76			
	V	**10 194**	3 719	3 719	IV	5 248	4 616	4 003	3 408	2 832	2 274
	VI	**10 629**	3 719	3 719							
40 571,99	I,IV	**5 907**	3 722	3 722	I	4 625	3 417	2 282	1 220	307	
	II	**5 315**	3 722	3 722	II	4 066	2 891	1 790	766	2	
	III	**2 662**	3 722	3 722	III	1 652	780	80			
	V	**10 207**	3 722	3 722	IV	5 257	4 625	4 012	3 417	2 840	2 282
	VI	**10 642**	3 722	3 722							
40 607,99	I,IV	**5 916**	3 725	3 725	I	4 634	3 425	2 289	1 227	312	
	II	**5 324**	3 725	3 725	II	4 075	2 899	1 797	773	7	
	III	**2 670**	3 725	3 725	III	1 660	784	86			
	V	**10 219**	3 725	3 725	IV	5 266	4 634	4 020	3 425	2 848	2 289
	VI	**10 654**	3 725	3 725							

* Zur LSt-Berechnung für privat versicherte Arbeitnehmer s. Beispiele **Vorbemerkung S. 4 f.**
** Basisvorsorgepauschale KV und PV *** Typisierter Arbeitgeberzuschuss

Lohn/ Gehalt in € bis	Steuerklasse	Lohn-steuer*	BVSP**	TAGZ***	Steuerklasse	Bemessungsgrundlage für Kirchensteuer und Solidaritätszuschlag					
						Freibeträge für ... Kinder					
						0,5	**1,0**	1,5	**2,0**	2,5	**3,0**
40 643,99	I,IV	**5 926**	3 729	3 729	I	4 643	3 433	2 297	1 235	317	
	II	**5 333**	3 729	3 729	II	4 083	2 907	1 805	780	11	
	III	**2 678**	3 729	3 729	III	1 666	790	90			
	V	**10 232**	3 729	3 729	IV	5 275	4 643	4 029	3 433	2 856	2 297
	VI	**10 667**	3 729	3 729							
40 679,99	I,IV	**5 935**	3 732	3 732	I	4 652	3 442	2 305	1 242	323	
	II	**5 342**	3 732	3 732	II	4 092	2 915	1 812	786	15	
	III	**2 686**	3 732	3 732	III	1 674	796	94			
	V	**10 244**	3 732	3 732	IV	5 284	4 652	4 037	3 442	2 864	2 305
	VI	**10 679**	3 732	3 732							
40 715,99	I,IV	**5 945**	3 735	3 735	I	4 661	3 450	2 313	1 249	328	
	II	**5 351**	3 735	3 735	II	4 101	2 924	1 820	793	19	
	III	**2 692**	3 735	3 735	III	1 680	802	98			
	V	**10 257**	3 735	3 735	IV	5 293	4 661	4 046	3 450	2 872	2 313
	VI	**10 692**	3 735	3 735							
40 751,99	I,IV	**5 954**	3 738	3 738	I	4 669	3 458	2 321	1 257	333	
	II	**5 361**	3 738	3 738	II	4 109	2 932	1 827	800	24	
	III	**2 700**	3 738	3 738	III	1 688	808	102			
	V	**10 269**	3 738	3 738	IV	5 303	4 669	4 055	3 458	2 880	2 321
	VI	**10 704**	3 738	3 738							
40 787,99	I,IV	**5 963**	3 742	3 742	I	4 678	3 467	2 329	1 264	339	
	II	**5 370**	3 742	3 742	II	4 118	2 940	1 835	807	28	
	III	**2 708**	3 742	3 742	III	1 694	814	108			
	V	**10 282**	3 742	3 742	IV	5 312	4 678	4 063	3 467	2 888	2 329
	VI	**10 717**	3 742	3 742							
40 823,99	I,IV	**5 973**	3 745	3 745	I	4 687	3 475	2 336	1 271	344	
	II	**5 379**	3 745	3 745	II	4 127	2 948	1 843	814	32	
	III	**2 714**	3 745	3 745	III	1 702	818	112			
	V	**10 295**	3 745	3 745	IV	5 321	4 687	4 072	3 475	2 897	2 336
	VI	**10 730**	3 745	3 745							
40 859,99	I,IV	**5 982**	3 748	3 748	I	4 696	3 484	2 344	1 279	350	
	II	**5 388**	3 748	3 748	II	4 135	2 956	1 850	820	37	
	III	**2 722**	3 748	3 748	III	1 708	824	116			
	V	**10 307**	3 748	3 748	IV	5 330	4 696	4 081	3 484	2 905	2 344
	VI	**10 742**	3 748	3 748							
40 895,99	I,IV	**5 992**	3 752	3 752	I	4 705	3 492	2 352	1 286	355	
	II	**5 397**	3 752	3 752	II	4 144	2 964	1 858	827	41	
	III	**2 730**	3 752	3 752	III	1 716	830	120			
	V	**10 320**	3 752	3 752	IV	5 339	4 705	4 089	3 492	2 913	2 352
	VI	**10 755**	3 752	3 752							
40 931,99	I,IV	**6 001**	3 755	3 755	I	4 714	3 500	2 360	1 293	361	
	II	**5 406**	3 755	3 755	II	4 153	2 972	1 865	834	45	
	III	**2 736**	3 755	3 755	III	1 722	836	124			
	V	**10 332**	3 755	3 755	IV	5 348	4 714	4 098	3 500	2 921	2 360
	VI	**10 767**	3 755	3 755							
40 967,99	I,IV	**6 010**	3 758	3 758	I	4 723	3 509	2 368	1 300	366	
	II	**5 416**	3 758	3 758	II	4 161	2 980	1 873	841	50	
	III	**2 744**	3 758	3 758	III	1 728	842	130			
	V	**10 345**	3 758	3 758	IV	5 357	4 723	4 106	3 509	2 929	2 368
	VI	**10 780**	3 758	3 758							
41 003,99	I,IV	**6 020**	3 762	3 762	I	4 732	3 517	2 376	1 308	372	
	II	**5 425**	3 762	3 762	II	4 170	2 989	1 881	848	54	
	III	**2 752**	3 762	3 762	III	1 736	848	134			
	V	**10 357**	3 762	3 762	IV	5 367	4 732	4 115	3 517	2 937	2 376
	VI	**10 792**	3 762	3 762							
41 039,99	I,IV	**6 029**	3 765	3 765	I	4 741	3 525	2 384	1 315	377	
	II	**5 434**	3 765	3 765	II	4 179	2 997	1 888	855	58	
	III	**2 758**	3 765	3 765	III	1 742	852	138			
	V	**10 370**	3 765	3 765	IV	5 376	4 741	4 124	3 525	2 945	2 384
	VI	**10 805**	3 765	3 765							

* Zur LSt-Berechnung für privat versicherte Arbeitnehmer s. Beispiele **Vorbemerkung S. 4 f.**
** Basisvorsorgepauschale KV und PV *** Typisierter Arbeitgeberzuschuss

Lohn/ Gehalt in € bis	Steuerklasse	Lohn-steuer*	BVSP**	TAGZ***	Steuerklasse	Bemessungsgrundlage für Kirchensteuer und Solidaritätszuschlag – Freibeträge für ... Kinder 0,5	1,0	1,5	2,0	2,5	3,0
41 075,99	I,IV	**6039**	3768	3768	I	4750	3534	2391	1323	383	
	II	**5443**	3768	3768	II	4187	3005	1896	862	63	
	III	**2766**	3768	3768	III	1750	858	142			
	V	**10382**	3768	3768	IV	5385	4750	4133	3534	2953	2391
	VI	**10817**	3768	3768							
41 111,99	I,IV	**6048**	3772	3772	I	4759	3542	2399	1330	389	
	II	**5453**	3772	3772	II	4196	3013	1904	869	67	
	III	**2774**	3772	3772	III	1756	864	146			
	V	**10395**	3772	3772	IV	5394	4759	4141	3542	2962	2399
	VI	**10830**	3772	3772							
41 147,99	I,IV	**6058**	3775	3775	I	4768	3551	2407	1337	394	
	II	**5462**	3775	3775	II	4205	3021	1911	876	72	
	III	**2780**	3775	3775	III	1764	870	152			
	V	**10408**	3775	3775	IV	5404	4768	4150	3551	2970	2407
	VI	**10843**	3775	3775							
41 183,99	I,IV	**6067**	3778	3778	I	4777	3559	2415	1345	400	
	II	**5471**	3778	3778	II	4214	3030	1919	883	76	
	III	**2788**	3778	3778	III	1770	876	156			
	V	**10420**	3778	3778	IV	5413	4777	4159	3559	2978	2415
	VI	**10855**	3778	3778							
41 219,99	I,IV	**6077**	3781	3781	I	4785	3567	2423	1352	405	
	II	**5480**	3781	3781	II	4222	3038	1927	890	81	
	III	**2796**	3781	3781	III	1778	882	160			
	V	**10432**	3781	3781	IV	5422	4785	4167	3567	2986	2423
	VI	**10867**	3781	3781							
41 255,99	I,IV	**6086**	3785	3785	I	4794	3576	2431	1359	411	
	II	**5489**	3785	3785	II	4231	3046	1934	897	85	
	III	**2804**	3785	3785	III	1784	888	166			
	V	**10445**	3785	3785	IV	5431	4794	4176	3576	2994	2431
	VI	**10880**	3785	3785							
41 291,99	I,IV	**6096**	3788	3788	I	4803	3584	2439	1367	417	
	II	**5498**	3788	3788	II	4239	3054	1942	904	90	
	III	**2810**	3788	3788	III	1792	894	170			
	V	**10458**	3788	3788	IV	5440	4803	4184	3584	3002	2439
	VI	**10893**	3788	3788							
41 327,99	I,IV	**6105**	3791	3791	I	4812	3593	2447	1374	422	
	II	**5508**	3791	3791	II	4248	3062	1950	911	94	
	III	**2818**	3791	3791	III	1798	898	174			
	V	**10470**	3791	3791	IV	5449	4812	4193	3593	3010	2447
	VI	**10905**	3791	3791							
41 363,99	I,IV	**6115**	3795	3795	I	4821	3601	2455	1382	428	
	II	**5517**	3795	3795	II	4257	3070	1957	918	99	
	III	**2826**	3795	3795	III	1806	904	178			
	V	**10483**	3795	3795	IV	5459	4821	4202	3601	3019	2455
	VI	**10918**	3795	3795							
41 399,99	I,IV	**6124**	3798	3798	I	4830	3610	2463	1389	434	
	II	**5526**	3798	3798	II	4266	3079	1965	925	104	
	III	**2832**	3798	3798	III	1812	910	184			
	V	**10495**	3798	3798	IV	5468	4830	4211	3610	3027	2463
	VI	**10930**	3798	3798							
41 435,99	I,IV	**6134**	3801	3801	I	4839	3618	2470	1396	440	
	II	**5536**	3801	3801	II	4274	3087	1973	932	108	
	III	**2840**	3801	3801	III	1820	916	188			
	V	**10508**	3801	3801	IV	5477	4839	4219	3618	3035	2470
	VI	**10943**	3801	3801							
41 471,99	I,IV	**6143**	3805	3805	I	4848	3627	2478	1404	445	
	II	**5545**	3805	3805	II	4283	3095	1980	939	113	
	III	**2848**	3805	3805	III	1828	922	192			
	V	**10521**	3805	3805	IV	5486	4848	4228	3627	3043	2478
	VI	**10956**	3805	3805							

* Zur LSt-Berechnung für privat versicherte Arbeitnehmer s. Beispiele **Vorbemerkung S. 4 f.**
** Basisvorsorgepauschale KV und PV *** Typisierter Arbeitgeberzuschuss

Lohn/ Gehalt in € bis	Steuerklasse	Lohn-steuer*	BVSP**	TAGZ***	Steuerklasse	Bemessungsgrundlage für Kirchensteuer und Solidaritätszuschlag					
						Freibeträge für ... Kinder					
						0,5	**1,0**	1,5	**2,0**	2,5	**3,0**
41 507,99	I,IV	**6 153**	3 808	3 808	I	4 857	3 635	2 486	1 411	451	
	II	**5 554**	3 808	3 808	II	4 292	3 103	1 988	946	118	
	III	**2 856**	3 808	3 808	III	1 834	928	198			
	V	**10 533**	3 808	3 808	IV	5 496	4 857	4 237	3 635	3 052	2 486
	VI	**10 968**	3 808	3 808							
41 543,99	I,IV	**6 162**	3 811	3 811	I	4 866	3 643	2 494	1 418	457	
	II	**5 563**	3 811	3 811	II	4 300	3 111	1 996	953	122	
	III	**2 862**	3 811	3 811	III	1 840	934	202			
	V	**10 545**	3 811	3 811	IV	5 505	4 866	4 245	3 643	3 059	2 494
	VI	**10 980**	3 811	3 811							
41 579,99	I,IV	**6 171**	3 814	3 814	I	4 875	3 652	2 502	1 426	463	
	II	**5 572**	3 814	3 814	II	4 309	3 120	2 003	961	127	
	III	**2 870**	3 814	3 814	III	1 848	940	206			
	V	**10 558**	3 814	3 814	IV	5 514	4 875	4 254	3 652	3 068	2 502
	VI	**10 993**	3 814	3 814							
41 615,99	I,IV	**6 181**	3 818	3 818	I	4 884	3 660	2 510	1 433	469	
	II	**5 582**	3 818	3 818	II	4 318	3 128	2 011	968	132	
	III	**2 876**	3 818	3 818	III	1 856	946	210			
	V	**10 571**	3 818	3 818	IV	5 523	4 884	4 263	3 660	3 076	2 510
	VI	**11 006**	3 818	3 818							
41 651,99	I,IV	**6 191**	3 821	3 821	I	4 893	3 669	2 518	1 441	474	
	II	**5 591**	3 821	3 821	II	4 327	3 136	2 019	975	136	
	III	**2 884**	3 821	3 821	III	1 862	952	216			
	V	**10 583**	3 821	3 821	IV	5 533	4 893	4 272	3 669	3 084	2 518
	VI	**11 018**	3 821	3 821							
41 687,99	I,IV	**6 200**	3 824	3 824	I	4 902	3 677	2 526	1 448	480	
	II	**5 600**	3 824	3 824	II	4 336	3 144	2 026	982	141	
	III	**2 892**	3 824	3 824	III	1 870	958	220			
	V	**10 596**	3 824	3 824	IV	5 542	4 902	4 280	3 677	3 092	2 526
	VI	**11 031**	3 824	3 824							
41 723,99	I,IV	**6 210**	3 828	3 828	I	4 911	3 686	2 534	1 456	486	
	II	**5 610**	3 828	3 828	II	4 344	3 153	2 034	989	146	
	III	**2 900**	3 828	3 828	III	1 876	964	224			
	V	**10 608**	3 828	3 828	IV	5 551	4 911	4 289	3 686	3 101	2 534
	VI	**11 043**	3 828	3 828							
41 759,99	I,IV	**6 219**	3 831	3 831	I	4 920	3 694	2 542	1 463	492	
	II	**5 619**	3 831	3 831	II	4 353	3 161	2 042	997	151	
	III	**2 906**	3 831	3 831	III	1 884	968	230			
	V	**10 621**	3 831	3 831	IV	5 560	4 920	4 298	3 694	3 109	2 542
	VI	**11 056**	3 831	3 831							
41 795,99	I,IV	**6 229**	3 834	3 834	I	4 929	3 703	2 550	1 470	498	
	II	**5 628**	3 834	3 834	II	4 362	3 169	2 050	1 004	155	
	III	**2 914**	3 834	3 834	III	1 890	974	234			
	V	**10 634**	3 834	3 834	IV	5 570	4 929	4 307	3 703	3 117	2 550
	VI	**11 069**	3 834	3 834							
41 831,99	I,IV	**6 238**	3 838	3 838	I	4 938	3 711	2 558	1 478	504	
	II	**5 638**	3 838	3 838	II	4 371	3 177	2 057	1 011	160	
	III	**2 922**	3 838	3 838	III	1 898	980	238			
	V	**10 646**	3 838	3 838	IV	5 579	4 938	4 315	3 711	3 125	2 558
	VI	**11 081**	3 838	3 838							
41 867,99	I,IV	**6 248**	3 841	3 841	I	4 947	3 719	2 566	1 485	510	
	II	**5 647**	3 841	3 841	II	4 379	3 185	2 065	1 018	165	
	III	**2 930**	3 841	3 841	III	1 906	986	244			
	V	**10 658**	3 841	3 841	IV	5 588	4 947	4 324	3 719	3 133	2 566
	VI	**11 093**	3 841	3 841							
41 903,99	I,IV	**6 257**	3 844	3 844	I	4 956	3 728	2 574	1 493	516	
	II	**5 656**	3 844	3 844	II	4 388	3 194	2 073	1 025	170	
	III	**2 936**	3 844	3 844	III	1 912	992	248			
	V	**10 671**	3 844	3 844	IV	5 597	4 956	4 333	3 728	3 142	2 574
	VI	**11 106**	3 844	3 844							

* Zur LSt-Berechnung für privat versicherte Arbeitnehmer s. Beispiele **Vorbemerkung S. 4 f.**
** Basisvorsorgepauschale KV und PV *** Typisierter Arbeitgeberzuschuss

Lohn/ Gehalt in € bis	Steuerklasse	Lohn-steuer*	BVSP**	TAGZ***	Steuerklasse	Bemessungsgrundlage für Kirchensteuer und Solidaritätszuschlag – Freibeträge für ... Kinder 0,5	1,0	1,5	2,0	2,5	3,0
41 939,99	I,IV	**6 267**	3 847	3 847	I	4 965	3 736	2 582	1 500	522	
	II	**5 665**	3 847	3 847	II	4 397	3 202	2 080	1 032	175	
	III	**2 944**	3 847	3 847	III	1 920	998	252			
	V	**10 683**	3 847	3 847	IV	5 607	4 965	4 341	3 736	3 150	2 582
	VI	**11 119**	3 847	3 847							
41 975,99	I,IV	**6 276**	3 851	3 851	I	4 974	3 745	2 590	1 508	528	
	II	**5 675**	3 851	3 851	II	4 406	3 210	2 088	1 040	180	
	III	**2 952**	3 851	3 851	III	1 926	1 004	258			
	V	**10 696**	3 851	3 851	IV	5 616	4 974	4 350	3 745	3 158	2 590
	VI	**11 131**	3 851	3 851							
42 011,99	I,IV	**6 286**	3 854	3 854	I	4 983	3 754	2 598	1 515	534	
	II	**5 684**	3 854	3 854	II	4 415	3 219	2 096	1 047	184	
	III	**2 958**	3 854	3 854	III	1 934	1 010	262			
	V	**10 709**	3 854	3 854	IV	5 625	4 983	4 359	3 754	3 166	2 598
	VI	**11 144**	3 854	3 854							
42 047,99	I,IV	**6 295**	3 857	3 857	I	4 992	3 762	2 606	1 523	540	
	II	**5 693**	3 857	3 857	II	4 423	3 227	2 104	1 054	189	
	III	**2 966**	3 857	3 857	III	1 942	1 016	266			
	V	**10 721**	3 857	3 857	IV	5 635	4 992	4 368	3 762	3 175	2 606
	VI	**11 156**	3 857	3 857							
42 083,99	I,IV	**6 305**	3 861	3 861	I	5 001	3 771	2 614	1 530	546	
	II	**5 703**	3 861	3 861	II	4 432	3 235	2 112	1 061	194	
	III	**2 974**	3 861	3 861	III	1 948	1 022	272			
	V	**10 734**	3 861	3 861	IV	5 644	5 001	4 377	3 771	3 183	2 614
	VI	**11 169**	3 861	3 861							
42 119,99	I,IV	**6 315**	3 864	3 864	I	5 010	3 779	2 622	1 538	552	
	II	**5 712**	3 864	3 864	II	4 441	3 243	2 119	1 069	199	
	III	**2 982**	3 864	3 864	III	1 956	1 028	276			
	V	**10 746**	3 864	3 864	IV	5 653	5 010	4 385	3 779	3 191	2 622
	VI	**11 182**	3 864	3 864							
42 155,99	I,IV	**6 324**	3 867	3 867	I	5 019	3 787	2 629	1 545	558	
	II	**5 721**	3 867	3 867	II	4 450	3 251	2 127	1 076	204	
	III	**2 988**	3 867	3 867	III	1 962	1 034	280			
	V	**10 759**	3 867	3 867	IV	5 662	5 019	4 394	3 787	3 199	2 629
	VI	**11 194**	3 867	3 867							
42 191,99	I,IV	**6 333**	3 871	3 871	I	5 028	3 796	2 637	1 552	564	
	II	**5 730**	3 871	3 871	II	4 458	3 260	2 135	1 083	209	
	III	**2 996**	3 871	3 871	III	1 970	1 040	286			
	V	**10 771**	3 871	3 871	IV	5 672	5 028	4 403	3 796	3 207	2 637
	VI	**11 206**	3 871	3 871							
42 227,99	I,IV	**6 343**	3 874	3 874	I	5 037	3 804	2 645	1 560	570	
	II	**5 740**	3 874	3 874	II	4 467	3 268	2 142	1 090	214	
	III	**3 004**	3 874	3 874	III	1 976	1 046	290			
	V	**10 784**	3 874	3 874	IV	5 681	5 037	4 412	3 804	3 216	2 645
	VI	**11 219**	3 874	3 874							
42 263,99	I,IV	**6 353**	3 877	3 877	I	5 046	3 813	2 653	1 567	577	
	II	**5 749**	3 877	3 877	II	4 476	3 276	2 150	1 097	219	
	III	**3 010**	3 877	3 877	III	1 984	1 052	296			
	V	**10 796**	3 877	3 877	IV	5 690	5 046	4 420	3 813	3 224	2 653
	VI	**11 232**	3 877	3 877							
42 299,99	I,IV	**6 362**	3 881	3 881	I	5 055	3 822	2 661	1 575	583	
	II	**5 759**	3 881	3 881	II	4 485	3 285	2 158	1 105	224	
	III	**3 018**	3 881	3 881	III	1 992	1 058	300			
	V	**10 809**	3 881	3 881	IV	5 700	5 055	4 429	3 822	3 232	2 661
	VI	**11 244**	3 881	3 881							
42 335,99	I,IV	**6 372**	3 884	3 884	I	5 064	3 830	2 669	1 582	589	
	II	**5 768**	3 884	3 884	II	4 494	3 293	2 166	1 112	229	
	III	**3 026**	3 884	3 884	III	1 998	1 064	304			
	V	**10 822**	3 884	3 884	IV	5 709	5 064	4 438	3 830	3 241	2 669
	VI	**11 257**	3 884	3 884							

* Zur LSt-Berechnung für privat versicherte Arbeitnehmer s. Beispiele **Vorbemerkung S. 4 f.**
** Basisvorsorgepauschale KV und PV *** Typisierter Arbeitgeberzuschuss

Lohn/ Gehalt in € bis	Steuerklasse	Lohn-steuer*	BVSP**	TAGZ***	Steuerklasse	Bemessungsgrundlage für Kirchensteuer und Solidaritätszuschlag – Freibeträge für ... Kinder 0,5	**1,0**	1,5	**2,0**	2,5	**3,0**
42 371,99	I,IV	**6 382**	3 887	3 887	I	5 073	3 839	2 678	1 590	595	
	II	**5 777**	3 887	3 887	II	4 503	3 301	2 174	1 119	234	
	III	**3 034**	3 887	3 887	III	2 006	1 070	310			
	V	**10 834**	3 887	3 887	IV	5 718	5 073	4 447	3 839	3 249	2 678
	VI	**11 269**	3 887	3 887							
42 407,99	I,IV	**6 391**	3 890	3 890	I	5 082	3 847	2 686	1 597	602	
	II	**5 787**	3 890	3 890	II	4 511	3 310	2 181	1 127	240	
	III	**3 040**	3 890	3 890	III	2 012	1 076	314			
	V	**10 847**	3 890	3 890	IV	5 728	5 082	4 456	3 847	3 257	2 686
	VI	**11 282**	3 890	3 890							
42 443,99	I,IV	**6 401**	3 894	3 894	I	5 092	3 856	2 694	1 605	608	
	II	**5 796**	3 894	3 894	II	4 520	3 318	2 189	1 134	245	
	III	**3 048**	3 894	3 894	III	2 020	1 082	320			
	V	**10 859**	3 894	3 894	IV	5 737	5 092	4 465	3 856	3 266	2 694
	VI	**11 295**	3 894	3 894							
42 479,99	I,IV	**6 410**	3 897	3 897	I	5 100	3 864	2 701	1 612	614	
	II	**5 805**	3 897	3 897	II	4 529	3 326	2 197	1 141	250	
	III	**3 056**	3 897	3 897	III	2 028	1 088	324			
	V	**10 872**	3 897	3 897	IV	5 746	5 100	4 473	3 864	3 274	2 701
	VI	**11 307**	3 897	3 897							
42 515,99	I,IV	**6 420**	3 900	3 900	I	5 109	3 873	2 709	1 620	620	
	II	**5 815**	3 900	3 900	II	4 538	3 334	2 205	1 148	255	
	III	**3 064**	3 900	3 900	III	2 034	1 094	328			
	V	**10 884**	3 900	3 900	IV	5 755	5 109	4 482	3 873	3 282	2 709
	VI	**11 319**	3 900	3 900							
42 551,99	I,IV	**6 429**	3 904	3 904	I	5 119	3 881	2 718	1 627	627	
	II	**5 824**	3 904	3 904	II	4 547	3 343	2 212	1 155	260	
	III	**3 070**	3 904	3 904	III	2 042	1 100	334			
	V	**10 897**	3 904	3 904	IV	5 765	5 119	4 491	3 881	3 290	2 718
	VI	**11 332**	3 904	3 904							
42 587,99	I,IV	**6 439**	3 907	3 907	I	5 128	3 890	2 726	1 635	633	
	II	**5 833**	3 907	3 907	II	4 555	3 351	2 220	1 163	265	
	III	**3 078**	3 907	3 907	III	2 048	1 106	338			
	V	**10 909**	3 907	3 907	IV	5 774	5 128	4 500	3 890	3 299	2 726
	VI	**11 345**	3 907	3 907							
42 623,99	I,IV	**6 449**	3 910	3 910	I	5 137	3 899	2 734	1 642	639	
	II	**5 843**	3 910	3 910	II	4 564	3 359	2 228	1 170	270	
	III	**3 086**	3 910	3 910	III	2 056	1 114	344			
	V	**10 922**	3 910	3 910	IV	5 784	5 137	4 508	3 899	3 307	2 734
	VI	**11 357**	3 910	3 910							
42 659,99	I,IV	**6 458**	3 914	3 914	I	5 146	3 907	2 742	1 650	646	
	II	**5 852**	3 914	3 914	II	4 573	3 368	2 236	1 177	276	
	III	**3 094**	3 914	3 914	III	2 064	1 120	348			
	V	**10 935**	3 914	3 914	IV	5 793	5 146	4 517	3 907	3 315	2 742
	VI	**11 370**	3 914	3 914							
42 695,99	I,IV	**6 468**	3 917	3 917	I	5 155	3 916	2 750	1 657	652	
	II	**5 862**	3 917	3 917	II	4 582	3 376	2 244	1 185	281	
	III	**3 100**	3 917	3 917	III	2 070	1 126	354			
	V	**10 947**	3 917	3 917	IV	5 802	5 155	4 526	3 916	3 324	2 750
	VI	**11 382**	3 917	3 917							
42 731,99	I,IV	**6 478**	3 920	3 920	I	5 164	3 924	2 758	1 665	658	
	II	**5 871**	3 920	3 920	II	4 591	3 385	2 252	1 192	286	
	III	**3 108**	3 920	3 920	III	2 078	1 132	358			
	V	**10 960**	3 920	3 920	IV	5 812	5 164	4 535	3 924	3 332	2 758
	VI	**11 395**	3 920	3 920							
42 767,99	I,IV	**6 487**	3 923	3 923	I	5 173	3 933	2 766	1 672	665	
	II	**5 880**	3 923	3 923	II	4 600	3 393	2 259	1 199	292	
	III	**3 116**	3 923	3 923	III	2 086	1 138	364			
	V	**10 972**	3 923	3 923	IV	5 821	5 173	4 544	3 933	3 340	2 766
	VI	**11 408**	3 923	3 923							

* Zur LSt-Berechnung für privat versicherte Arbeitnehmer s. Beispiele **Vorbemerkung S. 4 f.**
** Basisvorsorgepauschale KV und PV   *** Typisierter Arbeitgeberzuschuss

Lohn/ Gehalt in € bis	Steuerklasse	Lohn-steuer*	BVSP**	TAGZ***	Steuerklasse	Bemessungsgrundlage für Kirchensteuer und Solidaritätszuschlag – Freibeträge für ... Kinder 0,5	1,0	1,5	2,0	2,5	3,0
42803,99	I,IV	**6497**	3927	3927	I	5182	3941	2774	1680	671	
	II	**5890**	3927	3927	II	4609	3401	2267	1206	297	
	III	**3122**	3927	3927	III	2092	1144	368			
	V	**10985**	3927	3927	IV	5830	5182	4553	3941	3348	2774
	VI	**11420**	3927	3927							
42839,99	I,IV	**6506**	3930	3930	I	5191	3950	2782	1687	678	
	II	**5899**	3930	3930	II	4617	3409	2275	1214	302	
	III	**3130**	3930	3930	III	2100	1150	372			
	V	**10997**	3930	3930	IV	5840	5191	4561	3950	3357	2782
	VI	**11432**	3930	3930							
42875,99	I,IV	**6516**	3933	3933	I	5200	3958	2790	1695	684	
	II	**5908**	3933	3933	II	4626	3418	2283	1221	307	
	III	**3138**	3933	3933	III	2106	1156	378			
	V	**11010**	3933	3933	IV	5849	5200	4570	3958	3365	2790
	VI	**11445**	3933	3933							
42911,99	I,IV	**6526**	3937	3937	I	5210	3967	2798	1702	691	
	II	**5918**	3937	3937	II	4635	3426	2291	1228	313	
	III	**3146**	3937	3937	III	2114	1162	382			
	V	**11022**	3937	3937	IV	5858	5210	4579	3967	3373	2798
	VI	**11458**	3937	3937							
42947,99	I,IV	**6535**	3940	3940	I	5219	3976	2806	1710	697	
	II	**5927**	3940	3940	II	4644	3435	2298	1236	318	
	III	**3152**	3940	3940	III	2120	1168	388			
	V	**11035**	3940	3940	IV	5868	5219	4588	3976	3382	2806
	VI	**11470**	3940	3940							
42983,99	I,IV	**6545**	3943	3943	I	5228	3984	2814	1718	704	
	II	**5937**	3943	3943	II	4653	3443	2306	1243	323	
	III	**3160**	3943	3943	III	2128	1174	392			
	V	**11048**	3943	3943	IV	5877	5228	4597	3984	3390	2814
	VI	**11483**	3943	3943							
43019,99	I,IV	**6555**	3947	3947	I	5237	3993	2822	1725	710	
	II	**5946**	3947	3947	II	4662	3451	2314	1250	329	
	III	**3168**	3947	3947	III	2136	1180	398			
	V	**11060**	3947	3947	IV	5887	5237	4606	3993	3399	2822
	VI	**11495**	3947	3947							
43055,99	I,IV	**6564**	3950	3950	I	5246	4002	2830	1733	717	
	II	**5956**	3950	3950	II	4671	3460	2322	1258	334	
	III	**3176**	3950	3950	III	2142	1186	402			
	V	**11073**	3950	3950	IV	5896	5246	4615	4002	3407	2830
	VI	**11508**	3950	3950							
43091,99	I,IV	**6574**	3953	3953	I	5255	4010	2838	1740	723	
	II	**5965**	3953	3953	II	4680	3468	2330	1265	340	
	III	**3182**	3953	3953	III	2150	1194	408			
	V	**11085**	3953	3953	IV	5905	5255	4623	4010	3415	2838
	VI	**11520**	3953	3953							
43127,99	I,IV	**6583**	3956	3956	I	5264	4019	2846	1748	730	
	II	**5974**	3956	3956	II	4688	3476	2338	1272	345	
	III	**3190**	3956	3956	III	2158	1200	412			
	V	**11098**	3956	3956	IV	5915	5264	4632	4019	3423	2846
	VI	**11533**	3956	3956							
43163,99	I,IV	**6593**	3960	3960	I	5273	4027	2855	1755	736	
	II	**5984**	3960	3960	II	4697	3485	2345	1280	351	
	III	**3198**	3960	3960	III	2164	1206	418			
	V	**11110**	3960	3960	IV	5924	5273	4641	4027	3432	2855
	VI	**11545**	3960	3960							
43199,99	I,IV	**6603**	3963	3963	I	5283	4036	2863	1763	743	
	II	**5993**	3963	3963	II	4706	3493	2353	1287	356	
	III	**3206**	3963	3963	III	2172	1212	422			
	V	**11123**	3963	3963	IV	5934	5283	4650	4036	3440	2863
	VI	**11558**	3963	3963							

* Zur LSt-Berechnung für privat versicherte Arbeitnehmer s. Beispiele **Vorbemerkung S. 4 f.**
** Basisvorsorgepauschale KV und PV *** Typisierter Arbeitgeberzuschuss

Lohn/ Gehalt in € bis	Steuerklasse	Lohn-steuer*	BVSP**	TAGZ***	Steuerklasse	Bemessungsgrundlage für Kirchensteuer und Solidaritätszuschlag – Freibeträge für ... Kinder 0,5	1,0	1,5	2,0	2,5	3,0
43 235,99	I,IV	**6 613**	3 966	3 966	I	5 292	4 045	2 871	1 771	750	
	II	**6 003**	3 966	3 966	II	4 715	3 502	2 361	1 294	362	
	III	**3 212**	3 966	3 966	III	2 178	1 218	428			
	V	**11 135**	3 966	3 966	IV	5 943	5 292	4 659	4 045	3 449	2 871
	VI	**11 571**	3 966	3 966							
43 271,99	I,IV	**6 622**	3 970	3 970	I	5 301	4 053	2 879	1 778	756	
	II	**6 012**	3 970	3 970	II	4 724	3 510	2 369	1 302	367	
	III	**3 220**	3 970	3 970	III	2 186	1 224	432			
	V	**11 148**	3 970	3 970	IV	5 952	5 301	4 668	4 053	3 457	2 879
	VI	**11 583**	3 970	3 970							
43 307,99	I,IV	**6 632**	3 973	3 973	I	5 310	4 062	2 887	1 786	763	
	II	**6 022**	3 973	3 973	II	4 733	3 518	2 377	1 309	373	
	III	**3 228**	3 973	3 973	III	2 194	1 230	438			
	V	**11 161**	3 973	3 973	IV	5 962	5 310	4 677	4 062	3 465	2 887
	VI	**11 596**	3 973	3 973							
43 343,99	I,IV	**6 642**	3 976	3 976	I	5 319	4 071	2 895	1 793	770	5
	II	**6 031**	3 976	3 976	II	4 742	3 527	2 385	1 316	378	
	III	**3 236**	3 976	3 976	III	2 200	1 238	442			
	V	**11 173**	3 976	3 976	IV	5 971	5 319	4 686	4 071	3 474	2 895
	VI	**11 608**	3 976	3 976							
43 379,99	I,IV	**6 651**	3 980	3 980	I	5 329	4 079	2 903	1 801	777	9
	II	**6 040**	3 980	3 980	II	4 751	3 535	2 393	1 324	384	
	III	**3 242**	3 980	3 980	III	2 208	1 244	448			
	V	**11 186**	3 980	3 980	IV	5 981	5 329	4 695	4 079	3 482	2 903
	VI	**11 621**	3 980	3 980							
43 415,99	I,IV	**6 661**	3 983	3 983	I	5 337	4 088	2 911	1 808	783	13
	II	**6 050**	3 983	3 983	II	4 760	3 543	2 400	1 331	389	
	III	**3 250**	3 983	3 983	III	2 214	1 250	452			
	V	**11 198**	3 983	3 983	IV	5 990	5 337	4 703	4 088	3 490	2 911
	VI	**11 633**	3 983	3 983							
43 451,99	I,IV	**6 671**	3 986	3 986	I	5 347	4 096	2 919	1 816	790	17
	II	**6 059**	3 986	3 986	II	4 769	3 552	2 408	1 338	395	
	III	**3 258**	3 986	3 986	III	2 222	1 256	458			
	V	**11 211**	3 986	3 986	IV	5 999	5 347	4 712	4 096	3 499	2 919
	VI	**11 646**	3 986	3 986							
43 487,99	I,IV	**6 680**	3 990	3 990	I	5 356	4 105	2 928	1 824	797	21
	II	**6 069**	3 990	3 990	II	4 778	3 560	2 416	1 346	401	
	III	**3 264**	3 990	3 990	III	2 230	1 262	462			
	V	**11 223**	3 990	3 990	IV	6 009	5 356	4 721	4 105	3 507	2 928
	VI	**11 658**	3 990	3 990							
43 523,99	I,IV	**6 690**	3 993	3 993	I	5 365	4 114	2 936	1 831	803	26
	II	**6 078**	3 993	3 993	II	4 787	3 569	2 424	1 353	406	
	III	**3 272**	3 993	3 993	III	2 236	1 268	468			
	V	**11 236**	3 993	3 993	IV	6 018	5 365	4 730	4 114	3 516	2 936
	VI	**11 671**	3 993	3 993							
43 559,99	I,IV	**6 700**	3 996	3 996	I	5 374	4 122	2 944	1 839	810	30
	II	**6 088**	3 996	3 996	II	4 796	3 577	2 432	1 361	412	
	III	**3 280**	3 996	3 996	III	2 244	1 274	472			
	V	**11 248**	3 996	3 996	IV	6 028	5 374	4 739	4 122	3 524	2 944
	VI	**11 684**	3 996	3 996							
43 595,99	I,IV	**6 709**	3 999	3 999	I	5 384	4 131	2 952	1 847	817	34
	II	**6 097**	3 999	3 999	II	4 805	3 586	2 440	1 368	418	
	III	**3 288**	3 999	3 999	III	2 252	1 282	478			
	V	**11 261**	3 999	3 999	IV	6 037	5 384	4 748	4 131	3 532	2 952
	VI	**11 696**	3 999	3 999							
43 631,99	I,IV	**6 719**	4 003	4 003	I	5 393	4 140	2 960	1 854	824	39
	II	**6 107**	4 003	4 003	II	4 814	3 594	2 448	1 375	423	
	III	**3 296**	4 003	4 003	III	2 258	1 288	482			
	V	**11 274**	4 003	4 003	IV	6 047	5 393	4 757	4 140	3 541	2 960
	VI	**11 709**	4 003	4 003							

* Zur LSt-Berechnung für privat versicherte Arbeitnehmer s. Beispiele **Vorbemerkung S. 4 f.**
** Basisvorsorgepauschale KV und PV *** Typisierter Arbeitgeberzuschuss

Lohn/ Gehalt in € bis	Steuerklasse	Lohn-steuer*	BVSP**	TAGZ***	Steuerklasse	Bemessungsgrundlage für Kirchensteuer und Solidaritätszuschlag – Freibeträge für ... Kinder 0,5	1,0	1,5	2,0	2,5	3,0
43 667,99	I,IV	**6 729**	4 006	4 006	I	5 402	4 148	2 968	1 862	831	43
	II	**6 116**	4 006	4 006	II	4 823	3 603	2 456	1 383	429	
	III	**3 302**	4 006	4 006	III	2 266	1 294	488			
	V	**11 286**	4 006	4 006	IV	6 056	5 402	4 766	4 148	3 549	2 968
	VI	**11 721**	4 006	4 006							
43 703,99	I,IV	**6 739**	4 009	4 009	I	5 411	4 157	2 977	1 870	838	48
	II	**6 126**	4 009	4 009	II	4 832	3 611	2 464	1 390	435	
	III	**3 310**	4 009	4 009	III	2 274	1 300	494			
	V	**11 299**	4 009	4 009	IV	6 066	5 411	4 775	4 157	3 558	2 977
	VI	**11 734**	4 009	4 009							
43 739,99	I,IV	**6 748**	4 013	4 013	I	5 420	4 166	2 985	1 877	844	52
	II	**6 135**	4 013	4 013	II	4 840	3 619	2 472	1 397	440	
	III	**3 318**	4 013	4 013	III	2 280	1 306	498			
	V	**11 311**	4 013	4 013	IV	6 075	5 420	4 784	4 166	3 566	2 985
	VI	**11 746**	4 013	4 013							
43 775,99	I,IV	**6 758**	4 016	4 016	I	5 429	4 174	2 993	1 885	851	56
	II	**6 144**	4 016	4 016	II	4 849	3 628	2 479	1 405	446	
	III	**3 326**	4 016	4 016	III	2 288	1 314	504			
	V	**11 324**	4 016	4 016	IV	6 084	5 429	4 793	4 174	3 574	2 993
	VI	**11 759**	4 016	4 016							
43 811,99	I,IV	**6 768**	4 019	4 019	I	5 439	4 183	3 001	1 892	858	61
	II	**6 154**	4 019	4 019	II	4 858	3 636	2 487	1 412	452	
	III	**3 332**	4 019	4 019	III	2 294	1 320	508			
	V	**11 336**	4 019	4 019	IV	6 094	5 439	4 802	4 183	3 583	3 001
	VI	**11 771**	4 019	4 019							
43 847,99	I,IV	**6 777**	4 023	4 023	I	5 448	4 192	3 009	1 900	865	65
	II	**6 163**	4 023	4 023	II	4 867	3 645	2 495	1 420	458	
	III	**3 340**	4 023	4 023	III	2 302	1 326	514			
	V	**11 349**	4 023	4 023	IV	6 104	5 448	4 811	4 192	3 591	3 009
	VI	**11 784**	4 023	4 023							
43 883,99	I,IV	**6 787**	4 026	4 026	I	5 457	4 200	3 017	1 908	872	70
	II	**6 173**	4 026	4 026	II	4 876	3 653	2 503	1 427	464	
	III	**3 348**	4 026	4 026	III	2 310	1 332	518			
	V	**11 361**	4 026	4 026	IV	6 113	5 457	4 820	4 200	3 600	3 017
	VI	**11 796**	4 026	4 026							
43 919,99	I,IV	**6 797**	4 029	4 029	I	5 466	4 209	3 026	1 915	879	74
	II	**6 183**	4 029	4 029	II	4 885	3 662	2 511	1 434	470	
	III	**3 356**	4 029	4 029	III	2 316	1 338	524			
	V	**11 374**	4 029	4 029	IV	6 123	5 466	4 829	4 209	3 608	3 026
	VI	**11 809**	4 029	4 029							
43 955,99	I,IV	**6 807**	4 032	4 032	I	5 476	4 218	3 034	1 923	886	79
	II	**6 192**	4 032	4 032	II	4 894	3 670	2 519	1 442	475	
	III	**3 364**	4 032	4 032	III	2 324	1 346	530			
	V	**11 387**	4 032	4 032	IV	6 132	5 476	4 838	4 218	3 617	3 034
	VI	**11 822**	4 032	4 032							
43 991,99	I,IV	**6 817**	4 036	4 036	I	5 485	4 227	3 042	1 931	893	83
	II	**6 202**	4 036	4 036	II	4 903	3 679	2 527	1 449	481	
	III	**3 370**	4 036	4 036	III	2 332	1 352	534			
	V	**11 399**	4 036	4 036	IV	6 142	5 485	4 847	4 227	3 625	3 042
	VI	**11 834**	4 036	4 036							
44 027,99	I,IV	**6 826**	4 039	4 039	I	5 494	4 235	3 050	1 938	900	88
	II	**6 211**	4 039	4 039	II	4 912	3 687	2 535	1 457	487	
	III	**3 378**	4 039	4 039	III	2 338	1 358	540			
	V	**11 411**	4 039	4 039	IV	6 151	5 494	4 855	4 235	3 633	3 050
	VI	**11 846**	4 039	4 039							
44 063,99	I,IV	**6 836**	4 042	4 042	I	5 503	4 244	3 058	1 946	907	92
	II	**6 220**	4 042	4 042	II	4 921	3 695	2 543	1 464	493	
	III	**3 386**	4 042	4 042	III	2 346	1 364	544			
	V	**11 424**	4 042	4 042	IV	6 160	5 503	4 864	4 244	3 642	3 058
	VI	**11 859**	4 042	4 042							

* Zur LSt-Berechnung für privat versicherte Arbeitnehmer s. Beispiele **Vorbemerkung S. 4 f.**
** Basisvorsorgepauschale KV und PV *** Typisierter Arbeitgeberzuschuss

Lohn/ Gehalt in € bis	Steuerklasse	Lohn-steuer*	BVSP**	TAGZ***	Steuerklasse	Bemessungsgrundlage für Kirchensteuer und Solidaritätszuschlag – Freibeträge für ... Kinder 0,5	1,0	1,5	2,0	2,5	3,0
44099,99	I,IV	**6846**	4046	4046	I	5512	4253	3066	1953	914	97
	II	**6230**	4046	4046	II	4930	3704	2551	1471	499	
	III	**3392**	4046	4046	III	2352	1370	550			
	V	**11437**	4046	4046	IV	6170	5512	4873	4253	3650	3066
	VI	**11872**	4046	4046							
44135,99	I,IV	**6855**	4049	4049	I	5522	4261	3075	1961	921	101
	II	**6240**	4049	4049	II	4939	3712	2559	1479	505	
	III	**3400**	4049	4049	III	2360	1378	556			
	V	**11449**	4049	4049	IV	6179	5522	4882	4261	3659	3075
	VI	**11884**	4049	4049							
44171,99	I,IV	**6865**	4052	4052	I	5531	4270	3083	1969	928	106
	II	**6249**	4052	4052	II	4948	3721	2567	1486	511	
	III	**3408**	4052	4052	III	2368	1384	560			
	V	**11462**	4052	4052	IV	6189	5531	4891	4270	3667	3083
	VI	**11897**	4052	4052							
44207,99	I,IV	**6875**	4056	4056	I	5540	4279	3091	1977	936	111
	II	**6259**	4056	4056	II	4957	3729	2575	1494	517	
	III	**3416**	4056	4056	III	2374	1390	566			
	V	**11474**	4056	4056	IV	6198	5540	4900	4279	3676	3091
	VI	**11909**	4056	4056							
44243,99	I,IV	**6885**	4059	4059	I	5550	4288	3099	1984	943	115
	II	**6268**	4059	4059	II	4966	3738	2583	1501	523	
	III	**3424**	4059	4059	III	2382	1396	572			
	V	**11487**	4059	4059	IV	6208	5550	4909	4288	3684	3099
	VI	**11922**	4059	4059							
44279,99	I,IV	**6895**	4062	4062	I	5559	4296	3107	1992	950	120
	II	**6278**	4062	4062	II	4975	3746	2591	1509	529	
	III	**3430**	4062	4062	III	2390	1404	576			
	V	**11500**	4062	4062	IV	6218	5559	4918	4296	3693	3107
	VI	**11935**	4062	4062							
44315,99	I,IV	**6905**	4065	4065	I	5568	4305	3116	2000	957	125
	II	**6287**	4065	4065	II	4984	3755	2599	1516	535	
	III	**3438**	4065	4065	III	2396	1410	582			
	V	**11512**	4065	4065	IV	6227	5568	4927	4305	3701	3116
	VI	**11947**	4065	4065							
44351,99	I,IV	**6914**	4069	4069	I	5577	4314	3124	2007	964	129
	II	**6297**	4069	4069	II	4993	3763	2607	1524	541	
	III	**3446**	4069	4069	III	2404	1416	586			
	V	**11524**	4069	4069	IV	6236	5577	4936	4314	3709	3124
	VI	**11959**	4069	4069							
44387,99	I,IV	**6924**	4072	4072	I	5586	4322	3132	2015	971	134
	II	**6306**	4072	4072	II	5002	3772	2615	1531	547	
	III	**3454**	4072	4072	III	2412	1422	592			
	V	**11537**	4072	4072	IV	6246	5586	4945	4322	3718	3132
	VI	**11972**	4072	4072							
44423,99	I,IV	**6934**	4075	4075	I	5596	4331	3140	2023	979	139
	II	**6316**	4075	4075	II	5011	3780	2623	1539	553	
	III	**3462**	4075	4075	III	2418	1430	598			
	V	**11550**	4075	4075	IV	6256	5596	4954	4331	3727	3140
	VI	**11985**	4075	4075							
44459,99	I,IV	**6944**	4079	4079	I	5605	4340	3148	2030	986	143
	II	**6325**	4079	4079	II	5020	3789	2631	1546	559	
	III	**3468**	4079	4079	III	2426	1436	602			
	V	**11562**	4079	4079	IV	6265	5605	4963	4340	3735	3148
	VI	**11997**	4079	4079							
44495,99	I,IV	**6953**	4082	4082	I	5614	4349	3157	2038	993	148
	II	**6335**	4082	4082	II	5029	3797	2639	1554	565	
	III	**3476**	4082	4082	III	2434	1442	608			
	V	**11575**	4082	4082	IV	6275	5614	4972	4349	3744	3157
	VI	**12010**	4082	4082							

* Zur LSt-Berechnung für privat versicherte Arbeitnehmer s. Beispiele **Vorbemerkung S. 4 f.**
** Basisvorsorgepauschale KV und PV *** Typisierter Arbeitgeberzuschuss

Lohn/ Gehalt in € bis	Steuerklasse	Lohn- steuer*	BVSP**	TAGZ***	Steuerklasse	Bemessungsgrundlage für Kirchensteuer und Solidaritätszuschlag					
						Freibeträge für ... Kinder					
						0,5	**1,0**	1,5	**2,0**	2,5	**3,0**
44 531,99	I,IV	**6 963**	4 085	4 085	I	5 624	4 358	3 165	2 046	1 000	153
	II	**6 345**	4 085	4 085	II	5 039	3 806	2 647	1 561	572	
	III	**3 484**	4 085	4 085	III	2 440	1 450	614			
	V	**11 587**	4 085	4 085	IV	6 284	5 624	4 981	4 358	3 752	3 165
	VI	**12 022**	4 085	4 085							
44 567,99	I,IV	**6 973**	4 089	4 089	I	5 633	4 366	3 173	2 054	1 007	158
	II	**6 354**	4 089	4 089	II	5 048	3 814	2 655	1 569	578	
	III	**3 492**	4 089	4 089	III	2 448	1 456	618			
	V	**11 600**	4 089	4 089	IV	6 294	5 633	4 990	4 366	3 761	3 173
	VI	**12 035**	4 089	4 089							
44 603,99	I,IV	**6 983**	4 092	4 092	I	5 642	4 375	3 182	2 061	1 015	163
	II	**6 364**	4 092	4 092	II	5 057	3 823	2 663	1 576	584	
	III	**3 500**	4 092	4 092	III	2 456	1 462	624			
	V	**11 613**	4 092	4 092	IV	6 303	5 642	5 000	4 375	3 769	3 182
	VI	**12 048**	4 092	4 092							
44 639,99	I,IV	**6 993**	4 095	4 095	I	5 652	4 384	3 190	2 069	1 022	167
	II	**6 374**	4 095	4 095	II	5 066	3 832	2 671	1 584	590	
	III	**3 506**	4 095	4 095	III	2 462	1 470	630			
	V	**11 625**	4 095	4 095	IV	6 313	5 652	5 009	4 384	3 778	3 190
	VI	**12 060**	4 095	4 095							
44 675,99	I,IV	**7 002**	4 099	4 099	I	5 661	4 392	3 198	2 077	1 029	172
	II	**6 383**	4 099	4 099	II	5 075	3 840	2 679	1 591	596	
	III	**3 514**	4 099	4 099	III	2 470	1 476	634			
	V	**11 637**	4 099	4 099	IV	6 322	5 661	5 017	4 392	3 786	3 198
	VI	**12 072**	4 099	4 099							
44 711,99	I,IV	**7 012**	4 102	4 102	I	5 670	4 401	3 206	2 084	1 036	177
	II	**6 392**	4 102	4 102	II	5 084	3 848	2 687	1 598	602	
	III	**3 522**	4 102	4 102	III	2 476	1 482	640			
	V	**11 650**	4 102	4 102	IV	6 332	5 670	5 026	4 401	3 795	3 206
	VI	**12 085**	4 102	4 102							
44 747,99	I,IV	**7 022**	4 105	4 105	I	5 679	4 410	3 214	2 092	1 043	182
	II	**6 402**	4 105	4 105	II	5 093	3 857	2 695	1 606	609	
	III	**3 528**	4 105	4 105	III	2 484	1 488	646			
	V	**11 663**	4 105	4 105	IV	6 341	5 679	5 036	4 410	3 803	3 214
	VI	**12 098**	4 105	4 105							
44 783,99	I,IV	**7 032**	4 108	4 108	I	5 689	4 419	3 223	2 100	1 051	187
	II	**6 412**	4 108	4 108	II	5 102	3 866	2 703	1 613	615	
	III	**3 536**	4 108	4 108	III	2 492	1 496	650			
	V	**11 675**	4 108	4 108	IV	6 351	5 689	5 045	4 419	3 812	3 223
	VI	**12 110**	4 108	4 108							
44 819,99	I,IV	**7 042**	4 112	4 112	I	5 698	4 428	3 231	2 108	1 058	192
	II	**6 421**	4 112	4 112	II	5 111	3 874	2 711	1 621	621	
	III	**3 544**	4 112	4 112	III	2 498	1 502	656			
	V	**11 688**	4 112	4 112	IV	6 361	5 698	5 054	4 428	3 820	3 231
	VI	**12 123**	4 112	4 112							
44 855,99	I,IV	**7 052**	4 115	4 115	I	5 707	4 437	3 239	2 115	1 065	197
	II	**6 431**	4 115	4 115	II	5 120	3 883	2 719	1 628	628	
	III	**3 552**	4 115	4 115	III	2 506	1 508	662			
	V	**11 700**	4 115	4 115	IV	6 370	5 707	5 063	4 437	3 829	3 239
	VI	**12 135**	4 115	4 115							
44 891,99	I,IV	**7 062**	4 118	4 118	I	5 717	4 445	3 248	2 123	1 072	202
	II	**6 441**	4 118	4 118	II	5 129	3 891	2 727	1 636	634	
	III	**3 560**	4 118	4 118	III	2 514	1 516	668			
	V	**11 713**	4 118	4 118	IV	6 380	5 717	5 072	4 445	3 837	3 248
	VI	**12 148**	4 118	4 118							
44 927,99	I,IV	**7 071**	4 122	4 122	I	5 726	4 454	3 256	2 131	1 080	207
	II	**6 450**	4 122	4 122	II	5 138	3 900	2 735	1 644	640	
	III	**3 566**	4 122	4 122	III	2 520	1 522	672			
	V	**11 726**	4 122	4 122	IV	6 390	5 726	5 081	4 454	3 846	3 256
	VI	**12 161**	4 122	4 122							

* Zur LSt-Berechnung für privat versicherte Arbeitnehmer s. Beispiele **Vorbemerkung S. 4f.**
** Basisvorsorgepauschale KV und PV *** Typisierter Arbeitgeberzuschuss

Lohn/ Gehalt in € bis	Steuerklasse	Lohn-steuer*	BVSP**	TAGZ***	Steuerklasse	Bemessungsgrundlage für Kirchensteuer und Solidaritätszuschlag – Freibeträge für ... Kinder 0,5	1,0	1,5	2,0	2,5	3,0
44 963,99	I,IV	**7 081**	4 125	4 125	I	5 735	4 463	3 264	2 138	1 087	212
	II	**6 460**	4 125	4 125	II	5 147	3 908	2 743	1 651	646	
	III	**3 574**	4 125	4 125	III	2 528	1 528	678	2		
	V	**11 738**	4 125	4 125	IV	6 399	5 735	5 090	4 463	3 854	3 264
	VI	**12 173**	4 125	4 125							
44 999,99	I,IV	**7 091**	4 128	4 128	I	5 744	4 472	3 272	2 146	1 094	217
	II	**6 469**	4 128	4 128	II	5 156	3 917	2 751	1 658	653	
	III	**3 582**	4 128	4 128	III	2 536	1 536	684	6		
	V	**11 750**	4 128	4 128	IV	6 408	5 744	5 099	4 472	3 863	3 272
	VI	**12 185**	4 128	4 128							
45 035,99	I,IV	**7 101**	4 132	4 132	I	5 754	4 480	3 281	2 154	1 101	222
	II	**6 479**	4 132	4 132	II	5 165	3 925	2 759	1 666	659	
	III	**3 590**	4 132	4 132	III	2 542	1 542	688	10		
	V	**11 763**	4 132	4 132	IV	6 418	5 754	5 108	4 480	3 871	3 281
	VI	**12 198**	4 132	4 132							
45 071,99	I,IV	**7 111**	4 135	4 135	I	5 763	4 489	3 289	2 162	1 108	227
	II	**6 489**	4 135	4 135	II	5 175	3 934	2 767	1 673	666	
	III	**3 598**	4 135	4 135	III	2 550	1 548	694	16		
	V	**11 775**	4 135	4 135	IV	6 428	5 763	5 117	4 489	3 880	3 289
	VI	**12 211**	4 135	4 135							
45 107,99	I,IV	**7 121**	4 138	4 138	I	5 773	4 498	3 297	2 170	1 116	232
	II	**6 498**	4 138	4 138	II	5 184	3 943	2 775	1 681	672	
	III	**3 606**	4 138	4 138	III	2 558	1 556	700	20		
	V	**11 788**	4 138	4 138	IV	6 437	5 773	5 126	4 498	3 888	3 297
	VI	**12 223**	4 138	4 138							
45 143,99	I,IV	**7 130**	4 141	4 141	I	5 782	4 507	3 306	2 177	1 123	237
	II	**6 508**	4 141	4 141	II	5 193	3 951	2 783	1 689	679	
	III	**3 612**	4 141	4 141	III	2 566	1 562	706	24		
	V	**11 801**	4 141	4 141	IV	6 447	5 782	5 135	4 507	3 897	3 306
	VI	**12 236**	4 141	4 141							
45 179,99	I,IV	**7 140**	4 145	4 145	I	5 791	4 516	3 314	2 185	1 130	242
	II	**6 518**	4 145	4 145	II	5 202	3 960	2 791	1 696	685	
	III	**3 620**	4 145	4 145	III	2 572	1 570	710	28		
	V	**11 813**	4 145	4 145	IV	6 457	5 791	5 144	4 516	3 906	3 314
	VI	**12 248**	4 145	4 145							
45 215,99	I,IV	**7 150**	4 148	4 148	I	5 801	4 525	3 322	2 193	1 137	247
	II	**6 527**	4 148	4 148	II	5 211	3 969	2 799	1 704	692	
	III	**3 628**	4 148	4 148	III	2 580	1 576	716	32		
	V	**11 826**	4 148	4 148	IV	6 466	5 801	5 154	4 525	3 914	3 322
	VI	**12 261**	4 148	4 148							
45 251,99	I,IV	**7 160**	4 151	4 151	I	5 810	4 534	3 331	2 201	1 145	252
	II	**6 537**	4 151	4 151	II	5 220	3 977	2 808	1 711	698	
	III	**3 636**	4 151	4 151	III	2 588	1 582	722	36		
	V	**11 838**	4 151	4 151	IV	6 476	5 810	5 163	4 534	3 923	3 331
	VI	**12 274**	4 151	4 151							
45 287,99	I,IV	**7 170**	4 155	4 155	I	5 819	4 542	3 339	2 208	1 152	257
	II	**6 546**	4 155	4 155	II	5 229	3 986	2 815	1 719	705	
	III	**3 642**	4 155	4 155	III	2 594	1 590	728	40		
	V	**11 851**	4 155	4 155	IV	6 485	5 819	5 172	4 542	3 931	3 339
	VI	**12 286**	4 155	4 155							
45 323,99	I,IV	**7 180**	4 158	4 158	I	5 829	4 551	3 347	2 216	1 159	263
	II	**6 556**	4 158	4 158	II	5 238	3 994	2 823	1 726	711	
	III	**3 650**	4 158	4 158	III	2 602	1 596	732	44		
	V	**11 863**	4 158	4 158	IV	6 495	5 829	5 181	4 551	3 940	3 347
	VI	**12 298**	4 158	4 158							
45 359,99	I,IV	**7 190**	4 161	4 161	I	5 838	4 560	3 355	2 224	1 166	268
	II	**6 566**	4 161	4 161	II	5 247	4 003	2 832	1 734	718	
	III	**3 658**	4 161	4 161	III	2 608	1 602	738	48		
	V	**11 876**	4 161	4 161	IV	6 505	5 838	5 190	4 560	3 948	3 355
	VI	**12 311**	4 161	4 161							

* Zur LSt-Berechnung für privat versicherte Arbeitnehmer s. Beispiele **Vorbemerkung S. 4f.**
** Basisvorsorgepauschale KV und PV *** Typisierter Arbeitgeberzuschuss

Lohn/ Gehalt in € bis	Steuerklasse	Lohnsteuer*	BVSP**	TAGZ***	Steuerklasse	Bemessungsgrundlage für Kirchensteuer und Solidaritätszuschlag – Freibeträge für ... Kinder 0,5	1,0	1,5	2,0	2,5	3,0
45 395,99	I,IV	**7 200**	4 165	4 165	I	5 847	4 569	3 364	2 232	1 174	273
	II	**6 575**	4 165	4 165	II	5 257	4 011	2 840	1 741	724	
	III	**3 666**	4 165	4 165	III	2 616	1 610	744	54		
	V	**11 888**	4 165	4 165	IV	6 514	5 847	5 199	4 569	3 957	3 364
	VI	**12 324**	4 165	4 165							
45 431,99	I,IV	**7 210**	4 168	4 168	I	5 857	4 578	3 372	2 240	1 181	278
	II	**6 585**	4 168	4 168	II	5 266	4 020	2 848	1 749	731	
	III	**3 674**	4 168	4 168	III	2 624	1 616	750	58		
	V	**11 901**	4 168	4 168	IV	6 524	5 857	5 208	4 578	3 966	3 372
	VI	**12 336**	4 168	4 168							
45 467,99	I,IV	**7 219**	4 171	4 171	I	5 866	4 587	3 380	2 248	1 188	284
	II	**6 595**	4 171	4 171	II	5 275	4 029	2 856	1 757	737	
	III	**3 680**	4 171	4 171	III	2 630	1 624	754	62		
	V	**11 914**	4 171	4 171	IV	6 534	5 866	5 217	4 587	3 974	3 380
	VI	**12 349**	4 171	4 171							
45 503,99	I,IV	**7 229**	4 174	4 174	I	5 876	4 595	3 389	2 255	1 196	289
	II	**6 604**	4 174	4 174	II	5 284	4 037	2 864	1 764	744	
	III	**3 688**	4 174	4 174	III	2 638	1 630	760	66		
	V	**11 926**	4 174	4 174	IV	6 543	5 876	5 226	4 595	3 983	3 389
	VI	**12 361**	4 174	4 174							
45 539,99	I,IV	**7 239**	4 178	4 178	I	5 885	4 604	3 397	2 263	1 203	294
	II	**6 614**	4 178	4 178	II	5 293	4 046	2 872	1 772	751	
	III	**3 696**	4 178	4 178	III	2 646	1 636	766	70		
	V	**11 939**	4 178	4 178	IV	6 553	5 885	5 236	4 604	3 992	3 397
	VI	**12 374**	4 178	4 178							
45 575,99	I,IV	**7 249**	4 181	4 181	I	5 895	4 613	3 405	2 271	1 210	299
	II	**6 624**	4 181	4 181	II	5 303	4 055	2 880	1 779	757	
	III	**3 704**	4 181	4 181	III	2 654	1 644	772	74		
	V	**11 951**	4 181	4 181	IV	6 563	5 895	5 245	4 613	4 000	3 405
	VI	**12 387**	4 181	4 181							
45 611,99	I,IV	**7 259**	4 184	4 184	I	5 904	4 622	3 414	2 279	1 217	305
	II	**6 633**	4 184	4 184	II	5 311	4 063	2 888	1 787	764	1
	III	**3 712**	4 184	4 184	III	2 660	1 650	778	80		
	V	**11 964**	4 184	4 184	IV	6 572	5 904	5 254	4 622	4 009	3 414
	VI	**12 399**	4 184	4 184							
45 647,99	I,IV	**7 269**	4 188	4 188	I	5 913	4 631	3 422	2 287	1 225	310
	II	**6 643**	4 188	4 188	II	5 321	4 072	2 896	1 794	771	5
	III	**3 720**	4 188	4 188	III	2 668	1 658	784	84		
	V	**11 976**	4 188	4 188	IV	6 582	5 913	5 263	4 631	4 017	3 422
	VI	**12 411**	4 188	4 188							
45 683,99	I,IV	**7 279**	4 191	4 191	I	5 923	4 640	3 430	2 294	1 232	315
	II	**6 653**	4 191	4 191	II	5 330	4 080	2 904	1 802	777	9
	III	**3 726**	4 191	4 191	III	2 676	1 664	788	88		
	V	**11 989**	4 191	4 191	IV	6 591	5 923	5 272	4 640	4 026	3 430
	VI	**12 424**	4 191	4 191							
45 719,99	I,IV	**7 289**	4 194	4 194	I	5 932	4 649	3 439	2 302	1 239	321
	II	**6 662**	4 194	4 194	II	5 339	4 089	2 913	1 810	784	14
	III	**3 734**	4 194	4 194	III	2 682	1 672	794	92		
	V	**12 001**	4 194	4 194	IV	6 601	5 932	5 281	4 649	4 034	3 439
	VI	**12 437**	4 194	4 194							
45 755,99	I,IV	**7 299**	4 198	4 198	I	5 941	4 658	3 447	2 310	1 247	326
	II	**6 672**	4 198	4 198	II	5 348	4 098	2 921	1 817	791	18
	III	**3 742**	4 198	4 198	III	2 690	1 678	800	96		
	V	**12 014**	4 198	4 198	IV	6 611	5 941	5 290	4 658	4 043	3 447
	VI	**12 449**	4 198	4 198							
45 791,99	I,IV	**7 309**	4 201	4 201	I	5 951	4 666	3 456	2 318	1 254	332
	II	**6 682**	4 201	4 201	II	5 357	4 106	2 929	1 825	798	22
	III	**3 750**	4 201	4 201	III	2 698	1 686	806	102		
	V	**12 027**	4 201	4 201	IV	6 621	5 951	5 299	4 666	4 052	3 456
	VI	**12 462**	4 201	4 201							

* Zur LSt-Berechnung für privat versicherte Arbeitnehmer s. Beispiele **Vorbemerkung S. 4 f.**
** Basisvorsorgepauschale KV und PV *** Typisierter Arbeitgeberzuschuss

Lohn/ Gehalt in € bis	Steuerklasse	Lohn-steuer*	BVSP**	TAGZ***	Steuerklasse	Bemessungsgrundlage für Kirchensteuer und Solidaritätszuschlag					
						Freibeträge für ... Kinder					
						0,5	**1,0**	1,5	**2,0**	2,5	**3,0**
45 827,99	I,IV	**7 319**	4 204	4 204	I	5 960	4 675	3 464	2 326	1 261	337
	II	**6 692**	4 204	4 204	II	5 367	4 115	2 937	1 833	805	26
	III	**3 758**	4 204	4 204	III	2 704	1 692	812	106		
	V	**12 039**	4 204	4 204	IV	6 630	5 960	5 309	4 675	4 060	3 464
	VI	**12 474**	4 204	4 204							
45 863,99	I,IV	**7 329**	4 208	4 208	I	5 970	4 684	3 472	2 334	1 269	342
	II	**6 701**	4 208	4 208	II	5 376	4 124	2 945	1 840	811	31
	III	**3 766**	4 208	4 208	III	2 712	1 698	816	110		
	V	**12 052**	4 208	4 208	IV	6 640	5 970	5 318	4 684	4 069	3 472
	VI	**12 487**	4 208	4 208							
45 899,99	I,IV	**7 338**	4 211	4 211	I	5 979	4 693	3 480	2 341	1 276	348
	II	**6 711**	4 211	4 211	II	5 385	4 132	2 953	1 848	818	35
	III	**3 772**	4 211	4 211	III	2 720	1 706	822	114		
	V	**12 064**	4 211	4 211	IV	6 649	5 979	5 327	4 693	4 078	3 480
	VI	**12 499**	4 211	4 211							
45 935,99	I,IV	**7 348**	4 214	4 214	I	5 988	4 702	3 489	2 349	1 283	353
	II	**6 721**	4 214	4 214	II	5 394	4 141	2 961	1 855	825	39
	III	**3 780**	4 214	4 214	III	2 726	1 712	828	118		
	V	**12 077**	4 214	4 214	IV	6 659	5 988	5 336	4 702	4 086	3 489
	VI	**12 512**	4 214	4 214							
45 971,99	I,IV	**7 358**	4 217	4 217	I	5 998	4 711	3 497	2 357	1 291	359
	II	**6 730**	4 217	4 217	II	5 403	4 150	2 970	1 863	832	44
	III	**3 788**	4 217	4 217	III	2 734	1 720	834	124		
	V	**12 089**	4 217	4 217	IV	6 669	5 998	5 345	4 711	4 095	3 497
	VI	**12 524**	4 217	4 217							
46 007,99	I,IV	**7 368**	4 221	4 221	I	6 007	4 720	3 506	2 365	1 298	364
	II	**6 740**	4 221	4 221	II	5 412	4 158	2 978	1 871	839	48
	III	**3 796**	4 221	4 221	III	2 742	1 726	840	128		
	V	**12 102**	4 221	4 221	IV	6 679	6 007	5 354	4 720	4 104	3 506
	VI	**12 537**	4 221	4 221							
46 043,99	I,IV	**7 378**	4 224	4 224	I	6 017	4 729	3 514	2 373	1 305	370
	II	**6 750**	4 224	4 224	II	5 422	4 167	2 986	1 878	846	53
	III	**3 802**	4 224	4 224	III	2 748	1 734	846	132		
	V	**12 114**	4 224	4 224	IV	6 688	6 017	5 364	4 729	4 112	3 514
	VI	**12 550**	4 224	4 224							
46 079,99	I,IV	**7 388**	4 227	4 227	I	6 026	4 738	3 523	2 381	1 313	375
	II	**6 760**	4 227	4 227	II	5 431	4 176	2 994	1 886	852	57
	III	**3 810**	4 227	4 227	III	2 756	1 740	850	136		
	V	**12 127**	4 227	4 227	IV	6 698	6 026	5 373	4 738	4 121	3 523
	VI	**12 562**	4 227	4 227							
46 115,99	I,IV	**7 398**	4 231	4 231	I	6 036	4 747	3 531	2 389	1 320	381
	II	**6 769**	4 231	4 231	II	5 440	4 184	3 002	1 894	859	61
	III	**3 818**	4 231	4 231	III	2 764	1 748	856	140		
	V	**12 140**	4 231	4 231	IV	6 708	6 036	5 382	4 747	4 130	3 531
	VI	**12 575**	4 231	4 231							
46 151,99	I,IV	**7 408**	4 234	4 234	I	6 045	4 756	3 539	2 397	1 328	387
	II	**6 779**	4 234	4 234	II	5 449	4 193	3 010	1 901	866	66
	III	**3 826**	4 234	4 234	III	2 770	1 754	862	146		
	V	**12 152**	4 234	4 234	IV	6 718	6 045	5 391	4 756	4 138	3 539
	VI	**12 587**	4 234	4 234							
46 187,99	I,IV	**7 418**	4 237	4 237	I	6 055	4 765	3 548	2 405	1 335	392
	II	**6 789**	4 237	4 237	II	5 459	4 202	3 019	1 909	873	70
	III	**3 834**	4 237	4 237	III	2 778	1 762	868	150		
	V	**12 165**	4 237	4 237	IV	6 727	6 055	5 400	4 765	4 147	3 548
	VI	**12 600**	4 237	4 237							
46 223,99	I,IV	**7 428**	4 241	4 241	I	6 064	4 773	3 556	2 412	1 342	398
	II	**6 798**	4 241	4 241	II	5 468	4 210	3 027	1 916	880	75
	III	**3 842**	4 241	4 241	III	2 786	1 768	874	154		
	V	**12 177**	4 241	4 241	IV	6 737	6 064	5 409	4 773	4 155	3 556
	VI	**12 612**	4 241	4 241							

* Zur LSt-Berechnung für privat versicherte Arbeitnehmer s. Beispiele **Vorbemerkung S. 4f.**
** Basisvorsorgepauschale KV und PV *** Typisierter Arbeitgeberzuschuss

Lohn/ Gehalt in € bis	Steuerklasse	Lohn- steuer*	BVSP**	TAGZ***	Steuerklasse	Bemessungsgrundlage für Kirchensteuer und Solidaritätszuschlag – Freibeträge für ... Kinder 0,5	1,0	1,5	2,0	2,5	3,0
46259,99	I,IV	**7438**	4244	4244	I	6073	4782	3564	2420	1349	403
	II	**6808**	4244	4244	II	5477	4219	3035	1924	887	79
	III	**3848**	4244	4244	III	2794	1776	880	160		
	V	**12190**	4244	4244	IV	6747	6073	5419	4782	4164	3564
	VI	**12625**	4244	4244							
46295,99	I,IV	**7448**	4247	4247	I	6083	4791	3573	2428	1357	409
	II	**6818**	4247	4247	II	5486	4228	3043	1932	894	84
	III	**3856**	4247	4247	III	2800	1782	886	164		
	V	**12202**	4247	4247	IV	6756	6083	5428	4791	4173	3573
	VI	**12637**	4247	4247							
46331,99	I,IV	**7458**	4250	4250	I	6092	4800	3581	2436	1364	415
	II	**6828**	4250	4250	II	5495	4237	3051	1939	901	88
	III	**3864**	4250	4250	III	2808	1790	892	168		
	V	**12215**	4250	4250	IV	6766	6092	5437	4800	4182	3581
	VI	**12650**	4250	4250							
46367,99	I,IV	**7468**	4254	4254	I	6102	4809	3590	2444	1372	420
	II	**6838**	4254	4254	II	5505	4245	3059	1947	908	93
	III	**3872**	4254	4254	III	2816	1796	898	172		
	V	**12227**	4254	4254	IV	6776	6102	5446	4809	4190	3590
	VI	**12663**	4254	4254							
46403,99	I,IV	**7478**	4257	4257	I	6111	4818	3598	2452	1379	426
	II	**6847**	4257	4257	II	5514	4254	3068	1955	915	97
	III	**3880**	4257	4257	III	2822	1804	902	178		
	V	**12240**	4257	4257	IV	6786	6111	5456	4818	4199	3598
	VI	**12675**	4257	4257							
46439,99	I,IV	**7488**	4260	4260	I	6121	4827	3607	2460	1386	432
	II	**6857**	4260	4260	II	5523	4263	3076	1962	923	102
	III	**3888**	4260	4260	III	2830	1810	908	182		
	V	**12253**	4260	4260	IV	6795	6121	5465	4827	4208	3607
	VI	**12688**	4260	4260							
46475,99	I,IV	**7498**	4264	4264	I	6130	4836	3615	2468	1394	438
	II	**6867**	4264	4264	II	5533	4272	3084	1970	930	107
	III	**3896**	4264	4264	III	2838	1818	914	186		
	V	**12265**	4264	4264	IV	6805	6130	5474	4836	4216	3615
	VI	**12700**	4264	4264							
46511,99	I,IV	**7508**	4267	4267	I	6140	4845	3624	2476	1401	443
	II	**6877**	4267	4267	II	5542	4280	3092	1978	937	111
	III	**3902**	4267	4267	III	2846	1824	920	190		
	V	**12278**	4267	4267	IV	6815	6140	5483	4845	4225	3624
	VI	**12713**	4267	4267							
46547,99	I,IV	**7518**	4270	4270	I	6149	4854	3632	2483	1408	449
	II	**6886**	4270	4270	II	5551	4289	3100	1985	944	116
	III	**3910**	4270	4270	III	2852	1832	926	196		
	V	**12290**	4270	4270	IV	6824	6149	5492	4854	4234	3632
	VI	**12725**	4270	4270							
46583,99	I,IV	**7528**	4274	4274	I	6159	4863	3640	2491	1416	455
	II	**6896**	4274	4274	II	5560	4298	3109	1993	951	121
	III	**3918**	4274	4274	III	2860	1838	932	200		
	V	**12303**	4274	4274	IV	6834	6159	5502	4863	4242	3640
	VI	**12738**	4274	4274							
46619,99	I,IV	**7538**	4277	4277	I	6168	4872	3649	2499	1423	461
	II	**6906**	4277	4277	II	5569	4306	3117	2001	958	125
	III	**3926**	4277	4277	III	2868	1846	938	204		
	V	**12315**	4277	4277	IV	6844	6168	5511	4872	4251	3649
	VI	**12750**	4277	4277							
46655,99	I,IV	**7548**	4280	4280	I	6178	4881	3657	2507	1431	467
	II	**6916**	4280	4280	II	5579	4315	3125	2008	965	130
	III	**3934**	4280	4280	III	2874	1852	944	210		
	V	**12328**	4280	4280	IV	6854	6178	5520	4881	4260	3657
	VI	**12763**	4280	4280							

* Zur LSt-Berechnung für privat versicherte Arbeitnehmer s. Beispiele **Vorbemerkung S. 4f.**
** Basisvorsorgepauschale KV und PV *** Typisierter Arbeitgeberzuschuss

Lohn/ Gehalt in € bis	Steuerklasse	Lohn-steuer*	BVSP**	TAGZ***	Steuerklasse	Bemessungsgrundlage für Kirchensteuer und Solidaritätszuschlag – Freibeträge für ... Kinder 0,5	**1,0**	1,5	**2,0**	2,5	**3,0**
46 691,99	I,IV	**7 558**	4 283	4 283	I	6 187	4 890	3 666	2 515	1 438	472
	II	**6 925**	4 283	4 283	II	5 588	4 324	3 133	2 016	973	135
	III	**3 940**	4 283	4 283	III	2 882	1 860	950	214		
	V	**12 340**	4 283	4 283	IV	6 864	6 187	5 529	4 890	4 269	3 666
	VI	**12 776**	4 283	4 283							
46 727,99	I,IV	**7 568**	4 287	4 287	I	6 197	4 899	3 674	2 523	1 446	478
	II	**6 935**	4 287	4 287	II	5 597	4 333	3 142	2 024	980	139
	III	**3 948**	4 287	4 287	III	2 890	1 866	956	218		
	V	**12 353**	4 287	4 287	IV	6 873	6 197	5 539	4 899	4 277	3 674
	VI	**12 788**	4 287	4 287							
46 763,99	I,IV	**7 578**	4 290	4 290	I	6 206	4 908	3 683	2 531	1 453	484
	II	**6 945**	4 290	4 290	II	5 607	4 341	3 150	2 032	987	144
	III	**3 956**	4 290	4 290	III	2 896	1 874	962	222		
	V	**12 366**	4 290	4 290	IV	6 883	6 206	5 548	4 908	4 286	3 683
	VI	**12 801**	4 290	4 290							
46 799,99	I,IV	**7 589**	4 293	4 293	I	6 216	4 917	3 691	2 539	1 461	490
	II	**6 955**	4 293	4 293	II	5 616	4 350	3 158	2 039	994	149
	III	**3 964**	4 293	4 293	III	2 904	1 882	966	228		
	V	**12 378**	4 293	4 293	IV	6 893	6 216	5 557	4 917	4 295	3 691
	VI	**12 813**	4 293	4 293							
46 835,99	I,IV	**7 598**	4 297	4 297	I	6 225	4 926	3 700	2 547	1 468	496
	II	**6 965**	4 297	4 297	II	5 625	4 359	3 166	2 047	1 001	154
	III	**3 972**	4 297	4 297	III	2 912	1 888	972	232		
	V	**12 390**	4 297	4 297	IV	6 903	6 225	5 566	4 926	4 303	3 700
	VI	**12 825**	4 297	4 297							
46 871,99	I,IV	**7 608**	4 300	4 300	I	6 235	4 935	3 708	2 555	1 475	502
	II	**6 974**	4 300	4 300	II	5 634	4 368	3 174	2 055	1 008	158
	III	**3 980**	4 300	4 300	III	2 920	1 896	978	236		
	V	**12 403**	4 300	4 300	IV	6 912	6 235	5 576	4 935	4 312	3 708
	VI	**12 838**	4 300	4 300							
46 907,99	I,IV	**7 618**	4 303	4 303	I	6 244	4 944	3 717	2 563	1 483	508
	II	**6 984**	4 303	4 303	II	5 644	4 376	3 183	2 062	1 016	163
	III	**3 988**	4 303	4 303	III	2 926	1 902	984	242		
	V	**12 416**	4 303	4 303	IV	6 922	6 244	5 585	4 944	4 321	3 717
	VI	**12 851**	4 303	4 303							
46 943,99	I,IV	**7 629**	4 307	4 307	I	6 254	4 953	3 725	2 571	1 490	514
	II	**6 994**	4 307	4 307	II	5 653	4 385	3 191	2 070	1 023	168
	III	**3 994**	4 307	4 307	III	2 934	1 910	990	246		
	V	**12 428**	4 307	4 307	IV	6 932	6 254	5 594	4 953	4 330	3 725
	VI	**12 863**	4 307	4 307							
46 979,99	I,IV	**7 639**	4 310	4 310	I	6 263	4 962	3 734	2 579	1 498	520
	II	**7 004**	4 310	4 310	II	5 662	4 394	3 199	2 078	1 030	173
	III	**4 002**	4 310	4 310	III	2 942	1 918	996	252		
	V	**12 441**	4 310	4 310	IV	6 942	6 263	5 603	4 962	4 339	3 734
	VI	**12 876**	4 310	4 310							
47 015,99	I,IV	**7 649**	4 313	4 313	I	6 273	4 971	3 742	2 587	1 505	526
	II	**7 014**	4 313	4 313	II	5 672	4 403	3 207	2 086	1 037	178
	III	**4 010**	4 313	4 313	III	2 948	1 924	1 002	256		
	V	**12 453**	4 313	4 313	IV	6 952	6 273	5 613	4 971	4 347	3 742
	VI	**12 888**	4 313	4 313							
47 051,99	I,IV	**7 659**	4 317	4 317	I	6 283	4 980	3 751	2 595	1 513	532
	II	**7 024**	4 317	4 317	II	5 681	4 412	3 216	2 093	1 045	183
	III	**4 018**	4 317	4 317	III	2 956	1 932	1 008	260		
	V	**12 466**	4 317	4 317	IV	6 962	6 283	5 622	4 980	4 356	3 751
	VI	**12 901**	4 317	4 317							
47 087,99	I,IV	**7 669**	4 320	4 320	I	6 292	4 989	3 759	2 603	1 520	538
	II	**7 034**	4 320	4 320	II	5 690	4 420	3 224	2 101	1 052	188
	III	**4 026**	4 320	4 320	III	2 964	1 938	1 014	266		
	V	**12 479**	4 320	4 320	IV	6 971	6 292	5 631	4 989	4 365	3 759
	VI	**12 914**	4 320	4 320							

* Zur LSt-Berechnung für privat versicherte Arbeitnehmer s. Beispiele **Vorbemerkung S. 4 f.**
** Basisvorsorgepauschale KV und PV *** Typisierter Arbeitgeberzuschuss

Lohn/ Gehalt in € bis	Steuerklasse	Lohnsteuer*	BVSP**	TAGZ***	Steuerklasse	Bemessungsgrundlage für Kirchensteuer und Solidaritätszuschlag – Freibeträge für ... Kinder 0,5	1,0	1,5	2,0	2,5	3,0
47123,99	I,IV	**7679**	4323	4323	I	6302	4998	3768	2611	1528	544
	II	**7043**	4323	4323	II	5700	4429	3232	2109	1059	193
	III	**4034**	4323	4323	III	2972	1946	1020	270		
	V	**12491**	4323	4323	IV	6981	6302	5641	4998	4374	3768
	VI	**12926**	4323	4323							
47159,99	I,IV	**7689**	4326	4326	I	6311	5007	3776	2619	1535	550
	II	**7053**	4326	4326	II	5709	4438	3240	2116	1066	197
	III	**4040**	4326	4326	III	2978	1952	1026	274		
	V	**12503**	4326	4326	IV	6991	6311	5650	5007	4382	3776
	VI	**12938**	4326	4326							
47195,99	I,IV	**7699**	4330	4330	I	6321	5016	3785	2627	1542	556
	II	**7063**	4330	4330	II	5718	4447	3249	2124	1073	202
	III	**4048**	4330	4330	III	2986	1960	1032	280		
	V	**12516**	4330	4330	IV	7001	6321	5659	5016	4391	3785
	VI	**12951**	4330	4330							
47231,99	I,IV	**7709**	4333	4333	I	6330	5025	3793	2635	1550	562
	II	**7073**	4333	4333	II	5727	4455	3257	2132	1081	207
	III	**4056**	4333	4333	III	2994	1968	1038	284		
	V	**12529**	4333	4333	IV	7011	6330	5668	5025	4400	3793
	VI	**12964**	4333	4333							
47267,99	I,IV	**7719**	4336	4336	I	6340	5034	3802	2643	1557	568
	II	**7083**	4336	4336	II	5737	4464	3265	2140	1088	212
	III	**4064**	4336	4336	III	3000	1974	1044	288		
	V	**12541**	4336	4336	IV	7020	6340	5678	5034	4409	3802
	VI	**12976**	4336	4336							
47303,99	I,IV	**7729**	4340	4340	I	6349	5043	3810	2651	1565	575
	II	**7092**	4340	4340	II	5746	4473	3274	2148	1095	218
	III	**4072**	4340	4340	III	3008	1982	1050	294		
	V	**12554**	4340	4340	IV	7030	6349	5687	5043	4417	3810
	VI	**12989**	4340	4340							
47339,99	I,IV	**7739**	4343	4343	I	6359	5052	3819	2659	1572	581
	II	**7102**	4343	4343	II	5755	4482	3282	2155	1102	223
	III	**4080**	4343	4343	III	3016	1988	1056	298		
	V	**12566**	4343	4343	IV	7040	6359	5696	5052	4426	3819
	VI	**13001**	4343	4343							
47375,99	I,IV	**7750**	4346	4346	I	6369	5061	3827	2667	1580	587
	II	**7112**	4346	4346	II	5765	4491	3290	2163	1110	228
	III	**4088**	4346	4346	III	3024	1996	1062	304		
	V	**12579**	4346	4346	IV	7050	6369	5706	5061	4435	3827
	VI	**13014**	4346	4346							
47411,99	I,IV	**7760**	4350	4350	I	6378	5070	3836	2675	1587	593
	II	**7122**	4350	4350	II	5774	4500	3299	2171	1117	233
	III	**4094**	4350	4350	III	3030	2004	1068	308		
	V	**12592**	4350	4350	IV	7060	6378	5715	5070	4444	3836
	VI	**13027**	4350	4350							
47447,99	I,IV	**7770**	4353	4353	I	6388	5079	3844	2683	1595	599
	II	**7132**	4353	4353	II	5784	4508	3307	2179	1124	238
	III	**4102**	4353	4353	III	3038	2010	1074	312		
	V	**12604**	4353	4353	IV	7070	6388	5725	5079	4453	3844
	VI	**13039**	4353	4353							
47483,99	I,IV	**7780**	4356	4356	I	6397	5088	3853	2691	1602	606
	II	**7142**	4356	4356	II	5793	4517	3315	2186	1131	243
	III	**4110**	4356	4356	III	3046	2018	1080	318		
	V	**12616**	4356	4356	IV	7079	6397	5734	5088	4461	3853
	VI	**13051**	4356	4356							
47519,99	I,IV	**7790**	4359	4359	I	6407	5097	3861	2699	1610	612
	II	**7152**	4359	4359	II	5802	4526	3323	2194	1138	248
	III	**4118**	4359	4359	III	3054	2024	1086	322		
	V	**12629**	4359	4359	IV	7089	6407	5743	5097	4470	3861
	VI	**13064**	4359	4359							

* Zur LSt-Berechnung für privat versicherte Arbeitnehmer s. Beispiele **Vorbemerkung S. 4 f.**
** Basisvorsorgepauschale KV und PV *** Typisierter Arbeitgeberzuschuss

Lohn/ Gehalt in € bis	Steuerklasse	Lohn-steuer*	BVSP**	TAGZ***	Steuerklasse	Bemessungsgrundlage für Kirchensteuer und Solidaritätszuschlag					
						Freibeträge für ... Kinder					
						0,5	**1,0**	1,5	**2,0**	2,5	**3,0**
47 555,99	I,IV	**7 800**	4 363	4 363	I	6 417	5 106	3 870	2 707	1 617	618
	II	**7 162**	4 363	4 363	II	5 811	4 535	3 332	2 202	1 146	253
	III	**4 126**	4 363	4 363	III	3 060	2 032	1 092	328		
	V	**12 642**	4 363	4 363	IV	7 099	6 417	5 752	5 106	4 479	3 870
	VI	**13 077**	4 363	4 363							
47 591,99	I,IV	**7 810**	4 366	4 366	I	6 426	5 116	3 878	2 715	1 625	624
	II	**7 171**	4 366	4 366	II	5 821	4 544	3 340	2 210	1 153	258
	III	**4 134**	4 366	4 366	III	3 068	2 040	1 098	332		
	V	**12 654**	4 366	4 366	IV	7 109	6 426	5 762	5 116	4 488	3 878
	VI	**13 089**	4 366	4 366							
47 627,99	I,IV	**7 820**	4 369	4 369	I	6 436	5 125	3 887	2 723	1 632	631
	II	**7 181**	4 369	4 369	II	5 830	4 553	3 348	2 218	1 160	263
	III	**4 142**	4 369	4 369	III	3 076	2 046	1 104	336		
	V	**12 667**	4 369	4 369	IV	7 119	6 436	5 771	5 125	4 497	3 887
	VI	**13 102**	4 369	4 369							
47 663,99	I,IV	**7 831**	4 373	4 373	I	6 445	5 134	3 896	2 731	1 640	637
	II	**7 191**	4 373	4 373	II	5 840	4 561	3 357	2 225	1 168	269
	III	**4 150**	4 373	4 373	III	3 084	2 054	1 112	342		
	V	**12 679**	4 373	4 373	IV	7 129	6 445	5 780	5 134	4 506	3 896
	VI	**13 114**	4 373	4 373							
47 699,99	I,IV	**7 841**	4 376	4 376	I	6 455	5 143	3 904	2 739	1 647	644
	II	**7 201**	4 376	4 376	II	5 849	4 570	3 365	2 233	1 175	274
	III	**4 156**	4 376	4 376	III	3 090	2 062	1 118	346		
	V	**12 692**	4 376	4 376	IV	7 139	6 455	5 790	5 143	4 514	3 904
	VI	**13 127**	4 376	4 376							
47 735,99	I,IV	**7 851**	4 379	4 379	I	6 465	5 152	3 913	2 747	1 655	650
	II	**7 211**	4 379	4 379	II	5 858	4 579	3 373	2 241	1 182	279
	III	**4 164**	4 379	4 379	III	3 098	2 068	1 124	352		
	V	**12 705**	4 379	4 379	IV	7 149	6 465	5 799	5 152	4 523	3 913
	VI	**13 140**	4 379	4 379							
47 771,99	I,IV	**7 861**	4 383	4 383	I	6 474	5 161	3 921	2 755	1 662	656
	II	**7 221**	4 383	4 383	II	5 868	4 588	3 381	2 249	1 189	284
	III	**4 172**	4 383	4 383	III	3 106	2 076	1 130	356		
	V	**12 717**	4 383	4 383	IV	7 158	6 474	5 808	5 161	4 532	3 921
	VI	**13 152**	4 383	4 383							
47 807,99	I,IV	**7 871**	4 386	4 386	I	6 484	5 170	3 930	2 763	1 670	663
	II	**7 231**	4 386	4 386	II	5 877	4 597	3 390	2 257	1 197	290
	III	**4 180**	4 386	4 386	III	3 112	2 082	1 136	362		
	V	**12 729**	4 386	4 386	IV	7 168	6 484	5 818	5 170	4 541	3 930
	VI	**13 164**	4 386	4 386							
47 843,99	I,IV	**7 881**	4 389	4 389	I	6 493	5 179	3 938	2 771	1 677	669
	II	**7 241**	4 389	4 389	II	5 886	4 606	3 398	2 264	1 204	295
	III	**4 188**	4 389	4 389	III	3 120	2 090	1 142	366		
	V	**12 742**	4 389	4 389	IV	7 178	6 493	5 827	5 179	4 550	3 938
	VI	**13 177**	4 389	4 389							
47 879,99	I,IV	**7 891**	4 392	4 392	I	6 503	5 188	3 947	2 779	1 685	675
	II	**7 251**	4 392	4 392	II	5 896	4 614	3 407	2 272	1 211	300
	III	**4 196**	4 392	4 392	III	3 128	2 096	1 148	370		
	V	**12 755**	4 392	4 392	IV	7 188	6 503	5 836	5 188	4 558	3 947
	VI	**13 190**	4 392	4 392							
47 915,99	I,IV	**7 901**	4 396	4 396	I	6 513	5 197	3 956	2 787	1 692	682
	II	**7 261**	4 396	4 396	II	5 905	4 623	3 415	2 280	1 219	306
	III	**4 202**	4 396	4 396	III	3 136	2 104	1 154	376		
	V	**12 767**	4 396	4 396	IV	7 198	6 513	5 846	5 197	4 567	3 956
	VI	**13 202**	4 396	4 396							
47 951,99	I,IV	**7 912**	4 399	4 399	I	6 522	5 207	3 964	2 795	1 700	688
	II	**7 271**	4 399	4 399	II	5 915	4 632	3 423	2 288	1 226	311
	III	**4 210**	4 399	4 399	III	3 142	2 112	1 160	380		
	V	**12 780**	4 399	4 399	IV	7 208	6 522	5 855	5 207	4 576	3 964
	VI	**13 215**	4 399	4 399							

* Zur LSt-Berechnung für privat versicherte Arbeitnehmer s. Beispiele **Vorbemerkung S. 4f.**
** Basisvorsorgepauschale KV und PV *** Typisierter Arbeitgeberzuschuss

Lohn/Gehalt in € bis	Steuerklasse	Lohnsteuer*	BVSP**	TAGZ***	Steuerklasse	Bemessungsgrundlage für Kirchensteuer und Solidaritätszuschlag					
						Freibeträge für ... Kinder					
						0,5	**1,0**	1,5	**2,0**	2,5	**3,0**
47987,99	I,IV	**7922**	4402	4402	I	6532	5216	3973	2803	1708	695
	II	**7280**	4402	4402	II	5924	4641	3432	2296	1233	316
	III	**4218**	4402	4402	III	3150	2118	1166	386		
	V	**12792**	4402	4402	IV	7218	6532	5865	5216	4585	3973
	VI	**13227**	4402	4402							
48023,99	I,IV	**7932**	4406	4406	I	6542	5225	3981	2812	1715	701
	II	**7290**	4406	4406	II	5934	4650	3440	2304	1241	322
	III	**4226**	4406	4406	III	3158	2126	1172	390		
	V	**12805**	4406	4406	IV	7228	6542	5874	5225	4594	3981
	VI	**13240**	4406	4406							
48059,99	I,IV	**7942**	4409	4409	I	6551	5234	3990	2820	1723	708
	II	**7300**	4409	4409	II	5943	4659	3449	2312	1248	327
	III	**4234**	4409	4409	III	3166	2132	1178	396		
	V	**12818**	4409	4409	IV	7238	6551	5884	5234	4603	3990
	VI	**13253**	4409	4409							
48095,99	I,IV	**7952**	4412	4412	I	6561	5243	3998	2828	1730	714
	II	**7310**	4412	4412	II	5952	4668	3457	2319	1255	332
	III	**4242**	4412	4412	III	3172	2140	1184	400		
	V	**12830**	4412	4412	IV	7247	6561	5893	5243	4611	3998
	VI	**13265**	4412	4412							
48131,99	I,IV	**7962**	4416	4416	I	6570	5252	4007	2836	1738	721
	II	**7320**	4416	4416	II	5962	4677	3465	2327	1262	338
	III	**4250**	4416	4416	III	3180	2148	1192	406		
	V	**12842**	4416	4416	IV	7257	6570	5902	5252	4620	4007
	VI	**13277**	4416	4416							
48167,99	I,IV	**7973**	4419	4419	I	6580	5261	4016	2844	1745	728
	II	**7330**	4419	4419	II	5971	4686	3473	2335	1270	343
	III	**4258**	4419	4419	III	3188	2154	1198	410		
	V	**12855**	4419	4419	IV	7267	6580	5912	5261	4629	4016
	VI	**13290**	4419	4419							
48203,99	I,IV	**7983**	4422	4422	I	6590	5270	4024	2852	1753	734
	II	**7340**	4422	4422	II	5980	4694	3482	2343	1277	349
	III	**4266**	4422	4422	III	3196	2162	1204	416		
	V	**12867**	4422	4422	IV	7277	6590	5921	5270	4638	4024
	VI	**13303**	4422	4422							
48239,99	I,IV	**7993**	4426	4426	I	6600	5280	4033	2860	1760	741
	II	**7350**	4426	4426	II	5990	4703	3490	2351	1284	354
	III	**4272**	4426	4426	III	3202	2170	1210	420		
	V	**12880**	4426	4426	IV	7287	6600	5930	5280	4647	4033
	VI	**13315**	4426	4426							
48275,99	I,IV	**8003**	4429	4429	I	6609	5289	4042	2868	1768	747
	II	**7360**	4429	4429	II	5999	4712	3499	2359	1292	360
	III	**4280**	4429	4429	III	3210	2176	1216	426		
	V	**12893**	4429	4429	IV	7297	6609	5940	5289	4656	4042
	VI	**13328**	4429	4429							
48311,99	I,IV	**8014**	4432	4432	I	6619	5298	4050	2876	1776	754
	II	**7370**	4432	4432	II	6009	4721	3507	2366	1299	365
	III	**4288**	4432	4432	III	3218	2184	1222	430		
	V	**12905**	4432	4432	IV	7307	6619	5949	5298	4665	4050
	VI	**13340**	4432	4432							
48347,99	I,IV	**8024**	4435	4435	I	6629	5307	4059	2884	1783	761
	II	**7380**	4435	4435	II	6018	4730	3516	2374	1307	371
	III	**4296**	4435	4435	III	3226	2192	1228	436		
	V	**12918**	4435	4435	IV	7317	6629	5959	5307	4674	4059
	VI	**13353**	4435	4435							
48383,99	I,IV	**8034**	4439	4439	I	6638	5316	4068	2893	1791	768
	II	**7390**	4439	4439	II	6028	4739	3524	2382	1314	376
	III	**4304**	4439	4439	III	3232	2198	1236	440		
	V	**12930**	4439	4439	IV	7327	6638	5968	5316	4683	4068
	VI	**13366**	4439	4439							

* Zur LSt-Berechnung für privat versicherte Arbeitnehmer s. Beispiele **Vorbemerkung S. 4f.**
** Basisvorsorgepauschale KV und PV *** Typisierter Arbeitgeberzuschuss

Lohn/ Gehalt in € bis	Steuerklasse	**Lohn-steuer***	BVSP**	TAGZ***	Steuerklasse	Bemessungsgrundlage für Kirchensteuer und Solidaritätszuschlag					
						Freibeträge für ... Kinder					
						0,5	**1,0**	1,5	**2,0**	2,5	**3,0**
48 419,99	I,IV	**8 044**	4 442	4 442	I	6 648	5 325	4 076	2 900	1 798	774
	II	**7 400**	4 442	4 442	II	6 037	4 748	3 532	2 390	1 321	382
	III	**4 312**	4 442	4 442	III	3 240	2 206	1 240	446		
	V	**12 943**	4 442	4 442	IV	7 337	6 648	5 977	5 325	4 691	4 076
	VI	**13 378**	4 442	4 442							
48 455,99	I,IV	**8 054**	4 445	4 445	I	6 658	5 334	4 085	2 909	1 806	781
	II	**7 410**	4 445	4 445	II	6 047	4 757	3 541	2 398	1 328	387
	III	**4 320**	4 445	4 445	III	3 248	2 212	1 248	450		
	V	**12 955**	4 445	4 445	IV	7 347	6 658	5 987	5 334	4 700	4 085
	VI	**13 390**	4 445	4 445							
48 491,99	I,IV	**8 064**	4 449	4 449	I	6 667	5 344	4 093	2 917	1 813	788
	II	**7 420**	4 449	4 449	II	6 056	4 766	3 549	2 406	1 336	393
	III	**4 326**	4 449	4 449	III	3 254	2 220	1 254	456		
	V	**12 968**	4 449	4 449	IV	7 357	6 667	5 996	5 344	4 709	4 093
	VI	**13 403**	4 449	4 449							
48 527,99	I,IV	**8 075**	4 452	4 452	I	6 677	5 353	4 102	2 925	1 821	794
	II	**7 430**	4 452	4 452	II	6 065	4 775	3 557	2 414	1 343	399
	III	**4 334**	4 452	4 452	III	3 262	2 226	1 260	460		
	V	**12 980**	4 452	4 452	IV	7 367	6 677	6 006	5 353	4 718	4 102
	VI	**13 416**	4 452	4 452							
48 563,99	I,IV	**8 085**	4 455	4 455	I	6 687	5 362	4 111	2 933	1 829	801
	II	**7 440**	4 455	4 455	II	6 075	4 784	3 566	2 422	1 351	404
	III	**4 342**	4 455	4 455	III	3 270	2 234	1 266	466		
	V	**12 993**	4 455	4 455	IV	7 377	6 687	6 015	5 362	4 727	4 111
	VI	**13 428**	4 455	4 455							
48 599,99	I,IV	**8 095**	4 459	4 459	I	6 696	5 371	4 119	2 941	1 836	808
	II	**7 450**	4 459	4 459	II	6 084	4 793	3 574	2 429	1 358	410
	III	**4 350**	4 459	4 459	III	3 278	2 242	1 272	470		
	V	**13 006**	4 459	4 459	IV	7 387	6 696	6 025	5 371	4 736	4 119
	VI	**13 441**	4 459	4 459							
48 635,99	I,IV	**8 105**	4 462	4 462	I	6 706	5 380	4 128	2 949	1 844	815
	II	**7 460**	4 462	4 462	II	6 094	4 802	3 583	2 437	1 365	416
	III	**4 358**	4 462	4 462	III	3 286	2 248	1 278	476		
	V	**13 018**	4 462	4 462	IV	7 397	6 706	6 034	5 380	4 745	4 128
	VI	**13 453**	4 462	4 462							
48 671,99	I,IV	**8 116**	4 465	4 465	I	6 716	5 390	4 137	2 958	1 852	822
	II	**7 470**	4 465	4 465	II	6 104	4 811	3 591	2 445	1 373	421
	III	**4 366**	4 465	4 465	III	3 292	2 256	1 286	482		
	V	**13 031**	4 465	4 465	IV	7 407	6 716	6 044	5 390	4 754	4 137
	VI	**13 466**	4 465	4 465							
48 707,99	I,IV	**8 126**	4 468	4 468	I	6 725	5 399	4 145	2 965	1 859	828
	II	**7 480**	4 468	4 468	II	6 113	4 819	3 599	2 453	1 380	427
	III	**4 374**	4 468	4 468	III	3 300	2 264	1 292	486		
	V	**13 043**	4 468	4 468	IV	7 416	6 725	6 053	5 399	4 763	4 145
	VI	**13 478**	4 468	4 468							
48 743,99	I,IV	**8 136**	4 472	4 472	I	6 735	5 408	4 154	2 974	1 867	835
	II	**7 490**	4 472	4 472	II	6 122	4 828	3 608	2 461	1 387	433
	III	**4 382**	4 472	4 472	III	3 308	2 270	1 298	492		
	V	**13 056**	4 472	4 472	IV	7 426	6 735	6 062	5 408	4 772	4 154
	VI	**13 491**	4 472	4 472							
48 779,99	I,IV	**8 146**	4 475	4 475	I	6 745	5 417	4 163	2 982	1 874	842
	II	**7 500**	4 475	4 475	II	6 132	4 837	3 616	2 469	1 395	438
	III	**4 390**	4 475	4 475	III	3 316	2 278	1 304	496		
	V	**13 068**	4 475	4 475	IV	7 436	6 745	6 072	5 417	4 781	4 163
	VI	**13 503**	4 475	4 475							
48 815,99	I,IV	**8 157**	4 478	4 478	I	6 755	5 426	4 171	2 990	1 882	849
	II	**7 510**	4 478	4 478	II	6 141	4 846	3 625	2 477	1 402	444
	III	**4 398**	4 478	4 478	III	3 322	2 286	1 310	502		
	V	**13 081**	4 478	4 478	IV	7 446	6 755	6 081	5 426	4 790	4 171
	VI	**13 516**	4 478	4 478							

* Zur LSt-Berechnung für privat versicherte Arbeitnehmer s. Beispiele **Vorbemerkung S. 4f.**
** Basisvorsorgepauschale KV und PV *** Typisierter Arbeitgeberzuschuss

Lohn/ Gehalt in € bis	Steuerklasse	Lohn-steuer*	BVSP**	TAGZ***	Steuerklasse	Bemessungsgrundlage für Kirchensteuer und Solidaritätszuschlag					
						Freibeträge für ... Kinder					
						0,5	**1,0**	1,5	**2,0**	2,5	**3,0**
48851,99	I,IV	**8167**	4482	4482	I	6764	5436	4180	2998	1890	856
	II	**7520**	4482	4482	II	6151	4855	3633	2485	1410	450
	III	**4404**	4482	4482	III	3330	2292	1318	506		
	V	**13093**	4482	4482	IV	7456	6764	6091	5436	4799	4180
	VI	**13529**	4482	4482							
48887,99	I,IV	**8177**	4485	4485	I	6774	5445	4189	3006	1897	863
	II	**7530**	4485	4485	II	6160	4864	3642	2493	1417	456
	III	**4412**	4485	4485	III	3338	2300	1324	512		
	V	**13106**	4485	4485	IV	7466	6774	6100	5445	4808	4189
	VI	**13541**	4485	4485							
48923,99	I,IV	**8187**	4488	4488	I	6784	5454	4198	3015	1905	870
	II	**7540**	4488	4488	II	6170	4873	3650	2501	1425	462
	III	**4420**	4488	4488	III	3346	2308	1330	518		
	V	**13119**	4488	4488	IV	7477	6784	6110	5454	4817	4198
	VI	**13554**	4488	4488							
48959,99	I,IV	**8198**	4492	4492	I	6794	5463	4206	3023	1913	877
	II	**7550**	4492	4492	II	6179	4882	3659	2509	1432	468
	III	**4428**	4492	4492	III	3354	2314	1336	522		
	V	**13131**	4492	4492	IV	7487	6794	6119	5463	4826	4206
	VI	**13566**	4492	4492							
48995,99	I,IV	**8208**	4495	4495	I	6804	5473	4215	3031	1920	884
	II	**7560**	4495	4495	II	6189	4891	3667	2517	1439	473
	III	**4436**	4495	4495	III	3360	2322	1344	528		
	V	**13144**	4495	4495	IV	7497	6804	6129	5473	4835	4215
	VI	**13579**	4495	4495							
49031,99	I,IV	**8218**	4498	4498	I	6813	5482	4223	3039	1928	891
	II	**7570**	4498	4498	II	6198	4900	3675	2524	1447	479
	III	**4444**	4498	4498	III	3368	2328	1350	532		
	V	**13156**	4498	4498	IV	7506	6813	6138	5482	4843	4223
	VI	**13591**	4498	4498							
49067,99	I,IV	**8228**	4501	4501	I	6823	5491	4232	3047	1935	898
	II	**7580**	4501	4501	II	6208	4909	3684	2532	1454	485
	III	**4452**	4501	4501	III	3376	2336	1356	538		
	V	**13169**	4501	4501	IV	7516	6823	6148	5491	4852	4232
	VI	**13604**	4501	4501							
49103,99	I,IV	**8239**	4505	4505	I	6833	5500	4241	3055	1943	905
	II	**7590**	4505	4505	II	6217	4918	3692	2540	1462	491
	III	**4460**	4505	4505	III	3382	2344	1362	542		
	V	**13181**	4505	4505	IV	7526	6833	6157	5500	4861	4241
	VI	**13616**	4505	4505							
49139,99	I,IV	**8249**	4508	4508	I	6842	5509	4250	3064	1951	912
	II	**7600**	4508	4508	II	6227	4927	3701	2548	1469	497
	III	**4468**	4508	4508	III	3390	2350	1368	548		
	V	**13194**	4508	4508	IV	7536	6842	6167	5509	4870	4250
	VI	**13629**	4508	4508							
49175,99	I,IV	**8259**	4511	4511	I	6852	5519	4258	3072	1959	919
	II	**7610**	4511	4511	II	6236	4936	3709	2556	1476	503
	III	**4474**	4511	4511	III	3398	2358	1376	554		
	V	**13206**	4511	4511	IV	7547	6852	6176	5519	4879	4258
	VI	**13642**	4511	4511							
49211,99	I,IV	**8270**	4515	4515	I	6862	5528	4267	3080	1966	926
	II	**7620**	4515	4515	II	6246	4945	3718	2564	1484	509
	III	**4482**	4515	4515	III	3406	2364	1382	558		
	V	**13219**	4515	4515	IV	7557	6862	6186	5528	4888	4267
	VI	**13654**	4515	4515							
49247,99	I,IV	**8280**	4518	4518	I	6872	5537	4276	3088	1974	933
	II	**7630**	4518	4518	II	6256	4954	3727	2572	1491	515
	III	**4490**	4518	4518	III	3414	2372	1388	564		
	V	**13232**	4518	4518	IV	7567	6872	6195	5537	4897	4276
	VI	**13667**	4518	4518							

* Zur LSt-Berechnung für privat versicherte Arbeitnehmer s. Beispiele **Vorbemerkung S. 4f.**
** Basisvorsorgepauschale KV und PV *** Typisierter Arbeitgeberzuschuss

Lohn/ Gehalt in € bis	Steuerklasse	Lohn- steuer*	BVSP**	TAGZ***	Steuerklasse	Bemessungsgrundlage für Kirchensteuer und Solidaritätszuschlag					
						Freibeträge für ... Kinder					
						0,5	**1,0**	1,5	**2,0**	2,5	**3,0**
49 283,99	I,IV	**8 290**	4 521	4 521	I	6 882	5 546	4 285	3 096	1 982	940
	II	**7 640**	4 521	4 521	II	6 265	4 963	3 735	2 580	1 499	521
	III	**4 498**	4 521	4 521	III	3 420	2 380	1 394	570		
	V	**13 244**	4 521	4 521	IV	7 577	6 882	6 205	5 546	4 906	4 285
	VI	**13 679**	4 521	4 521							
49 319,99	I,IV	**8 301**	4 525	4 525	I	6 891	5 556	4 293	3 105	1 989	948
	II	**7 650**	4 525	4 525	II	6 275	4 972	3 744	2 588	1 506	527
	III	**4 506**	4 525	4 525	III	3 428	2 386	1 402	574		
	V	**13 257**	4 525	4 525	IV	7 587	6 891	6 214	5 556	4 915	4 293
	VI	**13 692**	4 525	4 525							
49 355,99	I,IV	**8 311**	4 528	4 528	I	6 901	5 565	4 302	3 113	1 997	955
	II	**7 660**	4 528	4 528	II	6 284	4 981	3 752	2 596	1 514	533
	III	**4 514**	4 528	4 528	III	3 436	2 394	1 408	580		
	V	**13 269**	4 528	4 528	IV	7 597	6 901	6 224	5 565	4 924	4 302
	VI	**13 704**	4 528	4 528							
49 391,99	I,IV	**8 321**	4 531	4 531	I	6 911	5 574	4 311	3 121	2 005	962
	II	**7 670**	4 531	4 531	II	6 294	4 990	3 760	2 604	1 521	539
	III	**4 522**	4 531	4 531	III	3 444	2 402	1 414	586		
	V	**13 282**	4 531	4 531	IV	7 607	6 911	6 233	5 574	4 933	4 311
	VI	**13 717**	4 531	4 531							
49 427,99	I,IV	**8 331**	4 535	4 535	I	6 921	5 583	4 320	3 129	2 012	969
	II	**7 680**	4 535	4 535	II	6 303	4 999	3 769	2 612	1 529	545
	III	**4 530**	4 535	4 535	III	3 450	2 408	1 420	590		
	V	**13 294**	4 535	4 535	IV	7 617	6 921	6 243	5 583	4 942	4 320
	VI	**13 729**	4 535	4 535							
49 463,99	I,IV	**8 342**	4 538	4 538	I	6 930	5 593	4 328	3 137	2 020	976
	II	**7 691**	4 538	4 538	II	6 313	5 008	3 777	2 620	1 536	551
	III	**4 538**	4 538	4 538	III	3 458	2 416	1 428	596		
	V	**13 307**	4 538	4 538	IV	7 627	6 930	6 252	5 593	4 951	4 328
	VI	**13 742**	4 538	4 538							
49 499,99	I,IV	**8 352**	4 541	4 541	I	6 940	5 602	4 337	3 146	2 028	983
	II	**7 701**	4 541	4 541	II	6 322	5 017	3 786	2 628	1 544	557
	III	**4 546**	4 541	4 541	III	3 466	2 424	1 434	602		
	V	**13 319**	4 541	4 541	IV	7 637	6 940	6 262	5 602	4 960	4 337
	VI	**13 755**	4 541	4 541							
49 535,99	I,IV	**8 362**	4 544	4 544	I	6 950	5 611	4 346	3 154	2 036	991
	II	**7 711**	4 544	4 544	II	6 332	5 026	3 795	2 636	1 551	563
	III	**4 554**	4 544	4 544	III	3 474	2 430	1 440	606		
	V	**13 332**	4 544	4 544	IV	7 647	6 950	6 271	5 611	4 969	4 346
	VI	**13 767**	4 544	4 544							
49 571,99	I,IV	**8 373**	4 548	4 548	I	6 960	5 621	4 355	3 162	2 043	998
	II	**7 721**	4 548	4 548	II	6 341	5 036	3 803	2 644	1 559	569
	III	**4 562**	4 548	4 548	III	3 482	2 438	1 448	612		
	V	**13 345**	4 548	4 548	IV	7 657	6 960	6 281	5 621	4 978	4 355
	VI	**13 780**	4 548	4 548							
49 607,99	I,IV	**8 383**	4 551	4 551	I	6 970	5 630	4 363	3 170	2 051	1 005
	II	**7 731**	4 551	4 551	II	6 351	5 045	3 812	2 652	1 566	576
	III	**4 570**	4 551	4 551	III	3 488	2 446	1 454	618		
	V	**13 357**	4 551	4 551	IV	7 667	6 970	6 291	5 630	4 987	4 363
	VI	**13 792**	4 551	4 551							
49 643,99	I,IV	**8 393**	4 554	4 554	I	6 979	5 639	4 372	3 178	2 058	1 012
	II	**7 741**	4 554	4 554	II	6 360	5 053	3 820	2 660	1 573	582
	III	**4 576**	4 554	4 554	III	3 496	2 452	1 460	622		
	V	**13 369**	4 554	4 554	IV	7 677	6 979	6 300	5 639	4 996	4 372
	VI	**13 805**	4 554	4 554							
49 679,99	I,IV	**8 404**	4 558	4 558	I	6 989	5 648	4 381	3 187	2 066	1 019
	II	**7 751**	4 558	4 558	II	6 370	5 062	3 828	2 668	1 581	588
	III	**4 584**	4 558	4 558	III	3 504	2 460	1 466	628		
	V	**13 382**	4 558	4 558	IV	7 687	6 989	6 309	5 648	5 005	4 381
	VI	**13 817**	4 558	4 558							

* Zur LSt-Berechnung für privat versicherte Arbeitnehmer s. Beispiele **Vorbemerkung S. 4 f.**
** Basisvorsorgepauschale KV und PV *** Typisierter Arbeitgeberzuschuss

Lohn/ Gehalt in € bis	Steuerklasse	Lohn-steuer*	BVSP**	TAGZ***	Steuerklasse	Bemessungsgrundlage für Kirchensteuer und Solidaritätszuschlag					
						Freibeträge für ... Kinder					
						0,5	**1,0**	1,5	**2,0**	2,5	**3,0**
49715,99	I,IV	**8414**	4561	4561	I	6999	5658	4390	3195	2074	1026
	II	**7761**	4561	4561	II	6380	5072	3837	2676	1588	594
	III	**4592**	4561	4561	III	3512	2468	1474	632		
	V	**13395**	4561	4561	IV	7697	6999	6319	5658	5014	4390
	VI	**13830**	4561	4561							
49751,99	I,IV	**8424**	4564	4564	I	7009	5667	4398	3203	2082	1034
	II	**7771**	4564	4564	II	6389	5081	3846	2684	1596	600
	III	**4600**	4564	4564	III	3518	2474	1480	638		
	V	**13407**	4564	4564	IV	7707	7009	6329	5667	5023	4398
	VI	**13842**	4564	4564							
49787,99	I,IV	**8435**	4568	4568	I	7019	5676	4407	3212	2090	1041
	II	**7781**	4568	4568	II	6399	5090	3854	2692	1603	607
	III	**4608**	4568	4568	III	3526	2482	1486	644		
	V	**13420**	4568	4568	IV	7718	7019	6338	5676	5033	4407
	VI	**13855**	4568	4568							
49823,99	I,IV	**8445**	4571	4571	I	7029	5686	4416	3220	2097	1048
	II	**7792**	4571	4571	II	6408	5099	3863	2700	1611	613
	III	**4616**	4571	4571	III	3534	2490	1494	650		
	V	**13432**	4571	4571	IV	7728	7029	6348	5686	5042	4416
	VI	**13868**	4571	4571							
49859,99	I,IV	**8455**	4574	4574	I	7038	5695	4425	3228	2105	1055
	II	**7802**	4574	4574	II	6418	5108	3871	2708	1618	619
	III	**4624**	4574	4574	III	3542	2496	1500	654		
	V	**13445**	4574	4574	IV	7738	7038	6357	5695	5051	4425
	VI	**13880**	4574	4574							
49895,99	I,IV	**8466**	4577	4577	I	7048	5704	4434	3236	2113	1063
	II	**7812**	4577	4577	II	6428	5117	3880	2716	1626	626
	III	**4632**	4577	4577	III	3550	2504	1506	660		
	V	**13458**	4577	4577	IV	7748	7048	6367	5704	5060	4434
	VI	**13893**	4577	4577							
49931,99	I,IV	**8476**	4581	4581	I	7058	5714	4442	3245	2121	1070
	II	**7822**	4581	4581	II	6437	5126	3888	2724	1633	632
	III	**4640**	4581	4581	III	3556	2512	1514	666		
	V	**13470**	4581	4581	IV	7758	7058	6377	5714	5069	4442
	VI	**13905**	4581	4581							
49967,99	I,IV	**8486**	4584	4584	I	7068	5723	4451	3253	2128	1077
	II	**7832**	4584	4584	II	6447	5135	3897	2732	1641	638
	III	**4648**	4584	4584	III	3564	2518	1520	670		
	V	**13482**	4584	4584	IV	7768	7068	6386	5723	5078	4451
	VI	**13917**	4584	4584							
50003,99	I,IV	**8497**	4587	4587	I	7078	5732	4460	3261	2136	1084
	II	**7842**	4587	4587	II	6456	5144	3905	2740	1648	644
	III	**4656**	4587	4587	III	3572	2526	1526	676		
	V	**13495**	4587	4587	IV	7778	7078	6396	5732	5087	4460
	VI	**13930**	4587	4587							
50039,99	I,IV	**8507**	4591	4591	I	7088	5741	4469	3269	2144	1091
	II	**7852**	4591	4591	II	6466	5153	3914	2748	1656	651
	III	**4662**	4591	4591	III	3580	2534	1534	682	6	
	V	**13508**	4591	4591	IV	7788	7088	6405	5741	5096	4469
	VI	**13943**	4591	4591							
50075,99	I,IV	**8518**	4594	4594	I	7097	5751	4478	3278	2151	1099
	II	**7862**	4594	4594	II	6476	5162	3923	2756	1663	657
	III	**4670**	4594	4594	III	3588	2540	1540	688	10	
	V	**13520**	4594	4594	IV	7798	7097	6415	5751	5105	4478
	VI	**13955**	4594	4594							
50111,99	I,IV	**8528**	4597	4597	I	7107	5760	4486	3286	2159	1106
	II	**7873**	4597	4597	II	6485	5172	3931	2764	1671	664
	III	**4678**	4597	4597	III	3594	2548	1546	692	14	
	V	**13533**	4597	4597	IV	7809	7107	6425	5760	5114	4486
	VI	**13968**	4597	4597							

* Zur LSt-Berechnung für privat versicherte Arbeitnehmer s. Beispiele **Vorbemerkung S. 4 f.**
** Basisvorsorgepauschale KV und PV *** Typisierter Arbeitgeberzuschuss

Lohn/ Gehalt in € bis	Steuerklasse	Lohn-steuer*	BVSP**	TAGZ***	Steuerklasse	Bemessungsgrundlage für Kirchensteuer und Solidaritätszuschlag					
						Freibeträge für ... Kinder					
						0,5	**1,0**	1,5	**2,0**	2,5	**3,0**
50147,99	I,IV	**8538**	4601	4601	I	7117	5769	4495	3294	2167	1113
	II	**7883**	4601	4601	II	6495	5181	3940	2772	1679	670
	III	**4686**	4601	4601	III	3602	2556	1554	698	18	
	V	**13545**	4601	4601	IV	7819	7117	6434	5769	5123	4495
	VI	**13980**	4601	4601							
50183,99	I,IV	**8549**	4604	4604	I	7127	5779	4504	3303	2175	1120
	II	**7893**	4604	4604	II	6505	5190	3948	2781	1686	677
	III	**4694**	4604	4604	III	3610	2562	1560	704	22	
	V	**13558**	4604	4604	IV	7829	7127	6444	5779	5132	4504
	VI	**13993**	4604	4604							
50219,99	I,IV	**8559**	4607	4607	I	7137	5788	4513	3311	2183	1128
	II	**7903**	4607	4607	II	6514	5199	3957	2789	1694	683
	III	**4702**	4607	4607	III	3618	2570	1566	710	26	
	V	**13571**	4607	4607	IV	7839	7137	6453	5788	5141	4513
	VI	**14006**	4607	4607							
50255,99	I,IV	**8570**	4610	4610	I	7147	5798	4522	3319	2190	1135
	II	**7913**	4610	4610	II	6524	5208	3966	2797	1701	689
	III	**4710**	4610	4610	III	3626	2578	1574	714	30	
	V	**13583**	4610	4610	IV	7849	7147	6463	5798	5151	4522
	VI	**14018**	4610	4610							
50291,99	I,IV	**8580**	4614	4614	I	7157	5807	4530	3327	2198	1142
	II	**7923**	4614	4614	II	6533	5217	3974	2805	1709	696
	III	**4718**	4614	4614	III	3632	2584	1580	720	34	
	V	**13595**	4614	4614	IV	7859	7157	6472	5807	5159	4530
	VI	**14030**	4614	4614							
50327,99	I,IV	**8590**	4617	4617	I	7166	5816	4539	3336	2206	1149
	II	**7933**	4617	4617	II	6543	5226	3983	2813	1716	702
	III	**4726**	4617	4617	III	3640	2592	1586	726	38	
	V	**13608**	4617	4617	IV	7869	7166	6482	5816	5168	4539
	VI	**14043**	4617	4617							
50363,99	I,IV	**8601**	4620	4620	I	7176	5826	4548	3344	2214	1157
	II	**7944**	4620	4620	II	6553	5235	3991	2821	1724	709
	III	**4734**	4620	4620	III	3648	2598	1594	730	44	
	V	**13621**	4620	4620	IV	7879	7176	6492	5826	5178	4548
	VI	**14056**	4620	4620							
50399,99	I,IV	**8611**	4624	4624	I	7186	5835	4557	3353	2222	1164
	II	**7954**	4624	4624	II	6562	5244	4000	2829	1731	715
	III	**4742**	4624	4624	III	3656	2606	1600	736	48	
	V	**13633**	4624	4624	IV	7890	7186	6501	5835	5187	4557
	VI	**14068**	4624	4624							
50435,99	I,IV	**8622**	4627	4627	I	7196	5844	4566	3361	2229	1171
	II	**7964**	4627	4627	II	6572	5254	4009	2837	1739	722
	III	**4750**	4627	4627	III	3664	2614	1608	742	52	
	V	**13646**	4627	4627	IV	7900	7196	6511	5844	5196	4566
	VI	**14081**	4627	4627							
50471,99	I,IV	**8632**	4630	4630	I	7206	5854	4575	3369	2237	1179
	II	**7974**	4630	4630	II	6582	5263	4017	2845	1746	729
	III	**4758**	4630	4630	III	3670	2622	1614	748	56	
	V	**13658**	4630	4630	IV	7910	7206	6521	5854	5205	4575
	VI	**14093**	4630	4630							
50507,99	I,IV	**8643**	4634	4634	I	7216	5863	4584	3378	2245	1186
	II	**7985**	4634	4634	II	6591	5272	4026	2853	1754	735
	III	**4764**	4634	4634	III	3678	2628	1620	754	60	
	V	**13671**	4634	4634	IV	7920	7216	6530	5863	5214	4584
	VI	**14106**	4634	4634							
50543,99	I,IV	**8653**	4637	4637	I	7226	5873	4593	3386	2253	1193
	II	**7995**	4637	4637	II	6601	5281	4034	2861	1762	742
	III	**4772**	4637	4637	III	3686	2636	1628	758	64	
	V	**13684**	4637	4637	IV	7930	7226	6540	5873	5223	4593
	VI	**14119**	4637	4637							

* Zur LSt-Berechnung für privat versicherte Arbeitnehmer s. Beispiele **Vorbemerkung S. 4 f.**
** Basisvorsorgepauschale KV und PV *** Typisierter Arbeitgeberzuschuss

Lohn/ Gehalt in € bis	Steuerklasse	Lohn-steuer*	BVSP**	TAGZ***	Steuerklasse	Bemessungsgrundlage für Kirchensteuer und Solidaritätszuschlag – Freibeträge für ... Kinder 0,5	1,0	1,5	2,0	2,5	3,0
50579,99	I,IV	**8663**	4640	4640	I	7236	5882	4601	3394	2260	1200
	II	**8005**	4640	4640	II	6611	5290	4043	2869	1769	748
	III	**4780**	4640	4640	III	3694	2644	1634	764	70	
	V	**13696**	4640	4640	IV	7940	7236	6549	5882	5232	4601
	VI	**14131**	4640	4640							
50615,99	I,IV	**8674**	4644	4644	I	7246	5891	4610	3402	2268	1208
	II	**8015**	4644	4644	II	6620	5299	4052	2877	1777	755
	III	**4788**	4644	4644	III	3702	2650	1642	770	74	
	V	**13708**	4644	4644	IV	7950	7246	6559	5891	5241	4610
	VI	**14143**	4644	4644							
50651,99	I,IV	**8684**	4647	4647	I	7256	5901	4619	3411	2276	1215
	II	**8025**	4647	4647	II	6630	5308	4060	2885	1784	762
	III	**4796**	4647	4647	III	3708	2658	1648	776	78	
	V	**13721**	4647	4647	IV	7961	7256	6569	5901	5251	4619
	VI	**14156**	4647	4647							
50687,99	I,IV	**8695**	4650	4650	I	7266	5910	4628	3419	2284	1222
	II	**8035**	4650	4650	II	6640	5318	4069	2894	1792	768
	III	**4804**	4650	4650	III	3716	2666	1656	782	82	
	V	**13734**	4650	4650	IV	7971	7266	6579	5910	5260	4628
	VI	**14169**	4650	4650							
50723,99	I,IV	**8705**	4653	4653	I	7276	5919	4637	3428	2292	1230
	II	**8046**	4653	4653	II	6649	5327	4078	2902	1799	775
	III	**4812**	4653	4653	III	3724	2672	1662	786	86	
	V	**13746**	4653	4653	IV	7981	7276	6588	5919	5269	4637
	VI	**14181**	4653	4653							
50759,99	I,IV	**8716**	4657	4657	I	7285	5929	4646	3436	2300	1237
	II	**8056**	4657	4657	II	6659	5336	4086	2910	1807	782
	III	**4820**	4657	4657	III	3732	2680	1668	792	90	
	V	**13759**	4657	4657	IV	7991	7285	6598	5929	5278	4646
	VI	**14194**	4657	4657							
50795,99	I,IV	**8726**	4660	4660	I	7295	5938	4655	3444	2308	1244
	II	**8066**	4660	4660	II	6669	5345	4095	2918	1815	789
	III	**4828**	4660	4660	III	3740	2688	1676	798	96	
	V	**13771**	4660	4660	IV	8002	7295	6608	5938	5287	4655
	VI	**14206**	4660	4660							
50831,99	I,IV	**8737**	4663	4663	I	7305	5948	4663	3453	2315	1252
	II	**8076**	4663	4663	II	6679	5354	4104	2926	1822	795
	III	**4836**	4663	4663	III	3748	2694	1682	804	100	
	V	**13784**	4663	4663	IV	8012	7305	6617	5948	5296	4663
	VI	**14219**	4663	4663							
50867,99	I,IV	**8747**	4667	4667	I	7315	5957	4672	3461	2323	1259
	II	**8087**	4667	4667	II	6688	5364	4112	2934	1830	802
	III	**4844**	4667	4667	III	3754	2702	1690	810	104	
	V	**13797**	4667	4667	IV	8022	7315	6627	5957	5306	4672
	VI	**14232**	4667	4667							
50903,99	I,IV	**8757**	4670	4670	I	7325	5966	4681	3469	2331	1266
	II	**8097**	4670	4670	II	6698	5372	4121	2942	1837	809
	III	**4852**	4670	4670	III	3762	2710	1696	814	108	
	V	**13809**	4670	4670	IV	8032	7325	6636	5966	5314	4681
	VI	**14244**	4670	4670							
50939,99	I,IV	**8768**	4673	4673	I	7335	5976	4690	3478	2339	1273
	II	**8107**	4673	4673	II	6708	5382	4129	2950	1845	816
	III	**4860**	4673	4673	III	3770	2716	1704	820	112	
	V	**13821**	4673	4673	IV	8042	7335	6646	5976	5324	4690
	VI	**14256**	4673	4673							
50975,99	I,IV	**8778**	4677	4677	I	7345	5985	4699	3486	2347	1281
	II	**8117**	4677	4677	II	6717	5391	4138	2959	1853	823
	III	**4868**	4677	4677	III	3778	2724	1710	826	118	
	V	**13834**	4677	4677	IV	8052	7345	6656	5985	5333	4699
	VI	**14269**	4677	4677							

* Zur LSt-Berechnung für privat versicherte Arbeitnehmer s. Beispiele **Vorbemerkung S. 4 f.**
** Basisvorsorgepauschale KV und PV *** Typisierter Arbeitgeberzuschuss

Lohn/ Gehalt in € bis	Steuerklasse	Lohn- steuer*	BVSP**	TAGZ***	Steuerklasse	Bemessungsgrundlage für Kirchensteuer und Solidaritätszuschlag – Freibeträge für ... Kinder 0,5	1,0	1,5	2,0	2,5	3,0
51011,99	I,IV	**8789**	4680	4680	I	7355	5995	4708	3494	2355	1288
	II	**8127**	4680	4680	II	6727	5400	4147	2967	1860	829
	III	**4876**	4680	4680	III	3786	2732	1716	832	122	
	V	**13847**	4680	4680	IV	8063	7355	6666	5995	5342	4708
	VI	**14282**	4680	4680							
51047,99	I,IV	**8799**	4683	4683	I	7365	6004	4717	3503	2362	1296
	II	**8138**	4683	4683	II	6737	5409	4155	2975	1868	836
	III	**4884**	4683	4683	III	3792	2738	1724	838	126	
	V	**13859**	4683	4683	IV	8073	7365	6675	6004	5351	4717
	VI	**14294**	4683	4683							
51083,99	I,IV	**8810**	4686	4686	I	7375	6014	4726	3511	2370	1303
	II	**8148**	4686	4686	II	6747	5419	4164	2983	1876	843
	III	**4892**	4686	4686	III	3800	2746	1730	844	130	
	V	**13872**	4686	4686	IV	8083	7375	6685	6014	5361	4726
	VI	**14307**	4686	4686							
51119,99	I,IV	**8820**	4690	4690	I	7385	6023	4735	3520	2378	1310
	II	**8158**	4690	4690	II	6756	5428	4173	2991	1883	850
	III	**4900**	4690	4690	III	3808	2754	1738	848	134	
	V	**13884**	4690	4690	IV	8093	7385	6695	6023	5370	4735
	VI	**14319**	4690	4690							
51155,99	I,IV	**8831**	4693	4693	I	7395	6033	4744	3528	2386	1318
	II	**8169**	4693	4693	II	6766	5437	4182	3000	1891	857
	III	**4908**	4693	4693	III	3816	2762	1744	854	140	
	V	**13897**	4693	4693	IV	8104	7395	6705	6033	5379	4744
	VI	**14332**	4693	4693							
51191,99	I,IV	**8841**	4696	4696	I	7405	6042	4753	3537	2394	1325
	II	**8179**	4696	4696	II	6776	5446	4190	3008	1899	864
	III	**4914**	4696	4696	III	3824	2768	1752	860	144	
	V	**13910**	4696	4696	IV	8114	7405	6714	6042	5388	4753
	VI	**14345**	4696	4696							
51227,99	I,IV	**8852**	4700	4700	I	7415	6051	4761	3545	2402	1332
	II	**8189**	4700	4700	II	6785	5455	4199	3016	1906	871
	III	**4922**	4700	4700	III	3832	2776	1758	866	148	
	V	**13922**	4700	4700	IV	8124	7415	6724	6051	5397	4761
	VI	**14357**	4700	4700							
51263,99	I,IV	**8862**	4703	4703	I	7425	6061	4770	3553	2410	1340
	II	**8199**	4703	4703	II	6795	5465	4207	3024	1914	878
	III	**4930**	4703	4703	III	3838	2784	1766	872	152	
	V	**13934**	4703	4703	IV	8134	7425	6734	6061	5406	4770
	VI	**14369**	4703	4703							
51299,99	I,IV	**8873**	4706	4706	I	7435	6070	4779	3562	2418	1347
	II	**8209**	4706	4706	II	6805	5474	4216	3032	1921	885
	III	**4938**	4706	4706	III	3846	2790	1772	878	158	
	V	**13947**	4706	4706	IV	8145	7435	6743	6070	5416	4779
	VI	**14382**	4706	4706							
51335,99	I,IV	**8883**	4710	4710	I	7445	6080	4788	3570	2425	1354
	II	**8220**	4710	4710	II	6815	5483	4225	3040	1929	892
	III	**4946**	4710	4710	III	3854	2798	1780	884	162	
	V	**13959**	4710	4710	IV	8155	7445	6753	6080	5425	4788
	VI	**14395**	4710	4710							
51371,99	I,IV	**8894**	4713	4713	I	7455	6089	4797	3579	2433	1362
	II	**8230**	4713	4713	II	6824	5492	4234	3048	1937	899
	III	**4954**	4713	4713	III	3862	2806	1788	890	166	
	V	**13972**	4713	4713	IV	8165	7455	6763	6089	5434	4797
	VI	**14407**	4713	4713							
51407,99	I,IV	**8904**	4716	4716	I	7465	6099	4806	3587	2441	1369
	II	**8240**	4716	4716	II	6834	5502	4242	3057	1944	906
	III	**4962**	4716	4716	III	3870	2812	1794	896	172	
	V	**13985**	4716	4716	IV	8175	7465	6773	6099	5443	4806
	VI	**14420**	4716	4716							

* Zur LSt-Berechnung für privat versicherte Arbeitnehmer s. Beispiele **Vorbemerkung S. 4 f.**
** Basisvorsorgepauschale KV und PV *** Typisierter Arbeitgeberzuschuss

Lohn/ Gehalt in € bis	Steuerklasse	Lohn-steuer*	BVSP**	TAGZ***	Steuerklasse	Bemessungsgrundlage für Kirchensteuer und Solidaritätszuschlag – Freibeträge für ... Kinder 0,5	**1,0**	1,5	**2,0**	2,5	**3,0**
51 443,99	I,IV	**8 915**	4 719	4 719	I	7 475	6 108	4 815	3 595	2 449	1 377
	II	**8 251**	4 719	4 719	II	6 844	5 511	4 251	3 065	1 952	913
	III	**4 970**	4 719	4 719	III	3 878	2 820	1 802	900	176	
	V	**13 997**	4 719	4 719	IV	8 186	7 475	6 782	6 108	5 453	4 815
	VI	**14 432**	4 719	4 719							
51 479,99	I,IV	**8 925**	4 723	4 723	I	7 485	6 118	4 824	3 604	2 457	1 384
	II	**8 261**	4 723	4 723	II	6 854	5 520	4 260	3 073	1 960	920
	III	**4 978**	4 723	4 723	III	3 884	2 828	1 808	906	180	
	V	**14 010**	4 723	4 723	IV	8 196	7 485	6 792	6 118	5 462	4 824
	VI	**14 445**	4 723	4 723							
51 515,99	I,IV	**8 936**	4 726	4 726	I	7 495	6 127	4 833	3 612	2 465	1 391
	II	**8 271**	4 726	4 726	II	6 863	5 529	4 268	3 081	1 967	927
	III	**4 986**	4 726	4 726	III	3 892	2 834	1 814	912	184	
	V	**14 022**	4 726	4 726	IV	8 206	7 495	6 802	6 127	5 471	4 833
	VI	**14 457**	4 726	4 726							
51 551,99	I,IV	**8 946**	4 729	4 729	I	7 505	6 136	4 842	3 621	2 473	1 399
	II	**8 281**	4 729	4 729	II	6 873	5 538	4 277	3 089	1 975	934
	III	**4 994**	4 729	4 729	III	3 900	2 842	1 822	918	190	
	V	**14 035**	4 729	4 729	IV	8 216	7 505	6 811	6 136	5 480	4 842
	VI	**14 470**	4 729	4 729							
51 587,99	I,IV	**8 957**	4 733	4 733	I	7 515	6 146	4 851	3 629	2 481	1 406
	II	**8 292**	4 733	4 733	II	6 883	5 548	4 286	3 098	1 983	941
	III	**5 002**	4 733	4 733	III	3 908	2 850	1 828	924	194	
	V	**14 047**	4 733	4 733	IV	8 227	7 515	6 821	6 146	5 489	4 851
	VI	**14 482**	4 733	4 733							
51 623,99	I,IV	**8 967**	4 736	4 736	I	7 525	6 156	4 860	3 638	2 489	1 413
	II	**8 302**	4 736	4 736	II	6 893	5 557	4 295	3 106	1 990	949
	III	**5 010**	4 736	4 736	III	3 916	2 858	1 836	930	198	
	V	**14 060**	4 736	4 736	IV	8 237	7 525	6 831	6 156	5 498	4 860
	VI	**14 495**	4 736	4 736							
51 659,99	I,IV	**8 978**	4 739	4 739	I	7 535	6 165	4 869	3 646	2 497	1 421
	II	**8 312**	4 739	4 739	II	6 903	5 566	4 303	3 114	1 998	956
	III	**5 018**	4 739	4 739	III	3 922	2 864	1 844	936	202	
	V	**14 072**	4 739	4 739	IV	8 247	7 535	6 841	6 165	5 508	4 869
	VI	**14 508**	4 739	4 739							
51 695,99	I,IV	**8 989**	4 743	4 743	I	7 545	6 175	4 878	3 655	2 505	1 428
	II	**8 323**	4 743	4 743	II	6 912	5 576	4 312	3 122	2 006	963
	III	**5 026**	4 743	4 743	III	3 930	2 872	1 850	942	208	
	V	**14 085**	4 743	4 743	IV	8 258	7 545	6 851	6 175	5 517	4 878
	VI	**14 520**	4 743	4 743							
51 731,99	I,IV	**8 999**	4 746	4 746	I	7 555	6 184	4 887	3 663	2 513	1 436
	II	**8 333**	4 746	4 746	II	6 922	5 585	4 321	3 131	2 014	970
	III	**5 034**	4 746	4 746	III	3 938	2 880	1 858	948	212	
	V	**14 098**	4 746	4 746	IV	8 268	7 555	6 860	6 184	5 526	4 887
	VI	**14 533**	4 746	4 746							
51 767,99	I,IV	**9 010**	4 749	4 749	I	7 565	6 194	4 896	3 671	2 521	1 443
	II	**8 343**	4 749	4 749	II	6 932	5 594	4 330	3 139	2 021	977
	III	**5 042**	4 749	4 749	III	3 946	2 886	1 864	954	216	
	V	**14 110**	4 749	4 749	IV	8 278	7 565	6 870	6 194	5 536	4 896
	VI	**14 545**	4 749	4 749							
51 803,99	I,IV	**9 020**	4 753	4 753	I	7 575	6 203	4 905	3 680	2 529	1 451
	II	**8 354**	4 753	4 753	II	6 942	5 603	4 339	3 147	2 029	985
	III	**5 050**	4 753	4 753	III	3 954	2 894	1 872	960	222	
	V	**14 123**	4 753	4 753	IV	8 289	7 575	6 880	6 203	5 545	4 905
	VI	**14 558**	4 753	4 753							
51 839,99	I,IV	**9 031**	4 756	4 756	I	7 585	6 212	4 914	3 688	2 536	1 458
	II	**8 364**	4 756	4 756	II	6 951	5 612	4 347	3 155	2 037	992
	III	**5 058**	4 756	4 756	III	3 962	2 902	1 878	964	226	
	V	**14 135**	4 756	4 756	IV	8 299	7 585	6 889	6 212	5 554	4 914
	VI	**14 570**	4 756	4 756							

* Zur LSt-Berechnung für privat versicherte Arbeitnehmer s. Beispiele **Vorbemerkung S. 4 f.**
** Basisvorsorgepauschale KV und PV *** Typisierter Arbeitgeberzuschuss

Lohn/ Gehalt in € bis	Steuerklasse	Lohn-steuer*	BVSP**	TAGZ***	Steuerklasse	Bemessungsgrundlage für Kirchensteuer und Solidaritätszuschlag					
						Freibeträge für ... Kinder					
						0,5	**1,0**	1,5	**2,0**	2,5	**3,0**
51 875,99	I,IV	**9041**	4759	4759	I	7595	6222	4923	3697	2544	1465
	II	**8374**	4759	4759	II	6961	5622	4356	3163	2044	999
	III	**5066**	4759	4759	III	3970	2910	1886	970	230	
	V	**14148**	4759	4759	IV	8309	7595	6899	6222	5563	4923
	VI	**14583**	4759	4759							
51 911,99	I,IV	**9052**	4762	4762	I	7605	6232	4932	3705	2552	1473
	II	**8385**	4762	4762	II	6971	5631	4365	3172	2052	1006
	III	**5074**	4762	4762	III	3976	2916	1894	976	236	
	V	**14160**	4762	4762	IV	8319	7605	6909	6232	5572	4932
	VI	**14595**	4762	4762							
51 947,99	I,IV	**9062**	4766	4766	I	7615	6241	4941	3714	2560	1480
	II	**8395**	4766	4766	II	6981	5640	4373	3180	2060	1013
	III	**5082**	4766	4766	III	3984	2924	1900	982	240	
	V	**14173**	4766	4766	IV	8330	7615	6919	6241	5582	4941
	VI	**14608**	4766	4766							
51 983,99	I,IV	**9073**	4769	4769	I	7625	6251	4950	3722	2568	1488
	II	**8405**	4769	4769	II	6991	5650	4382	3188	2068	1020
	III	**5090**	4769	4769	III	3992	2932	1908	988	244	
	V	**14185**	4769	4769	IV	8340	7625	6929	6251	5591	4950
	VI	**14621**	4769	4769							
52 019,99	I,IV	**9084**	4772	4772	I	7635	6260	4959	3731	2576	1495
	II	**8416**	4772	4772	II	7001	5659	4391	3196	2075	1028
	III	**5098**	4772	4772	III	4000	2940	1914	994	250	
	V	**14198**	4772	4772	IV	8350	7635	6939	6260	5600	4959
	VI	**14633**	4772	4772							
52 055,99	I,IV	**9094**	4776	4776	I	7645	6270	4968	3739	2584	1503
	II	**8426**	4776	4776	II	7011	5668	4400	3205	2083	1035
	III	**5106**	4776	4776	III	4008	2946	1922	1000	254	
	V	**14211**	4776	4776	IV	8361	7645	6948	6270	5610	4968
	VI	**14646**	4776	4776							
52 091,99	I,IV	**9105**	4779	4779	I	7655	6279	4977	3748	2592	1510
	II	**8436**	4779	4779	II	7020	5678	4409	3213	2091	1042
	III	**5114**	4779	4779	III	4016	2954	1930	1006	258	
	V	**14223**	4779	4779	IV	8371	7655	6958	6279	5619	4977
	VI	**14658**	4779	4779							
52 127,99	I,IV	**9116**	4782	4782	I	7666	6289	4986	3756	2600	1518
	II	**8447**	4782	4782	II	7030	5687	4417	3221	2099	1049
	III	**5122**	4782	4782	III	4024	2962	1936	1012	264	
	V	**14236**	4782	4782	IV	8381	7666	6968	6289	5628	4986
	VI	**14671**	4782	4782							
52 163,99	I,IV	**9126**	4786	4786	I	7675	6298	4995	3765	2608	1525
	II	**8457**	4786	4786	II	7040	5696	4426	3229	2106	1056
	III	**5128**	4786	4786	III	4030	2968	1944	1018	268	
	V	**14248**	4786	4786	IV	8391	7675	6978	6298	5637	4995
	VI	**14683**	4786	4786							
52 199,99	I,IV	**9137**	4789	4789	I	7685	6308	5004	3773	2616	1532
	II	**8467**	4789	4789	II	7050	5705	4435	3238	2114	1064
	III	**5136**	4789	4789	III	4038	2976	1950	1024	272	
	V	**14261**	4789	4789	IV	8402	7685	6988	6308	5647	5004
	VI	**14696**	4789	4789							
52 235,99	I,IV	**9147**	4792	4792	I	7696	6317	5013	3782	2624	1540
	II	**8478**	4792	4792	II	7060	5715	4444	3246	2122	1071
	III	**5144**	4792	4792	III	4046	2984	1958	1030	278	
	V	**14273**	4792	4792	IV	8412	7696	6997	6317	5656	5013
	VI	**14708**	4792	4792							
52 271,99	I,IV	**9158**	4795	4795	I	7706	6327	5022	3790	2632	1547
	II	**8488**	4795	4795	II	7069	5724	4452	3254	2129	1078
	III	**5152**	4795	4795	III	4054	2990	1964	1036	282	
	V	**14286**	4795	4795	IV	8423	7706	7007	6327	5665	5022
	VI	**14721**	4795	4795							

* Zur LSt-Berechnung für privat versicherte Arbeitnehmer s. Beispiele **Vorbemerkung S. 4 f.**
** Basisvorsorgepauschale KV und PV *** Typisierter Arbeitgeberzuschuss

Lohn/ Gehalt in € bis	Steuerklasse	Lohn-steuer*	BVSP**	TAGZ***	Steuerklasse	Bemessungsgrundlage für Kirchensteuer und Solidaritätszuschlag – Freibeträge für ... Kinder 0,5	1,0	1,5	2,0	2,5	3,0
52 307,99	I,IV	**9168**	4799	4799	I	7716	6337	5031	3799	2640	1555
	II	**8499**	4799	4799	II	7079	5734	4461	3263	2137	1085
	III	**5160**	4799	4799	III	4062	2998	1972	1042	288	
	V	**14298**	4799	4799	IV	8433	7716	7017	6337	5675	5031
	VI	**14734**	4799	4799							
52 343,99	I,IV	**9179**	4802	4802	I	7726	6346	5040	3807	2648	1562
	II	**8509**	4802	4802	II	7089	5743	4470	3271	2145	1093
	III	**5168**	4802	4802	III	4068	3006	1980	1048	292	
	V	**14311**	4802	4802	IV	8443	7726	7027	6346	5684	5040
	VI	**14746**	4802	4802							
52 379,99	I,IV	**9190**	4805	4805	I	7736	6356	5049	3816	2656	1570
	II	**8519**	4805	4805	II	7099	5752	4479	3279	2153	1100
	III	**5176**	4805	4805	III	4076	3014	1986	1054	296	
	V	**14324**	4805	4805	IV	8454	7736	7037	6356	5693	5049
	VI	**14759**	4805	4805							
52 415,99	I,IV	**9200**	4809	4809	I	7746	6366	5058	3824	2664	1577
	II	**8530**	4809	4809	II	7109	5762	4488	3287	2161	1107
	III	**5184**	4809	4809	III	4084	3020	1994	1060	302	
	V	**14336**	4809	4809	IV	8464	7746	7047	6366	5703	5058
	VI	**14771**	4809	4809							
52 451,99	I,IV	**9211**	4812	4812	I	7756	6375	5067	3833	2672	1585
	II	**8540**	4812	4812	II	7119	5771	4496	3296	2168	1114
	III	**5192**	4812	4812	III	4092	3028	2000	1066	306	
	V	**14348**	4812	4812	IV	8474	7756	7056	6375	5712	5067
	VI	**14784**	4812	4812							
52 487,99	I,IV	**9221**	4815	4815	I	7766	6384	5076	3841	2680	1592
	II	**8550**	4815	4815	II	7128	5780	4505	3304	2176	1121
	III	**5200**	4815	4815	III	4100	3036	2008	1072	312	
	V	**14361**	4815	4815	IV	8485	7766	7066	6384	5721	5076
	VI	**14796**	4815	4815							
52 523,99	I,IV	**9232**	4819	4819	I	7776	6394	5085	3850	2688	1600
	II	**8561**	4819	4819	II	7138	5790	4514	3312	2184	1129
	III	**5208**	4819	4819	III	4108	3044	2016	1078	316	
	V	**14374**	4819	4819	IV	8495	7776	7076	6394	5730	5085
	VI	**14809**	4819	4819							
52 559,99	I,IV	**9243**	4822	4822	I	7786	6404	5094	3858	2696	1607
	II	**8571**	4822	4822	II	7148	5799	4523	3321	2192	1136
	III	**5216**	4822	4822	III	4116	3050	2022	1084	320	
	V	**14386**	4822	4822	IV	8505	7786	7086	6404	5740	5094
	VI	**14821**	4822	4822							
52 595,99	I,IV	**9253**	4825	4825	I	7797	6413	5103	3867	2704	1615
	II	**8582**	4825	4825	II	7158	5808	4532	3329	2199	1143
	III	**5226**	4825	4825	III	4124	3058	2030	1090	326	
	V	**14399**	4825	4825	IV	8516	7797	7096	6413	5749	5103
	VI	**14834**	4825	4825							
52 631,99	I,IV	**9264**	4828	4828	I	7807	6423	5113	3876	2712	1622
	II	**8592**	4828	4828	II	7168	5818	4541	3337	2207	1151
	III	**5234**	4828	4828	III	4130	3066	2036	1096	330	
	V	**14411**	4828	4828	IV	8526	7807	7106	6423	5759	5113
	VI	**14847**	4828	4828							
52 667,99	I,IV	**9275**	4832	4832	I	7817	6433	5122	3884	2720	1630
	II	**8602**	4832	4832	II	7178	5827	4550	3346	2215	1158
	III	**5242**	4832	4832	III	4138	3074	2044	1102	336	
	V	**14424**	4832	4832	IV	8537	7817	7116	6433	5768	5122
	VI	**14859**	4832	4832							
52 703,99	I,IV	**9286**	4835	4835	I	7827	6442	5131	3893	2728	1637
	II	**8613**	4835	4835	II	7188	5836	4558	3354	2223	1165
	III	**5250**	4835	4835	III	4146	3080	2052	1110	340	
	V	**14437**	4835	4835	IV	8547	7827	7125	6442	5777	5131
	VI	**14872**	4835	4835							

* Zur LSt-Berechnung für privat versicherte Arbeitnehmer s. Beispiele **Vorbemerkung S. 4 f.**
** Basisvorsorgepauschale KV und PV *** Typisierter Arbeitgeberzuschuss

Lohn/ Gehalt in € bis	Steuerklasse	Lohn-steuer*	BVSP**	TAGZ***	Steuerklasse	Bemessungsgrundlage für Kirchensteuer und Solidaritätszuschlag – Freibeträge für ... Kinder 0,5	**1,0**	1,5	**2,0**	2,5	**3,0**
52739,99	I,IV	**9296**	4838	4838	I	7837	6452	5140	3901	2736	1645
	II	**8623**	4838	4838	II	7198	5846	4567	3362	2231	1173
	III	**5258**	4838	4838	III	4154	3088	2058	1116	346	
	V	**14449**	4838	4838	IV	8558	7837	7135	6452	5787	5140
	VI	**14884**	4838	4838							
52775,99	I,IV	**9307**	4842	4842	I	7847	6461	5149	3910	2744	1652
	II	**8634**	4842	4842	II	7208	5855	4576	3370	2238	1180
	III	**5264**	4842	4842	III	4162	3096	2066	1120	350	
	V	**14461**	4842	4842	IV	8568	7847	7145	6461	5796	5149
	VI	**14897**	4842	4842							
52811,99	I,IV	**9317**	4845	4845	I	7857	6471	5158	3918	2752	1660
	II	**8644**	4845	4845	II	7217	5864	4585	3379	2246	1187
	III	**5272**	4845	4845	III	4170	3102	2072	1128	354	
	V	**14474**	4845	4845	IV	8578	7857	7155	6471	5805	5158
	VI	**14909**	4845	4845							
52847,99	I,IV	**9328**	4848	4848	I	7868	6481	5167	3927	2760	1667
	II	**8654**	4848	4848	II	7227	5874	4594	3387	2254	1194
	III	**5280**	4848	4848	III	4176	3110	2080	1134	360	
	V	**14487**	4848	4848	IV	8589	7868	7165	6481	5815	5167
	VI	**14922**	4848	4848							
52883,99	I,IV	**9339**	4852	4852	I	7878	6490	5176	3936	2768	1675
	II	**8665**	4852	4852	II	7237	5883	4603	3395	2262	1202
	III	**5288**	4852	4852	III	4184	3118	2088	1140	364	
	V	**14499**	4852	4852	IV	8599	7878	7175	6490	5824	5176
	VI	**14934**	4852	4852							
52919,99	I,IV	**9349**	4855	4855	I	7888	6500	5185	3944	2776	1682
	II	**8675**	4855	4855	II	7247	5893	4611	3404	2270	1209
	III	**5296**	4855	4855	III	4192	3126	2094	1146	370	
	V	**14512**	4855	4855	IV	8609	7888	7185	6500	5833	5185
	VI	**14947**	4855	4855							
52955,99	I,IV	**9360**	4858	4858	I	7898	6509	5194	3953	2785	1690
	II	**8686**	4858	4858	II	7257	5902	4620	3412	2277	1216
	III	**5304**	4858	4858	III	4200	3132	2102	1152	374	
	V	**14524**	4858	4858	IV	8620	7898	7195	6509	5843	5194
	VI	**14960**	4858	4858							
52991,99	I,IV	**9371**	4862	4862	I	7908	6519	5204	3961	2793	1697
	II	**8696**	4862	4862	II	7267	5912	4629	3421	2285	1223
	III	**5312**	4862	4862	III	4208	3140	2108	1158	380	
	V	**14537**	4862	4862	IV	8630	7908	7205	6519	5852	5204
	VI	**14972**	4862	4862							
53027,99	I,IV	**9382**	4865	4865	I	7918	6529	5213	3970	2801	1705
	II	**8707**	4865	4865	II	7277	5921	4638	3429	2293	1231
	III	**5320**	4865	4865	III	4216	3148	2116	1164	384	
	V	**14550**	4865	4865	IV	8641	7918	7214	6529	5862	5213
	VI	**14985**	4865	4865							
53063,99	I,IV	**9392**	4868	4868	I	7929	6539	5222	3979	2809	1713
	II	**8717**	4868	4868	II	7287	5930	4647	3437	2301	1238
	III	**5328**	4868	4868	III	4224	3156	2124	1170	390	
	V	**14562**	4868	4868	IV	8651	7929	7224	6539	5871	5222
	VI	**14997**	4868	4868							
53099,99	I,IV	**9403**	4871	4871	I	7939	6548	5231	3987	2817	1720
	II	**8727**	4871	4871	II	7297	5940	4656	3445	2309	1245
	III	**5336**	4871	4871	III	4232	3162	2130	1176	394	
	V	**14574**	4871	4871	IV	8661	7939	7234	6548	5880	5231
	VI	**15009**	4871	4871							
53135,99	I,IV	**9413**	4875	4875	I	7949	6558	5240	3996	2825	1728
	II	**8738**	4875	4875	II	7307	5949	4665	3454	2316	1253
	III	**5344**	4875	4875	III	4240	3170	2138	1182	398	
	V	**14587**	4875	4875	IV	8672	7949	7244	6558	5890	5240
	VI	**15022**	4875	4875							

* Zur LSt-Berechnung für privat versicherte Arbeitnehmer s. Beispiele **Vorbemerkung S. 4 f.**
** Basisvorsorgepauschale KV und PV *** Typisierter Arbeitgeberzuschuss

Lohn/ Gehalt in € bis	Steuerklasse	Lohn- steuer*	BVSP**	TAGZ***	Steuerklasse	Bemessungsgrundlage für Kirchensteuer und Solidaritätszuschlag					
						Freibeträge für ... Kinder					
						0,5	**1,0**	1,5	**2,0**	2,5	**3,0**
53171,99	I,IV	**9424**	4878	4878	I	7959	6567	5249	4004	2833	1735
	II	**8748**	4878	4878	II	7317	5958	4674	3462	2324	1260
	III	**5352**	4878	4878	III	4246	3178	2146	1188	404	
	V	**14600**	4878	4878	IV	8682	7959	7254	6567	5899	5249
	VI	**15035**	4878	4878							
53207,99	I,IV	**9435**	4881	4881	I	7969	6577	5258	4013	2841	1743
	II	**8759**	4881	4881	II	7327	5968	4683	3471	2332	1267
	III	**5360**	4881	4881	III	4254	3186	2152	1196	408	
	V	**14612**	4881	4881	IV	8693	7969	7264	6577	5908	5258
	VI	**15047**	4881	4881							
53243,99	I,IV	**9446**	4885	4885	I	7979	6587	5267	4022	2849	1750
	II	**8770**	4885	4885	II	7337	5977	4691	3479	2340	1275
	III	**5370**	4885	4885	III	4262	3192	2160	1202	414	
	V	**14625**	4885	4885	IV	8703	7979	7274	6587	5918	5267
	VI	**15060**	4885	4885							
53279,99	I,IV	**9456**	4888	4888	I	7990	6596	5277	4030	2857	1758
	II	**8780**	4888	4888	II	7347	5987	4700	3487	2348	1282
	III	**5378**	4888	4888	III	4270	3200	2166	1208	418	
	V	**14637**	4888	4888	IV	8714	7990	7284	6596	5927	5277
	VI	**15072**	4888	4888							
53315,99	I,IV	**9467**	4891	4891	I	8000	6606	5286	4039	2865	1765
	II	**8791**	4891	4891	II	7357	5996	4709	3496	2356	1289
	III	**5386**	4891	4891	III	4278	3208	2174	1214	424	
	V	**14650**	4891	4891	IV	8724	8000	7294	6606	5937	5286
	VI	**15085**	4891	4891							
53351,99	I,IV	**9478**	4895	4895	I	8010	6616	5295	4047	2874	1773
	II	**8801**	4895	4895	II	7367	6006	4718	3504	2364	1297
	III	**5394**	4895	4895	III	4286	3216	2182	1220	430	
	V	**14663**	4895	4895	IV	8735	8010	7304	6616	5946	5295
	VI	**15098**	4895	4895							
53387,99	I,IV	**9489**	4898	4898	I	8020	6625	5304	4056	2882	1781
	II	**8812**	4898	4898	II	7377	6015	4727	3513	2372	1304
	III	**5402**	4898	4898	III	4294	3222	2188	1226	434	
	V	**14675**	4898	4898	IV	8745	8020	7314	6625	5956	5304
	VI	**15110**	4898	4898							
53423,99	I,IV	**9499**	4901	4901	I	8030	6635	5313	4065	2890	1788
	II	**8822**	4901	4901	II	7386	6024	4736	3521	2379	1311
	III	**5408**	4901	4901	III	4300	3230	2196	1232	438	
	V	**14687**	4901	4901	IV	8755	8030	7323	6635	5965	5313
	VI	**15122**	4901	4901							
53459,99	I,IV	**9510**	4904	4904	I	8040	6645	5322	4073	2898	1796
	II	**8832**	4904	4904	II	7396	6034	4745	3529	2387	1319
	III	**5416**	4904	4904	III	4308	3238	2202	1238	444	
	V	**14700**	4904	4904	IV	8766	8040	7333	6645	5974	5322
	VI	**15135**	4904	4904							
53495,99	I,IV	**9521**	4908	4908	I	8051	6654	5331	4082	2906	1803
	II	**8843**	4908	4908	II	7406	6043	4754	3538	2395	1326
	III	**5424**	4908	4908	III	4316	3244	2210	1246	448	
	V	**14713**	4908	4908	IV	8777	8051	7343	6654	5984	5331
	VI	**15148**	4908	4908							
53531,99	I,IV	**9531**	4911	4911	I	8061	6664	5341	4091	2914	1811
	II	**8853**	4911	4911	II	7416	6053	4763	3546	2403	1333
	III	**5432**	4911	4911	III	4324	3252	2218	1252	454	
	V	**14725**	4911	4911	IV	8787	8061	7353	6664	5993	5341
	VI	**15160**	4911	4911							
53567,99	I,IV	**9542**	4914	4914	I	8071	6674	5350	4099	2922	1819
	II	**8864**	4914	4914	II	7426	6062	4772	3555	2411	1341
	III	**5440**	4914	4914	III	4332	3260	2224	1258	460	
	V	**14738**	4914	4914	IV	8798	8071	7363	6674	6003	5350
	VI	**15173**	4914	4914							

* Zur LSt-Berechnung für privat versicherte Arbeitnehmer s. Beispiele **Vorbemerkung S. 4f.**
** Basisvorsorgepauschale KV und PV *** Typisierter Arbeitgeberzuschuss

Lohn/ Gehalt in € bis	Steuerklasse	Lohn-steuer*	BVSP**	TAGZ***	Steuerklasse	Bemessungsgrundlage für Kirchensteuer und Solidaritätszuschlag – Freibeträge für ... Kinder 0,5	1,0	1,5	2,0	2,5	3,0
53603,99	I,IV	**9553**	4918	4918	I	8082	6684	5359	4108	2930	1826
	II	**8874**	4918	4918	II	7436	6072	4781	3563	2419	1348
	III	**5450**	4918	4918	III	4340	3268	2232	1264	464	
	V	**14750**	4918	4918	IV	8808	8082	7373	6684	6012	5359
	VI	**15185**	4918	4918							
53639,99	I,IV	**9564**	4921	4921	I	8092	6693	5368	4117	2938	1834
	II	**8885**	4921	4921	II	7446	6081	4790	3572	2427	1356
	III	**5458**	4921	4921	III	4348	3274	2240	1270	470	
	V	**14763**	4921	4921	IV	8819	8092	7383	6693	6022	5368
	VI	**15198**	4921	4921							
53675,99	I,IV	**9575**	4924	4924	I	8102	6703	5377	4125	2947	1841
	II	**8896**	4924	4924	II	7456	6091	4799	3580	2435	1363
	III	**5466**	4924	4924	III	4356	3282	2246	1276	474	
	V	**14776**	4924	4924	IV	8829	8102	7393	6703	6031	5377
	VI	**15211**	4924	4924							
53711,99	I,IV	**9585**	4928	4928	I	8112	6712	5386	4134	2955	1849
	II	**8906**	4928	4928	II	7466	6100	4807	3588	2442	1370
	III	**5474**	4928	4928	III	4364	3290	2254	1284	480	
	V	**14788**	4928	4928	IV	8839	8112	7403	6712	6040	5386
	VI	**15223**	4928	4928							
53747,99	I,IV	**9596**	4931	4931	I	8122	6722	5396	4142	2963	1857
	II	**8916**	4931	4931	II	7476	6110	4816	3597	2450	1378
	III	**5482**	4931	4931	III	4372	3298	2260	1290	484	
	V	**14800**	4931	4931	IV	8850	8122	7413	6722	6050	5396
	VI	**15235**	4931	4931							
53783,99	I,IV	**9607**	4934	4934	I	8133	6732	5405	4151	2971	1864
	II	**8927**	4934	4934	II	7486	6119	4825	3605	2458	1385
	III	**5490**	4934	4934	III	4378	3306	2268	1296	490	
	V	**14813**	4934	4934	IV	8860	8133	7423	6732	6059	5405
	VI	**15248**	4934	4934							
53819,99	I,IV	**9617**	4937	4937	I	8143	6742	5414	4160	2979	1872
	II	**8937**	4937	4937	II	7496	6129	4834	3614	2466	1392
	III	**5498**	4937	4937	III	4386	3312	2276	1302	494	
	V	**14826**	4937	4937	IV	8871	8143	7433	6742	6069	5414
	VI	**15261**	4937	4937							
53855,99	I,IV	**9628**	4941	4941	I	8153	6751	5423	4169	2987	1879
	II	**8948**	4941	4941	II	7506	6138	4843	3622	2474	1400
	III	**5506**	4941	4941	III	4394	3320	2282	1308	500	
	V	**14838**	4941	4941	IV	8881	8153	7443	6751	6078	5423
	VI	**15273**	4941	4941							
53891,99	I,IV	**9639**	4944	4944	I	8163	6761	5432	4177	2995	1887
	II	**8959**	4944	4944	II	7516	6148	4852	3630	2482	1407
	III	**5514**	4944	4944	III	4402	3328	2290	1316	506	
	V	**14851**	4944	4944	IV	8892	8163	7453	6761	6088	5432
	VI	**15286**	4944	4944							
53927,99	I,IV	**9650**	4947	4947	I	8174	6771	5442	4186	3004	1895
	II	**8969**	4947	4947	II	7526	6157	4861	3639	2490	1415
	III	**5522**	4947	4947	III	4410	3336	2298	1322	510	
	V	**14863**	4947	4947	IV	8903	8174	7463	6771	6097	5442
	VI	**15298**	4947	4947							
53963,99	I,IV	**9661**	4951	4951	I	8184	6781	5451	4195	3012	1902
	II	**8980**	4951	4951	II	7536	6167	4870	3647	2498	1422
	III	**5530**	4951	4951	III	4418	3342	2304	1328	516	
	V	**14876**	4951	4951	IV	8913	8184	7473	6781	6107	5451
	VI	**15311**	4951	4951							
53999,99	I,IV	**9672**	4954	4954	I	8194	6791	5460	4203	3020	1910
	II	**8990**	4954	4954	II	7547	6176	4879	3656	2506	1430
	III	**5538**	4954	4954	III	4426	3350	2312	1334	520	
	V	**14889**	4954	4954	IV	8924	8194	7483	6791	6116	5460
	VI	**15324**	4954	4954							

* Zur LSt-Berechnung für privat versicherte Arbeitnehmer s. Beispiele **Vorbemerkung S. 4f.**
** Basisvorsorgepauschale KV und PV *** Typisierter Arbeitgeberzuschuss

Lohn/ Gehalt in € bis	Steuerklasse	Lohnsteuer*	BVSP**	TAGZ***	Steuerklasse	Bemessungsgrundlage für Kirchensteuer und Solidaritätszuschlag					
						Freibeträge für ... Kinder					
						0,5	**1,0**	1,5	**2,0**	2,5	**3,0**
54035,99	I,IV	**9682**	4957	4957	I	8204	6800	5469	4212	3028	1918
	II	**9001**	4957	4957	II	7556	6185	4888	3664	2514	1437
	III	**5546**	4957	4957	III	4434	3358	2318	1340	526	
	V	**14901**	4957	4957	IV	8934	8204	7493	6800	6125	5469
	VI	**15336**	4957	4957							
54071,99	I,IV	**9693**	4961	4961	I	8215	6810	5478	4221	3036	1925
	II	**9011**	4961	4961	II	7566	6195	4897	3673	2522	1444
	III	**5554**	4961	4961	III	4440	3366	2326	1346	530	
	V	**14913**	4961	4961	IV	8945	8215	7503	6810	6135	5478
	VI	**15348**	4961	4961							
54107,99	I,IV	**9704**	4964	4964	I	8225	6820	5488	4229	3044	1933
	II	**9022**	4964	4964	II	7576	6205	4906	3681	2530	1452
	III	**5562**	4964	4964	III	4448	3372	2334	1354	536	
	V	**14926**	4964	4964	IV	8955	8225	7513	6820	6144	5488
	VI	**15361**	4964	4964							
54143,99	I,IV	**9715**	4967	4967	I	8235	6829	5497	4238	3053	1941
	II	**9032**	4967	4967	II	7587	6214	4915	3690	2538	1459
	III	**5570**	4967	4967	III	4456	3380	2340	1360	542	
	V	**14939**	4967	4967	IV	8966	8235	7523	6829	6154	5497
	VI	**15374**	4967	4967							
54179,99	I,IV	**9725**	4971	4971	I	8246	6839	5506	4247	3061	1948
	II	**9043**	4971	4971	II	7597	6224	4924	3698	2546	1467
	III	**5578**	4971	4971	III	4464	3388	2348	1366	546	
	V	**14951**	4971	4971	IV	8976	8246	7533	6839	6163	5506
	VI	**15386**	4971	4971							
54215,99	I,IV	**9736**	4974	4974	I	8256	6849	5515	4256	3069	1956
	II	**9054**	4974	4974	II	7607	6233	4933	3707	2554	1474
	III	**5586**	4974	4974	III	4472	3396	2356	1372	552	
	V	**14964**	4974	4974	IV	8987	8256	7543	6849	6173	5515
	VI	**15399**	4974	4974							
54251,99	I,IV	**9747**	4977	4977	I	8266	6859	5525	4264	3077	1964
	II	**9064**	4977	4977	II	7617	6243	4942	3715	2562	1481
	III	**5594**	4977	4977	III	4480	3402	2362	1380	556	
	V	**14976**	4977	4977	IV	8997	8266	7553	6859	6183	5525
	VI	**15411**	4977	4977							
54287,99	I,IV	**9758**	4980	4980	I	8277	6869	5534	4273	3085	1971
	II	**9075**	4980	4980	II	7627	6252	4951	3724	2570	1489
	III	**5602**	4980	4980	III	4488	3410	2370	1386	562	
	V	**14989**	4980	4980	IV	9008	8277	7563	6869	6192	5534
	VI	**15424**	4980	4980							
54323,99	I,IV	**9769**	4984	4984	I	8287	6878	5543	4282	3094	1979
	II	**9085**	4984	4984	II	7637	6262	4960	3732	2578	1496
	III	**5610**	4984	4984	III	4496	3418	2378	1392	568	
	V	**15002**	4984	4984	IV	9019	8287	7573	6878	6202	5543
	VI	**15437**	4984	4984							
54359,99	I,IV	**9779**	4987	4987	I	8297	6888	5552	4290	3102	1987
	II	**9096**	4987	4987	II	7647	6271	4969	3740	2585	1504
	III	**5618**	4987	4987	III	4504	3426	2384	1398	572	
	V	**15014**	4987	4987	IV	9029	8297	7583	6888	6211	5552
	VI	**15449**	4987	4987							
54395,99	I,IV	**9790**	4990	4990	I	8307	6898	5562	4299	3110	1994
	II	**9106**	4990	4990	II	7657	6281	4978	3749	2593	1511
	III	**5626**	4990	4990	III	4512	3434	2392	1406	578	
	V	**15026**	4990	4990	IV	9039	8307	7593	6898	6220	5562
	VI	**15461**	4990	4990							
54431,99	I,IV	**9801**	4994	4994	I	8318	6907	5571	4308	3118	2002
	II	**9117**	4994	4994	II	7667	6290	4987	3757	2601	1519
	III	**5634**	4994	4994	III	4520	3440	2400	1412	584	
	V	**15039**	4994	4994	IV	9050	8318	7603	6907	6230	5571
	VI	**15474**	4994	4994							

* Zur LSt-Berechnung für privat versicherte Arbeitnehmer s. Beispiele **Vorbemerkung S. 4 f.**
** Basisvorsorgepauschale KV und PV *** Typisierter Arbeitgeberzuschuss

Lohn/ Gehalt in € bis	Steuerklasse	Lohn-steuer*	BVSP**	TAGZ***	Steuerklasse	Bemessungsgrundlage für Kirchensteuer und Solidaritätszuschlag — Freibeträge für ... Kinder 0,5	1,0	1,5	2,0	2,5	3,0
54 467,99	I,IV	**9 812**	4 997	4 997	I	8 328	6 917	5 580	4 317	3 126	2 010
	II	**9 128**	4 997	4 997	II	7 677	6 300	4 996	3 766	2 609	1 526
	III	**5 642**	4 997	4 997	III	4 528	3 448	2 406	1 418	588	
	V	**15 051**	4 997	4 997	IV	9 061	8 328	7 613	6 917	6 240	5 580
	VI	**15 487**	4 997	4 997							
54 503,99	I,IV	**9 823**	5 000	5 000	I	8 338	6 927	5 590	4 325	3 135	2 017
	II	**9 138**	5 000	5 000	II	7 687	6 309	5 005	3 775	2 617	1 534
	III	**5 650**	5 000	5 000	III	4 534	3 456	2 414	1 426	594	
	V	**15 064**	5 000	5 000	IV	9 071	8 338	7 623	6 927	6 249	5 590
	VI	**15 499**	5 000	5 000							
54 539,99	I,IV	**9 834**	5 004	5 004	I	8 349	6 937	5 599	4 334	3 143	2 025
	II	**9 149**	5 004	5 004	II	7 697	6 319	5 014	3 783	2 625	1 541
	III	**5 658**	5 004	5 004	III	4 542	3 464	2 422	1 432	600	
	V	**15 077**	5 004	5 004	IV	9 082	8 349	7 634	6 937	6 259	5 599
	VI	**15 512**	5 004	5 004							
54 575,99	I,IV	**9 845**	5 007	5 007	I	8 359	6 947	5 608	4 343	3 151	2 033
	II	**9 160**	5 007	5 007	II	7 707	6 329	5 023	3 792	2 633	1 549
	III	**5 666**	5 007	5 007	III	4 550	3 472	2 428	1 438	604	
	V	**15 089**	5 007	5 007	IV	9 093	8 359	7 644	6 947	6 268	5 608
	VI	**15 524**	5 007	5 007							
54 611,99	I,IV	**9 855**	5 010	5 010	I	8 369	6 957	5 617	4 352	3 159	2 041
	II	**9 170**	5 010	5 010	II	7 718	6 338	5 033	3 800	2 641	1 556
	III	**5 676**	5 010	5 010	III	4 558	3 478	2 436	1 444	610	
	V	**15 102**	5 010	5 010	IV	9 103	8 369	7 654	6 957	6 278	5 617
	VI	**15 537**	5 010	5 010							
54 647,99	I,IV	**9 866**	5 013	5 013	I	8 379	6 966	5 626	4 360	3 167	2 048
	II	**9 181**	5 013	5 013	II	7 727	6 348	5 041	3 808	2 649	1 563
	III	**5 682**	5 013	5 013	III	4 566	3 486	2 442	1 452	614	
	V	**15 114**	5 013	5 013	IV	9 113	8 379	7 664	6 966	6 287	5 626
	VI	**15 549**	5 013	5 013							
54 683,99	I,IV	**9 877**	5 017	5 017	I	8 390	6 976	5 636	4 369	3 176	2 056
	II	**9 191**	5 017	5 017	II	7 737	6 357	5 050	3 817	2 657	1 571
	III	**5 690**	5 017	5 017	III	4 574	3 494	2 450	1 458	620	
	V	**15 127**	5 017	5 017	IV	9 124	8 390	7 674	6 976	6 297	5 636
	VI	**15 562**	5 017	5 017							
54 719,99	I,IV	**9 888**	5 020	5 020	I	8 400	6 986	5 645	4 378	3 184	2 064
	II	**9 202**	5 020	5 020	II	7 748	6 367	5 059	3 826	2 665	1 578
	III	**5 698**	5 020	5 020	III	4 582	3 502	2 458	1 464	626	
	V	**15 139**	5 020	5 020	IV	9 135	8 400	7 684	6 986	6 306	5 645
	VI	**15 574**	5 020	5 020							
54 755,99	I,IV	**9 899**	5 023	5 023	I	8 410	6 996	5 654	4 387	3 192	2 071
	II	**9 213**	5 023	5 023	II	7 758	6 376	5 069	3 834	2 673	1 586
	III	**5 706**	5 023	5 023	III	4 590	3 508	2 464	1 470	632	
	V	**15 152**	5 023	5 023	IV	9 145	8 410	7 694	6 996	6 316	5 654
	VI	**15 587**	5 023	5 023							
54 791,99	I,IV	**9 910**	5 027	5 027	I	8 421	7 006	5 664	4 395	3 201	2 079
	II	**9 223**	5 027	5 027	II	7 768	6 386	5 078	3 843	2 681	1 593
	III	**5 716**	5 027	5 027	III	4 598	3 516	2 472	1 478	636	
	V	**15 164**	5 027	5 027	IV	9 156	8 421	7 704	7 006	6 325	5 664
	VI	**15 600**	5 027	5 027							
54 827,99	I,IV	**9 921**	5 030	5 030	I	8 431	7 015	5 673	4 404	3 209	2 087
	II	**9 234**	5 030	5 030	II	7 778	6 396	5 087	3 851	2 689	1 601
	III	**5 724**	5 030	5 030	III	4 606	3 524	2 480	1 484	642	
	V	**15 177**	5 030	5 030	IV	9 167	8 431	7 714	7 015	6 335	5 673
	VI	**15 612**	5 030	5 030							
54 863,99	I,IV	**9 931**	5 033	5 033	I	8 442	7 025	5 682	4 413	3 217	2 095
	II	**9 245**	5 033	5 033	II	7 788	6 405	5 096	3 860	2 697	1 608
	III	**5 732**	5 033	5 033	III	4 614	3 532	2 486	1 490	648	
	V	**15 190**	5 033	5 033	IV	9 177	8 442	7 724	7 025	6 345	5 682
	VI	**15 625**	5 033	5 033							

* Zur LSt-Berechnung für privat versicherte Arbeitnehmer s. Beispiele **Vorbemerkung S. 4f.**
** Basisvorsorgepauschale KV und PV *** Typisierter Arbeitgeberzuschuss

Lohn/ Gehalt in € bis	Steuerklasse	Lohn- steuer*	BVSP**	TAGZ***	Steuerklasse	Bemessungsgrundlage für Kirchensteuer und Solidaritätszuschlag					
						Freibeträge für ... Kinder					
						0,5	**1,0**	1,5	**2,0**	2,5	**3,0**
54899,99	I,IV	**9942**	5037	5037	I	8452	7035	5692	4422	3225	2102
	II	**9255**	5037	5037	II	7798	6415	5105	3868	2705	1616
	III	**5740**	5037	5037	III	4620	3540	2494	1498	652	
	V	**15202**	5037	5037	IV	9188	8452	7734	7035	6354	5692
	VI	**15637**	5037	5037							
54935,99	I,IV	**9953**	5040	5040	I	8462	7045	5701	4431	3234	2110
	II	**9266**	5040	5040	II	7809	6425	5114	3877	2713	1623
	III	**5748**	5040	5040	III	4628	3546	2502	1504	658	
	V	**15215**	5040	5040	IV	9199	8462	7745	7045	6364	5701
	VI	**15650**	5040	5040							
54971,99	I,IV	**9964**	5043	5043	I	8472	7055	5710	4439	3242	2118
	II	**9276**	5043	5043	II	7818	6434	5123	3885	2721	1631
	III	**5756**	5043	5043	III	4636	3554	2508	1510	664	
	V	**15227**	5043	5043	IV	9209	8472	7754	7055	6373	5710
	VI	**15662**	5043	5043							
55007,99	I,IV	**9975**	5046	5046	I	8483	7064	5720	4448	3250	2126
	II	**9287**	5046	5046	II	7828	6444	5132	3894	2729	1638
	III	**5764**	5046	5046	III	4644	3562	2516	1518	668	
	V	**15240**	5046	5046	IV	9220	8483	7765	7064	6383	5720
	VI	**15675**	5046	5046							
55043,99	I,IV	**9986**	5050	5050	I	8493	7074	5729	4457	3258	2133
	II	**9298**	5050	5050	II	7839	6453	5141	3903	2737	1646
	III	**5772**	5050	5050	III	4652	3570	2524	1524	674	
	V	**15252**	5050	5050	IV	9230	8493	7775	7074	6392	5729
	VI	**15687**	5050	5050							
55079,99	I,IV	**9997**	5053	5053	I	8504	7084	5738	4466	3267	2141
	II	**9308**	5053	5053	II	7849	6463	5150	3911	2745	1653
	III	**5780**	5053	5053	III	4660	3578	2530	1532	680	4
	V	**15265**	5053	5053	IV	9241	8504	7785	7084	6402	5738
	VI	**15700**	5053	5053							
55115,99	I,IV	**10008**	5056	5056	I	8514	7094	5748	4475	3275	2149
	II	**9319**	5056	5056	II	7859	6472	5159	3920	2754	1661
	III	**5788**	5056	5056	III	4668	3584	2538	1538	686	8
	V	**15277**	5056	5056	IV	9252	8514	7795	7094	6412	5748
	VI	**15713**	5056	5056							
55151,99	I,IV	**10019**	5060	5060	I	8525	7104	5757	4483	3283	2157
	II	**9330**	5060	5060	II	7869	6482	5168	3928	2762	1668
	III	**5796**	5060	5060	III	4676	3592	2546	1544	690	12
	V	**15290**	5060	5060	IV	9262	8525	7805	7104	6421	5757
	VI	**15725**	5060	5060							
55187,99	I,IV	**10030**	5063	5063	I	8535	7114	5766	4492	3292	2164
	II	**9340**	5063	5063	II	7879	6492	5178	3937	2770	1676
	III	**5804**	5063	5063	III	4684	3600	2552	1552	696	16
	V	**15303**	5063	5063	IV	9273	8535	7815	7114	6431	5766
	VI	**15738**	5063	5063							
55223,99	I,IV	**10040**	5066	5066	I	8545	7124	5776	4501	3300	2172
	II	**9351**	5066	5066	II	7890	6501	5187	3946	2778	1684
	III	**5812**	5066	5066	III	4692	3608	2560	1558	702	20
	V	**15315**	5066	5066	IV	9284	8545	7825	7124	6441	5776
	VI	**15750**	5066	5066							
55259,99	I,IV	**10051**	5070	5070	I	8556	7133	5785	4510	3308	2180
	II	**9362**	5070	5070	II	7899	6511	5196	3954	2786	1691
	III	**5820**	5070	5070	III	4700	3614	2568	1564	706	24
	V	**15327**	5070	5070	IV	9294	8556	7835	7133	6450	5785
	VI	**15763**	5070	5070							
55295,99	I,IV	**10062**	5073	5073	I	8566	7143	5794	4519	3316	2188
	II	**9372**	5073	5073	II	7910	6520	5205	3963	2794	1698
	III	**5828**	5073	5073	III	4708	3622	2574	1572	712	28
	V	**15340**	5073	5073	IV	9305	8566	7845	7143	6460	5794
	VI	**15775**	5073	5073							

* Zur LSt-Berechnung für privat versicherte Arbeitnehmer s. Beispiele **Vorbemerkung S. 4 f.**
** Basisvorsorgepauschale KV und PV *** Typisierter Arbeitgeberzuschuss

Lohn/ Gehalt in € bis	Steuerklasse	Lohn-steuer*	BVSP**	TAGZ***	Steuerklasse	Bemessungsgrundlage für Kirchensteuer und Solidaritätszuschlag – Freibeträge für ... Kinder 0,5	1,0	1,5	2,0	2,5	3,0
55 331,99	I,IV	**10 073**	5 076	5 076	I	8 576	7 153	5 804	4 527	3 325	2 195
	II	**9 383**	5 076	5 076	II	7 920	6 530	5 214	3 971	2 802	1 706
	III	**5 836**	5 076	5 076	III	4 714	3 630	2 582	1 578	718	34
	V	**15 353**	5 076	5 076	IV	9 315	8 576	7 856	7 153	6 469	5 804
	VI	**15 788**	5 076	5 076							
55 367,99	I,IV	**10 084**	5 080	5 080	I	8 587	7 163	5 813	4 536	3 333	2 203
	II	**9 394**	5 080	5 080	II	7 930	6 540	5 223	3 980	2 810	1 714
	III	**5 844**	5 080	5 080	III	4 722	3 638	2 590	1 584	724	38
	V	**15 365**	5 080	5 080	IV	9 326	8 587	7 866	7 163	6 479	5 813
	VI	**15 800**	5 080	5 080							
55 403,99	I,IV	**10 095**	5 083	5 083	I	8 597	7 173	5 822	4 545	3 341	2 211
	II	**9 404**	5 083	5 083	II	7 940	6 549	5 232	3 988	2 818	1 721
	III	**5 854**	5 083	5 083	III	4 730	3 646	2 596	1 592	730	42
	V	**15 378**	5 083	5 083	IV	9 337	8 597	7 876	7 173	6 489	5 822
	VI	**15 813**	5 083	5 083							
55 439,99	I,IV	**10 106**	5 086	5 086	I	8 608	7 183	5 832	4 554	3 350	2 219
	II	**9 415**	5 086	5 086	II	7 950	6 559	5 241	3 997	2 826	1 729
	III	**5 862**	5 086	5 086	III	4 738	3 652	2 604	1 598	734	46
	V	**15 390**	5 086	5 086	IV	9 348	8 608	7 886	7 183	6 498	5 832
	VI	**15 826**	5 086	5 086							
55 475,99	I,IV	**10 117**	5 089	5 089	I	8 618	7 193	5 841	4 563	3 358	2 227
	II	**9 426**	5 089	5 089	II	7 961	6 569	5 251	4 006	2 834	1 736
	III	**5 870**	5 089	5 089	III	4 746	3 660	2 612	1 604	740	50
	V	**15 403**	5 089	5 089	IV	9 358	8 618	7 896	7 193	6 508	5 841
	VI	**15 838**	5 089	5 089							
55 511,99	I,IV	**10 128**	5 093	5 093	I	8 629	7 203	5 851	4 572	3 366	2 235
	II	**9 437**	5 093	5 093	II	7 971	6 579	5 260	4 014	2 842	1 744
	III	**5 878**	5 093	5 093	III	4 754	3 668	2 618	1 612	746	54
	V	**15 416**	5 093	5 093	IV	9 369	8 629	7 907	7 203	6 518	5 851
	VI	**15 851**	5 093	5 093							
55 547,99	I,IV	**10 139**	5 096	5 096	I	8 639	7 213	5 860	4 581	3 375	2 242
	II	**9 447**	5 096	5 096	II	7 981	6 588	5 269	4 023	2 851	1 752
	III	**5 886**	5 096	5 096	III	4 762	3 676	2 626	1 618	752	58
	V	**15 428**	5 096	5 096	IV	9 380	8 639	7 917	7 213	6 527	5 860
	VI	**15 863**	5 096	5 096							
55 583,99	I,IV	**10 149**	5 099	5 099	I	8 649	7 222	5 869	4 589	3 383	2 250
	II	**9 458**	5 099	5 099	II	7 991	6 598	5 278	4 031	2 858	1 759
	III	**5 894**	5 099	5 099	III	4 770	3 684	2 634	1 626	756	64
	V	**15 440**	5 099	5 099	IV	9 390	8 649	7 927	7 222	6 537	5 869
	VI	**15 876**	5 099	5 099							
55 619,99	I,IV	**10 160**	5 103	5 103	I	8 660	7 232	5 879	4 598	3 391	2 258
	II	**9 469**	5 103	5 103	II	8 001	6 607	5 287	4 040	2 867	1 766
	III	**5 902**	5 103	5 103	III	4 778	3 692	2 640	1 632	762	68
	V	**15 453**	5 103	5 103	IV	9 401	8 660	7 937	7 232	6 546	5 879
	VI	**15 888**	5 103	5 103							
55 655,99	I,IV	**10 171**	5 106	5 106	I	8 670	7 242	5 888	4 607	3 400	2 266
	II	**9 479**	5 106	5 106	II	8 011	6 617	5 296	4 049	2 875	1 774
	III	**5 910**	5 106	5 106	III	4 786	3 698	2 648	1 640	768	72
	V	**15 466**	5 106	5 106	IV	9 412	8 670	7 947	7 242	6 556	5 888
	VI	**15 901**	5 106	5 106							
55 691,99	I,IV	**10 182**	5 109	5 109	I	8 681	7 252	5 897	4 616	3 408	2 274
	II	**9 490**	5 109	5 109	II	8 022	6 627	5 305	4 057	2 883	1 782
	III	**5 918**	5 109	5 109	III	4 794	3 706	2 656	1 646	774	76
	V	**15 478**	5 109	5 109	IV	9 422	8 681	7 957	7 252	6 566	5 897
	VI	**15 913**	5 109	5 109							
55 727,99	I,IV	**10 193**	5 113	5 113	I	8 691	7 262	5 907	4 625	3 416	2 281
	II	**9 501**	5 113	5 113	II	8 032	6 636	5 314	4 066	2 891	1 789
	III	**5 926**	5 113	5 113	III	4 802	3 714	2 662	1 652	780	80
	V	**15 491**	5 113	5 113	IV	9 433	8 691	7 967	7 262	6 575	5 907
	VI	**15 926**	5 113	5 113							

* Zur LSt-Berechnung für privat versicherte Arbeitnehmer s. Beispiele **Vorbemerkung S. 4f.**
** Basisvorsorgepauschale KV und PV *** Typisierter Arbeitgeberzuschuss

Lohn/ Gehalt in € bis	Steuerklasse	Lohn-steuer*	BVSP**	TAGZ***	Steuerklasse	Bemessungsgrundlage für Kirchensteuer und Solidaritätszuschlag					
						Freibeträge für ... Kinder					
						0,5	**1,0**	1,5	**2,0**	2,5	**3,0**
55763,99	I,IV	**10205**	5116	5116	I	8702	7272	5916	4634	3425	2289
	II	**9512**	5116	5116	II	8042	6646	5324	4075	2899	1797
	III	**5934**	5116	5116	III	4810	3722	2670	1660	784	86
	V	**15503**	5116	5116	IV	9444	8702	7978	7272	6585	5916
	VI	**15939**	5116	5116							
55799,99	I,IV	**10216**	5119	5119	I	8712	7282	5926	4643	3433	2297
	II	**9522**	5119	5119	II	8052	6656	5333	4083	2907	1805
	III	**5942**	5119	5119	III	4818	3730	2678	1666	790	90
	V	**15516**	5119	5119	IV	9455	8712	7988	7282	6595	5926
	VI	**15951**	5119	5119							
55835,99	I,IV	**10227**	5122	5122	I	8723	7292	5935	4652	3442	2305
	II	**9533**	5122	5122	II	8063	6666	5342	4092	2915	1812
	III	**5952**	5122	5122	III	4826	3736	2686	1674	796	94
	V	**15529**	5122	5122	IV	9465	8723	7998	7292	6604	5935
	VI	**15964**	5122	5122							
55871,99	I,IV	**10238**	5126	5126	I	8733	7302	5945	4661	3450	2313
	II	**9544**	5126	5126	II	8073	6675	5351	4101	2924	1820
	III	**5960**	5126	5126	III	4834	3744	2692	1680	802	98
	V	**15541**	5126	5126	IV	9476	8733	8008	7302	6614	5945
	VI	**15976**	5126	5126							
55907,99	I,IV	**10248**	5129	5129	I	8743	7312	5954	4669	3458	2320
	II	**9554**	5129	5129	II	8083	6685	5360	4109	2931	1827
	III	**5966**	5129	5129	III	4840	3752	2700	1686	808	102
	V	**15553**	5129	5129	IV	9487	8743	8018	7312	6624	5954
	VI	**15989**	5129	5129							
55943,99	I,IV	**10259**	5132	5132	I	8754	7322	5963	4678	3466	2328
	II	**9565**	5132	5132	II	8093	6695	5369	4118	2940	1835
	III	**5976**	5132	5132	III	4848	3760	2706	1694	812	106
	V	**15566**	5132	5132	IV	9497	8754	8029	7322	6633	5963
	VI	**16001**	5132	5132							
55979,99	I,IV	**10270**	5136	5136	I	8764	7332	5973	4687	3475	2336
	II	**9576**	5136	5136	II	8103	6704	5379	4126	2948	1842
	III	**5984**	5136	5136	III	4856	3768	2714	1700	818	112
	V	**15579**	5136	5136	IV	9508	8764	8039	7332	6643	5973
	VI	**16014**	5136	5136							
56015,99	I,IV	**10281**	5139	5139	I	8775	7342	5982	4696	3483	2344
	II	**9587**	5139	5139	II	8114	6714	5388	4135	2956	1850
	III	**5992**	5139	5139	III	4864	3774	2722	1708	824	116
	V	**15591**	5139	5139	IV	9519	8775	8049	7342	6653	5982
	VI	**16026**	5139	5139							
56051,99	I,IV	**10292**	5142	5142	I	8785	7352	5992	4705	3492	2352
	II	**9598**	5142	5142	II	8124	6724	5397	4144	2964	1858
	III	**6000**	5142	5142	III	4872	3782	2728	1714	830	120
	V	**15604**	5142	5142	IV	9530	8785	8059	7352	6662	5992
	VI	**16039**	5142	5142							
56087,99	I,IV	**10303**	5146	5146	I	8796	7362	6001	4714	3500	2360
	II	**9608**	5146	5146	II	8134	6734	5406	4153	2972	1865
	III	**6008**	5146	5146	III	4880	3790	2736	1722	836	124
	V	**15616**	5146	5146	IV	9540	8796	8070	7362	6672	6001
	VI	**16052**	5146	5146							
56123,99	I,IV	**10314**	5149	5149	I	8806	7372	6010	4723	3509	2368
	II	**9619**	5149	5149	II	8145	6743	5416	4161	2980	1873
	III	**6016**	5149	5149	III	4888	3798	2744	1728	842	130
	V	**15629**	5149	5149	IV	9551	8806	8080	7372	6682	6010
	VI	**16064**	5149	5149							
56159,99	I,IV	**10326**	5152	5152	I	8817	7382	6020	4732	3517	2376
	II	**9630**	5152	5152	II	8155	6753	5425	4170	2989	1881
	III	**6024**	5152	5152	III	4896	3806	2752	1736	848	134
	V	**15642**	5152	5152	IV	9562	8817	8090	7382	6692	6020
	VI	**16077**	5152	5152							

* Zur LSt-Berechnung für privat versicherte Arbeitnehmer s. Beispiele **Vorbemerkung S. 4 f.**
** Basisvorsorgepauschale KV und PV *** Typisierter Arbeitgeberzuschuss

Lohn/ Gehalt in € bis	Steuerklasse	**Lohn-steuer***	BVSP**	TAGZ***	Steuerklasse	Bemessungsgrundlage für Kirchensteuer und Solidaritätszuschlag – Freibeträge für ... Kinder 0,5	**1,0**	1,5	**2,0**	2,5	**3,0**
56 195,99	I,IV	**10 336**	5 155	5 155	I	8 827	7 391	6 029	4 740	3 525	2 383
	II	**9 641**	5 155	5 155	II	8 165	6 763	5 434	4 178	2 997	1 888
	III	**6 032**	5 155	5 155	III	4 904	3 814	2 758	1 742	852	138
	V	**15 654**	5 155	5 155	IV	9 572	8 827	8 100	7 391	6 701	6 029
	VI	**16 089**	5 155	5 155							
56 231,99	I,IV	**10 347**	5 159	5 159	I	8 838	7 401	6 039	4 749	3 534	2 391
	II	**9 651**	5 159	5 159	II	8 175	6 772	5 443	4 187	3 005	1 896
	III	**6 040**	5 159	5 159	III	4 912	3 820	2 766	1 750	858	142
	V	**15 666**	5 159	5 159	IV	9 583	8 838	8 110	7 401	6 711	6 039
	VI	**16 101**	5 159	5 159							
56 267,99	I,IV	**10 358**	5 162	5 162	I	8 848	7 411	6 048	4 758	3 542	2 399
	II	**9 662**	5 162	5 162	II	8 185	6 782	5 452	4 196	3 013	1 903
	III	**6 048**	5 162	5 162	III	4 920	3 828	2 774	1 756	864	146
	V	**15 679**	5 162	5 162	IV	9 594	8 848	8 121	7 411	6 721	6 048
	VI	**16 114**	5 162	5 162							
56 303,99	I,IV	**10 369**	5 165	5 165	I	8 859	7 421	6 058	4 767	3 550	2 407
	II	**9 673**	5 165	5 165	II	8 196	6 792	5 461	4 205	3 021	1 911
	III	**6 058**	5 165	5 165	III	4 928	3 836	2 780	1 764	870	152
	V	**15 692**	5 165	5 165	IV	9 605	8 859	8 131	7 421	6 730	6 058
	VI	**16 127**	5 165	5 165							
56 339,99	I,IV	**10 380**	5 169	5 169	I	8 869	7 431	6 067	4 776	3 559	2 415
	II	**9 684**	5 169	5 169	II	8 206	6 802	5 471	4 213	3 029	1 919
	III	**6 066**	5 169	5 169	III	4 936	3 844	2 788	1 770	876	156
	V	**15 704**	5 169	5 169	IV	9 616	8 869	8 141	7 431	6 740	6 067
	VI	**16 139**	5 169	5 169							
56 375,99	I,IV	**10 392**	5 172	5 172	I	8 880	7 441	6 077	4 785	3 567	2 423
	II	**9 695**	5 172	5 172	II	8 216	6 811	5 480	4 222	3 038	1 927
	III	**6 074**	5 172	5 172	III	4 944	3 852	2 796	1 778	882	160
	V	**15 717**	5 172	5 172	IV	9 626	8 880	8 151	7 441	6 750	6 077
	VI	**16 152**	5 172	5 172							
56 411,99	I,IV	**10 403**	5 175	5 175	I	8 890	7 451	6 086	4 794	3 576	2 431
	II	**9 705**	5 175	5 175	II	8 227	6 821	5 489	4 231	3 046	1 934
	III	**6 082**	5 175	5 175	III	4 952	3 860	2 804	1 784	888	166
	V	**15 729**	5 175	5 175	IV	9 637	8 890	8 162	7 451	6 760	6 086
	VI	**16 164**	5 175	5 175							
56 447,99	I,IV	**10 414**	5 179	5 179	I	8 901	7 461	6 096	4 803	3 584	2 439
	II	**9 716**	5 179	5 179	II	8 237	6 831	5 498	4 239	3 054	1 942
	III	**6 090**	5 179	5 179	III	4 960	3 866	2 810	1 792	894	170
	V	**15 742**	5 179	5 179	IV	9 648	8 901	8 172	7 461	6 769	6 096
	VI	**16 177**	5 179	5 179							
56 483,99	I,IV	**10 425**	5 182	5 182	I	8 911	7 472	6 105	4 812	3 593	2 447
	II	**9 727**	5 182	5 182	II	8 247	6 841	5 508	4 248	3 062	1 950
	III	**6 098**	5 182	5 182	III	4 968	3 874	2 818	1 798	898	174
	V	**15 755**	5 182	5 182	IV	9 659	8 911	8 182	7 472	6 779	6 105
	VI	**16 190**	5 182	5 182							
56 519,99	I,IV	**10 435**	5 185	5 185	I	8 922	7 481	6 114	4 821	3 601	2 454
	II	**9 738**	5 185	5 185	II	8 257	6 850	5 517	4 257	3 070	1 957
	III	**6 106**	5 185	5 185	III	4 976	3 882	2 824	1 806	904	178
	V	**15 767**	5 185	5 185	IV	9 669	8 922	8 192	7 481	6 789	6 114
	VI	**16 202**	5 185	5 185							
56 555,99	I,IV	**10 447**	5 189	5 189	I	8 932	7 491	6 124	4 830	3 609	2 462
	II	**9 749**	5 189	5 189	II	8 268	6 860	5 526	4 265	3 078	1 965
	III	**6 114**	5 189	5 189	III	4 984	3 890	2 832	1 812	910	182
	V	**15 779**	5 189	5 189	IV	9 680	8 932	8 203	7 491	6 798	6 124
	VI	**16 214**	5 189	5 189							
56 591,99	I,IV	**10 458**	5 192	5 192	I	8 943	7 501	6 133	4 839	3 618	2 470
	II	**9 759**	5 192	5 192	II	8 278	6 870	5 535	4 274	3 087	1 972
	III	**6 122**	5 192	5 192	III	4 992	3 898	2 840	1 820	916	188
	V	**15 792**	5 192	5 192	IV	9 691	8 943	8 213	7 501	6 808	6 133
	VI	**16 227**	5 192	5 192							

* Zur LSt-Berechnung für privat versicherte Arbeitnehmer s. Beispiele **Vorbemerkung S. 4 f.**
** Basisvorsorgepauschale KV und PV *** Typisierter Arbeitgeberzuschuss

Lohn/ Gehalt in € bis	Steuerklasse	**Lohn-steuer***	BVSP**	TAGZ***	Steuerklasse	Bemessungsgrundlage für Kirchensteuer und Solidaritätszuschlag					
						Freibeträge für ... Kinder					
						0,5	**1,0**	1,5	**2,0**	2,5	**3,0**
56627,99	I,IV	**10469**	5195	5195	I	8953	7511	6143	4848	3626	2478
	II	**9770**	5195	5195	II	8288	6880	5545	4283	3095	1980
	III	**6130**	5195	5195	III	5000	3904	2848	1826	922	192
	V	**15805**	5195	5195	IV	9702	8953	8223	7511	6818	6143
	VI	**16240**	5195	5195							
56663,99	I,IV	**10480**	5198	5198	I	8964	7521	6152	4857	3635	2486
	II	**9781**	5198	5198	II	8299	6889	5554	4292	3103	1988
	III	**6138**	5198	5198	III	5008	3912	2854	1834	928	196
	V	**15817**	5198	5198	IV	9713	8964	8233	7521	6828	6152
	VI	**16252**	5198	5198							
56699,99	I,IV	**10491**	5202	5202	I	8974	7531	6162	4866	3643	2494
	II	**9792**	5202	5202	II	8309	6899	5563	4300	3111	1996
	III	**6146**	5202	5202	III	5016	3920	2862	1840	934	202
	V	**15830**	5202	5202	IV	9724	8974	8244	7531	6838	6162
	VI	**16265**	5202	5202							
56735,99	I,IV	**10502**	5205	5205	I	8985	7542	6171	4875	3652	2502
	II	**9803**	5205	5205	II	8319	6909	5572	4309	3120	2003
	III	**6156**	5205	5205	III	5024	3928	2870	1848	940	206
	V	**15842**	5205	5205	IV	9734	8985	8254	7542	6847	6171
	VI	**16277**	5205	5205							
56771,99	I,IV	**10513**	5208	5208	I	8996	7552	6181	4884	3660	2510
	II	**9814**	5208	5208	II	8330	6919	5582	4318	3128	2011
	III	**6164**	5208	5208	III	5032	3936	2876	1856	946	210
	V	**15855**	5208	5208	IV	9745	8996	8264	7552	6857	6181
	VI	**16290**	5208	5208							
56807,99	I,IV	**10524**	5212	5212	I	9006	7562	6191	4893	3669	2518
	II	**9825**	5212	5212	II	8340	6929	5591	4327	3136	2019
	III	**6172**	5212	5212	III	5040	3944	2884	1862	952	216
	V	**15868**	5212	5212	IV	9756	9006	8275	7562	6867	6191
	VI	**16303**	5212	5212							
56843,99	I,IV	**10535**	5215	5215	I	9017	7571	6200	4902	3677	2526
	II	**9835**	5215	5215	II	8350	6938	5600	4335	3144	2026
	III	**6180**	5215	5215	III	5048	3952	2892	1870	958	220
	V	**15880**	5215	5215	IV	9767	9017	8285	7571	6876	6200
	VI	**16315**	5215	5215							
56879,99	I,IV	**10546**	5218	5218	I	9027	7581	6209	4911	3685	2534
	II	**9846**	5218	5218	II	8360	6948	5609	4344	3152	2034
	III	**6188**	5218	5218	III	5056	3958	2900	1876	964	224
	V	**15892**	5218	5218	IV	9777	9027	8295	7581	6886	6209
	VI	**16327**	5218	5218							
56915,99	I,IV	**10557**	5222	5222	I	9038	7592	6219	4920	3694	2542
	II	**9857**	5222	5222	II	8371	6958	5619	4353	3161	2042
	III	**6196**	5222	5222	III	5062	3966	2906	1884	968	230
	V	**15905**	5222	5222	IV	9788	9038	8305	7592	6896	6219
	VI	**16340**	5222	5222							
56951,99	I,IV	**10568**	5225	5225	I	9048	7602	6228	4929	3702	2550
	II	**9868**	5225	5225	II	8381	6968	5628	4362	3169	2049
	III	**6204**	5225	5225	III	5070	3974	2914	1890	974	234
	V	**15918**	5225	5225	IV	9799	9048	8316	7602	6906	6228
	VI	**16353**	5225	5225							
56987,99	I,IV	**10580**	5228	5228	I	9059	7612	6238	4938	3711	2558
	II	**9879**	5228	5228	II	8391	6978	5637	4370	3177	2057
	III	**6212**	5228	5228	III	5078	3982	2922	1898	980	238
	V	**15930**	5228	5228	IV	9810	9059	8326	7612	6916	6238
	VI	**16365**	5228	5228							
57023,99	I,IV	**10591**	5231	5231	I	9070	7622	6248	4947	3719	2566
	II	**9890**	5231	5231	II	8402	6988	5647	4379	3185	2065
	III	**6220**	5231	5231	III	5086	3990	2930	1906	986	244
	V	**15943**	5231	5231	IV	9821	9070	8337	7622	6925	6248
	VI	**16378**	5231	5231							

* Zur LSt-Berechnung für privat versicherte Arbeitnehmer s. Beispiele **Vorbemerkung S. 4 f.**
** Basisvorsorgepauschale KV und PV *** Typisierter Arbeitgeberzuschuss

Lohn/ Gehalt in € bis	Steuerklasse	Lohn- steuer*	BVSP**	TAGZ***	Steuerklasse	Bemessungsgrundlage für Kirchensteuer und Solidaritätszuschlag					
						Freibeträge für ... Kinder					
						0,5	**1,0**	1,5	**2,0**	2,5	**3,0**
57 059,99	I,IV	**10 602**	5 235	5 235	I	9 080	7 632	6 257	4 956	3 728	2 574
	II	**9 901**	5 235	5 235	II	8 412	6 997	5 656	4 388	3 194	2 073
	III	**6 230**	5 235	5 235	III	5 094	3 998	2 936	1 912	992	248
	V	**15 955**	5 235	5 235	IV	9 832	9 080	8 347	7 632	6 935	6 257
	VI	**16 390**	5 235	5 235							
57 095,99	I,IV	**10 613**	5 238	5 238	I	9 091	7 642	6 267	4 965	3 736	2 582
	II	**9 911**	5 238	5 238	II	8 423	7 007	5 665	4 397	3 202	2 080
	III	**6 238**	5 238	5 238	III	5 102	4 006	2 944	1 920	998	252
	V	**15 968**	5 238	5 238	IV	9 843	9 091	8 357	7 642	6 945	6 267
	VI	**16 403**	5 238	5 238							
57 131,99	I,IV	**10 624**	5 241	5 241	I	9 101	7 652	6 276	4 974	3 745	2 589
	II	**9 922**	5 241	5 241	II	8 433	7 017	5 674	4 405	3 210	2 088
	III	**6 246**	5 241	5 241	III	5 110	4 012	2 950	1 926	1 004	258
	V	**15 980**	5 241	5 241	IV	9 853	9 101	8 367	7 652	6 955	6 276
	VI	**16 415**	5 241	5 241							
57 167,99	I,IV	**10 635**	5 245	5 245	I	9 112	7 662	6 286	4 983	3 753	2 597
	II	**9 933**	5 245	5 245	II	8 443	7 027	5 684	4 414	3 218	2 096
	III	**6 254**	5 245	5 245	III	5 118	4 020	2 958	1 934	1 010	262
	V	**15 993**	5 245	5 245	IV	9 864	9 112	8 378	7 662	6 965	6 286
	VI	**16 428**	5 245	5 245							
57 203,99	I,IV	**10 646**	5 248	5 248	I	9 122	7 672	6 295	4 992	3 762	2 605
	II	**9 944**	5 248	5 248	II	8 453	7 036	5 693	4 423	3 227	2 103
	III	**6 262**	5 248	5 248	III	5 126	4 028	2 966	1 940	1 016	266
	V	**16 005**	5 248	5 248	IV	9 875	9 122	8 388	7 672	6 974	6 295
	VI	**16 440**	5 248	5 248							
57 239,99	I,IV	**10 657**	5 251	5 251	I	9 133	7 682	6 305	5 001	3 770	2 613
	II	**9 955**	5 251	5 251	II	8 464	7 046	5 702	4 432	3 235	2 111
	III	**6 270**	5 251	5 251	III	5 134	4 036	2 974	1 948	1 022	272
	V	**16 018**	5 251	5 251	IV	9 886	9 133	8 398	7 682	6 984	6 305
	VI	**16 453**	5 251	5 251							
57 275,99	I,IV	**10 669**	5 255	5 255	I	9 144	7 692	6 314	5 010	3 779	2 621
	II	**9 966**	5 255	5 255	II	8 474	7 056	5 712	4 441	3 243	2 119
	III	**6 278**	5 255	5 255	III	5 142	4 044	2 980	1 956	1 028	276
	V	**16 031**	5 255	5 255	IV	9 897	9 144	8 409	7 692	6 994	6 314
	VI	**16 466**	5 255	5 255							
57 311,99	I,IV	**10 680**	5 258	5 258	I	9 154	7 702	6 324	5 019	3 787	2 629
	II	**9 977**	5 258	5 258	II	8 485	7 066	5 721	4 450	3 251	2 127
	III	**6 286**	5 258	5 258	III	5 150	4 050	2 988	1 962	1 034	280
	V	**16 043**	5 258	5 258	IV	9 908	9 154	8 419	7 702	7 004	6 324
	VI	**16 478**	5 258	5 258							
57 347,99	I,IV	**10 691**	5 261	5 261	I	9 165	7 712	6 333	5 028	3 796	2 637
	II	**9 988**	5 261	5 261	II	8 495	7 076	5 730	4 458	3 260	2 135
	III	**6 294**	5 261	5 261	III	5 158	4 058	2 996	1 970	1 040	286
	V	**16 056**	5 261	5 261	IV	9 919	9 165	8 430	7 712	7 014	6 333
	VI	**16 491**	5 261	5 261							
57 383,99	I,IV	**10 702**	5 264	5 264	I	9 176	7 723	6 343	5 037	3 804	2 645
	II	**9 998**	5 264	5 264	II	8 505	7 086	5 740	4 467	3 268	2 142
	III	**6 302**	5 264	5 264	III	5 166	4 066	3 004	1 976	1 046	290
	V	**16 068**	5 264	5 264	IV	9 930	9 176	8 440	7 723	7 024	6 343
	VI	**16 503**	5 264	5 264							
57 419,99	I,IV	**10 713**	5 268	5 268	I	9 186	7 733	6 353	5 046	3 813	2 653
	II	**10 009**	5 268	5 268	II	8 516	7 096	5 749	4 476	3 276	2 150
	III	**6 312**	5 268	5 268	III	5 174	4 074	3 010	1 984	1 052	296
	V	**16 081**	5 268	5 268	IV	9 941	9 186	8 450	7 733	7 034	6 353
	VI	**16 516**	5 268	5 268							
57 455,99	I,IV	**10 724**	5 271	5 271	I	9 197	7 743	6 362	5 055	3 821	2 661
	II	**10 020**	5 271	5 271	II	8 526	7 105	5 758	4 485	3 284	2 158
	III	**6 320**	5 271	5 271	III	5 182	4 082	3 018	1 992	1 058	300
	V	**16 093**	5 271	5 271	IV	9 951	9 197	8 460	7 743	7 043	6 362
	VI	**16 528**	5 271	5 271							

* Zur LSt-Berechnung für privat versicherte Arbeitnehmer s. Beispiele **Vorbemerkung S. 4 f.**
** Basisvorsorgepauschale KV und PV *** Typisierter Arbeitgeberzuschuss

Lohn/Gehalt in € bis	Steuerklasse	Lohn-steuer*	BVSP**	TAGZ***	Steuerklasse	Bemessungsgrundlage für Kirchensteuer und Solidaritätszuschlag – Freibeträge für ... Kinder 0,5	1,0	1,5	2,0	2,5	3,0
57 491,99	I,IV	**10 735**	5 274	5 274	I	9 207	7 753	6 372	5 064	3 830	2 669
	II	**10 031**	5 274	5 274	II	8 536	7 115	5 768	4 493	3 293	2 166
	III	**6 328**	5 274	5 274	III	5 190	4 090	3 026	1 998	1 064	304
	V	**16 106**	5 274	5 274	IV	9 962	9 207	8 471	7 753	7 053	6 372
	VI	**16 541**	5 274	5 274							
57 527,99	I,IV	**10 746**	5 278	5 278	I	9 218	7 763	6 381	5 073	3 838	2 677
	II	**10 042**	5 278	5 278	II	8 547	7 125	5 777	4 502	3 301	2 173
	III	**6 336**	5 278	5 278	III	5 198	4 098	3 034	2 006	1 070	310
	V	**16 118**	5 278	5 278	IV	9 973	9 218	8 481	7 763	7 063	6 381
	VI	**16 553**	5 278	5 278							
57 563,99	I,IV	**10 758**	5 281	5 281	I	9 229	7 773	6 391	5 082	3 847	2 685
	II	**10 053**	5 281	5 281	II	8 557	7 135	5 786	4 511	3 309	2 181
	III	**6 344**	5 281	5 281	III	5 206	4 106	3 040	2 012	1 076	314
	V	**16 131**	5 281	5 281	IV	9 984	9 229	8 492	7 773	7 073	6 391
	VI	**16 566**	5 281	5 281							
57 599,99	I,IV	**10 769**	5 284	5 284	I	9 239	7 783	6 400	5 091	3 856	2 693
	II	**10 064**	5 284	5 284	II	8 568	7 145	5 796	4 520	3 318	2 189
	III	**6 352**	5 284	5 284	III	5 214	4 112	3 048	2 020	1 082	320
	V	**16 143**	5 284	5 284	IV	9 995	9 239	8 502	7 783	7 083	6 400
	VI	**16 579**	5 284	5 284							
57 635,99	I,IV	**10 780**	5 288	5 288	I	9 250	7 793	6 410	5 100	3 864	2 701
	II	**10 075**	5 288	5 288	II	8 578	7 155	5 805	4 529	3 326	2 197
	III	**6 360**	5 288	5 288	III	5 222	4 120	3 056	2 028	1 088	324
	V	**16 156**	5 288	5 288	IV	10 006	9 250	8 512	7 793	7 092	6 410
	VI	**16 591**	5 288	5 288							
57 671,99	I,IV	**10 791**	5 291	5 291	I	9 261	7 803	6 420	5 109	3 873	2 709
	II	**10 086**	5 291	5 291	II	8 589	7 165	5 815	4 538	3 334	2 205
	III	**6 370**	5 291	5 291	III	5 230	4 128	3 064	2 034	1 094	328
	V	**16 169**	5 291	5 291	IV	10 017	9 261	8 523	7 803	7 102	6 420
	VI	**16 604**	5 291	5 291							
57 707,99	I,IV	**10 802**	5 294	5 294	I	9 271	7 814	6 429	5 119	3 881	2 718
	II	**10 097**	5 294	5 294	II	8 599	7 175	5 824	4 547	3 343	2 212
	III	**6 378**	5 294	5 294	III	5 238	4 136	3 070	2 042	1 100	334
	V	**16 181**	5 294	5 294	IV	10 028	9 271	8 533	7 814	7 112	6 429
	VI	**16 616**	5 294	5 294							
57 743,99	I,IV	**10 814**	5 298	5 298	I	9 282	7 824	6 439	5 128	3 890	2 726
	II	**10 108**	5 298	5 298	II	8 609	7 185	5 833	4 555	3 351	2 220
	III	**6 386**	5 298	5 298	III	5 246	4 144	3 078	2 048	1 106	338
	V	**16 194**	5 298	5 298	IV	10 039	9 282	8 544	7 824	7 122	6 439
	VI	**16 629**	5 298	5 298							
57 779,99	I,IV	**10 825**	5 301	5 301	I	9 292	7 834	6 448	5 137	3 898	2 733
	II	**10 118**	5 301	5 301	II	8 620	7 194	5 842	4 564	3 359	2 228
	III	**6 394**	5 301	5 301	III	5 254	4 152	3 086	2 056	1 112	344
	V	**16 206**	5 301	5 301	IV	10 049	9 292	8 554	7 834	7 132	6 448
	VI	**16 641**	5 301	5 301							
57 815,99	I,IV	**10 836**	5 304	5 304	I	9 303	7 844	6 458	5 146	3 907	2 741
	II	**10 129**	5 304	5 304	II	8 630	7 204	5 852	4 573	3 368	2 236
	III	**6 402**	5 304	5 304	III	5 262	4 158	3 092	2 062	1 118	348
	V	**16 219**	5 304	5 304	IV	10 060	9 303	8 564	7 844	7 142	6 458
	VI	**16 654**	5 304	5 304							
57 851,99	I,IV	**10 847**	5 307	5 307	I	9 314	7 854	6 468	5 155	3 915	2 750
	II	**10 140**	5 307	5 307	II	8 640	7 214	5 861	4 582	3 376	2 243
	III	**6 410**	5 307	5 307	III	5 270	4 166	3 100	2 070	1 124	352
	V	**16 231**	5 307	5 307	IV	10 071	9 314	8 575	7 854	7 152	6 468
	VI	**16 666**	5 307	5 307							
57 887,99	I,IV	**10 858**	5 311	5 311	I	9 324	7 864	6 477	5 164	3 924	2 758
	II	**10 151**	5 311	5 311	II	8 651	7 224	5 871	4 591	3 384	2 251
	III	**6 418**	5 311	5 311	III	5 278	4 174	3 108	2 078	1 132	358
	V	**16 244**	5 311	5 311	IV	10 082	9 324	8 585	7 864	7 162	6 477
	VI	**16 679**	5 311	5 311							

* Zur LSt-Berechnung für privat versicherte Arbeitnehmer s. Beispiele **Vorbemerkung S. 4 f.**
** Basisvorsorgepauschale KV und PV *** Typisierter Arbeitgeberzuschuss

Lohn/ Gehalt in € bis	Steuerklasse	Lohn-steuer*	BVSP**	TAGZ***	Steuerklasse	Bemessungsgrundlage für Kirchensteuer und Solidaritätszuschlag – Freibeträge für ... Kinder 0,5	1,0	1,5	2,0	2,5	3,0
57 923,99	I,IV	10 869	5 314	5 314	I	9 335	7 874	6 487	5 173	3 933	2 766
	II	10 162	5 314	5 314	II	8 661	7 234	5 880	4 600	3 393	2 259
	III	6 426	5 314	5 314	III	5 286	4 182	3 116	2 084	1 138	362
	V	16 256	5 314	5 314	IV	10 093	9 335	8 596	7 874	7 171	6 487
	VI	16 692	5 314	5 314							
57 959,99	I,IV	10 881	5 317	5 317	I	9 346	7 884	6 497	5 182	3 941	2 774
	II	10 173	5 317	5 317	II	8 672	7 244	5 890	4 609	3 401	2 267
	III	6 434	5 317	5 317	III	5 294	4 190	3 122	2 092	1 144	368
	V	16 269	5 317	5 317	IV	10 104	9 346	8 606	7 884	7 181	6 497
	VI	16 704	5 317	5 317							
57 995,99	I,IV	10 892	5 321	5 321	I	9 357	7 895	6 506	5 191	3 950	2 782
	II	10 184	5 321	5 321	II	8 682	7 254	5 899	4 617	3 409	2 275
	III	6 444	5 321	5 321	III	5 302	4 198	3 130	2 100	1 150	372
	V	16 282	5 321	5 321	IV	10 115	9 357	8 616	7 895	7 191	6 506
	VI	16 717	5 321	5 321							
58 031,99	I,IV	10 903	5 324	5 324	I	9 367	7 905	6 516	5 200	3 958	2 790
	II	10 195	5 324	5 324	II	8 693	7 264	5 908	4 626	3 418	2 283
	III	6 452	5 324	5 324	III	5 310	4 206	3 138	2 106	1 156	378
	V	16 294	5 324	5 324	IV	10 126	9 367	8 627	7 905	7 201	6 516
	VI	16 729	5 324	5 324							
58 067,99	I,IV	10 915	5 326	5 326	I	9 378	7 915	6 526	5 210	3 967	2 798
	II	10 207	5 326	5 326	II	8 704	7 274	5 918	4 636	3 426	2 291
	III	6 460	5 326	5 326	III	5 318	4 214	3 146	2 114	1 162	382
	V	16 307	5 326	5 326	IV	10 137	9 378	8 638	7 915	7 211	6 526
	VI	16 742	5 326	5 326							
58 103,99	I,IV	10 927	5 326	5 326	I	9 390	7 927	6 537	5 220	3 977	2 807
	II	10 219	5 326	5 326	II	8 715	7 285	5 929	4 645	3 436	2 299
	III	6 470	5 326	5 326	III	5 328	4 222	3 154	2 122	1 170	388
	V	16 321	5 326	5 326	IV	10 149	9 390	8 649	7 927	7 222	6 537
	VI	16 756	5 326	5 326							
58 139,99	I,IV	10 940	5 326	5 326	I	9 402	7 938	6 548	5 230	3 987	2 816
	II	10 231	5 326	5 326	II	8 727	7 296	5 939	4 655	3 445	2 308
	III	6 478	5 326	5 326	III	5 336	4 230	3 162	2 130	1 176	394
	V	16 335	5 326	5 326	IV	10 162	9 402	8 661	7 938	7 234	6 548
	VI	16 771	5 326	5 326							
58 175,99	I,IV	10 952	5 326	5 326	I	9 414	7 949	6 558	5 240	3 996	2 825
	II	10 243	5 326	5 326	II	8 739	7 307	5 950	4 665	3 454	2 317
	III	6 488	5 326	5 326	III	5 346	4 240	3 170	2 138	1 184	400
	V	16 349	5 326	5 326	IV	10 174	9 414	8 673	7 949	7 245	6 558
	VI	16 784	5 326	5 326							
58 211,99	I,IV	10 965	5 326	5 326	I	9 426	7 961	6 569	5 251	4 006	2 834
	II	10 256	5 326	5 326	II	8 750	7 318	5 960	4 675	3 464	2 326
	III	6 496	5 326	5 326	III	5 354	4 248	3 178	2 146	1 190	404
	V	16 363	5 326	5 326	IV	10 186	9 426	8 684	7 961	7 256	6 569
	VI	16 798	5 326	5 326							
58 247,99	I,IV	10 977	5 326	5 326	I	9 438	7 972	6 580	5 261	4 015	2 843
	II	10 268	5 326	5 326	II	8 762	7 329	5 970	4 685	3 473	2 334
	III	6 506	5 326	5 326	III	5 364	4 256	3 188	2 154	1 196	410
	V	16 377	5 326	5 326	IV	10 198	9 438	8 696	7 972	7 267	6 580
	VI	16 812	5 326	5 326							
58 283,99	I,IV	10 990	5 326	5 326	I	9 450	7 983	6 590	5 271	4 025	2 852
	II	10 280	5 326	5 326	II	8 773	7 340	5 981	4 695	3 482	2 343
	III	6 516	5 326	5 326	III	5 372	4 266	3 196	2 162	1 204	416
	V	16 391	5 326	5 326	IV	10 210	9 450	8 707	7 983	7 278	6 590
	VI	16 826	5 326	5 326							
58 319,99	I,IV	11 002	5 326	5 326	I	9 461	7 994	6 601	5 281	4 034	2 861
	II	10 292	5 326	5 326	II	8 785	7 351	5 991	4 705	3 491	2 352
	III	6 524	5 326	5 326	III	5 380	4 274	3 204	2 170	1 210	422
	V	16 405	5 326	5 326	IV	10 222	9 461	8 719	7 994	7 288	6 601
	VI	16 840	5 326	5 326							

* Zur LSt-Berechnung für privat versicherte Arbeitnehmer s. Beispiele **Vorbemerkung S. 4 f.**
** Basisvorsorgepauschale KV und PV *** Typisierter Arbeitgeberzuschuss

Lohn/ Gehalt in € bis	Steuerklasse	Lohn- steuer*	BVSP**	TAGZ***	Steuerklasse	Bemessungsgrundlage für Kirchensteuer und Solidaritätszuschlag – Freibeträge für ... Kinder 0,5	**1,0**	1,5	**2,0**	2,5	**3,0**
58 355,99	I,IV	**11 015**	5 326	5 326	I	9 474	8 006	6 612	5 291	4 044	2 870
	II	**10 305**	5 326	5 326	II	8 797	7 363	6 002	4 715	3 501	2 361
	III	**6 534**	5 326	5 326	III	5 390	4 282	3 212	2 178	1 218	426
	V	**16 419**	5 326	5 326	IV	10 235	9 474	8 731	8 006	7 300	6 612
	VI	**16 854**	5 326	5 326							
58 391,99	I,IV	**11 027**	5 326	5 326	I	9 485	8 017	6 623	5 301	4 054	2 879
	II	**10 317**	5 326	5 326	II	8 808	7 374	6 012	4 725	3 510	2 369
	III	**6 542**	5 326	5 326	III	5 398	4 292	3 220	2 186	1 224	432
	V	**16 433**	5 326	5 326	IV	10 247	9 485	8 742	8 017	7 311	6 623
	VI	**16 868**	5 326	5 326							
58 427,99	I,IV	**11 040**	5 326	5 326	I	9 497	8 029	6 633	5 311	4 063	2 888
	II	**10 329**	5 326	5 326	II	8 820	7 385	6 023	4 734	3 519	2 378
	III	**6 552**	5 326	5 326	III	5 408	4 300	3 228	2 194	1 232	438
	V	**16 447**	5 326	5 326	IV	10 259	9 497	8 754	8 029	7 322	6 633
	VI	**16 882**	5 326	5 326							
58 463,99	I,IV	**11 052**	5 326	5 326	I	9 509	8 040	6 644	5 322	4 073	2 897
	II	**10 341**	5 326	5 326	II	8 832	7 396	6 033	4 744	3 529	2 387
	III	**6 562**	5 326	5 326	III	5 416	4 308	3 236	2 202	1 238	444
	V	**16 461**	5 326	5 326	IV	10 271	9 509	8 765	8 040	7 333	6 644
	VI	**16 896**	5 326	5 326							
58 499,99	I,IV	**11 064**	5 326	5 326	I	9 521	8 051	6 655	5 332	4 082	2 906
	II	**10 353**	5 326	5 326	II	8 843	7 407	6 044	4 754	3 538	2 395
	III	**6 570**	5 326	5 326	III	5 426	4 316	3 246	2 210	1 246	450
	V	**16 474**	5 326	5 326	IV	10 284	9 521	8 777	8 051	7 344	6 655
	VI	**16 910**	5 326	5 326							
58 535,99	I,IV	**11 077**	5 326	5 326	I	9 533	8 063	6 666	5 342	4 092	2 915
	II	**10 366**	5 326	5 326	II	8 855	7 418	6 054	4 764	3 548	2 404
	III	**6 580**	5 326	5 326	III	5 434	4 326	3 254	2 218	1 252	454
	V	**16 489**	5 326	5 326	IV	10 296	9 533	8 789	8 063	7 355	6 666
	VI	**16 924**	5 326	5 326							
58 571,99	I,IV	**11 090**	5 326	5 326	I	9 545	8 074	6 676	5 352	4 102	2 924
	II	**10 378**	5 326	5 326	II	8 867	7 429	6 065	4 774	3 557	2 413
	III	**6 588**	5 326	5 326	III	5 444	4 334	3 262	2 226	1 260	460
	V	**16 503**	5 326	5 326	IV	10 308	9 545	8 800	8 074	7 366	6 676
	VI	**16 938**	5 326	5 326							
58 607,99	I,IV	**11 102**	5 326	5 326	I	9 557	8 085	6 687	5 362	4 111	2 933
	II	**10 390**	5 326	5 326	II	8 878	7 440	6 075	4 784	3 566	2 422
	III	**6 598**	5 326	5 326	III	5 452	4 342	3 270	2 234	1 266	466
	V	**16 516**	5 326	5 326	IV	10 320	9 557	8 812	8 085	7 377	6 687
	VI	**16 952**	5 326	5 326							
58 643,99	I,IV	**11 115**	5 326	5 326	I	9 569	8 097	6 698	5 372	4 121	2 942
	II	**10 402**	5 326	5 326	II	8 890	7 451	6 086	4 794	3 575	2 431
	III	**6 608**	5 326	5 326	III	5 460	4 352	3 278	2 242	1 274	472
	V	**16 530**	5 326	5 326	IV	10 333	9 569	8 824	8 097	7 388	6 698
	VI	**16 965**	5 326	5 326							
58 679,99	I,IV	**11 127**	5 326	5 326	I	9 581	8 108	6 709	5 383	4 130	2 951
	II	**10 414**	5 326	5 326	II	8 902	7 462	6 096	4 804	3 585	2 439
	III	**6 616**	5 326	5 326	III	5 470	4 360	3 288	2 250	1 280	478
	V	**16 544**	5 326	5 326	IV	10 345	9 581	8 835	8 108	7 399	6 709
	VI	**16 979**	5 326	5 326							
58 715,99	I,IV	**11 140**	5 326	5 326	I	9 593	8 120	6 720	5 393	4 140	2 961
	II	**10 427**	5 326	5 326	II	8 914	7 474	6 107	4 814	3 594	2 448
	III	**6 626**	5 326	5 326	III	5 480	4 370	3 296	2 258	1 288	484
	V	**16 558**	5 326	5 326	IV	10 357	9 593	8 847	8 120	7 410	6 720
	VI	**16 994**	5 326	5 326							
58 751,99	I,IV	**11 152**	5 326	5 326	I	9 605	8 131	6 730	5 403	4 150	2 970
	II	**10 439**	5 326	5 326	II	8 925	7 485	6 117	4 824	3 604	2 457
	III	**6 634**	5 326	5 326	III	5 488	4 378	3 304	2 266	1 294	488
	V	**16 572**	5 326	5 326	IV	10 369	9 605	8 859	8 131	7 421	6 730
	VI	**17 007**	5 326	5 326							

* Zur LSt-Berechnung für privat versicherte Arbeitnehmer s. Beispiele **Vorbemerkung S. 4 f.**
** Basisvorsorgepauschale KV und PV *** Typisierter Arbeitgeberzuschuss

Lohn/ Gehalt in € bis	Steuerklasse	**Lohn-steuer***	BVSP**	TAGZ***	Steuerklasse	Bemessungsgrundlage für Kirchensteuer und Solidaritätszuschlag					
						Freibeträge für ... Kinder					
						0,5	**1,0**	1,5	**2,0**	2,5	**3,0**
58787,99	I,IV	**11165**	5326	5326	I	9617	8142	6741	5413	4159	2979
	II	**10451**	5326	5326	II	8937	7496	6128	4834	3613	2466
	III	**6644**	5326	5326	III	5496	4386	3312	2274	1302	494
	V	**16586**	5326	5326	IV	10382	9617	8870	8142	7432	6741
	VI	**17021**	5326	5326							
58823,99	I,IV	**11177**	5326	5326	I	9629	8153	6752	5424	4169	2988
	II	**10464**	5326	5326	II	8948	7507	6138	4844	3622	2474
	III	**6654**	5326	5326	III	5506	4394	3320	2282	1308	500
	V	**16600**	5326	5326	IV	10394	9629	8882	8153	7443	6752
	VI	**17035**	5326	5326							
58859,99	I,IV	**11190**	5326	5326	I	9641	8165	6763	5434	4178	2997
	II	**10476**	5326	5326	II	8960	7518	6149	4854	3632	2483
	III	**6662**	5326	5326	III	5514	4404	3328	2292	1316	506
	V	**16614**	5326	5326	IV	10406	9641	8893	8165	7454	6763
	VI	**17049**	5326	5326							
58895,99	I,IV	**11202**	5326	5326	I	9652	8176	6773	5444	4188	3006
	II	**10488**	5326	5326	II	8972	7529	6159	4863	3641	2492
	III	**6672**	5326	5326	III	5524	4412	3336	2298	1322	512
	V	**16628**	5326	5326	IV	10418	9652	8905	8176	7465	6773
	VI	**17063**	5326	5326							
58931,99	I,IV	**11215**	5326	5326	I	9665	8188	6784	5454	4198	3015
	II	**10501**	5326	5326	II	8984	7540	6170	4874	3651	2501
	III	**6682**	5326	5326	III	5532	4420	3346	2308	1330	518
	V	**16642**	5326	5326	IV	10431	9665	8917	8188	7477	6784
	VI	**17077**	5326	5326							
58967,99	I,IV	**11228**	5326	5326	I	9677	8199	6795	5465	4207	3024
	II	**10513**	5326	5326	II	8995	7551	6181	4884	3660	2510
	III	**6690**	5326	5326	III	5542	4430	3354	2316	1338	524
	V	**16656**	5326	5326	IV	10443	9677	8929	8199	7488	6795
	VI	**17091**	5326	5326							
59003,99	I,IV	**11240**	5326	5326	I	9689	8210	6806	5475	4217	3033
	II	**10525**	5326	5326	II	9007	7562	6191	4893	3669	2518
	III	**6700**	5326	5326	III	5550	4438	3362	2324	1344	528
	V	**16670**	5326	5326	IV	10455	9689	8940	8210	7499	6806
	VI	**17105**	5326	5326							
59039,99	I,IV	**11253**	5326	5326	I	9700	8222	6817	5485	4227	3042
	II	**10537**	5326	5326	II	9019	7573	6202	4903	3679	2527
	III	**6708**	5326	5326	III	5560	4446	3370	2332	1352	534
	V	**16684**	5326	5326	IV	10467	9700	8952	8222	7510	6817
	VI	**17119**	5326	5326							
59075,99	I,IV	**11265**	5326	5326	I	9712	8233	6827	5495	4236	3051
	II	**10550**	5326	5326	II	9030	7584	6212	4913	3688	2536
	III	**6718**	5326	5326	III	5568	4456	3378	2340	1358	540
	V	**16697**	5326	5326	IV	10480	9712	8964	8233	7521	6827
	VI	**17133**	5326	5326							
59111,99	I,IV	**11278**	5326	5326	I	9725	8245	6838	5506	4246	3060
	II	**10562**	5326	5326	II	9042	7596	6223	4924	3698	2545
	III	**6728**	5326	5326	III	5578	4464	3388	2348	1366	546
	V	**16712**	5326	5326	IV	10492	9725	8976	8245	7532	6838
	VI	**17147**	5326	5326							
59147,99	I,IV	**11290**	5326	5326	I	9737	8256	6849	5516	4256	3069
	II	**10574**	5326	5326	II	9054	7607	6234	4933	3707	2554
	III	**6736**	5326	5326	III	5586	4472	3396	2356	1374	552
	V	**16726**	5326	5326	IV	10504	9737	8987	8256	7544	6849
	VI	**17161**	5326	5326							
59183,99	I,IV	**11303**	5326	5326	I	9749	8268	6860	5526	4265	3078
	II	**10587**	5326	5326	II	9066	7618	6244	4943	3716	2563
	III	**6746**	5326	5326	III	5596	4482	3404	2364	1380	558
	V	**16739**	5326	5326	IV	10517	9749	8999	8268	7555	6860
	VI	**17175**	5326	5326							

* Zur LSt-Berechnung für privat versicherte Arbeitnehmer s. Beispiele **Vorbemerkung S. 4f.**
** Basisvorsorgepauschale KV und PV *** Typisierter Arbeitgeberzuschuss

Lohn/ Gehalt in € bis	Steuerklasse	Lohn-steuer*	BVSP**	TAGZ***	Steuerklasse	Bemessungsgrundlage für Kirchensteuer und Solidaritätszuschlag					
						Freibeträge für ... Kinder					
						0,5	**1,0**	1,5	**2,0**	2,5	**3,0**
59 219,99	I,IV	**11 315**	5 326	5 326	I	9 760	8 279	6 871	5 536	4 275	3 087
	II	**10 599**	5 326	5 326	II	9 077	7 629	6 255	4 953	3 726	2 571
	III	**6 756**	5 326	5 326	III	5 604	4 490	3 412	2 372	1 388	564
	V	**16 753**	5 326	5 326	IV	10 529	9 760	9 011	8 279	7 566	6 871
	VI	**17 188**	5 326	5 326							
59 255,99	I,IV	**11 328**	5 326	5 326	I	9 772	8 290	6 882	5 546	4 285	3 096
	II	**10 611**	5 326	5 326	II	9 089	7 640	6 265	4 963	3 735	2 580
	III	**6 764**	5 326	5 326	III	5 612	4 498	3 420	2 380	1 394	570
	V	**16 767**	5 326	5 326	IV	10 541	9 772	9 022	8 290	7 577	6 882
	VI	**17 202**	5 326	5 326							
59 291,99	I,IV	**11 341**	5 326	5 326	I	9 785	8 302	6 893	5 557	4 295	3 106
	II	**10 624**	5 326	5 326	II	9 101	7 652	6 276	4 974	3 745	2 589
	III	**6 774**	5 326	5 326	III	5 622	4 508	3 430	2 388	1 402	576
	V	**16 781**	5 326	5 326	IV	10 554	9 785	9 034	8 302	7 588	6 893
	VI	**17 217**	5 326	5 326							
59 327,99	I,IV	**11 353**	5 326	5 326	I	9 797	8 313	6 904	5 567	4 304	3 115
	II	**10 636**	5 326	5 326	II	9 113	7 663	6 286	4 984	3 754	2 598
	III	**6 784**	5 326	5 326	III	5 632	4 516	3 438	2 396	1 410	582
	V	**16 795**	5 326	5 326	IV	10 566	9 797	9 046	8 313	7 599	6 904
	VI	**17 230**	5 326	5 326							
59 363,99	I,IV	**11 366**	5 326	5 326	I	9 809	8 325	6 914	5 577	4 314	3 124
	II	**10 648**	5 326	5 326	II	9 124	7 674	6 297	4 994	3 763	2 607
	III	**6 792**	5 326	5 326	III	5 640	4 524	3 446	2 404	1 416	586
	V	**16 809**	5 326	5 326	IV	10 578	9 809	9 058	8 325	7 610	6 914
	VI	**17 244**	5 326	5 326							
59 399,99	I,IV	**11 379**	5 326	5 326	I	9 821	8 336	6 925	5 588	4 324	3 133
	II	**10 661**	5 326	5 326	II	9 136	7 685	6 308	5 003	3 773	2 616
	III	**6 802**	5 326	5 326	III	5 650	4 534	3 454	2 412	1 424	592
	V	**16 823**	5 326	5 326	IV	10 590	9 821	9 069	8 336	7 621	6 925
	VI	**17 258**	5 326	5 326							
59 435,99	I,IV	**11 391**	5 326	5 326	I	9 833	8 348	6 936	5 598	4 333	3 142
	II	**10 673**	5 326	5 326	II	9 148	7 696	6 318	5 013	3 782	2 625
	III	**6 810**	5 326	5 326	III	5 658	4 542	3 462	2 420	1 430	598
	V	**16 837**	5 326	5 326	IV	10 603	9 833	9 081	8 348	7 633	6 936
	VI	**17 272**	5 326	5 326							
59 471,99	I,IV	**11 404**	5 326	5 326	I	9 845	8 359	6 947	5 608	4 343	3 151
	II	**10 685**	5 326	5 326	II	9 160	7 707	6 329	5 023	3 792	2 633
	III	**6 820**	5 326	5 326	III	5 666	4 550	3 472	2 428	1 438	604
	V	**16 851**	5 326	5 326	IV	10 615	9 845	9 093	8 359	7 644	6 947
	VI	**17 286**	5 326	5 326							
59 507,99	I,IV	**11 417**	5 326	5 326	I	9 857	8 371	6 958	5 619	4 353	3 161
	II	**10 698**	5 326	5 326	II	9 172	7 719	6 340	5 034	3 801	2 642
	III	**6 830**	5 326	5 326	III	5 676	4 560	3 480	2 436	1 446	610
	V	**16 865**	5 326	5 326	IV	10 628	9 857	9 105	8 371	7 655	6 958
	VI	**17 300**	5 326	5 326							
59 543,99	I,IV	**11 429**	5 326	5 326	I	9 869	8 382	6 969	5 629	4 363	3 170
	II	**10 710**	5 326	5 326	II	9 183	7 730	6 350	5 044	3 811	2 651
	III	**6 838**	5 326	5 326	III	5 684	4 568	3 488	2 444	1 452	616
	V	**16 879**	5 326	5 326	IV	10 640	9 869	9 116	8 382	7 666	6 969
	VI	**17 314**	5 326	5 326							
59 579,99	I,IV	**11 442**	5 326	5 326	I	9 881	8 394	6 980	5 639	4 372	3 179
	II	**10 723**	5 326	5 326	II	9 195	7 741	6 361	5 054	3 820	2 660
	III	**6 848**	5 326	5 326	III	5 694	4 576	3 496	2 452	1 460	622
	V	**16 893**	5 326	5 326	IV	10 652	9 881	9 128	8 394	7 677	6 980
	VI	**17 328**	5 326	5 326							
59 615,99	I,IV	**11 454**	5 326	5 326	I	9 893	8 405	6 990	5 649	4 382	3 188
	II	**10 735**	5 326	5 326	II	9 207	7 752	6 371	5 064	3 830	2 669
	III	**6 856**	5 326	5 326	III	5 702	4 586	3 504	2 460	1 468	628
	V	**16 907**	5 326	5 326	IV	10 664	9 893	9 140	8 405	7 689	6 990
	VI	**17 342**	5 326	5 326							

* Zur LSt-Berechnung für privat versicherte Arbeitnehmer s. Beispiele **Vorbemerkung S. 4 f.**
** Basisvorsorgepauschale KV und PV *** Typisierter Arbeitgeberzuschuss

Lohn/ Gehalt in € bis	Steuerklasse	Lohn-steuer*	BVSP**	TAGZ***	Steuerklasse	Bemessungsgrundlage für Kirchensteuer und Solidaritätszuschlag – Freibeträge für ... Kinder 0,5	1,0	1,5	2,0	2,5	3,0
59 651,99	I,IV	**11 467**	5 326	5 326	I	9 905	8 416	7 001	5 660	4 392	3 197
	II	**10 747**	5 326	5 326	II	9 219	7 763	6 382	5 074	3 839	2 678
	III	**6 866**	5 326	5 326	III	5 712	4 594	3 514	2 470	1 474	634
	V	**16 920**	5 326	5 326	IV	10 677	9 905	9 151	8 416	7 700	7 001
	VI	**17 356**	5 326	5 326							
59 687,99	I,IV	**11 480**	5 326	5 326	I	9 917	8 428	7 012	5 670	4 402	3 206
	II	**10 760**	5 326	5 326	II	9 231	7 775	6 393	5 084	3 849	2 687
	III	**6 876**	5 326	5 326	III	5 722	4 604	3 522	2 478	1 482	640
	V	**16 935**	5 326	5 326	IV	10 689	9 917	9 164	8 428	7 711	7 012
	VI	**17 370**	5 326	5 326							
59 723,99	I,IV	**11 492**	5 326	5 326	I	9 929	8 440	7 023	5 681	4 411	3 215
	II	**10 772**	5 326	5 326	II	9 242	7 786	6 403	5 094	3 858	2 696
	III	**6 884**	5 326	5 326	III	5 730	4 612	3 530	2 486	1 490	646
	V	**16 949**	5 326	5 326	IV	10 702	9 929	9 175	8 440	7 722	7 023
	VI	**17 384**	5 326	5 326							
59 759,99	I,IV	**11 505**	5 326	5 326	I	9 941	8 451	7 034	5 691	4 421	3 225
	II	**10 785**	5 326	5 326	II	9 254	7 797	6 414	5 104	3 868	2 705
	III	**6 894**	5 326	5 326	III	5 738	4 620	3 538	2 494	1 498	652
	V	**16 962**	5 326	5 326	IV	10 714	9 941	9 187	8 451	7 733	7 034
	VI	**17 398**	5 326	5 326							
59 795,99	I,IV	**11 518**	5 326	5 326	I	9 953	8 462	7 045	5 701	4 431	3 234
	II	**10 797**	5 326	5 326	II	9 266	7 809	6 425	5 114	3 877	2 713
	III	**6 904**	5 326	5 326	III	5 748	4 628	3 546	2 502	1 504	658
	V	**16 976**	5 326	5 326	IV	10 726	9 953	9 199	8 462	7 745	7 045
	VI	**17 411**	5 326	5 326							
59 831,99	I,IV	**11 530**	5 326	5 326	I	9 965	8 474	7 056	5 711	4 440	3 243
	II	**10 809**	5 326	5 326	II	9 278	7 820	6 435	5 124	3 886	2 722
	III	**6 912**	5 326	5 326	III	5 756	4 638	3 556	2 510	1 512	664
	V	**16 990**	5 326	5 326	IV	10 739	9 965	9 210	8 474	7 756	7 056
	VI	**17 425**	5 326	5 326							
59 867,99	I,IV	**11 543**	5 326	5 326	I	9 978	8 486	7 067	5 722	4 450	3 252
	II	**10 822**	5 326	5 326	II	9 290	7 831	6 446	5 134	3 896	2 732
	III	**6 922**	5 326	5 326	III	5 766	4 646	3 564	2 518	1 520	670
	V	**17 004**	5 326	5 326	IV	10 751	9 978	9 223	8 486	7 767	7 067
	VI	**17 440**	5 326	5 326							
59 903,99	I,IV	**11 556**	5 326	5 326	I	9 990	8 497	7 078	5 732	4 460	3 261
	II	**10 834**	5 326	5 326	II	9 302	7 842	6 457	5 144	3 906	2 740
	III	**6 932**	5 326	5 326	III	5 774	4 656	3 572	2 526	1 526	676
	V	**17 018**	5 326	5 326	IV	10 764	9 990	9 234	8 497	7 778	7 078
	VI	**17 453**	5 326	5 326							
59 939,99	I,IV	**11 568**	5 326	5 326	I	10 002	8 509	7 089	5 743	4 470	3 271
	II	**10 847**	5 326	5 326	II	9 313	7 854	6 467	5 154	3 915	2 749
	III	**6 940**	5 326	5 326	III	5 784	4 664	3 580	2 534	1 534	682
	V	**17 032**	5 326	5 326	IV	10 776	10 002	9 246	8 509	7 790	7 089
	VI	**17 467**	5 326	5 326							
59 975,99	I,IV	**11 581**	5 326	5 326	I	10 014	8 520	7 100	5 753	4 480	3 280
	II	**10 859**	5 326	5 326	II	9 325	7 865	6 478	5 165	3 925	2 758
	III	**6 950**	5 326	5 326	III	5 792	4 672	3 588	2 542	1 542	688
	V	**17 046**	5 326	5 326	IV	10 788	10 014	9 258	8 520	7 801	7 100
	VI	**17 481**	5 326	5 326							
60 011,99	I,IV	**11 594**	5 326	5 326	I	10 026	8 532	7 111	5 763	4 489	3 289
	II	**10 871**	5 326	5 326	II	9 337	7 876	6 489	5 175	3 934	2 767
	III	**6 960**	5 326	5 326	III	5 802	4 682	3 598	2 550	1 548	694
	V	**17 060**	5 326	5 326	IV	10 801	10 026	9 269	8 532	7 812	7 111
	VI	**17 495**	5 326	5 326							
60 047,99	I,IV	**11 606**	5 326	5 326	I	10 038	8 543	7 122	5 774	4 499	3 298
	II	**10 884**	5 326	5 326	II	9 349	7 887	6 499	5 185	3 944	2 776
	III	**6 968**	5 326	5 326	III	5 810	4 690	3 606	2 558	1 556	700
	V	**17 074**	5 326	5 326	IV	10 813	10 038	9 281	8 543	7 823	7 122
	VI	**17 509**	5 326	5 326							

* Zur LSt-Berechnung für privat versicherte Arbeitnehmer s. Beispiele **Vorbemerkung S. 4 f.**
** Basisvorsorgepauschale KV und PV *** Typisierter Arbeitgeberzuschuss

Lohn/ Gehalt in € bis	Steuerklasse	Lohn-steuer*	BVSP**	TAGZ***	Steuerklasse	Bemessungsgrundlage für Kirchensteuer und Solidaritätszuschlag – Freibeträge für ... Kinder 0,5	1,0	1,5	2,0	2,5	3,0
60083,99	I,IV	**11619**	5326	5326	I	10050	8555	7133	5784	4509	3307
	II	**10896**	5326	5326	II	9361	7899	6510	5195	3953	2785
	III	**6978**	5326	5326	III	5820	4698	3614	2566	1564	706
	V	**17088**	5326	5326	IV	10826	10050	9293	8555	7835	7133
	VI	**17523**	5326	5326							
60119,99	I,IV	**11632**	5326	5326	I	10062	8566	7144	5795	4519	3317
	II	**10909**	5326	5326	II	9373	7910	6521	5205	3963	2794
	III	**6988**	5326	5326	III	5830	4708	3622	2574	1572	712
	V	**17102**	5326	5326	IV	10838	10062	9305	8566	7846	7144
	VI	**17537**	5326	5326							
60155,99	I,IV	**11645**	5326	5326	I	10074	8578	7155	5805	4529	3326
	II	**10921**	5326	5326	II	9384	7921	6531	5215	3972	2803
	III	**6996**	5326	5326	III	5838	4716	3632	2582	1578	718
	V	**17116**	5326	5326	IV	10850	10074	9317	8578	7857	7155
	VI	**17551**	5326	5326							
60191,99	I,IV	**11657**	5326	5326	I	10087	8589	7165	5815	4538	3335
	II	**10934**	5326	5326	II	9396	7932	6542	5225	3982	2812
	III	**7006**	5326	5326	III	5848	4724	3640	2592	1586	724
	V	**17130**	5326	5326	IV	10863	10087	9329	8589	7868	7165
	VI	**17565**	5326	5326							
60227,99	I,IV	**11670**	5326	5326	I	10099	8601	7176	5826	4548	3344
	II	**10946**	5326	5326	II	9408	7944	6553	5235	3991	2821
	III	**7014**	5326	5326	III	5856	4734	3648	2598	1594	730
	V	**17144**	5326	5326	IV	10875	10099	9340	8601	7879	7176
	VI	**17579**	5326	5326							
60263,99	I,IV	**11683**	5326	5326	I	10111	8613	7188	5836	4558	3354
	II	**10959**	5326	5326	II	9420	7955	6564	5246	4001	2830
	III	**7024**	5326	5326	III	5864	4742	3656	2608	1602	738
	V	**17158**	5326	5326	IV	10888	10111	9353	8613	7891	7188
	VI	**17593**	5326	5326							
60299,99	I,IV	**11696**	5326	5326	I	10123	8624	7199	5847	4568	3363
	II	**10971**	5326	5326	II	9432	7966	6574	5256	4011	2839
	III	**7034**	5326	5326	III	5874	4752	3666	2616	1610	744
	V	**17172**	5326	5326	IV	10900	10123	9364	8624	7902	7199
	VI	**17607**	5326	5326							
60335,99	I,IV	**11708**	5326	5326	I	10135	8636	7210	5857	4578	3372
	II	**10984**	5326	5326	II	9444	7978	6585	5266	4020	2848
	III	**7042**	5326	5326	III	5882	4760	3674	2624	1616	750
	V	**17186**	5326	5326	IV	10913	10135	9376	8636	7913	7210
	VI	**17621**	5326	5326							
60371,99	I,IV	**11721**	5326	5326	I	10147	8647	7220	5867	4587	3381
	II	**10996**	5326	5326	II	9456	7989	6596	5276	4030	2857
	III	**7052**	5326	5326	III	5892	4768	3682	2632	1624	756
	V	**17199**	5326	5326	IV	10925	10147	9388	8647	7925	7220
	VI	**17634**	5326	5326							
60407,99	I,IV	**11734**	5326	5326	I	10159	8659	7231	5878	4597	3390
	II	**11008**	5326	5326	II	9468	8000	6606	5286	4039	2866
	III	**7062**	5326	5326	III	5900	4778	3690	2640	1632	762
	V	**17213**	5326	5326	IV	10937	10159	9400	8659	7936	7231
	VI	**17648**	5326	5326							
60443,99	I,IV	**11747**	5326	5326	I	10172	8671	7243	5888	4607	3400
	II	**11021**	5326	5326	II	9480	8012	6617	5296	4049	2875
	III	**7070**	5326	5326	III	5910	4786	3698	2648	1640	768
	V	**17228**	5326	5326	IV	10950	10172	9412	8671	7947	7243
	VI	**17663**	5326	5326							
60479,99	I,IV	**11759**	5326	5326	I	10184	8682	7254	5899	4617	3409
	II	**11034**	5326	5326	II	9492	8023	6628	5307	4058	2884
	III	**7080**	5326	5326	III	5920	4796	3708	2656	1646	774
	V	**17241**	5326	5326	IV	10962	10184	9424	8682	7959	7254
	VI	**17676**	5326	5326							

* Zur LSt-Berechnung für privat versicherte Arbeitnehmer s. Beispiele **Vorbemerkung S. 4 f.**
** Basisvorsorgepauschale KV und PV *** Typisierter Arbeitgeberzuschuss

Lohn/ Gehalt in € bis	Steuerklasse	Lohn- steuer*	BVSP**	TAGZ***	Steuerklasse	Bemessungsgrundlage für Kirchensteuer und Solidaritätszuschlag					
						Freibeträge für ... Kinder					
						0,5	**1,0**	1,5	**2,0**	2,5	**3,0**
60 515,99	I,IV	**11 772**	5 326	5 326	I	10 196	8 694	7 265	5 909	4 627	3 418
	II	**11 046**	5 326	5 326	II	9 503	8 034	6 639	5 317	4 068	2 893
	III	**7 090**	5 326	5 326	III	5 928	4 804	3 716	2 664	1 654	780
	V	**17 255**	5 326	5 326	IV	10 975	10 196	9 436	8 694	7 970	7 265
	VI	**17 690**	5 326	5 326							
60 551,99	I,IV	**11 785**	5 326	5 326	I	10 208	8 705	7 276	5 919	4 637	3 428
	II	**11 058**	5 326	5 326	II	9 515	8 046	6 649	5 327	4 078	2 902
	III	**7 100**	5 326	5 326	III	5 938	4 812	3 724	2 672	1 662	786
	V	**17 269**	5 326	5 326	IV	10 987	10 208	9 447	8 705	7 981	7 276
	VI	**17 704**	5 326	5 326							
60 587,99	I,IV	**11 797**	5 326	5 326	I	10 220	8 717	7 286	5 930	4 647	3 437
	II	**11 071**	5 326	5 326	II	9 527	8 057	6 660	5 337	4 087	2 911
	III	**7 108**	5 326	5 326	III	5 946	4 820	3 732	2 680	1 670	792
	V	**17 283**	5 326	5 326	IV	11 000	10 220	9 459	8 717	7 992	7 286
	VI	**17 718**	5 326	5 326							
60 623,99	I,IV	**11 810**	5 326	5 326	I	10 232	8 728	7 297	5 940	4 656	3 446
	II	**11 083**	5 326	5 326	II	9 539	8 068	6 671	5 347	4 097	2 920
	III	**7 118**	5 326	5 326	III	5 956	4 830	3 742	2 690	1 678	800
	V	**17 297**	5 326	5 326	IV	11 012	10 232	9 471	8 728	8 004	7 297
	VI	**17 732**	5 326	5 326							
60 659,99	I,IV	**11 823**	5 326	5 326	I	10 245	8 740	7 309	5 951	4 666	3 456
	II	**11 096**	5 326	5 326	II	9 551	8 080	6 682	5 357	4 106	2 929
	III	**7 128**	5 326	5 326	III	5 964	4 838	3 750	2 698	1 686	806
	V	**17 311**	5 326	5 326	IV	11 025	10 245	9 483	8 740	8 015	7 309
	VI	**17 746**	5 326	5 326							
60 695,99	I,IV	**11 836**	5 326	5 326	I	10 257	8 752	7 320	5 961	4 676	3 465
	II	**11 109**	5 326	5 326	II	9 563	8 091	6 693	5 368	4 116	2 938
	III	**7 136**	5 326	5 326	III	5 974	4 848	3 758	2 706	1 692	812
	V	**17 325**	5 326	5 326	IV	11 037	10 257	9 495	8 752	8 026	7 320
	VI	**17 760**	5 326	5 326							
60 731,99	I,IV	**11 849**	5 326	5 326	I	10 269	8 763	7 331	5 972	4 686	3 474
	II	**11 121**	5 326	5 326	II	9 575	8 102	6 703	5 378	4 126	2 947
	III	**7 146**	5 326	5 326	III	5 982	4 856	3 766	2 714	1 700	818
	V	**17 339**	5 326	5 326	IV	11 050	10 269	9 507	8 763	8 038	7 331
	VI	**17 774**	5 326	5 326							
60 767,99	I,IV	**11 861**	5 326	5 326	I	10 281	8 775	7 342	5 982	4 696	3 483
	II	**11 133**	5 326	5 326	II	9 587	8 114	6 714	5 388	4 135	2 956
	III	**7 154**	5 326	5 326	III	5 992	4 864	3 774	2 722	1 708	824
	V	**17 353**	5 326	5 326	IV	11 062	10 281	9 519	8 775	8 049	7 342
	VI	**17 788**	5 326	5 326							
60 803,99	I,IV	**11 874**	5 326	5 326	I	10 293	8 786	7 353	5 992	4 706	3 493
	II	**11 146**	5 326	5 326	II	9 599	8 125	6 725	5 398	4 145	2 965
	III	**7 164**	5 326	5 326	III	6 000	4 874	3 784	2 730	1 716	830
	V	**17 367**	5 326	5 326	IV	11 075	10 293	9 531	8 786	8 060	7 353
	VI	**17 802**	5 326	5 326							
60 839,99	I,IV	**11 887**	5 326	5 326	I	10 306	8 798	7 364	6 003	4 716	3 502
	II	**11 159**	5 326	5 326	II	9 611	8 137	6 736	5 408	4 155	2 974
	III	**7 174**	5 326	5 326	III	6 010	4 882	3 792	2 738	1 724	838
	V	**17 381**	5 326	5 326	IV	11 087	10 306	9 543	8 798	8 072	7 364
	VI	**17 816**	5 326	5 326							
60 875,99	I,IV	**11 900**	5 326	5 326	I	10 318	8 810	7 375	6 014	4 726	3 511
	II	**11 171**	5 326	5 326	II	9 623	8 148	6 747	5 419	4 164	2 983
	III	**7 184**	5 326	5 326	III	6 018	4 892	3 800	2 746	1 730	844
	V	**17 395**	5 326	5 326	IV	11 100	10 318	9 555	8 810	8 083	7 375
	VI	**17 830**	5 326	5 326							
60 911,99	I,IV	**11 913**	5 326	5 326	I	10 330	8 821	7 386	6 024	4 736	3 521
	II	**11 184**	5 326	5 326	II	9 635	8 159	6 757	5 429	4 174	2 992
	III	**7 192**	5 326	5 326	III	6 028	4 900	3 810	2 754	1 738	850
	V	**17 409**	5 326	5 326	IV	11 112	10 330	9 567	8 821	8 095	7 386
	VI	**17 844**	5 326	5 326							

* Zur LSt-Berechnung für privat versicherte Arbeitnehmer s. Beispiele **Vorbemerkung S. 41.**
** Basisvorsorgepauschale KV und PV *** Typisierter Arbeitgeberzuschuss

Lohn/ Gehalt in € bis	Steuerklasse	Lohnsteuer*	BVSP**	TAGZ***	Steuerklasse	Bemessungsgrundlage für Kirchensteuer und Solidaritätszuschlag – Freibeträge für ... Kinder 0,5	1,0	1,5	2,0	2,5	3,0
60 947,99	I,IV	**11 925**	5 326	5 326	I	10 342	8 833	7 397	6 034	4 745	3 530
	II	**11 196**	5 326	5 326	II	9 647	8 171	6 768	5 439	4 183	3 001
	III	**7 202**	5 326	5 326	III	6 036	4 908	3 818	2 762	1 746	856
	V	**17 422**	5 326	5 326	IV	11 125	10 342	9 579	8 833	8 106	7 397
	VI	**17 858**	5 326	5 326							
60 983,99	I,IV	**11 938**	5 326	5 326	I	10 355	8 845	7 408	6 045	4 755	3 539
	II	**11 209**	5 326	5 326	II	9 659	8 182	6 779	5 449	4 193	3 010
	III	**7 212**	5 326	5 326	III	6 046	4 918	3 826	2 770	1 754	862
	V	**17 436**	5 326	5 326	IV	11 137	10 355	9 590	8 845	8 117	7 408
	VI	**17 871**	5 326	5 326							
61 019,99	I,IV	**11 951**	5 326	5 326	I	10 367	8 857	7 419	6 056	4 765	3 549
	II	**11 222**	5 326	5 326	II	9 671	8 194	6 790	5 460	4 203	3 019
	III	**7 220**	5 326	5 326	III	6 056	4 926	3 834	2 780	1 762	868
	V	**17 451**	5 326	5 326	IV	11 150	10 367	9 603	8 857	8 129	7 419
	VI	**17 886**	5 326	5 326							
61 055,99	I,IV	**11 964**	5 326	5 326	I	10 379	8 868	7 430	6 066	4 775	3 558
	II	**11 234**	5 326	5 326	II	9 683	8 205	6 801	5 470	4 212	3 029
	III	**7 230**	5 326	5 326	III	6 064	4 936	3 842	2 788	1 770	874
	V	**17 464**	5 326	5 326	IV	11 163	10 379	9 615	8 868	8 140	7 430
	VI	**17 900**	5 326	5 326							
61 091,99	I,IV	**11 977**	5 326	5 326	I	10 392	8 880	7 441	6 077	4 785	3 567
	II	**11 246**	5 326	5 326	II	9 695	8 216	6 811	5 480	4 222	3 038
	III	**7 240**	5 326	5 326	III	6 074	4 944	3 852	2 796	1 778	882
	V	**17 478**	5 326	5 326	IV	11 175	10 392	9 626	8 880	8 151	7 441
	VI	**17 913**	5 326	5 326							
61 127,99	I,IV	**11 990**	5 326	5 326	I	10 404	8 891	7 452	6 087	4 795	3 577
	II	**11 259**	5 326	5 326	II	9 707	8 228	6 822	5 490	4 232	3 047
	III	**7 248**	5 326	5 326	III	6 082	4 952	3 860	2 804	1 786	888
	V	**17 492**	5 326	5 326	IV	11 187	10 404	9 638	8 891	8 163	7 452
	VI	**17 927**	5 326	5 326							
61 163,99	I,IV	**12 002**	5 326	5 326	I	10 416	8 903	7 463	6 097	4 805	3 586
	II	**11 272**	5 326	5 326	II	9 719	8 239	6 833	5 500	4 241	3 056
	III	**7 258**	5 326	5 326	III	6 092	4 962	3 868	2 812	1 794	894
	V	**17 506**	5 326	5 326	IV	11 200	10 416	9 650	8 903	8 174	7 463
	VI	**17 941**	5 326	5 326							
61 199,99	I,IV	**12 015**	5 326	5 326	I	10 428	8 915	7 475	6 108	4 815	3 595
	II	**11 284**	5 326	5 326	II	9 730	8 250	6 844	5 511	4 251	3 065
	III	**7 268**	5 326	5 326	III	6 100	4 970	3 876	2 820	1 800	900
	V	**17 520**	5 326	5 326	IV	11 212	10 428	9 662	8 915	8 185	7 475
	VI	**17 955**	5 326	5 326							
61 235,99	I,IV	**12 028**	5 326	5 326	I	10 441	8 927	7 486	6 119	4 825	3 605
	II	**11 297**	5 326	5 326	II	9 743	8 262	6 855	5 521	4 261	3 074
	III	**7 276**	5 326	5 326	III	6 110	4 980	3 886	2 828	1 808	908
	V	**17 534**	5 326	5 326	IV	11 225	10 441	9 674	8 927	8 197	7 486
	VI	**17 969**	5 326	5 326							
61 271,99	I,IV	**12 041**	5 326	5 326	I	10 453	8 938	7 497	6 129	4 835	3 614
	II	**11 309**	5 326	5 326	II	9 755	8 273	6 866	5 531	4 270	3 083
	III	**7 286**	5 326	5 326	III	6 118	4 988	3 894	2 836	1 816	914
	V	**17 548**	5 326	5 326	IV	11 238	10 453	9 686	8 938	8 208	7 497
	VI	**17 983**	5 326	5 326							
61 307,99	I,IV	**12 054**	5 326	5 326	I	10 465	8 950	7 508	6 140	4 845	3 623
	II	**11 322**	5 326	5 326	II	9 767	8 285	6 876	5 541	4 280	3 092
	III	**7 296**	5 326	5 326	III	6 128	4 996	3 902	2 844	1 824	920
	V	**17 562**	5 326	5 326	IV	11 250	10 465	9 698	8 950	8 220	7 508
	VI	**17 997**	5 326	5 326							
61 343,99	I,IV	**12 067**	5 326	5 326	I	10 477	8 961	7 519	6 150	4 855	3 633
	II	**11 334**	5 326	5 326	II	9 779	8 296	6 887	5 552	4 290	3 101
	III	**7 306**	5 326	5 326	III	6 136	5 006	3 912	2 854	1 832	926
	V	**17 576**	5 326	5 326	IV	11 263	10 477	9 710	8 961	8 231	7 519
	VI	**18 011**	5 326	5 326							

* Zur LSt-Berechnung für privat versicherte Arbeitnehmer s. Beispiele **Vorbemerkung S. 4 f.**
** Basisvorsorgepauschale KV und PV *** Typisierter Arbeitgeberzuschuss

Lohn/ Gehalt in € bis	Steuerklasse	Lohn-steuer*	BVSP**	TAGZ***	Steuerklasse	Bemessungsgrundlage für Kirchensteuer und Solidaritätszuschlag					
						Freibeträge für ... Kinder					
						0,5	**1,0**	1,5	**2,0**	2,5	**3,0**
61 379,99	I,IV	**12 079**	5 326	5 326	I	10 490	8 973	7 530	6 161	4 865	3 642
	II	**11 347**	5 326	5 326	II	9 791	8 308	6 898	5 562	4 299	3 110
	III	**7 314**	5 326	5 326	III	6 146	5 014	3 920	2 862	1 840	932
	V	**17 590**	5 326	5 326	IV	11 275	10 490	9 722	8 973	8 242	7 530
	VI	**18 025**	5 326	5 326							
61 415,99	I,IV	**12 093**	5 326	5 326	I	10 502	8 985	7 542	6 171	4 875	3 652
	II	**11 360**	5 326	5 326	II	9 803	8 319	6 909	5 572	4 309	3 120
	III	**7 324**	5 326	5 326	III	6 156	5 024	3 928	2 870	1 848	940
	V	**17 604**	5 326	5 326	IV	11 288	10 502	9 734	8 985	8 254	7 542
	VI	**18 039**	5 326	5 326							
61 451,99	I,IV	**12 105**	5 326	5 326	I	10 514	8 997	7 553	6 182	4 885	3 661
	II	**11 372**	5 326	5 326	II	9 815	8 331	6 920	5 583	4 319	3 129
	III	**7 334**	5 326	5 326	III	6 164	5 032	3 936	2 878	1 856	946
	V	**17 618**	5 326	5 326	IV	11 301	10 514	9 746	8 997	8 265	7 553
	VI	**18 053**	5 326	5 326							
61 487,99	I,IV	**12 118**	5 326	5 326	I	10 527	9 008	7 564	6 192	4 895	3 670
	II	**11 385**	5 326	5 326	II	9 827	8 342	6 931	5 593	4 329	3 138
	III	**7 342**	5 326	5 326	III	6 174	5 040	3 944	2 886	1 864	952
	V	**17 632**	5 326	5 326	IV	11 313	10 527	9 758	9 008	8 277	7 564
	VI	**18 067**	5 326	5 326							
61 523,99	I,IV	**12 131**	5 326	5 326	I	10 539	9 020	7 575	6 203	4 905	3 680
	II	**11 398**	5 326	5 326	II	9 839	8 353	6 942	5 603	4 338	3 147
	III	**7 352**	5 326	5 326	III	6 182	5 050	3 954	2 894	1 872	960
	V	**17 645**	5 326	5 326	IV	11 326	10 539	9 770	9 020	8 288	7 575
	VI	**18 081**	5 326	5 326							
61 559,99	I,IV	**12 144**	5 326	5 326	I	10 551	9 032	7 586	6 213	4 915	3 689
	II	**11 410**	5 326	5 326	II	9 851	8 365	6 952	5 613	4 348	3 156
	III	**7 362**	5 326	5 326	III	6 192	5 058	3 962	2 902	1 880	966
	V	**17 659**	5 326	5 326	IV	11 338	10 551	9 782	9 032	8 300	7 586
	VI	**18 094**	5 326	5 326							
61 595,99	I,IV	**12 157**	5 326	5 326	I	10 564	9 044	7 597	6 224	4 925	3 699
	II	**11 423**	5 326	5 326	II	9 863	8 377	6 964	5 624	4 358	3 165
	III	**7 370**	5 326	5 326	III	6 200	5 068	3 970	2 910	1 888	972
	V	**17 674**	5 326	5 326	IV	11 351	10 564	9 795	9 044	8 311	7 597
	VI	**18 109**	5 326	5 326							
61 631,99	I,IV	**12 170**	5 326	5 326	I	10 576	9 055	7 608	6 235	4 935	3 708
	II	**11 436**	5 326	5 326	II	9 875	8 388	6 974	5 634	4 368	3 174
	III	**7 380**	5 326	5 326	III	6 210	5 076	3 980	2 920	1 896	978
	V	**17 687**	5 326	5 326	IV	11 364	10 576	9 806	9 055	8 323	7 608
	VI	**18 123**	5 326	5 326							
61 667,99	I,IV	**12 183**	5 326	5 326	I	10 588	9 067	7 619	6 245	4 945	3 717
	II	**11 448**	5 326	5 326	II	9 887	8 399	6 985	5 644	4 377	3 183
	III	**7 390**	5 326	5 326	III	6 218	5 084	3 988	2 928	1 904	986
	V	**17 701**	5 326	5 326	IV	11 376	10 588	9 818	9 067	8 334	7 619
	VI	**18 136**	5 326	5 326							
61 703,99	I,IV	**12 196**	5 326	5 326	I	10 600	9 079	7 631	6 256	4 955	3 727
	II	**11 461**	5 326	5 326	II	9 899	8 411	6 996	5 655	4 387	3 193
	III	**7 400**	5 326	5 326	III	6 228	5 094	3 996	2 936	1 912	992
	V	**17 715**	5 326	5 326	IV	11 389	10 600	9 830	9 079	8 345	7 631
	VI	**18 150**	5 326	5 326							
61 739,99	I,IV	**12 208**	5 326	5 326	I	10 613	9 090	7 642	6 266	4 965	3 736
	II	**11 473**	5 326	5 326	II	9 911	8 422	7 007	5 665	4 397	3 202
	III	**7 408**	5 326	5 326	III	6 236	5 102	4 004	2 944	1 920	998
	V	**17 729**	5 326	5 326	IV	11 401	10 613	9 842	9 090	8 357	7 642
	VI	**18 164**	5 326	5 326							
61 775,99	I,IV	**12 221**	5 326	5 326	I	10 625	9 102	7 653	6 277	4 974	3 746
	II	**11 486**	5 326	5 326	II	9 923	8 434	7 018	5 675	4 406	3 211
	III	**7 418**	5 326	5 326	III	6 246	5 112	4 014	2 952	1 928	1 004
	V	**17 743**	5 326	5 326	IV	11 414	10 625	9 854	9 102	8 368	7 653
	VI	**18 178**	5 326	5 326							

* Zur LSt-Berechnung für privat versicherte Arbeitnehmer s. Beispiele **Vorbemerkung S. 4 f.**
** Basisvorsorgepauschale KV und PV *** Typisierter Arbeitgeberzuschuss

Lohn/ Gehalt in € bis	Steuerklasse	Lohn-steuer*	BVSP**	TAGZ***	Steuerklasse	Bemessungsgrundlage für Kirchensteuer und Solidaritätszuschlag					
						Freibeträge für ... Kinder					
						0,5	**1,0**	1,5	**2,0**	2,5	**3,0**
61811,99	I,IV	**12235**	5326	5326	I	10638	9114	7664	6288	4985	3755
	II	**11499**	5326	5326	II	9935	8445	7029	5686	4416	3220
	III	**7428**	5326	5326	III	6256	5120	4022	2960	1936	1012
	V	**17757**	5326	5326	IV	11427	10638	9867	9114	8380	7664
	VI	**18192**	5326	5326							
61847,99	I,IV	**12247**	5326	5326	I	10650	9126	7675	6298	4995	3765
	II	**11512**	5326	5326	II	9947	8457	7040	5696	4426	3229
	III	**7436**	5326	5326	III	6264	5128	4030	2968	1944	1018
	V	**17771**	5326	5326	IV	11439	10650	9879	9126	8391	7675
	VI	**18206**	5326	5326							
61883,99	I,IV	**12260**	5326	5326	I	10662	9138	7686	6309	5005	3774
	II	**11524**	5326	5326	II	9959	8468	7051	5706	4436	3238
	III	**7446**	5326	5326	III	6274	5138	4040	2976	1952	1024
	V	**17785**	5326	5326	IV	11452	10662	9891	9138	8403	7686
	VI	**18220**	5326	5326							
61919,99	I,IV	**12273**	5326	5326	I	10674	9149	7698	6319	5015	3783
	II	**11537**	5326	5326	II	9972	8480	7062	5717	4445	3248
	III	**7456**	5326	5326	III	6282	5146	4048	2984	1958	1032
	V	**17799**	5326	5326	IV	11465	10674	9903	9149	8414	7698
	VI	**18234**	5326	5326							
61955,99	I,IV	**12286**	5326	5326	I	10687	9161	7709	6330	5025	3793
	II	**11549**	5326	5326	II	9984	8491	7072	5727	4455	3257
	III	**7464**	5326	5326	III	6292	5156	4056	2994	1968	1038
	V	**17813**	5326	5326	IV	11477	10687	9915	9161	8426	7709
	VI	**18248**	5326	5326							
61991,99	I,IV	**12299**	5326	5326	I	10699	9173	7720	6341	5035	3802
	II	**11562**	5326	5326	II	9996	8503	7084	5738	4465	3266
	III	**7474**	5326	5326	III	6302	5164	4064	3002	1976	1044
	V	**17827**	5326	5326	IV	11490	10699	9927	9173	8437	7720
	VI	**18262**	5326	5326							
62027,99	I,IV	**12312**	5326	5326	I	10712	9185	7731	6351	5045	3812
	II	**11575**	5326	5326	II	10008	8514	7094	5748	4475	3275
	III	**7484**	5326	5326	III	6310	5174	4074	3010	1984	1052
	V	**17841**	5326	5326	IV	11503	10712	9939	9185	8449	7731
	VI	**18276**	5326	5326							
62063,99	I,IV	**12325**	5326	5326	I	10724	9197	7743	6362	5055	3821
	II	**11588**	5326	5326	II	10020	8526	7105	5758	4485	3284
	III	**7494**	5326	5326	III	6320	5182	4082	3018	1992	1058
	V	**17855**	5326	5326	IV	11515	10724	9951	9197	8460	7743
	VI	**18290**	5326	5326							
62099,99	I,IV	**12338**	5326	5326	I	10736	9208	7754	6373	5065	3831
	II	**11600**	5326	5326	II	10032	8537	7116	5769	4494	3294
	III	**7502**	5326	5326	III	6328	5190	4090	3026	1998	1064
	V	**17868**	5326	5326	IV	11528	10736	9963	9208	8472	7754
	VI	**18304**	5326	5326							
62135,99	I,IV	**12351**	5326	5326	I	10749	9220	7765	6383	5075	3840
	II	**11613**	5326	5326	II	10044	8549	7127	5779	4504	3303
	III	**7512**	5326	5326	III	6338	5200	4098	3034	2008	1072
	V	**17882**	5326	5326	IV	11541	10749	9975	9220	8483	7765
	VI	**18317**	5326	5326							
62171,99	I,IV	**12364**	5326	5326	I	10761	9232	7776	6394	5085	3850
	II	**11626**	5326	5326	II	10057	8561	7138	5790	4514	3312
	III	**7522**	5326	5326	III	6348	5208	4108	3044	2016	1078
	V	**17897**	5326	5326	IV	11554	10761	9988	9232	8495	7776
	VI	**18332**	5326	5326							
62207,99	I,IV	**12377**	5326	5326	I	10774	9244	7788	6405	5095	3859
	II	**11638**	5326	5326	II	10069	8572	7149	5800	4524	3321
	III	**7530**	5326	5326	III	6356	5218	4116	3052	2022	1084
	V	**17910**	5326	5326	IV	11566	10774	10000	9244	8506	7788
	VI	**18346**	5326	5326							

* Zur LSt-Berechnung für privat versicherte Arbeitnehmer s. Beispiele **Vorbemerkung S. 4 f.**
** Basisvorsorgepauschale KV und PV *** Typisierter Arbeitgeberzuschuss

Lohn/ Gehalt in € bis	Steuerklasse	Lohn- steuer*	BVSP**	TAGZ***	Steuerklasse	Bemessungsgrundlage für Kirchensteuer und Solidaritätszuschlag					
						Freibeträge für ... Kinder					
						0,5	**1,0**	1,5	**2,0**	2,5	**3,0**
62 243,99	I,IV	**12 390**	5 326	5 326	I	10 786	9 256	7 799	6 415	5 105	3 869
	II	**11 651**	5 326	5 326	II	10 081	8 584	7 160	5 810	4 534	3 331
	III	**7 540**	5 326	5 326	III	6 366	5 226	4 124	3 060	2 032	1 092
	V	**17 924**	5 326	5 326	IV	11 579	10 786	10 012	9 256	8 518	7 799
	VI	**18 359**	5 326	5 326							
62 279,99	I,IV	**12 403**	5 326	5 326	I	10 798	9 267	7 810	6 426	5 115	3 878
	II	**11 664**	5 326	5 326	II	10 093	8 595	7 171	5 820	4 543	3 340
	III	**7 550**	5 326	5 326	III	6 374	5 236	4 132	3 068	2 038	1 098
	V	**17 938**	5 326	5 326	IV	11 591	10 798	10 024	9 267	8 529	7 810
	VI	**18 373**	5 326	5 326							
62 315,99	I,IV	**12 416**	5 326	5 326	I	10 811	9 279	7 821	6 436	5 125	3 888
	II	**11 676**	5 326	5 326	II	10 105	8 607	7 182	5 831	4 553	3 349
	III	**7 560**	5 326	5 326	III	6 384	5 244	4 142	3 076	2 048	1 106
	V	**17 952**	5 326	5 326	IV	11 604	10 811	10 036	9 279	8 541	7 821
	VI	**18 387**	5 326	5 326							
62 351,99	I,IV	**12 429**	5 326	5 326	I	10 823	9 291	7 832	6 447	5 135	3 897
	II	**11 689**	5 326	5 326	II	10 117	8 618	7 193	5 841	4 563	3 358
	III	**7 568**	5 326	5 326	III	6 392	5 252	4 150	3 084	2 054	1 112
	V	**17 966**	5 326	5 326	IV	11 617	10 823	10 048	9 291	8 552	7 832
	VI	**18 401**	5 326	5 326							
62 387,99	I,IV	**12 442**	5 326	5 326	I	10 836	9 303	7 844	6 458	5 146	3 907
	II	**11 702**	5 326	5 326	II	10 129	8 630	7 204	5 852	4 573	3 368
	III	**7 578**	5 326	5 326	III	6 402	5 262	4 158	3 092	2 062	1 118
	V	**17 980**	5 326	5 326	IV	11 630	10 836	10 060	9 303	8 564	7 844
	VI	**18 415**	5 326	5 326							
62 423,99	I,IV	**12 455**	5 326	5 326	I	10 848	9 315	7 855	6 469	5 156	3 916
	II	**11 715**	5 326	5 326	II	10 141	8 642	7 215	5 862	4 583	3 377
	III	**7 588**	5 326	5 326	III	6 412	5 270	4 168	3 102	2 072	1 126
	V	**17 994**	5 326	5 326	IV	11 642	10 848	10 072	9 315	8 576	7 855
	VI	**18 429**	5 326	5 326							
62 459,99	I,IV	**12 468**	5 326	5 326	I	10 860	9 327	7 866	6 479	5 166	3 926
	II	**11 727**	5 326	5 326	II	10 154	8 653	7 226	5 873	4 593	3 386
	III	**7 596**	5 326	5 326	III	6 420	5 280	4 176	3 110	2 078	1 132
	V	**18 008**	5 326	5 326	IV	11 655	10 860	10 084	9 327	8 587	7 866
	VI	**18 443**	5 326	5 326							
62 495,99	I,IV	**12 481**	5 326	5 326	I	10 873	9 338	7 877	6 490	5 176	3 935
	II	**11 740**	5 326	5 326	II	10 166	8 665	7 237	5 883	4 602	3 395
	III	**7 606**	5 326	5 326	III	6 430	5 288	4 184	3 118	2 088	1 140
	V	**18 022**	5 326	5 326	IV	11 668	10 873	10 096	9 338	8 599	7 877
	VI	**18 457**	5 326	5 326							
62 531,99	I,IV	**12 494**	5 326	5 326	I	10 885	9 350	7 889	6 500	5 186	3 945
	II	**11 753**	5 326	5 326	II	10 178	8 676	7 248	5 893	4 612	3 404
	III	**7 616**	5 326	5 326	III	6 438	5 298	4 192	3 126	2 094	1 146
	V	**18 036**	5 326	5 326	IV	11 680	10 885	10 108	9 350	8 610	7 889
	VI	**18 471**	5 326	5 326							
62 567,99	I,IV	**12 507**	5 326	5 326	I	10 898	9 362	7 900	6 511	5 196	3 954
	II	**11 766**	5 326	5 326	II	10 190	8 688	7 259	5 904	4 622	3 414
	III	**7 626**	5 326	5 326	III	6 448	5 306	4 202	3 134	2 104	1 152
	V	**18 050**	5 326	5 326	IV	11 693	10 898	10 121	9 362	8 622	7 900
	VI	**18 485**	5 326	5 326							
62 603,99	I,IV	**12 520**	5 326	5 326	I	10 910	9 374	7 911	6 522	5 206	3 964
	II	**11 779**	5 326	5 326	II	10 202	8 700	7 270	5 914	4 632	3 423
	III	**7 636**	5 326	5 326	III	6 456	5 316	4 210	3 142	2 112	1 160
	V	**18 064**	5 326	5 326	IV	11 706	10 910	10 133	9 374	8 634	7 911
	VI	**18 499**	5 326	5 326							
62 639,99	I,IV	**12 533**	5 326	5 326	I	10 923	9 386	7 923	6 533	5 216	3 973
	II	**11 791**	5 326	5 326	II	10 214	8 711	7 281	5 925	4 642	3 432
	III	**7 644**	5 326	5 326	III	6 466	5 324	4 218	3 150	2 118	1 166
	V	**18 078**	5 326	5 326	IV	11 719	10 923	10 145	9 386	8 645	7 923
	VI	**18 513**	5 326	5 326							

* Zur LSt-Berechnung für privat versicherte Arbeitnehmer s. Beispiele **Vorbemerkung S. 4 f.**
** Basisvorsorgepauschale KV und PV *** Typisierter Arbeitgeberzuschuss

Lohn/ Gehalt in € bis	Steuerklasse	Lohn- steuer*	BVSP**	TAGZ***	Steuerklasse	Bemessungsgrundlage für Kirchensteuer und Solidaritätszuschlag – Freibeträge für ... Kinder 0,5	1,0	1,5	2,0	2,5	3,0
62 675,99	I,IV	**12 546**	5 326	5 326	I	10 935	9 398	7 934	6 543	5 226	3 983
	II	**11 804**	5 326	5 326	II	10 227	8 723	7 292	5 935	4 652	3 442
	III	**7 654**	5 326	5 326	III	6 476	5 334	4 228	3 160	2 128	1 174
	V	**18 091**	5 326	5 326	IV	11 731	10 935	10 157	9 398	8 657	7 934
	VI	**18 527**	5 326	5 326							
62 711,99	I,IV	**12 559**	5 326	5 326	I	10 947	9 409	7 945	6 554	5 236	3 992
	II	**11 817**	5 326	5 326	II	10 239	8 734	7 303	5 946	4 661	3 451
	III	**7 664**	5 326	5 326	III	6 484	5 342	4 236	3 168	2 134	1 180
	V	**18 105**	5 326	5 326	IV	11 744	10 947	10 169	9 409	8 668	7 945
	VI	**18 540**	5 326	5 326							
62 747,99	I,IV	**12 572**	5 326	5 326	I	10 960	9 422	7 957	6 565	5 247	4 002
	II	**11 830**	5 326	5 326	II	10 251	8 746	7 314	5 956	4 672	3 460
	III	**7 672**	5 326	5 326	III	6 494	5 350	4 244	3 176	2 144	1 188
	V	**18 120**	5 326	5 326	IV	11 757	10 960	10 182	9 422	8 680	7 957
	VI	**18 555**	5 326	5 326							
62 783,99	I,IV	**12 585**	5 326	5 326	I	10 973	9 433	7 968	6 576	5 257	4 012
	II	**11 842**	5 326	5 326	II	10 263	8 758	7 325	5 967	4 681	3 470
	III	**7 682**	5 326	5 326	III	6 502	5 360	4 254	3 184	2 152	1 194
	V	**18 133**	5 326	5 326	IV	11 770	10 973	10 194	9 433	8 691	7 968
	VI	**18 569**	5 326	5 326							
62 819,99	I,IV	**12 598**	5 326	5 326	I	10 985	9 445	7 979	6 586	5 267	4 021
	II	**11 855**	5 326	5 326	II	10 275	8 769	7 336	5 977	4 691	3 479
	III	**7 692**	5 326	5 326	III	6 512	5 368	4 262	3 192	2 160	1 202
	V	**18 147**	5 326	5 326	IV	11 782	10 985	10 206	9 445	8 703	7 979
	VI	**18 582**	5 326	5 326							
62 855,99	I,IV	**12 611**	5 326	5 326	I	10 997	9 457	7 990	6 597	5 277	4 031
	II	**11 868**	5 326	5 326	II	10 288	8 781	7 347	5 987	4 701	3 488
	III	**7 702**	5 326	5 326	III	6 522	5 378	4 270	3 200	2 168	1 208
	V	**18 161**	5 326	5 326	IV	11 795	10 997	10 218	9 457	8 715	7 990
	VI	**18 596**	5 326	5 326							
62 891,99	I,IV	**12 624**	5 326	5 326	I	11 010	9 469	8 002	6 608	5 287	4 040
	II	**11 881**	5 326	5 326	II	10 300	8 792	7 358	5 998	4 711	3 497
	III	**7 710**	5 326	5 326	III	6 530	5 386	4 280	3 208	2 176	1 214
	V	**18 175**	5 326	5 326	IV	11 808	11 010	10 230	9 469	8 726	8 002
	VI	**18 610**	5 326	5 326							
62 927,99	I,IV	**12 637**	5 326	5 326	I	11 022	9 481	8 013	6 618	5 297	4 050
	II	**11 893**	5 326	5 326	II	10 312	8 804	7 369	6 008	4 721	3 507
	III	**7 720**	5 326	5 326	III	6 540	5 396	4 288	3 218	2 184	1 222
	V	**18 189**	5 326	5 326	IV	11 821	11 022	10 242	9 481	8 738	8 013
	VI	**18 624**	5 326	5 326							
62 963,99	I,IV	**12 651**	5 326	5 326	I	11 035	9 493	8 024	6 629	5 308	4 060
	II	**11 906**	5 326	5 326	II	10 324	8 816	7 381	6 019	4 731	3 516
	III	**7 730**	5 326	5 326	III	6 548	5 404	4 296	3 226	2 192	1 230
	V	**18 203**	5 326	5 326	IV	11 834	11 035	10 255	9 493	8 750	8 024
	VI	**18 638**	5 326	5 326							
62 999,99	I,IV	**12 664**	5 326	5 326	I	11 047	9 505	8 036	6 640	5 318	4 069
	II	**11 919**	5 326	5 326	II	10 337	8 827	7 392	6 029	4 741	3 525
	III	**7 740**	5 326	5 326	III	6 558	5 414	4 306	3 234	2 200	1 236
	V	**18 217**	5 326	5 326	IV	11 846	11 047	10 267	9 505	8 761	8 036
	VI	**18 652**	5 326	5 326							
63 035,99	I,IV	**12 677**	5 326	5 326	I	11 060	9 517	8 047	6 651	5 328	4 079
	II	**11 932**	5 326	5 326	II	10 349	8 839	7 403	6 040	4 751	3 535
	III	**7 748**	5 326	5 326	III	6 568	5 422	4 314	3 242	2 208	1 244
	V	**18 231**	5 326	5 326	IV	11 859	11 060	10 279	9 517	8 773	8 047
	VI	**18 666**	5 326	5 326							
63 071,99	I,IV	**12 690**	5 326	5 326	I	11 072	9 529	8 058	6 661	5 338	4 088
	II	**11 945**	5 326	5 326	II	10 361	8 851	7 414	6 050	4 760	3 544
	III	**7 758**	5 326	5 326	III	6 576	5 430	4 322	3 250	2 216	1 250
	V	**18 245**	5 326	5 326	IV	11 872	11 072	10 291	9 529	8 784	8 058
	VI	**18 680**	5 326	5 326							

* Zur LSt-Berechnung für privat versicherte Arbeitnehmer s. Beispiele **Vorbemerkung S. 4 f.**
** Basisvorsorgepauschale KV und PV *** Typisierter Arbeitgeberzuschuss

Lohn/ Gehalt in € bis	Steuerklasse	Lohn- steuer*	BVSP**	TAGZ***	Steuerklasse	Bemessungsgrundlage für Kirchensteuer und Solidaritätszuschlag					
						Freibeträge für ... Kinder					
						0,5	**1,0**	1,5	**2,0**	2,5	**3,0**
63107,99	I,IV	**12703**	5326	5326	I	11085	9540	8070	6672	5348	4098
	II	**11957**	5326	5326	II	10373	8862	7425	6061	4770	3553
	III	**7768**	5326	5326	III	6586	5440	4332	3258	2224	1256
	V	**18259**	5326	5326	IV	11884	11085	10303	9540	8796	8070
	VI	**18694**	5326	5326							
63143,99	I,IV	**12716**	5326	5326	I	11098	9553	8081	6683	5359	4108
	II	**11971**	5326	5326	II	10386	8874	7436	6072	4780	3563
	III	**7778**	5326	5326	III	6594	5450	4340	3268	2232	1264
	V	**18273**	5326	5326	IV	11898	11098	10316	9553	8808	8081
	VI	**18708**	5326	5326							
63179,99	I,IV	**12729**	5326	5326	I	11110	9565	8092	6694	5369	4117
	II	**11983**	5326	5326	II	10398	8886	7447	6082	4790	3572
	III	**7786**	5326	5326	III	6604	5458	4348	3276	2240	1270
	V	**18287**	5326	5326	IV	11910	11110	10328	9565	8819	8092
	VI	**18722**	5326	5326							
63215,99	I,IV	**12742**	5326	5326	I	11122	9576	8104	6705	5379	4127
	II	**11996**	5326	5326	II	10410	8897	7458	6092	4800	3581
	III	**7796**	5326	5326	III	6614	5466	4358	3284	2248	1278
	V	**18301**	5326	5326	IV	11923	11122	10340	9576	8831	8104
	VI	**18736**	5326	5326							
63251,99	I,IV	**12755**	5326	5326	I	11135	9588	8115	6715	5389	4136
	II	**12009**	5326	5326	II	10422	8909	7469	6103	4810	3591
	III	**7806**	5326	5326	III	6622	5476	4366	3292	2256	1284
	V	**18314**	5326	5326	IV	11936	11135	10352	9588	8842	8115
	VI	**18750**	5326	5326							
63287,99	I,IV	**12768**	5326	5326	I	11147	9600	8126	6726	5399	4146
	II	**12022**	5326	5326	II	10434	8921	7480	6113	4820	3600
	III	**7816**	5326	5326	III	6632	5484	4374	3300	2264	1292
	V	**18328**	5326	5326	IV	11949	11147	10365	9600	8854	8126
	VI	**18763**	5326	5326							
63323,99	I,IV	**12782**	5326	5326	I	11160	9612	8138	6737	5410	4156
	II	**12035**	5326	5326	II	10447	8933	7492	6124	4830	3610
	III	**7826**	5326	5326	III	6642	5494	4384	3310	2272	1300
	V	**18343**	5326	5326	IV	11962	11160	10377	9612	8866	8138
	VI	**18778**	5326	5326							
63359,99	I,IV	**12795**	5326	5326	I	11173	9624	8149	6748	5420	4165
	II	**12048**	5326	5326	II	10459	8944	7503	6135	4840	3619
	III	**7834**	5326	5326	III	6650	5502	4392	3318	2280	1306
	V	**18356**	5326	5326	IV	11974	11173	10389	9624	8878	8149
	VI	**18792**	5326	5326							
63395,99	I,IV	**12808**	5326	5326	I	11185	9636	8161	6759	5430	4175
	II	**12060**	5326	5326	II	10471	8956	7514	6145	4850	3628
	III	**7844**	5326	5326	III	6660	5512	4400	3326	2288	1314
	V	**18370**	5326	5326	IV	11987	11185	10402	9636	8889	8161
	VI	**18805**	5326	5326							
63431,99	I,IV	**12821**	5326	5326	I	11198	9648	8172	6769	5440	4184
	II	**12073**	5326	5326	II	10484	8967	7525	6156	4860	3638
	III	**7854**	5326	5326	III	6668	5520	4408	3334	2296	1320
	V	**18384**	5326	5326	IV	12000	11198	10414	9648	8901	8172
	VI	**18819**	5326	5326							
63467,99	I,IV	**12834**	5326	5326	I	11210	9660	8183	6780	5450	4194
	II	**12086**	5326	5326	II	10496	8979	7536	6166	4870	3647
	III	**7862**	5326	5326	III	6678	5530	4418	3342	2304	1328
	V	**18398**	5326	5326	IV	12013	11210	10426	9660	8912	8183
	VI	**18833**	5326	5326							
63503,99	I,IV	**12847**	5326	5326	I	11223	9672	8195	6791	5461	4204
	II	**12099**	5326	5326	II	10508	8991	7547	6177	4880	3656
	III	**7872**	5326	5326	III	6686	5538	4426	3350	2312	1334
	V	**18412**	5326	5326	IV	12026	11223	10438	9672	8924	8195
	VI	**18847**	5326	5326							

* Zur LSt-Berechnung für privat versicherte Arbeitnehmer s. Beispiele **Vorbemerkung S. 4f.**
** Basisvorsorgepauschale KV und PV *** Typisierter Arbeitgeberzuschuss

Lohn/ Gehalt in € bis	Steuerklasse	Lohn-steuer*	BVSP**	TAGZ***	Steuerklasse	Bemessungsgrundlage für Kirchensteuer und Solidaritätszuschlag – Freibeträge für ... Kinder 0,5	1,0	1,5	2,0	2,5	3,0
63539,99	I,IV	**12860**	5326	5326	I	11236	9684	8206	6802	5471	4214
	II	**12112**	5326	5326	II	10521	9003	7558	6187	4890	3666
	III	**7882**	5326	5326	III	6696	5548	4434	3360	2320	1342
	V	**18426**	5326	5326	IV	12039	11236	10451	9684	8936	8206
	VI	**18861**	5326	5326							
63575,99	I,IV	**12873**	5326	5326	I	11248	9696	8218	6813	5481	4223
	II	**12125**	5326	5326	II	10533	9014	7569	6198	4900	3675
	III	**7892**	5326	5326	III	6706	5556	4444	3368	2328	1350
	V	**18440**	5326	5326	IV	12052	11248	10463	9696	8948	8218
	VI	**18875**	5326	5326							
63611,99	I,IV	**12886**	5326	5326	I	11261	9708	8229	6823	5491	4233
	II	**12138**	5326	5326	II	10545	9026	7580	6208	4910	3685
	III	**7900**	5326	5326	III	6714	5564	4452	3376	2336	1356
	V	**18454**	5326	5326	IV	12064	11261	10475	9708	8959	8229
	VI	**18889**	5326	5326							
63647,99	I,IV	**12900**	5326	5326	I	11273	9720	8240	6834	5502	4242
	II	**12150**	5326	5326	II	10557	9038	7592	6219	4920	3694
	III	**7910**	5326	5326	III	6724	5574	4460	3384	2344	1364
	V	**18468**	5326	5326	IV	12077	11273	10487	9720	8971	8240
	VI	**18903**	5326	5326							
63683,99	I,IV	**12913**	5326	5326	I	11286	9732	8252	6845	5512	4252
	II	**12163**	5326	5326	II	10570	9049	7603	6229	4930	3703
	III	**7920**	5326	5326	III	6732	5582	4470	3392	2352	1370
	V	**18482**	5326	5326	IV	12090	11286	10500	9732	8983	8252
	VI	**18917**	5326	5326							
63719,99	I,IV	**12926**	5326	5326	I	11298	9744	8263	6856	5522	4262
	II	**12177**	5326	5326	II	10582	9061	7614	6240	4940	3713
	III	**7930**	5326	5326	III	6742	5592	4478	3400	2360	1378
	V	**18496**	5326	5326	IV	12103	11298	10512	9744	8995	8263
	VI	**18931**	5326	5326							
63755,99	I,IV	**12939**	5326	5326	I	11311	9756	8275	6867	5533	4272
	II	**12189**	5326	5326	II	10594	9073	7625	6251	4950	3722
	III	**7940**	5326	5326	III	6752	5600	4486	3410	2368	1386
	V	**18510**	5326	5326	IV	12116	11311	10524	9756	9006	8275
	VI	**18945**	5326	5326							
63791,99	I,IV	**12952**	5326	5326	I	11323	9768	8286	6878	5543	4281
	II	**12202**	5326	5326	II	10607	9085	7636	6261	4960	3732
	III	**7948**	5326	5326	III	6760	5610	4496	3418	2376	1392
	V	**18524**	5326	5326	IV	12129	11323	10537	9768	9018	8286
	VI	**18959**	5326	5326							
63827,99	I,IV	**12965**	5326	5326	I	11336	9780	8298	6888	5553	4291
	II	**12215**	5326	5326	II	10619	9096	7647	6272	4970	3741
	III	**7958**	5326	5326	III	6770	5618	4504	3426	2384	1400
	V	**18537**	5326	5326	IV	12142	11336	10549	9780	9030	8298
	VI	**18973**	5326	5326							
63863,99	I,IV	**12979**	5326	5326	I	11349	9792	8309	6899	5563	4300
	II	**12228**	5326	5326	II	10631	9108	7659	6282	4980	3750
	III	**7968**	5326	5326	III	6780	5628	4512	3434	2392	1406
	V	**18551**	5326	5326	IV	12154	11349	10561	9792	9041	8309
	VI	**18986**	5326	5326							
63899,99	I,IV	**12992**	5326	5326	I	11361	9804	8321	6910	5574	4310
	II	**12241**	5326	5326	II	10644	9120	7670	6293	4990	3760
	III	**7978**	5326	5326	III	6788	5636	4522	3442	2402	1414
	V	**18566**	5326	5326	IV	12168	11361	10574	9804	9053	8321
	VI	**19001**	5326	5326							
63935,99	I,IV	**13005**	5326	5326	I	11374	9816	8332	6921	5584	4320
	II	**12254**	5326	5326	II	10656	9132	7681	6304	5000	3769
	III	**7988**	5326	5326	III	6798	5646	4530	3452	2410	1422
	V	**18579**	5326	5326	IV	12180	11374	10586	9816	9065	8332
	VI	**19015**	5326	5326							

* Zur LSt-Berechnung für privat versicherte Arbeitnehmer s. Beispiele **Vorbemerkung S. 4 f.**
** Basisvorsorgepauschale KV und PV *** Typisierter Arbeitgeberzuschuss

Lohn/ Gehalt in € bis	Steuerklasse	Lohn-steuer*	BVSP**	TAGZ***	Steuerklasse	Bemessungsgrundlage für Kirchensteuer und Solidaritätszuschlag					
						Freibeträge für ... Kinder					
						0,5	**1,0**	1,5	**2,0**	2,5	**3,0**
63 971,99	I,IV	**13 018**	5 326	5 326	I	11 387	9 828	8 343	6 932	5 594	4 330
	II	**12 267**	5 326	5 326	II	10 669	9 144	7 692	6 314	5 010	3 779
	III	**7 996**	5 326	5 326	III	6 808	5 654	4 538	3 460	2 418	1 428
	V	**18 593**	5 326	5 326	IV	12 193	11 387	10 598	9 828	9 077	8 343
	VI	**19 028**	5 326	5 326							
64 007,99	I,IV	**13 031**	5 326	5 326	I	11 399	9 840	8 355	6 943	5 604	4 339
	II	**12 280**	5 326	5 326	II	10 681	9 155	7 703	6 325	5 020	3 788
	III	**8 006**	5 326	5 326	III	6 816	5 664	4 548	3 468	2 426	1 436
	V	**18 607**	5 326	5 326	IV	12 206	11 399	10 610	9 840	9 088	8 355
	VI	**19 042**	5 326	5 326							
64 043,99	I,IV	**13 045**	5 326	5 326	I	11 412	9 852	8 366	6 954	5 615	4 349
	II	**12 293**	5 326	5 326	II	10 693	9 167	7 714	6 335	5 030	3 798
	III	**8 016**	5 326	5 326	III	6 826	5 672	4 556	3 476	2 434	1 442
	V	**18 621**	5 326	5 326	IV	12 219	11 412	10 623	9 852	9 100	8 366
	VI	**19 056**	5 326	5 326							
64 079,99	I,IV	**13 058**	5 326	5 326	I	11 425	9 865	8 378	6 965	5 625	4 359
	II	**12 306**	5 326	5 326	II	10 706	9 179	7 726	6 346	5 040	3 807
	III	**8 026**	5 326	5 326	III	6 834	5 682	4 564	3 484	2 442	1 450
	V	**18 635**	5 326	5 326	IV	12 232	11 425	10 635	9 865	9 112	8 378
	VI	**19 070**	5 326	5 326							
64 115,99	I,IV	**13 071**	5 326	5 326	I	11 437	9 877	8 389	6 976	5 635	4 369
	II	**12 319**	5 326	5 326	II	10 718	9 191	7 737	6 357	5 050	3 817
	III	**8 034**	5 326	5 326	III	6 844	5 690	4 574	3 494	2 450	1 458
	V	**18 649**	5 326	5 326	IV	12 245	11 437	10 648	9 877	9 124	8 389
	VI	**19 084**	5 326	5 326							
64 151,99	I,IV	**13 084**	5 326	5 326	I	11 450	9 889	8 401	6 987	5 646	4 378
	II	**12 332**	5 326	5 326	II	10 730	9 203	7 748	6 367	5 060	3 826
	III	**8 044**	5 326	5 326	III	6 854	5 700	4 582	3 502	2 458	1 464
	V	**18 663**	5 326	5 326	IV	12 258	11 450	10 660	9 889	9 135	8 401
	VI	**19 098**	5 326	5 326							
64 187,99	I,IV	**13 098**	5 326	5 326	I	11 462	9 901	8 412	6 997	5 656	4 388
	II	**12 345**	5 326	5 326	II	10 743	9 214	7 759	6 378	5 070	3 836
	III	**8 054**	5 326	5 326	III	6 862	5 708	4 592	3 510	2 466	1 472
	V	**18 677**	5 326	5 326	IV	12 271	11 462	10 672	9 901	9 147	8 412
	VI	**19 112**	5 326	5 326							
64 223,99	I,IV	**13 111**	5 326	5 326	I	11 475	9 913	8 424	7 008	5 666	4 398
	II	**12 357**	5 326	5 326	II	10 755	9 226	7 771	6 389	5 080	3 845
	III	**8 064**	5 326	5 326	III	6 872	5 718	4 600	3 518	2 474	1 480
	V	**18 691**	5 326	5 326	IV	12 284	11 475	10 685	9 913	9 159	8 424
	VI	**19 126**	5 326	5 326							
64 259,99	I,IV	**13 124**	5 326	5 326	I	11 487	9 925	8 435	7 019	5 677	4 407
	II	**12 370**	5 326	5 326	II	10 767	9 238	7 782	6 399	5 090	3 854
	III	**8 074**	5 326	5 326	III	6 882	5 726	4 608	3 526	2 482	1 486
	V	**18 705**	5 326	5 326	IV	12 296	11 487	10 697	9 925	9 171	8 435
	VI	**19 140**	5 326	5 326							
64 295,99	I,IV	**13 137**	5 326	5 326	I	11 500	9 937	8 447	7 030	5 687	4 417
	II	**12 384**	5 326	5 326	II	10 780	9 250	7 793	6 410	5 100	3 864
	III	**8 082**	5 326	5 326	III	6 890	5 736	4 618	3 536	2 490	1 494
	V	**18 719**	5 326	5 326	IV	12 310	11 500	10 709	9 937	9 183	8 447
	VI	**19 154**	5 326	5 326							
64 331,99	I,IV	**13 151**	5 326	5 326	I	11 513	9 949	8 458	7 041	5 697	4 427
	II	**12 397**	5 326	5 326	II	10 792	9 262	7 804	6 421	5 110	3 874
	III	**8 092**	5 326	5 326	III	6 900	5 744	4 626	3 544	2 498	1 502
	V	**18 733**	5 326	5 326	IV	12 323	11 513	10 722	9 949	9 194	8 458
	VI	**19 168**	5 326	5 326							
64 367,99	I,IV	**13 164**	5 326	5 326	I	11 526	9 961	8 470	7 052	5 708	4 437
	II	**12 409**	5 326	5 326	II	10 805	9 273	7 816	6 431	5 120	3 883
	III	**8 102**	5 326	5 326	III	6 910	5 754	4 634	3 552	2 506	1 510
	V	**18 747**	5 326	5 326	IV	12 336	11 526	10 734	9 961	9 206	8 470
	VI	**19 182**	5 326	5 326							

* Zur LSt-Berechnung für privat versicherte Arbeitnehmer s. Beispiele **Vorbemerkung S. 4 f.**
** Basisvorsorgepauschale KV und PV *** Typisierter Arbeitgeberzuschuss

Lohn/ Gehalt in € bis	Steuerklasse	Lohn- steuer*	BVSP**	TAGZ***	Steuerklasse	Bemessungsgrundlage für Kirchensteuer und Solidaritätszuschlag					
						Freibeträge für ... Kinder					
						0,5	**1,0**	1,5	**2,0**	2,5	**3,0**
64403,99	I,IV	**13177**	5326	5326	I	11538	9973	8481	7063	5718	4447
	II	**12422**	5326	5326	II	10817	9285	7827	6442	5130	3892
	III	**8112**	5326	5326	III	6918	5762	4642	3560	2514	1516
	V	**18761**	5326	5326	IV	12348	11538	10746	9973	9218	8481
	VI	**19196**	5326	5326							
64439,99	I,IV	**13190**	5326	5326	I	11551	9985	8493	7074	5728	4456
	II	**12435**	5326	5326	II	10829	9297	7838	6453	5140	3902
	III	**8120**	5326	5326	III	6928	5772	4652	3570	2522	1524
	V	**18774**	5326	5326	IV	12361	11551	10759	9985	9230	8493
	VI	**19209**	5326	5326							
64475,99	I,IV	**13204**	5326	5326	I	11564	9997	8504	7085	5739	4466
	II	**12449**	5326	5326	II	10842	9309	7850	6463	5151	3912
	III	**8130**	5326	5326	III	6938	5780	4660	3578	2532	1532
	V	**18789**	5326	5326	IV	12375	11564	10771	9997	9242	8504
	VI	**19224**	5326	5326							
64511,99	I,IV	**13217**	5326	5326	I	11576	10009	8516	7096	5749	4476
	II	**12462**	5326	5326	II	10854	9321	7861	6474	5161	3921
	III	**8140**	5326	5326	III	6946	5790	4670	3586	2540	1538
	V	**18803**	5326	5326	IV	12388	11576	10784	10009	9253	8516
	VI	**19238**	5326	5326							
64547,99	I,IV	**13230**	5326	5326	I	11589	10021	8527	7107	5759	4486
	II	**12474**	5326	5326	II	10867	9333	7872	6485	5171	3931
	III	**8150**	5326	5326	III	6956	5798	4678	3594	2548	1546
	V	**18816**	5326	5326	IV	12400	11589	10796	10021	9265	8527
	VI	**19251**	5326	5326							
64583,99	I,IV	**13243**	5326	5326	I	11602	10034	8539	7118	5770	4496
	II	**12487**	5326	5326	II	10879	9344	7883	6495	5181	3940
	III	**8160**	5326	5326	III	6964	5808	4686	3602	2556	1554
	V	**18830**	5326	5326	IV	12413	11602	10808	10034	9277	8539
	VI	**19265**	5326	5326							
64619,99	I,IV	**13257**	5326	5326	I	11614	10046	8550	7128	5780	4505
	II	**12500**	5326	5326	II	10892	9356	7894	6506	5191	3950
	III	**8168**	5326	5326	III	6974	5816	4696	3612	2564	1562
	V	**18844**	5326	5326	IV	12426	11614	10821	10046	9289	8550
	VI	**19279**	5326	5326							
64655,99	I,IV	**13270**	5326	5326	I	11627	10058	8562	7140	5791	4515
	II	**12514**	5326	5326	II	10904	9368	7906	6517	5201	3959
	III	**8178**	5326	5326	III	6984	5826	4704	3620	2572	1568
	V	**18858**	5326	5326	IV	12440	11627	10833	10058	9301	8562
	VI	**19293**	5326	5326							
64691,99	I,IV	**13283**	5326	5326	I	11640	10070	8574	7151	5801	4525
	II	**12527**	5326	5326	II	10917	9380	7917	6528	5211	3969
	III	**8188**	5326	5326	III	6992	5834	4712	3628	2580	1576
	V	**18872**	5326	5326	IV	12453	11640	10846	10070	9313	8574
	VI	**19307**	5326	5326							
64727,99	I,IV	**13297**	5326	5326	I	11653	10082	8585	7162	5811	4535
	II	**12540**	5326	5326	II	10929	9392	7928	6538	5222	3978
	III	**8198**	5326	5326	III	7002	5844	4722	3636	2588	1584
	V	**18886**	5326	5326	IV	12465	11653	10858	10082	9324	8585
	VI	**19321**	5326	5326							
64763,99	I,IV	**13310**	5326	5326	I	11665	10094	8597	7172	5822	4545
	II	**12553**	5326	5326	II	10941	9404	7940	6549	5232	3988
	III	**8208**	5326	5326	III	7012	5852	4730	3644	2596	1590
	V	**18900**	5326	5326	IV	12478	11665	10871	10094	9336	8597
	VI	**19335**	5326	5326							
64799,99	I,IV	**13323**	5326	5326	I	11678	10106	8608	7183	5832	4554
	II	**12566**	5326	5326	II	10954	9416	7951	6560	5242	3997
	III	**8216**	5326	5326	III	7020	5862	4740	3654	2604	1598
	V	**18914**	5326	5326	IV	12491	11678	10883	10106	9348	8608
	VI	**19349**	5326	5326							

* Zur LSt-Berechnung für privat versicherte Arbeitnehmer s. Beispiele **Vorbemerkung S. 4 f.**
** Basisvorsorgepauschale KV und PV *** Typisierter Arbeitgeberzuschuss

Lohn/ Gehalt in € bis	Steuerklasse	Lohn-steuer*	BVSP**	TAGZ***	Steuerklasse	Bemessungsgrundlage für Kirchensteuer und Solidaritätszuschlag					
						Freibeträge für ... Kinder					
						0,5	**1,0**	1,5	**2,0**	2,5	**3,0**
64 835,99	I,IV	**13 336**	5 326	5 326	I	11 691	10 118	8 620	7 194	5 842	4 564
	II	**12 579**	5 326	5 326	II	10 966	9 427	7 962	6 570	5 252	4 007
	III	**8 226**	5 326	5 326	III	7 030	5 870	4 748	3 662	2 612	1 606
	V	**18 928**	5 326	5 326	IV	12 504	11 691	10 895	10 118	9 360	8 620
	VI	**19 363**	5 326	5 326							
64 871,99	I,IV	**13 350**	5 326	5 326	I	11 704	10 131	8 631	7 206	5 853	4 574
	II	**12 592**	5 326	5 326	II	10 979	9 440	7 974	6 581	5 262	4 017
	III	**8 236**	5 326	5 326	III	7 040	5 880	4 756	3 670	2 620	1 614
	V	**18 942**	5 326	5 326	IV	12 518	11 704	10 908	10 131	9 372	8 631
	VI	**19 377**	5 326	5 326							
64 907,99	I,IV	**13 363**	5 326	5 326	I	11 716	10 143	8 643	7 216	5 863	4 584
	II	**12 605**	5 326	5 326	II	10 991	9 451	7 985	6 592	5 272	4 026
	III	**8 246**	5 326	5 326	III	7 050	5 888	4 766	3 678	2 628	1 622
	V	**18 956**	5 326	5 326	IV	12 531	11 716	10 920	10 143	9 384	8 643
	VI	**19 391**	5 326	5 326							
64 943,99	I,IV	**13 376**	5 326	5 326	I	11 729	10 155	8 654	7 227	5 874	4 594
	II	**12 618**	5 326	5 326	II	11 004	9 463	7 996	6 602	5 282	4 036
	III	**8 256**	5 326	5 326	III	7 058	5 898	4 774	3 688	2 636	1 628
	V	**18 970**	5 326	5 326	IV	12 544	11 729	10 933	10 155	9 396	8 654
	VI	**19 405**	5 326	5 326							
64 979,99	I,IV	**13 390**	5 326	5 326	I	11 742	10 167	8 666	7 238	5 884	4 603
	II	**12 631**	5 326	5 326	II	11 016	9 475	8 007	6 613	5 292	4 045
	III	**8 266**	5 326	5 326	III	7 068	5 906	4 782	3 696	2 646	1 636
	V	**18 984**	5 326	5 326	IV	12 557	11 742	10 945	10 167	9 407	8 666
	VI	**19 419**	5 326	5 326							
65 015,99	I,IV	**13 403**	5 326	5 326	I	11 754	10 179	8 678	7 249	5 895	4 613
	II	**12 644**	5 326	5 326	II	11 029	9 487	8 019	6 624	5 303	4 055
	III	**8 274**	5 326	5 326	III	7 076	5 916	4 792	3 704	2 654	1 644
	V	**18 997**	5 326	5 326	IV	12 569	11 754	10 958	10 179	9 419	8 678
	VI	**19 433**	5 326	5 326							
65 051,99	I,IV	**13 417**	5 326	5 326	I	11 767	10 192	8 689	7 261	5 905	4 623
	II	**12 657**	5 326	5 326	II	11 041	9 499	8 030	6 635	5 313	4 065
	III	**8 284**	5 326	5 326	III	7 086	5 924	4 800	3 712	2 662	1 652
	V	**19 012**	5 326	5 326	IV	12 583	11 767	10 970	10 192	9 431	8 689
	VI	**19 447**	5 326	5 326							
65 087,99	I,IV	**13 430**	5 326	5 326	I	11 780	10 204	8 701	7 272	5 916	4 633
	II	**12 670**	5 326	5 326	II	11 054	9 511	8 042	6 646	5 323	4 074
	III	**8 294**	5 326	5 326	III	7 096	5 934	4 810	3 722	2 670	1 660
	V	**19 026**	5 326	5 326	IV	12 596	11 780	10 983	10 204	9 443	8 701
	VI	**19 461**	5 326	5 326							
65 123,99	I,IV	**13 443**	5 326	5 326	I	11 793	10 216	8 712	7 282	5 926	4 643
	II	**12 683**	5 326	5 326	II	11 066	9 523	8 053	6 656	5 333	4 084
	III	**8 304**	5 326	5 326	III	7 104	5 942	4 818	3 730	2 678	1 666
	V	**19 039**	5 326	5 326	IV	12 609	11 793	10 995	10 216	9 455	8 712
	VI	**19 475**	5 326	5 326							
65 159,99	I,IV	**13 456**	5 326	5 326	I	11 805	10 228	8 724	7 293	5 936	4 653
	II	**12 696**	5 326	5 326	II	11 079	9 535	8 064	6 667	5 343	4 093
	III	**8 314**	5 326	5 326	III	7 114	5 952	4 826	3 738	2 686	1 674
	V	**19 053**	5 326	5 326	IV	12 622	11 805	11 008	10 228	9 467	8 724
	VI	**19 488**	5 326	5 326							
65 195,99	I,IV	**13 470**	5 326	5 326	I	11 818	10 240	8 736	7 304	5 947	4 663
	II	**12 709**	5 326	5 326	II	11 091	9 547	8 075	6 678	5 353	4 103
	III	**8 322**	5 326	5 326	III	7 124	5 960	4 836	3 746	2 694	1 682
	V	**19 067**	5 326	5 326	IV	12 635	11 818	11 020	10 240	9 479	8 736
	VI	**19 502**	5 326	5 326							
65 231,99	I,IV	**13 483**	5 326	5 326	I	11 831	10 253	8 747	7 316	5 957	4 673
	II	**12 723**	5 326	5 326	II	11 104	9 559	8 087	6 689	5 364	4 113
	III	**8 332**	5 326	5 326	III	7 132	5 970	4 844	3 754	2 702	1 690
	V	**19 081**	5 326	5 326	IV	12 648	11 831	11 033	10 253	9 491	8 747
	VI	**19 517**	5 326	5 326							

* Zur LSt-Berechnung für privat versicherte Arbeitnehmer s. Beispiele **Vorbemerkung S. 4 f.**
** Basisvorsorgepauschale KV und PV *** Typisierter Arbeitgeberzuschuss

Lohn/ Gehalt in € bis	Steuerklasse	Lohn- steuer*	BVSP**	TAGZ***	Steuerklasse	Bemessungsgrundlage für Kirchensteuer und Solidaritätszuschlag – Freibeträge für ... Kinder 0,5	1,0	1,5	2,0	2,5	3,0
65 267,99	I,IV	**13 497**	5 326	5 326	I	11 844	10 265	8 759	7 327	5 968	4 683
	II	**12 736**	5 326	5 326	II	11 116	9 571	8 098	6 699	5 374	4 122
	III	**8 342**	5 326	5 326	III	7 142	5 980	4 854	3 764	2 710	1 698
	V	**19 095**	5 326	5 326	IV	12 661	11 844	11 045	10 265	9 503	8 759
	VI	**19 530**	5 326	5 326							
65 303,99	I,IV	**13 510**	5 326	5 326	I	11 857	10 277	8 771	7 338	5 978	4 692
	II	**12 749**	5 326	5 326	II	11 129	9 583	8 110	6 710	5 384	4 132
	III	**8 352**	5 326	5 326	III	7 152	5 988	4 862	3 772	2 718	1 704
	V	**19 109**	5 326	5 326	IV	12 674	11 857	11 058	10 277	9 515	8 771
	VI	**19 544**	5 326	5 326							
65 339,99	I,IV	**13 523**	5 326	5 326	I	11 869	10 289	8 782	7 349	5 989	4 702
	II	**12 762**	5 326	5 326	II	11 141	9 594	8 121	6 721	5 394	4 141
	III	**8 362**	5 326	5 326	III	7 162	5 998	4 870	3 780	2 726	1 712
	V	**19 123**	5 326	5 326	IV	12 687	11 869	11 070	10 289	9 526	8 782
	VI	**19 558**	5 326	5 326							
65 375,99	I,IV	**13 537**	5 326	5 326	I	11 882	10 301	8 794	7 360	5 999	4 712
	II	**12 775**	5 326	5 326	II	11 154	9 606	8 132	6 732	5 404	4 151
	III	**8 370**	5 326	5 326	III	7 170	6 006	4 880	3 788	2 734	1 720
	V	**19 137**	5 326	5 326	IV	12 700	11 882	11 082	10 301	9 538	8 794
	VI	**19 572**	5 326	5 326							
65 411,99	I,IV	**13 550**	5 326	5 326	I	11 895	10 313	8 805	7 371	6 010	4 722
	II	**12 788**	5 326	5 326	II	11 166	9 618	8 144	6 742	5 415	4 160
	III	**8 380**	5 326	5 326	III	7 180	6 016	4 888	3 798	2 744	1 728
	V	**19 151**	5 326	5 326	IV	12 713	11 895	11 095	10 313	9 550	8 805
	VI	**19 586**	5 326	5 326							
65 447,99	I,IV	**13 564**	5 326	5 326	I	11 908	10 326	8 817	7 382	6 020	4 732
	II	**12 801**	5 326	5 326	II	11 179	9 630	8 155	6 753	5 425	4 170
	III	**8 390**	5 326	5 326	III	7 190	6 024	4 896	3 806	2 752	1 736
	V	**19 165**	5 326	5 326	IV	12 727	11 908	11 108	10 326	9 562	8 817
	VI	**19 600**	5 326	5 326							
65 483,99	I,IV	**13 577**	5 326	5 326	I	11 921	10 338	8 829	7 393	6 031	4 742
	II	**12 814**	5 326	5 326	II	11 192	9 642	8 166	6 764	5 435	4 180
	III	**8 400**	5 326	5 326	III	7 198	6 034	4 906	3 814	2 760	1 744
	V	**19 179**	5 326	5 326	IV	12 740	11 921	11 120	10 338	9 574	8 829
	VI	**19 614**	5 326	5 326							
65 519,99	I,IV	**13 590**	5 326	5 326	I	11 934	10 350	8 840	7 404	6 041	4 752
	II	**12 827**	5 326	5 326	II	11 204	9 654	8 178	6 775	5 445	4 189
	III	**8 410**	5 326	5 326	III	7 208	6 042	4 914	3 822	2 768	1 752
	V	**19 193**	5 326	5 326	IV	12 753	11 934	11 133	10 350	9 586	8 840
	VI	**19 628**	5 326	5 326							
65 555,99	I,IV	**13 604**	5 326	5 326	I	11 946	10 362	8 852	7 415	6 052	4 762
	II	**12 841**	5 326	5 326	II	11 217	9 666	8 189	6 786	5 456	4 199
	III	**8 420**	5 326	5 326	III	7 216	6 052	4 922	3 832	2 776	1 758
	V	**19 207**	5 326	5 326	IV	12 766	11 946	11 145	10 362	9 598	8 852
	VI	**19 642**	5 326	5 326							
65 591,99	I,IV	**13 617**	5 326	5 326	I	11 959	10 375	8 864	7 426	6 062	4 771
	II	**12 854**	5 326	5 326	II	11 229	9 678	8 200	6 796	5 466	4 209
	III	**8 428**	5 326	5 326	III	7 226	6 060	4 932	3 840	2 784	1 766
	V	**19 220**	5 326	5 326	IV	12 779	11 959	11 158	10 375	9 610	8 864
	VI	**19 656**	5 326	5 326							
65 627,99	I,IV	**13 631**	5 326	5 326	I	11 972	10 387	8 876	7 437	6 073	4 782
	II	**12 867**	5 326	5 326	II	11 242	9 690	8 212	6 807	5 476	4 219
	III	**8 438**	5 326	5 326	III	7 236	6 070	4 940	3 848	2 792	1 774
	V	**19 235**	5 326	5 326	IV	12 792	11 972	11 170	10 387	9 622	8 876
	VI	**19 670**	5 326	5 326							
65 663,99	I,IV	**13 644**	5 326	5 326	I	11 985	10 399	8 887	7 448	6 083	4 791
	II	**12 880**	5 326	5 326	II	11 254	9 702	8 224	6 818	5 486	4 228
	III	**8 448**	5 326	5 326	III	7 246	6 078	4 950	3 856	2 800	1 782
	V	**19 249**	5 326	5 326	IV	12 805	11 985	11 183	10 399	9 634	8 887
	VI	**19 684**	5 326	5 326							

* Zur LSt-Berechnung für privat versicherte Arbeitnehmer s. Beispiele **Vorbemerkung S. 4 f.**
** Basisvorsorgepauschale KV und PV *** Typisierter Arbeitgeberzuschuss

Lohn/ Gehalt in € bis	Steuerklasse	Lohn-steuer*	BVSP**	TAGZ***	Steuerklasse	Bemessungsgrundlage für Kirchensteuer und Solidaritätszuschlag					
						Freibeträge für ... Kinder					
						0,5	**1,0**	1,5	**2,0**	2,5	**3,0**
65 699,99	I,IV	**13 657**	5 326	5 326	I	11 998	10 411	8 899	7 459	6 094	4 801
	II	**12 893**	5 326	5 326	II	11 267	9 714	8 235	6 829	5 497	4 238
	III	**8 458**	5 326	5 326	III	7 254	6 088	4 958	3 866	2 810	1 790
	V	**19 262**	5 326	5 326	IV	12 818	11 998	11 195	10 411	9 646	8 899
	VI	**19 698**	5 326	5 326							
65 735,99	I,IV	**13 671**	5 326	5 326	I	12 010	10 424	8 910	7 471	6 104	4 811
	II	**12 906**	5 326	5 326	II	11 279	9 726	8 246	6 840	5 507	4 247
	III	**8 468**	5 326	5 326	III	7 264	6 096	4 966	3 874	2 816	1 798
	V	**19 276**	5 326	5 326	IV	12 831	12 010	11 208	10 424	9 658	8 910
	VI	**19 711**	5 326	5 326							
65 771,99	I,IV	**13 684**	5 326	5 326	I	12 023	10 436	8 922	7 482	6 115	4 821
	II	**12 919**	5 326	5 326	II	11 292	9 738	8 258	6 851	5 517	4 257
	III	**8 478**	5 326	5 326	III	7 274	6 106	4 976	3 882	2 826	1 806
	V	**19 290**	5 326	5 326	IV	12 844	12 023	11 220	10 436	9 670	8 922
	VI	**19 725**	5 326	5 326							
65 807,99	I,IV	**13 698**	5 326	5 326	I	12 036	10 448	8 934	7 493	6 125	4 831
	II	**12 933**	5 326	5 326	II	11 305	9 750	8 269	6 862	5 528	4 267
	III	**8 488**	5 326	5 326	III	7 284	6 116	4 984	3 890	2 834	1 814
	V	**19 304**	5 326	5 326	IV	12 858	12 036	11 233	10 448	9 682	8 934
	VI	**19 740**	5 326	5 326							
65 843,99	I,IV	**13 711**	5 326	5 326	I	12 049	10 461	8 946	7 504	6 136	4 841
	II	**12 946**	5 326	5 326	II	11 317	9 762	8 281	6 872	5 538	4 277
	III	**8 496**	5 326	5 326	III	7 292	6 124	4 994	3 900	2 842	1 822
	V	**19 318**	5 326	5 326	IV	12 871	12 049	11 246	10 461	9 694	8 946
	VI	**19 753**	5 326	5 326							
65 879,99	I,IV	**13 725**	5 326	5 326	I	12 062	10 473	8 957	7 515	6 146	4 851
	II	**12 959**	5 326	5 326	II	11 330	9 774	8 292	6 883	5 548	4 286
	III	**8 506**	5 326	5 326	III	7 302	6 134	5 002	3 908	2 850	1 830
	V	**19 332**	5 326	5 326	IV	12 884	12 062	11 258	10 473	9 706	8 957
	VI	**19 767**	5 326	5 326							
65 915,99	I,IV	**13 738**	5 326	5 326	I	12 075	10 485	8 969	7 526	6 157	4 861
	II	**12 972**	5 326	5 326	II	11 342	9 786	8 303	6 894	5 558	4 296
	III	**8 516**	5 326	5 326	III	7 310	6 142	5 010	3 916	2 858	1 838
	V	**19 346**	5 326	5 326	IV	12 897	12 075	11 271	10 485	9 718	8 969
	VI	**19 781**	5 326	5 326							
65 951,99	I,IV	**13 751**	5 326	5 326	I	12 088	10 497	8 980	7 537	6 167	4 871
	II	**12 985**	5 326	5 326	II	11 355	9 798	8 315	6 905	5 568	4 305
	III	**8 526**	5 326	5 326	III	7 320	6 152	5 020	3 924	2 866	1 846
	V	**19 360**	5 326	5 326	IV	12 910	12 088	11 283	10 497	9 730	8 980
	VI	**19 795**	5 326	5 326							
65 987,99	I,IV	**13 765**	5 326	5 326	I	12 100	10 510	8 992	7 548	6 178	4 881
	II	**12 998**	5 326	5 326	II	11 368	9 810	8 326	6 916	5 579	4 315
	III	**8 534**	5 326	5 326	III	7 330	6 160	5 028	3 934	2 874	1 852
	V	**19 374**	5 326	5 326	IV	12 923	12 100	11 296	10 510	9 742	8 992
	VI	**19 809**	5 326	5 326							
66 023,99	I,IV	**13 778**	5 326	5 326	I	12 114	10 522	9 004	7 560	6 189	4 891
	II	**13 012**	5 326	5 326	II	11 380	9 822	8 338	6 927	5 589	4 325
	III	**8 544**	5 326	5 326	III	7 340	6 170	5 038	3 942	2 882	1 860
	V	**19 388**	5 326	5 326	IV	12 937	12 114	11 309	10 522	9 754	9 004
	VI	**19 823**	5 326	5 326							
66 059,99	I,IV	**13 792**	5 326	5 326	I	12 126	10 534	9 016	7 571	6 199	4 901
	II	**13 025**	5 326	5 326	II	11 393	9 834	8 349	6 938	5 599	4 335
	III	**8 554**	5 326	5 326	III	7 348	6 180	5 046	3 950	2 892	1 868
	V	**19 402**	5 326	5 326	IV	12 950	12 126	11 321	10 534	9 766	9 016
	VI	**19 837**	5 326	5 326							
66 095,99	I,IV	**13 805**	5 326	5 326	I	12 139	10 547	9 027	7 582	6 210	4 911
	II	**13 038**	5 326	5 326	II	11 406	9 846	8 361	6 948	5 610	4 344
	III	**8 564**	5 326	5 326	III	7 358	6 188	5 056	3 958	2 900	1 876
	V	**19 416**	5 326	5 326	IV	12 963	12 139	11 334	10 547	9 778	9 027
	VI	**19 851**	5 326	5 326							

* Zur LSt-Berechnung für privat versicherte Arbeitnehmer s. Beispiele **Vorbemerkung S. 4 f.**
** Basisvorsorgepauschale KV und PV *** Typisierter Arbeitgeberzuschuss

Lohn/ Gehalt in € bis	Steuerklasse	Lohnsteuer*	BVSP**	TAGZ***	Steuerklasse	Bemessungsgrundlage für Kirchensteuer und Solidaritätszuschlag – Freibeträge für ... Kinder 0,5	1,0	1,5	2,0	2,5	3,0
66131,99	I,IV	**13819**	5326	5326	I	12152	10559	9039	7593	6220	4921
	II	**13051**	5326	5326	II	11418	9858	8372	6959	5620	4354
	III	**8574**	5326	5326	III	7368	6198	5064	3968	2908	1884
	V	**19430**	5326	5326	IV	12976	12152	11346	10559	9790	9039
	VI	**19865**	5326	5326							
66167,99	I,IV	**13832**	5326	5326	I	12165	10571	9051	7604	6231	4931
	II	**13064**	5326	5326	II	11431	9870	8383	6970	5630	4364
	III	**8584**	5326	5326	III	7376	6206	5072	3976	2916	1892
	V	**19443**	5326	5326	IV	12989	12165	11359	10571	9802	9051
	VI	**19879**	5326	5326							
66203,99	I,IV	**13846**	5326	5326	I	12178	10584	9063	7615	6241	4941
	II	**13078**	5326	5326	II	11444	9883	8395	6981	5641	4374
	III	**8594**	5326	5326	III	7386	6216	5082	3984	2924	1900
	V	**19458**	5326	5326	IV	13003	12178	11372	10584	9814	9063
	VI	**19893**	5326	5326							
66239,99	I,IV	**13859**	5326	5326	I	12191	10596	9075	7627	6252	4951
	II	**13091**	5326	5326	II	11456	9895	8407	6992	5651	4383
	III	**8604**	5326	5326	III	7396	6224	5090	3994	2932	1908
	V	**19472**	5326	5326	IV	13016	12191	11384	10596	9826	9075
	VI	**19907**	5326	5326							
66275,99	I,IV	**13873**	5326	5326	I	12204	10608	9086	7638	6263	4961
	II	**13104**	5326	5326	II	11469	9907	8418	7003	5661	4393
	III	**8612**	5326	5326	III	7404	6234	5100	4002	2940	1916
	V	**19485**	5326	5326	IV	13029	12204	11397	10608	9838	9086
	VI	**19921**	5326	5326							
66311,99	I,IV	**13886**	5326	5326	I	12217	10621	9098	7649	6273	4971
	II	**13118**	5326	5326	II	11481	9919	8430	7014	5672	4403
	III	**8622**	5326	5326	III	7414	6242	5108	4010	2948	1924
	V	**19499**	5326	5326	IV	13042	12217	11409	10621	9850	9098
	VI	**19934**	5326	5326							
66347,99	I,IV	**13900**	5326	5326	I	12229	10633	9110	7660	6284	4981
	II	**13131**	5326	5326	II	11494	9931	8441	7025	5682	4412
	III	**8632**	5326	5326	III	7424	6252	5116	4018	2956	1932
	V	**19513**	5326	5326	IV	13055	12229	11422	10633	9862	9110
	VI	**19948**	5326	5326							
66383,99	I,IV	**13913**	5326	5326	I	12243	10645	9122	7671	6294	4991
	II	**13144**	5326	5326	II	11507	9943	8453	7036	5692	4422
	III	**8642**	5326	5326	III	7434	6262	5126	4028	2966	1940
	V	**19527**	5326	5326	IV	13069	12243	11435	10645	9874	9122
	VI	**19963**	5326	5326							
66419,99	I,IV	**13927**	5326	5326	I	12256	10658	9133	7682	6305	5001
	II	**13157**	5326	5326	II	11520	9955	8464	7047	5703	4432
	III	**8652**	5326	5326	III	7442	6270	5134	4036	2974	1948
	V	**19541**	5326	5326	IV	13082	12256	11447	10658	9886	9133
	VI	**19976**	5326	5326							
66455,99	I,IV	**13940**	5326	5326	I	12268	10670	9145	7694	6316	5011
	II	**13171**	5326	5326	II	11532	9967	8476	7058	5713	4442
	III	**8662**	5326	5326	III	7452	6280	5144	4044	2982	1956
	V	**19555**	5326	5326	IV	13095	12268	11460	10670	9898	9145
	VI	**19990**	5326	5326							
66491,99	I,IV	**13954**	5326	5326	I	12281	10682	9157	7705	6326	5021
	II	**13184**	5326	5326	II	11545	9979	8487	7068	5723	4452
	III	**8672**	5326	5326	III	7462	6288	5152	4052	2990	1964
	V	**19569**	5326	5326	IV	13108	12281	11473	10682	9910	9157
	VI	**20004**	5326	5326							
66527,99	I,IV	**13967**	5326	5326	I	12294	10695	9168	7716	6337	5031
	II	**13197**	5326	5326	II	11557	9991	8499	7079	5734	4461
	III	**8680**	5326	5326	III	7470	6298	5160	4062	2998	1972
	V	**19583**	5326	5326	IV	13121	12294	11485	10695	9922	9168
	VI	**20018**	5326	5326							

* Zur LSt-Berechnung für privat versicherte Arbeitnehmer s. Beispiele **Vorbemerkung S. 4f.**
** Basisvorsorgepauschale KV und PV *** Typisierter Arbeitgeberzuschuss

Lohn/ Gehalt in € bis	Steuerklasse	Lohn-steuer*	BVSP**	TAGZ***	Steuerklasse	Bemessungsgrundlage für Kirchensteuer und Solidaritätszuschlag – Freibeträge für ... Kinder 0,5	**1,0**	1,5	**2,0**	2,5	**3,0**
66563,99	I,IV	**13981**	5326	5326	I	12307	10707	9180	7727	6347	5041
	II	**13210**	5326	5326	II	11570	10003	8510	7090	5744	4471
	III	**8690**	5326	5326	III	7480	6306	5170	4070	3006	1980
	V	**19597**	5326	5326	IV	13135	12307	11498	10707	9934	9180
	VI	**20032**	5326	5326							
66599,99	I,IV	**13995**	5326	5326	I	12320	10720	9192	7738	6358	5051
	II	**13224**	5326	5326	II	11583	10016	8522	7101	5754	4481
	III	**8700**	5326	5326	III	7490	6316	5180	4078	3016	1988
	V	**19611**	5326	5326	IV	13148	12320	11511	10720	9947	9192
	VI	**20046**	5326	5326							
66635,99	I,IV	**14008**	5326	5326	I	12333	10732	9204	7750	6369	5061
	II	**13237**	5326	5326	II	11596	10028	8533	7112	5765	4491
	III	**8710**	5326	5326	III	7500	6324	5188	4088	3024	1996
	V	**19625**	5326	5326	IV	13161	12333	11523	10732	9959	9204
	VI	**20060**	5326	5326							
66671,99	I,IV	**14021**	5326	5326	I	12346	10744	9216	7761	6379	5071
	II	**13250**	5326	5326	II	11608	10040	8545	7123	5775	4501
	III	**8720**	5326	5326	III	7508	6334	5196	4096	3032	2004
	V	**19639**	5326	5326	IV	13175	12346	11536	10744	9971	9216
	VI	**20074**	5326	5326							
66707,99	I,IV	**14035**	5326	5326	I	12359	10756	9227	7772	6390	5081
	II	**13263**	5326	5326	II	11621	10052	8556	7134	5785	4510
	III	**8730**	5326	5326	III	7518	6344	5206	4104	3040	2012
	V	**19653**	5326	5326	IV	13188	12359	11549	10756	9983	9227
	VI	**20088**	5326	5326							
66743,99	I,IV	**14048**	5326	5326	I	12372	10769	9239	7783	6400	5091
	II	**13277**	5326	5326	II	11633	10064	8568	7145	5796	4520
	III	**8740**	5326	5326	III	7528	6352	5214	4112	3048	2020
	V	**19666**	5326	5326	IV	13201	12372	11561	10769	9995	9239
	VI	**20102**	5326	5326							
66779,99	I,IV	**14062**	5326	5326	I	12385	10782	9251	7795	6411	5102
	II	**13290**	5326	5326	II	11647	10076	8580	7156	5806	4530
	III	**8750**	5326	5326	III	7538	6362	5224	4122	3056	2028
	V	**19681**	5326	5326	IV	13215	12385	11574	10782	10007	9251
	VI	**20116**	5326	5326							
66815,99	I,IV	**14076**	5326	5326	I	12398	10794	9263	7806	6422	5112
	II	**13303**	5326	5326	II	11659	10088	8591	7167	5817	4540
	III	**8758**	5326	5326	III	7546	6370	5232	4130	3064	2036
	V	**19695**	5326	5326	IV	13228	12398	11587	10794	10019	9263
	VI	**20130**	5326	5326							
66851,99	I,IV	**14089**	5326	5326	I	12411	10806	9275	7817	6433	5122
	II	**13317**	5326	5326	II	11672	10100	8602	7178	5827	4550
	III	**8768**	5326	5326	III	7556	6380	5242	4138	3074	2044
	V	**19708**	5326	5326	IV	13241	12411	11599	10806	10031	9275
	VI	**20144**	5326	5326							
66887,99	I,IV	**14103**	5326	5326	I	12424	10819	9287	7828	6443	5132
	II	**13330**	5326	5326	II	11684	10112	8614	7189	5837	4559
	III	**8778**	5326	5326	III	7566	6388	5250	4146	3082	2052
	V	**19722**	5326	5326	IV	13254	12424	11612	10819	10043	9287
	VI	**20157**	5326	5326							
66923,99	I,IV	**14116**	5326	5326	I	12437	10831	9298	7839	6454	5142
	II	**13343**	5326	5326	II	11697	10125	8626	7200	5848	4569
	III	**8788**	5326	5326	III	7574	6398	5258	4156	3090	2060
	V	**19736**	5326	5326	IV	13267	12437	11625	10831	10055	9298
	VI	**20171**	5326	5326							
66959,99	I,IV	**14130**	5326	5326	I	12450	10844	9311	7851	6465	5152
	II	**13357**	5326	5326	II	11710	10137	8637	7211	5858	4579
	III	**8798**	5326	5326	III	7584	6408	5268	4164	3098	2068
	V	**19750**	5326	5326	IV	13281	12450	11638	10844	10068	9311
	VI	**20186**	5326	5326							

* Zur LSt-Berechnung für privat versicherte Arbeitnehmer s. Beispiele **Vorbemerkung S. 4 f.**
** Basisvorsorgepauschale KV und PV *** Typisierter Arbeitgeberzuschuss

Lohn/ Gehalt in € bis	Steuerklasse	Lohn-steuer*	BVSP**	TAGZ***	Steuerklasse	Bemessungsgrundlage für Kirchensteuer und Solidaritätszuschlag					
						Freibeträge für ... Kinder					
						0,5	**1,0**	1,5	**2,0**	2,5	**3,0**
66 995,99	I,IV	**14 144**	5 326	5 326	I	12 463	10 856	9 322	7 862	6 475	5 162
	II	**13 370**	5 326	5 326	II	11 723	10 149	8 649	7 222	5 869	4 589
	III	**8 808**	5 326	5 326	III	7 594	6 416	5 276	4 172	3 106	2 076
	V	**19 764**	5 326	5 326	IV	13 294	12 463	11 650	10 856	10 080	9 322
	VI	**20 199**	5 326	5 326							
67 031,99	I,IV	**14 157**	5 326	5 326	I	12 476	10 868	9 334	7 873	6 486	5 172
	II	**13 383**	5 326	5 326	II	11 736	10 161	8 660	7 233	5 879	4 599
	III	**8 818**	5 326	5 326	III	7 604	6 426	5 286	4 182	3 114	2 084
	V	**19 778**	5 326	5 326	IV	13 307	12 476	11 663	10 868	10 092	9 334
	VI	**20 213**	5 326	5 326							
67 067,99	I,IV	**14 171**	5 326	5 326	I	12 489	10 881	9 346	7 884	6 497	5 182
	II	**13 397**	5 326	5 326	II	11 748	10 173	8 672	7 244	5 890	4 609
	III	**8 826**	5 326	5 326	III	7 612	6 434	5 294	4 190	3 122	2 092
	V	**19 792**	5 326	5 326	IV	13 321	12 489	11 676	10 881	10 104	9 346
	VI	**20 227**	5 326	5 326							
67 103,99	I,IV	**14 184**	5 326	5 326	I	12 502	10 893	9 358	7 896	6 507	5 192
	II	**13 410**	5 326	5 326	II	11 761	10 185	8 683	7 255	5 900	4 618
	III	**8 836**	5 326	5 326	III	7 622	6 444	5 304	4 198	3 132	2 100
	V	**19 806**	5 326	5 326	IV	13 334	12 502	11 688	10 893	10 116	9 358
	VI	**20 241**	5 326	5 326							
67 139,99	I,IV	**14 198**	5 326	5 326	I	12 515	10 905	9 369	7 907	6 518	5 202
	II	**13 423**	5 326	5 326	II	11 774	10 198	8 695	7 266	5 910	4 628
	III	**8 846**	5 326	5 326	III	7 632	6 454	5 312	4 206	3 140	2 108
	V	**19 820**	5 326	5 326	IV	13 347	12 515	11 701	10 905	10 128	9 369
	VI	**20 255**	5 326	5 326							
67 175,99	I,IV	**14 212**	5 326	5 326	I	12 528	10 918	9 382	7 918	6 529	5 213
	II	**13 437**	5 326	5 326	II	11 787	10 210	8 707	7 277	5 921	4 638
	III	**8 856**	5 326	5 326	III	7 640	6 462	5 320	4 216	3 148	2 116
	V	**19 834**	5 326	5 326	IV	13 361	12 528	11 714	10 918	10 141	9 382
	VI	**20 269**	5 326	5 326							
67 211,99	I,IV	**14 225**	5 326	5 326	I	12 541	10 931	9 393	7 930	6 539	5 223
	II	**13 450**	5 326	5 326	II	11 799	10 222	8 718	7 288	5 931	4 648
	III	**8 866**	5 326	5 326	III	7 650	6 472	5 330	4 224	3 156	2 124
	V	**19 848**	5 326	5 326	IV	13 374	12 541	11 727	10 931	10 153	9 393
	VI	**20 283**	5 326	5 326							
67 247,99	I,IV	**14 239**	5 326	5 326	I	12 554	10 943	9 405	7 941	6 550	5 233
	II	**13 463**	5 326	5 326	II	11 812	10 234	8 730	7 299	5 942	4 658
	III	**8 876**	5 326	5 326	III	7 660	6 480	5 338	4 232	3 164	2 132
	V	**19 862**	5 326	5 326	IV	13 387	12 554	11 739	10 943	10 165	9 405
	VI	**20 297**	5 326	5 326							
67 283,99	I,IV	**14 252**	5 326	5 326	I	12 567	10 955	9 417	7 952	6 561	5 243
	II	**13 477**	5 326	5 326	II	11 825	10 246	8 741	7 310	5 952	4 668
	III	**8 886**	5 326	5 326	III	7 670	6 490	5 348	4 242	3 172	2 140
	V	**19 876**	5 326	5 326	IV	13 401	12 567	11 752	10 955	10 177	9 417
	VI	**20 311**	5 326	5 326							
67 319,99	I,IV	**14 266**	5 326	5 326	I	12 580	10 968	9 429	7 963	6 571	5 253
	II	**13 490**	5 326	5 326	II	11 837	10 259	8 753	7 321	5 963	4 677
	III	**8 894**	5 326	5 326	III	7 678	6 498	5 356	4 250	3 180	2 148
	V	**19 889**	5 326	5 326	IV	13 414	12 580	11 765	10 968	10 189	9 429
	VI	**20 325**	5 326	5 326							
67 355,99	I,IV	**14 280**	5 326	5 326	I	12 593	10 980	9 441	7 975	6 582	5 263
	II	**13 504**	5 326	5 326	II	11 851	10 271	8 765	7 332	5 973	4 688
	III	**8 904**	5 326	5 326	III	7 688	6 508	5 366	4 258	3 190	2 156
	V	**19 904**	5 326	5 326	IV	13 427	12 593	11 778	10 980	10 202	9 441
	VI	**20 339**	5 326	5 326							
67 391,99	I,IV	**14 293**	5 326	5 326	I	12 606	10 993	9 453	7 986	6 593	5 273
	II	**13 517**	5 326	5 326	II	11 863	10 283	8 777	7 343	5 984	4 697
	III	**8 914**	5 326	5 326	III	7 698	6 518	5 374	4 268	3 198	2 164
	V	**19 918**	5 326	5 326	IV	13 441	12 606	11 790	10 993	10 214	9 453
	VI	**20 353**	5 326	5 326							

* Zur LSt-Berechnung für privat versicherte Arbeitnehmer s. Beispiele **Vorbemerkung S. 4 f.**
** Basisvorsorgepauschale KV und PV *** Typisierter Arbeitgeberzuschuss

Lohn/ Gehalt in € bis	Steuerklasse	Lohn-steuer*	BVSP**	TAGZ***	Steuerklasse	Bemessungsgrundlage für Kirchensteuer und Solidaritätszuschlag					
						Freibeträge für ... Kinder					
						0,5	**1,0**	1,5	**2,0**	2,5	**3,0**
67 427,99	I,IV	**14 307**	5 326	5 326	I	12 619	11 005	9 465	7 997	6 604	5 284
	II	**13 530**	5 326	5 326	II	11 876	10 295	8 788	7 354	5 994	4 707
	III	**8 924**	5 326	5 326	III	7 708	6 526	5 382	4 276	3 206	2 172
	V	**19 931**	5 326	5 326	IV	13 454	12 619	11 803	11 005	10 226	9 465
	VI	**20 367**	5 326	5 326							
67 463,99	I,IV	**14 321**	5 326	5 326	I	12 632	11 018	9 477	8 009	6 614	5 294
	II	**13 543**	5 326	5 326	II	11 889	10 307	8 800	7 365	6 004	4 717
	III	**8 934**	5 326	5 326	III	7 716	6 536	5 392	4 284	3 214	2 180
	V	**19 945**	5 326	5 326	IV	13 467	12 632	11 816	11 018	10 238	9 477
	VI	**20 380**	5 326	5 326							
67 499,99	I,IV	**14 334**	5 326	5 326	I	12 645	11 030	9 488	8 020	6 625	5 304
	II	**13 557**	5 326	5 326	II	11 901	10 320	8 811	7 376	6 015	4 727
	III	**8 944**	5 326	5 326	III	7 726	6 544	5 400	4 294	3 222	2 188
	V	**19 959**	5 326	5 326	IV	13 481	12 645	11 829	11 030	10 250	9 488
	VI	**20 394**	5 326	5 326							
67 535,99	I,IV	**14 348**	5 326	5 326	I	12 659	11 043	9 501	8 032	6 636	5 314
	II	**13 570**	5 326	5 326	II	11 915	10 332	8 823	7 388	6 026	4 737
	III	**8 954**	5 326	5 326	III	7 736	6 554	5 410	4 302	3 230	2 196
	V	**19 973**	5 326	5 326	IV	13 494	12 659	11 842	11 043	10 263	9 501
	VI	**20 409**	5 326	5 326							
67 571,99	I,IV	**14 362**	5 326	5 326	I	12 672	11 055	9 512	8 043	6 647	5 324
	II	**13 584**	5 326	5 326	II	11 927	10 344	8 835	7 399	6 036	4 747
	III	**8 964**	5 326	5 326	III	7 746	6 564	5 418	4 310	3 240	2 204
	V	**19 987**	5 326	5 326	IV	13 508	12 672	11 854	11 055	10 275	9 512
	VI	**20 422**	5 326	5 326							
67 607,99	I,IV	**14 375**	5 326	5 326	I	12 685	11 068	9 524	8 054	6 658	5 334
	II	**13 597**	5 326	5 326	II	11 940	10 356	8 846	7 410	6 047	4 757
	III	**8 974**	5 326	5 326	III	7 754	6 572	5 428	4 320	3 248	2 212
	V	**20 001**	5 326	5 326	IV	13 521	12 685	11 867	11 068	10 287	9 524
	VI	**20 436**	5 326	5 326							
67 643,99	I,IV	**14 389**	5 326	5 326	I	12 698	11 080	9 536	8 065	6 668	5 345
	II	**13 610**	5 326	5 326	II	11 953	10 369	8 858	7 421	6 057	4 767
	III	**8 984**	5 326	5 326	III	7 764	6 582	5 436	4 328	3 256	2 220
	V	**20 015**	5 326	5 326	IV	13 534	12 698	11 880	11 080	10 299	9 536
	VI	**20 450**	5 326	5 326							
67 679,99	I,IV	**14 403**	5 326	5 326	I	12 711	11 093	9 548	8 077	6 679	5 355
	II	**13 624**	5 326	5 326	II	11 966	10 381	8 870	7 432	6 067	4 777
	III	**8 992**	5 326	5 326	III	7 774	6 592	5 446	4 336	3 264	2 228
	V	**20 029**	5 326	5 326	IV	13 548	12 711	11 893	11 093	10 311	9 548
	VI	**20 464**	5 326	5 326							
67 715,99	I,IV	**14 416**	5 326	5 326	I	12 724	11 105	9 560	8 088	6 690	5 365
	II	**13 637**	5 326	5 326	II	11 978	10 393	8 881	7 443	6 078	4 786
	III	**9 002**	5 326	5 326	III	7 784	6 600	5 454	4 346	3 272	2 236
	V	**20 043**	5 326	5 326	IV	13 561	12 724	11 905	11 105	10 323	9 560
	VI	**20 478**	5 326	5 326							
67 751,99	I,IV	**14 430**	5 326	5 326	I	12 737	11 118	9 572	8 100	6 701	5 375
	II	**13 651**	5 326	5 326	II	11 991	10 406	8 893	7 454	6 089	4 797
	III	**9 012**	5 326	5 326	III	7 794	6 610	5 464	4 354	3 282	2 244
	V	**20 057**	5 326	5 326	IV	13 575	12 737	11 918	11 118	10 336	9 572
	VI	**20 492**	5 326	5 326							
67 787,99	I,IV	**14 444**	5 326	5 326	I	12 750	11 130	9 584	8 111	6 711	5 385
	II	**13 664**	5 326	5 326	II	12 004	10 418	8 905	7 465	6 099	4 806
	III	**9 022**	5 326	5 326	III	7 802	6 618	5 472	4 362	3 290	2 252
	V	**20 071**	5 326	5 326	IV	13 588	12 750	11 931	11 130	10 348	9 584
	VI	**20 506**	5 326	5 326							
67 823,99	I,IV	**14 457**	5 326	5 326	I	12 763	11 143	9 596	8 122	6 722	5 396
	II	**13 678**	5 326	5 326	II	12 017	10 430	8 916	7 476	6 110	4 816
	III	**9 032**	5 326	5 326	III	7 812	6 628	5 482	4 372	3 298	2 260
	V	**20 085**	5 326	5 326	IV	13 601	12 763	11 944	11 143	10 360	9 596
	VI	**20 520**	5 326	5 326							

* Zur LSt-Berechnung für privat versicherte Arbeitnehmer s. Beispiele **Vorbemerkung S. 4f.**
** Basisvorsorgepauschale KV und PV *** Typisierter Arbeitgeberzuschuss

Lohn/ Gehalt in € bis	Steuerklasse	Lohn-steuer*	BVSP**	TAGZ***	Steuerklasse	Bemessungsgrundlage für Kirchensteuer und Solidaritätszuschlag – Freibeträge für ... Kinder 0,5	1,0	1,5	2,0	2,5	3,0
67 859,99	I,IV	**14 471**	5 326	5 326	I	12 776	11 155	9 608	8 134	6 733	5 406
	II	**13 691**	5 326	5 326	II	12 030	10 442	8 928	7 487	6 120	4 826
	III	**9 042**	5 326	5 326	III	7 822	6 638	5 490	4 380	3 306	2 268
	V	**20 099**	5 326	5 326	IV	13 615	12 776	11 957	11 155	10 372	9 608
	VI	**20 534**	5 326	5 326							
67 895,99	I,IV	**14 485**	5 326	5 326	I	12 789	11 168	9 620	8 145	6 744	5 416
	II	**13 704**	5 326	5 326	II	12 043	10 454	8 940	7 498	6 130	4 836
	III	**9 052**	5 326	5 326	III	7 830	6 646	5 500	4 388	3 314	2 276
	V	**20 112**	5 326	5 326	IV	13 628	12 789	11 969	11 168	10 385	9 620
	VI	**20 548**	5 326	5 326							
67 931,99	I,IV	**14 499**	5 326	5 326	I	12 803	11 181	9 632	8 157	6 755	5 426
	II	**13 718**	5 326	5 326	II	12 056	10 467	8 952	7 510	6 141	4 846
	III	**9 062**	5 326	5 326	III	7 840	6 656	5 508	4 398	3 322	2 286
	V	**20 127**	5 326	5 326	IV	13 642	12 803	11 983	11 181	10 397	9 632
	VI	**20 562**	5 326	5 326							
67 967,99	I,IV	**14 512**	5 326	5 326	I	12 816	11 193	9 644	8 168	6 765	5 436
	II	**13 731**	5 326	5 326	II	12 069	10 479	8 963	7 521	6 152	4 856
	III	**9 072**	5 326	5 326	III	7 850	6 664	5 516	4 406	3 330	2 292
	V	**20 141**	5 326	5 326	IV	13 655	12 816	11 995	11 193	10 409	9 644
	VI	**20 576**	5 326	5 326							
68 003,99	I,IV	**14 526**	5 326	5 326	I	12 829	11 206	9 656	8 179	6 776	5 447
	II	**13 745**	5 326	5 326	II	12 081	10 491	8 975	7 532	6 162	4 866
	III	**9 082**	5 326	5 326	III	7 860	6 674	5 526	4 414	3 340	2 302
	V	**20 154**	5 326	5 326	IV	13 668	12 829	12 008	11 206	10 421	9 656
	VI	**20 590**	5 326	5 326							
68 039,99	I,IV	**14 540**	5 326	5 326	I	12 842	11 218	9 668	8 191	6 787	5 457
	II	**13 758**	5 326	5 326	II	12 094	10 504	8 986	7 543	6 173	4 876
	III	**9 090**	5 326	5 326	III	7 868	6 684	5 534	4 422	3 348	2 308
	V	**20 168**	5 326	5 326	IV	13 682	12 842	12 021	11 218	10 434	9 668
	VI	**20 603**	5 326	5 326							
68 075,99	I,IV	**14 553**	5 326	5 326	I	12 855	11 231	9 679	8 202	6 798	5 467
	II	**13 772**	5 326	5 326	II	12 107	10 516	8 998	7 554	6 183	4 886
	III	**9 100**	5 326	5 326	III	7 878	6 692	5 544	4 432	3 356	2 318
	V	**20 182**	5 326	5 326	IV	13 695	12 855	12 034	11 231	10 446	9 679
	VI	**20 617**	5 326	5 326							
68 111,99	I,IV	**14 567**	5 326	5 326	I	12 869	11 243	9 692	8 214	6 809	5 477
	II	**13 785**	5 326	5 326	II	12 120	10 528	9 010	7 565	6 194	4 896
	III	**9 110**	5 326	5 326	III	7 888	6 702	5 552	4 440	3 364	2 326
	V	**20 196**	5 326	5 326	IV	13 709	12 869	12 047	11 243	10 458	9 692
	VI	**20 632**	5 326	5 326							
68 147,99	I,IV	**14 581**	5 326	5 326	I	12 882	11 256	9 704	8 225	6 820	5 488
	II	**13 799**	5 326	5 326	II	12 133	10 541	9 022	7 576	6 205	4 906
	III	**9 120**	5 326	5 326	III	7 898	6 712	5 562	4 448	3 372	2 334
	V	**20 210**	5 326	5 326	IV	13 722	12 882	12 060	11 256	10 471	9 704
	VI	**20 645**	5 326	5 326							
68 183,99	I,IV	**14 595**	5 326	5 326	I	12 895	11 268	9 716	8 236	6 830	5 498
	II	**13 812**	5 326	5 326	II	12 146	10 553	9 033	7 588	6 215	4 916
	III	**9 130**	5 326	5 326	III	7 908	6 720	5 570	4 458	3 382	2 342
	V	**20 224**	5 326	5 326	IV	13 736	12 895	12 072	11 268	10 483	9 716
	VI	**20 659**	5 326	5 326							
68 219,99	I,IV	**14 608**	5 326	5 326	I	12 908	11 281	9 728	8 248	6 841	5 508
	II	**13 826**	5 326	5 326	II	12 159	10 565	9 045	7 599	6 226	4 926
	III	**9 140**	5 326	5 326	III	7 916	6 730	5 580	4 466	3 390	2 350
	V	**20 238**	5 326	5 326	IV	13 749	12 908	12 085	11 281	10 495	9 728
	VI	**20 673**	5 326	5 326							
68 255,99	I,IV	**14 622**	5 326	5 326	I	12 921	11 293	9 739	8 259	6 852	5 518
	II	**13 839**	5 326	5 326	II	12 171	10 577	9 057	7 610	6 236	4 936
	III	**9 150**	5 326	5 326	III	7 926	6 738	5 588	4 474	3 398	2 358
	V	**20 252**	5 326	5 326	IV	13 762	12 921	12 098	11 293	10 507	9 739
	VI	**20 687**	5 326	5 326							

* Zur LSt-Berechnung für privat versicherte Arbeitnehmer s. Beispiele **Vorbemerkung S. 4 f.**
** Basisvorsorgepauschale KV und PV *** Typisierter Arbeitgeberzuschuss

Lohn/ Gehalt in € bis	Steuerklasse	**Lohn-steuer***	BVSP**	TAGZ***	Steuerklasse	Bemessungsgrundlage für Kirchensteuer und Solidaritätszuschlag					
						Freibeträge für ... Kinder					
						0,5	**1,0**	1,5	**2,0**	2,5	**3,0**
68 291,99	I,IV	**14 636**	5 326	5 326	I	12 934	11 306	9 751	8 270	6 863	5 528
	II	**13 852**	5 326	5 326	II	12 184	10 590	9 068	7 621	6 247	4 946
	III	**9 160**	5 326	5 326	III	7 936	6 748	5 598	4 484	3 406	2 366
	V	**20 266**	5 326	5 326	IV	13 776	12 934	12 111	11 306	10 520	9 751
	VI	**20 701**	5 326	5 326							
68 327,99	I,IV	**14 650**	5 326	5 326	I	12 948	11 319	9 764	8 282	6 874	5 539
	II	**13 866**	5 326	5 326	II	12 198	10 602	9 081	7 632	6 257	4 956
	III	**9 170**	5 326	5 326	III	7 946	6 758	5 606	4 492	3 414	2 374
	V	**20 280**	5 326	5 326	IV	13 789	12 948	12 124	11 319	10 532	9 764
	VI	**20 715**	5 326	5 326							
68 363,99	I,IV	**14 663**	5 326	5 326	I	12 961	11 331	9 776	8 293	6 885	5 549
	II	**13 880**	5 326	5 326	II	12 210	10 615	9 092	7 643	6 268	4 966
	III	**9 180**	5 326	5 326	III	7 954	6 766	5 616	4 500	3 424	2 382
	V	**20 294**	5 326	5 326	IV	13 803	12 961	12 137	11 331	10 544	9 776
	VI	**20 729**	5 326	5 326							
68 399,99	I,IV	**14 677**	5 326	5 326	I	12 974	11 344	9 788	8 305	6 895	5 559
	II	**13 893**	5 326	5 326	II	12 223	10 627	9 104	7 654	6 278	4 976
	III	**9 190**	5 326	5 326	III	7 964	6 776	5 624	4 510	3 432	2 390
	V	**20 308**	5 326	5 326	IV	13 816	12 974	12 150	11 344	10 557	9 788
	VI	**20 743**	5 326	5 326							
68 435,99	I,IV	**14 691**	5 326	5 326	I	12 987	11 357	9 800	8 316	6 906	5 570
	II	**13 907**	5 326	5 326	II	12 236	10 639	9 116	7 666	6 289	4 986
	III	**9 200**	5 326	5 326	III	7 974	6 786	5 634	4 518	3 440	2 398
	V	**20 322**	5 326	5 326	IV	13 830	12 987	12 163	11 357	10 569	9 800
	VI	**20 757**	5 326	5 326							
68 471,99	I,IV	**14 704**	5 326	5 326	I	13 000	11 369	9 812	8 328	6 917	5 580
	II	**13 920**	5 326	5 326	II	12 249	10 651	9 127	7 677	6 300	4 996
	III	**9 208**	5 326	5 326	III	7 984	6 794	5 642	4 526	3 448	2 406
	V	**20 336**	5 326	5 326	IV	13 843	13 000	12 175	11 369	10 581	9 812
	VI	**20 771**	5 326	5 326							
68 507,99	I,IV	**14 719**	5 326	5 326	I	13 014	11 382	9 824	8 339	6 928	5 590
	II	**13 934**	5 326	5 326	II	12 262	10 664	9 139	7 688	6 310	5 006
	III	**9 218**	5 326	5 326	III	7 992	6 804	5 652	4 536	3 456	2 414
	V	**20 350**	5 326	5 326	IV	13 857	13 014	12 189	11 382	10 594	9 824
	VI	**20 785**	5 326	5 326							
68 543,99	I,IV	**14 732**	5 326	5 326	I	13 027	11 395	9 836	8 351	6 939	5 601
	II	**13 947**	5 326	5 326	II	12 275	10 676	9 151	7 699	6 321	5 016
	III	**9 228**	5 326	5 326	III	8 002	6 814	5 660	4 544	3 466	2 422
	V	**20 364**	5 326	5 326	IV	13 870	13 027	12 201	11 395	10 606	9 836
	VI	**20 799**	5 326	5 326							
68 579,99	I,IV	**14 746**	5 326	5 326	I	13 040	11 407	9 848	8 362	6 950	5 611
	II	**13 961**	5 326	5 326	II	12 288	10 689	9 163	7 710	6 332	5 026
	III	**9 238**	5 326	5 326	III	8 012	6 822	5 670	4 552	3 474	2 430
	V	**20 378**	5 326	5 326	IV	13 884	13 040	12 214	11 407	10 618	9 848
	VI	**20 813**	5 326	5 326							
68 615,99	I,IV	**14 760**	5 326	5 326	I	13 053	11 420	9 860	8 373	6 961	5 621
	II	**13 974**	5 326	5 326	II	12 301	10 701	9 175	7 722	6 342	5 036
	III	**9 248**	5 326	5 326	III	8 022	6 832	5 678	4 562	3 482	2 438
	V	**20 391**	5 326	5 326	IV	13 897	13 053	12 227	11 420	10 631	9 860
	VI	**20 826**	5 326	5 326							
68 651,99	I,IV	**14 773**	5 326	5 326	I	13 066	11 432	9 872	8 385	6 971	5 631
	II	**13 988**	5 326	5 326	II	12 314	10 713	9 186	7 733	6 353	5 046
	III	**9 258**	5 326	5 326	III	8 030	6 840	5 686	4 570	3 490	2 446
	V	**20 405**	5 326	5 326	IV	13 911	13 066	12 240	11 432	10 643	9 872
	VI	**20 840**	5 326	5 326							
68 687,99	I,IV	**14 788**	5 326	5 326	I	13 080	11 445	9 884	8 397	6 983	5 642
	II	**14 001**	5 326	5 326	II	12 327	10 726	9 198	7 744	6 364	5 056
	III	**9 268**	5 326	5 326	III	8 040	6 850	5 696	4 578	3 498	2 454
	V	**20 420**	5 326	5 326	IV	13 924	13 080	12 253	11 445	10 655	9 884
	VI	**20 855**	5 326	5 326							

* Zur LSt-Berechnung für privat versicherte Arbeitnehmer s. Beispiele **Vorbemerkung S. 4 f.**
** Basisvorsorgepauschale KV und PV *** Typisierter Arbeitgeberzuschuss

Lohn/ Gehalt in € bis	Steuerklasse	Lohn-steuer*	BVSP**	TAGZ***	Steuerklasse	Bemessungsgrundlage für Kirchensteuer und Solidaritätszuschlag					
						Freibeträge für ... Kinder					
						0,5	**1,0**	1,5	**2,0**	2,5	**3,0**
68723,99	I,IV	**14801**	5326	5326	I	13093	11458	9896	8408	6993	5652
	II	**14015**	5326	5326	II	12340	10738	9210	7755	6374	5066
	III	**9278**	5326	5326	III	8050	6860	5706	4588	3508	2464
	V	**20433**	5326	5326	IV	13938	13093	12266	11458	10668	9896
	VI	**20868**	5326	5326							
68759,99	I,IV	**14815**	5326	5326	I	13106	11470	9908	8419	7004	5663
	II	**14028**	5326	5326	II	12353	10751	9222	7767	6385	5076
	III	**9288**	5326	5326	III	8060	6868	5714	4596	3516	2470
	V	**20447**	5326	5326	IV	13951	13106	12279	11470	10680	9908
	VI	**20882**	5326	5326							
68795,99	I,IV	**14829**	5326	5326	I	13119	11483	9920	8431	7015	5673
	II	**14042**	5326	5326	II	12366	10763	9234	7778	6395	5086
	III	**9298**	5326	5326	III	8070	6878	5724	4606	3524	2480
	V	**20461**	5326	5326	IV	13965	13119	12292	11483	10692	9920
	VI	**20896**	5326	5326							
68831,99	I,IV	**14843**	5326	5326	I	13132	11495	9932	8442	7026	5683
	II	**14055**	5326	5326	II	12379	10775	9245	7789	6406	5096
	III	**9308**	5326	5326	III	8078	6886	5732	4614	3532	2488
	V	**20475**	5326	5326	IV	13978	13132	12305	11495	10705	9932
	VI	**20910**	5326	5326							
68867,99	I,IV	**14856**	5326	5326	I	13145	11508	9944	8454	7037	5693
	II	**14069**	5326	5326	II	12391	10787	9257	7800	6417	5106
	III	**9318**	5326	5326	III	8088	6896	5742	4622	3540	2496
	V	**20489**	5326	5326	IV	13992	13145	12318	11508	10717	9944
	VI	**20924**	5326	5326							
68903,99	I,IV	**14870**	5326	5326	I	13159	11521	9957	8466	7048	5704
	II	**14083**	5326	5326	II	12405	10800	9269	7812	6427	5117
	III	**9328**	5326	5326	III	8098	6906	5750	4632	3550	2504
	V	**20503**	5326	5326	IV	14006	13159	12331	11521	10730	9957
	VI	**20938**	5326	5326							
68939,99	I,IV	**14884**	5326	5326	I	13172	11534	9969	8477	7059	5714
	II	**14096**	5326	5326	II	12418	10813	9281	7823	6438	5127
	III	**9338**	5326	5326	III	8108	6914	5760	4640	3558	2512
	V	**20517**	5326	5326	IV	14019	13172	12344	11534	10742	9969
	VI	**20952**	5326	5326							
68975,99	I,IV	**14898**	5326	5326	I	13185	11546	9981	8488	7070	5725
	II	**14110**	5326	5326	II	12431	10825	9293	7834	6449	5137
	III	**9348**	5326	5326	III	8118	6924	5768	4648	3566	2520
	V	**20531**	5326	5326	IV	14032	13185	12357	11546	10754	9981
	VI	**20966**	5326	5326							
69011,99	I,IV	**14912**	5326	5326	I	13199	11559	9993	8500	7081	5735
	II	**14123**	5326	5326	II	12444	10837	9304	7845	6459	5147
	III	**9356**	5326	5326	III	8126	6934	5776	4658	3574	2528
	V	**20545**	5326	5326	IV	14046	13199	12370	11559	10767	9993
	VI	**20980**	5326	5326							
69047,99	I,IV	**14926**	5326	5326	I	13212	11571	10005	8511	7092	5745
	II	**14137**	5326	5326	II	12456	10850	9316	7856	6470	5157
	III	**9366**	5326	5326	III	8136	6942	5786	4666	3582	2536
	V	**20559**	5326	5326	IV	14059	13212	12382	11571	10779	10005
	VI	**20994**	5326	5326							
69083,99	I,IV	**14940**	5326	5326	I	13225	11584	10017	8523	7103	5756
	II	**14151**	5326	5326	II	12470	10862	9328	7868	6481	5167
	III	**9376**	5326	5326	III	8146	6952	5796	4676	3592	2544
	V	**20573**	5326	5326	IV	14073	13225	12396	11584	10792	10017
	VI	**21008**	5326	5326							
69119,99	I,IV	**14953**	5326	5326	I	13239	11597	10029	8535	7114	5766
	II	**14164**	5326	5326	II	12483	10875	9340	7879	6491	5177
	III	**9386**	5326	5326	III	8156	6962	5804	4684	3600	2552
	V	**20587**	5326	5326	IV	14087	13239	12409	11597	10804	10029
	VI	**21022**	5326	5326							

* Zur LSt-Berechnung für privat versicherte Arbeitnehmer s. Beispiele **Vorbemerkung S. 4f.**
** Basisvorsorgepauschale KV und PV *** Typisierter Arbeitgeberzuschuss

Lohn/ Gehalt in € bis	Steuerklasse	Lohn- steuer*	BVSP**	TAGZ***	Steuerklasse	Bemessungsgrundlage für Kirchensteuer und Solidaritätszuschlag – Freibeträge für ... Kinder 0,5	1,0	1,5	2,0	2,5	3,0
69155,99	I,IV	**14967**	5326	5326	I	13252	11610	10041	8546	7125	5776
	II	**14178**	5326	5326	II	12496	10887	9352	7890	6502	5187
	III	**9396**	5326	5326	III	8166	6972	5814	4692	3608	2560
	V	**20601**	5326	5326	IV	14100	13252	12422	11610	10816	10041
	VI	**21036**	5326	5326							
69191,99	I,IV	**14981**	5326	5326	I	13265	11622	10053	8558	7135	5787
	II	**14191**	5326	5326	II	12509	10899	9364	7901	6513	5197
	III	**9406**	5326	5326	III	8174	6980	5822	4700	3616	2568
	V	**20614**	5326	5326	IV	14114	13265	12434	11622	10829	10053
	VI	**21050**	5326	5326							
69227,99	I,IV	**14995**	5326	5326	I	13278	11635	10065	8569	7146	5797
	II	**14205**	5326	5326	II	12522	10912	9376	7913	6523	5207
	III	**9416**	5326	5326	III	8184	6990	5832	4710	3624	2576
	V	**20628**	5326	5326	IV	14127	13278	12447	11635	10841	10065
	VI	**21063**	5326	5326							
69263,99	I,IV	**15009**	5326	5326	I	13292	11648	10078	8581	7158	5808
	II	**14219**	5326	5326	II	12535	10925	9388	7924	6534	5218
	III	**9426**	5326	5326	III	8194	7000	5840	4718	3634	2586
	V	**20643**	5326	5326	IV	14141	13292	12461	11648	10854	10078
	VI	**21078**	5326	5326							
69299,99	I,IV	**15023**	5326	5326	I	13305	11661	10090	8592	7168	5818
	II	**14232**	5326	5326	II	12548	10937	9399	7935	6545	5228
	III	**9436**	5326	5326	III	8204	7008	5850	4728	3642	2594
	V	**20656**	5326	5326	IV	14155	13305	12474	11661	10866	10090
	VI	**21092**	5326	5326							
69335,99	I,IV	**15037**	5326	5326	I	13318	11673	10102	8604	7179	5828
	II	**14246**	5326	5326	II	12561	10949	9411	7947	6556	5238
	III	**9446**	5326	5326	III	8214	7018	5858	4736	3650	2602
	V	**20670**	5326	5326	IV	14168	13318	12487	11673	10878	10102
	VI	**21105**	5326	5326							
69371,99	I,IV	**15050**	5326	5326	I	13332	11686	10114	8615	7190	5839
	II	**14259**	5326	5326	II	12574	10962	9423	7958	6566	5248
	III	**9456**	5326	5326	III	8222	7026	5868	4744	3658	2610
	V	**20684**	5326	5326	IV	14182	13332	12500	11686	10891	10114
	VI	**21119**	5326	5326							
69407,99	I,IV	**15064**	5326	5326	I	13345	11699	10126	8627	7201	5849
	II	**14273**	5326	5326	II	12587	10974	9435	7969	6577	5258
	III	**9466**	5326	5326	III	8232	7036	5876	4754	3668	2618
	V	**20698**	5326	5326	IV	14195	13345	12513	11699	10903	10126
	VI	**21133**	5326	5326							
69443,99	I,IV	**15078**	5326	5326	I	13358	11711	10138	8638	7212	5859
	II	**14286**	5326	5326	II	12600	10987	9447	7980	6588	5268
	III	**9476**	5326	5326	III	8242	7046	5886	4762	3676	2626
	V	**20712**	5326	5326	IV	14209	13358	12525	11711	10916	10138
	VI	**21147**	5326	5326							
69479,99	I,IV	**15092**	5326	5326	I	13372	11724	10151	8650	7223	5870
	II	**14300**	5326	5326	II	12613	10999	9459	7992	6599	5279
	III	**9486**	5326	5326	III	8252	7054	5894	4770	3684	2634
	V	**20726**	5326	5326	IV	14223	13372	12539	11724	10928	10151
	VI	**21161**	5326	5326							
69515,99	I,IV	**15106**	5326	5326	I	13385	11737	10163	8662	7234	5880
	II	**14314**	5326	5326	II	12626	11012	9471	8003	6609	5289
	III	**9496**	5326	5326	III	8262	7064	5904	4780	3692	2642
	V	**20740**	5326	5326	IV	14236	13385	12552	11737	10941	10163
	VI	**21175**	5326	5326							
69551,99	I,IV	**15120**	5326	5326	I	13398	11750	10175	8673	7245	5891
	II	**14328**	5326	5326	II	12639	11024	9483	8015	6620	5299
	III	**9506**	5326	5326	III	8270	7074	5912	4788	3700	2650
	V	**20754**	5326	5326	IV	14250	13398	12565	11750	10953	10175
	VI	**21189**	5326	5326							

* Zur LSt-Berechnung für privat versicherte Arbeitnehmer s. Beispiele **Vorbemerkung S. 4 f.**
** Basisvorsorgepauschale KV und PV *** Typisierter Arbeitgeberzuschuss

Lohn/ Gehalt in € bis	Steuerklasse	Lohn- steuer*	BVSP**	TAGZ***	Steuerklasse	Bemessungsgrundlage für Kirchensteuer und Solidaritätszuschlag – Freibeträge für ... Kinder 0,5	1,0	1,5	2,0	2,5	3,0
69 587,99	I,IV	**15 134**	5 326	5 326	I	13 411	11 762	10 187	8 685	7 256	5 901
	II	**14 341**	5 326	5 326	II	12 652	11 037	9 494	8 026	6 631	5 309
	III	**9 516**	5 326	5 326	III	8 280	7 082	5 922	4 798	3 710	2 658
	V	**20 768**	5 326	5 326	IV	14 263	13 411	12 578	11 762	10 965	10 187
	VI	**21 203**	5 326	5 326							
69 623,99	I,IV	**15 148**	5 326	5 326	I	13 425	11 775	10 199	8 696	7 267	5 912
	II	**14 355**	5 326	5 326	II	12 665	11 049	9 506	8 037	6 641	5 319
	III	**9 524**	5 326	5 326	III	8 290	7 092	5 930	4 806	3 718	2 666
	V	**20 782**	5 326	5 326	IV	14 277	13 425	12 591	11 775	10 978	10 199
	VI	**21 217**	5 326	5 326							
69 659,99	I,IV	**15 162**	5 326	5 326	I	13 438	11 788	10 211	8 708	7 279	5 922
	II	**14 369**	5 326	5 326	II	12 679	11 062	9 518	8 049	6 652	5 330
	III	**9 536**	5 326	5 326	III	8 300	7 102	5 940	4 814	3 726	2 674
	V	**20 796**	5 326	5 326	IV	14 291	13 438	12 604	11 788	10 991	10 211
	VI	**21 231**	5 326	5 326							
69 695,99	I,IV	**15 176**	5 326	5 326	I	13 452	11 801	10 224	8 720	7 289	5 933
	II	**14 382**	5 326	5 326	II	12 692	11 074	9 530	8 060	6 663	5 340
	III	**9 546**	5 326	5 326	III	8 310	7 110	5 948	4 824	3 734	2 684
	V	**20 810**	5 326	5 326	IV	14 305	13 452	12 617	11 801	11 003	10 224
	VI	**21 245**	5 326	5 326							
69 731,99	I,IV	**15 190**	5 326	5 326	I	13 465	11 814	10 236	8 731	7 300	5 943
	II	**14 396**	5 326	5 326	II	12 705	11 087	9 542	8 071	6 674	5 350
	III	**9 554**	5 326	5 326	III	8 320	7 120	5 958	4 832	3 744	2 690
	V	**20 824**	5 326	5 326	IV	14 318	13 465	12 630	11 814	11 015	10 236
	VI	**21 259**	5 326	5 326							
69 767,99	I,IV	**15 204**	5 326	5 326	I	13 478	11 826	10 248	8 743	7 311	5 953
	II	**14 410**	5 326	5 326	II	12 718	11 099	9 554	8 083	6 684	5 360
	III	**9 566**	5 326	5 326	III	8 328	7 130	5 966	4 840	3 752	2 700
	V	**20 837**	5 326	5 326	IV	14 332	13 478	12 643	11 826	11 028	10 248
	VI	**21 273**	5 326	5 326							
69 803,99	I,IV	**15 217**	5 326	5 326	I	13 491	11 839	10 260	8 754	7 322	5 964
	II	**14 423**	5 326	5 326	II	12 731	11 112	9 566	8 094	6 695	5 370
	III	**9 574**	5 326	5 326	III	8 338	7 138	5 976	4 850	3 760	2 708
	V	**20 851**	5 326	5 326	IV	14 345	13 491	12 656	11 839	11 040	10 260
	VI	**21 286**	5 326	5 326							
69 839,99	I,IV	**15 232**	5 326	5 326	I	13 505	11 852	10 272	8 766	7 334	5 975
	II	**14 437**	5 326	5 326	II	12 744	11 124	9 578	8 105	6 706	5 380
	III	**9 584**	5 326	5 326	III	8 348	7 148	5 984	4 858	3 768	2 716
	V	**20 866**	5 326	5 326	IV	14 359	13 505	12 669	11 852	11 053	10 272
	VI	**21 301**	5 326	5 326							
69 875,99	I,IV	**15 246**	5 326	5 326	I	13 518	11 865	10 285	8 778	7 345	5 985
	II	**14 451**	5 326	5 326	II	12 757	11 137	9 590	8 117	6 717	5 391
	III	**9 594**	5 326	5 326	III	8 358	7 158	5 994	4 868	3 778	2 724
	V	**20 879**	5 326	5 326	IV	14 373	13 518	12 682	11 865	11 066	10 285
	VI	**21 315**	5 326	5 326							
69 911,99	I,IV	**15 259**	5 326	5 326	I	13 532	11 878	10 297	8 789	7 356	5 995
	II	**14 464**	5 326	5 326	II	12 770	11 149	9 602	8 128	6 728	5 401
	III	**9 604**	5 326	5 326	III	8 368	7 166	6 002	4 876	3 786	2 732
	V	**20 893**	5 326	5 326	IV	14 386	13 532	12 695	11 878	11 078	10 297
	VI	**21 328**	5 326	5 326							
69 947,99	I,IV	**15 273**	5 326	5 326	I	13 545	11 890	10 309	8 801	7 367	6 006
	II	**14 478**	5 326	5 326	II	12 783	11 162	9 614	8 139	6 738	5 411
	III	**9 614**	5 326	5 326	III	8 378	7 176	6 012	4 884	3 794	2 740
	V	**20 907**	5 326	5 326	IV	14 400	13 545	12 708	11 890	11 090	10 309
	VI	**21 342**	5 326	5 326							
69 983,99	I,IV	**15 287**	5 326	5 326	I	13 558	11 903	10 321	8 813	7 378	6 016
	II	**14 492**	5 326	5 326	II	12 796	11 174	9 626	8 151	6 749	5 421
	III	**9 624**	5 326	5 326	III	8 386	7 186	6 020	4 894	3 802	2 748
	V	**20 921**	5 326	5 326	IV	14 414	13 558	12 722	11 903	11 103	10 321
	VI	**21 356**	5 326	5 326							

* Zur LSt-Berechnung für privat versicherte Arbeitnehmer s. Beispiele **Vorbemerkung S. 4 f.**
** Basisvorsorgepauschale KV und PV *** Typisierter Arbeitgeberzuschuss

Lohn/ Gehalt in € bis	Steuerklasse	Lohn-steuer*	BVSP**	TAGZ***	Steuerklasse	Bemessungsgrundlage für Kirchensteuer und Solidaritätszuschlag					
						Freibeträge für ... Kinder					
						0,5	**1,0**	1,5	**2,0**	2,5	**3,0**
70019,99	I,IV	**15301**	5326	5326	I	13572	11916	10333	8824	7389	6027
	II	**14505**	5326	5326	II	12809	11187	9638	8162	6760	5431
	III	**9634**	5326	5326	III	8396	7194	6030	4902	3812	2756
	V	**20935**	5326	5326	IV	14427	13572	12735	11916	11115	10333
	VI	**21370**	5326	5326							
70055,99	I,IV	**15315**	5326	5326	I	13585	11929	10346	8836	7400	6037
	II	**14519**	5326	5326	II	12823	11200	9650	8174	6771	5442
	III	**9644**	5326	5326	III	8406	7204	6040	4912	3820	2766
	V	**20949**	5326	5326	IV	14441	13585	12748	11929	11128	10346
	VI	**21384**	5326	5326							
70091,99	I,IV	**15329**	5326	5326	I	13599	11942	10358	8848	7411	6048
	II	**14533**	5326	5326	II	12836	11212	9662	8185	6782	5452
	III	**9654**	5326	5326	III	8416	7214	6048	4920	3828	2772
	V	**20963**	5326	5326	IV	14455	13599	12761	11942	11141	10358
	VI	**21398**	5326	5326							
70127,99	I,IV	**15343**	5326	5326	I	13612	11954	10370	8859	7422	6058
	II	**14547**	5326	5326	II	12849	11225	9674	8196	6792	5462
	III	**9664**	5326	5326	III	8426	7224	6058	4928	3836	2782
	V	**20977**	5326	5326	IV	14469	13612	12774	11954	11153	10370
	VI	**21412**	5326	5326							
70163,99	I,IV	**15357**	5326	5326	I	13625	11967	10382	8871	7433	6069
	II	**14560**	5326	5326	II	12862	11237	9686	8208	6803	5472
	III	**9674**	5326	5326	III	8434	7232	6066	4938	3844	2790
	V	**20991**	5326	5326	IV	14482	13625	12787	11967	11166	10382
	VI	**21426**	5326	5326							
70199,99	I,IV	**15371**	5326	5326	I	13639	11980	10394	8883	7444	6079
	II	**14574**	5326	5326	II	12875	11250	9698	8219	6814	5482
	III	**9684**	5326	5326	III	8444	7242	6076	4946	3854	2798
	V	**21005**	5326	5326	IV	14496	13639	12800	11980	11178	10394
	VI	**21440**	5326	5326							
70235,99	I,IV	**15385**	5326	5326	I	13653	11993	10407	8895	7455	6090
	II	**14588**	5326	5326	II	12888	11262	9710	8231	6825	5493
	III	**9694**	5326	5326	III	8454	7252	6084	4956	3862	2806
	V	**21019**	5326	5326	IV	14510	13653	12814	11993	11191	10407
	VI	**21454**	5326	5326							
70271,99	I,IV	**15399**	5326	5326	I	13666	12006	10419	8906	7466	6100
	II	**14602**	5326	5326	II	12902	11275	9722	8242	6836	5503
	III	**9704**	5326	5326	III	8464	7260	6094	4964	3870	2814
	V	**21033**	5326	5326	IV	14523	13666	12827	12006	11203	10419
	VI	**21468**	5326	5326							
70307,99	I,IV	**15413**	5326	5326	I	13679	12019	10431	8918	7478	6111
	II	**14615**	5326	5326	II	12915	11287	9734	8253	6847	5513
	III	**9714**	5326	5326	III	8474	7270	6104	4972	3880	2822
	V	**21047**	5326	5326	IV	14537	13679	12840	12019	11216	10431
	VI	**21482**	5326	5326							
70343,99	I,IV	**15427**	5326	5326	I	13693	12031	10444	8929	7489	6121
	II	**14629**	5326	5326	II	12928	11300	9746	8265	6857	5524
	III	**9724**	5326	5326	III	8484	7280	6112	4982	3888	2830
	V	**21060**	5326	5326	IV	14551	13693	12853	12031	11228	10444
	VI	**21496**	5326	5326							
70379,99	I,IV	**15440**	5326	5326	I	13706	12044	10456	8941	7500	6132
	II	**14643**	5326	5326	II	12941	11312	9758	8276	6868	5534
	III	**9734**	5326	5326	III	8492	7288	6122	4990	3896	2838
	V	**21074**	5326	5326	IV	14564	13706	12866	12044	11241	10456
	VI	**21509**	5326	5326							
70415,99	I,IV	**15455**	5326	5326	I	13720	12057	10468	8953	7511	6143
	II	**14657**	5326	5326	II	12954	11325	9770	8288	6879	5544
	III	**9744**	5326	5326	III	8502	7298	6130	5000	3904	2848
	V	**21089**	5326	5326	IV	14578	13720	12879	12057	11254	10468
	VI	**21524**	5326	5326							

* Zur LSt-Berechnung für privat versicherte Arbeitnehmer s. Beispiele **Vorbemerkung S. 4f.**
** Basisvorsorgepauschale KV und PV *** Typisierter Arbeitgeberzuschuss

Lohn/ Gehalt in € bis	Steuerklasse	Lohn-steuer*	BVSP**	TAGZ***	Steuerklasse	Bemessungsgrundlage für Kirchensteuer und Solidaritätszuschlag – Freibeträge für ... Kinder 0,5	1,0	1,5	2,0	2,5	3,0
70451,99	I,IV	**15469**	5326	5326	I	13733	12070	10481	8965	7522	6153
	II	**14670**	5326	5326	II	12967	11338	9782	8299	6890	5554
	III	**9754**	5326	5326	III	8512	7308	6140	5008	3914	2856
	V	**21102**	5326	5326	IV	14592	13733	12892	12070	11266	10481
	VI	**21538**	5326	5326							
70487,99	I,IV	**15482**	5326	5326	I	13746	12083	10493	8976	7533	6163
	II	**14684**	5326	5326	II	12981	11350	9794	8311	6901	5565
	III	**9764**	5326	5326	III	8522	7316	6148	5016	3922	2864
	V	**21116**	5326	5326	IV	14606	13746	12906	12083	11279	10493
	VI	**21551**	5326	5326							
70523,99	I,IV	**15496**	5326	5326	I	13760	12096	10505	8988	7544	6174
	II	**14698**	5326	5326	II	12994	11363	9806	8322	6912	5575
	III	**9774**	5326	5326	III	8532	7326	6158	5026	3930	2872
	V	**21130**	5326	5326	IV	14619	13760	12919	12096	11291	10505
	VI	**21565**	5326	5326							
70559,99	I,IV	**15510**	5326	5326	I	13773	12109	10517	9000	7555	6184
	II	**14712**	5326	5326	II	13007	11376	9818	8333	6923	5585
	III	**9784**	5326	5326	III	8542	7336	6166	5034	3938	2880
	V	**21144**	5326	5326	IV	14633	13773	12932	12109	11304	10517
	VI	**21579**	5326	5326							
70595,99	I,IV	**15524**	5326	5326	I	13787	12121	10530	9011	7566	6195
	II	**14725**	5326	5326	II	13020	11388	9830	8345	6933	5595
	III	**9794**	5326	5326	III	8550	7344	6176	5042	3946	2888
	V	**21158**	5326	5326	IV	14647	13787	12945	12121	11316	10530
	VI	**21593**	5326	5326							
70631,99	I,IV	**15538**	5326	5326	I	13800	12135	10542	9023	7578	6206
	II	**14739**	5326	5326	II	13033	11401	9842	8357	6945	5606
	III	**9804**	5326	5326	III	8560	7354	6184	5052	3956	2896
	V	**21172**	5326	5326	IV	14661	13800	12958	12135	11329	10542
	VI	**21607**	5326	5326							
70667,99	I,IV	**15552**	5326	5326	I	13814	12147	10554	9035	7589	6216
	II	**14753**	5326	5326	II	13047	11414	9854	8368	6955	5616
	III	**9814**	5326	5326	III	8570	7364	6194	5060	3964	2904
	V	**21186**	5326	5326	IV	14675	13814	12971	12147	11342	10554
	VI	**21621**	5326	5326							
70703,99	I,IV	**15566**	5326	5326	I	13827	12160	10567	9047	7600	6227
	II	**14767**	5326	5326	II	13060	11426	9866	8379	6966	5626
	III	**9824**	5326	5326	III	8580	7374	6202	5070	3972	2912
	V	**21200**	5326	5326	IV	14688	13827	12985	12160	11354	10567
	VI	**21635**	5326	5326							
70739,99	I,IV	**15580**	5326	5326	I	13841	12173	10579	9058	7611	6237
	II	**14781**	5326	5326	II	13073	11439	9878	8391	6977	5637
	III	**9834**	5326	5326	III	8590	7382	6212	5078	3982	2922
	V	**21214**	5326	5326	IV	14702	13841	12998	12173	11367	10579
	VI	**21649**	5326	5326							
70775,99	I,IV	**15594**	5326	5326	I	13854	12186	10591	9070	7622	6248
	II	**14794**	5326	5326	II	13086	11451	9890	8402	6988	5647
	III	**9844**	5326	5326	III	8600	7392	6220	5086	3990	2930
	V	**21228**	5326	5326	IV	14716	13854	13011	12186	11379	10591
	VI	**21663**	5326	5326							
70811,99	I,IV	**15608**	5326	5326	I	13868	12199	10604	9082	7634	6259
	II	**14808**	5326	5326	II	13100	11464	9902	8414	6999	5658
	III	**9854**	5326	5326	III	8610	7402	6230	5096	3998	2938
	V	**21242**	5326	5326	IV	14730	13868	13024	12199	11392	10604
	VI	**21677**	5326	5326							
70847,99	I,IV	**15622**	5326	5326	I	13881	12212	10616	9094	7645	6269
	II	**14822**	5326	5326	II	13113	11477	9914	8425	7010	5668
	III	**9864**	5326	5326	III	8620	7412	6240	5106	4008	2946
	V	**21256**	5326	5326	IV	14744	13881	13037	12212	11405	10616
	VI	**21691**	5326	5326							

* Zur LSt-Berechnung für privat versicherte Arbeitnehmer s. Beispiele **Vorbemerkung S. 4 f.**
** Basisvorsorgepauschale KV und PV *** Typisierter Arbeitgeberzuschuss

Lohn/ Gehalt in € bis	Steuerklasse	Lohn- steuer*	BVSP**	TAGZ***	Steuerklasse	Bemessungsgrundlage für Kirchensteuer und Solidaritätszuschlag – Freibeträge für ... Kinder 0,5	1,0	1,5	2,0	2,5	3,0
70 883,99	I,IV	**15 636**	5 326	5 326	I	13 895	12 225	10 628	9 105	7 656	6 280
	II	**14 836**	5 326	5 326	II	13 126	11 489	9 926	8 437	7 021	5 678
	III	**9 874**	5 326	5 326	III	8 628	7 420	6 248	5 114	4 016	2 954
	V	**21 270**	5 326	5 326	IV	14 757	13 895	13 051	12 225	11 417	10 628
	VI	**21 705**	5 326	5 326							
70 919,99	I,IV	**15 650**	5 326	5 326	I	13 908	12 238	10 641	9 117	7 667	6 290
	II	**14 850**	5 326	5 326	II	13 139	11 502	9 938	8 448	7 032	5 688
	III	**9 884**	5 326	5 326	III	8 638	7 430	6 258	5 122	4 024	2 962
	V	**21 283**	5 326	5 326	IV	14 771	13 908	13 064	12 238	11 430	10 641
	VI	**21 719**	5 326	5 326							
70 955,99	I,IV	**15 663**	5 326	5 326	I	13 922	12 250	10 653	9 129	7 678	6 301
	II	**14 863**	5 326	5 326	II	13 152	11 515	9 950	8 460	7 042	5 699
	III	**9 894**	5 326	5 326	III	8 648	7 438	6 266	5 132	4 032	2 970
	V	**21 297**	5 326	5 326	IV	14 785	13 922	13 077	12 250	11 442	10 653
	VI	**21 732**	5 326	5 326							
70 991,99	I,IV	**15 678**	5 326	5 326	I	13 935	12 264	10 666	9 141	7 690	6 312
	II	**14 878**	5 326	5 326	II	13 166	11 528	9 963	8 471	7 054	5 709
	III	**9 904**	5 326	5 326	III	8 658	7 448	6 276	5 140	4 042	2 978
	V	**21 312**	5 326	5 326	IV	14 799	13 935	13 090	12 264	11 455	10 666
	VI	**21 747**	5 326	5 326							
71 027,99	I,IV	**15 692**	5 326	5 326	I	13 949	12 277	10 678	9 153	7 701	6 322
	II	**14 891**	5 326	5 326	II	13 179	11 540	9 975	8 483	7 064	5 720
	III	**9 914**	5 326	5 326	III	8 668	7 458	6 286	5 150	4 050	2 988
	V	**21 325**	5 326	5 326	IV	14 813	13 949	13 104	12 277	11 468	10 678
	VI	**21 761**	5 326	5 326							
71 063,99	I,IV	**15 705**	5 326	5 326	I	13 962	12 289	10 690	9 164	7 712	6 333
	II	**14 905**	5 326	5 326	II	13 192	11 553	9 987	8 494	7 075	5 730
	III	**9 924**	5 326	5 326	III	8 678	7 468	6 294	5 158	4 058	2 996
	V	**21 339**	5 326	5 326	IV	14 826	13 962	13 117	12 289	11 481	10 690
	VI	**21 774**	5 326	5 326							
71 099,99	I,IV	**15 719**	5 326	5 326	I	13 976	12 302	10 702	9 176	7 723	6 343
	II	**14 919**	5 326	5 326	II	13 205	11 565	9 999	8 506	7 086	5 740
	III	**9 934**	5 326	5 326	III	8 688	7 476	6 304	5 166	4 066	3 004
	V	**21 353**	5 326	5 326	IV	14 840	13 976	13 130	12 302	11 493	10 702
	VI	**21 788**	5 326	5 326							
71 135,99	I,IV	**15 733**	5 326	5 326	I	13 989	12 315	10 715	9 188	7 734	6 354
	II	**14 933**	5 326	5 326	II	13 219	11 578	10 011	8 517	7 097	5 750
	III	**9 944**	5 326	5 326	III	8 696	7 486	6 312	5 176	4 076	3 012
	V	**21 367**	5 326	5 326	IV	14 854	13 989	13 143	12 315	11 506	10 715
	VI	**21 802**	5 326	5 326							
71 171,99	I,IV	**15 747**	5 326	5 326	I	14 003	12 328	10 727	9 199	7 745	6 365
	II	**14 946**	5 326	5 326	II	13 232	11 591	10 023	8 529	7 108	5 761
	III	**9 954**	5 326	5 326	III	8 706	7 496	6 322	5 184	4 084	3 020
	V	**21 381**	5 326	5 326	IV	14 868	14 003	13 156	12 328	11 518	10 727
	VI	**21 816**	5 326	5 326							
71 207,99	I,IV	**15 761**	5 326	5 326	I	14 017	12 341	10 740	9 211	7 757	6 375
	II	**14 961**	5 326	5 326	II	13 245	11 604	10 035	8 541	7 119	5 771
	III	**9 964**	5 326	5 326	III	8 716	7 506	6 332	5 194	4 092	3 028
	V	**21 395**	5 326	5 326	IV	14 882	14 017	13 170	12 341	11 531	10 740
	VI	**21 830**	5 326	5 326							
71 243,99	I,IV	**15 775**	5 326	5 326	I	14 030	12 354	10 752	9 223	7 768	6 386
	II	**14 974**	5 326	5 326	II	13 259	11 616	10 047	8 552	7 130	5 782
	III	**9 974**	5 326	5 326	III	8 726	7 514	6 340	5 202	4 100	3 036
	V	**21 409**	5 326	5 326	IV	14 895	14 030	13 183	12 354	11 544	10 752
	VI	**21 844**	5 326	5 326							
71 279,99	I,IV	**15 789**	5 326	5 326	I	14 044	12 367	10 764	9 235	7 779	6 397
	II	**14 988**	5 326	5 326	II	13 272	11 629	10 059	8 564	7 141	5 792
	III	**9 984**	5 326	5 326	III	8 736	7 524	6 350	5 212	4 110	3 046
	V	**21 423**	5 326	5 326	IV	14 909	14 044	13 196	12 367	11 557	10 764
	VI	**21 858**	5 326	5 326							

* Zur LSt-Berechnung für privat versicherte Arbeitnehmer s. Beispiele **Vorbemerkung S. 4 f.**
** Basisvorsorgepauschale KV und PV *** Typisierter Arbeitgeberzuschuss

Lohn/ Gehalt in € bis	Steuerklasse	Lohn-steuer*	BVSP**	TAGZ***	Steuerklasse	Bemessungsgrundlage für Kirchensteuer und Solidaritätszuschlag – Freibeträge für ... Kinder 0,5	1,0	1,5	2,0	2,5	3,0
71 315,99	I,IV	**15 803**	5 326	5 326	I	14 057	12 380	10 777	9 247	7 790	6 407
	II	**15 002**	5 326	5 326	II	13 285	11 642	10 072	8 575	7 152	5 802
	III	**9 994**	5 326	5 326	III	8 746	7 534	6 358	5 220	4 118	3 054
	V	**21 437**	5 326	5 326	IV	14 923	14 057	13 209	12 380	11 569	10 777
	VI	**21 872**	5 326	5 326							
71 351,99	I,IV	**15 817**	5 326	5 326	I	14 070	12 393	10 789	9 258	7 801	6 418
	II	**15 016**	5 326	5 326	II	13 298	11 654	10 084	8 586	7 163	5 813
	III	**10 004**	5 326	5 326	III	8 756	7 542	6 368	5 228	4 126	3 062
	V	**21 451**	5 326	5 326	IV	14 937	14 070	13 223	12 393	11 582	10 789
	VI	**21 886**	5 326	5 326							
71 387,99	I,IV	**15 831**	5 326	5 326	I	14 084	12 406	10 802	9 271	7 813	6 429
	II	**15 030**	5 326	5 326	II	13 312	11 667	10 096	8 598	7 174	5 823
	III	**10 014**	5 326	5 326	III	8 766	7 552	6 376	5 238	4 136	3 070
	V	**21 465**	5 326	5 326	IV	14 951	14 084	13 236	12 406	11 595	10 802
	VI	**21 900**	5 326	5 326							
71 423,99	I,IV	**15 845**	5 326	5 326	I	14 098	12 419	10 814	9 282	7 824	6 439
	II	**15 044**	5 326	5 326	II	13 325	11 680	10 108	8 610	7 185	5 834
	III	**10 024**	5 326	5 326	III	8 774	7 562	6 386	5 246	4 144	3 078
	V	**21 479**	5 326	5 326	IV	14 965	14 098	13 249	12 419	11 607	10 814
	VI	**21 914**	5 326	5 326							
71 459,99	I,IV	**15 859**	5 326	5 326	I	14 111	12 432	10 826	9 294	7 835	6 450
	II	**15 058**	5 326	5 326	II	13 338	11 693	10 120	8 621	7 196	5 844
	III	**10 034**	5 326	5 326	III	8 784	7 572	6 396	5 256	4 152	3 086
	V	**21 493**	5 326	5 326	IV	14 979	14 111	13 263	12 432	11 620	10 826
	VI	**21 928**	5 326	5 326							
71 495,99	I,IV	**15 873**	5 326	5 326	I	14 125	12 445	10 839	9 306	7 846	6 461
	II	**15 071**	5 326	5 326	II	13 352	11 705	10 132	8 633	7 207	5 854
	III	**10 044**	5 326	5 326	III	8 794	7 580	6 404	5 264	4 160	3 094
	V	**21 506**	5 326	5 326	IV	14 992	14 125	13 276	12 445	11 633	10 839
	VI	**21 942**	5 326	5 326							
71 531,99	I,IV	**15 886**	5 326	5 326	I	14 138	12 458	10 851	9 318	7 858	6 471
	II	**15 085**	5 326	5 326	II	13 365	11 718	10 144	8 644	7 218	5 865
	III	**10 054**	5 326	5 326	III	8 804	7 590	6 414	5 274	4 170	3 104
	V	**21 520**	5 326	5 326	IV	15 006	14 138	13 289	12 458	11 645	10 851
	VI	**21 955**	5 326	5 326							
71 567,99	I,IV	**15 901**	5 326	5 326	I	14 152	12 471	10 864	9 330	7 869	6 482
	II	**15 099**	5 326	5 326	II	13 378	11 731	10 157	8 656	7 229	5 875
	III	**10 064**	5 326	5 326	III	8 814	7 600	6 422	5 282	4 178	3 112
	V	**21 535**	5 326	5 326	IV	15 020	14 152	13 303	12 471	11 658	10 864
	VI	**21 970**	5 326	5 326							
71 603,99	I,IV	**15 915**	5 326	5 326	I	14 166	12 484	10 876	9 342	7 880	6 493
	II	**15 113**	5 326	5 326	II	13 392	11 744	10 169	8 668	7 240	5 886
	III	**10 074**	5 326	5 326	III	8 824	7 608	6 432	5 290	4 186	3 120
	V	**21 548**	5 326	5 326	IV	15 034	14 166	13 316	12 484	11 671	10 876
	VI	**21 984**	5 326	5 326							
71 639,99	I,IV	**15 928**	5 326	5 326	I	14 179	12 497	10 889	9 353	7 892	6 503
	II	**15 127**	5 326	5 326	II	13 405	11 756	10 181	8 679	7 251	5 896
	III	**10 084**	5 326	5 326	III	8 834	7 618	6 440	5 300	4 196	3 128
	V	**21 562**	5 326	5 326	IV	15 048	14 179	13 329	12 497	11 684	10 889
	VI	**21 997**	5 326	5 326							
71 675,99	I,IV	**15 942**	5 326	5 326	I	14 193	12 510	10 901	9 365	7 903	6 514
	II	**15 141**	5 326	5 326	II	13 418	11 769	10 193	8 691	7 262	5 906
	III	**10 094**	5 326	5 326	III	8 842	7 628	6 450	5 308	4 204	3 136
	V	**21 576**	5 326	5 326	IV	15 062	14 193	13 342	12 510	11 696	10 901
	VI	**22 011**	5 326	5 326							
71 711,99	I,IV	**15 956**	5 326	5 326	I	14 206	12 523	10 913	9 377	7 914	6 525
	II	**15 155**	5 326	5 326	II	13 432	11 782	10 205	8 702	7 273	5 917
	III	**10 104**	5 326	5 326	III	8 852	7 638	6 460	5 318	4 212	3 144
	V	**21 590**	5 326	5 326	IV	15 076	14 206	13 356	12 523	11 709	10 913
	VI	**22 025**	5 326	5 326							

* Zur LSt-Berechnung für privat versicherte Arbeitnehmer s. Beispiele **Vorbemerkung S. 4 f.**
** Basisvorsorgepauschale KV und PV *** Typisierter Arbeitgeberzuschuss

Lohn/ Gehalt in € bis	Steuerklasse	Lohn-steuer*	BVSP**	TAGZ***	Steuerklasse	Bemessungsgrundlage für Kirchensteuer und Solidaritätszuschlag					
						Freibeträge für ... Kinder					
						0,5	**1,0**	1,5	**2,0**	2,5	**3,0**
71 747,99	I,IV	**15 970**	5 326	5 326	I	14 220	12 536	10 926	9 389	7 925	6 535
	II	**15 169**	5 326	5 326	II	13 445	11 794	10 217	8 714	7 284	5 927
	III	**10 114**	5 326	5 326	III	8 862	7 646	6 468	5 326	4 220	3 152
	V	**21 604**	5 326	5 326	IV	15 089	14 220	13 369	12 536	11 722	10 926
	VI	**22 039**	5 326	5 326							
71 783,99	I,IV	**15 984**	5 326	5 326	I	14 234	12 549	10 938	9 401	7 937	6 546
	II	**15 183**	5 326	5 326	II	13 458	11 807	10 230	8 726	7 295	5 938
	III	**10 124**	5 326	5 326	III	8 872	7 656	6 478	5 336	4 230	3 162
	V	**21 618**	5 326	5 326	IV	15 104	14 234	13 382	12 549	11 735	10 938
	VI	**22 053**	5 326	5 326							
71 819,99	I,IV	**15 998**	5 326	5 326	I	14 247	12 562	10 951	9 413	7 948	6 557
	II	**15 197**	5 326	5 326	II	13 472	11 820	10 242	8 737	7 306	5 948
	III	**10 134**	5 326	5 326	III	8 882	7 666	6 486	5 344	4 238	3 170
	V	**21 632**	5 326	5 326	IV	15 118	14 247	13 396	12 562	11 747	10 951
	VI	**22 067**	5 326	5 326							
71 855,99	I,IV	**16 012**	5 326	5 326	I	14 261	12 575	10 963	9 425	7 959	6 568
	II	**15 211**	5 326	5 326	II	13 485	11 833	10 254	8 749	7 317	5 959
	III	**10 144**	5 326	5 326	III	8 892	7 676	6 496	5 352	4 246	3 178
	V	**21 646**	5 326	5 326	IV	15 131	14 261	13 409	12 575	11 760	10 963
	VI	**22 081**	5 326	5 326							
71 891,99	I,IV	**16 026**	5 326	5 326	I	14 275	12 588	10 976	9 436	7 971	6 578
	II	**15 225**	5 326	5 326	II	13 498	11 846	10 266	8 760	7 328	5 969
	III	**10 154**	5 326	5 326	III	8 902	7 684	6 506	5 362	4 256	3 186
	V	**21 660**	5 326	5 326	IV	15 145	14 275	13 422	12 588	11 773	10 976
	VI	**22 095**	5 326	5 326							
71 927,99	I,IV	**16 040**	5 326	5 326	I	14 288	12 601	10 988	9 448	7 982	6 589
	II	**15 238**	5 326	5 326	II	13 512	11 858	10 278	8 772	7 339	5 980
	III	**10 164**	5 326	5 326	III	8 910	7 694	6 514	5 370	4 264	3 194
	V	**21 674**	5 326	5 326	IV	15 159	14 288	13 436	12 601	11 785	10 988
	VI	**22 109**	5 326	5 326							
71 963,99	I,IV	**16 054**	5 326	5 326	I	14 302	12 615	11 001	9 460	7 993	6 600
	II	**15 253**	5 326	5 326	II	13 525	11 871	10 291	8 784	7 350	5 990
	III	**10 174**	5 326	5 326	III	8 920	7 704	6 524	5 380	4 272	3 202
	V	**21 688**	5 326	5 326	IV	15 173	14 302	13 449	12 615	11 799	11 001
	VI	**22 123**	5 326	5 326							
71 999,99	I,IV	**16 068**	5 326	5 326	I	14 316	12 628	11 013	9 472	8 005	6 611
	II	**15 267**	5 326	5 326	II	13 539	11 884	10 303	8 795	7 361	6 001
	III	**10 186**	5 326	5 326	III	8 930	7 714	6 532	5 388	4 282	3 212
	V	**21 702**	5 326	5 326	IV	15 187	14 316	13 462	12 628	11 811	11 013
	VI	**22 137**	5 326	5 326							
72 035,99	I,IV	**16 082**	5 326	5 326	I	14 329	12 641	11 026	9 484	8 016	6 621
	II	**15 280**	5 326	5 326	II	13 552	11 897	10 315	8 807	7 372	6 011
	III	**10 194**	5 326	5 326	III	8 940	7 722	6 542	5 398	4 290	3 220
	V	**21 716**	5 326	5 326	IV	15 201	14 329	13 476	12 641	11 824	11 026
	VI	**22 151**	5 326	5 326							
72 071,99	I,IV	**16 096**	5 326	5 326	I	14 343	12 654	11 038	9 496	8 027	6 632
	II	**15 294**	5 326	5 326	II	13 565	11 910	10 327	8 819	7 383	6 022
	III	**10 206**	5 326	5 326	III	8 950	7 732	6 552	5 406	4 298	3 228
	V	**21 729**	5 326	5 326	IV	15 215	14 343	13 489	12 654	11 837	11 038
	VI	**22 165**	5 326	5 326							
72 107,99	I,IV	**16 109**	5 326	5 326	I	14 356	12 667	11 050	9 508	8 038	6 643
	II	**15 308**	5 326	5 326	II	13 579	11 922	10 340	8 830	7 394	6 032
	III	**10 214**	5 326	5 326	III	8 960	7 742	6 560	5 416	4 308	3 236
	V	**21 743**	5 326	5 326	IV	15 229	14 356	13 502	12 667	11 849	11 050
	VI	**22 178**	5 326	5 326							
72 143,99	I,IV	**16 124**	5 326	5 326	I	14 370	12 680	11 063	9 520	8 050	6 654
	II	**15 322**	5 326	5 326	II	13 592	11 935	10 352	8 842	7 406	6 043
	III	**10 226**	5 326	5 326	III	8 970	7 752	6 570	5 424	4 316	3 244
	V	**21 758**	5 326	5 326	IV	15 243	14 370	13 516	12 680	11 863	11 063
	VI	**22 193**	5 326	5 326							

* Zur LSt-Berechnung für privat versicherte Arbeitnehmer s. Beispiele **Vorbemerkung S. 4 f.**
** Basisvorsorgepauschale KV und PV *** Typisierter Arbeitgeberzuschuss

Lohn/ Gehalt in € bis	Steuerklasse	Lohn-steuer*	BVSP**	TAGZ***	Steuerklasse	Bemessungsgrundlage für Kirchensteuer und Solidaritätszuschlag – Freibeträge für ... Kinder 0,5	1,0	1,5	2,0	2,5	3,0
72 179,99	I,IV	**16 138**	5 326	5 326	I	14 384	12 693	11 076	9 532	8 061	6 664
	II	**15 336**	5 326	5 326	II	13 606	11 948	10 364	8 854	7 417	6 053
	III	**10 236**	5 326	5 326	III	8 980	7 760	6 578	5 434	4 324	3 252
	V	**21 771**	5 326	5 326	IV	15 257	14 384	13 529	12 693	11 875	11 076
	VI	**22 207**	5 326	5 326							
72 215,99	I,IV	**16 151**	5 326	5 326	I	14 398	12 706	11 088	9 544	8 073	6 675
	II	**15 350**	5 326	5 326	II	13 619	11 961	10 376	8 865	7 428	6 064
	III	**10 246**	5 326	5 326	III	8 990	7 770	6 588	5 442	4 334	3 260
	V	**21 785**	5 326	5 326	IV	15 271	14 398	13 543	12 706	11 888	11 088
	VI	**22 220**	5 326	5 326							
72 251,99	I,IV	**16 165**	5 326	5 326	I	14 411	12 719	11 101	9 556	8 084	6 686
	II	**15 364**	5 326	5 326	II	13 632	11 974	10 389	8 877	7 439	6 074
	III	**10 256**	5 326	5 326	III	9 000	7 780	6 598	5 452	4 342	3 270
	V	**21 799**	5 326	5 326	IV	15 285	14 411	13 556	12 719	11 901	11 101
	VI	**22 234**	5 326	5 326							
72 287,99	I,IV	**16 179**	5 326	5 326	I	14 425	12 732	11 113	9 567	8 095	6 696
	II	**15 378**	5 326	5 326	II	13 646	11 986	10 401	8 889	7 450	6 084
	III	**10 266**	5 326	5 326	III	9 008	7 790	6 606	5 460	4 350	3 278
	V	**21 813**	5 326	5 326	IV	15 298	14 425	13 569	12 732	11 913	11 113
	VI	**22 248**	5 326	5 326							
72 323,99	I,IV	**16 193**	5 326	5 326	I	14 438	12 745	11 125	9 579	8 107	6 707
	II	**15 392**	5 326	5 326	II	13 659	11 999	10 413	8 900	7 461	6 095
	III	**10 276**	5 326	5 326	III	9 018	7 798	6 616	5 468	4 360	3 286
	V	**21 827**	5 326	5 326	IV	15 312	14 438	13 583	12 745	11 926	11 125
	VI	**22 262**	5 326	5 326							
72 359,99	I,IV	**16 207**	5 326	5 326	I	14 452	12 759	11 138	9 592	8 118	6 718
	II	**15 406**	5 326	5 326	II	13 673	12 012	10 426	8 912	7 472	6 106
	III	**10 286**	5 326	5 326	III	9 028	7 808	6 624	5 478	4 368	3 294
	V	**21 841**	5 326	5 326	IV	15 327	14 452	13 596	12 759	11 939	11 138
	VI	**22 276**	5 326	5 326							
72 395,99	I,IV	**16 221**	5 326	5 326	I	14 466	12 772	11 151	9 603	8 129	6 729
	II	**15 420**	5 326	5 326	II	13 686	12 025	10 438	8 924	7 483	6 116
	III	**10 296**	5 326	5 326	III	9 038	7 818	6 634	5 486	4 376	3 302
	V	**21 855**	5 326	5 326	IV	15 340	14 466	13 610	12 772	11 952	11 151
	VI	**22 290**	5 326	5 326							
72 431,99	I,IV	**16 235**	5 326	5 326	I	14 480	12 785	11 163	9 615	8 141	6 740
	II	**15 434**	5 326	5 326	II	13 699	12 038	10 450	8 935	7 494	6 127
	III	**10 306**	5 326	5 326	III	9 048	7 828	6 644	5 496	4 386	3 312
	V	**21 869**	5 326	5 326	IV	15 354	14 480	13 623	12 785	11 965	11 163
	VI	**22 304**	5 326	5 326							
72 467,99	I,IV	**16 249**	5 326	5 326	I	14 493	12 798	11 176	9 627	8 152	6 750
	II	**15 448**	5 326	5 326	II	13 713	12 051	10 462	8 947	7 505	6 137
	III	**10 316**	5 326	5 326	III	9 058	7 836	6 652	5 504	4 394	3 320
	V	**21 883**	5 326	5 326	IV	15 368	14 493	13 636	12 798	11 978	11 176
	VI	**22 318**	5 326	5 326							
72 503,99	I,IV	**16 263**	5 326	5 326	I	14 507	12 811	11 188	9 639	8 163	6 761
	II	**15 461**	5 326	5 326	II	13 726	12 064	10 474	8 959	7 516	6 148
	III	**10 326**	5 326	5 326	III	9 068	7 846	6 662	5 514	4 402	3 328
	V	**21 897**	5 326	5 326	IV	15 382	14 507	13 650	12 811	11 990	11 188
	VI	**22 332**	5 326	5 326							
72 539,99	I,IV	**16 277**	5 326	5 326	I	14 521	12 824	11 201	9 651	8 175	6 772
	II	**15 476**	5 326	5 326	II	13 740	12 077	10 487	8 971	7 528	6 158
	III	**10 336**	5 326	5 326	III	9 078	7 856	6 672	5 522	4 412	3 336
	V	**21 911**	5 326	5 326	IV	15 396	14 521	13 663	12 824	12 003	11 201
	VI	**22 346**	5 326	5 326							
72 575,99	I,IV	**16 291**	5 326	5 326	I	14 535	12 837	11 214	9 663	8 186	6 783
	II	**15 490**	5 326	5 326	II	13 753	12 090	10 499	8 982	7 539	6 169
	III	**10 346**	5 326	5 326	III	9 088	7 866	6 680	5 532	4 420	3 344
	V	**21 925**	5 326	5 326	IV	15 410	14 535	13 677	12 837	12 016	11 214
	VI	**22 360**	5 326	5 326							

* Zur LSt-Berechnung für privat versicherte Arbeitnehmer s. Beispiele **Vorbemerkung S. 4 f.**
** Basisvorsorgepauschale KV und PV *** Typisierter Arbeitgeberzuschuss

Lohn/ Gehalt in € bis	Steuerklasse	Lohn-steuer*	BVSP**	TAGZ***	Steuerklasse	Bemessungsgrundlage für Kirchensteuer und Solidaritätszuschlag – Freibeträge für ... Kinder 0,5	1,0	1,5	2,0	2,5	3,0
72 611,99	I,IV	**16 305**	5 326	5 326	I	14 548	12 850	11 226	9 675	8 198	6 794
	II	**15 503**	5 326	5 326	II	13 767	12 102	10 511	8 994	7 550	6 179
	III	**10 356**	5 326	5 326	III	9 098	7 876	6 690	5 540	4 428	3 354
	V	**21 939**	5 326	5 326	IV	15 424	14 548	13 690	12 850	12 029	11 226
	VI	**22 374**	5 326	5 326							
72 647,99	I,IV	**16 319**	5 326	5 326	I	14 562	12 863	11 239	9 687	8 209	6 805
	II	**15 517**	5 326	5 326	II	13 780	12 115	10 524	9 006	7 561	6 190
	III	**10 366**	5 326	5 326	III	9 106	7 884	6 698	5 550	4 436	3 362
	V	**21 953**	5 326	5 326	IV	15 438	14 562	13 704	12 863	12 042	11 239
	VI	**22 388**	5 326	5 326							
72 683,99	I,IV	**16 333**	5 326	5 326	I	14 576	12 877	11 251	9 699	8 220	6 815
	II	**15 531**	5 326	5 326	II	13 794	12 128	10 536	9 017	7 572	6 200
	III	**10 376**	5 326	5 326	III	9 116	7 894	6 708	5 558	4 446	3 370
	V	**21 966**	5 326	5 326	IV	15 452	14 576	13 717	12 877	12 055	11 251
	VI	**22 401**	5 326	5 326							
72 719,99	I,IV	**16 347**	5 326	5 326	I	14 590	12 890	11 264	9 711	8 232	6 826
	II	**15 545**	5 326	5 326	II	13 807	12 141	10 548	9 029	7 583	6 211
	III	**10 386**	5 326	5 326	III	9 126	7 904	6 718	5 568	4 454	3 378
	V	**21 981**	5 326	5 326	IV	15 466	14 590	13 731	12 890	12 068	11 264
	VI	**22 416**	5 326	5 326							
72 755,99	I,IV	**16 361**	5 326	5 326	I	14 603	12 903	11 276	9 723	8 243	6 837
	II	**15 559**	5 326	5 326	II	13 821	12 154	10 561	9 041	7 595	6 222
	III	**10 396**	5 326	5 326	III	9 136	7 912	6 726	5 576	4 462	3 386
	V	**21 995**	5 326	5 326	IV	15 480	14 603	13 744	12 903	12 081	11 276
	VI	**22 430**	5 326	5 326							
72 791,99	I,IV	**16 375**	5 326	5 326	I	14 617	12 916	11 289	9 735	8 255	6 848
	II	**15 573**	5 326	5 326	II	13 834	12 167	10 573	9 053	7 606	6 232
	III	**10 408**	5 326	5 326	III	9 146	7 922	6 736	5 586	4 472	3 394
	V	**22 008**	5 326	5 326	IV	15 494	14 617	13 757	12 916	12 093	11 289
	VI	**22 443**	5 326	5 326							
72 827,99	I,IV	**16 388**	5 326	5 326	I	14 631	12 929	11 301	9 747	8 266	6 859
	II	**15 587**	5 326	5 326	II	13 848	12 180	10 585	9 064	7 617	6 243
	III	**10 416**	5 326	5 326	III	9 156	7 932	6 744	5 594	4 480	3 402
	V	**22 022**	5 326	5 326	IV	15 508	14 631	13 771	12 929	12 106	11 301
	VI	**22 457**	5 326	5 326							
72 863,99	I,IV	**16 402**	5 326	5 326	I	14 644	12 942	11 314	9 759	8 278	6 870
	II	**15 601**	5 326	5 326	II	13 861	12 192	10 597	9 076	7 628	6 253
	III	**10 428**	5 326	5 326	III	9 166	7 942	6 754	5 604	4 488	3 412
	V	**22 036**	5 326	5 326	IV	15 521	14 644	13 784	12 942	12 119	11 314
	VI	**22 471**	5 326	5 326							
72 899,99	I,IV	**16 416**	5 326	5 326	I	14 658	12 956	11 327	9 771	8 289	6 880
	II	**15 615**	5 326	5 326	II	13 874	12 205	10 610	9 088	7 639	6 264
	III	**10 436**	5 326	5 326	III	9 176	7 950	6 762	5 612	4 498	3 420
	V	**22 050**	5 326	5 326	IV	15 535	14 658	13 798	12 956	12 132	11 327
	VI	**22 485**	5 326	5 326							
72 935,99	I,IV	**16 430**	5 326	5 326	I	14 672	12 969	11 339	9 783	8 301	6 891
	II	**15 629**	5 326	5 326	II	13 888	12 219	10 622	9 100	7 650	6 275
	III	**10 448**	5 326	5 326	III	9 186	7 960	6 772	5 620	4 506	3 428
	V	**22 064**	5 326	5 326	IV	15 550	14 672	13 811	12 969	12 145	11 339
	VI	**22 499**	5 326	5 326							
72 971,99	I,IV	**16 444**	5 326	5 326	I	14 686	12 982	11 352	9 795	8 312	6 902
	II	**15 643**	5 326	5 326	II	13 902	12 231	10 635	9 111	7 662	6 285
	III	**10 458**	5 326	5 326	III	9 196	7 970	6 782	5 630	4 516	3 436
	V	**22 078**	5 326	5 326	IV	15 563	14 686	13 825	12 982	12 158	11 352
	VI	**22 513**	5 326	5 326							
73 007,99	I,IV	**16 458**	5 326	5 326	I	14 699	12 995	11 364	9 807	8 323	6 913
	II	**15 657**	5 326	5 326	II	13 915	12 244	10 647	9 123	7 673	6 296
	III	**10 468**	5 326	5 326	III	9 206	7 980	6 790	5 638	4 524	3 444
	V	**22 092**	5 326	5 326	IV	15 577	14 699	13 838	12 995	12 171	11 364
	VI	**22 527**	5 326	5 326							

* Zur LSt-Berechnung für privat versicherte Arbeitnehmer s. Beispiele **Vorbemerkung S. 4 f.**
** Basisvorsorgepauschale KV und PV *** Typisierter Arbeitgeberzuschuss

Lohn/ Gehalt in € bis	Steuerklasse	Lohn- steuer*	BVSP**	TAGZ***	Steuerklasse	Bemessungsgrundlage für Kirchensteuer und Solidaritätszuschlag					
						Freibeträge für ... Kinder					
						0,5	**1,0**	1,5	**2,0**	2,5	**3,0**
73043,99	I,IV	**16472**	5326	5326	I	14713	13008	11377	9819	8335	6924
	II	**15671**	5326	5326	II	13928	12257	10659	9135	7684	6306
	III	**10478**	5326	5326	III	9216	7990	6800	5648	4532	3454
	V	**22106**	5326	5326	IV	15591	14713	13852	13008	12184	11377
	VI	**22541**	5326	5326							
73079,99	I,IV	**16486**	5326	5326	I	14727	13022	11390	9831	8346	6935
	II	**15684**	5326	5326	II	13942	12270	10671	9146	7695	6317
	III	**10488**	5326	5326	III	9224	7998	6810	5656	4540	3462
	V	**22120**	5326	5326	IV	15605	14727	13865	13022	12196	11390
	VI	**22555**	5326	5326							
73115,99	I,IV	**16500**	5326	5326	I	14741	13035	11403	9843	8358	6946
	II	**15699**	5326	5326	II	13956	12283	10684	9159	7706	6328
	III	**10498**	5326	5326	III	9234	8008	6818	5666	4550	3470
	V	**22134**	5326	5326	IV	15619	14741	13879	13035	12210	11403
	VI	**22569**	5326	5326							
73151,99	I,IV	**16514**	5326	5326	I	14755	13048	11415	9855	8369	6957
	II	**15713**	5326	5326	II	13969	12296	10696	9170	7718	6338
	III	**10508**	5326	5326	III	9244	8018	6828	5676	4558	3478
	V	**22148**	5326	5326	IV	15633	14755	13892	13048	12222	11415
	VI	**22583**	5326	5326							
73187,99	I,IV	**16528**	5326	5326	I	14768	13061	11428	9867	8381	6967
	II	**15726**	5326	5326	II	13983	12309	10709	9182	7729	6349
	III	**10518**	5326	5326	III	9254	8028	6838	5684	4566	3486
	V	**22162**	5326	5326	IV	15647	14768	13906	13061	12235	11428
	VI	**22597**	5326	5326							
73223,99	I,IV	**16542**	5326	5326	I	14782	13074	11440	9879	8392	6978
	II	**15740**	5326	5326	II	13996	12322	10721	9194	7740	6359
	III	**10528**	5326	5326	III	9264	8038	6846	5692	4576	3496
	V	**22176**	5326	5326	IV	15661	14782	13919	13074	12248	11440
	VI	**22611**	5326	5326							
73259,99	I,IV	**16556**	5326	5326	I	14796	13088	11453	9891	8404	6989
	II	**15754**	5326	5326	II	14010	12335	10733	9205	7751	6370
	III	**10538**	5326	5326	III	9274	8046	6856	5702	4584	3504
	V	**22189**	5326	5326	IV	15675	14796	13933	13088	12261	11453
	VI	**22625**	5326	5326							
73295,99	I,IV	**16570**	5326	5326	I	14810	13101	11466	9904	8415	7000
	II	**15768**	5326	5326	II	14024	12348	10746	9218	7762	6381
	III	**10548**	5326	5326	III	9284	8056	6866	5710	4594	3512
	V	**22204**	5326	5326	IV	15689	14810	13946	13101	12274	11466
	VI	**22639**	5326	5326							
73331,99	I,IV	**16584**	5326	5326	I	14824	13114	11478	9916	8427	7011
	II	**15782**	5326	5326	II	14037	12361	10758	9229	7774	6391
	III	**10560**	5326	5326	III	9294	8066	6874	5720	4602	3520
	V	**22218**	5326	5326	IV	15703	14824	13960	13114	12287	11478
	VI	**22653**	5326	5326							
73367,99	I,IV	**16598**	5326	5326	I	14838	13127	11491	9928	8438	7022
	II	**15796**	5326	5326	II	14050	12374	10771	9241	7785	6402
	III	**10568**	5326	5326	III	9304	8076	6884	5728	4610	3528
	V	**22231**	5326	5326	IV	15717	14838	13973	13127	12300	11491
	VI	**22667**	5326	5326							
73403,99	I,IV	**16611**	5326	5326	I	14851	13141	11503	9940	8450	7033
	II	**15810**	5326	5326	II	14064	12387	10783	9253	7796	6413
	III	**10580**	5326	5326	III	9314	8086	6894	5738	4620	3538
	V	**22245**	5326	5326	IV	15731	14851	13987	13141	12313	11503
	VI	**22680**	5326	5326							
73439,99	I,IV	**16625**	5326	5326	I	14865	13154	11516	9952	8461	7044
	II	**15824**	5326	5326	II	14077	12400	10795	9265	7807	6423
	III	**10590**	5326	5326	III	9324	8094	6902	5746	4628	3546
	V	**22259**	5326	5326	IV	15745	14865	14000	13154	12326	11516
	VI	**22694**	5326	5326							

* Zur LSt-Berechnung für privat versicherte Arbeitnehmer s. Beispiele **Vorbemerkung S. 4 f.**
** Basisvorsorgepauschale KV und PV *** Typisierter Arbeitgeberzuschuss

Lohn/ Gehalt in € bis	Steuerklasse	Lohn-steuer*	BVSP**	TAGZ***	Steuerklasse	Bemessungsgrundlage für Kirchensteuer und Solidaritätszuschlag					
						Freibeträge für ... Kinder					
						0,5	**1,0**	1,5	**2,0**	2,5	**3,0**
73475,99	I,IV	**16639**	5326	5326	I	14879	13167	11529	9964	8472	7055
	II	**15838**	5326	5326	II	14091	12413	10808	9276	7818	6434
	III	**10600**	5326	5326	III	9334	8104	6912	5756	4636	3554
	V	**22273**	5326	5326	IV	15758	14879	14014	13167	12339	11529
	VI	**22708**	5326	5326							
73511,99	I,IV	**16653**	5326	5326	I	14893	13181	11542	9976	8484	7066
	II	**15852**	5326	5326	II	14105	12426	10820	9288	7830	6445
	III	**10610**	5326	5326	III	9344	8114	6922	5764	4646	3562
	V	**22287**	5326	5326	IV	15773	14893	14028	13181	12352	11542
	VI	**22722**	5326	5326							
73547,99	I,IV	**16667**	5326	5326	I	14907	13194	11554	9988	8496	7077
	II	**15866**	5326	5326	II	14118	12439	10833	9300	7841	6455
	III	**10620**	5326	5326	III	9354	8124	6930	5774	4654	3572
	V	**22301**	5326	5326	IV	15787	14907	14041	13194	12365	11554
	VI	**22736**	5326	5326							
73583,99	I,IV	**16681**	5326	5326	I	14920	13207	11567	10000	8507	7088
	II	**15880**	5326	5326	II	14132	12452	10845	9312	7852	6466
	III	**10630**	5326	5326	III	9364	8134	6940	5782	4662	3580
	V	**22315**	5326	5326	IV	15800	14920	14055	13207	12378	11567
	VI	**22750**	5326	5326							
73619,99	I,IV	**16695**	5326	5326	I	14934	13220	11580	10012	8519	7098
	II	**15894**	5326	5326	II	14145	12465	10857	9324	7863	6477
	III	**10640**	5326	5326	III	9372	8142	6948	5792	4672	3588
	V	**22329**	5326	5326	IV	15814	14934	14068	13220	12391	11580
	VI	**22764**	5326	5326							
73655,99	I,IV	**16709**	5326	5326	I	14948	13233	11592	10024	8530	7109
	II	**15907**	5326	5326	II	14159	12478	10870	9335	7875	6487
	III	**10650**	5326	5326	III	9382	8152	6958	5800	4680	3596
	V	**22343**	5326	5326	IV	15828	14948	14082	13233	12404	11592
	VI	**22778**	5326	5326							
73691,99	I,IV	**16723**	5326	5326	I	14962	13247	11605	10037	8542	7121
	II	**15922**	5326	5326	II	14173	12491	10883	9348	7886	6498
	III	**10660**	5326	5326	III	9394	8162	6968	5810	4690	3606
	V	**22357**	5326	5326	IV	15842	14962	14095	13247	12417	11605
	VI	**22792**	5326	5326							
73727,99	I,IV	**16737**	5326	5326	I	14976	13260	11618	10049	8553	7131
	II	**15936**	5326	5326	II	14186	12504	10895	9359	7897	6509
	III	**10670**	5326	5326	III	9402	8172	6976	5818	4698	3614
	V	**22371**	5326	5326	IV	15856	14976	14109	13260	12430	11618
	VI	**22806**	5326	5326							
73763,99	I,IV	**16751**	5326	5326	I	14990	13273	11630	10061	8565	7142
	II	**15949**	5326	5326	II	14200	12517	10907	9371	7909	6519
	III	**10682**	5326	5326	III	9412	8182	6986	5828	4706	3622
	V	**22385**	5326	5326	IV	15870	14990	14122	13273	12443	11630
	VI	**22820**	5326	5326							
73799,99	I,IV	**16765**	5326	5326	I	15004	13287	11643	10073	8576	7153
	II	**15963**	5326	5326	II	14213	12530	10920	9383	7920	6530
	III	**10690**	5326	5326	III	9422	8190	6996	5836	4714	3630
	V	**22399**	5326	5326	IV	15884	15004	14136	13287	12456	11643
	VI	**22834**	5326	5326							
73835,99	I,IV	**16779**	5326	5326	I	15017	13300	11656	10085	8588	7164
	II	**15977**	5326	5326	II	14227	12543	10932	9395	7931	6541
	III	**10702**	5326	5326	III	9432	8200	7004	5846	4724	3638
	V	**22412**	5326	5326	IV	15898	15017	14149	13300	12469	11656
	VI	**22848**	5326	5326							
73871,99	I,IV	**16793**	5326	5326	I	15032	13313	11669	10097	8600	7175
	II	**15991**	5326	5326	II	14241	12556	10945	9407	7943	6552
	III	**10712**	5326	5326	III	9442	8210	7014	5856	4732	3648
	V	**22427**	5326	5326	IV	15912	15032	14163	13313	12482	11669
	VI	**22862**	5326	5326							

* Zur LSt-Berechnung für privat versicherte Arbeitnehmer s. Beispiele **Vorbemerkung S. 4 f.**
** Basisvorsorgepauschale KV und PV *** Typisierter Arbeitgeberzuschuss

Lohn/ Gehalt in € bis	Steuerklasse	Lohn-steuer*	BVSP**	TAGZ***	Steuerklasse	Bemessungsgrundlage für Kirchensteuer und Solidaritätszuschlag – Freibeträge für ... Kinder 0,5	1,0	1,5	2,0	2,5	3,0
73907,99	I,IV	**16807**	5326	5326	I	15045	13327	11681	10110	8611	7186
	II	**16005**	5326	5326	II	14254	12569	10957	9419	7954	6562
	III	**10722**	5326	5326	III	9452	8220	7024	5864	4742	3656
	V	**22441**	5326	5326	IV	15926	15045	14177	13327	12495	11681
	VI	**22876**	5326	5326							
73943,99	I,IV	**16821**	5326	5326	I	15059	13340	11694	10122	8623	7197
	II	**16019**	5326	5326	II	14268	12582	10970	9431	7965	6573
	III	**10732**	5326	5326	III	9462	8230	7032	5874	4750	3664
	V	**22454**	5326	5326	IV	15940	15059	14190	13340	12508	11694
	VI	**22890**	5326	5326							
73979,99	I,IV	**16834**	5326	5326	I	15073	13353	11707	10134	8634	7208
	II	**16033**	5326	5326	II	14282	12595	10982	9442	7976	6584
	III	**10742**	5326	5326	III	9472	8238	7042	5882	4758	3672
	V	**22468**	5326	5326	IV	15954	15073	14204	13353	12521	11707
	VI	**22903**	5326	5326							
74015,99	I,IV	**16848**	5326	5326	I	15087	13366	11719	10146	8646	7219
	II	**16047**	5326	5326	II	14295	12608	10994	9454	7988	6594
	III	**10752**	5326	5326	III	9482	8248	7052	5892	4768	3680
	V	**22482**	5326	5326	IV	15968	15087	14217	13366	12534	11719
	VI	**22917**	5326	5326							
74051,99	I,IV	**16862**	5326	5326	I	15101	13380	11732	10158	8657	7230
	II	**16061**	5326	5326	II	14309	12621	11007	9466	7999	6605
	III	**10762**	5326	5326	III	9492	8258	7060	5900	4776	3690
	V	**22496**	5326	5326	IV	15981	15101	14231	13380	12547	11732
	VI	**22931**	5326	5326							
74087,99	I,IV	**16876**	5326	5326	I	15115	13393	11745	10170	8669	7241
	II	**16075**	5326	5326	II	14323	12634	11020	9478	8010	6616
	III	**10772**	5326	5326	III	9502	8268	7070	5910	4786	3698
	V	**22510**	5326	5326	IV	15996	15115	14245	13393	12560	11745
	VI	**22945**	5326	5326							
74123,99	I,IV	**16890**	5326	5326	I	15129	13407	11758	10182	8681	7252
	II	**16089**	5326	5326	II	14336	12647	11032	9490	8022	6627
	III	**10784**	5326	5326	III	9512	8278	7080	5918	4794	3706
	V	**22524**	5326	5326	IV	16010	15129	14259	13407	12573	11758
	VI	**22959**	5326	5326							
74159,99	I,IV	**16904**	5326	5326	I	15143	13420	11770	10195	8692	7263
	II	**16103**	5326	5326	II	14350	12660	11044	9502	8033	6637
	III	**10792**	5326	5326	III	9522	8286	7088	5928	4802	3714
	V	**22538**	5326	5326	IV	16023	15143	14272	13420	12586	11770
	VI	**22973**	5326	5326							
74195,99	I,IV	**16918**	5326	5326	I	15157	13433	11783	10207	8704	7274
	II	**16117**	5326	5326	II	14363	12673	11057	9514	8044	6648
	III	**10804**	5326	5326	III	9532	8296	7098	5936	4812	3724
	V	**22552**	5326	5326	IV	16037	15157	14286	13433	12599	11783
	VI	**22987**	5326	5326							
74231,99	I,IV	**16932**	5326	5326	I	15170	13446	11796	10219	8715	7285
	II	**16130**	5326	5326	II	14377	12686	11069	9526	8056	6659
	III	**10814**	5326	5326	III	9542	8306	7106	5946	4820	3732
	V	**22566**	5326	5326	IV	16051	15170	14299	13446	12612	11796
	VI	**23001**	5326	5326							
74267,99	I,IV	**16946**	5326	5326	I	15185	13460	11809	10231	8727	7296
	II	**16145**	5326	5326	II	14391	12700	11082	9538	8067	6670
	III	**10824**	5326	5326	III	9552	8316	7116	5954	4828	3740
	V	**22580**	5326	5326	IV	16065	15185	14313	13460	12625	11809
	VI	**23015**	5326	5326							
74303,99	I,IV	**16960**	5326	5326	I	15199	13473	11822	10243	8739	7307
	II	**16159**	5326	5326	II	14405	12713	11095	9550	8078	6681
	III	**10834**	5326	5326	III	9562	8326	7126	5964	4838	3748
	V	**22594**	5326	5326	IV	16079	15199	14327	13473	12638	11822
	VI	**23029**	5326	5326							

* Zur LSt-Berechnung für privat versicherte Arbeitnehmer s. Beispiele **Vorbemerkung S. 4 f.**
** Basisvorsorgepauschale KV und PV *** Typisierter Arbeitgeberzuschuss

Lohn/ Gehalt in € bis	Steuerklasse	Lohn- steuer*	BVSP**	TAGZ***	Steuerklasse	Bemessungsgrundlage für Kirchensteuer und Solidaritätszuschlag					
						Freibeträge für ... Kinder					
						0,5	**1,0**	1,5	**2,0**	2,5	**3,0**
74339,99	I,IV	**16974**	5326	5326	I	15212	13487	11834	10256	8750	7318
	II	**16172**	5326	5326	II	14418	12726	11107	9562	8090	6691
	III	**10844**	5326	5326	III	9570	8334	7136	5972	4846	3756
	V	**22608**	5326	5326	IV	16093	15212	14340	13487	12651	11834
	VI	**23043**	5326	5326							
74375,99	I,IV	**16988**	5326	5326	I	15226	13500	11847	10268	8762	7329
	II	**16186**	5326	5326	II	14432	12739	11119	9574	8101	6702
	III	**10854**	5326	5326	III	9582	8344	7144	5982	4856	3766
	V	**22622**	5326	5326	IV	16107	15226	14354	13500	12664	11847
	VI	**23057**	5326	5326							
74411,99	I,IV	**17002**	5326	5326	I	15240	13513	11860	10280	8773	7340
	II	**16200**	5326	5326	II	14445	12752	11132	9585	8112	6713
	III	**10864**	5326	5326	III	9590	8354	7154	5990	4864	3774
	V	**22635**	5326	5326	IV	16121	15240	14367	13513	12677	11860
	VI	**23071**	5326	5326							
74447,99	I,IV	**17016**	5326	5326	I	15254	13527	11873	10292	8785	7352
	II	**16214**	5326	5326	II	14459	12765	11145	9598	8124	6724
	III	**10874**	5326	5326	III	9600	8364	7164	6000	4872	3782
	V	**22650**	5326	5326	IV	16135	15254	14381	13527	12691	11873
	VI	**23085**	5326	5326							
74483,99	I,IV	**17030**	5326	5326	I	15268	13540	11886	10305	8797	7363
	II	**16228**	5326	5326	II	14473	12778	11157	9610	8135	6735
	III	**10886**	5326	5326	III	9612	8374	7172	6008	4882	3792
	V	**22664**	5326	5326	IV	16149	15268	14395	13540	12704	11886
	VI	**23099**	5326	5326							
74519,99	I,IV	**17044**	5326	5326	I	15282	13554	11898	10317	8808	7374
	II	**16242**	5326	5326	II	14487	12791	11170	9621	8147	6745
	III	**10896**	5326	5326	III	9620	8382	7182	6018	4890	3800
	V	**22677**	5326	5326	IV	16163	15282	14409	13554	12717	11898
	VI	**23113**	5326	5326							
74555,99	I,IV	**17057**	5326	5326	I	15296	13567	11911	10329	8820	7385
	II	**16256**	5326	5326	II	14500	12804	11182	9633	8158	6756
	III	**10906**	5326	5326	III	9630	8392	7192	6026	4900	3808
	V	**22691**	5326	5326	IV	16177	15296	14422	13567	12730	11911
	VI	**23126**	5326	5326							
74591,99	I,IV	**17071**	5326	5326	I	15310	13580	11924	10341	8832	7396
	II	**16270**	5326	5326	II	14514	12818	11195	9645	8169	6767
	III	**10916**	5326	5326	III	9640	8402	7200	6036	4908	3816
	V	**22705**	5326	5326	IV	16191	15310	14436	13580	12743	11924
	VI	**23140**	5326	5326							
74627,99	I,IV	**17085**	5326	5326	I	15324	13594	11937	10353	8843	7407
	II	**16284**	5326	5326	II	14528	12831	11207	9657	8181	6777
	III	**10926**	5326	5326	III	9650	8412	7210	6044	4916	3824
	V	**22719**	5326	5326	IV	16204	15324	14450	13594	12756	11937
	VI	**23154**	5326	5326							
74663,99	I,IV	**17099**	5326	5326	I	15338	13607	11950	10366	8855	7418
	II	**16298**	5326	5326	II	14542	12844	11220	9669	8192	6789
	III	**10936**	5326	5326	III	9660	8422	7220	6054	4926	3834
	V	**22733**	5326	5326	IV	16219	15338	14464	13607	12769	11950
	VI	**23168**	5326	5326							
74699,99	I,IV	**17113**	5326	5326	I	15352	13621	11962	10378	8867	7429
	II	**16312**	5326	5326	II	14555	12857	11232	9681	8204	6799
	III	**10946**	5326	5326	III	9670	8432	7228	6064	4934	3842
	V	**22747**	5326	5326	IV	16233	15352	14477	13621	12782	11962
	VI	**23182**	5326	5326							
74735,99	I,IV	**17127**	5326	5326	I	15366	13634	11975	10390	8878	7440
	II	**16326**	5326	5326	II	14569	12870	11245	9693	8215	6810
	III	**10956**	5326	5326	III	9680	8442	7238	6072	4944	3850
	V	**22761**	5326	5326	IV	16246	15366	14491	13634	12795	11975
	VI	**23196**	5326	5326							

* Zur LSt-Berechnung für privat versicherte Arbeitnehmer s. Beispiele **Vorbemerkung S. 4f.**
** Basisvorsorgepauschale KV und PV *** Typisierter Arbeitgeberzuschuss

Lohn/ Gehalt in € bis	Steuerklasse	**Lohn-steuer***	BVSP**	TAGZ***	Steuerklasse	Bemessungsgrundlage für Kirchensteuer und Solidaritätszuschlag – Freibeträge für ... Kinder 0,5	**1,0**	1,5	**2,0**	2,5	**3,0**
74 771,99	I,IV	**17 141**	5 326	5 326	I	15 380	13 647	11 988	10 402	8 890	7 451
	II	**16 340**	5 326	5 326	II	14 583	12 883	11 257	9 705	8 226	6 821
	III	**10 966**	5 326	5 326	III	9 690	8 450	7 248	6 082	4 952	3 858
	V	**22 775**	5 326	5 326	IV	16 260	15 380	14 504	13 647	12 808	11 988
	VI	**23 210**	5 326	5 326							
74 807,99	I,IV	**17 155**	5 326	5 326	I	15 393	13 661	12 001	10 414	8 902	7 462
	II	**16 354**	5 326	5 326	II	14 596	12 896	11 270	9 717	8 238	6 832
	III	**10 978**	5 326	5 326	III	9 700	8 460	7 258	6 090	4 960	3 868
	V	**22 789**	5 326	5 326	IV	16 274	15 393	14 518	13 661	12 822	12 001
	VI	**23 224**	5 326	5 326							
74 843,99	I,IV	**17 169**	5 326	5 326	I	15 408	13 674	12 014	10 427	8 914	7 474
	II	**16 368**	5 326	5 326	II	14 610	12 910	11 283	9 729	8 249	6 843
	III	**10 988**	5 326	5 326	III	9 710	8 470	7 266	6 100	4 970	3 876
	V	**22 803**	5 326	5 326	IV	16 288	15 408	14 532	13 674	12 835	12 014
	VI	**23 238**	5 326	5 326							
74 879,99	I,IV	**17 183**	5 326	5 326	I	15 422	13 688	12 027	10 439	8 925	7 485
	II	**16 382**	5 326	5 326	II	14 624	12 923	11 295	9 741	8 261	6 854
	III	**10 998**	5 326	5 326	III	9 720	8 480	7 276	6 108	4 978	3 884
	V	**22 817**	5 326	5 326	IV	16 302	15 422	14 546	13 688	12 848	12 027
	VI	**23 252**	5 326	5 326							
74 915,99	I,IV	**17 197**	5 326	5 326	I	15 435	13 701	12 040	10 451	8 937	7 496
	II	**16 396**	5 326	5 326	II	14 638	12 936	11 308	9 753	8 272	6 864
	III	**11 008**	5 326	5 326	III	9 730	8 490	7 286	6 118	4 988	3 894
	V	**22 831**	5 326	5 326	IV	16 316	15 435	14 559	13 701	12 861	12 040
	VI	**23 266**	5 326	5 326							
74 951,99	I,IV	**17 211**	5 326	5 326	I	15 449	13 714	12 052	10 464	8 948	7 507
	II	**16 409**	5 326	5 326	II	14 651	12 949	11 320	9 765	8 283	6 875
	III	**11 018**	5 326	5 326	III	9 740	8 498	7 294	6 126	4 996	3 902
	V	**22 845**	5 326	5 326	IV	16 330	15 449	14 573	13 714	12 874	12 052
	VI	**23 280**	5 326	5 326							
74 987,99	I,IV	**17 225**	5 326	5 326	I	15 463	13 728	12 065	10 476	8 960	7 518
	II	**16 423**	5 326	5 326	II	14 665	12 962	11 333	9 777	8 295	6 886
	III	**11 028**	5 326	5 326	III	9 750	8 508	7 304	6 136	5 004	3 910
	V	**22 858**	5 326	5 326	IV	16 344	15 463	14 587	13 728	12 887	12 065
	VI	**23 294**	5 326	5 326							
75 023,99	I,IV	**17 239**	5 326	5 326	I	15 477	13 742	12 078	10 488	8 972	7 529
	II	**16 438**	5 326	5 326	II	14 679	12 976	11 346	9 789	8 306	6 897
	III	**11 040**	5 326	5 326	III	9 760	8 518	7 314	6 146	5 014	3 918
	V	**22 873**	5 326	5 326	IV	16 358	15 477	14 601	13 742	12 901	12 078
	VI	**23 308**	5 326	5 326							
75 059,99	I,IV	**17 253**	5 326	5 326	I	15 491	13 755	12 091	10 501	8 984	7 540
	II	**16 451**	5 326	5 326	II	14 693	12 989	11 358	9 801	8 318	6 908
	III	**11 048**	5 326	5 326	III	9 770	8 528	7 322	6 154	5 022	3 926
	V	**22 887**	5 326	5 326	IV	16 372	15 491	14 614	13 755	12 914	12 091
	VI	**23 322**	5 326	5 326							
75 095,99	I,IV	**17 267**	5 326	5 326	I	15 505	13 768	12 104	10 513	8 995	7 551
	II	**16 465**	5 326	5 326	II	14 707	13 002	11 371	9 813	8 329	6 919
	III	**11 060**	5 326	5 326	III	9 780	8 538	7 332	6 164	5 032	3 936
	V	**22 900**	5 326	5 326	IV	16 386	15 505	14 628	13 768	12 927	12 104
	VI	**23 336**	5 326	5 326							
75 131,99	I,IV	**17 280**	5 326	5 326	I	15 519	13 782	12 117	10 525	9 007	7 562
	II	**16 479**	5 326	5 326	II	14 720	13 015	11 384	9 825	8 341	6 929
	III	**11 070**	5 326	5 326	III	9 790	8 548	7 342	6 172	5 040	3 944
	V	**22 914**	5 326	5 326	IV	16 400	15 519	14 642	13 782	12 940	12 117
	VI	**23 349**	5 326	5 326							
75 167,99	I,IV	**17 294**	5 326	5 326	I	15 533	13 795	12 129	10 537	9 019	7 573
	II	**16 493**	5 326	5 326	II	14 734	13 028	11 396	9 837	8 352	6 940
	III	**11 080**	5 326	5 326	III	9 800	8 558	7 350	6 182	5 048	3 952
	V	**22 928**	5 326	5 326	IV	16 414	15 533	14 656	13 795	12 953	12 129
	VI	**23 363**	5 326	5 326							

* Zur LSt-Berechnung für privat versicherte Arbeitnehmer s. Beispiele **Vorbemerkung S. 4 f.**
** Basisvorsorgepauschale KV und PV *** Typisierter Arbeitgeberzuschuss

Lohn/ Gehalt in € bis	Steuerklasse	Lohn-steuer*	BVSP**	TAGZ***	Steuerklasse	Bemessungsgrundlage für Kirchensteuer und Solidaritätszuschlag – Freibeträge für ... Kinder 0,5	**1,0**	1,5	**2,0**	2,5	**3,0**
75 203,99	I,IV	**17 308**	5 326	5 326	I	15 547	13 809	12 142	10 550	9 030	7 584
	II	**16 507**	5 326	5 326	II	14 748	13 041	11 409	9 849	8 363	6 951
	III	**11 090**	5 326	5 326	III	9 810	8 566	7 360	6 190	5 058	3 960
	V	**22 942**	5 326	5 326	IV	16 427	15 547	14 669	13 809	12 966	12 142
	VI	**23 377**	5 326	5 326							
75 239,99	I,IV	**17 322**	5 326	5 326	I	15 561	13 822	12 156	10 562	9 042	7 596
	II	**16 521**	5 326	5 326	II	14 762	13 055	11 422	9 862	8 375	6 962
	III	**11 100**	5 326	5 326	III	9 820	8 576	7 370	6 200	5 066	3 970
	V	**22 956**	5 326	5 326	IV	16 442	15 561	14 683	13 822	12 980	12 156
	VI	**23 391**	5 326	5 326							
75 275,99	I,IV	**17 336**	5 326	5 326	I	15 575	13 836	12 168	10 574	9 054	7 607
	II	**16 535**	5 326	5 326	II	14 776	13 068	11 434	9 874	8 387	6 973
	III	**11 110**	5 326	5 326	III	9 830	8 586	7 380	6 208	5 076	3 978
	V	**22 970**	5 326	5 326	IV	16 456	15 575	14 697	13 836	12 993	12 168
	VI	**23 405**	5 326	5 326							
75 311,99	I,IV	**17 350**	5 326	5 326	I	15 589	13 849	12 181	10 587	9 066	7 618
	II	**16 549**	5 326	5 326	II	14 789	13 081	11 447	9 886	8 398	6 984
	III	**11 120**	5 326	5 326	III	9 840	8 596	7 388	6 218	5 084	3 986
	V	**22 984**	5 326	5 326	IV	16 469	15 589	14 711	13 849	13 006	12 181
	VI	**23 419**	5 326	5 326							
75 347,99	I,IV	**17 364**	5 326	5 326	I	15 603	13 863	12 194	10 599	9 077	7 629
	II	**16 563**	5 326	5 326	II	14 803	13 094	11 459	9 898	8 409	6 995
	III	**11 132**	5 326	5 326	III	9 850	8 606	7 398	6 228	5 092	3 996
	V	**22 998**	5 326	5 326	IV	16 483	15 603	14 724	13 863	13 019	12 194
	VI	**23 433**	5 326	5 326							
75 383,99	I,IV	**17 378**	5 326	5 326	I	15 616	13 876	12 207	10 611	9 089	7 640
	II	**16 577**	5 326	5 326	II	14 817	13 108	11 472	9 910	8 421	7 006
	III	**11 142**	5 326	5 326	III	9 860	8 616	7 408	6 236	5 102	4 004
	V	**23 012**	5 326	5 326	IV	16 497	15 616	14 738	13 876	13 032	12 207
	VI	**23 447**	5 326	5 326							
75 419,99	I,IV	**17 392**	5 326	5 326	I	15 631	13 890	12 220	10 624	9 101	7 652
	II	**16 591**	5 326	5 326	II	14 831	13 121	11 485	9 922	8 433	7 017
	III	**11 152**	5 326	5 326	III	9 870	8 624	7 416	6 246	5 110	4 012
	V	**23 026**	5 326	5 326	IV	16 511	15 631	14 752	13 890	13 046	12 220
	VI	**23 461**	5 326	5 326							
75 455,99	I,IV	**17 406**	5 326	5 326	I	15 645	13 903	12 233	10 636	9 113	7 663
	II	**16 605**	5 326	5 326	II	14 845	13 134	11 497	9 934	8 444	7 028
	III	**11 162**	5 326	5 326	III	9 880	8 634	7 426	6 254	5 120	4 022
	V	**23 040**	5 326	5 326	IV	16 525	15 645	14 766	13 903	13 059	12 233
	VI	**23 475**	5 326	5 326							
75 491,99	I,IV	**17 420**	5 326	5 326	I	15 658	13 917	12 246	10 648	9 124	7 674
	II	**16 619**	5 326	5 326	II	14 858	13 147	11 510	9 946	8 455	7 038
	III	**11 172**	5 326	5 326	III	9 890	8 644	7 436	6 264	5 128	4 030
	V	**23 054**	5 326	5 326	IV	16 539	15 658	14 780	13 917	13 072	12 246
	VI	**23 489**	5 326	5 326							
75 527,99	I,IV	**17 434**	5 326	5 326	I	15 672	13 930	12 259	10 661	9 136	7 685
	II	**16 632**	5 326	5 326	II	14 872	13 161	11 523	9 958	8 467	7 049
	III	**11 182**	5 326	5 326	III	9 900	8 654	7 446	6 272	5 136	4 038
	V	**23 068**	5 326	5 326	IV	16 553	15 672	14 793	13 930	13 085	12 259
	VI	**23 503**	5 326	5 326							
75 563,99	I,IV	**17 448**	5 326	5 326	I	15 686	13 944	12 272	10 673	9 148	7 696
	II	**16 646**	5 326	5 326	II	14 886	13 174	11 535	9 970	8 478	7 060
	III	**11 192**	5 326	5 326	III	9 910	8 664	7 454	6 282	5 146	4 046
	V	**23 081**	5 326	5 326	IV	16 567	15 686	14 807	13 944	13 098	12 272
	VI	**23 517**	5 326	5 326							
75 599,99	I,IV	**17 462**	5 326	5 326	I	15 700	13 957	12 285	10 686	9 160	7 708
	II	**16 661**	5 326	5 326	II	14 900	13 187	11 548	9 982	8 490	7 071
	III	**11 204**	5 326	5 326	III	9 920	8 674	7 464	6 290	5 154	4 056
	V	**23 096**	5 326	5 326	IV	16 581	15 700	14 821	13 957	13 112	12 285
	VI	**23 531**	5 326	5 326							

* Zur LSt-Berechnung für privat versicherte Arbeitnehmer s. Beispiele **Vorbemerkung S. 4 f.**
** Basisvorsorgepauschale KV und PV *** Typisierter Arbeitgeberzuschuss

Lohn/ Gehalt in € bis	Steuerklasse	Lohn-steuer*	BVSP**	TAGZ***	Steuerklasse	Bemessungsgrundlage für Kirchensteuer und Solidaritätszuschlag – Freibeträge für ... Kinder 0,5	1,0	1,5	2,0	2,5	3,0
75 635,99	I,IV	**17 476**	5 326	5 326	I	15 714	13 971	12 298	10 698	9 172	7 719
	II	**16 674**	5 326	5 326	II	14 914	13 201	11 561	9 994	8 502	7 082
	III	**11 214**	5 326	5 326	III	9 930	8 684	7 474	6 300	5 164	4 064
	V	**23 110**	5 326	5 326	IV	16 595	15 714	14 835	13 971	13 125	12 298
	VI	**23 545**	5 326	5 326							
75 671,99	I,IV	**17 490**	5 326	5 326	I	15 728	13 984	12 311	10 710	9 183	7 730
	II	**16 688**	5 326	5 326	II	14 928	13 214	11 573	10 007	8 513	7 093
	III	**11 224**	5 326	5 326	III	9 940	8 692	7 482	6 308	5 172	4 072
	V	**23 123**	5 326	5 326	IV	16 609	15 728	14 849	13 984	13 138	12 311
	VI	**23 559**	5 326	5 326							
75 707,99	I,IV	**17 503**	5 326	5 326	I	15 742	13 998	12 323	10 723	9 195	7 741
	II	**16 702**	5 326	5 326	II	14 941	13 227	11 586	10 019	8 525	7 104
	III	**11 234**	5 326	5 326	III	9 950	8 702	7 492	6 318	5 182	4 080
	V	**23 137**	5 326	5 326	IV	16 623	15 742	14 863	13 998	13 151	12 323
	VI	**23 572**	5 326	5 326							
75 743,99	I,IV	**17 517**	5 326	5 326	I	15 756	14 011	12 336	10 735	9 207	7 752
	II	**16 716**	5 326	5 326	II	14 955	13 240	11 599	10 031	8 536	7 115
	III	**11 244**	5 326	5 326	III	9 960	8 712	7 502	6 328	5 190	4 090
	V	**23 151**	5 326	5 326	IV	16 637	15 756	14 876	14 011	13 165	12 336
	VI	**23 586**	5 326	5 326							
75 779,99	I,IV	**17 531**	5 326	5 326	I	15 770	14 025	12 349	10 747	9 219	7 763
	II	**16 730**	5 326	5 326	II	14 969	13 253	11 611	10 043	8 548	7 126
	III	**11 254**	5 326	5 326	III	9 970	8 722	7 510	6 336	5 198	4 098
	V	**23 165**	5 326	5 326	IV	16 650	15 770	14 890	14 025	13 178	12 349
	VI	**23 600**	5 326	5 326							
75 815,99	I,IV	**17 545**	5 326	5 326	I	15 784	14 039	12 362	10 760	9 231	7 775
	II	**16 744**	5 326	5 326	II	14 983	13 267	11 624	10 055	8 559	7 137
	III	**11 266**	5 326	5 326	III	9 980	8 732	7 520	6 346	5 208	4 106
	V	**23 179**	5 326	5 326	IV	16 665	15 784	14 904	14 039	13 191	12 362
	VI	**23 614**	5 326	5 326							
75 851,99	I,IV	**17 559**	5 326	5 326	I	15 798	14 052	12 375	10 772	9 242	7 786
	II	**16 758**	5 326	5 326	II	14 997	13 280	11 637	10 067	8 571	7 148
	III	**11 276**	5 326	5 326	III	9 990	8 742	7 530	6 354	5 216	4 114
	V	**23 193**	5 326	5 326	IV	16 679	15 798	14 918	14 052	13 205	12 375
	VI	**23 628**	5 326	5 326							
75 887,99	I,IV	**17 573**	5 326	5 326	I	15 812	14 066	12 388	10 785	9 254	7 797
	II	**16 772**	5 326	5 326	II	15 011	13 293	11 650	10 079	8 582	7 159
	III	**11 286**	5 326	5 326	III	10 000	8 752	7 540	6 364	5 226	4 124
	V	**23 207**	5 326	5 326	IV	16 692	15 812	14 932	14 066	13 218	12 388
	VI	**23 642**	5 326	5 326							
75 923,99	I,IV	**17 587**	5 326	5 326	I	15 826	14 079	12 401	10 797	9 266	7 809
	II	**16 786**	5 326	5 326	II	15 025	13 307	11 662	10 091	8 594	7 170
	III	**11 296**	5 326	5 326	III	10 010	8 760	7 548	6 372	5 234	4 132
	V	**23 221**	5 326	5 326	IV	16 706	15 826	14 946	14 079	13 231	12 401
	VI	**23 656**	5 326	5 326							
75 959,99	I,IV	**17 601**	5 326	5 326	I	15 839	14 093	12 414	10 809	9 278	7 820
	II	**16 800**	5 326	5 326	II	15 038	13 320	11 675	10 103	8 605	7 181
	III	**11 306**	5 326	5 326	III	10 020	8 770	7 558	6 382	5 244	4 140
	V	**23 235**	5 326	5 326	IV	16 720	15 839	14 959	14 093	13 244	12 414
	VI	**23 670**	5 326	5 326							
75 995,99	I,IV	**17 615**	5 326	5 326	I	15 854	14 106	12 427	10 822	9 290	7 831
	II	**16 814**	5 326	5 326	II	15 053	13 334	11 688	10 116	8 617	7 192
	III	**11 316**	5 326	5 326	III	10 030	8 780	7 568	6 392	5 252	4 150
	V	**23 249**	5 326	5 326	IV	16 734	15 854	14 974	14 106	13 258	12 427
	VI	**23 684**	5 326	5 326							
76 031,99	I,IV	**17 629**	5 326	5 326	I	15 868	14 120	12 440	10 834	9 302	7 842
	II	**16 828**	5 326	5 326	II	15 066	13 347	11 701	10 128	8 629	7 203
	III	**11 326**	5 326	5 326	III	10 040	8 790	7 578	6 400	5 260	4 158
	V	**23 263**	5 326	5 326	IV	16 748	15 868	14 987	14 120	13 271	12 440
	VI	**23 698**	5 326	5 326							

* Zur LSt-Berechnung für privat versicherte Arbeitnehmer s. Beispiele **Vorbemerkung S. 4 f.**
** Basisvorsorgepauschale KV und PV *** Typisierter Arbeitgeberzuschuss

Lohn/ Gehalt in € bis	Steuerklasse	Lohn-steuer*	BVSP**	TAGZ***	Steuerklasse	Bemessungsgrundlage für Kirchensteuer und Solidaritätszuschlag – Freibeträge für ... Kinder 0,5	**1,0**	1,5	**2,0**	2,5	**3,0**
76067,99	I,IV	**17643**	5326	5326	I	15881	14133	12453	10847	9313	7854
	II	**16842**	5326	5326	II	15080	13360	11713	10140	8640	7214
	III	**11338**	5326	5326	III	10050	8800	7586	6410	5270	4166
	V	**23277**	5326	5326	IV	16762	15881	15001	14133	13284	12453
	VI	**23712**	5326	5326							
76103,99	I,IV	**17657**	5326	5326	I	15895	14147	12466	10859	9325	7865
	II	**16855**	5326	5326	II	15094	13373	11726	10152	8652	7225
	III	**11348**	5326	5326	III	10060	8810	7596	6418	5278	4174
	V	**23291**	5326	5326	IV	16776	15895	15015	14147	13297	12466
	VI	**23726**	5326	5326							
76139,99	I,IV	**17671**	5326	5326	I	15909	14161	12479	10871	9337	7876
	II	**16869**	5326	5326	II	15108	13386	11739	10164	8663	7236
	III	**11358**	5326	5326	III	10070	8820	7606	6428	5288	4184
	V	**23304**	5326	5326	IV	16790	15909	15029	14161	13311	12479
	VI	**23740**	5326	5326							
76175,99	I,IV	**17685**	5326	5326	I	15923	14174	12493	10884	9349	7888
	II	**16884**	5326	5326	II	15122	13400	11752	10177	8675	7247
	III	**11368**	5326	5326	III	10080	8830	7616	6438	5296	4192
	V	**23319**	5326	5326	IV	16804	15923	15043	14174	13324	12493
	VI	**23754**	5326	5326							
76211,99	I,IV	**17699**	5326	5326	I	15937	14188	12505	10896	9361	7899
	II	**16897**	5326	5326	II	15136	13413	11764	10189	8687	7258
	III	**11378**	5326	5326	III	10090	8840	7624	6446	5306	4200
	V	**23333**	5326	5326	IV	16818	15937	15057	14188	13338	12505
	VI	**23768**	5326	5326							
76247,99	I,IV	**17713**	5326	5326	I	15951	14201	12518	10909	9373	7910
	II	**16911**	5326	5326	II	15150	13427	11777	10201	8698	7269
	III	**11390**	5326	5326	III	10100	8850	7634	6456	5314	4210
	V	**23346**	5326	5326	IV	16832	15951	15071	14201	13351	12518
	VI	**23782**	5326	5326							
76283,99	I,IV	**17726**	5326	5326	I	15965	14215	12531	10921	9384	7921
	II	**16925**	5326	5326	II	15164	13440	11790	10213	8710	7280
	III	**11400**	5326	5326	III	10110	8858	7644	6464	5322	4218
	V	**23360**	5326	5326	IV	16846	15965	15084	14215	13364	12531
	VI	**23795**	5326	5326							
76319,99	I,IV	**17740**	5326	5326	I	15979	14229	12544	10934	9396	7932
	II	**16939**	5326	5326	II	15178	13453	11802	10225	8721	7291
	III	**11410**	5326	5326	III	10120	8868	7652	6474	5332	4226
	V	**23374**	5326	5326	IV	16860	15979	15098	14229	13377	12544
	VI	**23809**	5326	5326							
76355,99	I,IV	**17755**	5326	5326	I	15993	14243	12558	10946	9408	7944
	II	**16953**	5326	5326	II	15192	13467	11816	10238	8733	7302
	III	**11420**	5326	5326	III	10132	8878	7662	6484	5342	4236
	V	**23388**	5326	5326	IV	16874	15993	15112	14243	13391	12558
	VI	**23824**	5326	5326							
76391,99	I,IV	**17768**	5326	5326	I	16007	14256	12571	10959	9420	7955
	II	**16967**	5326	5326	II	15206	13480	11828	10250	8745	7313
	III	**11430**	5326	5326	III	10140	8888	7672	6492	5350	4244
	V	**23402**	5326	5326	IV	16888	16007	15126	14256	13404	12571
	VI	**23837**	5326	5326							
76427,99	I,IV	**17782**	5326	5326	I	16021	14270	12584	10971	9432	7966
	II	**16981**	5326	5326	II	15220	13493	11841	10262	8756	7324
	III	**11440**	5326	5326	III	10152	8898	7682	6502	5358	4252
	V	**23416**	5326	5326	IV	16902	16021	15140	14270	13417	12584
	VI	**23851**	5326	5326							
76463,99	I,IV	**17796**	5326	5326	I	16035	14283	12597	10984	9444	7978
	II	**16995**	5326	5326	II	15233	13507	11854	10274	8768	7335
	III	**11450**	5326	5326	III	10160	8908	7690	6510	5368	4260
	V	**23430**	5326	5326	IV	16915	16035	15154	14283	13431	12597
	VI	**23865**	5326	5326							

* Zur LSt-Berechnung für privat versicherte Arbeitnehmer s. Beispiele **Vorbemerkung S. 4f.**
** Basisvorsorgepauschale KV und PV *** Typisierter Arbeitgeberzuschuss

Lohn/ Gehalt in € bis	Steuerklasse	Lohn-steuer*	BVSP**	TAGZ***	Steuerklasse	Bemessungsgrundlage für Kirchensteuer und Solidaritätszuschlag					
						Freibeträge für ... Kinder					
						0,5	**1,0**	1,5	**2,0**	2,5	**3,0**
76 499,99	I,IV	**17 810**	5 326	5 326	I	16 049	14 297	12 610	10 996	9 456	7 989
	II	**17 009**	5 326	5 326	II	15 247	13 520	11 866	10 286	8 779	7 346
	III	**11 462**	5 326	5 326	III	10 172	8 918	7 700	6 520	5 376	4 270
	V	**23 444**	5 326	5 326	IV	16 929	16 049	15 168	14 297	13 444	12 610
	VI	**23 879**	5 326	5 326							
76 535,99	I,IV	**17 824**	5 326	5 326	I	16 062	14 310	12 623	11 008	9 468	8 000
	II	**17 023**	5 326	5 326	II	15 261	13 533	11 879	10 298	8 791	7 357
	III	**11 472**	5 326	5 326	III	10 180	8 926	7 710	6 528	5 386	4 278
	V	**23 458**	5 326	5 326	IV	16 943	16 062	15 182	14 310	13 457	12 623
	VI	**23 893**	5 326	5 326							
76 571,99	I,IV	**17 838**	5 326	5 326	I	16 077	14 324	12 636	11 021	9 480	8 012
	II	**17 037**	5 326	5 326	II	15 275	13 547	11 892	10 311	8 803	7 368
	III	**11 482**	5 326	5 326	III	10 192	8 936	7 720	6 538	5 394	4 286
	V	**23 472**	5 326	5 326	IV	16 957	16 077	15 196	14 324	13 471	12 636
	VI	**23 907**	5 326	5 326							
76 607,99	I,IV	**17 852**	5 326	5 326	I	16 091	14 338	12 649	11 034	9 492	8 023
	II	**17 051**	5 326	5 326	II	15 289	13 560	11 905	10 323	8 814	7 379
	III	**11 492**	5 326	5 326	III	10 202	8 946	7 728	6 548	5 404	4 296
	V	**23 486**	5 326	5 326	IV	16 971	16 091	15 210	14 338	13 484	12 649
	VI	**23 921**	5 326	5 326							
76 643,99	I,IV	**17 866**	5 326	5 326	I	16 104	14 351	12 662	11 046	9 503	8 034
	II	**17 065**	5 326	5 326	II	15 303	13 574	11 918	10 335	8 826	7 390
	III	**11 502**	5 326	5 326	III	10 212	8 956	7 738	6 556	5 412	4 304
	V	**23 500**	5 326	5 326	IV	16 985	16 104	15 224	14 351	13 498	12 662
	VI	**23 935**	5 326	5 326							
76 679,99	I,IV	**17 880**	5 326	5 326	I	16 118	14 365	12 675	11 058	9 515	8 046
	II	**17 078**	5 326	5 326	II	15 317	13 587	11 930	10 347	8 838	7 401
	III	**11 514**	5 326	5 326	III	10 222	8 966	7 748	6 566	5 422	4 312
	V	**23 514**	5 326	5 326	IV	16 999	16 118	15 238	14 365	13 511	12 675
	VI	**23 949**	5 326	5 326							
76 715,99	I,IV	**17 894**	5 326	5 326	I	16 132	14 379	12 688	11 071	9 527	8 057
	II	**17 092**	5 326	5 326	II	15 331	13 600	11 943	10 359	8 849	7 412
	III	**11 524**	5 326	5 326	III	10 232	8 976	7 756	6 574	5 430	4 322
	V	**23 528**	5 326	5 326	IV	17 013	16 132	15 251	14 379	13 524	12 688
	VI	**23 963**	5 326	5 326							
76 751,99	I,IV	**17 908**	5 326	5 326	I	16 146	14 393	12 701	11 084	9 539	8 069
	II	**17 107**	5 326	5 326	II	15 345	13 614	11 956	10 372	8 861	7 424
	III	**11 534**	5 326	5 326	III	10 242	8 986	7 766	6 584	5 438	4 330
	V	**23 542**	5 326	5 326	IV	17 027	16 146	15 266	14 393	13 538	12 701
	VI	**23 977**	5 326	5 326							
76 787,99	I,IV	**17 922**	5 326	5 326	I	16 160	14 406	12 714	11 096	9 551	8 080
	II	**17 120**	5 326	5 326	II	15 359	13 627	11 969	10 384	8 873	7 435
	III	**11 544**	5 326	5 326	III	10 252	8 996	7 776	6 594	5 448	4 338
	V	**23 556**	5 326	5 326	IV	17 041	16 160	15 280	14 406	13 551	12 714
	VI	**23 991**	5 326	5 326							
76 823,99	I,IV	**17 936**	5 326	5 326	I	16 174	14 420	12 727	11 109	9 563	8 091
	II	**17 134**	5 326	5 326	II	15 373	13 641	11 982	10 396	8 884	7 446
	III	**11 554**	5 326	5 326	III	10 262	9 006	7 786	6 602	5 456	4 348
	V	**23 570**	5 326	5 326	IV	17 055	16 174	15 293	14 420	13 564	12 727
	VI	**24 005**	5 326	5 326							
76 859,99	I,IV	**17 950**	5 326	5 326	I	16 188	14 433	12 740	11 121	9 575	8 102
	II	**17 148**	5 326	5 326	II	15 387	13 654	11 995	10 409	8 896	7 457
	III	**11 566**	5 326	5 326	III	10 272	9 016	7 796	6 612	5 466	4 356
	V	**23 583**	5 326	5 326	IV	17 069	16 188	15 307	14 433	13 578	12 740
	VI	**24 018**	5 326	5 326							
76 895,99	I,IV	**17 963**	5 326	5 326	I	16 202	14 447	12 753	11 133	9 587	8 114
	II	**17 162**	5 326	5 326	II	15 401	13 667	12 007	10 421	8 908	7 468
	III	**11 576**	5 326	5 326	III	10 282	9 024	7 804	6 622	5 474	4 364
	V	**23 597**	5 326	5 326	IV	17 083	16 202	15 321	14 447	13 591	12 753
	VI	**24 032**	5 326	5 326							

* Zur LSt-Berechnung für privat versicherte Arbeitnehmer s. Beispiele **Vorbemerkung S. 4 f.**
** Basisvorsorgepauschale KV und PV *** Typisierter Arbeitgeberzuschuss

Lohn/ Gehalt in € bis	Steuerklasse	Lohn-steuer*	BVSP**	TAGZ***	Steuerklasse	Bemessungsgrundlage für Kirchensteuer und Solidaritätszuschlag					
						Freibeträge für ... Kinder					
						0,5	**1,0**	1,5	**2,0**	2,5	**3,0**
76931,99	I,IV	**17978**	5326	5326	I	16216	14461	12767	11146	9599	8125
	II	**17176**	5326	5326	II	15415	13681	12021	10433	8920	7479
	III	**11586**	5326	5326	III	10292	9034	7814	6630	5484	4374
	V	**23612**	5326	5326	IV	17097	16216	15335	14461	13605	12767
	VI	**24047**	5326	5326							
76967,99	I,IV	**17992**	5326	5326	I	16230	14475	12780	11159	9611	8137
	II	**17190**	5326	5326	II	15429	13695	12033	10445	8931	7490
	III	**11596**	5326	5326	III	10302	9044	7824	6640	5492	4382
	V	**23625**	5326	5326	IV	17111	16230	15349	14475	13618	12780
	VI	**24060**	5326	5326							
77003,99	I,IV	**18005**	5326	5326	I	16244	14488	12793	11171	9623	8148
	II	**17204**	5326	5326	II	15443	13708	12046	10458	8943	7501
	III	**11606**	5326	5326	III	10312	9054	7834	6648	5502	4390
	V	**23639**	5326	5326	IV	17125	16244	15363	14488	13631	12793
	VI	**24074**	5326	5326							
77039,99	I,IV	**18019**	5326	5326	I	16258	14502	12806	11184	9635	8159
	II	**17218**	5326	5326	II	15456	13721	12059	10470	8954	7512
	III	**11618**	5326	5326	III	10322	9064	7842	6658	5510	4400
	V	**23653**	5326	5326	IV	17138	16258	15377	14502	13645	12806
	VI	**24088**	5326	5326							
77075,99	I,IV	**18033**	5326	5326	I	16272	14516	12819	11196	9647	8171
	II	**17232**	5326	5326	II	15470	13735	12072	10482	8966	7523
	III	**11628**	5326	5326	III	10332	9074	7852	6668	5518	4408
	V	**23667**	5326	5326	IV	17152	16272	15391	14516	13658	12819
	VI	**24102**	5326	5326							
77111,99	I,IV	**18047**	5326	5326	I	16285	14529	12832	11209	9659	8182
	II	**17246**	5326	5326	II	15484	13748	12084	10494	8978	7534
	III	**11638**	5326	5326	III	10342	9084	7862	6676	5528	4416
	V	**23681**	5326	5326	IV	17166	16285	15405	14529	13672	12832
	VI	**24116**	5326	5326							
77147,99	I,IV	**18061**	5326	5326	I	16300	14543	12846	11222	9671	8194
	II	**17260**	5326	5326	II	15498	13762	12098	10507	8990	7546
	III	**11648**	5326	5326	III	10352	9094	7872	6686	5538	4426
	V	**23695**	5326	5326	IV	17180	16300	15419	14543	13685	12846
	VI	**24130**	5326	5326							
77183,99	I,IV	**18075**	5326	5326	I	16314	14557	12859	11234	9683	8205
	II	**17274**	5326	5326	II	15512	13775	12110	10519	9001	7557
	III	**11658**	5326	5326	III	10362	9104	7880	6694	5546	4434
	V	**23709**	5326	5326	IV	17194	16314	15433	14557	13699	12859
	VI	**24144**	5326	5326							
77219,99	I,IV	**18089**	5326	5326	I	16327	14571	12872	11246	9695	8216
	II	**17288**	5326	5326	II	15526	13789	12123	10531	9013	7568
	III	**11670**	5326	5326	III	10372	9114	7890	6704	5556	4442
	V	**23723**	5326	5326	IV	17208	16327	15447	14571	13712	12872
	VI	**24158**	5326	5326							
77255,99	I,IV	**18103**	5326	5326	I	16341	14584	12885	11259	9707	8228
	II	**17301**	5326	5326	II	15540	13802	12136	10544	9025	7579
	III	**11680**	5326	5326	III	10382	9122	7900	6714	5564	4450
	V	**23737**	5326	5326	IV	17222	16341	15461	14584	13725	12885
	VI	**24172**	5326	5326							
77291,99	I,IV	**18117**	5326	5326	I	16355	14598	12898	11272	9719	8239
	II	**17315**	5326	5326	II	15554	13815	12149	10556	9036	7590
	III	**11690**	5326	5326	III	10394	9132	7910	6722	5572	4460
	V	**23751**	5326	5326	IV	17236	16355	15474	14598	13739	12898
	VI	**24186**	5326	5326							
77327,99	I,IV	**18131**	5326	5326	I	16369	14612	12911	11284	9731	8251
	II	**17330**	5326	5326	II	15568	13829	12162	10568	9048	7602
	III	**11700**	5326	5326	III	10404	9142	7920	6732	5582	4468
	V	**23765**	5326	5326	IV	17250	16369	15489	14612	13753	12911
	VI	**24200**	5326	5326							

* Zur LSt-Berechnung für privat versicherte Arbeitnehmer s. Beispiele **Vorbemerkung S. 4f.**
** Basisvorsorgepauschale KV und PV *** Typisierter Arbeitgeberzuschuss

Lohn/ Gehalt in € bis	Steuerklasse	Lohn-steuer*	BVSP**	TAGZ***	Steuerklasse	Bemessungsgrundlage für Kirchensteuer und Solidaritätszuschlag					
						Freibeträge für ... Kinder					
						0,5	**1,0**	1,5	**2,0**	2,5	**3,0**
77363,99	I,IV	**18145**	5326	5326	I	16383	14626	12925	11297	9743	8262
	II	**17343**	5326	5326	II	15582	13843	12175	10581	9060	7613
	III	**11710**	5326	5326	III	10414	9152	7928	6742	5590	4476
	V	**23779**	5326	5326	IV	17264	16383	15503	14626	13766	12925
	VI	**24214**	5326	5326							
77399,99	I,IV	**18159**	5326	5326	I	16397	14639	12938	11309	9755	8273
	II	**17357**	5326	5326	II	15596	13856	12188	10593	9072	7624
	III	**11722**	5326	5326	III	10424	9162	7938	6750	5600	4486
	V	**23793**	5326	5326	IV	17278	16397	15516	14639	13779	12938
	VI	**24228**	5326	5326							
77435,99	I,IV	**18173**	5326	5326	I	16411	14653	12951	11322	9767	8285
	II	**17371**	5326	5326	II	15610	13869	12201	10605	9083	7635
	III	**11732**	5326	5326	III	10434	9172	7948	6760	5608	4494
	V	**23806**	5326	5326	IV	17292	16411	15530	14653	13793	12951
	VI	**24242**	5326	5326							
77471,99	I,IV	**18186**	5326	5326	I	16425	14667	12964	11334	9779	8296
	II	**17385**	5326	5326	II	15624	13883	12213	10618	9095	7646
	III	**11742**	5326	5326	III	10444	9182	7958	6770	5618	4504
	V	**23820**	5326	5326	IV	17306	16425	15544	14667	13806	12964
	VI	**24255**	5326	5326							
77507,99	I,IV	**18201**	5326	5326	I	16439	14681	12977	11347	9791	8308
	II	**17399**	5326	5326	II	15638	13897	12227	10630	9107	7658
	III	**11752**	5326	5326	III	10454	9192	7968	6778	5626	4512
	V	**23835**	5326	5326	IV	17320	16439	15558	14681	13820	12977
	VI	**24270**	5326	5326							
77543,99	I,IV	**18215**	5326	5326	I	16453	14695	12990	11360	9803	8319
	II	**17413**	5326	5326	II	15652	13910	12240	10642	9119	7669
	III	**11762**	5326	5326	III	10464	9202	7976	6788	5636	4520
	V	**23848**	5326	5326	IV	17334	16453	15572	14695	13833	12990
	VI	**24284**	5326	5326							
77579,99	I,IV	**18228**	5326	5326	I	16467	14708	13004	11372	9815	8331
	II	**17427**	5326	5326	II	15666	13924	12252	10655	9131	7680
	III	**11774**	5326	5326	III	10474	9212	7986	6798	5644	4530
	V	**23862**	5326	5326	IV	17348	16467	15586	14708	13847	13004
	VI	**24297**	5326	5326							
77615,99	I,IV	**18242**	5326	5326	I	16481	14722	13017	11385	9827	8342
	II	**17441**	5326	5326	II	15679	13937	12265	10667	9142	7691
	III	**11784**	5326	5326	III	10484	9222	7996	6806	5654	4538
	V	**23876**	5326	5326	IV	17362	16481	15600	14722	13860	13017
	VI	**24311**	5326	5326							
77651,99	I,IV	**18256**	5326	5326	I	16495	14736	13030	11398	9839	8353
	II	**17455**	5326	5326	II	15693	13950	12278	10679	9154	7702
	III	**11794**	5326	5326	III	10494	9232	8006	6816	5662	4546
	V	**23890**	5326	5326	IV	17375	16495	15614	14736	13874	13030
	VI	**24325**	5326	5326							
77687,99	I,IV	**18270**	5326	5326	I	16508	14749	13043	11410	9851	8365
	II	**17469**	5326	5326	II	15707	13964	12291	10692	9166	7713
	III	**11804**	5326	5326	III	10504	9240	8014	6824	5672	4554
	V	**23904**	5326	5326	IV	17389	16508	15628	14749	13887	13043
	VI	**24339**	5326	5326							
77723,99	I,IV	**18284**	5326	5326	I	16523	14763	13057	11423	9863	8377
	II	**17483**	5326	5326	II	15721	13978	12304	10704	9178	7725
	III	**11814**	5326	5326	III	10514	9250	8024	6834	5680	4564
	V	**23918**	5326	5326	IV	17404	16523	15642	14763	13901	13057
	VI	**24353**	5326	5326							
77759,99	I,IV	**18298**	5326	5326	I	16537	14777	13070	11436	9875	8388
	II	**17497**	5326	5326	II	15735	13991	12317	10717	9189	7736
	III	**11826**	5326	5326	III	10524	9260	8034	6844	5690	4572
	V	**23932**	5326	5326	IV	17417	16537	15656	14777	13914	13070
	VI	**24367**	5326	5326							

* Zur LSt-Berechnung für privat versicherte Arbeitnehmer s. Beispiele **Vorbemerkung S. 4f.**
** Basisvorsorgepauschale KV und PV *** Typisierter Arbeitgeberzuschuss

Lohn/ Gehalt in € bis	Steuerklasse	Lohn- steuer*	BVSP**	TAGZ***	Steuerklasse	Bemessungsgrundlage für Kirchensteuer und Solidaritätszuschlag – Freibeträge für … Kinder 0,5	**1,0**	1,5	**2,0**	2,5	**3,0**
77 795,99	I,IV	**18 312**	5 326	5 326	I	16 550	14 791	13 083	11 448	9 887	8 399
	II	**17 511**	5 326	5 326	II	15 749	14 005	12 330	10 729	9 201	7 747
	III	**11 836**	5 326	5 326	III	10 534	9 270	8 044	6 852	5 698	4 582
	V	**23 946**	5 326	5 326	IV	17 431	16 550	15 670	14 791	13 928	13 083
	VI	**24 381**	5 326	5 326							
77 831,99	I,IV	**18 326**	5 326	5 326	I	16 564	14 805	13 096	11 461	9 899	8 411
	II	**17 524**	5 326	5 326	II	15 763	14 018	12 343	10 741	9 213	7 758
	III	**11 846**	5 326	5 326	III	10 546	9 280	8 052	6 862	5 708	4 590
	V	**23 960**	5 326	5 326	IV	17 445	16 564	15 684	14 805	13 941	13 096
	VI	**24 395**	5 326	5 326							
77 867,99	I,IV	**18 340**	5 326	5 326	I	16 578	14 818	13 109	11 473	9 911	8 422
	II	**17 538**	5 326	5 326	II	15 777	14 032	12 356	10 754	9 225	7 769
	III	**11 856**	5 326	5 326	III	10 554	9 290	8 062	6 870	5 716	4 598
	V	**23 974**	5 326	5 326	IV	17 459	16 578	15 697	14 818	13 955	13 109
	VI	**24 409**	5 326	5 326							
77 903,99	I,IV	**18 354**	5 326	5 326	I	16 592	14 833	13 123	11 486	9 923	8 434
	II	**17 553**	5 326	5 326	II	15 791	14 046	12 369	10 766	9 237	7 781
	III	**11 868**	5 326	5 326	III	10 566	9 300	8 072	6 880	5 726	4 608
	V	**23 988**	5 326	5 326	IV	17 473	16 592	15 712	14 833	13 968	13 123
	VI	**24 423**	5 326	5 326							
77 939,99	I,IV	**18 368**	5 326	5 326	I	16 606	14 846	13 136	11 499	9 935	8 445
	II	**17 566**	5 326	5 326	II	15 805	14 059	12 382	10 779	9 248	7 792
	III	**11 878**	5 326	5 326	III	10 576	9 310	8 082	6 890	5 734	4 616
	V	**24 002**	5 326	5 326	IV	17 487	16 606	15 726	14 846	13 982	13 136
	VI	**24 437**	5 326	5 326							
77 975,99	I,IV	**18 382**	5 326	5 326	I	16 620	14 860	13 149	11 512	9 947	8 457
	II	**17 580**	5 326	5 326	II	15 819	14 073	12 395	10 791	9 260	7 803
	III	**11 888**	5 326	5 326	III	10 586	9 320	8 090	6 898	5 744	4 624
	V	**24 016**	5 326	5 326	IV	17 501	16 620	15 739	14 860	13 995	13 149
	VI	**24 451**	5 326	5 326							
78 011,99	I,IV	**18 396**	5 326	5 326	I	16 634	14 874	13 162	11 524	9 959	8 468
	II	**17 594**	5 326	5 326	II	15 833	14 086	12 408	10 803	9 272	7 814
	III	**11 898**	5 326	5 326	III	10 596	9 330	8 100	6 908	5 752	4 634
	V	**24 029**	5 326	5 326	IV	17 515	16 634	15 753	14 874	14 009	13 162
	VI	**24 465**	5 326	5 326							
78 047,99	I,IV	**18 409**	5 326	5 326	I	16 648	14 888	13 175	11 537	9 972	8 480
	II	**17 608**	5 326	5 326	II	15 847	14 100	12 421	10 816	9 284	7 825
	III	**11 908**	5 326	5 326	III	10 606	9 340	8 110	6 918	5 762	4 642
	V	**24 043**	5 326	5 326	IV	17 529	16 648	15 767	14 888	14 022	13 175
	VI	**24 478**	5 326	5 326							
78 083,99	I,IV	**18 424**	5 326	5 326	I	16 662	14 902	13 189	11 550	9 984	8 492
	II	**17 622**	5 326	5 326	II	15 861	14 113	12 434	10 828	9 296	7 837
	III	**11 920**	5 326	5 326	III	10 616	9 350	8 120	6 926	5 770	4 650
	V	**24 058**	5 326	5 326	IV	17 543	16 662	15 781	14 902	14 036	13 189
	VI	**24 493**	5 326	5 326							
78 119,99	I,IV	**18 438**	5 326	5 326	I	16 676	14 915	13 202	11 562	9 996	8 503
	II	**17 636**	5 326	5 326	II	15 875	14 127	12 447	10 841	9 308	7 848
	III	**11 930**	5 326	5 326	III	10 626	9 360	8 130	6 936	5 780	4 660
	V	**24 071**	5 326	5 326	IV	17 557	16 676	15 795	14 915	14 050	13 202
	VI	**24 507**	5 326	5 326							
78 155,99	I,IV	**18 451**	5 326	5 326	I	16 690	14 929	13 215	11 575	10 008	8 514
	II	**17 650**	5 326	5 326	II	15 889	14 140	12 460	10 853	9 319	7 859
	III	**11 940**	5 326	5 326	III	10 636	9 370	8 138	6 946	5 788	4 668
	V	**24 085**	5 326	5 326	IV	17 571	16 690	15 809	14 929	14 063	13 215
	VI	**24 520**	5 326	5 326							
78 191,99	I,IV	**18 465**	5 326	5 326	I	16 704	14 943	13 229	11 588	10 020	8 526
	II	**17 664**	5 326	5 326	II	15 902	14 154	12 473	10 865	9 331	7 871
	III	**11 950**	5 326	5 326	III	10 646	9 380	8 148	6 954	5 798	4 678
	V	**24 099**	5 326	5 326	IV	17 585	16 704	15 823	14 943	14 077	13 229
	VI	**24 534**	5 326	5 326							

* Zur LSt-Berechnung für privat versicherte Arbeitnehmer s. Beispiele **Vorbemerkung S. 4 f.**
** Basisvorsorgepauschale KV und PV *** Typisierter Arbeitgeberzuschuss

Lohn/ Gehalt in € bis	Steuerklasse	Lohn-steuer*	BVSP**	TAGZ***	Steuerklasse	Bemessungsgrundlage für Kirchensteuer und Solidaritätszuschlag – Freibeträge für ... Kinder 0,5	1,0	1,5	2,0	2,5	3,0
78 227,99	I,IV	**18 479**	5 326	5 326	I	16 718	14 957	13 242	11 600	10 032	8 537
	II	**17 678**	5 326	5 326	II	15 916	14 167	12 486	10 878	9 343	7 882
	III	**11 960**	5 326	5 326	III	10 656	9 388	8 158	6 964	5 806	4 686
	V	**24 113**	5 326	5 326	IV	17 598	16 718	15 837	14 957	14 090	13 242
	VI	**24 548**	5 326	5 326							
78 263,99	I,IV	**18 493**	5 326	5 326	I	16 732	14 971	13 255	11 613	10 044	8 549
	II	**17 692**	5 326	5 326	II	15 930	14 181	12 499	10 890	9 355	7 893
	III	**11 972**	5 326	5 326	III	10 668	9 400	8 168	6 974	5 816	4 694
	V	**24 127**	5 326	5 326	IV	17 612	16 732	15 851	14 971	14 104	13 255
	VI	**24 562**	5 326	5 326							
78 299,99	I,IV	**18 507**	5 326	5 326	I	16 746	14 985	13 269	11 626	10 057	8 561
	II	**17 706**	5 326	5 326	II	15 944	14 195	12 512	10 903	9 367	7 905
	III	**11 982**	5 326	5 326	III	10 678	9 410	8 178	6 982	5 824	4 704
	V	**24 141**	5 326	5 326	IV	17 627	16 746	15 865	14 985	14 118	13 269
	VI	**24 576**	5 326	5 326							
78 335,99	I,IV	**18 521**	5 326	5 326	I	16 760	14 999	13 282	11 638	10 069	8 572
	II	**17 720**	5 326	5 326	II	15 958	14 208	12 525	10 915	9 379	7 916
	III	**11 992**	5 326	5 326	III	10 688	9 418	8 186	6 992	5 834	4 712
	V	**24 155**	5 326	5 326	IV	17 640	16 760	15 879	14 999	14 131	13 282
	VI	**24 590**	5 326	5 326							
78 371,99	I,IV	**18 535**	5 326	5 326	I	16 774	15 012	13 295	11 651	10 081	8 584
	II	**17 734**	5 326	5 326	II	15 972	14 222	12 538	10 928	9 391	7 927
	III	**12 004**	5 326	5 326	III	10 698	9 428	8 196	7 002	5 842	4 720
	V	**24 169**	5 326	5 326	IV	17 654	16 774	15 893	15 012	14 145	13 295
	VI	**24 604**	5 326	5 326							
78 407,99	I,IV	**18 549**	5 326	5 326	I	16 787	15 026	13 308	11 664	10 093	8 595
	II	**17 747**	5 326	5 326	II	15 986	14 236	12 551	10 940	9 402	7 938
	III	**12 014**	5 326	5 326	III	10 708	9 438	8 206	7 010	5 852	4 730
	V	**24 183**	5 326	5 326	IV	17 668	16 787	15 907	15 026	14 158	13 308
	VI	**24 618**	5 326	5 326							
78 443,99	I,IV	**18 563**	5 326	5 326	I	16 801	15 040	13 321	11 676	10 105	8 607
	II	**17 761**	5 326	5 326	II	16 000	14 249	12 564	10 952	9 414	7 949
	III	**12 024**	5 326	5 326	III	10 718	9 448	8 216	7 020	5 860	4 738
	V	**24 197**	5 326	5 326	IV	17 682	16 801	15 920	15 040	14 172	13 321
	VI	**24 632**	5 326	5 326							
78 479,99	I,IV	**18 577**	5 326	5 326	I	16 816	15 054	13 335	11 689	10 117	8 619
	II	**17 776**	5 326	5 326	II	16 014	14 263	12 577	10 965	9 426	7 961
	III	**12 034**	5 326	5 326	III	10 728	9 458	8 226	7 030	5 870	4 748
	V	**24 211**	5 326	5 326	IV	17 696	16 816	15 935	15 054	14 185	13 335
	VI	**24 646**	5 326	5 326							
78 515,99	I,IV	**18 591**	5 326	5 326	I	16 829	15 068	13 348	11 702	10 129	8 630
	II	**17 789**	5 326	5 326	II	16 028	14 277	12 590	10 977	9 438	7 972
	III	**12 044**	5 326	5 326	III	10 738	9 468	8 234	7 038	5 878	4 756
	V	**24 225**	5 326	5 326	IV	17 710	16 829	15 949	15 068	14 199	13 348
	VI	**24 660**	5 326	5 326							
78 551,99	I,IV	**18 605**	5 326	5 326	I	16 843	15 082	13 362	11 715	10 141	8 642
	II	**17 803**	5 326	5 326	II	16 042	14 290	12 603	10 990	9 450	7 984
	III	**12 056**	5 326	5 326	III	10 748	9 478	8 244	7 048	5 888	4 764
	V	**24 239**	5 326	5 326	IV	17 724	16 843	15 962	15 082	14 213	13 362
	VI	**24 674**	5 326	5 326							
78 587,99	I,IV	**18 619**	5 326	5 326	I	16 857	15 096	13 375	11 727	10 154	8 653
	II	**17 817**	5 326	5 326	II	16 056	14 304	12 616	11 002	9 462	7 995
	III	**12 066**	5 326	5 326	III	10 758	9 488	8 254	7 056	5 896	4 772
	V	**24 252**	5 326	5 326	IV	17 738	16 857	15 976	15 096	14 226	13 375
	VI	**24 688**	5 326	5 326							
78 623,99	I,IV	**18 632**	5 326	5 326	I	16 871	15 110	13 388	11 740	10 166	8 665
	II	**17 831**	5 326	5 326	II	16 070	14 317	12 629	11 015	9 474	8 006
	III	**12 076**	5 326	5 326	III	10 768	9 498	8 264	7 066	5 906	4 782
	V	**24 266**	5 326	5 326	IV	17 752	16 871	15 990	15 110	14 240	13 388
	VI	**24 701**	5 326	5 326							

* Zur LSt-Berechnung für privat versicherte Arbeitnehmer s. Beispiele **Vorbemerkung S. 4 f.**
** Basisvorsorgepauschale KV und PV *** Typisierter Arbeitgeberzuschuss

Lohn/ Gehalt in € bis	Steuerklasse	Lohn-steuer*	BVSP**	TAGZ***	Steuerklasse	Bemessungsgrundlage für Kirchensteuer und Solidaritätszuschlag – Freibeträge für ... Kinder 0,5	**1,0**	1,5	**2,0**	2,5	**3,0**
78 659,99	I,IV	**18 647**	5 326	5 326	I	16 885	15 124	13 402	11 753	10 178	8 676
	II	**17 845**	5 326	5 326	II	16 084	14 331	12 643	11 028	9 486	8 018
	III	**12 088**	5 326	5 326	III	10 780	9 508	8 274	7 076	5 916	4 790
	V	**24 281**	5 326	5 326	IV	17 766	16 885	16 004	15 124	14 254	13 402
	VI	**24 716**	5 326	5 326							
78 695,99	I,IV	**18 661**	5 326	5 326	I	16 899	15 138	13 415	11 766	10 190	8 688
	II	**17 859**	5 326	5 326	II	16 098	14 345	12 656	11 040	9 498	8 029
	III	**12 098**	5 326	5 326	III	10 790	9 518	8 284	7 086	5 924	4 800
	V	**24 294**	5 326	5 326	IV	17 780	16 899	16 018	15 138	14 267	13 415
	VI	**24 730**	5 326	5 326							
78 731,99	I,IV	**18 674**	5 326	5 326	I	16 913	15 151	13 428	11 779	10 202	8 700
	II	**17 873**	5 326	5 326	II	16 112	14 358	12 669	11 052	9 510	8 040
	III	**12 108**	5 326	5 326	III	10 800	9 528	8 292	7 094	5 934	4 808
	V	**24 308**	5 326	5 326	IV	17 794	16 913	16 032	15 151	14 281	13 428
	VI	**24 743**	5 326	5 326							
78 767,99	I,IV	**18 688**	5 326	5 326	I	16 927	15 165	13 442	11 791	10 214	8 711
	II	**17 887**	5 326	5 326	II	16 125	14 372	12 682	11 065	9 521	8 051
	III	**12 118**	5 326	5 326	III	10 810	9 538	8 302	7 104	5 942	4 816
	V	**24 322**	5 326	5 326	IV	17 808	16 927	16 046	15 165	14 294	13 442
	VI	**24 757**	5 326	5 326							
78 803,99	I,IV	**18 702**	5 326	5 326	I	16 941	15 179	13 455	11 804	10 227	8 723
	II	**17 901**	5 326	5 326	II	16 139	14 386	12 695	11 077	9 533	8 063
	III	**12 130**	5 326	5 326	III	10 820	9 548	8 312	7 114	5 952	4 826
	V	**24 336**	5 326	5 326	IV	17 821	16 941	16 060	15 179	14 308	13 455
	VI	**24 771**	5 326	5 326							
78 839,99	I,IV	**18 716**	5 326	5 326	I	16 955	15 193	13 468	11 817	10 239	8 734
	II	**17 915**	5 326	5 326	II	16 153	14 399	12 708	11 090	9 545	8 074
	III	**12 140**	5 326	5 326	III	10 830	9 558	8 322	7 122	5 960	4 834
	V	**24 350**	5 326	5 326	IV	17 835	16 955	16 074	15 193	14 321	13 468
	VI	**24 785**	5 326	5 326							
78 875,99	I,IV	**18 730**	5 326	5 326	I	16 969	15 207	13 482	11 830	10 251	8 746
	II	**17 929**	5 326	5 326	II	16 167	14 413	12 721	11 102	9 557	8 086
	III	**12 150**	5 326	5 326	III	10 840	9 568	8 332	7 132	5 970	4 844
	V	**24 364**	5 326	5 326	IV	17 850	16 969	16 088	15 207	14 335	13 482
	VI	**24 799**	5 326	5 326							
78 911,99	I,IV	**18 744**	5 326	5 326	I	16 983	15 221	13 495	11 842	10 263	8 758
	II	**17 943**	5 326	5 326	II	16 181	14 427	12 734	11 115	9 569	8 097
	III	**12 160**	5 326	5 326	III	10 850	9 578	8 342	7 142	5 978	4 852
	V	**24 378**	5 326	5 326	IV	17 863	16 983	16 102	15 221	14 349	13 495
	VI	**24 813**	5 326	5 326							
78 947,99	I,IV	**18 758**	5 326	5 326	I	16 997	15 235	13 508	11 855	10 275	8 769
	II	**17 957**	5 326	5 326	II	16 195	14 440	12 747	11 127	9 581	8 108
	III	**12 170**	5 326	5 326	III	10 860	9 588	8 350	7 150	5 988	4 860
	V	**24 392**	5 326	5 326	IV	17 877	16 997	16 116	15 235	14 363	13 508
	VI	**24 827**	5 326	5 326							
78 983,99	I,IV	**18 772**	5 326	5 326	I	17 010	15 249	13 522	11 868	10 288	8 781
	II	**17 971**	5 326	5 326	II	16 209	14 454	12 760	11 140	9 593	8 120
	III	**12 182**	5 326	5 326	III	10 872	9 598	8 360	7 160	5 996	4 870
	V	**24 406**	5 326	5 326	IV	17 891	17 010	16 130	15 249	14 376	13 522
	VI	**24 841**	5 326	5 326							
79 019,99	I,IV	**18 786**	5 326	5 326	I	17 024	15 263	13 535	11 881	10 300	8 792
	II	**17 984**	5 326	5 326	II	16 223	14 468	12 773	11 152	9 605	8 131
	III	**12 192**	5 326	5 326	III	10 880	9 606	8 370	7 168	6 006	4 878
	V	**24 420**	5 326	5 326	IV	17 905	17 024	16 144	15 263	14 390	13 535
	VI	**24 855**	5 326	5 326							
79 055,99	I,IV	**18 800**	5 326	5 326	I	17 039	15 277	13 549	11 894	10 312	8 804
	II	**17 999**	5 326	5 326	II	16 237	14 482	12 787	11 165	9 617	8 142
	III	**12 202**	5 326	5 326	III	10 892	9 618	8 380	7 178	6 014	4 886
	V	**24 434**	5 326	5 326	IV	17 919	17 039	16 158	15 277	14 404	13 549
	VI	**24 869**	5 326	5 326							

* Zur LSt-Berechnung für privat versicherte Arbeitnehmer s. Beispiele **Vorbemerkung S. 4 f.**
** Basisvorsorgepauschale KV und PV *** Typisierter Arbeitgeberzuschuss

Lohn/ Gehalt in € bis	Steuerklasse	Lohn-steuer*	BVSP**	TAGZ***	Steuerklasse	Bemessungsgrundlage für Kirchensteuer und Solidaritätszuschlag					
						Freibeträge für ... Kinder					
						0,5	**1,0**	1,5	**2,0**	2,5	**3,0**
79091,99	I,IV	**18814**	5326	5326	I	17052	15291	13562	11906	10324	8816
	II	**18013**	5326	5326	II	16251	14495	12800	11178	9629	8154
	III	**12214**	5326	5326	III	10902	9628	8390	7188	6024	4896
	V	**24448**	5326	5326	IV	17933	17052	16172	15291	14417	13562
	VI	**24883**	5326	5326							
79127,99	I,IV	**18828**	5326	5326	I	17066	15305	13575	11919	10337	8827
	II	**18026**	5326	5326	II	16265	14509	12813	11190	9641	8165
	III	**12224**	5326	5326	III	10912	9636	8398	7198	6032	4904
	V	**24462**	5326	5326	IV	17947	17066	16186	15305	14431	13575
	VI	**24897**	5326	5326							
79163,99	I,IV	**18842**	5326	5326	I	17080	15319	13589	11932	10349	8839
	II	**18040**	5326	5326	II	16279	14523	12826	11203	9653	8176
	III	**12234**	5326	5326	III	10922	9648	8408	7206	6042	4914
	V	**24475**	5326	5326	IV	17961	17080	16199	15319	14445	13589
	VI	**24911**	5326	5326							
79199,99	I,IV	**18855**	5326	5326	I	17094	15332	13602	11945	10361	8851
	II	**18054**	5326	5326	II	16293	14536	12839	11215	9665	8188
	III	**12244**	5326	5326	III	10932	9656	8418	7216	6050	4922
	V	**24489**	5326	5326	IV	17975	17094	16213	15332	14458	13602
	VI	**24924**	5326	5326							
79235,99	I,IV	**18870**	5326	5326	I	17108	15347	13616	11958	10373	8863
	II	**18068**	5326	5326	II	16307	14550	12852	11228	9677	8199
	III	**12256**	5326	5326	III	10942	9666	8428	7226	6060	4930
	V	**24504**	5326	5326	IV	17989	17108	16228	15347	14472	13616
	VI	**24939**	5326	5326							
79271,99	I,IV	**18884**	5326	5326	I	17122	15361	13629	11971	10386	8874
	II	**18082**	5326	5326	II	16321	14564	12865	11240	9689	8211
	III	**12266**	5326	5326	III	10954	9678	8438	7234	6070	4940
	V	**24517**	5326	5326	IV	18003	17122	16241	15361	14486	13629
	VI	**24953**	5326	5326							
79307,99	I,IV	**18897**	5326	5326	I	17136	15374	13642	11983	10398	8886
	II	**18096**	5326	5326	II	16335	14578	12879	11253	9701	8222
	III	**12276**	5326	5326	III	10964	9686	8446	7244	6078	4948
	V	**24531**	5326	5326	IV	18017	17136	16255	15374	14499	13642
	VI	**24966**	5326	5326							
79343,99	I,IV	**18911**	5326	5326	I	17150	15388	13656	11996	10410	8897
	II	**18110**	5326	5326	II	16348	14591	12892	11265	9713	8233
	III	**12286**	5326	5326	III	10974	9696	8456	7254	6088	4958
	V	**24545**	5326	5326	IV	18031	17150	16269	15388	14513	13656
	VI	**24980**	5326	5326							
79379,99	I,IV	**18925**	5326	5326	I	17164	15402	13669	12009	10422	8909
	II	**18124**	5326	5326	II	16362	14605	12905	11278	9725	8245
	III	**12298**	5326	5326	III	10984	9706	8466	7262	6096	4966
	V	**24559**	5326	5326	IV	18044	17164	16283	15402	14527	13669
	VI	**24994**	5326	5326							
79415,99	I,IV	**18939**	5326	5326	I	17178	15416	13682	12022	10434	8921
	II	**18138**	5326	5326	II	16376	14619	12918	11290	9737	8256
	III	**12308**	5326	5326	III	10994	9716	8476	7272	6106	4974
	V	**24573**	5326	5326	IV	18058	17178	16297	15416	14540	13682
	VI	**25008**	5326	5326							
79451,99	I,IV	**18953**	5326	5326	I	17192	15430	13696	12035	10447	8933
	II	**18152**	5326	5326	II	16390	14633	12931	11303	9749	8268
	III	**12318**	5326	5326	III	11004	9726	8486	7282	6114	4984
	V	**24587**	5326	5326	IV	18073	17192	16311	15430	14554	13696
	VI	**25022**	5326	5326							
79487,99	I,IV	**18967**	5326	5326	I	17206	15444	13710	12048	10459	8944
	II	**18166**	5326	5326	II	16404	14646	12944	11316	9761	8279
	III	**12328**	5326	5326	III	11014	9736	8496	7290	6124	4992
	V	**24601**	5326	5326	IV	18086	17206	16325	15444	14568	13710
	VI	**25036**	5326	5326							

* Zur LSt-Berechnung für privat versicherte Arbeitnehmer s. Beispiele **Vorbemerkung S. 4f.**
** Basisvorsorgepauschale KV und PV *** Typisierter Arbeitgeberzuschuss

Lohn/ Gehalt in € bis	Steuerklasse	Lohn-steuer*	BVSP**	TAGZ***	Steuerklasse	Bemessungsgrundlage für Kirchensteuer und Solidaritätszuschlag – Freibeträge für ... Kinder 0,5	1,0	1,5	2,0	2,5	3,0
79 523,99	I,IV	**18 981**	5 326	5 326	I	17 220	15 458	13 723	12 060	10 471	8 956
	II	**18 180**	5 326	5 326	II	16 418	14 660	12 958	11 328	9 773	8 291
	III	**12 340**	5 326	5 326	III	11 024	9 746	8 506	7 300	6 132	5 002
	V	**24 615**	5 326	5 326	IV	18 100	17 220	16 339	15 458	14 582	13 723
	VI	**25 050**	5 326	5 326							
79 559,99	I,IV	**18 995**	5 326	5 326	I	17 233	15 472	13 736	12 073	10 484	8 967
	II	**18 194**	5 326	5 326	II	16 432	14 674	12 971	11 341	9 785	8 302
	III	**12 350**	5 326	5 326	III	11 034	9 756	8 514	7 310	6 142	5 010
	V	**24 629**	5 326	5 326	IV	18 114	17 233	16 353	15 472	14 595	13 736
	VI	**25 064**	5 326	5 326							
79 595,99	I,IV	**19 009**	5 326	5 326	I	17 247	15 486	13 750	12 086	10 496	8 979
	II	**18 207**	5 326	5 326	II	16 446	14 687	12 984	11 353	9 797	8 313
	III	**12 360**	5 326	5 326	III	11 046	9 766	8 524	7 320	6 150	5 018
	V	**24 643**	5 326	5 326	IV	18 128	17 247	16 367	15 486	14 609	13 750
	VI	**25 078**	5 326	5 326							
79 631,99	I,IV	**19 023**	5 326	5 326	I	17 262	15 500	13 763	12 099	10 508	8 991
	II	**18 222**	5 326	5 326	II	16 460	14 702	12 997	11 366	9 809	8 325
	III	**12 372**	5 326	5 326	III	11 056	9 776	8 534	7 328	6 160	5 028
	V	**24 657**	5 326	5 326	IV	18 142	17 262	16 381	15 500	14 623	13 763
	VI	**25 092**	5 326	5 326							
79 667,99	I,IV	**19 037**	5 326	5 326	I	17 275	15 514	13 777	12 112	10 521	9 003
	II	**18 236**	5 326	5 326	II	16 474	14 715	13 010	11 379	9 821	8 337
	III	**12 382**	5 326	5 326	III	11 066	9 786	8 544	7 338	6 168	5 036
	V	**24 671**	5 326	5 326	IV	18 156	17 275	16 395	15 514	14 637	13 777
	VI	**25 106**	5 326	5 326							
79 703,99	I,IV	**19 051**	5 326	5 326	I	17 289	15 528	13 790	12 125	10 533	9 014
	II	**18 249**	5 326	5 326	II	16 488	14 729	13 023	11 391	9 833	8 348
	III	**12 392**	5 326	5 326	III	11 076	9 796	8 554	7 348	6 178	5 046
	V	**24 685**	5 326	5 326	IV	18 170	17 289	16 409	15 528	14 651	13 790
	VI	**25 120**	5 326	5 326							
79 739,99	I,IV	**19 065**	5 326	5 326	I	17 303	15 542	13 804	12 138	10 545	9 026
	II	**18 263**	5 326	5 326	II	16 502	14 743	13 037	11 404	9 845	8 359
	III	**12 402**	5 326	5 326	III	11 086	9 806	8 564	7 356	6 186	5 054
	V	**24 698**	5 326	5 326	IV	18 184	17 303	16 422	15 542	14 664	13 804
	VI	**25 134**	5 326	5 326							
79 775,99	I,IV	**19 078**	5 326	5 326	I	17 317	15 556	13 817	12 150	10 557	9 038
	II	**18 277**	5 326	5 326	II	16 516	14 756	13 050	11 417	9 857	8 371
	III	**12 414**	5 326	5 326	III	11 096	9 816	8 572	7 366	6 196	5 062
	V	**24 712**	5 326	5 326	IV	18 198	17 317	16 436	15 556	14 678	13 817
	VI	**25 147**	5 326	5 326							
79 811,99	I,IV	**19 093**	5 326	5 326	I	17 331	15 570	13 831	12 164	10 570	9 050
	II	**18 291**	5 326	5 326	II	16 530	14 771	13 063	11 430	9 869	8 382
	III	**12 424**	5 326	5 326	III	11 108	9 826	8 582	7 376	6 206	5 072
	V	**24 727**	5 326	5 326	IV	18 212	17 331	16 451	15 570	14 692	13 831
	VI	**25 162**	5 326	5 326							
79 847,99	I,IV	**19 107**	5 326	5 326	I	17 345	15 584	13 844	12 177	10 582	9 061
	II	**18 305**	5 326	5 326	II	16 544	14 784	13 076	11 442	9 881	8 394
	III	**12 434**	5 326	5 326	III	11 118	9 836	8 592	7 384	6 214	5 080
	V	**24 740**	5 326	5 326	IV	18 226	17 345	16 464	15 584	14 706	13 844
	VI	**25 176**	5 326	5 326							
79 883,99	I,IV	**19 120**	5 326	5 326	I	17 359	15 598	13 858	12 189	10 594	9 073
	II	**18 319**	5 326	5 326	II	16 558	14 798	13 090	11 455	9 893	8 405
	III	**12 446**	5 326	5 326	III	11 128	9 846	8 602	7 394	6 224	5 090
	V	**24 754**	5 326	5 326	IV	18 240	17 359	16 478	15 598	14 719	13 858
	VI	**25 189**	5 326	5 326							
79 919,99	I,IV	**19 134**	5 326	5 326	I	17 373	15 611	13 871	12 202	10 607	9 085
	II	**18 333**	5 326	5 326	II	16 571	14 812	13 103	11 467	9 905	8 417
	III	**12 456**	5 326	5 326	III	11 138	9 856	8 612	7 404	6 232	5 098
	V	**24 768**	5 326	5 326	IV	18 254	17 373	16 492	15 611	14 733	13 871
	VI	**25 203**	5 326	5 326							

* Zur LSt-Berechnung für privat versicherte Arbeitnehmer s. Beispiele **Vorbemerkung S. 4f.**
** Basisvorsorgepauschale KV und PV *** Typisierter Arbeitgeberzuschuss

Lohn/ Gehalt in € bis	Steuerklasse	Lohnsteuer*	BVSP**	TAGZ***	Steuerklasse	Bemessungsgrundlage für Kirchensteuer und Solidaritätszuschlag – Freibeträge für ... Kinder 0,5	1,0	1,5	2,0	2,5	3,0
79955,99	I,IV	**19148**	5326	5326	I	17387	15625	13885	12215	10619	9096
	II	**18347**	5326	5326	II	16585	14825	13116	11480	9917	8428
	III	**12466**	5326	5326	III	11148	9866	8622	7414	6242	5108
	V	**24782**	5326	5326	IV	18267	17387	16506	15625	14747	13885
	VI	**25217**	5326	5326							
79991,99	I,IV	**19162**	5326	5326	I	17401	15639	13898	12228	10631	9108
	II	**18361**	5326	5326	II	16599	14839	13129	11492	9929	8440
	III	**12476**	5326	5326	III	11158	9876	8630	7422	6250	5116
	V	**24796**	5326	5326	IV	18281	17401	16520	15639	14761	13898
	VI	**25231**	5326	5326							
80027,99	I,IV	**19176**	5326	5326	I	17415	15653	13912	12241	10644	9120
	II	**18375**	5326	5326	II	16613	14853	13143	11505	9942	8451
	III	**12488**	5326	5326	III	11168	9886	8640	7432	6260	5124
	V	**24810**	5326	5326	IV	18296	17415	16534	15653	14775	13912
	VI	**25245**	5326	5326							
80063,99	I,IV	**19190**	5326	5326	I	17429	15667	13925	12254	10656	9132
	II	**18389**	5326	5326	II	16627	14867	13156	11518	9954	8463
	III	**12498**	5326	5326	III	11180	9896	8650	7442	6270	5134
	V	**24824**	5326	5326	IV	18309	17429	16548	15667	14788	13925
	VI	**25259**	5326	5326							
80099,99	I,IV	**19204**	5326	5326	I	17443	15681	13939	12267	10669	9144
	II	**18403**	5326	5326	II	16641	14881	13169	11531	9966	8474
	III	**12508**	5326	5326	III	11188	9906	8660	7450	6278	5142
	V	**24838**	5326	5326	IV	18323	17443	16562	15681	14802	13939
	VI	**25273**	5326	5326							
80135,99	I,IV	**19218**	5326	5326	I	17456	15695	13952	12280	10681	9155
	II	**18417**	5326	5326	II	16655	14895	13182	11543	9978	8486
	III	**12520**	5326	5326	III	11200	9916	8670	7460	6288	5152
	V	**24852**	5326	5326	IV	18337	17456	16576	15695	14816	13952
	VI	**25287**	5326	5326							
80171,99	I,IV	**19232**	5326	5326	I	17470	15709	13966	12293	10693	9167
	II	**18430**	5326	5326	II	16669	14908	13195	11556	9990	8497
	III	**12530**	5326	5326	III	11210	9926	8680	7470	6296	5160
	V	**24866**	5326	5326	IV	18351	17470	16590	15709	14830	13966
	VI	**25301**	5326	5326							
80207,99	I,IV	**19246**	5326	5326	I	17485	15723	13979	12306	10706	9179
	II	**18445**	5326	5326	II	16683	14923	13209	11569	10002	8509
	III	**12540**	5326	5326	III	11220	9936	8690	7480	6306	5168
	V	**24880**	5326	5326	IV	18365	17485	16604	15723	14844	13979
	VI	**25315**	5326	5326							
80243,99	I,IV	**19260**	5326	5326	I	17498	15737	13993	12319	10718	9191
	II	**18459**	5326	5326	II	16697	14936	13222	11581	10014	8520
	III	**12552**	5326	5326	III	11230	9946	8700	7488	6316	5178
	V	**24894**	5326	5326	IV	18379	17498	16618	15737	14858	13993
	VI	**25329**	5326	5326							
80279,99	I,IV	**19274**	5326	5326	I	17512	15751	14006	12332	10730	9203
	II	**18472**	5326	5326	II	16711	14950	13235	11594	10026	8532
	III	**12562**	5326	5326	III	11240	9956	8708	7498	6324	5186
	V	**24908**	5326	5326	IV	18393	17512	16632	15751	14871	14006
	VI	**25343**	5326	5326							
80315,99	I,IV	**19288**	5326	5326	I	17526	15765	14020	12345	10743	9214
	II	**18486**	5326	5326	II	16725	14964	13249	11607	10038	8543
	III	**12572**	5326	5326	III	11252	9966	8718	7508	6334	5196
	V	**24921**	5326	5326	IV	18407	17526	16645	15765	14885	14020
	VI	**25357**	5326	5326							
80351,99	I,IV	**19301**	5326	5326	I	17540	15779	14033	12357	10755	9226
	II	**18500**	5326	5326	II	16739	14978	13262	11619	10050	8555
	III	**12582**	5326	5326	III	11260	9976	8728	7516	6342	5204
	V	**24935**	5326	5326	IV	18421	17540	16659	15779	14899	14033
	VI	**25370**	5326	5326							

* Zur LSt-Berechnung für privat versicherte Arbeitnehmer s. Beispiele **Vorbemerkung S. 4f.**
** Basisvorsorgepauschale KV und PV *** Typisierter Arbeitgeberzuschuss

Lohn/ Gehalt in € bis	Steuerklasse	Lohn-steuer*	BVSP**	TAGZ***	Steuerklasse	Bemessungsgrundlage für Kirchensteuer und Solidaritätszuschlag – Freibeträge für ... Kinder 0,5	1,0	1,5	2,0	2,5	3,0
80387,99 West	I,IV	**19316**	5326	5326	I	17554	15793	14047	12371	10768	9238
	II	**18514**	5326	5326	II	16753	14992	13275	11632	10063	8567
	III	**12594**	5326	5326	III	11272	9986	8738	7526	6352	5214
	V	**24950**	5326	5326	IV	18435	17554	16674	15793	14913	14047
	VI	**25385**	5326	5326							
80387,99 Ost	I,IV	**19316**	5326	5326	I	17554	15793	14047	12371	10768	9238
	II	**18514**	5326	5326	II	16753	14992	13275	11632	10063	8567
	III	**12594**	5326	5326	III	11272	9986	8738	7526	6352	5214
	V	**24950**	5326	5326	IV	18435	17554	16674	15793	14913	14047
	VI	**25385**	5326	5326							
80423,99 West	I,IV	**19330**	5326	5326	I	17568	15807	14061	12384	10780	9250
	II	**18528**	5326	5326	II	16767	15006	13289	11645	10075	8578
	III	**12604**	5326	5326	III	11282	9996	8748	7536	6360	5222
	V	**24963**	5326	5326	IV	18449	17568	16687	15807	14927	14061
	VI	**25399**	5326	5326							
80423,99 Ost	I,IV	**19330**	5326	5326	I	17569	15808	14061	12384	10781	9251
	II	**18529**	5326	5326	II	16768	15007	13289	11646	10076	8579
	III	**12604**	5326	5326	III	11282	9998	8748	7536	6362	5222
	V	**24964**	5326	5326	IV	18450	17569	16688	15808	14928	14061
	VI	**25399**	5326	5326							
80459,99 West	I,IV	**19343**	5326	5326	I	17582	15821	14074	12397	10792	9262
	II	**18542**	5326	5326	II	16781	15020	13302	11658	10087	8590
	III	**12614**	5326	5326	III	11292	10006	8758	7546	6370	5230
	V	**24977**	5326	5326	IV	18463	17582	16701	15821	14941	14074
	VI	**25412**	5326	5326							
80459,99 Ost	I,IV	**19346**	5326	5326	I	17584	15823	14076	12398	10794	9263
	II	**18544**	5326	5326	II	16783	15022	13304	11660	10089	8591
	III	**12616**	5326	5326	III	11294	10008	8760	7546	6372	5232
	V	**24979**	5326	5326	IV	18465	17584	16703	15823	14943	14076
	VI	**25415**	5326	5326							
80495,99 West	I,IV	**19357**	5326	5326	I	17596	15834	14088	12409	10805	9273
	II	**18556**	5326	5326	II	16795	15033	13315	11670	10099	8601
	III	**12626**	5326	5326	III	11302	10016	8768	7554	6380	5240
	V	**24991**	5326	5326	IV	18477	17596	16715	15834	14954	14088
	VI	**25426**	5326	5326							
80495,99 Ost	I,IV	**19361**	5326	5326	I	17599	15838	14091	12413	10808	9276
	II	**18559**	5326	5326	II	16798	15037	13318	11673	10102	8604
	III	**12628**	5326	5326	III	11306	10020	8770	7558	6382	5242
	V	**24995**	5326	5326	IV	18480	17599	16718	15838	14958	14091
	VI	**25430**	5326	5326							
80531,99 West	I,IV	**19371**	5326	5326	I	17610	15848	14101	12422	10817	9285
	II	**18570**	5326	5326	II	16808	15047	13328	11683	10111	8613
	III	**12636**	5326	5326	III	11312	10026	8776	7564	6388	5248
	V	**25005**	5326	5326	IV	18490	17610	16729	15848	14968	14101
	VI	**25440**	5326	5326							
80531,99 Ost	I,IV	**19376**	5326	5326	I	17614	15853	14106	12427	10821	9289
	II	**18574**	5326	5326	II	16813	15052	13333	11687	10115	8616
	III	**12640**	5326	5326	III	11316	10030	8780	7568	6392	5252
	V	**25010**	5326	5326	IV	18495	17614	16734	15853	14973	14106
	VI	**25445**	5326	5326							
80567,99 West	I,IV	**19385**	5326	5326	I	17624	15862	14115	12435	10829	9297
	II	**18584**	5326	5326	II	16822	15061	13342	11696	10123	8624
	III	**12646**	5326	5326	III	11324	10036	8786	7574	6398	5258
	V	**25019**	5326	5326	IV	18504	17624	16743	15862	14982	14115
	VI	**25454**	5326	5326							
80567,99 Ost	I,IV	**19391**	5326	5326	I	17629	15868	14120	12441	10835	9302
	II	**18590**	5326	5326	II	16828	15067	13347	11701	10128	8629
	III	**12650**	5326	5326	III	11328	10040	8790	7578	6402	5262
	V	**25025**	5326	5326	IV	18510	17629	16749	15868	14988	14120
	VI	**25460**	5326	5326							

* Zur LSt-Berechnung für privat versicherte Arbeitnehmer s. Beispiele **Vorbemerkung S. 4f.**
** Basisvorsorgepauschale KV und PV *** Typisierter Arbeitgeberzuschuss

Lohn/ Gehalt in € bis	Steuerklasse	Lohn-steuer*	BVSP**	TAGZ***	Steuerklasse	Bemessungsgrundlage für Kirchensteuer und Solidaritätszuschlag					
						Freibeträge für ... Kinder					
						0,5	**1,0**	1,5	**2,0**	2,5	**3,0**
80 603,99 West	I,IV	**19 399**	5 326	5 326	I	17 638	15 876	14 129	12 449	10 842	9 309
	II	**18 598**	5 326	5 326	II	16 837	15 075	13 355	11 709	10 136	8 636
	III	**12 658**	5 326	5 326	III	11 334	10 046	8 796	7 584	6 406	5 266
	V	**25 033**	5 326	5 326	IV	18 519	17 638	16 757	15 876	14 996	14 129
	VI	**25 468**	5 326	5 326							
80 603,99 Ost	I,IV	**19 406**	5 326	5 326	I	17 645	15 883	14 135	12 455	10 848	9 315
	II	**18 605**	5 326	5 326	II	16 843	15 082	13 362	11 715	10 141	8 642
	III	**12 662**	5 326	5 326	III	11 338	10 052	8 802	7 588	6 412	5 270
	V	**25 040**	5 326	5 326	IV	18 525	17 645	16 764	15 883	15 003	14 135
	VI	**25 475**	5 326	5 326							
80 639,99 West	I,IV	**19 413**	5 326	5 326	I	17 652	15 890	14 142	12 462	10 854	9 321
	II	**18 612**	5 326	5 326	II	16 850	15 089	13 368	11 721	10 148	8 647
	III	**12 668**	5 326	5 326	III	11 344	10 056	8 806	7 592	6 416	5 276
	V	**25 047**	5 326	5 326	IV	18 532	17 652	16 771	15 890	15 010	14 142
	VI	**25 482**	5 326	5 326							
80 639,99 Ost	I,IV	**19 421**	5 326	5 326	I	17 660	15 898	14 150	12 469	10 862	9 328
	II	**18 620**	5 326	5 326	II	16 858	15 097	13 376	11 729	10 155	8 654
	III	**12 674**	5 326	5 326	III	11 350	10 062	8 812	7 598	6 420	5 280
	V	**25 055**	5 326	5 326	IV	18 540	17 660	16 779	15 898	15 018	14 150
	VI	**25 490**	5 326	5 326							
80 675,99 West	I,IV	**19 427**	5 326	5 326	I	17 666	15 904	14 156	12 474	10 867	9 333
	II	**18 626**	5 326	5 326	II	16 864	15 103	13 382	11 734	10 160	8 659
	III	**12 678**	5 326	5 326	III	11 354	10 066	8 816	7 602	6 424	5 284
	V	**25 061**	5 326	5 326	IV	18 546	17 666	16 785	15 904	15 024	14 156
	VI	**25 496**	5 326	5 326							
80 675,99 Ost	I,IV	**19 436**	5 326	5 326	I	17 675	15 913	14 165	12 483	10 875	9 340
	II	**18 635**	5 326	5 326	II	16 873	15 112	13 391	11 742	10 168	8 667
	III	**12 686**	5 326	5 326	III	11 362	10 074	8 822	7 608	6 430	5 290
	V	**25 070**	5 326	5 326	IV	18 556	17 675	16 794	15 913	15 033	14 165
	VI	**25 505**	5 326	5 326							
80 711,99 West	I,IV	**19 441**	5 326	5 326	I	17 679	15 918	14 169	12 487	10 879	9 344
	II	**18 640**	5 326	5 326	II	16 878	15 117	13 395	11 747	10 172	8 671
	III	**12 688**	5 326	5 326	III	11 364	10 076	8 826	7 612	6 434	5 292
	V	**25 075**	5 326	5 326	IV	18 560	17 679	16 799	15 918	15 038	14 169
	VI	**25 510**	5 326	5 326							
80 711,99 Ost	I,IV	**19 451**	5 326	5 326	I	17 690	15 928	14 179	12 497	10 889	9 353
	II	**18 650**	5 326	5 326	II	16 889	15 127	13 405	11 756	10 181	8 679
	III	**12 698**	5 326	5 326	III	11 372	10 084	8 834	7 618	6 440	5 300
	V	**25 085**	5 326	5 326	IV	18 571	17 690	16 809	15 928	15 048	14 179
	VI	**25 520**	5 326	5 326							
80 747,99 West	I,IV	**19 455**	5 326	5 326	I	17 693	15 932	14 183	12 500	10 892	9 356
	II	**18 653**	5 326	5 326	II	16 892	15 131	13 408	11 759	10 184	8 682
	III	**12 700**	5 326	5 326	III	11 374	10 086	8 836	7 620	6 444	5 302
	V	**25 089**	5 326	5 326	IV	18 574	17 693	16 813	15 932	15 051	14 183
	VI	**25 524**	5 326	5 326							
80 747,99 Ost	I,IV	**19 467**	5 326	5 326	I	17 705	15 944	14 194	12 511	10 902	9 366
	II	**18 665**	5 326	5 326	II	16 904	15 142	13 419	11 770	10 194	8 692
	III	**12 708**	5 326	5 326	III	11 384	10 096	8 844	7 628	6 450	5 310
	V	**25 100**	5 326	5 326	IV	18 586	17 705	16 824	15 944	15 063	14 194
	VI	**25 536**	5 326	5 326							
80 783,99 West	I,IV	**19 469**	5 326	5 326	I	17 708	15 946	14 197	12 514	10 904	9 368
	II	**18 668**	5 326	5 326	II	16 906	15 145	13 422	11 772	10 196	8 694
	III	**12 710**	5 326	5 326	III	11 386	10 098	8 846	7 630	6 452	5 312
	V	**25 103**	5 326	5 326	IV	18 588	17 708	16 827	15 946	15 066	14 197
	VI	**25 538**	5 326	5 326							
80 783,99 Ost	I,IV	**19 482**	5 326	5 326	I	17 720	15 959	14 209	12 525	10 916	9 379
	II	**18 680**	5 326	5 326	II	16 919	15 157	13 434	11 784	10 207	8 704
	III	**12 720**	5 326	5 326	III	11 394	10 106	8 854	7 640	6 460	5 320
	V	**25 116**	5 326	5 326	IV	18 601	17 720	16 839	15 959	15 078	14 209
	VI	**25 551**	5 326	5 326							

* Zur LSt-Berechnung für privat versicherte Arbeitnehmer s. Beispiele **Vorbemerkung S. 4f.**
** Basisvorsorgepauschale KV und PV *** Typisierter Arbeitgeberzuschuss

Lohn/ Gehalt in € bis	Steuerklasse	Lohn- steuer*	BVSP**	TAGZ***	Steuerklasse	Bemessungsgrundlage für Kirchensteuer und Solidaritätszuschlag					
						Freibeträge für ... Kinder					
						0,5	**1,0**	1,5	**2,0**	2,5	**3,0**
80 819,99 West	I,IV	**19 483**	5 326	5 326	I	17 721	15 960	14 210	12 527	10 917	9 380
	II	**18 682**	5 326	5 326	II	16 920	15 159	13 435	11 785	10 209	8 705
	III	**12 720**	5 326	5 326	III	11 396	10 106	8 854	7 640	6 462	5 320
	V	**25 117**	5 326	5 326	IV	18 602	17 721	16 841	15 960	15 079	14 210
	VI	**25 552**	5 326	5 326							
80 819,99 Ost	I,IV	**19 497**	5 326	5 326	I	17 735	15 974	14 224	12 540	10 929	9 392
	II	**18 695**	5 326	5 326	II	16 934	15 172	13 448	11 798	10 221	8 717
	III	**12 732**	5 326	5 326	III	11 406	10 118	8 864	7 650	6 470	5 328
	V	**25 131**	5 326	5 326	IV	18 616	17 735	16 855	15 974	15 093	14 224
	VI	**25 566**	5 326	5 326							
80 855,99 West	I,IV	**19 497**	5 326	5 326	I	17 735	15 974	14 224	12 540	10 929	9 392
	II	**18 695**	5 326	5 326	II	16 934	15 172	13 448	11 798	10 221	8 717
	III	**12 732**	5 326	5 326	III	11 406	10 118	8 864	7 650	6 470	5 328
	V	**25 131**	5 326	5 326	IV	18 616	17 735	16 855	15 974	15 093	14 224
	VI	**25 566**	5 326	5 326							
80 855,99 Ost	I,IV	**19 512**	5 326	5 326	I	17 750	15 989	14 238	12 554	10 943	9 405
	II	**18 711**	5 326	5 326	II	16 949	15 188	13 463	11 812	10 234	8 730
	III	**12 744**	5 326	5 326	III	11 418	10 128	8 876	7 660	6 480	5 338
	V	**25 146**	5 326	5 326	IV	18 631	17 750	16 870	15 989	15 108	14 238
	VI	**25 581**	5 326	5 326							
80 891,99 West	I,IV	**19 511**	5 326	5 326	I	17 749	15 988	14 237	12 553	10 941	9 404
	II	**18 709**	5 326	5 326	II	16 948	15 186	13 462	11 810	10 233	8 729
	III	**12 742**	5 326	5 326	III	11 416	10 126	8 874	7 658	6 480	5 338
	V	**25 145**	5 326	5 326	IV	18 630	17 749	16 868	15 988	15 107	14 237
	VI	**25 580**	5 326	5 326							
80 891,99 Ost	I,IV	**19 527**	5 326	5 326	I	17 766	16 004	14 253	12 568	10 956	9 418
	II	**18 726**	5 326	5 326	II	16 964	15 203	13 477	11 826	10 247	8 742
	III	**12 754**	5 326	5 326	III	11 428	10 138	8 886	7 670	6 490	5 348
	V	**25 161**	5 326	5 326	IV	18 646	17 766	16 885	16 004	15 123	14 253
	VI	**25 596**	5 326	5 326							
80 927,99 West	I,IV	**19 525**	5 326	5 326	I	17 763	16 002	14 251	12 566	10 954	9 416
	II	**18 723**	5 326	5 326	II	16 962	15 200	13 475	11 823	10 245	8 740
	III	**12 752**	5 326	5 326	III	11 426	10 138	8 884	7 668	6 490	5 346
	V	**25 158**	5 326	5 326	IV	18 644	17 763	16 882	16 002	15 121	14 251
	VI	**25 593**	5 326	5 326							
80 927,99 Ost	I,IV	**19 542**	5 326	5 326	I	17 781	16 019	14 268	12 582	10 970	9 431
	II	**18 741**	5 326	5 326	II	16 979	15 218	13 492	11 839	10 260	8 755
	III	**12 766**	5 326	5 326	III	11 440	10 150	8 896	7 680	6 500	5 358
	V	**25 176**	5 326	5 326	IV	18 661	17 781	16 900	16 019	15 138	14 268
	VI	**25 611**	5 326	5 326							
80 963,99 West	I,IV	**19 539**	5 326	5 326	I	17 777	16 016	14 265	12 579	10 967	9 428
	II	**18 737**	5 326	5 326	II	16 976	15 214	13 489	11 836	10 257	8 752
	III	**12 764**	5 326	5 326	III	11 438	10 148	8 894	7 678	6 498	5 356
	V	**25 173**	5 326	5 326	IV	18 658	17 777	16 897	16 016	15 135	14 265
	VI	**25 608**	5 326	5 326							
80 963,99 Ost	I,IV	**19 557**	5 326	5 326	I	17 796	16 034	14 283	12 596	10 983	9 444
	II	**18 756**	5 326	5 326	II	16 994	15 233	13 506	11 853	10 274	8 767
	III	**12 778**	5 326	5 326	III	11 450	10 160	8 908	7 690	6 510	5 368
	V	**25 191**	5 326	5 326	IV	18 677	17 796	16 915	16 034	15 154	14 283
	VI	**25 626**	5 326	5 326							
80 999,99 West	I,IV	**19 553**	5 326	5 326	I	17 791	16 030	14 278	12 592	10 979	9 440
	II	**18 751**	5 326	5 326	II	16 990	15 228	13 502	11 849	10 270	8 764
	III	**12 774**	5 326	5 326	III	11 448	10 158	8 904	7 688	6 508	5 364
	V	**25 187**	5 326	5 326	IV	18 672	17 791	16 910	16 030	15 149	14 278
	VI	**25 622**	5 326	5 326							
80 999,99 Ost	I,IV	**19 572**	5 326	5 326	I	17 811	16 049	14 298	12 610	10 997	9 456
	II	**18 771**	5 326	5 326	II	17 010	15 248	13 521	11 867	10 287	8 780
	III	**12 790**	5 326	5 326	III	11 462	10 172	8 918	7 700	6 520	5 378
	V	**25 206**	5 326	5 326	IV	18 692	17 811	16 930	16 049	15 169	14 298
	VI	**25 641**	5 326	5 326							

* Zur LSt-Berechnung für privat versicherte Arbeitnehmer s. Beispiele **Vorbemerkung S. 4 f.**
** Basisvorsorgepauschale KV und PV *** Typisierter Arbeitgeberzuschuss

Lohn/ Gehalt in € bis	Steuerklasse	Lohn-steuer*	BVSP**	TAGZ***	Steuerklasse	Bemessungsgrundlage für Kirchensteuer und Solidaritätszuschlag – Freibeträge für ... Kinder 0,5	1,0	1,5	2,0	2,5	3,0
81 035,99	I,IV	**19 567**	5 326	5 326	I	17 805	16 044	14 292	12 605	10 991	9 451
West	II	**18 765**	5 326	5 326	II	17 004	15 242	13 515	11 862	10 282	8 775
	III	**12 784**	5 326	5 326	III	11 458	10 168	8 914	7 696	6 516	5 374
	V	**25 200**	5 326	5 326	IV	18 686	17 805	16 924	16 044	15 163	14 292
	VI	**25 635**	5 326	5 326							
81 035,99	I,IV	**19 588**	5 326	5 326	I	17 826	16 065	14 312	12 625	11 010	9 469
Ost	II	**18 786**	5 326	5 326	II	17 025	15 263	13 535	11 881	10 300	8 793
	III	**12 800**	5 326	5 326	III	11 474	10 182	8 928	7 712	6 530	5 386
	V	**25 221**	5 326	5 326	IV	18 707	17 826	16 945	16 065	15 184	14 312
	VI	**25 656**	5 326	5 326							
81 071,99	I,IV	**19 580**	5 326	5 326	I	17 819	16 057	14 305	12 618	11 004	9 463
West	II	**18 779**	5 326	5 326	II	17 018	15 256	13 529	11 874	10 294	8 787
	III	**12 796**	5 326	5 326	III	11 468	10 178	8 924	7 706	6 526	5 382
	V	**25 214**	5 326	5 326	IV	18 700	17 819	16 938	16 057	15 177	14 305
	VI	**25 649**	5 326	5 326							
81 071,99	I,IV	**19 603**	5 326	5 326	I	17 841	16 080	14 327	12 639	11 024	9 482
Ost	II	**18 801**	5 326	5 326	II	17 040	15 278	13 550	11 895	10 313	8 805
	III	**12 812**	5 326	5 326	III	11 484	10 194	8 940	7 722	6 540	5 396
	V	**25 236**	5 326	5 326	IV	18 722	17 841	16 960	16 080	15 199	14 327
	VI	**25 672**	5 326	5 326							
81 107,99	I,IV	**19 594**	5 326	5 326	I	17 833	16 071	14 319	12 631	11 016	9 475
West	II	**18 793**	5 326	5 326	II	17 031	15 270	13 542	11 887	10 306	8 798
	III	**12 806**	5 326	5 326	III	11 478	10 188	8 934	7 716	6 536	5 392
	V	**25 228**	5 326	5 326	IV	18 713	17 833	16 952	16 071	15 191	14 319
	VI	**25 663**	5 326	5 326							
81 107,99	I,IV	**19 618**	5 326	5 326	I	17 856	16 095	14 342	12 653	11 037	9 495
Ost	II	**18 816**	5 326	5 326	II	17 055	15 293	13 564	11 909	10 327	8 818
	III	**12 824**	5 326	5 326	III	11 496	10 204	8 950	7 732	6 550	5 406
	V	**25 252**	5 326	5 326	IV	18 737	17 856	16 976	16 095	15 214	14 342
	VI	**25 687**	5 326	5 326							
81 143,99	I,IV	**19 608**	5 326	5 326	I	17 847	16 085	14 333	12 644	11 029	9 487
West	II	**18 807**	5 326	5 326	II	17 045	15 284	13 555	11 900	10 318	8 810
	III	**12 816**	5 326	5 326	III	11 488	10 198	8 942	7 724	6 544	5 400
	V	**25 242**	5 326	5 326	IV	18 727	17 847	16 966	16 085	15 204	14 333
	VI	**25 677**	5 326	5 326							
81 143,99	I,IV	**19 633**	5 326	5 326	I	17 871	16 110	14 357	12 667	11 051	9 508
Ost	II	**18 832**	5 326	5 326	II	17 070	15 309	13 579	11 923	10 340	8 831
	III	**12 836**	5 326	5 326	III	11 508	10 216	8 960	7 742	6 560	5 416
	V	**25 267**	5 326	5 326	IV	18 752	17 871	16 991	16 110	15 229	14 357
	VI	**25 702**	5 326	5 326							
81 179,99	I,IV	**19 622**	5 326	5 326	I	17 861	16 099	14 347	12 657	11 041	9 499
West	II	**18 821**	5 326	5 326	II	17 060	15 298	13 569	11 913	10 331	8 822
	III	**12 828**	5 326	5 326	III	11 498	10 208	8 952	7 734	6 554	5 408
	V	**25 256**	5 326	5 326	IV	18 742	17 861	16 980	16 099	15 219	14 347
	VI	**25 691**	5 326	5 326							
81 179,99	I,IV	**19 648**	5 326	5 326	I	17 887	16 125	14 372	12 681	11 064	9 521
Ost	II	**18 847**	5 326	5 326	II	17 085	15 324	13 594	11 937	10 353	8 843
	III	**12 848**	5 326	5 326	III	11 518	10 226	8 970	7 752	6 570	5 426
	V	**25 282**	5 326	5 326	IV	18 767	17 887	17 006	16 125	15 244	14 372
	VI	**25 717**	5 326	5 326							
81 215,99	I,IV	**19 636**	5 326	5 326	I	17 875	16 113	14 360	12 670	11 054	9 511
West	II	**18 835**	5 326	5 326	II	17 073	15 312	13 582	11 926	10 343	8 833
	III	**12 838**	5 326	5 326	III	11 510	10 218	8 962	7 744	6 562	5 418
	V	**25 270**	5 326	5 326	IV	18 755	17 875	16 994	16 113	15 233	14 360
	VI	**25 705**	5 326	5 326							
81 215,99	I,IV	**19 663**	5 326	5 326	I	17 902	16 140	14 386	12 695	11 078	9 534
Ost	II	**18 862**	5 326	5 326	II	17 100	15 339	13 608	11 951	10 366	8 856
	III	**12 858**	5 326	5 326	III	11 530	10 238	8 982	7 762	6 580	5 436
	V	**25 297**	5 326	5 326	IV	18 782	17 902	17 021	16 140	15 259	14 386
	VI	**25 732**	5 326	5 326							

* Zur LSt-Berechnung für privat versicherte Arbeitnehmer s. Beispiele **Vorbemerkung S. 4 f.**
** Basisvorsorgepauschale KV und PV *** Typisierter Arbeitgeberzuschuss

Lohn/ Gehalt in € bis	Steuerklasse	**Lohn-steuer***	BVSP**	TAGZ***	Steuerklasse	Bemessungsgrundlage für Kirchensteuer und Solidaritätszuschlag					
						Freibeträge für ... Kinder					
						0,5	**1,0**	1,5	**2,0**	2,5	**3,0**
81 251,99	I,IV	**19 650**	5 326	5 326	I	17 889	16 127	14 374	12 683	11 066	9 523
West	II	**18 849**	5 326	5 326	II	17 087	15 326	13 596	11 939	10 355	8 845
	III	**12 848**	5 326	5 326	III	11 520	10 228	8 972	7 754	6 572	5 426
	V	**25 284**	5 326	5 326	IV	18 769	17 889	17 008	16 127	15 246	14 374
	VI	**25 719**	5 326	5 326							
81 251,99	I,IV	**19 678**	5 326	5 326	I	17 917	16 155	14 401	12 710	11 092	9 547
Ost	II	**18 877**	5 326	5 326	II	17 115	15 354	13 623	11 964	10 380	8 868
	III	**12 870**	5 326	5 326	III	11 540	10 248	8 992	7 772	6 590	5 444
	V	**25 312**	5 326	5 326	IV	18 797	17 917	17 036	16 155	15 275	14 401
	VI	**25 747**	5 326	5 326							
81 287,99	I,IV	**19 664**	5 326	5 326	I	17 902	16 141	14 387	12 696	11 079	9 535
West	II	**18 863**	5 326	5 326	II	17 101	15 340	13 609	11 951	10 367	8 857
	III	**12 860**	5 326	5 326	III	11 530	10 238	8 982	7 764	6 582	5 436
	V	**25 298**	5 326	5 326	IV	18 783	17 902	17 022	16 141	15 260	14 387
	VI	**25 733**	5 326	5 326							
81 287,99	I,IV	**19 693**	5 326	5 326	I	17 932	16 170	14 416	12 724	11 105	9 560
Ost	II	**18 892**	5 326	5 326	II	17 131	15 369	13 637	11 978	10 393	8 881
	III	**12 882**	5 326	5 326	III	11 552	10 260	9 002	7 784	6 600	5 454
	V	**25 327**	5 326	5 326	IV	18 813	17 932	17 051	16 170	15 290	14 416
	VI	**25 762**	5 326	5 326							
81 323,99	I,IV	**19 678**	5 326	5 326	I	17 916	16 155	14 401	12 709	11 091	9 547
West	II	**18 876**	5 326	5 326	II	17 115	15 353	13 622	11 964	10 379	8 868
	III	**12 870**	5 326	5 326	III	11 540	10 248	8 992	7 772	6 590	5 444
	V	**25 312**	5 326	5 326	IV	18 797	17 916	17 036	16 155	15 274	14 401
	VI	**25 747**	5 326	5 326							
81 323,99	I,IV	**19 708**	5 326	5 326	I	17 947	16 186	14 431	12 738	11 119	9 573
Ost	II	**18 907**	5 326	5 326	II	17 146	15 384	13 652	11 992	10 406	8 894
	III	**12 894**	5 326	5 326	III	11 564	10 270	9 014	7 794	6 610	5 464
	V	**25 342**	5 326	5 326	IV	18 828	17 947	17 066	16 186	15 305	14 431
	VI	**25 777**	5 326	5 326							
81 359,99	I,IV	**19 692**	5 326	5 326	I	17 931	16 169	14 415	12 723	11 104	9 559
West	II	**18 891**	5 326	5 326	II	17 129	15 368	13 636	11 977	10 392	8 880
	III	**12 880**	5 326	5 326	III	11 550	10 258	9 002	7 782	6 600	5 454
	V	**25 326**	5 326	5 326	IV	18 811	17 931	17 050	16 169	15 288	14 415
	VI	**25 761**	5 326	5 326							
81 359,99	I,IV	**19 724**	5 326	5 326	I	17 962	16 201	14 446	12 752	11 132	9 586
Ost	II	**18 922**	5 326	5 326	II	17 161	15 399	13 666	12 006	10 420	8 906
	III	**12 906**	5 326	5 326	III	11 574	10 280	9 024	7 804	6 620	5 474
	V	**25 357**	5 326	5 326	IV	18 843	17 962	17 081	16 201	15 320	14 446
	VI	**25 793**	5 326	5 326							
81 395,99	I,IV	**19 706**	5 326	5 326	I	17 944	16 183	14 428	12 736	11 116	9 571
West	II	**18 905**	5 326	5 326	II	17 143	15 382	13 649	11 990	10 404	8 892
	III	**12 892**	5 326	5 326	III	11 562	10 268	9 012	7 792	6 608	5 462
	V	**25 340**	5 326	5 326	IV	18 825	17 944	17 064	16 183	15 302	14 428
	VI	**25 775**	5 326	5 326							
81 395,99	I,IV	**19 739**	5 326	5 326	I	17 977	16 216	14 461	12 767	11 146	9 599
Ost	II	**18 937**	5 326	5 326	II	17 176	15 414	13 681	12 020	10 433	8 919
	III	**12 916**	5 326	5 326	III	11 586	10 292	9 034	7 814	6 630	5 484
	V	**25 373**	5 326	5 326	IV	18 858	17 977	17 096	16 216	15 335	14 461
	VI	**25 808**	5 326	5 326							
81 431,99	I,IV	**19 720**	5 326	5 326	I	17 958	16 197	14 442	12 749	11 129	9 583
West	II	**18 918**	5 326	5 326	II	17 157	15 395	13 663	12 003	10 416	8 903
	III	**12 902**	5 326	5 326	III	11 572	10 278	9 022	7 802	6 618	5 472
	V	**25 354**	5 326	5 326	IV	18 839	17 958	17 078	16 197	15 316	14 442
	VI	**25 789**	5 326	5 326							
81 431,99	I,IV	**19 754**	5 326	5 326	I	17 992	16 231	14 476	12 781	11 159	9 612
Ost	II	**18 952**	5 326	5 326	II	17 191	15 430	13 695	12 034	10 446	8 932
	III	**12 928**	5 326	5 326	III	11 598	10 302	9 046	7 824	6 640	5 494
	V	**25 388**	5 326	5 326	IV	18 873	17 992	17 112	16 231	15 350	14 476
	VI	**25 823**	5 326	5 326							

* Zur LSt-Berechnung für privat versicherte Arbeitnehmer s. Beispiele **Vorbemerkung S. 4 f.**
** Basisvorsorgepauschale KV und PV *** Typisierter Arbeitgeberzuschuss

Lohn/ Gehalt in € bis	Steuerklasse	Lohn- steuer*	BVSP**	TAGZ***	Steuerklasse	Bemessungsgrundlage für Kirchensteuer und Solidaritätszuschlag					
						Freibeträge für ... Kinder					
						0,5	**1,0**	1,5	**2,0**	2,5	**3,0**
81 467,99 West	I,IV	**19 734**	5 326	5 326	I	17 972	16 211	14 456	12 762	11 141	9 594
	II	**18 932**	5 326	5 326	II	17 171	15 409	13 676	12 015	10 428	8 915
	III	**12 912**	5 326	5 326	III	11 582	10 288	9 032	7 810	6 628	5 480
	V	**25 368**	5 326	5 326	IV	18 853	17 972	17 091	16 211	15 330	14 456
	VI	**25 803**	5 326	5 326							
81 467,99 Ost	I,IV	**19 769**	5 326	5 326	I	18 007	16 246	14 490	12 795	11 173	9 625
	II	**18 968**	5 326	5 326	II	17 206	15 445	13 710	12 048	10 460	8 945
	III	**12 940**	5 326	5 326	III	11 608	10 314	9 056	7 834	6 650	5 502
	V	**25 403**	5 326	5 326	IV	18 888	18 007	17 127	16 246	15 365	14 490
	VI	**25 838**	5 326	5 326							
81 503,99 West	I,IV	**19 748**	5 326	5 326	I	17 986	16 225	14 469	12 775	11 154	9 606
	II	**18 946**	5 326	5 326	II	17 185	15 423	13 689	12 028	10 441	8 927
	III	**12 924**	5 326	5 326	III	11 592	10 298	9 040	7 820	6 636	5 488
	V	**25 381**	5 326	5 326	IV	18 867	17 986	17 105	16 225	15 344	14 469
	VI	**25 817**	5 326	5 326							
81 503,99 Ost	I,IV	**19 784**	5 326	5 326	I	18 023	16 261	14 505	12 809	11 187	9 638
	II	**18 983**	5 326	5 326	II	17 221	15 460	13 725	12 062	10 473	8 957
	III	**12 952**	5 326	5 326	III	11 620	10 324	9 066	7 846	6 660	5 512
	V	**25 418**	5 326	5 326	IV	18 903	18 023	17 142	16 261	15 380	14 505
	VI	**25 853**	5 326	5 326							
81 539,99 West	I,IV	**19 762**	5 326	5 326	I	18 000	16 239	14 483	12 788	11 167	9 619
	II	**18 960**	5 326	5 326	II	17 199	15 437	13 703	12 041	10 453	8 939
	III	**12 934**	5 326	5 326	III	11 602	10 308	9 050	7 830	6 646	5 498
	V	**25 396**	5 326	5 326	IV	18 881	18 000	17 120	16 239	15 358	14 483
	VI	**25 831**	5 326	5 326							
81 539,99 Ost	I,IV	**19 799**	5 326	5 326	I	18 038	16 276	14 520	12 823	11 200	9 651
	II	**18 998**	5 326	5 326	II	17 236	15 475	13 739	12 076	10 486	8 970
	III	**12 962**	5 326	5 326	III	11 630	10 336	9 078	7 856	6 670	5 522
	V	**25 433**	5 326	5 326	IV	18 918	18 038	17 157	16 276	15 395	14 520
	VI	**25 868**	5 326	5 326							
81 575,99 West	I,IV	**19 776**	5 326	5 326	I	18 014	16 253	14 497	12 801	11 179	9 630
	II	**18 974**	5 326	5 326	II	17 213	15 451	13 716	12 054	10 465	8 950
	III	**12 944**	5 326	5 326	III	11 614	10 318	9 060	7 840	6 654	5 508
	V	**25 410**	5 326	5 326	IV	18 895	18 014	17 133	16 253	15 372	14 497
	VI	**25 845**	5 326	5 326							
81 575,99 Ost	I,IV	**19 814**	5 326	5 326	I	18 053	16 291	14 535	12 838	11 214	9 664
	II	**19 013**	5 326	5 326	II	17 251	15 490	13 754	12 090	10 500	8 983
	III	**12 974**	5 326	5 326	III	11 642	10 346	9 088	7 866	6 680	5 532
	V	**25 448**	5 326	5 326	IV	18 934	18 053	17 172	16 291	15 411	14 535
	VI	**25 883**	5 326	5 326							
81 611,99 West	I,IV	**19 790**	5 326	5 326	I	18 028	16 267	14 511	12 814	11 192	9 642
	II	**18 988**	5 326	5 326	II	17 227	15 465	13 730	12 067	10 478	8 962
	III	**12 956**	5 326	5 326	III	11 624	10 328	9 070	7 848	6 664	5 516
	V	**25 423**	5 326	5 326	IV	18 909	18 028	17 147	16 267	15 386	14 511
	VI	**25 859**	5 326	5 326							
81 611,99 Ost	I,IV	**19 829**	5 326	5 326	I	18 068	16 306	14 550	12 852	11 228	9 677
	II	**19 028**	5 326	5 326	II	17 267	15 505	13 768	12 104	10 513	8 995
	III	**12 986**	5 326	5 326	III	11 654	10 358	9 098	7 876	6 690	5 542
	V	**25 463**	5 326	5 326	IV	18 949	18 068	17 187	16 306	15 426	14 550
	VI	**25 898**	5 326	5 326							
81 647,99 West	I,IV	**19 803**	5 326	5 326	I	18 042	16 280	14 524	12 827	11 204	9 654
	II	**19 002**	5 326	5 326	II	17 241	15 479	13 743	12 080	10 490	8 973
	III	**12 966**	5 326	5 326	III	11 634	10 338	9 080	7 858	6 674	5 524
	V	**25 437**	5 326	5 326	IV	18 923	18 042	17 161	16 280	15 400	14 524
	VI	**25 872**	5 326	5 326							
81 647,99 Ost	I,IV	**19 845**	5 326	5 326	I	18 083	16 322	14 565	12 866	11 241	9 690
	II	**19 043**	5 326	5 326	II	17 282	15 520	13 783	12 118	10 526	9 008
	III	**12 998**	5 326	5 326	III	11 664	10 368	9 110	7 886	6 700	5 552
	V	**25 478**	5 326	5 326	IV	18 964	18 083	17 202	16 322	15 441	14 565
	VI	**25 914**	5 326	5 326							

* Zur LSt-Berechnung für privat versicherte Arbeitnehmer s. Beispiele **Vorbemerkung S. 4 f.**
** Basisvorsorgepauschale KV und PV *** Typisierter Arbeitgeberzuschuss

Solidaritätszuschlag für Monatslohnsteuerbeträge

Steuerklasse III		Steuerklasse III		Steuerklasse III		Steuerklasse III	
Maßstabs-lohnsteuer €	Solidari-tätszu-schlag €	Maßstabs-lohnsteuer €	Solidari-tätszu-schlag €	Maßstabs-lohnsteuer €	Solidari-tätszu-schlag €	Maßstabs-lohnsteuer €	Solidari-tätszu-schlag €
2825,83	0,00	2905,16	9,42	2984,50	18,86	3063,83	28,30
2827,00	0,11	2906,33	9,55	2985,83	19,02	3065,16	28,46
2828,33	0,27	2907,66	9,71	2987,00	19,15	3066,33	28,59
2829,50	0,41	2908,83	9,85	2988,33	19,31	3067,66	28,75
2830,83	0,57	2910,16	10,01	2989,50	19,45	3069,00	28,91
2832,00	0,71	2911,50	10,17	2990,83	19,61	3070,16	29,05
2833,33	0,87	2912,66	10,31	2992,00	19,75	3071,50	29,21
2834,50	1,01	2914,00	10,47	2993,33	19,91	3072,66	29,35
2835,83	1,17	2915,16	10,61	2994,66	20,07	3074,00	29,51
2837,16	1,32	2916,50	10,76	2995,83	20,21	3075,16	29,65
2838,33	1,46	2917,66	10,90	2997,16	20,36	3076,50	29,80
2839,66	1,62	2919,00	11,06	2998,33	20,50	3077,83	29,96
2840,83	1,76	2920,33	11,22	2999,66	20,66	3079,00	30,10
2842,16	1,92	2921,50	11,36	3000,83	20,80	3080,33	30,26
2843,33	2,06	2922,83	11,52	3002,16	20,96	3081,50	30,40
2844,66	2,22	2924,00	11,66	3003,33	21,10	3082,83	30,56
2845,83	2,36	2925,33	11,82	3004,66	21,26	3084,00	30,70
2847,16	2,51	2926,50	11,95	3006,00	21,42	3085,33	30,86
2848,50	2,67	2927,83	12,11	3007,16	21,55	3086,50	30,99
2849,66	2,81	2929,00	12,25	3008,50	21,71	3087,83	31,15
2851,00	2,97	2930,33	12,41	3009,66	21,85	3089,16	31,31
2852,16	3,11	2931,66	12,57	3011,00	22,01	3090,33	31,45
2853,50	3,27	2932,83	12,71	3012,16	22,15	3091,66	31,61
2854,66	3,41	2934,16	12,87	3013,50	22,31	3092,83	31,75
2856,00	3,57	2935,33	13,01	3014,83	22,47	3094,16	31,91
2857,33	3,72	2936,66	13,16	3016,00	22,61	3095,33	32,05
2858,50	3,86	2937,83	13,30	3017,33	22,76	3096,66	32,20
2859,83	4,02	2939,16	13,46	3018,50	22,90	3097,83	32,34
2861,00	4,16	2940,33	13,60	3019,83	23,06	3099,16	32,50
2862,33	4,32	2941,66	13,76	3021,00	23,20	3100,50	32,66
2863,50	4,46	2943,00	13,92	3022,33	23,36	3101,66	32,80
2864,83	4,62	2944,16	14,06	3023,50	23,50	3103,00	32,96
2866,00	4,76	2945,50	14,22	3024,83	23,66	3104,16	33,10
2867,33	4,91	2946,66	14,35	3026,16	23,81	3105,50	33,26
2868,66	5,07	2948,00	14,51	3027,33	23,95	3106,66	33,39
2869,83	5,21	2949,16	14,65	3028,66	24,11	3108,00	33,55
2871,16	5,37	2950,50	14,81	3029,83	24,25	3109,33	33,71
2872,33	5,51	2951,83	14,97	3031,16	24,41	3110,50	33,85
2873,66	5,67	2953,00	15,11	3032,33	24,55	3111,83	34,01
2874,83	5,81	2954,33	15,27	3033,66	24,71	3113,00	34,15
2876,16	5,96	2955,50	15,41	3034,83	24,85	3114,33	34,31
2877,33	6,10	2956,83	15,56	3036,16	25,00	3115,50	34,45
2878,66	6,26	2958,00	15,70	3037,50	25,16	3116,83	34,60
2880,00	6,42	2959,33	15,86	3038,66	25,30	3118,00	34,74
2881,16	6,56	2960,50	16,00	3040,00	25,46	3119,33	34,90
2882,50	6,72	2961,83	16,16	3041,16	25,60	3120,66	35,06
2883,66	6,86	2963,16	16,32	3042,50	25,76	3121,83	35,20
2885,00	7,02	2964,33	16,46	3043,66	25,90	3123,16	35,36
2886,16	7,15	2965,66	16,62	3045,00	26,06	3124,33	35,50
2887,50	7,31	2966,83	16,75	3046,33	26,21	3125,66	35,66
2888,83	7,47	2968,16	16,91	3047,50	26,35	3126,83	35,79
2890,00	7,61	2969,33	17,05	3048,83	26,51	3128,16	35,95
2891,33	7,77	2970,66	17,21	3050,00	26,65	3129,33	36,09
2892,50	7,91	2971,83	17,35	3051,33	26,81	3130,66	36,25
2893,83	8,07	2973,16	17,51	3052,50	26,95	3132,00	36,41
2895,00	8,21	2974,50	17,67	3053,83	27,11	3133,16	36,55
2896,33	8,36	2975,66	17,81	3055,00	27,25	3134,50	36,71
2897,50	8,50	2977,00	17,96	3056,33	27,40	3135,66	36,85
2898,83	8,66	2978,16	18,10	3057,66	27,56	3137,00	37,00
2900,16	8,82	2979,50	18,26	3058,83	27,70	3138,16	37,14
2901,33	8,96	2980,66	18,40	3060,16	27,86	3139,50	37,30
2902,66	9,12	2982,00	18,56	3061,33	28,00	3140,83	37,46
2903,83	9,26	2983,33	18,72	3062,66	28,16	3142,00	37,60

Steuerklasse III		Steuerklasse III		Steuerklasse III		Steuerklasse III	
Maßstabs-lohnsteuer €	Solidari-tätszu-schlag €	Maßstabs-lohnsteuer €	Solidari-tätszu-schlag €	Maßstabs-lohnsteuer €	Solidari-tätszu-schlag €	Maßstabs-lohnsteuer €	Solidari-tätszu-schlag €
3143,33	37,76	3229,00	47,95	3314,66	58,15	3400,33	68,34
3144,50	37,90	3230,16	48,09	3315,83	58,29	3401,50	68,48
3145,83	38,06	3231,50	48,25	3317,16	58,44	3402,83	68,64
3147,00	38,19	3232,66	48,39	3318,33	58,58	3404,16	68,80
3148,33	38,35	3234,00	48,55	3319,66	58,74	3405,33	68,94
3149,50	38,49	3235,33	48,71	3321,00	58,90	3406,66	69,09
3150,83	38,65	3236,50	48,84	3322,16	59,04	3407,83	69,23
3152,16	38,81	3237,83	49,00	3323,50	59,20	3409,16	69,39
3153,33	38,95	3239,00	49,14	3324,66	59,34	3410,33	69,53
3154,66	39,11	3240,33	49,30	3326,00	59,50	3411,66	69,69
3155,83	39,25	3241,50	49,44	3327,16	59,63	3412,83	69,83
3157,16	39,40	3242,83	49,60	3328,50	59,79	3414,16	69,99
3158,33	39,54	3244,00	49,74	3329,83	59,95	3415,50	70,15
3159,66	39,70	3245,33	49,90	3331,00	60,09	3416,66	70,28
3160,83	39,84	3246,66	50,05	3332,33	60,25	3418,00	70,44
3162,16	40,00	3247,83	50,19	3333,50	60,39	3419,16	70,58
3163,50	40,16	3249,16	50,35	3334,83	60,55	3420,50	70,74
3164,66	40,30	3250,33	50,49	3336,00	60,69	3421,66	70,88
3166,00	40,46	3251,66	50,65	3337,33	60,84	3423,00	71,04
3167,16	40,59	3252,83	50,79	3338,50	60,98	3424,33	71,20
3168,50	40,75	3254,16	50,95	3339,83	61,14	3425,50	71,34
3169,66	40,89	3255,33	51,09	3341,16	61,30	3426,83	71,49
3171,00	41,05	3256,66	51,24	3342,33	61,44	3428,00	71,63
3172,33	41,21	3258,00	51,40	3343,66	61,60	3429,33	71,79
3173,50	41,35	3259,16	51,54	3344,83	61,74	3430,50	71,93
3174,83	41,51	3260,50	51,70	3346,16	61,89	3431,83	72,09
3176,00	41,65	3261,66	51,84	3347,33	62,03	3433,00	72,23
3177,33	41,80	3263,00	52,00	3348,66	62,19	3434,33	72,39
3178,50	41,94	3264,16	52,14	3349,83	62,33	3435,66	72,55
3179,83	42,10	3265,50	52,30	3351,16	62,49	3436,83	72,68
3181,00	42,24	3266,83	52,45	3352,50	62,65	3438,16	72,84
3182,33	42,40	3268,00	52,59	3353,66	62,79	3439,33	72,98
3183,66	42,56	3269,33	52,75	3355,00	62,95	3440,66	73,14
3184,83	42,70	3270,50	52,89	3356,16	63,08	3441,83	73,28
3186,16	42,85	3271,83	53,05	3357,50	63,24	3443,16	73,44
3187,33	42,99	3273,00	53,19	3358,66	63,38	3444,33	73,58
3188,66	43,15	3274,33	53,35	3360,00	63,54	3445,66	73,74
3189,83	43,29	3275,50	53,49	3361,33	63,70	3447,00	73,89
3191,16	43,45	3276,83	53,64	3362,50	63,84	3448,16	74,03
3192,33	43,59	3278,16	53,80	3363,83	64,00	3449,50	74,19
3193,66	43,75	3279,33	53,94	3365,00	64,14	3450,66	74,33
3195,00	43,91	3280,66	54,10	3366,33	64,29	3452,00	74,49
3196,16	44,04	3281,83	54,24	3367,50	64,43	3453,16	74,63
3197,50	44,20	3283,16	54,40	3368,83	64,59	3454,50	74,79
3198,66	44,34	3284,33	54,54	3370,00	64,73	3455,83	74,95
3200,00	44,50	3285,66	54,70	3371,33	64,89	3457,00	75,08
3201,16	44,64	3286,83	54,83	3372,66	65,05	3458,33	75,24
3202,50	44,80	3288,16	54,99	3373,83	65,19	3459,50	75,38
3203,83	44,96	3289,50	55,15	3375,16	65,35	3460,83	75,54
3205,00	45,10	3290,66	55,29	3376,33	65,48	3462,00	75,68
3206,33	45,25	3292,00	55,45	3377,66	65,64	3463,33	75,84
3207,50	45,39	3293,16	55,59	3378,83	65,78	3464,50	75,98
3208,83	45,55	3294,50	55,75	3380,16	65,94	3465,83	76,14
3210,00	45,69	3295,66	55,89	3381,33	66,08	3467,16	76,29
3211,33	45,85	3297,00	56,04	3382,66	66,24	3468,33	76,43
3212,50	45,99	3298,33	56,20	3384,00	66,40	3469,66	76,59
3213,83	46,15	3299,50	56,34	3385,16	66,54	3470,83	76,73
3215,16	46,31	3300,83	56,50	3386,50	66,69	3472,16	76,89
3216,33	46,44	3302,00	56,64	3387,66	66,83	3473,33	77,03
3217,66	46,60	3303,33	56,80	3389,00	66,99	3474,66	77,19
3218,83	46,74	3304,50	56,94	3390,16	67,13	3475,83	77,33
3220,16	46,90	3305,83	57,10	3391,50	67,29	3477,16	77,48
3221,33	47,04	3307,00	57,23	3392,83	67,45	3478,50	77,64
3222,66	47,20	3308,33	57,39	3394,00	67,59	3479,66	77,78
3223,83	47,34	3309,66	57,55	3395,33	67,75	3481,00	77,94
3225,16	47,50	3310,83	57,69	3396,50	67,88	3482,16	78,08
3226,50	47,65	3312,16	57,85	3397,83	68,04	3483,50	78,24
3227,66	47,79	3313,33	57,99	3399,00	68,18	3484,66	78,38

Steuerklasse III		Steuerklasse III		Steuerklasse III		Steuerklasse III	
Maßstabs-lohnsteuer €	Solidari-tätszu-schlag €	Maßstabs-lohnsteuer €	Solidari-tätszu-schlag €	Maßstabs-lohnsteuer €	Solidari-tätszu-schlag €	Maßstabs-lohnsteuer €	Solidari-tätszu-schlag €
3486,00	78,54	3571,66	88,73	3657,33	98,92	3743,00	109,12
3487,33	78,69	3573,00	88,89	3658,66	99,08	3744,33	109,28
3488,50	78,83	3574,16	89,03	3659,83	99,22	3745,50	109,42
3489,83	78,99	3575,50	89,19	3661,16	99,38	3746,83	109,57
3491,00	79,13	3576,66	89,32	3662,33	99,52	3748,00	109,71
3492,33	79,29	3578,00	89,48	3663,66	99,68	3749,33	109,87
3493,50	79,43	3579,16	89,62	3664,83	99,82	3750,66	110,03
3494,83	79,59	3580,50	89,78	3666,16	99,97	3751,83	110,17
3496,00	79,73	3581,83	89,94	3667,50	100,13	3753,16	110,33
3497,33	79,88	3583,00	90,08	3668,66	100,27	3754,33	110,47
3498,66	80,04	3584,33	90,24	3670,00	100,43	3755,66	110,63
3499,83	80,18	3585,50	90,38	3671,16	100,57	3756,83	110,76
3501,16	80,34	3586,83	90,53	3672,50	100,73	3758,16	110,92
3502,33	80,48	3588,00	90,67	3673,66	100,87	3759,33	111,06
3503,66	80,64	3589,33	90,83	3675,00	101,03	3760,66	111,22
3504,83	80,78	3590,50	90,97	3676,33	101,18	3762,00	111,38
3506,16	80,93	3591,83	91,13	3677,50	101,32	3763,16	111,52
3507,33	81,07	3593,16	91,29	3678,83	101,48	3764,50	111,68
3508,66	81,23	3594,33	91,43	3680,00	101,62	3765,66	111,82
3510,00	81,39	3595,66	91,59	3681,33	101,78	3767,00	111,97
3511,16	81,53	3596,83	91,72	3682,50	101,92	3768,16	112,11
3512,50	81,69	3598,16	91,88	3683,83	102,08	3769,50	112,27
3513,66	81,83	3599,33	92,02	3685,00	102,22	3770,83	112,43
3515,00	81,99	3600,66	92,18	3686,33	102,37	3772,00	112,57
3516,16	82,12	3601,83	92,32	3687,66	102,53	3773,33	112,73
3517,50	82,28	3603,16	92,48	3688,83	102,67	3774,50	112,87
3518,83	82,44	3604,50	92,64	3690,16	102,83	3775,83	113,03
3520,00	82,58	3605,66	92,78	3691,33	102,97	3777,00	113,16
3521,33	82,74	3607,00	92,93	3692,66	103,13	3778,33	113,32
3522,50	82,88	3608,16	93,07	3693,83	103,27	3779,50	113,46
3523,83	83,04	3609,50	93,23	3695,16	103,43	3780,83	113,62
3525,00	83,18	3610,66	93,37	3696,33	103,56	3782,16	113,78
3526,33	83,33	3612,00	93,53	3697,66	103,72	3783,33	113,92
3527,50	83,47	3613,33	93,69	3699,00	103,88	3784,66	114,08
3528,83	83,63	3614,50	93,83	3700,16	104,02	3785,83	114,22
3530,16	83,79	3615,83	93,99	3701,50	104,18	3787,16	114,37
3531,33	83,93	3617,00	94,12	3702,66	104,32	3788,33	114,51
3532,66	84,09	3618,33	94,28	3704,00	104,48	3789,66	114,67
3533,83	84,23	3619,50	94,42	3705,16	104,62	3790,83	114,81
3535,16	84,39	3620,83	94,58	3706,50	104,77	3792,16	114,97
3536,33	84,52	3622,00	94,72	3707,83	104,93	3793,50	115,13
3537,66	84,68	3623,33	94,88	3709,00	105,07	3794,66	115,27
3538,83	84,82	3624,66	95,04	3710,33	105,23	3796,00	115,43
3540,16	84,98	3625,83	95,18	3711,50	105,37	3797,16	115,56
3541,50	85,14	3627,16	95,33	3712,83	105,53	3798,50	115,72
3542,66	85,28	3628,33	95,47	3714,00	105,67	3799,66	115,86
3544,00	85,44	3629,66	95,63	3715,33	105,83	3801,00	116,02
3545,16	85,58	3630,83	95,77	3716,50	105,96	3802,33	116,18
3546,50	85,73	3632,16	95,93	3717,83	106,12	3803,50	116,32
3547,66	85,87	3633,33	96,07	3719,16	106,28	3804,83	116,48
3549,00	86,03	3634,66	96,23	3720,33	106,42	3806,00	116,62
3550,33	86,19	3636,00	96,39	3721,66	106,58	3807,33	116,77
3551,50	86,33	3637,16	96,52	3722,83	106,72	3808,50	116,91
3552,83	86,49	3638,50	96,68	3724,16	106,88	3809,83	117,07
3554,00	86,63	3639,66	96,82	3725,33	107,02	3811,00	117,21
3555,33	86,79	3641,00	96,98	3726,66	107,17	3812,33	117,37
3556,50	86,92	3642,16	97,12	3727,83	107,31	3813,66	117,53
3557,83	87,08	3643,50	97,28	3729,16	107,47	3814,83	117,67
3559,00	87,22	3644,83	97,44	3730,50	107,63	3816,16	117,82
3560,33	87,38	3646,00	97,58	3731,66	107,77	3817,33	117,96
3561,66	87,54	3647,33	97,73	3733,00	107,93	3818,66	118,12
3562,83	87,68	3648,50	97,87	3734,16	108,07	3819,83	118,26
3564,16	87,84	3649,83	98,03	3735,50	108,23	3821,16	118,42
3565,33	87,98	3651,00	98,17	3736,66	108,36	3822,33	118,56
3566,66	88,13	3652,33	98,33	3738,00	108,52	3823,66	118,72
3567,83	88,27	3653,50	98,47	3739,33	108,68	3825,00	118,88
3569,16	88,43	3654,83	98,63	3740,50	108,82	3826,16	119,01
3570,33	88,57	3656,16	98,78	3741,83	108,98	3827,50	119,17

Steuerklasse III		Steuerklasse III		Steuerklasse III		Steuerklasse III	
Maßstabs-lohnsteuer €	Solidari-tätszu-schlag €	Maßstabs-lohnsteuer €	Solidari-tätszu-schlag €	Maßstabs-lohnsteuer €	Solidari-tätszu-schlag €	Maßstabs-lohnsteuer €	Solidari-tätszu-schlag €
3828,66	119,31	3914,33	129,51	4000,00	139,70	4085,83	149,92
3830,00	119,47	3915,66	129,67	4001,33	139,86	4087,00	150,05
3831,16	119,61	3916,83	129,80	4002,66	140,02	4088,33	150,21
3832,50	119,77	3918,16	129,96	4003,83	140,16	4089,50	150,35
3833,83	119,93	3919,50	130,12	4005,16	140,32	4090,83	150,51
3835,00	120,07	3920,66	130,26	4006,33	140,45	4092,00	150,65
3836,33	120,22	3922,00	130,42	4007,66	140,61	4093,33	150,81
3837,50	120,36	3923,16	130,56	4008,83	140,75	4094,50	150,95
3838,83	120,52	3924,50	130,72	4010,16	140,91	4095,83	151,11
3840,00	120,66	3925,66	130,86	4011,33	141,05	4097,16	151,26
3841,33	120,82	3927,00	131,01	4012,66	141,21	4098,33	151,40
3842,50	120,96	3928,33	131,17	4014,00	141,37	4099,66	151,56
3843,83	121,12	3929,50	131,31	4015,16	141,51	4100,83	151,70
3845,16	121,28	3930,83	131,47	4016,50	141,66	4102,16	151,86
3846,33	121,41	3932,00	131,61	4017,66	141,80	4103,33	152,00
3847,66	121,57	3933,33	131,77	4019,00	141,96	4104,66	152,16
3848,83	121,71	3934,50	131,91	4020,16	142,10	4105,83	152,30
3850,16	121,87	3935,83	132,07	4021,50	142,26	4107,16	152,45
3851,33	122,01	3937,00	132,20	4022,83	142,42	4108,50	152,61
3852,66	122,17	3938,33	132,36	4024,00	142,56	4109,66	152,75
3853,83	122,31	3939,66	132,52	4025,33	142,72	4111,00	152,91
3855,16	122,47	3940,83	132,66	4026,50	142,85	4112,16	153,05
3856,50	122,62	3942,16	132,82	4027,83	143,01	4113,50	153,21
3857,66	122,76	3943,33	132,96	4029,00	143,15	4114,66	153,35
3859,00	122,92	3944,66	133,12	4030,33	143,31	4116,00	153,51
3860,16	123,06	3945,83	133,26	4031,50	143,45	4117,33	153,66
3861,50	123,22	3947,16	133,41	4032,83	143,61	4118,50	153,80
3862,66	123,36	3948,33	133,55	4034,16	143,77	4119,83	153,96
3864,00	123,52	3949,66	133,71	4035,33	143,91	4121,00	154,10
3865,33	123,68	3951,00	133,87	4036,66	144,06	4122,33	154,26
3866,50	123,81	3952,16	134,01	4037,83	144,20	4123,50	154,40
3867,83	123,97	3953,50	134,17	4039,16	144,36	4124,83	154,56
3869,00	124,11	3954,66	134,31	4040,33	144,50	4126,00	154,70
3870,33	124,27	3956,00	134,47	4041,66	144,66	4127,33	154,85
3871,50	124,41	3957,16	134,60	4042,83	144,80	4128,66	155,01
3872,83	124,57	3958,50	134,76	4044,16	144,96	4129,83	155,15
3874,00	124,71	3959,83	134,92	4045,50	145,12	4131,16	155,31
3875,33	124,87	3961,00	135,06	4046,66	145,25	4132,33	155,45
3876,66	125,02	3962,33	135,22	4048,00	145,41	4133,66	155,61
3877,83	125,16	3963,50	135,36	4049,16	145,55	4134,83	155,75
3879,16	125,32	3964,83	135,52	4050,50	145,71	4136,16	155,90
3880,33	125,46	3966,00	135,66	4051,66	145,85	4137,33	156,04
3881,66	125,62	3967,33	135,81	4053,00	146,01	4138,66	156,20
3882,83	125,76	3968,50	135,95	4054,33	146,17	4140,00	156,36
3884,16	125,92	3969,83	136,11	4055,50	146,31	4141,16	156,50
3885,33	126,06	3971,16	136,27	4056,83	146,46	4142,50	156,66
3886,66	126,21	3972,33	136,41	4058,00	146,60	4143,66	156,80
3888,00	126,37	3973,66	136,57	4059,33	146,76	4145,00	156,96
3889,16	126,51	3974,83	136,71	4060,50	146,90	4146,16	157,09
3890,50	126,67	3976,16	136,86	4061,83	147,06	4147,50	157,25
3891,66	126,81	3977,33	137,00	4063,00	147,20	4148,83	157,41
3893,00	126,97	3978,66	137,16	4064,33	147,36	4150,00	157,55
3894,16	127,11	3979,83	137,30	4065,66	147,52	4151,33	157,71
3895,50	127,27	3981,16	137,46	4066,83	147,65	4152,50	157,85
3896,83	127,42	3982,50	137,62	4068,16	147,81	4153,83	158,01
3898,00	127,56	3983,66	137,76	4069,33	147,95	4155,00	158,15
3899,33	127,72	3985,00	137,92	4070,66	148,11	4156,33	158,30
3900,50	127,86	3986,16	138,05	4071,83	148,25	4157,50	158,44
3901,83	128,02	3987,50	138,21	4073,16	148,41	4158,83	158,60
3903,00	128,16	3988,66	138,35	4074,33	148,55	4160,16	158,76
3904,33	128,32	3990,00	138,51	4075,66	148,71	4161,33	158,90
3905,50	128,46	3991,33	138,67	4077,00	148,86	4162,66	159,06
3906,83	128,61	3992,50	138,81	4078,16	149,00	4163,83	159,20
3908,16	128,77	3993,83	138,97	4079,50	149,16	4165,16	159,36
3909,33	128,91	3995,00	139,11	4080,66	149,30	4166,33	159,49
3910,66	129,07	3996,33	139,26	4082,00	149,46	4167,66	159,65
3911,83	129,21	3997,50	139,40	4083,16	149,60	4168,83	159,79
3913,16	129,37	3998,83	139,56	4084,50	149,76	4170,16	159,95

Steuerklasse III		Steuerklasse III		Steuerklasse III		Steuerklasse III	
Maßstabs-lohnsteuer €	Solidari-tätszu-schlag €	Maßstabs-lohnsteuer €	Solidari-tätszu-schlag €	Maßstabs-lohnsteuer €	Solidari-tätszu-schlag €	Maßstabs-lohnsteuer €	Solidari-tätszu-schlag €
4171,50	160,11	4257,16	170,30	4342,83	180,50	4428,50	190,69
4172,66	160,25	4258,33	170,44	4344,00	180,64	4429,66	190,83
4174,00	160,41	4259,66	170,60	4345,33	180,80	4431,00	190,99
4175,16	160,55	4260,83	170,74	4346,50	180,93	4432,33	191,15
4176,50	160,70	4262,16	170,90	4347,83	181,09	4433,50	191,29
4177,66	160,84	4263,33	171,04	4349,16	181,25	4434,83	191,45
4179,00	161,00	4264,66	171,20	4350,33	181,39	4436,00	191,59
4180,33	161,16	4266,00	171,36	4351,66	181,55	4437,33	191,74
4181,50	161,30	4267,16	171,49	4352,83	181,69	4438,50	191,88
4182,83	161,46	4268,50	171,65	4354,16	181,85	4439,33	192,04
4184,00	161,60	4269,66	171,79	4355,33	181,99	4441,00	192,18
4185,33	161,76	4271,00	171,95	4356,66	182,14	4442,33	192,34
4186,50	161,89	4272,16	172,09	4357,83	182,28	4443,66	192,50
4187,83	162,05	4273,50	172,25	4359,16	182,44	4444,83	192,64
4189,00	162,19	4274,83	172,41	4360,50	182,60	4446,16	192,79
4190,33	162,35	4276,00	172,55	4361,66	182,74	4447,33	192,93
4191,66	162,51	4277,33	172,70	4363,00	182,90	4448,66	193,09
4192,83	162,65	4278,50	172,84	4364,16	183,04	4449,83	193,23
4194,16	162,81	4279,83	173,00	4365,50	183,20	4451,16	193,39
4195,33	162,95	4281,00	173,14	4366,66	183,33	4452,33	193,53
4196,66	163,10	4282,33	173,30	4368,00	183,49	4453,66	193,69
4197,83	163,24	4283,50	173,44	4369,33	183,65	4455,00	193,85
4199,16	163,40	4284,83	173,60	4370,50	183,79	4456,16	193,98
4200,33	163,54	4286,16	173,75	4371,83	183,95	4457,50	194,14
4201,66	163,70	4287,33	173,89	4373,00	184,09	4458,66	194,28
4203,00	163,86	4288,66	174,05	4374,33	184,25	4460,00	194,44
4204,16	164,00	4289,83	174,19	4375,50	184,39	4461,16	194,58
4205,50	164,16	4291,16	174,35	4376,83	184,54	4462,50	194,74
4206,66	164,29	4292,33	174,49	4378,00	184,68	4463,83	194,90
4208,00	164,45	4293,66	174,65	4379,33	184,84	4465,00	195,04
4209,16	164,59	4294,83	174,79	4380,66	185,00	4466,33	195,19
4210,50	164,75	4296,16	174,94	4381,83	185,14	4467,50	195,33
4211,83	164,91	4297,50	175,10	4383,16	185,30	4468,83	195,49
4213,00	165,05	4298,66	175,24	4384,33	185,44	4470,00	195,63
4214,33	165,21	4300,00	175,40	4385,66	185,60	4471,33	195,79
4215,50	165,35	4301,16	175,54	4386,83	185,73	4472,50	195,93
4216,83	165,50	4302,50	175,70	4388,16	185,89	4473,83	196,09
4218,00	165,64	4303,66	175,84	4389,33	186,03	4475,16	196,25
4219,33	165,80	4305,00	176,00	4390,66	186,19	4476,33	196,38
4220,50	165,94	4306,33	176,15	4392,00	186,35	4477,66	196,54
4221,83	166,10	4307,50	176,29	4393,16	186,49	4478,83	196,68
4223,16	166,26	4308,83	176,45	4394,50	186,65	4480,16	196,84
4224,33	166,40	4310,00	176,59	4395,66	186,79	4481,33	196,98
4225,66	166,56	4311,33	176,75	4397,00	186,94	4482,66	197,14
4226,83	166,69	4312,50	176,89	4398,16	187,08	4483,83	197,28
4228,16	166,85	4313,83	177,05	4399,50	187,24	4485,16	197,44
4229,33	166,99	4315,00	177,19	4400,83	187,40	4486,50	197,59
4230,66	167,15	4316,33	177,34	4402,00	187,54	4487,66	197,73
4231,83	167,29	4317,66	177,50	4403,33	187,70	4489,00	197,89
4233,16	167,45	4318,83	177,64	4404,50	187,84	4490,16	198,03
4234,50	167,61	4320,16	177,80	4405,83	188,00	4491,50	198,19
4235,66	167,75	4321,33	177,94	4407,00	188,13	4492,66	198,33
4237,00	167,90	4322,66	178,10	4408,33	188,29	4494,00	198,49
4238,16	168,04	4323,83	178,24	4409,50	188,43	4495,33	198,65
4239,50	168,20	4325,16	178,40	4410,83	188,59	4496,50	198,78
4240,66	168,34	4326,33	178,53	4412,16	188,75	4497,83	198,94
4242,00	168,50	4327,66	178,69	4413,33	188,89	4499,00	199,08
4243,33	168,66	4329,00	178,85	4414,66	189,05	4500,33	199,24
4244,50	168,80	4330,16	178,99	4415,83	189,19	4501,50	199,38
4245,83	168,96	4331,50	179,15	4417,16	189,34	4502,83	199,54
4247,00	169,09	4332,66	179,29	4418,33	189,48	4504,00	199,68
4248,33	169,25	4334,00	179,45	4419,66	189,64	4505,33	199,84
4249,50	169,39	4335,16	179,59	4420,83	189,78	4506,66	199,99
4250,83	169,55	4336,50	179,74	4422,16	189,94	4507,83	200,13
4252,00	169,69	4337,83	179,90	4423,50	190,10	4509,16	200,29
4253,33	169,85	4339,00	180,04	4424,66	190,24	4510,33	200,43
4254,66	170,01	4340,33	180,20	4426,00	190,40	4511,66	200,59
4255,83	170,15	4341,50	180,34	4427,16	190,53	4512,83	200,73

Steuerklasse III		Steuerklasse III		Steuerklasse III		Steuerklasse III	
Maßstabs-lohnsteuer €	Solidari-tätszu-schlag €	Maßstabs-lohnsteuer €	Solidari-tätszu-schlag €	Maßstabs-lohnsteuer €	Solidari-tätszu-schlag €	Maßstabs-lohnsteuer €	Solidari-tätszu-schlag €
4514,16	200,89	4599,83	211,08	4685,50	221,28	4771,16	231,47
4515,33	201,03	4601,16	211,24	4686,83	221,43	4772,50	231,63
4516,66	201,18	4602,33	211,38	4688,00	221,57	4773,66	231,77
4518,00	201,34	4603,66	211,54	4689,33	221,73	4775,00	231,93
4519,16	201,48	4604,83	211,68	4690,50	221,87	4776,16	232,06
4520,50	201,64	4606,16	211,83	4691,83	222,03	4777,50	232,22
4521,66	201,78	4607,33	211,97	4693,00	222,17	4778,83	232,38
4523,00	201,94	4608,66	212,13	4694,33	222,33	4780,00	232,52
4524,16	202,08	4609,83	212,27	4695,66	222,49	4781,33	232,68
4525,50	202,24	4611,16	212,43	4696,83	222,62	4782,50	232,82
4526,83	202,39	4612,50	212,59	4698,16	222,78	4783,83	232,98
4528,00	202,53	4613,66	212,73	4699,33	222,92	4785,00	233,12
4529,33	202,69	4615,00	212,89	4700,66	223,08	4786,33	233,27
4530,50	202,83	4616,16	213,02	4701,83	223,22	4787,50	233,41
4531,83	202,99	4617,50	213,18	4703,16	223,38	4788,83	233,57
4533,00	203,13	4618,66	213,32	4704,33	223,52	4790,16	233,73
4534,33	203,29	4620,00	213,48	4705,66	223,68	4791,33	233,87
4535,50	203,43	4621,33	213,64	4707,00	223,83	4792,66	234,03
4536,83	203,58	4622,50	213,78	4708,16	223,97	4793,83	234,17
4538,16	203,74	4623,83	213,94	4709,50	224,13	4795,16	234,33
4539,33	203,88	4625,00	214,08	4710,66	224,27	4796,33	234,46
4540,66	204,04	4626,33	214,23	4712,00	224,43	4797,66	234,62
4541,83	204,18	4627,50	214,37	4713,16	224,57	4798,83	234,76
4543,16	204,34	4628,83	214,53	4714,50	224,73	4800,16	234,92
4544,33	204,48	4630,00	214,67	4715,83	224,89	4801,50	235,08
4545,66	204,64	4631,33	214,83	4717,00	225,02	4802,66	235,22
4546,83	204,77	4632,66	214,99	4718,33	225,18	4804,00	235,38
4548,16	204,93	4633,83	215,13	4719,50	225,32	4805,16	235,52
4549,50	205,09	4635,16	215,29	4720,83	225,48	4806,50	235,67
4550,66	205,23	4636,33	215,42	4722,00	225,62	4807,66	235,81
4552,00	205,39	4637,66	215,58	4723,33	225,78	4809,00	235,97
4553,16	205,53	4638,83	215,72	4724,50	225,92	4810,33	236,13
4554,50	205,69	4640,16	215,88	4725,83	226,08	4811,50	236,27
4555,66	205,83	4641,33	216,02	4727,16	226,23	4812,83	236,43
4557,00	205,98	4642,66	216,18	4728,33	226,37	4814,00	236,57
4558,33	206,14	4644,00	216,34	4729,66	226,53	4815,33	236,73
4559,50	206,28	4645,16	216,48	4730,83	226,67	4816,50	236,86
4560,83	206,44	4646,50	216,63	4732,16	226,83	4817,83	237,02
4562,00	206,58	4647,66	216,77	4733,33	226,97	4819,00	237,16
4563,33	206,74	4649,00	216,93	4734,66	227,13	4820,33	237,32
4564,50	206,88	4650,16	217,07	4735,83	227,27	4821,66	237,48
4565,83	207,04	4651,50	217,23	4737,16	227,42	4822,83	237,62
4567,00	207,17	4652,83	217,39	4738,50	227,58	4824,16	237,78
4568,33	207,33	4654,00	217,53	4739,66	227,72	4825,33	237,92
4569,66	207,49	4655,33	217,69	4741,00	227,88	4826,66	238,07
4570,83	207,63	4656,50	217,82	4742,16	228,02	4827,83	238,21
4572,16	207,79	4657,83	217,98	4743,50	228,18	4829,16	238,37
4573,33	207,93	4659,00	218,12	4744,66	228,32	4830,33	238,51
4574,66	208,09	4660,33	218,28	4746,00	228,48	4831,66	238,67
4575,83	208,23	4661,50	218,42	4747,33	228,63	4833,00	238,83
4577,16	208,38	4662,83	218,58	4748,50	228,77	4834,16	238,97
4578,33	208,52	4664,16	218,74	4749,83	228,93	4835,50	239,13
4579,66	208,68	4665,33	218,88	4751,00	229,07	4836,66	239,26
4581,00	208,84	4666,66	219,03	4752,33	229,23	4838,00	239,42
4582,16	208,98	4667,83	219,17	4753,50	229,37	4839,16	239,56
4583,50	209,14	4669,16	219,33	4754,83	229,53	4840,50	239,72
4584,66	209,28	4670,33	219,47	4756,00	229,67	4841,83	239,88
4586,00	209,44	4671,66	219,63	4757,33	229,82	4843,00	240,02
4587,16	209,57	4672,83	219,77	4758,66	229,98	4844,33	240,18
4588,50	209,73	4674,16	219,93	4759,83	230,12	4845,50	240,32
4589,83	209,89	4675,50	220,09	4761,16	230,28	4846,83	240,47
4591,00	210,03	4676,66	220,22	4762,33	230,42	4848,00	240,61
4592,33	210,19	4678,00	220,38	4763,66	230,58	4849,33	240,77
4593,50	210,33	4679,16	220,52	4764,83	230,72	4850,50	240,91
4594,83	210,49	4680,50	220,68	4766,16	230,87	4851,83	241,07
4596,00	210,63	4681,66	220,82	4767,33	231,01	4853,16	241,23
4597,33	210,78	4683,00	220,98	4768,66	231,17	4854,33	241,37
4598,50	210,92	4684,33	221,14	4770,00	231,33	4855,66	241,53

Steuerklasse III		Steuerklasse III		Steuerklasse III		Steuerklasse III	
Maßstabs-lohnsteuer €	Solidari-tätszu-schlag €	Maßstabs-lohnsteuer €	Solidari-tätszu-schlag €	Maßstabs-lohnsteuer €	Solidari-tätszu-schlag €	Maßstabs-lohnsteuer €	Solidari-tätszu-schlag €
4856,83	241,66	4942,50	251,86	5028,16	262,05	5113,83	272,25
4858,16	241,82	4943,83	252,02	5029,50	262,21	5115,16	272,41
4859,33	241,96	4945,00	252,16	5030,83	262,37	5116,50	272,56
4860,66	242,12	4946,33	252,31	5032,00	262,51	5117,66	272,70
4861,83	242,26	4947,66	252,47	5033,33	262,67	5119,00	272,86
4863,16	242,42	4948,83	252,61	5034,50	262,81	5120,16	273,00
4864,50	242,58	4950,16	252,77	5035,83	262,97	5121,50	273,16
4865,66	242,72	4951,33	252,91	5037,00	263,10	5122,66	273,30
4867,00	242,87	4952,66	253,07	5038,33	263,26	5124,00	273,46
4868,16	243,01	4953,83	253,21	5039,50	263,40	5125,33	273,62
4869,50	243,17	4955,16	253,37	5040,83	263,56	5126,50	273,75
4870,66	243,31	4956,33	253,50	5042,16	263,72	5127,83	273,91
4872,00	243,47	4957,66	253,66	5043,33	263,86	5129,00	274,05
4873,33	243,63	4959,00	253,82	5044,66	264,02	5130,33	274,21
4874,50	243,77	4960,16	253,96	5045,83	264,16	5131,50	274,35
4875,83	243,93	4961,50	254,12	5047,16	264,31	5132,83	274,51
4877,00	244,06	4962,66	254,26	5048,33	264,45	5134,00	274,65
4878,33	244,22	4964,00	254,42	5049,66	264,61	5135,33	274,81
4879,50	244,36	4965,16	254,56	5050,83	264,75	5136,66	274,96
4880,83	244,52	4966,50	254,71	5052,16	264,91	5137,83	275,10
4882,00	244,66	4967,83	254,87	5053,50	265,07	5139,16	275,26
4883,33	244,82	4969,00	255,01	5054,66	265,21	5140,33	275,40
4884,66	244,98	4970,33	255,17	5056,00	265,37	5141,66	275,56
4885,83	245,12	4971,50	255,31	5057,16	265,50	5142,83	275,70
4887,16	245,27	4972,83	255,47	5058,50	265,66	5144,16	275,86
4888,33	245,41	4974,00	255,61	5059,66	265,80	5145,33	276,00
4889,66	245,57	4975,33	255,77	5061,00	265,96	5146,66	276,15
4890,83	245,71	4976,50	255,90	5062,33	266,12	5148,00	276,31
4892,16	245,87	4977,83	256,06	5063,50	266,26	5149,16	276,45
4893,33	246,01	4979,16	256,22	5064,83	266,42	5150,50	276,61
4894,66	246,17	4980,33	256,36	5066,00	266,56	5151,66	276,75
4896,00	246,33	4981,66	256,52	5067,33	266,71	5153,00	276,91
4897,16	246,46	4982,83	256,66	5068,50	266,85	5154,16	277,05
4898,50	246,62	4984,16	256,82	5069,83	267,01	5155,50	277,21
4899,66	246,76	4985,33	256,96	5071,00	267,15	5156,83	277,36
4901,00	246,92	4986,66	257,11	5072,33	267,31	5158,00	277,50
4902,16	247,06	4987,83	257,25	5073,66	267,47	5159,33	277,66
4903,50	247,22	4989,16	257,41	5074,83	267,61	5160,50	277,80
4904,83	247,38	4990,50	257,57	5076,16	267,76	5161,83	277,96
4906,00	247,52	4991,66	257,71	5077,33	267,90	5163,00	278,10
4907,33	247,67	4993,00	257,87	5078,66	268,06	5164,33	278,26
4908,50	247,81	4994,16	258,01	5079,83	268,20	5165,50	278,40
4909,83	247,97	4995,50	258,17	5081,16	268,36	5166,83	278,55
4911,00	248,11	4996,66	258,30	5082,33	268,50	5168,16	278,71
4912,33	248,27	4998,00	258,46	5083,66	268,66	5169,33	278,85
4913,50	248,41	4999,33	258,62	5085,00	268,82	5170,66	279,01
4914,83	248,57	5000,50	258,76	5086,16	268,95	5171,83	279,15
4916,16	248,72	5001,83	258,92	5087,50	269,11	5173,16	279,31
4917,33	248,86	5003,00	259,06	5088,66	269,25	5174,33	279,45
4918,66	249,02	5004,33	259,22	5090,00	269,41	5175,66	279,61
4919,83	249,16	5005,50	259,36	5091,16	269,55	5176,83	279,74
4921,16	249,32	5006,83	259,51	5092,50	269,71	5178,16	279,90
4922,33	249,46	5008,00	259,65	5093,83	269,87	5179,50	280,06
4923,66	249,62	5009,33	259,81	5095,00	270,01	5180,66	280,20
4924,83	249,76	5010,66	259,97	5096,33	270,16	5182,00	280,36
4926,16	249,91	5011,83	260,11	5097,50	270,30	5183,16	280,50
4927,50	250,07	5013,16	260,27	5098,83	270,46	5184,50	280,66
4928,66	250,21	5014,33	260,41	5100,00	270,60	5185,66	280,80
4930,00	250,37	5015,66	260,57	5101,33	270,76	5187,00	280,95
4931,16	250,51	5016,83	260,70	5102,50	270,90	5188,33	281,11
4932,50	250,67	5018,16	260,86	5103,83	271,06	5189,50	281,25
4933,66	250,81	5019,33	261,00	5105,16	271,22	5190,83	281,41
4935,00	250,97	5020,66	261,16	5106,33	271,35	5192,00	281,55
4936,33	251,12	5022,00	261,32	5107,66	271,51	5193,33	281,71
4937,50	251,26	5023,16	261,46	5108,83	271,65	5194,50	281,85
4938,83	251,42	5024,50	261,62	5110,16	271,81	5195,83	282,01
4940,00	251,56	5025,66	261,76	5111,33	271,95	5197,00	282,14
4941,33	251,72	5027,00	261,91	5112,66	272,11	5198,33	282,30

Steuerklasse III		Steuerklasse III		Steuerklasse III		Steuerklasse III	
Maßstabs-lohnsteuer €	Solidaritätszuschlag €	Maßstabs-lohnsteuer €	Solidaritätszuschlag €	Maßstabs-lohnsteuer €	Solidaritätszuschlag €	Maßstabs-lohnsteuer €	Solidaritätszuschlag €
5199,66	282,46	5214,66	284,25	5229,83	286,05	5245,00	287,86
5200,83	282,60	5216,00	284,41	5231,16	286,21	5246,16	287,99
5202,16	282,76	5217,16	284,54	5232,33	286,35	5247,50	288,15
5203,33	282,90	5218,50	284,70	5233,66	286,51	5248,66	288,29
5204,66	283,06	5219,83	284,86	5234,83	286,65	5250,00	288,45
5205,83	283,20	5221,00	285,00	5236,16	286,80	5251,33	288,61
5207,16	283,35	5222,33	285,16	5237,33	286,94	5252,50	288,75
5208,33	283,49	5223,50	285,30	5238,66	287,10	5253,83	288,91
5209,66	283,65	5224,83	285,46	5239,83	287,24	5255,00	289,02
5211,00	283,81	5226,00	285,60	5241,16	287,40		
5212,16	283,95	5227,33	285,75	5242,50	287,56		
5213,50	284,11	5228,50	285,89	5243,66	287,70		

Steuerklassen I, II, IV, V, VI		Steuerklassen I, II, IV, V, VI		Steuerklassen I, II, IV, V, VI		Steuerklassen I, II, IV, V, VI	
Maßstabs-lohnsteuer €	Solidaritätszuschlag €	Maßstabs-lohnsteuer €	Solidaritätszuschlag €	Maßstabs-lohnsteuer €	Solidaritätszuschlag €	Maßstabs-lohnsteuer €	Solidaritätszuschlag €
1412,91	0,00	1471,00	6,90	1529,08	13,81	1587,16	20,72
1414,08	0,12	1472,16	7,04	1530,16	13,94	1588,33	20,86
1415,25	0,26	1473,25	7,16	1531,41	14,09	1589,41	20,99
1416,41	0,40	1474,41	7,30	1532,58	14,23	1590,58	21,13
1417,50	0,53	1475,66	7,45	1533,66	14,35	1591,75	21,27
1418,66	0,67	1476,75	7,58	1534,83	14,49	1592,91	21,41
1419,91	0,82	1477,91	7,72	1536,00	14,63	1594,08	21,54
1421,00	0,95	1479,08	7,86	1537,16	14,77	1595,25	21,68
1422,16	1,09	1480,25	8,00	1538,33	14,91	1596,41	21,82
1423,33	1,22	1481,41	8,14	1539,50	15,05	1597,58	21,96
1424,50	1,36	1482,58	8,28	1540,66	15,19	1598,75	22,10
1425,66	1,50	1483,75	8,41	1541,83	15,33	1599,91	22,24
1426,83	1,64	1484,91	8,55	1543,00	15,47	1601,08	22,38
1428,00	1,78	1486,08	8,69	1544,16	15,60	1602,25	22,52
1429,16	1,92	1487,25	8,83	1545,33	15,74	1603,41	22,65
1430,33	2,06	1488,41	8,97	1546,50	15,88	1604,50	22,78
1431,50	2,20	1489,58	9,11	1547,66	16,02	1605,75	22,93
1432,66	2,34	1490,75	9,25	1548,75	16,15	1606,91	23,07
1433,83	2,47	1491,83	9,38	1550,00	16,30	1608,00	23,20
1435,00	2,61	1493,00	9,52	1551,16	16,44	1609,16	23,34
1436,08	2,74	1494,25	9,66	1552,25	16,57	1610,33	23,48
1437,25	2,88	1495,33	9,79	1553,41	16,70	1611,50	23,62
1438,50	3,03	1496,50	9,93	1554,58	16,84	1612,66	23,76
1439,58	3,16	1497,66	10,07	1555,75	16,98	1613,83	23,89
1440,75	3,30	1498,83	10,21	1556,91	17,12	1615,00	24,03
1441,91	3,44	1500,00	10,35	1558,08	17,26	1616,16	24,17
1443,08	3,57	1501,16	10,49	1559,25	17,40	1617,33	24,31
1444,25	3,71	1502,33	10,63	1560,41	17,54	1618,50	24,45
1445,41	3,85	1503,50	10,76	1561,58	17,68	1619,66	24,59
1446,58	3,99	1504,66	10,90	1562,75	17,82	1620,83	24,73
1447,75	4,13	1505,83	11,04	1563,91	17,95	1622,00	24,87
1448,91	4,27	1507,00	11,18	1565,08	18,09	1623,08	24,99
1450,08	4,41	1508,16	11,32	1566,25	18,23	1624,33	25,14
1451,25	4,55	1509,33	11,46	1567,33	18,36	1625,50	25,28
1452,41	4,69	1510,41	11,59	1568,58	18,51	1626,58	25,41
1453,58	4,82	1511,58	11,73	1569,75	18,65	1627,75	25,55
1454,66	4,95	1512,83	11,88	1570,83	18,78	1628,91	25,69
1455,83	5,09	1513,91	12,00	1572,00	18,92	1630,08	25,83
1457,08	5,24	1515,08	12,14	1573,16	19,05	1631,25	25,97
1458,16	5,37	1516,25	12,28	1574,33	19,19	1632,41	26,11
1459,33	5,51	1517,41	12,42	1575,50	19,33	1633,58	26,24
1460,50	5,65	1518,58	12,56	1576,66	19,47	1634,75	26,38
1461,66	5,79	1519,75	12,70	1577,83	19,61	1635,91	26,52
1462,83	5,93	1520,91	12,84	1579,00	19,75	1637,08	26,66
1464,00	6,06	1522,08	12,98	1580,16	19,89	1638,25	26,80
1465,16	6,20	1523,25	13,11	1581,33	20,03	1639,41	26,94
1466,33	6,34	1524,41	13,25	1582,50	20,17	1640,58	27,08
1467,50	6,48	1525,58	13,39	1583,66	20,30	1641,66	27,21
1468,66	6,62	1526,75	13,53	1584,83	20,44	1642,91	27,36
1469,83	6,76	1527,91	13,67	1585,91	20,57	1644,08	27,49

Steuerklassen I, II, IV, V, VI		Steuerklassen I, II, IV, V, VI		Steuerklassen I, II, IV, V, VI		Steuerklassen I, II, IV, V, VI	
Maßstabs-lohnsteuer €	Solidari-tätszu-schlag €	Maßstabs-lohnsteuer €	Solidari-tätszu-schlag €	Maßstabs-lohnsteuer €	Solidari-tätszu-schlag €	Maßstabs-lohnsteuer €	Solidari-tätszu-schlag €
1645,16	27,62	1724,16	37,02	1806,83	46,86	1892,50	57,06
1646,33	27,76	1725,33	37,16	1808,08	47,01	1893,75	57,20
1647,50	27,90	1726,50	37,30	1809,33	47,16	1895,00	57,35
1648,66	28,04	1727,66	37,44	1810,58	47,31	1896,33	57,51
1649,83	28,18	1728,83	37,58	1811,91	47,47	1897,58	57,66
1651,00	28,32	1730,00	37,72	1813,16	47,61	1898,83	57,81
1652,16	28,46	1731,16	37,86	1814,41	47,76	1900,08	57,96
1653,33	28,59	1732,33	38,00	1815,66	47,91	1901,33	58,11
1654,50	28,73	1733,50	38,13	1816,91	48,06	1902,58	58,26
1655,66	28,87	1734,66	38,27	1818,16	48,21	1903,33	58,40
1656,83	29,01	1735,83	38,41	1819,41	48,36	1905,08	58,55
1658,00	29,15	1737,00	38,55	1820,66	48,51	1906,41	58,71
1659,16	29,29	1738,16	38,69	1821,91	48,66	1907,66	58,86
1660,33	29,43	1739,25	38,82	1823,25	48,81	1908,91	59,01
1661,50	29,57	1740,41	38,96	1824,50	48,96	1910,16	59,16
1662,66	29,71	1741,66	39,11	1825,75	49,11	1911,41	59,31
1663,83	29,84	1742,75	39,24	1827,00	49,26	1912,66	59,46
1664,91	29,97	1743,91	39,37	1828,25	49,41	1913,91	59,60
1666,08	30,11	1745,08	39,51	1829,50	49,56	1915,16	59,75
1667,33	30,26	1746,25	39,65	1830,75	49,71	1916,41	59,90
1668,41	30,39	1747,41	39,79	1832,00	49,86	1917,75	60,06
1669,58	30,53	1748,58	39,93	1833,33	50,01	1919,00	60,21
1670,75	30,67	1749,75	40,07	1834,58	50,16	1920,25	60,36
1671,91	30,81	1750,91	40,21	1835,83	50,31	1921,50	60,51
1673,08	30,94	1752,08	40,35	1837,08	50,46	1922,75	60,66
1674,25	31,08	1753,25	40,48	1838,33	50,61	1924,00	60,80
1675,41	31,22	1754,41	40,62	1839,58	50,76	1925,25	60,95
1676,58	31,36	1755,58	40,76	1840,83	50,91	1926,50	61,10
1677,75	31,50	1756,75	40,90	1842,08	51,06	1927,83	61,26
1678,91	31,64	1757,83	41,03	1843,41	51,21	1929,08	61,41
1680,08	31,78	1759,00	41,17	1844,66	51,36	1930,33	61,56
1681,25	31,92	1760,25	41,32	1845,91	51,51	1931,58	61,71
1682,41	32,06	1761,50	41,47	1847,16	51,66	1932,83	61,86
1683,50	32,18	1762,75	41,62	1848,41	51,81	1934,08	62,00
1684,66	32,32	1764,00	41,76	1849,66	51,96	1935,33	62,15
1685,91	32,47	1765,25	41,91	1850,91	52,11	1936,58	62,30
1687,00	32,60	1766,50	42,06	1852,16	52,26	1937,91	62,46
1688,16	32,74	1767,75	42,21	1853,41	52,40	1939,16	62,61
1689,33	32,88	1769,00	42,36	1854,75	52,56	1940,41	62,76
1690,50	33,02	1770,33	42,52	1856,00	52,71	1941,66	62,91
1691,66	33,16	1771,58	42,67	1857,25	52,86	1942,91	63,06
1692,83	33,30	1772,83	42,82	1858,50	53,01	1944,16	63,20
1694,00	33,43	1774,08	42,96	1859,75	53,16	1945,41	63,35
1695,16	33,57	1775,33	43,11	1861,00	53,31	1946,66	63,50
1696,33	33,71	1776,58	43,26	1862,25	53,46	1947,91	63,65
1697,50	33,85	1777,83	43,41	1863,50	53,60	1949,25	63,81
1698,66	33,99	1779,08	43,56	1864,83	53,76	1950,50	63,96
1699,83	34,13	1780,41	43,72	1866,08	53,91	1951,75	64,11
1701,00	34,27	1781,66	43,87	1867,33	54,06	1953,00	64,26
1702,08	34,40	1782,91	44,02	1868,58	54,21	1954,25	64,40
1703,25	34,53	1784,16	44,16	1869,83	54,36	1955,50	64,55
1704,50	34,68	1785,41	44,31	1871,08	54,51	1956,75	64,70
1705,58	34,81	1786,66	44,46	1872,33	54,66	1958,00	64,85
1706,75	34,95	1787,91	44,61	1873,58	54,80	1959,33	65,01
1707,91	35,09	1789,16	44,76	1874,91	54,96	1960,58	65,16
1709,08	35,23	1790,41	44,91	1876,16	55,11	1961,83	65,31
1710,25	35,37	1791,75	45,07	1877,41	55,26	1963,08	65,45
1711,41	35,51	1793,00	45,22	1878,66	55,41	1964,33	65,60
1712,58	35,65	1794,25	45,36	1879,91	55,56	1965,58	65,75
1713,75	35,78	1795,50	45,51	1881,16	55,71	1966,83	65,90
1714,91	35,92	1796,75	45,66	1882,41	55,86	1968,08	66,05
1716,08	36,06	1798,00	45,81	1883,66	56,00	1969,41	66,21
1717,25	36,20	1799,25	45,96	1884,91	56,15	1970,66	66,36
1718,41	36,34	1800,50	46,11	1886,25	56,31	1971,91	66,51
1719,58	36,48	1801,83	46,27	1887,50	56,46	1973,16	66,65
1720,66	36,61	1803,08	46,41	1888,75	56,61	1974,41	66,80
1721,83	36,75	1804,33	46,56	1890,00	56,76	1975,66	66,95
1723,08	36,89	1805,58	46,71	1891,25	56,91	1976,91	67,10

Steuerklassen I, II, IV, V, VI		Steuerklassen I, II, IV, V, VI		Steuerklassen I, II, IV, V, VI		Steuerklassen I, II, IV, V, VI	
Maßstabs-lohnsteuer €	Solidari-tätszu-schlag €	Maßstabs-lohnsteuer €	Solidari-tätszu-schlag €	Maßstabs-lohnsteuer €	Solidari-tätszu-schlag €	Maßstabs-lohnsteuer €	Solidari-tätszu-schlag €
1978,16	67,25	2063,91	77,45	2149,58	87,65	2235,25	97,84
1979,41	67,40	2065,16	77,60	2150,83	87,80	2236,50	97,99
1980,75	67,56	2066,41	77,75	2152,08	87,95	2237,75	98,14
1982,00	67,71	2067,66	77,90	2153,33	88,09	2239,00	98,29
1983,25	67,85	2068,91	78,05	2154,58	88,24	2240,25	98,44
1984,50	68,00	2070,16	78,20	2155,83	88,39	2241,50	98,59
1985,75	68,15	2071,41	78,35	2157,08	88,54	2242,83	98,75
1987,00	68,30	2072,66	78,50	2158,41	88,70	2244,08	98,89
1988,25	68,45	2073,91	78,64	2159,66	88,85	2245,33	99,04
1989,50	68,60	2075,25	78,80	2160,91	89,00	2246,58	99,19
1990,83	68,76	2076,50	78,95	2162,16	89,15	2247,83	99,34
1992,08	68,91	2077,75	79,10	2163,41	89,29	2249,08	99,49
1993,33	69,05	2079,00	79,25	2164,66	89,44	2250,33	99,64
1994,58	69,20	2080,25	79,40	2165,91	89,59	2251,58	99,79
1995,83	69,35	2081,50	79,55	2167,16	89,74	2252,91	99,95
1997,08	69,50	2082,75	79,70	2168,41	89,89	2254,16	100,09
1998,33	69,65	2084,00	79,84	2169,75	90,05	2255,41	100,24
1999,58	69,80	2085,33	80,00	2171,00	90,20	2256,66	100,39
2000,91	69,96	2086,58	80,15	2172,25	90,35	2257,91	100,54
2002,16	70,11	2087,83	80,30	2173,50	90,49	2259,16	100,69
2003,41	70,25	2089,08	80,45	2174,75	90,64	2260,41	100,84
2004,66	70,40	2090,33	80,60	2176,00	90,79	2261,66	100,99
2005,91	70,55	2091,58	80,75	2177,25	90,94	2262,91	101,14
2007,16	70,70	2092,83	80,90	2178,50	91,09	2264,25	101,29
2008,41	70,85	2094,08	81,04	2179,83	91,25	2265,50	101,44
2009,66	71,00	2095,41	81,20	2181,08	91,40	2266,75	101,59
2010,91	71,15	2096,66	81,35	2182,33	91,55	2268,00	101,74
2012,25	71,31	2097,91	81,50	2183,58	91,69	2269,25	101,89
2013,50	71,45	2099,16	81,65	2184,83	91,84	2270,50	102,04
2014,75	71,60	2100,41	81,80	2186,08	91,99	2271,75	102,19
2016,00	71,75	2101,66	81,95	2187,33	92,14	2273,00	102,34
2017,25	71,90	2102,91	82,10	2188,58	92,29	2274,33	102,49
2018,50	72,05	2104,16	82,24	2189,91	92,45	2275,58	102,64
2019,75	72,20	2105,41	82,39	2191,16	92,60	2276,83	102,79
2021,00	72,35	2106,75	82,55	2192,41	92,75	2278,08	102,94
2022,33	72,51	2108,00	82,70	2193,66	92,89	2279,33	103,09
2023,58	72,65	2109,25	82,85	2194,91	93,04	2280,58	103,24
2024,83	72,80	2110,50	83,00	2196,16	93,19	2281,83	103,39
2026,08	72,95	2111,75	83,15	2197,41	93,34	2283,08	103,53
2027,33	73,10	2113,00	83,30	2198,66	93,49	2284,41	103,69
2028,58	73,25	2114,25	83,44	2199,91	93,64	2285,66	103,84
2029,83	73,40	2115,50	83,59	2201,25	93,80	2286,91	103,99
2031,08	73,55	2116,83	83,75	2202,50	93,95	2288,16	104,14
2032,41	73,71	2118,08	83,90	2203,75	94,09	2289,41	104,29
2033,66	73,85	2119,33	84,05	2205,00	94,24	2290,66	104,44
2034,91	74,00	2120,58	84,20	2206,25	94,39	2291,91	104,59
2036,16	74,15	2121,83	84,35	2207,50	94,54	2293,16	104,73
2037,41	74,30	2123,08	84,49	2208,75	94,69	2294,41	104,88
2038,66	74,45	2124,33	84,64	2210,00	94,84	2295,75	105,04
2039,91	74,60	2125,58	84,79	2211,33	95,00	2297,00	105,19
2041,16	74,75	2126,91	84,95	2212,58	95,15	2298,25	105,34
2042,41	74,90	2128,16	85,10	2213,83	95,29	2299,50	105,49
2043,75	75,05	2129,41	85,25	2215,08	95,44	2300,75	105,64
2045,00	75,20	2130,66	85,40	2216,33	95,59	2302,00	105,79
2046,25	75,35	2131,91	85,55	2217,58	95,74	2303,25	105,93
2047,50	75,50	2133,16	85,69	2218,83	95,89	2304,50	106,08
2048,75	75,65	2134,41	85,84	2220,08	96,04	2305,83	106,24
2050,00	75,80	2135,66	85,99	2221,41	96,20	2307,08	106,39
2051,25	75,95	2136,91	86,14	2222,66	96,35	2308,33	106,54
2052,50	76,10	2138,25	86,30	2223,91	96,49	2309,58	106,69
2053,83	76,25	2139,50	86,45	2225,16	96,64	2310,83	106,84
2055,08	76,40	2140,75	86,60	2226,41	96,79	2312,08	106,99
2056,33	76,55	2142,00	86,75	2227,66	96,94	2313,33	107,13
2057,58	76,70	2143,25	86,89	2228,91	97,09	2314,58	107,28
2058,83	76,85	2144,50	87,04	2230,16	97,24	2315,91	107,44
2060,08	77,00	2145,75	87,19	2231,41	97,39	2317,16	107,59
2061,33	77,15	2147,00	87,34	2232,75	97,55	2318,41	107,74
2062,58	77,30	2148,33	87,50	2234,00	97,69	2319,66	107,89

Steuerklassen I, II, IV, V, VI		Steuerklassen I, II, IV, V, VI		Steuerklassen I, II, IV, V, VI		Steuerklassen I, II, IV, V, VI	
Maßstabs-lohnsteuer €	Solidari-tätszu-schlag €	Maßstabs-lohnsteuer €	Solidari-tätszu-schlag €	Maßstabs-lohnsteuer €	Solidari-tätszu-schlag €	Maßstabs-lohnsteuer €	Solidari-tätszu-schlag €
2320,91	108,04	2406,58	118,23	2492,25	128,43	2577,91	138,62
2322,16	108,19	2407,83	118,38	2493,50	128,57	2579,25	138,78
2323,41	108,33	2409,08	118,53	2494,83	128,73	2580,50	138,93
2324,66	108,48	2410,41	118,69	2496,08	128,88	2581,75	139,08
2325,91	108,63	2411,66	118,84	2497,33	129,03	2583,00	139,23
2327,25	108,79	2412,91	118,99	2498,58	129,18	2584,25	139,37
2328,50	108,94	2414,16	119,13	2499,83	129,33	2585,50	139,52
2329,75	109,09	2415,41	119,28	2501,08	129,48	2586,75	139,67
2331,00	109,24	2416,66	119,43	2502,33	129,63	2588,00	139,82
2332,25	109,39	2417,91	119,58	2503,58	129,77	2589,33	139,98
2333,50	109,53	2419,16	119,73	2504,91	129,93	2590,58	140,13
2334,75	109,68	2420,41	119,88	2506,16	130,08	2591,83	140,28
2336,00	109,83	2421,75	120,04	2507,41	130,23	2593,08	140,42
2337,33	109,99	2423,00	120,19	2508,66	130,38	2594,33	140,57
2338,58	110,14	2424,25	120,33	2509,91	130,53	2595,58	140,72
2339,83	110,29	2425,50	120,48	2511,16	130,68	2596,83	140,87
2341,08	110,44	2426,75	120,63	2512,41	130,83	2598,08	141,02
2342,33	110,59	2428,00	120,78	2513,66	130,97	2599,41	141,18
2343,58	110,73	2429,25	120,93	2514,91	131,12	2600,66	141,33
2344,83	110,88	2430,50	121,08	2516,25	131,28	2601,91	141,48
2346,08	111,03	2431,83	121,24	2517,50	131,43	2603,16	141,62
2347,41	111,19	2433,08	121,38	2518,75	131,58	2604,41	141,77
2348,66	111,34	2434,33	121,53	2520,00	131,73	2605,66	141,92
2349,91	111,49	2435,58	121,68	2521,25	131,88	2606,91	142,07
2351,16	111,64	2436,83	121,83	2522,50	132,03	2608,16	142,22
2352,41	111,79	2438,08	121,98	2523,75	132,17	2609,41	142,37
2353,66	111,93	2439,33	122,13	2525,00	132,32	2610,75	142,53
2354,91	112,08	2440,58	122,28	2526,33	132,48	2612,00	142,68
2356,16	112,23	2441,91	122,44	2527,58	132,63	2613,25	142,82
2357,41	112,38	2443,16	122,58	2528,83	132,78	2614,50	142,97
2358,75	112,54	2444,41	122,73	2530,08	132,93	2615,75	143,12
2360,00	112,69	2445,66	122,88	2531,33	133,08	2617,00	143,27
2361,25	112,84	2446,91	123,03	2532,58	133,23	2618,25	143,42
2362,50	112,99	2448,16	123,18	2533,83	133,37	2619,50	143,57
2363,75	113,13	2449,41	123,33	2535,08	133,52	2620,83	143,73
2365,00	113,28	2450,66	123,48	2536,41	133,68	2622,08	143,88
2366,25	113,43	2451,91	123,63	2537,66	133,83	2623,33	144,02
2367,50	113,58	2453,25	123,78	2538,91	133,98	2624,58	144,17
2368,83	113,74	2454,50	123,93	2540,16	134,13	2625,83	144,32
2370,08	113,89	2455,75	124,08	2541,41	134,28	2627,08	144,47
2371,33	114,04	2457,00	124,23	2542,66	134,43	2628,33	144,55
2372,58	114,19	2458,25	124,38	2543,91	134,57		
2373,83	114,33	2459,50	124,53	2545,16	134,72		
2375,08	114,48	2460,75	124,68	2546,41	134,87		
2376,33	114,63	2462,00	124,83	2547,75	135,03		
2377,58	114,78	2463,33	124,98	2549,00	135,18		
2378,91	114,94	2464,58	125,13	2550,25	135,33		
2380,16	115,09	2465,83	125,28	2551,50	135,48		
2381,41	115,24	2467,08	125,43	2552,75	135,63		
2382,66	115,39	2468,33	125,58	2554,00	135,77		
2383,91	115,53	2469,58	125,73	2555,25	135,92		
2385,16	115,68	2470,83	125,88	2556,50	136,07		
2386,41	115,83	2472,08	126,03	2557,83	136,23		
2387,66	115,98	2473,41	126,18	2559,08	136,38		
2388,91	116,13	2474,66	126,33	2560,33	136,53		
2390,25	116,29	2475,91	126,48	2561,58	136,68		
2391,50	116,44	2477,16	126,63	2562,83	136,83		
2392,75	116,59	2478,41	126,78	2564,08	136,97		
2394,00	116,73	2479,66	126,93	2565,33	137,12		
2395,25	116,88	2480,91	127,08	2566,58	137,27		
2396,50	117,03	2482,16	127,23	2567,91	137,43		
2397,75	117,18	2483,41	127,37	2569,16	137,58		
2399,00	117,33	2484,75	127,53	2570,41	137,73		
2400,33	117,49	2486,00	127,68	2571,66	137,88		
2401,58	117,64	2487,25	127,83	2572,91	138,03		
2402,83	117,79	2488,50	127,98	2574,16	138,17		
2404,08	117,93	2489,75	128,13	2575,41	138,32		
2405,33	118,08	2491,00	128,28	2576,66	138,47		

Lohn/ Gehalt in € bis	Steuerklasse	Lohnsteuer*	BVSP**	TAGZ***
2,99	I,IV		0,33	0,25
	II		0,33	0,25
	III		0,33	0,25
	V		0,33	0,25
	VI	**0,25**	0,33	0,25
5,99	I,IV		0,66	0,50
	II		0,66	0,50
	III		0,66	0,50
	V		0,66	0,50
	VI	**0,58**	0,66	0,50
8,99	I,IV		1,00	0,75
	II		1,00	0,75
	III		1,00	0,75
	V		1,00	0,75
	VI	**0,91**	1,00	0,75
11,99	I,IV		1,41	1,08
	II		1,41	1,08
	III		1,41	1,08
	V		1,41	1,08
	VI	**1,25**	1,41	1,08
14,99	I,IV		1,75	1,33
	II		1,75	1,33
	III		1,75	1,33
	V		1,75	1,33
	VI	**1,66**	1,75	1,33
17,99	I,IV		2,08	1,58
	II		2,08	1,58
	III		2,08	1,58
	V		2,08	1,58
	VI	**2,00**	2,08	1,58
20,99	I,IV		2,50	1,91
	II		2,50	1,91
	III		2,50	1,91
	V		2,50	1,91
	VI	**2,33**	2,50	1,91
23,99	I,IV		2,83	2,16
	II		2,83	2,16
	III		2,83	2,16
	V		2,83	2,16
	VI	**2,66**	2,83	2,16
26,99	I,IV		3,16	2,41
	II		3,16	2,41
	III		3,16	2,41
	V		3,16	2,41
	VI	**3,00**	3,16	2,41
29,99	I,IV		3,58	2,75
	II		3,58	2,75
	III		3,58	2,75
	V		3,58	2,75
	VI	**3,33**	3,58	2,75
32,99	I,IV		3,91	3,00
	II		3,91	3,00
	III		3,91	3,00
	V		3,91	3,00
	VI	**3,66**	3,91	3,00
35,99	I,IV		4,25	3,25
	II		4,25	3,25
	III		4,25	3,25
	V		4,25	3,25
	VI	**4,00**	4,25	3,25
38,99	I,IV		4,66	3,50
	II		4,66	3,50
	III		4,66	3,50
	V		4,66	3,50
	VI	**4,33**	4,66	3,50
41,99	I,IV		5,00	3,83
	II		5,00	3,83
	III		5,00	3,83
	V		5,00	3,83
	VI	**4,66**	5,00	3,83
44,99	I,IV		5,33	4,08
	II		5,33	4,08
	III		5,33	4,08
	V		5,33	4,08
	VI	**5,00**	5,33	4,08
47,99	I,IV		5,75	4,33
	II		5,75	4,33
	III		5,75	4,33
	V		5,75	4,33
	VI	**5,33**	5,75	4,33
50,99	I,IV		6,08	4,66
	II		6,08	4,66
	III		6,08	4,66
	V		6,08	4,66
	VI	**5,66**	6,08	4,66
53,99	I,IV		6,41	4,91
	II		6,41	4,91
	III		6,41	4,91
	V		6,41	4,91
	VI	**6,00**	6,41	4,91
56,99	I,IV		6,83	5,16
	II		6,83	5,16
	III		6,83	5,16
	V		6,83	5,16
	VI	**6,33**	6,83	5,16
59,99	I,IV		7,16	5,50
	II		7,16	5,50
	III		7,16	5,50
	V		7,16	5,50
	VI	**6,66**	7,16	5,50
62,99	I,IV		7,50	5,75
	II		7,50	5,75
	III		7,50	5,75
	V		7,50	5,75
	VI	**7,00**	7,50	5,75
65,99	I,IV		7,91	6,00
	II		7,91	6,00
	III		7,91	6,00
	V		7,91	6,00
	VI	**7,33**	7,91	6,00
68,99	I,IV		8,25	6,25
	II		8,25	6,25
	III		8,25	6,25
	V		8,25	6,25
	VI	**7,66**	8,25	6,25
71,99	I,IV		8,58	6,58
	II		8,58	6,58
	III		8,58	6,58
	V		8,58	6,58
	VI	**8,00**	8,58	6,58

* Zur LSt-Berechnung für privat versicherte Arbeitnehmer s. Beispiele **Vorbemerkung S. 4 f.**
** Basisvorsorgepauschale KV und PV *** Typisierter Arbeitgeberzuschuss

Lohn/ Gehalt in € bis	Steuerklasse	Lohn-steuer*	BVSP**	TAGZ***
74,99	I,IV		8,91	6,83
	II		8,91	6,83
	III		8,91	6,83
	V		8,91	6,83
	VI	**8,33**	8,91	6,83
77,99	I,IV		9,33	7,08
	II		9,33	7,08
	III		9,33	7,08
	V		9,33	7,08
	VI	**8,66**	9,33	7,08
80,99	I,IV		9,66	7,41
	II		9,66	7,41
	III		9,66	7,41
	V		9,66	7,41
	VI	**9,00**	9,66	7,41
83,99	I,IV		10,00	7,66
	II		10,00	7,66
	III		10,00	7,66
	V		10,00	7,66
	VI	**9,33**	10,00	7,66
86,99	I,IV		10,41	7,91
	II		10,41	7,91
	III		10,41	7,91
	V		10,41	7,91
	VI	**9,75**	10,41	7,91
89,99	I,IV		10,75	8,25
	II		10,75	8,25
	III		10,75	8,25
	V		10,75	8,25
	VI	**10,08**	10,75	8,25
92,99	I,IV		11,08	8,50
	II		11,08	8,50
	III		11,08	8,50
	V		11,08	8,50
	VI	**10,41**	11,08	8,50
95,99	I,IV		11,50	8,75
	II		11,50	8,75
	III		11,50	8,75
	V		11,50	8,75
	VI	**10,75**	11,50	8,75
98,99	I,IV		11,83	9,00
	II		11,83	9,00
	III		11,83	9,00
	V		11,83	9,00
	VI	**11,08**	11,83	9,00
101,99	I,IV		12,16	9,33
	II		12,16	9,33
	III		12,16	9,33
	V		12,16	9,33
	VI	**11,41**	12,16	9,33
104,99	I,IV		12,58	9,58
	II		12,58	9,58
	III		12,58	9,58
	V		12,58	9,58
	VI	**11,75**	12,58	9,58
107,99	I,IV		12,91	9,83
	II		12,91	9,83
	III		12,91	9,83
	V		12,91	9,83
	VI	**12,08**	12,91	9,83
110,99	I,IV		13,25	10,16
	II		13,25	10,16
	III		13,25	10,16
	V	**0,33**	13,25	10,16
	VI	**12,41**	13,25	10,16
113,99	I,IV		13,66	10,41
	II		13,66	10,41
	III		13,66	10,41
	V	**0,66**	13,66	10,41
	VI	**12,75**	13,66	10,41
116,99	I,IV		14,00	10,66
	II		14,00	10,66
	III		14,00	10,66
	V	**1,00**	14,00	10,66
	VI	**13,08**	14,00	10,66
119,99	I,IV		14,33	11,00
	II		14,33	11,00
	III		14,33	11,00
	V	**1,33**	14,33	11,00
	VI	**13,41**	14,33	11,00
122,99	I,IV		14,75	11,25
	II		14,75	11,25
	III		14,75	11,25
	V	**1,66**	14,75	11,25
	VI	**13,75**	14,75	11,25
125,99	I,IV		15,08	11,50
	II		15,08	11,50
	III		15,08	11,50
	V	**2,00**	15,08	11,50
	VI	**14,08**	15,08	11,50
128,99	I,IV		15,41	11,83
	II		15,41	11,83
	III		15,41	11,83
	V	**2,33**	15,41	11,83
	VI	**14,41**	15,41	11,83
131,99	I,IV		15,83	12,08
	II		15,83	12,08
	III		15,83	12,08
	V	**2,66**	15,83	12,08
	VI	**14,75**	15,83	12,08
134,99	I,IV		16,16	12,33
	II		16,16	12,33
	III		16,16	12,33
	V	**3,00**	16,16	12,33
	VI	**15,08**	16,16	12,33
137,99	I,IV		16,50	12,58
	II		16,50	12,58
	III		16,50	12,58
	V	**3,33**	16,50	12,58
	VI	**15,41**	16,50	12,58
140,99	I,IV		16,91	12,91
	II		16,91	12,91
	III		16,91	12,91
	V	**3,66**	16,91	12,91
	VI	**15,75**	16,91	12,91
143,99	I,IV		17,25	13,16
	II		17,25	13,16
	III		17,25	13,16
	V	**4,00**	17,25	13,16
	VI	**16,08**	17,25	13,16

* Zur LSt-Berechnung für privat versicherte Arbeitnehmer s. Beispiele **Vorbemerkung S. 4 f.**
** Basisvorsorgepauschale KV und PV *** Typisierter Arbeitgeberzuschuss

Lohn/ Gehalt in € bis	Steuerklasse	Lohn-steuer*	BVSP**	TAGZ***
146,99	I,IV		17,58	13,41
	II		17,58	13,41
	III		17,58	13,41
	V	**4,33**	17,58	13,41
	VI	**16,41**	17,58	13,41
149,99	I,IV		17,91	13,75
	II		17,91	13,75
	III		17,91	13,75
	V	**4,66**	17,91	13,75
	VI	**16,75**	17,91	13,75
152,99	I,IV		18,33	14,00
	II		18,33	14,00
	III		18,33	14,00
	V	**5,00**	18,33	14,00
	VI	**17,08**	18,33	14,00
155,99	I,IV		18,66	14,25
	II		18,66	14,25
	III		18,66	14,25
	V	**5,33**	18,66	14,25
	VI	**17,50**	18,66	14,25
158,99	I,IV		19,00	14,58
	II		19,00	14,58
	III		19,00	14,58
	V	**5,75**	19,00	14,58
	VI	**17,83**	19,00	14,58
161,99	I,IV		19,41	14,83
	II		19,41	14,83
	III		19,41	14,83
	V	**6,00**	19,41	14,83
	VI	**18,08**	19,41	14,83
164,99	I,IV		19,75	15,08
	II		19,75	15,08
	III		19,75	15,08
	V	**6,41**	19,75	15,08
	VI	**18,50**	19,75	15,08
167,99	I,IV		20,08	15,33
	II		20,08	15,33
	III		20,08	15,33
	V	**6,75**	20,08	15,33
	VI	**18,83**	20,08	15,33
170,99	I,IV		20,50	15,66
	II		20,50	15,66
	III		20,50	15,66
	V	**7,08**	20,50	15,66
	VI	**19,16**	20,50	15,66
173,99	I,IV		20,83	15,91
	II		20,83	15,91
	III		20,83	15,91
	V	**7,41**	20,83	15,91
	VI	**19,50**	20,83	15,91
176,99	I,IV		21,16	16,16
	II		21,16	16,16
	III		21,16	16,16
	V	**7,75**	21,16	16,16
	VI	**19,83**	21,16	16,16
179,99	I,IV		21,58	16,50
	II		21,58	16,50
	III		21,58	16,50
	V	**8,08**	21,58	16,50
	VI	**20,16**	21,58	16,50

Lohn/ Gehalt in € bis	Steuerklasse	Lohn-steuer*	BVSP**	TAGZ***
182,99	I,IV		21,91	16,75
	II		21,91	16,75
	III		21,91	16,75
	V	**8,41**	21,91	16,75
	VI	**20,50**	21,91	16,75
185,99	I,IV		22,25	17,00
	II		22,25	17,00
	III		22,25	17,00
	V	**8,75**	22,25	17,00
	VI	**20,83**	22,25	17,00
188,99	I,IV		22,66	17,33
	II		22,66	17,33
	III		22,66	17,33
	V	**9,08**	22,66	17,33
	VI	**21,16**	22,66	17,33
191,99	I,IV		23,00	17,58
	II		23,00	17,58
	III		23,00	17,58
	V	**9,41**	23,00	17,58
	VI	**21,50**	23,00	17,58
194,99	I,IV		23,33	17,83
	II		23,33	17,83
	III		23,33	17,83
	V	**9,75**	23,33	17,83
	VI	**21,83**	23,33	17,83
197,99	I,IV		23,75	18,08
	II		23,75	18,08
	III		23,75	18,08
	V	**10,08**	23,75	18,08
	VI	**22,16**	23,75	18,08
200,99	I,IV		24,08	18,41
	II		24,08	18,41
	III		24,08	18,41
	V	**10,41**	24,08	18,41
	VI	**22,50**	24,08	18,41
203,99	I,IV		24,41	18,66
	II		24,41	18,66
	III		24,41	18,66
	V	**10,75**	24,41	18,66
	VI	**22,83**	24,41	18,66
206,99	I,IV		24,83	18,91
	II		24,83	18,91
	III		24,83	18,91
	V	**11,08**	24,83	18,91
	VI	**23,16**	24,83	18,91
209,99	I,IV		25,16	19,25
	II		25,16	19,25
	III		25,16	19,25
	V	**11,41**	25,16	19,25
	VI	**23,50**	25,16	19,25
212,99	I,IV		25,50	19,50
	II		25,50	19,50
	III		25,50	19,50
	V	**11,75**	25,50	19,50
	VI	**23,83**	25,50	19,50
215,99	I,IV		25,91	19,75
	II		25,91	19,75
	III		25,91	19,75
	V	**12,08**	25,91	19,75
	VI	**24,16**	25,91	19,75

* Zur LSt-Berechnung für privat versicherte Arbeitnehmer s. Beispiele **Vorbemerkung S. 4f.**
** Basisvorsorgepauschale KV und PV *** Typisierter Arbeitgeberzuschuss

Lohn/ Gehalt in € bis	Steuerklasse	Lohn- steuer*	BVSP**	TAGZ***
218,99	I,IV		26,25	20,08
	II		26,25	20,08
	III		26,25	20,08
	V	**12,41**	26,25	20,08
	VI	**24,50**	26,25	20,08
221,99	I,IV		26,58	20,33
	II		26,58	20,33
	III		26,58	20,33
	V	**12,75**	26,58	20,33
	VI	**24,83**	26,58	20,33
224,99	I,IV		26,91	20,58
	II		26,91	20,58
	III		26,91	20,58
	V	**13,08**	26,91	20,58
	VI	**25,16**	26,91	20,58
227,99	I,IV		27,33	20,91
	II		27,33	20,91
	III		27,33	20,91
	V	**13,41**	27,33	20,91
	VI	**25,50**	27,33	20,91
230,99	I,IV		27,66	21,16
	II		27,66	21,16
	III		27,66	21,16
	V	**13,75**	27,66	21,16
	VI	**25,83**	27,66	21,16
233,99	I,IV		28,00	21,41
	II		28,00	21,41
	III		28,00	21,41
	V	**14,08**	28,00	21,41
	VI	**26,25**	28,00	21,41
236,99	I,IV		28,41	21,66
	II		28,41	21,66
	III		28,41	21,66
	V	**14,50**	28,41	21,66
	VI	**26,58**	28,41	21,66
239,99	I,IV		28,75	22,00
	II		28,75	22,00
	III		28,75	22,00
	V	**14,83**	28,75	22,00
	VI	**26,91**	28,75	22,00
242,99	I,IV		29,08	22,25
	II		29,08	22,25
	III		29,08	22,25
	V	**15,16**	29,08	22,25
	VI	**27,25**	29,08	22,25
245,99	I,IV		29,50	22,50
	II		29,50	22,50
	III		29,50	22,50
	V	**15,50**	29,50	22,50
	VI	**27,58**	29,50	22,50
248,99	I,IV		29,83	22,83
	II		29,83	22,83
	III		29,83	22,83
	V	**15,83**	29,83	22,83
	VI	**27,91**	29,83	22,83
251,99	I,IV		30,16	23,08
	II		30,16	23,08
	III		30,16	23,08
	V	**16,16**	30,16	23,08
	VI	**28,25**	30,16	23,08
254,99	I,IV		30,58	23,33
	II		30,58	23,33
	III		30,58	23,33
	V	**16,50**	30,58	23,33
	VI	**28,58**	30,58	23,33
257,99	I,IV		30,91	23,66
	II		30,91	23,66
	III		30,91	23,66
	V	**16,83**	30,91	23,66
	VI	**28,91**	30,91	23,66
260,99	I,IV		31,25	23,91
	II		31,25	23,91
	III		31,25	23,91
	V	**17,16**	31,25	23,91
	VI	**29,25**	31,25	23,91
263,99	I,IV		31,66	24,16
	II		31,66	24,16
	III		31,66	24,16
	V	**17,50**	31,66	24,16
	VI	**29,58**	31,66	24,16
266,99	I,IV		32,00	24,41
	II		32,00	24,41
	III		32,00	24,41
	V	**17,83**	32,00	24,41
	VI	**29,91**	32,00	24,41
269,99	I,IV		32,33	24,75
	II		32,33	24,75
	III		32,33	24,75
	V	**18,16**	32,33	24,75
	VI	**30,25**	32,33	24,75
272,99	I,IV		32,75	25,00
	II		32,75	25,00
	III		32,75	25,00
	V	**18,50**	32,75	25,00
	VI	**30,58**	32,75	25,00
275,99	I,IV		33,08	25,25
	II		33,08	25,25
	III		33,08	25,25
	V	**18,83**	33,08	25,25
	VI	**30,91**	33,08	25,25
278,99	I,IV		33,41	25,58
	II		33,41	25,58
	III		33,41	25,58
	V	**19,16**	33,41	25,58
	VI	**31,25**	33,41	25,58
281,99	I,IV		33,83	25,83
	II		33,83	25,83
	III		33,83	25,83
	V	**19,50**	33,83	25,83
	VI	**31,58**	33,83	25,83
284,99	I,IV		34,16	26,08
	II		34,16	26,08
	III		34,16	26,08
	V	**19,83**	34,16	26,08
	VI	**31,91**	34,16	26,08
287,99	I,IV		34,50	26,41
	II		34,50	26,41
	III		34,50	26,41
	V	**20,16**	34,50	26,41
	VI	**32,25**	34,50	26,41

* Zur LSt-Berechnung für privat versicherte Arbeitnehmer s. Beispiele **Vorbemerkung S. 4 f.**
** Basisvorsorgepauschale KV und PV *** Typisierter Arbeitgeberzuschuss

Lohn/ Gehalt in € bis	Steuerklasse	Lohn- steuer*	BVSP**	TAGZ***
290,99	I,IV		34,91	26,66
	II		34,91	26,66
	III		34,91	26,66
	V	**20,50**	34,91	26,66
	VI	**32,58**	34,91	26,66
293,99	I,IV		35,25	26,91
	II		35,25	26,91
	III		35,25	26,91
	V	**20,83**	35,25	26,91
	VI	**32,91**	35,25	26,91
296,99	I,IV		35,58	27,16
	II		35,58	27,16
	III		35,58	27,16
	V	**21,16**	35,58	27,16
	VI	**33,25**	35,58	27,16
299,99	I,IV		35,91	27,50
	II		35,91	27,50
	III		35,91	27,50
	V	**21,50**	35,91	27,50
	VI	**33,58**	35,91	27,50
302,99	I,IV		36,33	27,75
	II		36,33	27,75
	III		36,33	27,75
	V	**21,83**	36,33	27,75
	VI	**33,91**	36,33	27,75
305,99	I,IV		36,66	28,00
	II		36,66	28,00
	III		36,66	28,00
	V	**22,16**	36,66	28,00
	VI	**34,33**	36,66	28,00
308,99	I,IV		37,00	28,33
	II		37,00	28,33
	III		37,00	28,33
	V	**22,58**	37,00	28,33
	VI	**34,66**	37,00	28,33
311,99	I,IV		37,41	28,58
	II		37,41	28,58
	III		37,41	28,58
	V	**22,91**	37,41	28,58
	VI	**35,00**	37,41	28,58
314,99	I,IV		37,75	28,83
	II		37,75	28,83
	III		37,75	28,83
	V	**23,25**	37,75	28,83
	VI	**35,33**	37,75	28,83
317,99	I,IV		38,08	29,16
	II		38,08	29,16
	III		38,08	29,16
	V	**23,58**	38,08	29,16
	VI	**35,66**	38,08	29,16
320,99	I,IV		38,50	29,41
	II		38,50	29,41
	III		38,50	29,41
	V	**23,91**	38,50	29,41
	VI	**36,00**	38,50	29,41
323,99	I,IV		38,83	29,66
	II		38,83	29,66
	III		38,83	29,66
	V	**24,25**	38,83	29,66
	VI	**36,33**	38,83	29,66

Lohn/ Gehalt in € bis	Steuerklasse	Lohn- steuer*	BVSP**	TAGZ***
326,99	I,IV		39,16	30,00
	II		39,16	30,00
	III		39,16	30,00
	V	**24,58**	39,16	30,00
	VI	**36,66**	39,16	30,00
329,99	I,IV		39,58	30,25
	II		39,58	30,25
	III		39,58	30,25
	V	**24,91**	39,58	30,25
	VI	**37,00**	39,58	30,25
332,99	I,IV		39,91	30,50
	II		39,91	30,50
	III		39,91	30,50
	V	**25,25**	39,91	30,50
	VI	**37,33**	39,91	30,50
335,99	I,IV		40,25	30,75
	II		40,25	30,75
	III		40,25	30,75
	V	**25,58**	40,25	30,75
	VI	**37,66**	40,25	30,75
338,99	I,IV		40,66	31,08
	II		40,66	31,08
	III		40,66	31,08
	V	**25,91**	40,66	31,08
	VI	**38,00**	40,66	31,08
341,99	I,IV		41,00	31,33
	II		41,00	31,33
	III		41,00	31,33
	V	**26,25**	41,00	31,33
	VI	**38,33**	41,00	31,33
344,99	I,IV		41,33	31,58
	II		41,33	31,58
	III		41,33	31,58
	V	**26,58**	41,33	31,58
	VI	**38,66**	41,33	31,58
347,99	I,IV		41,75	31,91
	II		41,75	31,91
	III		41,75	31,91
	V	**26,91**	41,75	31,91
	VI	**39,00**	41,75	31,91
350,99	I,IV		42,08	32,16
	II		42,08	32,16
	III		42,08	32,16
	V	**27,25**	42,08	32,16
	VI	**39,33**	42,08	32,16
353,99	I,IV		42,41	32,41
	II		42,41	32,41
	III		42,41	32,41
	V	**27,58**	42,41	32,41
	VI	**39,66**	42,41	32,41
356,99	I,IV		42,83	32,75
	II		42,83	32,75
	III		42,83	32,75
	V	**27,91**	42,83	32,75
	VI	**40,00**	42,83	32,75
359,99	I,IV		43,16	33,00
	II		43,16	33,00
	III		43,16	33,00
	V	**28,25**	43,16	33,00
	VI	**40,33**	43,16	33,00

* Zur LSt-Berechnung für privat versicherte Arbeitnehmer s. Beispiele **Vorbemerkung S. 4 f.**
** Basisvorsorgepauschale KV und PV *** Typisierter Arbeitgeberzuschuss

Lohn/Gehalt in € bis	Steuerklasse	Lohn-steuer*	BVSP**	TAGZ***
362,99	I,IV		43,50	33,25
	II		43,50	33,25
	III		43,50	33,25
	V	**28,58**	43,50	33,25
	VI	**40,66**	43,50	33,25
365,99	I,IV		43,91	33,50
	II		43,91	33,50
	III		43,91	33,50
	V	**28,91**	43,91	33,50
	VI	**41,00**	43,91	33,50
368,99	I,IV		44,25	33,83
	II		44,25	33,83
	III		44,25	33,83
	V	**29,25**	44,25	33,83
	VI	**41,33**	44,25	33,83
371,99	I,IV		44,58	34,08
	II		44,58	34,08
	III		44,58	34,08
	V	**29,58**	44,58	34,08
	VI	**41,66**	44,58	34,08
374,99	I,IV		44,91	34,33
	II		44,91	34,33
	III		44,91	34,33
	V	**29,91**	44,91	34,33
	VI	**42,00**	44,91	34,33
377,99	I,IV		45,33	34,66
	II		45,33	34,66
	III		45,33	34,66
	V	**30,33**	45,33	34,66
	VI	**42,41**	45,33	34,66
380,99	I,IV		45,66	34,91
	II		45,66	34,91
	III		45,66	34,91
	V	**30,66**	45,66	34,91
	VI	**42,75**	45,66	34,91
383,99	I,IV		46,00	35,16
	II		46,00	35,16
	III		46,00	35,16
	V	**31,00**	46,00	35,16
	VI	**43,08**	46,00	35,16
386,99	I,IV		46,41	35,50
	II		46,41	35,50
	III		46,41	35,50
	V	**31,33**	46,41	35,50
	VI	**43,41**	46,41	35,50
389,99	I,IV		46,75	35,75
	II		46,75	35,75
	III		46,75	35,75
	V	**31,66**	46,75	35,75
	VI	**43,75**	46,75	35,75
392,99	I,IV		47,08	36,00
	II		47,08	36,00
	III		47,08	36,00
	V	**32,00**	47,08	36,00
	VI	**44,08**	47,08	36,00
395,99	I,IV		47,50	36,25
	II		47,50	36,25
	III		47,50	36,25
	V	**32,33**	47,50	36,25
	VI	**44,41**	47,50	36,25
398,99	I,IV		47,83	36,58
	II		47,83	36,58
	III		47,83	36,58
	V	**32,66**	47,83	36,58
	VI	**44,75**	47,83	36,58
401,99	I,IV		48,16	36,83
	II		48,16	36,83
	III		48,16	36,83
	V	**33,00**	48,16	36,83
	VI	**45,08**	48,16	36,83
404,99	I,IV		48,58	37,08
	II		48,58	37,08
	III		48,58	37,08
	V	**33,33**	48,58	37,08
	VI	**45,41**	48,58	37,08
407,99	I,IV		48,91	37,41
	II		48,91	37,41
	III		48,91	37,41
	V	**33,66**	48,91	37,41
	VI	**45,75**	48,91	37,41
410,99	I,IV		49,25	37,66
	II		49,25	37,66
	III		49,25	37,66
	V	**34,00**	49,25	37,66
	VI	**46,08**	49,25	37,66
413,99	I,IV		49,66	37,91
	II		49,66	37,91
	III		49,66	37,91
	V	**34,33**	49,66	37,91
	VI	**46,41**	49,66	37,91
416,99	I,IV		50,00	38,25
	II		50,00	38,25
	III		50,00	38,25
	V	**34,66**	50,00	38,25
	VI	**46,75**	50,00	38,25
419,99	I,IV		50,33	38,50
	II		50,33	38,50
	III		50,33	38,50
	V	**35,00**	50,33	38,50
	VI	**47,08**	50,33	38,50
422,99	I,IV		50,75	38,75
	II		50,75	38,75
	III		50,75	38,75
	V	**35,33**	50,75	38,75
	VI	**47,41**	50,75	38,75
425,99	I,IV		51,08	39,08
	II		51,08	39,08
	III		51,08	39,08
	V	**35,66**	51,08	39,08
	VI	**47,75**	51,08	39,08
428,99	I,IV		51,41	39,33
	II		51,41	39,33
	III		51,41	39,33
	V	**36,00**	51,41	39,33
	VI	**48,08**	51,41	39,33
431,99	I,IV		51,83	39,58
	II		51,83	39,58
	III		51,83	39,58
	V	**36,33**	51,83	39,58
	VI	**48,41**	51,83	39,58

* Zur LSt-Berechnung für privat versicherte Arbeitnehmer s. Beispiele **Vorbemerkung S. 4 f.**
** Basisvorsorgepauschale KV und PV *** Typisierter Arbeitgeberzuschuss

Lohn/ Gehalt in € bis	Steuerklasse	Lohn-steuer*	BVSP**	TAGZ***
434,99	I,IV		52,16	39,83
	II		52,16	39,83
	III		52,16	39,83
	V	**36,66**	52,16	39,83
	VI	**48,75**	52,16	39,83
437,99	I,IV		52,50	40,16
	II		52,50	40,16
	III		52,50	40,16
	V	**37,00**	52,50	40,16
	VI	**49,08**	52,50	40,16
440,99	I,IV		52,91	40,41
	II		52,91	40,41
	III		52,91	40,41
	V	**37,33**	52,91	40,41
	VI	**49,41**	52,91	40,41
443,99	I,IV		53,25	40,66
	II		53,25	40,66
	III		53,25	40,66
	V	**37,66**	53,25	40,66
	VI	**49,75**	53,25	40,66
446,99	I,IV		53,58	41,00
	II		53,58	41,00
	III		53,58	41,00
	V	**38,00**	53,58	41,00
	VI	**50,16**	53,58	41,00
449,99	I,IV		53,91	41,25
	II		53,91	41,25
	III		53,91	41,25
	V	**38,41**	53,91	41,25
	VI	**50,50**	53,91	41,25
452,99	I,IV		54,33	41,50
	II		54,33	41,50
	III		54,33	41,50
	V	**38,75**	54,33	41,50
	VI	**50,83**	54,33	41,50
455,99	I,IV		54,66	41,83
	II		54,66	41,83
	III		54,66	41,83
	V	**39,08**	54,66	41,83
	VI	**51,16**	54,66	41,83
458,99	I,IV		55,00	42,08
	II		55,00	42,08
	III		55,00	42,08
	V	**39,41**	55,00	42,08
	VI	**51,50**	55,00	42,08
461,99	I,IV		55,41	42,33
	II		55,41	42,33
	III		55,41	42,33
	V	**39,75**	55,41	42,33
	VI	**51,83**	55,41	42,33
464,99	I,IV		55,75	42,58
	II		55,75	42,58
	III		55,75	42,58
	V	**40,08**	55,75	42,58
	VI	**52,16**	55,75	42,58
467,99	I,IV		56,08	42,91
	II		56,08	42,91
	III		56,08	42,91
	V	**40,41**	56,08	42,91
	VI	**52,50**	56,08	42,91

Lohn/ Gehalt in € bis	Steuerklasse	Lohn-steuer*	BVSP**	TAGZ***
470,99	I,IV		56,50	43,16
	II		56,50	43,16
	III		56,50	43,16
	V	**40,75**	56,50	43,16
	VI	**52,83**	56,50	43,16
473,99	I,IV		56,83	43,41
	II		56,83	43,41
	III		56,83	43,41
	V	**41,08**	56,83	43,41
	VI	**53,16**	56,83	43,41
476,99	I,IV		57,16	43,75
	II		57,16	43,75
	III		57,16	43,75
	V	**41,41**	57,16	43,75
	VI	**53,50**	57,16	43,75
479,99	I,IV		57,58	44,00
	II		57,58	44,00
	III		57,58	44,00
	V	**41,75**	57,58	44,00
	VI	**53,83**	57,58	44,00
482,99	I,IV		57,91	44,25
	II		57,91	44,25
	III		57,91	44,25
	V	**42,08**	57,91	44,25
	VI	**54,16**	57,91	44,25
485,99	I,IV		58,25	44,58
	II		58,25	44,58
	III		58,25	44,58
	V	**42,41**	58,25	44,58
	VI	**54,50**	58,25	44,58
488,99	I,IV		58,66	44,83
	II		58,66	44,83
	III		58,66	44,83
	V	**42,75**	58,66	44,83
	VI	**54,83**	58,66	44,83
491,99	I,IV		59,00	45,08
	II		59,00	45,08
	III		59,00	45,08
	V	**43,08**	59,00	45,08
	VI	**55,16**	59,00	45,08
494,99	I,IV		59,33	45,33
	II		59,33	45,33
	III		59,33	45,33
	V	**43,41**	59,33	45,33
	VI	**55,50**	59,33	45,33
497,99	I,IV		59,75	45,66
	II		59,75	45,66
	III		59,75	45,66
	V	**43,75**	59,75	45,66
	VI	**55,83**	59,75	45,66
500,99	I,IV		60,08	45,91
	II		60,08	45,91
	III		60,08	45,91
	V	**44,08**	60,08	45,91
	VI	**56,16**	60,08	45,91
503,99	I,IV		60,41	46,16
	II		60,41	46,16
	III		60,41	46,16
	V	**44,41**	60,41	46,16
	VI	**56,50**	60,41	46,16

* Zur LSt-Berechnung für privat versicherte Arbeitnehmer s. Beispiele **Vorbemerkung S. 4 f.**
** Basisvorsorgepauschale KV und PV *** Typisierter Arbeitgeberzuschuss

Lohn/ Gehalt in € bis	Steuerklasse	Lohn- steuer*	BVSP**	TAGZ***
506,99	I,IV		60,83	46,50
	II		60,83	46,50
	III		60,83	46,50
	V	**44,75**	60,83	46,50
	VI	**56,83**	60,83	46,50
509,99	I,IV		61,16	46,75
	II		61,16	46,75
	III		61,16	46,75
	V	**45,08**	61,16	46,75
	VI	**57,16**	61,16	46,75
512,99	I,IV		61,50	47,00
	II		61,50	47,00
	III		61,50	47,00
	V	**45,41**	61,50	47,00
	VI	**57,50**	61,50	47,00
515,99	I,IV		61,91	47,33
	II		61,91	47,33
	III		61,91	47,33
	V	**45,75**	61,91	47,33
	VI	**57,83**	61,91	47,33
518,99	I,IV		62,25	47,58
	II		62,25	47,58
	III		62,25	47,58
	V	**46,08**	62,25	47,58
	VI	**58,25**	62,25	47,58
521,99	I,IV		62,58	47,83
	II		62,58	47,83
	III		62,58	47,83
	V	**46,41**	62,58	47,83
	VI	**58,50**	62,58	47,83
524,99	I,IV		62,91	48,16
	II		62,91	48,16
	III		62,91	48,16
	V	**46,75**	62,91	48,16
	VI	**58,91**	62,91	48,16
527,99	I,IV		63,33	48,41
	II		63,33	48,41
	III		63,33	48,41
	V	**47,16**	63,33	48,41
	VI	**59,25**	63,33	48,41
530,99	I,IV		63,66	48,66
	II		63,66	48,66
	III		63,66	48,66
	V	**47,50**	63,66	48,66
	VI	**59,58**	63,66	48,66
533,99	I,IV		64,00	48,91
	II		64,00	48,91
	III		64,00	48,91
	V	**47,83**	64,00	48,91
	VI	**59,91**	64,00	48,91
536,99	I,IV		64,41	49,25
	II		64,41	49,25
	III		64,41	49,25
	V	**48,16**	64,41	49,25
	VI	**60,25**	64,41	49,25
539,99	I,IV		64,75	49,50
	II		64,75	49,50
	III		64,75	49,50
	V	**48,50**	64,75	49,50
	VI	**60,58**	64,75	49,50

Lohn/ Gehalt in € bis	Steuerklasse	Lohn- steuer*	BVSP**	TAGZ***
542,99	I,IV		65,08	49,75
	II		65,08	49,75
	III		65,08	49,75
	V	**48,83**	65,08	49,75
	VI	**60,91**	65,08	49,75
545,99	I,IV		65,50	50,08
	II		65,50	50,08
	III		65,50	50,08
	V	**49,16**	65,50	50,08
	VI	**61,25**	65,50	50,08
548,99	I,IV		65,83	50,33
	II		65,83	50,33
	III		65,83	50,33
	V	**49,50**	65,83	50,33
	VI	**61,58**	65,83	50,33
551,99	I,IV		66,16	50,58
	II		66,16	50,58
	III		66,16	50,58
	V	**49,83**	66,16	50,58
	VI	**61,91**	66,16	50,58
554,99	I,IV		66,58	50,91
	II		66,58	50,91
	III		66,58	50,91
	V	**50,16**	66,58	50,91
	VI	**62,25**	66,58	50,91
557,99	I,IV		66,91	51,16
	II		66,91	51,16
	III		66,91	51,16
	V	**50,50**	66,91	51,16
	VI	**62,58**	66,91	51,16
560,99	I,IV		67,25	51,41
	II		67,25	51,41
	III		67,25	51,41
	V	**50,83**	67,25	51,41
	VI	**62,91**	67,25	51,41
563,99	I,IV		67,66	51,66
	II		67,66	51,66
	III		67,66	51,66
	V	**51,16**	67,66	51,66
	VI	**63,25**	67,66	51,66
566,99	I,IV		68,00	52,00
	II		68,00	52,00
	III		68,00	52,00
	V	**51,50**	68,00	52,00
	VI	**63,58**	68,00	52,00
569,99	I,IV		68,33	52,25
	II		68,33	52,25
	III		68,33	52,25
	V	**51,83**	68,33	52,25
	VI	**63,91**	68,33	52,25
572,99	I,IV		68,75	52,50
	II		68,75	52,50
	III		68,75	52,50
	V	**52,16**	68,75	52,50
	VI	**64,25**	68,75	52,50
575,99	I,IV		69,08	52,83
	II		69,08	52,83
	III		69,08	52,83
	V	**52,50**	69,08	52,83
	VI	**64,58**	69,08	52,83

* Zur LSt-Berechnung für privat versicherte Arbeitnehmer s. Beispiele **Vorbemerkung S. 4 f.**
** Basisvorsorgepauschale KV und PV *** Typisierter Arbeitgeberzuschuss

Lohn/ Gehalt in € bis	Steuerklasse	Lohn-steuer*	BVSP**	TAGZ***
578,99	I,IV		69,41	53,08
	II		69,41	53,08
	III		69,41	53,08
	V	**52,83**	69,41	53,08
	VI	**64,91**	69,41	53,08
581,99	I,IV		69,83	53,33
	II		69,83	53,33
	III		69,83	53,33
	V	**53,16**	69,83	53,33
	VI	**65,25**	69,83	53,33
584,99	I,IV		70,16	53,66
	II		70,16	53,66
	III		70,16	53,66
	V	**53,50**	70,16	53,66
	VI	**65,58**	70,16	53,66
587,99	I,IV		70,50	53,91
	II		70,50	53,91
	III		70,50	53,91
	V	**53,83**	70,50	53,91
	VI	**65,91**	70,50	53,91
590,99	I,IV		70,91	54,16
	II		70,91	54,16
	III		70,91	54,16
	V	**54,16**	70,91	54,16
	VI	**66,25**	70,91	54,16
593,99	I,IV		71,25	54,41
	II		71,25	54,41
	III		71,25	54,41
	V	**54,50**	71,25	54,41
	VI	**66,58**	71,25	54,41
596,99	I,IV		71,58	54,75
	II		71,58	54,75
	III		71,58	54,75
	V	**54,83**	71,58	54,75
	VI	**67,00**	71,58	54,75
599,99	I,IV		71,91	55,00
	II		71,91	55,00
	III		71,91	55,00
	V	**55,25**	71,91	55,00
	VI	**67,33**	71,91	55,00
602,99	I,IV		72,33	55,25
	II		72,33	55,25
	III		72,33	55,25
	V	**55,58**	72,33	55,25
	VI	**67,66**	72,33	55,25
605,99	I,IV		72,66	55,58
	II		72,66	55,58
	III		72,66	55,58
	V	**55,91**	72,66	55,58
	VI	**68,00**	72,66	55,58
608,99	I,IV		73,00	55,83
	II		73,00	55,83
	III		73,00	55,83
	V	**56,25**	73,00	55,83
	VI	**68,33**	73,00	55,83
611,99	I,IV		73,41	56,08
	II		73,41	56,08
	III		73,41	56,08
	V	**56,58**	73,41	56,08
	VI	**68,66**	73,41	56,08

Lohn/ Gehalt in € bis	Steuerklasse	Lohn-steuer*	BVSP**	TAGZ***
614,99	I,IV		73,75	56,41
	II		73,75	56,41
	III		73,75	56,41
	V	**56,91**	73,75	56,41
	VI	**69,00**	73,75	56,41
617,99	I,IV		74,08	56,66
	II		74,08	56,66
	III		74,08	56,66
	V	**57,25**	74,08	56,66
	VI	**69,33**	74,08	56,66
620,99	I,IV		74,50	56,91
	II		74,50	56,91
	III		74,50	56,91
	V	**57,58**	74,50	56,91
	VI	**69,66**	74,50	56,91
623,99	I,IV		74,83	57,25
	II		74,83	57,25
	III		74,83	57,25
	V	**57,91**	74,83	57,25
	VI	**70,00**	74,83	57,25
626,99	I,IV		75,16	57,50
	II		75,16	57,50
	III		75,16	57,50
	V	**58,25**	75,16	57,50
	VI	**70,33**	75,16	57,50
629,99	I,IV		75,58	57,75
	II		75,58	57,75
	III		75,58	57,75
	V	**58,58**	75,58	57,75
	VI	**70,66**	75,58	57,75
632,99	I,IV		75,91	58,00
	II		75,91	58,00
	III		75,91	58,00
	V	**58,91**	75,91	58,00
	VI	**71,00**	75,91	58,00
635,99	I,IV		76,25	58,33
	II		76,25	58,33
	III		76,25	58,33
	V	**59,25**	76,25	58,33
	VI	**71,33**	76,25	58,33
638,99	I,IV		76,66	58,58
	II		76,66	58,58
	III		76,66	58,58
	V	**59,58**	76,66	58,58
	VI	**71,66**	76,66	58,58
641,99	I,IV		77,00	58,83
	II		77,00	58,83
	III		77,00	58,83
	V	**59,91**	77,00	58,83
	VI	**72,00**	77,00	58,83
644,99	I,IV		77,33	59,16
	II		77,33	59,16
	III		77,33	59,16
	V	**60,25**	77,33	59,16
	VI	**72,33**	77,33	59,16
647,99	I,IV		77,75	59,41
	II		77,75	59,41
	III		77,75	59,41
	V	**60,58**	77,75	59,41
	VI	**72,66**	77,75	59,41

* Zur LSt-Berechnung für privat versicherte Arbeitnehmer s. Beispiele **Vorbemerkung S. 4 f.**
** Basisvorsorgepauschale KV und PV *** Typisierter Arbeitgeberzuschuss

Lohn/ Gehalt in € bis	Steuerklasse	Lohnsteuer*	BVSP**	TAGZ***
650,99	I,IV		78,08	59,66
	II		78,08	59,66
	III		78,08	59,66
	V	**60,91**	78,08	59,66
	VI	**73,00**	78,08	59,66
653,99	I,IV		78,41	60,00
	II		78,41	60,00
	III		78,41	60,00
	V	**61,25**	78,41	60,00
	VI	**73,33**	78,41	60,00
656,99	I,IV		78,83	60,25
	II		78,83	60,25
	III		78,83	60,25
	V	**61,58**	78,83	60,25
	VI	**73,66**	78,83	60,25
659,99	I,IV		79,16	60,50
	II		79,16	60,50
	III		79,16	60,50
	V	**61,91**	79,16	60,50
	VI	**74,00**	79,16	60,50
662,99	I,IV		79,50	60,75
	II		79,50	60,75
	III		79,50	60,75
	V	**62,25**	79,50	60,75
	VI	**74,33**	79,50	60,75
665,99	I,IV		79,91	61,08
	II		79,91	61,08
	III		79,91	61,08
	V	**62,58**	79,91	61,08
	VI	**74,66**	79,91	61,08
668,99	I,IV		80,25	61,33
	II		80,25	61,33
	III		80,25	61,33
	V	**63,00**	80,25	61,33
	VI	**75,08**	80,25	61,33
671,99	I,IV		80,58	61,58
	II		80,58	61,58
	III		80,58	61,58
	V	**63,33**	80,58	61,58
	VI	**75,41**	80,58	61,58
674,99	I,IV		80,91	61,91
	II		80,91	61,91
	III		80,91	61,91
	V	**63,66**	80,91	61,91
	VI	**75,75**	80,91	61,91
677,99	I,IV		81,33	62,16
	II		81,33	62,16
	III		81,33	62,16
	V	**64,00**	81,33	62,16
	VI	**76,08**	81,33	62,16
680,99	I,IV		81,66	62,41
	II		81,66	62,41
	III		81,66	62,41
	V	**64,33**	81,66	62,41
	VI	**76,41**	81,66	62,41
683,99	I,IV		82,00	62,75
	II		82,00	62,75
	III		82,00	62,75
	V	**64,66**	82,00	62,75
	VI	**76,75**	82,00	62,75
686,99	I,IV		82,41	63,00
	II		82,41	63,00
	III		82,41	63,00
	V	**65,00**	82,41	63,00
	VI	**77,08**	82,41	63,00
689,99	I,IV		82,75	63,25
	II		82,75	63,25
	III		82,75	63,25
	V	**65,33**	82,75	63,25
	VI	**77,41**	82,75	63,25
692,99	I,IV		83,08	63,50
	II		83,08	63,50
	III		83,08	63,50
	V	**65,66**	83,08	63,50
	VI	**77,75**	83,08	63,50
695,99	I,IV		83,50	63,83
	II		83,50	63,83
	III		83,50	63,83
	V	**66,00**	83,50	63,83
	VI	**78,08**	83,50	63,83
698,99	I,IV		83,83	64,08
	II		83,83	64,08
	III		83,83	64,08
	V	**66,33**	83,83	64,08
	VI	**78,41**	83,83	64,08
701,99	I,IV		84,16	64,33
	II		84,16	64,33
	III		84,16	64,33
	V	**66,66**	84,16	64,33
	VI	**78,75**	84,16	64,33
704,99	I,IV		84,58	64,66
	II		84,58	64,66
	III		84,58	64,66
	V	**67,00**	84,58	64,66
	VI	**79,08**	84,58	64,66
707,99	I,IV		84,91	64,91
	II		84,91	64,91
	III		84,91	64,91
	V	**67,33**	84,91	64,91
	VI	**79,41**	84,91	64,91
710,99	I,IV		85,25	65,16
	II		85,25	65,16
	III		85,25	65,16
	V	**67,66**	85,25	65,16
	VI	**79,75**	85,25	65,16
713,99	I,IV		85,66	65,50
	II		85,66	65,50
	III		85,66	65,50
	V	**68,00**	85,66	65,50
	VI	**80,08**	85,66	65,50
716,99	I,IV		86,00	65,75
	II		86,00	65,75
	III		86,00	65,75
	V	**68,33**	86,00	65,75
	VI	**80,41**	86,00	65,75
719,99	I,IV		86,33	66,00
	II		86,33	66,00
	III		86,33	66,00
	V	**68,66**	86,33	66,00
	VI	**80,75**	86,33	66,00

* Zur LSt-Berechnung für privat versicherte Arbeitnehmer s. Beispiele **Vorbemerkung S. 4 f.**
** Basisvorsorgepauschale KV und PV *** Typisierter Arbeitgeberzuschuss

Lohn/ Gehalt in € bis	Steuerklasse	Lohn-steuer*	BVSP**	TAGZ***
722,99	I,IV		86,75	66,33
	II		86,75	66,33
	III		86,75	66,33
	V	**69,00**	86,75	66,33
	VI	**81,08**	86,75	66,33
725,99	I,IV		87,08	66,58
	II		87,08	66,58
	III		87,08	66,58
	V	**69,33**	87,08	66,58
	VI	**81,41**	87,08	66,58
728,99	I,IV		87,41	66,83
	II		87,41	66,83
	III		87,41	66,83
	V	**69,66**	87,41	66,83
	VI	**81,75**	87,41	66,83
731,99	I,IV		87,83	67,08
	II		87,83	67,08
	III		87,83	67,08
	V	**70,00**	87,83	67,08
	VI	**82,08**	87,83	67,08
734,99	I,IV		88,16	67,41
	II		88,16	67,41
	III		88,16	67,41
	V	**70,33**	88,16	67,41
	VI	**82,41**	88,16	67,41
737,99	I,IV		88,50	67,66
	II		88,50	67,66
	III		88,50	67,66
	V	**70,66**	88,50	67,66
	VI	**82,83**	88,50	67,66
740,99	I,IV		88,91	67,91
	II		88,91	67,91
	III		88,91	67,91
	V	**71,08**	88,91	67,91
	VI	**83,16**	88,91	67,91
743,99	I,IV		89,25	68,25
	II		89,25	68,25
	III		89,25	68,25
	V	**71,41**	89,25	68,25
	VI	**83,50**	89,25	68,25
746,99	I,IV		89,58	68,50
	II		89,58	68,50
	III		89,58	68,50
	V	**71,75**	89,58	68,50
	VI	**83,83**	89,58	68,50
749,99	I,IV		89,91	68,75
	II		89,91	68,75
	III		89,91	68,75
	V	**72,08**	89,91	68,75
	VI	**84,16**	89,91	68,75
752,99	I,IV		90,33	69,08
	II		90,33	69,08
	III		90,33	69,08
	V	**72,41**	90,33	69,08
	VI	**84,50**	90,33	69,08
755,99	I,IV		90,66	69,33
	II		90,66	69,33
	III		90,66	69,33
	V	**72,75**	90,66	69,33
	VI	**84,83**	90,66	69,33

Lohn/ Gehalt in € bis	Steuerklasse	Lohn-steuer*	BVSP**	TAGZ***
758,99	I,IV		91,00	69,58
	II		91,00	69,58
	III		91,00	69,58
	V	**73,08**	91,00	69,58
	VI	**85,16**	91,00	69,58
761,99	I,IV		91,41	69,83
	II		91,41	69,83
	III		91,41	69,83
	V	**73,41**	91,41	69,83
	VI	**85,50**	91,41	69,83
764,99	I,IV		91,75	70,16
	II		91,75	70,16
	III		91,75	70,16
	V	**73,75**	91,75	70,16
	VI	**85,83**	91,75	70,16
767,99	I,IV		92,08	70,41
	II		92,08	70,41
	III		92,08	70,41
	V	**74,08**	92,08	70,41
	VI	**86,16**	92,08	70,41
770,99	I,IV		92,50	70,66
	II		92,50	70,66
	III		92,50	70,66
	V	**74,41**	92,50	70,66
	VI	**86,50**	92,50	70,66
773,99	I,IV		92,83	71,00
	II		92,83	71,00
	III		92,83	71,00
	V	**74,75**	92,83	71,00
	VI	**86,83**	92,83	71,00
776,99	I,IV		93,16	71,25
	II		93,16	71,25
	III		93,16	71,25
	V	**75,08**	93,16	71,25
	VI	**87,16**	93,16	71,25
779,99	I,IV		93,58	71,50
	II		93,58	71,50
	III		93,58	71,50
	V	**75,41**	93,58	71,50
	VI	**87,50**	93,58	71,50
782,99	I,IV		93,91	71,83
	II		93,91	71,83
	III		93,91	71,83
	V	**75,75**	93,91	71,83
	VI	**87,83**	93,91	71,83
785,99	I,IV		94,25	72,08
	II		94,25	72,08
	III		94,25	72,08
	V	**76,08**	94,25	72,08
	VI	**88,16**	94,25	72,08
788,99	I,IV		94,66	72,33
	II		94,66	72,33
	III		94,66	72,33
	V	**76,41**	94,66	72,33
	VI	**88,50**	94,66	72,33
791,99	I,IV		95,00	72,58
	II		95,00	72,58
	III		95,00	72,58
	V	**76,75**	95,00	72,58
	VI	**88,83**	95,00	72,58

* Zur LSt-Berechnung für privat versicherte Arbeitnehmer s. Beispiele **Vorbemerkung S. 4 f.**
** Basisvorsorgepauschale KV und PV *** Typisierter Arbeitgeberzuschuss

Lohn/ Gehalt in € bis	Steuerklasse	Lohnsteuer*	BVSP**	TAGZ***
794,99	I,IV		95,33	72,91
	II		95,33	72,91
	III		95,33	72,91
	V	**77,08**	95,33	72,91
	VI	**89,16**	95,33	72,91
797,99	I,IV		95,75	73,16
	II		95,75	73,16
	III		95,75	73,16
	V	**77,41**	95,75	73,16
	VI	**89,50**	95,75	73,16
800,99	I,IV		96,08	73,41
	II		96,08	73,41
	III		96,08	73,41
	V	**77,75**	96,08	73,41
	VI	**89,83**	96,08	73,41
803,99	I,IV		96,41	73,75
	II		96,41	73,75
	III		96,41	73,75
	V	**78,08**	96,41	73,75
	VI	**90,16**	96,41	73,75
806,99	I,IV		96,83	74,00
	II		96,83	74,00
	III		96,83	74,00
	V	**78,41**	96,83	74,00
	VI	**90,50**	96,83	74,00
809,99	I,IV		97,16	74,25
	II		97,16	74,25
	III		97,16	74,25
	V	**78,75**	97,16	74,25
	VI	**90,91**	97,16	74,25
812,99	I,IV		97,50	74,58
	II		97,50	74,58
	III		97,50	74,58
	V	**79,16**	97,50	74,58
	VI	**91,25**	97,50	74,58
815,99	I,IV		97,91	74,83
	II		97,91	74,83
	III		97,91	74,83
	V	**79,50**	97,91	74,83
	VI	**91,58**	97,91	74,83
818,99	I,IV		98,25	75,08
	II		98,25	75,08
	III		98,25	75,08
	V	**79,83**	98,25	75,08
	VI	**91,91**	98,25	75,08
821,99	I,IV		98,58	75,41
	II		98,58	75,41
	III		98,58	75,41
	V	**80,16**	98,58	75,41
	VI	**92,25**	98,58	75,41
824,99	I,IV		98,91	75,66
	II		98,91	75,66
	III		98,91	75,66
	V	**80,50**	98,91	75,66
	VI	**92,58**	98,91	75,66
827,99	I,IV		99,33	75,91
	II		99,33	75,91
	III		99,33	75,91
	V	**80,83**	99,33	75,91
	VI	**92,91**	99,33	75,91

Lohn/ Gehalt in € bis	Steuerklasse	Lohnsteuer*	BVSP**	TAGZ***
830,99	I,IV		99,66	76,16
	II		99,66	76,16
	III		99,66	76,16
	V	**81,16**	99,66	76,16
	VI	**93,25**	99,66	76,16
833,99	I,IV		100,00	76,50
	II		100,00	76,50
	III		100,00	76,50
	V	**81,50**	100,00	76,50
	VI	**93,58**	100,00	76,50
836,99	I,IV		100,41	76,75
	II		100,41	76,75
	III		100,41	76,75
	V	**81,83**	100,41	76,75
	VI	**93,91**	100,41	76,75
839,99	I,IV		100,75	77,00
	II		100,75	77,00
	III		100,75	77,00
	V	**82,16**	100,75	77,00
	VI	**94,25**	100,75	77,00
842,99	I,IV		101,08	77,33
	II		101,08	77,33
	III		101,08	77,33
	V	**82,50**	101,08	77,33
	VI	**94,58**	101,08	77,33
845,99	I,IV		101,50	77,58
	II		101,50	77,58
	III		101,50	77,58
	V	**82,83**	101,50	77,58
	VI	**94,91**	101,50	77,58
848,99	I,IV		101,83	77,83
	II		101,83	77,83
	III		101,83	77,83
	V	**83,16**	101,83	77,83
	VI	**95,25**	101,83	77,83
851,99	I,IV		102,16	78,16
	II		102,16	78,16
	III		102,16	78,16
	V	**83,50**	102,16	78,16
	VI	**95,58**	102,16	78,16
854,99	I,IV		102,58	78,41
	II		102,58	78,41
	III		102,58	78,41
	V	**83,83**	102,58	78,41
	VI	**95,91**	102,58	78,41
857,99	I,IV		102,91	78,66
	II		102,91	78,66
	III		102,91	78,66
	V	**84,16**	102,91	78,66
	VI	**96,25**	102,91	78,66
860,99	I,IV		103,25	78,91
	II		103,25	78,91
	III		103,25	78,91
	V	**84,50**	103,25	78,91
	VI	**96,58**	103,25	78,91
863,99	I,IV		103,66	79,25
	II		103,66	79,25
	III		103,66	79,25
	V	**84,83**	103,66	79,25
	VI	**96,91**	103,66	79,25

* Zur LSt-Berechnung für privat versicherte Arbeitnehmer s. Beispiele **Vorbemerkung S. 4 f.**
** Basisvorsorgepauschale KV und PV *** Typisierter Arbeitgeberzuschuss

Lohn/ Gehalt in € bis	Steuerklasse	Lohn-steuer*	BVSP**	TAGZ***
866,99	I,IV		104,00	79,50
	II		104,00	79,50
	III		104,00	79,50
	V	**85,16**	104,00	79,50
	VI	**97,25**	104,00	79,50
869,99	I,IV		104,33	79,75
	II		104,33	79,75
	III		104,33	79,75
	V	**85,50**	104,33	79,75
	VI	**97,58**	104,33	79,75
872,99	I,IV		104,75	80,08
	II		104,75	80,08
	III		104,75	80,08
	V	**85,83**	104,75	80,08
	VI	**97,91**	104,75	80,08
875,99	I,IV		105,08	80,33
	II		105,08	80,33
	III		105,08	80,33
	V	**86,16**	105,08	80,33
	VI	**98,25**	105,08	80,33
878,99	I,IV		105,41	80,58
	II		105,41	80,58
	III		105,41	80,58
	V	**86,50**	105,41	80,58
	VI	**98,58**	105,41	80,58
881,99	I,IV		105,83	80,91
	II		105,83	80,91
	III		105,83	80,91
	V	**86,91**	105,83	80,91
	VI	**99,00**	105,83	80,91
884,99	I,IV		106,16	81,16
	II		106,16	81,16
	III		106,16	81,16
	V	**87,16**	106,16	81,16
	VI	**99,25**	106,16	81,16
887,99	I,IV		106,50	81,41
	II		106,50	81,41
	III		106,50	81,41
	V	**87,50**	106,50	81,41
	VI	**99,66**	106,50	81,41
890,99	I,IV		106,91	81,66
	II		106,91	81,66
	III		106,91	81,66
	V	**87,91**	106,91	81,66
	VI	**100,00**	106,91	81,66
893,99	I,IV		107,25	82,00
	II		107,25	82,00
	III		107,25	82,00
	V	**88,25**	107,25	82,00
	VI	**100,33**	107,25	82,00
896,99	I,IV		107,58	82,25
	II		107,58	82,25
	III		107,58	82,25
	V	**88,58**	107,58	82,25
	VI	**100,66**	107,58	82,25
899,99	I,IV		107,91	82,50
	II		107,91	82,50
	III		107,91	82,50
	V	**88,91**	107,91	82,50
	VI	**101,00**	107,91	82,50

Lohn/ Gehalt in € bis	Steuerklasse	Lohn-steuer*	BVSP**	TAGZ***
902,99	I,IV		108,33	82,83
	II		108,33	82,83
	III		108,33	82,83
	V	**89,25**	108,33	82,83
	VI	**101,33**	108,33	82,83
905,99	I,IV		108,66	83,08
	II		108,66	83,08
	III		108,66	83,08
	V	**89,58**	108,66	83,08
	VI	**101,66**	108,66	83,08
908,99	I,IV		109,00	83,33
	II		109,00	83,33
	III		109,00	83,33
	V	**89,91**	109,00	83,33
	VI	**102,00**	109,00	83,33
911,99	I,IV		109,41	83,66
	II		109,41	83,66
	III		109,41	83,66
	V	**90,25**	109,41	83,66
	VI	**102,33**	109,41	83,66
914,99	I,IV		109,75	83,91
	II		109,75	83,91
	III		109,75	83,91
	V	**90,58**	109,75	83,91
	VI	**102,66**	109,75	83,91
917,99	I,IV		110,08	84,16
	II		110,08	84,16
	III		110,08	84,16
	V	**90,91**	110,08	84,16
	VI	**103,00**	110,08	84,16
920,99	I,IV		110,50	84,50
	II		110,50	84,50
	III		110,50	84,50
	V	**91,25**	110,50	84,50
	VI	**103,33**	110,50	84,50
923,99	I,IV		110,83	84,75
	II		110,83	84,75
	III		110,83	84,75
	V	**91,58**	110,83	84,75
	VI	**103,66**	110,83	84,75
926,99	I,IV		111,16	85,00
	II		111,16	85,00
	III		111,16	85,00
	V	**91,91**	111,16	85,00
	VI	**104,00**	111,16	85,00
929,99	I,IV		111,58	85,25
	II		111,58	85,25
	III		111,58	85,25
	V	**92,25**	111,58	85,25
	VI	**104,33**	111,58	85,25
932,99	I,IV		111,91	85,58
	II		111,91	85,58
	III		111,91	85,58
	V	**92,58**	111,91	85,58
	VI	**104,66**	111,91	85,58
935,99	I,IV		112,25	85,83
	II		112,25	85,83
	III		112,25	85,83
	V	**92,91**	112,25	85,83
	VI	**105,00**	112,25	85,83

* Zur LSt-Berechnung für privat versicherte Arbeitnehmer s. Beispiele **Vorbemerkung S. 4f.**
** Basisvorsorgepauschale KV und PV *** Typisierter Arbeitgeberzuschuss

Lohn/ Gehalt in € bis	Steuerklasse	Lohn- steuer*	BVSP**	TAGZ***
938,99	I,IV		112,66	86,08
	II		112,66	86,08
	III		112,66	86,08
	V	**93,25**	112,66	86,08
	VI	**105,33**	112,66	86,08
941,99	I,IV		113,00	86,41
	II		113,00	86,41
	III		113,00	86,41
	V	**93,58**	113,00	86,41
	VI	**105,66**	113,00	86,41
944,99	I,IV		113,33	86,66
	II		113,33	86,66
	III		113,33	86,66
	V	**93,91**	113,33	86,66
	VI	**106,00**	113,33	86,66
947,99	I,IV		113,75	86,91
	II		113,75	86,91
	III		113,75	86,91
	V	**94,25**	113,75	86,91
	VI	**106,33**	113,75	86,91
950,99	I,IV		114,08	87,25
	II		114,08	87,25
	III		114,08	87,25
	V	**94,58**	114,08	87,25
	VI	**106,75**	114,08	87,25
953,99	I,IV		114,41	87,50
	II		114,41	87,50
	III		114,41	87,50
	V	**94,91**	114,41	87,50
	VI	**107,00**	114,41	87,50
956,99	I,IV		114,83	87,75
	II		114,83	87,75
	III		114,83	87,75
	V	**95,25**	114,83	87,75
	VI	**107,33**	114,83	87,75
959,99	I,IV		115,16	88,00
	II		115,16	88,00
	III		115,16	88,00
	V	**95,66**	115,16	88,00
	VI	**107,75**	115,16	88,00
962,99	I,IV		115,50	88,33
	II		115,50	88,33
	III		115,50	88,33
	V	**96,00**	115,50	88,33
	VI	**108,08**	115,50	88,33
965,99	I,IV		115,91	88,58
	II		115,91	88,58
	III		115,91	88,58
	V	**96,33**	115,91	88,58
	VI	**108,41**	115,91	88,58
968,99	I,IV		116,25	88,83
	II		116,25	88,83
	III		116,25	88,83
	V	**96,66**	116,25	88,83
	VI	**108,75**	116,25	88,83
971,99	I,IV		116,58	89,16
	II		116,58	89,16
	III		116,58	89,16
	V	**97,00**	116,58	89,16
	VI	**109,08**	116,58	89,16

Lohn/ Gehalt in € bis	Steuerklasse	Lohn- steuer*	BVSP**	TAGZ***
974,99	I,IV		116,91	89,41
	II		116,91	89,41
	III		116,91	89,41
	V	**97,33**	116,91	89,41
	VI	**109,41**	116,91	89,41
977,99	I,IV		117,33	89,66
	II		117,33	89,66
	III		117,33	89,66
	V	**97,66**	117,33	89,66
	VI	**109,75**	117,33	89,66
980,99	I,IV		117,66	90,00
	II		117,66	90,00
	III		117,66	90,00
	V	**98,00**	117,66	90,00
	VI	**110,08**	117,66	90,00
983,99	I,IV		118,00	90,25
	II		118,00	90,25
	III		118,00	90,25
	V	**98,33**	118,00	90,25
	VI	**110,41**	118,00	90,25
986,99	I,IV		118,41	90,50
	II		118,41	90,50
	III		118,41	90,50
	V	**98,66**	118,41	90,50
	VI	**110,75**	118,41	90,50
989,99	I,IV		118,75	90,75
	II		118,75	90,75
	III		118,75	90,75
	V	**99,00**	118,75	90,75
	VI	**111,08**	118,75	90,75
992,99	I,IV		119,08	91,08
	II		119,08	91,08
	III		119,08	91,08
	V	**99,33**	119,08	91,08
	VI	**111,41**	119,08	91,08
995,99	I,IV		119,50	91,33
	II		119,50	91,33
	III		119,50	91,33
	V	**99,66**	119,50	91,33
	VI	**111,75**	119,50	91,33
998,99	I,IV		119,83	91,58
	II		119,83	91,58
	III		119,83	91,58
	V	**100,00**	119,83	91,58
	VI	**112,08**	119,83	91,58
1001,99	I,IV		120,16	91,91
	II		120,16	91,91
	III		120,16	91,91
	V	**100,33**	120,16	91,91
	VI	**112,41**	120,16	91,91
1004,99	I,IV		120,58	92,16
	II		120,58	92,16
	III		120,58	92,16
	V	**100,66**	120,58	92,16
	VI	**112,75**	120,58	92,16
1007,99	I,IV		120,91	92,41
	II		120,91	92,41
	III		120,91	92,41
	V	**101,00**	120,91	92,41
	VI	**113,08**	120,91	92,41

* Zur LSt-Berechnung für privat versicherte Arbeitnehmer s. Beispiele **Vorbemerkung S. 4 f.**
** Basisvorsorgepauschale KV und PV *** Typisierter Arbeitgeberzuschuss

Lohn/ Gehalt in € bis	Steuerklasse	Lohn-steuer*	BVSP**	TAGZ***
1010,99	I,IV		121,25	92,75
	II		121,25	92,75
	III		121,25	92,75
	V	**101,33**	121,25	92,75
	VI	**113,41**	121,25	92,75
1013,99	I,IV		121,66	93,00
	II		121,66	93,00
	III		121,66	93,00
	V	**101,66**	121,66	93,00
	VI	**113,75**	121,66	93,00
1016,99	I,IV		122,00	93,25
	II		122,00	93,25
	III		122,00	93,25
	V	**102,00**	122,00	93,25
	VI	**114,08**	122,00	93,25
1019,99	I,IV		122,33	93,58
	II		122,33	93,58
	III		122,33	93,58
	V	**102,33**	122,33	93,58
	VI	**114,41**	122,33	93,58
1022,99	I,IV		122,75	93,83
	II		122,75	93,83
	III		122,75	93,83
	V	**102,66**	122,75	93,83
	VI	**114,75**	122,75	93,83
1025,99	I,IV		123,08	94,08
	II		123,08	94,08
	III		123,08	94,08
	V	**103,00**	123,08	94,08
	VI	**115,08**	123,08	94,08
1028,99	I,IV		123,41	94,33
	II		123,41	94,33
	III		123,41	94,33
	V	**103,33**	123,41	94,33
	VI	**115,50**	123,41	94,33
1031,99	I,IV		123,83	94,66
	II		123,83	94,66
	III		123,83	94,66
	V	**103,75**	123,83	94,66
	VI	**115,83**	123,83	94,66
1034,99	I,IV		124,16	94,91
	II		124,16	94,91
	III		124,16	94,91
	V	**104,08**	124,16	94,91
	VI	**116,16**	124,16	94,91
1037,99	I,IV		124,50	95,16
	II		124,50	95,16
	III		124,50	95,16
	V	**104,41**	124,50	95,16
	VI	**116,50**	124,50	95,16
1040,99	I,IV		124,91	95,50
	II		124,91	95,50
	III		124,91	95,50
	V	**104,75**	124,91	95,50
	VI	**116,83**	124,91	95,50
1043,99	I,IV		125,25	95,75
	II		125,25	95,75
	III		125,25	95,75
	V	**105,08**	125,25	95,75
	VI	**117,16**	125,25	95,75
1046,99	I,IV		125,58	96,00
	II		125,58	96,00
	III		125,58	96,00
	V	**105,41**	125,58	96,00
	VI	**117,50**	125,58	96,00
1049,99	I,IV		125,91	96,33
	II		125,91	96,33
	III		125,91	96,33
	V	**105,75**	125,91	96,33
	VI	**117,83**	125,91	96,33
1052,99	I,IV		126,33	96,58
	II		126,33	96,58
	III		126,33	96,58
	V	**106,08**	126,33	96,58
	VI	**118,16**	126,33	96,58
1055,99	I,IV		126,66	96,83
	II		126,66	96,83
	III		126,66	96,83
	V	**106,41**	126,66	96,83
	VI	**118,50**	126,66	96,83
1058,99	I,IV		127,00	97,08
	II		127,00	97,08
	III		127,00	97,08
	V	**106,75**	127,00	97,08
	VI	**118,83**	127,00	97,08
1061,99	I,IV		127,41	97,41
	II		127,41	97,41
	III		127,41	97,41
	V	**107,08**	127,41	97,41
	VI	**119,16**	127,41	97,41
1064,99	I,IV		127,75	97,66
	II		127,75	97,66
	III		127,75	97,66
	V	**107,41**	127,75	97,66
	VI	**119,50**	127,75	97,66
1067,99	I,IV		128,08	97,91
	II		128,08	97,91
	III		128,08	97,91
	V	**107,75**	128,08	97,91
	VI	**119,83**	128,08	97,91
1070,99	I,IV		128,50	98,25
	II		128,50	98,25
	III		128,50	98,25
	V	**108,08**	128,50	98,25
	VI	**120,16**	128,50	98,25
1073,99	I,IV		128,83	98,50
	II		128,83	98,50
	III		128,83	98,50
	V	**108,41**	128,83	98,50
	VI	**120,50**	128,83	98,50
1076,99	I,IV		129,16	98,75
	II		129,16	98,75
	III		129,16	98,75
	V	**108,75**	129,16	98,75
	VI	**120,83**	129,16	98,75
1079,99	I,IV		129,58	99,08
	II		129,58	99,08
	III		129,58	99,08
	V	**109,08**	129,58	99,08
	VI	**121,16**	129,58	99,08

* Zur LSt-Berechnung für privat versicherte Arbeitnehmer s. Beispiele **Vorbemerkung S. 4 f.**
** Basisvorsorgepauschale KV und PV *** Typisierter Arbeitgeberzuschuss

Lohn/ Gehalt in € bis	Steuerklasse	Lohnsteuer*	BVSP**	TAGZ***
1 082,99	I,IV		129,91	99,33
	II		129,91	99,33
	III		129,91	99,33
	V	**109,41**	129,91	99,33
	VI	**121,50**	129,91	99,33
1 085,99	I,IV		130,25	99,58
	II		130,25	99,58
	III		130,25	99,58
	V	**109,75**	130,25	99,58
	VI	**121,83**	130,25	99,58
1 088,99	I,IV		130,66	99,83
	II		130,66	99,83
	III		130,66	99,83
	V	**110,08**	130,66	99,83
	VI	**122,16**	130,66	99,83
1 091,99	I,IV		131,00	100,16
	II		131,00	100,16
	III		131,00	100,16
	V	**110,41**	131,00	100,16
	VI	**122,50**	131,00	100,16
1 094,99	I,IV		131,33	100,41
	II		131,33	100,41
	III		131,33	100,41
	V	**110,75**	131,33	100,41
	VI	**122,83**	131,33	100,41
1 097,99	I,IV		131,75	100,66
	II		131,75	100,66
	III		131,75	100,66
	V	**111,08**	131,75	100,66
	VI	**123,16**	131,75	100,66
1 100,99	I,IV		132,08	101,00
	II		132,08	101,00
	III		132,08	101,00
	V	**111,41**	132,08	101,00
	VI	**123,58**	132,08	101,00
1 103,99	I,IV		132,41	101,25
	II		132,41	101,25
	III		132,41	101,25
	V	**111,83**	132,41	101,25
	VI	**123,91**	132,41	101,25
1 106,99	I,IV		132,83	101,50
	II		132,83	101,50
	III		132,83	101,50
	V	**112,16**	132,83	101,50
	VI	**124,25**	132,83	101,50
1 109,99	I,IV		133,16	101,83
	II		133,16	101,83
	III		133,16	101,83
	V	**112,50**	133,16	101,83
	VI	**124,58**	133,16	101,83
1 112,99	I,IV		133,50	102,08
	II		133,50	102,08
	III		133,50	102,08
	V	**112,83**	133,50	102,08
	VI	**124,91**	133,50	102,08
1 115,99	I,IV		133,91	102,33
	II		133,91	102,33
	III		133,91	102,33
	V	**113,16**	133,91	102,33
	VI	**125,25**	133,91	102,33
1 118,99	I,IV		134,25	102,66
	II		134,25	102,66
	III		134,25	102,66
	V	**113,50**	134,25	102,66
	VI	**125,58**	134,25	102,66
1 121,99	I,IV	**0,16**	134,58	102,91
	II		134,58	102,91
	III		134,58	102,91
	V	**113,83**	134,58	102,91
	VI	**125,91**	134,58	102,91
1 124,99	I,IV	**0,50**	134,91	103,16
	II		134,91	103,16
	III		134,91	103,16
	V	**114,16**	134,91	103,16
	VI	**126,25**	134,91	103,16
1 127,99	I,IV	**0,83**	135,33	103,41
	II		135,33	103,41
	III		135,33	103,41
	V	**114,50**	135,33	103,41
	VI	**126,58**	135,33	103,41
1 130,99	I,IV	**1,16**	135,66	103,75
	II		135,66	103,75
	III		135,66	103,75
	V	**114,83**	135,66	103,75
	VI	**126,91**	135,66	103,75
1 133,99	I,IV	**1,50**	136,00	104,00
	II		136,00	104,00
	III		136,00	104,00
	V	**115,16**	136,00	104,00
	VI	**127,25**	136,00	104,00
1 136,99	I,IV	**1,83**	136,41	104,25
	II		136,41	104,25
	III		136,41	104,25
	V	**115,50**	136,41	104,25
	VI	**127,58**	136,41	104,25
1 139,99	I,IV	**2,16**	136,75	104,58
	II		136,75	104,58
	III		136,75	104,58
	V	**115,83**	136,75	104,58
	VI	**127,91**	136,75	104,58
1 142,99	I,IV	**2,50**	137,08	104,83
	II		137,08	104,83
	III		137,08	104,83
	V	**116,16**	137,08	104,83
	VI	**128,25**	137,08	104,83
1 145,99	I,IV	**2,91**	137,50	105,08
	II		137,50	105,08
	III		137,50	105,08
	V	**116,50**	137,50	105,08
	VI	**128,58**	137,50	105,08
1 148,99	I,IV	**3,25**	137,83	105,41
	II		137,83	105,41
	III		137,83	105,41
	V	**116,83**	137,83	105,41
	VI	**128,91**	137,83	105,41
1 151,99	I,IV	**3,58**	138,16	105,66
	II		138,16	105,66
	III		138,16	105,66
	V	**117,16**	138,16	105,66
	VI	**129,25**	138,16	105,66

* Zur LSt-Berechnung für privat versicherte Arbeitnehmer s. Beispiele **Vorbemerkung S. 4 f.**
** Basisvorsorgepauschale KV und PV *** Typisierter Arbeitgeberzuschuss

Lohn/ Gehalt in € bis	Steuerklasse	Lohn-steuer*	BVSP**	TAGZ***
1 154,99	I,IV	**3,91**	138,58	105,91
	II		138,58	105,91
	III		138,58	105,91
	V	**117,50**	138,58	105,91
	VI	**129,58**	138,58	105,91
1 157,99	I,IV	**4,25**	138,91	106,16
	II		138,91	106,16
	III		138,91	106,16
	V	**117,83**	138,91	106,16
	VI	**129,91**	138,91	106,16
1 160,99	I,IV	**4,66**	139,25	106,50
	II		139,25	106,50
	III		139,25	106,50
	V	**118,16**	139,25	106,50
	VI	**130,25**	139,25	106,50
1 163,99	I,IV	**5,00**	139,66	106,75
	II		139,66	106,75
	III		139,66	106,75
	V	**118,50**	139,66	106,75
	VI	**130,58**	139,66	106,75
1 166,99	I,IV	**5,33**	140,00	107,00
	II		140,00	107,00
	III		140,00	107,00
	V	**118,83**	140,00	107,00
	VI	**130,91**	140,00	107,00
1 169,99	I,IV	**5,75**	140,33	107,33
	II		140,33	107,33
	III		140,33	107,33
	V	**119,16**	140,33	107,33
	VI	**131,75**	140,33	107,33
1 172,99	I,IV	**6,08**	140,75	107,58
	II		140,75	107,58
	III		140,75	107,58
	V	**119,58**	140,75	107,58
	VI	**132,75**	140,75	107,58
1 175,99	I,IV	**6,41**	141,08	107,83
	II		141,08	107,83
	III		141,08	107,83
	V	**119,91**	141,08	107,83
	VI	**133,75**	141,08	107,83
1 178,99	I,IV	**6,83**	141,41	108,16
	II		141,41	108,16
	III		141,41	108,16
	V	**120,25**	141,41	108,16
	VI	**134,75**	141,41	108,16
1 181,99	I,IV	**7,16**	141,83	108,41
	II		141,83	108,41
	III		141,83	108,41
	V	**120,58**	141,83	108,41
	VI	**135,75**	141,83	108,41
1 184,99	I,IV	**7,50**	142,16	108,66
	II		142,16	108,66
	III		142,16	108,66
	V	**120,91**	142,16	108,66
	VI	**136,75**	142,16	108,66
1 187,99	I,IV	**7,91**	142,50	108,91
	II		142,50	108,91
	III		142,50	108,91
	V	**121,25**	142,50	108,91
	VI	**137,83**	142,50	108,91

Lohn/ Gehalt in € bis	Steuerklasse	Lohn-steuer*	BVSP**	TAGZ***
1 190,99	I,IV	**8,25**	142,91	109,25
	II		142,91	109,25
	III		142,91	109,25
	V	**121,58**	142,91	109,25
	VI	**138,83**	142,91	109,25
1 193,99	I,IV	**8,66**	143,25	109,50
	II		143,25	109,50
	III		143,25	109,50
	V	**121,91**	143,25	109,50
	VI	**139,83**	143,25	109,50
1 196,99	I,IV	**9,00**	143,58	109,75
	II		143,58	109,75
	III		143,58	109,75
	V	**122,25**	143,58	109,75
	VI	**140,83**	143,58	109,75
1 199,99	I,IV	**9,41**	143,91	110,08
	II		143,91	110,08
	III		143,91	110,08
	V	**122,58**	143,91	110,08
	VI	**141,83**	143,91	110,08
1 202,99	I,IV	**9,75**	144,33	110,33
	II		144,33	110,33
	III		144,33	110,33
	V	**122,91**	144,33	110,33
	VI	**142,83**	144,33	110,33
1 205,99	I,IV	**10,08**	144,66	110,58
	II		144,66	110,58
	III		144,66	110,58
	V	**123,25**	144,66	110,58
	VI	**143,83**	144,66	110,58
1 208,99	I,IV	**10,50**	145,00	110,91
	II		145,00	110,91
	III		145,00	110,91
	V	**123,58**	145,00	110,91
	VI	**144,83**	145,00	110,91
1 211,99	I,IV	**10,91**	145,41	111,16
	II		145,41	111,16
	III		145,41	111,16
	V	**123,91**	145,41	111,16
	VI	**145,91**	145,41	111,16
1 214,99	I,IV	**11,25**	145,75	111,41
	II		145,75	111,41
	III		145,75	111,41
	V	**124,25**	145,75	111,41
	VI	**146,91**	145,75	111,41
1 217,99	I,IV	**11,66**	146,08	111,75
	II		146,08	111,75
	III		146,08	111,75
	V	**124,58**	146,08	111,75
	VI	**147,91**	146,08	111,75
1 220,99	I,IV	**12,00**	146,50	112,00
	II		146,50	112,00
	III		146,50	112,00
	V	**124,91**	146,50	112,00
	VI	**148,91**	146,50	112,00
1 223,99	I,IV	**12,41**	146,83	112,25
	II		146,83	112,25
	III		146,83	112,25
	V	**125,25**	146,83	112,25
	VI	**149,91**	146,83	112,25

* Zur LSt-Berechnung für privat versicherte Arbeitnehmer s. Beispiele **Vorbemerkung S. 4f.**
** Basisvorsorgepauschale KV und PV *** Typisierter Arbeitgeberzuschuss

Lohn/ Gehalt in € bis	Steuerklasse	Lohnsteuer*	BVSP**	TAGZ***
1 226,99	I,IV	**12,75**	147,16	112,50
	II		147,16	112,50
	III		147,16	112,50
	V	**125,58**	147,16	112,50
	VI	**150,91**	147,16	112,50
1 229,99	I,IV	**13,16**	147,58	112,83
	II		147,58	112,83
	III		147,58	112,83
	V	**125,91**	147,58	112,83
	VI	**151,91**	147,58	112,83
1 232,99	I,IV	**13,58**	147,91	113,08
	II		147,91	113,08
	III		147,91	113,08
	V	**126,25**	147,91	113,08
	VI	**152,91**	147,91	113,08
1 235,99	I,IV	**13,91**	148,25	113,33
	II		148,25	113,33
	III		148,25	113,33
	V	**126,58**	148,25	113,33
	VI	**154,00**	148,25	113,33
1 238,99	I,IV	**14,33**	148,66	113,66
	II		148,66	113,66
	III		148,66	113,66
	V	**126,91**	148,66	113,66
	VI	**155,00**	148,66	113,66
1 241,99	I,IV	**14,75**	149,00	113,91
	II		149,00	113,91
	III		149,00	113,91
	V	**127,25**	149,00	113,91
	VI	**156,00**	149,00	113,91
1 244,99	I,IV	**15,16**	149,33	114,16
	II		149,33	114,16
	III		149,33	114,16
	V	**127,66**	149,33	114,16
	VI	**157,00**	149,33	114,16
1 247,99	I,IV	**15,50**	149,75	114,50
	II		149,75	114,50
	III		149,75	114,50
	V	**127,91**	149,75	114,50
	VI	**158,00**	149,75	114,50
1 250,99	I,IV	**15,91**	150,08	114,75
	II		150,08	114,75
	III		150,08	114,75
	V	**128,33**	150,08	114,75
	VI	**159,00**	150,08	114,75
1 253,99	I,IV	**16,33**	150,41	115,00
	II		150,41	115,00
	III		150,41	115,00
	V	**128,66**	150,41	115,00
	VI	**160,00**	150,41	115,00
1 256,99	I,IV	**16,75**	150,83	115,25
	II		150,83	115,25
	III		150,83	115,25
	V	**129,00**	150,83	115,25
	VI	**161,00**	150,83	115,25
1 259,99	I,IV	**17,08**	151,16	115,58
	II		151,16	115,58
	III		151,16	115,58
	V	**129,33**	151,16	115,58
	VI	**162,08**	151,16	115,58
1 262,99	I,IV	**17,50**	151,50	115,83
	II		151,50	115,83
	III		151,50	115,83
	V	**129,66**	151,50	115,83
	VI	**163,08**	151,50	115,83
1 265,99	I,IV	**17,91**	151,91	116,08
	II		151,91	116,08
	III		151,91	116,08
	V	**130,00**	151,91	116,08
	VI	**164,08**	151,91	116,08
1 268,99	I,IV	**18,33**	152,25	116,41
	II		152,25	116,41
	III		152,25	116,41
	V	**130,33**	152,25	116,41
	VI	**165,08**	152,25	116,41
1 271,99	I,IV	**18,75**	152,58	116,66
	II		152,58	116,66
	III		152,58	116,66
	V	**130,66**	152,58	116,66
	VI	**166,08**	152,58	116,66
1 274,99	I,IV	**19,16**	152,91	116,91
	II		152,91	116,91
	III		152,91	116,91
	V	**131,00**	152,91	116,91
	VI	**167,08**	152,91	116,91
1 277,99	I,IV	**19,58**	153,33	117,25
	II		153,33	117,25
	III		153,33	117,25
	V	**131,83**	153,33	117,25
	VI	**168,08**	153,33	117,25
1 280,99	I,IV	**20,00**	153,66	117,50
	II		153,66	117,50
	III		153,66	117,50
	V	**132,83**	153,66	117,50
	VI	**169,08**	153,66	117,50
1 283,99	I,IV	**20,41**	154,00	117,75
	II		154,00	117,75
	III		154,00	117,75
	V	**133,91**	154,00	117,75
	VI	**170,16**	154,00	117,75
1 286,99	I,IV	**20,75**	154,41	118,00
	II		154,41	118,00
	III		154,41	118,00
	V	**134,91**	154,41	118,00
	VI	**171,16**	154,41	118,00
1 289,99	I,IV	**21,16**	154,75	118,33
	II		154,75	118,33
	III		154,75	118,33
	V	**135,91**	154,75	118,33
	VI	**172,16**	154,75	118,33
1 292,99	I,IV	**21,58**	155,08	118,58
	II		155,08	118,58
	III		155,08	118,58
	V	**136,91**	155,08	118,58
	VI	**173,16**	155,08	118,58
1 295,99	I,IV	**22,00**	155,50	118,83
	II		155,50	118,83
	III		155,50	118,83
	V	**137,91**	155,50	118,83
	VI	**174,16**	155,50	118,83

* Zur LSt-Berechnung für privat versicherte Arbeitnehmer s. Beispiele **Vorbemerkung S. 4 f.**
** Basisvorsorgepauschale KV und PV *** Typisierter Arbeitgeberzuschuss

Lohn/ Gehalt in € bis	Steuerklasse	Lohn-steuer*	BVSP**	TAGZ***	Steuerklasse	Bemessungsgrundlage für Kirchensteuer und Solidaritätszuschlag – Freibeträge für ... Kinder 0,5	1,0	1,5	2,0	2,5	3,0
1 298,99	I,IV	**22,41**	155,83	119,16	I						
	II		155,83	119,16	II						
	III		155,83	119,16	III						
	V	**138,91**	155,83	119,16	IV						
	VI	**175,16**	155,83	119,16							
1 301,99	I,IV	**22,83**	156,16	119,41	I						
	II		156,16	119,41	II						
	III		156,16	119,41	III						
	V	**139,91**	156,16	119,41	IV						
	VI	**176,16**	156,16	119,41							
1 304,99	I,IV	**23,33**	156,58	119,66	I						
	II		156,58	119,66	II						
	III		156,58	119,66	III						
	V	**140,91**	156,58	119,66	IV						
	VI	**177,16**	156,58	119,66							
1 307,99	I,IV	**23,75**	156,91	120,00	I						
	II		156,91	120,00	II						
	III		156,91	120,00	III						
	V	**142,00**	156,91	120,00	IV						
	VI	**178,25**	156,91	120,00							
1 310,99	I,IV	**24,16**	157,25	120,25	I						
	II		157,25	120,25	II						
	III		157,25	120,25	III						
	V	**143,00**	157,25	120,25	IV						
	VI	**179,25**	157,25	120,25							
1 313,99	I,IV	**24,58**	157,66	120,50	I						
	II		157,66	120,50	II						
	III		157,66	120,50	III						
	V	**144,00**	157,66	120,50	IV						
	VI	**180,25**	157,66	120,50							
1 316,99	I,IV	**25,00**	158,00	120,83	I						
	II		158,00	120,83	II						
	III		158,00	120,83	III						
	V	**145,00**	158,00	120,83	IV						
	VI	**181,25**	158,00	120,83							
1 319,99	I,IV	**25,41**	158,33	121,08	I						
	II	**0,08**	158,33	121,08	II						
	III		158,33	121,08	III						
	V	**146,00**	158,33	121,08	IV						
	VI	**182,25**	158,33	121,08							
1 322,99	I,IV	**25,91**	158,33	121,33	I						
	II	**0,50**	158,33	121,33	II						
	III		158,75	121,33	III						
	V	**147,16**	158,33	121,33	IV						
	VI	**183,41**	158,33	121,33							
1 325,99	I,IV	**26,41**	158,33	121,58	I						
	II	**0,91**	158,33	121,58	II						
	III		159,08	121,58	III						
	V	**148,33**	158,33	121,58	IV						
	VI	**184,58**	158,33	121,58							
1 328,99	I,IV	**26,91**	158,33	121,91	I						
	II	**1,25**	158,33	121,91	II						
	III		159,41	121,91	III						
	V	**149,50**	158,33	121,91	IV						
	VI	**185,75**	158,33	121,91							
1 331,99	I,IV	**27,41**	158,33	122,16	I						
	II	**1,66**	158,33	122,16	II						
	III		159,83	122,16	III						
	V	**150,66**	158,33	122,16	IV						
	VI	**186,91**	158,33	122,16							

* Zur LSt-Berechnung für privat versicherte Arbeitnehmer s. Beispiele **Vorbemerkung S. 4 f.**
** Basisvorsorgepauschale KV und PV *** Typisierter Arbeitgeberzuschuss

Lohn/ Gehalt in € bis	Steuerklasse	Lohn-steuer*	BVSP**	TAGZ***	Steuerklasse	Bemessungsgrundlage für Kirchensteuer und Solidaritätszuschlag – Freibeträge für ... Kinder: 0,5	1,0	1,5	2,0	2,5	3,0
1 334,99	I,IV	**27,91**	158,33	122,41	I						
	II	**2,08**	158,33	122,41	II						
	III		160,16	122,41	III						
	V	**151,83**	158,33	122,41	IV						
	VI	**188,08**	158,33	122,41							
1 337,99	I,IV	**28,41**	158,33	122,75	I						
	II	**2,50**	158,33	122,75	II						
	III		160,50	122,75	III						
	V	**153,00**	158,33	122,75	IV	0,25					
	VI	**189,25**	158,33	122,75							
1 340,99	I,IV	**28,91**	158,33	123,00	I						
	II	**2,83**	158,33	123,00	II						
	III		160,91	123,00	III						
	V	**154,16**	158,33	123,00	IV	0,58					
	VI	**190,41**	158,33	123,00							
1 343,99	I,IV	**29,41**	158,33	123,25	I						
	II	**3,25**	158,33	123,25	II						
	III		161,25	123,25	III						
	V	**155,33**	158,33	123,25	IV	1,00					
	VI	**191,58**	158,33	123,25							
1 346,99	I,IV	**29,91**	158,33	123,58	I						
	II	**3,66**	158,33	123,58	II						
	III		161,58	123,58	III						
	V	**156,50**	158,33	123,58	IV	1,41					
	VI	**192,75**	158,33	123,58							
1 349,99	I,IV	**30,41**	158,33	123,83	I						
	II	**4,08**	158,33	123,83	II						
	III		161,91	123,83	III						
	V	**157,66**	158,33	123,83	IV	1,83					
	VI	**193,91**	158,33	123,83							
1 352,99	I,IV	**31,00**	158,33	124,08	I						
	II	**4,50**	158,33	124,08	II						
	III		162,33	124,08	III						
	V	**158,83**	158,33	124,08	IV	2,16					
	VI	**195,08**	158,33	124,08							
1 355,99	I,IV	**31,50**	158,33	124,33	I						
	II	**4,91**	158,33	124,33	II						
	III		162,66	124,33	III						
	V	**159,91**	158,33	124,33	IV	2,58					
	VI	**196,25**	158,33	124,33							
1 358,99	I,IV	**32,00**	158,33	124,66	I						
	II	**5,33**	158,33	124,66	II						
	III		163,00	124,66	III						
	V	**161,16**	158,33	124,66	IV	3,00					
	VI	**197,41**	158,33	124,66							
1 361,99	I,IV	**32,50**	158,33	124,91	I						
	II	**5,75**	158,33	124,91	II						
	III		163,41	124,91	III						
	V	**162,33**	158,33	124,91	IV	3,41					
	VI	**198,58**	158,33	124,91							
1 364,99	I,IV	**33,00**	158,33	125,16	I						
	II	**6,16**	158,33	125,16	II						
	III		163,75	125,16	III						
	V	**163,41**	158,33	125,16	IV	3,83					
	VI	**199,75**	158,33	125,16							
1 367,99	I,IV	**33,58**	158,33	125,50	I						
	II	**6,58**	158,33	125,50	II						
	III		164,08	125,50	III						
	V	**164,58**	158,33	125,50	IV	4,16					
	VI	**200,83**	158,33	125,50							

* Zur LSt-Berechnung für privat versicherte Arbeitnehmer s. Beispiele **Vorbemerkung S. 4 f.**
** Basisvorsorgepauschale KV und PV *** Typisierter Arbeitgeberzuschuss

Lohn/ Gehalt in € bis	Steuerklasse	Lohn-steuer*	BVSP**	TAGZ***	Steuerklasse	Bemessungsgrundlage für Kirchensteuer und Solidaritätszuschlag – Freibeträge für … Kinder 0,5	**1,0**	1,5	**2,0**	2,5	**3,0**
1 370,99	I,IV	**34,08**	158,33	125,75	I						
	II	**7,00**	158,33	125,75	II						
	III		164,50	125,75	III						
	V	**165,75**	158,33	125,75	IV	4,58					
	VI	**202,00**	158,33	125,75							
1 373,99	I,IV	**34,58**	158,33	126,00	I						
	II	**7,41**	158,33	126,00	II						
	III		164,83	126,00	III						
	V	**166,91**	158,33	126,00	IV	5,00					
	VI	**203,16**	158,33	126,00							
1 376,99	I,IV	**35,16**	158,33	126,33	I						
	II	**7,83**	158,33	126,33	II						
	III		165,16	126,33	III						
	V	**168,08**	158,33	126,33	IV	5,41					
	VI	**204,33**	158,33	126,33							
1 379,99	I,IV	**35,66**	158,33	126,58	I						
	II	**8,25**	158,33	126,58	II						
	III		165,58	126,58	III						
	V	**169,25**	158,33	126,58	IV	5,83					
	VI	**205,50**	158,33	126,58							
1 382,99	I,IV	**36,16**	158,33	126,83	I						
	II	**8,66**	158,33	126,83	II						
	III		165,91	126,83	III						
	V	**170,41**	158,33	126,83	IV	6,25					
	VI	**206,66**	158,33	126,83							
1 385,99	I,IV	**36,75**	158,33	127,08	I						
	II	**9,08**	158,33	127,08	II						
	III		166,25	127,08	III						
	V	**171,58**	158,33	127,08	IV	6,66					
	VI	**207,83**	158,33	127,08							
1 388,99	I,IV	**37,25**	158,33	127,41	I						
	II	**9,50**	158,33	127,41	II						
	III		166,66	127,41	III						
	V	**172,75**	158,33	127,41	IV	7,08					
	VI	**209,00**	158,33	127,41							
1 391,99	I,IV	**37,83**	158,33	127,66	I						
	II	**9,91**	158,33	127,66	II						
	III		167,00	127,66	III						
	V	**173,91**	158,33	127,66	IV	7,50					
	VI	**210,16**	158,33	127,66							
1 394,99	I,IV	**38,33**	158,33	127,91	I						
	II	**10,41**	158,33	127,91	II						
	III		167,33	127,91	III						
	V	**175,08**	158,33	127,91	IV	7,91					
	VI	**211,33**	158,33	127,91							
1 397,99	I,IV	**38,83**	158,33	128,25	I						
	II	**10,83**	158,33	128,25	II						
	III		167,75	128,25	III						
	V	**176,25**	158,33	128,25	IV	8,33					
	VI	**212,50**	158,33	128,25							
1 400,99	I,IV	**39,41**	158,33	128,50	I						
	II	**11,25**	158,33	128,50	II						
	III		168,08	128,50	III						
	V	**177,41**	158,33	128,50	IV	8,75					
	VI	**213,66**	158,33	128,50							
1 403,99	I,IV	**39,91**	158,33	128,75	I						
	II	**11,66**	158,33	128,75	II						
	III		168,41	128,75	III						
	V	**178,50**	158,33	128,75	IV	9,25					
	VI	**214,83**	158,33	128,75							

* Zur LSt-Berechnung für privat versicherte Arbeitnehmer s. Beispiele **Vorbemerkung S. 4f.**
** Basisvorsorgepauschale KV und PV *** Typisierter Arbeitgeberzuschuss

Lohn/ Gehalt in € bis	Steuerklasse	Lohn- steuer*	BVSP**	TAGZ***	Steuerklasse	Bemessungsgrundlage für Kirchensteuer und Solidaritätszuschlag					
						Freibeträge für ... Kinder					
						0,5	**1,0**	1,5	**2,0**	2,5	**3,0**
1406,99	I,IV	**40,50**	158,33	129,08	I						
	II	**12,16**	158,33	129,08	II						
	III		168,83	129,08	III						
	V	**179,75**	158,33	129,08	IV	9,66					
	VI	**216,00**	158,33	129,08							
1409,99	I,IV	**41,08**	158,33	129,33	I						
	II	**12,58**	158,33	129,33	II						
	III		169,16	129,33	III						
	V	**180,91**	158,33	129,33	IV	10,08					
	VI	**217,16**	158,33	129,33							
1412,99	I,IV	**41,58**	158,33	129,58	I						
	II	**13,00**	158,33	129,58	II						
	III		169,50	129,58	III						
	V	**182,00**	158,33	129,58	IV	10,50					
	VI	**218,33**	158,33	129,58							
1415,99	I,IV	**42,16**	158,33	129,91	I						
	II	**13,50**	158,33	129,91	II						
	III		169,91	129,91	III						
	V	**183,16**	158,33	129,91	IV	10,91					
	VI	**219,41**	158,33	129,91							
1418,99	I,IV	**42,66**	158,33	130,16	I						
	II	**13,91**	158,33	130,16	II						
	III		170,25	130,16	III						
	V	**184,33**	158,33	130,16	IV	11,41					
	VI	**220,58**	158,33	130,16							
1421,99	I,IV	**43,25**	158,33	130,41	I						
	II	**14,33**	158,33	130,41	II						
	III		170,58	130,41	III						
	V	**185,50**	158,33	130,41	IV	11,83					
	VI	**221,75**	158,33	130,41							
1424,99	I,IV	**43,83**	158,33	130,66	I						
	II	**14,83**	158,33	130,66	II						
	III		170,91	130,66	III						
	V	**186,66**	158,33	130,66	IV	12,25					
	VI	**222,91**	158,33	130,66							
1427,99	I,IV	**44,33**	158,33	131,00	I						
	II	**15,25**	158,33	131,00	II						
	III		171,33	131,00	III						
	V	**187,83**	158,33	131,00	IV	12,66					
	VI	**224,08**	158,33	131,00							
1430,99	I,IV	**44,91**	158,33	131,25	I						
	II	**15,75**	158,33	131,25	II						
	III		171,66	131,25	III						
	V	**189,00**	158,33	131,25	IV	13,16					
	VI	**225,25**	158,33	131,25							
1433,99	I,IV	**45,50**	158,33	131,50	I						
	II	**16,16**	158,33	131,50	II						
	III		172,00	131,50	III						
	V	**190,16**	158,33	131,50	IV	13,58					
	VI	**226,41**	158,33	131,50							
1436,99	I,IV	**46,00**	158,33	131,83	I						
	II	**16,58**	158,33	131,83	II						
	III		172,41	131,83	III						
	V	**191,33**	158,33	131,83	IV	14,00					
	VI	**227,58**	158,33	131,83							
1439,99	I,IV	**46,58**	158,33	132,08	I						
	II	**17,08**	158,33	132,08	II						
	III		172,75	132,08	III						
	V	**192,50**	158,33	132,08	IV	14,50					
	VI	**228,75**	158,33	132,08							

* Zur LSt-Berechnung für privat versicherte Arbeitnehmer s. Beispiele **Vorbemerkung S. 4 f.**
** Basisvorsorgepauschale KV und PV *** Typisierter Arbeitgeberzuschuss

Lohn/ Gehalt in € bis	Steuerklasse	Lohn- steuer*	BVSP**	TAGZ***	Steuerklasse	Bemessungsgrundlage für Kirchensteuer und Solidaritätszuschlag					
						Freibeträge für ... Kinder					
						0,5	**1,0**	1,5	**2,0**	2,5	**3,0**
1 442,99	I,IV	**47,16**	158,33	132,33	I						
	II	**17,58**	158,33	132,33	II						
	III		173,08	132,33	III						
	V	**193,66**	158,33	132,33	IV	14,91					
	VI	**229,91**	158,33	132,33							
1 445,99	I,IV	**47,75**	158,33	132,66	I						
	II	**18,00**	158,33	132,66	II						
	III		173,50	132,66	III						
	V	**194,83**	158,33	132,66	IV	15,41					
	VI	**231,08**	158,33	132,66							
1 448,99	I,IV	**48,33**	158,33	132,91	I						
	II	**18,50**	158,33	132,91	II						
	III		173,83	132,91	III						
	V	**196,00**	158,33	132,91	IV	15,83					
	VI	**232,25**	158,33	132,91							
1 451,99	I,IV	**48,91**	158,33	133,16	I						
	II	**18,91**	158,33	133,16	II						
	III		174,16	133,16	III						
	V	**197,08**	158,33	133,16	IV	16,33					
	VI	**233,41**	158,33	133,16							
1 454,99	I,IV	**49,50**	158,33	133,41	I						
	II	**19,41**	158,33	133,41	II						
	III		174,58	133,41	III						
	V	**198,33**	158,33	133,41	IV	16,75					
	VI	**234,58**	158,33	133,41							
1 457,99	I,IV	**50,08**	158,33	133,75	I						
	II	**19,91**	158,33	133,75	II						
	III		174,91	133,75	III						
	V	**199,50**	158,33	133,75	IV	17,25					
	VI	**235,75**	158,33	133,75							
1 460,99	I,IV	**50,58**	158,33	134,00	I						
	II	**20,33**	158,33	134,00	II						
	III		175,25	134,00	III						
	V	**200,58**	158,33	134,00	IV	17,66					
	VI	**236,91**	158,33	134,00							
1 463,99	I,IV	**51,16**	158,33	134,25	I						
	II	**20,83**	158,33	134,25	II						
	III		175,66	134,25	III						
	V	**201,75**	158,33	134,25	IV	18,16					
	VI	**238,00**	158,33	134,25							
1 466,99	I,IV	**51,75**	158,33	134,58	I						
	II	**21,33**	158,33	134,58	II						
	III		176,00	134,58	III						
	V	**202,91**	158,33	134,58	IV	18,58					
	VI	**239,16**	158,33	134,58							
1 469,99	I,IV	**52,33**	158,33	134,83	I						
	II	**21,75**	158,33	134,83	II						
	III		176,33	134,83	III						
	V	**204,08**	158,33	134,83	IV	19,08					
	VI	**240,33**	158,33	134,83							
1 472,99	I,IV	**52,91**	158,33	135,08	I						
	II	**22,25**	158,33	135,08	II						
	III		176,75	135,08	III						
	V	**205,25**	158,33	135,08	IV	19,58					
	VI	**241,50**	158,33	135,08							
1 475,99	I,IV	**53,50**	158,33	135,41	I						
	II	**22,75**	158,33	135,41	II						
	III		177,08	135,41	III						
	V	**206,41**	158,33	135,41	IV	20,00					
	VI	**242,66**	158,33	135,41							

* Zur LSt-Berechnung für privat versicherte Arbeitnehmer s. Beispiele **Vorbemerkung S. 4f.**
** Basisvorsorgepauschale KV und PV *** Typisierter Arbeitgeberzuschuss

Lohn/ Gehalt in € bis	Steuerklasse	Lohn- steuer*	BVSP**	TAGZ***	Steuerklasse	Bemessungsgrundlage für Kirchensteuer und Solidaritätszuschlag					
						Freibeträge für ... Kinder					
						0,5	**1,0**	1,5	**2,0**	2,5	**3,0**
1478,99	I,IV	**54,08**	158,33	135,66	I						
	II	**23,25**	158,33	135,66	II						
	III		177,41	135,66	III						
	V	**207,58**	158,33	135,66	IV	20,50					
	VI	**243,83**	158,33	135,66							
1481,99	I,IV	**54,75**	158,33	135,91	I						
	II	**23,75**	158,33	135,91	II						
	III		177,83	135,91	III						
	V	**208,75**	158,33	135,91	IV	21,00					
	VI	**245,00**	158,33	135,91							
1484,99	I,IV	**55,33**	158,33	136,16	I						
	II	**24,16**	158,33	136,16	II						
	III		178,16	136,16	III						
	V	**209,91**	158,33	136,16	IV	21,41					
	VI	**246,16**	158,33	136,16							
1487,99	I,IV	**55,91**	158,33	136,50	I						
	II	**24,66**	158,33	136,50	II						
	III		178,50	136,50	III						
	V	**211,08**	158,33	136,50	IV	21,91					
	VI	**247,33**	158,33	136,50							
1490,99	I,IV	**56,50**	158,33	136,75	I						
	II	**25,16**	158,33	136,75	II						
	III		178,91	136,75	III						
	V	**212,25**	158,33	136,75	IV	22,41					
	VI	**248,50**	158,33	136,75							
1493,99	I,IV	**57,08**	158,33	137,00	I						
	II	**25,66**	158,33	137,00	II						
	III		179,25	137,00	III						
	V	**213,41**	158,33	137,00	IV	22,91					
	VI	**249,66**	158,33	137,00							
1496,99	I,IV	**57,66**	158,33	137,33	I						
	II	**26,16**	158,33	137,33	II						
	III		179,58	137,33	III						
	V	**214,58**	158,33	137,33	IV	23,41					
	VI	**250,83**	158,33	137,33							
1499,99	I,IV	**58,25**	158,33	137,58	I						
	II	**26,66**	158,33	137,58	II						
	III		179,91	137,58	III						
	V	**215,66**	158,33	137,58	IV	23,83					
	VI	**252,00**	158,33	137,58							
1502,99	I,IV	**58,91**	158,33	137,83	I						
	II	**27,16**	158,33	137,83	II						
	III		180,33	137,83	III						
	V	**216,91**	158,33	137,83	IV	24,33					
	VI	**253,16**	158,33	137,83							
1505,99	I,IV	**59,50**	158,33	138,16	I						
	II	**27,66**	158,33	138,16	II						
	III		180,66	138,16	III						
	V	**218,08**	158,33	138,16	IV	24,83					
	VI	**254,33**	158,33	138,16							
1508,99	I,IV	**60,08**	158,33	138,41	I						
	II	**28,16**	158,33	138,41	II						
	III		181,00	138,41	III						
	V	**219,16**	158,33	138,41	IV	25,33					
	VI	**255,50**	158,33	138,41							
1511,99	I,IV	**60,75**	158,33	138,66	I						
	II	**28,66**	158,33	138,66	II						
	III		181,41	138,66	III						
	V	**220,33**	158,33	138,66	IV	25,83					
	VI	**256,58**	158,33	138,66							

* Zur LSt-Berechnung für privat versicherte Arbeitnehmer s. Beispiele **Vorbemerkung S. 4 f.**
** Basisvorsorgepauschale KV und PV *** Typisierter Arbeitgeberzuschuss

Lohn/ Gehalt in € bis	Steuerklasse	Lohn-steuer*	BVSP**	TAGZ***	Steuerklasse	Bemessungsgrundlage für Kirchensteuer und Solidaritätszuschlag — Freibeträge für ... Kinder 0,5	1,0	1,5	2,0	2,5	3,0
1 514,99	I,IV	**61,33**	158,33	139,00	I						
	II	**29,16**	158,33	139,00	II						
	III		181,75	139,00	III						
	V	**221,50**	158,33	139,00	IV	26,33					
	VI	**257,75**	158,33	139,00							
1 517,99	I,IV	**61,91**	158,33	139,25	I						
	II	**29,66**	158,33	139,25	II						
	III		182,08	139,25	III						
	V	**222,66**	158,33	139,25	IV	26,83					
	VI	**258,91**	158,33	139,25							
1 520,99	I,IV	**62,58**	158,33	139,50	I						
	II	**30,16**	158,33	139,50	II						
	III		182,50	139,50	III						
	V	**223,83**	158,33	139,50	IV	27,33					
	VI	**260,08**	158,33	139,50							
1 523,99	I,IV	**63,16**	158,33	139,75	I						
	II	**30,75**	158,33	139,75	II						
	III		182,83	139,75	III						
	V	**225,00**	158,33	139,75	IV	27,83					
	VI	**261,25**	158,33	139,75							
1 526,99	I,IV	**63,83**	158,33	140,08	I	0,16					
	II	**31,25**	158,33	140,08	II						
	III		183,16	140,08	III						
	V	**226,16**	158,33	140,08	IV	28,33	0,16				
	VI	**262,41**	158,33	140,08							
1 529,99	I,IV	**64,41**	158,33	140,33	I	0,58					
	II	**31,75**	158,33	140,33	II						
	III		183,58	140,33	III						
	V	**227,33**	158,33	140,33	IV	28,83	0,58				
	VI	**263,58**	158,33	140,33							
1 532,99	I,IV	**65,00**	158,33	140,58	I	0,91					
	II	**32,25**	158,33	140,58	II						
	III		183,91	140,58	III						
	V	**228,50**	158,33	140,58	IV	29,33	0,91				
	VI	**264,75**	158,33	140,58							
1 535,99	I,IV	**65,66**	158,33	140,91	I	1,33					
	II	**32,75**	158,33	140,91	II						
	III		184,25	140,91	III						
	V	**229,66**	158,33	140,91	IV	29,83	1,33				
	VI	**265,91**	158,33	140,91							
1 538,99	I,IV	**66,25**	158,33	141,16	I	1,75					
	II	**33,33**	158,33	141,16	II						
	III		184,66	141,16	III						
	V	**230,83**	158,33	141,16	IV	30,33	1,75				
	VI	**267,08**	158,33	141,16							
1 541,99	I,IV	**66,91**	158,33	141,41	I	2,08					
	II	**33,83**	158,33	141,41	II						
	III		185,00	141,41	III						
	V	**232,00**	158,33	141,41	IV	30,83	2,08				
	VI	**268,25**	158,33	141,41							
1 544,99	I,IV	**67,50**	158,33	141,75	I	2,50					
	II	**34,33**	158,33	141,75	II						
	III		185,33	141,75	III						
	V	**233,16**	158,33	141,75	IV	31,41	2,50				
	VI	**269,41**	158,33	141,75							
1 547,99	I,IV	**68,16**	158,33	142,00	I	2,91					
	II	**34,83**	158,33	142,00	II						
	III		185,75	142,00	III						
	V	**234,33**	158,33	142,00	IV	31,91	2,91				
	VI	**270,58**	158,33	142,00							

* Zur LSt-Berechnung für privat versicherte Arbeitnehmer s. Beispiele **Vorbemerkung S. 4 f.**
** Basisvorsorgepauschale KV und PV *** Typisierter Arbeitgeberzuschuss

Lohn/ Gehalt in € bis	Steuerklasse	Lohn-steuer*	BVSP**	TAGZ***	Steuerklasse	Bemessungsgrundlage für Kirchensteuer und Solidaritätszuschlag – Freibeträge für ... Kinder 0,5	1,0	1,5	2,0	2,5	3,0
1 550,99	I,IV	**68,83**	158,33	142,25	I	3,33					
	II	**35,41**	158,33	142,25	II						
	III		186,08	142,25	III						
	V	**235,50**	158,33	142,25	IV	32,41	3,33				
	VI	**271,75**	158,33	142,25							
1 553,99	I,IV	**69,41**	158,33	142,50	I	3,75					
	II	**35,91**	158,33	142,50	II						
	III		186,41	142,50	III						
	V	**236,66**	158,33	142,50	IV	32,91	3,75				
	VI	**272,91**	158,33	142,50							
1 556,99	I,IV	**70,08**	158,33	142,83	I	4,16					
	II	**36,41**	158,33	142,83	II						
	III		186,83	142,83	III						
	V	**237,83**	158,33	142,83	IV	33,41	4,16				
	VI	**274,08**	158,33	142,83							
1 559,99	I,IV	**70,75**	158,33	143,08	I	4,50					
	II	**37,00**	158,33	143,08	II						
	III		187,16	143,08	III						
	V	**238,91**	158,33	143,08	IV	34,00	4,50				
	VI	**275,16**	158,33	143,08							
1 562,99	I,IV	**71,33**	158,33	143,33	I	4,91					
	II	**37,50**	158,33	143,33	II						
	III		187,50	143,33	III						
	V	**240,08**	158,33	143,33	IV	34,50	4,91				
	VI	**276,33**	158,33	143,33							
1 565,99	I,IV	**72,00**	158,33	143,66	I	5,33					
	II	**38,08**	158,33	143,66	II						
	III		187,91	143,66	III						
	V	**241,25**	158,33	143,66	IV	35,00	5,33				
	VI	**277,50**	158,33	143,66							
1 568,99	I,IV	**72,66**	158,33	143,91	I	5,75					
	II	**38,58**	158,33	143,91	II						
	III		188,25	143,91	III						
	V	**242,41**	158,33	143,91	IV	35,58	5,75				
	VI	**278,66**	158,33	143,91							
1 571,99	I,IV	**73,25**	158,33	144,16	I	6,16					
	II	**39,16**	158,33	144,16	II						
	III		188,58	144,16	III						
	V	**243,58**	158,33	144,16	IV	36,08	6,16				
	VI	**279,83**	158,33	144,16							
1 574,99	I,IV	**73,91**	158,33	144,50	I	6,58					
	II	**39,66**	158,33	144,50	II						
	III		188,91	144,50	III						
	V	**244,75**	158,33	144,50	IV	36,58	6,58				
	VI	**281,00**	158,33	144,50							
1 577,99	I,IV	**74,58**	158,33	144,75	I	7,00					
	II	**40,25**	158,33	144,75	II						
	III		189,33	144,75	III						
	V	**245,91**	158,33	144,75	IV	37,16	7,00				
	VI	**282,16**	158,33	144,75							
1 580,99	I,IV	**75,25**	158,33	145,00	I	7,41					
	II	**40,75**	158,33	145,00	II						
	III		189,66	145,00	III						
	V	**247,08**	158,33	145,00	IV	37,66	7,41				
	VI	**283,33**	158,33	145,00							
1 583,99	I,IV	**75,91**	158,33	145,25	I	7,83					
	II	**41,33**	158,33	145,25	II						
	III		190,00	145,25	III						
	V	**248,25**	158,33	145,25	IV	38,25	7,83				
	VI	**284,50**	158,33	145,25							

* Zur LSt-Berechnung für privat versicherte Arbeitnehmer s. Beispiele **Vorbemerkung S. 4 f.**
** Basisvorsorgepauschale KV und PV *** Typisierter Arbeitgeberzuschuss

Lohn/ Gehalt in € bis	Steuerklasse	Lohn-steuer*	BVSP**	TAGZ***	Steuerklasse	Bemessungsgrundlage für Kirchensteuer und Solidaritätszuschlag					
						Freibeträge für ... Kinder					
						0,5	**1,0**	1,5	**2,0**	2,5	**3,0**
1 586,99	I,IV	**76,58**	158,33	145,58	I	8,25					
	II	**41,83**	158,33	145,58	II						
	III		190,41	145,58	III						
	V	**249,41**	158,33	145,58	IV	38,75	8,25				
	VI	**285,66**	158,33	145,58							
1 589,99	I,IV	**77,16**	158,33	145,83	I	8,75					
	II	**42,41**	158,33	145,83	II						
	III		190,75	145,83	III						
	V	**250,58**	158,33	145,83	IV	39,33	8,75				
	VI	**286,83**	158,33	145,83							
1 592,99	I,IV	**77,83**	158,33	146,08	I	9,16					
	II	**43,00**	158,33	146,08	II						
	III		191,08	146,08	III						
	V	**251,75**	158,33	146,08	IV	39,83	9,16				
	VI	**288,00**	158,33	146,08							
1 595,99	I,IV	**78,50**	158,33	146,41	I	9,58					
	II	**43,50**	158,33	146,41	II						
	III		191,50	146,41	III						
	V	**252,91**	158,33	146,41	IV	40,41	9,58				
	VI	**289,16**	158,33	146,41							
1 598,99	I,IV	**79,16**	158,33	146,66	I	10,00					
	II	**44,08**	158,33	146,66	II						
	III		191,83	146,66	III						
	V	**254,08**	158,33	146,66	IV	40,91	10,00				
	VI	**290,33**	158,33	146,66							
1 601,99	I,IV	**79,83**	158,33	146,91	I	10,41					
	II	**44,66**	158,33	146,91	II						
	III		192,16	146,91	III						
	V	**255,25**	158,33	146,91	IV	41,50	10,41				
	VI	**291,50**	158,33	146,91							
1 604,99	I,IV	**80,50**	158,33	147,25	I	10,83					
	II	**45,16**	158,33	147,25	II						
	III		192,58	147,25	III						
	V	**256,41**	158,33	147,25	IV	42,00	10,83				
	VI	**292,66**	158,33	147,25							
1 607,99	I,IV	**81,16**	158,33	147,50	I	11,33					
	II	**45,75**	158,33	147,50	II						
	III		192,91	147,50	III						
	V	**257,50**	158,33	147,50	IV	42,58	11,33				
	VI	**293,83**	158,33	147,50							
1 610,99	I,IV	**81,83**	158,33	147,75	I	11,75					
	II	**46,33**	158,33	147,75	II						
	III		193,25	147,75	III						
	V	**258,66**	158,33	147,75	IV	43,16	11,75				
	VI	**294,91**	158,33	147,75							
1 613,99	I,IV	**82,50**	158,33	148,08	I	12,16					
	II	**46,91**	158,33	148,08	II						
	III		193,66	148,08	III						
	V	**259,83**	158,33	148,08	IV	43,66	12,16				
	VI	**296,08**	158,33	148,08							
1 616,99	I,IV	**83,16**	158,33	148,33	I	12,66					
	II	**47,50**	158,33	148,33	II						
	III		194,00	148,33	III						
	V	**261,00**	158,33	148,33	IV	44,25	12,66				
	VI	**297,33**	158,33	148,33							
1 619,99	I,IV	**83,83**	158,33	148,58	I	13,08					
	II	**48,00**	158,33	148,58	II						
	III		194,33	148,58	III						
	V	**262,16**	158,33	148,58	IV	44,83	13,08				
	VI	**298,41**	158,33	148,58							

* Zur LSt-Berechnung für privat versicherte Arbeitnehmer s. Beispiele **Vorbemerkung S. 4 f.**
** Basisvorsorgepauschale KV und PV *** Typisierter Arbeitgeberzuschuss

Lohn/ Gehalt in € bis	Steuerklasse	Lohn-steuer*	BVSP**	TAGZ***	Steuerklasse	Bemessungsgrundlage für Kirchensteuer und Solidaritätszuschlag – Freibeträge für ... Kinder 0,5	1,0	1,5	2,0	2,5	3,0
1 622,99	I,IV	**84,50**	158,33	148,83	I	13,50					
	II	**48,58**	158,33	148,83	II						
	III		194,75	148,83	III						
	V	**263,33**	158,33	148,83	IV	45,41	13,50				
	VI	**299,58**	158,33	148,83							
1 625,99	I,IV	**85,16**	158,33	149,16	I	13,91					
	II	**49,16**	158,33	149,16	II						
	III		195,08	149,16	III						
	V	**264,50**	158,33	149,16	IV	45,91	13,91				
	VI	**300,75**	158,33	149,16							
1 628,99	I,IV	**85,83**	158,33	149,41	I	14,41					
	II	**49,75**	158,33	149,41	II						
	III		195,41	149,41	III						
	V	**265,66**	158,33	149,41	IV	46,50	14,41				
	VI	**301,91**	158,33	149,41							
1 631,99	I,IV	**86,50**	158,33	149,66	I	14,83					
	II	**50,33**	158,33	149,66	II						
	III		195,83	149,66	III						
	V	**266,83**	158,33	149,66	IV	47,08	14,83				
	VI	**303,08**	158,33	149,66							
1 634,99	I,IV	**87,16**	158,33	150,00	I	15,33					
	II	**50,91**	158,33	150,00	II						
	III		196,16	150,00	III						
	V	**268,00**	158,33	150,00	IV	47,66	15,33				
	VI	**304,25**	158,33	150,00							
1 637,99	I,IV	**87,83**	158,33	150,25	I	15,75					
	II	**51,50**	158,33	150,25	II						
	III		196,50	150,25	III						
	V	**269,16**	158,33	150,25	IV	48,25	15,75				
	VI	**305,41**	158,33	150,25							
1 640,99	I,IV	**88,50**	158,33	150,50	I	16,25					
	II	**52,08**	158,33	150,50	II						
	III		196,91	150,50	III						
	V	**270,33**	158,33	150,50	IV	48,75	16,25				
	VI	**306,58**	158,33	150,50							
1 643,99	I,IV	**89,16**	158,33	150,83	I	16,66					
	II	**52,66**	158,33	150,83	II						
	III		197,25	150,83	III						
	V	**271,50**	158,33	150,83	IV	49,33	16,66				
	VI	**307,75**	158,33	150,83							
1 646,99	I,IV	**89,83**	158,33	151,08	I	17,16					
	II	**53,25**	158,33	151,08	II						
	III		197,58	151,08	III						
	V	**272,66**	158,33	151,08	IV	49,91	17,16				
	VI	**308,91**	158,33	151,08							
1 649,99	I,IV	**90,50**	158,33	151,33	I	17,58					
	II	**53,83**	158,33	151,33	II						
	III		197,91	151,33	III						
	V	**273,83**	158,33	151,33	IV	50,50	17,58				
	VI	**310,08**	158,33	151,33							
1 652,99	I,IV	**91,16**	158,33	151,58	I	18,08					
	II	**54,41**	158,33	151,58	II						
	III		198,33	151,58	III						
	V	**275,00**	158,33	151,58	IV	51,08	18,08				
	VI	**311,25**	158,33	151,58							
1 655,99	I,IV	**91,83**	158,33	151,91	I	18,50					
	II	**55,00**	158,33	151,91	II						
	III		198,66	151,91	III						
	V	**276,08**	158,33	151,91	IV	51,66	18,50				
	VI	**312,41**	158,33	151,91							

* Zur LSt-Berechnung für privat versicherte Arbeitnehmer s. Beispiele **Vorbemerkung S. 4 f.**
** Basisvorsorgepauschale KV und PV *** Typisierter Arbeitgeberzuschuss

Lohn/ Gehalt in € bis	Steuerklasse	Lohn-steuer*	BVSP**	TAGZ***	Steuerklasse	Bemessungsgrundlage für Kirchensteuer und Solidaritätszuschlag					
						Freibeträge für ... Kinder					
						0,5	**1,0**	1,5	**2,0**	2,5	**3,0**
1 658,99	I,IV	**92,50**	158,33	152,16	I	19,00					
	II	**55,58**	158,33	152,16	II						
	III		199,00	152,16	III						
	V	**277,25**	158,33	152,16	IV	52,25	19,00				
	VI	**313,50**	158,33	152,16							
1 661,99	I,IV	**93,16**	158,33	152,41	I	19,50					
	II	**56,16**	158,33	152,41	II						
	III		199,41	152,41	III						
	V	**278,41**	158,33	152,41	IV	52,83	19,50				
	VI	**314,66**	158,33	152,41							
1 664,99	I,IV	**93,83**	158,33	152,75	I	19,91					
	II	**56,83**	158,33	152,75	II						
	III		199,75	152,75	III						
	V	**279,58**	158,33	152,75	IV	53,41	19,91				
	VI	**315,91**	158,33	152,75							
1 667,99	I,IV	**94,50**	158,33	153,00	I	20,41					
	II	**57,41**	158,33	153,00	II						
	III		200,08	153,00	III						
	V	**280,75**	158,33	153,00	IV	54,00	20,41				
	VI	**317,00**	158,33	153,00							
1 670,99	I,IV	**95,16**	158,33	153,25	I	20,91					
	II	**58,00**	158,33	153,25	II						
	III		200,50	153,25	III						
	V	**281,91**	158,33	153,25	IV	54,58	20,91				
	VI	**318,16**	158,33	153,25							
1 673,99	I,IV	**95,83**	158,33	153,58	I	21,33					
	II	**58,58**	158,33	153,58	II						
	III		200,83	153,58	III						
	V	**283,08**	158,33	153,58	IV	55,16	21,33				
	VI	**319,33**	158,33	153,58							
1 676,99	I,IV	**96,50**	158,33	153,83	I	21,83					
	II	**59,16**	158,33	153,83	II						
	III		201,16	153,83	III						
	V	**284,25**	158,33	153,83	IV	55,75	21,83				
	VI	**320,50**	158,33	153,83							
1 679,99	I,IV	**97,25**	158,33	154,08	I	22,33					
	II	**59,83**	158,33	154,08	II						
	III		201,58	154,08	III						
	V	**285,41**	158,33	154,08	IV	56,41	22,33				
	VI	**321,66**	158,33	154,08							
1 682,99	I,IV	**97,91**	158,33	154,33	I	22,83					
	II	**60,41**	158,33	154,33	II						
	III		201,91	154,33	III						
	V	**286,58**	158,33	154,33	IV	57,00	22,83				
	VI	**322,83**	158,33	154,33							
1 685,99	I,IV	**98,58**	158,33	154,66	I	23,33					
	II	**61,00**	158,33	154,66	II						
	III		202,25	154,66	III						
	V	**287,75**	158,33	154,66	IV	57,58	23,33				
	VI	**324,00**	158,33	154,66							
1 688,99	I,IV	**99,25**	158,33	154,91	I	23,75					
	II	**61,66**	158,33	154,91	II						
	III		202,66	154,91	III						
	V	**288,91**	158,33	154,91	IV	58,16	23,75				
	VI	**325,16**	158,33	154,91							
1 691,99	I,IV	**99,91**	158,33	155,16	I	24,25					
	II	**62,25**	158,33	155,16	II						
	III		203,00	155,16	III						
	V	**290,08**	158,33	155,16	IV	58,75	24,25				
	VI	**326,33**	158,33	155,16							

* Zur LSt-Berechnung für privat versicherte Arbeitnehmer s. Beispiele **Vorbemerkung S. 4 f.**
** Basisvorsorgepauschale KV und PV *** Typisierter Arbeitgeberzuschuss

Lohn/ Gehalt in € bis	Steuerklasse	Lohn-steuer*	BVSP**	TAGZ***	Steuerklasse	Bemessungsgrundlage für Kirchensteuer und Solidaritätszuschlag					
						Freibeträge für ... Kinder					
						0,5	**1,0**	1,5	**2,0**	2,5	**3,0**
1 694,99	I,IV	**100,58**	158,33	155,50	I	24,75					
	II	**62,91**	158,33	155,50	II						
	III		203,33	155,50	III						
	V	**291,25**	158,33	155,50	IV	59,41	24,75				
	VI	**327,50**	158,33	155,50							
1 697,99	I,IV	**101,25**	158,33	155,75	I	25,25					
	II	**63,50**	158,33	155,75	II						
	III		203,75	155,75	III						
	V	**292,41**	158,33	155,75	IV	60,00	25,25				
	VI	**328,66**	158,33	155,75							
1 700,99	I,IV	**101,91**	158,33	156,00	I	25,75					
	II	**64,08**	158,33	156,00	II	0,33					
	III		204,08	156,00	III						
	V	**293,58**	158,33	156,00	IV	60,58	25,75				
	VI	**329,83**	158,33	156,00							
1 703,99	I,IV	**102,58**	158,33	156,33	I	26,25					
	II	**64,75**	158,33	156,33	II	0,75					
	III		204,41	156,33	III						
	V	**294,66**	158,33	156,33	IV	61,25	26,25				
	VI	**331,00**	158,33	156,33							
1 706,99	I,IV	**103,25**	158,33	156,58	I	26,75					
	II	**65,33**	158,33	156,58	II	1,16					
	III		204,83	156,58	III						
	V	**295,83**	158,33	156,58	IV	61,83	26,75				
	VI	**332,08**	158,33	156,58							
1 709,99	I,IV	**103,91**	158,33	156,83	I	27,25					
	II	**66,00**	158,33	156,83	II	1,50					
	III		205,16	156,83	III						
	V	**297,00**	158,33	156,83	IV	62,41	27,25				
	VI	**333,25**	158,33	156,83							
1 712,99	I,IV	**104,66**	158,33	157,16	I	27,75					
	II	**66,58**	158,33	157,16	II	1,91					
	III		205,50	157,16	III						
	V	**298,16**	158,33	157,16	IV	63,08	27,75				
	VI	**334,50**	158,33	157,16							
1 715,99	I,IV	**105,33**	158,33	157,41	I	28,25					
	II	**67,25**	158,33	157,41	II	2,33					
	III		205,91	157,41	III						
	V	**299,33**	158,33	157,41	IV	63,66	28,25	0,08			
	VI	**335,58**	158,33	157,41							
1 718,99	I,IV	**106,00**	158,33	157,66	I	28,75					
	II	**67,83**	158,33	157,66	II	2,75					
	III		206,25	157,66	III						
	V	**300,50**	158,33	157,66	IV	64,33	28,75	0,50			
	VI	**336,75**	158,33	157,66							
1 721,99	I,IV	**106,66**	158,33	157,91	I	29,25					
	II	**68,50**	158,33	157,91	II	3,08					
	III		206,58	157,91	III						
	V	**301,66**	158,33	157,91	IV	64,91	29,25	0,83			
	VI	**337,91**	158,33	157,91							
1 724,99	I,IV	**107,33**	158,33	158,25	I	29,75					
	II	**69,08**	158,33	158,25	II	3,50					
	III		206,91	158,25	III						
	V	**302,83**	158,33	158,25	IV	65,50	29,75	1,25			
	VI	**339,08**	158,33	158,25							
1 727,99	I,IV	**108,00**	158,50	158,50	I	30,25					
	II	**69,75**	158,50	158,50	II	3,91					
	III		207,33	158,50	III						
	V	**303,91**	158,50	158,50	IV	66,08	30,25	1,58			
	VI	**340,16**	158,50	158,50							

* Zur LSt-Berechnung für privat versicherte Arbeitnehmer s. Beispiele **Vorbemerkung S. 4f.**
** Basisvorsorgepauschale KV und PV *** Typisierter Arbeitgeberzuschuss

Lohn/ Gehalt in € bis	Steuerklasse	Lohn- steuer*	BVSP**	TAGZ***	Steuerklasse	Bemessungsgrundlage für Kirchensteuer und Solidaritätszuschlag					
						Freibeträge für ... Kinder					
						0,5	**1,0**	1,5	**2,0**	2,5	**3,0**
1 730,99	I,IV	**108,58**	158,75	158,75	I	30,66					
	II	**70,25**	158,75	158,75	II	4,25					
	III		207,66	158,75	III						
	V	**304,91**	158,75	158,75	IV	66,66	30,66	2,00			
	VI	**341,25**	158,75	158,75							
1 733,99	I,IV	**109,25**	159,08	159,08	I	31,16					
	II	**70,83**	159,08	159,08	II	4,66					
	III		208,00	159,08	III						
	V	**306,00**	159,08	159,08	IV	67,25	31,16	2,33			
	VI	**342,25**	159,08	159,08							
1 736,99	I,IV	**109,83**	159,33	159,33	I	31,58					
	II	**71,41**	159,33	159,33	II	5,00					
	III		208,41	159,33	III						
	V	**307,08**	159,33	159,33	IV	67,83	31,58	2,66			
	VI	**343,33**	159,33	159,33							
1 739,99	I,IV	**110,41**	159,58	159,58	I	32,08					
	II	**72,00**	159,58	159,58	II	5,41					
	III		208,75	159,58	III						
	V	**308,08**	159,58	159,58	IV	68,41	32,08	3,08			
	VI	**344,33**	159,58	159,58							
1 742,99	I,IV	**111,08**	159,91	159,91	I	32,58					
	II	**72,58**	159,91	159,91	II	5,75					
	III		209,08	159,91	III						
	V	**309,16**	159,91	159,91	IV	69,00	32,58	3,41			
	VI	**345,41**	159,91	159,91							
1 745,99	I,IV	**111,66**	160,16	160,16	I	33,00					
	II	**73,16**	160,16	160,16	II	6,08					
	III		209,50	160,16	III						
	V	**310,16**	160,16	160,16	IV	69,50	33,00	3,75			
	VI	**346,41**	160,16	160,16							
1 748,99	I,IV	**112,25**	160,41	160,41	I	33,50					
	II	**73,75**	160,41	160,41	II	6,50					
	III		209,83	160,41	III						
	V	**311,25**	160,41	160,41	IV	70,08	33,50	4,16			
	VI	**347,50**	160,41	160,41							
1 751,99	I,IV	**112,91**	160,66	160,66	I	33,91					
	II	**74,33**	160,66	160,66	II	6,83					
	III		210,16	160,66	III						
	V	**312,25**	160,66	160,66	IV	70,66	33,91	4,50			
	VI	**348,50**	160,66	160,66							
1 754,99	I,IV	**113,50**	161,00	161,00	I	34,41					
	II	**74,91**	161,00	161,00	II	7,25					
	III		210,58	161,00	III						
	V	**313,33**	161,00	161,00	IV	71,25	34,41	4,91			
	VI	**349,58**	161,00	161,00							
1 757,99	I,IV	**114,08**	161,25	161,25	I	34,91					
	II	**75,50**	161,25	161,25	II	7,58					
	III		210,91	161,25	III						
	V	**314,33**	161,25	161,25	IV	71,83	34,91	5,25			
	VI	**350,66**	161,25	161,25							
1 760,99	I,IV	**114,75**	161,50	161,50	I	35,33					
	II	**76,08**	161,50	161,50	II	8,00					
	III		211,25	161,50	III						
	V	**315,41**	161,50	161,50	IV	72,41	35,33	5,58			
	VI	**351,66**	161,50	161,50							
1 763,99	I,IV	**115,33**	161,83	161,83	I	35,83					
	II	**76,66**	161,83	161,83	II	8,41					
	III		211,66	161,83	III						
	V	**316,50**	161,83	161,83	IV	73,00	35,83	6,00			
	VI	**352,75**	161,83	161,83							

* Zur LSt-Berechnung für privat versicherte Arbeitnehmer s. Beispiele **Vorbemerkung S. 4 f.**
** Basisvorsorgepauschale KV und PV *** Typisierter Arbeitgeberzuschuss

Lohn/ Gehalt in € bis	Steuerklasse	Lohn- steuer*	BVSP**	TAGZ***	Steuerklasse	Bemessungsgrundlage für Kirchensteuer und Solidaritätszuschlag					
						Freibeträge für ... Kinder					
						0,5	**1,0**	1,5	**2,0**	2,5	**3,0**
1 766,99	I,IV	**116,00**	162,08	162,08	I	36,33					
	II	**77,33**	162,08	162,08	II	8,75					
	III		212,00	162,08	III						
	V	**317,50**	162,08	162,08	IV	73,58	36,33	6,33			
	VI	**353,75**	162,08	162,08							
1 769,99	I,IV	**116,58**	162,33	162,33	I	36,83					
	II	**77,83**	162,33	162,33	II	9,16					
	III		212,33	162,33	III						
	V	**318,50**	162,33	162,33	IV	74,16	36,83	6,75			
	VI	**354,83**	162,33	162,33							
1 772,99	I,IV	**117,16**	162,66	162,66	I	37,25					
	II	**78,50**	162,66	162,66	II	9,50					
	III		212,75	162,66	III						
	V	**319,58**	162,66	162,66	IV	74,75	37,25	7,08			
	VI	**355,83**	162,66	162,66							
1 775,99	I,IV	**117,83**	162,91	162,91	I	37,75					
	II	**79,08**	162,91	162,91	II	9,91					
	III		213,08	162,91	III						
	V	**320,66**	162,91	162,91	IV	75,33	37,75	7,50			
	VI	**356,91**	162,91	162,91							
1 778,99	I,IV	**118,41**	163,16	163,16	I	38,25					
	II	**79,66**	163,16	163,16	II	10,33					
	III		213,41	163,16	III						
	V	**321,66**	163,16	163,16	IV	75,91	38,25	7,91			
	VI	**357,91**	163,16	163,16							
1 781,99	I,IV	**119,08**	163,41	163,41	I	38,75					
	II	**80,25**	163,41	163,41	II	10,75					
	III		213,83	163,41	III						
	V	**322,75**	163,41	163,41	IV	76,50	38,75	8,25			
	VI	**359,00**	163,41	163,41							
1 784,99	I,IV	**119,66**	163,75	163,75	I	39,25					
	II	**80,83**	163,75	163,75	II	11,08					
	III		214,16	163,75	III						
	V	**323,75**	163,75	163,75	IV	77,08	39,25	8,66			
	VI	**360,08**	163,75	163,75							
1 787,99	I,IV	**120,25**	164,00	164,00	I	39,75					
	II	**81,50**	164,00	164,00	II	11,50					
	III		214,50	164,00	III						
	V	**324,83**	164,00	164,00	IV	77,66	39,75	9,00			
	VI	**361,08**	164,00	164,00							
1 790,99	I,IV	**120,91**	164,25	164,25	I	40,16					
	II	**82,08**	164,25	164,25	II	11,91					
	III		214,91	164,25	III						
	V	**325,91**	164,25	164,25	IV	78,25	40,16	9,41			
	VI	**362,16**	164,25	164,25							
1 793,99	I,IV	**121,50**	164,58	164,58	I	40,66					
	II	**82,66**	164,58	164,58	II	12,33					
	III		215,25	164,58	III						
	V	**326,91**	164,58	164,58	IV	78,91	40,66	9,83			
	VI	**363,16**	164,58	164,58							
1 796,99	I,IV	**122,16**	164,83	164,83	I	41,16					
	II	**83,25**	164,83	164,83	II	12,66					
	III		215,58	164,83	III						
	V	**327,91**	164,83	164,83	IV	79,50	41,16	10,16			
	VI	**364,25**	164,83	164,83							
1 799,99	I,IV	**122,75**	165,08	165,08	I	41,66					
	II	**83,83**	165,08	165,08	II	13,08					
	III		215,91	165,08	III						
	V	**329,00**	165,08	165,08	IV	80,08	41,66	10,58			
	VI	**365,25**	165,08	165,08							

* Zur LSt-Berechnung für privat versicherte Arbeitnehmer s. Beispiele **Vorbemerkung S. 4f.**
** Basisvorsorgepauschale KV und PV *** Typisierter Arbeitgeberzuschuss

Lohn/ Gehalt in € bis	Steuerklasse	Lohn-steuer*	BVSP**	TAGZ***	Steuerklasse	Bemessungsgrundlage für Kirchensteuer und Solidaritätszuschlag					
						Freibeträge für ... Kinder					
						0,5	**1,0**	1,5	**2,0**	2,5	**3,0**
1 802,99	I,IV	**123,33**	165,41	165,41	I	42,16					
	II	**84,41**	165,41	165,41	II	13,50					
	III		216,33	165,41	III						
	V	**330,08**	165,41	165,41	IV	80,66	42,16	11,00			
	VI	**366,33**	165,41	165,41							
1 805,99	I,IV	**124,00**	165,66	165,66	I	42,66					
	II	**85,08**	165,66	165,66	II	13,91					
	III		216,66	165,66	III						
	V	**331,08**	165,66	165,66	IV	81,25	42,66	11,33			
	VI	**367,33**	165,66	165,66							
1 808,99	I,IV	**124,58**	165,91	165,91	I	43,16					
	II	**85,66**	165,91	165,91	II	14,33					
	III		217,00	165,91	III						
	V	**332,16**	165,91	165,91	IV	81,83	43,16	11,75			
	VI	**368,41**	165,91	165,91							
1 811,99	I,IV	**125,25**	166,25	166,25	I	43,66					
	II	**86,25**	166,25	166,25	II	14,66					
	III		217,41	166,25	III						
	V	**333,16**	166,25	166,25	IV	82,50	43,66	12,16			
	VI	**369,50**	166,25	166,25							
1 814,99	I,IV	**125,83**	166,50	166,50	I	44,16					
	II	**86,83**	166,50	166,50	II	15,08					
	III		217,75	166,50	III						
	V	**334,25**	166,50	166,50	IV	83,08	44,16	12,58			
	VI	**370,50**	166,50	166,50							
1 817,99	I,IV	**126,50**	166,75	166,75	I	44,66					
	II	**87,50**	166,75	166,75	II	15,50					
	III		218,08	166,75	III						
	V	**335,33**	166,75	166,75	IV	83,66	44,66	13,00			
	VI	**371,58**	166,75	166,75							
1 820,99	I,IV	**127,08**	167,00	167,00	I	45,16					
	II	**88,08**	167,00	167,00	II	15,91					
	III		218,50	167,00	III						
	V	**336,33**	167,00	167,00	IV	84,25	45,16	13,33			
	VI	**372,58**	167,00	167,00							
1 823,99	I,IV	**127,75**	167,33	167,33	I	45,66					
	II	**88,66**	167,33	167,33	II	16,33					
	III		218,83	167,33	III						
	V	**337,33**	167,33	167,33	IV	84,83	45,66	13,75			
	VI	**373,66**	167,33	167,33							
1 826,99	I,IV	**128,33**	167,58	167,58	I	46,16					
	II	**89,25**	167,58	167,58	II	16,75					
	III		219,16	167,58	III						
	V	**338,41**	167,58	167,58	IV	85,41	46,16	14,16			
	VI	**374,66**	167,58	167,58							
1 829,99	I,IV	**129,00**	167,83	167,83	I	46,66					
	II	**89,83**	167,83	167,83	II	17,16					
	III		219,58	167,83	III						
	V	**339,50**	167,83	167,83	IV	86,08	46,66	14,58			
	VI	**375,75**	167,83	167,83							
1 832,99	I,IV	**129,58**	168,16	168,16	I	47,25					
	II	**90,50**	168,16	168,16	II	17,58					
	III		219,91	168,16	III						
	V	**340,50**	168,16	168,16	IV	86,66	47,25	15,00			
	VI	**376,75**	168,16	168,16							
1 835,99	I,IV	**130,25**	168,41	168,41	I	47,75					
	II	**91,08**	168,41	168,41	II	18,00					
	III		220,25	168,41	III						
	V	**341,58**	168,41	168,41	IV	87,25	47,75	15,41			
	VI	**377,83**	168,41	168,41							

* Zur LSt-Berechnung für privat versicherte Arbeitnehmer s. Beispiele **Vorbemerkung S. 4 f.**
** Basisvorsorgepauschale KV und PV *** Typisierter Arbeitgeberzuschuss

Lohn/ Gehalt in € bis	Steuerklasse	Lohn- steuer*	BVSP**	TAGZ***	Steuerklasse	Bemessungsgrundlage für Kirchensteuer und Solidaritätszuschlag					
						Freibeträge für ... Kinder					
						0,5	**1,0**	1,5	**2,0**	2,5	**3,0**
1 838,99	I,IV	**130,83**	168,66	168,66	I	48,25					
	II	**91,66**	168,66	168,66	II	18,41					
	III		220,66	168,66	III						
	V	**342,58**	168,66	168,66	IV	87,83	48,25	15,83			
	VI	**378,91**	168,66	168,66							
1 841,99	I,IV	**131,50**	169,00	169,00	I	48,75					
	II	**92,25**	169,00	169,00	II	18,83					
	III		221,00	169,00	III						
	V	**343,66**	169,00	169,00	IV	88,50	48,75	16,25			
	VI	**379,91**	169,00	169,00							
1 844,99	I,IV	**132,08**	169,25	169,25	I	49,25					
	II	**92,91**	169,25	169,25	II	19,25					
	III		221,33	169,25	III						
	V	**344,75**	169,25	169,25	IV	89,08	49,25	16,58			
	VI	**381,00**	169,25	169,25							
1 847,99	I,IV	**132,66**	169,50	169,50	I	49,75					
	II	**93,50**	169,50	169,50	II	19,66					
	III		221,75	169,50	III						
	V	**345,75**	169,50	169,50	IV	89,66	49,75	17,00			
	VI	**382,00**	169,50	169,50							
1 850,99	I,IV	**133,33**	169,75	169,75	I	50,33					
	II	**94,08**	169,75	169,75	II	20,08					
	III		222,08	169,75	III						
	V	**346,75**	169,75	169,75	IV	90,25	50,33	17,41			
	VI	**383,08**	169,75	169,75							
1 853,99	I,IV	**133,91**	170,08	170,08	I	50,83					
	II	**94,66**	170,08	170,08	II	20,50					
	III		222,41	170,08	III						
	V	**347,83**	170,08	170,08	IV	90,83	50,83	17,83			
	VI	**384,08**	170,08	170,08							
1 856,99	I,IV	**134,58**	170,33	170,33	I	51,33					
	II	**95,33**	170,33	170,33	II	21,00					
	III		222,83	170,33	III						
	V	**348,91**	170,33	170,33	IV	91,50	51,33	18,25			
	VI	**385,16**	170,33	170,33							
1 859,99	I,IV	**135,16**	170,58	170,58	I	51,91					
	II	**95,91**	170,58	170,58	II	21,41					
	III		223,16	170,58	III						
	V	**349,91**	170,58	170,58	IV	92,08	51,91	18,66			
	VI	**386,16**	170,58	170,58							
1 862,99	I,IV	**135,83**	170,91	170,91	I	52,41					
	II	**96,50**	170,91	170,91	II	21,83					
	III		223,50	170,91	III						
	V	**351,00**	170,91	170,91	IV	92,66	52,41	19,16			
	VI	**387,25**	170,91	170,91							
1 865,99	I,IV	**136,41**	171,16	171,16	I	52,91					
	II	**97,08**	171,16	171,16	II	22,25					
	III		223,91	171,16	III						
	V	**352,00**	171,16	171,16	IV	93,33	52,91	19,58			
	VI	**388,33**	171,16	171,16							
1 868,99	I,IV	**137,08**	171,41	171,41	I	53,50					
	II	**97,75**	171,41	171,41	II	22,66					
	III		224,25	171,41	III						
	V	**353,08**	171,41	171,41	IV	93,91	53,50	20,00			
	VI	**389,33**	171,41	171,41							
1 871,99	I,IV	**137,75**	171,75	171,75	I	54,00					
	II	**98,33**	171,75	171,75	II	23,16					
	III		224,58	171,75	III						
	V	**354,16**	171,75	171,75	IV	94,50	54,00	20,41			
	VI	**390,41**	171,75	171,75							

* Zur LSt-Berechnung für privat versicherte Arbeitnehmer s. Beispiele **Vorbemerkung S. 4 f.**
** Basisvorsorgepauschale KV und PV *** Typisierter Arbeitgeberzuschuss

Lohn/ Gehalt in € bis	Steuerklasse	Lohn- steuer*	BVSP**	TAGZ***	Steuerklasse	Bemessungsgrundlage für Kirchensteuer und Solidaritätszuschlag					
						Freibeträge für ... Kinder					
						0,5	**1,0**	1,5	**2,0**	2,5	**3,0**
1 874,99	I,IV	**138,33**	172,00	172,00	I	54,50					
	II	**98,91**	172,00	172,00	II	23,58					
	III		224,91	172,00	III						
	V	**355,16**	172,00	172,00	IV	95,08	54,50	20,83			
	VI	**391,41**	172,00	172,00							
1 877,99	I,IV	**138,91**	172,25	172,25	I	55,08					
	II	**99,50**	172,25	172,25	II	24,00					
	III		225,33	172,25	III						
	V	**356,16**	172,25	172,25	IV	95,66	55,08	21,25			
	VI	**392,41**	172,25	172,25							
1 880,99	I,IV	**139,58**	172,50	172,50	I	55,58					
	II	**100,16**	172,50	172,50	II	24,41					
	III		225,66	172,50	III						
	V	**357,25**	172,50	172,50	IV	96,33	55,58	21,66			
	VI	**393,50**	172,50	172,50							
1 883,99	I,IV	**140,25**	172,83	172,83	I	56,08					
	II	**100,75**	172,83	172,83	II	24,91					
	III		226,00	172,83	III						
	V	**358,33**	172,83	172,83	IV	96,91	56,08	22,08			
	VI	**394,58**	172,83	172,83							
1 886,99	I,IV	**140,83**	173,08	173,08	I	56,66					
	II	**101,33**	173,08	173,08	II	25,33					
	III		226,41	173,08	III						
	V	**359,33**	173,08	173,08	IV	97,50	56,66	22,58			
	VI	**395,58**	173,08	173,08							
1 889,99	I,IV	**141,50**	173,33	173,33	I	57,16					
	II	**102,00**	173,33	173,33	II	25,75					
	III		226,75	173,33	III						
	V	**360,41**	173,33	173,33	IV	98,16	57,16	23,00			
	VI	**396,66**	173,33	173,33							
1 892,99	I,IV	**142,08**	173,66	173,66	I	57,75					
	II	**102,58**	173,66	173,66	II	26,25					
	III		227,08	173,66	III						
	V	**361,41**	173,66	173,66	IV	98,75	57,75	23,41			
	VI	**397,66**	173,66	173,66							
1 895,99	I,IV	**142,75**	173,91	173,91	I	58,25					
	II	**103,16**	173,91	173,91	II	26,66					
	III		227,50	173,91	III						
	V	**362,50**	173,91	173,91	IV	99,33	58,25	23,83			
	VI	**398,75**	173,91	173,91							
1 898,99	I,IV	**143,33**	174,16	174,16	I	58,83					
	II	**103,83**	174,16	174,16	II	27,08					
	III		227,83	174,16	III						
	V	**363,58**	174,16	174,16	IV	100,00	58,83	24,33			
	VI	**399,83**	174,16	174,16							
1 901,99	I,IV	**144,00**	174,50	174,50	I	59,33					
	II	**104,41**	174,50	174,50	II	27,58					
	III		228,16	174,50	III						
	V	**364,58**	174,50	174,50	IV	100,58	59,33	24,75			
	VI	**400,83**	174,50	174,50							
1 904,99	I,IV	**144,58**	174,75	174,75	I	59,91					
	II	**105,00**	174,75	174,75	II	28,00					
	III		228,58	174,75	III						
	V	**365,58**	174,75	174,75	IV	101,16	59,91	25,16			
	VI	**401,83**	174,75	174,75							
1 907,99	I,IV	**145,25**	175,00	175,00	I	60,50					
	II	**105,66**	175,00	175,00	II	28,50					
	III		228,91	175,00	III						
	V	**366,66**	175,00	175,00	IV	101,75	60,50	25,58			
	VI	**402,91**	175,00	175,00							

* Zur LSt-Berechnung für privat versicherte Arbeitnehmer s. Beispiele **Vorbemerkung S. 4 f.**
** Basisvorsorgepauschale KV und PV *** Typisierter Arbeitgeberzuschuss

Lohn/ Gehalt in € bis	Steuerklasse	Lohn-steuer*	BVSP**	TAGZ***	Steuerklasse	Bemessungsgrundlage für Kirchensteuer und Solidaritätszuschlag					
						Freibeträge für ... Kinder					
						0,5	**1,0**	1,5	**2,0**	2,5	**3,0**
1910,99	I,IV	**145,91**	175,33	175,33	I	61,00					
	II	**106,25**	175,33	175,33	II	28,91					
	III		229,25	175,33	III						
	V	**367,75**	175,33	175,33	IV	102,41	61,00	26,08			
	VI	**404,00**	175,33	175,33							
1913,99	I,IV	**146,50**	175,58	175,58	I	61,58					
	II	**106,83**	175,58	175,58	II	29,41					
	III		229,66	175,58	III						
	V	**368,75**	175,58	175,58	IV	103,00	61,58	26,50			
	VI	**405,00**	175,58	175,58							
1916,99	I,IV	**147,16**	175,83	175,83	I	62,08					
	II	**107,50**	175,83	175,83	II	29,83					
	III		230,00	175,83	III						
	V	**369,83**	175,83	175,83	IV	103,58	62,08	27,00			
	VI	**406,08**	175,83	175,83							
1919,99	I,IV	**147,75**	176,08	176,08	I	62,66					
	II	**108,08**	176,08	176,08	II	30,33					
	III		230,33	176,08	III						
	V	**370,83**	176,08	176,08	IV	104,25	62,66	27,41			
	VI	**407,08**	176,08	176,08							
1922,99	I,IV	**148,41**	176,41	176,41	I	63,25					
	II	**108,66**	176,41	176,41	II	30,75					
	III		230,75	176,41	III						
	V	**371,91**	176,41	176,41	IV	104,83	63,25	27,83			
	VI	**408,16**	176,41	176,41							
1925,99	I,IV	**149,00**	176,66	176,66	I	63,75	0,16				
	II	**109,33**	176,66	176,66	II	31,25					
	III		231,08	176,66	III						
	V	**372,91**	176,66	176,66	IV	105,41	63,75	28,33	0,16		
	VI	**409,16**	176,66	176,66							
1928,99	I,IV	**149,66**	176,91	176,91	I	64,33	0,50				
	II	**109,91**	176,91	176,91	II	31,66					
	III		231,41	176,91	III						
	V	**374,00**	176,91	176,91	IV	106,00	64,33	28,75	0,50		
	VI	**410,25**	176,91	176,91							
1931,99	I,IV	**150,33**	177,25	177,25	I	64,91	0,83				
	II	**110,50**	177,25	177,25	II	32,16					
	III		231,83	177,25	III						
	V	**375,00**	177,25	177,25	IV	106,66	64,91	29,25	0,83		
	VI	**411,25**	177,25	177,25							
1934,99	I,IV	**150,91**	177,50	177,50	I	65,50	1,16				
	II	**111,16**	177,50	177,50	II	32,58					
	III		232,16	177,50	III						
	V	**376,08**	177,50	177,50	IV	107,25	65,50	29,66	1,16		
	VI	**412,33**	177,50	177,50							
1937,99	I,IV	**151,58**	177,75	177,75	I	66,00	1,58				
	II	**111,75**	177,75	177,75	II	33,08					
	III		232,50	177,75	III						
	V	**377,16**	177,75	177,75	IV	107,91	66,00	30,16	1,58		
	VI	**413,41**	177,75	177,75							
1940,99	I,IV	**152,16**	178,08	178,08	I	66,58	1,91				
	II	**112,33**	178,08	178,08	II	33,58					
	III		232,91	178,08	III						
	V	**378,16**	178,08	178,08	IV	108,50	66,58	30,58	1,91		
	VI	**414,41**	178,08	178,08							
1943,99	I,IV	**152,83**	178,33	178,33	I	67,16	2,25				
	II	**113,00**	178,33	178,33	II	34,00					
	III		233,25	178,33	III						
	V	**379,25**	178,33	178,33	IV	109,08	67,16	31,08	2,25		
	VI	**415,50**	178,33	178,33							

* Zur LSt-Berechnung für privat versicherte Arbeitnehmer s. Beispiele **Vorbemerkung S. 4 f.**
** Basisvorsorgepauschale KV und PV *** Typisierter Arbeitgeberzuschuss

Lohn/ Gehalt in € bis	Steuerklasse	Lohn- steuer*	BVSP**	TAGZ***	Steuerklasse	Bemessungsgrundlage für Kirchensteuer und Solidaritätszuschlag					
						Freibeträge für ... Kinder					
						0,5	**1,0**	1,5	**2,0**	2,5	**3,0**
1946,99	I,IV	**153,50**	178,58	178,58	I	67,75	2,66				
	II	**113,58**	178,58	178,58	II	34,50					
	III		233,58	178,58	III						
	V	**380,25**	178,58	178,58	IV	109,75	67,75	31,50	2,66		
	VI	**416,50**	178,58	178,58							
1949,99	I,IV	**154,08**	178,83	178,83	I	68,33	3,00				
	II	**114,25**	178,83	178,83	II	35,00					
	III		233,91	178,83	III						
	V	**381,33**	178,83	178,83	IV	110,33	68,33	32,00	3,00		
	VI	**417,58**	178,83	178,83							
1952,99	I,IV	**154,75**	179,16	179,16	I	68,83	3,33				
	II	**114,83**	179,16	179,16	II	35,41					
	III		234,33	179,16	III						
	V	**382,33**	179,16	179,16	IV	110,91	68,83	32,41	3,33		
	VI	**418,58**	179,16	179,16							
1955,99	I,IV	**155,33**	179,41	179,41	I	69,41	3,75				
	II	**115,41**	179,41	179,41	II	35,91					
	III		234,66	179,41	III						
	V	**383,41**	179,41	179,41	IV	111,58	69,41	32,91	3,75		
	VI	**419,66**	179,41	179,41							
1958,99	I,IV	**156,00**	179,66	179,66	I	70,00	4,08				
	II	**116,08**	179,66	179,66	II	36,41					
	III		235,00	179,66	III						
	V	**384,41**	179,66	179,66	IV	112,16	70,00	33,41	4,08		
	VI	**420,66**	179,66	179,66							
1961,99	I,IV	**156,66**	180,00	180,00	I	70,58	4,41				
	II	**116,66**	180,00	180,00	II	36,91					
	III		235,41	180,00	III						
	V	**385,50**	180,00	180,00	IV	112,75	70,58	33,83	4,41		
	VI	**421,75**	180,00	180,00							
1964,99	I,IV	**157,25**	180,25	180,25	I	71,16	4,83				
	II	**117,25**	180,25	180,25	II	37,33					
	III		235,75	180,25	III						
	V	**386,58**	180,25	180,25	IV	113,41	71,16	34,33	4,83		
	VI	**422,83**	180,25	180,25							
1967,99	I,IV	**157,91**	180,50	180,50	I	71,75	5,16				
	II	**117,91**	180,50	180,50	II	37,83					
	III		236,08	180,50	III						
	V	**387,58**	180,50	180,50	IV	114,00	71,75	34,83	5,16		
	VI	**423,83**	180,50	180,50							
1970,99	I,IV	**158,58**	180,83	180,83	I	72,33	5,58				
	II	**118,50**	180,83	180,83	II	38,33					
	III		236,50	180,83	III						
	V	**388,66**	180,83	180,83	IV	114,66	72,33	35,33	5,58		
	VI	**424,91**	180,83	180,83							
1973,99	I,IV	**159,16**	181,08	181,08	I	72,91	5,91				
	II	**119,16**	181,08	181,08	II	38,83					
	III		236,83	181,08	III						
	V	**389,66**	181,08	181,08	IV	115,25	72,91	35,75	5,91		
	VI	**425,91**	181,08	181,08							
1976,99	I,IV	**159,83**	181,33	181,33	I	73,50	6,33				
	II	**119,75**	181,33	181,33	II	39,33					
	III		237,16	181,33	III						
	V	**390,75**	181,33	181,33	IV	115,83	73,50	36,25	6,33		
	VI	**427,00**	181,33	181,33							
1979,99	I,IV	**160,50**	181,58	181,58	I	74,08	6,66				
	II	**120,33**	181,58	181,58	II	39,75					
	III		237,58	181,58	III						
	V	**391,75**	181,58	181,58	IV	116,50	74,08	36,75	6,66		
	VI	**428,00**	181,58	181,58							

* Zur LSt-Berechnung für privat versicherte Arbeitnehmer s. Beispiele **Vorbemerkung S. 4 f.**
** Basisvorsorgepauschale KV und PV *** Typisierter Arbeitgeberzuschuss

Lohn/ Gehalt in € bis	Steuerklasse	Lohn- steuer*	BVSP**	TAGZ***	Steuerklasse	Bemessungsgrundlage für Kirchensteuer und Solidaritätszuschlag					
						Freibeträge für ... Kinder					
						0,5	**1,0**	1,5	**2,0**	2,5	**3,0**
1 982,99	I,IV	**161,08**	181,91	181,91	I	74,66	7,08				
	II	**121,00**	181,91	181,91	II	40,25					
	III		237,91	181,91	III						
	V	**392,83**	181,91	181,91	IV	117,08	74,66	37,16	7,08		
	VI	**429,00**	181,91	181,91							
1 985,99	I,IV	**161,75**	182,16	182,16	I	75,25	7,41				
	II	**121,58**	182,16	182,16	II	40,75					
	III		238,25	182,16	III						
	V	**393,83**	182,16	182,16	IV	117,66	75,25	37,66	7,41		
	VI	**429,83**	182,16	182,16							
1 988,99	I,IV	**162,41**	182,41	182,41	I	75,83	7,83				
	II	**122,25**	182,41	182,41	II	41,25					
	III		238,66	182,41	III						
	V	**394,91**	182,41	182,41	IV	118,33	75,83	38,16	7,83		
	VI	**430,66**	182,41	182,41							
1 991,99	I,IV	**163,00**	182,75	182,75	I	76,41	8,16				
	II	**122,83**	182,75	182,75	II	41,75					
	III		239,00	182,75	III						
	V	**395,91**	182,75	182,75	IV	118,91	76,41	38,66	8,16		
	VI	**431,50**	182,75	182,75							
1 994,99	I,IV	**163,66**	183,00	183,00	I	77,00	8,58				
	II	**123,50**	183,00	183,00	II	42,25					
	III		239,33	183,00	III						
	V	**397,00**	183,00	183,00	IV	119,58	77,00	39,16	8,58		
	VI	**432,33**	183,00	183,00							
1 997,99	I,IV	**164,33**	183,25	183,25	I	77,58	9,00				
	II	**124,08**	183,25	183,25	II	42,75					
	III		239,75	183,25	III						
	V	**398,08**	183,25	183,25	IV	120,16	77,58	39,66	9,00		
	VI	**433,16**	183,25	183,25							
2 000,99	I,IV	**164,91**	183,58	183,58	I	78,16	9,33				
	II	**124,75**	183,58	183,58	II	43,25					
	III		240,08	183,58	III						
	V	**399,08**	183,58	183,58	IV	120,83	78,16	40,16	9,33		
	VI	**434,00**	183,58	183,58							
2 003,99	I,IV	**165,58**	183,83	183,83	I	78,75	9,75				
	II	**125,33**	183,83	183,83	II	43,75					
	III		240,41	183,83	III						
	V	**400,08**	183,83	183,83	IV	121,41	78,75	40,58	9,75		
	VI	**434,83**	183,83	183,83							
2 006,99	I,IV	**166,25**	184,08	184,08	I	79,33	10,08				
	II	**125,91**	184,08	184,08	II	44,25					
	III		240,83	184,08	III						
	V	**401,16**	184,08	184,08	IV	122,00	79,33	41,08	10,08		
	VI	**435,83**	184,08	184,08							
2 009,99	I,IV	**166,83**	184,41	184,41	I	80,00	10,50				
	II	**126,58**	184,41	184,41	II	44,75					
	III		241,16	184,41	III						
	V	**402,25**	184,41	184,41	IV	122,66	80,00	41,58	10,50		
	VI	**436,50**	184,41	184,41							
2 012,99	I,IV	**167,50**	184,66	184,66	I	80,58	10,91				
	II	**127,16**	184,66	184,66	II	45,25					
	III		241,50	184,66	III						
	V	**403,25**	184,66	184,66	IV	123,25	80,58	42,08	10,91		
	VI	**437,50**	184,66	184,66							
2 015,99	I,IV	**168,16**	184,91	184,91	I	81,16	11,33				
	II	**127,83**	184,91	184,91	II	45,75					
	III		241,91	184,91	III						
	V	**404,33**	184,91	184,91	IV	123,91	81,16	42,58	11,33		
	VI	**438,50**	184,91	184,91							

* Zur LSt-Berechnung für privat versicherte Arbeitnehmer s. Beispiele **Vorbemerkung S. 4 f.**
** Basisvorsorgepauschale KV und PV *** Typisierter Arbeitgeberzuschuss

Lohn/ Gehalt in € bis	Steuerklasse	Lohn- steuer*	BVSP**	TAGZ***	Steuerklasse	Bemessungsgrundlage für Kirchensteuer und Solidaritätszuschlag Freibeträge für ... Kinder 0,5	**1,0**	1,5	**2,0**	2,5	**3,0**
2018,99	I,IV	**168,75**	185,16	185,16	I	81,75	11,66				
	II	**128,41**	185,16	185,16	II	46,25					
	III		242,25	185,16	III						
	V	**405,33**	185,16	185,16	IV	124,50	81,75	43,08	11,66		
	VI	**439,16**	185,16	185,16							
2021,99	I,IV	**169,41**	185,50	185,50	I	82,33	12,08				
	II	**129,08**	185,50	185,50	II	46,75					
	III		242,58	185,50	III						
	V	**406,41**	185,50	185,50	IV	125,16	82,33	43,58	12,08		
	VI	**440,16**	185,50	185,50							
2024,99	I,IV	**170,08**	185,75	185,75	I	83,00	12,50				
	II	**129,66**	185,75	185,75	II	47,33					
	III		242,91	185,75	III						
	V	**407,50**	185,75	185,75	IV	125,75	83,00	44,08	12,50		
	VI	**440,83**	185,75	185,75							
2027,99	I,IV	**170,75**	186,00	186,00	I	83,58	12,91				
	II	**130,33**	186,00	186,00	II	47,83					
	III		243,33	186,00	III						
	V	**408,50**	186,00	186,00	IV	126,41	83,58	44,58	12,91		
	VI	**441,83**	186,00	186,00							
2030,99	I,IV	**171,33**	186,33	186,33	I	84,16	13,25				
	II	**130,91**	186,33	186,33	II	48,33					
	III		243,66	186,33	III						
	V	**409,50**	186,33	186,33	IV	127,00	84,16	45,08	13,25		
	VI	**442,66**	186,33	186,33							
2033,99	I,IV	**172,00**	186,58	186,58	I	84,75	13,66				
	II	**131,58**	186,58	186,58	II	48,83					
	III		244,00	186,58	III						
	V	**410,58**	186,58	186,58	IV	127,58	84,75	45,58	13,66		
	VI	**443,50**	186,58	186,58							
2036,99	I,IV	**172,66**	186,83	186,83	I	85,33	14,08				
	II	**132,16**	186,83	186,83	II	49,33					
	III		244,41	186,83	III						
	V	**411,66**	186,83	186,83	IV	128,25	85,33	46,08	14,08		
	VI	**444,50**	186,83	186,83							
2039,99	I,IV	**173,25**	187,16	187,16	I	85,91	14,50				
	II	**132,83**	187,16	187,16	II	49,83					
	III		244,75	187,16	III						
	V	**412,66**	187,16	187,16	IV	128,83	85,91	46,58	14,50		
	VI	**445,16**	187,16	187,16							
2042,99	I,IV	**173,91**	187,41	187,41	I	86,58	14,91				
	II	**133,41**	187,41	187,41	II	50,41					
	III		245,08	187,41	III						
	V	**413,75**	187,41	187,41	IV	129,50	86,58	47,16	14,91		
	VI	**446,16**	187,41	187,41							
2045,99	I,IV	**174,58**	187,66	187,66	I	87,16	15,33				
	II	**134,08**	187,66	187,66	II	50,91					
	III		245,50	187,66	III						
	V	**414,75**	187,66	187,66	IV	130,08	87,16	47,66	15,33		
	VI	**447,00**	187,66	187,66							
2048,99	I,IV	**175,25**	187,91	187,91	I	87,75	15,75				
	II	**134,66**	187,91	187,91	II	51,41					
	III		245,83	187,91	III						
	V	**415,83**	187,91	187,91	IV	130,75	87,75	48,16	15,75		
	VI	**447,83**	187,91	187,91							
2051,99	I,IV	**175,83**	188,25	188,25	I	88,33	16,16				
	II	**135,33**	188,25	188,25	II	52,00					
	III		246,16	188,25	III						
	V	**416,91**	188,25	188,25	IV	131,33	88,33	48,66	16,16		
	VI	**448,83**	188,25	188,25							

* Zur LSt-Berechnung für privat versicherte Arbeitnehmer s. Beispiele **Vorbemerkung S. 4 f.**

** Basisvorsorgepauschale KV und PV *** Typisierter Arbeitgeberzuschuss

Lohn/ Gehalt in € bis	Steuerklasse	Lohn- steuer*	BVSP**	TAGZ***	Steuerklasse	Bemessungsgrundlage für Kirchensteuer und Solidaritätszuschlag – Freibeträge für ... Kinder 0,5	1,0	1,5	2,0	2,5	3,0
2054,99	I,IV	**176,50**	188,50	188,50	I	89,00	16,58				
	II	**135,91**	188,50	188,50	II	52,50					
	III		246,58	188,50	III						
	V	**417,91**	188,50	188,50	IV	132,00	89,00	49,16	16,58		
	VI	**449,66**	188,50	188,50							
2057,99	I,IV	**177,16**	188,75	188,75	I	89,58	16,91				
	II	**136,50**	188,75	188,75	II	53,00					
	III		246,91	188,75	III						
	V	**418,91**	188,75	188,75	IV	132,58	89,58	49,66	16,91		
	VI	**450,50**	188,75	188,75							
2060,99	I,IV	**177,83**	189,08	189,08	I	90,16	17,33				
	II	**137,16**	189,08	189,08	II	53,50					
	III		247,25	189,08	III						
	V	**420,00**	189,08	189,08	IV	133,25	90,16	50,25	17,33		
	VI	**451,33**	189,08	189,08							
2063,99	I,IV	**178,41**	189,33	189,33	I	90,75	17,75				
	II	**137,83**	189,33	189,33	II	54,08					
	III		247,66	189,33	III						
	V	**421,08**	189,33	189,33	IV	133,83	90,75	50,75	17,75		
	VI	**452,16**	189,33	189,33							
2066,99	I,IV	**179,08**	189,58	189,58	I	91,33	18,25				
	II	**138,41**	189,58	189,58	II	54,58					
	III		248,00	189,58	III						
	V	**422,08**	189,58	189,58	IV	134,50	91,33	51,25	18,25		
	VI	**453,00**	189,58	189,58							
2069,99	I,IV	**179,75**	189,91	189,91	I	92,00	18,66				
	II	**139,08**	189,91	189,91	II	55,16					
	III		248,33	189,91	III						
	V	**423,16**	189,91	189,91	IV	135,08	92,00	51,83	18,66		
	VI	**454,00**	189,91	189,91							
2072,99	I,IV	**180,41**	190,16	190,16	I	92,58	19,08				
	II	**139,66**	190,16	190,16	II	55,66					
	III		248,75	190,16	III						
	V	**424,16**	190,16	190,16	IV	135,75	92,58	52,33	19,08		
	VI	**455,00**	190,16	190,16							
2075,99	I,IV	**181,08**	190,41	190,41	I	93,16	19,50				
	II	**140,33**	190,41	190,41	II	56,25					
	III		249,08	190,41	III						
	V	**425,25**	190,41	190,41	IV	136,33	93,16	52,83	19,50		
	VI	**455,66**	190,41	190,41							
2078,99	I,IV	**181,66**	190,66	190,66	I	93,83	19,91				
	II	**140,91**	190,66	190,66	II	56,75					
	III		249,41	190,66	III						
	V	**426,33**	190,66	190,66	IV	137,00	93,83	53,41	19,91		
	VI	**456,66**	190,66	190,66							
2081,99	I,IV	**182,33**	191,00	191,00	I	94,41	20,33				
	II	**141,58**	191,00	191,00	II	57,25					
	III		249,83	191,00	III						
	V	**427,33**	191,00	191,00	IV	137,58	94,41	53,91	20,33		
	VI	**457,33**	191,00	191,00							
2084,99	I,IV	**183,00**	191,25	191,25	I	95,00	20,75				
	II	**142,16**	191,25	191,25	II	57,83					
	III		250,00	191,25	III						
	V	**428,33**	191,25	191,25	IV	138,25	95,00	54,41	20,75		
	VI	**458,33**	191,25	191,25							
2087,99	I,IV	**183,66**	191,50	191,50	I	95,58	21,16				
	II	**142,83**	191,50	191,50	II	58,33					
	III		250,00	191,50	III						
	V	**429,16**	191,50	191,50	IV	138,83	95,58	55,00	21,16		
	VI	**459,16**	191,50	191,50							

* Zur LSt-Berechnung für privat versicherte Arbeitnehmer s. Beispiele **Vorbemerkung S. 4 f.**
** Basisvorsorgepauschale KV und PV *** Typisierter Arbeitgeberzuschuss

Lohn/ Gehalt in € bis	Steuerklasse	Lohnsteuer*	BVSP**	TAGZ***	Steuerklasse	Bemessungsgrundlage für Kirchensteuer und Solidaritätszuschlag – Freibeträge für ... Kinder 0,5	1,0	1,5	2,0	2,5	3,0
2090,99	I,IV	**184,25**	191,83	191,83	I	96,16	21,58				
	II	**143,41**	191,83	191,83	II	58,91					
	III		250,00	191,83	III						
	V	**430,16**	191,83	191,83	IV	139,50	96,16	55,50	21,58		
	VI	**460,16**	191,83	191,83							
2093,99	I,IV	**184,91**	192,08	192,08	I	96,83	22,08				
	II	**144,08**	192,08	192,08	II	59,41					
	III		250,00	192,08	III						
	V	**430,83**	192,08	192,08	IV	140,08	96,83	56,00	22,08		
	VI	**460,83**	192,08	192,08							
2096,99	I,IV	**185,58**	192,33	192,33	I	97,41	22,50				
	II	**144,75**	192,33	192,33	II	60,00					
	III		250,00	192,33	III						
	V	**431,83**	192,33	192,33	IV	140,75	97,41	56,58	22,50		
	VI	**461,83**	192,33	192,33							
2099,99	I,IV	**186,25**	192,66	192,66	I	98,00	22,91				
	II	**145,33**	192,66	192,66	II	60,58					
	III		250,00	192,66	III						
	V	**432,50**	192,66	192,66	IV	141,33	98,00	57,08	22,91		
	VI	**462,66**	192,66	192,66							
2102,99	I,IV	**186,91**	192,91	192,91	I	98,66	23,33				
	II	**146,00**	192,91	192,91	II	61,08					
	III		250,00	192,91	III						
	V	**433,50**	192,91	192,91	IV	142,00	98,66	57,66	23,33		
	VI	**463,66**	192,91	192,91							
2105,99	I,IV	**187,50**	193,16	193,16	I	99,25	23,83				
	II	**146,58**	193,16	193,16	II	61,66					
	III		250,00	193,16	III						
	V	**434,33**	193,16	193,16	IV	142,66	99,25	58,16	23,83		
	VI	**464,50**	193,16	193,16							
2108,99	I,IV	**188,16**	193,50	193,50	I	99,83	24,25				
	II	**147,25**	193,50	193,50	II	62,16					
	III		250,00	193,50	III						
	V	**435,16**	193,50	193,50	IV	143,25	99,83	58,75	24,25		
	VI	**465,33**	193,50	193,50							
2111,99	I,IV	**188,83**	193,75	193,75	I	100,41	24,66				
	II	**147,83**	193,75	193,75	II	62,75					
	III		250,00	193,75	III						
	V	**436,00**	193,75	193,75	IV	143,83	100,41	59,25	24,66		
	VI	**466,33**	193,75	193,75							
2114,99	I,IV	**189,50**	194,00	194,00	I	101,08	25,08				
	II	**148,50**	194,00	194,00	II	63,33					
	III		250,00	194,00	III						
	V	**437,00**	194,00	194,00	IV	144,50	101,08	59,83	25,08		
	VI	**467,00**	194,00	194,00							
2117,99	I,IV	**190,16**	194,25	194,25	I	101,66	25,58				
	II	**149,16**	194,25	194,25	II	63,83	0,16				
	III		250,00	194,25	III						
	V	**437,83**	194,25	194,25	IV	145,16	101,66	60,33	25,58		
	VI	**468,00**	194,25	194,25							
2120,99	I,IV	**190,75**	194,58	194,58	I	102,25	26,00				
	II	**149,75**	194,58	194,58	II	64,41	0,58				
	III		250,00	194,58	III						
	V	**438,66**	194,58	194,58	IV	145,75	102,25	60,91	26,00		
	VI	**468,83**	194,58	194,58							
2123,99	I,IV	**191,41**	194,83	194,83	I	102,91	26,41				
	II	**150,41**	194,83	194,83	II	65,00	0,91				
	III		250,00	194,83	III						
	V	**439,50**	194,83	194,83	IV	146,41	102,91	61,50	26,41		
	VI	**469,83**	194,83	194,83							

* Zur LSt-Berechnung für privat versicherte Arbeitnehmer s. Beispiele **Vorbemerkung S. 4 f.**
** Basisvorsorgepauschale KV und PV *** Typisierter Arbeitgeberzuschuss

Lohn/ Gehalt in € bis	Steuerklasse	Lohn-steuer*	BVSP**	TAGZ***	Steuerklasse	Bemessungsgrundlage für Kirchensteuer und Solidaritätszuschlag – Freibeträge für ... Kinder 0,5	1,0	1,5	2,0	2,5	3,0
2126,99	I,IV	**192,08**	195,08	195,08	I	103,50	26,91				
	II	**151,00**	195,08	195,08	II	65,58	1,25				
	III		250,00	195,08	III						
	V	**440,33**	195,08	195,08	IV	147,00	103,50	62,00	26,91		
	VI	**470,66**	195,08	195,08							
2129,99	I,IV	**192,75**	195,41	195,41	I	104,08	27,33				
	II	**151,66**	195,41	195,41	II	66,08	1,58				
	III	**0,33**	250,00	195,41	III						
	V	**441,16**	195,41	195,41	IV	147,66	104,08	62,58	27,33		
	VI	**471,66**	195,41	195,41							
2132,99	I,IV	**193,41**	195,66	195,66	I	104,75	27,83				
	II	**152,33**	195,66	195,66	II	66,66	2,00				
	III	**0,66**	250,00	195,66	III						
	V	**442,16**	195,66	195,66	IV	148,33	104,75	63,16	27,83		
	VI	**472,33**	195,66	195,66							
2135,99	I,IV	**194,08**	195,91	195,91	I	105,33	28,25				
	II	**152,91**	195,91	195,91	II	67,25	2,33				
	III	**1,16**	250,00	195,91	III						
	V	**443,00**	195,91	195,91	IV	148,91	105,33	63,66	28,25	0,08	
	VI	**473,33**	195,91	195,91							
2138,99	I,IV	**194,66**	196,25	196,25	I	105,91	28,66				
	II	**153,58**	196,25	196,25	II	67,83	2,66				
	III	**1,50**	250,00	196,25	III						
	V	**443,83**	196,25	196,25	IV	149,58	105,91	64,25	28,66	0,41	
	VI	**474,16**	196,25	196,25							
2141,99	I,IV	**195,33**	196,50	196,50	I	106,58	29,16				
	II	**154,16**	196,50	196,50	II	68,33	3,08				
	III	**1,83**	250,00	196,50	III						
	V	**444,66**	196,50	196,50	IV	150,16	106,58	64,83	29,16	0,75	
	VI	**475,16**	196,50	196,50							
2144,99	I,IV	**196,00**	196,75	196,75	I	107,16	29,58				
	II	**154,83**	196,75	196,75	II	68,91	3,41				
	III	**2,33**	250,00	196,75	III						
	V	**445,50**	196,75	196,75	IV	150,83	107,16	65,33	29,58	1,16	
	VI	**475,83**	196,75	196,75							
2147,99	I,IV	**196,66**	197,00	197,00	I	107,75	30,08				
	II	**155,50**	197,00	197,00	II	69,50	3,75				
	III	**2,66**	250,00	197,00	III						
	V	**446,50**	197,00	197,00	IV	151,50	107,75	65,91	30,08	1,50	
	VI	**476,83**	197,00	197,00							
2150,99	I,IV	**197,33**	197,33	197,33	I	108,41	30,50				
	II	**156,08**	197,33	197,33	II	70,08	4,16				
	III	**3,16**	250,00	197,33	III						
	V	**447,33**	197,33	197,33	IV	152,08	108,41	66,50	30,50	1,83	
	VI	**477,66**	197,33	197,33							
2153,99	I,IV	**198,00**	197,58	197,58	I	109,00	31,00				
	II	**156,75**	197,58	197,58	II	70,66	4,50				
	III	**3,50**	250,00	197,58	III						
	V	**448,16**	197,58	197,58	IV	152,75	109,00	67,08	31,00	2,25	
	VI	**478,66**	197,58	197,58							
2156,99	I,IV	**198,66**	197,83	197,83	I	109,58	31,41				
	II	**157,41**	197,83	197,83	II	71,25	4,91				
	III	**3,83**	250,00	197,83	III						
	V	**449,16**	197,83	197,83	IV	153,33	109,58	67,66	31,41	2,58	
	VI	**479,50**	197,83	197,83							
2159,99	I,IV	**199,25**	198,16	198,16	I	110,25	31,91				
	II	**158,00**	198,16	198,16	II	71,83	5,25				
	III	**4,33**	250,00	198,16	III						
	V	**449,83**	198,16	198,16	IV	154,00	110,25	68,16	31,91	2,91	
	VI	**480,33**	198,16	198,16							

* Zur LSt-Berechnung für privat versicherte Arbeitnehmer s. Beispiele **Vorbemerkung S. 4 f.**
** Basisvorsorgepauschale KV und PV *** Typisierter Arbeitgeberzuschuss

Lohn/ Gehalt in € bis	Steuerklasse	**Lohn-steuer***	BVSP**	TAGZ***	Steuerklasse	Bemessungsgrundlage für Kirchensteuer und Solidaritätszuschlag – Freibeträge für ... Kinder 0,5	**1,0**	1,5	**2,0**	2,5	**3,0**
2162,99	I,IV	**199,91**	198,41	198,41	I	110,83	32,41				
	II	**158,66**	198,41	198,41	II	72,41	5,58				
	III	**4,66**	250,00	198,41	III						
	V	**450,83**	198,41	198,41	IV	154,58	110,83	68,75	32,41	3,25	
	VI	**481,16**	198,41	198,41							
2165,99	I,IV	**200,58**	198,66	198,66	I	111,41	32,83				
	II	**159,25**	198,66	198,66	II	73,00	6,00				
	III	**5,00**	250,00	198,66	III						
	V	**451,66**	198,66	198,66	IV	155,25	111,41	69,33	32,83	3,66	
	VI	**482,16**	198,66	198,66							
2168,99	I,IV	**201,25**	199,00	199,00	I	112,08	33,33				
	II	**159,91**	199,00	199,00	II	73,58	6,33				
	III	**5,50**	250,00	199,00	III						
	V	**452,50**	199,00	199,00	IV	155,91	112,08	69,91	33,33	4,00	
	VI	**483,00**	199,00	199,00							
2171,99	I,IV	**201,91**	199,25	199,25	I	112,66	33,75				
	II	**160,58**	199,25	199,25	II	74,16	6,75				
	III	**5,83**	250,00	199,25	III						
	V	**453,50**	199,25	199,25	IV	156,50	112,66	70,50	33,75	4,41	
	VI	**484,00**	199,25	199,25							
2174,99	I,IV	**202,58**	199,50	199,50	I	113,33	34,25				
	II	**161,16**	199,50	199,50	II	74,75	7,08				
	III	**6,33**	250,00	199,50	III						
	V	**454,16**	199,50	199,50	IV	157,16	113,33	71,08	34,25	4,75	
	VI	**484,83**	199,50	199,50							
2177,99	I,IV	**203,25**	199,75	199,75	I	113,91	34,75				
	II	**161,83**	199,75	199,75	II	75,33	7,50				
	III	**6,66**	250,00	199,75	III						
	V	**455,16**	199,75	199,75	IV	157,83	113,91	71,66	34,75	5,16	
	VI	**485,83**	199,75	199,75							
2180,99	I,IV	**203,91**	200,08	200,08	I	114,50	35,25				
	II	**162,50**	200,08	200,08	II	75,91	7,91				
	III	**7,16**	250,00	200,08	III						
	V	**456,00**	200,08	200,08	IV	158,41	114,50	72,25	35,25	5,50	
	VI	**486,66**	200,08	200,08							
2183,99	I,IV	**204,58**	200,33	200,33	I	115,16	35,66				
	II	**163,16**	200,33	200,33	II	76,50	8,25				
	III	**7,50**	250,00	200,33	III						
	V	**457,00**	200,33	200,33	IV	159,08	115,16	72,83	35,66	5,83	
	VI	**487,66**	200,33	200,33							
2186,99	I,IV	**205,25**	200,58	200,58	I	115,75	36,16				
	II	**163,75**	200,58	200,58	II	77,08	8,66				
	III	**7,83**	250,00	200,58	III						
	V	**457,66**	200,58	200,58	IV	159,75	115,75	73,33	36,16	6,25	
	VI	**488,33**	200,58	200,58							
2189,99	I,IV	**205,83**	200,91	200,91	I	116,33	36,66				
	II	**164,41**	200,91	200,91	II	77,66	9,00				
	III	**8,33**	250,00	200,91	III						
	V	**458,66**	200,91	200,91	IV	160,33	116,33	73,91	36,66	6,58	
	VI	**489,33**	200,91	200,91							
2192,99	I,IV	**206,50**	201,16	201,16	I	117,00	37,08				
	II	**165,00**	201,16	201,16	II	78,25	9,41				
	III	**8,66**	250,00	201,16	III						
	V	**459,50**	201,16	201,16	IV	161,00	117,00	74,50	37,08	7,00	
	VI	**490,16**	201,16	201,16							
2195,99	I,IV	**207,16**	201,41	201,41	I	117,58	37,58				
	II	**165,66**	201,41	201,41	II	78,83	9,83				
	III	**9,16**	250,00	201,41	III						
	V	**460,33**	201,41	201,41	IV	161,66	117,58	75,16	37,58	7,33	
	VI	**491,16**	201,41	201,41							

* Zur LSt-Berechnung für privat versicherte Arbeitnehmer s. Beispiele **Vorbemerkung S. 4 f.**
** Basisvorsorgepauschale KV und PV *** Typisierter Arbeitgeberzuschuss

Lohn/ Gehalt in € bis	Steuerklasse	Lohn-steuer*	BVSP**	TAGZ***	Steuerklasse	Bemessungsgrundlage für Kirchensteuer und Solidaritätszuschlag – Freibeträge für ... Kinder 0,5	1,0	1,5	2,0	2,5	3,0
2198,99	I,IV	**207,83**	201,75	201,75	I	118,25	38,08				
	II	**166,33**	201,75	201,75	II	79,50	10,16				
	III	**9,50**	250,00	201,75	III						
	V	**461,33**	201,75	201,75	IV	162,25	118,25	75,75	38,08	7,75	
	VI	**492,00**	201,75	201,75							
2201,99	I,IV	**208,50**	202,00	202,00	I	118,83	38,58				
	II	**167,00**	202,00	202,00	II	80,08	10,58				
	III	**10,00**	250,00	202,00	III						
	V	**462,16**	202,00	202,00	IV	162,91	118,83	76,33	38,58	8,16	
	VI	**493,00**	202,00	202,00							
2204,99	I,IV	**209,16**	202,25	202,25	I	119,50	39,08				
	II	**167,58**	202,25	202,25	II	80,66	11,00				
	III	**10,33**	250,00	202,25	III						
	V	**463,00**	202,25	202,25	IV	163,58	119,50	76,91	39,08	8,50	
	VI	**493,83**	202,25	202,25							
2207,99	I,IV	**209,83**	202,58	202,58	I	120,08	39,58				
	II	**168,25**	202,58	202,58	II	81,25	11,33				
	III	**10,83**	250,00	202,58	III						
	V	**463,83**	202,58	202,58	IV	164,16	120,08	77,50	39,58	8,91	
	VI	**494,83**	202,58	202,58							
2210,99	I,IV	**210,50**	202,83	202,83	I	120,66	40,08				
	II	**168,91**	202,83	202,83	II	81,83	11,75				
	III	**11,16**	250,00	202,83	III						
	V	**464,83**	202,83	202,83	IV	164,83	120,66	78,08	40,08	9,25	
	VI	**495,66**	202,83	202,83							
2213,99	I,IV	**211,16**	203,08	203,08	I	121,33	40,50				
	II	**169,50**	203,08	203,08	II	82,41	12,16				
	III	**11,50**	250,00	203,08	III						
	V	**465,50**	203,08	203,08	IV	165,50	121,33	78,66	40,50	9,66	
	VI	**496,66**	203,08	203,08							
2216,99	I,IV	**211,83**	203,33	203,33	I	121,91	41,00				
	II	**170,16**	203,33	203,33	II	83,08	12,58				
	III	**12,00**	250,00	203,33	III						
	V	**466,50**	203,33	203,33	IV	166,08	121,91	79,25	41,00	10,08	
	VI	**497,50**	203,33	203,33							
2219,99	I,IV	**212,50**	203,66	203,66	I	122,50	41,50				
	II	**170,83**	203,66	203,66	II	83,66	12,91				
	III	**12,33**	250,00	203,66	III						
	V	**467,33**	203,66	203,66	IV	166,75	122,50	79,83	41,50	10,41	
	VI	**498,33**	203,66	203,66							
2222,99	I,IV	**213,16**	203,91	203,91	I	123,16	42,00				
	II	**171,41**	203,91	203,91	II	84,25	13,33				
	III	**12,83**	250,00	203,91	III						
	V	**468,33**	203,91	203,91	IV	167,41	123,16	80,50	42,00	10,83	
	VI	**499,33**	203,91	203,91							
2225,99	I,IV	**213,83**	204,16	204,16	I	123,75	42,50				
	II	**172,08**	204,16	204,16	II	84,83	13,75				
	III	**13,33**	250,00	204,16	III						
	V	**469,16**	204,16	204,16	IV	168,00	123,75	81,08	42,50	11,25	
	VI	**500,16**	204,16	204,16							
2228,99	I,IV	**214,50**	204,50	204,50	I	124,41	43,00				
	II	**172,75**	204,50	204,50	II	85,41	14,16				
	III	**13,66**	250,00	204,50	III						
	V	**470,16**	204,50	204,50	IV	168,66	124,41	81,66	43,00	11,66	
	VI	**501,16**	204,50	204,50							
2231,99	I,IV	**215,16**	204,75	204,75	I	125,00	43,50				
	II	**173,41**	204,75	204,75	II	86,08	14,58				
	III	**14,16**	250,00	204,75	III						
	V	**470,83**	204,75	204,75	IV	169,33	125,00	82,25	43,50	12,00	
	VI	**502,00**	204,75	204,75							

* Zur LSt-Berechnung für privat versicherte Arbeitnehmer s. Beispiele **Vorbemerkung S. 4 f.**
** Basisvorsorgepauschale KV und PV *** Typisierter Arbeitgeberzuschuss

Lohn/ Gehalt in € bis	Steuerklasse	Lohn- steuer*	BVSP**	TAGZ***	Steuerklasse	Bemessungsgrundlage für Kirchensteuer und Solidaritätszuschlag					
						Freibeträge für ... Kinder					
						0,5	**1,0**	1,5	**2,0**	2,5	**3,0**
2 234,99	I,IV	**215,83**	205,00	205,00	I	125,66	44,00				
	II	**174,00**	205,00	205,00	II	86,66	15,00				
	III	**14,50**	250,00	205,00	III						
	V	**471,83**	205,00	205,00	IV	170,00	125,66	82,83	44,00	12,41	
	VI	**503,00**	205,00	205,00							
2 237,99	I,IV	**216,50**	205,33	205,33	I	126,25	44,50				
	II	**174,66**	205,33	205,33	II	87,25	15,33				
	III	**15,00**	250,00	205,33	III						
	V	**472,83**	205,33	205,33	IV	170,58	126,25	83,41	44,50	12,83	
	VI	**503,66**	205,33	205,33							
2 240,99	I,IV	**217,16**	205,58	205,58	I	126,91	45,00				
	II	**175,33**	205,58	205,58	II	87,83	15,75				
	III	**15,33**	250,00	205,58	III						
	V	**473,50**	205,58	205,58	IV	171,25	126,91	84,08	45,00	13,25	
	VI	**504,83**	205,58	205,58							
2 243,99	I,IV	**217,83**	205,83	205,83	I	127,50	45,50				
	II	**176,00**	205,83	205,83	II	88,41	16,16				
	III	**15,83**	250,00	205,83	III						
	V	**474,50**	205,83	205,83	IV	171,91	127,50	84,66	45,50	13,58	
	VI	**505,66**	205,83	205,83							
2 246,99	I,IV	**218,50**	206,08	206,08	I	128,16	46,00				
	II	**176,58**	206,08	206,08	II	89,08	16,58				
	III	**16,16**	250,00	206,08	III						
	V	**475,33**	206,08	206,08	IV	172,50	128,16	85,25	46,00	14,00	
	VI	**506,50**	206,08	206,08							
2 249,99	I,IV	**219,16**	206,41	206,41	I	128,75	46,50				
	II	**177,25**	206,41	206,41	II	89,66	17,00				
	III	**16,66**	250,00	206,41	III						
	V	**476,33**	206,41	206,41	IV	173,16	128,75	85,83	46,50	14,41	
	VI	**507,50**	206,41	206,41							
2 252,99	I,IV	**219,83**	206,66	206,66	I	129,41	47,08				
	II	**177,91**	206,66	206,66	II	90,25	17,41				
	III	**17,00**	250,00	206,66	III						
	V	**477,16**	206,66	206,66	IV	173,83	129,41	86,50	47,08	14,83	
	VI	**508,33**	206,66	206,66							
2 255,99	I,IV	**220,50**	206,91	206,91	I	130,00	47,58				
	II	**178,58**	206,91	206,91	II	90,83	17,83				
	III	**17,50**	250,00	206,91	III						
	V	**478,16**	206,91	206,91	IV	174,50	130,00	87,08	47,58	15,25	
	VI	**509,33**	206,91	206,91							
2 258,99	I,IV	**221,16**	207,25	207,25	I	130,66	48,08				
	II	**179,16**	207,25	207,25	II	91,50	18,25				
	III	**17,83**	250,00	207,25	III						
	V	**479,00**	207,25	207,25	IV	175,08	130,66	87,66	48,08	15,66	
	VI	**510,16**	207,25	207,25							
2 261,99	I,IV	**221,83**	207,50	207,50	I	131,25	48,58				
	II	**179,83**	207,50	207,50	II	92,08	18,66				
	III	**18,33**	250,00	207,50	III						
	V	**479,83**	207,50	207,50	IV	175,75	131,25	88,25	48,58	16,08	
	VI	**511,16**	207,50	207,50							
2 264,99	I,IV	**222,41**	207,75	207,75	I	131,83	49,08				
	II	**180,50**	207,75	207,75	II	92,66	19,08				
	III	**18,66**	250,00	207,75	III						
	V	**480,66**	207,75	207,75	IV	176,41	131,83	88,83	49,08	16,50	
	VI	**512,00**	207,75	207,75							
2 267,99	I,IV	**223,16**	208,08	208,08	I	132,50	49,58				
	II	**181,16**	208,08	208,08	II	93,25	19,50				
	III	**19,16**	250,00	208,08	III						
	V	**481,66**	208,08	208,08	IV	177,00	132,50	89,41	49,58	16,91	
	VI	**513,00**	208,08	208,08							

* Zur LSt-Berechnung für privat versicherte Arbeitnehmer s. Beispiele **Vorbemerkung S. 4 f.**
** Basisvorsorgepauschale KV und PV *** Typisierter Arbeitgeberzuschuss

Lohn/ Gehalt in € bis	Steuerklasse	Lohn- steuer*	BVSP**	TAGZ***	Steuerklasse	Bemessungsgrundlage für Kirchensteuer und Solidaritätszuschlag – Freibeträge für ... Kinder 0,5	1,0	1,5	2,0	2,5	3,0
2270,99	I,IV	**223,83**	208,33	208,33	I	133,08	50,16				
	II	**181,75**	208,33	208,33	II	93,91	20,00				
	III	**19,66**	250,00	208,33	III						
	V	**482,50**	208,33	208,33	IV	177,66	133,08	90,08	50,16	17,33	
	VI	**513,83**	208,33	208,33							
2273,99	I,IV	**224,50**	208,58	208,58	I	133,75	50,66				
	II	**182,41**	208,58	208,58	II	94,50	20,41				
	III	**20,00**	250,00	208,58	III						
	V	**483,50**	208,58	208,58	IV	178,33	133,75	90,66	50,66	17,75	
	VI	**514,66**	208,58	208,58							
2276,99	I,IV	**225,16**	208,83	208,83	I	134,33	51,16				
	II	**183,08**	208,83	208,83	II	95,08	20,83				
	III	**20,50**	250,00	208,83	III						
	V	**484,33**	208,83	208,83	IV	179,00	134,33	91,25	51,16	18,16	
	VI	**515,66**	208,83	208,83							
2279,99	I,IV	**225,83**	209,16	209,16	I	135,00	51,66				
	II	**183,75**	209,16	209,16	II	95,66	21,25				
	III	**20,83**	250,00	209,16	III						
	V	**485,16**	209,16	209,16	IV	179,66	135,00	91,91	51,66	18,58	
	VI	**516,50**	209,16	209,16							
2282,99	I,IV	**226,50**	209,41	209,41	I	135,58	52,25				
	II	**184,41**	209,41	209,41	II	96,33	21,66				
	III	**21,33**	250,00	209,41	III						
	V	**486,16**	209,41	209,41	IV	180,25	135,58	92,50	52,25	19,00	
	VI	**517,33**	209,41	209,41							
2285,99	I,IV	**227,16**	209,66	209,66	I	136,25	52,75				
	II	**185,00**	209,66	209,66	II	96,91	22,08				
	III	**21,83**	250,00	209,66	III						
	V	**486,83**	209,66	209,66	IV	180,91	136,25	93,08	52,75	19,41	
	VI	**518,50**	209,66	209,66							
2288,99	I,IV	**227,83**	210,00	210,00	I	136,91	53,25				
	II	**185,66**	210,00	210,00	II	97,50	22,58				
	III	**22,16**	250,00	210,00	III						
	V	**487,83**	210,00	210,00	IV	181,58	136,91	93,66	53,25	19,83	
	VI	**519,33**	210,00	210,00							
2291,99	I,IV	**228,50**	210,25	210,25	I	137,50	53,83				
	II	**186,33**	210,25	210,25	II	98,08	23,00				
	III	**22,66**	250,00	210,25	III						
	V	**488,83**	210,25	210,25	IV	182,25	137,50	94,25	53,83	20,25	
	VI	**520,16**	210,25	210,25							
2294,99	I,IV	**229,16**	210,50	210,50	I	138,08	54,33				
	II	**187,00**	210,50	210,50	II	98,75	23,41				
	III	**23,00**	250,00	210,50	III						
	V	**489,66**	210,50	210,50	IV	182,83	138,08	94,91	54,33	20,66	
	VI	**521,16**	210,50	210,50							
2297,99	I,IV	**229,83**	210,83	210,83	I	138,75	54,83				
	II	**187,66**	210,83	210,83	II	99,33	23,83				
	III	**23,50**	250,00	210,83	III						
	V	**490,50**	210,83	210,83	IV	183,50	138,75	95,50	54,83	21,08	
	VI	**522,16**	210,83	210,83							
2300,99	I,IV	**230,50**	211,08	211,08	I	139,33	55,41				
	II	**188,25**	211,08	211,08	II	99,91	24,33				
	III	**24,00**	250,00	211,08	III						
	V	**491,50**	211,08	211,08	IV	184,16	139,33	96,08	55,41	21,50	
	VI	**523,00**	211,08	211,08							
2303,99	I,IV	**231,16**	211,33	211,33	I	140,00	55,91				
	II	**188,91**	211,33	211,33	II	100,58	24,75				
	III	**24,33**	250,00	211,33	III						
	V	**492,33**	211,33	211,33	IV	184,83	140,00	96,75	55,91	22,00	
	VI	**523,83**	211,33	211,33							

* Zur LSt-Berechnung für privat versicherte Arbeitnehmer s. Beispiele **Vorbemerkung S. 4f.**
** Basisvorsorgepauschale KV und PV *** Typisierter Arbeitgeberzuschuss

Lohn/ Gehalt in € bis	Steuerklasse	Lohn-steuer*	BVSP**	TAGZ***	Steuerklasse	Bemessungsgrundlage für Kirchensteuer und Solidaritätszuschlag					
						Freibeträge für ... Kinder					
						0,5	**1,0**	1,5	**2,0**	2,5	**3,0**
2306,99	I,IV	**231,83**	211,66	211,66	I	140,66	56,50				
	II	**189,58**	211,66	211,66	II	101,16	25,16				
	III	**24,83**	250,00	211,66	III						
	V	**493,33**	211,66	211,66	IV	185,50	140,66	97,33	56,50	22,41	
	VI	**524,83**	211,66	211,66							
2309,99	I,IV	**232,50**	211,91	211,91	I	141,25	57,00				
	II	**190,25**	211,91	211,91	II	101,75	25,58				
	III	**25,33**	250,00	211,91	III						
	V	**494,16**	211,91	211,91	IV	186,16	141,25	97,91	57,00	22,83	
	VI	**525,66**	211,91	211,91							
2312,99	I,IV	**233,16**	212,16	212,16	I	141,91	57,58				
	II	**190,91**	212,16	212,16	II	102,41	26,08				
	III	**25,66**	250,00	212,16	III						
	V	**495,16**	212,16	212,16	IV	186,75	141,91	98,50	57,58	23,25	
	VI	**526,66**	212,16	212,16							
2315,99	I,IV	**233,83**	212,41	212,41	I	142,50	58,08				
	II	**191,50**	212,41	212,41	II	103,00	26,50				
	III	**26,16**	250,00	212,41	III						
	V	**495,83**	212,41	212,41	IV	187,41	142,50	99,16	58,08	23,66	
	VI	**527,50**	212,41	212,41							
2318,99	I,IV	**234,50**	212,75	212,75	I	143,16	58,66				
	II	**192,16**	212,75	212,75	II	103,58	26,91				
	III	**26,66**	250,00	212,75	III						
	V	**496,83**	212,75	212,75	IV	188,08	143,16	99,75	58,66	24,16	
	VI	**528,50**	212,75	212,75							
2321,99	I,IV	**235,16**	213,00	213,00	I	143,75	59,16				
	II	**192,83**	213,00	213,00	II	104,16	27,41				
	III	**27,00**	250,00	213,00	III						
	V	**497,66**	213,00	213,00	IV	188,75	143,75	100,33	59,16	24,58	
	VI	**529,50**	213,00	213,00							
2324,99	I,IV	**235,83**	213,25	213,25	I	144,41	59,75				
	II	**193,50**	213,25	213,25	II	104,83	27,83				
	III	**27,50**	250,00	213,25	III						
	V	**498,66**	213,25	213,25	IV	189,33	144,41	101,00	59,75	25,00	
	VI	**530,33**	213,25	213,25							
2327,99	I,IV	**236,58**	213,58	213,58	I	145,00	60,25				
	II	**194,16**	213,58	213,58	II	105,41	28,33				
	III	**28,00**	250,00	213,58	III						
	V	**499,50**	213,58	213,58	IV	190,00	145,00	101,58	60,25	25,50	
	VI	**531,16**	213,58	213,58							
2330,99	I,IV	**237,25**	213,83	213,83	I	145,66	60,83				
	II	**194,83**	213,83	213,83	II	106,00	28,75				
	III	**28,33**	250,00	213,83	III						
	V	**500,33**	213,83	213,83	IV	190,66	145,66	102,16	60,83	25,91	
	VI	**532,16**	213,83	213,83							
2333,99	I,IV	**237,91**	214,08	214,08	I	146,33	61,41				
	II	**195,50**	214,08	214,08	II	106,66	29,25				
	III	**28,83**	250,00	214,08	III						
	V	**501,33**	214,08	214,08	IV	191,33	146,33	102,83	61,41	26,33	
	VI	**533,16**	214,08	214,08							
2336,99	I,IV	**238,58**	214,41	214,41	I	146,91	61,91				
	II	**196,16**	214,41	214,41	II	107,25	29,66				
	III	**29,33**	250,00	214,41	III						
	V	**502,16**	214,41	214,41	IV	192,00	146,91	103,41	61,91	26,83	
	VI	**534,16**	214,41	214,41							
2339,99	I,IV	**239,25**	214,66	214,66	I	147,58	62,50				
	II	**196,75**	214,66	214,66	II	107,91	30,16				
	III	**29,83**	250,00	214,66	III						
	V	**503,16**	214,66	214,66	IV	192,66	147,58	104,00	62,50	27,25	
	VI	**535,00**	214,66	214,66							

* Zur LSt-Berechnung für privat versicherte Arbeitnehmer s. Beispiele **Vorbemerkung S. 4f.**
** Basisvorsorgepauschale KV und PV *** Typisierter Arbeitgeberzuschuss

Lohn/ Gehalt in € bis	Steuerklasse	Lohn- steuer*	BVSP**	TAGZ***	Steuerklasse	Bemessungsgrundlage für Kirchensteuer und Solidaritätszuschlag					
						Freibeträge für ... Kinder					
						0,5	**1,0**	1,5	**2,0**	2,5	**3,0**
2342,99	I,IV	**239,91**	214,91	214,91	I	148,16	63,00				
	II	**197,41**	214,91	214,91	II	108,50	30,58				
	III	**30,16**	250,00	214,91	III						
	V	**504,00**	214,91	214,91	IV	193,25	148,16	104,58	63,00	27,66	
	VI	**535,83**	214,91	214,91							
2345,99	I,IV	**240,58**	215,16	215,16	I	148,83	63,58				
	II	**198,08**	215,16	215,16	II	109,08	31,08				
	III	**30,66**	250,00	215,16	III						
	V	**505,00**	215,16	215,16	IV	193,91	148,83	105,25	63,58	28,16	
	VI	**536,83**	215,16	215,16							
2348,99	I,IV	**241,25**	215,50	215,50	I	149,41	64,16	0,41			
	II	**198,75**	215,50	215,50	II	109,66	31,50				
	III	**31,16**	250,00	215,50	III						
	V	**505,83**	215,50	215,50	IV	194,58	149,41	105,83	64,16	28,58	0,41
	VI	**537,83**	215,50	215,50							
2351,99	I,IV	**241,91**	215,75	215,75	I	150,08	64,75	0,75			
	II	**199,41**	215,75	215,75	II	110,33	32,00				
	III	**31,66**	250,00	215,75	III						
	V	**506,83**	215,75	215,75	IV	195,25	150,08	106,41	64,75	29,08	0,75
	VI	**538,66**	215,75	215,75							
2354,99	I,IV	**242,66**	216,00	216,00	I	150,75	65,25	1,08			
	II	**200,08**	216,00	216,00	II	110,91	32,41				
	III	**32,00**	250,00	216,00	III						
	V	**507,66**	216,00	216,00	IV	195,91	150,75	107,08	65,25	29,50	1,08
	VI	**539,66**	216,00	216,00							
2357,99	I,IV	**243,33**	216,33	216,33	I	151,33	65,83	1,41			
	II	**200,75**	216,33	216,33	II	111,58	32,91				
	III	**32,50**	250,00	216,33	III						
	V	**508,50**	216,33	216,33	IV	196,58	151,33	107,66	65,83	30,00	1,41
	VI	**540,50**	216,33	216,33							
2360,99	I,IV	**244,00**	216,58	216,58	I	152,00	66,41	1,83			
	II	**201,41**	216,58	216,58	II	112,16	33,41				
	III	**33,00**	250,00	216,58	III						
	V	**509,66**	216,58	216,58	IV	197,25	152,00	108,25	66,41	30,41	1,83
	VI	**541,50**	216,58	216,58							
2363,99	I,IV	**244,66**	216,83	216,83	I	152,66	67,00	2,16			
	II	**202,00**	216,83	216,83	II	112,75	33,83				
	III	**33,33**	250,00	216,83	III						
	V	**510,50**	216,83	216,83	IV	197,91	152,66	108,91	67,00	30,91	2,16
	VI	**542,50**	216,83	216,83							
2366,99	I,IV	**245,33**	217,16	217,16	I	153,25	67,50	2,50			
	II	**202,66**	217,16	217,16	II	113,41	34,33				
	III	**33,83**	250,00	217,16	III						
	V	**511,50**	217,16	217,16	IV	198,50	153,25	109,50	67,50	31,41	2,50
	VI	**543,33**	217,16	217,16							
2369,99	I,IV	**246,00**	217,41	217,41	I	153,91	68,08	2,83			
	II	**203,33**	217,41	217,41	II	114,00	34,83				
	III	**34,33**	250,00	217,41	III						
	V	**512,16**	217,41	217,41	IV	199,16	153,91	110,08	68,08	31,83	2,83
	VI	**544,33**	217,41	217,41							
2372,99	I,IV	**246,66**	217,66	217,66	I	154,50	68,66	3,25			
	II	**204,00**	217,66	217,66	II	114,58	35,25				
	III	**34,83**	250,00	217,66	III						
	V	**513,33**	217,66	217,66	IV	199,83	154,50	110,75	68,66	32,33	3,25
	VI	**545,16**	217,66	217,66							
2375,99	I,IV	**247,33**	217,91	217,91	I	155,16	69,25	3,58			
	II	**204,66**	217,91	217,91	II	115,25	35,75				
	III	**35,16**	250,00	217,91	III						
	V	**514,16**	217,91	217,91	IV	200,50	155,16	111,33	69,25	32,75	3,58
	VI	**546,16**	217,91	217,91							

* Zur LSt-Berechnung für privat versicherte Arbeitnehmer s. Beispiele **Vorbemerkung S. 4 f.**
** Basisvorsorgepauschale KV und PV *** Typisierter Arbeitgeberzuschuss

Lohn/ Gehalt in € bis	Steuerklasse	Lohn-steuer*	BVSP**	TAGZ***	Steuerklasse	Bemessungsgrundlage für Kirchensteuer und Solidaritätszuschlag					
						Freibeträge für ... Kinder					
						0,5	**1,0**	1,5	**2,0**	2,5	**3,0**
2378,99	I,IV	**248,08**	218,25	218,25	I	155,83	69,83	4,00			
	II	**205,33**	218,25	218,25	II	115,83	36,25				
	III	**35,66**	250,00	218,25	III						
	V	**515,00**	218,25	218,25	IV	201,16	155,83	112,00	69,83	33,25	4,00
	VI	**547,16**	218,25	218,25							
2381,99	I,IV	**248,75**	218,50	218,50	I	156,41	70,41	4,33			
	II	**206,00**	218,50	218,50	II	116,50	36,75				
	III	**36,16**	250,00	218,50	III						
	V	**516,00**	218,50	218,50	IV	201,83	156,41	112,58	70,41	33,75	4,33
	VI	**548,00**	218,50	218,50							
2384,99	I,IV	**249,41**	218,75	218,75	I	157,08	71,00	4,66			
	II	**206,66**	218,75	218,75	II	117,08	37,16				
	III	**36,66**	250,00	218,75	III						
	V	**516,83**	218,75	218,75	IV	202,50	157,08	113,16	71,00	34,16	4,66
	VI	**549,00**	218,75	218,75							
2387,99	I,IV	**250,08**	219,08	219,08	I	157,75	71,50	5,08			
	II	**207,33**	219,08	219,08	II	117,66	37,66				
	III	**37,16**	250,00	219,08	III						
	V	**517,83**	219,08	219,08	IV	203,16	157,75	113,83	71,50	34,66	5,08
	VI	**550,00**	219,08	219,08							
2390,99	I,IV	**250,75**	219,33	219,33	I	158,33	72,08	5,41			
	II	**208,00**	219,33	219,33	II	118,33	38,16				
	III	**37,50**	250,00	219,33	III						
	V	**518,66**	219,33	219,33	IV	203,83	158,33	114,41	72,08	35,16	5,41
	VI	**550,83**	219,33	219,33							
2393,99	I,IV	**251,41**	219,58	219,58	I	159,00	72,66	5,83			
	II	**208,58**	219,58	219,58	II	118,91	38,66				
	III	**38,00**	250,00	219,58	III						
	V	**519,66**	219,58	219,58	IV	204,41	159,00	115,00	72,66	35,58	5,83
	VI	**551,66**	219,58	219,58							
2396,99	I,IV	**252,16**	219,91	219,91	I	159,58	73,25	6,16			
	II	**209,25**	219,91	219,91	II	119,50	39,16				
	III	**38,50**	250,00	219,91	III						
	V	**520,50**	219,91	219,91	IV	205,08	159,58	115,66	73,25	36,08	6,16
	VI	**552,83**	219,91	219,91							
2399,99	I,IV	**252,83**	220,16	220,16	I	160,25	73,83	6,58			
	II	**209,91**	220,16	220,16	II	120,16	39,58				
	III	**39,00**	250,00	220,16	III						
	V	**521,33**	220,16	220,16	IV	205,75	160,25	116,25	73,83	36,58	6,58
	VI	**553,66**	220,16	220,16							
2402,99	I,IV	**253,50**	220,41	220,41	I	160,91	74,41	6,91			
	II	**210,58**	220,41	220,41	II	120,75	40,08				
	III	**39,50**	250,00	220,41	III						
	V	**522,33**	220,41	220,41	IV	206,41	160,91	116,91	74,41	37,00	6,91
	VI	**554,50**	220,41	220,41							
2405,99	I,IV	**254,16**	220,75	220,75	I	161,50	75,00	7,33			
	II	**211,25**	220,75	220,75	II	121,41	40,58				
	III	**40,00**	250,00	220,75	III						
	V	**523,33**	220,75	220,75	IV	207,08	161,50	117,50	75,00	37,50	7,33
	VI	**555,66**	220,75	220,75							
2408,99	I,IV	**254,83**	221,00	221,00	I	162,16	75,58	7,66			
	II	**211,91**	221,00	221,00	II	122,00	41,08				
	III	**40,33**	250,00	221,00	III						
	V	**524,16**	221,00	221,00	IV	207,75	162,16	118,08	75,58	38,00	7,66
	VI	**556,50**	221,00	221,00							
2411,99	I,IV	**255,58**	221,25	221,25	I	162,83	76,16	8,08			
	II	**212,58**	221,25	221,25	II	122,66	41,58				
	III	**40,83**	250,00	221,25	III						
	V	**525,16**	221,25	221,25	IV	208,41	162,83	118,75	76,16	38,50	8,08
	VI	**557,50**	221,25	221,25							

* Zur LSt-Berechnung für privat versicherte Arbeitnehmer s. Beispiele **Vorbemerkung S. 4f.**
** Basisvorsorgepauschale KV und PV *** Typisierter Arbeitgeberzuschuss

Lohn/ Gehalt in € bis	Steuerklasse	Lohn-steuer*	BVSP**	TAGZ***	Steuerklasse	Bemessungsgrundlage für Kirchensteuer und Solidaritätszuschlag					
						Freibeträge für ... Kinder					
						0,5	**1,0**	1,5	**2,0**	2,5	**3,0**
2414,99	I,IV	**256,25**	221,50	221,50	I	163,41	76,83	8,41			
	II	**213,25**	221,50	221,50	II	123,25	42,08				
	III	**41,33**	250,00	221,50	III						
	V	**526,00**	221,50	221,50	IV	209,08	163,41	119,33	76,83	39,00	8,41
	VI	**558,50**	221,50	221,50							
2417,99	I,IV	**256,91**	221,83	221,83	I	164,08	77,41	8,83			
	II	**213,91**	221,83	221,83	II	123,91	42,58				
	III	**41,83**	250,00	221,83	III						
	V	**527,00**	221,83	221,83	IV	209,75	164,08	120,00	77,41	39,50	8,83
	VI	**559,33**	221,83	221,83							
2420,99	I,IV	**257,58**	222,08	222,08	I	164,75	78,00	9,25			
	II	**214,58**	222,08	222,08	II	124,50	43,08				
	III	**42,33**	250,00	222,08	III						
	V	**527,83**	222,08	222,08	IV	210,41	164,75	120,58	78,00	39,91	9,25
	VI	**560,16**	222,08	222,08							
2423,99	I,IV	**258,25**	222,33	222,33	I	165,33	78,58	9,58			
	II	**215,25**	222,33	222,33	II	125,08	43,58				
	III	**42,83**	250,00	222,33	III						
	V	**528,83**	222,33	222,33	IV	211,08	165,33	121,16	78,58	40,41	9,58
	VI	**561,33**	222,33	222,33							
2426,99	I,IV	**258,91**	222,66	222,66	I	166,00	79,16	10,00			
	II	**215,91**	222,66	222,66	II	125,75	44,08				
	III	**43,16**	250,00	222,66	III						
	V	**529,83**	222,66	222,66	IV	211,75	166,00	121,83	79,16	40,91	10,00
	VI	**562,16**	222,66	222,66							
2429,99	I,IV	**259,66**	222,91	222,91	I	166,66	79,75	10,41			
	II	**216,58**	222,91	222,91	II	126,33	44,58				
	III	**43,66**	250,00	222,91	III						
	V	**530,66**	222,91	222,91	IV	212,41	166,66	122,41	79,75	41,41	10,41
	VI	**563,16**	222,91	222,91							
2432,99	I,IV	**260,33**	223,16	223,16	I	167,25	80,33	10,75			
	II	**217,25**	223,16	223,16	II	127,00	45,08				
	III	**44,16**	250,00	223,16	III						
	V	**531,66**	223,16	223,16	IV	213,08	167,25	123,08	80,33	41,91	10,75
	VI	**564,16**	223,16	223,16							
2435,99	I,IV	**261,00**	223,50	223,50	I	167,91	81,00	11,16			
	II	**217,91**	223,50	223,50	II	127,58	45,58				
	III	**44,66**	250,00	223,50	III						
	V	**532,50**	223,50	223,50	IV	213,66	167,91	123,66	81,00	42,41	11,16
	VI	**565,00**	223,50	223,50							
2438,99	I,IV	**261,66**	223,75	223,75	I	168,58	81,58	11,58			
	II	**218,58**	223,75	223,75	II	128,25	46,08				
	III	**45,16**	250,00	223,75	III						
	V	**533,33**	223,75	223,75	IV	214,33	168,58	124,33	81,58	42,91	11,58
	VI	**566,00**	223,75	223,75							
2441,99	I,IV	**262,41**	224,00	224,00	I	169,25	82,16	12,00			
	II	**219,25**	224,00	224,00	II	128,83	46,58				
	III	**45,66**	250,00	224,00	III						
	V	**534,50**	224,00	224,00	IV	215,00	169,25	124,91	82,16	43,41	12,00
	VI	**566,83**	224,00	224,00							
2444,99	I,IV	**263,08**	224,25	224,25	I	169,83	82,75	12,33			
	II	**219,91**	224,25	224,25	II	129,50	47,16				
	III	**46,16**	250,00	224,25	III						
	V	**535,33**	224,25	224,25	IV	215,66	169,83	125,58	82,75	43,91	12,33
	VI	**568,00**	224,25	224,25							
2447,99	I,IV	**263,75**	224,58	224,58	I	170,50	83,33	12,75			
	II	**220,58**	224,58	224,58	II	130,08	47,66				
	III	**46,66**	250,00	224,58	III						
	V	**536,33**	224,58	224,58	IV	216,33	170,50	126,16	83,33	44,41	12,75
	VI	**568,83**	224,58	224,58							

* Zur LSt-Berechnung für privat versicherte Arbeitnehmer s. Beispiele **Vorbemerkung S. 4 f.**
** Basisvorsorgepauschale KV und PV *** Typisierter Arbeitgeberzuschuss

Lohn/ Gehalt in € bis	Steuerklasse	Lohn-steuer*	BVSP**	TAGZ***	Steuerklasse	Bemessungsgrundlage für Kirchensteuer und Solidaritätszuschlag					
						Freibeträge für ... Kinder					
						0,5	**1,0**	1,5	**2,0**	2,5	**3,0**
2450,99	I,IV	**264,41**	224,83	224,83	I	171,16	83,91	13,16			
	II	**221,25**	224,83	224,83	II	130,75	48,16				
	III	**47,16**	250,00	224,83	III						
	V	**537,16**	224,83	224,83	IV	217,00	171,16	126,75	83,91	44,91	13,16
	VI	**569,66**	224,83	224,83							
2453,99	I,IV	**265,16**	225,08	225,08	I	171,75	84,58	13,58			
	II	**221,91**	225,08	225,08	II	131,33	48,66				
	III	**47,66**	250,00	225,08	III						
	V	**538,00**	225,08	225,08	IV	217,66	171,75	127,41	84,58	45,41	13,58
	VI	**570,83**	225,08	225,08							
2456,99	I,IV	**265,83**	225,41	225,41	I	172,41	85,16	13,91			
	II	**222,58**	225,41	225,41	II	132,00	49,16				
	III	**48,00**	250,00	225,41	III						
	V	**539,16**	225,41	225,41	IV	218,33	172,41	128,00	85,16	45,91	13,91
	VI	**571,66**	225,41	225,41							
2459,99	I,IV	**266,50**	225,66	225,66	I	173,08	85,75	14,33			
	II	**223,25**	225,66	225,66	II	132,58	49,66				
	III	**48,66**	250,00	225,66	III						
	V	**540,00**	225,66	225,66	IV	219,00	173,08	128,66	85,75	46,41	14,33
	VI	**572,66**	225,66	225,66							
2462,99	I,IV	**267,16**	225,91	225,91	I	173,75	86,33	14,75			
	II	**223,91**	225,91	225,91	II	133,25	50,25				
	III	**49,16**	250,00	225,91	III						
	V	**540,83**	225,91	225,91	IV	219,66	173,75	129,25	86,33	47,00	14,75
	VI	**573,50**	225,91	225,91							
2465,99	I,IV	**267,91**	226,25	226,25	I	174,33	87,00	15,16			
	II	**224,58**	226,25	226,25	II	133,83	50,75				
	III	**49,50**	250,00	226,25	III						
	V	**541,83**	226,25	226,25	IV	220,33	174,33	129,91	87,00	47,50	15,16
	VI	**574,66**	226,25	226,25							
2468,99	I,IV	**268,58**	226,50	226,50	I	175,00	87,58	15,58			
	II	**225,25**	226,50	226,50	II	134,50	51,25				
	III	**50,00**	250,00	226,50	III						
	V	**542,83**	226,50	226,50	IV	221,00	175,00	130,50	87,58	48,00	15,58
	VI	**575,50**	226,50	226,50							
2471,99	I,IV	**269,25**	226,75	226,75	I	175,66	88,16	16,00			
	II	**225,91**	226,75	226,75	II	135,08	51,75				
	III	**50,50**	250,00	226,75	III						
	V	**543,66**	226,75	226,75	IV	221,66	175,66	131,16	88,16	48,50	16,00
	VI	**576,33**	226,75	226,75							
2474,99	I,IV	**269,91**	227,00	227,00	I	176,25	88,75	16,41			
	II	**226,58**	227,00	227,00	II	135,66	52,33				
	III	**51,00**	250,00	227,00	III						
	V	**544,66**	227,00	227,00	IV	222,33	176,25	131,75	88,75	49,00	16,41
	VI	**577,50**	227,00	227,00							
2477,99	I,IV	**270,66**	227,33	227,33	I	176,91	89,33	16,83			
	II	**227,25**	227,33	227,33	II	136,33	52,83				
	III	**51,50**	250,00	227,33	III						
	V	**545,50**	227,33	227,33	IV	223,00	176,91	132,41	89,33	49,50	16,83
	VI	**578,33**	227,33	227,33							
2480,99	I,IV	**271,33**	227,58	227,58	I	177,58	90,00	17,25			
	II	**227,91**	227,58	227,58	II	137,00	53,33				
	III	**52,00**	250,00	227,58	III						
	V	**546,50**	227,58	227,58	IV	223,66	177,58	133,00	90,00	50,08	17,25
	VI	**579,33**	227,58	227,58							
2483,99	I,IV	**272,00**	227,83	227,83	I	178,25	90,58	17,66			
	II	**228,58**	227,83	227,83	II	137,58	53,91				
	III	**52,50**	250,00	227,83	III						
	V	**547,50**	227,83	227,83	IV	224,33	178,25	133,66	90,58	50,58	17,66
	VI	**580,16**	227,83	227,83							

* Zur LSt-Berechnung für privat versicherte Arbeitnehmer s. Beispiele **Vorbemerkung S. 4 f.**
** Basisvorsorgepauschale KV und PV *** Typisierter Arbeitgeberzuschuss

Lohn/ Gehalt in € bis	Steuerklasse	Lohn-steuer*	BVSP**	TAGZ***	Steuerklasse	Bemessungsgrundlage für Kirchensteuer und Solidaritätszuschlag					
						Freibeträge für ... Kinder					
						0,5	**1,0**	1,5	**2,0**	2,5	**3,0**
2486,99	I,IV	**272,66**	228,16	228,16	I	178,91	91,16	18,08			
	II	**229,25**	228,16	228,16	II	138,25	54,41				
	III	**53,00**	250,00	228,16	III						
	V	**548,33**	228,16	228,16	IV	225,00	178,91	134,25	91,16	51,08	18,08
	VI	**581,33**	228,16	228,16							
2489,99	I,IV	**273,41**	228,41	228,41	I	179,50	91,75	18,50			
	II	**229,91**	228,41	228,41	II	138,83	55,00				
	III	**53,50**	250,00	228,41	III						
	V	**549,16**	228,41	228,41	IV	225,66	179,50	134,91	91,75	51,58	18,50
	VI	**582,16**	228,41	228,41							
2492,99	I,IV	**274,08**	228,66	228,66	I	180,16	92,41	18,91			
	II	**230,58**	228,66	228,66	II	139,50	55,50				
	III	**54,00**	250,00	228,66	III						
	V	**550,33**	228,66	228,66	IV	226,33	180,16	135,50	92,41	52,16	18,91
	VI	**583,16**	228,66	228,66							
2495,99	I,IV	**274,75**	229,00	229,00	I	180,83	93,00	19,33			
	II	**231,25**	229,00	229,00	II	140,08	56,00				
	III	**54,50**	250,00	229,00	III						
	V	**551,16**	229,00	229,00	IV	227,08	180,83	136,16	93,00	52,66	19,33
	VI	**584,00**	229,00	229,00							
2498,99	I,IV	**275,50**	229,25	229,25	I	181,41	93,58	19,75			
	II	**231,91**	229,25	229,25	II	140,75	56,58				
	III	**55,00**	250,00	229,25	III						
	V	**552,16**	229,25	229,25	IV	227,66	181,41	136,75	93,58	53,16	19,75
	VI	**585,16**	229,25	229,25							
2501,99	I,IV	**276,16**	229,50	229,50	I	182,08	94,16	20,16			
	II	**232,58**	229,50	229,50	II	141,33	57,08				
	III	**55,50**	250,00	229,50	III						
	V	**553,00**	229,50	229,50	IV	228,33	182,08	137,41	94,16	53,75	20,16
	VI	**586,00**	229,50	229,50							
2504,99	I,IV	**276,83**	229,83	229,83	I	182,75	94,75	20,58			
	II	**233,25**	229,83	229,83	II	142,00	57,66				
	III	**56,00**	250,00	229,83	III						
	V	**554,00**	229,83	229,83	IV	229,00	182,75	138,00	94,75	54,25	20,58
	VI	**587,00**	229,83	229,83							
2507,99	I,IV	**277,58**	230,08	230,08	I	183,41	95,41	21,00			
	II	**234,00**	230,08	230,08	II	142,58	58,16				
	III	**56,50**	250,00	230,08	III	0,16					
	V	**554,83**	230,08	230,08	IV	229,75	183,41	138,66	95,41	54,75	21,00
	VI	**588,00**	230,08	230,08							
2510,99	I,IV	**278,25**	230,33	230,33	I	184,08	96,00	21,50			
	II	**234,66**	230,33	230,33	II	143,25	58,75				
	III	**57,00**	250,00	230,33	III	0,66					
	V	**556,00**	230,33	230,33	IV	230,41	184,08	139,25	96,00	55,33	21,50
	VI	**589,00**	230,33	230,33							
2513,99	I,IV	**278,91**	230,58	230,58	I	184,75	96,58	21,91			
	II	**235,33**	230,58	230,58	II	143,83	59,25				
	III	**57,50**	250,00	230,58	III	1,00					
	V	**556,83**	230,58	230,58	IV	231,08	184,75	139,91	96,58	55,83	21,91
	VI	**589,83**	230,58	230,58							
2516,99	I,IV	**279,66**	230,91	230,91	I	185,33	97,25	22,33			
	II	**236,00**	230,91	230,91	II	144,50	59,83				
	III	**58,00**	250,00	230,91	III	1,33					
	V	**557,66**	230,91	230,91	IV	231,75	185,33	140,50	97,25	56,41	22,33
	VI	**590,83**	230,91	230,91							
2519,99	I,IV	**280,33**	231,16	231,16	I	186,00	97,83	22,75			
	II	**236,66**	231,16	231,16	II	145,16	60,33				
	III	**58,50**	250,00	231,16	III	1,83					
	V	**558,83**	231,16	231,16	IV	232,41	186,00	141,16	97,83	56,91	22,75
	VI	**591,83**	231,16	231,16							

* Zur LSt-Berechnung für privat versicherte Arbeitnehmer s. Beispiele **Vorbemerkung S. 4 f.**
** Basisvorsorgepauschale KV und PV *** Typisierter Arbeitgeberzuschuss

Lohn/ Gehalt in € bis	Steuerklasse	Lohn- steuer*	BVSP**	TAGZ***	Steuerklasse	Bemessungsgrundlage für Kirchensteuer und Solidaritätszuschlag					
						Freibeträge für ... Kinder					
						0,5	**1,0**	1,5	**2,0**	2,5	**3,0**
2522,99	I,IV	**281,00**	231,41	231,41	I	186,66	98,41	23,16			
	II	**237,33**	231,41	231,41	II	145,75	60,91				
	III	**59,00**	250,00	231,41	III	2,16					
	V	**559,66**	231,41	231,41	IV	233,08	186,66	141,75	98,41	57,50	23,16
	VI	**592,83**	231,41	231,41							
2525,99	I,IV	**281,66**	231,75	231,75	I	187,33	99,00	23,66			
	II	**238,00**	231,75	231,75	II	146,41	61,41				
	III	**59,50**	250,00	231,75	III	2,50					
	V	**560,50**	231,75	231,75	IV	233,75	187,33	142,41	99,00	58,00	23,66
	VI	**593,66**	231,75	231,75							
2528,99	I,IV	**282,41**	232,00	232,00	I	187,91	99,66	24,08			
	II	**238,66**	232,00	232,00	II	147,00	62,00				
	III	**60,00**	250,00	232,00	III	3,00					
	V	**561,66**	232,00	232,00	IV	234,41	187,91	143,00	99,66	58,58	24,08
	VI	**594,66**	232,00	232,00							
2531,99	I,IV	**283,08**	232,25	232,25	I	188,58	100,25	24,50			
	II	**239,33**	232,25	232,25	II	147,66	62,58				
	III	**60,50**	250,00	232,25	III	3,33					
	V	**562,50**	232,25	232,25	IV	235,08	188,58	143,66	100,25	59,08	24,50
	VI	**595,83**	232,25	232,25							
2534,99	I,IV	**283,75**	232,58	232,58	I	189,25	100,83	24,91			
	II	**240,00**	232,58	232,58	II	148,25	63,08				
	III	**61,16**	250,00	232,58	III	3,66					
	V	**563,33**	232,58	232,58	IV	235,75	189,25	144,33	100,83	59,66	24,91
	VI	**596,66**	232,58	232,58							
2537,99	I,IV	**284,50**	232,83	232,83	I	189,91	101,50	25,41			
	II	**240,66**	232,83	232,83	II	148,91	63,66	0,08			
	III	**61,66**	250,00	232,83	III	4,16					
	V	**564,50**	232,83	232,83	IV	236,41	189,91	144,91	101,50	60,16	25,41
	VI	**597,66**	232,83	232,83							
2540,99	I,IV	**285,16**	233,08	233,08	I	190,58	102,08	25,83			
	II	**241,41**	233,08	233,08	II	149,58	64,25	0,41			
	III	**62,16**	250,00	233,08	III	4,50					
	V	**565,33**	233,08	233,08	IV	237,08	190,58	145,58	102,08	60,75	25,83
	VI	**598,50**	233,08	233,08							
2543,99	I,IV	**285,91**	233,33	233,33	I	191,25	102,66	26,33			
	II	**242,08**	233,33	233,33	II	150,16	64,83	0,75			
	III	**62,66**	250,00	233,33	III	5,00					
	V	**566,33**	233,33	233,33	IV	237,75	191,25	146,16	102,66	61,25	26,33
	VI	**599,50**	233,33	233,33							
2546,99	I,IV	**286,58**	233,66	233,66	I	191,91	103,33	26,75			
	II	**242,75**	233,66	233,66	II	150,83	65,33	1,16			
	III	**63,16**	250,00	233,66	III	5,33					
	V	**567,16**	233,66	233,66	IV	238,50	191,91	146,83	103,33	61,83	26,75
	VI	**600,66**	233,66	233,66							
2549,99	I,IV	**287,25**	233,91	233,91	I	192,50	103,91	27,16			
	II	**243,41**	233,91	233,91	II	151,41	65,91	1,50			
	III	**63,66**	250,00	233,91	III	5,66					
	V	**568,16**	233,91	233,91	IV	239,08	192,50	147,41	103,91	62,41	27,16
	VI	**601,50**	233,91	233,91							
2552,99	I,IV	**288,00**	234,16	234,16	I	193,16	104,50	27,66			
	II	**244,08**	234,16	234,16	II	152,08	66,50	1,83			
	III	**64,16**	250,00	234,16	III	6,16					
	V	**569,16**	234,16	234,16	IV	239,83	193,16	148,08	104,50	62,91	27,66
	VI	**602,50**	234,16	234,16							
2555,99	I,IV	**288,66**	234,50	234,50	I	193,83	105,08	28,08			
	II	**244,75**	234,50	234,50	II	152,75	67,08	2,16			
	III	**64,66**	250,00	234,50	III	6,50					
	V	**570,00**	234,50	234,50	IV	240,50	193,83	148,75	105,08	63,50	28,08
	VI	**603,33**	234,50	234,50							

* Zur LSt-Berechnung für privat versicherte Arbeitnehmer s. Beispiele **Vorbemerkung S. 4f.**
** Basisvorsorgepauschale KV und PV *** Typisierter Arbeitgeberzuschuss

Lohn/ Gehalt in € bis	Steuerklasse	Lohn-steuer*	BVSP**	TAGZ***	Steuerklasse	Bemessungsgrundlage für Kirchensteuer und Solidaritätszuschlag – Freibeträge für ... Kinder 0,5	**1,0**	1,5	**2,0**	2,5	**3,0**
2 558,99	I,IV	**289,33**	234,75	234,75	I	194,50	105,75	28,50			
	II	**245,41**	234,75	234,75	II	153,33	67,58	2,58			
	III	**65,16**	250,00	234,75	III	7,00					
	V	**571,16**	234,75	234,75	IV	241,16	194,50	149,33	105,75	64,08	28,50
	VI	**604,50**	234,75	234,75							
2 561,99	I,IV	**290,08**	235,00	235,00	I	195,16	106,33	29,00			
	II	**246,08**	235,00	235,00	II	154,00	68,16	2,91			
	III	**65,66**	250,00	235,00	III	7,33					
	V	**572,00**	235,00	235,00	IV	241,83	195,16	150,00	106,33	64,58	29,00
	VI	**605,50**	235,00	235,00							
2 564,99	I,IV	**290,75**	235,33	235,33	I	195,83	107,00	29,41			
	II	**246,83**	235,33	235,33	II	154,58	68,75	3,25			
	III	**66,33**	250,00	235,33	III	7,66					
	V	**572,83**	235,33	235,33	IV	242,50	195,83	150,58	107,00	65,16	29,41
	VI	**606,33**	235,33	235,33							
2 567,99	I,IV	**291,50**	235,58	235,58	I	196,41	107,58	29,91			
	II	**247,50**	235,58	235,58	II	155,25	69,33	3,66			
	III	**66,83**	250,00	235,58	III	8,16					
	V	**574,00**	235,58	235,58	IV	243,16	196,41	151,25	107,58	65,75	29,91
	VI	**607,33**	235,58	235,58							
2 570,99	I,IV	**292,16**	235,83	235,83	I	197,08	108,16	30,41			
	II	**248,16**	235,83	235,83	II	155,91	69,91	4,00			
	III	**67,33**	250,00	235,83	III	8,50					
	V	**574,83**	235,83	235,83	IV	243,91	197,08	151,91	108,16	66,33	30,41
	VI	**608,33**	235,83	235,83							
2 573,99	I,IV	**292,83**	236,08	236,08	I	197,75	108,83	30,83			
	II	**248,83**	236,08	236,08	II	156,50	70,50	4,41			
	III	**67,83**	250,00	236,08	III	9,00					
	V	**575,83**	236,08	236,08	IV	244,58	197,75	152,50	108,83	66,83	30,83
	VI	**609,33**	236,08	236,08							
2 576,99	I,IV	**293,58**	236,41	236,41	I	198,41	109,41	31,25			
	II	**249,50**	236,41	236,41	II	157,16	71,00	4,75			
	III	**68,33**	250,00	236,41	III	9,33					
	V	**576,83**	236,41	236,41	IV	245,25	198,41	153,16	109,41	67,41	31,25
	VI	**610,33**	236,41	236,41							
2 579,99	I,IV	**294,25**	236,66	236,66	I	199,08	110,00	31,75			
	II	**250,16**	236,66	236,66	II	157,83	71,58	5,08			
	III	**68,83**	250,00	236,66	III	9,83					
	V	**577,83**	236,66	236,66	IV	245,91	199,08	153,75	110,00	68,00	31,75
	VI	**611,16**	236,66	236,66							
2 582,99	I,IV	**294,91**	236,91	236,91	I	199,75	110,66	32,25			
	II	**250,83**	236,91	236,91	II	158,41	72,16	5,50			
	III	**69,33**	250,00	236,91	III	10,16					
	V	**578,66**	236,91	236,91	IV	246,58	199,75	154,41	110,66	68,58	32,25
	VI	**612,16**	236,91	236,91							
2 585,99	I,IV	**295,66**	237,25	237,25	I	200,41	111,25	32,66			
	II	**251,58**	237,25	237,25	II	159,08	72,75	5,83			
	III	**69,83**	250,00	237,25	III	10,66					
	V	**579,66**	237,25	237,25	IV	247,25	200,41	155,08	111,25	69,16	32,66
	VI	**613,16**	237,25	237,25							
2 588,99	I,IV	**296,33**	237,50	237,50	I	201,08	111,83	33,16			
	II	**252,25**	237,50	237,50	II	159,75	73,33	6,25			
	III	**70,50**	250,00	237,50	III	11,00					
	V	**580,66**	237,50	237,50	IV	247,91	201,08	155,66	111,83	69,75	33,16
	VI	**614,33**	237,50	237,50							
2 591,99	I,IV	**297,08**	237,75	237,75	I	201,66	112,50	33,66			
	II	**252,91**	237,75	237,75	II	160,33	73,91	6,58			
	III	**71,00**	250,00	237,75	III	11,50					
	V	**581,66**	237,75	237,75	IV	248,58	201,66	156,33	112,50	70,25	33,66
	VI	**615,16**	237,75	237,75							

* Zur LSt-Berechnung für privat versicherte Arbeitnehmer s. Beispiele **Vorbemerkung S. 4 f.**
** Basisvorsorgepauschale KV und PV *** Typisierter Arbeitgeberzuschuss

Lohn/ Gehalt in € bis	Steuerklasse	Lohn-steuer*	BVSP**	TAGZ***	Steuerklasse	Bemessungsgrundlage für Kirchensteuer und Solidaritätszuschlag					
						Freibeträge für ... Kinder					
						0,5	**1,0**	1,5	**2,0**	2,5	**3,0**
2 594,99	I,IV	**297,75**	238,08	238,08	I	202,33	113,08	34,08			
	II	**253,58**	238,08	238,08	II	161,00	74,50	7,00			
	III	**71,50**	250,00	238,08	III	11,83					
	V	**582,50**	238,08	238,08	IV	249,33	202,33	157,00	113,08	70,83	34,08
	VI	**616,16**	238,08	238,08							
2 597,99	I,IV	**298,50**	238,33	238,33	I	203,00	113,66	34,58			
	II	**254,33**	238,33	238,33	II	161,66	75,16	7,33			
	III	**72,00**	250,00	238,33	III	12,16					
	V	**583,50**	238,33	238,33	IV	250,00	203,00	157,58	113,66	71,41	34,58
	VI	**617,16**	238,33	238,33							
2 600,99	I,IV	**299,16**	238,58	238,58	I	203,66	114,33	35,08			
	II	**255,00**	238,58	238,58	II	162,25	75,75	7,75			
	III	**72,50**	250,00	238,58	III	12,66					
	V	**584,33**	238,58	238,58	IV	250,66	203,66	158,25	114,33	72,00	35,08
	VI	**618,16**	238,58	238,58							
2 603,99	I,IV	**299,83**	238,91	238,91	I	204,33	114,91	35,50			
	II	**255,66**	238,91	238,91	II	162,91	76,25	8,08			
	III	**73,00**	250,00	238,91	III	13,00					
	V	**585,33**	238,91	238,91	IV	251,33	204,33	158,83	114,91	72,58	35,50
	VI	**619,16**	238,91	238,91							
2 606,99	I,IV	**300,58**	239,16	239,16	I	205,00	115,50	36,00			
	II	**256,33**	239,16	239,16	II	163,50	76,91	8,50			
	III	**73,66**	250,00	239,16	III	13,50					
	V	**586,33**	239,16	239,16	IV	252,00	205,00	159,50	115,50	73,16	36,00
	VI	**620,16**	239,16	239,16							
2 609,99	I,IV	**301,25**	239,41	239,41	I	205,66	116,16	36,50			
	II	**257,00**	239,41	239,41	II	164,16	77,50	8,91			
	III	**74,16**	250,00	239,41	III	14,00					
	V	**587,33**	239,41	239,41	IV	252,66	205,66	160,16	116,16	73,75	36,50
	VI	**621,00**	239,41	239,41							
2 612,99	I,IV	**302,00**	239,66	239,66	I	206,33	116,75	36,91			
	II	**257,66**	239,66	239,66	II	164,83	78,08	9,25			
	III	**74,66**	250,00	239,66	III	14,33					
	V	**588,33**	239,66	239,66	IV	253,41	206,33	160,75	116,75	74,33	36,91
	VI	**622,00**	239,66	239,66							
2 615,99	I,IV	**302,66**	240,00	240,00	I	207,00	117,41	37,41			
	II	**258,41**	240,00	240,00	II	165,50	78,66	9,66			
	III	**75,16**	250,00	240,00	III	14,83					
	V	**589,33**	240,00	240,00	IV	254,08	207,00	161,41	117,41	74,91	37,41
	VI	**623,00**	240,00	240,00							
2 618,99	I,IV	**303,41**	240,25	240,25	I	207,66	118,00	37,91			
	II	**259,08**	240,25	240,25	II	166,08	79,25	10,08			
	III	**75,83**	250,00	240,25	III	15,16					
	V	**590,16**	240,25	240,25	IV	254,75	207,66	162,08	118,00	75,50	37,91
	VI	**624,00**	240,25	240,25							
2 621,99	I,IV	**304,08**	240,50	240,50	I	208,33	118,66	38,41			
	II	**259,75**	240,50	240,50	II	166,75	79,83	10,41			
	III	**76,33**	250,00	240,50	III	15,66					
	V	**591,16**	240,50	240,50	IV	255,41	208,33	162,66	118,66	76,08	38,41
	VI	**625,16**	240,50	240,50							
2 624,99	I,IV	**304,83**	240,83	240,83	I	209,00	119,25	38,91			
	II	**260,41**	240,83	240,83	II	167,41	80,50	10,83			
	III	**76,83**	250,00	240,83	III	16,00					
	V	**592,16**	240,83	240,83	IV	256,08	209,00	163,33	119,25	76,66	38,91
	VI	**626,00**	240,83	240,83							
2 627,99	I,IV	**305,50**	241,08	241,08	I	209,58	119,83	39,33			
	II	**261,08**	241,08	241,08	II	168,00	81,08	11,25			
	III	**77,33**	250,00	241,08	III	16,50					
	V	**593,16**	241,08	241,08	IV	256,75	209,58	164,00	119,83	77,25	39,33
	VI	**627,00**	241,08	241,08							

* Zur LSt-Berechnung für privat versicherte Arbeitnehmer s. Beispiele **Vorbemerkung S. 4f.**
** Basisvorsorgepauschale KV und PV *** Typisierter Arbeitgeberzuschuss

Lohn/ Gehalt in € bis	Steuerklasse	Lohn- steuer*	BVSP**	TAGZ***	Steuerklasse	Bemessungsgrundlage für Kirchensteuer und Solidaritätszuschlag					
						Freibeträge für ... Kinder					
						0,5	**1,0**	1,5	**2,0**	2,5	**3,0**
2 630,99	I,IV	**306,16**	241,33	241,33	I	210,25	120,50	39,83			
	II	**261,83**	241,33	241,33	II	168,66	81,66	11,58			
	III	**78,00**	250,00	241,33	III	16,83					
	V	**594,00**	241,33	241,33	IV	257,50	210,25	164,58	120,50	77,83	39,83
	VI	**628,00**	241,33	241,33							
2 633,99	I,IV	**306,91**	241,66	241,66	I	210,91	121,08	40,33			
	II	**262,50**	241,66	241,66	II	169,33	82,25	12,00			
	III	**78,50**	250,00	241,66	III	17,33					
	V	**595,00**	241,66	241,66	IV	258,16	210,91	165,25	121,08	78,50	40,33
	VI	**628,83**	241,66	241,66							
2 636,99	I,IV	**307,58**	241,91	241,91	I	211,58	121,75	40,83			
	II	**263,16**	241,91	241,91	II	169,91	82,83	12,41			
	III	**79,00**	250,00	241,91	III	17,66					
	V	**596,00**	241,91	241,91	IV	258,83	211,58	165,91	121,75	79,08	40,83
	VI	**630,00**	241,91	241,91							
2 639,99	I,IV	**308,33**	242,16	242,16	I	212,25	122,33	41,33			
	II	**263,83**	242,16	242,16	II	170,58	83,41	12,83			
	III	**79,50**	250,00	242,16	III	18,16					
	V	**597,00**	242,16	242,16	IV	259,50	212,25	166,50	122,33	79,66	41,33
	VI	**631,00**	242,16	242,16							
2 642,99	I,IV	**309,00**	242,41	242,41	I	212,91	122,91	41,83			
	II	**264,58**	242,41	242,41	II	171,25	84,08	13,25			
	III	**80,16**	250,00	242,41	III	18,50					
	V	**598,00**	242,41	242,41	IV	260,25	212,91	167,16	122,91	80,25	41,83
	VI	**632,00**	242,41	242,41							
2 645,99	I,IV	**309,75**	242,75	242,75	I	213,58	123,58	42,33			
	II	**265,25**	242,75	242,75	II	171,91	84,66	13,58			
	III	**80,66**	250,00	242,75	III	19,00					
	V	**598,83**	242,75	242,75	IV	260,91	213,58	167,83	123,58	80,83	42,33
	VI	**633,00**	242,75	242,75							
2 648,99	I,IV	**310,41**	243,00	243,00	I	214,25	124,16	42,83			
	II	**265,91**	243,00	243,00	II	172,50	85,25	14,00			
	III	**81,16**	250,00	243,00	III	19,50					
	V	**599,83**	243,00	243,00	IV	261,58	214,25	168,50	124,16	81,50	42,83
	VI	**634,00**	243,00	243,00							
2 651,99	I,IV	**311,16**	243,25	243,25	I	214,91	124,83	43,33			
	II	**266,58**	243,25	243,25	II	173,16	85,83	14,41			
	III	**81,66**	250,00	243,25	III	19,83					
	V	**601,00**	243,25	243,25	IV	262,25	214,91	169,08	124,83	82,08	43,33
	VI	**634,83**	243,25	243,25							
2 654,99	I,IV	**311,83**	243,58	243,58	I	215,58	125,41	43,83			
	II	**267,25**	243,58	243,58	II	173,83	86,41	14,83			
	III	**82,33**	250,00	243,58	III	20,33					
	V	**601,83**	243,58	243,58	IV	262,91	215,58	169,75	125,41	82,66	43,83
	VI	**636,00**	243,58	243,58							
2 657,99	I,IV	**312,58**	243,83	243,83	I	216,25	126,08	44,33			
	II	**268,00**	243,83	243,83	II	174,41	87,08	15,25			
	III	**82,83**	250,00	243,83	III	20,66					
	V	**602,83**	243,83	243,83	IV	263,66	216,25	170,41	126,08	83,25	44,33
	VI	**637,00**	243,83	243,83							
2 660,99	I,IV	**313,25**	244,08	244,08	I	216,91	126,66	44,83			
	II	**268,66**	244,08	244,08	II	175,08	87,66	15,66			
	III	**83,33**	250,00	244,08	III	21,16					
	V	**603,66**	244,08	244,08	IV	264,33	216,91	171,00	126,66	83,83	44,83
	VI	**638,00**	244,08	244,08							
2 663,99	I,IV	**314,00**	244,41	244,41	I	217,58	127,33	45,33			
	II	**269,33**	244,41	244,41	II	175,75	88,25	16,08			
	III	**83,83**	250,00	244,41	III	21,66					
	V	**604,83**	244,41	244,41	IV	265,00	217,58	171,66	127,33	84,41	45,33
	VI	**638,83**	244,41	244,41							

* Zur LSt-Berechnung für privat versicherte Arbeitnehmer s. Beispiele **Vorbemerkung S. 4 f.**
** Basisvorsorgepauschale KV und PV *** Typisierter Arbeitgeberzuschuss

Lohn/ Gehalt in € bis	Steuerklasse	Lohn-steuer*	BVSP**	TAGZ***	Steuerklasse	Bemessungsgrundlage für Kirchensteuer und Solidaritätszuschlag					
						Freibeträge für ... Kinder					
						0,5	**1,0**	1,5	**2,0**	2,5	**3,0**
2 666,99	I,IV	**314,66**	244,66	244,66	I	218,25	127,91	45,83			
	II	**270,08**	244,66	244,66	II	176,41	88,83	16,50			
	III	**84,50**	250,00	244,66	III	22,00					
	V	**605,83**	244,66	244,66	IV	265,66	218,25	172,33	127,91	85,08	45,83
	VI	**639,83**	244,66	244,66							
2 669,99	I,IV	**315,41**	244,91	244,91	I	218,91	128,58	46,33			
	II	**270,75**	244,91	244,91	II	177,00	89,41	16,91			
	III	**85,00**	250,00	244,91	III	22,50					
	V	**606,66**	244,91	244,91	IV	266,41	218,91	173,00	128,58	85,66	46,33
	VI	**640,83**	244,91	244,91							
2 672,99	I,IV	**316,08**	245,16	245,16	I	219,58	129,16	46,83			
	II	**271,41**	245,16	245,16	II	177,66	90,08	17,33			
	III	**85,50**	250,00	245,16	III	23,00					
	V	**607,66**	245,16	245,16	IV	267,08	219,58	173,58	129,16	86,25	46,83
	VI	**641,83**	245,16	245,16							
2 675,99	I,IV	**316,83**	245,50	245,50	I	220,25	129,83	47,41			
	II	**272,16**	245,50	245,50	II	178,33	90,66	17,75			
	III	**86,16**	250,00	245,50	III	23,33					
	V	**608,66**	245,50	245,50	IV	267,75	220,25	174,25	129,83	86,83	47,41
	VI	**642,83**	245,50	245,50							
2 678,99	I,IV	**317,50**	245,75	245,75	I	220,91	130,41	47,91			
	II	**272,83**	245,75	245,75	II	179,00	91,25	18,16			
	III	**86,66**	250,00	245,75	III	23,83					
	V	**609,66**	245,75	245,75	IV	268,50	220,91	174,91	130,41	87,50	47,91
	VI	**644,00**	245,75	245,75							
2 681,99	I,IV	**318,25**	246,00	246,00	I	221,58	131,00	48,41			
	II	**273,50**	246,00	246,00	II	179,58	91,83	18,58			
	III	**87,16**	250,00	246,00	III	24,16					
	V	**610,66**	246,00	246,00	IV	269,16	221,58	175,50	131,00	88,08	48,41
	VI	**644,83**	246,00	246,00							
2 684,99	I,IV	**318,91**	246,33	246,33	I	222,25	131,66	48,91			
	II	**274,16**	246,33	246,33	II	180,25	92,50	19,00			
	III	**87,83**	250,00	246,33	III	24,66					
	V	**611,50**	246,33	246,33	IV	269,83	222,25	176,16	131,66	88,66	48,91
	VI	**645,83**	246,33	246,33							
2 687,99	I,IV	**319,66**	246,58	246,58	I	222,91	132,25	49,41			
	II	**274,91**	246,58	246,58	II	180,91	93,08	19,41			
	III	**88,33**	250,00	246,58	III	25,16					
	V	**612,50**	246,58	246,58	IV	270,50	222,91	176,83	132,25	89,25	49,41
	VI	**646,83**	246,58	246,58							
2 690,99	I,IV	**320,33**	246,83	246,83	I	223,58	132,91	49,91			
	II	**275,58**	246,83	246,83	II	181,58	93,66	19,83			
	III	**89,00**	250,00	246,83	III	25,50					
	V	**613,66**	246,83	246,83	IV	271,16	223,58	177,50	132,91	89,83	49,91
	VI	**647,83**	246,83	246,83							
2 693,99	I,IV	**321,08**	247,16	247,16	I	224,25	133,50	50,50			
	II	**276,25**	247,16	247,16	II	182,25	94,25	20,25			
	III	**89,50**	250,00	247,16	III	26,00					
	V	**614,50**	247,16	247,16	IV	271,91	224,25	178,08	133,50	90,50	50,50
	VI	**648,83**	247,16	247,16							
2 696,99	I,IV	**321,83**	247,41	247,41	I	224,91	134,16	51,00			
	II	**277,00**	247,41	247,41	II	182,83	94,91	20,66			
	III	**90,00**	250,00	247,41	III	26,50					
	V	**615,50**	247,41	247,41	IV	272,58	224,91	178,75	134,16	91,08	51,00
	VI	**649,83**	247,41	247,41							
2 699,99	I,IV	**322,50**	247,66	247,66	I	225,58	134,75	51,50			
	II	**277,66**	247,66	247,66	II	183,50	95,50	21,08			
	III	**90,66**	250,00	247,66	III	26,83					
	V	**616,50**	247,66	247,66	IV	273,25	225,58	179,41	134,75	91,66	51,50
	VI	**650,83**	247,66	247,66							

* Zur LSt-Berechnung für privat versicherte Arbeitnehmer s. Beispiele **Vorbemerkung S. 4f.**
** Basisvorsorgepauschale KV und PV *** Typisierter Arbeitgeberzuschuss

Lohn/ Gehalt in € bis	Steuerklasse	Lohn-steuer*	BVSP**	TAGZ***	Steuerklasse	Bemessungsgrundlage für Kirchensteuer und Solidaritätszuschlag – Freibeträge für ... Kinder 0,5	1,0	1,5	2,0	2,5	3,0
2702,99	I,IV	**323,25**	248,00	248,00	I	226,25	135,41	52,08			
	II	**278,33**	248,00	248,00	II	184,16	96,08	21,50			
	III	**91,16**	250,00	248,00	III	27,33					
	V	**617,50**	248,00	248,00	IV	274,00	226,25	180,08	135,41	92,25	52,08
	VI	**652,00**	248,00	248,00							
2705,99	I,IV	**323,91**	248,25	248,25	I	226,91	136,00	52,58			
	II	**279,00**	248,25	248,25	II	184,83	96,66	21,91			
	III	**91,66**	250,00	248,25	III	27,83					
	V	**618,50**	248,25	248,25	IV	274,66	226,91	180,66	136,00	92,83	52,58
	VI	**652,83**	248,25	248,25							
2708,99	I,IV	**324,66**	248,50	248,50	I	227,58	136,66	53,08			
	II	**279,75**	248,50	248,50	II	185,41	97,33	22,41			
	III	**92,33**	250,00	248,50	III	28,16					
	V	**619,50**	248,50	248,50	IV	275,33	227,58	181,33	136,66	93,50	53,08
	VI	**653,83**	248,50	248,50							
2711,99	I,IV	**325,33**	248,75	248,75	I	228,25	137,25	53,66			
	II	**280,41**	248,75	248,75	II	186,08	97,91	22,83			
	III	**92,83**	250,00	248,75	III	28,66					
	V	**620,50**	248,75	248,75	IV	276,00	228,25	182,00	137,25	94,08	53,66
	VI	**654,83**	248,75	248,75							
2714,99	I,IV	**326,08**	249,08	249,08	I	228,91	137,91	54,16			
	II	**281,08**	249,08	249,08	II	186,75	98,50	23,25			
	III	**93,33**	250,00	249,08	III	29,16					
	V	**621,33**	249,08	249,08	IV	276,75	228,91	182,66	137,91	94,66	54,16
	VI	**655,83**	249,08	249,08							
2717,99	I,IV	**326,75**	249,33	249,33	I	229,58	138,50	54,66			
	II	**281,83**	249,33	249,33	II	187,41	99,16	23,66			
	III	**94,00**	250,00	249,33	III	29,66					
	V	**622,33**	249,33	249,33	IV	277,41	229,58	183,33	138,50	95,33	54,66
	VI	**656,83**	249,33	249,33							
2720,99	I,IV	**327,50**	249,58	249,58	I	230,25	139,16	55,25			
	II	**282,50**	249,58	249,58	II	188,08	99,75	24,16			
	III	**94,50**	250,00	249,58	III	30,00					
	V	**623,33**	249,58	249,58	IV	278,08	230,25	183,91	139,16	95,91	55,25
	VI	**657,83**	249,58	249,58							
2723,99	I,IV	**328,25**	249,91	249,91	I	230,91	139,83	55,75			
	II	**283,25**	249,91	249,91	II	188,75	100,33	24,58			
	III	**95,16**	250,00	249,91	III	30,50					
	V	**624,50**	249,91	249,91	IV	278,83	230,91	184,58	139,83	96,50	55,75
	VI	**658,83**	249,91	249,91							
2726,99	I,IV	**328,91**	250,16	250,16	I	231,58	140,41	56,33			
	II	**283,91**	250,16	250,16	II	189,33	101,00	25,00			
	III	**95,66**	250,16	250,16	III	31,00					
	V	**625,33**	250,16	250,16	IV	279,50	231,58	185,25	140,41	97,08	56,33
	VI	**659,83**	250,16	250,16							
2729,99	I,IV	**329,66**	250,41	250,41	I	232,33	141,08	56,83			
	II	**284,58**	250,41	250,41	II	190,00	101,58	25,50			
	III	**96,16**	250,41	250,41	III	31,33					
	V	**626,33**	250,41	250,41	IV	280,25	232,33	185,91	141,08	97,75	56,83
	VI	**661,00**	250,41	250,41							
2732,99	I,IV	**330,33**	250,75	250,75	I	232,91	141,66	57,33			
	II	**285,25**	250,75	250,75	II	190,66	102,16	25,91			
	III	**96,66**	250,75	250,75	III	31,66					
	V	**627,33**	250,75	250,75	IV	280,91	232,91	186,50	141,66	98,33	57,33
	VI	**662,00**	250,75	250,75							
2735,99	I,IV	**331,08**	251,00	251,00	I	233,58	142,33	57,91			
	II	**286,00**	251,00	251,00	II	191,33	102,75	26,33			
	III	**97,16**	251,00	251,00	III	32,16					
	V	**628,16**	251,00	251,00	IV	281,58	233,58	187,16	142,33	98,91	57,91
	VI	**663,00**	251,00	251,00							

* Zur LSt-Berechnung für privat versicherte Arbeitnehmer s. Beispiele **Vorbemerkung S. 4 f.**
** Basisvorsorgepauschale KV und PV *** Typisierter Arbeitgeberzuschuss

Lohn/ Gehalt in € bis	Steuerklasse	Lohn-steuer*	BVSP**	TAGZ***	Steuerklasse	Bemessungsgrundlage für Kirchensteuer und Solidaritätszuschlag					
						Freibeträge für ... Kinder					
						0,5	**1,0**	1,5	**2,0**	2,5	**3,0**
2738,99	I,IV	**331,75**	251,25	251,25	I	234,33	142,91	58,41			
	II	**286,66**	251,25	251,25	II	192,00	103,41	26,83			
	III	**97,66**	251,25	251,25	III	32,50					
	V	**629,16**	251,25	251,25	IV	282,25	234,33	187,83	142,91	99,50	58,41
	VI	**664,00**	251,25	251,25							
2741,99	I,IV	**332,50**	251,50	251,50	I	235,00	143,58	59,00			
	II	**287,41**	251,50	251,50	II	192,66	104,00	27,25			
	III	**98,16**	251,50	251,50	III	33,00					
	V	**630,33**	251,50	251,50	IV	283,00	235,00	188,50	143,58	100,16	59,00
	VI	**665,00**	251,50	251,50							
2744,99	I,IV	**333,25**	251,83	251,83	I	235,66	144,16	59,58			
	II	**288,08**	251,83	251,83	II	193,25	104,58	27,66			
	III	**98,66**	251,83	251,83	III	33,33					
	V	**631,33**	251,83	251,83	IV	283,66	235,66	189,16	144,16	100,75	59,58
	VI	**666,00**	251,83	251,83							
2747,99	I,IV	**333,91**	252,08	252,08	I	236,33	144,83	60,08			
	II	**288,75**	252,08	252,08	II	193,91	105,25	28,16			
	III	**99,33**	252,08	252,08	III	33,83					
	V	**632,33**	252,08	252,08	IV	284,33	236,33	189,83	144,83	101,33	60,08
	VI	**667,00**	252,08	252,08							
2750,99	I,IV	**334,66**	252,33	252,33	I	237,00	145,41	60,66			
	II	**289,50**	252,33	252,33	II	194,58	105,83	28,58			
	III	**99,83**	252,33	252,33	III	34,16					
	V	**633,33**	252,33	252,33	IV	285,08	237,00	190,50	145,41	102,00	60,66
	VI	**668,00**	252,33	252,33							
2753,99	I,IV	**335,41**	252,66	252,66	I	237,66	146,08	61,16			
	II	**290,16**	252,66	252,66	II	195,25	106,41	29,08			
	III	**100,33**	252,66	252,66	III	34,66					
	V	**634,16**	252,66	252,66	IV	285,75	237,66	191,08	146,08	102,58	61,16
	VI	**669,00**	252,66	252,66							
2756,99	I,IV	**336,08**	252,91	252,91	I	238,33	146,75	61,75			
	II	**290,91**	252,91	252,91	II	195,91	107,08	29,50			
	III	**100,83**	252,91	252,91	III	35,00					
	V	**635,16**	252,91	252,91	IV	286,50	238,33	191,75	146,75	103,16	61,75
	VI	**670,00**	252,91	252,91							
2759,99	I,IV	**336,83**	253,16	253,16	I	239,00	147,33	62,25			
	II	**291,58**	253,16	253,16	II	196,58	107,66	30,00			
	III	**101,33**	253,16	253,16	III	35,50					
	V	**636,33**	253,16	253,16	IV	287,16	239,00	192,41	147,33	103,83	62,25
	VI	**671,16**	253,16	253,16							
2762,99	I,IV	**337,50**	253,50	253,50	I	239,66	148,00	62,83			
	II	**292,25**	253,50	253,50	II	197,16	108,25	30,41			
	III	**101,83**	253,50	253,50	III	35,83					
	V	**637,33**	253,50	253,50	IV	287,83	239,66	193,08	148,00	104,41	62,83
	VI	**672,16**	253,50	253,50							
2765,99	I,IV	**338,25**	253,75	253,75	I	240,33	148,58	63,41			
	II	**293,00**	253,75	253,75	II	197,83	108,91	30,91			
	III	**102,33**	253,75	253,75	III	36,33					
	V	**638,16**	253,75	253,75	IV	288,58	240,33	193,75	148,58	105,00	63,41
	VI	**673,16**	253,75	253,75							
2768,99	I,IV	**339,00**	254,00	254,00	I	241,08	149,25	64,00	0,25		
	II	**293,66**	254,00	254,00	II	198,50	109,50	31,33			
	III	**103,00**	254,00	254,00	III	36,66					
	V	**639,16**	254,00	254,00	IV	289,25	241,08	194,41	149,25	105,66	64,00
	VI	**674,16**	254,00	254,00							
2771,99	I,IV	**339,66**	254,25	254,25	I	241,75	149,83	64,50	0,58		
	II	**294,33**	254,25	254,25	II	199,16	110,08	31,83			
	III	**103,50**	254,25	254,25	III	37,16					
	V	**640,16**	254,25	254,25	IV	289,91	241,75	195,00	149,83	106,25	64,50
	VI	**675,16**	254,25	254,25							

* Zur LSt-Berechnung für privat versicherte Arbeitnehmer s. Beispiele **Vorbemerkung S. 4 f.**
** Basisvorsorgepauschale KV und PV *** Typisierter Arbeitgeberzuschuss

Lohn/ Gehalt in € bis	Steuerklasse	Lohn-steuer*	BVSP**	TAGZ***	Steuerklasse	Bemessungsgrundlage für Kirchensteuer und Solidaritätszuschlag					
						Freibeträge für ... Kinder					
						0,5	**1,0**	1,5	**2,0**	2,5	**3,0**
2774,99	I,IV	**340,41**	254,58	254,58	I	242,41	150,50	65,08	1,00		
	II	**295,08**	254,58	254,58	II	199,83	110,75	32,33			
	III	**104,00**	254,58	254,58	III	37,50					
	V	**641,16**	254,58	254,58	IV	290,66	242,41	195,66	150,50	106,83	65,08
	VI	**676,16**	254,58	254,58							
2777,99	I,IV	**341,16**	254,83	254,83	I	243,08	151,16	65,66	1,33		
	II	**295,75**	254,83	254,83	II	200,50	111,33	32,75			
	III	**104,50**	254,83	254,83	III	38,00					
	V	**642,16**	254,83	254,83	IV	291,33	243,08	196,33	151,16	107,50	65,66
	VI	**677,16**	254,83	254,83							
2780,99	I,IV	**341,83**	255,08	255,08	I	243,75	151,75	66,25	1,66		
	II	**296,50**	255,08	255,08	II	201,16	112,00	33,25			
	III	**105,00**	255,08	255,08	III	38,50					
	V	**643,16**	255,08	255,08	IV	292,08	243,75	197,00	151,75	108,08	66,25
	VI	**678,16**	255,08	255,08							
2783,99	I,IV	**342,58**	255,41	255,41	I	244,41	152,41	66,75	2,00		
	II	**297,16**	255,41	255,41	II	201,83	112,58	33,66			
	III	**105,50**	255,41	255,41	III	38,83					
	V	**644,16**	255,41	255,41	IV	292,75	244,41	197,66	152,41	108,66	66,75
	VI	**679,16**	255,41	255,41							
2786,99	I,IV	**343,25**	255,66	255,66	I	245,08	153,00	67,33	2,41		
	II	**297,83**	255,66	255,66	II	202,41	113,16	34,16			
	III	**106,00**	255,66	255,66	III	39,16					
	V	**645,16**	255,66	255,66	IV	293,41	245,08	198,33	153,00	109,33	67,33
	VI	**680,16**	255,66	255,66							
2789,99	I,IV	**344,00**	255,91	255,91	I	245,75	153,66	67,91	2,75		
	II	**298,58**	255,91	255,91	II	203,08	113,75	34,66			
	III	**106,50**	255,91	255,91	III	39,66					
	V	**646,16**	255,91	255,91	IV	294,16	245,75	199,00	153,66	109,91	67,91
	VI	**681,16**	255,91	255,91							
2792,99	I,IV	**344,75**	256,25	256,25	I	246,50	154,33	68,50	3,08		
	II	**299,25**	256,25	256,25	II	203,75	114,41	35,08			
	III	**107,16**	256,25	256,25	III	40,16					
	V	**647,16**	256,25	256,25	IV	294,83	246,50	199,58	154,33	110,50	68,50
	VI	**682,16**	256,25	256,25							
2795,99	I,IV	**345,50**	256,50	256,50	I	247,16	154,91	69,08	3,50		
	II	**300,00**	256,50	256,50	II	204,41	115,00	35,58			
	III	**107,66**	256,50	256,50	III	40,50					
	V	**648,16**	256,50	256,50	IV	295,50	247,16	200,25	154,91	111,16	69,08
	VI	**683,33**	256,50	256,50							
2798,99	I,IV	**346,16**	256,75	256,75	I	247,83	155,58	69,58	3,83		
	II	**300,66**	256,75	256,75	II	205,08	115,66	36,08			
	III	**108,16**	256,75	256,75	III	41,00					
	V	**649,16**	256,75	256,75	IV	296,25	247,83	200,91	155,58	111,75	69,58
	VI	**684,33**	256,75	256,75							
2801,99	I,IV	**346,91**	257,08	257,08	I	248,50	156,25	70,16	4,16		
	II	**301,41**	257,08	257,08	II	205,75	116,25	36,58			
	III	**108,66**	257,08	257,08	III	41,33					
	V	**650,16**	257,08	257,08	IV	296,91	248,50	201,58	156,25	112,33	70,16
	VI	**685,33**	257,08	257,08							
2804,99	I,IV	**347,66**	257,33	257,33	I	249,16	156,83	70,75	4,58		
	II	**302,08**	257,33	257,33	II	206,41	116,91	37,00			
	III	**109,16**	257,33	257,33	III	41,83					
	V	**651,33**	257,33	257,33	IV	297,66	249,16	202,25	156,83	113,00	70,75
	VI	**686,33**	257,33	257,33							
2807,99	I,IV	**348,33**	257,58	257,58	I	249,83	157,50	71,33	4,91		
	II	**302,83**	257,58	257,58	II	207,08	117,50	37,50			
	III	**109,83**	257,58	257,58	III	42,16					
	V	**652,33**	257,58	257,58	IV	298,33	249,83	202,91	157,50	113,58	71,33
	VI	**687,33**	257,58	257,58							

* Zur LSt-Berechnung für privat versicherte Arbeitnehmer s. Beispiele **Vorbemerkung S. 4 f.**
** Basisvorsorgepauschale KV und PV *** Typisierter Arbeitgeberzuschuss

Lohn/ Gehalt in € bis	Steuerklasse	Lohn-steuer*	BVSP**	TAGZ***	Steuerklasse	Bemessungsgrundlage für Kirchensteuer und Solidaritätszuschlag – Freibeträge für ... Kinder 0,5	**1,0**	1,5	**2,0**	2,5	**3,0**
2810,99	I,IV	**349,08**	257,83	257,83	I	250,50	158,08	71,91	5,33		
	II	**303,50**	257,83	257,83	II	207,75	118,08	38,00			
	III	**110,33**	257,83	257,83	III	42,66					
	V	**653,16**	257,83	257,83	IV	299,00	250,50	203,58	158,08	114,16	71,91
	VI	**688,50**	257,83	257,83							
2813,99	I,IV	**349,83**	258,16	258,16	I	251,25	158,75	72,50	5,66		
	II	**304,16**	258,16	258,16	II	208,41	118,75	38,50			
	III	**110,83**	258,16	258,16	III	43,16					
	V	**654,16**	258,16	258,16	IV	299,75	251,25	204,25	158,75	114,83	72,50
	VI	**689,50**	258,16	258,16							
2816,99	I,IV	**350,50**	258,41	258,41	I	251,91	159,41	73,08	6,08		
	II	**304,91**	258,41	258,41	II	209,08	119,33	39,00			
	III	**111,33**	258,41	258,41	III	43,50					
	V	**655,16**	258,41	258,41	IV	300,41	251,91	204,91	159,41	115,41	73,08
	VI	**690,50**	258,41	258,41							
2819,99	I,IV	**351,25**	258,66	258,66	I	252,58	160,00	73,66	6,41		
	II	**305,58**	258,66	258,66	II	209,75	119,91	39,41			
	III	**112,00**	258,66	258,66	III	44,00					
	V	**656,16**	258,66	258,66	IV	301,16	252,58	205,50	160,00	116,08	73,66
	VI	**691,50**	258,66	258,66							
2822,99	I,IV	**352,00**	259,00	259,00	I	253,25	160,66	74,25	6,83		
	II	**306,33**	259,00	259,00	II	210,41	120,58	39,91			
	III	**112,50**	259,00	259,00	III	44,33					
	V	**657,16**	259,00	259,00	IV	301,83	253,25	206,16	160,66	116,66	74,25
	VI	**692,66**	259,00	259,00							
2825,99	I,IV	**352,75**	259,25	259,25	I	253,91	161,33	74,83	7,16		
	II	**307,00**	259,25	259,25	II	211,08	121,16	40,41			
	III	**113,00**	259,25	259,25	III	44,83					
	V	**658,16**	259,25	259,25	IV	302,58	253,91	206,83	161,33	117,25	74,83
	VI	**693,66**	259,25	259,25							
2828,99	I,IV	**353,41**	259,50	259,50	I	254,66	161,91	75,41	7,58		
	II	**307,75**	259,50	259,50	II	211,75	121,83	40,91			
	III	**113,50**	259,50	259,50	III	45,33					
	V	**659,16**	259,50	259,50	IV	303,25	254,66	207,50	161,91	117,91	75,41
	VI	**694,66**	259,50	259,50							
2831,99	I,IV	**354,16**	259,83	259,83	I	255,33	162,58	76,00	7,91		
	II	**308,41**	259,83	259,83	II	212,41	122,41	41,41			
	III	**114,00**	259,83	259,83	III	45,66					
	V	**660,16**	259,83	259,83	IV	304,00	255,33	208,16	162,58	118,50	76,00
	VI	**695,66**	259,83	259,83							
2834,99	I,IV	**354,91**	260,08	260,08	I	256,00	163,25	76,58	8,33		
	II	**309,16**	260,08	260,08	II	213,08	123,08	41,91			
	III	**114,66**	260,08	260,08	III	46,16					
	V	**661,33**	260,08	260,08	IV	304,66	256,00	208,83	163,25	119,16	76,58
	VI	**696,66**	260,08	260,08							
2837,99	I,IV	**355,58**	260,33	260,33	I	256,66	163,83	77,16	8,66		
	II	**309,83**	260,33	260,33	II	213,66	123,66	42,41			
	III	**115,16**	260,33	260,33	III	46,50					
	V	**662,33**	260,33	260,33	IV	305,33	256,66	209,50	163,83	119,75	77,16
	VI	**697,66**	260,33	260,33							
2840,99	I,IV	**356,33**	260,58	260,58	I	257,33	164,50	77,75	9,08		
	II	**310,58**	260,58	260,58	II	214,33	124,25	42,91			
	III	**115,66**	260,58	260,58	III	47,00					
	V	**663,33**	260,58	260,58	IV	306,08	257,33	210,16	164,50	120,33	77,75
	VI	**698,66**	260,58	260,58							
2843,99	I,IV	**357,08**	260,91	260,91	I	258,00	165,16	78,33	9,50		
	II	**311,25**	260,91	260,91	II	215,00	124,91	43,41			
	III	**116,16**	260,91	260,91	III	47,50					
	V	**664,33**	260,91	260,91	IV	306,75	258,00	210,83	165,16	121,00	78,33
	VI	**699,83**	260,91	260,91							

* Zur LSt-Berechnung für privat versicherte Arbeitnehmer s. Beispiele **Vorbemerkung S. 4f.**
** Basisvorsorgepauschale KV und PV *** Typisierter Arbeitgeberzuschuss

Lohn/ Gehalt in € bis	Steuerklasse	Lohn-steuer*	BVSP**	TAGZ***	Steuerklasse	Bemessungsgrundlage für Kirchensteuer und Solidaritätszuschlag – Freibeträge für ... Kinder 0,5	1,0	1,5	2,0	2,5	3,0
2846,99	I,IV	**357,75**	261,16	261,16	I	258,75	165,75	79,00	9,83		
	II	**312,00**	261,16	261,16	II	215,66	125,50	43,91			
	III	**116,83**	261,16	261,16	III	47,83					
	V	**665,33**	261,16	261,16	IV	307,50	258,75	211,50	165,75	121,58	79,00
	VI	**700,83**	261,16	261,16							
2849,99	I,IV	**358,50**	261,41	261,41	I	259,41	166,41	79,58	10,25		
	II	**312,66**	261,41	261,41	II	216,33	126,16	44,41			
	III	**117,33**	261,41	261,41	III	48,33					
	V	**666,33**	261,41	261,41	IV	308,16	259,41	212,16	166,41	122,25	79,58
	VI	**701,83**	261,41	261,41							
2852,99	I,IV	**359,25**	261,75	261,75	I	260,08	167,08	80,16	10,66		
	II	**313,41**	261,75	261,75	II	217,00	126,75	44,91			
	III	**117,83**	261,75	261,75	III	48,83					
	V	**667,33**	261,75	261,75	IV	308,91	260,08	212,83	167,08	122,83	80,16
	VI	**702,83**	261,75	261,75							
2855,99	I,IV	**360,00**	262,00	262,00	I	260,75	167,75	80,75	11,00		
	II	**314,08**	262,00	262,00	II	217,66	127,41	45,41			
	III	**118,33**	262,00	262,00	III	49,16					
	V	**668,33**	262,00	262,00	IV	309,58	260,75	213,50	167,75	123,50	80,75
	VI	**703,83**	262,00	262,00							
2858,99	I,IV	**360,75**	262,25	262,25	I	261,50	168,33	81,33	11,41		
	II	**314,83**	262,25	262,25	II	218,33	128,00	45,91			
	III	**119,00**	262,25	262,25	III	49,66					
	V	**669,33**	262,25	262,25	IV	310,33	261,50	214,16	168,33	124,08	81,33
	VI	**705,00**	262,25	262,25							
2861,99	I,IV	**361,41**	262,58	262,58	I	262,16	169,00	81,91	11,83		
	II	**315,50**	262,58	262,58	II	219,00	128,66	46,41			
	III	**119,50**	262,58	262,58	III	50,16					
	V	**670,50**	262,58	262,58	IV	311,00	262,16	214,83	169,00	124,66	81,91
	VI	**706,00**	262,58	262,58							
2864,99	I,IV	**362,16**	262,83	262,83	I	262,83	169,66	82,58	12,25		
	II	**316,25**	262,83	262,83	II	219,66	129,25	46,91			
	III	**120,00**	262,83	262,83	III	50,50					
	V	**671,50**	262,83	262,83	IV	311,75	262,83	215,50	169,66	125,33	82,58
	VI	**707,00**	262,83	262,83							
2867,99	I,IV	**362,91**	263,08	263,08	I	263,50	170,25	83,16	12,58		
	II	**316,91**	263,08	263,08	II	220,33	129,91	47,41			
	III	**120,66**	263,08	263,08	III	51,00					
	V	**672,50**	263,08	263,08	IV	312,41	263,50	216,16	170,25	125,91	83,16
	VI	**708,00**	263,08	263,08							
2870,99	I,IV	**363,58**	263,33	263,33	I	264,16	170,91	83,75	13,00		
	II	**317,66**	263,33	263,33	II	221,00	130,50	48,00			
	III	**121,16**	263,33	263,33	III	51,50					
	V	**673,50**	263,33	263,33	IV	313,16	264,16	216,83	170,91	126,58	83,75
	VI	**709,00**	263,33	263,33							
2873,99	I,IV	**364,33**	263,66	263,66	I	264,91	171,58	84,33	13,41		
	II	**318,33**	263,66	263,66	II	221,66	131,16	48,50			
	III	**121,66**	263,66	263,66	III	51,83					
	V	**674,50**	263,66	263,66	IV	313,83	264,91	217,50	171,58	127,16	84,33
	VI	**710,16**	263,66	263,66							
2876,99	I,IV	**365,08**	263,91	263,91	I	265,58	172,16	84,91	13,83		
	II	**319,08**	263,91	263,91	II	222,33	131,75	49,00			
	III	**122,16**	263,91	263,91	III	52,33					
	V	**675,50**	263,91	263,91	IV	314,58	265,58	218,16	172,16	127,83	84,91
	VI	**711,16**	263,91	263,91							
2879,99	I,IV	**365,83**	264,16	264,16	I	266,25	172,83	85,58	14,25		
	II	**319,75**	264,16	264,16	II	223,00	132,41	49,50			
	III	**122,83**	264,16	264,16	III	52,83					
	V	**676,50**	264,16	264,16	IV	315,25	266,25	218,83	172,83	128,41	85,58
	VI	**712,16**	264,16	264,16							

* Zur LSt-Berechnung für privat versicherte Arbeitnehmer s. Beispiele **Vorbemerkung S. 4f.**
** Basisvorsorgepauschale KV und PV *** Typisierter Arbeitgeberzuschuss

Lohn/ Gehalt in € bis	Steuerklasse	**Lohn-steuer***	BVSP**	TAGZ***	Steuerklasse	Bemessungsgrundlage für Kirchensteuer und Solidaritätszuschlag					
						Freibeträge für ... Kinder					
						0,5	**1,0**	1,5	**2,0**	2,5	**3,0**
2882,99	I,IV	**366,58**	264,50	264,50	I	267,00	173,50	86,16	14,66		
	II	**320,50**	264,50	264,50	II	223,66	133,00	50,08			
	III	**123,33**	264,50	264,50	III	53,16					
	V	**677,50**	264,50	264,50	IV	316,00	267,00	219,50	173,50	129,08	86,16
	VI	**713,33**	264,50	264,50							
2885,99	I,IV	**367,25**	264,75	264,75	I	267,66	174,16	86,75	15,08		
	II	**321,16**	264,75	264,75	II	224,33	133,66	50,58			
	III	**123,83**	264,75	264,75	III	53,66					
	V	**678,50**	264,75	264,75	IV	316,66	267,66	220,16	174,16	129,66	86,75
	VI	**714,33**	264,75	264,75							
2888,99	I,IV	**368,00**	265,00	265,00	I	268,33	174,75	87,33	15,41		
	II	**321,91**	265,00	265,00	II	225,00	134,25	51,08			
	III	**124,50**	265,00	265,00	III	54,16					
	V	**679,50**	265,00	265,00	IV	317,41	268,33	220,75	174,75	130,33	87,33
	VI	**715,33**	265,00	265,00							
2891,99	I,IV	**368,75**	265,33	265,33	I	269,00	175,41	87,91	15,83		
	II	**322,58**	265,33	265,33	II	225,66	134,83	51,58			
	III	**125,00**	265,33	265,33	III	54,50					
	V	**680,50**	265,33	265,33	IV	318,08	269,00	221,41	175,41	130,91	87,91
	VI	**716,33**	265,33	265,33							
2894,99	I,IV	**369,50**	265,58	265,58	I	269,66	176,08	88,58	16,25		
	II	**323,33**	265,58	265,58	II	226,33	135,50	52,16			
	III	**125,50**	265,58	265,58	III	55,00					
	V	**681,50**	265,58	265,58	IV	318,83	269,66	222,08	176,08	131,58	88,58
	VI	**717,33**	265,58	265,58							
2897,99	I,IV	**370,16**	265,83	265,83	I	270,41	176,75	89,16	16,66		
	II	**324,00**	265,83	265,83	II	227,00	136,08	52,66			
	III	**126,16**	265,83	265,83	III	55,50					
	V	**682,50**	265,83	265,83	IV	319,50	270,41	222,83	176,75	132,16	89,16
	VI	**718,50**	265,83	265,83							
2900,99	I,IV	**370,91**	266,16	266,16	I	271,08	177,33	89,75	17,08		
	II	**324,75**	266,16	266,16	II	227,66	136,75	53,16			
	III	**126,66**	266,16	266,16	III	55,83					
	V	**683,66**	266,16	266,16	IV	320,25	271,08	223,50	177,33	132,83	89,75
	VI	**719,50**	266,16	266,16							
2903,99	I,IV	**371,66**	266,41	266,41	I	271,75	178,00	90,33	17,50		
	II	**325,50**	266,41	266,41	II	228,33	137,41	53,75			
	III	**127,16**	266,41	266,41	III	56,33					
	V	**684,66**	266,41	266,41	IV	321,00	271,75	224,16	178,00	133,41	90,33
	VI	**720,50**	266,41	266,41							
2906,99	I,IV	**372,41**	266,66	266,66	I	272,50	178,66	91,00	17,91		
	II	**326,16**	266,66	266,66	II	229,00	138,00	54,25			
	III	**127,83**	266,66	266,66	III	56,83	0,50				
	V	**685,66**	266,66	266,66	IV	321,66	272,50	224,83	178,66	134,08	91,00
	VI	**721,66**	266,66	266,66							
2909,99	I,IV	**373,16**	266,91	266,91	I	273,16	179,33	91,58	18,33		
	II	**326,91**	266,91	266,91	II	229,75	138,66	54,75			
	III	**128,33**	266,91	266,91	III	57,33	0,83				
	V	**686,66**	266,91	266,91	IV	322,41	273,16	225,50	179,33	134,66	91,58
	VI	**722,58**	266,91	266,91							
2912,99	I,IV	**373,91**	267,25	267,25	I	273,83	180,00	92,16	18,75		
	II	**327,58**	267,25	267,25	II	230,41	139,25	55,33			
	III	**128,83**	267,25	267,25	III	57,66	1,16				
	V	**687,66**	267,25	267,25	IV	323,08	273,83	226,16	180,00	135,33	92,16
	VI	**723,66**	267,25	267,25							
2915,99	I,IV	**374,58**	267,50	267,50	I	274,50	180,58	92,75	19,16		
	II	**328,33**	267,50	267,50	II	231,00	139,91	55,83			
	III	**129,50**	267,50	267,50	III	58,16	1,50				
	V	**688,83**	267,50	267,50	IV	323,83	274,50	226,83	180,58	135,91	92,75
	VI	**724,66**	267,50	267,50							

* Zur LSt-Berechnung für privat versicherte Arbeitnehmer s. Beispiele **Vorbemerkung S. 4 f.**
** Basisvorsorgepauschale KV und PV *** Typisierter Arbeitgeberzuschuss

Lohn/ Gehalt in € bis	Steuerklasse	Lohn- steuer*	BVSP**	TAGZ***	Steuerklasse	Bemessungsgrundlage für Kirchensteuer und Solidaritätszuschlag – Freibeträge für ... Kinder 0,5	**1,0**	1,5	**2,0**	2,5	**3,0**
2918,99	I,IV	**375,33**	267,75	267,75	I	275,25	181,25	93,33	19,58		
	II	**329,00**	267,75	267,75	II	231,75	140,50	56,41			
	III	**130,00**	267,75	267,75	III	58,66	1,83				
	V	**689,83**	267,75	267,75	IV	324,50	275,25	227,50	181,25	136,50	93,33
	VI	**725,75**	267,75	267,75							
2921,99	I,IV	**376,08**	268,08	268,08	I	275,91	181,91	94,00	20,00		
	II	**329,75**	268,08	268,08	II	232,41	141,16	56,91			
	III	**130,50**	268,08	268,08	III	59,16	2,16				
	V	**690,83**	268,08	268,08	IV	325,25	275,91	228,16	181,91	137,16	94,00
	VI	**726,75**	268,08	268,08							
2924,99	I,IV	**376,83**	268,33	268,33	I	276,58	182,50	94,58	20,50		
	II	**330,50**	268,33	268,33	II	233,08	141,75	57,41			
	III	**131,16**	268,33	268,33	III	59,50	2,50				
	V	**691,83**	268,33	268,33	IV	325,91	276,58	228,83	182,50	137,83	94,58
	VI	**727,83**	268,33	268,33							
2927,99	I,IV	**377,58**	268,58	268,58	I	277,33	183,16	95,16	20,91		
	II	**331,16**	268,58	268,58	II	233,75	142,41	58,00			
	III	**131,66**	268,58	268,58	III	60,00	2,83				
	V	**693,00**	268,58	268,58	IV	326,66	277,33	229,50	183,16	138,41	95,16
	VI	**728,83**	268,58	268,58							
2930,99	I,IV	**378,33**	268,91	268,91	I	278,00	183,83	95,83	21,33		
	II	**331,91**	268,91	268,91	II	234,41	143,00	58,58			
	III	**132,33**	268,91	268,91	III	60,50	3,33				
	V	**694,00**	268,91	268,91	IV	327,41	278,00	230,16	183,83	139,08	95,83
	VI	**729,91**	268,91	268,91							
2933,99	I,IV	**379,00**	269,16	269,16	I	278,66	184,50	96,41	21,75		
	II	**332,66**	269,16	269,16	II	235,08	143,66	59,08			
	III	**132,83**	269,16	269,16	III	61,00	3,66				
	V	**695,00**	269,16	269,16	IV	328,08	278,66	230,83	184,50	139,66	96,41
	VI	**731,00**	269,16	269,16							
2936,99	I,IV	**379,75**	269,41	269,41	I	279,41	185,16	97,00	22,16		
	II	**333,33**	269,41	269,41	II	235,75	144,33	59,66			
	III	**133,33**	269,41	269,41	III	61,33	4,00				
	V	**696,00**	269,41	269,41	IV	328,83	279,41	231,50	185,16	140,33	97,00
	VI	**732,00**	269,41	269,41							
2939,99	I,IV	**380,50**	269,66	269,66	I	280,08	185,83	97,66	22,58		
	II	**334,08**	269,66	269,66	II	236,41	144,91	60,16			
	III	**134,00**	269,66	269,66	III	61,83	4,33				
	V	**697,00**	269,66	269,66	IV	329,50	280,08	232,16	185,83	140,91	97,66
	VI	**733,08**	269,66	269,66							
2942,99	I,IV	**381,25**	270,00	270,00	I	280,75	186,41	98,25	23,08		
	II	**334,75**	270,00	270,00	II	237,08	145,50	60,75			
	III	**134,50**	270,00	270,00	III	62,33	4,66				
	V	**698,00**	270,00	270,00	IV	330,25	280,75	232,83	186,41	141,58	98,25
	VI	**734,08**	270,00	270,00							
2945,99	I,IV	**382,00**	270,25	270,25	I	281,50	187,08	98,83	23,50		
	II	**335,50**	270,25	270,25	II	237,75	146,16	61,25			
	III	**135,00**	270,25	270,25	III	62,83	5,00				
	V	**699,00**	270,25	270,25	IV	330,91	281,50	233,50	187,08	142,16	98,83
	VI	**735,16**	270,25	270,25							
2948,99	I,IV	**382,75**	270,50	270,50	I	282,16	187,75	99,41	23,91		
	II	**336,16**	270,50	270,50	II	238,41	146,83	61,83			
	III	**135,66**	270,50	270,50	III	63,16	5,33				
	V	**700,16**	270,50	270,50	IV	331,66	282,16	234,16	187,75	142,83	99,41
	VI	**736,16**	270,50	270,50							
2951,99	I,IV	**383,41**	270,83	270,83	I	282,83	188,41	100,08	24,33		
	II	**336,91**	270,83	270,83	II	239,08	147,41	62,41			
	III	**136,16**	270,83	270,83	III	63,66	5,83				
	V	**701,16**	270,83	270,83	IV	332,41	282,83	234,83	188,41	143,41	100,08
	VI	**737,25**	270,83	270,83							

* Zur LSt-Berechnung für privat versicherte Arbeitnehmer s. Beispiele **Vorbemerkung S. 4 f.**
** Basisvorsorgepauschale KV und PV *** Typisierter Arbeitgeberzuschuss

Lohn/ Gehalt in € bis	Steuerklasse	**Lohn-steuer***	BVSP**	TAGZ***	Steuerklasse	Bemessungsgrundlage für Kirchensteuer und Solidaritätszuschlag					
						Freibeträge für ... Kinder					
						0,5	**1,0**	1,5	**2,0**	2,5	**3,0**
2 954,99	I,IV	**384,16**	271,08	271,08	I	283,58	189,08	100,66	24,83		
	II	**337,66**	271,08	271,08	II	239,83	148,08	62,91			
	III	**136,83**	271,08	271,08	III	64,16	6,16				
	V	**702,16**	271,08	271,08	IV	333,08	283,58	235,50	189,08	144,08	100,66
	VI	**738,25**	271,08	271,08							
2 957,99	I,IV	**384,91**	271,33	271,33	I	284,25	189,66	101,25	25,25		
	II	**338,33**	271,33	271,33	II	240,50	148,75	63,50			
	III	**137,33**	271,33	271,33	III	64,66	6,50				
	V	**703,16**	271,33	271,33	IV	333,83	284,25	236,25	189,66	144,75	101,25
	VI	**739,33**	271,33	271,33							
2 960,99	I,IV	**385,66**	271,66	271,66	I	284,91	190,33	101,91	25,66		
	II	**339,08**	271,66	271,66	II	241,16	149,33	64,08	0,33		
	III	**138,00**	271,66	271,66	III	65,16	6,83				
	V	**704,33**	271,66	271,66	IV	334,58	284,91	236,91	190,33	145,33	101,91
	VI	**740,41**	271,66	271,66							
2 963,99	I,IV	**386,41**	271,91	271,91	I	285,66	191,00	102,50	26,16		
	II	**339,83**	271,91	271,91	II	241,83	150,00	64,58	0,66		
	III	**138,50**	271,91	271,91	III	65,50	7,16				
	V	**705,33**	271,91	271,91	IV	335,25	285,66	237,58	191,00	146,00	102,50
	VI	**741,41**	271,91	271,91							
2 966,99	I,IV	**387,16**	272,16	272,16	I	286,33	191,66	103,08	26,58		
	II	**340,50**	272,16	272,16	II	242,50	150,58	65,16	1,00		
	III	**139,00**	272,16	272,16	III	66,00	7,50				
	V	**706,33**	272,16	272,16	IV	336,00	286,33	238,25	191,66	146,58	103,08
	VI	**742,41**	272,16	272,16							
2 969,99	I,IV	**387,91**	272,41	272,41	I	287,00	192,33	103,66	27,00		
	II	**341,25**	272,41	272,41	II	243,16	151,25	65,75	1,33		
	III	**139,66**	272,41	272,41	III	66,50	8,00				
	V	**707,33**	272,41	272,41	IV	336,66	287,00	238,91	192,33	147,25	103,66
	VI	**743,50**	272,41	272,41							
2 972,99	I,IV	**388,58**	272,75	272,75	I	287,75	192,91	104,33	27,50		
	II	**342,00**	272,75	272,75	II	243,83	151,83	66,25	1,75		
	III	**140,16**	272,75	272,75	III	67,00	8,33				
	V	**708,33**	272,75	272,75	IV	337,41	287,75	239,58	192,91	147,83	104,33
	VI	**744,58**	272,75	272,75							
2 975,99	I,IV	**389,33**	273,00	273,00	I	288,41	193,58	104,91	27,91		
	II	**342,66**	273,00	273,00	II	244,50	152,50	66,83	2,08		
	III	**140,83**	273,00	273,00	III	67,50	8,66				
	V	**709,33**	273,00	273,00	IV	338,16	288,41	240,25	193,58	148,50	104,91
	VI	**745,58**	273,00	273,00							
2 978,99	I,IV	**390,08**	273,25	273,25	I	289,16	194,25	105,50	28,41		
	II	**343,41**	273,25	273,25	II	245,25	153,16	67,41	2,41		
	III	**141,33**	273,25	273,25	III	68,00	9,00				
	V	**710,50**	273,25	273,25	IV	338,83	289,16	240,91	194,25	149,16	105,50
	VI	**746,66**	273,25	273,25							
2 981,99	I,IV	**390,83**	273,58	273,58	I	289,83	194,91	106,16	28,83		
	II	**344,16**	273,58	273,58	II	245,91	153,75	68,00	2,83		
	III	**142,00**	273,58	273,58	III	68,33	9,50				
	V	**711,50**	273,58	273,58	IV	339,58	289,83	241,58	194,91	149,75	106,16
	VI	**747,66**	273,58	273,58							
2 984,99	I,IV	**391,58**	273,83	273,83	I	290,50	195,58	106,75	29,33		
	II	**344,83**	273,83	273,83	II	246,58	154,41	68,58	3,16		
	III	**142,50**	273,83	273,83	III	68,83	9,83				
	V	**712,50**	273,83	273,83	IV	340,33	290,50	242,25	195,58	150,41	106,75
	VI	**748,75**	273,83	273,83							
2 987,99	I,IV	**392,33**	274,08	274,08	I	291,25	196,25	107,33	29,75		
	II	**345,58**	274,08	274,08	II	247,25	155,08	69,16	3,50		
	III	**143,16**	274,08	274,08	III	69,33	10,16				
	V	**713,66**	274,08	274,08	IV	341,00	291,25	243,00	196,25	151,00	107,33
	VI	**749,83**	274,08	274,08							

* Zur LSt-Berechnung für privat versicherte Arbeitnehmer s. Beispiele **Vorbemerkung S. 4 f.**
** Basisvorsorgepauschale KV und PV *** Typisierter Arbeitgeberzuschuss

Lohn/ Gehalt in € bis	Steuerklasse	Lohn- steuer*	BVSP**	TAGZ***	Steuerklasse	Bemessungsgrundlage für Kirchensteuer und Solidaritätszuschlag					
						Freibeträge für ... Kinder					
						0,5	**1,0**	1,5	**2,0**	2,5	**3,0**
2990,99	I,IV	**393,08**	274,41	274,41	I	291,91	196,91	108,00	30,25		
	II	**346,33**	274,41	274,41	II	247,91	155,66	69,75	3,91		
	III	**143,66**	274,41	274,41	III	69,83	10,50				
	V	**714,66**	274,41	274,41	IV	341,75	291,91	243,66	196,91	151,66	108,00
	VI	**750,83**	274,41	274,41							
2993,99	I,IV	**393,83**	274,66	274,66	I	292,58	197,50	108,58	30,66		
	II	**347,00**	274,66	274,66	II	248,58	156,33	70,25	4,25		
	III	**144,16**	274,66	274,66	III	70,33	10,83				
	V	**715,66**	274,66	274,66	IV	342,41	292,58	244,33	197,50	152,25	108,58
	VI	**751,83**	274,66	274,66							
2996,99	I,IV	**394,58**	274,91	274,91	I	293,33	198,16	109,16	31,16		
	II	**347,75**	274,91	274,91	II	249,25	156,91	70,83	4,58		
	III	**144,83**	274,91	274,91	III	70,66	11,16				
	V	**716,66**	274,91	274,91	IV	343,16	293,33	245,00	198,16	152,91	109,16
	VI	**752,91**	274,91	274,91							
2999,99	I,IV	**395,33**	275,16	275,16	I	294,00	198,83	109,83	31,58		
	II	**348,50**	275,16	275,16	II	250,00	157,58	71,41	5,00		
	III	**145,33**	275,16	275,16	III	71,16	11,66				
	V	**717,66**	275,16	275,16	IV	343,91	294,00	245,66	198,83	153,58	109,83
	VI	**754,00**	275,16	275,16							
3002,99	I,IV	**396,08**	275,50	275,50	I	294,75	199,50	110,41	32,08		
	II	**349,16**	275,50	275,50	II	250,66	158,25	72,00	5,33		
	III	**146,00**	275,50	275,50	III	71,66	12,00				
	V	**718,83**	275,50	275,50	IV	344,58	294,75	246,33	199,50	154,16	110,41
	VI	**755,00**	275,50	275,50							
3005,99	I,IV	**396,83**	275,75	275,75	I	295,41	200,16	111,00	32,50		
	II	**349,91**	275,75	275,75	II	251,33	158,83	72,58	5,75		
	III	**146,50**	275,75	275,75	III	72,16	12,33				
	V	**719,83**	275,75	275,75	IV	345,33	295,41	247,00	200,16	154,83	111,00
	VI	**756,08**	275,75	275,75							
3008,99	I,IV	**397,58**	276,00	276,00	I	296,08	200,83	111,66	33,00		
	II	**350,66**	276,00	276,00	II	252,00	159,50	73,16	6,08		
	III	**147,16**	276,00	276,00	III	72,66	12,66				
	V	**720,83**	276,00	276,00	IV	346,08	296,08	247,75	200,83	155,50	111,66
	VI	**757,08**	276,00	276,00							
3011,99	I,IV	**398,33**	276,33	276,33	I	296,83	201,50	112,25	33,50		
	II	**351,33**	276,33	276,33	II	252,66	160,16	73,75	6,50		
	III	**147,66**	276,33	276,33	III	73,16	13,16				
	V	**721,91**	276,33	276,33	IV	346,83	296,83	248,41	201,50	156,08	112,25
	VI	**758,16**	276,33	276,33							
3014,99	I,IV	**399,00**	276,58	276,58	I	297,50	202,16	112,91	33,91		
	II	**352,08**	276,58	276,58	II	253,41	160,75	74,33	6,83		
	III	**148,33**	276,58	276,58	III	73,66	13,50				
	V	**722,91**	276,58	276,58	IV	347,50	297,50	249,08	202,16	156,75	112,91
	VI	**759,25**	276,58	276,58							
3017,99	I,IV	**399,75**	276,83	276,83	I	298,25	202,83	113,50	34,41		
	II	**352,83**	276,83	276,83	II	254,08	161,41	74,91	7,25		
	III	**149,00**	276,83	276,83	III	74,16	13,83				
	V	**724,00**	276,83	276,83	IV	348,25	298,25	249,75	202,83	157,41	113,50
	VI	**760,25**	276,83	276,83							
3020,99	I,IV	**400,50**	277,16	277,16	I	298,91	203,41	114,08	34,91		
	II	**353,50**	277,16	277,16	II	254,75	162,00	75,50	7,58		
	III	**149,50**	277,16	277,16	III	74,66	14,33				
	V	**725,00**	277,16	277,16	IV	348,91	298,91	250,41	203,41	158,00	114,08
	VI	**761,25**	277,16	277,16							
3023,99	I,IV	**401,25**	277,41	277,41	I	299,58	204,08	114,75	35,33		
	II	**354,25**	277,41	277,41	II	255,41	162,66	76,08	8,00		
	III	**150,16**	277,41	277,41	III	75,00	14,66				
	V	**726,08**	277,41	277,41	IV	349,66	299,58	251,08	204,08	158,66	114,75
	VI	**762,33**	277,41	277,41							

* Zur LSt-Berechnung für privat versicherte Arbeitnehmer s. Beispiele **Vorbemerkung S. 4 f.**
** Basisvorsorgepauschale KV und PV *** Typisierter Arbeitgeberzuschuss

Lohn/ Gehalt in € bis	Steuerklasse	Lohn-steuer*	BVSP**	TAGZ***	Steuerklasse	Bemessungsgrundlage für Kirchensteuer und Solidaritätszuschlag					
						Freibeträge für ... Kinder					
						0,5	**1,0**	1,5	**2,0**	2,5	**3,0**
3026,99	I,IV	**402,00**	277,66	277,66	I	300,33	204,75	115,33	35,83		
	II	**355,00**	277,66	277,66	II	256,08	163,33	76,66	8,41		
	III	**150,66**	277,66	277,66	III	75,50	15,00				
	V	**727,08**	277,66	277,66	IV	350,41	300,33	251,75	204,75	159,25	115,33
	VI	**763,41**	277,66	277,66							
3029,99	I,IV	**402,75**	278,00	278,00	I	301,00	205,41	115,91	36,33		
	II	**355,75**	278,00	278,00	II	256,75	164,00	77,25	8,75		
	III	**151,33**	278,00	278,00	III	76,00	15,33				
	V	**728,16**	278,00	278,00	IV	351,16	301,00	252,50	205,41	159,91	115,91
	VI	**764,41**	278,00	278,00							
3032,99	I,IV	**403,50**	278,25	278,25	I	301,75	206,08	116,58	36,83		
	II	**356,41**	278,25	278,25	II	257,50	164,58	77,83	9,16		
	III	**151,83**	278,25	278,25	III	76,50	15,83				
	V	**729,25**	278,25	278,25	IV	351,83	301,75	253,16	206,08	160,58	116,58
	VI	**765,50**	278,25	278,25							
3035,99	I,IV	**404,25**	278,50	278,50	I	302,41	206,75	117,16	37,25		
	II	**357,16**	278,50	278,50	II	258,16	165,25	78,50	9,50		
	III	**152,50**	278,50	278,50	III	77,00	16,16				
	V	**730,25**	278,50	278,50	IV	352,58	302,41	253,83	206,75	161,16	117,16
	VI	**766,50**	278,50	278,50							
3038,99	I,IV	**405,00**	278,75	278,75	I	303,16	207,41	117,83	37,75		
	II	**357,91**	278,75	278,75	II	258,83	165,91	79,08	9,91		
	III	**153,00**	278,75	278,75	III	77,50	16,50				
	V	**731,33**	278,75	278,75	IV	353,33	303,16	254,50	207,41	161,83	117,83
	VI	**767,58**	278,75	278,75							
3041,99	I,IV	**405,75**	279,08	279,08	I	303,83	208,08	118,41	38,25		
	II	**358,66**	279,08	279,08	II	259,50	166,50	79,66	10,33		
	III	**153,66**	279,08	279,08	III	78,00	17,00				
	V	**732,33**	279,08	279,08	IV	354,08	303,83	255,16	208,08	162,50	118,41
	VI	**768,66**	279,08	279,08							
3044,99	I,IV	**406,50**	279,33	279,33	I	304,58	208,75	119,00	38,75		
	II	**359,33**	279,33	279,33	II	260,16	167,16	80,25	10,66		
	III	**154,16**	279,33	279,33	III	78,50	17,33				
	V	**733,41**	279,33	279,33	IV	354,75	304,58	255,83	208,75	163,08	119,00
	VI	**769,66**	279,33	279,33							
3047,99	I,IV	**407,25**	279,58	279,58	I	305,25	209,41	119,66	39,25		
	II	**360,08**	279,58	279,58	II	260,91	167,83	80,83	11,08		
	III	**154,83**	279,58	279,58	III	79,00	17,66				
	V	**734,41**	279,58	279,58	IV	355,50	305,25	256,58	209,41	163,75	119,66
	VI	**770,66**	279,58	279,58							
3050,99	I,IV	**408,00**	279,91	279,91	I	305,91	210,08	120,25	39,66		
	II	**360,83**	279,91	279,91	II	261,58	168,41	81,41	11,50		
	III	**155,33**	279,91	279,91	III	79,50	18,00				
	V	**735,50**	279,91	279,91	IV	356,16	305,91	257,25	210,08	164,41	120,25
	VI	**771,75**	279,91	279,91							
3053,99	I,IV	**408,75**	280,16	280,16	I	306,66	210,75	120,91	40,16		
	II	**361,58**	280,16	280,16	II	262,25	169,08	82,08	11,91		
	III	**156,00**	280,16	280,16	III	80,00	18,50				
	V	**736,50**	280,16	280,16	IV	356,91	306,66	257,91	210,75	165,00	120,91
	VI	**772,83**	280,16	280,16							
3056,99	I,IV	**409,50**	280,41	280,41	I	307,33	211,41	121,50	40,66		
	II	**362,25**	280,41	280,41	II	262,91	169,75	82,66	12,25		
	III	**156,50**	280,41	280,41	III	80,33	18,83				
	V	**737,58**	280,41	280,41	IV	357,66	307,33	258,58	211,41	165,66	121,50
	VI	**773,83**	280,41	280,41							
3059,99	I,IV	**410,25**	280,75	280,75	I	308,08	212,08	122,16	41,16		
	II	**363,00**	280,75	280,75	II	263,66	170,41	83,25	12,66		
	III	**157,16**	280,75	280,75	III	80,83	19,16				
	V	**738,66**	280,75	280,75	IV	358,41	308,08	259,33	212,08	166,33	122,16
	VI	**774,91**	280,75	280,75							

* Zur LSt-Berechnung für privat versicherte Arbeitnehmer s. Beispiele **Vorbemerkung S. 4f.**
** Basisvorsorgepauschale KV und PV *** Typisierter Arbeitgeberzuschuss

Lohn/ Gehalt in € bis	Steuerklasse	Lohn-steuer*	BVSP**	TAGZ***	Steuerklasse	Bemessungsgrundlage für Kirchensteuer und Solidaritätszuschlag					
						Freibeträge für ... Kinder					
						0,5	**1,0**	1,5	**2,0**	2,5	**3,0**
3062,99	I,IV	**411,00**	281,00	281,00	I	308,83	212,75	122,75	41,66		
	II	**363,75**	281,00	281,00	II	264,33	171,00	83,83	13,08		
	III	**157,83**	281,00	281,00	III	81,33	19,66				
	V	**739,66**	281,00	281,00	IV	359,16	308,83	260,00	212,75	167,00	122,75
	VI	**775,91**	281,00	281,00							
3065,99	I,IV	**411,75**	281,25	281,25	I	309,50	213,33	123,33	42,16		
	II	**364,50**	281,25	281,25	II	265,00	171,66	84,41	13,50		
	III	**158,33**	281,25	281,25	III	81,83	20,00				
	V	**740,75**	281,25	281,25	IV	359,83	309,50	260,66	213,33	167,58	123,33
	VI	**777,00**	281,25	281,25							
3068,99	I,IV	**412,50**	281,50	281,50	I	310,25	214,00	124,00	42,66		
	II	**365,25**	281,50	281,50	II	265,66	172,33	85,08	13,91		
	III	**159,00**	281,50	281,50	III	82,33	20,33				
	V	**741,75**	281,50	281,50	IV	360,58	310,25	261,33	214,00	168,25	124,00
	VI	**778,08**	281,50	281,50							
3071,99	I,IV	**413,25**	281,83	281,83	I	310,91	214,66	124,58	43,16		
	II	**365,91**	281,83	281,83	II	266,33	172,91	85,66	14,25		
	III	**159,50**	281,83	281,83	III	82,83	20,83				
	V	**742,83**	281,83	281,83	IV	361,33	310,91	262,00	214,66	168,83	124,58
	VI	**779,08**	281,83	281,83							
3074,99	I,IV	**414,00**	282,08	282,08	I	311,58	215,33	125,25	43,66		
	II	**366,66**	282,08	282,08	II	267,08	173,58	86,25	14,66		
	III	**160,16**	282,08	282,08	III	83,33	21,16				
	V	**743,83**	282,08	282,08	IV	362,00	311,58	262,75	215,33	169,50	125,25
	VI	**780,08**	282,08	282,08							
3077,99	I,IV	**414,75**	282,33	282,33	I	312,33	216,00	125,83	44,16		
	II	**367,41**	282,33	282,33	II	267,75	174,25	86,83	15,08		
	III	**160,83**	282,33	282,33	III	83,83	21,50				
	V	**744,91**	282,33	282,33	IV	362,75	312,33	263,41	216,00	170,16	125,83
	VI	**781,16**	282,33	282,33							
3080,99	I,IV	**415,50**	282,66	282,66	I	313,00	216,66	126,50	44,66		
	II	**368,08**	282,66	282,66	II	268,41	174,91	87,41	15,50		
	III	**161,33**	282,66	282,66	III	84,33	22,00				
	V	**745,91**	282,66	282,66	IV	363,50	313,00	264,08	216,66	170,83	126,50
	VI	**782,25**	282,66	282,66							
3083,99	I,IV	**416,25**	282,91	282,91	I	313,75	217,33	127,08	45,16		
	II	**368,83**	282,91	282,91	II	269,16	175,50	88,08	15,91		
	III	**162,00**	282,91	282,91	III	84,83	22,33				
	V	**747,00**	282,91	282,91	IV	364,25	313,75	264,75	217,33	171,41	127,08
	VI	**783,25**	282,91	282,91							
3086,99	I,IV	**417,00**	283,16	283,16	I	314,41	218,00	127,75	45,66		
	II	**369,58**	283,16	283,16	II	269,83	176,16	88,66	16,33		
	III	**162,50**	283,16	283,16	III	85,33	22,83				
	V	**748,08**	283,16	283,16	IV	365,00	314,41	265,50	218,00	172,08	127,75
	VI	**784,33**	283,16	283,16							
3089,99	I,IV	**417,75**	283,50	283,50	I	315,16	218,66	128,33	46,16		
	II	**370,33**	283,50	283,50	II	270,50	176,83	89,25	16,75		
	III	**163,16**	283,50	283,50	III	85,83	23,16				
	V	**749,08**	283,50	283,50	IV	365,66	315,16	266,16	218,66	172,75	128,33
	VI	**785,33**	283,50	283,50							
3092,99	I,IV	**418,50**	283,75	283,75	I	315,91	219,33	129,00	46,66		
	II	**371,08**	283,75	283,75	II	271,16	177,50	89,83	17,16		
	III	**163,83**	283,75	283,75	III	86,33	23,50				
	V	**750,16**	283,75	283,75	IV	366,41	315,91	266,83	219,33	173,41	129,00
	VI	**786,41**	283,75	283,75							
3095,99	I,IV	**419,25**	284,00	284,00	I	316,58	220,00	129,58	47,25		
	II	**371,83**	284,00	284,00	II	271,91	178,08	90,50	17,58		
	III	**164,33**	284,00	284,00	III	86,83	24,00				
	V	**751,16**	284,00	284,00	IV	367,16	316,58	267,50	220,00	174,00	129,58
	VI	**787,50**	284,00	284,00							

* Zur LSt-Berechnung für privat versicherte Arbeitnehmer s. Beispiele **Vorbemerkung S. 4 f.**
** Basisvorsorgepauschale KV und PV *** Typisierter Arbeitgeberzuschuss

Lohn/ Gehalt in € bis	Steuerklasse	Lohn-steuer*	BVSP**	TAGZ***	Steuerklasse	Bemessungsgrundlage für Kirchensteuer und Solidaritätszuschlag – Freibeträge für ... Kinder 0,5	**1,0**	1,5	**2,0**	2,5	**3,0**
3098,99	I,IV	**420,00**	284,25	284,25	I	317,25	220,66	130,16	47,75		
	II	**372,50**	284,25	284,25	II	272,58	178,75	91,08	18,00		
	III	**165,00**	284,25	284,25	III	87,33	24,33				
	V	**752,25**	284,25	284,25	IV	367,91	317,25	268,25	220,66	174,66	130,16
	VI	**788,50**	284,25	284,25							
3101,99	I,IV	**420,75**	284,58	284,58	I	318,00	221,33	130,83	48,25		
	II	**373,25**	284,58	284,58	II	273,25	179,41	91,66	18,41		
	III	**165,50**	284,58	284,58	III	87,83	24,66				
	V	**753,25**	284,58	284,58	IV	368,58	318,00	268,91	221,33	175,33	130,83
	VI	**789,50**	284,58	284,58							
3104,99	I,IV	**421,50**	284,83	284,83	I	318,66	222,00	131,41	48,75		
	II	**374,00**	284,83	284,83	II	273,91	180,08	92,25	18,83		
	III	**166,16**	284,83	284,83	III	88,33	25,16				
	V	**754,33**	284,83	284,83	IV	369,33	318,66	269,58	222,00	176,00	131,41
	VI	**790,58**	284,83	284,83							
3107,99	I,IV	**422,25**	285,08	285,08	I	319,41	222,66	132,08	49,25		
	II	**374,75**	285,08	285,08	II	274,66	180,66	92,83	19,25		
	III	**166,66**	285,08	285,08	III	88,83	25,50				
	V	**755,33**	285,08	285,08	IV	370,08	319,41	270,25	222,66	176,58	132,08
	VI	**791,66**	285,08	285,08							
3110,99	I,IV	**423,00**	285,41	285,41	I	320,16	223,33	132,66	49,75		
	II	**375,50**	285,41	285,41	II	275,33	181,33	93,50	19,66		
	III	**167,33**	285,41	285,41	III	89,33	26,00				
	V	**756,41**	285,41	285,41	IV	370,83	320,16	271,00	223,33	177,25	132,66
	VI	**792,66**	285,41	285,41							
3113,99	I,IV	**423,83**	285,66	285,66	I	320,83	224,00	133,33	50,33		
	II	**376,16**	285,66	285,66	II	276,00	182,00	94,08	20,08		
	III	**168,00**	285,66	285,66	III	89,83	26,33				
	V	**757,50**	285,66	285,66	IV	371,58	320,83	271,66	224,00	177,91	133,33
	VI	**793,75**	285,66	285,66							
3116,99	I,IV	**424,58**	285,91	285,91	I	321,58	224,66	133,91	50,83		
	II	**376,91**	285,91	285,91	II	276,75	182,66	94,66	20,50		
	III	**168,50**	285,91	285,91	III	90,33	26,66				
	V	**758,50**	285,91	285,91	IV	372,25	321,58	272,33	224,66	178,58	133,91
	VI	**794,75**	285,91	285,91							
3119,99	I,IV	**425,33**	286,25	286,25	I	322,25	225,33	134,58	51,33		
	II	**377,66**	286,25	286,25	II	277,41	183,33	95,33	21,00		
	III	**169,16**	286,25	286,25	III	90,83	27,16				
	V	**759,58**	286,25	286,25	IV	373,00	322,25	273,08	225,33	179,16	134,58
	VI	**795,83**	286,25	286,25							
3122,99	I,IV	**426,08**	286,50	286,50	I	323,00	226,00	135,16	51,83		
	II	**378,41**	286,50	286,50	II	278,08	183,91	95,91	21,41		
	III	**169,66**	286,50	286,50	III	91,33	27,50				
	V	**760,58**	286,50	286,50	IV	373,75	323,00	273,75	226,00	179,83	135,16
	VI	**796,83**	286,50	286,50							
3125,99	I,IV	**426,83**	286,75	286,75	I	323,66	226,66	135,83	52,41		
	II	**379,16**	286,75	286,75	II	278,83	184,58	96,50	21,83		
	III	**170,33**	286,75	286,75	III	91,83	28,00				
	V	**761,66**	286,75	286,75	IV	374,50	323,66	274,41	226,66	180,50	135,83
	VI	**797,91**	286,75	286,75							
3128,99	I,IV	**427,58**	287,08	287,08	I	324,41	227,33	136,41	52,91		
	II	**379,83**	287,08	287,08	II	279,50	185,25	97,08	22,25		
	III	**171,00**	287,08	287,08	III	92,50	28,33				
	V	**762,66**	287,08	287,08	IV	375,25	324,41	275,08	227,33	181,16	136,41
	VI	**798,91**	287,08	287,08							
3131,99	I,IV	**428,33**	287,33	287,33	I	325,08	228,00	137,08	53,41		
	II	**380,58**	287,33	287,33	II	280,16	185,91	97,75	22,66		
	III	**171,50**	287,33	287,33	III	93,00	28,83				
	V	**763,75**	287,33	287,33	IV	375,91	325,08	275,83	228,00	181,75	137,08
	VI	**800,00**	287,33	287,33							

* Zur LSt-Berechnung für privat versicherte Arbeitnehmer s. Beispiele **Vorbemerkung S. 4 f.**
** Basisvorsorgepauschale KV und PV *** Typisierter Arbeitgeberzuschuss

Lohn/ Gehalt in € bis	Steuerklasse	Lohn-steuer*	BVSP**	TAGZ***	Steuerklasse	Bemessungsgrundlage für Kirchensteuer und Solidaritätszuschlag					
						Freibeträge für ... Kinder					
						0,5	**1,0**	1,5	**2,0**	2,5	**3,0**
3134,99	I,IV	**429,08**	287,58	287,58	I	325,83	228,66	137,66	54,00		
	II	**381,33**	287,58	287,58	II	280,91	186,50	98,33	23,08		
	III	**172,16**	287,58	287,58	III	93,50	29,16				
	V	**764,75**	287,58	287,58	IV	376,66	325,83	276,50	228,66	182,41	137,66
	VI	**801,00**	287,58	287,58							
3137,99	I,IV	**429,83**	287,83	287,83	I	326,58	229,33	138,33	54,50		
	II	**382,08**	287,83	287,83	II	281,58	187,16	98,91	23,58		
	III	**172,83**	287,83	287,83	III	94,00	29,50				
	V	**765,83**	287,83	287,83	IV	377,41	326,58	277,16	229,33	183,08	138,33
	VI	**802,08**	287,83	287,83							
3140,99	I,IV	**430,58**	288,16	288,16	I	327,25	230,08	138,91	55,08		
	II	**382,83**	288,16	288,16	II	282,25	187,83	99,50	24,00		
	III	**173,33**	288,16	288,16	III	94,50	30,00				
	V	**766,91**	288,16	288,16	IV	378,16	327,25	277,91	230,08	183,75	138,91
	VI	**803,16**	288,16	288,16							
3143,99	I,IV	**431,33**	288,41	288,41	I	328,00	230,75	139,58	55,58		
	II	**383,58**	288,41	288,41	II	283,00	188,50	100,16	24,41		
	III	**174,00**	288,41	288,41	III	95,00	30,33				
	V	**767,91**	288,41	288,41	IV	378,91	328,00	278,58	230,75	184,41	139,58
	VI	**804,16**	288,41	288,41							
3146,99	I,IV	**432,16**	288,66	288,66	I	328,66	231,41	140,25	56,08		
	II	**384,33**	288,66	288,66	II	283,66	189,16	100,75	24,91		
	III	**174,50**	288,66	288,66	III	95,50	30,83				
	V	**769,00**	288,66	288,66	IV	379,66	328,66	279,25	231,41	185,00	140,25
	VI	**805,25**	288,66	288,66							
3149,99	I,IV	**432,83**	289,00	289,00	I	329,41	232,08	140,83	56,66		
	II	**385,00**	289,00	289,00	II	284,33	189,75	101,33	25,33		
	III	**175,16**	289,00	289,00	III	96,00	31,16				
	V	**770,00**	289,00	289,00	IV	380,33	329,41	279,91	232,08	185,66	140,83
	VI	**806,25**	289,00	289,00							
3152,99	I,IV	**433,66**	289,25	289,25	I	330,08	232,75	141,41	57,16		
	II	**385,75**	289,25	289,25	II	285,08	190,41	101,91	25,75		
	III	**175,66**	289,25	289,25	III	96,50	31,66				
	V	**771,08**	289,25	289,25	IV	381,08	330,08	280,66	232,75	186,33	141,41
	VI	**807,33**	289,25	289,25							
3155,99	I,IV	**434,41**	289,50	289,50	I	330,83	233,41	142,08	57,75		
	II	**386,50**	289,50	289,50	II	285,75	191,08	102,58	26,16		
	III	**176,33**	289,50	289,50	III	97,00	32,00				
	V	**772,08**	289,50	289,50	IV	381,83	330,83	281,33	233,41	187,00	142,08
	VI	**808,33**	289,50	289,50							
3158,99	I,IV	**435,16**	289,83	289,83	I	331,58	234,08	142,75	58,25		
	II	**387,25**	289,83	289,83	II	286,41	191,75	103,16	26,66		
	III	**177,00**	289,83	289,83	III	97,50	32,50				
	V	**773,16**	289,83	289,83	IV	382,58	331,58	282,08	234,08	187,66	142,75
	VI	**809,41**	289,83	289,83							
3161,99	I,IV	**435,91**	290,08	290,08	I	332,25	234,75	143,33	58,83		
	II	**388,00**	290,08	290,08	II	287,16	192,41	103,83	27,08		
	III	**177,50**	290,08	290,08	III	98,00	32,83				
	V	**774,16**	290,08	290,08	IV	383,33	332,25	282,75	234,75	188,25	143,33
	VI	**810,41**	290,08	290,08							
3164,99	I,IV	**436,66**	290,33	290,33	I	333,00	235,41	144,00	59,33		
	II	**388,75**	290,33	290,33	II	287,83	193,08	104,41	27,58		
	III	**178,16**	290,33	290,33	III	98,50	33,16				
	V	**775,25**	290,33	290,33	IV	384,08	333,00	283,41	235,41	188,91	144,00
	VI	**811,50**	290,33	290,33							
3167,99	I,IV	**437,41**	290,58	290,58	I	333,75	236,08	144,58	59,91		
	II	**389,50**	290,58	290,58	II	288,58	193,75	105,00	28,00		
	III	**178,83**	290,58	290,58	III	99,00	33,66				
	V	**776,33**	290,58	290,58	IV	384,83	333,75	284,16	236,08	189,58	144,58
	VI	**812,58**	290,58	290,58							

* Zur LSt-Berechnung für privat versicherte Arbeitnehmer s. Beispiele **Vorbemerkung S. 4f.**
** Basisvorsorgepauschale KV und PV *** Typisierter Arbeitgeberzuschuss

Lohn/ Gehalt in € bis	Steuerklasse	Lohn-steuer*	BVSP**	TAGZ***	Steuerklasse	Bemessungsgrundlage für Kirchensteuer und Solidaritätszuschlag – Freibeträge für ... Kinder 0,5	**1,0**	1,5	**2,0**	2,5	**3,0**
3170,99	I,IV	**438,16**	290,91	290,91	I	334,41	236,75	145,25	60,50		
	II	**390,25**	290,91	290,91	II	289,25	194,41	105,66	28,50		
	III	**179,33**	290,91	290,91	III	99,66	34,00				
	V	**777,33**	290,91	290,91	IV	385,58	334,41	284,83	236,75	190,25	145,25
	VI	**813,58**	290,91	290,91							
3173,99	I,IV	**439,00**	291,16	291,16	I	335,16	237,41	145,91	61,00		
	II	**391,00**	291,16	291,16	II	289,91	195,00	106,25	28,91		
	III	**180,00**	291,16	291,16	III	100,16	34,50				
	V	**778,41**	291,16	291,16	IV	386,33	335,16	285,50	237,41	190,91	145,91
	VI	**814,66**	291,16	291,16							
3176,99	I,IV	**439,75**	291,41	291,41	I	335,83	238,08	146,50	61,58		
	II	**391,66**	291,41	291,41	II	290,58	195,66	106,83	29,33		
	III	**180,50**	291,41	291,41	III	100,66	34,83				
	V	**779,41**	291,41	291,41	IV	387,00	335,83	286,25	238,08	191,50	146,50
	VI	**815,66**	291,41	291,41							
3179,99	I,IV	**440,50**	291,75	291,75	I	336,58	238,75	147,08	62,08		
	II	**392,41**	291,75	291,75	II	291,33	196,33	107,41	29,83		
	III	**181,16**	291,75	291,75	III	101,16	35,33				
	V	**780,50**	291,75	291,75	IV	387,75	336,58	286,91	238,75	192,16	147,08
	VI	**816,75**	291,75	291,75							
3182,99	I,IV	**441,25**	292,00	292,00	I	337,25	239,50	147,75	62,66		
	II	**393,16**	292,00	292,00	II	292,00	197,00	108,08	30,25		
	III	**181,83**	292,00	292,00	III	101,66	35,83				
	V	**781,50**	292,00	292,00	IV	388,50	337,25	287,58	239,50	192,83	147,75
	VI	**817,75**	292,00	292,00							
3185,99	I,IV	**442,00**	292,25	292,25	I	338,00	240,16	148,41	63,25		
	II	**393,91**	292,25	292,25	II	292,75	197,66	108,66	30,75		
	III	**182,33**	292,25	292,25	III	102,16	36,16				
	V	**782,58**	292,25	292,25	IV	389,25	338,00	288,33	240,16	193,50	148,41
	VI	**818,83**	292,25	292,25							
3188,99	I,IV	**442,75**	292,58	292,58	I	338,75	240,83	149,00	63,75	0,16	
	II	**394,66**	292,58	292,58	II	293,41	198,33	109,33	31,25		
	III	**183,00**	292,58	292,58	III	102,66	36,66				
	V	**783,58**	292,58	292,58	IV	390,00	338,75	289,00	240,83	194,16	149,00
	VI	**819,83**	292,58	292,58							
3191,99	I,IV	**443,50**	292,83	292,83	I	339,41	241,50	149,66	64,33	0,50	
	II	**395,41**	292,83	292,83	II	294,16	199,00	109,91	31,66		
	III	**183,66**	292,83	292,83	III	103,33	37,00				
	V	**784,66**	292,83	292,83	IV	390,75	339,41	289,75	241,50	194,83	149,66
	VI	**820,91**	292,83	292,83							
3194,99	I,IV	**444,33**	293,08	293,08	I	340,16	242,16	150,33	64,91	0,83	
	II	**396,16**	293,08	293,08	II	294,83	199,58	110,50	32,16		
	III	**184,16**	293,08	293,08	III	103,83	37,50				
	V	**785,75**	293,08	293,08	IV	391,50	340,16	290,41	242,16	195,50	150,33
	VI	**822,00**	293,08	293,08							
3197,99	I,IV	**445,08**	293,33	293,33	I	340,91	242,83	150,91	65,50	1,16	
	II	**396,91**	293,33	293,33	II	295,50	200,25	111,16	32,58		
	III	**184,83**	293,33	293,33	III	104,33	37,83				
	V	**786,75**	293,33	293,33	IV	392,25	340,91	291,08	242,83	196,16	150,91
	VI	**823,00**	293,33	293,33							
3200,99	I,IV	**445,83**	293,66	293,66	I	341,58	243,50	151,58	66,00	1,58	
	II	**397,66**	293,66	293,66	II	296,25	200,91	111,75	33,08		
	III	**185,33**	293,66	293,66	III	104,83	38,33				
	V	**787,75**	293,66	293,66	IV	392,91	341,58	291,83	243,50	196,75	151,58
	VI	**824,00**	293,66	293,66							
3203,99	I,IV	**446,58**	293,91	293,91	I	342,33	244,16	152,16	66,58	1,91	
	II	**398,41**	293,91	293,91	II	296,91	201,58	112,33	33,50		
	III	**186,00**	293,91	293,91	III	105,33	38,66				
	V	**788,83**	293,91	293,91	IV	393,66	342,33	292,50	244,16	197,41	152,16
	VI	**825,08**	293,91	293,91							

* Zur LSt-Berechnung für privat versicherte Arbeitnehmer s. Beispiele **Vorbemerkung S. 4 f.**
** Basisvorsorgepauschale KV und PV *** Typisierter Arbeitgeberzuschuss

Lohn/ Gehalt in € bis	Steuerklasse	Lohn- steuer*	BVSP**	TAGZ***	Steuerklasse	Bemessungsgrundlage für Kirchensteuer und Solidaritätszuschlag – Freibeträge für ... Kinder 0,5	1,0	1,5	2,0	2,5	3,0
3206,99	I,IV	**447,33**	294,16	294,16	I	343,08	244,83	152,83	67,16	2,25	
	II	**399,16**	294,16	294,16	II	297,66	202,25	113,00	34,00		
	III	**186,66**	294,16	294,16	III	105,83	39,16				
	V	**789,91**	294,16	294,16	IV	394,41	343,08	293,16	244,83	198,08	152,83
	VI	**826,16**	294,16	294,16							
3209,99	I,IV	**448,08**	294,50	294,50	I	343,75	245,58	153,41	67,75	2,66	
	II	**399,91**	294,50	294,50	II	298,33	202,91	113,58	34,50		
	III	**187,16**	294,50	294,50	III	106,33	39,50				
	V	**790,91**	294,50	294,50	IV	395,16	343,75	293,91	245,58	198,75	153,41
	VI	**827,16**	294,50	294,50							
3212,99	I,IV	**448,91**	294,75	294,75	I	344,50	246,25	154,08	68,25	3,00	
	II	**400,66**	294,75	294,75	II	299,00	203,58	114,16	34,91		
	III	**187,83**	294,75	294,75	III	107,00	40,00				
	V	**792,00**	294,75	294,75	IV	395,91	344,50	294,58	246,25	199,41	154,08
	VI	**828,25**	294,75	294,75							
3215,99	I,IV	**449,66**	295,00	295,00	I	345,25	246,91	154,75	68,83	3,33	
	II	**401,41**	295,00	295,00	II	299,75	204,25	114,83	35,41		
	III	**188,33**	295,00	295,00	III	107,50	40,33				
	V	**793,00**	295,00	295,00	IV	396,66	345,25	295,33	246,91	200,08	154,75
	VI	**829,25**	295,00	295,00							
3218,99	I,IV	**450,41**	295,33	295,33	I	345,91	247,58	155,33	69,41	3,75	
	II	**402,16**	295,33	295,33	II	300,41	204,91	115,41	35,91		
	III	**189,00**	295,33	295,33	III	108,00	40,83				
	V	**794,08**	295,33	295,33	IV	397,41	345,91	296,00	247,58	200,75	155,33
	VI	**830,33**	295,33	295,33							
3221,99	I,IV	**451,16**	295,58	295,58	I	346,66	248,25	156,00	70,00	4,08	
	II	**402,91**	295,58	295,58	II	301,16	205,50	116,08	36,41		
	III	**189,66**	295,58	295,58	III	108,50	41,16				
	V	**795,16**	295,58	295,58	IV	398,16	346,66	296,75	248,25	201,41	156,00
	VI	**831,41**	295,58	295,58							
3224,99	I,IV	**452,00**	295,83	295,83	I	347,41	249,00	156,66	70,58	4,41	
	II	**403,66**	295,83	295,83	II	301,83	206,16	116,66	36,91		
	III	**190,16**	295,83	295,83	III	109,00	41,66				
	V	**796,16**	295,83	295,83	IV	398,91	347,41	297,41	249,00	202,00	156,66
	VI	**832,41**	295,83	295,83							
3227,99	I,IV	**452,66**	296,16	296,16	I	348,08	249,58	157,25	71,16	4,83	
	II	**404,33**	296,16	296,16	II	302,50	206,83	117,25	37,33		
	III	**190,83**	296,16	296,16	III	109,66	42,16				
	V	**797,16**	296,16	296,16	IV	399,66	348,08	298,08	249,58	202,66	157,25
	VI	**833,41**	296,16	296,16							
3230,99	I,IV	**453,50**	296,41	296,41	I	348,83	250,33	157,91	71,75	5,16	
	II	**405,08**	296,41	296,41	II	303,25	207,50	117,91	37,83		
	III	**191,50**	296,41	296,41	III	110,16	42,50				
	V	**798,25**	296,41	296,41	IV	400,41	348,83	298,83	250,33	203,33	157,91
	VI	**834,50**	296,41	296,41							
3233,99	I,IV	**454,25**	296,66	296,66	I	349,58	251,00	158,50	72,33	5,58	
	II	**405,83**	296,66	296,66	II	303,91	208,16	118,50	38,33		
	III	**192,00**	296,66	296,66	III	110,66	43,00				
	V	**799,25**	296,66	296,66	IV	401,16	349,58	299,50	251,00	204,00	158,50
	VI	**835,58**	296,66	296,66							
3236,99	I,IV	**455,00**	296,91	296,91	I	350,25	251,66	159,16	72,91	5,91	
	II	**406,58**	296,91	296,91	II	304,66	208,83	119,16	38,83		
	III	**192,66**	296,91	296,91	III	111,16	43,33				
	V	**800,33**	296,91	296,91	IV	401,91	350,25	300,25	251,66	204,66	159,16
	VI	**836,58**	296,91	296,91							
3239,99	I,IV	**455,75**	297,25	297,25	I	351,00	252,33	159,83	73,50	6,33	
	II	**407,33**	297,25	297,25	II	305,33	209,50	119,75	39,25		
	III	**193,33**	297,25	297,25	III	111,66	43,83				
	V	**801,41**	297,25	297,25	IV	402,66	351,00	300,91	252,33	205,33	159,83
	VI	**837,66**	297,25	297,25							

* Zur LSt-Berechnung für privat versicherte Arbeitnehmer s. Beispiele **Vorbemerkung S. 4f.**
** Basisvorsorgepauschale KV und PV *** Typisierter Arbeitgeberzuschuss

Lohn/ Gehalt in € bis	Steuerklasse	Lohn-steuer*	BVSP**	TAGZ***	Steuerklasse	Bemessungsgrundlage für Kirchensteuer und Solidaritätszuschlag					
						Freibeträge für ... Kinder					
						0,5	**1,0**	1,5	**2,0**	2,5	**3,0**
3242,99	I,IV	**456,58**	297,50	297,50	I	351,75	253,00	160,50	74,08	6,66	
	II	**408,08**	297,50	297,50	II	306,08	210,16	120,33	39,75		
	III	**193,83**	297,50	297,50	III	112,33	44,33				
	V	**802,41**	297,50	297,50	IV	403,41	351,75	301,58	253,00	206,00	160,50
	VI	**838,66**	297,50	297,50							
3245,99	I,IV	**457,33**	297,75	297,75	I	352,50	253,75	161,08	74,66	7,08	
	II	**408,83**	297,75	297,75	II	306,75	210,83	121,00	40,25		
	III	**194,50**	297,75	297,75	III	112,83	44,66				
	V	**803,50**	297,75	297,75	IV	404,16	352,50	302,33	253,75	206,66	161,08
	VI	**839,75**	297,75	297,75							
3248,99	I,IV	**458,08**	298,08	298,08	I	353,16	254,41	161,75	75,25	7,41	
	II	**409,58**	298,08	298,08	II	307,50	211,50	121,58	40,75		
	III	**195,16**	298,08	298,08	III	113,33	45,16				
	V	**804,50**	298,08	298,08	IV	404,91	353,16	303,00	254,41	207,33	161,75
	VI	**840,83**	298,08	298,08							
3251,99	I,IV	**458,91**	298,33	298,33	I	353,91	255,08	162,41	75,83	7,83	
	II	**410,33**	298,33	298,33	II	308,16	212,16	122,25	41,25		
	III	**195,66**	298,33	298,33	III	113,83	45,50				
	V	**805,58**	298,33	298,33	IV	405,66	353,91	303,75	255,08	208,00	162,41
	VI	**841,83**	298,33	298,33							
3254,99	I,IV	**459,58**	298,58	298,58	I	354,66	255,75	163,00	76,41	8,16	
	II	**411,08**	298,58	298,58	II	308,91	212,83	122,83	41,75		
	III	**196,33**	298,58	298,58	III	114,33	46,00				
	V	**806,58**	298,58	298,58	IV	406,33	354,66	304,41	255,75	208,58	163,00
	VI	**842,83**	298,58	298,58							
3257,99	I,IV	**460,41**	298,91	298,91	I	355,33	256,41	163,66	77,00	8,58	
	II	**411,83**	298,91	298,91	II	309,58	213,50	123,41	42,25		
	III	**196,83**	298,91	298,91	III	115,00	46,33				
	V	**807,66**	298,91	298,91	IV	407,08	355,33	305,16	256,41	209,25	163,66
	VI	**843,91**	298,91	298,91							
3260,99	I,IV	**461,16**	299,16	299,16	I	356,08	257,08	164,25	77,58	8,91	
	II	**412,58**	299,16	299,16	II	310,33	214,16	124,08	42,75		
	III	**197,50**	299,16	299,16	III	115,50	46,83				
	V	**808,66**	299,16	299,16	IV	407,83	356,08	305,83	257,08	209,91	164,25
	VI	**845,00**	299,16	299,16							
3263,99	I,IV	**461,91**	299,41	299,41	I	356,83	257,83	164,91	78,16	9,33	
	II	**413,33**	299,41	299,41	II	311,00	214,83	124,66	43,25		
	III	**198,16**	299,41	299,41	III	116,00	47,33				
	V	**809,75**	299,41	299,41	IV	408,58	356,83	306,58	257,83	210,58	164,91
	VI	**846,00**	299,41	299,41							
3266,99	I,IV	**462,75**	299,66	299,66	I	357,58	258,50	165,58	78,75	9,75	
	II	**414,08**	299,66	299,66	II	311,75	215,50	125,33	43,75		
	III	**198,66**	299,66	299,66	III	116,50	47,66				
	V	**810,83**	299,66	299,66	IV	409,33	357,58	307,25	258,50	211,25	165,58
	VI	**847,08**	299,66	299,66							
3269,99	I,IV	**463,50**	300,00	300,00	I	358,25	259,16	166,25	79,33	10,08	
	II	**414,83**	300,00	300,00	II	312,41	216,16	125,91	44,25		
	III	**199,33**	300,00	300,00	III	117,16	48,16				
	V	**811,83**	300,00	300,00	IV	410,08	358,25	308,00	259,16	211,91	166,25
	VI	**848,08**	300,00	300,00							
3272,99	I,IV	**464,25**	300,25	300,25	I	359,00	259,83	166,83	80,00	10,50	
	II	**415,58**	300,25	300,25	II	313,16	216,83	126,58	44,75		
	III	**200,00**	300,25	300,25	III	117,66	48,66				
	V	**812,91**	300,25	300,25	IV	410,83	359,00	308,66	259,83	212,58	166,83
	VI	**849,16**	300,25	300,25							
3275,99	I,IV	**465,08**	300,50	300,50	I	359,75	260,58	167,50	80,58	10,91	
	II	**416,41**	300,50	300,50	II	313,83	217,50	127,16	45,25		
	III	**200,50**	300,50	300,50	III	118,16	49,00				
	V	**813,91**	300,50	300,50	IV	411,66	359,75	309,41	260,58	213,25	167,50
	VI	**850,25**	300,50	300,50							

* Zur LSt-Berechnung für privat versicherte Arbeitnehmer s. Beispiele **Vorbemerkung S. 4 f.**
** Basisvorsorgepauschale KV und PV *** Typisierter Arbeitgeberzuschuss

Lohn/ Gehalt in € bis	Steuerklasse	Lohn-steuer*	BVSP**	TAGZ***	Steuerklasse	Bemessungsgrundlage für Kirchensteuer und Solidaritätszuschlag					
						Freibeträge für ... Kinder					
						0,5	**1,0**	1,5	**2,0**	2,5	**3,0**
3278,99	I,IV	**465,83**	300,83	300,83	I	360,41	261,25	168,08	81,16	11,25	
	II	**417,08**	300,83	300,83	II	314,58	218,08	127,83	45,75		
	III	**201,16**	300,83	300,83	III	118,83	49,50				
	V	**815,00**	300,83	300,83	IV	412,33	360,41	310,08	261,25	213,91	168,08
	VI	**851,25**	300,83	300,83							
3281,99	I,IV	**466,58**	301,08	301,08	I	361,16	261,91	168,75	81,75	11,66	
	II	**417,83**	301,08	301,08	II	315,25	218,75	128,41	46,25		
	III	**201,83**	301,08	301,08	III	119,33	50,00				
	V	**816,00**	301,08	301,08	IV	413,08	361,16	310,75	261,91	214,58	168,75
	VI	**852,25**	301,08	301,08							
3284,99	I,IV	**467,33**	301,33	301,33	I	361,91	262,58	169,41	82,33	12,08	
	II	**418,58**	301,33	301,33	II	316,00	219,41	129,08	46,75		
	III	**202,33**	301,33	301,33	III	119,83	50,33				
	V	**817,08**	301,33	301,33	IV	413,83	361,91	311,50	262,58	215,25	169,41
	VI	**853,33**	301,33	301,33							
3287,99	I,IV	**468,08**	301,66	301,66	I	362,66	263,25	170,08	82,91	12,50	
	II	**419,41**	301,66	301,66	II	316,66	220,08	129,66	47,25		
	III	**203,00**	301,66	301,66	III	120,33	50,83				
	V	**818,08**	301,66	301,66	IV	414,58	362,66	312,16	263,25	215,91	170,08
	VI	**854,41**	301,66	301,66							
3290,99	I,IV	**468,91**	301,91	301,91	I	363,41	264,00	170,66	83,58	12,91	
	II	**420,16**	301,91	301,91	II	317,41	220,75	130,33	47,83		
	III	**203,66**	301,91	301,91	III	121,00	51,33				
	V	**819,16**	301,91	301,91	IV	415,33	363,41	312,91	264,00	216,58	170,66
	VI	**855,41**	301,91	301,91							
3293,99	I,IV	**469,66**	302,16	302,16	I	364,08	264,66	171,33	84,16	13,25	
	II	**420,91**	302,16	302,16	II	318,08	221,41	130,91	48,33		
	III	**204,16**	302,16	302,16	III	121,50	51,66				
	V	**820,25**	302,16	302,16	IV	416,16	364,08	313,58	264,66	217,25	171,33
	VI	**856,50**	302,16	302,16							
3296,99	I,IV	**470,41**	302,41	302,41	I	364,83	265,33	172,00	84,75	13,66	
	II	**421,66**	302,41	302,41	II	318,83	222,08	131,58	48,83		
	III	**204,83**	302,41	302,41	III	122,00	52,16				
	V	**821,25**	302,41	302,41	IV	416,91	364,83	314,33	265,33	217,91	172,00
	VI	**857,50**	302,41	302,41							
3299,99	I,IV	**471,25**	302,75	302,75	I	365,58	266,08	172,66	85,33	14,08	
	II	**422,41**	302,75	302,75	II	319,50	222,83	132,16	49,33		
	III	**205,50**	302,75	302,75	III	122,66	52,66				
	V	**822,33**	302,75	302,75	IV	417,66	365,58	315,08	266,08	218,58	172,66
	VI	**858,58**	302,75	302,75							
3302,99	I,IV	**472,00**	303,00	303,00	I	366,33	266,75	173,25	85,91	14,50	
	II	**423,16**	303,00	303,00	II	320,25	223,50	132,83	49,83		
	III	**206,00**	303,00	303,00	III	123,16	53,00				
	V	**823,33**	303,00	303,00	IV	418,41	366,33	315,75	266,75	219,25	173,25
	VI	**859,66**	303,00	303,00							
3305,99	I,IV	**472,75**	303,25	303,25	I	367,00	267,41	173,91	86,50	14,91	
	II	**423,91**	303,25	303,25	II	320,91	224,08	133,41	50,41		
	III	**206,66**	303,25	303,25	III	123,66	53,50				
	V	**824,41**	303,25	303,25	IV	419,08	367,00	316,41	267,41	219,91	173,91
	VI	**860,66**	303,25	303,25							
3308,99	I,IV	**473,50**	303,58	303,58	I	367,75	268,08	174,58	87,16	15,33	
	II	**424,66**	303,58	303,58	II	321,66	224,75	134,00	50,91		
	III	**207,16**	303,58	303,58	III	124,16	54,00				
	V	**825,41**	303,58	303,58	IV	419,91	367,75	317,16	268,08	220,58	174,58
	VI	**861,66**	303,58	303,58							
3311,99	I,IV	**474,33**	303,83	303,83	I	368,50	268,75	175,16	87,75	15,75	
	II	**425,41**	303,83	303,83	II	322,33	225,41	134,66	51,41		
	III	**207,83**	303,83	303,83	III	124,83	54,33				
	V	**826,50**	303,83	303,83	IV	420,66	368,50	317,83	268,75	221,25	175,16
	VI	**862,75**	303,83	303,83							

* Zur LSt-Berechnung für privat versicherte Arbeitnehmer s. Beispiele **Vorbemerkung S. 4f.**
** Basisvorsorgepauschale KV und PV *** Typisierter Arbeitgeberzuschuss

Lohn/ Gehalt in € bis	Steuerklasse	Lohn-steuer*	BVSP**	TAGZ***	Steuerklasse	Bemessungsgrundlage für Kirchensteuer und Solidaritätszuschlag					
						Freibeträge für ... Kinder					
						0,5	**1,0**	1,5	**2,0**	2,5	**3,0**
3 314,99	I,IV	**475,08**	304,08	304,08	I	369,25	269,50	175,83	88,33	16,16	
	II	**426,16**	304,08	304,08	II	323,08	226,08	135,25	51,91		
	III	**208,50**	304,08	304,08	III	125,33	54,83				
	V	**827,50**	304,08	304,08	IV	421,41	369,25	318,58	269,50	221,91	175,83
	VI	**863,83**	304,08	304,08							
3 317,99	I,IV	**475,83**	304,41	304,41	I	370,00	270,16	176,50	88,91	16,50	
	II	**426,91**	304,41	304,41	II	323,83	226,83	135,91	52,50		
	III	**209,00**	304,41	304,41	III	125,83	55,33				
	V	**828,58**	304,41	304,41	IV	422,16	370,00	319,33	270,16	222,58	176,50
	VI	**864,83**	304,41	304,41							
3 320,99	I,IV	**476,66**	304,66	304,66	I	370,66	270,83	177,16	89,58	16,91	
	II	**427,66**	304,66	304,66	II	324,50	227,50	136,50	53,00		
	III	**209,66**	304,66	304,66	III	126,50	55,66				
	V	**829,66**	304,66	304,66	IV	422,91	370,66	320,00	270,83	223,25	177,16
	VI	**865,91**	304,66	304,66							
3 323,99	I,IV	**477,41**	304,91	304,91	I	371,41	271,58	177,83	90,16	17,33	
	II	**428,41**	304,91	304,91	II	325,25	228,16	137,16	53,50		
	III	**210,33**	304,91	304,91	III	127,00	56,16				
	V	**830,66**	304,91	304,91	IV	423,66	371,41	320,75	271,58	223,91	177,83
	VI	**866,91**	304,91	304,91							
3 326,99	I,IV	**478,25**	305,25	305,25	I	372,16	272,25	178,41	90,75	17,75	
	II	**429,25**	305,25	305,25	II	325,91	228,83	137,83	54,08		
	III	**210,83**	305,25	305,25	III	127,66	56,66	0,33			
	V	**831,75**	305,25	305,25	IV	424,41	372,16	321,41	272,25	224,58	178,41
	VI	**868,00**	305,25	305,25							
3 329,99	I,IV	**479,00**	305,50	305,50	I	372,91	272,91	179,08	91,33	18,25	
	II	**430,00**	305,50	305,50	II	326,66	229,50	138,41	54,58		
	III	**211,50**	305,50	305,50	III	128,16	57,16	0,66			
	V	**832,75**	305,50	305,50	IV	425,16	372,91	322,16	272,91	225,25	179,08
	VI	**869,08**	305,50	305,50							
3 332,99	I,IV	**479,75**	305,75	305,75	I	373,58	273,58	179,75	92,00	18,58	
	II	**430,66**	305,75	305,75	II	327,33	230,16	139,00	55,08		
	III	**212,16**	305,75	305,75	III	128,66	57,50	1,00			
	V	**833,83**	305,75	305,75	IV	425,91	373,58	322,83	273,58	225,91	179,75
	VI	**870,08**	305,75	305,75							
3 335,99	I,IV	**480,50**	306,00	306,00	I	374,33	274,33	180,33	92,58	19,00	
	II	**431,50**	306,00	306,00	II	328,08	230,83	139,66	55,66		
	III	**212,66**	306,00	306,00	III	129,33	58,00	1,33			
	V	**834,83**	306,00	306,00	IV	426,66	374,33	323,58	274,33	226,58	180,33
	VI	**871,08**	306,00	306,00							
3 338,99	I,IV	**481,33**	306,33	306,33	I	375,08	275,00	181,00	93,16	19,50	
	II	**432,25**	306,33	306,33	II	328,83	231,50	140,33	56,16		
	III	**213,33**	306,33	306,33	III	129,83	58,50	1,66			
	V	**835,91**	306,33	306,33	IV	427,41	375,08	324,25	275,00	227,25	181,00
	VI	**872,16**	306,33	306,33							
3 341,99	I,IV	**482,08**	306,58	306,58	I	375,83	275,66	181,66	93,75	19,91	
	II	**433,00**	306,58	306,58	II	329,50	232,16	140,91	56,75		
	III	**214,00**	306,58	306,58	III	130,33	59,00	2,00			
	V	**836,91**	306,58	306,58	IV	428,16	375,83	325,00	275,66	227,91	181,66
	VI	**873,25**	306,58	306,58							
3 344,99	I,IV	**482,91**	306,83	306,83	I	376,58	276,41	182,33	94,41	20,33	
	II	**433,75**	306,83	306,83	II	330,25	232,83	141,58	57,25		
	III	**214,50**	306,83	306,83	III	131,00	59,33	2,50			
	V	**838,00**	306,83	306,83	IV	428,91	376,58	325,75	276,41	228,58	182,33
	VI	**874,25**	306,83	306,83							
3 347,99	I,IV	**483,66**	307,16	307,16	I	377,33	277,08	183,00	95,00	20,75	
	II	**434,50**	307,16	307,16	II	330,91	233,50	142,16	57,83		
	III	**215,16**	307,16	307,16	III	131,50	59,83	2,83			
	V	**839,08**	307,16	307,16	IV	429,75	377,33	326,41	277,08	229,25	183,00
	VI	**875,33**	307,16	307,16							

* Zur LSt-Berechnung für privat versicherte Arbeitnehmer s. Beispiele **Vorbemerkung S. 4 f.**
** Basisvorsorgepauschale KV und PV *** Typisierter Arbeitgeberzuschuss

Lohn/ Gehalt in € bis	Steuerklasse	Lohn-steuer*	BVSP**	TAGZ***	Steuerklasse	Bemessungsgrundlage für Kirchensteuer und Solidaritätszuschlag – Freibeträge für ... Kinder 0,5	1,0	1,5	2,0	2,5	3,0
3350,99	I,IV	**484,41**	307,41	307,41	I	378,08	277,75	183,66	95,58	21,16	
	II	**435,25**	307,41	307,41	II	331,66	234,16	142,83	58,33		
	III	**215,83**	307,41	307,41	III	132,16	60,33	3,16			
	V	**840,08**	307,41	307,41	IV	430,50	378,08	327,16	277,75	229,91	183,66
	VI	**876,33**	307,41	307,41							
3353,99	I,IV	**485,25**	307,66	307,66	I	378,75	278,50	184,25	96,16	21,58	
	II	**436,08**	307,66	307,66	II	332,41	234,83	143,41	58,91		
	III	**216,33**	307,66	307,66	III	132,66	60,83	3,50			
	V	**841,16**	307,66	307,66	IV	431,25	378,75	327,83	278,50	230,58	184,25
	VI	**877,41**	307,66	307,66							
3356,99	I,IV	**486,00**	308,00	308,00	I	379,50	279,16	184,91	96,83	22,00	
	II	**436,75**	308,00	308,00	II	333,08	235,50	144,08	59,41		
	III	**217,00**	308,00	308,00	III	133,16	61,16	3,83			
	V	**842,16**	308,00	308,00	IV	432,00	379,50	328,58	279,16	231,25	184,91
	VI	**878,41**	308,00	308,00							
3359,99	I,IV	**486,75**	308,25	308,25	I	380,25	279,83	185,58	97,41	22,50	
	II	**437,58**	308,25	308,25	II	333,83	236,16	144,66	60,00		
	III	**217,66**	308,25	308,25	III	133,66	61,66	4,16			
	V	**843,25**	308,25	308,25	IV	432,75	380,25	329,25	279,83	231,91	185,58
	VI	**879,50**	308,25	308,25							
3362,99	I,IV	**487,58**	308,50	308,50	I	381,00	280,50	186,25	98,00	22,91	
	II	**438,33**	308,50	308,50	II	334,50	236,83	145,33	60,50		
	III	**218,16**	308,50	308,50	III	134,33	62,16	4,50			
	V	**844,25**	308,50	308,50	IV	433,50	381,00	330,00	280,50	232,58	186,25
	VI	**880,50**	308,50	308,50							
3365,99	I,IV	**488,33**	308,75	308,75	I	381,75	281,25	186,83	98,58	23,33	
	II	**439,08**	308,75	308,75	II	335,25	237,58	146,00	61,08		
	III	**218,83**	308,75	308,75	III	134,83	62,66	4,83			
	V	**845,33**	308,75	308,75	IV	434,25	381,75	330,75	281,25	233,25	186,83
	VI	**881,58**	308,75	308,75							
3368,99	I,IV	**489,08**	309,08	309,08	I	382,50	281,91	187,50	99,25	23,75	
	II	**439,83**	309,08	309,08	II	336,00	238,25	146,58	61,66		
	III	**219,50**	309,08	309,08	III	135,50	63,00	5,33			
	V	**846,33**	309,08	309,08	IV	435,00	382,50	331,41	281,91	234,00	187,50
	VI	**882,66**	309,08	309,08							
3371,99	I,IV	**489,91**	309,33	309,33	I	383,16	282,66	188,16	99,83	24,25	
	II	**440,58**	309,33	309,33	II	336,66	238,91	147,25	62,16		
	III	**220,00**	309,33	309,33	III	136,00	63,50	5,66			
	V	**847,41**	309,33	309,33	IV	435,75	383,16	332,16	282,66	234,66	188,16
	VI	**883,66**	309,33	309,33							
3374,99	I,IV	**490,66**	309,58	309,58	I	383,91	283,33	188,83	100,41	24,66	
	II	**441,33**	309,58	309,58	II	337,41	239,58	147,83	62,75		
	III	**220,66**	309,58	309,58	III	136,66	64,00	6,00			
	V	**848,50**	309,58	309,58	IV	436,58	383,91	332,83	283,33	235,33	188,83
	VI	**884,75**	309,58	309,58							
3377,99	I,IV	**491,50**	309,91	309,91	I	384,66	284,00	189,50	101,08	25,08	
	II	**442,16**	309,91	309,91	II	338,16	240,25	148,50	63,33		
	III	**221,33**	309,91	309,91	III	137,16	64,50	6,33			
	V	**849,50**	309,91	309,91	IV	437,33	384,66	333,58	284,00	236,00	189,50
	VI	**885,75**	309,91	309,91							
3380,99	I,IV	**492,25**	310,16	310,16	I	385,41	284,75	190,16	101,66	25,58	
	II	**442,91**	310,16	310,16	II	338,83	240,91	149,16	63,83	0,16	
	III	**221,83**	310,16	310,16	III	137,66	65,00	6,66			
	V	**850,58**	310,16	310,16	IV	438,08	385,41	334,33	284,75	236,66	190,16
	VI	**886,83**	310,16	310,16							
3383,99	I,IV	**493,00**	310,41	310,41	I	386,16	285,41	190,75	102,25	26,00	
	II	**443,66**	310,41	310,41	II	339,58	241,58	149,75	64,41	0,58	
	III	**222,50**	310,41	310,41	III	138,33	65,33	7,16			
	V	**851,58**	310,41	310,41	IV	438,83	386,16	335,00	285,41	237,33	190,75
	VI	**887,83**	310,41	310,41							

* Zur LSt-Berechnung für privat versicherte Arbeitnehmer s. Beispiele **Vorbemerkung S. 4f.**
** Basisvorsorgepauschale KV und PV *** Typisierter Arbeitgeberzuschuss

Lohn/ Gehalt in € bis	Steuerklasse	Lohn-steuer*	BVSP**	TAGZ***	Steuerklasse	Bemessungsgrundlage für Kirchensteuer und Solidaritätszuschlag					
						Freibeträge für ... Kinder					
						0,5	**1,0**	1,5	**2,0**	2,5	**3,0**
3386,99	I,IV	**493,83**	310,75	310,75	I	386,91	286,08	191,41	102,91	26,41	
	II	**444,41**	310,75	310,75	II	340,25	242,25	150,41	65,00	0,91	
	III	**223,16**	310,75	310,75	III	138,83	65,83	7,50			
	V	**852,66**	310,75	310,75	IV	439,58	386,91	335,75	286,08	238,00	191,41
	VI	**888,91**	310,75	310,75							
3389,99	I,IV	**494,58**	311,00	311,00	I	387,66	286,83	192,08	103,50	26,91	
	II	**445,16**	311,00	311,00	II	341,00	242,91	151,00	65,50	1,25	
	III	**223,83**	311,00	311,00	III	139,50	66,33	7,83			
	V	**853,66**	311,00	311,00	IV	440,33	387,66	336,41	286,83	238,66	192,08
	VI	**889,91**	311,00	311,00							
3392,99	I,IV	**495,41**	311,25	311,25	I	388,41	287,50	192,75	104,08	27,33	
	II	**445,91**	311,25	311,25	II	341,75	243,66	151,66	66,08	1,58	
	III	**224,33**	311,25	311,25	III	140,00	66,83	8,16			
	V	**854,75**	311,25	311,25	IV	441,08	388,41	337,16	287,50	239,33	192,75
	VI	**891,00**	311,25	311,25							
3395,99	I,IV	**496,16**	311,50	311,50	I	389,08	288,16	193,41	104,75	27,75	
	II	**446,75**	311,50	311,50	II	342,41	244,33	152,25	66,66	2,00	
	III	**225,00**	311,50	311,50	III	140,66	67,33	8,50			
	V	**855,75**	311,50	311,50	IV	441,91	389,08	337,91	288,16	240,00	193,41
	VI	**892,00**	311,50	311,50							
3398,99	I,IV	**496,91**	311,83	311,83	I	389,83	288,91	194,08	105,33	28,25	
	II	**447,50**	311,83	311,83	II	343,16	245,00	152,91	67,25	2,33	
	III	**225,66**	311,83	311,83	III	141,16	67,83	9,00			
	V	**856,83**	311,83	311,83	IV	442,66	389,83	338,58	288,91	240,66	194,08
	VI	**893,08**	311,83	311,83							
3401,99	I,IV	**497,75**	312,08	312,08	I	390,58	289,58	194,66	105,91	28,66	
	II	**448,25**	312,08	312,08	II	343,91	245,66	153,58	67,83	2,66	
	III	**226,16**	312,08	312,08	III	141,83	68,16	9,33			
	V	**857,91**	312,08	312,08	IV	443,41	390,58	339,33	289,58	241,41	194,66
	VI	**894,16**	312,08	312,08							
3404,99	I,IV	**498,50**	312,33	312,33	I	391,33	290,33	195,33	106,58	29,16	
	II	**449,00**	312,33	312,33	II	344,58	246,33	154,16	68,33	3,08	
	III	**226,83**	312,33	312,33	III	142,33	68,66	9,66			
	V	**858,91**	312,33	312,33	IV	444,16	391,33	340,08	290,33	242,08	195,33
	VI	**895,16**	312,33	312,33							
3407,99	I,IV	**499,33**	312,66	312,66	I	392,08	291,00	196,00	107,16	29,58	
	II	**449,75**	312,66	312,66	II	345,33	247,00	154,83	68,91	3,41	
	III	**227,50**	312,66	312,66	III	143,00	69,16	10,00			
	V	**860,00**	312,66	312,66	IV	444,91	392,08	340,75	291,00	242,75	196,00
	VI	**896,25**	312,66	312,66							
3410,99	I,IV	**500,08**	312,91	312,91	I	392,83	291,66	196,66	107,75	30,08	
	II	**450,50**	312,91	312,91	II	346,08	247,66	155,41	69,50	3,75	
	III	**228,00**	312,91	312,91	III	143,50	69,66	10,33			
	V	**861,00**	312,91	312,91	IV	445,66	392,83	341,50	291,66	243,41	196,66
	VI	**897,25**	312,91	312,91							
3413,99	I,IV	**500,83**	313,16	313,16	I	393,58	292,41	197,33	108,33	30,50	
	II	**451,33**	313,16	313,16	II	346,75	248,33	156,08	70,08	4,16	
	III	**228,66**	313,16	313,16	III	144,00	70,16	10,83			
	V	**862,08**	313,16	313,16	IV	446,41	393,58	342,16	292,41	244,08	197,33
	VI	**898,33**	313,16	313,16							
3416,99	I,IV	**501,66**	313,50	313,50	I	394,33	293,08	198,00	109,00	31,00	
	II	**452,08**	313,50	313,50	II	347,50	249,08	156,75	70,66	4,50	
	III	**229,33**	313,50	313,50	III	144,66	70,66	11,16			
	V	**863,08**	313,50	313,50	IV	447,25	394,33	342,91	293,08	244,75	198,00
	VI	**899,33**	313,50	313,50							
3419,99	I,IV	**502,41**	313,75	313,75	I	395,08	293,75	198,66	109,58	31,41	
	II	**452,83**	313,75	313,75	II	348,25	249,75	157,33	71,25	4,83	
	III	**229,83**	313,75	313,75	III	145,16	71,00	11,50			
	V	**864,16**	313,75	313,75	IV	448,00	395,08	343,66	293,75	245,41	198,66
	VI	**900,41**	313,75	313,75							

* Zur LSt-Berechnung für privat versicherte Arbeitnehmer s. Beispiele **Vorbemerkung S. 4 f.**
** Basisvorsorgepauschale KV und PV *** Typisierter Arbeitgeberzuschuss

Lohn/ Gehalt in € bis	Steuerklasse	Lohn-steuer*	BVSP**	TAGZ***	Steuerklasse	Bemessungsgrundlage für Kirchensteuer und Solidaritätszuschlag – Freibeträge für ... Kinder 0,5	1,0	1,5	2,0	2,5	3,0
3422,99	I,IV	**503,25**	314,00	314,00	I	395,83	294,50	199,25	110,25	31,91	
	II	**453,58**	314,00	314,00	II	348,91	250,41	158,00	71,83	5,25	
	III	**230,50**	314,00	314,00	III	145,83	71,50	11,83			
	V	**865,16**	314,00	314,00	IV	448,75	395,83	344,41	294,50	246,08	199,25
	VI	**901,41**	314,00	314,00							
3425,99	I,IV	**504,00**	314,33	314,33	I	396,58	295,16	199,91	110,83	32,41	
	II	**454,41**	314,33	314,33	II	349,66	251,08	158,66	72,41	5,58	
	III	**231,16**	314,33	314,33	III	146,33	72,00	12,16			
	V	**866,25**	314,33	314,33	IV	449,50	396,58	345,08	295,16	246,83	199,91
	VI	**902,50**	314,33	314,33							
3428,99	I,IV	**504,83**	314,58	314,58	I	397,33	295,91	200,58	111,41	32,83	
	II	**455,16**	314,58	314,58	II	350,41	251,75	159,25	73,00	6,00	
	III	**231,66**	314,58	314,58	III	147,00	72,50	12,66			
	V	**867,33**	314,58	314,58	IV	450,33	397,33	345,83	295,91	247,50	200,58
	VI	**903,58**	314,58	314,58							
3431,99	I,IV	**505,58**	314,83	314,83	I	398,08	296,58	201,25	112,08	33,33	
	II	**455,91**	314,83	314,83	II	351,16	252,50	159,91	73,58	6,33	
	III	**232,33**	314,83	314,83	III	147,50	73,00	13,00			
	V	**868,33**	314,83	314,83	IV	451,08	398,08	346,58	296,58	248,16	201,25
	VI	**904,58**	314,83	314,83							
3434,99	I,IV	**506,41**	315,08	315,08	I	398,75	297,25	201,91	112,66	33,75	
	II	**456,66**	315,08	315,08	II	351,83	253,16	160,58	74,16	6,75	
	III	**233,00**	315,08	315,08	III	148,16	73,50	13,33			
	V	**869,33**	315,08	315,08	IV	451,83	398,75	347,25	297,25	248,83	201,91
	VI	**905,58**	315,08	315,08							
3437,99	I,IV	**507,16**	315,41	315,41	I	399,50	298,00	202,58	113,25	34,25	
	II	**457,41**	315,41	315,41	II	352,58	253,83	161,16	74,75	7,08	
	III	**233,66**	315,41	315,41	III	148,66	74,00	13,83			
	V	**870,41**	315,41	315,41	IV	452,58	399,50	348,00	298,00	249,50	202,58
	VI	**906,66**	315,41	315,41							
3440,99	I,IV	**508,00**	315,66	315,66	I	400,25	298,66	203,25	113,91	34,75	
	II	**458,16**	315,66	315,66	II	353,25	254,50	161,83	75,33	7,50	
	III	**234,16**	315,66	315,66	III	149,33	74,50	14,16			
	V	**871,50**	315,66	315,66	IV	453,33	400,25	348,66	298,66	250,16	203,25
	VI	**907,75**	315,66	315,66							
3443,99	I,IV	**508,75**	315,91	315,91	I	401,00	299,41	203,91	114,50	35,16	
	II	**459,00**	315,91	315,91	II	354,00	255,16	162,50	75,91	7,83	
	III	**234,83**	315,91	315,91	III	149,83	74,83	14,50			
	V	**872,50**	315,91	315,91	IV	454,08	401,00	349,41	299,41	250,83	203,91
	VI	**908,75**	315,91	315,91							
3446,99	I,IV	**509,58**	316,25	316,25	I	401,75	300,08	204,58	115,16	35,66	
	II	**459,75**	316,25	316,25	II	354,75	255,83	163,08	76,50	8,25	
	III	**235,50**	316,25	316,25	III	150,50	75,33	14,83			
	V	**873,58**	316,25	316,25	IV	454,91	401,75	350,16	300,08	251,58	204,58
	VI	**909,83**	316,25	316,25							
3449,99	I,IV	**510,33**	316,50	316,50	I	402,50	300,83	205,25	115,75	36,16	
	II	**460,50**	316,50	316,50	II	355,50	256,58	163,75	77,08	8,66	
	III	**236,00**	316,50	316,50	III	151,00	75,83	15,33			
	V	**874,58**	316,50	316,50	IV	455,66	402,50	350,91	300,83	252,25	205,25
	VI	**910,83**	316,50	316,50							
3452,99	I,IV	**511,16**	316,75	316,75	I	403,25	301,50	205,83	116,33	36,66	
	II	**461,33**	316,75	316,75	II	356,16	257,25	164,41	77,66	9,00	
	III	**236,66**	316,75	316,75	III	151,66	76,33	15,66			
	V	**875,66**	316,75	316,75	IV	456,41	403,25	351,58	301,50	252,91	205,83
	VI	**911,91**	316,75	316,75							
3455,99	I,IV	**511,91**	317,08	317,08	I	404,00	302,25	206,50	117,00	37,08	
	II	**462,08**	317,08	317,08	II	356,91	257,91	165,00	78,25	9,41	
	III	**237,33**	317,08	317,08	III	152,33	76,83	16,00			
	V	**876,75**	317,08	317,08	IV	457,16	404,00	352,33	302,25	253,58	206,50
	VI	**913,00**	317,08	317,08							

* Zur LSt-Berechnung für privat versicherte Arbeitnehmer s. Beispiele **Vorbemerkung S. 4 f.**
** Basisvorsorgepauschale KV und PV *** Typisierter Arbeitgeberzuschuss

Lohn/ Gehalt in € bis	Steuerklasse	Lohn-steuer*	BVSP**	TAGZ***	Steuerklasse	Bemessungsgrundlage für Kirchensteuer und Solidaritätszuschlag					
						Freibeträge für ... Kinder					
						0,5	**1,0**	1,5	**2,0**	2,5	**3,0**
3458,99	I,IV	**512,75**	317,33	317,33	I	404,75	302,91	207,16	117,58	37,58	
	II	**462,83**	317,33	317,33	II	357,66	258,58	165,66	78,83	9,83	
	III	**238,00**	317,33	317,33	III	152,83	77,33	16,50			
	V	**877,75**	317,33	317,33	IV	458,00	404,75	353,08	302,91	254,33	207,16
	VI	**914,00**	317,33	317,33							
3461,99	I,IV	**513,50**	317,58	317,58	I	405,50	303,58	207,83	118,16	38,08	
	II	**463,58**	317,58	317,58	II	358,33	259,25	166,33	79,41	10,16	
	III	**238,50**	317,58	317,58	III	153,33	77,83	16,83			
	V	**878,75**	317,58	317,58	IV	458,75	405,50	353,75	303,58	254,91	207,83
	VI	**915,00**	317,58	317,58							
3464,99	I,IV	**514,25**	317,83	317,83	I	406,25	304,33	208,50	118,83	38,58	
	II	**464,33**	317,83	317,83	II	359,08	260,00	166,91	80,08	10,58	
	III	**239,16**	317,83	317,83	III	154,00	78,33	17,16			
	V	**879,83**	317,83	317,83	IV	459,50	406,25	354,50	304,33	255,66	208,50
	VI	**916,08**	317,83	317,83							
3467,99	I,IV	**515,08**	318,16	318,16	I	407,00	305,00	209,16	119,41	39,08	
	II	**465,16**	318,16	318,16	II	359,83	260,66	167,58	80,66	11,00	
	III	**239,66**	318,16	318,16	III	154,66	78,83	17,50			
	V	**880,91**	318,16	318,16	IV	460,25	407,00	355,25	305,00	256,33	209,16
	VI	**917,16**	318,16	318,16							
3470,99	I,IV	**515,91**	318,41	318,41	I	407,75	305,75	209,83	120,08	39,50	
	II	**465,91**	318,41	318,41	II	360,58	261,33	168,25	81,25	11,33	
	III	**240,33**	318,41	318,41	III	155,16	79,33	18,00			
	V	**881,91**	318,41	318,41	IV	461,08	407,75	356,00	305,75	257,00	209,83
	VI	**918,16**	318,41	318,41							
3473,99	I,IV	**516,66**	318,66	318,66	I	408,50	306,41	210,50	120,66	40,00	
	II	**466,66**	318,66	318,66	II	361,33	262,00	168,83	81,83	11,75	
	III	**241,00**	318,66	318,66	III	155,83	79,83	18,33			
	V	**883,00**	318,66	318,66	IV	461,83	408,50	356,66	306,41	257,66	210,50
	VI	**919,25**	318,66	318,66							
3476,99	I,IV	**517,50**	319,00	319,00	I	409,25	307,16	211,16	121,33	40,50	
	II	**467,50**	319,00	319,00	II	362,00	262,75	169,50	82,41	12,16	
	III	**241,66**	319,00	319,00	III	156,33	80,33	18,66			
	V	**884,00**	319,00	319,00	IV	462,58	409,25	357,41	307,16	258,41	211,16
	VI	**920,25**	319,00	319,00							
3479,99	I,IV	**518,25**	319,25	319,25	I	410,00	307,83	211,83	121,91	41,00	
	II	**468,25**	319,25	319,25	II	362,75	263,41	170,16	83,08	12,58	
	III	**242,16**	319,25	319,25	III	157,00	80,66	19,16			
	V	**885,08**	319,25	319,25	IV	463,33	410,00	358,16	307,83	259,08	211,83
	VI	**921,33**	319,25	319,25							
3482,99	I,IV	**519,08**	319,50	319,50	I	410,75	308,58	212,50	122,50	41,50	
	II	**469,00**	319,50	319,50	II	363,50	264,08	170,83	83,66	12,91	
	III	**242,83**	319,50	319,50	III	157,50	81,16	19,50			
	V	**886,16**	319,50	319,50	IV	464,16	410,75	358,91	308,58	259,75	212,50
	VI	**922,41**	319,50	319,50							
3485,99	I,IV	**519,83**	319,83	319,83	I	411,50	309,25	213,16	123,16	42,00	
	II	**469,83**	319,83	319,83	II	364,25	264,75	171,41	84,25	13,33	
	III	**243,50**	319,83	319,83	III	158,16	81,66	19,83			
	V	**887,16**	319,83	319,83	IV	464,91	411,50	359,58	309,25	260,41	213,16
	VI	**923,41**	319,83	319,83							
3488,99	I,IV	**520,66**	320,08	320,08	I	412,25	309,91	213,83	123,75	42,50	
	II	**470,58**	320,08	320,08	II	364,91	265,41	172,08	84,83	13,75	
	III	**244,16**	320,08	320,08	III	158,83	82,16	20,33			
	V	**888,16**	320,08	320,08	IV	465,66	412,25	360,33	309,91	261,08	213,83
	VI	**924,41**	320,08	320,08							
3491,99	I,IV	**521,41**	320,33	320,33	I	413,00	310,66	214,50	124,41	43,00	
	II	**471,33**	320,33	320,33	II	365,66	266,16	172,75	85,41	14,16	
	III	**244,66**	320,33	320,33	III	159,33	82,66	20,66			
	V	**889,25**	320,33	320,33	IV	466,41	413,00	361,08	310,66	261,83	214,50
	VI	**925,50**	320,33	320,33							

* Zur LSt-Berechnung für privat versicherte Arbeitnehmer s. Beispiele **Vorbemerkung S. 4f.**
** Basisvorsorgepauschale KV und PV *** Typisierter Arbeitgeberzuschuss

Lohn/ Gehalt in € bis	Steuerklasse	Lohn-steuer*	BVSP**	TAGZ***	Steuerklasse	Bemessungsgrundlage für Kirchensteuer und Solidaritätszuschlag					
						Freibeträge für ... Kinder					
						0,5	**1,0**	1,5	**2,0**	2,5	**3,0**
3494,99	I,IV	**522,25**	320,58	320,58	I	413,75	311,33	215,16	125,00	43,50	
	II	**472,08**	320,58	320,58	II	366,41	266,83	173,33	86,00	14,58	
	III	**245,33**	320,58	320,58	III	160,00	83,16	21,00			
	V	**890,25**	320,58	320,58	IV	467,25	413,75	361,75	311,33	262,50	215,16
	VI	**926,58**	320,58	320,58							
3497,99	I,IV	**523,00**	320,91	320,91	I	414,50	312,08	215,83	125,66	44,00	
	II	**472,91**	320,91	320,91	II	367,16	267,50	174,00	86,66	15,00	
	III	**246,00**	320,91	320,91	III	160,50	83,66	21,50			
	V	**891,33**	320,91	320,91	IV	468,00	414,50	362,50	312,08	263,16	215,83
	VI	**927,58**	320,91	320,91							
3500,99	I,IV	**523,83**	321,16	321,16	I	415,25	312,83	216,50	126,25	44,50	
	II	**473,66**	321,16	321,16	II	367,91	268,25	174,66	87,25	15,33	
	III	**246,50**	321,16	321,16	III	161,16	84,16	21,83			
	V	**892,41**	321,16	321,16	IV	468,75	415,25	363,25	312,83	263,83	216,50
	VI	**928,66**	321,16	321,16							
3503,99	I,IV	**524,58**	321,41	321,41	I	416,00	313,50	217,16	126,91	45,00	
	II	**474,41**	321,41	321,41	II	368,58	268,91	175,33	87,83	15,75	
	III	**247,16**	321,41	321,41	III	161,83	84,66	22,16			
	V	**893,41**	321,41	321,41	IV	469,58	416,00	364,00	313,50	264,58	217,16
	VI	**929,66**	321,41	321,41							
3506,99	I,IV	**525,41**	321,75	321,75	I	416,75	314,25	217,83	127,50	45,50	
	II	**475,25**	321,75	321,75	II	369,33	269,58	176,00	88,41	16,16	
	III	**247,83**	321,75	321,75	III	162,33	85,16	22,66			
	V	**894,50**	321,75	321,75	IV	470,33	416,75	364,75	314,25	265,25	217,83
	VI	**930,75**	321,75	321,75							
3509,99	I,IV	**526,25**	322,00	322,00	I	417,50	314,91	218,50	128,16	46,00	
	II	**476,00**	322,00	322,00	II	370,08	270,25	176,58	89,08	16,58	
	III	**248,50**	322,00	322,00	III	163,00	85,66	23,00			
	V	**895,50**	322,00	322,00	IV	471,08	417,50	365,41	314,91	265,91	218,50
	VI	**931,83**	322,00	322,00							
3512,99	I,IV	**527,00**	322,25	322,25	I	418,25	315,58	219,08	128,75	46,50	
	II	**476,75**	322,25	322,25	II	370,83	270,91	177,25	89,66	17,00	
	III	**249,00**	322,25	322,25	III	163,50	86,16	23,33			
	V	**896,58**	322,25	322,25	IV	471,83	418,25	366,16	315,58	266,58	219,08
	VI	**932,83**	322,25	322,25							
3515,99	I,IV	**527,75**	322,58	322,58	I	419,00	316,33	219,75	129,33	47,00	
	II	**477,50**	322,58	322,58	II	371,50	271,66	177,91	90,25	17,41	
	III	**249,66**	322,58	322,58	III	164,16	86,66	23,83			
	V	**897,58**	322,58	322,58	IV	472,66	419,00	366,91	316,33	267,25	219,75
	VI	**933,83**	322,58	322,58							
3518,99	I,IV	**528,58**	322,83	322,83	I	419,75	317,00	220,41	130,00	47,50	
	II	**478,33**	322,83	322,83	II	372,25	272,33	178,50	90,83	17,83	
	III	**250,33**	322,83	322,83	III	164,66	87,16	24,16			
	V	**898,66**	322,83	322,83	IV	473,41	419,75	367,66	317,00	268,00	220,41
	VI	**934,91**	322,83	322,83							
3521,99	I,IV	**529,41**	323,08	323,08	I	420,50	317,75	221,08	130,58	48,08	
	II	**479,08**	323,08	323,08	II	373,00	273,00	179,16	91,41	18,25	
	III	**250,83**	323,08	323,08	III	165,33	87,66	24,66			
	V	**899,66**	323,08	323,08	IV	474,16	420,50	368,33	317,75	268,66	221,08
	VI	**936,00**	323,08	323,08							
3524,99	I,IV	**530,16**	323,41	323,41	I	421,25	318,50	221,75	131,25	48,58	
	II	**479,91**	323,41	323,41	II	373,75	273,75	179,83	92,08	18,66	
	III	**251,50**	323,41	323,41	III	166,00	88,16	25,00			
	V	**900,75**	323,41	323,41	IV	475,00	421,25	369,08	318,50	269,33	221,75
	VI	**937,00**	323,41	323,41							
3527,99	I,IV	**531,00**	323,66	323,66	I	422,00	319,16	222,41	131,83	49,08	
	II	**480,66**	323,66	323,66	II	374,50	274,41	180,50	92,66	19,08	
	III	**252,16**	323,66	323,66	III	166,50	88,66	25,33			
	V	**901,83**	323,66	323,66	IV	475,75	422,00	369,83	319,16	270,08	222,41
	VI	**938,08**	323,66	323,66							

* Zur LSt-Berechnung für privat versicherte Arbeitnehmer s. Beispiele **Vorbemerkung S. 4 f.**
** Basisvorsorgepauschale KV und PV *** Typisierter Arbeitgeberzuschuss

Lohn/ Gehalt in € bis	Steuerklasse	Lohn-steuer*	BVSP**	TAGZ***	Steuerklasse	Bemessungsgrundlage für Kirchensteuer und Solidaritätszuschlag					
						Freibeträge für ... Kinder					
						0,5	**1,0**	1,5	**2,0**	2,5	**3,0**
3530,99	I,IV	**531,83**	323,91	323,91	I	422,75	319,91	223,16	132,50	49,58	
	II	**481,41**	323,91	323,91	II	375,25	275,08	181,16	93,25	19,50	
	III	**252,83**	323,91	323,91	III	167,16	89,16	25,83			
	V	**902,83**	323,91	323,91	IV	476,50	422,75	370,58	319,91	270,75	223,16
	VI	**939,08**	323,91	323,91							
3533,99	I,IV	**532,58**	324,16	324,16	I	423,50	320,58	223,83	133,08	50,16	
	II	**482,25**	324,16	324,16	II	375,91	275,83	181,75	93,91	20,00	
	III	**253,33**	324,16	324,16	III	167,66	89,66	26,16			
	V	**903,91**	324,16	324,16	IV	477,33	423,50	371,33	320,58	271,41	223,83
	VI	**940,16**	324,16	324,16							
3536,99	I,IV	**533,41**	324,50	324,50	I	424,33	321,33	224,50	133,75	50,66	
	II	**483,00**	324,50	324,50	II	376,66	276,50	182,41	94,50	20,41	
	III	**254,00**	324,50	324,50	III	168,33	90,16	26,66			
	V	**904,91**	324,50	324,50	IV	478,08	424,33	372,08	321,33	272,16	224,50
	VI	**941,25**	324,50	324,50							
3539,99	I,IV	**534,16**	324,75	324,75	I	425,00	322,00	225,08	134,33	51,16	
	II	**483,75**	324,75	324,75	II	377,41	277,16	183,08	95,08	20,83	
	III	**254,66**	324,75	324,75	III	169,00	90,66	27,00			
	V	**906,00**	324,75	324,75	IV	478,83	425,00	372,75	322,00	272,83	225,08
	VI	**942,25**	324,75	324,75							
3542,99	I,IV	**535,00**	325,00	325,00	I	425,75	322,75	225,75	135,00	51,66	
	II	**484,58**	325,00	325,00	II	378,16	277,83	183,75	95,66	21,25	
	III	**255,33**	325,00	325,00	III	169,50	91,16	27,33			
	V	**907,00**	325,00	325,00	IV	479,58	425,75	373,50	322,75	273,50	225,75
	VI	**943,25**	325,00	325,00							
3545,99	I,IV	**535,75**	325,33	325,33	I	426,58	323,41	226,50	135,58	52,25	
	II	**485,33**	325,33	325,33	II	378,91	278,58	184,33	96,25	21,66	
	III	**255,83**	325,33	325,33	III	170,16	91,66	27,83			
	V	**908,08**	325,33	325,33	IV	480,41	426,58	374,25	323,41	274,16	226,50
	VI	**944,33**	325,33	325,33							
3548,99	I,IV	**536,58**	325,58	325,58	I	427,33	324,16	227,16	136,25	52,75	
	II	**486,08**	325,58	325,58	II	379,58	279,25	185,00	96,91	22,08	
	III	**256,50**	325,58	325,58	III	170,66	92,16	28,16			
	V	**909,08**	325,58	325,58	IV	481,16	427,33	375,00	324,16	274,91	227,16
	VI	**945,41**	325,58	325,58							
3551,99	I,IV	**537,41**	325,83	325,83	I	428,08	324,91	227,83	136,83	53,25	
	II	**486,91**	325,83	325,83	II	380,33	279,91	185,66	97,50	22,50	
	III	**257,16**	325,83	325,83	III	171,33	92,83	28,66			
	V	**910,16**	325,83	325,83	IV	482,00	428,08	375,66	324,91	275,58	227,83
	VI	**946,41**	325,83	325,83							
3554,99	I,IV	**538,16**	326,16	326,16	I	428,83	325,58	228,50	137,50	53,83	
	II	**487,66**	326,16	326,16	II	381,08	280,66	186,33	98,08	23,00	
	III	**257,83**	326,16	326,16	III	172,00	93,33	29,00			
	V	**911,25**	326,16	326,16	IV	482,75	428,83	376,41	325,58	276,25	228,50
	VI	**947,50**	326,16	326,16							
3557,99	I,IV	**539,00**	326,41	326,41	I	429,58	326,33	229,16	138,08	54,33	
	II	**488,50**	326,41	326,41	II	381,83	281,33	187,00	98,75	23,41	
	III	**258,33**	326,41	326,41	III	172,50	93,83	29,50			
	V	**912,25**	326,41	326,41	IV	483,50	429,58	377,16	326,33	277,00	229,16
	VI	**948,50**	326,41	326,41							
3560,99	I,IV	**539,83**	326,66	326,66	I	430,33	327,00	229,83	138,75	54,83	
	II	**489,25**	326,66	326,66	II	382,58	282,08	187,66	99,33	23,83	
	III	**259,00**	326,66	326,66	III	173,16	94,33	29,83			
	V	**913,33**	326,66	326,66	IV	484,33	430,33	377,91	327,00	277,66	229,83
	VI	**949,58**	326,66	326,66							
3563,99	I,IV	**540,58**	326,91	326,91	I	431,08	327,75	230,50	139,33	55,41	
	II	**490,00**	326,91	326,91	II	383,33	282,75	188,25	99,91	24,33	
	III	**259,66**	326,91	326,91	III	173,83	94,83	30,33			
	V	**914,33**	326,91	326,91	IV	485,08	431,08	378,66	327,75	278,33	230,50
	VI	**950,66**	326,91	326,91							

* Zur LSt-Berechnung für privat versicherte Arbeitnehmer s. Beispiele **Vorbemerkung S. 4f.**
** Basisvorsorgepauschale KV und PV *** Typisierter Arbeitgeberzuschuss

Lohn/ Gehalt in € bis	Steuerklasse	Lohn-steuer*	BVSP**	TAGZ***	Steuerklasse	Bemessungsgrundlage für Kirchensteuer und Solidaritätszuschlag – Freibeträge für ... Kinder 0,5	1,0	1,5	2,0	2,5	3,0
3566,99	I,IV	**541,41**	327,25	327,25	I	431,83	328,41	231,16	140,00	55,91	
	II	**490,83**	327,25	327,25	II	384,08	283,41	188,91	100,50	24,75	
	III	**260,16**	327,25	327,25	III	174,33	95,33	30,66			
	V	**915,41**	327,25	327,25	IV	485,83	431,83	379,41	328,41	279,00	231,16
	VI	**951,66**	327,25	327,25							
3569,99	I,IV	**542,16**	327,50	327,50	I	432,58	329,16	231,83	140,58	56,50	
	II	**491,58**	327,50	327,50	II	384,75	284,08	189,58	101,16	25,16	
	III	**260,83**	327,50	327,50	III	175,00	95,83	31,00			
	V	**916,41**	327,50	327,50	IV	486,66	432,58	380,08	329,16	279,75	231,83
	VI	**952,66**	327,50	327,50							
3572,99	I,IV	**543,00**	327,75	327,75	I	433,33	329,83	232,50	141,25	57,00	
	II	**492,33**	327,75	327,75	II	385,50	284,83	190,25	101,75	25,58	
	III	**261,50**	327,75	327,75	III	175,50	96,33	31,50			
	V	**917,50**	327,75	327,75	IV	487,41	433,33	380,83	329,83	280,41	232,50
	VI	**953,75**	327,75	327,75							
3575,99	I,IV	**543,83**	328,08	328,08	I	434,16	330,58	233,16	141,83	57,58	
	II	**493,16**	328,08	328,08	II	386,25	285,50	190,91	102,33	26,08	
	III	**262,16**	328,08	328,08	III	176,16	96,83	31,83			
	V	**918,50**	328,08	328,08	IV	488,16	434,16	381,58	330,58	281,08	233,16
	VI	**954,83**	328,08	328,08							
3578,99	I,IV	**544,58**	328,33	328,33	I	434,91	331,33	233,83	142,50	58,08	
	II	**493,91**	328,33	328,33	II	387,00	286,25	191,50	103,00	26,50	
	III	**262,66**	328,33	328,33	III	176,66	97,33	32,33			
	V	**919,58**	328,33	328,33	IV	489,00	434,91	382,33	331,33	281,83	233,83
	VI	**955,83**	328,33	328,33							
3581,99	I,IV	**545,41**	328,58	328,58	I	435,66	332,00	234,50	143,16	58,66	
	II	**494,75**	328,58	328,58	II	387,75	286,91	192,16	103,58	26,91	
	III	**263,33**	328,58	328,58	III	177,33	97,83	32,66			
	V	**920,66**	328,58	328,58	IV	489,75	435,66	383,08	332,00	282,50	234,50
	VI	**956,91**	328,58	328,58							
3584,99	I,IV	**546,25**	328,91	328,91	I	436,41	332,75	235,16	143,75	59,16	
	II	**495,50**	328,91	328,91	II	388,50	287,58	192,83	104,16	27,41	
	III	**264,00**	328,91	328,91	III	178,00	98,33	33,16			
	V	**921,66**	328,91	328,91	IV	490,58	436,41	383,83	332,75	283,25	235,16
	VI	**957,91**	328,91	328,91							
3587,99	I,IV	**547,00**	329,16	329,16	I	437,16	333,50	235,83	144,41	59,75	
	II	**496,33**	329,16	329,16	II	389,25	288,33	193,50	104,83	27,83	
	III	**264,66**	329,16	329,16	III	178,50	98,83	33,50			
	V	**922,75**	329,16	329,16	IV	491,33	437,16	384,58	333,50	283,91	235,83
	VI	**959,00**	329,16	329,16							
3590,99	I,IV	**547,83**	329,41	329,41	I	437,91	334,16	236,50	145,00	60,25	
	II	**497,08**	329,41	329,41	II	390,00	289,00	194,16	105,41	28,33	
	III	**265,16**	329,41	329,41	III	179,16	99,50	34,00			
	V	**923,75**	329,41	329,41	IV	492,08	437,91	385,25	334,16	284,58	236,50
	VI	**960,00**	329,41	329,41							
3593,99	I,IV	**548,58**	329,66	329,66	I	438,66	334,91	237,16	145,66	60,83	
	II	**497,83**	329,66	329,66	II	390,66	289,66	194,83	106,00	28,75	
	III	**265,83**	329,66	329,66	III	179,83	100,00	34,33			
	V	**924,83**	329,66	329,66	IV	492,91	438,66	386,00	334,91	285,25	237,16
	VI	**961,08**	329,66	329,66							
3596,99	I,IV	**549,41**	330,00	330,00	I	439,41	335,58	237,91	146,25	61,33	
	II	**498,66**	330,00	330,00	II	391,41	290,41	195,41	106,66	29,25	
	III	**266,50**	330,00	330,00	III	180,33	100,50	34,83			
	V	**925,83**	330,00	330,00	IV	493,66	439,41	386,75	335,58	286,00	237,91
	VI	**962,08**	330,00	330,00							
3599,99	I,IV	**550,25**	330,25	330,25	I	440,25	336,33	238,58	146,91	61,91	
	II	**499,41**	330,25	330,25	II	392,16	291,08	196,08	107,25	29,66	
	III	**267,16**	330,25	330,25	III	181,00	101,00	35,16			
	V	**926,91**	330,25	330,25	IV	494,50	440,25	387,50	336,33	286,66	238,58
	VI	**963,16**	330,25	330,25							

* Zur LSt-Berechnung für privat versicherte Arbeitnehmer s. Beispiele **Vorbemerkung S. 4f.**
** Basisvorsorgepauschale KV und PV *** Typisierter Arbeitgeberzuschuss

Lohn/ Gehalt in € bis	Steuerklasse	Lohn-steuer*	BVSP**	TAGZ***	Steuerklasse	Bemessungsgrundlage für Kirchensteuer und Solidaritätszuschlag					
						Freibeträge für ... Kinder					
						0,5	**1,0**	1,5	**2,0**	2,5	**3,0**
3602,99	I,IV	**551,08**	330,50	330,50	I	441,00	337,08	239,25	147,58	62,50	
	II	**500,25**	330,50	330,50	II	392,91	291,83	196,75	107,83	30,16	
	III	**267,66**	330,50	330,50	III	181,50	101,50	35,66			
	V	**927,91**	330,50	330,50	IV	495,25	441,00	388,25	337,08	287,41	239,25
	VI	**964,25**	330,50	330,50							
3605,99	I,IV	**551,83**	330,83	330,83	I	441,75	337,75	239,91	148,16	63,00	
	II	**501,00**	330,83	330,83	II	393,66	292,50	197,41	108,50	30,58	
	III	**268,33**	330,83	330,83	III	182,16	102,00	36,00			
	V	**929,00**	330,83	330,83	IV	496,00	441,75	389,00	337,75	288,08	239,91
	VI	**965,25**	330,83	330,83							
3608,99	I,IV	**552,66**	331,08	331,08	I	442,50	338,50	240,58	148,83	63,58	
	II	**501,83**	331,08	331,08	II	394,41	293,16	198,08	109,08	31,08	
	III	**269,00**	331,08	331,08	III	182,83	102,50	36,50			
	V	**930,08**	331,08	331,08	IV	496,83	442,50	389,75	338,50	288,75	240,58
	VI	**966,33**	331,08	331,08							
3611,99	I,IV	**553,50**	331,33	331,33	I	443,25	339,25	241,25	149,41	64,16	0,41
	II	**502,58**	331,33	331,33	II	395,16	293,91	198,75	109,66	31,50	
	III	**269,66**	331,33	331,33	III	183,33	103,16	36,83			
	V	**931,08**	331,33	331,33	IV	497,58	443,25	390,50	339,25	289,50	241,25
	VI	**967,33**	331,33	331,33							
3614,99	I,IV	**554,25**	331,66	331,66	I	444,08	339,91	241,91	150,08	64,75	0,75
	II	**503,33**	331,66	331,66	II	395,91	294,58	199,41	110,33	32,00	
	III	**270,16**	331,66	331,66	III	184,00	103,66	37,33			
	V	**932,16**	331,66	331,66	IV	498,41	444,08	391,25	339,91	290,16	241,91
	VI	**968,41**	331,66	331,66							
3617,99	I,IV	**555,08**	331,91	331,91	I	444,75	340,66	242,58	150,66	65,25	1,08
	II	**504,16**	331,91	331,91	II	396,66	295,25	200,00	110,91	32,41	
	III	**270,83**	331,91	331,91	III	184,50	104,16	37,66			
	V	**933,16**	331,91	331,91	IV	499,16	444,75	391,91	340,66	290,83	242,58
	VI	**969,41**	331,91	331,91							
3620,99	I,IV	**555,91**	332,16	332,16	I	445,58	341,33	243,25	151,33	65,83	1,41
	II	**504,91**	332,16	332,16	II	397,41	296,00	200,66	111,50	32,91	
	III	**271,50**	332,16	332,16	III	185,16	104,66	38,16			
	V	**934,25**	332,16	332,16	IV	499,91	445,58	392,66	341,33	291,58	243,25
	VI	**970,50**	332,16	332,16							
3623,99	I,IV	**556,66**	332,50	332,50	I	446,33	342,08	244,00	152,00	66,41	1,75
	II	**505,75**	332,50	332,50	II	398,16	296,66	201,33	112,16	33,41	
	III	**272,00**	332,50	332,50	III	185,83	105,16	38,50			
	V	**935,25**	332,50	332,50	IV	500,75	446,33	393,41	342,08	292,25	244,00
	VI	**971,50**	332,50	332,50							
3626,99	I,IV	**557,50**	332,75	332,75	I	447,08	342,83	244,66	152,58	66,91	2,16
	II	**506,50**	332,75	332,75	II	398,91	297,41	202,00	112,75	33,83	
	III	**272,66**	332,75	332,75	III	186,33	105,66	39,00			
	V	**936,33**	332,75	332,75	IV	501,50	447,08	394,16	342,83	293,00	244,66
	VI	**972,58**	332,75	332,75							
3629,99	I,IV	**558,33**	333,00	333,00	I	447,83	343,50	245,33	153,25	67,50	2,50
	II	**507,33**	333,00	333,00	II	399,66	298,08	202,66	113,41	34,33	
	III	**273,33**	333,00	333,00	III	187,00	106,16	39,33			
	V	**937,33**	333,00	333,00	IV	502,33	447,83	394,91	343,50	293,66	245,33
	VI	**973,66**	333,00	333,00							
3632,99	I,IV	**559,08**	333,25	333,25	I	448,66	344,25	246,00	153,91	68,08	2,83
	II	**508,08**	333,25	333,25	II	400,41	298,83	203,33	114,00	34,83	
	III	**274,00**	333,25	333,25	III	187,66	106,83	39,83			
	V	**938,41**	333,25	333,25	IV	503,08	448,66	395,66	344,25	294,33	246,00
	VI	**974,66**	333,25	333,25							
3635,99	I,IV	**559,91**	333,58	333,58	I	449,41	345,00	246,66	154,50	68,66	3,25
	II	**508,91**	333,58	333,58	II	401,16	299,50	204,00	114,58	35,25	
	III	**274,66**	333,58	333,58	III	188,16	107,33	40,16			
	V	**939,50**	333,58	333,58	IV	503,91	449,41	396,41	345,00	295,08	246,66
	VI	**975,75**	333,58	333,58							

* Zur LSt-Berechnung für privat versicherte Arbeitnehmer s. Beispiele **Vorbemerkung S. 4 f.**
** Basisvorsorgepauschale KV und PV *** Typisierter Arbeitgeberzuschuss

Lohn/ Gehalt in € bis	Steuerklasse	Lohn-steuer*	BVSP**	TAGZ***	Steuerklasse	Bemessungsgrundlage für Kirchensteuer und Solidaritätszuschlag – Freibeträge für ... Kinder 0,5	1,0	1,5	2,0	2,5	3,0
3638,99	I,IV	**560,75**	333,83	333,83	I	450,16	345,66	247,33	155,16	69,25	3,58
	II	**509,66**	333,83	333,83	II	401,91	300,25	204,66	115,25	35,75	
	III	**275,16**	333,83	333,83	III	188,83	107,83	40,66			
	V	**940,50**	333,83	333,83	IV	504,66	450,16	397,16	345,66	295,75	247,33
	VI	**976,75**	333,83	333,83							
3641,99	I,IV	**561,58**	334,08	334,08	I	450,91	346,41	248,08	155,83	69,83	4,00
	II	**510,50**	334,08	334,08	II	402,66	300,91	205,33	115,83	36,25	
	III	**275,83**	334,08	334,08	III	189,50	108,33	41,16			
	V	**941,58**	334,08	334,08	IV	505,50	450,91	397,91	346,41	296,50	248,08
	VI	**977,83**	334,08	334,08							
3644,99	I,IV	**562,33**	334,41	334,41	I	451,66	347,16	248,75	156,41	70,33	4,33
	II	**511,25**	334,41	334,41	II	403,33	301,58	206,00	116,41	36,66	
	III	**276,50**	334,41	334,41	III	190,00	108,83	41,50			
	V	**942,58**	334,41	334,41	IV	506,25	451,66	398,66	347,16	297,16	248,75
	VI	**978,83**	334,41	334,41							
3647,99	I,IV	**563,16**	334,66	334,66	I	452,41	347,83	249,41	157,08	70,91	4,66
	II	**512,00**	334,66	334,66	II	404,08	302,33	206,58	117,08	37,16	
	III	**277,16**	334,66	334,66	III	190,66	109,50	42,00			
	V	**943,66**	334,66	334,66	IV	507,00	452,41	399,41	347,83	297,83	249,41
	VI	**979,91**	334,66	334,66							
3650,99	I,IV	**564,00**	334,91	334,91	I	453,25	348,58	250,08	157,66	71,50	5,08
	II	**512,83**	334,91	334,91	II	404,83	303,00	207,25	117,66	37,66	
	III	**277,66**	334,91	334,91	III	191,16	110,00	42,33			
	V	**944,66**	334,91	334,91	IV	507,83	453,25	400,16	348,58	298,58	250,08
	VI	**980,91**	334,91	334,91							
3653,99	I,IV	**564,75**	335,25	335,25	I	454,00	349,33	250,75	158,33	72,08	5,41
	II	**513,58**	335,25	335,25	II	405,58	303,75	207,91	118,33	38,16	
	III	**278,33**	335,25	335,25	III	191,83	110,50	42,83			
	V	**945,75**	335,25	335,25	IV	508,66	454,00	400,91	349,33	299,25	250,75
	VI	**982,00**	335,25	335,25							
3656,99	I,IV	**565,58**	335,50	335,50	I	454,75	350,00	251,41	159,00	72,66	5,83
	II	**514,41**	335,50	335,50	II	406,33	304,41	208,58	118,91	38,66	
	III	**279,00**	335,50	335,50	III	192,50	111,00	43,16			
	V	**946,75**	335,50	335,50	IV	509,41	454,75	401,66	350,00	300,00	251,41
	VI	**983,00**	335,50	335,50							
3659,99	I,IV	**566,41**	335,75	335,75	I	455,50	350,75	252,16	159,58	73,25	6,16
	II	**515,25**	335,75	335,75	II	407,08	305,16	209,25	119,50	39,16	
	III	**279,66**	335,75	335,75	III	193,00	111,50	43,66			
	V	**947,83**	335,75	335,75	IV	510,25	455,50	402,41	350,75	300,66	252,16
	VI	**984,08**	335,75	335,75							
3662,99	I,IV	**567,25**	336,00	336,00	I	456,33	351,50	252,83	160,25	73,83	6,58
	II	**516,00**	336,00	336,00	II	407,83	305,83	209,91	120,16	39,58	
	III	**280,33**	336,00	336,00	III	193,66	112,16	44,16			
	V	**948,91**	336,00	336,00	IV	511,00	456,33	403,16	351,50	301,41	252,83
	VI	**985,16**	336,00	336,00							
3665,99	I,IV	**568,08**	336,33	336,33	I	457,08	352,25	253,50	160,91	74,41	6,91
	II	**516,83**	336,33	336,33	II	408,58	306,58	210,58	120,75	40,08	
	III	**280,83**	336,33	336,33	III	194,33	112,66	44,50			
	V	**949,91**	336,33	336,33	IV	511,83	457,08	403,91	352,25	302,08	253,50
	VI	**986,16**	336,33	336,33							
3668,99	I,IV	**568,83**	336,58	336,58	I	457,83	352,91	254,16	161,50	75,00	7,33
	II	**517,58**	336,58	336,58	II	409,33	307,25	211,25	121,41	40,58	
	III	**281,50**	336,58	336,58	III	194,83	113,16	45,00			
	V	**950,91**	336,58	336,58	IV	512,58	457,83	404,58	352,91	302,75	254,16
	VI	**987,16**	336,58	336,58							
3671,99	I,IV	**569,66**	336,83	336,83	I	458,58	353,66	254,83	162,16	75,58	7,66
	II	**518,33**	336,83	336,83	II	410,08	307,91	211,91	122,00	41,08	
	III	**282,16**	336,83	336,83	III	195,50	113,66	45,33			
	V	**952,00**	336,83	336,83	IV	513,33	458,58	405,33	353,66	303,50	254,83
	VI	**988,25**	336,83	336,83							

* Zur LSt-Berechnung für privat versicherte Arbeitnehmer s. Beispiele **Vorbemerkung S. 4 f.**
** Basisvorsorgepauschale KV und PV *** Typisierter Arbeitgeberzuschuss

Lohn/ Gehalt in € bis	Steuerklasse	Lohn-steuer*	BVSP**	TAGZ***	Steuerklasse	Bemessungsgrundlage für Kirchensteuer und Solidaritätszuschlag – Freibeträge für ... Kinder 0,5	**1,0**	1,5	**2,0**	2,5	**3,0**
3674,99	I,IV	**570,50**	337,16	337,16	I	459,33	354,41	255,50	162,75	76,16	8,08
	II	**519,16**	337,16	337,16	II	410,83	308,66	212,58	122,58	41,58	
	III	**282,66**	337,16	337,16	III	196,00	114,16	45,83			
	V	**953,08**	337,16	337,16	IV	514,16	459,33	406,08	354,41	304,16	255,50
	VI	**989,33**	337,16	337,16							
3677,99	I,IV	**571,25**	337,41	337,41	I	460,16	355,08	256,25	163,41	76,75	8,41
	II	**520,00**	337,41	337,41	II	411,58	309,33	213,25	123,25	42,08	
	III	**283,33**	337,41	337,41	III	196,66	114,83	46,33			
	V	**954,08**	337,41	337,41	IV	514,91	460,16	406,83	355,08	304,91	256,25
	VI	**990,33**	337,41	337,41							
3680,99	I,IV	**572,08**	337,66	337,66	I	460,91	355,83	256,91	164,08	77,33	8,83
	II	**520,75**	337,66	337,66	II	412,33	310,08	213,91	123,83	42,58	
	III	**284,00**	337,66	337,66	III	197,33	115,33	46,66			
	V	**955,16**	337,66	337,66	IV	515,75	460,91	407,58	355,83	305,58	256,91
	VI	**991,41**	337,66	337,66							
3683,99	I,IV	**572,91**	338,00	338,00	I	461,66	356,58	257,58	164,75	78,00	9,25
	II	**521,58**	338,00	338,00	II	413,08	310,75	214,58	124,50	43,08	
	III	**284,66**	338,00	338,00	III	197,83	115,83	47,16			
	V	**956,16**	338,00	338,00	IV	516,50	461,66	408,33	356,58	306,33	257,58
	VI	**992,41**	338,00	338,00							
3686,99	I,IV	**573,75**	338,25	338,25	I	462,50	357,33	258,25	165,33	78,58	9,58
	II	**522,33**	338,25	338,25	II	413,83	311,50	215,25	125,08	43,58	
	III	**285,33**	338,25	338,25	III	198,50	116,33	47,66			
	V	**957,25**	338,25	338,25	IV	517,33	462,50	409,08	357,33	307,00	258,25
	VI	**993,50**	338,25	338,25							
3689,99	I,IV	**574,58**	338,50	338,50	I	463,25	358,00	258,91	166,00	79,16	10,00
	II	**523,16**	338,50	338,50	II	414,58	312,16	215,91	125,75	44,08	
	III	**285,83**	338,50	338,50	III	199,16	117,00	48,00			
	V	**958,33**	338,50	338,50	IV	518,16	463,25	409,83	358,00	307,75	258,91
	VI	**994,58**	338,50	338,50							
3692,99	I,IV	**575,41**	338,75	338,75	I	464,00	358,75	259,66	166,66	79,75	10,41
	II	**523,91**	338,75	338,75	II	415,33	312,91	216,58	126,33	44,58	
	III	**286,50**	338,75	338,75	III	199,66	117,50	48,50			
	V	**959,33**	338,75	338,75	IV	518,91	464,00	410,58	358,75	308,41	259,66
	VI	**995,58**	338,75	338,75							
3695,99	I,IV	**576,16**	339,08	339,08	I	464,75	359,50	260,33	167,25	80,33	10,75
	II	**524,75**	339,08	339,08	II	416,08	313,58	217,25	127,00	45,08	
	III	**287,16**	339,08	339,08	III	200,33	118,00	48,83			
	V	**960,33**	339,08	339,08	IV	519,66	464,75	411,33	359,50	309,08	260,33
	VI	**996,58**	339,08	339,08							
3698,99	I,IV	**577,00**	339,33	339,33	I	465,50	360,16	261,00	167,91	80,91	11,16
	II	**525,50**	339,33	339,33	II	416,83	314,33	217,91	127,58	45,58	
	III	**287,83**	339,33	339,33	III	201,00	118,50	49,33			
	V	**961,41**	339,33	339,33	IV	520,50	465,50	412,08	360,16	309,83	261,00
	VI	**997,66**	339,33	339,33							
3701,99	I,IV	**577,83**	339,58	339,58	I	466,33	360,91	261,66	168,58	81,58	11,58
	II	**526,33**	339,58	339,58	II	417,58	315,00	218,58	128,25	46,08	
	III	**288,50**	339,58	339,58	III	201,50	119,16	49,83			
	V	**962,50**	339,58	339,58	IV	521,33	466,33	412,83	360,91	310,58	261,66
	VI	**998,75**	339,58	339,58							
3704,99	I,IV	**578,66**	339,91	339,91	I	467,08	361,66	262,33	169,16	82,16	11,91
	II	**527,08**	339,91	339,91	II	418,33	315,75	219,25	128,83	46,58	
	III	**289,00**	339,91	339,91	III	202,16	119,66	50,16			
	V	**963,50**	339,91	339,91	IV	522,08	467,08	413,58	361,66	311,25	262,33
	VI	**999,75**	339,91	339,91							
3707,99	I,IV	**579,41**	340,16	340,16	I	467,83	362,41	263,08	169,83	82,75	12,33
	II	**527,91**	340,16	340,16	II	419,08	316,41	219,91	129,50	47,08	
	III	**289,66**	340,16	340,16	III	202,83	120,16	50,66			
	V	**964,58**	340,16	340,16	IV	522,91	467,83	414,33	362,41	312,00	263,08
	VI	**1000,83**	340,16	340,16							

* Zur LSt-Berechnung für privat versicherte Arbeitnehmer s. Beispiele **Vorbemerkung S. 4 f.**
** Basisvorsorgepauschale KV und PV *** Typisierter Arbeitgeberzuschuss

Lohn/ Gehalt in € bis	Steuerklasse	Lohn-steuer*	BVSP**	TAGZ***	Steuerklasse	Bemessungsgrundlage für Kirchensteuer und Solidaritätszuschlag – Freibeträge für ... Kinder 0,5	1,0	1,5	2,0	2,5	3,0
3710,99	I,IV	**580,25**	340,41	340,41	I	468,66	363,16	263,75	170,50	83,33	12,75
	II	**528,75**	340,41	340,41	II	419,91	317,16	220,58	130,08	47,66	
	III	**290,33**	340,41	340,41	III	203,33	120,83	51,16			
	V	**965,58**	340,41	340,41	IV	523,66	468,66	415,08	363,16	312,66	263,75
	VI	**1001,83**	340,41	340,41							
3713,99	I,IV	**581,08**	340,75	340,75	I	469,41	363,83	264,41	171,16	83,91	13,16
	II	**529,50**	340,75	340,75	II	420,66	317,83	221,25	130,75	48,16	
	III	**291,00**	340,75	340,75	III	204,00	121,33	51,50			
	V	**966,66**	340,75	340,75	IV	524,50	469,41	415,83	363,83	313,41	264,41
	VI	**1002,91**	340,75	340,75							
3716,99	I,IV	**581,91**	341,00	341,00	I	470,16	364,58	265,16	171,75	84,58	13,58
	II	**530,33**	341,00	341,00	II	421,41	318,58	221,91	131,33	48,66	
	III	**291,66**	341,00	341,00	III	204,66	121,83	52,00			
	V	**967,75**	341,00	341,00	IV	525,25	470,16	416,66	364,58	314,08	265,16
	VI	**1004,00**	341,00	341,00							
3719,99	I,IV	**582,75**	341,25	341,25	I	471,00	365,33	265,83	172,41	85,16	13,91
	II	**531,16**	341,25	341,25	II	422,16	319,33	222,58	132,00	49,16	
	III	**292,16**	341,25	341,25	III	205,16	122,50	52,50			
	V	**968,75**	341,25	341,25	IV	526,08	471,00	417,41	365,33	314,83	265,83
	VI	**1005,00**	341,25	341,25							
3722,99	I,IV	**583,50**	341,58	341,58	I	471,75	366,00	266,50	173,08	85,75	14,33
	II	**531,91**	341,58	341,58	II	422,91	320,00	223,25	132,58	49,66	
	III	**292,83**	341,58	341,58	III	205,83	123,00	52,83			
	V	**969,75**	341,58	341,58	IV	526,83	471,75	418,08	366,00	315,50	266,50
	VI	**1006,00**	341,58	341,58							
3725,99	I,IV	**584,33**	341,83	341,83	I	472,50	366,75	267,16	173,66	86,33	14,75
	II	**532,66**	341,83	341,83	II	423,66	320,66	223,91	133,16	50,16	
	III	**293,50**	341,83	341,83	III	206,33	123,50	53,33			
	V	**970,83**	341,83	341,83	IV	527,66	472,50	418,83	366,75	316,25	267,16
	VI	**1007,08**	341,83	341,83							
3728,99	I,IV	**585,16**	342,08	342,08	I	473,25	367,50	267,83	174,33	86,91	15,16
	II	**533,50**	342,08	342,08	II	424,41	321,41	224,58	133,83	50,75	
	III	**294,00**	342,08	342,08	III	207,00	124,00	53,83			
	V	**971,91**	342,08	342,08	IV	528,41	473,25	419,66	367,50	316,91	267,83
	VI	**1008,16**	342,08	342,08							
3731,99	I,IV	**586,00**	342,33	342,33	I	474,08	368,25	268,58	175,00	87,58	15,58
	II	**534,33**	342,33	342,33	II	425,16	322,16	225,25	134,41	51,25	
	III	**294,66**	342,33	342,33	III	207,66	124,66	54,16			
	V	**972,91**	342,33	342,33	IV	529,25	474,08	420,41	368,25	317,66	268,58
	VI	**1009,16**	342,33	342,33							
3734,99	I,IV	**586,83**	342,66	342,66	I	474,83	369,00	269,25	175,66	88,16	16,00
	II	**535,08**	342,66	342,66	II	425,91	322,83	225,91	135,08	51,75	
	III	**295,33**	342,66	342,66	III	208,16	125,16	54,66			
	V	**974,00**	342,66	342,66	IV	530,08	474,83	421,16	369,00	318,33	269,25
	VI	**1010,25**	342,66	342,66							
3737,99	I,IV	**587,66**	342,91	342,91	I	475,58	369,75	269,91	176,25	88,75	16,41
	II	**535,91**	342,91	342,91	II	426,66	323,58	226,58	135,66	52,33	
	III	**296,00**	342,91	342,91	III	208,83	125,66	55,16			
	V	**975,00**	342,91	342,91	IV	530,83	475,58	421,91	369,75	319,08	269,91
	VI	**1011,25**	342,91	342,91							
3740,99	I,IV	**588,50**	343,16	343,16	I	476,41	370,41	270,66	176,91	89,33	16,83
	II	**536,75**	343,16	343,16	II	427,41	324,25	227,25	136,33	52,83	
	III	**296,66**	343,16	343,16	III	209,50	126,33	55,66			
	V	**976,08**	343,16	343,16	IV	531,66	476,41	422,66	370,41	319,75	270,66
	VI	**1012,33**	343,16	343,16							
3743,99	I,IV	**589,25**	343,50	343,50	I	477,16	371,16	271,33	177,58	90,00	17,25
	II	**537,50**	343,50	343,50	II	428,16	325,00	227,91	137,00	53,33	
	III	**297,16**	343,50	343,50	III	210,00	126,83	56,00			
	V	**977,16**	343,50	343,50	IV	532,50	477,16	423,41	371,16	320,50	271,33
	VI	**1013,41**	343,50	343,50							

* Zur LSt-Berechnung für privat versicherte Arbeitnehmer s. Beispiele **Vorbemerkung S. 4 f.**
** Basisvorsorgepauschale KV und PV *** Typisierter Arbeitgeberzuschuss

Lohn/ Gehalt in € bis	Steuerklasse	Lohn-steuer*	BVSP**	TAGZ***	Steuerklasse	Bemessungsgrundlage für Kirchensteuer und Solidaritätszuschlag					
						Freibeträge für ... Kinder					
						0,5	**1,0**	1,5	**2,0**	2,5	**3,0**
3746,99	I,IV	**590,08**	343,75	343,75	I	477,91	371,91	272,00	178,16	90,58	17,66
	II	**538,33**	343,75	343,75	II	428,91	325,66	228,58	137,58	53,83	
	III	**297,83**	343,75	343,75	III	210,66	127,33	56,50	0,16		
	V	**978,16**	343,75	343,75	IV	533,25	477,91	424,16	371,91	321,16	272,00
	VI	**1014,41**	343,75	343,75							
3749,99	I,IV	**590,91**	344,00	344,00	I	478,66	372,66	272,66	178,83	91,16	18,08
	II	**539,08**	344,00	344,00	II	429,66	326,41	229,25	138,16	54,41	
	III	**298,50**	344,00	344,00	III	211,33	128,00	57,00	0,50		
	V	**979,16**	344,00	344,00	IV	534,00	478,66	424,91	372,66	321,91	272,66
	VI	**1015,41**	344,00	344,00							
3752,99	I,IV	**591,75**	344,33	344,33	I	479,50	373,33	273,41	179,50	91,75	18,50
	II	**539,91**	344,33	344,33	II	430,41	327,08	229,91	138,83	54,91	
	III	**299,16**	344,33	344,33	III	211,83	128,50	57,33	0,83		
	V	**980,25**	344,33	344,33	IV	534,83	479,50	425,66	373,33	322,58	273,41
	VI	**1016,50**	344,33	344,33							
3755,99	I,IV	**592,58**	344,58	344,58	I	480,25	374,08	274,08	180,16	92,33	18,91
	II	**540,75**	344,58	344,58	II	431,25	327,83	230,58	139,41	55,50	
	III	**299,83**	344,58	344,58	III	212,50	129,00	57,83	1,33		
	V	**981,25**	344,58	344,58	IV	535,66	480,25	426,41	374,08	323,33	274,08
	VI	**1017,58**	344,58	344,58							
3758,99	I,IV	**593,41**	344,83	344,83	I	481,08	374,83	274,75	180,83	93,00	19,33
	II	**541,50**	344,83	344,83	II	432,00	328,58	231,25	140,08	56,00	
	III	**300,50**	344,83	344,83	III	213,16	129,66	58,33	1,66		
	V	**982,33**	344,83	344,83	IV	536,41	481,08	427,16	374,83	324,00	274,75
	VI	**1018,58**	344,83	344,83							
3761,99	I,IV	**594,16**	345,08	345,08	I	481,83	375,58	275,50	181,41	93,58	19,75
	II	**542,33**	345,08	345,08	II	432,75	329,25	231,91	140,75	56,58	
	III	**301,00**	345,08	345,08	III	213,83	130,16	58,83	2,00		
	V	**983,41**	345,08	345,08	IV	537,25	481,83	427,91	375,58	324,75	275,50
	VI	**1019,66**	345,08	345,08							
3764,99	I,IV	**595,00**	345,41	345,41	I	482,58	376,33	276,16	182,08	94,16	20,16
	II	**543,16**	345,41	345,41	II	433,50	330,00	232,58	141,33	57,08	
	III	**301,66**	345,41	345,41	III	214,33	130,83	59,16	2,33		
	V	**984,41**	345,41	345,41	IV	538,08	482,58	428,66	376,33	325,50	276,16
	VI	**1020,66**	345,41	345,41							
3767,99	I,IV	**595,83**	345,66	345,66	I	483,41	377,08	276,83	182,75	94,75	20,58
	II	**543,91**	345,66	345,66	II	434,25	330,75	233,25	142,00	57,66	
	III	**302,33**	345,66	345,66	III	215,00	131,33	59,66	2,66		
	V	**985,50**	345,66	345,66	IV	538,83	483,41	429,50	377,08	326,16	276,83
	VI	**1021,75**	345,66	345,66							
3770,99	I,IV	**596,66**	345,91	345,91	I	484,16	377,83	277,58	183,41	95,41	21,00
	II	**544,75**	345,91	345,91	II	435,00	331,41	234,00	142,58	58,16	
	III	**303,00**	345,91	345,91	III	215,66	131,83	60,16	3,00		
	V	**986,50**	345,91	345,91	IV	539,66	484,16	430,25	377,83	326,91	277,58
	VI	**1022,83**	345,91	345,91							
3773,99	I,IV	**597,50**	346,25	346,25	I	484,91	378,50	278,25	184,00	96,00	21,41
	II	**545,50**	346,25	346,25	II	435,75	332,16	234,58	143,25	58,75	
	III	**303,50**	346,25	346,25	III	216,16	132,50	60,66	3,33		
	V	**987,58**	346,25	346,25	IV	540,41	484,91	431,00	378,50	327,58	278,25
	VI	**1023,83**	346,25	346,25							
3776,99	I,IV	**598,33**	346,50	346,50	I	485,75	379,25	278,91	184,66	96,58	21,91
	II	**546,33**	346,50	346,50	II	436,50	332,83	235,25	143,83	59,25	
	III	**304,16**	346,50	346,50	III	216,83	133,00	61,00	3,66		
	V	**988,58**	346,50	346,50	IV	541,25	485,75	431,75	379,25	328,33	278,91
	VI	**1024,83**	346,50	346,50							
3779,99	I,IV	**599,16**	346,75	346,75	I	486,50	380,00	279,58	185,33	97,16	22,33
	II	**547,16**	346,75	346,75	II	437,25	333,58	236,00	144,50	59,83	
	III	**304,83**	346,75	346,75	III	217,33	133,50	61,50	4,00		
	V	**989,66**	346,75	346,75	IV	542,08	486,50	432,50	380,00	329,00	279,58
	VI	**1025,91**	346,75	346,75							

* Zur LSt-Berechnung für privat versicherte Arbeitnehmer s. Beispiele **Vorbemerkung S. 4f.**
** Basisvorsorgepauschale KV und PV *** Typisierter Arbeitgeberzuschuss

Lohn/ Gehalt in € bis	Steuerklasse	Lohn- steuer*	BVSP**	TAGZ***	Steuerklasse	Bemessungsgrundlage für Kirchensteuer und Solidaritätszuschlag – Freibeträge für ... Kinder 0,5	1,0	1,5	2,0	2,5	3,0
3782,99	I,IV	**600,00**	347,08	347,08	I	487,25	380,75	280,33	186,00	97,83	22,75
	II	**547,91**	347,08	347,08	II	438,08	334,25	236,66	145,08	60,33	
	III	**305,50**	347,08	347,08	III	218,00	134,16	62,00	4,50		
	V	**990,66**	347,08	347,08	IV	542,83	487,25	433,25	380,75	329,75	280,33
	VI	**1027,00**	347,08	347,08							
3785,99	I,IV	**600,83**	347,33	347,33	I	488,08	381,50	281,00	186,66	98,41	23,16
	II	**548,75**	347,33	347,33	II	438,83	335,00	237,33	145,75	60,91	
	III	**306,16**	347,33	347,33	III	218,66	134,66	62,50	4,83		
	V	**991,75**	347,33	347,33	IV	543,66	488,08	434,00	381,50	330,50	281,00
	VI	**1028,00**	347,33	347,33							
3788,99	I,IV	**601,58**	347,58	347,58	I	488,83	382,25	281,66	187,33	99,00	23,66
	II	**549,58**	347,58	347,58	II	439,58	335,75	238,00	146,41	61,41	
	III	**306,66**	347,58	347,58	III	219,16	135,33	62,83	5,16		
	V	**992,83**	347,58	347,58	IV	544,50	488,83	434,75	382,25	331,16	281,66
	VI	**1029,08**	347,58	347,58							
3791,99	I,IV	**602,41**	347,83	347,83	I	489,66	382,91	282,41	187,91	99,66	24,08
	II	**550,33**	347,83	347,83	II	440,33	336,41	238,66	147,00	62,00	
	III	**307,33**	347,83	347,83	III	219,83	135,83	63,33	5,50		
	V	**993,83**	347,83	347,83	IV	545,25	489,66	435,50	382,91	331,91	282,41
	VI	**1030,08**	347,83	347,83							
3794,99	I,IV	**603,25**	348,16	348,16	I	490,41	383,66	283,08	188,58	100,25	24,50
	II	**551,16**	348,16	348,16	II	441,08	337,16	239,33	147,66	62,58	
	III	**308,00**	348,16	348,16	III	220,50	136,33	63,83	5,83		
	V	**994,91**	348,16	348,16	IV	546,08	490,41	436,33	383,66	332,66	283,08
	VI	**1031,16**	348,16	348,16							
3797,99	I,IV	**604,08**	348,41	348,41	I	491,25	384,41	283,75	189,25	100,83	24,91
	II	**552,00**	348,41	348,41	II	441,91	337,91	240,00	148,25	63,08	
	III	**308,66**	348,41	348,41	III	221,16	137,00	64,33	6,16		
	V	**995,91**	348,41	348,41	IV	546,91	491,25	437,08	384,41	333,33	283,75
	VI	**1032,25**	348,41	348,41							
3800,99	I,IV	**604,91**	348,66	348,66	I	492,00	385,16	284,50	189,91	101,41	25,41
	II	**552,75**	348,66	348,66	II	442,58	338,58	240,66	148,91	63,66	0,08
	III	**309,33**	348,66	348,66	III	221,66	137,50	64,83	6,66		
	V	**997,00**	348,66	348,66	IV	547,66	492,00	437,83	385,16	334,08	284,50
	VI	**1033,25**	348,66	348,66							
3803,99	I,IV	**605,75**	349,00	349,00	I	492,75	385,91	285,16	190,58	102,08	25,83
	II	**553,58**	349,00	349,00	II	443,41	339,33	241,33	149,50	64,25	0,41
	III	**310,00**	349,00	349,00	III	222,33	138,16	65,33	7,00		
	V	**998,00**	349,00	349,00	IV	548,50	492,75	438,58	385,91	334,75	285,16
	VI	**1034,25**	349,00	349,00							
3806,99	I,IV	**606,58**	349,25	349,25	I	493,58	386,66	285,83	191,16	102,66	26,25
	II	**554,41**	349,25	349,25	II	444,16	340,00	242,00	150,16	64,75	0,75
	III	**310,50**	349,25	349,25	III	223,00	138,66	65,66	7,33		
	V	**999,08**	349,25	349,25	IV	549,25	493,58	439,33	386,66	335,50	285,83
	VI	**1035,33**	349,25	349,25							
3809,99	I,IV	**607,41**	349,50	349,50	I	494,33	387,41	286,58	191,83	103,25	26,75
	II	**555,16**	349,50	349,50	II	444,91	340,75	242,75	150,83	65,33	1,16
	III	**311,16**	349,50	349,50	III	223,50	139,33	66,16	7,66		
	V	**1000,08**	349,50	349,50	IV	550,08	494,33	440,08	387,41	336,16	286,58
	VI	**1036,41**	349,50	349,50							
3812,99	I,IV	**608,25**	349,83	349,83	I	495,08	388,16	287,25	192,50	103,91	27,16
	II	**556,00**	349,83	349,83	II	445,66	341,50	243,41	151,41	65,91	1,50
	III	**311,83**	349,83	349,83	III	224,16	139,83	66,66	8,00		
	V	**1001,16**	349,83	349,83	IV	550,91	495,08	440,83	388,16	336,91	287,25
	VI	**1037,41**	349,83	349,83							
3815,99	I,IV	**609,08**	350,08	350,08	I	495,91	388,83	288,00	193,16	104,50	27,66
	II	**556,83**	350,08	350,08	II	446,41	342,16	244,08	152,08	66,50	1,83
	III	**312,50**	350,08	350,08	III	224,83	140,50	67,16	8,50		
	V	**1002,25**	350,08	350,08	IV	551,75	495,91	441,58	388,83	337,66	288,00
	VI	**1038,50**	350,08	350,08							

* Zur LSt-Berechnung für privat versicherte Arbeitnehmer s. Beispiele **Vorbemerkung S. 4f.**
** Basisvorsorgepauschale KV und PV *** Typisierter Arbeitgeberzuschuss

Lohn/ Gehalt in € bis	Steuerklasse	Lohn- steuer*	BVSP**	TAGZ***	Steuerklasse	Bemessungsgrundlage für Kirchensteuer und Solidaritätszuschlag					
						Freibeträge für ... Kinder					
						0,5	**1,0**	1,5	**2,0**	2,5	**3,0**
3818,99	I,IV	**609,91**	350,33	350,33	I	496,66	389,58	288,66	193,83	105,08	28,08
	II	**557,66**	350,33	350,33	II	447,25	342,91	244,75	152,75	67,08	2,16
	III	**313,16**	350,33	350,33	III	225,33	141,00	67,66	8,83		
	V	**1003,25**	350,33	350,33	IV	552,50	496,66	442,41	389,58	338,33	288,66
	VI	**1039,50**	350,33	350,33							
3821,99	I,IV	**610,75**	350,66	350,66	I	497,50	390,33	289,33	194,50	105,75	28,50
	II	**558,41**	350,66	350,66	II	448,00	343,66	245,41	153,33	67,58	2,58
	III	**313,83**	350,66	350,66	III	226,00	141,50	68,00	9,16		
	V	**1004,33**	350,66	350,66	IV	553,33	497,50	443,16	390,33	339,08	289,33
	VI	**1040,58**	350,66	350,66							
3824,99	I,IV	**611,50**	350,91	350,91	I	498,25	391,08	290,00	195,08	106,33	29,00
	II	**559,25**	350,91	350,91	II	448,75	344,33	246,08	154,00	68,16	2,91
	III	**314,33**	350,91	350,91	III	226,66	142,16	68,50	9,50		
	V	**1005,33**	350,91	350,91	IV	554,08	498,25	443,91	391,08	339,83	290,00
	VI	**1041,58**	350,91	350,91							
3827,99	I,IV	**612,33**	351,16	351,16	I	499,00	391,83	290,75	195,75	106,91	29,41
	II	**560,08**	351,16	351,16	II	449,50	345,08	246,75	154,58	68,75	3,25
	III	**315,00**	351,16	351,16	III	227,16	142,66	69,00	9,83		
	V	**1006,41**	351,16	351,16	IV	554,91	499,00	444,66	391,83	340,50	290,75
	VI	**1042,66**	351,16	351,16							
3830,99	I,IV	**613,16**	351,41	351,41	I	499,83	392,58	291,41	196,41	107,58	29,91
	II	**560,83**	351,41	351,41	II	450,25	345,83	247,50	155,25	69,33	3,66
	III	**315,66**	351,41	351,41	III	227,83	143,33	69,50	10,33		
	V	**1007,41**	351,41	351,41	IV	555,75	499,83	445,41	392,58	341,25	291,41
	VI	**1043,66**	351,41	351,41							
3833,99	I,IV	**614,00**	351,75	351,75	I	500,58	393,33	292,16	197,08	108,16	30,33
	II	**561,66**	351,75	351,75	II	451,00	346,50	248,16	155,91	69,91	4,00
	III	**316,33**	351,75	351,75	III	228,50	143,83	70,00	10,66		
	V	**1008,50**	351,75	351,75	IV	556,58	500,58	446,16	393,33	342,00	292,16
	VI	**1044,75**	351,75	351,75							
3836,99	I,IV	**614,83**	352,00	352,00	I	501,41	394,08	292,83	197,75	108,75	30,83
	II	**562,50**	352,00	352,00	II	451,83	347,25	248,83	156,50	70,50	4,41
	III	**316,83**	352,00	352,00	III	229,00	144,50	70,50	11,00		
	V	**1009,50**	352,00	352,00	IV	557,33	501,41	447,00	394,08	342,66	292,83
	VI	**1045,83**	352,00	352,00							
3839,99	I,IV	**615,66**	352,25	352,25	I	502,16	394,83	293,58	198,41	109,41	31,25
	II	**563,33**	352,25	352,25	II	452,58	348,00	249,50	157,16	71,00	4,75
	III	**317,50**	352,25	352,25	III	229,66	145,00	70,83	11,33		
	V	**1010,58**	352,25	352,25	IV	558,16	502,16	447,75	394,83	343,41	293,58
	VI	**1046,83**	352,25	352,25							
3842,99	I,IV	**616,50**	352,58	352,58	I	503,00	395,58	294,25	199,08	110,00	31,75
	II	**564,08**	352,58	352,58	II	453,33	348,66	250,16	157,83	71,58	5,08
	III	**318,16**	352,58	352,58	III	230,33	145,66	71,33	11,66		
	V	**1011,66**	352,58	352,58	IV	559,00	503,00	448,50	395,58	344,16	294,25
	VI	**1047,91**	352,58	352,58							
3845,99	I,IV	**617,33**	352,83	352,83	I	503,75	396,33	294,91	199,75	110,66	32,25
	II	**564,91**	352,83	352,83	II	454,08	349,41	250,83	158,41	72,16	5,50
	III	**318,83**	352,83	352,83	III	230,83	146,16	71,83	12,16		
	V	**1012,66**	352,83	352,83	IV	559,83	503,75	449,25	396,33	344,83	294,91
	VI	**1048,91**	352,83	352,83							
3848,99	I,IV	**618,16**	353,08	353,08	I	504,58	397,08	295,66	200,41	111,25	32,66
	II	**565,75**	353,08	353,08	II	454,91	350,16	251,58	159,08	72,75	5,83
	III	**319,50**	353,08	353,08	III	231,50	146,83	72,33	12,50		
	V	**1013,75**	353,08	353,08	IV	560,58	504,58	450,00	397,08	345,58	295,66
	VI	**1050,00**	353,08	353,08							
3851,99	I,IV	**619,00**	353,41	353,41	I	505,33	397,75	296,33	201,00	111,83	33,16
	II	**566,50**	353,41	353,41	II	455,66	350,83	252,25	159,66	73,33	6,25
	III	**320,16**	353,41	353,41	III	232,16	147,33	72,83	12,83		
	V	**1014,75**	353,41	353,41	IV	561,41	505,33	450,75	397,75	346,25	296,33
	VI	**1051,00**	353,41	353,41							

* Zur LSt-Berechnung für privat versicherte Arbeitnehmer s. Beispiele **Vorbemerkung S. 4f.**
** Basisvorsorgepauschale KV und PV *** Typisierter Arbeitgeberzuschuss

Lohn/ Gehalt in € bis	Steuerklasse	Lohn-steuer*	BVSP**	TAGZ***	Steuerklasse	Bemessungsgrundlage für Kirchensteuer und Solidaritätszuschlag – Freibeträge für ... Kinder 0,5	1,0	1,5	2,0	2,5	3,0
3854,99	I,IV	**619,83**	353,66	353,66	I	506,08	398,50	297,00	201,66	112,41	33,58
	II	**567,33**	353,66	353,66	II	456,41	351,58	252,91	160,33	73,91	6,58
	III	**320,66**	353,66	353,66	III	232,83	148,00	73,33	13,33		
	V	**1015,83**	353,66	353,66	IV	562,25	506,08	451,58	398,50	347,00	297,00
	VI	**1052,08**	353,66	353,66							
3857,99	I,IV	**620,66**	353,91	353,91	I	506,91	399,25	297,75	202,33	113,08	34,08
	II	**568,16**	353,91	353,91	II	457,16	352,33	253,58	161,00	74,50	7,00
	III	**321,33**	353,91	353,91	III	233,33	148,50	73,83	13,66		
	V	**1016,83**	353,91	353,91	IV	563,00	506,91	452,33	399,25	347,75	297,75
	VI	**1053,08**	353,91	353,91							
3860,99	I,IV	**621,50**	354,16	354,16	I	507,66	400,00	298,41	203,00	113,66	34,58
	II	**569,00**	354,16	354,16	II	457,91	353,08	254,25	161,58	75,08	7,33
	III	**322,00**	354,16	354,16	III	234,00	149,16	74,33	14,00		
	V	**1017,91**	354,16	354,16	IV	563,83	507,66	453,08	400,00	348,50	298,41
	VI	**1054,16**	354,16	354,16							
3863,99	I,IV	**622,33**	354,50	354,50	I	508,50	400,75	299,16	203,66	114,33	35,00
	II	**569,83**	354,50	354,50	II	458,75	353,75	254,91	162,25	75,66	7,75
	III	**322,66**	354,50	354,50	III	234,66	149,66	74,83	14,33		
	V	**1018,91**	354,50	354,50	IV	564,66	508,50	453,83	400,75	349,16	299,16
	VI	**1055,25**	354,50	354,50							
3866,99	I,IV	**623,16**	354,75	354,75	I	509,25	401,50	299,83	204,33	114,91	35,50
	II	**570,58**	354,75	354,75	II	459,50	354,50	255,66	162,91	76,25	8,08
	III	**323,33**	354,75	354,75	III	235,16	150,33	75,16	14,83		
	V	**1020,00**	354,75	354,75	IV	565,50	509,25	454,66	401,50	349,91	299,83
	VI	**1056,25**	354,75	354,75							
3869,99	I,IV	**624,00**	355,00	355,00	I	510,08	402,25	300,58	205,00	115,50	36,00
	II	**571,41**	355,00	355,00	II	460,25	355,25	256,33	163,50	76,91	8,50
	III	**324,00**	355,00	355,00	III	235,83	150,83	75,66	15,16		
	V	**1021,08**	355,00	355,00	IV	566,25	510,08	455,41	402,25	350,66	300,58
	VI	**1057,33**	355,00	355,00							
3872,99	I,IV	**624,83**	355,33	355,33	I	510,83	403,00	301,25	205,66	116,16	36,50
	II	**572,25**	355,33	355,33	II	461,08	356,00	257,00	164,16	77,50	8,91
	III	**324,66**	355,33	355,33	III	236,50	151,50	76,16	15,50		
	V	**1022,08**	355,33	355,33	IV	567,08	510,83	456,16	403,00	351,33	301,25
	VI	**1058,33**	355,33	355,33							
3875,99	I,IV	**625,66**	355,58	355,58	I	511,66	403,75	302,00	206,33	116,75	36,91
	II	**573,08**	355,58	355,58	II	461,83	356,66	257,66	164,83	78,08	9,25
	III	**325,16**	355,58	355,58	III	237,16	152,00	76,66	15,83		
	V	**1023,16**	355,58	355,58	IV	567,91	511,66	456,91	403,75	352,08	302,00
	VI	**1059,41**	355,58	355,58							
3878,99	I,IV	**626,50**	355,83	355,83	I	512,41	404,50	302,66	206,91	117,33	37,41
	II	**573,83**	355,83	355,83	II	462,58	357,41	258,33	165,41	78,66	9,66
	III	**325,83**	355,83	355,83	III	237,66	152,66	77,16	16,33		
	V	**1024,16**	355,83	355,83	IV	568,66	512,41	457,66	404,50	352,83	302,66
	VI	**1060,41**	355,83	355,83							
3881,99	I,IV	**627,33**	356,16	356,16	I	513,25	405,25	303,33	207,58	118,00	37,91
	II	**574,66**	356,16	356,16	II	463,33	358,16	259,08	166,08	79,25	10,08
	III	**326,50**	356,16	356,16	III	238,33	153,16	77,66	16,66		
	V	**1025,25**	356,16	356,16	IV	569,50	513,25	458,50	405,25	353,50	303,33
	VI	**1061,50**	356,16	356,16							
3884,99	I,IV	**628,16**	356,41	356,41	I	514,00	406,00	304,08	208,25	118,58	38,41
	II	**575,50**	356,41	356,41	II	464,08	358,83	259,75	166,75	79,83	10,41
	III	**327,16**	356,41	356,41	III	239,00	153,83	78,16	17,00		
	V	**1026,25**	356,41	356,41	IV	570,33	514,00	459,25	406,00	354,25	304,08
	VI	**1062,50**	356,41	356,41							
3887,99	I,IV	**629,00**	356,66	356,66	I	514,83	406,75	304,75	208,91	119,25	38,91
	II	**576,33**	356,66	356,66	II	464,91	359,58	260,41	167,33	80,41	10,83
	III	**327,83**	356,66	356,66	III	239,50	154,33	78,66	17,50		
	V	**1027,33**	356,66	356,66	IV	571,16	514,83	460,00	406,75	355,00	304,75
	VI	**1063,58**	356,66	356,66							

* Zur LSt-Berechnung für privat versicherte Arbeitnehmer s. Beispiele **Vorbemerkung S. 4 f.**
** Basisvorsorgepauschale KV und PV *** Typisierter Arbeitgeberzuschuss

Lohn/ Gehalt in € bis	Steuerklasse	Lohn-steuer*	BVSP**	TAGZ***	Steuerklasse	Bemessungsgrundlage für Kirchensteuer und Solidaritätszuschlag					
						Freibeträge für ... Kinder					
						0,5	**1,0**	1,5	**2,0**	2,5	**3,0**
3 890,99	I,IV	**629,83**	356,91	356,91	I	515,58	407,50	305,50	209,58	119,83	39,33
	II	**577,08**	356,91	356,91	II	465,66	360,33	261,08	168,00	81,08	11,25
	III	**328,33**	356,91	356,91	III	240,16	155,00	79,16	17,83		
	V	**1 028,33**	356,91	356,91	IV	572,00	515,58	460,75	407,50	355,75	305,50
	VI	**1 064,66**	356,91	356,91							
3 893,99	I,IV	**630,66**	357,25	357,25	I	516,41	408,25	306,16	210,25	120,50	39,83
	II	**577,91**	357,25	357,25	II	466,41	361,08	261,83	168,66	81,66	11,58
	III	**329,00**	357,25	357,25	III	240,83	155,50	79,66	18,16		
	V	**1 029,41**	357,25	357,25	IV	572,75	516,41	461,58	408,25	356,41	306,16
	VI	**1 065,66**	357,25	357,25							
3 896,99	I,IV	**631,50**	357,50	357,50	I	517,16	409,00	306,91	210,91	121,08	40,33
	II	**578,75**	357,50	357,50	II	467,25	361,75	262,50	169,33	82,25	12,00
	III	**329,66**	357,50	357,50	III	241,33	156,16	80,16	18,50		
	V	**1 030,50**	357,50	357,50	IV	573,58	517,16	462,33	409,00	357,16	306,91
	VI	**1 066,75**	357,50	357,50							
3 899,99	I,IV	**632,41**	357,75	357,75	I	518,00	409,75	307,58	211,58	121,75	40,83
	II	**579,58**	357,75	357,75	II	468,00	362,50	263,16	169,91	82,83	12,41
	III	**330,33**	357,75	357,75	III	242,00	156,83	80,50	19,00		
	V	**1 031,50**	357,75	357,75	IV	574,41	518,00	463,08	409,75	357,91	307,58
	VI	**1 067,75**	357,75	357,75							
3 902,99	I,IV	**633,16**	358,08	358,08	I	518,75	410,50	308,33	212,25	122,33	41,33
	II	**580,41**	358,08	358,08	II	468,75	363,25	263,83	170,58	83,41	12,83
	III	**331,00**	358,08	358,08	III	242,66	157,33	81,00	19,33		
	V	**1 032,50**	358,08	358,08	IV	575,25	518,75	463,83	410,50	358,58	308,33
	VI	**1 068,75**	358,08	358,08							
3 905,99	I,IV	**634,00**	358,33	358,33	I	519,58	411,25	309,00	212,91	122,91	41,83
	II	**581,16**	358,33	358,33	II	469,50	364,00	264,50	171,25	84,00	13,16
	III	**331,66**	358,33	358,33	III	243,33	158,00	81,50	19,66		
	V	**1 033,58**	358,33	358,33	IV	576,00	519,58	464,66	411,25	359,33	309,00
	VI	**1 069,83**	358,33	358,33							
3 908,99	I,IV	**634,83**	358,58	358,58	I	520,33	412,00	309,75	213,58	123,58	42,33
	II	**582,00**	358,58	358,58	II	470,33	364,66	265,25	171,83	84,66	13,58
	III	**332,33**	358,58	358,58	III	243,83	158,50	82,00	20,16		
	V	**1 034,66**	358,58	358,58	IV	576,83	520,33	465,41	412,00	360,08	309,75
	VI	**1 070,91**	358,58	358,58							
3 911,99	I,IV	**635,75**	358,91	358,91	I	521,16	412,75	310,41	214,25	124,16	42,83
	II	**582,83**	358,91	358,91	II	471,08	365,41	265,91	172,50	85,25	14,00
	III	**332,83**	358,91	358,91	III	244,50	159,16	82,50	20,50		
	V	**1 035,66**	358,91	358,91	IV	577,66	521,16	466,16	412,75	360,83	310,41
	VI	**1 071,91**	358,91	358,91							
3 914,99	I,IV	**636,58**	359,16	359,16	I	521,91	413,50	311,16	214,91	124,83	43,33
	II	**583,66**	359,16	359,16	II	471,83	366,16	266,58	173,16	85,83	14,41
	III	**333,50**	359,16	359,16	III	245,16	159,83	83,00	21,00		
	V	**1 036,75**	359,16	359,16	IV	578,50	521,91	466,91	413,50	361,58	311,16
	VI	**1 073,00**	359,16	359,16							
3 917,99	I,IV	**637,41**	359,41	359,41	I	522,75	414,25	311,83	215,58	125,41	43,83
	II	**584,50**	359,41	359,41	II	472,66	366,91	267,25	173,83	86,41	14,83
	III	**334,16**	359,41	359,41	III	245,66	160,33	83,50	21,33		
	V	**1 037,75**	359,41	359,41	IV	579,33	522,75	467,75	414,25	362,25	311,83
	VI	**1 074,00**	359,41	359,41							
3 920,99	I,IV	**638,25**	359,75	359,75	I	523,58	415,00	312,58	216,25	126,08	44,33
	II	**585,33**	359,75	359,75	II	473,41	367,66	268,00	174,41	87,08	15,25
	III	**334,83**	359,75	359,75	III	246,33	161,00	84,00	21,66		
	V	**1 038,83**	359,75	359,75	IV	580,16	523,58	468,50	415,00	363,00	312,58
	VI	**1 075,08**	359,75	359,75							
3 923,99	I,IV	**639,08**	360,00	360,00	I	524,33	415,75	313,25	216,91	126,66	44,83
	II	**586,16**	360,00	360,00	II	474,16	368,33	268,66	175,08	87,66	15,66
	III	**335,50**	360,00	360,00	III	247,00	161,50	84,50	22,16		
	V	**1 039,91**	360,00	360,00	IV	580,91	524,33	469,25	415,75	363,75	313,25
	VI	**1 076,16**	360,00	360,00							

* Zur LSt-Berechnung für privat versicherte Arbeitnehmer s. Beispiele **Vorbemerkung S. 4f.**
** Basisvorsorgepauschale KV und PV *** Typisierter Arbeitgeberzuschuss

Lohn/ Gehalt in € bis	Steuerklasse	Lohn-steuer*	BVSP**	TAGZ***	Steuerklasse	Bemessungsgrundlage für Kirchensteuer und Solidaritätszuschlag – Freibeträge für ... Kinder 0,5	1,0	1,5	2,0	2,5	3,0
3926,99	I,IV	**639,91**	360,25	360,25	I	525,16	416,50	314,00	217,58	127,33	45,33
	II	**586,91**	360,25	360,25	II	475,00	369,08	269,33	175,75	88,25	16,08
	III	**336,16**	360,25	360,25	III	247,66	162,16	85,00	22,50		
	V	**1040,91**	360,25	360,25	IV	581,75	525,16	470,08	416,50	364,50	314,00
	VI	**1077,16**	360,25	360,25							
3929,99	I,IV	**640,75**	360,50	360,50	I	525,91	417,25	314,66	218,25	127,91	45,83
	II	**587,75**	360,50	360,50	II	475,75	369,83	270,00	176,33	88,83	16,41
	III	**336,66**	360,50	360,50	III	248,16	162,66	85,50	22,83		
	V	**1041,91**	360,50	360,50	IV	582,58	525,91	470,83	417,25	365,16	314,66
	VI	**1078,16**	360,50	360,50							
3932,99	I,IV	**641,58**	360,83	360,83	I	526,75	418,00	315,41	218,91	128,50	46,33
	II	**588,58**	360,83	360,83	II	476,50	370,58	270,75	177,00	89,41	16,83
	III	**337,33**	360,83	360,83	III	248,83	163,33	86,00	23,33		
	V	**1043,00**	360,83	360,83	IV	583,41	526,75	471,58	418,00	365,91	315,41
	VI	**1079,25**	360,83	360,83							
3935,99	I,IV	**642,41**	361,08	361,08	I	527,50	418,75	316,08	219,58	129,16	46,83
	II	**589,41**	361,08	361,08	II	477,25	371,25	271,41	177,66	90,08	17,25
	III	**338,00**	361,08	361,08	III	249,50	164,00	86,50	23,66		
	V	**1044,08**	361,08	361,08	IV	584,25	527,50	472,33	418,75	366,66	316,08
	VI	**1080,33**	361,08	361,08							
3938,99	I,IV	**643,25**	361,33	361,33	I	528,33	419,50	316,83	220,25	129,75	47,33
	II	**590,25**	361,33	361,33	II	478,08	372,00	272,08	178,33	90,66	17,66
	III	**338,66**	361,33	361,33	III	250,00	164,50	87,00	24,00		
	V	**1045,08**	361,33	361,33	IV	585,00	528,33	473,16	419,50	367,41	316,83
	VI	**1081,33**	361,33	361,33							
3941,99	I,IV	**644,08**	361,66	361,66	I	529,08	420,25	317,50	220,91	130,41	47,91
	II	**591,00**	361,66	361,66	II	478,83	372,75	272,83	179,00	91,25	18,16
	III	**339,33**	361,66	361,66	III	250,66	165,16	87,50	24,50		
	V	**1046,16**	361,66	361,66	IV	585,83	529,08	473,91	420,25	368,08	317,50
	VI	**1082,41**	361,66	361,66							
3944,99	I,IV	**644,91**	361,91	361,91	I	529,91	421,00	318,25	221,58	131,00	48,41
	II	**591,83**	361,91	361,91	II	479,58	373,50	273,50	179,58	91,83	18,58
	III	**340,00**	361,91	361,91	III	251,33	165,66	88,00	24,83		
	V	**1047,16**	361,91	361,91	IV	586,66	529,91	474,66	421,00	368,83	318,25
	VI	**1083,41**	361,91	361,91							
3947,99	I,IV	**645,83**	362,16	362,16	I	530,75	421,75	318,91	222,25	131,66	48,91
	II	**592,66**	362,16	362,16	II	480,41	374,25	274,16	180,25	92,50	19,00
	III	**340,66**	362,16	362,16	III	252,00	166,33	88,50	25,33		
	V	**1048,25**	362,16	362,16	IV	587,50	530,75	475,50	421,75	369,58	318,91
	VI	**1084,50**	362,16	362,16							
3950,99	I,IV	**646,66**	362,50	362,50	I	531,50	422,50	319,66	222,91	132,25	49,41
	II	**593,50**	362,50	362,50	II	481,16	375,00	274,91	180,91	93,08	19,41
	III	**341,16**	362,50	362,50	III	252,50	167,00	89,00	25,66		
	V	**1049,33**	362,50	362,50	IV	588,33	531,50	476,25	422,50	370,33	319,66
	VI	**1085,58**	362,50	362,50							
3953,99	I,IV	**647,50**	362,75	362,75	I	532,33	423,25	320,33	223,58	132,91	49,91
	II	**594,33**	362,75	362,75	II	482,00	375,66	275,58	181,58	93,66	19,83
	III	**341,83**	362,75	362,75	III	253,16	167,50	89,50	26,00		
	V	**1050,33**	362,75	362,75	IV	589,16	532,33	477,08	423,25	371,08	320,33
	VI	**1086,58**	362,75	362,75							
3956,99	I,IV	**648,33**	363,00	363,00	I	533,08	424,00	321,08	224,25	133,50	50,50
	II	**595,16**	363,00	363,00	II	482,75	376,41	276,25	182,16	94,25	20,25
	III	**342,50**	363,00	363,00	III	253,83	168,16	90,00	26,50		
	V	**1051,33**	363,00	363,00	IV	589,91	533,08	477,83	424,00	371,75	321,08
	VI	**1087,58**	363,00	363,00							
3959,99	I,IV	**649,16**	363,25	363,25	I	533,91	424,75	321,75	224,91	134,16	51,00
	II	**596,00**	363,25	363,25	II	483,50	377,16	276,91	182,83	94,83	20,66
	III	**343,16**	363,25	363,25	III	254,50	168,66	90,50	26,83		
	V	**1052,41**	363,25	363,25	IV	590,75	533,91	478,58	424,75	372,50	321,75
	VI	**1088,66**	363,25	363,25							

* Zur LSt-Berechnung für privat versicherte Arbeitnehmer s. Beispiele **Vorbemerkung S. 4 f.**
** Basisvorsorgepauschale KV und PV *** Typisierter Arbeitgeberzuschuss

Lohn/ Gehalt in € bis	Steuerklasse	Lohn-steuer*	BVSP**	TAGZ***	Steuerklasse	Bemessungsgrundlage für Kirchensteuer und Solidaritätszuschlag – Freibeträge für ... Kinder 0,5	**1,0**	1,5	**2,0**	2,5	**3,0**
3962,99	I,IV	**650,00**	363,58	363,58	I	534,75	425,50	322,50	225,58	134,75	51,50
	II	**596,83**	363,58	363,58	II	484,25	377,91	277,66	183,50	95,50	21,08
	III	**343,83**	363,58	363,58	III	255,00	169,33	91,00	27,33		
	V	**1053,50**	363,58	363,58	IV	591,58	534,75	479,33	425,50	373,25	322,50
	VI	**1089,75**	363,58	363,58							
3965,99	I,IV	**650,83**	363,83	363,83	I	535,50	426,33	323,16	226,25	135,41	52,00
	II	**597,58**	363,83	363,83	II	485,08	378,66	278,33	184,16	96,08	21,50
	III	**344,50**	363,83	363,83	III	255,66	170,00	91,50	27,66		
	V	**1054,50**	363,83	363,83	IV	592,41	535,50	480,16	426,33	374,00	323,16
	VI	**1090,75**	363,83	363,83							
3968,99	I,IV	**651,66**	364,08	364,08	I	536,33	427,08	323,91	226,91	136,00	52,58
	II	**598,41**	364,08	364,08	II	485,83	379,41	279,00	184,83	96,66	21,91
	III	**345,16**	364,08	364,08	III	256,33	170,50	92,00	28,00		
	V	**1055,58**	364,08	364,08	IV	593,25	536,33	480,91	427,08	374,75	323,91
	VI	**1091,83**	364,08	364,08							
3971,99	I,IV	**652,58**	364,41	364,41	I	537,08	427,83	324,66	227,58	136,66	53,08
	II	**599,25**	364,41	364,41	II	486,66	380,08	279,75	185,41	97,33	22,41
	III	**345,83**	364,41	364,41	III	257,00	171,16	92,66	28,50		
	V	**1056,58**	364,41	364,41	IV	594,08	537,08	481,66	427,83	375,50	324,66
	VI	**1092,83**	364,41	364,41							
3974,99	I,IV	**653,41**	364,66	364,66	I	537,91	428,58	325,33	228,25	137,25	53,66
	II	**600,08**	364,66	364,66	II	487,41	380,83	280,41	186,08	97,91	22,83
	III	**346,33**	364,66	364,66	III	257,50	171,83	93,16	28,83		
	V	**1057,66**	364,66	364,66	IV	594,91	537,91	482,50	428,58	376,16	325,33
	VI	**1093,91**	364,66	364,66							
3977,99	I,IV	**654,25**	364,91	364,91	I	538,75	429,33	326,08	228,91	137,91	54,16
	II	**600,91**	364,91	364,91	II	488,16	381,58	281,08	186,75	98,50	23,25
	III	**347,00**	364,91	364,91	III	258,16	172,33	93,66	29,33		
	V	**1058,75**	364,91	364,91	IV	595,75	538,75	483,25	429,33	376,91	326,08
	VI	**1095,00**	364,91	364,91							
3980,99	I,IV	**655,08**	365,25	365,25	I	539,50	430,08	326,75	229,58	138,50	54,66
	II	**601,75**	365,25	365,25	II	489,00	382,33	281,75	187,41	99,08	23,66
	III	**347,66**	365,25	365,25	III	258,83	173,00	94,16	29,66		
	V	**1059,75**	365,25	365,25	IV	596,50	539,50	484,00	430,08	377,66	326,75
	VI	**1096,00**	365,25	365,25							
3983,99	I,IV	**655,91**	365,50	365,50	I	540,33	430,83	327,50	230,25	139,16	55,25
	II	**602,58**	365,50	365,50	II	489,75	383,08	282,50	188,08	99,75	24,16
	III	**348,33**	365,50	365,50	III	259,33	173,50	94,66	30,16		
	V	**1060,75**	365,50	365,50	IV	597,33	540,33	484,83	430,83	378,41	327,50
	VI	**1097,00**	365,50	365,50							
3986,99	I,IV	**656,75**	365,75	365,75	I	541,08	431,58	328,16	230,91	139,75	55,75
	II	**603,41**	365,75	365,75	II	490,50	383,83	283,16	188,66	100,33	24,58
	III	**349,00**	365,75	365,75	III	260,00	174,16	95,16	30,50		
	V	**1061,83**	365,75	365,75	IV	598,16	541,08	485,58	431,58	379,16	328,16
	VI	**1098,08**	365,75	365,75							
3989,99	I,IV	**657,58**	366,00	366,00	I	541,91	432,33	328,91	231,58	140,41	56,25
	II	**604,25**	366,00	366,00	II	491,33	384,50	283,91	189,33	100,91	25,00
	III	**349,66**	366,00	366,00	III	260,66	174,66	95,66	30,83		
	V	**1062,91**	366,00	366,00	IV	599,00	541,91	486,33	432,33	379,83	328,91
	VI	**1099,16**	366,00	366,00							
3992,99	I,IV	**658,41**	366,33	366,33	I	542,75	433,08	329,66	232,25	141,00	56,83
	II	**605,08**	366,33	366,33	II	492,08	385,25	284,58	190,00	101,58	25,50
	III	**350,16**	366,33	366,33	III	261,33	175,33	96,16	31,33		
	V	**1063,91**	366,33	366,33	IV	599,83	542,75	487,16	433,08	380,58	329,66
	VI	**1100,16**	366,33	366,33							
3995,99	I,IV	**659,33**	366,58	366,58	I	543,50	433,91	330,33	232,91	141,66	57,33
	II	**605,91**	366,58	366,58	II	492,91	386,00	285,25	190,66	102,16	25,91
	III	**350,83**	366,58	366,58	III	261,83	176,00	96,66	31,66		
	V	**1065,00**	366,58	366,58	IV	600,66	543,50	487,91	433,91	381,33	330,33
	VI	**1101,25**	366,58	366,58							

* Zur LSt-Berechnung für privat versicherte Arbeitnehmer s. Beispiele **Vorbemerkung S. 4 f.**
** Basisvorsorgepauschale KV und PV *** Typisierter Arbeitgeberzuschuss

Lohn/ Gehalt in € bis	Steuerklasse	Lohn- steuer*	BVSP**	TAGZ***	Steuerklasse	Bemessungsgrundlage für Kirchensteuer und Solidaritätszuschlag					
						Freibeträge für ... Kinder					
						0,5	**1,0**	1,5	**2,0**	2,5	**3,0**
3998,99	I,IV	**660,16**	366,83	366,83	I	544,33	434,66	331,08	233,58	142,33	57,91
	II	**606,66**	366,83	366,83	II	493,66	386,75	286,00	191,33	102,75	26,33
	III	**351,50**	366,83	366,83	III	262,50	176,50	97,16	32,16		
	V	**1 066,00**	366,83	366,83	IV	601,50	544,33	488,75	434,66	382,08	331,08
	VI	**1 102,25**	366,83	366,83							
4001,99	I,IV	**661,00**	367,16	367,16	I	545,16	435,41	331,75	234,33	142,91	58,41
	II	**607,50**	367,16	367,16	II	494,50	387,50	286,66	192,00	103,41	26,83
	III	**352,16**	367,16	367,16	III	263,16	177,16	97,66	32,50		
	V	**1 067,08**	367,16	367,16	IV	602,33	545,16	489,50	435,41	382,83	331,75
	VI	**1 103,33**	367,16	367,16							
4004,99	I,IV	**661,83**	367,41	367,41	I	545,91	436,16	332,50	235,00	143,58	59,00
	II	**608,33**	367,41	367,41	II	495,25	388,25	287,41	192,66	104,00	27,25
	III	**352,83**	367,41	367,41	III	263,83	177,66	98,16	33,00		
	V	**1 068,16**	367,41	367,41	IV	603,16	545,91	490,33	436,16	383,58	332,50
	VI	**1 104,41**	367,41	367,41							
4007,99	I,IV	**662,66**	367,66	367,66	I	546,75	436,91	333,16	235,66	144,16	59,50
	II	**609,16**	367,66	367,66	II	496,00	389,00	288,08	193,25	104,58	27,66
	III	**353,50**	367,66	367,66	III	264,33	178,33	98,66	33,33		
	V	**1 069,16**	367,66	367,66	IV	603,91	546,75	491,08	436,91	384,25	333,16
	VI	**1 105,41**	367,66	367,66							
4010,99	I,IV	**663,50**	368,00	368,00	I	547,50	437,66	333,91	236,33	144,83	60,08
	II	**610,00**	368,00	368,00	II	496,83	389,75	288,75	193,91	105,16	28,16
	III	**354,16**	368,00	368,00	III	265,00	179,00	99,33	33,83		
	V	**1 070,16**	368,00	368,00	IV	604,75	547,50	491,83	437,66	385,00	333,91
	VI	**1 106,41**	368,00	368,00							
4013,99	I,IV	**664,41**	368,25	368,25	I	548,33	438,41	334,66	237,00	145,41	60,66
	II	**610,83**	368,25	368,25	II	497,58	390,50	289,41	194,58	105,83	28,58
	III	**354,83**	368,25	368,25	III	265,66	179,50	99,83	34,16		
	V	**1 071,25**	368,25	368,25	IV	605,58	548,33	492,66	438,41	385,75	334,66
	VI	**1 107,50**	368,25	368,25							
4016,99	I,IV	**665,25**	368,50	368,50	I	549,16	439,16	335,33	237,66	146,08	61,16
	II	**611,66**	368,50	368,50	II	498,33	391,16	290,16	195,25	106,41	29,08
	III	**355,50**	368,50	368,50	III	266,33	180,16	100,33	34,66		
	V	**1 072,25**	368,50	368,50	IV	606,41	549,16	493,41	439,16	386,50	335,33
	VI	**1 108,58**	368,50	368,50							
4019,99	I,IV	**666,08**	368,83	368,83	I	550,00	440,00	336,08	238,33	146,66	61,75
	II	**612,50**	368,83	368,83	II	499,16	391,91	290,83	195,91	107,00	29,50
	III	**356,00**	368,83	368,83	III	266,83	180,83	100,83	35,00		
	V	**1 073,33**	368,83	368,83	IV	607,25	550,00	494,16	440,00	387,25	336,08
	VI	**1 109,58**	368,83	368,83							
4022,99	I,IV	**666,91**	369,08	369,08	I	550,75	440,75	336,83	239,00	147,33	62,25
	II	**613,33**	369,08	369,08	II	499,91	392,66	291,58	196,58	107,66	30,00
	III	**356,66**	369,08	369,08	III	267,50	181,33	101,33	35,50		
	V	**1 074,41**	369,08	369,08	IV	608,08	550,75	495,00	440,75	388,00	336,83
	VI	**1 110,66**	369,08	369,08							
4025,99	I,IV	**667,83**	369,33	369,33	I	551,58	441,50	337,50	239,66	148,00	62,83
	II	**614,16**	369,33	369,33	II	500,75	393,41	292,25	197,16	108,25	30,41
	III	**357,33**	369,33	369,33	III	268,16	182,00	101,83	35,83		
	V	**1 075,41**	369,33	369,33	IV	608,91	551,58	495,75	441,50	388,75	337,50
	VI	**1 111,66**	369,33	369,33							
4028,99	I,IV	**668,66**	369,58	369,58	I	552,41	442,25	338,25	240,33	148,58	63,41
	II	**615,00**	369,58	369,58	II	501,50	394,16	293,00	197,83	108,91	30,91
	III	**358,00**	369,58	369,58	III	268,83	182,66	102,33	36,33		
	V	**1 076,50**	369,58	369,58	IV	609,75	552,41	496,58	442,25	389,50	338,25
	VI	**1 112,75**	369,58	369,58							
4031,99	I,IV	**669,50**	369,91	369,91	I	553,16	443,00	339,00	241,08	149,25	64,00
	II	**615,83**	369,91	369,91	II	502,33	394,91	293,66	198,50	109,50	31,33
	III	**358,66**	369,91	369,91	III	269,33	183,16	103,00	36,66		
	V	**1 077,50**	369,91	369,91	IV	610,58	553,16	497,33	443,00	390,25	339,00
	VI	**1 113,83**	369,91	369,91							

* Zur LSt-Berechnung für privat versicherte Arbeitnehmer s. Beispiele **Vorbemerkung S. 4 f.**
** Basisvorsorgepauschale KV und PV *** Typisierter Arbeitgeberzuschuss

Lohn/ Gehalt in € bis	Steuerklasse	Lohn-steuer*	BVSP**	TAGZ***	Steuerklasse	Bemessungsgrundlage für Kirchensteuer und Solidaritätszuschlag					
						Freibeträge für ... Kinder					
						0,5	**1,0**	1,5	**2,0**	2,5	**3,0**
4034,99	I,IV	**670,33**	370,16	370,16	I	554,00	443,75	339,66	241,66	149,83	64,50
	II	**616,66**	370,16	370,16	II	503,08	395,66	294,33	199,16	110,08	31,83
	III	**359,33**	370,16	370,16	III	270,00	183,83	103,33	37,16		
	V	**1078,58**	370,16	370,16	IV	611,41	554,00	498,08	443,75	390,91	339,66
	VI	**1114,83**	370,16	370,16							
4037,99	I,IV	**671,16**	370,41	370,41	I	554,83	444,50	340,41	242,41	150,50	65,08
	II	**617,50**	370,41	370,41	II	503,91	396,41	295,08	199,83	110,66	32,25
	III	**360,00**	370,41	370,41	III	270,66	184,33	104,00	37,50		
	V	**1079,58**	370,41	370,41	IV	612,25	554,83	498,91	444,50	391,66	340,41
	VI	**1115,83**	370,41	370,41							
4040,99	I,IV	**672,00**	370,75	370,75	I	555,58	445,33	341,08	243,08	151,08	65,66
	II	**618,33**	370,75	370,75	II	504,66	397,16	295,75	200,50	111,33	32,75
	III	**360,50**	370,75	370,75	III	271,16	185,00	104,50	38,00		
	V	**1080,66**	370,75	370,75	IV	613,08	555,58	499,66	445,33	392,41	341,08
	VI	**1116,91**	370,75	370,75							
4043,99	I,IV	**672,91**	371,00	371,00	I	556,41	446,08	341,83	243,75	151,75	66,16
	II	**619,16**	371,00	371,00	II	505,41	397,91	296,41	201,16	111,91	33,25
	III	**361,16**	371,00	371,00	III	271,83	185,50	105,00	38,33		
	V	**1081,66**	371,00	371,00	IV	613,91	556,41	500,50	446,08	393,16	341,83
	VI	**1118,00**	371,00	371,00							
4046,99	I,IV	**673,75**	371,25	371,25	I	557,25	446,83	342,58	244,41	152,41	66,75
	II	**620,00**	371,25	371,25	II	506,25	398,66	297,16	201,83	112,58	33,66
	III	**361,83**	371,25	371,25	III	272,50	186,16	105,50	38,83		
	V	**1082,75**	371,25	371,25	IV	614,75	557,25	501,25	446,83	393,91	342,58
	VI	**1119,00**	371,25	371,25							
4049,99	I,IV	**674,58**	371,58	371,58	I	558,00	447,58	343,25	245,08	153,00	67,33
	II	**620,83**	371,58	371,58	II	507,00	399,41	297,83	202,41	113,16	34,16
	III	**362,50**	371,58	371,58	III	273,16	186,83	106,00	39,16		
	V	**1083,83**	371,58	371,58	IV	615,58	558,00	502,08	447,58	394,66	343,25
	VI	**1120,08**	371,58	371,58							
4052,99	I,IV	**675,41**	371,83	371,83	I	558,83	448,33	344,00	245,75	153,66	67,91
	II	**621,66**	371,83	371,83	II	507,83	400,16	298,58	203,08	113,75	34,66
	III	**363,16**	371,83	371,83	III	273,83	187,33	106,50	39,66		
	V	**1084,83**	371,83	371,83	IV	616,41	558,83	502,83	448,33	395,41	344,00
	VI	**1121,08**	371,83	371,83							
4055,99	I,IV	**676,33**	372,08	372,08	I	559,66	449,16	344,75	246,50	154,33	68,50
	II	**622,50**	372,08	372,08	II	508,66	400,91	299,25	203,75	114,41	35,08
	III	**363,83**	372,08	372,08	III	274,33	188,00	107,16	40,16		
	V	**1085,91**	372,08	372,08	IV	617,25	559,66	503,66	449,16	396,16	344,75
	VI	**1122,16**	372,08	372,08							
4058,99	I,IV	**677,16**	372,33	372,33	I	560,41	449,91	345,41	247,08	154,91	69,00
	II	**623,33**	372,33	372,33	II	509,41	401,58	299,91	204,41	115,00	35,58
	III	**364,50**	372,33	372,33	III	275,00	188,66	107,66	40,50		
	V	**1086,91**	372,33	372,33	IV	618,00	560,41	504,41	449,91	396,91	345,41
	VI	**1123,16**	372,33	372,33							
4061,99	I,IV	**678,00**	372,66	372,66	I	561,25	450,66	346,16	247,83	155,58	69,58
	II	**624,16**	372,66	372,66	II	510,16	402,33	300,66	205,08	115,58	36,08
	III	**365,16**	372,66	372,66	III	275,66	189,16	108,16	41,00		
	V	**1088,00**	372,66	372,66	IV	618,83	561,25	505,16	450,66	397,66	346,16
	VI	**1124,25**	372,66	372,66							
4064,99	I,IV	**678,83**	372,91	372,91	I	562,08	451,41	346,91	248,50	156,16	70,16
	II	**625,00**	372,91	372,91	II	511,00	403,08	301,33	205,75	116,25	36,50
	III	**365,83**	372,91	372,91	III	276,33	189,83	108,66	41,33		
	V	**1089,00**	372,91	372,91	IV	619,66	562,08	506,00	451,41	398,41	346,91
	VI	**1125,25**	372,91	372,91							
4067,99	I,IV	**679,75**	373,16	373,16	I	562,91	452,16	347,58	249,16	156,83	70,75
	II	**625,83**	373,16	373,16	II	511,75	403,83	302,08	206,41	116,83	37,00
	III	**366,50**	373,16	373,16	III	276,83	190,50	109,16	41,83		
	V	**1090,08**	373,16	373,16	IV	620,50	562,91	506,75	452,16	399,16	347,58
	VI	**1126,33**	373,16	373,16							

* Zur LSt-Berechnung für privat versicherte Arbeitnehmer s. Beispiele **Vorbemerkung S. 4f.**
** Basisvorsorgepauschale KV und PV *** Typisierter Arbeitgeberzuschuss

Lohn/ Gehalt in € bis	Steuerklasse	Lohn-steuer*	BVSP**	TAGZ***	Steuerklasse	Bemessungsgrundlage für Kirchensteuer und Solidaritätszuschlag – Freibeträge für ... Kinder 0,5	1,0	1,5	2,0	2,5	3,0
4070,99	I,IV	**680,58**	373,50	373,50	I	563,66	453,00	348,33	249,83	157,50	71,33
	II	**626,66**	373,50	373,50	II	512,58	404,58	302,75	207,08	117,50	37,50
	III	**367,00**	373,50	373,50	III	277,50	191,00	109,83	42,16		
	V	**1091,08**	373,50	373,50	IV	621,33	563,66	507,58	453,00	399,91	348,33
	VI	**1127,41**	373,50	373,50							
4073,99	I,IV	**681,41**	373,75	373,75	I	564,50	453,75	349,08	250,50	158,08	71,91
	II	**627,50**	373,75	373,75	II	513,33	405,33	303,50	207,75	118,08	38,00
	III	**367,66**	373,75	373,75	III	278,16	191,66	110,33	42,66		
	V	**1092,16**	373,75	373,75	IV	622,16	564,50	508,33	453,75	400,66	349,08
	VI	**1128,41**	373,75	373,75							
4076,99	I,IV	**682,25**	374,00	374,00	I	565,33	454,50	349,83	251,25	158,75	72,50
	II	**628,33**	374,00	374,00	II	514,16	406,08	304,16	208,41	118,75	38,50
	III	**368,33**	374,00	374,00	III	278,83	192,33	110,83	43,16		
	V	**1093,25**	374,00	374,00	IV	623,08	565,33	509,16	454,50	401,41	349,83
	VI	**1129,50**	374,00	374,00							
4079,99	I,IV	**683,16**	374,33	374,33	I	566,16	455,25	350,50	251,91	159,41	73,08
	II	**629,16**	374,33	374,33	II	514,91	406,83	304,91	209,08	119,33	39,00
	III	**369,00**	374,33	374,33	III	279,50	192,83	111,33	43,50		
	V	**1094,25**	374,33	374,33	IV	623,91	566,16	509,91	455,25	402,16	350,50
	VI	**1130,50**	374,33	374,33							
4082,99	I,IV	**684,00**	374,58	374,58	I	567,00	456,08	351,25	252,58	160,00	73,66
	II	**630,00**	374,58	374,58	II	515,75	407,58	305,58	209,75	119,91	39,41
	III	**369,66**	374,58	374,58	III	280,00	193,50	112,00	44,00		
	V	**1095,33**	374,58	374,58	IV	624,75	567,00	510,75	456,08	402,91	351,25
	VI	**1131,58**	374,58	374,58							
4085,99	I,IV	**684,83**	374,83	374,83	I	567,75	456,83	351,91	253,25	160,66	74,25
	II	**630,83**	374,83	374,83	II	516,50	408,33	306,25	210,33	120,58	39,91
	III	**370,33**	374,83	374,83	III	280,66	194,00	112,50	44,33		
	V	**1096,33**	374,83	374,83	IV	625,50	567,75	511,50	456,83	403,58	351,91
	VI	**1132,58**	374,83	374,83							
4088,99	I,IV	**685,66**	375,08	375,08	I	568,58	457,58	352,66	253,91	161,25	74,83
	II	**631,66**	375,08	375,08	II	517,33	409,08	307,00	211,00	121,16	40,41
	III	**371,00**	375,08	375,08	III	281,33	194,66	113,00	44,83		
	V	**1097,41**	375,08	375,08	IV	626,33	568,58	512,33	457,58	404,33	352,66
	VI	**1133,66**	375,08	375,08							
4091,99	I,IV	**686,58**	375,41	375,41	I	569,41	458,33	353,41	254,58	161,91	75,41
	II	**632,50**	375,41	375,41	II	518,08	409,83	307,66	211,66	121,83	40,91
	III	**371,66**	375,41	375,41	III	281,83	195,33	113,50	45,16		
	V	**1098,41**	375,41	375,41	IV	627,16	569,41	513,08	458,33	405,08	353,41
	VI	**1134,66**	375,41	375,41							
4094,99	I,IV	**687,41**	375,66	375,66	I	570,16	459,08	354,16	255,33	162,58	76,00
	II	**633,33**	375,66	375,66	II	518,91	410,58	308,41	212,33	122,41	41,41
	III	**372,33**	375,66	375,66	III	282,50	195,83	114,00	45,66		
	V	**1099,50**	375,66	375,66	IV	628,00	570,16	513,91	459,08	405,83	354,16
	VI	**1135,75**	375,66	375,66							
4097,99	I,IV	**688,25**	375,91	375,91	I	571,00	459,91	354,83	256,00	163,25	76,58
	II	**634,16**	375,91	375,91	II	519,66	411,33	309,08	213,00	123,00	41,91
	III	**372,83**	375,91	375,91	III	283,16	196,50	114,66	46,16		
	V	**1100,50**	375,91	375,91	IV	628,91	571,00	514,66	459,91	406,58	354,83
	VI	**1136,83**	375,91	375,91							
4100,99	I,IV	**689,16**	376,25	376,25	I	571,83	460,66	355,58	256,66	163,83	77,16
	II	**635,00**	376,25	376,25	II	520,50	412,08	309,83	213,66	123,66	42,41
	III	**373,50**	376,25	376,25	III	283,83	197,00	115,16	46,50		
	V	**1101,58**	376,25	376,25	IV	629,75	571,83	515,50	460,66	407,33	355,58
	VI	**1137,83**	376,25	376,25							
4103,99	I,IV	**690,00**	376,50	376,50	I	572,66	461,41	356,33	257,33	164,50	77,75
	II	**635,83**	376,50	376,50	II	521,33	412,83	310,58	214,33	124,25	42,91
	III	**374,16**	376,50	376,50	III	284,50	197,66	115,66	47,00		
	V	**1102,66**	376,50	376,50	IV	630,58	572,66	516,25	461,41	408,08	356,33
	VI	**1138,91**	376,50	376,50							

* Zur LSt-Berechnung für privat versicherte Arbeitnehmer s. Beispiele **Vorbemerkung S. 4 f.**
** Basisvorsorgepauschale KV und PV *** Typisierter Arbeitgeberzuschuss

Lohn/ Gehalt in € bis	Steuerklasse	Lohn-steuer*	BVSP**	TAGZ***	Steuerklasse	Bemessungsgrundlage für Kirchensteuer und Solidaritätszuschlag					
						Freibeträge für ... Kinder					
						0,5	**1,0**	1,5	**2,0**	2,5	**3,0**
4106,99	I,IV	**690,83**	376,75	376,75	I	573,50	462,16	357,08	258,00	165,16	78,33
	II	**636,66**	376,75	376,75	II	522,08	413,58	311,25	215,00	124,91	43,41
	III	**374,83**	376,75	376,75	III	285,00	198,33	116,16	47,50		
	V	**1103,66**	376,75	376,75	IV	631,41	573,50	517,08	462,16	408,83	357,08
	VI	**1139,91**	376,75	376,75							
4109,99	I,IV	**691,75**	377,08	377,08	I	574,25	463,00	357,75	258,75	165,75	79,00
	II	**637,50**	377,08	377,08	II	522,91	414,33	312,00	215,66	125,50	43,91
	III	**375,50**	377,08	377,08	III	285,66	198,83	116,83	47,83		
	V	**1104,75**	377,08	377,08	IV	632,25	574,25	517,83	463,00	409,58	357,75
	VI	**1141,00**	377,08	377,08							
4112,99	I,IV	**692,58**	377,33	377,33	I	575,08	463,75	358,50	259,41	166,41	79,58
	II	**638,33**	377,33	377,33	II	523,66	415,08	312,66	216,33	126,16	44,41
	III	**376,16**	377,33	377,33	III	286,33	199,50	117,33	48,33		
	V	**1105,75**	377,33	377,33	IV	633,08	575,08	518,66	463,75	410,33	358,50
	VI	**1142,00**	377,33	377,33							
4115,99	I,IV	**693,41**	377,58	377,58	I	575,91	464,50	359,25	260,08	167,08	80,16
	II	**639,16**	377,58	377,58	II	524,50	415,83	313,33	217,00	126,75	44,91
	III	**376,83**	377,58	377,58	III	287,00	200,16	117,83	48,83		
	V	**1106,83**	377,58	377,58	IV	633,91	575,91	519,41	464,50	411,08	359,25
	VI	**1143,08**	377,58	377,58							
4118,99	I,IV	**694,25**	377,91	377,91	I	576,75	465,25	360,00	260,75	167,66	80,75
	II	**640,00**	377,91	377,91	II	525,25	416,58	314,08	217,66	127,41	45,41
	III	**377,50**	377,91	377,91	III	287,50	200,66	118,33	49,16		
	V	**1107,83**	377,91	377,91	IV	634,75	576,75	520,25	465,25	411,83	360,00
	VI	**1144,08**	377,91	377,91							
4121,99	I,IV	**695,16**	378,16	378,16	I	577,50	466,08	360,66	261,41	168,33	81,33
	II	**640,91**	378,16	378,16	II	526,08	417,33	314,75	218,33	128,00	45,91
	III	**378,16**	378,16	378,16	III	288,16	201,33	119,00	49,66		
	V	**1108,91**	378,16	378,16	IV	635,58	577,50	521,00	466,08	412,58	360,66
	VI	**1145,16**	378,16	378,16							
4124,99	I,IV	**696,00**	378,41	378,41	I	578,33	466,83	361,41	262,16	169,00	81,91
	II	**641,75**	378,41	378,41	II	526,83	418,08	315,50	219,00	128,66	46,41
	III	**378,83**	378,41	378,41	III	288,83	202,00	119,50	50,16		
	V	**1109,91**	378,41	378,41	IV	636,41	578,33	521,83	466,83	413,33	361,41
	VI	**1146,25**	378,41	378,41							
4127,99	I,IV	**696,83**	378,66	378,66	I	579,16	467,58	362,16	262,83	169,66	82,58
	II	**642,58**	378,66	378,66	II	527,66	418,83	316,25	219,66	129,25	46,91
	III	**379,50**	378,66	378,66	III	289,50	202,50	120,00	50,50		
	V	**1111,00**	378,66	378,66	IV	637,25	579,16	522,58	467,58	414,08	362,16
	VI	**1147,25**	378,66	378,66							
4130,99	I,IV	**697,75**	379,00	379,00	I	580,00	468,41	362,91	263,50	170,25	83,16
	II	**643,41**	379,00	379,00	II	528,41	419,66	316,91	220,33	129,91	47,41
	III	**380,16**	379,00	379,00	III	290,16	203,16	120,66	51,00		
	V	**1112,08**	379,00	379,00	IV	638,08	580,00	523,41	468,41	414,83	362,91
	VI	**1148,33**	379,00	379,00							
4133,99	I,IV	**698,58**	379,25	379,25	I	580,83	469,16	363,58	264,16	170,91	83,75
	II	**644,25**	379,25	379,25	II	529,25	420,41	317,66	221,00	130,50	48,00
	III	**380,83**	379,25	379,25	III	290,66	203,83	121,16	51,50		
	V	**1113,08**	379,25	379,25	IV	638,91	580,83	524,25	469,16	415,58	363,58
	VI	**1149,33**	379,25	379,25							
4136,99	I,IV	**699,41**	379,50	379,50	I	581,58	469,91	364,33	264,83	171,50	84,33
	II	**645,08**	379,50	379,50	II	530,00	421,08	318,33	221,66	131,08	48,50
	III	**381,33**	379,50	379,50	III	291,33	204,33	121,66	51,83		
	V	**1114,08**	379,50	379,50	IV	639,75	581,58	525,00	469,91	416,33	364,33
	VI	**1150,41**	379,50	379,50							
4139,99	I,IV	**700,33**	379,83	379,83	I	582,41	470,66	365,08	265,58	172,16	84,91
	II	**645,91**	379,83	379,83	II	530,83	421,83	319,00	222,33	131,75	49,00
	III	**382,00**	379,83	379,83	III	292,00	205,00	122,16	52,33		
	V	**1115,16**	379,83	379,83	IV	640,58	582,41	525,75	470,66	417,08	365,08
	VI	**1151,41**	379,83	379,83							

* Zur LSt-Berechnung für privat versicherte Arbeitnehmer s. Beispiele **Vorbemerkung S. 4f.**

** Basisvorsorgepauschale KV und PV *** Typisierter Arbeitgeberzuschuss

Lohn/ Gehalt in € bis	Steuerklasse	Lohnsteuer*	BVSP**	TAGZ***	Steuerklasse	Bemessungsgrundlage für Kirchensteuer und Solidaritätszuschlag – Freibeträge für ... Kinder 0,5	1,0	1,5	2,0	2,5	3,0
4142,99	I,IV	**701,16**	380,08	380,08	I	583,25	471,50	365,83	266,25	172,83	85,50
	II	**646,75**	380,08	380,08	II	531,66	422,66	319,75	223,00	132,33	49,50
	III	**382,66**	380,08	380,08	III	292,66	205,66	122,83	52,66		
	V	**1116,25**	380,08	380,08	IV	641,41	583,25	526,58	471,50	417,83	365,83
	VI	**1152,50**	380,08	380,08							
4145,99	I,IV	**702,00**	380,33	380,33	I	584,08	472,25	366,50	266,91	173,50	86,16
	II	**647,58**	380,33	380,33	II	532,41	423,41	320,50	223,66	133,00	50,00
	III	**383,33**	380,33	380,33	III	293,16	206,16	123,33	53,16		
	V	**1117,25**	380,33	380,33	IV	642,25	584,08	527,41	472,25	418,58	366,50
	VI	**1153,50**	380,33	380,33							
4148,99	I,IV	**702,91**	380,66	380,66	I	584,91	473,00	367,25	267,66	174,16	86,75
	II	**648,41**	380,66	380,66	II	533,25	424,16	321,16	224,33	133,58	50,58
	III	**384,00**	380,66	380,66	III	293,83	206,83	123,83	53,66		
	V	**1118,33**	380,66	380,66	IV	643,16	584,91	528,16	473,00	419,41	367,25
	VI	**1154,58**	380,66	380,66							
4151,99	I,IV	**703,75**	380,91	380,91	I	585,75	473,83	368,00	268,33	174,75	87,33
	II	**649,33**	380,91	380,91	II	534,00	424,91	321,91	225,00	134,25	51,08
	III	**384,66**	380,91	380,91	III	294,50	207,50	124,50	54,16		
	V	**1119,33**	380,91	380,91	IV	644,00	585,75	529,00	473,83	420,16	368,00
	VI	**1155,66**	380,91	380,91							
4154,99	I,IV	**704,58**	381,16	381,16	I	586,50	474,58	368,75	269,00	175,41	87,91
	II	**650,16**	381,16	381,16	II	534,83	425,66	322,58	225,66	134,83	51,58
	III	**385,33**	381,16	381,16	III	295,16	208,00	125,00	54,50		
	V	**1120,41**	381,16	381,16	IV	644,83	586,50	529,75	474,58	420,91	368,75
	VI	**1156,66**	381,16	381,16							
4157,99	I,IV	**705,50**	381,41	381,41	I	587,33	475,33	369,50	269,66	176,08	88,58
	II	**651,00**	381,41	381,41	II	535,66	426,41	323,33	226,33	135,50	52,16
	III	**386,00**	381,41	381,41	III	295,83	208,66	125,50	55,00		
	V	**1121,50**	381,41	381,41	IV	645,66	587,33	530,58	475,33	421,66	369,50
	VI	**1157,75**	381,41	381,41							
4160,99	I,IV	**706,33**	381,75	381,75	I	588,16	476,16	370,16	270,41	176,75	89,16
	II	**651,83**	381,75	381,75	II	536,41	427,16	324,00	227,00	136,08	52,66
	III	**386,66**	381,75	381,75	III	296,33	209,33	126,16	55,50		
	V	**1122,50**	381,75	381,75	IV	646,50	588,16	531,41	476,16	422,41	370,16
	VI	**1158,75**	381,75	381,75							
4163,99	I,IV	**707,16**	382,00	382,00	I	589,00	476,91	370,91	271,08	177,33	89,75
	II	**652,66**	382,00	382,00	II	537,25	427,91	324,75	227,66	136,75	53,16
	III	**387,33**	382,00	382,00	III	297,00	209,83	126,66	55,83		
	V	**1123,50**	382,00	382,00	IV	647,33	589,00	532,16	476,91	423,16	370,91
	VI	**1159,75**	382,00	382,00							
4166,99	I,IV	**708,08**	382,25	382,25	I	589,83	477,66	371,66	271,75	178,00	90,33
	II	**653,50**	382,25	382,25	II	538,00	428,66	325,41	228,33	137,33	53,66
	III	**388,00**	382,25	382,25	III	297,66	210,50	127,16	56,33		
	V	**1124,58**	382,25	382,25	IV	648,16	589,83	533,00	477,66	423,91	371,66
	VI	**1160,83**	382,25	382,25							
4169,99	I,IV	**708,91**	382,58	382,58	I	590,66	478,41	372,41	272,41	178,66	90,91
	II	**654,33**	382,58	382,58	II	538,83	429,41	326,16	229,00	138,00	54,25
	III	**388,50**	382,58	382,58	III	298,33	211,16	127,83	56,83	0,50	
	V	**1125,66**	382,58	382,58	IV	649,00	590,66	533,75	478,41	424,66	372,41
	VI	**1161,91**	382,58	382,58							
4172,99	I,IV	**709,83**	382,83	382,83	I	591,41	479,25	373,16	273,16	179,25	91,58
	II	**655,16**	382,83	382,83	II	539,66	430,16	326,91	229,66	138,58	54,75
	III	**389,16**	382,83	382,83	III	299,00	211,66	128,33	57,33	0,83	
	V	**1126,66**	382,83	382,83	IV	649,83	591,41	534,58	479,25	425,41	373,16
	VI	**1162,91**	382,83	382,83							
4175,99	I,IV	**710,66**	383,08	383,08	I	592,25	480,00	373,83	273,83	179,91	92,16
	II	**656,08**	383,08	383,08	II	540,41	431,00	327,58	230,33	139,25	55,33
	III	**389,83**	383,08	383,08	III	299,50	212,33	128,83	57,66	1,16	
	V	**1127,75**	383,08	383,08	IV	650,75	592,25	535,41	480,00	426,16	373,83
	VI	**1164,00**	383,08	383,08							

* Zur LSt-Berechnung für privat versicherte Arbeitnehmer s. Beispiele **Vorbemerkung S. 4f.**
** Basisvorsorgepauschale KV und PV *** Typisierter Arbeitgeberzuschuss

Lohn/ Gehalt in € bis	Steuerklasse	Lohn-steuer*	BVSP**	TAGZ***	Steuerklasse	Bemessungsgrundlage für Kirchensteuer und Solidaritätszuschlag – Freibeträge für ... Kinder 0,5	**1,0**	1,5	**2,0**	2,5	**3,0**
4178,99	I,IV	**711,50**	383,41	383,41	I	593,08	480,75	374,58	274,50	180,58	92,75
	II	**656,91**	383,41	383,41	II	541,25	431,75	328,33	231,00	139,91	55,83
	III	**390,50**	383,41	383,41	III	300,16	213,00	129,50	58,16	1,50	
	V	**1128,75**	383,41	383,41	IV	651,58	593,08	536,16	480,75	426,91	374,58
	VI	**1165,00**	383,41	383,41							
4181,99	I,IV	**712,41**	383,66	383,66	I	593,91	481,58	375,33	275,25	181,25	93,33
	II	**657,75**	383,66	383,66	II	542,08	432,50	329,00	231,75	140,50	56,41
	III	**391,16**	383,66	383,66	III	300,83	213,50	130,00	58,66	1,83	
	V	**1129,83**	383,66	383,66	IV	652,41	593,91	537,00	481,58	427,66	375,33
	VI	**1166,08**	383,66	383,66							
4184,99	I,IV	**713,25**	383,91	383,91	I	594,75	482,33	376,08	275,91	181,91	94,00
	II	**658,58**	383,91	383,91	II	542,83	433,25	329,75	232,41	141,16	56,91
	III	**391,83**	383,91	383,91	III	301,50	214,16	130,50	59,16	2,16	
	V	**1130,91**	383,91	383,91	IV	653,25	594,75	537,75	482,33	428,41	376,08
	VI	**1167,16**	383,91	383,91							
4187,99	I,IV	**714,16**	384,16	384,16	I	595,58	483,16	376,83	276,58	182,50	94,58
	II	**659,41**	384,16	384,16	II	543,66	434,00	330,50	233,08	141,75	57,41
	III	**392,50**	384,16	384,16	III	302,16	214,83	131,16	59,50	2,50	
	V	**1131,91**	384,16	384,16	IV	654,08	595,58	538,58	483,16	429,25	376,83
	VI	**1168,16**	384,16	384,16							
4190,99	I,IV	**715,00**	384,50	384,50	I	596,41	483,91	377,50	277,25	183,16	95,16
	II	**660,25**	384,50	384,50	II	544,41	434,75	331,16	233,75	142,41	58,00
	III	**393,16**	384,50	384,50	III	302,66	215,33	131,66	60,00	2,83	
	V	**1132,91**	384,50	384,50	IV	654,91	596,41	539,33	483,91	429,91	377,50
	VI	**1169,16**	384,50	384,50							
4193,99	I,IV	**715,83**	384,75	384,75	I	597,16	484,66	378,25	278,00	183,83	95,75
	II	**661,08**	384,75	384,75	II	545,25	435,50	331,91	234,41	143,00	58,50
	III	**393,83**	384,75	384,75	III	303,33	216,00	132,16	60,50	3,16	
	V	**1134,00**	384,75	384,75	IV	655,75	597,16	540,16	484,66	430,66	378,25
	VI	**1170,25**	384,75	384,75							
4196,99	I,IV	**716,75**	385,00	385,00	I	598,00	485,50	379,00	278,66	184,50	96,41
	II	**662,00**	385,00	385,00	II	546,08	436,25	332,58	235,08	143,66	59,08
	III	**394,50**	385,00	385,00	III	304,00	216,50	132,83	60,83	3,66	
	V	**1135,08**	385,00	385,00	IV	656,58	598,00	541,00	485,50	431,50	379,00
	VI	**1171,33**	385,00	385,00							
4199,99	I,IV	**717,58**	385,33	385,33	I	598,83	486,25	379,75	279,41	185,16	97,00
	II	**662,83**	385,33	385,33	II	546,83	437,00	333,33	235,75	144,25	59,58
	III	**395,16**	385,33	385,33	III	304,66	217,16	133,33	61,33	4,00	
	V	**1136,08**	385,33	385,33	IV	657,50	598,83	541,75	486,25	432,25	379,75
	VI	**1172,33**	385,33	385,33							
4202,99	I,IV	**718,50**	385,58	385,58	I	599,66	487,00	380,50	280,08	185,75	97,58
	II	**663,66**	385,58	385,58	II	547,66	437,83	334,08	236,41	144,91	60,16
	III	**395,83**	385,58	385,58	III	305,33	217,83	134,00	61,83	4,33	
	V	**1137,16**	385,58	385,58	IV	658,33	599,66	542,58	487,00	433,00	380,50
	VI	**1173,41**	385,58	385,58							
4205,99	I,IV	**719,33**	385,83	385,83	I	600,50	487,83	381,25	280,75	186,41	98,25
	II	**664,50**	385,83	385,83	II	548,50	438,58	334,75	237,08	145,50	60,75
	III	**396,50**	385,83	385,83	III	305,83	218,50	134,50	62,33	4,66	
	V	**1138,16**	385,83	385,83	IV	659,16	600,50	543,41	487,83	433,75	381,25
	VI	**1174,41**	385,83	385,83							
4208,99	I,IV	**720,25**	386,16	386,16	I	601,33	488,58	382,00	281,50	187,08	98,83
	II	**665,41**	386,16	386,16	II	549,25	439,33	335,50	237,75	146,16	61,25
	III	**397,00**	386,16	386,16	III	306,50	219,00	135,00	62,83	5,00	
	V	**1139,25**	386,16	386,16	IV	660,00	601,33	544,16	488,58	434,50	382,00
	VI	**1175,50**	386,16	386,16							
4211,99	I,IV	**721,08**	386,41	386,41	I	602,16	489,41	382,75	282,16	187,75	99,41
	II	**666,25**	386,41	386,41	II	550,08	440,08	336,16	238,41	146,83	61,83
	III	**397,66**	386,41	386,41	III	307,16	219,66	135,66	63,16	5,33	
	V	**1140,33**	386,41	386,41	IV	660,83	602,16	545,00	489,41	435,25	382,75
	VI	**1176,58**	386,41	386,41							

* Zur LSt-Berechnung für privat versicherte Arbeitnehmer s. Beispiele **Vorbemerkung S. 4f.**
** Basisvorsorgepauschale KV und PV *** Typisierter Arbeitgeberzuschuss

Lohn/ Gehalt in € bis	Steuerklasse	Lohn-steuer*	BVSP**	TAGZ***	Steuerklasse	Bemessungsgrundlage für Kirchensteuer und Solidaritätszuschlag – Freibeträge für ... Kinder 0,5	1,0	1,5	2,0	2,5	3,0
4214,99	I,IV	**721,91**	386,66	386,66	I	603,00	490,16	383,41	282,83	188,33	100,00
	II	**667,08**	386,66	386,66	II	550,91	440,83	336,91	239,08	147,41	62,33
	III	**398,33**	386,66	386,66	III	307,83	220,33	136,16	63,66	5,83	
	V	**1141,33**	386,66	386,66	IV	661,66	603,00	545,75	490,16	436,00	383,41
	VI	**1177,58**	386,66	386,66							
4217,99	I,IV	**722,83**	387,00	387,00	I	603,83	490,91	384,16	283,50	189,00	100,66
	II	**667,91**	387,00	387,00	II	551,66	441,58	337,66	239,75	148,08	62,91
	III	**399,00**	387,00	387,00	III	308,50	220,83	136,83	64,16	6,16	
	V	**1142,33**	387,00	387,00	IV	662,50	603,83	546,58	490,91	436,75	384,16
	VI	**1178,58**	387,00	387,00							
4220,99	I,IV	**723,66**	387,25	387,25	I	604,66	491,75	384,91	284,25	189,66	101,25
	II	**668,75**	387,25	387,25	II	552,50	442,33	338,33	240,41	148,66	63,50
	III	**399,66**	387,25	387,25	III	309,00	221,50	137,33	64,66	6,50	
	V	**1143,41**	387,25	387,25	IV	663,41	604,66	547,41	491,75	437,58	384,91
	VI	**1179,66**	387,25	387,25							
4223,99	I,IV	**724,58**	387,50	387,50	I	605,50	492,50	385,66	284,91	190,33	101,83
	II	**669,58**	387,50	387,50	II	553,33	443,16	339,08	241,16	149,33	64,00
	III	**400,33**	387,50	387,50	III	309,66	222,16	138,00	65,16	6,83	
	V	**1144,50**	387,50	387,50	IV	664,25	605,50	548,25	492,50	438,33	385,66
	VI	**1180,75**	387,50	387,50							
4226,99	I,IV	**725,41**	387,75	387,75	I	606,33	493,25	386,41	285,66	191,00	102,50
	II	**670,50**	387,75	387,75	II	554,08	443,91	339,83	241,83	149,91	64,58
	III	**401,00**	387,75	387,75	III	310,33	222,66	138,50	65,50	7,16	
	V	**1145,50**	387,75	387,75	IV	665,08	606,33	549,00	493,25	439,08	386,41
	VI	**1181,75**	387,75	387,75							
4229,99	I,IV	**726,33**	388,08	388,08	I	607,08	494,08	387,16	286,33	191,66	103,08
	II	**671,33**	388,08	388,08	II	554,91	444,66	340,50	242,50	150,58	65,16
	III	**401,66**	388,08	388,08	III	311,00	223,33	139,00	66,00	7,50	
	V	**1146,58**	388,08	388,08	IV	665,91	607,08	549,83	494,08	439,83	387,16
	VI	**1182,83**	388,08	388,08							
4232,99	I,IV	**727,16**	388,33	388,33	I	607,91	494,83	387,91	287,00	192,33	103,66
	II	**672,16**	388,33	388,33	II	555,75	445,41	341,25	243,16	151,25	65,75
	III	**402,33**	388,33	388,33	III	311,66	224,00	139,66	66,50	8,00	
	V	**1147,58**	388,33	388,33	IV	666,83	607,91	550,66	494,83	440,58	387,91
	VI	**1183,83**	388,33	388,33							
4235,99	I,IV	**728,08**	388,58	388,58	I	608,75	495,66	388,58	287,75	192,91	104,33
	II	**673,00**	388,58	388,58	II	556,58	446,16	342,00	243,83	151,83	66,25
	III	**403,00**	388,58	388,58	III	312,33	224,50	140,16	67,00	8,33	
	V	**1148,66**	388,58	388,58	IV	667,66	608,75	551,41	495,66	441,33	388,58
	VI	**1184,91**	388,58	388,58							
4238,99	I,IV	**728,91**	388,91	388,91	I	609,58	496,41	389,33	288,41	193,58	104,91
	II	**673,91**	388,91	388,91	II	557,33	447,00	342,66	244,50	152,50	66,83
	III	**403,66**	388,91	388,91	III	312,83	225,16	140,83	67,50	8,66	
	V	**1149,75**	388,91	388,91	IV	668,50	609,58	552,25	496,41	442,16	389,33
	VI	**1186,00**	388,91	388,91							
4241,99	I,IV	**729,75**	389,16	389,16	I	610,41	497,16	390,08	289,08	194,25	105,50
	II	**674,75**	389,16	389,16	II	558,16	447,66	343,41	245,16	153,08	67,41
	III	**404,33**	389,16	389,16	III	313,50	225,83	141,33	67,83	9,00	
	V	**1150,75**	389,16	389,16	IV	669,33	610,41	553,00	497,16	442,83	390,08
	VI	**1187,00**	389,16	389,16							
4244,99	I,IV	**730,66**	389,41	389,41	I	611,25	498,00	390,83	289,83	194,91	106,08
	II	**675,58**	389,41	389,41	II	559,00	448,50	344,08	245,83	153,75	68,00
	III	**405,00**	389,41	389,41	III	314,16	226,33	142,00	68,33	9,33	
	V	**1151,75**	389,41	389,41	IV	670,16	611,25	553,83	498,00	443,66	390,83
	VI	**1188,00**	389,41	389,41							
4247,99	I,IV	**731,50**	389,75	389,75	I	612,08	498,75	391,58	290,50	195,58	106,75
	II	**676,41**	389,75	389,75	II	559,75	449,25	344,83	246,58	154,41	68,58
	III	**405,66**	389,75	389,75	III	314,83	227,00	142,50	68,83	9,83	
	V	**1152,83**	389,75	389,75	IV	671,00	612,08	554,66	498,75	444,41	391,58
	VI	**1189,08**	389,75	389,75							

* Zur LSt-Berechnung für privat versicherte Arbeitnehmer s. Beispiele **Vorbemerkung S. 4 f.**
** Basisvorsorgepauschale KV und PV *** Typisierter Arbeitgeberzuschuss

Lohn/ Gehalt in € bis	Steuerklasse	Lohn-steuer*	BVSP**	TAGZ***	Steuerklasse	Bemessungsgrundlage für Kirchensteuer und Solidaritätszuschlag – Freibeträge für ... Kinder 0,5	**1,0**	1,5	**2,0**	2,5	**3,0**
4 250,99	I,IV	**732,41**	390,00	390,00	I	612,91	499,58	392,33	291,16	196,25	107,33
	II	**677,25**	390,00	390,00	II	560,58	450,00	345,58	247,25	155,00	69,08
	III	**406,33**	390,00	390,00	III	315,50	227,66	143,00	69,33	10,16	
	V	**1 153,91**	390,00	390,00	IV	671,91	612,91	555,50	499,58	445,16	392,33
	VI	**1 190,16**	390,00	390,00							
4 253,99	I,IV	**733,25**	390,25	390,25	I	613,75	500,33	393,08	291,91	196,83	108,00
	II	**678,16**	390,25	390,25	II	561,41	450,75	346,25	247,91	155,66	69,66
	III	**407,00**	390,25	390,25	III	316,00	228,16	143,66	69,83	10,50	
	V	**1 154,91**	390,25	390,25	IV	672,75	613,75	556,25	500,33	445,91	393,08
	VI	**1 191,16**	390,25	390,25							
4 256,99	I,IV	**734,16**	390,50	390,50	I	614,58	501,16	393,83	292,58	197,50	108,58
	II	**679,00**	390,50	390,50	II	562,25	451,58	347,00	248,58	156,33	70,25
	III	**407,66**	390,50	390,50	III	316,66	228,83	144,16	70,33	10,83	
	V	**1 156,00**	390,50	390,50	IV	673,58	614,58	557,08	501,16	446,75	393,83
	VI	**1 192,25**	390,50	390,50							
4 259,99	I,IV	**735,00**	390,83	390,83	I	615,41	501,91	394,58	293,33	198,16	109,16
	II	**679,83**	390,83	390,83	II	563,00	452,33	347,75	249,25	156,91	70,83
	III	**408,33**	390,83	390,83	III	317,33	229,50	144,83	70,66	11,16	
	V	**1 157,00**	390,83	390,83	IV	674,41	615,41	557,91	501,91	447,50	394,58
	VI	**1 193,25**	390,83	390,83							
4 262,99	I,IV	**735,91**	391,08	391,08	I	616,25	502,75	395,33	294,00	198,83	109,83
	II	**680,75**	391,08	391,08	II	563,83	453,08	348,50	250,00	157,58	71,41
	III	**409,00**	391,08	391,08	III	318,00	230,16	145,33	71,16	11,66	
	V	**1 158,08**	391,08	391,08	IV	675,33	616,25	558,75	502,75	448,25	395,33
	VI	**1 194,33**	391,08	391,08							
4 265,99	I,IV	**736,75**	391,33	391,33	I	617,08	503,50	396,08	294,75	199,50	110,41
	II	**681,58**	391,33	391,33	II	564,66	453,83	349,16	250,66	158,25	72,00
	III	**409,50**	391,33	391,33	III	318,66	230,66	146,00	71,66	12,00	
	V	**1 159,16**	391,33	391,33	IV	676,16	617,08	559,50	503,50	449,00	396,08
	VI	**1 195,41**	391,33	391,33							
4 268,99	I,IV	**737,66**	391,66	391,66	I	617,91	504,25	396,75	295,41	200,16	111,00
	II	**682,41**	391,66	391,66	II	565,41	454,58	349,91	251,33	158,83	72,58
	III	**410,16**	391,66	391,66	III	319,33	231,33	146,50	72,16	12,33	
	V	**1 160,16**	391,66	391,66	IV	677,00	617,91	560,33	504,25	449,75	396,75
	VI	**1 196,41**	391,66	391,66							
4 271,99	I,IV	**738,50**	391,91	391,91	I	618,75	505,08	397,50	296,08	200,83	111,66
	II	**683,25**	391,91	391,91	II	566,25	455,41	350,58	252,00	159,50	73,16
	III	**410,83**	391,91	391,91	III	319,83	232,00	147,16	72,66	12,66	
	V	**1 161,16**	391,91	391,91	IV	677,83	618,75	561,16	505,08	450,50	397,50
	VI	**1 197,41**	391,91	391,91							
4 274,99	I,IV	**739,41**	392,16	392,16	I	619,58	505,83	398,25	296,83	201,50	112,25
	II	**684,08**	392,16	392,16	II	567,08	456,16	351,33	252,66	160,08	73,75
	III	**411,50**	392,16	392,16	III	320,50	232,50	147,66	73,16	13,16	
	V	**1 162,25**	392,16	392,16	IV	678,75	619,58	561,91	505,83	451,33	398,25
	VI	**1 198,50**	392,16	392,16							
4 277,99	I,IV	**740,25**	392,50	392,50	I	620,41	506,66	399,00	297,50	202,08	112,83
	II	**685,00**	392,50	392,50	II	567,91	456,91	352,08	253,33	160,75	74,33
	III	**412,16**	392,50	392,50	III	321,16	233,16	148,33	73,66	13,50	
	V	**1 163,25**	392,50	392,50	IV	679,58	620,41	562,75	506,66	452,08	399,00
	VI	**1 199,58**	392,50	392,50							
4 280,99	I,IV	**741,16**	392,75	392,75	I	621,25	507,41	399,75	298,25	202,75	113,50
	II	**685,83**	392,75	392,75	II	568,66	457,66	352,83	254,00	161,41	74,91
	III	**412,83**	392,75	392,75	III	321,83	233,83	149,00	74,16	13,83	
	V	**1 164,33**	392,75	392,75	IV	680,41	621,25	563,58	507,41	452,83	399,75
	VI	**1 200,58**	392,75	392,75							
4 283,99	I,IV	**742,00**	393,00	393,00	I	622,08	508,25	400,50	298,91	203,41	114,08
	II	**686,66**	393,00	393,00	II	569,50	458,50	353,50	254,75	162,00	75,50
	III	**413,50**	393,00	393,00	III	322,50	234,33	149,50	74,66	14,33	
	V	**1 165,41**	393,00	393,00	IV	681,25	622,08	564,41	508,25	453,58	400,50
	VI	**1 201,66**	393,00	393,00							

* Zur LSt-Berechnung für privat versicherte Arbeitnehmer s. Beispiele **Vorbemerkung S. 4 f.**
** Basisvorsorgepauschale KV und PV *** Typisierter Arbeitgeberzuschuss

Lohn/ Gehalt in € bis	Steuerklasse	Lohn- steuer*	BVSP**	TAGZ***	Steuerklasse	Bemessungsgrundlage für Kirchensteuer und Solidaritätszuschlag – Freibeträge für ... Kinder 0,5	1,0	1,5	2,0	2,5	3,0
4286,99	I,IV	**742,91**	393,25	393,25	I	622,91	509,00	401,25	299,58	204,08	114,75
	II	**687,58**	393,25	393,25	II	570,33	459,25	354,25	255,41	162,66	76,08
	III	**414,16**	393,25	393,25	III	323,16	235,00	150,16	75,00	14,66	
	V	**1166,41**	393,25	393,25	IV	682,16	622,91	565,16	509,00	454,41	401,25
	VI	**1202,66**	393,25	393,25							
4289,99	I,IV	**743,75**	393,58	393,58	I	623,75	509,83	402,00	300,33	204,75	115,33
	II	**688,41**	393,58	393,58	II	571,16	460,00	355,00	256,08	163,33	76,66
	III	**414,83**	393,58	393,58	III	323,66	235,66	150,66	75,50	15,00	
	V	**1167,50**	393,58	393,58	IV	683,00	623,75	566,00	509,83	455,16	402,00
	VI	**1203,75**	393,58	393,58							
4292,99	I,IV	**744,66**	393,83	393,83	I	624,58	510,58	402,75	301,00	205,41	115,91
	II	**689,25**	393,83	393,83	II	571,91	460,75	355,66	256,75	163,91	77,25
	III	**415,50**	393,83	393,83	III	324,33	236,16	151,16	76,00	15,33	
	V	**1168,50**	393,83	393,83	IV	683,83	624,58	566,83	510,58	455,91	402,75
	VI	**1204,75**	393,83	393,83							
4295,99	I,IV	**745,50**	394,08	394,08	I	625,41	511,33	403,50	301,75	206,08	116,58
	II	**690,08**	394,08	394,08	II	572,75	461,50	356,41	257,41	164,58	77,83
	III	**416,16**	394,08	394,08	III	325,00	236,83	151,83	76,50	15,83	
	V	**1169,58**	394,08	394,08	IV	684,66	625,41	567,58	511,33	456,66	403,50
	VI	**1205,83**	394,08	394,08							
4298,99	I,IV	**746,41**	394,41	394,41	I	626,25	512,16	404,25	302,41	206,75	117,16
	II	**691,00**	394,41	394,41	II	573,58	462,33	357,16	258,16	165,25	78,41
	III	**416,83**	394,41	394,41	III	325,66	237,50	152,33	77,00	16,16	
	V	**1170,58**	394,41	394,41	IV	685,58	626,25	568,41	512,16	457,41	404,25
	VI	**1206,83**	394,41	394,41							
4301,99	I,IV	**747,25**	394,66	394,66	I	627,08	513,00	405,00	303,16	207,41	117,75
	II	**691,83**	394,66	394,66	II	574,41	463,08	357,91	258,83	165,83	79,08
	III	**417,50**	394,66	394,66	III	326,33	238,16	153,00	77,50	16,50	
	V	**1171,66**	394,66	394,66	IV	686,41	627,08	569,25	513,00	458,16	405,00
	VI	**1207,91**	394,66	394,66							
4304,99	I,IV	**748,16**	394,91	394,91	I	627,91	513,75	405,75	303,83	208,08	118,41
	II	**692,66**	394,91	394,91	II	575,25	463,83	358,58	259,50	166,50	79,66
	III	**418,16**	394,91	394,91	III	326,83	238,66	153,66	78,00	16,83	
	V	**1172,66**	394,91	394,91	IV	687,25	627,91	570,08	513,75	459,00	405,75
	VI	**1209,00**	394,91	394,91							
4307,99	I,IV	**749,08**	395,25	395,25	I	628,75	514,58	406,50	304,58	208,75	119,00
	II	**693,58**	395,25	395,25	II	576,00	464,66	359,33	260,16	167,16	80,25
	III	**418,83**	395,25	395,25	III	327,50	239,33	154,16	78,50	17,33	
	V	**1173,75**	395,25	395,25	IV	688,16	628,75	570,91	514,58	459,75	406,50
	VI	**1210,00**	395,25	395,25							
4310,99	I,IV	**749,91**	395,50	395,50	I	629,58	515,33	407,25	305,25	209,41	119,66
	II	**694,41**	395,50	395,50	II	576,83	465,41	360,08	260,91	167,83	80,83
	III	**419,50**	395,50	395,50	III	328,16	240,00	154,83	79,00	17,66	
	V	**1174,83**	395,50	395,50	IV	689,00	629,58	571,66	515,33	460,50	407,25
	VI	**1211,08**	395,50	395,50							
4313,99	I,IV	**750,83**	395,75	395,75	I	630,41	516,16	408,00	305,91	210,08	120,25
	II	**695,25**	395,75	395,75	II	577,66	466,16	360,83	261,58	168,41	81,41
	III	**420,16**	395,75	395,75	III	328,83	240,50	155,33	79,50	18,00	
	V	**1175,83**	395,75	395,75	IV	689,83	630,41	572,50	516,16	461,33	408,00
	VI	**1212,08**	395,75	395,75							
4316,99	I,IV	**751,66**	396,08	396,08	I	631,25	516,91	408,75	306,66	210,75	120,91
	II	**696,16**	396,08	396,08	II	578,50	466,91	361,58	262,25	169,08	82,08
	III	**420,83**	396,08	396,08	III	329,50	241,16	156,00	80,00	18,50	
	V	**1176,91**	396,08	396,08	IV	690,75	631,25	573,33	516,91	462,08	408,75
	VI	**1213,16**	396,08	396,08							
4319,99	I,IV	**752,58**	396,33	396,33	I	632,08	517,66	409,50	307,33	211,33	121,50
	II	**697,00**	396,33	396,33	II	579,25	467,66	362,25	262,91	169,75	82,66
	III	**421,50**	396,33	396,33	III	330,16	241,83	156,50	80,33	18,83	
	V	**1177,91**	396,33	396,33	IV	691,58	632,08	574,08	517,66	462,83	409,50
	VI	**1214,16**	396,33	396,33							

* Zur LSt-Berechnung für privat versicherte Arbeitnehmer s. Beispiele **Vorbemerkung S. 4 f.**
** Basisvorsorgepauschale KV und PV *** Typisierter Arbeitgeberzuschuss

Lohn/ Gehalt in € bis	Steuerklasse	**Lohn-steuer***	BVSP**	TAGZ***	Steuerklasse	Bemessungsgrundlage für Kirchensteuer und Solidaritätszuschlag – Freibeträge für ... Kinder 0,5	**1,0**	1,5	**2,0**	2,5	**3,0**
4 322,99	I,IV	**753,41**	396,58	396,58	I	632,91	518,50	410,25	308,08	212,00	122,08
	II	**697,83**	396,58	396,58	II	580,08	468,50	363,00	263,58	170,33	83,25
	III	**422,16**	396,58	396,58	III	330,83	242,50	157,16	80,83	19,16	
	V	**1 179,00**	396,58	396,58	IV	692,41	632,91	574,91	518,50	463,58	410,25
	VI	**1 215,25**	396,58	396,58							
4 325,99	I,IV	**754,33**	396,83	396,83	I	633,75	519,33	411,00	308,75	212,66	122,75
	II	**698,75**	396,83	396,83	II	580,91	469,25	363,75	264,33	171,00	83,83
	III	**422,83**	396,83	396,83	III	331,33	243,00	157,83	81,33	19,66	
	V	**1 180,00**	396,83	396,83	IV	693,25	633,75	575,75	519,33	464,33	411,00
	VI	**1 216,25**	396,83	396,83							
4 328,99	I,IV	**755,16**	397,16	397,16	I	634,58	520,08	411,75	309,50	213,33	123,33
	II	**699,58**	397,16	397,16	II	581,75	470,00	364,41	265,00	171,66	84,41
	III	**423,50**	397,16	397,16	III	332,00	243,66	158,33	81,83	20,00	
	V	**1 181,08**	397,16	397,16	IV	694,16	634,58	576,58	520,08	465,16	411,75
	VI	**1 217,33**	397,16	397,16							
4 331,99	I,IV	**756,08**	397,41	397,41	I	635,41	520,91	412,50	310,16	214,00	124,00
	II	**700,41**	397,41	397,41	II	582,58	470,83	365,16	265,66	172,33	85,00
	III	**424,16**	397,41	397,41	III	332,66	244,33	159,00	82,33	20,33	
	V	**1 182,08**	397,41	397,41	IV	695,00	635,41	577,41	520,91	465,91	412,50
	VI	**1 218,41**	397,41	397,41							
4 334,99	I,IV	**757,00**	397,66	397,66	I	636,25	521,66	413,25	310,91	214,66	124,58
	II	**701,33**	397,66	397,66	II	583,41	471,58	365,91	266,33	172,91	85,66
	III	**424,83**	397,66	397,66	III	333,33	245,00	159,50	82,83	20,83	
	V	**1 183,16**	397,66	397,66	IV	695,83	636,25	578,25	521,66	466,66	413,25
	VI	**1 219,41**	397,66	397,66							
4 337,99	I,IV	**757,83**	398,00	398,00	I	637,08	522,50	414,00	311,58	215,33	125,25
	II	**702,16**	398,00	398,00	II	584,25	472,33	366,66	267,08	173,58	86,25
	III	**425,50**	398,00	398,00	III	334,00	245,50	160,16	83,33	21,16	
	V	**1 184,25**	398,00	398,00	IV	696,75	637,08	579,00	522,50	467,50	414,00
	VI	**1 220,50**	398,00	398,00							
4 340,99	I,IV	**758,75**	398,25	398,25	I	637,91	523,25	414,75	312,33	216,00	125,83
	II	**703,00**	398,25	398,25	II	585,00	473,16	367,41	267,75	174,25	86,83
	III	**426,16**	398,25	398,25	III	334,66	246,16	160,83	83,83	21,50	
	V	**1 185,25**	398,25	398,25	IV	697,58	637,91	579,83	523,25	468,25	414,75
	VI	**1 221,50**	398,25	398,25							
4 343,99	I,IV	**759,66**	398,50	398,50	I	638,83	524,08	415,50	313,00	216,66	126,50
	II	**703,91**	398,50	398,50	II	585,83	473,91	368,08	268,41	174,91	87,41
	III	**426,83**	398,50	398,50	III	335,33	246,83	161,33	84,33	22,00	
	V	**1 186,33**	398,50	398,50	IV	698,41	638,83	580,66	524,08	469,00	415,50
	VI	**1 222,58**	398,50	398,50							
4 346,99	I,IV	**760,50**	398,83	398,83	I	639,58	524,83	416,25	313,75	217,33	127,08
	II	**704,75**	398,83	398,83	II	586,66	474,66	368,83	269,08	175,50	88,00
	III	**427,33**	398,83	398,83	III	335,83	247,33	162,00	84,83	22,33	
	V	**1 187,33**	398,83	398,83	IV	699,25	639,58	581,50	524,83	469,75	416,25
	VI	**1 223,58**	398,83	398,83							
4 349,99	I,IV	**761,41**	399,08	399,08	I	640,41	525,66	417,00	314,41	218,00	127,66
	II	**705,58**	399,08	399,08	II	587,50	475,41	369,58	269,83	176,16	88,66
	III	**428,00**	399,08	399,08	III	336,50	248,00	162,50	85,33	22,66	
	V	**1 188,41**	399,08	399,08	IV	700,16	640,41	582,33	525,66	470,58	417,00
	VI	**1 224,66**	399,08	399,08							
4 352,99	I,IV	**762,25**	399,33	399,33	I	641,33	526,41	417,75	315,16	218,66	128,33
	II	**706,50**	399,33	399,33	II	588,33	476,25	370,33	270,50	176,83	89,25
	III	**428,66**	399,33	399,33	III	337,16	248,66	163,16	85,83	23,16	
	V	**1 189,41**	399,33	399,33	IV	701,00	641,33	583,08	526,41	471,33	417,75
	VI	**1 225,66**	399,33	399,33							
4 355,99	I,IV	**763,16**	399,58	399,58	I	642,16	527,25	418,50	315,83	219,33	128,91
	II	**707,33**	399,58	399,58	II	589,08	477,00	371,00	271,16	177,41	89,83
	III	**429,33**	399,58	399,58	III	337,83	249,16	163,66	86,33	23,50	
	V	**1 190,50**	399,58	399,58	IV	701,91	642,16	583,91	527,25	472,08	418,50
	VI	**1 226,75**	399,58	399,58							

* Zur LSt-Berechnung für privat versicherte Arbeitnehmer s. Beispiele **Vorbemerkung S. 4 f.**
** Basisvorsorgepauschale KV und PV *** Typisierter Arbeitgeberzuschuss

Lohn/ Gehalt in € bis	Steuerklasse	Lohn- steuer*	BVSP**	TAGZ***	Steuerklasse	Bemessungsgrundlage für Kirchensteuer und Solidaritätszuschlag					
						Freibeträge für ... Kinder					
						0,5	**1,0**	1,5	**2,0**	2,5	**3,0**
4 358,99	I,IV	**764,00**	399,91	399,91	I	643,00	528,08	419,25	316,58	220,00	129,58
	II	**708,25**	399,91	399,91	II	589,91	477,83	371,75	271,91	178,08	90,41
	III	**430,00**	399,91	399,91	III	338,50	249,83	164,33	86,83	24,00	
	V	**1 191,50**	399,91	399,91	IV	702,75	643,00	584,75	528,08	472,91	419,25
	VI	**1 227,83**	399,91	399,91							
4 361,99	I,IV	**764,91**	400,16	400,16	I	643,83	528,83	420,00	317,25	220,66	130,16
	II	**709,08**	400,16	400,16	II	590,75	478,58	372,50	272,58	178,75	91,08
	III	**430,66**	400,16	400,16	III	339,00	250,50	165,00	87,33	24,33	
	V	**1 192,58**	400,16	400,16	IV	703,58	643,83	585,58	528,83	473,66	420,00
	VI	**1 228,83**	400,16	400,16							
4 364,99	I,IV	**765,83**	400,41	400,41	I	644,66	529,66	420,75	318,00	221,33	130,83
	II	**709,91**	400,41	400,41	II	591,58	479,33	373,25	273,25	179,41	91,66
	III	**431,33**	400,41	400,41	III	339,66	251,16	165,50	87,83	24,66	
	V	**1 193,66**	400,41	400,41	IV	704,50	644,66	586,41	529,66	474,41	420,75
	VI	**1 229,91**	400,41	400,41							
4 367,99	I,IV	**766,66**	400,75	400,75	I	645,50	530,50	421,50	318,66	222,00	131,41
	II	**710,83**	400,75	400,75	II	592,41	480,16	374,00	273,91	180,08	92,25
	III	**432,00**	400,75	400,75	III	340,33	251,66	166,16	88,33	25,16	
	V	**1 194,66**	400,75	400,75	IV	705,33	645,50	587,25	530,50	475,25	421,50
	VI	**1 230,91**	400,75	400,75							
4 370,99	I,IV	**767,58**	401,00	401,00	I	646,33	531,25	422,25	319,41	222,66	132,08
	II	**711,66**	401,00	401,00	II	593,25	480,91	374,66	274,66	180,66	92,83
	III	**432,66**	401,00	401,00	III	341,00	252,33	166,66	88,83	25,50	
	V	**1 195,66**	401,00	401,00	IV	706,16	646,33	588,00	531,25	476,00	422,25
	VI	**1 232,00**	401,00	401,00							
4 373,99	I,IV	**768,41**	401,25	401,25	I	647,16	532,00	423,00	320,08	223,33	132,66
	II	**712,50**	401,25	401,25	II	594,00	481,66	375,41	275,33	181,33	93,41
	III	**433,33**	401,25	401,25	III	341,66	253,00	167,33	89,33	26,00	
	V	**1 196,75**	401,25	401,25	IV	707,08	647,16	588,83	532,00	476,75	423,00
	VI	**1 233,00**	401,25	401,25							
4 376,99	I,IV	**769,33**	401,58	401,58	I	648,00	532,83	423,75	320,83	224,00	133,33
	II	**713,41**	401,58	401,58	II	594,83	482,50	376,16	276,00	182,00	94,08
	III	**434,00**	401,58	401,58	III	342,33	253,66	168,00	89,83	26,33	
	V	**1 197,83**	401,58	401,58	IV	707,91	648,00	589,66	532,83	477,50	423,75
	VI	**1 234,08**	401,58	401,58							
4 379,99	I,IV	**770,25**	401,83	401,83	I	648,83	533,66	424,50	321,50	224,66	133,91
	II	**714,25**	401,83	401,83	II	595,66	483,25	376,91	276,75	182,66	94,66
	III	**434,66**	401,83	401,83	III	343,00	254,16	168,50	90,33	26,66	
	V	**1 198,83**	401,83	401,83	IV	708,75	648,83	590,50	533,66	478,33	424,50
	VI	**1 235,08**	401,83	401,83							
4 382,99	I,IV	**771,08**	402,08	402,08	I	649,75	534,41	425,25	322,25	225,33	134,58
	II	**715,16**	402,08	402,08	II	596,50	484,00	377,66	277,41	183,25	95,25
	III	**435,50**	402,08	402,08	III	343,66	254,83	169,16	90,83	27,16	
	V	**1 199,91**	402,08	402,08	IV	709,66	649,75	591,33	534,41	479,08	425,25
	VI	**1 236,16**	402,08	402,08							
4 385,99	I,IV	**772,00**	402,33	402,33	I	650,58	535,25	426,08	323,00	226,00	135,16
	II	**716,00**	402,33	402,33	II	597,33	484,83	378,41	278,08	183,91	95,91
	III	**436,16**	402,33	402,33	III	344,16	255,50	169,66	91,33	27,50	
	V	**1 200,91**	402,33	402,33	IV	710,50	650,58	592,16	535,25	479,91	426,08
	VI	**1 237,25**	402,33	402,33							
4 388,99	I,IV	**772,91**	402,66	402,66	I	651,41	536,08	426,83	323,66	226,66	135,83
	II	**716,83**	402,66	402,66	II	598,16	485,58	379,16	278,83	184,58	96,50
	III	**436,83**	402,66	402,66	III	344,83	256,16	170,33	91,83	28,00	
	V	**1 202,00**	402,66	402,66	IV	711,41	651,41	593,00	536,08	480,66	426,83
	VI	**1 238,25**	402,66	402,66							
4 391,99	I,IV	**773,83**	402,91	402,91	I	652,25	536,83	427,58	324,41	227,33	136,41
	II	**717,75**	402,91	402,91	II	599,00	486,33	379,83	279,50	185,25	97,08
	III	**437,50**	402,91	402,91	III	345,50	256,66	171,00	92,50	28,33	
	V	**1 203,08**	402,91	402,91	IV	712,25	652,25	593,75	536,83	481,41	427,58
	VI	**1 239,33**	402,91	402,91							

* Zur LSt-Berechnung für privat versicherte Arbeitnehmer s. Beispiele **Vorbemerkung S. 4 f.**
** Basisvorsorgepauschale KV und PV *** Typisierter Arbeitgeberzuschuss

Lohn/ Gehalt in € bis	Steuerklasse	Lohn-steuer*	BVSP**	TAGZ***	Steuerklasse	Bemessungsgrundlage für Kirchensteuer und Solidaritätszuschlag – Freibeträge für ... Kinder 0,5	**1,0**	1,5	**2,0**	2,5	**3,0**
4394,99	I,IV	**774,66**	403,16	403,16	I	653,08	537,66	428,33	325,08	228,00	137,08
	II	**718,58**	403,16	403,16	II	599,83	487,16	380,58	280,16	185,91	97,75
	III	**438,16**	403,16	403,16	III	346,16	257,33	171,50	93,00	28,83	
	V	**1204,08**	403,16	403,16	IV	713,16	653,08	594,58	537,66	482,25	428,33
	VI	**1240,33**	403,16	403,16							
4397,99	I,IV	**775,58**	403,50	403,50	I	653,91	538,41	429,08	325,83	228,66	137,66
	II	**719,50**	403,50	403,50	II	600,66	487,91	381,33	280,83	186,50	98,33
	III	**438,66**	403,50	403,50	III	346,83	258,00	172,16	93,33	29,16	
	V	**1205,08**	403,50	403,50	IV	714,00	653,91	595,41	538,41	483,00	429,08
	VI	**1241,41**	403,50	403,50							
4400,99	I,IV	**776,41**	403,75	403,75	I	654,75	539,25	429,83	326,50	229,33	138,33
	II	**720,33**	403,75	403,75	II	601,41	488,66	382,08	281,58	187,16	98,91
	III	**439,33**	403,75	403,75	III	347,50	258,50	172,66	94,00	29,50	
	V	**1206,16**	403,75	403,75	IV	714,83	654,75	596,25	539,25	483,75	429,83
	VI	**1242,41**	403,75	403,75							
4403,99	I,IV	**777,33**	404,00	404,00	I	655,66	540,08	430,58	327,25	230,00	138,91
	II	**721,16**	404,00	404,00	II	602,25	489,50	382,83	282,25	187,83	99,50
	III	**440,00**	404,00	404,00	III	348,00	259,16	173,33	94,50	30,00	
	V	**1207,25**	404,00	404,00	IV	715,75	655,66	597,08	540,08	484,58	430,58
	VI	**1243,50**	404,00	404,00							
4406,99	I,IV	**778,25**	404,33	404,33	I	656,50	540,83	431,33	328,00	230,66	139,58
	II	**722,08**	404,33	404,33	II	603,08	490,25	383,58	282,91	188,50	100,16
	III	**440,66**	404,33	404,33	III	348,66	259,83	174,00	95,00	30,33	
	V	**1208,25**	404,33	404,33	IV	716,58	656,50	597,91	540,83	485,33	431,33
	VI	**1244,50**	404,33	404,33							
4409,99	I,IV	**779,08**	404,58	404,58	I	657,33	541,66	432,08	328,66	231,33	140,16
	II	**722,91**	404,58	404,58	II	603,91	491,08	384,25	283,66	189,16	100,75
	III	**441,33**	404,58	404,58	III	349,33	260,50	174,50	95,50	30,83	
	V	**1209,33**	404,58	404,58	IV	717,41	657,33	598,75	541,66	486,08	432,08
	VI	**1245,58**	404,58	404,58							
4412,99	I,IV	**780,00**	404,83	404,83	I	658,16	542,41	432,83	329,41	232,08	140,83
	II	**723,83**	404,83	404,83	II	604,75	491,83	385,00	284,33	189,75	101,33
	III	**442,00**	404,83	404,83	III	350,00	261,00	175,16	96,00	31,16	
	V	**1210,33**	404,83	404,83	IV	718,33	658,16	599,58	542,41	486,91	432,83
	VI	**1246,66**	404,83	404,83							
4415,99	I,IV	**780,91**	405,16	405,16	I	659,00	543,25	433,66	330,08	232,75	141,41
	II	**724,66**	405,16	405,16	II	605,58	492,66	385,75	285,08	190,41	101,91
	III	**442,66**	405,16	405,16	III	350,66	261,66	175,66	96,50	31,66	
	V	**1211,41**	405,16	405,16	IV	719,16	659,00	600,41	543,25	487,66	433,66
	VI	**1247,66**	405,16	405,16							
4418,99	I,IV	**781,83**	405,41	405,41	I	659,83	544,08	434,41	330,83	233,41	142,08
	II	**725,58**	405,41	405,41	II	606,41	493,41	386,50	285,75	191,08	102,58
	III	**443,33**	405,41	405,41	III	351,33	262,33	176,33	97,00	32,00	
	V	**1212,50**	405,41	405,41	IV	720,08	659,83	601,16	544,08	488,50	434,41
	VI	**1248,75**	405,41	405,41							
4421,99	I,IV	**782,66**	405,66	405,66	I	660,75	544,91	435,16	331,58	234,08	142,75
	II	**726,41**	405,66	405,66	II	607,25	494,16	387,25	286,41	191,75	103,16
	III	**444,00**	405,66	405,66	III	352,00	263,00	177,00	97,50	32,50	
	V	**1213,50**	405,66	405,66	IV	720,91	660,75	602,00	544,91	489,25	435,16
	VI	**1249,75**	405,66	405,66							
4424,99	I,IV	**783,58**	405,91	405,91	I	661,58	545,66	435,91	332,25	234,75	143,33
	II	**727,25**	405,91	405,91	II	608,08	495,00	388,00	287,08	192,41	103,75
	III	**444,66**	405,91	405,91	III	352,66	263,50	177,50	98,00	32,83	
	V	**1214,50**	405,91	405,91	IV	721,75	661,58	602,83	545,66	490,00	435,91
	VI	**1250,75**	405,91	405,91							
4427,99	I,IV	**784,41**	406,25	406,25	I	662,41	546,50	436,66	333,00	235,41	144,00
	II	**728,16**	406,25	406,25	II	608,91	495,75	388,75	287,83	193,00	104,41
	III	**445,33**	406,25	406,25	III	353,33	264,16	178,16	98,50	33,16	
	V	**1215,58**	406,25	406,25	IV	722,66	662,41	603,66	546,50	490,83	436,66
	VI	**1251,83**	406,25	406,25							

* Zur LSt-Berechnung für privat versicherte Arbeitnehmer s. Beispiele **Vorbemerkung S. 4 f.**
** Basisvorsorgepauschale KV und PV *** Typisierter Arbeitgeberzuschuss

Lohn/ Gehalt in € bis	Steuerklasse	Lohn-steuer*	BVSP**	TAGZ***	Steuerklasse	Bemessungsgrundlage für Kirchensteuer und Solidaritätszuschlag – Freibeträge für ... Kinder 0,5	**1,0**	1,5	**2,0**	2,5	**3,0**
4430,99	I,IV	**785,33**	406,50	406,50	I	663,25	547,25	437,41	333,66	236,08	144,58
	II	**729,00**	406,50	406,50	II	609,75	496,50	389,50	288,50	193,66	105,00
	III	**446,00**	406,50	406,50	III	353,83	264,83	178,83	99,00	33,66	
	V	**1216,66**	406,50	406,50	IV	723,50	663,25	604,50	547,25	491,58	437,41
	VI	**1252,91**	406,50	406,50							
4433,99	I,IV	**786,25**	406,75	406,75	I	664,08	548,08	438,16	334,41	236,75	145,25
	II	**729,91**	406,75	406,75	II	610,58	497,33	390,25	289,25	194,33	105,58
	III	**446,66**	406,75	406,75	III	354,50	265,50	179,33	99,66	34,00	
	V	**1217,66**	406,75	406,75	IV	724,41	664,08	605,33	548,08	492,33	438,16
	VI	**1253,91**	406,75	406,75							
4436,99	I,IV	**787,16**	407,08	407,08	I	664,91	548,91	438,91	335,16	237,41	145,83
	II	**730,83**	407,08	407,08	II	611,41	498,08	390,91	289,91	195,00	106,25
	III	**447,50**	407,08	407,08	III	355,16	266,00	180,00	100,16	34,50	
	V	**1218,75**	407,08	407,08	IV	725,25	664,91	606,16	548,91	493,16	438,91
	VI	**1255,00**	407,08	407,08							
4439,99	I,IV	**788,00**	407,33	407,33	I	665,83	549,66	439,75	335,83	238,08	146,50
	II	**731,66**	407,33	407,33	II	612,25	498,91	391,66	290,58	195,66	106,83
	III	**448,16**	407,33	407,33	III	355,83	266,66	180,50	100,66	34,83	
	V	**1219,75**	407,33	407,33	IV	726,16	665,83	607,00	549,66	493,91	439,75
	VI	**1256,00**	407,33	407,33							
4442,99	I,IV	**788,91**	407,58	407,58	I	666,66	550,50	440,50	336,58	238,75	147,08
	II	**732,58**	407,58	407,58	II	613,08	499,66	392,41	291,33	196,33	107,41
	III	**448,83**	407,58	407,58	III	356,50	267,33	181,16	101,16	35,33	
	V	**1220,83**	407,58	407,58	IV	727,00	666,66	607,83	550,50	494,75	440,50
	VI	**1257,08**	407,58	407,58							
4445,99	I,IV	**789,83**	407,91	407,91	I	667,50	551,33	441,25	337,25	239,50	147,75
	II	**733,41**	407,91	407,91	II	613,91	500,50	393,16	292,00	197,00	108,08
	III	**449,50**	407,91	407,91	III	357,16	268,00	181,83	101,66	35,83	
	V	**1221,91**	407,91	407,91	IV	727,91	667,50	608,66	551,33	495,50	441,25
	VI	**1258,16**	407,91	407,91							
4448,99	I,IV	**790,75**	408,16	408,16	I	668,33	552,08	442,00	338,00	240,16	148,41
	II	**734,33**	408,16	408,16	II	614,75	501,25	393,91	292,75	197,66	108,66
	III	**450,16**	408,16	408,16	III	357,83	268,50	182,33	102,16	36,16	
	V	**1222,91**	408,16	408,16	IV	728,75	668,33	609,50	552,08	496,33	442,00
	VI	**1259,16**	408,16	408,16							
4451,99	I,IV	**791,58**	408,41	408,41	I	669,16	552,91	442,75	338,75	240,83	149,00
	II	**735,16**	408,41	408,41	II	615,50	502,00	394,66	293,41	198,25	109,25
	III	**450,66**	408,41	408,41	III	358,33	269,16	183,00	102,66	36,50	
	V	**1223,91**	408,41	408,41	IV	729,58	669,16	610,25	552,91	497,08	442,75
	VI	**1260,16**	408,41	408,41							
4454,99	I,IV	**792,50**	408,66	408,66	I	670,00	553,75	443,50	339,41	241,50	149,66
	II	**736,00**	408,66	408,66	II	616,33	502,83	395,41	294,08	198,91	109,91
	III	**451,33**	408,66	408,66	III	359,00	269,83	183,50	103,16	37,00	
	V	**1225,00**	408,66	408,66	IV	730,50	670,00	611,08	553,75	497,83	443,50
	VI	**1261,25**	408,66	408,66							
4457,99	I,IV	**793,41**	409,00	409,00	I	670,91	554,50	444,25	340,16	242,16	150,25
	II	**736,91**	409,00	409,00	II	617,16	503,58	396,16	294,83	199,58	110,50
	III	**452,00**	409,00	409,00	III	359,66	270,33	184,16	103,83	37,33	
	V	**1226,08**	409,00	409,00	IV	731,41	670,91	611,91	554,50	498,66	444,25
	VI	**1262,33**	409,00	409,00							
4460,99	I,IV	**794,25**	409,25	409,25	I	671,75	555,33	445,08	340,91	242,83	150,91
	II	**737,75**	409,25	409,25	II	618,00	504,41	396,91	295,50	200,25	111,08
	III	**452,66**	409,25	409,25	III	360,33	271,00	184,83	104,33	37,83	
	V	**1227,08**	409,25	409,25	IV	732,25	671,75	612,75	555,33	499,41	445,08
	VI	**1263,33**	409,25	409,25							
4463,99	I,IV	**795,16**	409,50	409,50	I	672,58	556,16	445,83	341,58	243,50	151,58
	II	**738,66**	409,50	409,50	II	618,83	505,16	397,66	296,25	200,91	111,75
	III	**453,33**	409,50	409,50	III	361,00	271,66	185,33	104,83	38,33	
	V	**1228,16**	409,50	409,50	IV	733,16	672,58	613,58	556,16	500,25	445,83
	VI	**1264,41**	409,50	409,50							

* Zur LSt-Berechnung für privat versicherte Arbeitnehmer s. Beispiele **Vorbemerkung S. 4 f.**
** Basisvorsorgepauschale KV und PV *** Typisierter Arbeitgeberzuschuss

Lohn/ Gehalt in € bis	Steuerklasse	Lohn- steuer*	BVSP**	TAGZ***	Steuerklasse	Bemessungsgrundlage für Kirchensteuer und Solidaritätszuschlag					
						Freibeträge für ... Kinder					
						0,5	**1,0**	1,5	**2,0**	2,5	**3,0**
4466,99	I,IV	**796,08**	409,83	409,83	I	673,50	557,00	446,58	342,33	244,16	152,16
	II	**739,50**	409,83	409,83	II	619,66	506,00	398,41	296,91	201,58	112,33
	III	**454,16**	409,83	409,83	III	361,66	272,33	186,00	105,33	38,66	
	V	**1229,16**	409,83	409,83	IV	734,00	673,50	614,41	557,00	501,00	446,58
	VI	**1265,41**	409,83	409,83							
4469,99	I,IV	**797,00**	410,08	410,08	I	674,33	557,75	447,33	343,08	244,83	152,83
	II	**740,41**	410,08	410,08	II	620,50	506,75	399,16	297,66	202,25	113,00
	III	**454,83**	410,08	410,08	III	362,33	272,83	186,66	105,83	39,16	
	V	**1230,25**	410,08	410,08	IV	734,91	674,33	615,25	557,75	501,83	447,33
	VI	**1266,50**	410,08	410,08							
4472,99	I,IV	**797,91**	410,33	410,33	I	675,16	558,58	448,08	343,75	245,58	153,41
	II	**741,33**	410,33	410,33	II	621,33	507,58	399,91	298,33	202,91	113,58
	III	**455,50**	410,33	410,33	III	363,00	273,50	187,16	106,33	39,50	
	V	**1231,33**	410,33	410,33	IV	735,75	675,16	616,08	558,58	502,58	448,08
	VI	**1267,58**	410,33	410,33							
4475,99	I,IV	**798,75**	410,66	410,66	I	676,00	559,33	448,83	344,50	246,25	154,08
	II	**742,16**	410,66	410,66	II	622,16	508,33	400,58	299,00	203,50	114,16
	III	**456,16**	410,66	410,66	III	363,66	274,16	187,83	107,00	40,00	
	V	**1232,33**	410,66	410,66	IV	736,58	676,00	616,91	559,33	503,33	448,83
	VI	**1268,58**	410,66	410,66							
4478,99	I,IV	**799,66**	410,91	410,91	I	676,83	560,16	449,66	345,16	246,91	154,75
	II	**743,00**	410,91	410,91	II	623,00	509,16	401,33	299,75	204,16	114,83
	III	**456,83**	410,91	410,91	III	364,33	274,83	188,33	107,50	40,33	
	V	**1233,33**	410,91	410,91	IV	737,50	676,83	617,75	560,16	504,16	449,66
	VI	**1269,58**	410,91	410,91							
4481,99	I,IV	**800,58**	411,16	411,16	I	677,75	561,00	450,41	345,91	247,58	155,33
	II	**743,91**	411,16	411,16	II	623,83	509,91	402,08	300,41	204,83	115,41
	III	**457,50**	411,16	411,16	III	364,83	275,50	189,00	108,00	40,83	
	V	**1234,41**	411,16	411,16	IV	738,33	677,75	618,58	561,00	504,91	450,41
	VI	**1270,66**	411,16	411,16							
4484,99	I,IV	**801,41**	411,41	411,41	I	678,58	561,83	451,16	346,66	248,25	156,00
	II	**744,75**	411,41	411,41	II	624,66	510,75	402,83	301,16	205,50	116,00
	III	**458,16**	411,41	411,41	III	365,50	276,00	189,66	108,50	41,16	
	V	**1235,50**	411,41	411,41	IV	739,25	678,58	619,41	561,83	505,75	451,16
	VI	**1271,75**	411,41	411,41							
4487,99	I,IV	**802,33**	411,75	411,75	I	679,41	562,58	451,91	347,41	248,91	156,58
	II	**745,66**	411,75	411,75	II	625,50	511,50	403,58	301,83	206,16	116,66
	III	**458,83**	411,75	411,75	III	366,16	276,66	190,16	109,00	41,66	
	V	**1236,50**	411,75	411,75	IV	740,08	679,41	620,25	562,58	506,50	451,91
	VI	**1272,75**	411,75	411,75							
4490,99	I,IV	**803,25**	412,00	412,00	I	680,25	563,41	452,66	348,08	249,58	157,25
	II	**746,58**	412,00	412,00	II	626,33	512,33	404,33	302,50	206,83	117,25
	III	**459,50**	412,00	412,00	III	366,83	277,33	190,83	109,66	42,16	
	V	**1237,58**	412,00	412,00	IV	741,00	680,25	621,08	563,41	507,33	452,66
	VI	**1273,83**	412,00	412,00							
4493,99	I,IV	**804,16**	412,25	412,25	I	681,16	564,25	453,50	348,83	250,33	157,91
	II	**747,41**	412,25	412,25	II	627,16	513,08	405,08	303,25	207,50	117,91
	III	**460,16**	412,25	412,25	III	367,50	278,00	191,50	110,16	42,50	
	V	**1238,58**	412,25	412,25	IV	741,91	681,16	621,91	564,25	508,08	453,50
	VI	**1274,83**	412,25	412,25							
4496,99	I,IV	**805,08**	412,58	412,58	I	682,00	565,08	454,25	349,58	251,00	158,50
	II	**748,33**	412,58	412,58	II	628,00	513,91	405,83	303,91	208,16	118,50
	III	**460,83**	412,58	412,58	III	368,16	278,50	192,00	110,66	43,00	
	V	**1239,66**	412,58	412,58	IV	742,75	682,00	622,75	565,08	508,91	454,25
	VI	**1275,91**	412,58	412,58							
4499,99	I,IV	**806,00**	412,83	412,83	I	682,83	565,91	455,00	350,25	251,66	159,16
	II	**749,16**	412,83	412,83	II	628,91	514,66	406,58	304,66	208,83	119,16
	III	**461,50**	412,83	412,83	III	368,83	279,16	192,66	111,16	43,33	
	V	**1240,75**	412,83	412,83	IV	743,66	682,83	623,58	565,91	509,66	455,00
	VI	**1277,00**	412,83	412,83							

* Zur LSt-Berechnung für privat versicherte Arbeitnehmer s. Beispiele **Vorbemerkung S. 4f.**
** Basisvorsorgepauschale KV und PV *** Typisierter Arbeitgeberzuschuss

Lohn/ Gehalt in € bis	Steuerklasse	Lohn- steuer*	BVSP**	TAGZ***	Steuerklasse	Bemessungsgrundlage für Kirchensteuer und Solidaritätszuschlag – Freibeträge für ... Kinder 0,5	1,0	1,5	2,0	2,5	3,0
4502,99	I,IV	**806,83**	413,08	413,08	I	683,66	566,66	455,75	351,00	252,33	159,83
	II	**750,08**	413,08	413,08	II	629,66	515,41	407,33	305,33	209,50	119,75
	III	**462,16**	413,08	413,08	III	369,50	279,83	193,16	111,66	43,83	
	V	**1 241,75**	413,08	413,08	IV	744,50	683,66	624,41	566,66	510,41	455,75
	VI	**1 278,00**	413,08	413,08							
4505,99	I,IV	**807,75**	413,41	413,41	I	684,58	567,50	456,50	351,75	253,00	160,41
	II	**750,91**	413,41	413,41	II	630,50	516,25	408,08	306,08	210,16	120,33
	III	**462,83**	413,41	413,41	III	370,00	280,50	193,83	112,16	44,16	
	V	**1 242,75**	413,41	413,41	IV	745,41	684,58	625,25	567,50	511,25	456,50
	VI	**1 279,00**	413,41	413,41							
4508,99	I,IV	**808,66**	413,66	413,66	I	685,41	568,33	457,33	352,41	253,66	161,08
	II	**751,83**	413,66	413,66	II	631,33	517,08	408,83	306,75	210,83	121,00
	III	**463,50**	413,66	413,66	III	370,66	281,00	194,50	112,83	44,66	
	V	**1 243,83**	413,66	413,66	IV	746,25	685,41	626,08	568,33	512,00	457,33
	VI	**1 280,08**	413,66	413,66							
4511,99	I,IV	**809,58**	413,91	413,91	I	686,25	569,08	458,08	353,16	254,41	161,75
	II	**752,66**	413,91	413,91	II	632,25	517,83	409,58	307,50	211,50	121,58
	III	**464,16**	413,91	413,91	III	371,33	281,66	195,00	113,33	45,16	
	V	**1 244,91**	413,91	413,91	IV	747,16	686,25	626,91	569,08	512,83	458,08
	VI	**1 281,16**	413,91	413,91							
4514,99	I,IV	**810,41**	414,25	414,25	I	687,16	569,91	458,83	353,91	255,08	162,33
	II	**753,58**	414,25	414,25	II	633,08	518,66	410,33	308,16	212,16	122,25
	III	**464,83**	414,25	414,25	III	372,00	282,33	195,66	113,83	45,50	
	V	**1 245,91**	414,25	414,25	IV	748,00	687,16	627,75	569,91	513,58	458,83
	VI	**1 282,16**	414,25	414,25							
4517,99	I,IV	**811,33**	414,50	414,50	I	688,00	570,75	459,58	354,66	255,75	163,00
	II	**754,50**	414,50	414,50	II	633,91	519,41	411,08	308,91	212,83	122,83
	III	**465,50**	414,50	414,50	III	372,66	283,00	196,33	114,33	46,00	
	V	**1 247,00**	414,50	414,50	IV	748,91	688,00	628,58	570,75	514,41	459,58
	VI	**1 283,25**	414,50	414,50							
4520,99	I,IV	**812,25**	414,75	414,75	I	688,83	571,58	460,41	355,33	256,41	163,66
	II	**755,33**	414,75	414,75	II	634,75	520,25	411,83	309,58	213,50	123,41
	III	**466,16**	414,75	414,75	III	373,33	283,50	196,83	115,00	46,33	
	V	**1 248,00**	414,75	414,75	IV	749,75	688,83	629,41	571,58	515,25	460,41
	VI	**1 284,25**	414,75	414,75							
4523,99	I,IV	**813,16**	415,00	415,00	I	689,75	572,41	461,16	356,08	257,08	164,25
	II	**756,25**	415,00	415,00	II	635,58	521,00	412,58	310,33	214,16	124,08
	III	**466,83**	415,00	415,00	III	374,00	284,16	197,50	115,50	46,83	
	V	**1 249,08**	415,00	415,00	IV	750,66	689,75	630,25	572,41	516,00	461,16
	VI	**1 285,33**	415,00	415,00							
4526,99	I,IV	**814,08**	415,33	415,33	I	690,58	573,16	461,91	356,83	257,83	164,91
	II	**757,08**	415,33	415,33	II	636,41	521,83	413,33	311,00	214,83	124,66
	III	**467,50**	415,33	415,33	III	374,66	284,83	198,16	116,00	47,33	
	V	**1 250,16**	415,33	415,33	IV	751,58	690,58	631,08	573,16	516,83	461,91
	VI	**1 286,41**	415,33	415,33							
4529,99	I,IV	**814,91**	415,58	415,58	I	691,41	574,00	462,66	357,50	258,50	165,58
	II	**758,00**	415,58	415,58	II	637,25	522,58	414,08	311,66	215,41	125,33
	III	**468,16**	415,58	415,58	III	375,33	285,50	198,66	116,50	47,66	
	V	**1 251,16**	415,58	415,58	IV	752,41	691,41	631,91	574,00	517,58	462,66
	VI	**1 287,41**	415,58	415,58							
4532,99	I,IV	**815,83**	415,83	415,83	I	692,25	574,83	463,50	358,25	259,16	166,16
	II	**758,83**	415,83	415,83	II	638,08	523,41	414,83	312,41	216,08	125,91
	III	**468,83**	415,83	415,83	III	376,00	286,16	199,33	117,16	48,16	
	V	**1 252,16**	415,83	415,83	IV	753,25	692,25	632,75	574,83	518,33	463,50
	VI	**1 288,41**	415,83	415,83							
4535,99	I,IV	**816,75**	416,16	416,16	I	693,16	575,58	464,25	359,00	259,83	166,83
	II	**759,75**	416,16	416,16	II	638,91	524,16	415,58	313,08	216,75	126,58
	III	**469,50**	416,16	416,16	III	376,66	286,66	200,00	117,66	48,66	
	V	**1 253,25**	416,16	416,16	IV	754,16	693,16	633,58	575,58	519,16	464,25
	VI	**1 289,50**	416,16	416,16							

* Zur LSt-Berechnung für privat versicherte Arbeitnehmer s. Beispiele **Vorbemerkung S. 4 f.**
** Basisvorsorgepauschale KV und PV *** Typisierter Arbeitgeberzuschuss

Lohn/ Gehalt in € bis	Steuerklasse	Lohn-steuer*	BVSP**	TAGZ***	Steuerklasse	Bemessungsgrundlage für Kirchensteuer und Solidaritätszuschlag – Freibeträge für ... Kinder 0,5	1,0	1,5	2,0	2,5	3,0
4538,99	I,IV	**817,66**	416,41	416,41	I	694,00	576,41	465,00	359,75	260,50	167,50
	II	**760,66**	416,41	416,41	II	639,75	525,00	416,33	313,83	217,41	127,16
	III	**470,16**	416,41	416,41	III	377,33	287,33	200,50	118,16	49,00	
	V	**1254,25**	416,41	416,41	IV	755,08	694,00	634,41	576,41	520,00	465,00
	VI	**1290,58**	416,41	416,41							
4541,99	I,IV	**818,58**	416,66	416,66	I	694,83	577,25	465,83	360,41	261,25	168,08
	II	**761,50**	416,66	416,66	II	640,58	525,75	417,08	314,58	218,08	127,83
	III	**470,83**	416,66	416,66	III	377,83	288,00	201,16	118,83	49,50	
	V	**1255,33**	416,66	416,66	IV	755,91	694,83	635,25	577,25	520,75	465,83
	VI	**1291,58**	416,66	416,66							
4544,99	I,IV	**819,50**	417,00	417,00	I	695,75	578,08	466,58	361,16	261,91	168,75
	II	**762,41**	417,00	417,00	II	641,41	526,58	417,83	315,25	218,75	128,41
	III	**471,50**	417,00	417,00	III	378,50	288,66	201,83	119,33	50,00	
	V	**1256,41**	417,00	417,00	IV	756,83	695,75	636,16	578,08	521,58	466,58
	VI	**1292,66**	417,00	417,00							
4547,99	I,IV	**820,41**	417,25	417,25	I	696,58	578,91	467,33	361,91	262,58	169,41
	II	**763,33**	417,25	417,25	II	642,25	527,41	418,58	316,00	219,41	129,08
	III	**472,16**	417,25	417,25	III	379,16	289,33	202,33	119,83	50,33	
	V	**1257,41**	417,25	417,25	IV	757,75	696,58	637,00	578,91	522,33	467,33
	VI	**1293,66**	417,25	417,25							
4550,99	I,IV	**821,25**	417,50	417,50	I	697,41	579,75	468,08	362,66	263,25	170,08
	II	**764,16**	417,50	417,50	II	643,16	528,16	419,41	316,66	220,08	129,66
	III	**473,00**	417,50	417,50	III	379,83	289,83	203,00	120,33	50,83	
	V	**1258,50**	417,50	417,50	IV	758,58	697,41	637,83	579,75	523,16	468,08
	VI	**1294,75**	417,50	417,50							
4553,99	I,IV	**822,16**	417,75	417,75	I	698,25	580,50	468,83	363,33	263,91	170,66
	II	**765,08**	417,75	417,75	II	643,91	529,00	420,08	317,33	220,75	130,25
	III	**473,50**	417,75	417,75	III	380,50	290,50	203,50	121,00	51,16	
	V	**1259,50**	417,75	417,75	IV	759,41	698,25	638,66	580,50	523,91	468,83
	VI	**1295,75**	417,75	417,75							
4556,99	I,IV	**823,08**	418,08	418,08	I	699,16	581,33	469,66	364,08	264,66	171,33
	II	**765,91**	418,08	418,08	II	644,75	529,75	420,83	318,08	221,41	130,91
	III	**474,16**	418,08	418,08	III	381,16	291,16	204,16	121,50	51,66	
	V	**1260,58**	418,08	418,08	IV	760,33	699,16	639,50	581,33	524,75	469,66
	VI	**1296,83**	418,08	418,08							
4559,99	I,IV	**824,00**	418,33	418,33	I	700,00	582,16	470,41	364,83	265,33	172,00
	II	**766,83**	418,33	418,33	II	645,66	530,58	421,58	318,83	222,08	131,50
	III	**474,83**	418,33	418,33	III	381,83	291,83	204,83	122,00	52,16	
	V	**1261,58**	418,33	418,33	IV	761,25	700,00	640,33	582,16	525,50	470,41
	VI	**1297,83**	418,33	418,33							
4562,99	I,IV	**824,91**	418,58	418,58	I	700,83	583,00	471,16	365,58	266,00	172,58
	II	**767,75**	418,58	418,58	II	646,50	531,33	422,41	319,50	222,75	132,16
	III	**475,50**	418,58	418,58	III	382,50	292,33	205,33	122,50	52,66	
	V	**1262,66**	418,58	418,58	IV	762,08	700,83	641,16	583,00	526,33	471,16
	VI	**1298,91**	418,58	418,58							
4565,99	I,IV	**825,83**	418,91	418,91	I	701,75	583,83	472,00	366,25	266,75	173,25
	II	**768,58**	418,91	418,91	II	647,33	532,16	423,16	320,25	223,41	132,75
	III	**476,33**	418,91	418,91	III	383,16	293,00	206,00	123,16	53,00	
	V	**1263,66**	418,91	418,91	IV	763,00	701,75	642,00	583,83	527,08	472,00
	VI	**1300,00**	418,91	418,91							
4568,99	I,IV	**826,75**	419,16	419,16	I	702,58	584,58	472,75	367,00	267,41	173,91
	II	**769,50**	419,16	419,16	II	648,16	533,00	423,91	320,91	224,08	133,41
	III	**477,00**	419,16	419,16	III	383,83	293,66	206,66	123,66	53,50	
	V	**1264,75**	419,16	419,16	IV	763,91	702,58	642,83	584,58	527,91	472,75
	VI	**1301,00**	419,16	419,16							
4571,99	I,IV	**827,58**	419,41	419,41	I	703,50	585,41	473,50	367,75	268,08	174,58
	II	**770,41**	419,41	419,41	II	649,00	533,75	424,66	321,66	224,75	134,00
	III	**477,66**	419,41	419,41	III	384,50	294,33	207,16	124,16	54,00	
	V	**1265,83**	419,41	419,41	IV	764,75	703,50	643,66	585,41	528,75	473,50
	VI	**1302,08**	419,41	419,41							

* Zur LSt-Berechnung für privat versicherte Arbeitnehmer s. Beispiele **Vorbemerkung S. 4 f.**
** Basisvorsorgepauschale KV und PV *** Typisierter Arbeitgeberzuschuss

Lohn/ Gehalt in € bis	Steuerklasse	Lohn-steuer*	BVSP**	TAGZ***	Steuerklasse	Bemessungsgrundlage für Kirchensteuer und Solidaritätszuschlag					
						Freibeträge für ... Kinder					
						0,5	**1,0**	1,5	**2,0**	2,5	**3,0**
4574,99	I,IV	**828,50**	419,75	419,75	I	704,33	586,25	474,33	368,50	268,75	175,16
	II	**771,25**	419,75	419,75	II	649,83	534,58	425,41	322,33	225,41	134,66
	III	**478,33**	419,75	419,75	III	385,00	295,00	207,83	124,83	54,33	
	V	**1 266,83**	419,75	419,75	IV	765,66	704,33	644,50	586,25	529,50	474,33
	VI	**1 303,08**	419,75	419,75							
4577,99	I,IV	**829,41**	420,00	420,00	I	705,16	587,08	475,08	369,25	269,50	175,83
	II	**772,16**	420,00	420,00	II	650,75	535,41	426,16	323,08	226,08	135,25
	III	**479,00**	420,00	420,00	III	385,66	295,50	208,50	125,33	54,83	
	V	**1 267,91**	420,00	420,00	IV	766,58	705,16	645,41	587,08	530,33	475,08
	VI	**1 304,16**	420,00	420,00							
4580,99	I,IV	**830,33**	420,25	420,25	I	706,00	587,91	475,83	369,91	270,16	176,50
	II	**773,00**	420,25	420,25	II	651,50	536,16	426,91	323,75	226,75	135,91
	III	**479,66**	420,25	420,25	III	386,33	296,16	209,00	125,83	55,33	
	V	**1 268,91**	420,25	420,25	IV	767,41	706,00	646,16	587,91	531,08	475,83
	VI	**1 305,16**	420,25	420,25							
4583,99	I,IV	**831,25**	420,50	420,50	I	706,91	588,66	476,66	370,66	270,83	177,16
	II	**773,91**	420,50	420,50	II	652,33	537,00	427,66	324,50	227,41	136,50
	III	**480,33**	420,50	420,50	III	387,00	296,83	209,66	126,50	55,66	
	V	**1 270,00**	420,50	420,50	IV	768,33	706,91	647,08	588,66	531,91	476,66
	VI	**1 306,25**	420,50	420,50							
4586,99	I,IV	**832,16**	420,83	420,83	I	707,75	589,50	477,41	371,41	271,50	177,75
	II	**774,83**	420,83	420,83	II	653,25	537,75	428,41	325,25	228,08	137,16
	III	**481,00**	420,83	420,83	III	387,66	297,50	210,33	127,00	56,16	
	V	**1 271,00**	420,83	420,83	IV	769,16	707,75	647,91	589,50	532,66	477,41
	VI	**1 307,25**	420,83	420,83							
4589,99	I,IV	**833,08**	421,08	421,08	I	708,66	590,33	478,16	372,16	272,25	178,41
	II	**775,66**	421,08	421,08	II	654,08	538,58	429,16	325,91	228,75	137,75
	III	**481,66**	421,08	421,08	III	388,33	298,16	210,83	127,66	56,66	0,33
	V	**1 272,08**	421,08	421,08	IV	770,08	708,66	648,75	590,33	533,50	478,16
	VI	**1 308,33**	421,08	421,08							
4592,99	I,IV	**834,00**	421,33	421,33	I	709,50	591,16	479,00	372,91	272,91	179,08
	II	**776,58**	421,33	421,33	II	654,91	539,33	429,91	326,66	229,50	138,41
	III	**482,33**	421,33	421,33	III	389,00	298,66	211,50	128,16	57,16	0,66
	V	**1 273,08**	421,33	421,33	IV	771,00	709,50	649,58	591,16	534,33	479,00
	VI	**1 309,41**	421,33	421,33							
4595,99	I,IV	**834,91**	421,66	421,66	I	710,41	592,00	479,75	373,58	273,58	179,75
	II	**777,50**	421,66	421,66	II	655,75	540,16	430,66	327,33	230,16	139,00
	III	**483,00**	421,66	421,66	III	389,66	299,33	212,16	128,66	57,50	1,00
	V	**1 274,16**	421,66	421,66	IV	771,83	710,41	650,41	592,00	535,08	479,75
	VI	**1 310,41**	421,66	421,66							
4598,99	I,IV	**835,83**	421,91	421,91	I	711,25	592,83	480,50	374,33	274,33	180,33
	II	**778,33**	421,91	421,91	II	656,58	541,00	431,50	328,08	230,83	139,66
	III	**483,66**	421,91	421,91	III	390,33	300,00	212,66	129,33	58,00	1,33
	V	**1 275,25**	421,91	421,91	IV	772,75	711,25	651,25	592,83	535,91	480,50
	VI	**1 311,50**	421,91	421,91							
4601,99	I,IV	**836,66**	422,16	422,16	I	712,08	593,66	481,33	375,08	275,00	181,00
	II	**779,25**	422,16	422,16	II	657,50	541,75	432,25	328,83	231,50	140,33
	III	**484,33**	422,16	422,16	III	391,00	300,66	213,33	129,83	58,50	1,66
	V	**1 276,25**	422,16	422,16	IV	773,66	712,08	652,08	593,66	536,75	481,33
	VI	**1 312,50**	422,16	422,16							
4604,99	I,IV	**837,58**	422,50	422,50	I	713,00	594,41	482,08	375,83	275,66	181,66
	II	**780,16**	422,50	422,50	II	658,25	542,58	433,00	329,50	232,16	140,91
	III	**485,00**	422,50	422,50	III	391,66	301,16	214,00	130,33	58,83	2,00
	V	**1 277,25**	422,50	422,50	IV	774,50	713,00	652,91	594,41	537,50	482,08
	VI	**1 313,58**	422,50	422,50							
4607,99	I,IV	**838,50**	422,75	422,75	I	713,83	595,25	482,83	376,58	276,33	182,33
	II	**781,00**	422,75	422,75	II	659,16	543,33	433,75	330,25	232,83	141,50
	III	**485,66**	422,75	422,75	III	392,33	301,83	214,50	131,00	59,33	2,33
	V	**1 278,33**	422,75	422,75	IV	775,41	713,83	653,75	595,25	538,33	482,83
	VI	**1 314,58**	422,75	422,75							

* Zur LSt-Berechnung für privat versicherte Arbeitnehmer s. Beispiele **Vorbemerkung S. 4f.**
** Basisvorsorgepauschale KV und PV *** Typisierter Arbeitgeberzuschuss

Lohn/ Gehalt in € bis	Steuerklasse	Lohn-steuer*	BVSP**	TAGZ***	Steuerklasse	Bemessungsgrundlage für Kirchensteuer und Solidaritätszuschlag – Freibeträge für ... Kinder 0,5	1,0	1,5	2,0	2,5	3,0
4610,99	I,IV	**839,41**	423,00	423,00	I	714,66	596,08	483,66	377,25	277,08	182,91
	II	**781,91**	423,00	423,00	II	660,00	544,16	434,50	330,91	233,50	142,16
	III	**486,33**	423,00	423,00	III	392,83	302,50	215,16	131,50	59,83	2,83
	V	**1279,41**	423,00	423,00	IV	776,25	714,66	654,66	596,08	539,08	483,66
	VI	**1315,66**	423,00	423,00							
4613,99	I,IV	**840,33**	423,33	423,33	I	715,58	596,91	484,41	378,00	277,75	183,58
	II	**782,83**	423,33	423,33	II	660,83	545,00	435,25	331,66	234,16	142,83
	III	**487,00**	423,33	423,33	III	393,50	303,16	215,83	132,00	60,33	3,16
	V	**1280,41**	423,33	423,33	IV	777,16	715,58	655,50	596,91	539,91	484,41
	VI	**1316,66**	423,33	423,33							
4616,99	I,IV	**841,25**	423,58	423,58	I	716,41	597,75	485,16	378,75	278,41	184,25
	II	**783,66**	423,58	423,58	II	661,66	545,75	436,00	332,33	234,83	143,41
	III	**487,83**	423,58	423,58	III	394,16	303,83	216,33	132,66	60,83	3,50
	V	**1281,50**	423,58	423,58	IV	778,08	716,41	656,33	597,75	540,75	485,16
	VI	**1317,75**	423,58	423,58							
4619,99	I,IV	**842,16**	423,83	423,83	I	717,33	598,58	486,00	379,50	279,16	184,91
	II	**784,58**	423,83	423,83	II	662,50	546,58	436,75	333,08	235,50	144,08
	III	**488,50**	423,83	423,83	III	394,83	304,33	217,00	133,16	61,16	3,83
	V	**1282,50**	423,83	423,83	IV	779,00	717,33	657,16	598,58	541,50	486,00
	VI	**1318,83**	423,83	423,83							
4622,99	I,IV	**843,08**	424,08	424,08	I	718,16	599,41	486,75	380,25	279,83	185,58
	II	**785,50**	424,08	424,08	II	663,41	547,41	437,58	333,83	236,16	144,66
	III	**489,16**	424,08	424,08	III	395,50	305,00	217,66	133,66	61,66	4,16
	V	**1283,58**	424,08	424,08	IV	779,83	718,16	658,00	599,41	542,33	486,75
	VI	**1319,83**	424,08	424,08							
4625,99	I,IV	**844,00**	424,41	424,41	I	719,08	600,25	487,58	381,00	280,50	186,25
	II	**786,41**	424,41	424,41	II	664,25	548,25	438,33	334,50	236,83	145,33
	III	**489,83**	424,41	424,41	III	396,16	305,66	218,16	134,33	62,16	4,50
	V	**1284,66**	424,41	424,41	IV	780,75	719,08	658,91	600,25	543,16	487,58
	VI	**1320,91**	424,41	424,41							
4628,99	I,IV	**844,91**	424,66	424,66	I	719,91	601,08	488,33	381,75	281,25	186,83
	II	**787,25**	424,66	424,66	II	665,08	549,00	439,08	335,25	237,58	146,00
	III	**490,50**	424,66	424,66	III	396,83	306,33	218,83	134,83	62,66	4,83
	V	**1285,66**	424,66	424,66	IV	781,66	719,91	659,75	601,08	543,91	488,33
	VI	**1321,91**	424,66	424,66							
4631,99	I,IV	**845,75**	424,91	424,91	I	720,75	601,83	489,08	382,41	281,91	187,50
	II	**788,16**	424,91	424,91	II	665,91	549,83	439,83	335,91	238,16	146,58
	III	**491,16**	424,91	424,91	III	397,50	307,00	219,50	135,50	63,00	5,33
	V	**1286,66**	424,91	424,91	IV	782,50	720,75	660,58	601,83	544,75	489,08
	VI	**1323,00**	424,91	424,91							
4634,99	I,IV	**846,66**	425,25	425,25	I	721,66	602,66	489,91	383,16	282,58	188,16
	II	**789,08**	425,25	425,25	II	666,75	550,58	440,58	336,66	238,91	147,16
	III	**491,83**	425,25	425,25	III	398,16	307,66	220,00	136,00	63,50	5,66
	V	**1287,75**	425,25	425,25	IV	783,41	721,66	661,41	602,66	545,50	489,91
	VI	**1324,00**	425,25	425,25							
4637,99	I,IV	**847,58**	425,50	425,50	I	722,50	603,50	490,66	383,91	283,33	188,83
	II	**789,91**	425,50	425,50	II	667,58	551,41	441,33	337,41	239,58	147,83
	III	**492,50**	425,50	425,50	III	398,83	308,16	220,66	136,66	64,00	6,00
	V	**1288,83**	425,50	425,50	IV	784,33	722,50	662,25	603,50	546,33	490,66
	VI	**1325,08**	425,50	425,50							
4640,99	I,IV	**848,50**	425,75	425,75	I	723,41	604,33	491,41	384,66	284,00	189,50
	II	**790,83**	425,75	425,75	II	668,50	552,25	442,08	338,08	240,25	148,50
	III	**493,16**	425,75	425,75	III	399,50	308,83	221,33	137,16	64,50	6,33
	V	**1289,83**	425,75	425,75	IV	785,16	723,41	663,08	604,33	547,16	491,41
	VI	**1326,08**	425,75	425,75							
4643,99	I,IV	**849,41**	426,08	426,08	I	724,25	605,16	492,25	385,41	284,66	190,08
	II	**791,75**	426,08	426,08	II	669,33	553,00	442,83	338,83	240,91	149,08
	III	**493,83**	426,08	426,08	III	400,16	309,50	221,83	137,66	65,00	6,66
	V	**1290,91**	426,08	426,08	IV	786,08	724,25	663,91	605,16	547,91	492,25
	VI	**1327,16**	426,08	426,08							

* Zur LSt-Berechnung für privat versicherte Arbeitnehmer s. Beispiele **Vorbemerkung S. 4f.**
** Basisvorsorgepauschale KV und PV *** Typisierter Arbeitgeberzuschuss

Lohn/ Gehalt in € bis	Steuerklasse	Lohn-steuer*	BVSP**	TAGZ***	Steuerklasse	Bemessungsgrundlage für Kirchensteuer und Solidaritätszuschlag					
						Freibeträge für ... Kinder					
						0,5	**1,0**	1,5	**2,0**	2,5	**3,0**
4 646,99	I,IV	**850,41**	426,33	426,33	I	725,16	606,00	493,00	386,16	285,41	190,75
	II	**792,66**	426,33	426,33	II	670,16	553,83	443,66	339,58	241,58	149,75
	III	**494,50**	426,33	426,33	III	400,83	310,16	222,50	138,33	65,33	7,16
	V	**1 291,91**	426,33	426,33	IV	787,00	725,16	664,83	606,00	548,75	493,00
	VI	**1 328,25**	426,33	426,33							
4 649,99	I,IV	**851,33**	426,58	426,58	I	726,00	606,83	493,83	386,91	286,08	191,41
	II	**793,50**	426,58	426,58	II	671,00	554,66	444,41	340,25	242,25	150,41
	III	**495,16**	426,58	426,58	III	401,50	310,83	223,16	138,83	65,83	7,50
	V	**1 293,00**	426,58	426,58	IV	787,91	726,00	665,66	606,83	549,58	493,83
	VI	**1 329,25**	426,58	426,58							
4 652,99	I,IV	**852,25**	426,83	426,83	I	726,91	607,66	494,58	387,66	286,83	192,08
	II	**794,41**	426,83	426,83	II	671,91	555,50	445,16	341,00	242,91	151,00
	III	**496,00**	426,83	426,83	III	402,16	311,33	223,83	139,50	66,33	7,83
	V	**1 294,08**	426,83	426,83	IV	788,75	726,91	666,50	607,66	550,33	494,58
	VI	**1 330,33**	426,83	426,83							
4 655,99	I,IV	**853,16**	427,16	427,16	I	727,75	608,50	495,41	388,41	287,50	192,75
	II	**795,33**	427,16	427,16	II	672,75	556,25	445,91	341,75	243,66	151,66
	III	**496,66**	427,16	427,16	III	402,83	312,00	224,33	140,00	66,83	8,16
	V	**1 295,08**	427,16	427,16	IV	789,66	727,75	667,33	608,50	551,16	495,41
	VI	**1 331,33**	427,16	427,16							
4 658,99	I,IV	**854,00**	427,41	427,41	I	728,58	609,33	496,16	389,08	288,16	193,33
	II	**796,16**	427,41	427,41	II	673,58	557,08	446,66	342,41	244,25	152,25
	III	**497,16**	427,41	427,41	III	403,33	312,66	225,00	140,50	67,33	8,50
	V	**1 296,08**	427,41	427,41	IV	790,58	728,58	668,16	609,33	552,00	496,16
	VI	**1 332,41**	427,41	427,41							
4 661,99	I,IV	**854,91**	427,66	427,66	I	729,50	610,16	496,91	389,83	288,83	194,00
	II	**797,08**	427,66	427,66	II	674,41	557,91	447,41	343,16	245,00	152,91
	III	**498,00**	427,66	427,66	III	404,00	313,33	225,50	141,16	67,66	8,83
	V	**1 297,16**	427,66	427,66	IV	791,41	729,50	669,08	610,16	552,75	496,91
	VI	**1 333,41**	427,66	427,66							
4 664,99	I,IV	**855,83**	428,00	428,00	I	730,33	611,00	497,75	390,58	289,58	194,66
	II	**798,00**	428,00	428,00	II	675,25	558,66	448,25	343,83	245,66	153,50
	III	**498,66**	428,00	428,00	III	404,66	314,00	226,16	141,66	68,16	9,33
	V	**1 298,25**	428,00	428,00	IV	792,33	730,33	669,91	611,00	553,58	497,75
	VI	**1 334,50**	428,00	428,00							
4 667,99	I,IV	**856,75**	428,25	428,25	I	731,25	611,83	498,50	391,33	290,25	195,33
	II	**798,91**	428,25	428,25	II	676,16	559,50	449,00	344,58	246,33	154,16
	III	**499,33**	428,25	428,25	III	405,33	314,50	226,83	142,33	68,66	9,66
	V	**1 299,25**	428,25	428,25	IV	793,25	731,25	670,75	611,83	554,41	498,50
	VI	**1 335,50**	428,25	428,25							
4 670,99	I,IV	**857,66**	428,50	428,50	I	732,08	612,66	499,33	392,08	291,00	196,00
	II	**799,83**	428,50	428,50	II	677,00	560,33	449,75	345,33	247,00	154,83
	III	**500,00**	428,50	428,50	III	406,00	315,16	227,33	142,83	69,16	10,00
	V	**1 300,33**	428,50	428,50	IV	794,16	732,08	671,58	612,66	555,16	499,33
	VI	**1 336,58**	428,50	428,50							
4 673,99	I,IV	**858,58**	428,83	428,83	I	733,00	613,50	500,08	392,83	291,66	196,66
	II	**800,66**	428,83	428,83	II	677,83	561,16	450,50	346,08	247,66	155,41
	III	**500,66**	428,83	428,83	III	406,66	315,83	228,00	143,50	69,66	10,33
	V	**1 301,33**	428,83	428,83	IV	795,00	733,00	672,50	613,50	556,00	500,08
	VI	**1 337,66**	428,83	428,83							
4 676,99	I,IV	**859,50**	429,08	429,08	I	733,83	614,33	500,83	393,58	292,41	197,33
	II	**801,58**	429,08	429,08	II	678,75	561,91	451,33	346,75	248,33	156,08
	III	**501,33**	429,08	429,08	III	407,33	316,50	228,66	144,00	70,16	10,83
	V	**1 302,41**	429,08	429,08	IV	795,91	733,83	673,33	614,33	556,83	500,83
	VI	**1 338,66**	429,08	429,08							
4 679,99	I,IV	**860,50**	429,33	429,33	I	734,75	615,16	501,66	394,33	293,08	198,00
	II	**802,50**	429,33	429,33	II	679,58	562,75	452,08	347,50	249,08	156,75
	III	**502,00**	429,33	429,33	III	408,00	317,16	229,33	144,66	70,66	11,16
	V	**1 303,50**	429,33	429,33	IV	796,83	734,75	674,16	615,16	557,66	501,66
	VI	**1 339,75**	429,33	429,33							

* Zur LSt-Berechnung für privat versicherte Arbeitnehmer s. Beispiele **Vorbemerkung S. 4 f.**
** Basisvorsorgepauschale KV und PV *** Typisierter Arbeitgeberzuschuss

Lohn/ Gehalt in € bis	Steuerklasse	Lohn-steuer*	BVSP**	TAGZ***	Steuerklasse	Bemessungsgrundlage für Kirchensteuer und Solidaritätszuschlag					
						Freibeträge für ... Kinder					
						0,5	**1,0**	1,5	**2,0**	2,5	**3,0**
4682,99	I,IV	**861,33**	429,58	429,58	I	735,58	615,91	502,41	395,00	293,75	198,58
	II	**803,41**	429,58	429,58	II	680,41	563,58	452,83	348,16	249,75	157,33
	III	**502,66**	429,58	429,58	III	408,66	317,83	229,83	145,16	71,00	11,50
	V	**1304,50**	429,58	429,58	IV	797,66	735,58	675,00	615,91	558,41	502,41
	VI	**1340,75**	429,58	429,58							
4685,99	I,IV	**862,25**	429,91	429,91	I	736,50	616,75	503,25	395,75	294,50	199,25
	II	**804,25**	429,91	429,91	II	681,25	564,33	453,58	348,91	250,41	158,00
	III	**503,33**	429,91	429,91	III	409,33	318,33	230,50	145,83	71,50	11,83
	V	**1305,50**	429,91	429,91	IV	798,58	736,50	675,83	616,75	559,25	503,25
	VI	**1341,75**	429,91	429,91							
4688,99	I,IV	**863,16**	430,16	430,16	I	737,33	617,58	504,00	396,50	295,16	199,91
	II	**805,16**	430,16	430,16	II	682,08	565,16	454,33	349,66	251,08	158,58
	III	**504,00**	430,16	430,16	III	410,00	319,00	231,16	146,33	72,00	12,16
	V	**1306,58**	430,16	430,16	IV	799,50	737,33	676,75	617,58	560,08	504,00
	VI	**1342,83**	430,16	430,16							
4691,99	I,IV	**864,08**	430,41	430,41	I	738,25	618,41	504,83	397,25	295,83	200,58
	II	**806,08**	430,41	430,41	II	683,00	566,00	455,08	350,41	251,75	159,25
	III	**504,83**	430,41	430,41	III	410,66	319,66	231,66	147,00	72,50	12,66
	V	**1307,66**	430,41	430,41	IV	800,41	738,25	677,58	618,41	560,83	504,83
	VI	**1343,91**	430,41	430,41							
4694,99	I,IV	**865,00**	430,75	430,75	I	739,08	619,25	505,58	398,00	296,58	201,25
	II	**807,00**	430,75	430,75	II	683,83	566,83	455,91	351,08	252,41	159,91
	III	**505,50**	430,75	430,75	III	411,33	320,33	232,33	147,50	73,00	13,00
	V	**1308,66**	430,75	430,75	IV	801,33	739,08	678,41	619,25	561,66	505,58
	VI	**1344,91**	430,75	430,75							
4697,99	I,IV	**866,00**	431,00	431,00	I	740,00	620,08	506,41	398,75	297,25	201,91
	II	**807,91**	431,00	431,00	II	684,66	567,58	456,66	351,83	253,16	160,58
	III	**506,16**	431,00	431,00	III	412,00	321,00	233,00	148,16	73,50	13,33
	V	**1309,75**	431,00	431,00	IV	802,16	740,00	679,25	620,08	562,50	506,41
	VI	**1346,00**	431,00	431,00							
4700,99	I,IV	**866,91**	431,25	431,25	I	740,83	620,91	507,16	399,50	298,00	202,58
	II	**808,75**	431,25	431,25	II	685,58	568,41	457,41	352,58	253,83	161,16
	III	**506,83**	431,25	431,25	III	412,66	321,66	233,66	148,66	74,00	13,83
	V	**1310,75**	431,25	431,25	IV	803,08	740,83	680,16	620,91	563,33	507,16
	VI	**1347,00**	431,25	431,25							
4703,99	I,IV	**867,83**	431,58	431,58	I	741,75	621,75	508,00	400,25	298,66	203,25
	II	**809,66**	431,58	431,58	II	686,41	569,25	458,16	353,25	254,50	161,83
	III	**507,50**	431,58	431,58	III	413,33	322,16	234,16	149,33	74,50	14,16
	V	**1311,83**	431,58	431,58	IV	804,00	741,75	681,00	621,75	564,08	508,00
	VI	**1348,08**	431,58	431,58							
4706,99	I,IV	**868,75**	431,83	431,83	I	742,58	622,66	508,75	401,00	299,41	203,91
	II	**810,58**	431,83	431,83	II	687,25	570,08	459,00	354,00	255,16	162,50
	III	**508,16**	431,83	431,83	III	414,00	322,83	234,83	149,83	74,83	14,50
	V	**1312,91**	431,83	431,83	IV	804,91	742,58	681,83	622,66	564,91	508,75
	VI	**1349,16**	431,83	431,83							
4709,99	I,IV	**869,58**	432,08	432,08	I	743,50	623,41	509,50	401,75	300,08	204,50
	II	**811,50**	432,08	432,08	II	688,08	570,83	459,75	354,75	255,83	163,08
	III	**508,83**	432,08	432,08	III	414,66	323,50	235,33	150,50	75,33	14,83
	V	**1313,91**	432,08	432,08	IV	805,75	743,50	682,66	623,41	565,75	509,50
	VI	**1350,16**	432,08	432,08							
4712,99	I,IV	**870,58**	432,41	432,41	I	744,33	624,25	510,33	402,50	300,75	205,16
	II	**812,41**	432,41	432,41	II	689,00	571,66	460,50	355,41	256,50	163,75
	III	**509,50**	432,41	432,41	III	415,33	324,16	236,00	151,00	75,83	15,16
	V	**1314,91**	432,41	432,41	IV	806,66	744,33	683,58	624,25	566,50	510,33
	VI	**1351,16**	432,41	432,41							
4715,99	I,IV	**871,50**	432,66	432,66	I	745,25	625,08	511,08	403,25	301,50	205,83
	II	**813,25**	432,66	432,66	II	689,83	572,50	461,25	356,16	257,25	164,33
	III	**510,16**	432,66	432,66	III	416,00	324,83	236,66	151,66	76,33	15,66
	V	**1316,00**	432,66	432,66	IV	807,58	745,25	684,41	625,08	567,33	511,08
	VI	**1352,25**	432,66	432,66							

* Zur LSt-Berechnung für privat versicherte Arbeitnehmer s. Beispiele **Vorbemerkung S. 4f.**
** Basisvorsorgepauschale KV und PV *** Typisierter Arbeitgeberzuschuss

Lohn/ Gehalt in € bis	Steuerklasse	Lohn- steuer*	BVSP**	TAGZ***	Steuerklasse	Bemessungsgrundlage für Kirchensteuer und Solidaritätszuschlag					
						Freibeträge für ... Kinder					
						0,5	**1,0**	1,5	**2,0**	2,5	**3,0**
4718,99	I,IV	**872,41**	432,91	432,91	I	746,08	625,91	511,91	404,00	302,16	206,50
	II	**814,16**	432,91	432,91	II	690,66	573,33	462,08	356,91	257,91	165,00
	III	**510,83**	432,91	432,91	III	416,66	325,33	237,33	152,16	76,83	16,00
	V	**1317,08**	432,91	432,91	IV	808,50	746,08	685,25	625,91	568,16	511,91
	VI	**1353,33**	432,91	432,91							
4721,99	I,IV	**873,33**	433,16	433,16	I	747,00	626,75	512,66	404,75	302,91	207,16
	II	**815,08**	433,16	433,16	II	691,58	574,08	462,83	357,66	258,58	165,66
	III	**511,50**	433,16	433,16	III	417,33	326,00	237,83	152,83	77,33	16,33
	V	**1318,08**	433,16	433,16	IV	809,41	747,00	686,08	626,75	569,00	512,66
	VI	**1354,33**	433,16	433,16							
4724,99	I,IV	**874,25**	433,50	433,50	I	747,83	627,58	513,50	405,50	303,58	207,83
	II	**816,00**	433,50	433,50	II	692,41	574,91	463,58	358,33	259,25	166,33
	III	**512,16**	433,50	433,50	III	418,00	326,66	238,50	153,33	77,83	16,83
	V	**1319,16**	433,50	433,50	IV	810,33	747,83	687,00	627,58	569,83	513,50
	VI	**1355,41**	433,50	433,50							
4727,99	I,IV	**875,16**	433,75	433,75	I	748,75	628,50	514,25	406,25	304,33	208,50
	II	**816,91**	433,75	433,75	II	693,25	575,75	464,33	359,08	260,00	166,91
	III	**513,00**	433,75	433,75	III	418,66	327,33	239,16	154,00	78,33	17,16
	V	**1320,16**	433,75	433,75	IV	811,16	748,75	687,83	628,50	570,58	514,25
	VI	**1356,41**	433,75	433,75							
4730,99	I,IV	**876,08**	434,00	434,00	I	749,66	629,33	515,08	407,00	305,00	209,16
	II	**817,83**	434,00	434,00	II	694,16	576,58	465,16	359,83	260,66	167,58
	III	**513,66**	434,00	434,00	III	419,33	328,00	239,66	154,66	78,83	17,50
	V	**1321,25**	434,00	434,00	IV	812,08	749,66	688,66	629,33	571,41	515,08
	VI	**1357,50**	434,00	434,00							
4733,99	I,IV	**877,00**	434,33	434,33	I	750,50	630,16	515,91	407,75	305,75	209,83
	II	**818,75**	434,33	434,33	II	695,00	577,41	465,91	360,58	261,33	168,25
	III	**514,33**	434,33	434,33	III	420,00	328,66	240,33	155,16	79,33	18,00
	V	**1322,33**	434,33	434,33	IV	813,00	750,50	689,58	630,16	572,25	515,91
	VI	**1358,58**	434,33	434,33							
4736,99	I,IV	**877,91**	434,58	434,58	I	751,41	630,91	516,66	408,50	306,41	210,50
	II	**819,58**	434,58	434,58	II	695,83	578,16	466,66	361,25	262,00	168,83
	III	**515,00**	434,58	434,58	III	420,66	329,33	241,00	155,83	79,83	18,33
	V	**1323,33**	434,58	434,58	IV	813,91	751,41	690,41	630,91	573,00	516,66
	VI	**1359,58**	434,58	434,58							
4739,99	I,IV	**878,83**	434,83	434,83	I	752,25	631,75	517,41	409,25	307,08	211,16
	II	**820,50**	434,83	434,83	II	696,66	579,00	467,41	362,00	262,66	169,50
	III	**515,66**	434,83	434,83	III	421,33	329,83	241,66	156,33	80,33	18,66
	V	**1324,33**	434,83	434,83	IV	814,75	752,25	691,25	631,75	573,83	517,41
	VI	**1360,58**	434,83	434,83							
4742,99	I,IV	**879,75**	435,16	435,16	I	753,16	632,66	518,25	410,00	307,83	211,83
	II	**821,41**	435,16	435,16	II	697,58	579,83	468,25	362,75	263,41	170,16
	III	**516,33**	435,16	435,16	III	421,83	330,50	242,16	157,00	80,66	19,16
	V	**1325,41**	435,16	435,16	IV	815,66	753,16	692,08	632,66	574,66	518,25
	VI	**1361,66**	435,16	435,16							
4745,99	I,IV	**880,66**	435,41	435,41	I	754,00	633,50	519,00	410,75	308,50	212,50
	II	**822,33**	435,41	435,41	II	698,41	580,66	469,00	363,50	264,08	170,75
	III	**517,00**	435,41	435,41	III	422,50	331,16	242,83	157,50	81,16	19,50
	V	**1326,50**	435,41	435,41	IV	816,58	754,00	693,00	633,50	575,50	519,00
	VI	**1362,75**	435,41	435,41							
4748,99	I,IV	**881,66**	435,66	435,66	I	754,91	634,33	519,83	411,50	309,25	213,16
	II	**823,25**	435,66	435,66	II	699,25	581,50	469,75	364,16	264,75	171,41
	III	**517,66**	435,66	435,66	III	423,16	331,83	243,50	158,16	81,66	19,83
	V	**1327,50**	435,66	435,66	IV	817,50	754,91	693,83	634,33	576,33	519,83
	VI	**1363,75**	435,66	435,66							
4751,99	I,IV	**882,58**	435,91	435,91	I	755,83	635,16	520,66	412,25	309,91	213,83
	II	**824,16**	435,91	435,91	II	700,16	582,33	470,58	364,91	265,41	172,08
	III	**518,33**	435,91	435,91	III	423,83	332,50	244,16	158,83	82,16	20,33
	V	**1328,58**	435,91	435,91	IV	818,41	755,83	694,75	635,16	577,08	520,66
	VI	**1364,83**	435,91	435,91							

* Zur LSt-Berechnung für privat versicherte Arbeitnehmer s. Beispiele **Vorbemerkung S. 4f.**
** Basisvorsorgepauschale KV und PV *** Typisierter Arbeitgeberzuschuss

Lohn/ Gehalt in € bis	Steuerklasse	Lohn-steuer*	BVSP**	TAGZ***	Steuerklasse	Bemessungsgrundlage für Kirchensteuer und Solidaritätszuschlag – Freibeträge für ... Kinder 0,5	**1,0**	1,5	**2,0**	2,5	**3,0**
4754,99	I,IV	**883,50**	436,25	436,25	I	756,66	636,00	521,41	413,00	310,66	214,50
	II	**825,08**	436,25	436,25	II	701,00	583,08	471,33	365,66	266,16	172,75
	III	**519,16**	436,25	436,25	III	424,50	333,16	244,66	159,33	82,66	20,66
	V	**1 329,58**	436,25	436,25	IV	819,33	756,66	695,58	636,00	577,91	521,41
	VI	**1 365,83**	436,25	436,25							
4757,99	I,IV	**884,41**	436,50	436,50	I	757,58	636,83	522,25	413,75	311,33	215,16
	II	**825,91**	436,50	436,50	II	701,91	583,91	472,08	366,41	266,83	173,33
	III	**519,83**	436,50	436,50	III	425,16	333,83	245,33	160,00	83,16	21,00
	V	**1 330,66**	436,50	436,50	IV	820,25	757,58	696,41	636,83	578,75	522,25
	VI	**1 366,91**	436,50	436,50							
4760,99	I,IV	**885,33**	436,75	436,75	I	758,41	637,66	523,00	414,50	312,08	215,75
	II	**826,83**	436,75	436,75	II	702,75	584,75	472,83	367,08	267,50	174,00
	III	**520,50**	436,75	436,75	III	425,83	334,33	245,83	160,50	83,66	21,50
	V	**1 331,66**	436,75	436,75	IV	821,08	758,41	697,25	637,66	579,58	523,00
	VI	**1 367,91**	436,75	436,75							
4763,99	I,IV	**886,25**	437,08	437,08	I	759,33	638,50	523,83	415,25	312,75	216,41
	II	**827,75**	437,08	437,08	II	703,58	585,58	473,66	367,83	268,16	174,66
	III	**521,16**	437,08	437,08	III	426,50	335,00	246,50	161,16	84,16	21,83
	V	**1 332,75**	437,08	437,08	IV	822,00	759,33	698,16	638,50	580,41	523,83
	VI	**1 369,00**	437,08	437,08							
4766,99	I,IV	**887,16**	437,33	437,33	I	760,16	639,33	524,58	416,00	313,50	217,08
	II	**828,66**	437,33	437,33	II	704,41	586,33	474,41	368,58	268,91	175,25
	III	**521,83**	437,33	437,33	III	427,16	335,66	247,16	161,66	84,66	22,16
	V	**1 333,75**	437,33	437,33	IV	822,91	760,16	699,00	639,33	581,16	524,58
	VI	**1 370,00**	437,33	437,33							
4769,99	I,IV	**888,08**	437,58	437,58	I	761,08	640,16	525,41	416,75	314,16	217,75
	II	**829,58**	437,58	437,58	II	705,33	587,16	475,16	369,33	269,58	175,91
	III	**522,50**	437,58	437,58	III	427,83	336,33	247,83	162,33	85,16	22,66
	V	**1 334,83**	437,58	437,58	IV	823,83	761,08	699,83	640,16	582,00	525,41
	VI	**1 371,08**	437,58	437,58							
4772,99	I,IV	**889,08**	437,91	437,91	I	762,00	641,00	526,16	417,50	314,91	218,41
	II	**830,50**	437,91	437,91	II	706,16	588,00	476,00	370,08	270,25	176,58
	III	**523,16**	437,91	437,91	III	428,50	337,00	248,33	163,00	85,66	23,00
	V	**1 335,91**	437,91	437,91	IV	824,75	762,00	700,75	641,00	582,83	526,16
	VI	**1 372,16**	437,91	437,91							
4775,99	I,IV	**890,00**	438,16	438,16	I	762,83	641,83	527,00	418,25	315,58	219,08
	II	**831,41**	438,16	438,16	II	707,08	588,83	476,75	370,83	270,91	177,25
	III	**523,83**	438,16	438,16	III	429,16	337,50	249,00	163,50	86,16	23,33
	V	**1 336,91**	438,16	438,16	IV	825,66	762,83	701,58	641,83	583,66	527,00
	VI	**1 373,16**	438,16	438,16							
4778,99	I,IV	**890,91**	438,41	438,41	I	763,75	642,66	527,75	419,00	316,33	219,75
	II	**832,33**	438,41	438,41	II	707,91	589,66	477,50	371,50	271,66	177,91
	III	**524,50**	438,41	438,41	III	429,83	338,16	249,66	164,16	86,66	23,83
	V	**1 338,00**	438,41	438,41	IV	826,58	763,75	702,50	642,66	584,50	527,75
	VI	**1 374,25**	438,41	438,41							
4781,99	I,IV	**891,83**	438,66	438,66	I	764,66	643,58	528,58	419,75	317,00	220,41
	II	**833,16**	438,66	438,66	II	708,75	590,50	478,33	372,25	272,33	178,50
	III	**525,16**	438,66	438,66	III	430,50	338,83	250,33	164,66	87,16	24,16
	V	**1 339,00**	438,66	438,66	IV	827,50	764,66	703,33	643,58	585,33	528,58
	VI	**1 375,25**	438,66	438,66							
4784,99	I,IV	**892,75**	439,00	439,00	I	765,50	644,41	529,41	420,50	317,75	221,08
	II	**834,08**	439,00	439,00	II	709,66	591,33	479,08	373,00	273,00	179,16
	III	**526,00**	439,00	439,00	III	431,16	339,50	250,83	165,33	87,66	24,66
	V	**1 340,08**	439,00	439,00	IV	828,41	765,50	704,16	644,41	586,16	529,41
	VI	**1 376,33**	439,00	439,00							
4787,99	I,IV	**893,66**	439,25	439,25	I	766,41	645,25	530,16	421,25	318,41	221,75
	II	**835,00**	439,25	439,25	II	710,50	592,08	479,83	373,75	273,66	179,83
	III	**526,66**	439,25	439,25	III	431,83	340,16	251,50	166,00	88,16	25,00
	V	**1 341,08**	439,25	439,25	IV	829,25	766,41	705,00	645,25	586,91	530,16
	VI	**1 377,33**	439,25	439,25							

* Zur LSt-Berechnung für privat versicherte Arbeitnehmer s. Beispiele **Vorbemerkung S. 4f.**
** Basisvorsorgepauschale KV und PV *** Typisierter Arbeitgeberzuschuss

Lohn/ Gehalt in € bis	Steuerklasse	Lohn- steuer*	BVSP**	TAGZ***	Steuerklasse	Bemessungsgrundlage für Kirchensteuer und Solidaritätszuschlag					
						Freibeträge für ... Kinder					
						0,5	**1,0**	1,5	**2,0**	2,5	**3,0**
4790,99	I,IV	**894,58**	439,50	439,50	I	767,25	646,08	531,00	422,00	319,16	222,41
	II	**835,91**	439,50	439,50	II	711,33	592,91	480,66	374,41	274,41	180,50
	III	**527,33**	439,50	439,50	III	432,50	340,83	252,16	166,50	88,66	25,33
	V	**1342,16**	439,50	439,50	IV	830,16	767,25	705,91	646,08	587,75	531,00
	VI	**1378,41**	439,50	439,50							
4793,99	I,IV	**895,50**	439,83	439,83	I	768,16	646,91	531,75	422,75	319,83	223,08
	II	**836,83**	439,83	439,83	II	712,25	593,75	481,41	375,16	275,08	181,08
	III	**528,00**	439,83	439,83	III	433,16	341,50	252,83	167,16	89,16	25,83
	V	**1343,16**	439,83	439,83	IV	831,08	768,16	706,75	646,91	588,58	531,75
	VI	**1379,41**	439,83	439,83							
4796,99	I,IV	**896,50**	440,08	440,08	I	769,08	647,75	532,58	423,50	320,58	223,75
	II	**837,75**	440,08	440,08	II	713,08	594,58	482,16	375,91	275,75	181,75
	III	**528,66**	440,08	440,08	III	433,83	342,16	253,33	167,66	89,66	26,16
	V	**1344,25**	440,08	440,08	IV	832,00	769,08	707,66	647,75	589,41	532,58
	VI	**1380,50**	440,08	440,08							
4799,99	I,IV	**897,41**	440,33	440,33	I	769,91	648,58	533,33	424,25	321,33	224,41
	II	**838,66**	440,33	440,33	II	714,00	595,41	483,00	376,66	276,50	182,41
	III	**529,33**	440,33	440,33	III	434,50	342,66	254,00	168,33	90,16	26,66
	V	**1345,25**	440,33	440,33	IV	832,91	769,91	708,50	648,58	590,25	533,33
	VI	**1381,58**	440,33	440,33							
4802,99	I,IV	**898,33**	440,66	440,66	I	770,83	649,41	534,16	425,00	322,00	225,08
	II	**839,58**	440,66	440,66	II	714,83	596,25	483,75	377,41	277,16	183,08
	III	**530,00**	440,66	440,66	III	435,16	343,33	254,66	169,00	90,66	27,00
	V	**1346,33**	440,66	440,66	IV	833,83	770,83	709,33	649,41	591,00	534,16
	VI	**1382,58**	440,66	440,66							
4805,99	I,IV	**899,25**	440,91	440,91	I	771,75	650,25	535,00	425,75	322,75	225,75
	II	**840,50**	440,91	440,91	II	715,75	597,08	484,58	378,16	277,83	183,75
	III	**530,83**	440,91	440,91	III	435,83	344,00	255,33	169,50	91,16	27,33
	V	**1347,41**	440,91	440,91	IV	834,75	771,75	710,25	650,25	591,83	535,00
	VI	**1383,66**	440,91	440,91							
4808,99	I,IV	**900,16**	441,16	441,16	I	772,58	651,16	535,75	426,58	323,41	226,50
	II	**841,41**	441,16	441,16	II	716,58	597,91	485,33	378,91	278,58	184,33
	III	**531,50**	441,16	441,16	III	436,50	344,66	255,83	170,16	91,66	27,83
	V	**1348,41**	441,16	441,16	IV	835,66	772,58	711,08	651,16	592,66	535,75
	VI	**1384,66**	441,16	441,16							
4811,99	I,IV	**901,16**	441,50	441,50	I	773,50	652,00	536,58	427,33	324,16	227,16
	II	**842,33**	441,50	441,50	II	717,41	598,75	486,08	379,58	279,25	185,00
	III	**532,16**	441,50	441,50	III	437,16	345,33	256,50	170,66	92,16	28,16
	V	**1349,50**	441,50	441,50	IV	836,58	773,50	712,00	652,00	593,50	536,58
	VI	**1385,75**	441,50	441,50							
4814,99	I,IV	**902,08**	441,75	441,75	I	774,33	652,83	537,33	428,08	324,83	227,75
	II	**843,16**	441,75	441,75	II	718,33	599,50	486,83	380,33	279,91	185,66
	III	**532,83**	441,75	441,75	III	437,83	346,00	257,16	171,33	92,66	28,66
	V	**1350,50**	441,75	441,75	IV	837,41	774,33	712,83	652,83	594,33	537,33
	VI	**1386,75**	441,75	441,75							
4817,99	I,IV	**903,00**	442,00	442,00	I	775,25	653,66	538,16	428,83	325,58	228,41
	II	**844,08**	442,00	442,00	II	719,16	600,33	487,66	381,08	280,66	186,33
	III	**533,50**	442,00	442,00	III	438,50	346,50	257,66	171,83	93,16	29,00
	V	**1351,58**	442,00	442,00	IV	838,33	775,25	713,66	653,66	595,16	538,16
	VI	**1387,83**	442,00	442,00							
4820,99	I,IV	**903,91**	442,25	442,25	I	776,16	654,50	539,00	429,58	326,25	229,16
	II	**845,00**	442,25	442,25	II	720,00	601,16	488,41	381,83	281,33	186,91
	III	**534,16**	442,25	442,25	III	439,16	347,16	258,33	172,50	93,66	29,33
	V	**1352,58**	442,25	442,25	IV	839,25	776,16	714,58	654,50	596,00	539,00
	VI	**1388,83**	442,25	442,25							
4823,99	I,IV	**904,83**	442,58	442,58	I	777,00	655,33	539,75	430,33	327,00	229,83
	II	**845,91**	442,58	442,58	II	720,91	602,00	489,25	382,58	282,00	187,58
	III	**534,83**	442,58	442,58	III	439,83	347,83	259,00	173,16	94,33	29,83
	V	**1353,66**	442,58	442,58	IV	840,16	777,00	715,41	655,33	596,83	539,75
	VI	**1389,91**	442,58	442,58							

* Zur LSt-Berechnung für privat versicherte Arbeitnehmer s. Beispiele **Vorbemerkung S. 4 f.**
** Basisvorsorgepauschale KV und PV *** Typisierter Arbeitgeberzuschuss

Lohn/ Gehalt in € bis	Steuerklasse	Lohn-steuer*	BVSP**	TAGZ***	Steuerklasse	Bemessungsgrundlage für Kirchensteuer und Solidaritätszuschlag – Freibeträge für ... Kinder 0,5	**1,0**	1,5	**2,0**	2,5	**3,0**
4826,99	I,IV	**905,75**	442,83	442,83	I	777,91	656,16	540,58	431,08	327,75	230,50
	II	**846,83**	442,83	442,83	II	721,75	602,83	490,00	383,33	282,75	188,25
	III	**535,50**	442,83	442,83	III	440,50	348,50	259,66	173,66	94,83	30,16
	V	**1354,66**	442,83	442,83	IV	841,08	777,91	716,33	656,16	597,58	540,58
	VI	**1391,00**	442,83	442,83							
4829,99	I,IV	**906,75**	443,08	443,08	I	778,83	657,00	541,41	431,83	328,41	231,16
	II	**847,75**	443,08	443,08	II	722,66	603,66	490,83	384,08	283,41	188,91
	III	**536,16**	443,08	443,08	III	441,16	349,16	260,16	174,33	95,33	30,66
	V	**1355,75**	443,08	443,08	IV	842,00	778,83	717,16	657,00	598,41	541,41
	VI	**1392,00**	443,08	443,08							
4832,99	I,IV	**907,66**	443,41	443,41	I	779,75	657,91	542,16	432,58	329,16	231,83
	II	**848,66**	443,41	443,41	II	723,50	604,50	491,58	384,75	284,08	189,58
	III	**537,00**	443,41	443,41	III	441,83	349,83	260,83	175,00	95,83	31,00
	V	**1356,83**	443,41	443,41	IV	842,91	779,75	718,00	657,91	599,25	542,16
	VI	**1393,08**	443,41	443,41							
4835,99	I,IV	**908,58**	443,66	443,66	I	780,58	658,75	543,00	433,33	329,83	232,50
	II	**849,58**	443,66	443,66	II	724,41	605,33	492,33	385,50	284,83	190,25
	III	**537,66**	443,66	443,66	III	442,50	350,50	261,50	175,50	96,33	31,50
	V	**1357,83**	443,66	443,66	IV	843,83	780,58	718,91	658,75	600,08	543,00
	VI	**1394,08**	443,66	443,66							
4838,99	I,IV	**909,58**	443,83	443,83	I	781,50	659,58	543,83	434,16	330,58	233,16
	II	**850,58**	443,83	443,83	II	725,33	606,16	493,16	386,33	285,50	190,91
	III	**538,33**	443,83	443,83	III	443,16	351,16	262,16	176,16	96,83	31,83
	V	**1358,91**	443,83	443,83	IV	844,75	781,50	719,83	659,58	600,91	543,83
	VI	**1395,16**	443,83	443,83							
4841,99	I,IV	**910,58**	443,83	443,83	I	782,50	660,58	544,75	435,00	331,41	233,91
	II	**851,58**	443,83	443,83	II	726,25	607,08	494,08	387,08	286,33	191,58
	III	**539,16**	443,83	443,83	III	444,00	351,83	262,83	176,83	97,50	32,33
	V	**1360,08**	443,83	443,83	IV	845,75	782,50	720,75	660,58	601,83	544,75
	VI	**1396,33**	443,83	443,83							
4844,99	I,IV	**911,66**	443,83	443,83	I	783,50	661,50	545,66	435,83	332,25	234,66
	II	**852,58**	443,83	443,83	II	727,25	608,00	494,91	387,91	287,08	192,33
	III	**539,83**	443,83	443,83	III	444,66	352,50	263,50	177,50	98,00	32,83
	V	**1361,25**	443,83	443,83	IV	846,83	783,50	721,75	661,50	602,83	545,66
	VI	**1397,58**	443,83	443,83							
4847,99	I,IV	**912,66**	443,83	443,83	I	784,50	662,41	546,50	436,66	333,00	235,41
	II	**853,58**	443,83	443,83	II	728,25	608,91	495,83	388,75	287,83	193,08
	III	**540,66**	443,83	443,83	III	445,50	353,33	264,16	178,16	98,66	33,33
	V	**1362,41**	443,83	443,83	IV	847,83	784,50	722,75	662,41	603,75	546,50
	VI	**1398,66**	443,83	443,83							
4850,99	I,IV	**913,75**	443,83	443,83	I	785,50	663,41	547,41	437,58	333,83	236,16
	II	**854,66**	443,83	443,83	II	729,16	609,83	496,66	389,58	288,66	193,83
	III	**541,33**	443,83	443,83	III	446,16	354,00	264,83	178,83	99,16	33,66
	V	**1363,58**	443,83	443,83	IV	848,83	785,50	723,66	663,41	604,66	547,41
	VI	**1399,83**	443,83	443,83							
4853,99	I,IV	**914,75**	443,83	443,83	I	786,50	664,33	548,33	438,41	334,58	236,91
	II	**855,66**	443,83	443,83	II	730,16	610,75	497,50	390,41	289,41	194,50
	III	**542,16**	443,83	443,83	III	447,00	354,66	265,66	179,50	99,66	34,16
	V	**1364,75**	443,83	443,83	IV	849,83	786,50	724,66	664,33	605,58	548,33
	VI	**1401,00**	443,83	443,83							
4856,99	I,IV	**915,83**	443,83	443,83	I	787,50	665,25	549,16	439,25	335,41	237,66
	II	**856,66**	443,83	443,83	II	731,08	611,66	498,41	391,25	290,16	195,25
	III	**543,00**	443,83	443,83	III	447,66	355,50	266,33	180,16	100,33	34,66
	V	**1365,91**	443,83	443,83	IV	850,83	787,50	725,58	665,25	606,50	549,16
	VI	**1402,16**	443,83	443,83							
4859,99	I,IV	**916,83**	443,83	443,83	I	788,41	666,16	550,08	440,08	336,16	238,41
	II	**857,66**	443,83	443,83	II	732,08	612,58	499,25	392,08	290,91	196,00
	III	**543,66**	443,83	443,83	III	448,33	356,16	267,00	180,83	100,83	35,16
	V	**1367,08**	443,83	443,83	IV	851,83	788,41	726,58	666,16	607,33	550,08
	VI	**1403,33**	443,83	443,83							

* Zur LSt-Berechnung für privat versicherte Arbeitnehmer s. Beispiele **Vorbemerkung S. 4f.**
** Basisvorsorgepauschale KV und PV *** Typisierter Arbeitgeberzuschuss

Lohn/ Gehalt in € bis	Steuerklasse	Lohn-steuer*	BVSP**	TAGZ***	Steuerklasse	Bemessungsgrundlage für Kirchensteuer und Solidaritätszuschlag – Freibeträge für ... Kinder 0,5	1,0	1,5	2,0	2,5	3,0
4862,99	I,IV	**917,91**	443,83	443,83	I	789,50	667,16	551,00	440,91	337,00	239,16
	II	**858,75**	443,83	443,83	II	733,08	613,58	500,16	392,91	291,75	196,75
	III	**544,50**	443,83	443,83	III	449,16	356,83	267,66	181,50	101,50	35,50
	V	**1368,25**	443,83	443,83	IV	852,91	789,50	727,58	667,16	608,33	551,00
	VI	**1404,50**	443,83	443,83							
4865,99	I,IV	**918,91**	443,83	443,83	I	790,41	668,08	551,91	441,75	337,83	239,91
	II	**859,75**	443,83	443,83	II	734,00	614,50	501,00	393,75	292,50	197,41
	III	**545,16**	443,83	443,83	III	449,83	357,66	268,33	182,16	102,00	36,00
	V	**1369,41**	443,83	443,83	IV	853,91	790,41	728,50	668,08	609,25	551,91
	VI	**1405,66**	443,83	443,83							
4868,99	I,IV	**920,00**	443,83	443,83	I	791,41	669,08	552,75	442,58	338,58	240,66
	II	**860,75**	443,83	443,83	II	735,00	615,41	501,91	394,50	293,25	198,16
	III	**546,00**	443,83	443,83	III	450,66	358,33	269,00	182,83	102,66	36,50
	V	**1370,58**	443,83	443,83	IV	854,91	791,41	729,50	669,08	610,16	552,75
	VI	**1406,83**	443,83	443,83							
4871,99	I,IV	**921,00**	443,83	443,83	I	792,41	670,00	553,66	443,50	339,41	241,41
	II	**861,75**	443,83	443,83	II	736,00	616,33	502,75	395,33	294,08	198,91
	III	**546,83**	443,83	443,83	III	451,33	359,00	269,66	183,50	103,16	37,00
	V	**1371,75**	443,83	443,83	IV	855,91	792,41	730,41	670,00	611,08	553,66
	VI	**1408,00**	443,83	443,83							
4874,99	I,IV	**922,00**	443,83	443,83	I	793,41	670,91	554,58	444,33	340,16	242,16
	II	**862,75**	443,83	443,83	II	736,91	617,25	503,66	396,16	294,83	199,58
	III	**547,50**	443,83	443,83	III	452,16	359,66	270,50	184,16	103,83	37,50
	V	**1372,83**	443,83	443,83	IV	857,00	793,41	731,41	670,91	612,00	554,58
	VI	**1409,16**	443,83	443,83							
4877,99	I,IV	**923,08**	443,83	443,83	I	794,41	671,91	555,50	445,16	341,00	242,91
	II	**863,83**	443,83	443,83	II	737,91	618,16	504,50	397,00	295,66	200,33
	III	**548,33**	443,83	443,83	III	452,83	360,50	271,16	184,83	104,33	37,83
	V	**1374,08**	443,83	443,83	IV	858,00	794,41	732,41	671,91	612,91	555,50
	VI	**1410,33**	443,83	443,83							
4880,99	I,IV	**924,16**	443,83	443,83	I	795,41	672,83	556,33	446,00	341,83	243,66
	II	**864,83**	443,83	443,83	II	738,91	619,08	505,41	397,83	296,41	201,08
	III	**549,00**	443,83	443,83	III	453,66	361,16	271,83	185,50	105,00	38,33
	V	**1375,25**	443,83	443,83	IV	859,00	795,41	733,33	672,83	613,83	556,33
	VI	**1411,50**	443,83	443,83							
4883,99	I,IV	**925,16**	443,83	443,83	I	796,41	673,75	557,25	446,83	342,58	244,41
	II	**865,83**	443,83	443,83	II	739,83	620,00	506,25	398,66	297,16	201,83
	III	**549,83**	443,83	443,83	III	454,33	361,83	272,50	186,16	105,50	38,83
	V	**1376,33**	443,83	443,83	IV	860,00	796,41	734,33	673,75	614,75	557,25
	VI	**1412,66**	443,83	443,83							
4886,99	I,IV	**926,25**	443,83	443,83	I	797,41	674,75	558,16	447,66	343,41	245,16
	II	**866,83**	443,83	443,83	II	740,83	620,91	507,16	399,50	297,91	202,58
	III	**550,66**	443,83	443,83	III	455,00	362,66	273,16	186,83	106,16	39,33
	V	**1377,50**	443,83	443,83	IV	861,08	797,41	735,33	674,75	615,66	558,16
	VI	**1413,75**	443,83	443,83							
4889,99	I,IV	**927,25**	443,83	443,83	I	798,41	675,66	559,08	448,58	344,16	245,91
	II	**867,83**	443,83	443,83	II	741,83	621,83	508,00	400,33	298,75	203,25
	III	**551,33**	443,83	443,83	III	455,83	363,33	274,00	187,50	106,66	39,83
	V	**1378,66**	443,83	443,83	IV	862,08	798,41	736,25	675,66	616,58	559,08
	VI	**1414,91**	443,83	443,83							
4892,99	I,IV	**928,33**	443,83	443,83	I	799,41	676,66	560,00	449,41	345,00	246,75
	II	**868,91**	443,83	443,83	II	742,83	622,83	508,91	401,16	299,50	204,00
	III	**552,16**	443,83	443,83	III	456,66	364,16	274,66	188,16	107,33	40,33
	V	**1379,83**	443,83	443,83	IV	863,08	799,41	737,25	676,66	617,50	560,00
	VI	**1416,16**	443,83	443,83							
4895,99	I,IV	**929,33**	443,83	443,83	I	800,41	677,58	560,83	450,25	345,83	247,50
	II	**869,91**	443,83	443,83	II	743,75	623,75	509,75	402,00	300,33	204,75
	III	**552,83**	443,83	443,83	III	457,33	364,83	275,33	188,83	107,83	40,66
	V	**1381,00**	443,83	443,83	IV	864,08	800,41	738,25	677,58	618,41	560,83
	VI	**1417,25**	443,83	443,83							

* Zur LSt-Berechnung für privat versicherte Arbeitnehmer s. Beispiele **Vorbemerkung S. 4 f.**
** Basisvorsorgepauschale KV und PV *** Typisierter Arbeitgeberzuschuss

Lohn/ Gehalt in € bis	Steuerklasse	Lohn-steuer*	BVSP**	TAGZ***	Steuerklasse	Bemessungsgrundlage für Kirchensteuer und Solidaritätszuschlag – Freibeträge für ... Kinder 0,5	**1,0**	1,5	**2,0**	2,5	**3,0**
4898,99	I,IV	**930,41**	443,83	443,83	I	801,41	678,50	561,75	451,08	346,58	248,25
	II	**870,91**	443,83	443,83	II	744,75	624,66	510,66	402,83	301,08	205,50
	III	**553,66**	443,83	443,83	III	458,00	365,50	276,00	189,50	108,50	41,16
	V	**1382,16**	443,83	443,83	IV	865,16	801,41	739,16	678,50	619,33	561,75
	VI	**1418,41**	443,83	443,83							
4901,99	I,IV	**931,41**	443,83	443,83	I	802,41	679,41	562,66	452,00	347,41	249,00
	II	**872,00**	443,83	443,83	II	745,66	625,58	511,50	403,66	301,83	206,16
	III	**554,50**	443,83	443,83	III	458,83	366,16	276,66	190,16	109,00	41,66
	V	**1383,33**	443,83	443,83	IV	866,16	802,41	740,16	679,41	620,25	562,66
	VI	**1419,58**	443,83	443,83							
4904,99	I,IV	**932,50**	443,83	443,83	I	803,41	680,41	563,58	452,83	348,16	249,75
	II	**873,00**	443,83	443,83	II	746,66	626,50	512,41	404,50	302,66	206,91
	III	**555,16**	443,83	443,83	III	459,50	367,00	277,33	191,00	109,66	42,16
	V	**1384,50**	443,83	443,83	IV	867,16	803,41	741,08	680,41	621,16	563,58
	VI	**1420,75**	443,83	443,83							
4907,99	I,IV	**933,50**	443,83	443,83	I	804,33	681,33	564,41	453,66	349,00	250,50
	II	**874,00**	443,83	443,83	II	747,66	627,41	513,25	405,25	303,41	207,66
	III	**556,00**	443,83	443,83	III	460,33	367,66	278,00	191,50	110,16	42,66
	V	**1385,66**	443,83	443,83	IV	868,16	804,33	742,08	681,33	622,08	564,41
	VI	**1421,91**	443,83	443,83							
4910,99	I,IV	**934,58**	443,83	443,83	I	805,41	682,33	565,33	454,50	349,83	251,25
	II	**875,08**	443,83	443,83	II	748,66	628,33	514,16	406,16	304,25	208,41
	III	**556,83**	443,83	443,83	III	461,00	368,33	278,83	192,33	110,83	43,16
	V	**1386,83**	443,83	443,83	IV	869,25	805,41	743,08	682,33	623,08	565,33
	VI	**1423,08**	443,83	443,83							
4913,99	I,IV	**935,66**	443,83	443,83	I	806,41	683,25	566,25	455,41	350,58	252,00
	II	**876,08**	443,83	443,83	II	749,58	629,25	515,08	407,00	305,00	209,16
	III	**557,50**	443,83	443,83	III	461,83	369,16	279,50	193,00	111,50	43,66
	V	**1388,00**	443,83	443,83	IV	870,25	806,41	744,08	683,25	624,00	566,25
	VI	**1424,25**	443,83	443,83							
4916,99	I,IV	**936,66**	443,83	443,83	I	807,41	684,16	567,16	456,25	351,41	252,75
	II	**877,08**	443,83	443,83	II	750,58	630,16	515,91	407,75	305,75	209,83
	III	**558,33**	443,83	443,83	III	462,50	369,83	280,16	193,66	112,00	44,00
	V	**1389,16**	443,83	443,83	IV	871,25	807,41	745,00	684,16	624,91	567,16
	VI	**1425,41**	443,83	443,83							
4919,99	I,IV	**937,75**	443,83	443,83	I	808,33	685,16	568,08	457,08	352,25	253,50
	II	**878,08**	443,83	443,83	II	751,58	631,08	516,83	408,58	306,58	210,58
	III	**559,00**	443,83	443,83	III	463,33	370,50	280,83	194,33	112,66	44,50
	V	**1390,33**	443,83	443,83	IV	872,25	808,33	746,00	685,16	625,83	568,08
	VI	**1426,58**	443,83	443,83							
4922,99	I,IV	**938,75**	443,83	443,83	I	809,33	686,08	568,91	457,91	353,00	254,25
	II	**879,16**	443,83	443,83	II	752,50	632,00	517,66	409,41	307,33	211,33
	III	**559,83**	443,83	443,83	III	464,00	371,33	281,50	195,00	113,16	45,00
	V	**1391,41**	443,83	443,83	IV	873,33	809,33	747,00	686,08	626,75	568,91
	VI	**1427,75**	443,83	443,83							
4925,99	I,IV	**939,83**	443,83	443,83	I	810,41	687,08	569,83	458,83	353,83	255,00
	II	**880,16**	443,83	443,83	II	753,50	633,00	518,58	410,33	308,16	212,08
	III	**560,66**	443,83	443,83	III	464,83	372,00	282,33	195,66	113,83	45,50
	V	**1392,66**	443,83	443,83	IV	874,33	810,41	748,00	687,08	627,66	569,83
	VI	**1428,91**	443,83	443,83							
4928,99	I,IV	**940,83**	443,83	443,83	I	811,41	688,00	570,75	459,66	354,66	255,75
	II	**881,16**	443,83	443,83	II	754,50	633,91	519,50	411,08	308,91	212,83
	III	**561,33**	443,83	443,83	III	465,50	372,66	283,00	196,33	114,50	46,00
	V	**1393,83**	443,83	443,83	IV	875,33	811,41	748,91	688,00	628,66	570,75
	VI	**1430,08**	443,83	443,83							
4931,99	I,IV	**941,91**	443,83	443,83	I	812,41	689,00	571,66	460,50	355,41	256,50
	II	**882,25**	443,83	443,83	II	755,50	634,83	520,33	411,91	309,66	213,58
	III	**562,16**	443,83	443,83	III	466,33	373,50	283,66	197,00	115,00	46,50
	V	**1394,91**	443,83	443,83	IV	876,41	812,41	749,91	689,00	629,58	571,66
	VI	**1431,25**	443,83	443,83							

* Zur LSt-Berechnung für privat versicherte Arbeitnehmer s. Beispiele **Vorbemerkung S. 4 f.**
** Basisvorsorgepauschale KV und PV *** Typisierter Arbeitgeberzuschuss

Lohn/ Gehalt in € bis	Steuerklasse	Lohn- steuer*	BVSP**	TAGZ***	Steuerklasse	Bemessungsgrundlage für Kirchensteuer und Solidaritätszuschlag					
						Freibeträge für ... Kinder					
						0,5	**1,0**	1,5	**2,0**	2,5	**3,0**
4934,99	I,IV	**942,91**	443,83	443,83	I	813,33	689,91	572,58	461,33	356,25	257,25
	II	**883,25**	443,83	443,83	II	756,41	635,75	521,25	412,75	310,50	214,25
	III	**563,00**	443,83	443,83	III	467,00	374,16	284,33	197,66	115,66	47,00
	V	**1396,08**	443,83	443,83	IV	877,41	813,33	750,91	689,91	630,50	572,58
	VI	**1432,33**	443,83	443,83							
4937,99	I,IV	**944,00**	443,83	443,83	I	814,33	690,83	573,50	462,16	357,08	258,00
	II	**884,25**	443,83	443,83	II	757,41	636,66	522,08	413,58	311,25	215,00
	III	**563,66**	443,83	443,83	III	467,66	374,83	285,00	198,33	116,16	47,50
	V	**1397,25**	443,83	443,83	IV	878,41	814,33	751,83	690,83	631,41	573,50
	VI	**1433,50**	443,83	443,83							
4940,99	I,IV	**945,08**	443,83	443,83	I	815,41	691,83	574,41	463,08	357,91	258,83
	II	**885,33**	443,83	443,83	II	758,41	637,66	523,00	414,50	312,08	215,75
	III	**564,50**	443,83	443,83	III	468,50	375,66	285,83	199,00	116,83	48,00
	V	**1398,41**	443,83	443,83	IV	879,50	815,41	752,83	691,83	632,33	574,41
	VI	**1434,75**	443,83	443,83							
4943,99	I,IV	**946,08**	443,83	443,83	I	816,41	692,75	575,33	463,91	358,66	259,58
	II	**886,33**	443,83	443,83	II	759,41	638,58	523,83	415,33	312,83	216,50
	III	**565,33**	443,83	443,83	III	469,33	376,33	286,50	199,66	117,50	48,50
	V	**1399,58**	443,83	443,83	IV	880,50	816,41	753,83	692,75	633,25	575,33
	VI	**1435,83**	443,83	443,83							
4946,99	I,IV	**947,16**	443,83	443,83	I	817,41	693,75	576,16	464,75	359,50	260,33
	II	**887,33**	443,83	443,83	II	760,33	639,50	524,75	416,16	313,58	217,25
	III	**566,00**	443,83	443,83	III	470,00	377,00	287,16	200,33	118,00	48,83
	V	**1400,75**	443,83	443,83	IV	881,50	817,41	754,83	693,75	634,16	576,16
	VI	**1437,00**	443,83	443,83							
4949,99	I,IV	**948,25**	443,83	443,83	I	818,41	694,66	577,08	465,66	360,33	261,08
	II	**888,41**	443,83	443,83	II	761,33	640,41	525,66	416,91	314,41	218,00
	III	**566,83**	443,83	443,83	III	470,83	377,83	287,83	201,00	118,66	49,33
	V	**1401,91**	443,83	443,83	IV	882,50	818,41	755,75	694,66	635,08	577,08
	VI	**1438,16**	443,83	443,83							
4952,99	I,IV	**949,25**	443,83	443,83	I	819,41	695,66	578,00	466,50	361,08	261,83
	II	**889,41**	443,83	443,83	II	762,33	641,33	526,50	417,75	315,16	218,75
	III	**567,50**	443,83	443,83	III	471,50	378,50	288,50	201,66	119,16	49,83
	V	**1403,08**	443,83	443,83	IV	883,58	819,41	756,75	695,66	636,08	578,00
	VI	**1439,33**	443,83	443,83							
4955,99	I,IV	**950,33**	443,83	443,83	I	820,41	696,58	578,91	467,33	361,91	262,58
	II	**890,41**	443,83	443,83	II	763,33	642,25	527,41	418,58	316,00	219,41
	III	**568,33**	443,83	443,83	III	472,16	379,16	289,33	202,33	119,83	50,33
	V	**1404,25**	443,83	443,83	IV	884,58	820,41	757,75	696,58	637,00	578,91
	VI	**1440,50**	443,83	443,83							
4958,99	I,IV	**951,41**	443,83	443,83	I	821,41	697,58	579,83	468,25	362,75	263,41
	II	**891,50**	443,83	443,83	II	764,33	643,25	528,33	419,50	316,75	220,16
	III	**569,16**	443,83	443,83	III	473,00	380,00	290,00	203,00	120,50	50,83
	V	**1405,41**	443,83	443,83	IV	885,66	821,41	758,75	697,58	637,91	579,83
	VI	**1441,66**	443,83	443,83							
4961,99	I,IV	**952,41**	443,83	443,83	I	822,41	698,50	580,75	469,08	363,58	264,16
	II	**892,50**	443,83	443,83	II	765,25	644,16	529,16	420,33	317,58	220,91
	III	**569,83**	443,83	443,83	III	473,66	380,66	290,66	203,66	121,00	51,33
	V	**1406,58**	443,83	443,83	IV	886,66	822,41	759,66	698,50	638,83	580,75
	VI	**1442,83**	443,83	443,83							
4964,99	I,IV	**953,50**	443,83	443,83	I	823,41	699,50	581,66	469,91	364,33	264,91
	II	**893,58**	443,83	443,83	II	766,25	645,08	530,08	421,16	318,33	221,66
	III	**570,66**	443,83	443,83	III	474,50	381,33	291,33	204,33	121,66	51,83
	V	**1407,75**	443,83	443,83	IV	887,66	823,41	760,66	699,50	639,75	581,66
	VI	**1444,00**	443,83	443,83							
4967,99	I,IV	**954,50**	443,83	443,83	I	824,41	700,41	582,50	470,75	365,16	265,66
	II	**894,58**	443,83	443,83	II	767,25	646,00	530,91	422,00	319,16	222,41
	III	**571,33**	443,83	443,83	III	475,16	382,16	292,00	205,00	122,33	52,33
	V	**1408,91**	443,83	443,83	IV	888,66	824,41	761,66	700,41	640,75	582,50
	VI	**1445,16**	443,83	443,83							

* Zur LSt-Berechnung für privat versicherte Arbeitnehmer s. Beispiele **Vorbemerkung S. 4 f.**
** Basisvorsorgepauschale KV und PV *** Typisierter Arbeitgeberzuschuss

Lohn/ Gehalt in € bis	Steuerklasse	Lohn-steuer*	BVSP**	TAGZ***	Steuerklasse	Bemessungsgrundlage für Kirchensteuer und Solidaritätszuschlag					
						Freibeträge für ... Kinder					
						0,5	**1,0**	1,5	**2,0**	2,5	**3,0**
4970,99	I,IV	**955,58**	443,83	443,83	I	825,41	701,33	583,41	471,66	366,00	266,41
	II	**895,58**	443,83	443,83	II	768,25	646,91	531,83	422,83	319,91	223,16
	III	**572,16**	443,83	443,83	III	476,00	382,83	292,83	205,83	122,83	52,83
	V	**1410,00**	443,83	443,83	IV	889,75	825,41	762,58	701,33	641,66	583,41
	VI	**1446,33**	443,83	443,83							
4973,99	I,IV	**956,66**	443,83	443,83	I	826,41	702,33	584,33	472,50	366,83	267,16
	II	**896,66**	443,83	443,83	II	769,25	647,91	532,75	423,66	320,75	223,91
	III	**573,00**	443,83	443,83	III	476,83	383,66	293,50	206,50	123,50	53,33
	V	**1411,25**	443,83	443,83	IV	890,75	826,41	763,66	702,33	642,58	584,33
	VI	**1447,50**	443,83	443,83							
4976,99	I,IV	**957,66**	443,83	443,83	I	827,41	703,33	585,25	473,41	367,58	267,91
	II	**897,66**	443,83	443,83	II	770,16	648,83	533,58	424,50	321,50	224,66
	III	**573,66**	443,83	443,83	III	477,50	384,33	294,16	207,16	124,16	53,83
	V	**1412,41**	443,83	443,83	IV	891,83	827,41	764,58	703,33	643,50	585,25
	VI	**1448,66**	443,83	443,83							
4979,99	I,IV	**958,75**	443,83	443,83	I	828,41	704,25	586,16	474,25	368,41	268,75
	II	**898,75**	443,83	443,83	II	771,16	649,75	534,50	425,33	322,33	225,41
	III	**574,50**	443,83	443,83	III	478,16	385,00	294,83	207,83	124,83	54,33
	V	**1413,50**	443,83	443,83	IV	892,83	828,41	765,58	704,25	644,41	586,16
	VI	**1449,83**	443,83	443,83							
4982,99	I,IV	**959,83**	443,83	443,83	I	829,41	705,16	587,08	475,08	369,25	269,50
	II	**899,75**	443,83	443,83	II	772,16	650,75	535,41	426,16	323,08	226,08
	III	**575,33**	443,83	443,83	III	479,00	385,66	295,50	208,50	125,33	54,83
	V	**1414,66**	443,83	443,83	IV	893,83	829,41	766,58	705,16	645,41	587,08
	VI	**1450,91**	443,83	443,83							
4985,99	I,IV	**960,83**	443,83	443,83	I	830,41	706,16	588,00	475,91	370,00	270,25
	II	**900,75**	443,83	443,83	II	773,16	651,66	536,25	427,00	323,83	226,83
	III	**576,00**	443,83	443,83	III	479,66	386,50	296,33	209,16	126,00	55,33
	V	**1415,83**	443,83	443,83	IV	894,91	830,41	767,50	706,16	646,33	588,00
	VI	**1452,08**	443,83	443,83							
4988,99	I,IV	**961,91**	443,83	443,83	I	831,50	707,16	588,91	476,83	370,83	271,00
	II	**901,83**	443,83	443,83	II	774,16	652,58	537,16	427,83	324,66	227,66
	III	**576,83**	443,83	443,83	III	480,50	387,16	297,00	209,83	126,66	55,83
	V	**1417,00**	443,83	443,83	IV	895,91	831,50	768,58	707,16	647,25	588,91
	VI	**1453,33**	443,83	443,83							
4991,99	I,IV	**963,00**	443,83	443,83	I	832,50	708,08	589,83	477,66	371,66	271,75
	II	**902,83**	443,83	443,83	II	775,16	653,50	538,08	428,66	325,50	228,33
	III	**577,66**	443,83	443,83	III	481,16	388,00	297,66	210,50	127,16	56,33
	V	**1418,16**	443,83	443,83	IV	897,00	832,50	769,50	708,08	648,16	589,83
	VI	**1454,41**	443,83	443,83							
4994,99	I,IV	**964,00**	443,83	443,83	I	833,50	709,08	590,75	478,58	372,50	272,58
	II	**903,91**	443,83	443,83	II	776,08	654,50	538,91	429,50	326,25	229,08
	III	**578,33**	443,83	443,83	III	482,00	388,66	298,33	211,16	127,83	56,83
	V	**1419,33**	443,83	443,83	IV	898,00	833,50	770,50	709,08	649,16	590,75
	VI	**1455,58**	443,83	443,83							
4997,99	I,IV	**965,08**	443,83	443,83	I	834,50	710,00	591,66	479,41	373,33	273,33
	II	**904,91**	443,83	443,83	II	777,08	655,41	539,83	430,41	327,08	229,83
	III	**579,16**	443,83	443,83	III	482,66	389,33	299,00	211,83	128,50	57,33
	V	**1420,50**	443,83	443,83	IV	899,00	834,50	771,50	710,00	650,08	591,66
	VI	**1456,75**	443,83	443,83							
5000,99	I,IV	**966,16**	443,83	443,83	I	835,50	711,00	592,58	480,25	374,08	274,08
	II	**905,91**	443,83	443,83	II	778,08	656,33	540,75	431,25	327,83	230,58
	III	**580,00**	443,83	443,83	III	483,50	390,16	299,83	212,50	129,00	57,83
	V	**1421,66**	443,83	443,83	IV	900,08	835,50	772,41	711,00	651,00	592,58
	VI	**1457,91**	443,83	443,83							
5003,99	I,IV	**967,16**	443,83	443,83	I	836,50	711,91	593,50	481,16	374,91	274,83
	II	**907,00**	443,83	443,83	II	779,08	657,25	541,58	432,08	328,66	231,33
	III	**580,66**	443,83	443,83	III	484,16	390,83	300,50	213,16	129,66	58,33
	V	**1422,83**	443,83	443,83	IV	901,08	836,50	773,41	711,91	651,91	593,50
	VI	**1459,08**	443,83	443,83							

* Zur LSt-Berechnung für privat versicherte Arbeitnehmer s. Beispiele **Vorbemerkung S. 4 f.**
** Basisvorsorgepauschale KV und PV *** Typisierter Arbeitgeberzuschuss

Lohn/ Gehalt in € bis	Steuerklasse	Lohn-steuer*	BVSP**	TAGZ***	Steuerklasse	Bemessungsgrundlage für Kirchensteuer und Solidaritätszuschlag – Freibeträge für ... Kinder 0,5	1,0	1,5	2,0	2,5	3,0
5006,99	I,IV	**968,25**	443,83	443,83	I	837,50	712,91	594,41	482,00	375,75	275,58
	II	**908,00**	443,83	443,83	II	780,08	658,25	542,50	432,91	329,41	232,08
	III	**581,50**	443,83	443,83	III	485,00	391,50	301,16	213,83	130,33	58,83
	V	**1424,00**	443,83	443,83	IV	902,16	837,50	774,41	712,91	652,91	594,41
	VI	**1460,25**	443,83	443,83							
5009,99	I,IV	**969,33**	443,83	443,83	I	838,50	713,83	595,33	482,91	376,58	276,41
	II	**909,08**	443,83	443,83	II	781,08	659,16	543,41	433,75	330,25	232,83
	III	**582,33**	443,83	443,83	III	485,83	392,33	301,83	214,50	131,00	59,33
	V	**1425,16**	443,83	443,83	IV	903,16	838,50	775,41	713,83	653,83	595,33
	VI	**1461,41**	443,83	443,83							
5012,99	I,IV	**970,41**	443,83	443,83	I	839,50	714,83	596,25	483,75	377,41	277,16
	II	**910,08**	443,83	443,83	II	782,00	660,08	544,25	434,58	331,00	233,58
	III	**583,00**	443,83	443,83	III	486,50	393,00	302,66	215,16	131,50	59,83
	V	**1426,33**	443,83	443,83	IV	904,16	839,50	776,41	714,83	654,75	596,25
	VI	**1462,58**	443,83	443,83							
5015,99	I,IV	**971,41**	443,83	443,83	I	840,58	715,75	597,08	484,58	378,16	277,91
	II	**911,16**	443,83	443,83	II	783,00	661,00	545,16	435,41	331,83	234,33
	III	**583,83**	443,83	443,83	III	487,33	393,66	303,33	216,00	132,16	60,33
	V	**1427,50**	443,83	443,83	IV	905,25	840,58	777,41	715,75	655,66	597,08
	VI	**1463,75**	443,83	443,83							
5018,99	I,IV	**972,50**	443,83	443,83	I	841,58	716,75	598,00	485,50	379,00	278,66
	II	**912,16**	443,83	443,83	II	784,00	662,00	546,08	436,25	332,58	235,08
	III	**584,50**	443,83	443,83	III	488,00	394,50	304,00	216,50	132,83	60,83
	V	**1428,66**	443,83	443,83	IV	906,25	841,58	778,33	716,75	656,58	598,00
	VI	**1464,91**	443,83	443,83							
5021,99	I,IV	**973,58**	443,83	443,83	I	842,58	717,75	599,00	486,33	379,83	279,50
	II	**913,25**	443,83	443,83	II	785,00	662,91	547,00	437,16	333,41	235,83
	III	**585,33**	443,83	443,83	III	488,66	395,16	304,66	217,33	133,50	61,50
	V	**1429,83**	443,83	443,83	IV	907,33	842,58	779,41	717,75	657,58	599,00
	VI	**1466,08**	443,83	443,83							
5024,99	I,IV	**974,66**	443,83	443,83	I	843,58	718,66	599,91	487,25	380,66	280,25
	II	**914,25**	443,83	443,83	II	786,00	663,83	547,83	438,00	334,25	236,58
	III	**586,16**	443,83	443,83	III	489,50	396,00	305,50	218,00	134,16	62,00
	V	**1431,00**	443,83	443,83	IV	908,33	843,58	780,33	718,66	658,50	599,91
	VI	**1467,25**	443,83	443,83							
5027,99	I,IV	**975,66**	443,83	443,83	I	844,58	719,66	600,83	488,08	381,50	281,00
	II	**915,33**	443,83	443,83	II	787,00	664,83	548,75	438,83	335,00	237,33
	III	**586,83**	443,83	443,83	III	490,16	396,66	306,16	218,66	134,66	62,50
	V	**1432,16**	443,83	443,83	IV	909,41	844,58	781,33	719,66	659,41	600,83
	VI	**1468,41**	443,83	443,83							
5030,99	I,IV	**976,75**	443,83	443,83	I	845,58	720,58	601,66	488,91	382,25	281,75
	II	**916,33**	443,83	443,83	II	788,00	665,75	549,66	439,66	335,83	238,08
	III	**587,66**	443,83	443,83	III	491,00	397,33	306,83	219,33	135,33	63,00
	V	**1433,25**	443,83	443,83	IV	910,41	845,58	782,33	720,58	660,41	601,66
	VI	**1469,50**	443,83	443,83							
5033,99	I,IV	**977,83**	443,83	443,83	I	846,58	721,58	602,58	489,83	383,08	282,50
	II	**917,33**	443,83	443,83	II	789,00	666,66	550,50	440,50	336,58	238,83
	III	**588,50**	443,83	443,83	III	491,66	398,16	307,50	220,00	136,00	63,50
	V	**1434,41**	443,83	443,83	IV	911,41	846,58	783,33	721,58	661,33	602,58
	VI	**1470,66**	443,83	443,83							
5036,99	I,IV	**978,91**	443,83	443,83	I	847,66	722,58	603,58	490,66	383,91	283,33
	II	**918,41**	443,83	443,83	II	790,00	667,66	551,41	441,33	337,41	239,58
	III	**589,16**	443,83	443,83	III	492,50	398,83	308,16	220,66	136,66	64,00
	V	**1435,66**	443,83	443,83	IV	912,50	847,66	784,33	722,58	662,25	603,58
	VI	**1471,91**	443,83	443,83							
5039,99	I,IV	**979,91**	443,83	443,83	I	848,66	723,50	604,50	491,58	384,75	284,08
	II	**919,50**	443,83	443,83	II	791,00	668,58	552,33	442,25	338,16	240,33
	III	**590,00**	443,83	443,83	III	493,33	399,66	309,00	221,33	137,16	64,50
	V	**1436,75**	443,83	443,83	IV	913,50	848,66	785,33	723,50	663,25	604,50
	VI	**1473,00**	443,83	443,83							

* Zur LSt-Berechnung für privat versicherte Arbeitnehmer s. Beispiele **Vorbemerkung S. 4 f.**
** Basisvorsorgepauschale KV und PV *** Typisierter Arbeitgeberzuschuss

Lohn/ Gehalt in € bis	Steuerklasse	Lohn-steuer*	BVSP**	TAGZ***	Steuerklasse	Bemessungsgrundlage für Kirchensteuer und Solidaritätszuschlag – Freibeträge für ... Kinder 0,5	**1,0**	1,5	**2,0**	2,5	**3,0**
5042,99	I,IV	**981,00**	443,83	443,83	I	849,66	724,50	605,41	492,41	385,58	284,83
	II	**920,50**	443,83	443,83	II	791,91	669,50	553,25	443,08	339,00	241,08
	III	**590,83**	443,83	443,83	III	494,00	400,33	309,66	222,00	137,83	65,00
	V	**1437,91**	443,83	443,83	IV	914,58	849,66	786,33	724,50	664,16	605,41
	VI	**1474,16**	443,83	443,83							
5045,99	I,IV	**982,08**	443,83	443,83	I	850,66	725,41	606,33	493,25	386,41	285,66
	II	**921,50**	443,83	443,83	II	792,91	670,50	554,08	443,91	339,83	241,83
	III	**591,66**	443,83	443,83	III	494,83	401,00	310,33	222,66	138,50	65,50
	V	**1439,08**	443,83	443,83	IV	915,58	850,66	787,25	725,41	665,08	606,33
	VI	**1475,33**	443,83	443,83							
5048,99	I,IV	**983,08**	443,83	443,83	I	851,66	726,41	607,16	494,16	387,25	286,41
	II	**922,58**	443,83	443,83	II	793,91	671,41	555,00	444,75	340,58	242,58
	III	**592,33**	443,83	443,83	III	495,50	401,66	311,00	223,33	139,16	66,00
	V	**1440,25**	443,83	443,83	IV	916,66	851,66	788,25	726,41	666,00	607,16
	VI	**1476,50**	443,83	443,83							
5051,99	I,IV	**984,16**	443,83	443,83	I	852,66	727,33	608,08	495,00	388,00	287,16
	II	**923,58**	443,83	443,83	II	794,91	672,33	555,91	445,58	341,41	243,33
	III	**593,16**	443,83	443,83	III	496,33	402,50	311,83	224,16	139,83	66,66
	V	**1441,41**	443,83	443,83	IV	917,66	852,66	789,25	727,33	667,00	608,08
	VI	**1477,66**	443,83	443,83							
5054,99	I,IV	**985,25**	443,83	443,83	I	853,75	728,33	609,08	495,91	388,83	288,00
	II	**924,66**	443,83	443,83	II	795,91	673,33	556,83	446,41	342,16	244,08
	III	**594,00**	443,83	443,83	III	497,00	403,16	312,50	224,83	140,50	67,16
	V	**1442,58**	443,83	443,83	IV	918,75	853,75	790,25	728,33	667,91	609,08
	VI	**1478,83**	443,83	443,83							
5057,99	I,IV	**986,33**	443,83	443,83	I	854,75	729,33	610,00	496,75	389,66	288,75
	II	**925,75**	443,83	443,83	II	796,91	674,25	557,75	447,33	343,00	244,83
	III	**594,66**	443,83	443,83	III	497,83	404,00	313,16	225,50	141,00	67,66
	V	**1443,75**	443,83	443,83	IV	919,75	854,75	791,25	729,33	668,83	610,00
	VI	**1480,00**	443,83	443,83							
5060,99	I,IV	**987,41**	443,83	443,83	I	855,75	730,25	610,91	497,66	390,50	289,50
	II	**926,75**	443,83	443,83	II	797,91	675,16	558,58	448,16	343,83	245,58
	III	**595,50**	443,83	443,83	III	498,50	404,66	313,83	226,16	141,66	68,16
	V	**1444,91**	443,83	443,83	IV	920,83	855,75	792,25	730,25	669,83	610,91
	VI	**1481,16**	443,83	443,83							
5063,99	I,IV	**988,41**	443,83	443,83	I	856,75	731,25	611,83	498,50	391,33	290,25
	II	**927,75**	443,83	443,83	II	798,91	676,16	559,50	449,00	344,58	246,33
	III	**596,16**	443,83	443,83	III	499,33	405,33	314,50	226,83	142,33	68,66
	V	**1446,08**	443,83	443,83	IV	921,83	856,75	793,25	731,25	670,75	611,83
	VI	**1482,33**	443,83	443,83							
5066,99	I,IV	**989,50**	443,83	443,83	I	857,75	732,16	612,75	499,33	392,16	291,08
	II	**928,83**	443,83	443,83	II	799,91	677,08	560,41	449,83	345,41	247,08
	III	**597,00**	443,83	443,83	III	500,00	406,16	315,33	227,50	143,00	69,16
	V	**1447,25**	443,83	443,83	IV	922,91	857,75	794,25	732,16	671,66	612,75
	VI	**1483,50**	443,83	443,83							
5069,99	I,IV	**990,58**	443,83	443,83	I	858,83	733,16	613,66	500,25	393,00	291,83
	II	**929,91**	443,83	443,83	II	800,91	678,08	561,33	450,66	346,25	247,83
	III	**597,83**	443,83	443,83	III	500,83	406,83	316,00	228,16	143,66	69,83
	V	**1448,41**	443,83	443,83	IV	923,91	858,83	795,25	733,16	672,66	613,66
	VI	**1484,66**	443,83	443,83							
5072,99	I,IV	**991,66**	443,83	443,83	I	859,83	734,16	614,58	501,16	393,83	292,58
	II	**930,91**	443,83	443,83	II	801,91	679,00	562,25	451,58	347,00	248,58
	III	**598,66**	443,83	443,83	III	501,50	407,66	316,66	228,83	144,16	70,33
	V	**1449,58**	443,83	443,83	IV	925,00	859,83	796,25	734,16	673,58	614,58
	VI	**1485,83**	443,83	443,83							
5075,99	I,IV	**992,75**	443,83	443,83	I	860,83	735,08	615,50	502,00	394,66	293,41
	II	**932,00**	443,83	443,83	II	802,91	679,91	563,08	452,41	347,83	249,33
	III	**599,33**	443,83	443,83	III	502,33	408,33	317,50	229,50	144,83	70,83
	V	**1450,75**	443,83	443,83	IV	926,00	860,83	797,25	735,08	674,58	615,50
	VI	**1487,00**	443,83	443,83							

* Zur LSt-Berechnung für privat versicherte Arbeitnehmer s. Beispiele **Vorbemerkung S. 4 f.**
** Basisvorsorgepauschale KV und PV *** Typisierter Arbeitgeberzuschuss

Lohn/ Gehalt in € bis	Steuerklasse	Lohn- steuer*	BVSP**	TAGZ***	Steuerklasse	Bemessungsgrundlage für Kirchensteuer und Solidaritätszuschlag – Freibeträge für … Kinder 0,5	1,0	1,5	2,0	2,5	3,0
5078,99	I,IV	**993,75**	443,83	443,83	I	861,83	736,08	616,41	502,83	395,41	294,16
	II	**933,00**	443,83	443,83	II	803,91	680,91	564,00	453,25	348,58	250,08
	III	**600,16**	443,83	443,83	III	503,00	409,00	318,16	230,16	145,50	71,33
	V	**1 451,83**	443,83	443,83	IV	927,08	861,83	798,25	736,08	675,50	616,41
	VI	**1 488,16**	443,83	443,83							
5081,99	I,IV	**994,83**	443,83	443,83	I	862,91	737,08	617,33	503,75	396,25	294,91
	II	**934,08**	443,83	443,83	II	804,91	681,83	564,91	454,08	349,41	250,83
	III	**601,00**	443,83	443,83	III	503,83	409,83	318,83	230,83	146,16	71,83
	V	**1 453,00**	443,83	443,83	IV	928,08	862,91	799,16	737,08	676,41	617,33
	VI	**1 489,25**	443,83	443,83							
5084,99	I,IV	**995,91**	443,83	443,83	I	863,91	738,08	618,25	504,66	397,08	295,75
	II	**935,16**	443,83	443,83	II	805,91	682,83	565,83	455,00	350,25	251,58
	III	**601,66**	443,83	443,83	III	504,66	410,50	319,50	231,66	146,83	72,33
	V	**1 454,25**	443,83	443,83	IV	929,16	863,91	800,25	738,08	677,41	618,25
	VI	**1 490,50**	443,83	443,83							
5087,99	I,IV	**997,00**	443,83	443,83	I	864,91	739,00	619,16	505,50	397,91	296,50
	II	**936,16**	443,83	443,83	II	806,91	683,75	566,75	455,83	351,00	252,41
	III	**602,50**	443,83	443,83	III	505,33	411,33	320,16	232,33	147,50	72,83
	V	**1 455,33**	443,83	443,83	IV	930,25	864,91	801,25	739,00	678,33	619,16
	VI	**1 491,66**	443,83	443,83							
5090,99	I,IV	**998,08**	443,83	443,83	I	866,00	740,00	620,08	506,41	398,75	297,25
	II	**937,16**	443,83	443,83	II	807,91	684,66	567,58	456,66	351,83	253,16
	III	**603,33**	443,83	443,83	III	506,16	412,00	321,00	233,00	148,16	73,50
	V	**1 456,50**	443,83	443,83	IV	931,25	866,00	802,16	740,00	679,25	620,08
	VI	**1 492,75**	443,83	443,83							
5093,99	I,IV	**999,16**	443,83	443,83	I	867,00	740,91	621,00	507,25	399,58	298,08
	II	**938,25**	443,83	443,83	II	808,91	685,66	568,50	457,50	352,66	253,91
	III	**604,00**	443,83	443,83	III	506,83	412,66	321,66	233,66	148,83	74,00
	V	**1 457,66**	443,83	443,83	IV	932,25	867,00	803,16	740,91	680,25	621,00
	VI	**1 493,91**	443,83	443,83							
5096,99	I,IV	**1 000,16**	443,83	443,83	I	868,00	741,91	621,91	508,08	400,41	298,83
	II	**939,33**	443,83	443,83	II	809,91	686,58	569,41	458,33	353,41	254,66
	III	**604,83**	443,83	443,83	III	507,66	413,50	322,33	234,33	149,50	74,50
	V	**1 458,83**	443,83	443,83	IV	933,33	868,00	804,16	741,91	681,16	621,91
	VI	**1 495,08**	443,83	443,83							
5099,99	I,IV	**1 001,25**	443,83	443,83	I	869,00	742,91	622,91	509,00	401,25	299,58
	II	**940,33**	443,83	443,83	II	810,83	687,50	570,33	459,25	354,25	255,41
	III	**605,66**	443,83	443,83	III	508,33	414,16	323,00	235,00	150,00	75,00
	V	**1 460,00**	443,83	443,83	IV	934,33	869,00	805,16	742,91	682,08	622,91
	VI	**1 496,25**	443,83	443,83							
5102,99	I,IV	**1 002,33**	443,83	443,83	I	870,08	743,91	623,83	509,91	402,08	300,41
	II	**941,41**	443,83	443,83	II	811,91	688,50	571,25	460,08	355,08	256,16
	III	**606,33**	443,83	443,83	III	509,16	415,00	323,83	235,66	150,66	75,66
	V	**1 461,16**	443,83	443,83	IV	935,41	870,08	806,16	743,91	683,08	623,83
	VI	**1 497,41**	443,83	443,83							
5105,99	I,IV	**1 003,41**	443,83	443,83	I	871,08	744,83	624,75	510,75	402,91	301,16
	II	**942,41**	443,83	443,83	II	812,91	689,41	572,16	460,91	355,83	256,91
	III	**607,16**	443,83	443,83	III	509,83	415,66	324,50	236,33	151,33	76,16
	V	**1 462,33**	443,83	443,83	IV	936,50	871,08	807,16	744,83	684,00	624,75
	VI	**1 498,58**	443,83	443,83							
5108,99	I,IV	**1 004,50**	443,83	443,83	I	872,08	745,83	625,66	511,66	403,75	301,91
	II	**943,50**	443,83	443,83	II	813,91	690,41	573,00	461,75	356,66	257,66
	III	**608,00**	443,83	443,83	III	510,66	416,33	325,16	237,00	152,00	76,66
	V	**1 463,50**	443,83	443,83	IV	937,50	872,08	808,16	745,83	685,00	625,66
	VI	**1 499,75**	443,83	443,83							
5111,99	I,IV	**1 005,58**	443,83	443,83	I	873,08	746,75	626,58	512,50	404,58	302,75
	II	**944,50**	443,83	443,83	II	814,91	691,33	573,91	462,66	357,50	258,41
	III	**608,83**	443,83	443,83	III	511,33	417,16	326,00	237,83	152,66	77,16
	V	**1 464,66**	443,83	443,83	IV	938,58	873,08	809,16	746,75	685,91	626,58
	VI	**1 500,91**	443,83	443,83							

* Zur LSt-Berechnung für privat versicherte Arbeitnehmer s. Beispiele **Vorbemerkung S. 4 f.**
** Basisvorsorgepauschale KV und PV *** Typisierter Arbeitgeberzuschuss

Lohn/ Gehalt in € bis	Steuerklasse	Lohn-steuer*	BVSP**	TAGZ***	Steuerklasse	Bemessungsgrundlage für Kirchensteuer und Solidaritätszuschlag – Freibeträge für ... Kinder 0,5	1,0	1,5	2,0	2,5	3,0
5114,99	I,IV	**1006,58**	443,83	443,83	I	874,16	747,75	627,50	513,41	405,41	303,50
	II	**945,58**	443,83	443,83	II	815,91	692,33	574,83	463,50	358,25	259,16
	III	**609,50**	443,83	443,83	III	512,16	417,83	326,66	238,50	153,33	77,66
	V	**1465,83**	443,83	443,83	IV	939,58	874,16	810,16	747,75	686,83	627,50
	VI	**1502,08**	443,83	443,83							
5117,99	I,IV	**1007,75**	443,83	443,83	I	875,16	748,75	628,50	514,25	406,25	304,33
	II	**946,66**	443,83	443,83	II	816,91	693,25	575,75	464,33	359,08	260,00
	III	**610,33**	443,83	443,83	III	513,00	418,66	327,33	239,16	154,00	78,33
	V	**1467,00**	443,83	443,83	IV	940,66	875,16	811,16	748,75	687,83	628,50
	VI	**1503,25**	443,83	443,83							
5120,99	I,IV	**1008,75**	443,83	443,83	I	876,16	749,75	629,41	515,16	407,08	305,08
	II	**947,66**	443,83	443,83	II	817,91	694,25	576,66	465,25	359,91	260,75
	III	**611,16**	443,83	443,83	III	513,66	419,33	328,00	239,83	154,66	78,83
	V	**1468,16**	443,83	443,83	IV	941,75	876,16	812,16	749,75	688,75	629,41
	VI	**1504,41**	443,83	443,83							
5123,99	I,IV	**1009,83**	443,83	443,83	I	877,25	750,66	630,33	516,00	407,91	305,83
	II	**948,75**	443,83	443,83	II	818,91	695,16	577,58	466,08	360,75	261,50
	III	**611,83**	443,83	443,83	III	514,50	420,00	328,66	240,50	155,33	79,33
	V	**1469,33**	443,83	443,83	IV	942,75	877,25	813,16	750,66	689,75	630,33
	VI	**1505,58**	443,83	443,83							
5126,99	I,IV	**1010,91**	443,83	443,83	I	878,25	751,66	631,25	516,91	408,75	306,66
	II	**949,83**	443,83	443,83	II	819,91	696,08	578,50	466,91	361,50	262,25
	III	**612,66**	443,83	443,83	III	515,16	420,83	329,50	241,16	156,00	80,00
	V	**1470,41**	443,83	443,83	IV	943,83	878,25	814,16	751,66	690,66	631,25
	VI	**1506,75**	443,83	443,83							
5129,99	I,IV	**1012,00**	443,83	443,83	I	879,25	752,66	632,16	517,75	409,58	307,41
	II	**950,83**	443,83	443,83	II	820,91	697,08	579,33	467,75	362,33	263,00
	III	**613,50**	443,83	443,83	III	516,00	421,50	330,16	241,83	156,66	80,50
	V	**1471,58**	443,83	443,83	IV	944,83	879,25	815,16	752,66	691,66	632,16
	VI	**1507,83**	443,83	443,83							
5132,99	I,IV	**1013,08**	443,83	443,83	I	880,33	753,66	633,08	518,66	410,41	308,25
	II	**951,91**	443,83	443,83	II	821,91	698,08	580,33	468,66	363,16	263,75
	III	**614,16**	443,83	443,83	III	516,66	422,33	330,83	242,50	157,33	81,00
	V	**1472,83**	443,83	443,83	IV	945,91	880,33	816,25	753,66	692,58	633,08
	VI	**1509,08**	443,83	443,83							
5135,99	I,IV	**1014,16**	443,83	443,83	I	881,33	754,58	634,00	519,58	411,25	309,00
	II	**953,00**	443,83	443,83	II	822,91	699,00	581,16	469,50	364,00	264,50
	III	**615,00**	443,83	443,83	III	517,50	423,00	331,66	243,33	158,00	81,50
	V	**1473,91**	443,83	443,83	IV	947,00	881,33	817,16	754,58	693,58	634,00
	VI	**1510,25**	443,83	443,83							
5138,99	I,IV	**1015,25**	443,83	443,83	I	882,33	755,58	634,91	520,41	412,08	309,75
	II	**954,00**	443,83	443,83	II	823,91	699,91	582,08	470,33	364,75	265,25
	III	**615,83**	443,83	443,83	III	518,16	423,66	332,33	244,00	158,66	82,16
	V	**1475,08**	443,83	443,83	IV	948,00	882,33	818,16	755,58	694,50	634,91
	VI	**1511,33**	443,83	443,83							
5141,99	I,IV	**1016,33**	443,83	443,83	I	883,33	756,58	635,91	521,33	412,91	310,58
	II	**955,08**	443,83	443,83	II	824,91	700,91	583,00	471,25	365,58	266,08
	III	**616,66**	443,83	443,83	III	519,00	424,50	333,00	244,66	159,33	82,66
	V	**1476,25**	443,83	443,83	IV	949,08	883,33	819,16	756,58	695,41	635,91
	VI	**1512,50**	443,83	443,83							
5144,99	I,IV	**1017,33**	443,83	443,83	I	884,41	757,50	636,83	522,16	413,75	311,33
	II	**956,08**	443,83	443,83	II	825,91	701,83	583,91	472,08	366,41	266,83
	III	**617,33**	443,83	443,83	III	519,66	425,16	333,66	245,33	160,00	83,16
	V	**1477,41**	443,83	443,83	IV	950,08	884,41	820,16	757,50	696,41	636,83
	VI	**1513,66**	443,83	443,83							
5147,99	I,IV	**1018,41**	443,83	443,83	I	885,41	758,50	637,75	523,08	414,50	312,16
	II	**957,16**	443,83	443,83	II	826,91	702,83	584,83	472,91	367,16	267,58
	III	**618,16**	443,83	443,83	III	520,50	426,00	334,50	246,00	160,66	83,66
	V	**1478,58**	443,83	443,83	IV	951,16	885,41	821,16	758,50	697,33	637,75
	VI	**1514,83**	443,83	443,83							

* Zur LSt-Berechnung für privat versicherte Arbeitnehmer s. Beispiele **Vorbemerkung S. 4f.**
** Basisvorsorgepauschale KV und PV *** Typisierter Arbeitgeberzuschuss

Lohn/ Gehalt in € bis	Steuerklasse	Lohn-steuer*	BVSP**	TAGZ***	Steuerklasse	Bemessungsgrundlage für Kirchensteuer und Solidaritätszuschlag – Freibeträge für ... Kinder 0,5	1,0	1,5	2,0	2,5	3,0
5150,99	I,IV	**1019,58**	443,83	443,83	I	886,50	759,50	638,66	524,00	415,41	312,91
	II	**958,25**	443,83	443,83	II	827,91	703,75	585,75	473,83	368,00	268,33
	III	**619,00**	443,83	443,83	III	521,33	426,66	335,16	246,66	161,33	84,33
	V	**1479,75**	443,83	443,83	IV	952,25	886,50	822,25	759,50	698,33	638,66
	VI	**1516,00**	443,83	443,83							
5153,99	I,IV	**1020,58**	443,83	443,83	I	887,50	760,50	639,58	524,83	416,25	313,75
	II	**959,33**	443,83	443,83	II	828,91	704,75	586,66	474,66	368,83	269,08
	III	**619,66**	443,83	443,83	III	522,00	427,33	335,83	247,33	162,00	84,83
	V	**1480,91**	443,83	443,83	IV	953,25	887,50	823,25	760,50	699,25	639,58
	VI	**1517,16**	443,83	443,83							
5156,99	I,IV	**1021,66**	443,83	443,83	I	888,50	761,50	640,50	525,75	417,08	314,50
	II	**960,33**	443,83	443,83	II	829,91	705,66	587,58	475,50	369,66	269,83
	III	**620,50**	443,83	443,83	III	522,83	428,16	336,66	248,00	162,66	85,33
	V	**1482,08**	443,83	443,83	IV	954,33	888,50	824,25	761,50	700,25	640,50
	VI	**1518,33**	443,83	443,83							
5159,99	I,IV	**1022,75**	443,83	443,83	I	889,50	762,41	641,50	526,58	417,91	315,25
	II	**961,41**	443,83	443,83	II	831,00	706,66	588,50	476,41	370,41	270,66
	III	**621,33**	443,83	443,83	III	523,50	428,83	337,33	248,66	163,16	86,00
	V	**1483,25**	443,83	443,83	IV	955,41	889,50	825,25	762,41	701,16	641,50
	VI	**1519,50**	443,83	443,83							
5162,99	I,IV	**1023,83**	443,83	443,83	I	890,58	763,41	642,41	527,50	418,75	316,08
	II	**962,41**	443,83	443,83	II	832,00	707,58	589,33	477,25	371,25	271,41
	III	**622,00**	443,83	443,83	III	524,33	429,66	338,00	249,50	164,00	86,50
	V	**1484,41**	443,83	443,83	IV	956,41	890,58	826,25	763,41	702,16	642,41
	VI	**1520,66**	443,83	443,83							
5165,99	I,IV	**1024,91**	443,83	443,83	I	891,58	764,41	643,33	528,41	419,58	316,83
	II	**963,50**	443,83	443,83	II	833,00	708,58	590,33	478,16	372,08	272,16
	III	**622,83**	443,83	443,83	III	525,16	430,33	338,66	250,16	164,66	87,00
	V	**1485,58**	443,83	443,83	IV	957,50	891,58	827,25	764,41	703,08	643,33
	VI	**1521,83**	443,83	443,83							
5168,99	I,IV	**1026,00**	443,83	443,83	I	892,66	765,41	644,25	529,25	420,41	317,66
	II	**964,58**	443,83	443,83	II	834,00	709,50	591,16	479,00	372,91	272,91
	III	**623,66**	443,83	443,83	III	525,83	431,16	339,50	250,83	165,33	87,66
	V	**1486,75**	443,83	443,83	IV	958,58	892,66	828,25	765,41	704,08	644,25
	VI	**1523,00**	443,83	443,83							
5171,99	I,IV	**1027,08**	443,83	443,83	I	893,66	766,41	645,25	530,16	421,25	318,41
	II	**965,66**	443,83	443,83	II	835,00	710,50	592,08	479,83	373,75	273,66
	III	**624,50**	443,83	443,83	III	526,66	431,83	340,16	251,50	166,00	88,16
	V	**1487,91**	443,83	443,83	IV	959,58	893,66	829,25	766,41	705,00	645,25
	VI	**1524,16**	443,83	443,83							
5174,99	I,IV	**1028,16**	443,83	443,83	I	894,66	767,33	646,16	531,08	422,08	319,25
	II	**966,66**	443,83	443,83	II	836,00	711,41	593,00	480,75	374,50	274,50
	III	**625,16**	443,83	443,83	III	527,33	432,50	340,83	252,16	166,50	88,66
	V	**1489,00**	443,83	443,83	IV	960,66	894,66	830,25	767,33	706,00	646,16
	VI	**1525,33**	443,83	443,83							
5177,99	I,IV	**1029,25**	443,83	443,83	I	895,75	768,33	647,08	531,91	422,91	320,00
	II	**967,75**	443,83	443,83	II	837,00	712,41	593,91	481,58	375,33	275,25
	III	**626,00**	443,83	443,83	III	528,16	433,33	341,50	252,83	167,33	89,33
	V	**1490,16**	443,83	443,83	IV	961,75	895,75	831,25	768,33	706,91	647,08
	VI	**1526,41**	443,83	443,83							
5180,99	I,IV	**1030,33**	443,83	443,83	I	896,75	769,33	648,00	532,83	423,75	320,83
	II	**968,83**	443,83	443,83	II	838,08	713,41	594,83	482,50	376,16	276,00
	III	**626,83**	443,83	443,83	III	529,00	434,00	342,33	253,66	168,00	89,83
	V	**1491,41**	443,83	443,83	IV	962,83	896,75	832,33	769,33	707,91	648,00
	VI	**1527,66**	443,83	443,83							
5183,99	I,IV	**1031,41**	443,83	443,83	I	897,83	770,33	649,00	533,75	424,58	321,58
	II	**969,83**	443,83	443,83	II	839,08	714,33	595,75	483,33	377,00	276,75
	III	**627,50**	443,83	443,83	III	529,66	434,83	343,00	254,33	168,50	90,33
	V	**1492,50**	443,83	443,83	IV	963,83	897,83	833,33	770,33	708,83	649,00
	VI	**1528,83**	443,83	443,83							

* Zur LSt-Berechnung für privat versicherte Arbeitnehmer s. Beispiele **Vorbemerkung S. 4 f.**
** Basisvorsorgepauschale KV und PV *** Typisierter Arbeitgeberzuschuss

Lohn/ Gehalt in € bis	Steuerklasse	Lohn-steuer*	BVSP**	TAGZ***	Steuerklasse	Bemessungsgrundlage für Kirchensteuer und Solidaritätszuschlag – Freibeträge für ... Kinder 0,5	1,0	1,5	2,0	2,5	3,0
5186,99	I,IV	**1032,50**	443,83	443,83	I	898,83	771,33	649,91	534,58	425,41	322,41
	II	**970,91**	443,83	443,83	II	840,08	715,33	596,66	484,16	377,83	277,58
	III	**628,33**	443,83	443,83	III	530,50	435,50	343,66	255,00	169,33	91,00
	V	**1493,66**	443,83	443,83	IV	964,91	898,83	834,33	771,33	709,83	649,91
	VI	**1529,91**	443,83	443,83							
5189,99	I,IV	**1033,58**	443,83	443,83	I	899,83	772,25	650,83	535,50	426,25	323,16
	II	**972,00**	443,83	443,83	II	841,08	716,25	597,58	485,00	378,58	278,33
	III	**629,16**	443,83	443,83	III	531,16	436,33	344,33	255,66	169,83	91,50
	V	**1494,83**	443,83	443,83	IV	965,91	899,83	835,33	772,25	710,75	650,83
	VI	**1531,08**	443,83	443,83							
5192,99	I,IV	**1034,66**	443,83	443,83	I	900,91	773,25	651,75	536,33	427,08	324,00
	II	**973,00**	443,83	443,83	II	842,08	717,25	598,50	485,91	379,41	279,08
	III	**630,00**	443,83	443,83	III	532,00	437,00	345,16	256,33	170,66	92,16
	V	**1496,00**	443,83	443,83	IV	967,00	900,91	836,33	773,25	711,75	651,75
	VI	**1532,25**	443,83	443,83							
5195,99	I,IV	**1035,75**	443,83	443,83	I	901,91	774,25	652,66	537,25	427,91	324,75
	II	**974,08**	443,83	443,83	II	843,08	718,16	599,41	486,75	380,25	279,83
	III	**630,66**	443,83	443,83	III	532,66	437,66	345,83	257,00	171,16	92,66
	V	**1497,16**	443,83	443,83	IV	968,08	901,91	837,33	774,25	712,66	652,66
	VI	**1533,41**	443,83	443,83							
5198,99	I,IV	**1036,83**	443,83	443,83	I	903,00	775,25	653,66	538,16	428,83	325,58
	II	**975,16**	443,83	443,83	II	844,08	719,16	600,33	487,66	381,08	280,66
	III	**631,50**	443,83	443,83	III	533,50	438,50	346,50	257,66	171,83	93,16
	V	**1498,33**	443,83	443,83	IV	969,16	903,00	838,33	775,25	713,66	653,66
	VI	**1534,58**	443,83	443,83							
5201,99	I,IV	**1037,91**	443,83	443,83	I	904,00	776,25	654,58	539,08	429,66	326,33
	II	**976,25**	443,83	443,83	II	845,08	720,16	601,25	488,50	381,91	281,41
	III	**632,33**	443,83	443,83	III	534,33	439,16	347,33	258,50	172,66	93,83
	V	**1499,50**	443,83	443,83	IV	970,16	904,00	839,33	776,25	714,66	654,58
	VI	**1535,75**	443,83	443,83							
5204,99	I,IV	**1039,00**	443,83	443,83	I	905,00	777,25	655,50	539,91	430,50	327,16
	II	**977,25**	443,83	443,83	II	846,16	721,08	602,16	489,41	382,75	282,16
	III	**633,00**	443,83	443,83	III	535,00	440,00	348,00	259,16	173,16	94,33
	V	**1500,66**	443,83	443,83	IV	971,25	905,00	840,33	777,25	715,58	655,50
	VI	**1536,91**	443,83	443,83							
5207,99	I,IV	**1040,08**	443,83	443,83	I	906,08	778,16	656,41	540,83	431,33	327,91
	II	**978,33**	443,83	443,83	II	847,16	722,08	603,08	490,25	383,50	282,91
	III	**633,83**	443,83	443,83	III	535,83	440,66	348,66	259,83	174,00	95,00
	V	**1501,83**	443,83	443,83	IV	972,33	906,08	841,33	778,16	716,58	656,41
	VI	**1538,08**	443,83	443,83							
5210,99	I,IV	**1041,16**	443,83	443,83	I	907,08	779,16	657,41	541,66	432,16	328,75
	II	**979,41**	443,83	443,83	II	848,16	723,00	604,00	491,08	384,33	283,66
	III	**634,66**	443,83	443,83	III	536,50	441,50	349,33	260,50	174,50	95,50
	V	**1503,00**	443,83	443,83	IV	973,33	907,08	842,33	779,16	717,50	657,41
	VI	**1539,25**	443,83	443,83							
5213,99	I,IV	**1042,25**	443,83	443,83	I	908,16	780,16	658,33	542,58	433,00	329,50
	II	**980,50**	443,83	443,83	II	849,16	724,00	604,91	492,00	385,16	284,50
	III	**635,50**	443,83	443,83	III	537,33	442,16	350,16	261,16	175,33	96,00
	V	**1504,16**	443,83	443,83	IV	974,41	908,16	843,41	780,16	718,50	658,33
	VI	**1540,41**	443,83	443,83							
5216,99	I,IV	**1043,33**	443,83	443,83	I	909,16	781,16	659,25	543,50	433,83	330,33
	II	**981,58**	443,83	443,83	II	850,16	725,00	605,83	492,83	386,00	285,25
	III	**636,33**	443,83	443,83	III	538,00	443,00	350,83	261,83	176,00	96,66
	V	**1505,33**	443,83	443,83	IV	975,50	909,16	844,41	781,16	719,50	659,25
	VI	**1541,58**	443,83	443,83							
5219,99	I,IV	**1044,41**	443,83	443,83	I	910,25	782,16	660,25	544,41	434,66	331,08
	II	**982,58**	443,83	443,83	II	851,16	725,91	606,75	493,75	386,83	286,00
	III	**637,00**	443,83	443,83	III	538,83	443,66	351,50	262,50	176,50	97,16
	V	**1506,50**	443,83	443,83	IV	976,58	910,25	845,41	782,16	720,41	660,25
	VI	**1542,75**	443,83	443,83							

* Zur LSt-Berechnung für privat versicherte Arbeitnehmer s. Beispiele **Vorbemerkung S. 4f.**
** Basisvorsorgepauschale KV und PV *** Typisierter Arbeitgeberzuschuss

Lohn/ Gehalt in € bis	Steuerklasse	Lohn-steuer*	BVSP**	TAGZ***	Steuerklasse	Bemessungsgrundlage für Kirchensteuer und Solidaritätszuschlag					
						Freibeträge für ... Kinder					
						0,5	**1,0**	1,5	**2,0**	2,5	**3,0**
5 222,99	I,IV	**1 045,50**	443,83	443,83	I	911,25	783,16	661,16	545,25	435,50	331,91
	II	**983,66**	443,83	443,83	II	852,25	726,91	607,66	494,58	387,66	286,83
	III	**637,83**	443,83	443,83	III	539,66	444,50	352,33	263,33	177,33	97,83
	V	**1 507,58**	443,83	443,83	IV	977,58	911,25	846,41	783,16	721,41	661,16
	VI	**1 543,91**	443,83	443,83							
5 225,99	I,IV	**1 046,58**	443,83	443,83	I	912,25	784,08	662,08	546,16	436,33	332,66
	II	**984,75**	443,83	443,83	II	853,25	727,83	608,58	495,50	388,41	287,58
	III	**638,66**	443,83	443,83	III	540,33	445,16	353,00	264,00	177,83	98,33
	V	**1 508,75**	443,83	443,83	IV	978,66	912,25	847,41	784,08	722,33	662,08
	VI	**1 545,00**	443,83	443,83							
5 228,99	I,IV	**1 047,66**	443,83	443,83	I	913,33	785,16	663,08	547,08	437,25	333,50
	II	**985,83**	443,83	443,83	II	854,25	728,83	609,50	496,33	389,33	288,33
	III	**639,33**	443,83	443,83	III	541,16	445,83	353,66	264,66	178,66	99,00
	V	**1 510,00**	443,83	443,83	IV	979,75	913,33	848,50	785,16	723,33	663,08
	VI	**1 546,25**	443,83	443,83							
5 231,99	I,IV	**1 048,75**	443,83	443,83	I	914,41	786,08	664,00	548,00	438,08	334,33
	II	**986,83**	443,83	443,83	II	855,25	729,83	610,41	497,25	390,08	289,16
	III	**640,16**	443,83	443,83	III	541,83	446,66	354,50	265,33	179,33	99,50
	V	**1 511,08**	443,83	443,83	IV	980,83	914,41	849,50	786,08	724,25	664,00
	VI	**1 547,41**	443,83	443,83							
5 234,99	I,IV	**1 049,83**	443,83	443,83	I	915,41	787,08	664,91	548,83	438,91	335,08
	II	**987,91**	443,83	443,83	II	856,25	730,75	611,33	498,08	390,91	289,91
	III	**641,00**	443,83	443,83	III	542,66	447,33	355,16	266,00	180,00	100,16
	V	**1 512,25**	443,83	443,83	IV	981,83	915,41	850,50	787,08	725,25	664,91
	VI	**1 548,50**	443,83	443,83							
5 237,99	I,IV	**1 050,91**	443,83	443,83	I	916,41	788,08	665,83	549,75	439,75	335,91
	II	**989,00**	443,83	443,83	II	857,33	731,75	612,25	498,91	391,75	290,66
	III	**641,83**	443,83	443,83	III	543,50	448,16	355,83	266,66	180,66	100,66
	V	**1 513,41**	443,83	443,83	IV	982,91	916,41	851,50	788,08	726,25	665,83
	VI	**1 549,66**	443,83	443,83							
5 240,99	I,IV	**1 052,00**	443,83	443,83	I	917,50	789,08	666,83	550,66	440,58	336,66
	II	**990,08**	443,83	443,83	II	858,33	732,66	613,16	499,83	392,58	291,41
	III	**642,50**	443,83	443,83	III	544,16	448,83	356,66	267,33	181,33	101,16
	V	**1 514,58**	443,83	443,83	IV	984,00	917,50	852,50	789,08	727,16	666,83
	VI	**1 550,83**	443,83	443,83							
5 243,99	I,IV	**1 053,08**	443,83	443,83	I	918,50	790,08	667,75	551,50	441,41	337,50
	II	**991,08**	443,83	443,83	II	859,33	733,66	614,08	500,66	393,41	292,25
	III	**643,33**	443,83	443,83	III	545,00	449,66	357,33	268,16	182,00	101,83
	V	**1 515,75**	443,83	443,83	IV	985,08	918,50	853,50	790,08	728,16	667,75
	VI	**1 552,00**	443,83	443,83							
5 246,99	I,IV	**1 054,25**	443,83	443,83	I	919,58	791,08	668,66	552,41	442,33	338,33
	II	**992,16**	443,83	443,83	II	860,33	734,66	615,08	501,58	394,25	293,00
	III	**644,16**	443,83	443,83	III	545,66	450,33	358,00	268,83	182,66	102,50
	V	**1 516,91**	443,83	443,83	IV	986,16	919,58	854,58	791,08	729,16	668,66
	VI	**1 553,16**	443,83	443,83							
5 249,99	I,IV	**1 055,33**	443,83	443,83	I	920,58	792,08	669,66	553,33	443,16	339,08
	II	**993,25**	443,83	443,83	II	861,41	735,58	616,00	502,41	395,08	293,75
	III	**645,00**	443,83	443,83	III	546,50	451,16	358,83	269,50	183,33	103,00
	V	**1 518,08**	443,83	443,83	IV	987,16	920,58	855,58	792,08	730,08	669,66
	VI	**1 554,33**	443,83	443,83							
5 252,99	I,IV	**1 056,41**	443,83	443,83	I	921,66	793,08	670,58	554,25	444,00	339,91
	II	**994,33**	443,83	443,83	II	862,41	736,58	616,91	503,33	395,91	294,58
	III	**645,66**	443,83	443,83	III	547,33	451,83	359,50	270,16	184,00	103,66
	V	**1 519,25**	443,83	443,83	IV	988,25	921,66	856,58	793,08	731,08	670,58
	VI	**1 555,50**	443,83	443,83							
5 255,99	I,IV	**1 057,50**	443,83	443,83	I	922,66	794,08	671,50	555,08	444,83	340,66
	II	**995,41**	443,83	443,83	II	863,41	737,58	617,83	504,16	396,66	295,33
	III	**646,50**	443,83	443,83	III	548,00	452,50	360,16	270,83	184,66	104,16
	V	**1 520,41**	443,83	443,83	IV	989,33	922,66	857,58	794,08	732,00	671,50
	VI	**1 556,66**	443,83	443,83							

* Zur LSt-Berechnung für privat versicherte Arbeitnehmer s. Beispiele **Vorbemerkung S. 4 f.**
** Basisvorsorgepauschale KV und PV *** Typisierter Arbeitgeberzuschuss

Lohn/ Gehalt in € bis	Steuerklasse	Lohn-steuer*	BVSP**	TAGZ***	Steuerklasse	Bemessungsgrundlage für Kirchensteuer und Solidaritätszuschlag – Freibeträge für ... Kinder 0,5	**1,0**	1,5	**2,0**	2,5	**3,0**
5258,99	I,IV	**1058,58**	443,83	443,83	I	923,75	795,00	672,50	556,00	445,66	341,50
	II	**996,41**	443,83	443,83	II	864,41	738,50	618,75	505,08	397,50	296,08
	III	**647,33**	443,83	443,83	III	548,83	453,33	361,00	271,50	185,33	104,66
	V	**1521,58**	443,83	443,83	IV	990,33	923,75	858,58	795,00	733,00	672,50
	VI	**1557,83**	443,83	443,83							
5261,99	I,IV	**1059,66**	443,83	443,83	I	924,83	796,08	673,41	556,91	446,58	342,33
	II	**997,58**	443,83	443,83	II	865,50	739,50	619,66	506,00	398,33	296,91
	III	**648,16**	443,83	443,83	III	549,50	454,16	361,66	272,33	186,00	105,33
	V	**1522,75**	443,83	443,83	IV	991,50	924,83	859,66	796,08	734,00	673,41
	VI	**1559,00**	443,83	443,83							
5264,99	I,IV	**1060,75**	443,83	443,83	I	925,83	797,08	674,33	557,83	447,41	343,08
	II	**998,58**	443,83	443,83	II	866,50	740,50	620,58	506,83	399,16	297,66
	III	**648,83**	443,83	443,83	III	550,33	454,83	362,33	273,00	186,66	105,83
	V	**1523,91**	443,83	443,83	IV	992,50	925,83	860,66	797,08	734,91	674,33
	VI	**1560,16**	443,83	443,83							
5267,99	I,IV	**1061,83**	443,83	443,83	I	926,83	798,00	675,33	558,75	448,25	343,91
	II	**999,66**	443,83	443,83	II	867,50	741,41	621,50	507,66	400,00	298,41
	III	**649,66**	443,83	443,83	III	551,16	455,50	363,16	273,66	187,33	106,50
	V	**1525,08**	443,83	443,83	IV	993,58	926,83	861,66	798,00	735,91	675,33
	VI	**1561,33**	443,83	443,83							
5270,99	I,IV	**1062,91**	443,83	443,83	I	927,91	799,00	676,25	559,58	449,08	344,66
	II	**1000,75**	443,83	443,83	II	868,50	742,41	622,41	508,58	400,83	299,25
	III	**650,50**	443,83	443,83	III	551,83	456,33	363,83	274,33	188,00	107,00
	V	**1526,16**	443,83	443,83	IV	994,66	927,91	862,66	799,00	736,83	676,25
	VI	**1562,50**	443,83	443,83							
5273,99	I,IV	**1064,00**	443,83	443,83	I	928,91	800,00	677,16	560,50	449,91	345,50
	II	**1001,83**	443,83	443,83	II	869,50	743,41	623,33	509,41	401,66	300,00
	III	**651,33**	443,83	443,83	III	552,66	457,00	364,50	275,00	188,66	107,66
	V	**1527,33**	443,83	443,83	IV	995,75	928,91	863,75	800,00	737,83	677,16
	VI	**1563,58**	443,83	443,83							
5276,99	I,IV	**1065,16**	443,83	443,83	I	930,00	801,00	678,16	561,41	450,83	346,33
	II	**1002,91**	443,83	443,83	II	870,58	744,41	624,33	510,33	402,50	300,83
	III	**652,16**	443,83	443,83	III	553,50	457,83	365,33	275,83	189,33	108,33
	V	**1528,58**	443,83	443,83	IV	996,83	930,00	864,75	801,00	738,83	678,16
	VI	**1564,83**	443,83	443,83							
5279,99	I,IV	**1066,25**	443,83	443,83	I	931,08	802,00	679,08	562,33	451,66	347,08
	II	**1004,00**	443,83	443,83	II	871,58	745,33	625,25	511,25	403,33	301,58
	III	**652,83**	443,83	443,83	III	554,16	458,50	366,00	276,50	190,00	108,83
	V	**1529,66**	443,83	443,83	IV	997,83	931,08	865,75	802,00	739,83	679,08
	VI	**1566,00**	443,83	443,83							
5282,99	I,IV	**1067,33**	443,83	443,83	I	932,08	803,00	680,08	563,25	452,50	347,91
	II	**1005,00**	443,83	443,83	II	872,58	746,33	626,16	512,08	404,16	302,33
	III	**653,66**	443,83	443,83	III	555,00	459,33	366,66	277,16	190,66	109,50
	V	**1530,83**	443,83	443,83	IV	998,91	932,08	866,83	803,00	740,75	680,08
	VI	**1567,08**	443,83	443,83							
5285,99	I,IV	**1068,41**	443,83	443,83	I	933,16	804,00	681,00	564,08	453,33	348,66
	II	**1006,08**	443,83	443,83	II	873,66	747,25	627,08	513,00	405,00	303,16
	III	**654,50**	443,83	443,83	III	555,66	460,00	367,33	277,83	191,33	110,00
	V	**1532,00**	443,83	443,83	IV	1000,00	933,16	867,83	804,00	741,75	681,00
	VI	**1568,25**	443,83	443,83							
5288,99	I,IV	**1069,50**	443,83	443,83	I	934,16	805,00	681,91	565,00	454,16	349,50
	II	**1007,16**	443,83	443,83	II	874,66	748,25	628,00	513,83	405,83	303,91
	III	**655,16**	443,83	443,83	III	556,50	460,83	368,16	278,50	192,00	110,66
	V	**1533,16**	443,83	443,83	IV	1001,08	934,16	868,83	805,00	742,66	681,91
	VI	**1569,41**	443,83	443,83							
5291,99	I,IV	**1070,58**	443,83	443,83	I	935,25	806,00	682,91	565,91	455,08	350,33
	II	**1008,25**	443,83	443,83	II	875,66	749,25	628,91	514,75	406,66	304,66
	III	**656,00**	443,83	443,83	III	557,16	461,50	368,83	279,16	192,66	111,16
	V	**1534,33**	443,83	443,83	IV	1002,16	935,25	869,83	806,00	743,66	682,91
	VI	**1570,58**	443,83	443,83							

* Zur LSt-Berechnung für privat versicherte Arbeitnehmer s. Beispiele **Vorbemerkung S. 4 f.**
** Basisvorsorgepauschale KV und PV *** Typisierter Arbeitgeberzuschuss

Lohn/ Gehalt in € bis	Steuerklasse	Lohn-steuer*	BVSP**	TAGZ***	Steuerklasse	Bemessungsgrundlage für Kirchensteuer und Solidaritätszuschlag – Freibeträge für ... Kinder 0,5	1,0	1,5	2,0	2,5	3,0
5 294,99	I,IV	**1 071,66**	443,83	443,83	I	936,33	807,00	683,83	566,83	455,91	351,16
	II	**1 009,33**	443,83	443,83	II	876,75	750,25	629,83	515,58	407,50	305,50
	III	**656,83**	443,83	443,83	III	558,00	462,33	369,50	280,00	193,33	111,83
	V	**1 535,50**	443,83	443,83	IV	1 003,25	936,33	870,91	807,00	744,66	683,83
	VI	**1 571,75**	443,83	443,83							
5 297,99	I,IV	**1 072,75**	443,83	443,83	I	937,33	808,00	684,83	567,75	456,75	351,91
	II	**1 010,41**	443,83	443,83	II	877,75	751,16	630,75	516,50	408,33	306,25
	III	**657,66**	443,83	443,83	III	558,83	463,00	370,33	280,66	194,00	112,50
	V	**1 536,66**	443,83	443,83	IV	1 004,33	937,33	871,91	808,00	745,66	684,83
	VI	**1 572,91**	443,83	443,83							
5 300,99	I,IV	**1 073,83**	443,83	443,83	I	938,41	809,00	685,75	568,58	457,58	352,75
	II	**1 011,50**	443,83	443,83	II	878,75	752,16	631,66	517,33	409,16	307,08
	III	**658,33**	443,83	443,83	III	559,50	463,66	371,00	281,33	194,66	113,00
	V	**1 537,83**	443,83	443,83	IV	1 005,33	938,41	872,91	809,00	746,58	685,75
	VI	**1 574,08**	443,83	443,83							
5 303,99	I,IV	**1 075,00**	443,83	443,83	I	939,41	810,00	686,66	569,50	458,50	353,50
	II	**1 012,50**	443,83	443,83	II	879,75	753,16	632,66	518,25	410,00	307,83
	III	**659,16**	443,83	443,83	III	560,33	464,50	371,66	282,00	195,33	113,66
	V	**1 539,00**	443,83	443,83	IV	1 006,41	939,41	873,91	810,00	747,58	686,66
	VI	**1 575,25**	443,83	443,83							
5 306,99	I,IV	**1 076,08**	443,83	443,83	I	940,50	811,00	687,66	570,41	459,33	354,33
	II	**1 013,58**	443,83	443,83	II	880,83	754,08	633,58	519,08	410,83	308,58
	III	**660,00**	443,83	443,83	III	561,00	465,16	372,50	282,66	196,00	114,16
	V	**1 540,16**	443,83	443,83	IV	1 007,50	940,50	875,00	811,00	748,58	687,66
	VI	**1 576,41**	443,83	443,83							
5 309,99	I,IV	**1 077,16**	443,83	443,83	I	941,50	812,00	688,58	571,33	460,16	355,16
	II	**1 014,75**	443,83	443,83	II	881,83	755,08	634,50	520,00	411,66	309,41
	III	**660,83**	443,83	443,83	III	561,83	466,00	373,16	283,33	196,66	114,83
	V	**1 541,33**	443,83	443,83	IV	1 008,58	941,50	876,00	812,00	749,58	688,58
	VI	**1 577,58**	443,83	443,83							
5 312,99	I,IV	**1 078,25**	443,83	443,83	I	942,58	813,00	689,58	572,25	461,08	356,00
	II	**1 015,75**	443,83	443,83	II	882,83	756,08	635,41	520,91	412,50	310,16
	III	**661,66**	443,83	443,83	III	562,66	466,66	373,83	284,16	197,33	115,50
	V	**1 542,50**	443,83	443,83	IV	1 009,66	942,58	877,00	813,00	750,50	689,58
	VI	**1 578,75**	443,83	443,83							
5 315,99	I,IV	**1 079,33**	443,83	443,83	I	943,58	814,00	690,50	573,16	461,91	356,75
	II	**1 016,83**	443,83	443,83	II	883,91	757,08	636,33	521,75	413,33	311,00
	III	**662,33**	443,83	443,83	III	563,33	467,50	374,66	284,83	198,00	116,00
	V	**1 543,66**	443,83	443,83	IV	1 010,75	943,58	878,08	814,00	751,50	690,50
	VI	**1 579,91**	443,83	443,83							
5 318,99	I,IV	**1 080,41**	443,83	443,83	I	944,66	815,00	691,50	574,00	462,75	357,58
	II	**1 017,91**	443,83	443,83	II	884,91	758,00	637,25	522,66	414,16	311,75
	III	**663,16**	443,83	443,83	III	564,16	468,16	375,33	285,50	198,66	116,66
	V	**1 544,75**	443,83	443,83	IV	1 011,83	944,66	879,08	815,00	752,50	691,50
	VI	**1 581,08**	443,83	443,83							
5 321,99	I,IV	**1 081,58**	443,83	443,83	I	945,75	816,00	692,41	574,91	463,58	358,33
	II	**1 019,00**	443,83	443,83	II	885,91	759,00	638,25	523,50	415,00	312,50
	III	**664,00**	443,83	443,83	III	565,00	469,00	376,00	286,16	199,33	117,16
	V	**1 545,91**	443,83	443,83	IV	1 012,83	945,75	880,08	816,00	753,41	692,41
	VI	**1 582,16**	443,83	443,83							
5 324,99	I,IV	**1 082,66**	443,83	443,83	I	946,75	817,00	693,41	575,83	464,50	359,16
	II	**1 020,08**	443,83	443,83	II	887,00	760,00	639,16	524,41	415,83	313,33
	III	**664,83**	443,83	443,83	III	565,66	469,66	376,83	286,83	200,16	117,83
	V	**1 547,16**	443,83	443,83	IV	1 014,00	946,75	881,16	817,00	754,41	693,41
	VI	**1 583,41**	443,83	443,83							
5 327,99	I,IV	**1 083,75**	443,83	443,83	I	947,83	818,00	694,33	576,75	465,33	360,00
	II	**1 021,16**	443,83	443,83	II	888,00	761,00	640,08	525,33	416,66	314,08
	III	**665,66**	443,83	443,83	III	566,50	470,50	377,50	287,66	200,83	118,50
	V	**1 548,25**	443,83	443,83	IV	1 015,00	947,83	882,16	818,00	755,41	694,33
	VI	**1 584,58**	443,83	443,83							

* Zur LSt-Berechnung für privat versicherte Arbeitnehmer s. Beispiele **Vorbemerkung S. 4 f.**
** Basisvorsorgepauschale KV und PV *** Typisierter Arbeitgeberzuschuss

Lohn/ Gehalt in € bis	Steuerklasse	Lohn-steuer*	BVSP**	TAGZ***	Steuerklasse	Bemessungsgrundlage für Kirchensteuer und Solidaritätszuschlag					
						Freibeträge für ... Kinder					
						0,5	**1,0**	1,5	**2,0**	2,5	**3,0**
5 330,99	I,IV	**1 084,83**	443,83	443,83	I	948,91	819,00	695,25	577,66	466,16	360,83
	II	**1 022,25**	443,83	443,83	II	889,08	762,00	641,00	526,16	417,50	314,91
	III	**666,33**	443,83	443,83	III	567,33	471,16	378,16	288,33	201,50	119,00
	V	**1 549,41**	443,83	443,83	IV	1 016,08	948,91	883,16	819,00	756,41	695,25
	VI	**1 585,66**	443,83	443,83							
5 333,99	I,IV	**1 085,91**	443,83	443,83	I	949,91	820,00	696,25	578,58	467,00	361,58
	II	**1 023,33**	443,83	443,83	II	890,08	762,91	641,91	527,08	418,33	315,66
	III	**667,16**	443,83	443,83	III	568,00	472,00	379,00	289,00	202,16	119,66
	V	**1 550,58**	443,83	443,83	IV	1 017,16	949,91	884,16	820,00	757,33	696,25
	VI	**1 586,83**	443,83	443,83							
5 336,99	I,IV	**1 087,08**	443,83	443,83	I	951,00	821,00	697,16	579,50	467,91	362,41
	II	**1 024,41**	443,83	443,83	II	891,08	763,91	642,83	527,91	419,16	316,50
	III	**668,00**	443,83	443,83	III	568,83	472,66	379,66	289,66	202,83	120,16
	V	**1 551,75**	443,83	443,83	IV	1 018,25	951,00	885,25	821,00	758,33	697,16
	VI	**1 588,00**	443,83	443,83							
5 339,99	I,IV	**1 088,16**	443,83	443,83	I	952,08	822,08	698,16	580,41	468,75	363,25
	II	**1 025,50**	443,83	443,83	II	892,16	764,91	643,83	528,83	420,00	317,25
	III	**668,83**	443,83	443,83	III	569,50	473,50	380,33	290,33	203,50	120,83
	V	**1 552,91**	443,83	443,83	IV	1 019,33	952,08	886,25	822,08	759,33	698,16
	VI	**1 589,16**	443,83	443,83							
5 342,99	I,IV	**1 089,25**	443,83	443,83	I	953,08	823,08	699,08	581,33	469,58	364,08
	II	**1 026,58**	443,83	443,83	II	893,16	765,91	644,75	529,75	420,83	318,08
	III	**669,50**	443,83	443,83	III	570,33	474,16	381,16	291,16	204,16	121,50
	V	**1 554,08**	443,83	443,83	IV	1 020,41	953,08	887,33	823,08	760,33	699,08
	VI	**1 590,33**	443,83	443,83							
5 345,99	I,IV	**1 090,33**	443,83	443,83	I	954,16	824,08	700,08	582,25	470,50	364,83
	II	**1 027,66**	443,83	443,83	II	894,16	766,91	645,66	530,58	421,66	318,83
	III	**670,33**	443,83	443,83	III	571,16	475,00	381,83	291,83	204,83	122,00
	V	**1 555,25**	443,83	443,83	IV	1 021,50	954,16	888,33	824,08	761,25	700,08
	VI	**1 591,50**	443,83	443,83							
5 348,99	I,IV	**1 091,50**	443,83	443,83	I	955,16	825,08	701,00	583,08	471,33	365,66
	II	**1 028,75**	443,83	443,83	II	895,25	767,83	646,58	531,50	422,50	319,66
	III	**671,16**	443,83	443,83	III	571,83	475,66	382,66	292,50	205,50	122,66
	V	**1 556,41**	443,83	443,83	IV	1 022,58	955,16	889,33	825,08	762,25	701,00
	VI	**1 592,66**	443,83	443,83							
5 351,99	I,IV	**1 092,58**	443,83	443,83	I	956,25	826,08	702,00	584,00	472,16	366,50
	II	**1 029,75**	443,83	443,83	II	896,25	768,83	647,58	532,41	423,33	320,41
	III	**672,00**	443,83	443,83	III	572,66	476,50	383,33	293,16	206,16	123,33
	V	**1 557,58**	443,83	443,83	IV	1 023,66	956,25	890,41	826,08	763,25	702,00
	VI	**1 593,83**	443,83	443,83							
5 354,99	I,IV	**1 093,66**	443,83	443,83	I	957,25	827,08	702,91	584,91	473,08	367,25
	II	**1 030,83**	443,83	443,83	II	897,25	769,83	648,50	533,25	424,16	321,16
	III	**672,83**	443,83	443,83	III	573,50	477,16	384,00	293,83	206,83	123,83
	V	**1 558,75**	443,83	443,83	IV	1 024,66	957,25	891,41	827,08	764,25	702,91
	VI	**1 595,00**	443,83	443,83							
5 357,99	I,IV	**1 094,75**	443,83	443,83	I	958,33	828,08	703,91	585,83	473,91	368,08
	II	**1 032,00**	443,83	443,83	II	898,33	770,83	649,41	534,16	425,00	322,00
	III	**673,50**	443,83	443,83	III	574,16	478,00	384,83	294,66	207,50	124,50
	V	**1 559,91**	443,83	443,83	IV	1 025,83	958,33	892,41	828,08	765,25	703,91
	VI	**1 596,16**	443,83	443,83							
5 360,99	I,IV	**1 095,91**	443,83	443,83	I	959,41	829,08	704,83	586,75	474,75	368,91
	II	**1 033,08**	443,83	443,83	II	899,33	771,83	650,33	535,08	425,83	322,83
	III	**674,33**	443,83	443,83	III	575,00	478,66	385,50	295,33	208,16	125,16
	V	**1 561,08**	443,83	443,83	IV	1 026,91	959,41	893,50	829,08	766,16	704,83
	VI	**1 597,33**	443,83	443,83							
5 363,99	I,IV	**1 097,00**	443,83	443,83	I	960,50	830,08	705,83	587,66	475,66	369,75
	II	**1 034,08**	443,83	443,83	II	900,41	772,75	651,33	535,91	426,66	323,58
	III	**675,16**	443,83	443,83	III	575,83	479,50	386,16	296,00	208,83	125,83
	V	**1 562,25**	443,83	443,83	IV	1 028,00	960,50	894,50	830,08	767,16	705,83
	VI	**1 598,50**	443,83	443,83							

* Zur LSt-Berechnung für privat versicherte Arbeitnehmer s. Beispiele **Vorbemerkung S. 4 f.**
** Basisvorsorgepauschale KV und PV *** Typisierter Arbeitgeberzuschuss

Lohn/ Gehalt in € bis	Steuerklasse	Lohn-steuer*	BVSP**	TAGZ***	Steuerklasse	Bemessungsgrundlage für Kirchensteuer und Solidaritätszuschlag – Freibeträge für ... Kinder 0,5	1,0	1,5	2,0	2,5	3,0
5 366,99	I,IV	**1 098,08**	443,83	443,83	I	961,50	831,08	706,75	588,58	476,50	370,58
	II	**1 035,16**	443,83	443,83	II	901,41	773,75	652,25	536,83	427,50	324,33
	III	**676,00**	443,83	443,83	III	576,50	480,16	386,83	296,66	209,50	126,33
	V	**1 563,41**	443,83	443,83	IV	1 029,00	961,50	895,50	831,08	768,16	706,75
	VI	**1 599,66**	443,83	443,83							
5 369,99	I,IV	**1 099,16**	443,83	443,83	I	962,58	832,08	707,75	589,50	477,33	371,33
	II	**1 036,25**	443,83	443,83	II	902,41	774,75	653,16	537,75	428,33	325,16
	III	**676,66**	443,83	443,83	III	577,33	481,00	387,66	297,50	210,16	127,00
	V	**1 564,50**	443,83	443,83	IV	1 030,08	962,58	896,58	832,08	769,16	707,75
	VI	**1 600,75**	443,83	443,83							
5 372,99	I,IV	**1 100,33**	443,83	443,83	I	963,66	833,08	708,66	590,41	478,25	372,16
	II	**1 037,41**	443,83	443,83	II	903,50	775,75	654,16	538,58	429,25	326,00
	III	**677,50**	443,83	443,83	III	578,16	481,66	388,33	298,16	211,00	127,66
	V	**1 565,75**	443,83	443,83	IV	1 031,25	963,66	897,58	833,08	770,16	708,66
	VI	**1 602,00**	443,83	443,83							
5 375,99	I,IV	**1 101,41**	443,83	443,83	I	964,66	834,08	709,66	591,33	479,08	373,00
	II	**1 038,50**	443,83	443,83	II	904,50	776,75	655,08	539,50	430,08	326,75
	III	**678,33**	443,83	443,83	III	578,83	482,50	389,16	298,83	211,66	128,16
	V	**1 566,91**	443,83	443,83	IV	1 032,33	964,66	898,66	834,08	771,08	709,66
	VI	**1 603,16**	443,83	443,83							
5 378,99	I,IV	**1 102,50**	443,83	443,83	I	965,75	835,08	710,58	592,25	479,91	373,83
	II	**1 039,50**	443,83	443,83	II	905,58	777,75	656,00	540,41	430,91	327,58
	III	**679,16**	443,83	443,83	III	579,66	483,16	389,83	299,50	212,33	128,83
	V	**1 568,00**	443,83	443,83	IV	1 033,33	965,75	899,66	835,08	772,08	710,58
	VI	**1 604,25**	443,83	443,83							
5 381,99	I,IV	**1 103,58**	443,83	443,83	I	966,83	836,16	711,58	593,16	480,83	374,66
	II	**1 040,58**	443,83	443,83	II	906,58	778,66	656,91	541,25	431,75	328,33
	III	**680,00**	443,83	443,83	III	580,33	484,00	390,50	300,16	213,00	129,50
	V	**1 569,16**	443,83	443,83	IV	1 034,41	966,83	900,66	836,16	773,08	711,58
	VI	**1 605,41**	443,83	443,83							
5 384,99	I,IV	**1 104,75**	443,83	443,83	I	967,83	837,16	712,50	594,00	481,66	375,41
	II	**1 041,66**	443,83	443,83	II	907,66	779,66	657,83	542,16	432,58	329,16
	III	**680,66**	443,83	443,83	III	581,16	484,66	391,33	301,00	213,66	130,16
	V	**1 570,33**	443,83	443,83	IV	1 035,50	967,83	901,75	837,16	774,08	712,50
	VI	**1 606,58**	443,83	443,83							
5 387,99	I,IV	**1 105,83**	443,83	443,83	I	968,91	838,16	713,50	595,00	482,58	376,25
	II	**1 042,83**	443,83	443,83	II	908,66	780,66	658,83	543,08	433,41	329,91
	III	**681,50**	443,83	443,83	III	582,00	485,50	392,00	301,66	214,33	130,66
	V	**1 571,50**	443,83	443,83	IV	1 036,66	968,91	902,75	838,16	775,08	713,50
	VI	**1 607,75**	443,83	443,83							
5 390,99	I,IV	**1 106,91**	443,83	443,83	I	970,00	839,16	714,50	595,91	483,41	377,08
	II	**1 043,91**	443,83	443,83	II	909,75	781,66	659,75	544,00	434,25	330,75
	III	**682,33**	443,83	443,83	III	582,66	486,16	392,66	302,33	215,00	131,33
	V	**1 572,66**	443,83	443,83	IV	1 037,75	970,00	903,83	839,16	776,08	714,50
	VI	**1 608,91**	443,83	443,83							
5 393,99	I,IV	**1 108,08**	443,83	443,83	I	971,08	840,16	715,41	596,83	484,25	377,91
	II	**1 045,00**	443,83	443,83	II	910,75	782,66	660,66	544,83	435,16	331,50
	III	**683,16**	443,83	443,83	III	583,50	487,00	393,50	303,00	215,66	132,00
	V	**1 573,83**	443,83	443,83	IV	1 038,75	971,08	904,83	840,16	777,00	715,41
	VI	**1 610,08**	443,83	443,83							
5 396,99	I,IV	**1 109,16**	443,83	443,83	I	972,08	841,16	716,41	597,66	485,16	378,75
	II	**1 046,08**	443,83	443,83	II	911,75	783,66	661,66	545,75	436,00	332,33
	III	**684,00**	443,83	443,83	III	584,33	487,66	394,16	303,66	216,33	132,50
	V	**1 575,00**	443,83	443,83	IV	1 039,83	972,08	905,91	841,16	778,00	716,41
	VI	**1 611,25**	443,83	443,83							
5 399,99	I,IV	**1 110,25**	443,83	443,83	I	973,16	842,16	717,33	598,58	486,00	379,50
	II	**1 047,16**	443,83	443,83	II	912,83	784,66	662,58	546,66	436,83	333,08
	III	**684,66**	443,83	443,83	III	585,00	488,50	395,00	304,50	217,00	133,16
	V	**1 576,16**	443,83	443,83	IV	1 040,91	973,16	906,91	842,16	779,00	717,33
	VI	**1 612,41**	443,83	443,83							

* Zur LSt-Berechnung für privat versicherte Arbeitnehmer s. Beispiele **Vorbemerkung S. 4 f.**
** Basisvorsorgepauschale KV und PV *** Typisierter Arbeitgeberzuschuss

Lohn/ Gehalt in € bis	Steuerklasse	Lohn- steuer*	BVSP**	TAGZ***	Steuerklasse	Bemessungsgrundlage für Kirchensteuer und Solidaritätszuschlag – Freibeträge für ... Kinder 0,5	**1,0**	1,5	**2,0**	2,5	**3,0**
5 402,99	I,IV	**1 111,33**	443,83	443,83	I	974,25	843,16	718,33	599,50	486,83	380,33
	II	**1 048,25**	443,83	443,83	II	913,83	785,58	663,50	547,50	437,66	333,91
	III	**685,50**	443,83	443,83	III	585,83	489,16	395,66	305,16	217,66	133,83
	V	**1 577,33**	443,83	443,83	IV	1 042,00	974,25	907,91	843,16	780,00	718,33
	VI	**1 613,58**	443,83	443,83							
5 405,99	I,IV	**1 112,50**	443,83	443,83	I	975,33	844,25	719,25	600,50	487,75	381,16
	II	**1 049,33**	443,83	443,83	II	914,91	786,66	664,50	548,41	438,50	334,75
	III	**686,33**	443,83	443,83	III	586,66	490,00	396,33	305,83	218,33	134,50
	V	**1 578,50**	443,83	443,83	IV	1 043,16	975,33	909,00	844,25	781,00	719,25
	VI	**1 614,75**	443,83	443,83							
5 408,99	I,IV	**1 113,58**	443,83	443,83	I	976,33	845,25	720,25	601,33	488,58	382,00
	II	**1 050,41**	443,83	443,83	II	915,91	787,58	665,41	549,33	439,33	335,50
	III	**687,16**	443,83	443,83	III	587,50	490,66	397,16	306,50	219,00	135,16
	V	**1 579,66**	443,83	443,83	IV	1 044,25	976,33	910,00	845,25	782,00	720,25
	VI	**1 615,91**	443,83	443,83							
5 411,99	I,IV	**1 114,66**	443,83	443,83	I	977,41	846,25	721,16	602,25	489,50	382,83
	II	**1 051,50**	443,83	443,83	II	917,00	788,58	666,33	550,16	440,16	336,33
	III	**688,00**	443,83	443,83	III	588,16	491,50	397,83	307,33	219,66	135,66
	V	**1 580,83**	443,83	443,83	IV	1 045,33	977,41	911,08	846,25	783,00	721,16
	VI	**1 617,08**	443,83	443,83							
5 414,99	I,IV	**1 115,83**	443,83	443,83	I	978,50	847,25	722,16	603,16	490,33	383,58
	II	**1 052,58**	443,83	443,83	II	918,00	789,58	667,25	551,08	441,00	337,08
	III	**688,83**	443,83	443,83	III	589,00	492,16	398,50	308,00	220,50	136,33
	V	**1 582,00**	443,83	443,83	IV	1 046,41	978,50	912,08	847,25	783,91	722,16
	VI	**1 618,25**	443,83	443,83							
5 417,99	I,IV	**1 116,91**	443,83	443,83	I	979,50	848,25	723,16	604,08	491,25	384,41
	II	**1 053,66**	443,83	443,83	II	919,08	790,58	668,25	552,00	441,91	337,91
	III	**689,50**	443,83	443,83	III	589,66	493,00	399,33	308,66	221,16	137,00
	V	**1 583,08**	443,83	443,83	IV	1 047,41	979,50	913,16	848,25	784,91	723,16
	VI	**1 619,41**	443,83	443,83							
5 420,99	I,IV	**1 118,08**	443,83	443,83	I	980,58	849,33	724,08	605,08	492,08	385,25
	II	**1 054,75**	443,83	443,83	II	920,08	791,58	669,16	552,91	442,75	338,75
	III	**690,33**	443,83	443,83	III	590,50	493,66	400,00	309,33	221,83	137,66
	V	**1 584,33**	443,83	443,83	IV	1 048,58	980,58	914,16	849,33	785,91	724,08
	VI	**1 620,58**	443,83	443,83							
5 423,99	I,IV	**1 119,16**	443,83	443,83	I	981,66	850,33	725,08	606,00	493,00	386,08
	II	**1 055,83**	443,83	443,83	II	921,16	792,58	670,16	553,83	443,58	339,50
	III	**691,16**	443,83	443,83	III	591,33	494,50	400,83	310,16	222,50	138,33
	V	**1 585,50**	443,83	443,83	IV	1 049,66	981,66	915,25	850,33	786,91	725,08
	VI	**1 621,75**	443,83	443,83							
5 426,99	I,IV	**1 120,25**	443,83	443,83	I	982,75	851,33	726,00	606,83	493,83	386,91
	II	**1 056,91**	443,83	443,83	II	922,16	793,58	671,08	554,66	444,41	340,33
	III	**692,00**	443,83	443,83	III	592,00	495,16	401,50	310,83	223,16	138,83
	V	**1 586,58**	443,83	443,83	IV	1 050,75	982,75	916,25	851,33	787,91	726,00
	VI	**1 622,91**	443,83	443,83							
5 429,99	I,IV	**1 121,33**	443,83	443,83	I	983,75	852,33	727,00	607,75	494,66	387,75
	II	**1 058,00**	443,83	443,83	II	923,25	794,58	672,00	555,58	445,25	341,08
	III	**692,83**	443,83	443,83	III	592,83	496,00	402,16	311,50	223,83	139,50
	V	**1 587,75**	443,83	443,83	IV	1 051,83	983,75	917,33	852,33	788,91	727,00
	VI	**1 624,00**	443,83	443,83							
5 432,99	I,IV	**1 122,50**	443,83	443,83	I	984,83	853,33	728,00	608,66	495,58	388,58
	II	**1 059,08**	443,83	443,83	II	924,25	795,58	672,91	556,50	446,08	341,91
	III	**693,50**	443,83	443,83	III	593,66	496,66	403,00	312,16	224,50	140,16
	V	**1 588,91**	443,83	443,83	IV	1 052,91	984,83	918,33	853,33	789,91	728,00
	VI	**1 625,16**	443,83	443,83							
5 435,99	I,IV	**1 123,58**	443,83	443,83	I	985,91	854,41	728,91	609,66	496,41	389,41
	II	**1 060,25**	443,83	443,83	II	925,33	796,58	673,91	557,41	447,00	342,75
	III	**694,33**	443,83	443,83	III	594,33	497,50	403,66	312,83	225,16	140,83
	V	**1 590,08**	443,83	443,83	IV	1 054,00	985,91	919,41	854,41	790,91	728,91
	VI	**1 626,41**	443,83	443,83							

* Zur LSt-Berechnung für privat versicherte Arbeitnehmer s. Beispiele **Vorbemerkung S. 4f.**
** Basisvorsorgepauschale KV und PV *** Typisierter Arbeitgeberzuschuss

Lohn/ Gehalt in € bis	Steuerklasse	Lohn-steuer*	BVSP**	TAGZ***	Steuerklasse	Bemessungsgrundlage für Kirchensteuer und Solidaritätszuschlag					
						Freibeträge für ... Kinder					
						0,5	**1,0**	1,5	**2,0**	2,5	**3,0**
5438,99	I,IV	**1124,75**	443,83	443,83	I	987,00	855,41	729,91	610,58	497,33	390,25
	II	**1061,33**	443,83	443,83	II	926,33	797,58	674,83	558,25	447,83	343,50
	III	**695,16**	443,83	443,83	III	595,16	498,33	404,50	313,66	225,83	141,50
	V	**1591,25**	443,83	443,83	IV	1055,08	987,00	920,41	855,41	791,91	729,91
	VI	**1627,50**	443,83	443,83							
5441,99	I,IV	**1125,83**	443,83	443,83	I	988,08	856,41	730,91	611,50	498,16	391,00
	II	**1062,41**	443,83	443,83	II	927,41	798,58	675,83	559,16	448,66	344,33
	III	**696,00**	443,83	443,83	III	596,00	499,00	405,16	314,33	226,50	142,00
	V	**1592,41**	443,83	443,83	IV	1056,16	988,08	921,50	856,41	792,91	730,91
	VI	**1628,66**	443,83	443,83							
5444,99	I,IV	**1126,91**	443,83	443,83	I	989,08	857,41	731,83	612,41	499,08	391,83
	II	**1063,50**	443,83	443,83	II	928,41	799,50	676,75	560,08	449,50	345,08
	III	**696,83**	443,83	443,83	III	596,83	499,83	405,83	315,00	227,16	142,66
	V	**1593,58**	443,83	443,83	IV	1057,25	989,08	922,50	857,41	793,83	731,83
	VI	**1629,83**	443,83	443,83							
5447,99	I,IV	**1128,08**	443,83	443,83	I	990,16	858,41	732,83	613,33	499,91	392,66
	II	**1064,58**	443,83	443,83	II	929,50	800,50	677,66	561,00	450,33	345,91
	III	**697,50**	443,83	443,83	III	597,50	500,50	406,66	315,66	227,83	143,33
	V	**1594,75**	443,83	443,83	IV	1058,33	990,16	923,50	858,41	794,83	732,83
	VI	**1631,00**	443,83	443,83							
5450,99	I,IV	**1129,16**	443,83	443,83	I	991,25	859,41	733,75	614,25	500,83	393,50
	II	**1065,66**	443,83	443,83	II	930,50	801,50	678,66	561,83	451,25	346,66
	III	**698,33**	443,83	443,83	III	598,33	501,33	407,33	316,50	228,66	144,00
	V	**1595,91**	443,83	443,83	IV	1059,41	991,25	924,58	859,41	795,83	733,75
	VI	**1632,16**	443,83	443,83							
5453,99	I,IV	**1130,33**	443,83	443,83	I	992,33	860,50	734,75	615,16	501,66	394,33
	II	**1066,75**	443,83	443,83	II	931,58	802,50	679,58	562,75	452,08	347,50
	III	**699,16**	443,83	443,83	III	599,16	502,00	408,00	317,16	229,33	144,66
	V	**1597,08**	443,83	443,83	IV	1060,58	992,33	925,66	860,50	796,83	734,75
	VI	**1633,33**	443,83	443,83							
5456,99	I,IV	**1131,41**	443,83	443,83	I	993,41	861,50	735,75	616,08	502,58	395,16
	II	**1067,83**	443,83	443,83	II	932,66	803,50	680,50	563,66	452,91	348,33
	III	**700,00**	443,83	443,83	III	599,83	502,83	408,83	317,83	230,00	145,33
	V	**1598,25**	443,83	443,83	IV	1061,66	993,41	926,66	861,50	797,83	735,75
	VI	**1634,50**	443,83	443,83							
5459,99	I,IV	**1132,50**	443,83	443,83	I	994,50	862,50	736,66	617,00	503,41	396,00
	II	**1068,91**	443,83	443,83	II	933,66	804,50	681,50	564,58	453,75	349,08
	III	**700,83**	443,83	443,83	III	600,66	503,50	409,50	318,50	230,66	146,00
	V	**1599,41**	443,83	443,83	IV	1062,75	994,50	927,75	862,50	798,83	736,66
	VI	**1635,66**	443,83	443,83							
5462,99	I,IV	**1133,66**	443,83	443,83	I	995,50	863,50	737,66	617,91	504,33	396,83
	II	**1070,08**	443,83	443,83	II	934,75	805,50	682,41	565,50	454,66	349,91
	III	**701,66**	443,83	443,83	III	601,33	504,33	410,16	319,33	231,33	146,50
	V	**1600,58**	443,83	443,83	IV	1063,83	995,50	928,75	863,50	799,83	737,66
	VI	**1636,83**	443,83	443,83							
5465,99	I,IV	**1134,75**	443,83	443,83	I	996,58	864,58	738,66	618,83	505,16	397,58
	II	**1071,16**	443,83	443,83	II	935,75	806,50	683,33	566,33	455,50	350,75
	III	**702,33**	443,83	443,83	III	602,16	505,00	411,00	320,00	232,00	147,16
	V	**1601,66**	443,83	443,83	IV	1064,91	996,58	929,83	864,58	800,83	738,66
	VI	**1638,00**	443,83	443,83							
5468,99	I,IV	**1135,91**	443,83	443,83	I	997,66	865,58	739,66	619,75	506,08	398,50
	II	**1072,25**	443,83	443,83	II	936,83	807,50	684,33	567,25	456,33	351,58
	III	**703,16**	443,83	443,83	III	603,00	505,83	411,66	320,66	232,66	147,83
	V	**1602,91**	443,83	443,83	IV	1066,00	997,66	930,83	865,58	801,83	739,66
	VI	**1639,16**	443,83	443,83							
5471,99	I,IV	**1137,00**	443,83	443,83	I	998,75	866,58	740,58	620,66	506,91	399,25
	II	**1073,33**	443,83	443,83	II	937,83	808,50	685,33	568,16	457,16	352,33
	III	**704,00**	443,83	443,83	III	603,83	506,50	412,50	321,33	233,33	148,50
	V	**1604,08**	443,83	443,83	IV	1067,08	998,75	931,91	866,58	802,83	740,58
	VI	**1640,33**	443,83	443,83							

* Zur LSt-Berechnung für privat versicherte Arbeitnehmer s. Beispiele **Vorbemerkung S. 4 f.**
** Basisvorsorgepauschale KV und PV *** Typisierter Arbeitgeberzuschuss

Lohn/ Gehalt in € bis	Steuerklasse	**Lohn-steuer***	BVSP**	TAGZ***	Steuerklasse	Bemessungsgrundlage für Kirchensteuer und Solidaritätszuschlag – Freibeträge für ... Kinder 0,5	**1,0**	1,5	**2,0**	2,5	**3,0**
5474,99	I,IV	**1138,08**	443,83	443,83	I	999,83	867,58	741,58	621,58	507,83	400,08
	II	**1074,41**	443,83	443,83	II	938,91	809,50	686,25	569,08	458,08	353,16
	III	**704,83**	443,83	443,83	III	604,50	507,33	413,16	322,16	234,16	149,16
	V	**1605,16**	443,83	443,83	IV	1068,16	999,83	932,91	867,58	803,83	741,58
	VI	**1641,50**	443,83	443,83							
5477,99	I,IV	**1139,25**	443,83	443,83	I	1000,83	868,66	742,50	622,58	508,66	400,91
	II	**1075,50**	443,83	443,83	II	939,91	810,50	687,16	570,00	458,91	353,91
	III	**705,66**	443,83	443,83	III	605,33	508,00	413,83	322,83	234,66	149,83
	V	**1606,33**	443,83	443,83	IV	1069,25	1000,83	934,00	868,66	804,83	742,50
	VI	**1642,58**	443,83	443,83							
5480,99	I,IV	**1140,33**	443,83	443,83	I	1001,91	869,66	743,50	623,50	509,58	401,75
	II	**1076,58**	443,83	443,83	II	941,00	811,50	688,16	570,91	459,75	354,75
	III	**706,50**	443,83	443,83	III	606,16	508,83	414,66	323,50	235,50	150,50
	V	**1607,50**	443,83	443,83	IV	1070,33	1001,91	935,00	869,66	805,83	743,50
	VI	**1643,75**	443,83	443,83							
5483,99	I,IV	**1141,50**	443,83	443,83	I	1003,00	870,66	744,50	624,41	510,41	402,58
	II	**1077,75**	443,83	443,83	II	942,08	812,50	689,08	571,83	460,66	355,58
	III	**707,33**	443,83	443,83	III	607,00	509,66	415,33	324,16	236,16	151,16
	V	**1608,66**	443,83	443,83	IV	1071,50	1003,00	936,08	870,66	806,83	744,50
	VI	**1645,00**	443,83	443,83							
5486,99	I,IV	**1142,58**	443,83	443,83	I	1004,08	871,75	745,50	625,33	511,33	403,41
	II	**1078,83**	443,83	443,83	II	943,08	813,50	690,08	572,66	461,50	356,41
	III	**708,00**	443,83	443,83	III	607,66	510,33	416,16	325,00	236,83	151,83
	V	**1609,83**	443,83	443,83	IV	1072,58	1004,08	937,16	871,75	807,83	745,50
	VI	**1646,08**	443,83	443,83							
5489,99	I,IV	**1143,75**	443,83	443,83	I	1005,16	872,75	746,41	626,25	512,16	404,25
	II	**1079,91**	443,83	443,83	II	944,16	814,50	691,00	573,58	462,33	357,16
	III	**708,83**	443,83	443,83	III	608,50	511,16	416,83	325,66	237,50	152,50
	V	**1611,00**	443,83	443,83	IV	1073,66	1005,16	938,16	872,75	808,83	746,41
	VI	**1647,25**	443,83	443,83							
5492,99	I,IV	**1144,83**	443,83	443,83	I	1006,25	873,75	747,41	627,16	513,08	405,08
	II	**1081,00**	443,83	443,83	II	945,16	815,50	691,91	574,50	463,16	358,00
	III	**709,66**	443,83	443,83	III	609,16	511,83	417,50	326,33	238,16	153,16
	V	**1612,16**	443,83	443,83	IV	1074,75	1006,25	939,25	873,75	809,83	747,41
	VI	**1648,41**	443,83	443,83							
5495,99	I,IV	**1145,91**	443,83	443,83	I	1007,33	874,75	748,33	628,08	513,91	405,91
	II	**1082,08**	443,83	443,83	II	946,25	816,50	692,91	575,41	464,00	358,75
	III	**710,50**	443,83	443,83	III	610,00	512,66	418,33	327,00	238,83	153,83
	V	**1613,33**	443,83	443,83	IV	1075,83	1007,33	940,25	874,75	810,83	748,33
	VI	**1649,58**	443,83	443,83							
5498,99	I,IV	**1147,08**	443,83	443,83	I	1008,33	875,83	749,33	629,00	514,83	406,75
	II	**1083,16**	443,83	443,83	II	947,33	817,50	693,83	576,33	464,91	359,58
	III	**711,16**	443,83	443,83	III	610,83	513,33	419,00	327,83	239,50	154,33
	V	**1614,50**	443,83	443,83	IV	1076,91	1008,33	941,33	875,83	811,83	749,33
	VI	**1650,75**	443,83	443,83							
5501,99	I,IV	**1148,16**	443,83	443,83	I	1009,50	876,83	750,33	630,00	515,75	407,58
	II	**1084,33**	443,83	443,83	II	948,33	818,50	694,83	577,25	465,75	360,41
	III	**712,00**	443,83	443,83	III	611,66	514,16	419,83	328,50	240,16	155,00
	V	**1615,66**	443,83	443,83	IV	1078,08	1009,50	942,41	876,83	812,83	750,33
	VI	**1651,91**	443,83	443,83							
5504,99	I,IV	**1149,33**	443,83	443,83	I	1010,50	877,83	751,33	630,91	516,58	408,41
	II	**1085,41**	443,83	443,83	II	949,41	819,50	695,75	578,16	466,58	361,25
	III	**712,83**	443,83	443,83	III	612,33	515,00	420,50	329,16	241,00	155,66
	V	**1616,83**	443,83	443,83	IV	1079,16	1010,50	943,41	877,83	813,83	751,33
	VI	**1653,08**	443,83	443,83							
5507,99	I,IV	**1150,41**	443,83	443,83	I	1011,58	878,91	752,25	631,83	517,50	409,25
	II	**1086,50**	443,83	443,83	II	950,50	820,50	696,75	579,00	467,50	362,00
	III	**713,66**	443,83	443,83	III	613,16	515,66	421,33	329,83	241,66	156,33
	V	**1618,00**	443,83	443,83	IV	1080,25	1011,58	944,50	878,91	814,83	752,25
	VI	**1654,25**	443,83	443,83							

* Zur LSt-Berechnung für privat versicherte Arbeitnehmer s. Beispiele **Vorbemerkung S. 4f.**
** Basisvorsorgepauschale KV und PV *** Typisierter Arbeitgeberzuschuss

Lohn/ Gehalt in € bis	Steuerklasse	Lohn-steuer*	BVSP**	TAGZ***	Steuerklasse	Bemessungsgrundlage für Kirchensteuer und Solidaritätszuschlag: Freibeträge für ... Kinder 0,5	1,0	1,5	2,0	2,5	3,0
5510,99	I,IV	**1151,58**	443,83	443,83	I	1012,66	879,91	753,25	632,75	518,33	410,08
	II	**1087,58**	443,83	443,83	II	951,50	821,50	697,66	579,91	468,33	362,83
	III	**714,50**	443,83	443,83	III	614,00	516,50	422,00	330,66	242,33	157,00
	V	**1619,16**	443,83	443,83	IV	1081,33	1012,66	945,50	879,91	815,83	753,25
	VI	**1655,41**	443,83	443,83							
5513,99	I,IV	**1152,66**	443,83	443,83	I	1013,75	880,91	754,25	633,66	519,25	410,91
	II	**1088,66**	443,83	443,83	II	952,58	822,50	698,58	580,83	469,16	363,66
	III	**715,33**	443,83	443,83	III	614,66	517,16	422,66	331,33	243,00	157,66
	V	**1620,25**	443,83	443,83	IV	1082,41	1013,75	946,58	880,91	816,83	754,25
	VI	**1656,58**	443,83	443,83							
5516,99	I,IV	**1153,83**	443,83	443,83	I	1014,83	882,00	755,25	634,58	520,08	411,75
	II	**1089,83**	443,83	443,83	II	953,66	823,58	699,58	581,75	470,08	364,50
	III	**716,16**	443,83	443,83	III	615,50	518,00	423,50	332,00	243,66	158,33
	V	**1621,50**	443,83	443,83	IV	1083,58	1014,83	947,66	882,00	817,83	755,25
	VI	**1657,75**	443,83	443,83							
5519,99	I,IV	**1154,91**	443,83	443,83	I	1015,91	883,00	756,25	635,58	521,00	412,58
	II	**1090,91**	443,83	443,83	II	954,66	824,58	700,58	582,66	470,91	365,25
	III	**717,00**	443,83	443,83	III	616,33	518,66	424,16	332,83	244,33	159,00
	V	**1622,66**	443,83	443,83	IV	1084,66	1015,91	948,66	883,00	818,83	756,25
	VI	**1658,91**	443,83	443,83							
5522,99	I,IV	**1156,08**	443,83	443,83	I	1017,00	884,00	757,16	636,50	521,91	413,41
	II	**1092,00**	443,83	443,83	II	955,75	825,58	701,50	583,58	471,75	366,08
	III	**717,66**	443,83	443,83	III	617,00	519,50	425,00	333,50	245,00	159,66
	V	**1623,75**	443,83	443,83	IV	1085,75	1017,00	949,75	884,00	819,83	757,16
	VI	**1660,08**	443,83	443,83							
5525,99	I,IV	**1157,16**	443,83	443,83	I	1018,08	885,08	758,16	637,41	522,75	414,25
	II	**1093,16**	443,83	443,83	II	956,75	826,58	702,50	584,50	472,66	366,91
	III	**718,50**	443,83	443,83	III	617,83	520,16	425,66	334,16	245,66	160,33
	V	**1624,91**	443,83	443,83	IV	1086,83	1018,08	950,75	885,08	820,83	758,16
	VI	**1661,16**	443,83	443,83							
5528,99	I,IV	**1158,33**	443,83	443,83	I	1019,08	886,08	759,16	638,33	523,66	415,08
	II	**1094,25**	443,83	443,83	II	957,83	827,58	703,41	585,41	473,50	367,66
	III	**719,33**	443,83	443,83	III	618,66	521,00	426,33	334,83	246,33	161,00
	V	**1626,08**	443,83	443,83	IV	1087,91	1019,08	951,83	886,08	821,83	759,16
	VI	**1662,33**	443,83	443,83							
5531,99	I,IV	**1159,41**	443,83	443,83	I	1020,25	887,08	760,16	639,25	524,50	415,91
	II	**1095,33**	443,83	443,83	II	958,91	828,58	704,41	586,33	474,33	368,50
	III	**720,16**	443,83	443,83	III	619,50	521,83	427,16	335,66	247,16	161,66
	V	**1627,25**	443,83	443,83	IV	1089,08	1020,25	952,91	887,08	822,83	760,16
	VI	**1663,58**	443,83	443,83							
5534,99	I,IV	**1160,58**	443,83	443,83	I	1021,33	888,16	761,08	640,16	525,41	416,75
	II	**1096,41**	443,83	443,83	II	960,00	829,58	705,33	587,25	475,25	369,33
	III	**721,00**	443,83	443,83	III	620,16	522,50	427,83	336,33	247,83	162,33
	V	**1628,41**	443,83	443,83	IV	1090,16	1021,33	953,91	888,16	823,83	761,08
	VI	**1664,66**	443,83	443,83							
5537,99	I,IV	**1161,66**	443,83	443,83	I	1022,33	889,16	762,08	641,16	526,33	417,58
	II	**1097,58**	443,83	443,83	II	961,00	830,58	706,33	588,16	476,08	370,16
	III	**721,83**	443,83	443,83	III	621,00	523,33	428,66	337,00	248,50	163,00
	V	**1629,58**	443,83	443,83	IV	1091,25	1022,33	955,00	889,16	824,83	762,08
	VI	**1665,83**	443,83	443,83							
5540,99	I,IV	**1162,83**	443,83	443,83	I	1023,41	890,16	763,08	642,08	527,16	418,41
	II	**1098,66**	443,83	443,83	II	962,08	831,58	707,25	589,00	476,91	371,00
	III	**722,66**	443,83	443,83	III	621,83	524,00	429,33	337,66	249,16	163,66
	V	**1630,75**	443,83	443,83	IV	1092,33	1023,41	956,08	890,16	825,83	763,08
	VI	**1667,00**	443,83	443,83							
5543,99	I,IV	**1163,91**	443,83	443,83	I	1024,50	891,25	764,00	643,00	528,08	419,25
	II	**1099,75**	443,83	443,83	II	963,08	832,58	708,25	589,91	477,83	371,75
	III	**723,33**	443,83	443,83	III	622,50	524,83	430,00	338,50	249,83	164,33
	V	**1631,91**	443,83	443,83	IV	1093,41	1024,50	957,08	891,25	826,83	764,00
	VI	**1668,16**	443,83	443,83							

* Zur LSt-Berechnung für privat versicherte Arbeitnehmer s. Beispiele **Vorbemerkung S. 4 f.**
** Basisvorsorgepauschale KV und PV *** Typisierter Arbeitgeberzuschuss

Lohn/ Gehalt in € bis	Steuerklasse	Lohn-steuer*	BVSP**	TAGZ***	Steuerklasse	Bemessungsgrundlage für Kirchensteuer und Solidaritätszuschlag – Freibeträge für ... Kinder 0,5	1,0	1,5	2,0	2,5	3,0
5546,99	I,IV	**1165,08**	443,83	443,83	I	1025,58	892,25	765,00	643,91	528,91	420,08
	II	**1100,83**	443,83	443,83	II	964,16	833,58	709,16	590,83	478,66	372,58
	III	**724,16**	443,83	443,83	III	623,33	525,50	430,83	339,16	250,50	165,00
	V	**1633,08**	443,83	443,83	IV	1094,58	1025,58	958,16	892,25	827,83	765,00
	VI	**1669,33**	443,83	443,83							
5549,99	I,IV	**1166,25**	443,83	443,83	I	1026,66	893,33	766,00	644,83	529,83	420,91
	II	**1102,00**	443,83	443,83	II	965,25	834,66	710,16	591,75	479,50	373,41
	III	**725,00**	443,83	443,83	III	624,16	526,33	431,66	339,83	251,33	165,66
	V	**1634,25**	443,83	443,83	IV	1095,66	1026,66	959,25	893,33	828,91	766,00
	VI	**1670,50**	443,83	443,83							
5552,99	I,IV	**1167,33**	443,83	443,83	I	1027,75	894,33	767,00	645,83	530,75	421,75
	II	**1103,08**	443,83	443,83	II	966,33	835,66	711,08	592,66	480,41	374,25
	III	**725,83**	443,83	443,83	III	625,00	527,00	432,33	340,66	252,00	166,33
	V	**1635,41**	443,83	443,83	IV	1096,75	1027,75	960,25	894,33	829,91	767,00
	VI	**1671,66**	443,83	443,83							
5555,99	I,IV	**1168,41**	443,83	443,83	I	1028,83	895,33	768,00	646,75	531,58	422,58
	II	**1104,16**	443,83	443,83	II	967,33	836,66	712,08	593,58	481,25	375,08
	III	**726,66**	443,83	443,83	III	625,66	527,83	433,00	341,33	252,66	167,00
	V	**1636,58**	443,83	443,83	IV	1097,91	1028,83	961,33	895,33	830,91	768,00
	VI	**1672,83**	443,83	443,83							
5558,99	I,IV	**1169,58**	443,83	443,83	I	1029,91	896,33	768,91	647,66	532,50	423,41
	II	**1105,25**	443,83	443,83	II	968,41	837,66	713,00	594,50	482,08	375,83
	III	**727,50**	443,83	443,83	III	626,50	528,66	433,83	342,00	253,33	167,66
	V	**1637,75**	443,83	443,83	IV	1099,00	1029,91	962,41	896,33	831,91	768,91
	VI	**1674,00**	443,83	443,83							
5561,99	I,IV	**1170,66**	443,83	443,83	I	1031,00	897,41	769,91	648,58	533,33	424,25
	II	**1106,41**	443,83	443,83	II	969,41	838,66	714,00	595,41	483,00	376,66
	III	**728,33**	443,83	443,83	III	627,33	529,33	434,50	342,66	254,00	168,33
	V	**1638,83**	443,83	443,83	IV	1100,08	1031,00	963,41	897,41	832,91	769,91
	VI	**1675,16**	443,83	443,83							
5564,99	I,IV	**1171,83**	443,83	443,83	I	1032,08	898,50	770,91	649,58	534,25	425,16
	II	**1107,50**	443,83	443,83	II	970,58	839,66	715,00	596,33	483,83	377,50
	III	**729,16**	443,83	443,83	III	628,16	530,16	435,33	343,50	254,66	169,00
	V	**1640,08**	443,83	443,83	IV	1101,25	1032,08	964,50	898,50	833,91	770,91
	VI	**1676,33**	443,83	443,83							
5567,99	I,IV	**1173,00**	443,83	443,83	I	1033,16	899,50	771,91	650,50	535,16	426,00
	II	**1108,58**	443,83	443,83	II	971,58	840,66	715,91	597,25	484,75	378,33
	III	**729,83**	443,83	443,83	III	628,83	530,83	436,00	344,16	255,33	169,66
	V	**1641,25**	443,83	443,83	IV	1102,33	1033,16	965,58	899,50	834,91	771,91
	VI	**1677,50**	443,83	443,83							
5570,99	I,IV	**1174,08**	443,83	443,83	I	1034,25	900,50	772,91	651,41	536,08	426,83
	II	**1109,75**	443,83	443,83	II	972,66	841,66	716,83	598,16	485,58	379,16
	III	**730,66**	443,83	443,83	III	629,66	531,66	436,83	344,83	256,16	170,33
	V	**1642,33**	443,83	443,83	IV	1103,41	1034,25	966,58	900,50	835,91	772,91
	VI	**1678,66**	443,83	443,83							
5573,99	I,IV	**1175,25**	443,83	443,83	I	1035,33	901,58	773,91	652,33	536,91	427,66
	II	**1110,83**	443,83	443,83	II	973,66	842,66	717,83	599,08	486,41	379,91
	III	**731,50**	443,83	443,83	III	630,50	532,33	437,50	345,50	256,83	171,00
	V	**1643,50**	443,83	443,83	IV	1104,50	1035,33	967,66	901,58	836,91	773,91
	VI	**1679,75**	443,83	443,83							
5576,99	I,IV	**1176,33**	443,83	443,83	I	1036,41	902,58	774,83	653,25	537,83	428,50
	II	**1111,91**	443,83	443,83	II	974,75	843,75	718,83	600,00	487,33	380,75
	III	**732,33**	443,83	443,83	III	631,16	533,16	438,16	346,33	257,50	171,66
	V	**1644,66**	443,83	443,83	IV	1105,58	1036,41	968,75	902,58	837,91	774,83
	VI	**1680,91**	443,83	443,83							
5579,99	I,IV	**1177,50**	443,83	443,83	I	1037,50	903,66	775,91	654,25	538,75	429,33
	II	**1113,08**	443,83	443,83	II	975,83	844,75	719,75	600,91	488,16	381,58
	III	**733,16**	443,83	443,83	III	632,00	534,00	439,00	347,00	258,16	172,33
	V	**1645,83**	443,83	443,83	IV	1106,75	1037,50	969,83	903,66	839,00	775,91
	VI	**1682,16**	443,83	443,83							

* Zur LSt-Berechnung für privat versicherte Arbeitnehmer s. Beispiele **Vorbemerkung S. 4 f.**
** Basisvorsorgepauschale KV und PV *** Typisierter Arbeitgeberzuschuss

Lohn/ Gehalt in € bis	Steuerklasse	Lohn-steuer*	BVSP**	TAGZ***	Steuerklasse	Bemessungsgrundlage für Kirchensteuer und Solidaritätszuschlag – Freibeträge für ... Kinder 0,5	1,0	1,5	2,0	2,5	3,0
5 582,99	I,IV	**1 178,66**	443,83	443,83	I	1 038,58	904,66	776,83	655,16	539,58	430,16
	II	**1 114,16**	443,83	443,83	II	976,91	845,75	720,75	601,83	489,08	382,41
	III	**734,00**	443,83	443,83	III	632,83	534,66	439,66	347,66	258,83	173,00
	V	**1 647,00**	443,83	443,83	IV	1 107,83	1 038,58	970,83	904,66	840,00	776,83
	VI	**1 683,25**	443,83	443,83							
5 585,99	I,IV	**1 179,75**	443,83	443,83	I	1 039,66	905,66	777,83	656,08	540,50	431,00
	II	**1 115,25**	443,83	443,83	II	978,00	846,75	721,66	602,75	489,91	383,25
	III	**734,83**	443,83	443,83	III	633,66	535,50	440,50	348,50	259,50	173,66
	V	**1 648,16**	443,83	443,83	IV	1 108,91	1 039,66	971,91	905,66	841,00	777,83
	VI	**1 684,41**	443,83	443,83							
5 588,99	I,IV	**1 180,91**	443,83	443,83	I	1 040,75	906,75	778,83	657,00	541,41	431,83
	II	**1 116,41**	443,83	443,83	II	979,00	847,75	722,66	603,66	490,83	384,08
	III	**735,50**	443,83	443,83	III	634,33	536,16	441,16	349,16	260,16	174,33
	V	**1 649,33**	443,83	443,83	IV	1 110,08	1 040,75	973,00	906,75	842,00	778,83
	VI	**1 685,58**	443,83	443,83							
5 591,99	I,IV	**1 182,00**	443,83	443,83	I	1 041,83	907,75	779,83	658,00	542,25	432,66
	II	**1 117,50**	443,83	443,83	II	980,08	848,75	723,58	604,58	491,66	384,83
	III	**736,33**	443,83	443,83	III	635,16	537,00	442,00	349,83	261,00	175,00
	V	**1 650,50**	443,83	443,83	IV	1 111,16	1 041,83	974,00	907,75	843,00	779,83
	VI	**1 686,75**	443,83	443,83							
5 594,99	I,IV	**1 183,16**	443,83	443,83	I	1 042,91	908,75	780,75	658,91	543,16	433,50
	II	**1 118,58**	443,83	443,83	II	981,16	849,83	724,58	605,50	492,50	385,66
	III	**737,16**	443,83	443,83	III	636,00	537,83	442,66	350,50	261,66	175,66
	V	**1 651,66**	443,83	443,83	IV	1 112,25	1 042,91	975,08	908,75	844,00	780,75
	VI	**1 687,91**	443,83	443,83							
5 597,99	I,IV	**1 184,33**	443,83	443,83	I	1 044,00	909,83	781,83	659,83	544,08	434,41
	II	**1 119,75**	443,83	443,83	II	982,25	850,83	725,58	606,41	493,41	386,50
	III	**738,00**	443,83	443,83	III	636,66	538,50	443,33	351,33	262,33	176,33
	V	**1 652,83**	443,83	443,83	IV	1 113,41	1 044,00	976,16	909,83	845,08	781,83
	VI	**1 689,08**	443,83	443,83							
5 600,99	I,IV	**1 185,41**	443,83	443,83	I	1 045,08	910,91	782,75	660,83	544,91	435,25
	II	**1 120,83**	443,83	443,83	II	983,25	851,83	726,50	607,33	494,25	387,33
	III	**738,83**	443,83	443,83	III	637,50	539,33	444,16	352,00	263,00	177,00
	V	**1 654,00**	443,83	443,83	IV	1 114,50	1 045,08	977,25	910,91	846,08	782,75
	VI	**1 690,25**	443,83	443,83							
5 603,99	I,IV	**1 186,58**	443,83	443,83	I	1 046,16	911,91	783,75	661,75	545,83	436,08
	II	**1 121,91**	443,83	443,83	II	984,33	852,83	727,50	608,25	495,16	388,16
	III	**739,66**	443,83	443,83	III	638,33	540,00	444,83	352,66	263,66	177,66
	V	**1 655,16**	443,83	443,83	IV	1 115,58	1 046,16	978,25	911,91	847,08	783,75
	VI	**1 691,41**	443,83	443,83							
5 606,99	I,IV	**1 187,66**	443,83	443,83	I	1 047,25	912,91	784,75	662,66	546,75	436,91
	II	**1 123,08**	443,83	443,83	II	985,41	853,83	728,41	609,16	496,00	389,00
	III	**740,50**	443,83	443,83	III	639,16	540,83	445,66	353,50	264,33	178,33
	V	**1 656,33**	443,83	443,83	IV	1 116,75	1 047,25	979,33	912,91	848,08	784,75
	VI	**1 692,58**	443,83	443,83							
5 609,99	I,IV	**1 188,83**	443,83	443,83	I	1 048,33	914,00	785,75	663,58	547,58	437,75
	II	**1 124,16**	443,83	443,83	II	986,41	854,91	729,41	610,08	496,91	389,75
	III	**741,16**	443,83	443,83	III	639,83	541,50	446,33	354,16	265,00	179,00
	V	**1 657,41**	443,83	443,83	IV	1 117,83	1 048,33	980,41	914,00	849,08	785,75
	VI	**1 693,75**	443,83	443,83							
5 612,99	I,IV	**1 190,00**	443,83	443,83	I	1 049,41	915,00	786,75	664,58	548,50	438,58
	II	**1 125,33**	443,83	443,83	II	987,58	855,91	730,41	611,00	497,75	390,66
	III	**742,00**	443,83	443,83	III	640,66	542,33	447,16	354,83	265,83	179,66
	V	**1 658,66**	443,83	443,83	IV	1 118,91	1 049,41	981,50	915,00	850,16	786,75
	VI	**1 694,91**	443,83	443,83							
5 615,99	I,IV	**1 191,08**	443,83	443,83	I	1 050,50	916,08	787,75	665,50	549,41	439,41
	II	**1 126,41**	443,83	443,83	II	988,58	856,91	731,41	611,91	498,66	391,41
	III	**742,83**	443,83	443,83	III	641,50	543,16	447,83	355,66	266,50	180,33
	V	**1 659,83**	443,83	443,83	IV	1 120,08	1 050,50	982,50	916,08	851,16	787,75
	VI	**1 696,08**	443,83	443,83							

* Zur LSt-Berechnung für privat versicherte Arbeitnehmer s. Beispiele **Vorbemerkung S. 4 f.**
** Basisvorsorgepauschale KV und PV *** Typisierter Arbeitgeberzuschuss

Lohn/ Gehalt in € bis	Steuerklasse	Lohn-steuer*	BVSP**	TAGZ***	Steuerklasse	Bemessungsgrundlage für Kirchensteuer und Solidaritätszuschlag – Freibeträge für ... Kinder 0,5	**1,0**	1,5	**2,0**	2,5	**3,0**
5618,99	I,IV	**1192,25**	443,83	443,83	I	1051,58	917,08	788,75	666,41	550,33	440,33
	II	**1127,50**	443,83	443,83	II	989,66	857,91	732,33	612,83	499,50	392,25
	III	**743,66**	443,83	443,83	III	642,33	543,83	448,50	356,33	267,16	181,00
	V	**1660,91**	443,83	443,83	IV	1121,16	1051,58	983,58	917,08	852,16	788,75
	VI	**1697,25**	443,83	443,83							
5621,99	I,IV	**1193,41**	443,83	443,83	I	1052,66	918,16	789,75	667,41	551,16	441,16
	II	**1128,58**	443,83	443,83	II	990,75	858,91	733,33	613,75	500,33	393,08
	III	**744,50**	443,83	443,83	III	643,00	544,66	449,33	357,00	267,83	181,66
	V	**1662,08**	443,83	443,83	IV	1122,25	1052,66	984,66	918,16	853,16	789,75
	VI	**1698,33**	443,83	443,83							
5624,99	I,IV	**1194,50**	443,83	443,83	I	1053,75	919,16	790,66	668,33	552,08	442,00
	II	**1129,75**	443,83	443,83	II	991,75	860,00	734,25	614,66	501,25	393,91
	III	**745,33**	443,83	443,83	III	643,83	545,33	450,00	357,83	268,50	182,33
	V	**1663,25**	443,83	443,83	IV	1123,41	1053,75	985,75	919,16	854,16	790,66
	VI	**1699,50**	443,83	443,83							
5627,99	I,IV	**1195,66**	443,83	443,83	I	1054,91	920,25	791,75	669,33	553,00	442,83
	II	**1130,83**	443,83	443,83	II	992,91	861,00	735,25	615,66	502,16	394,75
	III	**746,16**	443,83	443,83	III	644,66	546,16	450,83	358,50	269,16	183,00
	V	**1664,41**	443,83	443,83	IV	1124,50	1054,91	986,83	920,25	855,25	791,75
	VI	**1700,75**	443,83	443,83							
5630,99	I,IV	**1196,83**	443,83	443,83	I	1056,00	921,25	792,66	670,25	553,91	443,66
	II	**1132,00**	443,83	443,83	II	993,91	862,00	736,25	616,58	503,00	395,58
	III	**747,00**	443,83	443,83	III	645,50	547,00	451,50	359,16	270,00	183,66
	V	**1665,58**	443,83	443,83	IV	1125,66	1056,00	987,83	921,25	856,25	792,66
	VI	**1701,83**	443,83	443,83							
5633,99	I,IV	**1197,91**	443,83	443,83	I	1057,08	922,33	793,66	671,16	554,83	444,50
	II	**1133,08**	443,83	443,83	II	995,00	863,00	737,16	617,50	503,91	396,41
	III	**747,83**	443,83	443,83	III	646,16	547,66	452,33	360,00	270,66	184,33
	V	**1666,75**	443,83	443,83	IV	1126,75	1057,08	988,91	922,33	857,25	793,66
	VI	**1703,00**	443,83	443,83							
5636,99	I,IV	**1199,08**	443,83	443,83	I	1058,16	923,33	794,66	672,08	555,66	445,41
	II	**1134,16**	443,83	443,83	II	996,08	864,08	738,16	618,41	504,75	397,25
	III	**748,66**	443,83	443,83	III	647,00	548,50	453,00	360,66	271,33	185,00
	V	**1667,91**	443,83	443,83	IV	1127,83	1058,16	990,00	923,33	858,25	794,66
	VI	**1704,16**	443,83	443,83							
5639,99	I,IV	**1200,25**	443,83	443,83	I	1059,25	924,41	795,66	673,08	556,58	446,25
	II	**1135,33**	443,83	443,83	II	997,16	865,08	739,16	619,33	505,58	398,08
	III	**749,33**	443,83	443,83	III	647,83	549,33	453,83	361,33	272,00	185,66
	V	**1669,08**	443,83	443,83	IV	1129,00	1059,25	991,08	924,41	859,25	795,66
	VI	**1705,33**	443,83	443,83							
5642,99	I,IV	**1201,33**	443,83	443,83	I	1060,33	925,41	796,66	674,00	557,50	447,08
	II	**1136,41**	443,83	443,83	II	998,16	866,08	740,08	620,25	506,50	398,83
	III	**750,16**	443,83	443,83	III	648,66	550,00	454,50	362,16	272,66	186,33
	V	**1670,25**	443,83	443,83	IV	1130,08	1060,33	992,08	925,41	860,25	796,66
	VI	**1706,50**	443,83	443,83							
5645,99	I,IV	**1202,50**	443,83	443,83	I	1061,41	926,50	797,66	675,00	558,41	447,91
	II	**1137,58**	443,83	443,83	II	999,25	867,16	741,08	621,16	507,41	399,75
	III	**751,00**	443,83	443,83	III	649,50	550,83	455,33	362,83	273,50	187,00
	V	**1671,41**	443,83	443,83	IV	1131,25	1061,41	993,16	926,50	861,33	797,66
	VI	**1707,66**	443,83	443,83							
5648,99	I,IV	**1203,66**	443,83	443,83	I	1062,50	927,50	798,66	675,91	559,25	448,75
	II	**1138,66**	443,83	443,83	II	1000,33	868,16	742,08	622,08	508,25	400,50
	III	**751,83**	443,83	443,83	III	650,16	551,50	456,00	363,50	274,16	187,66
	V	**1672,58**	443,83	443,83	IV	1132,33	1062,50	994,25	927,50	862,33	798,66
	VI	**1708,83**	443,83	443,83							
5651,99	I,IV	**1204,75**	443,83	443,83	I	1063,58	928,58	799,66	676,83	560,16	449,66
	II	**1139,83**	443,83	443,83	II	1001,41	869,16	743,00	623,00	509,16	401,33
	III	**752,66**	443,83	443,83	III	651,00	552,33	456,83	364,33	274,83	188,33
	V	**1673,75**	443,83	443,83	IV	1133,41	1063,58	995,33	928,58	863,33	799,66
	VI	**1710,00**	443,83	443,83							

* Zur LSt-Berechnung für privat versicherte Arbeitnehmer s. Beispiele **Vorbemerkung S. 4f.**
** Basisvorsorgepauschale KV und PV *** Typisierter Arbeitgeberzuschuss

Lohn/ Gehalt in € bis	Steuerklasse	Lohn- steuer*	BVSP**	TAGZ***	Steuerklasse	Bemessungsgrundlage für Kirchensteuer und Solidaritätszuschlag — Freibeträge für ... Kinder 0,5	1,0	1,5	2,0	2,5	3,0
5654,99	I,IV	**1205,91**	443,83	443,83	I	1064,66	929,58	800,66	677,83	561,08	450,50
	II	**1140,91**	443,83	443,83	II	1002,50	870,16	744,00	623,91	510,00	402,16
	III	**753,50**	443,83	443,83	III	651,83	553,16	457,50	365,00	275,50	189,00
	V	**1674,91**	443,83	443,83	IV	1134,58	1064,66	996,41	929,58	864,33	800,66
	VI	**1711,16**	443,83	443,83							
5657,99	I,IV	**1207,08**	443,83	443,83	I	1065,75	930,66	801,66	678,75	562,00	451,33
	II	**1142,00**	443,83	443,83	II	1003,58	871,16	745,00	624,83	510,83	403,00
	III	**754,33**	443,83	443,83	III	652,50	553,83	458,33	365,66	276,16	189,66
	V	**1676,00**	443,83	443,83	IV	1135,66	1065,75	997,41	930,66	865,41	801,66
	VI	**1712,33**	443,83	443,83							
5660,99	I,IV	**1208,25**	443,83	443,83	I	1066,91	931,75	802,66	679,75	562,91	452,16
	II	**1143,16**	443,83	443,83	II	1004,66	872,25	746,00	625,83	511,75	403,83
	III	**755,16**	443,83	443,83	III	653,33	554,66	459,00	366,50	276,83	190,50
	V	**1677,25**	443,83	443,83	IV	1136,83	1066,91	998,58	931,75	866,41	802,66
	VI	**1713,50**	443,83	443,83							
5663,99	I,IV	**1209,33**	443,83	443,83	I	1068,00	932,75	803,66	680,66	563,75	453,00
	II	**1144,25**	443,83	443,83	II	1005,75	873,25	746,91	626,75	512,66	404,66
	III	**756,00**	443,83	443,83	III	654,16	555,33	459,66	367,16	277,50	191,00
	V	**1678,41**	443,83	443,83	IV	1137,91	1068,00	999,58	932,75	867,41	803,66
	VI	**1714,66**	443,83	443,83							
5666,99	I,IV	**1210,50**	443,83	443,83	I	1069,08	933,83	804,66	681,58	564,66	453,91
	II	**1145,41**	443,83	443,83	II	1006,75	874,25	747,91	627,66	513,50	405,50
	III	**756,83**	443,83	443,83	III	655,00	556,16	460,50	367,83	278,33	191,83
	V	**1679,50**	443,83	443,83	IV	1139,00	1069,08	1000,66	933,83	868,41	804,66
	VI	**1715,83**	443,83	443,83							
5669,99	I,IV	**1211,66**	443,83	443,83	I	1070,16	934,83	805,66	682,58	565,58	454,75
	II	**1146,50**	443,83	443,83	II	1007,83	875,33	748,83	628,58	514,41	406,33
	III	**757,50**	443,83	443,83	III	655,66	557,00	461,16	368,50	279,00	192,33
	V	**1680,66**	443,83	443,83	IV	1140,16	1070,16	1001,75	934,83	869,50	805,66
	VI	**1716,91**	443,83	443,83							
5672,99	I,IV	**1212,75**	443,83	443,83	I	1071,25	935,91	806,58	683,50	566,50	455,58
	II	**1147,66**	443,83	443,83	II	1008,91	876,33	749,83	629,50	515,25	407,16
	III	**758,33**	443,83	443,83	III	656,50	557,66	462,00	369,33	279,66	193,16
	V	**1681,83**	443,83	443,83	IV	1141,25	1071,25	1002,83	935,91	870,50	806,58
	VI	**1718,08**	443,83	443,83							
5675,99	I,IV	**1213,91**	443,83	443,83	I	1072,41	936,91	807,66	684,50	567,41	456,41
	II	**1148,75**	443,83	443,83	II	1010,00	877,33	750,83	630,41	516,16	408,00
	III	**759,16**	443,83	443,83	III	657,33	558,50	462,66	370,00	280,33	193,83
	V	**1683,00**	443,83	443,83	IV	1142,41	1072,41	1003,91	936,91	871,50	807,66
	VI	**1719,33**	443,83	443,83							
5678,99	I,IV	**1215,08**	443,83	443,83	I	1073,50	938,00	808,66	685,41	568,33	457,33
	II	**1149,91**	443,83	443,83	II	1011,08	878,41	751,83	631,33	517,08	408,83
	III	**760,00**	443,83	443,83	III	658,16	559,33	463,50	370,66	281,00	194,50
	V	**1684,16**	443,83	443,83	IV	1143,50	1073,50	1005,00	938,00	872,58	808,66
	VI	**1720,41**	443,83	443,83							
5681,99	I,IV	**1216,25**	443,83	443,83	I	1074,58	939,00	809,66	686,33	569,16	458,16
	II	**1151,00**	443,83	443,83	II	1012,16	879,41	752,75	632,33	517,91	409,66
	III	**760,83**	443,83	443,83	III	659,00	560,00	464,16	371,50	281,83	195,16
	V	**1685,33**	443,83	443,83	IV	1144,66	1074,58	1006,00	939,00	873,58	809,66
	VI	**1721,58**	443,83	443,83							
5684,99	I,IV	**1217,33**	443,83	443,83	I	1075,66	940,08	810,66	687,33	570,08	459,00
	II	**1152,16**	443,83	443,83	II	1013,25	880,41	753,75	633,25	518,83	410,50
	III	**761,66**	443,83	443,83	III	659,66	560,83	465,00	372,16	282,50	195,83
	V	**1686,50**	443,83	443,83	IV	1145,75	1075,66	1007,08	940,08	874,58	810,66
	VI	**1722,75**	443,83	443,83							
5687,99	I,IV	**1218,50**	443,83	443,83	I	1076,75	941,08	811,58	688,25	571,00	459,83
	II	**1153,25**	443,83	443,83	II	1014,25	881,41	754,75	634,16	519,66	411,33
	III	**762,50**	443,83	443,83	III	660,50	561,50	465,66	372,83	283,16	196,50
	V	**1687,66**	443,83	443,83	IV	1146,83	1076,75	1008,16	941,08	875,58	811,58
	VI	**1723,91**	443,83	443,83							

* Zur LSt-Berechnung für privat versicherte Arbeitnehmer s. Beispiele **Vorbemerkung S. 4 f.**
** Basisvorsorgepauschale KV und PV *** Typisierter Arbeitgeberzuschuss

Lohn/ Gehalt in € bis	Steuerklasse	**Lohn-steuer***	BVSP**	TAGZ***	Steuerklasse	Bemessungsgrundlage für Kirchensteuer und Solidaritätszuschlag – Freibeträge für ... Kinder 0,5	**1,0**	1,5	**2,0**	2,5	**3,0**
5 690,99	I,IV	**1 219,66**	443,83	443,83	I	1 077,83	942,16	812,58	689,16	571,91	460,66
	II	**1 154,33**	443,83	443,83	II	1 015,33	882,50	755,66	635,08	520,58	412,16
	III	**763,33**	443,83	443,83	III	661,33	562,33	466,50	373,66	283,83	197,16
	V	**1 688,83**	443,83	443,83	IV	1 148,00	1 077,83	1 009,25	942,16	876,66	812,58
	VI	**1 725,08**	443,83	443,83							
5 693,99	I,IV	**1 220,83**	443,83	443,83	I	1 079,00	943,25	813,66	690,16	572,83	461,58
	II	**1 155,50**	443,83	443,83	II	1 016,50	883,50	756,75	636,00	521,41	413,00
	III	**764,16**	443,83	443,83	III	662,16	563,16	467,16	374,33	284,50	197,83
	V	**1 690,00**	443,83	443,83	IV	1 149,08	1 079,00	1 010,33	943,25	877,66	813,66
	VI	**1 726,25**	443,83	443,83							
5 696,99	I,IV	**1 221,91**	443,83	443,83	I	1 080,08	944,25	814,66	691,08	573,75	462,41
	II	**1 156,66**	443,83	443,83	II	1 017,50	884,58	757,66	636,91	522,33	413,83
	III	**765,00**	443,83	443,83	III	662,83	563,83	468,00	375,00	285,33	198,50
	V	**1 691,16**	443,83	443,83	IV	1 150,25	1 080,08	1 011,41	944,25	878,66	814,66
	VI	**1 727,41**	443,83	443,83							
5 699,99	I,IV	**1 223,08**	443,83	443,83	I	1 081,16	945,33	815,66	692,08	574,58	463,25
	II	**1 157,75**	443,83	443,83	II	1 018,58	885,58	758,66	637,83	523,16	414,66
	III	**765,83**	443,83	443,83	III	663,66	564,66	468,66	375,83	286,00	199,16
	V	**1 692,33**	443,83	443,83	IV	1 151,33	1 081,16	1 012,50	945,33	879,75	815,66
	VI	**1 728,58**	443,83	443,83							
5 702,99	I,IV	**1 224,25**	443,83	443,83	I	1 082,25	946,41	816,66	693,00	575,50	464,16
	II	**1 158,91**	443,83	443,83	II	1 019,66	886,58	759,66	638,83	524,08	415,50
	III	**766,66**	443,83	443,83	III	664,50	565,50	469,50	376,50	286,66	199,83
	V	**1 693,50**	443,83	443,83	IV	1 152,50	1 082,25	1 013,58	946,41	880,75	816,66
	VI	**1 729,75**	443,83	443,83							
5 705,99	I,IV	**1 225,33**	443,83	443,83	I	1 083,33	947,41	817,66	694,00	576,41	465,00
	II	**1 160,00**	443,83	443,83	II	1 020,75	887,58	760,58	639,75	525,00	416,33
	III	**767,33**	443,83	443,83	III	665,33	566,16	470,16	377,16	287,33	200,50
	V	**1 694,66**	443,83	443,83	IV	1 153,58	1 083,33	1 014,58	947,41	881,75	817,66
	VI	**1 730,91**	443,83	443,83							
5 708,99	I,IV	**1 226,58**	443,83	443,83	I	1 084,50	948,50	818,66	694,91	577,33	465,83
	II	**1 161,16**	443,83	443,83	II	1 021,83	888,66	761,58	640,66	525,83	417,16
	III	**768,16**	443,83	443,83	III	666,00	567,00	471,00	378,00	288,00	201,16
	V	**1 695,83**	443,83	443,83	IV	1 154,75	1 084,50	1 015,75	948,50	882,83	818,66
	VI	**1 732,08**	443,83	443,83							
5 711,99	I,IV	**1 227,66**	443,83	443,83	I	1 085,58	949,58	819,66	695,91	578,25	466,75
	II	**1 162,25**	443,83	443,83	II	1 022,91	889,66	762,58	641,58	526,75	418,00
	III	**769,00**	443,83	443,83	III	666,83	567,83	471,66	378,66	288,83	201,83
	V	**1 697,00**	443,83	443,83	IV	1 155,83	1 085,58	1 016,75	949,58	883,83	819,66
	VI	**1 733,25**	443,83	443,83							
5 714,99	I,IV	**1 228,83**	443,83	443,83	I	1 086,66	950,58	820,66	696,83	579,16	467,58
	II	**1 163,41**	443,83	443,83	II	1 024,00	890,75	763,58	642,50	527,66	418,83
	III	**769,83**	443,83	443,83	III	667,66	568,50	472,50	379,33	289,50	202,50
	V	**1 698,16**	443,83	443,83	IV	1 157,00	1 086,66	1 017,83	950,58	884,83	820,66
	VI	**1 734,41**	443,83	443,83							
5 717,99	I,IV	**1 230,00**	443,83	443,83	I	1 087,75	951,66	821,66	697,75	580,08	468,41
	II	**1 164,50**	443,83	443,83	II	1 025,08	891,75	764,58	643,50	528,50	419,66
	III	**770,66**	443,83	443,83	III	668,50	569,33	473,16	380,16	290,16	203,16
	V	**1 699,25**	443,83	443,83	IV	1 158,08	1 087,75	1 018,91	951,66	885,91	821,66
	VI	**1 735,50**	443,83	443,83							
5 720,99	I,IV	**1 231,08**	443,83	443,83	I	1 088,83	952,66	822,66	698,75	580,91	469,25
	II	**1 165,66**	443,83	443,83	II	1 026,16	892,75	765,50	644,41	529,41	420,50
	III	**771,50**	443,83	443,83	III	669,16	570,00	473,83	380,83	290,83	203,83
	V	**1 700,41**	443,83	443,83	IV	1 159,25	1 088,83	1 020,00	952,66	886,91	822,66
	VI	**1 736,66**	443,83	443,83							
5 723,99	I,IV	**1 232,33**	443,83	443,83	I	1 090,00	953,75	823,66	699,75	581,91	470,16
	II	**1 166,75**	443,83	443,83	II	1 027,25	893,83	766,50	645,33	530,33	421,33
	III	**772,33**	443,83	443,83	III	670,00	570,83	474,66	381,50	291,50	204,50
	V	**1 701,66**	443,83	443,83	IV	1 160,33	1 090,00	1 021,08	953,75	887,91	823,66
	VI	**1 737,91**	443,83	443,83							

* Zur LSt-Berechnung für privat versicherte Arbeitnehmer s. Beispiele **Vorbemerkung S. 4f.**
** Basisvorsorgepauschale KV und PV *** Typisierter Arbeitgeberzuschuss

Lohn/ Gehalt in € bis	Steuerklasse	Lohn-steuer*	BVSP**	TAGZ***	Steuerklasse	Bemessungsgrundlage für Kirchensteuer und Solidaritätszuschlag – Freibeträge für ... Kinder 0,5	1,0	1,5	2,0	2,5	3,0
5 726,99	I,IV	**1 233,41**	443,83	443,83	I	1 091,08	954,83	824,66	700,66	582,75	471,00
	II	**1 167,91**	443,83	443,83	II	1 028,33	894,83	767,50	646,25	531,16	422,16
	III	**773,16**	443,83	443,83	III	670,83	571,66	475,50	382,33	292,33	205,33
	V	**1 702,75**	443,83	443,83	IV	1 161,50	1 091,08	1 022,16	954,83	889,00	824,66
	VI	**1 739,00**	443,83	443,83							
5 729,99	I,IV	**1 234,58**	443,83	443,83	I	1 092,16	955,83	825,66	701,58	583,66	471,91
	II	**1 169,00**	443,83	443,83	II	1 029,41	895,91	768,50	647,25	532,08	423,00
	III	**774,00**	443,83	443,83	III	671,66	572,33	476,16	383,00	293,00	205,83
	V	**1 703,91**	443,83	443,83	IV	1 162,58	1 092,16	1 023,25	955,83	890,00	825,66
	VI	**1 740,16**	443,83	443,83							
5 732,99	I,IV	**1 235,75**	443,83	443,83	I	1 093,25	956,91	826,66	702,58	584,58	472,75
	II	**1 170,16**	443,83	443,83	II	1 030,50	896,91	769,50	648,16	532,91	423,83
	III	**774,83**	443,83	443,83	III	672,50	573,16	477,00	383,83	293,66	206,66
	V	**1 705,08**	443,83	443,83	IV	1 163,75	1 093,25	1 024,33	956,91	891,00	826,66
	VI	**1 741,33**	443,83	443,83							
5 735,99	I,IV	**1 236,91**	443,83	443,83	I	1 094,33	957,91	827,66	703,50	585,50	473,58
	II	**1 171,25**	443,83	443,83	II	1 031,58	897,91	770,41	649,08	533,83	424,66
	III	**775,66**	443,83	443,83	III	673,16	573,83	477,66	384,50	294,33	207,33
	V	**1 706,25**	443,83	443,83	IV	1 164,83	1 094,33	1 025,41	957,91	892,08	827,66
	VI	**1 742,50**	443,83	443,83							
5 738,99	I,IV	**1 238,00**	443,83	443,83	I	1 095,41	959,00	828,66	704,50	586,41	474,41
	II	**1 172,41**	443,83	443,83	II	1 032,58	898,91	771,41	650,00	534,75	425,50
	III	**776,50**	443,83	443,83	III	674,00	574,66	478,50	385,16	295,00	208,00
	V	**1 707,41**	443,83	443,83	IV	1 166,00	1 095,41	1 026,50	959,00	893,08	828,66
	VI	**1 743,66**	443,83	443,83							
5 741,99	I,IV	**1 239,16**	443,83	443,83	I	1 096,58	960,08	829,75	705,50	587,33	475,33
	II	**1 173,58**	443,83	443,83	II	1 033,75	900,00	772,41	651,00	535,58	426,41
	III	**777,33**	443,83	443,83	III	674,83	575,50	479,16	386,00	295,83	208,66
	V	**1 708,58**	443,83	443,83	IV	1 167,16	1 096,58	1 027,58	960,08	894,16	829,75
	VI	**1 744,83**	443,83	443,83							
5 744,99	I,IV	**1 240,33**	443,83	443,83	I	1 097,66	961,16	830,75	706,41	588,25	476,16
	II	**1 174,66**	443,83	443,83	II	1 034,83	901,08	773,41	651,91	536,50	427,25
	III	**778,16**	443,83	443,83	III	675,66	576,16	480,00	386,66	296,50	209,33
	V	**1 709,75**	443,83	443,83	IV	1 168,25	1 097,66	1 028,66	961,16	895,16	830,75
	VI	**1 746,00**	443,83	443,83							
5 747,99	I,IV	**1 241,50**	443,83	443,83	I	1 098,75	962,16	831,75	707,33	589,16	477,08
	II	**1 175,83**	443,83	443,83	II	1 035,91	902,08	774,41	652,83	537,41	428,08
	III	**779,00**	443,83	443,83	III	676,50	577,00	480,66	387,33	297,16	210,00
	V	**1 710,91**	443,83	443,83	IV	1 169,33	1 098,75	1 029,75	962,16	896,16	831,75
	VI	**1 747,16**	443,83	443,83							
5 750,99	I,IV	**1 242,66**	443,83	443,83	I	1 099,91	963,25	832,75	708,33	590,08	477,91
	II	**1 176,91**	443,83	443,83	II	1 037,00	903,08	775,33	653,75	538,25	428,91
	III	**779,66**	443,83	443,83	III	677,16	577,83	481,33	388,16	297,83	210,66
	V	**1 712,08**	443,83	443,83	IV	1 170,50	1 099,91	1 030,83	963,25	897,25	832,75
	VI	**1 748,33**	443,83	443,83							
5 753,99	I,IV	**1 243,83**	443,83	443,83	I	1 101,00	964,25	833,75	709,25	591,00	478,75
	II	**1 178,08**	443,83	443,83	II	1 038,00	904,16	776,33	654,66	539,16	429,75
	III	**780,50**	443,83	443,83	III	678,00	578,50	482,16	388,83	298,50	211,33
	V	**1 713,25**	443,83	443,83	IV	1 171,58	1 101,00	1 031,83	964,25	898,25	833,75
	VI	**1 749,50**	443,83	443,83							
5 756,99	I,IV	**1 245,00**	443,83	443,83	I	1 102,08	965,33	834,75	710,25	591,91	479,66
	II	**1 179,25**	443,83	443,83	II	1 039,16	905,16	777,33	655,66	540,08	430,58
	III	**781,33**	443,83	443,83	III	678,83	579,33	483,00	389,66	299,33	212,00
	V	**1 714,41**	443,83	443,83	IV	1 172,75	1 102,08	1 033,00	965,33	899,33	834,75
	VI	**1 750,66**	443,83	443,83							
5 759,99	I,IV	**1 246,08**	443,83	443,83	I	1 103,25	966,41	835,75	711,25	592,83	480,50
	II	**1 180,33**	443,83	443,83	II	1 040,25	906,25	778,33	656,58	540,91	431,41
	III	**782,16**	443,83	443,83	III	679,66	580,16	483,66	390,33	300,00	212,66
	V	**1 715,58**	443,83	443,83	IV	1 173,91	1 103,25	1 034,08	966,41	900,33	835,75
	VI	**1 751,83**	443,83	443,83							

* Zur LSt-Berechnung für privat versicherte Arbeitnehmer s. Beispiele **Vorbemerkung S. 4 f.**
** Basisvorsorgepauschale KV und PV *** Typisierter Arbeitgeberzuschuss

Lohn/ Gehalt in € bis	Steuerklasse	Lohn- steuer*	BVSP**	TAGZ***	Steuerklasse	Bemessungsgrundlage für Kirchensteuer und Solidaritätszuschlag – Freibeträge für ... Kinder 0,5	**1,0**	1,5	**2,0**	2,5	**3,0**
5 762,99	I,IV	**1 247,25**	443,83	443,83	I	1 104,33	967,50	836,75	712,16	593,75	481,33
	II	**1 181,50**	443,83	443,83	II	1 041,33	907,25	779,33	657,50	541,83	432,25
	III	**783,00**	443,83	443,83	III	680,50	581,00	484,50	391,00	300,66	213,33
	V	**1 716,75**	443,83	443,83	IV	1 175,00	1 104,33	1 035,16	967,50	901,33	836,75
	VI	**1 753,00**	443,83	443,83							
5 765,99	I,IV	**1 248,41**	443,83	443,83	I	1 105,41	968,50	837,75	713,16	594,58	482,25
	II	**1 182,58**	443,83	443,83	II	1 042,41	908,25	780,33	658,41	542,75	433,08
	III	**783,83**	443,83	443,83	III	681,16	581,66	485,16	391,66	301,33	214,00
	V	**1 717,83**	443,83	443,83	IV	1 176,16	1 105,41	1 036,16	968,50	902,41	837,75
	VI	**1 754,16**	443,83	443,83							
5 768,99	I,IV	**1 249,58**	443,83	443,83	I	1 106,50	969,58	838,75	714,08	595,50	483,08
	II	**1 183,75**	443,83	443,83	II	1 043,50	909,33	781,33	659,41	543,58	433,91
	III	**784,66**	443,83	443,83	III	682,00	582,50	486,00	392,50	302,00	214,66
	V	**1 719,00**	443,83	443,83	IV	1 177,25	1 106,50	1 037,25	969,58	903,41	838,75
	VI	**1 755,25**	443,83	443,83							
5 771,99	I,IV	**1 250,75**	443,83	443,83	I	1 107,66	970,66	839,83	715,08	596,50	484,00
	II	**1 184,91**	443,83	443,83	II	1 044,58	910,41	782,33	660,33	544,50	434,83
	III	**785,50**	443,83	443,83	III	682,83	583,33	486,66	393,16	302,83	215,50
	V	**1 720,25**	443,83	443,83	IV	1 178,41	1 107,66	1 038,41	970,66	904,50	839,83
	VI	**1 756,50**	443,83	443,83							
5 774,99	I,IV	**1 251,91**	443,83	443,83	I	1 108,75	971,75	840,83	716,00	597,33	484,83
	II	**1 186,00**	443,83	443,83	II	1 045,66	911,41	783,25	661,25	545,41	435,66
	III	**786,33**	443,83	443,83	III	683,66	584,00	487,50	394,00	303,50	216,16
	V	**1 721,33**	443,83	443,83	IV	1 179,58	1 108,75	1 039,50	971,75	905,50	840,83
	VI	**1 757,66**	443,83	443,83							
5 777,99	I,IV	**1 253,08**	443,83	443,83	I	1 109,83	972,75	841,83	717,00	598,25	485,66
	II	**1 187,16**	443,83	443,83	II	1 046,75	912,41	784,25	662,25	546,33	436,50
	III	**787,16**	443,83	443,83	III	684,50	584,83	488,16	394,66	304,16	216,83
	V	**1 722,50**	443,83	443,83	IV	1 180,66	1 109,83	1 040,58	972,75	906,50	841,83
	VI	**1 758,75**	443,83	443,83							
5 780,99	I,IV	**1 254,16**	443,83	443,83	I	1 111,00	973,83	842,83	717,91	599,16	486,58
	II	**1 188,25**	443,83	443,83	II	1 047,83	913,50	785,25	663,16	547,16	437,33
	III	**788,00**	443,83	443,83	III	685,16	585,50	489,00	395,33	304,83	217,50
	V	**1 723,66**	443,83	443,83	IV	1 181,83	1 111,00	1 041,66	973,83	907,58	842,83
	VI	**1 759,91**	443,83	443,83							
5 783,99	I,IV	**1 255,33**	443,83	443,83	I	1 112,08	974,91	843,83	718,91	600,08	487,41
	II	**1 189,41**	443,83	443,83	II	1 048,91	914,50	786,25	664,08	548,08	438,16
	III	**788,83**	443,83	443,83	III	686,00	586,33	489,66	396,16	305,66	218,16
	V	**1 724,83**	443,83	443,83	IV	1 182,91	1 112,08	1 042,75	974,91	908,58	843,83
	VI	**1 761,08**	443,83	443,83							
5 786,99	I,IV	**1 256,50**	443,83	443,83	I	1 113,16	975,91	844,83	719,83	601,00	488,25
	II	**1 190,50**	443,83	443,83	II	1 050,00	915,58	787,25	665,00	549,00	439,00
	III	**789,66**	443,83	443,83	III	686,83	587,16	490,50	396,83	306,33	218,83
	V	**1 726,00**	443,83	443,83	IV	1 184,08	1 113,16	1 043,75	975,91	909,66	844,83
	VI	**1 762,25**	443,83	443,83							
5 789,99	I,IV	**1 257,66**	443,83	443,83	I	1 114,33	977,00	845,91	720,83	601,91	489,16
	II	**1 191,66**	443,83	443,83	II	1 051,08	916,58	788,25	666,00	549,91	439,91
	III	**790,50**	443,83	443,83	III	687,66	587,83	491,16	397,50	307,00	219,50
	V	**1 727,16**	443,83	443,83	IV	1 185,25	1 114,33	1 044,91	977,00	910,66	845,91
	VI	**1 763,41**	443,83	443,83							
5 792,99	I,IV	**1 258,83**	443,83	443,83	I	1 115,41	978,08	846,91	721,83	602,83	490,00
	II	**1 192,83**	443,83	443,83	II	1 052,16	917,66	789,25	666,91	550,75	440,75
	III	**791,33**	443,83	443,83	III	688,50	588,66	492,00	398,33	307,66	220,16
	V	**1 728,33**	443,83	443,83	IV	1 186,33	1 115,41	1 046,00	978,08	911,75	846,91
	VI	**1 764,58**	443,83	443,83							
5 795,99	I,IV	**1 260,00**	443,83	443,83	I	1 116,50	979,16	847,91	722,75	603,75	490,91
	II	**1 194,00**	443,83	443,83	II	1 053,25	918,66	790,25	667,91	551,66	441,58
	III	**792,16**	443,83	443,83	III	689,16	589,50	492,66	399,00	308,33	220,83
	V	**1 729,50**	443,83	443,83	IV	1 187,50	1 116,50	1 047,08	979,16	912,75	847,91
	VI	**1 765,75**	443,83	443,83							

* Zur LSt-Berechnung für privat versicherte Arbeitnehmer s. Beispiele **Vorbemerkung S. 4 f.**
** Basisvorsorgepauschale KV und PV *** Typisierter Arbeitgeberzuschuss

Lohn/ Gehalt in € bis	Steuerklasse	Lohn-steuer*	BVSP**	TAGZ***	Steuerklasse	Bemessungsgrundlage für Kirchensteuer und Solidaritätszuschlag – Freibeträge für ... Kinder 0,5	1,0	1,5	2,0	2,5	3,0
5798,99	I,IV	**1261,16**	443,83	443,83	I	1117,58	980,16	848,91	723,75	604,66	491,75
	II	**1195,08**	443,83	443,83	II	1054,33	919,75	791,16	668,83	552,58	442,41
	III	**793,00**	443,83	443,83	III	690,00	590,16	493,50	399,83	309,16	221,50
	V	**1730,66**	443,83	443,83	IV	1188,58	1117,58	1048,16	980,16	913,75	848,91
	VI	**1766,91**	443,83	443,83							
5801,99	I,IV	**1262,33**	443,83	443,83	I	1118,75	981,25	849,91	724,66	605,58	492,66
	II	**1196,25**	443,83	443,83	II	1055,41	920,75	792,16	669,75	553,41	443,25
	III	**793,66**	443,83	443,83	III	690,83	591,00	494,16	400,50	309,83	222,16
	V	**1731,83**	443,83	443,83	IV	1189,75	1118,75	1049,25	981,25	914,83	849,91
	VI	**1768,08**	443,83	443,83							
5804,99	I,IV	**1263,50**	443,83	443,83	I	1119,83	982,33	850,91	725,66	606,58	493,50
	II	**1197,41**	443,83	443,83	II	1056,58	921,83	793,16	670,75	554,33	444,16
	III	**794,66**	443,83	443,83	III	691,66	591,83	495,00	401,16	310,50	222,83
	V	**1733,00**	443,83	443,83	IV	1190,91	1119,83	1050,33	982,33	915,91	850,91
	VI	**1769,25**	443,83	443,83							
5807,99	I,IV	**1264,66**	443,83	443,83	I	1121,00	983,41	852,00	726,66	607,41	494,41
	II	**1198,50**	443,83	443,83	II	1057,66	922,83	794,16	671,66	555,25	445,00
	III	**795,50**	443,83	443,83	III	692,50	592,50	495,66	402,00	311,16	223,66
	V	**1734,16**	443,83	443,83	IV	1192,08	1121,00	1051,41	983,41	916,91	852,00
	VI	**1770,41**	443,83	443,83							
5810,99	I,IV	**1265,83**	443,83	443,83	I	1122,08	984,50	853,00	727,58	608,33	495,25
	II	**1199,66**	443,83	443,83	II	1058,75	923,91	795,16	672,58	556,16	445,83
	III	**796,16**	443,83	443,83	III	693,33	593,33	496,50	402,66	312,00	224,16
	V	**1735,33**	443,83	443,83	IV	1193,16	1122,08	1052,50	984,50	917,91	853,00
	VI	**1771,58**	443,83	443,83							
5813,99	I,IV	**1267,00**	443,83	443,83	I	1123,16	985,50	854,00	728,58	609,25	496,08
	II	**1200,83**	443,83	443,83	II	1059,83	924,91	796,16	673,58	557,00	446,66
	III	**797,16**	443,83	443,83	III	694,00	594,16	497,16	403,33	312,66	225,00
	V	**1736,41**	443,83	443,83	IV	1194,33	1123,16	1053,58	985,50	919,00	854,00
	VI	**1772,75**	443,83	443,83							
5816,99	I,IV	**1268,08**	443,83	443,83	I	1124,25	986,58	855,00	729,50	610,16	497,00
	II	**1201,91**	443,83	443,83	II	1060,91	926,00	797,16	674,50	557,91	447,50
	III	**797,83**	443,83	443,83	III	694,83	594,83	498,00	404,16	313,33	225,66
	V	**1737,58**	443,83	443,83	IV	1195,41	1124,25	1054,66	986,58	920,00	855,00
	VI	**1773,83**	443,83	443,83							
5819,99	I,IV	**1269,33**	443,83	443,83	I	1125,41	987,66	856,00	730,50	611,16	497,91
	II	**1203,08**	443,83	443,83	II	1062,00	927,00	798,16	675,41	558,83	448,33
	III	**798,66**	443,83	443,83	III	695,66	595,66	498,66	404,83	314,00	226,33
	V	**1738,83**	443,83	443,83	IV	1196,58	1125,41	1055,75	987,66	921,08	856,00
	VI	**1775,08**	443,83	443,83							
5822,99	I,IV	**1270,50**	443,83	443,83	I	1126,50	988,75	857,08	731,50	612,08	498,75
	II	**1204,25**	443,83	443,83	II	1063,08	928,08	799,16	676,41	559,75	449,25
	III	**799,50**	443,83	443,83	III	696,50	596,50	499,50	405,66	314,83	227,00
	V	**1739,91**	443,83	443,83	IV	1197,75	1126,50	1056,83	988,75	922,16	857,08
	VI	**1776,25**	443,83	443,83							
5825,99	I,IV	**1271,58**	443,83	443,83	I	1127,66	989,83	858,08	732,41	613,00	499,58
	II	**1205,33**	443,83	443,83	II	1064,16	929,08	800,16	677,33	560,66	450,08
	III	**800,33**	443,83	443,83	III	697,33	597,16	500,16	406,33	315,50	227,66
	V	**1741,08**	443,83	443,83	IV	1198,83	1127,66	1057,91	989,83	923,16	858,08
	VI	**1777,33**	443,83	443,83							
5828,99	I,IV	**1272,75**	443,83	443,83	I	1128,75	990,83	859,08	733,41	613,91	500,50
	II	**1206,50**	443,83	443,83	II	1065,25	930,16	801,16	678,25	561,50	450,91
	III	**801,16**	443,83	443,83	III	698,16	598,00	501,00	407,00	316,16	228,33
	V	**1742,25**	443,83	443,83	IV	1200,00	1128,75	1059,00	990,83	924,16	859,08
	VI	**1778,50**	443,83	443,83							
5831,99	I,IV	**1273,91**	443,83	443,83	I	1129,83	991,91	860,08	734,41	614,83	501,33
	II	**1207,66**	443,83	443,83	II	1066,33	931,16	802,16	679,25	562,41	451,75
	III	**802,00**	443,83	443,83	III	698,83	598,83	501,66	407,83	316,83	229,00
	V	**1743,41**	443,83	443,83	IV	1201,16	1129,83	1060,16	991,91	925,25	860,08
	VI	**1779,66**	443,83	443,83							

* Zur LSt-Berechnung für privat versicherte Arbeitnehmer s. Beispiele **Vorbemerkung S. 4 f.**
** Basisvorsorgepauschale KV und PV *** Typisierter Arbeitgeberzuschuss

Lohn/ Gehalt in € bis	Steuerklasse	Lohn-steuer*	BVSP**	TAGZ***	Steuerklasse	Bemessungsgrundlage für Kirchensteuer und Solidaritätszuschlag – Freibeträge für ... Kinder 0,5	**1,0**	1,5	**2,0**	2,5	**3,0**
5 834,99	I,IV	**1 275,08**	443,83	443,83	I	1 131,00	993,00	861,08	735,33	615,75	502,25
	II	**1 208,75**	443,83	443,83	II	1 067,41	932,25	803,16	680,16	563,33	452,58
	III	**802,83**	443,83	443,83	III	699,66	599,50	502,50	408,50	317,66	229,66
	V	**1 744,58**	443,83	443,83	IV	1 202,25	1 131,00	1 061,25	993,00	926,25	861,08
	VI	**1 780,83**	443,83	443,83							
5 837,99	I,IV	**1 276,25**	443,83	443,83	I	1 132,08	994,08	862,16	736,33	616,66	503,08
	II	**1 209,91**	443,83	443,83	II	1 068,58	933,33	804,16	681,16	564,25	453,50
	III	**803,66**	443,83	443,83	III	700,50	600,33	503,33	409,33	318,33	230,50
	V	**1 745,75**	443,83	443,83	IV	1 203,41	1 132,08	1 062,33	994,08	927,33	862,16
	VI	**1 782,00**	443,83	443,83							
5 840,99	I,IV	**1 277,41**	443,83	443,83	I	1 133,25	995,16	863,16	737,33	617,58	504,00
	II	**1 211,08**	443,83	443,83	II	1 069,66	934,33	805,16	682,08	565,16	454,33
	III	**804,50**	443,83	443,83	III	701,33	601,16	504,00	410,00	319,00	231,00
	V	**1 746,91**	443,83	443,83	IV	1 204,58	1 133,25	1 063,41	995,16	928,41	863,16
	VI	**1 783,16**	443,83	443,83							
5 843,99	I,IV	**1 278,58**	443,83	443,83	I	1 134,33	996,16	864,16	738,25	618,50	504,83
	II	**1 212,25**	443,83	443,83	II	1 070,75	935,41	806,16	683,00	566,00	455,16
	III	**805,33**	443,83	443,83	III	702,16	602,00	504,83	410,66	319,66	231,83
	V	**1 748,08**	443,83	443,83	IV	1 205,75	1 134,33	1 064,50	996,16	929,41	864,16
	VI	**1 784,33**	443,83	443,83							
5 846,99	I,IV	**1 279,75**	443,83	443,83	I	1 135,41	997,25	865,16	739,25	619,41	505,75
	II	**1 213,33**	443,83	443,83	II	1 071,83	936,41	807,16	684,00	566,91	456,00
	III	**806,16**	443,83	443,83	III	702,83	602,66	505,50	411,50	320,33	232,50
	V	**1 749,25**	443,83	443,83	IV	1 206,83	1 135,41	1 065,58	997,25	930,50	865,16
	VI	**1 785,50**	443,83	443,83							
5 849,99	I,IV	**1 280,91**	443,83	443,83	I	1 136,58	998,33	866,16	740,25	620,33	506,58
	II	**1 214,50**	443,83	443,83	II	1 072,91	937,50	808,16	684,91	567,83	456,83
	III	**807,00**	443,83	443,83	III	703,66	603,50	506,33	412,16	321,16	233,16
	V	**1 750,41**	443,83	443,83	IV	1 208,00	1 136,58	1 066,66	998,33	931,50	866,16
	VI	**1 786,66**	443,83	443,83							
5 852,99	I,IV	**1 282,08**	443,83	443,83	I	1 137,75	999,41	867,25	741,25	621,25	507,50
	II	**1 215,66**	443,83	443,83	II	1 074,00	938,50	809,16	685,91	568,75	457,75
	III	**807,83**	443,83	443,83	III	704,50	604,33	507,00	413,00	321,83	233,83
	V	**1 751,58**	443,83	443,83	IV	1 209,16	1 137,75	1 067,83	999,41	932,58	867,25
	VI	**1 787,83**	443,83	443,83							
5 855,99	I,IV	**1 283,25**	443,83	443,83	I	1 138,83	1 000,50	868,25	742,16	622,16	508,33
	II	**1 216,83**	443,83	443,83	II	1 075,16	939,58	810,16	686,83	569,66	458,58
	III	**808,66**	443,83	443,83	III	705,33	605,00	507,83	413,66	322,50	234,50
	V	**1 752,75**	443,83	443,83	IV	1 210,25	1 138,83	1 068,91	1 000,50	933,58	868,25
	VI	**1 789,00**	443,83	443,83							
5 858,99	I,IV	**1 284,41**	443,83	443,83	I	1 139,91	1 001,58	869,25	743,16	623,16	509,25
	II	**1 217,91**	443,83	443,83	II	1 076,25	940,58	811,16	687,75	570,58	459,41
	III	**809,50**	443,83	443,83	III	706,16	605,83	508,66	414,33	323,33	235,16
	V	**1 753,91**	443,83	443,83	IV	1 211,41	1 139,91	1 070,00	1 001,58	934,66	869,25
	VI	**1 790,16**	443,83	443,83							
5 861,99	I,IV	**1 285,58**	443,83	443,83	I	1 141,08	1 002,58	870,33	744,08	624,08	510,08
	II	**1 219,08**	443,83	443,83	II	1 077,33	941,66	812,16	688,75	571,41	460,33
	III	**810,33**	443,83	443,83	III	707,00	606,66	509,33	415,16	324,00	235,83
	V	**1 755,00**	443,83	443,83	IV	1 212,58	1 141,08	1 071,08	1 002,58	935,66	870,33
	VI	**1 791,33**	443,83	443,83							
5 864,99	I,IV	**1 286,66**	443,83	443,83	I	1 142,16	1 003,66	871,33	745,08	625,00	511,00
	II	**1 220,25**	443,83	443,83	II	1 078,41	942,66	813,16	689,66	572,33	461,16
	III	**811,16**	443,83	443,83	III	707,66	607,33	510,16	415,83	324,66	236,50
	V	**1 756,16**	443,83	443,83	IV	1 213,66	1 142,16	1 072,16	1 003,66	936,75	871,33
	VI	**1 792,41**	443,83	443,83							
5 867,99	I,IV	**1 287,91**	443,83	443,83	I	1 143,33	1 004,75	872,33	746,08	625,91	511,91
	II	**1 221,41**	443,83	443,83	II	1 079,50	943,75	814,16	690,66	573,25	462,00
	III	**812,00**	443,83	443,83	III	708,50	608,16	510,83	416,66	325,33	237,33
	V	**1 757,41**	443,83	443,83	IV	1 214,83	1 143,33	1 073,25	1 004,75	937,83	872,33
	VI	**1 793,66**	443,83	443,83							

* Zur LSt-Berechnung für privat versicherte Arbeitnehmer s. Beispiele **Vorbemerkung S. 4 f.**
** Basisvorsorgepauschale KV und PV *** Typisierter Arbeitgeberzuschuss

Lohn/ Gehalt in € bis	Steuerklasse	**Lohn-steuer***	BVSP**	TAGZ***	Steuerklasse	Bemessungsgrundlage für Kirchensteuer und Solidaritätszuschlag – Freibeträge für ... Kinder 0,5	**1,0**	1,5	**2,0**	2,5	**3,0**
5870,99	I,IV	**1289,08**	443,83	443,83	I	1144,41	1005,83	873,41	747,08	626,83	512,75
	II	**1222,50**	443,83	443,83	II	1080,58	944,83	815,16	691,58	574,16	462,83
	III	**812,83**	443,83	443,83	III	709,33	609,00	511,66	417,33	326,16	238,00
	V	**1758,50**	443,83	443,83	IV	1216,00	1144,41	1074,33	1005,83	938,83	873,41
	VI	**1794,83**	443,83	443,83							
5873,99	I,IV	**1290,16**	443,83	443,83	I	1145,50	1006,91	874,41	748,00	627,75	513,58
	II	**1223,66**	443,83	443,83	II	1081,75	945,83	816,16	692,58	575,08	463,75
	III	**813,66**	443,83	443,83	III	710,16	609,66	512,33	418,00	326,83	238,66
	V	**1759,66**	443,83	443,83	IV	1217,16	1145,50	1075,50	1006,91	939,91	874,41
	VI	**1795,91**	443,83	443,83							
5876,99	I,IV	**1291,33**	443,83	443,83	I	1146,66	1008,00	875,41	749,00	628,66	514,50
	II	**1224,83**	443,83	443,83	II	1082,83	946,91	817,16	693,50	576,00	464,58
	III	**814,50**	443,83	443,83	III	711,00	610,50	513,16	418,83	327,50	239,33
	V	**1760,83**	443,83	443,83	IV	1218,25	1146,66	1076,58	1008,00	940,91	875,41
	VI	**1797,08**	443,83	443,83							
5879,99	I,IV	**1292,50**	443,83	443,83	I	1147,75	1009,08	876,41	750,00	629,58	515,33
	II	**1226,00**	443,83	443,83	II	1083,91	948,00	818,16	694,41	576,91	465,41
	III	**815,33**	443,83	443,83	III	711,83	611,33	513,83	419,50	328,16	240,00
	V	**1762,00**	443,83	443,83	IV	1219,41	1147,75	1077,66	1009,08	942,00	876,41
	VI	**1798,25**	443,83	443,83							
5882,99	I,IV	**1293,66**	443,83	443,83	I	1148,91	1010,08	877,50	750,91	630,50	516,25
	II	**1227,08**	443,83	443,83	II	1085,00	949,00	819,16	695,41	577,75	466,25
	III	**816,16**	443,83	443,83	III	712,50	612,00	514,66	420,16	328,83	240,66
	V	**1763,16**	443,83	443,83	IV	1220,58	1148,91	1078,75	1010,08	943,00	877,50
	VI	**1799,41**	443,83	443,83							
5885,99	I,IV	**1294,83**	443,83	443,83	I	1150,00	1011,25	878,50	751,91	631,50	517,16
	II	**1228,25**	443,83	443,83	II	1086,08	950,08	820,16	696,41	578,75	467,16
	III	**817,00**	443,83	443,83	III	713,33	612,83	515,33	421,00	329,66	241,33
	V	**1764,33**	443,83	443,83	IV	1221,75	1150,00	1079,83	1011,25	944,08	878,50
	VI	**1800,58**	443,83	443,83							
5888,99	I,IV	**1296,00**	443,83	443,83	I	1151,16	1012,25	879,50	752,91	632,41	518,00
	II	**1229,41**	443,83	443,83	II	1087,25	951,16	821,16	697,33	579,58	468,00
	III	**817,83**	443,83	443,83	III	714,16	613,66	516,16	421,66	330,33	242,00
	V	**1765,50**	443,83	443,83	IV	1222,91	1151,16	1080,91	1012,25	945,16	879,50
	VI	**1801,75**	443,83	443,83							
5891,99	I,IV	**1297,16**	443,83	443,83	I	1152,25	1013,33	880,58	753,91	633,33	518,91
	II	**1230,58**	443,83	443,83	II	1088,33	952,16	822,16	698,25	580,50	468,83
	III	**818,66**	443,83	443,83	III	715,00	614,50	516,83	422,50	331,00	242,66
	V	**1766,66**	443,83	443,83	IV	1224,00	1152,25	1082,08	1013,33	946,16	880,58
	VI	**1802,91**	443,83	443,83							
5894,99	I,IV	**1298,33**	443,83	443,83	I	1153,41	1014,41	881,58	754,83	634,25	519,75
	II	**1231,75**	443,83	443,83	II	1089,41	953,25	823,16	699,25	581,41	469,75
	III	**819,50**	443,83	443,83	III	715,83	615,16	517,66	423,16	331,83	243,50
	V	**1767,83**	443,83	443,83	IV	1225,16	1153,41	1083,16	1014,41	947,25	881,58
	VI	**1804,08**	443,83	443,83							
5897,99	I,IV	**1299,50**	443,83	443,83	I	1154,50	1015,50	882,58	755,83	635,16	520,66
	II	**1232,83**	443,83	443,83	II	1090,50	954,25	824,16	700,16	582,33	470,58
	III	**820,33**	443,83	443,83	III	716,66	616,00	518,33	423,83	332,50	244,16
	V	**1769,00**	443,83	443,83	IV	1226,33	1154,50	1084,25	1015,50	948,25	882,58
	VI	**1805,25**	443,83	443,83							
5900,99	I,IV	**1300,66**	443,83	443,83	I	1155,66	1016,58	883,66	756,83	636,16	521,58
	II	**1234,00**	443,83	443,83	II	1091,66	955,33	825,16	701,16	583,25	471,50
	III	**821,16**	443,83	443,83	III	717,50	616,83	519,16	424,66	333,16	244,83
	V	**1770,16**	443,83	443,83	IV	1227,50	1155,66	1085,33	1016,58	949,33	883,66
	VI	**1806,41**	443,83	443,83							
5903,99	I,IV	**1301,83**	443,83	443,83	I	1156,75	1017,66	884,66	757,83	637,08	522,41
	II	**1235,16**	443,83	443,83	II	1092,75	956,41	826,16	702,08	584,16	472,33
	III	**822,00**	443,83	443,83	III	718,33	617,66	520,00	425,50	334,00	245,50
	V	**1771,33**	443,83	443,83	IV	1228,66	1156,75	1086,41	1017,66	950,41	884,66
	VI	**1807,58**	443,83	443,83							

* Zur LSt-Berechnung für privat versicherte Arbeitnehmer s. Beispiele **Vorbemerkung S. 4 f.**
** Basisvorsorgepauschale KV und PV *** Typisierter Arbeitgeberzuschuss

Lohn/ Gehalt in € bis	Steuerklasse	Lohn-steuer*	BVSP**	TAGZ***	Steuerklasse	Bemessungsgrundlage für Kirchensteuer und Solidaritätszuschlag – Freibeträge für ... Kinder 0,5	**1,0**	1,5	**2,0**	2,5	**3,0**
5906,99	I,IV	**1303,00**	443,83	443,83	I	1157,91	1018,75	885,66	758,75	638,00	523,33
	II	**1236,33**	443,83	443,83	II	1093,83	957,41	827,16	703,08	585,08	473,16
	III	**822,83**	443,83	443,83	III	719,00	618,33	520,66	426,16	334,66	246,16
	V	**1772,50**	443,83	443,83	IV	1229,75	1157,91	1087,58	1018,75	951,41	885,66
	VI	**1808,75**	443,83	443,83							
5909,99	I,IV	**1304,16**	443,83	443,83	I	1159,00	1019,83	886,75	759,75	638,91	524,16
	II	**1237,50**	443,83	443,83	II	1094,91	958,50	828,16	704,00	586,00	474,00
	III	**823,66**	443,83	443,83	III	719,83	619,16	521,50	426,83	335,33	246,83
	V	**1773,58**	443,83	443,83	IV	1230,91	1159,00	1088,66	1019,83	952,50	886,75
	VI	**1809,91**	443,83	443,83							
5912,99	I,IV	**1305,25**	443,83	443,83	I	1160,16	1020,83	887,75	760,75	639,83	525,08
	II	**1238,58**	443,83	443,83	II	1096,00	959,58	829,16	705,00	586,83	474,91
	III	**824,50**	443,83	443,83	III	720,66	619,83	522,16	427,66	336,00	247,50
	V	**1774,75**	443,83	443,83	IV	1232,08	1160,16	1089,75	1020,83	953,50	887,75
	VI	**1811,00**	443,83	443,83							
5915,99	I,IV	**1306,50**	443,83	443,83	I	1161,25	1022,00	888,83	761,75	640,83	526,00
	II	**1239,83**	443,83	443,83	II	1097,16	960,66	830,25	705,91	587,83	475,75
	III	**825,33**	443,83	443,83	III	721,50	620,66	523,00	428,33	336,83	248,16
	V	**1776,00**	443,83	443,83	IV	1233,25	1161,25	1090,83	1022,00	954,58	888,83
	VI	**1812,25**	443,83	443,83							
5918,99	I,IV	**1307,66**	443,83	443,83	I	1162,41	1023,08	889,83	762,75	641,75	526,83
	II	**1240,91**	443,83	443,83	II	1098,25	961,66	831,25	706,91	588,66	476,66
	III	**826,16**	443,83	443,83	III	722,33	621,50	523,83	429,16	337,50	249,00
	V	**1777,08**	443,83	443,83	IV	1234,41	1162,41	1092,00	1023,08	955,66	889,83
	VI	**1813,41**	443,83	443,83							
5921,99	I,IV	**1308,75**	443,83	443,83	I	1163,50	1024,08	890,83	763,66	642,66	527,75
	II	**1242,08**	443,83	443,83	II	1099,33	962,75	832,25	707,83	589,58	477,50
	III	**827,00**	443,83	443,83	III	723,16	622,33	524,50	429,83	338,16	249,66
	V	**1778,25**	443,83	443,83	IV	1235,50	1163,50	1093,08	1024,08	956,75	890,83
	VI	**1814,50**	443,83	443,83							
5924,99	I,IV	**1309,91**	443,83	443,83	I	1164,66	1025,16	891,83	764,66	643,58	528,58
	II	**1243,25**	443,83	443,83	II	1100,41	963,75	833,25	708,83	590,50	478,33
	III	**827,83**	443,83	443,83	III	724,00	623,00	525,33	430,50	338,83	250,33
	V	**1779,41**	443,83	443,83	IV	1236,66	1164,66	1094,16	1025,16	957,75	891,83
	VI	**1815,66**	443,83	443,83							
5927,99	I,IV	**1311,08**	443,83	443,83	I	1165,75	1026,25	892,91	765,66	644,50	529,50
	II	**1244,41**	443,83	443,83	II	1101,58	964,83	834,25	709,75	591,41	479,16
	III	**828,66**	443,83	443,83	III	724,66	623,83	526,00	431,33	339,66	251,00
	V	**1780,58**	443,83	443,83	IV	1237,83	1165,75	1095,25	1026,25	958,83	892,91
	VI	**1816,83**	443,83	443,83							
5930,99	I,IV	**1312,25**	443,83	443,83	I	1166,91	1027,33	893,91	766,58	645,41	530,41
	II	**1245,50**	443,83	443,83	II	1102,66	965,91	835,25	710,75	592,33	480,08
	III	**829,50**	443,83	443,83	III	725,50	624,66	526,83	432,00	340,33	251,66
	V	**1781,75**	443,83	443,83	IV	1239,00	1166,91	1096,33	1027,33	959,83	893,91
	VI	**1818,00**	443,83	443,83							
5933,99	I,IV	**1313,41**	443,83	443,83	I	1168,08	1028,41	895,00	767,58	646,41	531,25
	II	**1246,75**	443,83	443,83	II	1103,75	967,00	836,25	711,75	593,25	480,91
	III	**830,33**	443,83	443,83	III	726,33	625,50	527,66	432,83	341,00	252,33
	V	**1782,91**	443,83	443,83	IV	1240,16	1168,08	1097,50	1028,41	960,91	895,00
	VI	**1819,16**	443,83	443,83							
5936,99	I,IV	**1314,58**	443,83	443,83	I	1169,16	1029,50	896,00	768,58	647,33	532,16
	II	**1247,83**	443,83	443,83	II	1104,91	968,00	837,25	712,66	594,16	481,83
	III	**831,16**	443,83	443,83	III	727,16	626,16	528,33	433,50	341,66	253,00
	V	**1784,08**	443,83	443,83	IV	1241,25	1169,16	1098,58	1029,50	962,00	896,00
	VI	**1820,33**	443,83	443,83							
5939,99	I,IV	**1315,75**	443,83	443,83	I	1170,33	1030,58	897,00	769,58	648,25	533,08
	II	**1249,00**	443,83	443,83	II	1106,00	969,08	838,25	713,66	595,08	482,66
	III	**832,00**	443,83	443,83	III	728,00	627,00	529,16	434,33	342,50	253,83
	V	**1785,25**	443,83	443,83	IV	1242,41	1170,33	1099,66	1030,58	963,08	897,00
	VI	**1821,50**	443,83	443,83							

* Zur LSt-Berechnung für privat versicherte Arbeitnehmer s. Beispiele **Vorbemerkung S. 4f.**
** Basisvorsorgepauschale KV und PV *** Typisierter Arbeitgeberzuschuss

Lohn/ Gehalt in € bis	Steuerklasse	Lohn- steuer*	BVSP**	TAGZ***	Steuerklasse	Bemessungsgrundlage für Kirchensteuer und Solidaritätszuschlag					
						Freibeträge für ... Kinder					
						0,5	**1,0**	1,5	**2,0**	2,5	**3,0**
5942,99	I,IV	**1316,91**	443,83	443,83	I	1171,41	1031,66	898,08	770,58	649,16	533,91
	II	**1250,16**	443,83	443,83	II	1107,08	970,16	839,33	714,58	596,00	483,50
	III	**832,83**	443,83	443,83	III	728,83	627,83	529,83	435,00	343,16	254,50
	V	**1786,41**	443,83	443,83	IV	1243,58	1171,41	1100,75	1031,66	964,08	898,08
	VI	**1822,66**	443,83	443,83							
5945,99	I,IV	**1318,08**	443,83	443,83	I	1172,50	1032,75	899,08	771,50	650,08	534,83
	II	**1251,33**	443,83	443,83	II	1108,16	971,16	840,33	715,50	596,91	484,41
	III	**833,66**	443,83	443,83	III	729,66	628,50	530,66	435,66	343,83	255,16
	V	**1787,58**	443,83	443,83	IV	1244,75	1172,50	1101,91	1032,75	965,16	899,08
	VI	**1823,83**	443,83	443,83							
5948,99	I,IV	**1319,25**	443,83	443,83	I	1173,66	1033,83	900,16	772,58	651,08	535,75
	II	**1252,50**	443,83	443,83	II	1109,33	972,25	841,33	716,50	597,83	485,25
	III	**834,50**	443,83	443,83	III	730,50	629,33	531,33	436,50	344,66	255,83
	V	**1788,75**	443,83	443,83	IV	1245,91	1173,66	1103,00	1033,83	966,25	900,16
	VI	**1825,00**	443,83	443,83							
5951,99	I,IV	**1320,41**	443,83	443,83	I	1174,83	1034,91	901,16	773,50	652,00	536,58
	II	**1253,66**	443,83	443,83	II	1110,41	973,33	842,33	717,50	598,75	486,16
	III	**835,33**	443,83	443,83	III	731,16	630,16	532,16	437,16	345,33	256,50
	V	**1789,91**	443,83	443,83	IV	1247,08	1174,83	1104,08	1034,91	967,25	901,16
	VI	**1826,16**	443,83	443,83							
5954,99	I,IV	**1321,58**	443,83	443,83	I	1175,91	1036,00	902,16	774,50	652,91	537,50
	II	**1254,83**	443,83	443,83	II	1111,50	974,41	843,33	718,41	599,66	487,00
	III	**836,16**	443,83	443,83	III	732,00	631,00	533,00	438,00	346,00	257,16
	V	**1791,08**	443,83	443,83	IV	1248,25	1175,91	1105,25	1036,00	968,33	902,16
	VI	**1827,33**	443,83	443,83							
5957,99	I,IV	**1322,75**	443,83	443,83	I	1177,08	1037,08	903,25	775,50	653,83	538,41
	II	**1255,91**	443,83	443,83	II	1112,66	975,41	844,33	719,41	600,58	487,83
	III	**837,00**	443,83	443,83	III	732,83	631,66	533,66	438,66	346,66	257,83
	V	**1792,16**	443,83	443,83	IV	1249,33	1177,08	1106,33	1037,08	969,41	903,25
	VI	**1828,50**	443,83	443,83							
5960,99	I,IV	**1323,83**	443,83	443,83	I	1178,16	1038,16	904,25	776,50	654,83	539,25
	II	**1257,08**	443,83	443,83	II	1113,75	976,50	845,33	720,33	601,50	488,75
	III	**837,83**	443,83	443,83	III	733,66	632,50	534,50	439,50	347,50	258,66
	V	**1793,33**	443,83	443,83	IV	1250,50	1178,16	1107,41	1038,16	970,41	904,25
	VI	**1829,58**	443,83	443,83							
5963,99	I,IV	**1325,08**	443,83	443,83	I	1179,33	1039,25	905,33	777,50	655,75	540,16
	II	**1258,25**	443,83	443,83	II	1114,83	977,58	846,41	721,33	602,41	489,58
	III	**838,66**	443,83	443,83	III	734,50	633,33	535,16	440,16	348,16	259,33
	V	**1794,58**	443,83	443,83	IV	1251,66	1179,33	1108,58	1039,25	971,50	905,33
	VI	**1830,83**	443,83	443,83							
5966,99	I,IV	**1326,25**	443,83	443,83	I	1180,50	1040,33	906,33	778,50	656,66	541,08
	II	**1259,41**	443,83	443,83	II	1116,00	978,66	847,41	722,33	603,33	490,50
	III	**839,50**	443,83	443,83	III	735,33	634,00	536,00	440,83	348,83	260,00
	V	**1795,66**	443,83	443,83	IV	1252,83	1180,50	1109,66	1040,33	972,58	906,33
	VI	**1832,00**	443,83	443,83							
5969,99	I,IV	**1327,33**	443,83	443,83	I	1181,58	1041,41	907,41	779,41	657,66	541,91
	II	**1260,58**	443,83	443,83	II	1117,08	979,66	848,41	723,25	604,25	491,33
	III	**840,33**	443,83	443,83	III	736,16	634,83	536,66	441,66	349,66	260,66
	V	**1796,83**	443,83	443,83	IV	1254,00	1181,58	1110,75	1041,41	973,66	907,41
	VI	**1833,08**	443,83	443,83							
5972,99	I,IV	**1328,50**	443,83	443,83	I	1182,75	1042,50	908,41	780,41	658,58	542,83
	II	**1261,75**	443,83	443,83	II	1118,16	980,75	849,41	724,25	605,16	492,16
	III	**841,16**	443,83	443,83	III	736,83	635,66	537,50	442,33	350,33	261,33
	V	**1798,00**	443,83	443,83	IV	1255,16	1182,75	1111,83	1042,50	974,66	908,41
	VI	**1834,25**	443,83	443,83							
5975,99	I,IV	**1329,66**	443,83	443,83	I	1183,83	1043,58	909,41	781,41	659,50	543,75
	II	**1262,91**	443,83	443,83	II	1119,33	981,83	850,41	725,16	606,08	493,08
	III	**842,00**	443,83	443,83	III	737,66	636,50	538,33	443,16	351,00	262,00
	V	**1799,16**	443,83	443,83	IV	1256,33	1183,83	1113,00	1043,58	975,75	909,41
	VI	**1835,41**	443,83	443,83							

* Zur LSt-Berechnung für privat versicherte Arbeitnehmer s. Beispiele **Vorbemerkung S. 4f.**
** Basisvorsorgepauschale KV und PV *** Typisierter Arbeitgeberzuschuss

Lohn/ Gehalt in € bis	Steuerklasse	Lohn-steuer*	BVSP**	TAGZ***	Steuerklasse	Bemessungsgrundlage für Kirchensteuer und Solidaritätszuschlag — Freibeträge für ... Kinder 0,5	1,0	1,5	2,0	2,5	3,0
5 978,99	I,IV	**1 330,83**	443,83	443,83	I	1 185,00	1 044,66	910,50	782,41	660,41	544,58
	II	**1 264,08**	443,83	443,83	II	1 120,41	982,83	851,41	726,16	607,00	493,91
	III	**842,83**	443,83	443,83	III	738,50	637,16	539,00	443,83	351,66	262,66
	V	**1 800,33**	443,83	443,83	IV	1 257,41	1 185,00	1 114,08	1 044,66	976,83	910,50
	VI	**1 836,58**	443,83	443,83							
5 981,99	I,IV	**1 332,00**	443,83	443,83	I	1 186,16	1 045,75	911,50	783,41	661,41	545,50
	II	**1 265,25**	443,83	443,83	II	1 121,50	983,91	852,50	727,16	607,91	494,83
	III	**843,66**	443,83	443,83	III	739,33	638,00	539,83	444,66	352,50	263,50
	V	**1 801,50**	443,83	443,83	IV	1 258,66	1 186,16	1 115,16	1 045,75	977,91	911,50
	VI	**1 837,75**	443,83	443,83							
5 984,99	I,IV	**1 333,16**	443,83	443,83	I	1 187,25	1 046,83	912,58	784,41	662,33	546,41
	II	**1 266,41**	443,83	443,83	II	1 122,66	985,00	853,50	728,08	608,83	495,66
	III	**844,50**	443,83	443,83	III	740,16	638,83	540,50	445,33	353,16	264,16
	V	**1 802,66**	443,83	443,83	IV	1 259,83	1 187,25	1 116,33	1 046,83	978,91	912,58
	VI	**1 838,91**	443,83	443,83							
5 987,99	I,IV	**1 334,33**	443,83	443,83	I	1 188,41	1 047,91	913,58	785,41	663,25	547,33
	II	**1 267,58**	443,83	443,83	II	1 123,75	986,08	854,50	729,08	609,75	496,58
	III	**845,33**	443,83	443,83	III	741,00	639,66	541,33	446,00	353,83	264,83
	V	**1 803,83**	443,83	443,83	IV	1 260,91	1 188,41	1 117,41	1 047,91	980,00	913,58
	VI	**1 840,08**	443,83	443,83							
5 990,99	I,IV	**1 335,50**	443,83	443,83	I	1 189,58	1 049,00	914,66	786,33	664,25	548,16
	II	**1 268,75**	443,83	443,83	II	1 124,83	987,16	855,50	730,00	610,66	497,41
	III	**846,16**	443,83	443,83	III	741,83	640,33	542,16	446,83	354,66	265,50
	V	**1 805,00**	443,83	443,83	IV	1 262,08	1 189,58	1 118,50	1 049,00	981,08	914,66
	VI	**1 841,25**	443,83	443,83							
5 993,99	I,IV	**1 336,66**	443,83	443,83	I	1 190,66	1 050,08	915,66	787,33	665,16	549,08
	II	**1 269,83**	443,83	443,83	II	1 126,00	988,16	856,50	731,00	611,58	498,33
	III	**847,00**	443,83	443,83	III	742,50	641,16	542,83	447,50	355,33	266,16
	V	**1 806,16**	443,83	443,83	IV	1 263,25	1 190,66	1 119,66	1 050,08	982,08	915,66
	VI	**1 842,41**	443,83	443,83							
5 996,99	I,IV	**1 337,83**	443,83	443,83	I	1 191,83	1 051,25	916,75	788,33	666,08	550,00
	II	**1 271,08**	443,83	443,83	II	1 127,08	989,25	857,58	732,00	612,50	499,16
	III	**847,83**	443,83	443,83	III	743,33	642,00	543,66	448,33	356,00	266,83
	V	**1 807,33**	443,83	443,83	IV	1 264,41	1 191,83	1 120,75	1 051,25	983,25	916,75
	VI	**1 843,58**	443,83	443,83							
5 999,99	I,IV	**1 339,00**	443,83	443,83	I	1 193,00	1 052,33	917,75	789,33	667,08	550,91
	II	**1 272,25**	443,83	443,83	II	1 128,25	990,33	858,58	732,91	613,41	500,08
	III	**848,83**	443,83	443,83	III	744,16	642,83	544,33	449,00	356,83	267,66
	V	**1 808,50**	443,83	443,83	IV	1 265,58	1 193,00	1 121,83	1 052,33	984,25	917,75
	VI	**1 844,75**	443,83	443,83							
6 002,99	I,IV	**1 340,16**	443,83	443,83	I	1 194,08	1 053,41	918,83	790,33	668,00	551,75
	II	**1 273,33**	443,83	443,83	II	1 129,33	991,41	859,58	733,91	614,33	500,91
	III	**849,50**	443,83	443,83	III	745,00	643,50	545,16	449,83	357,50	268,33
	V	**1 809,66**	443,83	443,83	IV	1 266,75	1 194,08	1 123,00	1 053,41	985,33	918,83
	VI	**1 845,91**	443,83	443,83							
6 005,99	I,IV	**1 341,33**	443,83	443,83	I	1 195,25	1 054,50	919,83	791,33	668,91	552,66
	II	**1 274,50**	443,83	443,83	II	1 130,41	992,50	860,58	734,91	615,25	501,83
	III	**850,50**	443,83	443,83	III	745,83	644,33	546,00	450,50	358,16	269,00
	V	**1 810,75**	443,83	443,83	IV	1 267,91	1 195,25	1 124,08	1 054,50	986,41	919,83
	VI	**1 847,08**	443,83	443,83							
6 008,99	I,IV	**1 342,41**	443,83	443,83	I	1 196,33	1 055,58	920,83	792,33	669,83	553,58
	II	**1 275,66**	443,83	443,83	II	1 131,58	993,50	861,66	735,83	616,16	502,66
	III	**851,16**	443,83	443,83	III	746,66	645,16	546,66	451,33	359,00	269,66
	V	**1 811,91**	443,83	443,83	IV	1 269,08	1 196,33	1 125,16	1 055,58	987,41	920,83
	VI	**1 848,16**	443,83	443,83							
6 011,99	I,IV	**1 343,66**	443,83	443,83	I	1 197,50	1 056,66	921,91	793,33	670,83	554,50
	II	**1 276,83**	443,83	443,83	II	1 132,66	994,58	862,66	736,83	617,16	503,58
	III	**852,16**	443,83	443,83	III	747,50	646,00	547,50	452,00	359,66	270,33
	V	**1 813,16**	443,83	443,83	IV	1 270,25	1 197,50	1 126,33	1 056,66	988,58	921,91
	VI	**1 849,41**	443,83	443,83							

* Zur LSt-Berechnung für privat versicherte Arbeitnehmer s. Beispiele **Vorbemerkung S. 4 f.**
** Basisvorsorgepauschale KV und PV *** Typisierter Arbeitgeberzuschuss

Lohn/ Gehalt in € bis	Steuerklasse	Lohn-steuer*	BVSP**	TAGZ***	Steuerklasse	Bemessungsgrundlage für Kirchensteuer und Solidaritätszuschlag – Freibeträge für ... Kinder 0,5	1,0	1,5	2,0	2,5	3,0
6014,99	I,IV	**1344,83**	443,83	443,83	I	1198,66	1057,75	923,00	794,33	671,75	555,33
	II	**1278,00**	443,83	443,83	II	1133,83	995,66	863,66	737,83	618,08	504,41
	III	**853,00**	443,83	443,83	III	748,33	646,66	548,16	452,83	360,33	271,00
	V	**1814,25**	443,83	443,83	IV	1271,41	1198,66	1127,41	1057,75	989,58	923,00
	VI	**1850,58**	443,83	443,83							
6017,99	I,IV	**1345,91**	443,83	443,83	I	1199,83	1058,83	924,00	795,33	672,75	556,25
	II	**1279,16**	443,83	443,83	II	1134,91	996,75	864,66	738,75	619,00	505,33
	III	**853,83**	443,83	443,83	III	749,16	647,50	549,00	453,50	361,16	271,66
	V	**1815,41**	443,83	443,83	IV	1272,58	1199,83	1128,58	1058,83	990,66	924,00
	VI	**1851,66**	443,83	443,83							
6020,99	I,IV	**1347,08**	443,83	443,83	I	1200,91	1059,91	925,08	796,33	673,66	557,16
	II	**1280,33**	443,83	443,83	II	1136,00	997,83	865,75	739,75	619,91	506,16
	III	**854,66**	443,83	443,83	III	750,00	648,33	549,83	454,33	361,83	272,50
	V	**1816,58**	443,83	443,83	IV	1273,75	1200,91	1129,66	1059,91	991,75	925,08
	VI	**1852,83**	443,83	443,83							
6023,99	I,IV	**1348,25**	443,83	443,83	I	1202,08	1061,00	926,08	797,25	674,58	558,00
	II	**1281,50**	443,83	443,83	II	1137,16	998,83	866,75	740,75	620,83	507,00
	III	**855,50**	443,83	443,83	III	750,66	649,16	550,50	455,00	362,50	273,16
	V	**1817,75**	443,83	443,83	IV	1274,83	1202,08	1130,75	1061,00	992,75	926,08
	VI	**1854,00**	443,83	443,83							
6026,99	I,IV	**1349,41**	443,83	443,83	I	1203,16	1062,08	927,08	798,25	675,58	558,91
	II	**1282,66**	443,83	443,83	II	1138,25	999,91	867,75	741,66	621,75	507,91
	III	**856,33**	443,83	443,83	III	751,50	649,83	551,33	455,66	363,33	273,83
	V	**1818,91**	443,83	443,83	IV	1276,00	1203,16	1131,91	1062,08	993,83	927,08
	VI	**1855,16**	443,83	443,83							
6029,99	I,IV	**1350,58**	443,83	443,83	I	1204,33	1063,25	928,16	799,33	676,50	559,83
	II	**1283,83**	443,83	443,83	II	1139,41	1001,00	868,83	742,66	622,66	508,83
	III	**857,16**	443,83	443,83	III	752,33	650,66	552,00	456,50	364,00	274,50
	V	**1820,08**	443,83	443,83	IV	1277,25	1204,33	1133,00	1063,25	994,91	928,16
	VI	**1856,33**	443,83	443,83							
6032,99	I,IV	**1351,75**	443,83	443,83	I	1205,50	1064,33	929,25	800,25	677,41	560,75
	II	**1285,00**	443,83	443,83	II	1140,50	1002,08	869,83	743,66	623,58	509,66
	III	**858,00**	443,83	443,83	III	753,16	651,50	552,83	457,16	364,66	275,16
	V	**1821,25**	443,83	443,83	IV	1278,33	1205,50	1134,16	1064,33	996,00	929,25
	VI	**1857,50**	443,83	443,83							
6035,99	I,IV	**1352,91**	443,83	443,83	I	1206,66	1065,41	930,25	801,25	678,41	561,66
	II	**1286,16**	443,83	443,83	II	1141,58	1003,16	870,83	744,58	624,50	510,58
	III	**858,83**	443,83	443,83	III	754,00	652,33	553,66	458,00	365,50	276,00
	V	**1822,41**	443,83	443,83	IV	1279,50	1206,66	1135,25	1065,41	997,08	930,25
	VI	**1858,66**	443,83	443,83							
6038,99	I,IV	**1354,08**	443,83	443,83	I	1207,75	1066,50	931,33	802,25	679,33	562,50
	II	**1287,33**	443,83	443,83	II	1142,75	1004,25	871,83	745,58	625,41	511,41
	III	**859,66**	443,83	443,83	III	754,83	653,00	554,33	458,66	366,16	276,66
	V	**1823,58**	443,83	443,83	IV	1280,66	1207,75	1136,33	1066,50	998,16	931,33
	VI	**1859,83**	443,83	443,83							
6041,99	I,IV	**1355,25**	443,83	443,83	I	1208,91	1067,58	932,33	803,25	680,25	563,41
	II	**1288,41**	443,83	443,83	II	1143,83	1005,33	872,83	746,58	626,33	512,33
	III	**860,50**	443,83	443,83	III	755,66	653,83	555,16	459,50	366,83	277,33
	V	**1824,75**	443,83	443,83	IV	1281,83	1208,91	1137,50	1067,58	999,16	932,33
	VI	**1861,00**	443,83	443,83							
6044,99	I,IV	**1356,41**	443,83	443,83	I	1210,08	1068,66	933,41	804,25	681,25	564,33
	II	**1289,66**	443,83	443,83	II	1145,00	1006,41	873,91	747,58	627,33	513,16
	III	**861,33**	443,83	443,83	III	756,50	654,66	556,00	460,16	367,66	278,00
	V	**1825,91**	443,83	443,83	IV	1283,00	1210,08	1138,58	1068,66	1000,25	933,41
	VI	**1862,16**	443,83	443,83							
6047,99	I,IV	**1357,58**	443,83	443,83	I	1211,25	1069,75	934,50	805,25	682,16	565,25
	II	**1290,83**	443,83	443,83	II	1146,08	1007,50	874,91	748,50	628,25	514,08
	III	**862,16**	443,83	443,83	III	757,33	655,50	556,66	461,00	368,33	278,66
	V	**1827,08**	443,83	443,83	IV	1284,16	1211,25	1139,75	1069,75	1001,33	934,50
	VI	**1863,33**	443,83	443,83							

* Zur LSt-Berechnung für privat versicherte Arbeitnehmer s. Beispiele **Vorbemerkung S. 4 f.**
** Basisvorsorgepauschale KV und PV *** Typisierter Arbeitgeberzuschuss

Lohn/ Gehalt in € bis	Steuerklasse	Lohn-steuer*	BVSP**	TAGZ***	Steuerklasse	Bemessungsgrundlage für Kirchensteuer und Solidaritätszuschlag – Freibeträge für ... Kinder 0,5	**1,0**	1,5	**2,0**	2,5	**3,0**
6050,99	I,IV	**1 358,75**	443,83	443,83	I	1 212,33	1 070,83	935,50	806,25	683,16	566,16
	II	**1 291,91**	443,83	443,83	II	1 147,25	1 008,50	875,91	749,50	629,16	514,91
	III	**863,00**	443,83	443,83	III	758,16	656,33	557,50	461,66	369,00	279,50
	V	**1 828,25**	443,83	443,83	IV	1 285,33	1 212,33	1 140,83	1 070,83	1 002,41	935,50
	VI	**1 864,50**	443,83	443,83							
6053,99	I,IV	**1 359,91**	443,83	443,83	I	1 213,50	1 071,91	936,58	807,25	684,08	567,08
	II	**1 293,08**	443,83	443,83	II	1 148,33	1 009,58	877,00	750,50	630,08	515,83
	III	**863,83**	443,83	443,83	III	758,83	657,00	558,16	462,50	369,66	280,16
	V	**1 829,41**	443,83	443,83	IV	1 286,50	1 213,50	1 142,00	1 071,91	1 003,50	936,58
	VI	**1 865,66**	443,83	443,83							
6056,99	I,IV	**1 361,08**	443,83	443,83	I	1 214,66	1 073,08	937,58	808,25	685,00	567,91
	II	**1 294,25**	443,83	443,83	II	1 149,50	1 010,66	878,00	751,41	631,00	516,66
	III	**864,66**	443,83	443,83	III	759,66	657,83	559,00	463,16	370,50	280,83
	V	**1 830,50**	443,83	443,83	IV	1 287,66	1 214,66	1 143,08	1 073,08	1 004,58	937,58
	VI	**1 866,75**	443,83	443,83							
6059,99	I,IV	**1 362,25**	443,83	443,83	I	1 215,83	1 074,16	938,66	809,25	686,00	568,83
	II	**1 295,41**	443,83	443,83	II	1 150,58	1 011,75	879,00	752,41	631,91	517,58
	III	**865,50**	443,83	443,83	III	760,50	658,66	559,83	464,00	371,16	281,50
	V	**1 831,75**	443,83	443,83	IV	1 288,83	1 215,83	1 144,25	1 074,16	1 005,66	938,66
	VI	**1 868,00**	443,83	443,83							
6062,99	I,IV	**1 363,41**	443,83	443,83	I	1 216,91	1 075,25	939,66	810,25	686,91	569,75
	II	**1 296,58**	443,83	443,83	II	1 151,75	1 012,83	880,08	753,41	632,91	518,50
	III	**866,33**	443,83	443,83	III	761,33	659,33	560,50	464,66	371,83	282,16
	V	**1 832,91**	443,83	443,83	IV	1 290,00	1 216,91	1 145,33	1 075,25	1 006,75	939,66
	VI	**1 869,16**	443,83	443,83							
6065,99	I,IV	**1 364,58**	443,83	443,83	I	1 218,08	1 076,33	940,75	811,25	687,91	570,66
	II	**1 297,75**	443,83	443,83	II	1 152,83	1 013,91	881,08	754,41	633,83	519,33
	III	**867,33**	443,83	443,83	III	762,16	660,16	561,33	465,50	372,66	282,83
	V	**1 834,00**	443,83	443,83	IV	1 291,16	1 218,08	1 146,41	1 076,33	1 007,75	940,75
	VI	**1 870,25**	443,83	443,83							
6068,99	I,IV	**1 365,66**	443,83	443,83	I	1 219,25	1 077,41	941,75	812,25	688,83	571,58
	II	**1 298,91**	443,83	443,83	II	1 154,00	1 015,00	882,08	755,33	634,75	520,25
	III	**868,00**	443,83	443,83	III	763,00	661,00	562,00	466,16	373,33	283,50
	V	**1 835,16**	443,83	443,83	IV	1 292,33	1 219,25	1 147,58	1 077,41	1 008,83	941,75
	VI	**1 871,41**	443,83	443,83							
6071,99	I,IV	**1 366,83**	443,83	443,83	I	1 220,33	1 078,50	942,83	813,25	689,83	572,50
	II	**1 300,08**	443,83	443,83	II	1 155,08	1 016,00	883,08	756,33	635,66	521,08
	III	**869,00**	443,83	443,83	III	763,83	661,83	562,83	467,00	374,00	284,33
	V	**1 836,33**	443,83	443,83	IV	1 293,41	1 220,33	1 148,66	1 078,50	1 009,91	942,83
	VI	**1 872,58**	443,83	443,83							
6074,99	I,IV	**1 368,00**	443,83	443,83	I	1 221,50	1 079,66	943,91	814,25	690,75	573,33
	II	**1 301,25**	443,83	443,83	II	1 156,16	1 017,08	884,16	757,33	636,58	522,00
	III	**869,66**	443,83	443,83	III	764,66	662,50	563,50	467,66	374,83	285,00
	V	**1 837,50**	443,83	443,83	IV	1 294,58	1 221,50	1 149,83	1 079,66	1 011,00	943,91
	VI	**1 873,75**	443,83	443,83							
6077,99	I,IV	**1 369,16**	443,83	443,83	I	1 222,66	1 080,75	944,91	815,25	691,75	574,25
	II	**1 302,41**	443,83	443,83	II	1 157,33	1 018,25	885,16	758,33	637,50	522,91
	III	**870,66**	443,83	443,83	III	765,50	663,33	564,33	468,33	375,50	285,66
	V	**1 838,66**	443,83	443,83	IV	1 295,83	1 222,66	1 150,91	1 080,75	1 012,08	944,91
	VI	**1 874,91**	443,83	443,83							
6080,99	I,IV	**1 370,33**	443,83	443,83	I	1 223,83	1 081,83	946,00	816,25	692,66	575,16
	II	**1 303,58**	443,83	443,83	II	1 158,50	1 019,25	886,25	759,25	638,50	523,75
	III	**871,50**	443,83	443,83	III	766,33	664,16	565,16	469,16	376,33	286,33
	V	**1 839,83**	443,83	443,83	IV	1 296,91	1 223,83	1 152,08	1 081,83	1 013,16	946,00
	VI	**1 876,08**	443,83	443,83							
6083,99	I,IV	**1 371,50**	443,83	443,83	I	1 224,91	1 082,91	947,00	817,25	693,58	576,08
	II	**1 304,75**	443,83	443,83	II	1 159,58	1 020,33	887,25	760,25	639,41	524,66
	III	**872,33**	443,83	443,83	III	767,16	665,00	565,83	469,83	377,00	287,00
	V	**1 841,00**	443,83	443,83	IV	1 298,08	1 224,91	1 153,16	1 082,91	1 014,25	947,00
	VI	**1 877,25**	443,83	443,83							

* Zur LSt-Berechnung für privat versicherte Arbeitnehmer s. Beispiele **Vorbemerkung S. 4 f.**
** Basisvorsorgepauschale KV und PV *** Typisierter Arbeitgeberzuschuss

Lohn/ Gehalt in € bis	Steuerklasse	Lohn-steuer*	BVSP**	TAGZ***	Steuerklasse	Bemessungsgrundlage für Kirchensteuer und Solidaritätszuschlag – Freibeträge für ... Kinder 0,5	1,0	1,5	2,0	2,5	3,0
6086,99	I,IV	**1 372,66**	443,83	443,83	I	1 226,08	1 084,00	948,08	818,25	694,58	577,00
	II	**1 305,91**	443,83	443,83	II	1 160,66	1 021,41	888,25	761,25	640,33	525,50
	III	**873,16**	443,83	443,83	III	768,00	665,83	566,66	470,66	377,66	287,83
	V	**1 842,16**	443,83	443,83	IV	1 299,25	1 226,08	1 154,33	1 084,00	1 015,33	948,08
	VI	**1 878,41**	443,83	443,83							
6089,99	I,IV	**1 373,83**	443,83	443,83	I	1 227,25	1 085,16	949,16	819,25	695,50	577,91
	II	**1 307,00**	443,83	443,83	II	1 161,83	1 022,50	889,25	762,16	641,25	526,41
	III	**874,00**	443,83	443,83	III	768,66	666,50	567,50	471,33	378,33	288,50
	V	**1 843,33**	443,83	443,83	IV	1 300,41	1 227,25	1 155,41	1 085,16	1 016,33	949,16
	VI	**1 879,58**	443,83	443,83							
6092,99	I,IV	**1 375,00**	443,83	443,83	I	1 228,41	1 086,25	950,25	820,25	696,50	578,83
	II	**1 308,25**	443,83	443,83	II	1 163,00	1 023,58	890,33	763,25	642,16	527,33
	III	**874,83**	443,83	443,83	III	769,50	667,33	568,16	472,16	379,16	289,16
	V	**1 844,50**	443,83	443,83	IV	1 301,58	1 228,41	1 156,58	1 086,25	1 017,50	950,25
	VI	**1 880,75**	443,83	443,83							
6095,99	I,IV	**1 376,16**	443,83	443,83	I	1 229,58	1 087,33	951,25	821,25	697,41	579,75
	II	**1 309,41**	443,83	443,83	II	1 164,08	1 024,66	891,33	764,16	643,16	528,16
	III	**875,66**	443,83	443,83	III	770,33	668,16	569,00	473,00	379,83	289,83
	V	**1 845,66**	443,83	443,83	IV	1 302,75	1 229,58	1 157,66	1 087,33	1 018,50	951,25
	VI	**1 881,91**	443,83	443,83							
6098,99	I,IV	**1 377,33**	443,83	443,83	I	1 230,66	1 088,41	952,33	822,25	698,41	580,58
	II	**1 310,50**	443,83	443,83	II	1 165,25	1 025,75	892,41	765,16	644,08	529,08
	III	**876,50**	443,83	443,83	III	771,16	669,00	569,83	473,66	380,50	290,50
	V	**1 846,83**	443,83	443,83	IV	1 303,91	1 230,66	1 158,83	1 088,41	1 019,58	952,33
	VI	**1 883,08**	443,83	443,83							
6101,99	I,IV	**1 378,50**	443,83	443,83	I	1 231,83	1 089,50	953,33	823,25	699,33	581,50
	II	**1 311,66**	443,83	443,83	II	1 166,33	1 026,83	893,41	766,16	645,00	529,91
	III	**877,33**	443,83	443,83	III	772,00	669,83	570,50	474,33	381,33	291,33
	V	**1 848,00**	443,83	443,83	IV	1 305,08	1 231,83	1 159,91	1 089,50	1 020,66	953,33
	VI	**1 884,25**	443,83	443,83							
6104,99	I,IV	**1 379,66**	443,83	443,83	I	1 233,00	1 090,66	954,41	824,25	700,33	582,41
	II	**1 312,83**	443,83	443,83	II	1 167,50	1 027,91	894,41	767,08	645,91	530,83
	III	**878,16**	443,83	443,83	III	772,83	670,50	571,33	475,16	382,00	292,00
	V	**1 849,08**	443,83	443,83	IV	1 306,25	1 233,00	1 161,08	1 090,66	1 021,75	954,41
	VI	**1 885,41**	443,83	443,83							
6107,99	I,IV	**1 380,83**	443,83	443,83	I	1 234,16	1 091,75	955,50	825,33	701,25	583,33
	II	**1 314,00**	443,83	443,83	II	1 168,66	1 029,00	895,50	768,16	646,83	531,75
	III	**879,00**	443,83	443,83	III	773,66	671,33	572,16	475,83	382,83	292,66
	V	**1 850,33**	443,83	443,83	IV	1 307,41	1 234,16	1 162,16	1 091,75	1 022,83	955,50
	VI	**1 886,58**	443,83	443,83							
6110,99	I,IV	**1 382,00**	443,83	443,83	I	1 235,33	1 092,83	956,50	826,33	702,25	584,25
	II	**1 315,16**	443,83	443,83	II	1 169,75	1 030,08	896,50	769,08	647,83	532,58
	III	**880,00**	443,83	443,83	III	774,50	672,16	572,83	476,66	383,50	293,33
	V	**1 851,50**	443,83	443,83	IV	1 308,58	1 235,33	1 163,33	1 092,83	1 023,91	956,50
	VI	**1 887,75**	443,83	443,83							
6113,99	I,IV	**1 383,16**	443,83	443,83	I	1 236,50	1 093,91	957,58	827,33	703,16	585,16
	II	**1 316,33**	443,83	443,83	II	1 170,83	1 031,16	897,58	770,08	648,75	533,50
	III	**880,66**	443,83	443,83	III	775,33	673,00	573,66	477,33	384,16	294,00
	V	**1 852,58**	443,83	443,83	IV	1 309,75	1 236,50	1 164,41	1 093,91	1 025,00	957,58
	VI	**1 888,91**	443,83	443,83							
6116,99	I,IV	**1 384,25**	443,83	443,83	I	1 237,58	1 095,08	958,58	828,33	704,16	586,08
	II	**1 317,50**	443,83	443,83	II	1 172,00	1 032,25	898,58	771,08	649,66	534,41
	III	**881,66**	443,83	443,83	III	776,16	673,83	574,50	478,16	385,00	294,83
	V	**1 853,75**	443,83	443,83	IV	1 310,91	1 237,58	1 165,58	1 095,08	1 026,08	958,58
	VI	**1 890,00**	443,83	443,83							
6119,99	I,IV	**1 385,41**	443,83	443,83	I	1 238,75	1 096,16	959,66	829,33	705,08	587,00
	II	**1 318,66**	443,83	443,83	II	1 173,08	1 033,33	899,58	772,08	650,58	535,25
	III	**882,50**	443,83	443,83	III	777,00	674,50	575,16	478,83	385,66	295,50
	V	**1 854,91**	443,83	443,83	IV	1 312,08	1 238,75	1 166,66	1 096,16	1 027,16	959,66
	VI	**1 891,16**	443,83	443,83							

* Zur LSt-Berechnung für privat versicherte Arbeitnehmer s. Beispiele **Vorbemerkung S. 4 f.**
** Basisvorsorgepauschale KV und PV *** Typisierter Arbeitgeberzuschuss

Lohn/ Gehalt in € bis	Steuerklasse	Lohn-steuer*	BVSP**	TAGZ***	Steuerklasse	Bemessungsgrundlage für Kirchensteuer und Solidaritätszuschlag – Freibeträge für ... Kinder 0,5	**1,0**	1,5	**2,0**	2,5	**3,0**
6122,99	I,IV	**1386,58**	443,83	443,83	I	1239,91	1097,25	960,75	830,33	706,00	587,91
	II	**1319,83**	443,83	443,83	II	1174,25	1034,41	900,66	773,00	651,50	536,16
	III	**883,33**	443,83	443,83	III	777,83	675,33	576,00	479,66	386,33	296,16
	V	**1856,08**	443,83	443,83	IV	1313,16	1239,91	1167,83	1097,25	1028,25	960,75
	VI	**1892,33**	443,83	443,83							
6125,99	I,IV	**1387,75**	443,83	443,83	I	1241,08	1098,41	961,83	831,33	707,00	588,83
	II	**1321,00**	443,83	443,83	II	1175,41	1035,50	901,66	774,00	652,50	537,08
	III	**884,16**	443,83	443,83	III	778,66	676,16	576,83	480,33	387,16	296,83
	V	**1857,25**	443,83	443,83	IV	1314,41	1241,08	1169,00	1098,41	1029,33	961,83
	VI	**1893,50**	443,83	443,83							
6128,99	I,IV	**1388,91**	443,83	443,83	I	1242,25	1099,50	962,83	832,33	708,00	589,75
	II	**1322,16**	443,83	443,83	II	1176,50	1036,58	902,75	775,00	653,41	537,91
	III	**885,00**	443,83	443,83	III	779,50	677,00	577,50	481,16	387,83	297,66
	V	**1858,41**	443,83	443,83	IV	1315,58	1242,25	1170,08	1099,50	1030,41	962,83
	VI	**1894,66**	443,83	443,83							
6131,99	I,IV	**1390,08**	443,83	443,83	I	1243,33	1100,58	963,91	833,33	708,91	590,66
	II	**1323,33**	443,83	443,83	II	1177,66	1037,66	903,75	776,00	654,33	538,83
	III	**885,83**	443,83	443,83	III	780,33	677,83	578,33	481,83	388,50	298,33
	V	**1859,58**	443,83	443,83	IV	1316,66	1243,33	1171,25	1100,58	1031,50	963,91
	VI	**1895,83**	443,83	443,83							
6134,99	I,IV	**1391,25**	443,83	443,83	I	1244,50	1101,66	965,00	834,33	709,91	591,50
	II	**1324,50**	443,83	443,83	II	1178,75	1038,75	904,75	777,00	655,25	539,75
	III	**886,66**	443,83	443,83	III	781,00	678,50	579,00	482,66	389,33	299,00
	V	**1860,75**	443,83	443,83	IV	1317,83	1244,50	1172,33	1101,66	1032,58	965,00
	VI	**1897,00**	443,83	443,83							
6137,99	I,IV	**1392,41**	443,83	443,83	I	1245,66	1102,75	966,00	835,33	710,83	592,41
	II	**1325,58**	443,83	443,83	II	1179,91	1039,83	905,83	777,91	656,25	540,58
	III	**887,50**	443,83	443,83	III	781,83	679,33	579,83	483,33	390,00	299,66
	V	**1861,91**	443,83	443,83	IV	1319,00	1245,66	1173,50	1102,75	1033,66	966,00
	VI	**1898,16**	443,83	443,83							
6140,99	I,IV	**1393,58**	443,83	443,83	I	1246,83	1103,91	967,08	836,41	711,83	593,41
	II	**1326,83**	443,83	443,83	II	1181,08	1040,91	906,91	779,00	657,16	541,50
	III	**888,33**	443,83	443,83	III	782,83	680,16	580,66	484,16	390,83	300,50
	V	**1863,08**	443,83	443,83	IV	1320,16	1246,83	1174,58	1103,91	1034,75	967,08
	VI	**1899,33**	443,83	443,83							
6143,99	I,IV	**1394,75**	443,83	443,83	I	1248,00	1105,00	968,16	837,41	712,75	594,25
	II	**1328,00**	443,83	443,83	II	1182,16	1042,00	907,91	779,91	658,08	542,41
	III	**889,16**	443,83	443,83	III	783,50	681,00	581,33	484,83	391,50	301,16
	V	**1864,25**	443,83	443,83	IV	1321,33	1248,00	1175,75	1105,00	1035,83	968,16
	VI	**1900,50**	443,83	443,83							
6146,99	I,IV	**1395,91**	443,83	443,83	I	1249,16	1106,08	969,16	838,41	713,75	595,16
	II	**1329,08**	443,83	443,83	II	1183,33	1043,08	908,91	780,91	659,08	543,25
	III	**890,16**	443,83	443,83	III	784,33	681,83	582,16	485,66	392,16	301,83
	V	**1865,41**	443,83	443,83	IV	1322,50	1249,16	1176,83	1106,08	1036,91	969,16
	VI	**1901,66**	443,83	443,83							
6149,99	I,IV	**1397,08**	443,83	443,83	I	1250,33	1107,25	970,25	839,41	714,66	596,08
	II	**1330,25**	443,83	443,83	II	1184,41	1044,16	910,00	781,91	660,00	544,16
	III	**890,83**	443,83	443,83	III	785,16	682,50	583,00	486,33	392,83	302,50
	V	**1866,58**	443,83	443,83	IV	1323,66	1250,33	1178,00	1107,25	1038,00	970,25
	VI	**1902,83**	443,83	443,83							
6152,99	I,IV	**1398,25**	443,83	443,83	I	1251,41	1108,33	971,33	840,41	715,66	597,00
	II	**1331,41**	443,83	443,83	II	1185,58	1045,25	911,00	782,91	660,91	545,08
	III	**891,83**	443,83	443,83	III	786,00	683,33	583,66	487,16	393,66	303,16
	V	**1867,66**	443,83	443,83	IV	1324,83	1251,41	1179,08	1108,33	1039,08	971,33
	VI	**1904,00**	443,83	443,83							
6155,99	I,IV	**1399,41**	443,83	443,83	I	1252,66	1109,41	972,41	841,41	716,66	597,91
	II	**1332,58**	443,83	443,83	II	1186,75	1046,33	912,08	783,91	661,91	546,00
	III	**892,66**	443,83	443,83	III	786,83	684,16	584,50	488,00	394,33	304,00
	V	**1868,91**	443,83	443,83	IV	1326,00	1252,66	1180,25	1109,41	1040,16	972,41
	VI	**1905,16**	443,83	443,83							

* Zur LSt-Berechnung für privat versicherte Arbeitnehmer s. Beispiele **Vorbemerkung S. 4 f.**
** Basisvorsorgepauschale KV und PV *** Typisierter Arbeitgeberzuschuss

Lohn/ Gehalt in € bis	Steuerklasse	Lohn-steuer*	BVSP**	TAGZ***	Steuerklasse	Bemessungsgrundlage für Kirchensteuer und Solidaritätszuschlag – Freibeträge für ... Kinder 0,5	1,0	1,5	2,0	2,5	3,0
6158,99	I,IV	**1400,58**	443,83	443,83	I	1253,75	1110,58	973,41	842,50	717,58	598,83
	II	**1333,75**	443,83	443,83	II	1187,83	1047,41	913,08	784,91	662,83	546,83
	III	**893,50**	443,83	443,83	III	787,66	685,00	585,33	488,66	395,16	304,66
	V	**1870,08**	443,83	443,83	IV	1327,16	1253,75	1181,41	1110,58	1041,25	973,41
	VI	**1906,33**	443,83	443,83							
6161,99	I,IV	**1401,75**	443,83	443,83	I	1254,91	1111,66	974,50	843,50	718,58	599,75
	II	**1334,91**	443,83	443,83	II	1189,00	1048,50	914,16	785,91	663,75	547,75
	III	**894,33**	443,83	443,83	III	788,50	685,83	586,00	489,50	395,83	305,33
	V	**1871,16**	443,83	443,83	IV	1328,33	1254,91	1182,50	1111,66	1042,33	974,50
	VI	**1907,50**	443,83	443,83							
6164,99	I,IV	**1402,83**	443,83	443,83	I	1256,08	1112,75	975,58	844,50	719,50	600,66
	II	**1336,08**	443,83	443,83	II	1190,16	1049,58	915,16	786,83	664,66	548,66
	III	**895,16**	443,83	443,83	III	789,33	686,50	586,83	490,16	396,50	306,00
	V	**1872,33**	443,83	443,83	IV	1329,50	1256,08	1183,66	1112,75	1043,41	975,58
	VI	**1908,58**	443,83	443,83							
6167,99	I,IV	**1404,00**	443,83	443,83	I	1257,25	1113,83	976,58	845,50	720,50	601,58
	II	**1337,25**	443,83	443,83	II	1191,25	1050,66	916,16	787,83	665,66	549,50
	III	**896,00**	443,83	443,83	III	790,16	687,33	587,66	491,00	397,33	306,66
	V	**1873,50**	443,83	443,83	IV	1330,66	1257,25	1184,75	1113,83	1044,50	976,58
	VI	**1909,75**	443,83	443,83							
6170,99	I,IV	**1405,16**	443,83	443,83	I	1258,41	1115,00	977,66	846,50	721,41	602,50
	II	**1338,41**	443,83	443,83	II	1192,41	1051,75	917,25	788,83	666,58	550,41
	III	**896,83**	443,83	443,83	III	791,00	688,16	588,33	491,66	398,00	307,50
	V	**1874,66**	443,83	443,83	IV	1331,75	1258,41	1185,91	1115,00	1045,58	977,66
	VI	**1910,91**	443,83	443,83							
6173,99	I,IV	**1406,33**	443,83	443,83	I	1259,58	1116,08	978,75	847,50	722,41	603,41
	II	**1339,58**	443,83	443,83	II	1193,58	1052,83	918,33	789,83	667,50	551,33
	III	**897,66**	443,83	443,83	III	791,83	689,00	589,16	492,50	398,83	308,16
	V	**1875,83**	443,83	443,83	IV	1333,00	1259,58	1187,08	1116,08	1046,66	978,75
	VI	**1912,08**	443,83	443,83							
6176,99	I,IV	**1407,50**	443,83	443,83	I	1260,75	1117,25	979,83	848,50	723,41	604,33
	II	**1340,75**	443,83	443,83	II	1194,66	1053,91	919,33	790,83	668,50	552,25
	III	**898,66**	443,83	443,83	III	792,66	689,83	590,00	493,16	399,50	308,83
	V	**1877,00**	443,83	443,83	IV	1334,16	1260,75	1188,25	1117,25	1047,75	979,83
	VI	**1913,25**	443,83	443,83							
6179,99	I,IV	**1408,66**	443,83	443,83	I	1261,91	1118,33	980,83	849,58	724,33	605,25
	II	**1341,91**	443,83	443,83	II	1195,83	1055,00	920,33	791,83	669,41	553,08
	III	**899,33**	443,83	443,83	III	793,50	690,50	590,66	494,00	400,16	309,50
	V	**1878,16**	443,83	443,83	IV	1335,25	1261,91	1189,33	1118,33	1048,83	980,83
	VI	**1914,41**	443,83	443,83							
6182,99	I,IV	**1409,83**	443,83	443,83	I	1263,08	1119,41	981,91	850,58	725,33	606,16
	II	**1343,08**	443,83	443,83	II	1196,91	1056,08	921,41	792,83	670,33	554,00
	III	**900,33**	443,83	443,83	III	794,33	691,33	591,50	494,66	401,00	310,33
	V	**1879,33**	443,83	443,83	IV	1336,41	1263,08	1190,50	1119,41	1049,91	981,91
	VI	**1915,58**	443,83	443,83							
6185,99	I,IV	**1411,00**	443,83	443,83	I	1264,16	1120,50	983,00	851,58	726,25	607,08
	II	**1344,16**	443,83	443,83	II	1198,08	1057,16	922,41	793,83	671,33	554,91
	III	**901,16**	443,83	443,83	III	795,16	692,16	592,16	495,50	401,66	311,00
	V	**1880,50**	443,83	443,83	IV	1337,58	1264,16	1191,58	1120,50	1051,00	983,00
	VI	**1916,75**	443,83	443,83							
6188,99	I,IV	**1412,16**	443,83	443,83	I	1265,41	1121,66	984,08	852,58	727,25	608,00
	II	**1345,41**	443,83	443,83	II	1199,25	1058,33	923,50	794,83	672,25	555,83
	III	**902,00**	443,83	443,83	III	796,00	693,00	593,00	496,16	402,33	311,66
	V	**1881,66**	443,83	443,83	IV	1338,75	1265,41	1192,75	1121,66	1052,08	984,08
	VI	**1917,91**	443,83	443,83							
6191,99	I,IV	**1413,33**	443,83	443,83	I	1266,58	1122,75	985,16	853,58	728,25	608,91
	II	**1346,58**	443,83	443,83	II	1200,41	1059,41	924,58	795,83	673,16	556,75
	III	**902,83**	443,83	443,83	III	796,83	693,83	593,83	497,00	403,16	312,33
	V	**1882,83**	443,83	443,83	IV	1339,91	1266,58	1193,91	1122,75	1053,16	985,16
	VI	**1919,08**	443,83	443,83							

* Zur LSt-Berechnung für privat versicherte Arbeitnehmer s. Beispiele **Vorbemerkung S. 4 f.**
** Basisvorsorgepauschale KV und PV *** Typisierter Arbeitgeberzuschuss

Lohn/ Gehalt in € bis	Steuerklasse	Lohn-steuer*	BVSP**	TAGZ***	Steuerklasse	Bemessungsgrundlage für Kirchensteuer und Solidaritätszuschlag					
						Freibeträge für ... Kinder					
						0,5	**1,0**	1,5	**2,0**	2,5	**3,0**
6 194,99	I,IV	**1 414,50**	443,83	443,83	I	1 267,66	1 123,91	986,16	854,66	729,16	609,83
	II	**1 347,66**	443,83	443,83	II	1 201,50	1 060,50	925,58	796,83	674,16	557,58
	III	**903,66**	443,83	443,83	III	797,50	694,50	594,66	497,66	403,83	313,00
	V	**1 884,00**	443,83	443,83	IV	1 341,08	1 267,66	1 195,00	1 123,91	1 054,25	986,16
	VI	**1 920,25**	443,83	443,83							
6 197,99	I,IV	**1 415,66**	443,83	443,83	I	1 268,83	1 125,00	987,25	855,66	730,16	610,75
	II	**1 348,83**	443,83	443,83	II	1 202,66	1 061,58	926,58	797,83	675,08	558,50
	III	**904,50**	443,83	443,83	III	798,50	695,33	595,33	498,50	404,66	313,83
	V	**1 885,16**	443,83	443,83	IV	1 342,25	1 268,83	1 196,16	1 125,00	1 055,33	987,25
	VI	**1 921,41**	443,83	443,83							
6 200,99	I,IV	**1 416,83**	443,83	443,83	I	1 270,00	1 126,08	988,33	856,66	731,08	611,66
	II	**1 350,00**	443,83	443,83	II	1 203,75	1 062,66	927,66	798,75	676,00	559,41
	III	**905,33**	443,83	443,83	III	799,16	696,16	596,16	499,16	405,33	314,50
	V	**1 886,25**	443,83	443,83	IV	1 343,41	1 270,00	1 197,25	1 126,08	1 056,41	988,33
	VI	**1 922,58**	443,83	443,83							
6 203,99	I,IV	**1 418,00**	443,83	443,83	I	1 271,16	1 127,25	989,41	857,66	732,08	612,66
	II	**1 351,16**	443,83	443,83	II	1 204,91	1 063,75	928,75	799,83	677,00	560,33
	III	**906,16**	443,83	443,83	III	800,00	697,00	597,00	500,00	406,00	315,16
	V	**1 887,50**	443,83	443,83	IV	1 344,58	1 271,16	1 198,41	1 127,25	1 057,58	989,41
	VI	**1 923,75**	443,83	443,83							
6 206,99	I,IV	**1 419,16**	443,83	443,83	I	1 272,33	1 128,33	990,50	858,75	733,08	613,58
	II	**1 352,33**	443,83	443,83	II	1 206,08	1 064,83	929,75	800,83	677,91	561,25
	III	**907,16**	443,83	443,83	III	801,00	697,83	597,66	500,66	406,83	316,00
	V	**1 888,66**	443,83	443,83	IV	1 345,75	1 272,33	1 199,58	1 128,33	1 058,66	990,50
	VI	**1 924,91**	443,83	443,83							
6 209,99	I,IV	**1 420,33**	443,83	443,83	I	1 273,50	1 129,50	991,50	859,75	734,00	614,50
	II	**1 353,50**	443,83	443,83	II	1 207,25	1 065,91	930,83	801,75	678,91	562,08
	III	**908,00**	443,83	443,83	III	801,66	698,50	598,50	501,50	407,50	316,66
	V	**1 889,75**	443,83	443,83	IV	1 346,91	1 273,50	1 200,75	1 129,50	1 059,75	991,50
	VI	**1 926,08**	443,83	443,83							
6 212,99	I,IV	**1 421,41**	443,83	443,83	I	1 274,66	1 130,58	992,58	860,75	735,00	615,41
	II	**1 354,66**	443,83	443,83	II	1 208,33	1 067,00	931,83	802,75	679,83	563,00
	III	**908,83**	443,83	443,83	III	802,50	699,33	599,33	502,16	408,33	317,33
	V	**1 890,91**	443,83	443,83	IV	1 348,08	1 274,66	1 201,83	1 130,58	1 060,83	992,58
	VI	**1 927,16**	443,83	443,83							
6 215,99	I,IV	**1 422,58**	443,83	443,83	I	1 275,83	1 131,66	993,66	861,75	736,00	616,33
	II	**1 355,83**	443,83	443,83	II	1 209,50	1 068,16	932,91	803,75	680,75	563,91
	III	**909,66**	443,83	443,83	III	803,33	700,16	600,00	503,00	409,00	318,00
	V	**1 892,08**	443,83	443,83	IV	1 349,25	1 275,83	1 203,00	1 131,66	1 061,91	993,66
	VI	**1 928,33**	443,83	443,83							
6 218,99	I,IV	**1 423,75**	443,83	443,83	I	1 277,00	1 132,83	994,75	862,75	736,91	617,25
	II	**1 357,00**	443,83	443,83	II	1 210,66	1 069,25	933,91	804,75	681,75	564,75
	III	**910,50**	443,83	443,83	III	804,16	701,00	600,83	503,66	409,66	318,66
	V	**1 893,25**	443,83	443,83	IV	1 350,33	1 277,00	1 204,16	1 132,83	1 063,00	994,75
	VI	**1 929,50**	443,83	443,83							
6 221,99	I,IV	**1 424,91**	443,83	443,83	I	1 278,16	1 133,91	995,83	863,83	737,91	618,16
	II	**1 358,16**	443,83	443,83	II	1 211,83	1 070,33	935,00	805,75	682,66	565,75
	III	**911,33**	443,83	443,83	III	805,00	701,83	601,66	504,50	410,50	319,50
	V	**1 894,41**	443,83	443,83	IV	1 351,58	1 278,16	1 205,33	1 133,91	1 064,08	995,83
	VI	**1 930,66**	443,83	443,83							
6 224,99	I,IV	**1 426,08**	443,83	443,83	I	1 279,33	1 135,08	996,83	864,83	738,91	619,08
	II	**1 359,33**	443,83	443,83	II	1 212,91	1 071,41	936,00	806,75	683,66	566,58
	III	**912,16**	443,83	443,83	III	805,83	702,66	602,33	505,33	411,16	320,16
	V	**1 895,58**	443,83	443,83	IV	1 352,75	1 279,33	1 206,41	1 135,08	1 065,16	996,83
	VI	**1 931,83**	443,83	443,83							
6 227,99	I,IV	**1 427,25**	443,83	443,83	I	1 280,50	1 136,16	997,91	865,83	739,83	620,00
	II	**1 360,50**	443,83	443,83	II	1 214,08	1 072,50	937,08	807,75	684,58	567,50
	III	**913,00**	443,83	443,83	III	806,66	703,50	603,16	506,00	412,00	320,83
	V	**1 896,75**	443,83	443,83	IV	1 353,83	1 280,50	1 207,58	1 136,16	1 066,25	997,91
	VI	**1 933,00**	443,83	443,83							

* Zur LSt-Berechnung für privat versicherte Arbeitnehmer s. Beispiele **Vorbemerkung S. 4f.**
** Basisvorsorgepauschale KV und PV *** Typisierter Arbeitgeberzuschuss

Lohn/ Gehalt in € bis	Steuerklasse	Lohnsteuer*	BVSP**	TAGZ***	Steuerklasse	Bemessungsgrundlage für Kirchensteuer und Solidaritätszuschlag – Freibeträge für ... Kinder 0,5	1,0	1,5	2,0	2,5	3,0
6230,99	I,IV	**1428,41**	443,83	443,83	I	1281,66	1137,25	999,00	866,83	740,83	620,91
	II	**1361,66**	443,83	443,83	II	1215,25	1073,58	938,08	808,75	685,50	568,41
	III	**913,83**	443,83	443,83	III	807,50	704,16	604,00	506,83	412,66	321,50
	V	**1897,91**	443,83	443,83	IV	1355,00	1281,66	1208,66	1137,25	1067,33	999,00
	VI	**1934,16**	443,83	443,83							
6233,99	I,IV	**1429,58**	443,83	443,83	I	1282,75	1138,41	1000,08	867,83	741,83	621,83
	II	**1362,83**	443,83	443,83	II	1216,33	1074,66	939,16	809,75	686,50	569,33
	III	**914,83**	443,83	443,83	III	808,33	705,00	604,83	507,50	413,33	322,33
	V	**1899,08**	443,83	443,83	IV	1356,16	1282,75	1209,83	1138,41	1068,50	1000,08
	VI	**1935,33**	443,83	443,83							
6236,99	I,IV	**1430,75**	443,83	443,83	I	1284,00	1139,50	1001,16	868,91	742,83	622,83
	II	**1364,00**	443,83	443,83	II	1217,50	1075,83	940,25	810,75	687,41	570,25
	III	**915,66**	443,83	443,83	III	809,16	705,83	605,50	508,33	414,16	323,00
	V	**1900,25**	443,83	443,83	IV	1357,33	1284,00	1211,00	1139,50	1069,58	1001,16
	VI	**1936,50**	443,83	443,83							
6239,99	I,IV	**1431,91**	443,83	443,83	I	1285,16	1140,66	1002,25	869,91	743,75	623,75
	II	**1365,16**	443,83	443,83	II	1218,66	1076,91	941,25	811,75	688,41	571,16
	III	**916,50**	443,83	443,83	III	810,00	706,66	606,33	509,00	414,83	323,66
	V	**1901,41**	443,83	443,83	IV	1358,50	1285,16	1212,16	1140,66	1070,66	1002,25
	VI	**1937,66**	443,83	443,83							
6242,99	I,IV	**1433,08**	443,83	443,83	I	1286,25	1141,75	1003,33	870,91	744,75	624,66
	II	**1366,33**	443,83	443,83	II	1219,83	1078,00	942,33	812,75	689,33	572,00
	III	**917,33**	443,83	443,83	III	810,83	707,50	607,16	509,83	415,66	324,50
	V	**1902,58**	443,83	443,83	IV	1359,66	1286,25	1213,25	1141,75	1071,75	1003,33
	VI	**1938,83**	443,83	443,83							
6245,99	I,IV	**1434,25**	443,83	443,83	I	1287,41	1142,83	1004,33	872,00	745,66	625,58
	II	**1367,41**	443,83	443,83	II	1220,91	1079,08	943,33	813,75	690,25	572,91
	III	**918,16**	443,83	443,83	III	811,66	708,16	607,83	510,50	416,33	325,16
	V	**1903,75**	443,83	443,83	IV	1360,83	1287,41	1214,41	1142,83	1072,83	1004,33
	VI	**1940,00**	443,83	443,83							
6248,99	I,IV	**1435,41**	443,83	443,83	I	1288,58	1144,00	1005,41	873,00	746,66	626,50
	II	**1368,58**	443,83	443,83	II	1222,08	1080,16	944,41	814,75	691,25	573,83
	III	**919,00**	443,83	443,83	III	812,50	709,00	608,66	511,33	417,00	325,83
	V	**1904,83**	443,83	443,83	IV	1362,00	1288,58	1215,58	1144,00	1073,91	1005,41
	VI	**1941,16**	443,83	443,83							
6251,99	I,IV	**1436,58**	443,83	443,83	I	1289,75	1145,16	1006,50	874,00	747,66	627,41
	II	**1369,83**	443,83	443,83	II	1223,25	1081,33	945,50	815,75	692,16	574,75
	III	**920,00**	443,83	443,83	III	813,33	709,83	609,50	512,16	417,83	326,50
	V	**1906,08**	443,83	443,83	IV	1363,16	1289,75	1216,75	1145,16	1075,08	1006,50
	VI	**1942,33**	443,83	443,83							
6254,99	I,IV	**1437,75**	443,83	443,83	I	1290,91	1146,25	1007,58	875,08	748,66	628,33
	II	**1370,91**	443,83	443,83	II	1224,41	1082,41	946,50	816,75	693,16	575,66
	III	**920,66**	443,83	443,83	III	814,16	710,66	610,16	512,83	418,50	327,16
	V	**1907,25**	443,83	443,83	IV	1364,33	1290,91	1217,83	1146,25	1076,16	1007,58
	VI	**1943,50**	443,83	443,83							
6257,99	I,IV	**1438,91**	443,83	443,83	I	1292,08	1147,33	1008,66	876,08	749,58	629,25
	II	**1372,08**	443,83	443,83	II	1225,58	1083,50	947,58	817,75	694,08	576,58
	III	**921,66**	443,83	443,83	III	815,00	711,50	611,00	513,66	419,33	328,00
	V	**1908,33**	443,83	443,83	IV	1365,50	1292,08	1219,00	1147,33	1077,25	1008,66
	VI	**1944,66**	443,83	443,83							
6260,99	I,IV	**1440,00**	443,83	443,83	I	1293,25	1148,50	1009,75	877,08	750,58	630,16
	II	**1373,25**	443,83	443,83	II	1226,66	1084,58	948,66	818,75	695,08	577,41
	III	**922,50**	443,83	443,83	III	815,83	712,33	611,83	514,33	420,00	328,66
	V	**1909,50**	443,83	443,83	IV	1366,66	1293,25	1220,16	1148,50	1078,33	1009,75
	VI	**1945,75**	443,83	443,83							
6263,99	I,IV	**1441,16**	443,83	443,83	I	1294,41	1149,58	1010,75	878,08	751,58	631,08
	II	**1374,41**	443,83	443,83	II	1227,83	1085,66	949,66	819,75	696,00	578,33
	III	**923,33**	443,83	443,83	III	816,66	713,16	612,50	515,16	420,66	329,33
	V	**1910,66**	443,83	443,83	IV	1367,83	1294,41	1221,33	1149,58	1079,41	1010,75
	VI	**1946,91**	443,83	443,83							

* Zur LSt-Berechnung für privat versicherte Arbeitnehmer s. Beispiele **Vorbemerkung S. 4 f.**
** Basisvorsorgepauschale KV und PV *** Typisierter Arbeitgeberzuschuss

Lohn/ Gehalt in € bis	Steuerklasse	Lohn-steuer*	BVSP**	TAGZ***	Steuerklasse	Bemessungsgrundlage für Kirchensteuer und Solidaritätszuschlag					
						Freibeträge für ... Kinder					
						0,5	**1,0**	1,5	**2,0**	2,5	**3,0**
6266,99	I,IV	**1442,33**	443,83	443,83	I	1295,58	1150,75	1011,83	879,16	752,50	632,00
	II	**1375,58**	443,83	443,83	II	1229,00	1086,75	950,75	820,75	696,91	579,25
	III	**924,16**	443,83	443,83	III	817,50	713,83	613,33	515,83	421,50	330,00
	V	**1911,83**	443,83	443,83	IV	1368,91	1295,58	1222,41	1150,75	1080,50	1011,83
	VI	**1948,08**	443,83	443,83							
6269,99	I,IV	**1443,50**	443,83	443,83	I	1296,75	1151,83	1013,00	880,16	753,50	633,00
	II	**1376,75**	443,83	443,83	II	1230,16	1087,91	951,83	821,83	697,91	580,16
	III	**925,00**	443,83	443,83	III	818,33	714,66	614,16	516,66	422,16	330,83
	V	**1913,00**	443,83	443,83	IV	1370,16	1296,75	1223,58	1151,83	1081,66	1013,00
	VI	**1949,25**	443,83	443,83							
6272,99	I,IV	**1444,66**	443,83	443,83	I	1297,91	1153,00	1014,00	881,16	754,50	633,91
	II	**1377,91**	443,83	443,83	II	1231,33	1089,00	952,83	822,83	698,91	581,08
	III	**925,83**	443,83	443,83	III	819,16	715,50	615,00	517,33	423,00	331,50
	V	**1914,16**	443,83	443,83	IV	1371,33	1297,91	1224,75	1153,00	1082,75	1014,00
	VI	**1950,41**	443,83	443,83							
6275,99	I,IV	**1445,83**	443,83	443,83	I	1299,08	1154,08	1015,08	882,25	755,50	634,83
	II	**1379,08**	443,83	443,83	II	1232,41	1090,08	953,91	823,83	699,83	582,00
	III	**926,66**	443,83	443,83	III	820,00	716,33	615,66	518,16	423,66	332,16
	V	**1915,33**	443,83	443,83	IV	1372,41	1299,08	1225,91	1154,08	1083,83	1015,08
	VI	**1951,58**	443,83	443,83							
6278,99	I,IV	**1447,00**	443,83	443,83	I	1300,25	1155,25	1016,16	883,25	756,41	635,75
	II	**1380,25**	443,83	443,83	II	1233,58	1091,16	954,91	824,83	700,75	582,91
	III	**927,66**	443,83	443,83	III	820,83	717,16	616,50	519,00	424,33	333,00
	V	**1916,50**	443,83	443,83	IV	1373,58	1300,25	1227,00	1155,25	1084,91	1016,16
	VI	**1952,75**	443,83	443,83							
6281,99	I,IV	**1448,16**	443,83	443,83	I	1301,33	1156,33	1017,25	884,25	757,41	636,66
	II	**1381,41**	443,83	443,83	II	1234,75	1092,33	956,00	825,83	701,75	583,83
	III	**928,50**	443,83	443,83	III	821,66	718,00	617,33	519,66	425,16	333,66
	V	**1917,66**	443,83	443,83	IV	1374,75	1301,33	1228,16	1156,33	1086,00	1017,25
	VI	**1953,91**	443,83	443,83							
6284,99	I,IV	**1449,33**	443,83	443,83	I	1302,58	1157,50	1018,33	885,33	758,41	637,66
	II	**1382,58**	443,83	443,83	II	1235,91	1093,41	957,08	826,83	702,75	584,75
	III	**929,33**	443,83	443,83	III	822,50	718,66	618,00	520,50	425,83	334,33
	V	**1918,83**	443,83	443,83	IV	1375,91	1302,58	1229,33	1157,50	1087,16	1018,33
	VI	**1955,08**	443,83	443,83							
6287,99	I,IV	**1450,50**	443,83	443,83	I	1303,75	1158,58	1019,41	886,33	759,41	638,58
	II	**1383,75**	443,83	443,83	II	1237,08	1094,50	958,08	827,83	703,66	585,66
	III	**930,16**	443,83	443,83	III	823,33	719,50	618,83	521,16	426,66	335,16
	V	**1920,00**	443,83	443,83	IV	1377,08	1303,75	1230,50	1158,58	1088,25	1019,41
	VI	**1956,25**	443,83	443,83							
6290,99	I,IV	**1451,66**	443,83	443,83	I	1304,83	1159,75	1020,50	887,33	760,33	639,50
	II	**1384,91**	443,83	443,83	II	1238,16	1095,58	959,16	828,83	704,58	586,50
	III	**931,00**	443,83	443,83	III	824,16	720,33	619,66	522,00	427,33	335,83
	V	**1921,16**	443,83	443,83	IV	1378,25	1304,83	1231,66	1159,75	1089,33	1020,50
	VI	**1957,41**	443,83	443,83							
6293,99	I,IV	**1452,83**	443,83	443,83	I	1306,00	1160,83	1021,58	888,41	761,33	640,41
	II	**1386,00**	443,83	443,83	II	1239,33	1096,75	960,25	829,83	705,58	587,41
	III	**931,83**	443,83	443,83	III	825,00	721,16	620,50	522,66	428,00	336,50
	V	**1922,33**	443,83	443,83	IV	1379,41	1306,00	1232,75	1160,83	1090,41	1021,58
	VI	**1958,58**	443,83	443,83							
6296,99	I,IV	**1454,00**	443,83	443,83	I	1307,16	1162,00	1022,66	889,41	762,33	641,33
	II	**1387,16**	443,83	443,83	II	1240,50	1097,83	961,25	830,83	706,50	588,33
	III	**932,66**	443,83	443,83	III	825,83	722,00	621,16	523,50	428,83	337,16
	V	**1923,41**	443,83	443,83	IV	1380,58	1307,16	1233,91	1162,00	1091,50	1022,66
	VI	**1959,75**	443,83	443,83							
6299,99	I,IV	**1455,16**	443,83	443,83	I	1308,33	1163,08	1023,75	890,50	763,33	642,33
	II	**1388,41**	443,83	443,83	II	1241,66	1098,91	962,33	831,83	707,50	589,25
	III	**933,66**	443,83	443,83	III	826,66	722,83	622,00	524,16	429,50	338,00
	V	**1924,66**	443,83	443,83	IV	1381,75	1308,33	1235,08	1163,08	1092,66	1023,75
	VI	**1960,91**	443,83	443,83							

* Zur LSt-Berechnung für privat versicherte Arbeitnehmer s. Beispiele **Vorbemerkung S. 4f.**
** Basisvorsorgepauschale KV und PV *** Typisierter Arbeitgeberzuschuss

Lohn/ Gehalt in € bis	Steuerklasse	Lohn-steuer*	BVSP**	TAGZ***	Steuerklasse	Bemessungsgrundlage für Kirchensteuer und Solidaritätszuschlag					
						Freibeträge für ... Kinder					
						0,5	**1,0**	1,5	**2,0**	2,5	**3,0**
6302,99	I,IV	**1456,33**	443,83	443,83	I	1309,50	1164,25	1024,83	891,50	764,33	643,25
	II	**1389,50**	443,83	443,83	II	1242,83	1100,08	963,41	832,83	708,50	590,16
	III	**934,50**	443,83	443,83	III	827,50	723,66	622,83	525,00	430,33	338,66
	V	**1925,83**	443,83	443,83	IV	1382,91	1309,50	1236,25	1164,25	1093,75	1024,83
	VI	**1962,08**	443,83	443,83							
6305,99	I,IV	**1457,50**	443,83	443,83	I	1310,66	1165,33	1025,91	892,50	765,25	644,16
	II	**1390,66**	443,83	443,83	II	1244,00	1101,16	964,41	833,91	709,41	591,08
	III	**935,33**	443,83	443,83	III	828,33	724,33	623,50	525,66	431,00	339,33
	V	**1926,91**	443,83	443,83	IV	1384,08	1310,66	1237,41	1165,33	1094,83	1025,91
	VI	**1963,25**	443,83	443,83							
6308,99	I,IV	**1458,58**	443,83	443,83	I	1311,83	1166,50	1026,91	893,58	766,25	645,08
	II	**1391,83**	443,83	443,83	II	1245,08	1102,25	965,50	834,91	710,41	592,00
	III	**936,16**	443,83	443,83	III	829,16	725,16	624,33	526,50	431,83	340,00
	V	**1928,08**	443,83	443,83	IV	1385,25	1311,83	1238,58	1166,50	1095,91	1026,91
	VI	**1964,33**	443,83	443,83							
6311,99	I,IV	**1459,75**	443,83	443,83	I	1313,00	1167,58	1028,00	894,58	767,25	646,00
	II	**1393,00**	443,83	443,83	II	1246,25	1103,33	966,58	835,91	711,33	592,91
	III	**937,00**	443,83	443,83	III	830,00	726,00	625,16	527,33	432,50	340,83
	V	**1929,25**	443,83	443,83	IV	1386,41	1313,00	1239,66	1167,58	1097,08	1028,00
	VI	**1965,50**	443,83	443,83							
6314,99	I,IV	**1460,91**	443,83	443,83	I	1314,16	1168,75	1029,08	895,58	768,25	646,91
	II	**1394,16**	443,83	443,83	II	1247,41	1104,41	967,58	836,91	712,33	593,83
	III	**937,83**	443,83	443,83	III	830,83	726,83	625,83	528,00	433,16	341,50
	V	**1930,41**	443,83	443,83	IV	1387,50	1314,16	1240,83	1168,75	1098,16	1029,08
	VI	**1966,66**	443,83	443,83							
6317,99	I,IV	**1462,08**	443,83	443,83	I	1315,33	1169,91	1030,16	896,66	769,25	647,91
	II	**1395,33**	443,83	443,83	II	1248,58	1105,58	968,66	837,91	713,25	594,75
	III	**938,83**	443,83	443,83	III	831,66	727,66	626,66	528,83	434,00	342,16
	V	**1931,58**	443,83	443,83	IV	1388,75	1315,33	1242,00	1169,91	1099,25	1030,16
	VI	**1967,83**	443,83	443,83							
6320,99	I,IV	**1463,25**	443,83	443,83	I	1316,50	1171,00	1031,25	897,66	770,16	648,83
	II	**1396,50**	443,83	443,83	II	1249,75	1106,66	969,75	838,91	714,25	595,66
	III	**939,66**	443,83	443,83	III	832,50	728,50	627,50	529,50	434,66	342,83
	V	**1932,75**	443,83	443,83	IV	1389,91	1316,50	1243,16	1171,00	1100,41	1031,25
	VI	**1969,00**	443,83	443,83							
6323,99	I,IV	**1464,41**	443,83	443,83	I	1317,66	1172,16	1032,33	898,75	771,16	649,75
	II	**1397,66**	443,83	443,83	II	1250,91	1107,75	970,83	839,91	715,16	596,58
	III	**940,50**	443,83	443,83	III	833,33	729,33	628,33	530,33	435,50	343,66
	V	**1933,91**	443,83	443,83	IV	1391,00	1317,66	1244,33	1172,16	1101,50	1032,33
	VI	**1970,16**	443,83	443,83							
6326,99	I,IV	**1465,58**	443,83	443,83	I	1318,83	1173,25	1033,41	899,75	772,16	650,75
	II	**1398,83**	443,83	443,83	II	1252,08	1108,91	971,83	840,91	716,16	597,50
	III	**941,33**	443,83	443,83	III	834,16	730,00	629,00	531,00	436,16	344,33
	V	**1935,08**	443,83	443,83	IV	1392,16	1318,83	1245,50	1173,25	1102,58	1033,41
	VI	**1971,33**	443,83	443,83							
6329,99	I,IV	**1466,75**	443,83	443,83	I	1319,91	1174,41	1034,50	900,75	773,16	651,66
	II	**1400,00**	443,83	443,83	II	1253,16	1110,00	972,91	841,91	717,08	598,41
	III	**942,16**	443,83	443,83	III	835,00	730,83	629,83	531,83	437,00	345,00
	V	**1936,25**	443,83	443,83	IV	1393,33	1319,91	1246,58	1174,41	1103,66	1034,50
	VI	**1972,50**	443,83	443,83							
6332,99	I,IV	**1467,91**	443,83	443,83	I	1321,16	1175,50	1035,58	901,83	774,16	652,58
	II	**1401,16**	443,83	443,83	II	1254,41	1111,16	974,00	843,00	718,08	599,33
	III	**943,00**	443,83	443,83	III	835,83	731,66	630,66	532,66	437,66	345,83
	V	**1937,41**	443,83	443,83	IV	1394,50	1321,16	1247,83	1175,50	1104,83	1035,58
	VI	**1973,66**	443,83	443,83							
6335,99	I,IV	**1469,08**	443,83	443,83	I	1322,33	1176,66	1036,66	902,83	775,16	653,50
	II	**1402,33**	443,83	443,83	II	1255,50	1112,25	975,08	844,00	719,08	600,25
	III	**943,83**	443,83	443,83	III	836,66	732,50	631,50	533,33	438,33	346,50
	V	**1938,58**	443,83	443,83	IV	1395,66	1322,33	1248,91	1176,66	1105,91	1036,66
	VI	**1974,83**	443,83	443,83							

* Zur LSt-Berechnung für privat versicherte Arbeitnehmer s. Beispiele **Vorbemerkung S. 4 f.**
** Basisvorsorgepauschale KV und PV *** Typisierter Arbeitgeberzuschuss

Lohn/ Gehalt in € bis	Steuerklasse	Lohn-steuer*	BVSP**	TAGZ***	Steuerklasse	Bemessungsgrundlage für Kirchensteuer und Solidaritätszuschlag					
						Freibeträge für ... Kinder					
						0,5	**1,0**	1,5	**2,0**	2,5	**3,0**
6338,99	I,IV	**1470,25**	443,83	443,83	I	1323,41	1177,75	1037,75	903,91	776,08	654,50
	II	**1403,50**	443,83	443,83	II	1256,66	1113,33	976,08	845,00	720,00	601,16
	III	**944,83**	443,83	443,83	III	837,50	733,33	632,16	534,16	439,16	347,16
	V	**1939,75**	443,83	443,83	IV	1396,83	1323,41	1250,08	1177,75	1107,00	1037,75
	VI	**1976,00**	443,83	443,83							
6341,99	I,IV	**1471,41**	443,83	443,83	I	1324,58	1178,91	1038,83	904,91	777,08	655,41
	II	**1404,58**	443,83	443,83	II	1257,83	1114,41	977,16	846,00	721,00	602,08
	III	**945,66**	443,83	443,83	III	838,33	734,16	633,00	534,83	439,83	347,83
	V	**1940,91**	443,83	443,83	IV	1398,00	1324,58	1251,25	1178,91	1108,08	1038,83
	VI	**1977,16**	443,83	443,83							
6344,99	I,IV	**1472,58**	443,83	443,83	I	1325,75	1180,08	1039,91	905,91	778,08	656,33
	II	**1405,75**	443,83	443,83	II	1259,00	1115,50	978,25	847,00	721,91	603,00
	III	**946,50**	443,83	443,83	III	839,16	735,00	633,83	535,66	440,66	348,66
	V	**1942,00**	443,83	443,83	IV	1399,16	1325,75	1252,41	1180,08	1109,25	1039,91
	VI	**1978,33**	443,83	443,83							
6347,99	I,IV	**1473,75**	443,83	443,83	I	1326,91	1181,16	1041,08	907,00	779,08	657,33
	II	**1407,00**	443,83	443,83	II	1260,16	1116,66	979,33	848,08	722,91	603,91
	III	**947,33**	443,83	443,83	III	840,00	735,83	634,66	536,50	441,33	349,33
	V	**1943,25**	443,83	443,83	IV	1400,33	1326,91	1253,58	1181,16	1110,33	1041,08
	VI	**1979,50**	443,83	443,83							
6350,99	I,IV	**1474,91**	443,83	443,83	I	1328,08	1182,33	1042,08	908,00	780,08	658,25
	II	**1408,08**	443,83	443,83	II	1261,33	1117,75	980,33	849,08	723,91	604,83
	III	**948,16**	443,83	443,83	III	840,83	736,66	635,33	537,16	442,16	350,00
	V	**1944,41**	443,83	443,83	IV	1401,50	1328,08	1254,75	1182,33	1111,50	1042,08
	VI	**1980,66**	443,83	443,83							
6353,99	I,IV	**1476,08**	443,83	443,83	I	1329,25	1183,41	1043,16	909,08	781,08	659,16
	II	**1409,25**	443,83	443,83	II	1262,50	1118,91	981,41	850,08	724,83	605,75
	III	**949,16**	443,83	443,83	III	841,66	737,50	636,16	538,00	442,83	350,83
	V	**1945,50**	443,83	443,83	IV	1402,66	1329,25	1255,91	1183,41	1112,58	1043,16
	VI	**1981,83**	443,83	443,83							
6356,99	I,IV	**1477,16**	443,83	443,83	I	1330,41	1184,58	1044,25	910,08	782,00	660,08
	II	**1410,41**	443,83	443,83	II	1263,66	1120,00	982,50	851,08	725,83	606,66
	III	**950,00**	443,83	443,83	III	842,50	738,16	637,00	538,66	443,50	351,50
	V	**1946,66**	443,83	443,83	IV	1403,83	1330,41	1257,00	1184,58	1113,66	1044,25
	VI	**1982,91**	443,83	443,83							
6359,99	I,IV	**1478,33**	443,83	443,83	I	1331,58	1185,75	1045,33	911,16	783,00	661,00
	II	**1411,58**	443,83	443,83	II	1264,83	1121,08	983,50	852,08	726,75	607,58
	III	**950,83**	443,83	443,83	III	843,33	739,00	637,66	539,50	444,33	352,16
	V	**1947,83**	443,83	443,83	IV	1405,00	1331,58	1258,16	1185,75	1114,75	1045,33
	VI	**1984,08**	443,83	443,83							
6362,99	I,IV	**1479,58**	443,83	443,83	I	1332,75	1186,91	1046,50	912,16	784,00	662,00
	II	**1412,75**	443,83	443,83	II	1266,00	1122,25	984,66	853,16	727,75	608,50
	III	**951,66**	443,83	443,83	III	844,33	739,83	638,50	540,33	445,16	353,00
	V	**1949,00**	443,83	443,83	IV	1406,16	1332,75	1259,33	1186,91	1115,91	1046,50
	VI	**1985,33**	443,83	443,83							
6365,99	I,IV	**1480,66**	443,83	443,83	I	1333,91	1188,00	1047,58	913,25	785,00	662,91
	II	**1413,91**	443,83	443,83	II	1267,16	1123,33	985,66	854,16	728,75	609,41
	III	**952,50**	443,83	443,83	III	845,00	740,66	639,33	541,00	445,83	353,66
	V	**1950,16**	443,83	443,83	IV	1407,33	1333,91	1260,50	1188,00	1117,00	1047,58
	VI	**1986,41**	443,83	443,83							
6368,99	I,IV	**1481,83**	443,83	443,83	I	1335,08	1189,16	1048,66	914,25	786,00	663,83
	II	**1415,08**	443,83	443,83	II	1268,33	1124,41	986,75	855,16	729,66	610,33
	III	**953,33**	443,83	443,83	III	846,00	741,50	640,16	541,83	446,50	354,33
	V	**1951,33**	443,83	443,83	IV	1408,50	1335,08	1261,66	1189,16	1118,08	1048,66
	VI	**1987,58**	443,83	443,83							
6371,99	I,IV	**1483,00**	443,83	443,83	I	1336,25	1190,25	1049,75	915,33	787,00	664,83
	II	**1416,25**	443,83	443,83	II	1269,41	1125,58	987,83	856,16	730,66	611,25
	III	**954,16**	443,83	443,83	III	846,66	742,33	640,83	542,50	447,33	355,00
	V	**1952,50**	443,83	443,83	IV	1409,58	1336,25	1262,83	1190,25	1119,25	1049,75
	VI	**1988,75**	443,83	443,83							

* Zur LSt-Berechnung für privat versicherte Arbeitnehmer s. Beispiele **Vorbemerkung S. 4f.**
** Basisvorsorgepauschale KV und PV *** Typisierter Arbeitgeberzuschuss

Lohn/ Gehalt in € bis	Steuerklasse	Lohn-steuer*	BVSP**	TAGZ***	Steuerklasse	Bemessungsgrundlage für Kirchensteuer und Solidaritätszuschlag — Freibeträge für ... Kinder 0,5	1,0	1,5	2,0	2,5	3,0
6374,99	I,IV	**1484,16**	443,83	443,83	I	1337,41	1191,41	1050,83	916,33	788,00	665,75
	II	**1417,41**	443,83	443,83	II	1270,58	1126,66	988,83	857,16	731,58	612,16
	III	**955,16**	443,83	443,83	III	847,66	743,16	641,66	543,33	448,00	355,83
	V	**1953,66**	443,83	443,83	IV	1410,75	1337,41	1264,00	1191,41	1120,33	1050,83
	VI	**1989,91**	443,83	443,83							
6377,99	I,IV	**1485,33**	443,83	443,83	I	1338,50	1192,50	1051,91	917,33	789,00	666,66
	II	**1418,58**	443,83	443,83	II	1271,75	1127,75	989,91	858,16	732,58	613,08
	III	**956,00**	443,83	443,83	III	848,33	743,83	642,50	544,00	448,83	356,50
	V	**1954,83**	443,83	443,83	IV	1411,91	1338,50	1265,16	1192,50	1121,41	1051,91
	VI	**1991,08**	443,83	443,83							
6380,99	I,IV	**1486,50**	443,83	443,83	I	1339,75	1193,66	1053,00	918,41	790,00	667,66
	II	**1419,75**	443,83	443,83	II	1272,91	1128,91	991,00	859,25	733,58	614,00
	III	**956,83**	443,83	443,83	III	849,33	744,66	643,33	544,83	449,50	357,16
	V	**1956,00**	443,83	443,83	IV	1413,08	1339,75	1266,33	1193,66	1122,58	1053,00
	VI	**1992,25**	443,83	443,83							
6383,99	I,IV	**1487,66**	443,83	443,83	I	1340,91	1194,83	1054,08	919,50	791,00	668,58
	II	**1420,91**	443,83	443,83	II	1274,08	1130,00	992,08	860,25	734,50	614,91
	III	**957,66**	443,83	443,83	III	850,16	745,50	644,00	545,66	450,33	358,00
	V	**1957,16**	443,83	443,83	IV	1414,25	1340,91	1267,50	1194,83	1123,66	1054,08
	VI	**1993,41**	443,83	443,83							
6386,99	I,IV	**1488,83**	443,83	443,83	I	1342,00	1195,91	1055,16	920,50	791,91	669,50
	II	**1422,08**	443,83	443,83	II	1275,25	1131,16	993,16	861,25	735,50	615,83
	III	**958,50**	443,83	443,83	III	851,00	746,33	644,83	546,33	451,00	358,66
	V	**1958,33**	443,83	443,83	IV	1415,41	1342,00	1268,66	1195,91	1124,83	1055,16
	VI	**1994,58**	443,83	443,83							
6389,99	I,IV	**1490,00**	443,83	443,83	I	1343,16	1197,08	1056,25	921,50	792,91	670,50
	II	**1423,16**	443,83	443,83	II	1276,41	1132,25	994,16	862,25	736,50	616,75
	III	**959,50**	443,83	443,83	III	851,83	747,16	645,66	547,16	451,83	359,33
	V	**1959,50**	443,83	443,83	IV	1416,58	1343,16	1269,83	1197,08	1125,91	1056,25
	VI	**1995,75**	443,83	443,83							
6392,99	I,IV	**1491,16**	443,83	443,83	I	1344,33	1198,25	1057,33	922,58	793,91	671,41
	II	**1424,33**	443,83	443,83	II	1277,58	1133,33	995,25	863,25	737,41	617,66
	III	**960,33**	443,83	443,83	III	852,66	748,00	646,33	547,83	452,50	360,16
	V	**1960,66**	443,83	443,83	IV	1417,75	1344,33	1270,91	1198,25	1127,00	1057,33
	VI	**1996,91**	443,83	443,83							
6395,99	I,IV	**1492,33**	443,83	443,83	I	1345,50	1199,41	1058,41	923,66	794,91	672,41
	II	**1425,58**	443,83	443,83	II	1278,75	1134,50	996,33	864,33	738,41	618,66
	III	**961,16**	443,83	443,83	III	853,50	748,83	647,16	548,66	453,16	360,83
	V	**1961,83**	443,83	443,83	IV	1418,91	1345,50	1272,16	1199,41	1128,16	1058,41
	VI	**1998,08**	443,83	443,83							
6398,99	I,IV	**1493,50**	443,83	443,83	I	1346,66	1200,50	1059,50	924,66	795,91	673,33
	II	**1426,66**	443,83	443,83	II	1279,91	1135,58	997,41	865,33	739,41	619,58
	III	**962,00**	443,83	443,83	III	854,33	749,66	648,00	549,50	454,00	361,50
	V	**1963,00**	443,83	443,83	IV	1420,08	1346,66	1273,33	1200,50	1129,25	1059,50
	VI	**1999,25**	443,83	443,83							
6401,99	I,IV	**1494,66**	443,83	443,83	I	1347,83	1201,66	1060,58	925,75	796,91	674,25
	II	**1427,83**	443,83	443,83	II	1281,08	1136,75	998,50	866,33	740,33	620,50
	III	**962,83**	443,83	443,83	III	855,16	750,50	648,83	550,16	454,66	362,33
	V	**1964,16**	443,83	443,83	IV	1421,25	1347,83	1274,41	1201,66	1130,33	1060,58
	VI	**2000,41**	443,83	443,83							
6404,99	I,IV	**1495,83**	443,83	443,83	I	1349,00	1202,75	1061,66	926,75	797,91	675,16
	II	**1429,00**	443,83	443,83	II	1282,25	1137,83	999,58	867,41	741,33	621,41
	III	**963,83**	443,83	443,83	III	856,00	751,33	649,66	551,00	455,50	363,00
	V	**1965,25**	443,83	443,83	IV	1422,41	1349,00	1275,58	1202,75	1131,50	1061,66
	VI	**2001,50**	443,83	443,83							
6407,99	I,IV	**1496,91**	443,83	443,83	I	1350,16	1203,91	1062,75	927,75	798,91	676,16
	II	**1430,16**	443,83	443,83	II	1283,41	1138,91	1000,58	868,41	742,33	622,33
	III	**964,66**	443,83	443,83	III	856,83	752,00	650,33	551,83	456,16	363,66
	V	**1966,41**	443,83	443,83	IV	1423,58	1350,16	1276,75	1203,91	1132,58	1062,75
	VI	**2002,66**	443,83	443,83							

* Zur LSt-Berechnung für privat versicherte Arbeitnehmer s. Beispiele **Vorbemerkung S. 4f.**
** Basisvorsorgepauschale KV und PV *** Typisierter Arbeitgeberzuschuss

Lohn/ Gehalt in € bis	Steuerklasse	Lohn- steuer*	BVSP**	TAGZ***	Steuerklasse	Bemessungsgrundlage für Kirchensteuer und Solidaritätszuschlag					
						Freibeträge für ... Kinder					
						0,5	**1,0**	1,5	**2,0**	2,5	**3,0**
6410,99	I,IV	**1498,16**	443,83	443,83	I	1351,33	1205,08	1063,91	928,83	799,91	677,08
	II	**1431,33**	443,83	443,83	II	1284,58	1140,08	1001,75	869,41	743,33	623,25
	III	**965,50**	443,83	443,83	III	857,66	752,83	651,16	552,50	457,00	364,50
	V	**1967,66**	443,83	443,83	IV	1424,75	1351,33	1277,91	1205,08	1133,75	1063,91
	VI	**2003,91**	443,83	443,83							
6413,99	I,IV	**1499,33**	443,83	443,83	I	1352,50	1206,25	1065,00	929,91	800,91	678,08
	II	**1432,50**	443,83	443,83	II	1285,75	1141,25	1002,75	870,41	744,25	624,16
	III	**966,33**	443,83	443,83	III	858,50	753,66	652,00	553,33	457,66	365,16
	V	**1968,75**	443,83	443,83	IV	1425,91	1352,50	1279,08	1206,25	1134,83	1065,00
	VI	**2005,00**	443,83	443,83							
6416,99	I,IV	**1500,41**	443,83	443,83	I	1353,66	1207,33	1066,08	930,91	801,91	679,00
	II	**1433,66**	443,83	443,83	II	1286,91	1142,33	1003,83	871,50	745,25	625,08
	III	**967,16**	443,83	443,83	III	859,33	754,50	652,83	554,00	458,50	365,83
	V	**1969,91**	443,83	443,83	IV	1427,08	1353,66	1280,25	1207,33	1135,91	1066,08
	VI	**2006,16**	443,83	443,83							
6419,99	I,IV	**1501,58**	443,83	443,83	I	1354,83	1208,50	1067,16	932,00	802,91	679,91
	II	**1434,83**	443,83	443,83	II	1288,00	1143,41	1004,91	872,50	746,16	626,00
	III	**968,16**	443,83	443,83	III	860,16	755,33	653,50	554,83	459,16	366,66
	V	**1971,08**	443,83	443,83	IV	1428,16	1354,83	1281,41	1208,50	1137,08	1067,16
	VI	**2007,33**	443,83	443,83							
6422,99	I,IV	**1502,75**	443,83	443,83	I	1356,00	1209,66	1068,25	933,00	803,91	680,91
	II	**1436,00**	443,83	443,83	II	1289,16	1144,58	1006,00	873,50	747,16	626,91
	III	**969,00**	443,83	443,83	III	861,00	756,16	654,33	555,66	459,83	367,33
	V	**1972,25**	443,83	443,83	IV	1429,33	1356,00	1282,58	1209,66	1138,16	1068,25
	VI	**2008,50**	443,83	443,83							
6425,99	I,IV	**1503,91**	443,83	443,83	I	1357,08	1210,75	1069,33	934,08	804,91	681,83
	II	**1437,16**	443,83	443,83	II	1290,33	1145,66	1007,00	874,50	748,16	627,83
	III	**969,83**	443,83	443,83	III	861,83	757,00	655,16	556,33	460,66	368,00
	V	**1973,41**	443,83	443,83	IV	1430,50	1357,08	1283,75	1210,75	1139,33	1069,33
	VI	**2009,66**	443,83	443,83							
6428,99	I,IV	**1505,08**	443,83	443,83	I	1358,33	1211,91	1070,50	935,16	805,91	682,83
	II	**1438,33**	443,83	443,83	II	1291,50	1146,83	1008,16	875,58	749,16	628,83
	III	**970,66**	443,83	443,83	III	862,66	757,83	656,00	557,16	461,50	368,83
	V	**1974,58**	443,83	443,83	IV	1431,66	1358,33	1284,91	1211,91	1140,41	1070,50
	VI	**2010,83**	443,83	443,83							
6431,99	I,IV	**1506,25**	443,83	443,83	I	1359,50	1213,08	1071,58	936,16	806,91	683,75
	II	**1439,50**	443,83	443,83	II	1292,66	1147,91	1009,16	876,58	750,08	629,75
	III	**971,50**	443,83	443,83	III	863,50	758,66	656,66	557,83	462,16	369,50
	V	**1975,75**	443,83	443,83	IV	1432,83	1359,50	1286,08	1213,08	1141,58	1071,58
	VI	**2012,00**	443,83	443,83							
6434,99	I,IV	**1507,41**	443,83	443,83	I	1360,58	1214,25	1072,66	937,16	807,91	684,66
	II	**1440,66**	443,83	443,83	II	1293,83	1149,08	1010,25	877,58	751,08	630,66
	III	**972,50**	443,83	443,83	III	864,33	759,50	657,50	558,66	463,00	370,16
	V	**1976,91**	443,83	443,83	IV	1434,00	1360,58	1287,25	1214,25	1142,66	1072,66
	VI	**2013,16**	443,83	443,83							
6437,99	I,IV	**1508,58**	443,83	443,83	I	1361,75	1215,33	1073,75	938,25	808,91	685,66
	II	**1441,75**	443,83	443,83	II	1295,00	1150,16	1011,33	878,66	752,08	631,58
	III	**973,33**	443,83	443,83	III	865,16	760,16	658,33	559,50	463,66	370,83
	V	**1978,08**	443,83	443,83	IV	1435,16	1361,75	1288,41	1215,33	1143,75	1073,75
	VI	**2014,33**	443,83	443,83							
6440,99	I,IV	**1509,75**	443,83	443,83	I	1362,91	1216,50	1074,83	939,33	809,91	686,58
	II	**1442,91**	443,83	443,83	II	1296,16	1151,25	1012,41	879,66	753,00	632,50
	III	**974,16**	443,83	443,83	III	866,16	761,00	659,16	560,16	464,33	371,66
	V	**1979,25**	443,83	443,83	IV	1436,33	1362,91	1289,50	1216,50	1144,91	1074,83
	VI	**2015,50**	443,83	443,83							
6443,99	I,IV	**1510,91**	443,83	443,83	I	1364,08	1217,66	1075,91	940,33	810,91	687,58
	II	**1444,16**	443,83	443,83	II	1297,33	1152,41	1013,50	880,66	754,00	633,50
	III	**975,00**	443,83	443,83	III	867,00	761,83	660,00	561,00	465,16	372,33
	V	**1980,41**	443,83	443,83	IV	1437,50	1364,08	1290,75	1217,66	1146,08	1075,91
	VI	**2016,66**	443,83	443,83							

* Zur LSt-Berechnung für privat versicherte Arbeitnehmer s. Beispiele **Vorbemerkung S. 4f.**
** Basisvorsorgepauschale KV und PV *** Typisierter Arbeitgeberzuschuss

Lohn/ Gehalt in € bis	Steuerklasse	Lohn- steuer*	BVSP**	TAGZ***	Steuerklasse	Bemessungsgrundlage für Kirchensteuer und Solidaritätszuschlag					
						Freibeträge für ... Kinder					
						0,5	**1,0**	1,5	**2,0**	2,5	**3,0**
6446,99	I,IV	**1512,08**	443,83	443,83	I	1365,25	1218,83	1077,08	941,41	811,91	688,50
	II	**1445,25**	443,83	443,83	II	1298,50	1153,58	1014,58	881,75	755,00	634,41
	III	**975,83**	443,83	443,83	III	867,83	762,66	660,66	561,83	465,83	373,00
	V	**1981,58**	443,83	443,83	IV	1438,66	1365,25	1291,91	1218,83	1147,16	1077,08
	VI	**2017,83**	443,83	443,83							
6449,99	I,IV	**1513,25**	443,83	443,83	I	1366,41	1219,91	1078,16	942,41	812,91	689,41
	II	**1446,41**	443,83	443,83	II	1299,66	1154,66	1015,66	882,75	756,00	635,33
	III	**976,83**	443,83	443,83	III	868,66	763,50	661,50	562,50	466,66	373,83
	V	**1982,75**	443,83	443,83	IV	1439,83	1366,41	1293,00	1219,91	1148,25	1078,16
	VI	**2019,00**	443,83	443,83							
6452,99	I,IV	**1514,41**	443,83	443,83	I	1367,58	1221,08	1079,25	943,50	813,91	690,41
	II	**1447,58**	443,83	443,83	II	1300,83	1155,75	1016,75	883,75	756,91	636,25
	III	**977,66**	443,83	443,83	III	869,50	764,33	662,33	563,33	467,33	374,50
	V	**1983,83**	443,83	443,83	IV	1441,00	1367,58	1294,16	1221,08	1149,41	1079,25
	VI	**2020,16**	443,83	443,83							
6455,99	I,IV	**1515,50**	443,83	443,83	I	1368,75	1222,25	1080,33	944,50	814,91	691,33
	II	**1448,75**	443,83	443,83	II	1302,00	1156,91	1017,75	884,83	757,91	637,16
	III	**978,50**	443,83	443,83	III	870,33	765,16	663,16	564,16	468,16	375,33
	V	**1985,00**	443,83	443,83	IV	1442,16	1368,75	1295,33	1222,25	1150,50	1080,33
	VI	**2021,25**	443,83	443,83							
6458,99	I,IV	**1516,75**	443,83	443,83	I	1369,91	1223,41	1081,41	945,58	815,91	692,33
	II	**1449,91**	443,83	443,83	II	1303,16	1158,08	1018,91	885,83	758,91	638,16
	III	**979,33**	443,83	443,83	III	871,16	766,00	664,00	564,83	468,83	376,00
	V	**1986,25**	443,83	443,83	IV	1443,33	1369,91	1296,50	1223,41	1151,66	1081,41
	VI	**2022,50**	443,83	443,83							
6461,99	I,IV	**1517,91**	443,83	443,83	I	1371,08	1224,58	1082,50	946,66	816,91	693,25
	II	**1451,08**	443,83	443,83	II	1304,33	1159,16	1020,00	886,83	759,91	639,08
	III	**980,16**	443,83	443,83	III	872,00	766,83	664,66	565,66	469,66	376,66
	V	**1987,33**	443,83	443,83	IV	1444,50	1371,08	1297,66	1224,58	1152,75	1082,50
	VI	**2023,66**	443,83	443,83							
6464,99	I,IV	**1519,00**	443,83	443,83	I	1372,25	1225,66	1083,66	947,66	817,91	694,25
	II	**1452,25**	443,83	443,83	II	1305,50	1160,33	1021,00	887,91	760,91	640,00
	III	**981,16**	443,83	443,83	III	872,83	767,66	665,50	566,50	470,33	377,50
	V	**1988,50**	443,83	443,83	IV	1445,66	1372,25	1298,83	1225,66	1153,91	1083,66
	VI	**2024,75**	443,83	443,83							
6467,99	I,IV	**1520,16**	443,83	443,83	I	1373,41	1226,83	1084,75	948,75	818,91	695,16
	II	**1453,41**	443,83	443,83	II	1306,58	1161,41	1022,08	888,91	761,83	640,91
	III	**982,00**	443,83	443,83	III	873,66	768,50	666,33	567,16	471,16	378,16
	V	**1989,66**	443,83	443,83	IV	1446,83	1373,41	1300,00	1226,83	1155,00	1084,75
	VI	**2025,91**	443,83	443,83							
6470,99	I,IV	**1521,33**	443,83	443,83	I	1374,58	1228,00	1085,83	949,83	819,91	696,08
	II	**1454,58**	443,83	443,83	II	1307,75	1162,50	1023,16	889,91	762,83	641,83
	III	**982,83**	443,83	443,83	III	874,50	769,33	667,16	568,00	471,83	378,83
	V	**1990,83**	443,83	443,83	IV	1447,91	1374,58	1301,16	1228,00	1156,16	1085,83
	VI	**2027,08**	443,83	443,83							
6473,99	I,IV	**1522,50**	443,83	443,83	I	1375,66	1229,08	1086,91	950,83	820,91	697,08
	II	**1455,75**	443,83	443,83	II	1308,91	1163,66	1024,25	891,00	763,83	642,75
	III	**983,66**	443,83	443,83	III	875,33	770,00	667,83	568,66	472,66	379,50
	V	**1992,00**	443,83	443,83	IV	1449,08	1375,66	1302,33	1229,08	1157,25	1086,91
	VI	**2028,25**	443,83	443,83							
6476,99	I,IV	**1523,66**	443,83	443,83	I	1376,91	1230,25	1088,08	951,91	821,91	698,08
	II	**1456,91**	443,83	443,83	II	1310,08	1164,83	1025,33	892,00	764,83	643,75
	III	**984,50**	443,83	443,83	III	876,16	770,83	668,66	569,50	473,33	380,33
	V	**1993,16**	443,83	443,83	IV	1450,33	1376,91	1303,50	1230,25	1158,41	1088,08
	VI	**2029,41**	443,83	443,83							
6479,99	I,IV	**1524,83**	443,83	443,83	I	1378,08	1231,41	1089,16	953,00	822,91	699,00
	II	**1458,08**	443,83	443,83	II	1311,25	1165,91	1026,41	893,08	765,75	644,66
	III	**985,50**	443,83	443,83	III	877,00	771,66	669,50	570,33	474,16	381,00
	V	**1994,33**	443,83	443,83	IV	1451,41	1378,08	1304,66	1231,41	1159,50	1089,16
	VI	**2030,58**	443,83	443,83							

* Zur LSt-Berechnung für privat versicherte Arbeitnehmer s. Beispiele **Vorbemerkung S. 4 f.**
** Basisvorsorgepauschale KV und PV *** Typisierter Arbeitgeberzuschuss

Lohn/ Gehalt in € bis	Steuerklasse	Lohn- steuer*	BVSP**	TAGZ***	Steuerklasse	Bemessungsgrundlage für Kirchensteuer und Solidaritätszuschlag					
						Freibeträge für ... Kinder					
						0,5	**1,0**	1,5	**2,0**	2,5	**3,0**
6482,99	I,IV	**1526,00**	443,83	443,83	I	1379,16	1232,58	1090,25	954,00	823,91	699,91
	II	**1459,25**	443,83	443,83	II	1312,41	1167,08	1027,50	894,08	766,75	645,58
	III	**986,33**	443,83	443,83	III	877,83	772,50	670,33	571,00	474,83	381,83
	V	**1995,50**	443,83	443,83	IV	1452,58	1379,16	1305,83	1232,58	1160,66	1090,25
	VI	**2031,75**	443,83	443,83							
6485,99	I,IV	**1527,16**	443,83	443,83	I	1380,33	1233,75	1091,33	955,08	824,91	700,91
	II	**1460,33**	443,83	443,83	II	1313,58	1168,16	1028,58	895,08	767,75	646,50
	III	**987,16**	443,83	443,83	III	878,83	773,33	671,00	571,83	475,66	382,50
	V	**1996,66**	443,83	443,83	IV	1453,75	1380,33	1307,00	1233,75	1161,75	1091,33
	VI	**2032,91**	443,83	443,83							
6488,99	I,IV	**1528,33**	443,83	443,83	I	1381,50	1234,83	1092,41	956,08	825,91	701,83
	II	**1461,50**	443,83	443,83	II	1314,75	1169,33	1029,66	896,16	768,75	647,41
	III	**988,00**	443,83	443,83	III	879,50	774,16	671,83	572,50	476,33	383,16
	V	**1997,83**	443,83	443,83	IV	1454,91	1381,50	1308,08	1234,83	1162,91	1092,41
	VI	**2034,08**	443,83	443,83							
6491,99	I,IV	**1529,50**	443,83	443,83	I	1382,66	1236,08	1093,58	957,16	826,91	702,83
	II	**1462,75**	443,83	443,83	II	1315,91	1170,50	1030,75	897,16	769,75	648,41
	III	**989,00**	443,83	443,83	III	880,50	775,00	672,66	573,33	477,16	384,00
	V	**1999,00**	443,83	443,83	IV	1456,08	1382,66	1309,33	1236,08	1164,00	1093,58
	VI	**2035,25**	443,83	443,83							
6494,99	I,IV	**1530,66**	443,83	443,83	I	1383,83	1237,16	1094,66	958,25	827,91	703,75
	II	**1463,83**	443,83	443,83	II	1317,08	1171,58	1031,83	898,25	770,66	649,33
	III	**989,83**	443,83	443,83	III	881,33	775,83	673,50	574,16	477,83	384,66
	V	**2000,16**	443,83	443,83	IV	1457,25	1383,83	1310,50	1237,16	1165,16	1094,66
	VI	**2036,41**	443,83	443,83							
6497,99	I,IV	**1531,83**	443,83	443,83	I	1385,00	1238,33	1095,75	959,33	828,91	704,75
	II	**1465,00**	443,83	443,83	II	1318,25	1172,75	1032,91	899,25	771,66	650,25
	III	**990,66**	443,83	443,83	III	882,16	776,66	674,16	574,83	478,66	385,33
	V	**2001,33**	443,83	443,83	IV	1458,41	1385,00	1311,58	1238,33	1166,25	1095,75
	VI	**2037,58**	443,83	443,83							
6500,99	I,IV	**1533,00**	443,83	443,83	I	1386,16	1239,50	1096,83	960,33	829,91	705,66
	II	**1466,16**	443,83	443,83	II	1319,41	1173,83	1034,00	900,25	772,66	651,16
	III	**991,50**	443,83	443,83	III	883,00	777,50	675,00	575,66	479,33	386,16
	V	**2002,41**	443,83	443,83	IV	1459,58	1386,16	1312,75	1239,50	1167,41	1096,83
	VI	**2038,75**	443,83	443,83							
6503,99	I,IV	**1534,08**	443,83	443,83	I	1387,33	1240,66	1097,91	961,41	831,00	706,66
	II	**1467,33**	443,83	443,83	II	1320,58	1175,00	1035,08	901,33	773,66	652,08
	III	**992,33**	443,83	443,83	III	883,83	778,33	675,83	576,50	480,16	386,83
	V	**2003,58**	443,83	443,83	IV	1460,75	1387,33	1313,91	1240,66	1168,50	1097,91
	VI	**2039,83**	443,83	443,83							
6506,99	I,IV	**1535,33**	443,83	443,83	I	1388,50	1241,83	1099,08	962,50	832,00	707,66
	II	**1468,50**	443,83	443,83	II	1321,75	1176,08	1036,16	902,33	774,66	653,08
	III	**993,33**	443,83	443,83	III	884,66	779,16	676,66	577,16	480,83	387,50
	V	**2004,83**	443,83	443,83	IV	1461,91	1388,50	1315,08	1241,83	1169,66	1099,08
	VI	**2041,08**	443,83	443,83							
6509,99	I,IV	**1536,50**	443,83	443,83	I	1389,66	1242,91	1100,16	963,50	833,00	708,58
	II	**1469,66**	443,83	443,83	II	1322,91	1177,25	1037,25	903,41	775,66	654,00
	III	**994,16**	443,83	443,83	III	885,50	780,00	677,50	578,00	481,66	388,33
	V	**2005,91**	443,83	443,83	IV	1463,08	1389,66	1316,25	1242,91	1170,83	1100,16
	VI	**2042,25**	443,83	443,83							
6512,99	I,IV	**1537,58**	443,83	443,83	I	1390,83	1244,08	1101,25	964,58	834,00	709,50
	II	**1470,83**	443,83	443,83	II	1324,08	1178,33	1038,33	904,41	776,58	654,91
	III	**995,00**	443,83	443,83	III	886,33	780,83	678,16	578,83	482,33	389,00
	V	**2007,08**	443,83	443,83	IV	1464,25	1390,83	1317,41	1244,08	1171,91	1101,25
	VI	**2043,33**	443,83	443,83							
6515,99	I,IV	**1538,75**	443,83	443,83	I	1392,00	1245,25	1102,41	965,66	835,00	710,50
	II	**1472,00**	443,83	443,83	II	1325,16	1179,50	1039,41	905,41	777,58	655,91
	III	**995,83**	443,83	443,83	III	887,16	781,66	679,00	579,50	483,16	389,83
	V	**2008,25**	443,83	443,83	IV	1465,41	1392,00	1318,58	1245,25	1173,08	1102,41
	VI	**2044,50**	443,83	443,83							

* Zur LSt-Berechnung für privat versicherte Arbeitnehmer s. Beispiele **Vorbemerkung S. 4 f.**
** Basisvorsorgepauschale KV und PV *** Typisierter Arbeitgeberzuschuss

Lohn/ Gehalt in € bis	Steuerklasse	Lohn-steuer*	BVSP**	TAGZ***	Steuerklasse	Bemessungsgrundlage für Kirchensteuer und Solidaritätszuschlag					
						Freibeträge für ... Kinder					
						0,5	**1,0**	1,5	**2,0**	2,5	**3,0**
6518,99	I,IV	**1539,91**	443,83	443,83	I	1393,16	1246,41	1103,50	966,66	836,00	711,41
	II	**1473,16**	443,83	443,83	II	1326,33	1180,58	1040,50	906,50	778,58	656,83
	III	**996,66**	443,83	443,83	III	888,00	782,33	679,83	580,33	483,83	390,50
	V	**2009,41**	443,83	443,83	IV	1466,50	1393,16	1319,75	1246,41	1174,16	1103,50
	VI	**2045,66**	443,83	443,83							
6521,99	I,IV	**1541,08**	443,83	443,83	I	1394,33	1247,58	1104,58	967,75	837,00	712,41
	II	**1474,33**	443,83	443,83	II	1327,50	1181,75	1041,58	907,50	779,58	657,75
	III	**997,66**	443,83	443,83	III	889,00	783,33	680,66	581,16	484,66	391,16
	V	**2010,58**	443,83	443,83	IV	1467,66	1394,33	1320,91	1247,58	1175,33	1104,58
	VI	**2046,83**	443,83	443,83							
6524,99	I,IV	**1542,25**	443,83	443,83	I	1395,50	1248,75	1105,75	968,83	838,08	713,41
	II	**1475,50**	443,83	443,83	II	1328,66	1182,91	1042,66	908,58	780,58	658,75
	III	**998,50**	443,83	443,83	III	889,83	784,16	681,50	581,83	485,33	392,00
	V	**2011,75**	443,83	443,83	IV	1468,91	1395,50	1322,08	1248,75	1176,50	1105,75
	VI	**2048,00**	443,83	443,83							
6527,99	I,IV	**1543,41**	443,83	443,83	I	1396,66	1249,91	1106,83	969,83	839,08	714,33
	II	**1476,66**	443,83	443,83	II	1329,83	1184,00	1043,75	909,58	781,58	659,66
	III	**999,33**	443,83	443,83	III	890,66	784,83	682,16	582,66	486,16	392,66
	V	**2012,91**	443,83	443,83	IV	1470,00	1396,66	1323,25	1249,91	1177,58	1106,83
	VI	**2049,16**	443,83	443,83							
6530,99	I,IV	**1544,58**	443,83	443,83	I	1397,83	1251,00	1107,91	970,91	840,08	715,33
	II	**1477,83**	443,83	443,83	II	1331,00	1185,16	1044,83	910,66	782,58	660,58
	III	**1000,33**	443,83	443,83	III	891,50	785,66	683,00	583,50	486,83	393,33
	V	**2014,08**	443,83	443,83	IV	1471,16	1397,83	1324,41	1251,00	1178,75	1107,91
	VI	**2050,33**	443,83	443,83							
6533,99	I,IV	**1545,75**	443,83	443,83	I	1398,91	1252,16	1109,00	972,00	841,08	716,25
	II	**1478,91**	443,83	443,83	II	1332,16	1186,33	1045,91	911,66	783,50	661,50
	III	**1001,16**	443,83	443,83	III	892,33	786,50	683,83	584,16	487,66	394,16
	V	**2015,25**	443,83	443,83	IV	1472,33	1398,91	1325,58	1252,16	1179,83	1109,00
	VI	**2051,50**	443,83	443,83							
6536,99	I,IV	**1546,91**	443,83	443,83	I	1400,08	1253,33	1110,08	973,00	842,08	717,25
	II	**1480,08**	443,83	443,83	II	1333,33	1187,41	1047,00	912,66	784,50	662,41
	III	**1002,00**	443,83	443,83	III	893,16	787,33	684,66	585,00	488,33	394,83
	V	**2016,41**	443,83	443,83	IV	1473,50	1400,08	1326,66	1253,33	1181,00	1110,08
	VI	**2052,66**	443,83	443,83							
6539,99	I,IV	**1548,08**	443,83	443,83	I	1401,33	1254,50	1111,25	974,08	843,08	718,25
	II	**1481,33**	443,83	443,83	II	1334,50	1188,58	1048,08	913,75	785,50	663,41
	III	**1002,83**	443,83	443,83	III	894,00	788,16	685,50	585,83	489,16	395,66
	V	**2017,58**	443,83	443,83	IV	1474,66	1401,33	1327,91	1254,50	1182,08	1111,25
	VI	**2053,83**	443,83	443,83							
6542,99	I,IV	**1549,25**	443,83	443,83	I	1402,41	1255,66	1112,33	975,16	844,08	719,16
	II	**1482,41**	443,83	443,83	II	1335,66	1189,75	1049,16	914,75	786,50	664,33
	III	**1003,66**	443,83	443,83	III	894,83	789,00	686,16	586,50	489,83	396,33
	V	**2018,75**	443,83	443,83	IV	1475,83	1402,41	1329,08	1255,66	1183,25	1112,33
	VI	**2055,00**	443,83	443,83							
6545,99	I,IV	**1550,41**	443,83	443,83	I	1403,58	1256,83	1113,50	976,25	845,08	720,16
	II	**1483,58**	443,83	443,83	II	1336,83	1190,83	1050,25	915,83	787,50	665,33
	III	**1004,66**	443,83	443,83	III	895,66	789,83	687,00	587,33	490,66	397,00
	V	**2019,91**	443,83	443,83	IV	1477,00	1403,58	1330,16	1256,83	1184,41	1113,50
	VI	**2056,16**	443,83	443,83							
6548,99	I,IV	**1551,58**	443,83	443,83	I	1404,75	1258,00	1114,58	977,25	846,16	721,08
	II	**1484,75**	443,83	443,83	II	1338,00	1192,00	1051,33	916,83	788,50	666,25
	III	**1005,50**	443,83	443,83	III	896,50	790,66	687,83	588,00	491,33	397,66
	V	**2021,00**	443,83	443,83	IV	1478,16	1404,75	1331,33	1258,00	1185,50	1114,58
	VI	**2057,33**	443,83	443,83							
6551,99	I,IV	**1552,66**	443,83	443,83	I	1405,91	1259,16	1115,66	978,33	847,16	722,08
	II	**1485,91**	443,83	443,83	II	1339,16	1193,08	1052,41	917,91	789,50	667,16
	III	**1006,33**	443,83	443,83	III	897,33	791,50	688,66	588,83	492,16	398,50
	V	**2022,16**	443,83	443,83	IV	1479,33	1405,91	1332,50	1259,16	1186,66	1115,66
	VI	**2058,41**	443,83	443,83							

* Zur LSt-Berechnung für privat versicherte Arbeitnehmer s. Beispiele **Vorbemerkung S. 4f.**
** Basisvorsorgepauschale KV und PV *** Typisierter Arbeitgeberzuschuss

Lohn/ Gehalt in € bis	Steuerklasse	Lohn-steuer*	BVSP**	TAGZ***	Steuerklasse	Bemessungsgrundlage für Kirchensteuer und Solidaritätszuschlag – Freibeträge für ... Kinder 0,5	1,0	1,5	2,0	2,5	3,0
6554,99	I,IV	**1553,91**	443,83	443,83	I	1407,08	1260,33	1116,83	979,41	848,16	723,00
	II	**1487,08**	443,83	443,83	II	1340,33	1194,25	1053,58	919,00	790,50	668,16
	III	**1007,33**	443,83	443,83	III	898,33	792,33	689,50	589,66	493,00	399,16
	V	**2023,41**	443,83	443,83	IV	1480,50	1407,08	1333,66	1260,33	1187,83	1116,83
	VI	**2059,66**	443,83	443,83							
6557,99	I,IV	**1555,08**	443,83	443,83	I	1408,25	1261,50	1117,91	980,50	849,16	724,00
	II	**1488,25**	443,83	443,83	II	1341,50	1195,41	1054,66	920,00	791,50	669,08
	III	**1008,16**	443,83	443,83	III	899,16	793,16	690,33	590,50	493,66	400,00
	V	**2024,50**	443,83	443,83	IV	1481,66	1408,25	1334,83	1261,50	1188,91	1117,91
	VI	**2060,83**	443,83	443,83							
6560,99	I,IV	**1556,16**	443,83	443,83	I	1409,41	1262,58	1119,00	981,58	850,16	725,00
	II	**1489,41**	443,83	443,83	II	1342,66	1196,50	1055,75	921,00	792,50	670,00
	III	**1009,00**	443,83	443,83	III	900,00	794,00	691,00	591,16	494,50	400,66
	V	**2025,66**	443,83	443,83	IV	1482,83	1409,41	1336,00	1262,58	1190,08	1119,00
	VI	**2061,91**	443,83	443,83							
6563,99	I,IV	**1557,33**	443,83	443,83	I	1410,58	1263,75	1120,16	982,58	851,16	725,91
	II	**1490,58**	443,83	443,83	II	1343,75	1197,66	1056,83	922,08	793,41	670,91
	III	**1009,83**	443,83	443,83	III	900,83	794,83	691,83	592,00	495,16	401,33
	V	**2026,83**	443,83	443,83	IV	1484,00	1410,58	1337,16	1263,75	1191,16	1120,16
	VI	**2063,08**	443,83	443,83							
6566,99	I,IV	**1558,50**	443,83	443,83	I	1411,75	1264,91	1121,25	983,66	852,25	726,91
	II	**1491,75**	443,83	443,83	II	1344,91	1198,83	1057,91	923,08	794,41	671,91
	III	**1010,83**	443,83	443,83	III	901,66	795,66	692,66	592,83	496,00	402,16
	V	**2028,00**	443,83	443,83	IV	1485,08	1411,75	1338,33	1264,91	1192,33	1121,25
	VI	**2064,25**	443,83	443,83							
6569,99	I,IV	**1559,66**	443,83	443,83	I	1412,91	1266,08	1122,33	984,75	853,25	727,83
	II	**1492,91**	443,83	443,83	II	1346,08	1199,91	1059,00	924,16	795,41	672,83
	III	**1011,66**	443,83	443,83	III	902,50	796,50	693,50	593,50	496,66	402,83
	V	**2029,16**	443,83	443,83	IV	1486,25	1412,91	1339,50	1266,08	1193,41	1122,33
	VI	**2065,41**	443,83	443,83							
6572,99	I,IV	**1560,83**	443,83	443,83	I	1414,08	1267,25	1123,50	985,83	854,25	728,83
	II	**1494,08**	443,83	443,83	II	1347,25	1201,08	1060,08	925,16	796,41	673,83
	III	**1012,50**	443,83	443,83	III	903,33	797,33	694,33	594,33	497,50	403,66
	V	**2030,33**	443,83	443,83	IV	1487,50	1414,08	1340,66	1267,25	1194,58	1123,50
	VI	**2066,58**	443,83	443,83							
6575,99	I,IV	**1562,00**	443,83	443,83	I	1415,25	1268,41	1124,58	986,83	855,25	729,83
	II	**1495,25**	443,83	443,83	II	1348,41	1202,25	1061,16	926,25	797,41	674,75
	III	**1013,33**	443,83	443,83	III	904,16	798,16	695,16	595,16	498,16	404,33
	V	**2031,50**	443,83	443,83	IV	1488,58	1415,25	1341,83	1268,41	1195,75	1124,58
	VI	**2067,75**	443,83	443,83							
6578,99	I,IV	**1563,16**	443,83	443,83	I	1416,41	1269,58	1125,66	987,91	856,25	730,75
	II	**1496,41**	443,83	443,83	II	1349,58	1203,33	1062,25	927,25	798,41	675,66
	III	**1014,16**	443,83	443,83	III	905,00	799,00	695,83	595,83	499,00	405,00
	V	**2032,66**	443,83	443,83	IV	1489,75	1416,41	1343,00	1269,58	1196,91	1125,66
	VI	**2068,91**	443,83	443,83							
6581,99	I,IV	**1564,33**	443,83	443,83	I	1417,50	1270,75	1126,83	989,00	857,33	731,75
	II	**1497,58**	443,83	443,83	II	1350,75	1204,50	1063,33	928,33	799,41	676,66
	III	**1015,16**	443,83	443,83	III	906,00	799,83	696,66	596,66	499,66	405,83
	V	**2033,83**	443,83	443,83	IV	1490,91	1417,50	1344,16	1270,75	1198,00	1126,83
	VI	**2070,08**	443,83	443,83							
6584,99	I,IV	**1565,50**	443,83	443,83	I	1418,66	1271,91	1127,91	990,08	858,33	732,66
	II	**1498,66**	443,83	443,83	II	1351,91	1205,66	1064,41	929,33	800,41	677,58
	III	**1016,00**	443,83	443,83	III	906,66	800,50	697,50	597,33	500,50	406,50
	V	**2035,00**	443,83	443,83	IV	1492,08	1418,66	1345,33	1271,91	1199,16	1127,91
	VI	**2071,25**	443,83	443,83							
6587,99	I,IV	**1566,66**	443,83	443,83	I	1419,91	1273,08	1129,08	991,16	859,33	733,66
	II	**1499,91**	443,83	443,83	II	1353,08	1206,83	1065,58	930,41	801,41	678,50
	III	**1016,83**	443,83	443,83	III	907,66	801,50	698,33	598,16	501,16	407,16
	V	**2036,16**	443,83	443,83	IV	1493,25	1419,91	1346,50	1273,08	1200,33	1129,08
	VI	**2072,41**	443,83	443,83							

* Zur LSt-Berechnung für privat versicherte Arbeitnehmer s. Beispiele **Vorbemerkung S. 4f.**
** Basisvorsorgepauschale KV und PV *** Typisierter Arbeitgeberzuschuss

Lohn/ Gehalt in € bis	Steuerklasse	Lohn-steuer*	BVSP**	TAGZ***	Steuerklasse	Bemessungsgrundlage für Kirchensteuer und Solidaritätszuschlag – Freibeträge für ... Kinder 0,5	1,0	1,5	2,0	2,5	3,0
6590,99	I,IV	**1567,83**	443,83	443,83	I	1421,00	1274,25	1130,16	992,16	860,33	734,66
	II	**1501,08**	443,83	443,83	II	1354,25	1207,91	1066,66	931,50	802,41	679,50
	III	**1017,83**	443,83	443,83	III	908,50	802,33	699,16	599,00	502,00	408,00
	V	**2037,33**	443,83	443,83	IV	1494,41	1421,00	1347,66	1274,25	1201,41	1130,16
	VI	**2073,58**	443,83	443,83							
6593,99	I,IV	**1569,00**	443,83	443,83	I	1422,16	1275,41	1131,25	993,25	861,41	735,58
	II	**1502,16**	443,83	443,83	II	1355,41	1209,08	1067,75	932,50	803,41	680,41
	III	**1018,66**	443,83	443,83	III	909,33	803,00	699,83	599,83	502,66	408,66
	V	**2038,50**	443,83	443,83	IV	1495,58	1422,16	1348,83	1275,41	1202,58	1131,25
	VI	**2074,75**	443,83	443,83							
6596,99	I,IV	**1570,16**	443,83	443,83	I	1423,33	1276,58	1132,41	994,33	862,41	736,58
	II	**1503,33**	443,83	443,83	II	1356,58	1210,25	1068,83	933,58	804,41	681,33
	III	**1019,50**	443,83	443,83	III	910,16	804,00	700,66	600,50	503,50	409,50
	V	**2039,58**	443,83	443,83	IV	1496,75	1423,33	1349,91	1276,58	1203,75	1132,41
	VI	**2075,91**	443,83	443,83							
6599,99	I,IV	**1571,25**	443,83	443,83	I	1424,50	1277,66	1133,50	995,41	863,41	737,58
	II	**1504,50**	443,83	443,83	II	1357,75	1211,33	1069,91	934,58	805,41	682,33
	III	**1020,33**	443,83	443,83	III	911,00	804,66	701,50	601,33	504,16	410,16
	V	**2040,75**	443,83	443,83	IV	1497,91	1424,50	1351,08	1277,66	1204,83	1133,50
	VI	**2077,00**	443,83	443,83							
6602,99	I,IV	**1572,50**	443,83	443,83	I	1425,66	1278,91	1134,66	996,50	864,41	738,58
	II	**1505,66**	443,83	443,83	II	1358,91	1212,50	1071,00	935,66	806,41	683,25
	III	**1021,33**	443,83	443,83	III	911,83	805,50	702,33	602,16	505,00	410,83
	V	**2042,00**	443,83	443,83	IV	1499,08	1425,66	1352,33	1278,91	1206,00	1134,66
	VI	**2078,25**	443,83	443,83							
6605,99	I,IV	**1573,66**	443,83	443,83	I	1426,83	1280,08	1135,75	997,58	865,50	739,50
	II	**1506,83**	443,83	443,83	II	1360,08	1213,66	1072,08	936,66	807,41	684,25
	III	**1022,16**	443,83	443,83	III	912,83	806,50	703,16	602,83	505,83	411,66
	V	**2043,08**	443,83	443,83	IV	1500,25	1426,83	1353,41	1280,08	1207,16	1135,75
	VI	**2079,41**	443,83	443,83							
6608,99	I,IV	**1574,75**	443,83	443,83	I	1428,00	1281,16	1136,83	998,58	866,50	740,50
	II	**1508,00**	443,83	443,83	II	1361,25	1214,83	1073,25	937,75	808,41	685,16
	III	**1023,00**	443,83	443,83	III	913,66	807,16	703,83	603,66	506,50	412,33
	V	**2044,25**	443,83	443,83	IV	1501,41	1428,00	1354,58	1281,16	1208,25	1136,83
	VI	**2080,50**	443,83	443,83							
6611,99	I,IV	**1575,91**	443,83	443,83	I	1429,16	1282,33	1138,00	999,66	867,50	741,41
	II	**1509,16**	443,83	443,83	II	1362,33	1215,91	1074,33	938,75	809,41	686,08
	III	**1023,83**	443,83	443,83	III	914,50	808,00	704,66	604,50	507,33	413,16
	V	**2045,41**	443,83	443,83	IV	1502,58	1429,16	1355,75	1282,33	1209,41	1138,00
	VI	**2081,66**	443,83	443,83							
6614,99	I,IV	**1577,08**	443,83	443,83	I	1430,33	1283,50	1139,08	1000,75	868,50	742,41
	II	**1510,33**	443,83	443,83	II	1363,50	1217,08	1075,41	939,83	810,41	687,08
	III	**1024,83**	443,83	443,83	III	915,33	808,83	705,50	605,16	508,00	413,83
	V	**2046,58**	443,83	443,83	IV	1503,66	1430,33	1356,91	1283,50	1210,58	1139,08
	VI	**2082,83**	443,83	443,83							
6617,99	I,IV	**1578,25**	443,83	443,83	I	1431,50	1284,66	1140,16	1001,83	869,50	743,41
	II	**1511,50**	443,83	443,83	II	1364,66	1218,25	1076,50	940,83	811,41	688,00
	III	**1025,66**	443,83	443,83	III	916,16	809,66	706,33	606,00	508,83	414,50
	V	**2047,75**	443,83	443,83	IV	1504,83	1431,50	1358,08	1284,66	1211,66	1140,16
	VI	**2084,00**	443,83	443,83							
6620,99	I,IV	**1579,41**	443,83	443,83	I	1432,66	1285,83	1141,33	1002,91	870,58	744,41
	II	**1512,66**	443,83	443,83	II	1365,83	1219,41	1077,58	941,91	812,41	689,00
	III	**1026,50**	443,83	443,83	III	917,00	810,50	707,16	606,83	509,50	415,33
	V	**2048,91**	443,83	443,83	IV	1506,08	1432,66	1359,25	1285,83	1212,83	1141,33
	VI	**2085,16**	443,83	443,83							
6623,99	I,IV	**1580,58**	443,83	443,83	I	1433,83	1287,00	1142,50	1004,00	871,58	745,33
	II	**1513,83**	443,83	443,83	II	1367,00	1220,50	1078,66	943,00	813,41	689,91
	III	**1027,33**	443,83	443,83	III	917,83	811,33	708,00	607,50	510,33	416,00
	V	**2050,08**	443,83	443,83	IV	1507,16	1433,83	1360,41	1287,00	1214,00	1142,50
	VI	**2086,33**	443,83	443,83							

* Zur LSt-Berechnung für privat versicherte Arbeitnehmer s. Beispiele **Vorbemerkung S. 4 f.**
** Basisvorsorgepauschale KV und PV *** Typisierter Arbeitgeberzuschuss

Lohn/ Gehalt in € bis	Steuerklasse	Lohn-steuer*	BVSP**	TAGZ***	Steuerklasse	Bemessungsgrundlage für Kirchensteuer und Solidaritätszuschlag – Freibeträge für ... Kinder 0,5	**1,0**	1,5	**2,0**	2,5	**3,0**
6 626,99	I,IV	**1 581,75**	443,83	443,83	I	1 435,00	1 288,16	1 143,58	1 005,00	872,58	746,33
	II	**1 515,00**	443,83	443,83	II	1 368,16	1 221,66	1 079,83	944,00	814,41	690,91
	III	**1 028,33**	443,83	443,83	III	918,66	812,16	708,83	608,33	511,00	416,83
	V	**2 051,25**	443,83	443,83	IV	1 508,33	1 435,00	1 361,58	1 288,16	1 215,16	1 143,58
	VI	**2 087,50**	443,83	443,83							
6 629,99	I,IV	**1 582,91**	443,83	443,83	I	1 436,08	1 289,33	1 144,66	1 006,08	873,66	747,25
	II	**1 516,16**	443,83	443,83	II	1 369,33	1 222,83	1 080,91	945,08	815,41	691,83
	III	**1 029,16**	443,83	443,83	III	919,50	813,00	709,50	609,16	511,83	417,50
	V	**2 052,41**	443,83	443,83	IV	1 509,50	1 436,08	1 362,75	1 289,33	1 216,25	1 144,66
	VI	**2 088,66**	443,83	443,83							
6 632,99	I,IV	**1 584,08**	443,83	443,83	I	1 437,25	1 290,50	1 145,83	1 007,16	874,66	748,25
	II	**1 517,25**	443,83	443,83	II	1 370,50	1 223,91	1 082,00	946,08	816,41	692,75
	III	**1 030,00**	443,83	443,83	III	920,50	813,83	710,33	610,00	512,50	418,16
	V	**2 053,58**	443,83	443,83	IV	1 510,66	1 437,25	1 363,91	1 290,50	1 217,41	1 145,83
	VI	**2 089,83**	443,83	443,83							
6 635,99	I,IV	**1 585,25**	443,83	443,83	I	1 438,50	1 291,66	1 146,91	1 008,25	875,66	749,25
	II	**1 518,50**	443,83	443,83	II	1 371,66	1 225,16	1 083,08	947,16	817,41	693,75
	III	**1 031,00**	443,83	443,83	III	921,33	814,66	711,16	610,66	513,33	419,00
	V	**2 054,75**	443,83	443,83	IV	1 511,83	1 438,50	1 365,08	1 291,66	1 218,58	1 146,91
	VI	**2 091,00**	443,83	443,83							
6 638,99	I,IV	**1 586,41**	443,83	443,83	I	1 439,58	1 292,83	1 148,08	1 009,33	876,75	750,25
	II	**1 519,66**	443,83	443,83	II	1 372,83	1 226,25	1 084,16	948,25	818,41	694,75
	III	**1 031,83**	443,83	443,83	III	922,16	815,50	712,00	611,50	514,00	419,66
	V	**2 055,91**	443,83	443,83	IV	1 513,00	1 439,58	1 366,25	1 292,83	1 219,75	1 148,08
	VI	**2 092,16**	443,83	443,83							
6 641,99	I,IV	**1 587,58**	443,83	443,83	I	1 440,75	1 294,00	1 149,16	1 010,41	877,75	751,16
	II	**1 520,75**	443,83	443,83	II	1 374,00	1 227,41	1 085,25	949,25	819,41	695,66
	III	**1 032,66**	443,83	443,83	III	923,00	816,33	712,83	612,33	514,83	420,50
	V	**2 057,08**	443,83	443,83	IV	1 514,16	1 440,75	1 367,41	1 294,00	1 220,91	1 149,16
	VI	**2 093,33**	443,83	443,83							
6 644,99	I,IV	**1 588,75**	443,83	443,83	I	1 441,91	1 295,16	1 150,33	1 011,50	878,75	752,16
	II	**1 521,91**	443,83	443,83	II	1 375,16	1 228,58	1 086,41	950,33	820,41	696,58
	III	**1 033,50**	443,83	443,83	III	923,83	817,16	713,66	613,00	515,50	421,16
	V	**2 058,16**	443,83	443,83	IV	1 515,33	1 441,91	1 368,50	1 295,16	1 222,00	1 150,33
	VI	**2 094,50**	443,83	443,83							
6 647,99	I,IV	**1 589,83**	443,83	443,83	I	1 443,08	1 296,33	1 151,41	1 012,50	879,75	753,16
	II	**1 523,08**	443,83	443,83	II	1 376,33	1 229,66	1 087,50	951,41	821,41	697,58
	III	**1 034,50**	443,83	443,83	III	924,66	818,00	714,33	613,83	516,33	421,83
	V	**2 059,33**	443,83	443,83	IV	1 516,50	1 443,08	1 369,66	1 296,33	1 223,16	1 151,41
	VI	**2 095,58**	443,83	443,83							
6 650,99	I,IV	**1 591,08**	443,83	443,83	I	1 444,25	1 297,50	1 152,58	1 013,66	880,83	754,16
	II	**1 524,25**	443,83	443,83	II	1 377,50	1 230,91	1 088,58	952,50	822,41	698,50
	III	**1 035,33**	443,83	443,83	III	925,66	818,83	715,16	614,66	517,16	422,66
	V	**2 060,58**	443,83	443,83	IV	1 517,66	1 444,25	1 370,91	1 297,50	1 224,33	1 152,58
	VI	**2 096,83**	443,83	443,83							
6 653,99	I,IV	**1 592,25**	443,83	443,83	I	1 445,41	1 298,66	1 153,66	1 014,75	881,83	755,08
	II	**1 525,41**	443,83	443,83	II	1 378,66	1 232,00	1 089,66	953,50	823,41	699,50
	III	**1 036,16**	443,83	443,83	III	926,50	819,66	716,00	615,33	517,83	423,33
	V	**2 061,66**	443,83	443,83	IV	1 518,83	1 445,41	1 372,00	1 298,66	1 225,50	1 153,66
	VI	**2 098,00**	443,83	443,83							
6 656,99	I,IV	**1 593,33**	443,83	443,83	I	1 446,58	1 299,83	1 154,83	1 015,75	882,83	756,08
	II	**1 526,58**	443,83	443,83	II	1 379,83	1 233,16	1 090,83	954,58	824,41	700,41
	III	**1 037,16**	443,83	443,83	III	927,33	820,50	716,83	616,16	518,66	424,16
	V	**2 062,83**	443,83	443,83	IV	1 520,00	1 446,58	1 373,16	1 299,83	1 226,58	1 154,83
	VI	**2 099,08**	443,83	443,83							
6 659,99	I,IV	**1 594,50**	443,83	443,83	I	1 447,75	1 300,91	1 155,91	1 016,83	883,91	757,08
	II	**1 527,75**	443,83	443,83	II	1 380,91	1 234,33	1 091,91	955,58	825,41	701,41
	III	**1 038,00**	443,83	443,83	III	928,16	821,33	717,66	617,00	519,33	424,83
	V	**2 064,00**	443,83	443,83	IV	1 521,16	1 447,75	1 374,33	1 300,91	1 227,75	1 155,91
	VI	**2 100,25**	443,83	443,83							

* Zur LSt-Berechnung für privat versicherte Arbeitnehmer s. Beispiele **Vorbemerkung S. 4 f.**
** Basisvorsorgepauschale KV und PV *** Typisierter Arbeitgeberzuschuss

Lohn/ Gehalt in € bis	Steuerklasse	Lohn-steuer*	BVSP**	TAGZ***	Steuerklasse	Bemessungsgrundlage für Kirchensteuer und Solidaritätszuschlag					
						Freibeträge für ... Kinder					
						0,5	**1,0**	1,5	**2,0**	2,5	**3,0**
6662,99	I,IV	**1595,66**	443,83	443,83	I	1448,91	1302,08	1157,08	1017,91	884,91	758,00
	II	**1528,91**	443,83	443,83	II	1382,08	1235,41	1093,00	956,66	826,41	702,33
	III	**1038,83**	443,83	443,83	III	929,00	822,16	718,50	617,83	520,16	425,66
	V	**2065,16**	443,83	443,83	IV	1522,25	1448,91	1375,50	1302,08	1228,91	1157,08
	VI	**2101,41**	443,83	443,83							
6665,99	I,IV	**1596,83**	443,83	443,83	I	1450,08	1303,25	1158,16	1019,00	885,91	759,00
	II	**1530,08**	443,83	443,83	II	1383,25	1236,58	1094,08	957,66	827,41	703,33
	III	**1039,66**	443,83	443,83	III	929,83	823,00	719,16	618,50	520,83	426,33
	V	**2066,33**	443,83	443,83	IV	1523,41	1450,08	1376,66	1303,25	1230,08	1158,16
	VI	**2102,58**	443,83	443,83							
6668,99	I,IV	**1598,00**	443,83	443,83	I	1451,25	1304,41	1159,33	1020,08	887,00	760,00
	II	**1531,25**	443,83	443,83	II	1384,41	1237,75	1095,25	958,75	828,50	704,25
	III	**1040,66**	443,83	443,83	III	930,66	823,83	720,00	619,33	521,66	427,00
	V	**2067,50**	443,83	443,83	IV	1524,66	1451,25	1377,83	1304,41	1231,25	1159,33
	VI	**2103,75**	443,83	443,83							
6671,99	I,IV	**1599,16**	443,83	443,83	I	1452,41	1305,58	1160,41	1021,16	888,00	761,00
	II	**1532,41**	443,83	443,83	II	1385,58	1238,91	1096,33	959,83	829,50	705,25
	III	**1041,50**	443,83	443,83	III	931,66	824,66	720,83	620,16	522,50	427,83
	V	**2068,66**	443,83	443,83	IV	1525,75	1452,41	1379,00	1305,58	1232,33	1160,41
	VI	**2104,91**	443,83	443,83							
6674,99	I,IV	**1600,33**	443,83	443,83	I	1453,58	1306,75	1161,58	1022,25	889,08	762,00
	II	**1533,58**	443,83	443,83	II	1386,75	1240,08	1097,41	960,91	830,50	706,16
	III	**1042,33**	443,83	443,83	III	932,33	825,50	721,66	620,83	523,16	428,50
	V	**2069,83**	443,83	443,83	IV	1526,91	1453,58	1380,16	1306,75	1233,50	1161,58
	VI	**2106,08**	443,83	443,83							
6677,99	I,IV	**1601,50**	443,83	443,83	I	1454,66	1307,91	1162,66	1023,33	890,08	762,91
	II	**1534,75**	443,83	443,83	II	1387,91	1241,25	1098,50	961,91	831,50	707,16
	III	**1043,33**	443,83	443,83	III	933,33	826,33	722,50	621,66	524,00	429,33
	V	**2071,00**	443,83	443,83	IV	1528,08	1454,66	1381,33	1307,91	1234,66	1162,66
	VI	**2107,25**	443,83	443,83							
6680,99	I,IV	**1602,66**	443,83	443,83	I	1455,83	1309,08	1163,83	1024,41	891,08	763,91
	II	**1535,83**	443,83	443,83	II	1389,08	1242,33	1099,58	963,00	832,50	708,08
	III	**1044,16**	443,83	443,83	III	934,16	827,16	723,33	622,50	524,66	430,00
	V	**2072,16**	443,83	443,83	IV	1529,25	1455,83	1382,50	1309,08	1235,83	1163,83
	VI	**2108,41**	443,83	443,83							
6683,99	I,IV	**1603,83**	443,83	443,83	I	1457,08	1310,25	1164,91	1025,50	892,16	764,91
	II	**1537,08**	443,83	443,83	II	1390,25	1243,58	1100,75	964,08	833,50	709,08
	III	**1045,00**	443,83	443,83	III	935,00	828,00	724,16	623,33	525,50	430,66
	V	**2073,33**	443,83	443,83	IV	1530,41	1457,08	1383,66	1310,25	1237,00	1164,91
	VI	**2109,58**	443,83	443,83							
6686,99	I,IV	**1605,00**	443,83	443,83	I	1458,16	1311,41	1166,08	1026,58	893,16	765,91
	II	**1538,25**	443,83	443,83	II	1391,41	1244,66	1101,83	965,08	834,50	710,00
	III	**1046,00**	443,83	443,83	III	935,83	828,83	725,00	624,00	526,33	431,50
	V	**2074,50**	443,83	443,83	IV	1531,58	1458,16	1384,83	1311,41	1238,16	1166,08
	VI	**2110,75**	443,83	443,83							
6689,99	I,IV	**1606,16**	443,83	443,83	I	1459,33	1312,58	1167,16	1027,66	894,16	766,91
	II	**1539,33**	443,83	443,83	II	1392,58	1245,83	1102,91	966,16	835,50	711,00
	III	**1046,83**	443,83	443,83	III	936,66	829,66	725,66	624,83	527,00	432,16
	V	**2075,66**	443,83	443,83	IV	1532,75	1459,33	1386,00	1312,58	1239,25	1167,16
	VI	**2111,91**	443,83	443,83							
6692,99	I,IV	**1607,33**	443,83	443,83	I	1460,50	1313,75	1168,33	1028,75	895,25	767,83
	II	**1540,50**	443,83	443,83	II	1393,75	1247,00	1104,08	967,25	836,50	711,91
	III	**1047,66**	443,83	443,83	III	937,66	830,50	726,50	625,66	527,83	433,00
	V	**2076,75**	443,83	443,83	IV	1533,91	1460,50	1387,08	1313,75	1240,41	1168,33
	VI	**2113,08**	443,83	443,83							
6695,99	I,IV	**1608,41**	443,83	443,83	I	1461,66	1314,91	1169,41	1029,75	896,25	768,83
	II	**1541,66**	443,83	443,83	II	1394,91	1248,16	1105,16	968,25	837,50	712,91
	III	**1048,50**	443,83	443,83	III	938,33	831,33	727,33	626,33	528,50	433,66
	V	**2077,91**	443,83	443,83	IV	1535,08	1461,66	1388,25	1314,91	1241,58	1169,41
	VI	**2114,16**	443,83	443,83							

* Zur LSt-Berechnung für privat versicherte Arbeitnehmer s. Beispiele **Vorbemerkung S. 4 f.**
** Basisvorsorgepauschale KV und PV *** Typisierter Arbeitgeberzuschuss

Lohn/ Gehalt in € bis	Steuerklasse	Lohnsteuer*	BVSP**	TAGZ***	Steuerklasse	Bemessungsgrundlage für Kirchensteuer und Solidaritätszuschlag – Freibeträge für ... Kinder 0,5	1,0	1,5	2,0	2,5	3,0
6698,99 West	I,IV	**1609,66**	443,83	443,83	I	1462,83	1316,08	1170,58	1030,91	897,33	769,83
	II	**1542,83**	443,83	443,83	II	1396,08	1249,33	1106,25	969,33	838,58	713,91
	III	**1049,50**	443,83	443,83	III	939,33	832,16	728,16	627,16	529,33	434,50
	V	**2079,16**	443,83	443,83	IV	1536,25	1462,83	1389,50	1316,08	1242,75	1170,58
	VI	**2115,41**	443,83	443,83							
6698,99 Ost	I,IV	**1609,66**	443,83	443,83	I	1462,83	1316,08	1170,58	1030,91	897,33	769,83
	II	**1542,83**	443,83	443,83	II	1396,08	1249,33	1106,25	969,33	838,58	713,91
	III	**1049,50**	443,83	443,83	III	939,33	832,16	728,16	627,16	529,33	434,50
	V	**2079,16**	443,83	443,83	IV	1536,25	1462,83	1389,50	1316,08	1242,75	1170,58
	VI	**2115,41**	443,83	443,83							
6701,99 West	I,IV	**1610,83**	443,83	443,83	I	1464,00	1317,25	1171,75	1032,00	898,33	770,83
	II	**1544,00**	443,83	443,83	II	1397,25	1250,50	1107,41	970,41	839,58	714,83
	III	**1050,33**	443,83	443,83	III	940,16	833,00	729,00	628,00	530,00	435,16
	V	**2080,25**	443,83	443,83	IV	1537,41	1464,00	1390,58	1317,25	1243,91	1171,75
	VI	**2116,58**	443,83	443,83							
6701,99 Ost	I,IV	**1610,83**	443,83	443,83	I	1464,08	1317,33	1171,75	1032,00	898,41	770,91
	II	**1544,08**	443,83	443,83	II	1397,33	1250,58	1107,41	970,50	839,66	714,91
	III	**1050,33**	443,83	443,83	III	940,16	833,16	729,00	628,00	530,16	435,16
	V	**2080,33**	443,83	443,83	IV	1537,50	1464,08	1390,66	1317,33	1244,00	1171,75
	VI	**2116,58**	443,83	443,83							
6704,99 West	I,IV	**1611,91**	443,83	443,83	I	1465,16	1318,41	1172,83	1033,08	899,33	771,83
	II	**1545,16**	443,83	443,83	II	1398,41	1251,66	1108,50	971,50	840,58	715,83
	III	**1051,16**	443,83	443,83	III	941,00	833,83	729,83	628,83	530,83	435,83
	V	**2081,41**	443,83	443,83	IV	1538,58	1465,16	1391,75	1318,41	1245,08	1172,83
	VI	**2117,66**	443,83	443,83							
6704,99 Ost	I,IV	**1612,16**	443,83	443,83	I	1465,33	1318,58	1173,00	1033,16	899,50	771,91
	II	**1545,33**	443,83	443,83	II	1398,58	1251,83	1108,66	971,66	840,75	715,91
	III	**1051,33**	443,83	443,83	III	941,16	834,00	730,00	628,83	531,00	436,00
	V	**2081,58**	443,83	443,83	IV	1538,75	1465,33	1391,91	1318,58	1245,25	1173,00
	VI	**2117,91**	443,83	443,83							
6707,99 West	I,IV	**1613,08**	443,83	443,83	I	1466,33	1319,50	1174,00	1034,08	900,41	772,75
	II	**1546,33**	443,83	443,83	II	1399,58	1252,75	1109,58	972,50	841,58	716,75
	III	**1052,16**	443,83	443,83	III	941,83	834,66	730,66	629,50	531,66	436,66
	V	**2082,58**	443,83	443,83	IV	1539,75	1466,33	1392,91	1319,50	1246,16	1174,00
	VI	**2118,83**	443,83	443,83							
6707,99 Ost	I,IV	**1613,41**	443,83	443,83	I	1466,58	1319,83	1174,25	1034,41	900,66	773,00
	II	**1546,58**	443,83	443,83	II	1399,83	1253,08	1109,83	972,75	841,83	717,00
	III	**1052,33**	443,83	443,83	III	942,16	835,00	730,83	629,83	531,83	436,83
	V	**2082,91**	443,83	443,83	IV	1540,00	1466,58	1393,16	1319,83	1246,50	1174,25
	VI	**2119,16**	443,83	443,83							
6710,99 West	I,IV	**1614,25**	443,83	443,83	I	1467,50	1320,66	1175,08	1035,16	901,41	773,75
	II	**1547,50**	443,83	443,83	II	1400,66	1253,91	1110,66	973,58	842,58	717,75
	III	**1053,00**	443,83	443,83	III	942,66	835,50	731,33	630,33	532,33	437,33
	V	**2083,75**	443,83	443,83	IV	1540,83	1467,50	1394,08	1320,66	1247,33	1175,08
	VI	**2120,00**	443,83	443,83							
6710,99 Ost	I,IV	**1614,66**	443,83	443,83	I	1467,83	1321,08	1175,50	1035,58	901,75	774,08
	II	**1547,83**	443,83	443,83	II	1401,08	1254,33	1111,08	973,91	842,91	718,00
	III	**1053,33**	443,83	443,83	III	943,00	835,83	731,66	630,66	532,66	437,66
	V	**2084,16**	443,83	443,83	IV	1541,25	1467,83	1394,50	1321,08	1247,75	1175,50
	VI	**2120,41**	443,83	443,83							
6713,99 West	I,IV	**1615,41**	443,83	443,83	I	1468,66	1321,83	1176,25	1036,25	902,41	774,75
	II	**1548,66**	443,83	443,83	II	1401,83	1255,08	1111,83	974,66	843,58	718,66
	III	**1053,83**	443,83	443,83	III	943,66	836,33	732,16	631,16	533,16	438,16
	V	**2084,91**	443,83	443,83	IV	1542,00	1468,66	1395,25	1321,83	1248,50	1176,25
	VI	**2121,16**	443,83	443,83							
6713,99 Ost	I,IV	**1615,91**	443,83	443,83	I	1469,08	1322,33	1176,66	1036,75	902,91	775,16
	II	**1549,16**	443,83	443,83	II	1402,33	1255,58	1112,25	975,08	844,00	719,08
	III	**1054,16**	443,83	443,83	III	944,00	836,66	732,50	631,50	533,50	438,50
	V	**2085,41**	443,83	443,83	IV	1542,50	1469,08	1395,75	1322,33	1249,00	1176,66
	VI	**2121,66**	443,83	443,83							

* Zur LSt-Berechnung für privat versicherte Arbeitnehmer s. Beispiele **Vorbemerkung S. 4 f.**
** Basisvorsorgepauschale KV und PV *** Typisierter Arbeitgeberzuschuss

Lohn/ Gehalt in € bis	Steuerklasse	Lohn-steuer*	BVSP**	TAGZ***	Steuerklasse	Bemessungsgrundlage für Kirchensteuer und Solidaritätszuschlag					
						Freibeträge für ... Kinder					
						0,5	**1,0**	1,5	**2,0**	2,5	**3,0**
6716,99	I,IV	**1616,58**	443,83	443,83	I	1469,83	1323,00	1177,41	1037,41	903,50	775,75
West	II	**1549,83**	443,83	443,83	II	1403,08	1256,25	1112,91	975,75	844,66	719,66
	III	**1054,83**	443,83	443,83	III	944,50	837,16	733,00	632,00	533,83	438,83
	V	**2086,08**	443,83	443,83	IV	1543,25	1469,83	1396,41	1323,00	1249,66	1177,41
	VI	**2122,33**	443,83	443,83							
6716,99	I,IV	**1617,16**	443,83	443,83	I	1470,41	1323,58	1177,91	1037,91	904,00	776,25
Ost	II	**1550,41**	443,83	443,83	II	1403,58	1256,83	1113,50	976,25	845,08	720,16
	III	**1055,16**	443,83	443,83	III	944,83	837,66	733,50	632,33	534,33	439,16
	V	**2086,66**	443,83	443,83	IV	1543,75	1470,41	1397,00	1323,58	1250,25	1177,91
	VI	**2122,91**	443,83	443,83							
6719,99	I,IV	**1617,75**	443,83	443,83	I	1471,00	1324,16	1178,50	1038,50	904,50	776,75
West	II	**1551,00**	443,83	443,83	II	1404,16	1257,41	1114,00	976,75	845,66	720,58
	III	**1055,66**	443,83	443,83	III	945,33	838,00	733,83	632,66	534,66	439,66
	V	**2087,25**	443,83	443,83	IV	1544,33	1471,00	1397,58	1324,16	1250,83	1178,50
	VI	**2123,50**	443,83	443,83							
6719,99	I,IV	**1618,41**	443,83	443,83	I	1471,66	1324,83	1179,16	1039,08	905,16	777,33
Ost	II	**1551,66**	443,83	443,83	II	1404,83	1258,08	1114,66	977,41	846,25	721,16
	III	**1056,16**	443,83	443,83	III	945,83	838,50	734,33	633,16	535,00	440,00
	V	**2087,91**	443,83	443,83	IV	1545,00	1471,66	1398,25	1324,83	1251,50	1179,16
	VI	**2124,16**	443,83	443,83							
6722,99	I,IV	**1618,91**	443,83	443,83	I	1472,16	1325,33	1179,66	1039,50	905,58	777,75
West	II	**1552,16**	443,83	443,83	II	1405,33	1258,58	1115,16	977,83	846,66	721,58
	III	**1056,50**	443,83	443,83	III	946,16	838,83	734,66	633,50	535,33	440,33
	V	**2088,41**	443,83	443,83	IV	1545,50	1472,16	1398,75	1325,33	1252,00	1179,66
	VI	**2124,66**	443,83	443,83							
6722,99	I,IV	**1619,66**	443,83	443,83	I	1472,91	1326,08	1180,41	1040,25	906,25	778,33
Ost	II	**1552,91**	443,83	443,83	II	1406,08	1259,33	1115,91	978,50	847,33	722,25
	III	**1057,16**	443,83	443,83	III	946,83	839,50	735,16	634,00	535,83	440,83
	V	**2089,16**	443,83	443,83	IV	1546,33	1472,91	1399,50	1326,08	1252,75	1180,41
	VI	**2125,41**	443,83	443,83							
6725,99	I,IV	**1620,08**	443,83	443,83	I	1473,25	1326,50	1180,75	1040,58	906,58	778,66
West	II	**1553,33**	443,83	443,83	II	1406,50	1259,75	1116,25	978,91	847,66	722,58
	III	**1057,33**	443,83	443,83	III	947,00	839,66	735,50	634,33	536,16	441,00
	V	**2089,58**	443,83	443,83	IV	1546,66	1473,25	1399,91	1326,50	1253,16	1180,75
	VI	**2125,83**	443,83	443,83							
6725,99	I,IV	**1620,91**	443,83	443,83	I	1474,16	1327,33	1181,58	1041,41	907,41	779,41
Ost	II	**1554,16**	443,83	443,83	II	1407,41	1260,58	1117,08	979,66	848,41	723,25
	III	**1058,16**	443,83	443,83	III	947,66	840,33	736,16	634,83	536,66	441,66
	V	**2090,41**	443,83	443,83	IV	1547,58	1474,16	1400,75	1327,33	1254,00	1181,58
	VI	**2126,66**	443,83	443,83							
6728,99	I,IV	**1621,25**	443,83	443,83	I	1474,41	1327,66	1181,91	1041,66	907,66	779,66
West	II	**1554,41**	443,83	443,83	II	1407,66	1260,91	1117,33	979,91	848,66	723,50
	III	**1058,33**	443,83	443,83	III	947,83	840,50	736,33	635,00	537,00	441,83
	V	**2090,75**	443,83	443,83	IV	1547,83	1474,41	1401,08	1327,66	1254,25	1181,91
	VI	**2127,00**	443,83	443,83							
6728,99	I,IV	**1622,25**	443,83	443,83	I	1475,41	1328,66	1182,83	1042,58	908,50	780,50
Ost	II	**1555,41**	443,83	443,83	II	1408,66	1261,83	1118,25	980,83	849,50	724,33
	III	**1059,00**	443,83	443,83	III	948,66	841,33	737,00	635,66	537,50	442,50
	V	**2091,66**	443,83	443,83	IV	1548,83	1475,41	1402,00	1328,66	1255,25	1182,83
	VI	**2128,00**	443,83	443,83							
6731,99	I,IV	**1622,41**	443,83	443,83	I	1475,66	1328,83	1183,08	1042,83	908,66	780,66
West	II	**1555,66**	443,83	443,83	II	1408,83	1262,08	1118,50	981,00	849,66	724,50
	III	**1059,16**	443,83	443,83	III	948,83	841,50	737,16	635,83	537,66	442,66
	V	**2091,91**	443,83	443,83	IV	1549,00	1475,66	1402,25	1328,83	1255,50	1183,08
	VI	**2128,16**	443,83	443,83							
6731,99	I,IV	**1623,50**	443,83	443,83	I	1476,66	1329,91	1184,08	1043,75	909,66	781,58
Ost	II	**1556,66**	443,83	443,83	II	1409,91	1263,08	1119,50	982,00	850,58	725,33
	III	**1060,00**	443,83	443,83	III	949,50	842,16	737,83	636,66	538,33	443,33
	V	**2093,00**	443,83	443,83	IV	1550,08	1476,66	1403,25	1329,91	1256,50	1184,08
	VI	**2129,25**	443,83	443,83							

* Zur LSt-Berechnung für privat versicherte Arbeitnehmer s. Beispiele **Vorbemerkung S. 4 f.**
** Basisvorsorgepauschale KV und PV *** Typisierter Arbeitgeberzuschuss

Lohn/ Gehalt in € bis	Steuerklasse	Lohn-steuer*	BVSP**	TAGZ***	Steuerklasse	Bemessungsgrundlage für Kirchensteuer und Solidaritätszuschlag					
						Freibeträge für ... Kinder					
						0,5	**1,0**	1,5	**2,0**	2,5	**3,0**
6734,99	I,IV	**1623,58**	443,83	443,83	I	1476,75	1330,00	1184,16	1043,91	909,75	781,66
West	II	**1556,83**	443,83	443,83	II	1410,00	1263,25	1119,58	982,08	850,75	725,41
	III	**1060,00**	443,83	443,83	III	949,66	842,16	737,83	636,66	538,50	443,33
	V	**2093,08**	443,83	443,83	IV	1550,16	1476,75	1403,41	1330,00	1256,58	1184,16
	VI	**2129,33**	443,83	443,83							
6734,99	I,IV	**1624,75**	443,83	443,83	I	1477,91	1331,16	1185,33	1045,00	910,75	782,66
Ost	II	**1557,91**	443,83	443,83	II	1411,16	1264,33	1120,66	983,16	851,75	726,41
	III	**1061,00**	443,83	443,83	III	950,50	843,16	738,66	637,50	539,16	444,00
	V	**2094,25**	443,83	443,83	IV	1551,33	1477,91	1404,58	1331,16	1257,75	1185,33
	VI	**2130,50**	443,83	443,83							
6737,99	I,IV	**1624,75**	443,83	443,83	I	1477,91	1331,16	1185,33	1045,00	910,75	782,66
West	II	**1557,91**	443,83	443,83	II	1411,16	1264,33	1120,66	983,16	851,75	726,41
	III	**1061,00**	443,83	443,83	III	950,50	843,16	738,66	637,50	539,16	444,00
	V	**2094,25**	443,83	443,83	IV	1551,33	1477,91	1404,58	1331,16	1257,75	1185,33
	VI	**2130,50**	443,83	443,83							
6737,99	I,IV	**1626,00**	443,83	443,83	I	1479,16	1332,41	1186,50	1046,16	911,91	783,75
Ost	II	**1559,25**	443,83	443,83	II	1412,41	1265,66	1121,91	984,33	852,83	727,50
	III	**1062,00**	443,83	443,83	III	951,50	844,00	739,66	638,33	540,00	444,83
	V	**2095,50**	443,83	443,83	IV	1552,58	1479,16	1405,83	1332,41	1259,00	1186,50
	VI	**2131,75**	443,83	443,83							
6740,99	I,IV	**1625,91**	443,83	443,83	I	1479,08	1332,33	1186,41	1046,08	911,75	783,66
West	II	**1559,08**	443,83	443,83	II	1412,33	1265,50	1121,83	984,16	852,75	727,41
	III	**1061,83**	443,83	443,83	III	951,33	843,83	739,50	638,16	540,00	444,83
	V	**2095,41**	443,83	443,83	IV	1552,50	1479,08	1405,66	1332,33	1258,91	1186,41
	VI	**2131,66**	443,83	443,83							
6740,99	I,IV	**1627,25**	443,83	443,83	I	1480,50	1333,66	1187,75	1047,33	913,00	784,83
Ost	II	**1560,50**	443,83	443,83	II	1413,66	1266,91	1123,08	985,50	853,91	728,50
	III	**1062,83**	443,83	443,83	III	952,33	844,83	740,50	639,16	540,83	445,66
	V	**2096,75**	443,83	443,83	IV	1553,83	1480,50	1407,08	1333,66	1260,25	1187,75
	VI	**2133,00**	443,83	443,83							
6743,99	I,IV	**1627,08**	443,83	443,83	I	1480,25	1333,50	1187,58	1047,16	912,83	784,66
West	II	**1560,25**	443,83	443,83	II	1413,50	1266,66	1122,91	985,25	853,75	728,33
	III	**1062,66**	443,83	443,83	III	952,16	844,83	740,33	639,00	540,83	445,50
	V	**2096,50**	443,83	443,83	IV	1553,66	1480,25	1406,83	1333,50	1260,08	1187,58
	VI	**2132,75**	443,83	443,83							
6743,99	I,IV	**1628,50**	443,83	443,83	I	1481,75	1334,91	1189,00	1048,50	914,16	785,91
Ost	II	**1561,75**	443,83	443,83	II	1414,91	1268,16	1124,33	986,58	855,00	729,58
	III	**1063,83**	443,83	443,83	III	953,33	845,83	741,33	640,00	541,66	446,50
	V	**2098,00**	443,83	443,83	IV	1555,08	1481,75	1408,33	1334,91	1261,50	1189,00
	VI	**2134,25**	443,83	443,83							
6746,99	I,IV	**1628,25**	443,83	443,83	I	1481,41	1334,66	1188,75	1048,25	913,91	785,66
West	II	**1561,41**	443,83	443,83	II	1414,66	1267,83	1124,08	986,33	854,75	729,33
	III	**1063,66**	443,83	443,83	III	953,16	845,66	741,16	639,83	541,50	446,33
	V	**2097,75**	443,83	443,83	IV	1554,83	1481,41	1408,08	1334,66	1261,25	1188,75
	VI	**2134,00**	443,83	443,83							
6746,99	I,IV	**1629,75**	443,83	443,83	I	1483,00	1336,16	1190,25	1049,66	915,25	787,00
Ost	II	**1563,00**	443,83	443,83	II	1416,16	1269,41	1125,50	987,75	856,16	730,58
	III	**1064,83**	443,83	443,83	III	954,16	846,66	742,33	640,83	542,50	447,33
	V	**2099,25**	443,83	443,83	IV	1556,41	1483,00	1409,58	1336,16	1262,83	1190,25
	VI	**2135,50**	443,83	443,83							
6749,99	I,IV	**1629,41**	443,83	443,83	I	1482,58	1335,83	1189,83	1049,33	914,91	786,66
West	II	**1562,58**	443,83	443,83	II	1415,83	1269,00	1125,16	987,41	855,83	730,33
	III	**1064,50**	443,83	443,83	III	954,00	846,50	742,00	640,66	542,33	447,00
	V	**2098,91**	443,83	443,83	IV	1556,00	1482,58	1409,16	1335,83	1262,41	1189,83
	VI	**2135,16**	443,83	443,83							
6749,99	I,IV	**1631,00**	443,83	443,83	I	1484,25	1337,41	1191,50	1050,83	916,41	788,00
Ost	II	**1564,25**	443,83	443,83	II	1417,50	1270,66	1126,75	988,91	857,25	731,66
	III	**1065,83**	443,83	443,83	III	955,16	847,66	743,16	641,66	543,33	448,16
	V	**2100,50**	443,83	443,83	IV	1557,66	1484,25	1410,83	1337,41	1264,08	1191,50
	VI	**2136,75**	443,83	443,83							

* Zur LSt-Berechnung für privat versicherte Arbeitnehmer s. Beispiele **Vorbemerkung S. 4f.**
** Basisvorsorgepauschale KV und PV *** Typisierter Arbeitgeberzuschuss

Lohn/ Gehalt in € bis	Steuerklasse	Lohn-steuer*	BVSP**	TAGZ***	Steuerklasse	Bemessungsgrundlage für Kirchensteuer und Solidaritätszuschlag					
						Freibeträge für ... Kinder					
						0,5	**1,0**	1,5	**2,0**	2,5	**3,0**
6 752,99 West	I,IV	**1 630,58**	443,83	443,83	I	1 483,75	1 337,00	1 191,00	1 050,41	915,91	787,58
	II	**1 563,75**	443,83	443,83	II	1 417,00	1 270,16	1 126,25	988,50	856,83	731,25
	III	**1 065,33**	443,83	443,83	III	954,83	847,33	742,83	641,33	543,00	447,83
	V	**2 100,00**	443,83	443,83	IV	1 557,16	1 483,75	1 410,33	1 337,00	1 263,58	1 191,00
	VI	**2 136,25**	443,83	443,83							
6 752,99 Ost	I,IV	**1 632,33**	443,83	443,83	I	1 485,50	1 338,75	1 192,66	1 052,08	917,50	789,08
	II	**1 565,50**	443,83	443,83	II	1 418,75	1 271,91	1 127,91	990,08	858,33	732,75
	III	**1 066,66**	443,83	443,83	III	956,16	848,50	744,00	642,66	544,16	448,83
	V	**2 101,75**	443,83	443,83	IV	1 558,91	1 485,50	1 412,08	1 338,75	1 265,33	1 192,66
	VI	**2 138,00**	443,83	443,83							
6 755,99 West	I,IV	**1 631,66**	443,83	443,83	I	1 484,91	1 338,08	1 192,08	1 051,50	917,00	788,58
	II	**1 564,91**	443,83	443,83	II	1 418,16	1 271,33	1 127,41	989,50	857,83	732,25
	III	**1 066,33**	443,83	443,83	III	955,66	848,16	743,66	642,16	543,83	448,50
	V	**2 101,16**	443,83	443,83	IV	1 558,33	1 484,91	1 411,50	1 338,08	1 264,75	1 192,08
	VI	**2 137,41**	443,83	443,83							
6 755,99 Ost	I,IV	**1 633,58**	443,83	443,83	I	1 486,75	1 340,00	1 193,91	1 053,25	918,66	790,16
	II	**1 566,75**	443,83	443,83	II	1 420,00	1 273,16	1 129,16	991,25	859,41	733,75
	III	**1 067,66**	443,83	443,83	III	957,00	849,50	745,00	643,50	545,00	449,66
	V	**2 103,00**	443,83	443,83	IV	1 560,16	1 486,75	1 413,33	1 340,00	1 266,58	1 193,91
	VI	**2 139,33**	443,83	443,83							
6 758,99 West	I,IV	**1 632,83**	443,83	443,83	I	1 486,08	1 339,25	1 193,25	1 052,58	918,00	789,58
	II	**1 566,08**	443,83	443,83	II	1 419,25	1 272,50	1 128,50	990,58	858,83	733,16
	III	**1 067,16**	443,83	443,83	III	956,50	849,00	744,50	643,00	544,66	449,33
	V	**2 102,33**	443,83	443,83	IV	1 559,41	1 486,08	1 412,66	1 339,25	1 265,91	1 193,25
	VI	**2 138,58**	443,83	443,83							
6 758,99 Ost	I,IV	**1 634,83**	443,83	443,83	I	1 488,00	1 341,25	1 195,16	1 054,41	919,75	791,25
	II	**1 568,00**	443,83	443,83	II	1 421,25	1 274,41	1 130,33	992,41	860,58	734,83
	III	**1 068,66**	443,83	443,83	III	958,00	850,33	745,83	644,33	545,83	450,50
	V	**2 104,33**	443,83	443,83	IV	1 561,41	1 488,00	1 414,66	1 341,25	1 267,83	1 195,16
	VI	**2 140,58**	443,83	443,83							
6 761,99 West	I,IV	**1 634,00**	443,83	443,83	I	1 487,25	1 340,41	1 194,41	1 053,66	919,08	790,58
	II	**1 567,25**	443,83	443,83	II	1 420,41	1 273,66	1 129,58	991,66	859,83	734,16
	III	**1 068,00**	443,83	443,83	III	957,33	849,83	745,16	643,66	545,33	450,00
	V	**2 103,50**	443,83	443,83	IV	1 560,58	1 487,25	1 413,83	1 340,41	1 267,00	1 194,41
	VI	**2 139,75**	443,83	443,83							
6 761,99 Ost	I,IV	**1 636,08**	443,83	443,83	I	1 489,25	1 342,50	1 196,41	1 055,58	920,91	792,33
	II	**1 569,33**	443,83	443,83	II	1 422,50	1 275,75	1 131,58	993,58	861,66	735,91
	III	**1 069,66**	443,83	443,83	III	959,00	851,33	746,66	645,16	546,66	451,33
	V	**2 105,58**	443,83	443,83	IV	1 562,66	1 489,25	1 415,91	1 342,50	1 269,08	1 196,41
	VI	**2 141,83**	443,83	443,83							
6 764,99 West	I,IV	**1 635,16**	443,83	443,83	I	1 488,41	1 341,58	1 195,58	1 054,75	920,08	791,58
	II	**1 568,41**	443,83	443,83	II	1 421,66	1 274,83	1 130,75	992,75	860,91	735,16
	III	**1 069,00**	443,83	443,83	III	958,16	850,66	746,00	644,50	546,16	450,66
	V	**2 104,66**	443,83	443,83	IV	1 561,83	1 488,41	1 415,00	1 341,58	1 268,25	1 195,58
	VI	**2 140,91**	443,83	443,83							
6 764,99 Ost	I,IV	**1 637,33**	443,83	443,83	I	1 490,58	1 343,75	1 197,66	1 056,75	922,00	793,41
	II	**1 570,58**	443,83	443,83	II	1 423,75	1 277,00	1 132,83	994,75	862,75	736,91
	III	**1 070,66**	443,83	443,83	III	959,83	852,16	747,50	646,00	547,50	452,16
	V	**2 106,83**	443,83	443,83	IV	1 563,91	1 490,58	1 417,16	1 343,75	1 270,33	1 197,66
	VI	**2 143,08**	443,83	443,83							
6 767,99 West	I,IV	**1 636,33**	443,83	443,83	I	1 489,58	1 342,75	1 196,66	1 055,83	921,16	792,58
	II	**1 569,58**	443,83	443,83	II	1 422,75	1 276,00	1 131,83	993,83	861,91	736,08
	III	**1 069,83**	443,83	443,83	III	959,16	851,50	746,83	645,33	546,83	451,50
	V	**2 105,83**	443,83	443,83	IV	1 562,91	1 489,58	1 416,16	1 342,75	1 269,41	1 196,66
	VI	**2 142,08**	443,83	443,83							
6 767,99 Ost	I,IV	**1 638,58**	443,83	443,83	I	1 491,83	1 345,00	1 198,83	1 057,91	923,16	794,50
	II	**1 571,83**	443,83	443,83	II	1 425,00	1 278,25	1 134,00	995,91	863,83	738,00
	III	**1 071,50**	443,83	443,83	III	960,83	853,16	748,50	646,83	548,33	453,00
	V	**2 108,08**	443,83	443,83	IV	1 565,16	1 491,83	1 418,41	1 345,00	1 271,58	1 198,83
	VI	**2 144,33**	443,83	443,83							

* Zur LSt-Berechnung für privat versicherte Arbeitnehmer s. Beispiele **Vorbemerkung S. 4f.**
** Basisvorsorgepauschale KV und PV *** Typisierter Arbeitgeberzuschuss

Lohn/ Gehalt in € bis	Steuerklasse	**Lohn-steuer***	BVSP**	TAGZ***	Steuerklasse	Bemessungsgrundlage für Kirchensteuer und Solidaritätszuschlag					
						Freibeträge für ... Kinder					
						0,5	**1,0**	1,5	**2,0**	2,5	**3,0**
6 770,99 West	I,IV	**1 637,50**	443,83	443,83	I	1 490,75	1 343,91	1 197,83	1 056,91	922,16	793,58
	II	**1 570,75**	443,83	443,83	II	1 423,91	1 277,16	1 133,00	994,91	862,91	737,08
	III	**1 070,66**	443,83	443,83	III	960,00	852,33	747,66	646,16	547,66	452,16
	V	**2 107,00**	443,83	443,83	IV	1 564,08	1 490,75	1 417,33	1 343,91	1 270,50	1 197,83
	VI	**2 143,25**	443,83	443,83							
6 770,99 Ost	I,IV	**1 639,83**	443,83	443,83	I	1 493,08	1 346,25	1 200,08	1 059,16	924,33	795,58
	II	**1 573,08**	443,83	443,83	II	1 426,25	1 279,50	1 135,25	997,00	865,00	739,00
	III	**1 072,50**	443,83	443,83	III	961,66	854,00	749,33	647,66	549,16	453,66
	V	**2 109,33**	443,83	443,83	IV	1 566,41	1 493,08	1 419,66	1 346,25	1 272,91	1 200,08
	VI	**2 145,58**	443,83	443,83							
6 773,99 West	I,IV	**1 638,66**	443,83	443,83	I	1 491,83	1 345,08	1 198,91	1 058,00	923,25	794,58
	II	**1 571,91**	443,83	443,83	II	1 425,08	1 278,33	1 134,08	995,91	863,91	738,08
	III	**1 071,66**	443,83	443,83	III	960,83	853,16	748,50	647,00	548,50	453,00
	V	**2 108,16**	443,83	443,83	IV	1 565,25	1 491,83	1 418,50	1 345,08	1 271,66	1 198,91
	VI	**2 144,41**	443,83	443,83							
6 773,99 Ost	I,IV	**1 641,08**	443,83	443,83	I	1 494,33	1 347,50	1 201,33	1 060,33	925,41	796,66
	II	**1 574,33**	443,83	443,83	II	1 427,58	1 280,75	1 136,41	998,16	866,08	740,08
	III	**1 073,50**	443,83	443,83	III	962,66	855,00	750,16	648,66	550,00	454,50
	V	**2 110,58**	443,83	443,83	IV	1 567,75	1 494,33	1 420,91	1 347,50	1 274,16	1 201,33
	VI	**2 146,83**	443,83	443,83							
6 776,99 West	I,IV	**1 639,83**	443,83	443,83	I	1 493,00	1 346,25	1 200,08	1 059,08	924,25	795,58
	II	**1 573,00**	443,83	443,83	II	1 426,25	1 279,41	1 135,16	997,00	864,91	739,00
	III	**1 072,50**	443,83	443,83	III	961,66	854,00	749,33	647,66	549,16	453,66
	V	**2 109,33**	443,83	443,83	IV	1 566,41	1 493,00	1 419,66	1 346,25	1 272,83	1 200,08
	VI	**2 145,58**	443,83	443,83							
6 776,99 Ost	I,IV	**1 642,33**	443,83	443,83	I	1 495,58	1 348,83	1 202,58	1 061,50	926,58	797,75
	II	**1 575,58**	443,83	443,83	II	1 428,83	1 282,00	1 137,66	999,33	867,16	741,16
	III	**1 074,50**	443,83	443,83	III	963,66	855,83	751,16	649,50	550,83	455,33
	V	**2 111,83**	443,83	443,83	IV	1 569,00	1 495,58	1 422,16	1 348,83	1 275,41	1 202,58
	VI	**2 148,08**	443,83	443,83							
6 779,99 West	I,IV	**1 641,00**	443,83	443,83	I	1 494,25	1 347,41	1 201,25	1 060,25	925,33	796,58
	II	**1 574,25**	443,83	443,83	II	1 427,41	1 280,66	1 136,33	998,08	866,00	740,00
	III	**1 073,33**	443,83	443,83	III	962,50	854,83	750,16	648,50	550,00	454,50
	V	**2 110,50**	443,83	443,83	IV	1 567,58	1 494,25	1 420,83	1 347,41	1 274,00	1 201,25
	VI	**2 146,75**	443,83	443,83							
6 779,99 Ost	I,IV	**1 643,66**	443,83	443,83	I	1 496,83	1 350,08	1 203,83	1 062,66	927,66	798,83
	II	**1 576,83**	443,83	443,83	II	1 430,08	1 283,25	1 138,83	1 000,50	868,33	742,16
	III	**1 075,50**	443,83	443,83	III	964,50	856,66	752,00	650,33	551,66	456,16
	V	**2 113,08**	443,83	443,83	IV	1 570,25	1 496,83	1 423,41	1 350,08	1 276,66	1 203,83
	VI	**2 149,41**	443,83	443,83							
6 782,99 West	I,IV	**1 642,16**	443,83	443,83	I	1 495,33	1 348,58	1 202,33	1 061,33	926,33	797,58
	II	**1 575,41**	443,83	443,83	II	1 428,58	1 281,83	1 137,41	999,16	867,00	741,00
	III	**1 074,33**	443,83	443,83	III	963,50	855,66	751,00	649,33	550,66	455,16
	V	**2 111,66**	443,83	443,83	IV	1 568,75	1 495,33	1 422,00	1 348,58	1 275,16	1 202,33
	VI	**2 147,91**	443,83	443,83							
6 782,99 Ost	I,IV	**1 644,91**	443,83	443,83	I	1 498,08	1 351,33	1 205,08	1 063,91	928,83	799,91
	II	**1 578,08**	443,83	443,83	II	1 431,33	1 284,50	1 140,08	1 001,66	869,41	743,25
	III	**1 076,33**	443,83	443,83	III	965,50	857,66	752,83	651,16	552,50	457,00
	V	**2 114,41**	443,83	443,83	IV	1 571,50	1 498,08	1 424,66	1 351,33	1 277,91	1 205,08
	VI	**2 150,66**	443,83	443,83							
6 785,99 West	I,IV	**1 643,33**	443,83	443,83	I	1 496,50	1 349,75	1 203,50	1 062,41	927,41	798,58
	II	**1 576,50**	443,83	443,83	II	1 429,75	1 282,91	1 138,58	1 000,25	868,00	741,91
	III	**1 075,16**	443,83	443,83	III	964,33	856,50	751,83	650,16	551,50	456,00
	V	**2 112,83**	443,83	443,83	IV	1 569,91	1 496,50	1 423,16	1 349,75	1 276,33	1 203,50
	VI	**2 149,08**	443,83	443,83							
6 785,99 Ost	I,IV	**1 646,16**	443,83	443,83	I	1 499,33	1 352,58	1 206,33	1 065,08	929,91	801,00
	II	**1 579,33**	443,83	443,83	II	1 432,58	1 285,83	1 141,25	1 002,83	870,50	744,33
	III	**1 077,33**	443,83	443,83	III	966,50	858,50	753,83	652,00	553,33	457,83
	V	**2 115,66**	443,83	443,83	IV	1 572,75	1 499,33	1 426,00	1 352,58	1 279,16	1 206,33
	VI	**2 151,91**	443,83	443,83							

* Zur LSt-Berechnung für privat versicherte Arbeitnehmer s. Beispiele **Vorbemerkung S. 4 f.**
** Basisvorsorgepauschale KV und PV *** Typisierter Arbeitgeberzuschuss

Lohn/ Gehalt in € bis	Steuerklasse	Lohn- steuer*	BVSP**	TAGZ***	Steuerklasse	Bemessungsgrundlage für Kirchensteuer und Solidaritätszuschlag					
						Freibeträge für ... Kinder					
						0,5	**1,0**	1,5	**2,0**	2,5	**3,0**
6788,99	I,IV	**1644,50**	443,83	443,83	I	1497,66	1350,91	1204,66	1063,50	928,41	799,50
West	II	**1577,66**	443,83	443,83	II	1430,91	1284,08	1139,66	1001,25	869,00	742,91
	III	**1076,00**	443,83	443,83	III	965,16	857,33	752,66	650,83	552,33	456,66
	V	**2114,00**	443,83	443,83	IV	1571,08	1497,66	1424,25	1350,91	1277,50	1204,66
	VI	**2150,25**	443,83	443,83							
6788,99	I,IV	**1647,41**	443,83	443,83	I	1500,58	1353,83	1207,50	1066,25	931,08	802,08
Ost	II	**1580,66**	443,83	443,83	II	1433,83	1287,08	1142,50	1004,00	871,66	745,41
	III	**1078,33**	443,83	443,83	III	967,33	859,50	754,66	652,83	554,16	458,50
	V	**2116,91**	443,83	443,83	IV	1574,00	1500,58	1427,25	1353,83	1280,41	1207,50
	VI	**2153,16**	443,83	443,83							
6791,99	I,IV	**1645,66**	443,83	443,83	I	1498,83	1352,08	1205,75	1064,58	929,50	800,50
West	II	**1578,83**	443,83	443,83	II	1432,08	1285,25	1140,75	1002,33	870,08	743,91
	III	**1077,00**	443,83	443,83	III	966,00	858,16	753,33	651,66	553,00	457,33
	V	**2115,08**	443,83	443,83	IV	1572,25	1498,83	1425,41	1352,08	1278,66	1205,75
	VI	**2151,41**	443,83	443,83							
6791,99	I,IV	**1648,66**	443,83	443,83	I	1501,91	1355,08	1208,75	1067,41	932,25	803,16
Ost	II	**1581,91**	443,83	443,83	II	1435,08	1288,33	1143,75	1005,16	872,75	746,41
	III	**1079,33**	443,83	443,83	III	968,33	860,33	755,50	653,83	555,00	459,33
	V	**2118,16**	443,83	443,83	IV	1575,25	1501,91	1428,50	1355,08	1281,66	1208,75
	VI	**2154,41**	443,83	443,83							
6794,99	I,IV	**1646,83**	443,83	443,83	I	1500,00	1353,25	1206,91	1065,66	930,58	801,58
West	II	**1580,00**	443,83	443,83	II	1433,25	1286,41	1141,91	1003,41	871,08	744,91
	III	**1077,83**	443,83	443,83	III	966,83	859,00	754,16	652,50	553,83	458,16
	V	**2116,33**	443,83	443,83	IV	1573,41	1500,00	1426,66	1353,25	1279,83	1206,91
	VI	**2152,58**	443,83	443,83							
6794,99	I,IV	**1649,91**	443,83	443,83	I	1503,16	1356,33	1210,00	1068,58	933,33	804,25
Ost	II	**1583,16**	443,83	443,83	II	1436,33	1289,58	1144,91	1006,33	873,83	747,50
	III	**1080,16**	443,83	443,83	III	969,16	861,33	756,50	654,66	555,83	460,16
	V	**2119,41**	443,83	443,83	IV	1576,50	1503,16	1429,75	1356,33	1282,91	1210,00
	VI	**2155,66**	443,83	443,83							
6797,99	I,IV	**1648,00**	443,83	443,83	I	1501,16	1354,41	1208,08	1066,75	931,58	802,50
West	II	**1581,16**	443,83	443,83	II	1434,41	1287,58	1143,00	1004,50	872,08	745,83
	III	**1078,66**	443,83	443,83	III	967,83	859,83	755,00	653,33	554,50	459,00
	V	**2117,50**	443,83	443,83	IV	1574,58	1501,16	1427,75	1354,41	1281,00	1208,08
	VI	**2153,75**	443,83	443,83							
6797,99	I,IV	**1651,16**	443,83	443,83	I	1504,41	1357,58	1211,25	1069,83	934,50	805,33
Ost	II	**1584,41**	443,83	443,83	II	1437,58	1290,83	1146,16	1007,50	875,00	748,58
	III	**1081,16**	443,83	443,83	III	970,16	862,16	757,33	655,50	556,66	461,00
	V	**2120,66**	443,83	443,83	IV	1577,83	1504,41	1431,00	1357,58	1284,25	1211,25
	VI	**2156,91**	443,83	443,83							
6800,99	I,IV	**1649,16**	443,83	443,83	I	1502,33	1355,58	1209,25	1067,83	932,66	803,50
West	II	**1582,33**	443,83	443,83	II	1435,58	1288,75	1144,16	1005,58	873,16	746,83
	III	**1079,66**	443,83	443,83	III	968,66	860,66	755,83	654,00	555,33	459,66
	V	**2118,58**	443,83	443,83	IV	1575,75	1502,33	1428,91	1355,58	1282,16	1209,25
	VI	**2154,91**	443,83	443,83							
6800,99	I,IV	**1652,41**	443,83	443,83	I	1505,66	1358,83	1212,50	1071,00	935,66	806,41
Ost	II	**1585,66**	443,83	443,83	II	1438,91	1292,08	1147,33	1008,66	876,08	749,58
	III	**1082,16**	443,83	443,83	III	971,16	863,16	758,16	656,33	557,50	461,83
	V	**2121,91**	443,83	443,83	IV	1579,08	1505,66	1432,25	1358,83	1285,50	1212,50
	VI	**2158,16**	443,83	443,83							
6803,99	I,IV	**1650,25**	443,83	443,83	I	1503,50	1356,66	1210,33	1068,91	933,66	804,50
West	II	**1583,50**	443,83	443,83	II	1436,75	1289,91	1145,25	1006,66	874,16	747,75
	III	**1080,50**	443,83	443,83	III	969,50	861,50	756,66	654,83	556,16	460,33
	V	**2119,75**	443,83	443,83	IV	1576,91	1503,50	1430,08	1356,66	1283,33	1210,33
	VI	**2156,00**	443,83	443,83							
6803,99	I,IV	**1653,75**	443,83	443,83	I	1506,91	1360,16	1213,75	1072,16	936,75	807,50
Ost	II	**1586,91**	443,83	443,83	II	1440,16	1293,33	1148,58	1009,83	877,16	750,66
	III	**1083,16**	443,83	443,83	III	972,00	864,00	759,16	657,16	558,33	462,66
	V	**2123,16**	443,83	443,83	IV	1580,33	1506,91	1433,50	1360,16	1286,75	1213,75
	VI	**2159,50**	443,83	443,83							

* Zur LSt-Berechnung für privat versicherte Arbeitnehmer s. Beispiele **Vorbemerkung S. 4 f.**
** Basisvorsorgepauschale KV und PV *** Typisierter Arbeitgeberzuschuss

Lohn/ Gehalt in € bis	Steuerklasse	Lohn- steuer*	BVSP**	TAGZ***	Steuerklasse	Bemessungsgrundlage für Kirchensteuer und Solidaritätszuschlag – Freibeträge für ... Kinder 0,5	**1,0**	1,5	**2,0**	2,5	**3,0**
6806,99	I,IV	**1651,41**	443,83	443,83	I	1504,66	1357,83	1211,50	1070,08	934,75	805,50
West	II	**1584,66**	443,83	443,83	II	1437,83	1291,08	1146,41	1007,75	875,16	748,75
	III	**1081,33**	443,83	443,83	III	970,33	862,33	757,50	655,66	556,83	461,16
	V	**2120,91**	443,83	443,83	IV	1578,08	1504,66	1431,25	1357,83	1284,50	1211,50
	VI	**2157,16**	443,83	443,83							
6806,99	I,IV	**1655,00**	443,83	443,83	I	1508,16	1361,41	1215,00	1073,41	937,91	808,58
Ost	II	**1588,16**	443,83	443,83	II	1441,41	1294,58	1149,83	1011,00	878,33	751,75
	III	**1084,16**	443,83	443,83	III	973,00	865,00	760,00	658,00	559,16	463,50
	V	**2124,50**	443,83	443,83	IV	1581,58	1508,16	1434,75	1361,41	1288,00	1215,00
	VI	**2160,75**	443,83	443,83							
6809,99	I,IV	**1652,58**	443,83	443,83	I	1505,83	1359,00	1212,66	1071,16	935,75	806,50
West	II	**1585,83**	443,83	443,83	II	1439,00	1292,25	1147,50	1008,75	876,16	749,75
	III	**1082,33**	443,83	443,83	III	971,16	863,16	758,33	656,50	557,66	461,83
	V	**2122,08**	443,83	443,83	IV	1579,16	1505,83	1432,41	1359,00	1285,58	1212,66
	VI	**2158,33**	443,83	443,83							
6809,99	I,IV	**1656,25**	443,83	443,83	I	1509,41	1362,66	1216,25	1074,58	939,00	809,66
Ost	II	**1589,41**	443,83	443,83	II	1442,66	1295,83	1151,00	1012,16	879,41	752,75
	III	**1085,00**	443,83	443,83	III	974,00	865,83	760,83	659,00	560,00	464,16
	V	**2125,75**	443,83	443,83	IV	1582,83	1509,41	1436,08	1362,66	1289,25	1216,25
	VI	**2162,00**	443,83	443,83							
6812,99	I,IV	**1653,75**	443,83	443,83	I	1507,00	1360,16	1213,83	1072,25	936,83	807,50
West	II	**1587,00**	443,83	443,83	II	1440,25	1293,41	1148,66	1009,91	877,25	750,75
	III	**1083,16**	443,83	443,83	III	972,16	864,16	759,16	657,33	558,50	462,66
	V	**2123,25**	443,83	443,83	IV	1580,41	1507,00	1433,58	1360,16	1286,83	1213,83
	VI	**2159,50**	443,83	443,83							
6812,99	I,IV	**1657,50**	443,83	443,83	I	1510,66	1363,91	1217,50	1075,75	940,16	810,75
Ost	II	**1590,75**	443,83	443,83	II	1443,91	1297,16	1152,25	1013,33	880,50	753,83
	III	**1086,00**	443,83	443,83	III	974,83	866,83	761,83	659,83	560,83	465,00
	V	**2127,00**	443,83	443,83	IV	1584,08	1510,66	1437,33	1363,91	1290,50	1217,50
	VI	**2163,25**	443,83	443,83							
6815,99	I,IV	**1654,91**	443,83	443,83	I	1508,16	1361,33	1214,91	1073,33	937,83	808,50
West	II	**1588,16**	443,83	443,83	II	1441,33	1294,58	1149,75	1010,91	878,25	751,66
	III	**1084,00**	443,83	443,83	III	973,00	865,00	760,00	658,00	559,16	463,33
	V	**2124,41**	443,83	443,83	IV	1581,58	1508,16	1434,75	1361,33	1288,00	1214,91
	VI	**2160,66**	443,83	443,83							
6815,99	I,IV	**1658,75**	443,83	443,83	I	1512,00	1365,16	1218,66	1076,91	941,33	811,83
Ost	II	**1592,00**	443,83	443,83	II	1445,16	1298,41	1153,41	1014,50	881,66	754,91
	III	**1087,00**	443,83	443,83	III	975,83	867,66	762,66	660,66	561,66	465,83
	V	**2128,25**	443,83	443,83	IV	1585,33	1512,00	1438,58	1365,16	1291,75	1218,66
	VI	**2164,50**	443,83	443,83							
6818,99	I,IV	**1656,08**	443,83	443,83	I	1509,33	1362,50	1216,08	1074,41	938,91	809,50
West	II	**1589,33**	443,83	443,83	II	1442,50	1295,75	1150,91	1012,00	879,25	752,66
	III	**1085,00**	443,83	443,83	III	973,83	865,83	760,83	658,83	560,00	464,16
	V	**2125,58**	443,83	443,83	IV	1582,66	1509,33	1435,91	1362,50	1289,08	1216,08
	VI	**2161,83**	443,83	443,83							
6818,99	I,IV	**1660,00**	443,83	443,83	I	1513,25	1366,41	1219,91	1078,16	942,41	812,91
Ost	II	**1593,25**	443,83	443,83	II	1446,41	1299,66	1154,66	1015,66	882,75	756,00
	III	**1088,00**	443,83	443,83	III	976,83	868,66	763,66	661,50	562,50	466,66
	V	**2129,50**	443,83	443,83	IV	1586,58	1513,25	1439,83	1366,41	1293,00	1219,91
	VI	**2165,75**	443,83	443,83							
6821,99	I,IV	**1657,25**	443,83	443,83	I	1510,41	1363,66	1217,25	1075,50	939,91	810,50
West	II	**1590,50**	443,83	443,83	II	1443,66	1296,91	1152,00	1013,08	880,33	753,66
	III	**1085,83**	443,83	443,83	III	974,66	866,66	761,50	659,66	560,66	464,83
	V	**2126,75**	443,83	443,83	IV	1583,83	1510,41	1437,08	1363,66	1290,25	1217,25
	VI	**2163,00**	443,83	443,83							
6821,99	I,IV	**1661,25**	443,83	443,83	I	1514,50	1367,66	1221,16	1079,33	943,58	814,00
Ost	II	**1594,50**	443,83	443,83	II	1447,66	1300,91	1155,91	1016,83	883,83	757,00
	III	**1089,00**	443,83	443,83	III	977,66	869,50	764,50	662,33	563,33	467,50
	V	**2130,75**	443,83	443,83	IV	1587,91	1514,50	1441,08	1367,66	1294,33	1221,16
	VI	**2167,00**	443,83	443,83							

* Zur LSt-Berechnung für privat versicherte Arbeitnehmer s. Beispiele **Vorbemerkung S. 4f.**
** Basisvorsorgepauschale KV und PV *** Typisierter Arbeitgeberzuschuss

Lohn/ Gehalt in € bis	Steuerklasse	Lohn-steuer*	BVSP**	TAGZ***	Steuerklasse	Bemessungsgrundlage für Kirchensteuer und Solidaritätszuschlag – Freibeträge für ... Kinder 0,5	1,0	1,5	2,0	2,5	3,0
6824,99 West	I,IV	**1658,41**	443,83	443,83	I	1511,58	1364,83	1218,33	1076,58	941,00	811,50
	II	**1591,58**	443,83	443,83	II	1444,83	1298,08	1153,08	1014,16	881,33	754,58
	III	**1086,66**	443,83	443,83	III	975,50	867,50	762,33	660,50	561,50	465,66
	V	**2127,91**	443,83	443,83	IV	1585,00	1511,58	1438,25	1364,83	1291,41	1218,33
	VI	**2164,16**	443,83	443,83							
6824,99 Ost	I,IV	**1662,50**	443,83	443,83	I	1515,75	1368,91	1222,41	1080,50	944,75	815,08
	II	**1595,75**	443,83	443,83	II	1449,00	1302,16	1157,08	1018,00	885,00	758,08
	III	**1089,83**	443,83	443,83	III	978,66	870,50	765,33	663,16	564,16	468,33
	V	**2132,00**	443,83	443,83	IV	1589,16	1515,75	1442,33	1368,91	1295,58	1222,41
	VI	**2168,25**	443,83	443,83							
6827,99 West	I,IV	**1659,58**	443,83	443,83	I	1512,83	1366,00	1219,50	1077,75	942,08	812,50
	II	**1592,83**	443,83	443,83	II	1446,00	1299,25	1154,25	1015,25	882,41	755,58
	III	**1087,66**	443,83	443,83	III	976,50	868,33	763,16	661,16	562,33	466,33
	V	**2129,08**	443,83	443,83	IV	1586,16	1512,83	1439,41	1366,00	1292,58	1219,50
	VI	**2165,33**	443,83	443,83							
6827,99 Ost	I,IV	**1663,83**	443,83	443,83	I	1517,00	1370,25	1223,66	1081,75	945,83	816,16
	II	**1597,00**	443,83	443,83	II	1450,25	1303,41	1158,33	1019,16	886,08	759,16
	III	**1090,83**	443,83	443,83	III	979,66	871,33	766,16	664,16	565,00	469,16
	V	**2133,25**	443,83	443,83	IV	1590,41	1517,00	1443,58	1370,25	1296,83	1223,66
	VI	**2169,50**	443,83	443,83							
6830,99 West	I,IV	**1660,75**	443,83	443,83	I	1513,91	1367,16	1220,66	1078,83	943,08	813,50
	II	**1594,00**	443,83	443,83	II	1447,16	1300,41	1155,41	1016,33	883,41	756,58
	III	**1088,50**	443,83	443,83	III	977,33	869,16	764,00	662,00	563,00	467,16
	V	**2130,25**	443,83	443,83	IV	1587,33	1513,91	1440,58	1367,16	1293,75	1220,66
	VI	**2166,50**	443,83	443,83							
6830,99 Ost	I,IV	**1665,08**	443,83	443,83	I	1518,25	1371,50	1224,91	1082,91	947,00	817,25
	II	**1598,25**	443,83	443,83	II	1451,50	1304,66	1159,58	1020,33	887,25	760,25
	III	**1091,83**	443,83	443,83	III	980,50	872,33	767,16	665,00	565,83	469,83
	V	**2134,50**	443,83	443,83	IV	1591,66	1518,25	1444,83	1371,50	1298,08	1224,91
	VI	**2170,83**	443,83	443,83							
6833,99 West	I,IV	**1661,91**	443,83	443,83	I	1515,08	1368,33	1221,83	1079,91	944,16	814,50
	II	**1595,08**	443,83	443,83	II	1448,33	1301,58	1156,50	1017,41	884,41	757,58
	III	**1089,50**	443,83	443,83	III	978,16	870,00	764,83	662,83	563,83	467,83
	V	**2131,41**	443,83	443,83	IV	1588,50	1515,08	1441,75	1368,33	1294,91	1221,83
	VI	**2167,66**	443,83	443,83							
6833,99 Ost	I,IV	**1666,33**	443,83	443,83	I	1519,50	1372,75	1226,16	1084,08	948,16	818,33
	II	**1599,50**	443,83	443,83	II	1452,75	1305,91	1160,75	1021,50	888,33	761,25
	III	**1092,83**	443,83	443,83	III	981,50	873,16	768,00	665,83	566,66	470,66
	V	**2135,83**	443,83	443,83	IV	1592,91	1519,50	1446,16	1372,75	1299,33	1226,16
	VI	**2172,08**	443,83	443,83							
6836,99 West	I,IV	**1663,08**	443,83	443,83	I	1516,25	1369,50	1222,91	1081,00	945,16	815,50
	II	**1596,25**	443,83	443,83	II	1449,50	1302,66	1157,58	1018,50	885,41	758,50
	III	**1090,33**	443,83	443,83	III	979,00	870,83	765,66	663,50	564,50	468,66
	V	**2132,58**	443,83	443,83	IV	1589,66	1516,25	1442,83	1369,50	1296,08	1222,91
	VI	**2168,83**	443,83	443,83							
6836,99 Ost	I,IV	**1667,58**	443,83	443,83	I	1520,75	1374,00	1227,41	1085,25	949,25	819,41
	II	**1600,83**	443,83	443,83	II	1454,00	1307,25	1162,00	1022,66	889,41	762,33
	III	**1093,83**	443,83	443,83	III	982,50	874,16	768,83	666,66	567,50	471,50
	V	**2137,08**	443,83	443,83	IV	1594,16	1520,75	1447,41	1374,00	1300,58	1227,41
	VI	**2173,33**	443,83	443,83							
6839,99 West	I,IV	**1664,25**	443,83	443,83	I	1517,41	1370,66	1224,08	1082,08	946,25	816,50
	II	**1597,41**	443,83	443,83	II	1450,66	1303,83	1158,75	1019,58	886,50	759,50
	III	**1091,16**	443,83	443,83	III	979,83	871,66	766,50	664,33	565,33	469,33
	V	**2133,66**	443,83	443,83	IV	1590,83	1517,41	1444,00	1370,66	1297,25	1224,08
	VI	**2170,00**	443,83	443,83							
6839,99 Ost	I,IV	**1668,83**	443,83	443,83	I	1522,08	1375,25	1228,66	1086,50	950,41	820,50
	II	**1602,08**	443,83	443,83	II	1455,25	1308,50	1163,25	1023,83	890,58	763,41
	III	**1094,83**	443,83	443,83	III	983,33	875,00	769,83	667,50	568,50	472,33
	V	**2138,33**	443,83	443,83	IV	1595,41	1522,08	1448,66	1375,25	1301,83	1228,66
	VI	**2174,58**	443,83	443,83							

* Zur LSt-Berechnung für privat versicherte Arbeitnehmer s. Beispiele **Vorbemerkung S. 4 f.**
** Basisvorsorgepauschale KV und PV *** Typisierter Arbeitgeberzuschuss

Lohn/ Gehalt in € bis	Steuerklasse	**Lohn-steuer***	BVSP**	TAGZ***	Steuerklasse	Bemessungsgrundlage für Kirchensteuer und Solidaritätszuschlag					
						Freibeträge für ... Kinder					
						0,5	**1,0**	1,5	**2,0**	2,5	**3,0**
6842,99	I,IV	**1665,41**	443,83	443,83	I	1518,58	1371,83	1225,25	1083,25	947,33	817,50
West	II	**1598,58**	443,83	443,83	II	1451,83	1305,08	1159,91	1020,66	887,50	760,50
	III	**1092,16**	443,83	443,83	III	980,83	872,50	767,33	665,16	566,16	470,16
	V	**2134,91**	443,83	443,83	IV	1592,00	1518,58	1445,25	1371,83	1298,41	1225,25
	VI	**2171,16**	443,83	443,83							
6842,99	I,IV	**1670,08**	443,83	443,83	I	1523,33	1376,50	1229,91	1087,66	951,58	821,58
Ost	II	**1603,33**	443,83	443,83	II	1456,50	1309,75	1164,41	1025,00	891,66	764,50
	III	**1095,66**	443,83	443,83	III	984,33	876,00	770,66	668,50	569,33	473,16
	V	**2139,58**	443,83	443,83	IV	1596,66	1523,33	1449,91	1376,50	1303,08	1229,91
	VI	**2175,83**	443,83	443,83							
6845,99	I,IV	**1666,58**	443,83	443,83	I	1519,75	1373,00	1226,41	1084,33	948,33	818,50
West	II	**1599,75**	443,83	443,83	II	1453,00	1306,16	1161,00	1021,75	888,58	761,50
	III	**1093,00**	443,83	443,83	III	981,66	873,33	768,16	666,00	566,83	470,83
	V	**2136,08**	443,83	443,83	IV	1593,16	1519,75	1446,33	1373,00	1299,58	1226,41
	VI	**2172,33**	443,83	443,83							
6845,99	I,IV	**1671,33**	443,83	443,83	I	1524,58	1377,75	1231,16	1088,83	952,75	822,66
Ost	II	**1604,58**	443,83	443,83	II	1457,75	1311,00	1165,66	1026,16	892,83	765,58
	III	**1096,66**	443,83	443,83	III	985,33	876,83	771,50	669,33	570,16	474,00
	V	**2140,83**	443,83	443,83	IV	1597,91	1524,58	1451,16	1377,75	1304,41	1231,16
	VI	**2177,08**	443,83	443,83							
6848,99	I,IV	**1667,75**	443,83	443,83	I	1520,91	1374,16	1227,58	1085,41	949,41	819,50
West	II	**1600,91**	443,83	443,83	II	1454,16	1307,33	1162,16	1022,75	889,58	762,50
	III	**1093,83**	443,83	443,83	III	982,50	874,16	769,00	666,83	567,66	471,66
	V	**2137,16**	443,83	443,83	IV	1594,33	1520,91	1447,50	1374,16	1300,75	1227,58
	VI	**2173,50**	443,83	443,83							
6848,99	I,IV	**1672,58**	443,83	443,83	I	1525,83	1379,00	1232,41	1090,08	953,83	823,75
Ost	II	**1605,83**	443,83	443,83	II	1459,08	1312,25	1166,91	1027,33	893,91	766,58
	III	**1097,66**	443,83	443,83	III	986,16	877,83	772,50	670,16	571,00	474,83
	V	**2142,08**	443,83	443,83	IV	1599,25	1525,83	1452,41	1379,00	1305,66	1232,41
	VI	**2178,33**	443,83	443,83							
6851,99	I,IV	**1668,83**	443,83	443,83	I	1522,08	1375,25	1228,66	1086,50	950,50	820,50
West	II	**1602,08**	443,83	443,83	II	1455,33	1308,50	1163,25	1023,83	890,58	763,41
	III	**1094,83**	443,83	443,83	III	983,33	875,00	769,83	667,50	568,50	472,33
	V	**2138,33**	443,83	443,83	IV	1595,50	1522,08	1448,66	1375,25	1301,91	1228,66
	VI	**2174,58**	443,83	443,83							
6851,99	I,IV	**1673,83**	443,83	443,83	I	1527,08	1380,33	1233,66	1091,25	955,00	824,83
Ost	II	**1607,08**	443,83	443,83	II	1460,33	1313,50	1168,08	1028,50	895,00	767,66
	III	**1098,66**	443,83	443,83	III	987,16	878,66	773,33	671,00	571,83	475,50
	V	**2143,33**	443,83	443,83	IV	1600,50	1527,08	1453,66	1380,33	1306,91	1233,66
	VI	**2179,58**	443,83	443,83							
6854,99	I,IV	**1670,00**	443,83	443,83	I	1523,25	1376,41	1229,83	1087,58	951,50	821,50
West	II	**1603,25**	443,83	443,83	II	1456,41	1309,66	1164,41	1024,91	891,58	764,41
	III	**1095,66**	443,83	443,83	III	984,33	875,83	770,66	668,33	569,16	473,16
	V	**2139,50**	443,83	443,83	IV	1596,66	1523,25	1449,83	1376,41	1303,08	1229,83
	VI	**2175,75**	443,83	443,83							
6854,99	I,IV	**1675,16**	443,83	443,83	I	1528,33	1381,58	1234,91	1092,50	956,16	825,91
Ost	II	**1608,33**	443,83	443,83	II	1461,58	1314,75	1169,33	1029,66	896,16	768,75
	III	**1099,66**	443,83	443,83	III	988,16	879,66	774,16	671,83	572,66	476,33
	V	**2144,58**	443,83	443,83	IV	1601,75	1528,33	1454,91	1381,58	1308,16	1234,91
	VI	**2180,91**	443,83	443,83							
6857,99	I,IV	**1671,16**	443,83	443,83	I	1524,41	1377,58	1231,00	1088,66	952,58	822,50
West	II	**1604,41**	443,83	443,83	II	1457,58	1310,83	1165,50	1026,00	892,66	765,41
	III	**1096,50**	443,83	443,83	III	985,16	876,66	771,33	669,16	570,00	473,83
	V	**2140,66**	443,83	443,83	IV	1597,75	1524,41	1451,00	1377,58	1304,16	1231,00
	VI	**2176,91**	443,83	443,83							
6857,99	I,IV	**1676,41**	443,83	443,83	I	1529,58	1382,83	1236,16	1093,66	957,25	827,08
Ost	II	**1609,58**	443,83	443,83	II	1462,83	1316,00	1170,58	1030,83	897,25	769,83
	III	**1100,50**	443,83	443,83	III	989,00	880,50	775,16	672,83	573,50	477,16
	V	**2145,91**	443,83	443,83	IV	1603,00	1529,58	1456,16	1382,83	1309,41	1236,16
	VI	**2182,16**	443,83	443,83							

* Zur LSt-Berechnung für privat versicherte Arbeitnehmer s. Beispiele **Vorbemerkung S. 4f.**
** Basisvorsorgepauschale KV und PV *** Typisierter Arbeitgeberzuschuss

Lohn/ Gehalt in € bis	Steuerklasse	Lohn-steuer*	BVSP**	TAGZ***	Steuerklasse	Bemessungsgrundlage für Kirchensteuer und Solidaritätszuschlag					
						Freibeträge für ... Kinder					
						0,5	**1,0**	1,5	**2,0**	2,5	**3,0**
6860,99	I,IV	**1672,33**	443,83	443,83	I	1525,58	1378,75	1232,16	1089,83	953,66	823,58
West	II	**1605,58**	443,83	443,83	II	1458,83	1312,00	1166,66	1027,08	893,66	766,41
	III	**1097,50**	443,83	443,83	III	986,00	877,66	772,16	670,00	570,66	474,66
	V	**2141,83**	443,83	443,83	IV	1599,00	1525,58	1452,16	1378,75	1305,41	1232,16
	VI	**2178,08**	443,83	443,83							
6860,99	I,IV	**1677,66**	443,83	443,83	I	1530,83	1384,08	1237,41	1094,83	958,41	828,16
Ost	II	**1610,83**	443,83	443,83	II	1464,08	1317,33	1171,75	1032,00	898,41	770,91
	III	**1101,50**	443,83	443,83	III	990,00	881,50	776,00	673,66	574,33	478,00
	V	**2147,16**	443,83	443,83	IV	1604,25	1530,83	1457,50	1384,08	1310,66	1237,41
	VI	**2183,41**	443,83	443,83							
6863,99	I,IV	**1673,50**	443,83	443,83	I	1526,75	1379,91	1233,33	1090,91	954,66	824,58
West	II	**1606,75**	443,83	443,83	II	1459,91	1313,16	1167,75	1028,16	894,75	767,41
	III	**1098,33**	443,83	443,83	III	986,83	878,50	773,16	670,83	571,50	475,33
	V	**2143,00**	443,83	443,83	IV	1600,16	1526,75	1453,33	1379,91	1306,58	1233,33
	VI	**2179,25**	443,83	443,83							
6863,99	I,IV	**1678,91**	443,83	443,83	I	1532,08	1385,33	1238,66	1096,08	959,58	829,25
Ost	II	**1612,16**	443,83	443,83	II	1465,33	1318,58	1173,00	1033,16	899,50	771,91
	III	**1102,50**	443,83	443,83	III	991,00	882,33	776,83	674,50	575,16	478,83
	V	**2148,41**	443,83	443,83	IV	1605,50	1532,08	1458,75	1385,33	1311,91	1238,66
	VI	**2184,66**	443,83	443,83							
6866,99	I,IV	**1674,66**	443,83	443,83	I	1527,91	1381,08	1234,41	1092,00	955,75	825,58
West	II	**1607,91**	443,83	443,83	II	1461,08	1314,33	1168,91	1029,25	895,75	768,33
	III	**1099,16**	443,83	443,83	III	987,66	879,33	773,83	671,50	572,33	476,00
	V	**2144,16**	443,83	443,83	IV	1601,25	1527,91	1454,50	1381,08	1307,66	1234,41
	VI	**2180,41**	443,83	443,83							
6866,99	I,IV	**1680,16**	443,83	443,83	I	1533,41	1386,58	1239,91	1097,25	960,75	830,33
Ost	II	**1613,41**	443,83	443,83	II	1466,58	1319,83	1174,25	1034,41	900,66	773,00
	III	**1103,50**	443,83	443,83	III	991,83	883,33	777,83	675,33	576,00	479,66
	V	**2149,66**	443,83	443,83	IV	1606,75	1533,41	1460,00	1386,58	1313,16	1239,91
	VI	**2185,91**	443,83	443,83							
6869,99	I,IV	**1675,83**	443,83	443,83	I	1529,08	1382,25	1235,58	1093,16	956,75	826,58
West	II	**1609,08**	443,83	443,83	II	1462,25	1315,50	1170,00	1030,33	896,75	769,33
	III	**1100,16**	443,83	443,83	III	988,66	880,16	774,66	672,33	573,00	476,83
	V	**2145,33**	443,83	443,83	IV	1602,41	1529,08	1455,66	1382,25	1308,83	1235,58
	VI	**2181,58**	443,83	443,83							
6869,99	I,IV	**1681,41**	443,83	443,83	I	1534,66	1387,83	1241,16	1098,41	961,83	831,41
Ost	II	**1614,66**	443,83	443,83	II	1467,83	1321,08	1175,50	1035,58	901,75	774,08
	III	**1104,50**	443,83	443,83	III	992,83	884,16	778,66	676,16	576,83	480,50
	V	**2150,91**	443,83	443,83	IV	1608,00	1534,66	1461,25	1387,83	1314,41	1241,16
	VI	**2187,16**	443,83	443,83							
6872,99	I,IV	**1677,00**	443,83	443,83	I	1530,16	1383,41	1236,75	1094,25	957,83	827,58
West	II	**1610,16**	443,83	443,83	II	1463,41	1316,66	1171,16	1031,41	897,83	770,33
	III	**1101,00**	443,83	443,83	III	989,50	881,00	775,50	673,16	573,83	477,50
	V	**2146,50**	443,83	443,83	IV	1603,58	1530,16	1456,83	1383,41	1310,00	1236,75
	VI	**2182,75**	443,83	443,83							
6872,99	I,IV	**1682,66**	443,83	443,83	I	1535,91	1389,08	1242,41	1099,66	963,00	832,50
Ost	II	**1615,91**	443,83	443,83	II	1469,08	1322,33	1176,66	1036,75	902,91	775,16
	III	**1105,50**	443,83	443,83	III	993,83	885,16	779,50	677,00	577,66	481,33
	V	**2152,16**	443,83	443,83	IV	1609,33	1535,91	1462,50	1389,08	1315,75	1242,41
	VI	**2188,41**	443,83	443,83							
6875,99	I,IV	**1678,16**	443,83	443,83	I	1531,41	1384,58	1237,91	1095,33	958,91	828,58
West	II	**1611,41**	443,83	443,83	II	1464,58	1317,83	1172,33	1032,50	898,83	771,33
	III	**1102,00**	443,83	443,83	III	990,33	881,83	776,33	674,00	574,66	478,33
	V	**2147,66**	443,83	443,83	IV	1604,75	1531,41	1458,00	1384,58	1311,16	1237,91
	VI	**2183,91**	443,83	443,83							
6875,99	I,IV	**1683,91**	443,83	443,83	I	1537,16	1390,33	1243,66	1100,83	964,16	833,58
Ost	II	**1617,16**	443,83	443,83	II	1470,41	1323,58	1177,91	1037,91	904,00	776,25
	III	**1106,33**	443,83	443,83	III	994,66	886,00	780,50	678,00	578,50	482,16
	V	**2153,41**	443,83	443,83	IV	1610,58	1537,16	1463,75	1390,33	1317,00	1243,66
	VI	**2189,66**	443,83	443,83							

* Zur LSt-Berechnung für privat versicherte Arbeitnehmer s. Beispiele **Vorbemerkung S. 4f.**
** Basisvorsorgepauschale KV und PV *** Typisierter Arbeitgeberzuschuss

Lohn/ Gehalt in € bis	Steuerklasse	Lohn-steuer*	BVSP**	TAGZ***	Steuerklasse	Bemessungsgrundlage für Kirchensteuer und Solidaritätszuschlag – Freibeträge für ... Kinder 0,5	**1,0**	1,5	**2,0**	2,5	**3,0**
6878,99	I,IV	**1679,33**	443,83	443,83	I	1532,58	1385,75	1239,08	1096,41	960,00	829,58
West	II	**1612,58**	443,83	443,83	II	1465,75	1319,00	1173,41	1033,58	899,91	772,33
	III	**1102,83**	443,83	443,83	III	991,16	882,66	777,16	674,83	575,33	479,16
	V	**2148,83**	443,83	443,83	IV	1605,91	1532,58	1459,16	1385,75	1312,33	1239,08
	VI	**2185,08**	443,83	443,83							
6878,99	I,IV	**1685,25**	443,83	443,83	I	1538,41	1391,66	1244,91	1102,08	965,33	834,66
Ost	II	**1618,41**	443,83	443,83	II	1471,66	1324,83	1179,16	1039,08	905,16	777,33
	III	**1107,33**	443,83	443,83	III	995,66	887,00	781,33	678,83	579,33	482,83
	V	**2154,66**	443,83	443,83	IV	1611,83	1538,41	1465,00	1391,66	1318,25	1244,91
	VI	**2191,00**	443,83	443,83							
6881,99	I,IV	**1680,50**	443,83	443,83	I	1533,66	1386,91	1240,25	1097,58	961,00	830,58
West	II	**1613,66**	443,83	443,83	II	1466,91	1320,16	1174,58	1034,66	900,91	773,25
	III	**1103,66**	443,83	443,83	III	992,00	883,50	778,00	675,50	576,16	479,83
	V	**2150,00**	443,83	443,83	IV	1607,08	1533,66	1460,33	1386,91	1313,50	1240,25
	VI	**2186,25**	443,83	443,83							
6881,99	I,IV	**1686,50**	443,83	443,83	I	1539,66	1392,91	1246,16	1103,25	966,41	835,83
Ost	II	**1619,66**	443,83	443,83	II	1472,91	1326,08	1180,41	1040,25	906,25	778,33
	III	**1108,33**	443,83	443,83	III	996,66	887,83	782,33	679,66	580,16	483,66
	V	**2156,00**	443,83	443,83	IV	1613,08	1539,66	1466,25	1392,91	1319,50	1246,16
	VI	**2192,25**	443,83	443,83							
6884,99	I,IV	**1681,66**	443,83	443,83	I	1534,83	1388,08	1241,33	1098,66	962,08	831,58
West	II	**1614,83**	443,83	443,83	II	1468,08	1321,25	1175,66	1035,75	901,91	774,25
	III	**1104,66**	443,83	443,83	III	993,00	884,33	778,83	676,33	577,00	480,66
	V	**2151,16**	443,83	443,83	IV	1608,25	1534,83	1461,41	1388,08	1314,66	1241,33
	VI	**2187,41**	443,83	443,83							
6884,99	I,IV	**1687,75**	443,83	443,83	I	1540,91	1394,16	1247,41	1104,41	967,58	836,91
Ost	II	**1620,91**	443,83	443,83	II	1474,16	1327,33	1181,58	1041,41	907,41	779,41
	III	**1109,33**	443,83	443,83	III	997,50	888,83	783,16	680,50	581,00	484,50
	V	**2157,25**	443,83	443,83	IV	1614,33	1540,91	1467,58	1394,16	1320,75	1247,41
	VI	**2193,50**	443,83	443,83							
6887,99	I,IV	**1682,83**	443,83	443,83	I	1536,00	1389,25	1242,50	1099,75	963,08	832,58
West	II	**1616,00**	443,83	443,83	II	1469,25	1322,41	1176,83	1036,83	903,00	775,25
	III	**1105,50**	443,83	443,83	III	993,83	885,16	779,66	677,16	577,66	481,33
	V	**2152,25**	443,83	443,83	IV	1609,41	1536,00	1462,58	1389,25	1315,83	1242,50
	VI	**2188,58**	443,83	443,83							
6887,99	I,IV	**1689,00**	443,83	443,83	I	1542,16	1395,41	1248,66	1105,66	968,75	838,00
Ost	II	**1622,25**	443,83	443,83	II	1475,41	1328,66	1182,83	1042,58	908,50	780,50
	III	**1110,33**	443,83	443,83	III	998,50	889,66	784,00	681,50	581,83	485,33
	V	**2158,50**	443,83	443,83	IV	1615,58	1542,16	1468,83	1395,41	1322,00	1248,66
	VI	**2194,75**	443,83	443,83							
6890,99	I,IV	**1684,00**	443,83	443,83	I	1537,16	1390,41	1243,66	1100,91	964,16	833,66
West	II	**1617,16**	443,83	443,83	II	1470,41	1323,66	1178,00	1037,91	904,00	776,25
	III	**1106,33**	443,83	443,83	III	994,66	886,00	780,50	678,00	578,50	482,16
	V	**2153,50**	443,83	443,83	IV	1610,58	1537,16	1463,83	1390,41	1317,00	1243,66
	VI	**2189,75**	443,83	443,83							
6890,99	I,IV	**1690,25**	443,83	443,83	I	1543,50	1396,66	1249,91	1106,83	969,91	839,08
Ost	II	**1623,50**	443,83	443,83	II	1476,66	1329,91	1184,08	1043,75	909,66	781,58
	III	**1111,33**	443,83	443,83	III	999,50	890,66	785,00	682,33	582,66	486,16
	V	**2159,75**	443,83	443,83	IV	1616,83	1543,50	1470,08	1396,66	1323,25	1249,91
	VI	**2196,00**	443,83	443,83							
6893,99	I,IV	**1685,16**	443,83	443,83	I	1538,33	1391,58	1244,83	1102,00	965,25	834,66
West	II	**1618,33**	443,83	443,83	II	1471,58	1324,75	1179,08	1039,00	905,08	777,25
	III	**1107,33**	443,83	443,83	III	995,66	887,00	781,33	678,83	579,33	482,83
	V	**2154,66**	443,83	443,83	IV	1611,75	1538,33	1464,91	1391,58	1318,16	1244,83
	VI	**2190,91**	443,83	443,83							
6893,99	I,IV	**1691,50**	443,83	443,83	I	1544,75	1397,91	1251,16	1108,08	971,08	840,16
Ost	II	**1624,75**	443,83	443,83	II	1477,91	1331,16	1185,33	1045,00	910,75	782,66
	III	**1112,16**	443,83	443,83	III	1000,33	891,50	785,83	683,16	583,50	487,00
	V	**2161,00**	443,83	443,83	IV	1618,08	1544,75	1471,33	1397,91	1324,50	1251,16
	VI	**2197,25**	443,83	443,83							

* Zur LSt-Berechnung für privat versicherte Arbeitnehmer s. Beispiele **Vorbemerkung S. 4f.**
** Basisvorsorgepauschale KV und PV *** Typisierter Arbeitgeberzuschuss

Lohn/ Gehalt in € bis	Steuerklasse	Lohn- steuer*	BVSP**	TAGZ***	Steuerklasse	Bemessungsgrundlage für Kirchensteuer und Solidaritätszuschlag					
						Freibeträge für ... Kinder					
						0,5	**1,0**	1,5	**2,0**	2,5	**3,0**
6896,99 West	I,IV	**1686,33**	443,83	443,83	I	1539,50	1392,75	1246,00	1103,08	966,33	835,66
	II	**1619,50**	443,83	443,83	II	1472,75	1325,91	1180,25	1040,08	906,08	778,25
	III	**1108,16**	443,83	443,83	III	996,50	887,66	782,16	679,50	580,00	483,66
	V	**2155,75**	443,83	443,83	IV	1612,91	1539,50	1466,08	1392,75	1319,33	1246,00
	VI	**2192,08**	443,83	443,83							
6896,99 Ost	I,IV	**1692,75**	443,83	443,83	I	1546,00	1399,16	1252,41	1109,25	972,16	841,25
	II	**1626,00**	443,83	443,83	II	1479,16	1332,41	1186,50	1046,16	911,91	783,75
	III	**1113,16**	443,83	443,83	III	1001,33	892,50	786,66	684,00	584,33	487,83
	V	**2162,25**	443,83	443,83	IV	1619,41	1546,00	1472,58	1399,16	1325,83	1252,41
	VI	**2198,50**	443,83	443,83							
6899,99 West	I,IV	**1687,41**	443,83	443,83	I	1540,66	1393,83	1247,16	1104,16	967,33	836,66
	II	**1620,66**	443,83	443,83	II	1473,91	1327,08	1181,33	1041,16	907,16	779,16
	III	**1109,16**	443,83	443,83	III	997,33	888,66	783,00	680,33	580,83	484,33
	V	**2156,91**	443,83	443,83	IV	1614,08	1540,66	1467,25	1393,83	1320,50	1247,16
	VI	**2193,16**	443,83	443,83							
6899,99 Ost	I,IV	**1694,00**	443,83	443,83	I	1547,25	1400,41	1253,66	1110,41	973,33	842,33
	II	**1627,25**	443,83	443,83	II	1480,50	1333,66	1187,75	1047,33	913,00	784,83
	III	**1114,16**	443,83	443,83	III	1002,33	893,50	787,66	684,83	585,16	488,66
	V	**2163,50**	443,83	443,83	IV	1620,66	1547,25	1473,83	1400,41	1327,08	1253,66
	VI	**2199,75**	443,83	443,83							
6902,99 West	I,IV	**1688,58**	443,83	443,83	I	1541,83	1395,00	1248,25	1105,25	968,41	837,66
	II	**1621,83**	443,83	443,83	II	1475,00	1328,25	1182,50	1042,25	908,16	780,16
	III	**1110,00**	443,83	443,83	III	998,16	889,50	783,66	681,16	581,50	485,00
	V	**2158,08**	443,83	443,83	IV	1615,25	1541,83	1468,41	1395,00	1321,66	1248,25
	VI	**2194,33**	443,83	443,83							
6902,99 Ost	I,IV	**1695,33**	443,83	443,83	I	1548,50	1401,75	1254,91	1111,66	974,50	843,50
	II	**1628,50**	443,83	443,83	II	1481,75	1334,91	1189,00	1048,50	914,16	785,91
	III	**1115,16**	443,83	443,83	III	1003,16	894,33	788,50	685,83	586,00	489,50
	V	**2164,75**	443,83	443,83	IV	1621,91	1548,50	1475,08	1401,75	1328,33	1254,91
	VI	**2201,00**	443,83	443,83							
6905,99 West	I,IV	**1689,75**	443,83	443,83	I	1543,00	1396,16	1249,41	1106,41	969,41	838,66
	II	**1623,00**	443,83	443,83	II	1476,16	1329,41	1183,58	1043,33	909,16	781,16
	III	**1110,83**	443,83	443,83	III	999,00	890,33	784,66	682,00	582,33	485,83
	V	**2159,25**	443,83	443,83	IV	1616,33	1543,00	1469,58	1396,16	1322,75	1249,41
	VI	**2195,50**	443,83	443,83							
6905,99 Ost	I,IV	**1696,58**	443,83	443,83	I	1549,75	1403,00	1256,16	1112,83	975,66	844,58
	II	**1629,75**	443,83	443,83	II	1483,00	1336,16	1190,25	1049,66	915,25	787,00
	III	**1116,16**	443,83	443,83	III	1004,16	895,33	789,33	686,66	586,83	490,16
	V	**2166,00**	443,83	443,83	IV	1623,16	1549,75	1476,33	1403,00	1329,58	1256,16
	VI	**2202,33**	443,83	443,83							
6908,99 West	I,IV	**1690,91**	443,83	443,83	I	1544,16	1397,33	1250,58	1107,50	970,58	839,66
	II	**1624,16**	443,83	443,83	II	1477,41	1330,58	1184,75	1044,41	910,25	782,16
	III	**1111,83**	443,83	443,83	III	1000,00	891,16	785,50	682,83	583,16	486,66
	V	**2160,41**	443,83	443,83	IV	1617,58	1544,16	1470,75	1397,33	1324,00	1250,58
	VI	**2196,66**	443,83	443,83							
6908,99 Ost	I,IV	**1697,83**	443,83	443,83	I	1551,00	1404,25	1257,41	1114,08	976,83	845,66
	II	**1631,00**	443,83	443,83	II	1484,25	1337,41	1191,50	1050,83	916,41	788,00
	III	**1117,16**	443,83	443,83	III	1005,16	896,16	790,33	687,50	587,66	491,00
	V	**2167,33**	443,83	443,83	IV	1624,41	1551,00	1477,66	1404,25	1330,83	1257,41
	VI	**2203,58**	443,83	443,83							
6911,99 West	I,IV	**1692,08**	443,83	443,83	I	1545,33	1398,50	1251,75	1108,58	971,58	840,66
	II	**1625,33**	443,83	443,83	II	1478,50	1331,75	1185,91	1045,50	911,25	783,16
	III	**1112,66**	443,83	443,83	III	1000,83	892,00	786,16	683,50	583,83	487,33
	V	**2161,58**	443,83	443,83	IV	1618,75	1545,33	1471,91	1398,50	1325,16	1251,75
	VI	**2197,83**	443,83	443,83							
6911,99 Ost	I,IV	**1699,08**	443,83	443,83	I	1552,25	1405,50	1258,75	1115,25	978,00	846,75
	II	**1632,33**	443,83	443,83	II	1485,50	1338,75	1192,66	1052,08	917,50	789,08
	III	**1118,16**	443,83	443,83	III	1006,00	897,16	791,16	688,33	588,66	491,83
	V	**2168,58**	443,83	443,83	IV	1625,66	1552,25	1478,91	1405,50	1332,08	1258,75
	VI	**2204,83**	443,83	443,83							

* Zur LSt-Berechnung für privat versicherte Arbeitnehmer s. Beispiele **Vorbemerkung S. 4 f.**
** Basisvorsorgepauschale KV und PV *** Typisierter Arbeitgeberzuschuss

Lohn/ Gehalt in € bis	Steuerklasse	Lohnsteuer*	BVSP**	TAGZ***	Steuerklasse	Bemessungsgrundlage für Kirchensteuer und Solidaritätszuschlag – Freibeträge für ... Kinder 0,5	1,0	1,5	2,0	2,5	3,0
6914,99 West	I,IV	**1693,25**	443,83	443,83	I	1546,50	1399,66	1252,91	1109,75	972,66	841,66
	II	**1626,50**	443,83	443,83	II	1479,66	1332,91	1187,00	1046,58	912,33	784,16
	III	**1113,66**	443,83	443,83	III	1001,66	892,83	787,00	684,33	584,66	488,16
	V	**2162,75**	443,83	443,83	IV	1619,83	1546,50	1473,08	1399,66	1326,25	1252,91
	VI	**2199,00**	443,83	443,83							
6914,99 Ost	I,IV	**1700,33**	443,83	443,83	I	1553,58	1406,75	1260,00	1116,50	979,08	847,83
	II	**1633,58**	443,83	443,83	II	1486,75	1340,00	1193,91	1053,25	918,66	790,16
	III	**1119,00**	443,83	443,83	III	1007,00	898,00	792,16	689,16	589,50	492,66
	V	**2169,83**	443,83	443,83	IV	1626,91	1553,58	1480,16	1406,75	1333,33	1260,00
	VI	**2206,08**	443,83	443,83							
6917,99 West	I,IV	**1694,41**	443,83	443,83	I	1547,66	1400,83	1254,08	1110,83	973,66	842,66
	II	**1627,66**	443,83	443,83	II	1480,83	1334,08	1188,16	1047,66	913,33	785,16
	III	**1114,50**	443,83	443,83	III	1002,50	893,66	787,83	685,16	585,50	488,83
	V	**2163,91**	443,83	443,83	IV	1621,00	1547,66	1474,25	1400,83	1327,41	1254,08
	VI	**2200,16**	443,83	443,83							
6917,99 Ost	I,IV	**1701,58**	443,83	443,83	I	1554,83	1408,00	1261,25	1117,66	980,25	849,00
	II	**1634,83**	443,83	443,83	II	1488,00	1341,25	1195,16	1054,41	919,75	791,25
	III	**1120,00**	443,83	443,83	III	1008,00	899,00	793,00	690,16	590,33	493,50
	V	**2171,08**	443,83	443,83	IV	1628,16	1554,83	1481,41	1408,00	1334,58	1261,25
	VI	**2207,33**	443,83	443,83							
6920,99 West	I,IV	**1695,58**	443,83	443,83	I	1548,75	1402,00	1255,25	1111,91	974,75	843,75
	II	**1628,83**	443,83	443,83	II	1482,00	1335,25	1189,25	1048,75	914,41	786,08
	III	**1115,33**	443,83	443,83	III	1003,50	894,50	788,66	686,00	586,33	489,66
	V	**2165,08**	443,83	443,83	IV	1622,16	1548,75	1475,41	1402,00	1328,58	1255,25
	VI	**2201,33**	443,83	443,83							
6920,99 Ost	I,IV	**1702,83**	443,83	443,83	I	1556,08	1409,25	1262,50	1118,91	981,41	850,08
	II	**1636,08**	443,83	443,83	II	1489,25	1342,50	1196,41	1055,58	920,91	792,33
	III	**1121,00**	443,83	443,83	III	1008,83	899,83	793,83	691,00	591,16	494,33
	V	**2172,33**	443,83	443,83	IV	1629,41	1556,08	1482,66	1409,25	1335,91	1262,50
	VI	**2208,58**	443,83	443,83							
6923,99 West	I,IV	**1696,75**	443,83	443,83	I	1550,00	1403,16	1256,41	1113,08	975,83	844,75
	II	**1630,00**	443,83	443,83	II	1483,16	1336,41	1190,41	1049,91	915,41	787,16
	III	**1116,33**	443,83	443,83	III	1004,33	895,33	789,50	686,83	587,00	490,33
	V	**2166,25**	443,83	443,83	IV	1623,33	1550,00	1476,58	1403,16	1329,75	1256,41
	VI	**2202,50**	443,83	443,83							
6923,99 Ost	I,IV	**1704,08**	443,83	443,83	I	1557,33	1410,50	1263,75	1120,08	982,58	851,16
	II	**1637,33**	443,83	443,83	II	1490,58	1343,75	1197,66	1056,75	922,00	793,41
	III	**1122,00**	443,83	443,83	III	1009,83	900,83	794,83	691,83	592,00	495,16
	V	**2173,58**	443,83	443,83	IV	1630,75	1557,33	1483,91	1410,50	1337,16	1263,75
	VI	**2209,83**	443,83	443,83							
6926,99 West	I,IV	**1697,91**	443,83	443,83	I	1551,16	1404,33	1257,58	1114,16	976,91	845,75
	II	**1631,16**	443,83	443,83	II	1484,33	1337,58	1191,58	1051,00	916,50	788,08
	III	**1117,16**	443,83	443,83	III	1005,16	896,16	790,33	687,50	587,83	491,16
	V	**2167,41**	443,83	443,83	IV	1624,50	1551,16	1477,75	1404,33	1330,91	1257,58
	VI	**2203,66**	443,83	443,83							
6926,99 Ost	I,IV	**1705,33**	443,83	443,83	I	1558,58	1411,83	1265,00	1121,33	983,75	852,25
	II	**1638,58**	443,83	443,83	II	1491,83	1345,00	1198,83	1057,91	923,16	794,50
	III	**1123,00**	443,83	443,83	III	1010,83	901,66	795,66	692,66	592,83	496,00
	V	**2174,83**	443,83	443,83	IV	1632,00	1558,58	1485,16	1411,83	1338,41	1265,00
	VI	**2211,08**	443,83	443,83							
6929,99 West	I,IV	**1699,08**	443,83	443,83	I	1552,25	1405,50	1258,75	1115,25	978,00	846,75
	II	**1632,33**	443,83	443,83	II	1485,50	1338,75	1192,66	1052,08	917,50	789,08
	III	**1118,16**	443,83	443,83	III	1006,00	897,16	791,16	688,33	588,66	491,83
	V	**2168,58**	443,83	443,83	IV	1625,66	1552,25	1478,91	1405,50	1332,08	1258,75
	VI	**2204,83**	443,83	443,83							
6929,99 Ost	I,IV	**1706,66**	443,83	443,83	I	1559,83	1413,08	1266,25	1122,50	984,91	853,41
	II	**1639,83**	443,83	443,83	II	1493,08	1346,25	1200,08	1059,16	924,33	795,58
	III	**1124,00**	443,83	443,83	III	1011,83	902,66	796,66	693,66	593,66	496,83
	V	**2176,08**	443,83	443,83	IV	1633,25	1559,83	1486,41	1413,08	1339,66	1266,25
	VI	**2212,41**	443,83	443,83							

* Zur LSt-Berechnung für privat versicherte Arbeitnehmer s. Beispiele **Vorbemerkung S. 4f.**
** Basisvorsorgepauschale KV und PV *** Typisierter Arbeitgeberzuschuss

Lohn/ Gehalt in € bis	Steuerklasse	Lohn-steuer*	BVSP**	TAGZ***	Steuerklasse	Bemessungsgrundlage für Kirchensteuer und Solidaritätszuschlag					
						Freibeträge für ... Kinder					
						0,5	**1,0**	1,5	**2,0**	2,5	**3,0**
6932,99	I,IV	**1700,25**	443,83	443,83	I	1553,41	1406,66	1259,83	1116,41	979,00	847,75
West	II	**1633,41**	443,83	443,83	II	1486,66	1339,83	1193,83	1053,16	918,58	790,08
	III	**1119,00**	443,83	443,83	III	1006,83	898,00	792,00	689,16	589,33	492,66
	V	**2169,75**	443,83	443,83	IV	1626,83	1553,41	1480,08	1406,66	1333,25	1259,83
	VI	**2206,00**	443,83	443,83							
6932,99	I,IV	**1707,91**	443,83	443,83	I	1561,08	1414,33	1267,50	1123,75	986,00	854,50
Ost	II	**1641,08**	443,83	443,83	II	1494,33	1347,50	1201,33	1060,33	925,41	796,66
	III	**1124,83**	443,83	443,83	III	1012,66	903,50	797,50	694,50	594,50	497,66
	V	**2177,41**	443,83	443,83	IV	1634,50	1561,08	1487,66	1414,33	1340,91	1267,50
	VI	**2213,66**	443,83	443,83							
6935,99	I,IV	**1701,41**	443,83	443,83	I	1554,58	1407,83	1261,00	1117,50	980,08	848,75
West	II	**1634,58**	443,83	443,83	II	1487,83	1341,00	1195,00	1054,25	919,58	791,08
	III	**1119,83**	443,83	443,83	III	1007,83	898,83	792,83	690,00	590,16	493,33
	V	**2170,83**	443,83	443,83	IV	1628,00	1554,58	1481,16	1407,83	1334,41	1261,00
	VI	**2207,16**	443,83	443,83							
6935,99	I,IV	**1709,16**	443,83	443,83	I	1562,33	1415,58	1268,75	1124,91	987,16	855,58
Ost	II	**1642,33**	443,83	443,83	II	1495,58	1348,83	1202,58	1061,50	926,58	797,75
	III	**1125,83**	443,83	443,83	III	1013,66	904,50	798,33	695,33	595,33	498,50
	V	**2178,66**	443,83	443,83	IV	1635,75	1562,33	1489,00	1415,58	1342,16	1268,75
	VI	**2214,91**	443,83	443,83							
6938,99	I,IV	**1702,58**	443,83	443,83	I	1555,75	1409,00	1262,16	1118,58	981,16	849,83
West	II	**1635,83**	443,83	443,83	II	1489,00	1342,25	1196,16	1055,33	920,66	792,08
	III	**1120,83**	443,83	443,83	III	1008,66	899,66	793,66	690,83	591,00	494,16
	V	**2172,08**	443,83	443,83	IV	1629,16	1555,75	1482,41	1409,00	1335,58	1262,16
	VI	**2208,33**	443,83	443,83							
6938,99	I,IV	**1710,41**	443,83	443,83	I	1563,58	1416,83	1270,08	1126,16	988,33	856,66
Ost	II	**1643,66**	443,83	443,83	II	1496,83	1350,08	1203,83	1062,66	927,66	798,83
	III	**1126,83**	443,83	443,83	III	1014,66	905,33	799,33	696,16	596,16	499,16
	V	**2179,91**	443,83	443,83	IV	1637,00	1563,58	1490,25	1416,83	1343,41	1270,08
	VI	**2216,16**	443,83	443,83							
6941,99	I,IV	**1703,75**	443,83	443,83	I	1556,91	1410,16	1263,33	1119,75	982,25	850,83
West	II	**1636,91**	443,83	443,83	II	1490,16	1343,33	1197,25	1056,41	921,66	793,08
	III	**1121,66**	443,83	443,83	III	1009,50	900,50	794,50	691,50	591,66	494,83
	V	**2173,25**	443,83	443,83	IV	1630,33	1556,91	1483,58	1410,16	1336,75	1263,33
	VI	**2209,50**	443,83	443,83							
6941,99	I,IV	**1711,66**	443,83	443,83	I	1564,91	1418,08	1271,33	1127,33	989,50	857,75
Ost	II	**1644,91**	443,83	443,83	II	1498,08	1351,33	1205,08	1063,91	928,83	799,91
	III	**1127,83**	443,83	443,83	III	1015,50	906,33	800,16	697,00	597,00	500,00
	V	**2181,16**	443,83	443,83	IV	1638,25	1564,91	1491,50	1418,08	1344,66	1271,33
	VI	**2217,41**	443,83	443,83							
6944,99	I,IV	**1704,91**	443,83	443,83	I	1558,08	1411,33	1264,50	1120,83	983,25	851,83
West	II	**1638,08**	443,83	443,83	II	1491,33	1344,50	1198,41	1057,50	922,75	794,08
	III	**1122,50**	443,83	443,83	III	1010,50	901,33	795,33	692,33	592,50	495,66
	V	**2174,33**	443,83	443,83	IV	1631,50	1558,08	1484,66	1411,33	1337,91	1264,50
	VI	**2210,66**	443,83	443,83							
6944,99	I,IV	**1712,91**	443,83	443,83	I	1566,16	1419,33	1272,58	1128,58	990,66	858,91
Ost	II	**1646,16**	443,83	443,83	II	1499,33	1352,58	1206,33	1065,08	929,91	801,00
	III	**1128,83**	443,83	443,83	III	1016,50	907,33	801,00	698,00	597,83	500,83
	V	**2182,41**	443,83	443,83	IV	1639,50	1566,16	1492,75	1419,33	1345,91	1272,58
	VI	**2218,66**	443,83	443,83							
6947,99	I,IV	**1706,00**	443,83	443,83	I	1559,25	1412,41	1265,66	1121,91	984,33	852,83
West	II	**1639,25**	443,83	443,83	II	1492,50	1345,66	1199,50	1058,58	923,75	795,08
	III	**1123,50**	443,83	443,83	III	1011,33	902,16	796,16	693,16	593,16	496,33
	V	**2175,50**	443,83	443,83	IV	1632,66	1559,25	1485,83	1412,41	1339,08	1265,66
	VI	**2211,75**	443,83	443,83							
6947,99	I,IV	**1714,16**	443,83	443,83	I	1567,41	1420,58	1273,83	1129,75	991,83	860,00
Ost	II	**1647,41**	443,83	443,83	II	1500,58	1353,83	1207,50	1066,25	931,08	802,08
	III	**1129,83**	443,83	443,83	III	1017,50	908,16	802,00	698,83	598,66	501,66
	V	**2183,66**	443,83	443,83	IV	1640,83	1567,41	1494,00	1420,58	1347,25	1273,83
	VI	**2219,91**	443,83	443,83							

* Zur LSt-Berechnung für privat versicherte Arbeitnehmer s. Beispiele **Vorbemerkung S. 4f.**
** Basisvorsorgepauschale KV und PV *** Typisierter Arbeitgeberzuschuss

Lohn/ Gehalt in € bis	Steuerklasse	Lohn-steuer*	BVSP**	TAGZ***	Steuerklasse	Bemessungsgrundlage für Kirchensteuer und Solidaritätszuschlag – Freibeträge für ... Kinder 0,5	**1,0**	1,5	**2,0**	2,5	**3,0**
6950,99	I,IV	**1707,16**	443,83	443,83	I	1560,41	1413,58	1266,83	1123,08	985,41	853,83
West	II	**1640,41**	443,83	443,83	II	1493,58	1346,83	1200,66	1059,66	924,83	796,08
	III	**1124,33**	443,83	443,83	III	1012,16	903,00	797,00	694,00	594,00	497,16
	V	**2176,66**	443,83	443,83	IV	1633,83	1560,41	1487,00	1413,58	1340,25	1266,83
	VI	**2212,91**	443,83	443,83							
6950,99	I,IV	**1715,41**	443,83	443,83	I	1568,66	1421,83	1275,08	1131,00	993,00	861,08
Ost	II	**1648,66**	443,83	443,83	II	1501,91	1355,08	1208,75	1067,41	932,25	803,16
	III	**1130,83**	443,83	443,83	III	1018,33	909,16	802,83	699,66	599,50	502,50
	V	**2184,91**	443,83	443,83	IV	1642,08	1568,66	1495,25	1421,83	1348,50	1275,08
	VI	**2221,16**	443,83	443,83							
6953,99	I,IV	**1708,33**	443,83	443,83	I	1561,58	1414,75	1268,00	1124,16	986,41	854,91
West	II	**1641,58**	443,83	443,83	II	1494,75	1348,00	1201,75	1060,75	925,83	797,08
	III	**1125,16**	443,83	443,83	III	1013,00	903,83	797,83	694,83	594,83	497,83
	V	**2177,83**	443,83	443,83	IV	1634,91	1561,58	1488,16	1414,75	1341,33	1268,00
	VI	**2214,08**	443,83	443,83							
6953,99	I,IV	**1716,75**	443,83	443,83	I	1569,91	1423,16	1276,33	1132,16	994,16	862,25
Ost	II	**1649,91**	443,83	443,83	II	1503,16	1356,33	1210,00	1068,58	933,33	804,25
	III	**1131,83**	443,83	443,83	III	1019,33	910,00	803,83	700,50	600,50	503,33
	V	**2186,16**	443,83	443,83	IV	1643,33	1569,91	1496,50	1423,16	1349,75	1276,33
	VI	**2222,50**	443,83	443,83							
6956,99	I,IV	**1709,50**	443,83	443,83	I	1562,75	1415,91	1269,16	1125,33	987,58	855,91
West	II	**1642,75**	443,83	443,83	II	1496,00	1349,16	1202,91	1061,83	926,91	798,08
	III	**1126,16**	443,83	443,83	III	1014,00	904,66	798,66	695,50	595,50	498,66
	V	**2179,00**	443,83	443,83	IV	1636,16	1562,75	1489,33	1415,91	1342,58	1269,16
	VI	**2215,25**	443,83	443,83							
6956,99	I,IV	**1718,00**	443,83	443,83	I	1571,16	1424,41	1277,58	1133,41	995,33	863,33
Ost	II	**1651,16**	443,83	443,83	II	1504,41	1357,58	1211,25	1069,83	934,50	805,33
	III	**1132,66**	443,83	443,83	III	1020,33	911,00	804,66	701,50	601,33	504,16
	V	**2187,50**	443,83	443,83	IV	1644,58	1571,16	1497,75	1424,41	1351,00	1277,58
	VI	**2223,75**	443,83	443,83							
6959,99	I,IV	**1710,66**	443,83	443,83	I	1563,91	1417,08	1270,33	1126,41	988,58	856,91
West	II	**1643,91**	443,83	443,83	II	1497,08	1350,33	1204,08	1062,91	927,91	799,08
	III	**1127,16**	443,83	443,83	III	1014,83	905,66	799,50	696,33	596,33	499,50
	V	**2180,16**	443,83	443,83	IV	1637,33	1563,91	1490,50	1417,08	1343,75	1270,33
	VI	**2216,41**	443,83	443,83							
6959,99	I,IV	**1719,25**	443,83	443,83	I	1572,41	1425,66	1278,83	1134,58	996,41	864,41
Ost	II	**1652,41**	443,83	443,83	II	1505,66	1358,83	1212,50	1071,00	935,66	806,41
	III	**1133,66**	443,83	443,83	III	1021,33	911,83	805,50	702,33	602,16	505,00
	V	**2188,75**	443,83	443,83	IV	1645,83	1572,41	1499,08	1425,66	1352,25	1278,83
	VI	**2225,00**	443,83	443,83							
6962,99	I,IV	**1711,83**	443,83	443,83	I	1565,08	1418,25	1271,50	1127,50	989,66	857,91
West	II	**1645,08**	443,83	443,83	II	1498,25	1351,50	1205,25	1064,08	929,00	800,08
	III	**1128,00**	443,83	443,83	III	1015,66	906,50	800,33	697,16	597,16	500,16
	V	**2181,33**	443,83	443,83	IV	1638,41	1565,08	1491,66	1418,25	1344,83	1271,50
	VI	**2217,58**	443,83	443,83							
6962,99	I,IV	**1720,50**	443,83	443,83	I	1573,66	1426,91	1280,08	1135,83	997,58	865,50
Ost	II	**1653,75**	443,83	443,83	II	1506,91	1360,16	1213,75	1072,16	936,75	807,50
	III	**1134,66**	443,83	443,83	III	1022,16	912,83	806,50	703,16	603,00	505,83
	V	**2190,00**	443,83	443,83	IV	1647,08	1573,66	1500,33	1426,91	1353,50	1280,08
	VI	**2226,25**	443,83	443,83							
6965,99	I,IV	**1713,00**	443,83	443,83	I	1566,25	1419,41	1272,66	1128,58	990,75	858,91
West	II	**1646,25**	443,83	443,83	II	1499,41	1352,66	1206,33	1065,16	930,00	801,00
	III	**1128,83**	443,83	443,83	III	1016,50	907,33	801,16	698,00	598,00	501,00
	V	**2182,50**	443,83	443,83	IV	1639,58	1566,25	1492,83	1419,41	1346,00	1272,66
	VI	**2218,75**	443,83	443,83							
6965,99	I,IV	**1721,75**	443,83	443,83	I	1575,00	1428,16	1281,41	1137,00	998,75	866,66
Ost	II	**1655,00**	443,83	443,83	II	1508,16	1361,41	1215,00	1073,41	937,91	808,58
	III	**1135,66**	443,83	443,83	III	1023,16	913,66	807,33	704,00	603,83	506,66
	V	**2191,25**	443,83	443,83	IV	1648,33	1575,00	1501,58	1428,16	1354,75	1281,41
	VI	**2227,50**	443,83	443,83							

* Zur LSt-Berechnung für privat versicherte Arbeitnehmer s. Beispiele **Vorbemerkung S. 4f.**
** Basisvorsorgepauschale KV und PV *** Typisierter Arbeitgeberzuschuss

Lohn/ Gehalt in € bis	Steuerklasse	Lohn-steuer*	BVSP**	TAGZ***	Steuerklasse	Bemessungsgrundlage für Kirchensteuer und Solidaritätszuschlag					
						Freibeträge für ... Kinder					
						0,5	**1,0**	1,5	**2,0**	2,5	**3,0**
6 968,99	I,IV	**1 714,16**	443,83	443,83	I	1 567,33	1 420,58	1 273,75	1 129,75	991,75	860,00
West	II	**1 647,41**	443,83	443,83	II	1 500,58	1 353,83	1 207,50	1 066,25	931,08	802,00
	III	**1 129,66**	443,83	443,83	III	1 017,33	908,16	802,00	698,83	598,66	501,66
	V	**2 183,66**	443,83	443,83	IV	1 640,75	1 567,33	1 494,00	1 420,58	1 347,16	1 273,75
	VI	**2 219,91**	443,83	443,83							
6 968,99	I,IV	**1 723,00**	443,83	443,83	I	1 576,25	1 429,41	1 282,66	1 138,25	999,91	867,75
Ost	II	**1 656,25**	443,83	443,83	II	1 509,41	1 362,66	1 216,25	1 074,58	939,00	809,66
	III	**1 136,66**	443,83	443,83	III	1 024,16	914,66	808,33	705,00	604,66	507,50
	V	**2 192,50**	443,83	443,83	IV	1 649,58	1 576,25	1 502,83	1 429,41	1 356,00	1 282,66
	VI	**2 228,75**	443,83	443,83							
6 971,99	I,IV	**1 715,33**	443,83	443,83	I	1 568,58	1 421,75	1 275,00	1 130,83	992,91	861,00
West	II	**1 648,58**	443,83	443,83	II	1 501,75	1 355,00	1 208,66	1 067,33	932,16	803,08
	III	**1 130,66**	443,83	443,83	III	1 018,33	909,00	802,83	699,66	599,50	502,50
	V	**2 184,83**	443,83	443,83	IV	1 641,91	1 568,58	1 495,16	1 421,75	1 348,33	1 275,00
	VI	**2 221,08**	443,83	443,83							
6 971,99	I,IV	**1 724,25**	443,83	443,83	I	1 577,50	1 430,66	1 283,91	1 139,50	1 001,08	868,83
Ost	II	**1 657,50**	443,83	443,83	II	1 510,66	1 363,91	1 217,50	1 075,75	940,16	810,75
	III	**1 137,66**	443,83	443,83	III	1 025,00	915,66	809,16	705,83	605,50	508,33
	V	**2 193,75**	443,83	443,83	IV	1 650,91	1 577,50	1 504,08	1 430,66	1 357,33	1 283,91
	VI	**2 230,00**	443,83	443,83							
6 974,99	I,IV	**1 716,50**	443,83	443,83	I	1 569,75	1 422,91	1 276,16	1 132,00	993,91	862,00
West	II	**1 649,75**	443,83	443,83	II	1 502,91	1 356,16	1 209,83	1 068,41	933,16	804,00
	III	**1 131,66**	443,83	443,83	III	1 019,16	909,83	803,66	700,50	600,33	503,16
	V	**2 186,00**	443,83	443,83	IV	1 643,08	1 569,75	1 496,33	1 422,91	1 349,50	1 276,16
	VI	**2 222,25**	443,83	443,83							
6 974,99	I,IV	**1 725,50**	443,83	443,83	I	1 578,75	1 431,91	1 285,16	1 140,66	1 002,25	870,00
Ost	II	**1 658,75**	443,83	443,83	II	1 512,00	1 365,16	1 218,66	1 076,91	941,33	811,83
	III	**1 138,66**	443,83	443,83	III	1 026,00	916,50	810,00	706,66	606,33	509,16
	V	**2 195,00**	443,83	443,83	IV	1 652,16	1 578,75	1 505,33	1 431,91	1 358,58	1 285,16
	VI	**2 231,25**	443,83	443,83							
6 977,99	I,IV	**1 717,66**	443,83	443,83	I	1 570,83	1 424,08	1 277,25	1 133,08	995,00	863,00
West	II	**1 650,91**	443,83	443,83	II	1 504,08	1 357,33	1 210,91	1 069,50	934,25	805,00
	III	**1 132,50**	443,83	443,83	III	1 020,00	910,66	804,50	701,16	601,00	504,00
	V	**2 187,16**	443,83	443,83	IV	1 644,25	1 570,83	1 497,50	1 424,08	1 350,66	1 277,25
	VI	**2 223,41**	443,83	443,83							
6 977,99	I,IV	**1 726,83**	443,83	443,83	I	1 580,00	1 433,25	1 286,41	1 141,91	1 003,41	871,08
Ost	II	**1 660,00**	443,83	443,83	II	1 513,25	1 366,41	1 219,91	1 078,16	942,41	812,91
	III	**1 139,66**	443,83	443,83	III	1 027,00	917,50	811,00	707,50	607,16	509,83
	V	**2 196,25**	443,83	443,83	IV	1 653,41	1 580,00	1 506,58	1 433,25	1 359,83	1 286,41
	VI	**2 232,50**	443,83	443,83							
6 980,99	I,IV	**1 718,83**	443,83	443,83	I	1 572,00	1 425,25	1 278,41	1 134,16	996,08	864,08
West	II	**1 652,00**	443,83	443,83	II	1 505,25	1 358,41	1 212,08	1 070,58	935,25	806,00
	III	**1 133,33**	443,83	443,83	III	1 021,00	911,50	805,33	702,00	601,83	504,66
	V	**2 188,33**	443,83	443,83	IV	1 645,41	1 572,00	1 498,66	1 425,25	1 351,83	1 278,41
	VI	**2 224,58**	443,83	443,83							
6 980,99	I,IV	**1 728,08**	443,83	443,83	I	1 581,25	1 434,50	1 287,66	1 143,08	1 004,58	872,16
Ost	II	**1 661,25**	443,83	443,83	II	1 514,50	1 367,66	1 221,16	1 079,33	943,58	814,00
	III	**1 140,50**	443,83	443,83	III	1 028,00	918,33	811,83	708,50	608,00	510,66
	V	**2 197,50**	443,83	443,83	IV	1 654,66	1 581,25	1 507,83	1 434,50	1 361,08	1 287,66
	VI	**2 233,83**	443,83	443,83							
6 983,99	I,IV	**1 720,00**	443,83	443,83	I	1 573,16	1 426,41	1 279,58	1 135,33	997,16	865,08
West	II	**1 653,16**	443,83	443,83	II	1 506,41	1 359,58	1 213,25	1 071,66	936,33	807,00
	III	**1 134,33**	443,83	443,83	III	1 021,83	912,33	806,00	702,83	602,66	505,50
	V	**2 189,41**	443,83	443,83	IV	1 646,58	1 573,16	1 499,75	1 426,41	1 353,00	1 279,58
	VI	**2 225,75**	443,83	443,83							
6 983,99	I,IV	**1 729,33**	443,83	443,83	I	1 582,50	1 435,75	1 288,91	1 144,33	1 005,75	873,33
Ost	II	**1 662,50**	443,83	443,83	II	1 515,75	1 368,91	1 222,41	1 080,50	944,75	815,08
	III	**1 141,50**	443,83	443,83	III	1 028,83	919,33	812,83	709,33	608,83	511,50
	V	**2 198,83**	443,83	443,83	IV	1 655,91	1 582,50	1 509,16	1 435,75	1 362,33	1 288,91
	VI	**2 235,08**	443,83	443,83							

* Zur LSt-Berechnung für privat versicherte Arbeitnehmer s. Beispiele **Vorbemerkung S. 4 f.**
** Basisvorsorgepauschale KV und PV *** Typisierter Arbeitgeberzuschuss

Lohn/ Gehalt in € bis	Steuerklasse	**Lohn-steuer***	BVSP**	TAGZ***	Steuerklasse	Bemessungsgrundlage für Kirchensteuer und Solidaritätszuschlag					
						Freibeträge für ... Kinder					
						0,5	**1,0**	1,5	**2,0**	2,5	**3,0**
6 986,99	I,IV	**1 721,16**	443,83	443,83	I	1 574,33	1 427,58	1 280,75	1 136,50	998,25	866,08
West	II	**1 654,41**	443,83	443,83	II	1 507,58	1 360,83	1 214,41	1 072,83	937,33	808,00
	III	**1 135,16**	443,83	443,83	III	1 022,66	913,33	807,00	703,66	603,33	506,16
	V	**2 190,66**	443,83	443,83	IV	1 647,75	1 574,33	1 501,00	1 427,58	1 354,16	1 280,75
	VI	**2 226,91**	443,83	443,83							
6 986,99	I,IV	**1 730,58**	443,83	443,83	I	1 583,75	1 437,00	1 290,16	1 145,50	1 006,91	874,41
Ost	II	**1 663,83**	443,83	443,83	II	1 517,00	1 370,25	1 223,66	1 081,75	945,83	816,16
	III	**1 142,50**	443,83	443,83	III	1 029,83	920,16	813,66	710,16	609,66	512,33
	V	**2 200,08**	443,83	443,83	IV	1 657,16	1 583,75	1 510,41	1 437,00	1 363,58	1 290,16
	VI	**2 236,33**	443,83	443,83							
6 989,99	I,IV	**1 722,33**	443,83	443,83	I	1 575,50	1 428,75	1 281,91	1 137,58	999,25	867,16
West	II	**1 655,50**	443,83	443,83	II	1 508,75	1 361,91	1 215,50	1 073,91	938,41	809,00
	III	**1 136,16**	443,83	443,83	III	1 023,66	914,16	807,83	704,50	604,16	507,00
	V	**2 191,83**	443,83	443,83	IV	1 648,91	1 575,50	1 502,16	1 428,75	1 355,33	1 281,91
	VI	**2 228,08**	443,83	443,83							
6 989,99	I,IV	**1 731,83**	443,83	443,83	I	1 585,08	1 438,25	1 291,50	1 146,75	1 008,08	875,50
Ost	II	**1 665,08**	443,83	443,83	II	1 518,25	1 371,50	1 224,91	1 082,91	947,00	817,25
	III	**1 143,50**	443,83	443,83	III	1 030,83	921,16	814,50	711,00	610,66	513,16
	V	**2 201,33**	443,83	443,83	IV	1 658,41	1 585,08	1 511,66	1 438,25	1 364,83	1 291,50
	VI	**2 237,58**	443,83	443,83							
6 992,99	I,IV	**1 723,50**	443,83	443,83	I	1 576,66	1 429,91	1 283,08	1 138,66	1 000,33	868,16
West	II	**1 656,66**	443,83	443,83	II	1 509,91	1 363,08	1 216,66	1 075,00	939,41	810,00
	III	**1 137,00**	443,83	443,83	III	1 024,50	915,00	808,50	705,16	605,00	507,66
	V	**2 192,91**	443,83	443,83	IV	1 650,08	1 576,66	1 503,25	1 429,91	1 356,50	1 283,08
	VI	**2 229,25**	443,83	443,83							
6 992,99	I,IV	**1 733,08**	443,83	443,83	I	1 586,33	1 439,50	1 292,75	1 148,00	1 009,25	876,66
Ost	II	**1 666,33**	443,83	443,83	II	1 519,50	1 372,75	1 226,16	1 084,08	948,16	818,33
	III	**1 144,50**	443,83	443,83	III	1 031,83	922,16	815,50	712,00	611,50	514,00
	V	**2 202,58**	443,83	443,83	IV	1 659,66	1 586,33	1 512,91	1 439,50	1 366,08	1 292,75
	VI	**2 238,83**	443,83	443,83							
6 995,99	I,IV	**1 724,58**	443,83	443,83	I	1 577,83	1 431,08	1 284,25	1 139,83	1 001,41	869,16
West	II	**1 657,83**	443,83	443,83	II	1 511,08	1 364,25	1 217,83	1 076,08	940,50	811,00
	III	**1 137,83**	443,83	443,83	III	1 025,33	915,83	809,50	706,00	605,66	508,50
	V	**2 194,08**	443,83	443,83	IV	1 651,25	1 577,83	1 504,41	1 431,08	1 357,66	1 284,25
	VI	**2 230,33**	443,83	443,83							
6 995,99	I,IV	**1 734,33**	443,83	443,83	I	1 587,58	1 440,75	1 294,00	1 149,16	1 010,41	877,75
Ost	II	**1 667,58**	443,83	443,83	II	1 520,75	1 374,00	1 227,41	1 085,25	949,25	819,41
	III	**1 145,50**	443,83	443,83	III	1 032,66	923,00	816,33	712,83	612,33	514,83
	V	**2 203,83**	443,83	443,83	IV	1 660,91	1 587,58	1 514,16	1 440,75	1 367,41	1 294,00
	VI	**2 240,08**	443,83	443,83							
6 998,99	I,IV	**1 725,75**	443,83	443,83	I	1 579,00	1 432,16	1 285,41	1 140,91	1 002,50	870,16
West	II	**1 659,00**	443,83	443,83	II	1 512,16	1 365,41	1 218,91	1 077,16	941,50	812,00
	III	**1 138,83**	443,83	443,83	III	1 026,16	916,66	810,16	706,83	606,50	509,16
	V	**2 195,25**	443,83	443,83	IV	1 652,41	1 579,00	1 505,58	1 432,16	1 358,83	1 285,41
	VI	**2 231,50**	443,83	443,83							
6 998,99	I,IV	**1 735,58**	443,83	443,83	I	1 588,83	1 442,00	1 295,25	1 150,41	1 011,58	878,83
Ost	II	**1 668,83**	443,83	443,83	II	1 522,08	1 375,25	1 228,66	1 086,50	950,41	820,50
	III	**1 146,50**	443,83	443,83	III	1 033,66	924,00	817,33	713,66	613,16	515,66
	V	**2 205,08**	443,83	443,83	IV	1 662,25	1 588,83	1 515,41	1 442,00	1 368,66	1 295,25
	VI	**2 241,33**	443,83	443,83							
7 001,99	I,IV	**1 726,91**	443,83	443,83	I	1 580,16	1 433,33	1 286,58	1 142,00	1 003,58	871,16
West	II	**1 660,16**	443,83	443,83	II	1 513,33	1 366,58	1 220,08	1 078,25	942,58	813,00
	III	**1 139,66**	443,83	443,83	III	1 027,16	917,50	811,00	707,66	607,33	510,00
	V	**2 196,41**	443,83	443,83	IV	1 653,50	1 580,16	1 506,75	1 433,33	1 359,91	1 286,58
	VI	**2 232,66**	443,83	443,83							
7 001,99	I,IV	**1 736,83**	443,83	443,83	I	1 590,08	1 443,33	1 296,50	1 151,58	1 012,75	880,00
Ost	II	**1 670,08**	443,83	443,83	II	1 523,33	1 376,50	1 229,91	1 087,66	951,58	821,58
	III	**1 147,50**	443,83	443,83	III	1 034,66	924,83	818,16	714,50	614,00	516,50
	V	**2 206,33**	443,83	443,83	IV	1 663,50	1 590,08	1 516,66	1 443,33	1 369,91	1 296,50
	VI	**2 242,58**	443,83	443,83							

* Zur LSt-Berechnung für privat versicherte Arbeitnehmer s. Beispiele **Vorbemerkung S. 4 f.**
** Basisvorsorgepauschale KV und PV *** Typisierter Arbeitgeberzuschuss

Lohn/ Gehalt in € bis	Steuerklasse	Lohn-steuer*	BVSP**	TAGZ***	Steuerklasse	Bemessungsgrundlage für Kirchensteuer und Solidaritätszuschlag – Freibeträge für ... Kinder 0,5	1,0	1,5	2,0	2,5	3,0
7004,99 West	I,IV	**1728,08**	443,83	443,83	I	1581,33	1434,58	1287,75	1143,16	1004,66	872,25
	II	**1661,33**	443,83	443,83	II	1514,58	1367,75	1221,25	1079,41	943,66	814,00
	III	**1140,66**	443,83	443,83	III	1028,00	918,50	812,00	708,50	608,16	510,83
	V	**2197,58**	443,83	443,83	IV	1654,75	1581,33	1507,91	1434,58	1361,16	1287,75
	VI	**2233,83**	443,83	443,83							
7004,99 Ost	I,IV	**1738,16**	443,83	443,83	I	1591,33	1444,58	1297,75	1152,83	1013,91	881,08
	II	**1671,33**	443,83	443,83	II	1524,58	1377,75	1231,16	1088,83	952,75	822,66
	III	**1148,33**	443,83	443,83	III	1035,50	925,83	819,16	715,50	614,83	517,33
	V	**2207,58**	443,83	443,83	IV	1664,75	1591,33	1517,91	1444,58	1371,16	1297,75
	VI	**2243,91**	443,83	443,83							
7007,99 West	I,IV	**1729,25**	443,83	443,83	I	1582,50	1435,66	1288,91	1144,25	1005,75	873,25
	II	**1662,50**	443,83	443,83	II	1515,66	1368,91	1222,41	1080,50	944,66	815,00
	III	**1141,50**	443,83	443,83	III	1028,83	919,16	812,66	709,33	608,83	511,50
	V	**2198,75**	443,83	443,83	IV	1655,91	1582,50	1509,08	1435,66	1362,33	1288,91
	VI	**2235,00**	443,83	443,83							
7007,99 Ost	I,IV	**1739,41**	443,83	443,83	I	1592,58	1445,83	1299,00	1154,08	1015,08	882,16
	II	**1672,58**	443,83	443,83	II	1525,83	1379,00	1232,41	1090,08	953,83	823,75
	III	**1149,33**	443,83	443,83	III	1036,50	926,66	820,00	716,33	615,66	518,16
	V	**2208,91**	443,83	443,83	IV	1666,00	1592,58	1519,16	1445,83	1372,41	1299,00
	VI	**2245,16**	443,83	443,83							
7010,99 West	I,IV	**1730,41**	443,83	443,83	I	1583,66	1436,83	1290,08	1145,41	1006,75	874,25
	II	**1663,66**	443,83	443,83	II	1516,83	1370,08	1223,50	1081,58	945,75	816,00
	III	**1142,33**	443,83	443,83	III	1029,66	920,16	813,50	710,00	609,66	512,33
	V	**2199,91**	443,83	443,83	IV	1657,00	1583,66	1510,25	1436,83	1363,41	1290,08
	VI	**2236,16**	443,83	443,83							
7010,99 Ost	I,IV	**1740,66**	443,83	443,83	I	1593,83	1447,08	1300,25	1155,25	1016,25	883,33
	II	**1673,83**	443,83	443,83	II	1527,08	1380,33	1233,66	1091,25	955,00	824,83
	III	**1150,33**	443,83	443,83	III	1037,50	927,66	820,83	717,16	616,50	519,00
	V	**2210,16**	443,83	443,83	IV	1667,25	1593,83	1520,50	1447,08	1373,66	1300,25
	VI	**2246,41**	443,83	443,83							
7013,99 West	I,IV	**1731,58**	443,83	443,83	I	1584,83	1438,00	1291,25	1146,50	1007,83	875,33
	II	**1664,83**	443,83	443,83	II	1518,00	1371,25	1224,66	1082,66	946,75	817,00
	III	**1143,33**	443,83	443,83	III	1030,66	921,00	814,33	710,83	610,33	513,00
	V	**2201,08**	443,83	443,83	IV	1658,16	1584,83	1511,41	1438,00	1364,58	1291,25
	VI	**2237,33**	443,83	443,83							
7013,99 Ost	I,IV	**1741,91**	443,83	443,83	I	1595,08	1448,33	1301,58	1156,50	1017,41	884,41
	II	**1675,16**	443,83	443,83	II	1528,33	1381,58	1234,91	1092,50	956,16	825,91
	III	**1151,33**	443,83	443,83	III	1038,50	928,66	821,83	718,00	617,33	519,83
	V	**2211,41**	443,83	443,83	IV	1668,50	1595,08	1521,75	1448,33	1374,91	1301,58
	VI	**2247,66**	443,83	443,83							
7016,99 West	I,IV	**1732,75**	443,83	443,83	I	1585,91	1439,16	1292,33	1147,66	1008,91	876,33
	II	**1666,00**	443,83	443,83	II	1519,16	1372,41	1225,83	1083,75	947,83	818,00
	III	**1144,16**	443,83	443,83	III	1031,50	921,83	815,16	711,66	611,16	513,83
	V	**2202,25**	443,83	443,83	IV	1659,33	1585,91	1512,58	1439,16	1365,75	1292,33
	VI	**2238,50**	443,83	443,83							
7016,99 Ost	I,IV	**1743,16**	443,83	443,83	I	1596,41	1449,58	1302,83	1157,75	1018,58	885,50
	II	**1676,41**	443,83	443,83	II	1529,58	1382,83	1236,16	1093,66	957,25	827,08
	III	**1152,33**	443,83	443,83	III	1039,33	929,50	822,66	719,00	618,16	520,66
	V	**2212,66**	443,83	443,83	IV	1669,75	1596,41	1523,00	1449,58	1376,16	1302,83
	VI	**2248,91**	443,83	443,83							
7019,99 West	I,IV	**1733,91**	443,83	443,83	I	1587,16	1440,33	1293,58	1148,75	1010,00	877,33
	II	**1667,16**	443,83	443,83	II	1520,33	1373,58	1227,00	1084,91	948,91	819,08
	III	**1145,16**	443,83	443,83	III	1032,33	922,66	816,00	712,50	612,00	514,50
	V	**2203,41**	443,83	443,83	IV	1660,50	1587,16	1513,75	1440,33	1366,91	1293,58
	VI	**2239,66**	443,83	443,83							
7019,99 Ost	I,IV	**1744,41**	443,83	443,83	I	1597,66	1450,83	1304,08	1158,91	1019,75	886,66
	II	**1677,66**	443,83	443,83	II	1530,83	1384,08	1237,41	1094,83	958,41	828,16
	III	**1153,33**	443,83	443,83	III	1040,33	930,50	823,66	719,83	619,16	521,50
	V	**2213,91**	443,83	443,83	IV	1671,00	1597,66	1524,25	1450,83	1377,41	1304,08
	VI	**2250,16**	443,83	443,83							

* Zur LSt-Berechnung für privat versicherte Arbeitnehmer s. Beispiele **Vorbemerkung S. 4 f.**
** Basisvorsorgepauschale KV und PV *** Typisierter Arbeitgeberzuschuss

Lohn/ Gehalt in € bis	Steuerklasse	Lohn-steuer*	BVSP**	TAGZ***	Steuerklasse	Bemessungsgrundlage für Kirchensteuer und Solidaritätszuschlag – Freibeträge für ... Kinder 0,5	1,0	1,5	2,0	2,5	3,0
7022,99	I,IV	**1735,08**	443,83	443,83	I	1588,33	1441,50	1294,75	1149,91	1011,08	878,41
West	II	**1668,33**	443,83	443,83	II	1521,50	1374,75	1228,16	1086,00	949,91	820,08
	III	**1146,00**	443,83	443,83	III	1033,16	923,50	816,83	713,33	612,83	515,33
	V	**2204,58**	443,83	443,83	IV	1661,66	1588,33	1514,91	1441,50	1368,08	1294,75
	VI	**2240,83**	443,83	443,83							
7022,99	I,IV	**1745,66**	443,83	443,83	I	1598,91	1452,08	1305,33	1160,16	1020,91	887,75
Ost	II	**1678,91**	443,83	443,83	II	1532,08	1385,33	1238,66	1096,08	959,58	829,25
	III	**1154,33**	443,83	443,83	III	1041,33	931,33	824,50	720,66	620,00	522,33
	V	**2215,16**	443,83	443,83	IV	1672,33	1598,91	1525,50	1452,08	1378,75	1305,33
	VI	**2251,41**	443,83	443,83							
7025,99	I,IV	**1736,25**	443,83	443,83	I	1589,41	1442,66	1295,83	1151,00	1012,16	879,41
West	II	**1669,50**	443,83	443,83	II	1522,66	1375,91	1229,25	1087,08	951,00	821,08
	III	**1147,00**	443,83	443,83	III	1034,16	924,33	817,66	714,16	613,50	516,00
	V	**2205,75**	443,83	443,83	IV	1662,83	1589,41	1516,08	1442,66	1369,25	1295,83
	VI	**2242,00**	443,83	443,83							
7025,99	I,IV	**1746,91**	443,83	443,83	I	1600,16	1453,33	1306,58	1161,41	1022,08	888,91
Ost	II	**1680,16**	443,83	443,83	II	1533,41	1386,58	1239,91	1097,25	960,75	830,33
	III	**1155,33**	443,83	443,83	III	1042,33	932,33	825,33	721,50	620,83	523,16
	V	**2216,41**	443,83	443,83	IV	1673,58	1600,16	1526,75	1453,33	1380,00	1306,58
	VI	**2252,66**	443,83	443,83							
7028,99	I,IV	**1737,41**	443,83	443,83	I	1590,58	1443,83	1297,00	1152,16	1013,25	880,41
West	II	**1670,58**	443,83	443,83	II	1523,83	1377,00	1230,41	1088,16	952,08	822,08
	III	**1147,83**	443,83	443,83	III	1035,00	925,16	818,50	714,83	614,33	516,83
	V	**2206,91**	443,83	443,83	IV	1664,00	1590,58	1517,25	1443,83	1370,41	1297,00
	VI	**2243,16**	443,83	443,83							
7028,99	I,IV	**1748,25**	443,83	443,83	I	1601,41	1454,66	1307,83	1162,58	1023,25	890,00
Ost	II	**1681,41**	443,83	443,83	II	1534,66	1387,83	1241,16	1098,41	961,83	831,41
	III	**1156,33**	443,83	443,83	III	1043,16	933,16	826,33	722,50	621,66	523,83
	V	**2217,66**	443,83	443,83	IV	1674,83	1601,41	1528,00	1454,66	1381,25	1307,83
	VI	**2254,00**	443,83	443,83							
7031,99	I,IV	**1738,58**	443,83	443,83	I	1591,75	1445,00	1298,16	1153,25	1014,25	881,41
West	II	**1671,75**	443,83	443,83	II	1525,00	1378,16	1231,58	1089,25	953,08	823,08
	III	**1148,66**	443,83	443,83	III	1035,83	926,16	819,33	715,66	615,16	517,66
	V	**2208,00**	443,83	443,83	IV	1665,16	1591,75	1518,33	1445,00	1371,58	1298,16
	VI	**2244,33**	443,83	443,83							
7031,99	I,IV	**1749,50**	443,83	443,83	I	1602,66	1455,91	1309,08	1163,83	1024,41	891,08
Ost	II	**1682,66**	443,83	443,83	II	1535,91	1389,08	1242,41	1099,66	963,00	832,50
	III	**1157,33**	443,83	443,83	III	1044,16	934,16	827,16	723,33	622,50	524,66
	V	**2219,00**	443,83	443,83	IV	1676,08	1602,66	1529,25	1455,91	1382,50	1309,08
	VI	**2255,25**	443,83	443,83							
7034,99	I,IV	**1739,75**	443,83	443,83	I	1592,91	1446,16	1299,33	1154,41	1015,41	882,50
West	II	**1673,00**	443,83	443,83	II	1526,16	1379,41	1232,75	1090,41	954,16	824,08
	III	**1149,66**	443,83	443,83	III	1036,83	927,00	820,16	716,50	616,00	518,33
	V	**2209,25**	443,83	443,83	IV	1666,33	1592,91	1519,58	1446,16	1372,75	1299,33
	VI	**2245,50**	443,83	443,83							
7034,99	I,IV	**1750,75**	443,83	443,83	I	1603,91	1457,16	1310,33	1165,08	1025,58	892,25
Ost	II	**1683,91**	443,83	443,83	II	1537,16	1390,33	1243,66	1100,83	964,16	833,58
	III	**1158,16**	443,83	443,83	III	1045,16	935,16	828,16	724,16	623,33	525,50
	V	**2220,25**	443,83	443,83	IV	1677,33	1603,91	1530,58	1457,16	1383,75	1310,33
	VI	**2256,50**	443,83	443,83							
7037,99	I,IV	**1740,91**	443,83	443,83	I	1594,08	1447,33	1300,50	1155,50	1016,50	883,50
West	II	**1674,08**	443,83	443,83	II	1527,33	1380,50	1233,91	1091,50	955,25	825,08
	III	**1150,50**	443,83	443,83	III	1037,66	927,83	821,00	717,33	616,66	519,16
	V	**2210,41**	443,83	443,83	IV	1667,50	1594,08	1520,75	1447,33	1373,91	1300,50
	VI	**2246,66**	443,83	443,83							
7037,99	I,IV	**1752,00**	443,83	443,83	I	1605,16	1458,41	1311,58	1166,25	1026,75	893,33
Ost	II	**1685,25**	443,83	443,83	II	1538,41	1391,66	1244,91	1102,08	965,33	834,66
	III	**1159,16**	443,83	443,83	III	1046,16	936,00	829,00	725,16	624,16	526,33
	V	**2221,50**	443,83	443,83	IV	1678,58	1605,16	1531,83	1458,41	1385,00	1311,58
	VI	**2257,75**	443,83	443,83							

* Zur LSt-Berechnung für privat versicherte Arbeitnehmer s. Beispiele **Vorbemerkung S. 4 f.**
** Basisvorsorgepauschale KV und PV *** Typisierter Arbeitgeberzuschuss

Lohn/ Gehalt in € bis	Steuerklasse	Lohn-steuer*	BVSP**	TAGZ***	Steuerklasse	Bemessungsgrundlage für Kirchensteuer und Solidaritätszuschlag – Freibeträge für ... Kinder 0,5	1,0	1,5	2,0	2,5	3,0
7040,99 West	I,IV	**1742,08**	443,83	443,83	I	1595,25	1448,50	1301,66	1156,66	1017,50	884,58
	II	**1675,25**	443,83	443,83	II	1528,50	1381,66	1235,00	1092,58	956,25	826,08
	III	**1151,50**	443,83	443,83	III	1038,50	928,66	821,83	718,16	617,50	519,83
	V	**2211,50**	443,83	443,83	IV	1668,66	1595,25	1521,83	1448,50	1375,08	1301,66
	VI	**2247,83**	443,83	443,83							
7040,99 Ost	I,IV	**1753,25**	443,83	443,83	I	1606,50	1459,66	1312,91	1167,50	1027,91	894,50
	II	**1686,50**	443,83	443,83	II	1539,66	1392,91	1246,16	1103,25	966,41	835,83
	III	**1160,16**	443,83	443,83	III	1047,00	937,00	830,00	726,00	625,00	527,16
	V	**2222,75**	443,83	443,83	IV	1679,83	1606,50	1533,08	1459,66	1386,25	1312,91
	VI	**2259,00**	443,83	443,83							
7043,99 West	I,IV	**1743,16**	443,83	443,83	I	1596,41	1449,66	1302,83	1157,75	1018,58	885,58
	II	**1676,41**	443,83	443,83	II	1529,66	1382,83	1236,16	1093,66	957,33	827,08
	III	**1152,33**	443,83	443,83	III	1039,33	929,50	822,66	719,00	618,16	520,66
	V	**2212,66**	443,83	443,83	IV	1669,83	1596,41	1523,00	1449,66	1376,25	1302,83
	VI	**2248,91**	443,83	443,83							
7043,99 Ost	I,IV	**1754,50**	443,83	443,83	I	1607,75	1460,91	1314,16	1168,75	1029,08	895,58
	II	**1687,75**	443,83	443,83	II	1540,91	1394,16	1247,41	1104,41	967,58	836,91
	III	**1161,16**	443,83	443,83	III	1048,00	937,83	830,83	726,83	625,83	528,00
	V	**2224,00**	443,83	443,83	IV	1681,08	1607,75	1534,33	1460,91	1387,50	1314,16
	VI	**2260,25**	443,83	443,83							
7046,99 West	I,IV	**1744,33**	443,83	443,83	I	1597,58	1450,75	1304,00	1158,91	1019,66	886,58
	II	**1677,58**	443,83	443,83	II	1530,83	1384,00	1237,33	1094,75	958,33	828,08
	III	**1153,33**	443,83	443,83	III	1040,33	930,33	823,50	719,83	619,00	521,33
	V	**2213,83**	443,83	443,83	IV	1671,00	1597,58	1524,16	1450,75	1377,41	1304,00
	VI	**2250,08**	443,83	443,83							
7046,99 Ost	I,IV	**1755,75**	443,83	443,83	I	1609,00	1462,16	1315,41	1169,91	1030,25	896,75
	II	**1689,00**	443,83	443,83	II	1542,16	1395,41	1248,66	1105,66	968,75	838,00
	III	**1162,16**	443,83	443,83	III	1049,00	938,83	831,66	727,66	626,83	528,83
	V	**2225,25**	443,83	443,83	IV	1682,41	1609,00	1535,58	1462,16	1388,83	1315,41
	VI	**2261,50**	443,83	443,83							
7049,99 West	I,IV	**1745,50**	443,83	443,83	I	1598,75	1451,91	1305,16	1160,00	1020,75	887,58
	II	**1678,75**	443,83	443,83	II	1531,91	1385,16	1238,50	1095,91	959,41	829,08
	III	**1154,16**	443,83	443,83	III	1041,16	931,16	824,33	720,50	619,83	522,16
	V	**2215,00**	443,83	443,83	IV	1672,08	1598,75	1525,33	1451,91	1378,58	1305,16
	VI	**2251,25**	443,83	443,83							
7049,99 Ost	I,IV	**1757,00**	443,83	443,83	I	1610,25	1463,41	1316,66	1171,16	1031,41	897,83
	II	**1690,25**	443,83	443,83	II	1543,50	1396,66	1249,91	1106,83	969,91	839,08
	III	**1163,16**	443,83	443,83	III	1050,00	939,83	832,66	728,66	627,66	529,66
	V	**2226,50**	443,83	443,83	IV	1683,66	1610,25	1536,83	1463,41	1390,08	1316,66
	VI	**2262,75**	443,83	443,83							
7052,99 West	I,IV	**1746,66**	443,83	443,83	I	1599,91	1453,16	1306,33	1161,16	1021,83	888,66
	II	**1679,91**	443,83	443,83	II	1533,16	1386,33	1239,66	1097,00	960,50	830,08
	III	**1155,00**	443,83	443,83	III	1042,00	932,16	825,16	721,33	620,66	522,83
	V	**2216,16**	443,83	443,83	IV	1673,33	1599,91	1526,50	1453,16	1379,75	1306,33
	VI	**2252,41**	443,83	443,83							
7052,99 Ost	I,IV	**1758,33**	443,83	443,83	I	1611,50	1464,75	1317,91	1172,41	1032,58	898,91
	II	**1691,50**	443,83	443,83	II	1544,75	1397,91	1251,16	1108,08	971,08	840,16
	III	**1164,16**	443,83	443,83	III	1050,83	940,66	833,50	729,50	628,50	530,50
	V	**2227,75**	443,83	443,83	IV	1684,91	1611,50	1538,08	1464,75	1391,33	1317,91
	VI	**2264,00**	443,83	443,83							
7055,99 West	I,IV	**1747,83**	443,83	443,83	I	1601,08	1454,25	1307,50	1162,25	1022,91	889,66
	II	**1681,08**	443,83	443,83	II	1534,33	1387,50	1240,83	1098,08	961,58	831,08
	III	**1156,00**	443,83	443,83	III	1043,00	933,00	826,00	722,16	621,33	523,66
	V	**2217,33**	443,83	443,83	IV	1674,50	1601,08	1527,66	1454,25	1380,91	1307,50
	VI	**2253,58**	443,83	443,83							
7055,99 Ost	I,IV	**1759,58**	443,83	443,83	I	1612,75	1466,00	1319,16	1173,66	1033,83	900,08
	II	**1692,75**	443,83	443,83	II	1546,00	1399,16	1252,41	1109,25	972,16	841,25
	III	**1165,16**	443,83	443,83	III	1051,83	941,66	834,50	730,33	629,33	531,33
	V	**2229,00**	443,83	443,83	IV	1686,16	1612,75	1539,33	1466,00	1392,58	1319,16
	VI	**2265,33**	443,83	443,83							

* Zur LSt-Berechnung für privat versicherte Arbeitnehmer s. Beispiele **Vorbemerkung S. 4 f.**
** Basisvorsorgepauschale KV und PV *** Typisierter Arbeitgeberzuschuss

Lohn/ Gehalt in € bis	Steuerklasse	**Lohn-steuer***	BVSP**	TAGZ***	Steuerklasse	Bemessungsgrundlage für Kirchensteuer und Solidaritätszuschlag					
						Freibeträge für ... Kinder					
						0,5	**1,0**	1,5	**2,0**	2,5	**3,0**
7058,99	I,IV	**1749,00**	443,83	443,83	I	1602,25	1455,41	1308,66	1163,41	1024,00	890,75
West	II	**1682,25**	443,83	443,83	II	1535,41	1388,66	1241,91	1099,25	962,58	832,08
	III	**1156,83**	443,83	443,83	III	1043,83	933,83	826,83	723,00	622,16	524,50
	V	**2218,50**	443,83	443,83	IV	1675,58	1602,25	1528,83	1455,41	1382,08	1308,66
	VI	**2254,75**	443,83	443,83							
7058,99	I,IV	**1760,83**	443,83	443,83	I	1614,00	1467,25	1320,41	1174,83	1035,00	901,16
Ost	II	**1694,00**	443,83	443,83	II	1547,25	1400,41	1253,66	1110,41	973,33	842,33
	III	**1166,16**	443,83	443,83	III	1052,83	942,50	835,33	731,16	630,16	532,16
	V	**2230,33**	443,83	443,83	IV	1687,41	1614,00	1540,66	1467,25	1393,83	1320,41
	VI	**2266,58**	443,83	443,83							
7061,99	I,IV	**1750,16**	443,83	443,83	I	1603,41	1456,58	1309,83	1164,50	1025,08	891,75
West	II	**1683,41**	443,83	443,83	II	1536,58	1389,83	1243,08	1100,33	963,66	833,08
	III	**1157,83**	443,83	443,83	III	1044,66	934,66	827,66	723,83	623,00	525,16
	V	**2219,66**	443,83	443,83	IV	1676,75	1603,41	1530,00	1456,58	1383,16	1309,83
	VI	**2255,91**	443,83	443,83							
7061,99	I,IV	**1762,08**	443,83	443,83	I	1615,25	1468,50	1321,66	1176,08	1036,16	902,33
Ost	II	**1695,33**	443,83	443,83	II	1548,50	1401,75	1254,91	1111,66	974,50	843,50
	III	**1167,16**	443,83	443,83	III	1053,83	943,50	836,33	732,16	631,00	533,00
	V	**2231,58**	443,83	443,83	IV	1688,66	1615,25	1541,91	1468,50	1395,08	1321,66
	VI	**2267,83**	443,83	443,83							
7064,99	I,IV	**1751,33**	443,83	443,83	I	1604,50	1457,75	1310,91	1165,66	1026,16	892,75
West	II	**1684,58**	443,83	443,83	II	1537,75	1391,00	1244,25	1101,41	964,66	834,08
	III	**1158,66**	443,83	443,83	III	1045,50	935,50	828,50	724,66	623,66	526,00
	V	**2220,83**	443,83	443,83	IV	1677,91	1604,50	1531,16	1457,75	1384,33	1310,91
	VI	**2257,08**	443,83	443,83							
7064,99	I,IV	**1763,33**	443,83	443,83	I	1616,58	1469,75	1323,00	1177,33	1037,33	903,41
Ost	II	**1696,58**	443,83	443,83	II	1549,75	1403,00	1256,16	1112,83	975,66	844,58
	III	**1168,16**	443,83	443,83	III	1054,66	944,50	837,16	733,00	631,83	533,83
	V	**2232,83**	443,83	443,83	IV	1689,91	1616,58	1543,16	1469,75	1396,33	1323,00
	VI	**2269,08**	443,83	443,83							
7067,99	I,IV	**1752,50**	443,83	443,83	I	1605,75	1458,91	1312,16	1166,75	1027,25	893,83
West	II	**1685,75**	443,83	443,83	II	1538,91	1392,16	1245,41	1102,58	965,75	835,16
	III	**1159,66**	443,83	443,83	III	1046,50	936,33	829,33	725,50	624,50	526,66
	V	**2222,00**	443,83	443,83	IV	1679,08	1605,75	1532,33	1458,91	1385,58	1312,16
	VI	**2258,25**	443,83	443,83							
7067,99	I,IV	**1764,58**	443,83	443,83	I	1617,83	1471,00	1324,25	1178,50	1038,50	904,58
Ost	II	**1697,83**	443,83	443,83	II	1551,00	1404,25	1257,41	1114,08	976,83	845,66
	III	**1169,00**	443,83	443,83	III	1055,66	945,33	838,16	733,83	632,66	534,66
	V	**2234,08**	443,83	443,83	IV	1691,16	1617,83	1544,41	1471,00	1397,58	1324,25
	VI	**2270,33**	443,83	443,83							
7070,99	I,IV	**1753,66**	443,83	443,83	I	1606,91	1460,08	1313,33	1167,91	1028,33	894,83
West	II	**1686,91**	443,83	443,83	II	1540,08	1393,33	1246,58	1103,66	966,83	836,16
	III	**1160,50**	443,83	443,83	III	1047,33	937,33	830,16	726,33	625,33	527,50
	V	**2223,16**	443,83	443,83	IV	1680,25	1606,91	1533,50	1460,08	1386,66	1313,33
	VI	**2259,41**	443,83	443,83							
7070,99	I,IV	**1765,83**	443,83	443,83	I	1619,08	1472,25	1325,50	1179,75	1039,66	905,66
Ost	II	**1699,08**	443,83	443,83	II	1552,25	1405,50	1258,75	1115,25	978,00	846,75
	III	**1170,00**	443,83	443,83	III	1056,66	946,33	839,00	734,83	633,66	535,50
	V	**2235,33**	443,83	443,83	IV	1692,41	1619,08	1545,66	1472,25	1398,91	1325,50
	VI	**2271,58**	443,83	443,83							
7073,99	I,IV	**1754,83**	443,83	443,83	I	1608,00	1461,25	1314,41	1169,00	1029,41	895,91
West	II	**1688,08**	443,83	443,83	II	1541,25	1394,50	1247,75	1104,75	967,91	837,16
	III	**1161,33**	443,83	443,83	III	1048,16	938,16	831,00	727,00	626,16	528,16
	V	**2224,33**	443,83	443,83	IV	1681,41	1608,00	1534,66	1461,25	1387,83	1314,41
	VI	**2260,58**	443,83	443,83							
7073,99	I,IV	**1767,08**	443,83	443,83	I	1620,33	1473,50	1326,75	1181,00	1040,83	906,83
Ost	II	**1700,33**	443,83	443,83	II	1553,58	1406,75	1260,00	1116,50	979,08	847,83
	III	**1171,00**	443,83	443,83	III	1057,66	947,16	839,83	735,66	634,50	536,33
	V	**2236,58**	443,83	443,83	IV	1693,75	1620,33	1546,91	1473,50	1400,16	1326,75
	VI	**2272,83**	443,83	443,83							

* Zur LSt-Berechnung für privat versicherte Arbeitnehmer s. Beispiele **Vorbemerkung S. 4 f.**
** Basisvorsorgepauschale KV und PV *** Typisierter Arbeitgeberzuschuss

Lohn/ Gehalt in € bis	Steuerklasse	Lohn-steuer*	BVSP**	TAGZ***	Steuerklasse	Bemessungsgrundlage für Kirchensteuer und Solidaritätszuschlag – Freibeträge für ... Kinder 0,5	**1,0**	1,5	**2,0**	2,5	**3,0**
7076,99	I,IV	**1756,00**	443,83	443,83	I	1609,16	1462,41	1315,58	1170,16	1030,50	896,91
West	II	**1689,16**	443,83	443,83	II	1542,41	1395,58	1248,83	1105,83	968,91	838,16
	III	**1162,33**	443,83	443,83	III	1049,16	939,00	831,83	727,83	626,83	529,00
	V	**2225,50**	443,83	443,83	IV	1682,58	1609,16	1535,83	1462,41	1389,00	1315,58
	VI	**2261,75**	443,83	443,83							
7076,99	I,IV	**1768,33**	443,83	443,83	I	1621,58	1474,83	1328,00	1182,25	1042,00	907,91
Ost	II	**1701,58**	443,83	443,83	II	1554,83	1408,00	1261,25	1117,66	980,25	849,00
	III	**1172,00**	443,83	443,83	III	1058,50	948,16	840,83	736,50	635,33	537,16
	V	**2237,83**	443,83	443,83	IV	1695,00	1621,58	1548,16	1474,83	1401,41	1328,00
	VI	**2274,08**	443,83	443,83							
7079,99	I,IV	**1757,16**	443,83	443,83	I	1610,33	1463,58	1316,75	1171,25	1031,58	897,91
West	II	**1690,33**	443,83	443,83	II	1543,58	1396,75	1250,00	1106,91	970,00	839,16
	III	**1163,16**	443,83	443,83	III	1050,00	939,83	832,66	728,66	627,66	529,66
	V	**2226,66**	443,83	443,83	IV	1683,75	1610,33	1536,91	1463,58	1390,16	1316,75
	VI	**2262,91**	443,83	443,83							
7079,99	I,IV	**1769,66**	443,83	443,83	I	1622,83	1476,08	1329,25	1183,41	1043,16	909,08
Ost	II	**1702,83**	443,83	443,83	II	1556,08	1409,25	1262,50	1118,91	981,41	850,08
	III	**1173,00**	443,83	443,83	III	1059,50	949,16	841,66	737,50	636,16	538,00
	V	**2239,08**	443,83	443,83	IV	1696,25	1622,83	1549,41	1476,08	1402,66	1329,25
	VI	**2275,41**	443,83	443,83							
7082,99	I,IV	**1758,33**	443,83	443,83	I	1611,50	1464,75	1317,91	1172,41	1032,66	899,00
West	II	**1691,58**	443,83	443,83	II	1544,75	1398,00	1251,16	1108,08	971,08	840,16
	III	**1164,16**	443,83	443,83	III	1050,83	940,66	833,50	729,50	628,50	530,50
	V	**2227,83**	443,83	443,83	IV	1684,91	1611,50	1538,16	1464,75	1391,33	1317,91
	VI	**2264,08**	443,83	443,83							
7082,99	I,IV	**1770,91**	443,83	443,83	I	1624,08	1477,33	1330,50	1184,66	1044,41	910,16
Ost	II	**1704,08**	443,83	443,83	II	1557,33	1410,50	1263,75	1120,08	982,58	851,16
	III	**1174,00**	443,83	443,83	III	1060,50	950,00	842,66	738,33	637,00	538,83
	V	**2240,41**	443,83	443,83	IV	1697,50	1624,08	1550,66	1477,33	1403,91	1330,50
	VI	**2276,66**	443,83	443,83							
7085,99	I,IV	**1759,50**	443,83	443,83	I	1612,66	1465,91	1319,08	1173,58	1033,75	900,00
West	II	**1692,66**	443,83	443,83	II	1545,91	1399,08	1252,33	1109,16	972,16	841,25
	III	**1165,00**	443,83	443,83	III	1051,83	941,50	834,50	730,33	629,33	531,33
	V	**2229,00**	443,83	443,83	IV	1686,08	1612,66	1539,33	1465,91	1392,50	1319,08
	VI	**2265,25**	443,83	443,83							
7085,99	I,IV	**1772,16**	443,83	443,83	I	1625,33	1478,58	1331,75	1185,91	1045,58	911,33
Ost	II	**1705,33**	443,83	443,83	II	1558,58	1411,83	1265,00	1121,33	983,75	852,25
	III	**1175,00**	443,83	443,83	III	1061,50	951,00	843,50	739,16	637,83	539,66
	V	**2241,66**	443,83	443,83	IV	1698,75	1625,33	1552,00	1478,58	1405,16	1331,75
	VI	**2277,91**	443,83	443,83							
7088,99	I,IV	**1760,66**	443,83	443,83	I	1613,83	1467,08	1320,25	1174,66	1034,83	901,08
West	II	**1693,83**	443,83	443,83	II	1547,08	1400,25	1253,50	1110,25	973,16	842,25
	III	**1166,00**	443,83	443,83	III	1052,66	942,33	835,16	731,16	630,00	532,00
	V	**2230,16**	443,83	443,83	IV	1687,25	1613,83	1540,41	1467,08	1393,66	1320,25
	VI	**2266,41**	443,83	443,83							
7088,99	I,IV	**1773,41**	443,83	443,83	I	1626,58	1479,83	1333,08	1187,16	1046,75	912,41
Ost	II	**1706,66**	443,83	443,83	II	1559,83	1413,08	1266,25	1122,50	984,91	853,41
	III	**1176,00**	443,83	443,83	III	1062,33	951,83	844,50	740,00	638,66	540,50
	V	**2242,91**	443,83	443,83	IV	1700,00	1626,58	1553,25	1479,83	1406,41	1333,08
	VI	**2279,16**	443,83	443,83							
7091,99	I,IV	**1761,83**	443,83	443,83	I	1615,00	1468,25	1321,41	1175,83	1035,91	902,08
West	II	**1695,00**	443,83	443,83	II	1548,25	1401,41	1254,66	1111,41	974,25	843,25
	III	**1166,83**	443,83	443,83	III	1053,50	943,33	836,00	732,00	630,83	532,83
	V	**2231,25**	443,83	443,83	IV	1688,41	1615,00	1541,58	1468,25	1394,83	1321,41
	VI	**2267,50**	443,83	443,83							
7091,99	I,IV	**1774,66**	443,83	443,83	I	1627,91	1481,08	1334,33	1188,41	1047,91	913,58
Ost	II	**1707,91**	443,83	443,83	II	1561,08	1414,33	1267,50	1123,75	986,00	854,50
	III	**1177,00**	443,83	443,83	III	1063,33	952,83	845,33	741,00	639,66	541,33
	V	**2244,16**	443,83	443,83	IV	1701,25	1627,91	1554,50	1481,08	1407,66	1334,33
	VI	**2280,41**	443,83	443,83							

* Zur LSt-Berechnung für privat versicherte Arbeitnehmer s. Beispiele **Vorbemerkung S. 4f.**
** Basisvorsorgepauschale KV und PV *** Typisierter Arbeitgeberzuschuss

Lohn/ Gehalt in € bis	Steuerklasse	Lohnsteuer*	BVSP**	TAGZ***	Steuerklasse	Bemessungsgrundlage für Kirchensteuer und Solidaritätszuschlag – Freibeträge für ... Kinder 0,5	1,0	1,5	2,0	2,5	3,0
7094,99 West	I,IV	**1762,91**	443,83	443,83	I	1616,16	1469,33	1322,58	1176,91	1037,00	903,08
	II	**1696,16**	443,83	443,83	II	1549,41	1402,58	1255,83	1112,50	975,33	844,25
	III	**1167,83**	443,83	443,83	III	1054,33	944,16	836,83	732,66	631,66	533,50
	V	**2232,41**	443,83	443,83	IV	1689,58	1616,16	1542,75	1469,33	1396,00	1322,58
	VI	**2268,66**	443,83	443,83							
7094,99 Ost	I,IV	**1775,91**	443,83	443,83	I	1629,16	1482,33	1335,58	1189,58	1049,08	914,66
	II	**1709,16**	443,83	443,83	II	1562,33	1415,58	1268,75	1124,91	987,16	855,58
	III	**1178,00**	443,83	443,83	III	1064,33	953,83	846,33	741,83	640,50	542,16
	V	**2245,41**	443,83	443,83	IV	1702,50	1629,16	1555,75	1482,33	1408,91	1335,58
	VI	**2281,66**	443,83	443,83							
7097,99 West	I,IV	**1764,08**	443,83	443,83	I	1617,33	1470,50	1323,75	1178,08	1038,00	904,16
	II	**1697,33**	443,83	443,83	II	1550,50	1403,75	1257,00	1113,58	976,33	845,25
	III	**1168,66**	443,83	443,83	III	1055,33	945,00	837,66	733,50	632,50	534,33
	V	**2233,58**	443,83	443,83	IV	1690,66	1617,33	1543,91	1470,50	1397,16	1323,75
	VI	**2269,83**	443,83	443,83							
7097,99 Ost	I,IV	**1777,16**	443,83	443,83	I	1630,41	1483,58	1336,83	1190,83	1050,25	915,83
	II	**1710,41**	443,83	443,83	II	1563,58	1416,83	1270,08	1126,16	988,33	856,66
	III	**1179,00**	443,83	443,83	III	1065,33	954,66	847,16	742,66	641,33	543,00
	V	**2246,66**	443,83	443,83	IV	1703,83	1630,41	1557,00	1483,58	1410,25	1336,83
	VI	**2282,91**	443,83	443,83							
7100,99 West	I,IV	**1765,33**	443,83	443,83	I	1618,50	1471,75	1324,91	1179,25	1039,16	905,25
	II	**1698,58**	443,83	443,83	II	1551,75	1405,00	1258,16	1114,75	977,50	846,33
	III	**1169,66**	443,83	443,83	III	1056,16	945,83	838,66	734,33	633,16	535,16
	V	**2234,83**	443,83	443,83	IV	1691,91	1618,50	1545,16	1471,75	1398,33	1324,91
	VI	**2271,08**	443,83	443,83							
7100,99 Ost	I,IV	**1778,41**	443,83	443,83	I	1631,66	1484,83	1338,08	1192,08	1051,41	916,91
	II	**1711,66**	443,83	443,83	II	1564,91	1418,08	1271,33	1127,33	989,50	857,75
	III	**1180,00**	443,83	443,83	III	1066,33	955,66	848,16	743,66	642,16	543,83
	V	**2247,91**	443,83	443,83	IV	1705,08	1631,66	1558,25	1484,83	1411,50	1338,08
	VI	**2284,16**	443,83	443,83							
7103,99 West	I,IV	**1766,58**	443,83	443,83	I	1619,83	1473,00	1326,25	1180,50	1040,33	906,33
	II	**1699,83**	443,83	443,83	II	1553,00	1406,25	1259,41	1116,00	978,66	847,41
	III	**1170,66**	443,83	443,83	III	1057,16	946,83	839,50	735,33	634,00	536,00
	V	**2236,08**	443,83	443,83	IV	1693,16	1619,83	1546,41	1473,00	1399,58	1326,25
	VI	**2272,33**	443,83	443,83							
7103,99 Ost	I,IV	**1779,75**	443,83	443,83	I	1632,91	1486,16	1339,33	1193,33	1052,66	918,08
	II	**1712,91**	443,83	443,83	II	1566,16	1419,33	1272,58	1128,58	990,66	858,91
	III	**1181,00**	443,83	443,83	III	1067,16	956,66	849,00	744,50	643,00	544,66
	V	**2249,16**	443,83	443,83	IV	1706,33	1632,91	1559,50	1486,16	1412,75	1339,33
	VI	**2285,50**	443,83	443,83							
7106,99 West	I,IV	**1767,83**	443,83	443,83	I	1621,08	1474,25	1327,50	1181,75	1041,50	907,50
	II	**1701,08**	443,83	443,83	II	1554,25	1407,50	1260,66	1117,16	979,75	848,50
	III	**1171,66**	443,83	443,83	III	1058,16	947,66	840,33	736,16	635,00	536,83
	V	**2237,33**	443,83	443,83	IV	1694,41	1621,08	1547,66	1474,25	1400,83	1327,50
	VI	**2273,58**	443,83	443,83							
7106,99 Ost	I,IV	**1781,00**	443,83	443,83	I	1634,16	1487,41	1340,58	1194,58	1053,83	919,25
	II	**1714,16**	443,83	443,83	II	1567,41	1420,58	1273,83	1129,75	991,83	860,00
	III	**1182,00**	443,83	443,83	III	1068,16	957,50	849,83	745,33	643,83	545,50
	V	**2250,50**	443,83	443,83	IV	1707,58	1634,16	1560,75	1487,41	1414,00	1340,58
	VI	**2286,75**	443,83	443,83							
7109,99 West	I,IV	**1769,08**	443,83	443,83	I	1622,33	1475,50	1328,75	1182,91	1042,75	908,58
	II	**1702,33**	443,83	443,83	II	1555,50	1408,75	1262,00	1118,41	980,91	849,58
	III	**1172,66**	443,83	443,83	III	1059,16	948,66	841,33	737,00	635,83	537,66
	V	**2238,58**	443,83	443,83	IV	1695,75	1622,33	1548,91	1475,50	1402,16	1328,75
	VI	**2274,83**	443,83	443,83							
7109,99 Ost	I,IV	**1782,25**	443,83	443,83	I	1635,41	1488,66	1341,83	1195,75	1055,00	920,33
	II	**1715,41**	443,83	443,83	II	1568,66	1421,83	1275,08	1131,00	993,00	861,08
	III	**1182,83**	443,83	443,83	III	1069,16	958,50	850,83	746,33	644,66	546,33
	V	**2251,75**	443,83	443,83	IV	1708,83	1635,41	1562,08	1488,66	1415,25	1341,83
	VI	**2288,00**	443,83	443,83							

* Zur LSt-Berechnung für privat versicherte Arbeitnehmer s. Beispiele **Vorbemerkung S. 4f.**
** Basisvorsorgepauschale KV und PV *** Typisierter Arbeitgeberzuschuss

Lohn/ Gehalt in € bis	Steuerklasse	Lohn- steuer*	BVSP**	TAGZ***	Steuerklasse	Bemessungsgrundlage für Kirchensteuer und Solidaritätszuschlag					
						Freibeträge für ... Kinder					
						0,5	**1,0**	1,5	**2,0**	2,5	**3,0**
7112,99 West	I,IV	**1770,33**	443,83	443,83	I	1623,58	1476,75	1330,00	1184,16	1043,91	909,75
	II	**1703,58**	443,83	443,83	II	1556,83	1410,00	1263,25	1119,58	982,08	850,75
	III	**1173,50**	443,83	443,83	III	1060,00	949,66	842,16	737,83	636,66	538,50
	V	**2239,83**	443,83	443,83	IV	1697,00	1623,58	1550,16	1476,75	1403,41	1330,00
	VI	**2276,08**	443,83	443,83							
7112,99 Ost	I,IV	**1783,50**	443,83	443,83	I	1636,66	1489,91	1343,08	1197,00	1056,16	921,50
	II	**1716,75**	443,83	443,83	II	1569,91	1423,16	1276,33	1132,16	994,16	862,25
	III	**1183,83**	443,83	443,83	III	1070,16	959,33	851,66	747,16	645,66	547,16
	V	**2253,00**	443,83	443,83	IV	1710,08	1636,66	1563,33	1489,91	1416,50	1343,08
	VI	**2289,25**	443,83	443,83							
7115,99 West	I,IV	**1771,66**	443,83	443,83	I	1624,83	1478,08	1331,25	1185,41	1045,08	910,83
	II	**1704,83**	443,83	443,83	II	1558,08	1411,25	1264,50	1120,83	983,25	851,83
	III	**1174,50**	443,83	443,83	III	1061,00	950,50	843,16	738,83	637,50	539,33
	V	**2241,08**	443,83	443,83	IV	1698,25	1624,83	1551,41	1478,08	1404,66	1331,25
	VI	**2277,41**	443,83	443,83							
7115,99 Ost	I,IV	**1784,75**	443,83	443,83	I	1638,00	1491,16	1344,41	1198,25	1057,33	922,58
	II	**1718,00**	443,83	443,83	II	1571,16	1424,41	1277,58	1133,41	995,33	863,33
	III	**1184,83**	443,83	443,83	III	1071,00	960,33	852,66	748,00	646,50	548,00
	V	**2254,25**	443,83	443,83	IV	1711,33	1638,00	1564,58	1491,16	1417,75	1344,41
	VI	**2290,50**	443,83	443,83							
7118,99 West	I,IV	**1772,91**	443,83	443,83	I	1626,08	1479,33	1332,50	1186,66	1046,25	912,00
	II	**1706,08**	443,83	443,83	II	1559,33	1412,50	1265,75	1122,00	984,41	852,91
	III	**1175,50**	443,83	443,83	III	1062,00	951,50	844,00	739,66	638,33	540,16
	V	**2242,41**	443,83	443,83	IV	1699,50	1626,08	1552,66	1479,33	1405,91	1332,50
	VI	**2278,66**	443,83	443,83							
7118,99 Ost	I,IV	**1786,00**	443,83	443,83	I	1639,25	1492,41	1345,66	1199,50	1058,58	923,75
	II	**1719,25**	443,83	443,83	II	1572,41	1425,66	1278,83	1134,58	996,41	864,41
	III	**1185,83**	443,83	443,83	III	1072,00	961,33	853,50	748,83	647,33	548,83
	V	**2255,50**	443,83	443,83	IV	1712,58	1639,25	1565,83	1492,41	1419,00	1345,66
	VI	**2291,75**	443,83	443,83							
7121,99 West	I,IV	**1774,16**	443,83	443,83	I	1627,33	1480,58	1333,75	1187,83	1047,41	913,08
	II	**1707,33**	443,83	443,83	II	1560,58	1413,75	1267,00	1123,25	985,58	854,00
	III	**1176,50**	443,83	443,83	III	1063,00	952,50	845,00	740,50	639,16	541,00
	V	**2243,66**	443,83	443,83	IV	1700,75	1627,33	1554,00	1480,58	1407,16	1333,75
	VI	**2279,91**	443,83	443,83							
7121,99 Ost	I,IV	**1787,25**	443,83	443,83	I	1640,50	1493,66	1346,91	1200,75	1059,75	924,83
	II	**1720,50**	443,83	443,83	II	1573,66	1426,91	1280,08	1135,83	997,58	865,50
	III	**1186,83**	443,83	443,83	III	1073,00	962,16	854,50	749,83	648,16	549,66
	V	**2256,75**	443,83	443,83	IV	1713,91	1640,50	1567,08	1493,66	1420,33	1346,91
	VI	**2293,00**	443,83	443,83							
7124,99 West	I,IV	**1775,41**	443,83	443,83	I	1628,58	1481,83	1335,00	1189,08	1048,58	914,25
	II	**1708,66**	443,83	443,83	II	1561,83	1415,08	1268,25	1124,41	986,75	855,08
	III	**1177,50**	443,83	443,83	III	1063,83	953,33	845,83	741,50	640,00	541,83
	V	**2244,91**	443,83	443,83	IV	1702,00	1628,58	1555,25	1481,83	1408,41	1335,00
	VI	**2281,16**	443,83	443,83							
7124,99 Ost	I,IV	**1788,50**	443,83	443,83	I	1641,75	1494,91	1348,16	1202,00	1060,91	926,00
	II	**1721,75**	443,83	443,83	II	1575,00	1428,16	1281,41	1137,00	998,75	866,66
	III	**1187,83**	443,83	443,83	III	1074,00	963,16	855,33	750,66	649,00	550,50
	V	**2258,00**	443,83	443,83	IV	1715,16	1641,75	1568,33	1494,91	1421,58	1348,16
	VI	**2294,25**	443,83	443,83							
7127,99 West	I,IV	**1776,66**	443,83	443,83	I	1629,91	1483,08	1336,33	1190,33	1049,75	915,33
	II	**1709,91**	443,83	443,83	II	1563,08	1416,33	1269,50	1125,66	987,83	856,25
	III	**1178,50**	443,83	443,83	III	1064,83	954,33	846,83	742,33	641,00	542,66
	V	**2246,16**	443,83	443,83	IV	1703,25	1629,91	1556,50	1483,08	1409,66	1336,33
	VI	**2282,41**	443,83	443,83							
7127,99 Ost	I,IV	**1789,83**	443,83	443,83	I	1643,00	1496,25	1349,41	1203,16	1062,08	927,08
	II	**1723,00**	443,83	443,83	II	1576,25	1429,41	1282,66	1138,25	999,91	867,75
	III	**1188,83**	443,83	443,83	III	1075,00	964,16	856,33	751,50	649,83	551,33
	V	**2259,25**	443,83	443,83	IV	1716,41	1643,00	1569,58	1496,25	1422,83	1349,41
	VI	**2295,50**	443,83	443,83							

* Zur LSt-Berechnung für privat versicherte Arbeitnehmer s. Beispiele **Vorbemerkung S. 4 f.**
** Basisvorsorgepauschale KV und PV *** Typisierter Arbeitgeberzuschuss

Lohn/ Gehalt in € bis	Steuerklasse	**Lohn-steuer***	BVSP**	TAGZ***	Steuerklasse	Bemessungsgrundlage für Kirchensteuer und Solidaritätszuschlag – Freibeträge für ... Kinder 0,5	**1,0**	1,5	**2,0**	2,5	**3,0**
7130,99 West	I,IV	**1777,91**	443,83	443,83	I	1631,16	1484,33	1337,58	1191,58	1051,00	916,50
	II	**1711,16**	443,83	443,83	II	1564,33	1417,58	1270,75	1126,83	989,00	857,33
	III	**1179,50**	443,83	443,83	III	1065,83	955,16	847,66	743,16	641,83	543,50
	V	**2247,41**	443,83	443,83	IV	1704,50	1631,16	1557,75	1484,33	1410,91	1337,58
	VI	**2283,66**	443,83	443,83							
7130,99 Ost	I,IV	**1791,08**	443,83	443,83	I	1644,25	1497,50	1350,66	1204,41	1063,25	928,25
	II	**1724,25**	443,83	443,83	II	1577,50	1430,66	1283,91	1139,50	1001,08	868,83
	III	**1189,83**	443,83	443,83	III	1075,83	965,00	857,16	752,50	650,83	552,16
	V	**2260,50**	443,83	443,83	IV	1717,66	1644,25	1570,83	1497,50	1424,08	1350,66
	VI	**2296,83**	443,83	443,83							
7133,99 West	I,IV	**1779,16**	443,83	443,83	I	1632,41	1485,58	1338,83	1192,83	1052,16	917,58
	II	**1712,41**	443,83	443,83	II	1565,58	1418,83	1272,00	1128,08	990,16	858,41
	III	**1180,50**	443,83	443,83	III	1066,83	956,16	848,66	744,16	642,66	544,33
	V	**2248,66**	443,83	443,83	IV	1705,83	1632,41	1559,00	1485,58	1412,25	1338,83
	VI	**2284,91**	443,83	443,83							
7133,99 Ost	I,IV	**1792,33**	443,83	443,83	I	1645,50	1498,75	1351,91	1205,66	1064,50	929,41
	II	**1725,50**	443,83	443,83	II	1578,75	1431,91	1285,16	1140,66	1002,25	870,00
	III	**1190,83**	443,83	443,83	III	1076,83	966,00	858,16	753,33	651,66	553,00
	V	**2261,83**	443,83	443,83	IV	1718,91	1645,50	1572,16	1498,75	1425,33	1351,91
	VI	**2298,08**	443,83	443,83							
7136,99 West	I,IV	**1780,41**	443,83	443,83	I	1633,66	1486,83	1340,08	1194,00	1053,33	918,75
	II	**1713,66**	443,83	443,83	II	1566,91	1420,08	1273,33	1129,25	991,33	859,50
	III	**1181,50**	443,83	443,83	III	1067,83	957,16	849,50	745,00	643,50	545,16
	V	**2249,91**	443,83	443,83	IV	1707,08	1633,66	1560,25	1486,83	1413,50	1340,08
	VI	**2286,16**	443,83	443,83							
7136,99 Ost	I,IV	**1793,58**	443,83	443,83	I	1646,75	1500,00	1353,16	1206,91	1065,66	930,50
	II	**1726,83**	443,83	443,83	II	1580,00	1433,25	1286,41	1141,91	1003,41	871,08
	III	**1191,83**	443,83	443,83	III	1077,83	966,83	859,00	754,16	652,50	553,83
	V	**2263,08**	443,83	443,83	IV	1720,16	1646,75	1573,41	1500,00	1426,58	1353,16
	VI	**2299,33**	443,83	443,83							
7139,99 West	I,IV	**1781,66**	443,83	443,83	I	1634,91	1488,16	1341,33	1195,25	1054,50	919,83
	II	**1714,91**	443,83	443,83	II	1568,16	1421,33	1274,58	1130,50	992,50	860,66
	III	**1182,50**	443,83	443,83	III	1068,66	958,00	850,50	745,83	644,33	546,00
	V	**2251,16**	443,83	443,83	IV	1708,33	1634,91	1561,50	1488,16	1414,75	1341,33
	VI	**2287,41**	443,83	443,83							
7139,99 Ost	I,IV	**1794,83**	443,83	443,83	I	1648,08	1501,25	1354,50	1208,16	1066,83	931,66
	II	**1728,08**	443,83	443,83	II	1581,25	1434,50	1287,66	1143,08	1004,58	872,16
	III	**1192,83**	443,83	443,83	III	1078,83	967,83	860,00	755,16	653,33	554,66
	V	**2264,33**	443,83	443,83	IV	1721,41	1648,08	1574,66	1501,25	1427,83	1354,50
	VI	**2300,58**	443,83	443,83							
7142,99 West	I,IV	**1783,00**	443,83	443,83	I	1636,16	1489,41	1342,58	1196,50	1055,66	921,00
	II	**1716,16**	443,83	443,83	II	1569,41	1422,58	1275,83	1131,66	993,66	861,75
	III	**1183,50**	443,83	443,83	III	1069,66	959,00	851,33	746,66	645,16	546,83
	V	**2252,41**	443,83	443,83	IV	1709,58	1636,16	1562,75	1489,41	1416,00	1342,58
	VI	**2288,75**	443,83	443,83							
7142,99 Ost	I,IV	**1796,08**	443,83	443,83	I	1649,33	1502,50	1355,75	1209,41	1068,00	932,83
	II	**1729,33**	443,83	443,83	II	1582,50	1435,75	1288,91	1144,33	1005,75	873,33
	III	**1193,83**	443,83	443,83	III	1079,83	968,83	860,83	756,00	654,16	555,50
	V	**2265,58**	443,83	443,83	IV	1722,66	1649,33	1575,91	1502,50	1429,08	1355,75
	VI	**2301,83**	443,83	443,83							
7145,99 West	I,IV	**1784,25**	443,83	443,83	I	1637,41	1490,66	1343,83	1197,75	1056,83	922,16
	II	**1717,41**	443,83	443,83	II	1570,66	1423,83	1277,08	1132,91	994,83	862,83
	III	**1184,50**	443,83	443,83	III	1070,66	959,83	852,16	747,66	646,00	547,66
	V	**2253,75**	443,83	443,83	IV	1710,83	1637,41	1564,08	1490,66	1417,25	1343,83
	VI	**2290,00**	443,83	443,83							
7145,99 Ost	I,IV	**1797,33**	443,83	443,83	I	1650,58	1503,75	1357,00	1210,66	1069,25	933,91
	II	**1730,58**	443,83	443,83	II	1583,75	1437,00	1290,16	1145,50	1006,91	874,41
	III	**1194,83**	443,83	443,83	III	1080,66	969,66	861,83	756,83	655,00	556,33
	V	**2266,83**	443,83	443,83	IV	1723,91	1650,58	1577,16	1503,75	1430,41	1357,00
	VI	**2303,08**	443,83	443,83							

* Zur LSt-Berechnung für privat versicherte Arbeitnehmer s. Beispiele **Vorbemerkung S. 4f.**
** Basisvorsorgepauschale KV und PV *** Typisierter Arbeitgeberzuschuss

Lohn/ Gehalt in € bis	Steuerklasse	Lohn-steuer*	BVSP**	TAGZ***	Steuerklasse	Bemessungsgrundlage für Kirchensteuer und Solidaritätszuschlag – Freibeträge für ... Kinder 0,5	1,0	1,5	2,0	2,5	3,0
7148,99 West	I,IV	**1785,50**	443,83	443,83	I	1638,66	1491,91	1345,08	1199,00	1058,08	923,25
	II	**1718,66**	443,83	443,83	II	1571,91	1425,16	1278,33	1134,08	996,00	864,00
	III	**1185,50**	443,83	443,83	III	1071,66	960,83	853,16	748,50	647,00	548,50
	V	**2255,00**	443,83	443,83	IV	1712,08	1638,66	1565,33	1491,91	1418,50	1345,08
	VI	**2291,25**	443,83	443,83							
7148,99 Ost	I,IV	**1798,58**	443,83	443,83	I	1651,83	1505,00	1358,25	1211,83	1070,41	935,08
	II	**1731,83**	443,83	443,83	II	1585,08	1438,25	1291,50	1146,75	1008,08	875,50
	III	**1195,83**	443,83	443,83	III	1081,66	970,66	862,66	757,83	656,00	557,16
	V	**2268,08**	443,83	443,83	IV	1725,25	1651,83	1578,41	1505,00	1431,66	1358,25
	VI	**2304,33**	443,83	443,83							
7151,99 West	I,IV	**1786,75**	443,83	443,83	I	1639,91	1493,16	1346,41	1200,25	1059,25	924,41
	II	**1720,00**	443,83	443,83	II	1573,16	1426,41	1279,58	1135,33	997,16	865,08
	III	**1186,50**	443,83	443,83	III	1072,50	961,83	854,00	749,33	647,83	549,33
	V	**2256,25**	443,83	443,83	IV	1713,33	1639,91	1566,58	1493,16	1419,75	1346,41
	VI	**2292,50**	443,83	443,83							
7151,99 Ost	I,IV	**1799,83**	443,83	443,83	I	1653,08	1506,33	1359,50	1213,08	1071,58	936,16
	II	**1733,08**	443,83	443,83	II	1586,33	1439,50	1292,75	1148,00	1009,25	876,66
	III	**1196,83**	443,83	443,83	III	1082,66	971,66	863,66	758,66	656,83	558,00
	V	**2269,33**	443,83	443,83	IV	1726,50	1653,08	1579,66	1506,33	1432,91	1359,50
	VI	**2305,58**	443,83	443,83							
7154,99 West	I,IV	**1788,00**	443,83	443,83	I	1641,25	1494,41	1347,66	1201,41	1060,41	925,50
	II	**1721,25**	443,83	443,83	II	1574,41	1427,66	1280,83	1136,50	998,33	866,16
	III	**1187,50**	443,83	443,83	III	1073,50	962,66	855,00	750,33	648,66	550,16
	V	**2257,50**	443,83	443,83	IV	1714,58	1641,25	1567,83	1494,41	1421,00	1347,66
	VI	**2293,75**	443,83	443,83							
7154,99 Ost	I,IV	**1801,16**	443,83	443,83	I	1654,33	1507,58	1360,75	1214,33	1072,75	937,33
	II	**1734,33**	443,83	443,83	II	1587,58	1440,75	1294,00	1149,16	1010,41	877,75
	III	**1197,83**	443,83	443,83	III	1083,66	972,50	864,50	759,50	657,66	558,83
	V	**2270,58**	443,83	443,83	IV	1727,75	1654,33	1580,91	1507,58	1434,16	1360,75
	VI	**2306,91**	443,83	443,83							
7157,99 West	I,IV	**1789,25**	443,83	443,83	I	1642,50	1495,66	1348,91	1202,66	1061,58	926,66
	II	**1722,50**	443,83	443,83	II	1575,66	1428,91	1282,08	1137,75	999,41	867,25
	III	**1188,33**	443,83	443,83	III	1074,50	963,66	855,83	751,16	649,50	551,00
	V	**2258,75**	443,83	443,83	IV	1715,83	1642,50	1569,08	1495,66	1422,33	1348,91
	VI	**2295,00**	443,83	443,83							
7157,99 Ost	I,IV	**1802,41**	443,83	443,83	I	1655,58	1508,83	1362,00	1215,58	1074,00	938,50
	II	**1735,58**	443,83	443,83	II	1588,83	1442,00	1295,25	1150,41	1011,58	878,83
	III	**1198,83**	443,83	443,83	III	1084,66	973,50	865,50	760,50	658,50	559,66
	V	**2271,91**	443,83	443,83	IV	1729,00	1655,58	1582,16	1508,83	1435,41	1362,00
	VI	**2308,16**	443,83	443,83							
7160,99 West	I,IV	**1790,50**	443,83	443,83	I	1643,75	1496,91	1350,16	1203,91	1062,75	927,75
	II	**1723,75**	443,83	443,83	II	1576,91	1430,16	1283,41	1138,91	1000,58	868,41
	III	**1189,33**	443,83	443,83	III	1075,50	964,66	856,83	752,00	650,33	551,83
	V	**2260,00**	443,83	443,83	IV	1717,16	1643,75	1570,33	1496,91	1423,58	1350,16
	VI	**2296,25**	443,83	443,83							
7160,99 Ost	I,IV	**1803,66**	443,83	443,83	I	1656,83	1510,08	1363,25	1216,83	1075,16	939,58
	II	**1736,83**	443,83	443,83	II	1590,08	1443,33	1296,50	1151,58	1012,75	880,00
	III	**1199,83**	443,83	443,83	III	1085,50	974,50	866,33	761,33	659,33	560,50
	V	**2273,16**	443,83	443,83	IV	1730,25	1656,83	1583,50	1510,08	1436,66	1363,25
	VI	**2309,41**	443,83	443,83							
7163,99 West	I,IV	**1791,75**	443,83	443,83	I	1645,00	1498,16	1351,41	1205,16	1064,00	928,91
	II	**1725,00**	443,83	443,83	II	1578,25	1431,41	1284,66	1140,16	1001,75	869,50
	III	**1190,33**	443,83	443,83	III	1076,50	965,50	857,66	753,00	651,16	552,66
	V	**2261,25**	443,83	443,83	IV	1718,41	1645,00	1571,58	1498,16	1424,83	1351,41
	VI	**2297,50**	443,83	443,83							
7163,99 Ost	I,IV	**1804,91**	443,83	443,83	I	1658,08	1511,33	1364,58	1218,08	1076,33	940,75
	II	**1738,16**	443,83	443,83	II	1591,33	1444,58	1297,75	1152,83	1013,91	881,08
	III	**1200,83**	443,83	443,83	III	1086,50	975,33	867,33	762,16	660,16	561,33
	V	**2274,41**	443,83	443,83	IV	1731,50	1658,08	1584,75	1511,33	1437,91	1364,58
	VI	**2310,66**	443,83	443,83							

* Zur LSt-Berechnung für privat versicherte Arbeitnehmer s. Beispiele **Vorbemerkung S. 4f.**
** Basisvorsorgepauschale KV und PV *** Typisierter Arbeitgeberzuschuss

Lohn/ Gehalt in € bis	Steuerklasse	**Lohnsteuer***	BVSP**	TAGZ***	Steuerklasse	Bemessungsgrundlage für Kirchensteuer und Solidaritätszuschlag – Freibeträge für ... Kinder 0,5	**1,0**	1,5	**2,0**	2,5	**3,0**
7166,99 West	I,IV	**1793,08**	443,83	443,83	I	1646,25	1499,50	1352,66	1206,41	1065,16	930,08
	II	**1726,25**	443,83	443,83	II	1579,50	1432,66	1285,91	1141,41	1002,91	870,58
	III	**1191,33**	443,83	443,83	III	1077,33	966,50	858,66	753,83	652,16	553,50
	V	**2262,50**	443,83	443,83	IV	1719,66	1646,25	1572,83	1499,50	1426,08	1352,66
	VI	**2298,83**	443,83	443,83							
7166,99 Ost	I,IV	**1806,16**	443,83	443,83	I	1659,41	1512,58	1365,83	1219,33	1077,58	941,91
	II	**1739,41**	443,83	443,83	II	1592,58	1445,83	1299,00	1154,08	1015,08	882,16
	III	**1201,66**	443,83	443,83	III	1087,50	976,33	868,16	763,16	661,16	562,16
	V	**2275,66**	443,83	443,83	IV	1732,75	1659,41	1586,00	1512,58	1439,16	1365,83
	VI	**2311,91**	443,83	443,83							
7169,99 West	I,IV	**1794,33**	443,83	443,83	I	1647,50	1500,75	1353,91	1207,66	1066,33	931,16
	II	**1727,50**	443,83	443,83	II	1580,75	1433,91	1287,16	1142,58	1004,08	871,75
	III	**1192,33**	443,83	443,83	III	1078,33	967,50	859,50	754,66	653,00	554,33
	V	**2263,83**	443,83	443,83	IV	1720,91	1647,50	1574,08	1500,75	1427,33	1353,91
	VI	**2300,08**	443,83	443,83							
7169,99 Ost	I,IV	**1807,41**	443,83	443,83	I	1660,66	1513,83	1367,08	1220,58	1078,75	943,00
	II	**1740,66**	443,83	443,83	II	1593,83	1447,08	1300,25	1155,25	1016,25	883,33
	III	**1202,66**	443,83	443,83	III	1088,50	977,16	869,16	764,00	662,00	563,00
	V	**2276,91**	443,83	443,83	IV	1734,00	1660,66	1587,25	1513,83	1440,41	1367,08
	VI	**2313,16**	443,83	443,83							
7172,99 West	I,IV	**1795,58**	443,83	443,83	I	1648,75	1502,00	1355,16	1208,83	1067,50	932,33
	II	**1728,75**	443,83	443,83	II	1582,00	1435,16	1288,41	1143,83	1005,25	872,83
	III	**1193,33**	443,83	443,83	III	1079,33	968,33	860,50	755,66	653,83	555,16
	V	**2265,08**	443,83	443,83	IV	1722,16	1648,75	1575,41	1502,00	1428,58	1355,16
	VI	**2301,33**	443,83	443,83							
7172,99 Ost	I,IV	**1808,66**	443,83	443,83	I	1661,91	1515,08	1368,33	1221,83	1079,91	944,16
	II	**1741,91**	443,83	443,83	II	1595,08	1448,33	1301,58	1156,50	1017,41	884,41
	III	**1203,66**	443,83	443,83	III	1089,50	978,16	870,00	764,83	662,83	563,83
	V	**2278,16**	443,83	443,83	IV	1735,33	1661,91	1588,50	1515,08	1441,75	1368,33
	VI	**2314,41**	443,83	443,83							
7175,99 West	I,IV	**1796,83**	443,83	443,83	I	1650,00	1503,25	1356,41	1210,08	1068,75	933,41
	II	**1730,08**	443,83	443,83	II	1583,25	1436,50	1289,66	1145,00	1006,41	873,91
	III	**1194,33**	443,83	443,83	III	1080,33	969,33	861,33	756,50	654,66	556,00
	V	**2266,33**	443,83	443,83	IV	1723,41	1650,00	1576,66	1503,25	1429,83	1356,41
	VI	**2302,58**	443,83	443,83							
7175,99 Ost	I,IV	**1809,91**	443,83	443,83	I	1663,16	1516,33	1369,58	1223,08	1081,08	945,33
	II	**1743,16**	443,83	443,83	II	1596,41	1449,58	1302,83	1157,75	1018,58	885,50
	III	**1204,66**	443,83	443,83	III	1090,33	979,16	870,83	765,83	663,66	564,66
	V	**2279,41**	443,83	443,83	IV	1736,58	1663,16	1589,75	1516,33	1443,00	1369,58
	VI	**2315,66**	443,83	443,83							
7178,99 West	I,IV	**1798,08**	443,83	443,83	I	1651,33	1504,50	1357,75	1211,33	1069,91	934,58
	II	**1731,33**	443,83	443,83	II	1584,50	1437,75	1290,91	1146,25	1007,58	875,08
	III	**1195,33**	443,83	443,83	III	1081,33	970,16	862,33	757,33	655,50	556,83
	V	**2267,58**	443,83	443,83	IV	1724,66	1651,33	1577,91	1504,50	1431,08	1357,75
	VI	**2303,83**	443,83	443,83							
7178,99 Ost	I,IV	**1811,25**	443,83	443,83	I	1664,41	1517,66	1370,83	1224,33	1082,33	946,41
	II	**1744,41**	443,83	443,83	II	1597,66	1450,83	1304,08	1158,91	1019,75	886,66
	III	**1205,66**	443,83	443,83	III	1091,33	980,00	871,83	766,66	664,50	565,50
	V	**2280,66**	443,83	443,83	IV	1737,83	1664,41	1591,00	1517,66	1444,25	1370,83
	VI	**2317,00**	443,83	443,83							
7181,99 West	I,IV	**1799,33**	443,83	443,83	I	1652,58	1505,75	1359,00	1212,58	1071,08	935,75
	II	**1732,58**	443,83	443,83	II	1585,75	1439,00	1292,16	1147,50	1008,75	876,16
	III	**1196,33**	443,83	443,83	III	1082,16	971,16	863,16	758,33	656,33	557,66
	V	**2268,83**	443,83	443,83	IV	1725,91	1652,58	1579,16	1505,75	1432,33	1359,00
	VI	**2305,08**	443,83	443,83							
7181,99 Ost	I,IV	**1812,50**	443,83	443,83	I	1665,66	1518,91	1372,08	1225,58	1083,50	947,58
	II	**1745,66**	443,83	443,83	II	1598,91	1452,08	1305,33	1160,16	1020,91	887,75
	III	**1206,66**	443,83	443,83	III	1092,33	981,00	872,66	767,50	665,33	566,33
	V	**2282,00**	443,83	443,83	IV	1739,08	1665,66	1592,25	1518,91	1445,50	1372,08
	VI	**2318,25**	443,83	443,83							

* Zur LSt-Berechnung für privat versicherte Arbeitnehmer s. Beispiele **Vorbemerkung S. 4f.**
** Basisvorsorgepauschale KV und PV *** Typisierter Arbeitgeberzuschuss

Lohn/ Gehalt in € bis	Steuerklasse	Lohn-steuer*	BVSP**	TAGZ***	Steuerklasse	Bemessungsgrundlage für Kirchensteuer und Solidaritätszuschlag					
						Freibeträge für ... Kinder					
						0,5	**1,0**	1,5	**2,0**	2,5	**3,0**
7184,99	I,IV	**1800,58**	443,83	443,83	I	1653,83	1507,00	1360,25	1213,83	1072,25	936,83
West	II	**1733,83**	443,83	443,83	II	1587,00	1440,25	1293,41	1148,66	1009,91	877,25
	III	**1197,33**	443,83	443,83	III	1083,16	972,16	864,16	759,16	657,33	558,50
	V	**2270,08**	443,83	443,83	IV	1727,25	1653,83	1580,41	1507,00	1433,66	1360,25
	VI	**2306,33**	443,83	443,83							
7184,99	I,IV	**1813,75**	443,83	443,83	I	1666,91	1520,16	1373,33	1226,75	1084,66	948,75
Ost	II	**1746,91**	443,83	443,83	II	1600,16	1453,33	1306,58	1161,41	1022,08	888,91
	III	**1207,66**	443,83	443,83	III	1093,33	982,00	873,66	768,50	666,33	567,16
	V	**2283,25**	443,83	443,83	IV	1740,33	1666,91	1593,58	1520,16	1446,75	1373,33
	VI	**2319,50**	443,83	443,83							
7187,99	I,IV	**1801,83**	443,83	443,83	I	1655,08	1508,25	1361,50	1215,08	1073,50	938,00
West	II	**1735,08**	443,83	443,83	II	1588,33	1441,50	1294,75	1149,91	1011,08	878,41
	III	**1198,33**	443,83	443,83	III	1084,16	973,00	865,00	760,00	658,16	559,33
	V	**2271,33**	443,83	443,83	IV	1728,50	1655,08	1581,66	1508,25	1434,91	1361,50
	VI	**2307,58**	443,83	443,83							
7187,99	I,IV	**1815,00**	443,83	443,83	I	1668,16	1521,41	1374,58	1228,00	1085,91	949,83
Ost	II	**1748,25**	443,83	443,83	II	1601,41	1454,66	1307,83	1162,58	1023,25	890,00
	III	**1208,66**	443,83	443,83	III	1094,33	982,83	874,50	769,33	667,16	568,00
	V	**2284,50**	443,83	443,83	IV	1741,58	1668,16	1594,83	1521,41	1448,00	1374,58
	VI	**2320,75**	443,83	443,83							
7190,99	I,IV	**1803,16**	443,83	443,83	I	1656,33	1509,58	1362,75	1216,33	1074,66	939,16
West	II	**1736,33**	443,83	443,83	II	1589,58	1442,75	1296,00	1151,08	1012,25	879,50
	III	**1199,33**	443,83	443,83	III	1085,16	974,00	866,00	761,00	659,00	560,16
	V	**2272,58**	443,83	443,83	IV	1729,75	1656,33	1582,91	1509,58	1436,16	1362,75
	VI	**2308,91**	443,83	443,83							
7190,99	I,IV	**1816,25**	443,83	443,83	I	1669,50	1522,66	1375,91	1229,25	1087,08	951,00
Ost	II	**1749,50**	443,83	443,83	II	1602,66	1455,91	1309,08	1163,83	1024,41	891,08
	III	**1209,66**	443,83	443,83	III	1095,16	983,83	875,50	770,16	668,00	568,83
	V	**2285,75**	443,83	443,83	IV	1742,83	1669,50	1596,08	1522,66	1449,25	1375,91
	VI	**2322,00**	443,83	443,83							
7193,99	I,IV	**1804,41**	443,83	443,83	I	1657,58	1510,83	1364,00	1217,58	1075,83	940,25
West	II	**1737,58**	443,83	443,83	II	1590,83	1444,00	1297,25	1152,33	1013,41	880,58
	III	**1200,33**	443,83	443,83	III	1086,16	975,00	866,83	761,83	659,83	561,00
	V	**2273,91**	443,83	443,83	IV	1731,00	1657,58	1584,16	1510,83	1437,41	1364,00
	VI	**2310,16**	443,83	443,83							
7193,99	I,IV	**1817,50**	443,83	443,83	I	1670,75	1523,91	1377,16	1230,50	1088,25	952,16
Ost	II	**1750,75**	443,83	443,83	II	1603,91	1457,16	1310,33	1165,08	1025,58	892,25
	III	**1210,66**	443,83	443,83	III	1096,16	984,83	876,33	771,16	668,83	569,66
	V	**2287,00**	443,83	443,83	IV	1744,08	1670,75	1597,33	1523,91	1450,50	1377,16
	VI	**2323,25**	443,83	443,83							
7196,99	I,IV	**1805,66**	443,83	443,83	I	1658,83	1512,08	1365,25	1218,83	1077,08	941,41
West	II	**1738,83**	443,83	443,83	II	1592,08	1445,25	1298,50	1153,58	1014,58	881,75
	III	**1201,33**	443,83	443,83	III	1087,00	975,83	867,83	762,66	660,66	561,83
	V	**2275,16**	443,83	443,83	IV	1732,25	1658,83	1585,50	1512,08	1438,66	1365,25
	VI	**2311,41**	443,83	443,83							
7196,99	I,IV	**1818,75**	443,83	443,83	I	1672,00	1525,16	1378,41	1231,75	1089,50	953,25
Ost	II	**1752,00**	443,83	443,83	II	1605,16	1458,41	1311,58	1166,25	1026,75	893,33
	III	**1211,66**	443,83	443,83	III	1097,16	985,66	877,33	772,00	669,66	570,50
	V	**2288,25**	443,83	443,83	IV	1745,41	1672,00	1598,58	1525,16	1451,83	1378,41
	VI	**2324,50**	443,83	443,83							
7199,99	I,IV	**1806,91**	443,83	443,83	I	1660,08	1513,33	1366,50	1220,08	1078,25	942,58
West	II	**1740,16**	443,83	443,83	II	1593,33	1446,58	1299,75	1154,75	1015,75	882,83
	III	**1202,33**	443,83	443,83	III	1088,00	976,83	868,66	763,66	661,50	562,66
	V	**2276,41**	443,83	443,83	IV	1733,50	1660,08	1586,75	1513,33	1439,91	1366,50
	VI	**2312,66**	443,83	443,83							
7199,99	I,IV	**1820,00**	443,83	443,83	I	1673,25	1526,41	1379,66	1233,00	1090,66	954,41
Ost	II	**1753,25**	443,83	443,83	II	1606,50	1459,66	1312,91	1167,50	1027,91	894,50
	III	**1212,66**	443,83	443,83	III	1098,16	986,66	878,16	772,83	670,66	571,33
	V	**2289,50**	443,83	443,83	IV	1746,66	1673,25	1599,83	1526,41	1453,08	1379,66
	VI	**2325,75**	443,83	443,83							

* Zur LSt-Berechnung für privat versicherte Arbeitnehmer s. Beispiele **Vorbemerkung S. 4 f.**
** Basisvorsorgepauschale KV und PV *** Typisierter Arbeitgeberzuschuss

Lohn/ Gehalt in € bis	Steuerklasse	Lohn-steuer*	BVSP**	TAGZ***	Steuerklasse	Bemessungsgrundlage für Kirchensteuer und Solidaritätszuschlag – Freibeträge für ... Kinder 0,5	1,0	1,5	2,0	2,5	3,0
7 202,99 West	I,IV	**1 808,16**	443,83	443,83	I	1 661,41	1 514,58	1 367,83	1 221,33	1 079,41	943,66
	II	**1 741,41**	443,83	443,83	II	1 594,58	1 447,83	1 301,00	1 156,00	1 016,91	883,91
	III	**1 203,33**	443,83	443,83	III	1 089,00	977,83	869,66	764,50	662,50	563,50
	V	**2 277,66**	443,83	443,83	IV	1 734,75	1 661,41	1 588,00	1 514,58	1 441,16	1 367,83
	VI	**2 313,91**	443,83	443,83							
7 202,99 Ost	I,IV	**1 821,33**	443,83	443,83	I	1 674,50	1 527,75	1 380,91	1 234,25	1 091,83	955,58
	II	**1 754,50**	443,83	443,83	II	1 607,75	1 460,91	1 314,16	1 168,75	1 029,08	895,58
	III	**1 213,66**	443,83	443,83	III	1 099,16	987,66	879,16	773,83	671,50	572,16
	V	**2 290,75**	443,83	443,83	IV	1 747,91	1 674,50	1 601,08	1 527,75	1 454,33	1 380,91
	VI	**2 327,00**	443,83	443,83							
7 205,99 West	I,IV	**1 809,41**	443,83	443,83	I	1 662,66	1 515,83	1 369,08	1 222,50	1 080,58	944,83
	II	**1 742,66**	443,83	443,83	II	1 595,83	1 449,08	1 302,25	1 157,25	1 018,08	885,08
	III	**1 204,33**	443,83	443,83	III	1 090,00	978,66	870,50	765,33	663,33	564,33
	V	**2 278,91**	443,83	443,83	IV	1 736,00	1 662,66	1 589,25	1 515,83	1 442,41	1 369,08
	VI	**2 315,16**	443,83	443,83							
7 205,99 Ost	I,IV	**1 822,58**	443,83	443,83	I	1 675,75	1 529,00	1 382,16	1 235,50	1 093,08	956,75
	II	**1 755,75**	443,83	443,83	II	1 609,00	1 462,16	1 315,41	1 169,91	1 030,25	896,75
	III	**1 214,66**	443,83	443,83	III	1 100,16	988,50	880,16	774,66	672,33	573,00
	V	**2 292,00**	443,83	443,83	IV	1 749,16	1 675,75	1 602,33	1 529,00	1 455,58	1 382,16
	VI	**2 328,33**	443,83	443,83							
7 208,99 West	I,IV	**1 810,66**	443,83	443,83	I	1 663,91	1 517,08	1 370,33	1 223,75	1 081,83	946,00
	II	**1 743,91**	443,83	443,83	II	1 597,08	1 450,33	1 303,50	1 158,41	1 019,25	886,16
	III	**1 205,33**	443,83	443,83	III	1 091,00	979,66	871,50	766,33	664,16	565,16
	V	**2 280,16**	443,83	443,83	IV	1 737,33	1 663,91	1 590,50	1 517,08	1 443,75	1 370,33
	VI	**2 316,41**	443,83	443,83							
7 208,99 Ost	I,IV	**1 823,83**	443,83	443,83	I	1 677,00	1 530,25	1 383,41	1 236,75	1 094,25	957,83
	II	**1 757,00**	443,83	443,83	II	1 610,25	1 463,41	1 316,66	1 171,16	1 031,41	897,83
	III	**1 215,66**	443,83	443,83	III	1 101,00	989,50	881,00	775,50	673,16	573,83
	V	**2 293,33**	443,83	443,83	IV	1 750,41	1 677,00	1 603,66	1 530,25	1 456,83	1 383,41
	VI	**2 329,58**	443,83	443,83							
7 211,99 West	I,IV	**1 811,91**	443,83	443,83	I	1 665,16	1 518,33	1 371,58	1 225,00	1 083,00	947,08
	II	**1 745,16**	443,83	443,83	II	1 598,41	1 451,58	1 304,83	1 159,66	1 020,41	887,33
	III	**1 206,33**	443,83	443,83	III	1 091,83	980,66	872,33	767,16	665,00	566,00
	V	**2 281,41**	443,83	443,83	IV	1 738,58	1 665,16	1 591,75	1 518,33	1 445,00	1 371,58
	VI	**2 317,66**	443,83	443,83							
7 211,99 Ost	I,IV	**1 825,08**	443,83	443,83	I	1 678,25	1 531,50	1 384,66	1 238,00	1 095,41	959,00
	II	**1 758,33**	443,83	443,83	II	1 611,50	1 464,75	1 317,91	1 172,41	1 032,58	898,91
	III	**1 216,66**	443,83	443,83	III	1 102,00	990,50	882,00	776,50	674,00	574,66
	V	**2 294,58**	443,83	443,83	IV	1 751,66	1 678,25	1 604,91	1 531,50	1 458,08	1 384,66
	VI	**2 330,83**	443,83	443,83							
7 214,99 West	I,IV	**1 813,16**	443,83	443,83	I	1 666,41	1 519,66	1 372,83	1 226,25	1 084,16	948,25
	II	**1 746,41**	443,83	443,83	II	1 599,66	1 452,83	1 306,08	1 160,91	1 021,58	888,41
	III	**1 207,33**	443,83	443,83	III	1 092,83	981,50	873,33	768,00	665,83	566,83
	V	**2 282,66**	443,83	443,83	IV	1 739,83	1 666,41	1 593,00	1 519,66	1 446,25	1 372,83
	VI	**2 318,91**	443,83	443,83							
7 214,99 Ost	I,IV	**1 826,33**	443,83	443,83	I	1 679,58	1 532,75	1 386,00	1 239,25	1 096,66	960,16
	II	**1 759,58**	443,83	443,83	II	1 612,75	1 466,00	1 319,16	1 173,66	1 033,83	900,08
	III	**1 217,66**	443,83	443,83	III	1 103,00	991,33	882,83	777,33	675,00	575,50
	V	**2 295,83**	443,83	443,83	IV	1 752,91	1 679,58	1 606,16	1 532,75	1 459,33	1 386,00
	VI	**2 332,08**	443,83	443,83							
7 217,99 West	I,IV	**1 814,50**	443,83	443,83	I	1 667,66	1 520,91	1 374,08	1 227,50	1 085,41	949,41
	II	**1 747,66**	443,83	443,83	II	1 600,91	1 454,08	1 307,33	1 162,08	1 022,75	889,50
	III	**1 208,33**	443,83	443,83	III	1 093,83	982,50	874,16	769,00	666,66	567,66
	V	**2 283,91**	443,83	443,83	IV	1 741,08	1 667,66	1 594,25	1 520,91	1 447,50	1 374,08
	VI	**2 320,25**	443,83	443,83							
7 217,99 Ost	I,IV	**1 827,58**	443,83	443,83	I	1 680,83	1 534,00	1 387,25	1 240,50	1 097,83	961,33
	II	**1 760,83**	443,83	443,83	II	1 614,00	1 467,25	1 320,41	1 174,83	1 035,00	901,16
	III	**1 218,66**	443,83	443,83	III	1 104,00	992,33	883,83	778,16	675,83	576,33
	V	**2 297,08**	443,83	443,83	IV	1 754,16	1 680,83	1 607,41	1 534,00	1 460,58	1 387,25
	VI	**2 333,33**	443,83	443,83							

* Zur LSt-Berechnung für privat versicherte Arbeitnehmer s. Beispiele **Vorbemerkung S. 4 f.**
** Basisvorsorgepauschale KV und PV *** Typisierter Arbeitgeberzuschuss

Lohn/ Gehalt in € bis	Steuerklasse	Lohnsteuer*	BVSP**	TAGZ***	Steuerklasse	Bemessungsgrundlage für Kirchensteuer und Solidaritätszuschlag – Freibeträge für ... Kinder 0,5	1,0	1,5	2,0	2,5	3,0
7220,99 West	I,IV	**1815,75**	443,83	443,83	I	1668,91	1522,16	1375,33	1228,75	1086,58	950,50
	II	**1748,91**	443,83	443,83	II	1602,16	1455,33	1308,58	1163,33	1023,91	890,66
	III	**1209,33**	443,83	443,83	III	1094,83	983,50	875,16	769,83	667,66	568,50
	V	**2285,25**	443,83	443,83	IV	1742,33	1668,91	1595,58	1522,16	1448,75	1375,33
	VI	**2321,50**	443,83	443,83							
7220,99 Ost	I,IV	**1828,83**	443,83	443,83	I	1682,08	1535,25	1388,50	1241,75	1099,08	962,41
	II	**1762,08**	443,83	443,83	II	1615,25	1468,50	1321,66	1176,08	1036,16	902,33
	III	**1219,66**	443,83	443,83	III	1105,00	993,33	884,66	779,16	676,66	577,16
	V	**2298,33**	443,83	443,83	IV	1755,41	1682,08	1608,66	1535,25	1461,91	1388,50
	VI	**2334,58**	443,83	443,83							
7223,99 West	I,IV	**1817,00**	443,83	443,83	I	1670,16	1523,41	1376,58	1230,00	1087,75	951,66
	II	**1750,16**	443,83	443,83	II	1603,41	1456,66	1309,83	1164,58	1025,08	891,75
	III	**1210,33**	443,83	443,83	III	1095,83	984,33	876,00	770,66	668,50	569,33
	V	**2286,50**	443,83	443,83	IV	1743,58	1670,16	1596,83	1523,41	1450,00	1376,58
	VI	**2322,75**	443,83	443,83							
7223,99 Ost	I,IV	**1830,08**	443,83	443,83	I	1683,33	1536,50	1389,75	1243,00	1100,25	963,58
	II	**1763,33**	443,83	443,83	II	1616,58	1469,75	1323,00	1177,33	1037,33	903,41
	III	**1220,66**	443,83	443,83	III	1106,00	994,16	885,66	780,00	677,50	578,00
	V	**2299,58**	443,83	443,83	IV	1756,75	1683,33	1609,91	1536,50	1463,16	1389,75
	VI	**2335,83**	443,83	443,83							
7226,99 West	I,IV	**1818,25**	443,83	443,83	I	1671,41	1524,66	1377,91	1231,25	1089,00	952,83
	II	**1751,50**	443,83	443,83	II	1604,66	1457,91	1311,08	1165,75	1026,25	892,91
	III	**1211,33**	443,83	443,83	III	1096,83	985,33	877,00	771,66	669,33	570,16
	V	**2287,75**	443,83	443,83	IV	1744,83	1671,41	1598,08	1524,66	1451,25	1377,91
	VI	**2324,00**	443,83	443,83							
7226,99 Ost	I,IV	**1831,33**	443,83	443,83	I	1684,58	1537,83	1391,00	1244,25	1101,41	964,75
	II	**1764,58**	443,83	443,83	II	1617,83	1471,00	1324,25	1178,50	1038,50	904,58
	III	**1221,66**	443,83	443,83	III	1106,83	995,16	886,50	781,00	678,33	578,83
	V	**2300,83**	443,83	443,83	IV	1758,00	1684,58	1611,16	1537,83	1464,41	1391,00
	VI	**2337,08**	443,83	443,83							
7229,99 West	I,IV	**1819,50**	443,83	443,83	I	1672,75	1525,91	1379,16	1232,50	1090,16	953,91
	II	**1752,75**	443,83	443,83	II	1605,91	1459,16	1312,33	1167,00	1027,41	894,00
	III	**1212,33**	443,83	443,83	III	1097,66	986,33	877,83	772,50	670,16	571,00
	V	**2289,00**	443,83	443,83	IV	1746,08	1672,75	1599,33	1525,91	1452,50	1379,16
	VI	**2325,25**	443,83	443,83							
7229,99 Ost	I,IV	**1832,66**	443,83	443,83	I	1685,83	1539,08	1392,25	1245,50	1102,66	965,91
	II	**1765,83**	443,83	443,83	II	1619,08	1472,25	1325,50	1179,75	1039,66	905,66
	III	**1222,66**	443,83	443,83	III	1107,83	996,16	887,50	781,83	679,33	579,83
	V	**2302,08**	443,83	443,83	IV	1759,25	1685,83	1612,41	1539,08	1465,66	1392,25
	VI	**2338,41**	443,83	443,83							
7232,99 West	I,IV	**1820,75**	443,83	443,83	I	1674,00	1527,16	1380,41	1233,75	1091,33	955,08
	II	**1754,00**	443,83	443,83	II	1607,16	1460,41	1313,58	1168,25	1028,58	895,16
	III	**1213,16**	443,83	443,83	III	1098,66	987,16	878,83	773,33	671,00	571,83
	V	**2290,25**	443,83	443,83	IV	1747,33	1674,00	1600,58	1527,16	1453,83	1380,41
	VI	**2326,50**	443,83	443,83							
7232,99 Ost	I,IV	**1833,91**	443,83	443,83	I	1687,08	1540,33	1393,50	1246,75	1103,83	967,00
	II	**1767,08**	443,83	443,83	II	1620,33	1473,50	1326,75	1181,00	1040,83	906,83
	III	**1223,66**	443,83	443,83	III	1108,83	997,00	888,33	782,66	680,16	580,66
	V	**2303,41**	443,83	443,83	IV	1760,50	1687,08	1613,66	1540,33	1466,91	1393,50
	VI	**2339,66**	443,83	443,83							
7235,99 West	I,IV	**1822,00**	443,83	443,83	I	1675,25	1528,41	1381,66	1235,00	1092,58	956,25
	II	**1755,25**	443,83	443,83	II	1608,41	1461,66	1314,91	1169,41	1029,75	896,25
	III	**1214,16**	443,83	443,83	III	1099,66	988,16	879,66	774,33	672,00	572,66
	V	**2291,50**	443,83	443,83	IV	1748,66	1675,25	1601,83	1528,41	1455,08	1381,66
	VI	**2327,75**	443,83	443,83							
7235,99 Ost	I,IV	**1835,16**	443,83	443,83	I	1688,33	1541,58	1394,75	1248,00	1105,08	968,16
	II	**1768,33**	443,83	443,83	II	1621,58	1474,83	1328,00	1182,25	1042,00	907,91
	III	**1224,66**	443,83	443,83	III	1109,83	998,00	889,33	783,66	681,00	581,50
	V	**2304,66**	443,83	443,83	IV	1761,75	1688,33	1615,00	1541,58	1468,16	1394,75
	VI	**2340,91**	443,83	443,83							

* Zur LSt-Berechnung für privat versicherte Arbeitnehmer s. Beispiele **Vorbemerkung S. 4 f.**
** Basisvorsorgepauschale KV und PV *** Typisierter Arbeitgeberzuschuss

Lohn/Gehalt in € bis	Steuerklasse	Lohnsteuer*	BVSP**	TAGZ***	Steuerklasse	Bemessungsgrundlage für Kirchensteuer und Solidaritätszuschlag – Freibeträge für ... Kinder 0,5	1,0	1,5	2,0	2,5	3,0
7 238,99	I,IV	**1 823,25**	443,83	443,83	I	1 676,50	1 529,66	1 382,91	1 236,25	1 093,75	957,41
West	II	**1 756,50**	443,83	443,83	II	1 609,75	1 462,91	1 316,16	1 170,66	1 030,91	897,33
	III	**1 215,16**	443,83	443,83	III	1 100,66	989,00	880,66	775,16	672,83	573,50
	V	**2 292,75**	443,83	443,83	IV	1 749,91	1 676,50	1 603,08	1 529,66	1 456,33	1 382,91
	VI	**2 329,00**	443,83	443,83							
7 238,99	I,IV	**1 836,41**	443,83	443,83	I	1 689,58	1 542,83	1 396,08	1 249,33	1 106,25	969,33
Ost	II	**1 769,66**	443,83	443,83	II	1 622,83	1 476,08	1 329,25	1 183,41	1 043,16	909,08
	III	**1 225,66**	443,83	443,83	III	1 110,83	999,00	890,16	784,50	681,83	582,33
	V	**2 305,91**	443,83	443,83	IV	1 763,00	1 689,58	1 616,25	1 542,83	1 469,41	1 396,08
	VI	**2 342,16**	443,83	443,83							
7 241,99	I,IV	**1 824,58**	443,83	443,83	I	1 677,75	1 531,00	1 384,16	1 237,50	1 094,91	958,50
West	II	**1 757,75**	443,83	443,83	II	1 611,00	1 464,16	1 317,41	1 171,91	1 032,16	898,50
	III	**1 216,16**	443,83	443,83	III	1 101,66	990,00	881,50	776,00	673,66	574,33
	V	**2 294,00**	443,83	443,83	IV	1 751,16	1 677,75	1 604,33	1 531,00	1 457,58	1 384,16
	VI	**2 330,33**	443,83	443,83							
7 241,99	I,IV	**1 837,66**	443,83	443,83	I	1 690,91	1 544,08	1 397,33	1 250,58	1 107,41	970,50
Ost	II	**1 770,91**	443,83	443,83	II	1 624,08	1 477,33	1 330,50	1 184,66	1 044,41	910,16
	III	**1 226,66**	443,83	443,83	III	1 111,83	999,83	891,16	785,33	682,66	583,16
	V	**2 307,16**	443,83	443,83	IV	1 764,25	1 690,91	1 617,50	1 544,08	1 470,66	1 397,33
	VI	**2 343,41**	443,83	443,83							
7 244,99	I,IV	**1 825,83**	443,83	443,83	I	1 679,00	1 532,25	1 385,41	1 238,75	1 096,16	959,66
West	II	**1 759,00**	443,83	443,83	II	1 612,25	1 465,41	1 318,66	1 173,08	1 033,33	899,58
	III	**1 217,16**	443,83	443,83	III	1 102,50	991,00	882,50	777,00	674,50	575,16
	V	**2 295,33**	443,83	443,83	IV	1 752,41	1 679,00	1 605,58	1 532,25	1 458,83	1 385,41
	VI	**2 331,58**	443,83	443,83							
7 244,99	I,IV	**1 838,91**	443,83	443,83	I	1 692,16	1 545,33	1 398,58	1 251,83	1 108,66	971,66
Ost	II	**1 772,16**	443,83	443,83	II	1 625,33	1 478,58	1 331,75	1 185,91	1 045,58	911,33
	III	**1 227,66**	443,83	443,83	III	1 112,66	1 000,83	892,00	786,33	683,66	584,00
	V	**2 308,41**	443,83	443,83	IV	1 765,50	1 692,16	1 618,75	1 545,33	1 471,91	1 398,58
	VI	**2 344,66**	443,83	443,83							
7 247,99	I,IV	**1 827,08**	443,83	443,83	I	1 680,25	1 533,50	1 386,66	1 240,00	1 097,33	960,83
West	II	**1 760,25**	443,83	443,83	II	1 613,50	1 466,66	1 319,91	1 174,33	1 034,50	900,75
	III	**1 218,16**	443,83	443,83	III	1 103,50	991,83	883,33	777,83	675,33	576,00
	V	**2 296,58**	443,83	443,83	IV	1 753,66	1 680,25	1 606,91	1 533,50	1 460,08	1 386,66
	VI	**2 332,83**	443,83	443,83							
7 247,99	I,IV	**1 840,16**	443,83	443,83	I	1 693,41	1 546,58	1 399,83	1 253,08	1 109,83	972,75
Ost	II	**1 773,41**	443,83	443,83	II	1 626,58	1 479,83	1 333,08	1 187,16	1 046,75	912,41
	III	**1 228,66**	443,83	443,83	III	1 113,66	1 001,83	893,00	787,16	684,50	584,83
	V	**2 309,66**	443,83	443,83	IV	1 766,83	1 693,41	1 620,00	1 546,58	1 473,25	1 399,83
	VI	**2 345,91**	443,83	443,83							
7 250,99	I,IV	**1 828,33**	443,83	443,83	I	1 681,50	1 534,75	1 387,91	1 241,25	1 098,58	962,00
West	II	**1 761,58**	443,83	443,83	II	1 614,75	1 468,00	1 321,16	1 175,58	1 035,66	901,83
	III	**1 219,16**	443,83	443,83	III	1 104,50	992,83	884,33	778,66	676,33	576,83
	V	**2 297,83**	443,83	443,83	IV	1 754,91	1 681,50	1 608,16	1 534,75	1 461,33	1 387,91
	VI	**2 334,08**	443,83	443,83							
7 250,99	I,IV	**1 841,41**	443,83	443,83	I	1 694,66	1 547,83	1 401,08	1 254,33	1 111,08	973,91
Ost	II	**1 774,66**	443,83	443,83	II	1 627,91	1 481,08	1 334,33	1 188,41	1 047,91	913,58
	III	**1 229,66**	443,83	443,83	III	1 114,66	1 002,66	893,83	788,00	685,33	585,66
	V	**2 310,91**	443,83	443,83	IV	1 768,08	1 694,66	1 621,25	1 547,83	1 474,50	1 401,08
	VI	**2 347,16**	443,83	443,83							
7 253,99	I,IV	**1 829,58**	443,83	443,83	I	1 682,83	1 536,00	1 389,25	1 242,50	1 099,75	963,08
West	II	**1 762,83**	443,83	443,83	II	1 616,00	1 469,25	1 322,41	1 176,83	1 036,83	903,00
	III	**1 220,16**	443,83	443,83	III	1 105,50	993,83	885,16	779,66	677,16	577,66
	V	**2 299,08**	443,83	443,83	IV	1 756,16	1 682,83	1 609,41	1 536,00	1 462,58	1 389,25
	VI	**2 335,33**	443,83	443,83							
7 253,99	I,IV	**1 842,75**	443,83	443,83	I	1 695,91	1 549,16	1 402,33	1 255,58	1 112,25	975,08
Ost	II	**1 775,91**	443,83	443,83	II	1 629,16	1 482,33	1 335,58	1 189,58	1 049,08	914,66
	III	**1 230,66**	443,83	443,83	III	1 115,66	1 003,66	894,83	789,00	686,16	586,50
	V	**2 312,16**	443,83	443,83	IV	1 769,33	1 695,91	1 622,50	1 549,16	1 475,75	1 402,33
	VI	**2 348,50**	443,83	443,83							

* Zur LSt-Berechnung für privat versicherte Arbeitnehmer s. Beispiele **Vorbemerkung S. 4 f.**
** Basisvorsorgepauschale KV und PV *** Typisierter Arbeitgeberzuschuss

Lohn/ Gehalt in € bis	Steuerklasse	Lohnsteuer*	BVSP**	TAGZ***	Steuerklasse	Bemessungsgrundlage für Kirchensteuer und Solidaritätszuschlag – Freibeträge für ... Kinder 0,5	**1,0**	1,5	**2,0**	2,5	**3,0**
7 256,99 West	I,IV	**1 830,83**	443,83	443,83	I	1 684,08	1 537,25	1 390,50	1 243,75	1 100,91	964,25
	II	**1 764,08**	443,83	443,83	II	1 617,25	1 470,50	1 323,66	1 178,00	1 038,00	904,08
	III	**1 221,16**	443,83	443,83	III	1 106,50	994,83	886,16	780,50	678,00	578,50
	V	**2 300,33**	443,83	443,83	IV	1 757,41	1 684,08	1 610,66	1 537,25	1 463,83	1 390,50
	VI	**2 336,58**	443,83	443,83							
7 256,99 Ost	I,IV	**1 844,00**	443,83	443,83	I	1 697,16	1 550,41	1 403,58	1 256,83	1 113,50	976,25
	II	**1 777,16**	443,83	443,83	II	1 630,41	1 483,58	1 336,83	1 190,83	1 050,25	915,83
	III	**1 231,66**	443,83	443,83	III	1 116,66	1 004,66	895,66	789,83	687,00	587,33
	V	**2 313,50**	443,83	443,83	IV	1 770,58	1 697,16	1 623,75	1 550,41	1 477,00	1 403,58
	VI	**2 349,75**	443,83	443,83							
7 259,99 West	I,IV	**1 832,08**	443,83	443,83	I	1 685,33	1 538,50	1 391,75	1 245,00	1 102,16	965,41
	II	**1 765,33**	443,83	443,83	II	1 618,50	1 471,75	1 324,91	1 179,25	1 039,16	905,25
	III	**1 222,16**	443,83	443,83	III	1 107,50	995,66	887,00	781,33	678,83	579,33
	V	**2 301,58**	443,83	443,83	IV	1 758,75	1 685,33	1 611,91	1 538,50	1 465,16	1 391,75
	VI	**2 337,83**	443,83	443,83							
7 259,99 Ost	I,IV	**1 845,25**	443,83	443,83	I	1 698,41	1 551,66	1 404,83	1 258,08	1 114,66	977,41
	II	**1 778,41**	443,83	443,83	II	1 631,66	1 484,83	1 338,08	1 192,08	1 051,41	916,91
	III	**1 232,66**	443,83	443,83	III	1 117,66	1 005,66	896,66	790,83	688,00	588,16
	V	**2 314,75**	443,83	443,83	IV	1 771,83	1 698,41	1 625,08	1 551,66	1 478,25	1 404,83
	VI	**2 351,00**	443,83	443,83							
7 262,99 West	I,IV	**1 833,33**	443,83	443,83	I	1 686,58	1 539,75	1 393,00	1 246,25	1 103,33	966,58
	II	**1 766,58**	443,83	443,83	II	1 619,83	1 473,00	1 326,25	1 180,50	1 040,33	906,33
	III	**1 223,16**	443,83	443,83	III	1 108,33	996,66	888,00	782,33	679,66	580,16
	V	**2 302,83**	443,83	443,83	IV	1 760,00	1 686,58	1 613,16	1 539,75	1 466,41	1 393,00
	VI	**2 339,08**	443,83	443,83							
7 262,99 Ost	I,IV	**1 846,50**	443,83	443,83	I	1 699,66	1 552,91	1 406,08	1 259,33	1 115,91	978,50
	II	**1 779,75**	443,83	443,83	II	1 632,91	1 486,16	1 339,33	1 193,33	1 052,66	918,08
	III	**1 233,66**	443,83	443,83	III	1 118,50	1 006,50	897,50	791,66	688,83	589,00
	V	**2 316,00**	443,83	443,83	IV	1 773,08	1 699,66	1 626,33	1 552,91	1 479,50	1 406,08
	VI	**2 352,25**	443,83	443,83							
7 265,99 West	I,IV	**1 834,66**	443,83	443,83	I	1 687,83	1 541,08	1 394,25	1 247,50	1 104,58	967,66
	II	**1 767,83**	443,83	443,83	II	1 621,08	1 474,25	1 327,50	1 181,75	1 041,50	907,50
	III	**1 224,16**	443,83	443,83	III	1 109,33	997,66	888,83	783,16	680,66	581,00
	V	**2 304,08**	443,83	443,83	IV	1 761,25	1 687,83	1 614,41	1 541,08	1 467,66	1 394,25
	VI	**2 340,41**	443,83	443,83							
7 265,99 Ost	I,IV	**1 847,75**	443,83	443,83	I	1 701,00	1 554,16	1 407,41	1 260,58	1 117,08	979,66
	II	**1 781,00**	443,83	443,83	II	1 634,16	1 487,41	1 340,58	1 194,58	1 053,83	919,25
	III	**1 234,66**	443,83	443,83	III	1 119,50	1 007,50	898,50	792,50	689,66	589,83
	V	**2 317,25**	443,83	443,83	IV	1 774,33	1 701,00	1 627,58	1 554,16	1 480,75	1 407,41
	VI	**2 353,50**	443,83	443,83							
7 268,99 West	I,IV	**1 835,91**	443,83	443,83	I	1 689,08	1 542,33	1 395,50	1 248,75	1 105,75	968,83
	II	**1 769,08**	443,83	443,83	II	1 622,33	1 475,50	1 328,75	1 182,91	1 042,75	908,58
	III	**1 225,16**	443,83	443,83	III	1 110,33	998,50	889,83	784,16	681,50	581,83
	V	**2 305,41**	443,83	443,83	IV	1 762,50	1 689,08	1 615,66	1 542,33	1 468,91	1 395,50
	VI	**2 341,66**	443,83	443,83							
7 268,99 Ost	I,IV	**1 849,00**	443,83	443,83	I	1 702,25	1 555,41	1 408,66	1 261,83	1 118,25	980,83
	II	**1 782,25**	443,83	443,83	II	1 635,41	1 488,66	1 341,83	1 195,75	1 055,00	920,33
	III	**1 235,66**	443,83	443,83	III	1 120,50	1 008,50	899,33	793,50	690,50	590,66
	V	**2 318,50**	443,83	443,83	IV	1 775,58	1 702,25	1 628,83	1 555,41	1 482,00	1 408,66
	VI	**2 354,75**	443,83	443,83							
7 271,99 West	I,IV	**1 837,16**	443,83	443,83	I	1 690,33	1 543,58	1 396,75	1 250,00	1 106,91	970,00
	II	**1 770,33**	443,83	443,83	II	1 623,58	1 476,75	1 330,00	1 184,16	1 043,91	909,75
	III	**1 226,16**	443,83	443,83	III	1 111,33	999,50	890,66	785,00	682,33	582,66
	V	**2 306,66**	443,83	443,83	IV	1 763,75	1 690,33	1 617,00	1 543,58	1 470,16	1 396,75
	VI	**2 342,91**	443,83	443,83							
7 271,99 Ost	I,IV	**1 850,25**	443,83	443,83	I	1 703,50	1 556,66	1 409,91	1 263,08	1 119,50	982,00
	II	**1 783,50**	443,83	443,83	II	1 636,66	1 489,91	1 343,08	1 197,00	1 056,16	921,50
	III	**1 236,66**	443,83	443,83	III	1 121,50	1 009,33	900,33	794,33	691,33	591,50
	V	**2 319,75**	443,83	443,83	IV	1 776,91	1 703,50	1 630,08	1 556,66	1 483,33	1 409,91
	VI	**2 356,00**	443,83	443,83							

* Zur LSt-Berechnung für privat versicherte Arbeitnehmer s. Beispiele **Vorbemerkung S. 4 f.**
** Basisvorsorgepauschale KV und PV *** Typisierter Arbeitgeberzuschuss

Lohn/ Gehalt in € bis	Steuerklasse	Lohn-steuer*	BVSP**	TAGZ***	Steuerklasse	Bemessungsgrundlage für Kirchensteuer und Solidaritätszuschlag					
						Freibeträge für ... Kinder					
						0,5	**1,0**	1,5	**2,0**	2,5	**3,0**
7 274,99	I,IV	**1 838,41**	443,83	443,83	I	1 691,58	1 544,83	1 398,00	1 251,25	1 108,16	971,16
West	II	**1 771,66**	443,83	443,83	II	1 624,83	1 478,08	1 331,25	1 185,41	1 045,08	910,83
	III	**1 227,16**	443,83	443,83	III	1 112,33	1 000,50	891,66	785,83	683,16	583,66
	V	**2 307,91**	443,83	443,83	IV	1 765,00	1 691,58	1 618,25	1 544,83	1 471,41	1 398,00
	VI	**2 344,16**	443,83	443,83							
7 274,99	I,IV	**1 851,50**	443,83	443,83	I	1 704,75	1 557,91	1 411,16	1 264,33	1 120,66	983,16
Ost	II	**1 784,75**	443,83	443,83	II	1 638,00	1 491,16	1 344,41	1 198,25	1 057,33	922,58
	III	**1 237,66**	443,83	443,83	III	1 122,50	1 010,33	901,33	795,16	692,33	592,33
	V	**2 321,00**	443,83	443,83	IV	1 778,16	1 704,75	1 631,33	1 557,91	1 484,58	1 411,16
	VI	**2 357,25**	443,83	443,83							
7 277,99	I,IV	**1 839,66**	443,83	443,83	I	1 692,91	1 546,08	1 399,33	1 252,50	1 109,33	972,33
West	II	**1 772,91**	443,83	443,83	II	1 626,08	1 479,33	1 332,50	1 186,66	1 046,25	912,00
	III	**1 228,16**	443,83	443,83	III	1 113,33	1 001,33	892,50	786,83	684,00	584,50
	V	**2 309,16**	443,83	443,83	IV	1 766,25	1 692,91	1 619,50	1 546,08	1 472,66	1 399,33
	VI	**2 345,41**	443,83	443,83							
7 277,99	I,IV	**1 852,83**	443,83	443,83	I	1 706,00	1 559,25	1 412,41	1 265,66	1 121,91	984,33
Ost	II	**1 786,00**	443,83	443,83	II	1 639,25	1 492,41	1 345,66	1 199,50	1 058,58	923,75
	III	**1 238,66**	443,83	443,83	III	1 123,50	1 011,33	902,16	796,16	693,16	593,16
	V	**2 322,25**	443,83	443,83	IV	1 779,41	1 706,00	1 632,58	1 559,25	1 485,83	1 412,41
	VI	**2 358,50**	443,83	443,83							
7 280,99	I,IV	**1 840,91**	443,83	443,83	I	1 694,16	1 547,33	1 400,58	1 253,75	1 110,58	973,41
West	II	**1 774,16**	443,83	443,83	II	1 627,33	1 480,58	1 333,75	1 187,83	1 047,41	913,08
	III	**1 229,16**	443,83	443,83	III	1 114,16	1 002,33	893,50	787,66	685,00	585,33
	V	**2 310,41**	443,83	443,83	IV	1 767,50	1 694,16	1 620,75	1 547,33	1 473,91	1 400,58
	VI	**2 346,66**	443,83	443,83							
7 280,99	I,IV	**1 854,08**	443,83	443,83	I	1 707,25	1 560,50	1 413,66	1 266,91	1 123,08	985,50
Ost	II	**1 787,25**	443,83	443,83	II	1 640,50	1 493,66	1 346,91	1 200,75	1 059,75	924,83
	III	**1 239,66**	443,83	443,83	III	1 124,50	1 012,16	903,16	797,00	694,00	594,00
	V	**2 323,50**	443,83	443,83	IV	1 780,66	1 707,25	1 633,83	1 560,50	1 487,08	1 413,66
	VI	**2 359,83**	443,83	443,83							
7 283,99	I,IV	**1 842,16**	443,83	443,83	I	1 695,41	1 548,58	1 401,83	1 255,08	1 111,75	974,58
West	II	**1 775,41**	443,83	443,83	II	1 628,58	1 481,83	1 335,00	1 189,08	1 048,58	914,25
	III	**1 230,16**	443,83	443,83	III	1 115,16	1 003,33	894,33	788,50	685,83	586,16
	V	**2 311,66**	443,83	443,83	IV	1 768,83	1 695,41	1 622,00	1 548,58	1 475,25	1 401,83
	VI	**2 347,91**	443,83	443,83							
7 283,99	I,IV	**1 855,33**	443,83	443,83	I	1 708,50	1 561,75	1 414,91	1 268,16	1 124,33	986,58
Ost	II	**1 788,50**	443,83	443,83	II	1 641,75	1 494,91	1 348,16	1 202,00	1 060,91	926,00
	III	**1 240,66**	443,83	443,83	III	1 125,33	1 013,16	904,00	798,00	694,83	595,00
	V	**2 324,83**	443,83	443,83	IV	1 781,91	1 708,50	1 635,16	1 561,75	1 488,33	1 414,91
	VI	**2 361,08**	443,83	443,83							
7 286,99	I,IV	**1 843,41**	443,83	443,83	I	1 696,66	1 549,83	1 403,08	1 256,33	1 113,00	975,75
West	II	**1 776,66**	443,83	443,83	II	1 629,91	1 483,08	1 336,33	1 190,33	1 049,75	915,33
	III	**1 231,16**	443,83	443,83	III	1 116,16	1 004,16	895,33	789,50	686,66	587,00
	V	**2 312,91**	443,83	443,83	IV	1 770,08	1 696,66	1 623,25	1 549,83	1 476,50	1 403,08
	VI	**2 349,16**	443,83	443,83							
7 286,99	I,IV	**1 856,58**	443,83	443,83	I	1 709,75	1 563,00	1 416,16	1 269,41	1 125,50	987,75
Ost	II	**1 789,83**	443,83	443,83	II	1 643,00	1 496,25	1 349,41	1 203,16	1 062,08	927,08
	III	**1 241,66**	443,83	443,83	III	1 126,33	1 014,16	905,00	798,83	695,83	595,83
	V	**2 326,08**	443,83	443,83	IV	1 783,16	1 709,75	1 636,41	1 563,00	1 489,58	1 416,16
	VI	**2 362,33**	443,83	443,83							
7 289,99	I,IV	**1 844,66**	443,83	443,83	I	1 697,91	1 551,16	1 404,33	1 257,58	1 114,16	976,91
West	II	**1 777,91**	443,83	443,83	II	1 631,16	1 484,33	1 337,58	1 191,58	1 051,00	916,50
	III	**1 232,16**	443,83	443,83	III	1 117,16	1 005,16	896,16	790,33	687,50	587,83
	V	**2 314,16**	443,83	443,83	IV	1 771,33	1 697,91	1 624,50	1 551,16	1 477,75	1 404,33
	VI	**2 350,41**	443,83	443,83							
7 289,99	I,IV	**1 857,83**	443,83	443,83	I	1 711,08	1 564,25	1 417,50	1 270,66	1 126,75	988,91
Ost	II	**1 791,08**	443,83	443,83	II	1 644,25	1 497,50	1 350,66	1 204,41	1 063,25	928,25
	III	**1 242,66**	443,83	443,83	III	1 127,33	1 015,16	905,83	799,66	696,66	596,66
	V	**2 327,33**	443,83	443,83	IV	1 784,41	1 711,08	1 637,66	1 564,25	1 490,83	1 417,50
	VI	**2 363,58**	443,83	443,83							

* Zur LSt-Berechnung für privat versicherte Arbeitnehmer s. Beispiele **Vorbemerkung S. 4 f.**
** Basisvorsorgepauschale KV und PV *** Typisierter Arbeitgeberzuschuss

Lohn/ Gehalt in € bis	Steuerklasse	Lohn- steuer*	BVSP**	TAGZ***	Steuerklasse	Bemessungsgrundlage für Kirchensteuer und Solidaritätszuschlag					
						Freibeträge für ... Kinder					
						0,5	**1,0**	1,5	**2,0**	2,5	**3,0**
7 292,99	I,IV	**1 846,00**	443,83	443,83	I	1 699,16	1 552,41	1 405,58	1 258,83	1 115,33	978,08
West	II	**1 779,16**	443,83	443,83	II	1 632,41	1 485,58	1 338,83	1 192,83	1 052,16	917,58
	III	**1 233,16**	443,83	443,83	III	1 118,16	1 006,16	897,16	791,33	688,50	588,66
	V	**2 315,41**	443,83	443,83	IV	1 772,58	1 699,16	1 625,75	1 552,41	1 479,00	1 405,58
	VI	**2 351,75**	443,83	443,83							
7 292,99	I,IV	**1 859,08**	443,83	443,83	I	1 712,33	1 565,50	1 418,75	1 271,91	1 127,91	990,08
Ost	II	**1 792,33**	443,83	443,83	II	1 645,50	1 498,75	1 351,91	1 205,66	1 064,50	929,41
	III	**1 243,66**	443,83	443,83	III	1 128,33	1 016,00	906,83	800,66	697,50	597,50
	V	**2 328,58**	443,83	443,83	IV	1 785,66	1 712,33	1 638,91	1 565,50	1 492,08	1 418,75
	VI	**2 364,83**	443,83	443,83							
7 295,99	I,IV	**1 847,25**	443,83	443,83	I	1 700,41	1 553,66	1 406,83	1 260,08	1 116,58	979,16
West	II	**1 780,41**	443,83	443,83	II	1 633,66	1 486,83	1 340,08	1 194,00	1 053,33	918,75
	III	**1 234,16**	443,83	443,83	III	1 119,16	1 007,00	898,00	792,16	689,33	589,50
	V	**2 316,75**	443,83	443,83	IV	1 773,83	1 700,41	1 627,08	1 553,66	1 480,25	1 406,83
	VI	**2 353,00**	443,83	443,83							
7 295,99	I,IV	**1 860,33**	443,83	443,83	I	1 713,58	1 566,75	1 420,00	1 273,16	1 129,16	991,25
Ost	II	**1 793,58**	443,83	443,83	II	1 646,75	1 500,00	1 353,16	1 206,91	1 065,66	930,50
	III	**1 244,66**	443,83	443,83	III	1 129,33	1 017,00	907,66	801,50	698,33	598,33
	V	**2 329,83**	443,83	443,83	IV	1 786,91	1 713,58	1 640,16	1 566,75	1 493,41	1 420,00
	VI	**2 366,08**	443,83	443,83							
7 298,99	I,IV	**1 848,50**	443,83	443,83	I	1 701,66	1 554,91	1 408,08	1 261,33	1 117,75	980,33
West	II	**1 781,66**	443,83	443,83	II	1 634,91	1 488,16	1 341,33	1 195,25	1 054,50	919,83
	III	**1 235,16**	443,83	443,83	III	1 120,16	1 008,00	899,00	793,00	690,16	590,33
	V	**2 318,00**	443,83	443,83	IV	1 775,08	1 701,66	1 628,33	1 554,91	1 481,50	1 408,08
	VI	**2 354,25**	443,83	443,83							
7 298,99	I,IV	**1 861,58**	443,83	443,83	I	1 714,83	1 568,00	1 421,25	1 274,41	1 130,33	992,41
Ost	II	**1 794,83**	443,83	443,83	II	1 648,08	1 501,25	1 354,50	1 208,16	1 066,83	931,66
	III	**1 245,66**	443,83	443,83	III	1 130,33	1 018,00	908,66	802,50	699,33	599,16
	V	**2 331,08**	443,83	443,83	IV	1 788,25	1 714,83	1 641,41	1 568,00	1 494,66	1 421,25
	VI	**2 367,33**	443,83	443,83							
7 301,99	I,IV	**1 849,75**	443,83	443,83	I	1 702,91	1 556,16	1 409,41	1 262,58	1 119,00	981,50
West	II	**1 783,00**	443,83	443,83	II	1 636,16	1 489,41	1 342,58	1 196,50	1 055,66	921,00
	III	**1 236,16**	443,83	443,83	III	1 121,00	1 009,00	900,00	794,00	691,00	591,16
	V	**2 319,25**	443,83	443,83	IV	1 776,33	1 702,91	1 629,58	1 556,16	1 482,75	1 409,41
	VI	**2 355,50**	443,83	443,83							
7 301,99	I,IV	**1 862,83**	443,83	443,83	I	1 716,08	1 569,33	1 422,50	1 275,75	1 131,58	993,58
Ost	II	**1 796,08**	443,83	443,83	II	1 649,33	1 502,50	1 355,75	1 209,41	1 068,00	932,83
	III	**1 246,66**	443,83	443,83	III	1 131,33	1 018,83	909,50	803,33	700,16	600,00
	V	**2 332,33**	443,83	443,83	IV	1 789,50	1 716,08	1 642,66	1 569,33	1 495,91	1 422,50
	VI	**2 368,58**	443,83	443,83							
7 304,99	I,IV	**1 851,00**	443,83	443,83	I	1 704,25	1 557,41	1 410,66	1 263,83	1 120,16	982,66
West	II	**1 784,25**	443,83	443,83	II	1 637,41	1 490,66	1 343,83	1 197,75	1 056,83	922,16
	III	**1 237,16**	443,83	443,83	III	1 122,00	1 009,83	900,83	794,83	691,83	592,00
	V	**2 320,50**	443,83	443,83	IV	1 777,58	1 704,25	1 630,83	1 557,41	1 484,00	1 410,66
	VI	**2 356,75**	443,83	443,83							
7 304,99	I,IV	**1 864,16**	443,83	443,83	I	1 717,33	1 570,58	1 423,75	1 277,00	1 132,83	994,75
Ost	II	**1 797,33**	443,83	443,83	II	1 650,58	1 503,75	1 357,00	1 210,66	1 069,25	933,91
	III	**1 247,66**	443,83	443,83	III	1 132,16	1 019,83	910,50	804,16	701,00	600,83
	V	**2 333,58**	443,83	443,83	IV	1 790,75	1 717,33	1 643,91	1 570,58	1 497,16	1 423,75
	VI	**2 369,91**	443,83	443,83							
7 307,99	I,IV	**1 852,25**	443,83	443,83	I	1 705,50	1 558,66	1 411,91	1 265,08	1 121,41	983,83
West	II	**1 785,50**	443,83	443,83	II	1 638,66	1 491,91	1 345,08	1 199,00	1 058,08	923,25
	III	**1 238,16**	443,83	443,83	III	1 123,00	1 010,83	901,83	795,66	692,83	592,83
	V	**2 321,75**	443,83	443,83	IV	1 778,83	1 705,50	1 632,08	1 558,66	1 485,33	1 411,91
	VI	**2 358,00**	443,83	443,83							
7 307,99	I,IV	**1 865,41**	443,83	443,83	I	1 718,58	1 571,83	1 425,00	1 278,25	1 134,00	995,91
Ost	II	**1 798,58**	443,83	443,83	II	1 651,83	1 505,00	1 358,25	1 211,83	1 070,41	935,08
	III	**1 248,66**	443,83	443,83	III	1 133,16	1 020,83	911,50	805,16	701,83	601,66
	V	**2 334,91**	443,83	443,83	IV	1 792,00	1 718,58	1 645,16	1 571,83	1 498,41	1 425,00
	VI	**2 371,16**	443,83	443,83							

* Zur LSt-Berechnung für privat versicherte Arbeitnehmer s. Beispiele **Vorbemerkung S. 4 f.**
** Basisvorsorgepauschale KV und PV *** Typisierter Arbeitgeberzuschuss

Lohn/ Gehalt in € bis	Steuerklasse	Lohn-steuer*	BVSP**	TAGZ***	Steuerklasse	Bemessungsgrundlage für Kirchensteuer und Solidaritätszuschlag – Freibeträge für ... Kinder 0,5	1,0	1,5	2,0	2,5	3,0
7 310,99	I,IV	**1 853,50**	443,83	443,83	I	1 706,75	1 559,91	1 413,16	1 266,33	1 122,58	985,00
West	II	**1 786,75**	443,83	443,83	II	1 639,91	1 493,16	1 346,41	1 200,25	1 059,25	924,41
	III	**1 239,16**	443,83	443,83	III	1 124,00	1 011,83	902,66	796,66	693,66	593,66
	V	**2 323,00**	443,83	443,83	IV	1 780,16	1 706,75	1 633,33	1 559,91	1 486,58	1 413,16
	VI	**2 359,25**	443,83	443,83							
7 310,99	I,IV	**1 866,66**	443,83	443,83	I	1 719,83	1 573,08	1 426,25	1 279,50	1 135,25	997,00
Ost	II	**1 799,83**	443,83	443,83	II	1 653,08	1 506,33	1 359,50	1 213,08	1 071,58	936,16
	III	**1 249,66**	443,83	443,83	III	1 134,16	1 021,66	912,33	806,00	702,66	602,50
	V	**2 336,16**	443,83	443,83	IV	1 793,25	1 719,83	1 646,50	1 573,08	1 499,66	1 426,25
	VI	**2 372,41**	443,83	443,83							
7 313,99	I,IV	**1 854,75**	443,83	443,83	I	1 708,00	1 561,16	1 414,41	1 267,66	1 123,83	986,16
West	II	**1 788,00**	443,83	443,83	II	1 641,25	1 494,41	1 347,66	1 201,41	1 060,41	925,50
	III	**1 240,16**	443,83	443,83	III	1 125,00	1 012,83	903,66	797,50	694,50	594,50
	V	**2 324,25**	443,83	443,83	IV	1 781,41	1 708,00	1 634,58	1 561,16	1 487,83	1 414,41
	VI	**2 360,50**	443,83	443,83							
7 313,99	I,IV	**1 867,91**	443,83	443,83	I	1 721,08	1 574,33	1 427,58	1 280,75	1 136,41	998,16
Ost	II	**1 801,16**	443,83	443,83	II	1 654,33	1 507,58	1 360,75	1 214,33	1 072,75	937,33
	III	**1 250,66**	443,83	443,83	III	1 135,16	1 022,66	913,33	807,00	703,66	603,33
	V	**2 337,41**	443,83	443,83	IV	1 794,50	1 721,08	1 647,75	1 574,33	1 500,91	1 427,58
	VI	**2 373,66**	443,83	443,83							
7 316,99	I,IV	**1 856,08**	443,83	443,83	I	1 709,25	1 562,50	1 415,66	1 268,91	1 125,00	987,25
West	II	**1 789,25**	443,83	443,83	II	1 642,50	1 495,66	1 348,91	1 202,66	1 061,58	926,66
	III	**1 241,16**	443,83	443,83	III	1 126,00	1 013,66	904,50	798,50	695,33	595,33
	V	**2 325,50**	443,83	443,83	IV	1 782,66	1 709,25	1 635,83	1 562,50	1 489,08	1 415,66
	VI	**2 361,83**	443,83	443,83							
7 316,99	I,IV	**1 869,16**	443,83	443,83	I	1 722,41	1 575,58	1 428,83	1 282,00	1 137,66	999,33
Ost	II	**1 802,41**	443,83	443,83	II	1 655,58	1 508,83	1 362,00	1 215,58	1 074,00	938,50
	III	**1 251,66**	443,83	443,83	III	1 136,16	1 023,66	914,16	807,83	704,50	604,16
	V	**2 338,66**	443,83	443,83	IV	1 795,75	1 722,41	1 649,00	1 575,58	1 502,16	1 428,83
	VI	**2 374,91**	443,83	443,83							
7 319,99	I,IV	**1 857,33**	443,83	443,83	I	1 710,50	1 563,75	1 416,91	1 270,16	1 126,25	988,41
West	II	**1 790,50**	443,83	443,83	II	1 643,75	1 496,91	1 350,16	1 203,91	1 062,75	927,75
	III	**1 242,16**	443,83	443,83	III	1 127,00	1 014,66	905,50	799,33	696,33	596,16
	V	**2 326,83**	443,83	443,83	IV	1 783,91	1 710,50	1 637,08	1 563,75	1 490,33	1 416,91
	VI	**2 363,08**	443,83	443,83							
7 319,99	I,IV	**1 870,41**	443,83	443,83	I	1 723,66	1 576,83	1 430,08	1 283,25	1 138,83	1 000,50
Ost	II	**1 803,66**	443,83	443,83	II	1 656,83	1 510,08	1 363,25	1 216,83	1 075,16	939,58
	III	**1 252,66**	443,83	443,83	III	1 137,16	1 024,66	915,16	808,66	705,33	605,00
	V	**2 339,91**	443,83	443,83	IV	1 797,00	1 723,66	1 650,25	1 576,83	1 503,41	1 430,08
	VI	**2 376,16**	443,83	443,83							
7 322,99	I,IV	**1 858,58**	443,83	443,83	I	1 711,75	1 565,00	1 418,16	1 271,41	1 127,41	989,58
West	II	**1 791,75**	443,83	443,83	II	1 645,00	1 498,16	1 351,41	1 205,16	1 064,00	928,91
	III	**1 243,16**	443,83	443,83	III	1 127,83	1 015,66	906,33	800,16	697,16	597,16
	V	**2 328,08**	443,83	443,83	IV	1 785,16	1 711,75	1 638,41	1 565,00	1 491,58	1 418,16
	VI	**2 364,33**	443,83	443,83							
7 322,99	I,IV	**1 871,66**	443,83	443,83	I	1 724,91	1 578,08	1 431,33	1 284,50	1 140,08	1 001,66
Ost	II	**1 804,91**	443,83	443,83	II	1 658,08	1 511,33	1 364,58	1 218,08	1 076,33	940,75
	III	**1 253,66**	443,83	443,83	III	1 138,16	1 025,50	916,00	809,66	706,16	606,00
	V	**2 341,16**	443,83	443,83	IV	1 798,33	1 724,91	1 651,50	1 578,08	1 504,75	1 431,33
	VI	**2 377,41**	443,83	443,83							
7 325,99	I,IV	**1 859,83**	443,83	443,83	I	1 713,00	1 566,25	1 419,41	1 272,66	1 128,66	990,75
West	II	**1 793,08**	443,83	443,83	II	1 646,25	1 499,50	1 352,66	1 206,41	1 065,16	930,08
	III	**1 244,16**	443,83	443,83	III	1 128,83	1 016,50	907,33	801,16	698,00	598,00
	V	**2 329,33**	443,83	443,83	IV	1 786,41	1 713,00	1 639,66	1 566,25	1 492,83	1 419,41
	VI	**2 365,58**	443,83	443,83							
7 325,99	I,IV	**1 872,91**	443,83	443,83	I	1 726,16	1 579,33	1 432,58	1 285,83	1 141,25	1 002,83
Ost	II	**1 806,16**	443,83	443,83	II	1 659,41	1 512,58	1 365,83	1 219,33	1 077,58	941,91
	III	**1 254,66**	443,83	443,83	III	1 139,16	1 026,50	917,00	810,50	707,16	606,83
	V	**2 342,41**	443,83	443,83	IV	1 799,58	1 726,16	1 652,75	1 579,33	1 506,00	1 432,58
	VI	**2 378,66**	443,83	443,83							

* Zur LSt-Berechnung für privat versicherte Arbeitnehmer s. Beispiele **Vorbemerkung S. 4 f.**
** Basisvorsorgepauschale KV und PV *** Typisierter Arbeitgeberzuschuss

Lohn/ Gehalt in € bis	Steuerklasse	Lohn-steuer*	BVSP**	TAGZ***	Steuerklasse	Bemessungsgrundlage für Kirchensteuer und Solidaritätszuschlag					
						Freibeträge für ... Kinder					
						0,5	**1,0**	1,5	**2,0**	2,5	**3,0**
7 328,99 West	I,IV	**1 861,08**	443,83	443,83	I	1 714,33	1 567,50	1 420,75	1 273,91	1 129,83	991,91
	II	**1 794,33**	443,83	443,83	II	1 647,50	1 500,75	1 353,91	1 207,66	1 066,33	931,16
	III	**1 245,33**	443,83	443,83	III	1 129,83	1 017,50	908,16	802,00	698,83	598,83
	V	**2 330,58**	443,83	443,83	IV	1 787,66	1 714,33	1 640,91	1 567,50	1 494,08	1 420,75
	VI	**2 366,83**	443,83	443,83							
7 328,99 Ost	I,IV	**1 874,25**	443,83	443,83	I	1 727,41	1 580,66	1 433,83	1 287,08	1 142,50	1 004,00
	II	**1 807,41**	443,83	443,83	II	1 660,66	1 513,83	1 367,08	1 220,58	1 078,75	943,00
	III	**1 255,66**	443,83	443,83	III	1 140,00	1 027,50	917,83	811,50	708,00	607,66
	V	**2 343,66**	443,83	443,83	IV	1 800,83	1 727,41	1 654,00	1 580,66	1 507,25	1 433,83
	VI	**2 380,00**	443,83	443,83							
7 331,99 West	I,IV	**1 862,33**	443,83	443,83	I	1 715,58	1 568,75	1 422,00	1 275,16	1 131,08	993,08
	II	**1 795,58**	443,83	443,83	II	1 648,75	1 502,00	1 355,16	1 208,83	1 067,50	932,33
	III	**1 246,33**	443,83	443,83	III	1 130,83	1 018,50	909,16	803,00	699,66	599,66
	V	**2 331,83**	443,83	443,83	IV	1 788,91	1 715,58	1 642,16	1 568,75	1 495,33	1 422,00
	VI	**2 368,08**	443,83	443,83							
7 331,99 Ost	I,IV	**1 875,50**	443,83	443,83	I	1 728,66	1 581,91	1 435,08	1 288,33	1 143,75	1 005,16
	II	**1 808,66**	443,83	443,83	II	1 661,91	1 515,08	1 368,33	1 221,83	1 079,91	944,16
	III	**1 256,83**	443,83	443,83	III	1 141,00	1 028,33	918,83	812,33	708,83	608,50
	V	**2 345,00**	443,83	443,83	IV	1 802,08	1 728,66	1 655,25	1 581,91	1 508,50	1 435,08
	VI	**2 381,25**	443,83	443,83							
7 334,99 West	I,IV	**1 863,58**	443,83	443,83	I	1 716,83	1 570,00	1 423,25	1 276,41	1 132,25	994,25
	II	**1 796,83**	443,83	443,83	II	1 650,00	1 503,25	1 356,41	1 210,08	1 068,75	933,41
	III	**1 247,33**	443,83	443,83	III	1 131,83	1 019,50	910,16	803,83	700,66	600,50
	V	**2 333,08**	443,83	443,83	IV	1 790,25	1 716,83	1 643,41	1 570,00	1 496,66	1 423,25
	VI	**2 369,33**	443,83	443,83							
7 334,99 Ost	I,IV	**1 876,75**	443,83	443,83	I	1 729,91	1 583,16	1 436,33	1 289,58	1 144,91	1 006,33
	II	**1 809,91**	443,83	443,83	II	1 663,16	1 516,33	1 369,58	1 223,08	1 081,08	945,33
	III	**1 257,83**	443,83	443,83	III	1 142,00	1 029,33	919,83	813,16	709,66	609,33
	V	**2 346,25**	443,83	443,83	IV	1 803,33	1 729,91	1 656,58	1 583,16	1 509,75	1 436,33
	VI	**2 382,50**	443,83	443,83							
7 337,99 West	I,IV	**1 864,83**	443,83	443,83	I	1 718,08	1 571,25	1 424,50	1 277,66	1 133,50	995,41
	II	**1 798,08**	443,83	443,83	II	1 651,33	1 504,50	1 357,75	1 211,33	1 069,91	934,58
	III	**1 248,33**	443,83	443,83	III	1 132,83	1 020,33	911,00	804,66	701,50	601,33
	V	**2 334,33**	443,83	443,83	IV	1 791,50	1 718,08	1 644,66	1 571,25	1 497,91	1 424,50
	VI	**2 370,58**	443,83	443,83							
7 337,99 Ost	I,IV	**1 878,00**	443,83	443,83	I	1 731,16	1 584,41	1 437,58	1 290,83	1 146,16	1 007,50
	II	**1 811,25**	443,83	443,83	II	1 664,41	1 517,66	1 370,83	1 224,33	1 082,33	946,41
	III	**1 258,83**	443,83	443,83	III	1 143,00	1 030,33	920,66	814,16	710,66	610,16
	V	**2 347,50**	443,83	443,83	IV	1 804,58	1 731,16	1 657,83	1 584,41	1 511,00	1 437,58
	VI	**2 383,75**	443,83	443,83							
7 340,99 West	I,IV	**1 866,16**	443,83	443,83	I	1 719,33	1 572,58	1 425,75	1 279,00	1 134,75	996,58
	II	**1 799,33**	443,83	443,83	II	1 652,58	1 505,75	1 359,00	1 212,58	1 071,08	935,75
	III	**1 249,33**	443,83	443,83	III	1 133,83	1 021,33	912,00	805,66	702,33	602,16
	V	**2 335,58**	443,83	443,83	IV	1 792,75	1 719,33	1 645,91	1 572,58	1 499,16	1 425,75
	VI	**2 371,91**	443,83	443,83							
7 340,99 Ost	I,IV	**1 879,25**	443,83	443,83	I	1 732,50	1 585,66	1 438,91	1 292,08	1 147,33	1 008,66
	II	**1 812,50**	443,83	443,83	II	1 665,66	1 518,91	1 372,08	1 225,58	1 083,50	947,58
	III	**1 259,83**	443,83	443,83	III	1 144,00	1 031,33	921,66	815,00	711,50	611,00
	V	**2 348,75**	443,83	443,83	IV	1 805,83	1 732,50	1 659,08	1 585,66	1 512,25	1 438,91
	VI	**2 385,00**	443,83	443,83							
7 343,99 West	I,IV	**1 867,41**	443,83	443,83	I	1 720,58	1 573,83	1 427,00	1 280,25	1 135,91	997,75
	II	**1 800,58**	443,83	443,83	II	1 653,83	1 507,00	1 360,25	1 213,83	1 072,25	936,83
	III	**1 250,33**	443,83	443,83	III	1 134,66	1 022,33	912,83	806,50	703,16	603,00
	V	**2 336,91**	443,83	443,83	IV	1 794,00	1 720,58	1 647,16	1 573,83	1 500,41	1 427,00
	VI	**2 373,16**	443,83	443,83							
7 343,99 Ost	I,IV	**1 880,50**	443,83	443,83	I	1 733,75	1 586,91	1 440,16	1 293,33	1 148,58	1 009,83
	II	**1 813,75**	443,83	443,83	II	1 666,91	1 520,16	1 373,33	1 226,75	1 084,66	948,75
	III	**1 260,83**	443,83	443,83	III	1 145,00	1 032,16	922,50	816,00	712,33	611,83
	V	**2 350,00**	443,83	443,83	IV	1 807,08	1 733,75	1 660,33	1 586,91	1 513,50	1 440,16
	VI	**2 386,25**	443,83	443,83							

* Zur LSt-Berechnung für privat versicherte Arbeitnehmer s. Beispiele **Vorbemerkung S. 4f.**
** Basisvorsorgepauschale KV und PV *** Typisierter Arbeitgeberzuschuss

Lohn/ Gehalt in € bis	Steuerklasse	Lohn-steuer*	BVSP**	TAGZ***	Steuerklasse	Bemessungsgrundlage für Kirchensteuer und Solidaritätszuschlag – Freibeträge für ... Kinder 0,5	**1,0**	1,5	**2,0**	2,5	**3,0**
7 346,99 West	I,IV	**1 868,66**	443,83	443,83	I	1 721,83	1 575,08	1 428,25	1 281,50	1 137,16	998,83
	II	**1 801,83**	443,83	443,83	II	1 655,08	1 508,25	1 361,50	1 215,08	1 073,50	938,00
	III	**1 251,33**	443,83	443,83	III	1 135,66	1 023,16	913,83	807,50	704,16	603,83
	V	**2 338,16**	443,83	443,83	IV	1 795,25	1 721,83	1 648,50	1 575,08	1 501,66	1 428,25
	VI	**2 374,41**	443,83	443,83							
7 346,99 Ost	I,IV	**1 881,75**	443,83	443,83	I	1 735,00	1 588,16	1 441,41	1 294,58	1 149,83	1 011,00
	II	**1 815,00**	443,83	443,83	II	1 668,16	1 521,41	1 374,58	1 228,00	1 085,91	949,83
	III	**1 261,83**	443,83	443,83	III	1 146,00	1 033,16	923,50	816,83	713,16	612,66
	V	**2 351,25**	443,83	443,83	IV	1 808,41	1 735,00	1 661,58	1 588,16	1 514,83	1 441,41
	VI	**2 387,50**	443,83	443,83							
7 349,99 West	I,IV	**1 869,91**	443,83	443,83	I	1 723,08	1 576,33	1 429,50	1 282,75	1 138,33	1 000,00
	II	**1 803,16**	443,83	443,83	II	1 656,33	1 509,58	1 362,75	1 216,33	1 074,66	939,16
	III	**1 252,33**	443,83	443,83	III	1 136,66	1 024,16	914,66	808,33	705,00	604,66
	V	**2 339,41**	443,83	443,83	IV	1 796,50	1 723,08	1 649,75	1 576,33	1 502,91	1 429,50
	VI	**2 375,66**	443,83	443,83							
7 349,99 Ost	I,IV	**1 883,00**	443,83	443,83	I	1 736,25	1 589,41	1 442,66	1 295,83	1 151,00	1 012,16
	II	**1 816,25**	443,83	443,83	II	1 669,50	1 522,66	1 375,91	1 229,25	1 087,08	951,00
	III	**1 262,83**	443,83	443,83	III	1 147,00	1 034,16	924,33	817,66	714,16	613,50
	V	**2 352,50**	443,83	443,83	IV	1 809,66	1 736,25	1 662,83	1 589,41	1 516,08	1 442,66
	VI	**2 388,75**	443,83	443,83							
7 352,99 West	I,IV	**1 871,16**	443,83	443,83	I	1 724,41	1 577,58	1 430,83	1 284,00	1 139,58	1 001,16
	II	**1 804,41**	443,83	443,83	II	1 657,58	1 510,83	1 364,00	1 217,58	1 075,83	940,25
	III	**1 253,33**	443,83	443,83	III	1 137,66	1 025,16	915,66	809,16	705,83	605,50
	V	**2 340,66**	443,83	443,83	IV	1 797,75	1 724,41	1 651,00	1 577,58	1 504,16	1 430,83
	VI	**2 376,91**	443,83	443,83							
7 352,99 Ost	I,IV	**1 884,33**	443,83	443,83	I	1 737,50	1 590,75	1 443,91	1 297,16	1 152,25	1 013,33
	II	**1 817,50**	443,83	443,83	II	1 670,75	1 523,91	1 377,16	1 230,50	1 088,25	952,16
	III	**1 263,83**	443,83	443,83	III	1 148,00	1 035,16	925,33	818,66	715,00	614,50
	V	**2 353,75**	443,83	443,83	IV	1 810,91	1 737,50	1 664,08	1 590,75	1 517,33	1 443,91
	VI	**2 390,00**	443,83	443,83							
7 355,99 West	I,IV	**1 872,41**	443,83	443,83	I	1 725,66	1 578,83	1 432,08	1 285,25	1 140,75	1 002,33
	II	**1 805,66**	443,83	443,83	II	1 658,83	1 512,08	1 365,25	1 218,83	1 077,08	941,41
	III	**1 254,33**	443,83	443,83	III	1 138,66	1 026,16	916,50	810,16	706,66	606,33
	V	**2 341,91**	443,83	443,83	IV	1 799,00	1 725,66	1 652,25	1 578,83	1 505,41	1 432,08
	VI	**2 378,16**	443,83	443,83							
7 355,99 Ost	I,IV	**1 885,58**	443,83	443,83	I	1 738,75	1 592,00	1 445,16	1 298,41	1 153,41	1 014,50
	II	**1 818,75**	443,83	443,83	II	1 672,00	1 525,16	1 378,41	1 231,75	1 089,50	953,25
	III	**1 264,83**	443,83	443,83	III	1 148,83	1 036,00	926,33	819,50	715,83	615,33
	V	**2 355,00**	443,83	443,83	IV	1 812,16	1 738,75	1 665,33	1 592,00	1 518,58	1 445,16
	VI	**2 391,33**	443,83	443,83							
7 358,99 West	I,IV	**1 873,66**	443,83	443,83	I	1 726,91	1 580,08	1 433,33	1 286,50	1 142,00	1 003,50
	II	**1 806,91**	443,83	443,83	II	1 660,08	1 513,33	1 366,50	1 220,08	1 078,25	942,58
	III	**1 255,33**	443,83	443,83	III	1 139,66	1 027,00	917,50	811,00	707,66	607,16
	V	**2 343,16**	443,83	443,83	IV	1 800,33	1 726,91	1 653,50	1 580,08	1 506,75	1 433,33
	VI	**2 379,41**	443,83	443,83							
7 358,99 Ost	I,IV	**1 886,83**	443,83	443,83	I	1 740,00	1 593,25	1 446,41	1 299,66	1 154,66	1 015,66
	II	**1 820,00**	443,83	443,83	II	1 673,25	1 526,41	1 379,66	1 233,00	1 090,66	954,41
	III	**1 265,83**	443,83	443,83	III	1 149,83	1 037,00	927,16	820,50	716,66	616,16
	V	**2 356,33**	443,83	443,83	IV	1 813,41	1 740,00	1 666,66	1 593,25	1 519,83	1 446,41
	VI	**2 392,58**	443,83	443,83							
7 361,99 West	I,IV	**1 874,91**	443,83	443,83	I	1 728,16	1 581,33	1 434,58	1 287,75	1 143,16	1 004,66
	II	**1 808,16**	443,83	443,83	II	1 661,41	1 514,58	1 367,83	1 221,33	1 079,41	943,66
	III	**1 256,33**	443,83	443,83	III	1 140,66	1 028,00	918,50	812,00	708,50	608,16
	V	**2 344,41**	443,83	443,83	IV	1 801,58	1 728,16	1 654,75	1 581,33	1 508,00	1 434,58
	VI	**2 380,66**	443,83	443,83							
7 361,99 Ost	I,IV	**1 888,08**	443,83	443,83	I	1 741,25	1 594,50	1 447,66	1 300,91	1 155,91	1 016,83
	II	**1 821,33**	443,83	443,83	II	1 674,50	1 527,75	1 380,91	1 234,25	1 091,83	955,58
	III	**1 266,83**	443,83	443,83	III	1 150,83	1 038,00	928,16	821,33	717,66	617,00
	V	**2 357,58**	443,83	443,83	IV	1 814,66	1 741,25	1 667,91	1 594,50	1 521,08	1 447,66
	VI	**2 393,83**	443,83	443,83							

* Zur LSt-Berechnung für privat versicherte Arbeitnehmer s. Beispiele **Vorbemerkung S. 4f.**
** Basisvorsorgepauschale KV und PV *** Typisierter Arbeitgeberzuschuss

Lohn/ Gehalt in € bis	Steuerklasse	Lohn-steuer*	BVSP**	TAGZ***	Steuerklasse	Bemessungsgrundlage für Kirchensteuer und Solidaritätszuschlag					
						Freibeträge für ... Kinder					
						0,5	**1,0**	1,5	**2,0**	2,5	**3,0**
7 364,99	I,IV	**1 876,16**	443,83	443,83	I	1 729,41	1 582,66	1 435,83	1 289,08	1 144,41	1 005,83
West	II	**1 809,41**	443,83	443,83	II	1 662,66	1 515,83	1 369,08	1 222,50	1 080,58	944,83
	III	**1 257,33**	443,83	443,83	III	1 141,66	1 029,00	919,33	812,83	709,33	609,00
	V	**2 345,66**	443,83	443,83	IV	1 802,83	1 729,41	1 656,00	1 582,66	1 509,25	1 435,83
	VI	**2 381,91**	443,83	443,83							
7 364,99	I,IV	**1 889,33**	443,83	443,83	I	1 742,58	1 595,75	1 449,00	1 302,16	1 157,08	1 018,00
Ost	II	**1 822,58**	443,83	443,83	II	1 675,75	1 529,00	1 382,16	1 235,50	1 093,08	956,75
	III	**1 267,83**	443,83	443,83	III	1 151,83	1 039,00	929,00	822,16	718,50	617,83
	V	**2 358,83**	443,83	443,83	IV	1 815,91	1 742,58	1 669,16	1 595,75	1 522,33	1 449,00
	VI	**2 395,08**	443,83	443,83							
7 367,99	I,IV	**1 877,50**	443,83	443,83	I	1 730,66	1 583,91	1 437,08	1 290,33	1 145,66	1 007,00
West	II	**1 810,66**	443,83	443,83	II	1 663,91	1 517,08	1 370,33	1 223,75	1 081,83	946,00
	III	**1 258,33**	443,83	443,83	III	1 142,50	1 029,83	920,33	813,66	710,16	609,83
	V	**2 346,91**	443,83	443,83	IV	1 804,08	1 730,66	1 657,25	1 583,91	1 510,50	1 437,08
	VI	**2 383,25**	443,83	443,83							
7 367,99	I,IV	**1 890,58**	443,83	443,83	I	1 743,83	1 597,00	1 450,25	1 303,41	1 158,33	1 019,16
Ost	II	**1 823,83**	443,83	443,83	II	1 677,00	1 530,25	1 383,41	1 236,75	1 094,25	957,83
	III	**1 268,83**	443,83	443,83	III	1 152,83	1 039,83	930,00	823,16	719,33	618,66
	V	**2 360,08**	443,83	443,83	IV	1 817,16	1 743,83	1 670,41	1 597,00	1 523,58	1 450,25
	VI	**2 396,33**	443,83	443,83							
7 370,99	I,IV	**1 878,75**	443,83	443,83	I	1 731,91	1 585,16	1 438,33	1 291,58	1 146,83	1 008,16
West	II	**1 811,91**	443,83	443,83	II	1 665,16	1 518,33	1 371,58	1 225,00	1 083,00	947,08
	III	**1 259,33**	443,83	443,83	III	1 143,50	1 030,83	921,16	814,66	711,16	610,66
	V	**2 348,25**	443,83	443,83	IV	1 805,33	1 731,91	1 658,58	1 585,16	1 511,75	1 438,33
	VI	**2 384,50**	443,83	443,83							
7 370,99	I,IV	**1 891,83**	443,83	443,83	I	1 745,08	1 598,25	1 451,50	1 304,66	1 159,58	1 020,33
Ost	II	**1 825,08**	443,83	443,83	II	1 678,25	1 531,50	1 384,66	1 238,00	1 095,41	959,00
	III	**1 269,83**	443,83	443,83	III	1 153,83	1 040,83	930,83	824,00	720,33	619,50
	V	**2 361,33**	443,83	443,83	IV	1 818,41	1 745,08	1 671,66	1 598,25	1 524,91	1 451,50
	VI	**2 397,58**	443,83	443,83							
7 373,99	I,IV	**1 880,00**	443,83	443,83	I	1 733,16	1 586,41	1 439,58	1 292,83	1 148,08	1 009,33
West	II	**1 813,16**	443,83	443,83	II	1 666,41	1 519,66	1 372,83	1 226,25	1 084,16	948,25
	III	**1 260,33**	443,83	443,83	III	1 144,50	1 031,83	922,16	815,50	712,00	611,50
	V	**2 349,50**	443,83	443,83	IV	1 806,58	1 733,16	1 659,83	1 586,41	1 513,00	1 439,58
	VI	**2 385,75**	443,83	443,83							
7 373,99	I,IV	**1 893,08**	443,83	443,83	I	1 746,33	1 599,50	1 452,75	1 305,91	1 160,75	1 021,50
Ost	II	**1 826,33**	443,83	443,83	II	1 679,58	1 532,75	1 386,00	1 239,25	1 096,66	960,16
	III	**1 270,83**	443,83	443,83	III	1 154,83	1 041,83	931,83	825,00	721,16	620,33
	V	**2 362,58**	443,83	443,83	IV	1 819,75	1 746,33	1 672,91	1 599,50	1 526,16	1 452,75
	VI	**2 398,83**	443,83	443,83							
7 376,99	I,IV	**1 881,25**	443,83	443,83	I	1 734,41	1 587,66	1 440,91	1 294,08	1 149,25	1 010,50
West	II	**1 814,50**	443,83	443,83	II	1 667,66	1 520,91	1 374,08	1 227,50	1 085,41	949,41
	III	**1 261,33**	443,83	443,83	III	1 145,50	1 032,83	923,00	816,50	712,83	612,33
	V	**2 350,75**	443,83	443,83	IV	1 807,83	1 734,41	1 661,08	1 587,66	1 514,25	1 440,91
	VI	**2 387,00**	443,83	443,83							
7 376,99	I,IV	**1 894,33**	443,83	443,83	I	1 747,58	1 600,83	1 454,00	1 307,25	1 162,00	1 022,66
Ost	II	**1 827,58**	443,83	443,83	II	1 680,83	1 534,00	1 387,25	1 240,50	1 097,83	961,33
	III	**1 271,83**	443,83	443,83	III	1 155,83	1 042,66	932,83	825,83	722,00	621,16
	V	**2 363,83**	443,83	443,83	IV	1 821,00	1 747,58	1 674,16	1 600,83	1 527,41	1 454,00
	VI	**2 400,08**	443,83	443,83							
7 379,99	I,IV	**1 882,50**	443,83	443,83	I	1 735,75	1 588,91	1 442,16	1 295,33	1 150,50	1 011,66
West	II	**1 815,75**	443,83	443,83	II	1 668,91	1 522,16	1 375,33	1 228,75	1 086,58	950,50
	III	**1 262,33**	443,83	443,83	III	1 146,50	1 033,66	924,00	817,33	713,66	613,16
	V	**2 352,00**	443,83	443,83	IV	1 809,08	1 735,75	1 662,33	1 588,91	1 515,50	1 442,16
	VI	**2 388,25**	443,83	443,83							
7 379,99	I,IV	**1 895,66**	443,83	443,83	I	1 748,83	1 602,08	1 455,25	1 308,50	1 163,25	1 023,83
Ost	II	**1 828,83**	443,83	443,83	II	1 682,08	1 535,25	1 388,50	1 241,75	1 099,08	962,41
	III	**1 272,83**	443,83	443,83	III	1 156,83	1 043,66	933,66	826,83	722,83	622,00
	V	**2 365,08**	443,83	443,83	IV	1 822,25	1 748,83	1 675,41	1 602,08	1 528,66	1 455,25
	VI	**2 401,41**	443,83	443,83							

* Zur LSt-Berechnung für privat versicherte Arbeitnehmer s. Beispiele **Vorbemerkung S. 4 f.**
** Basisvorsorgepauschale KV und PV *** Typisierter Arbeitgeberzuschuss

Lohn/ Gehalt in € bis	Steuerklasse	Lohn-steuer*	BVSP**	TAGZ***	Steuerklasse	Bemessungsgrundlage für Kirchensteuer und Solidaritätszuschlag					
						Freibeträge für ... Kinder					
						0,5	**1,0**	1,5	**2,0**	2,5	**3,0**
7 382,99	I,IV	**1 883,75**	443,83	443,83	I	1 737,00	1 590,16	1 443,41	1 296,58	1 151,75	1 012,83
West	II	**1 817,00**	443,83	443,83	II	1 670,16	1 523,41	1 376,58	1 230,00	1 087,75	951,66
	III	**1 263,33**	443,83	443,83	III	1 147,50	1 034,66	925,00	818,16	714,66	614,00
	V	**2 353,25**	443,83	443,83	IV	1 810,33	1 737,00	1 663,58	1 590,16	1 516,83	1 443,41
	VI	**2 389,50**	443,83	443,83							
7 382,99	I,IV	**1 896,91**	443,83	443,83	I	1 750,08	1 603,33	1 456,50	1 309,75	1 164,41	1 025,00
Ost	II	**1 830,08**	443,83	443,83	II	1 683,33	1 536,50	1 389,75	1 243,00	1 100,25	963,58
	III	**1 273,83**	443,83	443,83	III	1 157,66	1 044,66	934,66	827,66	723,83	623,00
	V	**2 366,41**	443,83	443,83	IV	1 823,50	1 750,08	1 676,66	1 603,33	1 529,91	1 456,50
	VI	**2 402,66**	443,83	443,83							
7 385,99	I,IV	**1 885,00**	443,83	443,83	I	1 738,25	1 591,41	1 444,66	1 297,83	1 152,91	1 014,00
West	II	**1 818,25**	443,83	443,83	II	1 671,41	1 524,66	1 377,91	1 231,25	1 089,00	952,83
	III	**1 264,33**	443,83	443,83	III	1 148,50	1 035,66	925,83	819,16	715,50	614,83
	V	**2 354,50**	443,83	443,83	IV	1 811,66	1 738,25	1 664,83	1 591,41	1 518,08	1 444,66
	VI	**2 390,75**	443,83	443,83							
7 385,99	I,IV	**1 898,16**	443,83	443,83	I	1 751,33	1 604,58	1 457,75	1 311,00	1 165,66	1 026,16
Ost	II	**1 831,33**	443,83	443,83	II	1 684,58	1 537,83	1 391,00	1 244,25	1 101,41	964,75
	III	**1 274,83**	443,83	443,83	III	1 158,66	1 045,66	935,50	828,50	724,66	623,83
	V	**2 367,66**	443,83	443,83	IV	1 824,75	1 751,33	1 678,00	1 604,58	1 531,16	1 457,75
	VI	**2 403,91**	443,83	443,83							
7 388,99	I,IV	**1 886,25**	443,83	443,83	I	1 739,50	1 592,66	1 445,91	1 299,16	1 154,16	1 015,16
West	II	**1 819,50**	443,83	443,83	II	1 672,75	1 525,91	1 379,16	1 232,50	1 090,16	953,91
	III	**1 265,33**	443,83	443,83	III	1 149,50	1 036,50	926,83	820,00	716,33	615,66
	V	**2 355,75**	443,83	443,83	IV	1 812,91	1 739,50	1 666,08	1 592,66	1 519,33	1 445,91
	VI	**2 392,00**	443,83	443,83							
7 388,99	I,IV	**1 899,41**	443,83	443,83	I	1 752,58	1 605,83	1 459,08	1 312,25	1 166,91	1 027,33
Ost	II	**1 832,66**	443,83	443,83	II	1 685,83	1 539,08	1 392,25	1 245,50	1 102,66	965,91
	III	**1 275,83**	443,83	443,83	III	1 159,66	1 046,50	936,50	829,50	725,50	624,66
	V	**2 368,91**	443,83	443,83	IV	1 826,00	1 752,58	1 679,25	1 605,83	1 532,41	1 459,08
	VI	**2 405,16**	443,83	443,83							
7 391,99	I,IV	**1 887,58**	443,83	443,83	I	1 740,75	1 594,00	1 447,16	1 300,41	1 155,41	1 016,33
West	II	**1 820,75**	443,83	443,83	II	1 674,00	1 527,16	1 380,41	1 233,75	1 091,33	955,08
	III	**1 266,33**	443,83	443,83	III	1 150,50	1 037,50	927,66	821,00	717,16	616,66
	V	**2 357,00**	443,83	443,83	IV	1 814,16	1 740,75	1 667,33	1 594,00	1 520,58	1 447,16
	VI	**2 393,33**	443,83	443,83							
7 391,99	I,IV	**1 900,66**	443,83	443,83	I	1 753,91	1 607,08	1 460,33	1 313,50	1 168,08	1 028,50
Ost	II	**1 833,91**	443,83	443,83	II	1 687,08	1 540,33	1 393,50	1 246,75	1 103,83	967,00
	III	**1 277,00**	443,83	443,83	III	1 160,66	1 047,50	937,50	830,33	726,33	625,50
	V	**2 370,16**	443,83	443,83	IV	1 827,25	1 753,91	1 680,50	1 607,08	1 533,66	1 460,33
	VI	**2 406,41**	443,83	443,83							
7 394,99	I,IV	**1 888,83**	443,83	443,83	I	1 742,00	1 595,25	1 448,41	1 301,66	1 156,58	1 017,50
West	II	**1 822,00**	443,83	443,83	II	1 675,25	1 528,41	1 381,66	1 235,00	1 092,58	956,25
	III	**1 267,33**	443,83	443,83	III	1 151,33	1 038,50	928,66	821,83	718,16	617,50
	V	**2 358,33**	443,83	443,83	IV	1 815,41	1 742,00	1 668,58	1 595,25	1 521,83	1 448,41
	VI	**2 394,58**	443,83	443,83							
7 394,99	I,IV	**1 901,91**	443,83	443,83	I	1 755,16	1 608,33	1 461,58	1 314,75	1 169,33	1 029,66
Ost	II	**1 835,16**	443,83	443,83	II	1 688,33	1 541,58	1 394,75	1 248,00	1 105,08	968,16
	III	**1 278,00**	443,83	443,83	III	1 161,66	1 048,50	938,33	831,33	727,33	626,33
	V	**2 371,41**	443,83	443,83	IV	1 828,50	1 755,16	1 681,75	1 608,33	1 534,91	1 461,58
	VI	**2 407,66**	443,83	443,83							
7 397,99	I,IV	**1 890,08**	443,83	443,83	I	1 743,25	1 596,50	1 449,66	1 302,91	1 157,83	1 018,66
West	II	**1 823,25**	443,83	443,83	II	1 676,50	1 529,66	1 382,91	1 236,25	1 093,75	957,41
	III	**1 268,33**	443,83	443,83	III	1 152,33	1 039,50	929,50	822,66	719,00	618,33
	V	**2 359,58**	443,83	443,83	IV	1 816,66	1 743,25	1 669,91	1 596,50	1 523,08	1 449,66
	VI	**2 395,83**	443,83	443,83							
7 397,99	I,IV	**1 903,16**	443,83	443,83	I	1 756,41	1 609,58	1 462,83	1 316,00	1 170,58	1 030,83
Ost	II	**1 836,41**	443,83	443,83	II	1 689,58	1 542,83	1 396,08	1 249,33	1 106,25	969,33
	III	**1 279,00**	443,83	443,83	III	1 162,66	1 049,50	939,33	832,16	728,16	627,16
	V	**2 372,66**	443,83	443,83	IV	1 829,83	1 756,41	1 683,00	1 609,58	1 536,25	1 462,83
	VI	**2 408,91**	443,83	443,83							

* Zur LSt-Berechnung für privat versicherte Arbeitnehmer s. Beispiele **Vorbemerkung S. 4 f.**
** Basisvorsorgepauschale KV und PV *** Typisierter Arbeitgeberzuschuss

Lohn/ Gehalt in € bis	Steuerklasse	Lohn- steuer*	BVSP**	TAGZ***	Steuerklasse	Bemessungsgrundlage für Kirchensteuer und Solidaritätszuschlag					
						Freibeträge für ... Kinder					
						0,5	**1,0**	1,5	**2,0**	2,5	**3,0**
7400,99 West	I,IV	**1891,33**	443,83	443,83	I	1744,50	1597,75	1450,91	1304,16	1159,08	1019,83
	II	**1824,58**	443,83	443,83	II	1677,75	1531,00	1384,16	1237,50	1094,91	958,50
	III	**1269,33**	443,83	443,83	III	1153,33	1040,33	930,50	823,66	719,83	619,16
	V	**2360,83**	443,83	443,83	IV	1817,91	1744,50	1671,16	1597,75	1524,33	1450,91
	VI	**2397,08**	443,83	443,83							
7400,99 Ost	I,IV	**1904,41**	443,83	443,83	I	1757,66	1610,83	1464,08	1317,33	1171,75	1032,00
	II	**1837,66**	443,83	443,83	II	1690,91	1544,08	1397,33	1250,58	1107,41	970,50
	III	**1280,00**	443,83	443,83	III	1163,66	1050,33	940,16	833,16	729,00	628,00
	V	**2373,91**	443,83	443,83	IV	1831,08	1757,66	1684,25	1610,83	1537,50	1464,08
	VI	**2410,16**	443,83	443,83							
7403,99 West	I,IV	**1892,58**	443,83	443,83	I	1745,83	1599,00	1452,25	1305,41	1160,25	1021,00
	II	**1825,83**	443,83	443,83	II	1679,00	1532,25	1385,41	1238,75	1096,16	959,66
	III	**1270,33**	443,83	443,83	III	1154,33	1041,33	931,50	824,50	720,66	620,00
	V	**2362,08**	443,83	443,83	IV	1819,16	1745,83	1672,41	1599,00	1525,58	1452,25
	VI	**2398,33**	443,83	443,83							
7403,99 Ost	I,IV	**1905,75**	443,83	443,83	I	1758,91	1612,16	1465,33	1318,58	1173,00	1033,16
	II	**1838,91**	443,83	443,83	II	1692,16	1545,33	1398,58	1251,83	1108,66	971,66
	III	**1281,00**	443,83	443,83	III	1164,66	1051,33	941,16	834,00	730,00	628,83
	V	**2375,16**	443,83	443,83	IV	1832,33	1758,91	1685,50	1612,16	1538,75	1465,33
	VI	**2411,50**	443,83	443,83							
7406,99 West	I,IV	**1893,83**	443,83	443,83	I	1747,08	1600,25	1453,50	1306,66	1161,50	1022,16
	II	**1827,08**	443,83	443,83	II	1680,25	1533,50	1386,66	1240,00	1097,33	960,83
	III	**1271,50**	443,83	443,83	III	1155,33	1042,33	932,33	825,50	721,66	620,83
	V	**2363,33**	443,83	443,83	IV	1820,41	1747,08	1673,66	1600,25	1526,83	1453,50
	VI	**2399,58**	443,83	443,83							
7406,99 Ost	I,IV	**1907,00**	443,83	443,83	I	1760,16	1613,41	1466,58	1319,83	1174,25	1034,41
	II	**1840,16**	443,83	443,83	II	1693,41	1546,58	1399,83	1253,08	1109,83	972,75
	III	**1282,00**	443,83	443,83	III	1165,66	1052,33	942,16	835,00	730,83	629,83
	V	**2376,50**	443,83	443,83	IV	1833,58	1760,16	1686,75	1613,41	1540,00	1466,58
	VI	**2412,75**	443,83	443,83							
7409,99 West	I,IV	**1895,08**	443,83	443,83	I	1748,33	1601,50	1454,75	1307,91	1162,75	1023,33
	II	**1828,33**	443,83	443,83	II	1681,50	1534,75	1387,91	1241,25	1098,58	962,00
	III	**1272,50**	443,83	443,83	III	1156,33	1043,33	933,33	826,33	722,50	621,66
	V	**2364,58**	443,83	443,83	IV	1821,75	1748,33	1674,91	1601,50	1528,16	1454,75
	VI	**2400,83**	443,83	443,83							
7409,99 Ost	I,IV	**1908,25**	443,83	443,83	I	1761,41	1614,66	1467,83	1321,08	1175,50	1035,58
	II	**1841,41**	443,83	443,83	II	1694,66	1547,83	1401,08	1254,33	1111,08	973,91
	III	**1283,00**	443,83	443,83	III	1166,66	1053,33	943,00	835,83	731,66	630,66
	V	**2377,75**	443,83	443,83	IV	1834,83	1761,41	1688,08	1614,66	1541,25	1467,83
	VI	**2414,00**	443,83	443,83							
7412,99 West	I,IV	**1896,33**	443,83	443,83	I	1749,58	1602,75	1456,00	1309,16	1163,91	1024,50
	II	**1829,58**	443,83	443,83	II	1682,83	1536,00	1389,25	1242,50	1099,75	963,08
	III	**1273,50**	443,83	443,83	III	1157,33	1044,16	934,16	827,33	723,33	622,50
	V	**2365,83**	443,83	443,83	IV	1823,00	1749,58	1676,16	1602,75	1529,41	1456,00
	VI	**2402,08**	443,83	443,83							
7412,99 Ost	I,IV	**1909,50**	443,83	443,83	I	1762,66	1615,91	1469,08	1322,33	1176,66	1036,75
	II	**1842,75**	443,83	443,83	II	1695,91	1549,16	1402,33	1255,58	1112,25	975,08
	III	**1284,00**	443,83	443,83	III	1167,66	1054,16	944,00	836,66	732,50	631,50
	V	**2379,00**	443,83	443,83	IV	1836,08	1762,66	1689,33	1615,91	1542,50	1469,08
	VI	**2415,25**	443,83	443,83							
7415,99 West	I,IV	**1897,66**	443,83	443,83	I	1750,83	1604,08	1457,25	1310,50	1165,16	1025,66
	II	**1830,83**	443,83	443,83	II	1684,08	1537,25	1390,50	1243,75	1100,91	964,25
	III	**1274,50**	443,83	443,83	III	1158,33	1045,16	935,16	828,16	724,33	623,33
	V	**2367,08**	443,83	443,83	IV	1824,25	1750,83	1677,41	1604,08	1530,66	1457,25
	VI	**2403,41**	443,83	443,83							
7415,99 Ost	I,IV	**1910,75**	443,83	443,83	I	1764,00	1617,16	1470,41	1323,58	1177,91	1037,91
	II	**1844,00**	443,83	443,83	II	1697,16	1550,41	1403,58	1256,83	1113,50	976,25
	III	**1285,00**	443,83	443,83	III	1168,50	1055,16	944,83	837,66	733,50	632,33
	V	**2380,25**	443,83	443,83	IV	1837,33	1764,00	1690,58	1617,16	1543,75	1470,41
	VI	**2416,50**	443,83	443,83							

* Zur LSt-Berechnung für privat versicherte Arbeitnehmer s. Beispiele **Vorbemerkung S. 4f.**
** Basisvorsorgepauschale KV und PV *** Typisierter Arbeitgeberzuschuss

Lohn/ Gehalt in € bis	Steuerklasse	Lohn- steuer*	BVSP**	TAGZ***	Steuerklasse	Bemessungsgrundlage für Kirchensteuer und Solidaritätszuschlag					
						Freibeträge für ... Kinder					
						0,5	**1,0**	1,5	**2,0**	2,5	**3,0**
7418,99 West	I,IV	**1898,91**	443,83	443,83	I	1752,08	1605,33	1458,50	1311,75	1166,41	1026,83
	II	**1832,08**	443,83	443,83	II	1685,33	1538,50	1391,75	1245,00	1102,16	965,41
	III	**1275,50**	443,83	443,83	III	1159,33	1046,16	936,16	829,00	725,16	624,33
	V	**2368,41**	443,83	443,83	IV	1825,50	1752,08	1678,66	1605,33	1531,91	1458,50
	VI	**2404,66**	443,83	443,83							
7418,99 Ost	I,IV	**1912,00**	443,83	443,83	I	1765,25	1618,41	1471,66	1324,83	1179,16	1039,08
	II	**1845,25**	443,83	443,83	II	1698,41	1551,66	1404,83	1258,08	1114,66	977,41
	III	**1286,00**	443,83	443,83	III	1169,50	1056,16	945,83	838,50	734,33	633,16
	V	**2381,50**	443,83	443,83	IV	1838,58	1765,25	1691,83	1618,41	1545,00	1471,66
	VI	**2417,75**	443,83	443,83							
7421,99 West	I,IV	**1900,16**	443,83	443,83	I	1753,33	1606,58	1459,75	1313,00	1167,58	1028,00
	II	**1833,33**	443,83	443,83	II	1686,58	1539,75	1393,00	1246,25	1103,33	966,58
	III	**1276,50**	443,83	443,83	III	1160,33	1047,16	937,00	830,00	726,00	625,16
	V	**2369,66**	443,83	443,83	IV	1826,75	1753,33	1680,00	1606,58	1533,16	1459,75
	VI	**2405,91**	443,83	443,83							
7421,99 Ost	I,IV	**1913,25**	443,83	443,83	I	1766,50	1619,66	1472,91	1326,08	1180,41	1040,25
	II	**1846,50**	443,83	443,83	II	1699,66	1552,91	1406,08	1259,33	1115,91	978,50
	III	**1287,00**	443,83	443,83	III	1170,50	1057,16	946,83	839,50	735,16	634,00
	V	**2382,75**	443,83	443,83	IV	1839,91	1766,50	1693,08	1619,66	1546,33	1472,91
	VI	**2419,00**	443,83	443,83							
7424,99 West	I,IV	**1901,41**	443,83	443,83	I	1754,58	1607,83	1461,00	1314,25	1168,83	1029,16
	II	**1834,66**	443,83	443,83	II	1687,83	1541,08	1394,25	1247,50	1104,58	967,66
	III	**1277,50**	443,83	443,83	III	1161,16	1048,00	938,00	830,83	726,83	626,00
	V	**2370,91**	443,83	443,83	IV	1828,00	1754,58	1681,25	1607,83	1534,41	1461,00
	VI	**2407,16**	443,83	443,83							
7424,99 Ost	I,IV	**1914,50**	443,83	443,83	I	1767,75	1620,91	1474,16	1327,33	1181,58	1041,41
	II	**1847,75**	443,83	443,83	II	1701,00	1554,16	1407,41	1260,58	1117,08	979,66
	III	**1288,00**	443,83	443,83	III	1171,50	1058,16	947,66	840,33	736,16	634,83
	V	**2384,00**	443,83	443,83	IV	1841,16	1767,75	1694,33	1620,91	1547,58	1474,16
	VI	**2420,25**	443,83	443,83							
7427,99 West	I,IV	**1902,66**	443,83	443,83	I	1755,91	1609,08	1462,33	1315,50	1170,08	1030,33
	II	**1835,91**	443,83	443,83	II	1689,08	1542,33	1395,50	1248,75	1105,75	968,83
	III	**1278,50**	443,83	443,83	III	1162,16	1049,00	938,83	831,83	727,83	626,83
	V	**2372,16**	443,83	443,83	IV	1829,25	1755,91	1682,50	1609,08	1535,66	1462,33
	VI	**2408,41**	443,83	443,83							
7427,99 Ost	I,IV	**1915,83**	443,83	443,83	I	1769,00	1622,25	1475,41	1328,66	1182,83	1042,58
	II	**1849,00**	443,83	443,83	II	1702,25	1555,41	1408,66	1261,83	1118,25	980,83
	III	**1289,00**	443,83	443,83	III	1172,50	1059,00	948,66	841,33	737,00	635,66
	V	**2385,25**	443,83	443,83	IV	1842,41	1769,00	1695,58	1622,25	1548,83	1475,41
	VI	**2421,50**	443,83	443,83							
7430,99 West	I,IV	**1903,91**	443,83	443,83	I	1757,16	1610,33	1463,58	1316,75	1171,25	1031,58
	II	**1837,16**	443,83	443,83	II	1690,33	1543,58	1396,75	1250,00	1106,91	970,00
	III	**1279,50**	443,83	443,83	III	1163,16	1050,00	939,83	832,66	728,66	627,66
	V	**2373,41**	443,83	443,83	IV	1830,50	1757,16	1683,75	1610,33	1536,91	1463,58
	VI	**2409,66**	443,83	443,83							
7430,99 Ost	I,IV	**1917,08**	443,83	443,83	I	1770,25	1623,50	1476,66	1329,91	1184,08	1043,75
	II	**1850,25**	443,83	443,83	II	1703,50	1556,66	1409,91	1263,08	1119,50	982,00
	III	**1290,16**	443,83	443,83	III	1173,50	1060,00	949,50	842,16	737,83	636,66
	V	**2386,50**	443,83	443,83	IV	1843,66	1770,25	1696,83	1623,50	1550,08	1476,66
	VI	**2422,83**	443,83	443,83							
7433,99 West	I,IV	**1905,16**	443,83	443,83	I	1758,41	1611,58	1464,83	1318,00	1172,50	1032,75
	II	**1838,41**	443,83	443,83	II	1691,58	1544,83	1398,00	1251,25	1108,16	971,16
	III	**1280,50**	443,83	443,83	III	1164,16	1051,00	940,66	833,66	729,50	628,50
	V	**2374,66**	443,83	443,83	IV	1831,83	1758,41	1685,00	1611,58	1538,25	1464,83
	VI	**2410,91**	443,83	443,83							
7433,99 Ost	I,IV	**1918,33**	443,83	443,83	I	1771,50	1624,75	1477,91	1331,16	1185,33	1045,00
	II	**1851,50**	443,83	443,83	II	1704,75	1557,91	1411,16	1264,33	1120,66	983,16
	III	**1291,16**	443,83	443,83	III	1174,50	1061,00	950,50	843,16	738,66	637,50
	V	**2387,83**	443,83	443,83	IV	1844,91	1771,50	1698,16	1624,75	1551,33	1477,91
	VI	**2424,08**	443,83	443,83							

* Zur LSt-Berechnung für privat versicherte Arbeitnehmer s. Beispiele **Vorbemerkung S. 4f.**
** Basisvorsorgepauschale KV und PV *** Typisierter Arbeitgeberzuschuss

Lohn/ Gehalt in € bis	Steuerklasse	Lohn-steuer*	BVSP**	TAGZ***	Steuerklasse	Bemessungsgrundlage für Kirchensteuer und Solidaritätszuschlag – Freibeträge für ... Kinder 0,5	**1,0**	1,5	**2,0**	2,5	**3,0**
7436,99	I,IV	**1906,41**	443,83	443,83	I	1759,66	1612,83	1466,08	1319,25	1173,75	1033,91
West	II	**1839,66**	443,83	443,83	II	1692,91	1546,08	1399,33	1252,50	1109,33	972,33
	III	**1281,50**	443,83	443,83	III	1165,16	1051,83	941,66	834,50	730,50	629,33
	V	**2375,91**	443,83	443,83	IV	1833,08	1759,66	1686,25	1612,83	1539,50	1466,08
	VI	**2412,16**	443,83	443,83							
7436,99	I,IV	**1919,58**	443,83	443,83	I	1772,75	1626,00	1479,16	1332,41	1186,50	1046,16
Ost	II	**1852,83**	443,83	443,83	II	1706,00	1559,25	1412,41	1265,66	1121,91	984,33
	III	**1292,16**	443,83	443,83	III	1175,50	1062,00	951,50	844,00	739,66	638,33
	V	**2389,08**	443,83	443,83	IV	1846,16	1772,75	1699,41	1626,00	1552,58	1479,16
	VI	**2425,33**	443,83	443,83							
7439,99	I,IV	**1907,66**	443,83	443,83	I	1760,91	1614,16	1467,33	1320,58	1175,00	1035,08
West	II	**1840,91**	443,83	443,83	II	1694,16	1547,33	1400,58	1253,75	1110,58	973,41
	III	**1282,50**	443,83	443,83	III	1166,16	1052,83	942,66	835,50	731,33	630,16
	V	**2377,16**	443,83	443,83	IV	1834,33	1760,91	1687,50	1614,16	1540,75	1467,33
	VI	**2413,41**	443,83	443,83							
7439,99	I,IV	**1920,83**	443,83	443,83	I	1774,08	1627,25	1480,50	1333,66	1187,75	1047,33
Ost	II	**1854,08**	443,83	443,83	II	1707,25	1560,50	1413,66	1266,91	1123,08	985,50
	III	**1293,16**	443,83	443,83	III	1176,50	1062,83	952,33	844,83	740,50	639,16
	V	**2390,33**	443,83	443,83	IV	1847,41	1774,08	1700,66	1627,25	1553,83	1480,50
	VI	**2426,58**	443,83	443,83							
7442,99	I,IV	**1909,00**	443,83	443,83	I	1762,16	1615,41	1468,58	1321,83	1176,16	1036,25
West	II	**1842,16**	443,83	443,83	II	1695,41	1548,58	1401,83	1255,08	1111,75	974,58
	III	**1283,50**	443,83	443,83	III	1167,16	1053,83	943,50	836,33	732,16	631,16
	V	**2378,41**	443,83	443,83	IV	1835,58	1762,16	1688,75	1615,41	1542,00	1468,58
	VI	**2414,75**	443,83	443,83							
7442,99	I,IV	**1922,08**	443,83	443,83	I	1775,33	1628,50	1481,75	1334,91	1189,00	1048,50
Ost	II	**1855,33**	443,83	443,83	II	1708,50	1561,75	1414,91	1268,16	1124,33	986,58
	III	**1294,16**	443,83	443,83	III	1177,50	1063,83	953,33	845,83	741,33	640,00
	V	**2391,58**	443,83	443,83	IV	1848,66	1775,33	1701,91	1628,50	1555,08	1481,75
	VI	**2427,83**	443,83	443,83							
7445,99	I,IV	**1910,25**	443,83	443,83	I	1763,41	1616,66	1469,83	1323,08	1177,41	1037,41
West	II	**1843,41**	443,83	443,83	II	1696,66	1549,83	1403,08	1256,33	1113,00	975,75
	III	**1284,50**	443,83	443,83	III	1168,16	1054,83	944,50	837,16	733,00	632,00
	V	**2379,75**	443,83	443,83	IV	1836,83	1763,41	1690,08	1616,66	1543,25	1469,83
	VI	**2416,00**	443,83	443,83							
7445,99	I,IV	**1923,33**	443,83	443,83	I	1776,58	1629,75	1483,00	1336,16	1190,25	1049,66
Ost	II	**1856,58**	443,83	443,83	II	1709,75	1563,00	1416,16	1269,41	1125,50	987,75
	III	**1295,16**	443,83	443,83	III	1178,50	1064,83	954,16	846,66	742,33	640,83
	V	**2392,83**	443,83	443,83	IV	1849,91	1776,58	1703,16	1629,75	1556,41	1483,00
	VI	**2429,08**	443,83	443,83							
7448,99	I,IV	**1911,50**	443,83	443,83	I	1764,66	1617,91	1471,08	1324,33	1178,66	1038,58
West	II	**1844,66**	443,83	443,83	II	1697,91	1551,16	1404,33	1257,58	1114,16	976,91
	III	**1285,50**	443,83	443,83	III	1169,16	1055,66	945,33	838,16	734,00	632,83
	V	**2381,00**	443,83	443,83	IV	1838,08	1764,66	1691,33	1617,91	1544,50	1471,08
	VI	**2417,25**	443,83	443,83							
7448,99	I,IV	**1924,58**	443,83	443,83	I	1777,83	1631,00	1484,25	1337,41	1191,50	1050,83
Ost	II	**1857,83**	443,83	443,83	II	1711,08	1564,25	1417,50	1270,66	1126,75	988,91
	III	**1296,16**	443,83	443,83	III	1179,50	1065,83	955,16	847,66	743,16	641,66
	V	**2394,08**	443,83	443,83	IV	1851,25	1777,83	1704,41	1631,00	1557,66	1484,25
	VI	**2430,33**	443,83	443,83							
7451,99	I,IV	**1912,75**	443,83	443,83	I	1765,91	1619,16	1472,41	1325,58	1179,83	1039,75
West	II	**1846,00**	443,83	443,83	II	1699,16	1552,41	1405,58	1258,83	1115,33	978,08
	III	**1286,66**	443,83	443,83	III	1170,16	1056,66	946,33	839,00	734,83	633,66
	V	**2382,25**	443,83	443,83	IV	1839,33	1765,91	1692,58	1619,16	1545,75	1472,41
	VI	**2418,50**	443,83	443,83							
7451,99	I,IV	**1925,83**	443,83	443,83	I	1779,08	1632,33	1485,50	1338,75	1192,66	1052,08
Ost	II	**1859,08**	443,83	443,83	II	1712,33	1565,50	1418,75	1271,91	1127,91	990,08
	III	**1297,16**	443,83	443,83	III	1180,50	1066,66	956,16	848,50	744,00	642,66
	V	**2395,33**	443,83	443,83	IV	1852,50	1779,08	1705,66	1632,33	1558,91	1485,50
	VI	**2431,58**	443,83	443,83							

* Zur LSt-Berechnung für privat versicherte Arbeitnehmer s. Beispiele **Vorbemerkung S. 4 f.**
** Basisvorsorgepauschale KV und PV *** Typisierter Arbeitgeberzuschuss

Lohn/ Gehalt in € bis	Steuerklasse	Lohn-steuer*	BVSP**	TAGZ***	Steuerklasse	Bemessungsgrundlage für Kirchensteuer und Solidaritätszuschlag					
						Freibeträge für ... Kinder					
						0,5	**1,0**	1,5	**2,0**	2,5	**3,0**
7 454,99	I,IV	**1 914,00**	443,83	443,83	I	1 767,25	1 620,41	1 473,66	1 326,83	1 181,08	1 040,91
West	II	**1 847,25**	443,83	443,83	II	1 700,41	1 553,66	1 406,83	1 260,08	1 116,58	979,16
	III	**1 287,66**	443,83	443,83	III	1 171,16	1 057,66	947,33	840,00	735,66	634,50
	V	**2 383,50**	443,83	443,83	IV	1 840,58	1 767,25	1 693,83	1 620,41	1 547,00	1 473,66
	VI	**2 419,75**	443,83	443,83							
7 454,99	I,IV	**1 927,16**	443,83	443,83	I	1 780,33	1 633,58	1 486,75	1 340,00	1 193,91	1 053,25
Ost	II	**1 860,33**	443,83	443,83	II	1 713,58	1 566,75	1 420,00	1 273,16	1 129,16	991,25
	III	**1 298,16**	443,83	443,83	III	1 181,50	1 067,66	957,00	849,50	745,00	643,50
	V	**2 396,58**	443,83	443,83	IV	1 853,75	1 780,33	1 706,91	1 633,58	1 560,16	1 486,75
	VI	**2 432,91**	443,83	443,83							
7 457,99	I,IV	**1 915,25**	443,83	443,83	I	1 768,50	1 621,66	1 474,91	1 328,08	1 182,33	1 042,08
West	II	**1 848,50**	443,83	443,83	II	1 701,66	1 554,91	1 408,08	1 261,33	1 117,75	980,33
	III	**1 288,66**	443,83	443,83	III	1 172,16	1 058,66	948,16	840,83	736,66	635,33
	V	**2 384,75**	443,83	443,83	IV	1 841,83	1 768,50	1 695,08	1 621,66	1 548,33	1 474,91
	VI	**2 421,00**	443,83	443,83							
7 457,99	I,IV	**1 928,41**	443,83	443,83	I	1 781,58	1 634,83	1 488,00	1 341,25	1 195,16	1 054,41
Ost	II	**1 861,58**	443,83	443,83	II	1 714,83	1 568,00	1 421,25	1 274,41	1 130,33	992,41
	III	**1 299,16**	443,83	443,83	III	1 182,33	1 068,66	958,00	850,33	745,83	644,33
	V	**2 397,91**	443,83	443,83	IV	1 855,00	1 781,58	1 708,16	1 634,83	1 561,41	1 488,00
	VI	**2 434,16**	443,83	443,83							
7 460,99	I,IV	**1 916,50**	443,83	443,83	I	1 769,75	1 622,91	1 476,16	1 329,33	1 183,58	1 043,33
West	II	**1 849,75**	443,83	443,83	II	1 702,91	1 556,16	1 409,41	1 262,58	1 119,00	981,50
	III	**1 289,66**	443,83	443,83	III	1 173,00	1 059,50	949,16	841,83	737,50	636,16
	V	**2 386,00**	443,83	443,83	IV	1 843,16	1 769,75	1 696,33	1 622,91	1 549,58	1 476,16
	VI	**2 422,25**	443,83	443,83							
7 460,99	I,IV	**1 929,66**	443,83	443,83	I	1 782,83	1 636,08	1 489,25	1 342,50	1 196,41	1 055,58
Ost	II	**1 862,83**	443,83	443,83	II	1 716,08	1 569,33	1 422,50	1 275,75	1 131,58	993,58
	III	**1 300,16**	443,83	443,83	III	1 183,33	1 069,66	959,00	851,33	746,66	645,16
	V	**2 399,16**	443,83	443,83	IV	1 856,25	1 782,83	1 709,50	1 636,08	1 562,66	1 489,25
	VI	**2 435,41**	443,83	443,83							
7 463,99	I,IV	**1 917,75**	443,83	443,83	I	1 771,00	1 624,16	1 477,41	1 330,66	1 184,75	1 044,50
West	II	**1 851,00**	443,83	443,83	II	1 704,25	1 557,41	1 410,66	1 263,83	1 120,16	982,66
	III	**1 290,66**	443,83	443,83	III	1 174,00	1 060,50	950,16	842,66	738,33	637,00
	V	**2 387,25**	443,83	443,83	IV	1 844,41	1 771,00	1 697,58	1 624,16	1 550,83	1 477,41
	VI	**2 423,50**	443,83	443,83							
7 463,99	I,IV	**1 930,91**	443,83	443,83	I	1 784,08	1 637,33	1 490,58	1 343,75	1 197,66	1 056,75
Ost	II	**1 864,16**	443,83	443,83	II	1 717,33	1 570,58	1 423,75	1 277,00	1 132,83	994,75
	III	**1 301,16**	443,83	443,83	III	1 184,33	1 070,66	959,83	852,16	747,50	646,00
	V	**2 400,41**	443,83	443,83	IV	1 857,50	1 784,08	1 710,75	1 637,33	1 563,91	1 490,58
	VI	**2 436,66**	443,83	443,83							
7 466,99	I,IV	**1 919,08**	443,83	443,83	I	1 772,25	1 625,50	1 478,66	1 331,91	1 186,00	1 045,66
West	II	**1 852,25**	443,83	443,83	II	1 705,50	1 558,66	1 411,91	1 265,08	1 121,41	983,83
	III	**1 291,66**	443,83	443,83	III	1 175,00	1 061,50	951,00	843,66	739,16	638,00
	V	**2 388,50**	443,83	443,83	IV	1 845,66	1 772,25	1 698,83	1 625,50	1 552,08	1 478,66
	VI	**2 424,83**	443,83	443,83							
7 466,99	I,IV	**1 932,16**	443,83	443,83	I	1 785,41	1 638,58	1 491,83	1 345,00	1 198,83	1 057,91
Ost	II	**1 865,41**	443,83	443,83	II	1 718,58	1 571,83	1 425,00	1 278,25	1 134,00	995,91
	III	**1 302,33**	443,83	443,83	III	1 185,33	1 071,50	960,83	853,16	748,50	646,83
	V	**2 401,66**	443,83	443,83	IV	1 858,75	1 785,41	1 712,00	1 638,58	1 565,16	1 491,83
	VI	**2 437,91**	443,83	443,83							
7 469,99	I,IV	**1 920,33**	443,83	443,83	I	1 773,50	1 626,75	1 479,91	1 333,16	1 187,25	1 046,83
West	II	**1 853,50**	443,83	443,83	II	1 706,75	1 559,91	1 413,16	1 266,33	1 122,58	985,00
	III	**1 292,66**	443,83	443,83	III	1 176,00	1 062,50	952,00	844,50	740,16	638,83
	V	**2 389,83**	443,83	443,83	IV	1 846,91	1 773,50	1 700,08	1 626,75	1 553,33	1 479,91
	VI	**2 426,08**	443,83	443,83							
7 469,99	I,IV	**1 933,41**	443,83	443,83	I	1 786,66	1 639,83	1 493,08	1 346,25	1 200,08	1 059,16
Ost	II	**1 866,66**	443,83	443,83	II	1 719,83	1 573,08	1 426,25	1 279,50	1 135,25	997,00
	III	**1 303,33**	443,83	443,83	III	1 186,33	1 072,50	961,66	854,00	749,33	647,66
	V	**2 402,91**	443,83	443,83	IV	1 860,00	1 786,66	1 713,25	1 639,83	1 566,41	1 493,08
	VI	**2 439,16**	443,83	443,83							

* Zur LSt-Berechnung für privat versicherte Arbeitnehmer s. Beispiele **Vorbemerkung S. 4 f.**
** Basisvorsorgepauschale KV und PV *** Typisierter Arbeitgeberzuschuss

Lohn/ Gehalt in € bis	Steuerklasse	Lohn- steuer*	BVSP**	TAGZ***	Steuerklasse	Bemessungsgrundlage für Kirchensteuer und Solidaritätszuschlag: Freibeträge für ... Kinder 0,5	1,0	1,5	2,0	2,5	3,0
7472,99 West	I,IV	**1921,58**	443,83	443,83	I	1774,75	1628,00	1481,16	1334,41	1188,50	1048,00
	II	**1854,75**	443,83	443,83	II	1708,00	1561,16	1414,41	1267,66	1123,83	986,16
	III	**1293,66**	443,83	443,83	III	1177,00	1063,50	952,83	845,33	741,00	639,66
	V	**2391,08**	443,83	443,83	IV	1848,16	1774,75	1701,41	1628,00	1554,58	1481,16
	VI	**2427,33**	443,83	443,83							
7472,99 Ost	I,IV	**1934,66**	443,83	443,83	I	1787,91	1641,08	1494,33	1347,50	1201,33	1060,33
	II	**1867,91**	443,83	443,83	II	1721,08	1574,33	1427,58	1280,75	1136,41	998,16
	III	**1304,33**	443,83	443,83	III	1187,33	1073,50	962,66	855,00	750,16	648,66
	V	**2404,16**	443,83	443,83	IV	1861,33	1787,91	1714,50	1641,08	1567,75	1494,33
	VI	**2440,41**	443,83	443,83							
7475,99 West	I,IV	**1922,83**	443,83	443,83	I	1776,00	1629,25	1482,41	1335,66	1189,75	1049,16
	II	**1856,08**	443,83	443,83	II	1709,25	1562,50	1415,66	1268,91	1125,00	987,25
	III	**1294,66**	443,83	443,83	III	1178,00	1064,33	953,83	846,33	741,83	640,50
	V	**2392,33**	443,83	443,83	IV	1849,41	1776,00	1702,66	1629,25	1555,83	1482,41
	VI	**2428,58**	443,83	443,83							
7475,99 Ost	I,IV	**1935,91**	443,83	443,83	I	1789,16	1642,33	1495,58	1348,83	1202,58	1061,50
	II	**1869,16**	443,83	443,83	II	1722,41	1575,58	1428,83	1282,00	1137,66	999,33
	III	**1305,33**	443,83	443,83	III	1188,33	1074,50	963,66	855,83	751,16	649,50
	V	**2405,41**	443,83	443,83	IV	1862,58	1789,16	1715,75	1642,33	1569,00	1495,58
	VI	**2441,66**	443,83	443,83							
7478,99 West	I,IV	**1924,08**	443,83	443,83	I	1777,33	1630,50	1483,75	1336,91	1190,91	1050,33
	II	**1857,33**	443,83	443,83	II	1710,50	1563,75	1416,91	1270,16	1126,25	988,41
	III	**1295,66**	443,83	443,83	III	1179,00	1065,33	954,83	847,16	742,83	641,33
	V	**2393,58**	443,83	443,83	IV	1850,66	1777,33	1703,91	1630,50	1557,08	1483,75
	VI	**2429,83**	443,83	443,83							
7478,99 Ost	I,IV	**1937,25**	443,83	443,83	I	1790,41	1643,66	1496,83	1350,08	1203,83	1062,66
	II	**1870,41**	443,83	443,83	II	1723,66	1576,83	1430,08	1283,25	1138,83	1000,50
	III	**1306,33**	443,83	443,83	III	1189,33	1075,50	964,50	856,66	752,00	650,33
	V	**2406,66**	443,83	443,83	IV	1863,83	1790,41	1717,00	1643,66	1570,25	1496,83
	VI	**2443,00**	443,83	443,83							
7481,99 West	I,IV	**1925,33**	443,83	443,83	I	1778,58	1631,75	1485,00	1338,16	1192,16	1051,58
	II	**1858,58**	443,83	443,83	II	1711,75	1565,00	1418,16	1271,41	1127,41	989,58
	III	**1296,66**	443,83	443,83	III	1180,00	1066,33	955,66	848,16	743,66	642,16
	V	**2394,83**	443,83	443,83	IV	1851,91	1778,58	1705,16	1631,75	1558,33	1485,00
	VI	**2431,08**	443,83	443,83							
7481,99 Ost	I,IV	**1938,50**	443,83	443,83	I	1791,66	1644,91	1498,08	1351,33	1205,08	1063,91
	II	**1871,66**	443,83	443,83	II	1724,91	1578,08	1431,33	1284,50	1140,08	1001,66
	III	**1307,33**	443,83	443,83	III	1190,33	1076,33	965,50	857,66	752,83	651,16
	V	**2408,00**	443,83	443,83	IV	1865,08	1791,66	1718,25	1644,91	1571,50	1498,08
	VI	**2444,25**	443,83	443,83							
7484,99 West	I,IV	**1926,58**	443,83	443,83	I	1779,83	1633,00	1486,25	1339,41	1193,41	1052,75
	II	**1859,83**	443,83	443,83	II	1713,00	1566,25	1419,41	1272,66	1128,66	990,75
	III	**1297,66**	443,83	443,83	III	1181,00	1067,33	956,66	849,00	744,50	643,00
	V	**2396,08**	443,83	443,83	IV	1853,25	1779,83	1706,41	1633,00	1559,66	1486,25
	VI	**2432,33**	443,83	443,83							
7484,99 Ost	I,IV	**1939,75**	443,83	443,83	I	1792,91	1646,16	1499,33	1352,58	1206,33	1065,08
	II	**1872,91**	443,83	443,83	II	1726,16	1579,33	1432,58	1285,83	1141,25	1002,83
	III	**1308,33**	443,83	443,83	III	1191,33	1077,33	966,50	858,50	753,83	652,00
	V	**2409,25**	443,83	443,83	IV	1866,33	1792,91	1719,58	1646,16	1572,75	1499,33
	VI	**2445,50**	443,83	443,83							
7487,99 West	I,IV	**1927,83**	443,83	443,83	I	1781,08	1634,25	1487,50	1340,66	1194,66	1053,91
	II	**1861,08**	443,83	443,83	II	1714,33	1567,50	1420,75	1273,91	1129,83	991,91
	III	**1298,83**	443,83	443,83	III	1182,00	1068,16	957,50	850,00	745,50	644,00
	V	**2397,33**	443,83	443,83	IV	1854,50	1781,08	1707,66	1634,25	1560,91	1487,50
	VI	**2433,58**	443,83	443,83							
7487,99 Ost	I,IV	**1941,00**	443,83	443,83	I	1794,16	1647,41	1500,58	1353,83	1207,50	1066,25
	II	**1874,25**	443,83	443,83	II	1727,41	1580,66	1433,83	1287,08	1142,50	1004,00
	III	**1309,33**	443,83	443,83	III	1192,33	1078,33	967,33	859,50	754,66	652,83
	V	**2410,50**	443,83	443,83	IV	1867,58	1794,16	1720,83	1647,41	1574,00	1500,58
	VI	**2446,75**	443,83	443,83							

* Zur LSt-Berechnung für privat versicherte Arbeitnehmer s. Beispiele **Vorbemerkung S. 4f.**
** Basisvorsorgepauschale KV und PV *** Typisierter Arbeitgeberzuschuss

Lohn/ Gehalt in € bis	Steuerklasse	Lohn-steuer*	BVSP**	TAGZ***	Steuerklasse	Bemessungsgrundlage für Kirchensteuer und Solidaritätszuschlag					
						Freibeträge für ... Kinder					
						0,5	**1,0**	1,5	**2,0**	2,5	**3,0**
7490,99	I,IV	**1929,16**	443,83	443,83	I	1782,33	1635,58	1488,75	1342,00	1195,91	1055,08
West	II	**1862,33**	443,83	443,83	II	1715,58	1568,75	1422,00	1275,16	1131,08	993,08
	III	**1299,83**	443,83	443,83	III	1183,00	1069,16	958,50	850,83	746,33	644,83
	V	**2398,58**	443,83	443,83	IV	1855,75	1782,33	1708,91	1635,58	1562,16	1488,75
	VI	**2434,91**	443,83	443,83							
7490,99	I,IV	**1942,25**	443,83	443,83	I	1795,50	1648,66	1501,91	1355,08	1208,75	1067,41
Ost	II	**1875,50**	443,83	443,83	II	1728,66	1581,91	1435,08	1288,33	1143,75	1005,16
	III	**1310,33**	443,83	443,83	III	1193,33	1079,33	968,33	860,33	755,50	653,83
	V	**2411,75**	443,83	443,83	IV	1868,83	1795,50	1722,08	1648,66	1575,25	1501,91
	VI	**2448,00**	443,83	443,83							
7493,99	I,IV	**1930,41**	443,83	443,83	I	1783,58	1636,83	1490,00	1343,25	1197,08	1056,25
West	II	**1863,58**	443,83	443,83	II	1716,83	1570,00	1423,25	1276,41	1132,25	994,25
	III	**1300,83**	443,83	443,83	III	1184,00	1070,16	959,50	851,83	747,16	645,66
	V	**2399,91**	443,83	443,83	IV	1857,00	1783,58	1710,16	1636,83	1563,41	1490,00
	VI	**2436,16**	443,83	443,83							
7493,99	I,IV	**1943,50**	443,83	443,83	I	1796,75	1649,91	1503,16	1356,33	1210,00	1068,58
Ost	II	**1876,75**	443,83	443,83	II	1729,91	1583,16	1436,33	1289,58	1144,91	1006,33
	III	**1311,50**	443,83	443,83	III	1194,33	1080,16	969,16	861,33	756,50	654,66
	V	**2413,00**	443,83	443,83	IV	1870,08	1796,75	1723,33	1649,91	1576,50	1503,16
	VI	**2449,25**	443,83	443,83							
7496,99	I,IV	**1931,66**	443,83	443,83	I	1784,83	1638,08	1491,25	1344,50	1198,33	1057,50
West	II	**1864,83**	443,83	443,83	II	1718,08	1571,25	1424,50	1277,66	1133,50	995,41
	III	**1301,83**	443,83	443,83	III	1185,00	1071,16	960,33	852,66	748,00	646,50
	V	**2401,16**	443,83	443,83	IV	1858,25	1784,83	1711,50	1638,08	1564,66	1491,25
	VI	**2437,41**	443,83	443,83							
7496,99	I,IV	**1944,75**	443,83	443,83	I	1798,00	1651,16	1504,41	1357,58	1211,25	1069,83
Ost	II	**1878,00**	443,83	443,83	II	1731,16	1584,41	1437,58	1290,83	1146,16	1007,50
	III	**1312,50**	443,83	443,83	III	1195,33	1081,16	970,16	862,16	757,33	655,50
	V	**2414,25**	443,83	443,83	IV	1871,41	1798,00	1724,58	1651,16	1577,83	1504,41
	VI	**2450,50**	443,83	443,83							
7499,99	I,IV	**1932,91**	443,83	443,83	I	1786,08	1639,33	1492,50	1345,75	1199,58	1058,66
West	II	**1866,16**	443,83	443,83	II	1719,33	1572,58	1425,75	1279,00	1134,75	996,58
	III	**1302,83**	443,83	443,83	III	1186,00	1072,16	961,33	853,66	749,00	647,33
	V	**2402,41**	443,83	443,83	IV	1859,50	1786,08	1712,75	1639,33	1565,91	1492,50
	VI	**2438,66**	443,83	443,83							
7499,99	I,IV	**1946,00**	443,83	443,83	I	1799,25	1652,41	1505,66	1358,83	1212,50	1071,00
Ost	II	**1879,25**	443,83	443,83	II	1732,50	1585,66	1438,91	1292,08	1147,33	1008,66
	III	**1313,50**	443,83	443,83	III	1196,33	1082,16	971,16	863,16	758,16	656,33
	V	**2415,50**	443,83	443,83	IV	1872,66	1799,25	1725,83	1652,41	1579,08	1505,66
	VI	**2451,75**	443,83	443,83							
7502,99	I,IV	**1934,16**	443,83	443,83	I	1787,41	1640,58	1493,83	1347,00	1200,83	1059,83
West	II	**1867,41**	443,83	443,83	II	1720,58	1573,83	1427,00	1280,25	1135,91	997,75
	III	**1303,83**	443,83	443,83	III	1187,00	1073,00	962,33	854,50	749,83	648,16
	V	**2403,66**	443,83	443,83	IV	1860,75	1787,41	1714,00	1640,58	1567,16	1493,83
	VI	**2439,91**	443,83	443,83							
7502,99	I,IV	**1947,33**	443,83	443,83	I	1800,50	1653,75	1506,91	1360,16	1213,75	1072,16
Ost	II	**1880,50**	443,83	443,83	II	1733,75	1586,91	1440,16	1293,33	1148,58	1009,83
	III	**1314,50**	443,83	443,83	III	1197,33	1083,16	972,00	864,00	759,16	657,16
	V	**2416,75**	443,83	443,83	IV	1873,91	1800,50	1727,08	1653,75	1580,33	1506,91
	VI	**2453,00**	443,83	443,83							
7505,99	I,IV	**1935,41**	443,83	443,83	I	1788,66	1641,83	1495,08	1348,25	1202,08	1061,00
West	II	**1868,66**	443,83	443,83	II	1721,83	1575,08	1428,25	1281,50	1137,16	998,83
	III	**1304,83**	443,83	443,83	III	1187,83	1074,00	963,16	855,50	750,66	649,16
	V	**2404,91**	443,83	443,83	IV	1862,00	1788,66	1715,25	1641,83	1568,41	1495,08
	VI	**2441,16**	443,83	443,83							
7505,99	I,IV	**1948,58**	443,83	443,83	I	1801,75	1655,00	1508,16	1361,41	1215,00	1073,41
Ost	II	**1881,75**	443,83	443,83	II	1735,00	1588,16	1441,41	1294,58	1149,83	1011,00
	III	**1315,50**	443,83	443,83	III	1198,33	1084,16	973,00	865,00	760,00	658,00
	V	**2418,00**	443,83	443,83	IV	1875,16	1801,75	1728,33	1655,00	1581,58	1508,16
	VI	**2454,33**	443,83	443,83							

* Zur LSt-Berechnung für privat versicherte Arbeitnehmer s. Beispiele **Vorbemerkung S. 4f.**
** Basisvorsorgepauschale KV und PV *** Typisierter Arbeitgeberzuschuss

Lohn/ Gehalt in € bis	Steuerklasse	Lohn-steuer*	BVSP**	TAGZ***	Steuerklasse	Bemessungsgrundlage für Kirchensteuer und Solidaritätszuschlag					
						Freibeträge für ... Kinder					
						0,5	**1,0**	1,5	**2,0**	2,5	**3,0**
7508,99	I,IV	**1936,66**	443,83	443,83	I	1789,91	1643,08	1496,33	1349,50	1203,33	1062,16
West	II	**1869,91**	443,83	443,83	II	1723,08	1576,33	1429,50	1282,75	1138,33	1000,00
	III	**1305,83**	443,83	443,83	III	1188,83	1075,00	964,16	856,33	751,66	650,00
	V	**2406,16**	443,83	443,83	IV	1863,33	1789,91	1716,50	1643,08	1569,75	1496,33
	VI	**2442,41**	443,83	443,83							
7508,99	I,IV	**1949,83**	443,83	443,83	I	1803,00	1656,25	1509,41	1362,66	1216,25	1074,58
Ost	II	**1883,00**	443,83	443,83	II	1736,25	1589,41	1442,66	1295,83	1151,00	1012,16
	III	**1316,50**	443,83	443,83	III	1199,33	1085,00	974,00	865,83	760,83	659,00
	V	**2419,33**	443,83	443,83	IV	1876,41	1803,00	1729,66	1656,25	1582,83	1509,41
	VI	**2455,58**	443,83	443,83							
7511,99	I,IV	**1937,91**	443,83	443,83	I	1791,16	1644,33	1497,58	1350,75	1204,50	1063,41
West	II	**1871,16**	443,83	443,83	II	1724,41	1577,58	1430,83	1284,00	1139,58	1001,16
	III	**1306,83**	443,83	443,83	III	1189,83	1076,00	965,00	857,33	752,50	650,83
	V	**2407,41**	443,83	443,83	IV	1864,58	1791,16	1717,75	1644,33	1571,00	1497,58
	VI	**2443,66**	443,83	443,83							
7511,99	I,IV	**1951,08**	443,83	443,83	I	1804,25	1657,50	1510,66	1363,91	1217,50	1075,75
Ost	II	**1884,33**	443,83	443,83	II	1737,50	1590,75	1443,91	1297,16	1152,25	1013,33
	III	**1317,50**	443,83	443,83	III	1200,33	1086,00	974,83	866,83	761,83	659,83
	V	**2420,58**	443,83	443,83	IV	1877,66	1804,25	1730,91	1657,50	1584,08	1510,66
	VI	**2456,83**	443,83	443,83							
7514,99	I,IV	**1939,16**	443,83	443,83	I	1792,41	1645,66	1498,83	1352,08	1205,75	1064,58
West	II	**1872,41**	443,83	443,83	II	1725,66	1578,83	1432,08	1285,25	1140,75	1002,33
	III	**1307,83**	443,83	443,83	III	1190,83	1077,00	966,00	858,16	753,33	651,66
	V	**2408,66**	443,83	443,83	IV	1865,83	1792,41	1719,00	1645,66	1572,25	1498,83
	VI	**2444,91**	443,83	443,83							
7514,99	I,IV	**1952,33**	443,83	443,83	I	1805,58	1658,75	1512,00	1365,16	1218,66	1076,91
Ost	II	**1885,58**	443,83	443,83	II	1738,75	1592,00	1445,16	1298,41	1153,41	1014,50
	III	**1318,50**	443,83	443,83	III	1201,33	1087,00	975,83	867,66	762,66	660,66
	V	**2421,83**	443,83	443,83	IV	1878,91	1805,58	1732,16	1658,75	1585,33	1512,00
	VI	**2458,08**	443,83	443,83							
7517,99	I,IV	**1940,50**	443,83	443,83	I	1793,66	1646,91	1500,08	1353,33	1207,00	1065,75
West	II	**1873,66**	443,83	443,83	II	1726,91	1580,08	1433,33	1286,50	1142,00	1003,50
	III	**1309,00**	443,83	443,83	III	1191,83	1077,83	967,00	859,00	754,33	652,50
	V	**2409,91**	443,83	443,83	IV	1867,08	1793,66	1720,25	1646,91	1573,50	1500,08
	VI	**2446,25**	443,83	443,83							
7517,99	I,IV	**1953,58**	443,83	443,83	I	1806,83	1660,00	1513,25	1366,41	1219,91	1078,16
Ost	II	**1886,83**	443,83	443,83	II	1740,00	1593,25	1446,41	1299,66	1154,66	1015,66
	III	**1319,50**	443,83	443,83	III	1202,16	1088,00	976,83	868,66	763,50	661,50
	V	**2423,08**	443,83	443,83	IV	1880,16	1806,83	1733,41	1660,00	1586,58	1513,25
	VI	**2459,33**	443,83	443,83							
7520,99	I,IV	**1941,75**	443,83	443,83	I	1794,91	1648,16	1501,33	1354,58	1208,25	1066,91
West	II	**1874,91**	443,83	443,83	II	1728,16	1581,33	1434,58	1287,75	1143,16	1004,66
	III	**1310,00**	443,83	443,83	III	1192,83	1078,83	967,83	860,00	755,16	653,33
	V	**2411,25**	443,83	443,83	IV	1868,33	1794,91	1721,58	1648,16	1574,75	1501,33
	VI	**2447,50**	443,83	443,83							
7520,99	I,IV	**1954,83**	443,83	443,83	I	1808,08	1661,25	1514,50	1367,66	1221,16	1079,33
Ost	II	**1888,08**	443,83	443,83	II	1741,25	1594,50	1447,66	1300,91	1155,91	1016,83
	III	**1320,66**	443,83	443,83	III	1203,16	1089,00	977,66	869,50	764,50	662,33
	V	**2424,33**	443,83	443,83	IV	1881,41	1808,08	1734,66	1661,25	1587,91	1514,50
	VI	**2460,58**	443,83	443,83							
7523,99	I,IV	**1943,00**	443,83	443,83	I	1796,16	1649,41	1502,58	1355,83	1209,50	1068,16
West	II	**1876,16**	443,83	443,83	II	1729,41	1582,66	1435,83	1289,08	1144,41	1005,83
	III	**1311,00**	443,83	443,83	III	1193,83	1079,83	968,83	860,83	756,00	654,16
	V	**2412,50**	443,83	443,83	IV	1869,58	1796,16	1722,83	1649,41	1576,00	1502,58
	VI	**2448,75**	443,83	443,83							
7523,99	I,IV	**1956,08**	443,83	443,83	I	1809,33	1662,50	1515,75	1368,91	1222,41	1080,50
Ost	II	**1889,33**	443,83	443,83	II	1742,58	1595,75	1449,00	1302,16	1157,08	1018,00
	III	**1321,66**	443,83	443,83	III	1204,16	1089,83	978,66	870,50	765,33	663,16
	V	**2425,58**	443,83	443,83	IV	1882,75	1809,33	1735,91	1662,50	1589,16	1515,75
	VI	**2461,83**	443,83	443,83							

* Zur LSt-Berechnung für privat versicherte Arbeitnehmer s. Beispiele **Vorbemerkung S. 4f.**
** Basisvorsorgepauschale KV und PV *** Typisierter Arbeitgeberzuschuss

Lohn/ Gehalt in € bis	Steuerklasse	**Lohn-steuer***	BVSP**	TAGZ***	Steuerklasse	Bemessungsgrundlage für Kirchensteuer und Solidaritätszuschlag					
						Freibeträge für ... Kinder					
						0,5	**1,0**	1,5	**2,0**	2,5	**3,0**
7526,99 West	I,IV	**1944,25**	443,83	443,83	I	1797,41	1650,66	1503,91	1357,08	1210,75	1069,33
	II	**1877,50**	443,83	443,83	II	1730,66	1583,91	1437,08	1290,33	1145,66	1007,00
	III	**1312,00**	443,83	443,83	III	1194,83	1080,83	969,83	861,83	757,00	655,16
	V	**2413,75**	443,83	443,83	IV	1870,83	1797,41	1724,08	1650,66	1577,25	1503,91
	VI	**2450,00**	443,83	443,83							
7526,99 Ost	I,IV	**1957,33**	443,83	443,83	I	1810,58	1663,83	1517,00	1370,25	1223,66	1081,75
	II	**1890,58**	443,83	443,83	II	1743,83	1597,00	1450,25	1303,41	1158,33	1019,16
	III	**1322,66**	443,83	443,83	III	1205,16	1090,83	979,66	871,33	766,16	664,16
	V	**2426,83**	443,83	443,83	IV	1884,00	1810,58	1737,16	1663,83	1590,41	1517,00
	VI	**2463,08**	443,83	443,83							
7529,99 West	I,IV	**1945,50**	443,83	443,83	I	1798,75	1651,91	1505,16	1358,33	1212,00	1070,50
	II	**1878,75**	443,83	443,83	II	1731,91	1585,16	1438,33	1291,58	1146,83	1008,16
	III	**1313,00**	443,83	443,83	III	1195,83	1081,66	970,66	862,66	757,83	656,00
	V	**2415,00**	443,83	443,83	IV	1872,08	1798,75	1725,33	1651,91	1578,50	1505,16
	VI	**2451,25**	443,83	443,83							
7529,99 Ost	I,IV	**1958,66**	443,83	443,83	I	1811,83	1665,08	1518,25	1371,50	1224,91	1082,91
	II	**1891,83**	443,83	443,83	II	1745,08	1598,25	1451,50	1304,66	1159,58	1020,33
	III	**1323,66**	443,83	443,83	III	1206,16	1091,83	980,50	872,33	767,16	665,00
	V	**2428,08**	443,83	443,83	IV	1885,25	1811,83	1738,41	1665,08	1591,66	1518,25
	VI	**2464,41**	443,83	443,83							
7532,99 West	I,IV	**1946,75**	443,83	443,83	I	1800,00	1653,16	1506,41	1359,58	1213,25	1071,66
	II	**1880,00**	443,83	443,83	II	1733,16	1586,41	1439,58	1292,83	1148,08	1009,33
	III	**1314,00**	443,83	443,83	III	1196,83	1082,66	971,66	863,66	758,66	656,83
	V	**2416,25**	443,83	443,83	IV	1873,33	1800,00	1726,58	1653,16	1579,83	1506,41
	VI	**2452,50**	443,83	443,83							
7532,99 Ost	I,IV	**1959,91**	443,83	443,83	I	1813,08	1666,33	1519,50	1372,75	1226,16	1084,08
	II	**1893,08**	443,83	443,83	II	1746,33	1599,50	1452,75	1305,91	1160,75	1021,50
	III	**1324,66**	443,83	443,83	III	1207,16	1092,83	981,50	873,16	768,00	665,83
	V	**2429,41**	443,83	443,83	IV	1886,50	1813,08	1739,66	1666,33	1592,91	1519,50
	VI	**2465,66**	443,83	443,83							
7535,99 West	I,IV	**1948,00**	443,83	443,83	I	1801,25	1654,41	1507,66	1360,83	1214,41	1072,91
	II	**1881,25**	443,83	443,83	II	1734,41	1587,66	1440,91	1294,08	1149,25	1010,50
	III	**1315,00**	443,83	443,83	III	1197,83	1083,66	972,66	864,50	759,66	657,66
	V	**2417,50**	443,83	443,83	IV	1874,66	1801,25	1727,83	1654,41	1581,08	1507,66
	VI	**2453,75**	443,83	443,83							
7535,99 Ost	I,IV	**1961,16**	443,83	443,83	I	1814,33	1667,58	1520,75	1374,00	1227,41	1085,25
	II	**1894,33**	443,83	443,83	II	1747,58	1600,83	1454,00	1307,25	1162,00	1022,66
	III	**1325,66**	443,83	443,83	III	1208,16	1093,83	982,50	874,16	768,83	666,66
	V	**2430,66**	443,83	443,83	IV	1887,75	1814,33	1741,00	1667,58	1594,16	1520,75
	VI	**2466,91**	443,83	443,83							
7538,99 West	I,IV	**1949,25**	443,83	443,83	I	1802,50	1655,66	1508,91	1362,16	1215,66	1074,08
	II	**1882,50**	443,83	443,83	II	1735,75	1588,91	1442,16	1295,33	1150,50	1011,66
	III	**1316,00**	443,83	443,83	III	1198,83	1084,66	973,50	865,50	760,50	658,50
	V	**2418,75**	443,83	443,83	IV	1875,91	1802,50	1729,08	1655,66	1582,33	1508,91
	VI	**2455,00**	443,83	443,83							
7538,99 Ost	I,IV	**1962,41**	443,83	443,83	I	1815,58	1668,83	1522,08	1375,25	1228,66	1086,50
	II	**1895,66**	443,83	443,83	II	1748,83	1602,08	1455,25	1308,50	1163,25	1023,83
	III	**1326,66**	443,83	443,83	III	1209,16	1094,83	983,33	875,00	769,83	667,50
	V	**2431,91**	443,83	443,83	IV	1889,00	1815,58	1742,25	1668,83	1595,41	1522,08
	VI	**2468,16**	443,83	443,83							
7541,99 West	I,IV	**1950,58**	443,83	443,83	I	1803,75	1657,00	1510,16	1363,41	1216,91	1075,25
	II	**1883,75**	443,83	443,83	II	1737,00	1590,16	1443,41	1296,58	1151,75	1012,83
	III	**1317,00**	443,83	443,83	III	1199,83	1085,66	974,50	866,33	761,33	659,33
	V	**2420,00**	443,83	443,83	IV	1877,16	1803,75	1730,33	1657,00	1583,58	1510,16
	VI	**2456,33**	443,83	443,83							
7541,99 Ost	I,IV	**1963,66**	443,83	443,83	I	1816,91	1670,08	1523,33	1376,50	1229,91	1087,66
	II	**1896,91**	443,83	443,83	II	1750,08	1603,33	1456,50	1309,75	1164,41	1025,00
	III	**1327,66**	443,83	443,83	III	1210,16	1095,66	984,33	876,00	770,66	668,50
	V	**2433,16**	443,83	443,83	IV	1890,25	1816,91	1743,50	1670,08	1596,66	1523,33
	VI	**2469,41**	443,83	443,83							

* Zur LSt-Berechnung für privat versicherte Arbeitnehmer s. Beispiele **Vorbemerkung S. 4 f.**
** Basisvorsorgepauschale KV und PV *** Typisierter Arbeitgeberzuschuss

Lohn/ Gehalt in € bis	Steuerklasse	Lohn- steuer*	BVSP**	TAGZ***	Steuerklasse	Bemessungsgrundlage für Kirchensteuer und Solidaritätszuschlag					
						Freibeträge für ... Kinder					
						0,5	**1,0**	1,5	**2,0**	2,5	**3,0**
7 544,99	I,IV	**1 951,83**	443,83	443,83	I	1 805,00	1 658,25	1 511,41	1 364,66	1 218,16	1 076,41
West	II	**1 885,00**	443,83	443,83	II	1 738,25	1 591,41	1 444,66	1 297,83	1 152,91	1 014,00
	III	**1 318,16**	443,83	443,83	III	1 200,83	1 086,50	975,33	867,33	762,33	660,33
	V	**2 421,33**	443,83	443,83	IV	1 878,41	1 805,00	1 731,58	1 658,25	1 584,83	1 511,41
	VI	**2 457,58**	443,83	443,83							
7 544,99	I,IV	**1 964,91**	443,83	443,83	I	1 818,16	1 671,33	1 524,58	1 377,75	1 231,16	1 088,83
Ost	II	**1 898,16**	443,83	443,83	II	1 751,33	1 604,58	1 457,75	1 311,00	1 165,66	1 026,16
	III	**1 328,83**	443,83	443,83	III	1 211,16	1 096,66	985,33	876,83	771,50	669,33
	V	**2 434,41**	443,83	443,83	IV	1 891,50	1 818,16	1 744,75	1 671,33	1 597,91	1 524,58
	VI	**2 470,66**	443,83	443,83							
7 547,99	I,IV	**1 953,08**	443,83	443,83	I	1 806,25	1 659,50	1 512,66	1 365,91	1 219,41	1 077,66
West	II	**1 886,25**	443,83	443,83	II	1 739,50	1 592,66	1 445,91	1 299,16	1 154,16	1 015,16
	III	**1 319,16**	443,83	443,83	III	1 201,83	1 087,50	976,33	868,16	763,16	661,16
	V	**2 422,58**	443,83	443,83	IV	1 879,66	1 806,25	1 732,91	1 659,50	1 586,08	1 512,66
	VI	**2 458,83**	443,83	443,83							
7 547,99	I,IV	**1 966,16**	443,83	443,83	I	1 819,41	1 672,58	1 525,83	1 379,00	1 232,41	1 090,08
Ost	II	**1 899,41**	443,83	443,83	II	1 752,58	1 605,83	1 459,08	1 312,25	1 166,91	1 027,33
	III	**1 329,83**	443,83	443,83	III	1 212,16	1 097,66	986,16	877,83	772,50	670,16
	V	**2 435,66**	443,83	443,83	IV	1 892,83	1 819,41	1 746,00	1 672,58	1 599,25	1 525,83
	VI	**2 471,91**	443,83	443,83							
7 550,99	I,IV	**1 954,33**	443,83	443,83	I	1 807,50	1 660,75	1 513,91	1 367,16	1 220,66	1 078,83
West	II	**1 887,58**	443,83	443,83	II	1 740,75	1 594,00	1 447,16	1 300,41	1 155,41	1 016,33
	III	**1 320,16**	443,83	443,83	III	1 202,83	1 088,50	977,33	869,16	764,00	662,00
	V	**2 423,83**	443,83	443,83	IV	1 880,91	1 807,50	1 734,16	1 660,75	1 587,33	1 513,91
	VI	**2 460,08**	443,83	443,83							
7 550,99	I,IV	**1 967,41**	443,83	443,83	I	1 820,66	1 673,83	1 527,08	1 380,33	1 233,66	1 091,25
Ost	II	**1 900,66**	443,83	443,83	II	1 753,91	1 607,08	1 460,33	1 313,50	1 168,08	1 028,50
	III	**1 330,83**	443,83	443,83	III	1 213,16	1 098,66	987,16	878,66	773,33	671,00
	V	**2 436,91**	443,83	443,83	IV	1 894,08	1 820,66	1 747,25	1 673,83	1 600,50	1 527,08
	VI	**2 473,16**	443,83	443,83							
7 553,99	I,IV	**1 955,58**	443,83	443,83	I	1 808,83	1 662,00	1 515,25	1 368,41	1 221,91	1 080,00
West	II	**1 888,83**	443,83	443,83	II	1 742,00	1 595,25	1 448,41	1 301,66	1 156,58	1 017,50
	III	**1 321,16**	443,83	443,83	III	1 203,83	1 089,50	978,16	870,00	765,00	662,83
	V	**2 425,08**	443,83	443,83	IV	1 882,16	1 808,83	1 735,41	1 662,00	1 588,58	1 515,25
	VI	**2 461,33**	443,83	443,83							
7 553,99	I,IV	**1 968,75**	443,83	443,83	I	1 821,91	1 675,16	1 528,33	1 381,58	1 234,91	1 092,50
Ost	II	**1 901,91**	443,83	443,83	II	1 755,16	1 608,33	1 461,58	1 314,75	1 169,33	1 029,66
	III	**1 331,83**	443,83	443,83	III	1 214,16	1 099,66	988,16	879,66	774,16	671,83
	V	**2 438,16**	443,83	443,83	IV	1 895,33	1 821,91	1 748,50	1 675,16	1 601,75	1 528,33
	VI	**2 474,50**	443,83	443,83							
7 556,99	I,IV	**1 956,83**	443,83	443,83	I	1 810,08	1 663,25	1 516,50	1 369,66	1 223,16	1 081,25
West	II	**1 890,08**	443,83	443,83	II	1 743,25	1 596,50	1 449,66	1 302,91	1 157,83	1 018,66
	III	**1 322,16**	443,83	443,83	III	1 204,83	1 090,50	979,16	871,00	765,83	663,66
	V	**2 426,33**	443,83	443,83	IV	1 883,41	1 810,08	1 736,66	1 663,25	1 589,83	1 516,50
	VI	**2 462,58**	443,83	443,83							
7 556,99	I,IV	**1 970,00**	443,83	443,83	I	1 823,16	1 676,41	1 529,58	1 382,83	1 236,16	1 093,66
Ost	II	**1 903,16**	443,83	443,83	II	1 756,41	1 609,58	1 462,83	1 316,00	1 170,58	1 030,83
	III	**1 332,83**	443,83	443,83	III	1 215,16	1 100,50	989,00	880,50	775,16	672,83
	V	**2 439,50**	443,83	443,83	IV	1 896,58	1 823,16	1 749,75	1 676,41	1 603,00	1 529,58
	VI	**2 475,75**	443,83	443,83							
7 559,99	I,IV	**1 958,08**	443,83	443,83	I	1 811,33	1 664,50	1 517,75	1 370,91	1 224,41	1 082,41
West	II	**1 891,33**	443,83	443,83	II	1 744,50	1 597,75	1 450,91	1 304,16	1 159,08	1 019,83
	III	**1 323,16**	443,83	443,83	III	1 205,83	1 091,50	980,16	871,83	766,66	664,66
	V	**2 427,58**	443,83	443,83	IV	1 884,75	1 811,33	1 737,91	1 664,50	1 591,16	1 517,75
	VI	**2 463,83**	443,83	443,83							
7 559,99	I,IV	**1 971,25**	443,83	443,83	I	1 824,41	1 677,66	1 530,83	1 384,08	1 237,41	1 094,83
Ost	II	**1 904,41**	443,83	443,83	II	1 757,66	1 610,83	1 464,08	1 317,33	1 171,75	1 032,00
	III	**1 333,83**	443,83	443,83	III	1 216,16	1 101,50	990,00	881,50	776,00	673,66
	V	**2 440,75**	443,83	443,83	IV	1 897,83	1 824,41	1 751,08	1 677,66	1 604,25	1 530,83
	VI	**2 477,00**	443,83	443,83							

* Zur LSt-Berechnung für privat versicherte Arbeitnehmer s. Beispiele **Vorbemerkung S. 4 f.**
** Basisvorsorgepauschale KV und PV *** Typisierter Arbeitgeberzuschuss

Lohn/ Gehalt in € bis	Steuerklasse	**Lohn-steuer***	BVSP**	TAGZ***	Steuerklasse	Bemessungsgrundlage für Kirchensteuer und Solidaritätszuschlag					
						Freibeträge für ... Kinder					
						0,5	**1,0**	1,5	**2,0**	2,5	**3,0**
7 562,99 West	I,IV	**1 959,33**	443,83	443,83	I	1 812,58	1 665,75	1 519,00	1 372,16	1 225,66	1 083,58
	II	**1 892,58**	443,83	443,83	II	1 745,83	1 599,00	1 452,25	1 305,41	1 160,25	1 021,00
	III	**1 324,16**	443,83	443,83	III	1 206,83	1 092,33	981,00	872,83	767,66	665,50
	V	**2 428,83**	443,83	443,83	IV	1 886,00	1 812,58	1 739,16	1 665,75	1 592,41	1 519,00
	VI	**2 465,08**	443,83	443,83							
7 562,99 Ost	I,IV	**1 972,50**	443,83	443,83	I	1 825,66	1 678,91	1 532,08	1 385,33	1 238,66	1 096,08
	II	**1 905,75**	443,83	443,83	II	1 758,91	1 612,16	1 465,33	1 318,58	1 173,00	1 033,16
	III	**1 334,83**	443,83	443,83	III	1 217,16	1 102,50	991,00	882,33	776,83	674,50
	V	**2 442,00**	443,83	443,83	IV	1 899,08	1 825,66	1 752,33	1 678,91	1 605,50	1 532,08
	VI	**2 478,25**	443,83	443,83							
7 565,99 West	I,IV	**1 960,66**	443,83	443,83	I	1 813,83	1 667,08	1 520,25	1 373,50	1 226,91	1 084,83
	II	**1 893,83**	443,83	443,83	II	1 747,08	1 600,25	1 453,50	1 306,66	1 161,50	1 022,16
	III	**1 325,16**	443,83	443,83	III	1 207,83	1 093,33	982,00	873,66	768,50	666,33
	V	**2 430,08**	443,83	443,83	IV	1 887,25	1 813,83	1 740,41	1 667,08	1 593,66	1 520,25
	VI	**2 466,41**	443,83	443,83							
7 565,99 Ost	I,IV	**1 973,75**	443,83	443,83	I	1 827,00	1 680,16	1 533,41	1 386,58	1 239,91	1 097,25
	II	**1 907,00**	443,83	443,83	II	1 760,16	1 613,41	1 466,58	1 319,83	1 174,25	1 034,41
	III	**1 336,00**	443,83	443,83	III	1 218,16	1 103,50	991,83	883,33	777,83	675,33
	V	**2 443,25**	443,83	443,83	IV	1 900,33	1 827,00	1 753,58	1 680,16	1 606,75	1 533,41
	VI	**2 479,50**	443,83	443,83							
7 568,99 West	I,IV	**1 961,91**	443,83	443,83	I	1 815,08	1 668,33	1 521,50	1 374,75	1 228,16	1 086,00
	II	**1 895,08**	443,83	443,83	II	1 748,33	1 601,50	1 454,75	1 307,91	1 162,75	1 023,33
	III	**1 326,33**	443,83	443,83	III	1 208,83	1 094,33	983,00	874,66	769,33	667,16
	V	**2 431,41**	443,83	443,83	IV	1 888,50	1 815,08	1 741,66	1 668,33	1 594,91	1 521,50
	VI	**2 467,66**	443,83	443,83							
7 568,99 Ost	I,IV	**1 975,00**	443,83	443,83	I	1 828,25	1 681,41	1 534,66	1 387,83	1 241,16	1 098,41
	II	**1 908,25**	443,83	443,83	II	1 761,41	1 614,66	1 467,83	1 321,08	1 175,50	1 035,58
	III	**1 337,00**	443,83	443,83	III	1 219,16	1 104,50	992,83	884,16	778,66	676,16
	V	**2 444,50**	443,83	443,83	IV	1 901,58	1 828,25	1 754,83	1 681,41	1 608,00	1 534,66
	VI	**2 480,75**	443,83	443,83							
7 571,99 West	I,IV	**1 963,16**	443,83	443,83	I	1 816,33	1 669,58	1 522,75	1 376,00	1 229,41	1 087,16
	II	**1 896,33**	443,83	443,83	II	1 749,58	1 602,75	1 456,00	1 309,16	1 163,91	1 024,50
	III	**1 327,33**	443,83	443,83	III	1 209,83	1 095,33	983,83	875,50	770,33	668,00
	V	**2 432,66**	443,83	443,83	IV	1 889,75	1 816,33	1 743,00	1 669,58	1 596,16	1 522,75
	VI	**2 468,91**	443,83	443,83							
7 571,99 Ost	I,IV	**1 976,25**	443,83	443,83	I	1 829,50	1 682,66	1 535,91	1 389,08	1 242,41	1 099,66
	II	**1 909,50**	443,83	443,83	II	1 762,66	1 615,91	1 469,08	1 322,33	1 176,66	1 036,75
	III	**1 338,00**	443,83	443,83	III	1 220,16	1 105,50	993,83	885,16	779,50	677,00
	V	**2 445,75**	443,83	443,83	IV	1 902,91	1 829,50	1 756,08	1 682,66	1 609,33	1 535,91
	VI	**2 482,00**	443,83	443,83							
7 574,99 West	I,IV	**1 964,41**	443,83	443,83	I	1 817,58	1 670,83	1 524,00	1 377,25	1 230,66	1 088,41
	II	**1 897,66**	443,83	443,83	II	1 750,83	1 604,08	1 457,25	1 310,50	1 165,16	1 025,66
	III	**1 328,33**	443,83	443,83	III	1 210,83	1 096,33	984,83	876,50	771,16	668,83
	V	**2 433,91**	443,83	443,83	IV	1 891,00	1 817,58	1 744,25	1 670,83	1 597,41	1 524,00
	VI	**2 470,16**	443,83	443,83							
7 574,99 Ost	I,IV	**1 977,50**	443,83	443,83	I	1 830,75	1 683,91	1 537,16	1 390,33	1 243,66	1 100,83
	II	**1 910,75**	443,83	443,83	II	1 764,00	1 617,16	1 470,41	1 323,58	1 177,91	1 037,91
	III	**1 339,00**	443,83	443,83	III	1 221,16	1 106,33	994,66	886,00	780,50	678,00
	V	**2 447,00**	443,83	443,83	IV	1 904,16	1 830,75	1 757,33	1 683,91	1 610,58	1 537,16
	VI	**2 483,25**	443,83	443,83							
7 577,99 West	I,IV	**1 965,66**	443,83	443,83	I	1 818,91	1 672,08	1 525,33	1 378,50	1 231,91	1 089,58
	II	**1 898,91**	443,83	443,83	II	1 752,08	1 605,33	1 458,50	1 311,75	1 166,41	1 026,83
	III	**1 329,33**	443,83	443,83	III	1 211,83	1 097,16	985,83	877,33	772,00	669,83
	V	**2 435,16**	443,83	443,83	IV	1 892,25	1 818,91	1 745,50	1 672,08	1 598,66	1 525,33
	VI	**2 471,41**	443,83	443,83							
7 577,99 Ost	I,IV	**1 978,83**	443,83	443,83	I	1 832,00	1 685,25	1 538,41	1 391,66	1 244,91	1 102,08
	II	**1 912,00**	443,83	443,83	II	1 765,25	1 618,41	1 471,66	1 324,83	1 179,16	1 039,08
	III	**1 340,00**	443,83	443,83	III	1 222,16	1 107,33	995,66	887,00	781,33	678,83
	V	**2 448,25**	443,83	443,83	IV	1 905,41	1 832,00	1 758,58	1 685,25	1 611,83	1 538,41
	VI	**2 484,50**	443,83	443,83							

* Zur LSt-Berechnung für privat versicherte Arbeitnehmer s. Beispiele **Vorbemerkung S. 4 f.**
** Basisvorsorgepauschale KV und PV *** Typisierter Arbeitgeberzuschuss

Lohn/ Gehalt in € bis	Steuerklasse	Lohn-steuer*	BVSP**	TAGZ***	Steuerklasse	Bemessungsgrundlage für Kirchensteuer und Solidaritätszuschlag – Freibeträge für ... Kinder 0,5	1,0	1,5	2,0	2,5	3,0
7580,99	I,IV	**1966,91**	443,83	443,83	I	1820,16	1673,33	1526,58	1379,75	1233,16	1090,75
West	II	**1900,16**	443,83	443,83	II	1753,33	1606,58	1459,75	1313,00	1167,58	1028,00
	III	**1330,33**	443,83	443,83	III	1212,83	1098,16	986,66	878,33	773,00	670,66
	V	**2436,41**	443,83	443,83	IV	1893,50	1820,16	1746,75	1673,33	1599,91	1526,58
	VI	**2472,66**	443,83	443,83							
7580,99	I,IV	**1980,08**	443,83	443,83	I	1833,25	1686,50	1539,66	1392,91	1246,16	1103,25
Ost	II	**1913,25**	443,83	443,83	II	1766,50	1619,66	1472,91	1326,08	1180,41	1040,25
	III	**1341,00**	443,83	443,83	III	1223,16	1108,33	996,66	887,83	782,33	679,66
	V	**2449,50**	443,83	443,83	IV	1906,66	1833,25	1759,83	1686,50	1613,08	1539,66
	VI	**2485,83**	443,83	443,83							
7583,99	I,IV	**1968,16**	443,83	443,83	I	1821,41	1674,58	1527,83	1381,00	1234,41	1092,00
West	II	**1901,41**	443,83	443,83	II	1754,58	1607,83	1461,00	1314,25	1168,83	1029,16
	III	**1331,33**	443,83	443,83	III	1213,66	1099,16	987,66	879,16	773,83	671,50
	V	**2437,66**	443,83	443,83	IV	1894,83	1821,41	1748,00	1674,58	1601,25	1527,83
	VI	**2473,91**	443,83	443,83							
7583,99	I,IV	**1981,33**	443,83	443,83	I	1834,50	1687,75	1540,91	1394,16	1247,41	1104,41
Ost	II	**1914,50**	443,83	443,83	II	1767,75	1620,91	1474,16	1327,33	1181,58	1041,41
	III	**1342,00**	443,83	443,83	III	1224,16	1109,33	997,50	888,83	783,16	680,50
	V	**2450,83**	443,83	443,83	IV	1907,91	1834,50	1761,16	1687,75	1614,33	1540,91
	VI	**2487,08**	443,83	443,83							
7586,99	I,IV	**1969,41**	443,83	443,83	I	1822,66	1675,83	1529,08	1382,25	1235,66	1093,16
West	II	**1902,66**	443,83	443,83	II	1755,91	1609,08	1462,33	1315,50	1170,08	1030,33
	III	**1332,33**	443,83	443,83	III	1214,66	1100,16	988,66	880,16	774,66	672,33
	V	**2438,91**	443,83	443,83	IV	1896,08	1822,66	1749,25	1675,83	1602,50	1529,08
	VI	**2475,16**	443,83	443,83							
7586,99	I,IV	**1982,58**	443,83	443,83	I	1835,75	1689,00	1542,16	1395,41	1248,66	1105,66
Ost	II	**1915,83**	443,83	443,83	II	1769,00	1622,25	1475,41	1328,66	1182,83	1042,58
	III	**1343,16**	443,83	443,83	III	1225,16	1110,33	998,50	889,66	784,00	681,50
	V	**2452,08**	443,83	443,83	IV	1909,16	1835,75	1762,41	1689,00	1615,58	1542,16
	VI	**2488,33**	443,83	443,83							
7589,99	I,IV	**1970,66**	443,83	443,83	I	1823,91	1677,16	1530,33	1383,58	1236,91	1094,33
West	II	**1903,91**	443,83	443,83	II	1757,16	1610,33	1463,58	1316,75	1171,25	1031,58
	III	**1333,50**	443,83	443,83	III	1215,66	1101,16	989,50	881,00	775,66	673,16
	V	**2440,16**	443,83	443,83	IV	1897,33	1823,91	1750,50	1677,16	1603,75	1530,33
	VI	**2476,41**	443,83	443,83							
7589,99	I,IV	**1983,83**	443,83	443,83	I	1837,08	1690,25	1543,50	1396,66	1249,91	1106,83
Ost	II	**1917,08**	443,83	443,83	II	1770,25	1623,50	1476,66	1329,91	1184,08	1043,75
	III	**1344,16**	443,83	443,83	III	1226,16	1111,33	999,50	890,66	785,00	682,33
	V	**2453,33**	443,83	443,83	IV	1910,41	1837,08	1763,66	1690,25	1616,83	1543,50
	VI	**2489,58**	443,83	443,83							
7592,99	I,IV	**1972,00**	443,83	443,83	I	1825,16	1678,41	1531,58	1384,83	1238,16	1095,58
West	II	**1905,16**	443,83	443,83	II	1758,41	1611,58	1464,83	1318,00	1172,50	1032,75
	III	**1334,50**	443,83	443,83	III	1216,66	1102,16	990,50	882,00	776,50	674,16
	V	**2441,41**	443,83	443,83	IV	1898,58	1825,16	1751,75	1678,41	1605,00	1531,58
	VI	**2477,75**	443,83	443,83							
7592,99	I,IV	**1985,08**	443,83	443,83	I	1838,33	1691,50	1544,75	1397,91	1251,16	1108,08
Ost	II	**1918,33**	443,83	443,83	II	1771,50	1624,75	1477,91	1331,16	1185,33	1045,00
	III	**1345,16**	443,83	443,83	III	1227,16	1112,16	1000,33	891,50	785,83	683,16
	V	**2454,58**	443,83	443,83	IV	1911,66	1838,33	1764,91	1691,50	1618,08	1544,75
	VI	**2490,83**	443,83	443,83							
7595,99	I,IV	**1973,25**	443,83	443,83	I	1826,41	1679,66	1532,83	1386,08	1239,41	1096,75
West	II	**1906,41**	443,83	443,83	II	1759,66	1612,83	1466,08	1319,25	1173,75	1033,91
	III	**1335,50**	443,83	443,83	III	1217,66	1103,00	991,50	882,83	777,33	675,00
	V	**2442,75**	443,83	443,83	IV	1899,83	1826,41	1753,08	1679,66	1606,25	1532,83
	VI	**2479,00**	443,83	443,83							
7595,99	I,IV	**1986,33**	443,83	443,83	I	1839,58	1692,75	1546,00	1399,16	1252,41	1109,25
Ost	II	**1919,58**	443,83	443,83	II	1772,75	1626,00	1479,16	1332,41	1186,50	1046,16
	III	**1346,16**	443,83	443,83	III	1228,16	1113,16	1001,33	892,50	786,66	684,00
	V	**2455,83**	443,83	443,83	IV	1912,91	1839,58	1766,16	1692,75	1619,41	1546,00
	VI	**2492,08**	443,83	443,83							

* Zur LSt-Berechnung für privat versicherte Arbeitnehmer s. Beispiele **Vorbemerkung S. 4 f.**
** Basisvorsorgepauschale KV und PV *** Typisierter Arbeitgeberzuschuss

Lohn/ Gehalt in € bis	Steuerklasse	Lohn- steuer*	BVSP**	TAGZ***	Steuerklasse	Bemessungsgrundlage für Kirchensteuer und Solidaritätszuschlag – Freibeträge für ... Kinder 0,5	**1,0**	1,5	**2,0**	2,5	**3,0**
7598,99 West	I,IV	**1974,50**	443,83	443,83	I	1827,66	1680,91	1534,08	1387,33	1240,66	1097,91
	II	**1907,66**	443,83	443,83	II	1760,91	1614,16	1467,33	1320,58	1175,00	1035,08
	III	**1336,50**	443,83	443,83	III	1218,66	1104,00	992,33	883,83	778,33	675,83
	V	**2444,00**	443,83	443,83	IV	1901,08	1827,66	1754,33	1680,91	1607,50	1534,08
	VI	**2480,25**	443,83	443,83							
7598,99 Ost	I,IV	**1987,58**	443,83	443,83	I	1840,83	1694,00	1547,25	1400,41	1253,66	1110,41
	II	**1920,83**	443,83	443,83	II	1774,08	1627,25	1480,50	1333,66	1187,75	1047,33
	III	**1347,16**	443,83	443,83	III	1229,16	1114,16	1002,33	893,50	787,66	684,83
	V	**2457,08**	443,83	443,83	IV	1914,25	1840,83	1767,41	1694,00	1620,66	1547,25
	VI	**2493,33**	443,83	443,83							
7601,99 West	I,IV	**1975,75**	443,83	443,83	I	1828,91	1682,16	1535,41	1388,58	1241,91	1099,16
	II	**1909,00**	443,83	443,83	II	1762,16	1615,41	1468,58	1321,83	1176,16	1036,25
	III	**1337,50**	443,83	443,83	III	1219,66	1105,00	993,33	884,66	779,16	676,66
	V	**2445,25**	443,83	443,83	IV	1902,33	1828,91	1755,58	1682,16	1608,75	1535,41
	VI	**2481,50**	443,83	443,83							
7601,99 Ost	I,IV	**1988,83**	443,83	443,83	I	1842,08	1695,33	1548,50	1401,75	1254,91	1111,66
	II	**1922,08**	443,83	443,83	II	1775,33	1628,50	1481,75	1334,91	1189,00	1048,50
	III	**1348,16**	443,83	443,83	III	1230,16	1115,16	1003,16	894,33	788,50	685,83
	V	**2458,33**	443,83	443,83	IV	1915,50	1842,08	1768,66	1695,33	1621,91	1548,50
	VI	**2494,58**	443,83	443,83							
7604,99 West	I,IV	**1977,00**	443,83	443,83	I	1830,25	1683,41	1536,66	1389,83	1243,16	1100,33
	II	**1910,25**	443,83	443,83	II	1763,41	1616,66	1469,83	1323,08	1177,41	1037,41
	III	**1338,50**	443,83	443,83	III	1220,66	1106,00	994,33	885,66	780,00	677,50
	V	**2446,50**	443,83	443,83	IV	1903,58	1830,25	1756,83	1683,41	1610,00	1536,66
	VI	**2482,75**	443,83	443,83							
7604,99 Ost	I,IV	**1990,16**	443,83	443,83	I	1843,33	1696,58	1549,75	1403,00	1256,16	1112,83
	II	**1923,33**	443,83	443,83	II	1776,58	1629,75	1483,00	1336,16	1190,25	1049,66
	III	**1349,33**	443,83	443,83	III	1231,16	1116,16	1004,16	895,33	789,33	686,66
	V	**2459,58**	443,83	443,83	IV	1916,75	1843,33	1769,91	1696,58	1623,16	1549,75
	VI	**2495,91**	443,83	443,83							
7607,99 West	I,IV	**1978,25**	443,83	443,83	I	1831,50	1684,66	1537,91	1391,08	1244,41	1101,58
	II	**1911,50**	443,83	443,83	II	1764,66	1617,91	1471,08	1324,33	1178,66	1038,58
	III	**1339,50**	443,83	443,83	III	1221,66	1107,00	995,16	886,50	781,00	678,50
	V	**2447,75**	443,83	443,83	IV	1904,83	1831,50	1758,08	1684,66	1611,33	1537,91
	VI	**2484,00**	443,83	443,83							
7607,99 Ost	I,IV	**1991,41**	443,83	443,83	I	1844,58	1697,83	1551,00	1404,25	1257,41	1114,08
	II	**1924,58**	443,83	443,83	II	1777,83	1631,00	1484,25	1337,41	1191,50	1050,83
	III	**1350,33**	443,83	443,83	III	1232,16	1117,16	1005,16	896,16	790,33	687,50
	V	**2460,91**	443,83	443,83	IV	1918,00	1844,58	1771,16	1697,83	1624,41	1551,00
	VI	**2497,16**	443,83	443,83							
7610,99 West	I,IV	**1979,50**	443,83	443,83	I	1832,75	1685,91	1539,16	1392,33	1245,66	1102,75
	II	**1912,75**	443,83	443,83	II	1765,91	1619,16	1472,41	1325,58	1179,83	1039,75
	III	**1340,66**	443,83	443,83	III	1222,66	1108,00	996,16	887,50	781,83	679,33
	V	**2449,00**	443,83	443,83	IV	1906,16	1832,75	1759,33	1685,91	1612,58	1539,16
	VI	**2485,25**	443,83	443,83							
7610,99 Ost	I,IV	**1992,66**	443,83	443,83	I	1845,83	1699,08	1552,25	1405,50	1258,75	1115,25
	II	**1925,83**	443,83	443,83	II	1779,08	1632,33	1485,50	1338,75	1192,66	1052,08
	III	**1351,33**	443,83	443,83	III	1233,16	1118,16	1006,00	897,16	791,16	688,33
	V	**2462,16**	443,83	443,83	IV	1919,25	1845,83	1772,50	1699,08	1625,66	1552,25
	VI	**2498,41**	443,83	443,83							
7613,99 West	I,IV	**1980,75**	443,83	443,83	I	1834,00	1687,16	1540,41	1393,66	1246,91	1103,91
	II	**1914,00**	443,83	443,83	II	1767,25	1620,41	1473,66	1326,83	1181,08	1040,91
	III	**1341,66**	443,83	443,83	III	1223,66	1108,83	997,16	888,33	782,83	680,16
	V	**2450,25**	443,83	443,83	IV	1907,41	1834,00	1760,58	1687,16	1613,83	1540,41
	VI	**2486,50**	443,83	443,83							
7613,99 Ost	I,IV	**1993,91**	443,83	443,83	I	1847,08	1700,33	1553,58	1406,75	1260,00	1116,50
	II	**1927,16**	443,83	443,83	II	1780,33	1633,58	1486,75	1340,00	1193,91	1053,25
	III	**1352,33**	443,83	443,83	III	1234,16	1119,00	1007,00	898,00	792,16	689,16
	V	**2463,41**	443,83	443,83	IV	1920,50	1847,08	1773,75	1700,33	1626,91	1553,58
	VI	**2499,66**	443,83	443,83							

* Zur LSt-Berechnung für privat versicherte Arbeitnehmer s. Beispiele **Vorbemerkung S. 4f.**
** Basisvorsorgepauschale KV und PV *** Typisierter Arbeitgeberzuschuss

Lohn/ Gehalt in € bis	Steuerklasse	Lohn- steuer*	BVSP**	TAGZ***	Steuerklasse	Bemessungsgrundlage für Kirchensteuer und Solidaritätszuschlag					
						Freibeträge für ... Kinder					
						0,5	**1,0**	1,5	**2,0**	2,5	**3,0**
7 616,99	I,IV	**1 982,08**	443,83	443,83	I	1 835,25	1 688,50	1 541,66	1 394,91	1 248,16	1 105,16
West	II	**1 915,25**	443,83	443,83	II	1 768,50	1 621,66	1 474,91	1 328,08	1 182,33	1 042,08
	III	**1 342,66**	443,83	443,83	III	1 224,66	1 109,83	998,00	889,33	783,66	681,00
	V	**2 451,50**	443,83	443,83	IV	1 908,66	1 835,25	1 761,83	1 688,50	1 615,08	1 541,66
	VI	**2 487,83**	443,83	443,83							
7 616,99	I,IV	**1 995,16**	443,83	443,83	I	1 848,41	1 701,58	1 554,83	1 408,00	1 261,25	1 117,66
Ost	II	**1 928,41**	443,83	443,83	II	1 781,58	1 634,83	1 488,00	1 341,25	1 195,16	1 054,41
	III	**1 353,33**	443,83	443,83	III	1 235,16	1 120,00	1 008,00	899,00	793,00	690,16
	V	**2 464,66**	443,83	443,83	IV	1 921,75	1 848,41	1 775,00	1 701,58	1 628,16	1 554,83
	VI	**2 500,91**	443,83	443,83							
7 619,99	I,IV	**1 983,33**	443,83	443,83	I	1 836,50	1 689,75	1 542,91	1 396,16	1 249,41	1 106,33
West	II	**1 916,50**	443,83	443,83	II	1 769,75	1 622,91	1 476,16	1 329,33	1 183,58	1 043,33
	III	**1 343,66**	443,83	443,83	III	1 225,66	1 110,83	999,00	890,16	784,50	681,83
	V	**2 452,83**	443,83	443,83	IV	1 909,91	1 836,50	1 763,08	1 689,75	1 616,33	1 542,91
	VI	**2 489,08**	443,83	443,83							
7 619,99	I,IV	**1 996,41**	443,83	443,83	I	1 849,66	1 702,83	1 556,08	1 409,25	1 262,50	1 118,91
Ost	II	**1 929,66**	443,83	443,83	II	1 782,83	1 636,08	1 489,25	1 342,50	1 196,41	1 055,58
	III	**1 354,33**	443,83	443,83	III	1 236,16	1 121,00	1 008,83	899,83	793,83	691,00
	V	**2 465,91**	443,83	443,83	IV	1 923,00	1 849,66	1 776,25	1 702,83	1 629,41	1 556,08
	VI	**2 502,16**	443,83	443,83							
7 622,99	I,IV	**1 984,58**	443,83	443,83	I	1 837,75	1 691,00	1 544,16	1 397,41	1 250,66	1 107,58
West	II	**1 917,75**	443,83	443,83	II	1 771,00	1 624,16	1 477,41	1 330,66	1 184,75	1 044,50
	III	**1 344,66**	443,83	443,83	III	1 226,66	1 111,83	1 000,00	891,16	785,50	682,83
	V	**2 454,08**	443,83	443,83	IV	1 911,16	1 837,75	1 764,41	1 691,00	1 617,58	1 544,16
	VI	**2 490,33**	443,83	443,83							
7 622,99	I,IV	**1 997,66**	443,83	443,83	I	1 850,91	1 704,08	1 557,33	1 410,50	1 263,75	1 120,08
Ost	II	**1 930,91**	443,83	443,83	II	1 784,08	1 637,33	1 490,58	1 343,75	1 197,66	1 056,75
	III	**1 355,50**	443,83	443,83	III	1 237,16	1 122,00	1 009,83	900,83	794,83	691,83
	V	**2 467,16**	443,83	443,83	IV	1 924,33	1 850,91	1 777,50	1 704,08	1 630,75	1 557,33
	VI	**2 503,41**	443,83	443,83							
7 625,99	I,IV	**1 985,83**	443,83	443,83	I	1 839,00	1 692,25	1 545,41	1 398,66	1 251,91	1 108,75
West	II	**1 919,08**	443,83	443,83	II	1 772,25	1 625,50	1 478,66	1 331,91	1 186,00	1 045,66
	III	**1 345,66**	443,83	443,83	III	1 227,66	1 112,83	1 000,83	892,16	786,33	683,66
	V	**2 455,33**	443,83	443,83	IV	1 912,41	1 839,00	1 765,66	1 692,25	1 618,83	1 545,41
	VI	**2 491,58**	443,83	443,83							
7 625,99	I,IV	**1 998,91**	443,83	443,83	I	1 852,16	1 705,33	1 558,58	1 411,83	1 265,00	1 121,33
Ost	II	**1 932,16**	443,83	443,83	II	1 785,41	1 638,58	1 491,83	1 345,00	1 198,83	1 057,91
	III	**1 356,50**	443,83	443,83	III	1 238,16	1 123,00	1 010,83	901,66	795,66	692,66
	V	**2 468,41**	443,83	443,83	IV	1 925,58	1 852,16	1 778,75	1 705,33	1 632,00	1 558,58
	VI	**2 504,66**	443,83	443,83							
7 628,99	I,IV	**1 987,08**	443,83	443,83	I	1 840,33	1 693,50	1 546,75	1 399,91	1 253,16	1 109,91
West	II	**1 920,33**	443,83	443,83	II	1 773,50	1 626,75	1 479,91	1 333,16	1 187,25	1 046,83
	III	**1 346,66**	443,83	443,83	III	1 228,66	1 113,83	1 001,83	893,00	787,16	684,50
	V	**2 456,58**	443,83	443,83	IV	1 913,66	1 840,33	1 766,91	1 693,50	1 620,08	1 546,75
	VI	**2 492,83**	443,83	443,83							
7 628,99	I,IV	**2 000,25**	443,83	443,83	I	1 853,41	1 706,66	1 559,83	1 413,08	1 266,25	1 122,50
Ost	II	**1 933,41**	443,83	443,83	II	1 786,66	1 639,83	1 493,08	1 346,25	1 200,08	1 059,16
	III	**1 357,50**	443,83	443,83	III	1 239,16	1 124,00	1 011,83	902,66	796,66	693,66
	V	**2 469,66**	443,83	443,83	IV	1 926,83	1 853,41	1 780,00	1 706,66	1 633,25	1 559,83
	VI	**2 506,00**	443,83	443,83							
7 631,99	I,IV	**1 988,33**	443,83	443,83	I	1 841,58	1 694,75	1 548,00	1 401,16	1 254,41	1 111,16
West	II	**1 921,58**	443,83	443,83	II	1 774,75	1 628,00	1 481,16	1 334,41	1 188,50	1 048,00
	III	**1 347,83**	443,83	443,83	III	1 229,66	1 114,66	1 002,83	894,00	788,16	685,33
	V	**2 457,83**	443,83	443,83	IV	1 914,91	1 841,58	1 768,16	1 694,75	1 621,33	1 548,00
	VI	**2 494,08**	443,83	443,83							
7 631,99	I,IV	**2 001,50**	443,83	443,83	I	1 854,66	1 707,91	1 561,08	1 414,33	1 267,50	1 123,75
Ost	II	**1 934,66**	443,83	443,83	II	1 787,91	1 641,08	1 494,33	1 347,50	1 201,33	1 060,33
	III	**1 358,50**	443,83	443,83	III	1 240,16	1 124,83	1 012,66	903,50	797,50	694,50
	V	**2 471,00**	443,83	443,83	IV	1 928,08	1 854,66	1 781,25	1 707,91	1 634,50	1 561,08
	VI	**2 507,25**	443,83	443,83							

* Zur LSt-Berechnung für privat versicherte Arbeitnehmer s. Beispiele **Vorbemerkung S. 4 f.**
** Basisvorsorgepauschale KV und PV *** Typisierter Arbeitgeberzuschuss

Lohn/ Gehalt in € bis	Steuerklasse	**Lohn-steuer***	BVSP**	TAGZ***	Steuerklasse	Bemessungsgrundlage für Kirchensteuer und Solidaritätszuschlag					
						Freibeträge für ... Kinder					
						0,5	**1,0**	1,5	**2,0**	2,5	**3,0**
7634,99	I,IV	**1989,58**	443,83	443,83	I	1842,83	1696,00	1549,25	1402,41	1255,66	1112,33
West	II	**1922,83**	443,83	443,83	II	1776,00	1629,25	1482,41	1335,66	1189,75	1049,16
	III	**1348,83**	443,83	443,83	III	1230,66	1115,66	1003,66	894,83	789,00	686,16
	V	**2459,08**	443,83	443,83	IV	1916,25	1842,83	1769,41	1696,00	1622,66	1549,25
	VI	**2495,33**	443,83	443,83							
7634,99	I,IV	**2002,75**	443,83	443,83	I	1855,91	1709,16	1562,33	1415,58	1268,75	1124,91
Ost	II	**1935,91**	443,83	443,83	II	1789,16	1642,33	1495,58	1348,83	1202,58	1061,50
	III	**1359,50**	443,83	443,83	III	1241,16	1125,83	1013,66	904,50	798,33	695,33
	V	**2472,25**	443,83	443,83	IV	1929,33	1855,91	1782,58	1709,16	1635,75	1562,33
	VI	**2508,50**	443,83	443,83							
7637,99	I,IV	**1990,83**	443,83	443,83	I	1844,08	1697,25	1550,50	1403,66	1256,91	1113,58
West	II	**1924,08**	443,83	443,83	II	1777,33	1630,50	1483,75	1336,91	1190,91	1050,33
	III	**1349,83**	443,83	443,83	III	1231,66	1116,66	1004,66	895,83	789,83	687,16
	V	**2460,33**	443,83	443,83	IV	1917,50	1844,08	1770,66	1697,25	1623,91	1550,50
	VI	**2496,58**	443,83	443,83							
7637,99	I,IV	**2004,00**	443,83	443,83	I	1857,16	1710,41	1563,58	1416,83	1270,08	1126,16
Ost	II	**1937,25**	443,83	443,83	II	1790,41	1643,66	1496,83	1350,08	1203,83	1062,66
	III	**1360,50**	443,83	443,83	III	1242,16	1126,83	1014,66	905,33	799,33	696,16
	V	**2473,50**	443,83	443,83	IV	1930,58	1857,16	1783,83	1710,41	1637,00	1563,58
	VI	**2509,75**	443,83	443,83							
7640,99	I,IV	**1992,16**	443,83	443,83	I	1845,33	1698,58	1551,75	1405,00	1258,16	1114,75
West	II	**1925,33**	443,83	443,83	II	1778,58	1631,75	1485,00	1338,16	1192,16	1051,58
	III	**1350,83**	443,83	443,83	III	1232,66	1117,66	1005,66	896,66	790,83	688,00
	V	**2461,58**	443,83	443,83	IV	1918,75	1845,33	1771,91	1698,58	1625,16	1551,75
	VI	**2497,91**	443,83	443,83							
7640,99	I,IV	**2005,25**	443,83	443,83	I	1858,50	1711,66	1564,91	1418,08	1271,33	1127,33
Ost	II	**1938,50**	443,83	443,83	II	1791,66	1644,91	1498,08	1351,33	1205,08	1063,91
	III	**1361,66**	443,83	443,83	III	1243,16	1127,83	1015,50	906,33	800,16	697,00
	V	**2474,75**	443,83	443,83	IV	1931,83	1858,50	1785,08	1711,66	1638,25	1564,91
	VI	**2511,00**	443,83	443,83							
7643,99	I,IV	**1993,41**	443,83	443,83	I	1846,58	1699,83	1553,00	1406,25	1259,41	1116,00
West	II	**1926,58**	443,83	443,83	II	1779,83	1633,00	1486,25	1339,41	1193,41	1052,75
	III	**1351,83**	443,83	443,83	III	1233,66	1118,66	1006,66	897,66	791,66	688,83
	V	**2462,91**	443,83	443,83	IV	1920,00	1846,58	1773,16	1699,83	1626,41	1553,00
	VI	**2499,16**	443,83	443,83							
7643,99	I,IV	**2006,50**	443,83	443,83	I	1859,75	1712,91	1566,16	1419,33	1272,58	1128,58
Ost	II	**1939,75**	443,83	443,83	II	1792,91	1646,16	1499,33	1352,58	1206,33	1065,08
	III	**1362,66**	443,83	443,83	III	1244,16	1128,83	1016,50	907,33	801,00	698,00
	V	**2476,00**	443,83	443,83	IV	1933,08	1859,75	1786,33	1712,91	1639,50	1566,16
	VI	**2512,25**	443,83	443,83							
7646,99	I,IV	**1994,66**	443,83	443,83	I	1847,83	1701,08	1554,25	1407,50	1260,66	1117,16
West	II	**1927,83**	443,83	443,83	II	1781,08	1634,25	1487,50	1340,66	1194,66	1053,91
	III	**1352,83**	443,83	443,83	III	1234,66	1119,66	1007,50	898,50	792,66	689,66
	V	**2464,16**	443,83	443,83	IV	1921,25	1847,83	1774,50	1701,08	1627,66	1554,25
	VI	**2500,41**	443,83	443,83							
7646,99	I,IV	**2007,75**	443,83	443,83	I	1861,00	1714,16	1567,41	1420,58	1273,83	1129,75
Ost	II	**1941,00**	443,83	443,83	II	1794,16	1647,41	1500,58	1353,83	1207,50	1066,25
	III	**1363,66**	443,83	443,83	III	1245,16	1129,83	1017,50	908,16	802,00	698,83
	V	**2477,25**	443,83	443,83	IV	1934,41	1861,00	1787,58	1714,16	1640,83	1567,41
	VI	**2513,50**	443,83	443,83							
7649,99	I,IV	**1995,91**	443,83	443,83	I	1849,08	1702,33	1555,50	1408,75	1262,00	1118,41
West	II	**1929,16**	443,83	443,83	II	1782,33	1635,58	1488,75	1342,00	1195,91	1055,08
	III	**1354,00**	443,83	443,83	III	1235,66	1120,50	1008,50	899,50	793,50	690,66
	V	**2465,41**	443,83	443,83	IV	1922,50	1849,08	1775,75	1702,33	1628,91	1555,50
	VI	**2501,66**	443,83	443,83							
7649,99	I,IV	**2009,00**	443,83	443,83	I	1862,25	1715,41	1568,66	1421,83	1275,08	1131,00
Ost	II	**1942,25**	443,83	443,83	II	1795,50	1648,66	1501,91	1355,08	1208,75	1067,41
	III	**1364,66**	443,83	443,83	III	1246,16	1130,83	1018,33	909,16	802,83	699,66
	V	**2478,50**	443,83	443,83	IV	1935,66	1862,25	1788,83	1715,41	1642,08	1568,66
	VI	**2514,75**	443,83	443,83							

* Zur LSt-Berechnung für privat versicherte Arbeitnehmer s. Beispiele **Vorbemerkung S. 4f.**
** Basisvorsorgepauschale KV und PV *** Typisierter Arbeitgeberzuschuss

Lohn/ Gehalt in € bis	Steuerklasse	Lohn-steuer*	BVSP**	TAGZ***	Steuerklasse	Bemessungsgrundlage für Kirchensteuer und Solidaritätszuschlag					
						Freibeträge für ... Kinder					
						0,5	**1,0**	1,5	**2,0**	2,5	**3,0**
7 652,99 West	I,IV	**1 997,16**	443,83	443,83	I	1 850,41	1 703,58	1 556,83	1 410,00	1 263,25	1 119,58
	II	**1 930,41**	443,83	443,83	II	1 783,58	1 636,83	1 490,00	1 343,25	1 197,08	1 056,25
	III	**1 355,00**	443,83	443,83	III	1 236,66	1 121,50	1 009,50	900,33	794,33	691,50
	V	**2 466,66**	443,83	443,83	IV	1 923,75	1 850,41	1 777,00	1 703,58	1 630,16	1 556,83
	VI	**2 502,91**	443,83	443,83							
7 652,99 Ost	I,IV	**2 010,33**	443,83	443,83	I	1 863,50	1 716,75	1 569,91	1 423,16	1 276,33	1 132,16
	II	**1 943,50**	443,83	443,83	II	1 796,75	1 649,91	1 503,16	1 356,33	1 210,00	1 068,58
	III	**1 365,66**	443,83	443,83	III	1 247,16	1 131,83	1 019,33	910,00	803,83	700,50
	V	**2 479,75**	443,83	443,83	IV	1 936,91	1 863,50	1 790,08	1 716,75	1 643,33	1 569,91
	VI	**2 516,00**	443,83	443,83							
7 655,99 West	I,IV	**1 998,41**	443,83	443,83	I	1 851,66	1 704,83	1 558,08	1 411,25	1 264,50	1 120,83
	II	**1 931,66**	443,83	443,83	II	1 784,83	1 638,08	1 491,25	1 344,50	1 198,33	1 057,50
	III	**1 356,00**	443,83	443,83	III	1 237,66	1 122,50	1 010,33	901,33	795,33	692,33
	V	**2 467,91**	443,83	443,83	IV	1 925,00	1 851,66	1 778,25	1 704,83	1 631,41	1 558,08
	VI	**2 504,16**	443,83	443,83							
7 655,99 Ost	I,IV	**2 011,58**	443,83	443,83	I	1 864,75	1 718,00	1 571,16	1 424,41	1 277,58	1 133,41
	II	**1 944,75**	443,83	443,83	II	1 798,00	1 651,16	1 504,41	1 357,58	1 211,25	1 069,83
	III	**1 366,66**	443,83	443,83	III	1 248,16	1 132,66	1 020,33	911,00	804,66	701,50
	V	**2 481,00**	443,83	443,83	IV	1 938,16	1 864,75	1 791,33	1 718,00	1 644,58	1 571,16
	VI	**2 517,33**	443,83	443,83							
7 658,99 West	I,IV	**1 999,66**	443,83	443,83	I	1 852,91	1 706,08	1 559,33	1 412,50	1 265,75	1 122,00
	II	**1 932,91**	443,83	443,83	II	1 786,08	1 639,33	1 492,50	1 345,75	1 199,58	1 058,66
	III	**1 357,00**	443,83	443,83	III	1 238,66	1 123,50	1 011,33	902,16	796,16	693,16
	V	**2 469,16**	443,83	443,83	IV	1 926,33	1 852,91	1 779,50	1 706,08	1 632,75	1 559,33
	VI	**2 505,41**	443,83	443,83							
7 658,99 Ost	I,IV	**2 012,83**	443,83	443,83	I	1 866,00	1 719,25	1 572,41	1 425,66	1 278,83	1 134,58
	II	**1 946,00**	443,83	443,83	II	1 799,25	1 652,41	1 505,66	1 358,83	1 212,50	1 071,00
	III	**1 367,83**	443,83	443,83	III	1 249,16	1 133,66	1 021,33	911,83	805,50	702,33
	V	**2 482,33**	443,83	443,83	IV	1 939,41	1 866,00	1 792,66	1 719,25	1 645,83	1 572,41
	VI	**2 518,58**	443,83	443,83							
7 661,99 West	I,IV	**2 000,91**	443,83	443,83	I	1 854,16	1 707,33	1 560,58	1 413,75	1 267,00	1 123,25
	II	**1 934,16**	443,83	443,83	II	1 787,41	1 640,58	1 493,83	1 347,00	1 200,83	1 059,83
	III	**1 358,00**	443,83	443,83	III	1 239,66	1 124,50	1 012,33	903,16	797,16	694,00
	V	**2 470,41**	443,83	443,83	IV	1 927,58	1 854,16	1 780,75	1 707,33	1 634,00	1 560,58
	VI	**2 506,66**	443,83	443,83							
7 661,99 Ost	I,IV	**2 014,08**	443,83	443,83	I	1 867,25	1 720,50	1 573,66	1 426,91	1 280,08	1 135,83
	II	**1 947,33**	443,83	443,83	II	1 800,50	1 653,75	1 506,91	1 360,16	1 213,75	1 072,16
	III	**1 368,83**	443,83	443,83	III	1 250,16	1 134,66	1 022,16	912,83	806,50	703,16
	V	**2 483,58**	443,83	443,83	IV	1 940,66	1 867,25	1 793,91	1 720,50	1 647,08	1 573,66
	VI	**2 519,83**	443,83	443,83							
7 664,99 West	I,IV	**2 002,16**	443,83	443,83	I	1 855,41	1 708,66	1 561,83	1 415,08	1 268,25	1 124,41
	II	**1 935,41**	443,83	443,83	II	1 788,66	1 641,83	1 495,08	1 348,25	1 202,08	1 061,00
	III	**1 359,00**	443,83	443,83	III	1 240,66	1 125,50	1 013,16	904,00	798,00	695,00
	V	**2 471,66**	443,83	443,83	IV	1 928,83	1 855,41	1 782,00	1 708,66	1 635,25	1 561,83
	VI	**2 507,91**	443,83	443,83							
7 664,99 Ost	I,IV	**2 015,33**	443,83	443,83	I	1 868,58	1 721,75	1 575,00	1 428,16	1 281,41	1 137,00
	II	**1 948,58**	443,83	443,83	II	1 801,75	1 655,00	1 508,16	1 361,41	1 215,00	1 073,41
	III	**1 369,83**	443,83	443,83	III	1 251,16	1 135,66	1 023,16	913,66	807,33	704,00
	V	**2 484,83**	443,83	443,83	IV	1 941,91	1 868,58	1 795,16	1 721,75	1 648,33	1 575,00
	VI	**2 521,08**	443,83	443,83							
7 667,99 West	I,IV	**2 003,50**	443,83	443,83	I	1 856,66	1 709,91	1 563,08	1 416,33	1 269,50	1 125,66
	II	**1 936,66**	443,83	443,83	II	1 789,91	1 643,08	1 496,33	1 349,50	1 203,33	1 062,16
	III	**1 360,16**	443,83	443,83	III	1 241,66	1 126,50	1 014,16	905,00	798,83	695,83
	V	**2 472,91**	443,83	443,83	IV	1 930,08	1 856,66	1 783,25	1 709,91	1 636,50	1 563,08
	VI	**2 509,25**	443,83	443,83							
7 667,99 Ost	I,IV	**2 016,58**	443,83	443,83	I	1 869,83	1 723,00	1 576,25	1 429,41	1 282,66	1 138,25
	II	**1 949,83**	443,83	443,83	II	1 803,00	1 656,25	1 509,41	1 362,66	1 216,25	1 074,58
	III	**1 370,83**	443,83	443,83	III	1 252,16	1 136,66	1 024,16	914,66	808,33	705,00
	V	**2 486,08**	443,83	443,83	IV	1 943,16	1 869,83	1 796,41	1 723,00	1 649,58	1 576,25
	VI	**2 522,33**	443,83	443,83							

* Zur LSt-Berechnung für privat versicherte Arbeitnehmer s. Beispiele **Vorbemerkung S. 4f.**
** Basisvorsorgepauschale KV und PV *** Typisierter Arbeitgeberzuschuss

Lohn/ Gehalt in € bis	Steuerklasse	**Lohn-steuer***	BVSP**	TAGZ***	Steuerklasse	Bemessungsgrundlage für Kirchensteuer und Solidaritätszuschlag					
						Freibeträge für ... Kinder					
						0,5	**1,0**	1,5	**2,0**	2,5	**3,0**
7 670,99 West	I,IV	**2 004,75**	443,83	443,83	I	1 857,91	1 711,16	1 564,33	1 417,58	1 270,75	1 126,83
	II	**1 937,91**	443,83	443,83	II	1 791,16	1 644,33	1 497,58	1 350,75	1 204,50	1 063,41
	III	**1 361,16**	443,83	443,83	III	1 242,66	1 127,33	1 015,16	906,00	799,83	696,66
	V	**2 474,25**	443,83	443,83	IV	1 931,33	1 857,91	1 784,58	1 711,16	1 637,75	1 564,33
	VI	**2 510,50**	443,83	443,83							
7 670,99 Ost	I,IV	**2 017,83**	443,83	443,83	I	1 871,08	1 724,25	1 577,50	1 430,66	1 283,91	1 139,50
	II	**1 951,08**	443,83	443,83	II	1 804,25	1 657,50	1 510,66	1 363,91	1 217,50	1 075,75
	III	**1 371,83**	443,83	443,83	III	1 253,16	1 137,66	1 025,00	915,66	809,16	705,83
	V	**2 487,33**	443,83	443,83	IV	1 944,41	1 871,08	1 797,66	1 724,25	1 650,91	1 577,50
	VI	**2 523,58**	443,83	443,83							
7 673,99 West	I,IV	**2 006,00**	443,83	443,83	I	1 859,16	1 712,41	1 565,58	1 418,83	1 272,00	1 128,08
	II	**1 939,16**	443,83	443,83	II	1 792,41	1 645,66	1 498,83	1 352,08	1 205,75	1 064,58
	III	**1 362,16**	443,83	443,83	III	1 243,66	1 128,33	1 016,16	906,83	800,66	697,50
	V	**2 475,50**	443,83	443,83	IV	1 932,58	1 859,16	1 785,83	1 712,41	1 639,00	1 565,58
	VI	**2 511,75**	443,83	443,83							
7 673,99 Ost	I,IV	**2 019,08**	443,83	443,83	I	1 872,33	1 725,50	1 578,75	1 431,91	1 285,16	1 140,66
	II	**1 952,33**	443,83	443,83	II	1 805,58	1 658,75	1 512,00	1 365,16	1 218,66	1 076,91
	III	**1 373,00**	443,83	443,83	III	1 254,16	1 138,66	1 026,00	916,50	810,00	706,66
	V	**2 488,58**	443,83	443,83	IV	1 945,75	1 872,33	1 798,91	1 725,50	1 652,16	1 578,75
	VI	**2 524,83**	443,83	443,83							
7 676,99 West	I,IV	**2 007,25**	443,83	443,83	I	1 860,41	1 713,66	1 566,91	1 420,08	1 273,33	1 129,25
	II	**1 940,50**	443,83	443,83	II	1 793,66	1 646,91	1 500,08	1 353,33	1 207,00	1 065,75
	III	**1 363,16**	443,83	443,83	III	1 244,83	1 129,33	1 017,00	907,83	801,50	698,50
	V	**2 476,75**	443,83	443,83	IV	1 933,83	1 860,41	1 787,08	1 713,66	1 640,25	1 566,91
	VI	**2 513,00**	443,83	443,83							
7 676,99 Ost	I,IV	**2 020,33**	443,83	443,83	I	1 873,58	1 726,83	1 580,00	1 433,25	1 286,41	1 141,91
	II	**1 953,58**	443,83	443,83	II	1 806,83	1 660,00	1 513,25	1 366,41	1 219,91	1 078,16
	III	**1 374,00**	443,83	443,83	III	1 255,16	1 139,66	1 027,00	917,50	811,00	707,50
	V	**2 489,83**	443,83	443,83	IV	1 947,00	1 873,58	1 800,16	1 726,83	1 653,41	1 580,00
	VI	**2 526,08**	443,83	443,83							
7 679,99 West	I,IV	**2 008,50**	443,83	443,83	I	1 861,75	1 714,91	1 568,16	1 421,33	1 274,58	1 130,50
	II	**1 941,75**	443,83	443,83	II	1 794,91	1 648,16	1 501,33	1 354,58	1 208,25	1 066,91
	III	**1 364,16**	443,83	443,83	III	1 245,83	1 130,33	1 018,00	908,66	802,50	699,33
	V	**2 478,00**	443,83	443,83	IV	1 935,08	1 861,75	1 788,33	1 714,91	1 641,50	1 568,16
	VI	**2 514,25**	443,83	443,83							
7 679,99 Ost	I,IV	**2 021,66**	443,83	443,83	I	1 874,83	1 728,08	1 581,25	1 434,50	1 287,66	1 143,08
	II	**1 954,83**	443,83	443,83	II	1 808,08	1 661,25	1 514,50	1 367,66	1 221,16	1 079,33
	III	**1 375,00**	443,83	443,83	III	1 256,33	1 140,50	1 028,00	918,33	811,83	708,50
	V	**2 491,08**	443,83	443,83	IV	1 948,25	1 874,83	1 801,41	1 728,08	1 654,66	1 581,25
	VI	**2 527,41**	443,83	443,83							
7 682,99 West	I,IV	**2 009,75**	443,83	443,83	I	1 863,00	1 716,16	1 569,41	1 422,58	1 275,83	1 131,66
	II	**1 943,00**	443,83	443,83	II	1 796,16	1 649,41	1 502,58	1 355,83	1 209,50	1 068,16
	III	**1 365,33**	443,83	443,83	III	1 246,83	1 131,33	1 019,00	909,66	803,33	700,16
	V	**2 479,25**	443,83	443,83	IV	1 936,33	1 863,00	1 789,58	1 716,16	1 642,83	1 569,41
	VI	**2 515,50**	443,83	443,83							
7 682,99 Ost	I,IV	**2 022,91**	443,83	443,83	I	1 876,08	1 729,33	1 582,50	1 435,75	1 288,91	1 144,33
	II	**1 956,08**	443,83	443,83	II	1 809,33	1 662,50	1 515,75	1 368,91	1 222,41	1 080,50
	III	**1 376,00**	443,83	443,83	III	1 257,33	1 141,50	1 028,83	919,33	812,83	709,33
	V	**2 492,41**	443,83	443,83	IV	1 949,50	1 876,08	1 802,66	1 729,33	1 655,91	1 582,50
	VI	**2 528,66**	443,83	443,83							
7 685,99 West	I,IV	**2 011,00**	443,83	443,83	I	1 864,25	1 717,41	1 570,66	1 423,83	1 277,08	1 132,91
	II	**1 944,25**	443,83	443,83	II	1 797,41	1 650,66	1 503,91	1 357,08	1 210,75	1 069,33
	III	**1 366,33**	443,83	443,83	III	1 247,83	1 132,33	1 019,83	910,50	804,33	701,00
	V	**2 480,50**	443,83	443,83	IV	1 937,66	1 864,25	1 790,83	1 717,41	1 644,08	1 570,66
	VI	**2 516,75**	443,83	443,83							
7 685,99 Ost	I,IV	**2 024,16**	443,83	443,83	I	1 877,33	1 730,58	1 583,75	1 437,00	1 290,16	1 145,50
	II	**1 957,33**	443,83	443,83	II	1 810,58	1 663,83	1 517,00	1 370,25	1 223,66	1 081,75
	III	**1 377,00**	443,83	443,83	III	1 258,33	1 142,50	1 029,83	920,16	813,66	710,16
	V	**2 493,66**	443,83	443,83	IV	1 950,75	1 877,33	1 804,00	1 730,58	1 657,16	1 583,75
	VI	**2 529,91**	443,83	443,83							

* Zur LSt-Berechnung für privat versicherte Arbeitnehmer s. Beispiele **Vorbemerkung S. 4 f.**

** Basisvorsorgepauschale KV und PV *** Typisierter Arbeitgeberzuschuss

Lohn/ Gehalt in € bis	Steuerklasse	Lohn-steuer*	BVSP**	TAGZ***	Steuerklasse	Bemessungsgrundlage für Kirchensteuer und Solidaritätszuschlag					
						Freibeträge für ... Kinder					
						0,5	**1,0**	1,5	**2,0**	2,5	**3,0**
7688,99 West	I,IV	**2012,25**	443,83	443,83	I	1865,50	1718,66	1571,91	1425,16	1278,33	1134,08
	II	**1945,50**	443,83	443,83	II	1798,75	1651,91	1505,16	1358,33	1212,00	1070,50
	III	**1367,33**	443,83	443,83	III	1248,83	1133,33	1020,83	911,50	805,16	702,00
	V	**2481,75**	443,83	443,83	IV	1938,91	1865,50	1792,08	1718,66	1645,33	1571,91
	VI	**2518,00**	443,83	443,83							
7688,99 Ost	I,IV	**2025,41**	443,83	443,83	I	1878,58	1731,83	1585,08	1438,25	1291,50	1146,75
	II	**1958,66**	443,83	443,83	II	1811,83	1665,08	1518,25	1371,50	1224,91	1082,91
	III	**1378,16**	443,83	443,83	III	1259,33	1143,50	1030,83	921,16	814,50	711,00
	V	**2494,91**	443,83	443,83	IV	1952,00	1878,58	1805,25	1731,83	1658,41	1585,08
	VI	**2531,16**	443,83	443,83							
7691,99 West	I,IV	**2013,58**	443,83	443,83	I	1866,75	1720,00	1573,16	1426,41	1279,58	1135,33
	II	**1946,75**	443,83	443,83	II	1800,00	1653,16	1506,41	1359,58	1213,25	1071,66
	III	**1368,33**	443,83	443,83	III	1249,83	1134,33	1021,83	912,33	806,00	702,83
	V	**2483,00**	443,83	443,83	IV	1940,16	1866,75	1793,33	1720,00	1646,58	1573,16
	VI	**2519,33**	443,83	443,83							
7691,99 Ost	I,IV	**2026,66**	443,83	443,83	I	1879,91	1733,08	1586,33	1439,50	1292,75	1148,00
	II	**1959,91**	443,83	443,83	II	1813,08	1666,33	1519,50	1372,75	1226,16	1084,08
	III	**1379,16**	443,83	443,83	III	1260,33	1144,50	1031,83	922,16	815,50	712,00
	V	**2496,16**	443,83	443,83	IV	1953,25	1879,91	1806,50	1733,08	1659,66	1586,33
	VI	**2532,41**	443,83	443,83							
7694,99 West	I,IV	**2014,83**	443,83	443,83	I	1868,00	1721,25	1574,41	1427,66	1280,83	1136,50
	II	**1948,00**	443,83	443,83	II	1801,25	1654,41	1507,66	1360,83	1214,41	1072,91
	III	**1369,33**	443,83	443,83	III	1250,83	1135,16	1022,66	913,33	807,00	703,66
	V	**2484,33**	443,83	443,83	IV	1941,41	1868,00	1794,58	1721,25	1647,83	1574,41
	VI	**2520,58**	443,83	443,83							
7694,99 Ost	I,IV	**2027,91**	443,83	443,83	I	1881,16	1734,33	1587,58	1440,75	1294,00	1149,16
	II	**1961,16**	443,83	443,83	II	1814,33	1667,58	1520,75	1374,00	1227,41	1085,25
	III	**1380,16**	443,83	443,83	III	1261,33	1145,50	1032,66	923,00	816,33	712,83
	V	**2497,41**	443,83	443,83	IV	1954,50	1881,16	1807,75	1734,33	1660,91	1587,58
	VI	**2533,66**	443,83	443,83							
7697,99 West	I,IV	**2016,08**	443,83	443,83	I	1869,25	1722,50	1575,66	1428,91	1282,08	1137,75
	II	**1949,25**	443,83	443,83	II	1802,50	1655,66	1508,91	1362,16	1215,66	1074,08
	III	**1370,33**	443,83	443,83	III	1251,83	1136,16	1023,66	914,33	807,83	704,50
	V	**2485,58**	443,83	443,83	IV	1942,66	1869,25	1795,91	1722,50	1649,08	1575,66
	VI	**2521,83**	443,83	443,83							
7697,99 Ost	I,IV	**2029,16**	443,83	443,83	I	1882,41	1735,58	1588,83	1442,00	1295,25	1150,41
	II	**1962,41**	443,83	443,83	II	1815,58	1668,83	1522,08	1375,25	1228,66	1086,50
	III	**1381,16**	443,83	443,83	III	1262,33	1146,50	1033,66	924,00	817,33	713,66
	V	**2498,66**	443,83	443,83	IV	1955,83	1882,41	1809,00	1735,58	1662,25	1588,83
	VI	**2534,91**	443,83	443,83							
7700,99 West	I,IV	**2017,33**	443,83	443,83	I	1870,50	1723,75	1576,91	1430,16	1283,41	1138,91
	II	**1950,58**	443,83	443,83	II	1803,75	1657,00	1510,16	1363,41	1216,91	1075,25
	III	**1371,50**	443,83	443,83	III	1252,83	1137,16	1024,66	915,16	808,83	705,50
	V	**2486,83**	443,83	443,83	IV	1943,91	1870,50	1797,16	1723,75	1650,33	1576,91
	VI	**2523,08**	443,83	443,83							
7700,99 Ost	I,IV	**2030,41**	443,83	443,83	I	1883,66	1736,83	1590,08	1443,33	1296,50	1151,58
	II	**1963,66**	443,83	443,83	II	1816,91	1670,08	1523,33	1376,50	1229,91	1087,66
	III	**1382,16**	443,83	443,83	III	1263,33	1147,50	1034,66	924,83	818,16	714,50
	V	**2499,91**	443,83	443,83	IV	1957,08	1883,66	1810,25	1736,83	1663,50	1590,08
	VI	**2536,16**	443,83	443,83							
7703,99 West	I,IV	**2018,58**	443,83	443,83	I	1871,83	1725,00	1578,25	1431,41	1284,66	1140,16
	II	**1951,83**	443,83	443,83	II	1805,00	1658,25	1511,41	1364,66	1218,16	1076,41
	III	**1372,50**	443,83	443,83	III	1253,83	1138,16	1025,66	916,16	809,66	706,33
	V	**2488,08**	443,83	443,83	IV	1945,16	1871,83	1798,41	1725,00	1651,58	1578,25
	VI	**2524,33**	443,83	443,83							
7703,99 Ost	I,IV	**2031,75**	443,83	443,83	I	1884,91	1738,16	1591,33	1444,58	1297,75	1152,83
	II	**1964,91**	443,83	443,83	II	1818,16	1671,33	1524,58	1377,75	1231,16	1088,83
	III	**1383,33**	443,83	443,83	III	1264,33	1148,33	1035,50	925,83	819,16	715,50
	V	**2501,16**	443,83	443,83	IV	1958,33	1884,91	1811,50	1738,16	1664,75	1591,33
	VI	**2537,50**	443,83	443,83							

* Zur LSt-Berechnung für privat versicherte Arbeitnehmer s. Beispiele **Vorbemerkung S. 4 f.**
** Basisvorsorgepauschale KV und PV *** Typisierter Arbeitgeberzuschuss

Lohn/ Gehalt in € bis	Steuerklasse	Lohn-steuer*	BVSP**	TAGZ***	Steuerklasse	Bemessungsgrundlage für Kirchensteuer und Solidaritätszuschlag – Freibeträge für ... Kinder 0,5	1,0	1,5	2,0	2,5	3,0
7706,99 West	I,IV	**2019,83**	443,83	443,83	I	1873,08	1726,25	1579,50	1432,66	1285,91	1141,41
	II	**1953,08**	443,83	443,83	II	1806,25	1659,50	1512,66	1365,91	1219,41	1077,66
	III	**1373,50**	443,83	443,83	III	1254,83	1139,16	1026,50	917,00	810,50	707,16
	V	**2489,33**	443,83	443,83	IV	1946,41	1873,08	1799,66	1726,25	1652,83	1579,50
	VI	**2525,58**	443,83	443,83							
7706,99 Ost	I,IV	**2033,00**	443,83	443,83	I	1886,16	1739,41	1592,58	1445,83	1299,00	1154,08
	II	**1966,16**	443,83	443,83	II	1819,41	1672,58	1525,83	1379,00	1232,41	1090,08
	III	**1384,33**	443,83	443,83	III	1265,33	1149,33	1036,50	926,66	820,00	716,33
	V	**2502,50**	443,83	443,83	IV	1959,58	1886,16	1812,75	1739,41	1666,00	1592,58
	VI	**2538,75**	443,83	443,83							
7709,99 West	I,IV	**2021,08**	443,83	443,83	I	1874,33	1727,50	1580,75	1433,91	1287,16	1142,58
	II	**1954,33**	443,83	443,83	II	1807,50	1660,75	1513,91	1367,16	1220,66	1078,83
	III	**1374,50**	443,83	443,83	III	1255,83	1140,16	1027,50	918,00	811,50	708,00
	V	**2490,58**	443,83	443,83	IV	1947,75	1874,33	1800,91	1727,50	1654,16	1580,75
	VI	**2526,83**	443,83	443,83							
7709,99 Ost	I,IV	**2034,25**	443,83	443,83	I	1887,41	1740,66	1593,83	1447,08	1300,25	1155,25
	II	**1967,41**	443,83	443,83	II	1820,66	1673,83	1527,08	1380,33	1233,66	1091,25
	III	**1385,33**	443,83	443,83	III	1266,33	1150,33	1037,50	927,66	820,83	717,16
	V	**2503,75**	443,83	443,83	IV	1960,83	1887,41	1814,08	1740,66	1667,25	1593,83
	VI	**2540,00**	443,83	443,83							
7712,99 West	I,IV	**2022,33**	443,83	443,83	I	1875,58	1728,75	1582,00	1435,16	1288,41	1143,83
	II	**1955,58**	443,83	443,83	II	1808,83	1662,00	1515,25	1368,41	1221,91	1080,00
	III	**1375,50**	443,83	443,83	III	1256,83	1141,16	1028,50	918,83	812,33	708,83
	V	**2491,83**	443,83	443,83	IV	1949,00	1875,58	1802,16	1728,75	1655,41	1582,00
	VI	**2528,08**	443,83	443,83							
7712,99 Ost	I,IV	**2035,50**	443,83	443,83	I	1888,66	1741,91	1595,08	1448,33	1301,58	1156,50
	II	**1968,75**	443,83	443,83	II	1821,91	1675,16	1528,33	1381,58	1234,91	1092,50
	III	**1386,33**	443,83	443,83	III	1267,33	1151,33	1038,50	928,66	821,83	718,00
	V	**2505,00**	443,83	443,83	IV	1962,08	1888,66	1815,33	1741,91	1668,50	1595,08
	VI	**2541,25**	443,83	443,83							
7715,99 West	I,IV	**2023,66**	443,83	443,83	I	1876,83	1730,08	1583,25	1436,50	1289,66	1145,00
	II	**1956,83**	443,83	443,83	II	1810,08	1663,25	1516,50	1369,66	1223,16	1081,25
	III	**1376,66**	443,83	443,83	III	1257,83	1142,16	1029,50	919,83	813,33	709,83
	V	**2493,08**	443,83	443,83	IV	1950,25	1876,83	1803,41	1730,08	1656,66	1583,25
	VI	**2529,41**	443,83	443,83							
7715,99 Ost	I,IV	**2036,75**	443,83	443,83	I	1890,00	1743,16	1596,41	1449,58	1302,83	1157,75
	II	**1970,00**	443,83	443,83	II	1823,16	1676,41	1529,58	1382,83	1236,16	1093,66
	III	**1387,33**	443,83	443,83	III	1268,33	1152,33	1039,33	929,50	822,66	719,00
	V	**2506,25**	443,83	443,83	IV	1963,33	1890,00	1816,58	1743,16	1669,75	1596,41
	VI	**2542,50**	443,83	443,83							
7718,99 West	I,IV	**2024,91**	443,83	443,83	I	1878,08	1731,33	1584,50	1437,75	1290,91	1146,25
	II	**1958,08**	443,83	443,83	II	1811,33	1664,50	1517,75	1370,91	1224,41	1082,41
	III	**1377,66**	443,83	443,83	III	1258,83	1143,00	1030,33	920,66	814,16	710,66
	V	**2494,41**	443,83	443,83	IV	1951,50	1878,08	1804,66	1731,33	1657,91	1584,50
	VI	**2530,66**	443,83	443,83							
7718,99 Ost	I,IV	**2038,00**	443,83	443,83	I	1891,25	1744,41	1597,66	1450,83	1304,08	1158,91
	II	**1971,25**	443,83	443,83	II	1824,41	1677,66	1530,83	1384,08	1237,41	1094,83
	III	**1388,50**	443,83	443,83	III	1269,33	1153,33	1040,33	930,50	823,66	719,83
	V	**2507,50**	443,83	443,83	IV	1964,58	1891,25	1817,83	1744,41	1671,00	1597,66
	VI	**2543,75**	443,83	443,83							
7721,99 West	I,IV	**2026,16**	443,83	443,83	I	1879,33	1732,58	1585,75	1439,00	1292,16	1147,50
	II	**1959,33**	443,83	443,83	II	1812,58	1665,75	1519,00	1372,16	1225,66	1083,58
	III	**1378,66**	443,83	443,83	III	1259,83	1144,00	1031,33	921,66	815,00	711,50
	V	**2495,66**	443,83	443,83	IV	1952,75	1879,33	1806,00	1732,58	1659,16	1585,75
	VI	**2531,91**	443,83	443,83							
7721,99 Ost	I,IV	**2039,25**	443,83	443,83	I	1892,50	1745,66	1598,91	1452,08	1305,33	1160,16
	II	**1972,50**	443,83	443,83	II	1825,66	1678,91	1532,08	1385,33	1238,66	1096,08
	III	**1389,50**	443,83	443,83	III	1270,33	1154,33	1041,33	931,33	824,50	720,66
	V	**2508,75**	443,83	443,83	IV	1965,91	1892,50	1819,08	1745,66	1672,33	1598,91
	VI	**2545,00**	443,83	443,83							

* Zur LSt-Berechnung für privat versicherte Arbeitnehmer s. Beispiele **Vorbemerkung S. 4f.**
** Basisvorsorgepauschale KV und PV *** Typisierter Arbeitgeberzuschuss

Lohn/ Gehalt in € bis	Steuerklasse	Lohn-steuer*	BVSP**	TAGZ***	Steuerklasse	Bemessungsgrundlage für Kirchensteuer und Solidaritätszuschlag					
						Freibeträge für ... Kinder					
						0,5	**1,0**	1,5	**2,0**	2,5	**3,0**
7724,99	I,IV	**2027,41**	443,83	443,83	I	1880,58	1733,83	1587,00	1440,25	1293,41	1148,66
West	II	**1960,66**	443,83	443,83	II	1813,83	1667,08	1520,25	1373,50	1226,91	1084,83
	III	**1379,66**	443,83	443,83	III	1260,83	1145,00	1032,33	922,66	816,00	712,33
	V	**2496,91**	443,83	443,83	IV	1954,00	1880,58	1807,25	1733,83	1660,41	1587,00
	VI	**2533,16**	443,83	443,83							
7724,99	I,IV	**2040,50**	443,83	443,83	I	1893,75	1746,91	1600,16	1453,33	1306,58	1161,41
Ost	II	**1973,75**	443,83	443,83	II	1827,00	1680,16	1533,41	1386,58	1239,91	1097,25
	III	**1390,50**	443,83	443,83	III	1271,33	1155,33	1042,33	932,33	825,33	721,50
	V	**2510,00**	443,83	443,83	IV	1967,16	1893,75	1820,33	1746,91	1673,58	1600,16
	VI	**2546,25**	443,83	443,83							
7727,99	I,IV	**2028,66**	443,83	443,83	I	1881,91	1735,08	1588,33	1441,50	1294,75	1149,91
West	II	**1961,91**	443,83	443,83	II	1815,08	1668,33	1521,50	1374,75	1228,16	1086,00
	III	**1380,66**	443,83	443,83	III	1261,83	1146,00	1033,16	923,50	816,83	713,33
	V	**2498,16**	443,83	443,83	IV	1955,25	1881,91	1808,50	1735,08	1661,66	1588,33
	VI	**2534,41**	443,83	443,83							
7727,99	I,IV	**2041,83**	443,83	443,83	I	1895,00	1748,25	1601,41	1454,66	1307,83	1162,58
Ost	II	**1975,00**	443,83	443,83	II	1828,25	1681,41	1534,66	1387,83	1241,16	1098,41
	III	**1391,50**	443,83	443,83	III	1272,33	1156,33	1043,16	933,16	826,33	722,50
	V	**2511,25**	443,83	443,83	IV	1968,41	1895,00	1821,58	1748,25	1674,83	1601,41
	VI	**2547,50**	443,83	443,83							
7730,99	I,IV	**2029,91**	443,83	443,83	I	1883,16	1736,33	1589,58	1442,75	1296,00	1151,08
West	II	**1963,16**	443,83	443,83	II	1816,33	1669,58	1522,75	1376,00	1229,41	1087,16
	III	**1381,83**	443,83	443,83	III	1262,83	1147,00	1034,16	924,50	817,83	714,16
	V	**2499,41**	443,83	443,83	IV	1956,50	1883,16	1809,75	1736,33	1662,91	1589,58
	VI	**2535,66**	443,83	443,83							
7730,99	I,IV	**2043,08**	443,83	443,83	I	1896,25	1749,50	1602,66	1455,91	1309,08	1163,83
Ost	II	**1976,25**	443,83	443,83	II	1829,50	1682,66	1535,91	1389,08	1242,41	1099,66
	III	**1392,50**	443,83	443,83	III	1273,33	1157,33	1044,16	934,16	827,16	723,33
	V	**2512,50**	443,83	443,83	IV	1969,66	1896,25	1822,83	1749,50	1676,08	1602,66
	VI	**2548,83**	443,83	443,83							
7733,99	I,IV	**2031,16**	443,83	443,83	I	1884,41	1737,58	1590,83	1444,00	1297,25	1152,33
West	II	**1964,41**	443,83	443,83	II	1817,58	1670,83	1524,00	1377,25	1230,66	1088,41
	III	**1382,83**	443,83	443,83	III	1263,83	1148,00	1035,16	925,33	818,66	715,00
	V	**2500,66**	443,83	443,83	IV	1957,83	1884,41	1811,00	1737,58	1664,25	1590,83
	VI	**2536,91**	443,83	443,83							
7733,99	I,IV	**2044,33**	443,83	443,83	I	1897,50	1750,75	1603,91	1457,16	1310,33	1165,08
Ost	II	**1977,50**	443,83	443,83	II	1830,75	1683,91	1537,16	1390,33	1243,66	1100,83
	III	**1393,66**	443,83	443,83	III	1274,33	1158,16	1045,16	935,16	828,16	724,16
	V	**2513,83**	443,83	443,83	IV	1970,91	1897,50	1824,16	1750,75	1677,33	1603,91
	VI	**2550,08**	443,83	443,83							
7736,99	I,IV	**2032,41**	443,83	443,83	I	1885,66	1738,83	1592,08	1445,25	1298,50	1153,58
West	II	**1965,66**	443,83	443,83	II	1818,91	1672,08	1525,33	1378,50	1231,91	1089,58
	III	**1383,83**	443,83	443,83	III	1264,83	1149,00	1036,16	926,33	819,66	716,00
	V	**2501,91**	443,83	443,83	IV	1959,08	1885,66	1812,25	1738,83	1665,50	1592,08
	VI	**2538,16**	443,83	443,83							
7736,99	I,IV	**2045,58**	443,83	443,83	I	1898,75	1752,00	1605,16	1458,41	1311,58	1166,25
Ost	II	**1978,83**	443,83	443,83	II	1832,00	1685,25	1538,41	1391,66	1244,91	1102,08
	III	**1394,66**	443,83	443,83	III	1275,33	1159,16	1046,16	936,00	829,00	725,16
	V	**2515,08**	443,83	443,83	IV	1972,16	1898,75	1825,41	1752,00	1678,58	1605,16
	VI	**2551,33**	443,83	443,83							
7739,99	I,IV	**2033,66**	443,83	443,83	I	1886,91	1740,16	1593,33	1446,58	1299,75	1154,75
West	II	**1966,91**	443,83	443,83	II	1820,16	1673,33	1526,58	1379,75	1233,16	1090,75
	III	**1384,83**	443,83	443,83	III	1265,83	1150,00	1037,00	927,16	820,50	716,83
	V	**2503,16**	443,83	443,83	IV	1960,33	1886,91	1813,50	1740,16	1666,75	1593,33
	VI	**2539,41**	443,83	443,83							
7739,99	I,IV	**2046,83**	443,83	443,83	I	1900,08	1753,25	1606,50	1459,66	1312,91	1167,50
Ost	II	**1980,08**	443,83	443,83	II	1833,25	1686,50	1539,66	1392,91	1246,16	1103,25
	III	**1395,66**	443,83	443,83	III	1276,50	1160,16	1047,00	937,00	830,00	726,00
	V	**2516,33**	443,83	443,83	IV	1973,41	1900,08	1826,66	1753,25	1679,83	1606,50
	VI	**2552,58**	443,83	443,83							

* Zur LSt-Berechnung für privat versicherte Arbeitnehmer s. Beispiele **Vorbemerkung S. 4f.**
** Basisvorsorgepauschale KV und PV *** Typisierter Arbeitgeberzuschuss

Lohn/ Gehalt in € bis	Steuerklasse	Lohn-steuer*	BVSP**	TAGZ***	Steuerklasse	Bemessungsgrundlage für Kirchensteuer und Solidaritätszuschlag – Freibeträge für ... Kinder 0,5	**1,0**	1,5	**2,0**	2,5	**3,0**
7 742,99 West	I,IV	**2 035,00**	443,83	443,83	I	1 888,16	1 741,41	1 594,58	1 447,83	1 301,00	1 156,00
	II	**1 968,16**	443,83	443,83	II	1 821,41	1 674,58	1 527,83	1 381,00	1 234,41	1 092,00
	III	**1 385,83**	443,83	443,83	III	1 266,83	1 151,00	1 038,00	928,16	821,33	717,66
	V	**2 504,41**	443,83	443,83	IV	1 961,58	1 888,16	1 814,75	1 741,41	1 668,00	1 594,58
	VI	**2 540,75**	443,83	443,83							
7 742,99 Ost	I,IV	**2 048,08**	443,83	443,83	I	1 901,33	1 754,50	1 607,75	1 460,91	1 314,16	1 168,75
	II	**1 981,33**	443,83	443,83	II	1 834,50	1 687,75	1 540,91	1 394,16	1 247,41	1 104,41
	III	**1 396,66**	443,83	443,83	III	1 277,50	1 161,16	1 048,00	937,83	830,83	726,83
	V	**2 517,58**	443,83	443,83	IV	1 974,66	1 901,33	1 827,91	1 754,50	1 681,08	1 607,75
	VI	**2 553,83**	443,83	443,83							
7 745,99 West	I,IV	**2 036,25**	443,83	443,83	I	1 889,41	1 742,66	1 595,83	1 449,08	1 302,25	1 157,25
	II	**1 969,41**	443,83	443,83	II	1 822,66	1 675,83	1 529,08	1 382,25	1 235,66	1 093,16
	III	**1 387,00**	443,83	443,83	III	1 267,83	1 151,83	1 039,00	929,16	822,33	718,50
	V	**2 505,75**	443,83	443,83	IV	1 962,83	1 889,41	1 816,08	1 742,66	1 669,25	1 595,83
	VI	**2 542,00**	443,83	443,83							
7 745,99 Ost	I,IV	**2 049,33**	443,83	443,83	I	1 902,58	1 755,75	1 609,00	1 462,16	1 315,41	1 169,91
	II	**1 982,58**	443,83	443,83	II	1 835,75	1 689,00	1 542,16	1 395,41	1 248,66	1 105,66
	III	**1 397,83**	443,83	443,83	III	1 278,50	1 162,16	1 049,00	938,83	831,66	727,66
	V	**2 518,83**	443,83	443,83	IV	1 975,91	1 902,58	1 829,16	1 755,75	1 682,41	1 609,00
	VI	**2 555,08**	443,83	443,83							
7 748,99 West	I,IV	**2 037,50**	443,83	443,83	I	1 890,66	1 743,91	1 597,08	1 450,33	1 303,50	1 158,41
	II	**1 970,66**	443,83	443,83	II	1 823,91	1 677,16	1 530,33	1 383,58	1 236,91	1 094,33
	III	**1 388,00**	443,83	443,83	III	1 268,83	1 152,83	1 040,00	930,00	823,16	719,50
	V	**2 507,00**	443,83	443,83	IV	1 964,08	1 890,66	1 817,33	1 743,91	1 670,50	1 597,08
	VI	**2 543,25**	443,83	443,83							
7 748,99 Ost	I,IV	**2 050,58**	443,83	443,83	I	1 903,83	1 757,00	1 610,25	1 463,41	1 316,66	1 171,16
	II	**1 983,83**	443,83	443,83	II	1 837,08	1 690,25	1 543,50	1 396,66	1 249,91	1 106,83
	III	**1 398,83**	443,83	443,83	III	1 279,50	1 163,16	1 050,00	939,83	832,66	728,66
	V	**2 520,08**	443,83	443,83	IV	1 977,25	1 903,83	1 830,41	1 757,00	1 683,66	1 610,25
	VI	**2 556,33**	443,83	443,83							
7 751,99 West	I,IV	**2 038,75**	443,83	443,83	I	1 891,91	1 745,16	1 598,41	1 451,58	1 304,83	1 159,66
	II	**1 972,00**	443,83	443,83	II	1 825,16	1 678,41	1 531,58	1 384,83	1 238,16	1 095,58
	III	**1 389,00**	443,83	443,83	III	1 269,83	1 153,83	1 040,83	931,00	824,16	720,33
	V	**2 508,25**	443,83	443,83	IV	1 965,33	1 891,91	1 818,58	1 745,16	1 671,75	1 598,41
	VI	**2 544,50**	443,83	443,83							
7 751,99 Ost	I,IV	**2 051,83**	443,83	443,83	I	1 905,08	1 758,33	1 611,50	1 464,75	1 317,91	1 172,41
	II	**1 985,08**	443,83	443,83	II	1 838,33	1 691,50	1 544,75	1 397,91	1 251,16	1 108,08
	III	**1 399,83**	443,83	443,83	III	1 280,50	1 164,16	1 050,83	940,66	833,50	729,50
	V	**2 521,33**	443,83	443,83	IV	1 978,50	1 905,08	1 831,66	1 758,33	1 684,91	1 611,50
	VI	**2 557,58**	443,83	443,83							
7 754,99 West	I,IV	**2 040,00**	443,83	443,83	I	1 893,25	1 746,41	1 599,66	1 452,83	1 306,08	1 160,91
	II	**1 973,25**	443,83	443,83	II	1 826,41	1 679,66	1 532,83	1 386,08	1 239,41	1 096,75
	III	**1 390,00**	443,83	443,83	III	1 271,00	1 154,83	1 041,83	931,83	825,00	721,16
	V	**2 509,50**	443,83	443,83	IV	1 966,58	1 893,25	1 819,83	1 746,41	1 673,00	1 599,66
	VI	**2 545,75**	443,83	443,83							
7 754,99 Ost	I,IV	**2 053,16**	443,83	443,83	I	1 906,33	1 759,58	1 612,75	1 466,00	1 319,16	1 173,66
	II	**1 986,33**	443,83	443,83	II	1 839,58	1 692,75	1 546,00	1 399,16	1 252,41	1 109,25
	III	**1 400,83**	443,83	443,83	III	1 281,50	1 165,16	1 051,83	941,66	834,50	730,33
	V	**2 522,58**	443,83	443,83	IV	1 979,75	1 906,33	1 832,91	1 759,58	1 686,16	1 612,75
	VI	**2 558,91**	443,83	443,83							
7 757,99 West	I,IV	**2 041,25**	443,83	443,83	I	1 894,50	1 747,66	1 600,91	1 454,08	1 307,33	1 162,08
	II	**1 974,50**	443,83	443,83	II	1 827,66	1 680,91	1 534,08	1 387,33	1 240,66	1 097,91
	III	**1 391,16**	443,83	443,83	III	1 272,00	1 155,83	1 042,83	932,83	825,83	722,00
	V	**2 510,75**	443,83	443,83	IV	1 967,83	1 894,50	1 821,08	1 747,66	1 674,33	1 600,91
	VI	**2 547,00**	443,83	443,83							
7 757,99 Ost	I,IV	**2 054,41**	443,83	443,83	I	1 907,58	1 760,83	1 614,00	1 467,25	1 320,41	1 174,83
	II	**1 987,58**	443,83	443,83	II	1 840,83	1 694,00	1 547,25	1 400,41	1 253,66	1 110,41
	III	**1 402,00**	443,83	443,83	III	1 282,50	1 166,16	1 052,83	942,50	835,33	731,16
	V	**2 523,91**	443,83	443,83	IV	1 981,00	1 907,58	1 834,16	1 760,83	1 687,41	1 614,00
	VI	**2 560,16**	443,83	443,83							

* Zur LSt-Berechnung für privat versicherte Arbeitnehmer s. Beispiele **Vorbemerkung S. 4 f.**
** Basisvorsorgepauschale KV und PV *** Typisierter Arbeitgeberzuschuss

Lohn/ Gehalt in € bis	Steuerklasse	Lohn-steuer*	BVSP**	TAGZ***	Steuerklasse	Bemessungsgrundlage für Kirchensteuer und Solidaritätszuschlag – Freibeträge für ... Kinder 0,5	1,0	1,5	2,0	2,5	3,0
7760,99 West	I,IV	**2042,50**	443,83	443,83	I	1895,75	1748,91	1602,16	1455,33	1308,58	1163,33
	II	**1975,75**	443,83	443,83	II	1828,91	1682,16	1535,41	1388,58	1241,91	1099,16
	III	**1392,16**	443,83	443,83	III	1273,00	1156,83	1043,83	933,83	826,83	723,00
	V	**2512,00**	443,83	443,83	IV	1969,16	1895,75	1822,33	1748,91	1675,58	1602,16
	VI	**2548,25**	443,83	443,83							
7760,99 Ost	I,IV	**2055,66**	443,83	443,83	I	1908,83	1762,08	1615,25	1468,50	1321,66	1176,08
	II	**1988,83**	443,83	443,83	II	1842,08	1695,33	1548,50	1401,75	1254,91	1111,66
	III	**1403,00**	443,83	443,83	III	1283,50	1167,16	1053,83	943,50	836,33	732,16
	V	**2525,16**	443,83	443,83	IV	1982,25	1908,83	1835,50	1762,08	1688,66	1615,25
	VI	**2561,41**	443,83	443,83							
7763,99 West	I,IV	**2043,75**	443,83	443,83	I	1897,00	1750,16	1603,41	1456,66	1309,83	1164,58
	II	**1977,00**	443,83	443,83	II	1830,25	1683,41	1536,66	1389,83	1243,16	1100,33
	III	**1393,16**	443,83	443,83	III	1274,00	1157,83	1044,66	934,66	827,66	723,83
	V	**2513,25**	443,83	443,83	IV	1970,41	1897,00	1823,58	1750,16	1676,83	1603,41
	VI	**2549,50**	443,83	443,83							
7763,99 Ost	I,IV	**2056,91**	443,83	443,83	I	1910,08	1763,33	1616,58	1469,75	1323,00	1177,33
	II	**1990,16**	443,83	443,83	II	1843,33	1696,58	1549,75	1403,00	1256,16	1112,83
	III	**1404,00**	443,83	443,83	III	1284,50	1168,16	1054,66	944,50	837,16	733,00
	V	**2526,41**	443,83	443,83	IV	1983,50	1910,08	1836,75	1763,33	1689,91	1616,58
	VI	**2562,66**	443,83	443,83							
7766,99 West	I,IV	**2045,08**	443,83	443,83	I	1898,25	1751,50	1604,66	1457,91	1311,08	1165,75
	II	**1978,25**	443,83	443,83	II	1831,50	1684,66	1537,91	1391,08	1244,41	1101,58
	III	**1394,16**	443,83	443,83	III	1275,00	1158,83	1045,66	935,66	828,66	724,66
	V	**2514,50**	443,83	443,83	IV	1971,66	1898,25	1824,83	1751,50	1678,08	1604,66
	VI	**2550,83**	443,83	443,83							
7766,99 Ost	I,IV	**2058,16**	443,83	443,83	I	1911,41	1764,58	1617,83	1471,00	1324,25	1178,50
	II	**1991,41**	443,83	443,83	II	1844,58	1697,83	1551,00	1404,25	1257,41	1114,08
	III	**1405,00**	443,83	443,83	III	1285,50	1169,00	1055,66	945,33	838,16	733,83
	V	**2527,66**	443,83	443,83	IV	1984,75	1911,41	1838,00	1764,58	1691,16	1617,83
	VI	**2563,91**	443,83	443,83							
7769,99 West	I,IV	**2046,33**	443,83	443,83	I	1899,50	1752,75	1605,91	1459,16	1312,33	1167,00
	II	**1979,50**	443,83	443,83	II	1832,75	1685,91	1539,16	1392,33	1245,66	1102,75
	III	**1395,16**	443,83	443,83	III	1276,00	1159,83	1046,66	936,50	829,50	725,50
	V	**2515,83**	443,83	443,83	IV	1972,91	1899,50	1826,08	1752,75	1679,33	1605,91
	VI	**2552,08**	443,83	443,83							
7769,99 Ost	I,IV	**2059,41**	443,83	443,83	I	1912,66	1765,83	1619,08	1472,25	1325,50	1179,75
	II	**1992,66**	443,83	443,83	II	1845,83	1699,08	1552,25	1405,50	1258,75	1115,25
	III	**1406,00**	443,83	443,83	III	1286,50	1170,00	1056,66	946,33	839,00	734,83
	V	**2528,91**	443,83	443,83	IV	1986,00	1912,66	1839,25	1765,83	1692,41	1619,08
	VI	**2565,16**	443,83	443,83							
7772,99 West	I,IV	**2047,58**	443,83	443,83	I	1900,75	1754,00	1607,16	1460,41	1313,58	1168,25
	II	**1980,75**	443,83	443,83	II	1834,00	1687,16	1540,41	1393,66	1246,91	1103,91
	III	**1396,33**	443,83	443,83	III	1277,00	1160,83	1047,66	937,50	830,50	726,50
	V	**2517,08**	443,83	443,83	IV	1974,16	1900,75	1827,41	1754,00	1680,58	1607,16
	VI	**2553,33**	443,83	443,83							
7772,99 Ost	I,IV	**2060,66**	443,83	443,83	I	1913,91	1767,08	1620,33	1473,50	1326,75	1181,00
	II	**1993,91**	443,83	443,83	II	1847,08	1700,33	1553,58	1406,75	1260,00	1116,50
	III	**1407,16**	443,83	443,83	III	1287,50	1171,00	1057,66	947,16	839,83	735,66
	V	**2530,16**	443,83	443,83	IV	1987,33	1913,91	1840,50	1767,08	1693,75	1620,33
	VI	**2566,41**	443,83	443,83							
7775,99 West	I,IV	**2048,83**	443,83	443,83	I	1902,00	1755,25	1608,41	1461,66	1314,91	1169,41
	II	**1982,08**	443,83	443,83	II	1835,25	1688,50	1541,66	1394,91	1248,16	1105,16
	III	**1397,33**	443,83	443,83	III	1278,00	1161,66	1048,50	938,33	831,33	727,33
	V	**2518,33**	443,83	443,83	IV	1975,41	1902,00	1828,66	1755,25	1681,83	1608,41
	VI	**2554,58**	443,83	443,83							
7775,99 Ost	I,IV	**2061,91**	443,83	443,83	I	1915,16	1768,33	1621,58	1474,83	1328,00	1182,25
	II	**1995,16**	443,83	443,83	II	1848,41	1701,58	1554,83	1408,00	1261,25	1117,66
	III	**1408,16**	443,83	443,83	III	1288,50	1172,00	1058,50	948,16	840,83	736,50
	V	**2531,41**	443,83	443,83	IV	1988,58	1915,16	1841,75	1768,33	1695,00	1621,58
	VI	**2567,66**	443,83	443,83							

* Zur LSt-Berechnung für privat versicherte Arbeitnehmer s. Beispiele **Vorbemerkung S. 4 f.**
** Basisvorsorgepauschale KV und PV *** Typisierter Arbeitgeberzuschuss

Sachverzeichnis

Stand: Februar 2021

Die fett gedruckte Ziffer nach dem Stichwort bezeichnet die Nummer innerhalb der Sammlung, die nachfolgende magere Ziffer den Paragraphen bzw. Artikel. Die in Klammer gesetzten Zahlen verweisen auf die Nummern innerhalb der Vorschrift. Der Zusatz „F" verweist auf eine Fußnote.

Sachverzeichnis

Sachverzeichnis

Sachverzeichnis

fette Ziffer = Gesetzesnummer

Sachverzeichnis

Sachverzeichnis

fette Ziffer = Gesetzesnummer

Sachverzeichnis

Sachverzeichnis

fette Ziffer = Gesetzesnummer

Sachverzeichnis

Sachverzeichnis

Für handschriftliche Notizen

Für handschriftliche Notizen

Für handschriftliche Notizen

Für handschriftliche Notizen